FRANCE

3 | *Introduction*

Français

19 | *Introduction*

English

33 | *Introduzione*

Italiano

47 | *Einführung*

Deutsch

61 | *Introducción*

Español

FRANCE

2004

- **Sélection d'hôtels et de restaurants**
- *Selection of hotels and restaurants* ■
- **Selezione di alberghi e ristoranti**
- *Auswahl an Hotels und Restaurants* ■
- *Selección de hoteles y restaurantes*

Cher lecteur,

Le Guide Michelin vous propose,
dans chaque catégorie de confort et de prix,
une sélection des meilleurs hôtels et restaurants.
Cette sélection est effectuée par une équipe
d'inspecteurs, professionnels de formation
hôtelière, qui sillonnent le pays toute l'année
pour visiter de nouveaux établissements
et ceux déjà cités afin d'en vérifier la qualité
et la régularité des prestations.
Salariés Michelin, les inspecteurs travaillent
en tout anonymat et en toute indépendance.

Les équipements et services sont signalés
par des symboles, langage international
qui vous permet de voir en un coup d'œil
si un hôtel dispose, par exemple, d'un parking
ou d'une piscine. Pour bien profiter
de cette très riche source d'information,
plongez-vous dans l'introduction.
Un texte décrivant l'atmosphère
de l'hôtel ou du restaurant complète
ces renseignements.

L'inscription dans le guide est totalement
gratuite. Chaque année, les hôteliers
et restaurateurs cités remplissent
le questionnaire qui leur est envoyé,
nous fournissant les dates d'ouverture
et les prix pour l'année à venir.
Près de 100 000 informations
sont mises à jour pour chaque édition
(nouveaux établissements, changements
de tarif, dates d'ouverture).

Une grande aide vient aussi des commentaires
des lecteurs avec près de 45 000 lettres
et e-mails par an, pour toute l'Europe.

Merci d'avance pour votre participation
et bon voyage avec le Guide Michelin 2004.

Consultez le Guide Michelin sur
www.Viamichelin.fr
et écrivez-nous à :
leguidemichelin-france@fr.michelin.com

Sommaire

5 *Comment se servir du guide*

75 *Les vins et les mets*

80 *Les* **bonnes tables à étoiles**

86 *Le* **"Bib Gourmand"**

91 *Le* **"Bib Hôtel"**

94 *Cartes des* **bonnes tables à étoiles,** *des* **"Bib Gourmand",** *des* **"Bib Hôtel",** *des établissements agréables, isolés, très tranquilles et localisations des cartes de voisinage*

119 *Hôtels, restaurants, plans de ville, curiosités*

Pages bordées de rouge *Paris et environs*

1136 *Les* **bonnes tables à étoiles** *à Paris et Environs*

1138 *Le* **"Bib Gourmand"** *à Paris et Environs*

1787 *Principauté d'Andorre*

1799 *Principauté de Monaco*

1805 *Assistance automobile des principales marques*

1808 *Distances*

1810 *Atlas : principales routes*

1817 *Calendrier des vacances scolaires*

1820 *D'où vient cette auto ?*

1822 *Indicatifs téléphoniques internationaux*

Le choix d'un hôtel, d'un restaurant

*Ce guide vous propose une sélection d'hôtels
et restaurants établie à l'usage de l'automobiliste
de passage. Les établissements, classés
selon leur confort, sont cités par ordre de préférence
dans chaque catégorie*

Catégories

🏨🏨🏨	XXXXX	*Grand luxe et tradition*
🏨🏨🏨	XXXX	*Grand confort*
🏨🏨	XXX	*Très confortable*
🏨🏨	XX	*De bon confort*
🏠	X	*Assez confortable*
🌳		*Simple mais convenable*
sans rest.		*L'hôtel n'a pas de restaurant*
	avec ch.	*Le restaurant possède des chambres*

Agrément et tranquillité

*Certains établissements se distinguent dans le guide
par les symboles rouges indiqués ci-après.
Le séjour dans ces hôtels se révèle particulièrement
agréable ou reposant.
Cela peut tenir d'une part au caractère de l'édifice,
au décor original, au site, à l'accueil
et aux services qui sont proposés,
d'autre part à la tranquillité des lieux.*

🏨🏨🏨 à 🌳		*Hôtels agréables*
XXXXX à X		*Restaurants agréables*
	🤚	*Hôtel très tranquille ou isolé et tranquille*
	🤚	*Hôtel tranquille*
≤ mer		*Vue exceptionnelle*
	≤	*Vue intéressante ou étendue.*

*Les localités possédant des établissements agréables ou
tranquilles sont repérées sur les cartes pages 94 à 116.
Consultez-les pour la préparation de vos voyages
et donnez-nous vos appréciations à votre retour,
vous faciliterez ainsi nos enquêtes.*

L'installation

Les chambres des hôtels que nous recommandons possèdent, en général, des installations sanitaires complètes. Il est toutefois possible que dans les catégories 🏠 et 🏆 certaines chambres en soient dépourvues.

30 ch	Nombre de chambres
⬦	Ascenseur
▤	Air conditionné (dans tout ou partie de l'établissement)
TV	Télévision dans la chambre
⊀	Chambres réservées aux non-fumeurs
📞	Prise Modem dans la chambre
♿	Chambres accessibles aux personnes à mobilité réduite
⛱	Repas servis au jardin ou en terrasse
⑦	Wellness centre : bel espace de bien-être et de relaxation
⒗	Salle de remise en forme
🏊 🏊	Piscine : de plein air ou couverte
🌳 🌳	Jardin de repos – Parc
🏖	Plage aménagée
⚔	Tennis à l'hôtel
🎿 25 à 150	Salles de conférences : capacité des salles
🛎	Restaurant proposant un service voiturier (pourboire d'usage)
🚗	Garage dans l'hôtel (généralement payant)
P	Parking réservé à la clientèle
P	Parking clos réservé à la clientèle
🐕	Accès interdit aux chiens (dans tout ou partie de l'établissement)
M	Station de métro la plus proche de l'hôtel ou du restaurant (à Paris)
mai-oct.	Période d'ouverture, communiquée par l'hôtelier
saisonnier	Ouverture probable en saison mais dates non précisées. En l'absence de mention, l'établissement est ouvert toute l'année.

La table

Les étoiles

*Certains établissements méritent d'être signalés
à votre attention pour la qualité de leur cuisine.
Nous les distinguons par les étoiles de bonne table.*

*Nous indiquons, pour ces établissements,
trois spécialités culinaires et des vins locaux
qui pourront orienter votre choix.*

❀❀❀   Une des meilleures tables, vaut le voyage

27   *On y mange toujours très bien, parfois merveilleusement.
Grands vins, service impeccable, cadre élégant...
Prix en conséquence.*

❀❀   Table excellente, mérite un détour

64   *Spécialités et vins de choix...
Attendez-vous à une dépense en rapport.*

❀   Une très bonne table dans sa catégorie

409   *L'étoile marque une bonne étape sur votre itinéraire.
Mais ne comparez pas l'étoile d'un établissement
de luxe à prix élevés avec celle d'une petite maison où,
à prix raisonnables,
on sert également une cuisine de qualité.*

*Consultez la liste et les cartes des **étoiles de bonne table**
❀❀❀, ❀❀, ❀ pages 80 à 85 et 94 à 116.*

La table

 Le "Bib Gourmand"

439   Repas soignés à prix modérés

*Vous souhaitez parfois trouver des tables
plus simples, à prix modérés ; c'est pourquoi
nous avons sélectionné des restaurants proposant,
pour un rapport qualité-prix
particulièrement favorable, un repas soigné,
souvent de type régional en province.*
Ces restaurants sont signalés par le **"Bib Gourmand"**
et Repas.
Ex. Repas 18/24 *en province.*
Ex. Repas 23/31 *à Paris et sa région.*

Consultez la liste et les cartes des **"Bib Gourmand"**
pages 86 à 90 et 94 à 116.

Voir aussi ⬤ page 10.

 La carte des vins

Carte offrant un choix particulièrement attractif

*Parmi les restaurants que nous avons sélectionnés,
dans toutes les catégories, certains proposent une
carte des vins particulièrement attractive. Mais
attention à ne pas comparer la carte présentée par
le sommelier d'un grand restaurant avec celle
d'une auberge dont le patron se passionne pour les
vins de sa région.*

Les vins et les mets : voir p. 75 à 79

L'hébergement

Le "Bib Hôtel"

229 Bonnes nuits à petits prix

Vous cherchez un hôtel pratique et accueillant
offrant une prestation de qualité
à prix raisonnable ?
Ces adresses possèdent une majorité
de chambres pour deux personnes,
petit déjeuner non compris,
à moins de 63 € en province
et moins de 78 € en ville
et stations touristiques importantes.
Elles vous sont signalées par le **"Bib Hôtel"** et ch.
Ex. **25** ch 40/72 *en province.*
Ex. **25** ch 45/82 *en ville et stations*
touristiques importantes.

Consultez la liste des **"Bib Hôtel"** *pages 91 à 93*
et repérez-les sur les cartes pages 94 à 116.

Les prix

Les prix indiqués dans ce guide ont été établis en automne 2003, et s'appliquent à la **haute saison**. Ils sont susceptibles de modifications, notamment en cas de variations des prix des biens et des services. Ils s'entendent taxes et service compris. Aucune majoration ne doit figurer sur votre note, sauf éventuellement la taxe de séjour.

A l'occasion de certaines manifestations commerciales, culturelles ou sportives, les prix demandés par les hôteliers peuvent être sensiblement majorés dans certaines villes et leurs environs.

Les hôtels et restaurants figurent en gros caractères lorsque les hôteliers nous ont donné tous leurs prix et se sont engagés, sous leur propre responsabilité, à les appliquer aux touristes de passage porteurs de notre guide.

Hors saison, certains établissements proposent des conditions avantageuses, renseignez-vous lors de votre réservation.

Entrez à l'hôtel le guide à la main, vous montrerez ainsi qu'il vous conduit là en confiance.

Repas

enf. 9	Prix du menu pour enfants
๑๑	Établissement proposant un menu simple à moins de 15 €

Repas à prix fixe :

Repas (11)	Prix d'un repas composé d'un plat principal, accompagné d'une entrée ou d'un dessert, généralement servi au déjeuner en semaine
13,80 (déj.)	Menu servi au déjeuner uniquement
16/25	Prix du menu : minimum 16 €, maximum 25 €
15,50/25	Menu à prix fixe minimum 15,50 € non servi les fins de semaine et jours fériés
bc	Boisson comprise
ℙ	Vin servi au verre
⌀	Vin de table en carafe

Repas à la carte :

Repas carte 24 à 48	Le premier prix correspond à un repas normal comprenant : entrée, plat principal et dessert. Le 2e prix concerne un repas plus complet (avec spécialité) comprenant : deux plats, fromage et dessert (boisson non comprise).

Chambres

ch 31/68	*Prix minimum 31 € pour une chambre d'une personne et prix maximum 68 € pour une chambre de deux personnes*
29 ch ⌷ 36/73	*Prix des chambres petit-déjeuner compris*
⌷ 6,80	*Prix du petit-déjeuner (généralement servi dans la chambre)*
suites	*Se renseigner auprès de l'hôtelier*

Demi-pension

1/2 P 35,50/55

*Prix minimum et maximum de la demi-pension
(chambre, petit-déjeuner et un repas) par personne
et par jour, en saison ; ces prix s'entendent
pour une chambre double occupée par deux personnes,
pour un séjour de trois jours minimum.
Une personne seule occupant une chambre double
se voit parfois appliquer une majoration.
La plupart des hôtels saisonniers pratiquent
également, sur demande, la pension complète.
Dans tous les cas, il est indispensable de s'entendre
par avance avec l'hôtelier pour conclure
un arrangement définitif.*

Les arrhes

*Certains hôteliers demandent le versement d'arrhes.
Il s'agit d'un dépôt-garantie qui engage l'hôtelier
comme le client.
Bien faire préciser les dispositions de cette garantie.
Demandez à l'hôtelier de vous fournir
dans sa lettre d'accord toutes précisions utiles
sur la réservation et les conditions de séjour.*

Cartes de paiement

AE ① GB JCB

*Cartes de paiement acceptées par l'établissement :
American Express - Diners Club - Carte Bancaire
(Visa, Eurocard, MasterCard) - Japan Credit Bureau*

Les villes

63300	Numéro de code postal de la localité (les deux premiers chiffres correspondent au numéro du département)
✉ 57130 Ars	Numéro de code postal et nom de la commune de destination
P ⟨SP⟩	Préfecture – Sous-préfecture
337 E5	Numéro de la Carte "LOCAL" Michelin et coordonnées de carroyage
G. Jura	Voir Le Guide Vert Michelin Jura
1 057 h.	Population
alt. 75	Altitude de la localité
Stat. therm.	Station thermale
1 200/1 900	Altitude de la station et altitude maximum atteinte par les remontées mécaniques
⚡ 2	Nombre de téléphériques ou télécabines
⚡ 14	Nombre de remonte-pentes et télésièges
🎿	Ski de fond
BY B	Lettres repérant un emplacement sur le plan
⌐9	Golf et nombre de trous
☀ ≼	Panorama, point de vue
✈	Aéroport
🚗	Localité desservie par train-auto. Renseignements au numéro de téléphone indiqué
🚢	Transports maritimes
🛥	Transports maritimes pour passagers seulement
🛈	Information touristique : Le numéro de téléphone national du portail "Tourisme en France" vous met en relation avec l'office de tourisme de votre choix : composez le 3265 (0,34 €/min) et laissez-vous guider (disponible en français uniquement).

Les curiosités

Intérêt

★★★   *Vaut le voyage*

★★   *Mérite un détour*

★   *Intéressant*

Les musées sont généralement fermés le mardi

Situation

Voir   *Dans la ville*

Env.   *Aux environs de la ville*

N, S, E, O   *La curiosité est située : au Nord, au Sud, à l'Est,
à l'Ouest*

② ④   *On s'y rend par la sortie ② ou ④ repérée
par le même signe sur le plan du Guide et sur la carte*

2 km   *Distance en kilomètres*

Les cartes de voisinage

Avez-vous pensé à les consulter ? _____

*Vous souhaitez trouver une bonne adresse,
par exemple, aux environs de Clermont-Ferrand ?
Consultez la carte qui accompagne le plan
de la ville.*

*La « carte de voisinage » (ci-contre) attire
votre attention sur toutes les localités citées au Guide
autour de la ville choisie, et particulièrement
celles qui sont accessibles en automobile en moins
de 30 minutes (limite de couleur).*

*Les « cartes de voisinage » vous permettent ainsi
le repérage rapide de toutes les ressources proposées
par le Guide autour des métropoles régionales.*

Nota :

*Lorsqu'une localité est présente sur une
« carte de voisinage », sa métropole de rattachement
est imprimée en BLEU sur la ligne des distances
de ville à ville.*

*Vous trouverez
Châtelguyon
sur la carte
de voisinage de
Clermont-Ferrand.*

Exemple :
_____

CHÂTELGUYON 63140 P.-de-D. 326 F7 *G. Auvergne*
    fin sept.) – Casino **B**.
    🛈 *Office du Tourisme, 1 av. de l'Europe*
    ot.chatelguyon@wanadoo.fr
    Paris 414 ① *– Clermont-Ferrand 21* ① *– Gannat*

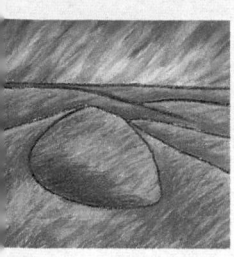

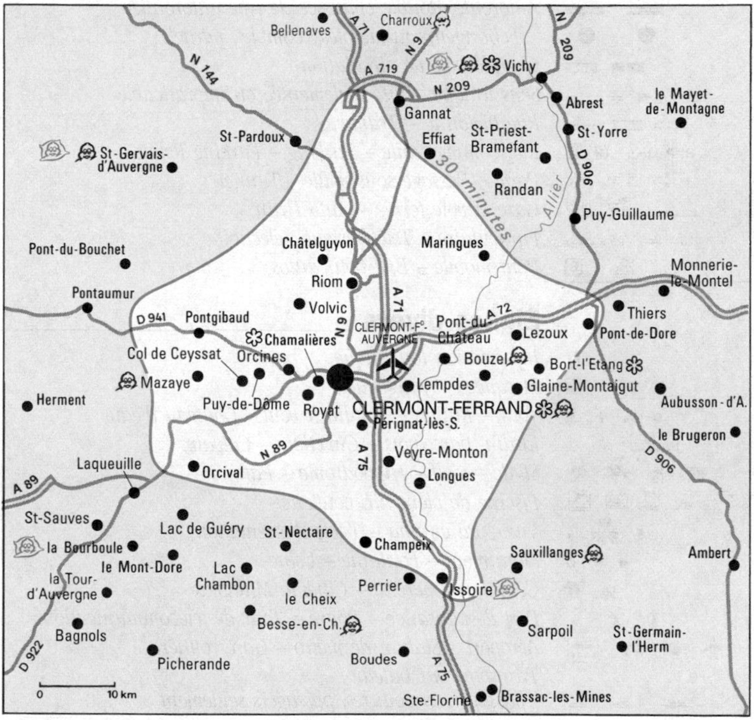

Map

Bellenaves

Charroux

N 144

A 719

N 9

Vichy

N 209

le Mayet-
de-Montagne

Abrest

Gannat

St-Priest-
Bramefant

St-Yorre

St-Pardoux

Effiat

St-Gervais-
d'Auvergne

D 906

Randan

Alllier

Puy-Guillaume

Pont-du-Bouchet

Châtelguyon

Maringues

30 minutes

Monnerie-
le-Montel

Pontaumur

Riom

Volvic

A 71

Thiers

D 941

Pontgibaud

Chamalières

CLERMONT-F°.
AUVERGNE

A 72

Pont-du-
Château

Lezoux

Pont-de-Dore

Col de Ceyssat

Orcines

N 89

Bouzel

Bort-l'Etang

Mazaye

Lempdes

Glaine-Montaigut

Herment

Puy-de-Dôme

Royat

CLERMONT-FERRAND

Aubusson-d'A.

Pérignat-lès-S.

le Brugeron

Laqueuille

Orcival

N 89

A 75

Veyre-Monton

D 906

Longues

A 89

St-Sauves

Lac de Guéry

St-Nectaire

Champeix

la Bourboule

Sauxillanges

Ambert

la Tour-
d'Auvergne

le Mont-Dore

Lac
Chambon

Perrier

Issoire

D 922

le Cheix

Besse-en-Ch.

Sarpoil

St-Germain-
l'Herm

Bagnols

Picherande

Boudes

A 75

0   10 km

Ste-Florine

Brassac-les-Mines

*Toutes les « cartes
de voisinage » sont
localisées sur la
carte thématique
pages 94 à 116.*

Les plans

• □   *Hôtels*
• ■   *Restaurants*

Curiosités

Bâtiment intéressant
Édifice religieux intéressant :
- Catholique – Protestant

Voirie

Autoroute, double chaussée de type autoroutier
   Échangeurs numérotés : complet, partiels
Grande voie de circulation
Sens unique – Rue réglementée ou impraticable
Rue piétonne – Tramway
R. Pasteur   *Rue commerçante – Parking – Parking Relais*
Porte – Passage sous voûte – Tunnel
Gare et voie ferrée – Auto/Train
Funiculaire – Téléphérique, télécabine
Pont mobile – Bac pour autos

Signes divers

Information touristique
Mosquée – Synagogue
Tour – Ruines – Moulin à vent – Château d'eau
Jardin, parc, bois – Cimetière – Calvaire
Stade – Golf – Hippodrome – Patinoire
Piscine de plein air, couverte
Vue – Panorama – Table d'orientation
Monument – Fontaine – Usine
Centre commercial – Cinéma Multiplex
Port de plaisance – Phare – Tour de télécommunications
Aéroport – Station de métro – Gare routière
Transport par bateau :
- passagers et voitures, passagers seulement
③   *Repère commun aux plans*
et aux cartes Michelin détaillées
Bureau principal de poste restante et Téléphone
Hôpital – Marché couvert – Caserne
Bâtiment public repéré par une lettre :
A C   *- Chambre d'agriculture – Chambre de commerce*
G H J   *- Gendarmerie – Hôtel de ville – Palais de justice*
M P T   *- Musée – Préfecture, sous-préfecture – Théâtre*
U   *- Université, grande école*
POL.   *- Police (commissariat central)*
Passage bas (inf. à 4 m 50) – Charge limitée (inf. à 19 t)

E. Baret / Michelin - (06 - Roubion)

☐ a. *Départementale D17*
☐ b. *Nationale N202*
☐ c. *Départementale D30*

Vous ne savez pas comment vous y rendre ?
Alors ouvrez vite une Carte Michelin !

Les cartes NATIONAL, REGIONAL,
LOCAL ou ZOOM et les Atlas Michelin,
par leur précision et leur clarté vous
permettent de choisir votre itinéraire et
de trouver facilement votre chemin, en
vous repérant à chaque instant.

Dear Reader

The Michelin Guide offers a selection of the best hotels and restaurants in many categories of comfort and price. It is compiled by a team of professionally trained inspectors who travel the country visiting new establishments as well as those already listed in the guide. Their mission is to check the quality and consistency of the amenities and service provided by the hotels and restaurants throughout the year. The inspectors are full-time Michelin employees and their assessments, made anonymously, are therefore completely impartial and independent.

The amenities found in each establishment are indicated by symbols, an international language which enables you to see at a glance whether a hotel has, for example, a car park or swimming pool. To take full advantage of the wealth of information contained in the guide, consult the introduction. A short descriptive text complements the symbols.

Entry in the Michelin Guide is completely free of charge and every year the proprietors of those establishments listed complete a questionnaire giving the opening times and prices for the coming year. Nearly 100,000 pieces of information are updated for each annual edition.

Our readers also contribute through the 45,000 letters and e-mails received annually commenting on hotels and restaurants throughout Europe.

Thank you for your support and please continue to send us your comments. We hope you enjoy travelling with the Michelin Guide 2004.

Consult the Michelin Guide at
www.Viamichelin.fr
and write to us at:
leguidemichelin-france@fr.michelin.com

Contents

21   *How to use this guide*

75   *Food and wine*

80   **Starred establishments**

86   *The* **"Bib Gourmand"**

91   *The* **"Bib Hôtel"**

94   *Maps of* **star-rated restaurants**,
the **"Bib Gourmand"**, *the* **"Bib Hôtel"**, *pleasant,
secluded and very quiet hotels and restaurants
and location of local maps*

119   *Hotels, restaurants, town plans, sights*

       bordered in red
       In and around Paris

1136   **Starred establishments** *in and around Paris*

1138   *The* **"Bib Gourmand"** *in and around Paris*

1787   *Principality of Andorra*

1799   *Principality of Monaco*

1805   *Helpline for main brands of cars*

1808   *Distances*

1810   *Atlas : main roads*

1817   *School holidays calendar*

1820   *Where does that car come from ?*

1822   *International dialling codes*

Choosing a hotel or restaurant

This guide offers a selection of hotels and restaurants to help motorists on their trips. In each category establishments are listed in order of preference according to the degree of comfort they offer.

Categories

🏨	🗙🗙🗙🗙🗙	*Luxury in the traditional style*
🏨	🗙🗙🗙🗙	*Top class comfort*
🏨	🗙🗙🗙	*Very comfortable*
🏨	🗙🗙	*Comfortable*
🏠	🗙	*Quite comfortable*
🍴		*Simple comfort*
sans rest.		*The hotel has no restaurant*
	avec ch.	*The restaurant also offers accommodation*

Peaceful atmosphere and setting

Certain establishments are distinguished in the guide by the red symbols shown below.

Your stay in such hotels will be particularly pleasant or restful, owing to the character of the building, its decor, the setting, the welcome and services offered, or simply the peace and quiet to be enjoyed there.

🏨 to 🍴	*Pleasant hotels*
🗙🗙🗙🗙🗙 to 🗙	*Pleasant restaurants*
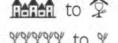	*Very quiet or quiet, secluded hotel*
	Quiet hotel
 mer	*Exceptional view*
≤	*Interesting or extensive view*

The maps on pages 94 to 116 indicate places with such very peaceful, pleasant hotels and restaurants.

By consulting them before setting out and sending us your comments on your return you can help us with our enquiries.

21

Hotel facilities

In general the hotels we recommend have full bathroom and toilet facilities in each room. However, this may not be the case for certain rooms in categories 🏠 and 🐠.

30 ch	*Number of rooms*
🛗	*Lift (elevator)*
▤	*Air conditioning (in all or part of the hotel)*
TV	*Television in room*
🚭	*Rooms reserved for non-smokers*
📞	*Modem point in the bedrooms*
♿	*Bedrooms accessible to those with restricted mobility*
🍽	*Meals served in garden or on terrace*
🕉	*Wellness centre : an extensive facility for relaxation and wellbeing*
🏋	*Exercise room*
🏊 🏊	*Outdoor or indoor swimming pool*
🌳 🔱	*Garden - Park*
🏖	*Beach with bathing facilities*
🎾	*Hotel tennis court*
🎤 25 à 150	*Equipped conference hall (minimum and maximum capacities)*
🚙	*Restaurant offering valet parking (tipping customary)*
🚗	*Hotel garage (additional charge in most cases)*
P	*Car park for customers only*
P	*Enclosed car park for customers only*
🐕	*Dogs are excluded from all or part of the hotel*
Ⓜ	*Nearest underground station to the hotel or restaurant (in Paris)*
mai-oct.	*Dates when open, as indicated by the hotelier*
saisonnier	*Probably open for the season – precise dates not available. Where no date or season is shown, establishments are open all year round.*

22

Cuisine

Stars

*Certain establishments deserve to be brought
to your attention for the particularly fine quality
of their cooking. Michelin stars are awarded
for the standard of meals served.*

*For such restaurants we list
three culinary specialities and a number
of local wines to assist you in your choice.*

✿✿✿   **Exceptional cuisine, worth a special journey**

27   *One always eats here extremely well,
sometimes superbly. Fine wines, faultless service,
elegant surroundings. One will pay accordingly!*

✿✿   **Excellent cooking, worth a detour**

•   64   *Specialities and wines of first class quality.
This will be reflected in the price.*

✿   **A very good restaurant in its category**

409   *The star indicates a good place to stop on your journey.
But beware of comparing the star given
to an expensive de luxe establishment to that
of a simple restaurant where you can appreciate
fine cuisine at a reasonable price.*

*Please refer to the list and the maps of **star-rated
restaurants** ✿✿✿, ✿✿, ✿ pp 80 to 85 and 94 to 116.*

Cuisine

The "Bib Gourmand"

439   Good food at moderate prices

*You may also like to know of other restaurants
with less elaborate, moderately priced menus
that offer good value for money and serve
carefully prepared meals. Outside the Paris region, such
establishments generally specialise in regional cooking.
In the guide such establishments are marked ⊛
the "Bib Gourmand" and* Repas *just before
the price of the menu :*

For example Repas 18/24 *outside the Paris region*
        Repas 23/31 *in the Paris region*

*Please refer to the list and the maps
of the "Bib Gourmand" ⊛ pp 86 to 90 and 94 to 116.*

See also ⊛ on page 20.

Wine list

A particularly interesting wine list

*Some of the restaurants we have chosen, across all
categories, offer a particularly interesting wine list.
Beware, however, of comparing the list presented by
the sommelier of a grand restaurant with that of
simple inn where the owner has a passion for wine.*

Food and wine : see pp 75 to 79

Accommodation

The "Bib Hôtel"

229

Good accomodation at moderate prices

*For those looking for a friendly hotel
which offers a good level of comfort and service
at a reasonable price.*
*These establishments have mostly double rooms
costing up to 63 € in the provinces and
78 € in towns and popular tourist ressorts.
Breakfast is not included.*

Look for the **"Bib Hôtel"** and ch.
Ex. 25 ch 40/72 *in the provinces.*
Ex. 25 ch 45/82 *in towns and popular tourist resorts.*

All the **"Bib Hôtel"** *are listed on pages 91 to 93
are marked on the maps on pages 94 to 116.*

Prices

*Prices quoted are valid for autumn 2003
and apply to high season. They are subject
to alteration if goods and service costs are revised.
The rates include tax and service
and no extra charge should appear on your bill,
with the possible exception of visitors' tax.*

*In some towns, when commercial, cultural or sporting
events are taking place, the hotel rates are likely to be
considerably higher.*

*Hotels and restaurants in bold type have supplied
details of all their rates and have assumed
responsibility for maintaining them for all travellers
in possession of this guide.*

*Out of season, certain establishments offer
special rates. Ask when booking.*

*Your recommendation is self evident
if you always walk into a hotel Guide in hand.*

Meals _____

enf. 9	*Price of children's menu*
☜	*Establishment serving a simple menu for less than 15 €*

Set meals :

Repas *(11)*	*Price for a 2 course meal, generally served weekday lunchtimes*
13,80 (déj.)	*Set meal served only at lunch time*
16/25	*Lowest* 16 € *and highest* 25 € *prices for set meals*
15,50/25	*The cheapest set meal* 15,50 € *is not served on Saturdays, Sundays or public holidays*
bc	*House wine included*
♀	*Wine served by the glass*
⚱	*Table wine available by the carafe*

A la carte meals :

Repas carte 24 à 48	*The first figure is for a plain meal and includes first course, main dish of the day with vegetables and dessert* *The second figure is for a fuller meal (with spécialité) and includes starter, main course, cheese and dessert (drinks not included).*

Rooms

ch 31/68   *Lowest price 31 € for a single room*
and highest price 68 € for a double
29 ch ⊊ 36/73   *Price includes breakfast*
⊊ 6,80   *Price of continental breakfast*
(generally served in the bedroom)
suites   *Check with the hotelier for prices*

Half board

1/2 P 35,50/55   *Lowest and highest prices of half board*
(room, breakfast and a meal) per person, per day
in season. These prices are valid for a double room
occupied by two people for a minimum stay
of three days. When a single person occupies
a double room a supplement might apply.
Most of the hotels also offer full board terms
on request. It is essential to agree on terms
with the hotelier before making a firm reservation.

Deposits

Some hotels will require a deposit, which confirms
the commitment of customer and hotelier alike.
Make sure the terms of the agreement are clear.
Ask the hotelier to provide you, in his letter
of confirmation, with all terms and conditions
applicable to your reservation.

Credit cards

AE ⓘ GB JCB   *American Express – Diners Club – Carte Bancaire*
(includes Eurocard, MasterCard and Visa) –
Japan Credit Bureau

Towns

63300	Local postal number (the first two numbers represent the department number)
⊠ 57130 Ars	Postal number and name of the postal area
Ⓟ ⟨ＳＰ⟩	Prefecture – Sub-prefecture
337 E5	Number of the appropriate sheet and grid square references of the Michelin road map "LOCAL"
G. Jura	See The Michelin Green Guide Jura
1 057 h.	Population
alt. 75	Altitude (in metres)
Stat. therm.	Spa
Sports d'hiver	Winter sports
1 200/1 900	Altitude (in metres) of resort and highest point reached by lifts
⟨ 2	Number of cable-cars
⟨ 14	Number of ski and chair-lifts
⟨	Cross country skiing
BY B	Letters giving the location of a place on the town plan
⟨9	Golf course and number of holes
⁂ ⟨	Panoramic view, Viewpoint
⟨	Airport
⟨	Places with motorail pick-up point. Further information from phone no. listed
⟨	Shipping line
⟨	Passenger transport only
⟨	Tourist Information Centre : Tourisme en France's, nationwide automated switchboard, puts you in touch with the tourist information centre of your choice : dial 3265 (0,34 €/min.) and follow the instructions (only available in French).

28

Sights

Star-rating

★★★	*Worth a journey*
★★	*Worth a detour*
★	*Interesting*

Museums and art galleries are generally closed on Tuesdays

Location

Voir	*Sights in town*
Env.	*On the outskirts*
N, S, E, O	*The sight lies north, south, east or west of the town*
② ④	*Sign on town plan and on the Michelin road map indicating the road leading to a place of interest*
2 km	*Distance in kilometres*

Local maps

May we suggest that you consult them ⎯⎯

Should you be looking for a hotel or restaurant not too far from Clermont-Ferrand, for example, you can consult the map along with the town plan.

The local map (opposite) draws your attention to all places around the town or city selected, provided they are mentioned in the Guide. Places located within a thirty minute drive are clearly identified by the use of a different coloured background.

The various facilities recommended near the different regional capitals can be located quickly and easily.

Note :

Entries in the Guide provide information on distances to nearby towns. Whenever a place appears on one of the local maps, the name of the town or city to which it is attached is printed in BLUE.

Example :

Châtelguyon is to be found on the local map Clermont-Ferrand.

CHÂTELGUYON *63140 P.-de-D.* 326 *F7 G. Auvergne fin sept.) – Casino* **B**.
 ◪ *Office du Tourisme, 1 av. de l'Europe ot.chatelguyon@wanadoo.fr*
 Paris 414 ① *– Clermont-Ferrand 21* ① *– Gannat*

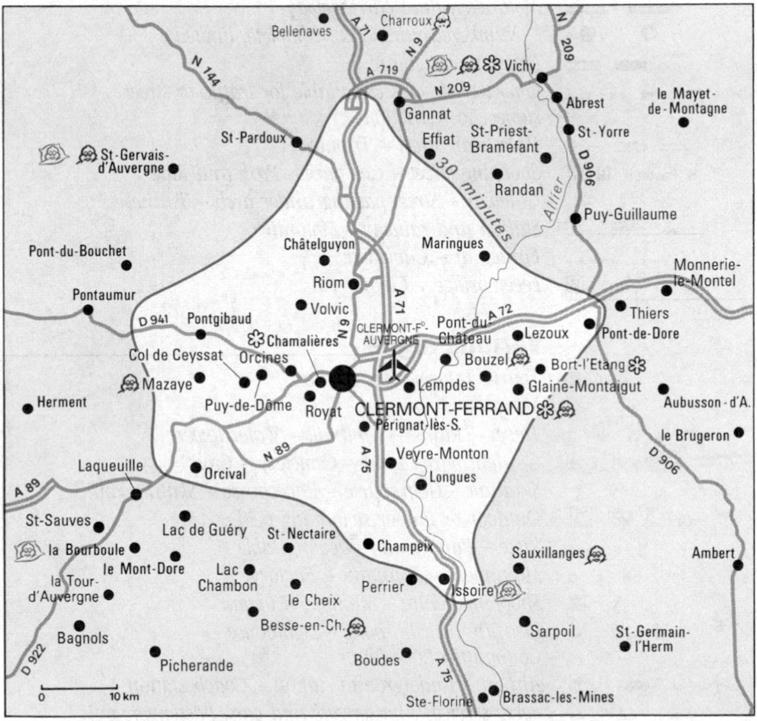

Bellenaves
Charroux
A 71
A 719
Vichy
N 209
N 144
N 209
Abrest
le Mayet-
de-Montagne
Gannat
Effiat
St-Priest-
Bramefant
St-Yorre
St-Pardoux
St-Gervais-
d'Auvergne
30 minutes
Randan
Puy-Guillaume
Allier
D 906
Pont-du-Bouchet
Châtelguyon
Maringues
Monnerie-
le-Montel
Pontaumur
Riom
A 71
Volvic
Thiers
D 941
Pontgibaud
N 6
CLERMONT-F°.
AUVERGNE
Pont-du-
Château
A 72
Pont-de-Dore
Lezoux
Chamalières
Col de Ceyssat
Orcines
Bouzel
Bort-l'Étang
Mazaye
Lempdes
Glaine-Montaigut
Aubusson - d'A.
Herment
Puy-de-Dôme
Royat
CLERMONT-FERRAND
le Brugeron
Pérignat-lès-S.
D 906
Laqueuille
N 89
Veyre-Monton
A 89
Orcival
Longues
A 75
St-Sauves
la Bourboule
Lac de Guéry
St-Nectaire
Champeix
Sauxillanges
Ambert
le Mont-Dore
Lac
Chambon
Perrier
Issoire
la Tour-
d'Auvergne
le Cheix
D 922
Bagnols
Besse-en-Ch.
Sarpoil
St-Germain-
l'Herm
Picherande
Boudes
A 75
Ste-Florine
Brassac-les-Mines
0   10 km

*All the local maps
are indicated
on the thematic map
on pp 94 to 116.*

31

Town plans

• □	*Hotels*
• ■	*Restaurants*

Sights

Place of interest

Interesting place of worship:
- Catholic – Protestant

Roads

Motorway, dual carriageway
    Numbered junctions : complete, limited
Major thoroughfare
One-way street – Unsuitable for traffic or street
subject to restrictions
Pedestrian street – Tramway

R. Pasteur 🅿 🅿   *Shopping street – Car park – Park and Ride*

Gateway – Street passing under arch – Tunnel
Station and railway – Motorail
Funicular – Cable-car
Lever bridge – Car ferry

Various signs

🛈   *Tourist Information Centre*

Mosque – Synagogue
Tower – Ruins – Windmill – Water tower
Garden, park, wood – Cemetery – Cross
Stadium – Golf course – Racecourse – Skating rink
Outdoor or indoor swimming pool
View – Panorama – Viewing table
Monument – Fountain – Factory
Shopping centre – Multiplex Cinema
Pleasure boat harbour – Lighthouse
Communications tower
Airport – Underground station – Coach station
Ferry services : passengers and cars, passengers only

③   *Reference number common to town plans*
and Michelin maps

Main post office with poste restante and telephone
Hospital – Covered market – Barracks
Public buildings located by letter :

A C   *- Chamber of Agriculture – Chamber of Commerce*

G 🏛 H J   *- Gendarmerie – Town Hall – Law Courts*

M   P T   *- Museum – Prefecture or sub-prefecture – Theatre*

U   *- University, College*

POL.   *- Police (in large towns police headquarters)*

🚇 18T ⑱   *Low headroom (15 ft. max.) – Load limit (under 19 t)*

Caro lettore,

La Guida Michelin le propone,
per ogni categoria di confort e di prezzo,
una selezione dei migliori alberghi e ristoranti
effettuata da un'équipe di professionisti
del settore. Gli ispettori, dipendenti Michelin,
attraversano il paese tutto l'anno
per visitare nuovi esercizi e verificare la qualità
e la regolarità delle prestazioni di quelli
già citati, lavorando nel più stretto anonimato
e in tutta autonomia.

Le attrezzature ed i servizi sono indicati
da simboli, un immediato linguaggio
internazionale che le permetterà di capire
in un attimo se, per esempio, un albergo
dispone di parcheggio o di piscina.
Per trarre il meglio da questa ricca fonte
d'informazioni, le consigliamo di consultare
l'introduzione. Le indicazioni sono poi completate
da un testo che descrive l'atmosfera dell'albergo o
del ristorante.

L'iscrizione nella guida è completamente
gratuita. Ogni anno gli albergatori
e i ristoratori citati compilano
un questionario inviato loro per fornirci i periodi
di apertura e i prezzi per l'anno a venire.
Circa 100 000 dati sono aggiornati
ad ogni edizione (nuovi esercizi, variazioni
di tariffe, periodi di apertura).

Di grande aiuto sono anche i commenti
dei lettori che ci inviano circa 45 000 lettere
ed e-mail all'anno da tutta l'Europa.

Grazie sin d'ora per la sua partecipazione
e buon viaggio con la Guida Michelin 2004.

Consultate la Guida Michelin sul sito
www.Viamichelin.fr
e scriveteci presso
leguidemichelin-france@fr.michelin.com

Sommario

35   *Come servirsi della Guida*

75   *I vini e le vivande*

80   *Gli* **esercizi con stelle**

86   *Il* **"Bib Gourmand"**

91   *Il* **"Bib Hôtel"**

94   *Carte delle* **ottime tavole con stelle,** **"Bib Gourmand"** *e* **"Bib Hôtel",** *degli alberghi e ristoranti ameni, isolati, molto tranquilli e localizzazione delle carte dei dintorni*

119   *Alberghi, ristoranti, piante di città, « curiosità »...*

     Bordate di rosso
     Parigi e Dintorni

1136   *Gli* **esercizi con stelle** *a Parigi e Dintorni*

1138   *Il* **"Bib Gourmand"** *a Parigi e Dintorni*

1787   *Principato di Andorra*

1799   *Principato di Monaco*

1805   *Servizio d'Assistenza delle principali marche automobilistiche*

1808   *Distanze*

1810   *Carta di Francia: principali strade*

1817   *Calendario delle vacanze scolastiche*

1820   *Da dove viene questa automobile?*

1822   *Indicativi telefonici internazionali*

La scelta di un albergo, di un ristorante

*Questa guida vi propone una selezione di alberghi
e ristoranti per orientare la scelta dell'automobilista.
Gli esercizi, classificati in base
al confort che offrono, vengono citati in ordine
di preferenza per ogni categoria.*

Categorie

🏨🏨🏨🏨	XXXXX	*Gran lusso e tradizione*
🏨🏨🏨	XXXX	*Gran confort*
🏨🏨	XXX	*Molto confortevole*
🏨	XX	*Di buon confort*
🏠	X	*Abbastanza confortevole*
🏡		*Semplice, ma conveniente*
sans rest.		*L'albergo non ha ristorante*
	avec ch.	*Il ristorante dispone di camere*

Amenità e tranquillità

*Alcuni esercizi sono evidenziati nella guida
dai simboli rossi indicati qui di seguito.
Il soggiorno in questi alberghi dovrebbe rivelarsi
particolarmente ameno o riposante.*

*Ciò può dipendere sia dalle caratteristiche dell'edificio,
dalle decorazioni non comuni, dalla sua posizione
e dal servizio offerto, sia dalla tranquillità dei luoghi.*

🏨🏨🏨 a 🏡	*Alberghi ameni*
XXXXX a X	*Ristoranti ameni*
🦢	*Albergo molto tranquillo o isolato e tranquillo*
🦢	*Albergo tranquillo*
≤ mer	*Vista eccezionale*
≤	*Vista interessante o estesa*

*Le località che possiedono degli esercizi ameni o molto
tranquilli sono riportate sulle carte da pagina 94 a 116.*

*Consultatele per la preparazione dei vostri viaggi e,
al ritorno, inviateci i vostri pareri; in tal modo
agevolerete le nostre inchieste.*

35

Installazioni

*Le camere degli alberghi che raccomandiamo
possiedono, generalmente, delle installazioni
sanitarie complete. È possibile tuttavia
che nelle categorie 🏠 e 👤
alcune camere ne siano sprovviste.*

30 ch	*Numero di camere*
🛗	*Ascensore*
▤	*Aria condizionata (in tutto o in parte dell'esercizio)*
TV	*Televisione in camera*
🚭	*Camere riservate ai non fumatori*
📞	*Presa Modem in camera*
♿	*Camere accessibili alle persone con difficoltà motorie*
🏡	*Pasti serviti in giardino o in terrazza*
ⓦ	*Wellness centre : Centro attrezzato per il benessere ed il relax*
Ꮭ	*Palestra*
🏊 🏊	*Piscina: all'aperto, coperta*
🌳 🌿	*Giardino - Parco*
🏖	*Spiaggia attrezzata*
🎾	*Tennis appartenente all'albergo*
🏛 25 à 150	*Sale per conferenze: capienza minima e massima delle sale*
🅿️	*Ristorante con servizio di posteggiatore (è consuetudine lasciare una mancia)*
🚗	*Garage nell'albergo (generalmente a pagamento)*
🅿	*Parcheggio riservato alla clientela*
🅿	*Parcheggio chiuso riservato alla clientela*
🚫	*Accesso vietato ai cani (in tutto o in parte dell'esercizio)*
Ⓜ	*Stazione della metropolitana più vicina all'albergo o al ristorante (a Parigi)*
mai-oct.	*Periodo di apertura, comunicato dall'albergatore*
saisonnier	*Probabile apertura in stagione, ma periodo non precisato. Gli esercizi senza tali menzioni sono aperti tutto l'anno.*

La tavola

Le stelle

Alcuni esercizi meritano di essere segnalati alla vostra attenzione per la qualità particolare della loro cucina; li abbiamo evidenziati con le « stelle di ottima tavola ».

Per ognuno di questi ristoranti indichiamo tre specialità culinarie e alcuni vini locali che potranno aiutarvi nella scelta.

❀❀❀ **Una delle migliori tavole, vale il viaggio**

27 *Vi si mangia sempre molto bene, a volte meravigliosamente, grandi vini, servizio impeccabile, ambientazione accurata... Prezzi conformi.*

❀❀ **Tavola eccellente, merita una deviazione**

64 *Specialità e vini scelti... Aspettatevi una spesa in proporzione.*

❀ **Un'ottima tavola nella sua categoria**

409 *La stella indica una tappa gastronomica sul vostro itinerario.*
Non mettete però a confronto la stella di un esercizio di lusso, dai prezzi elevati, con quella di un piccolo esercizio dove, a prezzi ragionevoli, viene offerta una cucina di qualità.

Consultate l'elenco e le carte con **stelle**
❀❀❀, ❀❀, ❀ *pagine 80 a 85 e 94 a 116.*

La tavola

 Il "Bib Gourmand"

*Talvolta desiderate trovare delle tavole più semplici
a prezzi contenuti. Per questo motivo abbiamo
selezionato dei ristoranti che, per un rapporto
qualità-prezzo particolarmente favorevole,
offrono un pasto accurato, in provincia spesso
a carattere tipicamente regionale.*
Questi ristoranti sono evidenziati nel testo
con il **"Bib Gourmand"** e Repas,
es. Repas 18/24, *in provincia.*
es. Repas 23/31, *a Parigi e nella sua regione.*

Consultate l'elenco e le carte con **"Bib Gourmand"**
pagine 86 a 90 e 94 a 116.

Vedere anche a pagina 40.

 La carta dei vini

Carta con proposte particolarmente interessanti

*Tra i ristoranti che noi abbiamo selezionato in tutte
le categorie, alcuni propongono una carta dei vini
particolarmente interessante. Attenzione a non
confrontare la carta presentata da un sommelier in
un grande ristorante con quella di una trattoria dove
il proprietario ha una grande passione per i vini
della regione*

I vini e le vivande: vedere p. 75 a 79

Dove alloggiare

 ## Il " Bib Hôtel "

229 **Buona sistemazione a prezzi contenuti.**

*Cercate un albergo funzionale ed accogliente
in grado di offrire una prestazione
di qualità a prezzi contenuti?
Questi esercizi dispongono di camere per due persone,
prima colazione esclusa, a meno di 63 € in provincia
e 78 € in città ed in località turistiche importanti.*
Sono segnalati dal " **Bib Hôtel** " 📷 *e* ch.
Es. **26** *ch* 40/72 *in provincia.*
Es. **26** *ch* 45/82 *in città ed in località
turistiche importanti.*

Consultate l'elenco dei " **Bib Hôtel** "
*da pagina 91 a pagina 93
e localizzateli sulle carte da pagina 94 a pagina 116.*

I prezzi

*I prezzi indicati in questa guida, sono stati stabiliti
nell'autunno 2003 e si riferiscono
ai periodi di alta stagione. E' possibile che vengano
modificati in funzione del periodo o di variazioni
dei costi di beni e servizi.
Essi s'intendono comprensivi di tasse e servizio.
Nessuna maggiorazione deve figurare sul vostro conto,
salvo eventualmente la tassa di soggiorno.*

*In occasione di alcune manifestazioni commerciali,
culturali o sportive, i prezzi richiesti dagli albergatori
potrebbero subire un sensibile aumento nelle località
interessate e nei loro dintorni.*

*Gli alberghi e i ristoranti vengono menzionati in
carattere grassetto quando gli albergatori ci hanno
comunicato tutti i loro prezzi e si sono impegnati,
sotto la propria responsabilità, ad applicarli ai
turisti di passaggio, in possesso della nostra guida.*

*In bassa stagione, certi esercizi applicano
condizioni più vantaggiose, informatevi al momento
della prenotazione.*

*Entrate nell'albergo con la Guida alla mano,
dimostrando in tal modo la fiducia in chi vi ha
indirizzato.*

Pasti

enf. 9	*Prezzo del menu riservato ai bambini*
൦	*Esercizio che presenta un menu semplice per meno di 15 €*

Pasti a prezzo fisso:

Repas *(11)*	*Prezzo di un pasto composto dal piatto principale accompagnato da antipasto o dessert, generalmente servito a mezzogiorno in settimana*
13,80 (déj.)	*Menu servito a mezzogiorno soltanto*
16/25	*Prezzo del menu: minimo 16 €, massimo 25 €*
15,50/25	*Menu a prezzo fisso minimo 15,50 €, non applicato durante il fine settimana e nei giorni festivi*
bc	*Bevanda compresa*
♈	*Vino servito a bicchiere*
⚱	*Vino da tavola in caraffa a prezzo modico*

Pasto alla carta:

Repas carte 24 à 48	*Il primo prezzo corrisponde ad un pasto semplice comprendente: antipasto, piatto con contorno e dessert. Il secondo prezzo corrisponde ad un pasto più completo (con specialità) comprendente: due piatti, formaggio e dessert (bevande escluse).*

Camere

ch 31/68 — *Prezzo minimo 31 € per una camera singola
e prezzo massimo 68 € per una camera
per due persone*

29 ch ⊑ 36/73 — *Prezzo della camera compresa la prima colazione*

⊑ 6,80 — *Prezzo della prima colazione
(generalmente servita in camera)*

suites — *Informarsi presso l'albergatore*

Mezza pensione

1/2 P 35,50/55 — *Prezzo minimo e massimo della mezza pensione
(camera, prima colazione e un pasto) per persona
e al giorno, in alta stagione. Questi prezzi sono
validi per la camera doppia occupata da due
persone, per un soggiorno minimo di tre giorni;
la persona singola che occupi una camera doppia,
potrà talvolta vedersi applicata una maggiorazione.
La maggior parte degli alberghi pratica anche,
su richiesta, la pensione completa.
È comunque consigliabile prendere accordi
preventivi con l'albergatore per stabilire
le condizioni definitive.*

La caparra

*Alcuni albergatori chiedono il versamento
di una caparra. Si tratta di un deposito-garanzia
che impegna tanto l'albergatore che il cliente.
Vi consigliamo di farvi precisare le norme
riguardanti la reciproca garanzia di tale caparra.
Chiedete all'albergatore di fornirvi nella sua lettera
di conferma, ogni dettaglio sulla prenotazione
e sulle condizioni di soggiorno.*

Carte di credito

AE ⑩ GB JCB — *American Express – Diners Club – Carte Bancaire
(comprende Eurocard, MasterCard e Visa) –
Japan Credit Bureau*

Le città

63300	Codice di avviamento postale (le prime due cifre corrispondono al numero del dipartimento)
✉ 57130 Ars	Numero di codice e sede dell'ufficio postale di destinazione
P ◁⑨▷	Prefettura – Sottoprefettura
337 E5	Numero della carta Michelin "LOCAL" e coordinate riferite alla quadrettadura.
G. Jura	Vedere La Guida Verde Michelin Jura
1 057 h.	Popolazione
alt. 75	Altitudine della località
Stat. therm.	Stazione termale
Sports d'hiver	Sport invernali
1 200/1 900	Altitudine della località e altitudine massima raggiungibile con gli impianti di risalita
⛷ 2	Numero di funivie o cabinovie
⛷ 14	Numero di sciovie e seggiovie
🎿	Sci di fondo
BY B	Lettere indicanti l'ubicazione sulla pianta
⛳₉	Golf e numero di buche
☀ ≼	Panorama, vista
✈	Aeroporto
🚗	Località con servizio auto su treno. Informarsi al numero di telefono indicato
⛴	Trasporti marittimi
⛴	Trasporti marittimi (solo passeggeri)
▯	Ufficio informazioni turistiche : Chiamate il portale "Tourisme en France" per comunicare con l'ufficio del turismo di vostra scelta : componete il 3265 (0,34 €/min.) e seguite la voce guida (solo in francese).

Luoghi d'interesse

Grado di interesse

★★★   *Vale il viaggio*
★★   *Merita una deviazione*
★   *Interessante*

I musei sono generalmente chiusi il martedì

Ubicazione

Voir   *Nella città*
Env.   *Nei dintorni della città*
N, S, E, O   *Il luogo si trova: a Nord, a Sud, a Est, a Ovest*
② ④   *Ci si va dall'uscita* ② *o* ④ *indicata con lo stesso*
       segno sulla pianta della guida e sulla carta stradale
2 km   *Distanza chilometrica*

Le carte dei dintorni

Sapete come usarle?

*Se desiderate, per esempio, trovare un buon indirizzo
nei dintorni di Clermont-Ferrand,
la «carta dei dintorni» (qui accanto) richiama
la vostra attenzione su tutte le località citate
nella Guida che si trovino nei dintorni della città
prescelta, e in particolare su quelle raggiungibili
in automobile in meno di 30 minuti
(limite di colore).*

*In tal modo, le «carte dei dintorni» permettono
la localizzazione rapida di tutte le risorse proposte
dalla Guida nei dintorni delle metropoli regionali.*

Nota:

*Quando una località è presente su una «carta
dei dintorni», la città a cui ci si riferisce è scritta
in BLU nella linea delle distanze da città a città.*

*Troverete
Châtelguyon
sulla carta
dei dintorni di
Clermont-Ferrand.*

Esempio:

CHÂTELGUYON *63140 P.-de-D.* 🟦🟦🟦 *F7 G. Auvergne*
fin sept.) – Casino **B.**
🅱 *Office du Tourisme, 1 av. de l'Europe*
ot.chatelguyon@wanadoo.fr
Paris 414 ① *– Clermont-Ferrand 21* ① *– Gannat*

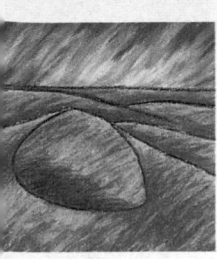

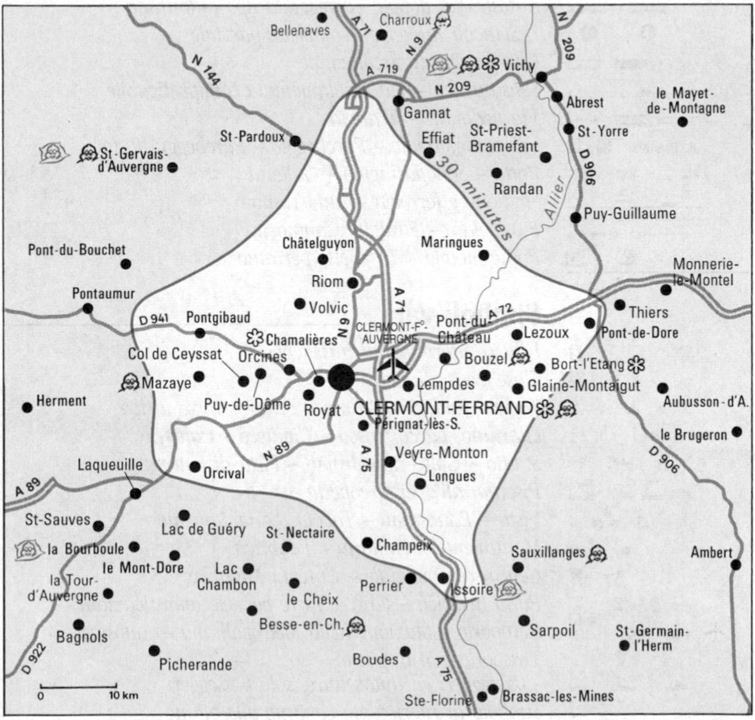

A map showing the region around Clermont-Ferrand with the following locations:

Bellenaves, Charroux, Vichy, N 209, N 144, N 9, A 71, A 719, N 209, le Mayet-de-Montagne, Abrest, Gannat, St-Priest-Bramefant, St-Yorre, Effiat, St-Pardoux, St-Gervais-d'Auvergne, Randan, 30 minutes, Puy-Guillaume, Aller, D 906, Pont-du-Bouchet, Châtelguyon, Maringues, Pontaumur, Riom, Monnerie-le-Montel, D 941, Volvic, Pontgibaud, A 71, Clermont-F°. Auvergne, Pont-du-Château, A 72, Thiers, Chamalières, Lezoux, Pont-de-Dore, Col de Ceyssat, Orcines, 6 N, Bouzel, Bort-l'Etang, Mazaye, Puy-de-Dôme, Royat, Lempdes, Glaine-Montaigut, Herment, CLERMONT-FERRAND, Aubusson-d'A., Pérignat-lès-S., le Brugeron, Laqueuille, A 75, Veyre-Monton, D 906, A 89, Longues, St-Sauves, Orcival, la Bourboule, Lac de Guéry, St-Nectaire, Champeix, Sauxillanges, Ambert, le Mont-Dore, Lac Chambon, Perrier, Issoire, la Tour-d'Auvergne, le Cheix, Besse-en-Ch., Sarpoil, St-Germain-l'Herm, D 922, Bagnols, Picherande, Boudes, A 75, Ste-Florine, Brassac-les-Mines

0 — 10 km

Tutte le « carte dei dintorni » sono localizzate sulla carta tematica p. 94 a 116.

45

Le piante

● □ *Alberghi*
● ■ *Ristoranti*

Curiosità

Edificio interessante
Costruzione religiosa interessante:
- Cattolica – Protestante

Viabilità

Autostrada, doppia carreggiata tipo autostrada
  Svincoli numerati: completo, parziale
Grande via di circolazione
Senso unico – Via regolamentata o impraticabile
Via pedonale – Tranvia
R. Pasteur   *Via commerciale – Parcheggio – Parcheggio Ristoro*
Porta – Sottopassaggio – Galleria
Stazione e ferrovia – Auto/Treno
Funicolare – Funivia, Cabinovia
Ponte mobile – Traghetto per auto

Simboli vari

Ufficio informazioni turistiche
Moschea – Sinagoga
Torre – Ruderi – Mulino a vento – Torre idrica
Giardino, parco, bosco – Cimitero – Calvario
Stadio – Golf – Ippodromo – Pista di pattinaggio
Piscina: all'aperto, coperta
Vista – Panorama – Tavola d'orientamento
Monumento – Fontana – Fabbrica
Centro commerciale – Cinema Multiplex
Porto turistico – Faro – Torre per telecomunicazioni
Aeroporto – Stazione della Metropolitana – Autostazione
Trasporto con traghetto:
- passeggeri ed autovetture, solo passeggeri
③ *Simbolo di riferimento comune alle piante*
  ed alle carte Michelin particolareggiate
Ufficio centrale di fermo posta e telefono
Ospedale – Mercato coperto – Caserma
Edificio pubblico indicato con lettera:
A C *- Camera di Agricoltura – Camera di Commercio*
G H J *- Gendarmeria – Municipio – Palazzo di Giustizia*
M P T *- Museo – Prefettura, Sottoprefettura – Teatro*
U *- Università, grande scuola*
POL. *- Polizia (Questura, nelle grandi città)*
4⁴4 18T ⑱ *Sottopassaggio (altezza inferiore a m 4,50) –*
Portata limitata (inf. a 19 t)

46

Lieber Leser,

*Der Michelin-Führer bietet Ihnen in jeder
Komfort- und Preiskategorie eine Auswahl
der besten Hotels und Restaurants. Diese
Auswahl wird von einem Team von
Inspektoren mit Ausbildung in der Hotellerie
erstellt, die das Jahr hindurch das ganze Lande
bereisen. Ihre Aufgabe ist es, die Qualität und
die Leistung der empfohlenen und der neu
aufzunehmenden Hotels und Restaurants zu
überprüfen. Als Angestellte bei Michelin arbeiten
die Inspektoren anonym und völlig unabhängig.*

*Die Einrichtung und der gebotene Service der
Betriebe wird durch Symbole gekennzeichnet
– eine internationale Sprache, die auf einen
Blick erkennen lässt ob ein Hotel
beispielsweise einen Parkplatz oder ein
Schwimmbad besitzt. Um diese umfangreiche
Information voll nutzen zu können, werfen Sie
einen Blick in die Einleitung. Der Text, der
die Atmosphäre eines Hotels oder Restaurants
beschreibt, ergänzt die Symbole.*

*Die Empfehlung im Michelin-Führer ist
absolut kostenlos. Alle empfohlenen Hotels und
Restaurants füllen jedes Jahr einen
Fragebogen aus, in dem uns die
Schließungszeiten und die aktuellen Preise für
das nächste Jahr genannt werden. Nahezu
100 000 Veränderungen für jede Ausgabe
ergeben sich daraus (neue Betriebe,
veränderte Preise und Schließungszeiten).*

*Eine sehr große Hilfe sind jedoch auch Sie,
unsere Leser – mit beinahe 45 000 Briefen
und E-Mail aus ganz Europa.*

*Wir bedanken uns im Voraus für Ihre Hilfe
und wünschen Ihnen eine gute Reise mit dem
Michelin-Führer 2004.*

*Die Auswahl des Michelin-Führers finden Sie auch
im Internet unter :* ***www.Viamichelin.fr***
Sie erreichen uns unter :
leguidemichelin-france@fr.michelin.com

47

Inhaltsverzeichnis

49   *Zum Gebrauch dieses Führers*

75   *Welcher Wein zu welcher Speise*

80   *Die* **Stern-Restaurants**

86   *Der* **"Bib Gourmand"**

91   *Der* **"Bib Hôtel"**

94   *Karten der* **Restaurants mit Stern,**
"Bib Gourmand", *der* **"Bib Hôtel"**, *der angenehmen*
und besonders ruhig gelegenen Hotels und Restaurants
und Städte mit Umgebungskarten

119   *Hotels, Restaurants, Stadtpläne, Sehenswürdigkeiten*

      Rot umrandete Seiten
      Paris und Umgebung

1136   *Die* **Stern-Restaurants** *in Paris und Umgebung*

1138   *Der* **"Bib Gourmand"** *in Paris und Umgebung*

1787   *Fürstentum Andorra*

1799   *Fürstentum Monaco*

1805   *Servicetelefonnummern der wichtigsten Automarken*

1808   *Entfernungen*

1810   *Atlas: Hauptverkehrsstraßen*

1817   *Ferientermine*

1820   *Woher kommt dieses Auto?*

1822   *Internationale Telefon-Vorwahlnummern*

Wahl eines Hotels, eines Restaurants

Die Auswahl der in diesem Führer aufgeführten Hotels und Restaurants ist für Durchreisende gedacht. In jeder Kategorie drückt die Reihenfolge der Betriebe (sie sind nach ihrem Komfort klassifiziert) eine weitere Rangordnung aus.

Kategorien

🏨🏨🏨	XXXXX	*Großer Luxus und Tradition*
🏨🏨	XXXX	*Großer Komfort*
🏨	XXX	*Sehr komfortabel*
🏨	XX	*Mit gutem Komfort*
🏠	X	*Mit Standard-Komfort*
🍴		*Bürgerlich*
sans rest.		*Hotel ohne Restaurant*
	avec ch.	*Restaurant vermietet auch Zimmer*

Annehmlichkeiten

Manche Häuser sind im Führer durch rote Symbole gekennzeichnet (s. unten). Der Aufenthalt in diesen ist wegen der schönen, ruhigen Lage, der nicht alltäglichen Einrichtung und Atmosphäre sowie dem gebotenen Service besonders angenehm und erholsam.

🏨🏨🏨 bis 🍴	*Angenehme Hotels*
XXXXX bis X	*Angenehme Restaurants*
🕊	*Sehr ruhiges oder abgelegenes und ruhiges Hotel*
🕊	*Ruhiges Hotel*
⇐ mer	*Reizvolle Aussicht*
⇐	*Interessante oder weite Sicht*

Die Übersichtskarten S. 94 – S. 116, auf denen die Orte mit besonders angenehmen oder sehr ruhigen Häusern eingezeichnet sind, helfen Ihnen bei der Reisevorbereitung. Teilen Sie uns bitte nach der Reise Ihre Erfahrungen und Meinungen mit. Sie helfen uns damit, den Führer weiter zu verbessern.

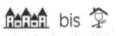

Einrichtung

Die meisten der empfohlenen Hotels verfügen über Zimmer, die alle oder doch zum größten Teil mit Bad oder Dusche ausgestattet sind.
In den Häusern der Kategorien 🏠 und ⛱ können diese jedoch in einigen Zimmern fehlen.

30 ch	*Anzahl der Zimmer*
[Symbol]	*Fahrstuhl*
[Symbol]	*Klimaanlage (im ganzen Haus bzw. in den Zimmern oder im Restaurant)*
TV	*Fernsehen im Zimmer*
[Symbol]	*Nichtraucherzimmer*
[Symbol]	*Modemanschluß im Zimmer*
♿	*Zimmer, die für körperlich beeinträchtigte Personen leicht zugänglich sind*
[Symbol]	*Garten-, Terrassenrestaurant*
[Symbol]	*Wellness centre : schöner Bereich zum Wohlfühlen und Entspannen*
[Symbol]	*Fitneßraum*
[Symbol] [Symbol]	*Freibad, Hallenbad*
[Symbol] [Symbol]	*Liegewiese, Garten – Park*
[Symbol]	*Strandbad*
[Symbol]	*Hoteleigener Tennisplatz*
[Symbol] 25 à 150	*Konferenzräume (Mindest- und Höchstkapazität)*
[Symbol]	*Das Restaurant bietet einen Wagenmeister-Service an (Trinkgeld üblich)*
[Symbol]	*Hotelgarage (wird gewöhnlich berechnet)*
P	*Parkplatz reserviert für Gäste*
P	*Gesicherter Parkplatz für Gäste*
[Symbol]	*Hunde sind unerwünscht (im ganzen Haus bzw. in den Zimmern oder im Restaurant)*
M	*Dem Hotel oder Restaurant nächstgelegene U-Bahnstation (in Paris)*
mai-oct.	*Öffnungszeit, vom Hotelier mitgeteilt*
saisonnier	*Unbestimmte Öffnungszeit eines Saisonhotels. Häuser ohne Angabe von Schließungszeiten sind ganzjährig geöffnet.*

Küche

Die Sterne ─────────────

*Einige Häuser verdienen wegen ihrer
überdurchschnittlich guten Küche Ihre besondere
Beachtung. Auf diese Häuser weisen die Sterne hin.*

*Bei den mit «Stern» ausgezeichneten Betrieben
nennen wir drei kulinarische Spezialitäten
und regionale Weine, die Sie probieren sollten.*

✿✿✿
27

Eine der besten Küchen: eine Reise wert

*Man ißt hier immer sehr gut, öfters auch exzellent,
edle Weine, tadelloser Service, gepflegte Atmosphäre...
entsprechende Preise.*

✿✿
64

Eine hervorragende Küche: verdient einen Umweg

Ausgesuchte Menus und Weine... angemessene Preise.

✿
409

Eine sehr gute Küche: verdient Ihre besondere Beachtung

*Der Stern bedeutet eine angenehme Unterbrechung
Ihrer Reise.*
*Vergleichen Sie aber bitte nicht den Stern eines sehr teuren
Luxusrestaurants mit dem Stern eines kleineren oder
mittleren Hauses, wo man Ihnen zu einem annehmbaren
Preis eine ebenfalls vorzügliche Mahlzeit reicht.*

Die Listen und die Karten mit **«Stern»** ✿✿✿, ✿✿, ✿
sind auf S. 80 bis 85 und 94 bis 116 zu finden.

Küche

 ## Der "Bib Gourmand"

439 **Sorgfältig zubereitete, preiswerte Mahlzeiten**

Für Sie wird es interessant sein, auch solche Häuser kennenzulernen, die einfachere, vorzugsweise typische Küche der Region zu einem besonders günstigen Preis/Leistungs-Verhältnis bieten.

Im Text sind die betreffenden Restaurants durch das rote Symbol **"Bib Gourmand"** *und* Repas *kenntlich gemacht,*

z. B. Repas 18/24 *in der Provinz.*

z. B. Repas 23/31 *in Paris und der Region Paris.*

Die Liste und die Karten mit **"Bib Gourmand"** *sind auf S. 86 bis 90 und 94 bis 114 zu finden.*

Siehe auch *Seite 54.*

 ## Die Weinkarte

Weinkarte mit besonders attraktivem Angebot

Einige der von uns empfohlenen Restaurants bieten eine besonders interessante Weinauswahl. Aber bitte vergleichen Sie nicht die Weinkarte, die Ihnen vom Sommelier eines großen Hauses präsentiert wird, mit der Auswahl eines Gasthauses dessen Besitzter die Weine der Region mit Sorgfalt zusammenstellt.

Welcher Wein zu welchem Gericht : siehe S. 75 bis 79

Übernachtung

 Der "Bib Hôtel"

Hier übernachten Sie gut und preiswert

Suchen Sie ein praktisches und gastfreundliches Hotel, das Ihnen Zimmer zu einem guten Preis-Leistungsverhältnis bietet?
In diesen Hotels kostet die Mehrzahl der Zimmer für zwei Personen ohne Frühstück
weniger als 63 € in ländlichen Gegenden und
weniger als 78 € in Urlaubsorten und in den Städten.
Diese Häuser werden durch den **"Bib Hôtel"**
und ch *gekennzeichnet.*
Beispiel: 25 ch 40/72 *auf dem Land*
       25 ch 45/82 *in Urlaubsorten und Städten*

Alle **"Bib Hôtel"** *finden Sie auf der Liste Seite 91 bis 93 auf den Übersichtskarten Seite 94 bis 116.*

Preise

*Die in diesem Führer genannten Preise wurden
uns im Herbst 2003 angegeben
und beziehen sich auf die Hochsaison.
Sie können sich mit den Preisen von Waren
und Dienstleistungen ändern. Sie enthalten Bedienung
und MWSt. Es sind Inklusivpreise, die sich nur noch
durch die evtl. zu zahlende Kurtaxe erhöhen können.*

*Anlässlich größerer Veranstaltungen, Messen und
Ausstellungen werden von den Hotels in manchen Städten
und deren Umgebung deutlich erhöhte Preise verlangt.*

*Die Namen der Hotels und Restaurants,
die ihre Preise genannt haben, sind fett gedruckt.
Gleichzeitig haben sich diese Häuser verpflichtet,
die von den Hoteliers selbst angegebenen Preise
den Benutzern des Michelin-Führers zu berechnen.*

*Außerhalb der Saison bieten einige Betriebe
günstigere Preise an. Erkundigen Sie sich bei Ihrer
Reservierung danach.*

*Halten Sie beim Betreten des Hotels den Führer
in der Hand. Sie zeigen damit, daß Sie aufgrund
dieser Empfehlung gekommen sind.*

Mahlzeiten

enf. 9	*Preis des Kindermenus*
⊛	*Restaurant, das ein einfaches* Menu unter 15 € *anbietet*

Feste Menupreise:

Repas (11)	*Preis für ein Menu, bestehend aus einem Hauptgericht und einer Vorspeise oder einem Dessert, das während der Woche mittags serviert wird.*
13,80 (déj.)	*Nur mittags angeboten*
16/25	*Mindestpreis* 16 €, *Höchstpreis* 25 €
15,50/25	*Mindestpreis* 15,50 € *für ein Menu, das am Wochenende und an Feiertagen nicht angeboten wird*
bc	*Getränke inbegriffen*
♀	*Wein glasweise ausgeschenkt*
⌕	*Preiswerter Tischwein in Karaffen*

Mahlzeiten «à la carte»:

Repas carte 24 à 48	*Der erste Preis entspricht einer einfachen Mahlzeit und umfaßt Vorspeise, Tagesgericht mit Beilage, Dessert. Der zweite Preis entspricht einer reichlicheren Mahlzeit (mit Spezialgericht) bestehend aus zwei Hauptgängen, Käse, Dessert (Getränke nicht inbegriffen).*

Zimmer

ch 31/68   *Mindestpreis 31 € für ein Einzelzimmer,*
Höchstpreis 68 € für ein Doppelzimmer
29 ch ⌑ 36/73   *Zimmerpreis inkl. Frühstück*
⌑ 6,80   *Preis des Frühstücks (meist im Zimmer serviert)*
suites   *Preise auf Anfrage*

Halbpension

1/2 P 35,50/55   *Mindestpreis und Höchstpreis für Halbpension*
(Zimmerpreis inkl. Frühstück und eine Mahlzeit)
pro Person und Tag während der Hauptsaison,
bei einem von zwei Personen belegten Doppelzimmer
für einen Aufenthalt von mindestens drei Tagen.
Falls eine Einzelperson ein Doppelzimmer belegt,
kann ein Preisaufschlag verlangt werden. In den meisten
Hotels können Sie auf Anfrage auch Vollpension
erhalten. Auf jeden Fall sollten Sie den Endpreis
vorher mit dem Hotelier vereinbaren.

Anzahlung

Einige Hoteliers verlangen eine Anzahlung.
Diese ist als Garantie sowohl für den Hotelier
als auch für den Gast anzusehen.
Bitten Sie den Hotelier, daß er Ihnen in seinem
Bestätigungsschreiben alle seine Bedingungen mitteilt.

Kreditkarten

   *American Express – Diners Club – Eurocard,*
MasterCard, Visa – Japan Credit Bureau

Städte

63300	Postleitzahl (die zwei ersten Ziffern sind gleichzeitig Departements-Nummer)
✉ 57130 Ars	Postleitzahl und Name des Verteilerpostamtes
Ⓟ ⊲ⓈⓅ	Präfektur – Unterpräfektur
337 E5	Nummer der Michelin-Karte "LOCAL" und Koordinatenangabe
G. Jura	Siehe Den Grünen Michelin-Reiseführer « Jura »
1 057 h.	Einwohnerzahl
alt. 75	Höhe
Stat. therm.	Thermalbad
Sports d'hiver	Wintersport
1 200/1 900	Höhe des Wintersportortes und Maximal-Höhe, die mit Kabinenbahn oder Lift erreicht werden kann
⛷ 2	Anzahl der Kabinenbahnen
⛷ 14	Anzahl der Schlepp- oder Sessellifts
⛷	Langlaufloipen
BY B	Markierung auf dem Stadtplan
🏌9	Golfplatz und Anzahl der Löcher
☀ ≤	Rundblick – Aussichtspunkt
✈	Flughafen
🚗	Ladestelle für Autoreisezüge – Nähere Auskunft unter der angegebenen Telefonnummer
🛥	Autofähre
🛥	Personenfähre
🅱	Informationsstelle : Über die landesweite Telefonnummer der "Französischen Tourismuszentrale" werden Sie mit der von Ihnen gewünschten Informationsstelle verbunden: Wählen Sie die 3265 (0,34 €/Min.) und Sie werden weitergeleitet (nur innerhalb Frankreichs und in französicher Sprache).

Sehenswürdigkeiten

Bewertung

★★★   *Eine Reise wert*

★★   *Verdient einen Umweg*

★   *Sehenswert*

Museen sind im allgemeinen dienstags geschlossen

Lage

Voir   *In der Stadt*

Env.   *In der Umgebung der Stadt*

N, S, E, O   *Im Norden (N), Süden (S), Osten (E), Westen (O) der Stadt*

② ④   *Zu erreichen über die Ausfallstraße ② bzw. ④,*
die auf dem Stadtplan und auf der Michelin-Karte
identisch gekennzeichnet sind

2 km   *Entfernung in Kilometern*

Umgebungskarten

Denken Sie daran sie zu benutzen

*Die Umgebungskarten sollen Ihnen die Suche
eines Hotels oder Restaurants in der Nähe
der größeren Städte erleichtern.*

*Wenn Sie beispielsweise eine gute Adresse in der
Nähe von Clermont-Ferrand brauchen, gibt Ihnen
die Karte schnell einen Überblick über alle Orte,
die in diesem Michelin-Führer erwähnt sind.
Innerhalb der in Kontrastfarbe gedruckten Grenze
liegen Gemeinden, die man in weniger
als 30 Autominuten erreichen kann.*

Anmerkung:

*Auf der Linie der Entfernungen zu anderen Orten
erscheint im Ortstext die jeweils nächste
Stadt mit Umgebungskarte in BLAU.*

Beispiel:

*Sie finden
Châtelguyon auf der
Umgebungskarte von
Clermont-Ferrand.*

CHÂTELGUYON *63140 P.-de-D.* **326** *F7 G. Auvergne
fin sept.) – Casino* **B**.
🛈 *Office du Tourisme, 1 av. de l'Europe
ot.chatelguyon@wanadoo.fr
Paris 414* ① *– Clermont-Ferrand 21* ① *– Gannat*

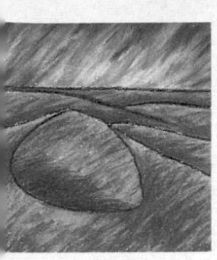

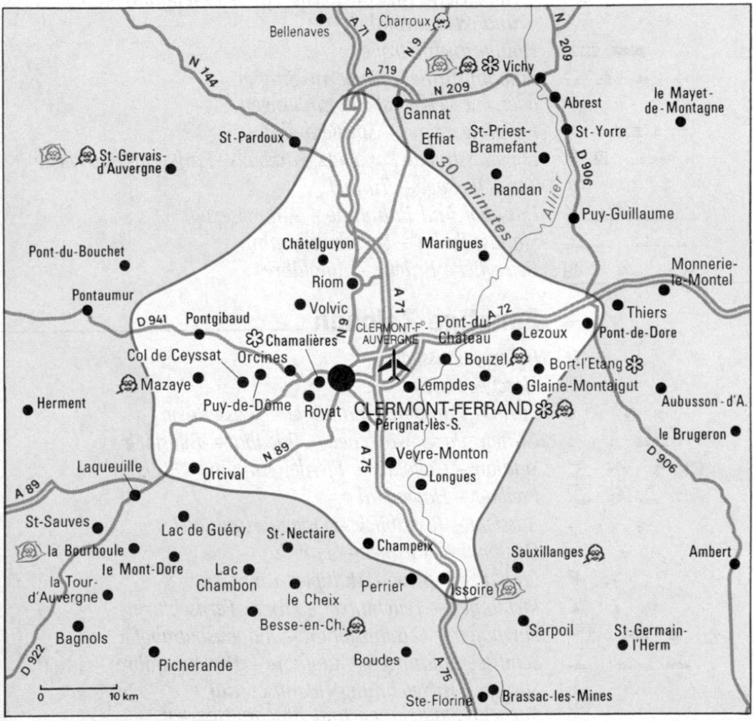

Bellenaves • Charroux 🚗
A 71 A 719 N 9 🏛️ ☼ Vichy
N 209 N 209
Gannat Abrest le Mayet-de-Montagne
St-Pardoux • Effiat St-Priest-Bramefant St-Yorre
🏛️ 🏛️ St-Gervais-d'Auvergne • Randan Allier
30 minutes Puy-Guillaume
Pont-du-Bouchet • Châtelguyon Maringues
Pontaumur • Riom Monnerie-le-Montel
D 941 Pontgibaud Volvic A 71 Pont-du-Château A 72 Thiers
🌸 Chamalières CLERMONT-Fᵉ-AUVERGNE Lezoux Pont-de-Dore
Col de Ceyssat Orcines Bouzel Bort-l'Etang ☼
🏛️ Mazaye • Lempdes Glaine-Montaigut
Herment • Puy-de-Dôme Royat CLERMONT-FERRAND 🏛️🏛️ Aubusson-d'A.
Pérignat-lès-S. le Brugeron
Laqueuille • Veyre-Monton D 906
A 89 Orcival N 89 Longues A 75
St-Sauves •
🏛️ la Bourboule Lac de Guéry St-Nectaire Champeix Sauxillanges 🚗 Ambert
le Mont-Dore Lac Chambon Perrier Issoire A 75
la Tour-d'Auvergne • le Cheix
D 922 Besse-en-Ch. 🚗 Sarpoil St-Germain-l'Herm
Bagnols • Boudes
Picherande • Ste-Florine Brassac-les-Mines
0 ___ 10 km

*Die Umgebungs-
karten finden Sie
auf der Themenkarte
S. 94 bis 116.*

Stadtpläne

● □ *Hotels*
● ■ *Restaurants*

Sehenswürdigkeiten

Sehenswertes Gebäude
Sehenswerte katholische bzw. evangelische Kirche

Straßen

Autobahn, Schnellstraße
    Numerierte Anschlußstelle: Autobahneinfahrt –
    und/oder -ausfahrt
Hauptverkehrsstraße
Einbahnstraße – Gesperrte Straße
oder mit Verkehrsbeschränkungen
Fußgängerzone – Straßenbahn
R. Pasteur 🅿 🅿 *Einkaufsstraße – Parkplatz, Parkhaus – Park-and-Ride-Plätze*
Tor – Passage – Tunnel
Bahnhof und Bahnlinie – Autoreisezug
Standseilbahn – Seilschwebebahn
△ 🅱 *Bewegliche Brücke – Autofähre*

Sonstige Zeichen

🇿 *Informationsstelle*
ꭓ ✡ *Moschee – Synagoge*
● ⚜ ⚑ ♨ *Turm – Ruine – Windmühle – Wasserturm*
t t t ꜩ *Garten, Park, Wäldchen – Friedhof – Bildstock*
◯ ⛳ ⬇ ⛸ *Stadion – Golfplatz – Pferderennbahn – Eisbahn*
≋ ⛱ ⬛ *Freibad – Hallenbad*
◁ ⚞ ▾ *Aussicht – Rundblick – Orientierungstafel*
■ ⛲ ✿ *Denkmal – Brunnen – Fabrik*
🛒 ▦ *Einkaufszentrum – Multiplex-Kino*
♻ ⚓ ⚑ *Jachthafen – Leuchtturm – Funk-, Fernsehturm*
✈ ⊚ 🚌 S.N.C.F. *Flughafen – U-Bahnstation – Autobusbahnhof*
⚓ ⬅ ⬌ *Schiffsverbindungen: Autofähre – Personenfähre*
③ *Straßenkennzeichnung (identisch auf*
Michelin-Stadtplänen und Abschnittskarten)
🖃 ✉ *Hauptpostamt (postlagernde Sendungen) u. Telefon*
➕ ▭ ⚜ *Krankenhaus – Markthalle – Kaserne*
▨ ▢ *Öffentliches Gebäude, durch einen Buchstaben*
gekennzeichnet:
A C *- Landwirtschaftskammer – Handelskammer*
G 🅷 H J *- Gendarmerie – Rathaus – Gerichtsgebäude*
M P T *- Museum – Präfektur, Unterpräfektur – Theater*
U *- Universität, Hochschule*
POL *- Polizei (in größeren Städten Polizeipräsidium)*
4'4 18 T ⑱ *Unterführung (Höhe bis 4,50 m) – Höchstbelastung*
(unter 19 t)

60

Estimado lector :

La Guía Michelin le propone, para cada
categoría de confort y de precio, una
selección de los mejores hoteles y
restaurantes. Esta selección la lleva a cabo un
equipo de inspectores, todos ellos
profesionales de la hostelería, que recorren el
país durante todo el año para visitar nuevos
establecimientos y verificar que las
prestaciones de los que ya están citados
siguen manteniendo la calidad y la
regularidad. Los inspectores de Michelin
trabajan siempre en el anonimato para
guardar su independencia.

Las infraestructuras y servicios aparecen
señalados por símbolos, un lenguaje
internacional que le permitirá ver
rápidamente si un hotel tiene aparcamiento o
piscina. Para sacarle el mejor partido a toda
esta información no deje de leer la
introducción. Un pequeño texto describe las
principales características de cada establecimiento.

La inscripción en la guía es totalmente
gratuita. Todos los años, los hosteleros y
restauradores mencionados rellenan un
cuestionario en el que nos señalan sus fechas
de apertura y precios para el año siguiente.
En cada edición se actualizan alrededor de
100.000 datos (nuevos establecimientos,
cambios de tarifas, fechas de apertura).

También nos resultan de una inestimable
ayuda los casi 45.000 mails y cartas que
recibimos cada año con los comentarios y
sugerencias de nuestros lectores de toda Europa.

Le agradecemos de antemano su
colaboración y sólo nos queda desearle un
buen viaje con la Guía Michelin 2004.

Consulte la Guía Michelin en *www.Viamichelin.fr*
y escríbanos a :
leguidemichelin-france@fr.michelin.com

Sumario

63   *Cómo utilizar la guía*

75   *Los vinos y los platos*

80   *Las* **estrellas de buena mesa**

86   *El* **"Bib Gourmand"**

91   *El* **"Bib Hôtel"**

94   *Mapas de* **buenas mesas con estrellas,**
con el **"Bib Gourmand"**, *con el* **"Bib Hôtel"**, *con
hoteles y restaurantes agradables, aislados y muy
tranquilos y localización de los mapas de
alrededores*

119   *Hoteles, restaurantes, planos de ciudades,
curiosidades...*

      bordeadas de rojo
      París y alrededores

1136   *Las* **estrellas de buena mesa** *en París y Alrededores*

1138   *El* **"Bib Gourmand"** *en París y Alrededores*

1787   *Principado de Andorra*

1799   *Principado de Mónaco*

1805   *Servicio de Asistencia de las principales marcas
de automóviles*

1808   *Distancias*

1810   *Atlas : principales carreteras*

1817   *Calendario de las vacaciones escolares*

1820   *¿De dónde viene este coche?*

1822   *Prefijos telefónicos internacionales*

La elección de un hotel, de un restaurante

*Esta guía propone una selección de hoteles
y restaurantes para uso de los automovilistas
de paso. Los establecimientos, clasificados según
su confort, se citan por orden de preferencia dentro
de cada categoría.*

Categorías

🏨	XXXXX	*Gran lujo y tradición*
🏨	XXXX	*Gran confort*
🏨	XXX	*Muy confortable*
🏨	XX	*Confortable*
🏠	X	*Sencillo pero confortable*
🛖		*Sencillo pero correcto*
sans rest.		*El hotel no dispone de restaurante*
	avec ch.	*El restaurante tiene habitaciones*

Atractivo y tranquilidad

*Ciertos establecimientos se distinguen en la guía
por los símbolos en rojo que indicamos a continuación.
La estancia en estos hoteles es especialmente
agradable o tranquila.*

*Esto puede deberse a las características del edificio,
a la decoración original, al emplazamiento,
a la recepción y a los servicios que ofrece,
o también a la tranquilidad del lugar.*

🏨 a 🛖	*Hoteles agradables*
XXXXX a X	*Restaurantes agradables*
�️	*Hotel muy tranquilo, o aislado y tranquilo*
🌱	*Hotel tranquilo*
≼ mer	*Vista excepcional*
≼	*Vista interesante o extensa*

*Las localidades que poseen establecimientos
agradables o muy tranquilos están señaladas
en los mapas de las páginas 94 a 116.*

*Consúltelos para la preparación de sus viajes
y envíenos su apreciación a su regreso,
así nos ayudará en nuestra selección.*

La instalación

Las habitaciones de los hoteles que recomendamos
poseen, en general, cuarto de baño completo.
No obstante puede suceder
que en las categorías 🏠 *y* 🛏
algunas habitaciones carezcan de él.

30 ch	*Número de habitaciones*
🛗	*Ascensor*
🅰	*Aire acondicionado* *(en todo o en parte del establecimiento)*
📺	*Televisión en la habitación*
⤫	*Habitaciones para no fumadores*
📞	*Toma de Modem en la habitación*
♿	*Habitaciones accesibles a personas con movilidad reducida*
🏛	*Comidas servidas en el jardín o en la terraza*
⍟	*Wellness centre : espacio bien acondicionado para el bienestar y la relajación*
⌁	*Fitness club (gimnasio, sauna...)*
⛱ ⍐	*Piscina : al aire libre o cubierta*
🌳 ⍔	*Jardín – Parque*
⛱	*Playa equipada*
⚡	*Tenis en el hotel*
🏛 25 à 150	*Salones de reuniones : capacidad*
⌂	*Restaurante con servicio de aparcacoches (es costumbre dejar propina)*
🚗	*Garaje en el hotel (generalmente de pago)*
🅿	*Aparcamiento reservado a los clientes*
🅿	*Aparcamiento cerrado reservado a los clientes*
⚡	*Prohibidos los perros (en todo o en parte del establecimiento)*
Ⓜ	*Estación de metro mas próxima al hotel o al restaurante (en París)*
mai-oct.	*Período de apertura comunicado por el hotel*
saisonnier	*Apertura probable en temporada sin precisar fechas.* *Sin mención, el establecimiento está abierto todo el año*

La mesa

Las estrellas

*Algunos establecimientos merecen ser destacados
por la calidad de su cocina.
Los distinguimos con las estrellas de buena mesa.*

*Para estos restaurantes indicamos tres
especialidades culinarias y vinos locales
que pueden orientarles en su elección.*

❁❁❁ **Una de las mejores mesas, justifica el viaje**

27 *Cocina del más alto nivel, generalmente excepcional,
grandes vinos, servicio impecable, marco elegante...
Precio en consecuencia.*

❁❁ **Mesa excelente, vale la pena desviarse**

64 *Especialidades y vinos selectos...
Cuente con un gasto en proporción.*

❁ **Muy buena mesa en su categoría**

409 *La estrella indica una buena etapa en su itinerario.
Pero no compare la estrella de un establecimiento
de lujo, de precios altos, con la de un establecimiento
más sencillo en el que, a precios razonables,
se sirve también una cocina de calidad.*

Consulte las listas y los mapas con **estrellas**
❁❁❁, ❁❁, ❁ páginas 80 a 85 y 94 a 116.

La mesa

 El "Bib Gourmand"

439 **Buenas comidas a precios moderados**

*A veces Vd. desearía encontrar establecimientos más
sencillos, a precios moderados. Por ello hemos
seleccionado unos restaurantes que ofrecen,
con una buena relación calidad-precio,
una buena comida, generalmente de tipo regional
en provincias.*

*Estos restaurantes están señalados en el texto
con el* **"Bib Gourmand"** ⊛ *y* Repas.
Ej. Repas 18/24 *en provincias.*
Ej. Repas 23/31 *en París y su región.*

*Consulte las listas y los mapas
con* **"Bib Gourmand"** ⊛ *páginas 86 a 90 y 94 a 116.*

Ver también ⊛ *página 68.*

 La carta de vinos

Carta que ofrece una selección particularmente atractiva

*Entre los restaurantes que hemos seleccionado, en
todas las categorías, algunos le proponen una carta
de vinos particularmente atractiva. Pero no compare
la carta de vinos presentada por el sommelier de un
restaurante de lujo y tradición con la de un
establecimiento más sencillo en el que el propietario
tiene mucha pasión por los vinos de su región.*

Los vinos y los platos : Ver páginas 75 a 79

El alojamiento

 El "Bib Hôtel"

229 Grato descanso a precio moderado

¿Desea encontrar un hotel práctico y acogedor,
con un cierto nivel de calidad
y a un precio razonable?
Los establecimientos seleccionados poseen
habitaciones dobles a menos de 78 €
en grandes ciudades y zonas turísticas,
y a menos de 63 € en el resto de localidades,
sin incluir el desayuno.
*Están indicados con el " **Bib Hôtel** " y ch.*
Ej. 25 ch 45/82 *en grandes ciudades y zonas turísticas.*
Ej. 25 ch 40/72 *en el resto de localidades.*

*Consulte la lista de los " **Bib Hôtel** " páginas 91 a 93*
y localícelos en los mapas, páginas 94 a 116.

Los precios

Los precios de la guía nos fueron facilitados en el otoño de 2003 y correponden a la **temporada alta.** Pueden ser modificados debido a variaciones de los precios de bienes y servicios.
Los precios incluyen los impuestos y el servicio.
En su nota no debe figurar ningún recargo excepto, eventualmente, el impuesto de estancia.

Con ocasión de algunas manifestaciones comerciales, culturales o deportivas, los precios indicados por los hoteleros pueden sufrir sensibles aumentos en algunas ciudades y sus alrededores.

Los hoteles y restaurantes figuran en caracteres gruesos cuando los hoteleros nos han señalado todos sus precios, comprometiéndose bajo su responsabilidad a respetarlos ante los turistas de paso portadores de nuestra guía.

En temporada baja, algunos establecimientos ofrecen condiciones ventajosas, infórmese al reservar.

Entre en el hotel con su guía en la mano, demostrando así que ésta le conduce allí con confianza.

Comidas _____

enf. 9	Precio de menú infantil
⇗	El establecimiento sirve una comida simple a menos de 15 €

Comidas a precio fijo :

Repas *(11)*	Precio de una comida compuesta sólo del plato fuerte del día con entrada o postre, servida generalmente al almuerzo los días de semana.
13,80 (déj.)	Menú : precio del almuerzo
16/25	Precio del menú : mínimo 16 €/máximo 25 €
15,50/25	El menú a precio fijo mínimo 15,50 € no se sirve los fines de semana y festivos
bc	Bebida incluída
♀	Vaso de vino a precio moderado
⚱	Jarra de vino de la casa a precio moderado

Comida a la carta :

Repas	El primer precio corresponde a una comida normal
carte 24 à 48	comprendiendo : entrada, plato fuerte del día y postre. El 2° precio se refiere a una comida más completa (con especialidad) comprendiendo : dos platos, queso y postre (bebida no incluída).

Habitaciones

ch 31/68   *Precio mínimo 31€ de una habitación individual*
y precio máximo 68€ de una habitación doble

29 ch ⌣ 36/73   *Precio de la habitación con desayuno incluído*

⌣ 6,80   *Precio del desayuno (generalmente servido*
en la habitación)

suites   *Pida los precios al hotelero*

Media pensión

1/2 P 35,50/55   *Precio mínimo y máximo de la media pensión*
(habitación, desayuno y una comida) por persona
y por día en habitación doble, en temporada alta,
para una estancia mínima de tres días.
Una habitación doble ocupada por una única
persona puede tener un suplemento.
En la mayoría de los hoteles, previa solicitud,
es posible alojarse en régimen de pensión completa.
Conviene concretar de antemano los precios
con el hotelero.

Las arras

Algunos hoteleros piden una señal al hacer
la reserva. Se trata de un depósito-garantía
que compromete tanto al hotelero como al cliente.
Conviene precisar con detalle las cláusulas
de esta garantía.
Pida al hotelero confirmación escrita
de las condiciones de estancia así como todos
los detalles útiles.

Tarjetas de crédito

AE ① GB JCB   *American Express – Diners Club – Eurocard,*
MasterCard, Visa – Japan Credit Bureau

Las poblaciones

63300	Código postal de la localidad (los dos primeros dígitos corresponden al número del Departamento o Provincia)
⊠ 57130 Ars	Código postal y lugar de destino
P ⟨SP⟩	Prefectura – Subprefectura
337 E5	Mapa Michelin "LOCAL" y coordenadas en los mapas
G. Jura	Ver La Guía Verde Michelin Jura
1 057 h.	Población
alt. 75	Altitud de la localidad
Stat. therm.	Balneario
Sports d'hiver	Deportes de invierno
1 200/1 900	Altitud de la estación y altitud máxima alcanzada por los remontes mecánicos
⚡ 2	Número de teleféricos o telecabinas
⚡ 14	Número de telesquís o telesillas
⚡	Esquí de fondo
BY B	Letras para localizar un emplazamiento en el plano
⛳9	Golf y número de hoyos
☀ ≤	Panorama, vista
✈	Aeropuerto
🚗	Localidad con servicio Auto-Expreso. Información en el número de teléfono indicado
🚢	Transportes marítimos
⛴	Transportes marítimos para pasajeros solamente
🎫	Información turística : El número de teléfono nacional del portal "Turismo en Francia" le pone en contacto con la oficina de turismo de su elección : marque el 3265 (0,34 €/min.) y siga las instrucciones (disponible en Francés solamente).

Las curiosidades

Grado de interés _____

★★★   *Justifica el viaje*
★★   *Vale la pena desviarse*
★   *De particular interés*

Los museos cierran generalmente los martes

Situación de las curiosidades _____

Voir   *En la población*
Env.   *En los alrededores de la población*
N, S, E, O   *La curiosidad está situada : al Norte, al Sur, al Este, al Oeste*
② ④   *Salir por la salida ② ó ④ localizada por el mismo signo en el plano de la Guía y en el mapa*
2 km   *Distancia en kilómetros*

Los mapas de alrededores

No se olvide de consultarlos _____

¿Quiere usted encontrar un determinado establecimiento, en los alrededores de, por ejemplo, Clermont-Ferrand?

Consulte el mapa que acompaña al plano de la ciudad.

En el «mapa de alrededores» (reproducido más abajo) figuran todas las localidades citadas en la Guía que se encuentran en las cercanías de la ciudad escogida, principalmente las situadas a menos de media hora de coche (límite de color).

Los «mapas de alrededores» permiten localizar rápidamente todas las posibilidades propuestas por la Guía en torno a las metrópolis regionales.

Nota :

cuando una localidad figura en un «mapa de alrededores», la metrópoli a la que pertenece está impresa en color AZUL en la línea de distancias entre ciudades.

Ejemplo :

Châtelguyon figurará en el «mapa de alrededores» de Clermont-Ferrand.

CHÂTELGUYON 63140 P.-de-D. 🗟🗟🗟 F7 *G. Auvergne*
    fin sept.) – Casino **B**.
    🛈 *Office du Tourisme, 1 av. de l'Europe*
    ot.chatelguyon@wanadoo.fr
    Paris 414 ① – Clermont-Ferrand 21 ① – Gannat

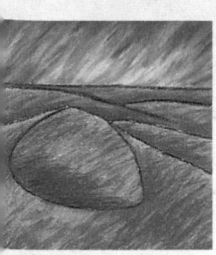

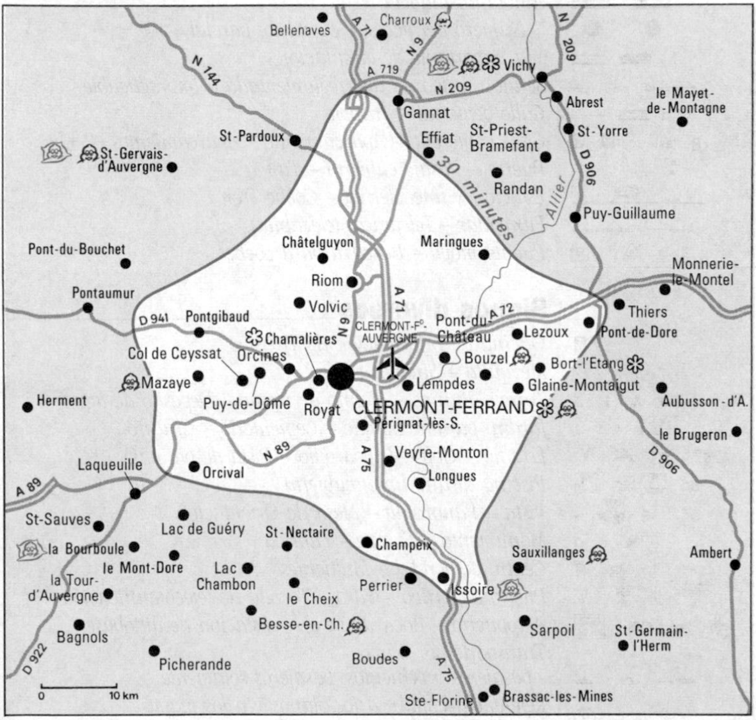

Bellenaves
Charroux
Vichy
A 71
N 9
A 719
N 209
N 144
Gannat
Abrest
le Mayet-
de-Montagne
St-Gervais-
d'Auvergne
St-Pardoux
Effiat
St-Priest-
Bramefant
St-Yorre
D 906
Allier
Randan
30 minutes
Puy-Guillaume
Pont-du-Bouchet
Châtelguyon
Maringues
Monnerie-
le-Montel
Pontaumur
Riom
Thiers
D 941
Pontgibaud
Volvic
A 71
Pont-du-
Château
A 72
Lezoux
Pont-de-Dore
Chamalières
CLERMONT-Fd.
AUVERGNE
Col de Ceyssat
Orcines
Bouzel
Bort-l'Etang
Mazaye
Puy-de-Dôme
Royat
Lempdes
Glaine-Montaigut
Aubusson-d'A.
Herment
CLERMONT-FERRAND
le Brugeron
Pérignat-lès-S.
A 89
N 89
Veyre-Monton
A 75
D 906
Laqueuille
Orcival
Longues
St-Sauves
Lac de Guéry
St-Nectaire
Champeix
Sauxillanges
Ambert
la Bourboule
le Mont-Dore
Lac
Chambon
Perrier
Issoire
la Tour-
d'Auvergne
le Cheix
D 922
Bagnols
Besse-en-Ch.
Sarpoil
St-Germain-
l'Herm
Picherande
Boudes
A 75
0   10 km
Ste-Florine
Brassac-les-Mines

*Todos los «mapas
de alrededores»
se pueden localizar
en el mapa temático
páginas 94 a 116.*

Los planos

● □ *Hoteles*
● ■ *Restaurantes*

Curiosidades

Edificio interesante
Edificio religioso interesante:
- Católico – Protestante

Vías de circulación

Autopista, autovía
  Número del acceso: completo, parcial
Vía importante de circulación
Sentido único – Calle reglamentada o impracticable
Calle peatonal – Tranvía
R. Pasteur *Calle comercial – Aparcamiento – Aparcamientos «P + R»*
Puerta – Pasaje cubierto – Túnel
Estación y línea férrea – Coche/Tren
Funicular – Teleférico, telecabina
Puente móvil – Barcaza para coches

Signos diversos

Oficina de Información de Turismo
Mezquita – Sinagoga
Torre – Ruinas – Molino de viento – Depósito de agua
Jardín, parque, bosque – Cementerio – Crucero
Estadio – Golf – Hipódromo – Pista de patinaje
Piscina al aire libre, cubierta
Vista – Panorama – Mesa de Orientación
Monumento – Fuente – Fábrica
Centro comercial – Multicines
Puerto deportivo – Faro – Torreta de telecomunicación
Aeropuerto – Boca de metro – Estación de autobuses
Transporte por barco:
- pasajeros y vehículos, pasajeros solamente
Referencia común a los planos y a los mapas
detallados Michelin
Oficina central de correos y teléfonos
Hospital – Mercado cubierto – Cuartel
Edificio público localizado con letra:
A C *- Cámara de Agricultura – Cámara de Comercio*
G H J *- Guardia civil – Ayuntamiento – Palacio de Justicia*
M P T *- Museo – Gobierno civil – Teatro*
U *- Universidad, Escuela Superior*
POL *- Policía (en las grandes ciudades: Jefatura)*
Pasaje bajo (inf. a 4 m 50) – Carga limitada
(inf. a 19 t)

Les Vins
Wines
I Vini
Los Vinos
Die Weine

En dehors des grands crus, beaucoup de vins moins connus, souvent proposés au verre ou en pichet, vous procureront aussi de belles satisfactions.

As well as the great vintages, many less famous wines, often served by the glass or carafe, will also give much enjoyment.

Al di fuori dei grandi vini, ne esistono di meno conosciuti, spesso proposti al bicchiere, che vi procureranno comunque ottime soddisfazioni.

Además de los grandes caldos, muchos vinos menos conocidos, que frecuentemente se proponen por copa o en jarra, le pueden sorprender agradablemente.

Wählen Sie nicht nur Grand Crus aus, auch weniger bekannte Weine, welche oft im Glas oder in der Karaffe angeboten werden, können viel Genuss bereiten.

Un mets préparé avec une sauce au vin s'accommode si possible du même cru.

A dish with a wine-based sauce should ideally be accompanied by the same wine.

Un piatto preparato con una salsa al vino si accompagna, di preferenza, con il medesimo vino.

Un plato elaborado con una salsa de vino debe acompañarse, si es posible, con ese mismo vino.

Ein Gericht welches mit einem bestimmten Wein zubereitet ist, sollte mit dem gleichen Wein verzehrt werden.

Vins et fromages d'une même région s'associent souvent avec succès.
Osez parfois les mariages vins blancs/fromages, ils vous réserveront d'étonnantes surprises.

Cheese and wine from the same region usually go together well. White wine with cheese can be a surprisingly good combination.

Vini e formaggi di una stessa regione si sposano generalmente con successo; provate l'accostamento formaggio/vino bianco : vi riserverà piacevoli sorprese.

Muchas veces los vinos y quesos de una misma región se combinan con gran éxito. Pruebe el vino blanco con queso, se llevará una grata sorpresa.

Wein und Käse der gleichen Region bilden häufig eine gute Verbindung. Versuchen Sie auch Weißwein mit Käse, diese Verbindung wird Sie angenehm überraschen bieten.

Il est conseillé de ne pas boire les vins blancs trop froids et les vins rouges trop chambrés.

White wines should not be served too chilled, nor red wines too warm.

Si consiglia di non bere i vini bianchi troppo freddi o i vini rossi troppo caldi.

Se recomienda no beber los vinos blancos demasiado fríos, ni los tintos demasiado templados.

Weißweine sollten nicht zu kalt, Rotweine nicht zu warm getrunken werden.

Les Millésimes
Vintages
Le Annate
Añadas
Die Jahrgänge

	1991	1992	1993	1994	1995	1996	1997	1998	1999	2000	2001	2002
Alsace												
Bordeaux blanc												
Bordeaux rouge												
Bourgogne blanc												
Bourgogne rouge												
Beaujolais												
Champagne												
Côtes du Rhône Septentrionales												
Côtes du Rhône Méridionales												
Provence												
Languedoc Roussillon												
Val de Loire Muscadet												
Val de Loire Anjou-Touraine												
Val de Loire Pouilly-Sancerre												

 Grandes années
Great years
Grandi annate
Añadas excelentes
Großen Jahrgänge

 Bonnes années
Good years
Buone annate
Buenas añadas
Gute Jahrgänge

 Années moyennes
Average years
Annate corrette
Añadas correctas
Mittlere Jahrgänge

Les Grandes Années depuis 1970 :
The greatest vintages since 1970 :
Le grandi annate dal 1970 :
Las grandes añadas desde 1970 :
Die größten Jahrgänge seit 1970 :

1970 / 1975 / 1979 / 1982 / 1985 / 1989 / 1990 / 1996

Quelques suggestions d'associations Mets & Vins
A few suggestions for complementary Dishes and Wines
Qualche suggerimento per l'abbinamento tra Cibo e Vini
Algunas sugerencias para combinar Platos y Vinos
Einige Empfehlungen welcher Wein zum welchem Gericht

Que boire avec ? *What to drink with ?* Cosa bere con ? *¿ Qué vino tomar ?* Was trinkt man dazu ?	Type de vin *Type of wine* Tipo di vino *Tipo de vino* Art des Weins	Région vinicole *Region of production* Regione vinicola *Región vinícola* Weingegend	Appellation *Appellation* Denominazione *Denominación* Appellation
	Blancs secs *Dry whites* Bianchi secchi *Blancos secos* Trockene Weiße	Alsace Bordeaux Bourgogne Côtes du Rhône Provence Languedoc-Roussillon Val de Loire	Sylvaner/Riesling Entre-deux-Mers Chablis/Mâcon Villages St Joseph Cassis/Palette Picpoul de Pinet Muscadet/Montlouis
	Blancs secs *Dry whites* Bianchi secchi *Blancos secos* Trockene Weiße	Alsace Bordeaux Bourgogne Côtes du Rhône Provence Corse Languedoc-Roussillon Val de Loire	Riesling Pessac-Léognan/Graves Meursault/Chassagne Montrachet Hermitage/Condrieu Bellet/Bandol Patrimonio Coteaux du Languedoc Sancerre/Menetou-Salon
	Blancs et rouges légers *Whites and light reds* Bianchi e rossi leggeri *Blancos y tintos suaves* Weiße und leichte Rote	Alsace Champagne Bordeaux Bourgogne Beaujolais Côtes du Rhône Provence Corse Languedoc-Roussillon Val de Loire	Tokay-Pinot gris/Pinot noir Coteaux Champenois blanc et rouge Côtes de Bourg/Blaye/Castillon Mâcon/St Romain Beaujolais Villages Tavel (rosé)/Côtes du Ventoux Coteaux d'Aix en Provence Coteaux d'Ajaccio/Porto Vecchio Faugères Anjou/Vouvray
	Rouges *Reds* Rossi *Tintos* Rote	Bordeaux/Sud-Ouest Bourgogne Beaujolais Côtes du Rhône Provence Languedoc-Roussillon Val de Loire	Médoc/St Emilion/Buzet Volnay/Hautes Côtes de Beaune Moulin à Vent/Morgon Vacqueyras/Gigondas Bandol/Côtes de Provence Fitou/Minervois Bourgueil/Saumur
	Rouges corsés *Hearty reds* Rossi di corpo *Tintos con cuerpo* Kräftige Rote	Bordeaux/Sud-Ouest Bourgogne Côtes du Rhône Languedoc-Roussillon Val de Loire	Pauillac/St Estèphe/Madiran/Cahors Pommard/Gevrey-Chambertin Côte-Rôtie/Cornas Corbières/Collioure Chinon
	Blancs et rouges *Whites and reds* Bianchi e rossi *Blancos y tintos* Weiße und Rote	Alsace Bordeaux Bourgogne Beaujolais Côtes du Rhône Languedoc-Roussillon Jura/Savoie Val de Loire	Gewürztraminer St Julien/Pomerol/Margaux Pouilly-Fuissé/Santenay St Amour/Fleurie Hermitage/Châteauneuf-du-Pape St Chinian Vin Jaune/Chignin Pouilly-Fumé/Valençay
	Vins de desserts *Dessert wines* Vini da dessert *Vinos dulces* Dessert-Weine	Alsace Champagne Bordeaux/Sud-Ouest Bourgogne Jura/Bugey Côtes du Rhône Languedoc-Roussillon Val de Loire	Muscat d'Alsace/Crémant d'Alsace Champagne blanc et rosé Sauternes/Monbazillac/Jurançon Crémant de Bourgogne Vin de Paille/Cerdon Muscat de Beaumes-de-Venise Banyuls/Maury/Muscats/Limoux Coteaux du Layon/Bonnezeaux

Normandie

Andouille de Vire
Demoiselles de Cherbourg à la nage
Sole dieppoise
Tripes à la mode de Caen
Canard à la rouennaise
Poulet Vallée d'Auge
Agneau de pré-salé
Camembert, Livarot, Pont-l'Evêque, Neufchâtel
Tarte aux pommes au calvados
Crêpes à la normande
Douillons

Bretagne

Fruits de mer, crustacés
Huîtres de Belon
Galettes au sarrazin/blé noir
Charcuteries, andouille de Guéméné
St-Jacques à la bretonne
Homard à l'armoricaine
Poissons : bar, turbot, lieu jaune, maquereau, etc.
Cotriade
Kig Ha Farz
Légumes : artichauts, choux-fleurs, etc.
Crêpes, gâteau breton, far, kouing-aman

Val de Loire

Rillettes de Tours
Andouillette au vouvray
Poissons de rivière : brochet, sandre, etc.
Saumon beurre blanc
Gibier de Sologne
Fromages de chèvre : Ste-Maure, Valençay
Crémet d'Angers
Macarons, nougat glacé, pithiviers, tarte tatin

Centre-Auvergne

Cochonnailles
Tripous
Champignons, cèpes, girolles, etc.
Pâté bourbonnais
Aligot
Potée auvergnate
Chou farci
Pounti
Lentilles du Puy
Cantal, St-Nectaire, fourme d'Ambert
Flognarde, Gâteau à la broche

Sud-Ouest

Garbure
Ttoro
Jambon de Bayonne
Foie gras
Omelette aux truffes
Pipérade
Lamproie à la bordelaise
Poulet basquaise
Cassoulet
Confit de canard ou d'oie
Cèpes à la bordelaise
Tomme de brebis
Roquefort
Gâteau basque
Pruneaux à l'armagnac

Nord-Picardie

Moules
Poissons : sole, turbot, etc.
Potjevlesch
Ficelle picarde
Flamiche aux poireaux
Gibier d'eau
Waterzoï
Lapin à la bière
Hochepot
Maroilles, Boulette d'Avesnes
Gaufres

Provence Méditerranée

Aïoli
Pissaladière
Salade niçoise
Anchois de Collioure
Brandade nîmoise
Bourride sétoise
Bouillabaisse
Loup grillé au fenouil
Petits farcis niçois
Daube provençale
Agneau de Sisteron
Pieds paquets à la marseillaise
Picodon
Crème catalane, calissons, fruits confits

Rouen

Paris

Rennes

VAL de LOIRE
Nantes   Angers   *Bourgueil*
Muscadet   *Anjou*   *Vouvray*
Tours
Chinon   *Pouilly Fumé*
Sancerre

Haut-Poitou

St Pourçain

Côtes d'Auvergne
Clermont-Ferrand

BORDEAUX
Médoc
Pomerol
Bordeaux   *St Emilion*
Graves   *Bergerac*
Monbazillac
Sauternes

Cahors   *Marcillac*
Tursan   *Buzet*
Irouléguy   *Madiran*   *Gaillac*
Fronton
Jurançon

LANGUEDOC ROUSSILLON Montpellie
Minervois
Coteaux du Languedoc
Corbières Narbonne
Perpignan
Côtes du Roussillon
Banyuls

Regional Specialities / Vini e Specialità regionali
Weinberge und regionale Spezialitäten

Lille

Reims

Épernay

Côtes de Toul

CHAMPAGNE

Chablis

ALSACE

Strasbourg

BOURGOGNE

Dijon

Côte de Nuits

Beaune

Côte de Beaune

Jura

Côte mâconnaise

Mâcon

BEAUJOLAIS

Bugey

Savoie

Côtes du Forez

Lyon

Côte Rôtie

Hermitage

CÔTES du RHÔNE

Châteauneuf-du-Pape

Tavel

Avignon

Nice

Coteaux d'Aix

PROVENCE

Marseille

Côtes de Provence

Cassis

Bandol

Bastia

Corse

Ajaccio

Bourgogne
Jambon persillé
Gougère
Escargots de Bourgogne
Oeufs en meurette
Pochouse
Jambon chaud à la crème
Coq au vin
Viande de charolais
Boeuf bourguignon
Epoisses
Poire dijonnaise
Desserts au pain d'épice

Alsace-Lorraine
Charcuterie, presskopf
Quiche lorraine
Tarte à l'oignon
Asperges
Poissons : sandre, carpe, anguille
Grenouilles
Coq au riesling
Spaetzle
Choucroute
Baeckeoffe
Gibiers : biche, chevreuil, sanglier
Munster
Tarte aux mirabelles ou quetsches
Kougelhopf, vacherin glacé

Franche-Comté/Jura
Jésus de Morteau
Saucisse de Montbéliard
Croûte aux morilles
Soufflé au fromage
Poissons de lac et rivières : brochet, truite
Grenouilles
Coq au vin jaune
Comté, vacherin, morbier, cancoillotte
Gaudes au maïs

Lyonnais-Pays Bressan
Rosette de Lyon
Grenouilles de la Dombes
Saucisson truffé pistaché
Gâteau de foies blonds
Quenelles de brochet
Tablier de sapeur
Volailles de Bresse à la crème
Poularde demi-deuil
Cardons à la moelle
Cervelle de canut
Bugnes

Savoie-Dauphiné
Gratin de queues d'écrevisses
Poissons de lac : omble chevalier, perche, féra
Ravioles du Royans
Fondue, raclette, tartiflette
Diots au vin blanc
Fricassée de caïon
Potée savoyarde
Farçon, farcement
Gratin dauphinois
Beaufort, reblochon, tomme de Savoie, St-Marcellin
Gâteau de Savoie, tarte aux myrtilles, gâteau aux noix

Corse
Jambon, figatelli, lonzo, coppa
Langouste
Omelette au brocciu
Civet de sanglier
Chevreau
Fromages de brebis (Niolu)
Flan de châtaignes, fiadone

BORDEAUX	Vignobles - Vineyards - Vini
Pomerol	*Viñedos* - Weinberge
Bergerac	
	Spécialités régionales
Val de Loire	*Regional specialities*
Rillettes de Tours	Specialità regionali
	Especialidades regionales
	Regionale Spezialitäten

Les bonnes tables à étoiles
Starred establishments
Gli esercizi con stelle
Die Stern-Restaurants
Las estrellas de buena mesa

✿✿✿

Chagny (71)	*Lameloise*
Eugénie-les-Bains (40)	*Prés d'Eugénie (Les)*
Illhaeusern (68)	*Auberge de l'Ill*
Joigny (89)	*Côte St-Jacques*
Laguiole (12)	*Michel Bras*
Lyon (69)	*Paul Bocuse*
Megève (74)	*Ferme de mon Père (La)*
Monte-Carlo (MC)	*Louis XV - Alain Ducasse (Le)*
Montpellier (34)	*Jardin des Sens*
Paris et Environs :	*voir page 1136*
Puymirol (47)	*Loges de l'Aubergade (Les)*
Roanne (42)	*Troisgros*
Saint-Père (89)	*Espérance (L')*
Saulieu (21)	*Relais Bernard Loiseau (Le)*
Strasbourg (67)	*Buerehiesel*
Untermuhlthal (57)	*Arnsbourg (L')*
Veyrier-du-Lac (74)	*Maison de Marc Veyrat (La)*
Vonnas (01)	*Georges Blanc*

✿✿

Aix-en-Provence (13)	*Clos de la Violette*
Arbois (39)	*Jean-Paul Jeunet*
Les Baux-de-Provence (13)	*Oustaù de Baumanière*
Béthune (62)	*Meurin et Résidence Kitchener*
Le Bourget-du-Lac (73)	*Bateau Ivre*
Bracieux (41)	*Bernard Robin - Relais de Bracieux*
Cancale (35)	*Maisons de Bricourt*
Cannes (06)	*Palme d'Or*
Carantec (29)	*Hôtel de Carantec-Patrick Jeffroy (L')*
Chamonix-Mont-Blanc (74)	*Hameau Albert 1er*
Courchevel 1850 (73)	*Bateau Ivre*
–	*Chabichou*
Les Eyzies-de-Tayac (24)	*Centenaire*
Èze (06)	*Château de la Chèvre d'Or*
Fontjoncouse (11)	*Auberge du Vieux Puits*
Grasse (06)	*Bastide St-Antoine*
Juan-les-Pins (06)	*Juana*
Lembach (67)	*Auberge du Cheval Blanc*
Lorient (56)	*Amphitryon (L')*
Lourmarin (84)	*Moulin de Lourmarin*
Lyon (69)	*Auberge de l'Ile*
–	*Léon de Lyon*
Magescq (40)	*Relais de la Poste*
Marlenheim (67)	*Cerf*
Marseille (13)	*Petit Nice*
Mionnay (01)	*Alain Chapel*
La Napoule (06)	*Oasis (L')*
Onzain (41)	*Domaine des Hauts de Loire*
Paris et Environs :	*voir page 1136*
Pauillac (33)	*Château Cordeillan Bages*
Plancoët (22)	*Jean-Pierre Crouzil et H. L'Ecrin*
Reims (51)	*Les Crayères*
La Roche-Bernard (56)	*Auberge Bretonne*
La Rochelle (17)	*Richard Coutanceau*
Romorantin-Lanthenay (41)	*Grand Hôtel du Lion d'Or*
Rouen (76)	*Gill*
Saint-Bonnet-le-Froid (43)	*Auberge et Clos des Cimes*

Saint-Martin-du-Var	
(06)	*Jean-François Issautier*
Saint-Tropez (83)	*Leï Mouscardins*
Sens (89)	*Madeleine*
Strasbourg (67)	*Crocodile (Au)*
Toulouse (31)	*Michel Sarran*
La Tour-de-Salvagny (69)	*Rotonde*
Tours (37)	*Jean Bardet*
La Turbie (06)	*Hostellerie Jérôme*
Uriage-les-Bains	
(38)	*Grand Hôtel*
Valence (26)	*Pic*
Vence (06)	*Jacques Maximin*
Vienne (38)	*Pyramide*

❀

L'Abergement-Clémenciat	
(01)	*St-Lazare*
Agen (47)	*Mariottat*
Aiguebelle (83)	*Sud (Le)*
Aillant-sur-Tholon	
(89)	*Domaine du Roncemay*
Alleyras (43)	*Haut-Allier*
Amboise (37)	*Choiseul*
Ammerschwihr	
(68)	*Armes de France (Aux)*
Amondans (25)	*Château d'Amondans*
Ampus (83)	*Fontaine d'Ampus*
Annecy (74)	*Atelier Gourmand (L')*
–	*Clos des Sens*
Arles (13)	*Chassagnette*
Arpajon (91)	*Saint Clément*
Astaffort (47)	*Square "Michel Latrille"*
Aumont-Aubrac	
(48)	*Grand Hôtel Prouhèze*
Auxerre (89)	*Barnabet*
Avignon (84)	*Christian Étienne*
–	*Europe*
–	*Mirande*
Bagnoles-de-l'Orne (61)	*Manoir du Lys*
Bagnols (69)	*Château de Bagnols*
Baldenheim (67)	*Couronne*
Balleroy (14)	*Manoir de la Drôme*
Bas-Rupts (88)	*Hostellerie des Bas-Rupts*
La Baule (44)	*Castel Marie-Louise*
Les Baux-de-Provence (13)	*Cabro d'Or*
Bayeux (14)	*Château de Sully*
Bayonne (64)	*Auberge du Cheval Blanc*
Beaulieu-sur-Mer	
(06)	*Réserve de Beaulieu*
Beaumesnil (27)	*Étape Louis XIII (L')*
Beaune (21)	*Jardin des Remparts*
Beaurecueil (13)	*Relais Ste-Victoire*
Belcastel (12)	*Vieux Pont*
Belle-Église (60)	*Grange de Belle-Eglise*
Belleville (54)	*Bistroquet*
Besançon (25)	*Mungo Park*
–	*Valentin*
Beuvron-en-Auge (14)	*Pavé d'Auge*
Les Bézards (45)	*Auberge des Templiers*
Biarritz (64)	*Palais*
–	*Platanes (Les)*
Bidart (64)	*Table et Hostellerie des Frères Ibarboure*
Biot (06)	*Terraillers (Les)*
Biriatou (64)	*Bakéa*
Bléré (37)	*Cheval Blanc*
Blois (41)	*Orangerie du Château (L')*
–	*Rendez-vous des Pêcheurs (Au)*
Bonsecours (76)	*Butte*
Bordeaux (33)	*Chapon Fin*
–	*Jean Ramet*
–	*Pavillon des Boulevards*
Bormes-les-Mimosas (83)	*Escoundudo*
Bort-l'Étang (63)	*Château de Codignat*
Bossey (74)	*Ferme de l'Hospital*
Bouilland	
(21)	*Hostellerie du Vieux Moulin*
Bouliac (33)	*Hauterive et rest. St-James*
Bouligneux (01)	*Auberge des Chasseurs*
Boulogne-sur-Mer (62)	*Matelote*
Bourg-Charente (16)	*Ribaudière*
Le Bourg-Dun (76)	*Auberge du Dun*
Bourges (18)	*Abbaye St-Ambroix*
Le Bourget-du-Lac	
(73)	*Auberge Lamartine*
–	*Grange à Sel*
Bourgoin-Jallieu	
(38)	*Laurent Thomas - les Séquoias*
Brantôme (24)	*Moulin de l'Abbaye*
Le Breuil-en-Auge	
(14)	*Auberge du Dauphin*
Briollay (49)	*Château de Noirieux*
Le Buisson-de-Cadouin	
(24)	*Manoir de Bellerive*

Caen (14)	*Pressoir*
Cagnes-sur-Mer (06)	*Cagnard*
–	*Josy-Jo*
Cala Rossa	
(2A)	*Grand Hôtel de Cala Rossa*
Callas (83)	*Hostellerie Les Gorges*
	de Pennafort
Calvi (2B)	*Villa*
Calvinet (15)	*Beauséjour*
Cannes (06)	*Villa des Lys*
Cap d'Antibes (06)	*Bacon*
Capestang (34)	*Relais de Pigasse*
Carcassonne (11)	*Cité*
–	*Domaine d'Auriac*
Carteret (50)	*Marine*
Castillon-du-Gard (30)	*Vieux Castillon*
Cenon (33)	*Cape (La)*
Chablis (89)	*Hostellerie des Clos*
Châlons-en-Champagne (51)	*Angleterre*
Chamalières (63)	*Radio*
Chambéry (73)	*Essentiel (L')*
Champagnac-de-Belair	
(24)	*Moulin du Roc*
Champillon (51)	*Royal Champagne*
Champtoceaux	
(49)	*Jardins de la Forge (Les)*
Chasselay (69)	*Guy Lassausaie*
Château-Arnoux-	
Saint-Auban (04)	*Bonne Étape*
Châteaumeillant (18)	*Piet à Terre*
Châteauneuf-	
en-Thymerais (28)	*Écritoire (L')*
Chauny (02)	*Toque Blanche*
Chenonceaux (37)	*Bon Laboureur*
Chinon (37)	*Plaisir Gourmand (Au)*
Chonas-l'Amballan	
(38)	*Domaine de Clairefontaine*
Clermont-Ferrand (63)	*Bernard Andrieux*
–	*Emmanuel Hodencq*
–	*Jean-Claude Leclerc*
Clisson (44)	*Bonne Auberge*
Collioure (66)	*Neptune*
Colmar (68)	*Fer Rouge (Au)*
–	*JY'S*
–	*Rendez-vous de Chasse*
Colombey-les-Deux-Églises	
(52)	*Auberge de la Montagne*
Colomiers (31)	*Amphitryon (L')*

Colroy-la-Roche	
(67)	*Hostellerie La Cheneaudière*
Commentry (03)	*Michel Rubod*
Condrieu (69)	*Hôtellerie Beau Rivage*
Conteville (27)	*Auberge du Vieux Logis*
Cordes-sur-Ciel (81)	*Grand Écuyer*
La Côte-Saint-André (38)	*France*
Le Coteau (42)	*Auberge Costelloise*
Couilly-Pont-aux-Dames	
(77)	*Auberge de la Brie*
Courcelles-sur-Vesle	
(02)	*Château de Courcelles*
Courlans (39)	*Auberge de Chavannes*
Courtenay	
(45)	*Auberge La Clé des Champs*
Cros-de-Cagnes (06)	*Réserve "Loulou"*
Cucuron (84)	*Petite Maison*
Curzay-sur-Vonne	
(86)	*Château de Curzay*
Danjoutin (90)	*Pot d'Étain*
Deauville (14)	*Royal-Barrière*
Les Deux-Alpes (38)	*Chalet Mounier*
Dijon (21)	*Hostellerie du Chapeau Rouge*
–	*Pré aux Clercs*
–	*Stéphane Derbord*
Divonne-les-Bains	
(01)	*Château de Divonne*
–	*Terrasse*
Eguisheim (68)	*Caveau d'Eguisheim*
Épinal (88)	*Ducs de Lorraine*
L'Épine (51)	*Armes de Champagne (Aux)*
Ervauville (45)	*Gamin (Le)*
Escaldes-Engordany (AN)	*Aquarius*
Étouy (60)	*Orée de la Forêt (L')*
Évian-les-Bains (74)	*Café Royal*
Eygalières (13)	*Bistrot d'Eygalières*
	"Chez Bru"
Falicon (06)	*Parcours (Le)*
Fayence (83)	*Castellaras*
Flavigny-sur-Moselle (54)	*Prieuré*
Fleurie (69)	*Cep (Le)*
La Flotte (17)	*Richelieu*
Fontevraud-l'Abbaye (49)	*Licorne*
Fontvieille (13)	*Regalido*
Froideterre (70)	*Hostellerie des Sources*
Garons (30)	*Alexandre*
Golfe-Juan (06)	*Tétou*
La Gouesnière (35)	*Maison Tirel-Guérin*

Granges-les-Beaumont (26) *Cèdres (Les)*
Grenade-sur-l'Adour
(40) *Pain Adour et Fantaisie*
Grimaud (83) *Santons (Les)*
Gujan-Mestras (33) *Guérinière*
Gundershoffen (67) *Cygne (Au)*
Haute-Goulaine
(44) *Manoir de la Boulaie*
Le Havre (76) *Villa du Havre*
Hennebont (56) *Château de Locguénolé*
Honfleur (14) *Terrasse et l'Assiette (La)*
Ile de Porquerolles
(83) *Mas du Langoustier*
Issoudun (36) *Rest. La Cognette*
Joucas (84) *Hostellerie Le Phébus*
Jurançon (64) *Ruffet (Chez)*
Lacave (46) *Château de la Treyne*
– *Pont de l'Ouysse*
Laguiole (12) *Grand Hôtel Auguy*
Lamagdelaine (46) *Claude Marco*
Lamastre (07) *Midi*
Landser (68) *Hostellerie Paulus*
Langon (33) *Claude Darroze*
Laval (53) *Bistro de Paris*
Les Lavaults (89) *Auberge de l'Âtre*
Laventie (62) *Cerisier*
Levernois (21) *Hostellerie de Levernois*
Ligny-en-Cambrésis
(59) *Château de Ligny*
Lille (59) *Esplanade (L')*
– *Huîtrière (A L')*
– *Sébastopol*
Limoges (87) *Philippe Redon*
Lorgues (83) *Bruno*
Lourmarin (84) *Auberge La Fenière*
Lunéville (54) *Château d'Adoménil*
Lyon (69) *Alexandrin (L')*
– *Auberge de Fond Rose (L')*
– *Christian Têtedoie*
– *Gourmet de Sèze*
– *Nicolas Le Bec*
– *Pierre Orsi*
– *Villa Florentine*
Mâcon (71) *Pierre*
Malbuisson (25) *Bon Accueil*
Manosque (04) *Dominique Bucaille*
Le Mans (72) *Beaulieu*
Marsannay-la-Côte (21) *Gourmets*

Marseille (13) *Épuisette (L')*
– *Michel-Brasserie des Catalans*
Megève (74) *Flocons de Sel*
Mercuès (46) *Château de Mercuès*
Mercurey (71) *Hôtellerie du Val d'Or*
Metz (57) *Pampre d'Or (Au)*
Mimizan (40) *Bon Coin du Lac (Au)*
Montargis (45) *Gloire*
Montbazon
(37) *Chancelière "Jeu de Cartes"*
Montchenot (51) *Grand Cerf*
Monte-Carlo (MC) *Bar et Boeuf*
– *Grill de l'Hôtel de Paris*
– *Vistamar*
Montignac (24) *Château de Puy Robert*
Montpellier (34) *Olivier (L')*
Montreuil (62) *Château de Montreuil*
Montrevel-en-Bresse (01) *Léa*
Montrond-les-Bains
(42) *Hostellerie La Poularde*
Morteau (25) *Auberge de la Roche*
Mougins (06) *Moulin de Mougins*
Moustiers-Sainte-Marie
(04) *Bastide de Moustiers*
Mulhouse (68) *Poste*
Mur-de-Bretagne
(22) *Auberge Grand'Maison*
Nantes (44) *Atlantide (L')*
Narbonne (11) *Table St-Crescent*
Nevers (58) *Jean-Michel Couron*
Nice (06) *Ane Rouge (L')*
– *Chantecler*
– *Univers-Christian Plumail (L')*
Noves (13) *Auberge de Noves*
Obernai (67) *Bistro des Saveurs*
– *Fourchette des Ducs*
Orléans (45) *Antiquaires (Les)*
Paris et Environs : *voir page 1137*
Peillon (06) *Auberge de la Madone*
Pernes-les-Fontaines
(84) *Fil du Temps (Au)*
Perpignan (66) *Park Hôtel*
Le Petit-Pressigny (37) *Promenade*
Phalsbourg (57) *Soldat de l'An II (Au)*
La Plaine-sur-Mer
(44) *Anne de Bretagne*
La Pomarède (11) *Hostellerie du Château*
de la Pomarède

83

Pont-Aven (29) — *Moulin de Rosmadec* / *Taupinière*

Pont-de-l'Isère (26) — *Michel Chabran*

Le Pontet (84) — *Auberge de Cassagne*

Port-Camargue (30) — *Spinaker*

Port-Lesney (39) — *Château de Germigney*

Porto-Vecchio (2A) — *Belvédère*

Prenois (21) — *Auberge de la Charme*

Pujaudran (32) — *Puits St-Jacques*

Pujols (47) — *Toque Blanche*

Questembert (56) — *Bretagne*

Quimper (29) — *Roseraie de Bel Air*

Reims (51) — *Assiette Champenoise* / *Foch*

Rennes (35) — *Fontaine aux Perles*

Rethondes (60) — *Alain Blot*

Reuilly-Sauvigny (02) — *Auberge Le Relais*

Rhinau (67) — *Vieux Couvent (Au)*

Ribeauvillé (68) — *Haut Ribeaupierre* / *Valet de Coeur et Hostel de la Pépinière*

Rillieux-la-Pape (69) — *Larivoire*

Riquewihr (68) — *Auberge du Schoenenbourg* / *Table du Gourmet*

Rixheim (68) — *Manoir*

La Roche-l'Abeille (87) — *Moulin de la Gorce*

Rochecorbon (37) — *Hautes Roches (Les)*

La Rochelle (17) — *Serge (Chez)*

Rodez (12) — *Goûts et Couleurs*

Roscoff (29) — *Temps de Vivre*

Rouen (76) — *Écaille (L')* / *Nymphéas (Les)*

Rouffach (68) — *Philippe Bohrer*

Rouffiac-Tolosan (31) — *Ô Saveurs*

Le Rouret (06) — *Clos St-Pierre*

Roye (80) — *Flamiche*

Les Sables-d'Olonne (85) — *Villa Dilecta*

Sables-d'Or-les-Pins (22) — *Voile d'Or - La Lagune*

Saché (37) — *Auberge du XIIe Siècle*

Saint-Agrève (07) — *Domaine de Rilhac*

Saint-Avé (56) — *Pressoir*

Saint-Céré (46) — *Trois Soleils de Montal*

Saint-Cyprien (66) — *Ile de la Lagune (L')*

Saint-Émilion (33) — *Hostellerie de Plaisance*

Saint-Étienne (42) — *Nouvelle*

Saint-Félix-Lauragais (31) — *Auberge du Poids Public*

Saint-Florentin (89) — *Grande Chaumière*

Saint-Grégoire (35) — *Saison (Le)*

Saint-Hilaire-du-Rosier (38) — *Bouvarel*

Saint-Jean-Pied-de-Port (64) — *Pyrénées (Les)*

Saint-Joachim (44) — *Mare aux Oiseaux*

Saint-Just-Saint-Rambert (42) — *Neuvième Art*

Saint-Lyphard (44) — *Auberge de Kerbourg*

Saint-Malo (35) — *Chalut*

Saint-Martin-de-Belleville (73) — *Bouitte*

Saint-Martin-du-Fault (87) — *Chapelle St-Martin*

Saint-Médard (46) — *Gindreau*

Saint-Paul (06) — *Saint-Paul*

Saint-Quentin-la-Poterie (30) — *Table de l'Horloge*

Saint-Rémy (71) — *Moulin de Martorey*

Saint-Sébastien-sur-Loire (44) — *Manoir de la Comète*

Saint-Tropez (83) — *Résidence de la Pinède* / *Villa Belrose*

Sainte-Anne-la-Palud (29) — *Plage*

Sainte-Marine (29) — *Agape (L')*

Salon-de-Provence (13) — *Abbaye de Sainte-Croix*

Sarrebourg (57) — *Mathis*

Sarreguemines (57) — *Auberge Le Vieux Moulin* / *Auberge St-Walfrid*

Sars-Poteries (59) — *Auberge Fleurie*

Saubusse (40) — *Villa Stings*

La Saussaye (27) — *Manoir des Saules*

Sauveterre-de-Rouergue (12) — *Sénéchal*

Sélestat (67) — *Hostellerie de l'Abbaye la Pommeraie* / *Jean-Frédéric Edel*

Sérignan-du-Comtat (84) — *Pré du Moulin*

Sierentz (68) — *Auberge St-Laurent*

Sous-la-Tour (22) — *Vieille Tour*

Stiring-Wendel (57) — *Bonne Auberge*

Strasbourg (67) — *Julien* / *Vieille Enseigne*

Sucé-sur-Erdre (44)	*Châtaigneraie*		La Trinité-sur-Mer (56)	*Azimut (L')*
Tain-l'Hermitage (26)	*Rive Gauche*		Troyes (10)	*Bourgogne*
Talloires (74)	*Auberge du Père Bise*		Vailly-sur-Sauldre (18)	*Lièvre Gourmand*
Tarare (69)	*Jean Brouilly*		Vaison-la-Romaine (84)	*Moulin à Huile*
Tarbes (65)	*Ambroisie (L')*		Valbonne (06)	*Lou Cigalon*
Terrasson-Lavilledieu			Vannes (56)	*Régis Mahé*
(24)	*Imaginaire (L')*		Vauchoux (70)	*Château de Vauchoux*
Thoiry (01)	*Cépages (Les)*		Vence	
Thonon-les-Bains (74)	*Prieuré*		(06)	*Château du Domaine St-Martin*
Toul (54)	*Dauphin*		Verquières (13)	*Croque Chou*
Toulouse (31)	*Cosi Fan Tutte*		Vichy (03)	*Jacques Decoret*
–	*Pastel*		La Ville Blanche (22)	*Ville Blanche*
–	*Toulousy-Les Jardins de l'Opéra*		Villemoyenne (10)	*Parentèle*
Tournus (71)	*Rest. Greuze*		Villeneuve-lès-Avignon (30)	*Prieuré*
–	*Terrasses (Aux)*		Villers-le-Lac (25)	*France*
Tours (37)	*Charles Barrier*		Vinay (51)	*Hostellerie La Briqueterie*
–	*Roche Le Roy (La)*		Vironvay (27)	*Saisons (Les)*
Tourtour (83)	*Chênes Verts (Les)*		La Wantzenau (67)	*Relais de la Poste*
Trébeurden (22)	*Manoir de Lan-Kerellec*		Westhalten	
Le Tremblay-sur-Mauldre			(68)	*Auberge du Cheval Blanc*
(78)	*Gentilhommière*		Zellenberg (68)	*Maximilien*

"Bib Gourmand"

Repas soignés à prix modérés _____

Good food at moderate prices _____

Pasti accurati a prezzi contenuti _____

Sorgfältig zubereitete, preiswerte Mahlzeiten ____

Buenas comidas a precios moderados _____

Abbeville (80) — *Escale en Picardie (L')*

Abreschviller (57) — *Auberge de la Forêt*

Aincille (64) — *Pecoïtz*

Ajaccio (2A) — *U Licettu*

Alise-Sainte-Reine (21) — *Cheval Blanc*

Ambierle (42) — *Prieuré*

Ammerschwihr (68) — *Arbre Vert (A l')*

Ancenis (44) — *Toile à Beurre*

Andorra la Vella (AN) — *Can Manel*

Angoulême (16) — *Aromate*

– *Terminus (Le)*

Annot (04) — *Avenue*

Antibes (06) — *Oscar's*

Antraigues-sur-Volane (07) — *Remise*

Arcins (33) — *Lion d'Or*

Argoules (80) — *Auberge du Coq-en-Pâte*

Astaffort (47) — *Une Auberge en Gascogne*

Aubenas (07) — *Fournil*

Auch (32) — *Table d'Hôtes*

Audressein (09) — *Auberge (L')*

Aumale (76) — *Villa des Houx*

Aumont-Aubrac (48) — *Compostelle*

– *Cyril Attrazic*

Aurillac (15) — *Quatre Saisons*

– *Reine Margot*

Autun (71) — *Chalet Bleu*

Avranches (50) — *Croix d'Or*

Baden (56) — *Gavrinis*

Bâgé-le-Châtel (01) — *Table Bâgesienne*

Bains-les-Bains (88) — *Poste*

Ban-de-Laveline (88) — *Auberge Lorraine*

Banyuls-sur-Mer (66) — *Al Fanal et H. El Llagut*

Bar-sur-Aube (10) — *Toque Baralbine*

Bas-Rupts (88) — *la Belle Marée (A)*

Bayeux (14) — *Bistrot de Paris*

Bayonne (64) — *Bayonnais*

– *François Miura*

Beaugency (45) — *P'tit Bateau*

Beaulieu-sur-Dordogne (19) — *Central Hôtel Fournié*

Beaune (21) — *Ciboulette*

– *Verger*

Beauzac (43) — *Air du Temps (L')*

Bergerac (24) — *Tour des Vents*

Bergheim (68) — *Wistub du Sommelier*

Le Bessat (42) — *Fondue "Chez l'Père Charles" (La)*

Besse-en-Chandesse (63) — *Hostellerie du Beffroy*

Biarritz (64) — *Clos Basque*

Bidarray (64) — *Auberge Iparla*

Le Blanc (36) — *Cygne*

Bonneuil-Matours (86) — *Pavillon Bleu*

Bonneval-sur-Arc (73) — *Auberge Le Pré Catin*

Bonny-sur-Loire (45) — *Voyageurs*

Bons-en-Chablais (74) — *Progrès*

Bordeaux (33) — *Gravelier*

Bosdarros (64)	*Auberge Labarthe*
Boucé (03)	*Auberge de Boucé*
Bourg-en-Bresse (01)	*Chalet de Brou*
–	*Fred et Martine*
Bourth (27)	*Auberge Chantecler*
Bouzel (63)	*Auberge du Ver Luisant*
Bozouls (12)	*la Route d'Argent (A)*
Bransac (43)	*Table du Barret*
Bréauté (76)	*Relais de Maupassant*
La Bresse (88)	*Clos des Hortensias*
Brest (29)	*Ma Petite Folie*
Briançon (05)	*Péché Gourmand*
Brioude (43)	*Poste et Champanne*
Brou (28)	*Ascalier (L')*
Brouains (50)	*Auberge du Moulin*
Bruère-Allichamps (18)	*Tilleuls (Les)*
Buzançais (36)	*Hermitage*
Caen (14)	*P'tit B*
Calais (62)	*Côte d'Argent (Au)*
Campagne (24)	*Château (du)*
Cancale (35)	*St-Cast*
Cap-Coz (29)	*Pointe du Cap Coz*
Carantec (29)	*Cabestan*
Carmaux (81)	*Chapon Tarnais (Au)*
Castéra-Verduzan (32)	*Florida*
Cesson (22)	*Croix Blanche*
Chalon-sur-Saône (71)	*Auberge des Alouettes*
Châlons-en-Champagne (51)	*Pré St-Alpin*
Chambéry (73)	*Tonneau*
Chamonix-Mont-Blanc (74)	*Atmosphère*
–	*Panier des Quatre Saisons*
Champagnole (39)	*Auberge des Gourmets*
Chaparon (74)	*Châtaigneraie*
La Chapelle-d'Abondance (74)	*Ensoleillé (L')*
–	*Gentianettes (Les)*
Charroux (03)	*Ferme St-Sébastien*
Chassagne-Montrachet (21)	*Chassagne*
Chassey-le-Camp (71)	*Auberge du Camp Romain*
Châteauneuf (71)	*Fontaine*
Châtelaillon-Plage (17)	*Flots (Les)*
Chaussin (39)	*Bach (Chez)*
Chavignol (18)	*Côte des Monts Damnés*
Chenôve (21)	*Clos du Roy*
Chépy (80)	*Auberge Picarde*
Cherbourg (50)	*Vauban*
Cheval-Blanc (84)	*Auberge de Cheval Blanc*
Le Cheylard (07)	*Provençal*
Clermont-Ferrand (63)	*Amphitryon Capucine*
Col de Curebourse (15)	*Hostellerie St-Clément*
Col de la Schlucht (88)	*Collet*
Coligny (01)	*Petit Relais*
Colmar (68)	*Hansi (Chez)*
–	*Trois Poissons (Aux)*
La Combe (73)	*Combe "chez Michelon" (La)*
Compiègne (60)	*Bistrot des Arts*
Concarneau (29)	*Armande (Chez)*
Conches-en-Ouche (27)	*Grand'Mare*
Conques (12)	*Auberge St-Jacques*
Contamine-sur-Arve (74)	*Tourne Bride*
Cordon (74)	*Cordonant*
Coudekerque-Branche (59)	*Soubise (Le)*
Coulon (79)	*Central*
Coursan (11)	*Os à Moelle (L')*
Crozon (29)	*Mutin Gourmand*
Cucugnan (11)	*Auberge de Cucugnan*
Dax (40)	*Amphitryon (L')*
Deauville (14)	*Yearling*
Douarnenez (29)	*Clos de Vallombreuse*
Doucier (39)	*Comtois*
Doué-la-Fontaine (49)	*Auberge Bienvenue*
Dunes (82)	*Templiers (Les)*
Dunières (43)	*Tour*
Eaux-Puiseaux (10)	*Ferme du Clocher*
Embrun (05)	*Mairie*
Entraygues-sur-Truyère (12)	*Lion d'Or*
Ernée (53)	*Grand Cerf*
Espalion (12)	*Méjane*
Estaing (12)	*St-Fleuret*
Évreux (27)	*Gazette*
Les Eyzies-de-Tayac (24)	*Métairie*
Favières (80)	*Clé des Champs*
La Ferrière-aux-Étangs (61)	*Auberge de la Mine*
Fitou (11)	*Cave d'Agnès*
Flayosc (83)	*Oustaou (L')*
Fléré-la-Rivière (36)	*Relais du Berry*
Florac (48)	*Adonis (L')*

Fontanges (15)	Auberge de l'Aspre
Fontvieille (13)	Table du Meunier
Fouday (67)	Julien
Fougères (35)	Haute Sève
–	Petite Auberge
Fréjus (83)	Potiers (Les)
Fuissé (71)	Pouilly Fuissé
La Garde (04)	Auberge du Teillon
La Garnache (85)	Petit St-Thomas
Gasny	
(27)	Auberge du Prieuré Normand
Geneston (44)	Pélican
Genillé (37)	Agnès Sorel
Gerde (65)	Auberge Gourmande
Gétigné (44)	Gétignière
Gigondas (84)	Florets (Les)
Gourdon (46)	Hostellerie de la Bouriane
Granges-Sainte-Marie	
(25)	Auberge du Coude
Le Grau-d'Agde (34)	Adagio (L')
Gresse-en-Vercors (38)	Chalet
Guérande (44)	Remparts (Les)
La Guerche-de-Bretagne (35)	Calèche
Guilliers (56)	Relais du Porhoët
Le Havre (76)	Petite Auberge
L'Herbaudière (85)	Marine
Héricourt-en-Caux (76)	Saint-Denis
Hinsingen (67)	Grange du Paysan
Honfleur (14)	Entre Terre et Mer
Ile de Groix (56)	Marine
Ingersheim (68)	Taverne Alsacienne
Isbergues (62)	Buffet
L'Isle-sur-Serein	
(89)	Auberge du Pot d'Étain
Les Issambres (83)	Chante-Mer
Juliénas (69)	la Rose (Chez)
Kaysersberg (68)	Arbre Vert (A l')
–	Vieille Forge
Ladoix-Serrigny	
(21)	Terrasses de Corton (Les)
Lannepax (32)	Hostellerie Gasconne
Lanslebourg-Mont-Cenis	
(73)	Vieille Poste
Lapalisse (03)	Galland
Lapoutroie (68)	Alisiers (Les)
Larrau (64)	Etchemaïté
Laval	
(53)	Hostellerie à la Bonne Auberge
Leigné-les-Bois (86)	Bernard Gautier
Lencloître (86)	Champ de Foire
Lescar (64)	Terrasse
Levernois (21)	Garaudière
Libourne (33)	Servais (Chez)
Lille (59)	Bistrot Tourangeau
Lisieux (14)	Acacias (Aux)
Loiré (49)	Auberge de la Diligence
Lomener (56)	Vivier
Longueville-sur-Scie (76)	Cheval Blanc
Lorris (45)	Guillaume de Lorris
Le Luc (83)	Gourmandin
Luxé (16)	Auberge du Cheval Blanc
Lyon (69)	Daniel et Denise
–	Est (L')
–	Garet
–	Jean-François (Chez)
–	Petit Bouchon "Chez Georges" (Au)
–	Tablier de Sapeur
Mâcon (71)	P'tit Pierre (Au)
Manzac-sur-Vern (24)	Lion d'Or
Marseillan (34)	Philippe (Chez)
Marseille (13)	Cyprien
La Massana (AN)	Borda Raubert
Mazaye (63)	Auberge de Mazayes
Mende (48)	Mazel
–	Safranière
Messery (74)	Atelier des Saveurs
Meyrueis (48)	Mont Aigoual
Minerve (34)	Relais Chantovent
Mittelbergheim (67)	Am Lindeplatzel
Molineuf (41)	Poste
Les Molunes (39)	Pré Fillet
Monestier-de-Clermont	
(38)	Sans Souci (Au)
Montcenis (71)	Montcenis
Montélimar (26)	Petite France
Montfort-l'Amaury (78)	Nous (Chez)
Montmélian (73)	Viboud
Montmorillon	
(86)	Lucullus et Hôtel de France
Montsalvy (15)	Nord
Mortemart (87)	Relais
Mouans-Sartoux	
(06)	Relais de la Pinède
Mouthier-Haute-Pierre (25)	Cascade
Mouzon (08)	Échevins (Les)
Mur-de-Barrez (12)	Auberge du Barrez
Najac (12)	Belle Rive
–	Oustal del Barry

Nantes (44)	Caudalies (Les)
Natzwiller (67)	Auberge Metzger
Neufchâtel-sur-Aisne (02)	Jardin
Nevers (58)	Cour St-Étienne
Nice (06)	Rendez-vous des Amis (Au)
Niedersteinbach (67)	Cheval Blanc
Nîmes (30)	Bouchon et L'Assiette (Le)
–	Plaisirs des Halles (Aux)
Niort (79)	Tuilerie (Coq'corico)
Nogent-le-Roi (28)	Relais des Remparts
Nogent-sur-Seine (10)	Beau Rivage
Noirmoutier-en-l'Ile (85)	Grand Four
Notre-Dame-de-Bellecombe (73)	Ferme de Victorine
Noyon (60)	Dame Journe
Nyons (26)	Charrette Bleue
Ochiaz (01)	Auberge de la Fontaine
Oisly (41)	St-Vincent
Olivet (45)	Laurendière
Orléans (45)	Dariole
–	Eugène
Ottrott (67)	Ami Fritz (A l')
Oucques (41)	Commerce
Oust (09)	Hostellerie de la Poste
Ouzouer-sur-Loire (45)	Abricotier (L')
Pailherols (15)	Auberge des Montagnes
Paimpol (22)	Cotriade
–	Marne
Paris et Environs : voir page 1138	
Peri (2A)	Séraphin (Chez)
Pérignac (17)	Gourmandière
Perpignan (66)	Antiquaires (Les)
–	Banyols et Banyols
Le Perrier (85)	Tendelles (Les)
Phalsbourg (57)	Erckmann-Chatrian
Plaisians (26)	Auberge de la Clue
Ploubalay (22)	Gare
Polminhac (15)	Bon Accueil
Pons (17)	Auberge Pontoise
–	Bordeaux
Pont-de-Salars (12)	Voyageurs
Pont-de-Vaux (01)	Raisin
Pont-Sainte-Marie (10)	Bistrot DuPont
Pontlevoy (41)	École (de l')
Le Porge (33)	Vieille Auberge
Port-de-Gagnac (46)	Hostellerie Belle Rive
Porto (2A)	Bella Vista
Prades (66)	Jardin d'Aymeric

Pujols (47)	Auberge Lou Calel
Le Puy-en-Velay (43)	Lapierre
–	Tournayre
Quarré-les-Tombes (89)	Morvan
Quédillac (35)	Relais de la Rance
Quiberon (56)	Chaumine
Quimper (29)	Fleur de Sel
Reilhac (43)	Val d'Allier
Rennes (35)	Four à Ban
–	Gourmandin
La Réole (33)	Fontaines (Les)
Le Rheu (35)	Muse Bouche et Relais Fleuri (La)
Rians (83)	Roquette
Ribeauvillé (68)	Relais des Ménétriers
Riom-ès-Montagnes (15)	St-Georges
Rodez (12)	Jardins de l'Acropolis (Les)
–	St-Amans
Rohan (56)	Eau d'Oust (L')
Romorantin-Lanthenay (41)	Lanthenay
La Roque-Gageac (24)	Belle Étoile
Roscoff (29)	Écume des Jours (L')
Rostrenen (22)	Eventail des Saveurs (L')
Rouvres-en-Xaintois (88)	Burnel
Saint-Amand-Montrond (18)	St-Jean
Saint-Benoît-sur-Loire (45)	Grand St-Benoit
Saint-Bonnet-le-Froid (43)	André Chatelard
Saint-Calais (72)	St-Antoine
Saint-Chamond (42)	Ambassadeurs
Saint-Chély-d'Apcher (48)	Portes d'Apcher (Les)
Saint-Disdier (05)	Auberge La Neyrette
Saint-Florentin (89)	Tilleuls
Saint-Flour (15)	Grand Hôtel de l'Étape
Saint-Germain-des-Vaux (50)	Moulin à Vent
Saint-Gervais-d'Auvergne (63)	Comptoir à Moustaches
Saint-Jean-de-Moirans (38)	Beauséjour
Saint-Jean-du-Bruel (12)	Midi-Papillon
Saint-Julien-Chapteuil (43)	Vidal
Saint-Justin (40)	France
Saint-Loup-de-Varennes (71)	Saint Loup
Saint-Macaire (33)	Abricotier
Saint-Malo (35)	Gilles
–	Grassinais (La)
Saint-Martin-de-Londres (34)	Auberge de Saugras

89

Saint-Martin-en-Bresse (71)	*Puits Enchanté (Au)*
Saint-Palais-sur-Mer (17)	*Agapes (Les)*
Saint-Quirin (57)	*Hostellerie du Prieuré*
Saint-Savin (86)	*Christophe Cadieu*
Saint-Thégonnec (29)	*Auberge St-Thégonnec*
Saint-Vaast-la-Hougue (50)	*France et Fuchsias*
Saint-Vallier (26)	*Bistrot d'Albert et Hôtel Terminus*
Saint-Ybard (19)	*Auberge St-Roch*
Sainte-Euphémie (01)	*Petit Moulin (Au)*
Saintes (17)	*Table du Bois*
Saintes-Maries-de-la-Mer (13)	*Hostellerie du Pont de Gau*
Salignac-Eyvigues (24)	*Meynardie*
Salt-en-Donzy (42)	*Assiette Saltoise*
San-Martino-di-Lota (2B)	*Corniche*
Sancerre (18)	*Pomme d'Or*
Santenay (21)	*Terroir*
Le Sappey-en-Chartreuse (38)	*Pudding*
–	*Skieurs (Les)*
Sare (64)	*Lastiry*
Sarzeau (56)	*Tournepierre*
Sauternes (33)	*Saprien*
Sauxillanges (63)	*Mairie*
Sauzon (56)	*Roz Avel*
Savigneux (42)	*Yves Thollot*
Seloncourt (25)	*Monarque*
Semblançay (37)	*Mère Hamard*
Senones (88)	*Bon Gîte*
Sens (89)	*Crieur de Vin (Au)*
Servon (50)	*Auberge du Terroir*
Sillé-le-Guillaume (72)	*Bretagne*
Sochaux (25)	*Fil des Saisons (Au)*
Solenzara (2A)	*Mandria (A)*
Sorges (24)	*Auberge de la Truffe*
Sospel (06)	*Étrangers (des)*
Sousceyrac (46)	*Déjeuner de Sousceyrac (Au)*
Steenvoorde (59)	*Auprès de mon Arbre*
Tamniès (24)	*Laborderie*
Tardets-Sorholus (64)	*Pont d'Abense*

Tarnac (19)	*Voyageurs*
Le Teil (07)	*Gafferot*
Tourcoing (59)	*Baratte*
Tournon-sur-Rhône (07)	*Chaudron*
Tours (37)	*Arche de Meslay (L')*
–	*Atelier Gourmand (L')*
–	*Cap Sud*
–	*Petit Patrimoine*
Trémolat (24)	*Bistrot d'en Face*
Tulle (19)	*Passé Simple*
–	*Toque Blanche*
Ty-Sanquer (29)	*Auberge Ti-Coz*
Uchaux (84)	*Côté Sud*
Ussac (19)	*Petit Clos*
La Vachette (05)	*Nano*
Vailly-sur-Aisne (02)	*Belle Porte*
Le Val-André (22)	*Biniou (Au)*
Valbonne (06)	*Auberge Fleurie*
Valence (26)	*Épicerie (L')*
Vallauris (06)	*Gousse d'Ail*
Vallières (37)	*Auberge de Porc Vallières*
Valloux (89)	*Auberge des Chenêts*
Le Valtin (88)	*Auberge du Val Joli*
Vaux-sous-Aubigny (52)	*Auberge des Trois Provinces*
Vernon (27)	*Fleurs (Les)*
Vescous (06)	*Capeline*
Vézac (24)	*Relais des Cinq Châteaux*
Vichy (03)	*Table d'Antoine*
Vienne (38)	*Bec Fin*
–	*Estancot (L')*
Villedieu-les-Poêles (50)	*Manoir de l'Acherie*
Villemagne-l'Argentière (34)	*Auberge de l'Abbaye*
Villers-Bocage (14)	*Trois Rois*
Villié-Morgon (69)	*Morgon*
Vincelottes (89)	*Auberge Les Tilleuls*
Viré (71)	*Relais de Montmartre*
Vitry-le-François (51)	*Cloche*
Voiron (38)	*Chaumière*
Yerville (76)	*Voyageurs*
Yssingeaux (43)	*Bourbon*
Yvoire (74)	*Pré de la Cure*

"Bib Hôtel"

Bonnes nuits à petits prix en province _____

*Good accomodation at moderate prices
outside the Paris region* _____

*Buona sistemazione a prezzi contenuti
in provincia* _____

*Hier übernachten Sie gut und preiswert
in der Provinz* _____

*Grato descanso a precios moderados
en provincias* _____

Aix-les-Bains (73)	*Auberge St-Simond*
Algajola (2B)	*Stellamare*
Ambonnay (51)	*Auberge St-Vincent*
Anet (28)	*Dousseine*
Angers (49)	*Mail*
–	*Progrès*
Annecy (74)	*Nord*
–	*Terrasses (Les)*
Annot (04)	*Avenue*
Anthy-sur-Léman (74)	*Auberge d'Anthy*
Aoste (38)	*Coq en Velours (Au)*
Arbois (39)	*Cépages*
Argentan (61)	*France*
Arreau (65)	*Angleterre*
Aubeterre-sur-Dronne (16)	*Hostellerie du Périgord*
Aubrac (12)	*Dômerie*
Audincourt (25)	*Tilleuls (Les)*
Aulnay (17)	*Donjon*
Aulus-les-Bains (09)	*Oussaillès (Les)*
Autrans (38)	*Tilleuls (Les)*
Auxerre (89)	*Cygne*
–	*Normandie*
Avallon (89)	*Avallon Vauban*
Avignon (84)	*Ferme*
Baerenthal (57)	*Kirchberg*
Bagnoles-de-l'Orne (61)	*Ermitage*
Balot (21)	*Auberge de la Baume*
Baratier (05)	*Peupliers (Les)*
Barbotan-les-Thermes (32)	*Paix*
Barfleur (50)	*Conquérant*
Beaune (21)	*Grillon*
–	*Villa Fleurie*
Bénouville (14)	*Glycine*
Berck-Plage (62)	*Impératrice*
Besançon (25)	*Nord*
Beuzeville (27)	*Petit Castel*
Biarritz (64)	*Maïtagaria*
Blienschwiller (67)	*Winzenberg*
Bollezeele (59)	*Hostellerie St-Louis*
Bonnétage (25)	*Etang du Moulin*
Bonneval-sur-Arc (73)	*la Pastourelle (A)*
Bourbon-l'Archambault (03)	*Grand Hôtel Montespan-Talleyrand*
La Bourboule (63)	*Charlet*
Bourg-Saint-Maurice (73)	*Autantic (L')*
Bourges (18)	*Berry*
–	*Christina*
Bozouls (12)	*la Route d'Argent (A)*
Bracieux (41)	*Bonnheure*
Bransac (43)	*Table du Barret*
Brive-la-Gaillarde (19)	*Collonges*
Burnhaupt-le-Haut (68)	*Aigle d'Or*
Caen (14)	*Bristol*
–	*Quatrans*
Cagnes-sur-Mer (06)	*Chantilly*
Camaret-sur-Mer (29)	*Vauban*
Campagne (24)	*Château (du)*
Cancale (35)	*Chatellier*
Cannes (06)	*Albert 1er*
–	*Florian*

91

Carhaix-Plouguer (29)	*Noz-Vad*
Castagnède (64)	*Belle Auberge*
Casteljaloux (47)	*Cordeliers*
Castelnaudary (11)	*Canal*
Castres (81)	*Renaissance*
Céret (66)	*Arcades (Les)*
Chagny (71)	*Poste*
Chalezeule (25)	*Trois Iles*
Challans (85)	*Antiquité*
Chambéry (73)	*Hôtel des Princes*
Chamonix-Mont-Blanc (74)	*Arveyron*
Chandolas (07)	*Auberge Les Murets*
Charleville-Mézières (08)	*Paris*
Charlieu (42)	*Relais de l'Abbaye*
Chaudes-Aigues (15)	*Beauséjour*
Chauvigny (86)	*Lion d'Or*
Cherbourg (50)	*Ambassadeur*
–	*Renaissance*
Chevigny (21)	*Relais de la Sans Fond*
Chinon (37)	*Diderot*
Clam (17)	*Vieux Logis*
Cocurès (48)	*Lozerette*
Col de la Machine (26)	*Col de la Machine*
Condom (32)	*Logis des Cordeliers*
Cordon (74)	*Cordonant*
Corps (38)	*Napoléon*
La Courtine (23)	*Petit Breuil (Au)*
Dambach-la-Ville (67)	*Vignoble*
Donzenac (19)	*Relais du Bas Limousin*
Dreux (28)	*Beffroi*
Erquy (22)	*Beauséjour*
Espalion (12)	*France*
Espaly-Saint-Marcel (43)	*Ermitage (L')*
Estaing (12)	*St-Fleuret*
Étain (55)	*Sirène*
Le Falgoux (15)	*Voyageurs*
Le Fel (12)	*Auberge du Fel*
Forbach (57)	*Poste*
Forges-les-Eaux (76)	*Paix*
Froeningen (68)	*Auberge de Froeningen*
Gaillac (81)	*Verrerie*
Gennes (49)	*Naulets d'Anjou (Aux)*
Gensac (33)	*Remparts*
Gérardmer (88)	*Gérard d'Alsace*
La Giettaz (73)	*Flor'Alpes*
Gissac (12)	*Château de Gissac*

Gordes (84)	*Auberge de Carcarille*
Goumois (25)	*Moulin du Plain*
Granville (50)	*Michelet*
Graufthal (67)	*Vieux Moulin (Au)*
Gresse-en-Vercors (38)	*Chalet*
Guilliers (56)	*Relais du Porhoët*
Les Hermaux (48)	*Vergnet*
Les Houches (74)	*Auberge Le Montagny*
Ile-de-Sein (29)	*Ar Men*
Illhaeusern (68)	*Hirondelles (Les)*
Issoire (63)	*Pariou*
Itxassou (64)	*Chêne*
Juvigny-sous-Andaine (61)	*Bon Accueil (Au)*
Kaysersberg (68)	*Constantin*
Labaroche (68)	*Rochette*
Lanslebourg-Mont-Cenis (73)	*Vieille Poste*
Laon (02)	*Bannière de France*
Larrau (64)	*Etchemaïté*
Lascelle (15)	*Lac des Graves*
Lestelle-Bétharram (64)	*Vieux Logis*
Levernois (21)	*Colvert Golf Hôtel*
–	*Parc*
Limoges (87)	*Boni*
Locronan (29)	*Prieuré*
Lons-le-Saunier (39)	*Nouvel Hôtel*
Lyon (69)	*Axotel*
–	*Noailles*
–	*Résidence*
Mauriac (15)	*Serre*
–	*Voyageurs*
Metz (57)	*Cécil*
Meyrueis (48)	*Family Hôtel*
–	*St-Sauveur*
Mittelhausen (67)	*Étoile (A l')*
Monestier-de-Clermont (38)	*Sans Souci (Au)*
Monflanquin (47)	*Monform*
Montfort-en-Chalosse (40)	*Tauzins (Aux)*
Montigny-la-Resle (89)	*Soleil d'Or*
Montpellier (34)	*Parc*
Montrond-les-Bains (42)	*Motel du Forez*
Muhlbach-sur-Munster (68)	*Perle des Vosges*
La Napoule (06)	*Villa Parisiana*
Natzwiller (67)	*Auberge Metzger*
Nevers (58)	*Molière*
Nogent-le-Rotrou (28)	*Sully*
Nogent-sur-Seine (10)	*Beau Rivage*

Pailherols (15)	*Auberge des Montagnes*
Pairis (68)	*Bon Repos*
Pau (64)	*Central*
Pégomas (06)	*Bosquet*
Pierrefort (15)	*Midi*
Pont-de-l'Arche (27)	*Tour*
Pontarlier (25)	*Villages Hôtel*
Pontlevoy (41)	*École (de l')*
Port-Joinville (85)	*Atlantic Hôtel*
La Preste (66)	*Ribes*
Quarré-les-Tombes (89)	*Morvan*
Quelven (56)	*Auberge de Quelven*
Rânes (61)	*St-Pierre*
Reims (51)	*Cathédrale*
–	*Crystal*
Reipertswiller (67)	*Couronne*
Rennes (35)	*Sévigné*
Les Riceys (10)	*Magny*
Rieumes (31)	*Auberge des Palmiers*
Riom-ès-Montagnes (15)	*St-Georges*
La Roche-Bernard (56)	*Colibri*
Rochefort (17)	*Roca Fortis*
Romagnieu (38)	*Auberge les Forges de la Massotte*
Rouen (76)	*Notre Dame*
Les Sables-d'Olonne (85)	*Antoine*
Saillagouse (66)	*Planes (La Vieille Maison Cerdane)*
Saint-Benoît (86)	*Chalet de Venise*
Saint-Bonnet-le-Château (42)	*Béfranc*
Saint-Cergues (74)	*France*
Saint-Disdier (05)	*Auberge La Neyrette*
Saint-Félix-Lauragais (31)	*Auberge du Poids Public*
Saint-Florentin (89)	*Tilleuls*
Saint-Flour (15)	*Auberge de La Providence*
Saint-Gervais-d'Auvergne (63)	*Castel Hôtel 1904*
Saint-Hilaire-du-Harcouët (50)	*Cygne et Résidence*
Saint-Jacques-des-Blats (15)	*Griou*
Saint-Jean-du-Bruel (12)	*Midi-Papillon*
Saint-Lary (09)	*Auberge de L'Isard*

Saint-Lary-Soulan (65)	*Pergola*
Saint-Laurent-de-Mure (69)	*Hostellerie St-Laurent*
Saint-Malo (35)	*Quic en Groigne*
Saint-Père (89)	*Renommée*
Saint-Rémy-de-Provence (13)	*Amandière (L')*
Saint-Sernin-sur-Rance (12)	*Carayon*
Saintes (17)	*Avenue*
Salers (15)	*Bailliage*
Sallanches (74)	*Auberge de l'Orangerie*
Santa Coloma (AN)	*Cerqueda*
Sare (64)	*Pikassaria*
Sarlat-la-Canéda (24)	*Mas de Castel*
Sarrebourg (57)	*Cèdres (Les)*
Sarreguemines (57)	*Amadeus*
Sars-Poteries (59)	*Marquais*
Saugues (43)	*Terrasse*
Semblançay (37)	*Mère Hamard*
Semur-en-Auxois (21)	*Cymaises*
Sommières (30)	*Relais de l'Estelou*
Sondernach (68)	*Orée du Bois (A l')*
Stenay (55)	*Commerce*
Talant (21)	*Bonbonnière*
Tarnac (19)	*Voyageurs*
Thann (68)	*Moschenross*
–	*Sapins (Aux)*
Thionville (57)	*Parc*
Thizy (69)	*Terrasse*
Tournon-sur-Rhône (07)	*Amandiers (Les)*
Le Tréport (76)	*Calais*
Turckheim (68)	*Berceau du Vigneron*
Uriage-les-Bains (38)	*Mésanges (Les)*
Valenciennes (59)	*Baudouin*
Viaduc de Garabit (15)	*Beau Site*
Vichy (03)	*Chambord*
Villé (67)	*Bonne Franquette*
Villersexel (70)	*Terrasse*
Voiron (38)	*Chaumière*
Wissembourg (67)	*Moulin de la Walk*
Yvetot (76)	*Havre*
Yzeures-sur-Creuse (37)	*Promenade*

✿✿✿ *Les étoiles* ———————————
✿✿ *The stars* ———————————
✿ *Le stelle* ———————————
Die Sterne ———————————
Las estrellas ———————————

Repas 18/24 **"Bib Gourmand"**

Repas soignés à prix modérés ———————
Good food at moderate prices ———————
Pasti accurati a prezzi contenuti ———————
Sorgfältig zubereitete preiswerte Mahlzeiten ——
Buenas comidas a precios moderados ———

ch 40/78 **"Bib Hôtel"**

Bonnes nuits à petits prix ———————
Good accomodation at moderate prices ———
Buona sistemazione a prezzi contenuti ———
Hier übernachten Sie gut und preiswert ———
Grato descanso a precios moderados ———

L'agrément ———————————
Peaceful atmosphere and setting ———————
Amenità e tranquillità ———————
Annehmlichkeit ———————————
Atractivo y tranquilidad ———————

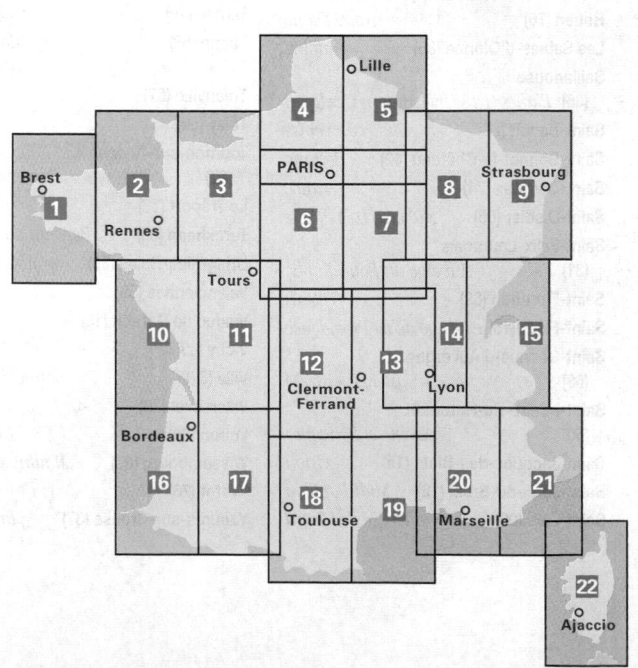

Carte de voisinage : voir à la ville choisie
Town with a local map _____
Città con carta dei dintorni _____
Stadt mit Umgebungskarte _____
Población con mapa de alrededores _____

1

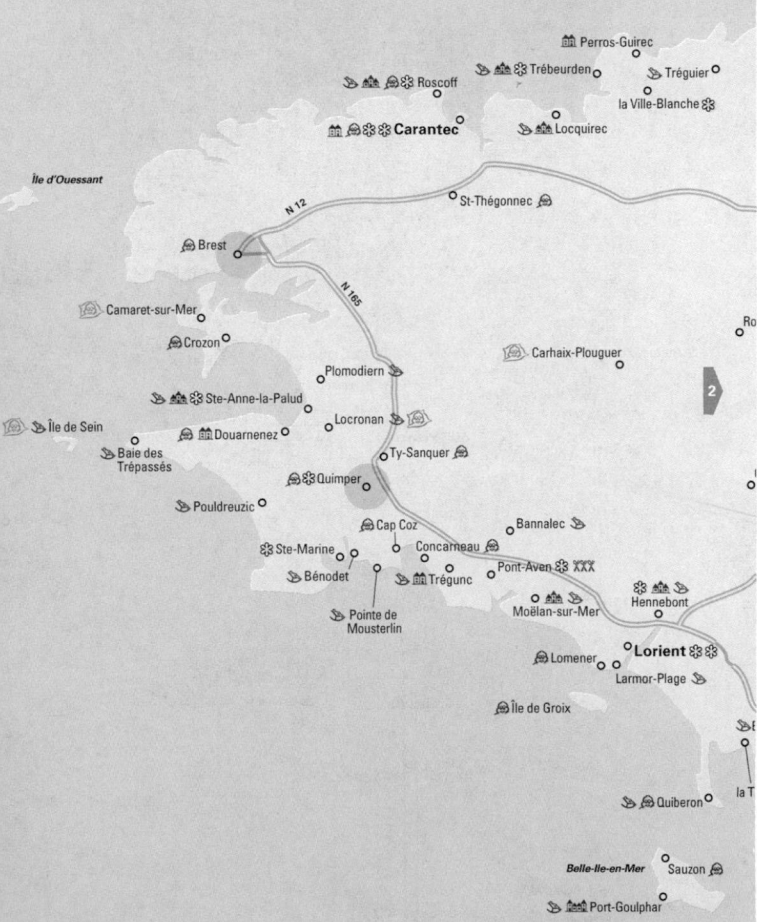

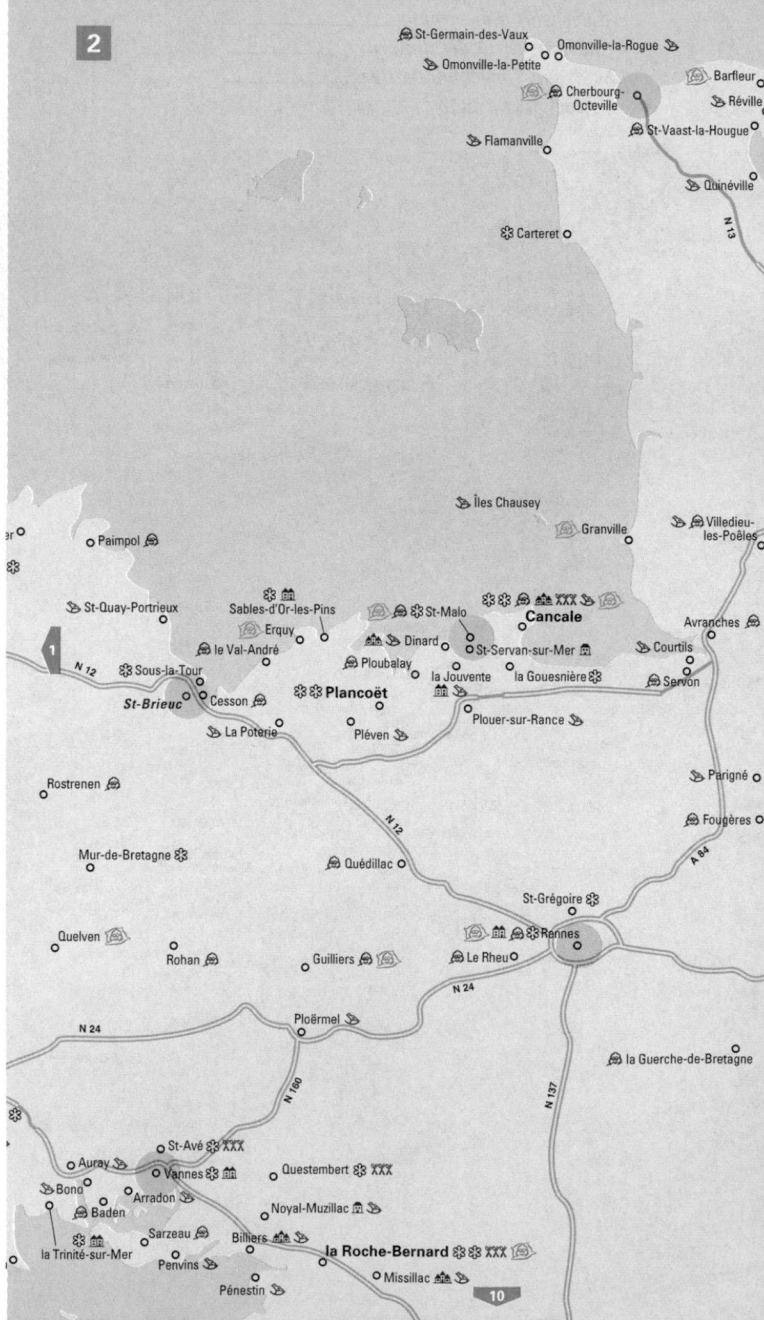

2

St-Germain-des-Vaux
Omonville-la-Rogue
Omonville-la-Petite
Barfleur
Réville
Cherbourg-Octeville
St-Vaast-la-Hougue
Flamanville
Quinéville

Carteret

N 13

Îles Chausey
Granville
Villedieu-les-Poêles

Paimpol

St-Quay-Portrieux
Sables-d'Or-les-Pins
St-Malo
Cancale
Avranches
Erquy
Dinard
le Val-André
St-Servan-sur-Mer
Courtils
N 12
Ploubalay
la Jouvente
la Gouesnière
Servon
Sous-la-Tour
Cesson
St-Brieuc
Plancoët
Plouer-sur-Rance
La Poterie
Pléven

Rostrenen

N 12
Parigné

Fougères
Mur-de-Bretagne
Quédillac

St-Grégoire
Quelven
A 84
Rohan
Guilliers
Rennes
Le Rheu
N 24
Ploërmel
la Guerche-de-Bretagne
N 24

N 160
N 137
St-Avé
Auray
Vannes
Questembert
Bono
Arradon
Noyal-Muzillac
Baden
Sarzeau
Billiers
la Roche-Bernard
la Trinité-sur-Mer
Penvins
Missillac
Pénestin
10
St-Lyphard

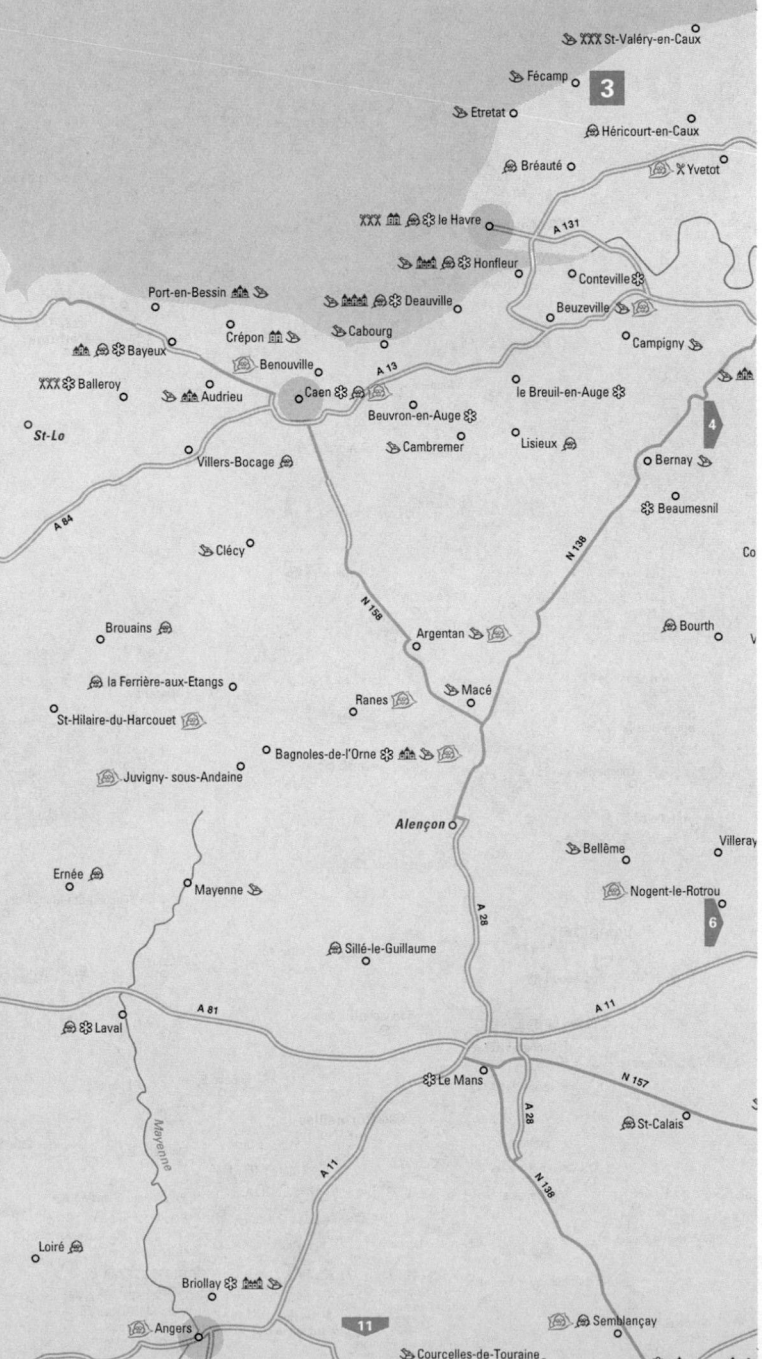

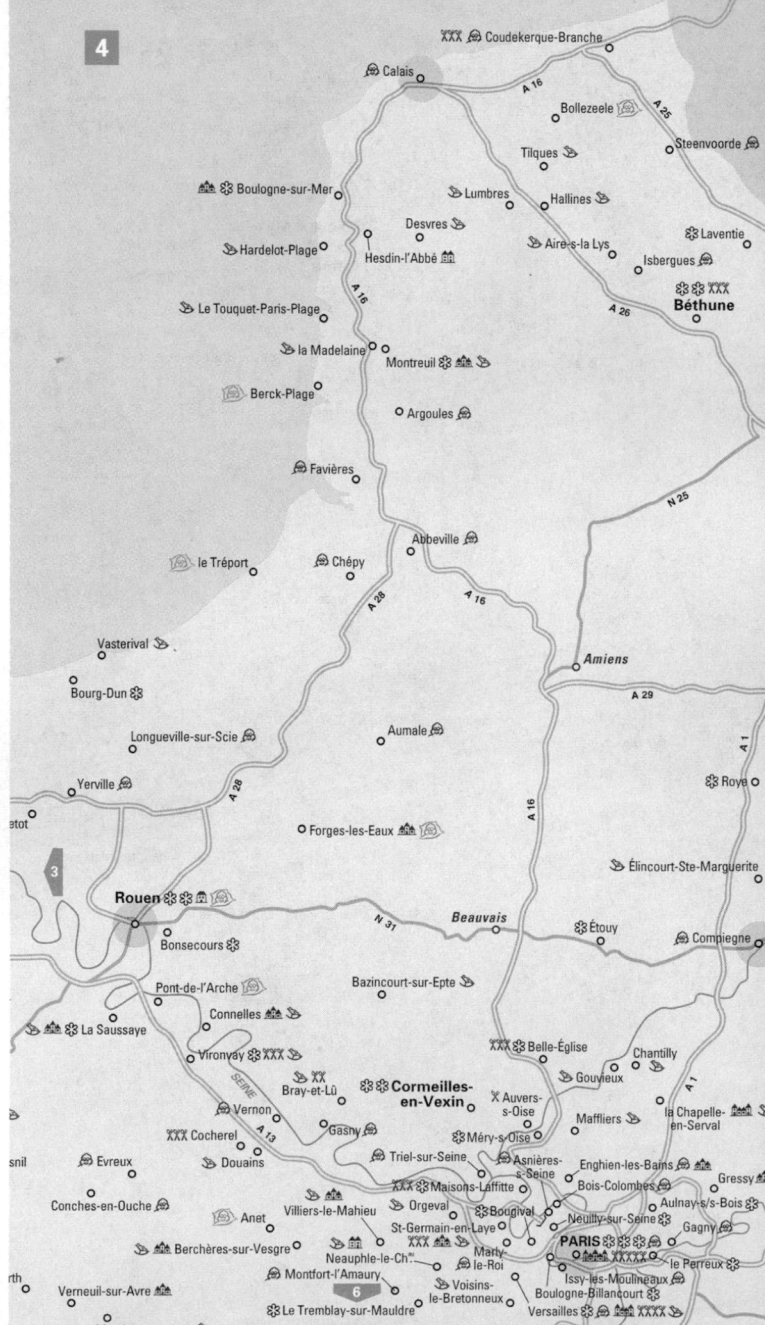

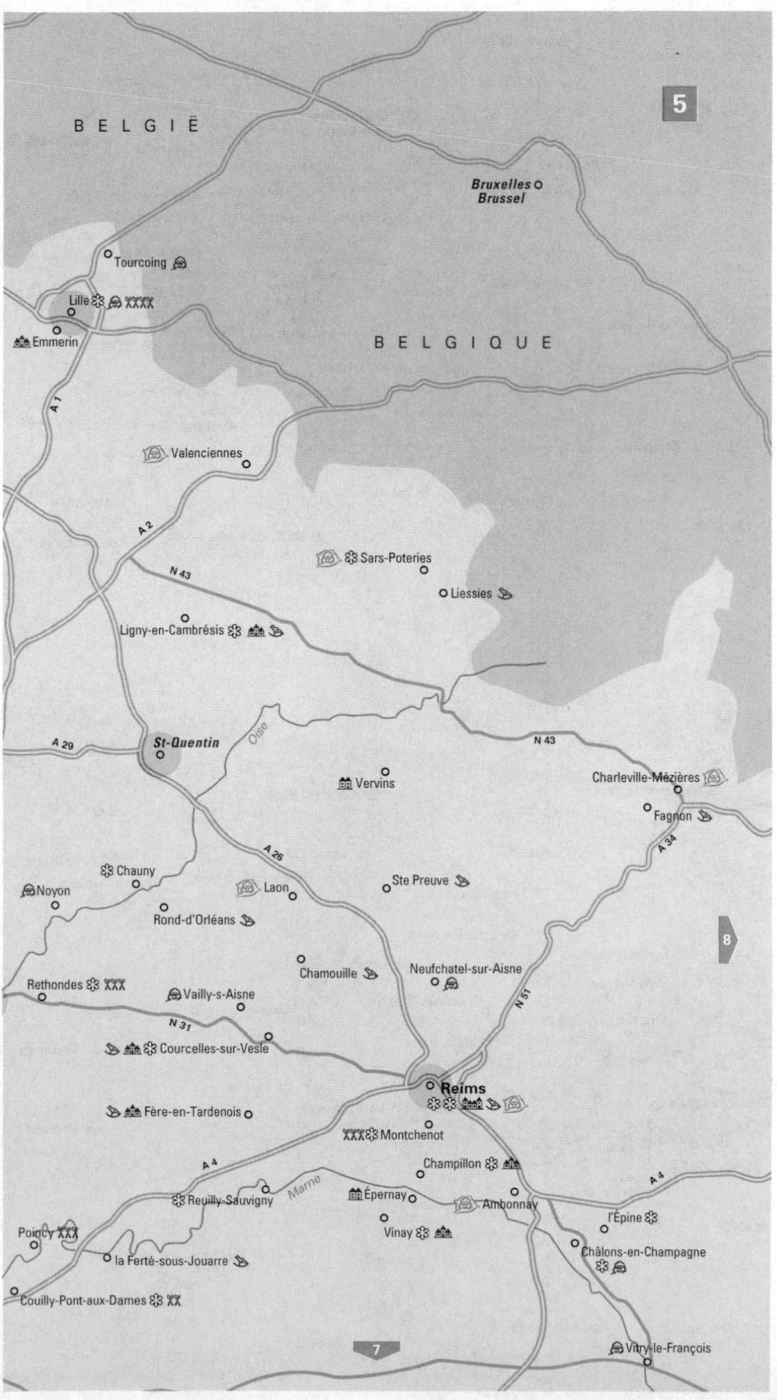

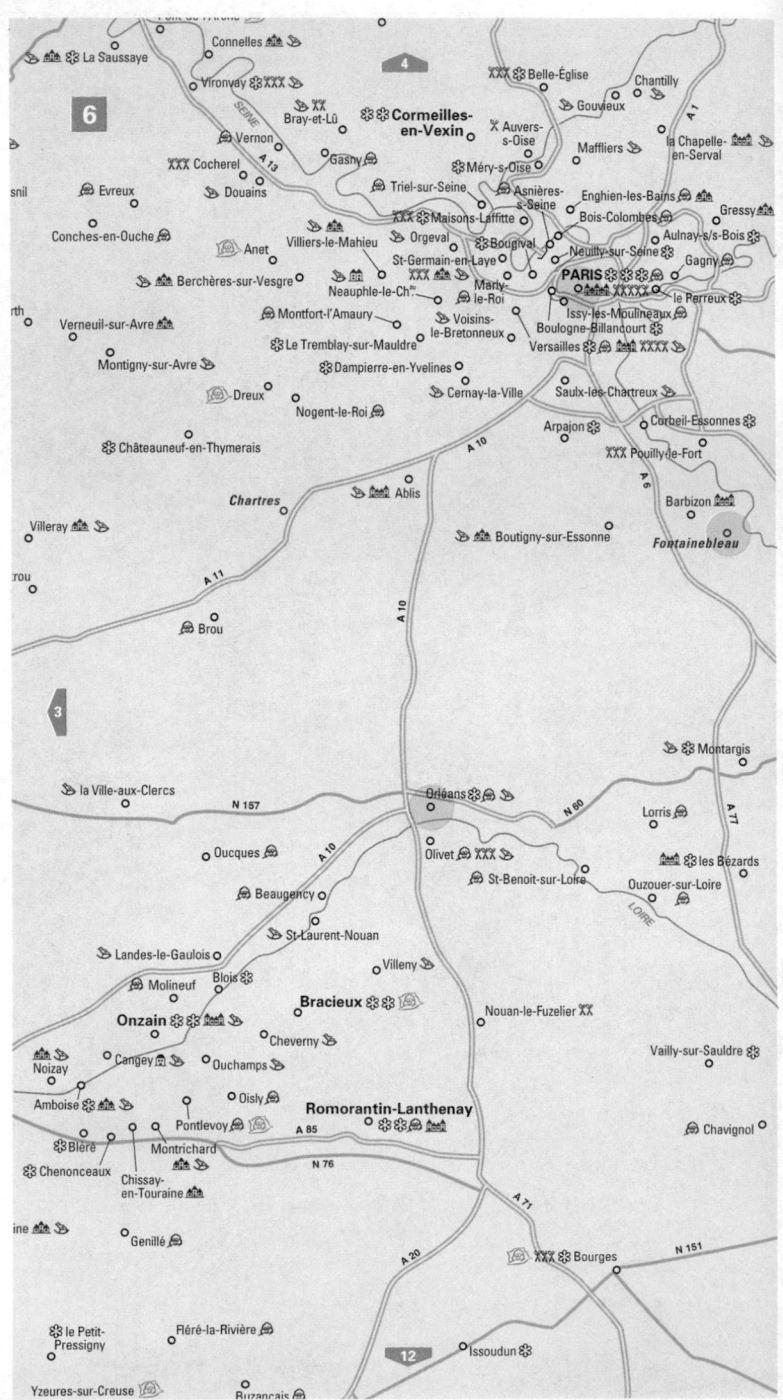

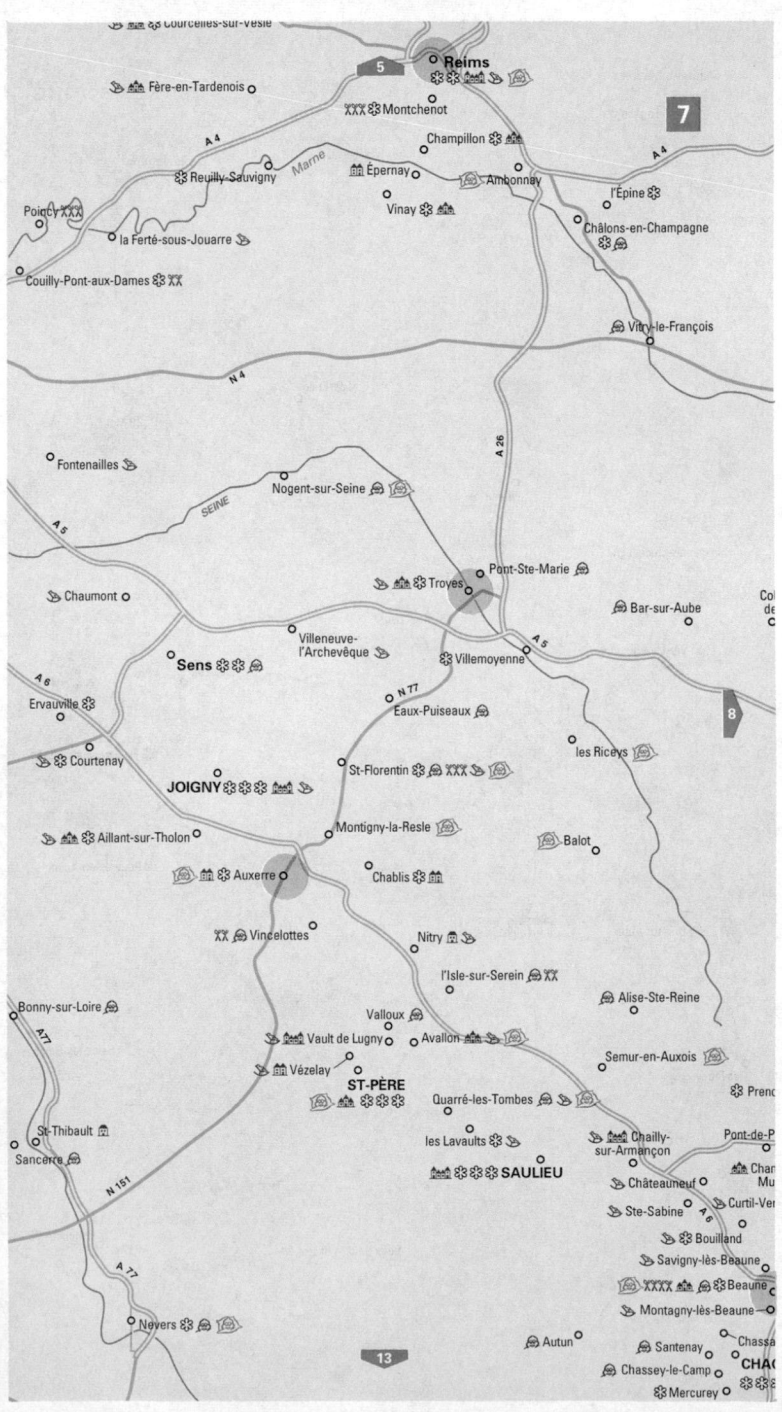

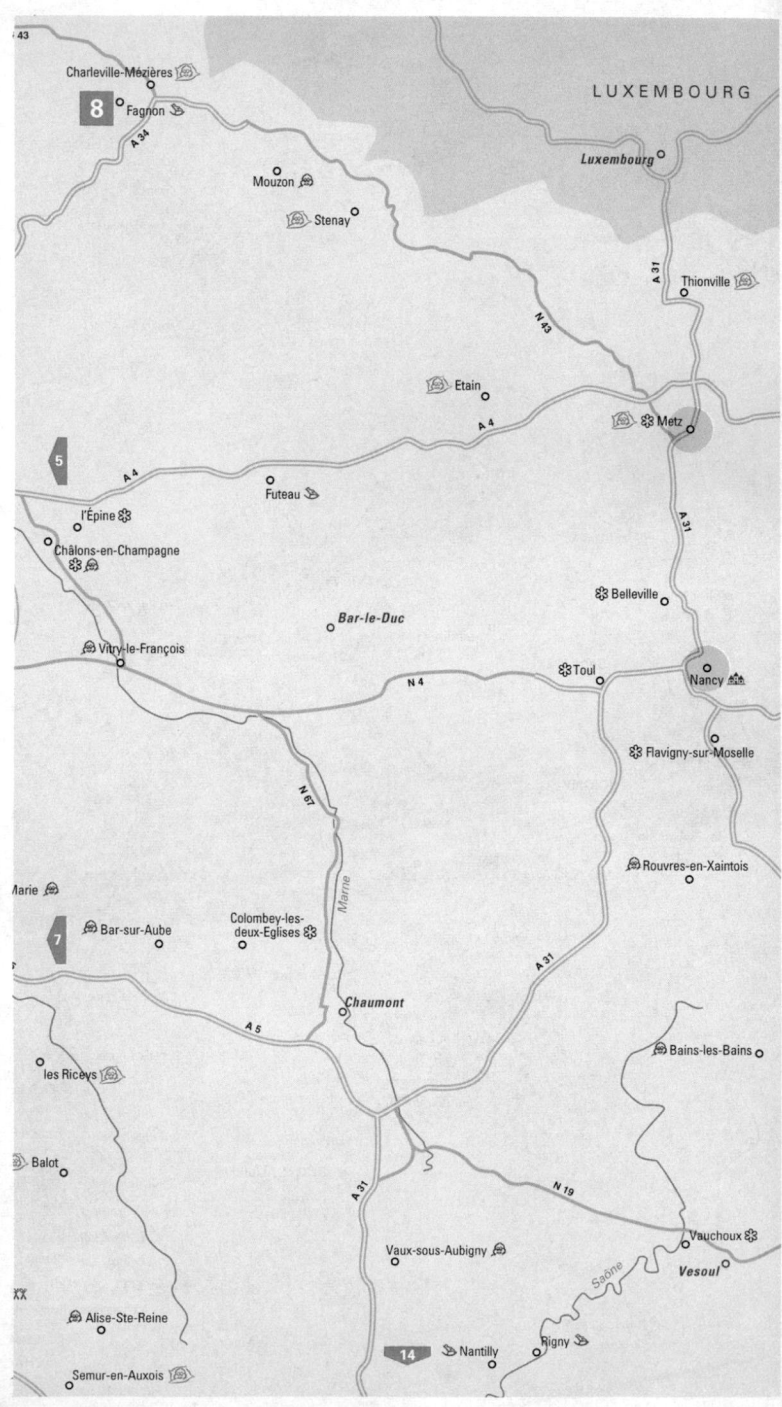

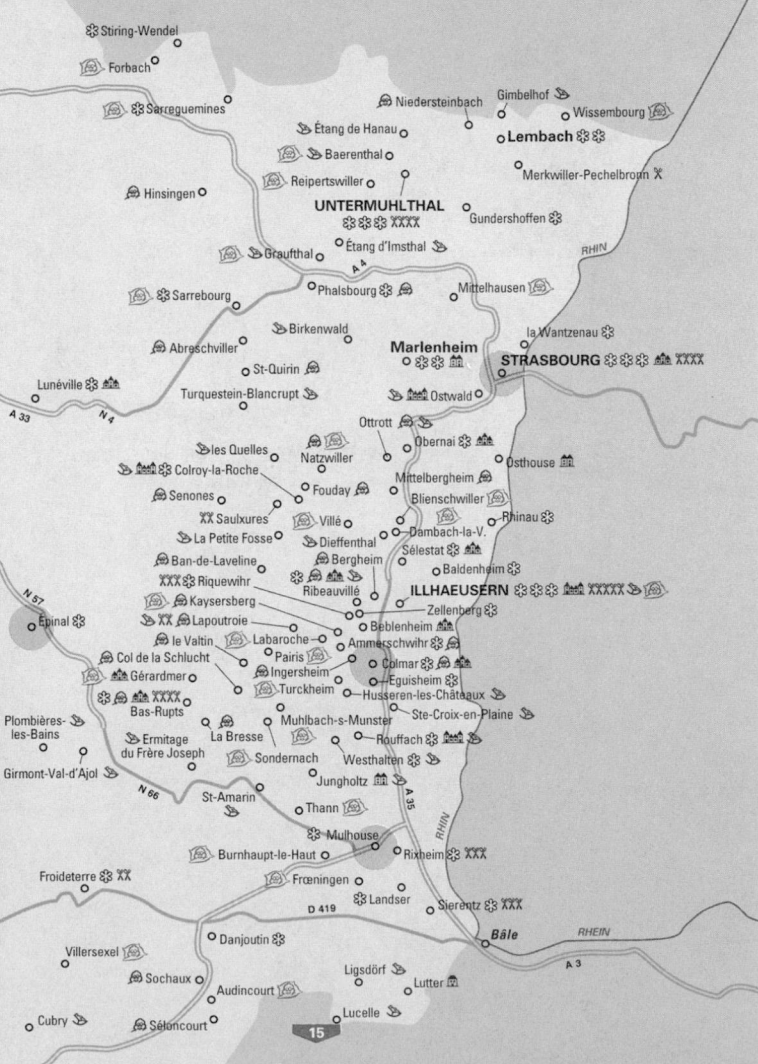

DEUTSCHLAND

❄ Stiring-Wendel
📠 Forbach
📠 ❄ Sarreguemines
🍴 Niedersteinbach   Gimbelhof ❄
                Étang de Hanau   ❄ Wissembourg 📠
            🍴 Baerenthal   **Lembach** ❄ ❄
📠 Hinsingen   📠 Reipertswiller   Merkwiller-Pechelbronn ✕
            UNTERMUHLTHAL
            ❄ ❄ ❄ XXXX
            📠 Graufthal Étang d'Imsthal 🍴   Gundershoffen ❄
📠 ❄ Sarrebourg   Phalsbourg ❄ 🍴   Mittelhausen 📠   RHIN
            Birkenwald
📠 Abreschviller St-Quirin 🍴   **Marlenheim**   la Wantzenau ❄
Lunéville ❄ 🏛   Turquestein-Blancrupt 🍴   ○ ❄ ❄ 🏛   **STRASBOURG** ❄ ❄ ❄ 🏛 XXXX
A 33   N 4   🍴 🏛 Ostwald
            Ottrott 🍴   🍴 Obernai ❄ 🏛
    les Quelles   Natzwiller   Osthouse 🏛
🍴 🏛 ❄ Colroy-la-Roche   Mittelbergheim 📠
🍴 Senones   Fouday   Blienschwiller
    XX Saulxures 🍴 Villé   Dambach-la-V.   Rhinau 🍴
🍴 La Petite Fosse   🍴 Dieffenthal   Sélestat 🍴
🍴 Ban-de-Laveline   🍴 Bergheim   ❄ Baldenheim ❄
XXX ❄ Riquewihr   ❄ ❄ 🍴   **ILLHAEUSERN** ❄ ❄ ❄ 🏛 XXXXX 🍴 📠
📠 🍴 Kaysersberg   Ribeauvillé   Zellenberg ❄
🍴 XX Lapoutroie   Beblenheim 🏛
N 57   🍴 le Valtin   Labaroche   Ammerschwihr ❄ 🍴
    🍴 Col de la Schlucht   Pairis   Colmar ❄ 🏛
Épinal ❄   🏛 Gérardmer 🍴 Ingersheim   Eguisheim ❄
❄ ❄ 🍴 XXXX   🍴 Turckheim   Husseren-les-Châteaux 🍴
    Bas-Rupts   Muhlbach-s-Munster   Ste-Croix-en-Plaine 🍴
Plombières-   🍴 Ermitage   La Bresse   🍴 Rouffach 🍴 🏛
les-Bains   du Frère Joseph Sondernach   Westhalten ❄ 🍴
Girmont-Val-d'Ajol   Jungholtz 🏛 🍴
    N 66   St-Amarin 🍴   A 35
            🍴 Thann ❄
    ❄ Mulhouse
    📠 Burnhaupt-le-Haut   Rixheim ❄ XXX
Froideterre ❄ XX   🍴 Frœningen   RHIN
            ❄ Landser
    Villersexel 📠   Sierentz ❄ XXX   A 3
    ○ Danjoutin   **Bâle**   RHEIN
Villersexel   Ligsdörf 🍴
🍴 Sochaux   Lutter 🏛
    Audincourt 📠   Lucelle 🍴
Cubry 🍴   🍴 Séloncourt
            15

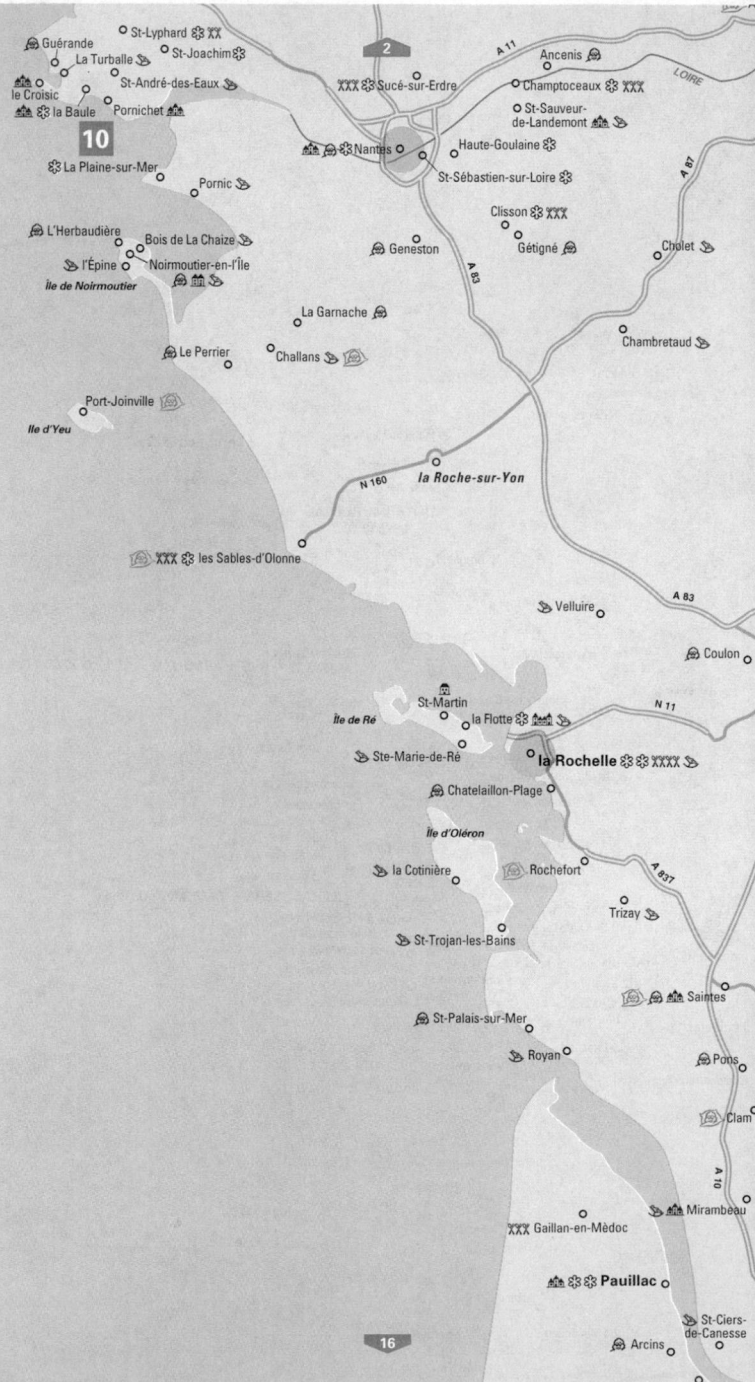

Guérande
St-Lyphard ❄ XX
La Turballe ⌇ St-Joachim ❄
le Croisic ⌇ St-André-des-Eaux ⌇
la Baule ❄ Pornichet
La Plaine-sur-Mer ❄
Pornic ⌇
L'Herbaudière ⌇
Bois de La Chaize ⌇
l'Épine ⌇ Noirmoutier-en-l'Île
île de Noirmoutier
Le Perrier
Challans ⌇
Port-Joinville
Île d'Yeu

la Roche-sur-Yon
N 160

XXX ❄ les Sables-d'Olonne

Sucé-sur-Erdre XXX ❄
A 11
Ancenis
Champtoceaux ❄ XXX
St-Sauveur-de-Landemont
Nantes
Haute-Goulaine ❄
St-Sébastien-sur-Loire ❄
Clisson ❄ XXX
Gétigné
Cholet
Geneston
La Garnache
Chambretaud
A 87
A 83

LOIRE

Velluire ⌇
A 83
Coulon

St-Martin
Île de Ré la Flotte ❄
Ste-Marie-de-Ré
la Rochelle ❄ ❄ XXXX ⌇
Chatelaillon-Plage
Île d'Oléron
la Cotinière ⌇ Rochefort
Trizay
St-Trojan-les-Bains
N 11
A 837

Saintes
St-Palais-sur-Mer
Royan
Pons
Clam
A 10
Mirambeau
XXX Gaillan-en-Médoc
Pauillac
St-Ciers-de-Canesse
Arcins

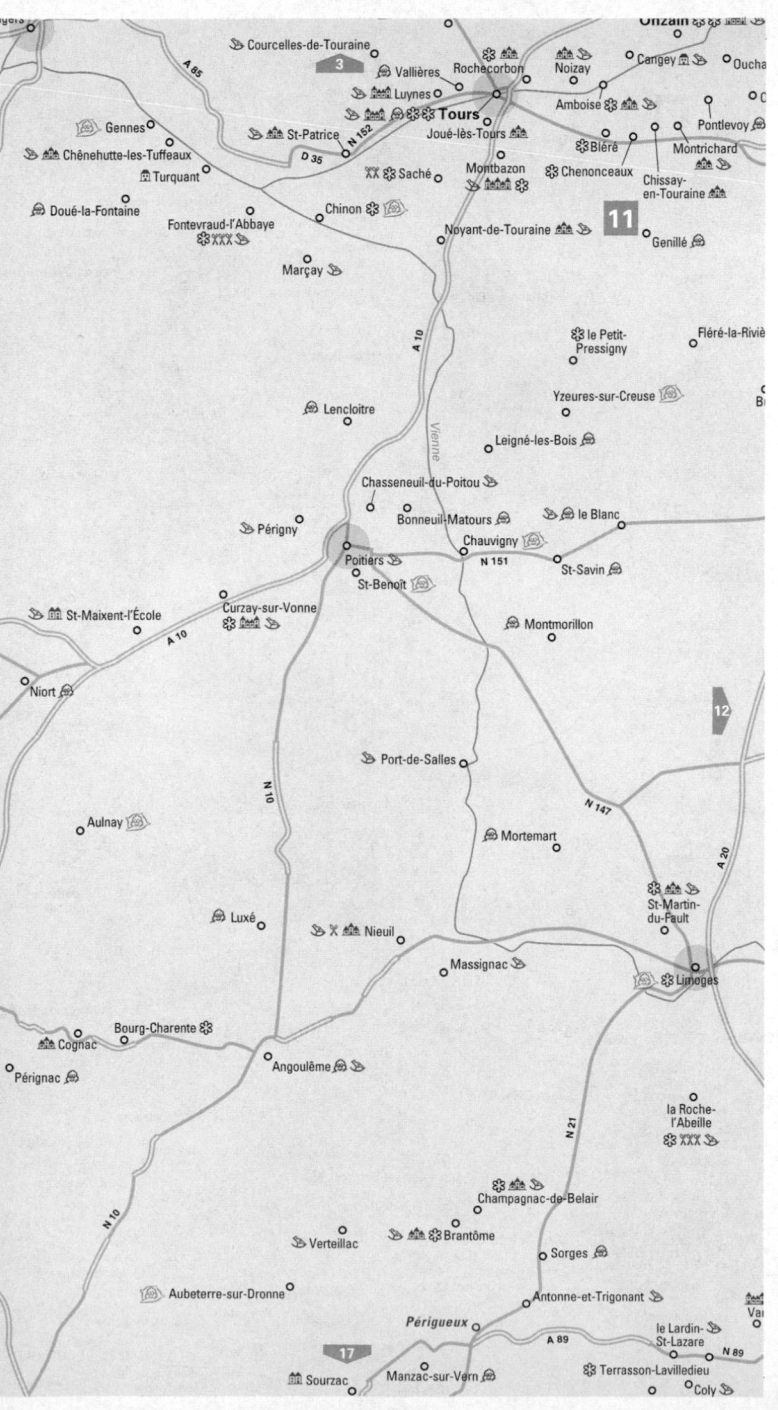

Onzain

Courcelles-de-Touraine

A 85

Vallières Rochecorbon Noizay Cangey Oucha

Gennes Luynes Amboise Pontlevoy

Chênehutte-les-Tuffeaux St-Patrice N 152 Tours Montrichard

Turquant D 35 Joué-lès-Tours Chissay-en-Touraine

Doué-la-Fontaine Saché Bléré Chenonceaux

Fontevraud-l'Abbaye Chinon Montbazon

Marçay Noyant-de-Touraine Genillé

11

le Petit-Pressigny Fléré-la-Riviè

Yzeures-sur-Creuse

Lencloître Leigné-les-Bois B

Chasseneuil-du-Poitou

Périgny Bonneuil-Matours le Blanc

Poitiers Chauvigny

St-Benoît N 151 St-Savin

St-Maixent-l'École Curzay-sur-Vonne Montmorillon

A 10

Niort

12

Port-de-Salles

N 147

A 20

Aulnay Mortemart

N 10 St-Martin-du-Fault

Luxé Nieuil

Massignac Limoges

Bourg-Charente

Cognac Angoulême

Pérignac la Roche-l'Abeille

N 21

Champagnac-de-Belair

Verteillac Brantôme

Sorges

Aubeterre-sur-Dronne Antonne-et-Trigonant le Lardin-St-Lazare

Périgueux N 89 Va

17 A 89

Sourzac Manzac-sur-Vern Terrasson-Lavilledieu Coly

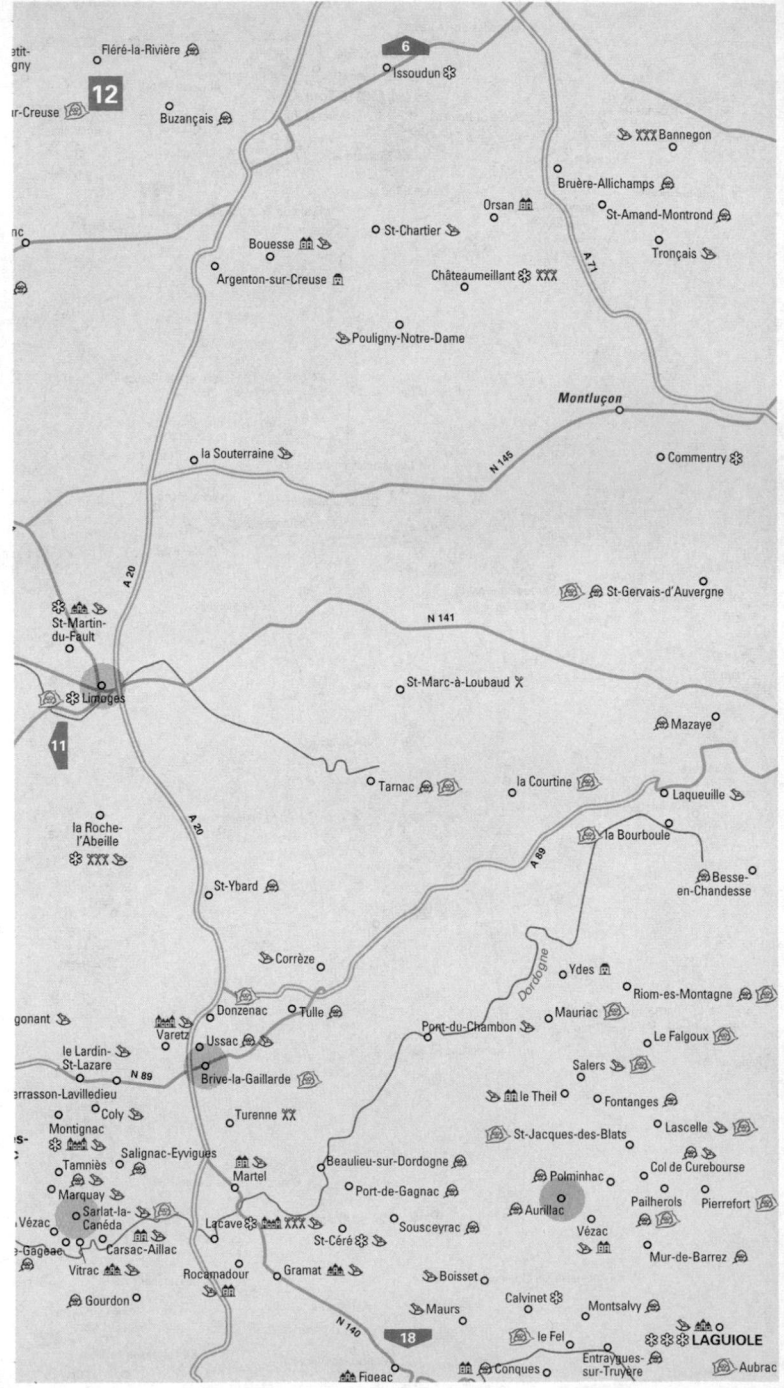

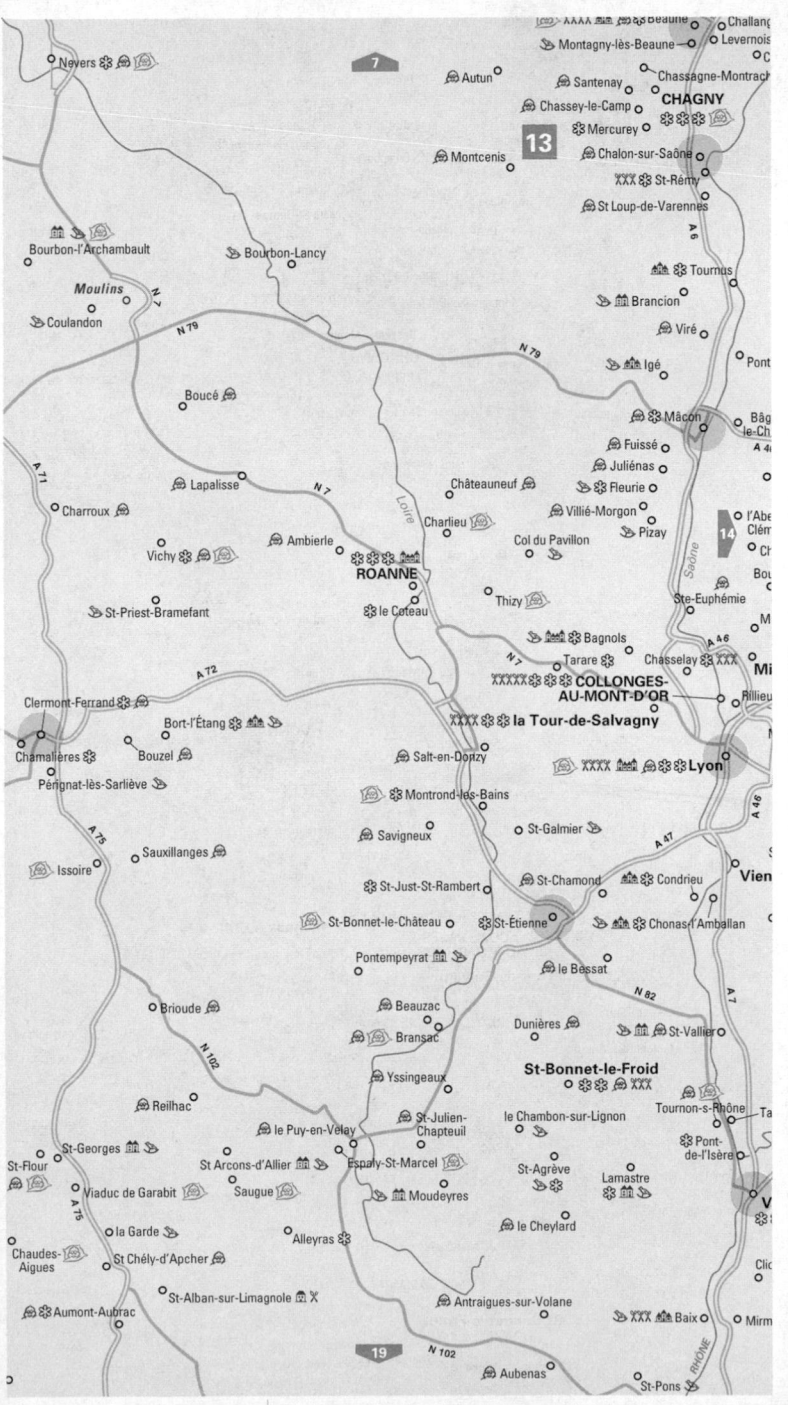

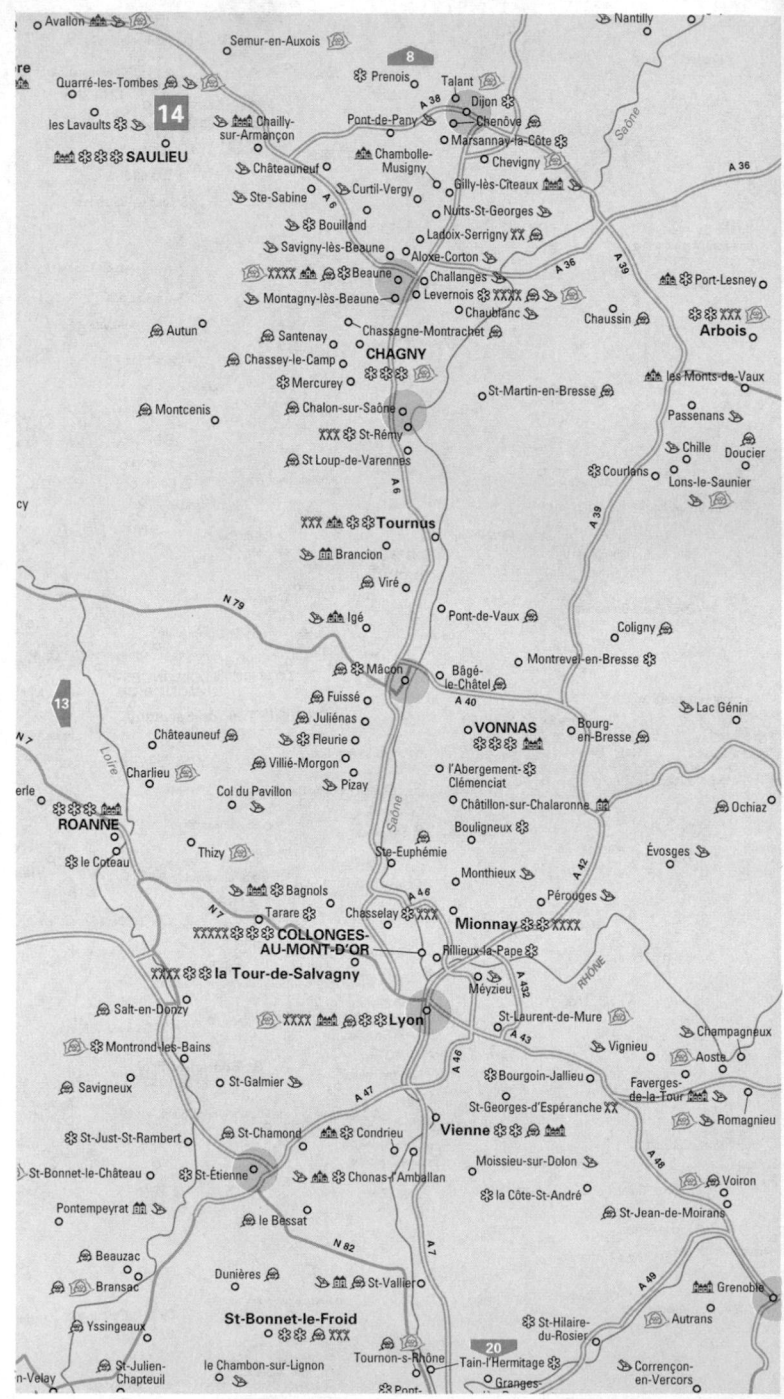

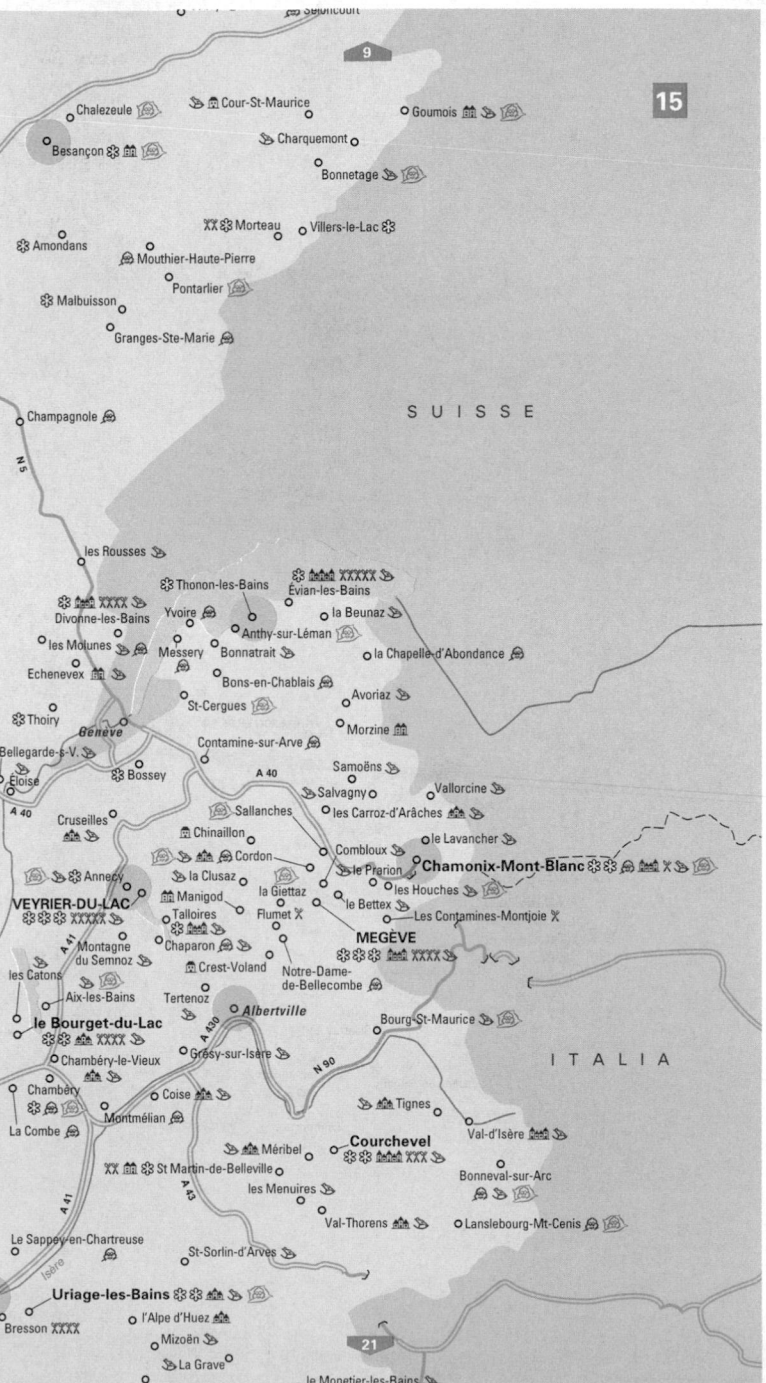

Chalezeule ⚅ ✿ Cour-St-Maurice

Goumois 🏛 ✿ ⚅

Besançon ❄ 🏛 ⚅

Charquemont

Bonnetage ✿ ⚅

❄ Amondans

✿✿ ❄ Morteau   ✿ Villers-le-Lac ❄

🏛 Mouthier-Haute-Pierre

❄ Malbuisson   Pontarlier ⚅

Granges-Ste-Marie ⚅

Champagnole ⚅

S U I S S E

N 5

les Rousses ✿

❄ Thonon-les-Bains   ❄ 🏛🏛 ✿✿✿✿ ✿
                     Évian-les-Bains

❄ 🏛🏛 ✿✿✿✿   Yvoire ⚅   la Beunaz ✿
Divonne-les-Bains   Anthy-sur-Léman ⚅

les Molunes ✿   Messery   Bonnatrait ✿   la Chapelle-d'Abondance ⚅

Echenevex 🏛 ✿   Bons-en-Chablais ⚅

❄ Thoiry   St-Cergues ⚅   Avoriaz ✿

Genève   Morzine 🏛

Bellegarde-s-V. ✿   Contamine-sur-Arve ⚅

Éloise   A 40   Samoëns ✿

Bossey   Salvagny ✿   Vallorcine ✿

Cruseilles   Sallanches   les Carroz-d'Arâches 🏛 ✿

🏛 Chinaillon   Combloux ✿   le Lavancher ✿

⚅ ✿ 🏛 ⚅ Cordon   le Prarion ✿   Chamonix-Mont-Blanc ❄ ❄ ⚅ 🏛 ✿ ✿ ⚅

⚅ ✿ ❄ Annecy   ✿ la Clusaz   le Bettex ✿   les Houches ✿

VEYRIER-DU-LAC   🏛 Manigod   la Giettaz   Les Contamines-Montjoie ✿
❄ ❄ ❄ ✿✿✿✿   Talloires   Flumet ✿

A 41   ✿ 🏛🏛 ✿   MEGÈVE
Montagne   Chaparon ⚅ ✿   ❄ ❄ ❄ 🏛🏛 ✿✿✿✿ ✿
du Semnoz
les Catons   🏛 Crest-Voland

Aix-les-Bains   Tertenoz   Notre-Dame-
⚅ ✿   de-Bellecombe ⚅

le Bourget-du-Lac   Albertville   Bourg-St-Maurice ✿ ⚅
❄ ❄ 🏛🏛 ✿✿✿✿ ✿   A 430

Chambéry-le-Vieux   Grésy-sur-Isère ✿   I T A L I A
🏛🏛 ✿

Chambéry   Coise 🏛🏛 ✿   N 90   ✿ 🏛🏛 Tignes

La Combe ⚅   Montmélian ⚅   Val-d'Isère 🏛🏛 ✿

A 41   ✿ 🏛🏛 Méribel   Courchevel
❄ ❄ 🏛🏛 ✿✿✿ ✿

✿✿ 🏛 ✿ St Martin-de-Belleville   Bonneval-sur-Arc
⚅ ✿ ⚅
les Menuires ✿

A 43   Val-Thorens 🏛🏛 ✿   Lanslebourg-Mt-Cenis ⚅ ⚅

Le Sappey-en-Chartreuse   St-Sorlin-d'Arves ✿

Isère   A 41

Uriage-les-Bains ❄ ❄ 🏛🏛 ✿ ⚅

Bresson ✿✿✿✿   l'Alpe d'Huez 🏛🏛

Mizoën ✿

La Grave

le Monetier-les-Bains ✿

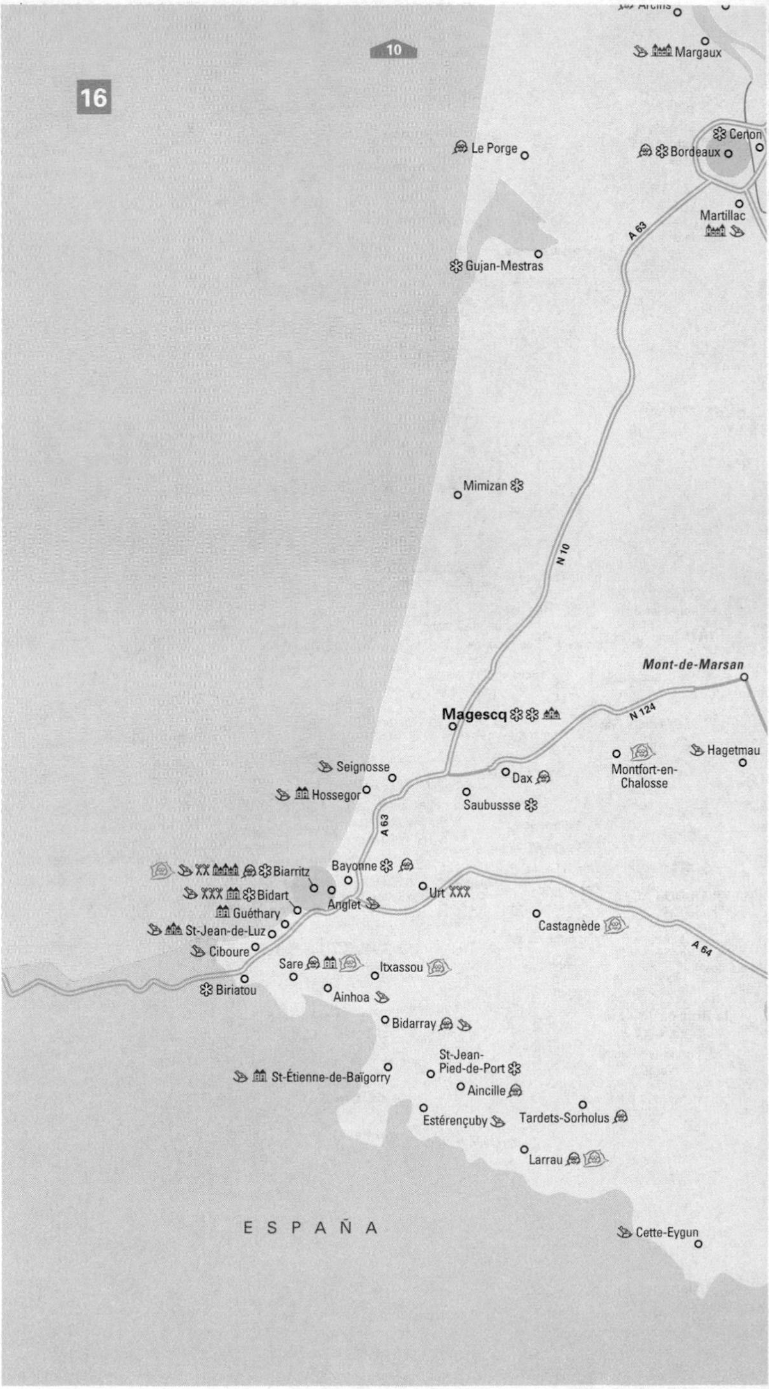

10

Les Arcins

🦪 🏛️ Margaux

🦪 Le Porge ○

🦪 ❄️ Bordeaux ○ ❄️ Cenon

A 63

Martillac
🏛️

❄️ Gujan-Mestras ○

Mimizan ❄️

N 10

Mont-de-Marsan

Magescq ❄️ ❄️ 🏛️   N 124

○ 🖼️ ○ 🦪 Hagetmau
Montfort-en-
Chalosse

🦪 Seignosse

❄️ Dax 🚗

🦪 🏛️ Hossegor ○   Saubussse ❄️
A 63

🖼️ 🦪 XX 🏛️ 🚗 ❄️ Biarritz

🦪 XXX 🏛️ ❄️ Bidart   Bayonne ❄️ 🚗

🏛️ Guéthary   Anglet 🦪   ○ Urt XXX

🦪 🏛️ St-Jean-de-Luz ○

🦪 Ciboure ○   Sare 🚗 🏛️ 🖼️   ○ Castagnède 🖼️

❄️ Biriatou   Ainhoa 🦪   Itxassou 🖼️   A 64

Bidarray 🚗 🦪

St-Jean-
Pied-de-Port ❄️

🦪 🏛️ St-Étienne-de-Baïgorry   ○ Aincille ❄️

Estérençuby ○ 🦪 Tardets-Sorholus 🚗

Larrau 🚗 🖼️

E S P A Ñ A

🦪 Cette-Eygun
○

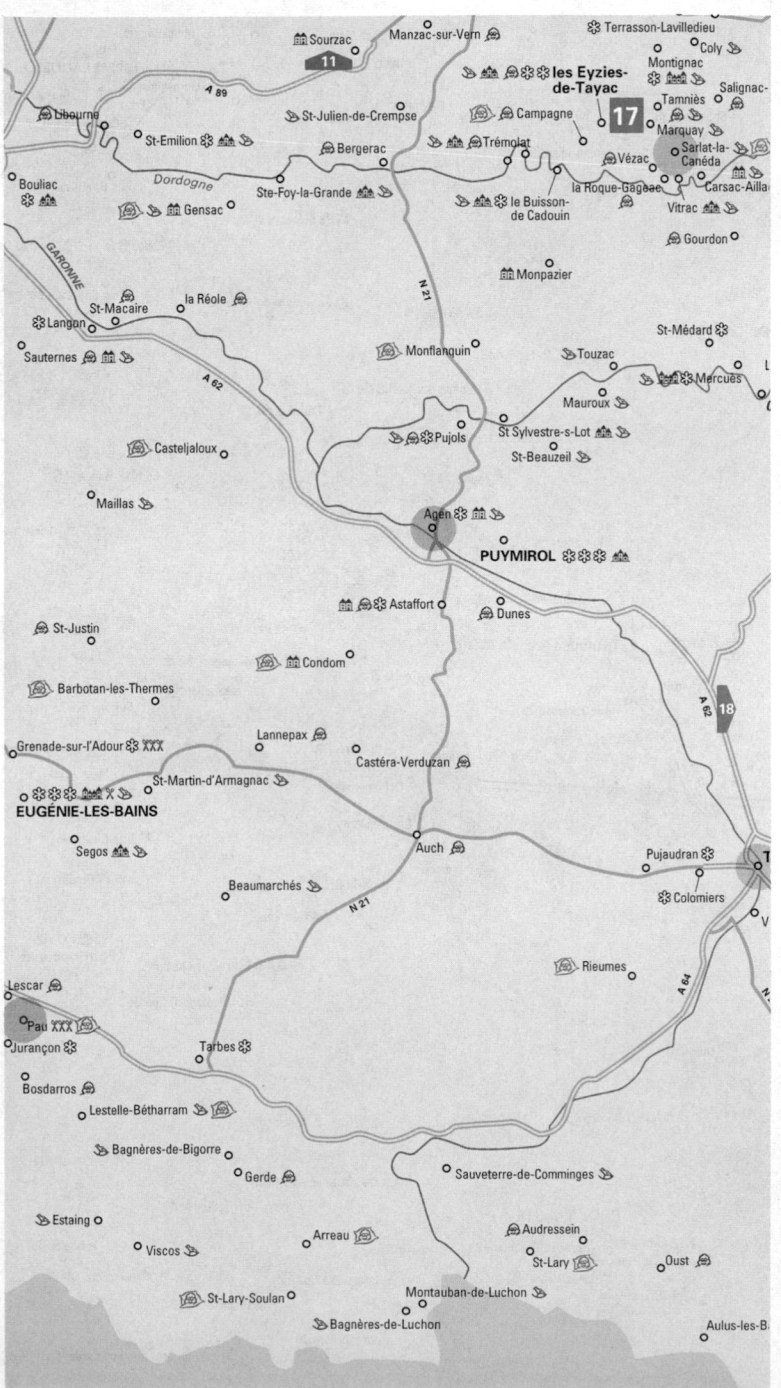

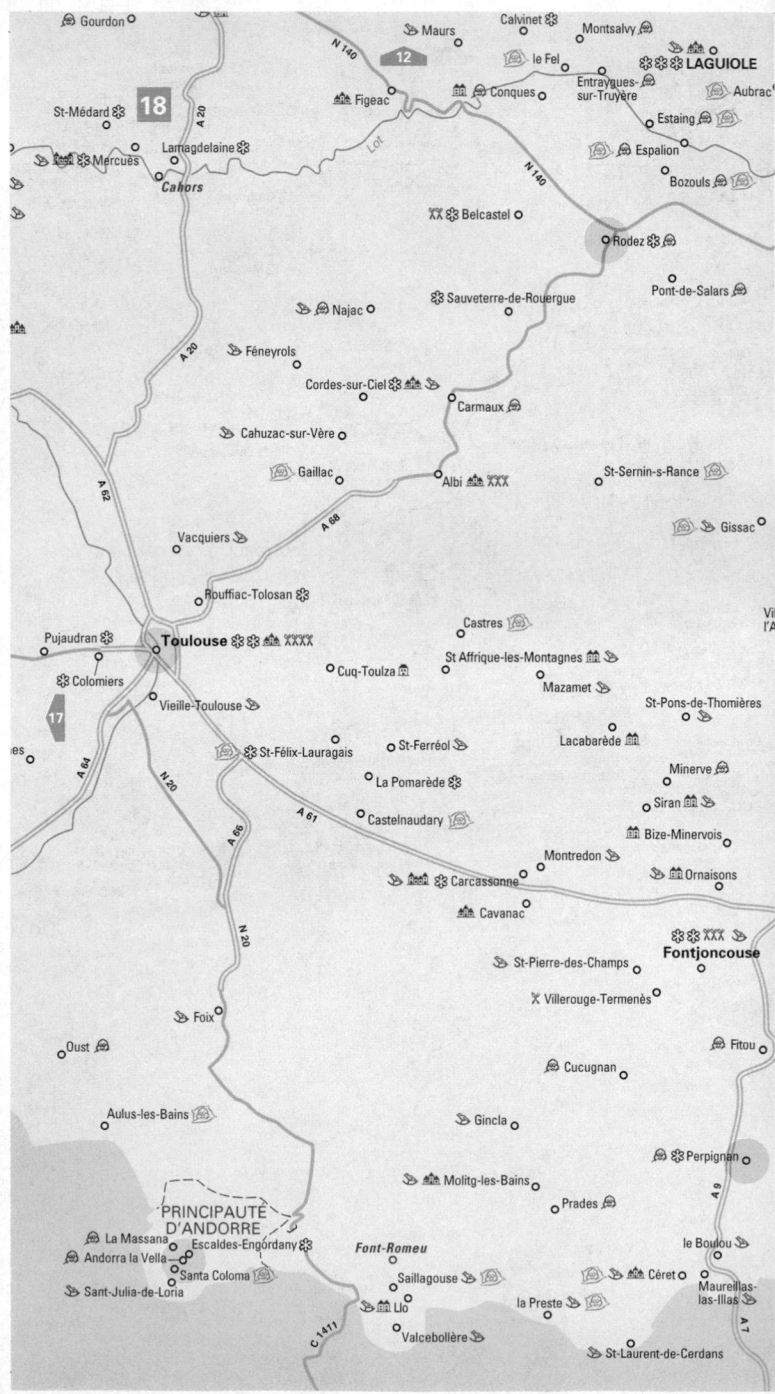

Gourdon

Maurs
Calvinet
Montsalvy
le Fel
Figeac
Conques
LAGUIOLE
St-Médard
Entraygues-sur-Truyère
Aubrac
Estaing
Mercuès
Lamagdelaine
Espalion
Cahors
Bozouls
Lot
N 140
Belcastel
Rodez
Najac
Sauveterre-de-Rouergue
Pont-de-Salars
Fényerols
Cordes-sur-Ciel
Carmaux
Cahuzac-sur-Vère
Gaillac
Albi
St-Sernín-s-Rance
Gissac
Vacquiers
Rouffiac-Tolosan
Castres
Toulouse
Cuq-Toulza
St Affrique-les-Montagnes
Colomiers
Mazamet
St-Pons-de-Thomières
Vieille-Toulouse
St-Félix-Lauragais
St-Ferréol
Lacabarède
Minerve
La Pomarède
Siran
Bize-Minervois
Castelnaudary
Pujaudran
Montredon
Carcassonne
Ornaisons
Cavanac
Fontjoncouse
St-Pierre-des-Champs
Villerouge-Termenès
Foix
Cucugnan
Fitou
Oust
Aulus-les-Bains
Gincla
Perpignan
Molitg-les-Bains
PRINCIPAUTÉ D'ANDORRE
Prades
le Boulou
La Massana
Andorra la Vella
Escaldes-Engordany
Font-Romeu
Céret
Santa Coloma
Saillagouse
Sant-Julia-de-Loria
Maureillas-las-Illas
Lío
la Preste
Valcebollère
St-Laurent-de-Cerdans

12

18

17

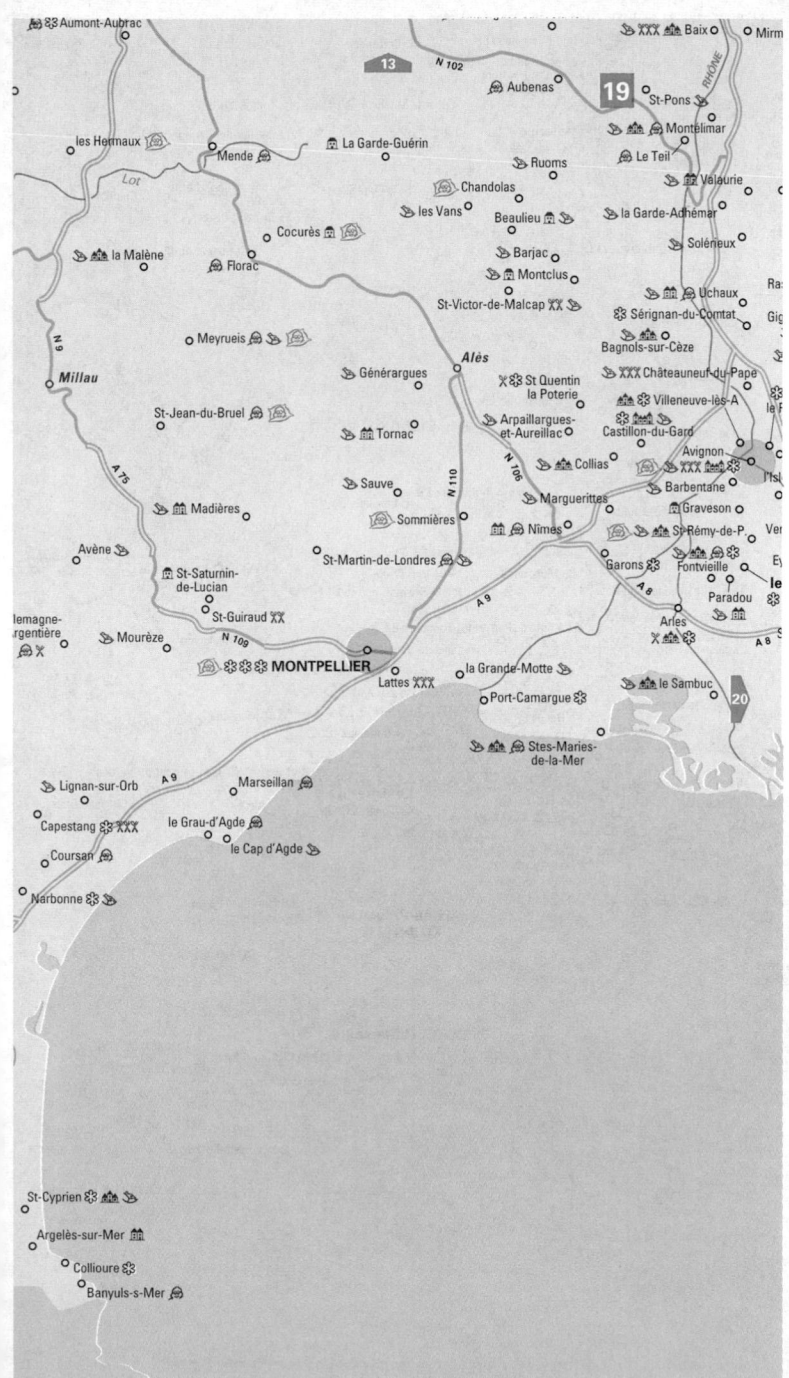

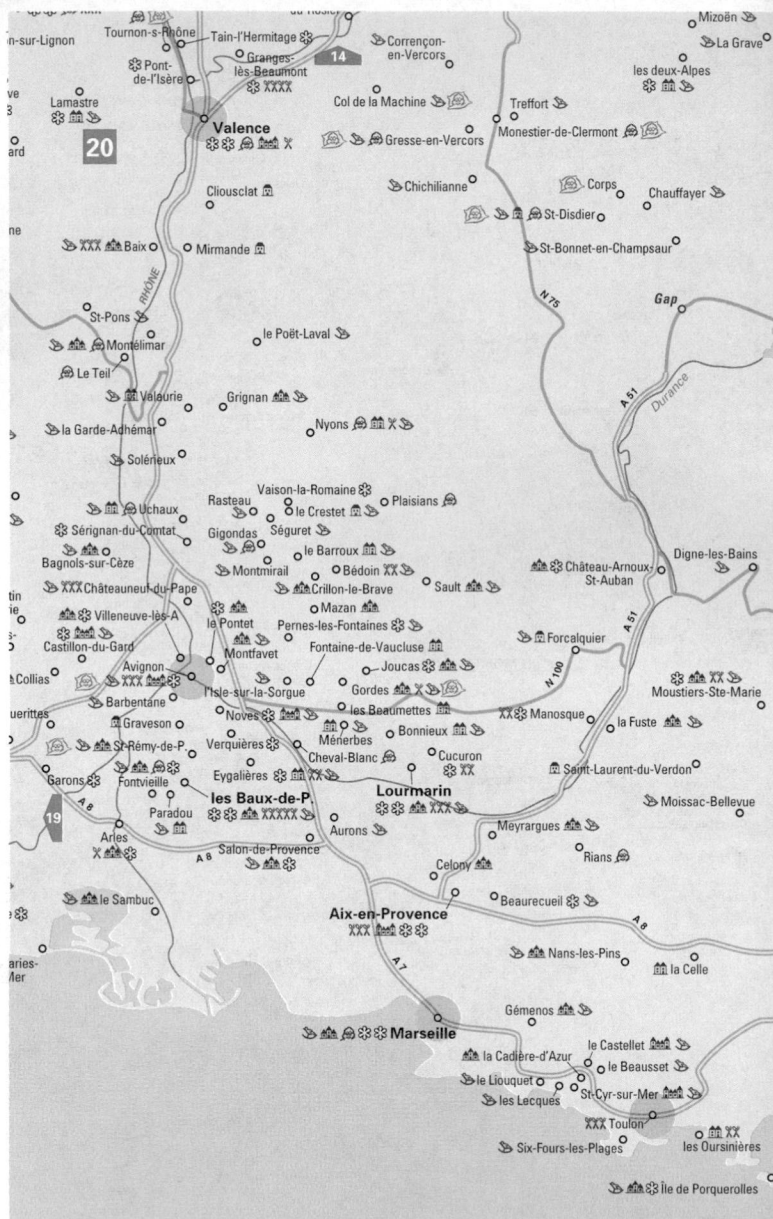

le Monetier-les-Bains

la Vachette
Briançon

Pelvoux

ITALIA

Guillestre   Ceillac

Risoul

Embrun
Baratier

Pra-Loup

Super-Sauze

Valberg   Rimplas

la Bollène-Vésubie

Annot   Bairols

N 85   St-Martin-du-Var   Sospel

Vescous   La Turbie

la Garde   St-Paul   Peillon   Roquebrune-Cap-Martin

la Palud-   la Martre   Falicon   PRINCIPAUTÉ DE MONACO
sur-Verdon   Vence

Trigance   Tourrettes-s-Loup   Èze

le Rouret   Cagnes-s-Mer   Beaulieu-sur-Mer

Grasse   St-Jean-Cap-Ferrat

Fayence   Mouans-Sartoux   Valbonne   Cros-de-   Nice
                                        Cagnes

Tourtour   Montauroux   Biot

Ampus   Auribeau-s-Siagne   Vallauris   Antibes

Callas   Pégomas   Juan-les-Pins

Villecroze   les Adrets-de-l'Esterel   Cap d'Antibes

Flayosc   Miramar   le Golfe-Juan

Lorgues   Fréjus   Mougins   Cannes

la Napoule

le Luc   Plan-   les Issambres
          de-la-Tour

Courruero   Ste-Maxime

Grimaud   St-Tropez

Cogolin   Ramatuelle

Port-Grimaud   Gigaro
Aiguebelle
          Cavalaire-sur-Mer
          Rayol-Canadel-sur-Mer
          Cavalière
Cabasson   Bormes-les-Mimosas

Île de Port-Cros

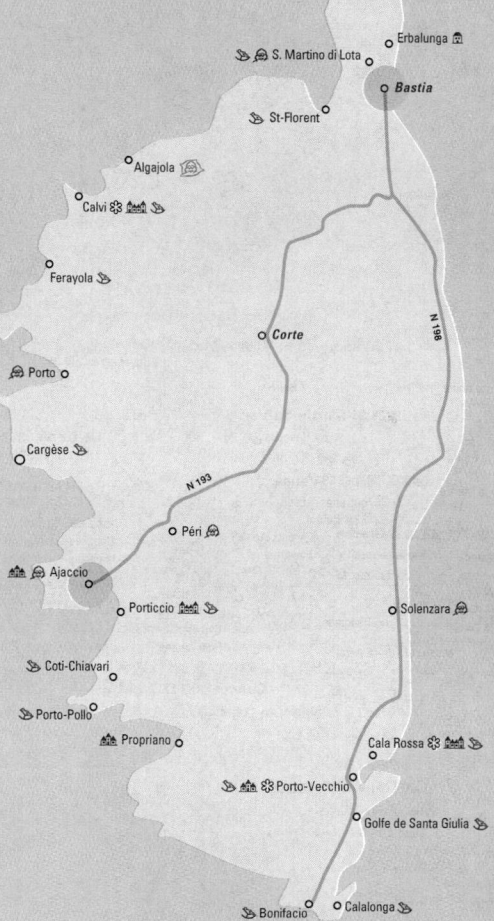

22

Erbalunga

S. Martino di Lota

Bastia

St-Florent

Algajola

Calvi

Ferayola

Corte

Porto

Cargèse

N 193

N 198

Péri

Ajaccio

Porticcio

Solenzara

Coti-Chiavari

Porto-Pollo

Propriano

Cala Rossa

Porto-Vecchio

Golfe de Santa Giulia

Bonifacio   Calalonga

SARDEGNA

C. Faurie / Michelin

☐ a. *Les dunes de Merzouga (Maroc)*
☐ b. *La dune du Pilat (France)*
☐ c. *La "Grande Mer" de sable de Dakrur (Egypte)*

Vous ne savez pas quelle case cocher ?
Alors plongez-vous dans Le Guide Vert Michelin !

- tout ce qu'il faut voir et faire sur place
- les meilleurs itinéraires
- de nombreux conseils pratiques
- toutes les bonnes adresses
Le Guide Vert Michelin, l'esprit de découverte

A. Leprince / Michelin

☐ a.  *Maison d'hôte de charme*
☐ b. *Chambre à 40€ maximum la nuit*
☐ c. *À ne pas manquer : le petit "plus"*

Vous ne savez pas quelle case cocher ?

Alors ouvrez vite Le Guide Coups de Cœur Michelin !

De l'ancienne ferme de caractère au petit château niché dans son parc en passant par la maison de maître au cœur d'un vignoble, la sélection Michelin, classée par région, recense autant d'adresses à l'accueil chaleureux qui charmeront même les petits budgets.
Guide Coups de Cœur Michelin, le plaisir du voyage

Localités
par ordre alphabétique

Places
in alphabetical order

Località
in ordine alfabetico

Alphabetisches
Ortsverzeichnis

Localidades
por orden alfabético

ABBEVILLE ✆ *80100 Somme* **301** *E7 G. Picardie Flandres Artois – 24 567 h alt. 8.*

Voir *Vitraux contemporains*★★ *de l'église du St-Sépulcre – Façade*★ *de la collégiale St-Vulfran – Musée Boucher de Perthes*★ BY **M.**

Env. *Vallée de la Somme*★ *SE – Château de Bagatelle*★ *S.*

🏌 *d'Abbeville* ℘ *03 22 24 98 58, par* ⑤ *: 4 km.*

🛈 *Office de tourisme, 1 place de l'Amiral Courbet* ℘ *03 22 24 27 92, Fax 03 22 31 08 26, office.tourisme.abbeville@wanadoo.fr.*

Paris 186 ③ *– Amiens 51* ② *– Boulogne-sur-Mer 79* ① *– Rouen 106* ④*.*

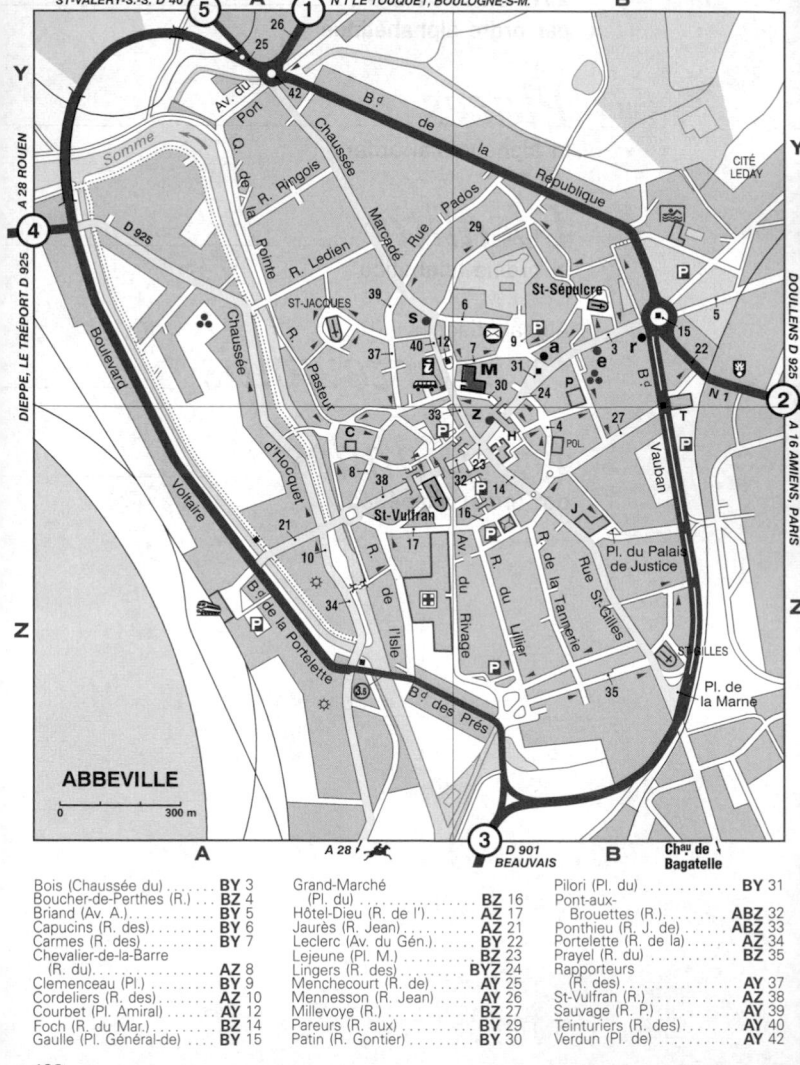

ABBEVILLE

Bois (Chaussée du)	**BY**	3
Boucher-de-Perthes (R.)	**BZ**	4
Briand (Av. A.)	**BY**	5
Capucins (R. des)	**BY**	6
Carmes (R. des)	**BY**	7
Chevalier-de-la-Barre (R. du)	**AZ**	8
Clemenceau (Pl.)	**BY**	9
Cordeliers (R. des)	**AZ**	10
Courbet (Pl. Amiral)	**AY**	12
Foch (R. du Mar.)	**BZ**	14
Gaulle (Pl. Général-de)	**BY**	15
Grand-Marché (Pl. du)	**BZ**	16
Hôtel-Dieu (R. de l')	**AZ**	17
Jaurès (R. Jean)	**AZ**	21
Leclerc (Av. du Gén.)	**BY**	22
Lejeune (Pl. M.)	**BZ**	23
Lingers (R. des)	**BYZ**	24
Menchecourt (R. de)	**AY**	25
Mennesson (R. Jean)	**AY**	26
Millevoye (R.)	**BZ**	27
Pareurs (R. aux)	**BY**	29
Patin (R. Gontier)	**BY**	30
Pilori (Pl. du)	**BY**	31
Pont-aux-Brouettes (R.)	**ABZ**	32
Ponthieu (R. J. de)	**ABZ**	33
Portelette (R. de la)	**AZ**	34
Prayel (R. du)	**BZ**	35
Rapporteurs (R. des)	**AY**	37
St-Vulfran (R.)	**AZ**	38
Sauvage (R. P.)	**AY**	39
Teinturiers (R. des)	**AY**	40
Verdun (Pl. de)	**AY**	42

🏨 **Mercure Hôtel de France,** 19 pl. Pilori ℰ 03 22 24 00 42, h5440@accor-hotels.com,,
Fax 03 22 24 26 15 – 📶 🌀, ▤ rest, 🔟 📞 ᴑ – 🏛 35 à 70. 🆎 ⓪ 🆎   BY a
Repas *(14,30)* - 17,40/24, enf. 7 ♀ – ⇌ 8,80 – **69 ch** 77/87.
   ◆ Ce grand établissement du centre-ville à façade en briques abrite des chambres fraîches
et bien équipées, ainsi qu'une suite avec baignoire "balnéo". Bar feutré. Lumineuse salle à
manger-véranda et coin rôtisserie ; grillades et cuisine traditionnelle.

🏨 **Relais Vauban** sans rest, 4 bd Vauban ℰ 03 22 25 38 00, *Fax 03 22 31 75 97* – 🔟 📞 🆎
🆎   BY r
fermé 15 déc. au 6 janv. – ⇌ 5 – **22 ch** 43/58.
   ◆ Étape familiale dans ce petit hôtel dont les chambres, fonctionnelles et claires, bénéficient toutes du double vitrage. Accueil aimable et tenue impeccable.

🏨 **Ibis,** par ② *et rte d'Amiens : 2 km* ℰ 03 22 24 80 80, H0741@accor-hotels.com,
Fax 03 22 31 75 96, 🈸 – 🍴 🔟 📞 ᴑ 🄿 – 🏛 30. 🆎 ⓪ 🆎
Repas 10/23, enf. 6 ♀ – ⇌ 6 – **65 ch** 52/62.
   ◆ En retrait d'une zone commerciale proche de l'autoroute. Chambres rénovées selon les
dernières normes Ibis ; la moitié ouvre côté campagne. Espace vert pour les enfants. Au
restaurant, mobilier en pin et plantes vertes ; cuisine simple et buffet d'entrées.

🍴🍴 **L'Escale en Picardie,** 15 r. Teinturiers ℰ 03 22 24 21 51, *Fax 03 22 24 21 51* – 🆎 ⓪ 🆎,
🚫   AY s
fermé 17 août au 4 sept., vacances de fév., dim. soir, jeudi soir, lundi et soirs fériés – **Repas**
19,60/29 ♀.
   ◆ Goûteuse cuisine de la mer à déguster sous les poutres d'une salle rustique où trône
une cheminée en pierre : une escale picarde gourmande et un accueil charmant.

🍴🍴 **Au Châteaubriant,** 1 pl. Max Lejeune ℰ 03 22 24 08 23, *Fax 03 22 24 22 64* – 🆎 🆎,
🚫   BYZ z
fermé 22 juil. au 5 août, dim. soir, merc. soir et lundi – **Repas** 14/31, enf. 7,50 ♀.
   ◆ Près du musée Boucher de Perthes, à l'étage d'un immeuble qui enjambe la rue, cette
grande et sobre salle à manger est meublée dans le style Louis XIII. Plats traditionnels.

🍴 **Corne,** 32 chaussée du Bois ℰ 03 22 24 06 34, m.lematelot@aol.com, *Fax 03 22 24 03 65* –
🆎 ⓪ 🆎   BY e
fermé 20 déc. au 4 janv., sam. midi et dim. – **Repas** *(14 bc)* - carte 26 à 41 ♀.
   ◆ Riante façade peinte en bleu pour cette vieille maison abbevilloise hébergeant un bistrot
convivial. Chaleureux intérieur lambrissé. Ardoise de suggestions du jour.

à St-Riquier *par* ②*, D 925 : 9 km* – 1 186 h. alt. 29 – ⊠ 80135 :
   🛈 *Syndicat d'initiative, Le Beffroi* ℰ 03 22 28 91 72, *Fax 03 22 28 02 73, tourisme-saint-
riquier@wanadoo.fr.*

🏨 **Jean de Bruges** sans rest, ℰ 03 22 28 30 30, jeandebruges@wanadoo.fr,
Fax 03 22 28 00 69 – 📶 🔟 📞 ᴑ. 🆎 🆎. 🚫
fermé janv. – ⇌ 12 – **11 ch** 90/130.
   ◆ Sur le parvis de l'abbatiale, élégante demeure du 17ᵉ s. en pierres blanches. Chambres
de caractère, dotées d'un mobilier ancien. Salle des petits-déjeuners sous verrière.

à Mareuil-Caubert *au Sud par D 928 (rte de Rouen): 4 km* – 890 h. alt. 12 – ⊠ 80132 :

🍴 **Auberge du Colvert,** 4 rte Rouen ℰ 03 22 31 32 32, *Fax 03 22 31 32 32* – 🄿. 🆎
🆎
fermé 24 juil. au 14 août et 20 fév. au 3 mars, dim., mardi soir et merc. d'oct. à fév. – **Repas**
12 (déj.), 17/25 ♀.
   ◆ Des boiseries habillent la salle à manger de cette auberge champêtre réchauffée par une
étonnante cheminée suspendue. Carte traditionnelle variant avec les saisons.

L'ABERGEMENT-CLÉMENCIAT 01 Ain 🇩🇩🇩 C4 – *rattaché à Châtillon-sur-Chalaronne.*

L'ABER-WRAC'H 29 Finistère 🇩🇩🇩 D3 G. Bretagne – ⊠ 29870 Landéda.
   Env. *Les Abers*★★.
   🛈 *Office de tourisme, 15 quai Kléber* ℰ 02 98 27 93 60, Fax 02 98 27 87 22, ot.camaret-
@wanadoo.fr.
   Paris 605 – Brest 28 – Landerneau 34 – Morlaix 69 – Quimper 94.

🏨 **Baie des Anges** 🌊 sans rest, ℰ 02 98 04 90 04, contact@baie-des-anges.com,
Fax 02 98 04 92 27, ← – 🔟 📞 ᴑ. 🆎 🆎
fermé 10 janv. au 1ᵉʳ fév. – ⇌ 12 – **20 ch** 80/135.
   ◆ Idéalement implanté face au site sauvage de l'Aber Wrac'h, cet hôtel offre la sérénité de
ses chambres lumineuses et actuelles ; préférez celles donnant sur la mer.

✗ **Brennig**, ℘ 02 98 04 81 12, Fax 02 98 04 81 12, ≤ – 🅿. 🇬🇧
mars-oct. et fermé mardi – **Repas** 17 (déj.), 22,50/35 ♀.
♦ Agrippé au rocher, petit restaurant aux couleurs de l'océan, où l'on profite du spectacle de l'aber tout en dégustant une cuisine pénétrée de saveurs marines.

ABLIS *78660 Yvelines* 🗓🗓🗓 *G4 – 2 705 h alt. 151.*
🛈 *Syndicat d'initiative, Hôtel de Ville* ℘ 01 30 46 06 06, *Fax 01 30 46 06 07, ville.mairie-ablis@wanadoo.fr.*
Paris 62 – Chartres 31 – Mantes-la-Jolie 64 – Orléans 79 – Rambouillet 14 – Versailles 49.

à l'Ouest *: 6 km par D 168 –* ✉ *28700 St-Symphorien-le-Château :*
🏨🏨🏨 **Château d'Esclimont** 🦢, ℘ 02 37 31 15 15, *esclimont@grandesetapes.fr,*
Fax 02 37 31 57 91, ≤, 🌲, 🏊, ✗, ♨ – 🗍 📺 📞 🅿 – 🔬 20 à 120. 🖭 ⑩ 🇬🇧 🇯🇨🇧, ✗ rest
Repas *(fermé le midi du 1ᵉʳ nov. au 31 mars)* 40 (déj.), 66/92 ♀ – 🖵 30 – **49 ch** 135/440, 5 suites.
♦ Goûtez à la vie de château en cette demeure des 15ᵉ et 16ᵉ s., ancienne résidence des La Rochefoucauld. Magnifique parc avec étang, rivière et jardin à la française. Une salle à manger de style 18ᵉ s. et une autre réputée pour ses superbes cuirs de Cordoue.

Si vous êtes retardé sur la route, dès 18 h,
confirmez votre réservation par téléphone,
c'est plus sûr... et c'est l'usage.

ABRESCHVILLER *57560 Moselle* 🗓🗓🗓 *N7 G. Alsace Lorraine – 1 285 h alt. 340.*
🛈 *Office de tourisme, 78 rue Jordy* ℘ 03 87 03 77 26, *Fax 03 87 03 77 26, abresch-tourisme@wanadoo.fr.*
Paris 433 – Strasbourg 79 – Baccarat 46 – Lunéville 62 – Phalsbourg 23 – Sarrebourg 17.

✗✗ **Auberge de la Forêt**, à Lettenbach : 0,5 km ℘ 03 87 03 71 78, Fax 03 87 03 79 96, 🌲 –
🍃 📃 🅿. 🇬🇧
fermé 22 déc. au 14 janv., mardi sauf le midi de juin à sept. et lundi – **Repas** *(11)* - 21,70/36, enf. 13 ♀.
♦ Pimpante auberge de village abritant de coquettes salles à manger ; la plus récente présente un radieux cadre contemporain. Cuisine traditionnelle et spécialités régionales.

ABREST *03 Allier* 🗓🗓🗓 *H6 – rattaché à Vichy.*

ACCOLAY *89460 Yonne* 🗓🗓🗓 *F6 G. Bourgogne – 433 h alt. 125.*
Paris 188 – Auxerre 23 – Avallon 31 – Tonnerre 40.

✗✗ **Hostellerie de la Fontaine** 🦢 *avec ch,* ℘ 03 86 81 54 02, *hostellerie.fontaine@wanadoo.fr, Fax 03 86 81 52 78,* 🌲, ♨ – 📞. 🇬🇧
mars-nov. et fermé dim. soir et lundi hors vacances scolaires soir et lundi sauf 1er oct. à mars – **Repas** *(fermé le midi du lundi au jeudi)* 21/43, enf. 10,50 ♀ – 🖵 7 – **11 ch** 46/47 – ½ P 50.
♦ Maison bourguignonne au coeur d'un paisible village de la vallée de la Cure. On sert les repas dans une cave voûtée ou, si le temps le permet, dans l'agréable jardin fleuri.

Les ADRETS-DE-L'ESTÉREL *83600 Var* 🗓🗓🗓 *P4 – 2 063 h alt. 295.*
Env. Massif de l'Estérel★★★, G. Côte d'Azur.
🛈 *Office de tourisme, place de la mairie* ℘ 04 94 40 93 57, *Fax 04 94 19 36 69, lesadrets.esterel.tourisme@wanadoo.fr.*
Paris 881 – Fréjus 17 – Cannes 26 – Draguignan 44 – Grasse 30 – Mandelieu-la-Napoule 15.

🏠 **Verrerie** 🦢 *sans rest,* ℘ 04 94 40 93 51, 🌿 – 📺
1ᵉʳ avril-30 sept. – 🖵 10 – **7 ch** 57/65.
♦ Bâtisse azuréenne située aux confins du village, appréciable pour la douceur de son environnement. Vous serez hébergé dans des chambres fraîches et spacieuses.

au Sud-Est *: 3 km par D 237 et N 7 –* ✉ *83600 Les Adrets-de-l'Esterel :*
🏨🏨 **Auberge des Adrets**, ℘ 04 94 82 11 82, *auberge-adrets@tiscali.fr, Fax 04 94 82 11 80,*
🌲, 🏊, 🌿 – 🍃 ch, 📺 🅿. 🖭 ⑩ 🇬🇧
fermé mars – **Repas** *(fermé dim. soir et lundi sauf juil.-août)* 38/55, enf. 11 ♀ – 🖵 13 – **10 ch** 201/256 – ½ P 142/161.
♦ Demeure de caractère où chaque chambre est personnalisée par un mobilier raffiné : la magie des vieilles pierres ranimée pour un séjour loin du quotidien. Restaurant élégant et "cosy". La terrasse offre une vue splendide sur le massif de l'Esterel.

AFA *2A Corse-du-Sud* **345** *B8 – voir à Corse (Ajaccio).*

AGAY *83530 Var* **340** *Q5 G. Côte d'Azur.*

Env. *Massif de L'Estérel*★★★.

🛈 *Syndicat d'initiative, place Charles Giannetti* ✆ *04 94 82 01 85, Fax 04 94 82 74 20, agay.tourisme@wanadoo.fr.*

Paris 880 – Fréjus 12 – Cannes 34 – Draguignan 43 – Nice 65 – St-Raphaël 9.

🏨 **France-Soleil** sans rest, 206 av. Pléiades ✆ 04 94 82 01 93, Fax 04 94 82 73 95, ≤, 📺 🅿.
AE **GB** **JCB**
Pâques-oct. – 🖃 8 – **18 ch** 75/115, 2 duplex.
♦ En léger retrait du rivage, hôtel modeste, familial. Les chambres, simples, réparties dans trois petits bâtiments, donnent majoritairement sur la mer.

AGDE *34300 Hérault* **339** *F9 G. Languedoc Roussillon – 19 988 h alt. 5 – Casino.*

Voir *Ancienne cathédrale St-Étienne*★.

🏌 *du Cap-d'Agde à Le Cap-d'Agde* ✆ *04 67 26 54 40, S : 4 km par D 32.*

🛈 *Office de tourisme, 1 place Molière* ✆ *04 67 94 29 68, Fax 04 67 94 03 50, ot-agde@wanadoo.fr.*

Paris 754 – Montpellier 56 – Béziers 24 – Lodève 60 – Millau 118 – Sète 25.

Plan pages suivantes

🏨 **Athéna** sans rest, av. F. Mitterrand, rte Cap d'Agde, D 32^{E10} ✆ 04 67 94 21 90, Fax 04 67 94 80 80, ⤳, 🍽 – 📺 🅿. 🆇 ♦ 🚗 🅿. **GB**
🖃 8 – **32 ch** 56/69.
♦ Hôtel récent aux portes de la ville. Chambres bien équipées et décorées dans un style provençal sobre (certaines avec terrasse ou loggia), plus tranquilles sur l'arrière.

🍴 **N° Vin**, 2 pl. Marine ✆ 04 67 00 20 20, lionelalbano@aol.com, Fax 04 67 26 52 39, 🌤 – **GB**
fermé sam. midi et dim. midi – **Repas** 21 🍷.
♦ Jolie salle à manger contemporaine, agréable cour-terrasse, menu-carte au goût du jour et belle sélection de crus régionaux : ce bistrot à vins fait souvent salle comble.

à La Tamarissière *Sud-Ouest : 4 km par D 32^{E12} – ⊠ 34300 Agde :*

🏨 **Tamarissière**, 21 quai Théophile Cornu ✆ 04 67 94 20 87, hotel-la-tama@wanadoo.fr, Fax 04 67 21 38 40, 🌤, ⤳, 🍽 – 📺 🅇 – 🕭 25. **AE** ⓞ **GB**
1er mars-8 nov. – **Repas** *(fermé lundi sauf le soir du 26 juin au 18 sept., mardi midi et vend. midi)* 29,50/69 🍷 – 🖃 11,50 – **26 ch** 100/118 – ½ P 93/102.
♦ Situation de choix pour cette belle maison méridionale bâtie à l'embouchure même de l'Hérault. La plupart de ses chambres sont personnalisées. Deux salles à manger ensoleillées et terrasse dressée au bord du canal ; cuisine classique.

🍴 **Calamar**, 33 quai Th. Cornu ✆ 04 67 94 05 06, therestocalamar@wanadoo.fr, 🌤 – **GB**
fermé mi-nov. à mi-fév., mardi et merc. hors saison, lundi midi, mardi midi et sam. midi – **Repas** 20 (déj.), 22/34 🍷.
♦ Dans un environnement préservé, une ancienne guinguette joliment rénovée et sa terrasse au bord de l'Hérault. Suggestions du jour en fonction du marché et de la pêche locale.

au Grau d'Agde *Sud-Ouest : 4 km par D 32^{E} – ⊠ 34300 :*

🍴🍴 **L'Adagio**, 3 quai Cdt Méric ✆ 04 67 21 13 00, Fax 04 67 21 13 00, ≤, 🌤 – 🍽. **AE** ⓞ **GB**
🐾
fermé 4 au 18 janv. et merc. du 1er oct au 31 mars – **Repas** (14) - 22/45 🍷.
♦ Cuisine au goût du jour dans une salle à manger claire, dotée d'un joli mobilier en fer forgé. En terrasse, face à l'Hérault, le va-et-vient des bateaux animera votre repas.

au Cap d'Agde *Sud-Est : 5 km par D 32^{E10} – ⊠ 34300 Agde :*

Voir *Éphèbe d'Agde*★★ *au musée de l'Éphèbe.*

🛈 *Office de tourisme,* ✆ *04 67 01 04 04, Fax 04 67 26 22 99, contact@capdagde.com.*

🏨 **Golf**, Île des Loisirs ✆ 04 67 26 87 03, hotel.golf@tahoe.fr, Fax 04 67 26 26 89, 🌤, 🐾, ⛱,
⤳ – 🍽 📺 🅇 ♦ 🅿 – 🕭 80. ⓞ **GB**　　　　　　　　　　　　　　　　　　　　BY m
fermé janv. voir rest. **Caladoc** ci-après – 🖃 15 – **50 ch** 140/150, 3 suites – ½ P 118/208.
♦ La façade ocre de cet hôtel situé sur la fameuse île vouée aux loisirs dissimule d'élégantes chambres contemporaines (côté station ou piscine) et un beau fitness.

LE CAP D'AGDE

Acadiens (Allée des) .... **CX** 3
Alizés (Av. des) .... **AXY**
Alfonse (Av. du Chevalier d') **AX** 4
Antilles (Rd-Pt des) .... **AY** 6
Beaupré (Quai du) .... **CX** 7
Belle Isle (Av. de) .... **ABX**
Bon Accueil (Rd-Pt du) .... **BX** 9
Bouteillou (Rd-Pt du) ...... **CX** 10
Cantinières (Av. des) ...... **CX**
Capelet (Quai du) .... **AX** 12
Challiès (Av. du Passeur).. **ABY**
Chandelles (R. des) .... **BX** 15
Contrebandiers (Av. des).. **BCX**
Corsaires (R. des) .... **AY**
Courette (R. de la) .... **CX** 17
Dominico (Quai Di) .... **BX** 18
Estacade (R. de l') .... **BY** 19
Falaise (R. de la) .... **CY** 21
Flânerie (Allée de la) ...... **CX** 23
Fouquet (Rd-Pt Nicolas) ... **BX** 24
Gabelle (R. de la) .... **BX** 26
Gallo-Romains (R. des) .... **AX**
Galères (Av. des) .... **CX**
Garnison (R. de la) .... **CXY**
Gentilshommes
  (Cours des)............ **CXY**
Gouverneur (R. du) .... **CX**
Grenadiers (R. des) .... **CX** 31
Hallebardes (Av. des) ..... **CX** 32
Hune (R. de la) .... **BX** 34
Ile (Av. de l') .... **BCY**
Iles d'Amérique (Av. des) .. **AY** 36
Jetée (Av. de la) .... **CY**
Joutes (Quai des)......... **BX** 39
Labech (R. du) .... **BX**
Louisiane (Allée de la) .... **CX** 40
Miquel (Quai Jean) .... **BCX**
Outre-Mer (Av. d') .... **AY**
Pacifique (R. du) .... **AY**
Phéniciens (Quai des) ..... **CY** 42
Radoub (Rd-Pt du) .... **CY** 43
Sergents (Av. des) .... **BCX**
Soldats (Av. des) .... **CX**
St-Martin (Quai) .... **BX** 48
St-Martin-des-Vignes (Rue) . **AX**
Sarret-de-Coussergue (R.). **ABX**
Surintendant (Av. du) ...... **BX**
Tambour (R. du) .... **BX** 51
Tours-de-St-Martin
  (Rd-Pt des) .... **AX** 53
Trinquette (Quai de la) .... **CX** 54
Trirème (Quai de la) ...... **CXY** 56
Vaisseaux (R. des) .... **CX**
Vent-des-Dames (R. du) ... **BX**
Vieux-Cap (Quai du) ...... **BY**
Volvire-de-Brassac (Rue)... **AX**
2-Frères (R. des).......... **CY**
4-Cantons (Allée des) ..... **CX** 60

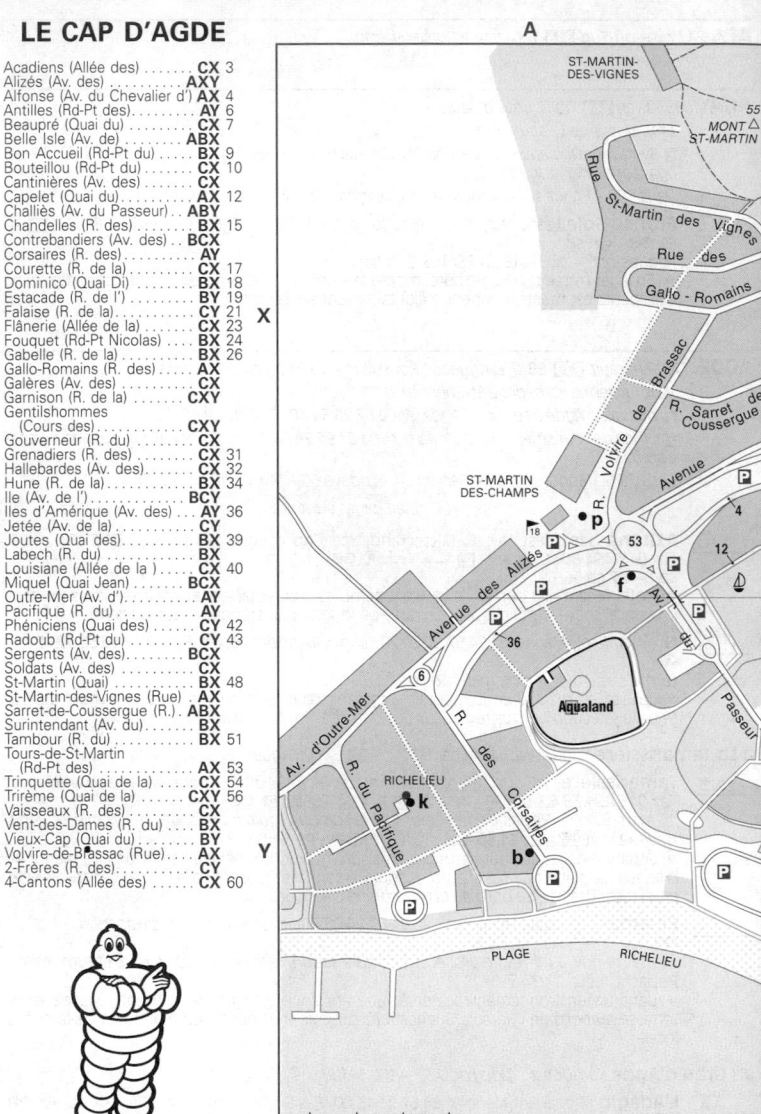

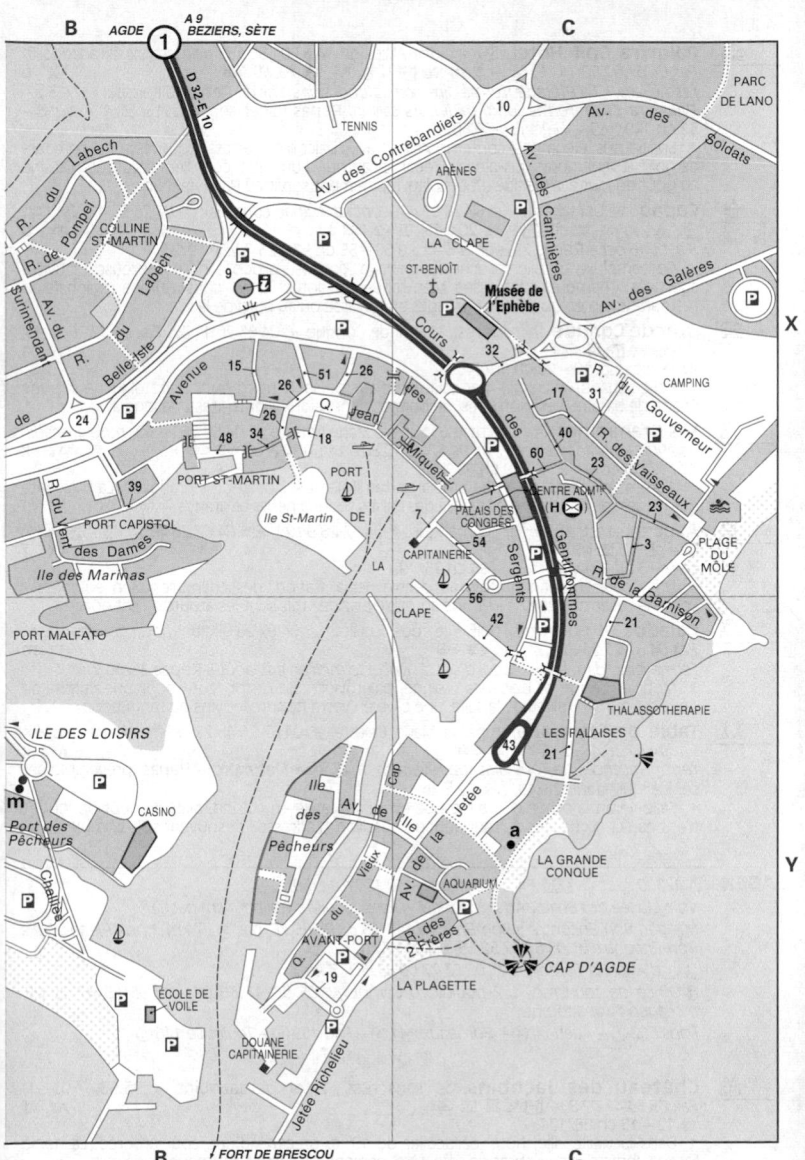

Palmyra Golf Hôtel ⑤, av. des Alizés ℰ 04 67 01 50 15, *palmyragolf@wanadoo.fr*, Fax 04 67 01 50 14, ≤, 🖼 – 🛊 💱 ≡ 🔟 & & 🅿. – 🔏 70. 🅶🅱   **AX p**
fermé janv. – **La Pléiade** *(fermé dim. soir et lundi soir en hiver)* **Repas** (dîner seul.) 37/65 ♀ – **Palmyra Club** *(fermé lundi midi hors saison)* **Repas** (dîner seul.) *(12)*-15/23 ⅃ – ☲ 15 – **32 ch** 149/165 – ½ P 115/130,50.
   ♦ Spacieuses, élégantes, contemporaines, avec balcon ou terrasse tournés sur le parcours de golf : les chambres du Palmyra, réparties autour d'un patio, cumulent les atouts. Cuisine au goût du jour à la Pléiade. Petits plats rapidement servis au Palmyra Club.

Capaô, av. Corsaires ℰ 04 67 26 99 44, *contact@capao.com*, Fax 04 67 26 55 41, 🖼, 🎵, ⅃, 🐾, 🐎 – ≡ ch, 🔟, 🖼 🔏 20 à 45. 🆎 ⓞ 🅶🅱   **AY b**
3 avril-16 oct – **Repas** 25, enf. 9 ♀ – ☲ 9,50 – **55 ch** 97/125 – ½ P 79/93.
   ♦ Ce complexe hôtelier proche de la plage Richelieu propose de nombreuses activités sportives. Chambres spacieuses, bien tenues et dotées de balcons. Cuisine régionale au restaurant ; en été, buffets et grillades en terrasse ou au bord de la mer.

Grande Conque ⑤ sans rest, La Grande Conque ℰ 04 67 26 11 42, Fax 04 67 26 24 15, ≤ – 🛊 ≡ 🔟 🅿. 🅶🅱   **CY a**
avril-oct. – ☲ 10 – **20 ch** 90/140.
   ♦ Belle situation face à la mer et à une plage de sable noir pour cet hôtel juché sur une falaise de basalte. Les chambres, de bonnes dimensions, ont toutes une loggia.

Les Grenadines ⑤ sans rest, 6 impasse Marie Céleste ℰ 04 67 26 27 40, *hotelgrenadin es@hotelgrenadines.com*, Fax 04 67 26 10 80 – ≡ 🔟 & & 🅿. ⓞ 🅶🅱   **AY k**
1er fév.-15 nov. – ☲ 9 – **19 ch** 88/117.
   ♦ Adresse plaisante pour son ambiance familiale et ses chambres pratiques. La proximité des plages, de l'Aqualand et de l'Île des Loisirs séduira petits et grands.

Azur sans rest, 18 av. Iles d'Amérique ℰ 04 67 26 98 22, Fax 04 67 26 48 14, ⅃ – 🔟 & & 🅿 – 🔏 20. 🆎 ⓞ   **AX f**
fermé 5 au 20 janv. – ☲ 6 – **34 ch** 75/79.
   ♦ Un emplacement privilégié au centre de la station, des chambres bien équipées - certaines avec mezzanine - et une agréable piscine : tels sont les atouts de cet hôtel.

XX **Caladoc** - Hôtel du Golf, île des Loisirs ℰ 04 67 26 87 18, *hotel.golf@tahoe.fr*, Fax 04 67 26 26 89, 🖼 – 🛊. 🅿. 🅶🅱   **BY m**
fermé janv., dim. soir et lundi d'oct. à avril et le midi en juil.-août – **Repas** 25/60 ♀ &.
   ♦ Mobilier design et boiseries (wengé, palétuvier) : un décor "zen" pour une cuisine au goût du jour. Au milieu de la salle, une cave en verre honore les vins du Languedoc.

XX **Table de Stéphane**, impasse Marie Celeste ℰ 04 67 26 45 22, *resteph@wanadoo.fr*, Fax 04 67 26 45 22, 🖼 – 🛊. 🅶🅱   **AY k**
fermé vacances de Toussaint, de fév., sam. midi, mardi et merc. – **Repas** (prévenir)(dîner seul. en juil.-août) 26/49, enf. 12 ♀ &.
   ♦ Salle-véranda ornée d'une fresque évoquant la vie en cuisine, plats au goût du jour et très beau choix de vins du Languedoc-Roussillon : l'adresse fait souvent salle comble.

AGEN 🅿 47000 L.-et-G. **336** F4 G. Aquitaine – 30 170 h alt. 50.
Voir *Musée des Beaux-Arts*★★ **AXY M** – *Parc de loisirs Walibi*★ 4km par ⑤.
🏌 Agen Bon-Encontre à Bon-Encontre ℰ 05 53 96 95 78, par ③ : 7 km ; 🏌 de Pleneselve à Bon-Encontre ℰ 05 53 67 52 65, par ③ : 7 km.
✈ d'Agen-la-Garenne : ℰ 05 53 77 00 88, SO : 3 km.
🅱 Office de tourisme, 107 boulevard Carnot ℰ 05 53 47 36 09, Fax 05 53 47 29 98, *otsi.agen@wanadoo.fr*.
Paris 662 ① – Auch 74 ④ – Bordeaux 141 ⑤ – Pau 159 ⑤ – Toulouse 116 ⑤.

Plan page suivante

Château des Jacobins ⑤ sans rest, 1 ter pl. Jacobins ℰ 05 53 47 03 31, Fax 05 53 47 02 80 – 🔟 & 🅿. 🆎 🅶🅱   **AY f**
☲ 12 – **15 ch** 68/104.
   ♦ Dans la vieille ville, hôtel particulier du 19e s. précédé d'une cour arborée. La noble façade abrite des chambres de caractère, personnalisées par des meubles de style.

Atlantic Hôtel sans rest, 133 av. J. Jaurès par ③ – **BY** ℰ 05 53 96 16 56, *atlantic.hotel@w anadoo.fr*, Fax 05 53 98 34 80, ⅃ – 🛊 & 🚘 🅿. 🆎 ⓞ 🅶🅱
fermé 23 déc. au 3 janv. – ☲ 5,50 – **44 ch** 45/51.
   ♦ Construction des années 1970 implantée en léger retrait d'une route passante. Les chambres sont confortablement équipées et offrent une bonne isolation phonique.

Ibis sans rest, 16 r. C. Desmoulins ℰ 05 53 47 43 43, *h1192@accor-hotels.com*, Fax 05 53 47 68 54 – 🛊 💱 ≡ 🔟 & & 🅿. 🆎 ⓞ 🅶🅱   **BX b**
☲ 6 – **56 ch** 55.
   ♦ Chambres refaites, pratiques et claires, situation centrale et parking à deux pas : tels sont les atouts de cet Ibis. Les salles de bains attendent une prochaine rénovation.

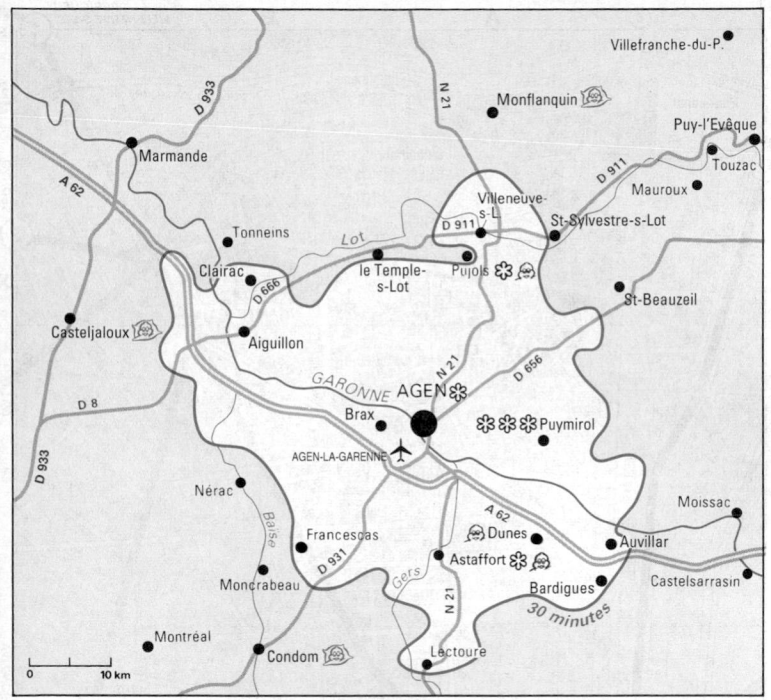

🏠 **Stim'Otel,** 105 bd Carnot 𝄞 05 53 47 31 23, *stimotel@wanadoo.fr*, Fax 05 53 47 48 70 –
📶, 🍽 rest, 📺 ✆ ᴦ – ⚐ 40. 🆎 🇬🇧 JCB   BY **a**
fermé 24 déc. au 3 janv. – **Repas** *(fermé sam., dim., et fériés)* (9) - 15,80/25, enf. 8 ♈ –
🍽 6,50 – **58 ch** 53 – ½ P 42,50/47,50.
 ♦ Derrière sa façade moderne un peu austère, cet hôtel voisin de l'Office de tourisme
abrite des chambres fonctionnelles et bien tenues. Insonorisation efficace. Sobre salle des
repas : mobilier en pin et tables un peu serrées. Cuisine classique et régionale.

XXX **Mariottat,** 25 r. L. Vivent 𝄞 05 53 77 99 77, *contact@restaurant-mariottat.com*,
❀ Fax 05 53 77 99 79, 🌳, 🍴 – ▤ 🅿. 🆎 🇬🇧   AY **s**
fermé vacances de fév., sam. midi, dim. soir et lundi – **Repas** 20 (déj.), 31/55 et carte 55 à 72
♈ ᕦ.
 ♦ Atmosphère bourgeoise dans les belles salles à manger de cet hôtel particulier du 19ᵉ s.
Terrasse arborée et fleurie. Cuisine au goût du jour et carte des vins étoffée.
Spéc. Oeuf cassé sur purée de ratte au jus de truffe. Canard servi "dans tous ses états". Le
pruneau d'Agen en flan, croûte et glace. **Vins** Buzet, Côtes de Duras.

XXX **Fleur de Sel,** 66 r. C. Desmoulins 𝄞 05 53 66 63 70, Fax 05 53 66 63 70 – ▤. 🇬🇧   BX **a**
fermé 16 au 29 août, 20 au 28 fév., sam midi, lundi midi et dim. – **Repas** 20/36 et carte 46 à
58 ♈.
 ♦ En centre-ville, restaurant occupant le rez-de-chaussée d'une bâtisse ancienne. Les
deux salles à manger, aux tons pastel, sont élégantes et feutrées ; cuisine classique.

XX **Washington,** 7 cours Washington 𝄞 05 53 48 25 50, *contact@le-washington.com*,
Fax 05 53 48 25 55, 🌳 – ▤. 🆎 Ⓞ 🇬🇧 JCB   AY **r**
fermé 8 au 25 août, sam. midi et dim. sauf fériés – **Repas** (13) - 19 (déj.)/30 ♈.
 ♦ Aménagé dans une maison édifiée par l'architecte Charles Garnier, ce restaurant est
agencé en trois petites salles à l'esprit contemporain. Cuisine traditionnelle.

✂ **Margoton,** 52 r. Richard Coeur de Lion 𝄞 05 53 48 11 55, Fax 05 53 48 11 55 – ▤. 🆎 Ⓞ
ᕦ 🇬🇧   AY **e**
fermé 16 au 30 août, 22 déc. au 6 janv., sam. midi et lundi – **Repas** 14,50/29,80 ♈.
 ♦ Sympathique petite adresse de la pittoresque vieille ville : atmosphère familiale, décor
associant tissu tendu, pierre et bois, et cuisine à prix doux.

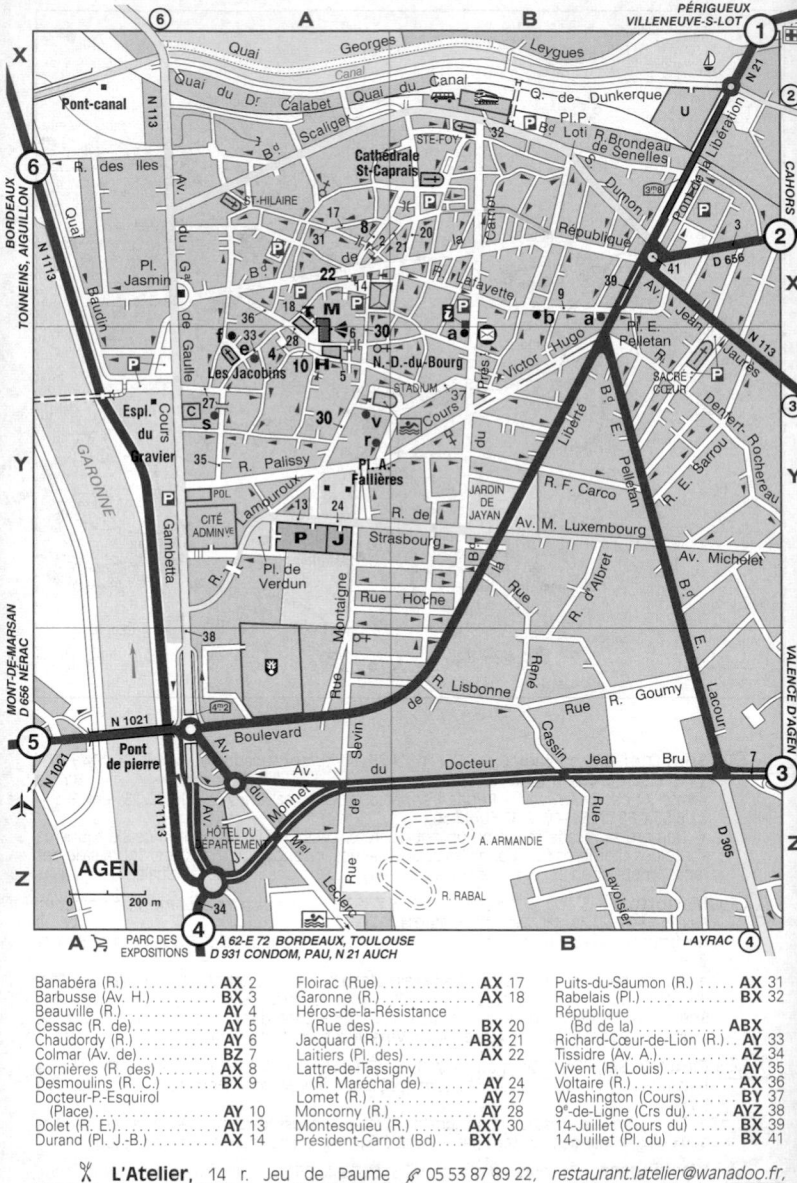

Banabéra (R.)	**AX** 2	
Barbusse (Av. H.)	**BX** 3	
Beauville (R.)	**AY** 4	
Cessac (R. de)	**AY** 5	
Chaudordy (R.)	**AY** 6	
Colmar (Av. de)	**BZ** 7	
Cornières (R. des)	**AX** 8	
Desmoulins (R. C.)	**BX** 9	
Docteur-P.-Esquirol (Place)	**AY** 10	
Dolet (R. E.)	**AY** 13	
Durand (Pl. J.-B.)	**AX** 14	
Floirac (Rue)	**AX** 17	
Garonne (R.)	**AX** 18	
Héros-de-la-Résistance (Rue des)	**BX** 20	
Jacquard (R.)	**ABX** 21	
Laitiers (Pl. des)	**AX** 22	
Lattre-de-Tassigny (R. Maréchal de)	**AY** 24	
Lomet (R.)	**AY** 27	
Moncorny (R.)	**AY** 28	
Montesquieu (R.)	**AXY** 30	
Président-Carnot (Bd)	**BXY**	
Puits-du-Saumon (R.)	**AX** 31	
Rabelais (Pl.)	**BX** 32	
République (Bd de la)	**ABX**	
Richard-Cœur-de-Lion (R.)	**AY** 33	
Tissidre (Av. A.)	**AZ** 34	
Vivent (R. Louis)	**AY** 35	
Voltaire (R.)	**BX** 36	
Washington (Cours)	**AY** 37	
9e-de-Ligne (Crs du)	**AYZ** 38	
14-Juillet (Cours du)	**BX** 39	
14-Juillet (Pl. du)	**BX** 41	

☆ L'Atelier, 14 r. Jeu de Paume ℰ 05 53 87 89 22, *restaurant.latelier@wanadoo.fr*, Fax 05 53 87 89 22 – ▤. 웃 ⬛︎ — AY v

fermé 3 au 16 mai, 3 au 9 janv., sam. et dim. – **Repas** (12) - 16 (déj.), 23/29 ⏺.

◆ À midi, formules rapides et mise en place simple ; le soir, nappage et attrayante carte régionale métamorphosent ce restaurant aménagé dans un ancien atelier de menuiserie.

par ① et rte cimetière de Gaillard (D 4) : 2,5 km – ⬛ 47510 Foulayronnes :

☆☆ La Braise, av. Gaillard ℰ 05 53 47 34 65, Fax 05 53 48 25 71, ☀ – ℙ. ⬛︎

fermé sam. midi, dim. soir et lundi – **Repas** (13) - 16,50/38,50, enf. 10.

◆ Pour une étape à l'écart de l'animation citadine, rendez-vous dans cette auberge rustique et familiale. En terrasse, la vue sur Agen agrémentera votre repas.

au Sud-Ouest *par ④, rte d'Auch (N 21) puis D 268 : 12 km – ✉ 47310 Laplume :*

Château de Lassalle ⛰, Brimont ☎ 05 53 95 10 58, *info@chateaudelassalle.com, Fax 05 53 95 13 01,* ←, ⛱, ⛳ – TV ☎ P – 🎪 40. AE ⓓ GB. ✗ rest
Repas *(fermé lundi midi)* 30/75 ♀ – ☕ 16 – **17 ch** 119/189 – ½ P 93/124.
◆ Dans la campagne agenaise, cette élégante demeure du 18e s. et ses jolies chambres font honneur à l'hospitalité gasconne. Ambiance "guesthouse", séjours à thème. Restaurant sous verrière ou ex-salle des gardes (11e s.) ; le "piano" joue la note Mousquetaire.

à Brax *par ⑤ et D 119 : 6 km – 1 615 h. alt. 49 – ✉ 47310 :*

Colombier du Touron, ☎ 05 53 87 87 91, *le.colombier.du.touron@wanadoo.fr, Fax 05 53 87 82 37,* ←, ⛱ – TV ☎ P – 🎪 15. AE ⓓ GB
fermé dim. soir et lundi – **Repas** 22/35 ♀ – ☕ 7 – **9 ch** 44/60 – ½ P 44/55.
◆ L'enseigne évoque le colombier du 18e s. jouxtant l'hôtel. Les chambres aux couleurs chatoyantes sont peu à peu personnalisées. Cuisine gasconne et suggestions à l'ardoise proposées dans la salle à manger confortable et soignée ou sur la terrasse ombragée.

AGUESSAC *12520 Aveyron 338 K6 – 833 h alt. 375.*

Paris 628 – Rodez 60 – Florac 76 – Mende 87 – Millau 9 – Sévérac-le-Château 25.

Auberge le Rascalat, Nord-Ouest : 2 km sur N 9 ☎ 05 65 59 80 43, *Fax 05 65 59 73 90,* ←, ⛱, ⛱ – TV P. ⓓ GB. ✗
fermé 15 nov. au 3 déc., 1er au 20 fév., mardi et merc. d'oct. à avril – **Repas** 20/35 ♀ – ☕ 7 – **14 ch** 53/62 – ½ P 50/58.
◆ Entre Causses et gorges du Tarn, ancien moulin à huile disposant aujourd'hui de chambres sobrement décorées, plus calmes sur l'arrière. Restaurant rustique doté d'une grande cheminée où l'on prépare, au printemps, l'agneau à la broche ; cuisine traditionnelle.

Les prix
Pour toutes précisions sur les prix indiqués dans ce guide, reportez-vous aux pages explicatives.

L'AIGLE *61300 Orne 310 M2 G. Normandie Vallée de la Seine – 8 972 h alt. 220.*

ℹ *Office de tourisme, place Fulbert-de-Beina ☎ 02 33 24 12 40, Fax 02 33 34 23 77, otlaigle@wanadoo.fr.*
Paris 137 – Alençon 68 – Chartres 79 – Dreux 61 – Évreux 56 – Lisieux 59.

Dauphin, pl. Halle ☎ 02 33 84 18 00, *regis-ligot@free.fr, Fax 02 33 34 09 28* – TV ☎ – 🎪 100. AE ⓓ GB
Repas *(fermé dim. soir)* 24/29 ♀ - ***Renaissance*** (brasserie) **Repas** 10, enf. 7 🍷 – ☕ 10 – **30 ch** 58/74 – ½ P 58/66.
◆ Le plus ancien des deux bâtiments hébergeait déjà une hôtellerie en 1618. Chambres dotées de meubles de style ou fonctionnels. Recettes classiques servies dans une plaisante salle à manger rénovée. La brasserie la Renaissance offre un joli cadre "rétro".

Toque et Vins, 35 r. L. Pasteur (rte d'Argentan) ☎ 02 33 24 05 27, *Fax 02 33 24 05 27* – GB
fermé lundi soir, mardi soir et dim. – **Repas** 15,80/26,90, enf. 7,95 ♀ 🍇.
◆ L'enseigne dit l'essentiel : une belle sélection de vins, en bouteille et au verre, escorte la cuisine, traditionnelle. Cadre bistrot tout simple. Soirées dégustations.

rte de Dreux *Est : 3,5 km sur N 26 – ✉ 61300 St-Michel-Thuboeuf :*

Auberge St-Michel, ☎ 02 33 24 20 12, *Fax 02 33 34 96 62* – P. GB
fermé 5 au 26 sept., 3 au 15 janv., mardi soir, merc. soir et jeudi sauf midi fériés – **Repas** 14,50 bc/32 🍷.
◆ Cette jolie façade normande où grimpe la vigne vierge abrite une enfilade de petites salles rustiques et chaleureuses, garnies d'un mobilier de style bistrot.

AIGUEBELETTE-LE-LAC *73 Savoie 333 H4 G. Alpes du Nord – 191 h alt. 410.*

Voir *Lac★ – Panorama★★ sur la route du col de l'Épine N.*
Paris 552 – Grenoble 76 – Belley 34 – Chambéry 22 – Voiron 35.

à la Combe *(rive Est) : 4 km par D 41 – ✉ 73610 Aiguebelette :*

La Combe "chez Michelon" ⛰ avec ch, ☎ 04 79 36 05 02, *Fax 04 79 44 11 93,* ← lac, ⛱ – TV P. GB. ✗
fermé 1er nov. au 6 déc., lundi soir et mardi – **Repas** 24/42 ♀ 🍇 – ☕ 8,50 – **5 ch** 66 – ½ P 70.
◆ Étape pour amoureux de la nature : maison nichée entre lac, montagne et forêt. Salle à manger actuelle et terrasse sous les marronniers. Belle sélection de vins savoyards.

à Novalaise-Lac (rive Ouest) : 7 km par D 921 – 1 432 h. alt. 427 – ⊠ 73470 :

🏠 **Novalaise-Plage** ⑤, 🖉 04 79 36 02 19, Fax 04 79 36 04 22, ≼ lac, 🏤, 🏊, 🐎 – ⅍ 📺 🅿. 🖼. 🎇 rest
4 avril-30 sept. – **Repas** *(fermé lundi soir et mardi sauf du 15 juin au 10 sept.)* 19,50/48,50 ⚏ – ⚌ 7 – **14 ch** 47/67 – ½ P 50/61.
◆ Chalet dont la silhouette blanche se mire dans les eaux du lac. Chambres toutes refaites dans le style contemporain. Recettes simples proposées sur une terrasse ombragée et panoramique tournée vers les eaux émeraude du plan d'eau et les montagnes de l'Épine.

à Attignat-Oncin Sud : 7 km par D 921 – 418 h. alt. 570 – ⊠ 73610 :

✕✕ **Mont-Grêle** ⑤ avec ch, 🖉 04 79 36 07 06, *le-mont-grele@wanadoo.fr*, Fax 04 79 36 09 54, ≼, 🏤, 🌲 – 📺 🐱 🅿. 🖼. 🎇 ch
fermé 15 déc. au 8 fév., dim. soir, mardi soir et merc. sauf juil.-août – **Repas** 25/30 ⚏ – ⚌ 8 – **10 ch** 39/49 – ½ P 49/51.
◆ En pleine campagne, ce restaurant gentiment désuet jouit d'une belle vue sur la vallée verdoyante. Cuisine inventive et poissons d'eau douce. Chambres modestes. Vaste jardin.

AIGUEBELLE 83 Var 𝟯𝟰𝟬 N7 – rattaché au Lavandou.

AIGUES-MORTES 30220 Gard 𝟯𝟯𝟵 K7 G. Provence – 6 012 h alt. 3.
Voir Remparts★★ et tour de Constance★★ – ⌖★★ – Eglise Notre-Dame des Sablons★.
🛈 Office de tourisme, Porte de la Gardette 🖉 04 66 53 73 00, Fax 04 66 53 65 94, ot.aiguesmortes@wanadoo.fr.
Paris 745 – Montpellier 38 – Arles 49 – Nîmes 42 – Sète 56.

🏛 **Templiers** ⑤, 23 r. République 🖉 04 66 53 66 56, Fax 04 66 53 69 61, 🏤 – ▤ ch, 📺 ₠ ☜, 🖼 🆎 ⅌
Repas *(Pâques-oct. et fermé mardi et merc. sauf juil.-août et lundi)* (dîner seul.) carte 35 à 44 – ⚌ 10 – **11 ch** 120/125.
◆ Meubles peints, tissus provençaux, tomettes, tableaux anciens et modernes, patio-terrasse aux essences méridionales : cette demeure du 17e s. est pétrie de charme. On accroche l'ardoise de suggestions du marché dans le charmant bistrot aménagé dans la grange.

🏛 **St-Louis,** 10 r. Amiral Courbet 🖉 04 66 53 72 68, *hotel.saint-louis@wanadoo.fr*, Fax 04 66 53 75 92, 🏤 – 📺 ☜, 🆎 ⅌
1ᵉʳ avril-31 oct. – **Repas** *(fermé sam. midi, mardi et merc.)* 20/35, enf. 10 ⚏ – ⚌ 10 – **22 ch** 62/102 – ½ P 65/77.
◆ Intra-muros, à deux pas de la tour de Constance, élégante bâtisse du 18e s. dont les chambres, confortables et colorées, sont plus spacieuses au 2e étage. Décor provençal contemporain avec cheminée au restaurant, joli patio ombragé pour l'été.

✕✕ **Arcades** avec ch, 23 bd Gambetta 🖉 04 66 53 81 13, *info@les-arcades.fr*, Fax 04 66 53 75 46, 🏤, 🌲 – ▤ 📺 🐱 ☜, 🆎 ⓞ ⅌ 🆓
Repas *(fermé 5 au 20 oct., 2 au 23 mars, mardi midi, jeudi midi et lundi sauf le soir en juil.-août)* (21) - 32/42, enf. 12 ⚏ – **9 ch** ⚌ 88/108.
◆ Belle maison du 16e s. au cadre provençal raffiné. Cuisine du terroir dans la salle à manger aux pierres apparentes ou en terrasse, sous les arcades. Chambres plaisantes.

✕ **Salicorne,** 9 r. Alsace-Lorraine 🖉 04 66 53 62 67, 🏤 – ⅌
fermé 2/01 au 15/02, dim. midi du 15 juin au 15 oct., mardi du 15 oct. au 15 juin et le midi sauf dim. et fêtes – **Repas** 31/51.
◆ Pierres et poutres apparentes, cheminée, fer forgé, jolie terrasse d'été et cuisine aux accents du Sud : un concentré de Provence à découvrir derrière l'église des Sablons.

rte de Nîmes Nord-Est : 1,5 km – ⊠ 30220 Aigues-Mortes :

🏠 **Royal Hôtel,** 🖉 04 66 53 66 40, *royalhotel@wanadoo.fr*, Fax 04 66 53 72 29, 🏤, 🌲 – ▤ ch, 📺 ₠ 🅿 – ⅍ 15. ⅌
fermé 2 au 31 janv. – **Repas** 12/30 ⚏ – ⚌ 6,50 – **44 ch** 62/71 – ½ P 52,50/54,50.
◆ Bâtiment récent inspiré de l'architecture camarguaise. Chambres fonctionnelles tournées vers la piscine ; certaines sont en rez-de-jardin, d'autres possèdent un balcon. Des claustras ménagent l'intimité dans la grande salle à manger ; plats traditionnels.

AIGUILLON 47190 L.-et-G. 𝟯𝟯𝟲 E4 – 4 219 h alt. 35.
🛈 Office de tourisme, place du 14 juillet 🖉 05 53 79 62 58, Fax 05 53 84 41 17, ot.confluent-@wanadoo.fr.
Paris 687 – Agen 31 – Houeillès 31 – Marmande 29 – Nérac 26 – Villeneuve-sur-Lot 35.

🏠 **Terrasse de l'Étoile,** cours A.-Lorraine ☎ 05 53 79 64 64, *Fax 05 53 79 46 48,* 🌿, ⌿ –
🍽 rest, 📺 – 🛗 20. 🖭 ⊖🅱
Repas 12/24, enf. 7 ⅞ – ⌸ 5 – **17 ch** 36/54 – ½ P 36.
  ♦ Au coeur du bourg, maison gasconne à la jolie façade en pierre. Optez pour les
chambres rénovées et garnies d'un mobilier chiné dans les brocantes. Restaurant sans
prétention ; une salle est réservée aux non-fumeurs. Petite terrasse au bord de la piscine.

AILEFROIDE *05 H.-Alpes* 👉👉👉 *G3 – rattaché à Pelvoux (Commune de).*

AILLANT-SUR-THOLON *89110 Yonne* 👉👉👉 *D4 – 1 454 h alt. 112.*
  🅱 *Office de tourisme, 15 rue des Ponts* ☎ *03 86 63 54 17, Fax 03 86 63 54 17, ot.aillant-*
@wanadoo.fr.
  Paris 144 – Auxerre 20 – Briare 70 – Clamecy 61 – Gien 80 – Montargis 59.

au Sud-Ouest : *7 km par D 955, D 57 et rte secondaire –* ✉ *89110 Chassy* :

🏨🏨 **Domaine du Roncemay** (Dufossé) 🐾, ☎ *03 86 73 50 50, roncemay@aol.com,*
♣   *Fax 03 86 73 69 46,* ≼, 🍃, ⌿, ⌿, ⌿, 🕭 – 🍽 ch, 📺 ✆ 🖘 🅿 – 🛗 30. 🖭 ⊕ 🅱
  fermé 10 janv. au 7 fév., dim. soir, lundi et mardi d'oct. à mars – **Repas** 30 (déj.), 51/110 et
carte 75 à 97, enf. 14 – ⌸ 21 – **15 ch** 155/220, 3 suites – ½ P 142/174.
  ♦ Ce bel hôtel construit dans la pure tradition régionale est associé à un vaste golf.
Séduisantes chambres rustiques. Fitness doté d'un superbe hammam. Goûteuse cuisine
actuelle aux accents bourguignons dans une agréable salle ouverte sur le parc.
  Spéc. Cassolettes gourmandes. Blanc de turbot poché au lait d'aromates, beurre blanc au
caviar d'Aquitaine. Assiette "tout chocolat". **Vins** Chablis, Irancy.

AIME *73210 Savoie* 👉👉👉 *M4 G. Alpes du Nord – 3 229 h alt. 690.*
  Voir *Ancienne basilique St-Martin★★*.
  Excurs. *Vallée de la Tarentaise★★*.
  🅱 *Syndicat d'initiative, avenue de Tarentaise* ☎ *04 79 55 67 00, Fax 04 79 55 60 01,*
si@aimesavoie.com.
  Paris 622 – Albertville 41 – Bourg-St-Maurice 13 – Chambéry 90 – Moûtiers 15.

🏠 **Cormet** sans rest, av. de Tarentaise ☎ *04 79 09 71 14, Fax 04 79 09 96 72 –* 📺 🅿. 🅱. ⌿
  fermé 15 au 30 mai – ⌸ 6 – **14 ch** 46/60.
  ♦ Petit hôtel à l'ambiance familiale dont le nom savoyard signifie "col". Chambres simples
et bien tenues. Bar attenant, tranquille et convivial, fréquenté par des habitués.

🏠 **Palanbo** sans rest, av. de Tarentaise ☎ *04 79 55 67 55, palanbo@free.fr,*
  Fax 04 79 09 70 74 – 📺 ⌖ 🅿. 🖭 ⊕ 🅱
  ⌸ 6 – **20 ch** 44/58.
  ♦ Construction des années 1980, de type chalet savoyard. Chambres sobrement décorées, mais assez grandes et pratiques ; toutes disposent d'un balcon.

🍴 **L'Atre,** av. de Tarentaise ☎ *04 79 09 75 93,* 🌿 – 🅱
🍽 *fermé 21 juin au 7 juil. et mardi –* **Repas** 13,50/26 🍂.
  ♦ Une étape bienvenue sur la route de l'Italie : petite salle voûtée aux murs rosés, mobilier
rustique, chaleur de l'âtre et plats du terroir. Terrasse un peu bruyante.

AINCILLE *64 Pyr.-Atl.* 👉👉👉 *E6 – rattaché à St-Jean-Pied-de-Port.*

AINHOA *64250 Pyr.-Atl.* 👉👉👉 *C5 G. Aquitaine – 599 h alt. 130.*
  Voir *Village basque caractéristique★*.
  Paris 791 – Biarritz 29 – Bayonne 28 – Cambo-les-Bains 11 – Pau 125 – St-Jean-de-Luz 26.

🏨🏨 **Ithurria,** ☎ *05 59 29 92 11, hotel@ithurria.com, Fax 05 59 29 81 28,* 🕭, 🍃, ⌿ – 📶 🍽 📺
  🅿 – 🛗 20. 🖭 ⊕ 🅱
  8 avril-1ᵉʳ nov. – **Repas** *(fermé jeudi midi sauf juil.-août et merc.) (dim. prévenir)* 29/48 –
⌸ 10 – **27 ch** 129 – ½ P 97.
  ♦ Belle maison basque du 17ᵉ s. face au fronton de pelote de ce pimpant village labourdin.
Vous séjournerez dans des chambres confortables. La salle à manger a fière allure : poutres
apparentes, tomettes, cheminée et collection de bibelots en cuivre.

🏠 **Argi Eder** 🐾, rte Chapelle ☎ 05 59 93 72 00, *argi.eder@wanadoo.fr, Fax 05 59 93 72 13,*
≼, 🌿, 🍃, ⌿, ⌿, 🕭 – 🍽 rest, 📺 ✆ 🅿 – 🛗 30. 🖭 ⊕ 🅱 🅹🅲🅱
  1ᵉʳ avril-7 nov. et fermé dim.soir et merc. sauf juil.-août – **Repas** *(fermé dim. soir et merc.*
sauf le soir en été et lundi midi) 20/32, enf. 11 ⅞ – ⌸ 9 – **28 ch** 76/106, 4 suites –
½ P 76/95.
  ♦ À flanc de colline, grande bâtisse typiquement régionale et son parc tourné vers la
campagne. Vastes chambres rafraîchies et joli salon-bar (belle collection d'armagnacs). Salle
à manger mi-rustique, mi-basque ; plats du terroir et carte des vins très étoffée.

XX **Oppoca** avec ch., ℘ 05 59 29 90 72, *oppoca@wanadoo.fr*, Fax 05 59 29 81 03, 余 – 里.
GB, ℅
fermé 15 nov. au 15 déc – **Repas** *(fermé dim. soir et lundi sauf août)* 15/35, enf. 10 –
☐ 5,50 – **12 ch** 43,50/50 – ½ P 41/45.
◆ Auberge du 17ᵉ s. sur la place du fronton animée par les "pelotaris". Plaisante salle de
style basque et terrasse dressée dans une coquette cour fleurie ; plats régionaux.

AIRAINES 80270 Somme **301** E8 *G. Picardie Flandres Artois* – 2 099 h alt. 30.
🖪 *Syndicat d'initiative, place de l'Hôtel de Ville* ℘ 03 22 29 34 07, Fax 03 22 29 47 50,
o.t.s.i.airaines@free.fr.
Paris 172 – Abbeville 22 – Amiens 30 – Beauvais 69 – Le Tréport 51.

X **Relais Forestier du Pont d'Hure,** rte d'Oisemont par D 936 : 5 km ℘ 03 22 29 42 10,
Fax 03 22 29 89 73 – 里. GB
fermé 26 juil. au 13 août, 2 au 17 janv. et mardi – **Repas** 15/34.
◆ Se restaurer après une promenade en forêt : rôtisserie et grillades au feu de bois
préparées dans la cheminée de l'agreste salle à manger décorée de trophées de chasse.

AIRE-SUR-L'ADOUR 40800 Landes **335** J12 *G. Aquitaine* – 6 003 h alt. 80.
Voir *Sarcophage de Ste-Quitterie★ dans l'église St-Pierre-du-Mas.*
🖪 *Office de tourisme, place Gal.-de-Gaulle* ℘ 05 58 71 64 70, Fax 05 58 71 64 70, *ot-si.aire@wanadoo.fr.*
Paris 722 – Auch 84 – Condom 68 – Dax 77 – Mont-de-Marsan 33 – Orthez 59 – Pau 51.

AIRE-SUR-L'ADOUR

Adour (Allée de l') 2
Arènes (R. des) 3
Carnot (R.) 5
Commerce (Pl. du) . . . 6
Despagnet (R. F.) 7
Duprat (R. P.) 9
Duthil (R. P.) 12
Gambetta (R.) 13
Gaulle (Pl. Gén.-de) . . 15
Labeyrie (R. H.) 16
Verdun (Av. de) 18

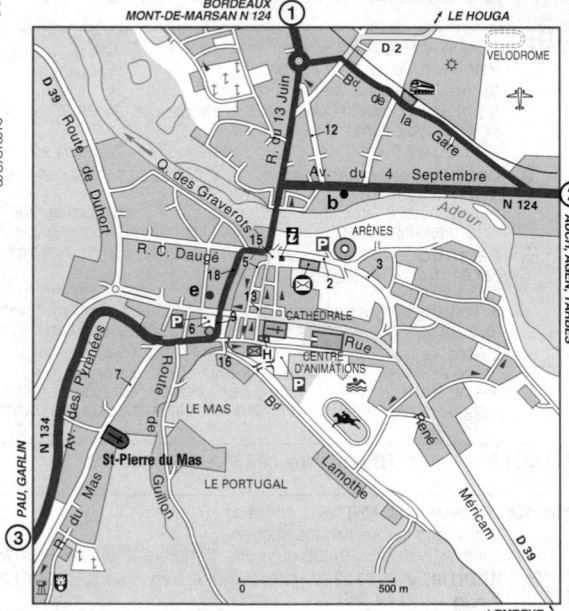

Adour Hôtel ⚭ sans rest, 28 av. 4 Septembre (b) ℘ 05 58 71 66 17, *adour.hotel@wanadoo.fr*, Fax 05 58 71 87 66, ≣ 🔟 ✆ & 🚗 里 – 🔬 20. GB
fermé nov. – ☐ 6,10 – **31 ch** 35/44.
◆ Cet ensemble hôtelier des années 1980 longe agréablement le cours reposant de
l'Adour. Chambres sobres, avant tout pratiques ; choisir celles côté fleuve.

Les Bruyères, par ① : 1 km ℘ 05 58 71 80 90, Fax 05 58 71 87 21, 余, 🞐 – 🔟 & 里. GB
fermé 25 oct. au 7 nov. et dim. – **Repas** 11 (déj.), 15/26 ⅃ – ☐ 6,50 – **8 ch** 32/39 –
½ P 36,50.
◆ Dans une maison ancienne, hôtellerie à l'ambiance familiale. Les chambres ouvrant sur
l'arrière sont accueillantes et protégées des bruits de la route. Sobre salle à manger où l'on
propose une cuisine traditionnelle ; plat du jour servi au bar, à midi.

Chez l'Ahumat avec ch, 2 r. Mendès-France (e) ✆ 05 58 71 82 61 – TV. GB. ch
fermé 15 au 29 mars et 1er au 15 sept. – **Repas** *(fermé mardi soir et merc.)* 10,50/26, enf. 7,50 – 5 – **12 ch** 30/42 – ½ P 30/35.
◆ Restaurant tenu par la même famille depuis trois générations. Deux salles de style rustique, agrémentées d'une collection d'assiettes anciennes. Cuisine régionale.

rte de Bordeaux *par ① et N 124 – ✉ 40270 Cazères-sur-l'Adour :*

Aliotel, à 4,5 km ✆ 05 58 71 72 72, *Fax 05 58 71 81 94*, – ch, TV P – 20. GB
Repas 9/13 – 6 – **34 ch** 35/40.
◆ Établissement fonctionnel offrant de petites chambres standardisées, pratiques et bien insonorisées. Équipements sportifs bien conçus, ouverts sur la nature.

à Ségos *(32 Gers) par ③, N 134 et D 260 : 9 km – 234 h. alt. 111 – ✉ 32400 :*

Domaine de Bassibé, ✆ 05 62 09 46 71, *bassibe@relaischateaux.fr, Fax 05 62 08 40 15*, – TV P. AE GB
9 avril-20 déc.et 27 déc.-2 janv. et fermé mardi et merc. sauf juil.-août – **Repas** *(fermé le midi sauf week-end, fériés et juil.-août, mardi et merc.)* 43 – 12 – **10 ch** 130, 7 suites – ½ P 120/150.
◆ Cette propriété isolée dans la campagne était autrefois un domaine agricole. Chambres douillettes. Le restaurant, aménagé dans l'ancien pressoir, offre un décor rustique de caractère (poutres apparentes) ; paisible terrasse à l'ombre des platanes.

AIRE-SUR-LA-LYS *62120 P.-de-C.* 301 H4 *G. Picardie Flandres Artois – 9 661 h alt. 30.*

Voir *Bailliage★ – Tour★ de la Collégiale St-Pierre★ – Commune de la "Méridienne Verte".*

Office de tourisme, Grand Place ✆ 03 21 39 65 66, Fax 03 21 39 65 66, tourisme.airelys-@wanadoo.fr.

Paris 236 – Calais 60 – Arras 56 – Boulogne-sur-Mer 68 – Lille 62.

Hostellerie des 3 Mousquetaires, Château de la Redoute, rte de Béthune (N 43) ✆ 03 21 39 01 11, *phvenet@wanadoo.fr, Fax 03 21 39 50 10*, – TV P – 35. AE GB.
fermé 20 déc. au 20 janv. – **Repas** 21/61, enf. 11 – 12 – **33 ch** 95/130 – ½ P 102/111.
◆ Charme bucolique d'une demeure du 19e s. dans un parc agrémenté d'une pièce d'eau et d'un practice de golf. Chambres personnalisées. Cuisines visibles de tous ou baies tournées sur la vallée de la Lys : le restaurant laisse le choix du spectacle.

à la gare d'Isbergues *Sud-Est : 6 km par D 187 – 9 836 h. alt. 25 – ✉ 62330 Isbergues :*

Buffet avec ch, ✆ 03 21 25 82 40, *Fax 03 21 27 86 42*, – TV. GB
fermé 2 août au 26 août, vacances de fév., lundi (sauf midis fériés) et dim. soir – **Repas** 19/50 – 9 – **5 ch** 45/52 – ½ P 65.
◆ L'ancien buffet de la gare a aujourd'hui fière allure : jolie salle agrémentée de boiseries, mise en place soignée et goûteuse cuisine régionale concoctée selon le marché.

AISEY-SUR-SEINE *21400 Côte-d'Or* 320 H3 *– 196 h alt. 255.*

Paris 248 – Châtillon-sur-Seine 15 – Chaumont 75 – Dijon 68 – Montbard 26.

Roy, ✆ 03 80 93 21 63, *Fax 03 80 93 25 74*, – TV P. AE GB
fermé 31 déc. au 20 janv., dim. soir, lundi soir sauf juil.-août et mardi – **Repas** 14 (déj.), 21/39 – 5,50 – **9 ch** 30/46 – ½ P 46.
◆ Plaisantes petites chambres aménagées dans deux maisons bourguignonnes accolées et entourées d'un jardin arboré. Salon-bar campagnard. Poutres apparentes, vaste cheminée et mobilier rustique composent le décor champêtre un peu sombre du restaurant.

AIX-EN-PROVENCE SP *13100 B.-du-R.* 340 H4 *G. Provence – 134 222 h alt. 206 – Stat. therm. – Casino* **AY.**

Voir *Le Vieil Aix★★ - Cours Mirabeau★★ - Cathédrale St-Sauveur★ : triptyque du Buisson Ardent★★ - Cloître★* **BX B**8 *– Place Albertas★* **BY 3** *- Place★ de l'hôtel de ville* **BY 37** *- Cour★ de l'hôtel de ville* **BY H** *– Quartier Mazarin★ : fontaine des Quatre-Dauphins★* **BY D** *– Musée Granet★* **CY M**6 *– Musée des Tapisseries★* **BX M**2 *– Fondation Vasarely★* **AV M**5.

9 Set Golf ✆ 04 42 29 63 69, O : 6 km par D 17 **AV** *; 18 d'Aix-Marseille à Les Milles ✆ 04 42 24 20 41, par ④ et D 9 : 8 km ; 18 Ste-Victoire Golf Club à Fuveau ✆ 04 42 29 83 43, par ② et D 6 : 14 km.*

Office de tourisme, 2 place du Général-De-Gaulle ✆ 04 42 16 11 61, infos@aixenprovencetourism.com.

Paris 752 ③ – Marseille 30 ③ – Avignon 82 ④ – Nice 177 ② – Sisteron 102 ① – Toulon 84 ②.

AIX-EN-PROVENCE

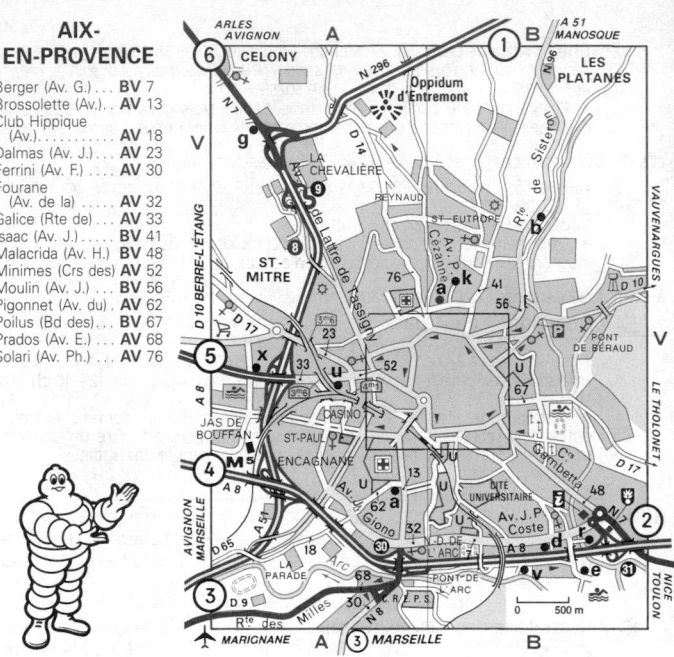

Berger (Av. G.) . . . **BV** 7
Brossolette (Av.). . **AV** 13
Club Hippique
   (Av.) . . . . **AV** 18
Dalmas (Av. J.) . . . **AV** 23
Ferrini (Av. F.) . . . . **AV** 30
Fourane
   (Av. de la) . . . . . **AV** 32
Galice (Rte de) . . . **AV** 33
Isaac (Av. J.) . . . . . **BV** 41
Malacrida (Av. H.) **BV** 48
Minimes (Crs des) **AV** 52
Moulin (Av. J.) . . . **BV** 56
Pigonnet (Av. du) . **AV** 62
Poilus (Bd des) . . . **BV** 67
Prados (Av. E.) . . . **AV** 68
Solari (Av. Ph.) . . . **AV** 76

🏨🏨🏨🏨 **Villa Gallici** ⌂, 18 bis av. Violette 🖉 04 42 23 29 23, *gallici@relaischateaux.fr,*
Fax 04 42 96 30 45, ≼, 🍸, ⊿, ☞ – 🔳 TV ☏ & P AE ⓞ GB JCB   **BV k**
fermé janv. – **Repas** *(fermé mardi midi, merc. midi de nov. à mars et lundi)* (résidents
seul.) carte 60 à 75 – ⌂ 26 – **18 ch** 235/590, 4 suites – ½ P 218/365.
   ◆ Platanes, cyprès, fontaine, cigales, tissus choisis et fer forgé : cette délicieuse bastide est
un mémorable concentré de Provence. Chambres raffinées. Terrasse panoramique.

🏨🏨🏨 **Pigonnet** ⌂, 5 av. Pigonnet ✉ 13090 🖉 04 42 59 02 90, *reservation@hotelpigonnet.co*
m, Fax 04 42 59 47 77, ≼, 🍸, ⊿, 🌳–🛗 🔳 TV ☏ P – 🔬 60. AE ⓞ GB JCB   **AV a**
Repas *(fermé sam. sauf le soir d'avril à oct. et dim. midi sauf en juil.)* 46 – ⌂ 25 – **48 ch**
200/380 – ½ P 195/250.
   ◆ Dans cette gracieuse demeure au parc ombragé fleuri, Cézanne s'imprégna naguère
des parfums et couleurs de la Provence. Mobilier régional ancien et vue sur la
Sainte-Victoire. Salle à manger en rotonde et terrasse sont tournées vers un magnifique
jardin.

🏨🏨🏨 **Grand Hôtel Roi René**, 24 bd Roi René 🖉 04 42 37 61 00, *h1169@accor-hotels.com,*
Fax 04 42 37 61 11, 🍸, ⊿ – 🛗 ✻ 🔳 TV ☏ & 🚗 – 🔬 150. AE ⓞ GB JCB
✺ rest   **BZ b**
La Table du Roi : Repas 37/55 – ⌂ 17 – **134 ch** 195/250.
   ◆ Hôtel récent sobrement inspiré de l'architecture régionale des 17ᵉ et 18ᵉ s., avec
chambres accueillantes et agréable patio où s'inscrit la piscine. À la Table du Roi, jolies
couleurs jaunes et bleues célébrant le soleil et le ciel de Provence.

🏨🏨🏨 **Aquabella**, 2 r. Étuves 🖉 04 42 99 15 00, *info@aquabella.fr, Fax 04 42 99 15 01,* 🍸, Ⅰₛ,
⊿ –🛗 🔳 TV ☏ & – 🔬 60   **AX a**
L'Orangerie : Repas 22 ♨ – ⌂ 12 – **110 ch** 129/159.
   ◆ Hôtel accolé aux Thermes Sextius. Chambres modernes aux tonalités provençales ; aux
derniers étages, elles possèdent une terrasse et ont vue sur la vieille ville. Structure "verre
et acier" et plantation d'orangers animent le décor design du restaurant.

🏨🏨🏨 **Augustins** sans rest, 3 r. Masse 🖉 04 42 27 28 59, *hotel.augustins@wanadoo.fr,*
Fax 04 42 26 74 87 – 🛗 🔳 TV ⓞ GB ✺   **BY x**
⌂ 10 – **29 ch** 110/230.
   ◆ Couvent du 15ᵉ s. qui accueillit, dans le cours de son histoire agitée, le réformateur
Luther. Chambres de bon confort. Réception installée dans une chapelle du 12ᵉ s.

Agard (Passage) . . . . **CY** 2
Albertas (Pl. d') . . . . **BY** 3
Aude (R.) . . . . **BY** 4
Bagniers (R. des) . . . . **BY** 5
Bellegarde (Pl.) . . . . **CX** 7
Bon-Pasteur (R.) . . . . **BX** 9
Boulégon (R.) . . . . **BX** 12
Brossolette (Av.) . . . . **AZ** 13
Cardeurs (Pl. des) . . . . **BY** 16
Clemenceau (R.) . . . . **BY** 18

Cordeliers (R. des) . . . . **BY** 20
Couronne (R. de la) . . . . . . **BY** 21
Curie
  (R. Pierre et Marie) . . . . **BX** 22
De-la-Roque (R. J.) . . . . . . **BX** 25
Espariat (R.) . . . . **BY** 26
Fabrot (R.) . . . . **BY** 28
Foch (R. du Maréchal) . . . . **BY** 30
Hôtel-de-Ville (Pl. de l') . . . **BY** 37
Italie (R. d') . . . . **CY** 42
Lattre-de-T. (Av. de) . . . . . **AY** 46
Matheron (R.) . . . . **BY** 49
Méjanes (R.) . . . . **BY** 51
Minimes (Crs. des) . . . . . . **AY** 52

Mirabeau (Cours) . . . . **BCY**
Montigny (R. de) . . . . **BY** 55
Napoléon Bonaparte
  (Av.) . . . . **AY** 57
Nazareth (R.) . . . . **BY** 58
Opéra (R. de l') . . . . **CY** 62
Pasteur (R.) . . . . **BX** 64
Paul-Bert (R.) . . . . **BX** 66
Prêcheurs (Pl. des) . . . . . . **CY** 70
Richelme (Pl.) . . . . **BY** 72
Saporta (R. G.-de) . . . . **BX** 75
Thiers (R.) . . . . **CY** 80
Verdun (Pl. de) . . . . **CY** 85
4-Septembre (R.) . . . . **BZ** 87

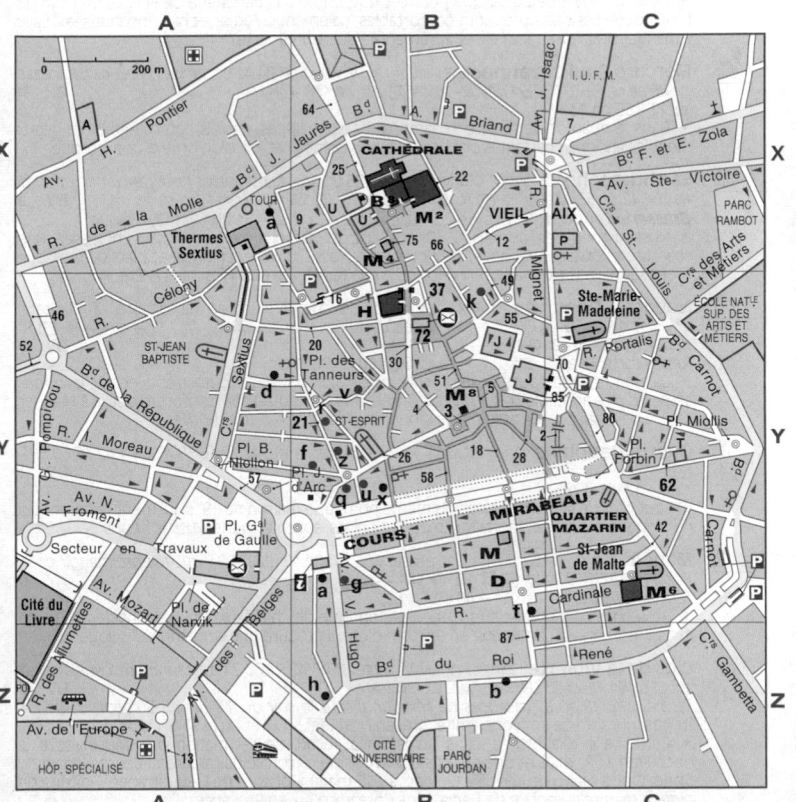

Holiday Inn Garden Court, 5 rte Galice ⊠ 13090 ℰ 04 42 52 75 27, *hotelinfo@holiday inn-aix.com*, Fax 04 42 52 75 28, 斎, ⴲ − ⧫ ⇆ ▤ ⵜⵠ ⵞ ⴲ ⇔ − ⴲ 100. ⴲⴲ ⵔ
ⴳⴲ   AV **u**

Repas *(fermé sam. midi et dim. midi)* carte 31 à 42 ⵝ − ⵤ 12 − **90 ch** 160.
* Les chambres de cette construction moderne sont spacieuses, confortables et bien insonorisées ; les plus agréables s'ouvrent côté piscine. Le restaurant propose un décor et une carte inspirés par l'Italie ; plaisante terrasse au bord de la piscine.

Novotel Beaumanoir, Résidence Beaumanoir (sortie autoroute 3 Sautets)
ℰ 04 42 91 15 15, *h0393@accor-hotels.com*, Fax 04 42 91 15 05, 斎, ⴲ, ⵗ − ⧫ ⇆ ▤ ⵜⵠ
ⵞ ⴲ ⴲ − ⴲ 150. ⴲⴲ ⵔ ⴳⴲ ⵊⵎⵛ   BV **r**

Repas carte 25 à 35, enf. 8 ⵝ − ⵤ 12 − **102 ch** 100/115.
* Cet établissement aux chambres confortables et pour la plupart rénovées bénéficie d'un environnement assez calme malgré la proximité de l'autoroute. Petit circuit botanique. Salle à manger contemporaine prolongée d'une terrasse donnant sur la piscine.

Kyriad Prestige, 42 rte Galice ℰ 04 42 95 04 41, *aixenprovince@kyriadprestige.fr*, Fax 04 42 59 47 29, 佘, ♨, ♨ – 劏 ⊟ ⊡ ℃ & 🚗 – 🏋 50. 亜 ⊙ ⅁⅌ ﾃﾂﾍ AV x
Repas *(15,50)* - 24, enf. 7,50 ♀ – ⊇ 11 – **84 ch** 111.
 ♦ Bâtiment moderne en arc de cercle épousant les rondeurs de sa jolie piscine. Chambres vastes, conviviales et insonorisées, cependant plus calmes aux derniers étages. À table, formules buffets servies dans une pimpante salle à manger actuelle.

Mascotte, av. Cible ℰ 04 42 37 58 58, *mascotte-aix@hotel-sofibra.com*, Fax 04 42 37 58 59, 佘, ♨, 劏 ⊡ 🚗 & P – 🏋 150. 亜 ⊙ ⅁⅌ BV d
Repas *(15)* - 18,50, enf. 8,50 ♨ – ⊇ 10 – **93 ch** 89/112.
 ♦ Cure de jouvence bénéfique pour cet hôtel situé à la périphérie de la ville, non loin de l'autoroute. Les chambres sont confortables, gaiement colorées et bien insonorisées. Salle à manger spacieuse, actuelle et agrémentée de plantes vertes.

Mercure Paul Cézanne sans rest, 40 av. V. Hugo ℰ 04 42 91 11 11, *mercure.paulcezanne@free.fr*, Fax 04 42 91 11 10 – 劏 ⊟ ⊡. 亜 ⊙ ⅁⅌ ﾃﾂﾍ BZ h
⊇ 12 – **55 ch** 131.
 ♦ Dans le quartier de la gare : chambres personnalisées, parfois agrémentées de beaux meubles anciens - certaines ont beaucoup de cachet - et joli salon orné d'une fresque.

St-Christophe, 2 av. V. Hugo ℰ 04 42 26 01 24, *saintchristophe@francemarket.com*, Fax 04 42 38 53 17 – 劏 ⊟ ⊡ ℃ & 🚗 – 🏋 25. 亜 ⊙ ⅁⅌ ﾃﾂﾍ, ⚡ rest BY a
Brasserie Léopold : **Repas** *(16)*-20/30, enf. 9 ♀ – ⊇ 8,50 – **51 ch** 69/112, 6 duplex.
 ♦ Nostalgiques des années 1930 ou "accros" du charme provençal, choisissez une chambre à votre convenance, avec ou sans terrasse. Cuisine régionale et plats de brasserie proposés dans un joli cadre Art déco ou sur la terrasse-trottoir les jours d'été.

Novotel Pont de l'Arc, av. Arc de Meyran (sortie autoroute 3 Sautets) ℰ 04 42 16 09 09, *H0394@accor-hotels.com*, Fax 04 42 26 00 09, 佘, ♨, 劏 ⊡ ℃ & P – 🏋 80. 亜 ⊙ ⅁⅌ ﾃﾂﾍ BV v
Repas carte 27 à 35, enf. 8 ♨ – ⊇ 12,50 – **80 ch** 98/115.
 ♦ Calé entre l'autoroute et l'Arc, chambres fonctionnelles, toutes rénovées et insonorisées ; les plus agréables ouvrent côté rivière. Parcours de santé. Confortable salle à manger et, à la belle saison, terrasse dotée d'originales tables en pierre de lave.

Quatre Dauphins sans rest, 54 r. Roux Alpheran ℰ 04 42 38 16 39, Fax 04 42 38 60 19 – ⊡. ⅁⅌ BY t
⊇ 8 – **12 ch** 55/85.
 ♦ Tout près de la célèbre place du même nom, une maison du 19ᵉ s. joliment décorée, qui ne manque pas de personnalité : meubles peints, sol en tomettes, tissus fleuris...

Manoir sans rest, 8 r. Entrecasteaux ℰ 04 42 26 27 20, *msg@hotelmanoir.com*, Fax 04 42 27 17 97 – 劏 ⊡ P. 亜 ⊙ ⅁⅌ ﾃﾂﾍ AY d
fermé 7 au 30 janv. – ⊇ 11 – **40 ch** 54/82.
 ♦ Belle construction ancienne, naguère fabrique de chapeaux. Un élément de cloître du 14ᵉ s. y est annexé ; aménagé en terrasse d'été, il procure une atmosphère unique.

XXX **Clos de la Violette** (Banzo), 10 av. Violette ℰ 04 42 23 30 71, *restaurant@closdelaviolette.fr*, Fax 04 42 21 93 03, 佘 – ⊟. 亜 ⅁⅌. ⚡ BV x
❀❀ fermé 4 au 18 août, vacances de fév., lundi sauf le soir du 1ᵉʳ juin au 30 sept. et dim. – **Repas** (nombre de couverts limité, prévenir) 54 (déj.)/117 et carte 95 à 120 ℬ.
 ♦ Cette belle villa nichée dans un jardin à l'écart de l'animation est une invite à la découverte des mille et une saveurs d'une cuisine régionale de caractère. Cadre élégant. **Spéc.** Grand menu de la truffe (20 déc. au 15 mars). Poissons de Méditerranée. Poitrine de pigeon contisé au poivre de Penja. **Vins** Coteaux d'Aix en Provence.

XX **L'Aixquis**, 22 r. Leydet ℰ 04 42 27 76 16, *aixquis@aixquis.com*, Fax 04 42 93 10 61 – ⊟. 亜 ⅁⅌ ﾃﾂﾍ BY f
fermé 2 au 10 janv., lundi midi et dim. – **Repas** *(17 bc)* - 25/60, enf. 15 ♀.
 ♦ Dans une ruelle du centre, salle de restaurant avenante avec fresques murales fleuries, lumière diffuse et mobilier choisi, proposant une "aixquise" cuisine au goût du jour.

XX **Vieille Auberge**, 63 r. Espariat ℰ 04 42 27 17 41, Fax 04 42 26 38 35 – ⊟. ⅁⅌ BY q
fermé 17 au 23 nov., 5 au 19 janv. et lundi midi – **Repas** 17 (déj.), 25/45 ♀ ℬ.
 ♦ Sur une placette très animée le soir, cadre rustique avec poutres, colonnes et monumentale cheminée en pierre de Rognes. Cuisine personnalisée, bon choix de vins régionaux.

XX **Amphitryon**, 2 r. P. Doumer ℰ 04 42 26 54 10, *amphitryon2@wanadoo.fr*, Fax 04 42 38 36 15, 佘 – ⊟. 亜 ⅁⅌ BY u
fermé 17 août au 2 sept., dim. et lundi – **Repas** 19 (déj.), 30/47 ♀.
 ♦ Tons flamboyants, mobilier ancien, lithographies, carafes publicitaires... un décor plaisant pour une étape culinaire aux senteurs de Provence. Patio ombragé d'un magnolia.

XX **Les Bacchanales**, 10 r. Couronne   𝒫 04 42 27 21 06,   Fax 04 42 27 21 06 – ▤. ▱
GB   BY   z

fermé vacances de fév., merc. midi, sam. midi et mardi – **Repas** 17 (déj.), 26/59, enf. 14 ⌇.
  ◆ Restaurant aménagé sous les belles poutres anciennes d'une salle à manger tout en longueur, que fréquentent les amateurs de cuisine ensoleillée.

XX **Chez Féraud**, 8 r. Puits Juif   𝒫 04 42 63 07 27,   marcferaud@net-up.com – ▤.
GB   BY   k

fermé août, dim. et lundi – **Repas** 20 (déj.)/26.
  ◆ Dissimulée dans une petite rue du vieil Aix, sympathique adresse familiale recelant un puits du 12ᵉ s. Cuisine aux accents du Midi, daubes et grillades préparées en salle.

X **Yôji**, 7 av. V. Hugo   𝒫 04 42 38 48 76,   Fax 04 42 38 47 01,   🌣 – ▤. ▱ GB JCB. ✼   BY   g
fermé lundi midi et dim. – **Repas** 13,50 (déj.), 20/32,50 ⌇.
  ◆ On peut se trouver au coeur de "l'empire du soleil" et vouloir s'évader au pays du Soleil Levant : cuisine japonaise, barbecue coréen et bar à sushis dans un décor "zen".

X **Bistro Latin**, 18 r. Couronne   𝒫 04 42 38 22 88,   bistrolatin@voila.fr,   Fax 04 42 38 22 88 – ▤. GB   BY   r

fermé 19 août au 2 sept., 29 janv. au 4 fév., lundi midi et dim. – **Repas** (nombre de couverts limité, prévenir) 21/32 ⌇.
  ◆ Dans une rue accaparée par les restaurants, deux petites salles au cadre actuel et une troisième voûtée, plus intime, au sous-sol. Cuisine du pays mise au goût du jour.

X **Saïgon**, 2 bis r. Aumône Vieille   𝒫 04 42 26 05 48,   Fax 04 42 26 05 48 – ▤. GB.
⊜   BY   V

fermé 7 au 25 juin et lundi – **Repas** (9) · 14 (déj.), 15/24,50, enf. 9.
  ◆ Plaisant décor asiatique : boiseries acajou, sièges en rotin clair, panneaux laqués représentant les quatre saisons, bel aquarium (poissons exotiques). Cuisine vietnamienne.

rte de Sisteron *vers* ① : *3 km :*

🏛 **Prieuré** ⌂ sans rest,   𝒫 04 42 21 05 23,   Fax 04 42 21 60 56, – ▤ ☏ 🅿. GB. ✼   BV   b
⊇ 6,50 – **22 ch** 56/72.
  ◆ Prieuré du 17ᵉ s. bénéficiant d'un environnement calme. Les chambres-bonbonnières, au décor romantique, ont toutes vue sur un élégant parc dessiné par Lenôtre.

rte de St-Canadet *par* ①, *N 96 et D 13 : 9 km –* ⊠ *13100 Aix-en-Provence :*

XX **Puyfond**, 3220 rte de St Canadet   𝒫 04 42 92 13 77,   Fax 04 42 92 03 29,   🌣, ⚐ – 🅿. GB
fermé 15 août au 15 sept., 1ᵉʳ au 15 janv., 15 fév. au 15 mars, mardi midi, dim. soir et lundi –
Repas (18) · 25/42, enf. 12.
  ◆ Cette ferme fut bâtie au temps de Louis XIV en pleine garrigue. Plats classiques servis en salle (plaisante collection de tableaux) ou sur l'agréable terrasse ombragée.

à Le Canet *par* ② : *8 km sur N 7 –* ⊠ *13590 Meyreuil :*

XX **Auberge Provençale**,   𝒫 04 42 58 68 54,   aubergiste@aol.com,   Fax 04 42 58 68 05 – ▤
🅿. ⓞ GB JCB
fermé 1ᵉʳ au 14 juil., 21 au 27 déc., mardi sauf le midi de sept. à juin et merc. – **Repas** 22/45
🕮.
  ◆ Jolie auberge de bord de route aux volets verts. Cuisine traditionnelle généreuse et belle carte de vins régionaux à découvrir dans un cadre méridional (poutres apparentes).

à Beaurecueil *par* ②, *N 7 et D 58 : 10 km – 568 h. alt. 254 –* ⊠ *13100 Aix-en-Provence :*

🄱 *Office de tourisme,*   𝒫 04 42 66 92 90.

XXX **Relais Ste-Victoire** (Jugy-Berges) ⌂ avec ch, D 46   𝒫 04 42 66 94 98,   relais-ste-victoire
✿   @wanadoo.fr,   Fax 04 42 66 85 96, ≼, 🛋, ⚐ – ▤ TV 🅿 – 🕭 20. ▱ GB
fermé vacances de Toussaint, 1ᵉʳ au 10 janv., vacances de fév., vend. sf soir de mars à oct., dim. soir et lundi – **Repas** (week-ends prévenir) 50/80 – ⊇ 13 – **11 ch** 77/100, 4 suites –
½ P 110/150.
  ◆ Ce mas au pied de la Ste-Victoire propose une cuisine actuelle inspirée des saveurs authentiques de la Provence. Depuis la véranda, jolie vue sur la campagne aixoise.
Spéc. Foie gras de canard aux rouelles de truffe. Fricassée de homard aux épices douces (avril à sept.). "Autour de la poire" (saison). **Vins** Côtes de Provence, Coteaux d'Aix-en-Provence.

par ③, *D 9 ou A 51, sortie Les Milles : 5 km –* ⊠ *13546 Aix-en-Provence :*

🏯 **Château de la Pioline**, zone commerciale de la Pioline   𝒫 04 42 52 27 27,   info@chatea
udelapioline.fr,   Fax 04 42 52 27 28,   🌣, 🛋, ⚐ – 📱, ▤ ch, TV ☏ 🅿 – 🕭 50. ▱ ⓞ GB JCB.
✼ rest
Repas *(fermé sam. et dim. de nov. à déc.)* 30 (déj.), 45/65 – ⊇ 20 – **30 ch** 165/270, 3 suites –
½ P 145/195.
  ◆ Belle demeure, classée monument historique, dans un jardin à la française. Vastes chambres conjuguant confort et charme d'antan. Le restaurant de style Louis XVI est décoré d'esquisses au fusain dont l'auteur reste encore inconnu à ce jour ; dîners-concerts.

🏛 **Bastide** ♨, par D 7 et rte secondaire 𝒫 04 42 24 48 50, *hotel-la-bastide@wanadoo.fr*, Fax 04 42 60 01 36, 🍽, ⬛, 🚗 – 📺 📞 & 🅿 – 🏊 50. 🆑 🆖
fermé 26 au 30 déc. – **Repas** *(fermé dim. soir et sam.)* 25/45 ♂ – ⚌ 7 – **17 ch** 60/70 – ½ P 56.

♦ Cette accueillante bastide du 18ᵉ s. tapissée de lierre profite du calme de la campagne environnante. Amples chambres d'inspiration rustique. Salle à manger aménagée dans une véranda et paisible terrasse où l'on propose une cuisine régionale.

par ③ *et D 9 - sortie nº 4 : 10 km* – ⊠ *13591 Aix-en-Provence* :

🏰 **Royal Mirabeau** ♨, av. G. de la Lauzière Pichaury II ⊠ 13591 𝒫 04 42 97 76 00, *hotel@r oyalmirabeau.com*, Fax 04 42 97 76 01, 🍽, 🎱, ⬛, 🚗 – 📶 💆 ▤ 📺 📞 & 🅿 – 🏊 150. 🆑 ⓞ 🆖
Repas *(24)* - 29 ♂ – ⚌ 10 – **95 ch** 79/111.

♦ Cet hôtel récent et confortable, au cachet provençal, est entouré par une pinède. Chambres pratiques et fraîches ; certaines ont vue sur le golf : calme garanti ! Sobre salle contemporaine et terrasse offrant de belles échappées sur la montagne Ste-Victoire.

à Celony : *3 km sur N 7* – ⊠ *13090 Aix-en-Provence* :

🏰 **Mas d'Entremont** ♨, 315 rte nationale 7 𝒫 04 42 17 42 42, *entremont@wanadoo.fr*, Fax 04 42 21 15 83, ≤, 🍽, 🎱, ⬛, ✕, 🐾, – 📶, ▤ ch, 📺 📞 🅿 – 🏊 30. 🆖 🆓 AV **g**
15 mars-1ᵉʳ nov. – **Repas** *(fermé dim. soir et lundi midi sauf fériés)* 36/42 – ⚌ 16 – **16 ch** 128/180 – ½ P 116/142.

♦ Sur les hauts d'Aix, belle bastide ocre nichée au cœur d'un parc généreusement ouvert sur la nature. Chambres spacieuses et personnalisées. Chaleureux restaurant d'hiver, salle à manger d'été donnant sur un délicieux jardin et divine terrasse ombragée.

à Lignane *par* ⑥ : *12 km sur N 7* – ⊠ *13090 Aix-en-Provence* :

✕✕ **Mas Gourmand,** 𝒫 04 42 28 04 05, *mas-gourmand@club-internet.fr*, Fax 04 42 28 04 14, 🍽 – 🅿. 🆖
fermé 7 au 13 fév. et merc. – **Repas** 13,50 (déj.), 25/45 ♂.

♦ L'Alsace au pays des cigales ! Mobilier et produits proviennent du "berceau de l'Europe", mais les tomettes sont typiquement provençales. Plats alsaciens et traditionnels.

AIX-LES-BAINS 73100 Savoie 👓 I3 *G. Alpes du Nord* – 25 732 h alt. 200 – Stat. therm. *(mi janv.-mi déc.)* – Casinos Grand Cercle **CZ**, Nouveau Casino **BZ**.
Voir *Esplanade du Lac*★ – *Escalier*★ *de l'Hôtel de Ville* **CZ H** – *Musée Faure*★ – *Vestiges Romains*★ – *Casino Grand Cercle*★.
Env. *Lac du Bourget*★★ – *Abbaye de Hautecombe*★★ – *Les Bauges*★.
🛫 *d'Aix-les-Bains* 𝒫 04 79 61 23 35, par ③ : *3 km.*
🚂 *de Chambéry-Aix-les-Bains* : 𝒫 04 79 54 49 54, *à Viviers-du-Lac par* ④ : *8 km.*
🛈 *Office de tourisme, place Maurice Mollard* 𝒫 04 79 88 68 00, Fax 04 79 88 68 01, *accueil@aixlesbains.com.*
Paris 539 ④ – *Annecy 34* ① – *Bourg-en-Bresse 115* ④ – *Chambéry 18* ④ – *Lyon 107* ④.

Plan page ci-contre

🏰 **Park Hôtel du Casino**, av. Ch. de Gaulle 𝒫 04 79 34 19 19, *parkhotel@aixlesbains.com*, Fax 04 79 88 11 49, 🍽, 🎱, ⬛, 🚗 – 📶 ▤ 📺 📞 & 🚗 🅿 – 🏊 15 à 400 CZ **x**
Repas – 21/27 ♂ – ⚌ 12 – **92 ch** 110/145, 10 suites.

♦ Au cœur du parc du casino nanti d'un plaisant jardin japonais, imposant hôtel dont les chambres d'une sobre élégance, bénéficient d'équipements modernes et complets. Petite carte d'inspiration brasserie servie dans un décor actuel ou sur l'agréable terrasse.

🏰 **Mercure Ariana** ♨, av. de Marlioz à Marlioz : 1,5 km 𝒫 04 79 61 79 79, *h2945@accor-ho tels.com*, Fax 04 79 61 79 00, 🍽, 🐾, 🎱, ⬛, 🐾, – 📶 💆 ▤ 📺 📞 & 🅿 – 🏊 150. 🆑 ⓞ 🆖
Repas *(19,50)* - 24,50, enf. 13 ♂ – ⚌ 13,50 – **60 ch** 105/140 – P 106,50/119. AX **a**

♦ Accueillant établissement intégré dans le complexe thermal de Marlioz. Chambres spacieuses, parfois dotées de balcons. Centre de balnéothérapie. Lumineuse salle à manger et plaisante terrasse tournée vers un parc ombragé d'arbres centenaires.

🏰 **Astoria,** pl. Thermes 𝒫 04 79 35 12 28, *hotel.astoria-savoie@wanadoo.fr*, Fax 04 79 35 11 05, 🎱 📺 📞 & – 🏊 20. 🆑 ⓞ 🆖 🆓 ✕ CZ **z**
fermé 28 nov. au 5 janv. – **Repas** 19 (dîner)/23 – ⚌ 9,50 – **135 ch** 60/87 – P 55/59.

♦ Cet ancien palace (1905) situé face aux thermes témoigne du passé fastueux d'Aix-les-Bains. Décor Belle Époque habilement rénové, confort moderne et chambres spacieuses. Le style Art nouveau a été préservé dans cette grande et élégante salle à manger.

🏰 **Manoir** ♨, 37 r. Georges-1ᵉʳ 𝒫 04 79 61 44 00, *Hotel-le-Manoir@wanadoo.fr*, Fax 04 79 35 67 67, 🎱, ⬛, 🚗 🚗 🅿 – 🏊 15 à 130. 🆑 ⓞ 🆖 🆓 ✕ rest
fermé 1ᵉʳ au 28 déc. – **Repas** 26/52 ♂ – ⚌ 11 – **73 ch** 74/149 – ½ P 64/99. CZ **r**

♦ Hôtel aménagé dans les dépendances des anciens palaces Splendide et Royal. On aime la quiétude du jardin ombragé et les chambres douillettes et personnalisées. Salle à manger prolongée d'une véranda ouverte sur la verdure. Agréable terrasse.

AIX-LES-BAINS

Bains (R. des) . . . **CZ** 2
Berthollet (Bd) . . . **CZ** 3
Boucher (Sq. A.) . . **CY** 5
Carnot (Pl.) . . . . . **CZ** 6
Casino (R. du) . . . **CZ** 8
Chambéry (R. de) . **CZ** 9
Charcot (Bd J.) . . . **AX** 10
Clemenceau
  (Pl.) . . . . **BY** 12
Dacquin (R.) . . . . **CZ** 13
Davat (R.) . . . . . . **CZ** 15
Fleurs (Av. des) . . **CZ** 16
Garibaldi (Bd) . . . **AX** 17
Garrod (R. Sir-A.) **CZ** 18
Gaulle (Av. de) . . . **CZ** 19
Georges-Ier (R.) . . **CZ** 21
Lamartine (R.) . . . **CZ** 22
Lattre-de-Tassigny
  (Av. Mar.-de) **AX, BY** 23
Liège (R. de) . . . . **CZ** 24
Marlioz (Av. de) . . **AX** 25
Mollard (Pl. M.) . . **CZ** 26
Monard (R.S.) . . . **CZ** 27
Petit-Port (Av. du) . **AX** 28
Pierpont-Morgan
  (Bd) . . . . **BY** 29
Prés-Riants (R.) . . **BY** 30
République (R.) . . . **CY** 32
Revard (Pl. du) . . . **CZ** 33
Roche-du-Roi
  (Bd de la) . . . . . **CZ** 34
Roosevelt (Av. F.) . **AX** 35
Rops (Av. D.) . . . . **AX** 37
Russie (Bd de) . . . **AX** 39
Seyssel (R. C.-de) **CZ** 40
Temple (R. du) . . . **CZ** 43
Temple-de-Diane
  (Sq.) . . . . **CZ** 45
Verdun (Av. de) . . **BZ** 46
Victoria (Av.) . . . . **CZ** 47

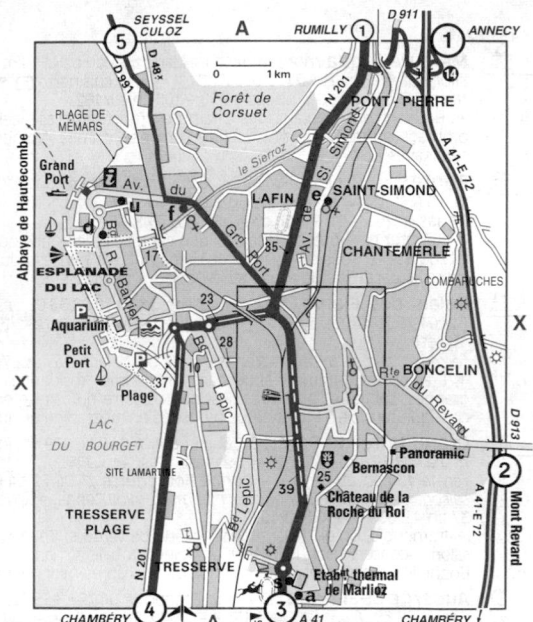

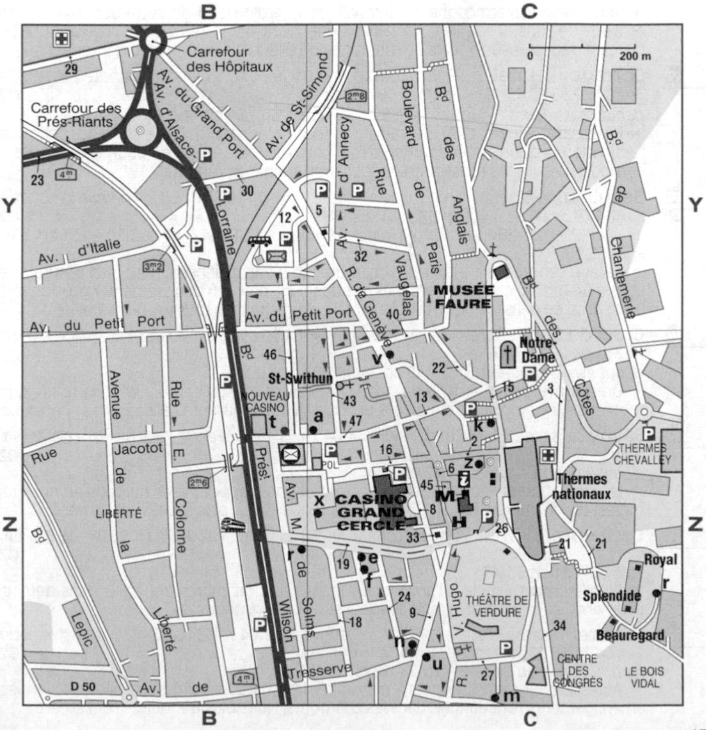

Mercure Acquaviva sans rest, av. Marlioz à Marlioz : 1,5 km ℰ 04 79 61 77 77, h2944@a
ccor-hotels.com, Fax 04 79 61 77 00, ⅏, ♨ – ⬚ cuisinette ⧠ 🖵 – 🏌 250. 🗚 ⲟ 🇬🇧
fermé 13 déc. au 10 janv. – � 11,50 – **100 ch** 79/102.
AX s

♦ Hôtel récent abritant des chambres fonctionnelles ; celles tournées vers le parc
ombragé du domaine d'Aix-Marlioz sont plus calmes. Nombreux équipements pour les
séminaires.

Agora, 1 av. Marlioz ℰ 04 79 34 20 20, *hotel-agora@wanadoo.fr,* Fax 04 79 34 20 30, ⬚ –
⬚, ≣ rest, ⧠ ◟ ⅃ ◒ – 🏌 50. 🗚 ⲟ 🇬🇧 🇯🇨🇧
CZ u
Repas 16/26 ⊻ – ⊒ 9 – **60 ch** 74/84 – ½ P 48/68.

♦ Adoptez cet hôtel pour sa situation centrale et la bonne qualité de ses aménagements
intérieurs. Au sous-sol, piscine et sauna ont été pensés pour votre bien-être. Le sobre
cadre actuel de la salle à manger évoque le style brasserie.

Palais des Fleurs ⬚, 17 r. Isaline ℰ 04 79 88 35 08, *palais.des.fleurs@wanadoo.fr,*
Fax 04 79 35 42 79, 🌡, I♨, ⅏, ♐ – ⬚ cuisinette, ≣ rest, ⧠ ◟ ⅃ 🖵 – 🏌 30. 🗚 ⲟ
♨ rest
CZ m
fermé 1ᵉʳ déc. au 31 janv. – **Repas** (20) - 22 bc/29, enf. 9 ⊻ – ⊒ 7,50 – **42 ch** 54/71 – P 62/67.

♦ Établissement familial situé dans un quartier résidentiel calme. Les chambres sont
grandes, sobres et plaisantes. Piscine et centre de remise en forme attrayants. Cuisine
classique sensible à la diététique proposée en mezzanine ou au bord de la piscine.

Grand Hôtel du Parc, 28 r. Chambéry ℰ 04 79 61 29 11, *info@grand-hotel-du-parc.co*
m, Fax 04 79 88 33 49, 🌡 – ⬚, ≣ rest, ⧠ ⅃ ◒, 🇬🇧
CZ n
fermé 15 déc. au 31 janv. – **Bonne Fourchette** ℰ 04 79 34 00 31 *(fermé dim. soir hors
saison, mardi sauf le soir en saison et merc. midi)* **Repas** 19,50(déj.),28/55, enf. 12 – ⊒ 7,50 –
37 ch 42/60 – ½ P 46,80/55.

♦ Immeuble bâti en 1817 près du théâtre de verdure. Chambres simples et spacieuses. Le
salon a conservé son joli décor d'origine. La salle à manger, agréablement "rétro" de la
Bonne Fourchette fait office de salon de thé l'après-midi ; cuisine traditionnelle.

Auberge St-Simond, 130 av. St-Simond ℰ 04 79 88 35 02, *auberge@saintsimond.com,*
Fax 04 79 88 38 45, 🌡, ♐ – ⧠ 🖵 – 🏌 25. 🗚 ⲟ 🇬🇧 🇯🇨🇧, ♨ rest
AX e
fermé 25 oct. au 3 nov., janv. et dim. soir – **Repas** (15) - 19/32, enf. 11 – ⊒ 7 – **28 ch** 48/60 –
½ P 50/53.

♦ Vous aimerez l'atmosphère conviviale et le jardin fleuri de cette auberge. Chambres
égayées de tons ensoleillés ; certaines bénéficient d'une rénovation récente. Cuisine du
terroir à déguster sur la terrasse ombragée de tilleuls ou dans un sobre intérieur.

Cottage Hôtel, 9 r. Davat ℰ 04 79 35 00 55, *cottagehotel2@wanadoo.fr,*
Fax 04 79 88 22 85, 🌡 – ⅃ ⧠ ◟. 🇬🇧, ♨ rest
CZ k
début mars-10 nov. – **Repas** 15,50/17,50 ⊻ – ⊒ 5,50 – **50 ch** 46/49 – ½ P 44/54.

♦ Bâtisse des années 1950 dissimulant un charmant patio qui isole certaines chambres de
l'animation urbaine. Aménagements fonctionnels. Salon égayé de photos anciennes. Sage
et moderne salle des repas dressée sous une lumineuse véranda.

Beaulieu, 29 av. Ch. de Gaulle ℰ 04 79 35 01 02, *heim.th@wanadoo.fr,*
Fax 04 79 34 04 82, 🌡 – ⅃ ⧠ – 🏌 25. ⲟ
BCZ r
1ᵉʳ avril-2 nov. – **Repas** *(fermé dim. soir)* (11,50) - 14/23 ⅃ – ⊒ 5,50 – **31 ch** 36/43 –
P 53/55,50.

♦ Façade centenaire abritant des chambres souvent anciennes, mais bien tenues et équipées d'un mobilier coloré ; certaines ont bénéficié d'un rafraîchissement. Agréable terrasse
d'été dressée dans un jardin arboré ou salle de restaurant sous une verrière.

Croix du Sud sans rest, 3 r. Dr Duvernay ℰ 04 79 35 05 87, *ecrire@hotel-lacroixdusud.co*
m, Fax 04 79 35 72 71
CZ f
début avril-5 nov. – ⊒ 5,40 – **16 ch** 24,50/38.

♦ Un charme "rétro" émane de cette hospitalière maison centenaire. Chambres simples,
tournées sur cour-jardin ou sur une rue calme. Amusante collection de chapeaux.

Savoy sans rest, 21 av. Ch. de Gaulle ℰ 04 79 35 13 33, Fax 04 79 88 40 10 – ⧠. 🗚 ⲟ 🇬🇧
🇯🇨🇧
CZ e
1ᵉʳ avril-15 nov. – ⊒ 6,50 – **22 ch** 22/40.

♦ La décoration et l'atmosphère de cet hôtel nous rappellent les maisons de nos grands-
mères. Les chambres, régulièrement entretenues, sont plus calmes sur l'arrière.

Cécil Hôtel sans rest, 20 av. Victoria ℰ 04 79 35 04 12, Fax 04 79 61 32 08 – ⅃ ⧠. ⲟ 🇬🇧.
♨
CZ a
⊒ 5,50 – **21 ch** 33/43.

♦ Établissement simple à l'ambiance familiale. Les chambres, réparties dans deux petits
bâtiments, sont modestes mais spacieuses et bien insonorisées.

Revotel sans rest, 198 r. Genève ℰ 04 79 35 03 37, *revotel@wanadoo.fr,*
Fax 04 79 88 82 99 – ⅃ ⧠. 🗚 ⲟ 🇬🇧 🇯🇨🇧. ♨
CZ v
fermé 1ᵉʳ déc. au 21 janv. – ⊒ 5 – **18 ch** 30/37.

♦ Adresse pour petits budgets à proximité des quartiers animés. Mobilier " seventies " et
aménagements fonctionnels dans les chambres. Nuits plus tranquilles sur l'arrière.

✕ **Auberge du Pont Rouge,** 151 avenue Grand Port ✆ 04 79 63 43 90, *Fax 04 79 63 43 90*, 🍴 – ﹣ AE GB, ✹✹   AX f
fermé 25 août au 3 sept., 20 déc. au 10 janv., lundi soir, mardi et merc. – **Repas** 18/28 ♀.
  ◆ Délaissez le coeur de la station pour cette discrète maison bénéficiant d'une véranda et d'une terrasse. Spécialités du Sud-Ouest et poissons du lac. Ambiance conviviale.

✕ **Brasserie de la Poste,** 32 av. Victoria ✆ 04 79 35 00 65 – AE GB   BZ t
✂ *fermé dim. soir et lundi* – **Repas** (9,50) - 14/24,50, enf. 7.
  ◆ Pour un repas traditionnel "à la bonne franquette", faites escale dans cette brasserie égayée par des maquettes de bateau. Ambiance très animée, surtout côté bar.

au Grand Port : *3 km* – ✉ *73100 Aix-les-Bains* :

🏨 **Adelphia,** 215 bd Barrier ✆ 04 79 88 72 72, *info@adelphia-hotel.com, Fax 04 79 88 27 77,*
  ≤, 🍴, 🏊, 🕮, 🐟, ⬛ ⊱⬝ – 🛗 🖿 📺 ℅ ⬝ – 🔒 15 à 100. AE ⓞ GB   AX d
Repas 19/30 ♀ – ⬝ 11 – **70 ch** 82/165 – P 103/127.
  ◆ Près du site remarquable du lac du Bourget, vaste complexe idéalement équipé pour la détente et la remise en forme. La modernité dernier cri au service de votre bien-être. Confortable restaurant et terrasse côté jardin. Carte classique et recettes allégées.

🏨 **Pastorale,** 221 av. Grand Port ✆ 04 79 63 40 60, *pastoral@club-internet.fr,*
  Fax 04 79 63 44 26, 🍴, ⬝ – 🛗 📺 ℅ ℗ – 🔒 20. AE ⓞ GB   AX u
1er avril-2 nov. – **Repas** *(fermé dim. soir et lundi hors saison)* 21/38 ♀ – ⬝ 14 – **30 ch** 60/80 – ½ P 60.
  ◆ Singulière "pyramide" des années 1970 émergeant des frondaisons de son jardin. Des tableaux d'artistes locaux habillent les espaces intérieurs. Chambres lumineuses et vastes. Salle à manger "cosy" et agréable terrasse ombragée pour l'été.

Ecrivez-nous...
Vos louanges comme vos critiques seront examinées avec le plus grand soin.
Nous reverrons sur place les informations que vous nous signalez.
Par avance merci !

AIZENAY *85190 Vendée* 🔠🔢🔢 *G7 – 6 095 h alt. 62.*
  🄱 *Office de tourisme, Rond-Point de la Gare ✆ 02 51 94 62 72, Fax 02 51 94 62 72.*
  Paris 435 – Challans 26 – Nantes 60 – La Roche-sur-Yon 18 – Les Sables-d'Olonne 33.

✕✕ **Sittelle,** 33 r. Mar. Leclerc ✆ 02 51 34 79 90, *Fax 02 51 94 81 77* – ℗. GB
fermé août, 1er au 15 janv., sam. midi, dim. soir et lundi – **Repas** 19 (déj.), 32/35, enf. 10.
  ◆ Discrète maison bourgeoise du début du 20e s. bordant l'axe principal du village. Tables plaisamment dressées dans une salle à manger sobrement contemporaine.

AJACCIO *2A Corse-du-Sud* 🔢🔢🔢 *B8 – voir à Corse.*

ALBERT *80300 Somme* 🔢🔢🔢 *I8 G. Picardie Flandres Artois – 10 065 h alt. 65.*
  🄱 *Office de tourisme, 9 rue Gambetta ✆ 03 22 75 16 42, Fax 03 22 75 11 72, ot.albert.ancre-@wanadoo.fr.*
  Paris 156 – Amiens 30 – Arras 50 – St-Quentin 53.

🏨 **Paix,** r. V. Hugo (rte Péronne) ✆ 03 22 75 01 64, *Fax 03 22 75 44 17* – 📺. GB. ✹✹ ch
✂ *fermé 15 fév. au 7 mars* – **Repas** *(fermé dim. soir)* 14/30, enf. 8 ♀ – ⬝ 6,50 – **12 ch** 36/60 – ½ P 45/50.
  ◆ Construction des années 1920 (la cité fut détruite lors de la Première Guerre mondiale) abritant des chambres simples, mais récemment refaites. Sympathique accueil familial. Petite salle à manger rustique où l'on sert une cuisine traditionnelle à prix sages.

🏨 **Basilique,** 3 rue Gambetta ✆ 03 22 75 04 71, *hotel-de-la-basilique@wanadoo.fr,*
✂ *Fax 03 22 75 10 47* – 📺. GB
fermé 8 au 31 août, 22 déc. au 7 janv., dim. soir et lundi – **Repas** *(11,50)* - 13,50/26, enf. 7,70 ♀ – ⬝ 6 – **10 ch** 45/55 – ½ P 47.
  ◆ Situation centrale, face à la basilique néo-byzantine. Hôtel familial dont les chambres, fraîches et pratiques, bénéficient d'une bonne isolation phonique. Au restaurant, mobilier rustique et collection d'assiettes anciennes ; plats traditionnels et picards.

ALBERTVILLE ◀▶ *73200 Savoie* 🔢🔢🔢 *L3 G. Alpes du Nord – 17 340 h alt. 344.*
  Voir Bourg de Conflans★, porte de Savoie ≤★ B, Grande Place★ – Route du fort du Mont★★ E.
  🄱 *Office de tourisme, 17 place de l'Europe ✆ 04 79 32 04 22, Fax 04 79 32 87 09, tourisme@albertville.com.*
  Paris 581 – Annecy 46 – Chambéry 51 – Chamonix-Mont-Blanc 64.

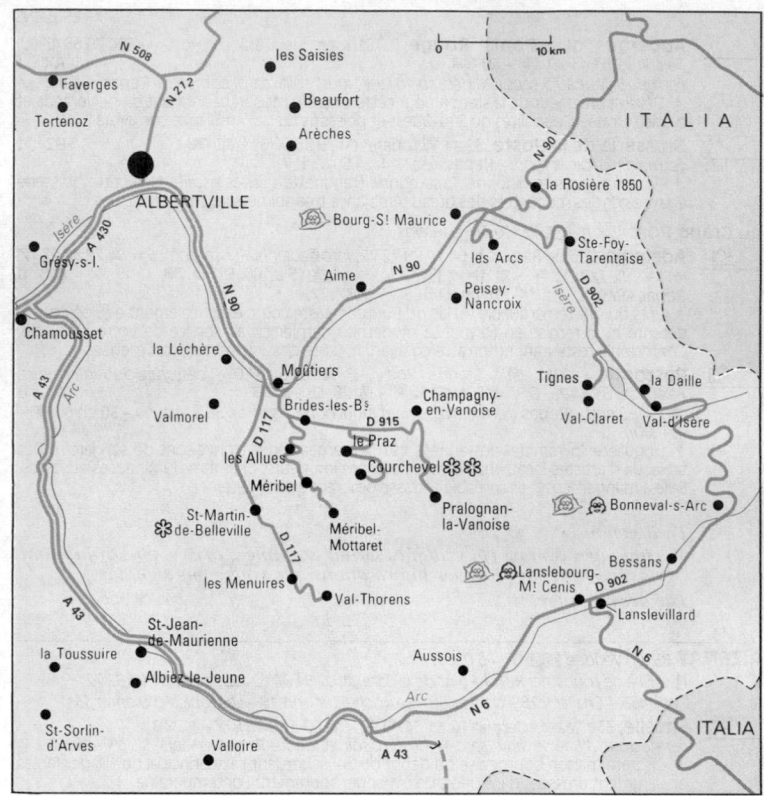

🏨 **Million,** 8 pl. Liberté 🕿 04 79 32 25 15, *hotel.million@wanadoo.fr*, Fax 04 79 32 25 36, ⌂ – 📶, 🍴 rest, 📺 📞 ⬅ 🅿 – 🏧 25, 🆎 ⓞ 🅶🅱
Repas *(fermé 1er au 17 mai, 27 oct. au 8 nov., sam. midi, dim. soir et lundi)* 26/84 – 🖵 11 – **26 ch** 110/207 – ½ P 107,50/133,50.
♦ Styles anciens et contemporains agrémentent l'intérieur de cette demeure familiale du 18e s. voisine de la Maison des J.O. Carte au goût du jour servie dans l'élégant restaurant (réservé aux non-fumeurs) ou dans le verdoyant jardinet-terrasse ; fumoir.

🏠 **Albert 1er,** 38 av. V. Hugo 🕿 04 79 37 77 33, *contact@albert1er.fr*, Fax 04 79 37 89 01 – 📺 📞 ⬅ 🆎 🅶🅱
Repas *(11,90)* - 14,80/36, enf. 6,90 🍷 – 🖵 7,80 – **11 ch** 49,70/61,70 – ½ P 61,70.
♦ À côté de la gare, petit immeuble du 19e s. offrant des chambres correctement équipées, plus spacieuses sur l'avenue et les voies. Agréable restaurant avec beau zinc, joli mobilier de bistrot et typique carte de brasserie ; terrasse-trottoir.

au Sud-Ouest *par rte Chambéry (sortie 28) : 4 km –* ✉ *73200 Albertville :*

🏨 **Roma,** 85 chemin pont Albertin 🕿 04 79 37 15 56, *hotelleroma@aol.com*, Fax 04 79 37 01 31, 🎿, ⚓, ✕ – 📶, 🍴 rest, 📺 🅿 – 🏧 150, 🆎 ⓞ 🅶🅱 🃏
Repas *(fermé sam. midi)* *(17)* - 22/50, enf. 8,50 🍷 – 🖵 11 – **134 ch** 60/105, 10 suites – ½ P 65/72,50.
♦ Vaste complexe hôtelier conçu comme un hameau, résolument voué à la détente et aux loisirs de montagne. Préférez les chambres rénovées, spacieuses et calmes. Au choix : restaurant traditionnel ou pizzéria ; les deux disposent d'une terrasse couverte.

Si le coût de la vie subit des variations importantes,
les prix que nous indiquons peuvent être majorés.
Lors de votre réservation à l'hôtel, faites-vous préciser le prix définitif.

ALBI 🄿 *81000 Tarn* 🟦338🟦 *E7 G. Midi-Pyrénées – 46 274 h alt. 174.*

Voir Cathédrale Ste-Cécile★★★ : Jubé★★★ – Palais de la Berbie★ : musée Toulouse-Lautrec★★ – Le vieil Albi★★ : hôtel de Reynès★ Z C – Pont Vieux★ – Pharmacie des Pénitents★ -
≼★ depuis les moulins albigeois.

🛫 Albi Lasbordes 🟋 05 63 54 98 07, O : 4 km par r. de la Berchère Z ; 🛫 de Florentin-Gaillac à
Marssac-sur-Tarn 🟋 05 63 55 20 50, par ⑤ : 11 km.

Autodrome *2 km par* ⑤.

🅱 *Office de tourisme, place Sainte Cécile* 🟋 *05 63 49 48 80, Fax 05 63 49 48 98, accueil@albi-tourisme.com.*

Paris 694 ⑤ – Toulouse 76 ⑤ – Béziers 150 ④ – Clermont-Ferrand 286 ①.

Plan page suivante

🏨 **Réserve** ♨, rte Cordes par ⑥ : *3 km* 🟋 05 63 60 80 80, *lareservealbi@wanadoo.fr,*
Fax 05 63 47 63 60, ≼, 🏡, 🏊, ✎, 🐾 – 🛗 🗐 ch, 🔟 ₢ & 🄿 – 🖾 25. 🖭 ⓞ 🖼 🖼
1er mai-31 oct. – **Repas** *(fermé lundi midi, merc. midi et mardi)* 32/52, enf. 15 ♈ – ⊆ 15 –
23 ch 130/280 – ½ P 125/200.

◆ Dans un parc au bord du Tarn, grande villa accueillante dont les chambres (mobilier de
style et contemporain) ont vue sur la piscine et la reposante rivière. Lumineuse et élégante
salle à manger de style colonial et vaste terrasse surplombant le cours d'eau.

🏨 **Hostellerie St-Antoine,** 17 r. St Antoine 🟋 05 63 54 04 04, *hotel@saint-antoine-albi.co*
m, Fax 05 63 47 10 47, ⚞ – 🛗 🔟 ₢ 🄿 – 🖾 25. 🖭 ⓞ 🖼 🖼   **Z d**
Repas *(fermé sam. midi, lundi midi et dim.)* 24/46 ♈ – ⊆ 12 – **44 ch** 76/195.

◆ Au calme, hôtel fondé en 1734 et transformé dans les années 1970. Jardin et meubles
anciens recréent l'atmosphère douillette des maisons d'antan, le confort moderne en plus.
Carte classique et décor soigné dans la salle à manger grande ouverte sur la verdure.

🏨 **Chiffre,** 50 r. Séré-de-Rivières 🟋 05 63 48 58 48, *gilles@hotelchiffre.com,*
Fax 05 63 47 20 61, ⚞ – 🛗🖳, 🗐 rest, 🔟 ₢ ⟽ 🄿 – 🖾 150. 🖭 ⓞ 🖼 🖼 ✎   **Z b**
fermé 18 déc. au 3 janv. – **Repas** *(fermé sam. midi et dim.)* 18/48 ♈ – ⊆ 10 – **37 ch** 60/80 –
½ P 66.

◆ Ancien relais de poste s'ordonnant autour d'un patio. Les chambres, souvent garnies de
meubles de style, sont peu à peu refaites. Bar marin, murs lambrissés, cadre cossu : des
plats traditionnels vous seront proposés dans le chaleureux décor du restaurant.

🏨 **Mercure,** 41 bis r. Porta 🟋 05 63 47 66 66, *h1211-gm@accor-hotels.com,*
Fax 05 63 46 18 40, ≼ le Tarn et la cathédrale, 🏡 – 🛗 ✆ 🗐 🔟 ₢ & 🄿 🖾 ⓞ 🖼 🖼 ✎
Repas *(fermé 20 déc. au 3 janv., vend. soir, dim. midi et sam. de déc. à fév.)* (14) - 19/38 bc,
enf. 9 ♈ – ⊆ 9 – **56 ch** 72/90.   **Y n**

◆ Ce moulin à farine du 18e s. est aujourd'hui classé. Dominant le Tarn, il abrite, derrière sa
typique façade en briques roses, un hôtel au cadre sobre et au confort moderne. Restaurant et terrasse offrent une vue imprenable sur la rivière et la cathédrale.

🏨 **Grand Hôtel d'Orléans,** pl. Stalingrad 🟋 05 63 54 16 56, *hoteldorleans@wanadoo.fr,*
Fax 05 63 54 43 41, ⚞, 🏊 – 🛗 🗐 🔟 ₢ ⟽ – 🖾 20 à 80. 🖭 ⓞ 🖼 🖼   **X e**
fermé 1er au 9 janv. – **Repas** *(fermé 1er au 16 janv., sam. sauf le soir d'avril à oct. et dim.)* (15) -
22,50/40 ♈ – ⊆ 10 – **56 ch** 58/130 – ½ P 58/78.

◆ Depuis 1902, de père en fils, on installe le voyageur dans des chambres fonctionnelles
peu à peu rénovées dans un esprit contemporain, pour un quiet séjour au pays de Lautrec.
Confortable salle à manger, terrasse autour de la piscine et cuisine traditionnelle.

🏠 **Cantepau** sans rest, 9 r. Cantepau 🟋 05 63 60 75 80, *Fax 05 63 60 01 61* – 🛗 🔟 ₢ & 🄿.
🖭 ⓞ 🖼   **V a**
fermé 25 déc au 11 janv. – ⊆ 11 – **33 ch** 64/74.

◆ Meubles en osier et rotin, tons crème et tabac, ventilateurs, etc. : la récente et complète
rénovation de ce petit hôtel familial s'inspire du style colonial. Accueil aimable.

🏠 **George V** sans rest, 29 av. Mar. Joffre 🟋 05 63 54 24 16, *info@hotelgeorgev.com,*
Fax 05 63 49 90 78 – 🔟 ₢. ⓞ 🖼 🖼   **X g**
⊆ 5,50 – **9 ch** 33/44.

◆ Débusquez dans le quartier de la gare cette maison douillette au cachet authentique. Chambres de bonne ampleur, parfois dotées d'une cheminée. Agréable courette ombragée.

🍽🍽🍽 **Moulin de La Mothe,** r. de Lamothe 🟋 05 63 60 38 15, *restaurant_moulin_delamothe@*
wanadoo.fr, Fax 05 63 47 55 42, ≼, ⚞, 🐾 – 🗐 🄿. 🖭 ⓞ 🖼   **V f**
fermé vacances de Toussaint, de fév., mardi soir du 15 sept. au 30 avril, dim. soir et merc. –
Repas 31/50 bc et carte 46 à 62, enf. 12 ♈ 🏡.

◆ Cette maison régionale entourée d'un parc offre une étape rafraîchissante sur son
agréable terrasse au bord du Tarn. Cuisine classique et belle sélection de crus locaux.

🍽🍽 **Jardin des Quatre Saisons,** 19 bd Strasbourg 🟋 05 63 60 77 76, *Fax 05 63 60 77 76* –
🗐. 🖭 ⓞ 🖼   **V d**
fermé dim. soir et lundi – **Repas** 18/32 ♈ 🏡.

◆ Deux plaisantes salles à manger, dont une, verdoyante et colorée, aménagée à la façon
d'un jardin d'hiver. Cuisine classique, belle carte de vins, alcools et cigares.

ALBI

Alsace-Lorraine (Bd)	**V**
Andrieu (Bd Ed.)	**X** 2
Archevêché (Pl. de l')	**Y** 3
Berchère (R. de la)	**Z**
Bodin (Bd P.)	**X** 5
Cantepau (R. de)	**V**
Carnot (Bd)	**X**
Castelviel (R. du)	**Y** 7
Choiseul (Quai)	**Y** 8
Croix-Blanche (R. de la)	**Z** 9
Croix-Verte (R.)	**V, YZ** 12
Dembourg (Av.)	**V** 13
Dr-Camboulives (R. du)	**Z** 14
Empeyralots (R. d')	**Z** 15
Foch (Av. Mar.)	**X**
Gambetta (Av.)	**X**
Gaulle (Av. Gén. de)	**X**
Genève (R. de)	**Z** 17
Gorsse (Pl. H. de)	**Y** 18
Grand (R. E.)	**Y**
Hôtel-de-Ville (R. de l')	**Z** 19
Jaurès (Pl. J.)	**Z**
Joffre (Av. Mar.)	**X** 22
Lacombe (Bd)	**X** 23
Lamothe (R. de)	**V, Y**
Lapérouse (Pl.)	**Z**
Lattre-de-Tassigny (Av. Mal. de)	**V** 24
Lices G.-Pompidou	**YZ**
Lices Jean-Moulin	**Z**
Loirat (Av. du)	**V**
Lude (Bd du)	**X**
Malroux (R. A.)	**V** 25
Maquis (Pl. du)	**X** 26
Mariès (R.)	**Y**

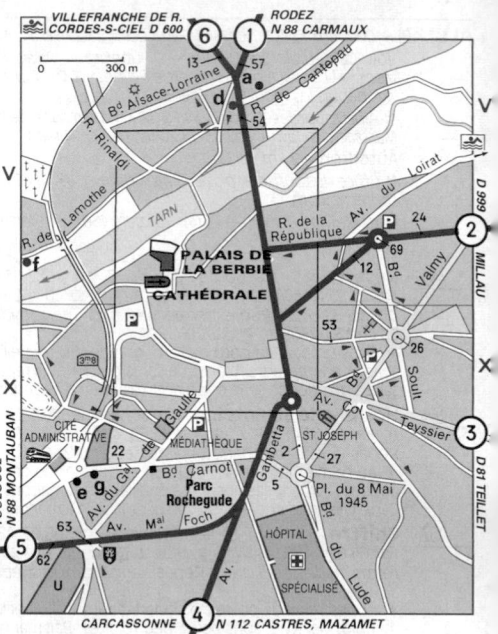

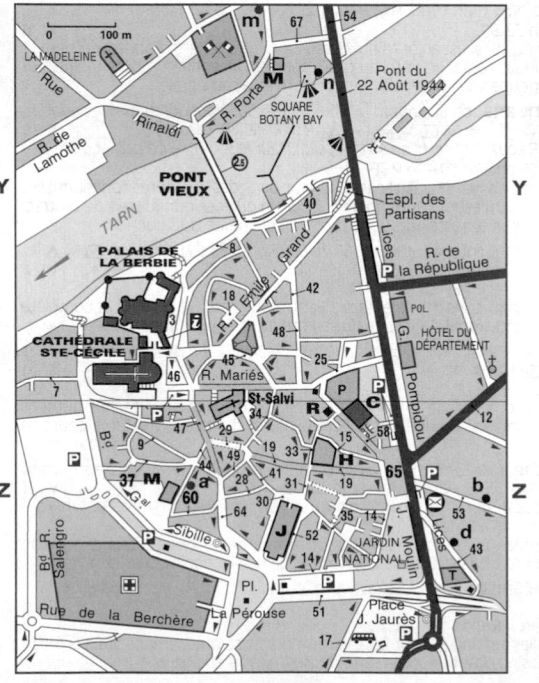

Montebello (Bd)	**X** 27
Nobles (R. des)	**Z** 28
Oulmet (R. de l')	**Z** 29
Palais (Pl. du)	**Z** 30
Palais (R. du)	**Z** 31
Partisans (Espl. des)	**Y**
Pénitents (R. des)	**Z** 33
Peyrolière (R.)	**YZ** 34
Porta (R.)	**Y**
Porte Neuve (R. de la)	**Z** 35
Puech-Bérenguier (R.)	**Z** 37
République (R. de la)	**V, Y**
Rinaldi (R.)	**Y**
Rivière (R. de la)	**Y** 40
Roquelaure (R.)	**Z** 41
St-Afric (R.)	**Y** 42
St-Amarand (Pl.)	**V** 69
St-Antoine (R.)	**Z** 43
St-Clair (R.)	**Y** 44
St-Julien (R.)	**Y** 45
Ste-Cécile (Pl.)	**Y** 46
Ste-Cécile (R.)	**Z** 47
Ste-Claire (R.)	**Y** 48
Saunal (R. de)	**Z** 49
Savary (R. H.)	**Z** 51
Sel (R. du)	**Z** 52
Séré-de-Rivière (R.)	**Z** 53
Sibille (Bd Gén.)	**X**
Soult (Bd)	**VX**
Strasbourg (Bd de)	**V, Y** 54
Teyssier (Av. Col.)	**X**
Thomas (Av. A.)	**V** 57
Timbal (R.)	**Z** 58
Toulouse-Lautrec (R. H. de)	**Z** 60
Valmy (Bd.)	**VX**
Verdier (Av. F.)	**X** 62
Verdun (Pl. de)	**X** 63
Verdusse (R. de)	**Z** 64
Vigan (Pl. du)	**Z** 65
Visitation (R. de la)	**Y** 67
8-Mai-1945 (Pl. du)	**X**

XX **Viguière d'Alby,** 7 r. Toulouse-Lautrec ✆ 05 63 54 76 44, *restaurant-la-viguiere.dalby@
wanadoo.fr, Fax 05 63 54 72 14,* 🍽 – ⒶⒺ ⓄⒹ ⒼⒷ   Z a
fermé 19 au 27 nov., 15 fév. au 1er mars, jeudi midi, sam. midi et merc. sauf juil.-août –
Repas 16/68, enf. 7,50 ⒴.
  ♦ Atouts principaux de ce restaurant du centre historique : l'accueil charmant et la plaisante petite cour intérieure où l'on sert les repas en saison. Cuisine au goût du jour.

X **Table du Sommelier,** 20 r. Porta ✆ 05 63 46 20 10, Fax 05 63 46 20 10, 🍽 – ▤. ⒼⒷ
ⓈⒷ *fermé dim. et lundi* – **Repas** *(12,50)* - 15/30 bc ⒴ 🍽.   Y m
  ♦ Les caisses de vins empilées dans l'entrée annoncent la couleur : ici, on célèbre la divine
boisson. Nombreuses références décoratives à Bacchus, cuisine de bistrot.

à Castelnau-de-Lévis *par* ⑥, *D 600 et D 1 : 7 km* – *1 403 h. alt. 221* – ⊠ *81150* :

XX **Taverne,** ✆ 05 63 60 90 16, *contact@tavernebesson.com,* Fax 05 63 60 96 73, 🍽 – ▤.
ⒶⒺ ⓄⒹ ⒼⒷ
fermé vacances de Toussaint, de fév., lundi et mardi – **Repas** 22/58.
  ♦ Ancienne coopérative boulangère du début du 20e s., dont les fours en briques agrémentent une des deux confortables salles à manger. Cuisine classique.

ALBIEZ-LE-JEUNE *73300 Savoie* ⒊⒊⒊ *L6* – *57 h alt. 1350.*
  Paris 646 – *Albertville 73* – *Chambéry 86* – *St-Jean-de-Maurienne 12.*

🏠 **L'Escale** ⟡, ✆ 04 79 59 85 08, *escale-albiez@wanadoo.fr,* Fax 04 79 64 32 40, ⟨ – ⒼⒷ.
ⓈⒷ rest
fermé 26 mars au 2 avril, 12 nov. au 16 déc. dim.soir et lundi hors saison – **Repas** 14,50/43 –
⊇ 6,30 – **12 ch** 37,70 – ½ P 39,70.
  ♦ Sympathique petite adresse familiale aux chambres plaisantes bien que sobres. Les
amoureux de la nature apprécieront l'absence de télévision ! Meubles rustiques, cuivres,
objets montagnards et échappée sur la vallée composent le cadre savoyard du restaurant.

ALBIGNY-SUR-SAONE *69 Rhône* ⒊⒉⒎ *H4* – *rattaché à Neuville-sur-Saône.*

ALBOUSSIÈRE *07440 Ardèche* ⒊⒊⒈ *K4* – *756 h alt. 552.*
  🛈 *Office de tourisme, place du belvédère* ✆ 04 75 58 20 08, Fax 04 75 58 26 12, *albous-
siere@fnotsi.net.*
  Paris 579 – *Valence 21* – *Privas 56* – *Tournon-sur-Rhône 32.*

XX **Auberge de Duzon** avec ch, ✆ 04 75 58 29 40, *reception@auberge-duzon.fr,*
Fax 04 75 58 29 41 – 🛗 ⒯⒱ ✆ ⅄ ⊶ – 🅰 30. ⒶⒺ ⒼⒷ
Repas *(fermé dim. soir et lundi)* 16,50/35 – ⊇ 6,50 – **5 ch** 49,50, 3 suites – ½ P 39,80.
  ♦ Ancien relais de poste joliment rénové. Restaurant mi-rustique, mi-actuel, bistrot (soi-
rées à thème) et cave à vins. Chambres d'esprit provençal, portant des noms de fleurs.

ALBY-SUR-CHÉRAN *74540 H.-Savoie* ⒊⒉⒏ *J6* – *1 630 h alt. 397.*
  Paris 540 – *Annecy 18* – *Aix-les-Bains 21* – *Chambéry 37* – *Genève 58.*

X **Auberge Ripaille,** 382 rte des chavonnets ✆ 04 50 68 22 98, Fax 04 50 68 43 74, 🍽 –
🅿. ⒶⒺ ⒼⒷ
fermé 20 juil. au 9 août, 21 déc. au 7 janv., dim. soir, merc. soir et lundi – **Repas** (nombre de
couverts limité, prévenir) 17 (déj.), 22/33, enf. 8 ⒴.
  ♦ Chaleureuse salle habillée de bois ou jolie terrasse ombragée : faites ripaille dans cette
ancienne ferme du pays des cordonniers. Cuisine traditionnelle saisonnière.

ALENÇON 🅿 *61000 Orne* ⒊⒈⒑ *J4 G. Normandie Cotentin* – *28 935 h alt. 135.*
  Voir *Église Notre-Dame*★ – *Musée des Beaux-Arts et de la Dentelle*★ : *collection de dentelles*★★ BZ M².
  🏌 *d'Alençon-en-Arçonnay à Arçonnay* ✆ 02 33 28 56 67, *par* ④ : *3 km.*
  🛈 *Office de tourisme, place de la Magdeleine* ✆ 02 33 80 66 33, Fax 02 33 80 66 32,
alencon.tourisme@wanadoo.fr.
  Paris 190 ② – *Chartres 119* ③ – *Évreux 119* ② – *Laval 90* ⑤ – *Le Mans 54* ④ – *Rouen 150* ①.
                                   Plan page suivante

🏨 **Grand Cerf,** 21 r. St-Blaise ✆ 02 33 26 00 51, *legrandcerf-alencon@wanadoo.fr,*
Fax 02 33 26 63 07, 🍽 – 🛗 ⒯⒱. ⒶⒺ ⒼⒷ   CZ f
fermé 18 déc. au 3 janv. – **Repas** *(fermé dim. et fériés)* (15) - 25 ⒴ – ⊇ 6 – **22 ch** 47/59 –
½ P 47,50.
  ♦ Dans cette demeure de 1843 au cachet préservé, chambres sobrement meublées et
majoritairement spacieuses. Restaurant au charme très "vieille France" ou jolie cour-terrasse ombragée pour une cuisine traditionnelle mitonnée avec les produits du terroir.

ALENÇON

Argentan (R. d') . . . **AY** 2
Basingstoke (Av. de) **AY** 3
Bercail (R. du) . . . . **BZ** 4
Capucins (R. des). . **CZ** 6
Clemenceau
  (Cours). . . . . **BCZ**
Duchamp (Bd) . . . . **AY** 8
Écusson (R. de l') . . **AY** 9
Fresnay (R. de) . . . **BZ** 13
Grandes-Poteries
  (R. des). . . . . **BZ** 14
Grande-Rue . . . . . . **BZ** 15
Halle-au-Blé
  (Pl. de la) . . . . . . **BZ** 17
La Magdeleine (Pl.) **CZ** 18
Lattre-de-Tassigny
  (R. du Mar. de). . **BCZ** 19
Leclerc (Av. du Gén.) **AY** 20
Mans (R. du) . . . . . **AY** 24
Marguerite-de-
  Lorraine (Pl.) . . . **BZ** 25
Porte-de-la-Barre
  (R.) . . . . **BZ** 30
Poterne (R. de la). . **CZ** 33
Quakenbruck
  (Av. de). . . . . **AY** 34
Rhin et Danube
  (Av.). . . . . **AY** 35
Sieurs (R. aux) . . . **BZ**
Tisons (R. des) . . . **AY** 39
1ᵉʳ-Chasseurs (Bd). . **AY** 40
14ᵉ-Hussards (R. du) **AY** 42

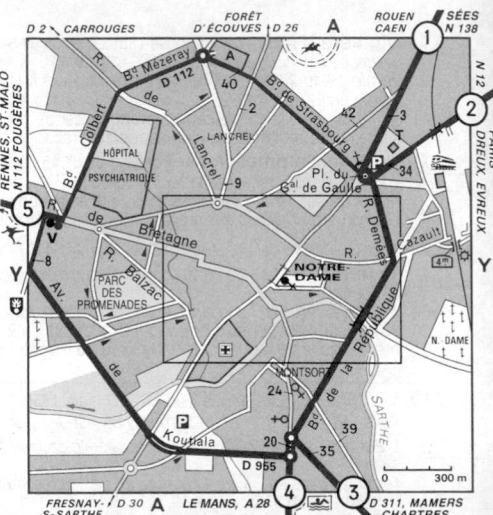

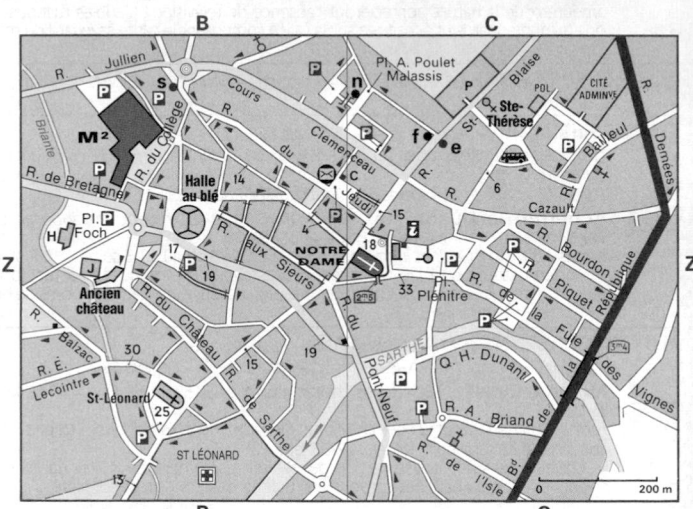

Mercure sans rest, 187 av. Gén. Leclerc par ④ : *2 km* ☎ 02 33 28 64 64, *H1359@accor-hotels.com*, Fax 02 33 28 64 72 – 🛗 ✻ 📺 ✆ ⚹ 🅟 – 🔔 50. 🆎 ⓪ ☖
☲ 7 – **55 ch** 55/58.
♦ Construction assez récente située dans une petite zone commerciale. Chambres avant tout pratiques, bien insonorisées. Formule buffet au petit-déjeuner.

Ibis sans rest, 13 pl. Poulet Malassis ☎ 02 33 80 67 67, *H0982@accor-hotels.com*, Fax 02 33 26 02 88 – 🛗 ✻ 📺 ✆ ⚹. 🆎 ⓪ ☖ ᴊᴄʙ   **CZ** n
☲ 6 – **52 ch** 51.
♦ Implanté dans un quartier résidentiel plutôt calme, cet hôtel de chaîne a bénéficié d'un "lifting" : les chambres, rénovées, offrent de bonnes conditions de séjour.

Chapeau Rouge sans rest, 3 bd Duchamp ☎ 02 33 26 20 23, Fax 02 33 26 54 05 – 📺 ✆. 🆎 ☖
                                                                                          AY v
☲ 6 – **14 ch** 37/45.
♦ Les chambres de ce bâtiment des années 1960 serré de près par des axes routiers sont équipées d'un double vitrage. Mobilier de style et charmante ambiance désuète.

Marmotte, rte de Rouen par ① : *2 km* ✉ 61250 Valframbert ℰ 02 33 27 42 64, *Fax 02 33 27 52 62* – 🔟 ⚿ **P.** – 🄳 25. 🅖🅑
Repas 11,50/14,50, enf. 5,80 ⚿ – ⌷ 5 – **45 ch** 34,50 – ½ P 31,30.
◆ Adresse pour petits budgets établie aux portes d'Alençon. Confort simple et décoration minimale satisferont une clientèle en quête d'étape. Deux salles à manger au décor moderne, dans l'esprit des restaurants de chaînes hôtelières. Menus à prix doux.

XX **L'Escargot Doré**, 183 av. Gén. Leclerc par ④ : *2 km* ℰ 02 33 28 67 67, *Fax 02 33 27 77 39* – **P.** 🅖🅑
fermé 15 juil. au 9 août, dim. soir et lundi – **Repas** *(30)* - 19/38, enf. 5 ⅞.
◆ Vieille ferme joliment restaurée et devancée par un sympathique jardinet. Grillades préparées sous vos yeux dans la cheminée de l'agreste salle à manger. Véranda pour l'été.

XX **Petit Vatel**, 72 pl. Cdt Desmeulles ℰ 02 33 26 23 78, *Fax 02 33 82 64 57* – 🄰🄴 🅖🅑 BZ s
fermé dim. soir et merc. – **Repas** *(15)* - 18,50/69, enf. 9,50 ⅞.
◆ Sur une placette, belle maison en pierres du pays égayée de balcons fleuris. Tons pastel et chaises de style rustique agrémentent l'intérieur de l'élégante salle à manger.

X **Cabestan**, 22 r. St-Blaise ℰ 02 33 32 16 84, *Fax 02 33 32 16 84* – 🅖🅑 CZ e
fermé 19 déc. au 2 janv., sam. midi et dim. – **Repas** 16/35.
◆ Les recettes aux saveurs iodées et les couleurs ensoleillées de la salle à manger font de ce restaurant du centre-ville une étape presque provençale.

X **Rest. Le Chapeau Rouge**, 117 r. Bretagne ℰ 02 33 26 57 53 – 🅖🅑, ⅏ AY v
fermé vend. soir, sam. midi, et dim. – **Repas** *(12,50)* - 15,20/28,50, enf. 8,50 ⅞.
◆ Le chapeau de l'enseigne est rouge, mais la salle à manger, toute jaune, s'inspire du style méridional. En cuisine : quelques mariages audacieux sur des bases traditionnelles.

rte de Mamers *par ③ : 5 km* – ✉ 72610 Le Chevain (Sarthe) :

XX **Chai de l'Abbaye**, sur D 311 ℰ 02 33 81 78 05, *Fax 02 33 81 78 09*, ㊟, ㊟ – 🅖🅑
fermé vacances de fév., dim. soir, mardi soir et lundi – **Repas** 13,50/36.
◆ Auberge bordant une route fréquentée. Salle d'hiver rustique, réchauffée par une cheminée et salle d'été claire et moderne. Terrasse donnant sur le jardin ombragé.

ALÉRIA *2B H.-Corse* 🄷🄴🄵 *G7 – voir à Corse.*

ALÈS 🆂🅿 *30100 Gard* 🄷🄷🄸 *J4 G. Languedoc Roussillon – 39 346 h alt. 136.*

Voir *Musée minéralogique de l'École des Mines★ N – Musée-bibliothèque Pierre-André-Benoît★ O : 2 km – Mine-témoin★ O : 3 km.*

🄱 *Office de tourisme, place de la mairie ℰ 04 66 52 32 15, Fax 04 66 52 57 09, tourisme@ville-ales.net.*
Paris 706 ② – Albi 226 ③ – Avignon 72 ③ – Montpellier 70 ③ – Nîmes 46 ③.

Plan page suivante

🏨 **Ibis** sans rest, 18 r. E. Quinet ℰ 04 66 52 27 07, *h0338@accor-hotels.com*, *Fax 04 66 52 36 33* – 🕴 🔟 ⚿ ⇔ – 🄳 25. 🄰🄴 ⓘ 🅖🅑 B e
⌷ 6 – **125 ch** 49.
◆ Bâtiment des années 1970 situé au cœur d'Alès. Les chambres, spacieuses et bien insonorisées, sont toutes rénovées. Coin bar-salon avec billard. Local à vélos.

🏨 **Orly** sans rest, 10 r. Avéjan ℰ 04 66 91 30 00, *contact@orly-hotel.com*, *Fax 04 66 91 30 30* – 🕴 🔟 ⚿ 🄰🄴 ⓘ 🅖🅑, ⅏ B t
fermé 18 déc. au 2 janv. – ⌷ 6,10 – **31 ch** 38/53.
◆ Ce vieil hôtel proche de la cathédrale affiche peu à peu un tout nouveau visage : chambres décorées avec un goût sûr et accueil des plus agréables.

XX **Riche** avec ch, 42 pl. Sémard ℰ 04 66 86 00 33, *riche.reception@leriche.fr*, *Fax 04 66 30 02 63* – 🔟 rest, 🔟 ⚿ ⇔ – 🄳 25. 🄰🄴 ⓘ 🅖🅑 B n
fermé 1ᵉʳ au 25 août – **Repas** 16,50/47 ⅞ – ⌷ 6,50 – **19 ch** 40/48 – ½ P 44.
◆ Bel immeuble datant du début du 20ᵉ s. Sous un haut plafond, salle à manger Art nouveau aux lambris restaurés dans des couleurs vives. Cuisine classique. Chambres rénovées.

XX **Vertige des Senteurs**, 15 av. Carnot ℰ 04 66 91 08 84, *Fax 04 66 91 08 84*, ㊟ – 🔟. 🄰🄴 🅖🅑 B f
fermé dim. soir et lundi – **Repas** 24 (déj.), 30/60 ⅞.
◆ Murs en pierre, plafond en bois et tons provençaux composent le décor de ce restaurant qui, à la belle saison, s'agrandit d'une terrasse face au Gardon. Plats au goût du jour.

ALÈS

Albert-1er (R.) . . . . **B** 2	Hôtel-de-Ville (Pl. de l') . . **A** 5	Péri (Pl. Gabriel) . . . . **B** 13
Audibert (R. Cdt) . . . . . . **A** 3	Lattre de Tassigny (Av. de) . . . . **B** 6	Rollin (R.) . . . . **A** 14
Avéjan (R. d') . . . . **B**	Leclerc (Pl. Gén.) . . . . . . **B** 8	St-Vincent (R.) . . . . **B** 15
Barbusse (R. Henri) . . . . **B** 4	Louis-Blanc (Bd) . . . . . . **B**	Semard (Pl. Pierre) . . . . . **B** 16
Docteur-Serres (R.) . . . . **B**	Martyrs-de-la-Résistance (Pl.) . . . . . . **B** 9	Soleil (R. du Faubourg-du) . . **B** 17
Edgar-Quinet (R.) . . . . . . **B**	Michelet (R.) . . . . **B** 10	Stalingrad (Av. de) . . . . . **B** 18
	Paul (R. Marcel) . . . . **B** 12	Taisson (R.) . . . . **B** 19
		Talabot (Bd) . . . . **B** 20

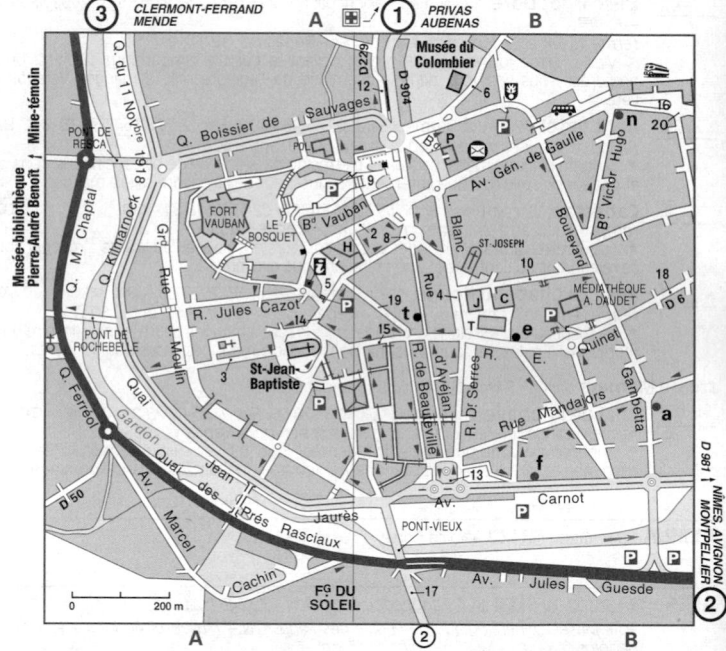

<table>
<tr><td>✗</td><td>Guévent, 12 bd Gambetta   04 66 30 31 98, Fax 04 66 30 31 98 – GB</td><td>B   a</td></tr>
</table>

fermé 18 juil. au 23 août, dim. soir, merc. soir et lundi – **Repas** 14 (déj.), 16/28, enf. 7,50 ₤.
  ◆ Situé un peu à l'écart du centre, ce petit restaurant de quartier vous accueille dans un cadre gai et coloré à dominante jaune. Cuisine traditionnelle aux accents cévenols.

à St-Hilaire-de-Brethmas *par* ② *et N 2006 : 3 km* – *3 619 h. alt. 125* – ⊠ *30560 :*

XXX   **Auberge de St-Hilaire**,   04 66 30 11 42, *aubergedesainthilaire@hotmail.com*, Fax 04 66 86 72 79, 🌫 – ▤ **P**. GB

fermé dim. soir et lundi – **Repas** 20/65 et carte 48 à 68, enf. 13 ₤.
  ◆ Élégant pavillon aux tons pastel abritant une lumineuse salle à manger à l'atmosphère méridionale. En été, profitez de la fraîcheur de la terrasse. Cuisine classique.

à Méjannes-lès-Alès *par* ② *et D 981 : 7,5 km* – *905 h. alt. 141* – ⊠ *30340 Salindres :*

XX   **Auberge des Voutins**,   04 66 61 38 03, Fax 04 66 61 04 19, 🌫 – ▤ **P**. AE ① GB

fermé 1er au 15 sept., 21 au 28 fév., dim. soir et lundi sauf fériés – **Repas** 25/54 ₤.
  ◆ Maison de pays bien protégée de la route par un rideau d'arbres. Cuisine traditionnelle, à goûter auprès de la cheminée ou sur la terrasse ombragée.

ALFORTVILLE *94 Val-de-Marne* **312** *D3* **101** ㉗ – *voir à Paris, Environs.*

ALGAJOLA *2B H.-Corse* **345** *C4* – *voir à Corse.*

Si le coût de la vie subit des variations importantes,
les prix que nous indiquons peuvent être majorés.
Lors de votre réservation à l'hôtel, faites-vous préciser le prix définitif.

ALISE-STE-REINE *21 Côte-d'Or* **320** *G4 – rattaché à Venarey-les-Laumes.*

ALIX *69380 Rhône* **327** *G4 – 690 h alt. 287.*

Paris 442 – Lyon 28 – L'Arbresle 12 – Villefranche-sur-Saône 12.

※※ **Vieux Moulin,** *℘* 04 78 43 91 66, *lemoulindalix@wanadoo.fr*, Fax 04 78 47 98 46, 斎 – **P**. **GB**

fermé 11 août au 16 sept., lundi et mardi – **Repas** 22/46.

♦ Moulin rhodanien en pierre converti en auberge villageoise. Deux salles à manger gentiment champêtres, ouvertes sur une paisible terrasse ombragée par un tilleul bicentenaire.

ALLAIN *54170 M.-et-M.* **307** *G7 – 387 h alt. 306.*

Paris 305 – Nancy 34 – Neufchâteau 28 – Toul 16 – Vittel 49.

🏠 **Haie des Vignes** sans rest, à l'échangeur A 31, rte Neufchâteau : 0,5 km *℘* 03 83 52 81 82, Fax 03 83 52 04 27 – **TV** **✆** **&** **P**. **GB**

□ 6 – **35 ch** 40/55.

♦ Construction récente de style motel située à proximité de l'autoroute, mais au calme de la campagne lorraine. Chambres fonctionnelles, sobres et bien tenues.

ALLAS-LES-MINES *24 Dordogne* **329** *H6 – rattaché à St-Cyprien.*

*Si vous êtes retardé sur la route, dès 18 h,
confirmez votre réservation par téléphone,
c'est plus sûr... et c'est l'usage.*

ALLÈGRE *43270 H.-Loire* **331** *E2 – 1 007 h alt. 1057.*

🛈 *Office de tourisme, rue du Mont Bar* *℘* 04 71 00 72 52, Fax 04 71 00 21 25.

Paris 523 – Ambert 46 – Brioude 45 – Langeac 28 – Le Puy-en-Velay 28.

🏠 **Voyageurs,** D 13 *℘* 04 71 00 70 12, *hotel.leydier43@wanadoo.fr*, Fax 04 71 00 20 67, 🏊 – **TV** **✆** **↩** **P**. **🔧** 40. **GB**

4 avril-28 nov. et fermé dim. soir et lundi sauf juil.-août – **Repas** (8,50) - 11/21, enf. 7 **&** – □ 5,50 – **17 ch** 27,50/40,50 – ½ P 32,30/35,70.

♦ Un peu en dehors du vieux village, bâtisse assez récente où vous séjournerez dans des chambres fraîches et de bon confort, souvent lambrissées à la mode montagnarde. Salle à manger rustique où l'on sert une cuisine traditionnelle assortie de grillades.

ALLEMONT *38114 Isère* **333** *J7 – 765 h alt. 830.*

🛈 *Office de tourisme, La Fonderie* *℘* 04 76 80 71 60, Fax 04 76 80 79 48, *info@allemont.com*.

Paris 611 – Grenoble 49 – Le Bourg-d'Oisans 11 – St-Jean-de-Maurienne 60 – Vizille 29.

🏠 **Giniès** 🐾, *℘* 04 76 80 70 03, *hotel-ginies@wanadoo.fr*, Fax 04 76 80 73 13, ≤, 斎, 🌳 – **TV** **✆** **&** **P**. **GB**, ✷

fermé 4 avril au 4 mai et 23 oct. au 14 déc. – **Repas** (dim. soir et lundi) (14) - 20/28, enf. 9,50 ♀ – □ 7 – **15 ch** 42/51 – ½ P 51.

♦ Cette accueillante auberge vous invite à une halte reposante au cœur de la vallée de l'Eau d'Olle. Chambres bien tenues. Pimpante salle à manger au cachet champêtre. Véranda, terrasse ombragée et minigolf dans le jardin.

ALLEVARD *38580 Isère* **333** *J5 G. Alpes du Nord – 3 081 h alt. 470 – Stat. therm.* (mai-oct.) – Sports d'hiver au Collet d'Allevard : 1 450/2 100 m 🎿 13 – Casino.

Voir *Route du Collet*★★ *par D 525ᴬ – Route de Brame-Farine*★ *NO.*

🛈 *Office de tourisme, place de la Résistance* *℘* 04 76 45 10 11, Fax 04 76 97 59 32, *office@allevard-les-bains.com*.

Paris 593 ① – *Grenoble 40* ② – *Albertville 50* ① – *Chambéry 33* ①.

Plan page suivante

🏨 **Les Pervenches** 🐾, (s) *℘* 04 76 97 50 73, *hotelpervenches@aol.com*, Fax 04 76 45 09 52, 斎, 🍃, ✷, ⚖ – **TV** **✆** **P**. **AE** **①** **GB** **JCB**, ✷ rest

début mai-mi-oct., début fév.-mi-avril et fermé dim. en hiver – **Repas** (fermé dim. soir en été) 15,50/38 ♀ – □ 7,50 – **26 ch** 52,50/79 – ½ P 54/57.

♦ Étape reposante face à la nature. Chambres bien tenues, logées dans trois maisons alpestres disséminées dans un parc. Cuisine traditionnelle sans prétention servie dans la lumineuse salle où dominent bois blond et tons crème ou sur la terrasse ombragée.

ALLEVARD

Rues piétonnes
en saison thermale

Baroz (R. Emma)	2
Bir-Hakeim (R. de)	3
Charamil (R.)	5
Chataing (R. Laurent)	6
Chenal (R.)	7
Davallet (Av.)	8
Docteur-Mansord (R.)	9
Gerin (Av. Louis)	15
Grand-Pont (R. du)	19
Libération (R. de la)	21
Louaraz (Av.)	22
Niepce (R. Bernard)	23
Ponsard (R.)	24
Rambaud (Pl. P.)	25
Résistance (Pl. de la)	27
Savoie (Av. de)	28
Thermes (R. des)	29
Verdun (Pl. de)	32
8-Mai-1945 (R. du)	34

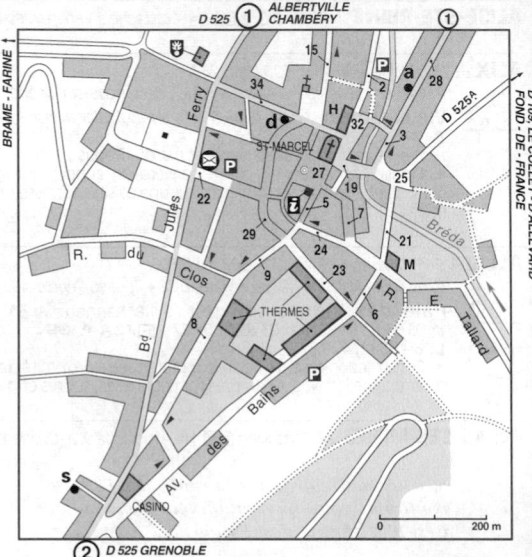

Les Alpes, (d) ℘ 04 76 45 94 10, hotel@lesalpesallevard.com, Fax 04 76 45 80 81 – 📺 📞. 🖭 ⓘ ⒢⒝, ⅋ rest

fermé 12 au 18 avril, 20 au 30 oct., merc. (sauf hôtel) et dim. soir hors saison – **Repas** (12,40) - 14,60 (déj.), 23,50/38 ♀ – ⌷ 7,80 – **20 ch** 48/64 – ½ P 51/57.

◆ Hôtel familial aménagé dans deux petits immeubles au coeur de la station thermale. Chambres sobrement actuelles, bien équipées et insonorisées. Le patron - artiste à ses heures - expose ses oeuvres dans la salle de restaurant ; registre culinaire classique.

Les Terrasses, 29 av. Savoie (a) ℘ 04 76 45 84 42, responsable@hotellesterrasses.com, Fax 04 76 13 57 65, ⅋ – 📞. ⒢⒝

fermé 4 au 18 avril et vacances de Toussaint – **Repas** (fermé dim.soir, lundi soir et merc. d'oct. à avril) 13/21, enf. 8 ♀ – ⌷ 6 – **16 ch** 38/40 – ½ P 37/42.

◆ Tout près du Bréda, haute maison de style 1930 entourée d'un jardin arboré. Les chambres, fonctionnelles et tout en bleu et blanc, sont plaisantes. Accueil charmant. Salle des repas dont le décor frais séduit par sa simplicité ; plats traditionnels.

à Pinsot Sud : 7 km par D 525 A – 139 h. alt. 730 – ⊠ 38580 :

Pic de la Belle Étoile 🦢, ℘ 04 76 45 89 45, hotel@pbetoile.com, Fax 04 76 45 89 46, ≤, 🍽, Ⅰ👠, 🔲, ⅋, ⅗ – 📶 📺 📞 🅿 – 🔬 60. 🖭 ⒢⒝

10/05-22/10 et 20/12-15/4 et fermé vend. soir, sam. et dim. sauf du 5/7 au 20/8, 20/12 au 2/1 et 4/2 au 6/3 – **Repas** 21/41, enf. 12 ♀ – ⌷ 9 – **36 ch** 69/95, 4 duplex – ½ P 72/82.

◆ Entourée de verdure, imposante maison régionale récemment agrandie dont le jardin dégringole jusqu'à un torrent. Optez pour les duplex récents, plus spacieux. Recettes classiques aux accents régionaux servies dans un cadre pimpant ou sur la terrasse ombragée.

ALLEYRAS 43580 H.-Loire **331** E4 – 231 h alt. 779.

Paris 549 – Brioude 71 – Langogne 43 – Le Puy-en-Velay 32 – St-Chély-d'Apcher 59.

Haut-Allier (Brun) 🦢, au Pont d'Alleyras, Nord : 2 km par D 40 ℘ 04 71 57 57 63, hot.rest .hautallier@wanadoo.fr, Fax 04 71 57 57 99, ≤ – ⧉⧉, 🍽 rest, 📺 📞 – 🔬 15. 🖭 ⒢⒝. ⅋

mi-mars-mi-nov. – **Repas** (fermé lundi sauf le soir en juil.-août, dim. soir de sept. à juin et mardi midi) 25/83 et carte 44 à 71 ♀ ⍟ – ⌷ 10,50 – **17 ch** 48/110 – ½ P 65/80.

◆ Au bord d'une petite route tourmentée longeant les gorges de l'Allier, hôtel familial aux chambres sobres ; les plus récentes sont mieux équipées. Au restaurant, belle cuisine au goût du jour, séduisante carte des vins, cadre contemporain et vue sur la vallée.

Spéc. Gaspacho d'écrevisses au jus de légumes. Piccata de ris de veau, cèpes et ravioles de chénopode. Fraises au jus de fraises réduit, sarrasson battu (mai à sept.). **Vins** Madargues, Saint-Joseph.

ALLOS *04260 Alpes-de-H.-P.* 334 *H7 G. Alpes du Sud* – *637 h alt. 1425* – *Sports d'hiver : 1 400/ 2 000 m* ⚡ 4 ⚡ 29 ⚡.

Env. ⚹★★ *du col d'Allos NO : 15 km.*

🛈 *Office de tourisme, place du Presbytère* ℘ *04 92 83 02 81, Fax 04 92 83 06 66, info@valdallos.com.*

Paris 763 – Barcelonnette 36 – Colmars 8 – Digne-les-Bains 78.

à la Foux d'Allos *Nord-Ouest : 9 km par D 908 –* ⊠ *04260 Allos*

🏨
🍴 **Hameau** ⌖, ℘ *04 92 83 82 26, michel.lantelme@wanadoo.fr, Fax 04 92 83 87 50,* ≤, 🌣, 🛏, ⤢ – 📺 📺 ✆ ₺ 🅿 – ⏴ 25. 🆎 ⓞ 🆒
12 juin-19 sept. et 6 déc.-15 avril – **Repas** *13/39,* enf. *8* ⚐ – ⊇ *7,40 –* **36 ch** *60/112 –* ½ P *65/75.*

♦ *Hôtel de type chalet abritant des chambres confortables et lambrissées ; celles avec mezzanine accueillent les familles. Bons équipements de détente. Jolie vue sur les montagnes depuis le restaurant et la terrasse. Plats traditionnels, fondues, raclettes.*

Les ALLUES *73 Savoie* 333 *M5 – rattaché à Méribel-les-Allues.*

ALOXE-CORTON *21 Côte-d'Or* 320 *J7 – rattaché à Beaune.*

ALPE D'HUEZ *38750 Isère* 333 *J7 G. Alpes du Nord – 1 700 h alt. 1860 – Sports d'hiver : 1 250/ 3 330 m* ⚡ 15 ⚡ 69 ⚡.

Voir *Pic du Lac Blanc* ⚹★★ *par téléphérique – Route de Villars-Reculas★ 4 km par D 211ᴮ.*
Altiport ℘ *04 76 80 41 15, SE.*

🛈 *Office de tourisme, place Paganon* ℘ *04 76 11 44 44, Fax 04 76 80 69 54, info@alpe-dhuez.com.*

Paris 625 ① – *Grenoble 63* ① – *Le Bourg-d'Oisans 12* ① – *Briançon 71* ①.

ALPE D'HUEZ	Cognet (Pl. du) .... **B** 4	Pic-Bayle (R. du) .... **B** 8
	Fontbelle (R. de) .... **B** 5	Poste (Route de la) .... **A** 9
	Meije (R. de la) .... **B** 6	Poutat (R. du) .... **B** 10
Bergers (Chemin des) ...... **B** 2	Paganon (Pl. Joseph) .... **A** 7	Siou-Coulet (Route du) ..... **A** 12

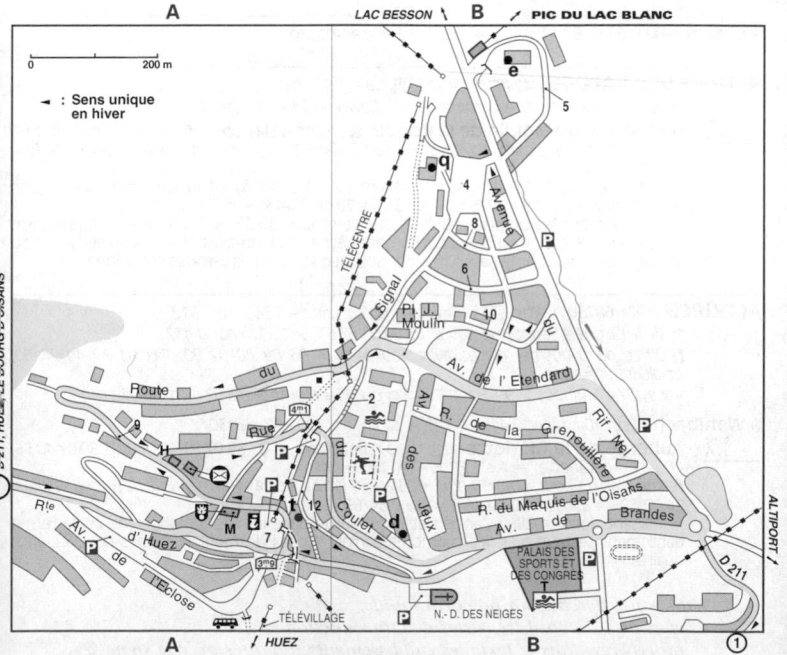

Au Chamois d'Or ⟂, 🕿 04 76 80 31 32, *chamoisdor@alpedhuez.com*, Fax 04 76 80 34 90, ≤ pistes et montagnes, 🏠, *f₆*, 🔲, 🎿 – 🛗 📺 📞 🚗 🅿 – 🏛 20. 🕮 e

20 déc.-20 avril – **Repas** 29 (déj.), 45/54 – 🖙 15 – **43 ch** 220/290, 4 suites – ½ P 190/235.
◆ Au pied des pistes, imposant chalet en bois et sa vaste terrasse exposée plein Sud. Chambres mi-savoyardes, mi-contemporaines, souvent avec vue sur le massif de l'Oisans. Joli restaurant dans le style "montagnard chic" et salon décoré de vieux bois d'alpage.

Royal Ours Blanc, av. Jeux 🕿 04 76 80 35 50, *resa@eurogroup-vacances.com*, Fax 04 76 80 34 50, ≤ pistes et montagnes, *f₆*, 🔲 – 🛗 📺 📞 ♿ 🅿 – 🏛 20. 🕮 🅾 🕮, 🎿 rest B d

mi-déc.-fin avril – **Repas** (dîner seul.) (résidents seul.) – **47 ch** (½ pens. seul.) – ½ P 229/264.
◆ Façade moderne habillée de bois et intérieur entièrement rénové. Coquettes chambres aux tons rouge et vert ; toutes (sauf une) possèdent un balcon. Piano-bar et cyberespace. Restaurant panoramique au chaleureux décor de pierre et de bois ; plats traditionnels.

Dôme, pl. du Cognet 🕿 04 76 80 32 11, *hotel.le.dome@alpedhuez.com*, Fax 04 76 80 66 48, ≤ massif de l'Oisans – 🛗 📺 📞 🚗 🅿. 🕮, 🎿 rest B q

hôtel : juil.-août et 15 déc.-20 avril ; rest. : 15 déc.-20 avril – **Repas** (18) - 25, enf. 11 – 🖙 11 – **21 ch** 128/145 – ½ P 96/119.
◆ L'hôtel occupe deux étages d'un immeuble résidentiel jouxtant le stade de slalom. Chambres fonctionnelles, progressivement redécorées à la mode locale. Galerie marchande. Petite salle à manger à l'atmosphère savoyarde ; carte traditionnelle et régionale.

Au P'tit Creux, chemin des Bergers 🕿 04 76 80 62 80, *Fax 04 76 80 39 37*, 🏠 – 🕮 🕮 A t

26 juin-1er sept., 1er déc.-1er mai, week-ends et vacances scolaires du 1er oct. au 11 nov. – **Repas** (prévenir) 43 ♀.
◆ Coquette salle rustique où les collections de boîtes en ferblanterie et de fioles anciennes créent un cadre original et distrayant. Cuisine traditionnelle.

Cabane du Poutat *secteur des Bergers*, accès piétons (40 mn) depuis gare départ télécabine des Marmottes 🕿 04 76 80 42 88, *Fax 04 76 80 42 88*, ≤ massif de l'Oisans, 🏠 – 🕮

mi-déc. à mi-avril – **Repas** (dîner sur réservation) 45/50 (dîner)et carte 30 à 48.
◆ Au milieu des pistes, chaleureux restaurant d'altitude que l'on rejoint à skis, à pied ou, le soir, en chenillette. Superbe vue et plats régionaux récompenseront vos efforts.

ALTENSTADT 67 B.-Rhin 315 L2 – *rattaché à Wissembourg*.

ALTHEN-DES-PALUDS 84240 Vaucluse 332 C9 – *1 988 h alt. 34*.
Paris 676 – Avignon 18 – Carpentras 12 – Cavaillon 24 – Orange 22.

Hostellerie du Moulin de la Roque ⟂, route de la Roque 🕿 04 90 62 14 62, *hotel@moulin-de-la-roque.com*, Fax 04 90 62 18 50, 🏠, 🔲, 🎿, 🏊 – 🛗, 🍴 rest, 📺 📞 ♿ 🅿 – 🏛 30. 🕮, 🎿

fermé 15 nov. au 7 déc. – **Repas** *(fermé dim. soir d'oct. à Pâques, lundi sauf le soir en saison et sam. midi)* 19,80 (déj.), 22/32 ♂ – 🖙 9,90 – **28 ch** 95/135 – ½ P 84,50/99,50.
◆ Une allée bordée de platanes conduit à ce moulin du 17e s. Chambres personnalisées, ouvertes sur le parc traversé par la Sorgue (pêche). Savourez les produits du verger et du potager dans la plaisante salle à manger bourgeoise ou sur la terrasse ombragée.

ALTKIRCH 68130 H.-Rhin 315 H11 *G. Alsace Lorraine* – *5 386 h alt. 312*.
🏌 *de la Largue à Seppois-le-Bas* 🕿 03 89 07 67 67, *S : 23 km par D 432*.
🛈 *Office de tourisme, place Xavier Jourdain* 🕿 03 89 40 02 90, Fax 03 89 40 21 80, *ot-altkirch@free.fr*.
Paris 457 – Mulhouse 19 – Basel 33 – Belfort 35 – Montbéliard 52 – Thann 27.

à Wahlbach : *Est : 10 km par D 419 et D 19ᵇ – 323 h. alt. 320* – ⌧ 68130 :

Auberge de la Gloriette avec ch, 9 r. Principale 🕿 03 89 07 81 49, Fax 03 89 07 40 56, 🏠, 🌳 – cuisinette, 🍴 rest, 📺 🅿 – 🏛 15. 🕮 🕮

fermé 2 au 13 août, 3 au 10 nov., et 3 au 19 janv. – **Repas** *(fermé lundi et mardi)* 15 (déj.), 24,50/58 ♀ – 🖙 15 – **10 ch** 46/75 – ½ P 54/69.
◆ Plaisant décor mêlant l'ancien et le moderne dans la salle à manger de cette ferme habilement restaurée. Jolies chambres parfois dotées de meubles chinés chez les antiquaires.

Si vous cherchez un hôtel tranquille,
consultez d'abord les cartes de l'introduction
ou repérez dans le texte les établissements indiqués avec le signe ⟂

ALVIGNAC *46500 Lot* ▨▨▨ *G3 – 573 h alt. 400.*

🛈 *Office de tourisme, rue Centrale ☎ 05 65 33 66 42, Fax 05 65 33 60 62.*

Paris 529 – Brive-la-Gaillarde 52 – Cahors 65 – Figeac 43 – Rocamadour 8 – Tulle 65.

🏠 **Nouvel Hôtel,** ☎ 05 65 33 60 30, Fax 05 65 33 68 25, 佘 – **P.** ⊖B
фermé 15 déc au 1er mars, vend. soir, dim. soir et sam. du 15 oct. à Pâques – **Repas** *(fermé sam. midi)* 13,50/30, enf. 8 ⏉ – ☲ 6 – **13 ch** 33/35 – ½ P 34/39.
◆ Une adresse à petits prix, propice à la découverte des sites admirables du Quercy. Chambres simples mais bien tenues. La salle de restaurant - qui a conservé son cachet "sixties" - est prolongée par une terrasse ombragée ; recettes régionales.

AMBAZAC *87240 H.-Vienne* ▨▨▨ *F5 G. Berry Limousin – 4 836 h alt. 387.*

Voir *Trésors★★ de l'église – ≼★ du parc du château de Montméry.*

🛈 *Office de tourisme, 3 avenue du Général-de-Gaulle ☎ 05 55 56 70 70, Fax 05 55 56 87 76, office.ambazac@free.fr.*

Paris 376 – Limoges 22 – Bellac 41 – Bourganeuf 39 – La Souterraine 42.

✗ **Les Voyageurs** avec ch, 27 av. Gén. de Gaulle ☎ 05 55 56 60 31, hotel-ambazac@aol.com, Fax 05 55 56 60 31 – **P.** ⊖B
фermé vacances de Toussaint, de fév., dim. soir et lundi – **Repas** *(9,50)* - 14,50/45 ⏉ – ☲ 6,80 – **7 ch** 29/31 – ½ P 35.
◆ Auberge de village au décor simple mais accueillant. Lumineuse salle à manger égayée de tableaux contemporains et tournée sur un jardin. Petites chambres pouvant dépanner.

AMBÉRIEUX-EN-DOMBES *01330 Ain* ▨▨▨ *C5 – 1 408 h alt. 296.*

🛈 *Syndicat d'initiative ☎ 04 74 00 84 15, Fax 04 74 00 84 04.*

Paris 437 – Lyon 35 – Bourg-en-Bresse 40 – Mâcon 43 – Villefranche-sur-Saône 18.

🏠 **Auberge des Bichonnières,** rte Ars-sur-Formans ☎ 04 74 00 82 07, bichonnier@aol.com, Fax 04 74 00 89 61, 佘, ✿ – **tv** **P.** ⊞ ⊖B
фermé 15 déc. au 15 janv., dim. soir de sept. à juin, lundi sauf le soir en juil.-août et mardi midi – **Repas** *(nombre de couverts limité, prévenir)* 23/31, enf. 13 – ☲ 8 – **9 ch** 42/58 – ½ P 50/60.
◆ Cette ancienne ferme typique de la Dombes est une sympathique étape sur la route des étangs. Chambres sagement campagnardes. Cuisine classique aux accents du terroir servie dans un cadre rustique ou sur la terrasse dressée dans la jolie cour intérieure.

AMBERT ◁▷ *63600 P.-de-D.* ▨▨▨ *J9 G. Auvergne – 7 309 h alt. 535.*

Voir *Église St-Jean★ – Vallée de la Dore★ N et S – Moulin Richard-de-Bas★ 5,5 km à l'Est par D 996 – Musée de la Fourme et du fromage – Train panoramique★ (juil.-août).*

🛈 *Office de tourisme, 4 place de Hôtel de Ville ☎ 04 73 82 61 90, Fax 04 73 82 48 36, ambert.tourisme@wanadoo.fr.*

Paris 438 – Clermont-Ferrand 77 – Brioude 63 – Thiers 53.

✗✗ **Les Copains** avec ch, 42 bd Henri IV ☎ 04 73 82 01 02, hotel.rest.les.copains@wanadoo.fr, Fax 04 73 82 67 34 – ▤ rest, **tv** ✆. ⊖B. ✿ ch
фermé 12 sept. au 12 oct., vacances de fév., dim. soir et sam. – **Repas** 12 *(déj.)*, 20/42, enf. 11 ⏉ – ☲ 6 – **10 ch** 48/58 – ½ P 45.
◆ Face à la pittoresque rotonde (mairie) célébrée par Jules Romains dans Les Copains. Plats régionaux et fameuse fourme à déguster dans une salle aux couleurs ensoleillées.

AMBIALET *81340 Tarn* ▨▨▨ *G7 G. Midi-Pyrénées – 381 h alt. 220.*

Voir *Site★ – Commune de la "Méridienne Verte".*

🛈 *Syndicat d'initiative, Le bourg ☎ 05 63 55 39 14, Fax 05 63 55 39 14.*

Paris 718 – Albi 23 – Castres 55 – Lacaune 52 – Rodez 71 – St-Affrique 60.

🏠 **Pont,** ☎ 05 63 55 32 07, Fax 05 63 55 37 21, ≼, 佘, ⅃, ✿ – ▤ rest, **tv** **P.** – ⚠ 25. ⊞ ⊙ ⊖B
фermé 6 janv. au 28 fév., dim. soir et lundi hors saison – **Repas** 20/50 bc, enf. 11,50 ⏉ – ☲ 7 – **20 ch** 49/55 – ½ P 54.
◆ Au bord du Tarn, maison régionale ayant vue sur Ambialet et son prieuré. Chambres fraîches, ouvertes sur la campagne ou sur la rivière. Attablez-vous dans la salle à manger rustique ou sur la terrasse panoramique autour de petits plats traditionnels.

Les prix

Pour toutes précisions sur les prix indiqués dans ce guide,
reportez-vous aux pages explicatives.

AMBIERLE *42820 Loire* **327** *C3 G. Vallée du Rhône – 1 728 h alt. 467.*

Voir *Église*★.

🖪 *Syndicat d'initiative, Musée* ℰ *04 77 65 60 99, Fax 04 77 65 60 99.*
Paris 379 – Lapalisse 33 – Roanne 18 – Thiers 81 – Vichy 58.

XX **Prieuré,** ℰ *04 77 65 63 24, leprieure@wanadoo.fr, Fax 04 77 65 69 90 –* 🔳 **GB**
🐾 *fermé 15 au 30 sept. et merc.* – **Repas** *20/47* ♀.
 ◆ Face à un ancien prieuré de Cluny, café et salle de restaurant, contemporaine et
lumineuse, où l'on propose une appétissante cuisine au goût du jour.

AMBOISE *37400 I.-et-L.* **317** *O4 G. Châteaux de la Loire – 11 457 h alt. 60.*

Voir *Château*★★ : ≼★★ *de la terrasse,* ≼★★ *de la tour des Minimes – Clos-Lucé*★ – *Pagode
de Chanteloup*★ *3 km par* ④.

Env. *Lussault-sur-Loire : aquarium de Touraine*★ *O : 8 km par* ⑤.

🖪 *Office de tourisme, quai Gal-de-Gaulle* ℰ *02 47 57 09 28, Fax 02 47 57 14 35, touris-
me.amboise@wanadoo.fr.*

Paris 223 ① – *Tours 27* ⑤ – *Blois 36* ① – *Loches 37* ④ – *Vierzon 96* ③.

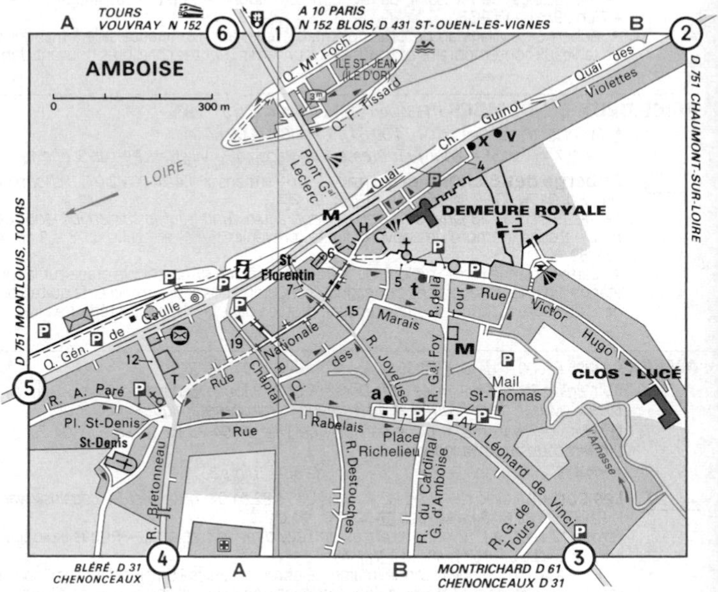

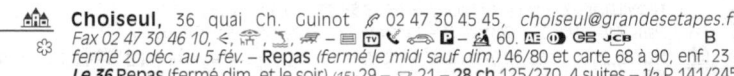

Concorde (R. de la) . . . . . **B** 4	J.-J. Rousseau (R.). . . . . . . **B** 7	Orange (R. d'). . . . . **B** 15
Debré (Pl. M.). . . . . **B** 5	Martyrs-de-la-R. (Av.). . . . **A** 12	Victor-Hugo (R.). . . . . **B**
François-Iᵉʳ (R.). . . . . **B** 6	Nationale (R.) . . . . **AB**	Voltaire (R.). . . . . **A** 19

🏠🏠 **Choiseul,** 36 quai Ch. Guinot ℰ *02 47 30 45 45, choiseul@grandesetapes.fr,*
🕸 *Fax 02 47 30 46 10,* ≼, 🌿, 🎋, 🚲 – 🔳 📺 📞 🔜 🅿 – 🔏 *60.* 🖭 ① **GB** **JCB**   **B** **v**
fermé 20 déc. au 5 fév. – **Repas** *(fermé le midi sauf dim.) 46/80 et carte 68 à 90, enf. 23* –
Le 36 Repas *(fermé dim. et le soir) (15)-29* – 🍽 *21* – **28 ch** *125/270, 4 suites* – ½ P *141/245.*
 ◆ Un ravissant jardin fleuri agrémenté d'une belle piscine entoure cette élégante propriété du 18ᵉ s. érigée face à la Loire. Chambres bourgeoises. Cuisine inventive servie dans
deux salles (non-fumeurs), l'une tournée sur le fleuve, l'autre sur la verdure.
Spéc. Matelote d'anguille et écrevisses. Couscous fumé de petits légumes et foie gras de
canard. Feuille à feuille au chocolat. **Vins** Cour-Cheverny, Touraine-Amboise.

🏠🏠 **Manoir Les Minimes** sans rest, 34 quai Ch. Guinot ℰ *02 47 30 40 40, manoir-les-minim*
es@wanadoo.fr, Fax 02 47 30 40 77, ≼, 🌿 – ✂ 🔳 📺 📞 ♿ 🅿. **GB**. 🎘   **B** **x**
fermé 14 nov. au 10 mars – 🍽 *11* – **15 ch** *105/160.*
 ◆ Belle demeure du 18ᵉ s. surplombant la Loire. Les chambres, raffinées et garnies de
superbes meubles de divers styles, accueillent les non-fumeurs. Élégants salons.

Novotel �’, Sud : 2 km par ③ *rte de Chenonceaux* ℰ 02 47 57 42 07, *novotel.amboise@ wanadoo.fr*, Fax 02 47 30 40 76, ⪕, 🍴, 🏊, 🎾, ✖ – 📶 ✦ 🛏 📺 ✆ ⟷ 🅿 – 🔬 20 à 150. 🆎 ⓪ ☻

Repas carte environ 32, enf. 8,40 ♀ – ☲ 10 – **121 ch** 85/104.
♦ Ce bâtiment domine Amboise et la vallée de la Loire. Chambres spacieuses et fonctionnelles ; certaines ont vue sur le château. Salon avec cheminée et billard. Carte simple axée sur les grillades, salades et pâtes proposée dans la salle à manger contemporaine.

Château de Pray �’, rte de Chargé par ② *et D 751 : 3 km* ℰ 02 47 57 23 67, *chateau.de pray@wanadoo.fr*, Fax 02 47 57 32 50, ⪕, 🍴, 🏊, 🖳 – 📺 ✆ 🅿 – 🔬 40. 🆎 ⓪ ☻ ⒿⒸⒷ. ✖
fermé 15 au 28 nov. et 5 au 20 janv. – **Repas** *(fermé lundi midi)* 41/50 ♀ – ☲ 11 – **19 ch** 105/165 – ½ P 102,50/132,50.
♦ Dans un vaste parc, ex-forteresse construite sous les croisades et agrandie au 17ᵉ s. Mobilier issu ou inspiré des siècles passés. Salle à manger de style Renaissance - plafond à la française et cheminée monumentale - et terrasse surplombant un potager.

Domaine de l'Arbrelle �’, rte des Ormeaux par ③ *et D 81 : 3 km* ℰ 02 47 57 57 17, *ar brelle@wanadoo.fr*, Fax 02 47 57 64 89, ⪕, 🍴, 🖲, 🏊, 🖳 – ✦ 📺 ✆ ⟷ 🅿 – 🔬 25. 🆎 ⓪ ☻
fermé 15 déc. au 15 janv. – **Repas** *(fermé les midis du lundi au sam., dim. soir et lundi soir hors saison)* 18 (déj.), 24/43, enf. 9 ♀ – ☲ 9 – **21 ch** 72 – ½ P 62/77.
♦ Au coeur d'un parc situé en lisière de forêt, établissement récent aménagé autour d'une ancienne ferme. Salon cossu et agréables chambres de style contemporain. Plaisante salle à manger rustique et terrasse sous pergola tournée sur le jardin.

Blason, 11 pl. Richelieu ℰ 02 47 23 22 41, *leblason@wanadoo.fr*, Fax 02 47 57 56 18, 🍴 – 🖳 rest, 📺 ✆ ⟷. 🆎 ⓪ ☻ B a
fermé 15 janv. au 1ᵉʳ fév. – **Repas** *(fermé 15 janv. au 15 fév, merc. midi, sam. midi et mardi)* (11,50) - 14,50/35, enf. 7,50 ♀ – ☲ 6 – **26 ch** 44/54 – ½ P 42.
♦ Le respect de la façade et le pittoresque agencement intérieur de cette maison du 15ᵉ s. fait tout le charme de l'hôtel. Mobilier fonctionnel mais plafonds à solives. Pour vous restaurer, calme véranda au fond d'une cour intérieure et terrasse d'été.

Ibis, Est : Z.I. La Boitardière par ② *et D 31 : 3 km* ℰ 02 47 23 10 23, *Fax 02 47 57 31 41*, 🍴 – ✦ 📺 ✆ 🅿 – 🔬 80. 🆎 ⓪ ☻
Repas (12) - 15, enf. 6 🍴 – ☲ 6 – **70 ch** 55/60.
♦ Malgré sa position au bord d'une route passante, ce vaste hôtel bénéficie d'un environnement relativement calme. Chambres sobres, avant tout pratiques. Salle à manger lumineuse et fraîche ; courte carte traditionnelle et formules buffets.

L'Épicerie, 46 pl. M. Debré ℰ 02 47 57 08 94, 🍴 – 🆎 ☻ B t
fermé 27 oct. au 17 déc., lundi et mardi – **Repas** 10,50 (déj.), 18,50/35,50, enf. 13 ♀.
♦ Ce restaurant et sa sympathique terrasse profitent d'une situation privilégiée face au château. Intérieur rustique où l'on mange au coude à coude. Cuisine traditionnelle.

à St-Ouen-les-Vignes *par ① et D 431 : 6,5 km – 941 h. alt. 80 –* ✉ 37530 :

L'Aubinière �’ avec ch, 29 rue Jules Gautier ℰ 02 47 30 15 29, *j.arrayet@libertysurf.fr*, Fax 02 47 30 02 44, 🍴, 🏊, 🎾 – 🖳 rest, 📺 ✆ 🅿 – 🔬 15. 🆎 ☻
fermé 1ᵉʳ fév. au 1ᵉʳ mars, dim. soir en hiver, mardi soir et merc. – **Repas** 38/58 et carte 52 à 72 ♀ ⚖ – ☲ 11 – **6 ch** 98/125 – ½ P 95/108.
♦ Belle salle à manger, terrasse dressée dans un joli jardin, cuisine au goût du jour et cave riche en vins régionaux : cette auberge constituera une agréable halte bucolique.

par ⑥ et N 152 : 2,5 km – ✉ 37530 Nazelles-Négron :

Petit Lussault sans rest, ℰ 02 47 57 30 30, *info@hotelpetitlussault.fr*, Fax 02 47 57 77 80, ✖, 🖲 – 🅿. ☻
1ᵉʳ mars-15 nov. – ☲ 6,20 – **22 ch** 49/58.
♦ Une belle allée de tuyas conduit à cette ancienne ferme située en contrebas de la levée de la Loire. Les chambres, simples, sont diversement meublées. Joli parc arboré.

AMBONNAY *51150 Marne* **306** *H8 – 934 h alt. 95.*
Paris 169 – Reims 28 – Châlons-en-Champagne 24 – Épernay 19 – Vouziers 65.

Auberge St-Vincent avec ch, 1 r. St-Vincent ℰ 03 26 57 01 98, *info@auberge-st-vincen t.com*, Fax 03 26 57 81 48 – 🖳 rest, 📺 ✆ ⟷. 🆎 ☻. ✖ ch
fermé 16 au 31 août, 9 fév. au 9 mars, dim. soir et lundi – **Repas** 27/70, enf. 12 ♀ – ☲ 10 – **10 ch** 50/64 – ½ P 76/80.
♦ La carte fait la part belle au terroir dans cette pimpante auberge champenoise. De vieux ustensiles de cuisine ornent la cheminée de la salle à manger. Chambres rénovées.

Les prix
Pour toutes précisions sur les prix indiqués dans ce guide,
reportez-vous aux pages explicatives.

AMÉLIE-LES-BAINS-PALALDA *66110 Pyr.-Or.* **344** *H8 G. Languedoc Roussillon – 3 475 h alt. 230 – Stat. therm. (mi janv.-fin déc.) – Casino.*

Voir *Bourg médiéval de Palalda*★.

🏌️ *de Falgos à St-Laurent-de-Cerdans* ℰ *04 68 39 51 42, S : 4 km par D 3 et D 3A.*

🖪 *Office de tourisme, 22 avenue du Vallespir* ℰ *04 68 39 01 98, Fax 04 68 39 20 20, omtt.amelie@little-france.com.*

Paris 882 – Perpignan 41 – Céret 9 – Prats-de-Mollo-la-Preste 24.

🏨 **Palmarium Hôtel,** av. Vallespir ℰ 04 68 39 19 38, *hppalmarium@aol.com,* Fax 04 68 39 04 23 – 🛗 📺 ☎ 🔄, **GB**. ⚹ rest
fermé 8 déc au 25 janv. – **Repas** 19/29 ⅋ – ⊊ 7 – **65 ch** 48/51 – P 56.
♦ Hôtel contemporain et fonctionnel où règne une ambiance "pension de famille" appréciée par les curistes. Chambres d'ampleur satisfaisante, claires et de bon confort. Restaurant néo-rustique avec poutres apparentes ; buffets lors des soirées à thème.

🏨 **Roussillon,** av. Beau Soleil au Nord par rte Perpignan ℰ 04 68 39 34 39, Fax 04 68 39 81 21, ⏚, ⚊, – 🛗 📺 ⅋ 🅿 **GB**. ⚹ rest
21 mars-27 nov. – **Repas** 15/30 ⅋ – ⊊ 7 – **30 ch** 60/65 – ½ P 50/60.
♦ Aux portes d'Amélie, construction récente aux chambres bien rénovées, spacieuses et claires. Un beau bâtiment du 19ᵉ s., situé à côté, abrite les salons (billard). Restaurant au décor ensoleillé, terrasse et grill de plein-air (en été) au bord de la piscine.

🏨 **Bains et Gorges,** pl. Arago ℰ 04 68 39 29 02, *hotel-bains-gorges@wanadoo.fr,* Fax 04 68 39 82 52 – 🛗 📺. **AE GB**
fermé 1ᵉʳ déc. au 31 janv. – **Repas** (12)-13/17, enf. 8 – ⊊ 5 – **44 ch** 34/39 – P 33/35,50.
♦ Situation pratique : cet aimable hôtel jouxte les thermes. Les chambres sont sobres mais bénéficient d'un entretien régulier ; certaines disposent même d'un balcon. Spacieuse salle à manger associant meubles rustiques et décor "seventies".

🏡 **Ensoleillade La Rive** sans rest, r. J. Coste ℰ 04 68 39 06 20 – 🛗 cuisinette 📺 🅿. **AE GB**
⊊ 5 – **14 ch** 30/40.
♦ Adresse familiale toute simple en bordure du Tech. Les chambres, fraîches, sont garnies de meubles rustiques ; quelques-unes sont équipées d'une cuisinette.

✕ **Carré d'As,** 4 av. Dr. Bouix ℰ 04 68 39 20 00, *casino.amelie@moliflor.com,* Fax 04 68 39 01 02 – 🍽 – 🎵 30. **GB**
fermé 1ᵉʳ au 18 mars, 15 au 28 fév., lundi et mardi sauf fériés – **Repas** 15/43, enf. 8,50 ⅋.
♦ Cuisine régionale actualisée au restaurant, pâtes et pizzas à la brasserie : laissez la roue de la fortune décider laquelle de ces deux adresses du casino vous fréquenterez !

Dans ce guide

un même symbole, un même mot,

imprimé en rouge ou en noir, en maigre ou en gras,

n'ont pas tout à fait la même signification.

Lisez attentivement les pages explicatives.

L'AMÉLIE-SUR-MER *33 Gironde* **335** *E2 – rattaché à Soulac-sur-Mer.*

AMIENS 🅿 *80000 Somme* **301** *G8 G. Picardie Flandres Artois – 135 501 h Agglo. 160 815 h alt. 34.*

Voir *Cathédrale Notre-Dame*★★★ *(stalles*★★★*) – Hortillonnages*★ *– Hôtel de Berny*★ **CY M³** *– Quartier St-Leu*★ *- Musée de Picardie*★★ *– Théâtre de marionnettes "ché cabotans d'Amiens"* **CY T²** *– Commune de la "Méridienne Verte".*

🏌️ *d'Amiens à Querrieu* ℰ *03 22 93 04 26, par* ② *: 7 km.*

🖪 *Office de tourisme, 6 bis rue Dusevel* ℰ *03 22 71 60 50, Fax 03 22 71 60 51, ot@amiens-metropole.com.*

Paris 142 ③ *– Lille 123* ② *– Reims 173* ③ *– Rouen 122* ⑤ *– St-Quentin 81* ③.

Plan pages suivantes

🏨 **Carlton,** 42 r. Noyon ℰ 03 22 97 72 22, *lecarlton@free.fr,* Fax 03 22 97 72 00 – 🛗, 🍽 rest, 📺 ☎ – 🎵 15 à 50. **AE ① GB JCB**   **CZ s**
Le Bistrot (grill) **Repas** (12)-15/25, enf. 6,50 ⅋ – ⊊ 10 – **23 ch** 71/100 – ½ P 57/88.
♦ Cet immeuble du 19ᵉ s. proche de la gare abrite des chambres feutrées - avec mobilier en bois foncé et fresque murale - et très bien insonorisées. Au Bistrot : ambiance conviviale, esprit brasserie (banquettes, boxes...) et carte axée sur la viande rouge.

🏨 **Mercure Cathédrale** sans rest, 17 pl. au Feurre ℰ 03 22 22 00 20, *mercure.amiens@es calotel.com*, Fax 03 22 91 86 57 – 🛗 ⚡ 🔳 📺 ☎ 🖐 – 🔬 20. 🗚 ⓸ 🆇 🅹🅲🅱
　　　　BY　r
🕮 9,50 – **47 ch** 75/90.

　◆ Cette belle façade du 18ᵉ s. abritait jadis un relais de poste. Désormais, cet hôtel offre des chambres joliment meublées en bois clair, insonorisées et bien équipées.

🏨 **Grand Hôtel de l'Univers** sans rest, 2 r. Noyon ℰ 03 22 91 52 51, *hotelunivers.amiens @wanadoo.fr*, Fax 03 22 92 81 66 – 🛗 📺 ☎ – 🔬 30. 🗚 ⓸ 🆇 🅹🅲🅱
　　　　CZ　a
🕮 10,80 – **41 ch** 78/102.

　◆ Au bord d'un axe passant, maison ancienne à la façade ravalée. Hall bourgeois et belle cage d'escalier coiffée d'une verrière desservant des chambres confortables.

🏨 **Express by Holiday Inn**, 10 bd Alsace-Lorraine ℰ 03 22 22 38 50, *expressamiens@allia nce-hospitality.com*, Fax 03 22 22 38 55 – 🛗 ⚡ 🔳 📺 ☎ 🖐 – 🔬 25. 🗚 🆇
　　　　CZ　n
Repas *(fermé août, sam. et dim.)* (12) - 14 – **69 ch** 🕮 87.

　◆ Bâtiment moderne accolé à un centre commercial. Le mobilier contemporain aux lignes épurées apporte une note élégante aux chambres, fonctionnelles et assez spacieuses. Sobre salle à manger égayée de coloris ensoleillés et courte carte traditionnelle.

🏨 **Ibis**, 4 r. Mar. de-Lattre-de-Tassigny ℰ 03 22 92 57 33, Fax 03 22 91 67 50 – 🛗 ⚡ 📺 🖐 &
🔲 – 🔬 15 à 35. 🗚 ⓸ 🆇
　　　　BY　e
Repas 15/20, enf. 6 – 🕮 6 – **94 ch** 65.

　◆ Établissement des années 1980 entièrement rénové et bien situé au coeur du quartier culturel amiénois. Chambres pratiques mises aux dernières normes de la chaîne. Les larges baies vitrées du restaurant laissent voir l'animation de la rue ; formules buffets.

🏨 **Victor Hugo** sans rest, 2 r. Oratoire ℰ 03 22 91 57 91, Fax 03 22 92 74 02 – 📺. 🆇
🕮 5 – **10 ch** 43/44.
　　　　CY　v

　◆ Petit hôtel familial à deux pas de la cathédrale gothique et de son célèbre Ange pleureur. Un vénérable escalier en bois mène à des chambres simples et bien tenues.

𝕏𝕏𝕏 **Marissons**, pont Dodane ℰ 03 22 92 96 66, *les-marissons@les-marissons.fr*, Fax 03 22 91 50 50, 🍽 – 🗚 ⓸ 🆇 🅹🅲🅱
　　　　CY　n
fermé sam. midi, dim. et fériés – **Repas** 18,50 (déj.)/49 et carte 46 à 57, enf. 10 ₤.

　◆ Atelier de bateaux du 15ᵉ s. sur un bras de la Somme du quartier St-Leu. Salle à manger cossue sous une belle charpente. Plaisant jardin-terrasse. Plats classiques.

𝕏𝕏 **Vivier**, 593 rte Rouen ℰ 03 22 89 12 21, Fax 03 22 45 27 36 – 🅿. 🗚 🆇
　　　　AZ　d
fermé au 16 août, 25 déc. au 3 janv., dim. et lundi – **Repas** (déj.)/68.

　◆ Un vivier à crustacés trône au centre de cette salle de restaurant ; cadre célébrant le monde de la mer, où vous serez convié à déguster poissons et coquillages.

𝕏𝕏 **Au Relais des Orfèvres**, 14 r. Orfèvres ℰ 03 22 92 36 01, Fax 03 22 91 83 30 – 🆇
fermé août, vacances de fév., sam. midi, dim. et lundi – **Repas** 25/41 ₤.
　　　　CY　m

　◆ Jolie façade de bois peint à proximité de la superbe cathédrale. Cuisine du marché à déguster dans une salle à manger lumineuse et confortable.

𝕏 **Bouchon**, 10 r. A. Fatton ℰ 03 22 92 14 32, Fax 03 22 91 12 58 – 🗚 ⓸ 🆇
　　　　CY　t
fermé dim. soir de sept. à juin – **Repas** 12 (déj.), 22/42, enf. 12 ₤.

　◆ Ce bistrot proche de la gare propose une copieuse cuisine familiale. Tables un peu serrées, mise en place simple, service sans chichi : on s'y sent "comme à la maison".

𝕏 **L'Os à Moelle**, 12 r. Flatters ℰ 03 22 92 75 46, Fax 03 22 92 83 68 – ▤. 🆇
　　　　CY　u
fermé 2 au 21 janv., dim. soir, lundi et mardi – **Repas** (13) - 15/35, enf. 10 ₤.

　◆ Ambiance conviviale dans ce petit restaurant du centre-ville amiénois, meublé dans le style bistrot, où l'on régale de spécialités picardes et de plats traditionnels.

rte de Roye *par ③, N 29 et D 934 : 7 km* – ✉ 80440 Boves :

🏨 **Novotel** 🏖, ℰ 03 22 50 42 42, *H0396@accor-hotels.com*, Fax 03 22 50 42 49, 🍽, 🏊, 🐎
– ⚡ 🔳 📺 ☎ 🖐 🅿 – 🔬 100. 🗚 ⓸ 🆇 🅹🅲🅱
Repas (19) - 25, enf. 8 ₤ – 🕮 10,50 – **94 ch** 88/98.

　◆ Rénovation réussie pour cet hôtel des années 1970 : chambres répondant aux derniers critères de confort Novotel et salles de bains façon "cabine de bateau". Salle à manger actuelle ouverte sur la terrasse dressée au bord de la piscine ; carte traditionnelle.

à Dury *par ④ : 6 km – 1 141 h. alt. 115* – ✉ 80480 :

𝕏𝕏𝕏 **L'Aubergade**, 78 rte Nationale ℰ 03 22 89 51 41, *aubergade.dury@wanadoo.fr*, Fax 03 22 95 44 05, 🍽 – 🆇
fermé 1ᵉʳ au 25 août, mi-fév. au 1ᵉʳ mars, dim. et lundi – **Repas** 33/58 et carte 54 à 70.

　◆ Une verrière illumine la salle ouverte sur la terrasse d'été. Mobilier d'esprit Art déco, colonnes à l'antique et tons pastel cohabitent en harmonie. Carte au goût du jour.

𝕏𝕏 **Bonne Auberge**, 63 rte Nationale ℰ 03 22 95 03 33, Fax 03 22 45 37 38 – 🗚 ⓸ 🆇 🅹🅲🅱
fermé 19 juil. au 9 août, sam. midi, dim. soir et lundi sauf fériés – **Repas** (20) - 25/45.

　◆ Cette pimpante façade régionale est abondamment fleurie en été. Dans la salle à manger, récemment rajeunie, vous sera proposée une cuisine au goût du jour.

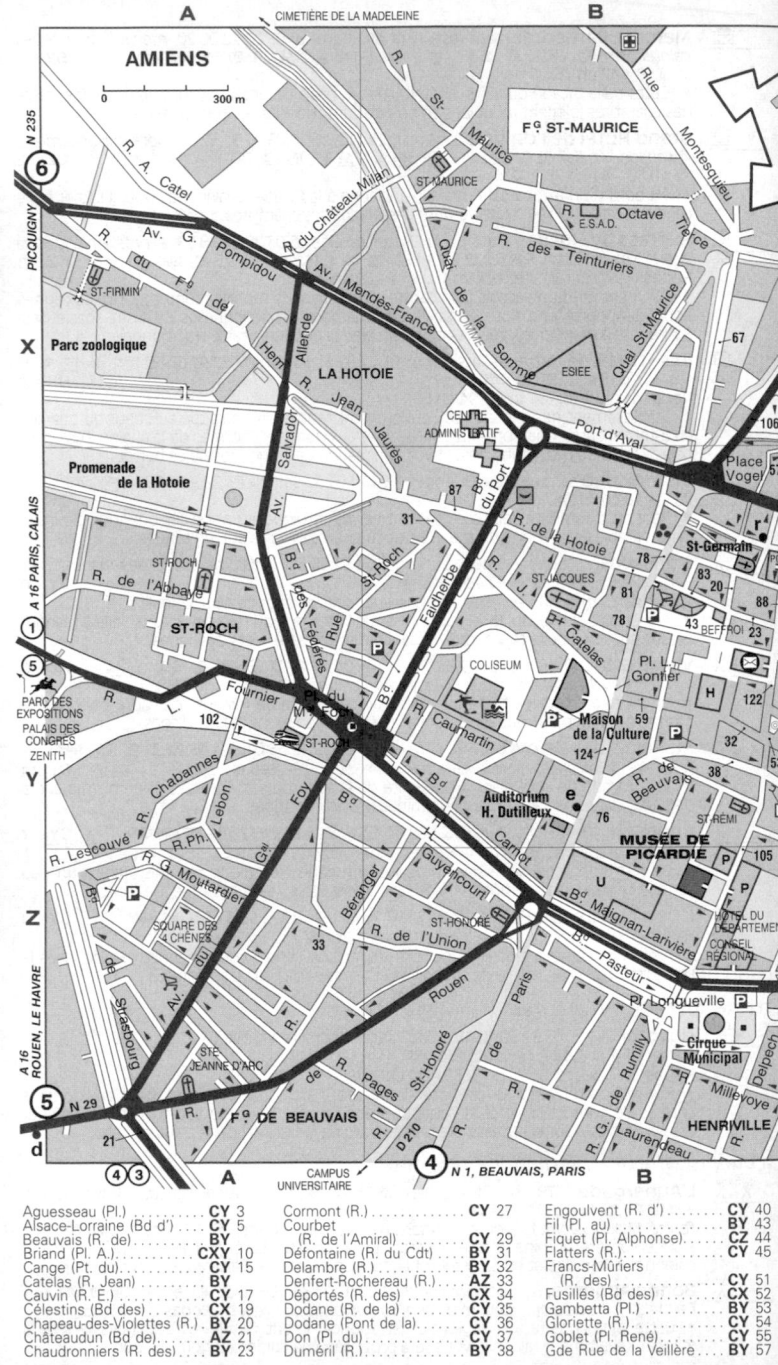

AMIENS

300 m

Aguesseau (Pl.)	**CY**	3
Alsace-Lorraine (Bd d')	**CY**	5
Beauvais (R. de)	**BY**	
Briand (Pl. A.)	**CXY**	10
Cange (Pt. du)	**CY**	15
Catelas (R. Jean)	**BY**	
Cauvin (R. E.)	**CY**	17
Célestins (Bd des)	**CX**	19
Chapeau-des-Violettes (R.)	**BY**	20
Châteaudun (Bd de)	**AZ**	21
Chaudronniers (R. des)	**BY**	23

Cormont (R.)	**CY**	27
Courbet (R. de l'Amiral)	**CY**	29
Défontaine (R. du Cdt)	**BY**	31
Delambre (R.)	**BY**	32
Denfert-Rochereau (R.)	**AZ**	33
Déportés (R. des)	**CX**	34
Dodane (R. de la)	**CY**	35
Dodane (Pont de la)	**CY**	36
Don (Pl. du)	**CY**	37
Duméril (R.)	**BY**	38

Engoulvent (R. d')	**CY**	40
Fil (Pl. au)	**BY**	43
Fiquet (Pl. Alphonse)	**CZ**	44
Flatters (R.)	**CY**	45
Francs-Mûriers (R. des)	**CY**	51
Fusillés (Bd des)	**CY**	52
Gambetta (Pl.)	**BY**	53
Gloriette (R.)	**CY**	54
Goblet (Pl. René)	**CY**	
Gde Rue de la Veillère	**BY**	57

Granges (R. des)	**CY** 58
Gresset (R.)	**BY** 59
Henri IV (R.)	**CY** 60
Hocquet (R. du)	**CY** 62
Jacobins (R. des)	**CY** 65
Jardin-des-Plantes (Bd)	**BX** 67
Lattre-de-T. (R. Mar. de)	**BY** 76
Leclerc (R. du Gén.)	**BY** 78
Lefèvre (R. Adéodat)	**CY** 80
Leroux (R. Florimond)	**BY** 81
Lin (R. au)	**BY** 83

Majots (R. des)	**CY** 85
Marché-aux-Chevaux (R. du)	**BY** 87
Marché-de-Lanselles (R. du)	**BY** 88
Motte (R.)	**CY** 89
Noyon (R. de)	**CZ** 91
Oratoire (R. de l')	**CY** 93
Otages (R. des)	**CZ** 94
Parmentiers (Pl.)	**CY** 96
Prémontrées (R. des)	**AY** 102

République (R. de la)	**BZ** 105
Résistance (R. de la)	**BX** 106
St-Fuscien (R.)	**CZ** 108
Sergents (R. des)	**CY** 115
Trois-Cailloux (R. des)	**CY** 120
Vanmarcke (R.)	**CY** 121
Vergeaux (R. des)	**CY** 122
Victor-Hugo (R.)	**CY** 123
2ᵉ-D.-B. (R. de la)	**BY** 124

AMMERSCHWIHR *68770 H.-Rhin* 🔳🔳🔳 H8 *G. Alsace Lorraine* – *1 892 h alt. 215.*

Paris 441 – *Colmar 9* – *Gérardmer 49* – *St-Dié 44* – *Sélestat 29.*

🛏 **A l'Arbre Vert,** 7 rue des Cigognes, 🖉 03 89 47 12 23, *arbre.vert@wanadoo.fr,*
🍽 *Fax 03 89 78 27 21* – 📺 📞 – ♨ 20. 🆎 ⑩ 🆖 ⚡ ch
fermé 1er au 12 mars, 15 au 26 nov., 1er au 26 fév. – **Repas** *(fermé lundi de nov. à mars et
mardi)* (dîner seul.) 14/46, enf. 8 ♉ – 🍴 7,20 – **19 ch** 37/68 – ½ P 48/66.
    ♦ Dans un village au pied de coteaux plantés de vignes, maison alsacienne abritant des
chambres fonctionnelles, plus actuelles à l'annexe. Au restaurant (non-fumeur), belles
boiseries sculptées de scènes vigneronnes et cuisine régionale soignée ; fumoir.

🍴🍴🍴 **Aux Armes de France** (Gaertner) avec ch, 🖉 03 89 47 10 12, *aux.armes.de.france@wan
adoo.fr, Fax 03 89 47 38 12* – 📺 🅿 – ♨ 15. 🆎 ⑩ 🆖 🆒
fermé merc. et jeudi – **Repas** 30 (déj.), 72/95 et carte 88 à 113, enf. 20 *Jardin d'Eté :* Repas
30(déj.) et carte environ 40 – 🍴 12 – **10 ch** 65/82.
    ♦ Poussez la porte de cette hôtellerie de style régional pour découvrir les saveurs d'une
carte traditionnelle pimentée de modernité dans un cadre alsacien actualisé et cossu.
Ardoise de suggestions du jour et plats du terroir au Jardin d'Été.
    Spéc. Bonbons de foie gras frits aux filaments de pomme de terre. Filets de sole aux
nouilles "Pierre Gaertner". Ris de veau légèrement pané. **Vins** Tokay-Pinot gris, Riesling.

🍴 **Aux Trois Merles,** 🖉 03 89 78 24 35, *info@trois-merles.com, Fax 03 89 78 13 06,* 🍽 ,
🌿 – 🅿. 🆎 ⑩ 🆖
fermé vacances de fév., merc. soir, dim. soir et lundi – **Repas** (17) - 19,80/40 ♉.
    ♦ Plaisante adresse située dans l'un des villages de la célèbre route des Vins. Intérieur
sagement rustique, terrasse ombragée tournée vers le jardin et cuisine traditionnelle.

AMNÉVILLE *57360 Moselle* 🔳🔳🔳 H3 *G. Alsace Lorraine* – *9 314 h alt. 162* – *Stat. therm. (fin fév.-
début déc.)* – *Casino.*

Voir *Parc zoologique du bois de Coulange*★★.

Env. *Parc d'attraction Walibi-Schtroumpf*★ *3 km S.*

📷 *d'Amneville* 🖉 03 87 71 30 13, *S : 2 km.*

🅑 *Office de tourisme, rue de la Source* 🖉 03 87 70 10 40, *Fax 03 87 71 90 94, office@amne-
ville.com.*

Paris 319 – *Metz 21* – *Briey 17* – *Thionville 16* – *Verdun 67.*

au Parc de Loisirs *bois de Coulange, Sud : 2,5 km* – ✉ *57360 Amnéville :*

🏨 **Diane Hôtel** 🛏 sans rest, 🖉 03 87 70 16 33, *accueilhotel@wanadoo.fr,*
Fax 03 87 72 36 72 – 📱 📺 📞 ♿ – ♨ 15 à 50. 🆎 🆖
fermé 19 déc. au 4 janv., vend., sam. et dim. de nov. à avril – 🍴 8 – **43 ch** 57/66, 3 suites.
    ♦ En lisière de forêt, hôtel disposant de chambres spacieuses, parfois avec balcon, dotées
d'un mobilier en rotin coloré. Salle des petits-déjeuners ouverte sur la nature.

🏨 **Orion** 🛏, 🖉 03 87 70 20 20, *accueilhotel@wanadoo.fr, Fax 03 87 72 36 21,* 🍽 – 📺 📞 ♿
– ♨ 20 à 50. 🆎 🆖
fermé 27 déc. au 2 janv., et dim. soir de nov. à avril – **Repas** *(fermé sam. midi de nov. à avril,
dim. soir et vend.)* 16/25 – 🍴 7 – **44 ch** 45,10/53,20.
    ♦ Adresse pour petits budgets, estimée pour son environnement verdoyant et ses
chambres bien tenues, équipées d'un mobilier pratique en rotin. Certaines sont en rez-de-
jardin. Carte traditionnelle, buffets et, en été, grillades au feu de bois.

🍴🍴 **Forêt,** 🖉 03 87 70 34 34, *Fax 03 87 70 34 25,* 🍽 – 🍽. 🆎 ⑩ 🆖
fermé 26 juil. au 9 août, 23 déc. au 7 janv., dim. soir et lundi – **Repas** 18,50/38 ♉.
    ♦ Grande et lumineuse salle de restaurant abondamment fleurie. En été, la terrasse
dressée face à la forêt est très prisée. Cuisine traditionnelle.

AMONDANS *25330 Doubs* 🔳🔳🔳 G4 – *96 h alt. 720.*

Paris 423 – *Besançon 31* – *Pontarlier 40* – *Salins-les-Bains 27.*

🍴🍴🍴 **Château d'Amondans** (Médigue) 🛏 avec ch, 9 rue Louise Pommery 🖉 03 81 86 53 14,
chef@chateau-amondans.com, Fax 03 81 86 53 76, 🍽, ⬛, 🐾 – 📺 📞 🅿 – ♨ 60. 🆎 ⑩
🆖 ⚡ ch
fermé 15 déc. au 1er avril, 8 au 19 août, lundi soir de début sept. à fin mai, dim. soir et merc.
– **Repas** (nombre de couverts limité, prévenir) 33/69 et carte 54 à 72 – 🍴 11 – **6 ch** 90/110
– ½ P 80/100.
    ♦ Naguère propriété des Pommery, jolie demeure bourgeoise au cachet préservé :
poutres, boiseries, dallage ancien et cheminée en pierre de style Renaissance. Cuisine
créative.
    Spéc. Goutte de foie gras de canard, gelée au vin jaune. Grosses asperges blanches à
l'émulsion d'asperges vertes (printemps). Cochon de lait croquant, farce aux fines épices
(printemps-été). **Vins** Côtes du Jura, L'Etoile.

AMOU *40330 Landes* 335 *G13 – 1 452 h alt. 44.*

🛈 *Office de tourisme, 90 place de la Técouère* 🖉 *05 58 89 02 25, Fax 05 58 89 02 25.*
Paris 760 – Aire-sur-l'Adour 51 – Dax 31 – Mont-de-Marsan 47 – Orthez 14 – Pau 50.

🏠 **Commerce**, près Église 🖉 05 58 89 02 28, *hotel-darracq-le-commerce-amou@wanadoo.*
fr, Fax 05 58 89 24 45, 余 – TV 🚗 – 益 20. AE ① GB
fermé vacances de fév., 11 au 30 nov., dim. soir et lundi d'oct. à juin – **Repas** 14/40 ♀ – 立 7
– **17 ch** 40/70 – ½ P 55.
♦ Grande maison de village, tapissée de vigne vierge, abritant un bar au rez-de-chaussée.
Les chambres, mansardées au 2ᵉ étage, sont accueillantes. La salle à manger campagnarde
ne manque pas de caractère. Agréable terrasse au bord d'un carrefour peu fréquenté.

AMPHION-LES-BAINS *74 H.-Savoie* 328 *M2 G. Alpes du Nord –* ✉ *74500 Publier.*

🛈 *Office de tourisme, rue des Tilleuls* 🖉 *04 50 70 00 63, Fax 04 50 70 03 03, office-*
amphion@worldonline.fr.
Paris 573 – Thonon-les-Bains 6 – Annecy 81 – Évian-les-Bains 4 – Genève 40.

🏨 **Princes**, 🖉 04 50 75 02 94, *hotel.des.princes@wanadoo.fr*, Fax 04 50 75 59 93, ≤, 余, 黑,
益, – 🖂 TV ✆ ℙ. AE ① GB
4 mai-fin sept. et fermé merc. sauf 14 juil. au 18 août – **Repas** 16/34, enf. 10 – 立 8 – **34 ch**
85/121 – ½ P 58/71.
♦ Bâtisse du 18ᵉ s. postée sur une rive du Léman. Demandez une chambre rénovée offrant
une vue sur le lac. Charmant petit port privé. Salles à manger panoramiques dont une
aménagée au ras de l'eau ; la cuisine privilégie les poissons du lac.

🏠 **Tilleul**, 🖉 04 50 70 00 39, *letilleul@aol.com*, Fax 04 50 70 05 57, ⇝ – 🖂 TV ✆ 🚗 ℙ. AE
① GB
fermé 20 déc. au 15 janv. – **Repas** *(fermé dim. soir et lundi sauf juil.-août)* 15,30/32, enf. 10 ♀
– 立 9 – **19 ch** 61/80 – ½ P 65/75.
♦ Maison du début du 20ᵉ s. aux chambres fonctionnelles, spacieuses sur l'avant, mais plus
au calme sur l'arrière. Agréable jardin arboré. Côté salle à manger : poutres, meubles
régionaux et cuivres ; côté cuisine : perches et féras du lac Léman.

AMPUIS *69420 Rhône* 327 *H7 – 2 178 h alt. 150.*
Paris 492 – Lyon 37 – Condrieu 5 – Givors 17 – Rive-de-Gier 33 – Vienne 7.

✕ **Bistrot à Vins de Serine**, pl. Église 🖉 04 74 56 15 19, 余 – 🍽
fermé 10 août au 1ᵉʳ sept., 20 déc. au 3 janv., dim. soir, lundi et le soir du mardi au jeudi –
Repas 14 (déj.)/16 ♀.
♦ Cuisine du marché autour d'un menu unique et livre de cave dédié aux côtes-du-rhône
(beau choix au verre) dans ce charmant bistrot situé à l'étage d'une boutique de vins.

AMPUS *83111 Var* 340 *N4 G. Côte d'Azur – 707 h alt. 600.*
Paris 876 – Castellane 58 – Draguignan 15 – Toulon 93.

✕ **Roche Aiguille**, 🖉 04 94 70 97 24, Fax 04 94 70 97 24, 余 – GB
fermé 2 janv. au 10 fév., dim. soir, merc. soir hors saison et lundi – **Repas** 25/40.
♦ Deux salles à manger rustiques. En hiver, attablez-vous auprès de la cheminée ; aux
beaux jours, savourez la douceur d'un repas en terrasse. Cuisine traditionnelle.

✕ **Fontaine d'Ampus** (Haye), 🖉 04 94 70 98 08, Fax 04 94 70 98 08, 余 – GB
❀ *fermé oct., fév., lundi et mardi* – **Repas** (nombre de couverts limité, prévenir) (menu
unique) 36 ♀.
♦ Petite maison ancienne au cadre intime et régional, qui s'attache à faire découvrir la
Provence à travers ses produits et ses recettes. Restaurant exclusivement non-fumeurs.
Spéc. Carpaccio de fenouil et pêches blanches à l'huile d'olive (juil.). Lapereau en feuilleté
aux fèves et roquette, ravigote à l'anis (printemps). Menu "truffes fraîches" (janv.). **Vins**
Côtes de Provence.

ANCENIS 🕲 *44150 Loire-Atl.* 316 *I3 G. Châteaux de la Loire – 7 010 h alt. 13.*
🛈 *Office de tourisme, 27 rue du Château* 🖉 *02 40 83 07 44, Fax 02 40 83 07 44, office.touris-*
me.ancenis@wanadoo.fr.
Paris 347 – Nantes 41 – Angers 55 – Châteaubriant 48 – Cholet 49 – Laval 100.

🏨 **Akwaba**, bd Dr Moutel 🖉 02 40 83 30 30, Fax 02 40 83 25 10 – 🖂, 🍽 rest, TV ✆ 🕭 ℙ. –
益 50. AE GB
Repas *(fermé 26 juil. au 28 août, 24 déc. au 2 janv., vend. soir, sam. et dim.)* (12,10) -
15,50/19,50, enf. 6,10 – 立 7,30 – **56 ch** 55/62,50 – ½ P 44/48,50.
♦ "Bienvenue" ivoirien dans cet hôtel situé au cœur d'un petit centre commercial.
Chambres fonctionnelles et claires. Tissus colorés, peintures et beaux objets d'art évoquant
l'Afrique égayent salon et salle à manger ; cuisine traditionnelle.

XX **Charbonnière,** au bord de la Loire par bd Joubert ℰ 02 40 83 25 17, *pierrecuasante1@w anadoo.fr,* Fax 02 40 98 85 00, ≼ la Loire, 🌣, ✿ – 🛏 🅿, 🇬🇧

fermé 2 au 18 nov., sam. midi de nov. à mars, dim. soir et merc. – **Repas** 15 (déj.), 18/46, enf. 14.

♦ Spacieuse salle à manger prolongée d'une véranda offrant une jolie vue sur la Loire et le pont suspendu. Plaisante terrasse aménagée dans un jardin au bord du fleuve.

XX **Les Terrasses de Bel Air,** Est : 1 km rte Angers ℰ 02 40 83 02 87, Fax 02 40 83 33 46, 🌣 – 🅿, 🇬🇧

fermé 1er au 15 août, sam. midi, dim. soir et lundi – **Repas** 13 (déj.), 25/45, enf. 7 ♀.

♦ En bordure de route passante, mais face à la Loire, deux salles à manger aménagées dans l'esprit d'une maison particulière avec cheminée, parquet et mobilier de style.

X **Toile à Beurre,** 82 r. St-Pierre (près église) ℰ 02 40 98 89 64, Fax 02 40 96 01 49, 🌣 – 🅰🅴
🇬🇧

fermé 16 sept. au 6 oct., 17 au 23 fév., dim. soir, merc. soir et lundi – **Repas** (12) - 15/33 ♀.

♦ Pierres et poutres apparentes, tomettes au sol et belle cheminée en pierre composent l'authentique cadre rustique de cette maison bâtie en 1753. Cuisine traditionnelle.

ANCY-LE-FRANC 89160 Yonne 👀 H5 *G. Bourgogne* – *1 108 h alt. 180.*

Voir *Château*★★.

🅱 *Office de tourisme, 57-59 Grande Rue* ℰ 03 86 75 03 15, Fax 03 86 75 03 15, ccaf.ancy- @wanadoo.fr.

Paris 215 – *Auxerre 54* – *Châtillon-sur-Seine 38* – *Montbard 27* – *Tonnerre 18.*

🏠 **Hostellerie du Centre,** 34 Grande Rue ℰ 03 86 75 15 11, *hostellerieducentre@diaphor a.com,* Fax 03 86 75 14 13, 🌣, ⴸ – 📺 ch, 📺 📞 🅿 – 🔏 25. 🅰🅴 🇬🇧

15 mars-15 nov. – **Repas** 15/43, enf. 9 ♀ – ⊂⊃ 7 – **22 ch** 42/60 – ½ P 44/54.

♦ Petit immeuble ancien disposant de chambres pratiques et fraîches, plus spacieuses à l'annexe. La piscine couverte permet de se détendre toute l'année. Sobre salle à manger où l'on propose une cuisine traditionnelle et quelques spécialités bourguignonnes.

Les ANDELYS 🆂🅿 27700 Eure 👀 I6 *G. Normandie Vallée de la Seine* – *9 047 h alt. 28.*

Voir *Ruines du Château Gaillard*★★ ≼★★ – *Église Notre-Dame*★.

🅱 *Office de tourisme, rue Philippe Auguste* ℰ 02 32 54 41 93, Fax 02 32 54 41 93.

Paris 93 ② – *Rouen 40* ① – *Évreux 38* ③ – *Gisors 70* ② – *Mantes-la-Jolie 54* ③.

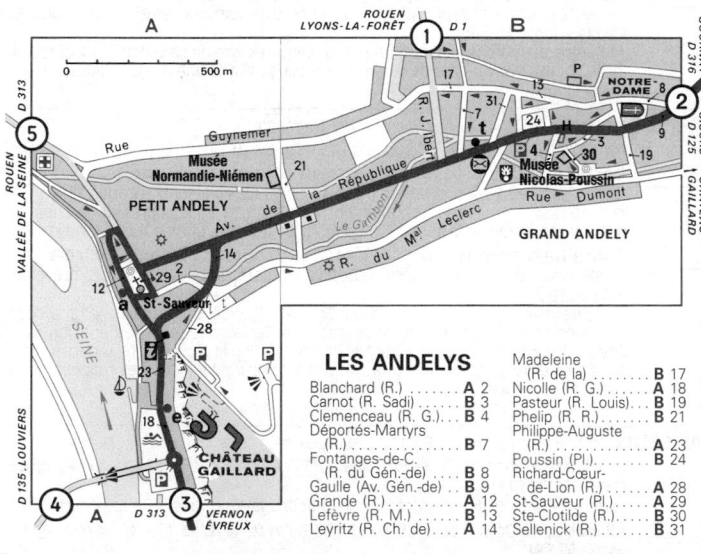

LES ANDELYS

Blanchard (R.)	**A** 2
Carnot (R. Sadi)	**B** 3
Clemenceau (R. G.)	**B** 4
Déportés-Martyrs (R.)	**B** 7
Fontanges-de-C. (R. du Gén.-de)	**B** 8
Gaulle (Av. Gén.-de)	**B** 9
Grande (R.)	**A** 12
Lefèvre (R. M.)	**B** 13
Leyritz (R. Ch. de)	**A** 14
Madeleine (R. de la)	**B** 17
Nicolle (R. G.)	**A** 18
Pasteur (R. Louis)	**B** 19
Phelip (R. R.)	**B** 21
Philippe-Auguste (R.)	**A** 23
Poussin (Pl.)	**B** 24
Richard-Cœur- de-Lion (R.)	**A** 28
St-Sauveur (Pl.)	**A** 29
Ste-Clotilde (R.)	**B** 30
Sellenick (R.)	**B** 31

🏠 **Paris,** 10 av. République ℰ 02 32 54 00 33, *thierry.augustin@libertysurf.fr,* Fax 02 32 54 65 92, 🌣 – 📺 📞 🅰🅴 🅞 🇬🇧 **B** t

Repas *(fermé dim. soir, jeudi midi et merc.)* (15) - 21/41 ♀ – ⊂⊃ 7,50 – **8 ch** 52/59 – ½ P 54.

♦ Avenante maison de maître du début du 20e s. hébergeant des chambres rajeunies et sobrement décorées. Petite salle de restaurant au cadre mi-bourgeois, mi-rustique.

XXX **Chaîne d'Or** ⓢ avec ch, 27 r. Grande 🖉 02 32 54 00 31, *chaineor@wanadoo.fr*, Fax 02 32 54 05 68, ≼ – 🖵 🄿 . 🕮 🕮
A a
fermé 1ᵉʳ janv. au 4 fév. – **Repas** *(fermé dim. soir, merc. midi, lundi et mardi de nov. à mars)* 27/86 et carte 62 à 79 ♈ – ☲ 11,50 – **10 ch** 72/122.
♦ Ce relais de poste du 18ᵉ s faisait aussi office d'octroi : une chaîne barrait alors la Seine. Élégante salle à manger tournée vers le fleuve et cuisine au goût du jour.

XX **Villa du Vieux Château,** 78 r. G. Nicolle 🖉 02 32 54 30 10, Fax 02 32 54 30 06 – 🕮
A e
fermé 16 août au 3 sept., dim. soir, lundi et mardi – **Repas** 18/31.
♦ Dominée par les ruines de Château-Gaillard, maison en briques tournée sur sa cour intérieure. Deux salles à manger intimes au confort bourgeois. Cuisine du marché, poissons.

ANDLAU 67140 B.-Rhin **315** I6 *G. Alsace Lorraine* – *1 654 h alt. 215.*
Voir *Église St-Pierre-et-St-Paul★ : portail★★, crypte★.*
🄑 *Office de tourisme, 5 rue du Gal-de-Gaulle 🖉 03 88 08 22 57, Fax 03 88 08 42 22, info.tourisme@andlau.fr.*
Paris 501 – *Strasbourg 43* – Erstein 25 – Le Hohwald 8 – Molsheim 25 – Sélestat 18.

🏠 **Zinckhotel** sans rest, 13 r. Marne 🖉 03 88 08 27 30, *zinck.hotel@wanadoo.fr*, Fax 03 88 08 42 50, 🐎 – ❖ 🄿 – 🛦 20. 🕮 . ❀
☲ 11 – **18 ch** 59/95.
♦ Ancien moulin originalement décoré à tous les étages : chambres ultra personnalisées (du rustique au design), couloirs semblables à des ponts de bateau, roue à aube, etc.

🏠 **Kastelberg** ⓢ, 10 r. Gén. Koenig 🖉 03 88 08 97 83, *kastelberg@wanadoo.fr*, Fax 03 88 08 48 34, 🥘, 🐎 – 🖵 ❖ 🄿 – 🛦 20. 🕮
fermé fév. – **Repas** *(mai-déc.)* (dîner seul.) 16/43, enf. 10 ♈ – ☲ 9,50 – **29 ch** 51/61 – ½ P 53/59.
♦ Pimpante façade d'allure alsacienne bordant les vignes. Chambres plaisantes, mansardées ou avec balcon, garnies d'un mobilier campagnard régional souvent peint. Meubles de style et tables joliment dressées dans la salle de restaurant, en partie lambrissée.

XX **Boeuf Rouge,** 🖉 03 88 08 96 26, *auboeufrouge@wanadoo.fr*, Fax 03 88 08 99 29, 🥘 –
🕮 🕮 🕮
fermé 21 juin au 12 juil., 7 au 17 fév., merc. soir et jeudi – **Repas** 15/35, enf. 7 ♈ – **Winstub :**
Repas carte 15 à 30 ♈ ♨.
♦ Convivialité et générosité d'un restaurant typiquement alsacien, aménagé dans un ancien relais de poste (17ᵉ s.). Cuisine traditionnelle dans une élégante salle lambrissée. Décor rustique et carte régionale (enrichie de flammekueches, le soir) à la Winstub.

ANDORRE (Principauté d') **343** H9 – *voir page 1787.*

ANDRÉZIEUX-BOUTHÉON 42160 Loire **327** E6 – *9 153 h alt. 395.*
Voir *Lac de retenue de Grangent★★ S : 9 km, G. Vallée du Rhône.*
🄑 *Office de tourisme, 11 rue Charles-de-Gaulle 🖉 04 77 55 37 03, Fax 04 77 55 88 46, officedetourisme@andrezieux-boutheon.com.*
Paris 460 – *St-Étienne 19* – Lyon 76 – Montbrison 20 – Roanne 71.

🏨 **Novotel,** 1 r. 18-Juin-1827 🖉 04 77 36 10 50, *H0435@accor-hotels.com*, Fax 04 77 36 10 57, 🥘, 🛆, 🐎 – ❖, 🗏 ch, 🖵 ❖ ⅙ 🄿 – 🛦 15 à 60. 🕮 🕮 🕮 🕮
Repas *(16)* ⋅ 18,30, enf. 8 ♈ – ☲ 11 – **98 ch** 83/93.
♦ L'hôtel, construit en 1974, vient de subir une cure de jouvence. Hall, salon et bar refaits ; la moitié des chambres a été relookée suivant le nouveau concept Novotel. Le restaurant bénéficie d'un cadre contemporain simple et gai. Terrasse face à la piscine.

🏠 **Les Iris** ⓢ, 32 av. J. Martouret (dir. gare) 🖉 04 77 36 09 09, Fax 04 77 36 09 00, 🥘, 🛆, 🐎 – 🖵 ❖ 🄿 – 🛦 20. 🕮
fermé 2 au 24 janv. – **Repas** *(fermé dim. soir, sam. midi et lundi)* 21/57 ♈ – ☲ 8 – **10 ch** 69/80 – ½ P 50/62,50.
♦ Le joli pavillon 1900 à façade rose abrite restaurant et espace séminaire. Chambres actuelles et colorées, aménagées dans une maison au fond du jardin, face à la piscine. La salle à manger principale, à la fois simple et bourgeoise, s'ouvre sur une terrasse.

Dans ce guide

un même symbole, un même mot,
*imprimé en **rouge** ou en **noir**, en maigre ou en **gras**,*
n'ont pas tout à fait la même signification.
Lisez attentivement les pages explicatives.

ANDUZE 30140 Gard 函函 I4 G. Languedoc Rousillon – 3 004 h alt. 135.

Voir *Bambouseraie de Prafrance★ N : 3 km par D 129.*

Env. *Grottes de Trabuc★★ NO : 11 km – Le Mas soubeyran : musée du Désert★ (souvenirs protestants 17ᵉ-18ᵉ s.) NO : 7 km.*

🛈 *Office de tourisme, Plan de Brie ℰ 04 66 61 98 17, Fax 04 66 61 79 77, anduze@ot-anduze.fr.*

Paris 718 – Montpellier 60 – Alès 15 – Florac 68 – Lodève 84 – Nîmes 46 – Le Vigan 52.

※
🚗 **Tourelle,** 9 r. Basse ℰ 04 66 60 52 47 – ⒼⒷ
fermé 15 au 30 juin, 22 déc. au 5 janv., dim. soir, jeudi soir et lundi – **Repas** (prévenir) 14/30 ♈.
◆ Sobre cadre rustique pour ce restaurant de la "Genève des Cévennes", fortifiée en 1622 par le duc de Rohan. Cuisine régionale et spécialités alsaciennes.

au Nord-Ouest *par rte de St-Jean-du-Gard – ⊠ 30140 Anduze :*

🏠 **Porte des Cévennes,** à 3 km ℰ 04 66 61 99 44, *reception@porte-cevennes.com,* Fax 04 66 61 73 65, ≤, ㈜, 🛁, 🔲, 🏤 – 🔟 🅿 – 🛎 25. ⒶⒺ ⒼⒷ. ❊
4 avril-19 oct. – **Repas** (dîner seul.) 17/29 ♈ – � 8 – **38 ch** 60/68 – ½ P 54/57.
◆ Construction moderne proche de la bambouseraie où fut tourné Le Salaire de la peur. Chambres spacieuses dotées de loggias ; choisir celles avec vue sur la vallée du Gardon. Le restaurant possède un indéniable cachet champêtre. Agréable terrasse panoramique.

※※ **Moulin de Corbès** ⓢ *avec ch,* à 4 km ℰ 04 66 61 61 83, *Fax 04 66 61 68 06,* ㈜ – 🅿. ⒼⒷ
fermé 2 janv. au 10 fév., lundi et mardi – **Repas** 35/60 ♈ – **2 ch** ⊃ 65/70 – ½ P 70.
◆ En contrebas de la route et bordant le Gardon, ancienne papeterie restaurée dans un style sobrement contemporain, où l'on déguste une cuisine au goût du jour.

à Générargues *Nord-Ouest : 5,5 km par D 129 et D 50 – 639 h. alt. 160 – ⊠ 30140 :*

🏠 **Auberge des Trois Barbus** ⓢ, rte Mialet ℰ 04 66 61 72 12, *les3barbus@free.fr,* Fax 04 66 61 72 74, ≤ vallée des Camisards, ㈜, 🔲, 🏤 – 🔟 🅿 – 🛎 25. ⒶⒺ ⒼⒷ
fermé 2 janv. au 31 mars, dim. soir et lundi d'oct. à déc. – **Repas** (fermé dim. soir et lundi d'oct. à Avril, mardi en nov. et déc., lundi midi et mardi midi de mai à sept.) 26/43 ♈ – ⊃ 10 – **32 ch** 61/118 – ½ P 63/92.
◆ Bâti à flanc de coteau aux confins du "Désert" cévenol (haut lieu du protestantisme), cet hôtel dispose de spacieuses chambres simplement meublées. La salle à manger, décorée d'ustensiles en cuivre et de meubles provençaux, est prolongée par une véranda.

à Tornac *Sud-Est : 6 km par D 982 – 718 h. alt. 140 – ⊠ 30140 :*

🏠 **Les Demeures du Ranquet** ⓢ, rte St-Hippolyte-du-Fort : 2 km ℰ 04 66 77 51 63, *ranquet@tiscali.fr,* Fax 04 66 77 55 62, ㈜, 🔲, 🏊, ❄ 🔟 📞 🕭 🅿 – 🛎 30. ① ⒼⒷ ⒿⒸⒷ
fermé 16 nov. au 14 déc. – **Repas** (fermé mardi et merc. sauf le soir de juin au 15 sept.) 31/70, enf. 13 ♈ ⊘ – ⊃ 14 – **10 ch** 140/182 – ½ P 124/130.
◆ Séduisant mas cévenol niché dans un parc au milieu du maquis. Pavillons (jolies chambres) immergés dans la végétation, expositions d'art, practice de golf, élevage d'animaux. Carte régionale personnalisée, à base de produits du potager et du jardin aromatique.

ANET 28260 E.-et-L. 函函 E2 – 2 651 h alt. 73.

Voir *Château★, G. Normandie Vallée de la Seine.*

🛈 *Syndicat d'initiative, 8 rue Delacroix ℰ 02 37 41 49 09.*

Paris 76 – Chartres 51 – Dreux 16 – Évreux 37 – Mantes-la-Jolie 28 – Versailles 58.

🏠 **Dousseine** ⓢ *sans rest,* rte Sorel-Moussel ℰ 02 37 41 49 93, Fax 02 37 41 90 54, 🏤, ❊ – 🔟 📞 🅿. ⒼⒷ
⊃ 7 – **20 ch** 50.
◆ Établissement de type motel dont les chambres, meublées en rotin et bien équipées, sont presque toutes de plain-pied avec le jardin arboré et fleuri. Tennis sur gazon.

※※ **Auberge de la Rose** *avec ch,* 6 r. Ch. Lechevrel ℰ 02 37 41 90 64, *Fax 02 37 41 47 88* – 🛎 20. ⒼⒷ
fermé 12 déc. au 3 janv., dim. soir et lundi – **Repas** 23,70/37 ♈ – ⊃ 6 – **7 ch** 29/37.
◆ Restaurant pérenne : il était déjà recommandé par le Guide Michelin 1900 ! Confortable salle à manger agrémentée de solives et d'un mobilier de style Louis XIII.

※※ **Manoir d'Anet,** 3 pl. Château ℰ 02 37 41 91 05, *Fax 02 37 41 91 04* – ⒶⒺ ⒼⒷ
fermé 21 sept. au 6 oct., 11 au 24 janv., mardi soir, jeudi soir et merc. – **Repas** 23/41.
◆ Restaurant idéalement situé face au château de Diane de Poitiers. Une imposante cheminée en pierre trône au milieu de la salle à manger rustique. Bar-salon de thé.

ANGERS 🅿 *49000 M.-et-L.* **317** *F4 G. Châteaux de la Loire – 151 279 h Agglo. 226 843 h alt. 41.*

Voir *Château*★★★ : *tenture de l'Apocalypse*★★★, *tenture de la Passion et Tapisseries mille-fleurs*★★, ≤★ *de la tour du Moulin – Vieille ville*★ : *cathédrale*★★, *galerie romane*★★ *de la préfecture*★ BZ P, *galerie David d'Angers*★ BZ B, – *Maison d'Adam*★ BYZ K - *Hôtel Pincé*★ – *Choeur*★★ *de l'église St-Serge*★ – *Musée Jean Lurçat et de la Tapisserie contemporaine*★★ *dans l'ancien hôpital St-Jean*★ – *La Doutre*★ AY – *Musée régional de l'Air*★.

Env. *Château de Pignerolle*★ : *musée européen de la Communication*★★ *E : 8 km par D 61.*

🏌 *Angers Capucins* ℰ 02 41 73 91 81, *N : 4 km ;* 🏌 *d'Avrillé à Avrillé* ℰ 02 41 69 22 50, *par* ⑥ *: 5 km ;* 🏌 *d'Angers à Brissac-Quincé* ℰ 02 41 91 96 56, *par* ④ *: 8 km ;* 🏌 *Anjou Golf.*

✈ *Aéroport d'Angers-Marcé,* ℰ 02 41 33 50 00, *par* ① *: 24 km.*

🔋 *Office de tourisme, 7 place Kennedy* ℰ 02 41 23 50 00, *Fax 02 41 23 50 09, accueil@angers-tourisme.fr – .*

Paris 294 ① *– Laval 79* ⑤ *– Le Mans 97* ① *– Nantes 88* ⑤ *– Rennes 129* ⑤ *– Tours 108* ①.

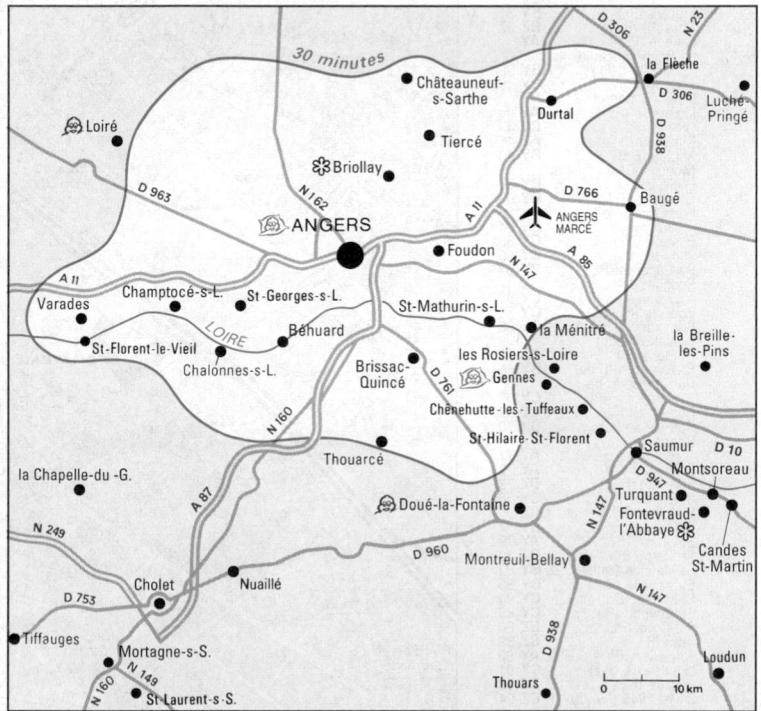

🏨 **Anjou,** 1 bd Mar. Foch ⊠ 49100 ℰ 02 41 21 12 11, *info@hoteldanjou.fr,*
Fax 02 41 87 22 21 – 🛗 📺 🍽 – 🏛 30. ﷼ ⓪ 🅶🅱. ⅍ rest   **CZ h**
Salamandre ℰ 02 41 88 99 55 *(fermé dim.)* **Repas** 24(déj.), 33/43 – ☲ 13 – **53 ch** 77/
156.

♦ La belle décoration intérieure de cet immeuble ancien traverse les siècles avec élégance : chambres de styles 17ᵉ et 18ᵉ s. et salons ornés de mosaïques Art déco. Séduisant restaurant de style Renaissance : fresques, plafond à la française et salamandres.

🏨 **Mercure Centre,** pl. Mendès-France (Centre des Congrès) ⊠ 49100 ℰ 02 41 60 34 81, *h*
0540@accor-hotels.com, Fax 02 41 60 57 84 – 🛗 🍽 🗐 📺 🍴 🍸 🚗 – 🏛 30. ﷼ ⓪ 🅶🅱
🅹🅲🅱   **CY a**
Les Saisons *(fermé 17 déc. au 3 janv.)* **Repas** (17)-23, enf. 7,50 🍸 – ☲ 11,50 – **84 ch** 94/116.
♦ Adossé à un centre de congrès, hôtel moderne dont les chambres, fonctionnelles et fraîches, profitent presque toutes de la vue sur le Jardin des Plantes. Les baies vitrées de la salle à manger s'ouvrent sur la végétation ; carte saisonnière et menu du marché.

ANGERS

Alsace (R. d') .... **CZ**
Aragon
  (Av. Yolande d') ..... **AY** 2
Baudrière (R.) .... **BY** 5
Beaurepaire (R.) .... **AY**
Bichat (R.) .... **AY** 8
Bon-Pasteur
  (Bd du) .... **AY** 9
Bout-du-Monde
  (Prom. du) .... **AY** 12
Bressigny (R.) .... **CZ**
Chaperonnière (Rue). **BYZ** 15
Commerce (R. du)... **CY** 19
David-d'Angers (Rue). **CY** 21
Denis-Papin (R.) ...... **BZ** 22
Droits-de-l'Homme
  (Av. des) .... **CY** 25
Espine (R. de l') ...... **BY** 27
Estoile (Sq.J. de l') ... **AY** 28
Foch (Bd Mar.)...... **BCZ**
Freppel (Pl.) .... **BY** 31
Gare (R. de la) .... **BZ** 32
Laiterie (Pl.) .... **AY**
La Rochefoucauld-
  Liancourt (Pl.).. **ABY** 38
Lenepveu (R.) .... **CY** 40
Lices (R. des) .... **BZ**
Lionnaise (R.) .... **AY**
Lise (R. P.) .... **CY** 43
Marceau (R.) .... **AZ** 45
Mirault (Bd) .... **BY** 49
Mondain-Chanlouineau
  (Sq.) .... **BY** 51
Oisellerie (R.) .... **BY** 53
Parcheminerie
  (R.) .... **BY** 54
Pasteur (Av.) .... **CY** 55
Pilori (Pl. du) .... **CY** 56
Plantagenêt (R.) ..... **BY** 57
Pocquet-de-
  Livonnières (R.) .... **CY** 58
Poëliers (R. des) .... **CY** 59
Pompidou (Allées) ... **CY** 60
Prés.-Kennedy
  (Place du) .... **AZ** 62
Ralliement (Pl. du) .... **BY** 66
Résistance-et-de-
  la-Déport. (Bd) .... **CY** 68
Robert (Bd) .... **BY** 69
Roë (R. de la) .... **BY** 70
Ronceray
  (Bd du) .... **AY** 71
St-Aignan (R.) .... **AY** 72
St-Aubin (R.) .... **BZ** 73
St-Étienne (R.) ...... **CY** 75
St-Julien (R.)........ **BCZ**
St-Laud (R.) .... **BY** 77
St-Lazare (R.) .... **AY** 79
St-Martin (R.) .... **BZ** 80
St-Maurice (Mtée) .. **BY** 82
St-Maurille (R.) ..... **CY** 83
St-Michel (Bd) ...... **CY** 84
St-Samson (R.)...... **CY** 85
Ste-Croix (Pl.) ...... **BZ** 86
Talot (R.) .... **BZ** 89
Tonneliers (Rue des) . **AY** 90
Ursules (R. des) ..... **CY** 91
Voltaire (R.) .... **BZ** 93
8-Mai-1945 (Av. du) ... **CZ** 94

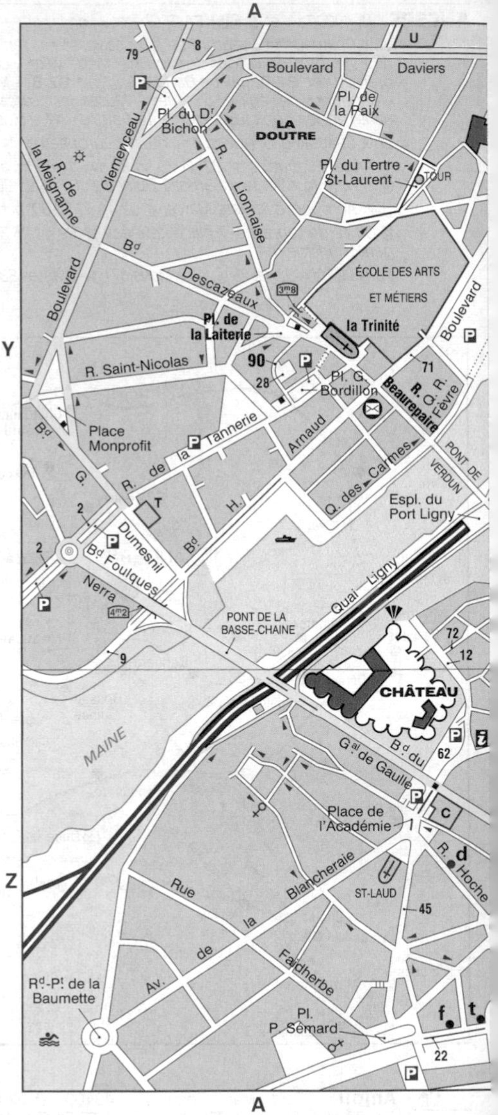

France, 8 pl. Gare ⊠ 49100 ℰ 02 41 88 49 42, *hdf.angers@wanadoo.fr,*
Fax 02 41 86 76 70 – 📱 ❄, ☰ ch, – 🛗 30. 🖭 ⓪ 🖸 🎴   **AZ** t
Repas *(fermé août, 23 au 26 déc., sam. midi, dim. soir et mardi soir)* (17) – 20 (déj.), 26/55,
enf. 12,50 ♀ – ☲ 11
55 ch 120 – ½ P 70/90.
  ◆ Noble architecture de la fin du 19ᵉ s. dont les chambres, d'ampleur variée, sont garnies
de meubles contemporains ou de style. Ambiance feutrée et bon confort dans la salle à
manger. Cuisine traditionnelle et régionale, gibier en saison ; vins locaux.

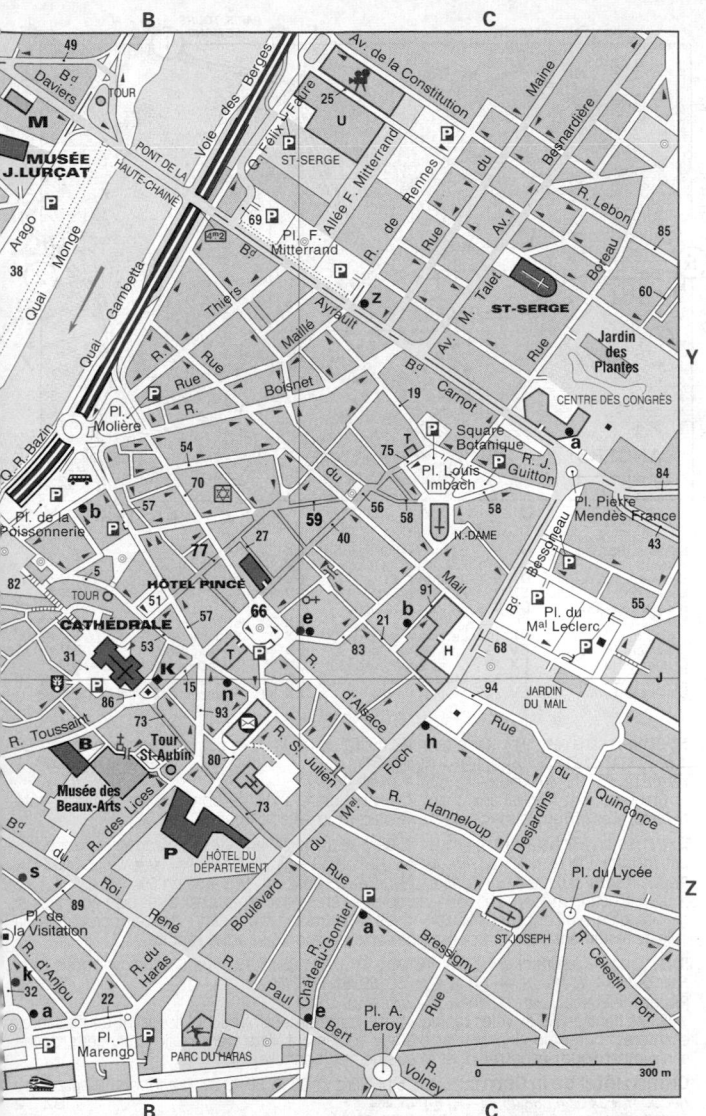

Mail ⌂ sans rest, 8 r. Ursules ⌂ 49100 ℰ 02 41 25 05 25, *hoteldumailangers@yahoo.fr*, Fax 02 41 86 91 20 – 📺 📞 📦 🅰🄴 ① ☞ **CY b**
⌂ 7 – **26** ch 49/61.
 ♦ Hôtel de caractère établi dans une discrète demeure du 17ᵉ s. (ancien couvent). Les chambres, personnalisées et décorées avec goût, possèdent le charme d'un nid douillet.

Progrès sans rest, 26 av. D. Papin ⌂ 49100 ℰ 02 41 88 10 14, *hotelprogres@aol.com*, Fax 02 41 87 82 93 – ≜ 📺 📞 🅰🄴 ① ☞ **AZ f**
fermé 7 au 15 août et 24 déc. au 1ᵉʳ janv. – ⌂ 6,10 – **41** ch 49,50/57.
 ♦ Face à la gare, adresse accueillante mettant à votre disposition ses chambres actuelles, claires et pratiques. Salle des petits-déjeuners meublée dans le style provençal.

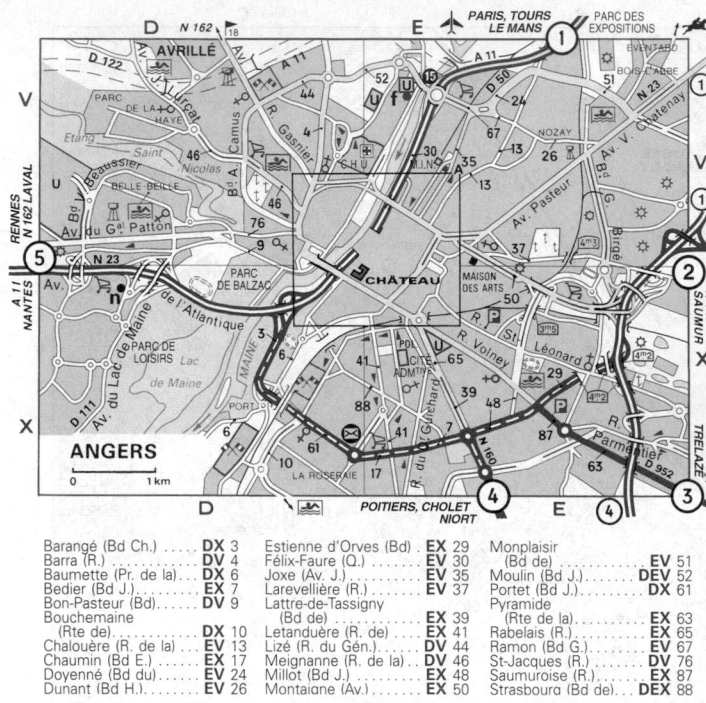

Barangé (Bd Ch.)	**DX** 3	Estienne d'Orves (Bd)	**EX** 29	Monplaisir	
Barra (R.)	**DV** 4	Félix-Faure (Q.)	**EV** 30	(Bd de)	**EV** 51
Baumette (Pr. de la)	**DX** 5	Joxe (Av. J.)	**EV** 35	Moulin (Bd J.)	**DEV** 52
Bedier (Bd J.)	**EX** 7	Larevellière (R.)	**EV** 37	Portet (Bd J.)	**DX** 61
Bon-Pasteur (Bd)	**DVV** 9	Lattre-de-Tassigny		Pyramide	
Bouchemaine		(Bd de)	**EX** 39	(Rte de la)	**EX** 63
(Rte de)	**DX** 10	Letanduère (R. de)	**EX** 41	Rabelais (R.)	**EX** 65
Chalouère (R. de la)	**EV** 13	Lizé (R. du Gén.)	**DV** 44	Ramon (Bd G.)	**EV** 67
Chaumin (Bd E.)	**EX** 17	Meignanne (R. de la)	**DV** 46	St-Jacques (R.)	**DV** 76
Doyenné (Bd du)	**EV** 24	Millot (Bd J.)	**DV** 48	Saumuroise (R.)	**EX** 87
Dunant (Bd H.)	**EV** 26	Montaigne (Av.)	**EX** 50	Strasbourg (Bd de)	**DEX** 88

St-Julien sans rest, 9 pl. Ralliement ⊠ 49100 ℘ 02 41 88 41 62, *hotelsaintjulien@wanadoo.fr*, Fax 02 41 20 95 19 – 🛗 📺 📞 🖭 ⓪ 🏧   CY e
fermé du 25 déc. au 2 janv. – ⊇ 6,50 – **34 ch** 46/60.
♦ Établissement familial aux chambres sans lustre, mais de bonne fonctionnalité ; côté théâtre, elles offrent le spectacle d'une place animée et joliment illuminée.

Express by Holiday Inn, 23 bis r. P. Bert ℘ 02 41 25 48 48, *expressangers@alliance-hospitality.com*, Fax 02 41 25 48 49 – 🛗 ⥲ 📺 📞 ⅄ 🅿 – 🔏 70. 🖭 ⓪ 🏧 🏧   CZ e
Repas *(fermé sam., dim. et midi du 28 juil. au 25 août)* (8) · 14 ⅄ – **52 ch** 69.
♦ Construction moderne et sobre, propice à l'étape d'affaires. Chambres bien équipées et garnies d'un pimpant mobilier aux lignes sagement design. Cadre contemporain dans la salle de restaurant où l'on propose une carte traditionnelle assez réduite.

Ibis, r. Poissonnerie ⊠ 49100 ℘ 02 41 86 15 15, *H0848@accor-hotels.com*, Fax 02 41 87 10 41 – 🛗 ⥲ 📺 ⅄ – 🔏 30. 🖭 ⓪ 🏧. 🛇 rest   BY b
Repas *(dîner seul.)* (12) · 17, enf. 6 ⅄ – ⊇ 6 – **95 ch** 68.
♦ Entre centre-ville et voies rapides, hôtel entièrement rafraîchi, disposant de plaisantes chambres contemporaines. Ouverte le soir seulement, l'attrayante salle à manger propose son sympathique décor "rétro" et sa cuisine traditionnelle.

Grand Hôtel de la Gare sans rest, 5 pl. Gare ℘ 02 41 88 40 69, *grandhoteldelagare@wanadoo.fr*, Fax 02 41 88 45 41 – 🛗 📺 📞   BZ a
fermé 25 déc. au 2 janv. – ⊇ 6 – **52 ch** 47/62.
♦ L'enseigne indique l'emplacement de l'hôtel. Les chambres sont toutes amples et entièrement refaites ; celles donnant sur l'arrière bénéficient de plus de calme.

Continental sans rest, 14 r. L. de Romain ⊠ 49100 ℘ 02 41 86 94 94, *reservation@hotelcontinental.com*, Fax 02 41 86 96 60 – 🛗 📺 📞 🖭 ⓪ 🏧   BYZ n
⊇ 7 – **25 ch** 44/58.
♦ Une situation centrale, des chambres toutes simples mais lumineuses et rénovées, et une bonne insonorisation font l'estime de cet hôtel aménagé dans un immeuble ancien.

Europe sans rest, 3 r. Château-Gontier ⊠ 49100 ℘ 02 41 88 67 45, *hoteldeleurope-angers@wanadoo.fr*, Fax 02 41 86 17 42 – 📺 📞 🖭 ⓪ 🏧 🏧   CZ a
⊇ 6,50 – **29 ch** 41/50.
♦ Petite adresse de quartier à l'ambiance familiale. Les chambres, peu à peu rajeunies, possèdent un mobilier confortable et bénéficient d'une assez bonne isolation phonique.

Royalty sans rest, 21 bd Ayrault ⊠ 49100 ℰ 02 41 43 78 76, *le.royalty@wanadoo.fr,*
Fax 02 41 60 37 51 – ▮ ↔ 🖻 📞, GB — CY z
⊐ 7 – **20 ch** 40/54.
◆ Les chambres, bien insonorisées et pratiques, sont réservées aux non-fumeurs. Salle des petits-déjeuners décorée d'affiches du Festival 1er plan.

Provence Caffé, 9 pl. Ralliement ℰ 02 41 87 44 15, *Fax 02 41 87 44 15* – ▤. GB.
⅏ — BCY e
fermé 1er au 24 août, 19 déc. au 3 janv., dim. et lundi – **Repas** (prévenir) 16/25 ⵏ.
◆ La luminosité du pays du mistral côté décor, les saveurs méridionales dans l'assiette : est-ce le Sud ou la trompeuse "douceur angevine" célébrée par les poètes ?

Ma Campagne, 14 prom. de Reculée ⊠ 49100 ℰ 02 41 48 38 06, *Fax 02 41 48 04 37,*
▤ – ▤, GB — EV f
fermé 16 août au 8 sept., dim. soir, mardi soir et lundi – **Repas** 19/35, enf. 10 ⵏ.
◆ Une promenade le long de la Maine conduira à cette maison aménagée à la façon d'une auberge campagnarde. Agréable terrasse ouverte sur la rivière. Cuisine classique.

Lucullus, 5 r. Hoche ⊠ 49100 ℰ 02 41 87 00 44, *Fax 02 41 87 00 44* – ⵏ ● GB — AZ d
fermé 1er au 20 août, 13 au 28 fév., dim. et lundi sauf fériés – **Repas** (19) · 26/55 bc ⵏ ⅏.
◆ Deux belles salles voûtées en tuffeau, un ameublement rustique et chaleureux : voici planté le décor d'un repas classique agrémenté de spécialités régionales.

Relais, 9 r. Gare ⊠ 49100 ℰ 02 41 88 42 51, *le.relais@libertysurf.fr, Fax 02 41 24 75 20* –
GB — BZ k
fermé 22 août au 13 sept., 24 déc. au 4 janv., dim. et lundi – **Repas** 19/30 ⵏ.
◆ Banquettes, sol en mosaïque, belles fresques un peu "canailles" sur le thème du vin : ce bistrot des années 1950 n'a rien perdu de son cachet. Cuisine traditionnelle.

près du Parc des Expositions *par ① N 23 : 6 km* – ⊠ *49480 St Sylvain d'Anjou :*

Acropole, Parc du Bon Puits ℰ 02 41 60 87 88, *acropole@unimedia.fr,*
Fax 02 41 60 30 03, 佘, ⌁ – ▤ 🖻 📞 ⅙ 🅿 – 🔏 50. ⵏ ● GB JCB
Repas *(fermé vend. soir, sam. et dim.)* (13,50) · 16,50/28,50 ⵏ – ⊐ 7,80 – **50 ch** 58/68 –
½ P 45,50/57,50.
◆ Face au parc des expositions, architecture de béton rehaussée d'imposantes colonnes inspirées de l'Antiquité. Chambres avant tout pratiques, au mobilier sobre et clair. Salle à manger prolongée d'une terrasse bordant la piscine et le verdoyant jardin.

Auberge d'Éventard, ℰ 02 41 43 74 25, *contact@auberge-eventard.com,*
Fax 02 41 34 89 20, 佘, ⌁ – ▤ 🅿. ⵏ ● GB. ⅏
fermé 2 au 10 janv., 30 avril au 10 mai, sam. midi, dim. soir et lundi – **Repas** 31 bc (déj.),
50/78 et carte 64 à 90.
◆ Meubles, bibelots, tableaux et tentures aux coloris choisis composent l'élégant décor intérieur de cette auberge chaleureuse et intime. Cuisine au goût du jour.

Clafoutis, rte Paris ℰ 02 41 43 84 71, *Fax 02 41 34 74 80* – ▤ 🅿. ⵏ GB
fermé 25 juil. au 23 août, vacances de Noël, sam. midi, dim. soir, soirs fériés et lundi –
Repas (12) · 16/39 ⵏ.
◆ Discrète maison abritant une confortable salle à manger au décor actuel prolongée d'une véranda. Repas traditionnel avec l'incontournable clafoutis aux griottes au dessert.

à Foudon *Est : 11 km (dir. Plessis-Grammoire) par D 116 et D 113* – ⊠ *49124 Plessis-Grammoire :*

Boeuf Plessis, ℰ 02 41 76 72 12, *Fax 02 41 76 80 85,* 佘 – GB
fermé dim. soir et lundi – **Repas** 25/35, enf. 10 ⵏ.
◆ Un repas à la campagne à moins de 10 mn de la ville ? Optez pour cette chaleureuse salle de restaurant actuelle et, en été, pour son agréable terrasse-jardin.

à l'Ouest – ⊠ *49000 Angers :*

Mercure Lac de Maine, ℰ 02 41 48 02 12, *h1212@accor-hotels.com,*
Fax 02 41 48 57 51, ▮ ↔ ▤ 🖻 📞 🅿 – 🔏 110. ⵏ ● GB JCB — DX n
Repas *(fermé 17 déc. au 2 janv., vend. soir, sam. et dim.)* 17/31 bc ⵏ – ⊐ 10,50 – **75 ch**
97/107.
◆ Près d'une zone commerciale, construction à la façade un peu austère dissimulant des chambres fonctionnelles que l'on rafraîchit peu à peu. Salon-bar. L'attrayante carte du restaurant se démarque des prestations habituelles de la chaîne ; menu du marché.

au Nord-Ouest *rte de Laval par N 162 : 8 km* – **DV** – ⊠ *49240 Avrillé :*

Cavier, La Croix-Cadeau ℰ 02 41 42 30 45, *lecavier@lacroixcadeau.fr, Fax 02 41 42 40 32,*
佘, 🔏 – ▤ 📞 ⅙ 🅿 – 🔏 70. ⵏ ● GB
Repas 17,50/33,50, enf. 9,90 ⵏ – ⊐ 7,50 – **43 ch** 45,50/64 – ½ P 51,40/54,50.
◆ Un moulin à vent de 1730 permet de repérer facilement cette construction récente de type motel, aux chambres pratiques et diversement meublées. L'insolite restaurant, aménagé dans les anciennes caves de stockage de la farine, offre un plaisant cadre rustique.

ANGERVILLE _91670 Essonne_ **312** _A6 – 3 265 h alt. 141._

Paris 70 – Ablis 29 – Chartres 46 – Étampes 21 – Évry 54 – Orléans 56 – Pithiviers 29.

 France, pl. du Marché _⌀ 01 69 95 11 30, hotel-de-france3@wanadoo.fr,_
Fax 01 64 95 39 59 – 🛗 📺 **P** – 🏛 60. 🖭 ⚙
fermé dim. soir et lundi midi – **Repas** 28/35 ♀ – ⌷ 9 – **20 ch** 60/130.
♦ Relais de poste du 18ᵉ s. dont le cadre rustique est bien mis en valeur par un mobilier
ancien et une décoration colorée. Coquettes chambres personnalisées. La ravissante cour
intérieure donne accès au restaurant (poutres, pierres, cheminée et tomettes).

à la Poste-de-Boisseaux _Sud : 7 km sur N 20 –_ ✉ _28310 (E.-et-L) Barmainville :_

🍴 **Panetière,** _⌀ 02 38 39 58 26, Fax 02 38 39 53 40, 🌧 – **P**. 🖭_ ⚙
fermé 2 au 16 août, 23 fév. au 8 mars, dim. soir, mardi soir, jeudi soir et lundi – **Repas** 19/26.
♦ Au bord de la nationale, vieille ferme beauceronne convertie en restaurant. Recettes
traditionnelles préparées dans une cuisine visible depuis la salle à manger campagnarde.

Les ANGLES _66210 Pyr.-Or._ **344** _D7 G. Languedoc Roussillon – 590 h alt. 1650 – Sports d'hiver :
1 600/2 400 m ⚡ 1 ⚡ 20 ⚡ ._

🛈 _Office de tourisme ⌀ 04 68 04 32 76, Fax 04 68 30 93 09, les-angles@little-france.com._
Paris 856 – Font-Romeu-Odeillo-Via 20 – Mont-Louis 11 – Perpignan 92 – Quillan 60.

 Llaret, _⌀ 04 68 30 90 90, Fax 04 68 30 91 66, ← – 📺 **P**. ⚙ . ✗_
1ᵉʳ juil.-31 août et 15 déc.-30 mars – **Repas** 20/26 – ⌷ 8 – **26 ch** 54/67 – ½ P 54/62.
♦ Le charme de ce grand chalet tient dans sa situation dominant le vieux village et le lac de
Matemale. Chambres sobrement meublées.

**Dans ce guide**

un même symbole, un même mot,
imprimé en **rouge** _ou en_ **noir,** _en maigre ou en_ **gras,**
n'ont pas tout à fait la même signification.
Lisez attentivement les pages explicatives.

ANGLES-SUR-L'ANGLIN _86260 Vienne_ **322** _L4 G. Poitou Vendée Charentes – 365 h alt. 100._

Voir _Site_★ – _Ruines du château_★.

🛈 _Office de tourisme, 14 la Place ⌀ 05 49 48 86 87, Fax 05 49 48 27 55, info@anglessuran-
glin.com._
Paris 336 – Poitiers 51 – Châteauroux 78 – Châtellerault 34 – Montmorillon 34.

 Relais du Lyon d'Or ✎, rte de Vicq _⌀ 05 49 48 32 53, thoreau@lyondor.com,_
Fax 05 49 84 02 28, 🌧, 🌧 – 📺 ✆ ⚒ **P**. 🖭 ⚙
fermé janv. et fév. – **Repas** _(fermé mardi midi et lundi)_ 17 (déj.), 26/29 ♀ – ⌷ 10 – **11 ch**
65/80 – ½ P 65/73.
♦ Cette maison du 15ᵉ s. restaurée choie le client : chambres garnies d'un mobilier chiné,
jardin de repos, centre de soins et stages de peinture décorative. L'étable du 17ᵉ s. abrite
un restaurant "campagnard chic". L'été, barbecues et salades dans le jardin.

ANGLET _64600 Pyr.-Atl._ **342** _C4 G. Aquitaine – 35 263 h alt. 20._

🛞 _de Chiberta ⌀ 05 59 52 51 10, N : 5 km par D 5._

✈ _de Biarritz-Anglet-Bayonne ⌀ 05 59 43 83 83, SO : 2 km._

🛈 _OMT, 1 avenue de la Chambre d'Amour ⌀ 05 59 03 77 01, Fax 05 59 03 55 91, anglet.tou-
risme@wanadoo.fr._
Paris 769 – Biarritz 4 – Bayonne 5 – Cambo-les-Bains 18 – Pau 114 – St-Jean-de-Luz 21.

Plan : voir Biarritz-Anglet-Bayonne.

🏨 **Atlanthal** ✎, 153 bd Plages - **ABX** _⌀ 05 59 52 75 75, info@atlanthal.com,_
Fax 05 59 52 75 13, ←, 🌧, 🛁, 🗻, 🌧 – 🛗 cuisinette ✗, 🍽 rest, 📺 ✆ ⚒ **P**. – 🏛 20 à 150.
🖭 ⚙ ⚙. ✗ rest
Repas 26/32, enf. 9 ♀ – ⌷ 10 – **99 ch** 124/332 – ½ P 125/192.
♦ Entre le golf de Chiberta et l'Atlantique, complexe récent incluant un centre de thalassothérapie. Chambres confortables ayant, pour la plupart, vue sur l'océan. Spacieux restaurant-véranda tourné vers le large ; carte traditionnelle et menus diététiques.

Novotel Biarritz Aéroport, 68 av. Espagne, N 10 ℰ 05 59 58 50 50, *h0994@accor-hot els.com*, Fax 05 59 03 33 55, 🌳, 🛋, 🏊, 🎾 – 🛗 🍴 ▦ TV 📞 ℗ – 🏛 25 à 120. AE ⓪ GB ᴶᶜᴮ   BX m

Repas *(20,60)* - 25, enf. 8 ♀ – 🍽 11,50 – **121 ch** 125.
 ♦ Vaste établissement bâti en lisière d'un parc. Les chambres, standardisées, sont grandes et bien équipées ; celles donnant sur le bois garantissent plus de calme. Agréable salle à manger où dominent bois, brique et coloris ensoleillés.

Les Terrasses d'Atlanthal 🦆, 153 bd Plages ℰ 05 59 52 75 75, *info@atlanthal.com*, Fax 05 59 52 75 13, ≤, 🌳, 🏊 – 🛗, ▦ rest, TV 📞 ⅙ ℗ – 🏛 20 à 80. AE ⓪ GB 🎾 rest

Repas (résidents seul.) 17, enf. 9 ♀ – 🍽 9 – **48 ch** 85/136 – ½ P 102/118.
 ♦ Cet hôtel partage avec le complexe Atlanthal le centre de thalassothérapie. Chambres pratiques desservies par des galeries autour d'un patio. Sobre restaurant moderne et petite terrasse avec vue sur les dunes. Cuisine simple servie sous forme de buffets.

Ibis Biarritz Aéroport, 64 av. Espagne, N 10 ℰ 05 59 58 50 00, *h0822@accor-hotels.co m*, Fax 05 59 58 50 10, 🌳 – 🛗 🍽, ▦ ch, TV 📞 ℗ – 🏛 15 à 40. AE ⓪ GB   BX m

Repas *(13,90)* - 14,60/17,80, enf. 6,60 ♀ – 🍽 6 – **84 ch** 66/82.
 ♦ Avion, train ou automobile : tous les moyens de locomotion mènent à cet hôtel. Les chambres répondent désormais aux dernières normes de confort de la chaîne. Au restau-rant-grill, les viandes composent l'essentiel de la carte.

ANGOULÊME 🅿 *16000 Charente* ₃₂₄ K6 *G. Poitou Vendée Charentes* – *43 171 h Agglo. 103 746 h alt. 98.*

Voir *Site★ – La Ville haute★★ – Cathédrale St-Pierre★ : façade★★* **Y** F *– C.N.B.D.I. (Centre national de la bande dessinée et de l'image)★* **Y**.

🏌 *de l'Hirondelle ℰ 05 45 61 16 94, S : 2 km* **X**.

🛈 *Office de tourisme, place des Halles ℰ 05 45 95 16 84, Fax 05 45 95 91 76, angoulemetou-risme@wanadoo.fr.*

Paris 447 ① – Bordeaux 119 ⑤ – Limoges 105 ② – Niort 116 ① – Périgueux 85 ③.

Plan page suivante

Mercure-Hôtel de France, 1 pl. Halles Centrales ℰ 05 45 95 47 95, *h1213@accor-hote ls.com*, Fax 05 45 92 02 70, 🌳, 🏊 – 🛗 🍽 ▦ TV 📞 ⅙ ⇔ – 🏛 20 à 200. AE ⓪ GB ᴶᶜᴮ   Y e

Repas *(fermé sam. midi, dim. midi et fériés le midi)* 26/31, enf. 10 ♀ – 🍽 10,50 – **89 ch** 93/128.
 ♦ L'hôtel occupe la maison natale de Guez de Balzac agrandie d'une aile moderne. Agréables chambres meublées dans l'esprit Art déco ; joli jardin avec échappée sur la Charente. Petite salle à manger contemporaine prolongée d'une paisible terrasse d'été.

Européen sans rest, 1 pl. G. Perrot ℰ 05 45 92 06 42, *europeenhotel@wanadoo.fr*, Fax 05 45 94 88 29 – 🛗 🍽 ⇔. AE ⓪ GB   Y a *fermé 18 déc. au 2 janv.* – 🍽 7,50 – **31 ch** 49/63.
 ♦ À deux pas des remparts, façade colorée abritant des chambres fonctionnelles et bien insonorisées, personnalisées et climatisées sur l'ensemble du 3ᵉ étage.

L'Épi d'Or sans rest, 66 bd René Chabasse ℰ 05 45 95 67 64, *epidor@wanadoo.fr*, Fax 05 45 92 97 23 – 🛗 TV 📞 ℗. 🏛 20. AE ⓪ GB   X v 🍽 6 – **33 ch** 40/43.
 ♦ Adresse utile à faible distance de la place Victor-Hugo où se tient un marché animé. Les chambres, de bonne ampleur et avant tout pratiques, sont plus calmes sur l'arrière.

Ruelle, 6 r. Trois Notre-Dame ℰ 05 45 95 15 19, *laruelle16@wanadoo.fr*, Fax 05 45 92 94 64 – AE ⓪ GB   Y x *fermé au 15 août, sam. midi et dim. sauf fêtes* – **Repas** 21 (déj.), 27/41 et carte 43 à 65 ♀.
 ♦ Étonnant intérieur obtenu par la réunion de deux maisons anciennes, autrefois séparées par une ruelle. Vieilles pierres et murs framboise donnent le ton du décor.

Le Terminus, 3 pl. Gare ℰ 05 45 95 27 13, *Fax 05 45 94 04 09*, 🌳 – ▦. AE ⓪ GB Y n *fermé 17 au 24 mai, 8 au 23 août, dim. et lundi* – **Repas** *(16)* - 23/29 ♀.
 ♦ Brasserie moderne et chic dotée d'un cadre en blanc et noir. La carte traditionnelle prend les couleurs du terroir et s'enrichit des arrivages de la côte Atlantique.

Les Gourmandines, 25 r. Genève ℰ 05 45 92 58 98, *Fax 05 45 92 58 98* – ▦. AE ⓪ GB   Y t *fermé 16 août au 1ᵉʳ sept., 20 au 27 déc., 14 au 21 fév., dim. et lundi* – **Repas** 17 (déj.), 21/42, enf. 8 ♀.
 ♦ Plaisante petite adresse aménagée sur deux niveaux, dans une vieille maison tout près des halles. La cuisine, traditionnelle, s'autorise quelques touches au goût du jour.

ANGOULÊME

Aguesseau (Rampe d') . . . **Y** 2
Arsenal (R. de l') . . . . **X** 4
Basseau (R. de) . . . . **Z** 6
Beaulieu (Rempart de) . . **Y** 8
Belat (R. de) . . . . **Z** 10
Bouillaud (Pl.) . . . . **Y** 13
Briand (Bd A.) . . . . **Y** 14
Chabasse (Bd R.) . . . . . . **X** 17
Champs-de-Mars (Pl.) . . . **Y** 18
Churchill (Bd W.) . . . . **Z** 20
Corderie (R. de la) . . . . . **Y** 24
Desaix (Rempart) . . . . . . **Z** 26
Dr E.-Roux (Bd du) . . . . . **Z** 28
Fontaine-du-Lizier (R.) . . **Y** 30
Frères-Lumière
    (R. des) . . . . **Y** 32
Gambetta (Av.) . . . . **Y** 34
Gaulle (Av. du Gén.-de) . . **Y** 36
Guérin (R. J.) . . . . **Y** 37
Guillon (Pl. G.) . . . . **Y** 38
Iéna (R. d') . . . . **Y** 40
La Rochefoucauld
    (R. de la) . . . . **Y** 41
Lattre-de-Tassigny
    (Av. du Mar. de) . . . . **X, Y** 42
Liedot (Bd) . . . . **X** 44
Louvel (Pl. F.) . . . . **Y** 46
Marengo (Pl. et R.) . . . . . **YZ** 47
Midi (Rempart du) . . . . . . **Y** 48
Monlogis (R.) . . . . **X** 50
Papin (R. D.) . . . . **Y** 52
Paris (R. de) . . . . **Y** 53
Pasteur (Bd) . . . . **Y** 53
Périgueux (R. de) . . . . **X, YZ** 55
Postes (R. des) . . . . **Y** 57
Renoleau (R. A.) . . . . **Z** 58
République (Bd de la) . **X, Y** 59

St-André (R.) . . . . **Y** 60
St-Antoine (R.) . . . . **X** 61
St-Martial (Pl. et R.) . . . . **Z** 65
St-Roch (R.) . . . . **X, Y** 67
Saintes (R. de) . . . . **X**

Soleil (R. du) . . . . **Y** 70
Tharaud (Bd J. et J.) . . . . **Z** 72
Turenne (R. de) . . . . **Y** 73
3-Fours (R. des) . . . . **Y** 75
8-Mai-1945 (Bd du) . . . . . **X** 80

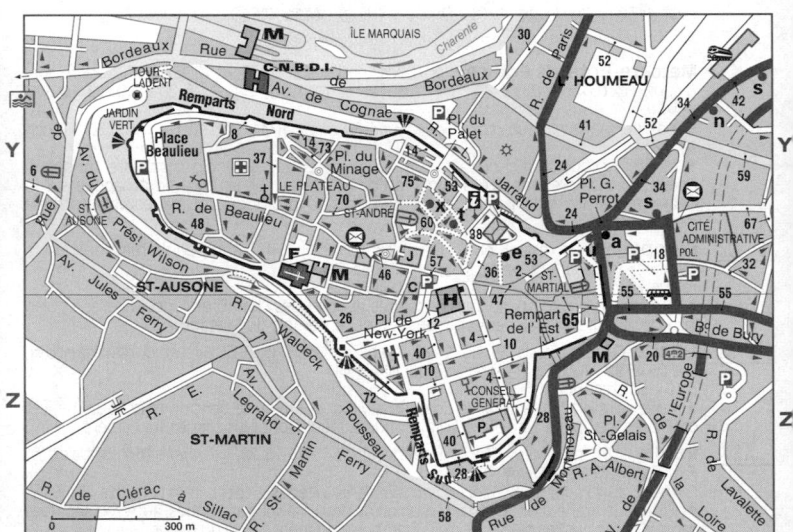

☴ **Palma**, 4 rampe d'Aguesseau ℮ 05 45 95 22 89, *lepalma16@aol.com*, Fax 05 45 94 26 66 –
ℜ ℕ Ⓢ ⓒ – *fermé 19 déc. au 3 janv., sam. midi et dim.* – **Repas** 13/28, enf. 8,50 ♻.   **Y   u**
   ◆ La façade colorée ne passe pas inaperçue et l'intérieur, sobre et lumineux, dispose d'une
deuxième salle réservée aux plats du jour et à quelques spécialités espagnoles.

☴ **Aromate**, 41 bd René Chabasse ℮ 05 45 92 62 18 – ⓒ   **X   f**
ⓒ *fermé août, 24 déc. au 6 janv., merc. soir, dim. soir et lundi* – **Repas** (nombre de couverts
limité, prévenir) 12,80/26,50 ♻.
   ◆ Goûteuse cuisine traditionnelle, accueil charmant et convivialité d'un sobre décor mi-
rustique, mi-bistrot : ce petit restaurant de quartier fait très souvent salle comble.

✗ **Cité**, 28 r. St-Roch 🖉 05 45 92 42 69, *Fax 05 45 93 24 35 –* 🅰 ⓞ 🅶🅱 　　Y　S
fermé 25 juil. au 16 août, 6 au 21 fév., dim. et lundi – **Repas** 12,50 (déj.), 15,80/26 🌢.
◆ Mobilier d'esprit rustique et tons frais et lumineux composent le cadre de cet établissement familial proposant une cuisine traditionnelle axée sur le poisson.

✗ **Côté Gourmet**, 23 pl. Gare 🖉 05 45 95 00 27, *Fax 05 45 95 00 27*, 🉂 – 🅶🅱 　　Y　S
fermé 9 au 29 août, vacances de fév., sam. midi et dim. – **Repas** (14) - 20/30, enf. 6 🏻.
◆ Deux petites salles à manger, décor de bistrot actuel, confort simple et cuisine dans l'air du temps : une nouvelle adresse bienvenue pour les gourmets angoumois.

rte de Poitiers *par ①, près échangeur Nord : 6km –* ✉ *16430 Champniers :*

🏨 **Mercure**, 🖉 05 45 68 53 22, *h0397-gl@accor-hotels.com, Fax 05 45 68 33 83*, 🉂, 🛝, 🐎
– 📲 😊 🔲 📺 📞 🅿 – 🛗 15 à 110. 🅰 ⓞ 🅶🅱 🅹🅲🅱
Repas (14) - 17, enf. 8 🏻 – 😊 8,80 – **103 ch** 85/95.
◆ Hôtel de chaîne utilement situé à proximité des voies rapides. Les chambres, assez spacieuses, sont sobrement meublées et avant tout pratiques. Salle de restaurant décorée d'affiches évoquant la bande dessinée. Terrasse dressée face à la piscine et au jardin.

🏨 **Ibis**, 🖉 05 45 69 16 16, *h1096@accor-hotels.com, Fax 05 45 68 20 77*, 🉂 – 😊 📺 📞 ₺ 🅿
– 🛗 25. 🅰 ⓞ 🅶🅱
Repas 15 – 😊 6 – **62 ch** 56.
◆ Construction assez récente dans une zone commerciale et proche d'un axe animé. Après rénovations, les chambres adopteront toutes le dernier "look" Ibis. Salle à manger coiffée d'une charpente apparente et prolongée d'une terrasse. Carte traditionnelle simple.

à Soyaux *par ③ : 4 km – 10 177 h. alt. 133 –* ✉ *16800 :*

✗ **Cigogne**, (à la Mairie, prendre r. A.-Briand et 1,5 km) 🖉 05 45 95 89 23, *lacigogne16@wanadoo.fr, Fax 05 45 95 89 23*, ≼, 🉂 – 🅿. 🅰 🅶🅱
fermé vacances de fév., 25 oct. au 23 nov., dim. soir, merc. soir et lundi – **Repas** 23/44 🏻.
◆ Accolée à une ancienne champignonnière, cette maison - jadis guinguette - vous accueille dans sa lumineuse salle à manger ou sur la belle terrasse ombragée face à la campagne.

à Maison-Neuve *par ③, D 939, D 4 et D 25 : 17 km –* ✉ *16410 Vouzan :*

✗✗ **L'Orée des Bois** 🛏 *avec ch*, 🖉 05 45 24 94 38, *mege.oreedesbois@wanadoo.fr, Fax 05 45 24 97 51*, 🉂, 🐎 – 🅿. 🅶🅱
fermé 22 au 30 mars, 8 au 25 nov., 3 au 14 janv., dim. soir, lundi et mardi – **Repas** 20/55 🏻 🍷
– 😊 6 – **7 ch** 55 – ½ P 52/60.
◆ Deux maisons basses : l'ancienne abrite le restaurant de style Louis XIII et sa cheminée ; la plus récente héberge des chambres simples tournées vers un jardinet intérieur.

à Roullet *par ⑤ et N 10, dir. Bordeaux : 14 km – 3 525 h. alt. 50 –* ✉ *16440 :*

🏨 **Vieille Étable** 🛏, *rte Mouthiers : 1,5 km* 🖉 05 45 66 31 75, *vieille.etable@wanadoo.fr, Fax 05 45 66 47 45*, 🛝, 🎾, 🦆 – 📺 📞 🅿. – 🛗 20 à 50. 🅶🅱. 🌾 *rest*
fermé dim. soir d'oct. à mai – **Repas** 14/38, enf. 9 🌢 – 😊 6,50 – **29 ch** 51/63,50 –
½ P 58/65.
◆ La tranquillité champêtre de cette ferme restaurée, pourtant proche de la N 10, vous surprendra. Chambres installées dans des pavillons disséminés dans le parc. En hiver, attablez-vous auprès de la cheminée ; aux beaux jours, optez pour la terrasse couverte.

🏨 **Marjolaine** *sans rest*, Les Glamots 🖉 05 45 66 46 46, *hotel.marjolaine@wanadoo.fr, Fax 05 45 66 43 29* – 📺 📞 🚗 🅿. 🅶🅱. 🌾
fermé 25 déc. au 1ᵉʳ janv. et dim. en hiver – 😊 4,10 – **30 ch** 30/38,40.
◆ En léger retrait de la route, construction basse aux murs colorés conçue comme un motel, possédant des chambres pratiques, toutes semblables.

rte de Cognac *par ⑥, N 141 et D 120 : 10 km –* ✉ *16290 Asnières-sur-Nouère :*

🏨 **Hostellerie du Maine Brun** 🛏, 🖉 05 45 90 83 00, *hostellerie-du-maine-brun@wanadoo.fr, Fax 05 45 96 91 14*, 🉂, 🛝, 🐎 – 📺 📞 🅿. 🅰 ⓞ 🅶🅱 🅹🅲🅱
25 janv.-25 oct. et fermé dim. soir hors saison, lundi sauf le soir du 11 avril au 30 sept. et mardi midi – **Repas** 28/37, enf. 11 🏻 🍷 – 😊 11 – **18 ch** 80/116 – ½ P 80/89.
◆ Hôtel aménagé dans un ancien moulin au bord de la Nouère, au sein d'un vaste domaine viticole. Les chambres, spacieuses, dotées d'un beau mobilier, ouvrent sur la campagne. Salle à manger agréablement provinciale où l'on déguste une cuisine classique.

Dans ce guide

un même symbole, un même mot,

imprimé en **rouge** *ou en* noir, *en maigre ou en* **gras**,

n'ont pas tout à fait la même signification.

Lisez attentivement les pages explicatives.

ANNEBAULT *14430 Calvados* **303** *M4 – 347 h alt. 140.*

Paris 201 – Caen 37 – Cabourg 15 – Pont-l'Évêque 12.

✗ **Auberge Le Cardinal** ⎯ sans ch , ℘ 02 31 64 81 96, *cardinal@club-internet.fr*,
Fax 02 31 64 64 65, ㊞, ⚿ – ⊡ 🅿 ⚏ ⚙
fermé 10 janv. au 10 fév., mardi et merc. sauf juil.-août – **Repas** 16/49, enf. 9 ♉ – ⊆ 7 – **6 ch**
55 – ½ P 59.
♦ Séparée de la route par un jardinet, maison récente à la silhouette sagement normande.
Repas traditionnels servis devant la cheminée de la salle à manger champêtre.

ANNECY 🅿 *74000 H.-Savoie* **328** *J5 G. Alpes du Nord – 50 348 h Agglo. 136 815 h alt. 448 –
Casino.*

Voir *Le Vieil Annecy*★★ : *Descente de Croix*★ *dans l'église St-Maurice* **EY E**, *Palais de l'Isle*★★
EY M², *rue Ste-Claire*★ – *pont sur le Thiou* ≼★ **EY N** – *Musée-château d'Annecy*★ – *Les
Jardins de l'Europe*★ – *Les bords du lac*★★ ≼★*.

Env. *Tour du lac*★★★ – *Gorges du Fier*★★ : *11 km par*⑥ – *Col de la Forclaz*★★ – *Forêt du crêt
du Maure*★ – ≼★★ *3 km par D 41* **CV**.

⛳ *du Belvédère à St-Martin-Bellevue* ℘ 04 50 60 31 78, *par*① : *6 km ;* ⛳ *du Lac d'Annecy à
Veyrier-du-Lac* ℘ 04 50 60 12 89, *par*② : *10 km ;* ⛳ *de Giez-Lac-d'Annecy à Giez* ℘ 04 50 44
48 41, *par*③ : *24 km.*

✈ *d'Annecy-Haute-Savoie* ℘ 04 50 27 30 06, *par N 508* **BU** *et D 14 : 4 km.*

🛈 *Office de tourisme, 1 rue Jean Jaurès* ℘ 04 50 45 00 33, Fax 04 50 51 87 20, ancytour-
@noos.fr.

Paris 536 ⑤ – *Aix-les-Bains 34* ⑤ – *Genève 42* ① – *Lyon 138* ⑤ – *St-Étienne 187* ⑤.

Plans pages suivantes

🏨 **L'Impérial Palace** ♻, Allée de l'impérial ℘ 04 50 09 30 00, *reservation@hotel-imperial-
palace.com*, Fax 04 50 09 33 33, ≼ lac, ㊞, ⚿, ₭ – ▯ ✲ 🖹 ⊡ 🅿 ⚹ ⚏ – 🔬 25 à 600. ⚙ ⓪
⚙, ⚿ rest   **CV s**
La Voile : **Repas** carte 50 à 70 ♉ enf.15 – ⊆ 25 – **91 ch** 225/275, 8 suites.
♦ Vue imprenable sur le lac depuis ce palace (1913) situé dans un parc public. Chambres
contemporaines (mobilier design), centre de congrès, casino, institut de beauté. Belle salle
à manger prolongée d'une superbe terrasse ouverte sur les flots et les jardins.

🏨 **Splendid** sans rest, 4 quai E. Chappuis ℘ 04 50 45 20 00, *Splenditel@aol.com*,
Fax 04 50 45 52 23 – ▯ ✲ 🖹 ⊡ ⚹ – 🔬 60. ⚙ ⓪ ⚙ ⚉ ⚿   **EY d**
fermé 20 déc. au 11 janv. – ⊆ 13 – **50 ch** 92/131.
♦ Immeuble des années 1930 entièrement rénové et remeublé dans le style d'origine.
Chambres assez spacieuses, bien isolées phoniquement ; certaines sont orientées côté lac.

🏨 **Novotel Atria**, 1 av. Berthollet ℘ 04 50 33 54 54, *h1357@accor-hotels.com*,
Fax 04 50 45 50 68 – ▯ ✲ 🖹 ⊡ ⚹ ⚉ ⚋ – 🔬 25 à 200. ⚙ ⓪ ⚙ ⚉ ⚿ rest   **DX h**
Repas *(15,80)* - 19 ♉ – ⊆ 11 – **95 ch** 93/114.
♦ Hôtel jumelé avec un centre de congrès dont les salles de réunions ont été refaites et
équipées high-tech. Chambres confortables et insonorisées ; salles de bains rénovées.
Restaurant fonctionnel, petite terrasse côté rue et prestations culinaires "Novotel".

🏨 **Carlton** sans rest, 5 r. Glières ℘ 04 50 10 09 09, *contact@bw-carlton.com*,
Fax 04 50 10 09 60 – ▯ ⊡ ⚹ ⚋ – 🔬 30. ⚙ ⓪ ⚙ ⚉   **DY g**
⊆ 11 – **55 ch** 79/111,50.
♦ Chambres fonctionnelles et spacieuses, tenue impeccable et insonorisation efficace
sont les atouts de cet hôtel installé dans un immeuble du 20ᵉ s. voisin de la gare.

🏨 **Les Trésoms**, 3 bd Corniche ℘ 04 50 51 43 84, *info@lestresoms.com*,
Fax 04 50 45 56 49, ≼, ㊞, ₭, ⛆, ▯ ✲ 🖹 ⚹ 🅿 – 🔬 25. ⚙ ⓪ ⚙ ⚉ ⚿ rest
Repas 25 *(déj.)*, 33/76, enf. 19 – ⊆ 15 – **49 ch** 113/213 – ½ P 96/139.   **CV f**
♦ Au calme, dans un grand jardin, demeure des années 1930 surplombant le lac, visible de
la moitié des chambres. Espace beauté, soirées jazz et fréquentes expositions d'art. Le
restaurant en rotonde et la terrasse ombragée offrent une belle vue sur les flots.

🏨 **Marquisats** ♻ sans rest, 6 chemin Colmyr ℘ 04 50 51 52 34, *reservations@marquisats.c
om*, Fax 04 50 51 89 42 – ▯ ⊡ ⚹ 🅿 ⚙ ⓪ ⚙, ⚿   **CV n**
fermé 23 au 29 oct. – ⊆ 10 – **22 ch** 65/100.
♦ À 200 m d'une plage publique, maison ancienne joliment restaurée offrant des
chambres confortables et personnalisées ; plusieurs regardent le lac et deux ont un balcon.

🏨 **Holiday Inn Garden Court**, 19 av. du Rhone ℘ 04 50 50 52 35 35, *reservation@holidayinn
⚉ -annecy.com*, Fax 04 50 52 35 00, ₭ – ▯ ✲ 🖹 ⊡ ⚹ ⚉ ⚋ – 🔬 25 à 80. ⚙ ⓪ ⚙
⚉   **BV n**
Repas *(fermé dim. sauf le soir d'avril à sept., lundi midi et sam.)* 14, enf. 7 ♉ – ⊆ 15 –
134 ch 83/93.
♦ Tons ocre-jaune et mobilier couleur acajou : les chambres, toutes refaites, sont fonctionnelles et plaisantes (certaines avec balcon). Bonne insonorisation ; sauna. Le bois
domine le cadre chaleureux et actuel du restaurant. Carte et buffets à prix doux.

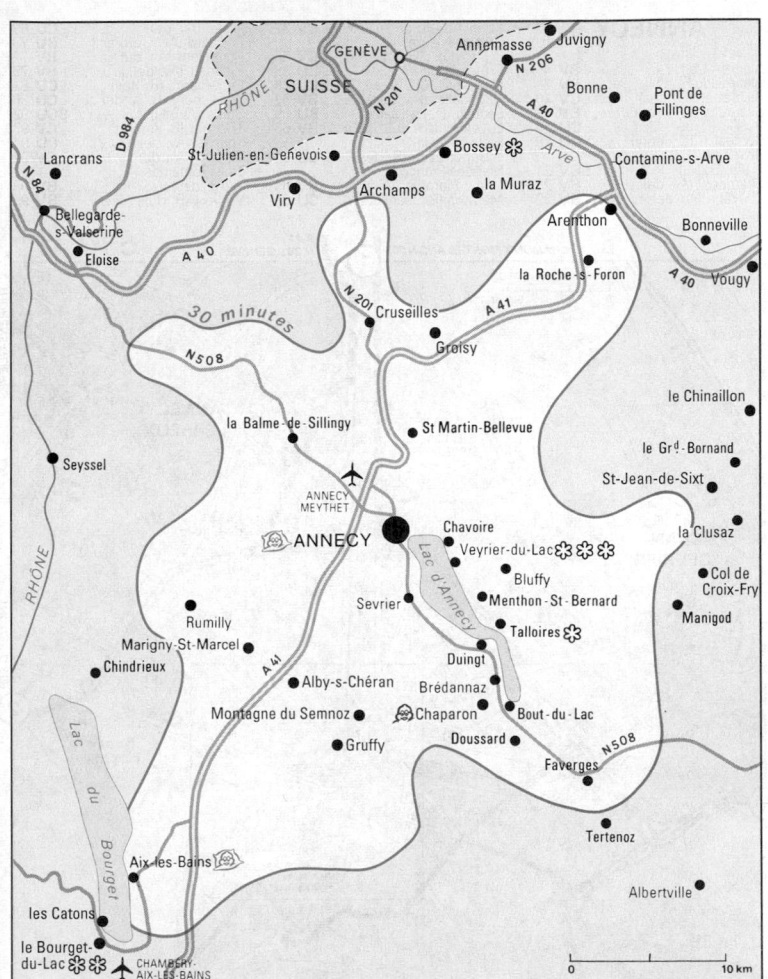

🏨 **Mercure** sans rest, 26 r. Vaugelas 𝄞 04 50 45 59 80, *H2812-gm@accor-hotels.com*, *Fax 04 50 45 21 99* – 🛗 ✕ ▤ 🔲 📞, ⅍ 🌐   **DY a**
    🍽 11,50 – **39 ch** 84/91.
    ◆ Central et bénéficiant d'une excellente insonorisation, cet établissement séduira aussi la clientèle d'affaires par ses chambres pratiques. Formule buffet au petit-déjeuner.

🏨 **Flamboyant** sans rest, 52 r. Mouettes **CU** à Annecy-le-Vieux ⊠ 74940 𝄞 04 50 23 61 69, *leflamboyant74@wanadoo.fr*, *Fax 04 50 23 05 03* – cuisinette 🔲 📞 ⟷ 🄿 ⅍ ⓪ 🌐 ᴊᴄʙ
    🍽 11 – **31 ch** 90/195.
    ◆ Chambres confortables aménagées dans trois constructions récentes inspirées des chalets régionaux. Bar décoré dans un esprit pub anglais. Petit-déjeuner sous la véranda.

🏨 **Villa des Muses** sans rest, av. Albigny à Annecy-le-Vieux, par ② ⊠ 74940 𝄞 04 50 23 29 26, *lavilladesmuses@wanadoo.fr*, *Fax 04 50 23 74 18* – 🛗 🔲 📞 ⅙ 🄿 ⅍ 🌐
    🍽 8,50 – **36 ch** 63/74.
    ◆ Cette bâtisse savoyarde du début du 20ᵉ s. sort d'une totale rénovation. Chambres aux couleurs provençales (certaines ont vue sur le lac) et jolie salle des petits-déjeuners.

ANNECY

Aléry (Av. d') .... **BV** 4
Aléry (Gde-R. d') .... **BV** 7
Balmettes (Fg des) .... **CV** 10
Beauregard (Av. de) .... **BV** 13
Bel-Air (R. du) .... **CU** 15
Bordeaux (R. Henry) ...... **CU** 18
Boschetti
  (Av. Lucien) .... **BCV** 21
Chambéry (Av. de) .... **BV** 23
Chevêne (Av. de) .... **BV** 29

Corniche (Bd de la) .... **CV** 32
Crêt-du-Maure
  (Av. du) .... **CV** 35
Crête (R. de la) .... **BU** 38
Fins Nord (Ch. des) ..... **BCU** 45
Hirondelles (Av. des) ..... **BV** 52
Leclerc (R. du Mar.) ...... **BU** 59
Loverchy (Av. de) .... **BV** 63
Martyrs-de-la-
  Déportation (R. des) .... **CU** 64
Mendès-France
  (Av. Pierre) .... **BV** 65
Mermoz (R. Jean) .... **CU** 66

Novel (Av. de) .... **CU** 69
Perréard (Av. Germain) ... **BU** 73
Pont-Neuf (Av. du) .... **BV** 77
Prélevet (Av. de) .... **BV** 79
Prés-Riants (R. des) ..... **CU** 81
St-Exupéry (R. A. de) .... **CU** 86
Stade (Av. du) .... **BCU** 92
Theuriet (R. André) .... **BV** 93
Thônes (Av. de) .... **CU** 94
Trésum (Av. de) .... **CV** 97
Trois-Fontaines
  .... **BV** 98
Val-Vert (R. du) .... **BV** 99

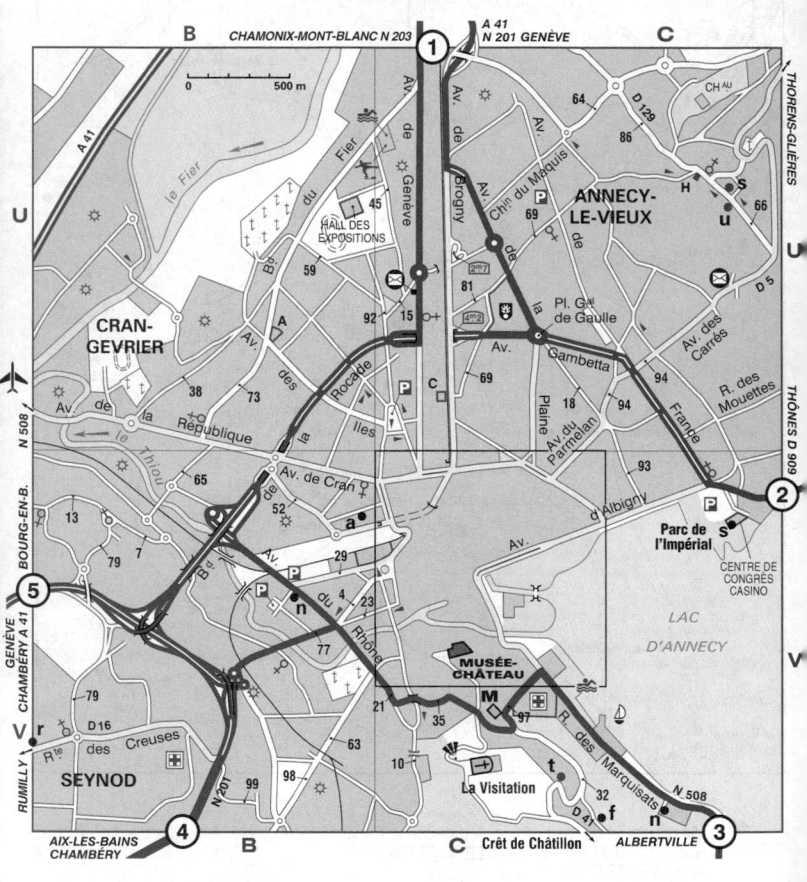

🏠 **Palais de l'Isle** sans rest, 13 r. Perrière ℘ 04 50 45 86 87, *palisle@wanadoo.fr,*
Fax 04 50 51 87 15 – 🔆 📺 📺 📞. 🅰 🆖   EY u
⌑ 10,50 – **34 ch** 92/140.
♦ Un dédale de couloirs, héritage de l'architecture ancienne de ce bâtiment, mène à des
chambres ouvertement contemporaines. Préférez celles donnant sur les canaux et le
palais.

🏠 **Kyriad Centre** sans rest, 1 fg Balmettes ℘ 04 50 45 04 12, *annecy.hotel.kyriad@wanado*
o.fr, Fax 04 50 45 90 92 – 📺 📞. 🅰 🆖. 🛇   DY t
⌑ 6,50 – **24 ch** 59/68.
♦ Jouxtant le vieil Annecy, bâtisse du 16ᵉ s. entièrement rénovée dans un esprit méridional. Les chambres, aux tons jaune et bleu, sont fraîches et accueillantes.

ANNECY

Chambéry (Av. de) ... **DY** 23
Chappuis (Q. Eustache) **EY** 26
Filaterie (R.) .... **EY** 43
Grenette (R.) .... **EY** 51
Hôtel-de-Ville (Pl.) .... **EY** 53

Jean-Jacques-
  Rousseau (R.)........ **DY** 55
Lac (R. du) .... **EY** 57
Libération (Pl. de la) ... **EY** 61
Pâquier (R. du) .... **EY** 71
Perrière (R.) .... **EY** 75
Pont-Morens (R. du) ... **EY** 76
Poste (R. de la) .... **DY** 78

République (R.) .... **DY** 83
Royale (R.) .... **DY** 85
St-François-de-
  Sales (Pl.) .... **EY** 87
St-François-de-
  Sales (R.) .... **DY** 89
Ste-Claire (Fg et R.) ... **DY** 91
Tour-la-Reine (Ch.)..... **EY** 95

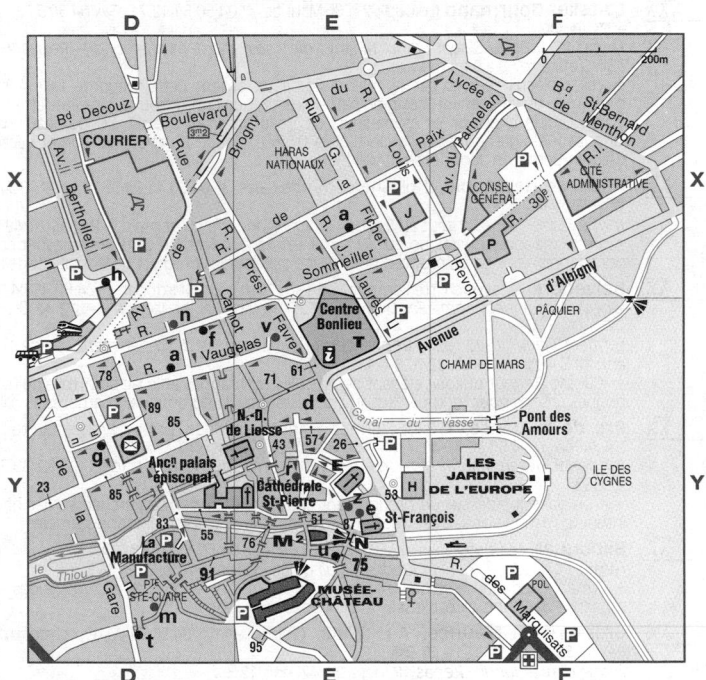

🏠 **Nord** sans rest, 24 r. Sommeiller 𝒫 04 50 45 08 78, *annecy.hotel.du.nord@wanadoo.fr*, Fax 04 50 51 22 04 – 🛗 🗐 📺 📞 🅰 ⚏ 🛛 🛛 **DY** f
🍽️ 6,50 – **30 ch** 49/59.

  ◆ Cure de jouvence bénéfique pour ce petit hôtel du centre-ville : les chambres sont dotées de meubles de qualité et d'une décoration très actuelle, gaie et colorée.

🏠 **Bonlieu** sans rest, 5 r. Bonlieu 𝒫 04 50 45 17 16, *hbonlieu@noos.fr*, Fax 04 50 45 11 48 – 🛗 🗐 📺 📞 🅿 – 🔼 25. 🅰 ⚏ 🛛 🛛 **EX** a
🍽️ 9 – **35 ch** 80/88.

  ◆ Dans une rue calme proche du centre Bonlieu, architecture moderne et intérieur contemporain : les chambres, d'une sobriété reposante, sont pratiques et bien insonorisées.

🏠 **Les Terrasses,** 15 r. L. Chaumontel 𝒫 04 50 57 08 98, *lesterrasses@wanadoo.fr*, Fax 04 50 57 05 28, 😊 , 🌳 – 🛗 📺 📞 🅿 . ⚏ 🛛 **BV** a
Repas *(fermé 11 déc. au 9 janv., sam. et dim. sauf juil.-août)* 12/14 🍷 – 🍽️ 7 – **20 ch** 51/72 – ½ P 54.

  ◆ Dans un quartier résidentiel proche de la gare, sympathique adresse aux chambres pimpantes meublées dans un esprit campagnard. Chaleureux accueil familial. Restaurant en partie lambrissé, simple mais coquet, et terrasses côté jardin.

🍴🍴🍴 **Clos des Sens** (Petit), 13 r. J. Mermoz à Annecy-le-Vieux par av. France et rte Thônes ✉ 74940 𝒫 04 50 23 07 90, *clos-des-sens@wanadoo.fr*, Fax 04 50 66 56 54, 😊 – 🅰 ⓪ ⚏
🌸 *fermé 6 au 24 sept., 3 au 18 janv., dim. soir sauf juil.-août, mardi midi et lundi* – **Repas** 25 (déj.), 40/90 et carte 66 à 85 🍷 🏛️. **CU** u

  ◆ Cuisine inventive et large choix de côtes-du-rhône à déguster dans un beau cadre contemporain (collection de Guides Michelin) ou sur la terrasse ombragée surplombant Annecy.
  Spéc. Écrevisses du lac Léman, bullé glacé du potager, sorbet tomate. Dos de féra, lard, coussinet de petits pois. Pigeonneau poché au sang. **Vins** Roussette de Marestel, Mondeuse d'Arbin.

XXX **Ciboulette,** 10 r. Vaugelas - cour du Pré Carré ℰ 04 50 45 74 57, *georges.paccard@wana doo.fr*, Fax 04 50 45 76 75, 🌤 – ⒼⒷ EY v
fermé 1ᵉʳ au 27 juil., vacances de Toussaint, dim. et lundi – **Repas** 25/47 et carte 50 à 60.
♦ La terrasse joliment fleurie et la salle à manger, décorée de pierre et de bois, font l'attrait de cet établissement situé dans une cour piétonne. Cuisine au goût du jour.

XXX **L'Atelier Gourmand** (Leloup), 2 r. St-Maurice ℰ 04 50 51 19 71, Fax 04 50 51 36 48, 🌤
ॐ – ㎮ ⓪ ⒼⒷ EY z
fermé 29 août au 8 sept., 6 au 14 janv., dim. soir, mardi midi et lundi – **Repas** 26 (déj.), 35/75 et carte 68 à 94.
♦ Les tableaux réalisés par le maître des lieux ornent cette élégante salle à manger moderne ; un surprenant "coup de patte" créatif, que l'on retrouve dans l'assiette !
Spéc. Omble chevalier et cromesquis de Beaufort (avril à oct.). Ris de veau, gambas, langoustines, grenouilles à l'huile d'olive truffée. Soupe au chocolat, sorbet cacao **Vins** Chignin-Bergeron, Mondeuse d'Arbin

XX **Auberge de Savoie,** 1 pl. St-François-de-Sales ℰ 04 50 45 03 05, Fax 04 50 51 18 28, 🌤 – ㎮ ⒼⒷ EY e
fermé 5 au 21 avril, 29 août au 8 sept., 1ᵉʳ au 14 janv., mardi et merc. – **Repas** 24/49 ⓨ.
♦ Cette maison monastique du 17ᵉ s., récemment redécorée dans un bel esprit contemporain (bois, tons ocre), propose une cuisine axée sur les produits de la mer... et des lacs.

XX **Belvédère** ⚲ avec ch, rte Semnoz Sud-Est : 2 km par r. Marquisat ℰ 04 50 45 04 90, *info @belvedere-annecy.com*, Fax 04 50 45 67 25, ≤ Annecy et lac, 🌤 – 📺 🍴 🅿. ㎮ ⓪ ⒼⒷ CV t
fermé 10 janv. au 13 fév. – **Repas** *(fermé dim. soir, mardi soir et merc.)* 24 (déj.), 30/70, enf. 12 ⓨ – ⏛ 10 – **5 ch** 85/125 – ½ P 73/100.
♦ Cuisine au goût du jour, élégant décor et les montagnes et le lac pour toile de fond : de bonnes raisons pour "grimper" jusqu'à ce restaurant panoramique. Chambres au calme.

XX **Pré de la Danse,** 16 r. J. Mermoz à Annecy-le-Vieux, par av. France et rte Thônes ✉ 74940 ℰ 04 50 23 70 41, Fax 04 50 09 90 83, 🌤 – 🅿. ⒼⒷ CU s
fermé 19 juil. au 3 août, dim. soir, merc. soir et lundi – **Repas** 16 (déj.), 23,50/39,50, enf. 9,50 ⓨ.
♦ L'on dansait jadis sur un pré jouxtant cette ancienne ferme perchée sur les hauteurs. Intérieur rustique orné d'un vieux pressoir, terrasse et plats traditionnels simples.

XX **Bilboquet,** 14 fg Ste-Claire ℰ 04 50 45 21 68, Fax 04 50 45 21 68 – ⒼⒷ DY m
fermé 1ᵉʳ au 15 juil., dim. et lundi sauf juil.-août – **Repas** 19 (déj.), 23/36 ⓨ.
♦ Aimable petite adresse du vieil Annecy, où la cuisine, renouvelée au rythme des saisons, est servie dans une agréable salle à manger tout en longueur.

XX **Brasserie St-Maurice,** 7 r. Collège Chapuisien ℰ 04 50 51 24 49, *stmau@noos.fr*, Fax 04 56 72 45 69, 🌤 – ㎮ ⒼⒷ EY r
fermé dim. et lundi – **Repas** 18 (déj.), 24/42, enf. 12 ⓨ.
♦ Pierres et poutres en salle, terrasse ensoleillée et cuisine au goût du jour utilisant les produits locaux : sympathique restaurant aménagé dans une magnifique maison de 1675.

X **Le Vertumne,** 13 r. Sommeiller ℰ 04 50 45 92 96 – ㎮ ⒼⒷ DY n
fermé 1ᵉʳ au 23 août, 23 déc. au 4 janv., dim., lundi et fériés – **Repas** (11,20) - 13,20 (déj.), 23/30 ⓨ.
♦ L'enseigne de ce petit restaurant inspirée du dieu romain Vertumnus, son décor (reproductions d'Arcimboldo) et sa cuisine, au goût du jour, célèbrent le cycle des saisons.

à Chavoires *par ② : 4,5 km* – ✉ 74290 Veyrier :

🏠 **Demeure de Chavoire** sans rest, 71 rte Annecy ℰ 04 50 60 04 38, *demeure.chavoire@ wanadoo.fr*, Fax 04 50 60 05 36, ≤ – 📺 🍴 🅿. ㎮ ⓪ ⒼⒷ ⒿⒸⒷ
fermé 10 au 24 nov. – ⏛ 15 – **10 ch** 135/190, 3 suites.
♦ Une discrète façade dissimule cet hôtel de caractère. Chambres "cosy", salle des petitsdéjeuners ornée d'un beau parquet en marqueterie, agréable terrasse-jardin face au lac.

à Veyrier-du-Lac *par ② : 5,5 km – 2 063 h. alt. 504* – ✉ 74290 .

🚹 Office de tourisme, 31 rue de la Tournette ℰ 04 50 60 22 71, Fax 04 50 60 00 90, *veyrierdulactourism@wanadoo.fr*

XXXXX **La Maison de Marc Veyrat** ⚲ avec ch, 13 Vieille rte des Pensières ℰ 04 50 60 24 00, *r eservation@marcveyrat.fr*, Fax 04 50 60 23 63, ≤ lac, 🌤, 🌿 – 🛗 📺 🍴 🕭 🍽 🅿. ㎮ ⓪ ⒼⒷ
mi-mai-mi-nov. et fermé mardi sauf le soir en juil.-août, lundi et le midi sauf week ends – **Repas** 270/360 et carte 230 à 290, enf. 35 🎴 – ⏛ 60 – **11 ch** 607/670.
♦ Brillante cuisine magnifiant herbes et fleurs des alpages, superbe décor savoyard et divine terrasse face au lac : une fée gourmande veille sur cette envoûtante maison bleue.
Spéc. Hostie virtuelle de crocus sauvage, bouillon de poule fumé. Cubisme de bar, caramel, fruits de la passion, verveine. Soufflé de semoule glacée au calament. **Vins** Roussette de Marestel, Mondeuse.

rte du Semnoz *Sud-Est : 3,5 km par D 41* **CV** *et rte forestière* – ⊠ *74000 Annecy :*

✗ **Super Panorama** 🐾 avec ch, 𝄞 04 50 45 34 86, *superpanorama@aol.com*, ≤ lac et montagnes, 🍽, 🌳 – **GB**. ✂ ch
fermé 30 déc. au 5 fév., lundi soir et mardi – **Repas** (15) - 18/40, enf. 7,70 🍷 – ⌒ 5,50 – **5 ch** 35.

◆ Perché à flanc de montagne et dominant le lac, un établissement tout simple, mais qui porte bien son nom. Goûtez à sa cuisine traditionnelle et abreuvez-vous du paysage !

rte de Chambéry *et D 16 : 3 km* – ⊠ *74960 Cran-Gevrier :*

🏨 **Kyriad**, 72 rte des Creuzes 𝄞 04 50 69 31 03, *Fax 04 50 69 14 38*, 🍽 – ✦, ▤ ch, 📺 📞 ⅙
⊜ **P** – 🔥 25. 📭 **GB**. ✂ ch   BV r
Repas *(fermé dim. midi et sam. sauf fériés)* 13,50/17,50, enf. 7,50 🍷 – ⌒ 7 – **53 ch** 59/68 – ½ P 54,10.

◆ Chambres standardisées, dotées de voilages et dessus-de-lit colorés, de meubles pratiques et de salles de bains neuves. Bonne insonorisation depuis la récente rénovation. Buffets et grillades servis dans une salle lambrissée prolongée d'un salon sous véranda.

ANNEMASSE 74100 H.-Savoie 🉈 K3 – *27 253 h Agglo. 106 673 h alt. 432* – Casino Grand Casino.
🚇 *Office de tourisme, rue de la Gare* 𝄞 04 50 95 07 10, *Fax 04 50 37 11 71, ot@annemasse-agglo-tourisme.com.*
Paris 538 ③ – *Annecy 46* ③ – *Thonon-les-Bains 31* ① – *Bonneville 22* ③ – *Genève 8* ③.

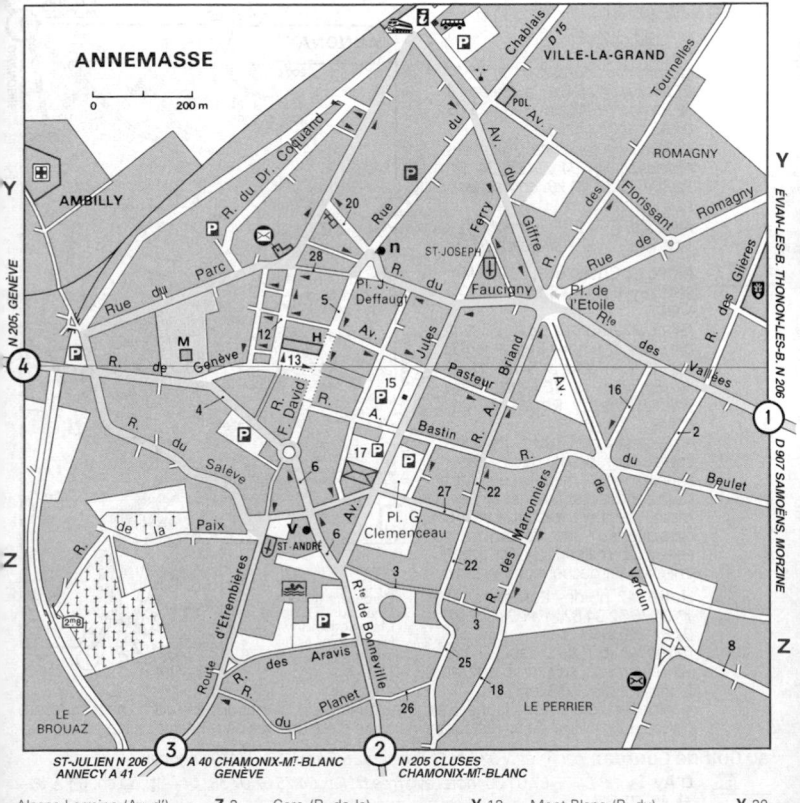

Alsace-Lorraine (Av. d') .... **Z** 2	Gare (R. de la) .... **Y** 12	Mont-Blanc (R. du) .... **Y** 20
Château-Rouge (R. du)......... **Z** 3	Hôtel-de-Ville (Pl. de l') ..... **Y** 13	Petit-Malbrande
Clos-Fleury (R. du) .... **Z** 4	Libération (Pl. de la) .... **Z** 15	(R. du) .... **Z** 22
Commerce (R. du) .... **Y** 5	Malbrande (R. de) .... **Z** 16	Saget (R. du) .... **Z** 25
Courriard (R. M.) .... **Z** 6	Marché-de-Gros (Pl. du) .... **Z** 17	Vaillat (R. L.) .... **Z** 27
Dusonchet (R. Ph.) .... **Z** 8	Massenet (R.) .... **Z** 18	Voirons (R. des) .... **Y** 28

Mercure, par ③ et rte Gaillard ⊠ 74240 Gaillard ℘ 04 50 92 05 25, *h0343@accor-hotels.c om*, Fax 04 50 87 14 57, 佘, ⅃, 屛 – 劇 ⅍ 圁 ⅏ 咰 ℙ – 盈 70. 莅 ⅏ ⅁

Repas 20/32, enf. 11 ⅔ – ⅏ 12 – **78 ch** 92/103.

• Près de l'autoroute, hôtel inscrit dans un cadre de verdure, au bord d'une rivière. Chambres assez spacieuses, confortables, insonorisées et en majorité rénovées. Sobre salle à manger et sa terrasse au bord de la piscine ; plats traditionnels et du terroir.

Place sans rest, 10 pl. J. Deffaugt ℘ 04 50 92 06 44, *hotel.la.place@wanadoo.fr*, Fax 04 50 87 07 45 – 劇 ⅍ 圁 ℙ. 莅 ⅏ ⅁ – ⅏ 8,50 – **43 ch** 54/72.   **Y n**

• Établissement central convenant pour une étape sur la route de la Suisse. Chambres joliment rénovées dans un style contemporain épuré et "zen". Accueil des plus sympathiques.

St-André sans rest, 20 r. M. Courriard ℘ 04 50 84 07 00, *hotel-saint-andre@wanadoo.fr*, Fax 04 50 84 36 22 – 圁 ⅏ ⅏ ⅏ – 盈 80. 莅 ⅏ ⅁ – ⅏ 8 – **45 ch** 55/90.   **Z v**

• Dans un ensemble résidentiel récent, chambres modernes et bien équipées ; mobilier pratique assez plaisant et décor ensoleillé. Bonne isolation phonique.

à Juvigny Est : 5 km par ①, N 206 et rte secondaire – 539 h. alt. 499 – ⊠ 74100 :

Auberge des Groulines, Les Curtines ℘ 04 50 37 03 96, Fax 04 50 37 03 96, 佘 – ⅁

fermé 12 au 29 juil., dim. soir et lundi – **Repas** 21/40 ⅔.

• Cette villa située dans un quartier résidentiel propose une cuisine traditionnelle actualisée dans un cadre néo-rustique ou, à la belle saison, sur une jolie terrasse.

ANNONAY 07100   Ardèche **331** K2

G. Vallée du Rhône – 17 522 h alt. 350.

🏌 *Annonay Gourdan* ℘ 04 75 67 03 84, par ① : 6 km;* 🏌 *d'Albon à St-Rambert-d'Albon* ℘ 04 75 03 03 90, par ① : 19 km.

🛈 *Office de tourisme, place des Cordeliers* ℘ 04 75 33 24 51, Fax 04 75 32 47 79, *contact@ar- deche-verte.com.*

Paris 529 ① – *St-Étienne 44* ④ – *Valence 56* ① – *Yssingeaux 57* ③.

Marc et Christine, 29 av. Marc Seguin (e) ℘ 04 75 33 46 97, 佘 – ⅁

fermé 9 au 24 août, 13 au 20 avril, dim. soir et lundi – **Repas** 18/43, enf. 12 ⅔ - **Patio** ℘ 04 75 32 33 34 *(fermé 1er au 16 sept., mardi soir et merc.)* **Repas** 14/21, enf. 9.

• Ce restaurant bâti à flanc de coteau, comprend deux salles : l'une garnie de meubles de style, l'autre actuelle et lumineuse. Terrasses verdoyantes et cuisine classique. Au Patio, découvrez la spécialité maison : la "criqzza" (mi-crique ardéchoise, mi-pizza).

Halle, 17 pl. des Cordeliers (a) ℘ 04 75 32 04 62, Fax 04 75 32 04 62 – 莅 ⅁

fermé 17 août au 2 sept., 21 au 28 fév., merc. soir, dim. soir et lundi – **Repas** 14/38, enf. 7 ⅔.

Alsace-Lorraine (Pl.)	2
Boissy-d'Anglas (R.)	3
Cordeliers (Pl. des)	4
Libération (Pl. de la)	6
Marc-Seguin (Av.)	7
Meyzonnier (R.)	8
Montgolfier (R.)	9

• Mobilier actuel, tons jaune-orangé et quelques bibelots anciens participent au cadre plaisant et convivial de ce restaurant. Terrasse d'été dressée dans une courette.

au Golf de Gourdan par ① et N 82 (rte St-Étienne) : 6,5 km – ⊠ 07430 Annonay :

D'Ay 多, ℘ 04 75 67 01 00, *hotel.ay@free.fr*, Fax 04 75 67 07 38, 佘 – 劇, 圁 ch, ⅏ 咰 ℙ – 盈 15. 莅 ⅁

Repas ℘ 04 75 67 24 20 *(13)* - 18/39, enf. 8 ⅔ – ⅏ 7 – **38 ch** 70/95 – ½ P 65/70.

• Cet hôtel récent qui domine le parcours de golf propose des chambres assez spacieuses et meublées en rotin ; celles du 1er étage, avec balcon, sont les plus agréables. Salle à manger néo-rustique aménagée dans un bâtiment indépendant ; plats traditionnels.

ANNOT *04240 Alpes-de-H.-P.* 📖 *19 G. Alpes du Sud – 988 h alt. 708.*

Voir *Vieille ville★ – Clue de Rouaine★ S : 4 km.*

🛈 *Office de tourisme, boulevard St-Pierre ℰ 04 92 83 23 03, Fax 04 92 83 32 82, otsi.annot-@wanadoo.fr.*

Paris 812 – Castellane 31 – Digne-les-Bains 69 – Manosque 112.

Avenue, *ℰ 04 92 83 22 07, hot.avenue@wanadoo.fr, Fax 04 92 83 33 13* – 📺 📞 ⬜,
※ rest

1ᵉʳ avril-1ᵉʳ nov. – **Repas** *(fermé merc. midi et vend. midi)* 16 (dîner)/24 – 🍽 7 – **11** ch 52/57 – ½ P 47/52.

◆ Posez votre valise dans l'une des chambres aux tons provençaux de ce sympathique établissement familial bordant une avenue ombragée. Tenue scrupuleuse et bonne insonorisation. Pimpant petit restaurant et sa miniterrasse-trottoir ; cuisine à l'accent régional.

ANOST *71550 S.-et-L.* 📖 *E7 G. Bourgogne – 679 h alt. 454.*

Paris 274 – Autun 24 – Château-Chinon 20 – Mâcon 136 – Montsauche 20.

※
Galvache, *ℰ 03 85 82 70 88, Fax 03 85 82 79 62,* 🏠 – ⬜
🍴 *Pâques-11 nov. et fermé lundi hors saison* – **Repas** 15/35 🍷.

◆ Une adresse à ne pas manquer si l'on veut s'immerger dans la vie de village. Bar et restaurant tout simples, à l'ambiance bon enfant. Cuisine traditionnelle.

Dans ce guide

un même symbole, un même mot,

imprimé en **rouge** *ou en* **noir,** *en maigre ou en* **gras,**

n'ont pas tout à fait la même signification.

Lisez attentivement les pages explicatives.

ANSE *69480 Rhône* 📖 *H4 – 4 744 h alt. 170.*

🛈 *Office de tourisme, place du 8 mai 1945 ℰ 04 74 60 26 16, Fax 04 74 67 29 74.*

Paris 436 – Lyon 27 – Bourg-en-Bresse 57 – Mâcon 51 – Villefranche-sur-Saône 7.

🏨
St-Romain 🦢, *rte Graves ℰ 04 74 60 24 46, hotel-saint-romain@wanadoo.fr,*
Fax 04 74 67 12 85, 🏠, 🌿 – 📺 📞 🅿 – 🔥 20. 🆎 ⓞ ⬜ 🄹🄲🄱
fermé 22 nov. au 3 déc. et dim. soir de nov. à avril – **Repas** 19/46 🍴 – 🍽 6,50 – **24** ch 43/54 – ½ P 44.

◆ Vieille ferme beaujolaise rénovée dont les chambres rustiques, un peu désuètes, sont d'une tenue exemplaire. Une charrette garnie de fleurs artificielles trône dans la salle campagnarde éclairée par des lustres en fer forgé. Plats traditionnels, vins du cru.

ANTHY-SUR-LÉMAN *74 H.-Savoie* 📖 *L2 – rattaché à Thonon-les-Bains.*

ANTIBES *06600 Alpes-Mar.* 📖 *D6 G. Côte d'Azur – 72 412 h alt. 2 – Casino "la Siesta" bord de mer par ①.*

Voir *Vieille ville★ : Promenade Amiral-de-Grasse ⩽★ DXY – Château Grimaldi (Déposition de Croix★, Musée donation Picasso★) DX – Musée Peynet et de la Caricature★ DX M² – Marineland★ 4 km par ①.*

🛈 *Office de tourisme, 11 place de Gaulle ℰ 04 92 90 53 00, Fax 04 92 90 53 01, accueil@anti-bes-juanlespins.com.*

Paris 909 ③ – Cannes 11 ② – Aix-en-Provence 160 ③ – Nice 21 ①.

Plans pages suivantes

Josse sans rest, 8 bd James Wyllie *ℰ 04 92 93 38 38, hotel.josse@wanadoo.fr,*
Fax 04 92 93 38 39, ⩽ mer, 🌿 – 🗘 📺 📞 🚗, 🆎 ⓞ ⬜   **BU** s
🍽 **11** – **26** ch 146/174.

◆ Un boulevard sépare cette longue bâtisse de la plage de la Salis. Toutes les chambres, sobrement meublées et dotées de balcons, s'ouvrent sur la "grande bleue".

🏨
Mas Djoliba 🦢, 29 av. Provence *ℰ 04 93 34 02 48, hotel.djoliba@wanadoo.fr,*
Fax 04 93 34 05 81, 🏠, ♨, 🌿 – 📺 📞 🅿 🆎 ⬜, ※   **CY** d
3 fév.-4 nov. – **Repas** *(1ᵉʳ mai-30 sept.)* (dîner seul.) (résidents seul.) – 🍽 10 – **13** ch 80/120 – ½ P 74/94.

◆ Cette grande villa 1920 nichée dans un jardin est un oasis de quiétude où il fait bon paresser. Les chambres sont coquettes et régulièrement rafraîchies.

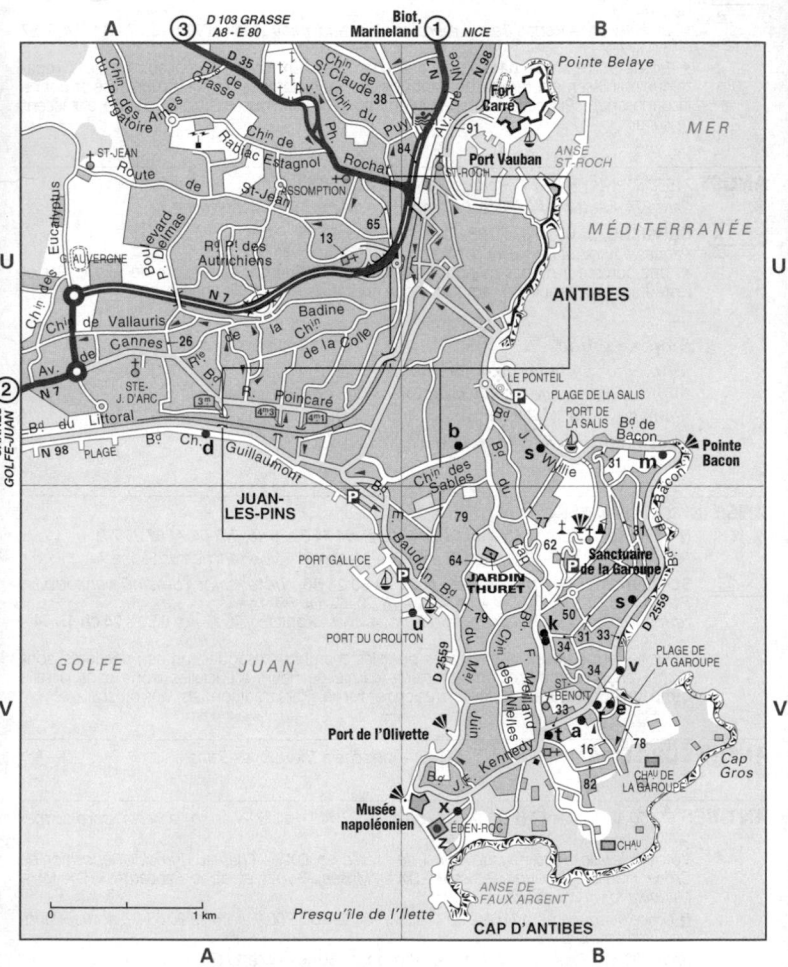

ANTIBES

Flèche noire
Sens unique en saison

Châtaignier (Av. du) .... **AU** 13	Ferrié (Av. Gén.) .... **AU** 26	Reibaud (Av.) .... **AU** 65
Contrebandiers	Gardiole-Bacon (Bd) ..... **BUV** 31	Salis (Av. de la) .... **BV** 77
(Ch. des) .... **BV** 16	Garoupe (Bd de la) .... **BV** 33	Sella (Av. André) .... **BV** 78
	Garoupe (Ch. de la) ...... **BV** 34	Tamisier (Ch. du) .... **BV** 79
	Grec (Av. Jules) .... **ABU** 38	Tour-Gandolphe (Av. de la) .. **BV** 82
	Malespine (Av.) .... **BV** 50	Vautrin
	Phare (Route du) .... **BV** 62	(Av. du Gén.) .... **BU** 84
	Raymond (Ch. G.) .... **BV** 64	11-Novembre (Av. du) ..... **BU** 91

Petit Castel sans rest, 22 chemin des Sables ℘ 04 93 61 59 37, *info@hotel-petitcastel.co
m*, Fax 04 93 67 51 28 – ⚐ ▤ TV 📞 AE GB   **BU b**
fermé 1er au 15 nov. – ⊆ 12 – **16 ch** 88/120.
   ◆ La bonne insonorisation des chambres compense la proximité d'une route passante.
Décor actuel, mobilier en rotin. Au dernier étage, terrasse-solarium panoramique et jacuzzi.

Modern Hôtel sans rest, 1 r. Fourmilière ℘ 04 92 90 59 05, *Fax 04 92 90 59 06* – ⚐ ▤
TV 📞 AE GB 🚭   **CX a**
⊆ 5,50 – **18 ch** 68/85.
   ◆ Cet hôtel situé à l'entrée de la zone piétonne a bénéficié d'une récente rénovation. Les
chambres offrent une sobre décoration, une literie neuve et un mobilier fonctionnel.

ANTIBES

Albert 1er (Bd) .... **CDY**

Alger (R. d') .... **CX** 3
Arazy (R.) .... **DXY** 4
Barnaud
  (Pl. Amiral) .... **DY** 6
Barquier (Av.) .... **DY** 8
Bas-Castelet (R. du) .. **DY** 9
Bateau (R. du) .... **DX** 10
Clemenceau (R. G.) ... **DX** 14

Dames-Blanches (Av. des) .. **CY** 19
Directeur Chaudon (R.) ..... **CY** 20
Docteur Rostan (R. du) .... **DX** 24
Gambetta (Av.) .... **CX** 30
Gaulle (Pl. du Gén. de) .... **CXY**
Grand-Cavalier (Av. du) ... **CX** 37
Guynemer (Pl.) .... **CX** 40
Haut-Castelet (R. du) ..... **DX** 42
Horloge (R. de l') .... **DX** 43
Martyrs de
  la Résistance (Pl. des) ... **CDX** 51
Masséna (Cours) .... **DX** 52

Meissonnier (Av.) .... **CDY** 54
Nationale (Pl.) .... **DX** 55
Orme (R. de l') .... **DX** 57
République (R. de la) ..... **CDX** 67
Revely (R. du) .... **DX** 68
Revennes (R. des) .... **DY** 69
St-Roch (Av.) .... **CX** 72
Saleurs (Rampe des) ..... **DX** 75
Tourrague (R. de la) ...... **DY** 83
Vautrin (Bd Gén.) .... **CX** 84
8 Mai 1945 (Square du) ... **DX** 90
24 Août (Av. du) .... **CY** 92

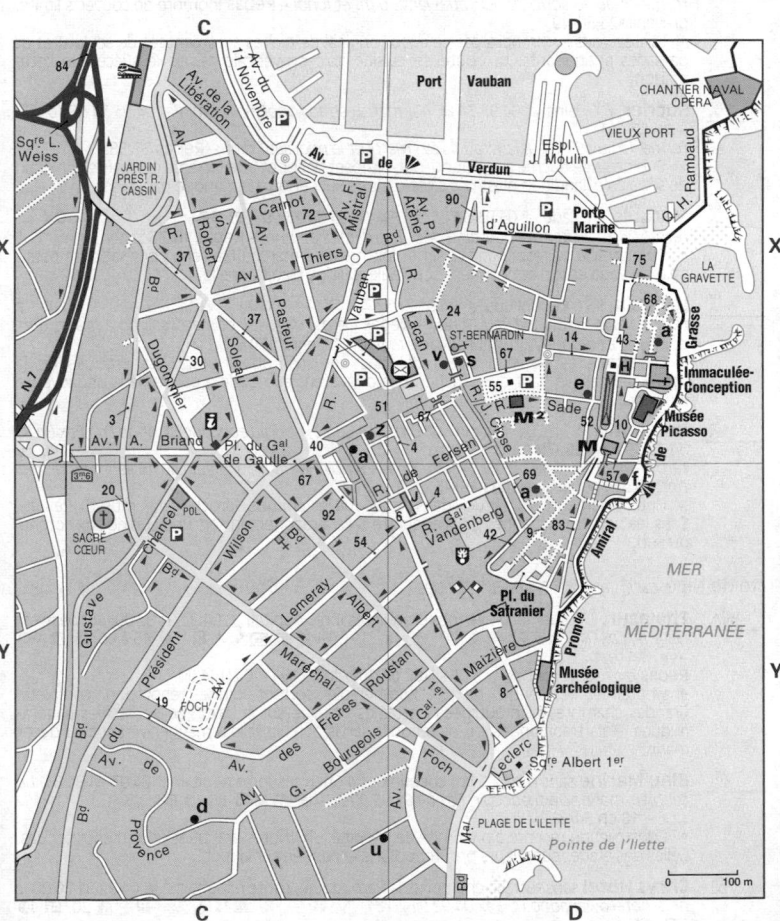

Ponteil 🛏, 11 impasse Jean Mensier ☎ 04 93 34 67 92, *hotelponteil@wanadoo.fr,*
Fax 04 93 34 49 47, ☆ – 📺 ⌚ 🅿. 🈯. ✕   **CY** u
fermé 14 nov. au 26 déc. – **Repas** *(fermé de nov.à mars.)* (dîner seul.)(résidents seul.) 20 –
⌣ 8 – **14 ch** 72/84 – ½ P 54/70.

♦ Gentille pension de famille dans une impasse proche des plages. Chambres modestes,
mais calmes. L'accueil charmant et convivial est compris dans l'addition !

XXX **Les Vieux Murs,** 25 promenade Amiral de Grasse ☎ 04 93 34 06 73, *lesvieuxmurs@wana*
doo.fr, Fax 04 93 34 81 08, ≤, ☆ – ▤ 📶   **DY** f
fermé 12 au 25 nov., merc. midi et mardi hors saison et le midi en juil.-août – **Repas** 39/60 et
carte 63 à 77, enf. 20 ♀.

♦ Un chaleureux décor aux tons rouges et une belle terrasse caractérisent cette maison de
pays située sur les remparts, face à la mer. Appétissante cuisine au goût du jour.

XX **Jarre**, 14 r. St-Esprit ℰ 04 93 34 50 12, *info@lajarre.com, Fax 04 93 34 94 25,* 🏤 – 🖭
GB   DX a
fermé vacances Toussaint, midi en juil.-août et merc. sauf le soir en été – **Repas** 32 (déj.)et
carte 38 à 58 ☒.
◆ Restaurant aménagé dans un ancien monastère de la vieille ville. Appréciez sa cuisine
régionale sous le magnifique figuier du patio ou dans la salle à manger provençale.

XX **Oscar's**, 8 r. Rostan ℰ 04 93 34 90 14, *Fax 04 93 34 90 14* – 🖃. GB   DX s
🚗 *fermé 1er au 15 août, 20 déc. au 5 janv., dim. et lundi* – **Repas** (nombre de couverts limité,
prévenir) 23,50/49.
◆ Laissez-vous surprendre par ce décor original de niches agrémentées de sculptures et
paysages antiquisants. La goûteuse cuisine italo-provençale assure le succès de cette
maison.

X **Sucrier**, 6 r. Bains ℰ 04 93 34 85 40, *marc_estrada@hotmail.com, Fax 04 93 34 85 40,* 🏤
– 🖃. 🖭 GB   DY a
fermé 11 au 19 nov., 8 janv. au 4 fév., mardi et le midi sauf dim. – **Repas** 25/58.
◆ Cuisine salée-sucrée au goût du jour, pimpant décor et une terrasse qui ajoute son grain
de sel : seule l'addition n'est pas salée dans ce Sucrier qui ne manque pas de sel.

X **Marquis**, 4 r. Sade ℰ 04 93 34 23 00, *Fax 04 93 34 23 00* – 🖭 GB   DX e
fermé 22 au 29 juin, 15 nov. au 6 déc., mardi midi et lundi – **Repas** 16/35 ☒.
◆ On apprécie ce restaurant voisin du pittoresque marché Masséna pour sa toute petite
salle rustique et son atmosphère conviviale. Cuisine traditionnelle.

X **L'Oursin**, 16 r. République ℰ 04 93 34 13 46, 🏤 – 🖃. GB   CX z
fermé 1er au 15 fév. et 1er au 21 nov. – **Repas** *(fermé dim. soir et mardi soir hors saison, dim.
en saison et lundi)* 17,60 (déj.) et carte environ 35, enf. 7,70 ☒.
◆ Ce bistrot est devenu au fil des ans une institution locale. Les produits de la
mer y tiennent le haut de l'affiche et se dégustent au coude à coude dans une joyeuse
ambiance.

X **Romantic**, 5 r. Dr Rostan ℰ 04 93 34 59 39, *brigittebocquet@yahoo.fr, Fax 04 93
34 59 39* – 🖃. 🖭 GB. ⬛   DX v
*fermé 14 au 20 mars, 13 au 27 juin, 14 au 28 nov., le midi du 15 juin au 16 sept., lundi midi
hors saison et dim.* – **Repas** 26/46.
◆ L'établissement est situé dans une ruelle animée proche du musée Peynet.
Sous les poutres anciennes de la coquette salle à manger, on sert une cuisine aux accents
du Sud.

rte de Nice *par ① et N 7* – ✉ *06600 Antibes :*

🏨 **Thalazur**, 770 chemin Moyennes Breguières (près hôpital) ℰ 04 92 91 82 00, *antibes@tha
lazur.fr, Fax 04 93 65 94 14,* ≤, 🏤, ⬛, Ⅰ₆, ⬛, ⬛ – ⬛ 🖃 📺 ℃ ⅙ 🅿 – 🅰 15 à 60. 🖭 ⓞ GB
JCB. ⬛ rest
Repas (24) - 28/45, enf. 8 – ☲ 15 – **162 ch** 109/206 – ½ P 104/144,50.
◆ L'hôtel et le centre de thalassothérapie sortent d'une rénovation complète.
Grandes chambres bien équipées (certaines ont vue sur la baie) ; belles piscines panora-
miques. Plats traditionnels ou diététiques servis dans la salle à manger-véranda au décor
marin.

🏨 **Bleu Marine** sans rest, 2,5 km chemin des 4 Chemins (près hôpital) ℰ 04 93 74 84 84, *ho
tel-bleu-marine@wanadoo.fr, Fax 04 93 95 90 26* – ⬛ 📺 ℃ 🅿. 🖭 ⓞ GB. ⬛
☲ 6 – **18 ch** 54/65.
◆ Construction récente à proximité de l'hôpital. Chambres pratiques et bien entretenues.
Celles des étages supérieurs profitent d'une échappée sur la mer.

🏨 **Chrys Hôtel** sans rest, 50 chemin de la Parouquine, route nationale 7 ℰ 04 92 91 70 20, *c
hrys-hotel@wanadoo.fr, Fax 04 92 91 70 21,* ⬛, 🌳 – ℀ 🖃 ℃ ⅙ ⬛ 🅿 – 🅰 20. 🖭 ⓞ
GB. ⬛
fermé 17 au 27 déc. – ☲ 9 – **31 ch** 90/140.
◆ Bâtisse blanche de style régional abritant de petites chambres fonctionnelles et insonorisées. Coquette salle des petits-déjeuners dressée face à la piscine.

par ③ *rte de Grasse : 4,5 km* – ✉ *06600 Antibes :*

🏨 **Kyriad**, 2067 chemin de St-Claude (près centre commercial Carrefour) ℰ 04 93 33 34 50,
kyriad.antibes@wanadoo.fr, Fax 04 93 74 11 61, ⬛ – ℀ ℀ 🖃 📺 ℃ ⅙ – 🅰 30. 🖭 GB.
⬛ rest
Repas *(fermé sam. et dim. hors saison)* (dîner seul.) 16/22,60 ⬛ – ☲ 7 – **87 ch** 72.
◆ Construction moderne située au coeur d'un centre d'affaires à l'écart des nuisances
sonores. Chambres rafraîchies et bien équipées. Une étape avant tout pratique. Salle à
manger claire ; cuisine traditionnelle escortée de copieux buffets.

Cap d'Antibes – ✉ *06160 Juan-les-Pins.*

Voir *Plateau de la Garoupe* ※★★ – *Jardin Thuret*★ **Z F** – ≤★ *Pointe Bacon* – ≤★ *de la plate-forme du bastion (musée naval)* **Z M.**

Cap, bd Kennedy ✆ 04 93 61 39 01, *edenroc-hotel@wanadoo.fr, Fax 04 93 67 76 04,* ≤ littoral et massif de l'Esterel, – 200. BV x
8 avril-mi oct. – **Repas** voir rest ***Eden Roc*** ci-après – 25 – **123 ch** 550/1200, 10 suites.
◆ Passage obligé de la jet-set, ce palace du 19e s. est niché dans un grand parc fleuri face à la mer. Luxe, meubles anciens, espace et calme en font un lieu magique.

Impérial Garoupe, 770 chemin Garoupe ✆ 04 92 93 31 61, *cap@hotelimperialgaroupe.com, Fax 04 92 93 31 62,* – 25. AE GB. rest BV r
4 avril-31 oct. – ***L'Anse*** *(fermé merc. sauf juil.-août)* **Repas** 44/55 – 22 – **30 ch** 500/550, 4 suites – ½ P 327/352.
◆ Belle demeure méditerranéenne entourée d'une végétation luxuriante. Les chambres, réparties autour d'un patio, s'emplissent de la lumière et des couleurs de la Côte d'Azur. Cuisine aux saveurs du Sud, en harmonie avec le décor de la plaisante salle à manger.

Don César, 46 bd Garoupe ✆ 04 93 67 15 30, *hotel.don.cesar@wanadoo.fr, Fax 04 93 67 18 25,* ≤, – AE GB. BV s
hôtel : 15 mars-15 nov. ; rest. : 8 avril-31 oct. et fermé mardi midi et lundi – **Repas** 45 – 14 – **21 ch** 305/455.
◆ Grande villa moderne à la silhouette discrètement antiquisante. Les terrasses privées des chambres cossues donnent toutes sur la mer. Piscine à débordement. Salle à manger intime ; cuisine inventive où s'illustrent les produits régionaux.

Baie Dorée, 579 bd Garoupe ✆ 04 93 67 30 67, *baiedore@club-internet.fr, Fax 04 92 93 76 39,* ≤ mer, – 25. AE GB. rest BV v
Repas *(15 avril-30 sept.)* 55 – 20 – **16 ch** 365/580 – ½ P 280/355.
◆ Agrippée à un rocher, cette lumineuse villa méridionale a quasiment les "pieds dans l'eau". Les chambres, accueillantes et soignées, ont toutes vue sur la baie. Ponton privé. Salle à manger aux tonalités douces et dorées ; cuisine aux saveurs marines.

Beau Site sans rest, 141 bd Kennedy ✆ 04 93 61 53 43, *hbeausit@club-internet.fr, Fax 04 93 67 78 16,* – AE GB. BV t
18 fév.-20 oct. – 11 – **30 ch** 65/122.
◆ Façade proprette, chambres au mobilier peint dans le style provençal du 18e s., terrasse ombragée et piscine font l'attrait de cet hôtel convivial de la délicieuse presqu'île.

Garoupe et Gardiole, 60 chemin Garoupe ✆ 04 92 93 33 33, *info@hotel-lagaroupe-gardiole.com, Fax 04 93 67 61 87,* – AE GB. ch BV k
1er avril-17 oct. – **Repas** *(1er juin-19 sept.)* (dîner seul.) 28 – 12 – **37 ch** 135/170 – ½ P 81,50/119.
◆ Jolies maisons des années 1920 restaurées dans un esprit provençal et entourées d'un paisible jardin arboré. Chambres fraîches à la Garoupe et rustiques à la Gardiole. Salle à manger-véranda ouverte sur une délicieuse terrasse sous pergola.

Castel Garoupe sans rest, 959 bd la Garoupe ✆ 04 93 61 36 51, *castel-garoupe@wanadoo.fr, Fax 04 93 67 74 88,* – cuisinette AE GB. BV a
12 mars-2 nov. – 8 – **22 ch** 130/150, 6 studios.
◆ Un parc fleuri entoure cette maison où le décor d'origine (années 1960) s'harmonise avec un beau mobilier chiné chez les antiquaires. Toutes les chambres ont un balcon.

Levant sans rest, à la Garoupe, chemin plage ✆ 04 92 93 72 99, *Fax 04 92 93 72 60,* ≤, – AE GB. BV e
26 avril-29 sept. – 10 – **25 ch** 110/170.
◆ Petit immeuble des années 1970 situé en léger retrait de la plage de la Garoupe. Chambres de bon confort, dotées de balcons et parfois tournées vers la "grande bleue".

Eden Roc - Hôtel du Cap, bd Kennedy ✆ 04 93 61 39 01, *edenroc-hotel@wanadoo.fr, Fax 04 93 67 76 04,* ≤ littoral et les îles, BV z
8 avril-mi-oct. – **Repas** carte 80 à 135.
◆ Superbe villa isolée sur un roc en bordure de mer : difficile de trouver meilleure situation pour goûter au luxe d'un lieu mythique où s'attabler sur la terrasse est un "must".

Bacon, bd Bacon ✆ 04 93 61 50 02, *restaurantdebacon@libertysurf.fr, Fax 04 93 61 65 19,* ≤ Antibes et baie des Anges, AE GB. BU m
1er fév.-31 oct. et fermé mardi midi et lundi – **Repas** (dîner à la carte en juil.-août) 45 (déj.)/75 et carte 81 à 106.
◆ L'institution locale en matière de cuisine de la mer. Salle et terrasse panoramiques où se marient élégance et sobriété ; tables décorées de poissons en verrerie de Biot.
Spéc. Bouillabaisse. Fricassée de langouste à l'estragon. Chapon grand mère aux petits oignons blancs (mai à sept.). **Vins** Côtes de Provence.

ANTILLY *60620 Oise* 305 I6 – *313 h alt. 90.*
Paris 71 – Compiègne 35 – Beauvais 89 – Meaux 29 – Senlis 34 – Soissons 45.

Poivre et Sel, 19 r. Château ☎ 03 44 87 88 20, *Fax 03 44 87 88 29,* – TV ☎ & AE GB ch
fermé dim. soir et merc. – **Repas** 21/33 – ☕ 6,50 – **7 ch** 46/52 – 1/2 P 49.
◆ Ambiance familiale dans cette petite auberge située sur la place de l'église d'un village baigné par la Grivette. Chambres garnies d'un mobilier contemporain. Des objets du terroir décorent l'agreste salle des repas. En été, tables dressées dans la cour.

ANTONNE-ET-TRIGONANT *24 Dordogne* 329 F4 – *rattaché à Périgueux.*

ANTONY *92 Hauts-de-Seine* 311 J3 101 ㉕ – *Voir à Paris, Environs.*

ANTRAIGUES-SUR-VOLANE *07530 Ardèche* 331 I5 *G. Vallée du Rhône – 498 h alt. 470.*
Syndicat d'initiative, place de la résistance ☎ 04 75 88 23 06, Fax 04 75 88 23 06, antraigues-sur-volane@fnotsi.net.
Paris 637 – Aubenas 15 – Lamastre 58 – Langogne 67 – Privas 42 – Le Puy-en-Velay 75.

Remise, au pont de l'Huile ☎ 04 75 38 70 74 – P.
fermé 24 juin au 3 juil., 1er au 9 sept., 16 déc. au 8 janv., dim. soir et vend. sauf juil.-août – **Repas** 20/31.
◆ Ici, le patron propose oralement ses recettes du terroir choisies en fonction du marché. "Bonne franquette" et nappes à carreaux dans une vieille grange ardéchoise.

ANZIN-ST-AUBIN *62 P.-de-C.* 301 J6 – *rattaché à Arras.*

Dans ce guide
un même symbole, un même mot,
imprimé en ***rouge*** *ou en* ***noir****, en maigre ou en* ***gras****,*
n'ont pas tout à fait la même signification.
Lisez attentivement les pages explicatives.

AOSTE *38490 Isère* 333 G4 *G. Alpes du Nord – 1 715 h alt. 221.*
Paris 512 – Grenoble 55 – Belley 25 – Chambéry 37 – Lyon 71.

à la Gare de l'Est *Nord-Est : 2 km sur N 516 – ✉ 38490 Aoste :*

Vieille Maison, ☎ 04 76 31 60 15, *Fax 04 76 31 69 75,* – TV P. AE GB
fermé 9 sept. au 7 oct. et 23 déc. au 3 janv. – **Repas** *(fermé dim. soir, jeudi midi et merc.)* 20/52, enf. 12 – ☕ 8 – **17 ch** 51/57 – 1/2 P 53/56.
◆ Cet ex-relais de diligence a été restauré et agrandi d'une aile récente. Chambres d'inspiration rustique, jardin verdoyant, piscine couverte et sauna. Cadre campagnard au restaurant et terrasse dressée par beau temps dans la cour plantée de marronniers.

Au Coq en Velours avec ch, 1800 rte, de St Génix ☎ 04 76 31 60 04, *Fax 04 76 31 77 55,* – TV P. AE GB
fermé 1er au 28 janv., jeudi soir(sauf hôtel) dim. soir et lundi – **Repas** (18) - 25/54 – ☕ 7 – **7** ch 60/65.
◆ Pimpante auberge de village tenue par la même famille depuis 1900. Chaleureuse salle à manger contemporaine et terrasse ombragée dressée dans un jardin fleuri.

APREMONT *73190 Savoie* 333 I4 – *890 h alt. 330.*
Env. *Col de Granier : ≤★★ des terrasses du chalet-hôtel, SO : 14 km,* G. **Alpes du Nord.**
Paris 569 – Grenoble 50 – Albertville 48 – Chambéry 9 – St-Jean-de-Maurienne 71.

Auberge St-Vincent, ☎ 04 79 28 21 85, *Fax 04 79 71 62 06,* – AE GB
fermé 28 juin au 10 juil., vacances de Toussaint, de fév., dim. soir et mardi soir – **Repas** 12,50 (déj.), 24,50/40, enf. 8,80.
◆ Accueillante ambiance rustique dans cet ancien relais de poste du petit village célèbre pour son vin : coquette salle voûtée et jolie terrasse donnant sur les vignes.

APT SP *84400 Vaucluse* 332 F10 *G. Provence – 11 172 h alt. 250.*
Office de tourisme, 20 avenue Ph de Girard ☎ 04 90 74 03 18, Fax 04 90 04 64 30, omt.apt@free.fr.
Paris 728 ③ – Aix-en-Provence 56 ② – Avignon 54 ③ – Digne-les-Bains 91 ①.

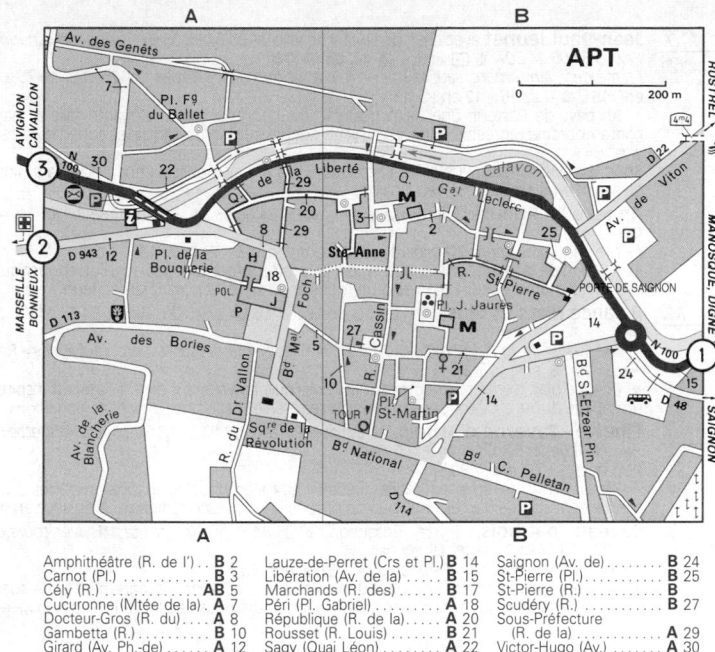

Amphithéâtre (R. de l') .. **B** 2
Carnot (Pl.) .... **B** 3
Cély (R.) .... **AB** 5
Cucuronne (Mtée de la) . **A** 7
Docteur-Gros (R. du) .... **A** 8
Gambetta (R.) .... **B** 10
Girard (Av. Ph.-de) ..... **A** 12

Lauze-de-Perret (Crs et Pl.) **B** 14
Libération (Av. de la) ..... **B** 15
Marchands (R. des) ..... **B** 17
Péri (Pl. Gabriel) .... **A** 18
République (R. de la) ..... **A** 20
Rousset (R. Louis) .... **B** 21
Sagy (Quai Léon) .... **A** 22

Saignon (Av. de) .... **B** 24
St-Pierre (Pl.) .... **B** 25
St-Pierre (R.) .... **B**
Scudéry (R.) .... **B** 27
Sous-Préfecture
  (R. de la) .... **A** 29
Victor-Hugo (Av.) .... **A** 30

à Saignon *Sud-Est : 4 km par D 48 – 994 h. alt. 450 –* ⊠ *84400 Apt :*

🏠 **Auberge du Presbytère** ⌇, 🖉 04 90 74 11 50, *auberge.presbytere@wanadoo.fr*,
Fax 04 90 04 68 51, ≼, 🛆 – ⊖B
fermé 15 nov. au 15 fév. – **Repas** *(fermé merc.)* (prévenir) 21,50 (déj.)/32 – ☞ 8,50 – **15 ch**
85/115 – ½ P 66,50/98.
   ♦ Mobilier ancien, tomettes, poutres apparentes et cheminée préservent l'âme de cette
vénérable maison. Chambres plaisantes, dont deux avec terrasse offrant une vue unique.
Jolie salle à manger-véranda, patio et terrasse dressée le midi sur la place du village.

par ③ – ⊠ *84400 Apt :*

XXX **Bernard Mathys**, Le Chêne, 4,5 km par N 100 🖉 04 90 04 84 64, Fax 04 90 74 69 78, 🛆,
🔟 – 🅿. 🖭 ⊖B
fermé mi-janv. à mi-fév., mardi et merc. – **Repas** *(dîner seul.)* 43/85 et carte 60 à 85.
   ♦ Au bout d'un chemin un peu accidenté, demeure bourgeoise entourée d'un parc
soigneusement entretenu. Deux élégantes salles à manger au mobilier d'inspiration Empire.

ARBOIS *39600 Jura* 🔟🔟🔟 *E5 G. Jura – 3 698 h alt. 350.*

Voir *Maison paternelle de Pasteur*★ – *Reculée des Planches*★★ *et grottes des Planches*★ *E :*
4,5 km par D 107 – Cirque du Fer à Cheval★★ *S : 7 km par D 469 puis 15 mn – Église*
Saint-Just★.

🛈 *Office de tourisme, 10 rue de l'Hôtel-de-Ville* 🖉 *03 84 66 55 50, Fax 03 84 66 25 50,*
otsi@arbois.com.

Paris 407 – Besançon 46 – Dole 34 – Lons-le-Saunier 40 – Salins-les-Bains 13.

🏨 **Cépages,** rte Villette-les-Arbois 🖉 03 84 66 25 25, *contact@sylver-tours.com,*
Fax 03 84 37 49 62 – 🛗, ▤ rest, 🔟 🕭 🅿 – 🔏 30. 🖭 ⊚ ⊖B
Repas 18 ⵊ – ☞ 8,50 – **33 ch** 52/61 – ½ P 48.
   ♦ Au bord de la N 83, bâtiment cubique abritant des chambres avant tout pratiques ; celles
côté route bénéficiant d'une insonorisation efficace et de la climatisation.

🏠 **Messageries** sans rest, r. Courcelles 🖉 03 84 66 15 45, *hotel.lesmessageries@wanadoo.f*
r, Fax 03 84 37 41 09 – 🔟 🕭. ⊖B
fermé déc. et janv. – ☞ 7 – **26 ch** 27/61.
   ♦ Sur une artère fréquentée, vieux relais de poste à la jolie façade en pierre. Chambres
progressivement rénovées, plus anciennes mais aussi plus tranquilles à l'arrière.

XXX
ፉፉ **Jean-Paul Jeunet** avec ch, r. de l'Hôtel de Ville ℘ 03 84 66 05 67, *jpjeunet@wanadoo.fr*,
Fax 03 84 66 24 20 – 🛗 📺 ⟵ – 🔬 40. 🖭 ⑩ 🖼
fermé déc., janv., merc. sauf le soir en juil.-août et mardi – **Repas** 45/125 et carte 75 à 100,
enf. 18 ♀ – ⊂⊃ 15 – **12 ch** 85/110.
    ♦ Au pays de Pasteur, une halte gourmande incontournable : élégante salle à manger
contemporaine, agréable patio verdoyant, subtile cuisine du terroir et superbe carte des
vins.
Spéc. Ecrevisses (été). Poulet de Bresse au Vin jaune et morilles. Chocolat jivara et liqueur
de sapin. **Vins** Arbois, Château-Chalon.

Annexe Le Prieuré 🏨 ⚓ sans rest, ℘ 03 84 66 05 67, *Fax 03 84 66 24 20*, ☞ – 📺
🖼
fermé déc., janv., merc. de sept. à juin et mardi – ⊂⊃ 15 – **7 ch** 70/135.
    ♦ À 200 m de la maison mère, bâtisse du 17ᵉ s. au confort bourgeois où l'on chouchoute le
client. Les chambres sont garnies d'un mobilier de style. Reposant jardin fleuri.

XX **Balance Mets et Vins**, 47 r. de Courcelles ℘ 03 84 37 45 00, *Fax 03 84 66 14 55*, 😤 –
🖼
fermé 30 juin au 7 juil., 12 déc. au 28 janv., dim. soir , mardi soir et merc. sauf fériés – **Repas**
(14 bc) - 20/38, enf. 10 ♀ 🐟.
    ♦ Chaque plat, mijoté en cocotte sur le vieux fourneau trônant dans la salle, est inspiré par
un cépage du Jura. Décor épuré, agréable terrasse et belle carte de vins régionaux.

X **Finette - Taverne d'Arbois**, 22 av.Louis Pasteur ℘ 03 84 66 06 78, *info@finette.com*,
Fax 03 84 66 08 82, 😤 – 🗐 🅿. 🖼
Repas 15,50/48, enf. 7,80 ♀.
    ♦ Sympathique taverne au cadre rustique jurassien (façade en bois, mobilier paysan,
service en costume traditionnel) où l'on propose une cuisine régionale. Ambiance animée.

X **Caveau d'Arbois**, 3 rte Besançon ℘ 03 84 66 10 70, *contact@sylver-tours.com*,
🕭 Fax 03 84 37 49 62 – 🗐 🅿. 🖭 ⑩ 🖼, 🛠
fermé dim. soir et lundi – **Repas** *(12 bc)* - 15/29, enf. 10 ♀.
    ♦ À l'orée d'Arbois, maison de pays dont la cuisine traditionnelle, agrémentée de spéciali-
tés du terroir, se déguste dans une salle à manger lumineuse et sobrement aménagée.

Si le coût de la vie subit des variations importantes,
les prix que nous indiquons peuvent être majorés.
Lors de votre réservation à l'hôtel, faites-vous préciser le prix définitif.

ARBONNE 64 Pyr.-Atl. 342 C4 – *rattaché à Biarritz.*

L'ARBRESLE 69210 Rhône 327 G4 – 5 777 h alt. 230.
    🚺 Office de tourisme, 18 place Sapéon ℘ 04 74 01 48 87, Fax 04 74 01 48 87, *ot.pays-delarbresle@wanadoo.fr*.
    Paris 453 – Lyon 28 – Mâcon 68 – Roanne 58 – Villefranche-sur-Saône 23.

X **Capucin**, 27 r. P. Brossolette ℘ 04 37 58 02 47, *Fax 04 37 58 02 48*, 😤 – 🖼
25 juil. au 16 août, vacances de fév., dim. et lundi – **Repas** 12 bc (déj.), 16,50/27,50.
    ♦ Cette maison du 17ᵉ s. borde une rue piétonne où l'on dresse quelques tables en été.
Pierres apparentes et chaises rustiques caractérisent le décor ; cuisine du marché.

ARCACHON 33120 Gironde 335 D7 G. Aquitaine – 11 454 h alt. 5 – Casino **BZ**.
    Voir *Front de mer★ : ⩽★ de la jetée – Boulevard de la Mer★ – La Ville d'Hiver★ – Musée de la
maquette marine : port★ **BZ M.**
    🏌 d'Arcachon à La Teste-de-Buch ℘ 05 56 54 44 00, **ABX.**
    🚺 Office de tourisme, esplanade Georges Pompidou ℘ 05 57 52 97 97, Fax 05 57 52 97 77,
tourisme@arcachon.com.
    Paris 650 ① – Bordeaux 67 ① – Agen 196 ① – Bayonne 181 ① – Dax 145 ① – Royan 192 ①.

Plan page ci-contre

🏨 **Mercure** sans rest, 4 r. Prof. Jolyet ℘ 05 56 83 99 91, *hotel-mercure.arcachon@wanadoo
.fr*, Fax 05 56 83 87 92 – 🛗 🗐 📺 📞 🅿 🖭 ⑩ 🖼 🗁   BZ   r
fermé 5 au 26 déc. – ⊂⊃ 12 – **57 ch** 94/198.
    ♦ Presque sur le front de mer, chambres confortables, à réserver en priorité avec balcon
et vue sur le bassin. Salles de réunions dans le palais des congrès mitoyen.

🏨 **Point France** sans rest, 1 r. Grenier ℘ 05 56 83 46 74, *hotel-point-france@hotel-point-fr
ance.com*, Fax 05 56 22 53 24 – 🛗 🗐 📺 📞 ⟵. 🖭 ⑩ 🖼 🗁   BZ   q
1ᵉʳ mars-1ᵉʳ nov. – ⊂⊃ 12 – **34 ch** 107/175.
    ♦ La majorité des chambres de cet hôtel des années 1970 est rénovée dans un joli style
contemporain et certaines disposent de terrasses tournées vers le bassin.

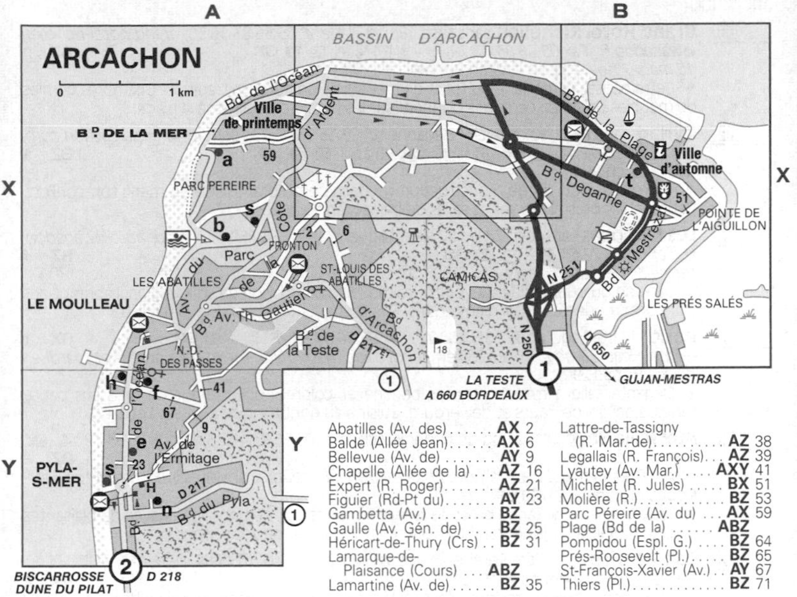

ARCACHON

BASSIN D'ARCACHON

B^d DE LA MER

Ville de printemps

PARC PEREIRE

LES ABATILLES

LE MOULLEAU

N.D. DES PASSES

PYLA-S-MER

BISCARROSSE
DUNE DU PILAT

D 218

Ville d'automne

POINTE DE L'AIGUILLON

LES PRÉS SALÉS

GUJAN-MESTRAS

LA TESTE
A 660 BORDEAUX

Abatilles (Av. des)	**AX**	2
Balde (Allée Jean)	**AX**	6
Bellevue (Av. de)	**AY**	9
Chapelle (Allée de la)	**AZ**	16
Expert (R. Roger)	**AZ**	21
Figuier (Rd-Pt du)	**AY**	23
Gambetta (Av.)	**BZ**	
Gaulle (Av. Gén. de)	**BZ**	25
Héricart-de-Thury (Crs)	**BZ**	31
Lamarque-de-Plaisance (Cours)	**ABZ**	
Lamartine (Av. de)	**BZ**	35
Lattre-de-Tassigny (R. Mar.-de)	**AZ**	38
Legallais (R. François)	**AZ**	39
Lyautey (Av. Mar.)	**AXY**	41
Michelet (R. Jules)	**BX**	51
Molière (R.)	**BZ**	53
Parc Péreire (Av. du)	**AX**	59
Plage (Bd de la)	**ABZ**	
Pompidou (Espl. G.)	**BZ**	64
Prés-Roosevelt (Pl.)	**BZ**	65
St-François-Xavier (Av.)	**AY**	67
Thiers (Pl.)	**BZ**	71

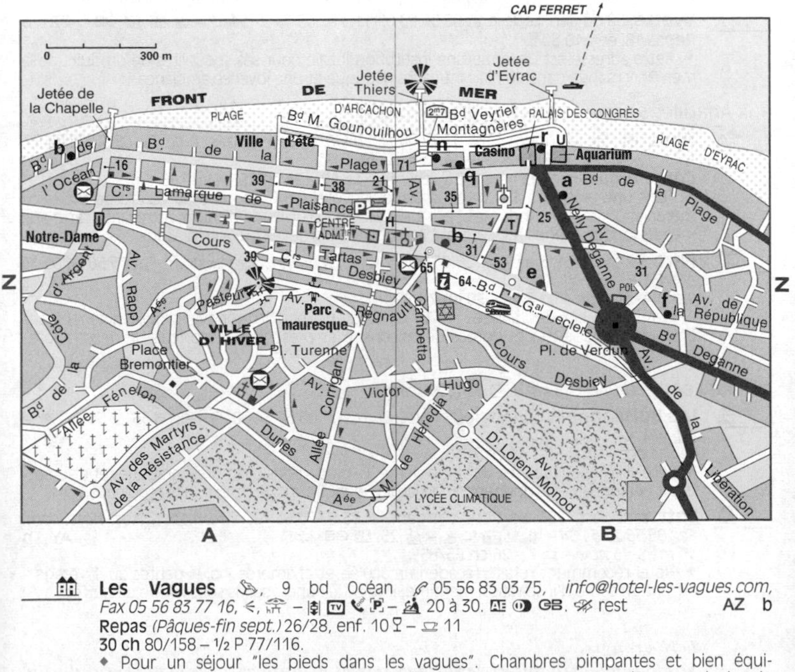

CAP FERRET

Jetée de la Chapelle

FRONT DE MER

Jetée Thiers

Jetée d'Eyrac

PALAIS DES CONGRÈS

PLAGE D'EYRAC

Notre-Dame

Bd M. Gounouilhou

Bd Veyrier Montagnères

Casino

Aquarium

Ville d'été

Parc mauresque

VILLE D'HIVER

Place Bremontier

Pl. Turenne

Pl. de Verdun

LYCÉE CLIMATIQUE

🏨 **Les Vagues** 🦪, 9 bd Océan, ☎ 05 56 83 03 75, *info@hotel-les-vagues.com*, Fax 05 56 83 77 16, ≤, 🍴 – 📶 📺 ☎ 🅿 – 🔬 20 à 30. 🆎 ⑩ 🇬🇧. ⁂ rest   **AZ b**
Repas *(Pâques-fin sept.)* 26/28, enf. 10 ♀ – ♀ 11
30 ch 80/158 – ½ P 77/116.

♦ Pour un séjour "les pieds dans les vagues". Chambres pimpantes et bien équipées, agrandies d'un bow-window au dernier étage. Vue panoramique sur le bassin depuis l'agréable salle à manger au décor marin. Produits de l'océan et plats traditionnels.

189

🏨 **Grand Hôtel Richelieu** sans rest, 185 bd Plage 𝒫 05 56 83 16 50, *grand-hotel-richelieu @wanadoo.fr*, Fax 05 56 83 47 78, ←– 🛗 TV 📞 P... 🖭 ⓞ ⒼⒷ   BZ   n
15 mars-2 nov. – ☑ 10 – **43 ch** 80/160.
  ◆ Cette bâtisse centenaire du front de mer abrite un hôtel de tradition. Chambres garnies de meubles de style ; certaines donnent sur les flots. Accès direct à la plage.

🏨 **Kyriad** sans rest, 10 av. Nelly Deganne 𝒫 05 56 83 06 23, *contact@hotelarcachon.com*, Fax 05 56 83 41 47 – 🛗 🗯 TV 📞 P... – 🛦 20 à 50. 🖭 ⓞ ⒼⒷ   BZ   a
☑ 7 – **53 ch** 98/105.
  ◆ À proximité du rivage, construction moderne améliorant régulièrement son confort. Petites chambres pratiques et salles de bains bien équipées.

🏨 **Les Mimosas** sans rest, 77 bis av. République 𝒫 05 56 83 45 86, *contact.hotel@wanadoo. fr*, Fax 05 56 22 53 40 – 🛗. 🖭 ⒼⒷ   BZ   f
fermé 31 déc. au 1er mars – ☑ 5,80 – **21 ch** 50/75.
  ◆ Dans un quartier résidentiel plutôt calme, discrète maison de style régional abritant des chambres modestes, mais bien tenues. En été, petits-déjeuners sur la terrasse.

❌❌ **Patio**, 10 bd Plage 𝒫 05 56 83 02 72, *05 56 54 89 98*, 🌦 – 🖭 ⒼⒷ   BX   t
fermé 15 au 30 nov., 15 au 28 fév., lundi midi, mardi midi, merc. midi en été et mardi en hiver – **Repas** 29 bc.
  ◆ Élégante salle à manger contemporaine et colorée, ouverte sur un ravissant patio-terrasse envahi de fleurs et de verdure. Cuisine au goût du jour, axée sur l'océan.

❌❌ **Aux Mille Saveurs**, 25 bd du Général Leclerc 𝒫 05 56 83 40 28, Fax 05 56 83 12 14 – ▤. ⒼⒷ   BZ   e
fermé 8 au 15 mars, 2 au 21 nov., lundi midi en juil.-août, dim. soir et lundi de sept. à juin – **Repas** 13,50 (déj.), 21/39 ℾ.
  ◆ Une lumineuse véranda précède la salle à manger contemporaine égayée de plaisantes couleurs douces. Cuisine traditionnelle sensible au rythme des saisons.

❌ **Cap Pereire**, 1 av. Parc Pereire 𝒫 05 56 83 24 01, Fax 05 57 15 04 41, ←, 🌦 – ⒼⒷ
fermé le mardi – **Repas** 29/36 ℾ.   AX   a
  ◆ Beau décor marin, terrasse face à la mer, cuisine océane et carte des vins à prix attractifs : quatre bonnes raisons pour mettre le cap sur cette maison de style colonial.

❌ **Yvette**, 59 bd Gén. Leclerc 𝒫 05 56 83 05 11, Fax 05 56 22 51 62 – ▤. 🖭 ⓞ ⒼⒷ   BZ   b
Repas 18, enf. 10,50 ℾ.
  ◆ Cette adresse est devenue une institution locale pour ses spécialités de produits de la mer. On y mange dans un plaisant cadre nautique et une joyeuse ambiance.

aux Abatilles *Sud-Ouest : 2 km* – ✉ *33120 Arcachon :*

🏨 **Novotel** 🌦, av. Parc 𝒫 05 57 72 06 72, *h3382@accor-hotels.com*, Fax 05 57 72 06 82, 🌦, ⅃, – 🛗 🗯 ▤ TV 📞 ♿ P... – 🛦 150. 🖭 ⓞ ⒼⒷ   AX   b
Côté d'Arguin : **Repas** (18,50)-26 ℾ, enf. 11 – ☑ 12 – **94 ch** 155 – ½ P 96/113.
  ◆ Dans une pinède, à 100 m de la plage, Novotel neuf associé à un centre de thalasso-thérapie. Chambres modernes ; la moitié avec vue sur mer. Solarium. Attrayante carte aux saveurs iodées, menus minceur et bon choix de bordeaux du Côté d'Arguin.

🏨 **Parc** 🌦 sans rest, 5 av. Parc 𝒫 05 56 83 10 58, *b.dronne@wanadoo.fr*, Fax 05 56 54 05 30 – 🛗 TV P... ⒼⒷ. 🌦   AX   s
1er mai-30 sept. – ☑ 8,50 – **30 ch** 76/89.
  ◆ Cet immeuble des années 1970, ceint d'une pinède, rénove progressivement ses chambres : spacieuses et dotées de balcons, elles présentent désormais un décor sobre-ment actuel.

au Moulleau *Sud-Ouest : 5 km* – ✉ *33120 Arcachon :*

🏨 **Les Buissonnets** 🌦 sans rest, 12 r. L. Garros 𝒫 05 56 54 00 83, Fax 05 56 22 55 13, 🌦 – TV. ⒼⒷ. 🌦   AY   f
fermé oct. – ☑ 8,50 – **13 ch** 78.
  ◆ Jolie villa (1895) tapissée de vigne vierge. La plupart des chambres, pratiques et discrète-ment personnalisées, donnent sur le jardin fleuri. Boutique de produits régionaux.

🏨 **Yatt** sans rest, 253 bd Côte d'Argent 𝒫 05 57 72 03 72, *information@yatt-hotel.com*, Fax 05 56 22 51 34 – 🛗 ▤ TV ♿ – 🛦 25. 🖭 ⒼⒷ. 🌦   AY   h
1er mars-15 nov. – ☑ 7 – **26 ch** 65/85.
  ◆ Hôtel récemment refait : façade immaculée et chambres - plus petites au 1er étage - offrant un cadre d'inspiration maritime. Petits-déjeuners servis sous forme de buffet.

Ecrivez-nous...
Vos louanges comme vos critiques seront examinées avec le plus grand soin.
Nous reverrons sur place les informations que vous nous signalez.
Par avance merci !

ARCANGUES 64 Pyr.-Atl. **342** C4 – rattaché à Biarritz.

ARC-EN-BARROIS 52210 H.-Marne **313** K6 G. Champagne Ardenne – 898 h alt. 270.

    📍 d'Arc-en-Barrois ℘ 03 25 01 54 54, S : 1 km par D 6.

    🅱 Office de tourisme, place Moreau ℘ 03 25 02 52 17, Fax 03 25 01 55 20.

    Paris 263 – Bar-sur-Aube 55 – Châtillon-sur-Seine 44 – Chaumont 24 – Langres 30.

XX   **Parc** 🐾 avec ch, 1 pl. Moreau ℘ 03 25 02 53 07, hotel.duparc@wanadoo.fr,
Fax 03 25 02 42 84, 🍽 – 🔟 ✆ – 🔏 20. **GB**
fermé mars, dim. soir, lundi du 01/04 au 15/06, mardi midi du 15/06 au 15/09, mardi et
merc. du 16/09 au 28/02 – **Repas** 16/39 ♀ – 🍽 7 – **16 ch** 47/60 – ½ P 52.
   ◆ Cet ancien relais de poste daterait en partie du 17ᵉ s. Dans la salle à manger, couleurs
ensoleillées, parquet et mobilier de style. Chambres sobrement contemporaines.

ARCENS 07310 Ardèche **331** H4 – 452 h alt. 615.

    Paris 612 – Le Cheylard 15 – Privas 61 – Le Puy-en-Velay 55 – St-Agrève 24.

⌂   **Chalet des Cévennes** 🐾, ℘ 04 75 30 41 90, ≤, ⊞ – ⇔ **P**. **GB**. ✾ ch
fermé 1ᵉʳ au 15 oct., 20 déc. au 1ᵉʳ janv. et vend. soir – **Repas** 14/27 ♂ – 🍽 5,50 – **15 ch**
28/37 – ½ P 35.
   ◆ Il règne en cette grosse bâtisse régionale une chaleureuse ambiance "pension de
famille". Chambres modestes mais fort bien tenues, jardin en terrasses et vue sur la vallée.
Salle à manger toute simple et cuisine réalisée avec les produits du potager.

ARC-ET-SENANS 25610 Doubs **321** E4 G. Jura – 1 364 h alt. 231.

    Voir Saline Royale★★.

    Env. Port-Lesney★.

    🅱 Office de tourisme, Saline Royale ℘ 03 81 57 43 21, Fax 03 81 57 43 51, info@ot-
arcetsenans.fr.

    Paris 396 – Besançon 37 – Pontarlier 62 – Salins-les-Bains 16.

X   **Relais** avec ch, pl. Église ℘ 03 81 57 40 60, Fax 03 81 57 46 17, 🍽 – **GB**
fermé 15 déc. au 15 janv. et dim. soir – **Repas** (15) - 11/27, enf. 8 ♀ – 🍽 6,50 – **10 ch** 34/37 –
½ P 28/33.
   ◆ À proximité des célèbres Salines de Ledoux, auberge précédée d'une petite terrasse
d'été. Trois salles à manger en enfilade, résolument rustiques et fort sympathiques.

ARCHAMPS 74 Hte Savoie **328** J4 – rattaché à Saint Julien en Genevois.

ARCINS 33 Gironde **335** G4 – rattaché à Margaux.

ARCIZANS-AVANT 65 H.-Pyr. **342** L7 – rattaché à Argelès-Gazost.

Les ARCS 73 Savoie **333** N4 G. Alpes du Nord – Sports d'hiver : 1 600/3 226 m ✦7 ✦54 ✦ –
✉ 73700 Bourg-St-Maurice.

    Voir Arc 1800 ✳★ – Arc 1600 ≤★ – Arc 2000 ≤★ – Télécabine le Transac ✳★★ – Télésiège de
la Cachette★.

    🅱 Office de tourisme, ℘ 04 79 07 12 57, Fax 04 79 07 45 96, lesarcs@lesarcs.com.

    Paris 644 – Albertville 64 – Bourg-St-Maurice 11 – Chambéry 113 – Val-d'Isère 41.

🏨   **Grand Hôtel Mercure** 🐾, Les Arcs 1800, village Charmettoger ℘ 04 79 07 65 00, h166
9@accor-hotels.com, Fax 04 79 07 64 08, ≤, 🍽, 🛁, 🔟 – 🛎 ✆ 🔟 ✆ ᰱ 🚗 – 🔏 20 à 80.
🅰🅴 ⓞ **GB**. ✾ rest
30 juin-4 sept. et 18 déc.-fin avril – **Repas** 26 ♀ – 🍽 11,50 – **81 ch** 192/288 – ½ P 160/
198,50.
   ◆ Union réussie d'un décor savoyard et du confort moderne dans ce chalet situé au pied
des pistes. Chambres familiales bien équipées. Grand choix d'activités et de loisirs. La
terrasse panoramique du restaurant surplombe la vallée et invite à lézarder.

Si vous cherchez un hôtel tranquille,
consultez d'abord les cartes de l'introduction
ou repérez dans le texte les établissements indiqués avec le signe 🐾

Les ARCS 83460 Var **340** N5 *G. Côte d'Azur* – 5 334 h alt. 80.

Voir Polyptyque★ dans l'église – Chapelle Ste-Roseline★ NE : 4 km.

🏢 Office de tourisme, place Gal-de-Gaulle ℘ 04 94 73 37 30, Fax 04 94 73 37 30, off-tourisme.arcssurargens@wanadoo.fr.

Paris 848 – Fréjus 25 – Cannes 59 – Draguignan 11 – St-Raphaël 29.

Logis du Guetteur ⌂, au village médiéval ℘ 04 94 99 51 10, le.logis.du.guetteur@wanadoo.fr, Fax 04 94 99 51 29, ≤, 🌤, ☐ – ☰ ch, 📺 ✆ 🅿, 🕮 ⓪ 🆖

fermé 15 janv. au 8 mars – **Repas** 35/80, enf. 10 ⏐ – ☐ 15 – **12 ch** 128 – ½ P 123.

♦ Sur un promontoire dominant le village, pittoresque hôtel installé dans un fort du 11ᵉ s. À l'intérieur, voûtes et pierres apparentes. Chambres sagement personnalisées. Salles à manger rustiques logées dans de superbes caves médiévales et terrasse couverte.

XXX Bacchus Gourmand, à la Maison des Vins, rte Vidauban par N 7 : 2 km ℘ 04 94 47 48 47, lebacchusgourmand@wanadoo.fr, Fax 04 94 47 55 13, 🌤 – ☰ 🅿. 🆖

fermé 22 au 31 mars, 15 au 24 nov., 6 au 22 janv. – **Repas** (fermé dim. soir, mardi soir et merc. de sept. à juin, vend. midi en juil.-août) 38/49 et carte 45 à 55, enf. 10,80 ⏐.

♦ Au 1ᵉʳ étage de la maison des vins, salle à manger moderne soigneusement décorée. En été, repas servis dans le patio. Cuisine classique arrosée de côtes de provence.

XXX Relais des Moines, Est : 1,5 km par rte Ste-Roseline ℘ 04 94 47 40 93, Fax 04 94 47 40 93, 🌤, ☐, ☘ – 🅿. 🕮 ⓪ 🆖

fermé 22 nov. au 12 déc., 15 au 29 mars, dim. soir sauf 1ᵉʳ juil. au 15 sept. et lundi – **Repas** 35 bc (déj.), 43/75 et carte 50 à 66 ⏐.

♦ Dans un parc à flanc de colline, cette ancienne bergerie abritait jadis une cantine de moines. Belles arcades en pierre du 18ᵉ s. dans la salle ; charmante terrasse ombragée.

Ecrivez-nous...

Vos louanges comme vos critiques seront examinées avec le plus grand soin. Nous reverrons sur place les informations que vous nous signalez.

Par avance merci !

ARC-SUR-TILLE 21560 Côte-d'Or **320** L5 – 2 332 h alt. 219.

Paris 323 – Dijon 13 – Avallon 119 – Besançon 97 – Langres 73.

Auberge Les Marronniers, ℘ 03 80 37 09 62, Fax 03 80 37 24 94, 🌤 – 📺 ☕ 🅿. 🕮 🆖

Repas 18 (déj.), 25/40, enf. 12 ⏐ – ☐ 8,50 – **11 ch** 55/70.

♦ Grandes chambres joliment décorées (fer forgé, bois peint, tissus colorés) et dotées de salles de bains particulièrement bien conçues. Au restaurant, décor rustique et vivier à crustacés ; jolie terrasse dressée l'été sous les marronniers.

ARDENTES 36120 Indre **323** H6 *G. Berry Limousin* – 3 323 h alt. 172.

Paris 275 – Argenton-sur-Creuse 43 – Bourges 66 – Châteauroux 14 – La Châtre 23.

X Gare, 2 rue de la Gare ℘ 02 54 36 20 24, Fax 02 54 36 92 07, 🌤 – 🅿. 🆖

fermé 17 juil. au 9 août, 19 fév. au 7 mars, dim. soir, merc. soir, lundi et soirs fériés – **Repas** 22/29.

♦ Dans un quartier calme proche de l'ancienne gare, façade assez anodine abritant une salle de restaurant sagement champêtre. Cuisine traditionnelle copieuse.

ARDRES 62610 P.-de-C. **301** E2 *G. Picardie Flandres Artois* – 4 154 h alt. 11.

🏢 Office de tourisme, Chapelle des Carmes ℘ 03 21 35 28 51, Fax 03 21 35 28 51, info@ardresis.com.

Paris 273 – Calais 18 – Arras 93 – Boulogne-sur-Mer 38 – Lille 90.

XX Le François 1ᵉʳ, pl. Armes ℘ 03 21 85 94 00, lewandowski@lefrancois1er.com, Fax 03 21 85 87 53 – 🆖. ⌀

fermé 29 mars au 5 avril, 21 août au 10 sept., 23 déc. au 7 janv., le soir du dim. au jeudi et lundi – **Repas** 22 (déj.)/38.

♦ Belle demeure située sur la pittoresque Grand'Place. La blancheur des murs met en valeur le parquet et les belles poutres de la salle à manger sobrement élégante.

ARÊCHES 73 Savoie **333** M3 *G. Alpes du Nord* – alt. 1080 – Sports d'hiver : 1 050/2 300 m ⛷ 15 ⚐ – ✉ 73270 Beaufort-sur-Doron.

Voir Hameau de Boudin★ E : 2 km.

🏢 Office de tourisme ℘ 04 79 38 15 33, otareches-beaufort@wanadoo. fr.

Paris 606 – Albertville 26 – Chambéry 77 – Megève 42.

🏠 **Auberge du Poncellamont** ⌂, ✉ 73270, ☎ 04 79 38 10 23, *Fax 04 79 38 13 98*, ≤, 🌿, 🚗 – 📺 **P**, **GB**, ⚹ ch

15 juin-15 sept., 22 déc.-15 avril et fermé dim. soir, lundi midi et merc. hors saison – **Repas** 17 (déj.), 21/30, enf. 10 ♀ – ➂ **14 ch** 50/54 – ½ P 55.

◆ Dans le village, chalet savoyard abondamment fleuri en été. Chambres simples et pratiques ; certaines sont mansardées, d'autres pourvues de balcons. Modeste mais plaisante salle à manger campagnarde et terrasse bercée par le murmure d'une fontaine.

ARENTHON *74 H.-Savoie* **328** *K4 – rattaché à La Roche-sur-Foron.*

ARÈS *33740 Gironde* **335** *E6 G. Aquitaine – 4 680 h alt. 6.*

🛈 *Office de tourisme, esplanade G. Dartiquelongue ☎ 05 56 60 18 07, Fax 05 56 60 39 41, office-tourisme-ares@wanadoo.fr.*

Paris 627 – Bordeaux 48 – Arcachon 47.

🍴🍴 **St-Éloi** avec ch, 11 bd Aérium ☎ 05 56 60 20 46, *nlatour2@wanadoo.fr*, *Fax 05 56 60 10 37*, 🌿 – 📺 **AE** ➀ **GB**

fermé 10 au 31 janv., dim. soir, merc. soir et lundi hors saison, lundi midi en juil.-août – **Repas** 22/54, enf. 10 – ➂ **8 ch** 54/85 – ½ P 59,50/71,50.

◆ Dans un quartier résidentiel proche du bassin d'Arcachon. Agréable salle à manger contemporaine et colorée où l'on sert des plats régionaux. Chambres à tendance "ethnique".

ARGELÈS-GAZOST ⬅ *65400 H.-Pyr.* **342** *L6 G. Midi-Pyrénées – 3 241 h alt. 462 – Stat. therm. (début avril-fin oct.) – Casino* **Y**.

🛈 *Office de tourisme, 15 place République ☎ 05 62 97 00 25, Fax 05 62 97 50 60, tourisme.argeles@wanadoo.fr.*

Paris 863 ➀ – Pau 58 ➀ – Lourdes 13 ➀ – Tarbes 32 ➀.

Plan page suivante

🏨 **Miramont,** 44 av. Pyrénées ☎ 05 62 97 01 26, *hotel-miramont@sudfr.com*, *Fax 05 62 97 56 67*, 🚗 – 🛗, ▤ rest, 📺 ⚹ **P**, **AE** ➀ **GB**, ⚹ **Z n**

fermé mi-nov. à mi-déc. et en janv. – Repas (fermé dim. soir et merc. sauf juil-août) (dim. prévenir) 17/28 ♀ – ➁ 9 – **27 ch** 74/80 – P 70/75.

◆ Ce "paquebot" ancré dans un jardin très fleuri propose de vastes chambres actuelles, parfois dotées de balcons. À l'annexe, hébergement tout confort, mais plus ancien. L'élégante salle à manger-véranda ouvre ses larges baies sur la verdure.

🏨 **Les Cimes** ⌂, pl. Ourout ☎ 05 62 97 00 10, *contact@hotel-lescimes.com*, *Fax 05 62 97 10 19*, 🌿, 🔲, 🚗 – 🛗 cuisinette, ▤ rest, 📺 **P**, **AE** ➀ **GB** **Z a**

fermé 2 nov. au 18 déc. – Repas 15/40, enf. 9 – ➁ 8 – **19 ch** 51/68, 6 studios – P 62/67.

◆ Bâtiment des années 1950 agrandi d'une aile moderne en verre et bois. Chambres à dominante rustique, correctement équipées ; quelques balcons donnant sur un paisible jardin. Tons pastel, bouquets et plantes vertes égayent la salle à manger.

🏨 **Soleil Levant,** 17 av. Pyrénées ☎ 05 62 97 08 68, *hsoleillevant@aol.com*, *Fax 05 62 97 04 60*, 🚗 – 🛗 📺 **P**, **AE** ➀ **GB**, ⚹ rest **Y t**

fermé 1er au 23 déc. et 2 janv. au 1er fév. – Repas 10,20/32 – ➁ 6,50 – **33 ch** 36,50/42 – P 45,50/48,50.

◆ Ambiance conviviale en cet hôtel de la ville basse. Chambres bien insonorisées et pourvues d'un mobilier fonctionnel ; certaines ont vue sur les sommets alentour. Les deux salles à manger communicantes ont un petit air de pension de famille.

à St-Savin *Sud : 3 km par D 101* - **Z** – *353 h. alt. 580 – ✉ 65400.*

Voir Site★ de la chapelle de Piétat S : 1 km.

🍴🍴 **Viscos** avec ch, ☎ 05 62 97 02 28, *leviscos@wanadoo.fr, Fax 05 62 97 04 95*, 🌿 – ▤ 📺 ✆ **P**, **AE** ➀ **GB**

fermé 13 au 24 déc., 9 au 18 janv.,dim. soir et lundi sauf juil.-août – Repas (15) - 21/50, enf. 10 ♀ – ➁ 7,50 – **11 ch** 70/78 – ½ P 65/75.

◆ Dans une bâtisse blanche, salle à manger sagement contemporaine agrandie d'une terrasse et jouissant d'une échappée sur les montagnes. Chambres récemment refaites.

à Arcizans-Avant *Sud : 4,5 km par D 101 et D 13 – 298 h. alt. 640 – ✉ 65400 :*

🍴 **Auberge Le Cabaliros** ⌂ avec ch, ☎ 05 62 97 04 31, *auberge.cabaliros@wanadoo.fr*, *Fax 05 62 97 91 48*, ≤, 🌿, 🚗 – 📺 **P**, **GB**, ⚹

fermé 4 nov. au 4 fév. – Repas (fermé mardi soir et merc. hors saison) 16/40 ♀ – ➁ 7 – **8 ch** 54 – ½ P 44/47.

◆ Petite auberge de village face aux sommets pyrénéens. La vue est splendide de la terrasse prolongeant la salle à manger rustique. Quelques chambres simples mais bien équipées.

ARGELÈS-GAZOST

Alicot (R. Michel) . . . . **Y** 3
Bourdette (R. Jean) . . . . **Z** 18
Bourg Neuf (R. du) . . . . **Y** 19
Coubertin (Av. P. de) . . . . **Z** 29
Dambé (Av. Jules) . . . . **Y** 30
Digoy (R. Capitaine) . . . **YZ** 33
Edouard VII (Pl.) . . . . **Z** 36

Foch (R. du Mar.) . . . . **Y** 39
Gassan (Av. Emile) . . . . **Y** 42
Joffre (Pl.) . . . . **YZ** 53
Nansouty
  (Av. du Gén.) . . . . **Y** 69
Pasteur (R.) . . . . **Z** 75
Pérus (Pl.) . . . . **Y** 77
Poilus (R. des) . . . . **Y** 80
Reine Nathalie (Av.) . . . . . . **Y** 84
République (Pl. de la) . . . . **Z** 85

Saint-Orens (R.) . . . . **Z** 88
Sainte-Castere
  (R.) . . . . **Z** 91
Sassere (Av. Hector) . . . . **Y** 92
Sorbe (R.) . . . . **Y** 93
Sylvestre
  (Av. Armand) . . . . **Z** 96
Victoire (Pl. de la) . . . . **Y** 100
Vieuzac (R. de) . . . . **Y** 101
8 Mai (R. du) . . . . **Y** 106

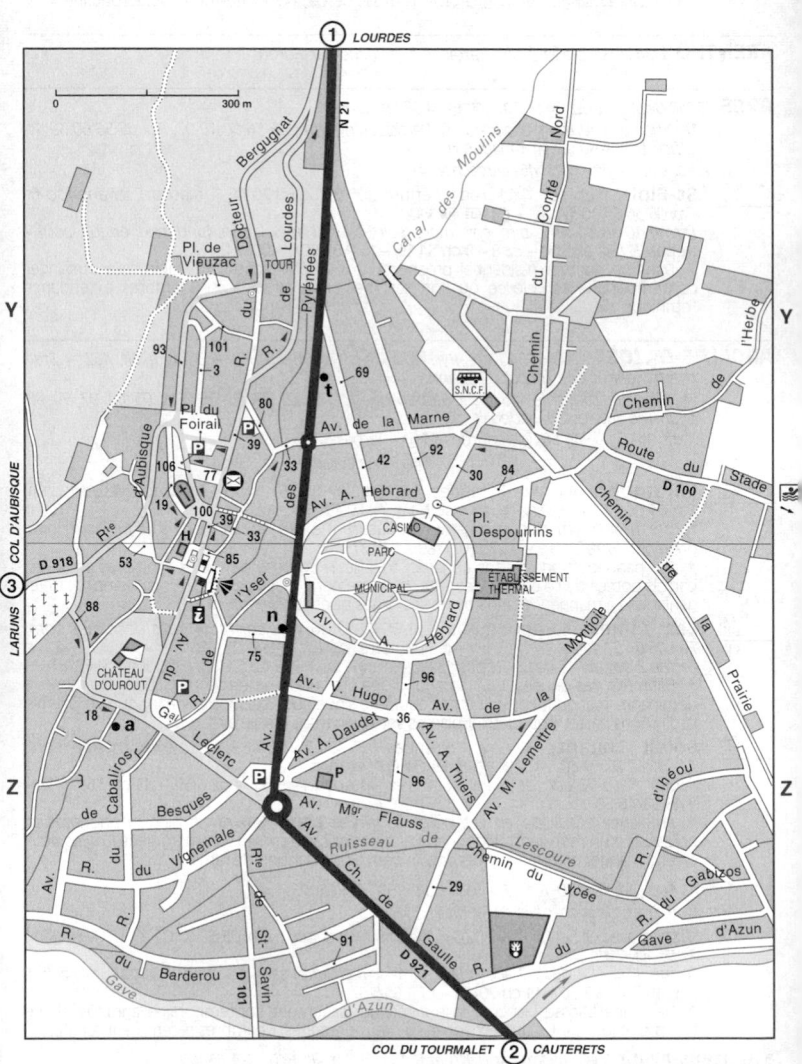

Dans ce guide
un même symbole, un même mot,
imprimé en **rouge** *ou en* **noir,** *en maigre ou en* **gras,**
n'ont pas tout à fait la même signification.
Lisez attentivement les pages explicatives.

66700 Pyr.-Or. **344** J7 *G. Languedoc Roussillon* – *9 069 h alt. 19 – Casino à Argelès-Plage* **BV.**

🛈 *Office de tourisme, place de l'Europe* ℘ *04 68 81 15 85, Fax 04 68 81 16 01, infos@ar-geles-sur-mer.com.*

Paris 872 ⑤ – *Perpignan 22* ⑤ – *Céret 28* ④ – *Port-Vendres 9* ③ – *Prades 66* ⑤.

ARGELÈS-SUR-MER
Zone piétonne en saison

Albert (R. Marcelin)	**CY** 3	Castellans (R.)	**CY** 14	Notre-Dame-de-Vie
Bel-Air (R. de)	**CY** 7	Desclot (R.)	**CY** 18	(Rte) **CZ** 33
Blanqui (R.)	**CY** 9	Gambetta (R.)	**CDZ** 20	Paix (R. de la) **CY** 35
Castellans (Pl. des)	**CY** 13	Gendarmerie		Remparts (R. des) **CY** 41
		(R. de la)	**CDZ** 22	République (Pl. de la) **CY** 42
		Jean-Jaurès (R.)	**CY** 26	Travail (R. du) **CY** 45
		Majorque (R. de)	**CY** 27	Wilson (R.) **CZ** 47
		Morata (R. Juan)	**CY** 32	11 Novembre (Av. du) **CY** 48

🏠 **Cottage** ⌂ sans rest, r. A. Rimbaud ℘ 04 68 81 07 33, *info@hotel-lecottage.com,* Fax 04 68 81 59 69, ⌂, ☞ – ▤ 📺 ⌂ ⌂ ◨ – ⌂ 15. ⌶ ⊖⊟ **DY** a
3 avril-17 oct. – ⌷ 11 – **34 ch** 120/155.
◆ Construction méditerranéenne bénéficiant de la tranquillité d'un quartier résidentiel. Belle décoration intérieure, chambres coquettes, jardin bichonné et minigolf.

🏠 **Grand Hôtel du Commerce,** rte Nationale ℘ 04 68 81 00 33, *hotel.parc@infonie.fr,* Fax 04 68 81 69 49 – ▯, ▤ rest, 📺 ◨ ⌶ ⊙ ⊖⊟ **CZ** b
fermé 30 déc. au 15 fév. – **Repas** (fermé dim. soir et lundi d'oct. à mai) 12,50/33, enf. 8,50 ⌂ – ⌷ 6,80 – **30 ch** 47/49 – ½ P 48/50.
◆ Argelès côté village ! Cet hôtel abrite des chambres garnies de meubles catalans. Vous profiterez du jardin et de la piscine à l'annexe toute proche. Des objets décoratifs du pays font le cachet du restaurant ; plats traditionnels et régionaux.

Annexe Le Parc ⌂ sans rest,, ☞ – ▯ 📺 ◨ ⌶ ⊙ ⊖⊟
20 mai-30 sept. – ⌷ 7 – **24 ch** 48/63.
◆ Nuits paisibles dans l'annexe du Grand Hôtel du Commerce. Plaisant jardin et chambres spacieuses et fonctionnelles tournées sur la piscine ; certaines ont un balcon.

🏠 **Acapella** sans rest, chemin de Neguebous ℘ 04 68 95 89 45, *hotel.acapella@wanadoo.fr,* Fax 04 68 95 84 93, ⌂, – 📺 ◨ ⊖⊟ **AV** t
3 avril-4nov. – ⌷ 5 – **27 ch** 50/60.
◆ Plus de 7 000 Argelésiens l'hiver, des centaines de milliers l'été... Pensez donc à réserver ! Les chambres, pratiques et équipées de balcons, sont plus calmes sur l'arrière.

ARGELÈS-SUR-MER

Zone piétonne en saison

Albères (Bd des) .... **BV** 2
Arrivée (Rond-Point de l'). **BV** 6
Buisson (Allée Ferdinand) **AV** 10
Charlemagne (Av. de) ...... **BX** 16
Corbières (Av. des) .... **BV** 17
Gaulle (Av. du Gén. de)..... **BV** 21
Grau (Av. du)............... **BX** 24
Méditerranée (Bd de la) .... **BV** 29
Mimosas (Av. des)......... **BV** 30
Pins (Allée des) .... **BV** 37
Pins (Av. des) .... **BV** 38
Platanes (Av. des) .... **BV** 39
Port (R. du)................ **BX** 40
Racou (Allée du).......... **BVX** 42
Ste-Madeleine (Chemin).... **AX** 43
Trabucaire (R. des)........ **AV** 44
14 Juillet (R. du)........... **AV** 49

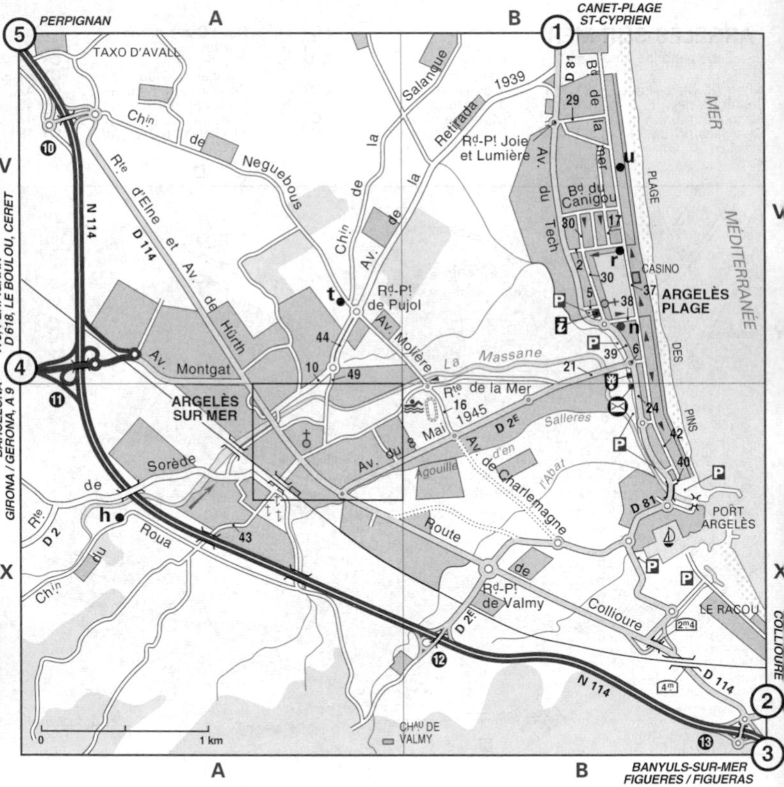

à Argelès-Plage *Est : 2,5 km G. Languedoc Roussillon – ✉ 66700 Argelès-sur-Mer.*

Voir *SE : Côte Vermeille★★.*

Grand Hôtel du Lido, bd Mer ☎ 04 68 81 10 32, *contact@hotel-le-lido.com, Fax 04 68 81 10 98,* ←, ⛱, 🏊, 🏖, 🌳 – 🛗, ▤ ch, 📺 ♿ 🅿. 🅰 ⓓ 🅶🅱 BV u

7 mai-30 sept. – **Repas** *(21)* - 25/40, enf. 11 – ☕ 10 – **66 ch** 82/155 – ½ P 84/115.

◆ Agréablement situé en bord de plage, le Lido abrite des chambres rénovées pourvues de balcons ; la plupart ont vue sur la mer. Salle à manger-véranda et repas sous forme de buffets servis en terrasse, au bord de la piscine.

Plage des Pins sans rest, ☎ 04 68 81 09 05, *contact@plage-des-pins.com, Fax 04 68 81 12 10,* ←, 🏊, 🎾 – 🛗 ▤ 📺 🅿. 🅶🅱. 🚫 BV r

29 mai-27 sept. – **50 ch** ☕ 100/138.

◆ Grande bâtisse située face à la Méditerranée. Les chambres, sobrement fonctionnelles, sont toutes dotées de balcons, mais offrent plus d'ampleur côté mer. Belle piscine.

L'Amadeus, av. Platanes ☎ 04 68 81 12 38, *contact@lamadeus.com, Fax 04 68 81 30 00,* ⛱ – ▤. ⓓ 🅶🅱 BV n

fermé 4 nov. au 11 fév., lundi sauf le soir en juil.-août et mardi – **Repas** *(15,50)* - 23/42, enf. 8,50 🍷.

◆ Spécialités régionales servies dans la vaste salle à manger agrémentée de plantes vertes et d'une cheminée ou sur l'agréable pont-terrasse en teck ; calme patio sur l'arrière.

rte de Collioure *: 4 km – ✉ 66700 Argelès-sur-Mer :*

Les Mouettes sans rest, ☏ 04 68 81 82 83, *info@hotel-lesmouettes.com, Fax 04 68 81 32 73,* ← mer, 🏊 – 📺 ♿ 🅿. AE ⓓ GB
5 avril-15 oct. – ☕ 10 – **27 ch** 110/165.
◆ Cette résidence abrite des chambres coquettement meublées, parfois dotées d'une loggia ; piscine et solarium tournés vers l'immensité azurée de la mer. Jardin méridional.

à l'Ouest *1,5 km par rte de Sorède et rte secondaire – ✉ 66700 Argelès-sur-Mer :*

Auberge du Roua-La Belle Demeure 🔇, chemin du Roua ☏ 04 68 95 85 85, *belle-demeure@fr.oleane.com, Fax 04 68 95 83 50,* 🏖, 🏊, 🌳 – 🛗 📺 ♿ 🅿. AE ⓓ GB AX h
6 fév.-7 nov. – **Repas** *(fermé merc. soir sauf juil.-août, et le midi sauf dim. hors saison)* 32/75 – ☕ 14 – **14 ch** 89/119, 3 suites – ½ P 84/101.
◆ Moulin à eau du 13ᵉ s. et mas du 17ᵉ s. tenus à l'écart du bruit. Les chambres, confortables et soignées, adoptent différents styles décoratifs. Cuisine méditerranéenne au goût du jour servie dans de belles salles voûtées ou sous un vénérable figuier.

Dans ce guide
un même symbole, un même mot,
imprimé en ***rouge*** *ou en* ***noir****, en maigre ou en* ***gras****,*
n'ont pas tout à fait la même signification.
Lisez attentivement les pages explicatives.

ARGENTAN ⟨SP⟩ *61200 Orne* **310** I2 *G. Normandie Cotentin – 16 596 h alt. 160.*
Voir *Église St-Germain*★.
⛳ *des Haras à Nonant-le-Pin ☏ 02 33 27 00 19, E : 22 km.*
ℹ *Office de tourisme, place du Marché ☏ 02 33 67 12 48, Fax 02 33 39 96 61, tourisme.argentan@wanadoo.fr.*
Paris 191 ② – Alençon 46 ③ – Caen 59 ⑤ – Dreux 115 ② – Flers 42 ④ – Lisieux 58 ①.

ARGENTAN

Beigle (R. du) 2
Boschet (R. P.) 3
Carnot (Bd) 7
Chaussée (R. de la) 8
Collège (R. du) 9
Forêt-Normande (Av. de la) 13
Gaulle (Bd Général-de) 14
Griffon (R. du) 15
Henri-IV (Pl.) 18
Marché (Pl. du) 20
Panthou (R. E.) 21
St-Germain (R.) 28
St-Martin (R.) 29
Semard (Pl. Pierre) 30
Trois-Croix (Pl. des) 31
Victor-Hugo (Bd) 32
Vimal-du-Bouchet (Pl.) 33
Wolf (R. J.) 34
2ᵉ-D.-B. (Av. de la) 35
104ᵉ-Régiment-d'Infanterie (R. du) 38

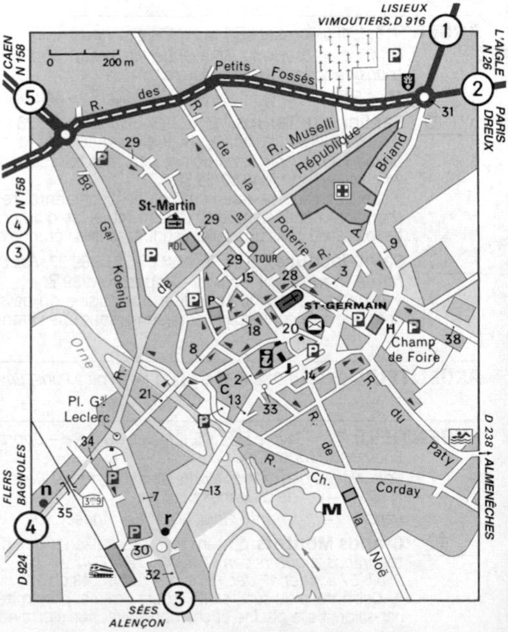

🏠 **France,** 8 bd Carnot (r) ℰ 02 33 67 03 65, Fax 02 33 36 62 24, 🍽 – 📺 ☎, ᴳᴮ
fermé 5 au 18 juil., 20 au 26 déc., 13 au 27 fév., vend. soir, dim.soir, lundi et soirs fériés –
Repas 13,50/36,50 ♀ – � 7,50 – **10** ch 40/47 – ½ P 41/43,50.
◆ Accueil chaleureux et tenue impeccable sont les points forts de cet établissement
familial situé à proximité de la gare. Coquette salle à manger normande ouverte sur un
jardin fleuri ; recettes du terroir où, cela va de soi, il est souvent question de pommes !

🏠 **Ariès,** Z.A. Beurrerie par ④ : 1 km ℰ 02 33 39 13 13, aries-htl@wanadoo.fr,
Fax 02 33 39 34 71, 🍽 – 📺 ☎ ♿ 🅿 – 🛗 50. ᴬᴱ ᴳᴮ
Repas 15/20, enf. 6,90 ♀ – ⊏ 6,10 – **43** ch 46.
◆ La proximité d'un axe à forte circulation est compensée par la bonne insonorisation de
l'hôtel. Hébergement simple et fonctionnel. Mobilier de bistrot et tables simplement
dressées au restaurant proposant carte classique, formules buffets et plats du jour.

XXX **Renaissance** avec ch, 20 av. 2ᵉ Division Blindée (n) ℰ 02 33 36 14 20, Fax 02 33 36 65 50,
🍽 – 📺 ☎ 🅿 ᴬᴱ ᴳᴮ
fermé 2 au 16 août, 21 au 27 fév., lundi (sauf hôtel) et dim. soir – **Repas** (15,30) - 21/33 et
carte 38 à 49 ♀ – ⊏ 8 – **12** ch 51/72 – ½ P 54,50/61,50.
◆ De grandes baies vitrées éclairent cette salle à manger rustico-bourgeoise bien dressée
et égayée d'une belle cheminée d'inspiration Renaissance. Cuisine au goût du jour.

par ② N 26 et D 729 : 11 km – ✉ 61310 Silly-en Gouffern :

🏛 **Pavillon de Gouffern** 🐾, ℰ 02 33 36 64 26, pavillondegouffern@wanadoo.fr,
Fax 02 33 36 53 81, ≤, ✗, 🐴 – 📺 ☎ 🅿 – 🛗 50. ᴬᴱ ⓞ ᴳᴮ
Repas 28/45 ♀ – ⊏ 11 – **20** ch 75/86 – ½ P 64.
◆ Dans un parc entouré de bois, pavillon de chasse du 19ᵉ s. avec façade à colombages.
Chambres sobrement meublées, de style campagnard dans les annexes. Toutes les tables
de la salle à manger-véranda profitent d'une belle vue sur le domaine. Cuisine classique.

à Fontenai-sur-Orne par ④ : 4,5 km – 277 h. alt. 65 – ✉ 61200 :

XX **Faisan Doré** avec ch, ℰ 02 33 67 18 11, lefaisandore@wanadoo.fr, Fax 02 33 35 82 15,
🍽 – 📺 ☎ 🅿 – 🛗 100. ᴳᴮ
fermé 1ᵉʳ au 15 août, 19 au 27 fév., vend. soir, sam. midi et dim. soir sauf hôtel – **Repas**
19,50/33 ♀ – ⊏ 8 – **14** ch 46/60 – ½ P 44/51.
◆ Auberge normande située au bord d'une route fréquentée. Atmosphère mi-rustique,
mi-bourgeoise dans la salle à manger précédée d'un salon habillé de boiseries. Accueil
aimable.

ARGENTAT 19400 Corrèze ⅜⅜⅑ M5 G. Berry Limousin – 3 125 h alt. 183.
🛈 Office de tourisme, 30 avenue Pasteur ℰ 05 55 28 16 05, Fax 05 55 28 97 04, office-
tourisme-argentat@wanadoo.fr.
Paris 503 – Brive-la-Gaillarde 45 – Aurillac 54 – Mauriac 49 – St-Céré 40 – Tulle 29.

🏠 **Sablier du Temps,** 13 r. J. Vachal ℰ 05 55 28 94 90, lesablierdutemps@wanadoo.fr,
Fax 05 55 28 94 99, 🍽, ⛊, 🐴 – 🛗 cuisinette, 🍴 rest, 📺 ☎ 🅿 ⓞ ᴳᴮ
fermé 4 au 18 janv., vend. soir et sam. midi hors saison – **Repas** 12 (déj.), 17/36 ♀ – ⊏ 6,50 –
24 ch 41/65 – ½ P 46,50/51,50.
◆ Un jardin arboré agrémenté d'une piscine entoure cet hôtel proche du centre-ville. Les
chambres bénéficient d'un décor actuel et d'aménagements fonctionnels. Cuisine du
terroir servie dans une salle rustique, sous la véranda ou sur une verdoyante terrasse.

X **Saint-Jacques,** 39 av. Foch ℰ 05 55 28 89 87, Fax 05 55 28 86 41, 🍽 – ᴳᴮ
fermé 10 au 24 janv. et lundi – **Repas** 19 bc/39 ♀.
◆ Monsieur s'applique à réaliser une cuisine du pays, tandis que Madame vous accueille
dans une salle confortable et rajeunie, sous une véranda ou sur la plaisante terrasse.

ARGENTEUIL 95 Val-d'Oise ⅜⅜⅕ E7 ⅒⅒⅒ ⑭ – voir à Paris, Environs.

ARGENTIÈRE 74 H.-Savoie ⅜⅖⅛ O5 G. Alpes du Nord – Sports d'hiver : voir Chamonix – ✉ 74400
Chamonix-Mont-Blanc.
Voir Aiguille des Grands Montets★★★ : ❄★★★ – Réserve naturelle des Aiguilles Rouges★★★
N : 3 km – Col de la Balme★★ : ❄★★.
Paris 619 – Chamonix-Mont-Blanc 10 – Annecy 106 – Vallorcine 10.

🏛 **Grands Montets** 🐾 sans rest, près téléphérique de Lognan ℰ 04 50 54 06 66, info@ho
tel-grands-montets.com, Fax 04 50 54 05 42, ≤, 🛁, ⛊, 🐴 – 🛗 📺 ☎ 🅿 ᴬᴱ ⓞ ᴳᴮ ᴶᶜᴮ
2 juil. -27 août et 17 déc. -25 avril – ⊏ 10 – **48** ch 130/190.
◆ Cet hôtel a de séduisants atouts : calme, proximité du téléphérique, décor régional au
bar-salon, belle piscine et chambres avec vue (certaines très joliment refaites).

🏨 **Montana**, 24 clos du Montana ℰ 04 50 54 14 99, *info@hotel-montana.fr*, Fax 04 50 54 03 40, ≤, 🍴 – 🛗 📺 📞 🅿. 🆎 ⓞ ☰
15 juin-1er oct. et 15 déc.-15 mai – **Repas** (1er juil.-15 sept. et 20 déc.-1er mai) (dîner seul.) 22/30 – 🖵 9 – **24 ch** 115 – ½ P 81/107.
♦ Chalet savoyard dont les chambres, plutôt spacieuses, sont toutes dotées de balcons tournés vers les Grands Montets. Sauna très prisé après une journée de ski. Restaurant au chaleureux décor alpin et terrasse face aux montagnes. Plats traditionnels simples.

ARGENTON-SUR-CREUSE 36200 Indre **323** F7 *G. Berry Limousin* – 5 146 h alt. 100.

Voir *Vieux pont* ≤★ – ≤★ de la terrasse de la chapelle N.-D.-des-Bancs.
🛈 *Office de tourisme, 13 place de la République* ℰ *02 54 24 05 30, Fax 02 54 24 28 13, office-de-tourisme-argenton@wanadoo.fr.*
Paris 297 ① – *Châteauroux 32* ① – *Limoges 93* ④ – *Montluçon 103* ② – *Poitiers 100* ⑤.

ARGENTON-SUR-CREUSE

Acacias (Allée des)	2
Barbès (R.)	5
Brillaud (R. Charles) ...	6
Chapelle-N.-D. (R. de la)	7
Châteauneuf (R.)	8
Chauvigny (R. A. de)...	10
Coursière (R. de la)....	12
Gare (R. de la)	14
Grande (Rue)	15
Merle-Blanc (R. du)	18
Point-du-Jour (R. du)	20
Pont-Neuf (R. du)	23
Raspail (R.)	24
République (Pl. de la) ..	25
Rochers-St-Jean (R. des)	27
Rosette (R.)	28
Rousseau (R. Jean-J.)..	29
Tanneurs (R. des)	31
Victor-Hugo (R.)	33
Villers (Imp. de)	35

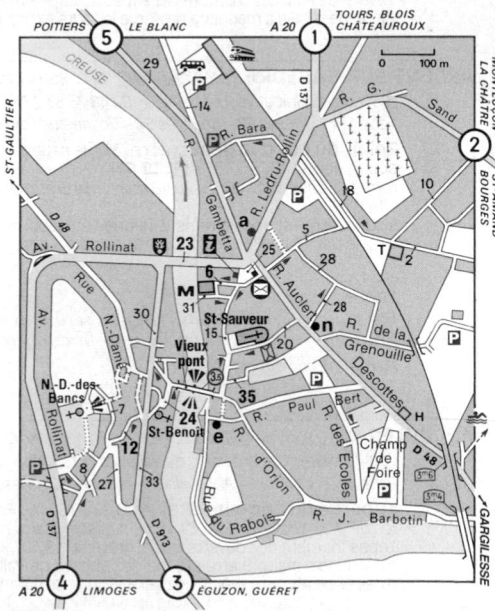

🏨 **Manoir de Boisvillers** 🐾 sans rest, 11r. Moulin de Bord **(e)** ✉ 36200 ℰ 02 54 24 13 88, *manoir.de.boisvilliers@wanadoo.fr*, Fax 02 54 24 27 83, 🏊, 🌳 – 🅿. ☰
fermé 24 déc. au 16 janv. – 🖵 9,50 – **15 ch** 53/100.
♦ Belle demeure bourgeoise du 18e s. s'élevant au coeur du vieil Argenton. Coquettes chambres personnalisées, salon contemporain et agréable jardin arboré autour de la piscine.

🏨 **Cheval Noir**, 27 r. Auclert-Descottes **(n)** ℰ 02 54 24 00 06, Fax 02 54 24 11 22, 🍴 – 📺 rest, 📺 📞 🅿. ☰
fermé dim. soir hors saison – **Repas** (9,50) - 17/31, enf. 9,50 🍷 – 🖵 6,50 – **20 ch** 45/56 – ½ P 48.
♦ À proximité de l'église St-Sauveur dont la flèche domine la ville haute, ancien relais de poste aux chambres douillettes et bien tenues. Salle à manger moderne (meubles de style, plantes vertes et sculptures d'équidés) et terrasse dressée dans la cour fleurie.

✕ **Source**, 9 r. Ledru-rollin **(a)** ℰ 02 54 24 30 21 – ⓞ ☰
fermé 20 au 27 oct., 16 au 27 fév., mardi soir et merc. – **Repas** (10) - 13,50 (déj.), 19/34, enf. 8 🍷.
♦ Deux salles à manger : l'une rustique (poutres apparentes, râtelier et vieux billard en bois) ; l'autre élégante et plus actuelle. Cuisine traditionnelle et accueil aimable.

à St-Marcel *par* ① : *2 km – 1 641 h. alt. 146 –* ✉ *36200* .

Voir *Église★ – Musée archéologique d'Argentomagus★ – Théâtre du Virou★*.

🏠 **Prieuré**, *ℰ* 02 54 24 05 19, *contact@restaurant-leprieure.com, Fax* 02 54 24 32 28, ≤,
⇔ 🏡, 🍴 – 🔟 🅿 – 🏊 30. 🅰🅴 ⓪ 🆖
fermé vacances de fév. – **Repas** *(fermé dim. soir et lundi hors saison)* 13/31, enf. 8 ♈ – ⌑ 6
– 15 ch 34,50/44 – ½ P 38.
   ♦ Deux bâtiments des années 1970 dominant la route. L'un d'eux abrite des chambres
simples, progressivement rajeunies et redécorées. Vaste salle de restaurant panoramique
prolongée d'un jardin-terrasse ombragé par un marronnier ; cuisine familiale à prix doux.

à Bouësse *par* ② : *11 km – 398 h. alt. 185 –* ✉ *36200* :

🏨 **Château de Bouesse** ⌕, *ℰ* 02 54 25 12 20, *chateau.bouesse@wanadoo.fr,
Fax* 02 54 25 12 30, ≤, 🔥 – 🔟 📞 🅿. 🆖
1er avril-1er janv. et fermé lundi et mardi en avril et d'oct. à déc. – **Repas** 22 (déj.), 28/34 ♈ –
⌑ 10 **– 12 ch** 85/100 – ½ P 82/86.
   ♦ Au cœur d'un parc, château du 13e s. où se serait arrêtée Jeanne d'Arc cheminant à
travers le Berry. Les chambres allient atmosphère médiévale et confort moderne. La rénovation de la salle à manger a préservé le cadre exceptionnel de ces murs séculaires.

ARGENT-SUR-SAULDRE *18410 Cher* 323 *K1 G. Berry Limousin – 2 502 h alt. 171.*

🛈 *Syndicat d'initiative, La Marine ℰ* 02 48 73 33 17.

Paris 171 – Orléans 62 – Bourges 57 – Cosne-sur-Loire 46 – Gien 22 – Salbris 42 – Vierzon 54.

✕✕ **Relais du Cor d'Argent** *avec ch,* 39 rue nationale *ℰ* 02 48 73 63 49, *cordargent@wana
⇔ doo.fr, Fax* 02 48 73 37 55 – 🔟. 🅰🅴 🆖
fermé 20 au 28 oct., 16 fév. au 18 mars, mardi et merc. – **Repas** 15/52 ♈ – ⌑ 7 **– 7 ch** 36/46
– ½ P 36.
   ♦ La bâtisse est abondamment fleurie l'été. Sobres salles à manger où l'on propose une
cuisine traditionnelle variant selon le marché. Petites chambres simples.

Ecrivez-nous...
Vos louanges comme vos critiques seront examinées avec le plus grand soin.
Nous reverrons sur place les informations que vous nous signalez.
Par avance merci !

ARGOULES *80120 Somme* 301 *E5 G. Picardie Flandres Artois – 335 h alt. 18.*

Voir *Abbaye★★ et jardins★★ de Valloires NO : 2 km.*

Paris 217 – Calais 93 – Abbeville 34 – Amiens 82 – Hesdin 17 – Montreuil 21.

✕ **Auberge du Coq-en-Pâte**, *ℰ* 03 22 29 92 09, *Fax* 03 22 29 92 09, 🏡 – 🆖
⇔ *fermé 7 au 21 sept., 6 au 31 janv., dim.soir, mardi midi et lundi hors saison sauf fériés* –
Repas *(nombre de couverts limité, prévenir)* 19,50.
   ♦ Coquette maisonnette proche de l'abbaye de Valloires. Salle à manger égayée de gravures et peintures à thème animalier. Goûteuse cuisine élaborée en fonction du marché.

ARLEMPDES *43490 H.-Loire* 331 *F4 G. Vallée du Rhône – 114 h alt. 840.*

Voir *Site★★.*

Paris 559 – Aubenas 67 – Langogne 27 – Le Puy-en-Velay 29.

🏕 **Manoir** ⌕, *ℰ* 04 71 57 17 14, *Fax* 04 71 57 19 68, ≤, 🏡 – 🔟 📞. 🆖. 🌸 ch
⇔ *13 mars-1er nov.* – **Repas** 15/37 – ⌑ 6 **– 16 ch** 42 – ½ P 41.
   ♦ Au pied d'un surprenant piton volcanique bordé par la Loire, maison de pays abritant de
petites chambres pratiques. Vaste salle de restaurant campagnarde aux murs parementés
de pierre ; quelques tables offre une vue plongeante sur les gorges de la Loire.

ARLES ⏏ *13200 B.-du-R.* 340 *C3 G. Provence – 50 513 h alt. 13.*

Voir *Arènes★★ – Théâtre antique★★ – Cloître St-Trophime★★ et église★ : portail★★ – Les
Alyscamps★ – Palais Constantin★* **Y S** *– Hôtel de ville : voûte★ du vestibule* **Z H** *– Cryptopor-
tiques★* **Z E** *– Musée de l'Arles antique★★ (sarcophages★★) – Museon Arlaten★* **Z M**[6] *–
Musée Réattu★* **Y M**[4] *– Ruines de l'abbaye de Montmajour★ 5 km par* ①.

🛈 *Office de tourisme, boulevard des Lices ℰ* 04 90 18 41 20, *Fax* 04 90 18 41 29, *ot-
arles@visitprovence.com.*

Paris 719 ① *– Avignon 37* ① *– Aix-en-Provence 77* ② *– Marseille 94* ② *– Nîmes 32* ⑥.

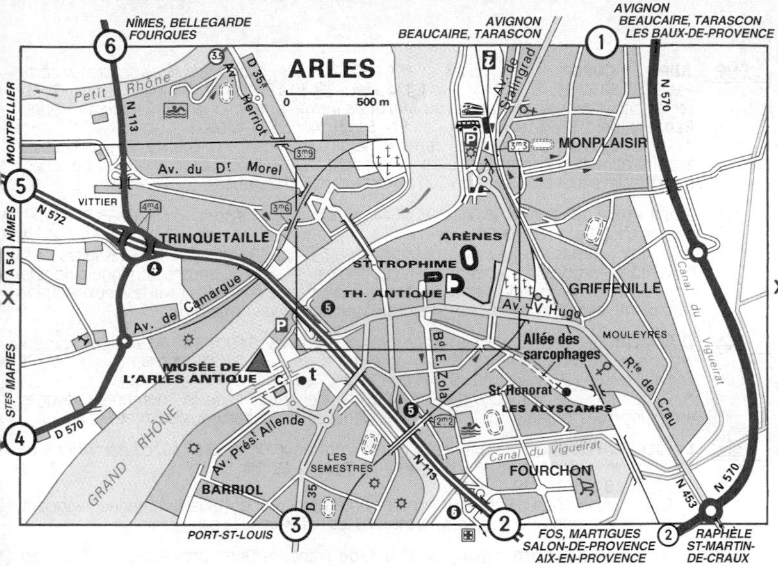

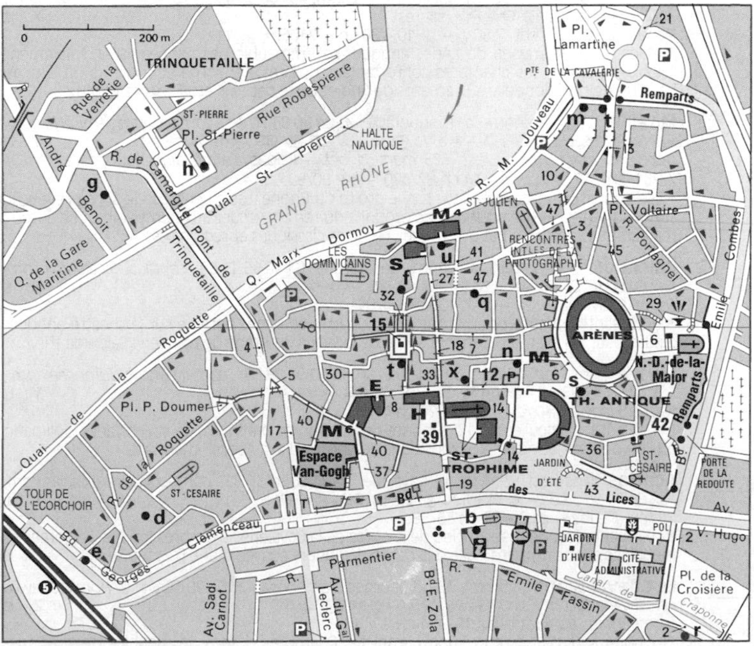

ARLES

Alyscamps (Av. des)	**Z** 2	Cloître (R. du)	**Z** 14	Plan de la Cour (R. du)	**Z** 33
Amphithéâtre		Forum (Pl. du)	**Z** 15	Porte-de-Laure (R.)	**Z** 36
(R. de l')	**Y** 3	Gambetta (R.)	**Z** 17	Président-Wilson	
Anatole-France (R.)	**Z** 4	Hôtel-de-Ville (R.)	**Z** 18	(R. du)	**Z** 37
Antonelle (Pl.)	**Z** 5	Jean-Jaurès (R.)	**Z** 19	République (Pl. de la)	**Y** 39
Arènes (Rd-Pt des)	**YZ** 6	Lamartine (Av.)	**Y** 21	République (R. de la)	**Y** 40
Arènes (R. des)	**YZ** 7	Lices (Bd des)	**Z**	Réattu (R.)	**Y** 41
Balze (R.)	**Z** 8	Maisto (R. D.)	**Y** 27	Redoute (Pl. de la)	**Y** 42
Blum (R. Léon)	**Y** 10	Major (Pl. de la)	**Y** 29	Vauban (Montée)	**Y** 43
Calade (R. de la)	**Z** 12	Mistral (R. Frédéric)	**Z** 30	Voltaire (R.)	**Y** 45
Cavalerie (R. de la)	**Y** 13	Place (R. de la)	**Y** 32	4-Septembre (R. du)	**Y** 47

Jules César, bd Lices   ℘ 04 90 52 52 52,   *julescesar@relaischateaux.com*, *Fax 04 90 52 52 53*, 🌿, 🎭, 🛁, 🍴 – 🖥 📺 ℡ 🚗 – 🏊 30 à 80. AE ⓞ GB JCB   **Z b**
fermé début nov. au 23 déc. – **Lou Marquès** *(fermé sam. midi et lundi midi sauf fériés)*
Repas 27 (déj.), 37/75, enf. 12,50 – 🖵 16 – **51 ch** 140/225, 5 suites.
♦ Cet ex-couvent de carmélites cerné de jardins clos respire l'élégance. Beaux meubles anciens dans les chambres. Cloître et chapelle avec retable baroque. Jolies boiseries, recettes classiques et saveurs du Sud au restaurant Lou Marquès.

Nord Pinus, pl. Forum ℘ 04 90 93 44 44, *info@nord-pinus.com*, *Fax 04 90 93 34 00*, 🌿 – 🕸, 🖥 ch, 📺 🚗. AE ⓞ GB JCB   **Z t**
mars-nov. – **Repas** *(fermé merc. midi et mardi)* 35 🍷 – 🖵 18 – **20 ch** 125/166, 6 suites.
♦ Véritable institution arlésienne qui reçut Cocteau, Picasso ou encore Dominguin dont le "traje de luces" illumine le bar. Le décor mariant baroque et corrida ravit les yeux. Plaisant restaurant : esprit Art déco, photos tauromachiques et cuisine actuelle.

D'Arlatan 🐦 sans rest, 26 r. Sauvage (près pl. Forum) ℘ 04 90 93 56 66, *hotel-arlatan@w anadoo.fr*, *Fax 04 90 49 68 45*, 🛁, 🎭 – 🕸 🖥 📺 ℡ 🚗 – 🏊 50. AE ⓞ GB   **Y f**
fermé 5 janv. au 8 fév. – 🖵 10,50 – **41 ch** 77/153, 7 suites.
♦ Cette gracieuse demeure des 14e et 15e s. s'enorgueillit de ses nombreux vestiges archéologiques (plusieurs chambres en recèlent un). Décor personnalisé, mobilier ancien.

L'Hôtel Particulier 🐦 sans rest, 4 r. de la Monnaie ℘ 04 90 52 51 40, *contact@hotel-pa rticulier.com*, *Fax 04 90 96 16 70*, 🛁, 🎭 – 🖥 📺 ℡ 🅿. AE GB   **Z d**
🖵 12,50 – **8 ch** 182/229.
♦ Dans le quartier de la Roquette, superbe hôtel particulier du 18e s. Bel intérieur associant l'ancien et le moderne, chambres personnalisées raffinées, jolie cour-jardin...

Mercure Arles Camargue, av. 1e Division Française Libre (près Palais des Congrès) ℘ 04 90 93 98 80, *h2738-gm@accor-hotels.com*, *Fax 04 90 49 92 76*, 🌿, 🛁 – 🕸 🖥 📺
🛄 🅿 – 🏊 150. AE ⓞ GB JCB, 🍴 rest   **X t**
Repas *(14)* - 20/22, enf. 7,80 🍷 – 🖵 10 – **80 ch** 87/106.
♦ Face au riche musée de l'Arles antique, cet immeuble des années 1970, totalement relooké, propose des chambres confortables et claires. Fer forgé et couleurs du Midi au bar. Cuisine traditionnelle aux accents du Sud et carte des vins étoffée (grands crus).

Mireille, 2 pl. St-Pierre à Trinquetaille ℘ 04 90 93 70 74, *contact@hotel-mireille.com*, *Fax 04 90 93 87 28*, 🌿, 🛁 – 🖥 📺 ℡ 🚗. AE ⓞ GB JCB, 🍴 rest   **Y h**
hôtel : 15 mars-3 nov. ; rest. : 23 mars-31 oct. – **Repas** *(fermé dim. midi et lundi midi)* 22/31, enf. 12 🍷 – 🖵 11 – **34 ch** 82/120 – ½ P 80/99.
♦ Deux maisons excentrées sur la rive droite du Rhône. Les chambres, de style provençal, sont coquettes. Petite boutique de produits du terroir. Accueil aux petits soins. Chaleureux restaurant et agréable patio-terrasse ; recettes classiques et régionales.

Calendal 🐦 sans rest, 5 r. Porte de Laure ℘ 04 90 96 11 89, *contact@lecalendal.com*, *Fax 04 90 96 05 84*, 🎭 – 🖥 📺. AE ⓞ GB JCB. 🍴   **Z s**
fermé 9 janv. au 7 fév. – 🖵 7 – **38 ch** 64/99.
♦ Ravissantes chambres aux tons méridionaux ; certaines ont vue sur le théâtre antique, d'autres sur les arènes ou encore sur le beau jardin ombragé de palmiers. Salon de thé.

Musée sans rest, 11 r. Gd-Prieuré ℘ 04 90 93 88 88, *contact@hoteldumusee.com.*, *Fax 04 90 49 98 15* – 🖥 📺 ℡ 🚗. AE ⓞ GB JCB
fermé 5 janv. au 10 fév. – 🖵 7 – **28 ch** 42/82.
♦ Cet hôtel particulier du 17e s. abrite des chambres pratiques, de styles variés. Joli patio où l'on petit-déjeune l'été ; expositions de photos d'art. Accueil charmant.

Acacias sans rest, 2 r. de la Cavalerie ℘ 04 90 96 37 88, *contact@hotel-acacias.com*, *Fax 04 90 96 32 51* – 🕸 🖥 📺 ℡ 🛄. AE ⓞ GB JCB, 🍴   **Y t**
29 fév.-1er nov. – 🖵 6 – **33 ch** 55/58.
♦ Pimpante façade rose au pied de la porte de la Cavalerie. Chambres fraîches, colorées et meublées avec simplicité. Salle des petits-déjeuners égayée d'une fresque.

Le Cheval Blanc sans rest, 35 bd Georges Clémenceau ℘ 04 90 18 34 10, *hotellechevalb lanc@wanadoo.fr*, *Fax 04 90 96 29 54* – 🕸 🖥 📺 ℡. GB   **Z e**
fermé 5 janv. au 4 fév. – 🖵 12 – **24 ch** 90/100.
♦ L'hôtel sort d'une rénovation complète. Chambres dotées de meubles de style rustique et rehaussées de couleurs du Sud ; toutes sont décorées de photos de chevaux camarguais.

Amphithéâtre sans rest, 5 r. Diderot ℘ 04 90 96 10 30, *contact@hotelamphitheatre.fr*, *Fax 04 90 93 98 69* – 🖥 📺 ℡. AE ⓞ GB JCB   **Z n**
🖵 6 – **28 ch** 59/135.
♦ À l'ombre des platanes, ce bel immeuble du 17e s. vous propose des chambres lumineuses, sobres et soignées (bois peint, fer forgé, tissus colorés). Copieux petit-déjeuner.

🏠 **St-Trophime** sans rest, 16 r. Calade — 🥐 04 90 96 88 38, *st.trophime@wanadoo.fr,*
Fax 04 90 96 92 19 – 🛗 📺, ⅍ 🏧 GB   Z x
fermé 15 janv. au 15 fév. – 😐 6 – **22 ch** 50/70.
♦ Ancien hôtel particulier situé à deux pas de la célèbre église St-Trophime. Un
noble escalier conduit aux chambres spacieuses, de divers styles. Charmant patio avec
fontaine.

🏠 **Muette** sans rest, 15 r. Suisses — 🥐 04 90 96 15 39, *hotel.muette@wanadoo.fr,*
Fax 04 90 49 73 16 – 📺 ⅍ 🔐, ⅍ 🏧 ⓪ GB   Y q
fermé vacances de fév. – 😐 6 – **18 ch** 53/57.
♦ Belle façade, sans doute du 12ᵉ s., donnant sur une placette de la vieille ville.
Pierres apparentes dans les chambres, sagement provençales et correctement insonori-
sées.

🏠 **Porte de Camargue** sans rest, 15 r. Noguier à Trinquetaille — 🥐 04 90 96 17 32, *porte.ca*
margue@libertysurf.fr, Fax 04 90 18 97 92 – 🛗 🗐 📺 🔐 ⅍, ⅍ 🏧 GB JCB, ⅍   Y g
22 mars-22 oct. – 😐 5,90 – **25 ch** 53/75.
♦ Sur la rive droite du Grand Rhône, maison de style camarguais aménagée dans un discret
esprit campagnard. Chambres simples et bien tenues. Solarium sur le toit-terrasse.

🏠 **Régence** sans rest, 5 r. Marius Jouveau — 🥐 04 90 96 39 85, *contact@hotel-regence.com,*
Fax 04 90 96 67 64 – 📺 🔐, ⅍ 🏧 ⓪ GB   Y m
😐 5 – **16 ch** 35/49.
♦ Les petits budgets trouveront ici un hébergement simple, récemment rénové, profitant
d'une belle situation face au Rhône. Hall décoré sur le thème de la tauromachie.

🍴 **Jardin de Manon**, 14 av. Alyscamps — 🥐 04 90 93 38 68, *Fax 04 90 49 62 03*, 🌿 – 🏧
GB   Z r
fermé 21 oct. au 10 nov. et 4 au 24 fév. – **Repas** 14 (déj.), 18,50/36 ⅍.
♦ Carte dans la note régionale, composée selon le marché, et salle à manger aux tons
provençaux. Agréable terrasse ombragée située à l'arrière de la maison, au calme.

au Nord par ①, D 35 et rte secondaire : 3 km – ✉ 13200 Arles :

🏠🏠 **Mas de la Chapelle** ⅍ sans rest, petite rte Tarascon — 🥐 04 90 93 00 45, *masdelachapell*
e@voila.fr, Fax 04 90 18 86 11, ⅏, ⅍, ⅍ – 📺 🅿 🏧 GB JCB
😐 10 – **14 ch** 95/150.
♦ Cette maison construite autour d'une chapelle du 17ᵉ s. (abritant aujourd'hui un salon) a
du cachet. Jolies chambres personnalisées ; piscine avec bassin pour les enfants.

rte du Sambuc par ④, D 570 et D 36 : 17 km – ✉ 13200 Arles :

🍴 **Chassagnette**, — 🥐 04 90 97 26 96, *restaurantchassa@aol.com, Fax 04 90 97 26 95*, 🌿,
⅍ – 🅿. GB
fermé 5 au 21 janv., vacances de fév., merc. midi et mardi – **Repas** 37 (déj.)/52 (dîner).
♦ Ce mas camarguais, joliment aménagé, propose une belle cuisine au goût du
jour réalisée en partie avec les produits du superbe potager "bio" cultivé à côté de la
terrasse.
Spéc. Tapas camarguaises. Thon à la plancha. Tarte amandine, glace vanille

à Fourques *(Gard)* par ⑥ : 4 km – 2 544 h. alt. 3 – ✉ 30300 :

🏠 **Mas des Piboules**, N 113 — 🥐 04 90 96 25 25, *Fax 04 90 93 68 88*, 🌿, ⅏, ⅍ – 📺 ⅍ 🅿. GB
1ᵉʳ mars-31 oct. – **Repas** (dîner seul.) 16/23 ⅍ – 😐 6,50 – **50 ch** 60/63 – ½ P 49.
♦ Hôtel récent de type motel, disposant de chambres pratiques, claires et bien tenues ; la
moitié possède un balcon ou une terrasse en rez-de-jardin face à la piscine. Repas traditionnels simples servis dans une sobre salle à manger rustique.

ARMBOUTS-CAPPEL 59 Nord 🗐🗐🗐 C2 – *rattaché à Dunkerque.*

ARMOY 74 H.-Savoie 🗐🗐🗐 M2 – *rattaché à Thonon-les-Bains.*

ARNAGE 72 Sarthe 🗐🗐🗐 K7 – *rattaché au Mans.*

Dans ce guide
un même symbole, un même mot,
imprimé en **rouge** *ou en* **noir**, *en maigre ou en* **gras**,
n'ont pas tout à fait la même signification.
Lisez attentivement les pages explicatives.

ARNAY-LE-DUC 21230 Côte-d'Or 320 G7 G. Bourgogne – 1 829 h alt. 375.

🛈 Office de tourisme, 15 rue Saint Jacques 𝒫 03 80 90 07 55, Fax 03 80 90 07 55, ot@arnay-le-duc.com.

Paris 285 – Beaune 36 – Dijon 59 – Autun 28 – Chagny 38 – Montbard 74 – Saulieu 29.

 Chez Camille, 𝒫 03 80 90 01 38, chez-camille@wanadoo.fr, Fax 03 80 90 04 64 – 📺 🚗 🅿 AE ① GB JCB
Repas 19/35 – 🖵 9 – **11 ch** 72 – ½ P 75.
◆ Chambres personnalisées, plutôt "cosy". Certaines jouissent du privilège d'un petit salon ; d'autres, au second étage, font admirer leur charpente apparente. Plats aux accents bourguignons à déguster dans une salle de style jardin d'hiver avec verrière.

ARPAILLARGUES-ET-AUREILLAC 30 Gard 339 L4 – rattaché à Uzès.

ARPAJON 91290 Essonne 312 C4 – 9 053 h alt. 51.

🏌 de Marivaux à Janvry 𝒫 01 64 90 85 85, NO : 17 km par D 97.

🛈 Office de tourisme, 70 Grande Rue 𝒫 01 60 83 36 51, Fax 01 60 83 80 00, officetourismearpajon@wanadoo.fr.

Paris 32 – Fontainebleau 49 – Chartres 71 – Évry 18 – Melun 45 – Orléans 94 – Versailles 39.

🏛 **Arpège** sans rest, 23 av. J. Jaurès 𝒫 01 69 17 10 22, hotel.arpege@wanadoo.fr, Fax 01 60 83 94 20 – 🛗 📺 ☎ & 🅿 – 🛗 20. AE ① GB
fermé 23 juil. au 23 août – 🖵 9 – **48 ch** 57/63.
◆ Cette construction récente située au centre-ville héberge des chambres fonctionnelles, bien insonorisées et dotées d'équipements adaptés à une clientèle d'affaires.

XXX **Saint Clément** (Delrieu), 16 av. Hoche (D152) 𝒫 01 64 90 21 01, le-saint-clement@wanadoo.fr, Fax 01 60 83 32 67, � – ▦. AE GB
❀ fermé août, vacances de fév., dim. soir, sam. midi et lundi – **Repas** 34/42 et carte 54 à 68.
◆ Bâtisse de style néoclassique abritant une salle à manger sobre et confortable ; terrasse d'été ombragée. Belle cuisine classique, valorisant les produits de l'Hexagone.
Spéc. Crêpes de homard gratinées, sauce américaine. Faux-filet de bœuf poêlé, caramel de maury. Délice du "Saint Clément" au chocolat noir.

ARPAJON-SUR-CÈRE 15 Cantal 330 C5 – rattaché à Aurillac.

Dans ce guide

un même symbole, un même mot,
imprimé en rouge ou en noir, en maigre ou en gras,
n'ont pas tout à fait la même signification.
Lisez attentivement les pages explicatives.

Les ARQUES 46250 Lot 337 D4 G. Périgord Quercy – 158 h alt. 254.

Voir Église St-Laurent★ : Christ★ et Pietà★ – Fresques murales★ de l'église St-André-des-Arques.

Paris 569 – Cahors 28 – Gourdon 27 – Villefranche-du-Périgord 19 – Villeneuve-sur-Lot 58.

X **Récréation,** 𝒫 05 65 22 88 08, � – GB
1ᵉʳ avril-30 sept. et week-ends (sauf janv.-fév.) et fermé merc. et jeudi – **Repas** (16 bc) - 25.
◆ Sympathique adresse aménagée dans l'ex-école du village : classe-salle à manger, terrasse-préau, totem-marronnier sculpté dans la cour de "récré" et plats au goût du jour.

ARRADON 56 Morbihan 308 O9 – rattaché à Vannes.

ARRAS P 62000 P.-de-C. 301 J6 G. Picardie Flandres Artois – 40 590 h Agglo. 124 206 h alt. 72.

Voir Grand'Place★★★ et Place des Héros★★★ – Hôtel de Ville et beffroi★ BY H – Ancienne abbaye St-Vaast★★ : musée des Beaux-Arts★.

🏌 d'Arras à Anzin-St-Aubin 𝒫 03 21 50 24 24, par ⑤ et D 64 : 4 km.

🛈 Office de tourisme, place des Héros 𝒫 03 21 51 26 95, Fax 03 21 71 07 34, arras.tourisme@wanadoo.fr.

Paris 179 ② – Lille 54 ① – Amiens 69 ④ – Calais 110 ① – Charleville-Mézières 159 ②.

Plan pages suivantes

Univers ॐ, 3 pl. Croix Rouge ℰ 03 21 71 34 01, *univers.hotel@najeti.com*, *Fax 03 21 71 41 42* – 📶 ⁂ 🖵 ₺ **P** – 🕿 40 à 200. 🖭 ☺️   BZ v
Repas 19,50 (déj.), 23,50/65 ♈ – 🖵 12 – **38 ch** 75/130.
◆ Monastère, puis hôpital et enfin hôtel : cette élégante et paisible demeure du 18ᵉ s. abrite de belles chambres personnalisées ; certaines affichent une influence provençale. La lumineuse salle à manger offre un plaisant décor. Registre culinaire classique.

Mercure Atria, 58 bd Carnot ℰ 03 21 23 88 88, *h1560@accor-hotels.com*, *Fax 03 21 23 88 89* – 📶 ⁂ 🖵 ₺ 🖵 – 🕿 30 à 300. 🖭 ⊙ ☺️   CZ b
Repas 18, enf. 8,40 ♈ – 🖵 11 – **80 ch** 85/97.
◆ Vaste complexe en brique et verre hébergeant un centre d'affaires. Chambres modernes, pratiques et bien insonorisées. Bar pour une pause entre deux contrats ! Restaurant au cadre très sobre agrémenté de plantes vertes et compositions florales.

Angleterre, 7 pl. Foch ℰ 03 21 51 51 16, *hotelangleterre@pilortec.fr*, Fax 03 21 71 38 20 – 📶 🖵 🖵 ₺ – 🕿 25. 🖭 ⊙ ☺️ 🔤 ⁒ rest   CZ r
fermé 23 déc. au 2 janv. – **Repas** *(fermé dim.)* (dîner seul.) 18,30/23,50, enf. 8,40 ♈ – 🖵 9 – **20 ch** 70/90.
◆ Au coeur du quartier de la gare TGV, bâtisse régionale en briques datant de 1929. Chambres spacieuses, feutrées et bien équipées. Salon-bar un tantinet "british". Restaurant habillé de boiseries blondes et lumineuse véranda. Plats de brasserie, salades, pizzas.

Express By Holiday Inn sans rest, 3 r.du Docteur Brassart ℰ 03 21 60 88 88, *reservatio ns@hiexpress-arras.com*, Fax 03 21 60 89 00 – 📶 ⁂ 🖵 ₺ ₺ **P** – 🕿 20 à 50. 🖭 ⊙ ☺️ 🔤   CZ t
98 ch 🖵 72/85.
◆ Architecture contemporaine située à proximité immédiate de la gare. Chambres modernes dotées d'équipements parfaitement adaptés aux besoins d'une clientèle d'affaires.

Ibis sans rest, 11 r. Justice ℰ 03 21 23 61 61, *h1567@accor-hotels.com*, Fax 03 21 71 31 31 – 📶 ⁂ 🖵 ₺ 🖵. 🖭 ⊙ ☺️   CZ n
🖵 6 – **63 ch** 66.
◆ Idéalement situé entre les deux magnifiques places arrageoises. Les chambres, récemment rénovées, sont un peu petites mais fonctionnelles et insonorisées.

3 Luppars sans rest, 49 Grand'Place ℰ 03 21 60 02 03, Fax 03 21 24 24 80 – 📶 🖵 ₺ ₺. 🖭 ⊙ ☺️ 🔤   CY r
🖵 7 – **42 ch** 44/65.
◆ La plus ancienne demeure d'Arras (1467, superbe façade gothique) abrite des chambres simples et pratiques ; celles sur l'arrière sont plus calmes, mais sans vue sur la place.

Astoria, 12 pl. Foch ℰ 03 21 71 08 14, *hotelcarnot@wanadoo.fr*, Fax 03 21 71 60 95 – 🖵 rest, 🖵 ₺ – 🕿 30. 🖭 ⊙ ☺️ 🔤   CZ s
Repas 17/40, enf. 8 ♈ – 🖵 7 – **29 ch** 47/51 – ½ P 43,50.
◆ Face à la gare TGV, deux maisons mitoyennes en briques rouges datant du début du 20ᵉ s. Les chambres sont fraîches, actuelles et insonorisées. Dans un décor d'esprit brasserie, le restaurant propose une cuisine traditionnelle et des spécialités régionales.

Faisanderie, 45 Grand'Place ℰ 03 21 48 20 76, *la-faisanderie@wanadoo.fr*, Fax 03 21 50 89 18 – 🖵 🖭 ⊙ ☺️ 🔤   CY f
fermé 3 au 24 août, 4 au 11 janv., 15 au 22 fév., dim. soir, mardi midi et lundi – **Repas** 25/65 et carte 44 à 79.
◆ Sur la somptueuse place, demeure du 17ᵉ s. abritant une belle cave où d'imposantes colonnes en pierre soutiennent les vénérables voûtes en briques. Carte classique revisitée.

Coupole d'Arras, 26 bd Strasbourg ℰ 03 21 71 88 44, Fax 03 21 71 52 46 – 🖭 ☺️ 🔤   CZ x
fermé 16 au 22 août, 5 au 11 janv., dim. soir 15 nov. à Pâques et sam. midi – **Repas** 19,50/29 ♈.
◆ Grand restaurant aux allures de brasserie des années folles : reproductions de Mucha, vitraux, meubles bistrot et Art déco. Carte traditionnelle et produits de la mer.

Clef des Sens, 60 pl. des Héros ℰ 03 21 51 00 50, *laclefdessens@wanadoo.fr*, Fax 03 21 71 25 15, 🍽️ – 🖵. ☺️   CZ u
fermé 20 déc. au 10 janv., dim. soir d'oct. à mars et lundi – **Repas** (21) - 26/32, enf. 10.
◆ Brasserie sise dans un immeuble du 17e s. situé sur la pittoresque place des Héros. Boiseries rouges et banquettes à l'intérieur ; vue sur le beffroi depuis la terrasse.

à Anzin-St-Aubin *Nord-Ouest : 5 km par D 341 – 2 470 h. alt. 71* – ✉ 62223 :

Golf, r. Briquet Tallandier ℰ 03 21 50 45 04, *hoteldugolf.commercial@wanadoo.fr*, Fax 03 21 15 07 00, ≤, 🍽️ – 📶 ⁂ 🖵 rest, 🖵 ₺ 🖵 **P** – 🕿 130. 🖭 ⊙ ☺️
Repas 23/30 – 🖵 9 – **43 ch** 75/130 – ½ P 82,10/101,60.
◆ À l'entrée d'un golf 18 trous, flambant construction en bois dont l'architecture s'inspire de la Louisiane. Chambres flambant neuf, donnant pour la plupart sur les greens. Répertoire culinaire traditionnel et cadre lumineux pour une pause entre deux swings.

ARRAS

Adam (R. Paul) . . . . **AY** 2
Agaches (R. des) . . . . **BY** 3
Albert-Ier-de-Belg.
  (Rue) . . . . **BY** 4
Ancien-Rivage
  (Pl. de l') . . . . **BY** 5
Barbot (R. du Gén.) . . . . . **BY** 6
Baudimont
  (Rond-Point) . . . . **AY** 7
Carabiniers d'Artois
  (R. des) . . . . **AY** 8
Cardinal (R. du) . . . . **CZ** 9
Delansorne (R. D.) . . . . . . **BZ** 10
Doumer (R. Paul) . . . . **BY** 12
Ernestale (R.) . . . . **BZ** 13
Ferry (R. Jules) . . . . **AY** 15
Foch (Pl. Maréchal) . . . . . **CZ** 16
Gambetta (R.) . . . . **BZ**
Gouvernance
  (R. de la) . . . . **BY** 18
Guy-Mollet (Pl.) . . . . **CY** 19
Kennedy (Av. J.) . . . . **AZ** 24
Legrelle (R. E.) . . . . **BCZ** 25
Madeleine (Pl. de la) . . . . **BY** 28
Marché-au-Filé
  (R. du) . . . . **BY** 30
Marseille (Pl. de) . . . . **BZ** 31
Robespierre (R.) . . . . **BZ** 34
Ronville (R.) . . . . **CZ** 35
St-Aubert (R.) . . . . **BY**
Ste-Claire (R.) . . . . **AZ** 37
Ste-Croix (R.) . . . . **CY** 39
Strasbourg (Bd de) . . . . . **CZ** 42
Taillerie (R. de la) . . . . **CY** 43
Teinturiers (R. des) . . . . . **BY** 45
Théâtre (Pl. et R.) . . . . **BZ** 47
Verdun (Cours de) . . . . . . **AZ** 49
Victor-Hugo (Pl.) . . . . **AZ** 51
Wacquez-Glasson
  (Rue) . . . . **CZ** 52
Wetz-d'Amain
  (Pl. du) . . . . **BY** 53
29-Juillet (R. du) . . . . **BY** 54
33e (Pl. du) . . . . **BY** 55

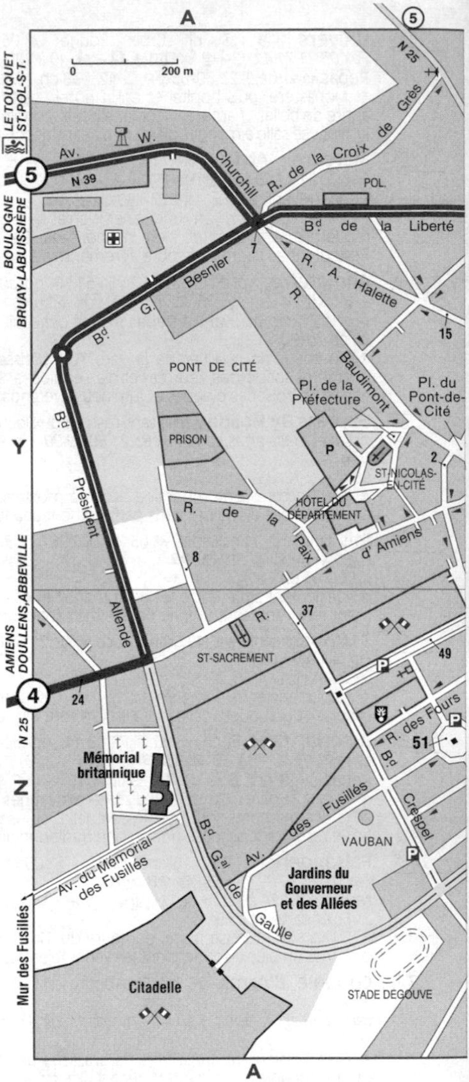

à Mercatel par ③, N 17 et D 34 : 8 km – 572 h. alt. 88 – ⊠ 62217 :

✕ **Mercator**, 24 r.de la Mairie ℰ 03 21 73 48 33, Fax 03 21 22 09 39 – ⒼⒷ
  fermé 1er au 15 août, 25 déc. au 2 janv., sam. et le soir sauf vend. – **Repas** 21/31.
  ◆ Ambiance familiale, sobre salle à manger néo-rustique et cuisine traditionnelle : à deux
  tours de roue de la capitale artésienne, projetez donc un repas au Mercator...

  Si le coût de la vie subit des variations importantes,
  les prix que nous indiquons peuvent être majorés.
  Lors de votre réservation à l'hôtel, faites-vous préciser le prix définitif.

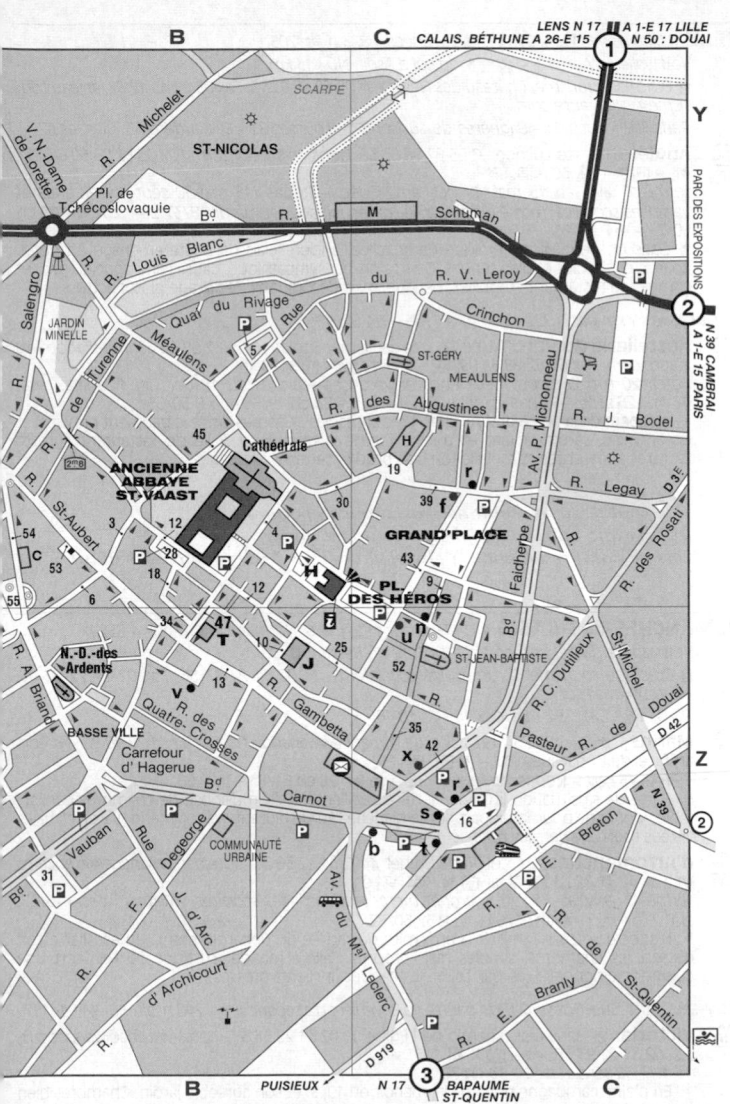

ARREAU 65240 H.-Pyr. 342 O7 G. Midi-Pyrénées – 823 h alt. 705.

Voir Vallée d'Aure★ S – ✳️★★★ du col d'Aspin NO : 13 km.

🛈 Office de tourisme, Château des Nestes ℘ 05 62 98 63 15, Fax 05 62 40 12 32, arreau.tourisme@vallee-aure.com.

Paris 818 – Auch 91 – Bagnères-de-Luchon 34 – Lourdes 81 – St-Gaudens 55 – Tarbes 62.

Angleterre, rte Luchon ℘ 05 62 98 63 30, aubiban@oreka.com, Fax 05 62 98 69 66, ⅃, ☞ – 🔟 🅿 – 🏛 30. 🆚 🎗
fermé 1er avril au 15 mai, 1er oct. au 26 déc. – **Repas** (15 mai-30 sept., week-ends et vacances scolaires, fermé lundi sauf le soir en juil-août et mardi) 18/37 ℥ – ☲ 7,50 – **24 ch** 50/79 – ½ P 55/65.

♦ Dans un petit village typique de la vallée, ancien relais de poste aménagé en hôtel. Chambres simples et bien tenues. Coin salon-bar sympathique. Cadre campagnard "revu et corrigé" au restaurant : mobilier rustique, mais décoration et éclairage plutôt actuels.

à Cadéac Sud : 2 km par D 929 – 221 h. alt. 736 – ⊠ 65240 :

Hostellerie du Val d'Aure ⌂, rte de St-Lary-Soulan ℘ 05 62 98 60 63, hotel@hotel-valdaure.com, Fax 05 62 98 68 99, ☞, ⅃, ☞, ⌇ – 🔟 🅿. 🆚
hôtel: 20 mai-26 sept., week-ends et vacances scolaires du 18 déc. au 1er mars: rest: 16 mai-26 sept. – **Repas** 17 (déj.), 23/29 – ☲ 8 – **23 ch** 49/65 – ½ P 50/55.

♦ Au cœur de la vallée d'Aure, chambres agréables, réparties entre le bâtiment principal et les annexes. Jardin arboré et piscine face à la montagne. Salle de restaurant agreste (poutres apparentes et mobilier en bois brut) et terrasse ombragée.

Si le coût de la vie subit des variations importantes,
les prix que nous indiquons peuvent être majorés.
Lors de votre réservation à l'hôtel, faites-vous préciser le prix définitif.

ARROMANCHES-LES-BAINS 14117 Calvados 303 I3 G. Normandie Cotentin – 552 h.

Voir Musée du débarquement – La Côte du Bessin★ O.

🛈 Office de tourisme, 2 rue du Maréchal Joffre ℘ 02 31 21 47 56, Fax 02 31 22 92 06, off-tour@mail.cpod.fr.

Paris 266 – Caen 34 – Bayeux 11 – St-Lô 46.

Marine, ℘ 02 31 22 34 19, hotel.de.la.marine@wanadoo.fr, Fax 02 31 22 98 80, ≤ Port artificiel du Débarquement – 📳 🔟. 🆚
15 fév.-15 nov. – **Repas** 19/49, enf. 9 ℥ – ☲ 7 – **28 ch** 61/83 – ½ P 68.

♦ Forte de sa situation littorale, cette accueillante maison dispose de chambres confortables donnant pour la plupart sur la Manche. Au restaurant, décor marin, vivier et baies vitrées tournées vers les flots.

d'Arromanches, 2 r. Col. René Michel ℘ 02 31 22 36 26, hoteldarromanche@ifrance.com, Fax 02 31 22 23 29, ☞ – 🔟 📞. 🆚 🎗 ch
fermé 1er janv. au 15 fév., mardi et merc. sauf vacances scolaires – **Repas** (12,50) - 15/25, enf. 7 ℥ – ☲ 7 – **9 ch** 55/64 – ½ P 52,50/57.

♦ Modeste adresse familiale à proximité du musée du Débarquement. Un escalier étroit dessert les chambres, simples mais propres. Salle à manger rustique où l'on sert une cuisine traditionnelle ; au bar, formule snack pour clients pressés.

à Tracy-sur-Mer Sud-Ouest : 2,5 km par rte de Bayeux et rte secondaire – 240 h. alt. 60 – ⊠ 14117 :

Victoria ⌂ sans rest, chemin de l'Église ℘ 02 31 22 35 37, hotel-victoria@wanadoo.fr, Fax 02 31 22 93 38, ☞ – 🔟 📞 🅿. 🆚 🎗
1er avril-30 sept. – ☲ 9 – **13 ch** 88.

♦ En pleine campagne normande, manoir du 19e s. et son agréable jardin. Chambres bien tenues, garnies de meubles de style ou rustiques ; celles du 2e étage sont mansardées.

à La Rosière Sud-Ouest : 3 km par rte de Bayeux – ⊠ 14177 Arromanches-les-Bains :

Rosière sans rest, ℘ 02 31 22 36 17, hotel.larosiere@wanadoo.fr, Fax 02 31 22 19 33, ☞ – 🎗 🅿. 🆚
1er avril-11 nov. et vacances de fév. – ☲ 7 – **24 ch** 58/80.

♦ En léger retrait de la route, hôtel accueillant des chambres fonctionnelles et protégées du bruit. L'annexe propose un hébergement de plain-pied avec le jardin.

ARS-EN-RÉ 17 Char.-Mar. 324 A2 – voir Ile de Ré.

ARSONVAL 10 Aube 313 H4 – rattaché à Bar-sur-Aube.

ARTEMARE *01510 Ain* 328 *H5 – 970 h alt. 245.*

Paris 506 – Aix-les-Bains 33 – Bourg-en-Bresse 82 – Chambéry 50 – Lyon 104 – Nantua 43.

 Michallet, r. de la Poste ℰ 04 79 87 39 33, Fax 04 79 87 39 20, 🍽 – 📺 ✆ 🅿️. GB
fermé 22 au 30 août, 18 déc. au 17 janv., dim. soir et lundi – **Repas** *(13)* - 16/42 ♀ – ⊒ 7,50 –
21 ch 37/48 – ½ P 41.
◆ Belle maison en pierres de taille située au coeur du bourg. Les chambres rénovées sont
confortables ; celles de l'annexe restent plus anciennes. Cuisine traditionnelle et produits
régionaux servis dans le spacieux restaurant ou sur l'agréable terrasse.

ARTRES *59 Nord* 302 *J6 – rattaché à Valenciennes.*

ARTZENHEIM *68320 H.-Rhin* 315 *J8 – 618 h alt. 180.*

Paris 463 – Colmar 17 – Mulhouse 57 – Sélestat 22 – Strasbourg 79.

XXX **Auberge d'Artzenheim** 🛏 *avec ch,* 30 r. Sponeck ℰ 03 89 71 60 51,
Fax 03 89 71 68 21, 🍽, 🌳 – 📺 🅿️. ⬛ GB
fermé 15 fév. au 15 mars, dim. soir, mardi soir et lundi – **Repas** 19/68 et carte 43 à 53,
enf. 11 ♀ – ⊒ 7 – **10 ch** 46/55 – ½ P 52/55.
◆ Jolie demeure alsacienne ouverte sur un jardin et offrant deux styles de décor pour les
repas : contemporain sous verrière ou régional sous poutres apparentes.

ARUDY *64260 Pyr.-Atl.* 342 *J6 G. Aquitaine – 2 234 h alt. 413.*

🛈 *Office de tourisme, place de la mairie* ℰ 05 59 05 77 11, Fax 05 59 05 80 31, office.de.tou-
risme.darudy@wanadoo.fr.
Paris 803 – Pau 26 – Argelès-Gazost 53 – Lourdes 40 – Oloron-Ste-Marie 21.

🏠 **France,** pl. Hôtel de Ville ℰ 05 59 05 60 16, Fax 05 59 05 70 06 – 📺 🅿️. GB. ✂
⊜ *fermé mai et sam. hors saison sauf vacances scolaires* – **Repas** 11,70/20,50, enf. 8,40 ♀ –
⊒ 9 – **17 ch** 30/46,50 – ½ P 34,70/39,50.
◆ Cette maison traditionnelle du bas Ossau réserve un sympathique accueil familial.
Chambres rénovées progressivement dans un style actuel. Bar réchauffé par une cheminée. Salle à manger rustique où l'on sert une cuisine simple fleurant bon le terroir.

ARVIEU *12120 Aveyron* 338 *H5 – 880 h alt. 730.*

🛈 *Syndicat d'initiative, le Bourg* ℰ 05 65 46 71 06, Fax 05 65 74 20 20.
Paris 663 – Rodez 31 – Albi 66 – Millau 59 – St-Affrique 47 – Villefranche-de-Rouergue 77.

🏠 **Au Bon Accueil,** Pl. du Centre ℰ 05 65 46 72 13, aubonaccueil@fr.st, Fax 05 65 74 28 95
⊜ – ✆ – 🏧 15. ⬛ GB
fermé 1ᵉʳ au 15 fév. – **Repas** 13,50 bc/30 ⅃ – ⊒ 6 – **12 ch** 42 – ½ P 39.
◆ Sur la place du village, à 5 mn du lac de Pareloup, petite auberge flanquée d'un bar à
fréquentation locale. Sobriété et propreté caractérisent les chambres. Le restaurant propose une cuisine traditionnelle simple assortie de quelques plats du pays.

ARZON *56640 Morbihan* 308 *N9 G. Bretagne – 2 056 h alt. 9.*

Voir *Tumulus de Tumiac ou butte de César* ✳ ★ *E : 2 km puis 30 mn.*
🛈 *Office de tourisme, Rond-Point du Crouesty* ℰ 02 97 53 69 69, Fax 02 97 53 76 10,
crouesty@crouesty.com.
Paris 487 – Vannes 33 – Auray 52 – Lorient 94 – Quiberon 81 – La Trinité-sur-Mer 66.

au Port du Crouesty *Sud-Ouest : 2 km –* ✉ *56640 Arzon :*

🏨 **Miramar** 🛏, ℰ 02 97 53 49 00, reservation@miramarcrouesty.com, Fax 02 97 53 49 99,
≤, 🛁, 🔲 – 🛗 📺 ✆ 🕭 ⟻ 🅿️ – 🏧 80. ⬛ ⓞ GB 🇯🇨🇧. ✂ rest
fermé 30 nov. au 20 déc. – **Salle à Manger :** Repas 47/75 ♀ – **Ruban Bleu** (rest. diététique)
Repas 47 – ⊒ 18 – **106 ch** 350/550, 12 suites.
◆ Bienvenue à bord de cette architecture originale évoquant un navire de croisière.
Chambres modernes avec balcon. Institut de thalassothérapie. Belle vue sur le large et
décor de paquebot à La Salle à Manger. Plats diététiques et salle non-fumeur au Ruban
Bleu.

🏠 **Crouesty** *sans rest,* ℰ 02 97 53 87 91, Fax 02 97 53 66 76 – 📺 🅿️. GB
fermé janv. – ⊒ 7 – **26 ch** 57/90.
◆ Construction récente d'allure "néo-bretonne" face au port de plaisance. Chambres
fonctionnelles et colorées ; les plus spacieuses sont tournées vers l'océan. Salon-piano.

à Port Navalo *Ouest : 3 km –* ⊠ *56640 Arzon :*

XXX   **Grand Largue,** à l'embarcadère ✆ 02 97 53 71 58, Fax 02 97 53 92 20, ≤ golfe du Morbihan, 斎 – ⊖⊟
fermé 15 nov. au 25 déc., 7 janv. au 10 fév., mardi et dim. sauf juil.-août et lundi – **Repas** 32 (déj.), 46/73 et carte 60 à 80.
  ♦ Telle la "figure de proue" du port, cette maison fièrement dressée face à l'océan vous invite à savourer une cuisine axée sur les produits de la mer. Décor de bateau.

ASCAIN 64310 Pyr.-Atl. 🔢🔢🔢 C4 *G. Aquitaine – 3 097 h alt. 24.*
  🅱 *Office de tourisme, rue Ernest Fourneau* ✆ *05 59 54 00 84.*
  Paris 791 – Biarritz 23 – Cambo-les-Bains 26 – Hendaye 18 – Pau 135 – St-Jean-de-Luz 7.

🏠   **Parc Trinquet-Larralde,** ✆ 05 59 54 00 10, *parcascain@aol.com,* Fax 05 59 54 01 23, 斎 , 承 – ⊡ . 🎴 ⓪ ⊖⊟ . ⬚
fermé 2 janv. à fin fév., dim. et lundi de nov. à mars – **Repas** *(fermé dim. soir de sept. à juin et lundi)* 15 (déj.), 24/32, enf. 8 – ⊈ 8 – **24 ch** 58/72 – ½ P 55/62.
  ♦ Trois bâtisses de style régional dans un charmant village basque. Chambres progressivement rénovées. Fronton de pelote privé dans le jardin. Salles à manger rustiques avec pierres et poutres apparentes, cuivres rutilants et cheminée ornée d'une croix du pays.

au col de St-Ignace *Sud-Est : 3,5 km – alt. 169 –* ⊠ *64310 Ascain.*
  Voir Montagne de la Rhune ✳✳✳ *, 1h par chemin de fer à crémaillère.*

X   **Les Trois Fontaines,** ✆ 05 59 54 20 80, Fax 05 59 54 20 80, ≤, 斎 , 承 – ⊡ . ⊖⊟
⊜   **Repas** 12/22,50, enf. 7 ⅀.
  ♦ À deux pas de la gare du célèbre train de la Rhune, pimpante maison basque nichée dans la verdure. Salle à manger rustique et véranda tournée vers la terrasse et le jardin.

Michelin n'accroche pas de panonceau aux hôtels et restaurants
qu'il signale.

ASNIÈRES-SUR-SEINE 92 Hauts-de-Seine 🔢🔢🔢 J2 🔢🔢🔢 ⑮ – voir à Paris, Environs.

ASPRES-SUR-BUËCH 05140 H.-Alpes 🔢🔢🔢 C5 *G. Alpes du Sud – 762 h alt. 778.*
  🅱 *Office de tourisme, route de Grenoble* ✆ *04 92 58 68 88, Fax 04 92 58 63 16, tourisme-.haut.buech@free.fr.*
  Paris 659 – Gap 34 – Grenoble 96 – Sisteron 46 – Valence 128.

🏠   **Parc,** ✆ 04 92 58 60 01, *info@hotel-buech.com,* Fax 04 92 58 67 84 – ⊡ . 🎴 ⓪ ⊖⊟
fermé 6 déc. au 6 janv., dim. soir et merc. hors saison – **Repas** 19/33 ⅃ – ⊈ 7,50 – **23 ch** 31/48 – ½ P 35,50/46.
  ♦ Hôtel des années 1960 situé au coeur de ce bourg veillant sur le cours capricieux du Buëch. Chambres simples, rénovées progressivement dans un style actuel. Salle des repas aux tons pastel. La terrasse ombragée est plaisante malgré la proximité de la route.

ASTAFFORT 47220 L.-et-G. 🔢🔢🔢 F5 *– 1 880 h alt. 65.*
  🅱 *Office de tourisme, place de la Nation* ✆ *05 53 67 13 33, Fax 05 53 67 13 33, ot.astaffort@astaffort.com.*
  Paris 674 – Agen 19 – Auvillar 29 – Condom 31 – Lectoure 20.

🏠🏠   **Square "Michel Latrille"** ⊗, ✆ 05 53 47 20 40, *latrille.michel@wanadoo.fr,* ✿   Fax 05 53 47 10 38, 斎 – 🔲 ▤ ⊡ ✆ & ⟳ – 🔲 20. ⊖⊟ . ⬚
fermé 1ᵉʳ au 10 mai, 15 nov. au 6 déc. et dim. soir – **Repas** *(fermé dim. soir, mardi midi et lundi)* 23/86 et carte 58 à 84 ⅀ ⅃ – ⊈ 10 – **14 ch** 60/130.
  ♦ Meubles contemporains et anciens, couleurs du Sud, détails raffinés... Les chambres logées dans ces charmantes maisons villageoises ne manquent pas de caractère. Belles salles à manger autour d'un ravissant patio et terrasse panoramique. Riche carte des vins.
  Spéc. Ravioli de langoustines aux truffes. Côte de veau aux champignons de saison. Moelleux au café **Vins** Côtes du Brulhois, Buzet.

XX   **Une Auberge en Gascogne** avec ch, N 21 (face Poste) ✆ 05 53 67 10 27, 🍴   Fax 05 53 67 10 22, 斎 – 🔲 ⊡ – 🔲 20. ⊖⊟
fermé 1ᵉʳ au 20 nov., dim. soir en hiver, jeudi midi et merc. – **Repas** 22/60 ⅀ – ⊈ 7,50 – **8 ch** 44/46 – ½ P 53.
  ♦ La salle de restaurant, refaite, conserve son petit air campagnard. L'été, terrasse dans la cour intérieure, au calme. Cuisine créative utilisant les produits du terroir.

ATHIS-MONS 91 Essonne 🔢🔢🔢 D3 🔢🔢🔢 ㊱ – voir à Paris, Environs.

ATTENSCHWILLER *68220 H.-Rhin* 315 I11 – *836 h alt. 360.*
Paris 486 – Mulhouse 36 – Altkirch 21 – Basel 14 – Colmar 71.

※ **A la Couronne,** 13 r. Wilson ℰ 03 89 68 76 96, Fax 03 89 68 73 77, 徐 – GB
fermé 15 août au 12 sept., vacances de fév., lundi et mardi – **Repas** 25/50 ℤ.
♦ Près de l'église du village, discrète façade du Sundgau abritant deux salles à manger sagement rustiques. Cuisine du terroir, tartes flambées et gibier en saison.

ATTICHY *60350 Oise* 305 J4 – *1 852 h alt. 73.*
Paris 101 – Compiègne 18 – Laon 62 – Noyon 26 – Soissons 24.

※※ **Croix d'Or** avec ch, 13 r. Tondu de Metz ℰ 03 44 42 15 37, Fax 03 44 42 15 37 – 📺 &. ᴁᴇ
GB GB
Repas *(fermé lundi soir, jeudi soir et mardi)* 13/38, enf. 6 ₰ – **5 ch** ⛁ 32/39 – ½ P 32,50.
♦ Deux maisons régionales autour d'une cour intérieure. Dans l'une, fraîche salle de restaurant contemporaine ; dans l'autre, chambres simples et pratiques.

ATTIGNAT *01340 Ain* 328 D3 – *1 924 h alt. 227.*
Paris 420 – Mâcon 35 – Bourg-en-Bresse 13 – Lons-le-Saunier 76 – Louhans 46 – Tournus 42.

※※ **Dominique Marcepoil** avec ch, D 975 ℰ 04 74 30 92 24, *mancepoil@liberty surf.fr,*
Fax 04 74 25 93 48, 徐, 🥒, 🌳 – 📺 &. P – & 25. ᴁᴇ GB. 🛇 ch
fermé 26 sept. au 11 oct., lundi midi et dim. – **Repas** 19,50/62 bc, enf. 13 ℤ – ⛁ 8 – **9 ch**
39/62 – ½ P 57,50.
♦ Maison bressane en pierres et briques. La salle à manger est séparée de la cave à vins par une baie vitrée. Cuisine régionale et au goût du jour. Chambres simples.

Une réservation confirmée par écrit ou par fax est toujours plus sûre.

ATTIGNAT-ONCIN *73 Savoie* 333 H4 – *rattaché à Aiguebelette-le-Lac.*

ATTIN *62 P.-de-C.* 301 D5 – *rattaché à Montreuil.*

AUBAGNE *13400 B.-du-R.* 340 I6 *G. Provence* – *42 638 h alt. 102.*
🛈 *Office de tourisme, avenue Antide Boyer* ℰ 04 42 03 49 98, Fax 04 42 03 83 62,
aubagnetour@aubagne.com.
Paris 788 – Marseille 18 – Toulon 48 – Aix-en-Provence 39 – Brignoles 48.

à St-Pierre-lès-Aubagne *Nord : 5 km par N 96 ou D 43* – ⊠ *13400 :*

🏨 **Hostellerie de la Source** 🛇 sans rest., ℰ 04 42 04 09 19, *hoteldelasource@aol.com,*
Fax 04 42 04 58 72, ≤, 🔼, 🏖, 🏊 – 📺 &. P – & 40. ᴁᴇ ⓸ GB ᴊᴄʙ
⛁ 11 – **25 ch** 95/160.
♦ Dans un parc arboré d'où jaillit la source de l'hôtel, demeure du 17ᵉ s. complétée d'une annexe récente. Chambres actuelles et belle piscine coiffée d'une verrière.

AUBAZINES *19190 Corrèze* 329 L4 *G. Périgord Quercy* – *732 h alt. 345.*
Voir *Abbaye★ : clocher★, mobilier★, tombeau de St-Étienne★★, armoire liturgique★.*
🛈 *d'Aubazine à Beynat* ℰ 05 55 27 25 66, *E : 4 km.*
🛈 *Office de tourisme, Le bourg* ℰ 05 55 25 79 93, Fax 05 55 25 79 93, *tourisme@ville-aubazine.fr.*
Paris 480 – Brive-la-Gaillarde 14 – Aurillac 86 – St-Céré 50 – Tulle 17.

🏠 **Tour,** ℰ 05 55 25 71 17, Fax 05 55 84 61 83 – 📺 &. GB
fermé janv., lundi midi en hiver et dim. soir – **Repas** 20/34, enf. 10 – ⛁ 5 – **19 ch** 46/48 –
½ P 46.
♦ Face à l'abbaye, deux maisons de caractère ; la plus vieille est flanquée d'une tour. Chambres anciennes égayées de papiers peints colorés. Cuisine régionale servie dans des salles rustiques agrémentées de cuivres et d'étains. Bar à fréquentation locale.

AUBE *61270 Orne* 310 M2 *G. Normandie Vallée de la Seine* – *1 540 h alt. 230.*
Paris 144 – L'Aigle 7 – Alençon 55 – Argentan 47 – Mortagne-au-Perche 32.

※ **Auberge St-James,** 62 rte Paris ℰ 02 33 24 01 40, Fax 02 33 24 01 40 – GB
fermé 16 au 30 août, dim. soir et lundi – **Repas** 11/28.
♦ Modeste auberge familiale dans le village où la comtesse de Ségur passa une grande partie de sa vie. Cuisine simple servie dans une salle à manger sagement campagnarde.

AUBENAS 07200 Ardèche **331** I6 G. Vallée du Rhône – 11 018 h alt. 330.

Voir Site★ – Façade★ du château.

🗓 Office de tourisme, 4 boulevard Gambetta ℘ 04 75 89 02 03, Fax 04 75 89 02 04, ot.aubenas@wanadoo.fr.

Paris 627 ②– Alès 76 ④– Montélimar 41 ③– Privas 32 ②– Le Puy-en-Velay 91 ①.

AUBENAS

Béranger de la Tour (R.)	**Y** 2
Bernardy (R. de)	**YZ** 3
Bouchet (R. Auguste)	**Y** 4
Champalbert (R.)	**Y** 5
Cordeliers (R. des)	**Y** 6
Couderc (R. G.)	**Z** 7
Delichères (R.)	**Z** 8
Gambetta (Bd)	**Z**

Gaulle (Pl. Gén.-de)	**Z** 9
Grand'-Rue	**Y** 10
Hoche (R.)	**Z** 12
Hôtel-de-Ville (Pl.)	**Y** 13
Jaurès (R. Jean)	**Y** 15
Jeanne d'Arc (Pl.)	**YZ** 16
Jourdan (R.)	**Y** 17
Laprade (Bd C.)	**Z** 18
Lésin-Lacoste (R.)	**Y** 19
Montlaur (R.)	**Y** 21

Nationale (R.)	**Y** 22
Parmentier (Pl.)	**Y** 24
Radal (R.)	**Z** 25
République (R. de la)	**Y** 26
Réservoirs (R. des)	**Y** 27
Roure (Pl. Jacques)	**Y** 29
St-Benoît (Rampe)	**Y** 30
Silhol (R. Henri)	**Z** 32
Vernon (Bd de)	**Z** 33
4-Septembre (R.)	**Y** 35

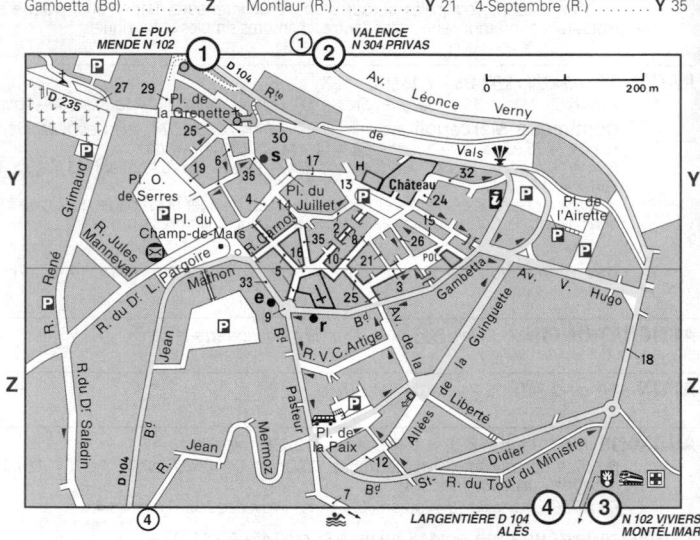

🏨 **Cévenol** sans rest, 77 bd Gambetta ℘ 04 75 35 00 10, Fax 04 75 35 03 29 – 🛗 📺 ❤️ 🅿️.
GB. ✀   **Z r**

☎ 6,50 – **44 ch** 38/55.
◆ Hôtel des années 1970 abritant des chambres meublées dans le goût de l'époque, plus tout à fait à la mode, mais fort bien tenues. Bonne insonorisation côté rue.

🏨 **Ibis**, rte Montélimar ℘ 04 75 35 44 45, Fax 04 75 93 01 01, 🌳, ⊾ – 🌙 🔳 📺 ❤️ 🅿️ – 🔼 50. 🟦 ⓞ GB

Repas (14) - 17, enf. 6,50 ☎ – ☎ 6,50 – **43 ch** 69/110.
◆ À la sortie Sud de la ville, un hôtel Ibis sans surprise disposant de chambres conformes aux normes de la chaîne. Agréable salle à manger moderne coiffée d'une belle charpente et largement ouverte sur une terrasse. La carte a une pointe d'accent méditerranéen.

🏨 **Provence** sans rest, 5 bd Vernon ℘ 04 75 35 28 43, Fax 04 75 35 28 43 – 🛗 GB   **Z e**
fermé 7 nov. au 10 mars. – ☎ 5 – **21 ch** 32/40.
◆ Adresse pour petits budgets, attrayante par sa situation très centrale, ses chambres simples et fraîches pourvues de double vitrage et la générosité de son accueil.

🍴 **Fournil**, 34 r. 4-Septembre ℘ 04 75 93 58 68, Fax 04 75 93 58 68, 🌳 – GB – **Repas** 18/49.   **Y s**
fermé 22 juin au 9 juil., vacances de Toussaint, de Noël, de fév., dim. et lundi –
◆ Dans une ruelle de la vieille ville, maison séculaire abritant une salle à manger voûtée coquette et rustique. Aux beaux jours, repas servis dans la cour intérieure.

à Vinezac par ④ : 13 km par D 104 et D 423 – 989 h. alt. 260 – ⊠ 07110 :

🍴 **Bastide du Soleil** 🦢 avec ch, ℘ 04 75 36 91 66, Fax 04 75 36 91 59, ≼, 🌳 – 🛗 🔳 rest, 📺 ❤️ 🟦 GB
fermé déc., janv., mardi midi, merc. midi et lundi de sept. à juin, le midi en semaine en été et dim. soir d'oct. à mars – **Repas** 30/45 ☎ – ☎ 14 – **5 ch** 95/130 – ½ P 84/102.
◆ Belle demeure ardéchoise du 17ᵉ s. Un noble escalier en pierre conduit à une salle à manger au cadre provençal soigné. Agréables chambres aux couleurs méridionales.

AUBETERRE-SUR-DRONNE *16390 Charente* 324 L8 *G. Poitou Vendée Charentes – 365 h alt. 72.*

Voir *Église monolithe*★★.

Office de tourisme, place du Château ✆ 05 45 98 57 18, Fax 05 45 98 54 13, aubeterre-tourisme@wanadoo.fr.

Paris 494 – Angoulême 48 – Bordeaux 90 – Périgueux 54.

Hostellerie du Périgord, ✆ 05 45 98 50 46, *hpmorel@aol.com, Fax 05 45 98 50 46,* , , – TV ✆ ♿ P. GB JCB

fermé 24 nov. au 7 déc. et 15 au 31 janv. – **Repas** *(fermé lundi sauf le soir en été et dim. soir)* 16 (déj.), 25/36 ♀ – ☕ 7 – **12** ch 40/69 – ½ P 50.

◆ Cure de jouvence réussie pour ce petit hôtel familial situé au pied du célèbre village. Chambres colorées et bien insonorisées. Le restaurant propose une carte mi-classique, mi-actuelle. Plaisante véranda tournée sur le jardin et la piscine.

AUBIGNY-SUR-NÈRE *18700 Cher* 323 K2 *G. Berry Limousin – 5 907 h alt. 180.*

Office de tourisme, 1 rue de l'Eglise ✆ 02 48 58 40 20, Fax 02 48 58 40 20, tourisme@aubigny.org.

Paris 180 – Orléans 67 – Bourges 48 – Cosne-sur-Loire 41 – Gien 30 – Salbris 32 – Vierzon 44.

Fontaine, 2 av. Gén. Leclerc ✆ 02 48 58 02 59, *fontaine-masse@wanadoo.fr, Fax 02 48 58 36 80* – TV ✆. GB

fermé 20 déc. au 10 janv., vend. midi et dim. soir – **Repas** 17/34, enf. 11 ♀ – ☕ 6 – **16 ch** 42/55 – ½ P 43.

◆ Aux portes de la cité des Stuart, pavillon bourgeois abritant des chambres anciennes mais spacieuses et, dans une aile neuve, un hébergement moderne et bien insonorisé. Salle à manger au charme "rétro" et carte traditionnelle évoluant au rythme des saisons.

Chaumière (annexe ✆), 2 r. Paul Lasnier ✆ 02 48 58 04 01, *lachaumiere.hotel@wanadoo.fr, Fax 02 48 58 10 31* – ▤ rest, TV P. GB

fermé 16 au 26 août, 31 janv. au 28 fév., – **Repas** *(fermé dim. soir et lundi sauf juil.-août)* 18/48, enf. 10 ♀ – ☕ 7 – **20 ch** 38/105 – ½ P 46/77,50.

◆ Briques, poutres, plâtres teintés : les toutes nouvelles chambres de l'annexe, plus grandes et plaisantes, utilisent les matériaux traditionnels. Rénovation réussie dans la salle à manger : joli mobilier, charpente et dallage anciens préservés.

Bien Aller, 3 r. des Dames ✆ 02 48 58 03 92, *Fax 02 48 58 00 34* – ▤. AE GB

fermé mardi soir et merc. soir sauf juil.-août – **Repas** 18/25 ♀.

◆ Derrière la façade moderne, un intérieur insoupçonné, de style bistrot, au décor subtilement "colonial". Carte axée sur le terroir, variant selon l'inspiration du chef.

AUBRAC *12 Aveyron* 338 J3 *G. Languedoc Roussillon – alt. 1300 – ✉ 12470 St-Chély-d'Aubrac.*

Paris 581 – Aurillac 97 – Rodez 56 – Mende 66 – St-Flour 62.

Dômerie , ✆ 05 65 44 28 42, *Fax 05 65 44 21 47,* – P. GB

1er avril-25 oct. – **Repas** *(25 avril-15 oct. et fermé merc. midi, jeudi midi et vend. midi sauf du 14 juil. au 10. sept.)* 18/36,50, enf. 11 ♀ – ☕ 8,50 – **23** ch 54/74 – ½ P 44/64.

◆ Belle demeure ancienne en basalte et granit située au coeur du village. Chambres confortables, garnies de meubles rustiques ou de style. Accueillante salle à manger campagnarde où vous goûterez à une cuisine familiale mettant en vedette la viande d'Aubrac.

AUBRIVES *08320 Ardennes* 306 K2 – *1 026 h alt. 108.*

Paris 281 – Charleville-Mézières 51 – Fumay 17 – Givet 8 – Rocroi 34.

Debette avec ch, ✆ 03 24 41 64 72, *contact@hotel-debette.com, Fax 03 24 41 10 31,* – TV ✆. AE GB

fermé 16 au 23 aout, 18 déc. au 3 janv. – **Repas** *(fermé dim. soir et lundi midi)* 11,50/37,50 – ☕ 7,70 – **15 ch** 45/53,50 – ½ P 39.

◆ Deux maisons régionales séparées par la route. Dans l'une, la salle à manger champêtre et quelques chambres ; dans l'autre, un hébergement un peu plus moderne.

AUBUSSON SP *23200 Creuse* 325 K5 *G. Berry Limousin – 4 662 h alt. 440.*

Voir *Musée départemental de la Tapisserie*★ *(Centre Culturel Jean-Lurçat).*

Office de tourisme, rue Vieille ✆ 05 55 66 32 12, Fax 05 55 83 84 51, tourisme.aubusson-@wanadoo.fr.

Paris 387 ① – Clermont-Ferrand 91 ③ – Guéret 41 ① – Limoges 89 ④ – Montluçon 64 ①.

AUBUSSON

Chapitre (R. du)	2
Chateaufavier (R.)	4
Dayras (Pl. M.)	5
Déportés (R. des)	7
Espagne (Pl. Gén.)	8
Fusillés (R. des)	10
Iles (Quai des)	12
Libération (Pl. de la)	15
Lissiers (Av. des)	16
Lurçat (Pl. J.)	18
Marché (Pl. du)	20
République (Av.)	23
St-Jean (R.)	24
Terrade (Pont de la)	27
Vaveix (R.)	29
Vieille (R.)	30

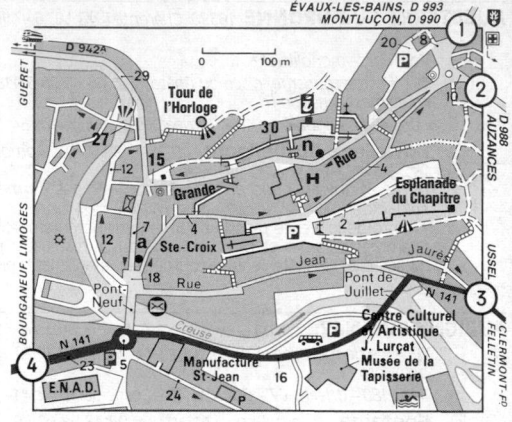

🏠 **France,** 6 r. Déportés **(a)** ℘ 05 55 66 10 22, *Fax 05 55 66 88 64,* 🖼 – 📺 ✆ ☎ – 🛏 30. 🖭 🚉

Repas 16/38, enf. 8 ♀ – ☲ 8 – **23 ch** 49/93 – ½ P 50/93.

◆ Entre la Creuse et le centre ancien, demeure du 18ᵉ s. et sa ravissante courette intérieure. Une palette de couleurs chatoyantes égaie les chambres, toutes différentes. La salle à manger est élégante avec ses meubles et bibelots chinés ; jolie cour-terrasse.

🏠 **Chapitre** sans rest, 53 Gde Rue **(n)** ℘ 05 55 66 18 54, *Fax 05 55 67 79 63* – 📺. 🚉
☲ 6 – **12 ch** 30/40.

◆ À deux pas de la Maison du Tapissier accostée de son élégante tourelle du 16ᵉ s., ce petit hôtel vous reçoit dans des chambres rénovées, plus tranquilles sur l'arrière.

AUBUSSON D'AUVERGNE 63120 P.-de-D. 🔢 I8 – 220 h alt. 418.

Paris 406 – Clermont-Ferrand 58 – Ambert 42 – Thiers 22.

🍴 **Au Bon Coin,** ℘ 04 73 53 55 78, *Fax 04 73 53 56 29* – 🚉
fermé 20 déc. au 25 janv., dim. soir hors saison et lundi – **Repas** 18,20/28,40 ♀.
◆ Auberge sans prétention incluant le café du village. On s'y attable auprès de la cheminée, pour déguster une cuisine traditionnelle aux accents du terroir.

AUCH 🅿 32000 Gers 🔢 F8 *G. Midi-Pyrénées* – 21 838 h alt. 169.

Voir *Cathédrale Ste-Marie★★ : stalles★★★, vitraux★★.*

🏌 *d'Auch-Embats ℘ 05 62 61 10 11, O : 5 km par D 924* **AY** ; 🏌 *Auch Gers ℘ 05 62 05 18 40, par ① : 5 km ;* 🏌 *de Gascogne à Masseube ℘ 05 62 66 03 10, S : 25 km.*

🛈 *Office de tourisme, 1 rue Dessoles ℘ 05 62 05 22 89, Fax 05 62 05 92 04, ot.auch-@wanadoo.fr.*

Paris 713 ① – Agen 74 ① – Bordeaux 205 ① – Tarbes 74 ③ – Toulouse 79 ③.

Plan page ci-contre

🏠 **France,** pl. Libération ℘ 05 62 61 71 71, *roland.garreau@wanadoo.fr, Fax 05 62 61 71 81* – 🖼, ▤ rest, 📺 ✆ – 🛏 15 à 60. 🖭 ⓞ 🚉 🎴 **AZ a**
Repas *(fermé dim. soir)* 25/68, enf. 10 ♀ – ☲ 14 – **29 ch** 62/122 – ½ P 65,50/94.
◆ Ancien relais de poste abritant de spacieuses chambres personnalisées. L'une d'elles, de style rococo, servit de décor lors du tournage du film Le Bonheur est dans le pré. Avec ses moulures, boiseries et vitraux, le restaurant conserve sa belle âme d'antan.

🏠 **Ibis,** av. J. Jaurès, Zone d'Endoumingue ℘ 05 62 63 55 44, *Fax 05 62 60 13 45,* 🖼 – 🖼 ✖
▤ 📺 ✆ ⚕ 🅿 – 🛏 40. 🖭 🚉
Repas (17) - 15,20/20,20, enf. 7 ♀ – ☲ 7 – **51 ch** 55.
◆ Hôtel récent voisin de l'hippodrome auscitain. Les chambres, confortables et actuelles, répondent aux dernières normes de confort de la chaîne. La carte du restaurant est simple et propose, entre autres, un bon choix de grillades.

🍴 **Table d'Hôtes,** 7 r. Lamartine ℘ 05 62 05 55 62, 🖼 – 🖭 🚉 ✖ **AY b**
fermé 28 juin au 11 juil., 27 sept. au 3 oct., 22 déc. au 2 janv., dim. et merc. – **Repas** (nombre de couverts limité, prévenir) 15/21 ♀.
◆ Spécialités du terroir à savourer dans une jolie petite salle rustique. Le chef vous concoctera son fameux "Hambur-gers gascon", recette mêlant savoir-faire et tradition.

Espagne (R.)	**AZ** 13	Montebello (R.)	**BZ** 23
Fabre d'Églantine (R.)	**AZ** 14	Pasteur (R.)	**BZ** 25
Gambetta (R.)	**AY**	Pont-National (R. du)	**AZ** 27

Alsace (Av. d') .... **BY** 2
Caillou (Pl. du) .... **AZ** 4
Caumont (R.) .... **AZ** 5
Convention (R. de la) .. **AZ** 7
David (Pl. J.) .... **AY** 8
Daumesnil (R.) .... **BY** 9
Dessoles (R.) .... **AY** 12

Lamartine (R.) .... **AY** 15
Lartet (R. Ed.) .... **AZ** 16
Lagarrasic (Allées) .... **ABZ** 17
Lissagaray (Q.) .... **BYZ** 18
Marceau (R.) .... **BY** 19
Marne
  (Av. de la) .... **BY** 22

Pouy (R. du) .... **BY** 28
Prieuré (Pt du) .... **AZ** 29
Rabelais (R.) .... **BZ** 31
République (Pl. de la) .. **AZ** 33
Rousseau (R. A.) .... **AZ** 35
Salleneuve (R.) .... **AY** 38
Somme (R. de la) ...... **BY** 40

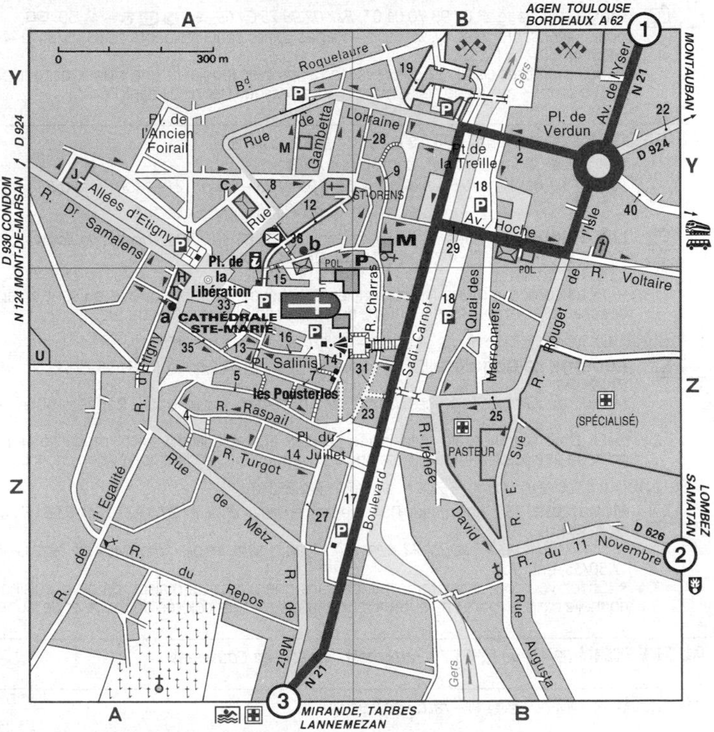

rte d'Agen *par* ① : 7 km – ⊠ 32810 Montaux-les-Créneaux :

XX **Papillon,** N 21 ℘ 05 62 65 51 29, Fax 05 62 65 54 33, 余, ṻ – ≡ 🖭 ⓞ ☉
fermé 30 juin au 7 juil., 25 août au 9 sept., 16 au 23 fév., dim. soir et lundi – **Repas** 13,50
(déj.), 15,50/40, enf. 10,50.
  ◆ Pavillon récent en retrait de la nationale. De larges baies éclairent le restaurant et son
ameublement moderne. Une deuxième salle est aménagée pour les réceptions.

AUDIERNE 29770 Finistère ﹃﹄﹃ D6 *G. Bretagne* – 2 471 h alt. 5.

Voir *Site* ★ – *Planète Aquarium* ★★.

🖪 *Office de tourisme, 8 rue Victor Hugo* ℘ 02 98 70 12 20, *Fax 02 98 70 20 20, ot.audierne-*
@wanadoo.fr.

Paris 599 – Quimper 37 – Douarnenez 21 – Pointe du Raz 16 – Pont-l'Abbé 32.

🏛 **Goyen,** *sur le port* ℘ 02 98 70 08 88, *hotel.le.goyen@wanadoo.fr, Fax 02 98 70 18 77,* ≤,
余 – 🛗 📺 🖭 ⓞ ☉
fermé 17 oct. au 27 déc., 4 janv. au 31 mars, mardi midi, lundi hors saison sauf fériés –
Repas 25/68,60 ℤ – ☷ 11 – **27 ch** 91/134 – ½ P 79/137.
  ◆ Dans une grande bâtisse, chambres "cosy" où se côtoient meubles anciens et actuels ;
les plus agréables donnent sur le port et l'estuaire du Goyen. Chaleureux restaurant semé
de notes décoratives bretonnes et véranda avec vue sur le ballet des bateaux.

Au Roi Gradlon, sur la plage ✆ 02 98 70 04 51, *accueil@auroigradlon.com, Fax 02 98 70 14 73,* ← – ▤ rest, TV ✆. P. AE ⓓ GB
fermé 15 déc. au 5 fév. – **Repas** *(fermé merc.)* 16 (déj.), 18/50, enf. 9,50 ♀ – ☕ 8,20 – **19 ch** 52/67,30 – ½ P 61,30/69.
◆ Confortable établissement dont la plupart des chambres sont tournées vers l'Atlantique. L'accès direct à la plage offre des perspectives de balades iodées. Sobre salle à manger ouverte sur la baie d'Audierne. La table met à l'honneur les produits de l'océan.

Plage, à la plage ✆ 02 98 70 01 07, *Fax 02 98 75 04 69,* ← – |‡| TV ♿ – 🏛 30. GB
hôtel : avril-sept. ; rest. : juin-sept. – **Repas** (dîner seul.)(résidents seul.) 25/34 ♀ – ☕ 8 – **24 ch** 48/60 – ½ P 55/63.
◆ Des chambres claires et colorées (certaines avec loggia) et une salle à manger panoramique sont les atouts de cette maison qui a presque "les pieds dans l'eau".

AUDINCOURT *25400 Doubs* 321 L2 *G. Jura – 15 539 h alt. 323.*

Voir *Église du Sacré-Coeur : baptistère*★ **AY B.**
Paris 476 – Besançon 75 – Mulhouse 59 – Basel 96 – Belfort 21 – Montbéliard 6.

Voir plan de Montbéliard agglomération.

Les Tilleuls 🐦 sans rest, 51 r. Foch ✆ 03 81 30 77 00, *hotel.tilleuls@wanadoo.fr, Fax 03 81 30 57 20,* 🏊, 🌳 – ▤ TV ✆ P. AE GB JCB Y s
☕ 6 – **47 ch** 40/68.
◆ Hôtel composé d'une maison ancienne rénovée et de bungalows où sont aménagées des chambres lambrissées. Confort, détente et ambiance sympathique.

à Taillecourt *Nord : 1,5 km rte de Sochaux – 743 h. alt. 330 – ✉ 25400 :*

Auberge La Gogoline, 23 r. Croisée ✆ 03 81 94 54 82, *Fax 03 81 95 20 42,* 🏠, 🌳 – P. AE ⓓ GB Y k
fermé 2 au 23 sept., vacances de fév., sam. midi, dim. soir et lundi – **Repas** 25/50 et carte 38 à 55 🍇.
◆ En zone commerciale mais isolée par son agréable jardin, cette moderne chaumière possède une accueillante salle à manger rustique. Cuisine classique et bon choix de vins.

à Séloncourt *Sud-Est : 4 km – 5 746 h. alt. 365 – ✉ 25230 :*

Monarque, 23 r. Berne (sur D34, rte Porrentruy) ✆ 03 81 37 12 39, *Fax 03 81 35 45 85* – ▤ P. GB
fermé 31 juil. au 17 août, 22 déc. au 10 janv., sam. midi, dim., lundi et fériés – **Repas** 17,50/33, enf. 9 ♀.
◆ Offrez-vous une étape gourmande dans une pimpante maison de pays. Cuisine traditionnelle dans le cadre chaleureux d'une salle à manger colorée de rouge et de jaune.

AUDRESSEIN *09 Ariège* 343 E7 – *rattaché à Castillon-en-Couserans.*

AUDRIEU *14 Calvados* 303 I4 – *rattaché à Bayeux.*

AULLÈNE *2A Corse-du-Sud* 345 D9 – *voir à Corse.*

AULNAY *17470 Char.-Mar.* 324 H3 *G. Poitou Vendée Charentes – 1 507 h alt. 63.*

Voir *Église St-Pierre*★★.
ℹ *Office de tourisme, 290 avenue de l'Eglise* ✆ *05 46 33 14 44, Fax 05 46 33 15 46, otaulnay@free.fr.*

Donjon sans rest, ✆ 05 46 33 67 67, *hotel-du-donjon@wanadoo.fr, Fax 05 46 33 67 64* – TV ✆ ♿. GB
☕ 6 – **10 ch** 58/68,60.
◆ Maison saintongeaise restaurée, non loin de l'église St-Pierre, chef-d'oeuvre de l'art roman poitevin. Poutres et pierres anciennes en harmonie avec le confort moderne.

AULNAY-SOUS-BOIS *93 Seine-St-Denis* 305 F7 101 ⑱ – *voir à Paris, Environs.*

AULON *65240 H.-Pyr.* 342 N7 – *84 h alt. 1213.*

Paris 830 – Bagnères-de-Luchon 44 – Col d'Aspin 24 – Lannemezan 38 – St-Lary-Soulan 13.

Auberge des Aryelets, ✆ 05 62 39 95 59, 🏠 – GB
fermé 14 au 30 juin, 7 oct. au 17 déc., dim. soir, lundi et mardi sauf juil.-août – **Repas** 17/30, enf. 10 ♀.
◆ Maison en pierres de taille abritant la mairie, le bar du village et une petite salle à manger rustique. Cuisine régionale servie sans chichi sur des tables en bois ciré.

AULUS-LES-BAINS 09140 Ariège **343** G8 G. Midi-Pyrénées – 189 h alt. 750 – Stat. therm. (début avril-fin oct.).

Voir Vallée du Garbet★ N.

🛈 Syndicat d'initiative, Résidence de l'Ars ✆ 05 61 96 01 79, Fax 05 61 96 01 79, aulus-les-bains@worldonline.fr.

Paris 807 – Foix 76 – Oust 17 – St-Girons 34.

🏠 **Hostellerie de la Terrasse,** ✆ 05 61 96 00 98, Fax 05 61 96 01 42, 🍴 – 📺. 🆖. 🦐 rest
hôtel : 15 mai-30 sept. ; rest. : 15 juin-15 sept. – **Repas** (nombre de couverts limité, prévenir) 19/40 ⌾ – ☷ 7 – **17 ch** 46/70 – ½ P 54/61.
◆ Au-delà de la rivière que l'on franchit par une passerelle, une maison presque centenaire à l'atmosphère familiale, offrant des chambres simples. Restaurant au cadre mi-rustique, mi-bourgeois et agréable terrasse ombragée bercée par le murmure du Garbet.

🏠 **Les Oussaillès,** ✆ 05 61 96 03 68, jcharrue@free.fr, Fax 05 61 96 03 70, 🍴, 🦐 – 📺 🛎 🚗. 🆖. 🦐
Repas 11/23 ⅊ – ☷ 7 – **12 ch** 36/53 – P 42,50/45,50.
◆ Vieille demeure ariégeoise en pierre accostée d'une gracieuse tourelle, au cœur de la petite station thermale. Chambres fonctionnelles ; certaines donnent sur le jardin. Lumineuse salle à manger actuelle et verdoyante terrasse ; cuisine familiale.

AUMALE 76390 S.-Mar. **304** K3 G. Normandie Vallée de la Seine – 2 577 h alt. 130.

🛈 Office de tourisme, rue Centrale ✆ 02 35 93 41 68, Fax 02 35 93 41 68, otsi.aumale@wanadoo.fr.

Paris 136 – Amiens 48 – Beauvais 49 – Dieppe 69 – Rouen 74.

🏨 **Villa des Houx,** av. Gén. de Gaulle ✆ 02 35 93 93 30, Fax 02 35 93 03 94, 🍴, 🦐 – 📶 📺 🛎 🅿 – 🔔 50. 🆖
fermé janv., dim. soir et lundi midi d'oct. à mai sauf fériés – **Repas** 15,50 (déj.), 20/47 ⌾ – ☷ 6,50 – **22 ch** 68/72 – ½ P 60/65.
◆ Cette jolie façade à colombages abritait naguère la gendarmerie. Vous y dormirez la conscience tranquille dans des chambres tout confort. Salle à manger, véranda et terrasse d'été ouvrent sur le paisible jardin. Cuisine classique inspirée du terroir.

🍴 **Mouton Gras** avec ch, 2 r. Verdun ✆ 02 35 93 41 32, Fax 02 35 94 52 91, 🦐 – 🅿. 🆖
fermé mardi soir et merc. – **Repas** (12) 16/37 ⌾ – ☷ 7 – **5 ch** 43/54 – ½ P 44.
◆ Maisons régionales du 17e s. bien restaurées. Les repas sont servis dans une coquette salle à manger normande égayée d'une cheminée monumentale. Cuisine traditionnelle.

AUMONT-AUBRAC 48130 Lozère **330** H6 – 1 031 h alt. 1040.

🛈 Office de tourisme, maison du prieuré ✆ 04 66 42 88 70, Fax 04 66 42 88 70.

Paris 549 – Aurillac 115 – Espalion 57 – Marvejols 25 – Mende 40 – Le Puy-en-Velay 90.

🏨 **Grand Hôtel Prouhèze,** 2 rte du Languedoc ✆ 04 66 42 80 07, prouheze@prouheze.com, Fax 04 66 42 87 78, 🍴 – 📺 🛎 🅿 – 🔔 25. 🆎 ⑩ 🆖
27 mars-1er nov. et fermé lundi sauf le soir en juil.-août, dim. soir et mardi midi de sept. à juin – **Repas** voir aussi **Compostelle** ci-après- 33/100 et carte 62 à 73 🌸 – ☷ 15 – **26 ch** 67/90 – ½ P 100.
◆ L'association de meubles anciens ou actuels et de tissus colorés égaie cette demeure lozérienne bordant la place centrale du bourg. Chaleureux restaurant, vins du Languedoc et de pays, et cuisine régionale personnalisée parfumée aux herbes du jardin.
Spéc. Queues de langoustines sautées dans infusion au boudin de la ferme. Galette de museau de porcelet aux escargots "petits gris". Pot-au-feu de foie gras de canard. **Vins** Marcillac, Vin de pays d'Oc

🏨 **Chez Camillou,** N9 ✆ 04 66 42 80 22, camillou@club-internet.fr, Fax 04 66 42 93 70, 🍴, 🏊, 🌳 – 📶 📺 🛎 🅿 – 🔔 25 à 50. 🆖
hôtel : ouvert 1er avril-31 oct. – **Cyril Attrazic** ✆ 04 66 42 86 14 (fermé 15 nov. au 15 déc., 10 janv. au 10 fév., dim. soir et lundi sauf juil.-août) **Repas** 16/60 ⌾ – ☷ 7,70 – **39 ch** 45,50/62,50 – ½ P 46,50/63.
◆ En léger retrait de la nationale, deux bâtiments récents dans un environnement boisé. Chambres de bonne ampleur, meublées dans le style rustique. Lumineuse salle à manger où l'on propose des plats régionaux et une goûteuse cuisine respectueuse des traditions.

🍴 **Compostelle** - Grand Hôtel Prouhèze, ✆ 04 66 42 80 07, prouheze@prouheze.com, Fax 04 66 42 87 78 – 🅿. 🆎 🆖
27 mars-1er nov. et fermé mardi midi, dim. soir et lundi sauf juil.-août – **Repas** 16/22, enf. 11 ⌾.
◆ Aligot, choux farci, tripoux... tout l'Aubrac dans votre assiette ! Les recettes du terroir sont mises à l'honneur dans ce petit bistrot au charme très campagnard.

AUNAY-SUR-ODON 14260 Calvados ᴈ03 I5 G. Normandie Cotentin – 2 902 h alt. 188.

🛈 Office de tourisme, place de l'Hôtel de Ville ℘ 02 31 77 60 32, Fax 02 31 77 94 97.

Paris 269 – Caen 36 – Falaise 42 – Flers 37 – St-Lô 53 – Vire 34.

XX **St-Michel** avec ch, r. Caen ℘ 02 31 77 63 16, Fax 02 31 77 05 83 – 📺 ✆. ㏂ ㏎
⊗ fermé 15 janv. au 15 fév., dim. soir et lundi sauf juil.-août et fériés – **Repas** 12/36 ⅄ – ⌷ 6 –
6 ch 30/38 – ½ P 35/40.

◆ Sobre petite auberge familiale où l'on prépare une cuisine traditionnelle dans la note régionale. Salle à manger confortable et lumineuse. Chambres simples et pratiques.

AUPS 83630 Var ᴈ40 M4 G. Côte d'Azur – 1 903 h alt. 496.

🛈 Office de tourisme, place Frédéric Mistral ℘ 04 94 84 00 69, Fax 04 94 84 00 69, aups83@wanadoo.fr.

Paris 818 – Aix-en-Provence 90 – Digne-les-Bains 78 – Draguignan 29 – Manosque 59.

X **Les Gourmets**, 5 r. Voltaire ℘ 04 94 70 14 97, lesgourmetsaups@aol.com – ▤. ㏎
⊗ fermé 26 juin au 12 juil., 15 au 30 nov., mardi du 1ᵉʳ oct. au 30 juin et lundi – **Repas** 13/35, enf. 10.

◆ Dans le village où se tient le plus important marché de truffes du Var. Cadre rustique tout simple. Dans l'assiette, on apprécie les saveurs de la Haute-Provence.

Les pages explicatives de l'introduction
vous aideront à mieux profiter de votre **Guide Michelin.**

AURAY 56400 Morbihan ᴈ08 N9 G. Bretagne – 10 911 h alt. 35.

Voir Quartier St-Goustan★ – Promenade du Loch★ – Église St-Gildas★ – Ste-Avoye : Jubé★ et charpente★ de l'église 4 km par ①.

🚗 ℘ 08 36 35 35 35.

🛈 Office de tourisme, 20 rue du Lait ℘ 02 97 24 09 75, Fax 02 97 50 80 75, infos@auray-tourisme.com.

Paris 477 ① – Vannes 20 ① – Lorient 41 ④ – Pontivy 54 ④ – Quimper 102 ④.

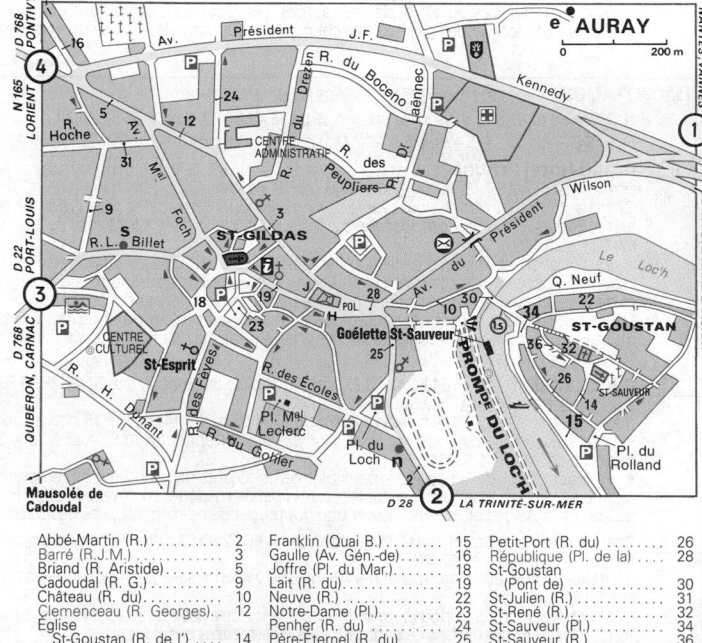

Abbé-Martin (R.)	2	Franklin (Quai B.)	15	Petit-Port (R. du)	26
Barré (R.J.M.)	3	Gaulle (Av. Gén.-de)	16	République (Pl. de la)	28
Briand (R. Aristide)	5	Joffre (Pl. du Mar.)	18	St-Goustan
Cadoudal (R. G.)	9	Lait (R. du)	19	(Pont de)	30
Château (R. du)	10	Neuve (R.)	22	St-Julien (R.)	31
Clemenceau (R. Georges) . .	12	Notre-Dame (Pl.)	23	St-René (R.)	32
Église		Penher (R. du)	24	St-Sauveur (Pl.)	34
St-Goustan (R. de l')	14	Père-Éternel (R. du)	25	St-Sauveur (R.)	36

🏨 **Loch** 🦢, La Forêt (e) ℰ 02 97 56 48 33, contact@hotel-du-loch.com, Fax 02 97 56 63 55, �, 🚗 – ▮ 🗇 TV 📞 ᵭ ⅌ – 🚗 30. ◫ GB. 🛇
Sterne (fermé dim. soir d'oct. à Pâques et sam. midi) **Repas** 17,50/43,50 ⅌, enf. 11,50 – ⤓ 6,70 – **30 ch** 54/70 – ½ P 57.
♦ Insolite architecture moderne dans un quartier résidentiel calme. Chambres spacieuses et fonctionnelles, agrémentées de quelques meubles de style. Au restaurant, mobilier Régence et belles compositions florales. La carte privilégie les produits de la mer.

🏨 **Branhoc** sans rest, rte du Bono : 1,5 km ℰ 02 97 56 41 55, le.branhoc@wanadoo.fr, Fax 02 97 56 41 35, 🚗 – TV 📞 ᵭ ⅌ – 🚗 25. ◐ GB JCB. 🛇
fermé 15 nov. au 15 fév. – ⤓ 6,50 – **29 ch** 50/58.
♦ Ambiance familiale dans cette jeune construction à toits d'ardoises. Chambres sobrement meublées ; certaines ont vue sur le jardin. Au bar, sélection de bières belges.

XXX **Closerie de Kerdrain**, 20 r. L. Billet (s) ℰ 02 97 56 61 27, Fax 02 97 24 15 79, 🌻, 🚗 – ⅌. ◫ ◐ GB
fermé 8 au 31 mars, 29 nov. au 16 déc. et lundi – **Repas** 22 (déj.), 32/80 et carte 55 à 96 ⅌.
♦ Charmant petit manoir breton niché dans un jardin. Élégantes salles à manger habillées de boiseries et agréable terrasse ajoutent à l'attrait d'une appétissante cuisine.

XX **Chebaudière**, 6 r. Abbé J. Martin (n) ℰ 02 97 24 09 84, Fax 02 97 24 09 84 – GB
fermé 28 août au 7 sept., 2 au 18 janv., dim. soir, mardi soir et merc. – **Repas** 13/32, enf. 9 ⅌.
♦ Petite adresse de quartier où l'on mitonne une cuisine au goût du jour. Salle à manger sagement contemporaine, accueillant des expositions de tableaux.

au golf de St-Laurent par ③, D 22 et rte secondaire : 10 km – ✉ 56400 Auray :

🏨 **Bleu Marine** 🦢, ℰ 02 97 56 88 88, hotel.bleu.marine.carnac@wanadoo.fr, Fax 02 97 56 88 28, 🌻, 🖍, ⅃, 🐾 – 🛇 TV 📞 ᵭ ⅌ – 🚗 50. ◫ GB. 🛇 rest
fermé 20 déc. au 4 janv. – **Repas** (fermé sam. et dim. du 1ᵉʳ oct. au 31 mars) (dîner seul.) 23/30, enf. 10 ⅌ – ⤓ 11,50 – **42 ch** 130 – ½ P 95.
♦ L'environnement du golf garantit calme et repos. Chambres fonctionnelles égayées de tissus colorés et dotées de terrasses privatives. Équipements pour séminaires. Recettes traditionnelles et grillades (en été) servies dans une salle ouverte sur la piscine.

AUREC-SUR-LOIRE 43110 H.-Loire **331** H1 – 4 895 h alt. 435.
🛈 Office de tourisme, 2 avenue du Pont ℰ 04 77 35 42 65, Fax 04 77 35 32 46, otsi-aurec@wanadoo.fr.
Paris 536 – St-Étienne 22 – Firminy 11 – Le Puy-en-Velay 56 – Yssingeaux 32.

🏨 **Les Cèdres Bleus**, rte Bas-en-Basset ℰ 04 77 35 48 48, Fax 04 77 35 37 04, 🌻, 🚗 – ▤ rest, TV 📞 ᵭ ⅌ – 🚗 20. ◫ GB. 🛇 ch
fermé 1ᵉʳ au 10 sept., 2 au 30 janv., dim. soir et lundi midi – **Repas** (14) - 20/66, enf. 12 – ⤓ 7,50 – **15 ch** 42/55 – ½ P 53.
♦ Entre les gorges de la Loire et le lac de Grangent, chambres actuelles et pratiques, aménagées dans trois chalets en bois nichés dans un joli jardin arboré. Carte traditionnelle et menus du marché. Aux beaux jours, agréable terrasse fleurie.

à Semène Nord-Est : 3 km par D 46 – ✉ 43110 Aurec-sur-Loire :

X **Coste** avec ch, 6 allée Amis ℰ 04 77 35 40 15, logisdesamis@aol.com, Fax 04 77 35 39 05, 🌻, 🚗 – 🚗 25. GB
fermé 1ᵉʳ au 24 août, 12 au 27 fév., vend. soir, dim. soir et sam. – **Repas** 18/44, enf. 11 ᶚ – ⤓ 6,50 – **7 ch** 40/45 – ½ P 42/44,20.
♦ Pour le couvert : carte traditionnelle servie dans la salle à manger rustique égayée d'une cheminée. Pour le gîte : chambres avec balcon, assez simples, mais bien tenues.

AURIBEAU-SUR-SIAGNE 06810 Alpes-Mar. **341** C6 G. Côte d'Azur – 2 612 h alt. 85.
🛈 Syndicat d'initiative ℰ 04 92 60 20 20, Fax 04 93 60 93 07.
Paris 900 – Cannes 15 – Draguignan 62 – Grasse 9 – Nice 42 – St-Raphaël 41.

🏨 **Auberge de la Vignette Haute** 🦢, rte village ℰ 04 93 42 20 01, info@vignettehaute.com, Fax 04 93 42 31 16, ≤, 🌻, ⅃, 🚗 – ▤ TV 📞 ᵭ ⇦ ⅌. ◫ GB
Repas (fermé 15 nov. au 15 déc., mardi midi, merc. midi du 15 déc. au 31 mars) (29 bc) - 38 bc (déj.), 85 bc/110 bc, enf. 23 – ⤓ 15 – **19 ch** 250/290 – ½ P 200/225.
♦ Le décor de cette étonnante demeure azuréenne s'inspire de l'époque médiévale. Chambres confortables, agrémentées de belles pièces d'antiquités. Au restaurant, vieilles pierres, bois brut, vaisselle en étain, lampes à huile au dîner... et petite bergerie.

AURIGNAC 31420 H.-Gar. **343** D5 G. Midi-Pyrénées – 980 h alt. 430.
Voir Donjon ⁂*.
🛈 Office de tourisme, rue des Nobles ℰ 05 61 98 70 06, Fax 05 61 98 71 33, office-tourisme-aurignac@wanadoo.fr.
Paris 750 – Bagnères-de-Luchon 69 – St-Gaudens 23 – St-Girons 41 – Toulouse 77.

XX **Cerf Blanc** avec ch, r. St-Michel ℘ 05 61 98 95 76, *Fax* 05 61 98 76 80, 😊 – ▤ rest, 📺 🚗 🅿 GB

fermé dim. soir et lundi sauf juil.-août – **Repas** 15 (déj.), 24/48 – � 6,60 – **9 ch** 23/41.

◆ Discrète maison de pays abritant un restaurant dont la terrasse s'ouvre largement sur la vallée. Salle à manger campagnarde. Plats du jour servis au bar. Chambres modestes.

AURILLAC 🅿 *15000 Cantal* 🗓330 C5 *G. Auvergne* – *30 551 h alt. 610.*

Voir *Château St-Étienne : muséum des Volcans★*.

🔹 *de Haute-Auvergne à Arpajon-sur-Cère* ℘ 04 71 47 73 75, *par* ③ *et D 153 : 7km* ; 🔹 *de Vézac Aurillac à Vézac* ℘ 04 71 62 40 09, *par* ③ *et D 990 : 8 km.*

✈ *Aurillac* ℘ 04 71 64 50 00 *par* ③ *: 2 km.*

🅱 *Office de tourisme, place du square* ℘ 04 71 48 46 58, *Fax* 04 71 48 99 39, *courrier@iauril-lac.com.*

Paris 557 ② – *Brive-la-Gaillarde 98* ④ – *Clermont-Ferrand 158* ② – *Montauban 174* ③.

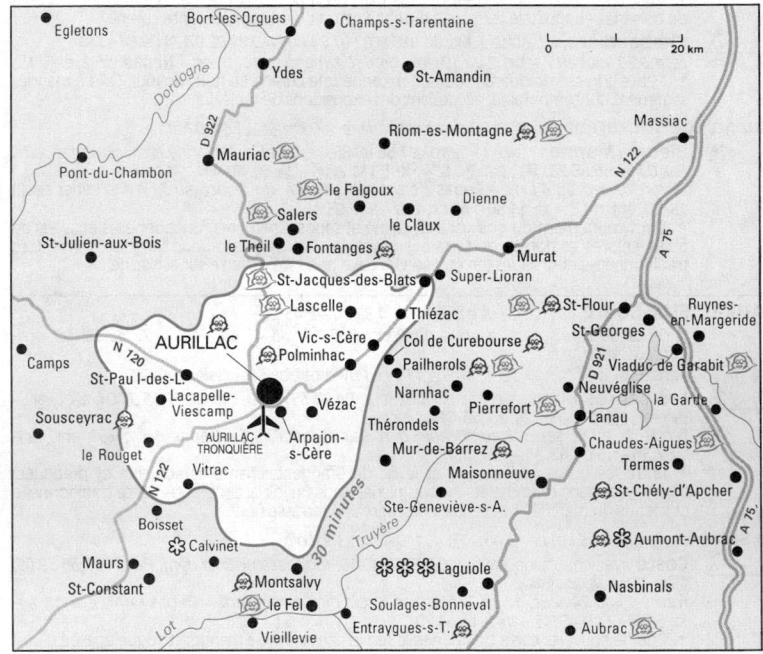

🏛 **Grand Hôtel St-Pierre**, 16 cours Monthyon ℘ 04 71 48 00 24, *courrier@ac-hotel.com,* *Fax* 04 71 64 81 83 – 📶 ✳, ▤ rest, 📺 📶 🚗 – 🔺 15 à 40. AE �ⓞ GB JCB   **BZ a**
Repas *(14,50)* - 16,50/29, enf. 7 – ⊂ 7,50 – **35 ch** 49/85 – ½ P 55.

◆ La sobre façade auvergnate dissimule un intérieur chaleureux. Chambres actuelles, pensées avec goût. Dans la salle de réception, boiseries classées à voir absolument ! Cuisine classique servie dans le cadre d'inspiration Art déco du restaurant.

🏛 **Grand Hôtel de Bordeaux** sans rest, 2 av. République ℘ 04 71 48 01 84, *bestwestern* *@hotel-de-bordeaux.fr, Fax* 04 71 48 49 93 – 📶 ✳ 📺 📶 🚗 – 🔺 15 à 30. AE ⓞ GB
⊂ 9 – **33 ch** 64/120.   **BY r**

◆ Bel immeuble du début 20e s. au cachet préservé. Chambres de bonne ampleur, régu-lièrement rénovées et joliment meublées (mobilier de style ou rotin). Bar à l'anglaise.

🏠 **Delcher**, 20 r. Carmes ℘ 04 71 48 01 69, *hotel.delcher@wanadoo.fr, Fax* 04 71 48 86 66,
📺 – 📺 📶 🅿 AE ⓞ GB JCB   **BZ q**
fermé 10 au 28 juil. et 19 déc. au 3 janv. – **Repas** *(fermé dim. soir)* 13/31, enf. 8 ⊈ – ⊂ 5,50 –
23 ch 33,50/43 – ½ P 36/37,50.

◆ Chambres récemment refaites ; celles du dernier étage sont mansardées. Dans l'une d'elles et au salon, fresques de l'artiste danois Gorm Hansen, peintes en guise de loyer ! Cuisine traditionnelle sans chichi servie dans un décor actuel.

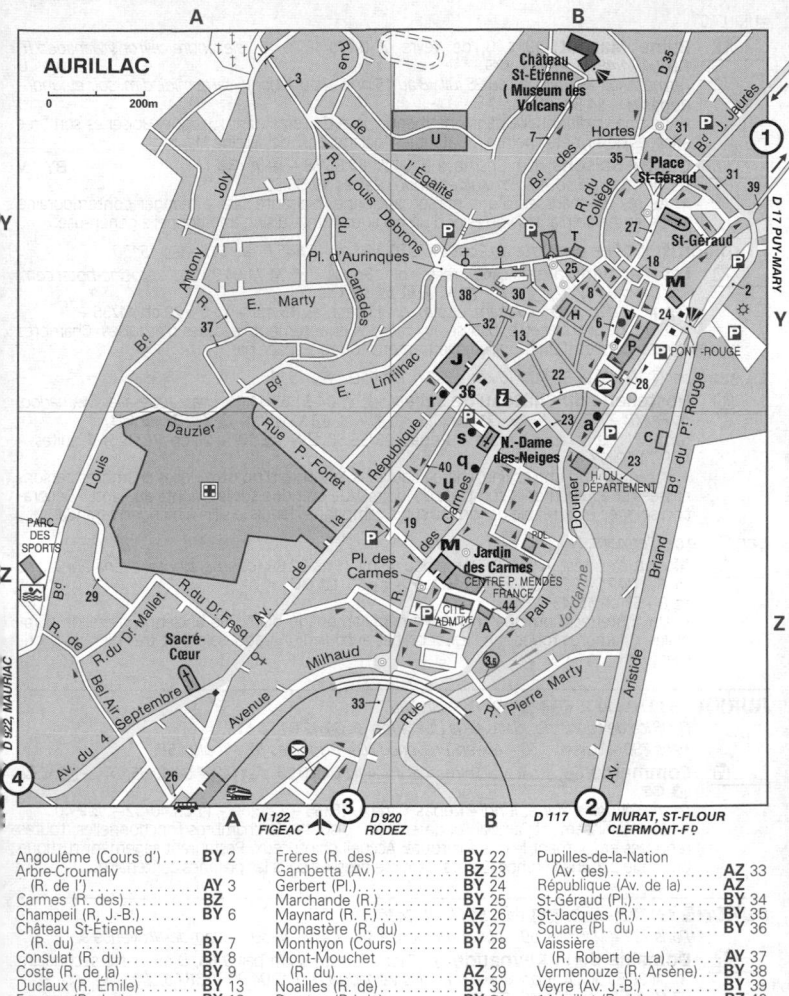

AURILLAC

Angoulême (Cours d')	**BY**	2
Arbre-Croumaly (R. de l')	**AY**	3
Carmes (R. des)	**BZ**	
Champeil (R. J.-B.)	**BY**	6
Château St-Étienne (R. du)	**BY**	7
Consulat (R. du)	**BY**	8
Coste (R. de la)	**BY**	9
Duclaux (R. Émile)	**BY**	13
Fargues (R. des)	**BY**	18
Ferry (R. Jules)	**BZ**	19

Frères (R. des)	**BY**	22
Gambetta (Av.)	**BZ**	23
Gerbert (Pl.)	**BY**	24
Marchande (R.)	**BY**	25
Maynard (R. F.)	**AZ**	26
Monastère (R. du)	**BY**	27
Monthyon (Cours)	**BY**	28
Mont-Mouchet (R. du)	**AZ**	29
Noailles (R. de)	**BY**	30
Pavatou (Bd du)	**BY**	31
Prés.-Delzons (R. du)	**BY**	32

Pupilles-de-la-Nation (Av. des)	**AZ**	33
République (Av. de la)	**AZ**	
St-Géraud (Pl.)	**BY**	34
St-Jacques (R.)	**BY**	35
Square (Pl. du)	**BY**	36
Vaissière (R. Robert de La)	**AY**	37
Vermenouze (R. Arsène)	**BY**	38
Veyre (Av. J.-B.)	**BY**	39
14-Juillet (R. du)	**BZ**	40
139e-R.-I. (R. du)	**BZ**	44

Campanile, rte de Clermont-Ferrand par ③ *ℰ 04 71 64 64 84, Fax 04 71 64 55 90,* 斎 – ♦⊷, ▤ ch, TV ☎ & 坪 – 益 25. 﨏 ⑩ 亜
Repas *(12,50)* - 16,50/18,50, enf. 6 ♈ – 立 6,50 – **47 ch** 86.
◆ Établissement répondant aux critères de confort de la chaîne. Chambres rénovées, fraîches et fonctionnelles. Le petit "plus" : un joli environnement de verdure. Cuisine visible de tous dans la lumineuse salle à manger néo-rustique.

Square, 15 pl. Square *ℰ 04 71 48 24 72, hotel.le.square@wanadoo.fr, Fax 04 71 48 47 57*
– ▤ TV ☎. 亜. ℅ ch **BZ s**
fermé 1er au 15 juil. et dim. soir d'oct. à mai – **Repas** 13/32, enf. 7,50 ⅄ – 立 6 – **18 ch** 38/52
– ½ P 38/45.
◆ Immeuble moderne voisin de l'ancienne chapelle d'un couvent de cordeliers. Chambres avant tout pratiques, sagement contemporaines. La brasserie du Square propose une cuisine traditionnelle escortée de plats régionaux.

XX **Reine Margot,** 19 r. G. de Veyre ℘ 04 71 48 26 46, *alexandre.cayron@wanadoo.fr*,
Fax 04 71 48 92 39 – 🖃, GB   **BZ u**
fermé 22 au 29 mars, 12 au 25 juil., 8 au 15 nov., 2 au 10 janv., sam. midi, dim. soir et lundi –
Repas *(11)* - 14,50/32, enf. 7 ♀.
  ◆ Cuisine traditionnelle dans une menue salle de restaurant rustique. Boiseries sombres
égayées de saynètes peintes relatant les "galanteries" de la reine Margot.

XX **Quatre Saisons,** 10 r. Champeil ℘ 04 71 64 85 38 – 🖃 📮, GB   **BY v**
fermé 16 au 25 août , dim. soir et lundi – **Repas** 19/35,50.
  ◆ Au rez-de-chaussée d'une maison ancienne, plaisante salle à manger contemporaine
agrémentée de plantes vertes et d'un bel aquarium. Cuisine traditionnelle généreuse.

à Arpajon-sur-Cère *par ③ rte de Rodez (D 920) : 2 km – 5 545 h. alt. 613 – ⊠ 15130 :*

🏠 **Les Provinciales** sans rest, pl. Foirail ℘ 04 71 64 29 50, *pro@ac-hotel.com*,
Fax 04 71 64 67 87, ♨, ☞ – 📺 ✆ ♿ 📮, AE ① GB
fermé 24 déc. au 9 janv., sam. et dim. du 15 sept. au 15 mai – 🖵 6 – **20 ch** 41/55.
  ◆ Bordant une placette, bâtisse aux façades entièrement revêtues d'ardoises. Chambres
calmes, garnies d'un mobilier joyeusement coloré. Espace bar.

à Vézac *par ③, D 920 et D 990 : 10 km – 952 h. alt. 650 – ⊠ 15130 :*

🏨 **Hostellerie du Château de Salles** ⌕, ℘ 04 71 62 41 41, *chateaudesalles@wanadoo.*
fr, Fax 04 71 62 44 14, ≤, ☞, 16, ♨, ℀, 🏸 – 📺 ✆ ♿ 📮 – 🔬 30. GB
fermé 1ᵉʳ janv. au 31 mars – **Repas** 26/35,50 ♀ – 🖵 10 – **26 ch** 79/120, 4 suites –
½ P 71,50/92.
  ◆ Au sommet d'une colline, château du 15ᵉ s. entouré d'un parc. Jolies chambres personnalisées et équipements complets de loisirs. Vue étendue sur les monts du Cantal. Décoration soignée et agréable panorama sur la campagne depuis la salle à manger-véranda.

par ③ *rte de Clermont, N 122 :*

🏠 **Akena** sans rest, 41 av. G. Pompidou ℘ 04 71 43 22 68, *courrier@hotel-akena-aurillac.co*
m, Fax 04 71 43 24 93 – ✆* 📺 ✆ ♿ 📮 – 🔬 30. AE GB
🖵 6 – **55 ch** 30/45.
  ◆ Un "hôtel économique" flambant neuf, aménagé dans une ancienne usine de parapluies. Chambres fonctionnelles, réparties autour d'un patio (salon) et très bien insonorisées.

AURIOL *13390 B.-du-R.* **340** I5 – *9 461 h alt. 200.*
  🛈 *Office de tourisme, place de la Libération* ℘ 04 42 04 70 61.
  Paris 780 – Marseille 30 – Aix-en-Provence 30 – Brignoles 37 – Toulon 58.

🏠 **Commerce** ⌕, 1 r. Ravel Thimotée ℘ 04 42 04 70 25, Fax 04 42 04 32 55, ☞ – 📺 ✆ 📮,
① GB
fermé fév., dim. soir et lundi – **Repas** 11 (déj.), 18/35 – 🖵 6,50 – **11 ch** 40/52 – ½ P 40.
  ◆ Cet établissement familial fondé en 1922 dispose de chambres fonctionnelles, toutes
rénovées et tournant le dos à la route. Accueil chaleureux. Restaurant sagement rustique
prolongé par une véranda. En été, terrasse dressée sous les platanes centenaires.

AURONS *13121 B.-du-R.* **340** F4 – *515 h alt. 243.*
  Paris 722 – Marseille 59 – Aix-en-Provence 34 – Cavaillon 30 – Salon-de-Provence 9.

🏨 **Domaine de la Reynaude** ⌕, Nord-Ouest : 6 km par D 68, D 16 et rte secondaire
℘ 04 90 59 30 24, *domaine.reynaude@wanadoo.fr*, Fax 04 90 59 36 06, ☞, ♨, ☞, ℀ –
📺 ✆ ♿ 📮 – 🔬 15 à 40. AE ① GB
fermé 15 au 31 déc. – **Repas** *(fermé dim. soir)* 20/36, enf. 10 – 🖵 9 – **32 ch** 52/112 –
½ P 60/76,50.
  ◆ Profitez pleinement du calme de la campagne dans ce complexe hôtelier aux chambres
simples et pratiques. Nombreux équipements de loisirs. Le restaurant est aménagé dans
une bastide du 16ᵉ s. Décor campagnard et cour-terrasse où murmure une fontaine.

AUSSOIS *73500 Savoie* **333** N6 *G. Alpes du Nord* – *628 h alt. 1489* – *Sports d'hiver : 1 500/2 750 m*
⛷ 11 ⅊.
  Voir *Monolithe de Sardières★ NE : 3 km – Ensemble fortifié de l'Esseillon★ S : 4 km.*
  🛈 *Office de tourisme, route des Barrages* ℘ 04 79 20 30 80, Fax 04 79 20 40 23, *info@aus-*
sois.com.
  Paris 670 – Albertville 97 – Chambéry 110 – Lanslebourg-Mont-Cenis 17 – Modane 7.

🏨 **Soleil** ⌕, ℘ 04 79 20 32 42, Fax 04 79 20 37 78, ≤ – 🖃 📺 ✆ ♿ 📮 AE ① GB, ℀ ch
16 juin-15 sept. et 17 déc.-20 avril – **Repas** (prévenir)(dîner seul.) 20/27 ♀ – 🖵 9 – **22 ch**
53/78 – ½ P 68/74.
  ◆ Hôtel offrant l'agrément de ses chambres ouvertes sur la montagne et de ses équipements de détente : sauna, hammam, jacuzzi de plein air et petite salle de cinéma. Repas
savoyard servi dans une salle à manger colorée.

🏠 **Les Mottets,** 6 r. des Mottets ℰ 04 79 20 30 86, *infos@hotel-lesmottets.com,*
Fax 04 79 20 34 22, ⟨, *l⤴ –* 🆃🆅 ◗ 🅿. ◑ 🅶🅱
fermé mai et 1ᵉʳ nov. au 15 déc. – **Repas** *14/30, enf. 9 –* ⊡ *7,50 –* **25 ch** *38/63 –* ½ P 58.
  ◆ À 200 m des pistes, chalet jouissant d'un beau point de vue sur les sommets environnants. Chambres simples et fonctionnelles ; espace de remise en forme. Salle des repas
lambrissée et assiette vouée aux raclettes, fondues et menu "terroir".

🏠 **Choucas,** ℰ 04 79 20 32 77, *Fax 04 79 20 39 87,* ⟨, 🎇, 🎇 – 🆃🆅 ◑ 🅶🅱. 🎇 rest
15 juin-15 sept. et 20 déc.-17 avril – **Repas** *17/22 –* ⊡ *8 –* **28 ch** *40/60 –* ½ P 52.
  ◆ Construction des années 1960 bénéficiant d'une jolie perspective sur les cimes de la
haute Maurienne. Crépi et lambris composent le sobre décor des chambres. Spacieuse salle
à manger d'esprit alpin et terrasse panoramique.

AUTRANS *38880 Isère* 🎢🎢🎢 *G6 G. Alpes du Nord – 1 541 h alt. 1050 – Sports d'hiver : 1 050/1 710 m*
🎿 *13* ⚡.
  🛈 *Office de tourisme, route de Méaudre* ℰ *04 76 95 30 70, Fax 04 76 95 38 63, info@ot-*
autrans.fr.
  Paris 586 – Grenoble 36 – Romans-sur-Isère 58 – St-Marcellin 47 – Villard-de-Lans 16.

🏠 **Poste,** ℰ 04 76 95 31 03, *gerard.barnier@wanadoo.fr, Fax 04 76 95 30 17,* 🎇, *l⤴,* 🔲, 🎇
– 🅸🆅 📞 *– ⚡ 60.* 🅰🅴 🅶🅱. 🎇 ch
fermé 20 avril au 8 mai et 20 oct. au 4 déc. – **Repas** *(fermé dim. soir et lundi du 15 mars au*
15 juin et du 1ᵉʳ sept. au 15 déc.) 18/40, enf. 10 🍷 *–* ⊡ *8 –* **29 ch** *52/75 –* ½ P 56/65.
  ◆ Cette pimpante maison située au coeur du village est tenue par la même famille depuis
1937. Chambres garnies de meubles rustiques. Restaurant au décor campagnard : poutres
apparentes, lambris et chaises paillées. Plats traditionnels et régionaux.

🏠 **Les Tilleuls,** *la Côte* ℰ 04 76 95 32 34, *tilleuls.hotel@wanadoo.fr, Fax 04 76 95 31 58,* 🎇,
🔲 *–* 🆃🆅 📞 🅿. 🅰🅴 ◑ 🅶🅱. 🎇 rest
fermé 15 avril au 5 mai, 1ᵉʳ au 21 oct., mardi soir et merc. – **Repas** *12,50/30,50, enf. 8,50 ⚡ –*
⊡ *8,80 –* **22 ch** *40/55 –* ½ P 52/55.
  ◆ Près du centre de cette station incluse dans le Parc naturel régional du Vercors, bâtisse
accueillante abritant des chambres fonctionnelles et bien tenues. Restaurant dominé par le
bois de pin et les plantes vertes ; cuisine classique et gibier en saison.

🏠 **Vernay** 🦌, *–* ℰ 04 76 95 31 24, *le-vernay@planete-vercors.com, Fax 04 76 95 73 88,* ⟨,
🔲 🆃🆅 📞 🅿. *– ⚡ 15.* 🅰🅴 🅶🅱. 🎇 rest
fermé 22 mars au 2 avril, 13 avril au 2 mai et 4 nov. au 4 déc. – **Repas** *(fermé dim. soir, merc.*
et jour 1ᵉʳ mai au 30 juin et du 15 sept. au 4 déc.) 15 (dîner), 15,50/24 🍷 *–* ⊡ *8 –* **17 ch**
50/56 – ½ P 56.
  ◆ Hôtel familial placé au départ des pistes de ski de fond, en lisière de forêt. La plupart des
chambres ouvrent sur la nature préservée du Vercors ; réservez-en une rénovée. Restaurant sagement montagnard et, en été, terrasse dressée dans le joli jardin.

🏠 **Montbrand** 🦌 *sans rest,* ℰ 04 76 95 34 58, *Fax 04 76 95 72 71,* ⟨, 🎇 *–* 🆃🆅 📞. 🅰🅴 🅶🅱
juin-sept. et Noël-fin mars – ⊡ *7 –* **8 ch** *48/50.*
  ◆ Au pied de la villa : les 160 km de pistes balisés pour le ski de fond ! Chambres de style
chalet, spacieuses et lambrissées. Salle des petits-déjeuners au cadre alpin.

à Méaudre *Sud : 5,5 km par D 106ᶜ – 1 039 h. alt. 1012 – Sports d'hiver 1000/1600 m* 🎿 *10* ⚡ *–*
✉ *38112 .*
  🛈 *Office de tourisme, Le village* ℰ *04 76 95 20 68, Fax 04 76 95 25 93, infos@meaudre.com.*

🏠 **Auberge du Furon,** ℰ 04 76 95 21 47, *leydierl@wanadoo.fr, Fax 04 76 95 24 71,* 🎇 *–*
🆃🆅. 🅰🅴 🅶🅱 🅹🅲🅱. 🎇 rest
fermé 12 nov. au 12 déc., 12 au 27 avril, merc. soir, dim. soir et lundi hors saison – **Repas**
12,20 (déj.), 18/30, enf. 8,50 🍷 *–* ⊡ *6,40 –* **9 ch** *47 –* ½ P 53/59.
  ◆ Accueil familial, aménagements simples et bonne tenue caractérisent ce petit chalet
situé au pied des remontées mécaniques. Chambres d'esprit rustique ; quelques balcons.
Salle à manger sobrement régionale. Cuisine traditionnelle et spécialités de montagne.

✕✕ **Pertuzon** *avec ch, av.* Vercors ℰ 04 76 95 21 17, *locana@club-internet.fr,*
Fax 04 76 95 26 00, 🎇, 🎇 *–* 🆃🆅 📞 🅿. 🅰🅴 🅶🅱
fermé 2 au 8 juin, 15 nov. au 15 déc., dim. soir, mardi soir et merc. hors saison – **Repas**
18/50, enf. 10 🍷 *–* ⊡ *9 –* **9 ch** *43 –* ½ P 52.
  ◆ Plats traditionnels à déguster dans cette salle de restaurant confortable égayée de
tableaux d'artistes locaux. Chambres simples mais bien tenues. Accueil tout sourire.

Dans ce guide

un même symbole, un même mot,

imprimé en **rouge** *ou en* **noir***, en maigre ou en* **gras***,*

n'ont pas tout à fait la même signification.

Lisez attentivement les pages explicatives.

Paris 313 – Nancy 45 – Neufchâteau 20 – Toul 24.

Relais Rose, 24 r. Neufchâteau ℘ 03 83 52 04 98, Fax 03 83 52 06 03, 余, 绿 – ℀ TV
⇐ P. AE GB

Repas 11,50 (déj.), 21,50/28,50, enf. 7,50 🍴 – ⊡ 7,50 – **16 ch** 30/70 – ½ P 44/57.
◆ Hôtel familial au confort douillet. Chaque chambre, étonnant patchwork de meubles aussi variés en âge qu'en style, a son originalité. Laquelle choisir ? Cuisine classique et spécialités du Sud-Ouest ; belle carte des vins. Jolie terrasse donnant sur le jardin.

Les Tilleuls avec ch, 6 rte Neufchâteau ℘ 03 83 52 84 50, restolestilleuls@aol.com, Fax 03 83 52 06 42, 绿 – GB

fermé 12 au 27 juil., 11 au 18 sept., 25 déc. au 10 janv., le soir du dim. au jeudi et lundi –
Repas (prévenir) 10 (déj.), 22,50/32 🍴 – ⊡ 8 – **3 ch** 42.
◆ Cette maison ancienne abrite, derrière une sobre façade, deux salles à manger bourgeoises et une autre, plus simple, réservée aux repas de semaine. Cuisine au goût du jour.

*Un automobiliste averti utilise le **Guide Michelin** de l'année.*

AUTUN

Arbalète (R. de l')..... **BZ** 2
Arquebuse (R. de l')... **BZ** 3
Cascade (R. de la)..... **BZ** 4
Chauchien (Gde R.)..... **BZ** 6
Cocand (R.)........... **AZ** 7
Cordeliers (R. des).... **BZ** 9
Cordiers (R. aux)..... **BZ** 12

Dijon (R. de)......... **BY** 13
Dr-Renaud (R.)....... **AZ** 15
Eumène (R.).......... **AY** 16
Gaillon (R. de)....... **AY** 18
Gaulle (Av. Ch.-de).. **AYZ** 19
Grange-Vertu (R.).... **AY** 21
Guérin (R.).......... **BY** 23
Jeannin (R.)......... **BZ** 26
Lattre-de-Tassigny
  (R. de)........... **BZ** 27

Laureau (Bd)........ **BY** 28
Marbres (R. des).... **BZ** 29
Notre-Dame (R.).... **AZ** 31
Paris (R. de)....... **ABY** 32
Passage couvert.... **BZ** 33
Pernette (R.)....... **AZ** 35
Raquette (R.)....... **BZ** 37
St-Saulge (R.)..... **AZ** 40
Vieux-Colombier
  (R. du).......... **BZ** 42

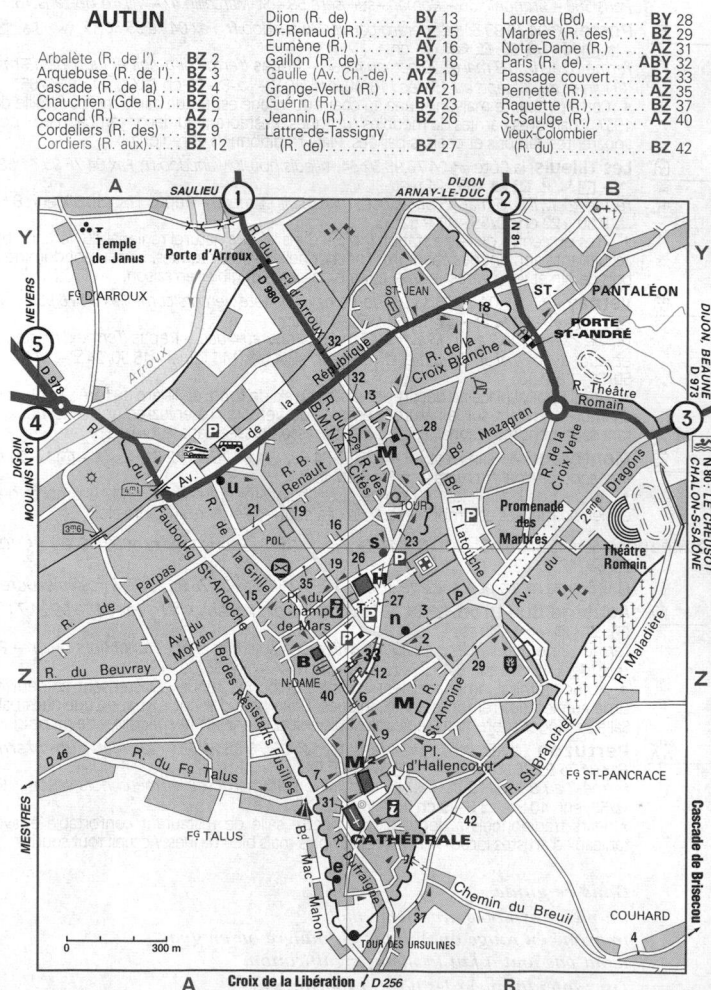

AUTUN 🐾 *71400 S.-et-L.* 320 F8 *G. Bourgogne* – *16 419 h alt. 326.*

Voir *Cathédrale St-Lazare★★ (tympan★★★, chapiteau★★) – Musée Rolin★ (la Tentation d'Eve★★, Nativité au cardinal Rolin★★, vierge d'Autun★★) BZ M² – Porte St-André★ – Grilles★ du lycée Bonaparte AZ B – Manuscrits★ (bibliothèque de l'Hôtel de Ville) BZ H.*

🏌 *d'Autun ℰ 03 85 52 64 70, par ③ : 3 km.*

🛈 *Office de tourisme, 2 avenue Charles de Gaulle ℰ 03 85 86 80 38, Fax 03 85 86 80 49, tourisme@autun.com.*

Paris 287 ① – Chalon-sur-Saône 51 ③ – Avallon 78 ① – Dijon 85 ② – Mâcon 111 ③.

Plan page ci-contre

🏛 **Ursulines** 🦢, 14 r. Rivault ℰ 03 85 86 58 58, *welcome@hotelursulines.fr*, Fax 03 85 86 23 07, ≤, 🏛, 🞂 – 📱 🞂 📺 🞂 🞂 🞂 – 🞂 60. 🝙 ⓞ 🖼 🗩   AZ e
Repas *(14,50)* - 21 (déj.), 25,50/75, enf. 13 🞂 🞂 – 🞂 9,50 – **36 ch** 57,50/96, 7 suites – ½ P 77,10/110.
♦ Ex-couvent de l'ordre des Ursulines, situé en haut de la vieille ville. Quiètes chambres aux tons pastel. La chapelle est aménagée en salle de banquet. Le restaurant donne sur la cour intérieure où l'on dresse la terrasse l'été. Bon choix de vins de Bourgogne.

🏛 **Tête Noire**, 3 r. Arquebuse ℰ 03 85 86 59 99, *welcome@hoteltetenoire.fr*, Fax 03 85 86 33 90 – 📱, 🞂 rest, 📺 🞂 🖼   BZ n
fermé 15 déc. au 25 janv. – **Repas** *(13)* · 16/43, enf. 11 🞂 – 🞂 8 – **31 ch** 68/75 – ½ P 63/73.
♦ On rénove cette adresse progressivement : les chambres, pimpantes et garnies d'un mobilier rustique en bois peint, sont bien insonorisées. À table, carte classique et menu "terroir" servis dans une plaisante salle à manger.

🏛 **Ibis**, rte Chalon par ③ : 2 km ℰ 03 85 52 00 00, *h3232@accor-hotels.com*, Fax 03 85 52 20 20, 🏛 – cuisinette 📺 🞂 🞂 – 🞂 20 à 40. 🝙 ⓞ 🖼 🗩
Repas *(12)* · 16, enf. 6 🞂 – 🞂 6 – **46 ch** 58.
♦ Cet Ibis, installé au bord d'un plan d'eau (base de loisirs), regarde la cité gallo-romaine. Les chambres, fonctionnelles, sont aux dernières normes de la chaîne. Lambris, tableaux et tons ensoleillés : la salle de restaurant est accueillante et gaie.

🏛 **Commerce et Touring**, 20 av. République ℰ 03 85 52 17 90, *hotelducommerce.tourin g@wanadoo.fr, Fax 03 85 52 37 63* – 📺. 🖼   AY u
fermé janv. – **Repas** *(fermé lundi) (9,50)* · 11/26, enf. 7 🞂 – 🞂 5 – **21 ch** 25/42 – ½ P 30/34.
♦ Pratique par sa situation juste en face de la gare, établissement familial dont les chambres, simples et correctement agencées, sont fort bien tenues. Sympathique salle à manger tout en longueur, garnie de meubles rustiques.

🍽🍽 **Chalet Bleu**, 3 r. Jeannin ℰ 03 85 86 27 30, *le-chalet-bleu@wanadoo.fr*, Fax 03 85 52 74 56 – 🝙 🖼   BYZ s
fermé 16 fév. au 10 mars, dim. soir du 15 nov. au 31 mars, lundi soir et mardi – **Repas** 15/45, enf. 10 🞂.
♦ Derrière une devanture vitrée, salle à manger aux murs ornés de fresques représentant des paysages et jardins imaginaires. La carte marie tradition et terroir.

AUVERS *77 S.-et M.* 312 D5 – *rattaché à Milly-la-Forêt (Essonne).*

AUVERS-SUR-OISE *95 Val-d'Oise* 305 E6 106 ⑥ 101 ③ – *voir à Paris, Environs.*

AUVILLAR *82340 T.-et-G.* 337 B7 – *876 h alt. 141.*

🛈 *Office de tourisme, place de la Halle ℰ 05 63 39 89 82, Fax 05 63 39 89 82, office.auvillar-@wanadoo.fr.*

Paris 652 – Agen 28 – Montauban 42 – Auch 62 – Castelsarrasin 22.

🍽🍽 **L'Horloge** avec ch., ℰ 05 63 39 91 61, Fax 05 63 39 75 20, 🏛 – 📺 🞂 – 🞂 15. 🝙 ⓞ 🖼
fermé 3 au 31 déc., sam. midi de mi-oct. à mi-avril et vend. sauf juil.-août – **Repas** 24/100, enf. 10 🞂 **- Bouchon** (déj. seul.) **Repas** carte environ 22 🞂 🞂 – 🞂 8 – **10 ch** 30/50 – ½ P 46.
♦ Jouxtant l'élégante tour de l'Horloge, ravissante maison aux volets vert tendre et sa terrasse sous les platanes. Cadre actuel de bon ton. Recettes et vins de la région. À l'heure du déjeuner, Le Bouchon propose des petits plats "bistrot" orientés terroir.

à Bardigues *Sud : 4 km par D 11 – 219 h. alt. 160 – ✉ 82340.*

🍽 **Auberge de Bardigues**, ℰ 05 63 39 05 58, *cam.ciril@free.fr*, 🏛 – 🞂, 🖼
fermé 20 au 27 sept., 1er au 27 janv. et lundi – **Repas** 10 bc (déj.), 17/23 🞂.
♦ Engageante bâtisse rurale en pierre : au rez-de-chaussée, un bar où l'on sert, à midi, le menu du jour ; à l'étage, une salle flambant neuf. Terrasse face à la campagne.

Si vous êtes retardé sur la route, dès 18 h,
confirmez votre réservation par téléphone,
c'est plus sûr... et c'est l'usage.

AUVILLARS-SUR-SAÔNE 21250 Côte-d'Or **320** K7 – 212 h alt. 212.

Paris 335 – Beaune 30 – Chalon-sur-Saône 55 – Dijon 31 – Dole 48.

☓ **Auberge de l'Abbaye**, au Sud : 1 km sur D 996 ℘ 03 80 26 97 37, auberge-abbaye@wanadoo.fr, Fax 03 80 26 92 25, ☞, ☞ – **P**. **GB**. ☞
fermé 23 au 31 août, vacances de fév., mardi soir, dim. soir et merc. – **Repas** (prévenir) 20,60/42, enf. 9,90.
 ♦ Discrète auberge de bord de route. Deux salles à manger rustiques : la grande de style bistrot pour les plats du jour, et la petite plus intime pour les repas traditionnels.

AUXERRE **P** 89000 Yonne **319** E5 G. Bourgogne – 37 790 h alt. 130.

Voir Cathédrale St-Étienne★★ (vitraux★★, crypte★, trésor★) – Ancienne abbaye St-Germain★★ (crypte★★).

Env. Gy-l'Évêque : Christ aux Orties★ de la chapelle 9,5 km par ③.

🛈 Office de tourisme, 1-2 quai de la République ℘ 03 86 52 06 19, Fax 03 86 51 23 27, info@ot-auxerre.fr.

Paris 166 ⑤ – Bourges 144 ④ – Chalon-sur-Saône 176 ② – Dijon 152 ② – Sens 59 ⑤.

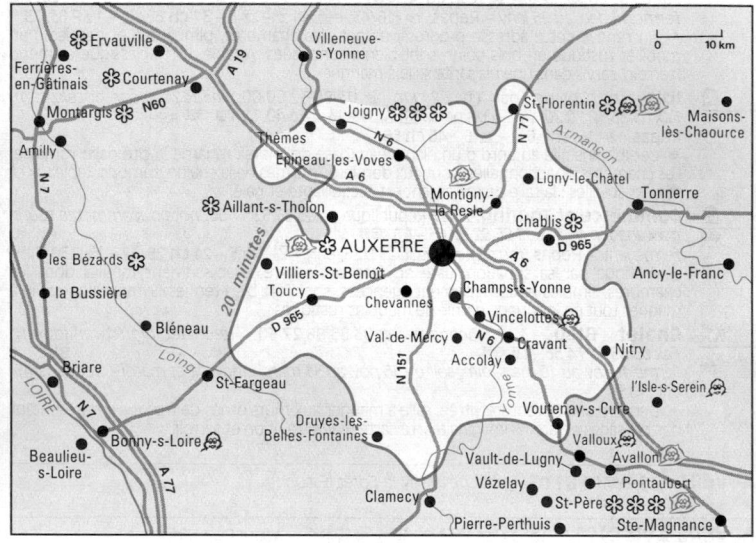

🏠 **Maxime** sans rest, 2 quai Marine ℘ 03 86 52 14 19, hotel-maxime@ipoint.fr, Fax 03 86 52 21 70 – 📳 📺 📞 **P**. **AE** ◎ **GB** ☞   **BY** f
☐ 10 – **26 ch** 65/100 – ½ P 67/81.
 ♦ Dans le quartier de la marine (maisons à pans de bois), hôtel familial qui daterait du 19e s. Chambres avec vue sur l'Yonne ou plus calmes côté cour.

🏠 **Parc des Maréchaux** sans rest, 6 av. Foch ℘ 03 86 51 43 77, contact@hotel-parcmarechaux.com, Fax 03 86 51 31 72, ☒, ☞, ☞ – 📳 📺 📞 **P**. **AE** ◎ **GB** **JCB**   **AZ** u
☐ 12 – **25 ch** 70/110.
 ♦ Cette demeure Napoléon III renferme de jolies chambres "cosy", meublées dans le style Empire et presque toutes orientées vers le parc aux arbres centenaires (belle piscine).

🏠 **Normandie** sans rest, 41 bd Vauban ℘ 03 86 52 57 80, reception@hotelnormandie.fr, Fax 03 86 51 54 33, ♣ – 📳 ✻ 📺 📞 ☞ – 益 25. **AE** ◎ **GB** **JCB**   **AY** b
☐ 7,50 – **47 ch** 49/75.
 ♦ Belle maison bourgeoise (19e s.) séparée de la rue par une cour-terrasse. Chambres confortables, parfois garnies d'un mobilier de style ; l'aile récente est plus calme. Billard.

🏠 **Les Clairions**, par ⑤, N 6 : 2 km ℘ 03 86 94 94 94, reservation@clairions.com, Fax 03 86 48 16 38, ☞, ☒, ✻ – 📳 📺 📞 ᵹ ☞ **P**. – 益 30 à 150. **AE** ◎ **GB**
Repas 21/30, enf. 10 ☟ – ☐ 8,50 – **66 ch** 62/91 – ½ P 56/72.
 ♦ Imposant bâtiment des années 1970. La plupart des chambres, fonctionnelles, ont conservé leur décor d'origine ; celles des derniers étages sont modernes et plaisantes. Vaste salle à manger coiffée d'un toit-verrière pyramidal ; cuisine au goût du jour.

AUXERRE

Boucheries (R. des)..... **BZ** 3
Bourbotte (Av.)........ **BY** 4
Chesnez (R. M. des)..... **AZ** 5
Coche-d'Eau (Pl.)...... **BY** 8
Cochois (R.).......... **BY** 9
Dr-Labosse (R. du)..... **BY** 10
Draperie (R. de la)..... **AZ** 12
Eckmühl (R. d')....... **AZ** 14
Fécauderie (R.)........ **AZ** 16

Foch (Av.)........... **AZ** 18
Grand-Caire (R. du).... **AY** 20
Horloge (R. de l')...... **AZ** 22
Hôtel-de-Ville
   (Pl. de l')......... **AZ** 23
Jaurès (Av. Jean)...... **BY** 26
Jaurès (Pl. Jean)...... **BZ** 27
Leclerc (Pl. du Mar.)... **AZ** 34
Lepère (Pl. Ch.)....... **AZ** 35
Maison-Fort (R.)...... **BY** 36
Marine (R. de la)...... **BY** 37

Mont-Brenn (R. du)....... **BY** 38
Paris (R. de)........... **AY**
Puits-des-Dames
   (R. du).............. **BZ** 40
St-Germain (R.)........ **ABY** 44
St-Nicolas (Pl.)........ **BY** 45
Surugue (Pl. Ch.)....... **AZ** 46
Temple (R. du).......... **AZ**
Tournelle (Av. de la).... **BY** 48
Yonne (R. de l')........ **BY** 52
24-Août (R. du)........ **AZ** 54

🏨 **Cygne** sans rest, 14 r. du 24-Août ✆ 03 86 52 26 51, hcygne@3and1hotels.com,
Fax 03 86 51 68 33 – 📺 🅿 🄰🄴 ⓞ 🅶🅱 🄵🄲🄱
□ 8 – **30** ch 43/69.   **AZ** r

  ♦ À l'écart du centre, façade rénovée, intérieur soigné et accueil souriant. Chambres
fraîches, mobilier actuel et tenue rigoureuse. Nuits plus calmes côté cour.

XXXX **Barnabet**, 14 quai République ✆ 03 86 51 68 88, Fax 03 86 52 96 85, 🌲 – 🄰🄴
🅶🅱   **BYZ** s
fermé 23 déc. au 12 janv., mardi midi, dim. soir et lundi – **Repas** 34/54 et carte 62 à 82,
enf. 17,50 ♀ ♨.

  ♦ Ancien hôtel particulier ouvert sur une cour-terrasse fleurie. Élégante salle à manger
contemporaine. Cuisine inventive ; belle sélection de chablis et de vins au verre.
Spéc. Miroir d'écrevisses aux amandes et aux fruits de saison. Ris de veau poêlé aux
champignons sauvages. Purée de pommes de terre aux truffes fraîches de bourgogne
(sept. à déc.). **Vins** Bourgogne, Irancy.

XXX **Jardin Gourmand,** 56 bd Vauban ☏ 03 86 51 53 52, *le.jardin.gourmand.auxerre@wanadoo.fr, Fax 03 86 52 33 82,* ☂, ☘ – GB AY d
fermé 9 au 24 mars, 15 au 30 juin, 12 au 27 oct., mardi et merc. – **Repas** (30) - 40/72 et carte 55 à 79, enf. 15.
◆ Maison bourgeoise, ex-propriété d'un vigneron, précédée d'un jardin-terrasse ombragé. Salle rehaussée de tableaux modernes. Carte au goût du jour ; bon choix de chablis.

XX **Salamandre,** 84 r. Paris ☏ 03 86 52 87 87, *la-salamandre@wanadoo.fr, Fax 03 86 52 05 85* – ▤. AE GB AY a
fermé sam. midi et dim. – **Repas** 30/59, enf. 12 ♀.
◆ Recherché pour sa cuisine de la mer, ce restaurant du vieil Auxerre vous accueille dans une salle à manger au décor actuel égayé de tableaux et de plantes vertes.

X **P'tite Beursaude,** 55 r. Joubert ☏ 03 86 51 10 21, *auberge.beursaudiere@wanadoo.fr, Fax 03 86 51 10 21* – AE GB BZ t
fermé 28 juin au 5 juil., 27 sept. au 4 oct., 17 au 31 janv., dim. soir, mardi midi et lundi – **Repas** (16) - 21, enf. 8,50 ♀.
◆ Chaleureux intérieur rustique, service en costume régional et cuisine du terroir réalisée sous vos yeux : une adresse simple et charmante, à dénicher près du théâtre.

rte de Chablis *par ② : 8 km près échangeur A 6 Auxerre-Sud – ✉ 89290 Venoy :*

XX **Moulin de la Coudre** ⛰ avec ch, ☏ 03 86 40 23 79, *moulin89@wanadoo.fr, Fax 03 86 40 23 55,* ☂, ☘ – TV ☎ P – 🏛 40. GB
fermé 6 au 29 janv., dim. soir et lundi – **Repas** 20/48 ♀ – ☕ 10 – **14 ch** 57/75 – ½ P 78.
◆ Au fond d'un vallon, vieux moulin bordant une rivière, où vous prendrez vos repas dans un cadre assez sobre ou en terrasse, à l'ombre des grands arbres. Plats traditionnels.

à Champs-sur-Yonne *par ② et N 6 : 10 km – 1 382 h. alt. 110 – ✉ 89290 Escolives Ste Camille :*

🏠 **Mas des Lilas** sans rest, La Cour Barrée Sud : 1 km ☏ 03 86 53 60 55, *hotel@lemasdeslilas.com, Fax 03 86 53 30 81,* ☘ – ▤ TV P. GB. ✂
fermé 12 au 21 mars, 26 août au 1er sept., 24 oct. au 3 nov.et dim. soir – ☕ 7 – **17 ch** 44.
◆ Ces pavillons nichés dans un plaisant jardin fleuri abritent de petites chambres bien tenues ; toutes sont de plain-pied et bénéficient d'une terrasse ouverte sur la verdure.

à Vincelottes *par ② N 6 et D 38 : 16 km – 290 h. alt. 110 – ✉ 89290 :*

XX **Auberge Les Tilleuls** avec ch, 12 quai Yonne ☏ 03 86 42 22 13, *lestilleulsvincelottes@wanadoo.fr, Fax 03 86 42 23 51,* ☂ – TV. GB
fermé 19 déc. au 21 fév., jeudi d'oct. à Pâques et merc. – **Repas** 22/55 ♀ – ☕ 10,50 – **5 ch** 50/70 – ½ P 55/65.
◆ Étape bucolique au bord de l'Yonne. Jolies salles ornées de tableaux d'artistes du pays et belle terrasse à fleur d'eau. Carte traditionnelle ; bon choix de bourgognes.

à Chevannes *par ③ et D1 : 8 km – 1 958 h. alt. 170 – ✉ 89240 :*

XX **Chamaille** ⛰ avec ch, ☏ 03 86 41 24 80, *lachamaille@wanadoo.fr, Fax 03 86 41 34 80,* ☂, ☘, ♣ – P – 🏛 30. AE GB. ✂ ch
fermé vacances de fév. – **Repas** (nombre de couverts limité, prévenir) 35/70, enf. 12 ♀ – ☕ 7,50 – **3 ch** 38/60.
◆ Atmosphère agreste d'une ferme d'autrefois nichée dans la verdure. Salle rustique et véranda ouverte sur le parc traversé par un ruisseau. Cuisine traditionnelle et créative.

près échangeur Auxerre-Nord *par ⑤ : 7 km :*

🏨 **Mercure** ⛰, N 6 ✉ 89380 Appoigny ☏ 03 86 53 25 00, *h0348@accor-hotels.com, Fax 03 86 53 07 47,* ☂, ♨, ☘ – ⚹ ▤ TV ☎ ♿ P – 🏛 25 à 120. AE ⓓ GB
Repas (15,50) - 22,50/26,50, enf. 11 ♀ – ☕ 12 – **77 ch** 83/98.
◆ Bâtiments de style régional disposés autour de la piscine. Chambres spacieuses, rénovées avec soin, de plain-pied avec le jardin planté de quelques ceps de vignes. Salle de restaurant lumineuse et plaisante ; cuisine traditionnelle et recettes bourguignonnes.

🏠 **Campanile,** r. Athènes ✉ 89470 Monéteau ☏ 03 86 40 71 11, *auxerre.moneteau@campanile.fr, Fax 03 86 40 50 74,* ☂ – ⚹ TV ☎ ♿ P – 🏛 25. AE ⓓ GB
Repas (12,50) - 16,50/18,50, enf. 6 ♀ – ☕ 6,50 – **83 ch** 58.
◆ Chambres avant tout pratiques, sobres et bien tenues ; quelques-unes, plus grandes, sont idéales pour les séjours en famille. Au petit-déjeuner, buffet à volonté ! Une partie de la salle à manger est réservée aux non-fumeurs.

Si le coût de la vie subit des variations importantes,
les prix que nous indiquons peuvent être majorés.
Lors de votre réservation à l'hôtel, faites-vous préciser le prix définitif.

AUXONNE 21130 Côte-d'Or **320** M6 *G. Bourgogne* – 7 154 h alt. 184.

B *Office de tourisme, rue Berbis* ℰ 03 80 37 34 46, Fax 03 80 31 02 34, tourisme.auxonne-@wanadoo.fr.
Paris 343 – Dijon 32 – Dole 17 – Gray 38 – Vesoul 81.

à Lamarche-sur-Saône *Nord-Ouest : 11,5 km par N 5 et D 976 – 1 201 h. alt. 190 – ⊠ 21760 :*

XX **Hostellerie St-Antoine** *avec ch,* ℰ 03 80 47 11 33, *hotel@lesaintantoine.com,*
Fax 03 80 47 13 56, 🍽, 🌳, 🖂 – 📺 📞 & 🅿, 🝙 🖭 𝐆𝐁 𝐉𝐂𝐁 ℅ rest
fermé vacances de Toussaint, déc., janv., sam. soir et dim. d'oct. à mars – **Repas** *carte 30 à*
46 ♀ – � 8 – **10 ch** *56/64 – ½ P 60/64.*
   ♦ Grande demeure bourguignonne aux abords du village. Deux salles à manger confortables dont une sous véranda, tournée vers le beau jardin bordant la Saône.

aux Maillys *Sud : 8 km par D 20 – 764 h. alt. 182 – ⊠ 21130 :*

XX **Virion,** ℰ 03 80 39 13 40, *virionresto@aol.com, Fax 03 80 39 17 22 –* ▤. 𝐆𝐁
🍴 *fermé fév., mardi soir d'oct. à avril, dim. soir et lundi –* **Repas** *13 bc/28, enf. 9 ♀.*
   ♦ Dans cette sympathique maison de pays située à côté de l'église, les plats traditionnels fleurent bon le terroir. Deux salles à manger, dont une plus rustique.

Nos guides hôteliers, nos guides touristiques et nos cartes routières
sont complémentaires. Utilisez-les ensemble.

AVALLON ◁🕭▷ 89200 Yonne **319** G7 *G. Bourgogne* – 8 217 h alt. 250.

Voir Site★ – Ville fortifiée★ : Portails★ de l'église St-Lazare – Miserere★ du musée de l'Avallonnais **M¹** *– Vallée du Cousin★ S par D 427.*

B *Office de tourisme, 6 rue Bocquillot* ℰ 03 86 34 14 19, Fax 03 86 34 28 29, avallon.ot-si@wanadoo.fr.
Paris 222 ② – Auxerre 51 ④ – Beaune 103 ② – Chaumont 134 ② – Nevers 98 ④.

AVALLON

Belgrand (R.) 2
Bocquillot (R.) 3
Capucins (Prom. des). . 5
Collège (R. du) 6
Fontaine-Neuve (R.) . . 8
Fort-Mahon (R.) 9
Gaulle (Pl. Gén.-de) . . . 12
Gde-Rue A.-Briand . . . 13
Odebert (R. des) 14
Paris (R. de)
Porte-Auxerroise (R.) . 16
Terreaux Vauban
   (Prom. des) 18
Vauban (Pl.)

Pour visiter
la Bourgogne,
utilisez
le **Guide Vert**
Michelin.
Bourgogne
Morvan

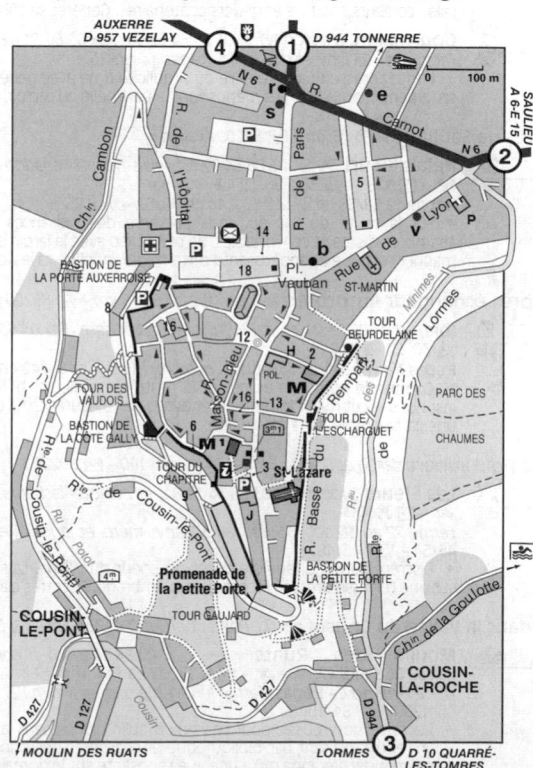

Hostellerie de la Poste, 13 pl. Vauban (b) ✆ 03 86 34 16 16, *info@hostelleriedelaposte* *.com*, Fax 03 86 34 19 19, 🐜 – 📳, 🍴 ch, 📺 ✆ P̄ – 🛗 15. 🅰🅴 ⓞ 🅶🅱 🅹🅲🅱
fermé 4 janv. au 16 fév. – **Repas** *(fermé dim. soir et lundi)* 21,50/65 ♀ – ☷ 12,50 – **27 ch** 114/167, 3 duplex – ½ P 97/121.
   ♦ Beau relais de poste bourguignon du 18ᵉ s. qui hébergea Napoléon Iᵉʳ à son retour d'exil. Jolies chambres personnalisées. Salle à manger au cachet délicieusement provincial et terrasse dressée dans la cour. Préparations mariant terroir et classicisme.

Avallon Vauban sans rest, 53 r. Paris (r) ✆ 03 86 34 36 99, *hotelavallonvauban@wanado* *o.fr*, Fax 03 86 31 66 31, 📐 – 📳 cuisinette 🍴🔆 📺 ✆ P̄ – 🛗 15. 🅶🅱
   ☷ 6,80 – **26 ch** 47/53, 4 studios.
   ♦ Bordant un carrefour animé, demeure régionale ouverte sur un vaste parc ombragé. Décor frais et meubles en merisier dans les chambres, plus tranquilles sur l'arrière.

Dak'Hôtel sans rest, 119 rue de Lyon, rte Saulieu par ② ✆ 03 86 31 63 20, *dakhotel@voila* *.fr*, Fax 03 86 34 25 28, 🏊, 🌳 – 📺 🐾 P̄ – 🛗 60. 🅰🅴 🅶🅱
   ☷ 8 – **26 ch** 49/54.
   ♦ Bâtiment cubique proche de la nationale. Chambres fonctionnelles, un peu nues, mais bien équipées et insonorisées. Salle des petits-déjeuners donnant sur le jardin.

Les Capucins avec ch, 6 av. P. Doumer (e) ✆ 03 86 34 06 52, *hotellescapucins@aol.com*, Fax 03 86 34 58 47, 🐜, 🌳 – 📺 P̄. 🅰🅴 🅶🅱
   fermé 21 au 30 juin, 20 déc. au 5 janv., 5 au 13 fév., mardi et merc. – **Repas** 18 (déj.), 26/36 ♀ – ☷ 6 – **7 ch** 49/67.
   ♦ Accueil charmant dans cette maison abritant une salle à manger sobrement rustique, une plaisante terrasse tournée vers le jardin et des chambres pratiques et bien tenues.

Relais des Gourmets, 47 r. Paris (s) ✆ 03 86 34 18 90, *relais-des-gourmets@wanadoo.f* *r*, Fax 03 86 31 60 21, 🐜 – 🍽. 🅰🅴 🅶🅱
   fermé janv., dim. soir et lundi de sept. à juin – **Repas** 15,50/65 bc, enf. 10 ♀.
   ♦ Derrière une façade fleurie, surprenante salle à manger-véranda d'inspiration proven-çale : couleurs chaudes et oliviers centenaires. Généreuse cuisine régionale.

Gourmillon, 8 r. Lyon (v) ✆ 03 86 31 62 01, Fax 03 86 31 62 01 – 🍽. 🅶🅱
   fermé 5 au 25 janv. et dim. soir – **Repas** 14,50/32 ♀.
   ♦ Petite adresse du centre-ville où simplicité rime avec générosité. Fraîche salle à manger sagement champêtre. Les menus font la part belle au terroir.

rte de Saulieu *par* ② : *6 km* – ⊠ *89200 Avallon* :

Relais Fleuri 🌿, ✆ 03 86 34 02 85, *relais-fleuri@wanadoo.fr*, Fax 03 86 34 09 98, 🏊, 🌳, 🍽 – 📺 ✆ P̄ – 🛗 30 à 50. 🅰🅴 ⓞ 🅶🅱 🅹🅲🅱
   Repas 19,50/58 bc ♀ – ☷ 12 – **48 ch** 75/82 – ½ P 75.
   ♦ Sur la route de Saulieu, mais préservé des nuisances sonores, hôtel abritant des chambres vastes et confortables, de plain-pied avec le jardin et la piscine. Lumineuse salle à manger rustique et appétissante carte traditionnelle ; cave riche en bourgognes.

près échangeur Autoroute A 6 *par* ② *et D 50* : *7 km* – ⊠ *89200 Magny* :

Ibis, ✆ 03 86 33 01 33, *h1740@hotels-accor.com*, Fax 03 86 33 00 66 – 🔆 📺 ✆ 🐾 P̄ – 🛗 30. 🅰🅴 ⓞ 🅶🅱
   Repas *(fermé lundi midi et dim. midi)* (12) · 15 ♀ – ☷ 6 – **42 ch** 51/57.
   ♦ Commode pour une étape sur la route du soleil, cet hôtel dispose de chambres bien insonorisées et majoritairement rénovées. Le restaurant, ouvert sur la campagne, présente une carte simple, sans prétention.

à Pontaubert *par* ④ *et D 957* : *5 km* – *377 h. alt. 160* – ⊠ *89200* :

Les Fleurs avec ch, ✆ 03 86 34 13 81, *info@hotel-lesfleurs.com*, Fax 03 86 34 23 32, 🐜, 🌳 – 📺 P̄. 🅶🅱
   fermé 22 au 30 oct., 15 déc. au 30 janv., merc. et jeudi – **Repas** 15/37 ♀ – ☷ 6,50 – **7 ch** 45/54 – ½ P 45/48.
   ♦ Discrète auberge familiale située au cœur du village. La salle à manger rustique ouvre sur une terrasse dressée face au jardin ombragé. Recettes classiques et régionales.

dans la Vallée du Cousin *par* ④, *Pontaubert et D 427* : *6 km* – ⊠ *89200 Avallon* :

Moulin des Ruats 🌿, ✆ 03 86 34 97 00, *contact@moulin-des-ruats.com*, Fax 03 86 31 65 47, 🐜, 🌳 – 📺 ✆ P̄. 🅰🅴 🅶🅱 🅹🅲🅱
   mi-fév.-mi-nov. – **Repas** *(fermé lundi et le midi sauf dim.)* 27/39, enf. 11 ♀ – ☷ 10 – **25 ch** 95/120 – ½ P 81/106.
   ♦ Reconversion réussie pour ce vieux moulin nichée dans la verdoyante vallée du Cousin. Salon feutré, plaisant bar-bibliothèque et chambres personnalisées au charme d'antan. La salle à manger-véranda offre une vue reposante sur le domaine.

à Vault de Lugny par ④ et D 142 : 6 km – 328 h. alt. 148 – ⊠ 89200 :

🏠 **Château de Vault de Lugny** �, *𝒫* 03 86 34 07 86, hotel@lugny.com, Fax 03 86 34 16 36, ≼, 🛋, 🎇, 🎄 – 📺 ⟨ 🚗 🅿 🖭 ⓪ 🖙 🝩
19 mars-14 nov. – **Repas** *(fermé lundi midi, mardi midi, jeudi midi et merc.)* (table d'hôte) (résidents seul.) 50/90 (dîner) et carte le midi ☖ ⊷ – ⊑ 16 – **14 ch** 160/460 – ½ P 125/275.
♦ Château du 16ᵉ s., havre de paix au luxueux décor. Ravissantes chambres superbement meublées. Des animaux de basse-cour folâtrent dans le magnifique parc.

à Valloux par ④ et N 6 : 6 km – ⊠ 89200 Avallon :

✕✕ **Auberge des Chenêts**, 10 rte nationale 6 *𝒫* 03 86 34 23 34, Fax 03 86 34 21 24 – 🖙
fermé vacances de printemps, de Toussaint, dim. soir et lundi – **Repas** *(16)* - 22/52 ☖.
♦ Aimable auberge de campagne (non-fumeurs) au bord d'une route assez fréquentée. Attablez-vous auprès de la cheminée et goûtez aux plats bourguignons traditionnels.

AVÈNE 34260 Hérault **[339]** D6 – 275 h alt. 350 – Stat. therm. (fin mars-fin oct.).
🛈 Office de tourisme, Le Village *𝒫* 04 67 23 43 38, Fax 04 67 23 44 94.
Paris 705 – Montpellier 83 – Bédarieux 25 – Clermont-l'Hérault 51.

🏠 **Val d'Orb** ⚫, Les Bains d'Avène *𝒫* 04 67 23 44 45, val.dorb@wanadoo.fr, Fax 04 67 23 39 07, ≼, 🛋, 🎇, 🎄 – 🛗, 📺 rest, 📺 ⟨ 🅿 – 🖧 15 à 50. 🖭 🖙, 🖐 rest
4 avril-6 nov. – **Repas** 20/30 – ⊑ 7,50 – **58 ch** 80/90 – ½ P 47,50/58,80.
♦ Cette construction récente blottie dans un vallon à l'abri des regards est intégrée au centre thermal. Hébergement moderne et spacieux. Sobre salle à manger actuelle et terrasse donnant sur le jardin ; cuisine traditionnelle et plats diététiques.

✕ **Les Mûriers**, Les Bains d'Avène *𝒫* 04 67 23 40 97, Fax 04 67 23 39 07, 🎄 – 🅿. 🖭 🖙
12 avril-17 oct. et fermé dim. soir et lundi – **Repas** *(11 bc)* - 13,50 bc (déj.), 18/25, enf. 9 ☖.
♦ Bel environnement verdoyant pour ce petit restaurant rénové à la manière d'un plaisant jardin d'hiver. Terrasse au bord de la rivière. Cuisine aux accents du pays.

AVESSAC 44460 Loire-Atl. **[316]** E2 – 2 154 h alt. 55.
Paris 406 – Nantes 78 – Rennes 63 – St-Nazaire 54 – Vannes 64.

au Sud-Est : 3 km par D 131 (direction Plessé) – ⊠ 44460 Avessac :

✕✕ **Restaurant d'Edouard**, *𝒫* 02 99 91 08 89, edouardset@aol.com, Fax 02 99 91 02 44 – 🖭 🖙
fermé 19 juil. au 20 août, dim. soir, lundi et mardi – **Repas** 15 (déj.), 28/42 ☖.
♦ Extérieur discret et intérieur soigné (décor actuel, cheminée, luminosité) caractérisent ce restaurant situé en pleine campagne. Cuisine au goût du jour rythmée par le marché.

AVIGNON 🅿 84000 Vaucluse **[332]** B10 G. Provence – 85 935 h Agglo. 253 580 h alt. 21.
Voir Palais des Papes★★★ : ≼★★ de la terrasse des Dignitaires – Rocher des Doms ≼★★ – Pont St-Bénézet★★ – Remparts★ – Vieux hôtels★ (rue Roi-René) EZ F² – Coupole★ de la cathédrale Notre-Dame-des-Doms – Façade★ de l'hôtel des Monnaies EY K – Vantaux★ de l'église St-Pierre EY – Retable★ de l'église St-Didier EZ – Musées : Petit Palais★★ EY, Calvet★ EZ M², Lapidaire★ EZ M⁴, Louis Vouland (faïences★) DY M⁵ – Fondation Angladon-Dubrugeaud★★ EZ M¹.
🏌 de Châteaublanc à Morières-lès-Avignon *𝒫* 04 90 33 39 08, E : 8 km par D 58 CX ; 🏌 du Grand Avignon à Vedène *𝒫* 04 90 31 49 94, E : 9 km par D 28 CV.
✈ d'Avignon : *𝒫* 04 90 81 51 15, par ③ et N 7 : 8 km.
🚗 *𝒫* 08 36 35 35 35.
🛈 Office de tourisme, 41 cours Jean Jaurès *𝒫* 04 32 74 32 74, Fax 04 90 82 95 03, information@ot-avignon.fr.
Paris 682 ② – Aix-en-Provence 82 ③ – Arles 37 ④ – Marseille 98 ③ – Nîmes 46 ⑤.

Plans pages suivantes

🏠 **Mirande** ⚫, 4 pl. Amirande *𝒫* 04 90 85 93 93, mirande@la-mirande.fr, Fax 04 90 86 26 85, ≼, 🎄 – 🛗 🗏 📺 ⟨ 🚗 – 🖧 30. 🖭 ⓪ 🖙 EY **g**
Repas (fermé 4 janv. au 2 fév., mardi et merc.) 38 (déj.), 49/82 et carte 73 à 106 ☖ ⊷ – ⊑ 26 – **21 ch** 340/450.
♦ Découvrez la douce atmosphère de cet ancien palais cardinalice totalement rénové dans le goût d'une maison provençale du 18ᵉ s. Salles à manger raffinées, cuisine inventive aux notes méridionales et belle carte de côtes-du-rhône. Jolie terrasse sur jardin.
Spéc. Cannelloni de calamars aux tomates confites et mozzarella. Thon poêlé au sésame (mai à sept.). Entremets croquant orange-chocolat. **Vins** Châteauneuf-du-Pape blanc, Coteaux d'Aix-en-Provence.

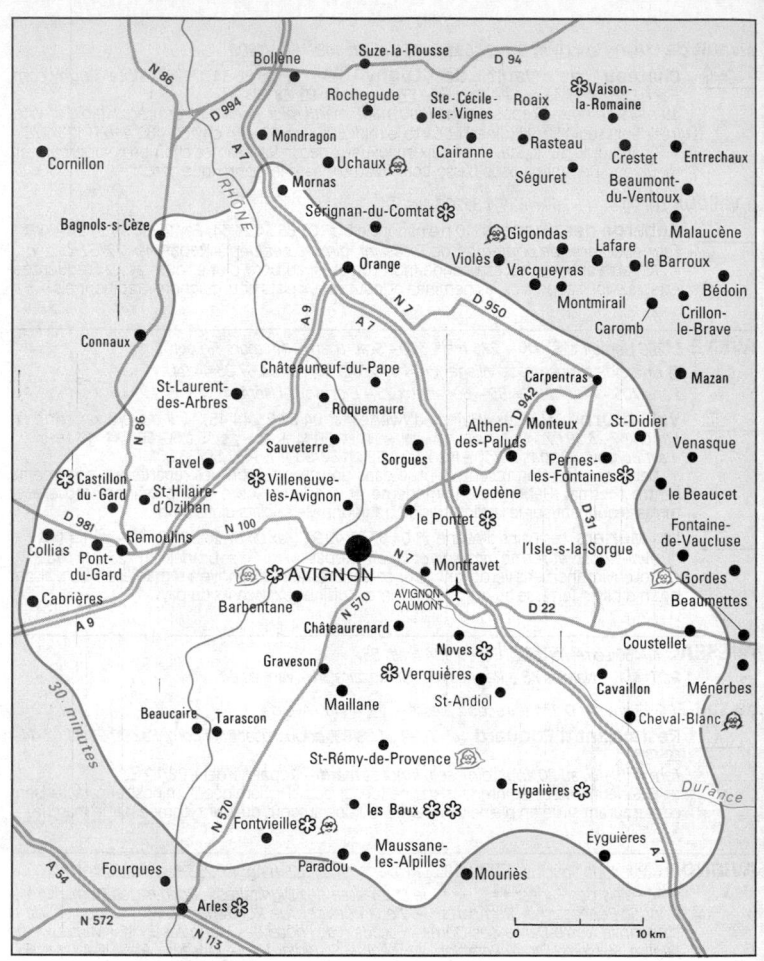

Europe ⚜, 12 pl. Crillon ☎ 04 90 14 76 76, *Fax 04 90 14 76 71*, ☎ – 🛗 ▤ 📺 ℃ & ☞ –
▲ 40 à 80. ㎒ ◑ ☒ 🈂
EY **d**

Repas *(fermé 15 au 30 août, 21 au 29 nov., 11 au 26 janv., lundi midi et dim.)* 30 (déj.),
48/86 et carte 70 à 110 ♈ – ☳ 23 – **41 ch** 129/410, 3 suites.

♦ Élégant hôtel particulier du 16ᵉ s. au décor raffiné. Les suites du dernier étage offrent
des échappées sur le palais des Papes. Belle salle à manger bourgeoise (moulures, boiseries,
etc.) et délicieuse terrasse fleurie bercée par le murmure d'une fontaine.
Spéc. Crémeux de polenta au parmesan et truffes de Provence (déc. à mars). Variation
autour du homard (printemps-été). Tartare de fraises et tomates au basilic (printemps-été).
Vins Coteaux du Luberon, Côtes du Rhône-villages.

Avignon Grand Hôtel, 34 bd St-Roch (à la Gare) ☎ 04 90 80 98 09, *reservation@avigno
ngrandhotel.com*, Fax 04 90 80 98 10, ⅀ – 🛗 cuisinette ❄✖, ▤ ch, 📺 ℃ & ☞ – ▲ 50. ㎒
◑ ☒
EZ **t**

Repas *(fermé dim. en hiver et sam.)* *(17,50)* - 23 ♈ – ☳ 15 – **106 ch** 115/230, 15 suites.

♦ Inspirations médiévale et provençale pour le décor de cet hôtel situé au pied
des remparts. Chambres actuelles et spacieux appartements. Piscine ronde perchée
sur le toit. Plaisante salle de restaurant aux couleurs du Midi. Cuisine simple, de style
brasserie.

🏨 **Cloître St-Louis** ⊗, 20 r. Portail Boquier 🕿 04 90 27 55 55, hotel@cloitre-saint-louis.co m, Fax 04 90 82 24 01, 🛬 – ▯ ✦, ▤ ch, 📺 ▯ 🅿 – 🔬 20. 🖭 ⓞ 🅶🅱 🅹🅲🅱   EZ s
Repas (fermé 15 fév. au 8 mars, 23 oct. au 1er nov., vacances de fév., dim. soir et sam.) 28 (déj.), 38/55 🍷 – 🖙 **77 ch** 170/270, 3 duplex.
♦ Décor contemporain dans un cloître du 16e s. et son annexe signée Jean Nouvel. Chambres au design monacal. Piscine sur le toit. Salles à manger voûtées et galeries (ouvertes en été) donnent sur une paisible cour aux platanes centenaires.

🏨 **Mercure Pont d'Avignon** ⊗ sans rest, rue Ferruce, quartier Balance 🕿 04 90 80 93 93, h549@accor-hotels.com, Fax 04 90 80 93 94 – ▯ ✦ ▤ 📺 ☎ 🔬 80. 🖭 ⓞ 🅶🅱   EY r
🖙 11 – **87 ch** 116/126.
♦ Hôtel récent à la mode provençale : meubles de style régional et tons chaleureux égaient les chambres pratiques et claires. Jolie salle des petits-déjeuners.

🏨 **Mercure Cité des Papes** sans rest, 1 r. J. Vilar 🕿 04 90 80 93 00, h1952@accor-hotels.c om, Fax 04 90 80 93 01 – ▯ ✦ 📺 ☎. 🖭 ⓞ 🅶🅱   EY b
🖙 11 – **90 ch** 116/150.
♦ Ce bâtiment des années 1970 est apprécié pour son emplacement au coeur de la cité des Papes. Les chambres, de bon confort, s'agrémentent d'un sobre décor provençal.

🏨 **de l'Horloge** sans rest, 1 r. F. David (pl. Horloge) 🕿 04 90 16 42 00, hotelhorloge@wanad oo.fr, Fax 04 90 82 17 32 – ▯ ▤ 📺 ☎ 🔬 15. 🖭 ⓞ 🅶🅱 🅹🅲🅱   EY t
🖙 11 – **70 ch** 135/160.
♦ Deux belles bâtisses au coeur du vieil Avignon. Préférez les jolies chambres rénovées (avec terrasse au dernier étage) ; les autres sont meublées dans le style Louis XVI.

🏨 **Blauvac** sans rest, 11 r. de la Bancasse 🕿 04 90 86 34 11, blauvac@aol.com, Fax 04 90 86 27 41 – 📺. 🖭 ⓞ 🅶🅱. ✦   EY m
fermé 10 au 17 nov. et 5 au 10 janv. – 🖙 7,50 – **16 ch** 57/79.
♦ Ancienne résidence du marquis de Blauvac (17e s.). Intérieur d'esprit rustique. Les murs des chambres (parfois avec mezzanine) laissent souvent apparaître la pierre d'origine.

🏨 **Angleterre** sans rest, 29 bd Raspail 🕿 04 90 86 34 31, info@hoteldangleterre.fr, Fax 04 90 86 86 74 – ▯ 📺 ▯ 🅿. 🅶🅱. ✦   DZ a
fermé 18 déc. au 17 janv. – 🖙 7 – **40 ch** 62/78.
♦ Cet immeuble centenaire abritait autrefois une fabrique de pâtes. Les chambres, rajeunies par étapes, sont simples, correctement équipées et bien tenues. Parking pratique.

🏨 **Ibis Centre Gare**, 42 bd St-Roch 🕿 04 90 85 38 38, Fax 04 90 86 44 81 – ▯ ▤ 📺 ☎ 🔬 15. 🖭 ⓞ 🅶🅱 🅹🅲🅱   EZ r
Repas (12) - 15, enf. 6 🍷 – 🖙 6 – **98 ch** 65/90.
♦ Pour une halte entre deux trains, choisissez cette architecture "tout béton" adossée à la gare. Vous séjournerez dans des chambres relookées, à l'insonorisation exemplaire. Sis au 1er étage de l'hôtel, le restaurant offre une échappée sur les remparts.

🏨 **Lavarin,** 1715 chemin du Lavarin Sud 🕿 04 90 89 50 60, inforesa@hotel-du-lavarin.com, Fax 04 90 89 86 00, 🌿, 🛬 – ✦, ▤ ch, 📺 ☎ 🅿. 🖭 ⓞ 🅶🅱 🅹🅲🅱   AX b
rest : fermé 25 oct. au 3 nov., 20 déc. au 3 janv. et 7 au 21 fév. – **Repas** (fermé dim. sauf le soir d'avril à oct., vend. soir hors saison, sam. midi et lundi midi) (11) - 17, enf. 7 🍷 – 🖙 10 – **44 ch** 110.
♦ Accueil aimable, chambres rajeunies et colorées, piscine : cet hôtel proche de l'hôpital constitue une sympathique étape. Salle à manger-véranda ouverte sur la terrasse ; cuisine simple aux accents provençaux.

🏨 **Garlande** sans rest, 20 r. Galante 🕿 04 90 80 08 85, hotel-de-garlande@wanadoo.fr, Fax 04 90 27 16 58 – 📺. 🖭 ⓞ 🅶🅱 🅹🅲🅱. ✦   EY f
fermé janv. – 🖙 6,10 – **11 ch** 61/105.
♦ Accueil familial, pittoresque dédale de couloirs et escaliers, chambres sagement provençales, meubles et bibelots chinés : ce petit hôtel ne manque pas de cachet.

🏨 **Médiéval** sans rest, 15 r. Petite Saunerie 🕿 04 90 86 11 06, hotel.medieval@wanadoo.fr, Fax 04 90 82 08 64 – cuisinette 📺 ☎. 🅶🅱   FY e
fermé 3 janv. au 7 fév. – 🖙 7 – **34 ch** 58/65.
♦ Dans une ruelle sombre mais calme, hôtel particulier de la fin du 17e s. où les chambres, desservies par un bel escalier, sont garnies d'un mobilier de style rustique.

🏨 **Ibis Pont de l'Europe** sans rest, 12 bd St-Dominique 🕿 04 90 82 00 00, ibis.avignon.ce ntre.europe@wanadoo.fr, Fax 04 90 85 67 16 – ▯ ✦ ▤ 📺 🔬. 🖭 ⓞ 🅶🅱   DZ q
🖙 6 – **74 ch** 76.
♦ Au pied des remparts, structure récente offrant des chambres un peu exiguës, mais rénovées et bien tenues. Petit-déjeuner servi sous forme de buffet.

LES ANGLES

Pinède (Ch. de la)... **AV**

AVIGNON

Amandier (Av. de l')..... **CX**
Aulnes (Av. des)..... **CX**
Avignon (Av. d')..... **CX**
Croix-Rouge
(Av. de la)........ **BX**
Docteur Pons
(Rte Touristique).. **BV**
Eisenhover (Av.)..... **AX**
Europe (Pont de l')... **AX**
Ferry (Bd J.)......... **AX**
Folie (Av. de la)... **BCX** 29
Foncouverte
(Av. de la).... **BCX** 31
Gaulle
(Rocade Ch. de). **ABX**
Lyon (Rte de)...... **BV**
Marseille (Rte de). **BCX** 51
Monclar (Av.)....... **AX**
Monod (Bd J.)...... **BX** 58
Montfavet (Rte de) **BCX** 60
Morières (Rte de) **BCV**
Moulin-Notre-
Dame (Av. du).... **BX** 61
Réalpanier (Carr.) ... **CV**
Reine-Jeanne
(Av. de la)........ **BX** 81
Royaume (Pont du) . **AV** 92
St-Chamand (Av.).. **BX** 95
St-Ruf (Av.)........ **AX**
Semard (Av. P.)..... **BX**
Sixte-Isnard (Bd).... **BX** 112
Souspirous (Av.) ... **BX**
Tarascon (Av. de)... **AX**
1re-D.-B. (Bd de la) . **BX** 125

LE PONTET

Avignon (Av. d')..... **CV**
Carpentras (Av. de) . **CV**
Delorme (Av. Th.)... **CV**
Goutarel (Av. G.).... **CV** 38
Pasteur (Av. L.)..... **CV**

VILLENEUVE-
LÈS-AVIGNON

Camp de
Bataille (R.) ...... **AV** 15
Chartreux (Ch. des) . **AV** 16
Ducros (Bd Edmond) **AV**
Fort St-André
(Montée du).. **AV** 32
Gaulle (Av. Ch.-de) .. **AV** 36
Hôpital (R. de l') .... **AV** 43
Joffre (Rte) .... **AV**
Leclerc (Av. Gén.)... **AV**
Monnaie (R. de la) .. **AV** 57
Pasteur (Av.)........ **AV**
Péri (Av. G.)........ **AV**
Ravoux (Av. Paul) ... **AV**
République
(R. de la)......... **AV** 87
Tour (Montée de la) . **AV** 115
Verdun (Av. de) ..... **AV** 117

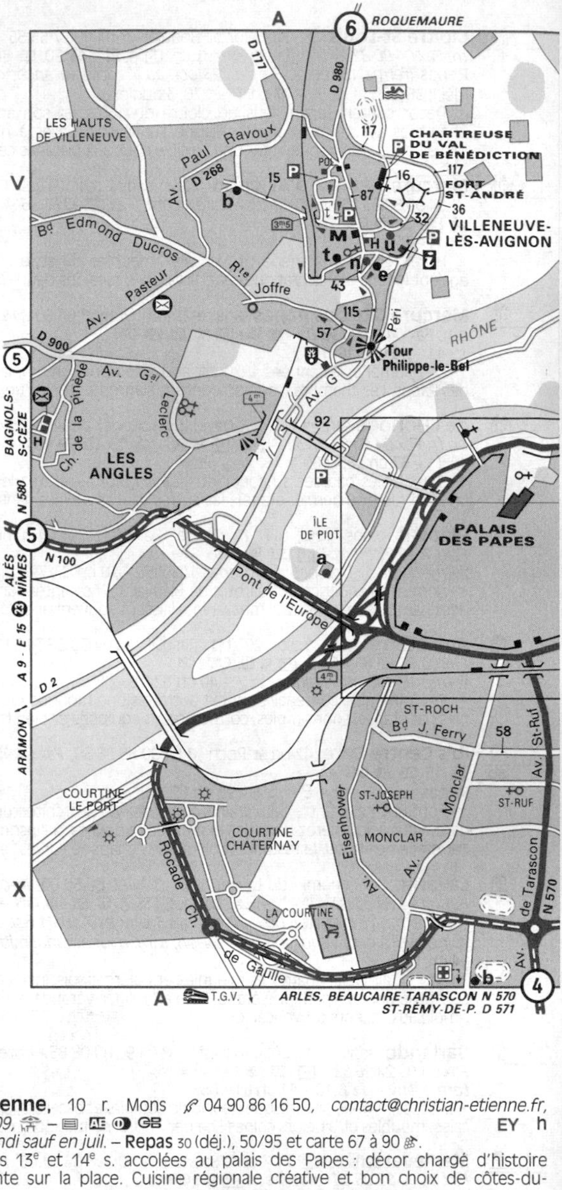

XXX **Christian Étienne**, 10 r. Mons, ✆ 04 90 86 16 50, *contact@christian-etienne.fr,*
❀ *Fax 04 90 86 67 09*, 🏠 – 🗐, 🖭 ⓿ ☑ — EY h
fermé dim. et lundi sauf en juil. – **Repas** 30 (déj.), 50/95 et carte 67 à 90 ❧.
♦ Demeures des 13e et 14e s. accolées au palais des Papes : décor chargé d'histoire
et vue plongeante sur la place. Cuisine régionale créative et bon choix de côtes-du-
rhône.
Spéc. Menu ''tomates'' (15 juin au 15 sept.). Canon d'agneau (avril à sept.). Sorbet fenouil
sauce safranée. **Vins** Côtes-du-Rhône-Villages, Côtes du Luberon

XX **Hiély-Lucullus**, 5 r. République (1er étage) ✆ 04 90 86 17 07, *Fax 04 90 86 32 38* – 🗐, 🖭
☑ 🗷 — EY n
Repas 24/38 ⵂ.
♦ À l'étage d'un immeuble ancien. Ambiance feutrée dans la salle des repas sagement
bourgeoise où s'épanouissent de beaux bouquets de fleurs. Carte classique.

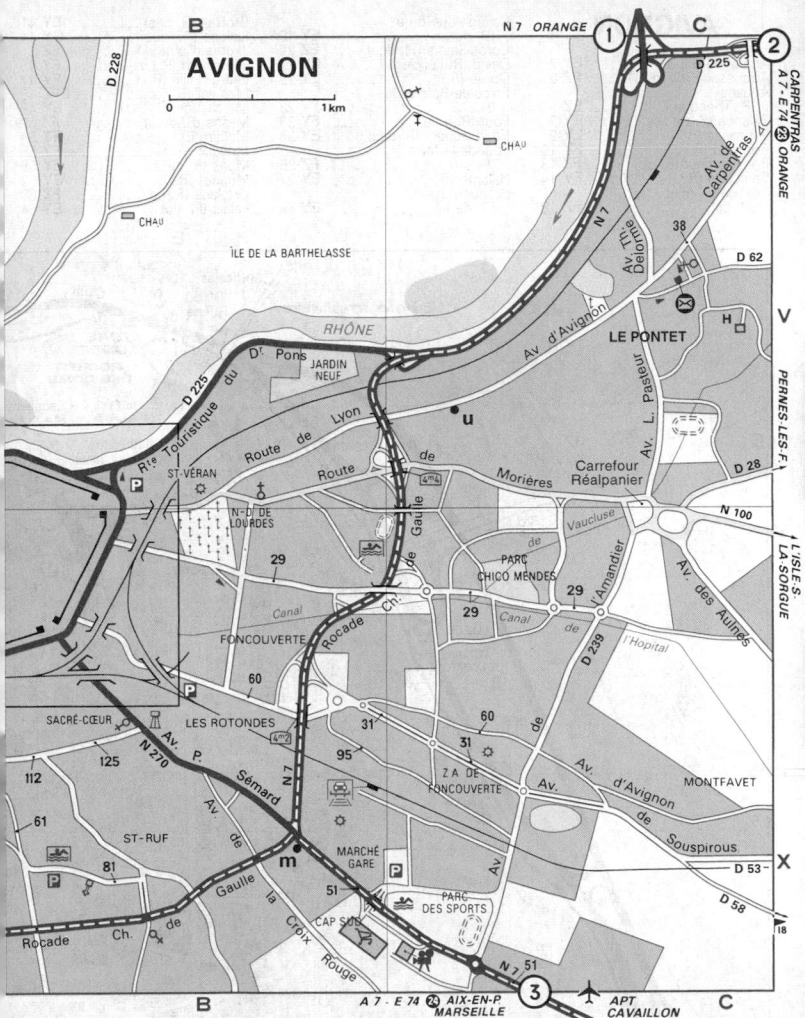

AVIGNON

XX **Fourchette,** 17 r. Racine   04 90 85 20 93, *restaurant.la.fourchette@wanadoo.fr,* Fax 04 90 85 57 60 – ≣. GB   **EY u**
fermé 2 au 22 août, 3 au 16 janv., sam. et dim. – **Repas** (nombre de couverts limité, prévenir) (24) - 28.
 ◆ Collections de fourchettes, de cigales et de cartes de voeux évoquant le festival : ce coquet bistrot est apprécié des Avignonnais. Menus traditionnels aux accents du Sud.

XX **Auberge de la Treille** 🔄 avec ch, à l'Ile Piot par pont Éd. Daladier ou Pont de l'Europe   04 90 16 46 20, Fax 04 90 16 46 21, 😊, 🔄 – 📺 📞 🅿 – 🔄 60. GB. ❄ rest   **AX a**
fermé 2 au 9 janv., dim. soir et lundi de janv. à mars – **Repas** 20 (déj.), 30/65 ⅞ – ⵣ 10 – **6 ch** 92/138.
 ◆ Bastide du 19ᵉ s. ancrée sur une île du Rhône. Salles à manger agrémentées de dessins de Sem, terrasse ombragée de platanes et chambres élégantes : l'adresse a du charme.

AVIGNON

Amirande (Pl. de l') .... **EY** 2
Arroussaire (Av. de l') . ... **FZ** 3
Aubanel
(R. Théodore). .... **EZ** 5
Balance (R. de la) .... **EY** 7
Bancasse (R.) .... **EY** 9
Bertrand (R.) .... **FY** 10
Bon-Martinet (R. du) .... **FZ** 13
Campane (R.). .... **FY** 14
Collège-d'Annecy
(R. du) . . . . **EZ** 18

Collège-du-Roure
(R. du) . . . . **EY** 19
Corps-Saints (Pl. des) .... **EZ** 20
David (R. Félicien) .... **EY** 22
Dorée (R.) .... **EY** 23
Folco-de-Baroncelli
(R.). . . . . **EY** 28
Four (Rue du) .... **FY** 33
Fourbisseurs (R. des) .... **EY** 34
Four-de-la-Terre
(R. du) . . . . **FZ** 35
Galante (R.) .... **EY** 37
Grande-Fusterie
(R. de la) . . . . **EY** 39

Grottes (R. des) .... **EY** 41
Italiens (Av. des) .... **GY** 44
Jaurès (Cours J.) .... **EZ**
Jérusalem (Pl.) .... **EY** 45
Ledru-Rollin (R.) .... **FY** 47
Manivet (R. P.) .... **EFZ** 48
Marchands (R. des) ...... **EY** 49
Masse (R. de la) .... **FZ** 52
Molière (R.) .... **EY** 54
Monclar (Av.) .... **EZ** 59
Mons (R. de) .... **EY** 59
Muguet (R.) .... **GY** 62
Ortolans (R. des) .... **EZ** 63
Palais (Pl. du) .... **EY** 64

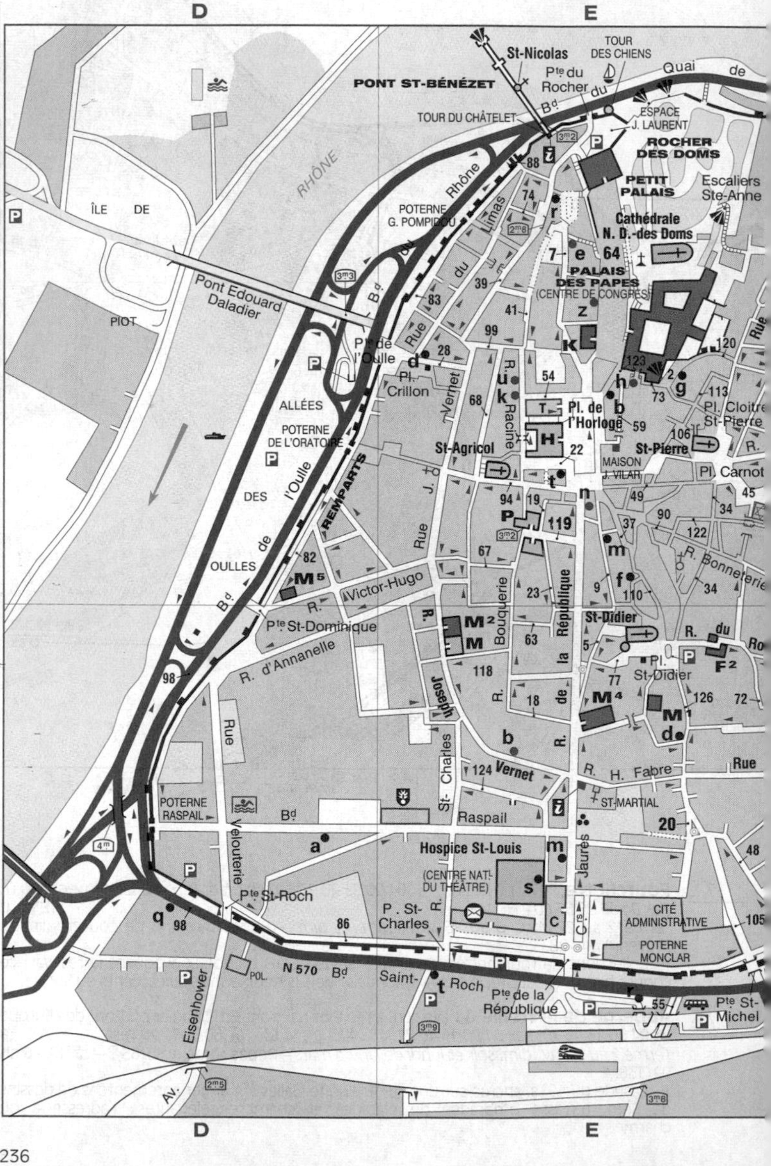

D

E

236

Palapharnerie (R.)	**FY** 66	
Petite-Calade (R. de la)	**EY** 67	
Petite-Fusterie (R. de la)	**EY** 68	
Petite-Saunerie (R. de la)	**FY** 70	
Pétramale (R.)	**EZ** 72	
Peyrollerie (R.)	**EY** 73	
Pont (R. du)	**EY** 74	
Prés.-Kennedy (Cours)	**EZ** 76	
Prévot (R.)	**EZ** 77	
Rascas (R. de)	**GY** 79	
Rempart-de-l'Oulle (R. du)	**DY** 82	
Rempart-du-Rhône (R. du)	**EY** 83	

Rempart-St-Michel (R. du)	**FZ** 84	
Rempart-St-Roch (R. du)	**DEZ** 86	
République (R. de la)	**EYZ**	
Rhône (Pte du)	**EY** 88	
Rouge (R.)	**EY** 90	
St-Agricol (R.)	**EY** 94	
St-Christophe (R.)	**FZ** 97	
St-Dominique (Bd)	**DZ** 98	
St-Étienne (R.)	**EY** 99	
St-Jean-le-Vieux (Pl.)	**FY** 101	
St-Jean-le-Vieux (R.)	**FY** 102	
St-Joseph (R.)	**FY** 104	
St-Michel (R.)	**EZ** 105	
St-Pierre (Pl.)	**EY** 106	

St-Ruf (Av.)	**FZ** 108	
Ste-Catherine (R.)	**FY** 109	
Sarailleric (R. de la)	**EYZ** 110	
Taulignan (R. de)	**EY** 113	
Tour (R. de la)	**GY** 116	
Vernet (R. Horace)	**EZ** 118	
Vernet (R. J.)	**EYZ**	
Viala (R. Jean)	**EY** 119	
Vice-Légat (R.)	**EY** 120	
Vieux-Sextier (R. du)	**EFY** 122	
Vilar (R. Jean)	**EY** 123	
Violette (R.)	**EZ** 124	
3-Faucons (R. des)	**EZ** 126	
3-Pilats (R. des)	**FY** 127	

✗ **Brunel**, 46 r. Balance ℰ 04 90 85 24 83, *brunel@mnet.fr*, Fax 04 90 86 26 67 – ▣. ᴳᴮ
fermé 23 déc. au 13 janv., lundi sauf juil. et dim. – **Repas** 20 (déj.)/28 ♈. EY e
◆ Décor contemporain "minimaliste" pour ce bistrot dans le vent proposant une carte
traditionnelle aux accents provençaux. Pour les plus pressés, formules rapides à l'annexe.

✗ **Compagnie des Comptoirs**, 83 r. J. Vernet ℰ 04 90 85 99 04, *jc.toussaint@lacompag*
niedescomptoirs.com, Fax 04 90 85 89 24, �というない – ᴬᴱ ᴳᴮ EZ b
fermé dim. et lundi – **Repas** carte 40 à 63.
◆ Insolite atmosphère exotique dans un cloître du 14ᵉ s. : gravures coloniales, bar en verre
et bambou, cuisine aux "saveurs des Sud" et cour-terrasse avec palmier et paillotes !

✗ **Piedoie**, 26 r. 3 Faucons ℰ 04 90 86 51 53, *piedoie@club-internet.fr*, Fax 04 90 85 17 32 –
▣. ᴳᴮ EZ d
fermé 18 au 28 août, 17 au 27 nov., vacances de fév., lundi midi et merc. – **Repas** 18 (déj.),
26/52, enf. 11 ♈.
◆ Poutres, parquets et murs blancs agrémentés de tableaux contemporains côté décor,
plats du marché volontiers créatifs côté cuisine. Ambiance familiale.

✗ **Moutardier**, 15 pl. Palais des Papes ℰ 04 90 85 34 76, *moutardier@wanadoo.fr*,
Fax 04 90 86 42 18, 🌲 – ▣. ᴳᴮ EY z
fermé 22 nov. au 12 déc., 3 au 23 janv. et merc. d'oct. à mars – **Repas** (23) · 25/39, enf. 15.
◆ Des fresques évoquant le moutardier du pape ornent les murs de ce restaurant aménagé dans une maison du 18ᵉ s. voisine du palais. Les vins de la carte sont servis au verre.

dans l'île de la Barthelasse *Nord : 5 km par D 228 et rte secondaire* – ✉ 84000 Avignon :

🏠 **Ferme** ⌕, chemin des Bois ℰ 04 90 82 57 53, *info@hotel-laferme.com*,
Fax 04 90 27 15 47, 🌲, ⌁ – ↤, ▣ ch, 📺 📞 🅿. ᴬᴱ ᴳᴮ ᴶᶜᴮ. ⌕ ch
16 mars-31 oct. – **Repas** *(fermé lundi et merc.)* 22/45, enf. 12 – ⌑ 10 – **20** ch 65/84 –
½ P 65/70.
◆ Un havre de paix proche du centre-ville. Belle ferme restaurée offrant des chambres
spacieuses et fraîches garnies d'un mobilier rustique simple. Salle à manger campagnarde
avec poutres apparentes, cheminée et vieilles pierres. Terrasse ombragée.

vers ② *par N 7 : 3,5 km* – ✉ 84130 Le Pontet :

🏰 **Les Agassins** ⌕, 52 av. Ch. de Gaulle ℰ 04 90 32 42 91, *avignon@agassins.com*,
Fax 04 90 32 08 29, 🌲, ⌁, ⌖ – ▮▮ ▣ 📺 📞 🅿 – 🔏 30. ᴬᴱ ⓞ ᴳᴮ ᴶᶜᴮ. ⌕ CV u
fermé 1ᵉʳ janv. au 1ᵉʳ mars – **Repas** *(fermé sam. midi de nov. à mars)* 25 (déj.), 35/78, enf. 16
– ⌑ 17 – **30** ch 90/300 – ½ P 120/200.
◆ Bâtisse d'inspiration régionale isolée dans un jardin fleuri. Meubles en rotin et couleurs
du Midi caractérisent les confortables chambres. Salle à manger ensoleillée et terrasse
dressée dans une cour arborée ; mets et vins honorent la Provence.

à Vedène *Nord-Est : 10 km par D 62 et rte secondaire* – 8 673 h. alt. 34 – ✉ 84270 :

🏰 **Golf** ⌕, ℰ 04 90 02 09 09, *contact@hotelgolfgrandavignon.com*, Fax 04 90 02 09 08, ⩽,
🌲, ⌁, 📞 📺 📞 🅿 – 🔏 20 à 50. ᴬᴱ ⓞ ᴳᴮ
fermé 5 janv. au 29 fév. – **Repas** 15 (déj.)/30 ♈ – ⌑ 11 *(½ pens. seul.)*, 30 suites 145/200 –
½ P 115.
◆ Calme et espace pour cet hôtel flambant neuf situé au coeur du golf Grand Avignon.
Appartements bien équipés, avec vue sur les greens. La salle à manger panoramique et la
terrasse offrent une jolie vue sur un plan d'eau et le parcours ; plats au goût du jour.

au Pontet *vers* ② *par N 7 et D 62 : 6 km* – 15 594 h. alt. 40 – ✉ 84130 :

🏰 **Auberge de Cassagne** ⌕, 450 allée de Cassagne ℰ 04 90 31 04 18, *cassagne@wanad*
❀ *oo.fr*, Fax 04 90 32 25 09, 🌲, 🄵🅳, ⌁, ⌖, ⌕ – ▣ 📺 📞 🅘 🅿. ᴬᴱ ⓞ ᴳᴮ ᴶᶜᴮ
fermé 2 au 29 janv. – **Repas** 33 (déj.), 53/88 et carte 76 à 105, enf. 20 – ⌑ 23 – **35** ch
180/360, 5 suites – ½ P 155/270.
◆ La bastide date de 1850 ; les chambres, provençales, sont aménagées dans les pavillons
ouverts sur de ravissants jardins. Dans une ancienne grange, salle à manger de caractère
coiffée d'une belle charpente. Idyllique terrasse à l'ombre d'un platane centenaire.
Spéc. Foie gras mariné et cuit à la lie de vin. Soupe de légumes au pistou et gambas
poêlées. Emincé d'agneau et côtelettes de lapereau panées aux petits légumes farcis. **Vins**
Côtes du Rhône, Côtes du Rhône-Villages.

à l'Échangeur A 7 *Avignon-Nord par* ② *: 9 km* – ✉ 84700 Sorgues :

🏰 **Novotel Avignon Nord**, ℰ 04 90 03 85 00, *h0550@accor-hotels.com*, Fax 04 90
03 85 10, 🌲, ⌁, ⌖, ⌕ – ▮▮ ↤ ▣ 📺 📞 🅘 🅿 – 🔏 15 à 150. ᴬᴱ ⓞ ᴳᴮ
Repas (17) · 23, enf. 8 ♈ – ⌑ 12 – **100** ch 86/112.
◆ Construction des années 1970 aux aménagements intérieurs entièrement "redesignés"
dans un esprit actuel de bon ton. Vastes chambres bien équipées et insonorisées. Salle à
manger prolongée d'une terrasse dressée au bord de la piscine.

à Montfavet *Est : 7 km par av. Avignon - CX –* ⊠ *84140 :*

🏨🏨🏨 **Hostellerie Les Frênes** ⑤, av. Vertes Rives ℘ 04 90 31 17 93, *frenes@wanadoo.fr*,
Fax 04 90 23 95 03, 斎, ☒, ♨ – ⑤ ⑩ ⊙ ⑭ ⑭ ℙ – 🏧 25. ⓐⒺ ⓞ ⒼⒷ ⒿⒸⒷ
7 avril-début nov. – **Repas** (dîner seul.) 56/72 – ⯊ 19 – **13 ch** 206/456, 5 suites.
◆ Dans un parc, gracieuse demeure bourgeoise (1800) et ses dépendances plus récentes
enfouies sous la végétation. Chambres de style, contemporaines ou méridionales. Élégante
salle à manger (boiseries peintes, tableaux, tapisseries) et terrasse ombragée.

rte de Marseille *par N 7 –* ⊠ *84000 Avignon :*

🏨🏨🏨 **Mercure Avignon Sud,** 3 km ℘ 04 90 89 26 26, *h0346@accor-hotels.com*,
Fax 04 90 89 26 27, 斎, ☒ – ⑤ ⑭ ⑭ ⑤ ⑩ ⑭ ℙ – 🏧 25 à 150. ⓐⒺ ⓞ ⒼⒷ ⒿⒸⒷ
Repas (17) - 22, enf. 11 ⵛ – ⯊ 12 – **105 ch** 110/115.   BX m
◆ Une haie d'arbres isole opportunément l'hôtel de son environnement un peu austère.
Les chambres sont grandes, pratiques et colorées. Insonorisation efficace. Cuisine tradi-
tionnelle fleurant bon la Provence ; la terrasse est dressée l'été au bord de la piscine.

à l'aéroport d'Avignon-Caumont *par ③ : 8 km –* ⊠ *84140 Montfavet :*

🏨🏨 **Paradou-Avignon,** ℘ 04 90 84 18 30, *contact@hotel-paradou.com*, Fax 04 90 84
19 16, 斎, ☒, 乐, ⅍ – ⑭ ⑤ ⑩ ⑭ ⑭ ℙ – 🏧 20 à 50. ⓐⒺ ⓞ ⒼⒷ ⒿⒸⒷ
Repas *(fermé dim. du 3 oct. au 27 mars)* 18/37, enf. 9 ⵛ – ⯊ 10 – **60 ch** 88/130 –
½ P 67/88.
◆ Motel d'esprit provençal où vous préférerez les vastes chambres récemment créées ;
toutes bénéficient d'une miniterrasse de plain-pied avec le jardin ou d'un grand balcon.
Cuisine à l'accent méridional et grillades ; carte des vins axée sur les crus régionaux.

voir aussi ressources hôtelières de **Villeneuve-lès-Avignon**

AVIGNON-CAUMONT (Aéroport d') *84 Vaucluse* 🟥🟥🟥 *C10 – rattaché à Avignon.*

AVOINE *37420 I.-et-L.* 🟥🟥🟥 *K5 – 1 778 h alt. 35.*
🛈 *Office de tourisme, Maison de la Confluence - Le Pommier Rond* ℘ *02 47 58 45 40, Fax 02
47 58 45 40.*
Paris 291 – Tours 53 – Azay-le-Rideau 28 – Chinon 7 – Langeais 27 – Saumur 23.

🍴🍴 **L'Atlantide,** 17 r. Nationale ℘ 02 47 58 81 85, Fax 02 47 58 49 97, 斎 – ℙ. ⒼⒷ
Repas 25/34, enf. 8 ⵛ **- Casse-Croûte du Vigneron** *(fermé dim. soir et lundi)* **Repas**
12/16.
◆ Dans un village situé à proximité de Chinon, cuisine traditionnelle servie dans une salle
de restaurant contemporaine agrémentée d'un trophée de chasse. Au Casse-Croûte du
Vigneron, recettes du terroir et plats à l'ancienne : tête de veau, coq au vin, etc.

AVORIAZ *74 H.-Savoie* 🟥🟥🟥 *N3 – rattaché à Morzine.*

AVRANCHES ◁◉▷ *50300 Manche* 🟥🟥🟥 *D7 G. Normandie Cotentin – 8 500 h alt. 108.*
Voir *Manuscrits*★★ *du Mont-St-Michel (musée) – Jardin des Plantes :* ☀★ *– La ''plate-
forme''* ☀★*.*
🛈 *Office de tourisme, 2 rue Général de Gaulle* ℘ *02 33 58 00 22, Fax 02 33 68 13 29,
avranches-tourisme@wanadoo.fr.*
Paris 337 ④ – St-Malo 68 ③ – Caen 105 ④ – Rennes 85 ③ – St-Lô 58 ④.
Plan page suivante

🏨🏨 **Croix d'Or** ⑤, 83 r. Constitution ℘ 02 33 58 04 88, Fax 02 33 58 06 95, 乐 – ⑭ ℙ –
🏧 30. ⓐⒺ ⓞ ⒼⒷ   BZ s
fermé janv. et dim. soir du 15 oct. au 25 mars – **Repas** 15 (déj.), 22,50/48, enf. 11 ⵛ – ⯊ 7,20
– **27 ch** 46/65 – ½ P 55/65.
◆ Belle façade à colombages d'un relais de poste du 17ᵉ s. voisin du monument élevé à la
mémoire du général Patton. La plupart des chambres ouvrent sur le joli jardin fleuri.
Authentique cachet normand dans la salle à manger ; carte classique et régionale.

🏨 **Jardin des Plantes,** 10 pl. Carnot ℘ 02 33 58 03 68, *jardin.des.plantes@wanadoo.fr*,
Fax 02 33 60 01 72, 斎 – ⑭ ⑭ ⅍. ⓐⒺ ⓞ ⒼⒷ ⒿⒸⒷ   AZ u
Repas 15,50 ⅋ – ⯊ 7,50 – 29 ch 58/98 – ½ P 80/106.
◆ Accueil au bar, fréquenté par la clientèle locale. Chambres réparties dans trois maisons ;
celles du bâtiment arrière sont récentes, plus spacieuses et plus calmes. Salle à manger aux
allures de brasserie et terrasse couverte. Registre culinaire traditionnel.

🏨 **Abrincates** sans rest, 37 bd Luxembourg par ③ : 0,5 km ℘ 02 33 58 66 64, *françoise.oge
r@club-inter.com*, Fax 02 33 58 40 11 – ⑭ ⑤ ⑭ ⑭. ⒼⒷ ⒿⒸⒷ
⯊ 6 – **29 ch** 54/58.
◆ Établissement des années 1980 en bordure d'une route passante. Les chambres, pratiques et décorées dans le goût de l'époque, disposent d'un double vitrage.

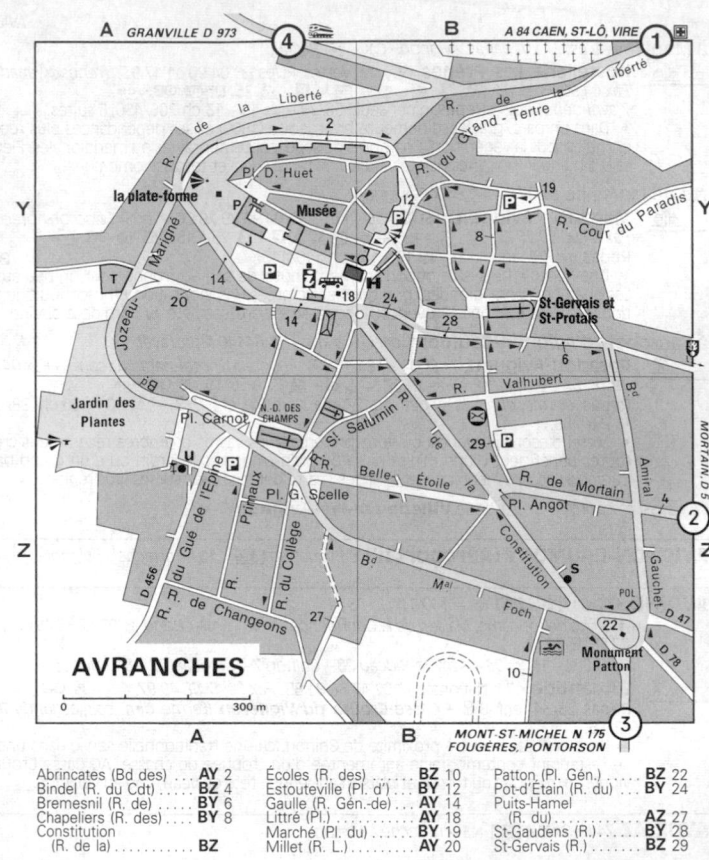

AVRANCHES

Abrincates (Bd des) .... **AY** 2	Écoles (R. des) ...... **BZ** 10	Patton (Pl. Gén.) ..... **BZ** 22
Bindel (R. du Cdt) ..... **BZ** 4	Estouteville (Pl. d') ... **BY** 12	Pot-d'Étain (R. du) ... **BY** 24
Bremesnil (R. de) ..... **BY** 6	Gaulle (R. Gén.-de) ... **AY** 14	Puits-Hamel
Chapeliers (R. des) .... **BY** 8	Littré (Pl.) .... **AY** 18	(R. du) .... **AZ** 27
Constitution	Marché (Pl. du) ...... **BY** 19	St-Gaudens (R.) ...... **BY** 28
(R. de la) .... **BZ**	Millet (R. L.) .... **AY** 20	St-Gervais (R.) ...... **BZ** 29

à St-Quentin-sur-le-Homme *Sud-Est : 5 km par D 78* **BZ** – *1 090 h. alt. 55* – ⊠ *50220 :*

XXX **Gué du Holme** ⟫ avec ch, ℘ 02 33 60 63 76, *gue.holme@wanadoo.fr,*
Fax 02 33 60 06 77, 佘 , ᷎ – TV ⚫ ᴴ P AE ⓞ GB
fermé 9 au 18 nov., vacances de fév., sam. midi, dim. soir et lundi – **Repas** *(14,50)* - 25,50/55 et
carte 42 à 66, enf. 12,50 ♀ – � 10 – **10 ch** 65/85 – ½ P 80/110.
◆ La façade moderne en bois contraste avec les murs en pierre de la bâtisse. Élégantes
salles à manger ; la plus petite s'ouvre sur la terrasse d'été. Chambres côté jardin.

AVRILLÉ *85440 Vendée* **316** *H9 G. Poitou Vendée Charentes* – *1 008 h alt. 45.*

Voir *St-Hilaire-la-Forêt : démonstrations des techniques préhistoriques*★ *du Centre de
Recherche sur le Néolithique SO : 3 km.*

🛈 *Office de tourisme, 8 bis avenue du Général-de-Gaulle* ℘ *02 51 22 30 70, Fax 02 51
22 34 00.*

Paris 445 – *La Rochelle 70* – *Luçon 27* – *La Roche-sur-Yon 27* – *Les Sables-d'Olonne 25.*

X **Menhir,** *14 av. Gén. de Gaulle* ℘ *02 51 22 32 18, Fax 02 51 22 34 13* – 🗐. AE ⓞ GB
fermé 15 janv. au 28 fév., dim. soir de sept. à juin et lundi – **Repas** *13 (déj.), 20/40, enf. 9 ♀.*
◆ Auberge accueillante située dans un village célèbre pour son menhir, le plus haut de
Vendée. Cadre campagnard égayé d'une cheminée ; cuisine traditionnelle simple.

*Les pages explicatives de l'introduction
vous aideront à mieux profiter de votre **Guide Michelin**.*

AX-LES-THERMES 09110 Ariège **343** J8 *G. Midi-Pyrénées* – *1 441 h alt. 720* – *Stat. therm.* – *Sports d'hiver : au Saquet par route du plateau de Bonascre★ (8km) et télécabine : 1 400/ 2 400 m* ⊀ *1* ⊀ *15* ⊀ – *Casino.*

Voir *Vallée d'Orlu★ au SE.*

Tunnel de Puymorens : *Péage en 2003, aller simple : autos 5,20, auto et caravane 10,40, P.L 15,30 à 25,40, deux-roues 3,10. Tarifs spéciaux A.R : renseignements* ℘ *04 68 04 97 20.*

🟦 *Office de tourisme, avenue Théophile Delcassé* ℘ *05 61 64 60 60, Fax 05 61 64 68 18, vallees.ax@wanadoo.fr.*

Paris 803 – Andorra-la-Vella 59 – Carcassonne 106 – Foix 44 – Prades 99 – Quillan 55.

🏨 **L'Auzeraie,** ➊, av. Delcassé (face casino) ℘ *05 61 64 20 70, Fax 05 61 64 38 50,* 🕾 – 📶 📺
– 🛎 *25,* AE *GB*

fermé 12 nov. au 20 déc. – **Repas** *(fermé mardi midi hors vacances scolaires)* 12/38, enf. 8 🖗
– 🖂 8 – **33 ch** 64/74 – ½ P 44/46.

♦ Immeuble récent abritant des chambres fonctionnelles, parfois dotées de balcons. Celles du 4e étage accueillent les familles. Restaurant meublé à la façon d'un bistrot et égayé de reproductions d'affiches anciennes. Terrasse tournée sur le casino.

XX **L'Orry Le Saquet** avec ch, au Sud sur N 20 : 1 km ℘ *05 61 64 31 30, Fax 05 61 64 00 31,* 🕾 – 📺 🅿 – 🛎 *15.* AE ➊ *GB*

fermé vacances de Toussaint, janv., mardi soir et merc. – **Repas** 21/67 bc 🖗 – 🖂 12 – **15 ch** 55 – ½ P 50/75.

♦ Bâtisses aux allures de chalet situées sur la route de l'Andorre. Sympathique restaurant joliment rafraîchi dans l'esprit des auberges de campagne. Chambres rénovées.

au Castelet *Nord-Ouest : 4 km –* ✉ *09110 Ax-les-Thermes :*

🏨 **Castelet** 🍃, ℘ *05 61 64 24 52, hotel.le.castelet@wanadoo.fr, Fax 05 61 64 05 93,* ≼, 🌿
– 📺 🅿 – 🛎 🍴 rest

juin-sept. – **Repas** *(fermé mardi et merc. sauf juil.-août)* (dîner seul.) 11,50/27 – 🖂 5,50 –
27 ch 35/53 – ½ P 37/44.

♦ Bâtiment d'aspect traditionnel s'ouvrant sur un jardin et sur la campagne. Sobre mobilier d'esprit rustique dans des chambres au décor déjà ancien, mais bien tenues. Sobre salle à manger ou terrasse dressée sous une agréable pergola.

AY 51160 Marne **306** F8 – *4 315 h alt. 76.*

Paris 146 – Reims 29 – Château-Thierry 60 – Épernay 4 – Châlons-en-Champagne 34.

XX **Vieux Puits,** 18 r. Roger Sondag ℘ *03 26 56 96 53, Fax 03 26 56 96 54 –* *GB*
fermé 30 juil. au 12 août, 24 au 30 déc., 20 fév. au 4 mars, merc. et jeudi – **Repas** *(17)* - 24/45, enf. 10 🖗.

♦ Cette maison champenoise restaurée dispose d'une belle cour intérieure où trône un vieux puits. Trois salles à manger rustiques, dont une sous charpente. Vins d'Ay.

AY-SUR-MOSELLE 57300 Moselle **307** I3 – *1 525 h alt. 160.*

Paris 327 – Metz 17 – Briey 31 – Saarlouis 56 – Thionville 16.

XX **Au Martin Pêcheur,** 1 rte d'Hagondange ℘ *03 87 71 42 31, Fax 03 87 71 42 31,* 🕾 , 🌿
– 🅿 *GB*

fermé 16 août au 5 sept., 15 au 28 fév., dim. soir, merc. soir, sam. midi et lundi – **Repas** 25 (déj.), 40/70 bc, enf. 15 🖗 🖗.

♦ Un charmant jardin fleuri entoure cette plaisante maison (1928) proche de la Moselle. Salles à manger égayées d'aquarelles et terrasse ombragée. Cuisine au goût du jour.

AYTRÉ 17 Char.-Mar. **324** D3 – *rattaché à La Rochelle.*

AZAY-LE-RIDEAU 37190 I.-et-L. **317** L5 *G. Châteaux de la Loire* – *3 100 h alt. 51.*

Voir *Château★★★ – Façade★ de l'église St-Symphorien.*

🟦 *Office de tourisme, place de l'Europe* ℘ *02 47 45 44 40, Fax 02 47 45 31 46, ot-si.azay.le.rideau@wanadoo.fr.*

Paris 265 – Tours 26 – Châtellerault 61 – Chinon 21 – Loches 58 – Saumur 47.

🏨 **des Châteaux,** 2 rte Villandry ℘ *02 47 45 94 59, hdcresor@club-internet.fr, Fax 02 47 45 68 29,* 🕾 , 🌿 – 📶 📺 📞 🛗 🅿 *GB*

1er mars-30 nov. – **Repas** *(fermé dim. soir hors saison et lundi)* (13) - 16/22, enf. 7 🖗 – 🖂 6,50 – **27 ch** 48/60 – ½ P 48/54.

♦ De prestigieux châteaux jalonnent encore votre itinéraire touristique ; prenez le temps de vous reposer dans l'une de ces petites chambres coquettes. Sobre salle à manger agrémentée de casseroles en cuivre en guise... d'appliques ! Cuisine de type brasserie.

Val de Loire sans rest, 50 r. Nationale ✆ 02 47 45 28 29, *hvl@wanadoo.fr, Fax 02 47 45 91 19* – TV. P. AE GB JCB
13 mars-7 nov. – 8 – **27 ch** 65/86.
◆ Non loin du château, deux constructions reliées par une galerie en pierre dans laquelle prend place le charmant salon-bar. Literie et mobilier neufs dans toutes les chambres.

de Biencourt sans rest, r. Balzac ✆ 02 47 45 20 75, *biencourt@infonie.fr, Fax 02 47 45 91 73* – TV. GB.
1er mars-15 nov. – 6 – **16 ch** 37/52.
◆ Maison du 18e s. bordant une rue semi-piétonne qui mène au château. Chambres simples, parfois meublées dans le style Directoire. Petit-déjeuner servi dans une véranda.

L'Aigle d'Or, 10 av., A. Riché ✆ 02 47 45 24 58, *aigledor@wanadoo.fr, Fax 02 47 45 90 18,* – GB
fermé 1 au 7/9, 17 au 30/11, fév., lundi soir de nov. à mars, mardi soir sauf juil.-août, dim. soir et merc. – **Repas** (prévenir) (18) - 26/58, enf. 10 ♀.
◆ L'établissement donne à admirer son éclatante façade en tuffeau. Tout en savourant des plats traditionnels, appréciez l'atmosphère intime et feutrée des lieux.

à Saché *Est : 6,5 km par D 17 – 1 004 h. alt. 78 – ✉ 37190 :*

Auberge du XIIe Siècle (Aubrun et Jimenez), ✆ 02 47 26 88 77, *Fax 02 47 26 88 21,* – GB
fermé 1er au 8 juin, 30 août au 7 sept., 3 au 25 janv., dim. soir, mardi midi et lundi – **Repas** (dim. prévenir) 29/63 et carte 50 à 67.
◆ Vénérable auberge à colombages où Balzac avait ses habitudes à deux pas du château qui l'accueillit si souvent. Cadre rustique bien conservé. Recettes classiques.
Spéc. Oeufs brouillés à la crème de morilles. Poêlée de sandre et écrevisses aux girolles. Pigeonneau rôti aux épices et miel. **Vins** Vin de pays du Jardin de la France, Touraine-Azay-le-Rideau.

AZINCOURT *62310 P.-de-C.* 301 F5 – *273 h alt. 115.*

Office de tourisme, 22 rue Charles VI ✆ 03 21 47 27 53, Fax 03 21 47 13 12, office.de.tourisme@wanadoo.fr.
Paris 225 – Calais 78 – Arras 56 – Boulogne-sur-Mer 62 – Hesdin 16 – St-Omer 40.

Charles VI, ✆ 03 21 41 53 00, *restaurantcharles6@wanadoo.fr, Fax 03 21 41 53 11,* – P. GB
fermé 23 fév. au 8 mars, dim. soir et merc. – **Repas** 13 bc/35 ♀.
◆ 25 octobre 1415... "Boutez" la bataille, Henri V et Shakespeare hors de vos pensées et prenez paisiblement votre repas dans cette salle sous haut plafond lambrissé.

BACCARAT *54120 M.-et-M.* 307 L8 *G. Alsace Lorraine – 4 746 h alt. 260.*

Voir *Vitraux★ de l'église St-Rémy – Musée du cristal.*
Office de tourisme, place du Gal Leclerc ✆ 03 83 75 13 37, Fax 03 83 75 36 76, tourisme@ville-baccarat.fr.
Paris 369 – Nancy 58 – Épinal 43 – Lunéville 27 – St-Dié 29 – Sarrebourg 45.

Renaissance, 31 r. Cristalleries ✆ 03 83 75 11 31, *renaissance.la@wanadoo.fr, Fax 03 83 75 21 09* – TV. AE GB
Repas *(fermé vend. soir et dim. soir)* 15/35 ♀ – 6,50 – **16 ch** 43/47 – 1/2 P 58.
◆ Au pays des verriers, tout près du musée du Cristal, petite adresse aux chambres fonctionnelles et bien insonorisées. Cuisine traditionnelle servie dans une salle à manger rustique ou sur la miniterrasse fleurie.

BADEN *56870 Morbihan* 308 N9 – *3 360 h alt. 28.*

Paris 473 – Vannes 15 – Auray 9 – Lorient 52 – Quiberon 40.

Gavrinis, à Toulbroch : 2 km par rte Vannes ✆ 02 97 57 00 82, *gavrinis@wanadoo.fr, Fax 02 97 57 09 47,* – TV P. AE GB JCB
fermé 13 janv. au 13 fév. – **Repas** *(fermé lundi)* (18) - 21/65, enf. 13,50 ♀ – 10,50 – **18 ch** 70/84 – 1/2 P 67/73.
◆ Vaste maison récente d'allure bretonne entourée par un beau jardin. Chambres de bon confort assez sobrement décorées ; celles du 2e étage ont été rénovées. Chaleureuse salle à manger et belle terrasse fleurie ; goûteuse cuisine mariant tradition et terroir.

BAERENTHAL *57230 Moselle* 307 Q5 – *702 h alt. 220.*

Office de tourisme, 1 rue du Printemps d'Alsace ✆ 03 87 06 50 26, Fax 03 87 06 62 31, tour.baerenthal@wanadoo.fr.
Paris 449 – Strasbourg 62 – Bitche 15 – Haguenau 33 – Wissembourg 45.

Kirchberg ⚘ sans rest, ℰ 03 87 98 97 70, *resid.hotel.kirchberg@wanadoo.fr*, Fax 03 87 98 97 91, ⚘ – cuisinette 📺 📞 🛁 🅿. 🅶🅱
fermé 22 déc. au 26 janv. – ⌑ 7 – **20 ch** 39/62, 8 studios.
♦ Hôtel récent au coeur du Parc régional des Vosges. Chambres pratiques et bien tenues ; celles sur l'arrière offrent une vue reposante sur les sapinières. Air pur garanti !

à Untermuhlthal *Sud-Est : 4 km par D 87* – ✉ 57230 Baerenthal :

L'Arnsbourg (Klein), ℰ 03 87 06 50 85, *l.arnsbourg@wanadoo.fr*, Fax 03 87 06 57 67, ⚘ – 🅿. 🅰🅴 🅶🅱 🅹🅲🅱
fermé 20 au 28 avril, 3 au 18 août, 16 au 24 nov., 28 déc. au 19 janv., lundi soir, mardi et merc. – **Repas** (week-ends prévenir) 52 (déj.), 105/130 et carte 95 à 125.
♦ Près du château ruiné de l'Arnsbourg, belle maison isolée en pleine forêt vosgienne. Élégante salle (non-fumeurs) surplombant la Zinsel et éblouissante cuisine inventive.
Spéc. Emulsion de pommes de terre et truffe (nov. à fév.). Aile de raie bouclée, écrasée de ratte, beurre noisette mousseux (juin à oct.). Poitrine de pigeon relevé au wasabi. **Vins** Gewürztraminer, Muscat.

BÂGÉ-LE-CHÂTEL *01380 Ain* 🗺 *C3* – *762 h alt. 209.*
🅱 *Syndicat d'initiative, 1 rue Marsale* ℰ 03 85 30 56 66, Fax 03 85 30 56 66.
Paris 396 – Mâcon 11 – Bourg-en-Bresse 35 – Pont-de-Veyle 7 – St-Amour 39 – Tournus 41.

Table Bâgesienne, Gde Rue ℰ 03 85 30 54 22, *latablebagesienne@free.fr*, Fax 03 85 30 58 33, 🌳 – 🅰🅴 🅾 🅶🅱
fermé 16 août au 1ᵉʳ sept., 15 fév. au 2 mars, lundi soir, mardi soir et merc. – **Repas** 15 (déj.), 20/40, enf. 10.
♦ Cheminée, boiseries, vieux meubles bressans : deux salles rustiques, dont une réservée aux non-fumeurs. La terrasse est ombragée par un tilleul. Généreuse cuisine régionale.

BAGES *11 Aude* 🗺 *I4* – *rattaché à Narbonne.*

BAGNÈRES-DE-BIGORRE ⬉ *65200 H.-Pyr.* 🗺 *M4* *G. Midi-Pyrénées* – *8 048 h alt. 551* –
Stat. therm. (début mars-fin nov.) – Casino **AZ.**
Voir *Parc thermal de Salut★ par Av. Pierre-Noguès – Grotte de Médous★★ SE : 2,5 km par D 935.*
🏌 *de la Bigorre à Pouzac* ℰ 05 62 91 06 20, par ① : 3 km.
🅱 *Office de tourisme, 3 allée Tournefort* ℰ 05 62 95 50 71, Fax 05 62 95 33 13, *ot-bagneres@hautebigorre.com.*
Paris 829 – Pau 66 – Lourdes 24 – St-Gaudens 65 – Tarbes 23.

Résidence ⚘, Parc Thermal de Salut ℰ 05 62 91 19 19, Fax 05 62 95 29 88, ≼, 🛁, 🏊, ⚘, 🍽 – 📺 🅿 – 🛗 20. 🅶🅱
2 mai-31 oct. – **Repas** (résidents seul.) 18 (déj.)/23 – ⌑ 8 – **29 ch** 76 – ½ P 65.
♦ Au calme, dans le cadre champêtre du parc de la station thermale. Chambres spacieuses et progressivement rénovées, ouvertes sur le vallon de Salut. Salon-vidéothèque.

Hostellerie d'Asté, rte de Campan (D 935) : 3,5 km ℰ 05 62 91 74 27, *hotel@hotel-aste.com*, Fax 05 62 91 74 74, ≼, ⚘, 🍽 – 📺 🅿 – 🛗 30. 🅰🅴 🅾 🅶🅱 ⚘
fermé 12 nov. au 12 déc. – **Repas** (fermé dim. soir hors vacances scolaires) (9,60) - 12,90/31,50, enf. 6,30 – ⌑ 6 – **21 ch** 52,70/56,60 – P 67/68,10.
♦ Imposante construction entre la route et l'Adour. Petites chambres refaites par étapes ; sur l'arrière, elles sont bercées par le murmure de la rivière. L'atout du restaurant est sa terrasse dressée dans le jardin, au bord de l'eau (barbecue en été).

Jardin des Brouches, 22 bd Carnot ℰ 05 62 91 07 95, 🌳, ⚘ – 🅶🅱 ⚘
fermé dim. et lundi – **Repas** (nombre de couverts limité, prévenir) 23/40.
♦ Accueillante maison de maître proche du casino. Intérieur chaleureux (joli mobilier, cheminée, couleurs vives) et belle terrasse dans le jardin clos. Carte au goût du jour.

à Gerde *Sud 2 km par rte de Campan* – *1 116 h. alt. 570* – ✉ 65200 :

Auberge Gourmande, 4 pl. 14 Juillet ℰ 05 62 95 52 01 – 🅶🅱
fermé oct., lundi sauf 15 juil. au août et mardi – **Repas** 18,30/39 🍷.
♦ Restaurant intégré dans la Maison du village (cantine scolaire et salles municipales). Cadre coquet et goûteuse cuisine régionale assurent le succès de l'adresse.

à Beaudéan *Sud : 4,5 km rte de Campan (D 935)* – *378 h. alt. 625* – ✉ 65710 Campan :
Voir *Vallée de Lesponne★ SO.*

Catala ⚘, ℰ 05 62 91 75 20, Fax 05 62 91 79 72 – 📶 📺 📞 ⚘ – 🛗 20. 🅶🅱 ⚘
fermé 3 au 31 janv., dim. soir et lundi sauf vacances scolaires – **Repas** (dîner seul.)(résidents seul.) 15,50/45, enf. 10 – ⌑ 7 – **23 ch** 50/60, 3 suites – ½ P 46/61.
♦ La façade discrète de cet hôtel bigourdan dissimule un intérieur original : le décor des chambres s'accorde avec les fresques peintes sur les portes (sport, histoire, etc.).

BAGNÈRES-DE-LUCHON 31110 H.-Gar. 343 B8 G. Midi-Pyrénées – *2 900 h alt. 630 – Stat. therm. (début avril-fin oct.) – Sports d'hiver à Superbagnères : 1 440/2 260 m ≰ 1 ≰ 14 ≰ – Casino* Y.

🚡 de Luchon ℰ 05 61 79 03 27, X.

🛈 *Office de tourisme, 18 allée d'Etigny ℰ 05 61 79 21 21, Fax 05 61 79 11 23, luchon-@luchon.com.*

Paris 814 ① – St-Gaudens 48 ① – Tarbes 98 ① – Toulouse 141 ①.

Plan page ci-contre

🏨 **Corneille,** 5 av. A. Dumas ℰ 05 61 79 36 22, *hotel-corneille@wanadoo.fr,* Fax 05 61 79 81 11, ≼, 佘, ⅍ – 蘭 ᐧ 㑇 TV P – ﴾ 20. AE ⓪ GB, 彩 rest   Y   u
fermé 23 oct. au 18 déc. – **Repas** (23,50) - 32/47 ℤ – ☑ 10 – **54 ch** 75/125 – ½ P 80/95.
  ◆ Dans un parc, construction du 19ᵉ s. qui fut le premier casino de Luchon. Chambres de diverses tailles, garnies de meubles de style. Belle vue sur la chaîne des Pyrénées. Deux salles à manger cossues dont une ouverte sur le jardin ; cuisine traditionnelle.

🏨 **d'Etigny,** face établ. thermal ℰ 05 61 79 01 42, *etigny@aol.com, Fax 05 61 79 80 64,* 彩 – 蘭, 📧 rest, TV ᐧ 㑇, GB, 彩 rest   Z   k
1ᵉʳ mai-23 oct. – **Repas** 16/43, enf. 9 – ☑ 9,50 – **58 ch** 60/100, 5 suites – ½ P 60/80.
  ◆ Ancien hôtel particulier dont on a su préserver le cachet tout en y apportant le confort moderne. Les chambres rénovées sont actuelles et plaisantes. Restaurant sobrement bourgeois et sa terrasse ombragée ; la table met à l'honneur les plats traditionnels.

🏨 **Royal Hôtel,** 1 cours Quinconces ℰ 05 61 79 00 62, *Fax 05 61 79 38 35* – 蘭 㑇. GB. 彩 rest   Z   v
25 mai-10 oct. – **Repas** 15 – ☑ 5,80 – **48 ch** 39,50 – ½ P 40.
  ◆ Hôtel apprécié des curistes pour sa proximité immédiate des thermes. Chambres meublées dans le style Art déco, plus étroites au dernier étage. Hauts plafonds et moulures donnent un petit cachet "vieille France" à la salle à manger par ailleurs très simple.

🏨 **Panoramic** sans rest, 6 av. Carnot ℰ 05 61 79 30 90, *hotel.panoramic@wanadoo.fr,* Fax 05 61 79 32 84 – 蘭 TV ﴾ P. 彩   X   a
fermé 21 nov. au 3 déc. – **30 ch** 36/64.
  ◆ Immeuble centenaire dont plus de la moitié des chambres est désormais rénovée avec soin et insonorisée. Copieux petit-déjeuner servi sous forme de buffet.

🏨 **Rencluse,** à St-Mamet ⊠ 31110 Bagnères-de-Luchon ℰ 05 61 79 02 81, Fax 05 61 79 82 99 – TV P. AE GB, 彩 rest   Z   y
1ᵉʳ mai-6 oct., 26 déc.-6 janv. et 8 fév.-9 mars – **Repas** 11/23 – ☑ 6 – **23 ch** 41/48 – ½ P 38,50/40,50.
  ◆ Étape sympathique sur la route de l'Espagne : chambres fraîches et de bon confort, plus calmes à l'annexe, et ambiance "maison de campagne familiale". Salle à manger champêtre (murs lambrissés, mobilier rustique, nappes à carreaux) et cuisine classique simple.

🏨 **Deux Nations,** 5 r. Victor-Hugo ℰ 05 61 79 01 71, *hotel2nations@aol.com,* Fax 05 61 79 27 89, 佘 – 蘭 TV ᐧ GB   Y   g
Repas *(fermé dim. soir et lundi en nov., déc. et janv. sauf fêtes)* 13/28 ⅍ – ☑ 5,50 – **28 ch** 22/38 – ½ P 31/38.
  ◆ C'est la même famille qui, depuis 1917, vous reçoit dans cet établissement comprenant deux bâtiments. Les chambres sont sobres et nettes. Le restaurant dispose d'une entrée indépendante et ouvre sur une plaisante terrasse dressée dans un joli patio fleuri.

🍴🍴 **Clos du Silène,** 19 cours Quinconces ℰ 05 61 79 12 00, *closdusilene@free.fr,* Fax 05 61 79 12 00, 佘 – GB   Y   t
fermé 15 nov. au 10 déc., mardi midi et lundi sauf fériés et vacances scolaires – **Repas** 15/37 ℤ.
  ◆ Belle demeure bourgeoise hébergeant deux salles à manger de caractère (boiseries, tableaux contemporains et jolis lustres). Agréable terrasse ombragée. Plats au goût du jour.

à Montauban-de-Luchon *Est par D 27c : 2 km – 481 h. alt. 632 – ⊠ 31110 :*

🍴 **Jardin des Cascades** 彩, ℰ 05 61 79 83 09, *Fax 05 61 79 79 16,* ≼ Luchon et montagnes, 佘, ⅍ – ⅍ – AE ⓪ GB
1ᵉʳ avril-30 sept. – **Repas** 20 (déj.), 26/32 et carte le soir, enf. 10 – ☑ 6,50 – **11 ch** 35/40 – ½ P 46.
  ◆ Adresse "nature" : ce chalet perché à flanc de montagne n'est pas accessible en voiture ! Chambres simples mais bien tenues. Salle à manger d'esprit rustique et terrasse ombragée donnent sur le parc où coule un torrent.

au Sud *par D 125 : 4 km – ⊠ 31110 Bagnères-de-Luchon :*

🍴 **Auberge de Castel Vielh** 彩 avec ch, rte de Superbagnères ℰ 05 61 79 36 79, *lespinasse.michel@wanadoo.fr, Fax 05 61 79 36 79,* ⅍, ⅍ – TV P. 彩 GB
fév.-oct., vacances de Noël, week-ends en hiver et fermé merc. sauf en fév., juil. et août – **Repas** 18/36, enf. 9 – ☑ 5,80 – **3 ch** 38,20/45,80 – ½ P 46.
  ◆ Construction de type chalet isolée en pleine campagne. Cadre agreste réchauffé par une cheminée. Dans le parc, jeux pour les enfants et départ de randonnées. Plats du terroir.

BAGNÈRES-
DE-LUCHON

Alexandre-Dumas (Av.) .... **Y** 2
Bains (Allées des) .... **Z** 3
Barrau (Av. J.) .... **Z** 4
Boularan (Av. Jean) .... **Y** 6
Boileau (R. P.) .... **X** 8

Carnot (Av.) .... **Y** 9
Colomic (R.) .... **X** 12
Dardenne (Bd) .... **Y** 13
Dr-Germès (R. du) .... **X** 14
Étigny (Allées d') .... **YZ** 16
Fontan (Bd A.) .... **XY** 17
Gambetta (R.) .... **Y** 18
Joffre (Pl. Mar.) .... **X** 20
Laity (R.) .... **X** 22

Lamartine (R.) .... **Y** 23
Nadau (R. G.) .... **X** 25
Nérée-Boubée (R.) .... **X** 26
Pyrénées (Av. des) .... **Z** 28
Quinconces (Cours des) .... **Z** 30
Rostand (Bd E.) .... **Y** 32
Thiers (R.) .... **Y** 33
Toulouse (Av. de) .... **X** 34
Victor-Hugo (R.) .... **Y** 36

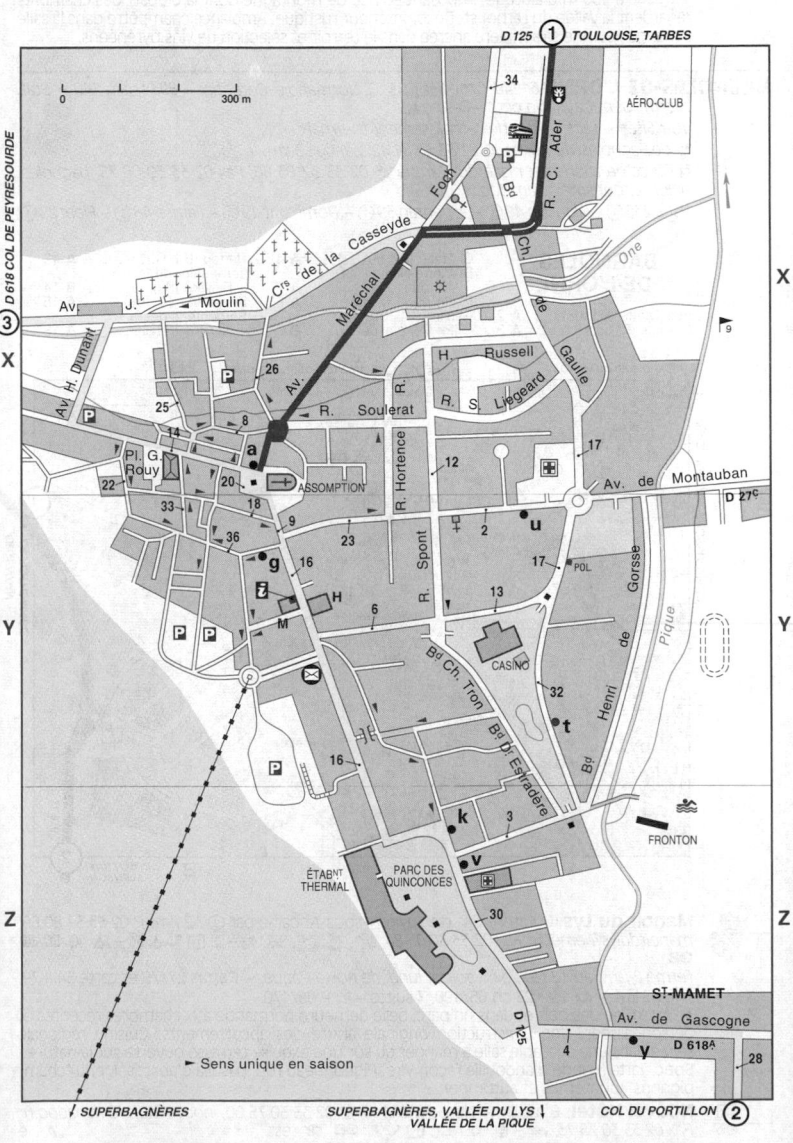

Sens unique en saison

Si vous cherchez un hôtel tranquille,
consultez d'abord les cartes de l'introduction
ou repérez dans le texte les établissements indiqués avec le signe 🦢

à Castillon-de-Larboust *par ③ et D 618 : 6 km – 83 h. alt. 956 –* ⌂ *31110 :*

🏠 **L'Esquerade,** ℰ 05 61 79 19 64, *info@esquerade.com, Fax 05 61 79 26 29,* ≤ – 📺 🅿️ 🆎 ⓪ 🅶🅱️ 🅹🅲🅱️ ⅏

fermé 29 mars au 30 avril et 8 nov. au 10 déc. – **Repas** *(fermé lundi midi, mardi midi et merc. midi hors saison)* 23/58 ⓨ ⅊ – 🍴 8 – **12 ch** 54/120 – ½ P 52/85.

♦ Niché à 950 m d'altitude, imposant édifice de montagne dont la plupart des chambres regardent la vallée du Larboust. Décor intérieur rustique. Ambiance champêtre dans la salle à manger, cuisine saisonnière ancrée dans le terroir et sélection de vins pyrénéens.

BAGNOLES-DE-L'ORNE 61140 *Orne* 🗺 G3 *G. Normandie Cotentin – 893 h alt. 140 – Stat. therm. (début avril-fin oct.) – Casino* **A**.

Voir *Site★ – Lac★ – Parc de l'établissement thermal★*.

🏌 *de Bagnoles-de-l'Orne* ℰ 02 33 37 81 42, *par ③ : 3 km.*

🛈 *Office de tourisme, place du Marché* ℰ 02 33 37 85 66, *Fax 02 33 30 06 75, bagnoles-delorne.tourisme@wanadoo.fr.*

Paris 236 ① – Alençon 48 ② – Argentan 39 ① – Domfront 19 ③ – Falaise 48 ① – Flers 28 ④.

BAGNOLES-DE-L'ORNE

Bois-Motté (Bd. du).....	**A** 2
Casinos (R. des)......	**A** 3
Château (Av. du).......	**A** 4
Dr-Pierre-Noal (Av. du)..............	**A** 7
Dr-Poulain (Av. du)......	**A** 8
Gaulle (Pl. Général-de)......	**B** 9
Hartog (Bd. G.)..........	**A** 13
Lemeunier de la Raillère (Bd).........	**B** 14
Rozier (Av. Ph. du)......	**A** 15
Sergenterie-de-Javains (R.)..........	**A** 18

🏨 **Manoir du Lys** (Quinton) ⅊, *rte Juvigny-sous-Andaine par ③ : 2 km* ℰ 02 33 37 80 69, *manoirdulys@lemel.fr, Fax 02 33 30 05 80,* ⅋ , 🏊 , 🏊 , ❀ , 🦌 – 🛗 📺 📞 ⅋ 🅿️ – 🔔 40. 🆎 ⓪ 🅶🅱️

fermé 2 janv. au 12 fév., dim. soir et lundi de nov à Pâques – **Repas** 27/76 et carte 54 à 79, enf. 13 ⓨ ⅊ – 🍴 13 – **23 ch** 65/190, 7 suites – ½ P 85/170.

♦ Au milieu des bois et dans un parc, belle demeure normande aux chambres récentes et personnalisées. Une construction originale abrite des appartements. Cuisine régionale servie dans une agréable salle à manger ou sur une exquise terrasse ouverte sur la nature. **Spéc.** Tarte friande d'andouille façon Vire. Pigeonneau rôti, pastilla d'abattis. Menu "champignons" (printemps et automne).

🏨 **Nouvel Hôtel,** 8 av. Dr P. Noal ⌂ 61140 ℰ 02 33 30 75 00, *nouvel.hotel@wanadoo.fr, Fax 02 33 30 75 13,* ⅋ – 🛗, 🍴 rest, 📺 📞 🅿️, 🅶🅱️. ⅏ rest **A e**

avril-oct. – **Repas** 15/27, enf. 8 ⓨ – 🍴 6,80 – **30 ch** 47/66 – P 55/60,50.

♦ Cette jolie villa du début du 20ᵉ s. offre des chambres fonctionnelles, plaisantes et bien insonorisées. Salon doté d'un piano et paisible jardin fleuri. Trois salles dont une aménagée sous une agréable véranda ; recettes traditionnelles et diététiques.

Lutetia-Reine Astrid ॐ, bd Paul Chalvet   🖉 02 33 37 94 77, *resa@lutetiaastrid.com*, Fax 02 33 30 09 87, 🐜 – 🛅 TV ⚏ – 🖳 25. 🆎 ⓪ GB. 🚳 rest   **B n**
1er avril-6 oct. – **Repas** *(17,50)* -22/59,50, enf. 12,50 ⛵ – � 10 – **32 ch** 57,50/113 – P 69/92.
♦ Maison centenaire située dans un secteur résidentiel calme. Chambres de bon confort, rajeunies par étapes. Expositions de peintures en saison. Salle à manger agrandie d'une véranda ouverte sur le jardin où s'épanouissent des hortensias ; carte traditionnelle.

Bois Joli ॐ, av. Ph. du Rozier   🖉 02 33 37 92 77, *boisjoli@wanadoo.fr*, Fax 02 33 37 07 56, 🐜–🛅 TV ⚏. 🆎 ⓪ GB JCB   **A w**
fermé 15 fév. au 24 mars – **Repas** 18/45 ⛵ – ⊐ 10 – **20 ch** 70/126 – P 74/102.
♦ Élégante façade à colombages d'une villa anglo-normande du 19e s. Intérieur feutré, meubles anciens de divers styles, coquettes chambres en partie rénovées et parc arboré. Chaleureuse salle à manger avec beaux lambris d'origine et cheminée en bois sculpté.

Camélias, av. Château de Couterne   🖉 02 33 37 93 11, *cameliashotel@wanadoo.fr*, Fax 02 33 37 48 32, 🐜 –🛅 TV ⚏. 🆎 GB   **A b**
30 mars-1er nov. – **Repas** 16/35 ⛵ – ⊐ 6,50 – **21 ch** 47/60 – P 56/71.
♦ Maison normande du début du 20e s. appréciée des curistes pour son accueil familial et son jardin paisible. Chambres régulièrement rafraîchies, pratiques et colorées. Lumineuse salle à manger récemment redécorée où l'on propose une cuisine traditionnelle.

Ermitage ॐ sans rest, 24 bd Paul Chalvet   🖉 02 33 37 96 22, *ermitagemc@aol.com*, Fax 02 33 38 59 22, 🐜 –🛅 TV 🛏 ⚏. GB   **B p**
2 avril-31 oct. – ⊐ 7,70 – **38 ch** 51/65.
♦ Cet hôtel bâti en 1886 se trouve au coeur du quartier Belle Époque de la station. Chambres sobrement équipées d'un mobilier d'inspiration paysanne et dotées de menus balcons.

Roc au Chien, r. Prof. Louvel   🖉 02 33 37 97 33, *info@hotelrocauchien.fr*, Fax 02 33 37 59 29, 🐜 –🛅 🔥. ⚏. 🆎 ⓪ GB   **A s**
1er avril-1er nov. – **Repas** 19/25, enf. 9,50 ⛵ – ⊐ 6 – **41 ch** 35/57 – P 35/53.
♦ La comtesse de Ségur aurait séjourné dans cet établissement composé de deux petits immeubles juxtaposés dont un flanqué d'une tourelle en briques. Chambres de style rustique. Restaurant tout en longueur, tourné côté rue ; plats traditionnels et diététiques.

Celtic, 14 r. Dr Noal   🖉 02 33 37 92 11, *leceltic@club-internet.fr*, Fax 02 33 38 90 27 – 🆎 ⓪ GB   **A d**
fermé 15 janv. au 5 mars, dim. soir et lundi du 3 nov. au 5 avril – **Repas** 15,20/29 ⛵.
♦ La jolie façade du début du 20e s. cache une salle à manger campagnarde assez sobre, où des couleurs gaies mettent en valeur le mobilier en bois foncé. Accueil charmant.

Potinière du Lac avec ch, 2 r. Casinos   🖉 02 33 30 65 00, *lapotinièredu-lac2@wanadoo.f r*, Fax 02 33 38 49 04, ← –TV. 🆎 GB   **A a**
fermé 10 au 20 mars, 15 déc. au 1er fév., lundi et mardi de nov. à mars – **Repas** 14/28, enf. 7,20 – ⊐ 5,50 – **17 ch** 21/46 – P 34/46,50.
♦ On ne peut rater cette vieille maison à colombages reconnaissable à sa tourelle ornée d'un bel appareil en damier. Cadre agreste un peu "rétro" et vue imprenable sur le lac.

BAGNOLET *93 Seine-St-Denis* **305** *F7* **101** ⑰ – *voir à Paris, Environs.*

BAGNOLS *69620 Rhône* **327** *G4 G. Vallée du Rhône* – *701 h alt. 400.*
Paris 444 – Lyon 30 – Tarare 20 – Villefranche-sur-Saône 14.

Château de Bagnols ॐ,   🖉 04 74 71 40 00, *info@bagnols.com*, Fax 04 74 71 40 49, ←, 🐜, 🏊, 🐜 –🛅 📞 ⚏. 🆎 ⓪ GB JCB 🚳 rest
1er avril-2 janv. – **Repas** *(fermé le midi en semaine)* 75/105 et carte 90 à 115 ⛵ – ⊐ 30 – **16 ch** 450/650, 5 suites.
♦ Jardins ouverts sur la campagne beaujolaise, accès par pont-levis, fresques Renaissance restaurées et superbes chambres personnalisées : c'est la vie de château ! Tables dressées dans la majestueuse salle des gardes (cheminée gothique et meubles ancestraux).
Spéc. Saucisson de pommes de terre croustillantes et pieds de cochon à la truffe. Dos de bar de ligne rôti, bouquet d'asperges glacées et oignons nouveaux (avril à août). Pigeon de Saint Trivier rôti, jus épicé (oct. à janv.). **Vins** Beaujolais blanc, Morgon.

BAGNOLS *63810 P.-de-D.* **326** *C9* – *532 h alt. 862.*
🛈 *Office de tourisme, rue de la Pavade; La Tour d'Auvergne*   🖉 04 73 21 79 78, Fax 04 73 21 79 70, *otsa@sancy-artense.com.*
Paris 483 – Clermont-Ferrand 64 – La Bourboule 23 – Issoire 63 – Le Mont-Dore 29.

Voyageurs, Le Bourg   🖉 04 73 22 20 12, *legouffet@aol.com*, Fax 04 73 22 21 18 – 📞. GB
Repas 18/50 – **21 ch** ⊐ 30/70 – ½ P 40/55.
♦ Dans un village auvergnat, construction des années 1960 de style local. Chambres progressivement refaites, simples et pratiques. Le restaurant est modeste mais connaît un franc succès : la table au goût du jour et régionale y est sûrement pour quelque chose !

BAGNOLS-SUR-CÈZE 30200 Gard **339** M4 *G. Provence – 18 103 h alt. 51.*

Voir *Musée d'Art moderne Albert-André★*.

Env. *Site★ de Roques-sur-Cèze.*

🛈 *Office de tourisme, Espace St-Gilles ℰ 04 66 89 54 61, Fax 04 66 89 83 38, off.tourisme-.bagnols@wanadoo.fr.*

Paris 653 – Avignon 34 – Alès 54 – Nîmes 56 – Orange 25 – Pont-St-Esprit 12.

🏨 **Château du Val de Cèze** ⟐ sans rest, rte d'Avignon : 1 km ℰ 04 66 89 61 26, *hotelval
deceze@sudprovence.com, Fax 04 66 89 97 37,* ⌗, ⌗, ♨, ⌗ – 🖪 📺 ℰ & 🅿 – 🕍 15 à 90. 🆑
⑩ GB JCB

fermé 20 déc. au 5 janv., sam. et dim. d'oct. à mars – ⌑ 10 – **22 ch** 98/107.

◆ Le château du 17ᵉ s. abrite réception et salons. Les chambres, provençales (fer forgé,
tomettes, tissus colorés), sont dans des pavillons disséminés dans le parc de 8 ha.

rte d'Alès *Ouest : 5 km par D 6 et D 143 – ✉ 30200 Bagnols-sur-Cèze :*

🏨 **Château de Montcaud** ⟐, ℰ 04 66 89 60 60, *montcaud@relaischateaux.com,
Fax 04 66 89 45 04,* ⌗, ⌗₆, ⌗, ⌗, ♨ – 🖪 🗐 📺 ℰ & 🅿 – 🕍 50. 🆑 ⑩ GB JCB

3 avril-31 oct. – **Les Jardins de Montcaud** *(dîner seul. sauf dim.) (brunch le dim. en saison)*
Repas 55/85 – ***Bistrot de Montcaud*** *(déj. seul.) (fermé sam. et dim)* **Repas** 30/40 – ⌑ 20
– **29 ch** 220/440 – ½ P 205/305.

◆ Noble demeure du 19ᵉ s. au coeur d'un parc aux multiples essences. Meubles de style et
tons chauds personnalisent les jolies chambres de ce havre de paix. Cuisine inventive à
l'accent du Sud aux Jardins de Montcaud. Petits plats simples et goûteux au Bistrot.

rte de Pont-St-Esprit *Nord : 5,5 km par N 86 – ✉ 30200 Bagnols-sur-Cèze :*

🏨 **Valaurie,** ℰ 04 66 89 66 22, *contact@hotel-valaurie.fr, Fax 04 66 89 55 80,* ≼, 🏠, 🖈 –
📺 ℰ 🅿. GB, ⌗ rest

fermé Noël au 7 janv. – **Repas** *(fermé vend. hors saison et sam. midi)* 16/30 ⓨ – ⌑ 10 –
22 ch 47/63 – ½ P 53.

◆ Ce bâtiment des années 1970 entouré d'une pinède domine une route fréquentée. Les
chambres sur l'arrière sont plus calmes ; certaines profitent de la vue sur la vallée. Menus
traditionnels servis dans une salle à manger d'inspiration rustique.

à Connaux *Sud : 8,5 km sur N 86 – 1 623 h. alt. 86 – ✉ 30330 :*

🍴 **Paul Itier,** ℰ 04 66 82 00 24, *imbert30@aol.com, Fax 04 66 82 43 23,* 🏠 – 🖪. GB

fermé vacances de fév. – **Repas** 12,50 *(déj.),* 18/26 ⓨ.

◆ Petit restaurant situé en léger retrait de la route nationale. Sobre salle à manger
campagnarde prolongée d'une terrasse d'été coiffée d'un auvent.

BAIE DES TRÉPASSÉS 29 Finistère **308** C6 – *rattaché à Pointe du Raz.*

BAILLARGUES 34 Hérault **339** J7 – *rattaché à Montpellier.*

BAILLEUL 59270 Nord **302** E3 *G. Picardie Flandres Artois – 14 146 h alt. 44.*

Voir ⁂★ *du beffroi.*

🛈 *Office de tourisme, 3 place Grand' Place ℰ 03 28 43 81 00, Fax 03 28 43 81 01,
otmontsdeflandre@nordnet.net.*

Paris 244 – Lille 30 – Armentières 13 – Béthune 31 – Dunkerque 44 – Ieper 20 – St-Omer 37.

🏨 **Belle Hôtel** sans rest, 19 r. Lille ℰ 03 28 49 19 00, *belle.hotel@wanadoo.fr,
Fax 03 28 49 22 11* – ⌗ 📺 ℰ & 🅿. ⑩ GB JCB

fermé 9 au 22 août, 24 au 30 déc. – ⌑ 9,50 – **31 ch** 62/92.

◆ Deux maisons flamandes en briques rouges, au coeur de la ville huit fois détruite. Les
chambres, de style rustique dans la partie ancienne, sont plus actuelles dans l'annexe.

🍴 **Pomme d'Or** avec ch, 27 r. Ypres ℰ 03 28 49 11 01, *lapomme-dor@wanadoo.fr,
Fax 03 28 49 17 90* – 📺 – 🕍 30. 🆑 ⑩ GB

fermé 2 au 22 août et dim. soir – **Repas** 12/27, enf. 7,50 ⌗ – ⌑ 6,50 – **4 ch** 46 – ½ P 63.

◆ Établissement familial proposant une cuisine classique servie dans une salle à manger
toute simple mais fraîche ; ambiance animée et décontractée. Chambres bien tenues.

BAINS-LES-BAINS 88240 Vosges **314** F4 *G. Alsace Lorraine – 1 415 h alt. 315 – Stat. therm.*
(début avril-début nov.).

🛈 *Office de tourisme, 3 avenue André Damazure ℰ 03 29 36 31 75, Fax 03 29 36 23 24,
ot-bains.les.bains@wanadoo.fr.*

Paris 364 – Épinal 27 – Luxeuil-les-Bains 31 – Vesoul 51 – Vittel 42.

248

Poste, ✆ 03 29 36 31 01, *no.lutin@wanadoo.fr, Fax 03 29 30 44 22* – **P**. GB.
hôtel : 1er avril-27 oct. – **Repas** *(fermé 27 au 31 oct., mi-déc. à mi-janv. et le soir hors saison)* (11,50) - 13,60/23 – 5,20 – **14 ch** 29/41,30 – P 51,50/54,90.
◆ La façade de cet ancien relais de poste est un peu austère, mais l'intérieur s'avère accueillant et confortable. Chambres rénovées par étapes, simples et bien tenues. Salle de restaurant au décor soigné et belle table mariant tradition et terroir.

Promenade, ✆ 03 29 36 30 06, *Fax 03 29 30 44 28,* – **P**. GB. ch
22 mars-14 nov. – **Repas** 15/35 – 5,50 – **19 ch** 32/44 – P 52/59.
◆ Bâtiment des années 1960 précédé d'un jardinet abondamment fleuri. Les chambres, qui ont conservé leur décor d'origine, sont progressivement rafraîchies. L'accueil charmant et les plats traditionnels à prix doux compensent le cadre un peu désuet du restaurant.

BAIROLS *06420 Alpes-Mar.* 341 D4 – *114 h alt. 850.*
Paris 836 – Digne-les-Bains 120 – Grasse 74 – Nice 53 – St Martin-Vésubie 40.

Auberge du Moulin, 4 r. Lou Coulet ✆ 04 93 02 92 93, ≤
fermé 15 nov. au 15 déc., lundi et mardi – **Repas** (nombre de couverts limité, prévenir) 35.
◆ Cet ancien moulin situé au coeur d'un village médiéval perché a été transformé en restaurant. Menu (unique) italien servi dans un joli cadre rustique et ambiance décontractée.

BAIX *07210 Ardèche* 331 K5 – *822 h alt. 80.*
Paris 588 – Valence 33 – Crest 30 – Montélimar 22 – Privas 18.

Auberge des Quatre Vents, rte Chomérac, Nord-Ouest : 2 km ✆ 04 75 85 84 49, *Fax 04 75 85 84 49,* – rest, **P**. GB
fermé 26 déc. au 12 janv. – **Repas** *(fermé sam. midi et dim. soir)* 18/36 – 6 – **16 ch** 29/41 – ½ P 46/64.
◆ Façade ocre et volets bleus pour ces deux bâtiments situés en léger retrait d'une route passante. Chambres modestes mais pratiques. Charpente, mur parementé de briques, tableaux, trompe-l'oeil et cheminée font le cachet rustique du restaurant.

Cardinale, ✆ 04 75 85 80 40, *cardinale@relaischateaux.com, Fax 04 75 85 82 07,* – **P**. AE GB
fermé du 31 oct. au 10 déc. et du 4 janv. au 13 fév. – **Repas** *(fermé merc. midi, lundi et mardi d'oct. à avril et le midi sauf dim. en juil.-août)* 34 (déj.), 40/79 et carte 57 à 82.
◆ Cette ancienne demeure seigneuriale doit son nom à Richelieu qui séjourna dans ses nobles murs en 1642. Luxe discret du confort moderne associé au charme d'antan.

Résidence , à 3 km ✆ 04 75 85 80 40, *cardinale@relaischateaux.com, Fax 04 75 85 82 07,* , – **P** – 30. AE GB
Repas voir rest. ***Cardinale*** – 16 – **10 ch** 239/299 – ½ P 158,50/218,50.
◆ Le mobilier de style ou contemporain et la décoration soignée ajoutent à l'atmosphère raffinée de ce mas provençal baigné de lumière. Vaste parc où s'inscrit la piscine.

BALAN *01360 Ain* 328 D6 – *1 534 h alt. 194.*
Paris 475 – Lyon 29 – Bourg-en-Bresse 57 – Bourgoin-Jallieu 44 – Villefranche-sur-Saône 51.

Les Alizés, à la Valbonne, Nord-Est : 3 km, N 84 ✆ 04 72 25 95 95, *Fax 04 78 06 17 82* – **P**. GB
fermé 2 au 30 août, sam. midi, dim. soir et lundi – **Repas** 14,50 bc (déj.), 22/34, enf. 9,50.
◆ Coincée entre route et voie ferrée, petite adresse familiale à l'accueil tout sourire. Sobre salle à manger gentiment dressée et cuisine traditionnelle.

BALARUC-LES-BAINS *34540 Hérault* 339 H8 *G. Languedoc Roussillon – 5 688 h alt. 3 – Stat. therm. (mi fév.-mi déc.).*
Office de tourisme, Pavillon Sévigné ✆ 04 67 46 81 46, Fax 04 67 46 81 54, contact@balaruc-les-bains.com.
Paris 781 – Montpellier 33 – Agde 32 – Béziers 52 – Frontignan 8 – Lodève 54 – Sète 9.

Mercure, av. Hespérides ✆ 04 67 51 79 79, *h1812@accor-hotels.com, Fax 04 67 48 02 87,* – **P** – 20. AE GB. rest
Repas *(fermé 15 déc. au 20 janv. et week-ends de déc. à mars)* 19/26, enf. 12 – 13,30 – **86 ch** 86/96 – ½ P 75.
◆ Édifice contemporain bâti à l'entrée de la station thermale. Les chambres, fonctionnelles, sont dotées de loggias ou de balcons ; les plus spacieuses accueillent les familles. Salle à manger provençale et joli patio donnant sur la piscine entourée de rocaille.

🏠 **Martinez**, 2 r. M. Clavel 🕿 04 67 48 50 22, Fax 04 67 43 18 13, 🌤️, 🌳 – 🔆, ▤ rest, 📺 ⴺ
📗 ⒜⒠ ⑩ ☻ ☞, 🐾 ch
fermé 15 janv. au 1ᵉʳ mars – **Repas** 18/40, enf. 12 – ⌑ 7 – **25 ch** 35/66.
♦ Cette maison familiale du début du 20ᵉ s. postée face à l'église est fréquentée par les
curistes qui apprécient le charme désuet de ses chambres. L'atout du restaurant est sa
terrasse aménagée dans un jardin envahi de fleurs, sculptures, fontaines, etc.

XXX **St-Clair**, quai Port 🕿 04 67 48 48 91, Fax 04 67 18 86 96, 🌤️ – ☻
fermé 3 janv. au 10 fév. – **Repas** 18 (déj.), 29/46 et carte 52 à 66.
♦ Coquette salle à manger-véranda donnant sur le quai et grande terrasse couverte face
au bassin de Thau. Adresse incontournable pour les amateurs de poissons et coquillages !

BALDENHEIM 67 B.-Rhin 315 J7 – *rattaché à Sélestat.*

BALDERSHEIM 68 H.-Rhin 315 I10 – *rattaché à Mulhouse.*

BALLEROY 14490 Calvados 303 G4 *G. Normandie Cotentin* – *787 h alt. 70.*
Voir *Château★.*
Paris 276 – Bayeux 16 – Caen 42 – St-Lô 23 – Vire 47.

XXX **Manoir de la Drôme** (Leclerc), 🕿 02 31 21 60 94, *denisleclerc@wanadoo.fr*,
ॐ Fax 02 31 21 88 67, 🌳 – 📗 ⒜⒠ ☻
fermé 23 au 30 août, 7 fév. au 4 mars, dim. soir, lundi et merc. – **Repas** 29 (déj.), 43/58 et
carte 57 à 70.
♦ Ce joli manoir du 17ᵉ s. où grimpe la vigne vierge vous invite à déguster une cuisine
classique dans une élégante salle à manger ouverte sur le jardin baigné par la Drôme.
Spéc. Saveurs "terre et mer". Queues de langoustines "Fernand Contés". Fricassée de sole
au foie gras et pâtes fraîches.

Si vous cherchez un hôtel tranquille,
consultez d'abord les cartes de l'introduction
ou repérez dans le texte les établissements indiqués avec le signe 🦢

La BALME-DE-SILLINGY 74330 H.-Savoie 328 J5 – *3 729 h alt. 480.*
🛈 *Syndicat d'initiative, route de Choisy 🕿 04 50 68 78 70, Fax 04 50 68 53 29, si.labalme-
@wanadoo.fr.*
Paris 524 – Annecy 13 – Bellegarde-sur-Valserine 30 – Belley 59 – Frangy 14 – Genève 48.

🏠 **Les Rochers**, N 508 🕿 04 50 68 70 07, *hotel.restaurant.les-rochers@wanadoo.fr*,
Fax 04 50 68 82 74, 🌳 – 📺 📗. – 🔬 🅐 50. ☻
fermé 1ᵉʳ au 12 nov., janv., dim. soir et lundi du 15 sept. au 15 juin – **Repas** 17/66, enf. 10 –
⌑ 7 – **25 ch** 42/51 – ½ P 47/53.
♦ Hôtel situé dans un bourg adossé à la montagne de Mandallaz. Les chambres, plus
calmes sur l'arrière, sont toutes rénovées. Ambiance "pension de famille" dans la vaste salle
à manger meublée dans le style Louis XIII. À table, plats traditionnels.

Annexe La Chrissandière 🏠🏠 sans rest, à 400 m., 🏊, 🎱, – 📺 📗. ⒜⒠ ☻
fermé 1ᵉʳ au 12 nov., janv., dim. et lundi du 15 sept. au 15 juin – ⌑ 7 – **10 ch** 58/61.
♦ Chaumière entourée d'un parc de 3 ha. Chambres refaites et joliment colorées. Parc et
piscine : deux atouts indéniables pour cette annexe. L'accueil se fait aux Rochers.

BALOT 21330 Côte-d'Or 320 G3 – *93 h alt. 272.*
Paris 235 – Auxerre 74 – Chaumont 74 – Dijon 82 – Montbard 28 – Troyes 72.

🏠 **Auberge de la Baume**, 🕿 03 80 81 40 15, Fax 03 80 81 62 87 – 📺 📗 ⴺ. ⒜⒠ ☻
☎ *fermé 20 déc. au 5 janv.* – **Repas** 11/27, enf. 9 🍷 – ⌑ 6 – **10 ch** 39/41 – ½ P 38.
♦ En face de l'église, accueil attentionné et chambres rénovées, pratiques et bien tenues.
Goûtez à l'ambiance locale en faisant un crochet par le bar de l'établissement. La salle à
manger, dotée d'une mezzanine, est coiffée d'une belle charpente apparente.

BAMBECQUE 59470 Nord 302 D2 – *655 h alt. 8.*
Paris 271 – Calais 65 – Dunkerque 24 – Hazebrouck 26 – Lille 57 – St-Omer 36.

XX **Vieille Forge**, 🕿 03 28 27 60 67, Fax 03 28 27 60 67 – ☻
*fermé 3 au 25 août, vacances de fév., le soir en hiver sauf week-ends, dim. soir et lundi sauf
fériés* – **Repas** 27/50 🍷.
♦ Ces vieux murs de briques abritaient jadis une forge. Salle à manger au cachet rustique
avec poutres, sol en tomettes et belle cheminée. Cuisine au goût du jour.

BANASSAC 48500 Lozère 330 H8 – 813 h alt. 525.

🛏 du Sabot à La Canourgue 𝒫 04 66 32 84 00, SE : 4 km par D 998.

Paris 588 – Florac 55 – Mende 47 – Millau 52.

🏨 **Calice du Gévaudan,** 𝒫 04 66 32 94 18, calice@wanadoo.fr, Fax 04 66 32 98 62, 🍴 –
🕿 ▤ rest, 📺 ✚ **P** – 🔬 20. 🅰 GB

fermé 25/08 au 2/09, 20/10 au 4/11, vend. soir, sam. midi et dim. soir sauf juil.-août et
vacances scolaires – **Repas** (11,50) - 14,50/29, enf. 8,50 ⨂ – � 7,50 – **29 ch** 44/55 – ½ P 38,50/
43.

♦ Pour une halte sur la route des vacances, misez sur cet hôtel récent et fonctionnel qui
propose des chambres assez simplement meublées, mais correctement insonorisées. Le
restaurant dispose d'une paisible terrasse donnant sur un jardin avec jeux d'enfants.

BAN-DE-LAVELINE 88520 Vosges 314 K3 – 1 216 h alt. 427.

Paris 411 – Colmar 59 – Épinal 67 – St-Dié 14 – Ste-Marie-aux-Mines 15 – Sélestat 39.

🍴🍴 **Auberge Lorraine** avec ch., 𝒫 03 29 51 78 17, Fax 03 29 51 71 72, 🍴, 🛋 – 📺 **P**. GB
🦞 fermé 15 au 25 mars, 28 juin au 12 juil., jeudi soir, dim. soir et lundi – **Repas** 12 (déj.), 17/33,
enf. 11 ⨂ – ⊘ 8 – **7 ch** 43/53 – ½ P 50.

♦ Étape plaisante en pays vosgien : repas traditionnels et régionaux dans une élégante
salle à manger, et nuitées dans des chambres spacieuses et confortables. Sauna, jacuzzi.

BANDOL 83150 Var 340 J7 G. Côte d'Azur – 7 905 h alt. 1 – Casino **Y**.

Voir Allées Jean-Moulin★.

🛏 de Frégate à St-Cyr-sur-Mer 𝒫 04 94 29 38 00, par ① : 4 km.
Accès à l'île de Bendor par vedette 7 mn 𝒫 04 94 29 44 34 (Bandol).
🛈 Office de tourisme, allée Vivien 𝒫 04 94 29 41 35, Fax 04 94 32 50 39.
Paris 818 ② – Marseille 48 ② – Toulon 18 ② – Aix-en-Provence 68 ②.

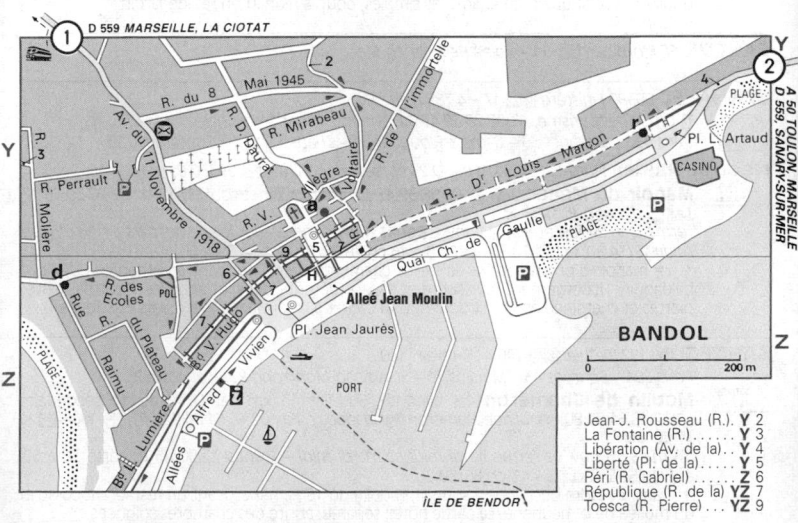

Jean-J. Rousseau (R.) . . . . **Y** 2
La Fontaine (R.) . . . . . . **Y** 3
Libération (Av. de la) . . **Y** 4
Liberté (Pl. de la) . . . . . **Y** 5
Péri (R. Gabriel) . . . . . . **Z** 6
République (R. de la) **YZ** 7
Toesca (R. Pierre) . . . **YZ** 9

🏨 **Provençal** sans rest, r. Écoles 𝒫 04 94 29 52 11, hotel-provençal@wanadoo.fr,
Fax 04 94 29 67 57 – ▤ 🕿 ✆. 🅰 GB. ✺ **Z** d
fermé 15 nov. au 1er fév. – ⊘ 6,50 – **20 ch** 65/76.

♦ Petit hôtel familial situé sur les hauteurs de Bandol. Les chambres, simples, sont assez
spacieuses ; réservez en priorité celles dotées d'une terrasse avec vue sur la mer.

🏨 **Golf Hôtel,** sur plage Renécros par bd L. Lumière - **Z** - 𝒫 04 94 29 45 83, golfhotel.surpla
ge@wanadoo.fr, Fax 04 94 32 42 47, ≤, 🍴, 🏖 – ▤ ch, 📺 **P** GB. ✺
hôtel : fermé 1er au 23 déc. et 4 au 29 janv. ; rest. : 10 avril-30 sept. – **Repas** (uniquement en
terrasse)(déj. seul. sauf en juil.-août) 18/24, enf. 9,40 ⨂ – ⊘ 8 – **24 ch** 70/105 – ½ P 63/
80,50.

♦ Ancrée dans le sable fin, charmante villa abritant de petites chambres au mobilier
diversifié ; certaines bénéficient de loggias ou de balcons. Repas servis en terrasse, presque
les pieds dans l'eau, face à la baie.

Baie sans rest, 62 r. Dr L. Marçon ℰ 04 94 29 40 82, Fax 04 94 29 95 24 – 📧 📺 📞, AE GB, 🐕
Y r
☐ 6 – **14 ch** 65/101.
◆ Après une soirée au casino, deux pas suffisent pour gagner cet hôtel proche du port. Chambres plutôt grandes, simples, mais bien insonorisées en façade.

Bel Ombra 🦢, r. La Fontaine · Y · ℰ 04 94 29 40 90, hotel.bel.ombra@wanadoo.fr, Fax 04 94 25 01 11, 🐕 · 📺, GB. 🐕 rest
hôtel : 1ᵉʳ avril-15 oct. ; rest. : 15 juin-20 sept. – **Repas** (dîner seul.)(résidents seul.) 18,50 –
☐ 7 – **20 ch** 60/65 – ½ P 55,50/58.
◆ En retrait de la foule des estivants, villa offrant aux familles des chambres avec mezzanine, dans un environnement résidentiel.

Les Galets, par ② : 0,5 km ℰ 04 94 29 43 46, Fax 04 94 32 44 36, ≤, 🐕 – 🅿. AE ① GB. 🐕
1ᵉʳ mars-11 nov. – **Repas** (1ᵉʳ mai-30 sept.) 22,60 – ☐ 6,50 – **20 ch** 45/64 – ½ P 51,60/61,10.
◆ Bâti à flanc de colline, hôtel offrant une splendide vue sur la mer. Préférez les chambres du 2ᵉ étage, avec double vitrage. Salle à manger avec meubles rustiques, poutres et cuivres, et terrasse face à la "grande bleue" ; cuisine d'inspiration régionale.

Clocher, 1 r. Paroisse ℰ 04 94 32 47 65, le.clocher@wanadoo.fr, 🐕 – GB Y a
fermé 10 au 30 nov., 10 au 24 janv. et merc. – **Repas** (dîner seul. de juin à sept.) 13 bc (déj.), 26/35, enf. 10.
◆ Installé dans une maison ancienne du vieux Bandol, sympathique restaurant aux allures de café provençal. Terrasse sur la ruelle. Dans l'assiette, goûteuse cuisine du Midi.

par ② et rte de Sanary : 1,5 km – ✉ 83110 Sanary-sur-Mer :

Castel 🦢 avec ch, ℰ 04 94 29 82 98, Fax 04 94 32 53 32, 🐕 – 📺 🅿. AE ① GB
fermé 10 déc. au 5 fév. et dim. soir du 5 fév. au 30 mars – **Repas** (prévenir) 29/38, enf. 10 –
☐ 7 – **9 ch** 54/65 – ½ P 61/64.
◆ Petite auberge familiale nichée dans un cadre fleuri. Coquette salle à manger, cuisine traditionnelle et quelques chambres simples, pour la plupart en rez-de-jardin.

BANGOR 56 Morbihan 🔢 11 – voir à Belle-Ile-en-Mer.

BANNALEC 29380 Finistère 🔢 I7 – 4 785 h alt. 98.
🅱 Office de tourisme, ℰ 02 98 39 43 34, syndicat.initiative-bannalec@wanadoo.fr.
Paris 535 – Quimper 33 – Carhaix-Plouguer 51 – Châteaulin 67 – Concarneau 25.

rte de St-Thurien Nord-Est : 4,5 km par D 23 et rte secondaire – ✉ 29380 Bannalec :

Manoir du Ménec 🦢, ℰ 02 98 39 47 47, merlinmenec@aol.com, Fax 02 98 39 46 17, 🏋, 🔲, 🐾 – 📺 🅿. GB. 🐕
fermé 6 au 24 fév. et 8 au 24 nov. – **Repas** (fermé merc. sauf le soir de mars à nov. et jeudi midi) 18/34,80, enf. 7,70 🍷 – ☐ 6,10 – **16 ch** 78,90/82,80 – ½ P 65,50.
◆ Le manoir d'origine abrite de belles chambres ; certaines sont agrémentées de lits à baldaquin. Hébergement plus sobre et espace détente dans les annexes. Poutres, vieilles pierres et cheminée en granit donnent du cachet à la salle à manger ; plats classiques.

BANNEGON 18210 Cher 🔢 M6 – 254 h alt. 180.
Paris 284 – Bourges 43 – Moulins 70 – St-Amand-Montrond 22 – Sancoins 23.

Moulin de Chaméron 🦢 avec ch, Sud-Est : 3 km par D 76 et rte secondaire ℰ 02 48 61 83 80, moulindechameron@wanadoo.fr, Fax 02 48 61 84 92, 🐕, 🔲, 🐾 – 📺 📞 🅿. AE GB
1ᵉʳ mars-15 nov. et fermé lundi midi et mardi midi – **Repas** 22,50/45 et carte 36 à 50, enf. 10,50 🍷 – ☐ 15 – **13 ch** 65/88.
◆ Dans un cadre bucolique à souhait, moulin du 18ᵉ s. hébergeant un restaurant cossu et un musée de la meunerie. La partie hôtel, séparée, abrite des chambres soignées.

BANYULS-SUR-MER 66650 Pyr.-Or. 🔢 J8 G. Languedoc Roussillon – 4 532 h alt. 1.
Voir ✳🌟★★ du cap Réderis E : 2 km.
🅱 Office de tourisme, avenue de la République ℰ 04 68 88 31 58, Fax 04 68 88 36 84, ot.banyuls@banyuls-sur-mer.com.
Paris 887 – Perpignan 37 – Cerbère 11 – Port-Vendres 7.

Catalan, rte Cerbère ℰ 04 68 88 02 80, hlecatalan@aol.com, Fax 04 68 88 16 14, ≤ Banyuls et la côte, 🐕, 🏋, 🔲 – 📲 📺 🅿. AE ① GB 🐕
15 mars-11 nov. et 20 déc.-10 janv. – **Repas** 22/36 🍷 – ☐ 8 – **33 ch** 65/80, (½ pens. seul. en été) – ½ P 70/80.
◆ Cet imposant immeuble en arc de cercle arrimé à la colline domine la station et la mer. Chambres fraîches, équipées d'un mobilier catalan ou plus actuel. Salle à manger bourgeoise et terrasse offrent un superbe panorama sur la côte Vermeille ; carte classique.

Les Elmes, plage des Elmes 🖉 04 68 88 03 12, *hotel.des.elmes@wanadoo.fr*, Fax 04 68 88 53 03, ≤, 雷 – 蘭 ⊞ Ⅲ & P – 益 25. 歴 ⑩ GB

Littorine (fermé 10 nov. au 15 déc., dim. soir, mardi midi et lundi 15 oct. au 15 mars) **Repas** 26, enf. 15 ♀ – ☷ 9 – **31 ch** 75/100 – ½ P 64/82.

◆ Chambres modernes au 3ᵉ étage ; style plus traditionnel mais rénovation prochaine pour les autres. Certaines donnent sur la plage voisine. Les produits de la mer jouent les vedettes dans ce restaurant tourné vers la Méditerranée ; véranda-terrasse.

Villa Miramar ⚘ sans rest, r. Lacaze Duthiers 🖉 04 68 88 33 85, *louisdelange@wanadoo .fr*, Fax 04 68 66 88 63, ☷, ☞ – Ⅲ P. GB

1ᵉʳ avril-15 oct. – ☷ 5 – **16 ch** 49/64.

◆ Hôtel bâti à flanc de coteau dans un quartier résidentiel calme. Chambres confortables, égayées d'objets chinés au cours de voyages : Thaïlande, Inde, Mexique, etc.

Eden sans rest, av. E. Chatton 🖉 04 68 88 33 07, Fax 04 68 88 78 68, ≤ mer – Ⅲ ℃ &. GB. ⚘

1ᵉʳ avril-15 oct. – ☷ 5,70 – **10 ch** 59,20.

◆ Adresse familiale perchée sur une éminence. Petit-déjeuner servi uniquement dans les chambres ; elles sont pratiques et munies de balcons orientés vers le port et le large.

Al Fanal et H. El Llagut avec ch, av. Fontaulé 🖉 04 68 88 00 81, *alfanal@wanadoo.fr*, Fax 04 68 88 13 37, 霜 – 蘭 ⊟ Ⅲ 歴 ⑩ GB. ⚘

Repas (16) - 22/50, enf. 12 ♀ – ☷ 7 – **13 ch** 50/64, 7 – ½ P 51/58.

◆ Cuisine régionale, beau choix de banyuls et de vins du Roussillon à déguster dans un décor actuel de type marin. Terrasse avec vue sur les bateaux. Petites chambres fraîches.

BAPAUME 62450 P.-de-C. **301** K7 – 4 331 h alt. 123.

🇧 *Syndicat d'initiative, place Faidherbe 🖉 03 21 59 89 84, commune.bapaume@wana-doo.fr.*

Paris 155 – St-Quentin 49 – Amiens 50 – Arras 28 – Cambrai 30 – Douai 43 – Doullens 44.

Paix avec ch, av. A. Guidet 🖉 03 21 07 11 03, Fax 03 21 07 43 66 – Ⅲ ⇔ P – 益 15. 歴 GB

Repas 17/50 ♀ – ☷ 7 – **14 ch** 59/67 – ½ P 92.

◆ Vieille cuve à fermentation de bière en guise de bar, salles à manger égayées de briques et chaises de style Louis XV composent ce restaurant. Chambres fonctionnelles.

BARAQUEVILLE 12160 Aveyron **338** G5 – 2 569 h alt. 792.

🇧 *Syndicat d'initiative, place du Marché 🖉 05 65 69 10 78.*

Paris 639 – Rodez 17 – Albi 58 – Millau 75 – Villefranche-de-Rouergue 43.

Segala Plein Ciel, rte Albi 🖉 05 65 69 03 45, *infos@hotel-pleinciel.com*, Fax 05 65 70 14 54, ≤ vallée, ☷, ⚘, ♨ – 蘭, ⊟ rest, Ⅲ ℃ & P – 益 120. GB

fermé 20 déc. au 8 janv., vend. soir et dim. soir de sept. à juin – **Repas** 19/40 ♀ – ☷ 7 – **43 ch** 45/75 – ½ P 48/50.

◆ Sur les hauteurs du bourg, bâtisse des années 1970 et son parc. La majorité des chambres offre un décor contemporain ; les autres conservent leur mobilier d'origine. La salle à manger au décor marin domine la terrasse et ménage une vue étendue sur la vallée.

BARATIER 05200 H.-Alpes **334** G5 – 461 h alt. 855.

Paris 705 – Gap 40 – Grenoble 143 – Marseille 215 – Valence 124.

Les Peupliers ⚘, Chemin de Lesdier 🖉 04 92 43 03 47, *info@hotel-les-peupliers.com*, Fax 04 92 43 41 49, ≤, 霜, ☷ – ⇔ ⅢⅣ P. GB

fermé 12 avril au 5 mai et 27 sept. au 21 oct. – **Repas** (fermé mardi sauf fériés et vacances scolaires) 14/32, enf. 8 ♀ – ☷ 6 – **24 ch** 40/49 – ½ P 42/44.

◆ Dans un village tranquille, avenant chalet aux abords verdoyants. Coquettes chambres mi-montagnardes, mi-provençales ; certaines avec balcon et vue sur le lac de Serre-Ponçon. Plaisante salle à manger alpine réchauffée par une cheminée et terrasse ombragée.

BARBAZAN 31510 H.-Gar. **343** B6 – 378 h alt. 464 – Stat. therm. (fin avr.-fin oct.).

🇧 *Office de tourisme, 🖉 05 61 88 35 64, Fax 05 61 88 35 64, office-tourisme-barbazan@wa-nadoo.fr.*

Paris 779 – Bagnères-de-Luchon 32 – Lannemezan 27 – St-Gaudens 14 – Tarbes 67.

Hostellerie de l'Aristou ⚘ avec ch, rte Sauveterre 🖉 05 61 88 30 67, Fax 05 61 95 55 66, ≤, 霜, ☞ – ⇔ ⅢⅣ P. 歴 ⑩ GB. ⚘

fermé 12 déc. au 12 fév., dim. soir et lundi du 7 sept. au 1ᵉʳ mai – **Repas** (fermé le midi du lundi au jeudi du 19 juil. au 12 août) 18/35 – ☷ 7 – **7 ch** 52/58 – ½ P 50.

◆ Ferme du 19ᵉ s. convertie en auberge champêtre. Deux salles à manger accueillantes et bien dressées. Chambres garnies de meubles rustiques ou de style.

La BARBEN *13 B.-du-R.* 🔢 *G4 – rattaché à Salon-de-Provence.*

BARBENTANE *13570 B.-du-R.* 🔢 *D2 G. Provence – 3 645 h alt. 40.*

Voir *Château*★★.

🛈 *Office de tourisme, 4 le Cours ℘ 04 90 90 85 86, Fax 04 90 95 60 02, ot.barbentane@visit-provence.com.*

Paris 692 – Avignon 10 – Arles 33 – Marseille 103 – Nîmes 38 – Tarascon 16.

🏠 **Castel Mouisson** ॐ sans rest, quartier Castel-Mouisson, par rte Rognonas : 1,5 km ℘ 04 90 95 51 17, contact@hotel-castelmouisson.com, Fax 04 90 95 67 63, ⏚, 🖛, ॐ – 📺 **P**. GB. ॐ

1er mars-31 oct. – 🍽 9 – **17 ch** 56/69.

♦ Cette agréable maison provençale au pied de la Montagnette propose des chambres simples et rustiques, ouvertes sur le beau et vaste jardin arboré. Chaleureux accueil familial.

BARBEZIEUX *16 Charente* 🔢 *J7 G. Poitou Vendée Charentes – 4 819 h alt. 100 – ⌧ 16300 Barbezieux-St-Hilaire.*

🛈 *Office de tourisme, 16 place du Marché ℘ 05 45 78 02 54.*

Paris 480 – Bordeaux 84 – Angoulême 36 – Cognac 36 – Jonzac 24 – Libourne 70.

🏠 **Boule d'Or,** 9 bd Gambetta ℘ 05 45 78 64 13, laboule.dor@wanadoo.fr, Fax 05 45 78 63 83, 🌣, 🖛 – 📶 📺 ☎ ⇦, ÆE ⓞ GB

fermé 20 déc. au 5 janv., vend. soir et dim. soir d'oct. à avril – **Repas** 12/34 – 🍽 5,50 – **20 ch** 42/49 – ½ P 42/49.

♦ Au centre de la "capitale" de la Petite Champagne cognaçaise, patrie de l'écrivain Jacques Chardonne. Construction ancienne disposant de grandes chambres fonctionnelles. Restaurant sobrement contemporain et paisible terrasse ombragée d'un vieux marronnier.

BARBIZON *77630 S.-et-M.* 🔢 *E5 G. Ile de France – 1 490 h alt. 80.*

Voir *Auberge du Père Ganne*★.

🏌 *Cély Golf Club à Cély ℘ 01 64 38 03 07, O : 9 km par D64 et D11.*

🛈 *Office de tourisme, 55 Grande Rue ℘ 01 60 66 41 87, Fax 01 60 66 22 38, barbizon-tourisme@wanadoo.fr.*

Paris 56 – Fontainebleau 10 – Étampes 41 – Melun 13 – Pithiviers 45.

🏰 **Hôtellerie du Bas-Bréau** ॐ, ℘ 01 60 66 40 05, basbreau@wanadoo.fr, Fax 01 60 69 22 89, 🌣, ⏚, ॐ, 🌿 – 🗏 ch, 📺 ☎ ⇦ **P** – 🔬 20. ÆE GB

Repas 53 (déj.)/75 🍽 🖛 – 🍽 18 – **12 ch** 140/350, 8 suites.

♦ Les séjours de R. L. Stevenson, hôte célèbre parmi d'autres, ont fait la réputation de l'établissement. Belles chambres personnalisées donnant sur le parc aux mille fleurs. Décor rustico-bourgeois dans la salle à manger et terrasse ombragée ; gibier en saison.

🍴 **L'Angélus,** 31 Grande rue ℘ 01 60 66 40 30, restaurant.angelus@wanadoo.fr, Fax 01 60 66 42 12, 🌣 – **P**. ÆE GB

fermé 18 au 26 août, 17 janv. au 8 fév., lundi et mardi – **Repas** 28/39 et carte 38 à 59, enf. 12 🍽.

♦ Dans la rue principale, pimpante auberge rustique dont l'enseigne rend hommage à l'une des plus fameuses oeuvres de Millet, peinte à Barbizon.

🍴 **Relais de Barbizon,** 2 av.Charles de Gaulle ℘ 01 60 66 40 28, 🌣 – GB

fermé 16 au 27 août, 6 au 25 déc., mardi soir et merc. – **Repas** 20/35.

♦ Au bord d'une route passante, petite adresse familiale accueillante dans sa simplicité. Cadre campagnard avec cheminée, et terrasse ombragée pour les beaux jours.

BARBOTAN-LES-THERMES *32 Gers* 🔢 *B6 G. Midi-Pyrénées – Stat. therm. (fin mars-début déc.) – Casino – ⌧ 32150 Cazaubon.*

🛈 *Office de tourisme, Maison du Tourisme et du Thermalisme ℘ 05 62 69 52 13, Fax 05 62 69 57 71, omt.barbotan@wanadoo.fr.*

Paris 703 – Aire-sur-l'Adour 37 – Auch 75 – Condom 37 – Mont-de-Marsan 43.

🏠 **Paix,** 24 av. Thermes ℘ 05 62 69 52 06, hotel.paix@wanadoo.fr, Fax 05 62 09 55 73, ⏚, 🖛 – 📺 **P**. GB. ॐ rest

18 mars-11 nov. – **Repas** (dîner seul.) (12) -16/26, enf. 8 🍽 – 🍽 7 – **32 ch** 45/64 – ½ P 42,50/52.

♦ Bâtiment récent proche de l'église et du centre thermal. Les chambres, coquettes et bien tenues, sont équipées d'un mobilier fonctionnel. Cadre très sobre et ambiance "pension de famille" au restaurant ; plats traditionnels et menus diététiques sur commande.

🏨 **Les Fleurs de Lees,** rte Agen 🕾 05 62 08 36 36, *contact@fleursdelees.com*, Fax 05 62 08 36 37, 🌧, ⬛ – 📺 📞 ⚿ 🅿, ⑩ ☕. 🛇
mars-nov. – **Repas** 19,50 (déj.)/35, enf. 8 ⚥ – **17 ch** 🚬 65/85 – ½ P 53/74,50.
♦ Pimpante maison située au coeur de l'Armagnac. Chambres feutrées, parfois avec terrasse, et belles suites à thème ("Afrique", "Asie", "Inde", etc.). Meubles et objets de Dubaï décorent le restaurant ; la cuisine panache parfums du monde et saveurs régionales.

🏨 **Cante Grit,** 🕾 05 62 69 52 12, *hotel.cante.grit@wanadoo.fr*,
Fax 05 62 69 53 98 – 📺 🅿, ℀ ☕. 🛇 rest
15 avril-30 oct. – **Repas** 13/17,50 ⚥ – 🚬 7 – **20 ch** 32/56 – P 46,50/60.
♦ Cette jolie villa des années 1930 tapissée de vigne vierge propose des chambres assez grandes, fraîches et pratiques. Accueillant salon évoquant une demeure familiale. Salle à manger d'inspiration campagnarde avec poutres apparentes et mobilier paysan.

🏨 **Beauséjour,** 6 av. Thermes 🕾 05 62 08 30 30, *bernard.urrutia@wanadoo.fr*,
Fax 05 62 09 50 78, ⬛, 🌧 – 📺 🅿, ☕
17 mars-27 nov. – **Repas** 16,30/33 – 🚬 7 – **29 ch** 58/62.
♦ Grande maison de style régional renfermant des chambres rustiques. Petit salon d'esprit "british". Pour la détente : joli jardin arboré et piscine. Restaurant aux tons ensoleillés et terrasse tournée vers la campagne gersoise ; repas diététiques à la demande.

🏨 **Aubergade,** 🕾 05 62 69 55 43, *aubergade2@wanadoo.fr*, Fax 05 62 69 52 09, ⬛ –
▤ rest, 📺, ⑩ ☕
mars-nov. – **Repas** 16/24 – 🚬 7 – **19 ch** 39/54 – ½ P 34/41,50.
♦ À l'entrée de cette station thermale où prospèrent les espèces exotiques, chambres fonctionnelles, correctement insonorisées ; certaines possèdent un balcon. Sobre décor et carte traditionnelle ou diététique (pour les curistes) au restaurant.

Nos guides hôteliers, nos guides touristiques et nos cartes routières
sont complémentaires. Utilisez-les ensemble.

BARCELONNETTE 🕾 04400 Alpes-de-H.-P. **334** H6 *G. Alpes du Sud* – 2 819 h alt. 1135 –
Sports d'hiver : Le Sauze/Super Sauze 1 400/2 000 m ⚞23 ⚶ et Pra-Loup 1 500/2 600 m
⚞ 3 ⚞ 29 ⚶.
Voir Église de St-Pons★ NO : 2 km.
🛈 Office de tourisme, place Frédéric Mistral 🕾 04 92 81 04 71, Fax 04 92 81 22 67,
info@barcelonnette.com.
Paris 733 – Briançon 86 – Cannes 161 – Digne-les-Bains 88 – Gap 68 – Nice 145.

🏨 **Azteca** 🛇 sans rest, 3 r. François Arnaud 🕾 04 92 81 46 36, *hotel-azteca@wanadoo.fr*,
Fax 04 92 81 43 92 – ⬗ 📺 🅿, – ⬚ 70, ◭ ⑩ ☕
fermé 14 nov. au 6 déc. – 🚬 11 – **27 ch** 80/95.
♦ Jolie villa où meubles et objets artisanaux mexicains composent un décor original évoquant l'épopée des "Barcelonnettes" au Mexique. Trois chambres déclinent ce thème.

🍴 **Passe-Montagne,** à 3 km, rte Col de la Cayolle 🕾 04 92 81 08 58, Fax 04 92 81 08 58,
🌧 – 🅿, ◭ ⑩ ☕
fermé juin, 1er oct. au 15 déc., mardi et merc. hors saison – **Repas** (prévenir) 25, enf. 10.
♦ Accueil charmant, ambiance conviviale et chaleureux décor alpin en ce petit chalet implanté à l'orée d'une pinède. Goûteuse cuisine, montagnarde l'hiver et provençale l'été.

au Sauze *Sud-Est : 4 km par D 900 et D 209 – Sports d'hiver : 1 400/2 000 m ⚞23 ⚶ – ✉ 04400*
Barcelonnette

🏨 **Alp'Hôtel** 🛇, 🕾 04 92 81 05 04, *info@alp-hotel.com*, Fax 04 92 81 45 84, ≤, 🌧, ⬛, 🌧
– 📺 ⬅, 🅿, ☕
25 mai-30 sept. et 20 déc.-15 avril – **Repas** 18/30 – 🚬 9 – **24 ch** 76/89 – ½ P 69/79.
♦ L'hôtel jouxte un télésiège de la petite station dominée par son "Chapeau de Gendarme" (2 685m). Salons voûtés et chambres fonctionnelles souvent pourvues de balcons. La salle à manger, égayée de couleurs provençales, est tournée vers les pistes de ski.

🏨 **L'Équipe,** 🕾 04 92 81 05 12, *hotelequipe@wanadoo.fr*, Fax 04 92 81 45 33, ≤, 🌧 – 🅿, ◭
28 juin-7 sept. et 20 déc.-15 avril – **Repas** 15/21 ⚥ – 🚬 7 – **23 ch** 54 – ½ P 51.
♦ Champs de neige ou forêts de mélèzes : chalet des années 1950, l'Équipe garde la faveur des sportifs en toutes saisons. Petites chambres lambrissées au confort modeste. Le côté rustique du restaurant est accentué, l'hiver, par des flambées dans la cheminée.

au Super-Sauze *Sud-Est : 10 km par D 900 et D 209 – Sports d'hiver : voir au Sauze – ✉ 04400*
Barcelonnette

🏨 **Pyjama** 🛇 sans rest, 🕾 04 92 81 12 00, Fax 04 92 81 03 16, ≤ – cuisinette 📺 📞 🅿, ◭ ⑩
☕
15 juin-15 sept. et 20 déc.-20 mai – 🚬 8 – **10 ch** 52/94, 4 studios.
♦ Les chambres, assez simples et agrémentées de meubles anciens, sont parfois agrandies d'une mezzanine pratique pour un séjour familial au pays de Carole Merle.

à Jausiers *Nord-Est : 8 km par D 900 – 896 h. alt. 1240 –* ⊠ *04850 :*

🛈 *Office de tourisme, rue Principale* 𝄢 *04 92 81 21 45, Fax 04 92 84 63 42, info@jausiers-.com.*

XX **Villa Morelia** 🐾 *avec ch.,* 𝄢 *04 92 84 67 78, rboudard@aol.com, Fax 04 92 84 65 47,* 🏞, ⚞ – 📺. 🄰🄴 ⓪ 🅶🄱 🄹🄲🄱
fermé 17 avril au 6 mai, 17 au 28 oct., 18 au 29 déc., dim. et lundi hors saison – **Repas** *(fermé 21 mars au 6 mai, 17 au 28 oct., 2 nov. au 29 déc. , dim., lundi et mardi hors saison) (dîner seul.)(menu unique)(prévenir)* 45/55 ♀ – ⊐ 15 – **8 ch** 125/180.
♦ Restaurant logé dans l'une des célèbres villas "mexicaines" (1900) de Barcelonnette. Élégant intérieur, terrasse face au parc et cuisine inventive. Coquettes chambres d'hôte.

à Pra-Loup *Sud-Ouest : 8,5 km par D 902, D 908 et D 109 – Sports d'hiver : 1 500/2 600 m* ⛷ *3* ⛷ *29* ⛷ – ⊠ *04400 Barcelonnette.*

🛈 *Office de tourisme, Maison de Pra-Loup* 𝄢 *04 92 84 10 04, Fax 04 92 84 02 93, info@praloup.com.*

🏠 **Auberge du Clos Sorel** 🐾, *à Molanès* 𝄢 *04 92 84 10 74, domidom@clos-sorel.com, Fax 04 92 84 09 14,* ≤, 🏞, ⌣ – 📺. 🅶🄱. 🍽 rest
15 juin-début sept. et 20 déc.-début avril – **Repas** *(fermé le midi sauf vacances scolaires)* 25/35 – ⊐ 8 – **11 ch** 87/140 – 1⁄2 P 77/100.
♦ Authentique ferme du 17ᵉ s. joliment restaurée. Chambres personnalisées (mobilier régional chiné dans les brocantes), vue sur les sommets ; belle piscine panoramique. Ravissante petite salle à manger au coin du feu et terrasse tournée vers la nature.

🏠 **Prieuré de Molanès**, *à Molanès* 𝄢 *04 92 84 11 43, info@prieure-praloup.com, Fax 04 92 84 01 88,* 🏞, ⌣, ⚞ – 📺 🄿. ⓪ 🅶🄱 🄹🄲🄱
11 déc.-24 avril et 5 juin-18 sept. – **Repas** *(12,50)* - 20/45 ♀ – ⊐ 7,50 – **14 ch** 55/80 – 1⁄2 P 63.
♦ Ambiance montagnarde dans cet ancien prieuré transformé en hôtellerie familiale. Chambres de bon confort, peu à peu redécorées dans un esprit alpin. Chaleureux restaurant campagnard avec poutres apparentes, cheminée et murs ornés de vieux outils paysans.

BARCUS *64130 Pyr.-Atl.* 🗾 *H5 – 774 h alt. 230.*

Paris 813 – Pau 52 – Mauléon-Licharre 14 – Oloron-Ste-Marie 18 – St-Jean-Pied-de-Port 53.

XXX **Chilo** 🐾 *avec ch.,* 𝄢 *05 59 28 90 79, martine.chilo@wanadoo.fr, Fax 05 59 28 93 10,* 🏞, ⌣, ⚞ – 📺 🄰🄴 ⓪ 🅶🄱. 🍽
fermé 5 au 30 janv., vacances de fév., dim. soir et lundi d'oct. à juin, mardi midi d'oct. à mai – **Repas** 38 et carte 45 à 62 ♀ – ⊐ 8 – **11 ch** 42/100 – 1⁄2 P 55,50/79.
♦ Belle maison de pays située au coeur d'un paisible village. Cuisine aux saveurs régionales servie dans une chaleureuse salle à manger. Agréable jardin face à la montagne.

BARDIGUES *82 T.-et-G.* 🗾 *B7 – rattaché à Auvillar.*

BARFLEUR *50760 Manche* 🗾 *E1 G. Normandie Cotentin – 642 h alt. 5.*

Voir *Phare de la Pointe de Barfleur :* ✳✳⋆⋆ *N : 4 km – Intérieur⋆ de l'église de Montfarville 2 km S.*

🛈 *Syndicat d'initiative, quai Henri Chardon* 𝄢 *02 33 54 02 48, Fax 02 33 23 43 00, office.tourisme.barfleur@wanadoo.fr.*

Paris 355 – Cherbourg 29 – Carentan 48 – St-Lô 75 – Valognes 26.

🏠 **Conquérant** *sans rest, 18 r. St Thomas* 𝄢 *02 33 54 00 82, Fax 02 33 54 65 25,* ⚞ – 📺 🄰🄴 🅶🄱. 🍽
15 mars-15 nov. – ⊐ 9 – **13 ch** 35/80.
♦ À deux pas du port, belle demeure du 17ᵉ s. en granit, agrémentée d'un jardin à la française. Chambres campagnardes, parfois dotées d'armoires normandes.

XX **Moderne,** *1 pl. du Général de Gaulle* 𝄢 *02 33 23 12 44, Fax 02 33 23 91 58* – 🄰🄴 🅶🄱
fermé 4 au 18 janv., mardi soir et merc. sauf du 1ᵉʳ juil. au 15 sept – **Repas** 18 (déj.), 24,50/54, enf. 10 ♀.
♦ Ce restaurant central bordant une rue calme de la petite station balnéaire propose une carte traditionnelle et des produits de la mer. Salle garnie de meubles rustiques.

BARJAC *30430 Gard* 🗾 *L3 – 1 379 h alt. 171.*

🛈 *Office de tourisme, place Charles Guynet* 𝄢 *04 66 24 53 44, Fax 04 66 60 23 08, ot.barjac@wanadoo.fr.*

Paris 666 – Alès 34 – Aubenas 45 – Mende 114.

🏠 **Mas du Terme** ⟨⟩, Sud-Est : 4 km par D 901 et rte secondaire ℰ 04 66 24 56 31, *welcome@mas-du-terme.com*, Fax 04 66 24 58 54, 🌣, ⌿, 🐾 – 📺 🅿. GB
avril-oct. et fermé le midi – **Repas** 27/35 ♀ – ⊡ 9 – **22 ch** 84/150 – ½ P 78/116.
 ◆ Cette ex-magnanerie entourée de vignobles est située à deux tours de roue du féerique aven d'Orgnac. Chambres provençales, appartements ou "gîtes" très prisés des familles. Au restaurant, belles voûtes du 18ᵉ s., terrasse-patio et cuisine à l'accent du Midi.

✕ **L'Esplanade,** pl. Église ℰ 04 66 24 58 42, Fax 04 66 24 58 42, 🌣 – GB
🦞 *9 janv.-29 sept. et fermé lundi soir sauf juil.-août et mardi* – **Repas** 15/25 ♀.
 ◆ Petite maison en pierre (18ᵉ s.) au coeur de ce pittoresque village. Intérieur voûté agrémenté d'objets chinés et terrasse fleurie offrant une jolie vue sur la campagne.

✕ **Hostellerie de Landes** ⟨⟩, avec ch, Sud-Est : 5 km par D 901 ℰ 04 66 24 56 14, *hostlan@club-internet.fr*, Fax 04 66 60 22 39, 🌣, 🐾 – 🅿. AE GB JCB. ⚹ rest
fermé 1ᵉʳ déc. au 15 janv., mardi midi en juil.-août, dim. soir et lundi de sept. à juin – **Repas**
18 (déj.), 25/41, enf. 10 ♀ – ⊡ 8 – **4 ch** 47/63 – ½ P 49/58.
 ◆ Cette adorable villa étoffe sa carte de quelques spécialités régionales. Aux premiers beaux jours, rejoignez la terrasse surplombant le jardin. Salle à manger-véranda.

BAR-LE-DUC 🅿 55000 Meuse 𝟯𝟬𝟳 B6 *G. Alsace Lorraine* – 16 944 h alt. 188.

Voir ''le Transi'' (statue)★★ dans l'église St-Étienne **AZ**.

🏌 à Combles-en-Barrois ℰ 03 29 45 16 03, par ③ : 5 km.

🅱 Office de tourisme, 5 rue Jeanne-d'Arc ℰ 03 29 79 11 13, Fax 03 29 79 21 95, barleduc-.tourisme@wanadoo.fr.

Paris 255 ④ – *Metz 97* ① – *Nancy 84* ② – *Reims 113* ④ – *St-Dizier 26* ③ – *Verdun 56* ①.

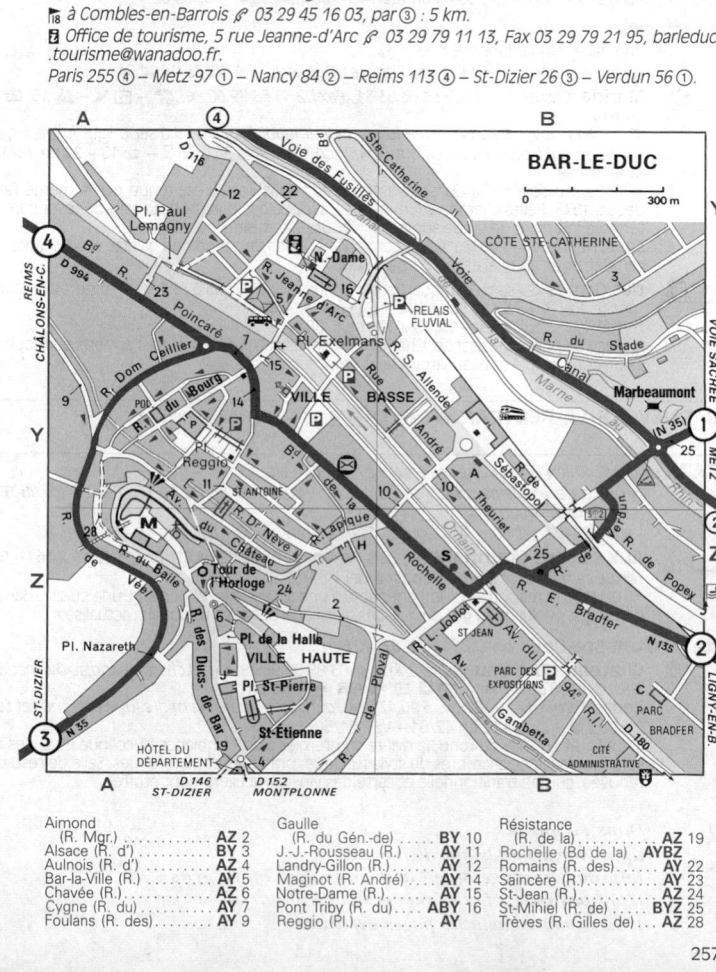

Aimond		Gaulle		Résistance	
(R. Mgr.)	**AZ** 2	(R. du Gén.-de)	**BY** 10	(R. de la)	**AZ** 19
Alsace (R. d')	**BY** 3	J.-J.-Rousseau (R.)	**AY** 11	Rochelle (Bd de la)	**AYBZ**
Aulnois (R. d')	**AZ** 4	Landry-Gillon (R.)	**AY** 12	Romains (R. des)	**AY** 22
Bar-la-Ville (R.)	**AY** 5	Maginot (R. André)	**AY** 14	Saincère (R.)	**AZ** 23
Chavée (R.)	**AY** 6	Notre-Dame (R.)	**AY** 15	St-Jean (R.)	**AZ** 24
Cygne (R. du)	**AY** 7	Pont Triby (R. du)	**ABY** 16	St-Mihiel (R. de)	**BYZ** 27
Foulans (R. des)	**AY** 9	Reggio (Pl.)	**AY**	Trèves (R. Gilles de)	**AZ** 28

✗ **Bistro St-Jean,** 132 av. La Rochelle ℰ 03 29 45 40 40, *Fax 03 29 45 40 45* – ▦.
ⓖⓑ   BZ **s**
fermé 15 juil. au 10 août, 10 au 20 janv., dim. et soirs fériés – **Repas** carte 30 à 40.
◆ Ce sympathique petit établissement du centre-ville, dont le décor de bistrot a été "revu et corrigé", propose une carte typique du genre et des produits de la mer.

à Trémont-sur-Saulx *par ③ et D 3 : 9,5 km* – *610 h. alt. 166* – ⊠ *55000 :*

⌂ **Source** ⌖, ℰ 03 29 75 45 22, *hotel-restaurant-lasource@wanadoo.fr, Fax 03 29 75 48 55,* ⌂, ♨ – ▦ rest, ⓣⓥ ⌖ ⅙ 🅿 – 🚹 25. 🆎 ⓖⓑ, ⅏ rest
fermé 1ᵉʳ au 23 août, 27 déc. au 16 janv., dim. soir et lundi midi – **Repas** 21/50, enf. 12 ⅃ –
⊑ 9,50 – **26 ch** 58/90 – ½ P 62/73.
◆ Ce motel des années 1980 largement ouvert sur la campagne offre aux voyageurs des chambres calmes, rénovées avec soin et égayées de tons pastel. Une rôtissoire est installée dans la grande salle à manger agrémentée en outre d'une cheminée.

BARNEVILLE-CARTERET *50270 Manche* 🟥🟥🟥 *B3 G. Normandie Cotentin* – *2 429 h alt. 47.*
 🚢 *de la Côte-des-Isles à St-Jean-de-la-Rivière* ℰ 02 33 93 44 85, SE : 5 km par D 90.
 🅱 *Office de tourisme, 10 rue des Ecoles* ℰ 02 33 04 90 58, Fax 02 33 04 93 24, tourisme.barneville-carteret@wanadoo.fr.
 Paris 356 – *Cherbourg 39* – *Carentan 43* – *Coutances 47* – *St-Lô 62.*

à Carteret.
  Voir *Table d'orientation* ⩽★.
  🅱 *Office de tourisme, place des Flandres-Dunkerque* ℰ 02 33 04 94 54.

⌂⌂ **Marine** (Cesne) ⌖, ℰ 02 33 53 83 31, *Fax 02 33 53 39 60,* ⩽, ♨ – ⓣⓥ ⌖ – 🚹 15. 🆎 ⓖⓑ,
⅏ rest
1ᵉʳ avril-11 nov. – **Repas** *(fermé lundi midi et jeudi midi d'avril à sept. sauf juil.-août, dim. soir, jeudi midi et lundi d'oct. à mi-avril)* 28/81 et carte 54 à 73 ⅄ – ⊑ 10 – **29 ch** 78/138 – ½ P 79/109.
◆ Cette maison, qui a quasiment "les pieds dans l'eau", est tenue par la même famille depuis 1876. Belles chambres lumineuses, avec balcon côté port. La salle de restaurant et la terrasse jouissent de la vue sur la mer ; goûteuse cuisine inventive.
Spéc. Huîtres en nage glacée de cornichons. Pieds de cochon en galette croustillante. Gros carrelet laqué au miel et thym (mai à sept.).

⌂⌂ **des Ormes** ⌖ sans rest, quai Barbey d'Aurevilly ℰ 02 33 52 23 50, *welcome@hoteldesormes.fr, Fax 02 33 52 91 65,* ⩽, ♨ – ⓣⓥ ⌖ ⅙ 🅿. ⓖⓑ
fermé 4 janv. au 11 fév. – ⊑ 11 – **10 ch** 85/98.
◆ Face au port de plaisance. Chambres fraîches garnies de meubles anciens ou modernes. Salon confortable et beau jardin fleuri en saison.

BARNEVILLE-LA-BERTRAN *14 Calvados* 🟥🟥🟥 *N3* – *rattaché à Honfleur.*

BARR *67140 B.-Rhin* 🟥🟥🟥 *I6 G. Alsace Lorraine* – *5 892 h alt. 200.*
  🅱 *Office de tourisme, place de l'Hôtel de Ville* ℰ 03 88 08 66 65, Fax 03 88 08 66 51, info.tourisme@barr.fr.
  Paris 495 – *Strasbourg 37* – *Colmar 43* – *Le Hohwald 12* – *Saverne 46* – *Sélestat 20.*

✗✗ **Aux Saisons Gourmandes,** 23 r. Kirneck ℰ 03 88 08 04 62, *Fax 03 88 08 22 61* – ⓖⓑ
fermé sam. midi et lundi – **Repas** 22 (déj.), 37/57 ⅄.
◆ Cette jolie maison à colombages abrite une sobre salle où l'on sert une cuisine dans l'air du temps, évoluant au gré des saisons, ainsi que des plats régionaux actualisés.

rte du Mont Ste-Odile *par D 854* – ⊠ *67140 Barr :*

⌂ **Château d'Andlau** ⌖, à 2 km ℰ 03 88 08 96 78, *hotel.chateau-andlau@wanadoo.fr, Fax 03 88 08 00 93,* ♨ – ⓣⓥ 🅿. 🆎 ⓞ ⓖⓑ ⌸ⅽⅾ. ⅏ ch
Repas *(fermé 12 au 26 nov., 3 au 17 janv., dim. soir, lundi et le midi sauf week-ends et fériés)* 21/30 ⅄ – ⊑ 8 – **22 ch** 42/61 – ½ P 54/58.
◆ La forêt en toile de fond, la rivière au premier plan : ambiance bucolique pour des nuits sereines dans des chambres de style rustique, pratiques et bien tenues. Salle de restaurant rénovée, cuisine traditionnelle et carte des vins particulièrement étoffée.

Dans ce guide
un même symbole, un même mot,
imprimé en **rouge** *ou en* **noir***, en maigre ou en* **gras***,*
n'ont pas tout à fait la même signification.
Lisez attentivement les pages explicatives.

Les BARRAQUES-EN-VERCORS 26 Drôme 332 F3 – ⊠ 26420 La Chapelle-en-Vercors.

Env. NO : Gorges des Grands-Goulets★★★, G. Alpes du Nord.

Paris 599 – Grenoble 55 – Valence 58 – Die 46 – Romans-sur-Isère 42 – St-Marcellin 30.

🏠 **Grands Goulets** ⌘, 🔥 04 75 48 22 45, *hotel.grands.goulets@wanadoo.fr*,
Fax 04 75 48 10 24, 🍽, 🌳 – 🍷 ☞ 🄿 🖭 ⓪ 🈸
1ᵉʳ mai-15 sept. – **Repas** 18/26, enf. 8,50 ♀ – ☑ 7 – **23 ch** 38/48 – ½ P 45/48.
   ◆ Longue bâtisse adossée à la montagne sur la route des gorges. Literie neuve dans les chambres, parfois pourvues de balcons. Jardin en contrebas, proche d'un torrent. Vaste et claire salle à manger de style rustique et terrasse d'été dominant la Vernaison.

Le BARROUX 84330 Vaucluse 332 D9 G. Provence – 569 h alt. 325.

Paris 684 – Avignon 38 – Carpentras 12 – Vaison-la-Romaine 14.

🏠🏠 **Hostellerie François-Joseph** ⌘, sans rest, chemin Rabassières, 2 km rte des Monastères Ste-Madeleine 🔥 04 90 62 52 78, *hotel.f.joseph@wanadoo.fr*, Fax 04 90 62 33 54, ⌇, 🌳 – cuisinette 🖭 ♿ 🄿 🖭 🈸 ⚐
1ᵉʳ avril-2 nov. – ☑ 12 – **12 ch** 70/100, 6 suites.
   ◆ Nichée dans un jardin ombragé, coquette résidence composée de plusieurs mas provençaux offrant une belle perspective sur la campagne environnante et le mont Ventoux.

🏠🏠 **Les Géraniums** ⌘, pl. de la Croix 🔥 04 90 62 41 08, *acomi@avignon-et-provence.com*, Fax 04 90 62 56 48, ≤, 🍽, 🌳 – 🖭 🈸
5 mars-15 nov. – **Repas** 16 (déj.), 23/46, enf. 8 ♀ – ☑ 8 – **22 ch** 45/50 – ½ P 43/46.
   ◆ Maison ancienne de ce village perché dominant, avec son château-place forte du 12ᵉ s., la plaine du Comtat. Sobres chambres d'esprit rustique. Une collection de tableaux, enrichie par les habitués, décore la salle à manger coiffée d'une charpente apparente.

BAR-SUR-AUBE ⑩ 10200 Aube 313 I4 G. Champagne Ardenne – 6 261 h alt. 190.

Voir Église St-Pierre★.

🛈 Office de tourisme, place de l'Hôtel de Ville 🔥 03 25 27 24 25, Fax 03 25 27 40 02, ot-bar@barsuraube.net.

Paris 230 – Châtillon-sur-Seine 60 – Chaumont 41 – Troyes 53 – Vitry-le-François 65.

🏠 **Le Saint Nicolas** sans rest, 2 r.du Général de Gaulle 🔥 03 25 27 08 65, *le.saintnicolas@tiscali.fr*, Fax 03 25 27 60 31, ⌇ – ⁂ 🗏 🖭 🍷 ♿ – 🅰 25. 🈸
☑ 8 – **27 ch** 60/65.
   ◆ Trois jolies maisons à pans de bois composent cet établissement du centre-ville. Les chambres bénéficient d'un décor récent et de meubles en bois peint.

🍴🍴 **Toque Baralbine**, 18 r. Nationale 🔥 03 25 27 20 34, *toquebaralbine@aol.com*, Fax 03 25 27 20 34, 🍽 – 🖭 🈸
fermé 5 au 25 janv., dim. soir et lundi – **Repas** 17/45, enf. 10 ♀.
   ◆ Façade rénovée, décor de la salle principale revu et aménagement d'un salon de style champenois : ce restaurant baralbin soigne son cadre autant que son assiette.

🍴🍴 **Cellier aux Moines,** r. Gén. Vouillemont 🔥 03 25 27 08 01, *relais.sud.terminus@wanadoo.fr*, Fax 03 25 01 56 22 – 🈸
fermé mardi midi et le soir sauf vend. et sam. – **Repas** (12) - 19/28.
   ◆ Dans le centre historique, vaste cellier du 12ᵉ s. converti en restaurant. Belles voûtes multi-séculaires, mobilier campagnard et service assuré en costumes de vignerons.

à Arsonval Nord-Ouest : 6 km sur N 19 – 331 h. alt. 159 – ⊠ 10200 :

🍴🍴 **Hostellerie de la Chaumière** avec ch, 🔥 03 25 27 91 02, *info@lachaumiere.fr*, Fax 03 25 27 90 26, 🍽, 🌳 – 🖭 🍷 🄿 🖭 🈸 🍷ᴄʙ
fermé 10 déc. au 20 janv., dim. soir hors saison et lundi – **Repas** 18/50, enf. 10 ♀ – ☑ 8 – **12 ch** 53/56 – ½ P 55/60.
   ◆ Jolie façade champenoise abritant une accueillante salle à manger panoramique. Dans les anciennes écuries, chambres pratiques tournées vers le jardin fleuri et la rivière.

Le BAR -SUR-LOUP 06620 Alpes-Mar. 341 C5 G. Côte d'Azur – 2 543 h alt. 320.

Voir Site★ – Danse macabre★ (peintures sur bois) dans l'église St-Jacques – ≤★ de la place de l'église.

🛈 Office de tourisme, place Francis Paulet 🔥 04 93 42 72 21, Fax 04 93 42 92 60, office-tourisme@bar-sur-loup.com.

Paris 916 – Grasse 10 – Nice 31 – Vence 15.

🍴🍴 **Jarrerie,** 🔥 04 93 42 92 92, Fax 04 93 42 91 22, 🍽 – 🖭 ⓪ 🈸 🍷ᴄʙ
fermé 2 au 31 janv., merc. midi et mardi – **Repas** 25/45 ♀.
   ◆ Autrefois monastère, puis conserverie et parfumerie, cette bâtisse régionale du 17ᵉ s. abrite une grande salle à manger rustique avec cheminée, pierres et poutres apparentes.

BAR-SUR-SEINE 10110 Aube **313** G5 *G. Champagne Ardenne – 3 510 h alt. 157.*

Voir *Intérieur★ de l'église St-Étienne.*

🛈 *Office de tourisme, 33 rue Gambetta ℘ 03 25 29 94 43, Fax 03 25 29 70 21, otbar-@wanadoo.fr.*

Paris 197 – Troyes 33 – Bar-sur-Aube 37 – Châtillon-sur-Seine 36 – St-Florentin 57.

Commerce avec ch, 30 r. République ℘ 03 25 29 86 36, Fax 03 25 29 64 87 – ▤ rest, – 🛏️ 40. **GB**. ⚹ ch

fermé 21 au 29 août, vend. sauf le soir en juil.-août et dim. – **Repas** 12/33 ♀ – � 5 – **13 ch** 35/37 – ½ P 30.

◆ Cet établissement tout simple se trouve au coeur du bourg. Salle à manger d'esprit rustique, égayée d'une cheminée. Chambres modestes.

près échangeur *autoroute A5, Nord-Est : 9 km par D 443 –* ✉ *10110 Magnant :*

🏠 **Val Moret,** ℘ 03 25 29 85 12, *contact@le-val-moret.com, Fax 03 25 29 70 81,* � – ⟵, ▤ rest, 🔲 ✆ ⅙ 🅿 – 🛏️ 10 à 30. 🆎 **GB**. ⚹

Repas 15/45, enf. 7,50 ♀ – ⊏ 7 – **42 ch** 40/70.

◆ Hôtel-restaurant de type motel proposant des chambres fonctionnelles et assez spacieuses, toutes en rez-de-chaussée. Espace gazonné avec aire de jeux pour les enfants. Salles à manger actuelles dont une en véranda ; carte traditionnelle et plats régionaux.

BAS-MAUCO 40 Landes **335** H12 – *rattaché à St-Sever.*

BAS-RUPTS 88 Vosges **314** J4 – *rattaché à Gérardmer.*

BASSAC 16 Charente **324** I6 – *rattaché à Jarnac.*

BASSE-GOULAINE 44 Loire-Atl. **316** H4 – *rattaché à Nantes.*

BASTELICA 2A Corse-du-Sud **345** D7 – *voir à Corse.*

BASTIA 2B H.-Corse **345** F3 – *voir à Corse.*

La BASTIDE 83840 Var **340** O3 – *122 h alt. 1000.*

Paris 813 – Castellane 25 – Digne-les-Bains 78 – Draguignan 43 – Grasse 48.

🏠 **Lachens** ⚹, ℘ 04 94 76 80 01, Fax 04 94 84 21 88, �, 🚌 – 🔲 ✆. **GB**. ⚹ ch

15 avril-15 nov. et fermé mardi et merc. sauf fériés – **Repas** 15/29, enf. 8 – ⊏ 6 – **13 ch** 42/56 – ½ P 40/43,50.

◆ Dans un hameau perdu du haut Var, maison provençale traditionnelle disposant de chambres pratiques et bien tenues. Sympathique salle à manger campagnarde et sa terrasse côté jardin. La carte privilégie les viandes : la boucherie familiale est juste en face !

La BASTIDE-DES-JOURDANS 84240 Vaucluse **332** G11 – *964 h alt. 412.*

Paris 762 – Aix-en-Provence 39 – Apt 40 – Digne-les-Bains 77 – Manosque 17.

🍴🍴 **Auberge du Cheval Blanc** avec ch, ℘ 04 90 77 81 08, *provence.luberon@wanadoo.fr,* Fax 04 90 77 86 51, � – ▤ 🔲 🅿. **GB**

fermé mi-janv. à fin fév. et hôtel le jeudi sauf en été – **Repas** *(fermé merc. soir et jeudi de mi-nov. à fin fév., jeudi midi de juil. à sept.)* 26/36, enf. 10 ♀ – ⊏ 10 – **4 ch** 70/80 – ½ P 70/75.

◆ Demeure provençale située au coeur du village. Salle à manger bourgeoise aux couleurs du Midi et plats aux accents du terroir. Coquettes chambres personnalisées.

BATZ-SUR-MER 44740 Loire-Atl. **316** B4 *G. Bretagne – 3 049 h alt. 12.*

Voir ✳️★★ *de l'église St-Guenolé★ – Chapelle N.-D. du Mûrier★ – Excursions guidées★ dans les marais (musée des Marais salants) – La Côte Sauvage★.*

🛈 *Office de tourisme, 25 rue de la Plage ℘ 02 40 23 92 36, Fax 02 40 23 74 10, officetourismebatzsurmer@wanadoo.fr.*

Paris 457 – Nantes 84 – La Baule 7 – Redon 64 – Vannes 79.

🏠 **Lichen** ⚹ sans rest, Le Manérick, Sud-Est : 2 km par D 45 ℘ 02 40 23 91 92, *alain.paroux@wanadoo.fr, Fax 02 40 23 84 88,* ≤, 🚌 – 🔲 ✆ 🅿. 🆎 ⓞ **GB**

⊏ 9 – **14 ch** 60/200.

◆ Sur la Côte sauvage, vaste villa néo-bretonne (1990) jouissant du spectacle unique de l'océan. La moitié des chambres, fraîches et assez grandes, donne sur les flots.

BAUGÉ 49150 M.-et-L. **317** I3 G. Châteaux de la Loire – 3 663 h alt. 55.

Voir Croix d'Anjou★★ dans la chapelle des Filles du Coeur de Marie – Le Vieil-Baugé : choeur★ de l'église St-Symphorien SO : 2 km par D 61 – Forêt de Chandelais★ SE : 3 km – Pontigné : peintures murales★ dans l'église E : 5 km par D 141.

🏌 de Bauge-Pontigne ℰ 02 41 89 01 27, E : 2 km par D 766.

🛈 Office de tourisme, place de l'Europe ℰ 02 41 89 18 07, Fax 02 41 89 04 43, tourisme-.bauge@wanadoo.fr.

Paris 262 – Angers 40 – La Flèche 19 – Le Mans 62 – Saumur 39 – Tours 67.

🏠 **Boule d'Or**, 4 r. Cygne ℰ 02 41 89 82 12, Fax 02 41 89 06 07 – 📺 📞 🚘. **GB**. ⁂ ch
fermé 15 au 30 nov., 18 déc. au 7 janv., dim. soir et lundi – **Repas** 18/30, enf. 9 ♀ – ☲ 7 –
10 ch 47/71 – ½ P 53/65.   BZ **h**
   ◆ La fameuse Croix d'Anjou est conservée à deux pas de cet ancien relais de poste. Une coursive dessert, au-dessus d'un beau patio intérieur, des chambres printanières. Il règne une ambiance quelque peu "vieille France" dans la salle à manger d'esprit rustique.

BAULE 45 Loiret **318** H5 – rattaché à Beaugency.

La BAULE 44500 Loire-Atl. **316** B4 G. Bretagne – 15 831 h alt. 31 – Casino Grand Casino **BZ**.

Voir Front de mer★ – Parc des Dryades★ **DZ**.

🛈 Office de tourisme, 8 place de la Victoire ℰ 02 40 24 34 44, Fax 02 40 11 08 10, tourisme.la.baule@wanadoo.fr.

Paris 450 ① – Nantes 76 ① – Rennes 120 ① – St-Nazaire 19 ② – Vannes 74 ①.

Plan page suivante

🏩 **Hermitage Barrière** ⌂, espl. Lucien Barrière ℰ 02 40 11 46 46, hermitage@lucienbarri
ere.com, Fax 02 40 11 46 45, ≼, 斎, ₣₆, ℑ, ♨, ≋, ⁂ – ⫴ ⇆ 🗎 📺 ✦ ₺ 🅟 – ⌂ 200. 🝙
⓪ **GB**. ⁂ rest   BZ **h**
21 mars-3 nov. – **La Terrasse** (ouvert juil.- août et week-ends fériés) **Repas** carte 45 à 70 ♀
– **Eden Beach** ℰ 02 40 11 46 16 - produits de la mer - (fermé 21 nov. au 25 déc., dim. soir et lundi en janv. et fév.) **Repas** 32 ♀ – ☲ 18 – **202 ch** 261/493, 5 suites – ½ P 188,50/304,50.
   ◆ Palace des années 1920 dressant son imposante architecture anglo-normande face à l'océan. Spacieuses chambres personnalisées ouvertes sur les flots ou le jardin. Décor fastueux et cuisine classique à la Terrasse. Poissons et fruits de mer à l'Eden Beach.

🏩 **Royal-Thalasso** ⌂, 6 av. P. Loti ℰ 02 40 11 48 48, royalthalasso@lucienbarriere.com,
Fax 02 40 11 48 45, ≼, 斎, ⑳, ₣₆, ℑ, ℥, ♨, ⁂, ♨ – ⫴ ≣ 📺 ⇌ 🅟 – ⌂ 60. 🝙 ⓪ **GB**
JCB. ⁂ rest   BZ **t**
fermé mi-nov.-mi-déc. – **Rotonde :** **Repas** 37 ♀ – **Ponton** ℰ 02 40 60 52 05 (fermé le soir d'oct. à mars sauf sam. et vacances scolaires) **Repas** carte 38 à 42 ♀ – ☲ 18 – **91 ch** 234/403, 6 suites, 4 duplex – ½ P 175/259,50.
   ◆ Dans un parc face à la mer, bel édifice séculaire relié à un centre moderne de thalasso-thérapie. Harmonie de meubles de style et de tissus chatoyants dans les chambres. Cuisine traditionnelle à la Rotonde. Restauration de plage au Ponton.

🏨 **Castel Marie-Louise** ⌂, 1 av. Andrieu ℰ 02 40 11 48 38, marielouise@relaischateaux.c
⁂ om, Fax 02 40 11 48 35, ≼, ⁂, ♨ – ⫴ ≣ 📺 🅟 – ⌂ 30. 🝙 ⓪ **GB** **JCB**. ⁂ rest   BZ **g**
fermé 14 nov. au 24 déc. – **Repas** (fermé le midi sauf dim. du 15 sept. au 15 mai) 40/86 et carte 69 à 89 ♀ – ☲ 18 – **29 ch** 397/459, 3 suites – ½ P 198,50/301,50.
   ◆ Ambiance "cosy" dans ce charmant manoir entouré d'un impeccable parc. Chambres au calme, garnies d'un mobilier ancien et décorées avec goût. La salle de restaurant, feutrée, est aménagée dans l'esprit d'un cottage anglais ; terrasse dressée à l'ombre des pins.
Spéc. Anguille fumée et lobe de foie gras "terre et marais". Homard meunière à l'huile de vanille, beurre nantais. Crêpes suzette. **Vins** Muscadet de Sèvre et Maine, Fiefs Vendéens.

🏨 **Bellevue Plage**, 27 bd Océan ℰ 02 40 60 28 55, hotel@hotel.bellevue.plage.fr,
Fax 02 40 60 10 18, ≼, ₣₆ – ⫴, ≣ rest, 📺 ✦ 🅟. 🝙 ⓪ **GB**. ⁂ rest   DZ **r**
fermé 22 déc. au 5 fév. – , enf. 15 **Véranda** ℰ 02 40 60 57 77 (fermé déc., janv., merc. sauf juil.-août et lundi midi) **Repas** 23/75 bc, enf. 15 ♀ – ☲ 11 – **35 ch** 110/160 – ½ P 97/120.
   ◆ Atmosphère nautique (tons bleu et blanc, rotin, bois blond) dans de jolies chambres avec vue sur l'Atlantique ou sur les pins. Salon et terrasse sur le toit, face à la baie. Presque toutes les tables de la Véranda profitent du spectacle de l'océan.

🏨 **Majestic**, espl. Lucien Barrière ℰ 02 40 60 24 86, hotel-le-majestic@wanadoo.fr,
Fax 02 40 42 03 13, ≼ – ⫴, ≣ rest, 📺 🅟 – ⌂ 20 à 40. 🝙 ⓪ **GB** **JCB**   BZ **e**
Ruban Bleu (fermé 12 janv. au 12 fév.) **Repas** (15)-25/45 ♀ – ☲ 14 – **66 ch** 115/180 –
½ P 155/250.
   ◆ La rénovation progressive des chambres dans le style Art déco d'origine réveille l'âme de cet ancien palace bâti face à une plage et à proximité du casino. Le cadre et le nom du restaurant évoquent l'époque de la légendaire course "au Ruban bleu".

261

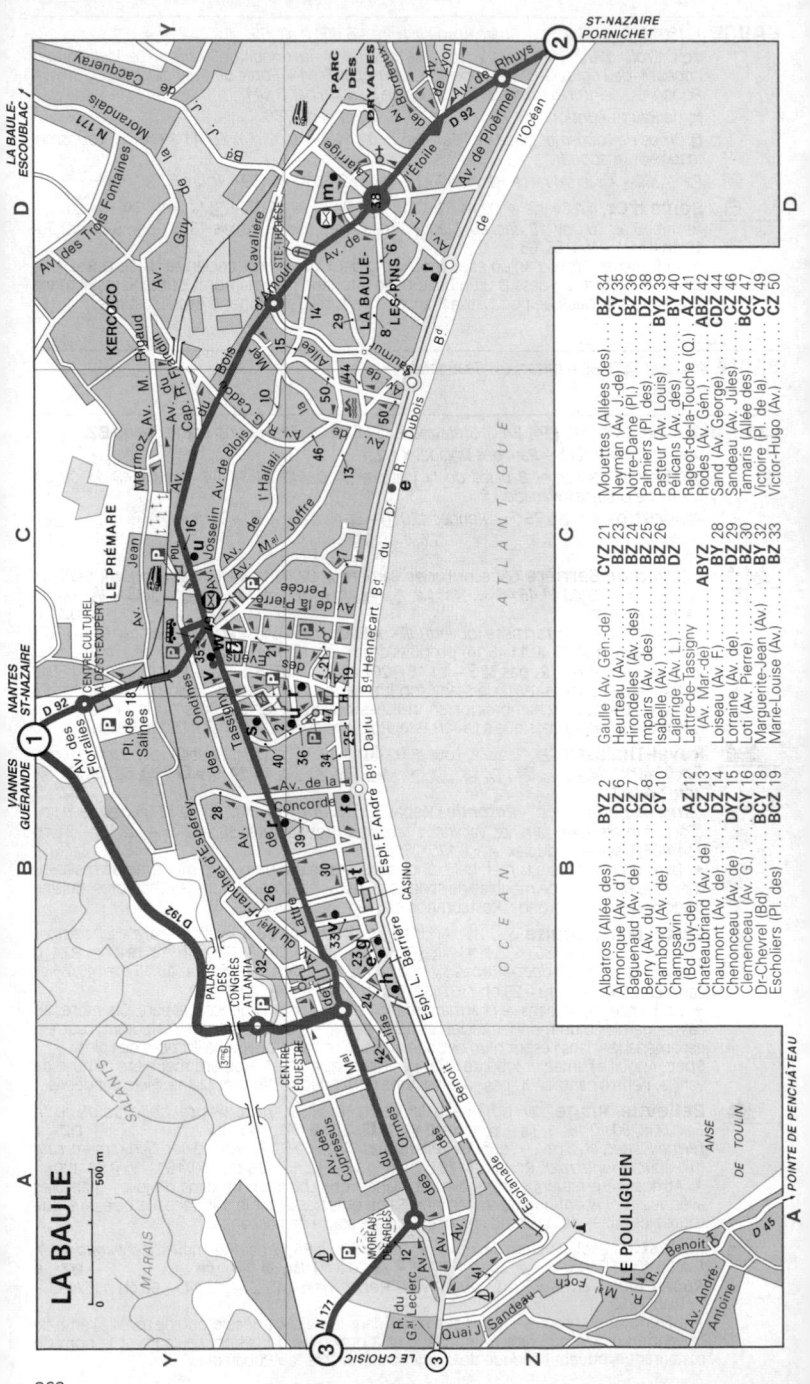

LA BAULE

0   500 m

Albatros (Allée des)	**BYZ** 2	Gaulle (Av. Gén.-de)	**CYZ** 21	Mouettes (Allées des)	**BZ** 34
Armorique (Av. d')	**DZ** 6	Heurteau (Av.)	**BZ** 23	Neyman (Av. J.-de)	**CZ** 35
Baguenaud (Av. de)	**CZ** 7	Hirondelles (Av. des)	**BZ** 24	Notre-Dame (Pl.)	**BZ** 36
Berry (Av. du)	**DZ** 8	Impairs (Av. des)	**BZ** 25	Palmiers (Pl. des)	**BYZ** 38
Chambord (Av. de)	**CY** 10	Isabelle (Av. L.)	**DZ**	Pasteur (Av. Louis)	**BYZ** 39
Champsavin		Lajarrige (Av. L.)		Pélicans (Av. des)	**BY** 40
(Bd Guy-de)	**AZ** 12	Lattre-de-Tassigny		Rageot-de-la-Touche (Q.)	**AZ** 41
Chateaubriand (Av. de)	**CZ** 13	(Av. Mar.-de)	**ABYZ**	Rodes (Av. Gén.)	**ABZ** 42
Chaumont (Av. de)	**DZ** 14	Loiseau (Av. F.)	**BY** 28	Sand (Av. George)	**CDZ** 44
Chenonceau (Av. de)	**DYZ** 15	Lorraine (Av. de)	**DZ** 29	Sandeau (Av. Jules)	**CZ** 46
Clemenceau (Av. G.)	**CY** 16	Loti (Av. Pierre)	**BZ** 30	Tamaris (Allée des)	**BCZ** 47
Dr-Chevrel (Bd)	**BCY** 18	Marguerite-Jean (Av.)	**BY** 32	Victoire (Pl. de la)	**CZ** 49
Escholiers (Pl. des)	**BCZ** 19	Marie-Louise (Av.)	**BZ** 33	Victor-Hugo (Av.)	**CZ** 50

🏨 **Concorde** sans rest, 1 bis av. Concorde ℰ 02 40 60 23 09, *info@hotel-la-concorde.com*, *Fax* 02 40 42 72 14 – 📶 📺 📳 🕭, ᴁᴱ ⓞ ᴳᴮ ᴶᶜᴮ, ⋘   **BZ** f
8 avril-1ᵉʳ oct. – ⌧ 8,50 – **47 ch** 88/120.
♦ Architecture balnéaire des années 1960 disposant de chambres fraîches, bien tenues et sagement personnalisées ; certaines offrent une échappée sur l'Atlantique.

🏨 **Lutetia et rest. le Rossini**, 13 av. Evens ℰ 02 40 60 25 81, *lutetia.rossini@wanadoo.fr*, *Fax* 02 40 42 73 52, 🍽 – ᴥ 📺 📳 🕭 – ᴁ 15. ᴁᴱ ᴳᴮ ⋘   **CZ** r
Repas *(fermé 1ᵉʳ au 10 oct., 5 au 30 janv., dim. soir, mardi midi et lundi hors saison)* 20/41 ♈ – ⌧ 8 – **25 ch** 90/145 – ½ P 72.
♦ Établissement réparti dans deux maisons. La première abrite le restaurant et des chambres rénovées ; la seconde propose un hébergement neuf et plaisant. La carte, plutôt traditionnelle, fait la part belle aux produits de la mer.

🏨 **St-Christophe** 🧳, pl. Notre-Dame ℰ 02 40 62 40 00, *info@st-christophe.com*, *Fax* 02 40 62 40 40, 🍽, 🚗 – 📺 📳 📳, – ᴁ 20. ᴁᴱ ⓞ ᴳᴮ ᴶᶜᴮ   **BZ** u
Repas *(fermé sam. midi sauf vacances scolaires)* (17) - 25/34, enf. 9 ♈ – ⌧ 9 – **32 ch** 63/84, (½ pens. seul. en juil.-août) – ½ P 83/102,50.
♦ Trois villas balnéaires du début du 20ᵉ s. dans un jardin. Meubles de styles variés, bibelots chinés ici et là, confort moderne et délicieuse ambiance de demeure familiale. Restaurant de caractère et belle terrasse ombragée ; cuisine classique et brunch.

🏨 **Mascotte** 🧳, 26 av. Marie Louise ℰ 02 40 60 26 55, *hotel.la.mascotte@wanadoo.fr*, *Fax* 02 40 60 15 67, 🍽, 🚗 – 🖩 rest, 📺 ⇦, ᴁᴱ ⓞ ᴳᴮ ⋘ rest   **BZ** v
fermé 1ᵉʳ janv. au 15 fév. – **Repas** *(fermé mi-nov. à mi-fév.)* (résidents seul.) 28 ♈ – ⌧ 8,50 – **23 ch** 70/97 – ½ P 68/82.
♦ Accueillant hôtel avec jardin arboré (pins et palmiers), à 50 m de la plage. Chambres fonctionnelles et bien insonorisées ; les plus grandes sont dans l'aile récente. Deux salles à manger modernes et confortables, prolongées d'une terrasse sous les arbres.

🏨 **Alcyon** sans rest, 19 av. Pétrels ℰ 02 40 60 19 37, *info@alcyon-hotel.com*, *Fax* 02 40 42 71 33 – 📶 📺 📳 📳, ᴁᴱ ⓞ ᴳᴮ   **BY** s
1ᵉʳ mars-31 oct. – ⌧ 8,50 – **32 ch** 93/123.
♦ Face au marché, immeuble aux chambres spacieuses, dotées de balcons - à l'exception du dernier étage - et bien insonorisées. Grand bar au rez-de-chaussée.

🏨 **Marini**, 22 av. G. Clemenceau ℰ 02 40 60 23 29, *interhotelmarini@wanadoo.fr*, *Fax* 02 40 11 16 98, 🛗, 🖵 – 📶 📺 📳, ᴁᴱ ⓞ ᴳᴮ ᴶᶜᴮ   **CY** u
Repas (résidents seul.)(dîner seul.) 20 ♈ – ⌧ 7,50 – **33 ch** 74/93 – ½ P 55/64.
♦ L'isolation phonique protège ce charmant hôtel des rumeurs extérieures. Chambres embellies par quelques meubles anciens et une décoration soignée. Fauteuils club au bar.

🏨 **Hostellerie du Bois**, 65 av Lajarrige ℰ 02 40 60 24 78, *hostellerie-du-bois@wanadoo.fr*, *Fax* 02 40 42 05 88, 🍽, 🚗 – 📺. ᴳᴮ   **DZ** m
15 mars-15 nov. et sam. – **Repas** 23/26, enf. 12 ♈ – ⌧ 7 – **15 ch** 64 – ½ P 62.
♦ Villégiature des années 1920 dont on a préservé le caractère. Plaisant décor "rétro" et bibelots birmans. Nuits paisibles dans des chambres pimpantes. Agréable jardinet. Salle à manger agrémentée de boiseries anciennes et de poutres ; carte classique.

🏨 **St-Pierre** sans rest, 124 av. de Lattre de Tassigny ℰ 02 40 24 05 41, *contact@hotel-saint.p ierre.com*, *Fax* 02 40 11 03 41 – 📺. ᴁᴱ ⓞ ᴳᴮ, ⋘   **BYZ** r
⌧ 7,50 – **19 ch** 59/70.
♦ Jolie maison habillée de colombages peints en bleu. Chambres récemment refaites, calmes et bien tenues. Petit-déjeuner servi sous une véranda lumineuse. Accueil aimable.

🏨 **Dunes** sans rest, 277 av. de Lattre de Tassigny ℰ 02 51 75 07 10, *info@hotel-des-dunes.co m*, *Fax* 02 51 75 07 11 – 📶 📺 📳 📳, ᴁᴱ ⓞ ᴳᴮ   **CY** w
⌧ 6,50 – **33 ch** 50/55.
♦ Chambres fonctionnelles bien tenues, plus calmes sur l'arrière. Accueil familial et prix doux rendent l'adresse attrayante pour un séjour dans cette station balnéaire prisée.

✕✕ **Maréchal**, 277 av. de Lattre de Tassigny ℰ 02 40 24 51 14, *Fax* 02 51 75 02 06 – 🖩 📳 ⓞ ᴳᴮ   **CY** v
fermé 3 au 16 nov., 5 au 28 fév., dim. soir, lundi midi et merc. – **Repas** 18/35 ♈.
♦ Pour des repas aux saveurs iodées, rendez-vous dans ce restaurant dont la salle à manger feutrée (boiseries, mise en place soignée) est ornée d'une fresque maritime.

✕ **Barbade**, bd R. Dubois ℰ 02 40 42 01 01, *Fax* 02 40 42 09 83, ⋖, 🍽 – ᴳᴮ   **CZ** e
1ᵉʳ avril-2 nov., fermé lundi et mardi hors vacances scolaires – **Repas** (28) - 38, enf. 12 ♈.
♦ À la belle saison, ce restaurant posé directement sur le sable fera rêver de vacances tropicales. Ambiance décontractée, avec l'océan à perte de vue ! Poissons et crustacés.

à St-André-des-Eaux *au Nord-Est : 7 km – 3 532 h. alt. 20 –* ⊠ *44117 :*

🛈 *Office de tourisme, 1 ter rue de la Chapelle* ✆ *02 40 91 53 53, Fax 02 40 91 54 65, tourismesaintandredeseaux@club-internet.fr.*

🏰 **Golf International** ⚓, ✆ 02 40 17 57 57, *hoteldugolflabaule@lucienbarriere.com,* Fax 02 40 17 57 58, ≤, 🏊, ⌨, 🏋 *– cuisinette* 📺 📞 👪 ⇔ 📶 – 🚗 80. 🖭 ⬤ 🅶🅱
27 mars-24 oct. – **Le Green : Repas** *carte 31 à 40, enf. 5 –* ⊆ 17 – **31 ch** 229/290, 78 suites 229/290, 36 studios – ½ P 163,50/194.

◆ Complexe hôtelier et son parc au coeur d'un immense golf. Belles chambres, spacieuses et personnalisées. Également, possibilité de louer des villas indépendantes. Le Green est aménagé dans une maison basse de style régional coiffée d'un joli toit de chaume.

BAUME-LES-DAMES *25110 Doubs* 🄞🄛🄛 *I2 G. Jura – 5 384 h alt. 280.*

🔟🔟 *du Château de Bournel à Cubry* ✆ 03 81 86 00 10, N : 20 km par D 50.

🛈 *Office de tourisme, 6 rue de Provence* ✆ 03 81 84 27 98, Fax 03 81 84 15 61, otsibaumois-@wanadoo.fr.

Paris 440 – Besançon 30 – Belfort 62 – Lure 45 – Montbéliard 45 – Pontarlier 65 – Vesoul 45.

❌❌ **Hostellerie du Château d'As** *avec ch, 24 r. Château-Gaillard* ✆ 03 81 84 00 66, *chatea u.das@wanadoo.fr, Fax 03 81 84 39 67,* ≤, 🍽 – 📺 📞 👪, 🖭 ⬤ 🅶🅱
fermé 15 nov. au 6 déc., 26 janv. au 9 fév., dim. soir et lundi – **Repas** 19 (déj.), 29/68, enf. 9 ⅋ – ⊆ 10 – **6 ch** 57/69 – ½ P 58/65.

◆ Bâtie sur les hauteurs, demeure centenaire gardant son atmosphère d'antan. Salle à manger agréablement provinciale et cuisine classique. Chambres rénovées avec goût.

à Pont-les-Moulins *Sud : 6 km par D 50 – 170 h. alt. 275 –* ⊠ *25110 :*

🏠 **Auberge des Moulins,** *rte Pontarlier* ✆ 03 81 84 09 97, *auberge.desmoulins@wanado o.fr, Fax 03 81 84 04 44,* 🏋 – 📺 📶 – 🚗 25. 🅶🅱
fermé 20 déc. au 28 janv., dim. et vend. de sept. à mai sauf fériés – **Repas** *(fermé vend. soir et dim. soir de sept. à mai, vend. midi et sam. midi)* (16) -19/29 ⅋ – ⊆ 6 – **14 ch** 40/49.

◆ Dans la vallée du Cusancin, auberge campagnarde offrant des chambres à la fois rustiques et raffinées. Parcours de pêche privé dans le parc. Accueil sympathique. Restaurant confortable et soigné où l'on sert des plats du terroir et des spécialités de truites.

Dans ce guide

un même symbole, un même mot,

imprimé en ***rouge*** *ou en* ***noir****, en maigre ou en* ***gras****,*

n'ont pas tout à fait la même signification.

Lisez attentivement les pages explicatives.

BAUME-LES-MESSIEURS *39210 Jura* 🄞🄛🄛 *D6 G. Jura – 194 h alt. 333.*

Voir Abbaye★ (retable à volet★ dans l'église) – Belvédère des Roches de Baume★★★ sur cirque★★★ et grottes★ de Baume S : 3,5 km.

Paris 406 – Champagnole 27 – Dole 54 – Lons-le-Saunier 12 – Poligny 21.

✕ **Grottes,** *aux Grottes, Sud : 3 km* ✆ 03 84 48 23 15, *Fax 03 84 48 23 15,* ≤, 🍽 – 📶. 🅶🅱
⚓ *20 mars-15 nov. et fermé lundi sauf juil.-août –* **Repas** *(prévenir)(déj. seul.)* 14/35 ⅋.

◆ Pavillon champêtre 1900 au fond d'une reculée, à proximité des grottes. Salle de restaurant au charme Belle Époque. Agréable terrasse d'été tournée vers les cascades.

BAUVIN *59221 Nord* 🄞🄞🄜 *F4 – 5 338 h alt. 25.*

Paris 208 – Lille 26 – Arras 33 – Béthune 22 – Lens 15.

❌❌❌ **Salons du Manoir,** *53 r. J. Guesde* ✆ 03 20 85 64 77, *pmortreux@nordnet.fr,* Fax 03 20 86 72 22, 🏋 – 📶 📶. 🅶🅱
fermé août, 7 au 21 fév., lundi et mardi – **Repas** 35 bc/82 bc et carte 60 à 78.

◆ Au coeur d'un domaine campagnard, dépendances d'une maison de maître converties en restaurant. Salle à manger sous voûtains, chaleureuse et intime. Cuisine classique.

Les BAUX-DE-PROVENCE *13520 B.-du-R.* 🄞🄜🄞 *D3 G. Provence – 434 h alt. 185.*

Voir Site★★★ - Village★★★ : Place★ et église St-Vincent★ – Château★ : ☀★★ – Monument Charloun Rieu ≤★ – Tour Paravelle ≤★ – Musée Yves-Brayer★ – Cathédrale d'Images★ N : 1 km par D 27 – ☀★★★ sur le village N : 2,5 km par D 27.

🔟 *des Baux-de-Provence* ✆ 04 90 54 40 20, S : 2 km.

🛈 *Office de tourisme, Maison du Roy* ✆ 04 90 54 34 39, Fax 04 90 54 51 15, tourisme@les-bauxdeprovence.com.

Paris 712 – Avignon 30 – Arles 20 – Marseille 86 – Nîmes 44 – St-Rémy-de-Provence 10.

dans le Vallon :

XXXXX **Oustaù de Baumanière** (Charial) ⌕ avec ch., *𝒫* 04 90 54 33 07, *baumaniere@relaischa*
❀❀ *teaux.fr*, Fax 04 90 54 40 46, ≼, 🏠, 🛋, 🌿 – ❙❙ TV 📞 ⌕ ⌖ P. Æ ◑ GB JCB
– Repas 90/149 et carte 90 à 130 ♀ ✿ – ⌂ 19,50 – **13 ch** 263/473 – ½ P 292/396.
   ❖ Demeure du 16ᵉ s. aux voûtes séculaires, superbe terrasse avec les Alpilles en toile de
fond : un lieu magique pour une belle cuisine gorgée de soleil. Livre de cave étoffé.
Spéc. Ravioli de truffes aux poireaux. Filets de rouget au basilic. Canon d'agneau en croûte.
Vins Coteaux d'Aix-en-Provence-les Baux.

Manoir 🏛 ⌕ ,, ≼, 🛋, 🌿 – ❙ ch, TV P. Æ ◑ GB JCB
Repas voir rest. **Oustaù de Baumanière** – ⌂ 19,50 – **7 ch** 263/284, 7 suites 425/457.
   ❖ Les chambres de cette élégante bastide conjuguent confort, raffinement et
charme provençal d'antan. Parc arboré (dont un splendide platane séculaire) et jardin à la
française.

🏛 **Riboto de Taven** ⌕, *𝒫* 04 90 54 34 23, *contact@riboto-de-taven.fr*, Fax 04 90
54 38 88, ≼, 🏠, 🛋, 🌿 – ❙ ch, TV ⅊ P. Æ ◑ GB JCB
fermé 5 janv au 3 mars – **Repas** *(fermé merc.)* (dîner seul.) 48 – ⌂ 16 – **6 ch** 190/250 –
½ P 170/170.
   ❖ Cet étonnant mas troglodytique ravit les yeux. Chambres décorées avec goût ;
deux d'entre elles mordent dans le rocher. Vue imprenable sur les Baux. Jardin fleuri
et piscine. Salle de restaurant d'inspiration médiévale ouverte sur une divine terrasse
ombragée.

rte d'Arles *Sud-Ouest par D 27 :*

🏛 **Cabro d'Or** ⌕, à 1 km *𝒫* 04 90 54 33 21, *contact@lacabrador.com*, Fax 04 90 54 45 98,
❀ ≼, 🏠, 🛋, 🌿, ※ – ❙ ch, TV ⅊ P. Æ ◑ GB
fermé 11 nov. au 20 déc., lundi de déc. à mars et mardi midi – **Repas** 38 (déj.), 54/80 et carte
80 à 95 ♀ – ⌂ 16 – **23 ch** 165/230, 8 suites – ½ P 153/276.
   ❖ Chambres élégantes, ravissant jardin fleuri, nombreux loisirs dont un centre d'équita-
tion : une étape "champêtre chic" des plus agréables. Salle à manger campagnarde, terrasse sous les tilleuls et belle cuisine au goût du jour... L'art de vivre à provençale !
Spéc. Ravioles de queues de langoustines aux courgettes. Filet de Saint-Pierre rôti aux
artichauts violets. Pigeonneau contisé au chèvre frais. **Vins** Coteaux d'Aix-en-Provence-les
Baux, Côtes de Provence.

🏛 **Auberge de la Benvengudo** ⌕, à 2 km *𝒫* 04 90 54 32 54, *contact@benvengudo.fr*,
Fax 04 90 54 42 58, ≼, 🏠, 🛋, 🌿, ※ – ❙ ch, TV P. Æ GB
fermé 15 nov. au 20 déc. – **Repas** *fermé dim.* (dîner seul.) 43 ♀ – **21 ch** ⌂ 135/185 –
½ P 215/265.
   ❖ Au pied de la citadelle, charmante bastide tapissée de vigne vierge et renfermant
de beaux meubles de style. Chambres au luxe discret, ouvertes sur un joli jardin fleuri. Au
restaurant, décoration d'esprit provençal et menu unique composé selon le
marché.

🏛 **Mas de l'Oulivié** ⌕ sans rest, à 2,5 km *𝒫* 04 90 54 35 78, *contact@masdeloulivie.com*,
Fax 04 90 54 44 31, 🛋, 🌿, ※ – ❙ ❙ TV 📞 ⅊ P. – 🅿 20. Æ ◑ GB
19 mars-14 nov. – ⌂ 10 – **25 ch** 170/230.
   ❖ Accueil personnalisé, décor provençal, meubles patinés, magnifique jardin : tout
est "déstressant" en ce mas niché dans une oliveraie. Étonnante piscine à débordements.

🏛 **Mas d'Aigret** ⌕, à 500 m. *𝒫* 04 90 54 20 00, *masdaigret@aol.com*, Fax 04 90 54 44 00,
🏠, 🛋, 🌿 – ❙ ch, TV P. Æ GB JCB
fermé 20 janv. au 13 fév. – **Repas** *(fermé le midi en semaine de nov. à fév. sauf fêtes)* 40 ♀ –
⌂ 12 – **16 ch** 95/170 – ½ P 92,50/130.
   ❖ Adossée à la falaise, maison régionale et sa terrasse panoramique. L'espace petit-
déjeuner et les salles de bains des chambres sont taillés dans le rocher. L'insolite salle à
manger troglodytique est dotée d'une cheminée.

BAVAY 59570 Nord 📖 K6 *G. Picardie Flandres Artois* – *3 581 h alt. 148.*

  🛈 *Office de tourisme, rue Saint-Maur* *𝒫* 03 27 39 81 65, Fax 03 27 39 81 65, *ot-bavaisis@wa-
nadoo.fr.*

  Paris 229 – Avesnes-sur-Helpe 24 – Lille 79 – Maubeuge 15 – Mons 25.

XX **Bagacum,** r. Audignies (rte Avesnes-sur-Helpe) *𝒫* 03 27 66 87 00, *pierre-lesne@wanadoo*
.fr, Fax 03 27 66 86 44, 🏠 – P. Æ GB JCB
fermé dim. soir et lundi sauf fériés – **Repas** 17,50/45,80 bc.
   ❖ Murs en briques rouges, charpente apparente, bibelots et tableaux font le cachet de
cette vieille grange convertie en restaurant. Terrasse fleurie. Cuisine traditionnelle.

XX **Bourgogne,** porte Gommeries ✆ 03 27 63 12 58, Fax 03 27 66 99 74, ✿ – **P.** AE GB
fermé 2 au 25 août, 8 au 21 fév., le soir sauf vend., sam. et fériés et lundi – **Repas** 20/54 ⌀.
◆ Bordant un axe animé, maison en briques abritant une sobre salle à manger contemporaine. À table, tradition et invention ; la carte des vins fait la part belle aux bourgognes.

BAYEUX ◁⊕▷ *14400 Calvados* 303 **H4** *G. Normandie Cotentin* – *14 961 h alt. 50.*
Voir *Tapisserie dite "de la reine Mathilde"* ★★★ – *Cathédrale Notre-Dame*★★ – *Musée-mémorial de la bataille de Normandie*★ **Y M**[1] – *Maison à colombage*★ *(rue St-Martin)* **ZN.**
📷 *AS Bayeux Omaha Beach Golf à Port-en-Bessin* ✆ 02 31 22 12 12, *par* ⑤ *et D 514 : 11 km.*
🛈 *Office de tourisme, Pont St-Jean* ✆ 02 31 51 28 28, *Fax 02 31 51 28 29, info@bayeux-tourisme.com.*
Paris 265 ① – *Caen 31* ① – *Cherbourg 95* ④ – *Flers 69* ② – *St-Lô 36* ③ – *Vire 60* ②.

BAYEUX

Aure (Q. de l')	**Z** 2
Bienvenu (R. du)	**Z** 3
Bois (Pl. au)	**Z** 4
Bouchers (R. des)	**Z**
Bourbesneur (R.)	**Z** 6
Bretagne (R. de la)	**Z**
Chanoines (R. des)	**Z** 7
Chartier (R. A.)	**Z** 8
Churchill (Bd W.)	**Y**
Clemenceau (Av. G.)	**Y**
Conseil (Av.)	**Y**
Courseulles (R. de)	**Z** 9
Cuisiniers (R. des)	**Z** 12
Dais (R. Gén. de)	**Z**
Dr-Michel (R.)	**Z** 13
Eindhoven (Bd)	**Y**
Eisenhower (Rond-Point)	**Y** 14
Foch (R. Mar.)	**Z** 15
Franche (R.)	**Z**
Gaulle (Pl. Ch.-de)	**Z**
Laitière (R.)	**Z** 16
Larcher (R.)	**Z**
Leclerc (Bd Mar.)	**Y** 17
Leforestier (R. Lambert)	**Z** 18
Liberté (Pl. de la)	**Z** 19
Maîtrise (R. de la)	**Z** 20
Marché (R. du)	**Z** 21
Montgomery (Bd Mar.)	**Y** 23
Nesmond (R. de)	**Z**
Pigache (R. de la)	**Y** 24
Pont-Trubert (R. du)	**Y** 25
Poterie (R. de la)	**Z** 28
Royale (R.)	**Z**
Sadi-Carnot (Bd)	**Y** 29
St-Jean (R.)	**Y, Z**
St-Laurent (R.)	**Y, Z**
St-Loup (R.)	**Y, Z** 30
St-Malo (R.)	**Z**
St-Martin (R.)	**Z**
St-Patrice (R. et Pl.)	**Z** 31
Tardif (R.)	**Z**
Teinturiers (R. des)	**Z** 32
Terres (R. des)	**Z** 33
Vaucelles (Rond-Point de)	**Y** 35
Verdun (R. de)	**Y** 37
Ware (Bd F.)	**Y** 38
6-Juin (Bd du)	**Y**

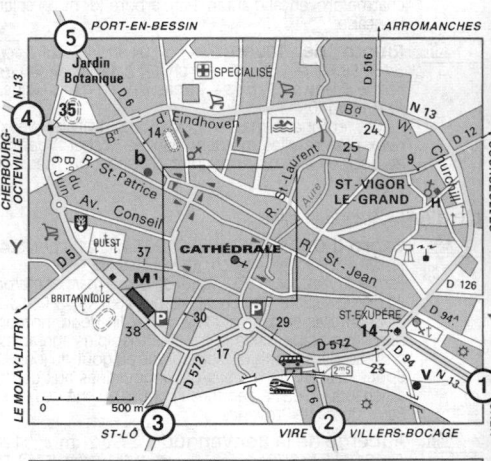

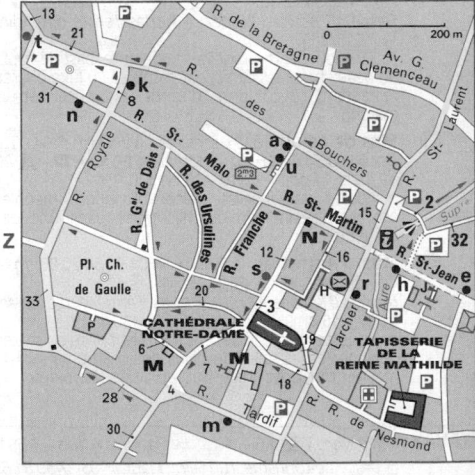

Lion d'Or ✆, 71 r. St Jean ✆ 02 31 92 06 90, *lion.d-or.bayeux@wanadoo.fr,*
Fax 02 31 22 15 64 – TV **P.** AE ① GB JCB **Z** e
fermé 19 déc. au 21 janv. – **Repas** *(fermé lundi midi et sam. midi)* 20 (déj.), 25/45, enf. 13 ⌀ –
⌑ 12 – **25 ch** 79/114 – 1/2 P 85/94.
◆ Cet ancien relais de poste, qui daterait en partie du 18ᵉ s., est devancé par une jolie cour
pavée. Confortables chambres, diversement meublées. Cuisine traditionnelle servie dans
un cadre chaleureux : poutres, vieux bibelots et tables soigneusement dressées.

Grand Hôtel du Luxembourg, 25 r. Bouchers ✆ 02 31 92 00 04, *hotel.luxembourg@wanadoo.fr*, Fax 02 31 92 54 26, 斋 – 劇 ⇔ ☰ rest, ⅏ ₲ ◻ – 益 25. ⅮⅡ ⑩ ⊞ ⊔⊡⊟
Z   a
Repas *(fermé dim. soir et lundi)* 18/36 – 立 11 – **27 ch** 115 – ½ P 76/143.
♦ Cet hôtel particulier, élevé au 18ᵉ s., abrite de chaleureuses chambres habillées de toile de Jouy. Le plafond à caissons peints de couleurs vives personnalise la salle de restaurant ; cuisine classique.

Château de Bellefontaine ⧈ sans rest, 49 rue Bellefontaine ✆ 02 31 22 00 10, *hotel.bellefontaine@wanadoo.fr*, Fax 02 31 22 19 09, ⅍, ⅏ – 劇 ⅏ ⅃ ₲ ◻ – 益 30. ⅮⅡ ⊞
Y   v
fermé 2 janv. au 2 fév. – 立 10 – **14 ch** 90/125, 6 Duplex.
♦ Un joli parc aux arbres majestueux, agrémenté d'un plan d'eau, sépare ce château (18ᵉ s.) de la route. Salon avec belle cheminée. Confortables chambres diversement meublées.

Churchill sans rest, 14 r. St-Jean ✆ 02 31 21 31 80, *hotel-churchill@wanadoo.fr*, Fax 02 31 21 41 66 – ⅏, ⊞, ⅍
Z   h
Fermé 15 nov. au 15 déc. et 15 janv. au 15 fév. – 立 7,50 – **31 ch** 85/100.
♦ Agencés autour d'une cour, beaux bâtiments reliés par une véranda où l'on sert les petits-déjeuners. Chambres personnalisées, parfois dotées d'un mobilier de style Louis XVI.

d'Argouges ⧈ sans rest, 21 r. St-Patrice ✆ 02 31 92 88 86, *dargouges@aol.com*, Fax 02 31 92 69 16, ⅀ – ⅏ ⇔ ◻ ⅮⅡ ⑩ ⊞, ⅍
Z   n
立 8 – **28 ch** 65/77.
♦ En pleine ville, hôtel particulier du 18ᵉ s. entouré d'un reposant jardin. Chambres rénovées assez spacieuses, agrémentées de quelques meubles anciens.

de Brunville, 9 r. G. Duhomme ✆ 02 31 21 18 00, *hotel.brunville@wanadoo.fr*, Fax 02 31 51 70 89 – 劇 ⇔ ⅏ ₲ ◻ ⅮⅡ ⑩ ⊞ ⊔⊡⊟
Z   u
Repas 18/25 ⅂ – 立 9 – **33 ch** 68/76 – ½ P 59/63.
♦ Pimpante façade aux portes du vieux Bayeux et de ses belles maisons à colombages. Chambres sobrement décorées, un peu petites mais aménagées de façon pratique. Plaisante salle à manger égayée par des photos d'acteurs de cinéma ; courte carte traditionnelle.

Reine Mathilde sans rest, 23 r. Larcher ✆ 02 31 92 08 13, *hotel-reinemathilde@wanadoo.fr*, Fax 02 31 92 09 93 – ⅏, ⅮⅡ ⊞, ⅍
Z   r
fermé 15 nov. au 15 fév. – 立 6 – **16 ch** 47.
♦ L'enseigne de cette maison très fleurie évoque la célèbre tapisserie. Les chambres, simples mais bien tenues, portent quant à elles le nom d'un saint normand. Salon de thé.

Mogador sans rest, 20 r. A. Chartier ✆ 02 31 92 24 58, *hotel.mogador@wanadoo.fr*, Fax 02 31 92 24 85 – ⅏, ⊞
Z   k
fermé vacances de fév. – 立 6 – **14 ch** 40/50.
♦ Climat familial en cette vieille maison restaurée, ordonnée autour d'un patio-véranda verdoyant. Chambres parfois mansardées, simples, bien tenues, plus calmes sur l'arrière.

Bayeux ⧈ sans rest, 9 r. Tardif ✆ 02 31 92 70 08, *lebayeux@wanadoo.fr*, Fax 02 31 21 15 74 – ⇔ ⅏ ₲, ⊞
Z   m
15 mars-15 nov. – 立 6 – **29 ch** 45/54.
♦ La façade de cet hôtel situé dans une rue calme joue la carte de la sobriété, mais les chambres, fonctionnelles et bien tenues, sont remises au goût du jour depuis peu.

Bistrot de Paris, pl. St-Patrice ✆ 02 31 92 00 82, Fax 02 31 92 00 82 – ⊞
Z   t
fermé dim. et lundi – **Repas** 12,50/35,50 ⅂.
♦ Mobilier, miroirs et cuivres reconstituent le décor et l'atmosphère d'un bistrot à l'ancienne. Cuisine rythmée par les saisons ; plats du jour inscrits sur ardoise.

L'Amaryllis, 32 r. St-Patrice ✆ 02 31 22 47 94, Fax 02 31 22 50 03 – ⊞
Y   b
fermé 15 déc. au 31 janv., dim. soir et lundi hors saison – **Repas** 15/32 ⅂.
♦ Discrète devanture abritant une salle à manger aux allures de jardin d'hiver garnie d'un mobilier de style bistrot. Cuisine traditionnelle influencée par le terroir.

Pommier, 40 r. Cuisiniers ✆ 02 31 21 52 10, Fax 02 31 21 06 01, 斋 – ⅮⅡ ⑩ ⊞ ⊔⊡⊟
Z   s
fermé 22 au 30 nov., 1ᵉʳ au 28 fév., mardi sauf en été et merc. – **Repas** 12,50/25,50, enf. 6,50 ⅃.
♦ La façade vert pomme annonce la couleur : ici, on revendique une carte "cent pour cent" normande ! Salle à manger rustique (poutres, cheminée) ; ambiance décontractée.

à Audrieu *par ① et D 158 : 13 km – 839 h. alt. 71 – ✉ 14250 :*

Château d'Audrieu 🐦, ☎ 02 31 80 21 52, *chateaudaudrieu@mail.cpod.fr, Fax 02 31 80 24 73,* ←, ⛱, 🌳 – 📺 🅿. [AE] ⓓ [GB]. ✗ rest
fermé 30 nov. au 14 fév. – **Repas** *(fermé lundi et le midi sauf sam., dim. et fériés)* 50/90 – ☕ 23 – **25 ch** 135/390, 4 suites – ½ P 143/275.
◆ Ce château du 18e s. classé monument historique et isolé au sein d'un immense parc abrite de belles chambres dotées d'un mobilier ancien. Cuisine personnalisée, carte des vins étoffée et mise en place raffinée vous attendent dans l'élégante salle à manger.

rte de Port-en-Bessin *par ⑤ : 3 km – ✉ 14400 Bayeux :*

Château de Sully 🐦, rte de Port en Bessin ☎ 02 31 22 29 48, *chsully@club-internet.fr, Fax 02 31 22 64 77,* 🏋, ⛱, 🎾, 🌳 – 📺 ☎ ♿ 🅿 – 🎤 35. [AE] ⓓ [GB]. ✗ rest
✿
12 mars-21 nov. – **Repas** *(fermé lundi midi, mardi midi, merc. midi et sam. midi)* (nombre de couverts limité, prévenir) *(21 bc)* - 33/69 et carte 73 à 90, enf. 14,50 🍷 – ☕ 13 – **22 ch** 117/137 – ½ P 107/119,50.
◆ Ce château du 18e s., avec son parc en façade, a fière allure. On y cultive un luxe discret dans des chambres délicatement personnalisées. Deux salles de restaurant complétées par une véranda tournée sur le jardin. Cuisine panachant tradition et modernité.
Spéc. Ravioles de langoustines et cochon. Filet de Saint-Pierre aux herbes thaï. Croustillant de framboises et petit suisse normand (saison).

BAYONNE

[SP] *64100 Pyr.-Atl.* [342] D4 *G. Aquitaine – 40 078 h Aggl. 178 965 h alt. 3.*

Voir *Cathédrale Ste-Marie★ et Cloître★* **B** – *Fêtes★ (début août) – Musée Bonnat★★* **BY M²** – *Musée basque★★★.*

⛳18 *Makila Golf Club à Biarritz ☎ 05 59 58 42 42, S : 6 km par D 932.*

✈ *de Biarritz-Anglet-Bayonne : ☎ 05 59 43 83 83, SO : 5 km par N 10* **AZ.**

ℹ *Office de tourisme, place des Basques ☎ 05 59 46 01 46, Fax 05 59 59 37 55, infos@bayonne-tourisme.com.*

Paris 765 ③ – Biarritz 9 – Bordeaux 183 ③ – Pamplona 109 ⑥ – San Sebastián 53 ⑥.

Accès et sorties : voir à Biarritz.

Grand Hôtel, 21 r. Thiers ☎ 05 59 59 62 00, *infos@bw-legrandhotel.com, Fax 05 59 59 62 01* – 🛗 ⇔ 📺 ☎. [AE] ⓓ [GB] **AY n**
Repas *(fermé mars, déc., janv., fév., sam. et dim. d'oct. à juin)* 16 🍷 – ☕ 11 – **54 ch** 78/122 – ½ P 71/77.
◆ Bien que rénové, cet hôtel, bâti sur le site d'un couvent, a conservé son charme désuet. Chambres de tailles diverses, plus calmes côté cours intérieures. Restaurant sous verrière, divisé en deux espaces par une belle arche en pierre ; cuisine traditionnelle.

🍴🍴🍴 **Auberge du Cheval Blanc** (Tellechea), 68 r. Bourgneuf ☎ 05 59 59 01 33, *Fax 05 59 59 52 26* – ▤. [AE] [GB] **BZ b**
✿
fermé 5 au 12 juil., 4 au 9 août, 15 fév. au 10 mars, lundi sauf le soir en août et dim. soir. – **Repas** 25/70 et carte 48 à 68 🍷.
◆ Maison de style basque du Petit Bayonne. Tables rondes dressées dans une vaste salle à manger bien fleurie. Cuisine régionale revisitée et bon choix d'irouléguys.
Spéc. Merlu rôti à l'émincé d'oignons dorés, jus de volaille et poivrons doux. Saint-Jacques poêlées, piperade et tuile à l'Ibaïona (oct. à mars). Parmentier de Xamango au jus de veau truffé. **Vins** Irouléguy, Jurançon.

🍴🍴 **François Miura,** 24 r. Marengo ☎ 05 59 59 49 89 – ▤. [AE] [GB] **BZ r**
☺
fermé dim. soir et merc. – **Repas** 19/30 🍷.
◆ Dans le vieux Bayonne, salle de restaurant voûtée agrémentée de tableaux et meubles modernes. Cuisine au goût du jour et suggestions du marché.

🍴 **Rôtisserie du Roy Léon,** 8 r. de Cousic ☎ 05 59 59 55 84, *Fax 05 59 59 55 46* – [GB]
fermé 15 au 30 sept., 23 déc. au 3 janv., dim. (sauf le midi du 15 oct. au 30 nov.) et sam. midi – **Repas** 27. **BZ a**
◆ Pimpante maison aux volets bleus abritant une belle salle rustique garnie de tables en bois ciré. La rôtissoire assure autant la cuisson des mets... que le spectacle !

🍴 **El Asador,** pl. Montaut ☎ 05 59 59 08 57 – [GB] **AZ e**
fermé 7 juin au 2 juil., 20 déc. au 7 janv., dim. soir et lundi – **Repas** (nombre de couverts limité, prévenir) 19,10 et carte 30 à 43.
◆ Poutres, affiches tauromachiques des années 1950, cuisine hispano-basque et ambiance conviviale : les aficionados apprécient ce petit restaurant.

🍴 **Bayonnais,** 38 quai Corsaires ☎ 05 59 25 61 19, *Fax 05 59 59 00 64,* ☂ – [GB] **BZ s**
☺
fermé 13 au 28 juin, 28 juil. au 4 août, 7 au 29 nov., dim. de sept. à juin et lundi – **Repas** 15 et carte 28 à 38 🍷.
◆ Voisin du musée basque, sympathique adresse proposant une copieuse cuisine du terroir. Salle à manger de style régional complétée par une terrasse dressée au bord de la Nive.

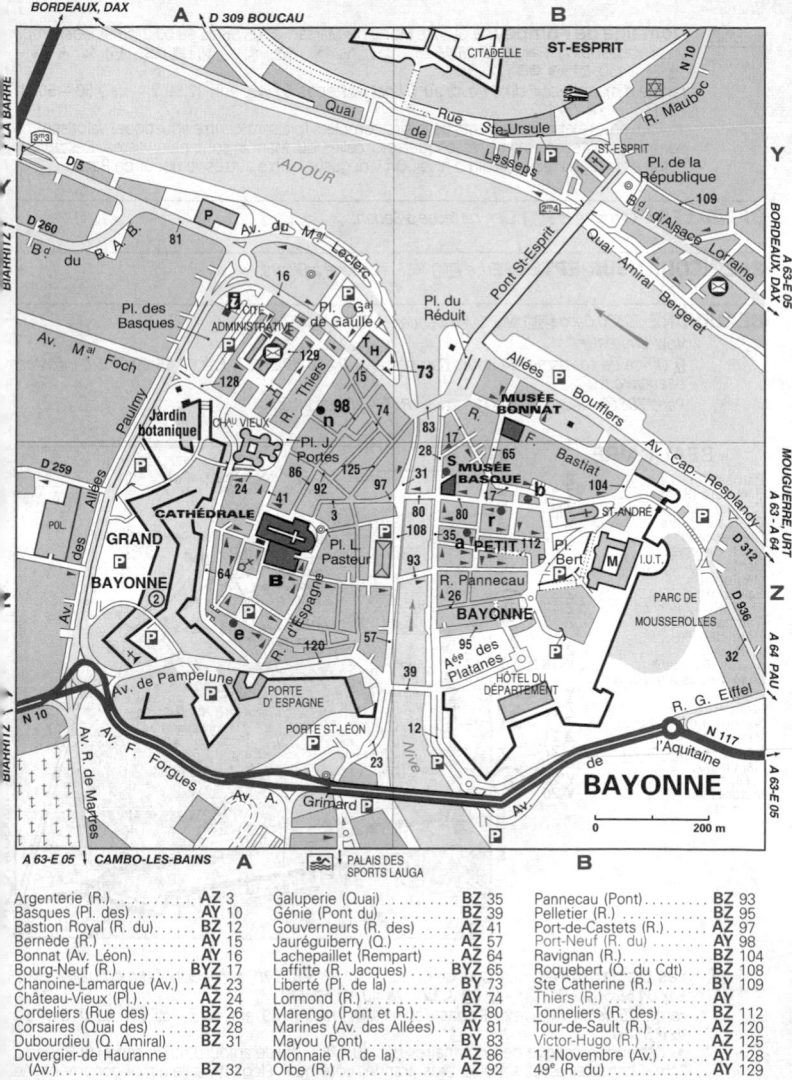

Argenterie (R.) .... **AZ** 3
Basques (Pl. des) .... **AY** 10
Bastion Royal (R. du) .... **BZ** 12
Bernède (R.) .... **AY** 15
Bonnat (Av. Léon) .... **AY** 16
Bourg-Neuf (R.) .... **BYZ** 17
Chanoine-Lamarque (Av.) . **AZ** 23
Château-Vieux (Pl.) ...... **AZ** 24
Cordeliers (Rue des) ..... **BZ** 26
Corsaires (Quai des) ..... **BZ** 28
Dubourdieu (Q. Amiral) ... **BZ** 31
Duverbrier-de Hauranne
  (Av.) .... **BZ** 32

Galuperie (Quai) .... **BZ** 35
Génie (Pont du) .... **BZ** 39
Gouverneurs (R. des) ..... **AZ** 41
Jauréguiberry (Q.) .... **AZ** 57
Lachepaillet (Rempart) ... **AZ** 64
Laffitte (R. Jacques) .... **BYZ** 65
Liberté (Pl. de la) ...... **BY** 73
Lormond (R.) .... **AY** 74
Marengo (Pont et R.) ..... **BZ** 80
Marines (Av. des Allées) . **AY** 81
Mayou (Pont) .... **BY** 83
Monnaie (R. de la) .... **AZ** 86
Orbe (R.) .... **AZ** 92

Pannecau (Pont) .... **BZ** 93
Pelletier (R.) .... **BZ** 95
Port-de-Castets (R.) ..... **AZ** 97
Port-Neuf (R. du) .... **AY** 98
Ravignan (R.) .... **BZ** 104
Roquebert (Q. du Cdt) .... **BZ** 108
Ste Catherine (R.) .... **BY** 109
Thiers (R.) .... **AY**
Tonneliers (R. des) ...... **BZ** 112
Tour-de-Sault (R.) .... **AZ** 120
Victor-Hugo (R.) .... **AZ** 125
11-Novembre (Av.) .... **AY** 128
49ᵉ (R. du) .... **AY** 129

Si vous cherchez un hôtel tranquille,
consultez d'abord les cartes de l'introduction
ou repérez dans le texte les établissements indiqués avec le signe 🦢

BAZAS *33430 Gironde* 335 *J8 G. Aquitaine – 4 357 h alt. 70.*

Voir *Cathédrale St-Jean★ – Château de Cazeneuve★★ SO : 11 km par D 9 – Château de Roquetaillade★★ NO : 2 km – Collégiale d'Uzeste★.*

🛈 *Office de tourisme, 1 place de la Cathédrale* 📞 *05 56 25 25 84, Fax 05 56 25 25 84, office-de-tourisme-de-bazas@wanadoo.fr.*

Paris 637 – Bordeaux 62 – Agen 84 – Bergerac 105 – Langon 17 – Mont-de-Marsan 70.

Domaine de Fompeyre ॐ, rte Mont-de-Marsan ℰ 05 56 25 98 00, *domainedefompe yre@wanadoo.fr*, Fax 05 56 25 16 25, 🌸, 🏊, 🏊, 🍽, ♨ – 🛗, 📶 rest, 📺 📞 ❧ **P** – 🛗 20 à 130. 🆎 ⑩ ☒
fermé dim. soir sauf du 11 avril au 10 oct. – **Repas** 31/42, enf. 12,50 ♀ – ☲ 9,50 – **50 ch** 62/135 – ½ P 78/102.

♦ Parc arboré et équipements de loisirs complets (plaisant centre aquatique) valorisent ce complexe hôtelier. Chambres coquettes ; celles du Manoir sont plus vastes. Restaurant cossu et véranda façon jardin d'hiver. On y déguste, entre autres, le boeuf de Bazas.

BAZEILLES *08 Ardennes* 🮮🮮🮮 *L4 – rattaché à Sedan.*

BAZINCOURT-SUR-EPTE *27 Eure* 🮮🮮🮮 *K6 – rattaché à Gisors.*

BEAUCAIRE *30300 Gard* 🮮🮮🮮 *M6 G. Provence – 13 748 h alt. 18.*

Voir *Château★*.

🮰 *Office de tourisme, 24 cours Gambetta ℰ 04 66 59 26 57, Fax 04 66 59 68 51, info@ot-beaucaire.fr.*

Paris 703 ⑥ *– Avignon 27* ④ *– Arles 18* ④ *– Nîmes 24* ⑥*.*

BEAUCAIRE

Barbès (R.) . . . . **Z** 2
Bijoutiers (R. des) . . . . . . **YZ** 3
Charlier (R.) . . . . **Y** 4
Château (R. du) . . . . **Y** 5
Clemenceau
(Pl. Georges) . . . . **Z** 6
Danton (R.) . . . . **Y** 7
Denfert (R.) . . . . **Z** 8
Écluse (R. de l') . . . . **Z** 9
Foch (Bd Maréchal) . . . . **YZ** 12
Gambetta (Cours) . . . . **Z** 13
Hôtel-de-Ville
(R. de l') . . . . **Z** 14
Jaurès (Pl. Jean) . . . . **Y** 15
Jean-Jacques-Rousseau
(R.) . . . . **Y** 16
Ledru-Rollin (R.) . . . . **Z** 17
Nationale (R.) . . . . **Z**
Pascal (R. Roger) . . . . **Z** 21
République (Pl. de la) . . . . **Y** 22
République
(R. de la) . . . . **Y** 23
Victor-Hugo (R.) . . . . **Y** 25

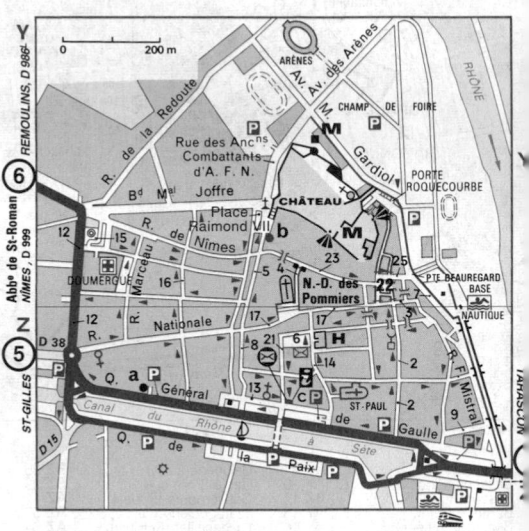

🏠 **Les Doctrinaires**, quai Gén. de Gaulle ℰ 04 66 59 23 70, *accueil@hoteldoctrinaires.com*, Fax 04 66 59 22 26, 🌸 – 🛗 📺 ❧ **P** – 🛗 40. 🆎 ⑩ ☒   **Z a**
fermé 15 déc. au 11 janv. – **Repas** *(fermé sam. midi)* 17/39, enf. 10 ♀ – ☲ 10 – **32 ch** 51/75 – ½ P 55/67.

♦ Cet ancien collège de Doctrinaires bâti au 17ᵉ s. borde aujourd'hui le canal du Rhône à Sète. Chambres assez simples, plus grandes côté quai. Élégante salle à manger aménagée sous de belles voûtes en pierre et terrasse dressée dans un joli patio fleuri.

🍴🍴 **L'Ail Heure**, 43 r. Château ℰ 04 66 59 67 75, 🌸 – 🍽. ☒   **Y b**
fermé 1ᵉʳ au 15 janv., sam. midi et dim. – **Repas** 15 *(déj.)*, 31/45 ♀.
♦ Ambiance feutrée, décor soigné (pierres et poutres séculaires, tons ocre, fer forgé), cuisine au goût du jour et accueil charmant... C'est au pied du château, et pas ailleurs.

Le BEAUCET *84 Vaucluse* 🮮🮮🮮 *D10 – rattaché à Carpentras.*

BEAUDÉAN *65 H.-Pyr.* 🮮🮮🮮 *M5 – rattaché à Bagnères-de-Bigorre.*

Donnez-nous votre avis sur les tables que nous recommandons, sur leurs spécialités et leurs vins de pays.

BEAUFORT 73270 Savoie **████** M3 *G. Alpes du Nord – 1 985 h alt. 750.*

Voir *Beaufortain★★*.

Env. *N.-D.de Bellecombe*✳★★.

🛈 *Office de tourisme, route du Grand Mont ℰ 04 79 38 37 57, Fax 04 79 38 16 70, info@areches-beaufort.com.*

Paris 601 – Albertville 21 – Chambéry 72 – Megève 37.

🏠 **Grand Mont,** ℰ 04 79 38 33 36, Fax 04 79 38 39 07 – 📺. 🆖
fermé 25 avril au 7 mai, 1ᵉʳ oct. au 8 nov. et vend. soir sauf vacances scolaires – **Repas** (10,50) - 20,50/29,50, enf. 10 ♀ – ♋ 7,50 – **14 ch** 44/58 – ½ P 52/53,50.
◆ Ambiance sympathique à l'intérieur de cette maison de pays d'un village réputé pour son bon lait d'alpage et son célèbre fromage. Chambres bien rénovées. Le restaurant offre un cadre rustique tout simple rehaussé de photographies de paysages beaufortains.

🏠 **Roche,** av. Capitaine Bulle ℰ 04 79 38 33 31, Fax 04 79 38 38 60, 🍽, 🚲 – 🅿, 🆖
🛏 *fermé 12 au 27 avril et 17 oct. au 7 déc. –* **Repas** *(fermé dim. soir sauf juil.-août et fév.)* 11,50/23 ♀ – ♋ 6 – **17 ch** 25/38 – ½ P 35/38.
◆ Ce vaste chalet d'allure traditionnelle posté à l'entrée du village abrite de petites chambres lambrissées, modestes mais bien tenues. Riante salle à manger montagnarde verte et rouge et terrasse dressée sous les grands arbres du jardin.

Ecrivez-nous...
Vos louanges comme vos critiques seront examinées avec le plus grand soin. Nous reverrons sur place les informations que vous nous signalez.
Par avance merci !

BEAUGENCY 45190 Loiret **████** G5 *G. Châteaux de la Loire – 7 106 h alt. 99.*

Voir *Église Notre-Dame★ – Donjon★ – Tentures★ dans l'hôtel de ville* **H** *– Musée régional de l'Orléanais★ dans le château.*

🟦₃₆ *de Ganay à St-Laurent-Nouan ℰ 02 54 87 26 24, par ③ : 7 km;* 🟥₁₈ *Les Bordes Golf International à St-Laurent-Nouan ℰ 02 54 87 72 13, par ③ : 9 km.*

🛈 *Office de tourisme, 3 place Dr Hyvernaud ℰ 02 38 44 54 42, Fax 02 38 46 45 31, tourisme.beaugency@wanadoo.fr.*

Paris 152 ① – Orléans 31 ① – Blois 35 ④ – Châteaudun 42 ⑥ – Vendôme 65 ⑤.

BEAUGENCY

Abbaye (R. de l')	2
Bretonnerie (R. de la)	3
Change (R. du)	4
Châteaudun (R. de)	5
Cordonnerie (R. de la)	6
Dr-Hyvernaud (Pl.)	8
Dunois (Pl.)	9
Maille-d'Or (R. de la)	10
Martroi (Pl. du)	
Pellieux (Passage)	12
Pont (R. du)	
Puits-de-l'Ange (R. du)	14
Sirène (R. de la)	15
Traîneau (R. du)	17
Trois-Marchands (R. des)	18

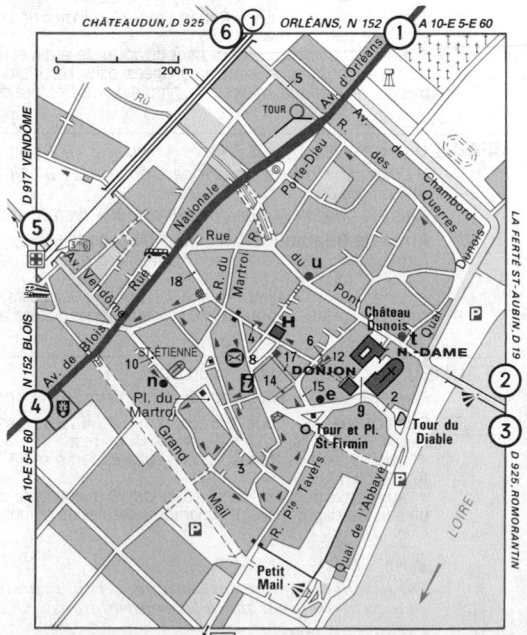

🏛 **Hostellerie de l'Écu de Bretagne**, pl. Martroi (n) ℰ 02 38 44 67 60, *ecu-de-bretagne @wanadoo.fr*, Fax 02 38 44 68 07 – 📺 ✦ 🅿. 🝡 ⓞ 🅶🅱
fermé Noël au Jour de l'An, lundi (sauf hôtel) et dim. soir de nov. à fév. – **Repas** 18 (déj.), 25/30 🍷 – ☲ 8,50 – **27 ch** 54/110 – ½ P 115.
  ✦ Au centre de la petite cité ligérienne, ce relais de poste - qui daterait de 1607 - et son annexe abritent des chambres garnies de meubles anciens. Conviviale salle à manger où l'on propose une cuisine traditionnelle et une petite sélection de vins locaux.

🏛 **Sologne** sans rest, 6 pl. St Firmin (e) ℰ 02 38 44 50 27, *hotel-de-la-sologne.beaugency@ wanadoo.fr*, Fax 02 38 44 90 19 – 📺 ✦. 🅶🅱
fermé 23 déc. au 11 janv. – ☲ 7 – **16 ch** 45/60.
  ✦ Un perron joliment fleuri en été donne accès à cet édifice solognot situé à deux pas de la tour St-Firmin. Petites chambres lumineuses, rénovées par étapes.

🗱 **P'tit Bateau**, 54 r. Pont (u) ℰ 02 38 44 56 38, Fax 02 38 46 44 37, 🌤 – 🝡 ⓞ 🅶🅱
🝤 *fermé 28 oct. au 5 nov., 24 fév. au 4 mars, dim. soir, mardi soir et lundi* – **Repas** (15) - 21/31, enf. 9,50 🍷.
  ✦ Deux salles à manger : l'une au cadre rustique soigné avec poutres apparentes et cheminée ; l'autre plus petite, ouverte sur une cour-terrasse. Cuisine traditionnelle.

🗡 **Relais du Château**, 8 r. Pont (t) ℰ 02 38 44 55 10, *relaischateau@aol.com*, 🝢 Fax 02 38 44 11 02 – 🅶🅱
fermé vacances de fév., de Toussaint, mardi soir, jeudi soir d'oct. à juin et merc. – **Repas** 13/30 🍷.
  ✦ Coquet petit restaurant situé dans une rue commerçante à proximité du donjon (11ᵉ s.). Expositions de peintures d'artistes régionaux à titre de décor. Plats traditionnels.

à Baule *par* ① *: 5 km – 1 657 h. alt. 103 –* ✉ *45130* .

Voir *Meung-sur-Loire : église St-Liphard★ NE : 2 km.*

🗱 **Auberge Gourmande**, route nationale 152 ℰ 02 38 45 01 02, *auberge-gourmande@w anadoo.fr*, Fax 02 38 45 03 08, 🌤 , ✦ – 🝡 🅶🅱
fermé 20 août au 1ᵉʳ sept., vacances de fév., dim. soir, lundi soir et merc – **Repas** 20,60/45.
  ✦ Cette ancienne maison de vignerons sert une cuisine classique et généreuse dans l'agreste salle à manger ou, l'été, sur la plaisante terrasse ombragée d'un tilleul.

à Tavers *par* ④ *et rte secondaire : 3 km – 1 215 h. alt. 100 –* ✉ *45190* :

🏰 **Tonnellerie** 🐾, près Église ℰ 02 38 44 68 15, *tonelri@club-internet.fr*, Fax 02 38 44 10 01, 🌤 , ⊼ , ✦ – 🛉 📺 ✦. 🝡 🅶🅱
fermé 24 déc au 28 fév. – **Repas** *(fermé lundi midi et sam. midi)* 27/47 🍷 – ☲ 12 – **17 ch** 90/170, 3 suites – ½ P 115/155.
  ✦ Hostellerie solognote encadrant un agréable jardin et une piscine. Les chambres, dotées de meubles de style, sont aménagées dans l'esprit d'une maison particulière. Salle à manger mi-rustique, mi-actuelle, "jardin d'hiver" et jolie cour-terrasse arborée.

BEAUJEU *69430 Rhône* **327** *G3 G. Vallée du Rhône – 1 905 h alt. 293.*
  🛈 *Office de tourisme, square de Grandhan* ℰ 04 74 69 22 88, Fax 04 74 69 22 88, *ot@beaujeu.com.*
  Paris 431 – Mâcon 37 – Bourg-en-Bresse 59 – Lyon 60 – Roanne 61.

🗱 **Anne de Beaujeu** 🐾 *avec ch*, ℰ 04 74 04 87 58, Fax 04 74 69 22 13, 🍴 – 📺 🅿. 🅶🅱
fermé 2 au 15 août, 20 déc. au 17 janv., mardi midi, dim. soir et lundi – **Repas** 28,90/49,90 🍷 – ☲ 7 – **7 ch** 60/65 – ½ P 52/60.
  ✦ La famille de Beaujeu a donné son nom au Beaujolais. Belle demeure du 19ᵉ s. dans un parc. Une fresque évoquant une scène de repas décore la salle de restaurant.

BEAULIEU *07460 Ardèche* **331** *H7 – 400 h alt. 130.*
  Paris 668 – Alès 40 – Aubenas 39 – Largentière 29 – Pont-St-Esprit 50 – Privas 71.

🏛 **Santoline** 🐾 , Sud-Est : 1 km ℰ 04 75 39 01 91, *contact@lesantoline.com*, Fax 04 75 39 38 79, ≼, 🌤 , ⊼ , ✦ – 🅶🅱, 🍴 rest
1ᵉʳ mai-19 sept. – **Repas** (dîner seul.)(résidents seul.) 27/37 – ☲ 10 – **8 ch** 65/110 – ½ P 67,50/100.
  ✦ Aux portes des Cévennes, bâtisse du 16ᵉ s. entourée de garrigue. Ambiance provençale un peu "tendance" dans des chambres garnies de meubles rustiques et contemporains.

Ecrivez-nous...
Vos louanges comme vos critiques seront examinées avec le plus grand soin.
Nous reverrons sur place les informations que vous nous signalez.
Par avance merci !

BEAULIEU-EN-ARGONNE 55250 Meuse ⒎ B4 *G. Champagne Ardenne – 30 h alt. 275.*

Voir *Pressoir★ dans l'ancienne abbaye.*

Paris 241 – Bar-le-Duc 37 – Futeau 10 – Ste-Menehould 23 – Verdun 38.

Hostellerie de l'Abbaye ⟪, 𝒫 03 29 70 72 81, Fax 03 29 70 71 19, ≼, 🍴, 🌿 – 🐾. GB, 🍽 ch

hôtel : 15 mars-1er nov. ; rest. : 15 mars-11 nov. et fermé merc. – **Repas** 12,50/29, enf. 7 ⌀ – ⊠ 5 – **8 ch** 40/46 – ½ P 42/47,50.

◆ Discrète maison des années 1960 hébergeant aussi un bar-tabac. La plupart des chambres, bien tenues, s'ouvrent largement sur la campagne environnante. Le restaurant, tout simple, offre une jolie perspective sur l'Argonne et les massifs forestiers alentour.

BEAULIEU-SUR-DORDOGNE 19120 Corrèze ⒎ M6 *G. Berry Limousin – 1 286 h alt. 142.*

Voir *Église St-Pierre★★ : portail méridionale★★ – Vieille Ville★.*

🛈 *Office de tourisme, place Marbot 𝒫 05 55 91 09 94, Fax 05 55 91 10 97, ot.beaulieu19@wanadoo.fr.*

Paris 513 – Brive-la-Gaillarde 44 – Aurillac 65 – Figeac 56 – Sarlat-la-Canéda 69 – Tulle 38.

Central Hôtel Fournié, 𝒫 05 55 91 01 34, Fax 05 55 91 23 57, 🍸 – 📺 🄿. GB

1er avril-1er nov. et fermé lundi – **Repas** 22/35, enf. 10 ⧖ – ⊠ 6,50 – **23 ch** 45/52 – ½ P 50/55.

◆ Comme l'indique l'enseigne, cette demeure de caractère bordant la place principale de Beaulieu est tout à fait centrale. Demandez une chambre refaite. Chaleureuse salle à manger rustique et terrasse dressée dans l'arrière-cour ; cuisine corrézienne soignée.

Les Charmilles avec ch, 20 bd St-Rodolphe-de-Turenne 𝒫 05 55 91 29 29, *charme@club-internet.fr*, Fax 05 55 91 29 30, 🍸 – 🐾. GB

Repas (15) - 16/38, enf. 8 ⧖ – ⊠ 7 – **8 ch** 50 – ½ P 45.

◆ Cette maison régionale a été joliment rénovée : plaisante salle à manger, charmante terrasse dressée au bord de la Dordogne, carte classique et coquettes chambres.

BEAULIEU-SUR-LOIRE 45630 Loiret ⒎ N6 *– 1 693 h alt. 156.*

🛈 *Office de tourisme, place d'Armes 𝒫 02 38 35 87 24, Fax 02 38 35 30 10, otsibeaul-@wanadoo.fr.*

Paris 170 – Auxerre 68 – Cosne-sur-Loire 21 – Gien 27 – Sancerre 29.

Relais des Sources, au bord du canal 𝒫 02 38 37 17 77, *relaisdessources@aol.com*, Fax 02 38 37 17 77, 🍸 – 🄿. AE GB

fermé 2 au 20 janv., le soir en semaine et merc. – **Repas** 15/25.

◆ Restaurant apprécié pour sa terrasse dressée sur une berge du canal latéral à la Loire. La salle est sobrement aménagée. Cuisine traditionnelle variant au gré des saisons.

BEAULIEU-SUR-MER 06310 Alpes-Mar. ⒎ F5 *G. Côte d'Azur – 3 675 h – Casino.*

Voir *Site★ de la Villa Kerylos★ – Baie des Fourmis★.*

🛈 *Office de tourisme, place Georges Clemenceau 𝒫 04 93 01 02 21, Fax 04 93 01 44 04, tourisme@ot-beaulieu-sur-mer.fr.*

Paris 935 ④ – Nice 8 ④ – Menton 20 ③.

Plan page suivante

Réserve de Beaulieu ⟪, bd Mar. Leclerc 𝒫 04 93 01 00 01, *reservation@reservebeaulieu.com*, Fax 04 93 01 28 99, ≼ mer, 🍴, 🅿, 🐟, 🏊 – 🛗, ▦ ch, 📺 📞 ⟺, AE ⓞ GB   Z w

fermé 8 nov. au 17 déc. – **Repas** (dîner seul. de mi-mai à mi-oct.) 65/135 et carte 80 à 140 – ⊠ 28 – **32 ch** 840/2630, 6 suites – ½ P 391/653.

◆ Ce luxueux palace au bord de mer fut bâti en 1880 dans le style des palais florentins de la Renaissance. Centre de beauté, jardin intérieur, ponton privé. Salle à manger raffinée, terrasse avec vue sur la baie et cuisine provençale revisitée : magique !

Spéc. Potage froid de favouilles et belons(été-automne). Compotée de carottes fanes aux tomates, melba de foie gras poivré. Loup de Méditerranée au bellet rouge et poire épicée.

Vins Côtes de Provence, Bellet.

Métropole ⟪, bd 15, bd Mar. Leclerc 𝒫 04 93 01 00 08, *metropole@relaischateaux.com*, Fax 04 93 01 18 51, ≼ mer, 🍴, 🏊, 🐾, 🐾 – 🛗 ▤ 📺 🕭 ✆ 🄿 AE ⓞ GB JCB   Z g

fermé 20 oct. au 20 déc. – **Repas** 56 bc (déj.), 72/86 ⧖ – ⊠ 23 – **30 ch** 230/590, 5 suites – ½ P 210/365.

◆ Belle demeure italianisante dressée face à la baie des Fourmis. Cadre de grand caractère, piscine d'eau de mer, jardin fleuri et plage privée. Cuisine au goût du jour servie dans l'élégant restaurant ou sur la terrasse avec vue exceptionnelle sur le large.

Frisia sans rest, bd E. Gauthier 𝒫 04 93 01 01 04, *info@frisia-beaulieu.com*, Fax 04 93 01 31 92, ≼ – 🛗 ▤ 📺 📞 AE ⓞ GB   Y r

fermé 15 nov. au 15 déc. – ⊠ 9 – **32 ch** 77/125.

◆ Situé sur le port de plaisance, hôtel disposant de chambres actuelles et bien équipées ; la moitié jouit d'un agréable panorama sur la "grande bleue". Solarium sur le toit.

BEAULIEU-SUR-MER

Albert-1er (Av.) . . . . Z
Alsace-Lorraine (Bd) . . . Y
Cavell (Av. Edith) . . . . . . Z 4
Charles II Comte
  de Provence (Av.) . . . Z 6
Clemenceau (Pl. et R.) . . Y 5
Déroulède (Bd) . . . . Y
Doumer (R. Paul). . . . . . Z 7
Dunan (Av. F.). . . . . Z
Edouard-VII (Bd) . . . . . . Y
Eiffel (R.). . . . . Z
Gaulle
  (Pl. Charles-de) . . . . . Y
Gauthier
  (Bd Eugène) . . . . Y 13
Hellènes (Av. des) . . . . . Z 14
Joffre (Bd Maréchal) . . . Z
Leclerc
  (Bd Maréchal) . . . . Z 18
Marinoni (Bd) . . . . Y 19
May (Av. F.) . . . . Z 21
Myrtes (Ch. des) . . . . Y
Orangers
  (Montée des) . . . . Z 22
Rouvier
  (Promenade de M.) . . Z
St-Jean (Pont) . . . . Z
Yougoslavie (R. de) . . . . Z 27

Le feu
est le plus terrible
ennemi de la forêt.
Soyez prudent !

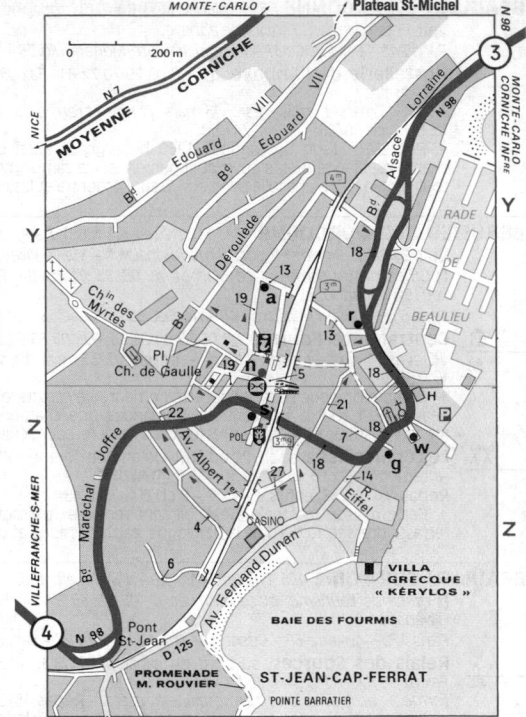

Comté de Nice sans rest, bd Marinoni ℰ 04 93 01 19 70, *contact@hotel-comtedenice.c
om*, Fax 04 93 01 23 09 – 🛗 🗏 📺 📞, 🅰🇪 ⓪ 🅶🇧 🇯🇨🇧   Y a
⊐ 8,50 – **32 ch** 92/102.
   ◆ Dans un immeuble discret du centre-ville, chambres fraîches et de bonne ampleur,
souvent équipées de balcons. Salons et bar confortables.

Artémis sans rest, 3 bd Mar. Joffre ℰ 04 93 01 12 15, *artemishotel@wanadoo.fr*,
Fax 04 93 01 27 46 – 🛗 🗏 📺 🅿. 🅰🇪 ⓪ 🅶🇧   Z s
⊐ 8 – **69 ch** 116.
   ◆ Hôtel des années 1970 proche de la célèbre villa Kerylos. Chambres progressivement
rénovées ; pratiques et dotées de balcons, elles sont plus calmes à l'arrière.

XX **Les Agaves**, 4 av. Mar. Foch ℰ 04 93 01 13 12, Fax 04 93 01 13 12 – 🗏. 🅰🇪 🅶🇧   Y n
Repas (dîner seul.) 32 et carte 53 à 76 ♈.
   ◆ Boiseries, moulures d'origine, parquet et petite touche provençale dans le décor : ce
discret restaurant berlugan propose une cuisine au goût du jour d'inspiration régionale.

Autres ressources hôtelières voir à : **St-Jean-Cap-Ferrat**

BEAUMARCHÉS *32160 Gers* 🎛🎛🎛 *C8 – 588 h alt. 175.*
    Paris 755 – Agen 108 – Pau 64 – Mont-de-Marsan 65 – Auch 54.

à Cayron *Est : 5 km par D 946 –* ✉ *32160 Beaumarchés :*

Relais du Bastidou ⬃, Sud : 2 km par rte secondaire ℰ 05 62 69 19 94, *lerelaisdubasti
dou@libertysurf.fr*, Fax 05 62 69 19 94, ☆, ﹃, ☛ – 📺 🖽, 🅿. 🅰🇪 🅶🇧
fermé vacances de Toussaint – **Repas** *(fermé dim. soir et lundi sauf juil.-août et fériés)*
15/28, enf. 9 ♈ – ⊐ 7 – **4 ch** 55/61, 4 duplex – ½ P 46/49.
   ◆ Cette ancienne ferme isolée en pleine nature vous garantit le plus grand calme.
Chambres aménagées dans la grange. Salle à manger campagnarde réchauffée par une
belle cheminée en briques.

BEAUMESNIL 27410 Eure **304** E7 *G. Normandie Vallée de la Seine – 562 h alt. 169.*

Voir *Château*★.

🛈 *Office de tourisme, 32 rue du Château ℘ 02 32 46 45 68, Fax 02 32 45 10 05, info@office-du-tourisme-beaumesnil-eure.com.*

Paris 137 – Rouen 62 – Bernay 13 – Dreux 69 – Évreux 38.

XX **L'Étape Louis XIII** (Ravinel), ℘ 02 32 44 44 72, Fax 02 32 45 53 84, 😊, 🖼 – 🄿. 😎
🕸 *fermé 24 juin au 10 juil., vacances de Toussaint, de fév., merc. sauf juil.-août et mardi –*
Repas (nombre de couverts limité, prévenir) 24/59 ♀.
   ◆ Cette maison normande du 17ᵉ s. proche du château convie les gourmets dans sa plaisante salle au cachet rustique. La cuisine marie recettes classiques et produits du terroir.
Spéc. Huîtres d'Isigny au sabayon de cidre (sauf été). Poêlée de foie gras de canard. Croustillant aux pommes caramélisées.

Les BEAUMETTES 84 Vaucluse **332** E10 – *rattaché à Gordes.*

BEAUMONT-DE-LOMAGNE 82500 T.-et-G. **337** B8 *G. Midi-Pyrénées – 3 690 h alt. 400.*

🛈 *Office de tourisme, 3 rue Pierre Fermat ℘ 05 63 02 42 32, Fax 05 63 65 61 17, tourisme.beaumont.lomagne@wanadoo.fr.*

Paris 662 – Toulouse 58 – Agen 60 – Auch 51 – Condom 64 – Montauban 35.

X **Commerce** avec ch, 58 r. Mar. Foch ℘ 05 63 02 31 02, hotelrest.lecommerce@wanadoo.f
r, Fax 05 63 65 26 22, 😊 – 🖼 rest, 📺 ⊜, 🄰🄴 ⓞ 😎, 🛇 ch
fermé 8 au 21 nov., 27 déc. au 10 janv., 14 au 28 fév., dim. soir et lundi – **Repas** 16/30 –
⊑ 6,50 – **12 ch** 39/54 – ½ P 45.
   ◆ Maison de pays bordant la traversée du village. La salle de restaurant a préservé son charme campagnard. Hébergement modeste, mais soigneusement entretenu.

Écrivez-nous...
Vos louanges comme vos critiques seront examinées avec le plus grand soin.
Nous reverrons sur place les informations que vous nous signalez.
Par avance merci !

BEAUMONT-DU-VENTOUX 84340 Vaucluse **332** E8 – *286 h alt. 360.*

Paris 676 – Avignon 48 – Carpentras 21 – Nyons 28 – Vaison-la-Romaine 13.

X **La Maison** avec ch, ℘ 04 90 65 15 50, Fax 04 90 65 23 29, 😊 – 😎, 🛇 ch
10 avril-30 sept. – **Repas** *(fermé lundi et mardi de sept. à juin et le midi du 12 juil. au 31 août)* 28 – ⊑ 8 – **3 ch** 60/68.
   ◆ Ancienne ferme des environs de Malaucène. Pimpante salle à manger provençale, agréable terrasse ombragée par des tilleuls et coquettes petites chambres. Cuisine du terroir.

BEAUMONT-EN-AUGE 14950 Calvados **303** M4 *G. Normandie Vallée de la Seine – 496 h alt. 90.*

Paris 199 – Caen 42 – Le Havre 49 – Deauville 12 – Lisieux 21 – Pont-l'Évêque 7.

XX **Auberge de l'Abbaye,** ℘ 02 31 64 82 31, Fax 02 31 64 81 63 – 🄰🄴 😎
fermé 4 au 13 oct., 3 au 26 janv., lundi soir et mardi du 1ᵉʳ nov. au 31 mars et merc. sauf le soir en août – **Repas** 28/50, enf. 14 ♀.
   ◆ Belle façade régionale du 18ᵉ s. où grimpe la vigne vierge. Plats du terroir servis dans trois petites salles à manger typiquement normandes, décorées de bibelots anciens.

BEAUMONT-SUR-SARTHE 72170 Sarthe **310** J5 – *1 973 h alt. 76.*

🛈 *Syndicat d'initiative, 14 place de la Libération ℘ 02 43 33 03 03, Fax 02 43 33 03 03, sibeaumontsursarthe@wanadoo.fr.*

Paris 223 – Alençon 24 – La Ferté-Bernard 70 – Mamers 25 – Le Mans 29 – Mayenne 62.

XX **Chemin de Fer** avec ch, à la Gare Est : 1,5 km par D 26 ✉ 72170 Vivoin ℘ 02 43 97 00 05,
🕸 hotel-du-chemin-de-fer@wanadoo.fr, Fax 02 43 97 87 49, 🖼 – 📺 📞 ⊜, 🄰🄴 ⓞ 😎,
🛇 ch
fermé 23 au 29/08, 25/10 au 7/11, vacances de fév., sam. de nov. à avril, vend. soir et dim. soir sauf juil.-août – **Repas** 13,50/38 ♀ – ⊑ 5 – **14 ch** 43/59 – ½ P 39/48.
   ◆ Comme son nom l'indique, ce restaurant se situe à deux pas de la gare. Grande salle à manger sagement campagnarde. Chambres insonorisées, au mobilier rustique.

BEAUNE ⟨⥫⟩ 21200 Côte-d'Or **320** 17 *G. Bourgogne* – 21 923 h alt. 220.

Voir *Hôtel-Dieu*★★★ : *polyptyque du Jugement dernier*★★★, *Grand'salle salle ou chambre des pauvres*★★★ – *Collégiale Notre-Dame*★ : *tapisseries*★★ – *Hôtel de la Rochepot*★ **AY B** – *Remparts*★ – *Musée du vin de Bourgogne*★ **AYZ M¹**.

Env. *Archéodrome de Bourgogne*★ *S : 7 km.*

ᕭ᚜ *de Beaune Levernois à Levernois* ℰ *03 80 24 10 29, SE : 4 km par D 970.*

🎫 *Office de tourisme, 1 rue de l'Hôtel-Dieu* ℰ *03 80 26 21 30, Fax 03 80 26 21 39, contacts@ot-beaune.fr.*

Paris 308 ③ – *Autun 49* ④ – *Chalon-sur-Saône 29* ③ – *Dijon 45* ③ – *Dole 65* ③.

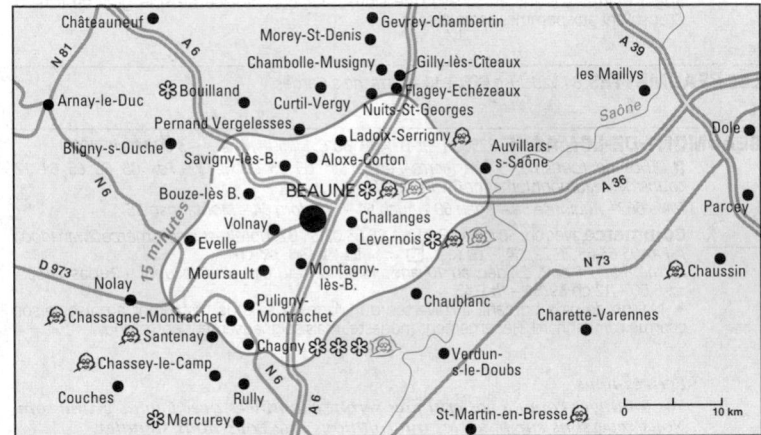

🏛 **Cep** ⥬ sans rest, 27 r. Maufoux ℰ 03 80 22 35 48, *resa@hotel-cep-beaune.com*, Fax 03 80 22 76 80 – 📶 ▤ 📺 📞 🅰 🚗 🅿 – 🔺 15 à 70. 🆎 ⓞ 🆖 🆑   **AZ z**
⟳ 16 – **61 ch** 125/240.
  ◆ Ancien hôtel particulier (16ᵉ s.) d'un administrateur des Hospices. Chambres personnalisées. Petits-déjeuners servis l'été dans le ravissant cour Renaissance à arcades.

🏛 **L'Hôtel** sans rest, 5 r. Samuel Legay ℰ 03 80 25 94 14, *info@lhoteldebeaune.com*, Fax 03 80 25 94 13 – 📶 ▤ 📺 📞 🅰. 🆎 ⓞ 🆖 🆑   **AZ p**
⟳ 18 – **7 ch** 250/395.
  ◆ Luxueuses chambres de style Empire, équipements high-tech et salles de bains design : une nouvelle vie pour cette demeure bourgeoise qui abrita naguère la Maison Louis Jadot.

🏛 **Poste,** 5 bd Clemenceau ℰ 03 80 22 08 11, *francoise.stratigos@wanadoo.fr*, Fax 03 80 24 19 71, 😋, 🌳 – 📶, ▤ ch, 📺 🚗 – 🔺 25. 🆎 ⓞ 🆖 🆑   **AZ f**
Repas *(fermé dim.)* (dîner seul.) 21/39 ⟲ *Bistro (fermé dim)(déj. seul.)* **Repas** 15 bc ⟲ –
⟳ 15 – **27 ch** 120/200, 8 suites – ½ P 104/144.
  ◆ La situation bruyante de ce relais de poste du 19ᵉ s. est compensée par une insonorisation efficace. Chambres au mobilier ancien ou actuel. Salle à manger traditionnelle assez cossue et cuisine classique. Ambiance conviviale et suggestions du jour au Bistro.

🏛 **Hostellerie Le Cèdre,** 12 bd Mar. Foch ℰ 03 80 24 01 01, *info@lecedre-beaune.com*, Fax 03 80 24 09 90, 😋, 🅵, 🌳 – 📶, ▤ ch, 📺 📞 🚗 🅿 – 🔺 80. 🆎 ⓞ 🆖
🆑   **AY t**
Clos du Cèdre (fermé 2 au 20 janv. et dim. midi) **Repas** 18(déj.)28/55, enf. 13 – ⟳ 12,50 –
34 ch 99/145, 6 duplex – ½ P 100/135.
  ◆ Belle demeure du début du 20ᵉ s. et son jardin planté d'arbres séculaires. Chambres spacieuses, contemporaines et bien isolées. Salle de remise en forme, sauna. Restaurant bourgeois dans un pavillon du 19ᵉ s. et terrasse installée à l'ombre d'un vieux cèdre.

🏛 **Mercure,** av. Ch. de Gaulle ℰ 03 80 22 22 00, *h1217@accor-hotels.com*, Fax 03 80 22 91 74, 😋, ⟲ – 📶 🎾 📺 📞 🅰 🅿 – 🔺 30 à 90. 🆎 ⓞ 🆖 🆑   **AZ m**
Repas 17/25, enf. 12 ⟲ – ⟳ 12 – **107 ch** 96/115.
  ◆ Cet établissement de la périphérie conviendra à l'étape d'affaires : chambres fonctionnelles bien rénovées pour le travail et le repos, bar et piscine pour la détente. Au restaurant, mobilier de type bistrot et tables un peu serrées, mais plaisamment dressées.

BEAUNE

Alsace (R. d') .... **AZ** 2
Belin (R.) .... **AZ** 4
Bourgelat (R.) .... **AZ** 5
Carnot (Petite-Place) ... **AZ** 7
Carnot (Pl.) .... **AZ** 7
Carnot (R.) .... **AZ** 9
Château (R. du) .... **BY** 10

Dames (Rempart des) ... **AZ** 13
Dr-Jorrot (Pl du) ...... **BY** 15
Enfant (R. de l') ...... **AY** 16
Favart (R.) .... **AY** 18
Fleury (Pl.) .... **AZ** 19
Fraysse (R. E.) .... **AZ** 21
Halle (Pl. de la) ..... **AZ** 23
Lorraine (R. de) ...... **AY**
Maufoux (R.) .... **AZ** 25
Monge (Pl.) .... **AY** 26

Monge (R.) .... **AZ** 28
Perpreuil (Bd) .... **AZ** 29
Poterne (R.) .... **AZ** 30
Rolin (R.) .... **AZ** 31
Rousseau-
  Deslandes (R.) ..... **BY** 32
St-Nicolas (R. du Fg.) . **AY** 34
Ste-Marguerite (R.) ... **AY** 35
Tonneliers (R. des) ... **AY** 37
Ziem (Pl.) .... **AZ** 40

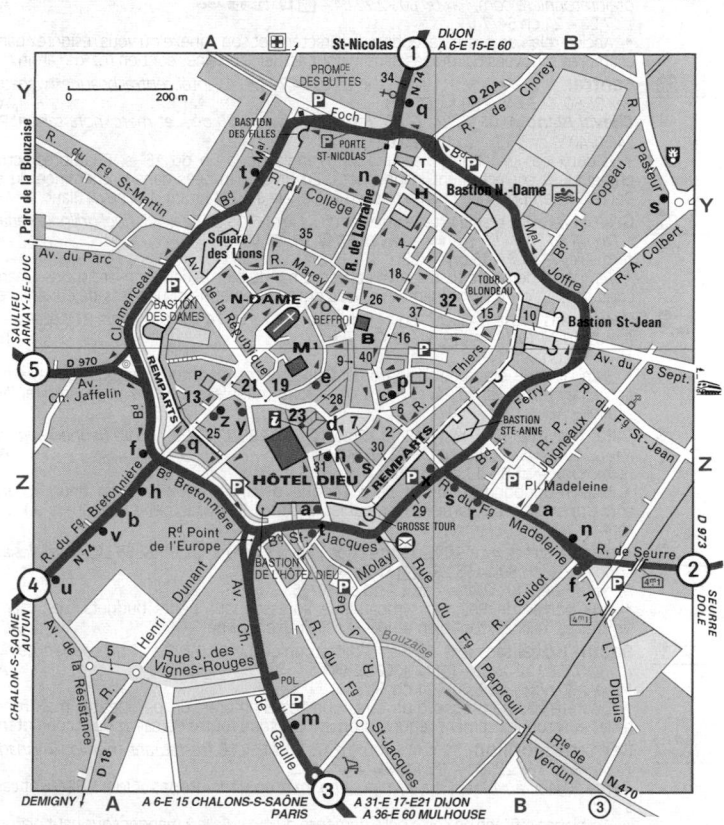

🏠 **Henry II** sans rest, 12 r. Fg St-Nicolas ℰ 03 80 22 83 84, *henryII@wanadoo.fr*, *Fax* 03 80 24 15 13 – ⧄ 🔲 📺 ❤ ❤ ❤ ⟵. 🅰🅴 ⓞ 🆇🅱 🅹🅲🅱. ⅏ **AY** q
50 ch ⇆ 83/140.

◆ L'aile récente de l'hôtel a été conçue en harmonie avec la partie classée (ancien relais de poste). Chambres pratiques de style varié, du Louis XV à l'Art déco.

🏠 **Closerie** ⤳ sans rest, par ④ rte Autun N 74 ℰ 03 80 22 15 07, *closeriequalityhotel@wana doo.fr*, *Fax* 03 80 24 16 22, 🏊, 🌳 – 🔲 📺 ❤ ❤ 🅿. 🅰🅴 ⓞ 🆇🅱 🅹🅲🅱
fermé 24 déc. au 15 janv. – ⇆ 10,30 – **47 ch** 53,50/104.

◆ Entre centre-ville et voies rapides, établissement entouré de verdure. Chambres sobres et pratiques ; certaines donnent sur la grande piscine.

🏠 **Panorama**, 74 rte Pommard par ④ ℰ 03 80 26 22 17, *hotel@le-panorama.com*, *Fax* 03 80 26 22 18, 🏊, 🌳 – 🔲 📺 ❤ 🅿 – 🛎 40. 🅰🅴 ⓞ 🆇🅱. ⅏ rest
fermé 20 déc. au 15 janv. – **Repas** (fermé dim. du 15 nov. au 15 mars) (dîner seul.) 21/31, enf. 12 ♈ – ⇆ 10 – **65 ch** 80/110 – ½ P 65/80.

◆ Cet établissement de type motel a été récemment rénové. Chambres fonctionnelles et calmes, réparties dans deux pavillons au milieu des vignes. Au restaurant, plaisant mariage du contemporain (charpente métallique) et de l'ancien (mobilier) ; cuisine régionale.

Belle Époque sans rest, 15 r. Fg Bretonnière ✆ 03 80 24 66 15, *hotelbelleepoque.gabard @wanadoo.fr, Fax 03 80 24 17 49*, ⊞ – TV 🕯 ⇦. AE GB   AZ h
fermé 28 nov. au 12 déc. – ⊐ 8 – **19 ch** 72/80.
* Cette vieille maison a du cachet : verrière 1900, chambres rustiques dotées parfois de poutres ou de cheminées et donnant sur la cour intérieure, bar gentiment "rétro".

Hostellerie de Bretonnière sans rest, 43 r. Fg Bretonnière ✆ 03 80 22 15 77, *infos@h otelbretonniere.com, Fax 03 80 22 72 54* – TV P. AE ① GB   AZ v
⊐ 7,20 – **24 ch** 54/74.
* Ancien relais de poste (réception de caractère) et son annexe où vous résiderez dans des chambres rénovées par étapes dans le goût actuel ; certaines sont en rez-de-jardin.

Central, 2 r. V. Millot ✆ 03 80 24 77 24, *hotel.central.beaune@wanadoo.fr, Fax 03 80 22 30 40* – TV 🕯. AE GB   AZ n
Cheval Blanc ✆ 03 80 24 69 70 *(fermé 20 nov. au 20 déc. et merc. hors saison)* **Repas** 24,50/40 Ⓨ, enf. 13 – ⊐ 10 – **20 ch** 60/140.
* À deux pas de l'hôtel-Dieu, maison d'angle de la fin du 16ᵉ s. Chambres actuelles, pratiques et correctement insonorisées. En hiver, flambées dans la cheminée du salon. Décor contemporain et cuisine classico-régionale au restaurant du Cheval Blanc.

Grillon ⬗ sans rest, 21 rte Seurre par ② : 1 km ✆ 03 80 22 44 25, *joel.grillon@wanadoo.f r, Fax 03 80 24 94 89*, 🛋, ⊞ – ⇖⇐ TV P. AE ① GB
fermé fév. – ⊒ 7 – **18 ch** 52/65.
* Pimpante demeure rose aux volets vert amande blottie dans son jardin clos. Chambres coquettes, salon-bar occupant un caveau et terrasse fleurie pour petits-déjeuners d'été.

Paix sans rest, 45 r. Fg Madeleine ✆ 03 80 24 78 08, *contact@hotelpaix.com, Fax 03 80 24 10 18* – 🔳 TV 🕯. AE GB JCB   BZ n
⊐ 8 – **10 ch** 69/72.
* Sympathique étape familiale bordant une route passante. Chambres de taille convenable, agréables et soignées ; certaines sont meublées dans le style Empire. Accueil aimable.

Villa Fleurie sans rest, 19 pl. Colbert ✆ 03 80 22 66 00, *la.villa.fleurie@wanadoo.fr, Fax 03 80 22 45 46*, ⊞ – TV P. AE GB   BY s
fermé janv. – ⊐ 8 – **10 ch** 65/75.
* Maison-bonbonnière de la Belle Époque devancée d'un jardinet fleuri. Chambres contemporaines ou garnies de meubles anciens. Salle des petits-déjeuners au charme "british".

Alésia sans rest, 4 av. Sablières, rte Dijon par ① : 1 km ✆ 03 80 22 63 27, *hotel.alesia@wan adoo.fr, Fax 03 80 24 95 28* – TV 🕯 P. GB
fermé 15 déc. au 20 janv. – ⊐ 6 – **15 ch** 30/55.
* Aux portes de Beaune, sympathique adresse pour petits budgets. Les chambres, simples et fraîches, sont bien tenues. Accueil attentionné.

Beaun Hôtel sans rest, 55 bis r. Fg Bretonnière ✆ 03 80 22 11 01, *beaunehotel@aol.co m, Fax 03 80 22 46 66* – TV 🕯 ৬ P. AE GB   AZ u
5 mars-30 nov. – ⊐ 6,70 – **21 ch** 54/81.
* Discrète bâtisse proche d'un carrefour. Les chambres, un peu petites mais fonctionnelles et scrupuleusement tenues, profitent presque toutes du calme de la cour intérieure.

XXX **Bernard Morillon**, 31 r. Maufoux ✆ 03 80 24 12 06, *restaurant-morillon@wanadoo.fr, Fax 03 80 22 66 22*, 🍽 – AE ① GB JCB   AZ z
fermé 10 janv. au 10 fév., mardi midi, vend. midi et lundi – **Repas** 29 (déj.), 52/76 et carte 65 à 90.
* Ambiance raffinée en cette belle demeure du 18ᵉ s. Salle à manger sous haut plafond à la française, cossue et chaleureuse, et terrasse encadrée de bâtiments Renaissance.

XXX **Jardin des Remparts** (Chanliaud), 10 r. Hôtel-Dieu ✆ 03 80 24 79 41, *lejardin@club-inte rnet.fr, Fax 03 80 24 92 79*, 🍽 – P. GB   AZ a
✿ *fermé 1ᵉʳ au 7 mars, 1ᵉʳ au 5 août, 28 nov. au 2 déc., fév., dim. et lundi* – **Repas** 31/74 et carte 50 à 71 Ⓨ ঌ.
* Ravissante maison des années 1930 et son délicieux jardin-terrasse longeant les remparts beaunois. Élégant intérieur contemporain, cuisine inventive et belle carte des vins.
Spéc. Foie gras de canard poché à l'hydromel. Tartare de boeuf aux huîtres. Gâteau tiède au chocolat. **Vins** Meursault, Pommard.

XXX **L'Écusson**, pl. Malmédy ✆ 03 80 24 03 82, *Fax 03 80 24 74 02*, 🍽 – AE ① GB JCB   BZ f
fermé 5 fév. au 5 mars, merc. et dim. – **Repas** 23/50 et carte 53 à 73, enf. 13 ঌ.
* Plaisante salle à manger actuelle, rehaussée d'une petite touche rustique : murs habillés de portes d'armoires et buffets d'antan. Agréable terrasse. Bon choix de bourgognes.

XX **Bénaton**, 25 r. Fg Bretonnière ✆ 03 80 22 00 26, *lebenaton@club-internet.fr, Fax 03 80 22 51 95* – GB JCB   AZ b
fermé nov. et jeudi sauf le soir en saison – **Repas** 20 (déj.), 34/48 Ⓨ.
* Petit restaurant associant mobilier rustique et contemporain à des tonalités ensoleillées ; fresque ayant trait au vignoble beaunois. Cuisine traditionnelle recomposée.

XX **Verger,** 21 rte de Seurre par ② : *1 km* ℰ 03 80 24 28 05, *le.verger@wanadoo.fr*,
＠ *Fax 03 80 24 28 05 –* ▲Ε ☲
fermé 15 janv. au 1er mars, merc. midi, jeudi midi et mardi – **Repas** 20/43, enf. 12 ☙.
✦ Tournée vers le joli jardin fleuri, salle à manger actuelle prolongée d'une agréable
terrasse. Cuisine au goût du jour à tendance régionale et vins de petits propriétaires.

XX **Auberge Bourguignonne** avec ch, 4 pl. Madeleine ℰ 03 80 22 23 53,
Fax 03 80 22 51 64 – ▤ rest, ▣ ☲ a   BZ a
fermé 25 nov. au 18 déc., 24 au 27 déc., 5 au 23 fév. et lundi sauf fériés – **Repas** 17/38 ♀ –
⌧ 6,50 – **10 ch** 54/69.
✦ Deux jolies maisons régionales en pierre abritant deux salles à manger d'esprit campagnard, pour des repas traditionnels orientés terroir. Demander une chambre rénovée.

XX **Caveau des Arches,** 10 bd Perpreuil ℰ 03 80 22 10 37, *restaurant.caveau.des.arches@*
wanadoo.fr, Fax 03 80 22 76 44 – ☲   ABZ x
fermé 24 juil. au 25 août, 23 déc. au 17 janv., dim. et lundi – **Repas** (15) · 21,50/30.
✦ Un lieu insolite et plaisant caché dans le sous-sol de Beaune : belles caves sous-tendues
par les arches d'un pont qui commandait jadis l'accès à la cité. Plats classiques.

XX **Auberge du Cheval Noir,** 17 bd St-Jacques ℰ 03 80 22 07 37, *lechevalnoir@wanadoo.*
fr, Fax 03 80 24 06 92, ☼ – ☲   AZ t
fermé 1er au 11 mars, 3 au 28 fév., mardi soir et merc. – **Repas** 17/46 bc ♀.
✦ Proche de l'hôtel-Dieu, salle à manger récemment rafraîchie (tons jaune, spots, carrelage) et terrasse pour les beaux jours. Menus traditionnels et régionaux.

XX **Fleury,** 16 pl. Fleury ℰ 03 80 22 35 50, *restaurant@lefleury.com, Fax 03 80 22 21 00 –* ▲Ε
⓪ ☲   AZ y
fermé 5 au 19 janv. et jeudi d'oct. à mai – **Repas** 19,80 (déj.), 26/49 ♀.
✦ Couleurs pastel, boiseries, exposition-vente de tableaux et spécialités bourguignonnes à
l'honneur : une petite pause gourmande après votre "grande vadrouille" beaunoise.

X   **Ciboulette,** 69 r. Lorraine ℰ 03 80 24 70 72, *Fax 03 80 22 79 71 –* ▤. ▲Ε ☲   AY n
＠ *fermé 2 au 18 août, 2 au 25 fév., lundi et mardi –* **Repas** 18/24.
✦ Deux salles à manger un peu menues, égayées d'un mobilier en rotin vert et de boiseries
à mi-hauteur. Courte carte effleurée d'une touche bourguignonne.

X   **Gourmandin,** 8 pl. Carnot ℰ 03 80 24 07 88, *Gourm01@aol.com, Fax 03 80 22 27 42 –*
▤. ☲   AZ d
Repas 20/45 ♀.
✦ Cuisine régionale mais esprit "bouchon" lyonnais dans le décor des salles ; l'une d'elles,
dans la cour intérieure, est aménagée en mezzanine sous une verrière.

X   **Ma Cuisine,** passage Ste-Hélène ℰ 03 80 22 30 22, *cave-sainte-helene@wanadoo.fr,*
Fax 03 80 24 99 79 – ▤. ☲, ☲   AZ s
fermé août, vacances de Noël, merc., sam. et dim. – **Repas** (nombre de couverts limité,
prévenir) 18 ☙.
✦ Dans une ruelle calme, petite salle de restaurant voûtée aux couleurs de la Provence.
Cuisine du marché à découvrir sur tableau noir et attrayante sélection de vins régionaux.

X   **Paradoxe,** 6 r. Fg Madeleine ℰ 03 80 22 63 94, *Fax 03 80 24 20 42 –* ☲   BZ s
fermé 28 juil. au 10 août, 1er au 14 déc., sam. et dim. – **Repas** 16/35.
✦ Menus et suggestions du jour s'inscrivent dans un registre classique et se dégustent au
coude à coude dans une salle à manger conviviale aux murs ensoleillés.

X   **P'tit Paradis,** 25 r. Paradis ℰ 03 80 24 91 00 – ☲   AZ e
fermé 16 au 16 mars, 9 au 17 août, 21 nov. au 14 déc., lundi et mardi – **Repas** (prévenir) 12
(déj.), 16/27,50 ♀.
✦ Ce p'tit coin de paradis est situé dans une vieille rue pavée du centre-ville. Salle à manger
un peu étroite, mais coquettement aménagée. Cuisine variant avec les saisons.

X   **Les Tontons,** 22 r. Fg Madeleine ℰ 03 80 24 19 64, *Fax 03 80 22 34 07 –* ☲   BZ r
fermé 1er au 17 août, 24 déc. au 10 janv., dim. et lundi – **Repas** 17/35.
✦ L'atmosphère sympathique et les tables un peu serrées font le cachet de ce petit
bistrot ; ses repas fleurant bon la Bourgogne n'attendent plus que vous !

X   **Aux Vignes rouges,** 45 r.Maufoux ℰ 03 80 24 71 28, *Fax 03 80 24 68 05 –* ☲   AZ q
fermé 15 août au 3 sept, mardi et merc. – **Repas** 17/30,20.
✦ Sobre décor marin et insolite aménagement intérieur : la cuisine est intégrée à la salle, le
chef travaille sous les yeux des clients ! Plats traditionnels.

à Savigny-lès-Beaune *par ①, D 18 et D 2 : 7 km – 1 422 h. alt. 237 –* ✉ *21420 :*

Voir *Château*★.

🛈 Syndicat d'initiative, rue Vauchey Very ℰ 03 80 26 12 56, Fax 03 80 21 56 63, si.savignyles-
beaune@libertysurf.fr.

🏠 **Hameau de Barboron** ⬙ sans rest, ℰ 03 80 21 58 35, *lehameaudebarboron@wanad*
oo.fr, Fax 03 80 26 10 59, ♞ – ▣ ☎ ఊ Ɖ – ☝ 25. ▲Ε ☲
⌧ 15 – **9 ch** 95/125, 3 duplex.
✦ En pleine nature, ensemble de fermes fortifiées superbement restaurées. Jolies
chambres personnalisées au charme champêtre préservé (poutres, tomettes, cheminées).

🏯 **L'Ouvrée,** rte Bouilland 🕿 03 80 21 51 52, *hotelouvree@wanadoo.fr, Fax 03 80 26 10 04,*
🛪 – 📺 ❤ 🅿, GB
fermé 1ᵉʳ fév. au 15 mars – **Repas** 16/39, enf. 12 ☲ – ☷ 6,50 – **22 ch** 52/58 – ½ P 48,50/51.
◆ Discrète bâtisse proche de l'étonnant musée-château (collection de motos, avions
de chasse, etc.). Chambres peu à peu refaites ; salles de bains flambant neuves. Atmosphère campagnarde au restaurant où l'on propose recettes bourguignonnes et vins du
village.

🍴🍴 **Cuverie,** 5 r. Chanoine Donin 🕿 03 80 21 50 03, *Fax 03 80 21 50 03 –* GB
fermé 20 déc. au 20 janv., mardi et merc. – **Repas** 17/37.
◆ Salle à manger lumineuse et spacieuse, agrémentée de meubles rustiques bourguignons et de murs de pierres apparentes. À table, carte traditionnelle axée sur le
terroir.

à Pernand-Vergelesses *Nord : 7km par D18 – 310 h. alt. 275.*

🍴🍴 **Charlemagne,** route des Vergelesses 🕿 03 80 21 51 45, *Fax 03 80 21 58 52,* ≤ – 🖩 🅿,
⓪ GB JCB
fermé 20 au 28 juil., mardi et merc. – **Repas** 20 (déj.), 30/65 ☲ 🕮.
◆ Ce "sacré" Charlemagne possédait des vignes sur le "massif" de Corton. Ce plaisant
restaurant contemporain propose des recettes régionales teintée de touches asiatiques.

rte de Dijon *par ① : 4 km –* ✉ *21200 Beaune :*

🍴🍴🍴🍴 **Ermitage de Corton** avec ch., 🕿 03 80 22 05 28, *ermitagecorton@wanadoo.fr,*
Fax 03 80 24 64 51, ≤, 🛪, 🌿 – 📺 ❤ 🅿, AE ⓪ GB JCB
fermé 11 janv. au 19 fév. – **Repas** *(fermé mardi midi, dim. soir et lundi)* 40/140 et carte 72 à
112 ☲ 🕮 – ☷ 25 – **1 ch** 190/210, 9 suites 250/380.
◆ Cette imposante auberge située entre la nationale et le vignoble est réputée pour
la générosité de sa cuisine et sa belle carte de vins régionaux. Salle à manger bourgeoise.

à Aloxe-Corton *par ① : 6 km – 172 h. alt. 255 –* ✉ *21420 :*

🏨 **Villa Louise** 🐾 sans rest, 🕿 03 80 26 46 70, *hotel-villa-louise@wanadoo.fr,*
Fax 03 80 26 47 16, 🗔, 🌿 – 📺 ❤ 🅿 – 🛎 15. GB
fermé 15 janv. au 15 fév. – ☷ 13 – **11 ch** 104/148.
◆ Dominant le village, belle maison (17ᵉ s.) dont le jardin s'ouvre sur les célèbres vignes.
Chambres contemporaines bien rénovées, espace détente et ambiance "guesthouse".

à Ladoix-Serrigny *par ① et N 74 : 7 km – 1 618 h. alt. 200 –* ✉ *21550 :*

🍴🍴 **Les Coquines,** à Buisson 🕿 03 80 26 43 58, *Fax 03 80 26 49 59,* 🛪, 🌿 – 🅿, AE ⓪
GB
fermé 11 au 20 août, vacances de fév., merc. et jeudi – **Repas** 29/39 ☲ 🕮.
◆ Adresse accueillante où l'on choisit le cadre de son repas : contemporain sage dans la
salle sous verrière, champêtre dans l'ancien cellier où trône un vieux pressoir.

🍴 **Les Terrasses de Corton** avec ch., 🕿 03 80 26 42 37, *patrice.sanchez3@wanadoo.fr,*
🍽 *Fax 03 80 26 42 13,* 🛪 – 📺 🅿. GB
*fermé 20 au 30 déc., 24 janv.au 3 mars, mardi soir et dim. soir d'oct. à mars, jeudi midi de
mars à oct. et merc. –* **Repas** 17/37, enf. 9,50 – ☷ 6,80 – **10 ch** 38/48 – ½ P 39.
◆ Dans ce petit village de vignerons, auberge familiale proposant une carte d'inspiration
régionale. Salle à manger claire, prolongée d'une terrasse ombragée sur l'arrière.

à Challanges *par ② puis D 111 : 4 km –* ✉ *21200 :*

🏨 **Château de Challanges** 🐾 sans rest, r. Templiers 🕿 03 80 26 32 62, *chateau.challang
es@wanadoo.fr, Fax 03 80 26 32 52,* ≤, 🗔, 🌿 – 📺 ❤ 🅿, AE GB
☷ 12 – **9 ch** 90, 5 suites.
◆ Belle demeure de 1870 nichée dans un parc de 7 ha agrémenté d'arbres centenaires.
Chambres coquettes et personnalisées où le charme d'antan côtoie le confort d'aujourd'hui.

au Sud-Est près de l'échangeur A 6 *par ③ : 2 km –* ✉ *21200 Beaune :*

🏨 **Novotel,** av. Ch. de Gaulle ❤ 🕿 03 80 24 59 00, *h1177@accor-hotels.com,*
Fax 03 80 24 59 29, 🛪, 🌊 – 🛏 🐾 📺 🅿 ❤ & 🅿 – 🛎 150. AE ⓪ GB JCB
Repas *(18,50)* - 24/35 ☲ – ☷ 11 – **127 ch** 92/130.
◆ Architecture ultra-sobre, coiffée d'un toit à la mode bourguignonne. Chambres
bien aménagées et insonorisées. Nombreux et complets équipements pour séminaires.
Cuisine-gril visible de tous dans la salle à manger et terrasse installée au bord de la
piscine.

à Levernois Sud-Est : 5 km par rte de Verdun-sur-le-Doubs, D 970 et D 111ᴸ - **BZ** – 260 h. alt. 198 –
✉ 21200 :

Colvert Golf Hôtel �’ sans rest, ℰ 03 80 24 78 20, hotelcolvert@libertysurf.fr,
Fax 03 80 24 77 70, ⇐ – ▮ TV ◊ ◊ ⇔ , AE ⬤ GB
fermé 15 déc. au 15 janv. – ⊆ 8 – **24** ch 52/64.
◆ Unité moderne. Décor "minimaliste" dans les grandes chambres fonctionnelles, avec
balcon donnant sur le golf. Meubles de style et belle cheminée 19ᵉ s. dans le salon.

Parc ⚚ sans rest, 13 rue du Golf ℰ 03 80 24 63 00, hotel.le.parc@wanadoo.fr,
Fax 03 80 24 21 19, ﹢ – TV P. GB. ⬤
fermé 28 nov. au 27 janv. – ⊆ 6,50 – **25** ch 48/87.
◆ Ravissante maison bourguignonne tournée sur une cour intérieure fleurie. Chambres
douillettes, garnies de meubles patinés, plus vastes à l'annexe. Parc ouvert sur la campagne.

Hostellerie de Levernois (Crotet) ⚚ avec ch, rte Combertault ℰ 03 80 24 73 58, lever
nois@relaischateaux.com, Fax 03 80 22 78 00, ﹣, ﹢, ☆, ﹢ – ▭ TV P AE ⬤ GB
fermé 9 au 26 août, 21 déc. au 8 janv., jeudi midi et merc. – **Repas** 40 (déj.), 60/104 et carte
82 à 119 – ⊆ 20 – **16** ch 168/305 – ½ P 183/240.
◆ Gentilhommière entourée d'un jardin à la française et d'un parc de 4 ha traversé par un
cours d'eau : un havre de paix où l'on régale d'une cuisine classique. Jolies chambres.
Spéc. Petits escargots de Bourgogne en cocotte lutée. Saumon fumé aux sarments de
vigne. Canon d'agneau en croustille de pomme de terre. **Vins** Bourgogne-Aligoté, Chambolle-Musigny.

Garaudière, ℰ 03 80 22 47 70, Fax 03 80 22 64 01, ﹣, ﹢ – P. AE GB
fermé 1ᵉʳ déc. au 15 janv., sam. midi de Pâques à nov., dim. de mi-janv. à Pâques et lundi –
Repas 15/18 ♀.
◆ Intérieur rustique chaleureux, plats régionaux et grillades cuites sur la braise : ex-grange
convertie en sympathique auberge. Terrasse aménagée sous une tonnelle.

à Montagny-lès-Beaune par ③ et D 113 : 3 km – 715 h. alt. 206 – ✉ 21200

Clos ⚚ sans rest, 22 r. Gravières ℰ 03 80 25 97 98, hotelleclos@wanadoo.fr,
Fax 03 80 25 94 70, ﹢ – TV ◊ ◊ P. – 🔒 20. GB. ﹢
fermé 28 nov. au 27 janv. – ⊆ 8 – **24** ch 60/100.
◆ Un ancien pressoir occupe la cour de cette accueillante bâtisse, naguère exploitation
viticole. Les chambres, neuves et meublées en style rustique, ne manquent pas de charme.

à Meursault par ④ : 8 km – 1 598 h. alt. 243 – ✉ 21190 .

🛈 Office de tourisme, place de l'Hôtel de Ville ℰ 03 80 21 25 90, Fax 03 80 21 26 00,
info@ot-meursault.fr.

Magnolias ⚚ sans rest, 8 r. P. Joigneaux ℰ 03 80 21 23 23, lesmagnolias@mageos.com,
Fax 03 80 21 29 10 – ﹢ ◊ P. AE GB. ﹢
15 mars-30 nov. – ⊆ 9 – **12** ch 86/128.
◆ Le séjour s'écoule agréablement dans cette hôtellerie de caractère où la décoration,
raffinée et personnalisée, recrée la douillette atmosphère d'une maison familiale.

Les Charmes ⚚ sans rest, pl. Murger ℰ 03 80 21 63 53, Fax 03 80 21 62 89, ﹢, ﹢ – ﹢
TV ◊ P. GB. ﹢
11 mars-1ᵉʳ déc. – ⊆ 8 – **14** ch 80/105.
◆ Ex-propriété de viticulteur du 18ᵉ s. abritant des chambres (non-fumeurs) spacieuses et
garnies de meubles anciens, ou plus contemporaines et colorées. Joli jardin arboré.

Relais de la Diligence, à la gare, Sud-Est : 2,5 km par D 23 ℰ 03 80 21 21 32, diligence.l
a@wanadoo.fr, Fax 03 80 21 64 69, ⇐, ﹢ – P. AE ⬤ GB
fermé 9 déc. au 21 janv., mardi soir et merc. hors saison – **Repas** 15/35, enf. 8,50 ♀.
◆ Imposante façade en pierres de Bourgogne. Trois salles à manger claires et confortables,
dont deux surélevées et largement ouvertes sur les vignes. Carte traditionnelle.

Bouchon, pl. Hôtel-de-Ville ℰ 03 80 21 29 56, Fax 03 80 21 29 56 – AE GB
fermé 20 nov. au 28 déc., dim. soir et lundi – **Repas** 12,80/29 ♀.
◆ Proche de l'hôtel de ville aux tuiles vernissées, petit bistrot à l'esprit "bouchon". Menus
traditionnels et plats du terroir dans une salle rénovée (bois clair, miroirs).

à Puligny-Montrachet par ④ et N 74 : 12 km – 464 h. alt. 227 – ✉ 21190 :

Montrachet ⚚, ℰ 03 80 21 30 06, info@le-montrachet.com, Fax 03 80 21 39 06 – TV ◊
◊, AE ⬤ GB JCB. ﹢ rest
fermé 30 nov. au 10 janv. – **Repas** 37/75 ♀ ﹢ – ⊆ 13 – **31** ch 100/165 – ½ P 118/147.
◆ Belle maison de village (1824) et ses ex-écuries. Chambres de bon confort, sagement
rustiques, plus fonctionnelles au dernier étage. Caveau de dégustation-vente. Restaurant
campagnard chic, carte mi-classique, mi-terroir et très belle sélection de bourgognes.

à Volnay *par* ④ *et N 74 – 323 h. alt. 290 –* ⊠ *21190 :*

🍴 **Auberge des Vignes,** N 74 📞 03 80 22 24 48, *elisabeth.leneuf@free.fr,*
🛏 *Fax 03 80 22 24 48,* 🌿 – 🅿. ᴳᴮ
fermé 29 nov. au 9 déc., 3 fév. au 3 mars, dim. soir, mardi soir et merc. – **Repas** 15/33.
   ◆ Sur un axe animé en retrait du bourg, agreste salle à manger égayée d'une cheminée et
véranda tournée vers le vignoble. Spécialités régionales et suaves volnays à l'honneur.

à Bouze-lès-Beaune *par* ⑤ *et D 970 : 6,5 km – 261 h. alt. 400 –* ⊠ *21200 :*

🍴 **Bouzerotte,** 📞 03 80 26 01 37, *la.bouzerotte@wanadoo.fr, Fax 03 80 26 09 37,* 🌿 – ᴳᴮ
🛏 *fermé 1ᵉʳ au 9 sept., 22 déc. au 1ᵉʳ janv., 9 fév. au 2 mars, lundi et mardi* – **Repas** (dim.
prévenir) 15/38.
   ◆ Cuisine dans la note régionale, simple et de bon aloi, à déguster en cette maison située
aux portes de la localité. Sympathique cadre rustique et aimable ambiance villageoise.

voir aussi ressource hôtelière de **Bouilland**

BEAUPRÉAU *49600 M.-et-L.* ████ D5 *G. Châteaux de la Loire – 6 217 h alt. 73.*
  🅱 *Office de tourisme, Centre Culturel de la Loge* 📞 02 41 75 38 31, Fax 02 41 75 38 28,
accueil@beaupreau-tourisme.com.
  Paris 345 – Angers 53 – Ancenis 29 – Châteaubriant 75 – Cholet 19 – Nantes 54 – Saumur 87.

à la Chapelle-du-Genêt *Sud-Ouest : 3 km – 1 002 h. alt. 95 –* ⊠ *49600 :*

🍴🍴 **Auberge de la Source,** 📞 02 41 63 03 89, Fax 02 41 63 35 34 – ᴳᴮ
fermé 16 au 23 août, dim. soir et lundi – **Repas** 16,50/40,40 ♀.
   ◆ Au bord d'une route de campagne, petite maison de pays servant dans sa plaisante salle
à manger rustique des repas traditionnels assaisonnés d'une pincée de modernité.

BEAURECUEIL *13 B.-du-R.* ████ I4 – *rattaché à Aix-en-Provence.*

BEAUREPAIRE *38270 Isère* ████ D5 – *3 839 h alt. 259.*
  🅱 *Office de tourisme, avenue des Terreaux* 📞 04 74 84 68 84, Fax 04 74 84 68 86,
office.tourisme@pays-de-beaurepaire.com.
  Paris 516 – Annonay 41 – Grenoble 71 – Romans-sur-Isère 40 – St-Étienne 79 – Vienne 30.

🍴🍴🍴 **Fiard-Zorelle** avec ch, av. Terreaux 📞 04 74 84 62 02, *info@zorelle.com,*
Fax 04 74 84 71 13 – 📺 📞 – 🏛 15. ᴁ ⑩ ᴳᴮ. ✼
fermé dim. soir et lundi – **Repas** (19) - 26/55 et carte 51 à 69 ♀ – 🖙 10 – **15 ch** 48/62 –
½ P 58/63.
   ◆ Grande salle à manger chaleureuse et confortable : fer forgé, couleurs provençales et
poutres apparentes, où vous dégusterez une cuisine au goût du jour.

BEAUREPAIRE-EN-BRESSE *71580 S.-et-L.* ████ M9 – *515 h alt. 147.*
  Paris 383 – Châlon-sur-Saône 49 – Bourg-en-Bresse 65 – Lons-le-Saunier 13 – Tournus 45.

🏠 **Croix Blanche,** 📞 03 85 74 13 22, *aubergelacroixblanche@libertysurf.fr,*
🛏 *Fax 03 85 74 13 25,* 🌿 , 📞 – 📺
fermé 15 nov. au 7 déc., 2 au 15 janv., dim. soir et lundi sauf juil.-août – **Repas** (11) - 15/48,
enf. 10 ♀ – 🖙 6,40 – **14 ch** 34/45 – ½ P 41/46.
   ◆ Proche d'une route fréquentée, auberge coiffée d'un toit où l'on distingue une croix
blanche. Les chambres, situées sur l'arrière, bénéficient d'un récent rafraîchissement.
Plaisant cadre rustique réactualisé dans la salle à manger. Recettes traditionnelles.

BEAUSOLEIL *06240 Alpes-Mar.* ████ F5 – *12 775 h alt. 89.*
  🅱 *Office de tourisme, 32 boulevard de la République* 📞 04 93 78 01 55, Fax 04 93 78 79 87,
beausoleil@webstore.fr.
  Paris 947 – Monaco 4 – Menton 11 – Monte-Carlo 2 – Nice 21.

Voir Plan de Monaco (Principauté de).

🏠 **Olympia** sans rest, 17 bis bd Gén. Leclerc 📞 04 93 78 12 70, *olympiahotel@hotmail.com,*
Fax 04 93 41 85 04 – 📶 🔟 📺 📞 🔥. ᴁ ᴳᴮ. ✼
🖙 10 – **32 ch** 110/150.   **DX t**
   ◆ Sur la frontière franco-monégasque, belle façade en pierres de taille égayée de balcons
et d'une corniche ouvragés. Chambres sobres, insonorisées et de bon goût.

*Les principales voies commerçantes figurent en **rouge***
dans la liste des rues des plans de villes.

Le BEAUSSET 83330 Var **340** J6 – 7 723 h alt. 167.

🛈 Office de tourisme, place Charles de Gaulle 🕾 04 94 90 55 10, Fax 04 94 98 51 83, contact@ot-lebeausset.fr.

Paris 817 – Toulon 18 – Aix-en-Provence 67 – Marseille 47.

🏠 **Mas Lei Bancau** 🦢 sans rest, Sud : 2 km par N 8 et rte secondaire 🕾 04 94 90 27 78, *leib ancau@wanadoofr*, Fax 04 94 90 29 00, 🏊, 🏖 – 📺 🕭 🅿, 🖭 GB. ✵
☲ 8 – **7 ch** 89/98.
◆ Un chemin pentu mène à ce petit mas dominant les coteaux du vignoble de Bandol. Salle des petits-déjeuners et chambres aux couleurs de la Provence. Joli parc méridional.

🏠 **Cigalière** 🦢, Nord : 1,5 km par N 8 et rte secondaire 🕾 04 94 98 64 63, *hotel.lacigaliere@ aol.com*, Fax 04 94 98 66 04, 🌇, 🏊, ✵, 🏖 – cuisinette 📺 📞 🅿 – 🔏 25. 🖭 GB. ✵
Repas *(mai-sept. et fermé lundi soir)* (dîner seul.) 25 ⌷ – ☲ 6,50 – **19 ch** 90/170 – ½ P 70/100.
◆ Perdues dans la nature, deux maisons de style régional à l'ombre des pins. Les studios avec cuisinette et terrasse privée sont très prisés des familles. Salle à manger rustique et terrasse ombragée bercée par le chant des cigales.

Ecrivez-nous...
Vos louanges comme vos critiques seront examinées avec le plus grand soin.
Nous reverrons sur place les informations que vous nous signalez.
Par avance merci !

BEAUVAIS 🅿 60000 Oise **305** D4 *G. Picardie Flandres Artois* – 55 392 h Agglo. 100 733 h alt. 67.

Voir *Cathédrale St-Pierre*** : horloge astronomique* – Église St-Étienne* : vitraux** et arbre de Jessé*** – Musée départemental de l'Oise* dans l'ancien palais épiscopal M².

🛫 du Vivier à Ons-en-Bray 🕾 03 44 84 24 11, par ⑤ et N31 : 15 km.

🛈 Office de tourisme, 1 rue Beauregard 🕾 03 44 15 30 30, Fax 03 44 15 30 31, ot.beauvaisis-@wanadoo.fr.

Paris 87 ④ – Compiègne 60 ③ – Amiens 63 ② – Boulogne-sur-Mer 182 ① – Rouen 82 ⑤.

Plan page suivante

🏠 **Hostellerie St-Vincent**, par ③ *3 km (Espace St-Germain), rue de Clermont* 🕾 03 44 05 49 99, *h.st.vincent@wanadoo.fr*, Fax 03 44 05 52 94, 🌇 – 📺 📞 🕭 🅿 – 🔏 70. 🖭 ① GB
Repas 15/30, enf. 8,50 – ☲ 7,50 – **48 ch** 58/68 – ½ P 46/49.
◆ Près d'axes routiers et de la bretelle de l'autoroute, bâtiment récent offrant de grandes chambres fonctionnelles et bien insonorisées. Accès Internet à disposition. Salle à manger spacieuse et claire ; menus traditionnels complétés de suggestions sur ardoise.

🏠 **Cygne** sans rest, 24 r. Carnot (u) 🕾 03 44 48 68 40, *hotelducygne.beauvais@wanadoo.fr*, Fax 03 44 45 16 76 – 📺. GB. ✵
☲ 8 – **21 ch** 34/56.
◆ Idéalement situé au coeur du vieux Beauvais. Les chambres sont simples et bien tenues ; préférez celles sur l'arrière, plus au calme. Pimpante salle des petits-déjeuners.

🍽 **Résidence** 🦢 sans rest, 24 r. L. Borel par ② et r. D. Maillart 🕾 03 44 48 30 98, *hoteldelare sidence@wanadoo.fr*, Fax 03 44 45 09 42 – 📺 📞 🅿. GB
fermé 8 au 29 août et dim. d'oct. à avril – ☲ 6,50 – **22 ch** 35/50.
◆ Adresse paisible et familiale à dénicher dans un quartier résidentiel de la périphérie de la capitale de l'Oise. Chambres un peu exiguës, mais bien entretenues.

par ④ et N 1 : 5 km – ✉ 60000 Beauvais :

🏨 **Mercure**, 1 av. Montaigne 🕾 03 44 02 80 80, *h0350@accor-hotels.com*, Fax 03 44 02 12 50, 🏊 – ⥇, 🗎 rest, 📺 📞 🕭 🅿 – 🔏 40. 🖭 ① GB
Repas carte 27 à 40, enf. 7 🍷 – ☲ 10 – **60 ch** 79/84.
◆ Bâtisse des années 1970 récemment modernisée, où vous serez hébergé dans des chambres de bonne ampleur, fonctionnelles et colorées. Salle à manger agrémentée d'une cheminée et terrasse dressée l'été au bord de la piscine.

🍴 **Bellevue**, 🕾 03 44 02 17 11, Fax 03 44 02 54 44 – 🗎 🅿. 🖭 GB
fermé 1er au 22 août, sam. et dim. – **Repas** carte 30 à 41 ⌷.
◆ Au coeur d'une zone à vocation commerciale, restaurant estimé pour sa cuisine classique assortie de suggestions du marché. Salle à manger sagement contemporaine.

BEAUVAIS

Beauregard (R.) 2
Brière (Bd J.) 3
Carnot (R.)
Clemenceau (Pl.) 4
Dr-Gérard (R.) 5
Dr-Lamotte (Bd du) 6
Dreux (R. Ph. de) 7
Gambetta (R.)

Grenier-à-Sel (R.) 8
Guéhengnies (R. de) 9
Hachette (Pl. J.) 10
Halles (Pl. des) 12
Leclerc (R. Mar.) 13
Lignières (R. J. de) 15
Loisel (R. B.A.) 16
Malherbe (R. de) 18
Nully-d'Hécourt (R.) 19
République
(Av. de la) 20

St-André (Bd) 22
St-Laurent (R.) 23
St-Pierre (R.) 24
Scellier (Cours) 27
Taillerie (R. de la) 29
Tapisserie (R. de la) 30
Villiers-de-l'Isle-Adam
(R.) 35
Vincent-de-Beauvais (R.) .. 26
Watrin (R. du Gén.) 36
27-Juin (R. du) 38

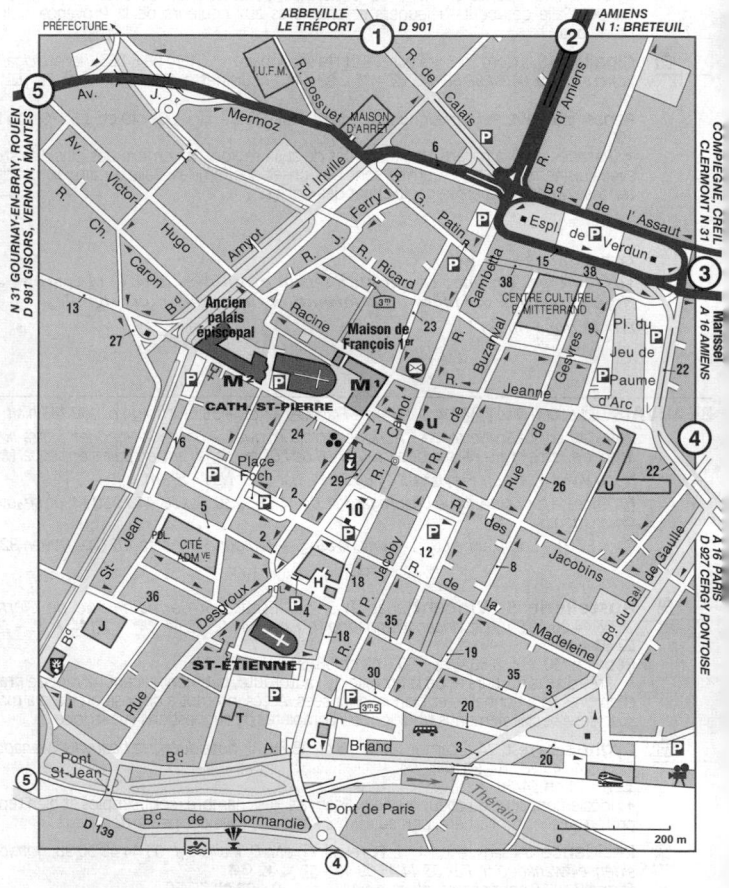

Le Guide change, changez de guide tous les ans.

BEAUVOIR-SUR-MER 85230 Vendée **316** D6 *G. Poitou Vendée Charentes* – *3 399 h alt. 8.*

🛈 *Office de tourisme, rue Charles Gallet ℰ 02 51 68 71 13, Fax 02 51 49 05 04, otsi-beauvoir@wanadoo.fr.*

Paris 443 – *Nantes 59* – *Challans 15* – *Noirmoutier-en-l'Île 22* – *La Roche-sur-Yon 59.*

Relais des Touristes (annexe 🏠), rte Gois ℰ 02 51 68 70 19, *relaisdestouristes@free.f r, Fax 02 51 49 33 45,* 🛏, 🔲 – 🺪 📞 🚃 🗜 – 🔏 25. 🆎 ⓪ 🆖 🆑

Repas *(fermé 2 au 31 janv.)* 11,10/67,40, enf. 8,70 🍷 – 🍽 6,10 – **41 ch** 56,10/67,35 – ½ P 43,80/52.

◆ Deux bâtiments bas abritant des chambres récentes et garnies d'un mobilier coloré ou plus anciennes et dotées d'aménagements plus sobres. Salles à manger de style rustique dont une aménagée sous une véranda ; carte classique.

BEAUVOIR-SUR-NIORT 79360 Deux-Sèvres **322** D7 – 1 330 h alt. 66.

  Paris 419 – La Rochelle 63 – Niort 17 – St-Jean-d'Angély 28.

XX **Auberge des Voyageurs**, ℰ 05 49 09 70 16, Fax 05 49 09 65 78 – **①** **GB**
⨝⨝ fermé 1ᵉʳ au 15 fév., dim. soir et merc. – **Repas** 11/32,50, enf. 12 ⏧.
  ◆ Belle façade en pierre d'un relais de poste du 19ᵉ s. Deux salles à manger rustiques
  soignées, avec boiseries et cheminée, et coin bistrot plaisant. Carte traditionnelle.

BEAUVOIS-EN-CAMBRÉSIS 59157 Nord **302** I7 – 1 994 h alt. 89.

  Paris 190 – St-Quentin 40 – Arras 48 – Cambrai 12 – Valenciennes 37.

XX **Buissonnière**, ℰ 03 27 85 29 97, Fax 03 27 76 25 74, 佘 – **⅌**. **Æ** **GB**
  fermé 1ᵉʳ au 21 août, dim. soir, merc. soir et lundi – **Repas** (15) - 19,80/35 ⏧.
  ◆ Aux portes du bourg, restaurant dont la cuisine traditionnelle s'enrichit des opportunités du marché. Deux salles dont une rustique soignée ouvrant sur la terrasse pavée.

BEAUZAC 43590 H.-Loire **331** G2 G. Vallée du Rhône – 2 061 h alt. 565.

  🖪 Office de tourisme, place de l'Église ℰ 04 71 61 50 74, Fax 04 71 61 41 91, office@beau-
  zac.com.
  Paris 556 – St-Étienne 44 – Craponne-sur-Arzon 31 – Le Puy-en-Velay 45.

XX **L'Air du Temps** avec ch., à Confolent, Est : 4 km par D 461 ℰ 04 71 61 49 05, air.du.temp
⨝ s.hotel@wanadoo.fr, Fax 04 71 61 50 91 – **TV** **℃** – **♨** 15. **Æ** **GB**
  fermé 1ᵉʳ au 10 sept., 2 au 30 janv., dim. soir et lundi – **Repas** 18/54, enf. 11 ⏧ – ⏄ 7,50 –
  8 ch 45 – ½ P 44.
  ◆ Discrète maison des années 1920. Plats traditionnels et régionaux sont servis dans une
  salle à manger lumineuse et actuelle agrandie d'une véranda. Chambres pratiques.

à Bransac Sud : 3 km par D 42 – ⊠ 43590 :

XX **Table du Barret** ⨝ avec ch., ℰ 04 71 61 47 74, sandy.caire@wanadoo.fr,
⨝ Fax 04 71 61 52 73, 佘 – **⅌**, **GB**. ✻ ch
  fermé 10 au 23 nov., fév., dim. soir, mardi et merc. – **Repas** 19 (déj.), 25/60, enf. 14 ⏧ –
  ⏄ 9,50 – **9** ch 50/55.
  ◆ Dans un paisible hameau proche de la Loire, sobre salle de restaurant contemporaine où
  l'on sert une appétissante cuisine au goût du jour. Chambres confortables.

BEBLENHEIM 68980 H.-Rhin **315** H8 G. Alsace Lorraine – 943 h alt. 212.

  Paris 444 – Colmar 11 – Gérardmer 55 – Ribeauvillé 5 – St-Dié 48 – Sélestat 19.

🏰🏰 **Kanzel** sans rest, chemin des Amandiers ℰ 03 89 49 08 00, contact@kanzel.com,
  Fax 03 89 47 99 10, ≼ Vosges et vignoble, ⬛, 🖘 – cuisinette **TV** **℃** **&** 🖘 **P** – **♨** 25. **①**
  GB
  fermé 20 au 27 déc. et 5 janv. au 15 fév. – **10 ch** ⏄ 165/190, 14 suites 256.
  ◆ Complexe hôtelier et résidentiel conçu comme un petit village alsacien bâti autour
  d'une placette. Aménagements actuels, parfois luxueux. Bons équipements de loisirs.

X **Auberge Le Bouc Bleu**, ℰ 03 89 47 88 21, Fax 03 89 86 01 04, 佘 – **GB**
  fermé vacances de Toussaint, de fév., jeudi midi, sam. midi et merc. – **Repas** (22,50) - 29/34 ⏧.
  ◆ La salle rustique, un brin "rétro" et réservée aux non-fumeurs, a du cachet avec ses
  gravures et sa collection de menus anciens. Jolie cour-terrasse. Plats régionaux créatifs.

Le BEC-HELLOUIN 27800 Eure **304** E6 G. Normandie Vallée de Seine – 406 h alt. 101.

  Voir Abbaye★★.
  Paris 153 – Rouen 41 – Bernay 22 – Évreux 46 – Lisieux 46 – Pont-Audemer 23.

X **Canterbury**, r de Canterbury ℰ 02 32 44 14 59, Fax 02 32 44 14 59, 佘 – **GB**
  fermé dim. soir, mardi soir et merc. – **Repas** 17 (déj.), 22/36, enf. 8,50.
  ◆ Dans une rue assez tranquille, façade à colombages où grimpe la vigne vierge. Poutres
  apparentes et murs blanchis donnent un cachet rustique à la salle à manger.

BÉDARIEUX 34600 Hérault **339** D7 – 5 962 h alt. 196.

  🖪 Office de tourisme, place aux Herbes ℰ 04 67 95 08 79, Fax 04 67 95 39 69, oti.bedarieux-
  @libertysurf.fr.
  Paris 723 – Montpellier 70 – Béziers 34 – Lodève 29.

XX **Forge**, 22 av. Abbé Tarroux ℰ 04 67 95 13 13, Fax 04 67 95 10 81, 佘 – **⅌**. **GB**
⨝⨝ fermé 15 au 29 nov., 3 au 24 janv., dim. soir, dim. hors saison et lundi – **Repas** 15/25 ⏧.
  ◆ Ces voûtes du 17ᵉ s. abritaient jadis une forge et une écurie. Architecture intérieure peu
  commune, cheminée monumentale et grande terrasse fleurie et ombragée.

à Soumartre *Sud-Est : 4 km par D 909 et D 146^{E7} – ⊠ 34600 Faugères :*

✗ **L'Échalote,** ✆ 04 67 23 18 05, *Fax 04 67 23 18 05*, ≼, 綿 – ≡ **P.** **GB**
fermé 1er au 11 nov., lundi et mardi – **Repas** (prévenir) 25/40, enf. 12 ♀ ♨.
◆ Jolie vue sur le hameau de Soumartre et les coteaux alentour depuis cette maison construite en bois du Canada. Plats et vins de la région servis sur des tables en chêne.

à Villemagne-l'Argentière *Ouest : 8 km par D 908 et D 922 – 429 h. alt. 193 – ⊠ 34600 :*

✗ **Auberge de l'Abbaye,** ✆ 04 67 95 34 84, *auberge.abbaye@free.fr*, *Fax 04 67 95 34 84*,
♨ 綿 – **AE ①** **GB**
fermé 27 déc. au 11 fév., merc. de nov. à avril, lundi et mardi de sept. à juin – **Repas** 23/50, enf. 11.
◆ Ambiance monacale mais non ascétique dans la salle à manger voûtée de cet ancien bâtiment conventuel. Recettes mariant terroir, épices et saveurs salées-sucrées.

BÉDOIN *84410 Vaucluse* **332** *E9 G. Provence – 2 609 h alt. 295.*

Voir Le Paty ≼★ NO : 4,5 km.

🛈 *Office de tourisme, Espace Marie-Louis Gravier* ✆ 04 90 65 63 95, *Fax 04 90 12 81 55, ot.bedoin@axit.fr.*

Paris 692 – Avignon 43 – Carpentras 16 – Nyons 36 – Sault 35 – Vaison-la-Romaine 21.

🏠 **Pins** ॐ, *1 km chemin des Crans* ✆ 04 90 65 92 92, *hoteldespins@wanadoo.fr, Fax 04 90 65 60 66*, 綿, ⌫, ⚡ – **TV** **℃ P. ①** **GB**. ⚹ rest
hôtel : 2 mars-4 nov. ; rest. : 23 mars-4 nov. – **Repas** *(fermé le midi en semaine)* 25/37 ♀ –
⚍ 9,20 – **25 ch** 70/80 – ½ P 60/70.
◆ Maison récente, de type mas provençal, au milieu d'une pinède. Les chambres sont rénovées par étapes ; celles en rez-de-jardin possèdent une petite terrasse. Salle à manger égayée de jolis tons ocre-rouge et terrasse ombragée agréablement fleurie.

à Ste-Colombe *Est : 4 km par rte du Mont-Ventoux – ⊠ 84410 :*

🏠 **Garance** *sans rest*, ✆ 04 90 12 81 00, *hotelagarance@aol.com, Fax 04 90 65 93 05*, ≼, ⌫
– **TV** **℃ P.** **GB**
fermé 15 au 30 nov. – ⚍ 7 – **13 ch** 45/65.
◆ Vieille ferme restaurée au sein d'un hameau entouré de vignes et de vergers. Dans les chambres, mobilier actuel, couleurs du Midi et sols anciens. Belle vue sur le Ventoux.

rte du Mont-Ventoux *Est : 6 km – ⊠ 84410 Bédoin :*

✗✗ **Mas des Vignes,** *au virage de St-Estève* ✆ 04 90 65 63 91, *Fax 04 90 65 63 91*, ≼ Dentelles de Montmirail et le Comtat, 綿 – **P.**
1er avril-31 oct. – **Repas** *(fermé le midi en juil.-août, mardi midi et lundi)* 33/45 ♀.
◆ Maison provençale séculaire, devancée par une superbe terrasse d'été d'où l'on profite pleinement du panorama. L'élégante salle à manger, couleur saumon, est fort plaisante.

BEG-MEIL *29 Finistère* **308** *H7 G. Bretagne – ⊠ 29170 Fouesnant.*

Voir Site★.

🛈 *Office de tourisme* ✆ 02 98 94 97 47, *Fax 02 98 56 64 02.*

Paris 560 – Quimper 20 – Concarneau 16 – Pont-l'Abbé 23 – Quimperlé 44.

🏠 **Thalamot** ॐ, ✆ 02 98 94 97 38, *resa@hotel-thalamot.com, Fax 02 98 94 49 92*, 綿 , ⌫
– **TV** **℃ – 🔬** 30. **AE** **GB**. ⚹ rest
5 avril-30 sept. – **Repas** 21,50/43 ♀ – ⚍ 7,60 – **30 ch** 66/85 – ½ P 65/68.
◆ Dans un quartier calme proche des plages, petites chambres simples et actuelles. Collection de tableaux du début du 20e s. représentant des scènes bretonnes. Repas aux saveurs iodées servis dans un restaurant ouvert sur un jardin-terrasse arboré.

BÉHUARD *49170 M.-et-L.* **317** *F4 – 110 h alt. 17.*

🛈 *Syndicat d'initiative,* ✆ 02 41 72 84 11, *Fax 02 41 72 84 11.*

Paris 310 – Angers 18 – Laval 88 – Nantes 88 – La Roche-sur-Yon 118 – Tours 124.

✗✗ **Les Tonnelles,** ✆ 02 41 72 21 50, *g.bosse@libertysurf.fr, Fax 02 41 72 81 10*, 綿 – **GB**
fermé 20 déc. au 30 janv., vacances de fév., merc. soir hors saison, dim. soir et lundi –
Repas (23) - 32/74, enf. 16 ♀ ♨.
◆ Entourée par la Loire, sur l'île de Béhuard, parmi les vieilles maisons du pittoresque village, ce restaurant s'attache à défendre le terroir. Belle carte des vins locale.

Les prix
Pour toutes précisions sur les prix indiqués dans ce guide,
reportez-vous aux pages explicatives.

BEINHEIM *67930 B.-Rhin* ЗІ5 *M3 – 1 790 h alt. 115.*

Paris 504 – Strasbourg 48 – Haguenau 25 – Karlsruhe 37 – Wissembourg 27.

🏠 **François** sans rest, 58 r. Principale ✆ 03 88 86 41 26, Fax 03 88 86 27 00, 🌳 – 📺 🚗 **P**.
AE GB ✖

fermé 1ᵉʳ au 15 août et 24 déc. au 2 janv. – �?️ 6 – **13 ch** 34/48.
 ✦ Adresse quelque peu confidentielle ; dans une vaste villa de style régional, chambres
douillettes et bien équipées, parfois dotées d'un balcon.

BELCAIRE *11340 Aude* З44 *C6 – 392 h alt. 1002.*

Voir Forêts★★ de la Plaine et Comus NO.

Env. Belvédère du Pas de l'Ours★★ E : 13 km puis 15 mn, G. Languedoc Roussillon.

🛈 *Office de tourisme, avenue d'Ax-les-Thermes ✆ 04 68 20 75 89, Fax 04 68 20 79 13,
o.t.p.s@wanadoo.fr.*

Paris 810 – Ax-les-Thermes 26 – Carcassonne 81 – Foix 54 – Quillan 29.

✗ **Bayle** avec ch, 38 av. Thermes ✆ 04 68 20 31 05, *hotel-bayle@ataraxie.fr,*
🍴 *Fax 04 68 20 35 24, 🌸, 🌳 – GB*
fermé 12 au 26 nov. – **Repas** 11 (déj.), 15/26 ⅃ – �?️ 5 – **12 ch** 38/40 – ½ P 38/40.
 ✦ Restaurant familial au cœur d'un village du pays cathare. Salle à manger rustique
prolongée d'une terrasse face à la campagne. Plats inspirés du terroir. Chambres
modestes.

BELCASTEL *12390 Aveyron* ЗЗ8 *G4 G. Midi-Pyrénées – 251 h alt. 406.*

🛈 *Office de tourisme, Maison du Patrimoine ✆ 05 65 64 46 11, Fax 05 65 64 46 11,
belcastel@mairie-belcastel.fr.*

Paris 623 – Rodez 25 – Decazeville 28 – Villefranche-de-Rouergue 36.

✗✗ **Vieux Pont** (Mme Fagegaltier) 🌸 avec ch, ✆ 05 65 64 52 29, *hotel-du-vieux-pont@wana*
ꙮ *doo.fr, Fax 05 65 64 44 32, ← – 📺 ✆ P. GB*
fermé 1ᵉʳ janv. au 15 mars, dim. soir et lundi soir sauf juil.-août – **Repas** *(fermé dim. soir
sauf en juil.-août, mardi midi et lundi)* (nombre de couverts limité, prévenir) 26 (déj.),
40/72 et carte 49 à 75, enf. 15 ⅄ ♨ – �?️ 12 – **7 ch** 78/85 – ½ P 88/95.
 ✦ Deux maisons situées de part et d'autre d'un vieux pont de pierre du 15ᵉ s. Cadre de
caractère où cohabitent meubles anciens et modernes. Carte régionale actualisée.
Spéc. Dégustation autour des cèpes (saison). Foie gras de canard grillé, tomates-cerises au
caramel de miel. Poitrine de pigeon rissolée, croustillant de pommes de terre aux cèpes.
Vins Marcillac, Vins d'Entraygues et du Fel.

BELFORT 🄿 *90000 Ter.-de-Belf.* ЗІ5 *F11 G. Jura – 50 417 h Agglo. 104 962 h alt. 360.*

*Voir Le Lion★★ – Le camp retranché★★ : ✳★★ de la terrasse du fort – Vieille ville★ : porte de
Brisach★ – Orgues★ de la cathédrale St-Christophe Y B – Fresque★ (parking rue de
l'As-de-Carreau Z 6) – Cabinet d'un amateur★ : Donation Maurice Jardot M¹.*

🛐 *à Rougemont-le-Château ✆ 03 84 23 74 74, NE : 16 km par N 83 et D 25.*

🛈 *Office de tourisme, 2 bis rue Clemenceau ✆ 03 84 55 90 90, Fax 03 84 55 90 99,
tourisme90@ot-belfort.fr.*

Paris 422 ③ – Besançon 93 ③ – Mulhouse 41 ② – Basel 78 ② – Épinal 95 ⑤.

Plan page suivante

🏠 **Boréal** sans rest, 2 r. Comte de la Suze ✆ 03 84 22 32 32, *hotel.boreal@wanadoo.fr,*
Fax 03 84 28 15 01 – 📶 🌸 📺 ✆ 🚗 – 🔔 30. **AE ⓪ GB**   **Z r**
fermé 19 déc. au 4 janv. – �?️ 9 – **54 ch** 79/83.
 ✦ Dans une rue calme des quartiers de la rive droite, hôtel récent dont les chambres
fonctionnelles et fraîches sont su fidéliser une clientèle d'affaires. Bar feutré.

🏠 **Grand Hôtel du Tonneau d'Or**, 1 r. Reiset ✆ 03 84 58 57 56, *tonneaudor@tonneaudo*
r.fr, Fax 03 84 58 57 50 – 📶 🌸 📺 ✆ – 🔔 60. **AE ⓪ GB JCB**   **Y e**
Repas *(fermé août, sam. et dim.)* (13,50) -22,50/37, enf. 9 – �?️ 9,50 – **52 ch** 87/125.
 ✦ L'impressionnant hall au cadre Belle Époque préservé de cet immeuble 1900 mène à des
chambres modernisées, garnies d'un mobilier pratique. Le restaurant offre un séduisant
décor inspiré des brasseries parisiennes du début du 20ᵉ s.

🏠 **Novotel Atria**, av. Espérance (au centre des congrès) ✆ 03 84 58 85 00, *h1742@accor-h*
otels.com, Fax 03 84 58 85 01 – 📶 🌸 📺 ✆ 🚗 – 🔔 100 à 400. **AE ⓪ GB**   **Y u**
Repas (15) -19,50, enf. 8 ⅄ – �?️ 11,50 – **79 ch** 93/102.
 ✦ Élégante architecture futuriste pour cet hôtel intégré à un centre de congrès.
Chambres confortables ; préférez celles avec vue sur les fortifications de Vauban. Salle de
restaurant moderne et conviviale ; cuisine à la fois traditionnelle et au goût du jour.

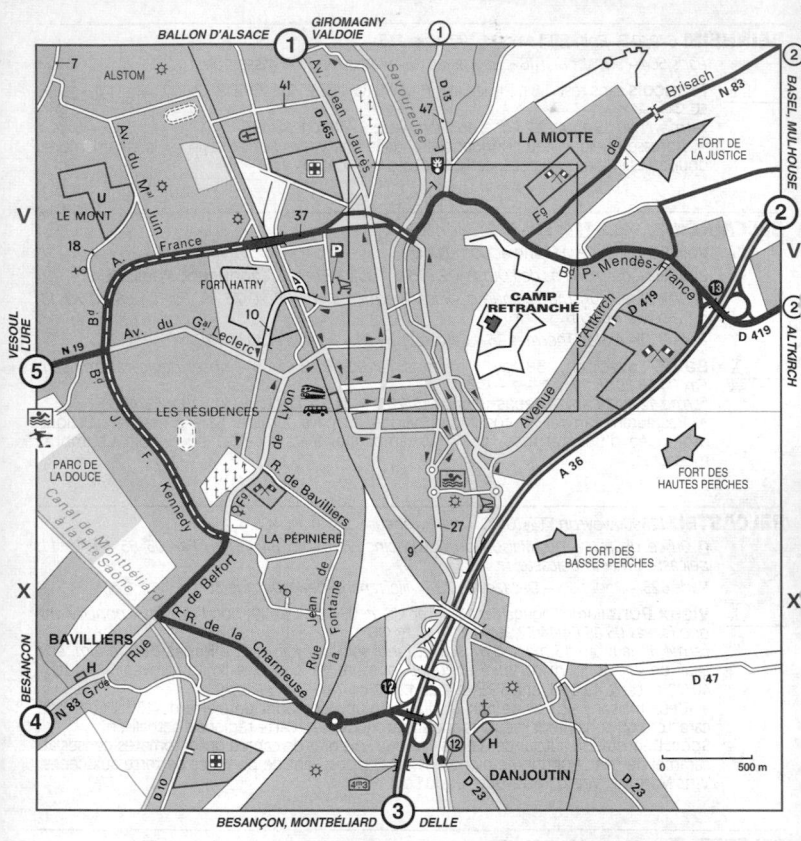

BELFORT

Ancêtres (Fg des)........... **Y** 3
Armes (Pl. d')............... **Y** 5
As-de-Carreau (R. de l')..... **Z** 6
Auxelles (via d')............ **V** 7
Besançon (R. de)............ **Z** 9
Boulloche (Pt A.)............ **V** 10
Bourgeois (Pl. des).......... **Y** 12
Carnot (Bd)................. **Z** 15
Château-d'Eau (Av. du)....... **V** 18
Clemenceau (R. G.).......... **Y** 20
Denfert-Rochereau (R.)....... **Z** 21
Dr-Corbis (Pl. du)........... **Z** 23
Dr-Fréry (R. du)............. **Y** 24
Dreyfus-Schmidt (R.)......... **Z** 25
Dunant (Bd H.).............. **X** 27
Espérance (Av. de l')........ **X** 28
Foch (Av. Mar.)............. **Z** 29
France (Fg de).............. **Z** 30
Gaulard (R. du Gén.)......... **Z** 31
Grande-Fontaine (Pl. de la).. **Z** 32
Grande-Fontaine (R.)........ **Z** 33
Grand'Rue.................. **Y** 34
Joffre (Bd du Mar.)......... **VY** 37
Lebleu (R. F.)............... **Z** 40
Lille (R. de)................. **Y** 41
Magasin (Q. du)............. **Z** 43
Metz-Juteau (R.)............ **V** 45
Moulin (Av. J.)............. **V** 47
Pompidou (R. G.)............ **V** 48
République (Pl. de la)....... **Y** 49
République (R. de la)........ **Y** 50
Roussel (R. du Gén.)........ **Y** 51
Sarrail (Av. du Gén.)........ **Z** 52
Vauban (Q.)................. **Y** 60

288

🏠 **Les Capucins,** 20 fg Montbéliard ✆ 03 84 28 04 60, *hotel-des-capucins@wanadoo.fr,*
Fax 03 84 55 00 92 – |🛗| 📺, 🅰🅴 ⓪ 🖸🖻, 🛇 rest   **Z n**
fermé 21 déc. au 5 janv. – **Repas** *(fermé 26 juil. au 17 août, sam. midi et dim.)* 24/30 ♀ – ☲ 7
– **35 ch** 47/55.
   ◆ La façade de caractère et des chambres petites mais accueillantes, mansardées au
dernier étage, font de cet hôtel une étape plaisante. Carte traditionnelle, calme et confort
côté restaurant principal ; plats du jour et ambiance animée côté brasserie.

🏠 **Vauban** sans rest, 4 r. Magasin ✆ 03 84 21 59 37, *hotel.vauban@wanadoo.fr,*
Fax 03 84 21 41 67, ☞ – 📺, 🅰🅴 ⓪ 🖸🖻 🖽🖻, 🛇   **Y h**
fermé Noël au Jour de l'An, vacances de fév. et dim. – ☲ 7 – **14 ch** 58/70.
   ◆ Charme discret d'une maison familiale, où les chambres, aménagées comme pour
recevoir des amis, sont égayées d'oeuvres d'artistes locaux. Joli jardin au bord de la
Savoureuse.

🍴🍴 **Molière,** 6 r. Étuve ✆ 03 84 21 86 38, Fax 03 84 58 01 22, 🍽 – 🗏 🖻. 🅰🅴 ⓪ 🖸🖻
🖽🖻   **Z z**
fermé 25 août au 13 sept., vacances de fév., mardi soir et merc. – **Repas** 20/50 ♀.
   ◆ Vieille demeure belfortaine proche du Lion de Bartholdi. Sobre salle à manger
agrémentée de lustres et appliques "rétro". Terrasse ombragée dressée sur une place
piétonne.

🍴🍴 **Pot au Feu,** 27 bis Grand'rue ✆ 03 84 28 57 84, Fax 03 84 58 17 65 – 🅰🅴 🖸🖻
🖽🖻   **Y s**
fermé 1er au 18 août, 1er au 12 janv., sam. midi, lundi midi et dim. – **Repas** 19,50 (déj.), 27/44,
enf. 10 ♀.
   ◆ Un nom qui évoque le terroir pour ce sympathique bistrot jouxtant la belle porte de
Brisach. Jolie cave avec pierres apparentes où l'on propose une cuisine traditionnelle.

🍴 **Fontaine des Saveurs,** 1 pl. Gde Fontaine ✆ 03 84 22 45 38, Fax 03 84 22 45 38 –
🖸🖻   **Z a**
fermé 16 août au 7 sept., lundi hors saison et mardi – **Repas** 14 (déj.), 24/55 ♀.
   ◆ Recettes mitonnées au gré du marché et servies dans un sympathique cadre rustique :
poutres, armoire ancienne, ventilateur et carrelage coloré. Atmosphère conviviale.

à Danjoutin *Sud : 3 km – 3 383 h. alt. 354* – ✉ *90400 :*

🍴🍴🍴 **Pot d'Étain** (Roy), ✆ 03 84 28 31 95, *contact@lepot.detaindanjoutin.com,*
❀ Fax 03 84 21 70 15 – 🅿. 🖸🖻   **X v**
fermé 15 au 31 août, vacances de fév., sam. midi, dim. soir et lundi – **Repas** (35) – 35 bc (déj.),
55/90 ♀ å.
   ◆ Élégant cadre actuel, cuisine au goût du jour (choix volontairement limité) et belle
sélection de vins d'Alsace et du Jura caractérisant cette plaisante étape gourmande.
Spéc. Foie gras de canard au caramel de macvin. Agneau du Quercy en deux services.
Pigeonneau aux morilles. **Vins** Côtes du Jura, Riesling.

Les Errues *par ② : 12 km sur N 83* – ✉ *90150 Menoncourt :*

🍴🍴 **Pomme d'Argent,** 13 r. Noye ✆ 03 84 27 63 69, Fax 03 84 27 63 69 – 🅿. 🖸🖻
fermé en mars et en sept., dim. soir , mardi soir et lundi – **Repas** 12 (déj.), 19/45 ♀.
   ◆ Dans un hameau, maison ancienne au cadre rustique récemment rafraîchi, concoctant
une cuisine au goût du jour qui varie en fonction du marché.

BELGENTIER *83210 Var* 🗺🗺🗺 *L6 – 1 724 h alt. 152.*
   Paris 826 – Toulon 23 – Draguignan 71 – Marseille 62.

🍴🍴 **Moulin du Gapeau,** pl. Granet ✆ 04 94 48 98 68, *moulin-du-gapeau@wanadoo.fr,*
Fax 04 94 28 11 45, 🍽 – 🗏 🖻. 🅰🅴 ⓪ 🖸🖻
fermé 29 juin au 9 juil., 22 nov. au 3 déc., dim. soir et merc. – **Repas** 29/68 ♀.
   ◆ Ce moulin à huile du 17e s. conserve quelques vestiges de son ancienne machi-
nerie, mais abrite désormais une jolie salle à manger voûtée. Carte inspirée par la
Méditerranée.

BELGODÈRE *2B H.-Corse* 🗺🗺🗺 *D4 – voir à Corse.*

Dans ce guide
un même symbole, un même mot,
*imprimé en **rouge** ou en **noir**, en maigre ou en **gras**,*
n'ont pas tout à fait la même signification.
Lisez attentivement les pages explicatives.

BELLE-ÉGLISE 60540 Oise **305** E5 – 561 h alt. 69.

Paris 53 – Compiègne 64 – Beauvais 32 – Pontoise 29.

XXX **Grange de Belle-Église** (Duval), 28 bd René-Aimé Lagabrielle ℘ 03 44 08 49 00,
Fax 03 44 08 45 97, 🐎 – 🗏 **P**, **GB**
fermé 2 au 23 août, 23 fév. au 8 mars, dim. soir, mardi midi et lundi – **Repas** 23 (déj.)/53 et
carte 60 à 90, enf. 20.

 • Grange à charbon hier, élégant restaurant aujourd'hui ; sous ses hautes poutres, vous
serez initié aux plaisirs d'une cuisine classique sensible au rythme des saisons.
Spéc. Carpaccio de saumon fumé au caviar osciètre. Coeur de ris de veau glacé au
champagne. Soupe au chocolat.

BELLEGARDE 45270 Loiret **318** L4 G. Châteaux de la Loire – 1 558 h alt. 113.

Voir Château★.

🛈 Office de tourisme, 12bis place Charles Desvergnes ℘ 02 38 90 25 37, Fax 02 38 90 28 32,
bellegard@aol.com.

Paris 110 – Orléans 50 – Gien 41 – Montargis 24 – Nemours 41 – Pithiviers 30.

X **Agriculture** avec ch, 5 pl. Charles Desvergnes ℘ 02 38 90 10 48, Fax 02 38 90 18 13, 🏤
– **TV** **P**, **GB**
fermé 4 au 21 oct., 10 janv. au 3 fév. et mardi – **Repas** 11,60/28, enf. 9,20 ♀ – ☑ 5,40 – **18 ch**
21/46 – ½ P 38/57.

 • Cette maison de pays située face à la mairie accueille de nombreux habitués dans ses
trois salles à manger rustiques. Quelques chambres ont été rénovées.

BELLEGARDE-SUR-VALSERINE 01200 Ain **328** H4 G. Jura – 10 846 h alt. 350.

Voir Berges de la Valserine N : 2 km par N84.

🛈 Office de tourisme, 24 place Victor Bérard ℘ 04 50 48 48 68, Fax 04 50 48 65 08,
otbelleg@cc-pays-de-gex.fr.

Paris 497 – Annecy 43 – Bourg-en-Bresse 73 – Genève 43 – Lyon 113.

🏬 **Belle Époque**, 10 pl. Gambetta ℘ 04 50 48 14 46, contact@hotel-labelleepoque.com,
Fax 04 50 56 01 71 – 🗏 rest, **TV** 📞 🐎, **GB**
fermé 3 au 20 juil., 12 déc. au 4 janv., lundi midi et dim. hors saison – **Repas** 20/45 ♀ – ☑ 8 –
20 ch 49/64 – ½ P 57/64.

 • Avenante demeure bâtie au début du 20e s. Un bel escalier d'époque en bois sculpté
(1907) mène aux chambres - un tantinet "rétro" - que l'on rafraîchit progressivement. Carte
classique servie dans un restaurant dont on a conservé le cachet bourgeois originel.

à Lancrans Nord : 3 km par N84 et D991 – 935 h. alt. 500 – ⊠ 01200 :

🏬 **Sorgia,** 39 Gde Rue ℘ 04 50 48 15 81, Fax 04 50 48 44 72, 🏤, 🐎 – **TV** **P**, **GB**
fermé 22 août au 16 sept., 20 déc. au 6 janv., sam. midi, dim. soir et lundi – **Repas** 12/29 ♀ –
☑ 6,50 – **17 ch** 40/45 – ½ P 40/42.

 • Au coeur du village, la même famille reçoit les visiteurs dans son auberge depuis plus
d'un siècle. Hébergement simple mais bien tenu ; rénovations progressives. Sobre salle à
manger champêtre et terrasse dressée au bord d'un jardin ; plats traditionnels.

à Eloise (74 H.-Savoie) Sud-Est : 5 km par 508 et rte secondaire – 715 h. alt. 511 – ⊠ 01200 (Ain) :

🏬 **Fartoret** 🐾, ℘ 04 50 48 07 18, Fax 04 50 48 23 85, ≤, 🏤, ☒, 🎾, ♨ – 🛗 **TV** **P** – 🏛 50.
AE ① **GB**
fermé 23 déc. au 3 janv. et dim. soir hors saison – **Repas** 20,10/45,30, enf. 11,20 ♀ – ☑ 9,50
– **40 ch** 63/83,50 – ½ P 52,10/75,50.

 • Dans un village situé sur les hauteurs de Bellegarde, plusieurs bâtiments ouverts sur un
parc. Les chambres, au calme, sont un peu anciennes mais bien tenues. Échappée sur la
vallée depuis la salle à manger campagnarde ornée d'une insolite collection de coqs.

à Ochiaz Est : 5 km par D101 – ⊠ 01200 Châtillon-en-Michaille :

XX **Auberge de la Fontaine** avec ch, ℘ 04 50 56 57 23, aubergefontaine@minitel.net,
Fax 04 50 56 56 55, 🏤, 🐎 – **P**, **AE** ① **GB**
fermé 8 au 16 juin, 28 sept. au 6 oct., janv., dim. soir, mardi soir et lundi – **Repas** 20/46 ♀ –
☑ 6 – **6 ch** 28/37 – ½ P 37/43.

 • Une multitude de fleurs colorent la façade de cette charmante maison. Salle à manger
non-fumeurs et terrasse dressée sous les arbres du jardin. Goûteuse cuisine classique.

rte du Plateau de Retord à l'Est par Vouvray et D 101 : 12 km – ⊠ 01200 Bellegarde-sur-
Valserine :

🏠 **Auberge Le Catray** 🐾, rte du plateau de Retord ℘ 04 50 56 56 25, Fax 04 50 56 56 25,
≤ Mont-Blanc et les Alpes, 🏤, 🐎 – **P**, **GB**
fermé 15 au 19 mars, 14 au 18 juin, 13 au 28 sept, 15 au 26 nov., lundi et mardi – **Repas**
15/26,50 ♟ – ☑ 5 – **7 ch** 28/43 – ½ P 34/41,50.

 • Chalet juché sur un sommet, en pleine nature, offrant un panorama sur le mont Blanc et
la chaîne des Alpes. Sobres chambres lambrissées jouissant d'un calme bienfaiteur. Salle à
manger façon "ferme-auberge" : ambiance montagnarde, bois brut et objets paysans.

BELLE-ILE-EN-MER ★★ *56 Morbihan* 🔟🔟🔟 *L10 G. Bretagne.*

Env. *Côte sauvage*★★★.

Accès par transports maritimes, pour Le Palais (en été réservation indispensable pour le passage des véhicules).

⚓ *depuis* **Quiberon** *(Port-Maria) - Traversée 45 mn - Renseignements et tarifs : Cie Morbihannaise et Nantaise de Navigation ℰ 0820 056 000 (Le Palais), Fax 02 97 31 56 81.*

⚓ *depuis* **Port-Navalo** *- (avril-oct.)- Traversée 1 h 50 mn - Renseignements et tarifs ; Navix S.A. à Port-Navalo ℰ 02 97 53 74 12 - ⚓ depuis* **Vannes** *- (avril-oct.)- Traversée 2 h- Renseignements et tarifs : Navix S.A., Gare Maritime ℰ 02 97 46 60 00, Fax 02 97 46 60 29 – ⚓ depuis* **Lorient** *- Service saisonnier - Traversée 50 mn (passagers uniquement, réservation obligatoire) - Renseignements et Tarifs C.M.N.N. ℰ 0820 056 000.*

Pour **Sauzon** *: depuis* **Quiberon** *- Service saisonnier - Traversée 45 mn - Renseignements et tarifs : C.M.N.N. ℰ 0820 056 000 (Quiberon) - ⚓ depuis* **Locmariaquer-Auray Le Bono-La Trinité-sur-Mer** *(juil.-août) - Renseignements et tarifs : Navix S.A. ℰ 02 97 57 36 78, Fax 02 97 46 60 29.*

🅱 *Office de Tourisme, quai Bonnelle - Le Palais ℰ 02 97 31 81 93, Fax 02 97 31 56 17.*

Bangor – *738 h alt. 45 –* ✉ *56360 Le Palais.*

Voir *Le Palais : citadelle Vauban*★ *NE : 3,5 km.*

🏨 **Désirade** ⌂, rte Port Goulphar : 2 km ℰ 02 97 31 70 70, hotel-la-desirade@libertysurf.fr, Fax 02 97 31 89 63, ⇦, ⌂ – 📺 📞 🅿. 🆎 **GB**. 🍴 rest
hôtel : 1er avril-30 sept. et 27 déc.-6 janv.; rest. : 1er avril-30 Sept. – **Repas** 30,50 ⎰ – ⌷ 11,60 – **26 ch** 107,10/123 – ½ P 110,50.
♦ Bases idéales pour sillonner l'île, ces maisons "néo-bretonnes" agencées autour de la piscine abritent un salon "cosy" et de belles chambres personnalisées et lambrissées. Ravissante salle à manger menu unique et carte privilégiant les produits de la mer.

Le Palais *56 – 2 457 h alt. 7 –* ✉ *56360 .*

Voir *Citadelle Vauban*★.

🏨 **Vauban** ⌂, 1 r. Remparts ℰ 02 97 31 45 42, contact@hotelvauban.com, Fax 02 97 31 42 82, ⇦, ⌂ – 📺 📞 ⌂. **GB** **JCB**. 🍴 rest
hôtel : 15 fév.-20 oct. ; rest. : 1er avril-30 sept. et fermé dim. soir hors saison – **Repas** (1/2 pens. seul.) – ⌷ 8 – **16 ch** 39/70 – ½ P 62/67.
♦ Hôtel simple et fonctionnel situé sur les hauteurs du Palais. Chambres sobres et bien tenues ; la plupart offrent une vue sur le port, la citadelle Vauban et l'océan.

Port-Goulphar – ✉ *56360 Le Palais.*

Voir *Site*★ *: ⇦*★.

🏨 **Castel Clara** ⌂, ℰ 02 97 31 84 21, contact@castel-clara.com, Fax 02 97 31 51 69, ⇦ crique et falaises, ⌂, ⓘ, ⌂, ⌂, ✂, ╳ – ⌂ 📺 📞 🅿.– ⌂ 25. 🆎 ⓘ **GB**. 🍴 rest
mi-fév.-mi-nov. – **Repas** 45 (dîner), 50/60 ⎰ – ⌷ 25 – **32 ch** 174/281, 7 duplex – ½ P 146/ 199,50.
♦ Emplacement idyllique sur la Côte sauvage, institut de thalassothérapie, chambres raffinées avec vue panoramique : le luxe discret... au bout du monde ! Élégant restaurant et sa terrasse protégée offrant une perspective imprenable sur les falaises de Goulphar.

Sauzon – *835 h alt. 35 –* ✉ *56360 .*

Voir *Site*★ *– Pointe des Poulains*★★ *: ☀*★ *NO : 3 km puis 30 mn – Port-Donnant : site*★★ *S : 6 km puis 30 mn.*

🚤 *de Belle-Ile-en-Mer ℰ 02 97 31 64 65, O : 2 km.*

╳╳ **Roz Avel**, derrière l'Église ℰ 02 97 31 61 48, ⌂ – 🆎 **GB**
fermé 31 déc. au 1er mars et merc. – **Repas** (nombre de couverts limité, prévenir) 23 ⎰.
♦ Maison de pays possédant une salle à manger garnie de meubles bretons et une terrasse prolongée d'un jardinet. Beaux produits de l'océan préparés sans fioriture.

╳ **Contre Quai**, r. St-Nicolas ℰ 02 97 31 60 60, Fax 02 97 31 01 87 – **GB**
1er avril-30 sept. et fermé sam. midi, lundi midi et dim. sauf juil.-août – **Repas** 25 (déj.) et carte 40 à 50.
♦ Sympathique petite adresse surplombant le port. Ambiance familiale dans un cadre de style bistrot marin. Carte axée sur le terroir et la mer.

╳ **Café de la Cale**, ℰ 02 97 31 65 74, ⌂ – **GB**
1er avril-15 oct., 25 oct.-12 nov., 26 déc.-5 janv., vacances de fév. – **Repas** (prévenir) 19, enf. 13 ⎰.
♦ Ancienne sardinerie transformée en bistrot chic à la mode. Navigateurs de renom et touristes y jouent des coudes pour apprécier poissons, coquillages et cuisine régionale.

Pas de publicité payée dans ce guide.

BELLÊME 61130 Orne **310** M4 G. Normandie Vallée de la Seine – 1 774 h alt. 241.

Voir Forêt★.

🛏 De Bellême St-Martin ℰ 02 33 73 12 79, SO : 2 km.

🛈 Office de tourisme, boulevard Bansard des Bois ℰ 02 33 73 09 69, Fax 02 33 83 95 17, tourisme.belleme@wanadoo.fr.

Paris 168 – Alençon 42 – La Ferté-Bernard 23 – Le Mans 55 – Mortagne-au-Perche 18.

🏨 **Golf** ॐ, rte du Mans par D 938 : 2 km ℰ 02 33 85 13 13, belleme@voila.fr, Fax 02 33 85 13 14, ≤, 🎇, 🛋 – 📺 🐾 🍴 🖭, – 🏄 80. 🕮 🖭 💯 rest
Repas 20 (déj.), 21/36 🍷 – 🖙 10,50 – **70 ch** 88/135, 5 duplex – ½ P 79.
◆ Ancienne ferme rénovée et postée aux abords d'un golf 18 trous. Chambres bien équipées, plus grandes dans l'annexe récente. Salon-billard. Cadre rustique, cuisine traditionnelle et vue sur les greens à l'étage, formules express au rez-de-chaussée.

à Nocé Est : 8 km par D 203 – 760 h. alt. 120 – ⌧ 61340 :

XX **Auberge des 3 J.,** ℰ 02 33 73 41 03, Fax 02 33 83 33 66 – 💯
fermé 15 sept. au 3 oct., 1er au 15 janv., mardi de sept. à avril, dim. soir et lundi – **Repas** 24/43, enf. 12 🍷.
◆ Maison d'aspect traditionnel située sur la place du village. Tables joliment dressées et tableaux agrémentent la confortable salle rustique où dominent la pierre et le bois.

BELLENAVES 03330 Allier **326** F5 G. Auvergne – 1 003 h alt. 340.

Paris 368 – Clermont-Ferrand 59 – Gannat 19 – Montluçon 54 – Moulins 55 – Vichy 39.

XX **Hostellerie du Château** avec ch, 1 r. des Fossés ℰ 04 70 58 37 19, hostellerie.bellenaves@wanadoo.fr, Fax 04 70 58 37 23, 🎇 – 🍽 rest, 📺 🐾 💯 💯 ch
fermé 2 au 31 janv., merc. soir et jeudi – **Repas** 12 (déj.), 18/35, enf. 7 🍷 – 🖙 5 – **8 ch** 33/37 – ½ P 60.
◆ Salle de restaurant de couleur jaune, meublée dans le style contemporain ; recettes régionales. Cette auberge familiale dispose aussi de quelques chambres bien aménagées.

Si vous êtes retardé sur la route, dès 18 h,
confirmez votre réservation par téléphone,
c'est plus sûr... et c'est l'usage.

BELLEVAUX 74470 H.-Savoie **328** M3 G. Alpes du Nord – 1 158 h alt. 913 : Sports d'hiver : 1 100/
1 800 m 🚠 23 🎿.

Voir Site★.

🛈 Office de tourisme, chef lieu ℰ 04 50 73 71 53, Fax 04 50 73 78 60, infos@bellevaux.com.
Paris 572 – Thonon-les-Bains 23 – Annecy 70 – Bonneville 29 – Genève 44.

🏨 **Cascade,** ℰ 04 50 73 70 22, Fax 04 50 73 77 46, ≤, 🎇 – 📺 🐾 🖭 💯
15 avril-30 sept. et 15 déc.-30 mars – **Repas** 17/23 🍴 – 🖙 6 – **11 ch** 32/43 – ½ P 45/50.
◆ Bâtisse récente au coeur de la petite station. Chambres spacieuses et claires, toutes avec balcon et vue sur les montagnes alentour. Tenue impeccable. Confortable salle à manger en rotonde, surmontée d'une terrasse jouissant d'un beau panorama.

🏠 **Les Moineaux** ॐ, ℰ 04 50 73 71 11, info@hotel-les-moineaux.com, Fax 04 50 73 75 79,
≤, 🛋, 🛒, 💯 – 📺 🐾 🖭 💯
10 juin-10 sept. et 18 déc.-10 avril – **Repas** 17/26, enf. 10 🍷 – 🖙 6 – **14 ch** 39/49 – ½ P 47.
◆ Deux bâtiments de type chalet en contrebas du village. Les chambres, fonctionnelles, sont dotées de balcons. Décor un peu ancien mais tenue irréprochable. Restaurant au cadre simple - murs crépis et meubles rustiques - et cuisine familiale à l'accent savoyard.

au lac de Vallon Sud-Est : 6 km par D 26 et D 236 – ⌧ 74470 Bellevaux :

🏠 **Lac de Vallon** ॐ, ℰ 04 50 73 74 55, ≤, 🎇 – 🖭 💯
fermé 15 nov. au 20 déc., dim. soir et jeudi soir – **Repas** 13/22,10 – 🖙 5,40 – **16 ch** 32,50/46 – ½ P 41,50.
◆ Petit chalet très apprécié des pêcheurs à la ligne. Chambres simples et spacieuses bénéficiant, pour certaines, d'une agréable vue sur le lac. Salle des repas de type "pension de famille" égayée d'une cheminée ; terrasse tournée vers le plan d'eau.

à Hirmentaz Sud-Ouest : 7 km par D 26 et D 32 – ⌧ 74470 Bellevaux :

🏨 **Christania** ॐ, ℰ 04 50 73 70 77, info@hotel.christania.com, Fax 04 50 73 76 08, ≤, 🛋,
🎳 📺 🖭 💯 💯 rest
15 mai-20 sept. et 20 déc.-3 avril – **Repas** 17/26, enf. 9,20 🍷 – 🖙 7 – **35 ch** 49/53 – ½ P 57,50.
◆ Hôtel des années 1970 au pied des pistes de ski. Chambres très "seventies" et majoritairement équipées de balcons ; celles du dernier étage sont mansardées. Sobre restaurant tourné vers la piscine et terrasse où l'on propose des barbecues en été.

BELLEVILLE 54940 M.-et-M. **307** H6 – *1 280 h alt. 190.*

Paris 359 – Nancy 19 – Metz 42 – Pont-à-Mousson 14 – Toul 36.

XXX **Bistroquet** (Mme Ponsard), ℘ 03 83 24 90 12, *le-bistroquet@wanadoo.fr*,
☼ Fax 03 83 24 04 01, 斎 – ≡ **P**, **AE** ➊ **GB**
fermé 16 août au 8 sept., 2 au 11 janv., sam. midi, dim. soir, lundi et mardi – **Repas** (nombre de couverts limité, prévenir) 32/54 et carte 55 à 75 ♀.
* La discrète façade dissimule une salle à manger au cadre d'inspiration 1900 (miroirs, affiches et lustres). Terrasse fleurie aménagée à l'arrière de la maison.
Spéc. Foie gras de canard poêlé. Pigeon fermier en pot-au-feu. Soufflé à la liqueur de mirabelle. **Vins** Gris de Toul, Pinot noir des Côtes de Toul.

XX **Moselle,** face gare ℘ 03 83 24 91 44, *restaurant.la.moselle@wanadoo.fr*,
Fax 03 83 24 99 38, 斎, 龱 – ≡ **P**, **AE** ➊ **GB** **JCB**
fermé 16 août au 2 sept., 16 fév. au 3 mars, dim. soir, lundi soir et merc. soir – **Repas** 21/54, enf. 13 ♀.
* Établissement familial réparti en deux salles accueillantes, séparées par des panneaux ornés de vitraux exécutés dans le style de l'école de Nancy. Agréable terrasse ombragée.

BELLEVILLE 69220 Rhône **327** H3 *G. Vallée du Rhône* – *5 840 h alt. 192.*

🅑 *Office de tourisme, 68 rue de la République ℘ 04 74 66 44 67, Fax 04 74 06 43 56, ot.beaujolaisvaldesaone@wanadoo.fr.*

Paris 416 – Mâcon 31 – Bourg-en-Bresse 43 – Lyon 45 – Villefranche-sur-Saône 15.

🏠 **L'Ange Couronné,** 18 r. République ℘ 04 74 66 42 00, *Fax 04 74 66 49 20* – **TV** 🛏. **GB**
fermé 31 mai au 4 juin, 4 au 11 oct., 3 au 24 janv., dim. soir, mardi midi et lundi – **Repas** 15,50/32, enf. 9 – ☑ 6 – **15 ch** 35/42.
* Ancien relais de poste bordant la rue principale de Belleville. Un atrium conçu comme un jardin d'hiver dessert les chambres, sobres et fonctionnelles. Entièrement rénovée, la salle à manger affiche un décor contemporain et des couleurs claires et fraîches.

🏠 **Charme,** péage A 6 ℘ 04 74 69 61 69, *Fax 04 74 66 58 04*, 斎 – **TV** **P** – 🏛 20. **GB**
🛏 **Repas** *(fermé dim. de juil. à août)* 14/20, enf. 7,60 ♀ – ☑ 6 – **40 ch** 40/45 – ½ P 42/45.
* Hôtel pratique pour une étape éclair sur la route des vacances. Petites chambres récentes aménagées dans plusieurs pavillons de plain-pied avec le jardin. Restaurant gai et accueillant (meubles en bois blond, tons jaune et rouge) et recettes traditionnelles.

X **Beaujolais,** 40 r. Mar. Foch (près gare) ℘ 04 74 66 05 31, *Fax 04 74 07 90 46* – ≡ **P**, **AE** ➊
GB
fermé 13 au 16 avril, 4 au 26 août, 22 au 29 déc., dim. soir, mardi soir et merc. – **Repas** *(13)* - 15,80/43, enf. 8 ♀.
* Dans une maison régionale, salle à manger rustique où trône une belle armoire bressane. Plats traditionnels et carte des vins sont ancrés dans le Beaujolais. Accueil aimable.

à Pizay *Nord-Ouest : 5 km par D18 et D69 – ✉ 69220 St-Jean-d'Ardières :*

🏰 **Château de Pizay** 🦢, ℘ 04 74 66 51 41, *info@chateau-pizay.com, Fax 04 74 69 65 63*,
斎, 💧, ✾, 🅺 – ≡ ch, **TV** 🕻 & **P** – 🏛 15 à 60. **AE** ➊ **GB** **JCB**
fermé 24 déc. au 4 janv. – **Repas** 34,50/58, enf. 19,80 – ☑ 12 – **62 ch** 97,70/210,90 – ½ P 94,40/137,90.
* Demeure séculaire au milieu du vignoble. Chambres de style dans l'aile 17ᵉ s., actuelles et spacieuses dans les pavillons neufs. Jardin à la française ; petit parc animalier. Belle salle à manger seigneuriale, terrasse plantée de palmiers et carte classique.

BELLEY ⑤⑨⑩ *01300 Ain* **328** H6 *G. Jura* – *8 004 h alt. 279.*

Voir *Choeur★ de la cathédrale St-Jean – Charpente★ du château des Allymes.*

🅑 *Office de tourisme, 34 Grande Rue ℘ 04 79 81 29 06, Fax 04 79 81 08 80, ot–belley@club-internet.fr.*

Paris 507 – Aix-les-Bains 31 – Bourg-en-Bresse 83 – Chambéry 36 – Lyon 96.

🏠 **Ibis** sans rest, bd Mail ℘ 04 79 81 01 20, *Fax 04 79 81 53 83* – 🛏 **TV** 🕻 &. **AE** **GB** **JCB**
☑ 6 – **35 ch** 51/55.
* Adresse utile pour l'étape au centre-ville. Chambres rénovées : mobilier récent en bois noir, tissus et moquettes aux tons bleu. Petit-déjeuner servi sous forme de buffet.

au Sud-Est : *3 km sur rte Chambéry – ✉ 01300 Belley :*

XX **Auberge La Fine Fourchette,** N 504 ℘ 04 79 81 59 33, *Fax 04 79 81 55 43*, ≤, 斎 –
P, **GB**
fermé 21 déc. au 10 janv., dim. soir et lundi – **Repas** 21/50, enf. 9,50 ♀.
* En surplomb de la route, charmant pavillon tourné vers la campagne et un plan d'eau. Les larges baies de la salle à manger s'ouvrent sur la terrasse. Cuisine classique.

à Contrevoz *Nord-Ouest : 9 km sur D 32 – 430 h. alt. 320 – ⊠ 01300 :*

XX **Auberge de Contrevoz,** ℘ 04 79 81 82 54, *auberge.de.contrevoz@wanadoo.fr,*
Fax 04 79 81 80 17, 斎, 슈 – ⬛. GB
fermé 24 déc. au 30 janv., dim. soir sauf juil.-août et lundi – **Repas** 15,50 (déj.), 23/38,
enf. 10 ♀.
♦ Avenante maison régionale agrémentée d'un joli jardin fleuri et d'une terrasse. Intérieur
rustique. Cuisine au goût du jour et plats du terroir. Accueil charmant.

à Pugieu *Nord-Ouest : 9 km sur N 504 – 126 h. alt. 247 – ⊠ 01510 :*

XX **Moulin du Martinet,** ℘ 04 79 87 82 03, Fax 04 79 87 87 83, 斎, 슈 – ⬛. GB
fermé 10 au 22 oct., 1er au 15 janv., mardi soir et merc. – **Repas** 12,50 (déj.), 15,80/40,
enf. 8,70 ♀.
♦ Jardin face à la montagne, canards en liberté, bassin à truites, agréable terrasse, repas
au coin du feu en hiver et cuisine du Bugey : un vieux moulin (1825) bien séduisant.

BELLIGNAT *01 Ain* 328 *G3 – rattaché à Oyonnax.*

BÉNÉVENT-L'ABBAYE *23210 Creuse* 325 *G4 G. Berry Limousin – 824 h alt. 480.*
Voir *Puy de Goth ⩽* ★ *30 mn.*
🅱 *Office de tourisme, 2 rue de la Fontaine* ℘ *05 55 62 68 35, Fax 05 55 62 67 52,*
ot.eaux.vives@wanadoo.fr.
Paris 369 – Limoges 54 – Bellac 64 – Châteauroux 104 – Guéret 26.

🏛 **Cèdre** 🦢, r. de l'Oiseau ℘ 05 55 81 59 99, Fax 05 55 81 59 98, 斎, ⌣, 슈 – 📺 📞 ₺ ⬛ –
🔒 35. GB
fermé fév. – **Repas** *(fermé vend., sam. midi et dim. soir d'oct à janv.)* 30/53 ♀ – ⇌ 9 – **16 ch**
45/85 – ½ P 53.
♦ Noble demeure creusoise du 18e s. dans un jardin où veille un cèdre centenaire. Mobilier
contemporain et atmosphère "cosy" dans de grandes chambres personnalisées. Le décor
moderne du restaurant agencé sur deux niveaux évoque un peu l'intérieur d'un paquebot.

BENFELD *67230 B.-Rhin* 315 *J6 G. Alsace Lorraine – 4 878 h alt. 160.*
🅱 *Office de tourisme, 3 rue de l'Eglise* ℘ *03 88 74 04 02, Fax 03 88 58 10 45, grandried.ot-*
.benfeld@wanadoo.fr.
Paris 502 – Strasbourg 36 – Colmar 41 – Obernai 17 – Sélestat 19.

XX **Au Petit Rempart,** 1 r. Petit Rempart ℘ 03 88 74 42 26, *Fax 03 88 74 18 58* – 🆎 GB
fermé 14 juil. au 15 août, 15 fév. au 15 mars, lundi soir et merc. – **Repas** 9 (déj.),
20/39, enf. 7,70 ♀.
♦ Boiseries, plafonds à caissons et mobilier choisi concourent à l'ambiance raffinée de
cette maison de style alsacien. Carte traditionnelle variant avec les saisons.

BÉNODET *29950 Finistère* 308 *G7 G. Bretagne – 2 750 h – Casino.*
Voir *Pont de Cornouaille ⩽* ★ *– L'Odet* ★★ *en bateau : 1h30.*
🔟 *de l'Odet* ℘ *02 98 54 87 88, N : 4 km par D 34.*
🅱 *Office de tourisme, 29 avenue de la Mer* ℘ *02 98 57 00 14, Fax 02 98 57 23 00,*
tourisme@benodet.fr.
Paris 563 – Quimper 17 – Concarneau 19 – Fouesnant 8 – Pont-l'Abbé 13 – Quimperlé 47.

🏰 **Ker Moor** 🦢, corniche de la Plage ℘ 02 98 57 04 48, *kermoor.hotel@wanadoo.fr,*
Fax 02 98 57 17 96, ⌣, ୨୧, 🏊, ⬛ – 📺 📞 ⬛ – 🔒 25 à 70. 🆎 GB. ※ rest
fermé 20 déc. au 6 janv. – **Repas** 28/56, enf. 9 – ⇌ 8 – **69 ch** 100/160, 12 suites –
½ P 75/90.
♦ Imposant édifice 1930 et son annexe (salles de séminaires, bar) au coeur d'un parc
arboré. Chambres actuelles d'ampleurs diverses ; appartements pour longs séjours. Restaurant agrémenté de toiles du peintre Pierre de Belay ; chaises en skaï des années 1960.

🏨 **Kastel,** av. Plage ℘ 02 98 57 05 01, *hotel.kastel@wanadoo.fr, Fax 02 98 57 29 99,* ⩽ – 📶
📺 📞 ⬛ – 🔒 60. 🆎 GB. ※ rest
fermé 15 au 25 déc. – **Repas** (17) - 24/28, enf. 10 ♀ – ⇌ 8 – **22 ch** 96/114 – ½ P 83/86.
♦ Il suffit de traverser la rue pour rejoindre la plage ! Joli hall et chambres spacieuses
meublées en rotin, tournées vers le parc (loisirs sportifs) ou l'océan. Le restaurant offre un
décor gai et lumineux ; cuisine utilisant herbes aromatiques et épices.

🏨 **Grand Hôtel Abbatiale,** 4 av. Odet ℘ 02 98 66 21 66, *abbatiale.benodet@wanadoo.fr,*
Fax 02 98 66 21 50 – ⬛ 📺 📞 ₺ ⬛ – 🔒 15. 🆎 ⓞ GB 🇯🇨🇧
Repas *(fermé sam. midi)* 19/35 – ⇌ 9,50 – **55 ch** 65/125 – ½ P 69/74.
♦ Atout majeur de cet hôtel : son emplacement face au port de la station balnéaire
bretonne. Chambres fonctionnelles ; certaines offrent une belle échappée sur l'océan.
Cuisine traditionnelle et produits de la mer.

🏠 **Domaine de Kereven** ⊗ sans rest, rte Quimper : 2 km ℰ 02 98 57 02 46, *domaine-de -kereven@wanadoo.fr*, Fax 02 98 66 22 61, 🏊 – 📞 🅿 📶 🖿 ⚙
11 avr.-30 sept. – ⊿ 8 – **12 ch** 68, 4 studios.
♦ Plusieurs constructions récentes de style régional disséminées dans un parc. Coquettes chambres rénovées, décorées d'un camaïeu de beige. Location de maisons en saison.

🏠 **Bains de Mer,** r. Kerguelen ℰ 02 98 57 03 41, *bainsdemer@portdebenodet.com*, 🍴 Fax 02 98 57 11 07, 🛌 – 📲 🖿 rest, 📶 📞 🅿 🖿 🖿
1er mars-12 nov. – **Repas** 15/29, enf. 7 – ⊿ 7 – **32 ch** 59/70 – ½ P 66.
♦ Après un bain de mer, installez-vous dans l'une des chambres sobrement décorées de cet accueillant hôtel situé au centre de la cité d'adoption d'Éric Tabarly. Au restaurant, ambiance conviviale, décor contemporain et cuisine classique.

à Clohars-Fouesnant *Nord-Est : 3 km par D 34 et rte secondaire – 1 417 h. alt. 30 –* ⊠ *29950 :*

🍴🍴 **Forge d'Antan,** ℰ 02 98 54 84 00, Fax 02 98 54 89 11, 🍴, 🌳 – 🅿. 🖿
fermé 13 au 27 fév., dim. soir de sept. à juin, merc. midi en juil.-août, lundi et mardi – **Repas** 21 (déj.), 29/55, enf. 12.
♦ Dans la campagne, plaisante auberge possédant deux salles à manger : l'une de style rustique et chaleureuse, l'autre plus lumineuse, tournée vers le jardin. Plats classiques.

à Ste-Marine *Ouest : 5 km par pont de Cornouaille –* ⊠ *29120 Pont-l'Abbé :*

🏰 **Villa Tri Men** ⊗, 16 r. Phare ℰ 02 98 51 94 94, *contact@trimen.fr*, Fax 02 98 51 95 50, ≤, 🍴, 🌳 – 📲 📶 📞 🔧 🅿 – 🖿 18. 🖿 🖿
fermé 15 nov. au 15 déc. et 5 janv. au 5 fév. – **Repas** *(fermé lundi soir de sept. à juin et dim. soir)* 30 ⊿ – ⊿ 12 – **17 ch** 125/180.
♦ Récente cure de jouvence pour cette belle villa 1900 nichée dans un jardin boisé en bordure de mer. Les chambres, élégantes et sobres, sont garnies de meubles modernes. Agréable salle à manger contemporaine et séduisante terrasse dressée face à l'estuaire.

🍴🍴 **L'Agape** (Le Guen), rte plage ℰ 02 98 56 32 70, *restaurant-l-agape@wanadoo.fr*, 🌸 Fax 02 98 51 91 94 – 🅿. 🖿 🖿 🖿
fermé 31 déc. au 14 mars, dim. soir sauf juil.-août, mardi midi et lundi – **Repas** (30) - 45/65 et carte 61 à 87, enf. 15 ⊻.
♦ Entre port et plage, dans un petit quartier pavillonnaire, ce restaurant propose une cuisine au goût du jour fleurant bon la Bretagne. Salle à manger d'inspiration rustique.
Spéc. Agapes de poissons marinés. Kouign aman de pomme de terre et andouille. Galette de turbot.

BÉNOUVILLE *14 Calvados* **303** *K4 – rattaché à Caen.*

BÉNY-BOCAGE *14 Calvados* **303** *G6 – rattaché à Vire.*

BERCHÈRES-SUR-VESGRE *28 E.-et-L.* **311** *F2 – rattaché à Houdan.*

BERCK-SUR-MER *62600 P.-de-C.* **301** *C5 G. Picardie Flandres Artois – 14 378 h alt. 5 – Casino.*
Voir *Parc d'attractions de Bagatelle★ 5 km par* ①.
🚂 *de Nampont St-Martin à Nampont-St-Martin* ℰ 03 22 29 92 90, *par* ③ *: 15 km.*
🛈 *Office de tourisme, 5 avenue Francis Tattegrain* ℰ 03 21 09 50 00, Fax 03 21 09 15 60, *office.tourisme.berck@wanadoo.fr.*
Paris 232 – Calais 83 – Abbeville 48 – Arras 93 – Boulogne-sur-Mer 40 – Montreuil 16.

à Berck-Plage :

🏠 **Impératrice,** 43 r. Division Leclerc ℰ 03 21 09 01 09, *hotel.limperatrice@nordnet.fr*, 🏨 Fax 03 21 09 72 80 – 📶 🌳. 🖿 🍴 📶 🖿 🖿 ch
fermé dim. soir – **Repas** *(12)* - 17/60, enf. 10 ⊻ – ⊿ 8 – **12** ch 60/80 – ½ P 52,50/60,50.
♦ L'impératrice Eugénie inaugura à Berck le premier hôpital maritime. Chambres actuelles et pratiques, quelques-unes sont dotées de baignoires "balnéo". La salle à manger est accueillante et gaie : tons bleu et orange dominant, mobilier de style rustique.

🍴🍴 **Verrière,** pl. 18 Juin ℰ 03 21 84 27 25, *casino-62berck@wanadoo.fr*, Fax 03 21 84 14 65, 🍴 – 🖿. 🖿
Repas 20 (déj.), 25/50 ⊻.
♦ Dans l'ancienne gare routière convertie en casino, grande salle de restaurant contemporaine, lumineuse et soignée. Cuisine traditionnelle élaborée selon le marché.

Si vous cherchez un hôtel tranquille,
consultez d'abord les cartes de l'introduction
ou repérez dans le texte les établissements indiqués avec le signe ⊗

BERGERAC 24100 Dordogne 329 D6 *G. Périgord Quercy – 26 053 h alt. 37.*

Voir *Le Vieux Bergerac*★★ : *musée du Tabac*★★ *(maison Peyrarède*★*) – Musée du Vin, de la Batellerie et de la Tonnellerie*★ **M**³.

Château les Merles à Mouleydier ☎ *05 53 63 13 42,* ② *: 15 km.*

Bergerac-Roumanière : ☎ *05 53 22 25 25, par* ③ *: 5 km.*

Office de tourisme, 97 rue Neuve d'Argenson ☎ *05 53 57 03 11, Fax 05 53 61 11 04, tourisme-bergerac@aquinet.tm.fr.*

Paris 534 ① *– Agen 91* ③ *– Angoulême 110* ⑥ *– Bordeaux 94* ⑤ *– Périgueux 48* ①*.*

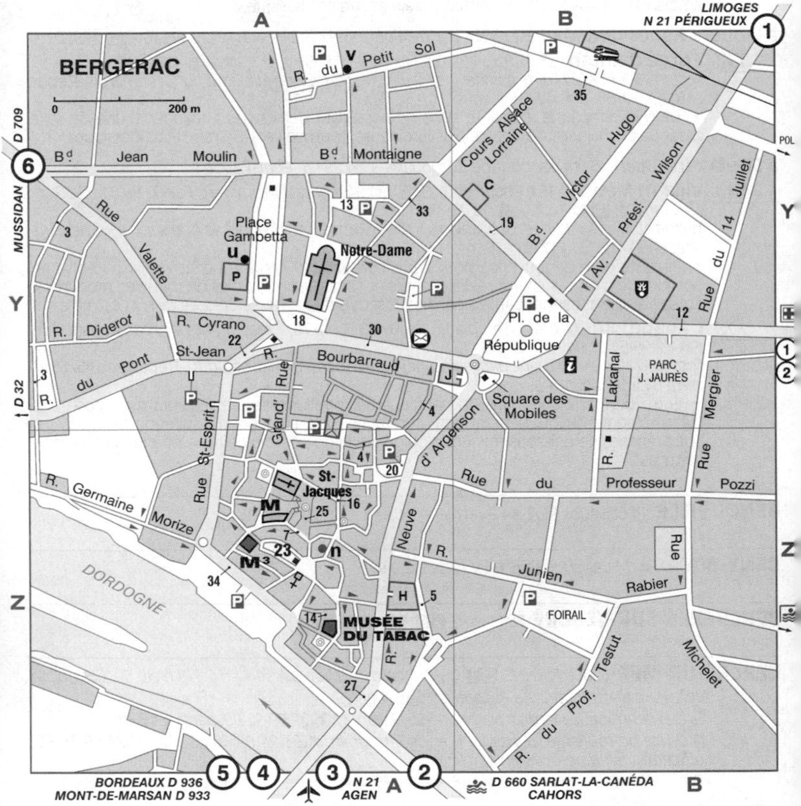

Beausoleil (Bd.). . . . . **AY** 3
Brèche (R. de la) . . . . **AZ** 4
Candillac (R.). . . . . **AZ** 5
Conférences (R. des) . . . . . **AZ** 7
Dr-Simounet (R.) . . . . **BY** 12
Ferry (Pl. J.). . . . . **AY** 13
Feu (Pl. du) . . . . **AZ** 14
Fontaines (R. des) . . . . **AZ** 16
Grand'Rue . . . . **AYZ**
Lattre-de-T. (Pl. de). . . . . . . **AY** 18
Maine-de-Biran (Bd) . . . . . . **BY** 19
Malbec (Pl.) . . . . **AZ** 20
Mounet-Sully (R.) . . . . **AY** 22
Myrpe (Pl. de la). . . . . **AZ** 23
Pelissière (Pl.) . . . . **AZ** 25
Pont (Pl. du) . . . . **AZ** 27
Résistance (R. de la) . . . . . . **AY** 30
St-Clar (R.). . . . . **AZ** 40
Ste-Catherine (R.). . . . . **AY** 33
Salvette (Quai) . . . . **AZ** 34
108e-R.-I. (Av. du) . . . . **BY** 35

Flambée, rte Périgueux par ① *: 3 km* ☎ 05 53 57 52 33, *Fax 05 53 61 07 57,* – 40 à 100. AE GB
Repas *(fermé vacances de Noël et de fév., sam. midi, dim. soir et lundi)* 17/32 ♀ – 8 – **21 ch** 72/80 – ½ P 57,50/71,50.
◆ Demeure ancienne nichée dans un parc très fleuri en saison. Les chambres, spacieuses et personnalisées, possèdent des terrasses privatives dans la dépendance. Élégant restaurant (pierres, poutres, cheminée monumentale, décor "tendance") et carte régionale.

France sans rest, 18 pl. Gambetta ✆ 05 53 57 11 61, *hoteldefrance15@wanadoo.fr, Fax 05 53 61 25 70,* – . AE GB JCB AY u
7,50 – **20 ch** 44/55.
◆ Au coeur de la petite capitale française du tabac, cet immeuble des années 1970 abrite des chambres simples ; certaines sont climatisées, d'autres sont dotées de balcons.

Europ Hôtel sans rest, 20 r. Petit Sol ✆ 05 53 57 06 54, *Fax 05 53 58 67 60,* , – P. AE GB AY v
6 – **22 ch** 38/53.
◆ Le jardin auprès de la piscine est l'atout maître de cet hôtel situé dans le quartier de la gare. Les chambres datent des années 1970, mais sont bien tenues. Accueil familial.

L'Imparfait, 8 r. Fontaines ✆ 05 53 57 47 92, *Fax 05 53 58 92 11,* – AE GB
fermé 20 déc. au 23 fév. – **Repas** 19 (déj.), 33/49 ♀. AZ n
◆ Cette maison médiévale du quartier historique vous accueille dans sa grande salle à manger où pierres et poutres apparentes se donnent la réplique. Cuisine traditionnelle.

à St-Julien-de-Crempse *par ①, N 21, D 107 et rte secondaire : 12 km – 168 h. alt. 150 – ✉ 24140 :*

Manoir Grand Vignoble , ✆ 05 53 24 23 18, *grand.vignoble@wanadoo.fr, Fax 05 53 24 20 89,* , , , , – P – 15 à 40. AE GB
27 mars-13 nov. – **Repas** 23/45 ♀ – 9 – **44 ch** 82/109 – 1/2 P 72/86.
◆ Ambiance seigneuriale dans ce manoir du 17e s. dressé au coeur d'un vaste domaine propice aux balades. Chambres souvent logées dans les dépendances ; centre équestre. Restaurant rustique (cheminée), véranda et terrasse ouverte sur le parc ; cuisine régionale.

au Moulin de Malfourat *par ④, dir. Mont-de-Marsan et rte secondaire : 8 km – ✉ 24240 Monbazillac :*

Tour des Vents, ✆ 05 53 58 30 10, *moulinmalfourat@wanadoo.fr, Fax 05 53 58 89 55,* ≤ vallée de Bergerac, , – P. AE GB
fermé mi-janv. à mi-fév., lundi midi en juil.-août, dim. soir, merc. soir et lundi de sept. à juin – **Repas** 23/51, enf. 10 ♀.
◆ Restaurant bâti au pied d'un moulin à vent ruiné du 15e s. dominant le vignoble de Monbazillac. Intérieur contemporain, cuisine généreuse et beau choix de bergeracs.

BERGÈRES-LÈS-VERTUS *51 Marne* 306 F9 – *rattaché à Vertus.*

BERGHEIM *68750 H.-Rhin* 315 I7 *G. Alsace Lorraine – 1 830 h alt. 235.*

Paris 449 – Colmar 18 – Ribeauvillé 4 – Sélestat 11.

Chez Norbert avec ch, ✆ 03 89 73 31 15, *labacchante@wanadoo.fr, Fax 03 89 73 60 65,* – . GB
fermé 1er au 28 mars, 1er au 8 juil., 14 au 26 nov. et 5 au 12 janv. – **Repas** *(fermé merc. midi, vend. midi et jeudi)* 26 (déj.)/48 ♀ – 10 – **13 ch** 58/69 – 1/2 P 60.
◆ Pittoresque salle alsacienne, jolie terrasse dans la cour intérieure, cuisine du terroir assortie de suggestions du jour : cette ancienne ferme viticole a bien des atouts.

Wistub du Sommelier, ✆ 03 89 73 69 99, *wistub.dusommelier@wanadoo.fr, Fax 03 89 73 36 58* – GB
fermé 15 au 29 juil., 20 au 29 janv., mardi soir et merc. – **Repas** 19,90 ♀.
◆ Accueillante salle à manger aux allures de winstub, agrémentée d'un beau poêle en faïence. Cuisine du terroir dont un menu qui change chaque jour et carte de vins d'Alsace.

BERGUES *59380 Nord* 302 C2 *G. Picardie Flandres Artois – 4 209 h alt. 4.*

Voir *Couronne d'Hondschoote*★.

Office de tourisme, Au Beffroi ✆ 03 28 68 71 06, Fax 03 28 68 71 06, tourisme.bergues-@wanadoo.fr.

Paris 279 – Calais 52 – Dunkerque 9 – Hazebrouck 34 – Lille 65 – St-Omer 31.

Au Tonnelier, 4 r. Mont de Piété (près église) ✆ 03 28 68 70 05, *Fax 03 28 68 21 87,* – . GB
fermé 22 août au 2 sept., 24 déc. au 4 janv., lundi midi, mardi midi, vend. midi et dim. soir – **Repas** *(12)* - 15/27, enf. 7,50 ♀ – 6,70 – **12 ch** 47/57 – 1/2 P 45.
◆ Cette petite adresse familiale, qui occupe une maison en briques abondamment fleurie de la cité fortifiée en partie par Vauban, abrite des chambres fonctionnelles. Salle à manger mi-rustique, mi-bourgeoise où l'on propose une cuisine classique.

Commerce sans rest, 2 r. Mont de Piété (près église) ✆ 03 28 68 60 37, *Fax 03 28 68 70 76* – GB
9 – **13 ch** 37/58.
◆ Longue bâtisse régionale abritant des chambres modestes, rénovées par étapes et bien tenues. Au rez-de-chaussée, grand café à l'atmosphère animée et conviviale.

BERNAY ✇ *27300 Eure* **304** *D7 G. Normandie Vallée de la Seine – 11 024 h alt. 105.*

Voir *Boulevard des Monts★*.

🛈 *Office de tourisme, 29 rue Thiers ℘ 02 32 43 32 08, Fax 02 32 45 82 68, office.tourisme.bernay@wanadoo.fr.*

Paris 155 – Rouen 60 – Argentan 69 – Évreux 49 – Le Havre 72 – Louviers 52.

🏨 **Acropole Hôtel** sans rest, Sud-Ouest : 3 km rte de Broglie (N 138) ℘ 02 32 46 06 06, *i nfo@hotel-acropole.com*, Fax 02 32 44 01 04 – 📺 📞 🕭 🅿 – 🔬 45. 🖭 ⓞ ⋐
🖵 7 – **51 ch** 56/58.
  ◆ Excentré dans une zone commerciale, établissement proposant un hébergement avant tout pratique. Insonorisation et équipements propices à l'étape de repos ou d'affaires.

XXX **Hostellerie du Moulin Fouret** ⅋ avec ch, Sud : 3,5 km par rte St-Quentin-des-Isles ℘ 02 32 43 19 95, *lemoulinfouret@wanadoo.fr, Fax 02 32 45 55 50*, 🏤, 🕭 – 🅿 🖭 ⅏ ⋐ 🇯🇧
fermé dim. soir, lundi sauf fériés et mardi midi d'oct. à mars – **Repas** 28/40 et carte 46 à 63
🍷 – 🖵 8 – **8 ch** 45.
  ◆ Salle à manger rustique ouverte sur le bar où se trouvent les rouages de ce moulin reconverti. La paisible terrasse est prolongée par un parc fleuri bordant la rivière.

à St-Quentin-des-Isles *Sud-Ouest : 5 km par rte de Broglie – 236 h. alt. 115 – ✉ 27270 :*

XX **Pommeraie,** sur N 138 ℘ 02 32 45 28 88, *monique.rodrigue@libertysurf.fr*, ⅋ Fax 02 32 44 69 00, 🏤, 🕭 – 🅿 🖭 ⓞ ⋐
fermé 3 au 9 août, 4 au 17 janv., dim. soir et lundi – **Repas** 13/46, enf. 9,90 🍷.
  ◆ Maison moderne d'allure normande, séparée de la route passante par son jardin agrémenté de pièces d'eau et de vieilles charrettes. Cuisine traditionnelle.

BERNEX *74500 H.-Savoie* **328** *N2 G. Alpes du Nord – 854 h alt. 955 – Sports d'hiver : 1 000/2 000 m* 🎿 *13* 🎿*.*

🛈 *Office de tourisme, Le Clos du Moulin ℘ 04 50 73 60 72, Fax 04 50 73 16 17, bernex@ot-bernex.fr.*

Paris 590 – Thonon-les-Bains 20 – Annecy 97 – Évian-les-Bains 10 – Morzine 32.

🏨 **Chez Tante Marie** ⅋, ℘ 04 50 73 60 35, *chez-tante-marie@wanadoo.fr*, Fax 04 50 73 61 73, ≤, 🏤, 🛲 – 🛗 📺 🅿. ⓞ ⋐. ⅋ ch
fermé 20 mars au 1ᵉʳ avril, 15 oct. au 15 déc. – **Repas** (fermé dim. soir hors saison) 20/43, enf. 11 🍷 – 🖵 10 – **27 ch** 68,50/80 – ½ P 65,50/68,50.
  ◆ Construction de type chalet dans un ravissant jardin fleuri en été. Les chambres, un brin désuètes, jouissent d'une belle vue sur les montagnes ; certaines ont un balcon. Salle à manger rustique et terrasse panoramique ; cuisine du terroir.

à La Beunaz *Nord-Ouest : 1,5 km par D 52 – alt. 1000 – ✉ 74500 Évian-les-Bains :*

🏨 **Bois Joli** ⅋, ℘ 04 50 73 60 11, *hboisjoli@aol.com*, Fax 04 50 73 65 28, ≤, 🏤, 🔄, 🛲, ⅋ – 🛗 📺 🅿. 🖭 ⓞ ⋐. ⅋ rest
mi-avril-15 oct. et 20 déc.-mi-mars – **Repas** (fermé dim. soir et merc.) 20/48, enf. 9,60 –
🖵 9 – **29 ch** 62/70 – ½ P 60.
  ◆ Pimpant chalet noyé dans la verdure. Chambres peu à peu redécorées à la mode alpine, avec balcon tourné vers la Dent d'Oche ou le mont Billiat. Salle de jeux pour les enfants. Salle à manger lambrissée et terrasse d'été offrent toutes deux un beau panorama.

BERRWILLER *68500 H.-Rhin* **315** *H9 – 1 058 h alt. 260.*

Paris 467 – Mulhouse 20 – Belfort 45 – Colmar 31 – Épinal 99 – Guebwiller 9.

XX **L'Arbre Vert,** 96 r. Principale ℘ 03 89 76 73 19, *Fax 03 89 76 73 68* – 🗐. ⓞ ⋐
fermé 5 au 25 juil., 31 janv. au 13 fév., dim. soir et lundi – **Repas** 8,70 (déj.), 21/42, enf. 7,50 🍷.
  ◆ Cette coquette auberge fleurie vous offre le choix entre une goûteuse cuisine du terroir servie dans une élégante salle à manger et le plat du jour proposé au café du village.

Dans ce guide

un même symbole, un même mot,
imprimé en **rouge** *ou en* **noir***, en maigre ou en* **gras***,*
n'ont pas tout à fait la même signification.
Lisez attentivement les pages explicatives.

BERRY-AU-BAC 02190 Aisne **306** F6 – 528 h alt. 62.

Paris 161 – Reims 21 – Laon 30 – Rethel 46 – Soissons 48 – Vouziers 66.

XX **Côte 108**, ℰ 03 23 79 95 04, Fax 03 23 79 83 50, ⇝, ⇜ – **P**, **AE** **GB**
fermé 12 au 27 juil., 26 déc. au 18 janv., mardi soir, dim. soir et lundi – **Repas** (dim. prévenir)
27/80 et carte 57 à 84, enf. 16,50 ♇.
◆ Pause gourmande face à la cote 108 : cette maison en bord de route vous invite à
goûter une cuisine d'aujourd'hui dans un cadre contemporain raffiné.

BERZE LA VILLE 71960 S.-et-L. **320** I11 G. Bourgogne – 530 h alt. 350.

Paris 408 – Mâcon 13 – Charolles 47 – Cluny 13 – Roanne 85.

à la Croix-Blanche Ouest : 2 km – ⊠ 71960 :

XX **Relais du Mâconnais** avec ch, D 17 ℰ 03 85 36 60 72, resa.lannuel@aol.com,
Fax 03 85 36 65 47, ⇝ – **TV** **P**, **AE** **①** **GB**
fermé 8 au 15 oct., 7 janv. au 4 fév., lundi sauf le soir du 1er juil. au 15 sept. et dim. soir hors
saison – **Repas** 26/69, enf. 15 ♇ – ☲ 9 – **10 ch** 61/69 – ½ P 68.
◆ Au centre du bourg, belle maison régionale en pierre ; salle feutrée, élégante, au
mobilier d'inspiration Louis XIII. Cuisine traditionnelle. Quelques chambres fonctionnelles.

BESANÇON **P** 25000 Doubs **321** G3 G. Jura – 117 733 h Agglo. 134 376 h alt. 250 – Casino **BY**.

Voir Site★★★ – Citadelle★★ : musée d'Histoire naturelle★ **M³**, musée comtois★ **M²**, musée
de la Résistance et de la Déportation★ **M⁴** – Vieille ville★★ **ABYZ** : Palais Granvelle★,
cathédrale★ (Vierges aux Saints★), horloge astronomique★, façades des maisons du 17ᵉ s.★
– Préfecture★ **AZ P** – Bibliothèque municipale★ **BZ B** – Grille★ de l'Hôpital St-Jacques **AZ** –
Musée des Beaux-Arts et d'Archéologie★★.

☒ de Besançon à Mamirolle ℰ 03 81 55 73 54, par ② : 13 km.

🛈 Office de tourisme, 2 place de la 1ère Armée Française ℰ 08 20 32 07 82, Fax 03 81 80 58
30, info@besancon-tourisme.com.

Paris 405 ④ – Basel 167 ⑤ – Bern 180 ② – Dijon 91 ④ – Lyon 225 ④ – Nancy 204 ⑤.

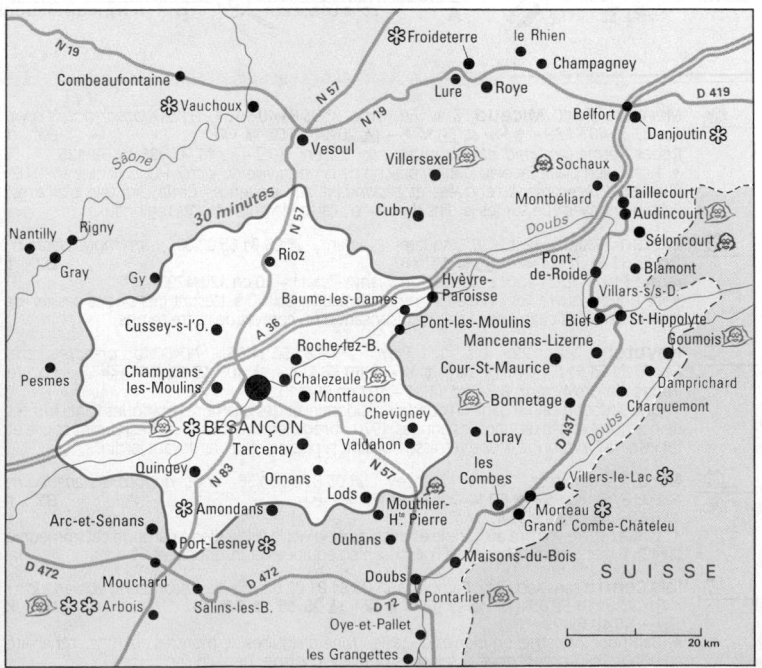

Allende (Bd S.) .... **AX** 2
Belfort (R. de) .... **BX**
Brulard (R. Gén.) .... **AX** 5
Carnot (Av.) .... **BX** 7

Chaillot (R.) .... **BX** 12
Clemenceau
(Av. Georges) .... **AX** 15
Clerc (R. F.) .... **BX** 16
Fontaine-Argent
(Av. de) .... **BX** 19
Jouchoux (R. A.) .... **AX** 25

Lagrange (Av. Léo) .... **AX** 27
Montrapon (Av. de) ...... **AX** 34
Observatoire (Av. de l') ... **AX** 35
Ouest (Bd) .... **AX** 37
Paix (R. de la) .... **BX** 38
Vaite (R. de la) .... **BX** 55
Voirin (R.) .... **BX** 57

🏨🏨 **Mercure Parc Micaud,** 3 av. Ed. Droz ℘ 03 81 40 34 34, *H1220@accor-hotels.com,*
Fax 03 81 40 34 39 – 🛗 ⁜ ≡ 📺 📞 🅿 – 🖼 20 à 100. 🆎 ⓞ ⅁🅱 BY d
Repas *(fermé sam. midi et dim. midi) (16,50)* - 22, enf. 10 ⚲ – ⚌ 11,90 – **95 ch** 99/125.
◆ Hôtel bien placé face au Doubs, proche de la vieille ville où Victor Hugo naquit en 1802.
Chambres récemment rénovées et répondant aux exigences de la clientèle d'affaires.
Restaurant avec vue sur les jardins du casino ; carte Mercure et plats régionaux.

🏨 **Castan** sans rest, 6 square Castan ℘ 03 81 65 02 00, *art@hotelcastan.fr,*
Fax 03 81 83 01 02, ☞ – 📺 📞 🅰 ⅁🅱 BZ t
fermé 31 juil. au 21 août et 23 déc. au 4 janv. – ⚌ 11 – **10 ch** 120/170.
◆ Le porche ouvre sur un élégant hôtel particulier du 17ᵉ s. L'esprit des siècles passés est
ranimé dans des chambres à thème disposant d'un confort de notre temps.

🏨 **Novotel** ⧖, 22 bis r. Trey ℘ 03 81 50 14 66, *h0400@accor-hotels.com,*
Fax 03 81 53 51 57, 🍽, ⊗, ☞ – 🛗 ⁜ ≡ 📺 📞 🅿 – 🖼 100. 🆎 ⓞ ⅁🅱 ⅉ🅲🅱 BX e
Repas *(16)* - 31/49, enf. 8 ⚲ – ⚌ 11,30 – **107 ch** 89/110.
◆ Une situation calme dans un quartier résidentiel et des chambres pratiques font l'intérêt
de cet hôtel construit dans les années 1970 et régulièrement rénové. Restaurant sobre et
fonctionnel, prolongé d'une terrasse bordant la piscine et un verdoyant jardin.

🏨 **Nord** sans rest, 8 r. Moncey ℘ 03 81 81 34 56, *hoteldunord3@wanadoo.fr,*
Fax 03 81 81 85 96 – 🛗 📞 ⇆ 🅿 🆎 ⓞ ⅁🅱 ⅉ🅲🅱 BY r
⚌ 5,40 – **44 ch** 36,90/54.
◆ Laissez votre voiture au garage et découvrez la vieille ville à pied à partir de cet immeuble
du 19ᵉ s. très central. Chambres fraîches, bien équipées et insonorisées.

🏨 **Ibis Centre** sans rest, 21 r. Gambetta ℘ 03 81 81 02 02, *ibis-besancon-centre@wanadoo.f*
r, Fax 03 81 81 89 65 – 🛗 ⁜ ≡ 📺 📞 & 🅿 – 🖼 25. 🆎 ⓞ ⅁🅱, ⊗ BY k
⚌ 6 – **49 ch** 58/70.
◆ Bâtiment industriel en pierres de taille, usine d'aiguilles de montres au 19ᵉ s., réhabilité
en hôtel. Chambres rénovées selon les nouvelles normes de la chaîne.

BESANÇON

Battant (Pont) . . . . **AY** 3
Battant (R.). . . . . **AY**
Bersot (R.). . . . . **BY**
Carnot (Av.) . . . . **BY** 7
Castan (Sq.) . . . . **BZ** 8
Chapitre
 (R. du) . . . . **BZ** 14
Denfert-Rochereau (Av.) . . . . **BY** 17
Denfert-Rochereau
 (Pont) . . . . **ABY** 18

Fusillés-de-la-Résistance
 (R. des) . . . . **BZ** 20
Gambetta (R.) . . . . **BY** 21
Gare-d'eau (Av. de la) . . . . . **AZ** 22
Gaulle (Bd Ch.-de) . . . . **AZ** 23
Girod-de-Chantrans (R.). . . . **AYZ** 24
Grande-Rue . . . . **ABYZ**
Granges (R. des) . . . . **ABY**
Krug (R. Ch.) . . . . **BY** 26
Lycée (R. du) . . . . **AY** 28
Madeleine (R. de la) . . . . **AY** 29
Martelots (R. des) . . . . **BZ** 30
Mégevand (R.) . . . . **ABZ** 32

Moncey (R.) . . . . **BY** 33
Orme-de-Chamars
 (R. de l') . . . . **AZ** 36
Pouillet (R. C.) . . . . **AY** 39
République (R. de la) . . . . **BY** 40
Révolution (Pl. de la) . . . . **AY** 41
Rivotte (Faubourg) . . . . **BZ** 42
Ronchaux (R.) . . . . **BZ** 43
Rousseau (R.) . . . . **AY** 45
Saint-Amour (Sq.) . . . . **BZ** 48
Sarrail (R. Gén.) . . . . **BY** 52
Vauban (Quai) . . . . **AY** 56
1re-Armée-Française (Pl.) . . . **BY** 58

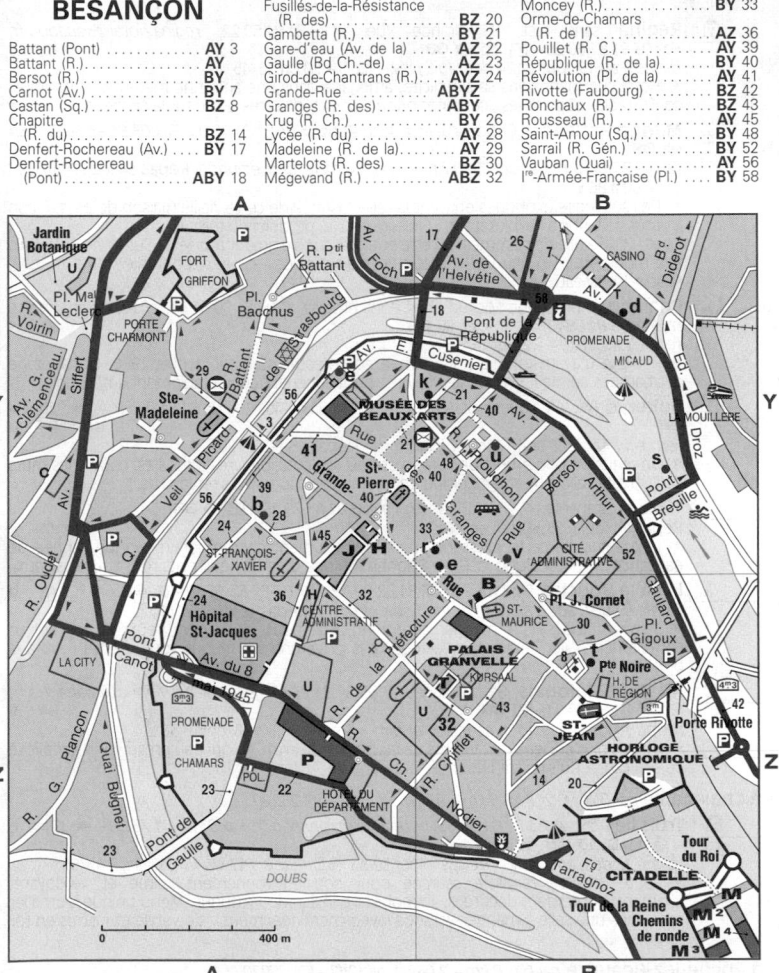

🏨 🛏 **Siatel,** 3 chemin des Founottes par N 57 : 3 km 𝒫 03 81 80 41 41, *Fax 03 81 80 41 41* – 📺 🍴 🅿 – 🛎 40. 🆖   AX q
Repas *(fermé dim.)* 10,60/18 🍷 – 🍽 5,80
36 ch 48/52 – ½ P 38.
♦ Hôtel d'étape proche d'un axe routier animé, mais bien protégé contre le bruit. Toutes semblables, les chambres offrent un confort pratique. Restaurant tout simple - mobilier en pin, murs revêtus de briques, cheminée - rehaussé ici et là d'objets orientaux.

🏨 🛏 **Relais des Vallières,** 3 r. P. Rubens par bd de l'Ouest : 4 km 𝒫 03 81 52 02 02, *relaisvallie res@wanadoo.fr, Fax 03 81 51 18 26* – ✺ 📺 🍴 ⟨ 🅿 – 🛎 15. 🆎 ⓞ 🆖   AX n
Repas 12/18, enf. 7,50 🍷 – 🍽 6
49 ch 44 – ½ P 38/43.
♦ Campée sur une colline et voisine de Micropolis (parc des expositions), adresse aux chambres fonctionnelles et fraîches, parfois agrandies d'une mezzanine pour les familles. Restaurant meublé dans le style bistrot et coiffé d'une charpente ; formules buffets.

Régina sans rest, 91 Grande Rue ☎ 03 81 81 50 22, *regina.hotel@wanadoo.fr, Fax 03 81 81 60 20* – TV. AE ⓓ GB BY e
fermé 3 au 10 août et 24 déc. au 2 janv. – ☕ 5 – **20 ch** 36/45.
◆ Hôtel charmant dans sa simplicité, aménagé dans une ancienne maternité. Chambres confortables et paisibles ; certaines ont un balcon, d'autres la vue sur la citadelle.

Mungo Park (Mme Choquart), 11 r. Jean Petit ☎ 03 81 81 28 01, *Fax 03 81 83 36 97* – AE ⓓ GB AY e
fermé 25 juil. au 16 août, 1er au 7 nov., 8 au 14 mars, dim. et lundi – **Repas** 34 (déj.), 49/89 et carte 60 à 86 ♀.
◆ Des souvenirs exotiques égayent la salle rustique de cette vieille maison de pays, façon "retour de Mungo l'explorateur". Table inventive, produits du terroir.
Spéc. Millefeuille de pommes de terre confites au foie gras et morteau. Suprême de volaille aux morilles et Vin Jaune. Moelleux au pain d'épices et vieux pontarlier. **Vins** L'Etoile, Arbois-Trousseau.

Chaland, promenade Micaud, près Pont Brégille ☎ 03 81 80 61 61, *chaland@chaland.com, Fax 03 81 88 67 42,* ← – ▤. AE GB BY s
fermé sam. midi – **Repas** 16/55 bc.
◆ Péniche d'avant-guerre transformée en bateau-restaurant depuis 1966. Le cabotage des barques anime les repas, servis sur le pont supérieur confortablement aménagé.

Poker d'As, 14 square St-Amour ☎ 03 81 81 42 49, *Fax 03 81 81 05 59* – ▤. AE ⓓ GB BY u
fermé 11 juil. au 8 août, dim. soir et lundi – **Repas** 15,80/39,80 ♀.
◆ Un amusant bric-à-brac de cuivres et bois sculptés, oeuvres familiales, couvre les murs de l'agreste salle à manger. Cuisine traditionnelle et spécialités régionales.

1802, pl. Granvelle ☎ 03 81 82 21 97, *Fax 03 81 81 79 19* – AE ⓓ GB
Repas 14 (déj.), 21,50/60, enf. 8 ♀.
◆ L'enseigne de cette brasserie au style résolument contemporain évoque l'année de naissance de Victor Hugo, célèbre Bisontin. Cuisine du marché et plats rôtis sous vos yeux.

L'Ô à la Bouche, 9 r. Lycée ☎ 03 81 82 09 08, *Fax 03 81 82 16 38* – AE GB AY b
fermé 9 au 30 août, sam. midi, lundi soir et dim. – **Repas** 16 (déj.), 21/40 ♀.
◆ Sympathique salle à manger agrémentée de poutres ou cave voûtée : un choix ô combien cornélien, mais dans les deux cas la lecture des menus vous mettra l'eau à la bouche.

Au Petit Polonais, 81 r. Granges ☎ 03 81 81 23 67, *jean-michel.viennot@wanadoo.fr, Fax 03 81 81 88 21* – AE GB BY v
fermé 14 juil. au 15 août, sam. soir et dim. – **Repas** 10,60/26, enf. 6,30 ♀.
◆ Un des plus anciens restaurants de la ville, fondé en 1870, qui a su préserver la simplicité de son cadre. Cuisine traditionnelle et régionale. Accueil familial.

à Chalezeule *par ① et D 217 : 5,5 km – 952 h. alt. 252 – ✉ 25220 :*

Trois Iles ⛰, ☎ 03 81 61 00 66, *hotel.3iles@wanadoo.fr, Fax 03 81 61 73 09* – ⇆ TV ☎ P – 🏛 15. AE ⓓ GB. ✗ rest
fermé 18 déc. au 3 janv. – **Repas** (dîner seul.) 16 ♀ – ☕ 8 – **17** ch 45/61 – ½ P 45/55.
◆ Petite adresse familiale estimée pour son environnement calme et verdoyant. Chambres sobrement décorées, au mobilier d'inspiration rustique. Menu unique journalier servi dans une salle à manger-véranda (avec cheminée, meubles de style et lustres en fer forgé).

à Roche-lez-Beaupré *par ① : 8 km – 2 062 h. alt. 242 – ✉ 25220 :*

Auberge des Rosiers, 6, r. des Rosiers ☎ 03 81 57 05 85, *Fax 03 81 60 51 54,* 🏡 – P. ⓓ GB
fermé 1er au 15 oct., 15 au 28 fév., dim. soir en hiver, lundi soir et mardi – **Repas** 11,50/35 ♀.
◆ Aux portes de la localité, établissement dont la cuisine, traditionnelle, se déguste dans une salle fraîche et claire, ou sur la terrasse ombragée.

à Montfaucon *par ②, D 464 et D 146 : 9 km – 1 372 h. alt. 491 – ✉ 25660 :*

Cheminée, rte Belvédère ☎ 03 81 81 17 48, *restaurantlacheminee@wanadoo.fr, Fax 03 81 82 86 45,* ←, 🏡 – P. AE GB
fermé 16 août au 1er sept., 31 janv. au 23 fév., dim. soir, mardi soir et merc. – **Repas** 22/42 ♀.
◆ Dans un pittoresque village surplombant l'agglomération bisontine. Deux salles à manger, dont une offrant une échappée sur les reliefs alentour. Spécialités régionales.

à Champvans-les-Moulins *par ④ sur D 70 : 8 km – 232 h. alt. 252 – ✉ 25170 :*

Source, 4 r. Sources ☎ 03 81 59 90 57, *ch.lasource@wanadoo.fr, Fax 03 81 59 09 39,* 🏡 – P. GB
fermé 1er au 15 janv., 1er au 15 août, dim. soir et lundi – **Repas** 15 (déj.), 19/27, enf. 9 ♀.
◆ Architecture récente entourée par un jardin doté d'un étang. Cuisine traditionnelle et plats du terroir sont servis dans une salle coiffée d'une charpente ou en terrasse.

à l'Espace Valentin Vert-Bois-Vallon par ⑤ et D 75 : 5 km – ✉ 25480 École-Valentin :

XXX **Valentin** (Maire), 𝒫 03 81 80 03 90, restaurant.le.valentin@wanadoo.fr, Fax 03 81
❀ 53 45 49, 佘, 森 – **P.** ΛΕ **GB**
fermé 9 au 30 août, 7 au 21 fév., sam. midi, dim. soir et lundi – **Repas** 31/72 et carte 55 à 72.
 • Demeure du début du 20ᵉ s. isolée de la route par un mur en pierre. Ambiance feutrée
dans les salles à manger décorées avec goût et sobriété. Cuisine classique revisitée.
Spéc. Poêlée de homard à la canelle-feuille. Pigeon rôti à l'absinthe. Gibier (saison). **Vins**
Arbois, Côtes du Jura

à l'Espace Valentin par ⑤ et N 57 : 7 km – ✉ 25000 Besançon :

🏠 **Campanile,** 1 r. Châtillon 𝒫 03 81 53 52 22, besancon.valentin@campanile.fr,
Fax 03 81 88 12 56, 佘 – **🆃🆅** ✆ & **P.** – ₳ 15. ΛΕ ① **GB**
Repas (12,50) - 16,50/21,50 ♀ – ☑ 6,50 – **53 ch** 58/65.
 • Hôtel de chaîne proche de l'A 36. Les chambres, fonctionnelles, se répartissent dans
deux bâtiments. Petits-déjeuners servis sous forme de buffets. Salle à manger néo-rus-
tique agrandie d'une terrasse d'été et cuisine traditionnelle.

BESSANS 73480 Savoie 🎲🎲🎲 O6 G. Alpes du Nord – 311 h alt. 1730 – Sports d'hiver : 1 750/2 050 m
⛷4 ⛷.
Voir Peintures★ de la chapelle St-Antoine.
Env. Vallée d'Avérole★★.
🄳 Office de tourisme 𝒫 04 79 05 96 52, Fax 04 79 05 83 11, info@bessans.com.
Paris 698 – Albertville 125 – Chambéry 138 – Lanslebourg-Mont-Cenis 13 – Val-d'Isère 41.

🏠 **Mont-Iseran,** pl. Mairie 𝒫 04 79 05 95 97, info@montiseran.com, Fax 04 79 05 84 67 –
🄶🄱 **🆃🆅** ⟷, **GB.** ✾ rest
25 juin-30 sept. et 15 déc.- 26 avril – **Repas** 11,50/23 🜨 – ☑ 7 – **19 ch** 55 – ½ P 53.
 • Au centre du village et près des pistes, chalet aux chambres régulièrement rénovées,
souvent équipées de balcons. Bar-salon de thé. Salle à manger agrémentée de boiseries
peintes et d'une statuette du légendaire diable de Bessans ; cuisine classique.

Un automobiliste averti utilise le Guide Michelin de l'année.

Le BESSAT 42660 Loire 🎲🎲🎲 G7 – 414 h alt. 1170 – Sports d'hiver : 1 170/1 427 m ⛷.
🄳 Syndicat d'initiative, Maison Communale 𝒫 04 77 20 43 76, Fax 04 77 20 46 10, si.lebes-
sat@wanadoo.fr.
Paris 530 – St-Étienne 19 – Annonay 29 – St-Chamond 19 – Yssingeaux 65.

XX **La Fondue "Chez l'Père Charles"** avec ch, Gde rue 𝒫 04 77 20 40 09,
🄶🄱 Fax 04 77 20 45 20 – **🆃🆅** ⟷, **GB.** ✾
❀ 15 mars-15 nov. et fermé dim. soir, lundi midi et soirs fériés – **Repas** (10) - 14/21 ♀ – ☑ 6,50 –
8 ch 43/58.
 • Les salles à manger à l'esprit champêtre sont logées dans une auberge située au centre
du village. Cuisine traditionnelle aux accents régionaux. Chambres simples.

BESSE-EN-CHANDESSE 63610 P.-de-D. 🎲🎲🎲 E9 G. Auvergne – 1 672 h alt. 1050 – Sports
d'hiver à Super Besse.
Voir Église St-André★ – Rue de la Boucherie★ – Porte de ville★ – Lac Pavin★★ ≤★ et Puy de
Montchal★★ ※★★ SO : 4 km par D 978.
🄳 Office de tourisme, place du Dr Pipet 𝒫 04 73 79 52 84, Fax 04 73 79 52 08, ot.besse-
superbesse@laposte.net.
Paris 462 – Clermont-Ferrand 46 – Condat 28 – Issoire 30 – Le Mont-Dore 25.

🏨 **Les Mouflons,** 𝒫 04 73 79 56 93, les-mouflons@wanadoo.fr, Fax 04 73 79 51 18, 🖪 –
🆃🆅 P. ΛΕ **GB** 🄹🄲🄱
1ᵉʳ mai-30 sept. et 19 déc.-31 mars – **Repas** (dîner seul.en hiver) 25/55 ♀ – ☑ 10 – **50 ch**
56/60 – ½ P 53/55.
 • Imposant bâtiment des années 1970 aux allures de chalet. Les chambres, simples,
équipées de leur mobilier fonctionnel d'origine, sont progressivement rénovées. Spacieux
restaurant compartimenté par des éléments en pierre de lave ; cuisine traditionnelle.

🏠 **Gazelle** ⌂, rte Compains 𝒫 04 73 79 50 26, gazelle@lagazelle.fr, Fax 04 73 79 89 03, ≤,
🖪, 🏊, 森 – **🆃🆅 P.** **GB**
1ᵉʳ mai-26 sept. et 25 déc.-15 mars – **Repas** (dîner seul.) 18 – ☑ 7,50 – **35 ch** 61,50/63,50 –
½ P 52,50/54,50.
 • Fort de sa position dominante, cet hôtel offre une belle vue sur Besse la médiévale.
Chambres refaites dans le style montagnard. Petits-déjeuners servis dans la véranda.
Panorama sur la vallée depuis la salle à manger au décor un peu nu ; cuisine du terroir.

🏠 **Charmilles** sans rest, rte Super-Besse ℰ 04 73 79 50 79, ≤ – 📺 🅿, ☞
15 juin-20 sept., vacances de fév. et week-ends en hiver – ⊡ 6 – **20 ch** 45/49.
* Hôtel familial dont les chambres aux murs crépis sont meublées en pin. Préférez celles qui offrent une belle vue sur le village et la vallée. Accueil aimable.

🍴🍴 **Hostellerie du Beffroy** avec ch, ℰ 04 73 79 50 08, Fax 04 73 79 57 87 – 📺 ☞. ☒ ⑩
☞ ☞ ☒ rest
fermé 4 nov. au 26 déc., lundi et mardi sauf le soir en juil.-août et fév., merc. midi en juil.-août – **Repas** (dim. prévenir) 24/60 ♀ – ⊡ 10 – **12 ch** 47/85 – ½ P 65.
* Autrefois logis des gardes du beffroi, cette maison du 15ᵉ s. abrite deux salles à manger rustiques garnies de meubles patinés par les ans. Goûteux plats traditionnels.

BESSINES-SUR-GARTEMPE 87250 H.-Vienne ⭐ F4 – 2 743 h alt. 335.

🏢 *Office de tourisme, 6 avenue du 11 novembre ℰ 05 55 76 09 28, Fax 05 55 76 01 24, ot.bessines@wanadoo.fr.*
Paris 355 – Limoges 38 – Argenton-sur-Creuse 58 – Bellac 29 – Guéret 55.

🍴🍴 **Bellevue** avec ch, 2 av. de Limoges ℰ 05 55 76 01 99, hotel.bellevue@netcourrier.com,
Fax 05 55 76 68 81 – 📺 ☒ ☞ 🅿, ☒
fermé 10 janv. au 10 fév., vend. soir et sam. midi du 11 nov. à Pâques et lundi soir (sauf hôtel) – **Repas** 11,50 (déj.), 16/38, enf. 8,50 ♀ – ⊡ 5,50 – **12 ch** 38/46 – ½ P 39/48.
* Maison de style régional dans la traversée du village. Les tables de l'accueillante salle à manger sont joliment dressées ; cuisine traditionnelle. Chambres fonctionnelles.

à La Croix-du-Breuil *Nord : 3 km sur D 220 – ✉ 87250 Bessines-sur-Gartempe :*

🏠 **Manoir Henri IV,** ℰ 05 55 76 00 56, Fax 05 55 76 14 14, ☞, ☞ – 📺 ☒ 🅿, ☒ ⑩ ☒
fermé lundi d'oct. à mai et dim. soir – **Repas** (14,50) - 20/30, enf. 10 – ⊡ 6 – **11 ch** 45/58.
* Henri IV aurait été l'hôte de cette ferme fortifiée du 16ᵉ s. aujourd'hui agrandie d'une aile récente. Vous serez logés dans des chambres rustiques. Plats traditionnels à déguster dans les salles à manger du manoir au cachet campagnard jalousement préservé.

Donnez-nous votre avis sur les tables que nous recommandons,
sur leurs spécialités et leurs vins de pays.

BÉTHUNE ⭐ 62400 P.-de-C. ⭐ I4 G. Picardie Flandres Artois – 27 808 h Agglo. 259 198 h alt. 34.

🏌 *du Vert-Parc à Illies ℰ 03 20 29 37 87, par ② : 18 km.*
🏢 *Office de tourisme, Le Beffroi ℰ 03 21 57 25 47, Fax 03 21 57 01 60, ot-bethune@wanadoo.fr.*
Paris 214 ④ – Calais 83 ④ – Lille 39 ② – Arras 34 ④ – Boulogne-sur-Mer 90 ②.

Plan page ci-contre

🏨 **L'Éden** sans rest, pl. République ℰ 03 21 68 83 83, hotel-eden@tiscali.fr,
Fax 03 21 68 83 84 – ▐, ☒ ⑩ ☒   Y e
⊡ 9,10 – **32 ch** 61/74.
* Maison en briques au cœur de la ville de Gambrinus, le roi de la bière. Intérieur rénové : chambres spacieuses et contemporaines dotées de baignoires "balnéo".

🍴🍴🍴 **Meurin et Résidence Kitchener** avec ch, 15 pl. République ℰ 03 21 68 88 88, marc.
❄❄ meurin@le-meurin.fr, Fax 03 21 68 88 89, ☞ – cuisinette, ▤ rest, 📺 ☒, ☒ ⑩ ☒
JCB   Y a
fermé 12 au 18 avril, 2 au 22 août, 2 au 10 janv., mardi midi, dim. soir et lundi – **Repas** 35 (déj.), 52/105 et carte 85 à 120, enf. 22 – ⊡ 13 – **7 ch** 80/150 – ½ P 100/140.
* Belle demeure flamande du début du 20ᵉ s. Ravissantes salles à manger bourgeoises et véranda-terrasse d'esprit Belle Époque ; cuisine inventive. Chambres personnalisées.
Spéc. Anguille sur toast au vert, beurre de krieck. Bar en salade de cèpes. Ris de veau, crème d'oignon brulé, rapures de truffe.

🍴🍴 **Au Départ,** face gare SNCF ℰ 03 21 57 18 04, restaurantaudepart@free.fr,
Fax 03 21 01 18 20 – ☒ ⑩ ☒
fermé 1ᵉʳ au 23 août, dim. soir et lundi – **Repas** 16 (déj.), 29/59.
* Ne vous fiez pas à la devanture un peu austère de ce restaurant situé face à la gare : l'intérieur (briques du pays) s'avère chaleureux et la cuisine au goût du jour soignée.

rte de Bruay-la-Bussière *par ④ (sortie 6 par A 26) : 3 km – ✉ 62232 Fouquières-les-Béthune :*

🏠 **Campanile,** ℰ 03 21 57 76 76, bethunefo@campanile.fr, Fax 03 21 56 98 50, ☞ – ⇥,
▤ ch, 📺 ☒ 🅿 – 🔒 25. ☒ ⑩
Repas (12,50) - 16,50, enf. 6 ♀ – ⊡ 6,50 – **59 ch** 65.
* Pratique car situé près des voies rapides, cet hôtel composé de deux bâtiments propose des chambres fonctionnelles et fraîches, plus au calme sur l'arrière. Un restaurant sans surprise : décor et cuisine (buffets) correspondent aux standards de la chaîne.

BÉTHUNE

Albert 1er (R.) .... **YZ** 2
Arras (R. d') .... **Z** 3
Bruay (R. de) .... **Z** 6
Buridan (R.) .... **Z** 7
Clemenceau (Pl. G.) ..... **Z**

Egalité (R. de l') .... **Y** 8
Gambetta (R.) .... **YZ** 10
Grand'Place .... **Z**
Haynaut (R. Eugène) .... **Z** 12
Juin (Av. du Mar.) .... **Z** 14
Kennedy (Av. du Prés.) .. **Y** 15
Lamartine (Pl.) .... **Y** 17
Lattre-de-Tassigny (Av. de) **Z** 18

Pont de Pierre (R. du) ...... **Y** 20
Quai du Rivage
  (R. du) .... **Y** 21
République (Pl. de la) .... **Y** 22
Sadi-Carnot (R.) .... **Y**
Treilles (R. des) .... **Z** 25
Vauban (Bd) .... **Z** 26
Zola (R. Emile) .... **Z** 27

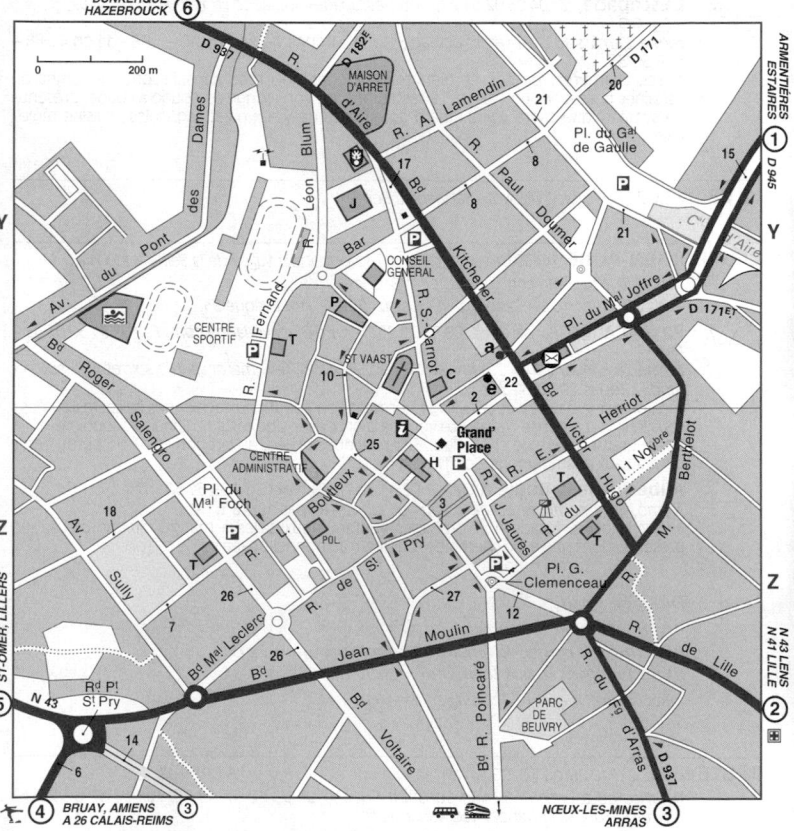

à Gosnay par ④, N 41 et D 181 : 5 km – 1 195 h. alt. 29 – ⊠ 62199 :

🏛️ **Chartreuse du Val St-Esprit** 🦢, 𝒸 03 21 62 80 00, lachartreuse@gofornet.com, Fax 03 21 62 42 50, 🍴, 🍸, 🛎️, 🔥 – 📶 📺 🌙 📠 – 🔏 15 à 100. 🆎 ① 🇬🇧
Repas 30/62 ♈ 🍷 – 🖙 12 – **67 ch** 111/191 – ½ P 92/98.
 ◆ Bâti sur les ruines d'une ancienne chartreuse, cet élégant château (1762) abrite des chambres spacieuses et personnalisées, tournées vers le grand parc arboré. Cuisine au goût du jour et belle carte des vins servies dans une salle de restaurant cossue.

Le BETTEX 74 H.-Savoie ⒊⒉⒏ N5 – rattaché à St-Gervais-les-Bains.

Dans ce guide
un même symbole, un même mot,
*imprimé en **rouge** ou en **noir**, en maigre ou en **gras**,*
n'ont pas tout à fait la même signification.
Lisez attentivement les pages explicatives.

BEUIL 06470 Alpes-Mar. **341** C3 *G. Alpes du Sud – 334 h alt. 1450 – Sports d'hiver : 1 470/2 100 m* **₰ 26 ₰.**

Voir Site★ - Peintures★ de l'église.

🛈 *Office de tourisme, place du Pissaire ℘ 04 93 02 32 58, Fax 04 93 02 35 72, beuil@yahoo.fr.*

Paris 809 – Barcelonnette 80 – Digne-les-Bains 117 – Nice 79 – Puget-Théniers 31.

🏠 **L'Escapade,** *℘ 04 93 02 31 27, hotel-escapade@wanadoo.fr, Fax 04 93 02 34 67,* ≤, 🍴
  – **TV**. **GB**
  fermé 22 mars au 2 avril et 1er oct. au 31 janv. – **Repas** 18/23, enf. 10 – ☲ 8 – **11 ch** 45/68 –
  ½ P 50/55.
  ◆ Les chambres, petites et bien tenues, sont décorées dans l'esprit montagnard ;
  certaines possèdent un balcon. Le restaurant, où l'on mange au coude à coude, présente
  un sympathique cadre campagnard agrémenté de vieux objets agricoles ; cuisine régionale.

La BEUNAZ 74 H.-Savoie **328** M2 – *rattaché à Bernex.*

BEUVRON-EN-AUGE 14430 Calvados **303** L4 *G. Normandie Vallée de la Seine – 233 h alt. 11.*

Voir Village★ – Clermont-en-Auge★ NE : 3 km.

Paris 219 – Caen 32 – Cabourg 14 – Lisieux 25 – Pont-l'Évêque 33.

χχχ **Pavé d'Auge** (Bansard), *℘ 02 31 79 26 71, info@lepavedauge.com, Fax 02 31 39 04 45 –*
❀ **GB**
  *fermé 28 juin au 2 juil., 29 nov. au 28 déc., 20 au 27 fév., mardi sauf le soir en juil.-août et
  lundi* – **Repas** 29,50/52 ♀ ♨.
  ◆ Si on bat le pavé de ce joli village normand, on aboutit aux anciennes halles restaurées ;
  sous leur vertigineuse charpente vous sera proposée une carte régionale saisonnière.
  Spéc. Crème légère de chou-fleur, Saint-Jacques grillées au jambon cru. Pain perdu de ris
  de veau aux champignons. Soufflé aux fruits.

χ **Auberge de la Boule d'Or,** *℘ 02 31 79 78 78, Fax 02 31 39 61 50 –* **GB**
  fermé janv., mardi soir et merc. sauf juil.-août – **Repas** 19/26 ♀.
  ◆ Sur la place, façade à colombages abritant deux salles à manger au cadre rustique
  préservé, dont une avec cheminée. Cuisine traditionnelle axée sur le terroir.

Dans ce guide

un même symbole, un même mot,
*imprimé en **rouge** ou en **noir**, en maigre ou en **gras**,*
n'ont pas tout à fait la même signification.
Lisez attentivement les pages explicatives.

BEUZEVILLE 27210 Eure **304** C5 *G. Normandie Vallée de la Seine – 3 097 h alt. 129.*

🛈 *Office de tourisme, 52 rue Constant Fouché ℘ 02 32 57 72 10, Fax 02 32 57 72 10,
office-de-tourisme-beuzeville@wanadoo.fr.*

Paris 179 – Le Havre 34 – Bernay 38 – Deauville 26 – Évreux 76 – Honfleur 16.

🏠 **Petit Castel** sans rest, 32 r. Constant Fouché *℘ 02 32 57 76 08, auberge-du-cochon-dor*
  @wanadoo.fr, Fax 02 32 42 25 70, 🌳 – **TV** ✆ **P**. **GB**. 🛇
  fermé 15 déc. au 15 janv. – ☲ 6,50 – **16 ch** 43/53.
  ◆ L'hôtel propose des chambres pratiques et habillées d'étoffes colorées ; celles côté
  jardin sont plus calmes. L'accueil est parfois assuré à l'auberge du Cochon d'Or.

🏠 **Poste,** *℘ 02 32 20 32 32, lerelaisdeposte@wanadoo.fr, Fax 02 32 42 11 01,* 🍴, 🌳 – **TV**
  ✆ **P**. **AE** ① **GB**. 🛇 ch
  1er avril-2 nov. – **Repas** (fermé dim. soir de fin sept. à juin, mardi midi et jeudi) 18/36 ♀ – ☲ 9
  – **14 ch** 44/62 – ½ P 54/64.
  ◆ À l'écart de la fièvre touristique de la Corniche normande, jolie façade en brique et pierre
  d'un relais de poste du 19e s. abritant de petites chambres simples et pimpantes. Un
  vénérable comptoir en bois trône dans la salle à manger de style bistrot.

χχχ **Auberge du Cochon d'Or** avec ch, pl. Gén. de Gaulle *℘ 02 32 57 70 46, auberge-du-co*
❀ *chon-dor@wanadoo.fr, Fax 02 32 42 25 70 –* **GB**. 🛇 ch
  fermé 15 déc. au 15 janv., dim. soir d'oct. à mars et lundi – **Repas** 14/40 et carte 28 à 45 ♀ –
  ☲ 6,50 – **4 ch** 38/42.
  ◆ Aménagé dans une maison normande du début du 20e s., ce restaurant vous invite à
  découvrir ses deux élégantes salles à manger et sa cuisine traditionnelle.

à l'Ouest : *3 km par N 17 –* ⊠ *14130 Quetteville :*

🏰 **Hostellerie de la Hauquerie-Chevotel** ⚘, ℘ 02 31 65 62 40, *info@chevotel.com*,
Fax 02 31 64 24 52, ≼, ⌖ – 🛗, 🗐 rest, 📺 ⛄ ♿ ✍ – 🎿 15. 🆎 ㎾
fermé 10 janv. au 13 fév. – **Repas** *(fermé le midi en semaine hors saison)* 30/45, enf. 12,50 –
⊡ 15 – **17 ch** 140/190 – ½ P 122/132.
   ◆ Atmosphère "cottage" en cet hôtel-haras dédié aux amis des pur-sang. Les chambres,
dont le décor évoque des étalons renommés, s'ouvrent sur la verdure. Sobriété et élégance caractérisent la petite salle à manger. Bar-véranda ouvert sur le jardin.

BEYNAC ET CAZENAC *24220 Dordogne* **🔢** *H6 G. Périgord Quercy – 506 h alt. 75.*

Voir *Site*★★ – *Village*★ – *Calvaire* ✳★★ – *Château*★★ : ✳★★.

🛈 *Office de tourisme, La Balme* ℘ *05 53 29 43 08, Fax 05 53 29 43 08, ot.beynac@peri-gord.tm.fr.*

Paris 537 – Brive-la-Gaillarde 63 – Sarlat-la-Canéda 12 – Gourdon 28 – Périgueux 66.

à Vézac *Sud-Est : 2 km sur rte de Sarlat – 594 h. alt. 90 –* ⊠ *24220 :*

✕✕ **Relais des Cinq Châteaux** avec ch, ℘ 05 53 30 30 72, *5chateaux@perigord.com*,
🪰 Fax 05 53 30 30 08, ≼, ⌖, ⌂ – 🗐 rest, 📺 ℙ – 🎿 20. ㎾
fermé 16 fév. au 15 mars et lundi midi – **Repas** *(10,70)* - 22/51 – ⊡ 7 – **11 ch** 53/130 –
½ P 54.
   ◆ Cette maison régionale récente abrite deux salles dont une en véranda. La terrasse offre
une belle vue sur la campagne et trois châteaux fortifiés. Goûteux plats classiques.

Les BÉZARDS *45 Loiret* **🔢** *N5 –* ⊠ *45290 Boismorand.*

Paris 136 – Auxerre 79 – Gien 17 – Joigny 58 – Montargis 23 – Orléans 75.

🏨 **Auberge des Templiers** ⚘, *à 4 km de l'autoroute A 77, sortie 19* ℘ 02 38 31 80 01, *te*
❄ *mpliers@relaischateaux.fr, Fax 02 38 31 84 51,* ⌖, ⌂, ✕, 🐾 – 🗐 ch, 📺 ⛄ ♿ 🚗 ℙ –
🎿 20. 🆎 ⓪ ㎾ ᴶᶜᴮ
fermé 2 au 26 fév. – **Repas** 55 (déj.), 75/115 et carte 90 à 120 ⵗ – ⊡ 18 – **22 ch** 135/280,
8 suites – ½ P 150/220.
   ◆ Hôtellerie de caractère au décor personnalisé et raffiné. Des cottages disséminés dans le
parc abritent de luxueux appartements. Organisation de séjours de chasse. Cadre très chic
au restaurant et terrasse entourée de rosiers ; table classique actualisée.
Spéc. Ravioles de champignons des bois, velouté au jus de truffe. Sandre de Loire au verjus.
Pigeon laqué aux pralines de Montargis. **Vins** Pouilly-Fumé, Sancerre.

BÈZE *21 Côte-d'Or* **🔢** *L5 – rattaché à Mirebeau-sur-Bèze.*

BÉZIERS ◌ *34500 Hérault* **🔢** *E8 G. Languedoc Roussillon – 69 153 h Agglo. 124 967 h alt. 17.*

Voir *Anc. cathédrale St-Nazaire*★ : *terrasse* ≼★ – *Musée du Biterois*★ **BZ M³** – *Jardin St
Jacques* ≼★.

🏌 *de St-Thomas* ℘ *04 67 39 03 09, par* ② *: 12 km.*

✈ *de Béziers-Vias :* ℘ *04 67 90 99 10, par* ③ *: 12 km.*

🛈 *Office de tourisme, 29 avenue Saint Saëns* ℘ *04 67 76 84 00, Fax 04 67 76 50 80,
tourisme@ville-beziers.fr.*

Paris 758 ③ *– Montpellier 71* ③ *– Marseille 234* ③ *– Perpignan 93* ④*.*

Plans pages suivantes

🏨 **Champ de Mars** sans rest, 17 r. Metz ℘ 04 67 28 35 53, Fax 04 67 28 61 42 – 📺 ⛄ 🚗.
🆎 ⓪ ㎾ ⌖   **CY v**
fermé 14 au 20 fév. – ⊡ 5 – **10 ch** 33,50/46.
   ◆ Petit hôtel familial dans une ruelle tranquille, à l'écart du centre-ville. D'ampleur
moyenne, les chambres, sobrement décorées, bénéficient d'un équipement complet.

✕✕✕ **L'Ambassade,** 22 bd Verdun (face gare) ⊠ 34500 ℘ 04 67 76 06 24, *lambassade-beziers*
@wanadoo.fr, Fax 04 67 76 74 05 – 🗐. 🆎 ⓪ ㎾   **CZ n**
fermé 17 mai au 7 juin, dim. et lundi – **Repas** 25/70 et carte 43 à 70, enf. 11 ⵗ ⌂.
   ◆ Une décoration résolument contemporaine (boiseries blondes, verre sablé), des mets
appétissants et une carte des vins exceptionnelle : le "Tout-Béziers" s'y précipite !

✕✕ **Val d'Héry,** 67 av. Prés. Wilson ℘ 04 67 76 56 73, *val-dhery@wanadoo.fr,*
Fax 04 67 76 56 73 – 🗐. ⓪ ㎾   **CZ b**
fermé 20 juin au 11 juil., 2 au 10 janv., dim. et lundi – **Repas** 18/36 ⵗ.
   ◆ Près du Plateau des Poètes, le joli parc aménagé au 19ᵉ s. Sobre décor actuel rehaussé
de toiles du chef et cuisine au goût du jour évoluant au gré des saisons.

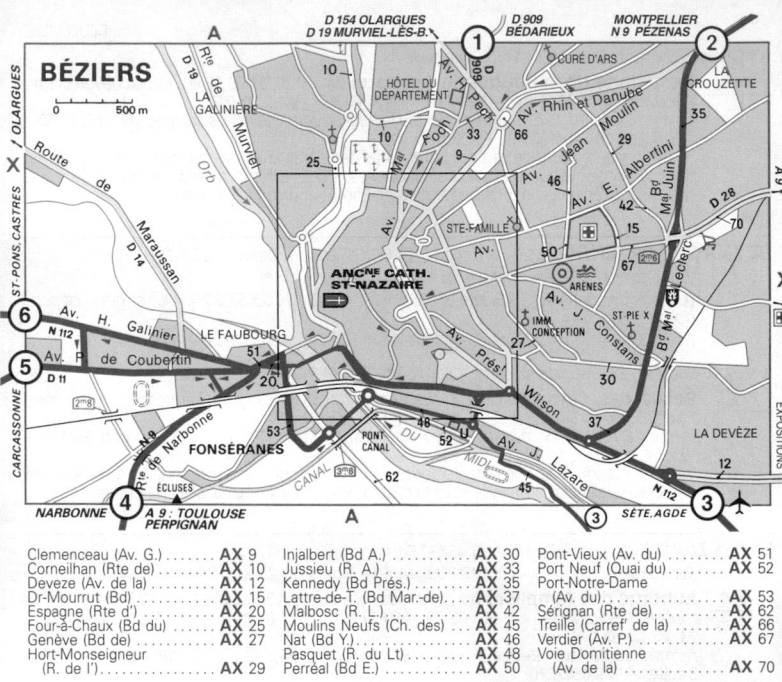

BÉZIERS

0 — 500 m

Clemenceau (Av. G.)	**AX** 9	Injalbert (Bd A.)	**AX** 30	Pont-Vieux (Av. du)	**AX** 51
Corneilhan (Rte de)	**AX** 10	Jussieu (R. A.)	**AX** 33	Port Neuf (Quai du)	**AX** 52
Deveze (Av. de la)	**AX** 12	Kennedy (Bd Prés.)	**AX** 35	Port-Notre-Dame	
Dr-Mourrut (Bd)	**AX** 15	Lattre-de-T. (Bd Mar.-de)	**AX** 37	(Av. du)	**AX** 53
Espagne (Rte d')	**AX** 20	Malbosc (R. L.)	**AX** 42	Sérignan (Rte de)	**AX** 62
Four-à-Chaux (Bd du)	**AX** 25	Moulins Neufs (Ch. des)	**AX** 45	Treille (Carref' de la)	**AX** 66
Genève (Bd de)	**AX** 27	Nat (Bd Y.)	**AX** 46	Verdier (Av. P.)	**AX** 67
Hort-Monseigneur		Pasquet (R. du Lt)	**AX** 48	Voie Domitienne	
(R. de l')	**AX** 29	Perréal (Bd E.)	**AX** 50	(Av. de la)	**AX** 70

Framboisier, 12 r. Boïeldieu *℘ 04 67 49 90 00, Fax 04 67 28 06 73 –* ▪, 🖭 ⓪ ☎ 🇯🇨🇧 *fermé 16 août au 5 sept., vacances de fév., dim. et lundi –* **Repas** 26/40. CY u

◆ À deux pas des allées Paul-Riquet et des salles de cinéma, découvrez l'ambiance feutrée de cet agréable restaurant. Répertoire classique côté cuisine.

Table de Marthe, 74 av. St Saëns *℘ 04 67 62 68 35 –* ▪. ☎ CY a *fermé dim. et lundi –* **Repas** 12,90 (déj.), 23/36, enf. 7 ♈.

◆ La salle à manger, sans grand caractère, est appréciée d'une clientèle fidèle pour son atmosphère conviviale. La cuisine « bistrotière » dépend des arrivages du marché.

par ③ : *6 km près échangeur A9-Béziers-Est –* ⊠ *34420 Villeneuve-lès-Béziers :*

Ibis, *℘ 04 67 62 55 14, h0683-gn@accorhotels.com, Fax 04 67 76 50 78,* 🌤, ⽱, *–* ▯ ❄ ▪ 🖭 ❖ & 🄿 *–* 🕍 40 à 80. 🖭 ⓪ ☎ **Repas** *(12)* -15, enf. 6 ♈ *–* ⊇ 6 *–* **108 ch** 61.

◆ D'un accès facile par l'autoroute, deux bâtiments contigus accueillent clientèle d'affaires et touristes dans des chambres fonctionnelles, récemment rafraîchies. Salle à manger refaite et terrasse face à la piscine ; plats traditionnels et petit choix de vins.

Clim'Oc, Z.A La Montagnette, rte Valras : 1 km *℘ 04 67 39 40 00, Fax 04 67 39 39 61,* ⽱, ❖ *–* ❖ ▪ 🖭 ❖ & 🄿 *–* 🕍 15 à 50. 🖭 ⓪ ☎ **Repas** *(12)* -16,50/28, enf. 7 ♈ *–* ⊇ 6 *–* **78 ch** 51/64 *–* ½ P 48/66.

◆ À la périphérie de la ville, étape utile sur la route de l'Espagne. Chambres standardisées ; demandez-en une rénovée. Bons équipements sportifs et aire de jeux pour enfants. Grande salle à manger où l'on propose cuisine traditionnelle et formules buffets.

à Maraussan *Ouest : 6 km par D 14 – 2 782 h. alt. 38 –* ⊠ *34370 :*

Parfums de Garrigues, 37 r. de l'Ancienne Poste *℘ 04 67 90 33 76, Fax 04 67 90 33 76,* 🌤 *–* ▪ 🄿, ⓪ ☎ *fermé 24 août au 1ᵉʳ sept., 26 oct. au 3 nov., 15 fév. au 2 mars, mardi et merc. –* **Repas** 25/55, enf. 10 ♈.

◆ Confortable salle à manger aux tons d'oc et terrasse ombragée installée dans la cour intérieure de cette bâtisse joliment rénovée. Cuisine aux parfums de la garrigue.

Vieux Puits, 207 av. de Cazouls *℘ 04 67 90 05 59, Fax 04 67 90 05 59 –* 🖭 ⓪ ☎ *fermé dim. et lundi –* **Repas** *(20)* -25/35 ♈.

◆ Le « vieux puits » se trouve à l'entrée de la salle à manger de ce restaurant familial. Intérieur décoré de fresques fruitières, recettes traditionnelles et plats du terroir.

BÉZIERS

Abreuvoir (R. de l') . . . . **BZ** 2
Albert-Ier (Av.) . . . . **CY** 3
Bonsi (R. de) . . . . **BZ** 4
Brousse (Av. Pierre) . . . . **BZ** 5
Canterelles (R.) . . . . **BZ** 6
Capus (R. du) . . . . **BZ** 7
Citadelle (R. de la) . . . . **BZ** 9
Drs-Bourguet (R. des) . . . . . . **BZ** 13
Estienne-d'Orves (Av.) . . . . . . **BZ** 22
Flourens (R.) . . . . **BY** 23
Garibaldi (Pl.) . . . . **CZ** 26
Joffre (Av. Mar.) . . . . **CZ** 32
Massol (R.) . . . . **BZ** 43
Moulins (Rampe des) . . . . **BY** 44
Orb (R. de l') . . . . **BZ** 47
Péri (Pl. G.) . . . . **BYZ** 49
Puits-des-Arènes (R. du) . . . . **BZ** 54
République (R. de la) . . . . **BY** 55
Révolution (Pl. de la) . . . . **BZ** 57
Riquet (R. P.) . . . . **BY** 58
St-Jacques (R.) . . . . **BZ** 60
Strasbourg (Bd de) . . . . **CY** 64
Tourventouse (Bd) . . . . **BZ** 65
Victoire (Pl. de la) . . . . **BCY** 68
Viennet (R.) . . . . **BZ** 69
4-Septembre (R. du) . . . . **BY** 72
11-Novembre (Pl. du) . . . . **CY** 74

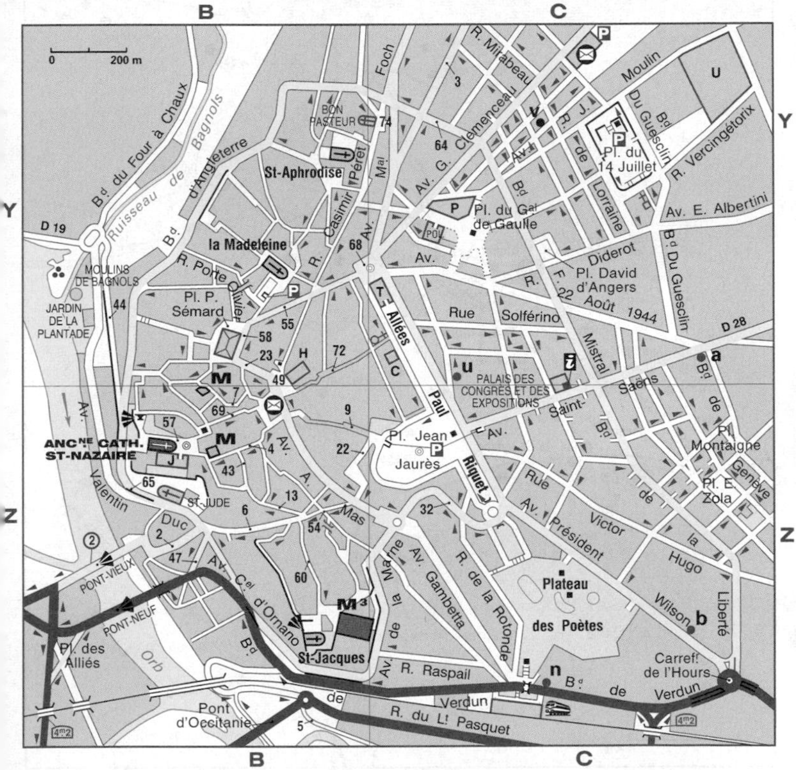

à Lignan-sur-Orb *Nord-Ouest par D 19 (rte de Murviel) : 7 km – 2 839 h. alt. 28 – ✉ 34490 :*

Château de Lignan ✆ 04 67 37 91 47, *chateau.lignan@wanadoo.fr, Fax 04 67 37 99 25,* – 60. AE GB JCB
Repas 39/59 – 13 – **49 ch** 114/130 – ½ P 130.
◆ Ancienne résidence épiscopale à la tête d'un beau parc de 6 ha bordant le cours de l'Orb. Chambres rénovées, sagement contemporaines et bien équipées. Jacuzzi, hammam. Restaurant grand ouvert sur une terrasse donnant sur le domaine et ses arbres centenaires.

BIARRITZ *64200 Pyr.-Atl.* **342** C4 *G. Aquitaine – 30 055 h alt. 19 – Casino.*

Voir *≤★★ de la Perspective – ≤★ du phare et de la Pointe St-Martin* **AX** – *Rocher de la Vierge★ – Musée de la mer★.*

de Biarritz ✆ 05 59 03 71 80, NE : 1 km **AX** *; d'Ilbarritz à Bidart ✆ 05 59 43 81 30, S : 3 km par D 911* **AX** *; à Arcangues ✆ 05 59 43 10 56, SE : 8 km.*

de Biarritz-Anglet-Bayonne : ✆ 05 59 43 83 83, 2 km **ABX.**

✆ 08 36 35 35 35.

Office de tourisme, square d'Ixelles ✆ 05 59 22 37 00, Fax 05 59 24 14 19, Biarritz-Tourisme@biarritz.tm.fr.

Paris 772 ③ – Bayonne 9 – Bordeaux 190 ③ – Pau 122 ② – San Sebastián 47 ⑥.

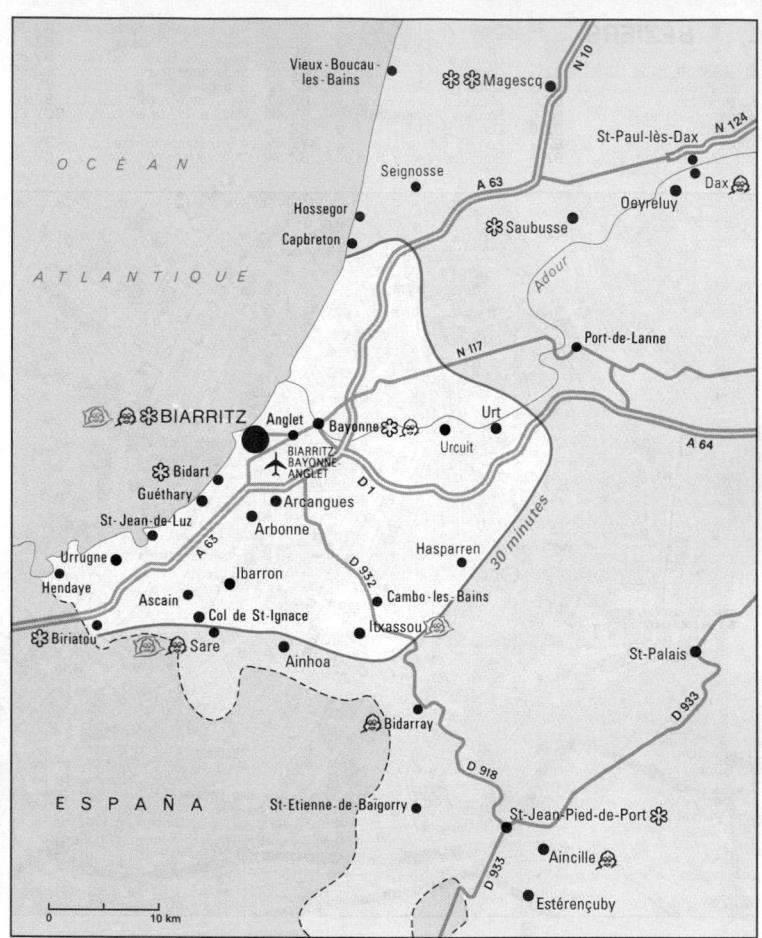

Palais ⚓, 1 av. Impératrice 🕿 05 59 41 64 00, *reception@hotel-du-palais.com*,
Fax 05 59 41 67 99, ≤, 🏠, 🏊, 🌳 – 🛗 🗏 TV 📞 P – 🏛 25 à 150. 🖭 ⓞ 🆖 JCB. 🛠 rest
fermé fév. – **Villa Eugénie** (dîner seul. en juil.-août) **Repas** 90 et carte 95 à 115 ₤ – **La
Rotonde** (résidents seul.) **Repas** 55, enf. 28 ₤ – **L'Hippocampe** (rest. piscine) *(mi-avril-fin
oct. et fermé le soir sauf juil.-août)* **Repas** carte 50 à 70, enf. 28 – ☷ 35 – **132 ch** 425/500,
22 suites – ½ P 270/320.   **EY k**
 ♦ L'élégante villégiature offerte par Napoléon III à l'impératrice est devenue un palace
luxueux. Chambres garnies de mobilier Empire. Le salon de la Villa Eugénie fait partie des
anciens appartements impériaux. De la Rotonde, vue imprenable sur la Grande Plage.
Spéc. Asperges vertes et oeuf poché à la truffe (printemps). Saint Jacques, purée de
topinambour et salsifis au lard à la truffe (saison). Poêlée de framboises, glace à la vanille
(été). **Vins** Jurançon sec, Irouléguy blanc.

Sofitel Thalassa Miramar ⚓, 13 r. L. Bobet 🕿 05 59 41 30 00, *H2049@accor-hotels.c
om*, Fax 05 59 24 77 20, ≤, 🏠, 🝠, 🏊, 🝢 – 🛗 ⚒ 🗏 TV 📞 🚗 – 🏛 20 à 170. 🖭 ⓞ 🆖.
🛠 rest   **AX k**
Relais : Repas 50, enf. 16 ₤ – **Les Piballes** (rest. diététique) **Repas** 50, enf. 16 – ☷ 23 –
109 ch 326/504, 17 suites – ½ P 244/308.
 ♦ Santé et luxe vivent en harmonie dans cet hôtel abritant un centre de thalassothérapie.
Les terrasses des chambres donnent sur l'océan. L'élégante salle à manger du Relais ouvre
sur la belle piscine et les récifs. Recettes diététiques aux Piballes.

310

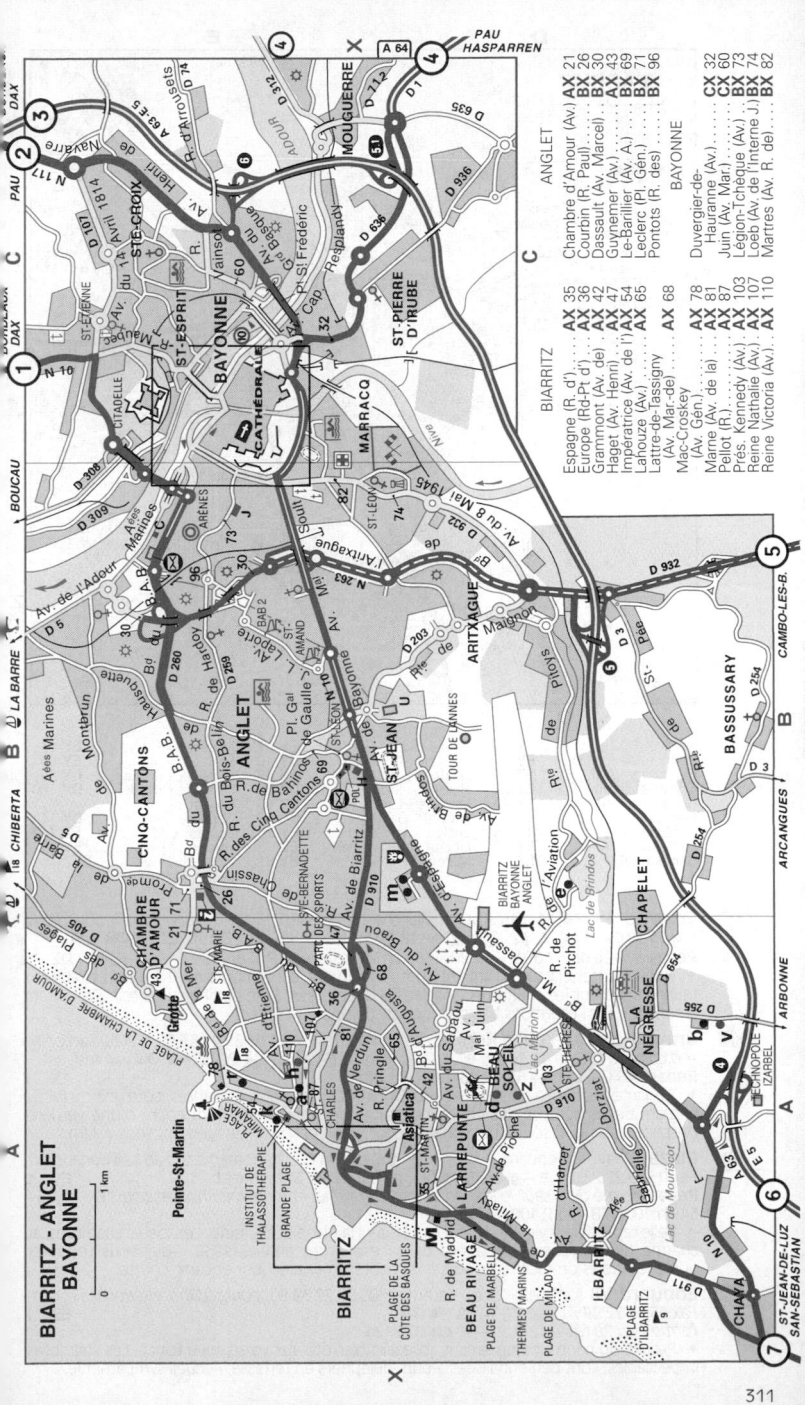

BIARRITZ - ANGLET BAYONNE

ANGLET

Chambre d'Amour (Av.)	**AX** 21
Courbin (R. Paul)	**BX** 26
Dassault (Av. Marcel)	**BX** 30
Guynemer (Av. Henri)	**AX** 43
Le-Barillier (Av. A.)	**BX** 69
Leclerc (Pl. Gén.)	**BX** 71
Pontots (R. des)	**BX** 96

BIARRITZ

Espagne (R. d')	**AX** 35
Europe (Rd-Pt d')	**AX** 36
Grammont (Av. de)	**AX** 42
Haget (Av. Henri)	**AX** 47
Impératrice (Av. de l')	**AX** 54
Lahouze (Av.)	**AX** 65
Lattre-de-Tassigny (Av. Mar-de)	**AX** 68
Mac-Croskey (Av. Gén.)	**AX** 78
Marne (Av. de la)	**AX** 81
Pellot (R.)	**AX** 87
Prés. Kennedy (Av.)	**AX** 103
Reine Nathalie (Av.)	**AX** 107
Reine Victoria (Av.)	**AX** 110

BAYONNE

Duvergier-de-Hauranne (Av.)	**CX** 32
Jun (Av. Mar.)	**CX** 60
Légion-Tchèque (Av.)	**BX** 73
Loëb (Av. de l'Interne J.)	**BX** 74
Martres (Av. R. del)	**BX** 82

BIARRITZ

Atalaye (Pl.)	**DY** 4	Gaulle (Bd du Gén.-de)..	**EY** 37	Mazagran (R.)	**EY** 84
Barthou (Av. Louis)	**EY** 11	Goélands (R. des)	**DY** 40	Osuna (Av. d')	**EY** 95
Beaurivage (Av.)	**DZ** 12	Helder (R. du)	**EY** 49	Port-Vieux (Pl. du)	**DY** 99
Champ-Lacombe (R.)	**EZ** 22	Hélianthe (Rd-Pt)	**DZ** 50	Port-Vieux (R. du)	**DY** 100
Clemenceau (Pl.)	**EY** 25	Larralde (R.)	**EY** 66	Rocher de la	
Édouard-VII (Av.)	**EY**	Larre (R. Gaston)	**DY** 67	Vierge (Espl. du)	**DY** 114
Espagne (R. d')	**DZ** 35	Leclerc (Bd Mar.)	**DEY** 70	Sobradiel (Pl.)	**EZ** 117
Foch (Av. du Mar.)	**EZ**	Libération (Pl. de la)	**EZ** 72	Verdun (Av. de)	**EY**
Gambetta (R.)	**DEZ**	Marne (Av. de la)	**EY** 81	Victor-Hugo (Av.)	**EYZ**

🏨🏨🏨🏨 **Crowne Plaza**, 1 carrefour Hélianthe 🕿 05 59 01 13 13, *reservations@cpbiarritz.fr*, *Fax 05 59 01 13 14*, ≤, ⅃₆, 🗖, – ⋈ ❄ ▦ 📺 ⅋ – 🔥 15 à 70. 🖭 ⑩ 🖭 🗖
Repas (21) - 26 bc/37,50 ♀ – ☲ 20 – **150 ch** 250/325 – ½ P 178/203. **DZ t**
 ◆ Nouvel hôtel biarrot à l'architecture résolument contemporaine. Affiches et tableaux taurins décorent les chambres, spacieuses et colorées. Belle piscine sur le toit. Restaurant aménagé dans l'esprit des brasseries chics. Cuisine ensoleillée.

🏨🏨🏨 **Grand Hôtel Mercure Régina**, 52 av. Impératrice 🕿 05 59 41 33 00, *H2050@accor-hotels.com*, *Fax 05 59 41 33 99*, ≤, ⅃ – ⋈, ▦ rest, 📺 ⅋ 📶 – 🔥 20. 🖭 ⑩ 🖭. ✵ rest
Repas 34/40 – ☲ 18 – **58 ch** 184/226, 8 suites. **AX r**
 ◆ Élégante résidence de style Second Empire. Confortables chambres, côté golf ou face à l'océan, desservies par des coursives plongeant sur le bel atrium coiffé d'une verrière. L'espace restaurant séduit par son joli décor marin et son aménagement sous vélum.

🏨🏨🏨 **Plaza**, av. Édouard VII 🕿 05 59 24 74 00, *hotel.plaza.biarritz@wanadoo.fr*, *Fax 05 59 22 22 01*, ≤ – ⋈ ▦ 📺 ⅋ 📶 – 🔥 25. 🖭 ⑩ 🖭. ✵ rest **EY p**
Repas (fermé dim. sauf le soir en saison, sam. midi et lundi midi hors saison) 18 – ☲ 15 – **54 ch** 100/158 – ½ P 100/114.
 ◆ Belle façade de style Art déco tournée vers la plage et le casino. Les vastes chambres, au charme désuet, sont aménagées dans l'esprit des années 1930. Pour vous restaurer, quelques tables dressées face au bar de l'hôtel ; menu du jour et carte courte.

🏨🏨 **Édouard VII** sans rest, 21 av. Carnot 🕿 05 59 22 39 80, *contact@hotel-edouardVII.com*, *Fax 05 59 22 39 71* – ⋈ 📺 ⅋ 🖭 ⑩ 🖭 **EZ k**
fermé 2 au 28 fév. – ☲ 9,50 – **18 ch** 109/124.
 ◆ Proche du centre commerçant, jolie villa biarrote aux volets bleu foncé. Les chambres, impeccables, sont personnalisées. Petits-déjeuners en terrasse. Accueil sympathique.

🏨 **Tonic,** 58 av. Édouard VII ℰ 05 59 24 58 58, *tonic.biarritz@wanadoo.fr*, Fax 05 59 24 86 14,
🖧 – 🖳 ☰ 📺 ℃ ⟲ 🄿 – 🛁 70. 🕮 ⓞ 🄶🄱   EY   d
Maison Blanche (fermé dim. soir et lundi de nov. à avril) **Repas** 20/40 ⅁ – ⊑ 15 – **63 ch**
130/195 – ½ P 112,50/132,50.
  ◆ À deux pas de la Grande Plage, hôtel récent aux chambres modernes, toutes équipées
de baignoires hydromassantes pour réveils toniques ! Camaïeus de beige et de brun dans
l'agréable salle à manger contemporaine. Cuisine actuelle en harmonie avec le cadre.

🏨 **Florida,** pl. Ste-Eugénie ℰ 05 59 24 01 76, *hotel.florida@wanadoo.fr*, Fax 05 59 24 36 54,
🖧 – 🖳 cuisinette 📺 ℃ ⅙. 🕮 ⓞ 🄶🄱   DY   s
15 mars-15 nov. – **Repas** *(fermé 15 nov. au 15 déc.)* 20/40 – ⊑ 11 – **39 ch** 118/186,
6 studios.
  ◆ Hôtel situé à deux pas du pittoresque port des Pêcheurs. Les chambres colorées,
récemment rénovées, ont pour la plupart vue sur le large. Salon cossu. Billard. Vaste
terrasse dressée sur une grande place ou salle à manger de type brasserie.

🏨 **Windsor,** Grande Plage ℰ 05 59 24 08 52, *hotelwindsor-biarritz@wanadoo.fr*,
Fax 05 59 24 98 90, ≤, 🖧 – 🖳, ☰ rest, 📺 ℃. 🕮 ⓞ 🄶🄱 🄹🄲🄱   EY   a
fermé 14 nov. au 12 déc. – *Galion* ℰ 05 59 24 20 32 *(fermé 15/11 au 10/12, 5 au 20/01,
mardi midi et lundi sauf du 14/07 au 31/08)* **Repas** 25 ⅁ – ⊑ 10 – **48 ch** 75/150 –
½ P 65,50/108.
  ◆ La moitié des chambres de cette grande bâtisse offre la vue sur la plage et l'océan. Une
récente cure de jouvence a réveillé l'ensemble de l'hôtel. Salle à manger panoramique
tournée vers l'Atlantique et bénéficiant d'un décor d'inspiration marine.

🏨 **Altess** sans rest, 19 av. Reine Victoria ℰ 05 59 22 04 80, *altess@wanadoo.fr*,
Fax 05 59 24 91 19 – 🖳 ✳⟲ ☰ 📺 ℃ ⟲ – 🛁 20. 🕮 ⓞ 🄶🄱 🄹🄲🄱   AX   a
fermé nov. – ⊑ 10 – **40 ch** 110/160, 3 duplex.
  ◆ Bâtiment récent situé dans le centre de la station, à quelques minutes de la plage de la
"côte des Fous". Chambres pratiques, pas très grandes mais bien tenues.

🏨 **Président** sans rest, pl. Clemenceau ℰ 05 59 24 66 40, *info@lepresident-biarritz.com*,
Fax 05 59 24 90 46 – 🖳 ☰ 📺 – 🛁 30. 🕮 ⓞ 🄶🄱   EY   s
⊑ 10 – **64 ch** 90/160.
  ◆ Construction et aménagement intérieur évoquent les années 1970. Optez pour les
chambres des trois derniers étages : vue splendide sur l'océan et cadre rénové.

🏨 **Maïtagaria** sans rest, 34 av. Carnot ℰ 05 59 24 26 65, Fax 05 59 24 27 37, 🌳 – 📺 ℃.
🄶🄱   EZ   m
fermé 1er au 15 déc. – ⊑ 6 – **17 ch** 56/74.
  ◆ Demeure de style régional agrémentée d'un tout petit jardin abondamment fleuri.
Chambres fraîches et fonctionnelles ; quelques-unes ont conservé un joli mobilier Art
déco.

🏨 **Maison Garnier** sans rest, 29 r. Gambetta ℰ 05 59 01 60 70, *maison-garnier@hotel-biarr
itz.com*, Fax 05 59 01 60 80 – 📺 ℃. 🕮 ⓞ 🄶🄱   EZ   e
⊑ 9 – **7 ch** 90/120.
  ◆ Coquette villa biarrote du 19e s. agréablement aménagée dans un esprit de maison
d'hôte. Mobilier ancien et décoration soignée font le cachet des chambres, assez grandes.

🏨 **Marbella** sans rest, 11 r. Port Vieux ℰ 05 59 24 04 06, *infos@hotel-marbella.fr*,
Fax 05 59 24 63 26 – 🖳 ✳⟲ ☰ 📺 ℃. 🄶🄱 🄹🄲🄱   DY   a
fermé 15 déc. au 2 janv. – ⊑ 8 – **30 ch** 80/145.
  ◆ Immeuble bordant une rue commerçante, à quelques encablures du rocher de la Vierge
et du musée de la Mer. Chambres un peu petites, mais plaisantes et bien tenues.

🏨 **Christina** sans rest, 38 av. Verdun ℰ 05 59 24 26 17, *christina@biarritz-hotel.com*,
Fax 05 59 24 66 08 – 📺 ℃. 🄶🄱 🄹🄲🄱   EY   e
fermé 20 déc. au 20 janv. – ⊑ 7,50 – **18 ch** 51/75.
  ◆ Hôtel familial situé sur une avenue passante, à proximité de la future bibliothèque-
médiathèque. Chambres un peu exiguës, simples et pratiques.

🍴🍴 **Les Platanes** (Daguin), 32 av. Beausoleil ℰ 05 59 23 13 68, *les platanes@club-internet.fr*
❀ – 🕮 ⓞ 🄶🄱   AX   z
fermé lundi et mardi sauf le soir du 14 juil. au 21 août – **Repas** (nombre de couverts limité,
prévenir) 27 (déj.), 43/50 et carte environ 60 ⅁.
  ◆ Villa basque abritant deux salles à manger. Cadre soigné, agrémenté de tableaux modernes et meubles anciens. Menus annoncés verbalement et composés selon le marché.
Spéc. Foies gras. Pigeonneau à l'ancienne. Chocolat aux chocolats. **Vins** Jurançon moelleux, Côtes de Saint-Mont.

🍴🍴 **L'Operne,** 17 av. Edouard VII ℰ 05 59 24 30 30, *operne@wanadoo.fr*, Fax 05 59 24 37 89,
≤ océan, 🖧 – 🕮 ⓞ 🄶🄱 🄹🄲🄱   EY   u
fermé 20 janv. au 3 fév. et lundi hors saison – **Repas** 27 ⅁.
  ◆ L'un des plus anciens bâtiments du front de mer. Repas sur la terrasse à l'ombre d'un
parasol ou dans une salle éclairée par de grandes baies vitrées.

XX **Café de la Grande Plage**, 1 av. Edouard VII (casino) ℰ 05 59 22 77 77, *casinobiarritz@lu cienbarriere.com, Fax 05 59 22 77 83*, ≤ océan, ⅋ – ▤. ᴁᴇ ⓞ ☸   EY   h
Repas *(17,30)* - 23,30/28,50, enf. 9,20 ⅌.
  ◆ Un petit creux entre deux parties de baccara ? Au rez-de-chaussée du casino, brasserie de style Art déco ornée de mosaïques. Vue idéale sur la plage et les surfeurs.

XX **Plaisir des Mets**, 5 r. Centre ℰ 05 59 24 34 66 – ▤. ☸   EZ   a
fermé 28 juin au 11 juil., 22 nov. au 11 déc., lundi midi, mardi midi et jeudi midi en juil.-août, mardi et merc. de sept. à juin – **Repas** carte 38 à 50 ⅌.
  ◆ Restaurant situé à deux pas des halles. Accueillante salle à manger contemporaine égayée de peintures modernes. Cuisine sensible au rythme des saisons.

XX **Sissinou**, 5 av. Mar. Foch ℰ 05 59 22 51 50, *restaurant.sissinou@wanadoo.fr, Fax 05 59 22 50 58* – ▤. ☸   EZ   n
fermé 5 au 11 juil., 20 fév. au 6 mars, le midi en août, sam. midi et dim. – **Repas** 30 (déj.)/ 36 ⅌.
  ◆ Discret restaurant posté en retrait de l'animation touristique. Sobre salle à manger moderne. La carte, composée de recettes au goût du jour, change tous les mois.

X **Clos Basque**, 12 r. L. Barthou ℰ 05 59 24 24 96, *Fax 05 59 22 34 46*, ⅋ – ▤   EY   V
⊛ *fermé 25 juin au 5 juil., 18 oct. au 4 nov., 21 fév. au 10 mars, dim. soir sauf juil.-août et lundi* – **Repas** (nombre de couverts limité, prévenir) 22,50 ⅌.
  ◆ Pierres apparentes et azulejos donnent un air ibérique à la petite salle à manger. Ambiance conviviale et spécialités régionales. Pour papilles gourmandes.

X **Chez Albert**, au Port des Pêcheurs ℰ 05 59 24 43 84, *Fax 05 59 24 20 13*, ≤, ⅋ – ᴁᴇ ☸   DY   V
fermé 28 nov. au 12 déc., 3 janv. au 6 fév. et merc. – **Repas** 32.
  ◆ Les produits de la mer sont à l'honneur dans ce restaurant animé et décontracté qui offre une vue imprenable sur le petit port de pêche. Terrasse très prisée en été.

X **Philippe**, 30 av.du Lac Marion ℰ 05 59 23 13 12, *lafargue.philippe@hotmail.com*, ⅋ – ☸   AX   d
fermé 9 au 15 mars, 15 au 30 nov. et lundi – **Repas** (dîner seul.) 30/47 ⅌.
  ◆ Cuisines visible de la salle à manger et cheminée où l'on prépare de nombreux plats au feu de bois : plaisante ambiance dans ce restaurant au cadre contemporain.

X **Bistrot Aroma**, 18 r. Bergerie ℰ 05 59 22 09 37 – ▤.   AX   h
fermé 14 au 28 juin, 27 sept. au 4 oct., 5 au 23 janv., dim. et lundi sauf le soir en saison – **Repas** carte 27 à 39 ⅌.
  ◆ Arômes et saveurs à la mode italienne (beau choix de pâtes) proposés dans un bistrot agréablement convivial. Joli décor actuel empreint de sobriété ; petit patio d'été.

au lac de Brindos *Sud-Est : 4 km –* ⊠ *64600 Anglet :*

🏰 **Château de Brindos** ⬧, 1 allée du Château ℰ 05 59 23 89 80, *info@chateaudebrindos .com, Fax 05 59 23 89 81*, ≤, ⅋, ⅃, ⅌ – ⅃ ⅏ ▤ ℰ ⅍ ℙ – ⅍ 15 à 50. ᴁᴇ ⓞ ☸   BX   e
Repas 40/75 – ⯑ 25 – **24 ch** 290/320, 5 suites – ½ P 195/210.
  ◆ Face à un lac de 10 ha, élégante bâtisse invitant au repos et disposant de chambres très spacieuses et de salons ornés de belles boiseries. Salle à manger en rotonde et terrasse dressée sous les tilleuls, au bord de l'eau.

rte d'Arbonne *Sud : 4 km par La Négresse et D 255 –* ⊠ *64200 Biarritz :*

🏠 **Château du Clair de Lune** ⬧ sans rest, 48 av. Alan-Seeger ℰ 05 59 41 53 20, *hotel-cla ir-de-lune@wanadoo.fr, Fax 05 59 41 53 29*, ≤, ⅌ – ᴛᴠ ℙ. ☸ ᴊᴄʙ   AX   b
⯑ 10 – **17 ch** 110/140.
  ◆ Charmante demeure bourgeoise (1902) et son joli parc. Chambres spacieuses et raffinées, plus actuelles dans les dépendances, pour contempler le clair de lune... à Biarritz !

XX **Campagne et Gourmandise**, 52 av. Alan-Seeger ℰ 05 59 41 10 11, *Fax 05 59 43 96 16*, ≤, ⅋, ⅏ – ▤ ℙ. ⓞ ☸   AX   V
fermé 24 oct. au 10 nov., dim soir sauf du 15 juil. au 30 août, lundi midi et merc. – **Repas** 37/62 ⅌.
  ◆ Belle villa basque dans un vaste jardin face aux Pyrénées. Intérieur campagnard chic et jolie terrasse où déguster une cuisine ancrée dans le terroir : une enseigne-vérité !

à Arbonne *Sud : 7 km par La Négresse et D 255 – 1 375 h. alt. 37 –* ⊠ *64210 :*

🏠 **Laminak** ⬧ sans rest, rte de St Pée ℰ 05 59 41 95 40, *info@hotel-laminak.com, Fax 05 59 41 87 65*, ⅏ – ᴛᴠ ℰ ℙ. ᴁᴇ ⓞ ☸
fermé 15 nov. au 26 déc. – ⯑ 9,20 – **12 ch** 57/95.
  ◆ À la sortie de ce joli village labourdin, ferme du 18ᵉ s. proposant de grandes chambres personnalisées. Petits-déjeuners servis sous la véranda, face au jardin.

à Arcangues *8 km par La Négresse, D 254 et D 3 – 2 733 h. alt. 80 – ⊠ 64200 :*

%%% **Moulin d'Alotz,** au Sud : 3 km par rte Arbonne *✆ 05 59 43 04 54, Fax 05 59 43 04 54,* ☆, ☞ – 𝐏. GB
fermé 22 au 29 juin, 15 nov. au 2 déc., 3 janv. au 2 fév., mardi et merc. sauf le soir en juil.-août – **Repas** (nombre de couverts limité, prévenir) 25.
♦ Cette auberge basque typique daterait de 1694. L'intérieur, intime et élégant, a conservé ses poutres apparentes et sa cheminée. Plaisante terrasse dans un jardin fleuri.

%% **Auberge d'Achtal,** pl. Fronton (accès piétonnier) *✆ 05 59 43 05 56, Fax 05 59 43 16 98,* ☆ – GB
fermé 6 janv. au 3 avril, mardi et merc. sauf de juil. à mi-sept. – **Repas** 26 ♀.
♦ Luis Mariano, prince de l'opérette, repose dans ce pittoresque village basque. Intérieur rustique de caractère et terrasse ombragée face au fronton. Plats régionaux.

voir aussi ressources à **Anglet**

BIDARRAY *64780 Pyr.-Atl.* **342** *D5 G. Aquitaine – 645 h alt. 110.*
Paris 799 – Biarritz 37 – Cambo-les-Bains 17 – Pau 127 – St-Jean-Pied-de-Port 21.

🏠 **Barberaenea** ☜, pl. Église *✆ 05 59 37 74 86, hotel-restaurant-barberaenea@wanadoo.fr, Fax 05 59 37 77 55,* ≤, ☆, ☞ – 𝐓𝐕 � 𝐏. GB. ※ rest
fermé 15 nov. au 13 déc. – **Repas** *(fermé du dim. soir au vend. midi du 7 janv. au 2 avril)* 16/22, enf. 7,50 ౖ – 🖙 6,50 – **9 ch** 32/59 – ½ P 37,50/51.
♦ Près du fronton, hôtellerie basque simple et chaleureuse. Chambres rustiques, agréables à vivre, jouissant d'une belle vue sur monts et vallées environnants. Meubles campagnards, nappes régionales et cuisine du terroir caractérisent le restaurant.

🏠 **Erramundeya** sans rest, rte St-Jean-Pied-de-Port (D 918) *✆ 05 59 37 71 21, hotel.erramundeya@wanadoo.fr, Fax 05 59 37 71 21,* ≤ – 𝐏. GB
fermé 15 nov. au 15 mars et mardi sauf juil.-août – 🖙 5,10 – **10 ch** 30/45.
♦ Maison régionale colorée en grès rouge dans la campagne de Basse-Navarre. Chambres petites, mais confortables et bien tenues. Préférez celles dotées d'une terrasse.

☝ **Pont d'Enfer** sans rest, *✆ 05 59 37 70 88, hotel.restaurant.du.pont.denfer@wanadoo.fr, Fax 05 59 37 76 60,* ≤ – 𝐓𝐕 𝐏. AE ④ GB
fermé janv. et fév. – 🖙 5,80 – **15 ch** 21/52.
♦ Chambres simples dans une vieille bâtisse adossée à la falaise, face au pont d'Enfer. Le soir, laissez-vous bercer par les eaux frémissantes de la Nive.

%% **Auberge Iparla,** Chemin de l'Eglise-Bordaberria ⊠ 64780 *✆ 05 59 37 77 21, iparla2@wanadoo.fr, Fax 05 59 37 78 84 –* AE GB
fermé 3 janv. au 25 fév. et merc. du 15 sept. au 15 juin – **Repas** 20 ♀.
♦ Café-restaurant situé sur la place d'un pittoresque village. La construction régionale abrite une salle à manger rustique agrémentée d'une cheminée. Plats du terroir basque.

BIDART *64210 Pyr.-Atl.* **342** *C4 G. Aquitaine – 4 670 h alt. 40.*
Voir Chapelle Ste-Madeleine ☀ ★.
☞ d'Ilbarritz *✆ 05 59 43 81 30, N : 3 km par N 10 et D 911.*
🅱 *Office de tourisme, rue d'Erretegia ✆ 05 59 54 93 85, Fax 05 59 54 70 51, bidarttourisme-@wanadoo.fr.*
Paris 778 – Biarritz 7 – Bayonne 17 – Pau 122 – St-Jean-de-Luz 9.

🏠🏠 **Villa L'Arche** ☜ sans rest, chemin Camboénéa *✆ 05 59 51 65 95, villalarche@wanadoo.fr, Fax 05 59 51 65 99,* ≤ Océan, ☞ – 𝐓𝐕 ‖ ☜. GB
13 fév.-11 nov. – 🖙 12 – **8 ch** 170/225.
♦ Entre un quartier résidentiel de la station et les rivages de l'océan se dresse cette charmante villa. Les jolies chambres personnalisées et le beau jardin dominent les flots.

🏠🏠 **Ouessant-Ty** sans rest, r. Erretegia *✆ 05 59 54 71 89, hotel.ouessant-ty@wanadoo.fr, Fax 05 59 47 58 70 –* 𝐓𝐕 ‖ � ☜. AE GB. ※
fermé 3 au 24 janv. – 🖙 10 – **12 ch** 90.
♦ Un sympathique petit établissement flambant neuf, à la fois central et à deux pas des plages. Grandes chambres meublées en rotin. Salon de style breton et crêperie attenante.

🏠 **Gochoki** sans rest, r. Caricartenea *✆ 05 59 26 59 55, hotel.gochoki@wanadoo.fr, Fax 05 59 54 71 00,* ☒, ☞ – cuisinette 𝐓𝐕 ‖ 𝐏. GB. ※
8 fév.-12 nov. – 🖙 5,30 – **13 ch** 55, 10 studios 90/100.
♦ Cet hôtel devancé par un jardin constitue un pied-à-terre idéal pour sillonner la région. Les familles apprécieront les aménagements en duplex et les studios.

Ypua, r. Chapelle 🖉 05 59 54 93 11, *ypua.logis.de.france@wanadoo.fr*, Fax 05 59 54 95 14,
🏠, ⅃, 🎆 – 📺 📞 🅿️ 🖭 ⓪ 🖃
Repas *(fermé dim. soir du 2 nov. au 14 déc.)* 18/40 🍷 – ⌑ 9 – **12 ch** 55 – ½ P 59.
◆ Façade blanche et volets bleus, cette pimpante maison basque dispose de chambres
modestes mais bien tenues et d'un joli jardin avec piscine et jacuzzi. Salle à manger-véranda
avec poutres apparentes et mobilier rustique, et terrasse au bord de l'Ouhabia.

Table et Hostellerie des Frères Ibarboure 🐾 avec ch, Sud par N 10, rte Ahetze et
rte secondaire : 4 km 🖉 05 59 54 81 64, *contact@freresibarboure.com*, Fax 05 59 54 75 65,
🏠, ⅃, 🔥 – 📳 📺 📞 🅿️ – 🍴 15. 🖭 ⓪ 🖃 🖃 🖃 . ℅ ch
fermé 15 nov. au 7 déc. et 5 au 20 janv. – **Repas** *(fermé dim. soir et merc. du 7 sept. au
30 juin, dim. soir et lundi midi en juil.)* 35 (déj.), 42/62 et carte 58 à 73 – ⌑ 13 – **8 ch** 130/230.
◆ Belle demeure basque au coeur d'un agréable parc. Plusieurs salles coquettes invitent à
savourer les recettes du Sud-Ouest. Chambres personnalisées tournées vers la piscine.
Spéc. Craquelon d'araignée de mer à la crème d'oursin. Escalope de thon du golfe de
Gascogne, sauce gribiche (juil. à sept.). Foie chaud de canard aux agrumes. **Vins** Irouléguy,
Madiran.

BIEF *25 Doubs* **321** K3 – *rattaché à Villars-sous-Dampjoux.*

BIELLE *64260 Pyr.-Atl.* **342** J6 *G. Aquitaine* – *436 h alt. 448.*
Paris 803 – Pau 31 – Laruns 9 – Lourdes 43 – Oloron-Ste-Marie 26.

L'Ayguelade, rte Pau : 1 km 🖉 05 59 82 60 06, *hotel.ayguelade@wanadoo.fr*,
Fax 05 59 82 61 17, 🏠, 🎆 – 🍽 rest, 📺 🖃 🅿️ 🖃
fermé janv., mardi et merc. hors saison – **Repas** 13/32, enf. 7 🍸 – ⌑ 6 – **10 ch** 42/52 –
½ P 40/45.
◆ Maison béarnaise et son annexe situées le long d'un affluent du gave d'Ossau (pêche). La
plupart des petites chambres sont rénovées, actuelles et colorées. Cuisine du terroir servie
dans une salle à manger rustique ou sous une véranda toute neuve.

BIERT *09320 Ariège* **343** F7 – *284 h alt. 590.*
Paris 799 – Foix 47 – Ax-les-Thermes 59 – Auch 134 – St-Girons 26 – Toulouse 126.

Auberge du Gypaete Barbu, 🖉 05 61 04 89 92, *gypaete.barbu@free.fr*,
Fax 05 61 04 89 92, 🏠 – 🖃. ℅
fermé 20 au 30 juin, 20 au 30 sept., déc., dim. soir et lundi sauf juil.-août – **Repas** 14/32,
enf. 9 🍸.
◆ Voisine de l'église, petite adresse à l'accueil tout sourire proposant des plats traditionnels et régionaux. Salle à manger et bar sobrement campagnards.

BIESHEIM *68 H.-Rhin* **315** J8 – *rattaché à Neuf-Brisach.*

BIGNAN *56 Morbihan* **308** O7 – *rattaché à Locminé.*

BILLÈRE *64 Pyr.-Atl.* **342** J5 – *rattaché à Pau.*

BILLIERS *56190 Morbihan* **308** Q9 – *705 h alt. 20.*
Paris 461 – Nantes 87 – Vannes 28 – La Baule 42 – Redon 39 – La Roche-Bernard 17.

Domaine de Rochevilaine 🐾, à la Pointe de Pen Lan-Sud : 2 km par D 5
🖉 02 97 41 61 61, *domaine@domainerochevilaine.com*, Fax 02 97 41 44 85, ⩽ littoral, 🕙,
🛁, ⅃, 🌊, 🎆 – 📳 📺 📞 🔥 🅿️ – 🍴 50. 🖭 ⓪ 🖃 🖃 . ℅ rest
Repas 37 (déj.), 54/95 🍷 – ⌑ 16 – **32 ch** 160/336, 4 suites – ½ P 133/212.
◆ Hameau de belles demeures bretonnes et centre de balnéothérapie ancrés à l'extrémité
d'une pointe rocheuse face à l'océan. Chambres spacieuses et personnalisées. Plaisante
salle à manger rustique surplombant les flots ; carte classique actualisée.

BINIC *22520 C.-d'Armor* **309** F3 *G. Bretagne* – *3 110 h alt. 35.*
🖪 *Office de tourisme, avenue du Gal-de-Gaulle* 🖉 02 96 73 60 12, Fax 02 96 73 35 23,
officedetourismedebinic@wanadoo.fr.
Paris 463 – St-Brieuc 15 – Guingamp 37 – Lannion 69 – Paimpol 31 – St-Quay-Portrieux 6.

Benhuyc sans rest, 1 quai J. Bart 🖉 02 96 73 39 00, *benhuyc@benhuyc.com*,
Fax 02 96 73 77 04 – 🖂 cuisinette 📺 📞 🔥.
fermé 23 déc. au 2 janv. – **24 ch** ⌑ 81/101.
◆ Sur le port, la façade de cette maison bretonne associe ardoise, granit et verre. Dans les
chambres, confort moderne et mobilier de style.

BIOT 06410 Alpes-Mar. **341** D6 *G. Côte d'Azur – 7 395 h alt. 80.*

Voir *Musée national Fernand Léger*★★ – *Retable du Rosaire*★ *dans l'église.*

🏌 *de Biot* ℘ 04 93 65 08 48, S : 1 km.

🛈 *Office de tourisme, 46 rue Saint-Sébastien* ℘ 04 93 65 78 00, Fax 04 93 65 78 04, *tourisme.biot@wanadoo.fr.*

Paris 910 – Cannes 17 – Nice 21 – Antibes 6 – Cagnes-sur-Mer 9 – Grasse 20 – Vence 18.

🏠 **Domaine du Jas** sans rest, 625 rte Mer (D 4) ℘ 04 93 65 50 50, *domaine-du-jas@wanado o.fr*, Fax 04 93 65 02 01, ≤, ⛲, 🖼 – 🗏 🗔 📺 ℃ ὃ **P**, **AE** ⓪ **GB**
1er mars-15 nov. – 🖂 10 – **16 ch** 130/235, 3 duplex.
♦ Plusieurs villas récentes de style régional, agencées autour de la piscine. Jolies chambres provençales dotées de balcons ou de terrasses ; certaines ont vue sur Biot.

🍴🍴🍴 **Les Terraillers,** 11 rte Chemin Neuf (D 4), au pied du village ℘ 04 93 65 01 59,
☺ Fax 04 93 65 13 78, 🌣 – 🗏 **P**, **AE** **GB**
fermé nov., merc. et jeudi – **Repas** 31 (déj.), 45/64 et carte 80 à 98 ♀.
♦ Poterie du 16e s. dont l'ancien four a été transformé en salon. Belle salle à manger avec voûtes, pierres, poutres apparentes et fleurs fraîches. Carte aux accents du Sud.
Spéc. Langoustines façon nems aux légumes croquants. Loup en croute de sel, sauce fenouillette. Trilogie de chocolat. **Vins** Côtes de Provence.

🍴 **Chez Odile,** au village ℘ 04 93 65 15 63, 🌣
fermé 30 nov. au 1er fév., merc. midi, jeudi midi en juil.-août, merc. soir et jeudi de sept. à juin – **Repas** 30.
♦ Odile vous réserve un accueil haut en couleur dans cette sympathique auberge rustique. Cuisine visible de tous où l'on mitonne les recettes du pays. Jolie terrasse fleurie.

Nos guides hôteliers, nos guides touristiques et nos cartes routières
sont complémentaires. Utilisez-les ensemble.

BIRIATOU 64 Pyr.-Atl. **342** B4 – *rattaché à Hendaye.*

BIRKENWALD 67440 B.-Rhin **315** I5 – *253 h alt. 295.*
Paris 461 – Strasbourg 34 – Molsheim 23 – Saverne 12.

🏠 **Au Chasseur** ♨, ℘ 03 88 70 61 32, *hotel.au-chasseur@wanadoo.fr*, Fax 03 88 70 66 02, ≤, 🌣, 🖼, 🍴 – 🛗, 🗏 rest, 📺 **P** – 🔔 25. **AE** **GB**, ✂ ch
fermé 6 janv. au 6 fév. (*fermé mardi midi, jeudi midi et lundi*) 15 (déj.), 28/58, enf. 10 ♀ – 🖂 12 – **22 ch** 57/80 – ½ P 63/95.
♦ Les chambres de cette coquette auberge villageoise sont confortables et fraîches ; certaines ont vue sur le massif des Vosges. De belles boiseries polychromes réalisées par un artiste local ornent les murs du restaurant. Goûteux plats classiques et régionaux.

BISCARROSSE 40600 Landes **335** E8 *G. Aquitaine – 9 281 h alt. 22 – Casino.*
🏌 *de Biscarrosse* ℘ 05 58 09 84 93, E : 9 km par D 83 et D 305.
🛈 *Office de tourisme, 55 place Georges Dufau* ℘ 05 58 78 20 96, Fax 05 58 78 23 65, *biscarrosse@biscarrosse.com.*
Paris 656 – Bordeaux 74 – Arcachon 40 – Bayonne 128 – Dax 91 – Mont-de-Marsan 84.

🏠 **Atlantide** sans rest, pl. Marsan ℘ 05 58 78 08 86, *hotel.atlantide@wanadoo.fr,*
Fax 05 58 78 75 98 – 🛗 📺 ℃, **AE** ⓪ **GB**
🖂 6,80 – **33 ch** 55/75.
♦ Hôtel fonctionnel situé au centre-ville. Les chambres, très sobrement décorées, bénéficient parfois de balcons ; celles du dernier étage sont mansardées.

🍴🍴 **Fontaine Marsan,** pl. Marsan ℘ 05 58 82 81 29, *fontaine.marsan@wanadoo.fr,* 🌣 – **AE** **GB**
fermé 1er au 15 mars, 15 au 31 oct., dim. soir et lundi – **Repas** 17,30 (déj.), 21,50/35,50.
♦ Lumineuse salle agrémentée d'une petite collection de triporteurs en miniature. Restauration traditionnelle ou formule bistrot, dans un répertoire aux accents régionaux.

à Ispe *Nord : 6 km par D 652 et D 305 –* ⊠ *40600 Biscarrosse :*

🏠 **Caravelle** ♨, ℘ 05 58 09 82 67, Fax 05 58 09 82 18, ≤, 🌣 – 📺 **P**, **GB**, ✂ ch
🚴 *fermé 1er nov. au 14 fév., lundi midi et mardi midi sauf juil.-août –* **Repas** 15/37, enf. 7 –
🖂 7 – **15 ch** 60/76, (en été : ½ pens. seul.) – ½ P 50/54.
♦ Toutes les chambres de cet hôtel qui a pratiquement "les pieds dans l'eau" s'ouvrent sur le lac. Aménagements plus récents à la Villa, mais pas de vue. Ponton privé. Ambiance "vacances" dans la salle à manger-véranda et agréable terrasse ombragée.

BISCHWIHR 68 H.-Rhin **315** I8 – *rattaché à Colmar.*

BITCHE *57230 Moselle* **307** *P4 G. Alsace Lorraine – 5 752 h alt. 300.*

Voir *Citadelle★ – Ligne Maginot : Gros ouvrage du Simserhof★ O : 4 km.*

🏌 *Holigost Golf de Bitche 𝒫 03 87 96 15 30, E : 1 km par N 62.*

🅱 *Office de tourisme, 4 rue du glacis du Château 𝒫 03 87 06 16 16, Fax 03 87 06 16 17, office.tourisme.bitche@wanadoo.fr.*

Paris 438 – Strasbourg 72 – Haguenau 43 – Sarrebourg 62 – Sarreguemines 33 – Saverne 51.

🏨 **Relais des Châteaux Forts,** 6 quai E. Branly (près gare) 𝒫 03 87 96 14 14, Fax 03 87 96 07 36, ☞ – ⇝ 📺 ℭ 👤 🄿 – 🔼 25. ☒☒
Repas *(fermé 9 au 24 janv., jeudi et vend.)* 11 (déj.), 33/38 ⓨ – ⇩ 8 – **30 ch** 48 – ½ P 46.
◆ Construction moderne située au pied de la citadelle édifiée par Vauban vers 1680. Chambres pimpantes, rénovées et bien équipées. De grandes baies illuminent la spacieuse salle de restaurant au cadre sagement rustique.

✕✕ **Strasbourg** avec ch, 24 r. Col Teyssier 𝒫 03 87 96 00 44, le-strasbourg@wanadoo.fr, Fax 03 87 96 11 57 – 📺 ℭ ⇝ – 🔼 20. ☒☒ ☒ ☒☒. ✂ ch
fermé 23 août au 6 sept. et 9 au 24 fév. – **Repas** *(fermé dim. soir, mardi midi et lundi)* 21/51, enf. 9 ⓨ – ⇩ 7 – **10 ch** 60/84 – ½ P 88/93.
◆ Ce restaurant propose une cuisine au goût du jour dans une spacieuse salle à manger rustique. Chambres bien rénovées et personnalisées : Afrique, Asie, Provence, etc.

✕✕ **Auberge de la Tour,** 3 r. Gare 𝒫 03 87 96 29 25, Fax 03 87 96 02 61 – 🄿. ☒☒
fermé 14 au 30 juil., 23 fév. au 9 mars et lundi – **Repas** 11,50/50, enf. 8 ⓨ.
◆ Entre gare et centre-ville, grande bâtisse flanquée d'une tourelle. Une décoration d'inspiration Belle Époque rend attrayantes les trois salles à manger.

BIZE-MINERVOIS *11120 Aude* **344** *I3 – 872 h alt. 58.*

Paris 792 – Béziers 33 – Carcassonne 49 – Narbonne 22 – St-Pons-de-Thomières 33.

🏨 **Bastide Cabezac,** au Hameau de Cabezac, Sud : 3 km sur D 5 𝒫 04 68 46 66 10, contact @labastidecabezac.com, Fax 04 68 46 66 29, ☞, ⌣ – 🗏 rest, 📺 ℭ 👤 🄿 – 🔼 15. ☒☒ ☒☒
Repas *(fermé lundi midi et mardi midi du 15 avril au 15 sept.)* (16) - 23/55, enf. 10 ⓨ – ⇩ 10 – **12 ch** 84/115.
◆ Relais de poste du 18ᵉ s. au coeur du vignoble minervois. Aménagements raffinés, meubles de style et couleurs chaleureuses en font un plaisant lieu de séjour. Élégant restaurant proposant des vins locaux et sa cuisine actuelle inspirée par les saveurs du Sud.

BLAESHEIM *67 B.-Rhin* **315** *J5 – rattaché à Strasbourg.*

BLAGNAC *31 H.-Gar.* **343** *G3 – rattaché à Toulouse.*

BLAMONT *25310 Doubs* **321** *L2 – 1 042 h alt. 576.*

Paris 486 – Besançon 85 – Baume-les-Dames 55 – Montbéliard 19 – Morteau 57.

🏡 **Vieille Grange et Rest. les Chenets,** 𝒫 03 81 35 19 00, Fax 03 81 35 19 00 – 📺 👤 ⇝. ☒☒
fermé 20 au 26 déc., sam. midi, lundi midi et dim. – **Repas** carte 22 à 31 ⓨ – ⇩ 5,40 – **10 ch** 42 – ½ P 31.
◆ Pittoresque adresse au sein d'un paisible village du Doubs. La partie hôtel occupe un bâtiment récent offrant des chambres fonctionnelles. La salle de restaurant aménagée dans une ferme du 18ᵉ s. a conservé tout son charme paysan ; cuisine du terroir.

Le BLANC <✇> *36300 Indre* **323** *C7 G. Berry Limousin – 6 998 h alt. 85.*

🅱 *Office de tourisme, place de la Libération 𝒫 02 54 37 05 13, Fax 02 54 37 31 93, tourisme.leblanc@wanadoo.fr.*

Paris 326 – Poitiers 62 – Bellac 62 – Châteauroux 61 – Châtellerault 52.

✕✕ **Cygne,** 8 av. Gambetta 𝒫 02 54 28 71 63 – 🗏. ☒☒
fermé 16/06 au 6/07, 26/08 au 7/09, 2 au 20/01, dim. soir de sept. à juin, lundi et mardi – **Repas** *(nombre de couverts limité, prévenir)* 15,50/45 ⓨ.
◆ À deux pas de l'église réputée pour ses guérisons miraculeuses, agréable restaurant aux tables soigneusement dressées. La cuisine, au goût du jour, évolue au gré du marché.

par rte de Belâbre *, D 10 et rte secondaire : 6 km : –* ⊠ *36300 Le Blanc :*

🏨 **Domaine de l'Étape** 👒, 𝒫 02 54 37 18 02, domainetape@wanadoo.fr, Fax 02 54 37 75 59, ☞, 🐎 – 📺 👤 – 🔼 60. ☒☒ ☒ ☒☒ ☒☒
Repas 20/55 ⓨ – ⇩ 9 – **35 ch** 38/110.
◆ Belle demeure bourgeoise du 19ᵉ s., son domaine équestre et son étang (pêche, canotage) dans un parc de 200 ha. Chambres assez joliment meublées, plus actuelles à l'annexe. Salle à manger campagnarde et grande terrasse face à un pré où paissent des chevaux.

Le BLANC-MESNIL *93 Seine-St-Denis* **305** F7 **101** ⑰ *– voir à Paris, Environs.*

BLANGY-SUR-BRESLE *76340 S.-Mar.* **304** J2 *– 3 405 h alt. 70.*

🏢 *Office de tourisme, 1 rue Checkroun* ℘ *02 35 93 52 48, Fax 02 35 93 52 48.*
Paris 156 – Abbeville 29 – Amiens 56 – Dieppe 55 – Neufchâtel-en-Bray 31 – Le Tréport 26.

✂ **Pieds dans le Plat,** 27 r. St-Denis ℘ *02 35 93 38 36, Fax 03 87 01 49 16 –* ▤. **GB**
🍽 *fermé vacances de fév., jeudi soir d'oct. à mai et lundi –* **Repas** *(11,50)* - 15/26, enf. 6,80 ♚.
    ♦ Pimpante et lumineuse salle à manger égayée de tableaux d'un artiste local et d'origi-
    nales fleurs en verre. Accueil tout sourire. Cuisine traditionnelle.

BLANQUEFORT *33 Gironde* **335** H5 *– rattaché à Bordeaux.*

BLÉNEAU *89220 Yonne* **319** A5 *– 1 459 h alt. 200.*

Env. *Château de St Fargeau*★★ *G. Bourgogne.*
🏢 *Syndicat d'initiative, 13 rue d'Orléans* ℘ *03 86 74 82 28, Fax 03 86 74 82 28, mairiedeble-*
neau@wanadoo.fr.
Paris 156 – Auxerre 56 – Clamecy 59 – Gien 30 – Montargis 42.

🏨 **Blanche de Castille,** 17 r. d'Orléans ℘ *03 86 74 92 63, daniel.gaspard@free.fr,*
Fax 03 86 74 94 43, ☷ *–* ▥ 🅿. 🆎 **GB**
Repas *(fermé 16 au 24 sept., janv., dim. soir et jeudi)* 7,50 (déj.), 20/29 ♚ *–* ⌿ 8,50 **– 13 ch**
46/62 *–* ½ P 55.
    ♦ Dans un ancien relais de poste. Les chambres, peu à peu refaites, portent de doux
    prénoms féminins ; celles du dernier étage sont mansardées. Salon de lecture. Restaurant
    confortable, assez classiquement aménagé et terrasse dressée dans la cour intérieure.

XXX **Auberge du Point du Jour,** pl. Mairie ℘ *03 86 74 94 38, daniel.gaspard@free.fr,*
Fax 03 86 74 85 92 – ▤. 🆎 **GB**
fermé 25 août au 3 sept., 23 déc. au 2 janv., vac. de fév., dim. soir, mardi soir, merc. soir et
lundi sauf fériés – **Repas** 16 (déj.), 22/47 et carte 43 à 63 ♚.
    ♦ Poutres apparentes, boiseries égayées de tableaux et lumière diffuse ajoutent à l'am-
    biance chaleureuse de cette salle à manger rustique. Registre culinaire traditionnel.

BLÉNOD-LÈS-PONT-A-MOUSSON *54 M.-et-M.* **307** H5 *– rattaché à Pont-à-Mousson.*

BLÉRÉ *37150 I.-et-L.* **317** O5 *G. Châteaux de la Loire – 4 576 h alt. 59.*

🏢 *Office de tourisme, 8 rue JeanJacques Rousseau* ℘ *02 47 57 93 00, Fax 02 47 57 93 00,*
tourisme@blere-touraine.com.
Paris 234 – Tours 27 – Blois 48 – Château-Renault 36 – Loches 25 – Montrichard 16.

🏨 **Cheval Blanc** (Blériot), pl. Église ℘ *02 47 30 30 14, le.cheval.blanc.blere@wanadoo.fr,*
Fax 02 47 23 52 80, ☷, ⌿, ☞ *–* ▤ rest, ▥ ☏ 🅿. 🆎 ⓞ **GB**
fermé 1ᵉʳ janv. au 13 fév. – **Repas** *(fermé vend. midi, dim. soir hors saison et lundi)*
(prévenir) 20/58 ♚ ⍥ *–* ⌿ 8 **– 12 ch** 60/80 *–* ½ P 73/85.
    ♦ Demeure du 17ᵉ s. abritant des chambres qui donnent pour la plupart sur une agréable
    et paisible cour fleurie. Élégante salle à manger où contemporain et ancien se conjuguent
    avec goût ; savoureuse cuisine classique et belle carte des vins du Val de Loire.
    Spéc. Cassolette d'escargots aux pleurotes (oct. à avril). Homard rôti à l'huile vierge, gratin
    de crustacés. Assiette gourmande. **Vins** Montlouis, Touraine rouge.

BLÉRIOT-PLAGE *62 P.-de-C.* **301** E2 *– rattaché à Calais.*

BLESLE *43450 H.-Loire* **331** B2 *G. Auvergne – 660 h alt. 520.*

Voir *Église St-Pierre*★.
🏢 *Office de tourisme, place de l'Eglise* ℘ *04 71 76 26 90, Fax 04 71 76 26 90, blesle.ot-*
@wanadoo.fr.
Paris 484 – Aurillac 92 – Brioude 23 – Issoire 39 – Murat 45 – St-Flour 39.

XX **Bougnate** avec ch, pl. Vallat ℘ *04 71 76 29 30, contact@labougnate.com,*
Fax 04 71 76 29 39, ☷ *–* ▥ ☏ *–* ▦ 20. **GB**
Repas carte 27 à 48 ♚ *–* ⌿ 7,50 **– 12 ch** 75.
    ♦ Auberge depuis le 18ᵉ s., cette maison blesloise a été restaurée avec goût. La carte
    propose des plats du terroir favorisant le boeuf de Salers. Jolies chambres.

Utilisez le guide de l'année.

BLIENSCHWILLER *67650 B.-Rhin* **315** *I6 – 288 h alt. 230.*

🖈 *Syndicat d'initiative* 𝒫 *03 88 92 40 16, Fax 03 88 92 40 16.*

Paris 504 – Strasbourg 47 – Barr 51 – Erstein 26 – Obernai 19 – Sélestat 11.

🏠 **Winzenberg** sans rest, 58 rte des Vins 𝒫 03 88 92 62 77, *winzenberg@visit-alsace.com,*
Fax 03 88 92 45 22 – 📺 📞 🅿. 🆖. ⚪
fermé 5 janv. au 20 fév. – ⇌ 6 – **13 ch** 38/48.
◆ Façade rose très fleurie, jolie cour intérieure, chambres coquettes (mobilier alsacien en bois peint) : cet hôtel familial aménagé dans une maison de viticulteur a du cachet.

BLIGNY-SUR-OUCHE *21360 Côte-d'Or* **320** *I7 G. Bourgogne – 750 h alt. 360.*

🖈 *Office de tourisme, place de l'Hôtel de Ville* 𝒫 *03 80 20 16 51, Fax 03 80 20 17 90, ot.blignysurouche@wanadoo.fr.*

Paris 289 – Beaune 19 – Autun 42 – Dijon 49 – Pouilly-en-Auxois 22 – Saulieu 45.

🍴 **Trois Faisans** avec ch, 𝒫 03 80 20 10 14, *info@troisfaisans.fr*, Fax 03 80 20 08 68, 🌳,
🍴 – 📺 🅿. 🅰🅴 ⓪ 🆖. ⚪ rest
fermé 23 nov. au 8 déc. et 3 janv. au 2 mars – **Repas** *(fermé mardi et merc. sauf juil.-août et fériés)* (11) - 13,50 bc *(déj.)*, 25/38, enf. 8 – ⇌ 6,50 – **6 ch** 45/62 – ½ P 48/55.
◆ Ancien relais de poste bourguignon et sa cour où l'on sert les repas l'été. Jolie salle rustique avec cheminée. Chambres actualisées. Jardin bucolique au bord de l'Ouche.

BLOIS 🅿 *41000 L.-et-Ch.* **318** *E6 G. Châteaux de la Loire – 49 171 h Agglo. 116 544 h alt. 73.*

*Voir Château*** : musée des Beaux-Arts** ★ – Le Vieux Blois* : Église St-Nicolas★ – Cour avec galeries★ de l'hôtel d'Alluye YZ E ★ – Jardins de l'Evêché ≼ ★ – Jardin des simples et des fleurs royales ≼ ★ L – Maison de la Magie Robert-Houdin★.*

🏌 *du Château de Cheverny à Cheverny* 𝒫 *02 54 79 24 70, par* ④ *: 15 km.*

🖈 *Office de tourisme, 3 avenue Jean Laigret* 𝒫 *02 54 90 41 41, Fax 02 54 90 41 49, info@loiredeschateaux.com.*

Paris 182 ① *– Orléans 61* ① *– Tours 66* ① *– Le Mans 111* ⑧.

Plan page ci-contre

🏨 **Mercure Centre**, 28 quai St-Jean 𝒫 02 54 56 66 66, *H1621@accor-hotels.com,*
Fax 02 54 56 67 00, 🄵, ▦, – 📲 🍴 ▦ 📺 📞 🕭 🖙 – 🔬 30 à 200. 🅰🅴 ⓪ 🆖. ⚪ rest
Repas (15) - 22, enf. 11 ♈ – ⇌ 10,50 – **84 ch** 87/114, 12 duplex.   Y   f
◆ Belles chambres contemporaines desservies par une coursive ; agréable bar-salon coiffé d'une verrière et expositions d'art dans le hall. Mobilier actuel, couleurs pastel et tableaux modernes composent le décor de cette salle à manger ouverte sur le hall.

🏨 **Holiday Inn Garden Court**, 26 av. Maunoury 𝒫 02 54 55 44 88, *holibloi@imaginet.fr,*
Fax 02 54 74 57 97, 🌳, – 📲 🕭 ▦ 📺 📞 🕭 🅿 – 🔬 25 à 40. 🅰🅴 ⓪ 🆖 🄹🄲🄱   Y   t
Repas *(fermé sam. midi et dim. midi)* 15,30/23 ♈ – ⇌ 8,40 – **78 ch** 92 – ½ P 76,50.
◆ Cet hôtel légèrement excentré, mais tout proche de la halle aux grains (salles de spectacle et de congrès), vous invite à séjourner dans des chambres au confort moderne. Salle à manger façon jardin d'hiver ; cuisine classique et grillades en terrasse l'été.

🏠 **Anne de Bretagne** sans rest, 31 av. J. Laigret 𝒫 02 54 78 05 38, *annedebretagne@free.fr*, Fax 02 54 78 37 79 – 📺 📞. 🆖   Z   k
fermé 4 janv. au 6 fév. – ⇌ 6 – **28 ch** 46/59.
◆ Cette aimable adresse voisine du château rénove régulièrement ses chambres ; mobilier rustique, moderne ou en rotin et couleurs pimpantes. Troisième étage mansardé.

🏠 **Monarque**, 61 r. Porte Chartraine 𝒫 02 54 78 02 35, *lemonarque@free.fr,*
Fax 02 54 74 82 76 – 📺 📞. 🆖   Y   a
fermé 6 déc. au 2 janv. – **Repas** (17) - 24 ♈ – ⇌ 5,80 – **22 ch** 48/50 – ½ P 45.
◆ Une récente cure de jouvence a transformé cette bâtisse du 19ᵉ s. en un accueillant hôtel. Petites chambres gaies et colorées. Parquet sombre, murs beiges, mobilier moderne, puits de lumière central et recettes actuelles caractérisent le restaurant.

🍴🍴🍴 **L'Orangerie du Château** (Molveaux), 1 av. J. Laigret 𝒫 02 54 78 05 36, *contact@orangerie-du-chateau.fr*, Fax 02 54 78 22 78, ≼, 🌳 – 🅰🅴 🆖   Z   e
❀ *fermé 15/02-15/03, 23-29/08, 3-10/11, lundi midi de Pâques à oct., mardi soir de nov. à Pâques, dim. soir et merc.* – **Repas** 28/64 et carte 65 à 80, enf. 14 ♈.
◆ Dans une dépendance du château datant du 15ᵉ s., longue salle lumineuse et raffinée. En terrasse, vue imprenable sur le noble logis de François Iᵉʳ. Cuisine classique.
Spéc. Bouillon de châtaignes et Saint-Jacques rôties (oct. à avril). Lamelles de boeuf façon "Rossini". L'atout framboise (juil. à oct.). **Vins** Vouvray sec, Chinon.

🍴🍴🍴 **Médicis** avec ch, 2 allée François 1ᵉʳ 𝒫 02 54 43 94 04, *christiangaranger@wanadoo.fr,*
Fax 02 54 42 04 05 – 📲 📺 📞 – 🔬 20. 🅰🅴 ⓪ 🆖 🄹🄲🄱   X   p
fermé 2 janv. au 1ᵉʳ fév. et dim. soir d'oct. à Pâques – **Repas** 22/49 et carte 49 à 74, enf. 15 ♈
– ⇌ 11,50 – **12 ch** 85/94 – ½ P 86/100.
◆ Maison 1900 bordant les allées François 1ᵉʳ, autrefois promenade royale. Salle à manger et véranda cossues (beaux plafonds moulurés) ; cuisine traditionnelle et inventive.

BLOIS

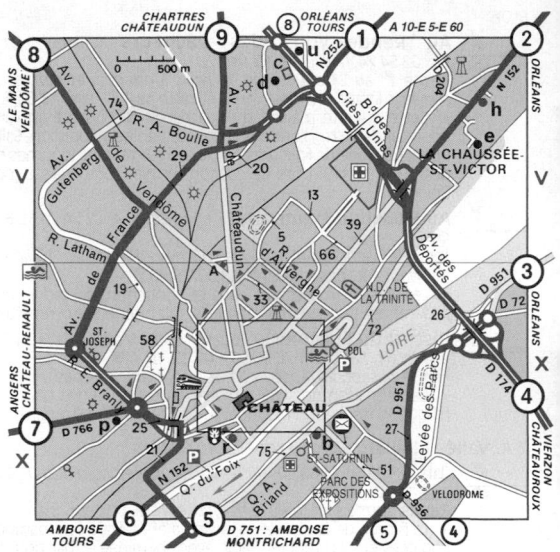

Abbé-Grégoire
(Quai de l') . . . . **Z** 2
Anne-de-Bretagne
(R.) . . . . **Z** 3
Augustin-Thierry (Sq.) . . **Z** 4
Balzac (R. H.) . . . . **V** 5
Beauvoir (R.) . . . . **Y** 6
Bourg-St-Jean (R. du) . . **Y** 10
Cartier (R. R.) . . . . **V** 13
Chemonton (R.) . . . . **Y** 16
Clouseau (Mail) . . . . **Y** 17
Commerce (R. du) . . . . . **Z**
Cordeliers (R. des) . . . . . **Y** 18
Curie
(R. Pierre et Marie) . . . **X** 19
Dion (R. R.) . . . . **V** 20
Dupuis (Bd D.) . . . . **X** 21
Fontaine-des-Élus
(R.) . . . . **Z** 22
Fossés-du-Château
(R. des) . . . . **Z** 23
Gambetta (Av.) . . . . **X** 25
Gaulle
(Pont Ch.-de) . . . . **X** 26
Gentils (Bd R.) . . . . **V** 27
Industrie (Bd de l') . . . . . **V** 29
Jeanne-d'Arc (R.) . . . . . . **Z** 30
Laigret (Av. J.) . . . . **Z** 32
Leclerc (Av. du Mar.) . . . **X** 33
Lices (Pl. des) . . . . **Z** 34
Lion-Ferré (R. du) . . . . . . **Z** 35
Louis-XII (Pl.) . . . . **Z** 38
Maunoury
(Av. du Mar.) . . . . **Y** 39

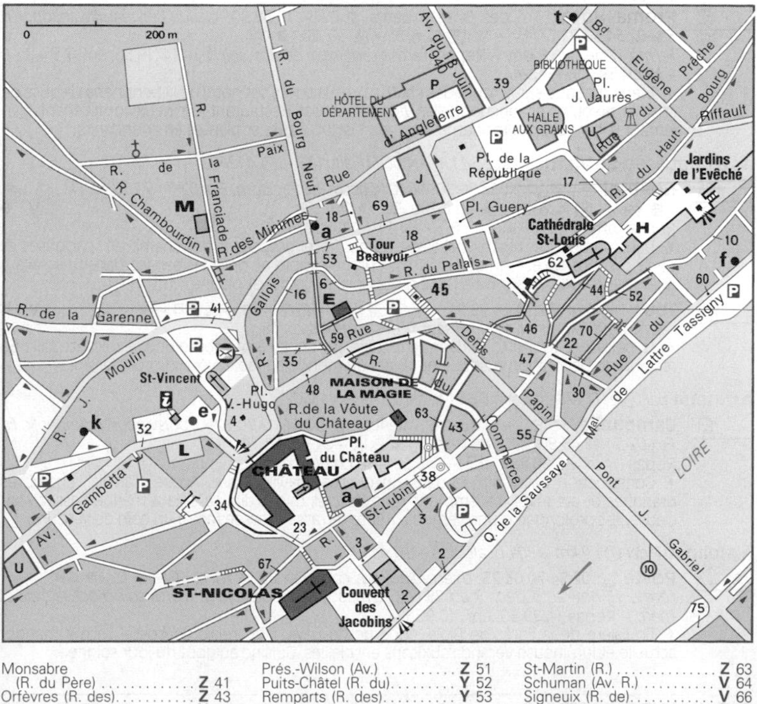

Monsabre
(R. du Père) . . . . **Z** 41
Orfèvres (R. des) . . . . . . **Z** 43
Papegaults (R. des) . . . . **Y** 44
Papin (Escaliers D.) . . . . **Z** 45
Papin (R. Denis) . . . . **Z**
Pierre-de-Blois (R.) . . . . . **Z** 46
Poids-du-Roi (R. du) . . . . **Z** 47
Porte-Côté (R.) . . . . **Z** 48

Prés.-Wilson (Av.) . . . . . . **Z** 51
Puits-Châtel (R. du) . . . . **Y** 52
Remparts (R. des) . . . . . **Y** 53
Résistance
(Rd-Pt-de la) . . . . **Z** 55
Ronsard (R. P.) . . . . **X** 58
St-Honoré (R.) . . . . **YZ** 59
St-Jean (Q.) . . . . **Y** 60
St-Louis (Pl.) . . . . **Y** 62

St-Martin (R.) . . . . **Z** 63
Schuman (Av. R.) . . . . . . **V** 64
Signeux (R. de) . . . . **V** 66
Trois-Marchands (R. des) . . **Z** 67
Trouessard (R.) . . . . **V** 69
Vauvert (R.) . . . . **Z** 70
Verdun (Av. de) . . . . **X** 72
Vezin (R. A.) . . . . **V** 74
Villebois-Mareuil (Q.) . . . **X, Z** 75

✗ **Au Rendez-vous des Pêcheurs** (Cosme), 27 r. Foix ℰ 02 54 74 67 48,
❀ *Fax 02 54 74 47 67* – 🗐. 🖭 GB **X r**
fermé 1ᵉʳ au 23 août, 2 au 10 janv., lundi midi et dim. sauf fériés – **Repas** (nombre de couverts limité, prévenir) 24/68 et carte 59 à 72, enf. 13,80.
   ◆ Cette discrète maison du quartier St-Nicolas est un rendez-vous de... pécheurs : les gourmands s'y régalent d'une cuisine dédiée au poisson. Salle simple, récemment refaite.
Spéc. Escalope de foie gras au tartin de légumes confits. Pavé de sandre rôti sur peau (mai à oct.). Côte de cochon fermier rôtie épaisse, pommes Anna. **Vins** Montlouis, Chinon.

✗ **Au Bouchon Lyonnais**, 25 r. Violettes ℰ 02 54 74 12 87, *Fax 02 54 74 12 87*, 🍽 – 🖭
GB **Z a**
fermé 26 sept. au 4 oct., 7 au 15 nov., 19 déc. au 10 janv., dim. et lundi sauf le soir en juil.-août – **Repas** (prévenir) 18,30/25,90 ♀.
   ◆ Les Blésois se pressent dans ce "bouchon" au cadre rustique avec pierres et poutres apparentes. La carte, traditionnelle, fait honneur aux recettes de la capitale des Gaules.

✗ **Bistrot du Cuisinier**, 20 quai Villebois-Mareuil ℰ 02 54 78 06 70, *bistrot.du.cuisinier@w anadoo.fr, Fax 02 54 78 00 98* – 🗐. 🖭 ⓞ GB **X b**
fermé 24 sept. au 4 oct. et 21 déc. au 4 janv. – **Repas** (21) - 27, enf. 10.
   ◆ Cette maison de style régional située sur la rive gauche de la Loire abrite une salle à manger d'inspiration rustique où l'on régale d'une cuisine traditionnelle soignée.

Z.A. Vallée Maillard *Nord : 3 km –* ⊠ *41000 Blois :*

🏠 **Ibis**, ℰ 02 54 74 60 60, *H0599@accor-hotels.com, Fax 02 54 74 85 71*, 🍽 – ⚡ 📺 ✆ 🕭 🅿
🍴 – 🕍 20. 🖭 ⓞ GB **V d**
Repas *(fermé sam. midi, dim. midi et fêtes)* 15, enf. 8 ♫ – � 6 – **61 ch** 60.
   ◆ La façade de cet hôtel de chaîne a été rafraîchie. Chambres petites, mais correctement équipées et bien tenues. Salon avec cheminée et bar pour la détente. Salle à manger très claire, garnie d'un mobilier en bois peint où vous sera proposée la carte "Ibis".

🏠 **Préma Hôtel**, 3 r. des Onze Arpents ℰ 02 54 78 89 90, *claude.berneau@wanadoo.fr,
🍴 *Fax 02 54 56 02 27*, 🍽 – 🗐 📺 ✆ 🕭 🅿 – 🕍 30. 🖭 ⓞ GB **V u**
fermé 17 déc. au 8 janv. – **Repas** *(fermé sam. midi et dim. soir)* (11) - 14/16,50, enf. 7 ♀ – ⊒ 9 – **42 ch** 58 – ½ P 42/44.
   ◆ Étape pratique sur la route des châteaux de la Loire, cet hôtel de la périphérie dispose de chambres sobres et fonctionnelles. Accueil familial. Restaurant lumineux comprenant également le bar ; chaises modernes de type bistrot, fleurs et plantes en abondance.

à La Chaussée-St-Victor *par ② : 4 km – 4 069 h. alt. 105 –* ⊠ *41260 :*

🏨 **Novotel** ⬥, ℰ 02 54 57 50 50, *h0401@accor-hotels.com, Fax 02 54 57 50 40*, 🍽, ⌇, 🐎
– ⚡ 📺 ✆ 🕭 🅿 – 🕍 15 à 100. 🖭 ⓞ GB **V e**
Repas carte environ 30, enf. 8 ♀ – ⊒ 11 – **116 ch** 75/105.
   ◆ Dans un quartier résidentiel assez calme, hôtel proposant des chambres spacieuses et de bon confort, récemment refaites. Cuisine simple et grillades servies dans une salle à manger-véranda ou sur la terrasse d'été bordant jardin et piscine.

✗✗ **Tour**, N 152 ℰ 02 54 78 98 91, *Fax 02 54 74 74 52*, 🍽, 🐎 – 🅿. GB ᴊᴄʙ **V h**
fermé août, dim. soir et lundi sauf fériés – **Repas** 25/38.
   ◆ La puissante tour (16ᵉ s.) flanquant cette ancienne ferme abrite une séduisante salle de restaurant. Décoration rustique et objets du monde agricole. Véranda côté jardin.

à Vineuil *par ④ et D 174 : 4 km – 6 651 h. alt. 73 –* ⊠ *41350 :*

🏠 **Campanile**, 48 r. Quatre Vents ℰ 02 54 42 70 22, *boisvineuil@campanile.fr, Fax 02 54 42 43 81*, 🍽 – 🗐 rest, 📺 ✆ 🕭 🅿 – 🕍 45. 🖭 ⓞ GB
Repas *(12,50)* - 16,50, enf. 6 ♀ – ⊒ 6,50 – **58 ch** 64.
   ◆ Construction basse située dans un quartier pavillonnaire. Accueil familial, chambres pratiques et actuelles, récemment rénovées, avec minijardin. La salle à manger, assez spacieuse, est prolongée d'une véranda. Petite terrasse dressée face à un coin de verdure.

à Molineuf *par ⑦ : 9 km – 801 h. alt. 115 –* ⊠ *41190 :*

✗✗ **Poste**, ℰ 02 54 70 03 25, *thierry@poidras.com, Fax 02 54 70 12 46* – 🗐. 🖭 ⓞ GB
⊛ *fermé 15 nov. au 3 déc., 7 au 25 fév., dim. soir de sept. à juin, mardi soir d'oct. à avril et merc.* – **Repas** 16/29,50, enf. 10,90 ♀.
   ◆ En lisière de la forêt de Blois, auberge de pays, jadis relais de poste. Salle à manger actuelle et lumineuse véranda aux tons ensoleillés. Cuisine au goût du jour soignée.

BLONVILLE-SUR-MER *14910 Calvados* � *M3 – 1 341 h alt. 10.*
   🛈 *Office de tourisme, 26 avenue Michel d'Ornano* ℰ *02 31 87 91 14, Fax 02 31 87 11 38, tourisme-blonville@wanadoo.fr.*
   Paris 205 – Caen 46 – Le Havre 50 – Deauville 5 – Lisieux 34 – Pont-l'Évêque 18.

🏠 **L'Épi d'Or**, 23 av. Michel d'Ornano 🍴 02 31 87 90 48, *epidor@hotel-normand.com*, Fax 02 31 87 08 98, 🌭 – 📧 📺 📞 👗 🅿 – 🖭 40. 🖭 ⑩ ☰ 🅹🅲🅱, ⚘ rest
fermé 13 au 30 déc. et 31 janv. au 4 mars – **Repas** *(fermé merc. et jeudi de sept. à juin)* 17/36 ♀ – ⊊ 7 – **40 ch** 65/135 – ½ P 65/80.
♦ Choisissez une chambre fonctionnelle dans l'aile récente de cette maison de style normand, les autres offrant un décor plus ancien. Sobre salle à manger actuelle et carte traditionnelle ; repas rapides à la brasserie dans un décor rustique.

BLUFFY 74 H.-Savoie 🎴🎴🎴 K5 – 248 h alt. 640 – ⊠ 74290 Veyrier-du-Lac.
Paris 547 – Annecy 12 – Albertville 38 – La Clusaz 24 – Megève 51.

🍴 **Auberge des Dents de Lanfon** avec ch, au col de Bluffy 🍴 04 50 02 82 51, *lesdentsd elanfon@wanadoo.fr*, Fax 04 50 02 85 19, 🌭 – 🅿. ☰. ⚘
fermé 3 au 12 mai, 25 oct. au 3 nov. et 5 au 21 janv. – **Repas** *(fermé dim. soir en juil.-août, mardi de sept. à juin et merc.)* 14 (déj.), 26/40, enf. 10 ♀ – ⊊ 6 – **5 ch** 38,50/54,50.
♦ Avenante maison savoyarde bordant un axe passant. Jolie salle à manger montagnarde où l'on sert une cuisine traditionnelle et petites chambres lambrissées. Accueil aimable.

BOERSCH 67 B.-Rhin 🎴🎴🎴 I6 – rattaché à Obernai.

BOIS-COLOMBES 92 Hauts-de-Seine 🎴🎴🎴 J2 🎴🎴🎴 ⑮ – voir à Paris, Environs.

BOIS-D'AMONT 39 Jura 🎴🎴🎴 G7 – rattaché aux Rousses.

BOIS DE BOULOGNE 75 Seine – voir à Paris (Paris 16e).

BOIS DE LA CHAIZE 85 Vendée 🎴🎴🎴 C5 – voir à Île de Noirmoutier.

BOIS-DU-FOUR 12 Aveyron 🎴🎴🎴 J5 – ⊠ 12780 Vézins-de-Lévézou.
Paris 627 – Rodez 45 – Aguessac 16 – Millau 23 – Pont-de-Salars 25 – Sévérac-le-Château 18.

🏠 **Relais du Bois du Four** 🌭, 🍴 05 65 61 86 17, Fax 05 65 58 81 37, 🐾 – 🕿 🅿. ☰
1er avril-30 nov. et fermé mardi et merc. – **Repas** 13,50/30 🍷 – ⊊ 6,50 – **27 ch** 30/53 – ½ P 56.
♦ Les amateurs de pêche iront tiller le goujon dans l'étang situé juste en face de cet ancien relais de poste. Aménagements modestes, mais tenue sans reproche. Vaste restaurant sagement campagnard (lustre massif en fer forgé) et cuisine à l'accent aveyronnais.

BOIS-LE-ROI 77590 S.-et-M. 🎴🎴🎴 F5 – 5 292 h alt. 80.
🏌 U.C.P.A. Bois-le-Roi 🍴 01 64 81 33 31, NO : 2 km.
Paris 58 – Fontainebleau 10 – Melun 10 – Montereau-Fault-Yonne 26.

🏠 **Pavillon Royal** sans rest, 40 av. Gallieni 🍴 01 64 10 41 00, *hotel-le-pavilon-royal@wanad oo.fr*, Fax 01 64 10 41 10, ⊿, 🌱 – 📺 👗 🅿. ⑩ ☰
⊊ 6,50 – **26 ch** 60.
♦ Un peu à l'écart du centre-ville, hôtel récent accolé à l'Institut oléohydraulique. Chambres pratiques et actuelles, parfois meublées en rotin. Bonne isolation phonique.

🍴🍴 **Marine**, 52 quai O. Metra (à l'Écluse) 🍴 01 60 69 61 38, Fax 01 60 66 38 59, 🌭 – ☰
fermé 1er sept. au 5 oct., 16 fév. au 10 mars, lundi et mardi – **Repas** 25/38, enf. 11 ♀.
♦ Cette aimable auberge jouit d'une situation attractive au bord de la Seine. Salle à manger sagement rustique et paisible terrasse d'été. Cuisine traditionnelle.

BOIS-PLAGE-EN-RÉ 17 Char.-Mar. 🎴🎴🎴 B2 – voir à Île de Ré.

BOISSET 15600 Cantal 🎴🎴🎴 B6 – 653 h alt. 426.
Paris 559 – Aurillac 31 – Calvinet 18 – Entraygues-sur-Truyère 48 – Figeac 36 – Maurs 14.

🏠 **Auberge de Concasty** 🌭, Nord-Est : 3 km par D 64 🍴 04 71 62 21 16, *info@auberge-c oncasty.com*, Fax 04 71 62 22 22, 🌭 , ⊿, 🐾 – 📺 📞 👗 🅿. ☰ ⑩ ☰
1er avril-28 nov. – **Repas** (sur réservation seul.)(dîner seul. sauf dim.) 28,50/39,50 – ⊊ 15 – **13 ch** 68/115 – ½ P 68/94.
♦ Domaine entouré d'un parc largement ouvert sur la campagne cantalienne. Coquettes chambres actuelles ; rénovations récentes à l'annexe. Repos et air pur garantis ! Menu unique mariant tradition et terroir, servi dans une plaisante salle à manger rustique.

BOISSEUIL *87220 H.-Vienne* **325** *E6 – 1 969 h alt. 350.*

Paris 398 – Limoges 11 – Bourganeuf 48 – Nontron 71 – Périgueux 99 – Uzerche 47.

XX **Gril de l'Anneau** *avec ch, ℘ 05 55 06 90 06, Fax 05 55 06 32 88, ㎡ – ⊖B, ✸*
fermé 1er au 10 mai, 1er au 16 août, 15 déc. au 3 janv., dim. et lundi – **Repas** 21 ♣ – ☲ 6,10 –
5 ch 21/39.
♦ Salle à manger rustique joliment décorée, agrémentée d'une cheminée où l'on grille la
viande limousine, spécialité de la maison. Sur les tables, vaisselle en Limoges.

BOLLENBERG *68 H.-Rhin* **315** *H9 – rattaché à Rouffach.*

BOLLÈNE *84500 Vaucluse* **332** *B8 G. Provence – 14 130 h alt. 40.*

🛈 *Office de tourisme, place Reynaud de la Gardette ℘ 04 90 40 51 45, Fax 04 90 40 51 44,*
ot.bollene@free.fr.

Paris 634 – Avignon 53 – Montélimar 34 – Nyons 35 – Orange 26 – Pont-St-Esprit 10.

🏠 **De Chabrières,** 7 bd Gambetta *℘ 04 90 40 08 08, Fax 04 90 40 52 88, ㎡ – ⊡ AE ⊖B*
fermé 10 déc. au 9 janv. – **Repas** *(fermé vend. midi de nov. à mars et dim. midi)* (13) - 16,
enf. 7,50 ♀ – ☲ 7,60 – **10 ch** 55/58 – ½ P 52.
♦ Un ravissant cour fleurie précède cette petite villa. Chambres pratiques et bien
tenues, entièrement meublées en pin ; deux duplex familiaux au dernier étage. Minuscule
salle à manger où l'on reçoit un peu comme à la maison et généreuse cuisine de tradition.

Si vous cherchez un hôtel tranquille,
consultez d'abord les cartes de l'introduction
ou repérez dans le texte les établissements indiqués avec le signe ✤

La BOLLÈNE-VÉSUBIE *06 Alpes-Mar.* **341** *F4 G. Côte d'Azur – 413 h alt. 700 –* ✉ *06450*
Lantosque.

Voir Chapelle St-Honorat ⩽★ S : 1 km.

Paris 889 – Nice 57 – Puget-Théniers 59 – St-Martin-Vésubie 17 – Sospel 36.

🏠 **Grand Hôtel du Parc** ✤, D 70 *℘ 04 93 03 01 01, lorenian@legrandhotelduparc.com,*
Fax 04 93 03 01 20, ㎡, ♨ – ▯ ⊡ & ⊵ – ⚞ 40 à 200. AE ⊖B, ✸ rest
10 avril-30 sept. – **Repas** 17,50/24,40, enf. 7,60 – ☲ 6 – **42 ch** 46/60 – ½ P 48/55.
♦ Cette vieille demeure blottie dans un parc arboré abrite des chambres garnies d'un
mobilier "rétro" ou plus actuel. L'adresse conviendra aux amateurs d'air pur. Décor rustique
simple dans la salle à manger-véranda et terrasse ombragée ; plats traditionnels.

BOLLEZEELE *59470 Nord* **302** *B2 – 1 382 h alt. 40.*

Voir Commune de la "Méridienne verte".

Paris 274 – Calais 45 – Dunkerque 24 – Lille 68 – St-Omer 18.

🏠 **Hostellerie St-Louis** ✤, 47 r. de l'Eglise *℘ 03 28 68 81 83, contact@hostelleriesaintloui*
✤ *s.com, Fax 03 28 68 01 17, ㎡ – ▯ ⊡ & ⊵ – ⚞ 40 à 200. AE ⊖B*
fermé 12 au 22 juil., 24 déc. au 20 janv., le midi du lundi au sam. et dim. soir – **Repas**
23/52 bc ♀ – ☲ 9 – **27 ch** 40/60 – ½ P 55/67,50.
♦ Cette belle maison du début du 19e s. (ancienne école) est séparée de la route par un
agréable jardin. Les chambres, récentes, sont pratiques et bien insonorisées. Mobilier de
style et tons pastel dans la salle à manger bourgeoise ; plats traditionnels.

BONDUES *59 Nord* **302** *G3 – rattaché à Lille.*

Le BONHOMME *68650 H.-Rhin* **315** *G7 G. Alsace Lorraine – 767 h alt. 735 – Sports d'hiver : au Lac*
Blanc 950/1 240 m ⩽ 9 ⛷.

Paris 425 – Colmar 26 – Gérardmer 33 – St-Dié 28 – Ste-Marie-aux-Mines 17 – Sélestat 38.

🏠 **Poste,** au village *℘ 03 89 47 51 10, hposte@club-internet.fr, Fax 03 89 47 23 85, ☒, ㎡ –*
⊖B *▯ ⊡ ⊵ – ⚞ 15.* ⊖B
fermé 3 janv. au 31 mars – **Repas** 10/35, enf. 8 ♀ – ☲ 7 – **29 ch** 48/61 – ½ P 55.
♦ Imposante bâtisse régionale bordant un axe animé. Les chambres, sobres et fonctionnelles, sont plus calmes côté jardin. Sympathique petit bar alsacien. Lambris, mobilier
rustique et cuivres donnent du cachet au restaurant tourné vers le ruisseau et la colline.

BONIFACIO *2A Corse-du-Sud* **345** *D11 – voir à Corse.*

BONLIEU *39130 Jura* **321** *F7 G. Jura – 225 h alt. 785.*

Paris 439 – Champagnole 23 – Lons-le-Saunier 32 – Morez 24 – St-Claude 42.

XX **Poutre** avec ch, ℘ 03 84 25 57 77, Fax 03 84 25 51 61 – 📺 🖪. 🆖
⬡ *6 mai-31 oct. et fermé lundi sauf le soir en saison et mardi* – **Repas** 15/41, enf. 10 – 🖙 7 –
8 ch 30/55 – ½ P 45/55.
◆ Ferme de 1740 située au centre du bourg. Coquette salle à manger rustique aux tons
jaune et bleu, avec poutres, vieilles pierres et belle cheminée. Carte régionale.

BONNAT **325** *I3 – 1 348 h alt. 330.*

Paris 329 – Châtre 37 – Guéret 20 – Montluçon 72 – Souterraine 53.

🏨 **L'Orangerie** ⬡, 3 bis r. de la Paix ℘ 05 55 62 86 86, hotelrestaurantlorangerie@wanado
o.fr, Fax 05 55 62 86 87, �, 🛋, 🛋 – 📺 ➚ 🖪 – 🔬 20. 🖭 ① 🆖
fermé 26 janv. au 28 fév. – **Repas** *(fermé dim. soir et lundi du 10 oct. au 31 mars)* 17 (déj.),
28,80/53,50, enf. 12,50 – 🖙 9 – **30 ch** 73/106 – ½ P 65,50/82.
◆ Avenante demeure récente dont l'architecture s'inspire du 19ᵉ s. Confortables salons
(cheminée, billard) et belles chambres garnies d'un joli mobilier de style Louis XV. Élégante
salle à manger aux tons clairs et quiète terrasse tournée vers un vaste jardin.

BONNATRAIT *74 H.-Savoie* **328** *L2 – rattaché à Thonon-les-Bains.*

BONNE *74380 H.-Savoie* **328** *K3 – 2 098 h alt. 457.*

Paris 545 – Annecy 45 – Thonon-les-Bains 31 – Bonneville 16 – Genève 18 – Morzine 40.

XXX **Baud** avec ch, ℘ 04 50 39 20 15, info@hotel-baud.com, Fax 04 50 36 28 96, �, 🛋 – 📺
➚ 🖪. 🖭 ① 🆖 🕻ᴮ
Repas *(fermé dim. soir)* 34 et carte 45 à 60 ♀ ⬡ - **Buffet de la Gare** *(fermé vend. soir, sam.
et dim.)* **Repas** 13(déj.), 20/28 ♀ – 🖙 12 – **16 ch** 80/180 – ½ P 75/95.
◆ Salles de restaurant joliment décorées, cuisine au goût du jour, séduisante carte des
vins, chambres neuves ou rajeunies et insoupçonné jardin bordant la Ménoge : c'est Baud !
Plaisant cadre "cosy" et petits plats de bistrot dans le Buffet de l'ancienne gare.

au Pont-de-Fillinges *Est : 2,5 km – ✉ 74250 Fillinges :*

XX **Pré d'Antoine,** rte Boëge ℘ 04 50 36 45 06, lepredantoine@aol.com,
Fax 04 50 31 12 28, � – ▦ 🖪. 🆖
fermé 8 au 26 juil., 2 au 8 janv., mardi soir et merc. – **Repas** 17 (déj.), 28/40 ♀.
◆ Construction moderne de type chalet abritant une grande salle à manger habillée
de boiseries, complétée d'une terrasse bien exposée. Cuisine classique variant selon le
marché.

BONNE-FONTAINE *57 Moselle* **307** *O6 – rattaché à Phalsbourg.*

BONNÉTAGE *25210 Doubs* **321** *K3 – 674 h alt. 960.*

Paris 468 – Besançon 65 – Belfort 69 – Biel/Bienne 62 – La Chaux-de-Fonds 29.

XX **Etang du Moulin** ⬡ avec ch, 1,5 km par D 236 et chemin privé ℘ 03 81 68 92 78, etang
🏚 .du.moulin@wanadoo.fr, Fax 03 81 68 94 42, ❮ – 📺 🖪. 🆖
fermé 21 au 29 déc., 3 janv au 3 fév., merc. midi et mardi du 15 sept. au 30 juin sauf fériés –
Repas 21/75 ♀ ⬡ – 🖙 7,50 – **19 ch** 45/65 – ½ P 48/53.
◆ Grand chalet récent perdu en pleine nature, entre un étang et une forêt. Restaurant
sagement rustique, tables bien dressées, cuisine appétissante et carte des vins étoffée.

X **Perce-Neige** avec ch, D 437 ℘ 03 81 68 91 51, Fax 03 81 68 95 25 – ▦ rest, 📺 ➚ 🖪.
⬡ 🔬 20. 🆖
Repas *(fermé dim. soir sauf juil.-août)* 13,50/43,50, enf. 8 ♀ – 🖙 6 – **12 ch** 38/45 – ½ P 41.
◆ Salles à manger actuelles où l'on sert une cuisine traditionnelle. Un autre bâtiment,
bordé par une route fréquentée mais assez calme la nuit, abrite des chambres refaites.

BONNEUIL-MATOURS *86210 Vienne* **322** *J4 – 1 708 h alt. 60.*

🯄 *Office de tourisme, 1 rue du 8 mai 1945* ℘ 05 49 85 08 62, Fax 05 49 85 29 63,
associations@bonneuil-matours.com
Paris 322 – Poitiers 25 – Bellac 79 – Le Blanc 51 – Châtellerault 17 – Montmorillon 42.

XX **Pavillon Bleu,** sur D 749 (face pont) ℘ 05 49 85 28 05, c.ribardiere@wanadoo.fr,
⬡ Fax 05 49 21 61 94 – 🆖
fermé 4 au 26 oct., 14 au 20 fév., merc. soir d'oct. à mai, dim.soir et lundi – **Repas** *(12,50)* –
16/31 ♀.
◆ Face au village et au pont suspendu qui enjambe la Vienne, coquette auberge où l'on
déguste plats traditionnels et au goût du jour. Cadre rustique aux tons ensoleillés.

325

BONNEVAL-SUR-ARC 73480 Savoie ⛰⛰⛰ P5 G. Alpes du Nord – 242 h alt. 1800 – Sports d'hiver : 1 800/3 000 m ⚡ 10.

Voir Vieux village★★.

🚩 Office de tourisme, ℰ 04 79 05 95 95, Fax 04 79 05 86 87, info@bonneval-sur-arc.com.
Paris 706 – Albertville 133 – Chambéry 146 – Lanslebourg 21 – Val-d'Isère 30.

A la Pastourelle ⟨S⟩, ℰ 04 79 05 81 56, Fax 04 79 05 85 44, ⇐ – 📺, 🅰🅴 ⃝ 🇬🇧, ⚘
fermé 1ᵉʳ au 6 juin et vacances de Toussaint – **Repas** (ouvert : 20 déc.-24 avril) 15/22, enf. 9 – ⭤ 6 – **12 ch** 54/58 – 1⁄2 P 51.
♦ Calme et confort douillet dans cette maison familiale typique du charmant vieux village. Restaurant-crêperie de caractère avec poutres, cheminée, voûte en pierre et photos d'ancêtres. Au menu, raclettes, fondues, crêpes et la spécialité régionale, le diot.

Bergerie ⟨S⟩, ℰ 04 79 05 94 97, Fax 04 79 05 93 24, ⇐ – 📍, 🅰🅴 ⃝ 🇬🇧, ⚘
12 juin-22 sept. et 18 déc.-27 avril – **Repas** (dîner seul. sauf week-ends et fériés en été) 12/21, enf. 6,50 ⦀ – ⭤ 8 – **22 ch** 41/54 – 1⁄2 P 52,50/55,50.
♦ Entrez dans la Bergerie et repaissez vous de sa douce quiétude dans des chambres lumineuses offrant une belle perspective sur le massif des Évettes. Les nombreux cuivres et objets paysans accrochés aux murs donnent l'ambiance rustique de la salle à manger.

Auberge Le Pré Catin, ℰ 04 79 05 95 07, Fax 04 79 05 88 07, 🏠 – 🇬🇧
26 juin-19 sept., 19 déc.-27 avril et fermé jeudi midi, dim. soir et lundi – **Repas** carte 25 à 31, enf. 8 ⦀.
♦ Grillades et recettes du terroir à savourer près d'une cheminée, dans la chaleureuse atmosphère campagnarde de la salle à manger, réservée aux non-fumeurs. Salon de thé.

BONNEVILLE ⟨SP⟩ 74130 H.-Savoie ⛰⛰⛰ L4 G. Alpes du Nord – 10 463 h alt. 450.
🚩 Office de tourisme, 154 place de l'Hôtel de Ville ℰ 04 50 97 38 37, Fax 04 50 97 19 33, officetourismebonneville@wanadoo.fr.
Paris 556 – Annecy 42 – Chamonix-Mont-Blanc 54 – Thonon-les-Bains 45 – Nantua 87.

Bellevue ⟨S⟩, à Ayze, Est : 2,5 km par D 6 ℰ 04 50 97 20 83, Fax 04 50 25 28 38, ⇐, 🏠, 🌳 – 📺 📍, 🇬🇧
11 mai-26 sept., 4 fév.-4 mars et fermé dim. soir et lundi sauf juil.-août – **Repas** (15 juin-5 sept. et fermé le midi en juin et dim. soir) 14,50/30 – ⭤ 6,10 – **21 ch** 35/48 – 1⁄2 P 38/39,50.
♦ Cet établissement familial construit dans les années 1960 dispose de chambres simples ; certaines s'ouvrent sur les vignes d'Ayze. En rez-de-jardin, salle à manger panoramique et terrasse ménagent une vue sur la plaine de l'Arve ; cuisine traditionnelle.

Cuisine aux Mille et Une Saveurs, pl. Hôtel de Ville ℰ 04 50 97 20 68, Fax 04 50 25 73 48 – 🅰 25. 🅰🅴 🇬🇧
fermé 21 au 30 mars, 20 au 29 juin, 26 sept. au 5 oct., 2 au 13 janv., dim. sauf fériés, lundi et mardi – **Repas** 40/74 ⚘.
♦ Fleurs, plantes et épices inspirent les trois menus (sans choix) de ce restaurant dont le décor se veut "à la romaine" : colonnes d'albâtre, fontaines et bustes à l'antique.

à Vougy Est : 5 km par N 205 – 958 h. alt. 471 – ⊠ 74130 :

Capucin Gourmand, 1520 rte de Genève RN 205 ℰ 04 50 34 03 50, lecapucingourmand@wanadoo.fr, Fax 04 50 34 57 57, 🏠 – 🔳 📍, 🇬🇧, ⚘
fermé 1ᵉʳ au 22 août, 1ᵉʳ au 9 janv., sam. midi, lundi soir et dim. – **Repas** 36/52 et carte 46 à 60 ⦀ ⚘ - **Bistro du Capucin :** **Repas** 20/26 ⦀.
♦ Murs agrémentés de dessins au pochoir, meubles de style et bibelots président au cadre du restaurant où l'on propose une cuisine au goût du jour et une belle carte des vins. Côté Bistro : ambiance décontractée, décor assez sobre et plats typiques du genre.

BONNIEUX 84480 Vaucluse ⛰⛰⛰ E11 G. Provence – 1 417 h alt. 400.
Voir Terrasse ⇐★.
🚩 Office de tourisme, 7 place Carnot ℰ 04 90 75 91 90, Fax 04 90 75 92 94, ot-bonnieux@axit.fr.
Paris 721 – Aix-en-Provence 49 – Apt 12 – Carpentras 42 – Cavaillon 27.

Bastide de Capelongue ⟨S⟩, rte de Lourmarin, puis D 232 et voie secondaire : 1,5 km ℰ 04 90 75 89 78, bastide@francemarket.com, Fax 04 90 75 93 03, ⇐, 🏠, 🏊, 🌳 – 🔳 📺 ⚡ 🅰 📍, 🅰🅴 ⃝ 🇬🇧, ⚘ rest
15 mars-15 nov. – **Repas** 38 (déj.), 58/75 – ⭤ 15 – **17 ch** 220/380 – 1⁄2 P 183/259.
♦ Grand mas d'allure traditionnelle. Belle décoration provençale à tous les étages. Quelques chambres jouissent d'une jolie vue sur le village perché de Bonnieux. Élégante salle à manger (camaïeu de beige) et plaisante terrasse dotée d'un mobilier en fer forgé.

Fournil, pl. Carnot ℰ 04 90 75 83 62, Fax 04 90 75 96 19, 🏠 – 🇬🇧
fermé 28 nov. au 3 fév., sam. midi, mardi sauf le soir d'avril à sept. et lundi – **Repas** (nombre de couverts limité, prévenir) 25 (déj.), 36/41.
♦ Cette maison adossée à la colline propose sa terrasse, installée sur la placette, ou son originale et fraîche salle à manger troglodytique, meublée dans l'esprit bistrot.

au Sud-Est : 6 km par D 36 et D 943 – ✉ 84480 Bonnieux :

🏨 **Auberge de l'Aiguebrun** ⌂, ℘ 04 90 04 47 00, sylvia.buzier@wanadoo.fr, Fax 04 90 04 47 01, ≼, 🍽, ⌵, 🌳 – 📺 ✆ 🅿. GB. ⌵ ch
10 mars-15 nov. – **Repas** (fermé mardi et merc.) 55 ♀ – ⌂ 17 – **8 ch** 134/164, 3 suites – ½ P 144/179.
♦ Blottie au creux d'un vallon du Luberon, bastide provençale disposant de chambres soignées dont trois occupent des "cabanons". Jolie salle à manger campagnarde ouverte sur le jardin en terrasses, près de la rivière.

BONNY-SUR-LOIRE 45420 Loiret **318** O6 – 1 924 h alt. 190.
🛈 Office de tourisme, 29 Grande Rue ℘ 02 38 31 57 71, Fax 02 38 31 57 71, maisonpays-.bonny@wanadoo.fr.
Paris 167 – Auxerre 64 – Cosne-sur-Loire 25 – Gien 24 – Montargis 57.

🍴🍴 **Voyageurs** avec ch, 10 Grande rue ℘ 02 38 27 01 45, Fax 02 38 27 01 46 – ▤ rest, 📺 ✆
🖇 🅿. GB
fermé 23 août au 7 sept., 7 au 28 fév., mardi midi, dim. soir et lundi – **Repas** 16,50/40 ♀ – ⌂ 5,50 – **6 ch** 33/36 – ½ P 33/36.
♦ Établissement entièrement rénové. Le restaurant expose les tableaux d'un artiste de la famille et propose une cuisine au goût du jour soignée. Chambres fonctionnelles.

Le BONO 56400 Morbihan **308** N9 – 1 859 h alt. 10.
Paris 475 – Vannes 17 – Auray 6 – Lorient 49 – Quiberon 37.

🏨 **Hostellerie Abbatiale** ⌂, par rte Baden et rte secondaire : 1,5 km ℘ 02 97 57 84 00, c ontact@abbatiales.com, Fax 02 97 57 83 00, 🍽, ⌵, ⌵, 🜨 – 📺 🖇 🅿 – 🖼 100. 🖭 ⓞ GB
fermé 30 déc. au 4 janv. – **Repas** 22/45 – ⌂ 12 – **69 ch** 95/115 – ½ P 85/95.
♦ Manoir breton entouré d'un parc arboré et ses annexes récentes disposées autour de la piscine. Les chambres sont garnies d'un sobre mobilier de style rustique. Salle à manger campagnarde avec poutres, pierres apparentes, vieux dallage et belle cheminée.

BONSECOURS 76 S.-Mar. **304** G5 – rattaché à Rouen.

BONS-EN-CHABLAIS 74890 H.-Savoie **328** L3 – 3 980 h alt. 565.
Paris 552 – Thonon-les-Bains 16 – Annecy 60 – Bonneville 30 – Genève 25.

🏨 **Progrès**, r. Annexion ℘ 04 50 36 11 09, Fax 04 50 39 44 16 – 🖪 📺 ✆ 🖇 🅿. 🖭 GB
fermé 30 juin au 20 juil., 1ᵉʳ au 20 janv., dim. soir et lundi – **Repas** 15,70/46, enf. 11 – ⌂ 7 – **10 ch** 41/56 – ½ P 46/49.
♦ Deux maisons de village dont une abritant de spacieuses chambres actuelles et insonorisées. Une base idéale de randonnées vers le Grand Signal des Voirons. Restaurant mirustique, mi-bourgeois décoré avec soin ; cuisine classique à base de produits du terroir.

Les prix
Pour toutes précisions sur les prix indiqués dans ce guide,
reportez-vous aux pages explicatives.

BORDEAUX

P *33000 Gironde* ▣▣▣ **H5** *G. Aquitaine - 215 363 h. - Agglo. 753 931 h - alt. 4.*
Paris 579 ① – Lyon 537 ② – Nantes 323 ① – Strasbourg 970 ① – Toulouse 244 ⑤

Carte de voisinage	p. 2
Plans de Bordeaux	
Agglomération	p. 4 et 5
Bordeaux Centre	p. 6 et 7
Répertoire des rues	p. 8 et 9
Nomenclature des hôtels et des restaurants	p. 3 et 9 à 12

OFFICES DE TOURISME

12 cours du 30 Juillet ℘ 05 56 00 66 00, Fax 05 56 00 66 01, à la gare St-St-Jean ℘ 05 56 91 64 70 otb@bordeaux-tourisme.com.

Maison du vin de Bordeaux (Informations, dégustations) (fermé week-ends mi oct. à mi mai) 1 cours 30 Juillet ℘ 05 56 00 22 66, Fax 05 56 00 99 30 **DX**, *clvb@vins-bordeaux.fr*

RENSEIGNEMENTS PRATIQUES

TRANSPORTS
Auto-train ℘ 08 36 35 35 35.

AÉROPORT
Bordeaux : ℘ 05 56 34 50 50, **AU** *: 11 km.*

QUELQUES GOLFS
▤ *de Bordeaux Lac ℘ 05 56 50 92 72, N : 5km par D209* **BT**
▤ *du Médoc ℘ 05 56 70 11 90 par* ⑨ *: 16km*
▥ *de Pessac ℘ 05 57 26 03 33, SO : 16 km par N250*

DÉCOUVRIR

BORDEAUX DU 18e S.
Grand théâtre★★ *- Place de la Comédie - Place Gambetta - Cours de l'intendance - Église Notre-Dame*★ **DX** *- Place de la Bourse*★★ *- Place du Parlement*★ *- Basilique St-Michel*★
Porte de la Grosse Cloche★ **EY**
Fontaines★ *du monument aux Girondins, Esplanade des Quinconces*

QUARTIER DES CHARTRONS

Entrepôts de vins - Balcons★ du cours Xavier-Arnozan- Entrepôt Lainé★★ : musée d'Art contemporain★ BU M²

Musée des Chartrons BU M⁵ - Croiseur Colbert★★.

QUARTIER PEY BERLAND

Cathédrale St-André★ - Hôtel de ville DY H - ≤★★ de la tour Pey Berland★ DY Q.

Musée : Beaux-Arts★ DY M⁴ , Aquitaine★★ DY M¹ Arts décoratifs★ DY M³.

BORDEAUX CONTEMPORAIN

Quartier Mériadeck CY : espaces verts, immeubles en verre et béton (Caisse d'Épargne, Bibliothèque, Hôtel de Région, Hôtel des Impôts).

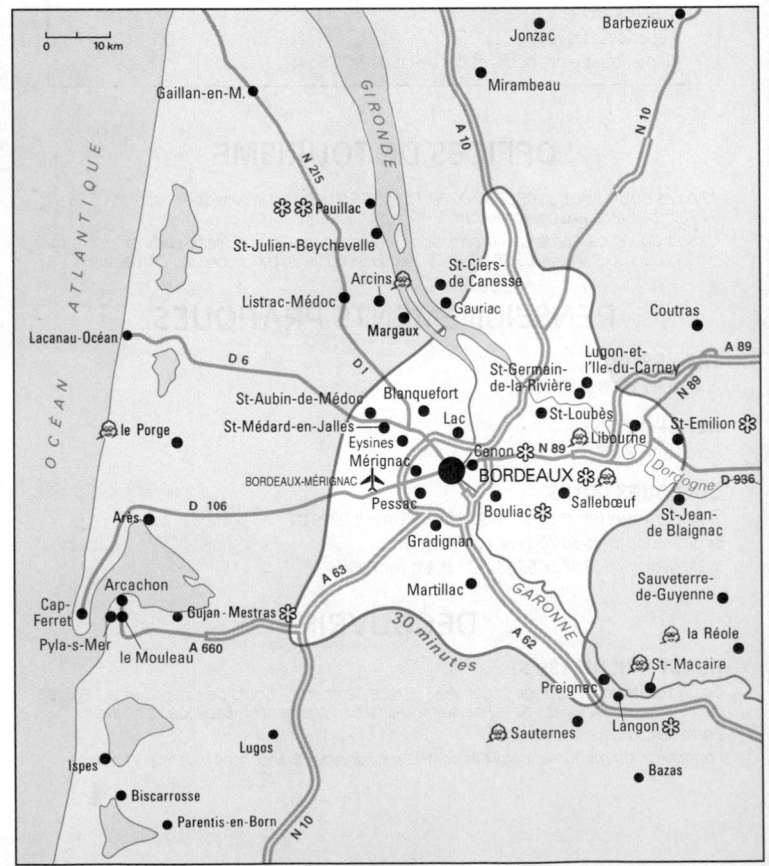

🏨 **Burdigala**, 115 r. G. Bonnac   🕿 05 56 90 16 16,   *burdigala@burdigala.com*, *Fax 05 56 93 15 06* – 🖥 🗣 ▣ 🔲 ✆ ₺ 🚗 – 🏛 25 à 100. 🖭 ⓿ 🆖 🔲   p. 6 **CX** r
Jardin de Burdigala : Repas *(26)*-32, enf. 16 – ☞ 17 – **68 ch** 170/260, 8 suites, 7 duplex.
♦ Meubles de styles ou contemporains, matériaux nobles, équipements dernier cri... Les chambres de ce luxueux hôtel parfaitement insonorisé, respirent l'élégance et la sérénité. Au Jardin de Burdigala, salle en rotonde raffinée avec fontaine et puits de lumière.

🏨 **Mercure Cité Mondiale** 🦢, 18 parvis des Chartrons   🕿 05 56 01 79 79, *h2877@accor.h otels.com*, *Fax 05 56 01 79 00*, 🎑 – 🖥 🗣 ▣ 🔲 ✆ ₺ – 🏛 25 à 800. 🖭 ⓿ 🆖 🔲 🍴 rest   p. 5 **BU** k
fermé 22 déc. au 5 janv. – *Le 20* restaurant-bar à vins *(fermé vend. soir, sam. et dim.)* Repas *(13)*-et carte environ 25 ⛛ – ☞ 12 – **96 ch** 104/135.
♦ Chambres contemporaines, terrasse dominant tout Bordeaux (où l'on sert le petit-déjeuner en été) et centre de congrès vous attendent dans l'enceinte de la Cité mondiale. Au "20", des dégustations de crus accompagnent des plats "bistrotiers" ; décor chic.

🏨 **Mercure Château Chartrons**, 81 cours St-Louis ✉ 33300   🕿 05 56 43 15 00, *h1810@a ccor-hotels.com*, *Fax 05 56 69 15 21*, 🎑 – 🖥 🗣 ▣ 🔲 ✆ ₺ 🚗 – 🏛 15 à 150. 🖭 ⓿ 🆖   p. 5 **BT** r
Repas *(15)* - 18,50, enf. 7 ⛛ – ☞ 12 – **144 ch** 99/160.
♦ La belle façade du 18ᵉ s., préservée et classée, abritait autrefois des chais. Chambres amples et de bon confort. Amusante plantation de ceps de vigne sur le toit. Cuisine traditionnelle servie dans un décor de type bistrot.

🏨 **Mercure Mériadeck**, 5 r.-Lateulade   🕿 05 56 56 43 43,   *h1281@accor-hotels.com*, *Fax 05 56 96 50 59* – 🖥 🗣 ▣ 🔲 ✆ – 🏛 15 à 150. 🖭 ⓿ 🆖 🔲   p. 6 **CY** v
Repas *(fermé sam., dim. et fériés) (15,50)* - 19, enf. 8,50 ⛛ – ☞ 12 – **192 ch** 100/127.
♦ Décoration sur le thème du 7ᵉ art : affiches, photos et objets cinématographiques omniprésents. Chambres modernes et accueillantes ; salles de séminaires bien équipées. Le restaurant célèbre le festival de Cannes et ses stars ; carte traditionnelle.

🏨 **Novotel Bordeaux-Centre**, 45 cours Mar. Juin   🕿 05 56 51 46 46, *h1023@accor-hotels .com*, *Fax 05 56 98 25 56*, 🎑 – 🖥 🗣 ▣ 🔲 ✆ ₺ – 🏛 80. 🖭 ⓿ 🆖 🔲   p. 6 **CY** m
Repas 17, enf. 8 ⛛ – ☞ 11,50 – **138 ch** 98/105.
♦ Une architecture bien intégrée au quartier Mériadeck, de vastes chambres fonction-nelles régulièrement rafraîchies et une bonne insonorisation caractérisent ce Novotel. Sobre salle de restaurant et terrasse avec vue sur quelques vieux immeubles bordelais.

🏨 **Ste-Catherine** sans rest, 27 r. Parlement Ste-Catherine   🕿 05 56 81 95 12, *quality.bordea ux@wanadoo.fr*, *Fax 05 56 44 50 51* – 🖥 🗣 ▣ 🔲 ✆ – 🏛 40. 🖭 ⓿ 🆖   p. 6 **DX** m
☞ 11,50 – **83 ch** 75/177.
♦ La belle façade de cet édifice du 18ᵉ s. s'élève au coeur du quartier piétonnier. Chambres bien équipées et égayées de tissus colorés. Un puits du 17ᵉ s. orne le bar.

🏨 **Bayonne Etche-Ona** 🦢 sans rest, 4 r. Martignac   🕿 05 56 48 00 88, *bayetche@bordeau x-hotel.com*, *Fax 05 56 48 41 60* – 🖥 🗣 ▣ 🔲 ✆ – 🏛 15 à 35. 🖭 ⓿ 🆖 🔲 🍴 *fermé 22 déc. au 2 janv.* – ☞ 11 – **63 ch** 108/126.   p. 6 **DX** f
♦ Cure de jouvence bénéfique pour cet hôtel occupant deux immeubles du 18ᵉ s. : les chambres, pratiques et de tailles variées, affichent un décor frais et actuel.

🏨 **Normandie** sans rest, 7 cours 30-Juillet   🕿 05 56 52 16 80, *info@hotel-de-normandie-bo rdeaux.com*, *Fax 05 56 51 68 91* – 🖥 ▣ 🔲 ✆ – 🏛 30. 🖭 ⓿ 🆖 🔲   p. 6 **DX** z
☞ 12,50 – **100 ch** 53/214.
♦ Un vaste hall contemporain conduit à des chambres très différentes : design, spacieuses et dotées de balcons aux derniers étages ; plus simples et fonctionnelles ailleurs.

🏨 **Majestic** sans rest, 2 r. Condé   🕿 05 56 52 60 44,   *mail-majestic@hotel-majestic.com*, *Fax 05 56 79 26 70* – 🖥 🗣 ▣ 🔲 ✆. 🖭 ⓿ 🆖 🔲   p. 6 **DX** a
☞ 9 – **49 ch** 70/105.
♦ Chambres sobres mais bien entretenues, salon bourgeois "cosy" et coquette salle des petits-déjeuners ; le tout dans un élégant immeuble du 18ᵉ s. typiquement bordelais.

🏨 **Grand Hôtel Français** sans rest, 12 rue Temple   🕿 05 56 48 10 35, *infos@grand-hotel-f rancais.com*, *Fax 05 56 81 76 18* – 🗣 ✆. 🖭 ⓿ 🆖 🔲   p. 6 **DX** v
35 ch ☞ 87/137.
♦ Demeure du 18ᵉ s. à la façade ornée de balcons en ferronnerie. Salons et escalier ont gardé leur cachet d'origine, tandis que les chambres, confortables, sont plus actuelles.

🏨 **Presse** sans rest, 6 r. Porte Dijeaux   🕿 05 56 48 53 88,   *info@hoteldelapresse.com*, *Fax 05 56 01 05 82* – 🖥 ▣ 🔲 ✆. 🖭 ⓿ 🆖 🔲   p. 6 **DX** k
fermé 25 déc. au 2 janv. – ☞ 8 – **27 ch** 47/84.
♦ Au coeur du secteur piétonnier, façade en pierres de taille abritant un hôtel bien tenu et sobrement décoré. Chambres fonctionnelles. Accès automobile réglementé.

🏨 **Continental** sans rest, 10 r. Montesquieu   🕿 05 56 52 66 00, *continental@hotel-le-contin ental.com*, *Fax 05 56 52 77 97* – 🖥 ▣ 🔲 ✆. 🖭 ⓿ 🆖 🔲   p. 6 **DX** b
fermé 24 déc. au 3 janv. – ☞ 7 – **50 ch** 54/93.
♦ Ancien hôtel particulier du 18ᵉ s. situé à proximité de la galerie des Grands Hommes. Plaisantes chambres aux tons lumineux. Salon "cosy" joliment meublé.

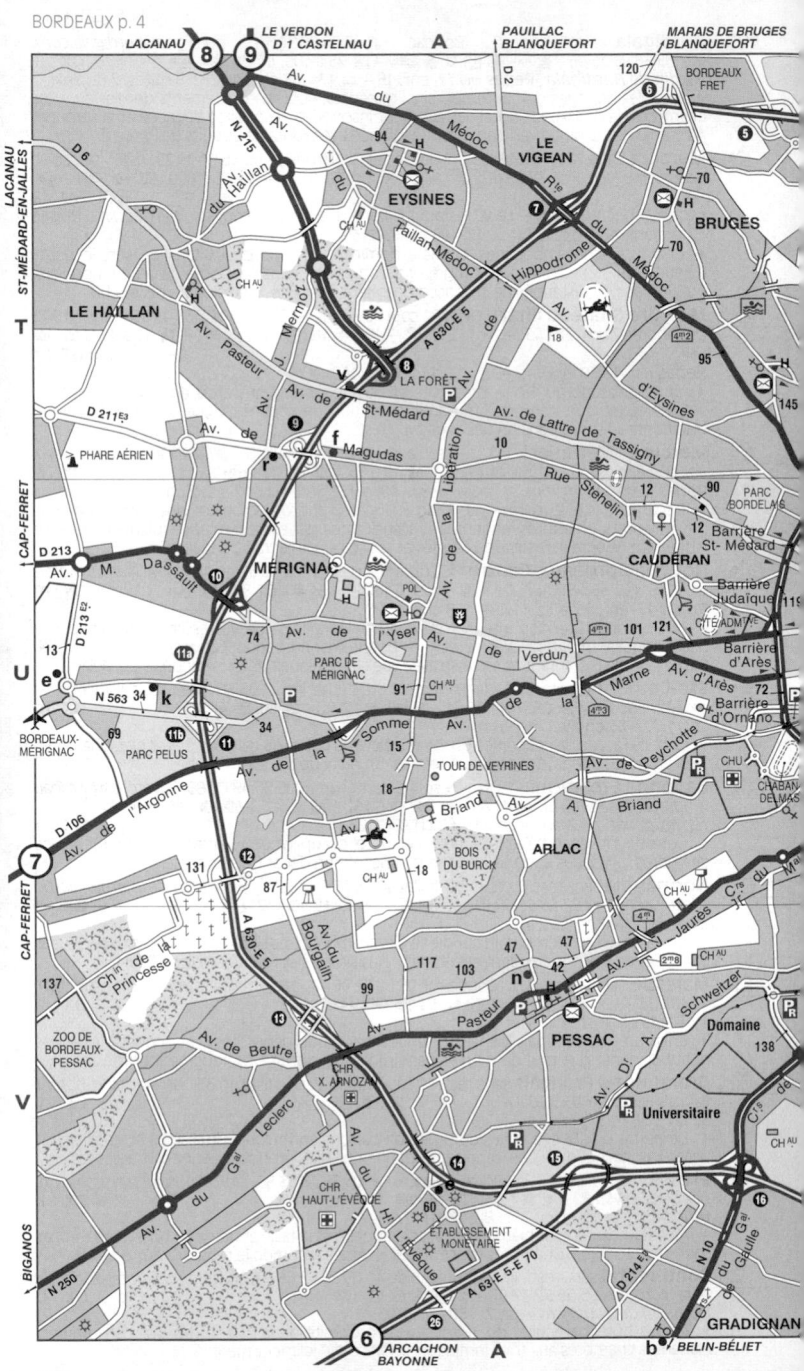

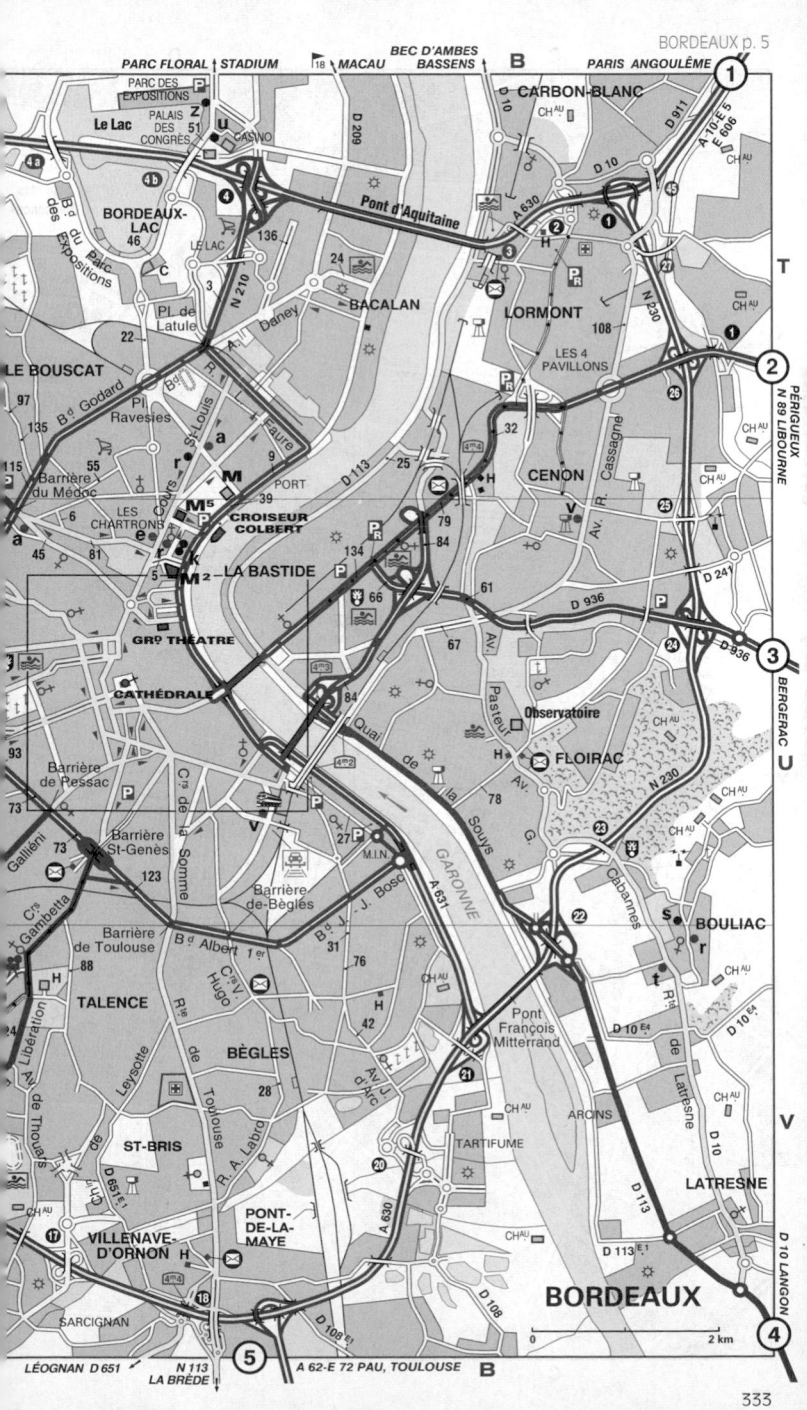

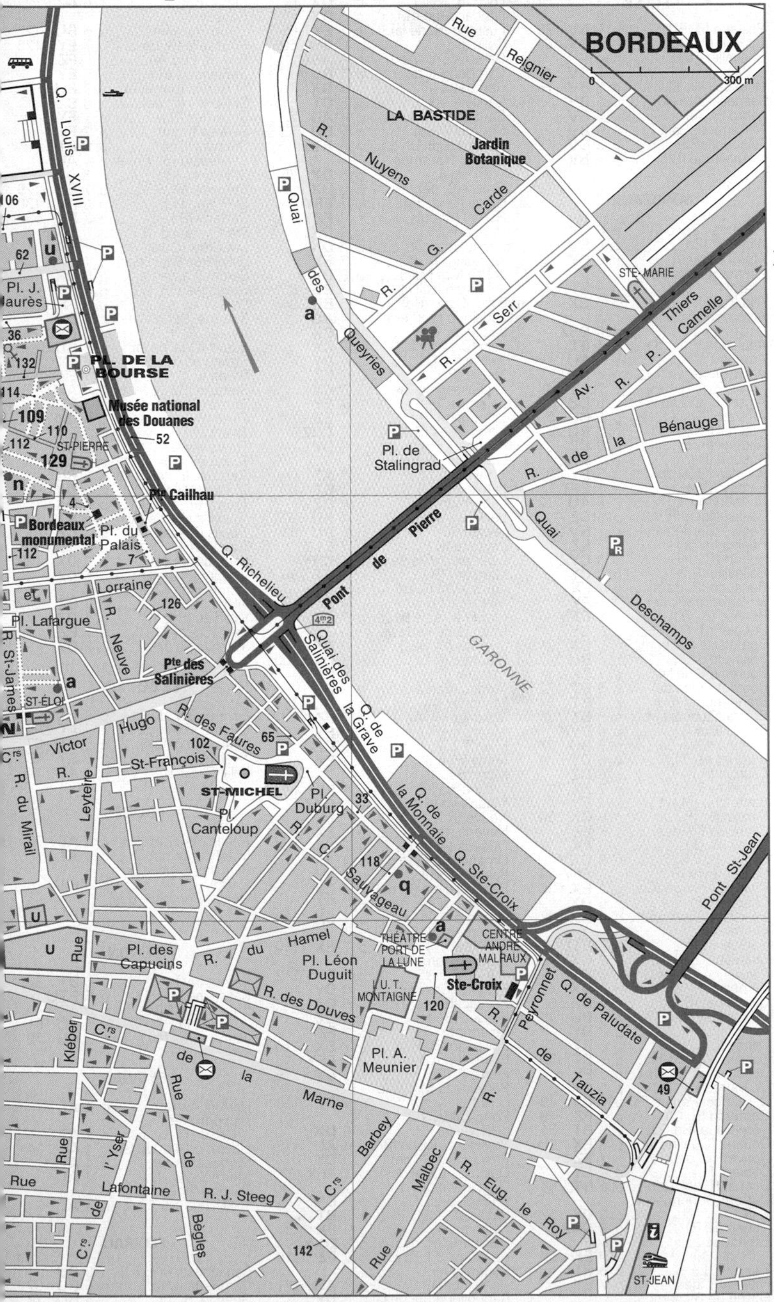

BORDEAUX

0   300 m

LA BASTIDE

Jardin Botanique

Rue Reignier

R. Nuyens

R. Carde

R. G.

Quai des Queyries

R. Serr

R. Av. R. P.

STE-MARIE

R. Thiers

Carnelle

de la Bénauge

Pl. de Stalingrad

Quai de Pierre

Quai Deschamps

GARONNE

E   X

Q. Louis XVIII

06

62

Pl. J. Jaurès

36

132

114

109

110

112   **129**

n

PL. DE LA BOURSE

Musée national des Douanes

52

ST-PIERRE

4

Pte Cailhau

Bordeaux monumental

112

Pl. du Palais

7

Lorraine

126

Pl. Lafargue

Neuve

el

Q. Richelieu

Pont de Pierre

Quai des Salinières

R. St-James

a

ST-ÉLOI

N

Pte des Salinières

Q. de la Grave

Victor Hugo

R. des Faures

65

102

C rs R. Leyteire

St-François

R. du Mirail

ST-MICHEL

Pl. Canteloup

Pl. Duburg

33

Q. de la Monnaie

Q. Ste-Croix

Pont St-Jean

U

Rue

Pl. des Capucins

R. du Hamel

Pl. Léon Duguit

C.

118

Sauvageau

q

a

THÉÂTRE PORT DE LA LUNE

CENTRE ANDRÉ MALRAUX

Ste-Croix

Q. de Paludate

Kléber

C rs

de

Rue

la Marne

R. des Douves

U. T. MONTAIGNE

120

Pl. A. Meunier

R.

Peyronnet

de

R. Tauzia

49

Rue

Rue

de l'Yser

C rs

Lafontaine

R. J. Steeg

Bègles

142

Barbey

C rs

Malbec

Rue

R. Eug. le Roy

ST-JEAN

E   F   Z

Y

335

RÉPERTOIRE DES RUES DU PLAN DE BORDEAUX

BÈGLES

Buisson (R. F.) . . . . p. 5 **BV** 28
Capelle (Av. A.) . . . . p. 5 **BV** 31
Chevalier de la
  Barre (R. du) . . . p. 5 **BV** 42
Guesde (Av. d') . . . . p. 5 **BV** 76
Jeanne d'Arc (Av.) . . . p. 5 **BV**
Labro (R. A.) . . . . . . p. 5 **BV**
Mitterrand (Pont F.) . . p. 5 **BV**
Toulouse (Rte de) . . . p. 5 **BV**
Victor-Hugo (Crs) . . . p. 5 **BV**

BORDEAUX

Abbé-de-l'Épée (R.) . . p. 6 **CX**
Albert-I er (Bd) . . . . . p. 5 **BV**
Albret (Crs d') . . . . . p. 6 **CY**
Aliénor-d'Aquitaine
  (Bd) . . . . p. 5 **BT** 3
Allo (R. R.) . . . . p. 6 **CX**
Alsace et Lorraine
  (Crs d') . . . . . . p. 6 **DEZ**
Aquitaine (Pont d') . . p. 5 **BT**
Arès (Av. d') . . . . . . p. 4 **AU**
Arès (Barrière d') . . . p. 4 **AU**
Argentiers (R. des) . . p. 7 **EY** 4
Argonne (Crs de l') . . p. 6 **DZ**
Arnozan (Crs X.) . . . . p. 5 **BU** 5
Arsenal (R. de l') . . . p. 5 **BU** 6
Audegil (R. F.) . . . . . p. 6 **CZ**
Ausone (Quai de) . . . p. 5 **BT** 7
Bacalan (Quai de) . . . p. 5 **BT** 9
Barbey (Crs) . . . . . . p. 6 **EFZ**
Barthou (Av. L.) . . . . p. 4 **AU** 12
Baysselance (R. A.) . . p. 6 **DZ**
Bègles (Barrière de) . . p. 5 **BV**
Bègles (R. de) . . . . . p. 6 **EZ**
Belfort (R. de) . . . . . p. 6 **CYZ**
Belleville (R.) . . . . . . p. 6 **CY**
Bénauge (R. de la) . . p. 7 **FX**
Bir-Hakeim (Pl. de) . . p. 7 **EY**
Bonnac (R. G.) . . . . . p. 6 **CXY**
Bonnier (R. C.) . . . . . p. 6 **CY**
Bordelaise (Galerie) . . p. 6 **DX** 21
Bosc (Bd J.-J.) . . . . . p. 5 **BU**
Bourse (Pl. de la) . . . p. 7 **EX**
Boutaut (Allée de) . . . p. 5 **BT** 22
Brandenburg (Bd) . . . p. 5 **BT** 24
Brazza (Quai de) . . . . p. 5 **BT** 25
Briand (Crs A.) . . . . . p. 6 **DYZ**
Brienne (Quai de) . . . p. 5 **BU** 27
Burguet (R. J.) . . . . . p. 6 **DY**
Cadroin (R.) . . . . p. 6 **DZ**
Camelle (R. P.) . . . . . p. 6 **FX**
Canteloup (R.) . . . . . p. 7 **EY**
Capdeville (R.) . . . . . p. 6 **CX** 30
Capucins (Pl. des) . . . p. 7 **EZ**
Carde (R. G.) . . . . . . p. 6 **FX**
Carles (R. V.) . . . . . . p. 6 **DXY**
Carpenteyre (R.) . . . . p. 7 **EFY** 33
Chapeau-Rouge (Crs) . p. 7 **EX** 36
Chapelet (Pl. du) . . . . p. 6 **DX**
Chartres (Allées de) . . p. 6 **DX** 37
Chartrons
  (Quai des) . . . . p. 5 **BTU** 39
Château-d'Eau (R. du) p. 6 **CXY** 40
Clemenceau (Crs G.) . p. 6 **DX**
Comédie (Pl. de la) . . p. 6 **DX** 43
Costedoat (R. Ed.) . . . p. 6 **DZ**
Croix de Seguey (R.) . p. 5 **BU** 45
Cursol (R. de) . . . . . p. 6 **DY**
Daney (Bd) . . . . p. 5 **BT**
Dassault (Av. M.) . . . p. 5 **BT** 46
Deschamps (Quai) . . . p. 7 **FY**
Dr. Barraud (R. A.) . . p. 6 **CX**
Dr. Nancel-Pénard (R.) p. 6 **CX** 48
Domercq (R.) . . . . . . p. 7 **FZ** 49
Domergue (Bd G.) . . . p. 5 **BT** 51
Douane (Quai de la) . . p. 7 **EX** 52
Douves (R. des) . . . . p. 7 **EZ**
Duburg (Pl.) . . . . p. 7 **EY**
Duché (R. des Gén.) . . p. 5 **BT** 55
Duffour-Dubergier
  (R.) . . . . p. 6 **DY** 57
Duhen (R. P.) . . . . . . p. 6 **CDZ**
Esprit des Lois
  (R. de l') . . . . . p. 7 **EX** 62
Faure (R. L.) . . . . . . p. 5 **BT**
Faures (R. des) . . . . . p. 7 **EY**
Ferme de Richemont
  (Pl. de la) . . . . . p. 6 **DY** 63

Foch (R. Mar.) . . . . . p. 6 **DX** 64
Fondaudège (R.) . . . . p. 6 **DX**
Fusterie (R. de la) . . . p. 7 **EY** 65
Galin (R.) . . . . p. 6 **BU** 66
Gallieni (Crs Mar.) . . . p. 5 **ABU**
Gambetta (R.) . . . . . p. 6 **BUV**
Gambetta (R.) . . . . . p. 6 **DX**
Gaulle (Espl. Ch.-de) . p. 6 **CY**
Gautier (Bd A.) . . . . . p. 4 **AU** 72
George-V (Bd) . . . . . p. 5 **BU** 73
Godard (Bd) . . . . p. 5 **BT**
Grands-Hommes
  (Pl. des) . . . . . . p. 6 **DX** 75
Grassi (R. de) . . . . . . p. 6 **DX**
Grave (Quai de) . . . . p. 7 **EFY**
Hamel (R.) . . . . p. 7 **EZ**
Huguerie (R.) . . . . . . p. 6 **DX**
Intendance (Crs de l') . p. 6 **DX**
Jean-Jaurès (Pl.) . . . . p. 7 **EX**
Joffre (Crs Mar.) . . . . p. 6 **DY**
Johnston (R. D.) . . . . p. 5 **BU** 81
Joliot-Curie (Bd) . . . . p. 5 **BU** 84
Judaïque (Barrière) . . p. 4 **AU**
Judaïque (R.) . . . . . . p. 6 **CX**
Juin (Crs Mar.) . . . . . p. 6 **CY**
Jullian (Pl. C.) . . . . . p. 6 **DY**
Kléber (R.) . . . . p. 7 **EZ**
Lachassaigne (R.) . . . p. 6 **CX**
Lafargue (Pl.) . . . . . . p. 7 **EY**
Lafontaine (R.) . . . . . p. 7 **EZ**
Lamourous (R. de) . . . p. 6 **CDZ**
Lande (R. P. L.) . . . . p. 6 **DY**
Lattre-de-Tassigny
  (Av. de) . . . . . . p. 4 **AT**
Latule (Pl. de) . . . . . p. 5 **BT**
Leberthon (R.) . . . . . p. 6 **DZ**
Leclerc (Av. Gén.) . . . p. 4 **AU** 90
Leclerc (Bd Mar.) . . . p. 5 **BU** 93
Leyteire (R.) . . . . . . p. 7 **EYZ**
Libération (Crs de la) . p. 6 **CDY**
Lombard (R.) . . . . . . p. 5 **BT** 96
Louis XVIII (Quai) . . . p. 7 **EX**
Malbec (R.) . . . . p. 7 **FZ**
Marne (Crs de la) . . . p. 7 **EYZ**
Martyrs-de-la-Résis-
  tance (Pl. des) . . . p. 6 **CX**
Mautrec (R.) . . . . . . p. 6 **DX** 100
Mazarin (R.) . . . . . . p. 6 **DX**
Médoc (Barrière du) . . p. 5 **BU**
Mérignac (Av. de) . . . p. 4 **AU** 101
Meunier (Pl. A.) . . . . p. 7 **FZ**
Meynard (Pl.) . . . . . . p. 7 **EY** 102
Mie (R. L.) . . . . p. 6 **CZ**
Mirail (R. du) . . . . . . p. 7 **EY**
Monnaie
  (Quai de la) . . . . p. 7 **FY**
Mouneyra (R.) . . . . . p. 6 **CYZ**
Neuve (R.) . . . . p. 7 **EY**
Nuyens (R.) . . . . p. 7 **FX**
Orléans (Allée d') . . . p. 7 **EX** 106
Ornano (Barrière d'). . p. 4 **AU**
Palais (Pl. du) . . . . . . p. 7 **EY**
Palais Gallien (R. du) . p. 6 **CX**
Paludate (Quai de) . . . p. 7 **FZ**
Parlement (Pl. du) . . . p. 7 **EX** 109
Parlement St-Pierre
  (R. du) . . . . p. 7 **EX** 110
Pas St-Georges
  (R. du) . . . . p. 7 **EXY** 112
Pasteur (Crs de) . . . . p. 6 **DY**
Pessac (Barrière de) . . p. 6 **CZ**
Pessac (R. de) . . . . . p. 6 **CZ**
Peyronnet (R.) . . . . . p. 7 **FZ**
Philippart (R. F.) . . . . p. 7 **EX** 114
Pierre (Pont de) . . . . p. 7 **EFY**
Pierre-I er (Bd) . . . . . p. 5 **BT** 115
Porte de la Monnaie
  (R.) . . . . p. 7 **FY** 118
Porte-Dijeaux
  (R. de la) . . . . . p. 6 **DX**
Président-Wilson (Bd) . p. 4 **AU** 119
Pressensé (Pl. de) . . . p. 6 **DY**
Queyries (Quai des). . . p. 7 **EFX**
Quinconces
  (Espl. des) . . . . . p. 6 **DX**
Ravesies (Pl.) . . . . . . p. 5 **BT**
Reignier (R.) . . . . . . p. 7 **FX**
Remparts (R. des) . . . p. 6 **DXY**
Renaudel (Pl. P.) . . . . p. 7 **FZ** 120
République
  (Av. de la) . . . . . p. 4 **AU** 121
République (Pl. de la) . p. 6 **DY**
Richelieu (Quai) . . . . p. 7 **EY**

Rioux (R. G.) . . . . . . p. 6 **DZ**
Roosevelt
  (Bd Franklin) . . . . p. 5 **BU** 123
Rousselle (R. de la) . . p. 7 **EY** 126
Roy (R. Eug. le) . . . . p. 7 **FZ**
St-François (R.) . . . . . p. 7 **EY**
St-Genès (Barrière) . . p. 5 **BU**
St-Genès (R. de) . . . . p. 6 **DZ**
St-James (R.) . . . . . . p. 7 **EY**
St-Jean (Pont) . . . . . p. 7 **FY**
St-Louis (Crs) . . . . . . p. 5 **BT**
St-Médard (Barrière) . . p. 4 **AU**
St-Nicolas (R.) . . . . . p. 6 **DZ**
St-Pierre (Pl.) . . . . . . p. 7 **EX** 129
St-Projet (Pl.) . . . . . . p. 7 **DX** 130
St-Rémi (R.) . . . . p. 7 **EX** 132
Ste-Catherine (R.) . . . p. 6 **DXY**
Ste-Croix (Quai) . . . . p. 7 **FY**
Salinières (Quai des) . . p. 7 **EY**
Sarget (Passage) . . . . p. 6 **DX** 133
Sauvageau (R. C.) . . . p. 7 **EFY**
Serr (R.) . . . . p. 7 **FX**
Somme (Crs de la) . . . p. 6 **DZ**
Sourdis (R. F. de) . . . p. 6 **CYZ**
Souys (Quai de la) . . . p. 5 **BU**
Stalingrad (Pl. de) . . . p. 7 **FX**
Steeg (R. J.) . . . . . . p. 7 **EZ**
Stehelin (R.) . . . . . . p. 4 **ATU**
Tauzia (R. des) . . . . . p. 7 **FZ**
Thiac (R.) . . . . p. 6 **CX**
Thiers (Av.) . . . . p. 7 **FX**
Thiers (R.) . . . . p. 5 **BU** 134
Tondu (R. du) . . . . . . p. 6 **CZ**
Toulouse (Barrière de) . p. 5 **BU**
Tourny (Allée de) . . . . p. 6 **DX**
Tourny (Pl. de) . . . . . p. 6 **DX**
Tourville (Av. de) . . . . p. 5 **BT** 136
Treuils (R. des) . . . . . p. 6 **CZ**
Turenne (R.) . . . . . . p. 6 **CDX**
Verdun (Crs de) . . . . p. 6 **DX** 139
Victoire (Pl. de la) . . . p. 7 **EY**
Victor-Hugo (Crs) . . . p. 7 **EY**
Vilaris (R.) . . . . p. 7 **EZ** 142
Villedieu (R.) . . . . . . p. 6 **DZ**
Yser (Crs de l') . . . . . p. 7 **EZ**
3-Conils (R. des) . . . . p. 6 **DY**

LE BOUSCAT

Eysines (Av. d') . . . . p. 4 **AT**
Libération (Av. de la) . p. 4 **AT** 95
Louis-Blanc (Crs) . . . p. 4 **BT** 97
Tivoli (Av. de) . . . . . p. 4 **BT** 135
Zola (R. E.) . . . . p. 4 **AT** 145

BRUGES

Gaulle (Av. Gén.-de) . . p. 4 **AT** 70
Médoc (Rte du) . . . . . p. 4 **AT**
Parc des Expositions
  (Bd) . . . . p. 5 **BT**
Quatre-Ponts (R. des)
  . . . . p. 4 **AT** 120

CENON

Carnot (Av.) . . . . . . p. 5 **BT** 32
Cassagne (Av. R.) . . . p. 5 **BTU**
Entre-Deux-Mers
  (Bd de l') . . . . . . p. 5 **BU** 61
Jean-Jaurès (Av.) . . . p. 5 **BU** 79

EYSINES

Haillan (Av. du) . . . . p. 4 **AT**
Hippodrome
  (Av. de l') . . . . . p. 4 **AT**
Libération (Av. de la) . p. 4 **AT** 94
Médoc (Av. du) . . . . p. 4 **AT**
Mermoz (Av. J.) . . . . p. 4 **AT**
Taillan-Médoc
  (Av. du) . . . . . . p. 4 **AT**

FLOIRAC

Cabannes (Av. G.) . . . p. 5 **BU**
Gambetta (Crs) . . . . . p. 5 **BU** 67
Guesde (R. J.) . . . . . p. 5 **BU** 78
Pasteur (Av.) . . . . . . p. 5 **BU**

GRADIGNAN

Gaulle (Crs Gén.-de) . . p. 4 **AV**

LE HAILLAN

Pasteur (Av.) . . . . p. 4 **AT**

LARESNE

Latresne (Rte de) . . . p. 5 **BV**

LORMONT

Paris (Rte de) . . . . . . p. 5 **BT** 108

MERIGNAC

Argonne (Av. de l') . . . p. 4 **AU**
Barbusse (Av. H.) . . . . p. 4 **AT** 10
Beaudésert (Av. de) . . . p. 4 **AV** 13
Belfort (Av. de) . . . . . p. 4 **AU** 15
Bon-Air (Av.) . . . . p. 4 **AU** 18
Briand (Av. A.) . . . . . . p. 4 **AU**

Cassin (Av. R.) . . . . . p. 4 **AU** 34
Dassault (Av. M.) . . . . p. 4 **AU**
Garros (Av. Rolland) . . p. 4 **AU** 69
Gouraud (Pl. du Gén.) p. 4 **AU** 74
Kaolack (Av. de) . . . . p. 4 **AU** 87
Leclerc (Av. Mar.) . . . p. 4 **AU** 91
Libération
  (Av. de la) . . . . p. 4 **AU**
Magudas (Av. de) . . . . p. 4 **AT**
Marne (Av. de la) . . . . p. 4 **AU**
Peychotte (Av. de) . . . p. 4 **AU**
Princesse
  (Chemin de la) . . . p. 4 **AV**
Somme (Av. de la) . . . p. 4 **AU**
St-Médard (Av. de) . . . p. 4 **AT**
Souvenir (Av. du) . . . . p. 4 **AU** 131
Verdun (Av. de) . . . . . p. 4 **AU**
Yser (Av. de l') . . . . . . p. 4 **AU**

PESSAC

Beutre (Av. de) . . . . . p. 4 **AV**
Bourgailh (Av. du) . . . p. 4 **AV**
Dr Nancel-Penard
  (Av.) . . . . p. 4 **AV** 47
Dr Schweitzer
  (Av. A.) . . . . p. 4 **AV**

Eiffel (Av. Gustave) . p. 4 **AV** 60
Haut-l'Évêque
  (Av. du) . . . . p. 4 **AV**
Jaurès (Av. J.) . . . . . . p. 4 **AV**
Leclerc
  (Av. du Gén.) . . . . . p. 4 **AV**
Madran (R. de) . . . . . p. 4 **AV** 99
Montagne (R. P.) . . . . p. 4 **AV** 103
Pasteur (Av.) . . . . p. 4 **AV**
Pont de l'Orient
  (Av. du) . . . . p. 4 **AV** 117
Transvaal (Av. du) . . . p. 4 **AV** 137

TALENCE

Gambetta (Crs) . . . . . p. 5 **BV**
Lamartine (R.) . . . . . . p. 5 **BV** 88
Libération
  (Crs de la) . . . . p. 5 **BV**
Roul (Av.) . . . . p. 5 **BV** 124
Thouars (Av. de) . . . . p. 5 **BV**
Université (Av. de l') . . p. 4 **AV** 138

VILLENAVE-D'ORNON

Leysotte (Chemin de) p. 5 **BV**
Toulouse (Rte de) . . . p. 5 **BV**

🏠 **Maison du Lierre** sans rest, 57 rue Huguerie ℘ 05 56 51 92 71, *infos@maisondulierre.com*, Fax 05 56 79 15 16 – 📺. ⚘

⚬ 6 – **12 ch** 61/73.
p. 6 **CX** h
fermé 17 déc. au 23 janv. –

 ♦ Cette jolie demeure doit son nom au lierre centenaire planté dans le patio. Chambres un peu menues mais coquettes (mobilier chiné), petit-déjeuner maison et accueil charmant.

🏠 **Quatre Soeurs** sans rest, 6 cours 30-Juillet ℘ 05 57 81 19 20, *4soeurs@mailcity.com*, Fax 05 56 01 04 28 – 🛗 🗎 📺 📞. 🕮 ⓞ
p. 6 **DX** s
⚬ 8 – **34 ch** 60/90.

 ♦ Richard Wagner séjourna dans cet hôtel en mai 1850. Chambres à la décoration personnalisée, bonne isolation phonique et situation centrale pour une étape bordelaise pratique.

🏠 **Opéra** sans rest, 35 r. Esprit des Lois ℘ 05 56 81 41 27, *hotel.opera.bx@wanadoo.fr*, Fax 05 56 51 78 80 – 🛗 📺 📞. 🕮. ⚘
p. 6 **DX** n
fermé 24 déc. au 2 janv. – ⚬ 6 – **27 ch** 35,50/52,50.

 ♦ Hôtel familial logé dans un immeuble du 18ᵉ s. tout en hauteur. Couloirs, moquettes, voilages et literie sont neufs. Petites chambres simples, mansardées au dernier étage.

🏠 **Notre-Dame** sans rest, 36 r. Notre-Dame ℘ 05 56 52 88 24, *hotelnotredame@free.fr*, Fax 05 56 79 12 67 – 📺 📞. 🕮 ⓞ 🕮 🕮
p. 5 **BU** k
⚬ 5,90 – **21 ch** 38,50/47,70.

 ♦ Les amateurs d'antiquités choisiront cette petite adresse établie dans le quartier où fourmillent les boutiques d'objets et meubles anciens. Chambres pratiques à prix doux.

XXXX **Chapon Fin**, 5 r. Montesquieu ℘ 05 56 79 10 10, *tmarx2@wanadoo.fr*, ✿ Fax 05 56 79 09 10 – 🗎. 🕮 ⓞ 🕮 🕮
p. 6 **DX** p
fermé 1ᵉʳ au 23 août, dim. et lundi – **Repas** 27 (déj.), 48/76 et carte 74 à 90 ♀.

 ♦ Véritable institution bordelaise que les gourmets fréquentent principalement pour sa cuisine, et aussi pour l'original décor de rocaille 1900 ornant la salle à manger.
Spéc. Foie gras de canard confit. Bar aux noix de pécan (sauf hiver). Canon d'agneau farci au beurre de sauge (sauf hiver). **Vins** Graves blanc, Pauillac.

XXX **Pavillon des Boulevards** (Franc), 120 r. Croix de Seguey ℘ 05 56 81 51 02, *pavillon.des .boulevards@wanadoo.fr*, Fax 05 56 51 14 58, ✿ – 🗎. 🕮 ⓞ 🕮
p. 5 **BU** a
✿ fermé 9 au 30 août, 1ᵉʳ au 8 janv., lundi midi, sam. midi et dim. – **Repas** 58/80 et carte 70 à 90 ♀.

 ♦ Des ustensiles de cuisine fixés sur les murs composent l'étonnant décor de cette salle à manger contemporaine ouverte sur une belle et verdoyante terrasse. Cuisine inventive.
Spéc. Foie gras de canard à la vanille. Liégeois de caviar d'Aquitaine, homard à la crème de châtaignes. Côte de veau de Bazas rôtie. **Vins** Pessac-Léognan, Saint-Julien.

XXX **Jean Ramet**, 7 pl. J. Jaurès ℘ 05 56 44 12 51, *jean.ramet@free.fr*, Fax 05 56 52 19 80 – ✿ 🗎. 🕮 🕮
p. 7 **EX** u
fermé 7 au 30 août, 2 au 12 janv., 11 au 19 avril, dim. et lundi – **Repas** 28 (déj.), 45/56 et carte 56 à 80 ♀.

 ♦ Les Bordelais aiment à se retrouver autour d'une cuisine classique dans ce restaurant des bords de Garonne égayé de tons ensoleillés en harmonie avec tentures et mobilier.
Spéc. Terrine de foie gras au pain d'épices. Poêlée de Saint-Jacques, sauce moussante au foie gras (nov. à fév.). "Tapas" de fruits rouges (mai à oct.). **Vins** Graves, Saint-Estèphe.

XXX **Vieux Bordeaux**, 27 r. Buhan 🖉 05 56 52 94 36, *Fax 05 56 44 25 11*, 🌣 – 🗐. 🖭 ⓞ 🖼
fermé 2 au 23 août, 21 fév. au 7 mars, lundi midi, sam. midi, dim. et fériés – **Repas** *(18 bc)* –
27/47 et carte 50 à 70, enf. 10.   p. 7 **EY a**
   ◆ Restaurant disposant de deux salles à manger rustiques rehaussées de touches contemporaines, dont une ouverte sur un agréable patio. Généreuse cuisine classique.

XXX **L'Alhambra**, 111bis r. Judaïque 🖉 05 56 96 06 91, *Fax 05 56 98 00 52* – 🗐. 🖼
fermé 25 juil. au 20 août, sam. midi, dim., lundi midi et fériés – **Repas** 18 (déj.), 27/37 et
carte 40 à 53 ♀.   p. 6 **CX e**
   ◆ Adresse plaisamment agencée à la façon d'un jardin d'hiver ; coloris verts et confortable
mobilier en rotin. Les plats traditionnels flattent les palais de l'Alhambra.

XX **Les Cinq Sens**, 26 r. Pas St-Georges 🖉 05 56 52 84 25, *Fax 05 56 51 93 25* – 🗐. 🖼
🖼   p. 7 **EX n**
fermé 10 au 24 août, lundi midi, sam. midi et dim. – **Repas** (prévenir) 20 (déj.), 35/65 ♀.
   ◆ Cette maison du vieux Bordeaux abrite une petite salle agrémentée de couleurs vives et
d'objets contemporains. Les recettes dans l'air du temps éveillent les cinq sens.

XX **Table Calvet**, 81 cours du Médoc 🖉 05 56 39 62 80, *latablecalvet@calvet.com*,
Fax 05 56 39 62 80, 🌣 – 🗐. 🖭 🖼. ✍   p. 5 **BT a**
fermé 1er au 22 août, 1er au 9 janv., sam. midi, lundi soir et dim. – **Repas** 21 (déj.), 25/45 bc ♀.
   ◆ La maison Calvet - négoce de vin - a ouvert un restaurant pour gourmets : la cuisine,
inspirée et évoluant au gré des saisons, est servie dans le joli cadre d'un ancien chai.

XX **Tupina**, 6 r. Porte de la Monnaie 🖉 05 56 91 56 37, *latupina@latupina.com*,
Fax 05 56 31 92 11 – 📑. 🖭 ⓞ 🖼
Repas *(16)* - 32 bc (déj.)/48 ♀ 🌣.   p. 7 **FY q**
   ◆ Ambiance décontractée dans cette maison à l'atmosphère champêtre. Plats du Sud-
Ouest rôtis dans la cheminée ou mijotés sur le fourneau, comme autrefois. Belle carte des
vins.

XX **Gravelier**, 114 cours Verdun 🖉 05 56 48 17 15, *Fax 05 56 51 96 07* – 🗐. 🖭 ⓞ
🖼   p. 5 **BU r**
fermé 31 juil. au 30 août, sam. et dim. – **Repas** 20 (déj.), 25/32 ♀.
   ◆ Mobilier épuré en teck et zinc, couleurs chaleureuses (aubergine, vert anis, orange) : un
décor - "zen" et convivial - très réussi. Cuisine inventive soignée.

XX **L'Oiseau Bleu**, 65 cours Verdun 🖉 05 56 81 09 39, *Fax 05 56 81 09 39* – 🗐.
🖼   p. 5 **BU e**
fermé 26 juil. au 16 août, 2 au 9 janv., sam. midi, dim. et fériés – **Repas** 17 (déj.)/33 ♀.
   ◆ Petit bistrot estimé pour sa coquette salle à manger un brin "rétro" : miroirs, banquettes, étagères en cuivre et exposition de tableaux. Cuisine au goût du jour.

X **Café du Théâtre**, pl. Renaudel ✉ 33300 🖉 05 57 95 77 20, *e.rene@jm-amat.com*,
Fax 05 57 95 65 91, 🌣 – 🖭 🖼   p. 7 **FZ a**
fermé 25 juil. au 17 août, dim. et lundi – **Repas** 30 (déj.), 38/40 ♀.
   ◆ Décor contemporain (à dominante noire), mobilier design, long comptoir en pierre,
petite terrasse ombragée et courte carte régionale : une adresse séduisante et "tendance".

X **l'Estaquade**, quai Queyries 🖉 05 57 54 02 50, *jm@lestacade.com*, *Fax 05 57 54 02 51*,
≤ vieux Bordeaux, 🌣 – 🖼   p. 7 **EX a**
fermé 24 au 31 déc. – **Repas** 15 (déj. en semaine)et carte 36 à 56.
   ◆ Postée sur la Garonne, cette insolite construction sur pilotis contemple le vieux Bordeaux. Décor volontairement épuré et cuisine du monde : une adresse très prisée !

X **L'Adresse**, 53 r. Lafaurie de Monbadon 🖉 05 56 79 73 62   p. 6 **DX r**
fermé août, sam. midi, lundi soir et dim. – **Repas** 12 (déj.), 25/35 ♀.
   ◆ Verrière, murs en pierre, tableaux contemporains et éléments décoratifs africains font
de cette salle une sympathique Adresse. Carte plus étoffée au dîner ; cuisine de saison.

X **L'Olivier du Clavel**, 44 r. C. Domercq (face gare St-Jean) 🖉 05 57 95 09 50, *fgclavel@wan*
adoo.fr, Fax 05 56 92 15 28 – 🗐. 🖭 ⓞ 🖼   p. 5 **BU v**
fermé août, 2 au 10 janv., sam. midi, lundi et dim. – **Repas** *(16 bc)* - 19 (déj.)/28 ♀.
   ◆ La carte de ce bistrot propose des recettes du marché, toutes préparées à base de
différents crus d'huiles d'olive. Propret décor ensoleillé et tables simplement dressées.

X **Croc-Loup**, 35 r. Loup 🖉 05 56 44 21 19, *crocloup@free.fr* – 🖼   p. 6 **DY n**
fermé 3 au 30 août, dim. et lundi – **Repas** 14 (déj.), 26/32, enf. 7 🌣.
   ◆ Restaurant de poche situé à proximité de la cathédrale St-André. On y sert une cuisine
traditionnelle et parfois du baliste, poisson tropical pêché dans le bassin d'Arcachon.

à Bordeaux-Lac *(près parc des expositions)* – ✉ 33300 Bordeaux :

🏨 **Sofitel Aquitania**, av. J. G. Domergue 🖉 05 56 69 66 66, *h0669@accor-hotels.com*,
Fax 05 56 69 66 00, 🌣 – 📹 🖵 ☎ 🚗 ₱ – 🔔 15 à 400. 🖭 ⓞ 🖼 🖼   p. 5 **BT u**
***Flore :* Repas** 23/29 🌣 – 🖵 15 – **176 ch** 135/220, 7 suites
   ◆ Complexe hôtelier apprécié de la clientèle d'affaires pour ses espaces de réunion.
Grandes chambres fonctionnelles bien insonorisées. Un casino jouxte l'établissement. Le
Flore offre une vue panoramique sur le lac ; terrasse dressée au bord de la piscine.

Novotel-Bordeaux Lac, av. J. G. Domergue ℘ 05 56 43 65 00, *h0403@accor-hotels.co m*, Fax 05 56 43 65 01, 佘, ユ, 亞 – 濞 埀 블 ▥ ℂ 呂 – 益 15 à 120. 匝 ◑ ☒
ᴊᴄʙ   p. 5 **BT** **z**

Repas carte 22 à 34, enf. 8 ⵌ – ⷒ 11,50 – **175 ch** 93/101.
♦ La proximité du parc des expositions est l'atout majeur de cet hôtel des années 1970. Chambres pratiques, à choisir côté lac. Jardin avec jeux pour les enfants. Salle à manger grande ouverte sur la terrasse dressée près de la piscine.

par la rocade A 630 :

à Blanquefort *Nord, sortie nᵒ 6 : 3 km – 13 901 h. alt. 17 – ⊠ 33290 :*

Les Criquets, 130 av. 11-Novembre (D 210) ℘ 05 56 35 09 24, *hotel-des-criquets@wanad oo.fr*, Fax 05 56 57 13 83, 佘, ⶤ, 亞 – ▥ ℂ 呂 – 益 30. 匝 ◑ ☒
Repas *(fermé dim. soir, sam. midi et lundi)* 17 bc (déj.), 30/62 ⵌ – ⷒ 10 – **21 ch** 69 – ½ P 59,50.
♦ Relais de campagne situé aux portes du vignoble médocain. L'omniprésence du bois et la gaieté des tissus personnalisent joliment les chambres. Agréable salle de restaurant avec poutres et cheminée, et terrasse face au jardin. À table, tradition et terroir.

à Cenon : *Est, sortie nᵒ 25 – 21 283 h. alt. 50 – ⊠ 33150 :*

La Cape (Magie), allée de la Morlette ℘ 05 57 80 24 25, Fax 05 56 32 63 56, 佘 –
☒   p. 5 **BU** **v**
fermé 1ᵉʳ au 23 août, vacances de Noël, sam., dim. et fériés – **Repas** (20) - 28 ⵌ.
♦ Ce discret pavillon abrite deux salles à manger contemporaines et colorées et dispose d'un agréable jardin-terrasse. Belle cuisine inventive et carte de vins de propriétaires.
Spéc. Galette de pieds de cochon. Filet de cabillaud et lomo Iberico poêlés. Roulé de brebis fumé à la confiture de cerises noires.

à Bouliac : *Sud-Est, sortie nᵒ 23 – 3 248 h. alt. 74 – ⊠ 33270 :*

Hauterive et rest. St-James ⶱ, pl. C. Hostein, près église ℘ 05 57 97 06 00, *receptio n@saint-james-bouliac.com*, Fax 05 56 20 92 58, ⷑ Bordeaux, 佘, ユ, 亞 – 濞, 블 ch, ▥
呂 – 益 15. 匝 ◑ ☒ ᴊᴄʙ, ⷇ rest   p. 5 **BU** **s**
Repas *(fermé janv., lundi hors saison et dim.)* (28) - 50 et carte 75 à 100, enf. 18 ⵌ - **Le Bistroy** ℘ 05 57 97 06 06 *(fermé dim.)* **Repas** (16)-22bc (déj.) et carte environ 30 ⵕ – ⷒ 18
– **18 ch** 168/267.
♦ Maison vigneronne du 17ᵉ s. entourée de bâtiments conçus par J. Nouvel et inspirés des séchoirs à tabac. Chambres "zen", très design ; toutes ont vue sur Bordeaux. Cuisine créative et cadre élégant au St-James. Plats du terroir et décor épuré au Bistroy.
Spéc. Fricassée de petits gris à la fleurette d'ail (juil. à sept.). Pigeonneau en crapaudine (août à oct.). Mangue marinée et litchis, crème au gombavas. **Vins** Bordeaux blanc, Côtes de Blaye.

Auberge du Marais, 22 rte de Latresne ℘ 05 56 20 52 17, Fax 05 56 20 98 06, 佘 – 咫.
匝 ◑ ☒   p. 5 **BV** **t**
fermé 2 au 31 août, 20 fév. au 6 mars, dim soir et lundi – **Repas** 13,80 (déj.), 27,50/43, enf. 10,70 ⵌ.
♦ Maison de pays qui, aux beaux jours, propose sa belle terrasse ombragée. À l'intérieur, collection de tableaux modernes. Carte traditionnelle et plats du Sud-Ouest.

Café de l'Espérance, derrière l'Église ℘ 05 56 20 52 16, *Fax 05 56 20 92 58*, 佘 – 匝
☒   p. 5 **BV** **r**
Repas 25/38 ⵌ.
♦ Les nostalgiques du "troquet" de village aimeront ce petit café où l'on refait le monde autour d'un verre ! Cuisine du terroir et grillades suggérées sur tableau noir.

à Martillac *Sud, sortie nᵒ 18, N 113 et rte secondaire : 9 km – 2 020 h. alt. 40 – ⊠ 33650 :*

Sources de Caudalie ⶱ, chemin de Smith Haut-Lafitte ℘ 05 57 83 83 83, *sources@so urces-caudalie.com*, Fax 05 57 83 83 84, 佘, ⷒ, ⷩ, ユ, 亞 – 濞 블 ▥ ℂ 呂 – 益 15 à 40. 匝
◑ ☒, ⷇ ch
⷗ *Grand'Vigne (fermé lundi et mardi)* **Repas** 57, enf. 19 – *Table du Lavoir :* **Repas** (23)-32/52bc ⵌ – ⷒ 20 – **43 ch** 215/450, 6 suites – ½ P 225/288.
♦ Ce domaine incluant un institut de vinothérapie offre luxe, détente et remise en forme au milieu des vignes. Carte actuelle et beau choix de vins au Grand'Vigne, une orangerie du 18ᵉ s. La Table, c'est le lavoir des vendangeuses reconstitué dans un chai.

à Gradignan : *Sud, sortie nᵒ 16 – 22 193 h. alt. 26 – ⊠ 33170 :*

Châlet Lyrique, 169 cours Gén. de Gaulle R. N. 10 ℘ 05 56 89 11 59, *info@chalet-lyrique. fr*, Fax 05 56 89 53 37, ⷒ – ▥ ℂ 咫 – 益 15. 匝 ☒   p. 4 **AV** **b**
Repas *(fermé 31 juil. au 29 août, sam. midi et dim.)* carte 29 à 36 ⵌ – ⷒ 9 – **44 ch** 63/86.
♦ Deux bâtiments de styles différents donnent à cet hôtel, fondé en 1948, un cachet particulier. Chambres diverses en taille et en confort ; demandez-en une rénovée. Le restaurant aménagé dans l'ancien café de village n'a rien perdu de son ambiance locale.

au Sud-Ouest *sortie n° 14, Z.I. Pessac –* ⊠ *33600 Pessac :*

🏨 **Ibis Bordeaux-Pessac,** 8 r. A. Becquerel ℰ 05 56 07 27 84, *h0850-gm@accor-hotels.co
m,* Fax 05 56 36 86 81, 😚 – 📶 ⅏ 🖵 📺 📞 🅿. 🆎 ⓪ 🇬🇧   p. 4   **AV**   **e**
Repas *(12)* - carte 18 à 30, enf. 6 – 🖵 7 – **87 ch** 65.
   ◆ Cette construction cubique de couleur paille jouxte une rocade, mais bénéficie d'une
bonne insonorisation. Les chambres fonctionnelles sont de la "dernière génération" Ibis.
Restaurant décoré à la façon d'un bistrot tendance années 1950 ; courte carte ad hoc.

à Pessac *: Sud-Ouest, sortie n° 13 – 56 143 h. alt. 35 –* ⊠ *33600 :*

🍴🍴 **Le   Cohé,** 8 av. R. Cohé ℰ 05 56 45 73 72, *angelaud.franck@wanadoo.fr,*
Fax 05 56 45 96 39 – 🔳. 🆎 ⓪ 🇬🇧. 🎉   p. 4   **AV**   **n**
fermé 4 au 29 août, dim. soir et lundi – **Repas** *(14,50)* - 18/54.
   ◆ Belle maison ancienne de la ville où l'État fait frapper depuis 1973 les pièces de monnaie.
Salle à manger sobrement contemporaine et cuisine traditionnelle actualisée.

à l'aéroport de Mérignac *: Ouest, sortie n° 11 en venant du Sud, sortie n° 11° en venant du Nord
–* ⊠ *33700 Mérignac :*

🏨 **Mercure Aéroport,** 1 av. Ch. Lindbergh ℰ 05 56 34 74 74, *H1508@accor-hotels.com,*
Fax 05 56 34 30 84, 😚, 🔾 – 📶 ⅏ 🖵 📺 📞 ௧ 🅿. – 🗚 15 à 110. 🆎 ⓪ 🇬🇧   p. 4   **AU**   **e**
Repas *(fermé week-ends et fériés)* 20, enf. 9 🍴 – 🖵 12 – **148 ch** 108/118.
   ◆ Adresse conçue pour une étape reposante entre deux avions. Confortables chambres
bien insonorisées, salon-bar cossu et salles de réunions décorées sur le thème du voyage.
Cuisine traditionnelle servie dans une élégante salle à manger tournée vers la terrasse.

🏨 **Novotel Aéroport,** av. J. F. Kennedy ℰ 05 57 53 13 30, *h0402@accor-hotels.com,*
Fax 05 56 55 99 64, 😚, 🔾, av. J. F. – 📶 ⅏ 🖵 📺 📞 ௧ 🅿. – 🗚 20 à 70. 🆎 ⓪ 🇬🇧 🇬🇧 🆎🇧
Repas *(13,50)* - carte 25 à 35, enf. 8 🍴 – 🖵 11,50 – **137 ch** 99/107.   p. 4   **AU**   **k**
   ◆ Une pinède isole l'hôtel de l'aéroport voisin. Chambres rénovées, conformes au dernier
concept Novotel. Bonne isolation phonique. Aire de jeux extérieure pour les enfants. À
table, cuisine simple axée sur les grillades et agréable vue sur le jardin.

à Mérignac *: Ouest, sortie n° 9 – 61 992 h. alt. 35 –* ⊠ *33700 :*

🏨 **Kyriad Prestige,** 116 av. Magudas ℰ 05 57 92 00 00, *Fax 05 57 92 00 60,* 😚, Ⅰ👫, 🔾 – 📶
🔳 📺 📞 ௧ 🅿 – 🗚 30 à 70. 🆎 ⓪ 🇬🇧 🆎🇧   p. 4   **AT**   **r**
Repas *(fermé dim. sauf de juin à août)* *(15,50)* - 24, enf. 7,50 🍴 – 🖵 9,50 – **75 ch** 91/130.
   ◆ Cet hôtel proche d'un échangeur autoroutier dispose de chambres spacieuses et fonctionnelles. Mobilier soigné et bonne insonorisation. Navettes pour l'aéroport. Buffets froids
ou chauds dressés dans une salle à manger avec cheminée et charpente apparente.

à Eysines *: Ouest, sortie n° 9 – 18 407 h. alt. 15 –* ⊠ *33320 :*

🍴🍴 **Tilleuls,** 205 av. St-Médard à La Forêt ℰ 05 56 28 04 56, *Fax 05 56 28 93 22,* 😚 – 🔳 🅿. 🆎
🇬🇧   p. 4   **AT**   **v**
fermé 21 au 28 fév., 9 au 16 août, sam. midi, dim. soir et lundi – **Repas** 19 *(déj.),* 27/42 🍴.
   ◆ Sympathique adresse où l'on mitonne plats classiques et spécialités régionales. Salle à
manger campagnarde égayée de tons vifs et chaleureux. Jolie terrasse d'été.

Les BORDES 45 Loiret 🔢 L5 – *rattaché à Sully-sur-Loire.*

BORMES-LES-MIMOSAS 83230 Var 🔢 N7 G. Côte d'Azur – 6 324 h alt. 180.

Voir *Site★ – Les vieilles rues★ – ←★ du château.*

🔟 *de Valcros à La Londe-les-Maures* ℰ 04 94 66 81 02, NO : 12 km.

🅱 *Office de tourisme, 1 place Gambetta* ℰ 04 94 01 38 38, Fax 04 94 01 38 39, mail-
@bormeslesmimosas.com.

Paris 871 – Fréjus 57 – Hyères 21 – Le Lavandou 4 – St-Tropez 35 – Toulon 39.

🍴🍴 **Escoundudo** *(Dandine),* 2 ruelle Moulin ℰ 04 94 71 15 53, *Fax 04 94 71 15 53* – 🔳. 🇬🇧
❁   *fermé 15 fév. au 20 mars, le midi en juil.-août, mardi et merc. de sept. à juin –* **Repas**
(nombre de couverts limité, prévenir)(dîner seul. en juil.-août) 35 *(déj.),* 50/65.
   ◆ Restaurant niché dans une pittoresque ruelle du vieux Bormes. Cadre "cosy" mariant
avec bonheur pierres apparentes et mobilier moderne. Belle cuisine méditerranéenne.
Spéc. Calamars farcis aux girolles, vongoles, crevettes et moules. Loup de ligne façon
oursinade. Figues rôties au cassis

🍴 **Lou Portaou,** r. Cubert des Poètes ℰ 04 94 64 86 37, *Fax 04 94 64 81 43,* 😚 – 🔳. 🇬🇧
fermé 15 nov. au 20 déc., lundi soir et mardi hors saison et le midi en saison – **Repas**
(prévenir) 38.
   ◆ Étonnant "restaurant-musée" qui a su préserver l'âme de cette demeure médiévale :
objets et meubles évoquant cette époque sont réunis dans les deux petites salles voûtées.

✕ **Tonnelle,** pl. Gambetta 🛈 04 94 71 34 84, Fax 04 94 01 09 37 – 🔲. 🆖
fermé 12 nov. au 25 déc., merc. et jeudi – **Repas** *(fermé le midi du 1ᵉʳ juil. au 5 sept.) (25)* - 40.
◆ Maison ancienne située à côté de l'Office de tourisme. Salle à manger et véranda portent haut les couleurs du Sud ; une cheminée réchauffe les repas d'hiver.

✕ **Cassole,** ruelle du Moulin 🛈 04 94 71 14 86, Fax 04 94 71 14 86, 🌫 – 🔲. 🆖
fermé 15 nov. au 15 déc., 5 au 20 janv., dim. soir et lundi sauf juil.-août – **Repas** (dîner seul. en juil.-août) 34/50.
◆ Adresse à dénicher dans une venelle pentue de la vieille ville. Plaisante salle à manger en partie voûtée, fraîche et sagement méditerranéenne. Ambiance chaleureuse.

au Sud : *1 km* – ⊠ *83230 Bormes-les-Mimosas* :

🏨 **Domaine du Mirage,** 38 r. Vue-des-Iles 🛈 04 94 05 32 60, resas@domainedumirage.co m, Fax 04 94 64 93 03, ≼ Le Lavandou, 🌫, ᴵₐ, ⌁, ☞, ✕ – 📶 ℅ 🆀 🕻 & ⊜ 🅿. 🆎 ⓪ 🆖. 🕸 rest
fermé 5 nov. au 2 déc. et 3 janv. au 5 fév. – **Repas** 29 (dîner) carte le midi, enf. 10,50 ⵕ – ⵌ 12 – **67 ch** 170/200, 5 suites – ½ P 126/141.
◆ Sur les hauteurs de Bormes, plaisant hôtel entouré d'une végétation luxuriante. Jolies chambres meublées à la mode provençale, avec balcon ou terrasse. Fer forgé, couleurs du Midi et fresque murale composent l'agréable décor de la salle de restaurant.

à la Favière *Sud : 4 km* – ⊠ *83230 Bormes-les-Mimosas* :

🏨 **Plage,** 🛈 04 94 71 02 74, hotel.sarl@wanadoo.fr, Fax 04 94 71 77 22, 🌫, ☞ – 🔲 🆀 🅿. 🆖. 🕸 rest
1ᵉʳ avril-30 sept. – **Repas** 17/25 ⵕ – ⵌ 7 – **45 ch** 56/70 – ½ P 55/62.
◆ Cet hôtel est situé à quelques encablures du cap Bénat et du fort de Brégançon. Les chambres, simplement aménagées, sont égayées de tableaux et bibelots anciens. Restaurant à l'ambiance "pension de famille" et terrasse ombragée avec fontaine provençale.

à Cabasson *Sud : 8 km* – ⊠ *83230 Bormes-les-Mimosas* :

🏨 **Palmiers** 🏖, chemin du Petit Fort 🛈 04 94 64 81 94, les.palmiers@wanadoo.fr, Fax 04 94 64 93 61, 🌫, ⌁, ☞ – 📶 🆀 🕻 🅿. 🆎 ⓪ 🆖
fermé 15 nov. au 31 janv. – **Repas** 28/45 – ⵌ 14 – **17 ch** (½ pens. seul.) – ½ P 120/150.
◆ L'établissement est proche du fort de Brégançon et de la plage. Les balcons des chambres donnent en majorité sur le jardin. Lumineuse salle à manger et terrasse dressée au bord de la piscine ; bouillabaisse sur commande.

BORNY *57 Moselle* 🔟🔟 *I4 – rattaché à Metz.*

BORT-LES-ORGUES *19110 Corrèze* 🔢🔢 *Q3 G. Auvergne – 3 534 h alt. 430.*
Voir *Barrage de Bort★★.*
Env. *Musée de la radio et du phonographe★ à Lanobre N : 8 km – Site★★ du château de Val★ N : 9 km.*
🛈 *Office de tourisme, place Marmontel 🛈 05 55 96 02 49, Fax 05 55 96 90 79, contact@bort-artense.com.*
Paris 500 – Aurillac 83 – Clermont-Ferrand 81 – Mauriac 32 – Tulle 85 – Ussel 30.

🏨 **Rider,** av. Gare 🛈 05 55 96 00 47, hotel-le-rider@wanadoo.fr, Fax 05 55 96 73 07, 🌫 – 🔲 rest, 🆀 🕻 🆎 ⓪ 🆖
fermé 26 juin au 4 juil. et 18 déc. au 9 janv. – **Repas** *(fermé vend. soir, sam. midi et dim. soir sauf juil.-août)* 13/28,50 ♫ – ⵌ 5 – **24 ch** 34/46 – ½ P 36.
◆ Ce discret immeuble situé face à la gare - désaffectée - abrite des chambres au décor un brin mûrissant. Le restaurant est aménagé à la façon d'un jardin d'hiver : mobilier en fer forgé et original trompe-l'oeil figurant une maison dans un paysage imaginaire.

BORT-L'ÉTANG *63 P.-de-D.* 🔢🔢 *H8 – rattaché à Lezoux.*

BOSDARROS *64290 Pyr.-Atl.* 🔢🔢 *J5 – 937 h alt. 370.*
Paris 790 – Pau 14 – Lourdes 113 – Oloron-Ste-Marie 29 – Tarbes 50.

✕✕ **Auberge Labarthe,** derrière l'église 🛈 05 59 21 50 13, Auberge-Labarthe@wanadoo.fr, Fax 05 59 21 68 55 – 🆎 🆖
fermé 3 au 25 janv., mardi de sept. à juin, dim. soir et lundi – **Repas** (week-end prévenir) 21/55 ⵕ.
◆ Derrière l'église, pimpante maison joliment fleurie. Salle de restaurant égayée de vives couleurs. En hiver, une cheminée réchauffe le coin bar. Carte au goût du jour.

BOSSEY *74 H.-Savoie* 🔢🔢 *J4 – rattaché à St-Julien-en-Genevois.*

Les BOSSONS *74 H.-Savoie* **328** *O5 – rattaché à Chamonix.*

BOUAYE *44 Loire-Atl.* **316** *F5 – rattaché à Nantes.*

BOUC-BEL-AIR *13320 B.-du-R.* **340** *H5 – 12 297 h alt. 259.*

Paris 758 – Marseille 22 – Aix-en-Provence 10 – Aubagne 41 – Salon-de-Provence 43.

🏨 **L'Étape Lani**, au Sud sur D 6 rte Gardane-Marseille 🖉 04 42 22 61 90, *etapelani@worldonl ine.fr*, Fax 04 42 22 68 67, ⏎, ♨ – 🗐 🔟 🄿 – 🏄 30. ◉ ◉ **GB** ✵ ch
Repas *(fermé 12 août au 3 sept., 21 au 30 déc., dim. sauf midi de sept. à juin, lundi sauf le soir en juil. et sam. midi* 36, enf. 14 ♈ – ⌚ 11 – **32 ch** 62/85 – ½ P 55/80.
♦ L'accueil, les chambres bien insonorisées du bâtiment principal et le plaisant décor provençal de la nouvelle annexe font vite oublier la proximité de la route passante. Coquet restaurant aux tons ensoleillés où l'on sert une cuisine qui fleure bon le Sud.

BOUCÉ *03 Allier* **326** *H5 – rattaché à Varennes-sur-Allier.*

BOUDES *63340 P.-de-D.* **326** *G10 – 252 h alt. 466.*

Paris 462 – Clermont-Fd 52 – Brioude 29 – Issoire 16 – St-Flour 62.

🍴🍴 **Boudes La Vigne** avec ch, 🖉 04 73 96 55 66, Fax 04 73 96 55 55, 🌤 – 🗐 rest, 🔟 🄰🄴 **GB**

fermé 24 août au 5 sept. et 2 au 22 janv. – **Repas** *(fermé dim. soir et lundi)* 15 (déj.), 20/40 ♈ – ⌚ 6 – **9 ch** 32/46 – ½ P 38/58.
♦ Maison aménagée sur les anciennes fortifications d'une bourgade de vignerons. Une salle, campagnarde, est agrémentée d'un vivier à homards, l'autre occupe un caveau voûté.

BOUËSSE *36 Indre* **323** *G7 – rattaché à Argenton-sur-Creuse.*

BOUGIVAL *78 Yvelines* **311** *I2* **101** ⑬ *– voir à Paris, Environs.*

La BOUILLADISSE *13720 B.-du-R.* **340** *I5 – 4 904 h alt. 220.*

🄱 *Syndicat d'initiative, place de la Libération* 🖉 04 42 62 97 08, Fax 04 42 62 98 65.
Paris 776 – Marseille 31 – Aix-en-Provence 27 – Brignoles 43 – Toulon 60.

🏨 **Fenière**, 🖉 04 42 72 56 32, *la.feniere@wanadoo.fr*, Fax 04 42 62 30 54, 🌤, ♨ – 🗐 rest, 🔟 🄲 🄶 🄿 🄰🄴 ◉ **GB**
Repas *(fermé sam. midi et dim.)* 14/22, enf. 8,50 – ⌚ 6 – **12 ch** 48/65 – ½ P 45.
♦ Établissement composé de deux bâtiments. Côté jardin-piscine, découvrez des petites chambres récemment rénovées, fonctionnelles et bien insonorisées. Menue salle de restaurant sagement rustique agrandie d'une terrasse, où vous dégusterez une cuisine classique.

BOUILLAND *21420 Côte-d'Or* **320** *I7 G. Bourgogne – 168 h alt. 400.*

Paris 295 – Beaune 17 – Dijon 41 – Autun 54 – Bligny-sur-Ouche 13 – Saulieu 57.

🏰 **Hostellerie du Vieux Moulin** ⌁, 1 rue de la Forge 🖉 03 80 21 51 16, *le-moulin@le-m oulin-de-bouilland.com*, Fax 03 80 21 59 90, 🌤, ♨, ♨, 🌳 – 🗐 rest, 🔟 🄲 🄶 🄿 – 🏄 25. 🄰🄴 **GB** ✿

fermé 2 janv. au 5 fév., lundi midi, jeudi midi et merc. sauf hôtel – **Repas** 36/72 et carte 66 à 90 – ⌚ 16 – **27 ch** 90/148 – ½ P 103/158.
♦ Chambres anciennes au moulin ou plus modernes dans les dépendances : une étape "nature" à deux pas de l'A6 et des grands vignobles bourguignons ! Fitness, piscine. Belle cuisine classique et vins de la Côte de Beaune servis dans un cadre très contemporain.
Spéc. Bar de ligne aux fèves et girolles. Ris de veau rissolé en grillons, jus de truffe. Déclinaison sur l'agneau de lait (mi-avril à fin sept.). **Vins** Chorey-les-Beaune, Savigny-les-Beaune.

La BOUILLE *76530 S.-Mar.* **304** *F5 G. Normandie Vallée de la Seine – 791 h alt. 5.*

Paris 132 – Rouen 21 – Bernay 44 – Elbeuf 12 – Louviers 32 – Pont-Audemer 35.

🏨 **Bellevue**, 🖉 02 35 18 05 05, *bellevue@hotel.wanadoo.fr*, Fax 02 35 18 00 92, ≤, 🌤 – 📶 🔟 🄲 – 🏄 20. 🄰🄴 **GB**
fermé 28 juil. au 10 août, 20 déc. au 4 janv. et vacances de fév. – **Repas** *(fermé dim. soir de sept. à mars et sam. midi)* 18/40, enf. 12 ♈ – ⌚ 7 – **17 ch** 33/59 – ½ P 47.
♦ Sur une rive de la Seine. Chambres diversement meublées (rotin coloré ou style "seventies") ; certaines bénéficient d'une belle vue sur le fleuve. La salle de restaurant, plaisante, a conservé son âme normande avec ses poutres et ses colombages.

XX **Poste,** ✆ 02 35 18 03 90, *Fax 02 35 18 18 91*, ≤, 🏞 – GB
fermé 19 déc. au 11 janv., dim. soir, lundi soir et mardi – **Repas** 17/36,60.
◆ Belle façade à colombages d'un relais de poste du 18e s. ancré sur les quais. Salle à manger rustique ou, à l'étage, cadre plus récent et plus clair avec vue sur la Seine.

XX **Les Gastronomes,** ✆ 02 35 18 02 07, *Fax 02 35 18 14 49* – GB
fermé 3 au 18 nov., 22 au 29 déc., 16 fév. au 3 mars, merc. et jeudi – **Repas** 18/39 ♀.
◆ À côté de l'église, maison abritant deux salles à manger ; celle du rez-de-chaussée a des allures de bistrot Belle Époque. Accueil familial et cuisine traditionnelle.

BOUIN *85230 Vendée* **316** E6 – *2 242 h alt. 5.*
Office de tourisme, boulevard Sébastien Luneau ✆ 02 51 68 88 85.
Paris 435 – Nantes 51 – Challans 22 – Noirmoutier-en-l'Ile 29 – La Roche-sur-Yon 66.

Martinet ⛵, ✆ 02 51 49 08 94, *hotel.martinet@free.fr, Fax 02 51 49 83 08*, Fö, ⛱, 🏞 – cuisinette TV ✆ P – 🏛 40. AE ⓓ GB JCB. ✂ rest
Repas *(fermé 15 nov. au 5 déc., lundi midi et mardi midi)* 22/26, enf. 10 – ☕ 10 – **30 ch** 52/72 – ½ P 63.
◆ Demeure ancienne à l'ambiance familiale dans un bourg tranquille du marais breton-vendéen. Les chambres en rez-de-jardin sont plus agréables et coquettes. Salle à manger de caractère (meubles et objets chinés) et jolie véranda. Produits de la pêche locale.

BOULEURS *77580 S.-et-M.* **312** G2 – *1 228 h alt. 97.*
Paris 47 – Compiègne 79 – Melun 45 – Reims 101.

XX **Auberge de la Veillée,** 13 r. Église ✆ 01 64 63 62 05, *Fax 01 64 63 62 05* – GB
fermé 2 au 31 août, 16 au 26 fév., lundi soir, mardi et merc. – **Repas** (prévenir) 24/38 ♀.
◆ Tomettes, meubles anciens et cheminée caractérisent cette salle à manger prolongée par deux vérandas. Registre culinaire traditionnel et service souriant.

BOULIAC *33 Gironde* **335** H6 – *rattaché à Bordeaux.*

BOULIGNEUX *01 Ain* **328** C4 – *rattaché à Villars-les-Dombes.*

BOULOGNE-BILLANCOURT *92 Hauts-de-Seine* **311** J2 **101** ㉔ – *voir à Paris, Environs.*

BOULOGNE-SUR-MER SP *62200 P.-de-C.* **301** C3 *G. Picardie Flandres Artois – 44 859 h Agglo. 135 116 h alt. 58 – Casino (privé)* **Z.**
Voir *Nausicaa★★★ – Ville haute★★ : crypte et trésor★ de la basilique ≤★ du Beffroi* **Y H** – *Perspectives★ des remparts – Calvaire des marins ≤★* **Y** – *Château-Musée★ : vases grecs★★, masques inuits et aléoutes★★ – Colonne de la Grande Armée★ : ✳★★ 5 km par ① – Côte d'Opale★ par ①.*
⛳18 *à Wimereux ✆ 03 21 32 43 20, par ① : 8 km.*
Office de tourisme, 24 quai Gambetta ✆ 03 21 10 88 10, Fax 03 21 10 88 11, info@tourisme-boulognesurmer.com.
Paris 265 ③ – Calais 35 ② – Amiens 130 ④ – Arras 122 ③ – Lille 118 ③ – Rouen 185 ④.

Plan page suivante

Matelote, 70 bd Ste-Beuve ✆ 03 21 30 33 33, *tolestienne@nordnet.fr, Fax 03 21 30 87 40*, ≤ – |♦|, ▤ ch, TV ✆ ♿ 🚗 – 🏛 15. AE GB **Y q**
voir rest. ***Matelote*** ci-après – ☕ 12 – **29 ch** 95/160.
◆ Élégante construction des années 1930 postée sur le front de mer. Les chambres, spacieuses et rénovées, sont bien insonorisées. Ambiance chaleureuse, service aux petits soins.

Hamiot, 1 r. Faidherbe ✆ 03 21 31 44 20, *hotelrestauranthamiot@wanadoo.fr, Fax 03 21 83 71 56*, 🏞 – |♦|, ▤ rest, TV ✆. GB. ✂ ch **Z h**
Grand Restaurant *(fermé 23 au 30 juin, 15 au 31 août, 15 au 31 déc., dim. soir et merc.)* **Repas** 24/55, enf. 12 ♀ – ***Brasserie :*** **Repas** 16/28, enf. 6,50 🌡 – ☕ 9 – **12 ch** 55/85.
◆ Ce bâtiment d'après-guerre donne sur le port et abrite des chambres refaites (beau mobilier en bois), confortables et bien insonorisées. Atmosphère feutrée et vue sur l'animation portuaire au Grand Restaurant. Ambiance animée et terrasse d'été à la Brasserie.

Métropole sans rest, 51 r. Thiers ✆ 03 21 31 54 30, *hotel.metropol@wanadoo.fr, Fax 03 21 30 45 72*, 🏞 – |♦| ▤ TV ✆ 🚗. AE GB **Z e**
fermé 19 déc. au 5 janv. – ☕ 8 – **25 ch** 61/95.
◆ Les chambres présentent des atmosphères différentes (contemporaine ou agreste), mais un confort identique. Jolie salle des petits-déjeuners ouverte sur le jardin.

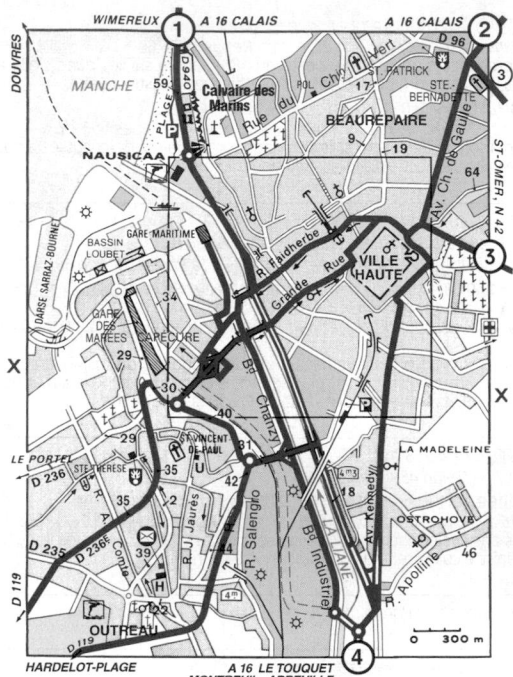

BOULOGNE-SUR-MER

Adam (R. A.)	**X** 2
Aumont (R. d')	**Z** 7
Beaucerf (Bd)	**Z** 8
Beaurepaire (R.)	**X** 9
Bras-d'Or (R. du)	**Z** 13
Colonne (R. de la)	**X** 17
Diderot (Bd)	**X** 18
Duflos (R. Louis)	**X** 19
Dutertre (R.)	**Y** 20
Egalité (R. de l')	**X** 22
Entente-Cordiale (Pont de l')	**Z** 23
Faidherbe (R.)	**Y**
Grande-Rue	**Z**
Huguet (R. A.)	**X** 29
Jaurès (Bd et Viaduc J.)	**X** 30
J.-J.-Rousseau (Viaduc)	**X** 31
Lampe (R. de la)	**Z** 32
Lattre-de-Tassigny (Av. de)	**Y** 33
Lavocat (R. Albert)	**X** 34
Liberté (Bd de la)	**X** 35
Lille (R. de)	**Y** 37
Marguet (Pont)	**Z** 38
Michelet (R. J.)	**X** 39
Mitterrand (Bd F.)	**Z** 40
Montesquieu (Bd)	**X** 42
Mont-Neuf (R. du)	**X** 44
Orme (R. de l')	**X** 46
Perrochel (R. de)	**Z** 48
Porte-Neuve (R.)	**Y** 49
Puits-d'Amour (R.)	**Z** 53
Résistance (Pl.)	**Y** 55
St-Louis (R.)	**Y** 56
Ste-Beuve (Bd)	**XY** 59
Thiers (R. A.)	**YZ** 60
Tour-N.-Dame (R.)	**Y** 61
Victoires (R. des)	**Y** 63
Victor-Hugo (R.)	**YZ**
Wicardenne (R. de)	**X** 64

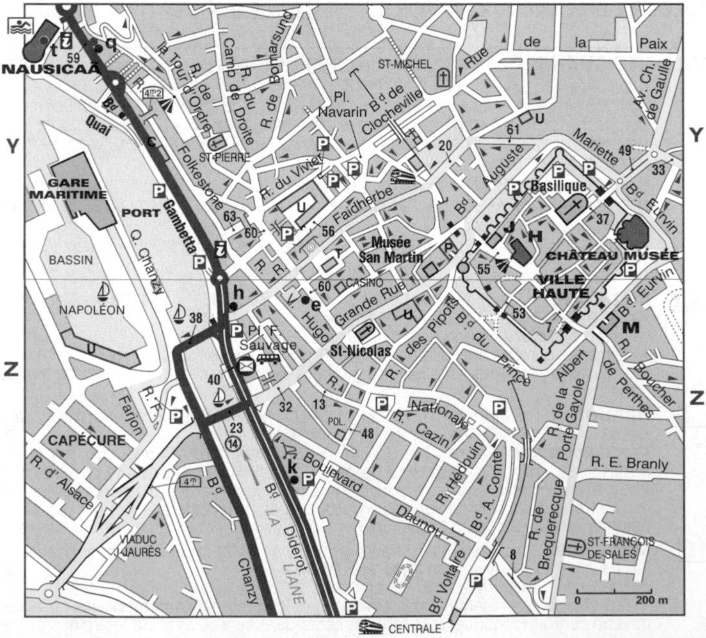

Plage sans rest., 168 bd Ste-Beuve 📞 03 21 32 15 15, *Fax 03 21 30 47 97*, ⇐ – ⋈ ⋈ TV &.
AE ① GB JCB   **X u**
⊠ 5,50 – **42 ch** 45/60.
✦ Enseigne vérité : l'hôtel est situé sur le front de mer. Chambres fonctionnelles à choisir sur l'arrière pour le calme ou en façade, à partir du 3ᵉ étage, pour la vue.

Ibis-Centre, bd Diderot 📞 03 21 30 12 40, *h0602@accor-hotels.com*, *Fax 03 21 87 48 98*
– ⋈ ⋈, ▤ rest, TV & ⇐ – ⚷ 30. AE ① GB   **Z k**
Repas (dîner seul.) *(12)* · 15/17, enf. 6 ⅃ – ⊠ 6 – **79 ch** 67.
✦ Sur les quais, construction cubique attenante à un centre commercial. Chambres rénovées dans un style actuel et pratique, conforme au nouveau standard de la chaîne. Petite salle à manger lumineuse ; carte "Ibis" traditionnelle, enrichie de produits de la mer.

XXX
❀   **Matelote**, 80 bd Ste Beuve 📞 03 21 30 17 97, *tolestienne@nordnet.fr*, *Fax 03 21 83 29 24*
– ▤, AE GB   **Y q**
fermé 23 déc. au 15 janv., dim. soir et jeudi midi – **Repas** 35/75 et carte 65 à 85.
✦ Tons rouge et or, meubles de style Louis XVI et bibelots marins composent le cadre élégant et feutré de ce restaurant boulonnais. Produits de la mer superbement valorisés.
Spéc. Salade de homard tiède, à l'huile d'olive au basilic. Darne de turbot rôti sur l'arête, beurre de thym. Millefeuille framboise, mousseline vanille, sorbet framboise.

X   **Rest. de Nausicaa**, bd Ste-Beuve 📞 03 21 33 24 24, *Fax 03 21 30 15 63*, ⇐ – ▤.
GB   **Y t**
fermé lundi soir – **Repas** 19/28, enf. 8.
✦ Pause repas au fascinant Centre national de la mer. Ambiance animée dans deux immenses salles modernes d'esprit brasserie. Vue panoramique sur le port et la plage.

à Pont-de-Briques *par ④ : 5 km* – ⊠ *62360 Pont-de-Briques St-Étienne*

XXX   **Hostellerie de la Rivière** avec ch, 17 r. Gare 📞 03 21 32 22 81, *hostelleriedelariviere@w anadoo.fr*, *Fax 03 21 87 45 48*, ☞ – TV &. AE GB. ⅙ ch
fermé 22 août au 10 sept., 18 janv. au 5 fév., mardi midi d'oct . à mars, dim. soir et lundi –
Repas 27 (déj.), 35/50 et carte 53 à 70, enf. 17 ⅀ – ⊠ 10 – **8 ch** 58/74 – ½ P 85/90.
✦ Cette demeure retirée dans une impasse abrite une salle à manger dont les boiseries donnent au décor un style rustique. Accueil familial. Cuisine traditionnelle.

à Hesdin-l'Abbé *par ④ et N 1 : 9 km* – *1 998 h. alt. 50* – ⊠ *62360 :*

Cléry ⅋, au village 📞 03 21 83 19 83, *chateau-clery.hotel@najeti.com*,
Fax 03 21 87 52 59, ⚷ – TV ⅌. AE ① GB. ⅙
Repas *(16)* · 21 (déj.), 25/48 ⅀ – ⊠ 11 – **21 ch** 70/134.
✦ Ravissant castel du 18ᵉ s. et son cottage disposant de douillettes chambres personnalisées. Agréable salon de lecture. Parc fleuri aux arbres centenaires et jardin potager. Plaisante salle de restaurant et belle véranda grande ouverte sur le domaine boisé.

Le BOULOU 66160 Pyr.-Or. **344** I7 *G. Languedoc Roussillon* – *4 428 h alt. 90* – *Stat. therm. (début fév.-début déc.) – Casino.*

🛈 *Office de tourisme, place de la mairie* 📞 *04 68 87 50 95, Fax 04 68 87 50 96, contact@ot-leboulou.fr.*

Paris 869 – *Perpignan 22* – *Argelès-sur-Mer 20* – *Barcelona 169* – *Céret 10.*

Domitien, rte d'Espagne (près Thermes) 📞 04 68 83 49 50, *Fax 04 68 83 45 90*, ⚲, ☞, ⅋ – ⋈ cuisinette ⅀ & ⅌ – ⚷ 40. AE GB. ⅙ rest
fermé mi-déc. à mi-janv. – **Repas** *(fermé dim. soir et lundi soir de nov. à mars)* 18,50/27 ⅀ – ⊠ 8 – **40 ch** 60/63, 8 suites – ½ P 50.
✦ Vaste bâtiment de style régional. Chambres bien insonorisées et dotées de balcons, plus agréables côté piscine. Appartements répartis entre les deux pavillons du jardin. Spacieuse salle de restaurant toute simple, agrémentée d'amphores posées ça et là.

Néoulous, près échangeur A9 📞 04 68 87 52 20, *leneoulous@wanadoo.fr*,
Fax 04 68 83 13 40, ⇐, ☞, ⚲, ⅋ – ⋈ cuisinette ⅀ – ⊠ 7 – **47 ch** 48/60 – ½ P 44,50/50.
Repas *(fermé lundi midi sauf fériés)* 15/30 ⅀ – ⊠ 7 – **47 ch** 48/60 – ½ P 44,50/50.
✦ Proche de l'autoroute, hôtel pratique et doté du double vitrage. Certaines chambres profitent d'un balcon et d'un joli coup d'oeil sur les pics du Néoulous et du Canigou. Sobre restaurant et terrasse dressée près de la piscine, face au jardin.

Grillon d'Or ⅋, 40 r. République 📞 04 68 83 03 60, *le-grillon@wanadoo.fr*,
Fax 04 68 87 79 27, ⇐, ☞, ⚲ – ⋈ cuisinette ⅀ TV & ⅌ – ⚷ 20. GB
Repas *(fermé dim. soir et merc. de nov. à janv.)* *(12)* · 15/35, enf. 10 ⅀ – ⊠ 6,50 – **39 ch** 50/63 – ½ P 46/51.
✦ Cet hôtel familial légèrement excentré abrite de petites chambres rénovées, souvent dotées de balcons. Quelques unes offrent un panorama sur les monts Alberes. Le restaurant, spacieux, lumineux et meublé en rotin, s'ouvre sur une agréable terrasse d'été.

au village catalan *Nord : 7 km par N 9 –* ⊠ *66300 Banyuls-dels-Aspres*

🏨 **Village Catalan** sans rest, accès par N 9 et A 9 – ℘ 04 68 21 66 66, *hotel-catalan@wanado o.fr*, Fax 04 68 21 70 95, ⤢, 🦆, ⟆⟅ 🗏 📺 ⅙, 🚗 🅿 – 🛆 50. ⚿
☎ 8,50 – **77 ch** 63/130.
♦ Constructions récentes abritant des chambres fonctionnelles et insonorisées ; certaines ouvrent sur le jardin et la piscine. Garage privatif pour huit d'entre elles.

au Sud-Est : *4,5 km par N 9, D 618 et rte secondaire –* ⊠ *66160 Le Boulou :*

🏨 **Relais des Chartreuses** ⟆, 106 av. d'En Carbouner, ℘ 04 68 83 15 88, *relais.des.chartr euses@wanadoo.fr*, Fax 04 68 83 26 62, 🏖, 🦆, 🌿 – ⅙ 🅿. ⓞ ⚿
12 mars-2 nov. – **Repas** *(fermé merc. en mars, avril et oct.)* (dîner seul)(résidents seul.) 23 ⾕ – ☎ 10 – **10 ch** 78/150 – ½ P 60/101.
♦ Édifié à flanc de colline, mas en pierre, sans doute du 17ᵉ s., entièrement restauré. Spacieuses chambres personnalisées. Sauna, jacuzzi et terrasse sous les tilleuls.

à Vivès *Ouest : 5 km par D 115 et D 73 – 128 h. alt. 228 –* ⊠ *66490 :*

🍴 **Hostalet de Vivès** ⟆ avec ch, ℘ 04 68 83 05 52, Fax 04 68 83 51 91 – cuisinette, 🗏 rest, 📺, ⚿, ✗ ch
fermé 11 janv. au 6 mars – **Repas** *(fermé mardi hors saison et merc.)* 20 (déj.)/29 – ☎ 9 – **3 ch** 65/90.
♦ Ravissante maison en pierre du 12ᵉ s. ayant conservé son cachet d'antan. Service en costume traditionnel et "gargantuesques" plats catalans. Quelques chambres fonctionnelles.

BOULOURIS *83 Var* **340** *P5 – rattaché à St-Raphaël.*

BOUNIAGUES *24560 Dordogne* **329** *E7 – 476 h alt. 170.*
Paris 547 – Bergerac 13 – Périgueux 60 – Villeneuve-sur-Lot 47.

🍴 **Les Voyageurs** avec ch, ℘ 05 53 58 32 26, *lavaudp@wanadoo.fr*, Fax 05 53 58 32 26,
🏖, 🦆 – 📺. ⚿
fermé 23 août au 2 sept., 21 au 28 fév., dim. soir et lundi hors saison – **Repas** 13/28, enf. 9 ⾕ – ☎ 6,50 – **7 ch** 36/50 – ½ P 38/45.
♦ Auberge toute simple à l'ambiance familiale où vous dégusterez une saine cuisine du terroir à prix doux. Terrasse ombragée sur l'arrière pour l'été. Chambres modestes.

BOURBACH-LE-BAS *68290 H.-Rhin* **315** *G10 – 563 h alt. 340.*
Paris 451 – Mulhouse 25 – Altkirch 27 – Belfort 26 – Thann 10.

🍴 **Couronne d'Or** ⟆ avec ch, 9 r. Principale ℘ 03 89 82 51 77, Fax 03 89 82 58 03 – 📺 ☎.
⚿
Repas *(fermé mardi soir et lundi)* 16/50 ⾕ – ☎ 7 – **7 ch** 37/52 – ½ P 44.
♦ Dans un village de la vallée de la Doller. Sobre façade abritant trois salles à manger rustiques dont une plus petite et plus intime. Chambres pratiques, bien insonorisées.

BOURBON-LANCY *71140 S.-et-L.* **320** *C10* G. *Bourgogne – 5 634 h alt. 240 – Stat. therm. (début avril-fin oct.).*
Voir *Maison de bois et tour de l'horloge*★ B.
🛈 *Office de tourisme, place d'Aligre* ℘ *03 85 89 18 27, Fax 03 85 89 28 38, Bourbon.Tourisme@wanadoo.fr.*
Paris 308 ④ – Autun 62 ① – Mâcon 110 ③ – Montceau-les-Mines 55 ② – Moulins 36 ④.

Plan page ci-contre

🏨 **Manoir de Sornat** ⟆, allée Sornat, rte Moulins par ④ : *2 km* ℘ 03 85 89 17 39, *manoir-de-sornat@wanadoo.fr*, Fax 03 85 89 29 47, 🏖, 🦆 – 📺 ☎ 🅿. ⅍ ⓞ ⚿, ✗ rest
fermé 3 à 8 fév., fêtes, dim. soir, lundi sauf juil-août, lundi midi et mardi midi – **Repas** (16) – 22 (déj.), 25/75, enf. 14 ⾕ ⿻ – ☎ 10 – **13 ch** 58/115 – ½ P 75/100.
♦ Joli manoir de style normand niché dans un plaisant parc arboré. Belles boiseries dans le hall et le salon. Chambres spacieuses, garnies de meubles contemporains. Le décor de la salle à manger bourgeoise évoque le peintre Monet ; cuisine classique actualisée.

🏨 **Grand Hôtel** ⟆, (r) ℘ 03 85 89 08 87, *bourbon.thermal@wanadoo.fr*,
Fax 03 85 89 32 23, 🏖, 🦆 – ▯ cuisinette 📺 ☎ 🅿. ⚿
30 mars-22 oct. et week-ends en déc., fév. et mars – **Repas** 12 (déj.), 15/32 ⾕ – ☎ 6 – **26 ch** 52/67 – ½ P 47/56.
♦ Ancien couvent bordant le parc de l'établissement thermal. Chambres spacieuses, rénovées et dotées d'un mobilier moderne ou de style. Restaurant assez sobre - un peu "pension de famille" - et jolie terrasse dans l'ex-cloître ; repas diététiques sur commande.

BOURBON-LANCY

Aligre (Pl. d') 2
Autun (R. d') 3
Châtaigneraie (R. de la) 4
Commerce (R. du) 5
Dr-Gabriel-Pain (R. du) 6
Dr-Robert (R. du) 7
Gaulle (Av. du Gén.-de)
Gueugnon (R. de) 12
Horloge (R. de l') 13
Libération (Av. de la) 15
Musée (R. du) 16
Prébendes (R. des) 18
République (Pl. de la) 22
St-Nazaire (R.) 23

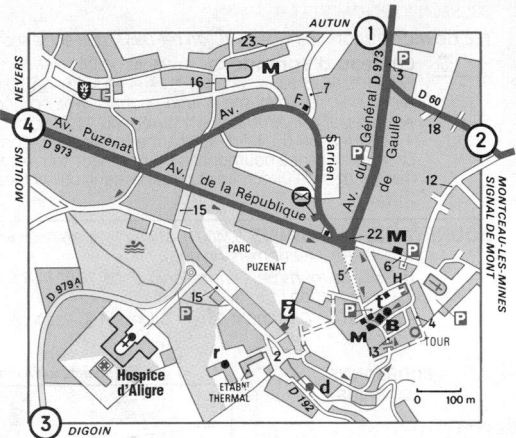

🏠 **Tourelle du Beffroi** sans rest, pl. Mairie (t) 𝒫 03 85 89 39 20, *hotellatourelle@aol.com*, Fax 03 85 89 39 29 – 📺 📞 ⅋ 🚗. 🆖
⊊ 6,50 – **9 ch** 45/69.
◆ Bel emplacement à l'ombre du beffroi pour cette jolie maison 1900 à tourelle et sa terrasse à balustres. Chambres neuves, décorées avec soin. Ambiance "guesthouse".

XX **Villa du Vieux Puits** 🌫 avec ch, 7 r. Bel Air (d) 𝒫 03 85 89 04 04, Fax 03 85 89 13 87, 🏠, 🍴 – 📺 📞 🅿. 🆖
fermé 15 fév. au 15 mars, dim. soir et lundi – **Repas** 16/45, enf. 10 ♀ – ⊊ 7,50 – **7 ch** 38/50 – ½ P 38,50/46.
◆ Coquette auberge familiale aménagée dans les murs d'une tannerie nichée dans un jardin en contrebas de la route. Salle à manger campagnarde et chambres douillettes.

BOURBON-L'ARCHAMBAULT 03160 Allier 🎿🎿🎿 F3 *G. Auvergne* – 2 564 h alt. 367 – Stat. therm. (début mars-mi nov.).

Voir *Nouveau parc* ⩽★ – *Château* ⩽★.

🚩 *Office de tourisme, 1 place des Thermes 𝒫 04 70 67 09 79, Fax 04 70 67 09 79, otbourbon@free.fr.*

Paris 292 – Montluçon 53 – Moulins 24 – Nevers 54.

🏛 **Grand Hôtel Montespan-Talleyrand**, pl. Thermes 𝒫 04 70 67 00 24, *hotelmontesp an@wanadoo.fr*, Fax 04 70 67 12 00, 🏊, 🍴 – 🛗 cuisinette 📺 📞 🆎 ① 🆖. 🛏 rest
1ᵉʳ avril-20 oct. – **Repas** (11) - 16 (déj.), 24,50/39, enf. 10,50 ♀ – ⊊ 9,50 – **46 ch** 51/86 – ½ P 50/72.
◆ Ces trois maisons anciennes ont hébergé Mme de Montespan, Mme de Sévigné et Talleyrand. Chambres spacieuses et personnalisées. Solarium, jardin intérieur à la française. Au restaurant, poutres et pierres d'origine côtoient une décoration actuelle de bon goût.

🏛 **Thermes**, av. Ch.-Louis-Philippe 𝒫 04 70 67 00 15, Fax 04 70 67 09 43, 🏠, 🍴 – ▤ rest, 📺 – 🛗 15. 🆎 ① 🆖
6 mars-30 oct. – **Repas** 20/55 ♀ – ⊊ 10 – **22 ch** 35/69 – P 75.
◆ Accueil courtois, bonne tenue et agréable atmosphère "vieille France" caractérisent cet hôtel situé juste en face des Thermes et géré par la même famille depuis 1923. Le restaurant a conservé, avec son décor et ses meubles de style, une ambiance Belle Époque.

annexe Les Sources 🏠, av. Thermes 𝒫 04 70 67 00 15, Fax 04 70 67 09 43, 🍴 – 🆎 ① 🆖
6 mars-30 oct. – **Repas** 17/22 ♀ – ⊊ 6,50 – **20 ch** 31/47 – P 45/47.
◆ Adresse simple mais soignée, voisine du musée Augustin-Bernard, ancien "Logis du Roy" bâti par Gaston d'Orléans. Mobilier pratique dans les chambres. Petite salle à manger sobrement rustique. La carte, classique, est aussi simple et avenante que le cadre.

🏠 **Grand Hôtel du Parc**, r. Parc 𝒫 04 70 67 02 55, *sinteslaurent@wanadoo.fr*, Fax 04 70 67 13 95 – 🛗 🅿. 🆎 🆖. 🛏 rest
7 avril-13 oct. – **Repas** 13,80 (déj.), 23,10/28,20 – ⊊ 5,50 – **37 ch** 47,30/49 – P 55/58.
◆ Il règne une atmosphère d'hôtel de cure dans cette imposante demeure Belle Époque. Chambres déjà anciennes mais bien tenues et confortable salon. Mobilier de style Louis XIII, tables plaisamment dressées et lustres composent le cadre soigné du restaurant.

rte de Montluçon *Sud-Ouest : 10 km par D933, D18 et rte secondaire – ⊠ 03160 Ygrande :*

⌂⌂ **Château d'Ygrande** ⌖, Le Mont 🖉 04 70 66 33 11, *reservation@chateauygrande.fr,*
Fax 04 70 66 33 63, ≤, 🏖, ₤₅, ⅃, ⸰⃝ – 🔟 ❤ 🅿 – ⅍ 40. 🖭 ⓞ ⊖⊟
fermé janv., fév., dim. soir et lundi en mars, avril, oct., nov. et déc. – **Repas** *(fermé dim. soir et lundi sauf juil.-août)* 20 (déj.), 35/43, enf. 14 ♈ – 🖙 14,50 – **16 ch** 95/165 – P 116/151.
◆ Belle maison du 19ᵉ s. au charme romantique, dont le parc de 40 ha se fond dans la paisible campagne bourbonnaise. À l'intérieur, tout respire l'élégance et le bon goût. Salle à manger de style Directoire et carte classique utilisant les produits du potager.

BOURBONNE-LES-BAINS 52400 H.-Marne ₃₁₃ O6 *G. Champagne Ardenne* – *2 495 h alt. 290* – *Stat. therm. (début mars-fin nov.)*.

🅱 *Office de tourisme, Centre Borvo* 🖉 03 25 90 01 71, Fax 03 25 90 14 12, *bourbonne.les-.bains@wanadoo.fr*.
Paris 313 ④ – *Chaumont 55* ④ – *Dijon 124* ④ – *Langres 39* ④ – *Neufchâteau 53* ①.

BOURBONNE-LES-BAINS

Bains (R. des)	2
Bassigny (R. du)	3
Capucins (R. des)	4
Daprey-Blache (R.)	5
Écoles (R. des)	6
Gouby (Av. du Lieutenant)	7
Grande-Rue	9
Hôtel-Dieu (R. de l')	12
Lattre-de-Tassigny (Av. Maréchal-de)	14
Maistre (R. du Gén.)	15
Pierre (R. Amiral)	22
Porte-Galon (R.)	23
Verdun (Pl. de)	25
Walferdin (Rue)	26

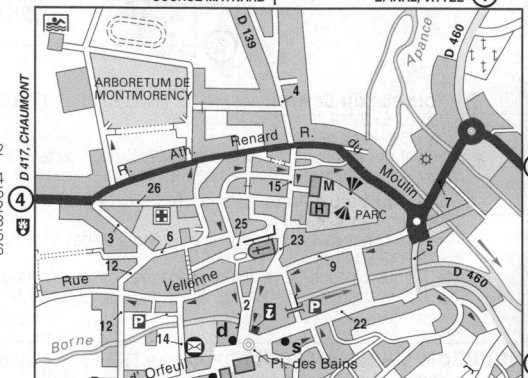

⌂⌂ **Jeanne d'Arc,** r. Amiral Pierre **(s)** 🖉 03 25 90 46 00, *hoteljda@free.fr*, Fax 03 25 88 78 71,
🏖, ⅃ – ❚ ⸰⃝ ❤ ₤ ⸰⃝ 🅿. 🖭 ⓞ ❀ rest
22 mars-22 oct. – **Repas** *(fermé mardi soir)* 18/35 ♈ – 🖙 8 – **28 ch** 44/60 – ½ P 43/50.
◆ Au coeur de le station thermale, chambres de bonne ampleur aux aménagements déjà anciens, mais rénovées progressivement et fort bien tenues. Tons pastel et mobilier contemporain dans la confortable salle à manger que prolonge une ravissante terrasse ombragée.

⌂ **des Sources,** pl. Bains **(u)** 🖉 03 25 87 86 00, *hotel-des-sources@wanadoo.fr,*
⇔ Fax 03 25 87 86 33, 🏖 – ❚ cuisinette 🔟 ❤ 🅐. 🖙. ⊖⊟
1ᵉʳ avril-30 nov. – **Repas** *(fermé merc. soir)* 12/25, enf. 7 – 🖙 5,50 – **23 ch** 40/51 – P 42/46.
◆ Juste à côté des thermes, façade colorée abritant des chambres simples et fonctionnelles, mansardées au dernier étage. La salle à manger ouvre sur un joli et verdoyant patio agrémenté d'un petit bassin où l'on dresse des tables à la belle saison.

⌂ **Orfeuil,** r. Orfeuil **(a)** 🖉 03 25 90 05 71, *hotel-des-sources@wanadoo.fr,*
⇔ Fax 03 25 84 46 25, ⅃ – ❚ cuisinette 🔟 ❤ 🅐 🅿. 🖙. ❀ rest
1ᵉʳ avril-25 oct. – **Repas** *(fermé dim. soir et lundi)* 12/25, enf. 7 – 🖙 5,50 – **47 ch** 49/51 – P 40/46.
◆ Dans la maison principale, salon bourgeois et chambres de bon confort régulièrement rénovées. À l'annexe, hébergement assez sobre, récent et spacieux. Mobilier "sixties" et plantes vertes dans une salle à manger lumineuse et miniterrasse bien fleurie en été.

⌂ **Lauriers Roses,** pl. Bains **(d)** 🖉 03 25 90 00 97, *lauriers.roses@wanadoo.fr,*
⇔ Fax 03 25 88 78 02, 🏖 – ❚ 🔟 🅐 🅿. 🖭 ❀ rest
4 avril-24 oct. – **Repas** 13,50/23,50, enf. 6,50 ₤ – 🖙 5 – **68 ch** 29/44 – P 39/47,50.
◆ Pour rejoindre les thermes, il suffit de traverser la place. Chambres fonctionnelles, réparties dans deux bâtiments ; certaines donnent côté jardin. Salon-bibliothèque. Vaste restaurant rustique fréquenté par une clientèle de curistes ; cuisine traditionnelle.

La BOURBOULE *63150 P.-de-D.* **326** D9 *G. Auvergne* – *2 043 h alt. 880* – *Stat. therm. (début février-fin oct.)* – *Casino* **AZ**.

Voir *Parc Fenêstre★* – *Murat-le-Quaire : musée de la Toinette★ N : 2 km.*

🛈 *Office de tourisme, place de la République* ℰ *04 73 65 57 71, Fax 04 73 65 50 21, info@bourboule.com.*

Paris 469 ③ – *Clermont-Ferrand 50* ③ – *Aubusson 82* ③ – *Mauriac 71* ③ – *Ussel 51* ③.

LA BOURBOULE

Alsace-Lorraine (Av.) .... **BY** 2	Foch (Av. Mar.)........ **AY** 6
Clemenceau (Bd G.) .. **ABY**	Gambetta (Quai) ...... **AZ** 7
États-Unis	Guéneau-de-Mussy
(Av. des) .... **BY** 3	(Av.) .... **AY** 8
Féron (Quai) .... **BY**	Hôtel-de-Ville (Q.) .... **AY** 10
	Jeanne-d'Arc (Q.) .... **BY** 12
	Jet-d'eau (Sq. du) .... **AY** 13
	Joffre (Sq. du Mar.) ... **BY** 15
	Lacoste (Pl. G.) ...... **AY** 16
	Libération (Q. de la) .. **AZ** 17
	Mangin
	(Av. du Gén.) ...... **AZ** 19
	République
	(Pl. de la) .... **AZ** 21
	Souvenir (Pl. du) .... **BY** 22
	Victoire (Pl. de la) ... **AY** 23

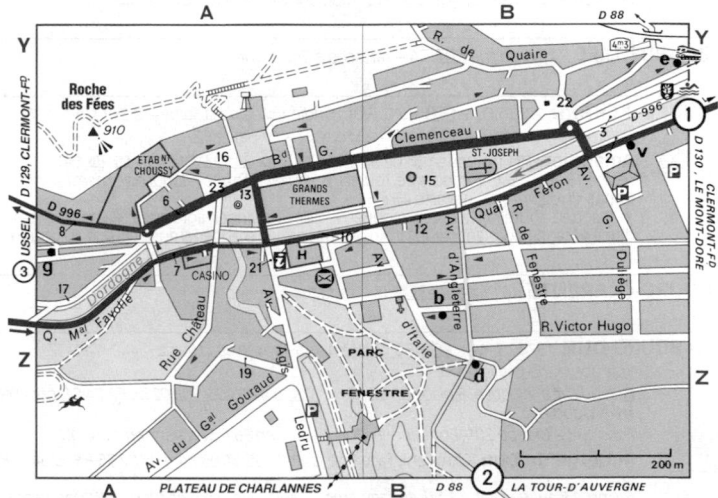

ᴃ̃ᴃ̃ **Régina,** av. Alsace-Lorraine ℰ 04 73 81 09 22, *hotelregina@wanadoo.fr,*
⮸ Fax 04 73 81 08 55, *Ⅰ₆,* 🔲 – 🛗 📺 ☏ 📮, 🅰🄴 🅾 GB **BY** **v**
fermé 11 nov. au 20 déc. – **Repas** 13/35, enf. 6 ⵢ – ⵒ 7,30 – **25 ch** 58/110, (½ pens. seul. en été) – ½ P 61/75.
◆ Demeure du 19ᵉ s. bordant la Dordogne. Chambres actuelles et bien équipées ; quatre sont entièrement anallergiques. Agréable piscine couverte. Deux salles à manger : l'une de style Art déco (moulures et parquet anciens), l'autre moderne, lumineuse et colorée.

ᴃ̃ᴃ̃ **Charlet,** bd L. Choussy ℰ 04 73 81 33 00, *hotel.lecharlet@wanadoo.fr,* Fax 04 73 65 50 82,
⮸ ⛲, *Ⅰ₆* – 🛗 📺 GB **AZ** **g**
🔳 *fermé 15 nov. au 15 déc.* – **Repas** 15/29, enf. 9 – ⵒ 8 – **36 ch** 45/61 – ½ P 42,50/53,50.
◆ Dans un quartier assez calme, établissement où vous disposerez de chambres pratiques, sobres et bien tenues. Équipements de détente et de sport très complets. Au restaurant : mobilier de type bistrot, plantes vertes et claustras ; longue carte traditionnelle.

ᴃ̃ **Aviation,** r. Metz ℰ 04 73 81 32 32, *aviation@nat.fr,* Fax 04 73 81 02 85, *Ⅰ₆,* 🔲 – 🛗 📺
⮸ GB, ⅏ rest **BZ** **b**
fermé 1ᵉʳ oct. au 19 déc. – **Repas** 15/18, enf. 8 – ⵒ 8,50 – **44 ch** 56/67 – ½ P 52.
◆ Plusieurs beaux bâtiments du début du 20ᵉ s. composent cet hôtel apprécié pour ses chambres fonctionnelles (assez simples à l'annexe) et pour sa gamme étendue de loisirs. Repas traditionnels servis dans une sobre salle à manger aux tables biens espacées.

ᴃ̃ **Pavillon,** av. Angleterre ℰ 04 73 65 50 18, *hotel.lepavillon@wanadoo.fr,*
⮸ Fax 04 73 81 00 93, ⛲ – 🛗 📺 🅰🄴 GB, ⅏ **BZ** **d**
hôtel : 1ᵉʳ avril-30 oct. ; rest. : 1ᵉʳ mai-30 sept. – **Repas** 15/23 ⵢ – ⵒ 8 – **24 ch** 32/50 – ½ P 38/42.
◆ Immeuble de 1926 à l'orée du parc Fenestre, agréable lieu de promenade. Chambres petites mais fraîches ; certaines sont complètement anallergiques. Bonne insonorisation. Vaste restaurant de style "pension de famille" ; carte traditionnelle et menu auvergnat.

🏛️ **Val Doré**, r. Belgique 🖉 04 73 81 06 14, *valdore@wanadoo.fr, Fax 04 73 65 58 79* – 📶 📺
☎️ 🅰️ 🈺 ✆ ch   BY   e
fermé 12 au 24 mars et 3 nov. au 21 déc. – **Repas** 11,60/20, enf. 8,50 ♀ – 🖭 7,30 – **32 ch**
47/58 – ½ P 43/46.
   ◆ Adresse familiale située à deux pas de la gare. Petites chambres sobrement agencées
dans un esprit actuel. Minipiscine couverte. Apéritifs servis au salon (cheminée) et recettes
simples à déguster dans une spacieuse salle à manger ensoleillée et très fleurie.

à St-Sauves-d'Auvergne *par* ③ : *5 km – 1 052 h. alt. 791* – ✉️ *63950* :

🏛️ **Poste**, pl. du Portique 🖉 04 73 81 10 33, *hoteldelaposte63@aol.com, Fax 04 73 81 02 27* –
☎️ 📺 🅿️ 🅰️ 🈺
Repas *(fermé 5 au 20 janv.)* 11 (déj.), 14/30, enf. 7,50 ♀ – 🖭 5,40 – **17 ch** 38/43 – ½ P 38/40.
   ◆ Ancien relais de poste incluant le bar-tabac du village. Chambres rustiques au charme un
tantinet désuet, mais bien tenues. Deux salles à manger d'esprit campagnard avec poutres
apparentes et chaises paillées. Carte traditionnelle et plats auvergnats.

BOURDEILLES *24 Dordogne* 🗺️329 E4 – *rattaché à Brantôme.*

BOURG-ACHARD *27310 Eure* 🗺️304 E5 *G. Normandie Vallée de la Seine – 2 517 h alt. 124.*
   Paris 141 – Rouen 30 – Bernay 39 – Évreux 62 – Le Havre 62.

XXX **Amandier**, 581 rte Rouen 🖉 02 32 57 11 49, *Fax 02 32 57 11 49* – 🅰️ ⓞ 🈺
fermé 15 au 31 juil., vacances de Toussaint, de fév., dim. soir, lundi soir, mardi soir et merc. –
Repas 17 (déj.), 25/31 et carte 45 à 56.
   ◆ Sur une route fréquentée, coquette salle à manger agrémentée d'une cheminée et
d'une véranda donnant sur le jardin. Accueil aimable et généreuse cuisine au goût du jour.

BOURG-CHARENTE *16 Charente* 🗺️324 I5 – *rattaché à Jarnac.*

Le BOURG-DUN *76740 S.-Mar.* 🗺️304 F2 *G. Normandie Vallée de la Seine – 440 h alt. 17.*
   Voir *Tour★ de l'église.*
   🛈 *Syndicat d'initiative, 6 place du Village* 🖉 02 35 97 63 05, *Fax 02 35 57 24 51, ot.valleedun-
@wanadoo.fr.*
   Paris 188 – Dieppe 20 – Fontaine-le-Dun 7 – Rouen 56 – St-Valery-en-Caux 15.

XX **Auberge du Dun** (Chrétien), face Église 🖉 02 35 83 05 84, *Fax 02 35 83 05 84* – 🅿️. 🈺
❀ ✆
fermé 13 au 30 sept., 3 au 16 janv., merc. soir, dim. soir et lundi – **Repas** (week-ends,
prévenir) (27) · 38/65 et carte 56 à 71 ♀.
   ◆ Coquette auberge face à l'église. Salle à manger rustique soignée, séparée du spectacle
des cuisines par une baie vitrée. Recettes personnalisées d'inspiration régionale.
Spéc. Pressé de tourteau. Filet de rouget à la purée de rattes et olives noires. Clafouti aux
pommes.

BOURG-EN-BRESSE 🅿️ *01000 Ain* 🗺️328 E3 *G. Bourgogne – 40 666 h Agglo. 101 016 h alt. 251.*
   Voir *Église de Brou★★ (tombeaux★★★, stalles★★, jubé★★, vitraux★★, chapelle et ora-
toires★★★, portail★) X B – Stalles★ de l'église Notre-Dame Y – Musée du monastère★ X E.*
   🏌️ *de Bourg-en-Bresse* 🖉 04 74 24 65 17, *par* ③ : *2 km.*
   🛈 *Office de tourisme, 6 avenue Alsace Lorraine* 🖉 04 74 22 49 40, *Fax 04 74 23 06 28,
bourgenbresse.officedetourisme@wanadoo.fr.*
   Paris 424 ⑦ – Mâcon 38 ⑦ – Annecy 113 ④ – Genève 112 ④ – Lyon 82 ⑤.

Plan page ci-contre

🏨 **Mercure**, 10 av. Bad-Kreuznach 🖉 04 74 22 44 88, *h1187@accor-hotels.com,
Fax 04 74 23 43 57*, 🍴, 🌳 – 📶 ✦ , 🍽️ ch, 📺 ☎️ 🛗 🅿️ – 🔬 100. 🅰️ ⓞ 🈺 🇯🇨🇧
✆ rest   X   e
Repas *(fermé sam. midi et dim midi)* (15) - 20 (déj.), 23/38, enf. 10 ♀ – 🖭 10,50 – **60 ch** 100.
   ◆ Le bâtiment principal abrite des chambres rénovées depuis peu selon les nouvelles
normes de la chaîne ; les autres, moins grandes, vont être refaites et personnalisées. Des
tissus fleuris très variés créent le petit côté "bonbonnière" de la salle à manger.

🏨 **Prieuré** ◈ sans rest, 49 bd Brou 🖉 04 74 22 44 60, *hotel-du-prieure@wanadoo.fr,
Fax 04 74 22 71 07*, 🌳 – 📶 ✦ 📺 ☎️ 🅿️ 🅰️ ⓞ 🈺   X   a
🖭 9 – **14 ch** 65/90.
   ◆ Maison récente dont les chambres (non-fumeurs), dotées de mobilier de style Louis XV,
Louis XVI ou bressan, disposent presque toutes d'un balcon avec vue sur l'église de Brou.

BOURG-EN-BRESSE

Anciens Combattants
  (Av. des) . . . . **Z** 3
Arsonval (R. A. d') . . . . . **X** 4
Bad-Kreuznach (Av. de) . . **X** 5
Basch (R. Victor) . . . . **Z** 6
Baudin (Av. A.) . . . . **Z** 7
Belges (Av. des) . . . . **Y** 9
Bernard (Pl.) . . . . **Y** 10
Bons Enfants (R. des) . . **YZ** 12
Bouveret (R.) . . . . **Y** 13
Champ-de-Foire
  (Av. du) . . . . **Y** 14
Citadelle (R. de la) . . . . . **X** 15
Crêts (R. des) . . . . **X** 16
Debeney (R. Général) . . . **Y** 17
Europe (Car. de l') . . . . . **Y** 19
Foch (R. Maréchal) . . . . . **Y** 20
Gambetta (R.) . . . . **Y** 21
Huchet (Bd E.) . . . . **X** 22
Jaurès (Av. Jean) . . . . . **XZ** 23
Joliot-Curie
  (R.) . . . . **X** 24
Juin (Av. Maréchal) . . . . . **X** 26
Lévrier (Bd A.) . . . . **X** 27
Lyon (Pont de) . . . . **X** 28
Mail (Av. du) . . . . **X** 30
Migonney (R. J.) . . . . **Z** 31
Morgon (R. J.) . . . . **Z** 32
Muscat (Av. A.) . . . . **Z** 33
Neuve (Pl.) . . . . **Y** 34
Notre-Dame (R.) . . . . **Y** 35
Palais (R. du) . . . . **Y** 36
St-Nicolas (Bd) . . . . **X** 37
Samaritaine (R.) . . . . **Z** 38
Semard (Av. P.) . . . . **Y** 40
Teynière (R.) . . . . **Z** 42
Valéry (Bd P.) . . . . **Z** 43
Verdun (Cours de) . . . . . **Y** 44
Victoire (Av. de la) . . . . . **Z** 45
4-Septembre (R. du) . . . . **Y** 48
23e-R.I. (R. du) . . . . **X** 50

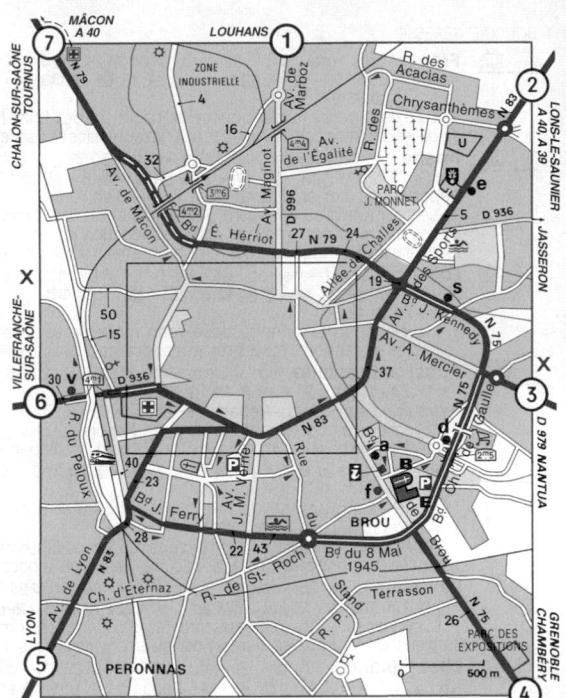

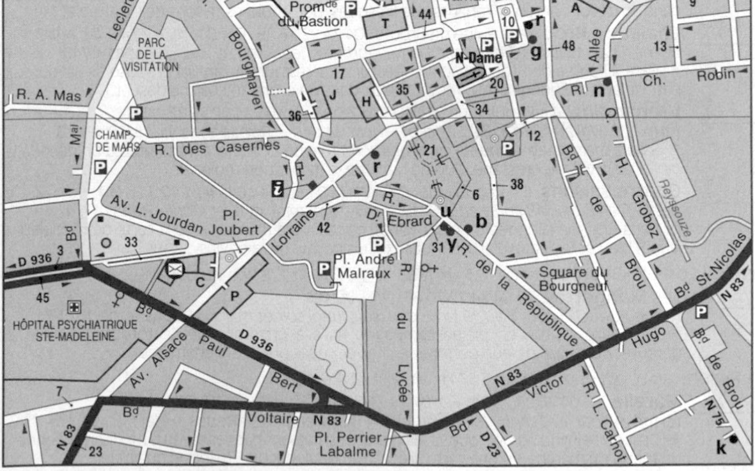

🏨 **France** sans rest, 19 pl. Bernard 𝒫 04 74 23 30 24, *info@grand-hoteldefrance.com*, Fax 04 74 23 69 90 – |🛗| �|📺 🆚 📶 – 🏛 25. 🆎 ⓪ 🆖 🇯🇨🇧   Y   r
⌑ 9 – **44 ch** 66/87.
♦ Cure de jouvence réussie pour cet hôtel proche de l'église Notre-Dame : jolies chambres actuelles, salles de bains neuves et hall restauré dans son style 1900 d'origine.

🏨 **Ariane**,   bd   Kennedy   𝒫 04 74 22 50 88,   *hotel.ariane.bourg@wanadoo.fr*, Fax 04 74 22 51 57, 🏖, 🍽, 📶 – |🛗| 📺 ♿ ⇔ **P** – 🏛 25 à 50. 🆎 🆖   X   s
Repas *(fermé dim. et fériés)* 25/43 – ⌑ 9 – **40 ch** 70/80.
♦ En léger retrait du boulevard circulaire, établissement moderne dont les chambres ont toutes été rénovées : mobilier sobre et fonctionnel, et décoration très colorée. Salle à manger actuelle et terrasse donnent toutes deux sur le jardin et la piscine.

🏨 **Logis de Brou** sans rest, 132 bd Brou 𝒫 04 74 22 11 55, *citotel@logisdebrou.com*, Fax 04 74 22 37 10, 🍽 – |🛗| 📺 🆚 ⇔ **P** – 🏛 25. 🆎 🆖   Z   k
⌑ 8 – **30 ch** 49/66.
♦ Meubles de styles variés (rustique, rotin, moderne) et couleurs pimpantes définissent les chambres de cet hôtel, toutes refaites et dotées de balcons. Plaisant jardin fleuri.

🍴🍴🍴 **Auberge Bressane**, face église de Brou 𝒫 04 74 22 22 68, *info@aubergebressane.com*, Fax 04 74 23 03 15, 🏖 – ≡ **P**. 🆎 ⓪ 🆖 🇯🇨🇧   X   f
fermé mardi sauf fériés – **Repas** 22/68 et carte 58 à 88 ⓩ.
♦ Collection de coqs et mobilier bressan honorent l'élevage et l'artisanat locaux. De la terrasse couverte, vue sur l'église de Brou. Cuisine traditionnelle.

🍴🍴🍴 **Mail** avec ch, 46 av. Mail 𝒫 04 74 21 00 26, Fax 04 74 21 29 55 – ≡ rest, 📺 ⇔ **P** – 🏛 20. 🆎 ⓪ 🆖   X   v
fermé 18 juil. au 5 août, 23 déc. au 11 janv., dim. soir et lundi – **Repas** *(19)* - 28/52 et carte 36 à 57, enf. 13 ⓩ – ⌑ 7 – **9 ch** 42/55 – ½ P 46/52.
♦ Situé non loin de la gare à l'angle d'une rue, cet établissement sert une cuisine bressane appliquée dans une salle à manger rajeunie. Chambres modestes mais nettes.

🍴🍴 **Reyssouze**, 20 r. Ch. Robin 𝒫 04 74 23 11 50, Fax 04 74 23 94 32 – ≡. 🆎 🆖   Y   n
fermé 8 au 20 mars, 29 juil. au 15 août, dim. soir et lundi – **Repas** 20/53, enf. 13 ⓩ.
♦ La rivière située face à cette discrète façade donne son nom à ce restaurant apprécié des Burgiens. Comme eux, savourez-y des plats régionaux dans un cadre bourgeois.

🍴🍴 **Chez Blanc**, 19 pl. Bernard 𝒫 04 74 45 29 11, *chezblanc@georgesblanc.com*, Fax 04 74 24 73 69, 🏖 – 🆎 ⓪ 🆖 – **Repas** 17 (déj.), 19/40, enf. 11 ⓩ.   Y   g
♦ Maison 1900 relookée façon bistrot : coloris vifs, banquettes rouges, meubles anciens, véranda "rétro" et coqs en terre cuite. Carte régionale personnalisée.

🍴🍴 **Français**, 7 av. Alsace-Lorraine 𝒫 04 74 22 55 14, *info@le-francais.fr*, Fax 04 74 22 47 02 – 🆎 🆖   Z   r
fermé 20 au 24 mai, 1er au 24 août, 24 déc. au 4 janv., sam. soir et dim – **Repas** 23/51, enf. 10 ⓩ.
♦ Depuis 1932, la même famille vous accueille dans cette institution locale au cadre Belle Époque. Banc d'écailler, répertoire de type brasserie et touches régionales.

🍴🍴 **Fred et Martine**, 11 r. République 𝒫 04 74 45 20 78, Fax 04 74 22 77 82 – 🆖   z   b
🍴 *fermé 12 au 19 avril, dim. soir et lundi* – **Repas** 16/38 ⓩ.
♦ Fred mitonne une goûteuse cuisine vouée au poisson tandis que Martine vous reçoit dans un décor printanier rehaussé de fresques. Deux bonnes raisons de s'y attabler !

🍴🍴 **Chalet de Brou**, face église de Brou 𝒫 04 74 22 26 28, Fax 04 74 24 72 42, 🏖 – 🆖   X   f
🍴 *fermé 1er au 15 juin, 23 déc. au 23 janv., lundi soir, jeudi soir et vend.* – **Repas** 15/40.
♦ Face à l'église de Brou, joyau architectural, ce restaurant familial propose de savoureux petits plats traditionnels inspirés du terroir dans un cadre au charme désuet.

🍴 **L'Amandine**, 4 r. République 𝒫 04 74 45 33 18, Fax 04 74 22 55 87 – 🆖   Z   u
fermé 29 avril au 12 mai, 7 au 21 sept., merc. et dim. – **Repas** 13 (déj.), 16/38, enf. 8.
♦ Salle à manger en longueur, aux tons vert amande et blanc, agrémentée d'un décor à la gloire de la volaille bressane. Cuisine familiale, d'inspiration régionale.

🍴 **Quatre Saisons**, 6 r. République 𝒫 04 74 22 01 86, Fax 04 74 21 10 35 – 🆖   Z   y
fermé 2 au 8 mai, 15 au 31 août, 2 au 9 janv., sam. midi, dim. et lundi – **Repas** 17/47.
♦ Dans une rue jalonnée de restaurants, cette salle à manger joue la carte de la couleur : jaune, bleu et tableaux d'artistes locaux. Cuisine inventive et vins choisis.

rte de Lons-le-Saunier *par ② : 6,5 km N 83* – ✉ *01370 St-Étienne-du-Bois* :

🍴 **Les Mangettes**, 𝒫 04 74 22 70 66, 🏖 – **P**. 🆖
fermé 20 au 28 sept., 3 au 19 janv., dim. soir, lundi soir et mardi – **Repas** 16 (déj.), 20/31.
♦ Ce pavillon, situé en pleine campagne mais à proximité de l'autoroute, invite à la détente. L'été, jardin fleuri et terrasse ; l'hiver, repas près de la cheminée.

à Péronnas *par ⑤ : 3 km, N 83 – 5 534 h. alt. 281* – ✉ *01960* :

🍴🍴 **Marelle**, 𝒫 04 74 21 75 21, Fax 04 74 21 06 81, 🏖, 🍽 – **P**. 🆎 🆖
fermé 23 août au 9 sept., 19 déc. au 2 janv., mardi et merc. – **Repas** 22 (déj.), 31/58, enf. 13 ⓩ.
♦ De la terre jusqu'au ciel, jouons à la marelle en passant par des saveurs méditerranéennes, un menu du marché ou une carte alléchante. Deux décors : rustique ou actuel.

BOURGES ℗ 18000 Cher **323** K4 *G. Berry Limousin – 72 480 h Agglo. 123 584 h alt. 153.*

Voir *Cathédrale St-Étienne*★★★ : *tour Nord* ⩻★★ **Z** – *Jardins de l'Archevêché*★ – *Palais Jacques-Coeur*★★ – *Jardins des Prés-Fichaux*★ – *Maisons à colombage*★ – *Hôtel des Échevins*★ : *musée Estève*★ **Y M²** – *Hôtel Lallemant*★ **Y M³** – *Hôtel Cujas*★ : *Musée du Berry*★ **Y M¹** – *Muséum d'histoire naturelle*★ **Z** – *Les marais*★ **V** – *Promenade des remparts*★ – *Commune de la "Méridienne verte"*.

🖫 *Bourges Golf Club* ℘ *02 48 20 11 08, S : 5 km par D 106* **X**.

🎫 *Office de tourisme, 21 rue Victor Hugo* ℘ *02 48 23 02 60, Fax 02 48 23 02 69, tourisme@ville-bourges.fr.*

Paris 244 ⑦ – *Châteauroux 65* ⑥ – *Dijon 254* ② – *Nevers 69* ③ – *Orléans 121* ⑦.

BOURGES

Baffier (R. J.)	**X** 3	
Bérégovoy (Av. P.)	**X** 6	
Deux-Ponts (R. des)	**V** 16	
Dormoy (Av. M.)	**V** 19	
Farman (Rd-Pt H.)	**X** 21	

Foch (Bd du Mar.)	**X** 23
Frères-Voisin (Av. des)	**X** 25
Industrie (Bd de l')	**X** 30
J.-J.-Rousseau (R.)	**X** 33
Joffre (Bd du Mar.)	**X** 34
Laudier (Av. H.)	**X** 38
Liberté (Bd de la)	**X** 41
Mitterrand (Av. F.)	**X** 47

Orléans (Av. d')	**V** 48
Pignoux (R. de)	**X** 51
Près-le-Roi (Av. des)	**V** 53
Prospective (Av. de la)	**V** 56
Pyrotechnie (Pl. de la)	**X** 57
Santos-Dumont (Bd)	**X** 65
Sellier (R. H.)	**X** 66
Semard (Av. P.)	**V** 68

BOURGES

Armuriers (R. des) . . . . **Z** 2
Auron (R. d') . . . . **Z**
Barbès (R.) . . . . **Z** 4
Beaux-Arts (R. des) . . . . **Y** 5
Bourbonnoux (R.) . . . . **YZ**
Calvin (R.) . . . . **Y** 7
Cambournac (R.) . . . . **Y** 8
Champ-de-Foire
  (R. du) . . . . **Z** 12
Commerce (R. du) . . . . **Y** 13
Coursalon (R.) . . . . **Y**
Cujas (Pl.) . . . . **Y** 15

Dr-Témoin (R. du) . . . . **Y** 17
Dormoy (Av. Marx) . . . . **Y** 19
Equerre (Rue de l') . . . . **Y** 20
George-Sand (Escalier) . . . . . **Y** 27
Hémerettes (R. des) . . . . **Z** 29
Jacobins (Cour des) . . . . **Z** 31
Jacques-Cœur (R.) . . . . **Y** 32
J.-J.-Rousseau (R.) . . . . **Z** 33
Jean-Jaurès (Av.) . . . . **Y**
Joyeuse (R.) . . . . **Y** 35
Juranville (Pl.) . . . . **Z** 36
Leblanc (R. N.) . . . . **YZ** 40
Linières (Rue de) . . . . **Z** 42
Louis XI (Av.) . . . . **Z** 43
Mallet (R. L.) . . . . **Z** 44

Marceau (Rampe) . . . . **Z** 45
Mirebeau (R.) . . . . **Y**
Moyenne (R.) . . . . **YZ**
Orléans (Av. d') . . . . **Y** 48
Pelvoysin (R.) . . . . **Y** 50
Poissonnerie (R. de la) . . . . . **Y** 52
Prinal (R. du) . . . . **Y** 55
Rimbault (R. J.) . . . . **Z** 61
Strasbourg (Bd de) . . . . **Y** 71
Thaumassière (R. de la) . . . . **Y** 72
Tory (R. G.) . . . . **Y** 73
Victor-Hugo (R.) . . . . **Z** 74
3 Maillets (R. des) . . . . **Z** 75
4-Piliers (Pl. des) . . . . **Y** 76
95e-de-Ligne (R. du) . . . . **Z** 78

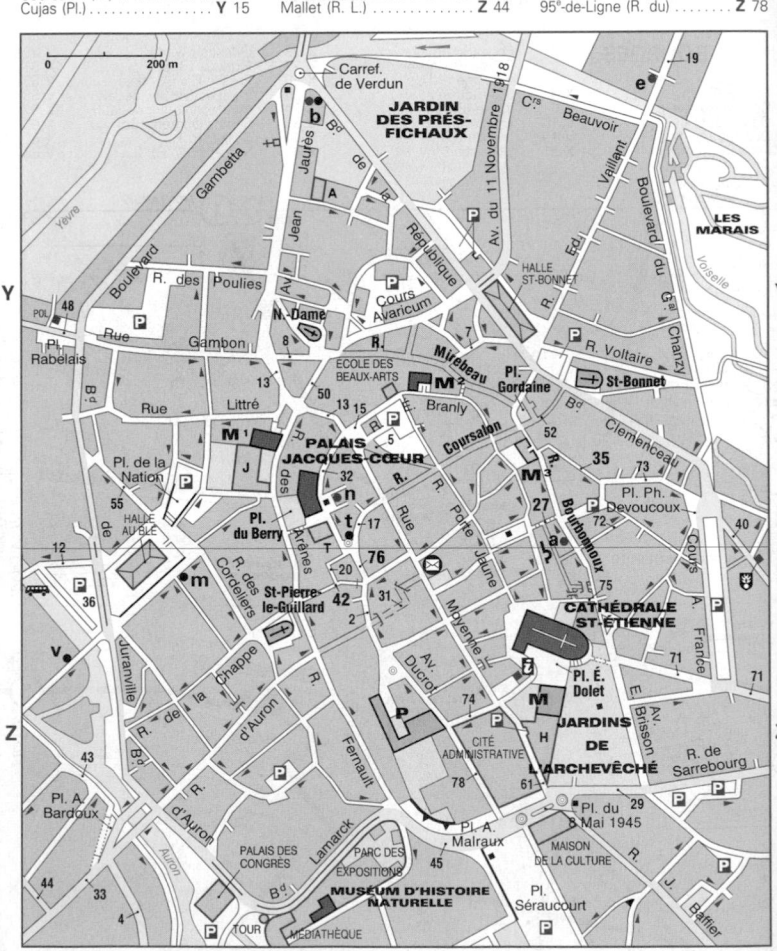

Bourbon, bd République 02 48 70 70 00, hbourbon@infonie.fr, Fax 02 48 70 21 22 –
☆ TV ✆ & P – 🔔 30 à 50. 🆎 ① ⑥ℬ 🃏
Y b
voir rest. *Abbaye St-Ambroix* ci-après – ☕ 12
59 ch 169/199, 3 suites – ½ P 89.
  ◆ Réservez l'une des chambres aménagées dans les murs de l'ancienne abbaye ;
spacieuses et claires, elles sont dotées de meubles en merisier ou acajou. Salon-bar
raffiné.

Berry, 3 pl. Gén. Leclerc *€* 02 48 65 99 30, *leberry.bourges@wanadoo.fr,*
Fax 02 48 24 29 17 – |§| ⅰⅲ 📺 – 🛆 40. ⁅ ⓘ 🇬🇧   **V a**
Repas 16 (sauf week-ends) et carte 25 à 35 ♀ – ⊒ 7,50 – **64** ch 49/62 – ½ P 49,50/
53.

♦ Cette grande bâtisse à l'aspect un brin austère qui fait face à la gare dissimule des
chambres entièrement rénovées : couleurs vives, boiseries peintes et tableaux africains.
Décor exotique et tour du monde des saveurs au restaurant.

Christina sans rest, 5 r. Halle *€* 02 48 70 56 50, *info@le-christina.com, Fax 02 48 70 58 13*
– |§| ⅰⅲ 📞 – ⁅ 🇬🇧   **Z m**
⊒ 7 – **71** ch 46/75.

♦ Immeuble des années 1960 situé face à la Halle-au-Blé (19ᵉ s.). Les chambres rénovées
sont plaisantes ; les autres sont petites, mais restent fonctionnelles.

Tilleuls sans rest, 7 pl. Pyrotechnie *€* 02 48 20 49 04, *lestilleuls.bourges@wanadoo.fr,*
Fax 02 48 50 61 73, ⅙, ⅍, ⅎ – ⅰⅲ 📺 📞 ⅙ 🅿 – 🛆 30. ⁅ ⓘ 🇬🇧 🇯🇨🇧   **X s**
⊒ 6 – **39** ch 53/62.

♦ Établissement joliment fleuri aux chambres rustiques ou plus feutrées (mobilier de
style). Hébergement plus simple à l'annexe, mais vous y bénéficierez de la climatisation.

Angleterre sans rest, 1 pl. Quatre Piliers *€* 02 48 24 68 51, *bw.hotel.angleterre@wanado*
o.fr, Fax 02 48 65 21 41 – ⅰⅲ 📺 📞 – 🛆 25 à 40. ⅌   **Y t**
fermé 25 déc. au 3 janv. – ⊒ 8,90 – **31** ch 69/92.

♦ Cet hôtel bénéficie d'un bel emplacement dans la vieille ville, à deux pas du palais
Jacques Coeur. Préférez les chambres refaites, plus agréables et confortables.

Ibis, quartier Prado *€* 02 48 65 89 99, *h0819@accor-hotels.com, Fax 02 48 65 18 47,* 😀 –
|§| ⅰⅲ 📺 📞 ⅙ – 🛆 20 à 30. ⁅ ⓘ 🇬🇧   **Z v**
Repas *(12)* - 15/24, enf. 6 ♀ – ⊒ 5,50 – **86** ch 64.

♦ Cure de jouvence terminée pour cet Ibis bordant un axe passant proche de l'Auron :
les chambres répondent désormais aux dernières normes de confort de la chaîne. Rez-
de-chaussée d'un seul tenant : bar, salon et restaurant seulement séparés par des
claustras.

Abbaye St-Ambroix - Hôtel de Bourbon, 60 av. J. Jaurès *€* 02 48 70 80 00, *abbaye-sain*
t-ambroix@wanadoo.fr, Fax 02 48 70 21 22 – ⅰⅲ 🅿. ⁅ ⓘ 🇬🇧 🇯🇨🇧   **Y b**
Repas *(23)* - 38,50 et carte 56 à 79 ♀ ⅍.

♦ L'ex-chapelle (17ᵉ s.) de l'abbaye avec son immense voûte a été judicieusement rénovée
dans un style contemporain : un cadre exceptionnel pour une cuisine au goût du jour.
Spéc. Foie gras de canard aux poires et gingembre. Dos de sandre et petites carottes au
cumin. Moelleux au chocolat coulant. **Vins** Pouilly, Menetou-Salon.

Jardin Gourmand, 15 bis av. E. Renan *€* 02 48 21 35 91, *Fax 02 48 20 59 75,* 😀 – ⁅
🇬🇧   **X r**
fermé 7 au 27 juil., 20 déc. au 20 janv., mardi midi, dim. soir et lundi – **Repas** 15/38 et carte
33 à 45.

♦ Discrète maison de maître sur un boulevard excentré. Le restaurant occupe trois
petites pièces en enfilade bourgeoisement aménagées. Joli salon avec cheminée en
bois.

Beauvoir, 1 av. Marx Dormoy *€* 02 48 65 42 44, *Fax 02 48 24 80 84* – ⅰⅲ. 🇬🇧   **Y e**
fermé 5 au 27 août, 23 fév. au 4 mars et dim. soir – **Repas** 16/40 ⅍.

♦ Cuisine classique et belle carte des vins à découvrir dans une salle à manger contemporaine aux tons ensoleillés : une séduisante et sympathique adresse des faubourgs.

Bourbonnoux, 44 r. Bourbonnoux *€* 02 48 24 14 76, *restaurant.bourbonnoux@wanad*
oo.fr, Fax 02 48 24 77 67 – ⅰⅲ. 🇬🇧   **Y a**
fermé 16 au 26 avril, 16 août au 3 sept., 11 au 21 fév., dim. soir sauf juil.-août, sam. midi et
vend. – **Repas** 12/28 ♀.

♦ Coloris vifs et colombages composent le plaisant intérieur de ce restaurant situé dans
une rue jalonnée de boutiques d'artisans. Accueil aimable.

rte de Châteauroux *par* ⑥ *: 7 km, près échangeur A 71* – ⊠ *18570 Le Subdray :*

Novotel, *€* 02 48 26 53 33, *h1302@accor-hotels.com, Fax 02 48 26 52 22,* 😀, ⅎ – |§|
ⅰⅲ ⅲ 📺 📞 ⅙ 🅿 – 🛆 30 à 150. ⁅ ⓘ 🇬🇧 🇯🇨🇧
Repas *(17)* - carte 25 à 35, enf. 8,50 ♀ – ⊒ 10 – **93** ch 79/160.

♦ Près du péage autoroutier, hébergement moderne dont les chambres standardisées sont équipées de meubles pratiques. Petits-déjeuners sous forme de buffet.
Simple et contemporaine, la salle à manger s'ouvre sur le jardin et la terrasse bordant la
piscine.

à St-Doulchard -V- *vers* ⑦ – *9 018 h. alt. 158* – ✉ *18230 :*

🏨 **Logitel** sans rest. r. de Malitorne ☎ 02 48 70 07 26, *Fax 02 48 24 59 94,* ✾ – 📺 ❤ 🄿 –
🚗 25. ⒶⒺ ⒼⒷ
☐ 5 – **30 ch** 43/46.
◆ Chambres fonctionnelles meublées dans le style des années 1980, entretien suivi et prix raisonnables : une étape simple de la périphérie berruyère. Accueil familial.

Le BOURGET *93 Seine-St-Denis* ⑤⑤⑤ *F7* ⑩⑪ ⑰ – *voir à Paris, Environs.*

Le BOURGET-DU-LAC *73370 Savoie* ⑧⑧⑧ *I4 G. Alpes du Nord* – *3 945 h alt. 240.*

Voir *Lac★★ – Église : frise sculptée★ du choeur.*

🇮 *Office de tourisme,* ☎ 04 79 25 01 99, Fax 04 79 25 01 99, *office.tourisme@bourget-dulac.com.*

Paris 531 – Annecy 44 – Aix-les-Bains 10 – Belley 23 – Chambéry 13 – La Tour-du-Pin 52.

🏨🏨 **Ombremont** ⍩, Nord : 2 km par N 504 ☎ 04 79 25 00 23, *ombremontbateauivre@wanadoo.fr, Fax 04 79 25 25 77,* ≼ lac et montagnes, ⍓, ⍓ – ⎸, ▤ ch, 📺 🄿 – 🚗 50. ⒶⒺ ⓞ ⒼⒷ
ⒿⒸⒷ
mi-mai-fin oct. - voir rest. ***Bateau Ivre*** ci-après – ☐ 16 – **12 ch** 155/230, 5 suites.
◆ Dans un parc arboré et fleuri, vaste demeure 1930 dont les jolies chambres personnalisées jouissent presque toutes d'une remarquable vue sur le lac. Belle piscine ; sauna.

XXXX **Bateau Ivre** - Hôtel Ombremont (Jacob), Nord : 2 km par N 504 ☎ 04 79 25 00 23, *ombre*
✿✿ *montbateauivre@wanadoo.fr, Fax 04 79 25 25 77,* ≼ lac et montagnes, ⍞ – 🄿. ⒶⒺ ⓞ ⒼⒷ
ⒿⒸⒷ
mi-mai-fin oct. et fermé lundi sauf le soir en juil.-août, mardi midi et jeudi midi. – **Repas** 52 (déj.), 75/145 et carte 93 à 127.
◆ Le superbe panorama offert sur le lac et le mont Revard se découvre tant de l'élégante et sobre salle à manger que de la plaisante terrasse. Cuisine pleine d'inventivité.
Spéc. Ecrevisses, chair d'araignée, miel et vinaigre de Xérès. Filet de perche poêlé et tombée de salades aux arachides grillées (juin à sept.). Noisettes d'agneau rôties au lard, jus aux olives et anchois (mai à sept.). **Vins** Chignin-Bergeron, Mondeuse d'Arbin.

XXX **Auberge Lamartine** (Marin), Nord : 3,5 km par N 504 ☎ 04 79 25 01 03, *aubergelamarti*
✿ *ne@wanadoo.fr, Fax 04 79 25 20 66,* ≼ lac et montagnes, ⍞, ⍗ – 🄿. ⒶⒺ ⓞ ⒼⒷ
fermé mi-déc. à début janv., mardi midi de sept. à mai, dim. soir et lundi sauf fériés – **Repas** (27) - 38/75 et carte 50 à 73 ⍱.
◆ Cuisine délicate, chaleureuse salle à manger (cave à vins vitrée, tableaux, cheminée, etc.) et terrasse tournée vers le "lac de Lamartine" : ô temps, suspends ton vol !
Spéc. Omble chevalier du lac meunière. Caneton de Challans en deux cuissons. Biscuit mi-cuit au chocolat, glace Chartreuse verte. **Vins** Chignin-Bergeron, Mondeuse d'Arbin.

XX **Grange à Sel,** ☎ 04 79 25 02 66, *info@grangeasel.com, Fax 04 79 25 25 03,* ⍞, ⍗ – 🄿.
✿ ⒶⒺ ⓞ ⒼⒷ ⒿⒸⒷ
fermé janv., dim. soir et merc. – **Repas** 26 (déj.), 35/76 et carte 50 à 70, enf. 21 ⍱.
◆ Ancienne grange à sel et son jardin fleuri où l'on dresse des tables aux beaux jours. Cadre rustique avec pierres et poutres apparentes. Cuisine personnalisée.
Spéc. Filets de perche du lac poêlés. Omble chevalier meunière. Pomme de ris de veau légèrement fumée, pomme purée à l'ancienne (sept. à mai). **Vins** Chignin-Bergeron, Mondeuse.

XX **Beaurivage** avec ch, ☎ 04 79 25 00 38, *webmaster@beaurivage-bourget-du-lac.com,*
Fax 04 79 25 06 49, ≼, ⍞ – 📺 🄿. ⒶⒺ ⒼⒷ
fermé 18 oct. au 17 nov., 21 au 28 fév., dim. soir, merc. soir et lundi – **Repas** 20 (déj.), 30/50
⍱ – ☐ 8 – **7 ch** 56.
◆ La salle à manger s'ouvre sur une agréable terrasse ombragée de platanes d'où le regard s'évade sur le romantique lac. Cuisine classique. Chambres refaites et bien aménagées.

X **Bouchon d'Hélène,** Sud : 1 km par N 504, à Savoie-Technolac ☎ 04 79 25 00 69,
Fax 04 79 25 02 34, ⍜ – ⒼⒷ
fermé 20 août au 5 sept., 2 au 10 janv., sam. midi et dim. soir – **Repas** (11,50) - 13 (déj.), 17/24,50, enf. 8,50 ⍱.
◆ Près d'un parc technologique, petit restaurant précédé d'une terrasse. Intérieur sobre, décoré de tableaux et de bouquets de fleurs. Plats traditionnels et menu du jour.

aux Catons *Nord-Ouest : 2,5 km par D 42 –* ✉ *73370 Le Bourget-du-Lac :*

XX **Atmosphères** ⍩ avec ch, 618 Rte des Tournelles ☎ 04 79 25 01 29, *Fax 04 79 25 26 19,*
≼ lac et montagnes, ⍞, ⍗ – 📺 🄿. ⒼⒷ
fermé 27 oct. au 11 nov., 15 fév. au 1ᵉʳ mars , mardi et merc. – **Repas** 17 (déj.), 27/50 ⍱ – ☐ 7
– **5 ch** 46.
◆ Petit chalet bâti à flanc de colline et entouré de verdure. Plaisante salle à manger rénovée et terrasse panoramique ; cuisine du marché concoctée avec soin. Chambres simples.

BOURG-LA-REINE *92 Hauts-de-Seine* **311** J3 **101** ㉕ – *voir à Paris, Environs.*

BOURG-LÈS-VALENCE *26 Drôme* **332** C4 – *rattaché à Valence.*

BOURGOIN-JALLIEU *38300 Isère* **333** E4 *G. Vallée du Rhône* – *22 947 h alt. 235.*

⌕ *de L'isle-d'Abeau à L'Isle-d'Abeau* ℘ *04 74 43 28 84, par* ⑤ *: 5 km.*

🛈 *Office de tourisme, 1 place Carnot* ℘ *04 74 93 47 50, Fax 04 74 93 76 01, ot@bourgoinjallieu.fr.*

Paris 503 ④ – *Lyon 43* ④ – *Bourg-en-Bresse 81* ① – *Grenoble 66* ② – *La Tour-du-Pin 16* ②.

BOURGOIN-JALLIEU

Alpes (Av. des)	**A** 2
Belmont (R. Robert)	**A** 4
Carnot (Pl.)	**B** 5
Champ-de-Mars	**B** 6
Clemenceau (R. Georges)	**A** 9
Diéderichs (Pl. Ch.)	**B** 10
Gambetta (Av.)	**A** 12
Génin (Av. Ambroise)	**A** 15
Halle (Pl. de la)	**B** 16
Libération (R. de la)	**B**
Liberté (R. de la)	**B** 19
Moulin (R. J.)	**B** 21
Moulins (R. des)	**B** 22
Nations-Unies (Av. des)	**B** 23
Paix (R. de la)	**A** 25
Pontcottier (R.)	**B**
Pouchelon (R. de)	**B** 26
République (Pl. de la)	**A** 29
République (R. de la)	**AB** 31
St-Michel (Pl.)	**B** 32
Seigner (R. Joseph)	**A** 35
Victor-Hugo (R.)	**B** 36
1er Atelier (R. du)	**A** 37
19-Mars-62 (R. du)	**AB** 39
23-Août-1944 (Pl. du)	**B** 41

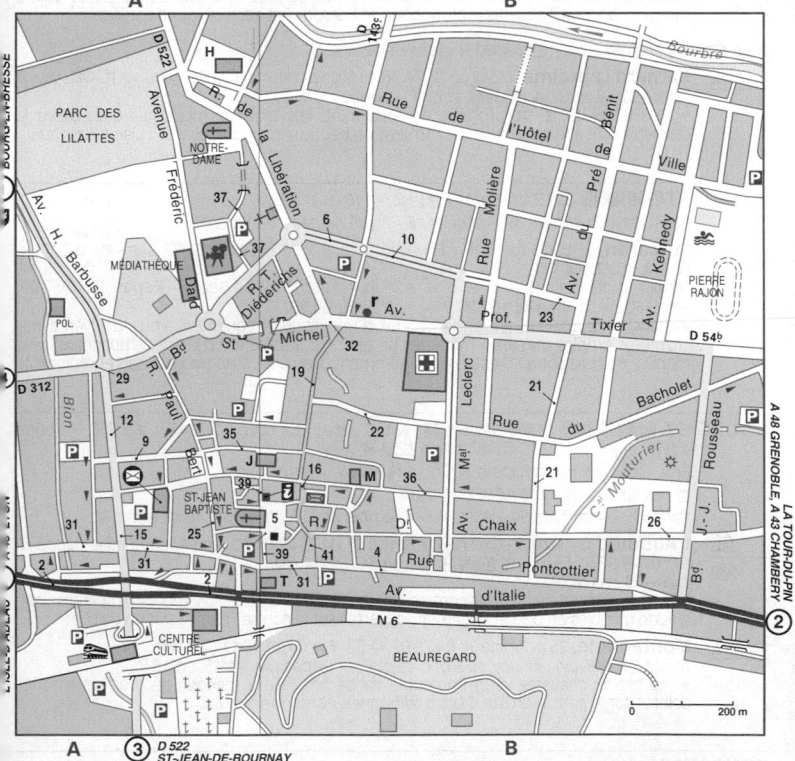

🏡 **Menestret**, *par* ④ *: 1 km sur N 6* ℘ *04 74 93 13 01, Fax 04 74 28 46 70,* 🌳, 🍴 – *rest,* 📺 🅿 🆎 🅶🅱 ❀

fermé 20 déc. au 8 janv., lundi midi et dim. – **Repas** *14/28* 🍷 – ⊡ *7* – **9 ch** *48/53* – ½ P 39,50/43,50.

◆ *Cette pimpante façade jaune située aux portes de la ville abrite une sympathique petite adresse familiale aux chambres bien tenues. Minuscules salles décorées d'objets chinés ici et là et paisible terrasse arborée ; cuisine traditionnelle et régionale.*

XX **Bruno Chavancy,** 1 av. Tixier ✆ 04 74 93 63 88, Fax 04 74 28 42 44 – 🗐. 🆎 🆖
fermé 1er juil. au 6 août, dim. soir, lundi et mardi – **Repas** 18/50 ♀.   B   r
   ◆ À deux pas des rues piétonnes, discret établissement réputé pour sa cuisine traditionnelle et ses gibiers (en saison). Sobre salle à manger contemporaine.

par ② : 2 km par N 6 et rte de Boussieu – ✉ 38300 Bourgoin-Jallieu :

XXXX **Laurent Thomas - les Séquoias** avec ch, 54 Vie de Boussieu ✆ 04 74 93 78 00,
     Fax 04 74 28 60 90, 😊, 🔫, 🎟 – 🗐 rest, 🔟 📞 🅿 – 🛦 15. 🆎 ⓪ 🆖. 🛜 ch
   fermé 9 août au 7 sept., 21 déc. au 4 janv., dim. soir, mardi midi, lundi et soirs fériés – **Repas**
30 (déj.), 37/74 et carte 66 à 98 ♀ 😊 – ⷣ 12 – **5 ch** 105/137.
   ◆ Belle demeure bourgeoise du 18e s. au milieu d'un parc aux arbres centenaires. Élégante
salle à manger, cuisine au goût du jour et attrayante sélection de côtes-du-rhône.
Spéc. Petites ravioles de chèvre au bouillon de poule. Gratin de queues d'écrevisses (15 juin
à fin sept.). Pigeonneau des terres froides rôti en bécasse. **Vins** Vin du Bugey, Vin de pays
des Balmes dauphinoises.

à la Combe-des-Éparres par ② et N 85 : 7 km – ✉ 38300 Bourgoin-Jallieu :

👜 **L'Auberge,** ✆ 04 74 92 01 17, Fax 04 74 92 01 17 – 🔟. 🆎 ⓪ 🆖
   fermé 1er au 24 sept., dim. soir et lundi – **Repas** 10,30/26 👶 – ⷣ 4 – **7 ch** 20/34 – ½ P 26/36.
   ◆ Modeste auberge au bord de la nationale abritant des chambres simples et un peu
exiguës ; celles de l'annexe sont plus tranquilles et plus confortables. La petite salle à
manger - décoration rustique et mobilier de bistrot - fait aussi office de bar local.

à La Grive par ④ : 4,5 km – ✉ 38080 St-Alban-de-Roche :

XX **Bernard Lantelme,** D 312 ✆ 04 74 28 19 12, Fax 04 74 93 78 88, 😊 – 🗐 🅿. 🆖. 🛜
   fermé 30 juil. au 30 août, sam. et dim. – **Repas** 21/46 ♀.
   ◆ Ferme du 19e s. transformée en restaurant. Les tableaux modernes qui égaient la
coquette salle à manger rustique forment un heureux contraste avec la cuisine classique.

BOURG-STE-MARIE 52150 H.-Marne **313** N4 – 110 h alt. 329.
   Paris 302 – Chaumont 39 – Langres 45 – Neufchâteau 24 – Vittel 43.

🏛 **St-Martin,** ✆ 03 25 01 10 15, f1253@aol.com, Fax 03 25 03 91 68, 😊, 🌳 – 🗐 rest, 🔟 📞
   🅿 – 🛦 30. 🆎 ⓪ 🆖
   fermé 10 déc. au 15 janv. et dim. soir sauf hôtel d'avril à sept. – **Repas** 15,70/37,40,
enf. 9,60 ♀ – ⷣ 8 – **18 ch** 52,20/75 – ½ P 53,50/68,50.
   ◆ Dans cette maison ancienne proche d'une route fréquentée, vous trouverez des
chambres simples mais bien tenues et un petit bar. Restaurant d'esprit campagnard, avec
mobilier de style Louis XIII et tables plaisamment dressées ; plats traditionnels et régionaux.

BOURG-ST-MAURICE 73700 Savoie **333** N4 G. Alpes du Nord – 6 747 h alt. 850 – Sports
d'hiver aux Arcs : 1 600/3 226 m ✆ 6 ⷭ 54 ⷭ.
   Env. Fresque★ de la chapelle St-Gras à Vulmix S : 4 km.
   🎿 des Arcs ✆ 04 79 07 43 95, S : 20 km.
   Paris 635 – Albertville 54 – Aosta 79 – Chambéry 103 – Chamonix-Mont-Blanc 74.

🏨 **L'Autantic** 🛏 sans rest, 69 rte Hauteville ✆ 04 79 07 01 70, hotel-autantic@wanadoo.fr,
   Fax 04 79 07 51 55, ⷭ – 📶 🔟 📞 👶 🅿 – 🛦 30. 🆎 ⓪ 🆖
   ⷣ 8 – **23** ch 60/70.
   ◆ Accueillant hôtel construit comme un chalet de Tarentaise. Chambres pimpantes, garnies de meubles en bois et largement ouvertes sur la nature ; quatre ont un balcon.

X **Montagnole,** 26 av. Stade ✆ 04 79 07 11 52, Fax 04 79 07 11 52 – 🆖
   fermé 2 au 18 juin , 17 nov. au 5 déc. et merc. – **Repas** (14) · 17/45, enf. 8 ♀.
   ◆ Au rez-de-chaussée d'un immeuble moderne. Salle à manger décorée de marines
peintes par le patron-artiste. Plats traditionnels et menu savoyard.

BOURGUEIL 37140 I.-et-L. **317** J5 G. Châteaux de la Loire – 4 109 h alt. 42.
   🛈 Office de tourisme, 16 place de l'église ✆ 02 47 97 91 39, Fax 02 47 97 91 39, otsi-
bourgueil@wanadoo.fr.
   Paris 281 – Tours 45 – Angers 81 – Chinon 16 – Saumur 23.

👜 **Thouarsais** sans rest, 10 pl. Hublin ✆ 02 47 97 72 05, Fax 02 47 97 72 05 – 🆖. 🛜
   fermé 1er au 17 oct. et dim. soir d'oct. à Pâques – ⷣ 5,50 – **23 ch** 24/48.
   ◆ Trois bâtiments régionaux disposés autour d'une courette où l'on sert les petits-déjeuners aux beaux jours. Confort modeste mais tenue exemplaire. Ambiance familiale.

※ **Rose de Pindare,** 4 pl. Hublin ✆ 02 47 97 70 50, Fax 02 47 97 70 50 – ⊖⊟
fermé 25 au 31 mars, 18 juin au 5 juil., 24 au 30 nov. et 5 au 20 janv. – **Repas** 13,50/29,50, enf. 8 ♀.
 ♦ Dans le décor sagement contemporain de ce restaurant, dégustez une cuisine classique arrosée de bourgueils en déclamant un poème de la Rose de Pindare, alias Ronsard.

※ **Moulin Bleu,** 7 rte du Moulin Bleu, au Nord : 2 km par rte de Courléon ✆ 02 47 97 73 13, Fax 02 47 97 79 66, ≼, 斎, 屛 – ⊖⊟. ⅍
fermé 29 juin au 7 juil., mi-nov. à mi-mars, mardi soir et merc. – **Repas** (13) - 18/35, enf. 9 ♀.
 ♦ Ce pittoresque moulin peint en bleu dispose de deux salles à manger voûtées et d'une terrasse dominant le vignoble. Plats traditionnels et dégustations de vins locaux.

BOURNEVILLE 27500 Eure **304** D5 – 736 h alt. 124.
 🟦 *Office de tourisme, Le Bourg ✆ 02 32 57 32 23, Fax 02 32 57 15 48, info@tourisme-quillebeuf.com.*
 Paris 155 – Le Havre 45 – Rouen 40 – Brionne 25 – Caudebec-en-Caux 25.

※ **Risle Seine,** ✆ 02 32 42 30 22, 屛 – ⊖⊟
fermé 8 au 14 mars, merc. soir et lundi – **Repas** 16/27, enf. 7 ♀.
 ♦ Cette petite auberge située au centre du village dispose d'une salle à manger rustique et d'une véranda tournée sur la verdure. Cuisine traditionnelle mitonnée avec soin.

Si vous cherchez un hôtel tranquille,
consultez d'abord les cartes de l'introduction
ou repérez dans le texte les établissements indiqués avec le signe ⑤

BOURRON-MARLOTTE 77780 S.-et-M. **312** F5 – 2 737 h alt. 71.
 🟦 *Office de tourisme, 37 rue Murger ✆ 01 64 45 88 86, Fax 01 64 45 88 86.*
 Paris 72 – Fontainebleau 9 – Melun 26 – Montereau-Fault-Yonne 26 – Nemours 11.

※※※ **Les Prémices,** Château de Bourron ✆ 01 64 78 33 00, lespremices@aol.com, Fax 01 64 78 36 00, 斎 – ℗. ⒶⒺ ⊖⊟
fermé 2 au 17 août, 20 au 28 déc., 21 fév. au 1ᵉʳ mars, dim. soir, lundi et mardi – **Repas** 35/75 et carte 60 à 80 🕸.
 ♦ Étoffes unies et mobilier design décorent avec élégance ce restaurant aménagé dans les dépendances d'un château "brique et pierre" du 16ᵉ s. Cuisine inventive.

BOURTH 27580 Eure **304** E9 – 1 124 h alt. 182.
 Paris 125 – L'Aigle 16 – Alençon 78 – Évreux 46 – Verneuil-sur-Avre 11.

※※ **Auberge Chanteclerc,** face église ✆ 02 32 32 61 45, Fax 02 32 32 61 45, 斎 – ⊖⊟
fermé 29 au 29 août, 7 au 20 fév., jeudi soir, dim. soir et lundi – **Repas** 14 (déj.), 22,50/40 🍴.
 ♦ Cette façade en briques chaulées se couvre de fleurs en été. Une collection de coqs, régulièrement enrichie par les habitués, est exposée dans les deux salles à manger.

BOUSSAC 23600 Creuse **325** K2 G. Berry Limousin – 1 602 h alt. 376.
 Voir Site★.
 🟦 *Office de tourisme, place de l'Hôtel de Ville ✆ 05 55 65 05 95, Fax 05 55 65 00 93, pays-de-boussac@wanadoo.fr.*
 Paris 333 – Aubusson 50 – La Châtre 37 – Guéret 41 – Montluçon 38.

※※ **Relais Creusois,** rte La Châtre ✆ 05 55 65 02 20, Fax 05 55 65 13 60 – ⊖⊟
fermé 18 au 28 juin, janv., fév., mardi soir, merc. sauf juil.-août et fériés – **Repas** (dîner en hiver sur réservation) 22/58 ♀.
 ♦ Impossible de rater cette façade moderne habillée d'un bardage vert. À l'intérieur, mobilier de style bistrot et jolie vue sur la campagne creusoise ; carte au goût du jour.

à Nouzerines Nord-Ouest : 10km par D97 – 261 h. alt. 407.

※※ **La Bonne Auberge** avec ch, 1 r. des Lilas ✆ 05 55 82 01 18, aubergenouzerine@aol.com – 📺. ⊖⊟
fermé 4 au 20 oct., 17 janv. au 9 fév., dim. soir et lundi – **Repas** 15/45, enf. 7,70 ♀ – 🖵 5 – **5 ch** 31/35 – ½ P 26/30.
 ♦ Cette discrète maison abrite un bar où l'on sert le plat du jour, mais surtout un restaurant au décor campagnard proposant une cuisine traditionnelle. Chambres modestes.

BOUT-DU-LAC 74 H.-Savoie **328** K6 – rattaché à Doussard.

BOUT-DU-PONT-DE-LARN 81 Tarn **338** G9 – rattaché à Mazamet.

BOUTIGNY-SUR-ESSONNE *91820 Essonne* **312** *D5 – 3 002 h alt. 61.*

Paris 58 – Fontainebleau 29 – Corbeil-Essonnes 29 – Étampes 19 – Melun 33.

 Domaine de Bélesbat ⚟, 𝒫 01 69 23 19 00, *domaine.de.belesbat@wanadoo.fr,* Fax 01 69 23 19 01, ≼, 𝕴𝕬, 🎴, 🎴, 🍽, 🐾 – |阜| 浆 ▦ 🖵 ℃ 🖢 🅿 – 🖾 120. 🖭 ⓪ 🖾 🖾 🎰 ch

fermé 22 déc. au 4 janv. et 16 au 22 fév. – **Pavillon** *(dîner seul.) (fermé dim.)* **Repas** 40/95, enf. 20 – **Douves** *(fermé le soir sauf dim.)* **Repas** carte environ 35 – 🖙 20 – **43 ch** 220/400, 3 suites, 15 duplex – ½ P 240/280.

♦ Complexe hôtelier luxueusement aménagé dans un château des 15ᵉ et 18ᵉ s. Le superbe parc, traversé par un bras de l'Essonne, accueille un parcours de golf 18 trous. Au Pavillon, cadre et cuisine au goût du jour. Grillades et plats du marché aux Douves.

BOUZEL *63910 P.-de-D.* **326** *G8 – 507 h alt. 320.*

Paris 432 – Clermont-Ferrand 23 – Ambert 57 – Issoire 38 – Thiers 25 – Vichy 47.

XX **Auberge du Ver Luisant**, 𝒫 04 73 62 93 83, Fax 04 73 62 93 83 – ▦. 🖾
fermé 12 au 19 avril, 16 août au 6 sept., 1ᵉʳ au 8 janv., merc. soir, dim. soir et lundi – **Repas** 15 (déj.), 23/45 ℤ.

♦ Débusquez cette discrète maison de village au cadre d'inspiration rustique ; vous y savourerez une cuisine traditionnelle variant au rythme des saisons.

BOUZE-LÈS-BEAUNE *21 Côte d'Or* **320** *I7 – rattaché à Beaune.*

BOUZIGUES *34 Hérault* **339** *G8 – rattaché à Mèze.*

BOYARDVILLE *17 Char.-Mar.* **324** *C4 – voir à Ile d'Oléron.*

BOZOULS *12340 Aveyron* **338** *I4 G. Midi-Pyrénées – 2 329 h alt. 530.*

Voir *Trou de Bozouls★.*

🖪 *Office de tourisme, place de la mairie* 𝒫 05 65 48 50 52, Fax 05 65 51 28 01, *ot-bozouls@wanadoo.fr.*

Paris 603 – Rodez 22 – Espalion 11 – Mende 94 – Sévérac-le-Château 41.

🏠 **A la Route d'Argent**, sur D 988 𝒫 05 65 44 92 27, Fax 05 65 48 81 40, 🎴 – ▦ rest, 📺 🖢 🍽 🖿 🖭 🖾
fermé janv., fév., lundi sauf le soir en saison et dim. soir – **Repas** 16/41 ℤ – 🖙 6 – **19 ch** 40/58 – ½ P 48/52.

♦ Vaste bâtisse de pays entièrement rénovée dans un esprit actuel. Les chambres, de bon confort, sont joliment colorées. Cadre contemporain épuré, bel éclairage tamisé et tableaux modernes dans la salle à manger ; cuisine traditionnelle variant au gré du marché.

BRACIEUX *41250 L.-et-Ch.* **318** *G6 G. Châteaux de la Loire – 1 158 h alt. 70.*

🖪 *Syndicat d'initiative, Hôtel de Ville* 𝒫 02 54 46 09 15, Fax 02 54 46 09 15.

Paris 185 – Orléans 64 – Blois 19 – Montrichard 39 – Romorantin-Lanthenay 30.

🏠 **Bonnheure** ⚟ sans rest, 𝒫 02 54 46 41 57, Fax 02 54 46 05 90, 🍽 – cuisinette 🅿. 🖭 ⓪ 🖾
avril-début déc. et fermé 13 au 16 juin et 10 au 14 oct. – 🖙 8 – **14 ch** 40/59.

♦ Chambres au cadre rustique, paisible jardin exposant des outils agricoles et une mention spéciale pour le bon petit-déjeuner : cet hôtel familial est un vrai "bonnheure" !

🏠 **Cygne**, 𝒫 02 54 46 41 07, Fax 02 54 46 04 87, 🍽 – 📺 🖢 🖿. 🖾
fermé 15 déc. au 15 fév., dim. soir et lundi – **Autebert** : **Repas** 14/28, enf. 10,50 ℤ – 🖙 7 – **14 ch** 48/68 – ½ P 45/55.

♦ Cet établissement est composé de deux bâtiments solognots distants d'une cinquantaine de mètres. Les chambres sont simples et fonctionnelles. Poutres, cheminée, lambris et mobilier rustique président au cadre agreste de l'Autebert ; cuisine du terroir.

XXXX **Bernard Robin - Relais de Bracieux**, 1 av. de Chambord 𝒫 02 54 46 41 22, *relaisbra cieux.robin@wanadoo.fr, Fax 02 54 46 03 69,* 🍽, 🎴 – 🖭 ⓪ 🖾 🎰
🕸 🕸 *fermé mi-déc. à fin-janv., merc. sauf juil.-août et mardi* – **Repas** (nombre de couverts limité, prévenir) 38 (déj.), 60/120 et carte 66 à 100 ℤ.

♦ La maison est à l'entrée du village. Tableaux et tapisseries anciennes agrémentent l'élégant décor de la salle à manger. Cuisine classique réalisée avec brio. Jardin arboré.
Spéc. "Noir et blanc-manger" de sole au caviar. Langoustines meunière et ris de veau croustillant. Géline de Touraine rôtie à la broche, truffée sous la peau. **Vins** Cheverny, Cour-Cheverny.

BRANCION 71 S.-et-L. **320** I10 – *rattaché à Tournus.*

BRANSAC 43 H.-Loire **331** G2 – *rattaché à Beauzac.*

BRANTÔME 24310 Dordogne **329** E3 *G. Périgord Quercy* – 2 043 h alt. 104.

Voir Clocher★★ de l'église abbatiale – Bords de la Dronne★★.

🛃 *Syndicat d'initiative, Abbaye ℰ 05 53 05 80 52, Fax 05 53 05 80 52, si@ville-brantome.fr.*

Paris 470 – Angoulême 58 – Limoges 83 – Nontron 23 – Périgueux 27 – Thiviers 26.

Moulin de l'Abbaye, ℰ 05 53 05 80 22, *moulin@relaischateaux.com,*
Fax 05 53 05 75 27, ≤, 斎, 秤 – 🖵 📞 ৬, 📞. 🖭 ⓪ 🅶🅱 🅹🅲🅱
30 avril-24 oct. – **Repas** *(fermé le midi sauf week-ends et fériés)* 50/70 ♀ – ⌑ 19 – **16 ch**
180/260, 3 suites – ½ P 175/232,50.
♦ Un ravissant moulin, la maison du meunier et celle de l'abbé : une trilogie romantique
pour un séjour reposant dans la "Venise du Périgord". Sur la terrasse à fleur d'eau ou dans
l'élégante salle de restaurant, la vue sur la Dronne est bucolique à souhait !
Spéc. Langoustines en carpaccio, pistou thaï. Escalope de foie gras poché au vin de noix.
Palet café-caramel, chantilly aux pignons de pin. **Vins** Bergerac, Pécharmant.

Domaine de la Roseraie ⚘, Nord : 1,5 km ℰ 05 53 05 84 74, *domaine.la.roseraie@wa*
nadoo.fr, Fax 05 53 05 77 94, 斎, 🏊, 🐎, – 🖵 📞 ৬, 📞 🅿. 🖭 ⓪ 🅶🅱 🅹🅲🅱
1er avril-7 nov. – **Repas** 42/58 – ⌑ 10 – **10 ch** 140/210 – ½ P 125/180.
♦ L'ancienne chartreuse au milieu des roses abrite aujourd'hui des chambres joliment
décorées, souvent avec terrasse sur le parc. Meubles de famille, tableaux et bibelots chinés
font le cachet de ce restaurant où l'on se sent comme dans une maison particulière.

Chabrol, ℰ 05 53 05 70 15, *charbonnel.freres@wanadoo.fr, Fax 05 53 05 71 85,* 斎 – 🖵
📞 🖭 ⓪ 🅶🅱
fermé 15 nov. au 15 déc., fév., dim. soir et lundi d'oct. à juin – **Repas** 26/70 ♀ – ⌑ 8 – **20 ch**
45/70 – ½ P 58/68.
♦ L'expression "maison de tradition" s'applique parfaitement à l'hôtel Chabrol. Les
chambres, peu à peu revues, bénéficient d'une amélioration de leur confort. Salle à
manger à l'atmosphère provinciale et terrasse panoramique dominent le cours de la
Dronne.

Au Fil de l'Eau, ℰ 05 53 05 73 65, *fildeleau@fildeleau.fr, Fax 05 53 05 73 65,* 斎 –
🅶🅱
27 avril-10 oct. et fermé mardi soir et merc. sauf juil. à sept. et fériés – **Repas** 26/31 ♀.
♦ Coquette guinguette décorée sur le thème de la pêche. Suivez le fil de l'eau sous les
saules pleureurs de la terrasse bordant la Dronne. Fritures et spécialités périgourdines.

Au Fil du Temps, ℰ 05 53 05 24 12, *fildutemps@fildutemps.fr, Fax 05 53 05 18 01,* 斎 –
🅶🅱
fermé 5 janv. au 11 fév., 5 au 17 déc., dim. soir et lundi – **Repas** *(12)* - 23 ♀.
♦ Une salle avec rôtissoire, une autre plus cossue et "cosy", une terrasse ombragée par un
tilleul : trois espaces exquis pour déguster plats du terroir et viandes à la broche.

à Champagnac de Belair Nord-Est : 6 km par D 78 et D 83 – 685 h. alt. 135 – ⌗ 24530 :

Moulin du Roc (Gardillou) ⚘, ℰ 05 53 02 86 00, *info@moulinduroc.com,*
Fax 05 53 54 21 31, ≤, 斎, 🏊, 🐎, 🎾 – ▤ ch, 🖵 📞 🅿. ⓪ 🅶🅱 🅹🅲🅱 35 bc
fermé 1er janv. au 4 mars – **Repas** *(fermé merc. sauf le soir de juin à sept. et mardi)* 35 bc
(déj.), 49/85 et carte 64 à 92 – ⌑ 28 – **13 ch** 150/185 – ½ P 136/162,50.
♦ Le lieu est magique : ancien moulin à huile sur la Dronne et cerné par la nature. Intérieur
de caractère, chambres personnalisées et jardin au bord de l'eau. Les terrasses du restaurant, sises dans une oasis de verdure bordant la rivière, sont paradisiaques.
Spéc. Foie gras rôti en cocotte, salade truffée. Tartine de légumes confits aux noix et blanc
de pintade rôti. Tarte soufflée aux fruits de saison. **Vins** Bergerac, Pécharmant.

à Bourdeilles Sud-Ouest : 10 km par D 78 – 777 h. alt. 103 – ⌗ 24310 .

Voir *château★ : mobilier★★, cheminée★★ de la salle à manger.*

🛃 *Syndicat d'initiative, place des Tilleuls ℰ 05 53 03 42 96, Fax 05 53 54 56 27, s.i@bour-*
deilles.com.

Hostellerie Les Griffons, ℰ 05 53 45 45 35, *griffons@griffons.fr, Fax 05 53 45 45 20,*
≤, 斎 – 🖵 📞 🅿. 🖭 🅶🅱
9 avril-15 oct. et fermé lundi midi, vend. midi en juil.-août et le midi sauf week-end et fériés
de sept. à juin – **Repas** 21,50/38 ♀ – ⌑ 8,80 – **10 ch** 84/94 – ½ P 78/83.
♦ Au pied du château, maison bourgeoise du 16e s. dominant la Dronne. Côté chambres :
meubles anciens, pierres, poutres et belles charpentes au dernier étage. La salle à manger a
du cachet et ouvre sur une agréable terrasse installée au-dessus de la rivière.

Pour les grands voyages d'affaires ou de tourisme,
Guide MICHELIN : EUROPE.

BRASSAC-LES-MINES 63570 P.-de-D. 326 G10 G. Auvergne – 3 249 h alt. 430.

Voir *Galerie*★ *du musée de la mine, NO : 2,5 km.*

Env. *Auzon*★, *statue de N.-D.-du-Portail*★★ *dans l'église.*

🮲 *Syndicat d'initiative, 𝒫 04 73 54 30 88, Fax 04 73 54 31 67.*

Paris 466 – Clermont-Ferrand 56 – Brioude 16 – Issoire 21 – Murat 60 – St-Flour 53.

XX **Limanais** avec ch, av. Ste-Florine 𝒫 04 73 54 13 98, Fax 04 73 54 39 63, 🏵 – 🖻 📞 ⟨☰⟩ 🅿, 🆖, ⚞
*fermé 25 au 30 sept., fév., sam. midi et vend. de sept. à juin, lundi midi en juil.-août et dim.
soir* – **Repas** (15) - 22/48, enf. 10 ⅃ – � 7 – **12 ch** 42/51 – ½ P 43/45.
◆ Après la visite romantique du musée Peynet, pause repas dans cette salle de restaurant
un peu excentrée où l'on sert une cuisine traditionnelle. Aire de jeux pour enfants.

BRAX 47 L.-et-G. 336 F4 – rattaché à Agen.

BRAY ET LU 95710 Val-d'Oise 305 A6 106 ③ – 753 h alt. 28.

Paris 70 – Gisors 26 – Les Andelys 30 – Pontoise 36 – Vernon 18.

XX **Les Jardins d'Epicure** 🦢 avec ch, 16 Grande Rue 𝒫 01 34 67 75 87, *lesjardinsdepicure
@club-internet.fr, Fax 01 34 67 90 22,* 🏡, 🔲, 🐾 – 🅿, 🆖, ⚞ ch
fermé janv. et merc. – **Repas** 39/85 ♈ – ⊒ 14 – **5 ch** 139/225 – ½ P 97/157.
◆ Belle maison de maître (1852) nichée dans un joli parc traversé par une rivière.
Salle à manger bourgeoise ouverte sur une véranda dotée d'une piscine. Chambres de
caractère.

BRÉAUTÉ 76110 S.-Mar. 304 C4 – 1 102 h alt. 122.
Paris 192 – Le Havre 32 – Bolbec 9 – Étretat 21 – Fécamp 17 – Rouen 70.

à la gare de Bréauté *Sud-Est : 3 km –* ✉ *76110 Bréauté :*

X **Relais de Maupassant,** D 910 𝒫 02 35 38 92 81, Fax 02 35 38 92 81 – 🅿, ⚞
🍽 *fermé 26 juil. au 18 août, dim. soir, lundi et mardi* – **Repas** (16) - 21/38.
◆ Entre route passante et voie ferrée, ce sympathique restaurant mitonne des recettes du
terroir. Coquette petite salle à manger. Accueil familial.

*Les pages explicatives de l'introduction
vous aideront à mieux profiter de votre* **Guide Michelin.**

BREBIÈRES 62 P.-de-C. 301 L5 – rattaché à Douai.

BRÉDANNAZ 74 H.-Savoie 328 K6 – alt. 450 – ✉ 74210 Faverges.
Paris 550 – Annecy 15 – Albertville 31 – Megève 46.

🏠 **Port et Lac,** 𝒫 04 50 68 67 20, *hotel.portetlac@wanadoo.fr, Fax 04 50 68 92 01,* ≤, 🏡,
🛶, 🏵 – 🖻 🅿, 🆎 ⚞
fév.-oct. – **Repas** 23/37, enf. 8 ♈ – ⊒ 10,50 – **18 ch** 45/65 – ½ P 50/65.
◆ L'atout de cette bâtisse centenaire est sa situation quasiment "les pieds dans
l'eau". Chambres simples mais bien tenues ; toutes, sauf deux, ont un balcon ou une
terrasse. Restaurant et terrasse offrent une vue magnifique sur le lac d'Annecy et la
montagne.

à Chaparon *Sud : 1,5 km par rte secondaire –* ✉ *74210 Lathuile :*

🏠 **Châtaigneraie** 🦢, 𝒫 04 50 44 30 67, *info@hotelchataigneraie.com, Fax 04 50 44 83 71,*
🍽 ≤, 🏡, 🏊, 🔲, 🏵, 🍴 – 🖻 📞 🅿, 🆎 ⓞ ⚞, 🍽 rest
1ᵉʳ fév.-1ᵉʳ nov. et fermé dim. soir et lundi sauf de mai à sept. – **Repas** 19/45 ♈ – ⊒ 9,50 –
25 ch 67/80 – ½ P 67/71.
◆ Dans un hameau paisible, en retrait du lac, maison familiale disposant de chambres
bien équipées. Jardin ombragé et piscine avec vue sur les sommets. Location de vélos.
Vaste salle à manger campagnarde dotée d'une cheminée et terrasse sur l'arrière, au
calme.

La BRÉE-LES-BAINS 17 Char.-Mar. 324 B3 – voir à Île d'Oléron.

BRÉHAL *50290 Manche* ⫸⫸⫸ *C6 – 2 599 h alt. 69.*

 🚲 *de Bréhal* 𝒫 *02 33 51 58 88, O : 5 km.*

 🅱 *Office de tourisme* 𝒫 *02 33 90 07 95, Fax 02 33 90 07 95, tourism.canton.brehal-@wanadoo.fr.*

 Paris 340 – Coutances 18 – Granville 11 – St-Lô 46 – Villedieu-les-Poêles 28.

🏨 **Gare,** 𝒫 02 33 61 61 11, Fax 02 33 61 18 02, 🍽 – 📺 📞 **P**, 🖭 **GB**
 fermé 7 au 18 juin, 6 déc. au 31 janv., dim. soir et lundi sauf fériés et juil.-août – **Repas** 16/40
 ⛍ – ⌷ 8 – **9 ch** 45/55 – ½ P 50/52,50.
 ◆ Hôtel familial s'ordonnant autour d'une cour intérieure fleurie. Réparties dans deux bâtiments, les chambres sont un peu exiguës, mais d'une tenue exemplaire. Cuivres, bibelots et peintures (paysages régionaux) ornent la salle à manger ; patio-terrasse.

La BREILLE-LES-PINS *49390 M.-et-L.* ⫸⫸⫸ *J4 – 444 h alt. 105.*

 Paris 283 – Angers 70 – Baugé 31 – Chinon 29 – Saumur 18.

🍴🍴 **L'Orée des Bois** avec ch, Le Bourg 𝒫 02 41 38 85 45, restaurant.loredesbois@wanadoo.fr, Fax 02 41 38 86 07, 🍽 – ▤ rest, 📺 **GB**
 fermé 27 sept. au 15 oct., 3 au 28 janv.,dim. soir du 16 oct. au 27 fév., lundi et mardi –
 Repas 18/42, enf. 8 ⛍ – ⌷ 6 – **7 ch** 39/48 – ½ P 50.
 ◆ Au coeur du village, petit bâtiment actuel abritant une salle de restaurant accueillante (meubles de styles Louis XIII et rustique) et des chambres fraîches et bien équipées.

La BRESSE *88250 Vosges* ⫸⫸⫸ *J4 G. Alsace Lorraine – 4 928 h alt. 636 – Sports d'hiver : 650/ 1 350 m ⛷ 31 ⛷.*

 🅱 *Office de tourisme, 2A rue des Proyes* 𝒫 *03 29 25 41 29, Fax 03 29 25 64 61, info-@labresse.net.*

 Paris 437 – Colmar 52 – Épinal 52 – Gérardmer 13 – Thann 39 – Le Thillot 20.

🏩 **Les Vallées,** 31 r. P. Claudel 𝒫 03 29 25 41 39, hotel.lesvallees@remy-loisirs.com, Fax 03 29 25 64 38, 🍽, 🎱, 🍴, ⚒ – 🛗 cuisinette 📺 📞 🚗 **P** – 🅰 100. 🖭 ⓞ **GB**
 Repas 16,50/42, enf. 11 ⛍ – ⌷ 9 – **54 ch** 61/81, 55 studios – ½ P 67.
 ◆ Imposant complexe hôtelier avec chambres pimpantes et bien aménagées, spacieux studios entièrement rénovés et équipements très complets pour séminaires et loisirs. Haute charpente en bois blond, grandes baies vitrées et sobre mobilier moderne au restaurant.

🏨 **Ibis,** Lotissement de la Clairie 𝒫 03 29 28 68 68, h5039@accor-hotels.com, Fax 03 29 28 60 60, 🍽 – 🛗 ✕ ▤ 📺 📞 ⚅ **P** – 🅰 40. 🖭 ⓞ **GB**
 Repas (12) -18/25, enf. 6 ⛍ – ⌷ 6 – **45 ch** 65.
 ◆ Au centre de la plus grande station vosgienne de sports d'hiver, Ibis flambant neuf convenant aux skieurs en quête d'un hébergement moderne et fonctionnel. Les formules buffets et la carte de restaurant sont conformes à l'esprit de la chaîne.

au Sud *rte de Cornimont : 3 km par D 486 – ⊠ 88250 :*

🍴 **Clos des Hortensias,** 51 rte de Cornimont 𝒫 03 29 25 41 08, Fax 03 29 25 65 34 – **P**. **GB**
 fermé 22 au 30 mars, 28 juin au 7 juil., 15 au 24 nov, dim. soir et lundi sauf fériés – **Repas** (prévenir) 14,50/36, enf. 7,50 ⛍.
 ◆ Une fresque représentant des hortensias agrémente la façade de ce restaurant familial. Cuisine traditionnelle soignée servie dans un intérieur aussi charmant que l'accueil.

au Nord-Est *rte du col de la Schlucht : 6,5 km par D 34 et D 34D – ⊠ 88250 La Bresse :*

🍴 **Auberge du Pêcheur** avec ch, 76 rte de Vologne 𝒫 03 29 25 43 86, aubpecheur@aol.com, Fax 03 29 25 52 59, ≼, 🍽 – 📺 📞 **P**. **GB**
 fermé 15 au 30 juin, 1er au 15 déc., mardi et merc. hors saison – **Repas** 14/25, enf. 7,40 ⚗ – ⌷ 6 – **4 ch** 38/50 – ½ P 42/47.
 ◆ Sur le chemin des pistes de ski, chalet familial où l'on concocte des plats traditionnels aux accents du terroir. Cadre rustique vosgien. Terrasse verdoyante.

BRESSIEUX *38870 Isère* ⫸⫸⫸ *E6 – 89 h alt. 510.*

 Paris 533 – Grenoble 50 – Lyon 76 – Valence 73 – Vienne 45 – Voiron 30.

🍴 **Auberge du Château,** 𝒫 04 74 20 91 01, ≼, 🍽 – **P**. **GB**
 fermé 25 au 30 oct., 7 au 20 fév., mardi (sauf juil.-août) et merc. – **Repas** 12 (déj.), 18/39.
 ◆ Au faîte d'un vieux village perché, accueillante maison ancienne bien restaurée. La terrasse ombragée offre un beau point de vue sur la vallée et les monts du Lyonnais.

BRESSON *38 Isère* ⫸⫸⫸ *H7 – rattaché à Grenoble.*

BRESSUIRE ⚙ 79300 Deux-Sèvres **322** D3 G. Poitou Vendée Charentes – 17 799 h alt. 186.

🚹 Office de tourisme, place de l'Hôtel de Ville ℘ 05 49 65 10 27, Fax 05 49 80 41 49, ot@paysbocagebressuirais.com.

Paris 364 – Angers 84 – Cholet 45 – Niort 64 – Poitiers 82 – La Roche-sur-Yon 87.

Boule d'Or, 15 pl. E. Zola ℘ 05 49 65 02 18, Fax 05 49 74 11 19 – 🖵 📶 📞 ⟶ **P** – 🛎 30. 🖭 **GB**

fermé 1ᵉʳ au 22 août, 6 au 20 fév., dim. soir et lundi midi – **Repas** 11/32 🥄 – ⯑ 4,60 – **20 ch** 36/44,50 – ½ P 31,30.

♦ Bâtisse régionale proche de la gare. Chambres d'ampleur variée, correctement équipées ; les plus récentes offrent une meilleure insonorisation et un décor plus gai. Deux salles à manger très simplement aménagées et meublées dans le style Louis XIII.

Bouchon, 9 r. E. Perochon ℘ 05 49 74 66 34, Fax 05 49 81 28 03 – **GB**

fermé 17 au 31 août, 21 au 28 fév., dim. et lundi – **Repas** 11/15 🍷.

♦ Cadre patiné et accumulation de bibelots hétéroclites font le charme de ce bistrot convivial aménagé dans une ancienne épicerie. Plats traditionnels et ardoise de suggestions.

BREST ⚙ 29200 Finistère **308** E4 G. Bretagne – 149 634 h Agglo. 210 055 h alt. 35.

Voir Océanopolis★★★ – Cours Dajot ≤★★ – Traversée de la rade★ – Arsenal et base navale ★ **DZ** – Musée des Beaux-Arts★ **EZ M**[1] – Musée de la Marine★ **DZ M**[2] – Conservatoire botanique du vallon du Stang-Alar★.

Excurs. Les Abers★★.

🐴 de Brest les Abers à Plouarzel ℘ 02 98 89 68 33, par ① : 24 km.

🚹 Office de tourisme, place de la Liberté ℘ 02 98 44 24 96, Fax 02 98 44 53 73, office.de-.tourisme.brest@wanadoo.fr.

Paris 596 ② – Lorient 133 ⑤ – Quimper 72 ⑤ – Rennes 246 ② – St-Brieuc 145 ②.

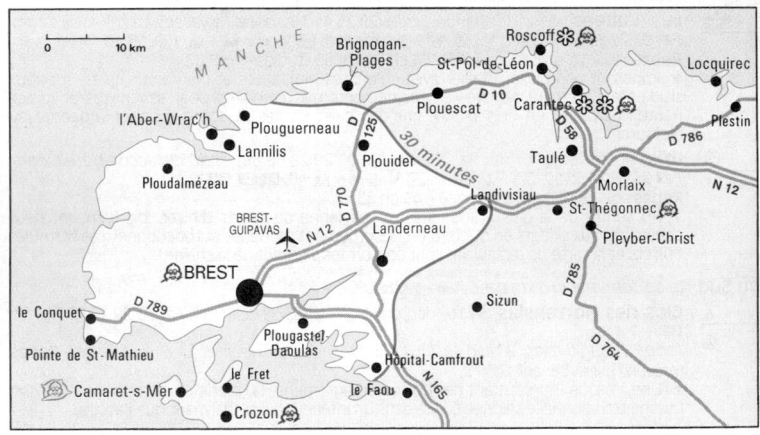

Holiday Inn Garden Court, 41 r. Branda ℘ 02 98 80 84 00, holiday-inn@hotelsofibra.com, Fax 02 98 80 84 84 – 🛗 ⍯ ▤ 🖵 📞 🛦 ⟶ – 🛎 15 à 50. 🖭 ⓪ **GB** 🇯🇨🇧 **BX** t

Repas (fermé 19 juil. au 22 août, sam., dim. et fériés) (19) - 23/47 🍷 – ⯑ 10 – **84 ch** 92/110.

♦ En centre-ville, architecture récente aux lignes élégantes, disposant de chambres bien insonorisées et garnies d'un mobilier contemporain de bon ton. Restaurant agencé à la façon d'une brasserie ; cuisine classique enrichie de quelques spécialités régionales.

Continental sans rest, square La Tour d'Auvergne ℘ 02 98 80 50 40, continental-brest@hotelsofibra.com, Fax 02 98 43 17 47 – 🛗 ⍯ ▤ 🖵 📞 🛦 – 🛎 15 à 150. 🖭 ⓪ **GB** **EY** f

⯑ 10 – **73 ch** 101/141.

♦ Ce grand immeuble d'après-guerre abrite des chambres spacieuses, de style moderne ou Art déco. Hall exposant des reproductions de Bernard Buffet. Bonne insonorisation.

Océania, 82 r. Siam ℘ 02 98 80 66 66, oceania-brest@hotel-sofibra.com, Fax 02 98 80 65 50 – 🛗 ⍯ ▤ 🖵 📞 – 🛎 15 à 90. 🖭 **GB** **EY** r

Repas (fermé 15 juil. au 15 août et les week-ends) 28/40 🍷 – ⯑ 10 – **82 ch** 82/120.

♦ Dans la rue de Siam, évoquée dans un célèbre poème de J. Prévert, chambres "seventies" un peu désuètes, mais spacieuses et à la tenue irréprochable. Vaste salle à manger agencée sur trois niveaux, décorée dans un style marin de bon goût ; recettes classiques.

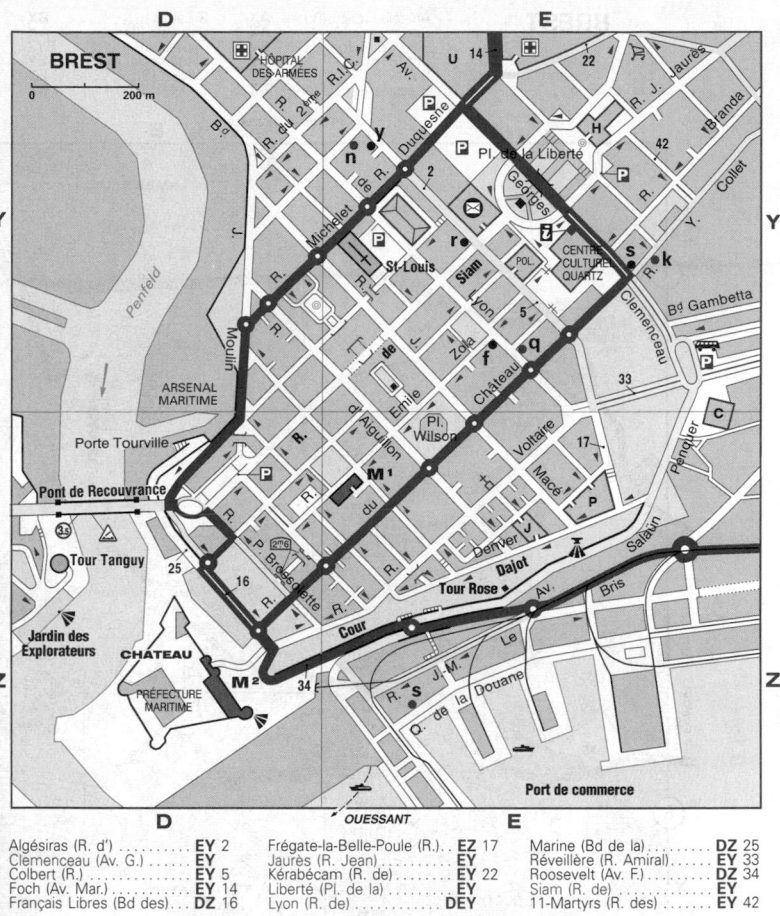

BREST

HÔPITAL DES ARMÉES

ARSENAL MARITIME

Porte Tourville

Pont de Recouvrance

Tour Tanguy

Jardin des Explorateurs

CHÂTEAU

PRÉFECTURE MARITIME

Pl. de la Liberté

St-Louis

Pl. Wilson

Tour Rose

CENTRE CULTUREL QUARTZ

Bd Gambetta

Dajot

Port de commerce

OUESSANT

Algésiras (R. d')	. . . .	**EY** 2
Clemenceau (Av. G.)	. . . . . .	**EY**
Colbert (R.)	. . . .	**EY** 5
Foch (Av. Mar.)	. . . .	**EY** 14
Français Libres (Bd des)	. . .	**DZ** 16
Frégate-la-Belle-Poule (R.)	. .	**EZ** 17
Jaurès (R. Jean)	. . . .	**EY**
Kérabécam (R. de)	. . . . . .	**EY** 22
Liberté (Pl. de la)	. . . . . .	**EY**
Lyon (R. de)	. . . .	**DEY**
Marine (Bd de la)	. . . .	**DZ** 25
Réveillère (R. Amiral)	. . . .	**EY** 33
Roosevelt (Av. F.)	. . . . . .	**DZ** 34
Siam (R. de)	. . . .	**EY**
11-Martyrs (R. des)	. . . . .	**EY** 42

🏛 **Relais Mercure** sans rest, 2 rue Y. Collet ℰ 02 98 80 31 80, *mercure.voyageurs@libertys urf.fr,* Fax 02 98 46 52 98 – |♦| TV ℰ. 🖭 ① ⬛   EY s
⌖ 12 – **40 ch** 74/102.
   ♦ La cohabitation de meubles contemporains ou d'esprit Art déco (dans 4 chambres) avec de chatoyantes couleurs fait le charme de cet hôtel confortable et bien insonorisé.

🏛 **Paix** sans rest, 32 r. Algésiras ℰ 02 98 80 12 97, *hoteldelapaixbrest@wanadoo.fr,* Fax 02 98 43 30 95 – |♦| TV ℰ. 🖭 ① ⬛ ⌸   EY y
fermé 20 déc. au 3 janv. – ⌖ 7,50 – **25 ch** 50/60.
   ♦ Petit hôtel du centre-ville à l'ambiance familiale. Les chambres, en cours de rénovation, adoptent peu à peu un décor actuel. Au petit-déjeuner, copieuse formule buffet.

🏛 **Kyriad** sans rest, 157 r. J. Jaurès ℰ 02 98 43 58 58, *kyriadbrest@wanadoo.fr,* Fax 02 98 43 58 01 – |♦| TV ℰ & – 🔬 40. 🖭 ① ⬛   CX d
⌖ 7,50 – **50 ch** 56/61.
   ♦ Établissement commode bordant une avenue fréquentée. Chambres fonctionnelles récemment rafraîchies, plus tranquilles côté cour. Généreux petits-déjeuners.

XXX **Fleur de Sel,** 15 bis r. Lyon ℰ 02 98 44 38 65, *lafleurdesel@wanadoo.fr,* Fax 02 98 44 38 53 – 🖭 ⬛ ⌸   EY q
fermé 1er au 21 août, 1er au 7 janv., sam. midi et dim. – **Repas** *(19 bc)* - 24/34 et carte 37 à 57 ⌾.
   ♦ Lumineuse salle de restaurant où boiseries et couleurs ensoleillées composent un cadre d'inspiration Art déco soigné. À table, cuisine traditionnelle actualisée.

BREST

Aiguillon (R. d')	**EZ**	
Albert 1er (Pl.)	**BZ**	
Algésiras (R. d')	**EY** 2	

Anatole-France (R.)	**AX**	
Beaumanoir (R.)	**AX** 3	
Blum (Bd Léon)	**BV**	
Bot (R. du)	**CV**	
Botrel (R. Th.)	**BV**	
Brossolette (R. Pierre)	**DZ**	

Bruat (R.)	**BX**	
Caffarelli (Porte)	**AX**	
Château (R. du)	**EYZ**	
Clemenceau (Av. G.)	**EY**	
Colbert (R.)	**EY** 5	
Collet (R. Yves)	**BX**	

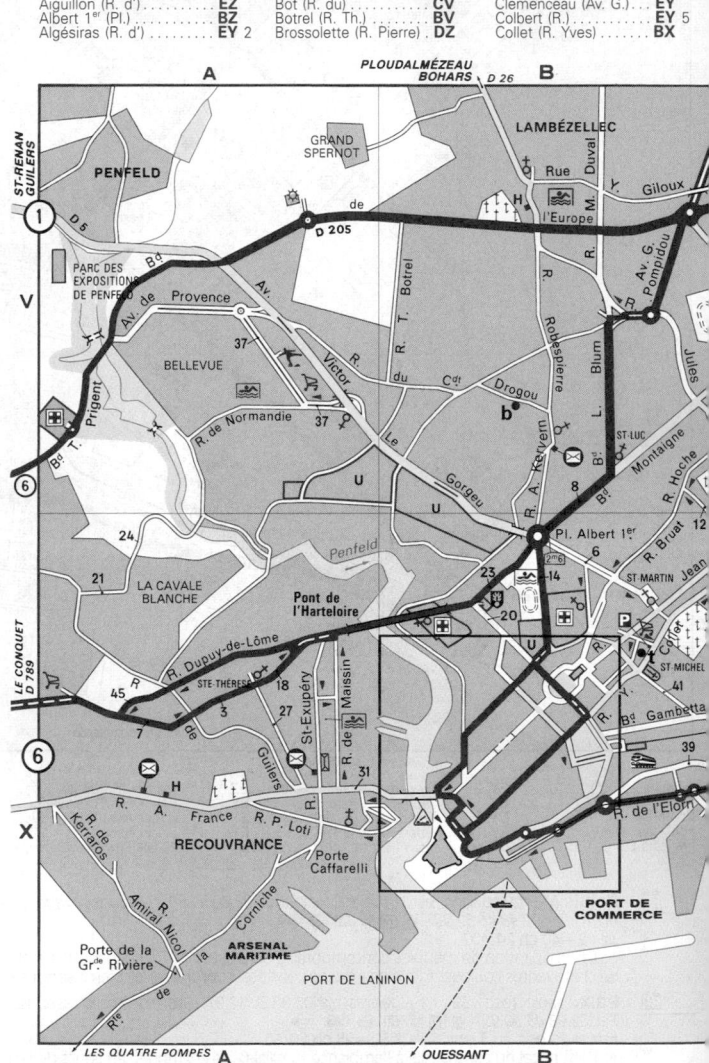

Nouveau Rossini, 22 r. Cdt Drogou ℰ 02 98 47 90 00, Fax 02 98 47 90 00, 斎, 斎 – 𝐏.
ᴁ ⏞ ⎯ BV b
fermé 1er au 7 mars, 23 au 31 août, dim. soir et lundi – **Repas** (23) - 37/60 et carte 47 à 73 ♀.
◆ Adorable maison bretonne centenaire entourée d'un joli jardin fleuri. Spacieuse salle à
manger éclairée de baies vitrées. Belle cave aménagée pour la dégustation de vins.

Vatel, 23 r. Fautras ℰ 02 98 44 51 02, Fax 02 98 43 33 72 – ᴁ ⏞ ⎯ EY n
fermé sam. midi, dim. soir et lundi – **Repas** 14 (déj.), 24/34 ♀.
◆ Au milieu de la salle à manger est présenté un éventail d'épices utilisées en cuisine :
petite note "pimentée" dans un cadre bourgeois récemment rafraîchi.

Corniche (Rte de la) **AX**
Dajot (Cours) . . . . **EZ**
Denvers (R.) . . . . **EZ**
Desmoulins
(Av. C.) . . . . **BX** 6
Dr-Kerrien (R. du) . . . **AX** 7
Doumer (R. Paul) . . . **BV** 8
Dourjacq (Rte du) . . . **CV**
Drogou (R. Com.) . . . **BV**
Dupuy-de-Lôme (R.) **AX**
Duquesne (R.) . . . . . . **EY**
Duval (R. Marcellin) . **BV**
Eau-Blanche (R. de l') . . . . **CV**
Elorn (R. de l') . . . . **BX**
Europe (Bd de l') . . . . **ACV**
Ferry (R. J.) . . . . **BCX** 12
Foch (Av. Mar.) . . . . **BX** 14
Forestou (Pont du) . . . . **CX** 15
Français Libres (Bd des) . . . . **DZ** 16
Frégate-La-Belle-Poule
(R. de la) . . . . **EZ** 17
Gallieni (R. du Mar.) . . . . **AX** 18
Gambetta (Bd) . . . . **BX**
Gouesnou (Rte de) . . . . **CV**
Grande-Rivière (Porte de la) . . . . . . **AX**
Guilers (R. de) . . . . **AX**
Harteloire (Pt de l') . . . . **AX**
Harteloire (R. de l') . . . . **AX** 20
Hoche (R.) . . . . **BV**
Jaurès (R. J.) . . . . **EY**
Kent (R. de) . . . . **AX** 21
Kérabécam (R. de) . . . . **EY** 22
Kerraros (R. de) . . . . **AX**
Kervern (R. Auguste) . . . . **BV**
Kiel (Av. de) . . . . **CX**
Lamotte-Picquet . . . . **BX** 23
Le Bris (R. J.-M.) . . . . **EZ**
Le Gorgeu (Av. Victor) . . . . **AV**
Lesven (R. Jules) . . . . **BCV**
Libération (Av. de la) . . . . **AX** 24
Liberté (Pl. de la) . . . . **EY**
Loti (R. Pierre) . . . . **AX**
Louppe (R. Albert) . . . . **CV**
Lyon (R. de) . . . . **DEY**
Macé (R. Jean) . . . . **EZ**
Maissin (R. de) . . . . **AX**
Marine (Bd de la) . . . . **DZ** 25
Michelet (R.) . . . . **DY**
Montaigne (Bd) . . . . **BV**
Mouchotte (Bd Cdt) . . . . **AX** 27
Moulin (Bd Jean) . . . . **DY**
Nicol (R. de l'Amiral) . . . . **AX**
Normandie (R. de) . . . . **AV**
Paris (R. de) . . . . **CV**
Pompidou (R. G.) . . . . **BV**
Porte (R. de la) . . . . **AX** 31
Prigent (Bd T.) . . . . **AV**
Provence (Av. de) . . . . **AV**
Quimper (Rte de) . . . . **CV**
Recouvrance (Pt de) . . . . **DZ**
Réveillère (Av. Amiral) . . . . **EY** 33
Richelieu (R.) . . . . **CX**
Robespierre (R.) . . . . **BY**
Roosevelt (Av. Fr.) . . . . **DZ** 34
St-Exupéry (R.) . . . . **AX**
St-Marc (R.) . . . . **CX**
Salaün-Penquer (Av.) . . . . **EZ**
Sébastopol (R.) . . . . **CX** 35
Semard (R. Pierre) . . . . **CX**
Siam (R. de) . . . . **EY**
Strasbourg (Pl. de) . . . . **CV**
Tarente (Av. de) . . . . **AV** 37
Tourville (Porte) . . . . **DZ**
Tourbihan (R. de) . . . . **CV** 38
Tritshler (R. du) . . . . **CX**
Troude (R. Amiral) . . . . **BX** 39
Valmy (R. de) . . . . **CX** 40
Verdun (R. de) . . . . **CX**
Victor-Hugo (R.) . . . . **BX** 41
Vieux-St-Marc (R. du) . . . . **CX**
Villeneuve (R. de la) . . . . **CV**
Voltaire (R.) . . . . **EZ**
Wilson (Pl.) . . . . **EZ**
Zédé (R. G.) . . . . **CV**
Zola (R. Émile) . . . . **EY**
2e-R.C.I. (R. du) . . . . **DY**
8-Mai-1945 (R. du) . . . . **CV**
11-Martyrs (R. des) . . . . **EY** 42
19-Mars-1962 (R. du) . . . . **AX** 45

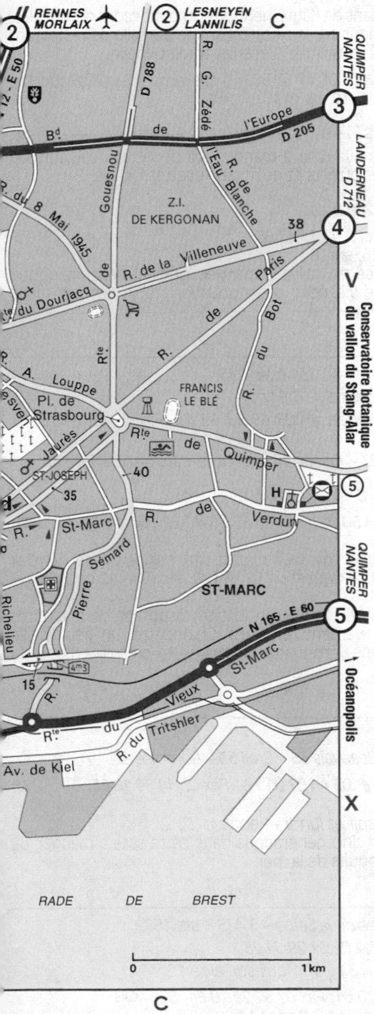

Ruffé, 1 bis r. Y. Collet ✆ 02 98 46 07 70, *leruffe@wanadoo.fr, Fax 02 98 44 31 46* – AE GB
fermé dim. sauf le midi de sept. à juin – **Repas** *(12)* - 17/30, enf. 7 ♀. EY k
◆ Décor d'inspiration "paquebot" (parquet, maquette de voilier et banquettes bicolores) au rez-de-chaussée ; chaleureux et pimpant cadre actuel à l'étage. Cuisine classique.

Maison de l'Océan, 2 quai Douane (port de Commerce) ✆ 02 98 80 44 84, *Fax 02 98 46 19 83*, ≤, 🏠 – ▤. AE GB EZ s
Repas 14/24,50, enf. 7.
◆ "L'Océan" célébré dans le décor (banc d'écailler, mobilier et bibelots évoquant les bateaux) et dans l'assiette (poissons et fruits de mer). À l'étage, vue sur le port.

au Nord *par D 788* **CV** *: 5 km –* ⊠ *29200 Brest :*

🏠 **Oceania Brest Aéroport,** Z.A. Kergaradec ✆ 02 98 02 32 83, *oceania-brest-aeroport@hotel-sofibra.com*, Fax 02 98 41 69 27, �屋, ⌁ – ⥂ ▤ 🖻 ⅃ ⌑ – 🕭 100. ⅛ ⊙ 🆉
Repas *(15)* - 18,50/24,50, enf. 9 – ⚏ 10 – **85 ch** 79/94.
◆ Construction des années 1970 bénéficiant de l'agrément de son petit cadre de verdure. Chambres fonctionnelles ; certaines donnent sur la piscine. Lumineuse salle de restaurant au décor actuel où dominent le bois et les tons ivoire. Recettes traditionnelles.

🏠 **Ibis,** près Z.A. Kergaradec ✆ 02 98 47 50 50, *ibiskergaradec@wanadoo.fr*, Fax 02 98 47 76 62, �屋 – 🖻 ✆ ⅃ ⌑ – 🕭 15. ⅛ ⊙ 🆉
Repas *(14)* - 17, enf. 7 ⚑ – ⚏ 6 – **54 ch** 60.
◆ Bâtiment récent de style breton, où les chambres, mises aux dernières normes de la chaîne, sont fraîches et bien tenues. Dans la salle à manger, joli décor aux couleurs de l'océan ; dans l'assiette, plusieurs formules buffets et quelques recettes locales.

au Port du Moulin Blanc *par* ⑤ *: 7 km –* ⊠ *29200 Brest :*

✗ **Ma Petite Folie,** ✆ 02 98 42 44 42, Fax 02 98 41 43 68
🍴 *fermé 1ᵉʳ au 10 janv. et dim.* – **Repas** 19/26, enf. 8.
◆ Ponts inférieur et supérieur aménagés en salles à manger, original décor nautique et belle cuisine de la mer : une nouvelle vie pour ce langoustier (1952) échoué sur le sable.

BRETENOUX *46130 Lot* **337** *H2 G. Périgord Quercy – 1 231 h alt. 136.*
Voir *Château de Castelnau-bretenoux*★★ *: ⩽★ SO : 3,5 km.*
🗊 *Office de tourisme, avenue de la Libération ✆ 05 65 38 59 53, Fax 05 65 39 72 14, ot.bretenoux@wanadoo.fr.*
Paris 521 – Brive-la-Gaillarde 44 – Cahors 83 – Figeac 48 – Sarlat-la-Canéda 65 – Tulle 47.

au Port de Gagnac *Nord-Est : 6 km par D 940 et D 14 –* ⊠ *46130 Bretenoux :*

🏠 **Hostellerie Belle Rive,** ✆ 05 65 38 50 04, Fax 05 65 38 47 72, �屋 – 🖻 ✆. 🆉
🍴 ✀ ch
fermé 18 déc. au 2 janv. – **Repas** *(fermé vend. soir, sam. midi et dim. soir du 1/9 au 15/10 et du 11/4 au 30/6, sam. et dim. de 16/10 à Pâques)* 14/33, enf. 8 – ⚏ 7 – **12 ch** 54/61 – ½ P 48/54.
◆ Dans un hameau au bord de la Cère, vieille maison lotoise disposant de chambres modestes, mais bien tenues et progressivement rénovées. Champêtre, un peu "vieille France", le restaurant n'est pas sans charme ; étonnante cheminée, et pressoir en bois du 19ᵉ s.

BRETEUIL *60120 Oise* **305** *E3 – 4 131 h alt. 80 – .*
Paris 116 – Compiègne 55 – Amiens 30 – Beauvais 35 – Creil 53 – Pontoise 82.

✗ **Globe,** 12 r. République (près poste) ✆ 03 44 07 01 78, Fax 03 44 80 18 63, �屋 – ⅛ 🆉
fermé 26 juil. au 12 août, dim. soir, mardi soir et lundi – **Repas** 15/32 ⚑.
◆ La même famille vous accueille depuis cinq générations dans cette salle à manger de style rustique. Cuisine traditionnelle et produits de la mer.

BRETEUIL *27160 Eure* **304** *F8 G. Normandie Vallée de la Seine – 3 473 h alt. 168.*
🗊 *Syndicat d'initiative ✆ 02 32 29 82 45, Fax 02 32 29 91 25.*
Paris 117 – L'Aigle 25 – Alençon 88 – Évreux 31 – Verneuil-sur-Avre 12.

✗ **Grain de Sel,** 76 pl. Laffitte ✆ 02 32 29 70 61, Fax 02 32 29 70 61, �屋 – 🆉
fermé 4 au 18 août, dim. soir, mardi soir et lundi – **Repas** 14,50/25 ⚑.
◆ Carte au registre traditionnel proposée dans un petit restaurant situé sur la place du marché. Une exposition de tableaux égaie la pimpante salle à manger.

Le BREUIL *71 S.-et-L.* **320** *G9 – rattaché au Creusot.*

Ecrivez-nous...
Vos louanges comme vos critiques seront examinées avec le plus grand soin.
Nous reverrons sur place les informations que vous nous signalez.
Par avance merci !

Le BREUIL-EN-AUGE 14130 Calvados 303 N4 – 846 h alt. 38.

Paris 196 – Caen 55 – Deauville 21 – Lisieux 10.

XX   **Auberge du Dauphin** (Lecomte),   ℰ 02 31 65 08 11, *dauphin.le@wanadoo.fr*, ❄   Fax 02 31 65 12 08 – AE GB
fermé 2 au 30 nov., dim. soir et lundi – **Repas** 32/39,50 (sauf sam. soir)et carte 57 à 69.
◆ Maison normande appréciée tant pour sa cuisine unissant invention et tradition que pour son cadre champêtre agrémenté d'une collection de bouteilles de digestifs.
Spéc. Ragoût d'escargots et ormeaux aux girolles (juin à oct.). Gribiche d'huîtres spéciales d'Isigny. Fricassée de ris de veau au poivre gris (juin à oct.).

BRÉVIANDES 10 Aube 313 E4 – rattaché à Troyes.

BRÉVONNES 10220 Aube 313 G3 – 584 h alt. 120.

Paris 198 – Troyes 28 – Bar-sur-Aube 30 – St-Dizier 59 – Vitry-le-François 51.

XX   **Au Vieux Logis** avec ch, 1 r. Piney ℰ 03 25 46 30 17, *logisbrevonnes@wanadoo.fr*, ⬭   Fax 03 25 46 37 20, 佘, ⌘ – TV ✆ P. GB
fermé 1ᵉʳ au 24 mars, 29 nov. au 6 déc., dim. soir et lundi – **Repas** 14/35, enf. 8,50 ♀ – ⬭ 6,50 – **5 ch** 37/44 – ½ P 47/50.
◆ L'atmosphère familiale qui règne ici est jalousement préservée : meubles rustiques, cuivres et vieux bibelots possèdent le charme désuet des logis de nos grands-mères.

BREZOLLES 28270 E.-et-L. 311 C3 – 1 708 h alt. 170.

Paris 101 – Alençon 89 – Argentan 90 – Chartres 44 – Dreux 24.

🏠   **Relais de Brezolles,**   ℰ 02 37 48 20 84, *lerelais-brezolles@wanadoo.fr*, ⬭   Fax 02 37 48 28 46 – TV ✆ P. AE ① GB JCB
fermé 5 au 25 août, 1ᵉʳ au 21 janv., lundi midi, vend. soir et dim. soir – **Repas** 12,50/30, enf. 9 ♀ – ⬭ 7 – **20 ch** 34/46 – ½ P 38/41.
◆ Cet hôtel familial posté à la sortie du village vous proposera ses chambres joliment rénovées, pratiques et fraîches. Deux salles à manger campagnardes ; la plus petite, d'esprit bistrot, accueille les repas rapides. Cuisine classique et menu du terroir.

Dans ce guide

un même symbole, un même mot,

*imprimé en **rouge** ou en **noir**, en maigre ou en **gras**,*

n'ont pas tout à fait la même signification.

Lisez attentivement les pages explicatives.

BRIANÇON ⬭ 05100 H.-Alpes 334 H3 G. Alpes du Sud – 10 737 h alt. 1321 – Sports d'hiver : 1 200/2 800 m ✼ 9 ✓ 67 ⚹.

Voir *Ville haute*★★ : *Grande Gargouille*★, *Statue "La France"*★**B** – *Chemin de ronde supérieur*★, ≤★ *de la porte de la Durance* – *Puy St-Pierre* ✲★★ *de l'église SO : 3 km par Rte de Puy St-Pierre.*

Env. *Croix de Toulouse* ≤★★ *par Av. de Toulouse et D232ᵀ : 8,5 km.*

🏌 à Montgenèvre ℰ 04 92 21 94 23, NE : 12 km.

🚗 ℰ 08 36 35 35 35.

🅱 *Office de tourisme, 1 place du Temple* ℰ 04 92 21 08 50, Fax 04 92 20 56 45, *office-tourisme-briancon@wanadoo.fr.*

Paris 681 ④ – Digne-les-Bains 145 ③ – Gap 89 ③ – Grenoble 119 ④ – Torino 109 ①.

Plan page suivante

🏠   **Parc Hôtel** sans rest, Central Parc (a)   ℰ 04 92 20 37 47, *sep.parchotel@wanadoo.fr*, Fax 04 92 20 53 74, Ⅰ₅ – 🛗 ✼ TV & P. – 🅰 20. AE GB
⬭ 10 – **60 ch** 79/106.
◆ Située au centre-ville, cette construction récente propose des chambres refaites, confortables et égayées de tissus aux couleurs provençales.

🏠   **Vauban,** 13 av. Gén. de Gaulle (n)   ℰ 04 92 21 12 11, *vauban.hotel@wanadoo.fr*, Fax 04 92 20 58 20, ⌘ – 🛗 TV ✆ ⬭ P. GB
Repas *(fermé dim. soir et lundi)* 18 (déj.), 21/38 – ⬭ 9,50 – **39 ch** 74/83 – ½ P 68.
◆ Il règne une ambiance de pension de famille dans ce petit immeuble des années 1960. Chambres décorées dans le goût de l'époque, parfois rajeunies dans un esprit actuel. Cadre "sixties" un peu désuet au restaurant, agrémenté de tableaux et plantes vertes.

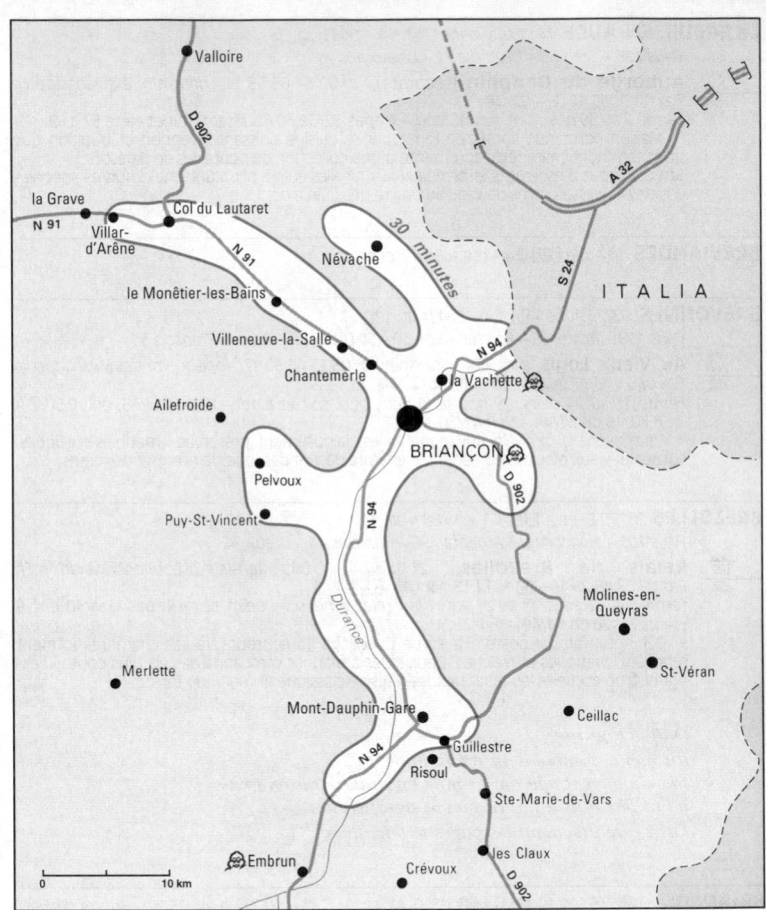

🏠 **Chaussée,** 4 r. Centrale **(e)** ✆ 04 92 21 10 37, *hotel.de.la.chaussee@wanadoo.fr,* Fax 04 92 20 03 94 – 📺 🛏 🗚 📾
fermé 4 au 25 oct. – **Repas** *(fermé 19 avril au 11 mai, lundi midi et mardi midi sauf vacances scolaires)* 16/30, enf. 8,50 ♀ – ♐ 6,50 – **13 ch** 48/54 – ½ P 47/50.
  ♦ Depuis cinq générations, la même famille vous reçoit dans cet hôtel de la ville basse. Chambres simples et spacieuses ; certaines avec balcon ou terrasse côté Sud. Le décor du restaurant évoque un intérieur de chalet et la table privilégie les plats du pays.

🏠 **Cristol,** 6 rte Italie **(x)** ✆ 04 92 20 20 11, Fax 04 92 21 02 58 – 📺 📳 📾
🍴 **Repas** *(fermé jeudi midi et mardi)* 11 (déj.), 15/24 – ♐ 7 – **24 ch** 40/58 – ½ P 39/49.
  ♦ Établissement fonctionnel et bien tenu ; préférez les chambres rénovées, modernes et colorées avec, en option pour certaines, une vue sur les fortifications de Vauban. Au restaurant, menus simples et spécialités régionales servis dans un sobre cadre rustique.

🍴🍴 **Péché Gourmand,** 2 rte Gap **(v)** ✆ 04 92 21 33 21, Fax 04 92 21 33 21, 🏤 – 📳 📾
🍴 *fermé vacances de printemps, de Noël, dim. soir et lundi* – **Repas** 22/42.
  ♦ Restaurant aménagé dans les caves d'une ancienne fabrique de pâtes située au bord de la Guisane. Décor chaleureux et soigné, exposition de tableaux et cuisine au goût du jour.

à La Vachette *par ① : 3 km –* ⊠ *05100 :*

🍴🍴 **Nano,** rte d'Italie ✆ 04 92 21 06 09, Fax 04 92 20 13 61 – 📳 📾
🍴 *fermé mai, vacances de Toussaint à fin nov., dim. et lundi de sept. à juin. et mardi en juil.-août* – **Repas** (prévenir) 23/45.
  ♦ La façade ne paie pas de mine, mais la carte au goût du jour de ce restaurant jouxtant l'église mérite votre joli coup de fourchette. L'intérieur, de plus, est très plaisant.

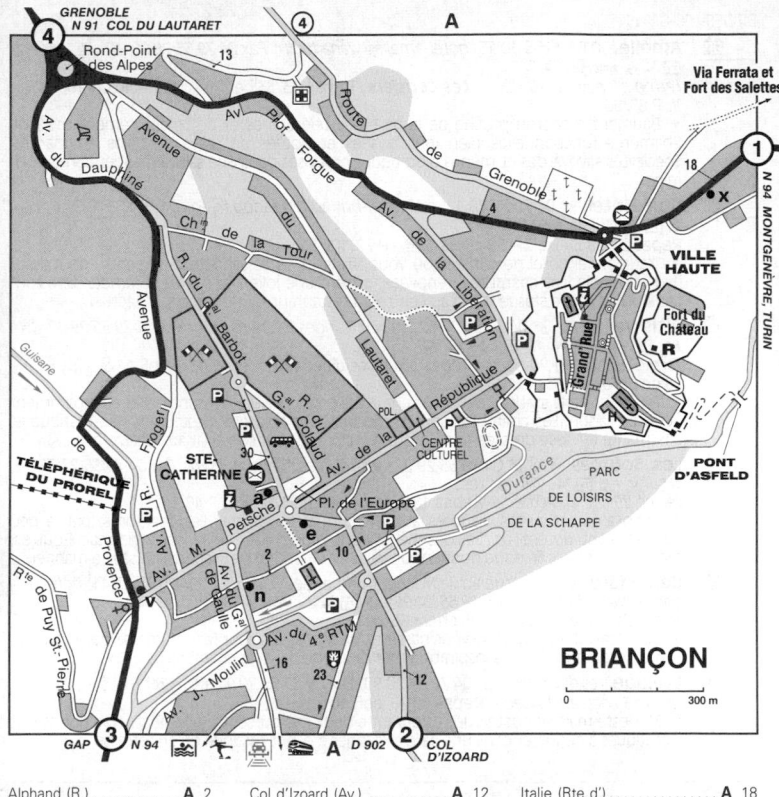

BRIANÇON

0   300 m

Alphand (R.)	**A** 2	Col d'Izoard (Av.)	**A** 12	Italie (Rte d')	**A** 18
Baldenberger (Av. P.)	**A** 4	Daurelle (Av. A.)	**A** 13	Pasteur (R.)	**A** 23
Centrale (R.)	**A** 10	Gaulle (Av. Gén. de)	**A** 16	159ᵉ-R.-I.-A. (Av.)	**A** 30

*Les principales voies commerçantes figurent en **rouge**
dans la liste des rues des plans de villes.*

BRIARE 45250 Loiret **318** N6 *G. Châteaux de la Loire – 5 994 h alt. 135.*

🛈 *Office de tourisme, 1 place Charles-de-Gaulle 🕿 02 38 31 24 51, Fax 02 38 37 15 16,
tourisme.briare@wanadoo.fr.*

Paris 155 – Auxerre 76 – Cosne-sur-Loire 31 – Gien 10 – Orléans 80.

🏛 **Cerf** sans rest, 22 bd Buyser 🕿 02 38 37 00 80, *zlecerf@aol.com*, Fax 02 38 37 05 15, 🐎 –
📺 📶 **P**. 🆖

⛲ 7,50 – **21 ch** 42/52.

◆ Près du célèbre et magnifique pont-canal (fin 19ᵉ s.) dessiné par Eiffel. Chambres toutes
blanches, sobrement aménagées ; celles de l'annexe sont au calme, côté jardin.

BRIDES-LES-BAINS 73570 Savoie **333** M5 *G. Alpes du Nord – 593 h alt. 580 – Stat. therm. (début mars-fin oct.) – Casino.*

🛈 *Office de tourisme 🕿 04 79 55 20 64, Fax 04 79 55 20 40, tourism@brides-les-bains.com.*
Paris 612 – Albertville 32 – Annecy 77 – Chambéry 81 – Courchevel 18 – Moûtiers 7.

🏨 **Grand Hôtel des Thermes,** 🕿 04 79 55 38 38, *gdhotel@tiscali.fr*, Fax 04 79 55 28 29,
�️, 🛁, 🔲 – 📶 📺 🖤 ♿ 🐎 **P** – 🔬 80. 🆎 🆖. 🍽 rest
*fermé 30 oct. au 26 déc. – **Repas** 23/35 💲 – ⛲ 10 – **102 ch** 90/170 – P 100/140.*

◆ Immeuble du 19ᵉ s. directement relié aux thermes par une passerelle. Chambres amples
et actuelles, salons (jeux, lecture, musique) et fitness complet coiffé d'une verrière. Salle à
manger un peu "rétro" (haut plafond préservé) avec tableaux et plantes vertes.

🏨 **Amélie,** ✆ 04 79 55 30 15, *hotel-amelie@wanadoo.fr, Fax 04 79 55 28 08,* ⛱, 🏊, 🌳 – ⇅ 📺 ✆ ♿ 🚗 🅿. ◉ GB
fermé 1er nov. au 20 déc. – ***Les Cerisiers :*** Repas 23/33🍷,enf.9 – ☕ 9 – **40 ch** 106/127 – 1/2 P 85/90.
◆ Bâtiment moderne proche de la gare des télécabines et de l'établissement thermal. Chambres fonctionnelles bien insonorisées et dotées de salles de bains en marbre. Spécialités savoyardes et menus diététiques proposés dans une salle à manger contemporaine.

🏨 **Golf-Hôtel,** ✆ 04 79 55 28 12, *golfhotel-brides@wanadoo.fr, Fax 04 79 55 24 78,* ≤, 🏋 – ⇅ 📺 🅿. AE GB. ⊘ rest
Repas 22/28 🍷 – ☕ 7 – **58 ch** 89/106 – P 72/107,50.
◆ Traditionnel hôtel de curistes où vous affinerez votre silhouette au centre de masso-hydrothérapie. Les chambres, rénovées, offrent une jolie vue sur les sommets. Une fontaine ornée d'une statue trône au centre du restaurant mi-bourgeois, mi-actuel.

🏠 **Altis Val Vert,** ✆ 04 79 55 22 62, *valvert@brides.les.bains.com, Fax 04 79 55 29 12,* ⛱, 🏋, 🏊, 🌳 – 📺 ✆ 🅿. AE ◉ GB. ⊘
fermé 25 oct. au 20 déc. – **Repas** (en hiver dîner seul.) 18,50/24,50, enf. 11 🍷 – ☕ 8,50 – **28 ch** 63/69 – P 53/60.
◆ Au coeur de la station, deux jolis chalets séparés par un ravissant jardin abondamment fleuri en saison. Les chambres sont confortables et colorées. Restaurant néo-rustique et charmante terrasse dressée dans le jardin qui prend tout son éclat aux beaux jours.

🏠 **Les Sources** 🐦, ✆ 04 79 55 29 22, *les.sources.1@wanadoo.fr, Fax 04 79 55 27 06,* ≤, ⛱, 🏊 – ⇅ 📺 ✆. GB. ⊘ rest
fermé 29 oct. au 20 déc. – **Repas** 18 – ☕ 7 – **68 ch** 53/66 – 1/2 P 46/57.
◆ Imposants bâtiments disposés autour d'un corps central. Les chambres, peu à peu refaites, sont dotées de balcons bénéficiant d'une vue sur le parc thermal. Poutres, mobilier paysan et fresque donnent un petit air champêtre à la spacieuse salle à manger.

🏠 **Belvédère** sans rest, rue Emile Machet Quartier des Sources ✆ 04 79 55 23 41, *hotel.belvedere@wanadoo.fr, Fax 04 79 55 24 96* – ⇅ 📺 ✆ 🅿. GB. ⊘
fermé 31 oct. au 13 déc.. – **28 ch** ☕ 56/80.
◆ Petit "castel" savoyard où vous passerez un agréable séjour face au massif de la Vanoise. Sobre décor et mobilier d'inspiration montagnarde dans les chambres.

🍴 **Grillade,** résid. Le Royal ✆ 04 79 55 20 90, *Fax 04 79 55 20 90,* ⛱ – GB
◎ *fermé 30 oct. au 15 déc.* – **Repas** 15/20, enf. 10 🍷.
◆ Modeste mais sympathique restaurant à deux pas du centre-ville. Plats traditionnels et diététiques à déguster dans une salle à manger d'esprit rustique ou en terrasse.

BRIEC *29510 Finistère* 308 H6 – *4 603 h alt. 158.*

ℹ *Office de tourisme, 7 rue de la Résistance ✆ 02 98 57 74 62, Fax 02 98 57 74 62, ot-paysglazik@yahoo.fr.*
Paris 575 – Quimper 17 – Carhaix-Plouguer 44 – Châteaulin 16 – Morlaix 65 – Pleyben 17.

🏠 **Midi,** r. Gén. de Gaulle ✆ 02 98 57 90 10, *Fax 02 98 57 74 82* – 📺 ✆. GB. ⊘ ch
◎ *fermé 28 août au 7 sept., 23 déc. au 11 janv., sam. et dim. sauf le soir en juil.-août* – **Repas** (11) - 14,50/35, enf. 8 🍼 – ☕ 7 – **14 ch** 44/47 – 1/2 P 45.
◆ Les petites chambres actuelles et bien équipées de cette maison bretonne ont su fidéliser une clientèle d'affaires. Sympathique atmosphère un tantinet "rétro" et mobilier campagnard dans la salle à manger où l'on sert une cuisine traditionnelle simple.

BRIE-COMTE-ROBERT *77 S.-et-M.* 312 E3 101 (39) – *voir à Paris, Environs.*

BRIGNOGAN-PLAGES *29890 Finistère* 308 F3 – *849 h alt. 17.*

ℹ *Office de tourisme, 7 avenue du Gal-de-Gaulle ✆ 02 98 83 41 08, Fax 02 98 83 40 47, otbrigno@aol.com.*
Paris 585 – Brest 41 – Landerneau 27 – Morlaix 49 – Quimper 89.

🏨 **Castel Régis** 🐦, ✆ 02 98 83 40 22, *castel-regis@wanadoo.fr, Fax 02 98 83 44 71,* ≤, 🏊, 🌳, 🎾 – 📺 ♿ 🅿. GB
hotel : début mai-fin sept. ; rest : 15 juin-15 sept. et fermé lundi – **Repas** (1/2 pens. seul) – ☕ 8 – **22 ch** 83/100 – 1/2 P 75/87,50.
◆ L'emplacement enchanteur dans un grand jardin bordant l'anse de Pontusva est l'atout majeur de cet hôtel composé de plusieurs pavillons. Chambres au sobre décor marin.

Pour les grands voyages d'affaires ou de tourisme,
Guide MICHELIN : EUROPE.

BRIGNOLES 🚐 _83170 Var_ 340 _L5 – 12 487 h alt. 214._

🏌 _de Barbaroux_ 𝒫 _04 94 69 63 63, E : 7 km par N 7 et D 79._

🚹 _Syndicat d'initiative, 10 rue du Palais_ 𝒫 _04 94 69 27 51, Fax 04 94 69 44 08, otsi.brignoles-@wanadoo.fr._

Paris 809 – Aix-en-Provence 59 – Draguignan 58 – Toulon 49.

🏨 **Kyriad,** centre d'Affaires l'Hexagone-Bretelle A8 𝒫 04 94 69 30 30, kyriad.brignoles@wanadoo.fr, Fax 04 94 59 03 44, ⅃ – 📵 ▥ 📺 ⓦ ♿ ⇔ 🅿 – ▲ 35. ⅍ ⓪ ☒ ⅏ rest
Repas 16,50 ⅄ – ⇰ 6,50 – **39 ch** 62/70.
♦ L'hôtel est implanté dans un quartier d'affaires proche de l'autoroute, mais relativement calme. Chambres simples, spacieuses et bien équipées. Sobre salle de restaurant actuelle : tons crème, sièges en rotin et quelques tableaux.

La BRIGUE _06 Alpes-Mar._ 341 _G3 – rattaché à Tende._

BRINON-SUR-SAULDRE _18410 Cher_ 323 _J1 – 1 089 h alt. 147._

Paris 190 – Orléans 53 – Bourges 66 – Cosne-sur-Loire 59 – Gien 37 – Salbris 25.

🏨 **Solognote** 🦐, 𝒫 02 48 58 50 29, Fax 02 48 58 56 00, ☞ – ▤ rest, 📺 🅿, ☒ 🛇 ch
fermé 15 au 21 mai, 9 au 17 sept., 15 fév. au 15 mars, – **Repas** _(fermé mardi, merc. sauf en juil.-août, mardi midi, merc. midi et jeudi midi de juil. à sept.)_ (19,50) - 26,50/56,50, enf. 15 ⅄ –
⇰ 12 – **13 ch** 58/75,50 – ½ P 80/85.
♦ Hôtel familial composé de maisonnettes où se répartissent des chambres rustiques ou actuelles, aménagées avec goût et donnant sur la jolie cour-terrasse. Restaurant élégant et "cosy" - tomettes, meubles anciens et bibelots - pour un repas au pays de Raboliot.

BRIOLLAY _49125 M.-et-L._ 317 _F3 – 2 282 h alt. 20._

Env. Plafond★★★ de la salle des Gardes du château de Plessis-Bourré NO : 10 km
G. Châteaux de la Loire.

🚹 _Syndicat d'initiative, place O'Kelly_ 𝒫 _02 41 42 16 84, Fax 02 41 37 92 89._

Paris 288 – Angers 15 – Château-Gontier 44 – La Flèche 45.

par rte de Soucelles _(D 109) : 3 km –_ ✉ _49125 Briollay :_

🏨 **Château de Noirieux** 🦐, 26 rte du Moulin 𝒫 02 41 42 50 05, noirieux@relaischateaux.com, Fax 02 41 37 91 00, ≤, 佡, ⅃, ☒, ₰ – 📺 ⓦ ♿ 🅿 – ▲ 60. ⅍ ⓪ ☒ 🅹🅲🅱
fermé 1er au 26 nov., 5 fév. au 5 mars, dim. et lundi de nov. à avril sauf fériés – **Repas** _(fermé dim. soir de nov. à avril, mardi sauf le soir de nov. à avril et lundi)_ (40) - 52/95 et carte 86 à 117 ⅄ – ⇰ 19 – **19 ch** 175/330 – ½ P 145/218.
♦ Cette superbe propriété réunit un château du 17e s., un manoir du 15e s. et une chapelle dans un parc dominant le Loir. Goûtez à la volupté d'un luxe discret et raffiné. L'aristocratique salle à manger et la terrasse ombragée regardent la campagne angevine.
Spéc. Araignée de mer en lasagne à la truffe. Ris et quasi de veau de lait rôtis en cocotte (mars à sept.). Soufflé au Cointreau (mars à oct.). **Vins** Anjou blanc, Anjou-Villages.

BRION _01 Ain_ 328 _G3 – rattaché à Nantua._

BRIONNE _27800 Eure_ 304 _E6 G. Normandie Vallée de la Seine – 4 449 h alt. 56._

Voir Abbaye du Bec-Hellouin★★ N : 6 km – Harcourt : château★ et arboretum★ SE : 7 km.

🏌 _du Champ de Bataille à Le Neubourg_ 𝒫 _02 32 35 03 72, O : 18 km par D 137 et D 39._

🚹 _Office de tourisme, 1 rue du Général de Gaulle_ 𝒫 _02 32 45 70 51, Fax 02 32 45 70 51, tourisme-brionne@wanadoo.fr._

Paris 156 – Rouen 44 – Bernay 16 – Évreux 40 – Lisieux 40 – Pont-Audemer 27.

🍴🍴🍴 **Logis** avec ch, pl. St Denis 𝒫 02 32 44 81 73, lelogisdebrionne@free.fr, Fax 02 32 45 10 92
– 📺 ⓦ ⇔ 🅿 ⅍ ☒ 🅹🅲🅱
fermé 26 juil. au 11 août, 4 au 21 fév., sam. midi, dim. soir et lundi – **Repas** 18/45 et carte 48 à 56 – ⇰ 10 – **12 ch** 60/70 – ½ P 72/78.
♦ Salle à manger contemporaine agrémentée de nombreuses plantes vertes. On y déguste une cuisine au goût du jour et des spécialités du pays. Chambres garnies de meubles anciens.

🍴🍴 **Auberge du Vieux Donjon** avec ch, 19 r. de la Soie 𝒫 02 32 44 80 62, auberge.vieux donjon@wanadoo.fr, Fax 02 32 45 83 23, 佡 – 📺 🅿, ⅍ ☒
fermé 12 au 24 mars, 17 au 27 août, 19 oct. au 5 nov., dim. soir d'oct.à juin, jeudi soir et lundi – **Repas** 13,80/35 ⅄ – ⇰ 6,50 – **7 ch** 41/53 – ½ P 52/57.
♦ Belle maison normande du 18e s. à colombages près des ruines du donjon brionnais (11e s.). Intérieur campagnard avec assiettes et cuivres anciens. Patio-terrasse ombragé.

BRIOUDE 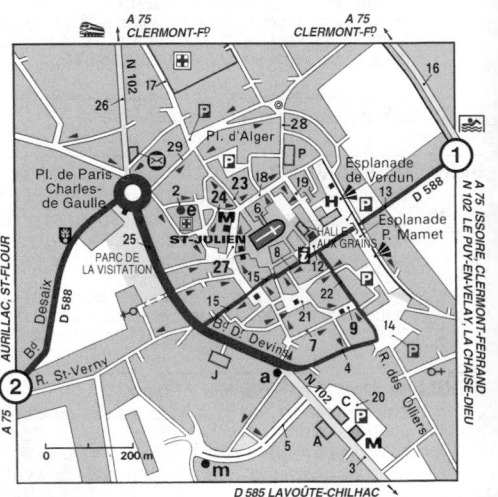 43100 H.-Loire **331** C2 *G. Auvergne* – *6 820 h alt. 427.*

Voir *Basilique St-Julien*★★ *(chevet*★★*, chapiteaux*★★*).*

Env. *Lavaudieu : fresques*★ *de l'église et cloître*★★ *de l'ancienne abbaye 9,5 km par* ①.

🚉 *Office de tourisme, place Lafayette* ℘ *04 71 74 97 49, Fax 04 71 74 97 87, ot.brioude@haut-allier.com.*

Paris 479 ① – *Clermont-Ferrand 69* ① – *Le Puy-en-Velay 62* ① – *St-Flour 52* ②.

BRIOUDE

Assas (R. d')	2
Blum (Av. Léon)	3
Briand (Bd Aristide)	4
Chambriard (Av. P.)	5
Chapitre (R. du)	6
Chèvrerie (R. de la)	7
Commerce (R. du)	8
Gilbert (Pl. Eugène)	9
Grégoire-de-Tours (Place)	10
La-Fayette (Av.)	12
Lamothe (Av. de)	13
Liberté (Pl. de la)	14
Maigne (R. J.)	15
Mendès-France (Av. P.)	16
Michel-de-l'Hospital (Rue)	17
Pascal (R.)	18
République (R. de la)	19
Résistance (Pl. de la)	20
St-Jean (Pl.)	21
Sébastopol (R.)	22
Séguret (R.)	23
Talairat (R.)	24
Vercingétorix (Bd)	25
Victor-Hugo (Av.)	26
4-Septembre (R. du)	27
14-Juillet (R. du)	28
21-Juin-1944 (R. du)	29

🏨 **Sapinière** ⌖, av. P. Chambriard **(m)** ℘ 04 71 50 87 30, *hotel.la.sapiniere@wanadoo.fr,* Fax 04 71 50 87 39, 🌤, 🏊, ☞ – 📺 📞 🅿 – 🔬 25. 🖭 ⓞ ⬛
fermé janv., fév. et vac. de sauf juil.-août – **Repas** *(fermé nov. à Pâques, dim. soir et lundi)* (dîner seul.) 22/38 ♈ – ☞ 9,50 – **11 ch** 76/90 – ½ P 69.
◆ Au cœur de la cité mais au calme d'un joli jardin, plaisante construction récente abritant des chambres amples et personnalisées. Belle piscine couverte ; jacuzzi.

🏨 **Artemis,** Parc des Conchettes, Rocade N 102 : 2 km au Nord-Ouest ℘ 04 71 50 45 04, *info* @artemis-hotel.com, Fax 04 71 50 45 05, 🌤, 🏊, ☞ – ✝️ ≡ 📺 📞 & 🅿 – 🔬 10 à 30. ⬛
Repas 14/26 ⅄ – ☞ 9 – **40 ch** 50/60 – ½ P 50/58
◆ Ce sobre bâtiment moderne est situé au bord de la route nationale qui contourne Brioude. Décor contemporain et aménagements fonctionnels caractérisent les chambres. Salle à manger flambant neuve et cuisine traditionnelle.

🏨 **Poste et Champanne** (annexe 17 ch.), 1 bd Dr Devins **(a)** ℘ 04 71 50 14 62, Fax 04 71 50 10 55 – ✝️, ≡ rest, 📺 📞 ⇦ 🅿. ⬛
fermé 25 janv. au 1ᵉʳ mars, dim. soir (sauf hôtel en juil.-août) et lundi midi – **Repas** 14/37 ♈ – ☞ 6,50 – **20 ch** 27/50 – ½ P 44.
◆ Étape commode au centre-ville. Au choix : des chambres fonctionnelles dans le bâtiment principal, ou plus simples mais aussi plus calmes à l'annexe. Restaurant de style rustique (mobilier en bois, cuivres rutilants) et cuisine "cent pour cent" auvergnate.

✂ **Pons,** 7 r. d'Assas **(e)** ℘ 04 71 50 00 03 – ⬛
fermé 30 juin au 11 juil., 17 nov. au 30 déc., lundi soir, mardi soir et merc. – **Repas** (prévenir) 9,20 (déj.), 13,80/15 ⅄.
◆ Les Brivadois fréquentent cet établissement voisin de la basilique St-Julien pour ses menus aux accents régionaux et sa convivialité. Salle à manger champêtre.

BRIOUZE 61220 Orne **310** G2 – *1 620 h alt. 210.*

Paris 218 – Alençon 58 – Argentan 26 – La Ferté-Macé 13 – Flers 17.

✂ **Sophie** avec ch, ℘ 02 33 62 82 82, Fax 02 33 62 82 83 – 📺 📞, ⬛, 🏃 ch
fermé 16 au 30 août et 21 déc. au 4 janv. – **Repas** 19/25 – ☞ 5 – **9 ch** 40/63 – ½ P 32/49.
◆ Sur la place du village, très animée les jours de marché aux bestiaux, petite adresse familiale disposant de deux salles à manger sobrement rustiques. Chambres pratiques.

BRISSAC *34190 Hérault* **339** *H5 – 442 h alt. 145.*

Paris 732 – Alès 55 – Montpellier 41 – Le Vigan 25.

※ **Jardin aux Sources,** 30 av. Parc ℰ 04 67 73 31 16, *isaje@club-internet.fr*,
Fax 04 67 73 31 16, 🌣 – **GB**
fermé 15 au 29 nov., 3 au 17 janv., dim. soir, merc. midi et lundi – **Repas** (nombre de
couverts limité, prévenir) *(19)* - 28/64, enf. 10.
♦ Maison en pierre au coeur d'un pittoresque village de la vallée de l'Hérault. Restaurant
voûté garni de meubles contemporains et paisible terrasse. Cuisine au goût du jour.

BRISSAC-QUINCÉ *49320 M.-et-L.* **317** *G4 G. Châteaux de la Loire – 2 296 h alt. 65.*

Voir *Château★★*.

🚪 *Office de tourisme* ℰ 02 41 91 21 50, Fax 02 41 91 28 12, *brissac.tourisme49@wana-
doo.fr.*

Paris 307 – Angers 18 – Cholet 62 – Saumur 39.

🏨 **Castel** sans rest, 1 r. L. Moron (face château) ℰ 02 41 91 24 74, Fax 02 41 91 71 55 – 🔄 📺
💥 📠 ﾃ **GB**
fermé 21 déc. au 9 janv. – ☑ 8 – **11 ch** 54/76.
♦ Petit hôtel fraîchement rénové offrant des chambres confortables, pimpantes et colorées. Pour les amateurs, la plus luxueuse propose son lit à baldaquin.

BRIVE-LA-GAILLARDE ⬖ *19100 Corrèze* **329** *K5 G. Périgord Quercy – 49 141 h alt. 142.*

Voir *Musée de Labenche★*.

🛫 *de Brive* ℰ 05 55 87 57 57, SO : 5 km.

🚋 ℰ 08 36 35 35 35.

🚪 *Office de tourisme, place du 14 Juillet* ℰ 05 55 24 08 80, Fax 05 55 24 58 24, *service.ac-
cueil@brive-tourisme.com.*

Paris 480 ③ – Albi 218 ② – Clermont-Ferrand 170 ① – Limoges 92 ③ – Toulouse 201 ②.

Plans pages suivantes

🏨 **Truffe Noire,** 22 bd A. France ℰ 05 55 92 45 00, *contact@la-truffe-noire.com*,
Fax 05 55 92 45 13, 🌣 – 📃 📺 📠 💥 – 🔏 20. 📠 ⑩ **GB** ﾃﾂ   CY v
Repas 24/26 ☑ – ☑ 9,20 – **27 ch** 74/96 – ½ P 70/80.
♦ Grande maison régionale du 19ᵉ s. au seuil de la vieille ville. Accueillant salon agrémenté
d'une imposante cheminée et belles chambres au décor actuel. Truffes et spécialités
corréziennes se dégustent dans la jolie salle à manger ou sur la terrasse ombragée.

🏨 **Collonges** sans rest, 3 pl. W. Churchill ℰ 05 55 74 09 58, *lecollonges@wanadoo.fr*,
Fax 05 55 74 11 25 – 📃 📺 💥 📠 ⑩ **GB**   CZ n
☑ 7 – **24 ch** 45,50/54.
♦ Cet hôtel familial est situé en léger retrait du boulevard ceinturant le centre-ville.
Salon-bar coquet et chambres sobrement modernes assurent le bien-être des voyageurs.

🏨 **Ibis** sans rest, 32 r. M. Roche ℰ 05 55 17 42 42, *h0814@accor-hotels.com*,
Fax 05 55 23 54 41 – 📃 🔄 📺 💥 📠 **GB**   AX u
☑ 6 – **50 ch** 59.
♦ Séparé de la Corrèze par une route animée, hôtel pratique dont les chambres offrent les
nouvelles normes Ibis. Petit-déjeuner servi sous forme de buffet dès 6 h 30.

※※ **Les Arums,** 15 av. Alsace-Lorraine ℰ 05 55 24 26 55, Fax 05 55 17 13 22, 🌣 – **GB**
ﾃﾂ   CZ a
fermé 1ᵉʳ au 10 mars, 1ᵉʳ au 15 sept., sam. midi, dim. soir et lundi sauf fériés – **Repas** 21
(déj.), 30/80 ☑.
♦ Ce restaurant offre depuis peu un élégant cadre contemporain. Vous y dégusterez, ainsi
que sur la verdoyante terrasse, une cuisine au goût du jour.

※※ **Potinière,** 6 bd Puyblanc ℰ 05 55 24 06 22, Fax 05 55 24 06 22, 🌣 – 📠 **GB**   CZ z
fermé 3 au 10 oct., 21 au 28 fév. et dim. soir – **Repas** *(12,50)* - 18,50 (déj.), 24/40, enf. 10 ☑.
♦ Maison centenaire et sa terrasse ombragée bordant le boulevard de ceinture. Tons
chauds et tables dressées autour d'un joli comptoir de bar. Carte classique et rôtisserie.

※※ **Crémaillère** avec ch, 53 av. Paris ℰ 05 55 74 32 47, Fax 05 55 74 00 15, 🌣 – 📺 💥.
GB   AX n
fermé 30 juin au 7 juil., 25 au 31 août, 9 au 16 fév., dim. soir et lundi – **Repas** 16 bc/40 ☑ –
☑ 6 – **9 ch** 42/45.
♦ Sur une artère fréquentée, contraste d'un cadre rustique avec des oeuvres contemporaines peintes ou sculptées par un artiste local. Un tilleul centenaire ombrage la terrasse.

※ **Chez Francis,** 61 av. Paris ℰ 05 55 74 41 72, Fax 05 55 17 20 54 – **GB**   AX s
fermé 2 au 17 août, vacances de fév., dim., lundi et fériés – **Repas** (nombre de couverts
limité, prévenir) 14/21 🐌.
♦ Pubs "rétro" et dédicaces laissées par les clients décorent ce sympathique restaurant
aux allures de bistrot parisien. Cuisine traditionnelle revisitée ; vins du Languedoc.

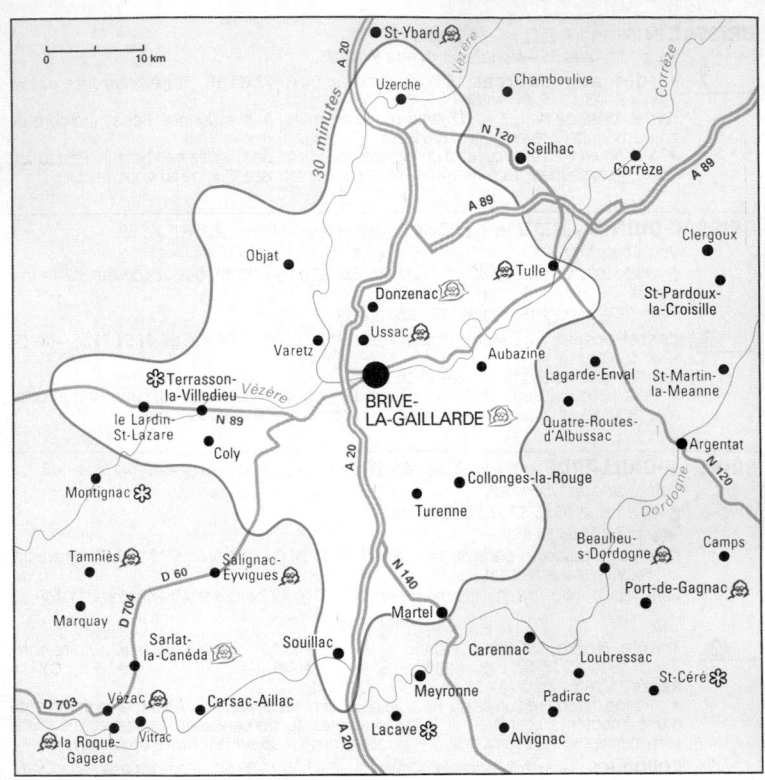

⊼ **Toupine**, 11 r. Jean Labrunie, ℘ 05 55 23 71 58, *Fax 05 55 23 71 58* – 🗐. **GB**   **CZ   v**
fermé 9 au 24 août, vacances de fév., dim. et lundi – **Repas** (prévenir) *(10)* - 19/25 ♇.
   ◆ Après la visite du musée Labenche, vous pourrez envisager une pause repas dans ce restaurant sobrement aménagé, souvent complet à midi. Carte traditionnelle.

à Ussac *Nord-Ouest par D 920* **AX** *et D 57 : 5 km – 3 260 h. alt. 350* – ⊠ *19270 :*

🏠 **Auberge St-Jean**, ℘ 05 55 88 30 20, *Fax 05 55 87 28 50*, 🍴 – 📺. **GB**
🍲   **Repas** *(fermé vend. soir, sam. midi et dim. soir de nov. à Pâques)* 12/30 – ☎ 6 – **27 ch** 36/45 – ½ P 44.
   ◆ Accueillante auberge villageoise sur fond de collines et de vallons périgourdins. Chambres fonctionnelles. Pierres, poutres, cheminée et cuivres rutilants font le cachet champêtre du restaurant ; la terrasse offre la vue sur la campagne.

⊼⊼ **Petit Clos** ⟲ *avec ch, au Pouret Sud:4km par D57 et rte secondaire* ℘ 05 55 86 12 65,
🍲   *Fax 05 55 86 94 32*, 🍴, ⤼, 🌳 – 📺 ✆ 🅿. – 🅰 20. **GB**. ⅍ rest
fermé 1er au 24 oct., 20 fév. au 16 mars, dim. soir et lundi – **Repas** 20/40 ♇ ⅗ – ☎ 7 – **7 ch** 70/85.
   ◆ Deux séduisantes maisons corréziennes situées en pleine campagne. Bel intérieur rustique, agréable terrasse, spécialités régionales et vins sélectionnés avec soin.

rte d'Aurillac *Est par D 921* **CZ** – ⊠ *19360 Malemort :*

🏠 **Auberge des Vieux Chênes**, 31 av. Honoré de Balzac, à 2,5km ℘ 05 55 24 13 55,
🍲   *Fax 05 55 24 56 82* – 📺 ✆ ⬅ 🅿. – 🅰 30. **AE ① GB**. ⅍ ch
fermé dim. et fériés – **Repas** 13,50/30, enf. 8 ♇ – ☎ 7 – **16 ch** 38/58.
   ◆ Aux portes de Brive, grande bâtisse abritant café-P.M.U., commerce de tabacs et de journaux et hôtel. Chambres pratiques dont quatre nouvelles, plus spacieuses et modernes. Restaurant au sobre cadre actuel ; cuisine classique à l'accent du pays.

BRIVE-
LA-GAILLARDE

Blum (Av. L.) . . . . **AX** 4
Clemenceau (Bd) . . . . **AX** 6
Dalton (R. Gén.) . . . . . **AX** 7
Dellessert (R.B.) . . . . . **AX** 9
Dr.-Marbeau (Bd) . . . . **AX** 10
Dormoy (Bd M.) . . . . . **AX** 13
Dubois (Bd Cardinal) . . **AX** 15
Foch (Av. du Mar.) . . . . **AX** 17
Germain (Bd Colonel) . . **AX** 20
Grivel (Bd Amiral) . . . . **AX** 22
Hériot (Av. E.) . . . . **AX** 24
Leclerc (Av. Mar.) . . . . **AX** 31
Michelet (Bd) . . . . **AX** 33
Paris (Av. de) . . . . **AX** 34
Pasteur (Av.) . . . . **AX** 35
Pompidou (Av. G.) . . . . **AX** 37

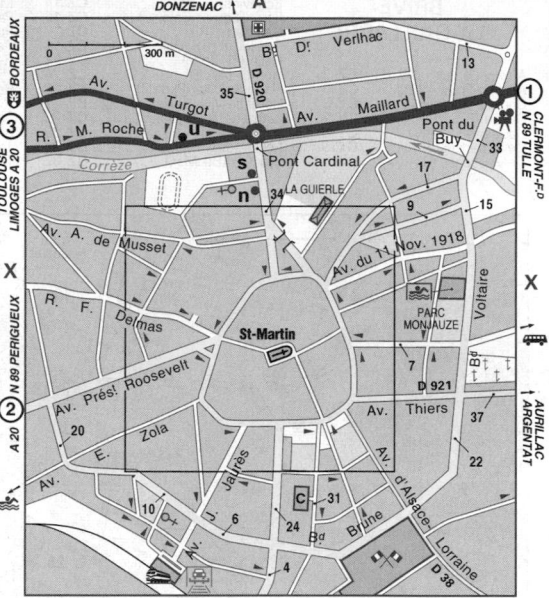

% **Auberge du Château,** Le Peyroux, à 5 km ℰ 05 55 92 07 59, Fax 05 59 87 05 73 – 🅿.
 GB

fermé 16 août au 1ᵉʳ sept., 7 au 22 fév., sam. midi, dim. soir et lundi – **Repas** (nombre de couverts limté, prévenir) 11 bc (déj.), 18/36.
♦ Coquette maisonnette fleurie jouxtant une demeure bourgeoise (discothèque). Chaleureuse salle rustique avec vue sur les cuisines, agréable terrasse et plats au goût du jour.

rte de Périgueux *par* ② *: 3 km* – ⊠ *19100 Brive-la-Gaillarde :*

🏨 **Teinchurier,** av. du Teinchurier ℰ 05 55 86 45 00, *leteinchurier@wanadoo.fr,*
 & Fax 05 55 86 45 45, ☎ – ⋺, 🗏 rest, 📺 🔌 ⅋ 🅿 – ⅍ 30. 🆎 GB
  Repas *(fermé 24 déc. au 1ᵉʳ janv., sam. et dim.)* 10,20 (déj.), 14,50/33,50, enf. 7 ♇ – ⊵ 6,30 –
  40 ch 50,50/54,50 – ½ P 47,30.
♦ Si vous préférez séjourner à l'écart de l'animation du centre-ville, vous pourrez opter pour cet hôtel fonctionnel offrant des chambres spacieuses et bien insonorisées. Salle à manger traditionnelle égayée de nombreux tableaux ou espace bistrot plus animé.

rte d'Objat *par* ③*, D 901 et D 170 : 6 km* – ⊠ *19100 Brive-la-Gaillarde :*

🏨 **Mercure,** ℰ 05 55 86 36 36, *h0358@accor-hotels.com,* Fax 05 55 87 04 40, 佘, ⅃, 🏊,
  ⅌ – ⋺ ⅛, 🗏 ch, 📺 🅿 – ⅍ 15 à 50. 🆎 ⦿ GB JCB
  Repas *(15,50)* - 25 ♇ – ⊵ 8 – **57 ch** 66/75 – ½ P 45,50.
♦ Proche de l'autoroute, bâtiment des années 1970 aux abords verdoyants. Chambres fonctionnelles, un brin datées ; elles sont plus calmes sur l'arrière. Lumineuse salle de restaurant et plaisante terrasse dressée face à la piscine. Cuisine traditionnelle.

à Varetz *par* ③*, D 901 et D 152 : 10 km – 1 918 h. alt. 109 –* ⊠ *19240 :*

🏰 **Château de Castel Novel** ⑆, ℰ 05 55 85 00 01, *novel@relaischateaux.com,*
  Fax 05 55 85 09 03, ≼, 佘, ⅃, ⅌, ₤ – ⋺ 🗏 📺 🔌 🅿 – ⅍ 80. 🆎 ⦿ GB JCB
  début mai-fin oct. – **Repas** *(fermé le midi sauf sam., dim. et fériés)* 40/80, enf. 15 – ⊵ 15 –
  32 ch 125/260, 3 suites, 3 duplex – ½ P 140/207,50.
♦ Colette aimait le calme presque olympien de ce château du 13ᵉ s. en grès rouge et de son vaste parc. Chambres de caractère où vous jouerez les châtelains d'une nuit. L'une des salles à manger occupe l'ancienne bibliothèque de l'auteur du *Blé en Herbe.*

BRIVE-LA-GAILLARDE

Alsace-Lorraine (Av. d') . . **CZ** 2
Anatole-France (Bd) . . . . **CY** 3
Corrèze (R. de) . . . . **BCY** 5
Dalton (R.Gén.) . . . . **CY** 7
Dauzier (Pl. J.-M.) . . . . . . **CY** 8
Dellessert (R. B.) . . . . **CY** 9
Dr-Massénat (R.) . . . . **CY** 12
Échevins (R. des) . . . . **CZ** 14
Faro (R.du Lt-Colonel) . . . . . . **CZ** 16
Gambetta (R.) . . . . **CZ**
Gaulle (Pl. Ch. de) . . . . **CZ** 18
Halle (Pl. de la) . . . . **CY** 23
Herriot (Av. E.) . . . . **CZ** 24
Hôtel-de-Ville (Pl.de l') . . . . . . **CY** 26
Hôtel-de-Ville (R.de l') . . . . . . **BZ** 27
Lattre-de-T. (Pl. de) . . . . **CZ** 29
Latreille (Pl.) . . . . **CZ** 30
Leclerc (Av. Mar.) . . . . **CZ** 31
Lyautey (Bd Mar.) . . . . **BZ** 32
Majour (R.) . . . . **BYZ** 36
Paris (Av. de) . . . . **BY**
Puyblanc (Bd de) . . . . **CZ** 39
Raynal (R. B.) . . . . **CZ** 40
République (Pl. de la) . . . . **BZ** 42
République (R. de la) . . . . **BZ** 43
Salan (R. du) . . . . **CZ** 45
Ségéral-Verninac (R.) . . . . **BY** 46
Teyssier (R.) . . . . **CY** 47
Toulzac (R.) . . . . **CY**

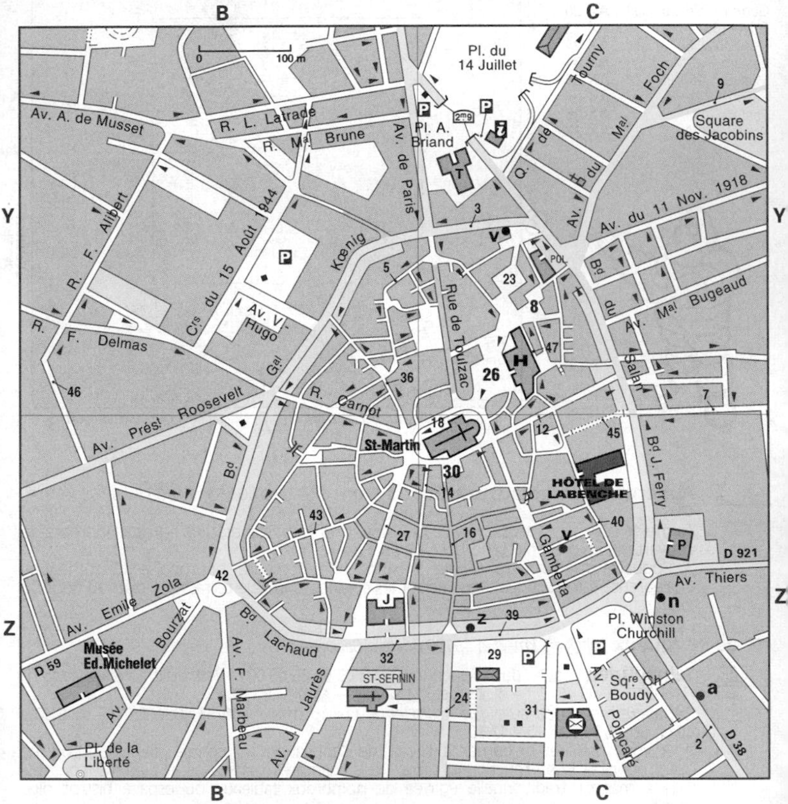

Une réservation confirmée par écrit ou par fax est toujours plus sûre.

BRON *69 Rhône* 327 I5 – *rattaché à Lyon.*

BROQUIÈS *12480 Aveyron* 338 I6 – *678 h alt. 386.*
Paris 679 – Albi 62 – Lacaune 51 – Rodez 56 – St-Affrique 27.

Pescadou, Sud : 2,5 km rte St-Izaire ✆ 05 65 99 40 21, *wantiezam@aol.com, Fax 05 65 99 48 04,* – P
15 mars-15 oct. – **Repas** *(11 bc)* - 14/23, enf. 7,70 – ☐ 5,50 – **15 ch** 24/46 – ½ P 38/41.
◆ Retour aux sources et à la nature dans une ancienne ferme convertie en auberge. Chambres très simplement meublées ; jardin au bord du Tarn. Sobre salle à manger champêtre et terrasse ombragée offrent une vue reposante sur la rivière ; cuisine traditionnelle.

BROU *01 Ain* 328 *E3 G. Bourgogne.*
*Curiosités*** et ressources hôtelières : rattachées à Bourg-en-Bresse.*

BROU *28160 E.-et-L.* 311 *C6 – 3 713 h alt. 150.*
🛈 *Office de tourisme, rue de la Chevalerie* ✆ *02 37 47 01 12, Fax 02 37 47 01 12, otsi.brou.28@wanadoo.fr.*
Paris 142 – Chartres 38 – Châteaudun 22 – Le Mans 86 – Nogent-le-Rotrou 33.

✗ **L'Ascalier,** 9 pl. Dauphin ✆ 02 37 96 05 52, Fax 02 37 47 02 41, ☞ – **GB**
fermé vacances de Toussaint, dim. soir, lundi soir et mardi – **Repas** *(prévenir)* (13,50) - 17/40, enf. 7 ♀.
◆ Le bel "ascalier" du 16ᵉ s. dessert la salle à manger de l'étage. Intérieur rustique, terrasse fleurie et cuisine traditionnelle soignée : l'adresse est très courue.

BROUAINS *50 Manche* 303 *G7 – rattaché à Sourdeval.*

BROUCKERQUE *59630 Nord* 302 *B2 – 1 165 h alt. 2.*
Paris 283 – Calais 37 – Cassel 26 – Dunkerque 14 – Lille 74 – St-Omer 28.

✗ **Middel Houck,** pl. du village ✆ 03 28 27 13 46, middelhouck@wanadoo.fr, Fax 03 28 27 15 10 – 🖭 ➊ **GB**
fermé 26 juil. au 9 août, dim. soir, lundi soir, mardi soir et merc. soir – **Repas** 17 (déj.), 25/50 ♀.
◆ Cette vaste maison en briques - ancien relais de poste - située sur la traversée du village convie à découvrir sa salle à manger rustique et sa carte classique.

BROUILLAMNON *18 Cher* 323 *I4 – rattaché à Charost.*

BROUSSE-LE-CHÂTEAU *12480 Aveyron* 338 *H7 G. Languedoc Roussillon – 163 h alt. 239.*
Voir Village perché.*
Paris 696 – Albi 54 – Cassagnes-Bégonhès 35 – Lacaune 50 – Rodez 61 – St-Affrique 29.

🏠 **Relays du Chasteau** ⌕, ✆ 05 65 99 40 15, philippe.senegas@wanadoo.fr, Fax 05 65 99 21 25, ≼ – ▤ rest, ⚟ 🅿. ➊ **GB**
fermé 20 déc. au 20 fév., vend. soir et sam. d'oct. à mai – **Repas** 14,50/28 ⅄ – ⌷ 6,50 – **12 ch** 34/41,50 – ½ P 35,50/38,50.
◆ Jolie maison aveyronnaise disposant d'un salon TV et de chambres sobres et fonctionnelles, toutes tournées vers le château médiéval. Une cheminée réchauffe la salle à manger d'esprit campagnard où l'on sert des plats inspirés par le terroir.

BROU-SUR-CHANTEREINE *77 S.-et-M.* 312 *E2* 101 ⑲ *– voir à Paris, Environs.*

BRUÈRE-ALLICHAMPS *18 Cher* 323 *K6 – rattaché à St-Amand-Montrond.*

Le BRUGERON *63880 P.-de-D.* 326 *J8 – 274 h alt. 850.*
Paris 420 – Clermont-Ferrand 71 – Ambert 27 – St-Étienne 109 – Thiers 35.

✗ **Gaudon** avec ch, ✆ 04 73 72 60 46, Fax 04 73 72 63 83 – ⇔ 🅿. **GB**
fermé janv., dim. soir, lundi soir et mardi du 15 sept. au 1ᵉʳ juin – **Repas** 20,10/36,10 – ⌷ 6,40 – **8 ch** 35,30/40,10 – ½ P 34,50/38,50.
◆ Aux abords du village, établissement familial où salle des repas et véranda offrent un cadre au charme désuet ; cuisine traditionnelle. Chambres claires et fonctionnelles.

BRUMATH *67170 B.-Rhin* 315 *K4 – 8 930 h alt. 145.*
Paris 472 – Strasbourg 19 – Haguenau 14 – Molsheim 45 – Saverne 35.

✗✗✗ **A L'Écrevisse** avec ch, 4 av. Strasbourg ✆ 03 88 51 11 08, ecrevisse@wanadoo.fr, Fax 03 88 51 89 02, ☞, 🖾, ☞ –⌷, ▤ rest, 🅣 ⚟ ⇔ 🅿 – 🔏 30. 🖭 ➊ **GB**
fermé 28 juil. au 13 août, lundi soir et mardi – **Repas** 24/70 et carte 50 à 70, enf. 13 ♀ -
Krebs'Stuebel : **Repas** 21/30, enf. 9,10 ⅄ – ⌷ 9 – **17 ch** 41/65 – ½ P 56/65.
◆ Maison alsacienne dirigée par la même famille depuis sept générations. Salle de restaurant cossue et chambres anciennes mais nettes. Atmosphère, décor et cuisine de type winstub au Krebs'Stuebel.

Le BRUSC *83 Var* 340 *J7 – rattaché à Six-Fours-les-Plages.*

BRUSQUE *12360 Aveyron* 🗺️ *J8 – 366 h alt. 465.*

Paris 698 – Albi 91 – Béziers 75 – Lacaune 30 – Lodève 52 – Rodez 108 – St-Affrique 35.

Dent de St-Jean ♨️, *𝒫 05 65 99 52 87, Fax 05 65 99 53 89, ≤ – ℙ. 🇬🇧 ⌖ ch*
15 mars-1ᵉʳ nov. et fermé dim. soir et lundi hors saison – **Repas** *13,50/30,50 ♨ – ☎ 5 –* **16 ch**
39,50/47,50 – ½ P 42.

♦ Bâtisse des années 1960 édifiée sur les hauteurs du bourg. Chambres fort bien tenues, conservant leur mobilier d'origine. Atmosphère désuète mais attachante. Le temps semble s'être arrêté dans ce restaurant où le décor s'affirme contemporain des "sixties".

BRY-SUR-MARNE *94 Val-de-Marne* 🗺️ *E2* 🔲 ⑱ *– voir à Paris, Environs.*

BUELLAS *01310 Ain* 🗺️ *D3 – 1 288 h alt. 225.*

Paris 424 – Mâcon 32 – Annecy 120 – Bourg-en-Bresse 9 – Lyon 69.

Auberge Bressane, *𝒫 04 74 24 20 20, Fax 04 74 24 20 20, 😊 – ℙ. 🇬🇧*
fermé 29 juil. au 7 août, 25 au 29 oct., 15 fév. au 6 mars, dim. soir, mardi soir et merc. –
Repas *11 (déj.), 19,50/40, enf. 10 ℤ.*

♦ Accueillante maison familiale d'un village de la Bresse savoyarde. Intérieur d'esprit méridional, aux tons jaune et bleu. Cuisine du terroir et quelques plats provençaux.

Le BUGUE *24260 Dordogne* 🗺️ *G6 G. Périgord Quercy – 2 778 h alt. 62.*

Voir Gouffre de Proumeyssac★ S : 3 km.

🏌️ *de La Marterie à St-Félix-de-Reillac-et-Mortemart 𝒫 05 53 05 61 00, N : 13 km par D 710.*

🎫 *Office de tourisme, rue du Jardin Public 𝒫 05 53 07 20 48, Fax 05 53 54 92 30, bugue@perigord.com.*

Paris 522 – Sarlat-la-Canéda 32 – Bergerac 47 – Brive-la-Gaillarde 72 – Périgueux 42.

Cygne, *2 rue du Cingle 𝒫 05 53 07 17 77, Fax 05 53 07 17 06, 😊 – 📺 ⌖. 🇬🇧*
fermé 1ᵉʳ au 15 oct., 20 déc. au 5 janv., dim. soir et lundi hors saison – **Repas** *13,50/32, enf. 7 ℤ – ☎ 6 –* **11 ch** *44/48 – ½ P 40/42.*

♦ Aux portes du bourg, ancienne demeure familiale convertie en hôtel. Atmosphère sagement campagnarde dans des chambres simples, mais bien tenues. Chaleureuse salle de restaurant mi-rustique, mi-bourgeoise, prolongée d'une véranda et d'une terrasse ombragée.

Les Trois As, *pl. Gendarmerie 𝒫 05 53 08 41 57, les3as@wanadoo.fr, 😊 – 🖥️. ⓞ 🇬🇧*
fermé fév., mardi et merc. – **Repas** *17 (déj.), 28/46.*

♦ Le restaurant est situé près de la gendarmerie. Salle à manger sobre et actuelle où l'on propose une cuisine classique évoluant au fil des saisons.

à Campagne *Sud-Est : 4 km par D 703 – 310 h. alt. 60 – ✉ 24260 :*

du Château, *𝒫 05 53 07 23 50, hotduchateau@aol.com, Fax 05 53 03 93 69, 😊 – 📺 ⌖*
ℙ. 🇬🇧. ⌖ ch
3 avril-17 oct. – **Repas** *19/45, enf. 10 ℤ – ☎ 7 –* **16 ch** *45/60 – ½ P 47.*

♦ Au coeur du Périgord Noir, maison de caractère dont les murs très épais maintiennent la fraîcheur en été. Ambiance champêtre dans les chambres simplement meublées. Décor rustique dans la salle à manger et la véranda d'où l'on aperçoit le château de Campagne.

BUIS-LES-BARONNIES *26170 Drôme* 🗺️ *E8 G. Alpes du Sud – 2 226 h alt. 365.*

Voir Vieille ville★.

🎫 *Office de tourisme, place du Quinconce 𝒫 04 75 28 04 59, Fax 04 75 28 13 63, info-@buislesbaronnies.com.*

Paris 685 – Carpentras 39 – Nyons 29 – Orange 50 – Sault 38 – Sisteron 72 – Valence 130.

Les Arcades-Le Lion d'Or *sans rest, pl. Marché 𝒫 04 75 28 11 31, info@hotelbuis.com, Fax 04 75 28 12 07, ᠅, – 📺 ⌖ 🚗. 🅿️ ⌖*
fermé déc. et janv. – ☎ 6 – **14 ch** *43/60.*

♦ L'entrée de l'hôtel se fait sous les belles arcades (15ᵉ s.) de la place centrale. Chambres rénovées. Le charmant jardin intérieur vaut le coup d'oeil.

Le BUISSON-CORBLIN *61 Orne* 🗺️ *F2 – rattaché à Flers.*

Le BUISSON-DE-CADOUIN *24480 Dordogne* 🗺️ *G6 – 2 075 h alt. 63.*

🎫 *Office de tourisme, place du Général-de-Gaulle 𝒫 05 53 22 06 09, Fax 05 53 22 06 09, ot.buissoncadouin@perigord.tm.fr.*

Paris 532 – Sarlat-la-Canéda 36 – Bergerac 38 – Brive-la-Gaillarde 81 – Périgueux 52.

🏰 **Manoir de Bellerive** ⟨S⟩, rte Siorac : 1,5 km 𝄞 05 53 22 16 16, *manoir.bellerive@wanad*
oo.fr, Fax 05 53 22 09 05, ≤, 🏠, 🏊, ✖, 🔥 – 🔟 📞 & 🅿 – 🔏 20. 🆎 ⓞ 🆒 ✖ rest
fermé 5 janv. au 14 mars – **Les Délices d'Hortense** *(fermé merc. midi et jeudi midi hors
saison, lundi midi et mardi midi)* **Repas** *(20)*-40 *(déj.)* 45/105 et carte 66 à 87 ⓨ – 🖙 18 – **21 ch**
145/375 – ½ P 124/171.
   ♦ Cette noble demeure Napoléon III aurait abrité une favorite de l'empereur. Les chambres
ont beaucoup de cachet et donnent sur le vaste parc à l'anglaise ou sur la Dordogne.
Élégante salle à manger et cuisine du terroir personnalisée aux Délices d'Hortense.
Spéc. Coffre de canard gras rôti, sauce Périgueux. Ris de veau aux cèpes (saison). Assiette
"tout chocolat". **Vins** Bergerac blanc et rouge.

BURLATS *81 Tarn* 🇳🇳🇳 *F9 – rattaché à Castres.*

BURNHAUPT-LE-HAUT *68520 H.-Rhin* 🇳🇳🇳 *G10 – 1 505 h alt. 300.*
   Paris 454 – Mulhouse 17 – Altkirch 16 – Belfort 32 – Thann 12.

🏰 **Aigle d'Or,** au Pont d'Aspach Nord : 1 km 𝄞 03 89 83 10 10, *info@aigleor.com*,
   Fax 03 89 83 10 33, 🏠, 🌳 – 🍽 rest, 🔟 📞 & 🅿 – 🔏 25. 🆎 ⓞ 🆒
   - Coquelicot 𝄞 03 89 83 10 00 *(fermé sam. midi et dim. soir)* **Repas** 11,5*(déj.)*,16,50/51,
enf. 9 🍷 – 🖙 9,50 – **26 ch** 62/82 – ½ P 56/62.
   ♦ Le village est aux portes de la pittoresque région du Sundgau. Hôtel proche d'axes
routiers fréquentés, disposant de chambres confortables et plaisantes. Tons pastel et tissus
fleuris font régner une ambiance printanière dans la salle à manger du Coquelicot.

BUSCHWILLER *68220 H.-Rhin* 🇳🇳🇳 *J11 – 883 h alt. 305.*
   Paris 502 – Mulhouse 34 – Altkirch 25 – Basel 8 – Colmar 69.

✖✖ **Couronne,** 𝄞 03 89 69 12 62, *alacouronne.lacour@wanadoo.fr*, Fax 03 89 70 11 20, 🏠 –
🆒
fermé 26 juil. au 16 août, sam. midi, dim. soir et lundi – **Repas** *(23)* - 36/38 ⓨ.
   ♦ Restaurant aménagé dans l'ancien théâtre d'un village typiquement alsacien. Salle à
manger spacieuse et haute de plafond. Terrasse jouxtant une vieille grange en bois.

BUSSEAU-SUR-CREUSE *23 Creuse* 🇳🇳🇳 *J4 – ⊠ 23150 Ahun.*
   *Env. Moutier d'Ahun : boiseries★★ de l'église SE : 5,5 km – Ahun : boiseries★ de l'église SE :
6 : km, G. Berry Limousin.*
   Paris 368 – Aubusson 27 – Guéret 17.

✖✖ **Viaduc** avec ch, 𝄞 05 55 62 57 20, *ch-cl-lemestre@wanadoo.fr*, Fax 05 55 62 55 80, ≤ –
🆒   🔟 📞 🆒
fermé janv., dim. soir et lundi – **Repas** 14/39, enf. 10 ⓨ – 🖙 6 – **7 ch** 26/37 – ½ P 41,50.
   ♦ Cette auberge tire profit de sa situation dominante : la salle à manger rustique et la
terrasse offrent une belle vue sur un viaduc de 1863 qui enjambe la Creuse.

La BUSSIÈRE *45230 Loiret* 🇳🇳🇳 *N5 G. Bourgogne – 749 h alt. 160.*
   Voir Château des pêcheurs★.
   Paris 142 – Auxerre 74 – Cosne-sur-Loire 46 – Gien 14 – Montargis 29 – Orléans 79.

🏠 **Nuage,** r. Briare 𝄞 02 38 35 90 73, *contact@lenuage.com*, Fax 02 38 35 90 62, 🏠, 🍸 –
🆒   🔟 📞 🅿 – 🔏 25. 🆎 ⓞ 🆒 ✖ rest
fermé 24 déc. au 28 fév. – **Repas** 15/26, enf. 7,50 🍷 – 🖙 8,50 – **15 ch** 45/47 – ½ P 42,50.
   ♦ Établissement récent de type motel situé aux portes du village. Chambres pratiques et
joliment aménagées. Détente assurée par la salle de fitness. Plats classiques et grillades
servis dans une salle à manger contemporaine surmontée d'un salon en mezzanine.

BUSSY-ST-GEORGES *77 S.-et-M.* 🇳🇳🇳 *F2* 🇳🇳🇳 *20 – voir à Paris, Environs (Marne-la-Vallée).*

BUXY *71390 S.-et-L.* 🇳🇳🇳 *I9 – 2 098 h alt. 263.*
   🅱 *Office de tourisme, place de la gare 𝄞 03 85 92 00 16, Fax 03 85 92 00 57, ot-
buxy@aol.com.*
   Paris 351 – Chalon-sur-Saône 17 – Chagny 25 – Montceau-les-Mines 33.

🏰 **Fontaine de Baranges** ⟨S⟩ sans rest, r. Fontaine de Baranges 𝄞 03 85 94 10 70, *Hotel.
Fontaine.de.Baranges@wanadoo.fr*, Fax 03 85 94 10 79, 🌳 – ⟨S⟩ 🔟 📞 & 🅿 – 🔏 30. 🆎 🆒
fermé 5 au 30 janv. – 🖙 9 – **20 ch** 65/115.
   ♦ Élégante demeure du 19ᵉ s. ayant conservé tout son cachet. Chambres spacieuses et
personnalisées, parfois avec terrasse. Belle cave voûtée pour les petits-déjeuners.

🏛 **Relais du Montagny,** ℰ 03 85 94 94 94, *le.relais.du.montagny@wanadoo.fr,* Fax 03 85 92 07 19, 🏠, 🛋, 🚗 – 📺 📞 🅿 – 🏇 30. 🆎 🇬🇧
fermé 18 au 27 déc., 2 au 17 janv. – *Girardot* ℰ 03 85 94 94 60 **Repas** 14/36, enf. 9 ♀ – ⌑ 8 – **30 ch** 50/63 – ½ P 46/48,50.
♦ L'établissement abrite des chambres fonctionnelles toutes identiques. Idée d'excursion à proximité : la Voie Verte, ancienne voie ferrée convertie en promenade. Décor rustique au restaurant le Girardot, sis à 150 m de l'hôtel ; dîner-spectacle le samedi soir.

✗ **Aux Années Vins,** 2 Grande Rue ℰ 03 85 92 15 76, *aux.annees.vins@wanadoo.fr,* Fax 03 85 92 12 20, 🏠 – 🇬🇧
fermé 15 au 25 sept., 10 janv. au 10 fév., merc. midi et mardi – **Repas** *(fermé merc. soir de nov. à mars)* (15) - 20/50, enf. 10 ♀.
♦ Bien située au centre du village, grande salle de restaurant ornée d'une cheminée en pierre. Terrasse originale sous des voûtes surplombant la route.

BUZANÇAIS *36500 Indre* 323 *E5 – 4 581 h alt. 111.*
Paris 286 – Le Blanc 47 – Châteauroux 25 – Chatellerault 78 – Tours 91.

🏨 **Hermitage** 🦢, rte d'Argy ℰ 02 54 84 03 90, *csureau@aol.com,* Fax 02 54 02 13 19, 🚗 –
🏠 📠 rest, 📺 📞 🚗 🅿 🇬🇧
fermé 5 au 14 sept., 1ᵉʳ au 18 janv., dim. soir et lundi sauf juil.-août – **Repas** (dim. prévenir) 15,80/48,50, enf. 9,50 ♀ – ⌑ 6,20 – **12 ch** 41/58,80 – ½ P 46/51.
♦ Bonne idée que de venir séjourner dans cette belle propriété dont les coquettes chambres donnent presque toutes sur le jardin traversé par l'Indre. Confortable salle de restaurant aux tables joliment dressées et jolie véranda tournée sur la verdure.

Les principales voies commerçantes figurent en **rouge**
dans la liste des rues des plans de villes.

CABASSON *83 Var* 340 *M7 – rattaché à Bormes-les-Mimosas.*

CABESTANY *66 Pyr.-Or.* 344 *I6 – rattaché à Perpignan.*

CABOURG *14390 Calvados* 303 *L4 G. Normandie Vallée de la Seine – 3 520 h alt. 3 – Casino.*
📓 *Public de Cabourg* ℰ 02 31 91 70 53, 1 km par av. de l'Hippodrome **A** ; 📓 *de Cabourg Le Home à Varaville* ℰ 02 31 91 25 56, *par* ④ : 3 km.
🅱 *Office de tourisme, Jardins du Casino* ℰ 02 31 91 20 00, Fax 02 31 24 14 49, *office.tourisme@cabourg.net.*
Paris 220 ③ – *Caen 24* ④ – *Deauville 23* ① – *Lisieux 35* ② – *Pont-l'Évêque 34* ②.

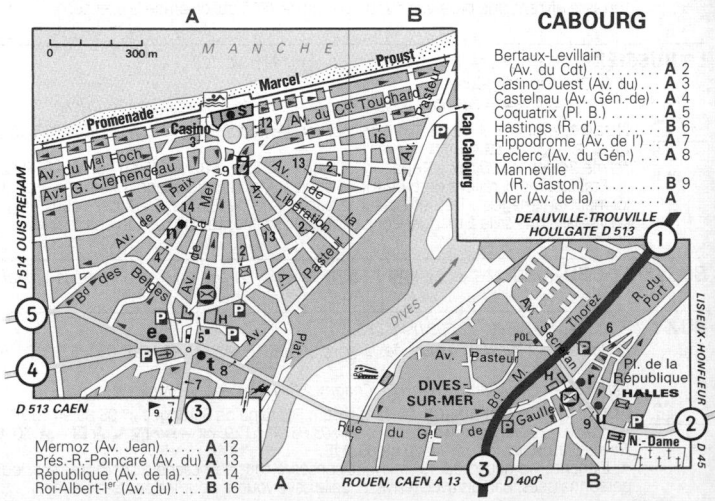

CABOURG

Bertaux-Levillain
  (Av. du Cdt)......... **A** 2
Casino-Ouest (Av. du)... **A** 3
Castelnau (Av. Gén.-de) .. **A** 4
Coquatrix (Pl. B.) .... **A** 5
Hastings (R. d')......... **B** 6
Hippodrome (Av. de l') ... **A** 7
Leclerc (Av. du Gén.) ... **A** 8
Manneville
  (R. Gaston) .... **B** 9
Mer (Av. de la) .... **A**

Mermoz (Av. Jean) ..... **A** 12
Prés.-R.-Poincaré (Av. du) **A** 13
République (Av. de la)... **A** 14
Roi-Albert-Iᵉʳ (Av. du) .... **B** 16

Grand Hôtel ⚓, prom. M. Proust *ℰ* 02 31 91 01 79, *h1282@accor-hotels.com*, Fax 02 31 91 83 93, ≤, 🕱 – 🛗 TV 📻 📶 – 🕿 20 à 100. AE ⓪ GB JCB **A s**
Repas *(fermé lundi et mardi d'oct. à avril)* 41/55, enf. 14 – 🖙 16 – **70 ch** 186/260.
◆ Palace du front de mer hanté par le souvenir de Marcel Proust : sa chambre attitrée est reconstituée à l'identique. Pour nostalgiques d'un temps perdu, enfin retrouvé... Cuisine classique et ambiance raffinée dans l'élégante salle à manger ouvrant côté plage.

Mercure Hippodrome ⚓, av. M. d'Ornano par av. Hippodrome **A** *ℰ* 02 31 24 04 04, *h 1223@accor-hotels.com*, Fax 02 31 91 03 99, 🕱, 🏊 – 🔆 TV ⚒ 📶 – 🕿 30 à 100. AE ⓪ GB.
Repas *(fermé le midi du 1er nov. au 3 mars, dim. et lundi)* 24/28,50, enf. 9 ♀ – 🖙 10 – **78 ch** 99/110, 8 duplex – ½ P 82,50/88.
◆ Deux bâtiments récents d'allure normande jouxtant l'hippodrome. Chambres aménagées dans un élégant style contemporain. Chaleureuse et confortable salle à manger profitant d'une belle vue sur le champ de courses.

Golf, av. M. d'Ornano par av. Hippodrome **A** *ℰ* 02 31 24 12 34, Fax 02 31 24 18 51, 🕱, 🏊, 🕱 – 🔆 TV 📶 – 🕿 30. AE ⓪ GB.
Repas *(fermé sam. midi et vend. du 1er oct. au 31 mars)* (13) - 20/27 ♀ – 🖙 8 – **40 ch** 63/70 – ½ P 57.
◆ Établissement de type motel aux chambres simples et fonctionnelles, de plain-pied avec le jardin ou la terrasse. La contiguïté du golf assure la tranquillité du séjour. La salle à manger, confortable et sobrement contemporaine, est tournée vers les greens.

Cabourg sans rest, 5 av. République *ℰ* 02 31 24 42 55, Fax 02 31 24 48 93 – TV GB **A n**
fermé 8 au 19 janv. et 10 au 21 déc. – 🖙 8,80 – **9 ch** 78/88.
◆ Témoin de la fondation de Cabourg au 19e s., cette jolie villa de style Second Empire dispose de chambres coquettes et personnalisées, identifiées par un nom de fleur.

Cottage sans rest, 24 av. Gén. Leclerc *ℰ* 02 31 91 65 61, Fax 02 31 28 78 82, 🕱 – TV 📶. AE ⓪ GB **A e**
🖙 8 – **14 ch** 55/89.
◆ Atmosphère de maison d'hôte en ce cottage des années 1900 devancé par un jardinet. Les chambres, insonorisées, offrent un décor variant du simple et pratique au plus raffiné.

Parc sans rest, 33 av. Gén. Leclerc *ℰ* 02 31 91 00 82, *hotel-du-parc1@wanadoo.fr*, Fax 02 31 91 00 18 – TV 📶. GB **A t**
🖙 6,50 – **15 ch** 55/65.
◆ Hôtel aménagé dans deux bâtisses centenaires bordant une avenue passante. Chambres récentes et insonorisées ; pour plus de calme, réservez tout de même sur l'arrière.

à Dives-sur-Mer : *Sud du plan – 5 812 h. alt. 3 – ⊠ 14160* .

Voir *Halles★*.

🅱 *Syndicat d'initiative, rue du Gal de Gaulle ℰ 02 31 91 24 66, Fax 02 31 24 42 28, mairie-dives-sur-mer@wanadoo.fr.*

Guillaume le Conquérant, 2 r. Hastings *ℰ* 02 31 91 07 26, Fax 02 31 91 07 26, 🕱 – AE GB **B r**
fermé 25/06 au 2/07, 24/11 au 25/12, dim. soir et lundi sauf août et fériés, merc. soir d'oct. à avril – **Repas** 17/52, enf. 9,90 ♀.
◆ Relais de poste du 16e s. au coeur d'un quartier normand typique aujourd'hui réhabilité en village d'art. Jolie cour pavée aménagée en terrasse d'été.

Chez le Bougnat, 27 r. G. Manneville *ℰ* 02 31 91 06 13, *chezlebougnat@aol.com* – GB **B u**
fermé 5 au 31 janv., jeudi soir, vend. soir et sam. soir sauf du 14 juil. au 31 août – **Repas** 14,90/22,90 ♀.
◆ Ancienne quincaillerie transformée en bistrot convivial. Murs tapissés de vieilles affiches et étonnant bric-à-brac d'objets chinés en guise de décor. Carte selon le marché.

par ④, D 513 et rte de Gonneville-en-Auge : 7 km – ⊠ 14860 Ranville :

Hostellerie Moulin du Pré ⚓, avec ch, *ℰ* 02 31 78 83 68, Fax 02 31 78 21 05, 📻 – 📶. AE ⓪ GB. 🕱 ch
fermé 2 au 16 mars, 28 sept. au 27 oct., dim. soir, mardi midi et lundi sauf du 15 juil. au 15 août et fériés – **Repas** 34/45 – 🖙 6,50 – **10 ch** 40/60.
◆ Dans un parc avec étang, ancienne ferme abritant une salle de restaurant campagnarde agrémentée d'une cheminée où l'on prépare les grillades. Chambres simples.

au Hôme *par ⑤ : 2 km – ⊠ 14390 Cabourg* :

Au Pied des Marais, *ℰ* 02 31 91 27 55, Fax 02 31 91 86 13 – AE GB. 🕱
fermé 21 au 4 juil., 20 au 28 déc., 24 janv. au 8 fév., lundi et mardi sauf le soir en juil.-août – **Repas** 20 bc (déj.), 30/50.
◆ Auberge normande prisée pour sa carte traditionnelle et ses spécialités de pieds de cochon. Grillades cuisinées sous vos yeux dans la cheminée de la salle à manger rustique.

CABRERETS *46330 Lot* 337 *F4 G. Périgord Quercy – 203 h alt. 130.*

Voir *Château de Gontaut-Biron★ – ≤★ de la rive gauche du Célé.*

Env. *Grotte du Pech Merle★★★ NO : 3 km.*

🔹 *Office de tourisme, place du Sombral à Saint-Cirq-Lapopie 𝄢 05 65 31 29 06, Fax 05 65 31 29 06, saint-cirq.lapopie@wanadoo.fr.*

Paris 565 – Cahors 26 – Figeac 44 – Gourdon 42 – St-Céré 58 – Villefranche-de-Rouergue 44.

🏨 **Auberge de la Sagne** ॐ, rte grotte de Pech Merle 𝄢 05 65 31 26 62, Fax 05 65 30 27 43, 佘, ⊥ – **P.** GB . ⊛.

15 mai-15 sept. – **Repas** (nombre de couverts limité, prévenir) (dîner seul.) 15/21 ⊻ – ⊑ 6,50 – **8 ch** 52 – ½ P 49.

◆ Maison d'inspiration régionale aux chambres simples, mais accueillantes dans leur style campagnard ; celles du dernier étage sont mansardées. Joli jardin ombragé. Le Lot se met à la table du restaurant, sobrement rustique et réchauffé par une cheminée.

🏨 **des Grottes,** 𝄢 05 65 31 27 02, *hotel.grottes@wanadoo.fr, Fax 05 65 31 20 15,* 佘, ⊥ – **P.** ⓪ GB .

1er avril-15 oct. et fermé dim. soir et lundi du 1er avril au 15 juin – **Repas** (11,50) - 14,50/24,50, enf. 8 ⊻ – ⊑ 6,50 – **17 ch** 30/46 – ½ P 34/41,50.

◆ L'hôtel, situé sur la traversée d'un village riche en évocations de la guerre de Cent Ans, se tourne agréablement vers le Célé. Ses chambres sont modestes, mais bien tenues. Salle à manger un brin désuète et belle terrasse dominant la rivière.

CABRIÈRES *30210 Gard* 339 *L5 – 1 117 h alt. 120.*

Paris 695 – Avignon 33 – Alès 64 – Arles 40 – Nîmes 15 – Orange 45 – Pont-St-Esprit 52.

🏨 **L'Enclos des Lauriers Roses** ॐ, 71 r. 14-Juillet 𝄢 04 66 75 25 42, *hotel-lauriersroses @wanadoo.fr, Fax 04 66 75 25 21,* 佘, ⊥, ⊛ – 🔲 TV ⊜. Æ ⓪ GB .

19 mars-6 nov. et 18 déc.-2 janv. – **Repas** 20/39, enf. 10 ⊻ – ⊑ 11 – **15 ch** 100/122 – ½ P 77/90.

◆ Dans le village, bâtisses gardoises ouvertes sur un joli jardin planté de cinq variétés de lauriers roses. Coquettes chambres provençales ; la plupart possèdent une terrasse. Restaurant dont le joli décor évoque le Midi. Cuisine classique. Bon choix de vins.

Si le coût de la vie subit des variations importantes,
les prix que nous indiquons peuvent être majorés.
Lors de votre réservation à l'hôtel, faites-vous préciser le prix définitif.

CABRIS *06 Alpes-Mar.* 341 *C6 – rattaché à Grasse.*

CADÉAC *65 H.-Pyr.* 342 *O7 – rattaché à Arreau.*

La CADIÈRE-D'AZUR *83740 Var* 340 *J6 G. Côte d'Azur – 4 239 h alt. 144.*

Voir *≤★ – Le Castelet : Village★ NE : 4 km.*

🔹 *Office de tourisme, place Gal de Gaulle 𝄢 04 94 90 12 56, Fax 04 94 98 30 13, otiscad-@free.fr.*

Paris 815 – Marseille 45 – Toulon 22 – Aix-en-Provence 66 – Brignoles 53.

🏨 **Hostellerie Bérard** ॐ, av. Gabriel Péri 𝄢 04 94 90 11 43, *berard@hotel-berard.com, Fax 04 94 90 01 94,* ≤, 佘, Ⅰ₆, ⊥, ⊛ – 🔲 TV ⊜ **P** – 🔏 30. Æ ⓪ GB JCB . ✹

fermé 4 janv. au 10 fév. – **Repas** *(fermé lundi midi et sam. midi)* 25/54 ⊻ – ⊑ 17,50 – **34 ch** 92/157, 3 suites – ½ P 107/186.

◆ Hôtel formé de plusieurs maisons de caractère dont un couvent du 11e s. où sont aménagées de belles chambres provençales. Élégante salle à manger tournée vers le vignoble de Bandol et jolie terrasse sous la tonnelle, en surplomb de la piscine.

CADILLAC *33410 Gironde* 335 *J7 G. Aquitaine – 2 365 h alt. 16.*

🔹 *Office de tourisme, place de la Libération 𝄢 05 56 62 12 92, Fax 05 56 76 99 72, cadillac@entredeuxmers.com.*

Paris 607 – Bordeaux 41 – Langon 12 – Libourne 40.

🏨 **Château de la Tour,** D 10 𝄢 05 56 76 92 00, *hotel@chathotel-delatour.com, Fax 05 56 62 11 59,* 佘, ⊥, ⊛ – 🖄 🔲 TV ℂ **P** – 🔏 20 à 50. Æ GB .

Repas *(fermé vend. soir, sam. et dim. de nov. à avril)* 15 (déj.), 24/54, enf. 11 – ⊑ 10 – **32 ch** 95/125 – ½ P 85/100.

◆ Cet hôtel bâti dans l'ancien potager du château des ducs d'Épernon propose des chambres actuelles, ouvertes sur le parc arboré. Sauna et jacuzzi. Restaurant sous charpente avec vue sur le château. Cuisine traditionnelle et spécialités régionales.

CAEN ℙ *14000 Calvados* **303** J4 *G. Normandie Cotentin – 113 987 h Agglo. 199 490 h alt. 25.*

Voir *Abbaye aux Hommes★★ : église St-Etienne★★ – Abbaye aux Dames★ : église de la Trinité★★ – Chevet★★, frise★★ et voûtes★★ de l'église St-Pierre★ – Église et cimetière St-Nicolas★ – Tour-lanterne★ de l'église St-Jean* **EZ** – *Hôtel d'Escoville★* **DY B** – *Vieilles maisons★ (n° 52 et 54 rue St-Pierre)* **DY K** – *Musée des Beaux-Arts★★ dans le château★* **DX M**[1] – *Mémorial★★* **AV** – *Musée de Normandie★* **DX M**[2].

🏌 *de Caen à Biéville-Beuville* ℘ *02 31 94 72 09, N : 5 km par D 60* **BV** ; 🏌 *de Garcelles à Garcelles-Secqueville* ℘ *02 31 39 09 09, par* ⑥ *: 15 km.*

✈ *de Caen-Carpiquet : ℘ 02 31 71 20 10, par D 9 : 7 km.*

🛈 *Office de tourisme, place Saint-Pierre ℘ 02 31 27 14 11, Fax 02 31 27 14 18, tourisminfo@ville-caen.fr.*

Paris 236 ④ – *Alençon 105* ⑥ – *Cherbourg 125* ⑨ – *Le Havre 91* ④ – *Rennes 189* ⑧.

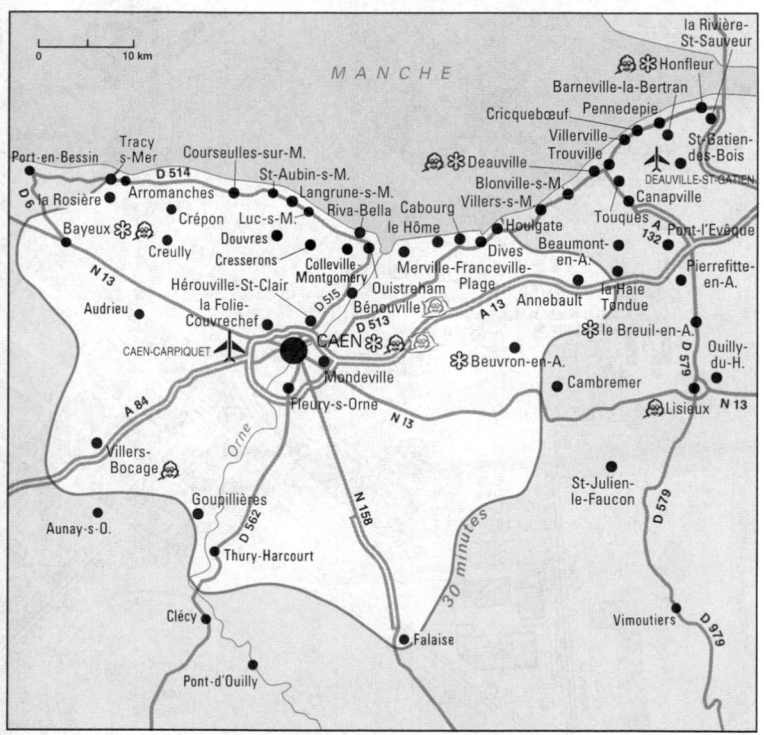

🏨 **Holiday Inn,** 4 pl. Foch ℘ 02 31 27 57 57, *holiday-inn-caen@wanadoo.fr,* Fax 02 31 27 57 58 – 📶 ✦ 📺 📞 ⅙ – 🔏 150. 🆎 ⓞ ⲅⲃ. ❀ **DZ z**
Repas 14/20, enf. 7 – ⲋ 11 – **88 ch** 93/114.
♦ Cet établissement abrite des chambres contemporaines très bien équipées ; certaines offrent une vue sur le champ de courses. Bar "cosy". Élégant restaurant agrémenté de photos dédicacées par des célébrités. Cuisine traditionnelle et flambage en salle.

🏨 **Dauphin,** 29 r. Gemare ℘ 02 31 86 22 26, *dauphin.caen@wanadoo.fr, Fax 02 31 86 35 14*
– 📶 ✦ 📺 ⅙ **P** – 🔏 30. 🆎 ⓞ ⲅⲃ **DY a**
fermé 25 oct. au 7 nov. et 20 au 27 fév. – **Repas** *(fermé 19 au 31 juil., le midi 15 juil au 15 août, sam. midi et dim.)* 18/50 ⵚ – ⲋ 11 – **37 ch** 65/150 – ½ P 66/105.
♦ Ancien prieuré proche des murailles du château. Chambres personnalisées, parfois agrémentées de poutres patinées et de meubles de style. Agréable salle à manger bourgeoise et cuisine classique aux accents du terroir. Cadre normand dans le salon-bar attenant.

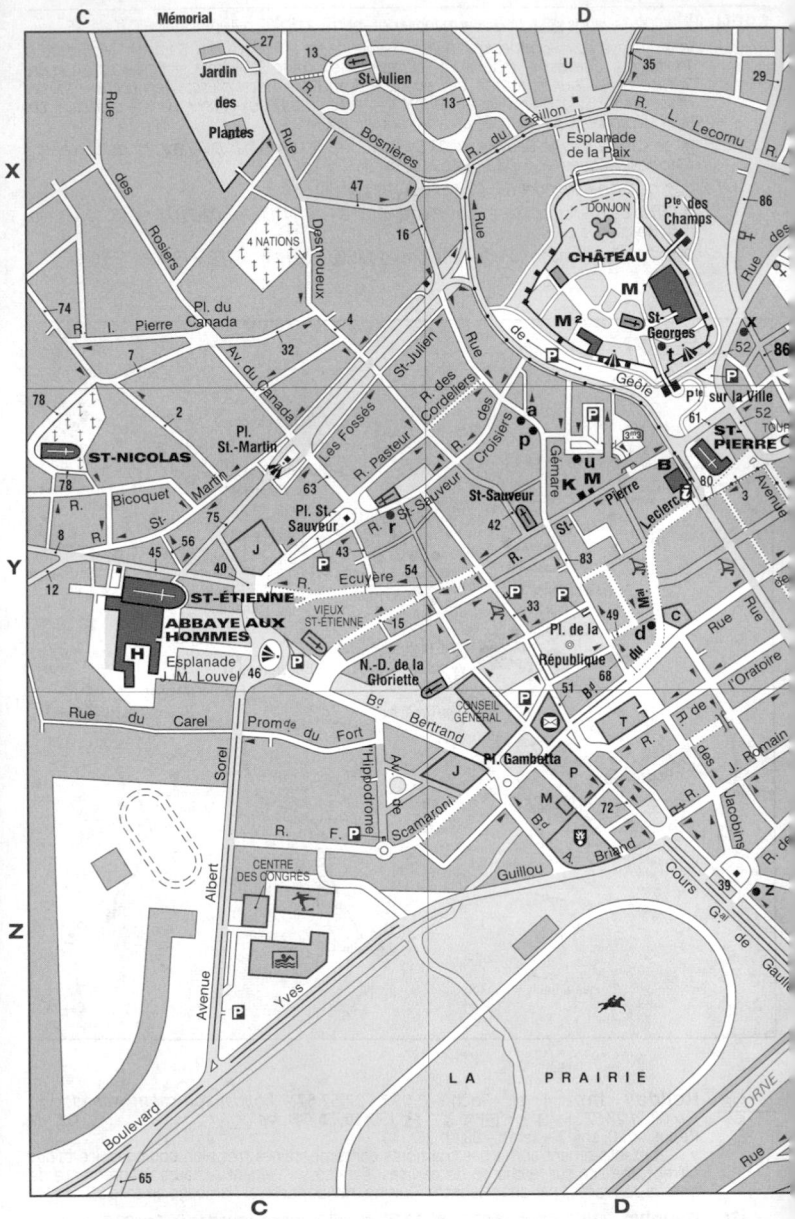

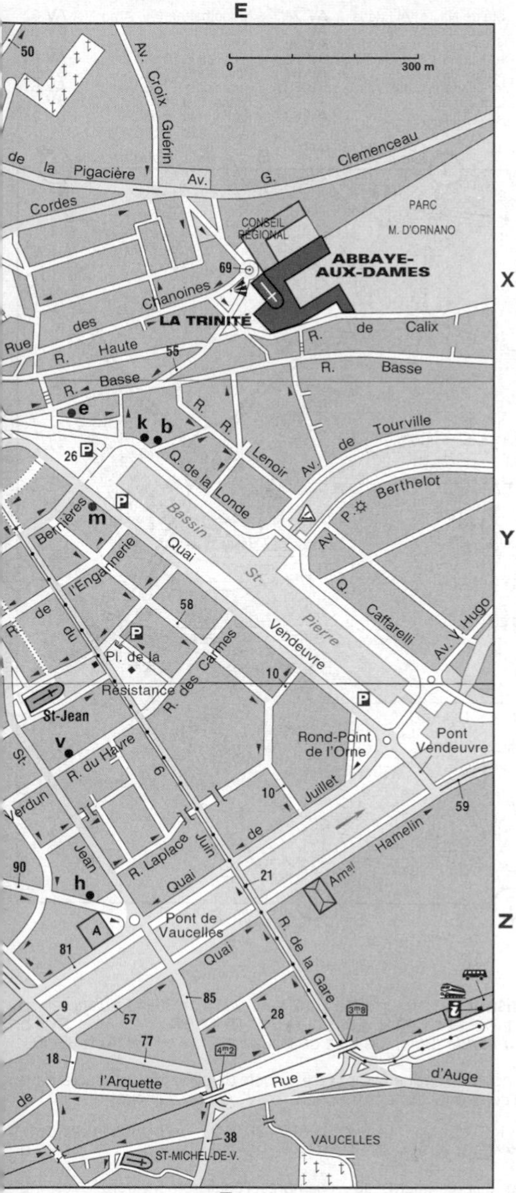

CAEN

Académie (R. de l') . . . . **CY** 2
Alliés (Bd des) . . . . **DY** 3
Bagatelle (Av. de) . . . . **CX** 4
Barbey-d'Aurevilly (R.). . . . . **CX** 7
Bayeux (R. de) . . . . **CY** 8
Bir-Hakeim
   (Pont de) . . . . **EZ** 9
Brunet (R. H.) . . . . **EZ** 10
Caponière (R.). . . . . **CY** 12
Carrières-St-Julien (R. des).. **CDX** 13
Caumont (R. A. de) . . . . **CY** 15
Chanoine X.
   de St-Paul (R.) . . . . **CX** 16
Chaussée-Ferrée (R. de la). **EZ** 18
Churchill (Pont) . . . . **EZ** 21
Courtonne (Pl.) . . . . **EY** 26
Creully (Av. de). . . . . **CX** 27
Decaen (R. Gén.) . . . . **EZ** 28
Délivrande (R. de la) . . . . . . **DX** 29
Docteur-Rayer (R.) . . . . **CX** 32
Doumer (R. Paul) . . . . **DY** 33
Ecuyère (R.) . . . . **CY**
Edimbourg (Av. d'). . . . . . . **DX** 35
Falaise (R. de) . . . . **EZ** 38
Foch (Pl. Mar.) . . . . **DZ** 39
Fontette (Pl.). . . . . **CY** 40
Froide (R.) . . . . **DY** 42
Fromages (R. aux) . . . . **CY** 43
Guillaume-le-
   Conquérant (R.) . . . . **CY** 45
Guillouard (Pl. L.). . . . . **CYZ** 46
Juifs (R. aux). . . . . **CX** 47
Lair (R. P.-A.). . . . . **DY** 49
Lebisey (R. de) . . . . **EX** 50
Lebret (R. G.) . . . . **DYZ** 51
Leclerc (Bd Mar.) . . . . **DY**
Libération (Av. de la) . . **DXY** 52
Malherbe (Pl.) . . . . **CY** 54
Manissier (R.) . . . . **EX** 55
Marot (R. J.) . . . . **CY** 56
Meslin (Quai E.) . . . . **EZ** 57
Miséricorde (R. de la) . . . . . **EY** 58
Montalivet (Cours) . . . . **EZ** 59
Montoir-Poissonnerie (R.). . **DY** 61
Pémagnie (R.). . . . . **CY** 63
Petit-Vallerent (Bd du) . . . . **CZ** 65
Pont St-Jacques (R. du) . . . **DY** 68
Reine-Mathilde (Pl.). . . . . . **EX** 69
Sadi-Carnot (R.). . . . . **DZ** 72
St-Jean (R.) . . . . **DEYZ**
St-Gabriel (R.) . . . . **CX** 74
St-Manvieu (R.). . . . . **CY** 75
St-Michel (R.). . . . . **EZ** 77
St-Nicolas (R.) . . . . **CXY** 78
St-Pierre (Pl.). . . . . **DY** 80
St-Pierre (R.) . . . . **DY**
Sévigné (Prom. de) . . . . . . **EZ** 81
Strasbourg (R. de) . . . . **DY** 83
Vaucelles (R. de). . . . . **EZ** 85
Vaugueux (R. du). . . . . **DX** 86
6-Juin (Av. du) . . . . **DEYZ**
11-Novembre (R. du) . . . . . **EZ** 90

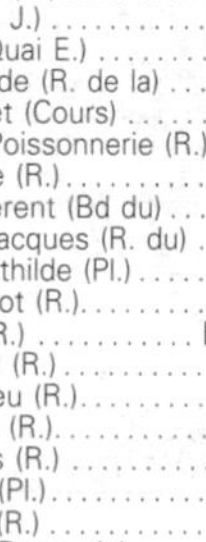

Ecrivez-nous...

Vos louanges comme vos critiques seront examinées avec le plus grand soin.
Nous reverrons sur place les informations que vous nous signalez.
Par avance merci !

CAEN

Baladas (Bd des) . . . . **AV** 6
Chemin Vert (R. du) . . . . . . **AV** 19
Chéron (Av. Henri) . . . . **AV** 20
Clemenceau (Av. G.) . . . . . **BV** 22
Copernic (Av. N.) . . . . **ABV** 23

Côte-de-Nacre (Av. de la) . . **AV** 24
Courseulles (Av. de) . . . . . . **AV** 25
Délivrande (R. de la) . . . . . **AV** 29
Demi-Lune (Pl. de la) . . . . . **BV** 30
Lyautey (Bd Mar.) . . . . **AV** 53
Montalivet (Cours) . . . . **BV** 59
Montgomery
(Av. Mar.) . . . . **AV** 60

Mountbatten (Av. Am.) . . . . **AV** 62
Pasteur (R. L.) . . . . **BV** 63
Père-Ch.-de-
Foucault (Av.) . . . . **AV** 64
Poincaré (Bd R.) . . . . **BV** 66
Pompidou (Bd G.) . . . . **AV** 67
Rethel (Bd de) . . . . **BV** 70
Richemond (Bd) . . . . **AV** 71

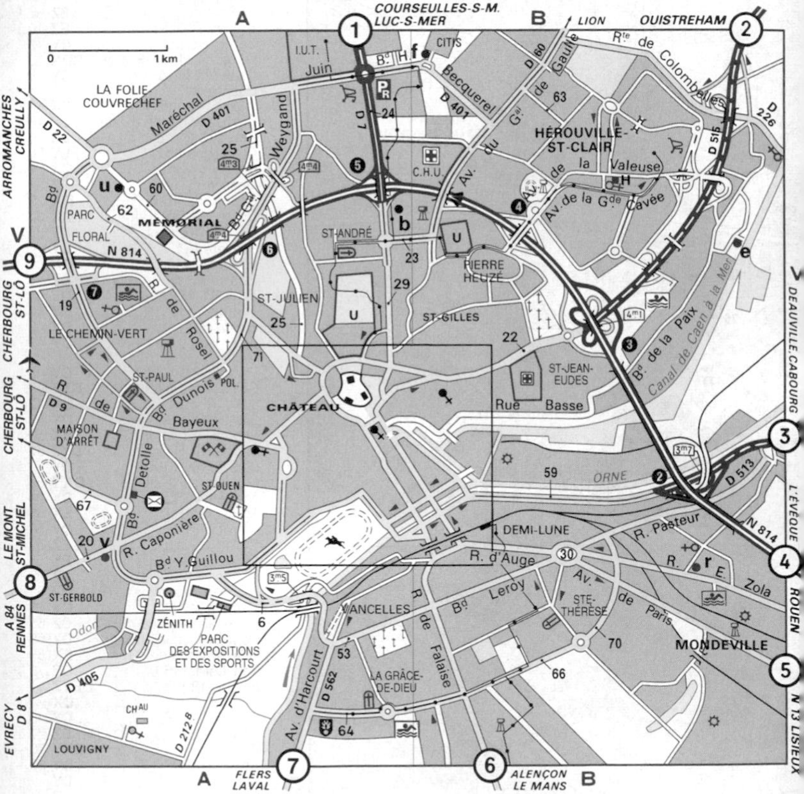

🏨 **Mercure Port de Plaisance,** 1 r. Courtonne ✆ 02 31 47 24 24, *h0869@accor-hotels.co
m*, Fax 02 31 47 43 88 – 📶 ✻, 🍴 ch, 📺 ♿ ⬅ – 🏛 300. 🝙 ⓸ 🞄   EY b
Repas voir **Brasserie La Londe** (Hôtel Ibis Port de Plaisance) – ⯆ 10 – **114 ch** 85/105,
4 suites.

♦ Les chambres de cet hôtel de chaîne faisant face au port de plaisance se caractérisent
par un ameublement de bon goût et une atmosphère "cosy". Centre d'affaires.

🏨 **Moderne** sans rest, 116 bd Mar. Leclerc ✆ 02 31 86 04 23, *info@hotel-caen.com*,
Fax 02 31 85 37 93 – 📶 ✻ 📺 ♿ ⬅. 🝙 ⓸ 🞄 🇯🇵   DY d
⯆ 10 – **40 ch** 70/120.

♦ Discrète construction d'après-guerre aux chambres régulièrement rafraîchies. Au
5ᵉ étage, la salle des petits-déjeuners, redécorée, offre une vue sur les toits de la
ville.

🏨 **Quatrans** sans rest, 17 r. Gemare ✆ 02 31 86 25 57, *hotel-des-quatrans@wanadoo.fr*,
Fax 02 31 85 27 80 – 📶 📺 ♿. 🞄   DY p
⯆ 6,50 – **32 ch** 48/55.

♦ À deux pas du centre, établissement familial abritant des chambres pratiques,
sobrement meublées mais habillées de tissus colorés ; celles sur l'arrière sont plus
calmes.

Bristol sans rest, 31 r. 11-Novembre ☎ 02 31 84 59 76, *hotelbristol@wanadoo.fr*, Fax 02 31 52 29 28 – |≡| TV ☎ AE GB EZ h
⊘ 7 – **24** ch 45/60.
♦ Chambres lumineuses récemment relookées, bonne insonorisation et accueil sympathique caractérisent cet hôtel légèrement excentré mais proche de l'hippodrome.

Ibis Port de Plaisance, 6 pl. Courtonne ☎ 02 31 95 88 88, *h1183@accor-hotels.com*, Fax 02 31 43 80 80 – |≡| ⅄≒, ≣ rest, TV ☎ 🚿 ☞ – ♨ 300. AE ① GB EY k
Brasserie La Londe ☎ 02 31 47 24 56 *(fermé sam. midi et dim. midi)* **Repas** *(12)*-20 ⅛, enf.8 – ⊘ 7 – **101** ch 55/65.
♦ Halte pratique face au port de plaisance. Chambres aux nouvelles normes de la chaîne, centre d'affaires commun avec l'hôtel Mercure. Brasserie Ibis dont le décor et la cuisine à l'accent régional sont plus personnalisés qu'à l'accoutumé. Espace brasserie

Havre sans rest, 11 r. Havre ☎ 02 31 86 19 80, *hotelduhavre@aol.com*, Fax 02 31 38 87 67 – TV ☎ AE GB EZ v
⊘ 5,50 – **19** ch 33/46.
♦ Cet hôtel familial récemment rafraîchi propose des chambres sans luxe mais pratiques, plus tranquilles sur l'arrière. Tenue scrupuleuse et prix doux.

Central sans rest, 23 pl. J. Letellier ☎ 02 31 86 18 52, *acueil@centralhotel-caen.com*, Fax 02 31 86 88 11 – TV ☎ AE ① GB DY u
⊘ 6 – **25** ch 28/46.
♦ Abbaye-aux-Hommes, Abbaye-aux-Dames, château, musées, etc. : cette adresse est appréciée pour sa situation centrale. Chambres simples, au mobilier de style ou standard.

Pressoir (Vautier), 3 av. H. Chéron ☎ 02 31 73 32 71, Fax 02 31 73 32 71 – P. AE GB AV v
fermé 28 juil. au 22 août, vacances de fév., sam. midi, dim. soir et lundi – **Repas** 25/60 et carte 55 à 70.
♦ Située dans les faubourgs de la ville, maison ancienne joliment restaurée. Plaisant cadre rustique et meubles contemporains. Cuisine au goût du jour personnalisée.
Spéc. Galette croustillante de langoustines et andouille. Saint-Jacques et tomates fraiches confites. Chaud-froid de mangue, fruit de la passion et ananas.

Gastronome, 43 r. St Sauveur ☎ 02 31 86 57 75, *legastronome@wanadoo.fr*, Fax 02 31 38 27 78 – AE ① GB CY r
fermé 28 juil. au 11 août, mardi soir et dim. – **Repas** *(14)*- 18/35 ⅞.
♦ Cuisine classique aux parfums du terroir dans une salle à manger tout en longueur, moderne et colorée, dont on apprécie la convivialité. Mise en place soignée. Accueil familial.

P'tit B, 15 r. Vaugueux ☎ 02 31 93 50 76, *leptitb@wanadoo.fr*, Fax 02 31 93 29 63 – AE ①
GB
Repas 25, enf. 12,50 ⅞.
♦ Avenante maison du 17e s. au décor rustique modernisé (superbe cheminée). Ambiance conviviale, vue sur les fourneaux et cuisine saisonnière au goût du jour.

Carlotta, 16 quai Vendeuvre ☎ 02 31 86 68 99, *reservation@lecarlotta.fr*, Fax 02 31 38 92 31 – ≣. AE GB EY m
fermé dim. – **Repas** 20/30 ⅞.
♦ Grande brasserie d'inspiration Art déco, fréquentée pour son atmosphère vivante et sa cuisine typique du genre, enrichie de plats de poissons.

Alcide, 1 pl. Courtonne ☎ 02 31 44 18 06, Fax 02 31 94 47 45 – GB EY e
fermé 20 au 31 déc., vend. soir hors saison et sam. – **Repas** 14,50/22,50 ⅞.
♦ Maison traditionnelle abritant une salle à manger de style bistrot "rétro" et un bar pour clients pressés. La carte privilégie le terroir ; quelques plats de poissons.

Café Mancel, au Château ☎ 02 31 86 63 64, *cafe.mancel@wanadoo.fr*, Fax 02 31 86 63 40, ☆ – AE ① GB DX t
fermé vacances de fév., dim. soir et lundi – **Repas** *(15,50)* - 21,50 ⅞.
♦ Sobre cadre contemporain, plaisante terrasse, appétissante carte et soirées musicales (jazz principalement) : un sympathique restaurant de musée dans l'enceinte du château.

à l'échangeur Caen-Université *(bretelle du bd périphérique, sortie nº 5)* – ✉ 14000 Caen :

Novotel Côte de Nacre, av. Côte de Nacre ☎ 02 31 43 42 00, *h0405@accor-hotels.com*, Fax 02 31 44 07 28, ☆, ≦, ☞ – |≡| ⅄≒ TV ☎ P – ♨ 200. AE ① GB AV b
Repas carte 25 à 35, enf. 8 ⅞ – ⊘ 10 – **126** ch 87/100.
♦ Proche d'axes routiers importants, hôtel offrant des chambres bien insonorisées et aux derniers standards de la chaîne. Petit "plus" : le service attentif accordé aux enfants. Cuisine évoluant au fil des saisons. Cadre contemporain ; bar sagement Art déco.

à Hérouville St-Clair *Nord-Est : 3 km – 24 025 h. alt. 20 – ⊠ 14200 :*

🏨 **Quality Hôtel,** 2 pl. Boston Citis ℰ 02 31 44 05 05, *quality.caen@wanadoo.fr,*
Fax 02 31 44 95 94 – ⤬ 🖅 🗗 🕭 🗗 – 🖼 300. 🖭 ⑩ 🖼, ℁ rest **BV f**
Repas *(fermé dim. midi et sam.)* (15) - 22/31,50 ♀ – ⊑ 10 – **88 ch** 78/100.
♦ Au coeur d'un quartier de bureaux, chambres amples et fraîches bénéficiant d'une
bonne isolation phonique et d'une cure de rajeunissement. Restaurant décoré dans le style
anglais ; la carte, traditionnelle, est agrémentée de spécialités régionales.

🍴 **L'Espérance,** r. Abbé Alix, bord du canal ℰ 02 31 44 97 10, *Fax 02 31 94 89 23* – 🗗. 🖼
fermé 1ᵉʳ au 7 sept., vacances de Toussaint, fév., dim. soir, merc. soir et lundi – **Repas** 14
(déj.), 17/35, enf. 9 ♀. **BV e**
♦ Pour un repas au bord de l'eau, pensez à cette auberge dont la salle à manger, agrandie
d'une véranda, bénéficie d'une vue sur le canal et la campagne environnante.

à Bénouville *par ② : 10 km – 1 741 h. alt. 8 – ⊠ 14970 .*

Voir *Château★ : escalier d'honneur★★ – Pegasus Bridge★.*

🏨 **Glycine,** 11 pl. Commando n° 4 (face Église) ℰ 02 31 44 61 94, *Fax 02 31 43 67 30* – 🖅 🗗
🍴 – 🖼 20. 🖭
fermé 20 déc. au 10 janv. – **Repas** *(fermé dim. soir hors saison)* 16/39 ♀ – ⊑ 7 – **25 ch** 48/56
– ½ P 55.
♦ Le fameux Pegasus Bridge disputé lors du "D Day" est proche de ces deux maisons
reliées par un patio fleuri. Chambres fonctionnelles toutes identiques. Accueil charmant.
Salle à manger contemporaine. Prestation de chef dans le registre traditionnel.

🍴🍴 **Manoir d'Hastings et la Pommeraie** ⤢ avec ch, 18 av. Côte de Nacre (près Église)
ℰ 02 31 44 62 43, *Fax 02 31 44 76 18,* �, ⤢ – 🖅 🗗 – 🖼 30. 🖭 ⑩ 🖼
fermé 10 nov. au 14 déc. et vacances de fév. – **Repas** *(fermé dim. soir et lundi)* 22 *(déj.),*
28/55, enf. 15 ♀ – ⊑ 8 – **16 ch** 61/95 – ½ P 75/83.
♦ Salle à manger rustique, véranda et coquettes chambres côté prieuré (17ᵉ s.), aménagements plus fonctionnels dans le bâtiment récent. Cuisine traditionnelle. Jardin arboré.

à Mondeville *Est : 4 km – 10 428 h. alt. 10 – ⊠ 14120 :*

🍴🍴 **Les Gourmets,** 41 r. E. Zola ℰ 02 31 82 37 59, *Fax 02 31 82 37 92* – 🖼 **BV r**
⤢ *fermé 1ᵉʳ au 24 août, dim. soir, mardi soir., merc. soir et lundi –* **Repas** 15/28.
♦ Salon d'accueil avec fresques illustrant la Normandie gourmande et salle intime habillée
de boiseries brunes. Collection de saucières anciennes. Table traditionnelle.

à Fleury-sur-Orne *par ⑦ : 4 km – 4 231 h. alt. 33 – ⊠ 14123 :*

🍴🍴 **Auberge de l'Ile Enchantée,** au bord de l'Orne (1 r. St-André) ℰ 02 31 52 15 52,
Fax 02 31 72 67 17, ⇐ – 🖼
fermé 13 au 28 juil., 24 fév. au 8 mars, dim. soir, merc. soir et lundi – **Repas** 18,50/40, enf. 11
♀.
♦ Deux salles à manger au chaleureux cadre agreste dans une maison à colombages ; celle
du premier étage, plus claire, donne sur le cours reposant de la rivière.

à La Folie-Couvrechef *(près Mémorial)* **AV** *– ⊠ 14000 Caen :*

🏨 **Otelinn,** av. Mar. Montgomery ℰ 02 31 44 34 20, *otelinn-caen@libertysurf.fr,*
Fax 02 31 44 63 80 – ⤬ 🖅 🕭 🗗. 🖭 ⑩ 🖼 – 🖼 60. **AV u**
Repas *(fermé 21 déc. au 6 janv.)* (12,50) - 17/19, enf. 8 ♀ – ⊑ 7 – **50 ch** 53/64 – ½ P 51.
♦ Adresse pratique pour l'étape, située à proximité immédiate du musée-mémorial de
Caen. Chambres identiques, plaisantes dans leur fraîche simplicité. Sobre salle de restau-
rant tournée vers un îlot de verdure traité dans l'esprit d'un jardin d'hiver.

CAGNES-SUR-MER 06800 Alpes-Mar. **341** D6 *G. Côte d'Azur – 43 942 h alt. 20 – Casino.*

Voir *Haut-de-Cagnes★ – Château-musée★ : patio★★, ≼★ de la tour – Musée Renoir.*
🛈 *Office de tourisme, 6 boulevard Maréchal Juin* ℰ 04 93 20 61 64, *Fax 04 93 20 52 63,*
info@cagnes-tourisme.com.
Paris 915 ⑤ – Nice 13 ② – Antibes 11 ④ – Cannes 21 ⑤ – Grasse 25 ⑥ – Vence 9 ①.

Plan page ci-contre

🏨 **Domaine Cocagne** ⤢, colline de la rte de Vence, par ①, D 36 et rte secondaire : 2 km
ℰ 04 92 13 57 77, *hotel@domainecocagne.com, Fax 04 92 13 57 89,* �, ⤢, ℁ – cuisinette 🖳 🖅 🕭 🗗. 🖭 🖼, ℁
Repas *(fermé 19 nov. au 26 déc., merc. et dim. du 1ᵉʳ oct. au 1ᵉʳ avril)* 30 *(déj.),* 36/40 ⅋ –
⊑ 20 – **17 ch** 199/227, 3 suites – ½ P 123/150.
♦ Joli jardin, chambres avec balcon ou terrasse, bel intérieur contemporain et, comme il se
doit dans la cité où vécut Renoir, expositions de peintures : un pays de cocagne ! Cuisine
actuelle servie dans un cadre épuré ouvert sur la terrasse et la piscine.

CAGNES-VILLE

Béranger (R. Gén.) . . . . **BZ** 3
Chevalier-Martin (R.) . . . . . . **BZ** 6
Gaulle (Pl. Gén.-de) . . . . . . **BZ** 15
Giacosa (R. J.-R.) . . . . **BZ** 17
Hôtel-des-Postes (Av. de l') . . **BZ** 19
Hôtel-de-Ville (Av. de l') . . . . **BZ** 20
Mistral (Av. F.) . . . . **BZ** 24
Renoir (Av. A.) . . . . **BZ**

HAUT-DE-CAGNES

Château (Montée du) . . . . . **AZ** 4
Clergue (R. Denis J.) . . . . . . **AZ** 7
Dr-Maurel (Pl. du) . . . . **AZ** 8
Dr-Provençal (R. du) . . . . . **AZ** 10
Geniaux (R. Ch.) . . . . **AZ** 16

Grimaldi (Pl.) . . . . **AZ** 18
Paissoubran (R.) . . . . **AZ** 27
Piolet (R. du) . . . . **AZ** 28
Planastel (R. du) . . . . **AZ** 29
Pontis-Long (R. du) . . . . . . **AZ** 30
St-Sébastien (R.) . . . . **AZ** 33
Sous-Baous (Montée) . . . . . **AZ** 37

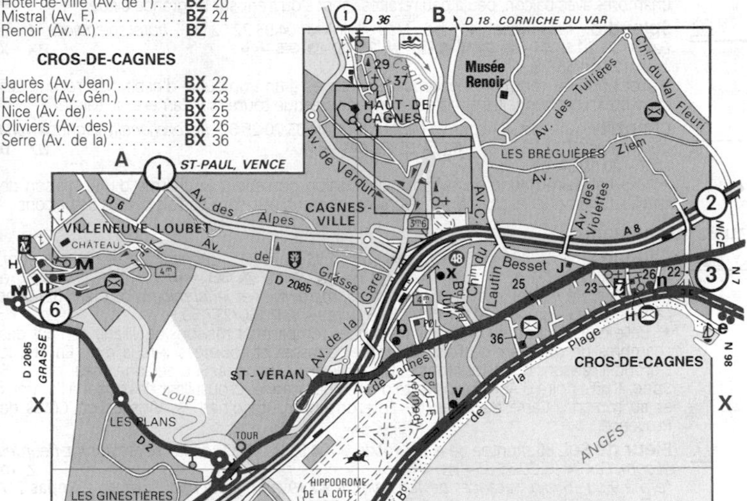

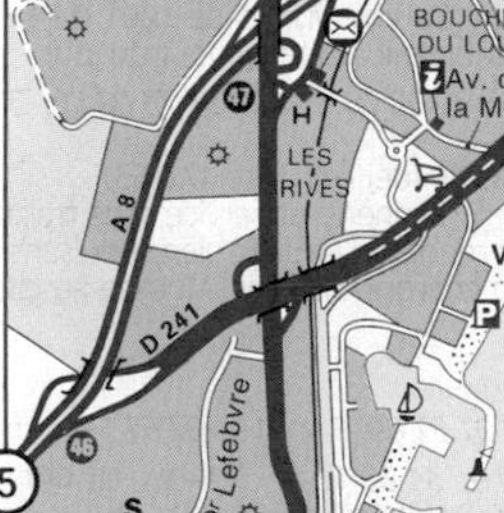

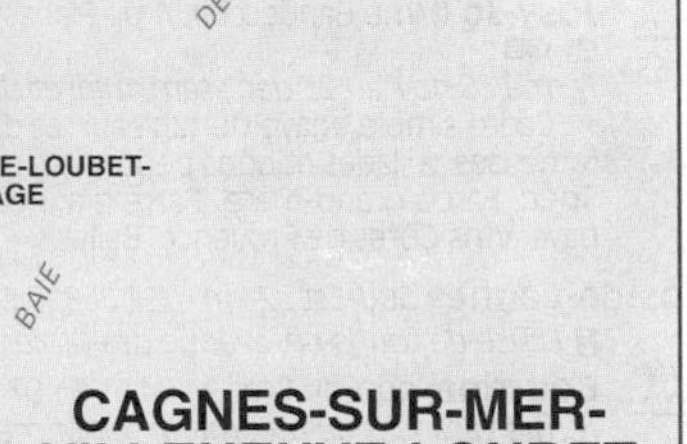

CROS-DE-CAGNES

Jaurès (Av. Jean) . . . . **BX** 22
Leclerc (Av. Gén.) . . . . **BX** 23
Nice (Av. de) . . . . **BX** 25
Oliviers (Av. des) . . . . **BX** 26
Serre (Av. de la) . . . . **BX** 36

CAGNES-SUR-MER-VILLENEUVE-LOUBET

0   500m

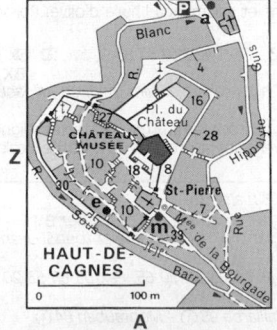

HAUT-DE-CAGNES

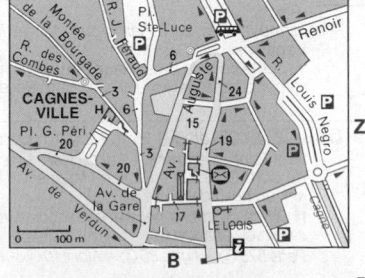

CAGNES-VILLE

Comfort Hôtel Le Tiercé sans rest, 33 bd Kennedy ℰ 04 93 20 02 09, *tierce.hotel@wanadoo.fr*, Fax 04 93 20 31 55 – |ঌ| ໖☀ ▤ ◱ ੮ ℙ, ᴀᴇ ◑ ɢв   BX **v**
⌐ 8 – **23 ch** 66/122.

♦ Dans cet établissement du front de mer, les turfistes choisiront la vue sur l'hippodrome. Chambres avec balcon, peu à peu refaites ; sept s'ouvrent sur la "grande bleue".

Splendid sans rest, 41 bd Mar. Juin ℰ 04 93 22 02 00, *hotel.splendid@free.fr*, Fax 04 93 20 12 44 – ▤ ◱ ੮ ঙ ℙ – ᴁ 25. ᴀᴇ ◑ ɢв ᴊᴄв   BX **x**
⌐ 7 – **23 ch** 63/78.

♦ Cet hôtel du centre-ville occupe deux étages d'un immeuble d'habitation récent. Les chambres, fonctionnelles et claires, donnent presque toutes sur l'arrière, au calme.

Chantilly sans rest, 31 chemin Minoterie ℰ 04 93 20 25 50, *hotel.chantilly.cagnes@wanadoo.fr*, Fax 04 92 02 82 63 – ◱ ℙ, ᴀᴇ ◑ ɢв ᴊᴄв   BX **b**
⌐ 7 – **20 ch** 54/69.

♦ Villa balnéaire fleurie en saison. Hall et salon possèdent le charme d'une maison de famille, tandis que les chambres, diversement meublées, sont parfois dotées de balcons.

au Haut-de-Cagnes :

Cagnard ♨, 45 r. Sous Barri ℰ 04 93 20 73 21, *cagnard@relaischateaux.com*, Fax 04 93 22 06 39, ≤, ☞ – |ঌ| ▤ ch, ◱ ℙ, – ᴁ 25. ᴀᴇ ◑ ɢв ᴊᴄв   AZ **e**
Repas *(fermé mi-nov. à mi-déc., lundi midi, mardi midi et jeudi midi)* 52 bc (déj.), 62/84 et carte 87 à 123 – ⌐ 16 – **20 ch** 150/250, 5 suites – ½ P 160/257,50.

♦ Belle construction du 14ᵉ s. juchée sur les remparts et maisons de village abritant des chambres de caractère parfois dotées de terrasses et tournées vers la mer. En été, le plafond à caissons du restaurant s'ouvre sur le ciel. Cuisine du Sud personnalisée.
Spéc. Truffe noire d'Aups recouverte d'une fine lasagne. Croustillant de rouget à l'ail doux et au romarin. Carré d'agneau de Sisteron en croûte d'herbes. **Vins** Bellet, Côtes de Provence.

Fleur de Sel, 85 montée de la Bourgade ℰ 04 93 20 33 33, *contact@restaurant-fleurdesel.com*, Fax 04 93 20 33 33 – ▤. ɢв   Z **m**
fermé 9 au 16 juin, vacances de Toussaint, 5 au 19 janv., jeudi midi et merc. – **Repas** 21/52 ♈.

♦ Sympathique petit restaurant voisin de l'église. Cuisine visible de tous dans la salle mi-rustique, mi-provençale décorée de cuivres et tableaux. Carte au goût du jour.

Josy-Jo (Mme Bandecchi), 4 pl. Planastel ℰ 04 93 20 68 76, *Fax 04 93 73 08 69*, ☞ – ▤. ᴀᴇ ɢв   AZ **a**
fermé 20 nov. au 25 déc., sam. midi et dim. – **Repas** 40 (déj.) et carte 47 à 63.

♦ Cadre simple égayé de tableaux et d'objets en ferronnerie et service sans tralala, mais fameuses grillades et bons petits plats provençaux rendent l'endroit bien séduisant.
Spéc. Farcis grand-mère. Carré d'agneau grillé au charbon de bois. Mousse au citron du pays. **Vins** Côtes de Provence, Bellet.

à Cros-de-Cagnes *Sud-Est : 2 km* – ⊠ *06800 Cagnes-sur-Mer.*
₫ *Office de tourisme, avenue des Oliviers ℰ 04 93 07 67 08, Fax 04 93 07 61 59.*

Bourride, port du Cros ℰ 04 93 31 07 75, Fax 04 93 31 89 11, ≤, ☞ – ▤. ᴀᴇ ɢв BX **e**
fermé vacances de fév., mardi soir et merc. – **Repas** 35/69 et carte 51 à 78 ♈.

♦ Salle à manger aux tons pastel et son insolite plafond traversant le toit, patio et terrasse côté port : trois espaces agréables où déguster poissons et fruits de mer.

Réserve "Loulou" (Campo), 91 bd Plage ℰ 04 93 31 00 17 – ▤. ᴀᴇ ɢв. ✦   BX **n**
fermé 8 au 22 mai, le midi du 14 juil. au 31 août, sam. midi et dim. – **Repas** 38 et carte 57 à 95.

♦ Joli cadre régional, tableaux et lithographies côté décor, poissons et grillades préparés sous vos yeux côté cuisine : laissez-vous séduire par cette adresse décontractée.
Spéc. Soupe de poissons. Salade tiède de supions et calamars à l'huile d'olive. Poissons grillés au four. **Vins** Bellet, Côtes de Provence.

Villa du Cros, port du Cros ℰ 04 93 07 57 83, Fax 04 93 07 57 83 – ▤. ᴀᴇ ◑ ɢв ᴊᴄв   BX **e**
fermé 1ᵉʳ déc. au 31 janv., dim. soir et lundi soir hors saison et dim. midi en juil.-août – **Repas** (15) - 25/35 ♈.

♦ Sur le port du Cros. Meubles de style, peintures accrochées aux murs et tables soigneusement dressées. Accueil charmant. Recettes provençales et produits de la pêche locale.

CAHORS ℙ *46000 Lot* **337** *E5 G. Périgord Quercy* – *20 003 h alt. 135.*

Voir *Pont Valentré*★★ – *Portail Nord*★★ *et cloître*★ *de la cathédrale St-Etienne*★ **BY E** – ≤★ *du pont Cabessut* – *Croix de Magne* ≤★ *O : 5 km par D 27* – *Barbacane et tour St-Jean*★ – ≤★ *du nord de la ville.*

₫ *Office de tourisme, place François Mitterrand ℰ 05 65 53 20 65, Fax 05 65 53 20 74, cahors@wanadoo.fr.*
Paris 575 ① – Agen 85 ① – Albi 110 ④ – Brive-la-Gaillarde 98 ① – Montauban 64 ④.

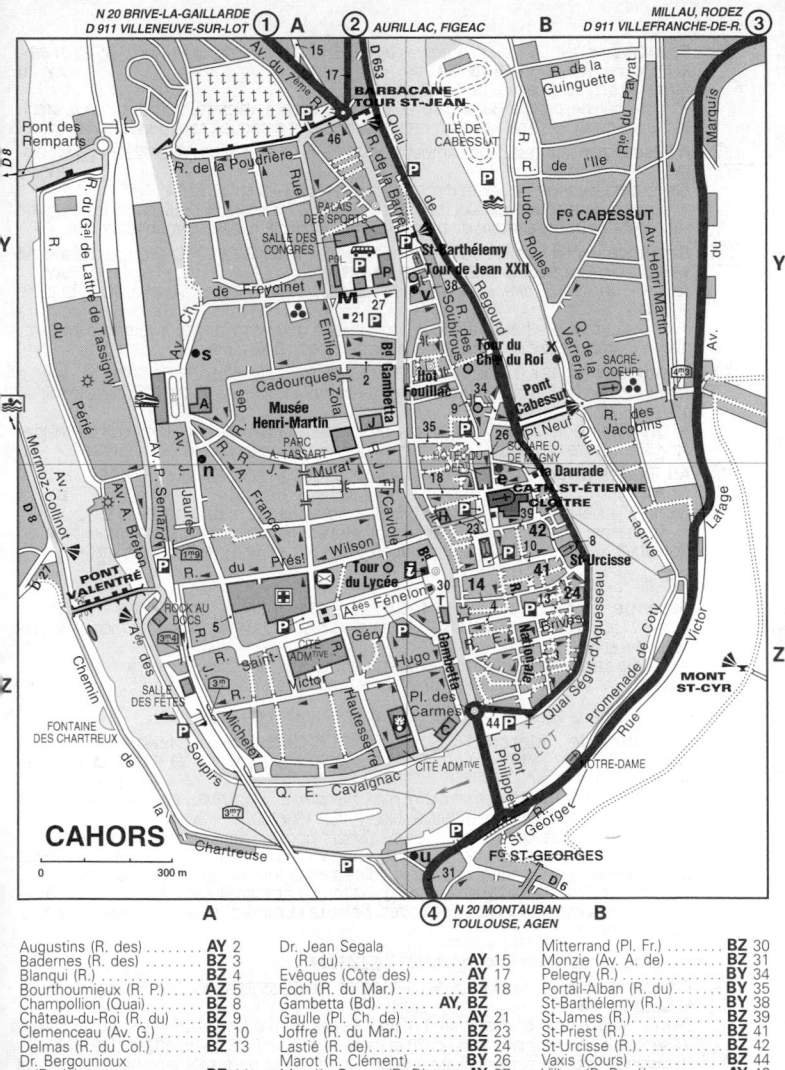

CAHORS

```
0        300 m
```

Augustins (R. des)	**AY** 2	
Badernes (R. des)	**BZ** 3	
Blanqui (R.)	**BZ** 4	
Bourthoumieux (R. P.)	**AZ** 5	
Champollion (Quai)	**BZ** 8	
Château-du-Roi (R. du)	**BZ** 9	
Clemenceau (Av. G.)	**BZ** 10	
Delmas (R. du Col.)	**BZ** 13	
Dr. Bergounioux (R. du)	**BZ** 14	

Dr. Jean Segala (R. du)	**AY** 15	
Evêques (Côte des)	**AY** 17	
Foch (R. du Mar.)	**BZ** 18	
Gambetta (Bd)	**AY, BZ**	
Gaulle (Pl. Ch. de)	**AY** 21	
Joffre (R. du Mar.)	**BZ** 23	
Lastié (R. de)	**BZ** 24	
Marot (R. Clément)	**BY** 26	
Mendès-France (R. P.)	**AY** 27	

Mitterrand (Pl. Fr.)	**BZ** 30	
Monzie (Av. A. de)	**BZ** 31	
Pelegry (R.)	**BY** 34	
Portail-Alban (R. du)	**BY** 35	
St-Barthélemy (R.)	**BY** 38	
St-James (R.)	**BZ** 39	
St-Priest (R.)	**BZ** 41	
St-Urcisse (R.)	**BZ** 42	
Vaxis (Cours)	**BZ** 44	
Villars (R. René)	**AY** 46	

Terminus, 5 av. Ch. de Freycinet ☎ 05 65 53 32 00, *terminus.balandre@wanadoo.fr*, Fax 05 65 53 32 26 – 🛗, 🗄 ch, 📺 ☎ 🅿 – 🔬 25. 🆎 ⓞ 🅶🅱 🆓🅲🅱. ✸   **AY** s
fermé 15 au 30 nov.- voir rest. *Balandre* ci-après – ☷ 10 – **22** ch 50/130.
♦ En principe, c'est au Terminus que tout le monde descend ! À proximité de la gare, chambres de diverses tailles, nettes et insonorisées. Salon-bar de style Art déco.

Chartreuse, fg St-Georges ☎ 05 65 35 17 37, Fax 05 65 22 30 03, ≼, 🏊 – 🛗, 🗄 rest, 📺 ☎ 🅿 – 🔬 20. 🆎 🅶🅱   **BZ** u
fermé 3 au 15 janv. – **Repas** 14/37 🍷 – ☷ 6,50 – **50** ch 44/62 – ½ P 44,50/51,50.
♦ Architecture des années 1970 au bord du Lot. Chambres assez amples et bien équipées ; certaines offrent un splendide coup d'œil sur la rivière. Grande salle à manger dont les baies vitrées ménagent une échappée sur les berges et la ville. Repas classiques.

🏨 **France** sans rest, 252 av. J. Jaurès ✆ 05 65 35 16 76, *hdf46@crdi.fr*, Fax 05 65 22 01 08 –
📶 📺 📞 🚗 📶 – 🛗 50. 🖭 ⓞ ⒼⒷ, ✀
AY n
fermé 20 déc. au 11 janv. – 🍽 7 – **80 ch** 41/70.
   ♦ Vaste bâtisse proche de la gare et du célèbre pont Valentré, l'un des joyaux archi-
tecturaux du Moyen Âge. Les chambres, spacieuses et pratiques, sont peu à peu rénovées.

🏠 **A l'Escargot** sans rest, 5 bd Gambetta ✆ 05 65 35 07 66, Fax 05 65 53 92 38 – 📺 📞 ⒼⒷ,
✀
BY v
fermé déc., vacances de fév. et dim. hors saison – 🍽 6 – **9 ch** 48,50/54.
   ♦ Au pied de la tour Jean XXII (ce pape élu en 1322 était natif de Cahors), les murs de
l'ancien palais Duèze abritent de petites chambres fonctionnelles au mobilier coloré.

XXX **Balandre** - Hôtel Terminus, 5 av. Ch. de Freycinet ✆ 05 65 53 32 00, *terminus.balandre@
wanadoo.fr*, Fax 05 65 53 32 26 – 🍽. 🖭 ⓞ ⒼⒷ ⒿⒸⒷ
AY
fermé 15 au 30 nov., dim. et lundi sauf le soir en juil. août – **Repas** 31 (déj.), 40/70 et carte
50 à 83 ♀.
   ♦ Le restaurant de l'hôtel Terminus vous invite à goûter sa cuisine inventive dans l'ambiance feutrée de sa salle à manger égayée de vitraux. Belle cave.

XX **Rendez-Vous**, 49 r. C. Marot ✆ 05 65 22 65 10, Fax 05 65 35 11 05, � – ⒼⒷ   BY e
fermé 22 mars au 5 avril, 1ᵉʳ au 15 nov., dim. et lundi – **Repas** *(16 bc)* - 21,50 et carte le soir 27
à 31, enf. 7 ♀.
   ♦ Demeure médiévale du vieux Cahors, proche de la cathédrale et de la maison de Roaldès
(fin 15ᵉ s.). Cadre contemporain et plats au goût du jour ont conquis les Cadurciens.

X **Au Fil des Douceurs**, 90 quai Verrerie ✆ 05 65 22 13 04, Fax 05 65 35 61 09, ≤, � –
🍽. ⒼⒷ
BY x
fermé 1ᵉʳ au 20 janv., 23 juin au 7 juil., dim. et lundi – **Repas** 13 (déj.), 18,20/43 ♀.
   ♦ Nul besoin d'avoir le pied marin pour embarquer sur cette gabarre aménagée en
restaurant. Les deux salles à manger superposées offrent une jolie vue sur le Lot.

rte de Brive *par ① et N 20 : 7 km* – ⊠ *46000 Cahors :*

XX **Garenne**, Saint Henri ✆ 05 65 35 40 67, Fax 05 65 35 40 67, �, 🌺 – 📶. ⒼⒷ
fermé 1ᵉʳ au 15 mars, fév., lundi soir et mardi soir sauf 15 juil. au 31 août et merc. – **Repas**
16,50/44, enf. 10 ♀.
   ♦ Dans la traversée des plateaux du Quercy, ancienne écurie transformée en restaurant au
joli décor campagnard. Accueil sympathique. Cuisine classique.

à Mercuès *par ①, rte de Villeneuve-sur-Lot : 10 km – 736 h. alt. 133* – ⊠ *46090 :*

🏰 **Château de Mercuès** ⊗, ✆ 05 65 20 00 01, *mercues@relaischateaux.com*,
🌼 Fax 05 65 20 05 72, ≤ vallée du Lot, �, ⬜, ✗, 🐾 – 📶 📺 📞 📶 – 🛗 60. 🖭 ⓞ ⒼⒷ ⒿⒸⒷ.
✀ rest
Pâques-1ᵉʳ nov. – **Repas** *(fermé mardi midi, merc. midi, jeudi midi et lundi)* 52/90 et carte
62 à 102 ♀ – 🍽 20 – **24 ch** 150/260, 6 suites – ½ P 150/200.
   ♦ L'ex-château des comtes-évêques de Cahors domine superbement la vallée du Lot.
Préférez les chambres aménagées dans la tour : vous n'en goûterez que mieux la majesté
du lieu. Élégante salle à manger ; l'été, on dîne dans la cour. Cuisine au goût du jour.
Spéc. Croustillant de foie gras de canard aux tomates caramélisées (août- mi-sept.). Tron-
çon de turbot courtisé aux truffes noires. Noisette et carré d'agneau en papillote de lard.
Vins Cahors

à Lamagdelaine *par ② : 7 km – 740 h. alt. 122* – ⊠ *46090 :*

XXX **Claude Marco** ⊗ avec ch, ✆ 05 65 35 30 64, Fax 05 65 30 31 40, �, ⬜, 🌺 – 📶 ch, 📺
🌼 📞 📶. 🖭 ⓞ ⒼⒷ
fermé 18 au 26 oct. et 3 janv. au 3 mars – **Repas** *(fermé lundi sauf le soir du 15 juin au
14 sept., dim. soir et mardi midi)* 30/70 et carte 51 à 76, enf. 15 ♀ – 🍽 10 – **4 ch** 95/120.
   ♦ Cuisine régionale personnalisée à déguster dans une belle salle à manger voûtée qui
servit de cave à vins au 19ᵉ s. Chambres modernes, en rez-de-jardin.
Spéc. Terrine de foie gras de canard en croûte de pain aux noix. Poêlée de sole, Saint-
Jacques et langoustines aux cèpes (nov. à mai). Pigeonneau à la coriandre et amandes. **Vins**
Cahors.

au Montat *par ④ et D 47 : 8,5 km – 774 h. alt. 271* – ⊠ *46090 :*

XXX **Les Templiers**, ✆ 05 65 21 01 23, *les.templiers@wanadoo.fr*, Fax 05 65 21 02 38 – 🍽. ⓞ
ⒼⒷ
fermé 1ᵉʳ au 12 juil., 15 janv. au 10 fév., lundi soir, dim. soir et mardi – **Repas** *(16)* -
22,60/42,50 et carte 35 à 49, enf. 7,60 ⓰.
   ♦ L'Ordre du Temple quasiment ressuscité par ce restaurant installé dans une demeure
médiévale abritant une jolie salle à manger voûtée. Cuisine régionale.

Les pages explicatives de l'introduction
vous aideront à mieux profiter de votre **Guide Michelin.**

CAHUZAC-SUR-VÈRE 81140 Tarn 翻 D7 – 1 027 h alt. 240.

🖪 Office de tourisme 𝒫 05 63 33 91 71, Fax 05 63 33 91 71.

Paris 655 – Toulouse 69 – Albi 28 – Gaillac 11 – Montauban 60 – Rodez 86.

🏛 **Château de Salettes** ≫, Sud : 3 km par D 922 𝒫 05 63 33 60 60, *salettes@chateaudes alettes.com*, Fax 05 63 33 60 61, ≤, 🏡, 🎋, 🐎 – 🗏 🔟 ⅋ 🄿 – 🕍 20. 🖭 ⑩ ⤸

Repas 22 (déj.), 29/80 bc ⅋ – 🖙 14 – **18 ch** 115/145 – ½ P 111,50/187,50.

♦ Au milieu des vignes, château du 13ᵉ s. entièrement rebâti. Belle décoration contemporaine et mobilier design. Grandes chambres parfois dotées de baignoires "balnéo". Cadre épuré de la salle à manger aux murs de pierres apparentes.

🍽🍽 **Falaise,** rte Cordes 𝒫 05 63 33 96 31, *guilaume.salvan@wanadoo.fr*, Fax 05 63 33 96 31, 🏡 – 🄿, 🖭 ⑩ ⤸, ❀

fermé 3 au 31 janv., dim. soir, merc. midi et lundi – **Repas** 21 (déj.), 30/38 ⅋.

♦ Ancien chai converti en restaurant. Salle à manger sobrement rustique, véranda et terrasse dressée en été sous les saules. Carte personnalisée et beau choix de gaillacs.

CAILLY-SUR-EURE 27490 Eure 翻 H7 – 233 h alt. 23.

Paris 101 – Rouen 45 – Évreux 13 – Louviers 13 – Vernon 30.

🏠 **Deux Sapins,** 24 r. de la mairie 𝒫 02 32 67 75 13, *juhel.eric@wanadoo.fr*, Fax 02 32 67 73 62, 🏡 – 🔟 🕭 🄿, ⤸, ❀ ch

fermé 15 août au 6 sept., dim. soir et lundi – **Repas** 14/23, enf. 10 ⅋ – 🖙 6 – **15 ch** 40/46,20 – ½ P 37,60/39,60.

♦ Établissement de type motel, moderne et accueillant. Chambres simples et fonctionnelles, desservies par une galerie couverte. Petit salon installé sous une verrière. Salle à manger aux murs parementés de briques, donnant sur la cour intérieure de l'hôtel.

CAIRANNE 84290 Vaucluse 翻 C8 – 850 h alt. 136.

Paris 650 – Avignon 43 – Bollène 47 – Montélimar 51 – Nyons 25 – Orange 18.

🏠 **Auberge Castel Miréïo,** rte Carpentras par D 8 𝒫 04 90 30 82 20, *info@castelmireio.fr*, Fax 04 90 30 78 39, 🏡, 🎋 – 🔟 🕭 🄿, ⤸

fermé janv. – **Repas** *(fermé dim. soir et merc. soir de sept. à juin, mardi midi et sam. midi en juil.-août et lundi midi)* 17 (déj.), 20/32 ⅋ – 🖙 6,60 – **9 ch** 54/61 – ½ P 53/56.

♦ L'ancienne demeure familiale, qui abrite le restaurant, dispose d'une annexe récente où sont logées des chambres sobres et égayées de tissus provençaux. Salle à manger rustique fière de son joli carrelage centenaire. Cuisine classique.

CAJARC 46160 Lot 翻 H5 G. Périgord Quercy – 1 114 h alt. 160.

Paris 586 – Cahors 52 – Figeac 25 – Rocamadour 59 – Villefranche-de-Rouergue 27.

🏠 **Ségalière** ≫, rte Capdenac 𝒫 05 65 40 65 35, *hotel.segaliere@wanadoo.fr*, Fax 05 65 40 74 92, 🏡, 🎋, 🐎 – 🔟 🄿, 🖭 ⑩ ⤸ 🍴, ❀ rest

27 mars-2 nov. – **Repas** *(fermé le midi en semaine sauf du 14 juil. au 15 août)* (14) - 19/46, enf. 9,50 ⅋ – 🖙 8,50 – **24 ch** 55/90 – ½ P 59/69.

♦ À l'écart du village natal de Françoise Sagan... et du "papy Mougeot" de Coluche ! Construction des années 1970 aux chambres rénovées, dotées de balcons. Salle à manger meublée en rotin, ouverte sur le jardin et la piscine ; plats aux accents du Sud-Ouest.

CALACUCCIA 2B H.-Corse 翻 D5 – voir à Corse.

CALAIS ⬠ 62100 P.-de-C. 翻 E2 G. Picardie Flandres Artois – 77 333 h Agglo. 104 852 h alt. 5 – Casino **CX**.

Voir *Monument des Bourgeois de Calais (Rodin)★★ – Phare* ⁂★★ **DX** – *Musée des Beaux-Arts et de la Dentelle★* **CX M²**.

Env. *Cap Blanc Nez★★* : 13 km par④.

Tunnel sous la Manche : *Terminal de Coquelles* **AU**, renseignements "**Le Shuttle**" 𝒫 03 21 00 61 00.

🚗 𝒫 08 36 35 35 35.

🖪 Office de tourisme, 12 boulevard Clemenceau 𝒫 03 21 96 62 40, Fax 03 21 96 01 92, *ot@ot-calais.fr*.

Paris 290 ② – Boulogne-sur-Mer 35 ③ – Dunkerque 46 ① – St-Omer 43 ②.

Plans pages suivantes

🏛 **Holiday Inn,** bd Alliés 𝒫 03 21 34 69 69, *holidayinn@holidayinn-calais.com*, Fax 03 21 97 09 15, ≤ – 🖞 ❀, 🍴 rest, 🔟 📞 🖾 ⬄ – 🕍 30. 🖭 ⑩ ⤸ 🍴 **a**

Repas *(fermé sam. midi et dim. midi)* 15,50/23, enf. 8,40 ⅋ – 🖙 11,50 – **63 ch** 113/143.

♦ Agréablement située face au port de plaisance, imposante bâtisse récente disposant de chambres spacieuses et confortables ; préférez celles avec vue sur la mer. Sauna. Les baies vitrées du restaurant s'ouvrent sur les mâts des voiliers. Décor contemporain.

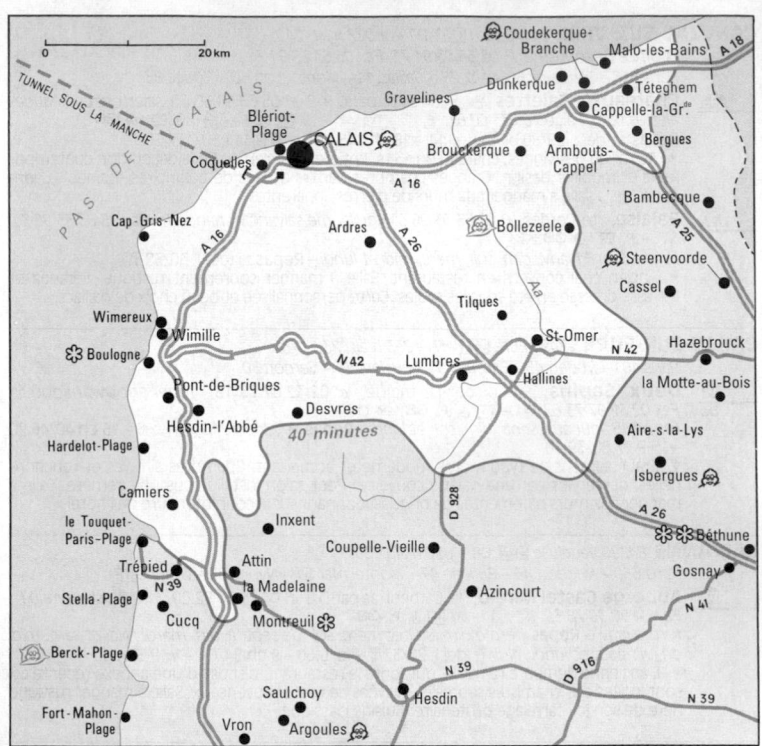

Meurice, 5 r. E. Roche ℘ 03 21 34 57 03, *meurice@hotel-meurice.fr*, Fax 03 21 34 14 71 –
📶 📺 ⟷. AE ⓪ GB   **CX v**
Repas *(fermé sam. midi)* 15/70 ♀ – ⌧ 12 – **41 ch** 75/120.
 ♦ Hôtel de tradition avec son vaste hall à l'atmosphère "vieille France" et ses
grandes chambres au charme délicieusement désuet ; cadre actuel dans une aile plus
récente. Poutres, boiseries sculptées et meubles de style composent le cadre cossu du
restaurant.

Métropol Hôtel sans rest, 43 quai du Rhin ℘ 03 21 97 54 00, *metropol@metropolhotel.
com*, Fax 03 21 96 69 70 – 📶 📺 ✆ ⟷. AE ⓪ GB   **CY h**
fermé 21 déc. au 11 janv. – ⌧ 8 – **40 ch** 46/60.
 ♦ Façade ancienne en briques rouges. Les chambres, pratiques et insonorisées, sont
parfois rehaussées de notes décoratives anglaises, tout comme le salon-bar à l'esprit
"british".

George V, 36 rue Royale ℘ 03 21 97 68 00, *georgev@georgev-calais.com*,
Fax 03 21 97 34 73 – 📶, ▤ rest, 📺 ✆ & 🅿 – ▵ 25. AE ⓪ GB JCB   **CX d**
Repas *(fermé 17 déc. au 9 janv., sam. midi et dim.)* 27/45 bc, enf. 9 ♀ **- Petit George** -
brasserie *(fermé 17 déc. au 9 janv., sam. midi et dim. soir)* **Repas** *(14,50)*-16/21, enf. 9 ♀ –
⌧ 8 – **40 ch** 63/79 – ½ P 55.
 ♦ Cet hôtel borde une artère commerçante, à deux pas du casino. Chambres rénovées ou
ayant conservé le style des années 1980. Au restaurant, atmosphère feutrée et cuisine
classique. Plats traditionnels et produits de la mer à la brasserie Petit George.

Ibis, ZUP Beau Marais, r. Greuze ℘ 03 21 96 69 69, *H0715@accor-hotels.com*,
Fax 03 21 97 89 99 – ⟷ 📺 ✆ 🅿. AE ⓪ GB. ✾ rest   **BT n**
Repas *(dîner seul.)* *(14)* - carte environ 20 ♀ – ⌧ 6 – **55 ch** 65.
 ♦ Dans un quartier résidentiel des faubourgs du premier port français. Toutes
les chambres bénéficient des aménagements "dernier cri" de la chaîne. Mobilier
en pin, plantes vertes et tableaux modernes assez colorés personnalisent l'espace restauration.

CALALIS

Bossuet (R.)............ **BT** 9	Four à Chaux (R. du)...... **AU** 27	Lheureux (Quai L.)........ **BU** 41
Cambronne (R.)......... **AU** 12	Gambetta (Bd Léon) ..... **AT** 28	Maubeuge (R. de) .... **BT** 43
Chateaubriand (R.)...... **BT** 15	Gaulle (Bd du Gén.-de) .... **AT** 30	Phalsbourg (R. de) ...... **BT** 51
Egalité (Bd de l')....... **BT** 18	Hoche (R.)............. **ATU** 33	Prairies (R. des).......... **AU** 52
Einstein (Bd)........... **AU** 19	Jacquard (Bd) .... **AT** 34	Ragueneau (R. de) ...... **BTU** 57
Fontinettes (R. des) .... **ATU** 25	Lafayette (Bd) .... **AT** 39	Valenciennes
	Lattre-de-Tassigny	(R. de) .... **AU** 69
	(R. Mar.-de) .... **AT** 40	Verdun (R. de).......... **AT** 73

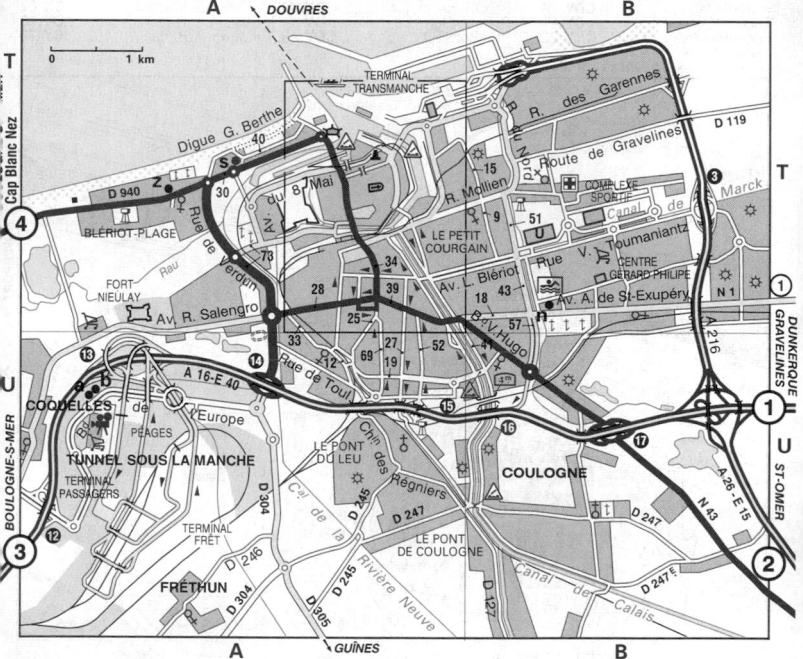

🏠 **Richelieu** sans rest, 17 r. Richelieu *℘ 03 21 34 61 60, contact@hotelrichelieu-calais.com,*
Fax 03 21 85 89 28 – 🔄 📺 🅰🅴 ⓞ 🆖 ⚡   **CX** k
fermé vacances de Noël – 🍽 6 – **15 ch** 45/55.
   ♦ Petit hôtel tout simple voisin du parc Richelieu et du musée des Beaux-Arts et de la
Dentelle. Chambres un brin désuètes, mais propres ; celles sur l'arrière sont plus calmes.

XX **Aquar'aile**, 255 r. J. Moulin (4e étage) *℘ 03 21 34 00 00, f.leroy@aquaraile.com,*
Fax 03 21 34 15 00, ≤ plage et port – ⬆ ▤ 🅰🅴 ⓞ 🆖   **AT** s
fermé dim. soir et lundi – **Repas** 22/38 🍷.
   ♦ Agréable panorama depuis cette salle à manger : d'un côté la Manche, de l'autre la mer
du Nord et, au loin, visibles par beau temps, les côtes anglaises. Carte de poisson.

XX **Au Côte d'Argent**, 1 digue G. Berthe *℘ 03 21 34 68 07, lefebvre@cotedargent.com,*
Fax 03 21 96 42 10, ≤ – 🅰🅴 ⓞ 🆖 ⚡   **CX** f
fermé 16 août au 7 sept., 24 déc. au 4 janv., 7 au 22 fév., merc. soir de sept. à avril, dim. soir
et lundi – **Repas** 17/36 🍷.
   ♦ Embarquement immédiat pour un voyage gourmand riche en saveurs iodées dans un
cadre plaisant inspiré des cabines de bateau, le tout en observant le ballet des ferry-boats.

XX **Pléiade**, 32 r. J. Quehen *℘ 03 21 34 03 70, e.memain@lapleiade.com, Fax 03 21 34 03 13*
– ▤ 🅰🅴 ⓞ 🆖   **CX** r
fermé 26 juil. au 16 août, 7 au 20 fév., dim. et lundi sauf fériés – **Repas** (17) - 22/45 🍷.
   ♦ Façade engageante pour ce restaurant au décor moderne agrémenté d'une collection
de tableaux à thème marin. Cuisine traditionnelle et suggestions du marché.

XX **Channel**, 3 bd Résistance *℘ 03 21 34 42 30, Fax 03 21 97 42 43* – ▤ 🅰🅴 🆖   **CX** e
fermé 26 juil. au 9 août, 23 déc. au 18 janv., dim. soir et mardi – **Repas** 18/60 🍷 &.
   ♦ Décor de boiseries peintes, produits de la mer et belle carte des vins : une plaisante
escale avant la traversée du "channel" (vingt millions de voyageurs par an !).

CALAIS

Amsterdam (R. d') ...... **DXY** 3
Angleterre (Pl. d') ...... **DX** 4
Barbusse (Pl. Henri) .... **DX** 6
Bonningue (R. du Cdt) .... **DX** 7
Bruxelles (R. de) .... **DX** 10
Chanzy (R. du Gén.) .... **DY** 13
Commune de Paris
(R. de la) .... **CDY** 16
Escaut (Quai de l') ..... **CY** 21
Foch (Pl. Mar.) .... **CXY** 22

Fontinettes (R. des) ..... **CDY** 24
Gambetta (Bd Léon) ..... **CY**
George-V (Pont) .... **CY** 31
Jacquard (Bd) .... **CDY**
Jacquard (Pont) .... **CY** 36
Jean-Jaurès (R.) .... **DY** 37
Lafayette (Bd) .... **DY**
Londres (R. de) .... **DX** 42
Mer (R. de la) .... **CX** 45
Notre-Dame (R.) .... **CDX** 46
Paix (R. de la) .... **CX** 48
Pasteur (Bd) .... **DY**
Paul-Bert (R.) .... **CDY** 49

Prés.-Wilson (Av. du) .... **CY** 54
Quatre-Coins (R. des) .... **CY** 55
Rhin (Quai du) .... **CY** 58
Richelieu (R.) .... **CX** 60
Rome (R. de) .... **CY** 61
Royale (R.) .... **CX** 63
Soldat-Inconnu
(Pl. du) .... **DY** 64
Tamise
(Quai de la) .... **CDY** 66
Thermes (R. des) ...... **CX** 67
Varsovie (R. de) ...... **DY** 70
Vauxhall (R. du) ...... **CY** 72

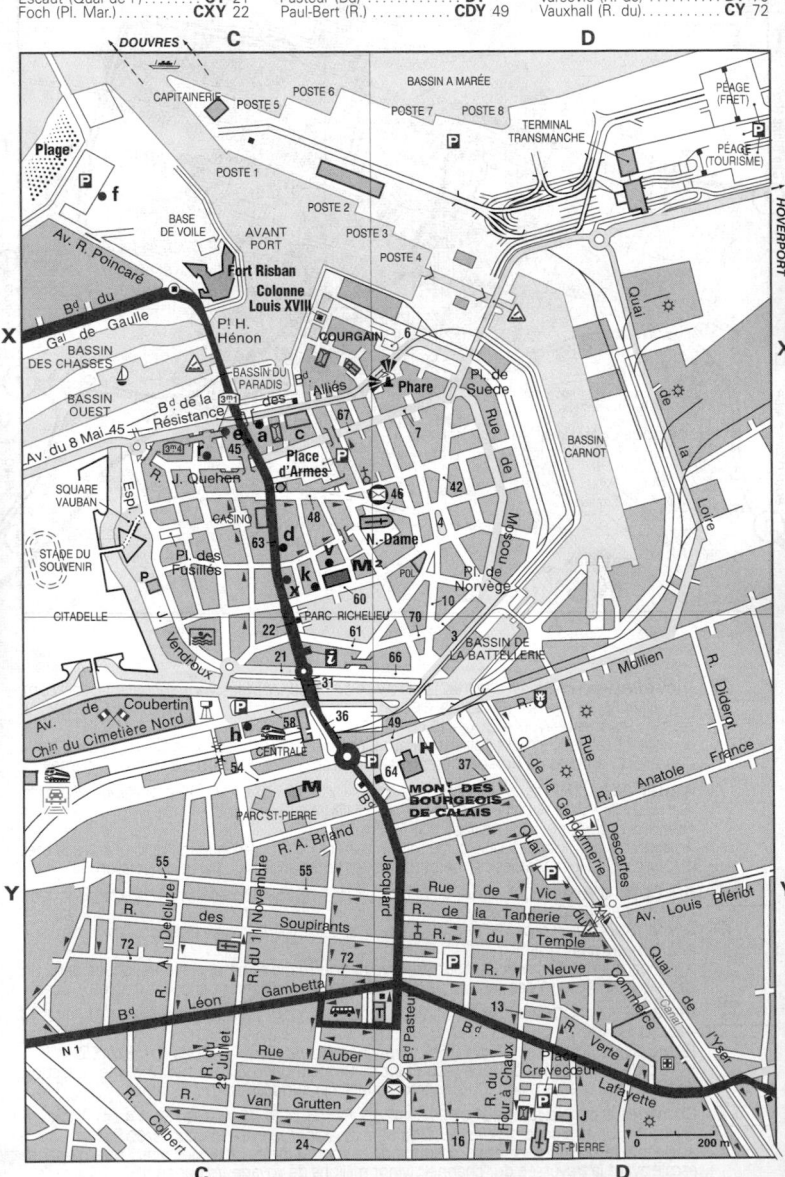

398

✕ **Histoire Ancienne**, 20 r. Royale ℰ 03 21 34 11 20, p.comte@histoire-ancienne.com, Fax 03 21 96 19 58 – 🗐, ⅏ ⅁⅊   **CX x**
fermé 1er au 15 août, lundi soir et dim. – **Repas** (11) - 17,50/28, enf. 9,50 ⅄.
♦ Charmante salle à manger rajeunie conservant judicieusement ses allures de bistrot "rétro" : banquettes en skaï et vieux zinc. Grillades, plats traditionnels et du terroir.

à Coquelles Ouest : 6 km par av. R. Salengro **AT** – 2 370 h. alt. 5 – ⊠ 62231 :

🏨 **Holiday Inn** ⅌, ℰ 03 21 46 60 60, sales.calais@mill.coq.com, Fax 03 21 85 76 76, 𝕝𝕤, ⅏
– 📶 ⅍, 🗐 rest, 📺 ⅌ ⅗ 🅿 – 🖾 15 à 80. ⅏ ⅁⅊
Repas (fermé sam. midi) 25 bc – ⊑ 15,30 – **118 ch** 120/140.
♦ Complexe moderne voisin du tunnel sous la Manche. La moitié des chambres sort d'une rénovation totale et soignée. Sauna, hammam, club de gym et de squash. Le décor de la salle à manger, d'esprit campagnard chic, est rehaussé d'objets chinés dans les brocantes.

🏨 **Suitehotel** sans rest, Tunnel sous la Manche Pl.de Cantorbery ℰ 03 21 19 50 00, h3335-g m@accor-hotels.com, Fax 03 21 19 50 05, 𝕝𝕤 – 📶 cuisinette ⅍ 🗐 📺 ⅌ ⅗ 🅿, ⅏ ⅁⅊
⊑ 8 – **100 ch** 89.   **AU b**
♦ Votre suite ? Pas moins de 30 mètres carrés accueillant espace à vivre (bureau et salon), chambre cloisonnable et salle de bains très complète (douche et baignoire).

🏨 **Ibis**, Tunnel sous la Manche Pl.de Cantorbery ℰ 03 21 46 37 00, Fax 03 21 46 37 09, 🌤 –
📶 🗐 📺 ⅌ ⅗ 🅿 – 🖾 12. ⅏ ⅁ ⅁⅊   **AU a**
Repas (12) - 17, enf. 6 – ⊑ 6 – **86 ch** 67.
♦ Ibis situé dans un vaste complexe hôtelier implantée sur la zone d'accès au tunnel sous la Manche (cinémas, centre commercial et restaurants). Chambres modernes. Assiettes composées et petits plats sans prétention servis dans un pub au décor actuel.

à Blériot-Plage AT – ⊠ 62231 :

🛈 Syndicat d'initiative, 31 bis route Nationale à Sangatte ℰ 03 21 34 97 98, Fax 03 21 97 75 13.

🏨 **Dunes**, 48 rte Nationale ℰ 03 21 34 54 30, p.mene@les-dunes.com, Fax 03 21 97 17 63 –
📺 ⅌, ⅏ ⅁ ⅁⅊   **AT z**
fermé 14 au 26 sept. et 18 au 31 janv. – **Repas** (fermé dim. soir sauf fériés et lundi de sept. à juil.) 16/38, enf. 10 ⅄ – ⊑ 8 – **9 ch** 55/62 – ½ P 58.
♦ Dans la commune qui vit s'envoler Louis Blériot le 25 juillet 1909 pour une glorieuse traversée de la Manche. Chambres toutes neuves, simples et pratiques ; petits balcons. Spacieux restaurant joliment aménagé. Cuisine de la mer, gibier en saison.

CALA-ROSSA 2A Corse-du-Sud 𝟯𝟰𝟱 F10 – voir à Corse (Porto-Vecchio).

CALÈS 46350 Lot 𝟯𝟯𝟳 F3 – 149 h alt. 273.
Paris 528 – Sarlat-la-Canéda 42 – Cahors 52 – Gourdon 21 – Rocamadour 15 – St-Céré 43.

🏨 **Petit Relais**, ℰ 05 65 37 96 09, petit.relais@wanadoo.fr, Fax 05 65 37 95 93, 🌤 – 📺, ⅏
⅁ ⅁⅊
fermé 20 déc. au 20 janv. et sam. midi – **Repas** 23/32 ⅄ – ⊑ 7,50 – **13 ch** 48/62 –
½ P 52/59.
♦ Depuis trois générations, la même famille vous accueille dans cette vieille maison quercynoise, au coeur d'un pittoresque village. Chambres bien rénovées et insonorisées. Restaurant rustique (poutres, cheminée, cuivres), terrasse ombragée et plats du terroir.

CALLAS 83830 Var 𝟯𝟰𝟬 O4 G. Côte d'Azur – 1 388 h alt. 398.
🛈 Office de tourisme, place du 18 juin 1940 ℰ 04 94 39 06 77, Fax 04 94 39 06 79, ot.callas@wanadoo.fr.
Paris 872 – Castellane 51 – Draguignan 14.

rte de Muy Sud-Est : 7 km par D 25 – ⊠ 83830 Callas :

🏨 **Hostellerie Les Gorges de Pennafort** ⅌, D 25 ℰ 04 94 76 66 51, info@hostellerie-
❀ pennafort.com, Fax 04 94 76 67 23, ⅏, 🌤, ⅃, 🌳, ✕ – 🗐 📺 ⅌ ⅗ 🅿 – 🖾 20. ⅏ ⅁
⅁⅊
fermé mi-janv. à mi-mars – **Repas** (fermé dim. soir, lundi sauf le soir en juil.-août et merc. midi) 39 (déj.), 49/110 et carte 95 à 125, enf. 15 ⅄ – ⊑ 16 – **16 ch** 175 – ½ P 155.
♦ Harmonie de couleurs et de matières en ce mas où tout a été pensé pour créer une atmosphère raffinée. Le soir, jeux de lumières sur les falaises rouges des gorges. Salle à manger tournée vers une jolie pièce d'eau ; cuisine savoureuse et cave bien dotée.
Spéc. Etuvée de homard au sauternes. Carré d'agneau rôti, jus au thym. Millefeuille à la vanille. **Vins** Côtes de Provence.

CALVAIRE DE QUILINEN *29 Finistère* 🎂🎂🎂 *G6 – rattaché à Quimper.*

CALVI *2B H.-Corse* 🎂🎂🎂 *B4 – voir à Corse.*

CALVINET *15340 Cantal* 🎂🎂🎂 *C6 – 432 h alt. 600.*

Paris 576 – *Aurillac 34* – *Rodez 56* – *Entraygues-sur-Truyère 32* – *Figeac 40* – *Maurs 19.*

Beauséjour (Puech) avec ch, 🖉 *04 71 49 91 68, beausejour.puech@wanadoo.fr,* Fax 04 71 49 98 63 – 📺 ✆ 🅿 🕧 ⊕ GB ୨CB
fermé janv., dim. soir, lundi et mardi d'oct. à mai, lundi midi et mardi midi en saison – **Repas** (prévenir) 25/60 et carte 50 à 65 – 🖙 10 – **12 ch** 50 – ½ P 60.
  ◆ Maison de pays bien rénovée, où l'on s'attache à faire découvrir les saveurs d'une cuisine mariant inventivité et traditions du terroir cantalien. Élégante salle à manger.
Spéc. Bonbons de pieds de cochon et truffes. Tranche épaisse de veau de lait, gratin de macaroni au cantal. Croustillant épicé chocolat-marron. **Vins** Marcillac, Saint Pourçain.

CAMARET-SUR-MER *29570 Finistère* 🎂🎂🎂 *D5 G. Bretagne – 2 668 h alt. 4.*

Env. *Pointe de Penhir*★★★ *SO : 3,5 km.*

🄱 *Office de tourisme, 15 quai Kléber* 🖉 *02 98 27 93 60, Fax 02 98 27 87 22, ot.camaret-@wanadoo.fr.*

Paris 597 – *Brest 4* – *Châteaulin 45* – *Crozon 11* – *Morlaix 91* – *Quimper 60.*

France, 🖉 *02 98 27 93 06, hotel-thalassa@wanadoo.fr, Fax 02 98 27 88 14,* ≤ – |🛗|
≡ rest, 📺 ✆ 🅰🅴 ⊕ GB ୨CB, ⅍ rest
1ᵉʳ avril-3 nov. – **Repas** *(12)* - 17,90/55, enf. 9 🟡 – 🖙 7 – **20 ch** 42/89 – ½ P 51/65.
  ◆ Les chambres, assez simples mais bien tenues et insonorisées, bénéficient du bon air marin ; celles sur l'arrière sont plus petites. Le restaurant, réparti sur deux étages, vous invite à déguster ses spécialités de fruits de mer avec le port en toile de fond.

Vauban sans rest, 4 quai du Styvel 🖉 *02 98 27 91 36, Fax 02 98 27 96 34,* ≤, 🌹 – 🅿
🏔 14. GB, ⅍
fermé déc. et janv. – 🖙 5,50 – **16 ch** 28/38.
  ◆ Les navigateurs ne s'y trompent pas en faisant escale ici : l'hôtel est plutôt modeste, mais ses prix sages et son chaleureux accueil justifient qu'on change de cap !

CAMBO-LES-BAINS *64250 Pyr.-Atl.* 🎂🎂🎂 *D4 G. Aquitaine – 4 416 h alt. 67 – Stat. therm. (fin février-mi déc.).*

Voir *Villa Arnaga*★★ M.

🄸🄶 *Epherra à Souraûde* 🖉 *05 59 93 84 06, O : 13 km par D 918.*
🄱 *Office de tourisme, Parc Public* 🖉 *05 59 29 70 25, Fax 05 59 29 90 77, cambo.les-.bains.tourisme@wanadoo.fr.*

Paris 783 – *Biarritz 21* – *Pau 115.*

Bellevue, r. Terrasses 🖉 *05 59 93 75 75, Fax 05 59 93 75 85,* ≤, 🌹, 🏊, 🌹 – 📺 🅿 🅰🅴 GB,
⅍ rest
fermé 15 nov. au 1ᵉʳ mars – **Repas** *(fermé 15 au 30 nov., 20 déc. au 7 janv., 15 au 28 fév., dim. soir et lundi)* 15/28 🟡 - **Bistrot** (déj. seul.) *(fermé dim. et lundi)* **Repas** *(8,50)*-10 ⅙ – 🖙 5,50 – **26 ch** 40/63 – ½ P 45/54.
  ◆ Hôtel familial jouxtant la villa Arnaga où demeura Edmond Rostand, l'auteur de Cyrano. Certaines chambres donnent sur le jardin, d'autres sur la Nive. Le Pays basque s'invite à la table du restaurant. Au Bistrot, menu unique annoncé sur l'ardoise du jour.

Chez Tante Ursule (annexe 10 ch), quartier Bas-Cambo, au Nord : 2 km 🖉 *05 59 29 78 23, chez.tante.ursule@wanadoo.fr, Fax 05 59 29 28 57,* 🌹 – 📺 ♿ 🅿 🅰🅴 ⊕ GB, ⅍ ch
fermé 15 au 28 fév. et mardi – **Repas** 15/35, enf. 8 🟡 – 🖙 6,50 – **17 ch** 38/50 – ½ P 40/43,80.
  ◆ L'hôtel voisine avec le fronton de pelote du pittoresque Bas Cambo, imprégné de l'âme basque. Préférez les chambres de l'annexe, plus récentes et de meilleur confort. Pimpante salle à manger agrémentée d'un joli vaisselier ; cuisine ancrée dans le terroir.

Trinquet sans rest, r. Trinquet 🖉 *05 59 29 73 38, Fax 05 59 29 25 61* – 📺. GB
fermé 2 nov. au 2 déc. et mardi sauf du 1ᵉʳ juil. au 13 sept. – 🖙 5 – **12 ch** 29/34,50.
  ◆ Cette grande maison située au cœur de la station a pris le nom d'une variante de la pelote basque. Chambres spacieuses et bien entretenues. Ambiance familiale.

Si vous êtes retardé sur la route, dès 18 h,
confirmez votre réservation par téléphone,
c'est plus sûr... et c'est l'usage.

CAMBRAI 〈⊜〉 *59400 Nord* **302** *H6 G. Picardie Flandres Artois – 33 738 h alt. 53.*

Voir *Mise au tombeau*★★ *de Rubens dans l'église St-Géry* **AY** – *Musée Beaux-Arts : clôture du choeur*★, *char de procession*★ **AZ M.**

🖼 *Office de tourisme, 48 rue de Noyon* ✆ *03 27 78 36 15, Fax 03 27 74 82 82, office-tourisme-cambrai@nordnet.fr.*

Paris 179 ⑥ – *St-Quentin 51* ⑤ – *Amiens 98* ⑥ – *Arras 36* ⑥ – *Lille 77* ⑦.

CAMBRAI

Albert-1er (Av.)	**BY**	2
Alsace-Lorraine (R. d')	**BYZ**	4
Berlaimont (Bd de)	**BZ**	5
Briand (Pl. A.)	**AYZ**	6
Cantimpré (R. de)	**AY**	7
Capucins (R. des)	**AY**	8
Chât.-de-Selles (R. du)	**AY**	10
Clefs (R. des)	**AY**	12
Épée (R. de l')	**AZ**	13
Fénelon (Gde-Rue)	**AY**	15
Fénelon (Pl.)	**AY**	16
Feutriers (R. des)	**AY**	17
Gaulle (R. Gén.-de)	**BZ**	18
Grand-Séminaire (R. du)	**AZ**	19
Lattre-de-Tassigny (R. du Mar.-de)	**BZ**	21
Leclerc (Pl. du Mar.)	**BZ**	22
Lille (R. de)	**BY**	23
Liniers (R. des)	**AZ**	24
Moulin (Pl. J.)	**AY**	25
Nice (R. de)	**AY**	27
Pasteur (R.)	**AY**	29
Porte-Notre-Dame (R.)	**BY**	31
Porte de Paris (Pl. de la)	**AZ**	32
Râtelots (R. des)	**AZ**	33
Sadi-Carnot (R.)	**AY**	35
St-Aubert (R.)	**AY**	36
St-Géry (R.)	**AY**	37
St-Ladre (R.)	**BZ**	39
St-Martin (Mail.)	**AZ**	40
St-Sépulcre (Pl.)	**AZ**	41
Selles (R. de)	**AY**	43
Vaucelette (R.)	**AZ**	45
Victoire (Av. de la)	**AZ**	46
Watteau (R.)	**BZ**	47
9-Octobre (Pl. du)	**AY**	48

🏯 **Château de la Motte Fénelon** 🦢 (annexe 🏠), square Château (par allée St Roch - Nord du plan) **BY** 🖉 03 27 83 61 38, *cmf@cambraichateaudelamotte.com*, Fax 03 27 83 71 61, 🍽, 🗄, – 📺 ✆ 🅿 – 🏛 20 à 150. 🖭 ⓪ 😁. 🛏 ch
Repas 23/37 ♀ – 🖙 10 – **40 ch** 60/230 – ½ P 58/138,50.
♦ Le château du 19ᵉ s. édifié par Hittorff abrite des chambres de caractère au mobilier de style ou cérusé. Hébergement plus simple dans l'orangerie et les bungalows du parc. Voûtes séculaires, décor soigné et carte traditionnelle caractérisent le restaurant.

🏯 **Beatus** 🦢, 718 av. Paris par ⑤ : *1,5 km* 🖉 03 27 81 45 70, Fax 03 27 78 00 83, 🍽, 🗄 – 📺 ✆ 🅿 – 🏛 30. 🖭 ⓪ 😁
Repas *(fermé août et week-ends)* (dîner seul.)(résidents seul.) 17/22 ♀ – 🖙 9 – **33 ch** 56/72.
♦ À l'ombre de grands arbres, demeure toute blanche proposant de spacieuses chambres contemporaines, provençales ou de style, certaines en rez-de-jardin. Salon-bar feutré.

🏨 **Mouton Blanc**, 33 r. Alsace-Lorraine 🖉 03 27 81 30 16, *hotel-du-mouton-blanc@wanad oo.fr*, Fax 03 27 81 83 54 – 📶 📺 – 🏛 30. 🖭 😁 **BY a**
Repas *(fermé 1ᵉʳ au 8 août, dim. soir et lundi)* 19/42 – 🖙 6,50 – **32 ch** 55/90 – ½ P 60/70.
♦ Cet immeuble à la façade en briques rouges et pierres blanches abriterait le plus vieil hôtel de Cambrai. Réservez en priorité l'une des chambres rénovées, au cadre actuel. Chaleureuse salle à manger champêtre - poutres, colombages - et cuisine traditionnelle.

🍴🍴 **L'Escargot**, 10 r. Gén. de Gaulle 🖉 03 27 81 24 54, *restaurantlescargot@wanadoo.fr*, Fax 03 27 83 95 21 – 😁 **BZ n**
fermé 15 juil. au 4 août, vend. soir et merc. – **Repas** 17 (déj.), 24/35, enf. 13 ♀.
♦ Sage restaurant au cœur de la petite capitale des "bêtises". Salles à manger rustiques où l'on sert une cuisine traditionnelle dans une ambiance conviviale.

🍴 **Au Fil de l'Eau**, 1 bd Duplex 🖉 03 27 74 65 31, Fax 03 27 74 65 31 – 😁 **AY f**
fermé 15 juil. au 15 août, 14 au 21 fév., dim. soir, merc. et lundi – **Repas** (14) - 17/40, enf. 7,50 &.
♦ Sympathique petite adresse proche d'une écluse du canal de St-Quentin. Salle à manger fraîche et colorée ; goûteuse cuisine traditionnelle et produits de la mer.

rte de Bapaume *par ⑥ : 4 km* – ✉ 59400 Fontaine-Notre-Dame :

🍴 **Auberge Fontenoise**, N 30 🖉 03 27 37 71 24, *auberge.fontenoise@wanadoo.fr*, 🚗 Fax 03 27 70 34 91 – 🖭 😁
fermé vacances de fév., 9 au 22 août, dim. soir et sam. – **Repas** 14/39.
♦ Cette discrète auberge familiale, située au bord d'un axe fréquenté, abrite une salle à manger rustique où l'on propose une appétissante cuisine régionale.

CAMBREMER 14340 Calvados 🔢 M5 – *1 092 h alt. 100*.
🏛 Syndicat d'initiative, rue Pasteur 🖉 02 31 63 08 87, Fax 02 31 63 08 21, *cambremer.si-@wanadoo.fr*.
Paris 211 – Caen 38 – Deauville 28 – Falaise 38 – Lisieux 15 – Saint-Lô 110.

🏠 **Château Les Bruyères** 🦢, rte Cadran (D 85) 🖉 02 31 32 22 45, *reception@chateaulesb ruyeres.com*, Fax 02 31 32 22 58, 🍽, 🏊, 🗄 – 📺 ♿ 🅿 🖭 ⓪ 😁
Repas *(fermé dim. et lundi)* 40/55 – 🖙 12 – **14 ch** 145/200 – ½ P 110/140.
♦ Cette noble demeure se dresse au cœur d'un agréable parc arboré. Élégant salon bourgeois et jolies chambres personnalisées pour un séjour au grand calme. Menus terre et mer composés selon les arrivages du marché ; plantes aromatiques et produits du potager.

CAMIERS 62176 P.-de-C. 🔢 C4 – *2 252 h alt. 23*.
🏛 Office de tourisme, esplanade Ste-Cécile-Plage 🖉 03 21 84 72 18, Fax 03 21 84 51 77, *office-tourisme-camiers@wanadoo.fr*.
Paris 244 – Calais 58 – Arras 101 – Boulogne-sur-Mer 21 – Le Touquet 10.

🏠 **Les Cèdres** 🦢, 🖉 03 21 84 94 54, *hotel-cedres@wanadoo.fr*, Fax 03 21 09 23 29, 🍽, 🗄 – 📺 🅿 🖭 ⓪ 😁
fermé 12 déc. au 1ᵉʳ fév, le midi de nov. à mars sauf dim., merc. midi et sam. midi d'avril à sept. – **Repas** 16/32, enf. 9 ♀ – 🖙 7,50 – **27 ch** 52 – ½ P 50.
♦ Au centre du bourg, deux maisons séparées par une agréable cour-terrasse. Coquet salon-bibliothèque ; confortables chambres rajeunies et égayées par des coloris vifs. Salle à manger-véranda ouverte sur la terrasse d'été. Cuisine traditionnelle et régionale.

CAMOËL 56130 Morbihan 🔢 Q10 – *655 h alt. 26*.
Paris 452 – Nantes 78 – Vannes 42 – La Baule 27 – La Roche-Bernard 12 – St-Nazaire 37.

🏠 **Vilaine** sans rest, 4 r. P. Ladmirault 🖉 02 99 90 01 96, Fax 02 99 90 09 81 – ✆ 🅿 🖭 ⓪ 😁
1ᵉʳ mars-30 nov. – 🖙 5,50 – **24 ch** 36/46.
♦ La Vilaine toute proche a donné son nom à cet hôtel familial disposant de chambres simples au décor un brin désuet, plus calmes sur l'arrière.

CAMORS 56330 Morbihan 📖 M7 – 2 353 h alt. 113.

Paris 472 – Vannes 31 – Auray 24 – Lorient 39 – Pontivy 31.

 Bruyères sans rest, ✆ 02 97 39 29 99, Fax 02 97 39 28 34 – 📺 ❤ 🕭 🖙 🅿 🖼 ❀ *fermé janv.* – ☑ 6,20 – **15 ch** 49/51.

♦ Proche d'un carrefour à l'entrée de la ville, établissement possédant des chambres actuelles, bien pensées et insonorisées. Atmosphère bon enfant au bar du rez-de-chaussée.

CAMPAGNE 24 Dordogne 📖 G6 – *rattaché au Bugue.*

CAMPIGNY 27 Eure 📖 D6 – *rattaché à Pont-Audemer.*

Le CAMP-LAURENT 83 Var 📖 K7 – *rattaché à Toulon.*

CAMPS 19 Corrèze 📖 M6 – 243 h alt. 700 – ✉ 19430 Mercoeur.

Voir *Rocher du Peintre ≤★ S : 1 km, G. Berry Limousin.*

Paris 520 – Aurillac 45 – Brive-la-Gaillarde 61 – St-Céré 25 – Tulle 45.

 Lac ⟨, ✆ 05 55 28 51 83, mnsolignac@club-internet.fr, Fax 05 55 28 53 71, 🏤 – 📺 ❤ 🅿. 🖼

fermé vacances de fév. – **Repas** *(fermé dim. soir et lundi midi d'oct. à Pâques)* 12,30 (déj.), 18,50/36,50 ☑ – ☑ 5,30 – **10 ch** 37,50/40 – ½ P 38/39,50.

♦ Cette bâtisse contemporaine située dans un village de la campagne limousine vous accueille dans des chambres aux murs lambrissés. La salle à manger, décorée avec simplicité, est agrandie d'une véranda ; registre culinaire traditionnel.

CANAPVILLE 14 Calvados 📖 M4 – *rattaché à Deauville.*

CANCALE 35260 I.-et-V. 📖 K2 *G. Bretagne* – 5 203 h alt. 50.

Voir *Site★ – Port de la Houle★ – ※★ de la tour de l'église St-Méen – Pointe du Hock et sentier des Douaniers ≤★.*

Env. *Pointe du Grouin★★.*

🛈 *Office de tourisme, 44 rue du Port ✆ 02 99 89 63 72, Fax 02 99 89 75 08, ot.cancale@wanadoo.fr.*

Paris 398 ① – St-Malo 16 ② – Avranches 61 ① – Dinan 35 ① – Fougères 73 ①.

CANCALE

Bricourt (Pl.)	Y 3
Calvaire (Pl. du)	Z 4
Du-Guesclin (R.)	Y 8
Duguay-Trouin (Quai)	Z 9
Duquesne (R.)	Y 10
Fenêtre (Jetée de la)	Z 12
Gallais (R.)	Y 13
Gambetta (Quai)	Z 14
Hock (R. du)	Z 16
Jacques-Cartier (Quai)	Z 17
Juin (R. du Mar.)	Z 18
Kennedy (Quai)	Z 19
Leclerc (R. Gén.)	YZ 20
Mennais (R. de la)	Y 22
Port (R. du)	
République (Pl. de la)	Z 23
Rimains (R. des)	Y 24
Roulette (R. de la)	Z 25
Stade (R. du)	Y 27
Surcouf (R.)	Y 28
Thomas (Quai)	Z 30

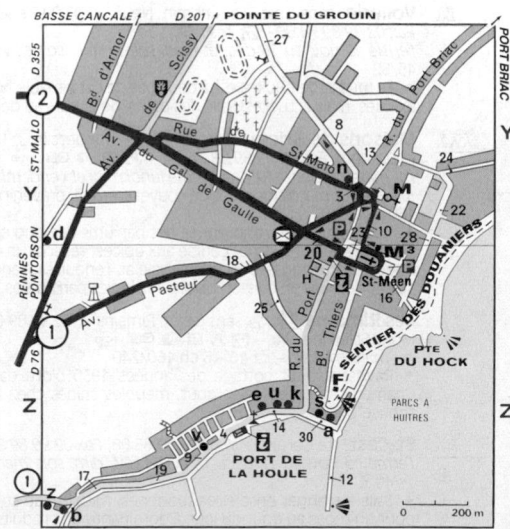

🏰 **de Bricourt-Richeux** 🏊, rte Mont-St-Michel : 6,5 km par D 76, D 155 et voie secondaire ✆ 02 99 89 64 76, *info@maisons-de-bricourt.com*, Fax 02 99 89 88 47, ≤ baie du Mont-St-Michel, 🏡, ♨ – 🛗 🖥 🕹 🅿 – 🏊 20. 🆎 ⓞ 🌐 🀄
voir aussi rest. *Maisons de Bricourt* ci-après **- Coquillage** ✆ 02 99 89 25 25 *(fermé dim. soir d'oct.à avril, vend. midi, du 15 déc. à avril, mardi midi, jeudi midi et lundi)* **Repas** 26/47, enf. 15,30 ♀ – ⊡ 16 – **11 ch** 160/310.
* Dans un parc (2 500 plantes, élevage d'animaux) dominant la baie du Mont-St-Michel, superbe villa des années 1920 où séjourna Léon Blum. Chambres très raffinées. Goûteuse cuisine de la mer servie dans une salle panoramique. Divine terrasse d'été sous les pins.

🏨 **Querrien,** 7 quai Duguay-Trouin ✆ 02 99 89 64 56, *le-querrien@wanadoo.fr*, Fax 02 99 89 79 35, ≤, 🏡 – 🍽 rest, 🖥 🕻. 🆎 🌐   **Z v**
Repas 15/38 ♀ – ⊡ 8 – **15 ch** 54/147 – ½ P 52/78.
* Maison bretonne et sa véranda directement sur le quai face au port de la Houle. Les chambres portent le nom d'un bateau ; décoration aux couleurs du large. Restaurant aménagé à la gloire du nautisme et de l'océan ; spécialités de poissons et crustacés.

🏨 **Continental,** quai Thomas ✆ 02 99 89 60 16, *continental@hotel-cancale.com*, Fax 02 99 89 69 58, ≤, 🏡 – 🛗 🖥 🕻. 🆎 ⓞ 🌐. 🍽 rest   **Z s**
2 avril-14 nov. – **Repas** *(fermé vend. midi , mardi midi et lundi)* (17) - 22/58, enf. 10,50 ♀ – ⊡ 8,50 – **18 ch** 75/130 – ½ P 65/92.
* Situation privilégiée face au port, accueil sympathique et confortables chambres aux teintes pastel composent les atouts du Continental. Belles boiseries rehaussées de marines dans la salle à manger prolongée d'une véranda avec vue sur la flotille de pêche.

🏠 **Auberge de la Motte Jean** 🏊 sans rest, par ② : *2 km sur D 355* ✆ 02 99 89 41 99, *hot el-pointe-du-grouin@wanadoo.fr*, Fax 02 99 89 92 22, 🌿 – 🖥 🅿. 🌐. 🍽
⊡ 7 – **10 ch** 80.
* Ancien corps de ferme isolé dans la campagne cancalaise. Grand calme, jardin soigné et aménagements de caractère (réservez en priorité une chambre rénovée).

🏠 **Chatellier** sans rest, par ② : *1 km sur D 355* ✆ 02 99 89 81 84, *hotelchatel@aol.com*, Fax 02 99 89 61 69, 🌿 – 🖥 🕻 🕹 🅿. 🌐
⊡ 7,60 – **13 ch** 52/70.
* Cette maison familiale restaurée séduira ceux qui redoutent l'effervescence du centre-ville. Les chambres, mansardées à l'étage, sont fraîches, simples et insonorisées.

🏠 **Nuit et Jour** sans rest, 3 av. Scissy ✆ 02 99 89 75 59, Fax 02 99 89 77 13, 🏊, 🗊, 🌿 – cuisinette 🖥 🕻 🕹 🅿. ⓞ 🌐   **YZ d**
fermé 15 nov. au 26 déc. et 6 janv. au 1er fév. – ⊡ 6,50 – **30 ch** 46/70.
* Motel composé de plusieurs bungalows hexagonaux à toit d'ardoise. Chambres en rez-de-chaussée, sobres, parfois dotées d'une mezzanine. Jeux pour les enfants.

🏠 **Voilerie** sans rest, Le Chemin Neuf ✆ 02 99 89 88 00, *contact@hotel-lavoilerie.com*, Fax 02 99 89 74 00 – 🖥 🕹 🅿. 🌐   **Z z**
fermé 12 nov. au 16 déc. et lundi soir hors saison et vacances scolaires – ⊡ 6,10 – **13 ch** 45/52.
* Le musée de l'Huître est à deux pas de cet aimable hôtel disposant de chambres un peu exiguës, mais actuelles. Salle des petits-déjeuners au décor naval (mobilier en teck).

XXX **Maisons de Bricourt** (Roellinger), r. Duguesclin ✆ 02 99 89 64 76, *info@maisons.de.bri* 🌸🌸 *court.com*, Fax 02 99 89 88 47, 🌿. 🆎 ⓞ 🌐 🀄   **Y n**
mi-mars-mi-déc. – **Repas** *(fermé lundi midi et vend. midi d'oct. à avril, merc. sauf le soir en juil-août et mardi)* (nombre de couverts limité, prévenir) 86 (déj.), 102,50/145 et carte 120 à 150.
* Cuisine inventive imprégnée des parfums des cinq continents : cette délicieuse malouinière née au 18e s. de la "course aux épices" réserve un étonnant voyage gourmand.
Spéc. Solettes dorées au beurre salé au fenouil sauvage. Petit homard aux saveurs de l'île aux épices. Bar en cuisson douce aux huiles parfumées.

Les Rimains 🏨 🏊 sans rest, r. Rimains ✆ 02 99 89 64 76, Fax 02 99 89 88 47, ≤ baie du Mont-St-Michel, 🌿 – 🖥 🅿. 🆎 ⓞ 🌐 🀄
mi-mars-mi-déc. – ⊡ 16 – **5 ch** 160/240.
* Ravissant petit cottage des années 1930 blotti dans un jardin surplombant la mer. Chambres décorées avec goût, meubles chinés chez les antiquaires et ambiance "guesthouse".

XX **St-Cast,** rte Corniche ✆ 02 99 89 66 08, Fax 02 99 89 89 20, ≤, 🏡 – 🍽. 🌐   **Z b**
fermé 15 nov. au 18 déc., 14 au 28 fév., dim. soir, mardi sauf juil.-août et merc. – **Repas** 21/40 ♀.
* Salle à manger ensoleillée (boiseries, mobilier de style) et véranda tournée vers la baie pour un repas au goût du jour, à dominante de produits de la mer.

XXX **Cancalais** avec ch, quai Gambetta ℰ 02 99 89 61 93, Fax 02 99 89 89 24, ≤ – ▤ rest, ⊡
✔. ⅁⅁. ⅋ ch   Z u
fermé 30 nov. au 3 fév., dim. soir (sauf hôtel) et lundi sauf vacances scolaires – **Repas** 16/45
– ⯑ 7 – **10 ch** 55/80.
• Deux espaces et deux ambiances : une salle à manger rustique avec ses meubles
d'inspiration bretonne et une véranda largement ouverte sur le port. Jolies chambres
colorées.

XXX **Phare** avec ch, quai Thomas ℰ 02 99 89 60 24, Fax 02 99 89 91 75, ≤, ⌂ – ⊡. ⅁⅁.
⅋   Z a
fermé 12 nov. au 17 déc., merc. et jeudi hors saison – **Repas** 14 (déj.), 18/45, enf. 11 ⯑ – ⯑ 7
– **11 ch** 45/75 – ½ P 50/65.
• En hiver, attablez-vous près des baies vitrées pour observer l'animation portuaire. En
été, profitez de la terrasse offerte à la brise marine. Carte traditionnelle.

X **Surcouf**, 7 quai Gambetta ℰ 02 99 89 61 75, Fax 02 99 89 76 41, ≤, ⌂ – ⅁⅁.
⅋   Z k
fermé 22 nov. au 17 déc., 3 janv. au 4 fév., merc. sauf du 10 juil. au 22 août et jeudi – **Repas**
18/60 ⯑.
• Le célèbre corsaire et armateur malouin a donné son nom évocateur à ce pimpant
restaurant situé face à la jetée. La cuisine, au goût du jour, fait la part belle à l'océan.

X **Troquet**, 19 quai Gambetta ℰ 02 99 89 99 42, ≤, ⌂ – ⅁⅁   Z e
fermé 15 nov. au 4 fév., lundi et mardi – **Repas** 16/35.
• Un sympathique petit bistrot à dénicher parmi les nombreuses enseignes qui bordent le
quai. Poissons et crustacés à l'honneur, dont les fameuses huîtres de Cancale.

à la Pointe du Grouin ★★ *Nord : 4,5 km par D 201* – ⊠ *35260 Cancale* :

🏨 **Pointe du Grouin** ⌖, ℰ 02 99 89 60 55, *hotel-pointe-du-grouin@wanadoo.fr,*
Fax 02 99 89 92 22, ≤ îles et baie du Mt-St-Michel – ⊡ Ⓟ. ⅁⅁
1er avril-15 nov. – **Repas** *(fermé mardi et jeudi hors saison)* 20/59 ⯑ – ⯑ 8 – **16 ch** 78/95 –
½ P 74/82.
• Situation privilégiée pour cette demeure bretonne perchée sur une falaise : la vue sur
les îles et le Mont-St-Michel est magnifique. Chambres de style rustique bien équipées.
Panorama exceptionnel sur le large depuis les tables proches des baies vitrées.

CANDES-ST-MARTIN *37500 I.-et-L.* ③①⑦ *J5 G. Châteaux de la Loire – 227 h alt. 35.*
Voir *Collégiale*★.
Paris 290 – Angers 76 – Chinon 16 – Saumur 13 – Tours 54.

X **Auberge de la Route d'Or**, 2 pl. Église ℰ 02 47 95 81 10, *routedor@clubinternet.fr,*
Fax 02 47 95 81 10, ⌂ – ⅁⅁
fermé 8 nov. au 11 fév., mardi soir sauf juil.-août et merc. – **Repas** 13 (déj.), 20/32, enf. 9 ⯑.
• Auberge rustique aménagée dans deux maisons anciennes ; l'une d'elles date du 17e s.
Salle à manger intime avec cheminée. La cuisine puise son inspiration dans le terroir.

CANDÉ-SUR-BEUVRON *41120 L.-et-Ch.* ③①⑧ *E7 – 1 208 h alt. 70.*
🅱 *Office de tourisme, 10 route de Blois ℰ 02 54 44 00 44, Fax 02 54 44 00 44.*
Paris 199 – Orléans 78 – Tours 51 – Blois 15 – Chaumont-sur-Loire 7 – Montrichard 21.

🏨 **Caillère** ⌖, 36 rte Montils ℰ 02 54 44 03 08, *lacaillere@mageos.com,* Fax 02 54 44 00 95,
⌂, 🐎 – ⊡ ✔ ⅋ Ⓟ. ⅀⅁ ⅁⅁ ⱼⅽⅮ
fermé 1er janv. au 28 fév. – **Repas** *(fermé jeudi midi et merc.)* 17,90/50,80, enf. 10,20 ⯑ –
⯑ 10 – **14 ch** 59/63 – ½ P 64.
• Séparée de la route par un rideau de verdure, ancienne ferme prolongée d'une aile
moderne proposant des chambres fonctionnelles ; celles rénovées sont plaisantes. Salle à
manger rajeunie mais ayant conservé son petit côté campagnard ; cuisine saisonnière.

🏨 **Auberge du Lion d'Or**, 1 rte. de Blois ℰ 02 54 44 04 66, Fax 02 54 44 06 19, ⌂, 🐎 –
⅁⅁
fermé 2 au 30 janv., lundi hors saison et mardi – **Repas** 14,50/47, enf. 10 ⅋ – ⯑ 6 – **9 ch**
32/41 – ½ P 36/40,50.
• L'ambiance est familiale dans cette gentille auberge villageoise abritant, à l'étage, des
chambres spacieuses et bien tenues. Au rez-de-chaussée, deux salles à manger dont l'une,
plus rustique, a conservé ses belles poutres.

CANET-EN-ROUSSILLON *66140 Pyr.-Or.* ③④④ *J6 – 10 182 h alt. 11 – Casino* **BZ.**
🅱 *Office de tourisme, Espace Méditerranée ℰ 04 68 73 61 00, Fax 04 68 73 61 10,*
infos@ot-canet.fr.
Paris 849 ② – Perpignan 11 ② – Argelès-sur-Mer 21 ① – Narbonne 66 ②.

CANET-PLAGE

Aigues Marines (R. des)... **BZ** 2
Albères (R. des)......... **BY** 5
Amandiers (R. des)...... **BY** 6
Anémones (Bd des)..... **AYZ** 7
Balcons du front de mer
(Av. des)............... **BZ** 8

Bourgogne-Morvan (R.)..... **BZ** 9
Capcir (Galerie du)......... **BY** 12
Cassanyes (Galerie)........ **BY** 14
Catalogne (Av. de la)....... **BY** 15
Cerdagne (R. de).......... **BY** 18
Cerisiers (R. des)......... **BY** 20
Champagne (R. de)........ **BZ** 22
Coquillages (R. des)....... **BZ** 25

Corbières (R. des).......... **BY** 28
Grande Bretagne (R. de) .. **BYZ** 29
Gratia (Av. Edmond)....... **BZ** 30
Ile de France (R.)......... **BZ** 32
Jouy d'Arnaud (R.)........ **BY** 33
Pountarrou (Av. du)........ **AY** 34
Pyrénées (R. des)......... **BY** 35
Sardane (R. de la)....... **ABY** 36

A

B

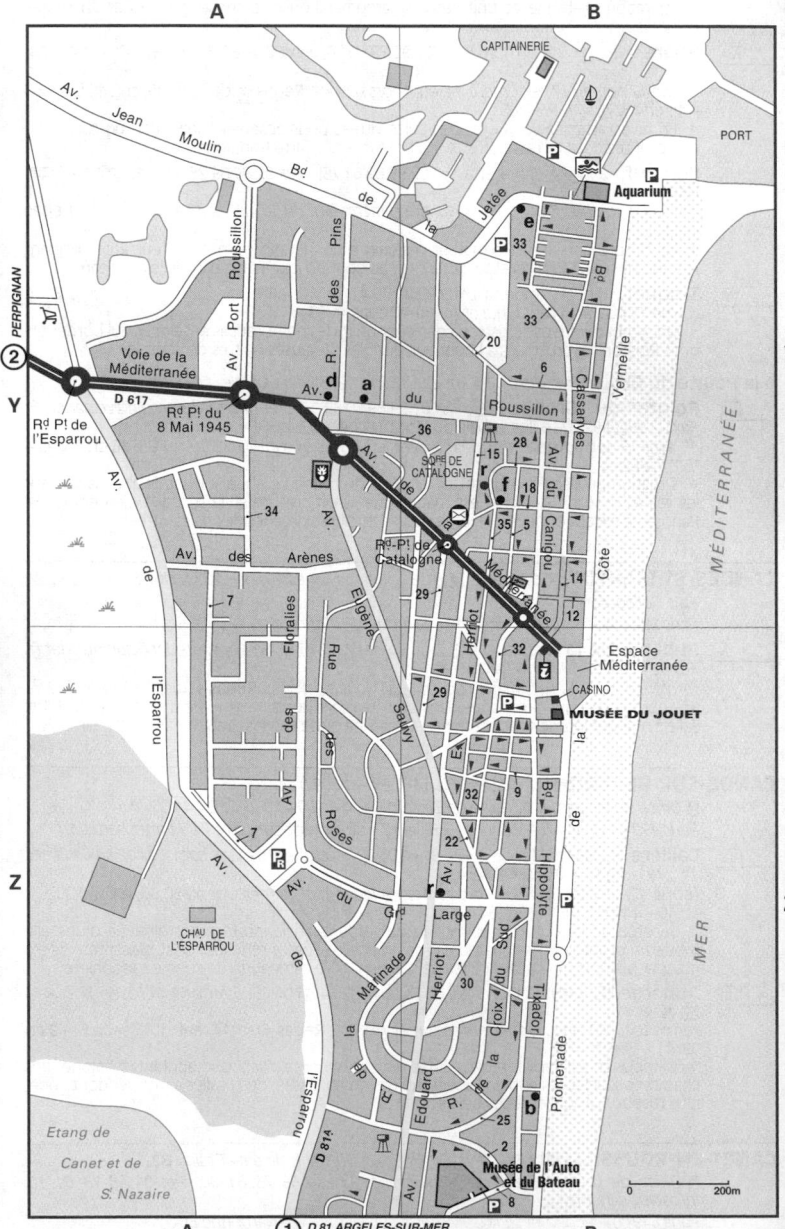

Canet-Plage *G. Languedoc Roussillon –* ⊠ *66140 .*

Voir *Musée du jouet★*.

🏨 **Clos des Pins,** 34 av. Roussillon 🅟 04 68 80 32 63, *mas.fleuri@wanadoo.fr,* Fax 04 68 80 49 19, 斎, 🛴, 🍃 – ≡ ch, 📺 📞 🅿 – 🔬 15. GB   AY a
mars-oct. – 🍴 · **Mas Fleuri** *(fermé le midi sauf dim.)* **Repas** 27 🍴 – **17 ch** 🖵 105/140 – ½ P 95/125.
  ◆ Entourée d'une pinède, charmante villa catalane du 19ᵉ s. disposant de chambres tout confort, peu à peu repeintes aux couleurs du Sud. Joli jardin méridional. La cuisine et le décor du restaurant honorent la Méditerranée ; terrasse dressée à l'ombre des pins.

🏨 **Mercure** sans rest, 120 prom. Côte Vermeille 🅟 04 68 80 28 59, Fax 04 68 80 80 60, ≤ mer – 🔄 🛗 📺 📞 ᵔ. 🖭 ⓞ GB. 🛒   BZ b
🖵 9 – **48 ch** 95.
  ◆ Immeuble du front de mer proposant des chambres contemporaines (lits "king size") pour moitié tournées vers la "grande bleue" et pourvues de balcons. Agréable salon.

🏨 **Aquarius,** 40 av. Roussillon 🅟 04 68 73 30 00, *hotelaquarius@hotmail.com,*
⊜ Fax 04 68 80 24 34, 斎, 🛴 – 🔄, ≡ ch, 📺 📞 🅿 – 🔬 20. GB
Repas *(fermé 25 déc. au 1ᵉʳ janv. et week-ends d'oct. à avril)* 15, enf. 7 🍴 – **50 ch** 🖵 80/90 – ½ P 60.   AY d
  ◆ Bâtiment des années 1970 abritant des chambres de bonne ampleur, garnies d'un mobilier de style catalan ou en rotin (troisième étage). Le cadre coloré du restaurant s'inspire des haciendas sud-américaines ; cuisine traditionnelle et grillades au feu du bois.

🏨 **Galion,** 20 bis av. Grand large 🅟 04 68 80 28 23, *contact@hotel-le-galion.com,*
Fax 04 68 80 20 46, 斎, 🛴 – 🔄 ≡ 📺 📞 🅿. 🖭 GB   BZ r
Repas *(fermé dim. soir et lundi midi du 20 oct. au 15 mars)* (14) - 23/26, enf. 11 🍷 – 🖵 9 – **28 ch** 72/114 – ½ P 70/85.
  ◆ Ce galion-là se trouve à quelque 150 m des flots. Mobilier et literie neufs dans les chambres, progressivement améliorées ; la majorité possède un balcon. Le restaurant ouvre sur la terrasse, où prépare le barbecue en été.

🏨 **Port,** 21 bd Jetée 🅟 04 68 80 62 44, *info@hotel-du-port.net,* Fax 04 68 73 28 83 – 🔄 📺
⊜ 🅿. GB   BY e
hôtel: avril-oct.; rest. : juin-sept. – **Repas** (dîner seul.) 16/22 🍷 – 🖵 7 – **36 ch** 65/80 – ½ P 50/60.
  ◆ Établissement des années 1980 à mi-chemin entre port et plage. Toutes les chambres disposent de balcons et certaines ont été récemment rajeunies. Salle à manger relookée dans un style marin ; cuisine traditionnelle sans prétention.

🏨 **Frégate** sans rest, 12 r. Cerdagne 🅟 04 68 80 22 87, *contact@hotel-lafregate.fr,*
Fax 04 68 73 82 72 – 📺 🅿. ⓞ GB   BY f
fermé 4 janv. au 20 mars – 🖵 6,70 – **26 ch** 72/79.
  ◆ Cet hôtel situé à 100 m de la plage propose des chambres de taille moyenne, équipées d'un mobilier rustique de style catalan ; tenue rigoureuse.

XX **Don Quichotte,** 22 av. Catalogne 🅟 04 68 80 35 17, *ledonquichotte@wanadoo.fr,*
Fax 04 68 73 36 05 – ≡. 🖭 ⓞ GB JCB   BY r
fermé 10 janv. au 9 fév., merc. midi en juil.-août, lundi et mardi (sauf le soir en juil.-août) –
Repas 23,50/48 🍴.
  ◆ Lumineuse salle de restaurant aux tons pastel agrémentée d'une exposition de tableaux. Cuisine classique utilisant les produits régionaux et belle carte des vins.

CANGEY *37530 I.-et-L.* **817** *P4 – 773 h alt. 85.*
  🏌️ *de Fleuray* 🅟 02 47 56 07 07, N : 8 km.
  Paris 210 – Tours 35 – Amboise 12 – Blois 28 – Montrichard 26.

🏨 **Fleuray** ⌂, Nord : 7 km sur rte Dame-Marie-les-Bois 🅟 02 47 56 09 25, *lefleurayhotel@w
anadoo.fr,* Fax 02 47 56 93 97, 斎, 🛴, 🍃 – ⓑ ⊜ 🅿. GB
fermé 3 au 15 nov., 21 déc. au 5 janv. et 21 janv. au 2 fév. – **Repas** (dîner seul.) (prévenir) 26,50/36,50, enf. 15 🍴 – 🖵 9 – **15 ch** 84/102 – ½ P 78/98.
  ◆ Cette ancienne ferme restaurée, son jardin planté d'arbres fruitiers et sa piscine ont beaucoup de charme. Chambres douillettes, délicieusement décorées. Cuisine traditionnelle servie dans la coquette salle à manger ou sur la jolie et verdoyante terrasse.

---

*Donnez-nous votre avis sur les tables que nous recommandons,
sur leurs spécialités et leurs vins de pays.*

CANNES 06400 Alpes-Mar. **341** D6 G. Côte d'Azur – 67 304 h alt. 2 – Casinos : Carlton Casino Club **BYZ**, Croisette **BZ**.

Voir Site★★ – Le front de Mer★★ : boulevard★★ et pointe★ de la croisette – ≤★ de la tour du Mont-Chevalier **AZ** – Musée de la Castre★ **AZ** – Chemin des Collines★ NE : 4 km **V** – La Croix des Gardes **X** ≤★ O : 5 km puis 15 mn.

🏌 Riviera Golf Club à Mandelieu ℘ 04 92 97 49 49, par ② : 8 km ; 🏌 de Cannes Mougins à Mougins ℘ 04 93 75 79 13, par ⑤ : 9 km ; 🏌 Royal Mougins Golf Club à Mougins ℘ 04 92 92 49 69, par ④ : 10 km.

🖪 Office de tourisme, 1 La Croisette ℘ 04 92 99 84 22, Fax 04 92 99 84 23, tourisme@semec.com.

Paris 898 ⑤ – Aix-en-Provence 149 ⑤ – Marseille 160 ⑤ – Nice 33 ⑤ – Toulon 120 ⑤.

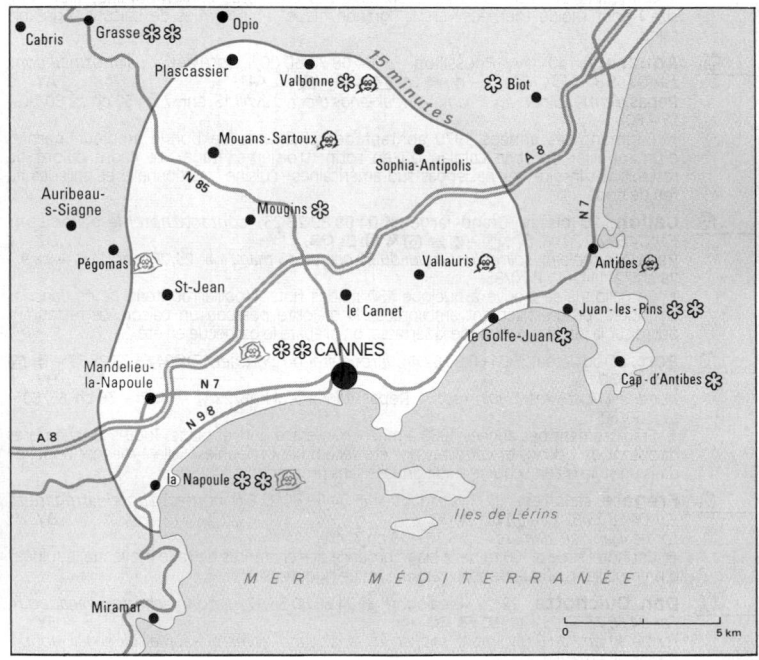

🏨 **Carlton Inter-Continental**, 58 bd Croisette ℘ 04 93 06 40 06, cannes@interconti.com, Fax 04 93 06 40 25, ≤, 🏤, 🌡, 🐎 – 📳 ⇄ 🔲 📺 📞 ⅙ 🚗 🅿 – 🛳 25 à 250. 🆎 ⓪ 🅖🅑 🅹🅲🅱
                                                 CZ e
Brasserie Carlton ℘ 04 93 06 40 21 Repas 36/42 – **Plage** ℘ 04 93 06 44 94 - (avril-oct.) Repas carte 70 à 105 – 🖙 32 – **298 ch** 620/905, 28 suites.
  ◆ Hitchcock filma des scènes de La Main au collet dans le célèbre palace à deux coupoles. Luxueux intérieur Art déco, passé prestigieux : un univers d'exception. À la Brasserie Carlton, décor Belle Époque, vue sur la Croisette et cuisine de saison.

🏨 **Majestic Barrière**, 10 bd Croisette ℘ 04 92 98 77 00, majestic@lucienbarriere.com, Fax 04 93 38 97 90, ≤, 🏤, 🌡, 🐎 – 📳 🔲 📺 📞 ⅙ 🚗 – 🛳 40 à 400. 🆎 ⓪ 🅖🅑 🅹🅲🅱
                                                 BZ n
fermé 15 nov. au 30 déc. – voir rest. **Villa des Lys** ci-après- **Fouquet's** ℘ 04 92 98 77 05 Repas (25)-35/40bc ⅔ – **Plage** ℘ 04 92 98 77 30 (déj. seul.) (mai-oct.) Repas 35/40bc – 🖙 29 – **282 ch** 475/870, 23 suites.
  ◆ La majestueuse façade immaculée date des années 1920. Luxe et raffinement à tous les étages. Les plus belles chambres donnent côté mer. Chaleureuse et lumineuse salle à manger-véranda avec vue sur la Croisette : une place au soleil pour le Fouquet's !

Martinez, 73 bd Croisette ℰ 04 92 98 73 00, *martinez@concorde-hotels.com*, Fax 04 93 39 67 82, ≤, 畲, ℀, ℔, ⊠, ℀⊙ – 🕼 ▤ TV & ⅙ P – 🛦 40 à 600. ஊ ⑩ ㏌ JCB
DZ **n**

voir rest. *Palme d'Or* ci-après - *Relais Martinez* ℰ 04 92 98 74 12 *(fermé le midi en juil.-août)* Repas 31/55, enf. 17 – *Plage* ℰ 04 92 98 74 22 (déj. seul.) *(début avril-fin sept.)* **Repas** carte 50 à 75, enf. 21 – ☷ 30 – **386 ch** 830, 27 suites.

♦ Ce palace mythique aménagé dans le style Art déco est le rendez-vous des stars du festival. Côté Croisette, suites somptueuses et agréables chambres sont très prisées. Ambiance chic et décontractée, cuisine gourmande et terrasse d'été au Relais Martinez.

Noga Hilton, 50 bd Croisette ℰ 04 92 99 70 00, *sales_cannes@hilton.com*, Fax 04 92 99 70 11, 畲, ℔, ⊠, ℀⊙ – 🕼 ℀⊠ ▤ TV & ⅙ – 🛦 40 à 500. ஊ ⑩ ㏌ JCB
CZ **b**

Scala : ℰ 04 92 99 70 93 **Repas** 38/50, enf. 20 ☍ – *Plage* ℰ 04 92 99 70 27 (15 avril-15 oct.) **Repas** carte 45 à 65, enf. 13 – ☷ 25 – **186 ch** 349/799, 48 suites.

♦ Cette construction cubique est bâtie sur l'emplacement de l'ex-Palais des Festivals. Étonnant atrium, chambres très bien équipées, théâtre de 800 places, piscine sur le toit. Cuisine ensoleillée, vins du monde et terrasse avec vue sur mer à la Scala.

Sofitel Méditerranée, 2 bd J. Hibert ℰ 04 92 99 73 00, *H0591-RE@accor-hotels.com*, Fax 04 92 99 73 29, ≤, 畲, ℔, ℀⊠ ▤ TV & ☍ ⇦ – 🛦 70. ஊ ⑩ ㏌ JCB
AZ **n**

Méditerranée (7ᵉ étage) ℰ 04 92 99 73 02 (dîner seul. en juil.-août) *(fermé dim. et lundi de sept. à juin)* **Repas** 37,50(déj.), 47/67 – *Chez Panisse* ℰ 04 92 99 73 10- décor provençal - *fermé nov.* **Repas** 29, enf. 11,50 ℥ – ☷ 25 – **149 ch** 175/337.

♦ Hôtel des années 1930 joliment décoré dans le style provençal. La majorité des chambres et la piscine sur le toit offrent une vue splendide sur Cannes et sa baie. Superbe panorama depuis les tables du Méditerranée. Chez Panisse, la Provence est à l'honneur.

Radisson SAS Montfleury ℀, 25 av. Beauséjour ℰ 04 93 68 86 86, *info.montfleury@radissonsas.com*, Fax 04 93 68 87 87, ≤, 畲, ℔, ⊠, ℀, ℀⊠ – 🕼 ℀⊠ ▤ TV & ⇦ – 🛦 20 à 260. ஊ ⑩ ㏌ JCB, ℀⊠
DY **m**

L'Olivier : **Repas** 25(déj), 37/47, enf. 14 ℥ – ☷ 20 – **181 ch** 380.

♦ L'hôtel jouxte le quartier de la Californie et ses luxueuses villas. Chambres modernes, décorées dans le style marin ou provençal. Belle piscine et terrasse sous les palmiers. Plaisant décor ensoleillé, vue sur les cuisines et carte méridionale à L'Olivier.

Gray d'Albion, 38 r. Serbes ℰ 04 92 99 79 79, *graydalbion@lucienbarriere.com*, Fax 04 93 99 26 10, ℀⊙ – 🕼 ℀⊠ ▤ TV & ☍ – 🛦 40 à 120. ஊ ⑩ ㏌ JCB
BZ **d**

Royal Gray ℰ 04 92 99 79 60 *(fermé dim. et lundi)* **Repas** 42 ℥ – ☷ 20 – **192 ch** 425, 8 suites – ½ P 157,50/215.

♦ Cet immeuble des années 1970 abrite une galerie marchande et des chambres progressivement rénovées. Discothèque, piano-bar, plage privée sur la Croisette. Cuisine privilégiant les saveurs méditerranéennes et cadre chaleureux au Royal Gray.

Croisette Beach sans rest, 13 r. Canada ℰ 04 92 18 88 00, *croisettebea@aws.fr*, Fax 04 93 68 35 38, ⊠ – 🕼 ℀⊠ ▤ TV & ☍ ⇦. ஊ ⑩ ㏌ JCB
DZ **y**

fermé 22 nov. au 27 déc. – ☷ 18 – **94 ch** 208/315.

♦ Chambres de bonne qualité, dotées d'un mobilier fonctionnel en bois blond et bien isolées du bruit. Salon et bar accueillent régulièrement des expositions de tableaux.

Sun Riviera sans rest, 138 r. d'Antibes ℰ 04 93 06 77 77, *info@sun-riviera.com*, Fax 04 93 38 31 10, ⊠, ℀ – 🕼 ℀⊠ ▤ TV & ☍ ⇦. ஊ ⑩ ㏌ JCB
CZ **h**

fermé 20 nov. au 27 déc. – ☷ 15 – **42 ch** 154/240.

♦ Dans une rue jalonnée de boutiques de luxe, hôtel abritant des chambres aux couleurs ensoleillées, garnies de meubles de style ; optez pour celles côté jardin (beau palmier).

Splendid sans rest, 4 r. F. Faure ℰ 04 97 06 22 22, *hotel.splendid.cannes@wanadoo.fr*, Fax 04 93 99 55 02, ≤ le Port – 🕼 cuisinette ▤ TV ☍. ஊ ㏌
BZ **a**

☷ 16 – **62 ch** 103/214.

♦ Cette noble façade du 19ᵉ s. aux allures de petit palace dissimule un hôtel familial entourant sa clientèle d'attentions. Certaines chambres ont vue sur le port et le Suquet.

Belle Plage sans rest, 6 r. J. Dollfus ℰ 04 93 06 25 50, *belleplage@wanadoo.fr*, Fax 04 93 99 61 06, ≤, ⊠ – 🕼 ▤ TV ☍ ⇦. ஊ ⑩ ㏌ JCB
AZ **u**

21 fév.-14 nov. – ☷ 14 – **48 ch** 200/320.

♦ Architecture "verre et béton" et décor intérieur honorant le Festival de Cannes. Chambres confortables tournées pour moitié vers la mer. Toit-terrasse avec minipiscine.

Amarante, 78 bd Carnot ℰ 04 93 39 22 23, *amarante-cannes@jjwhotels.com*, Fax 04 93 39 40 22, 畲, ⊠ – 🕼 ℀⊠ ▤ TV & ⅙ ⇦ – 🛦 25. ஊ ⑩ ㏌ JCB
V **e**

Repas *(fermé 28 nov. au 23 déc., week-ends d'oct. à mars)* (17) - 32 ℥ – ☷ 15 – **71 ch** 230/260 – ½ P 152/167.

♦ En bordure d'un boulevard très fréquenté. Mobilier acajou, murs patinés et couleurs du Sud caractérisent le bel aménagement contemporain des chambres. Bonne insonorisation. Salle à manger ouverte sur la terrasse, où le décor et l'assiette honorent la Provence.

CANNES

Albert-Édouard (Jetée) . **BZ**
Alexandre-III (Bd) . . . . . **X** 2
Alsace (Bd) . . . . **BDY**
Anc. Combattants d'Afrique
  du Nord (Av.) . . . . . . **AYZ** 4
André (R. du Cdt) . . . . . **CZ**
Antibes (R. d') . . . . **BCY**
Bachaga Saïd
  Boualam (Av.) . . . . . . **AY** 5
Beauséjour (Av.) . . . . . . **DYZ**
Beau-Soleil (Bd) . . . . . . **X** 10
Belges (R. des) . . . . **BZ** 12
Blanc (R. Louis) . . . . . . **AYZ**
Broussailles (Av. des) . . **V** 16
Buttura (R.) . . . . **BZ** 17
Canada (R. du) . . . . **DZ**
Carnot (Bd) . . . . **X**
Carnot (Square) . . . . . . **V** 20
Castre (Pl. de la) . . . . . **AZ** 21
Chabaud (R.) . . . . **CY** 22
Clemenceau (R. G.) . . . **AZ**
Coteaux (Av. des) . . . . **V**
Croisette (Bd de la) . . **BDZ**
Croix-des-Gardes (Bd) . **VX** 29
Delaup (Bd) . . . . **AY** 30
Dr-Pierre Gazagnaire
  (R.) . . . . **AZ** 32
Dr-R. Picaud (Av.) . . . . **X**
Dollfus (R. Jean) . . . . . **X**
Etats-Unis (R. des) . . . **CZ** 35
Faure (R. Félix) . . . . . . **ABZ**
Favorite (Av. de la) . . . . **X** 38
Félix-Faure (R.) . . . . . . **ABZ**
Ferrage (Bd de la) . . **ABY** 40
Fiesole (Av.) . . . . **X** 43
Foch (R. du Mar.) . . . . **BY** 45
Gallieni (R. du Mar.) . . **BY** 48
Gaulle (Pl. Gén.-de) . . **BZ** 51
Gazagnaire (Bd Eugène) . **X**
Grasse (Av. de) . . . . . . **VX** 53
Guynemer (Bd) . . . . . . **X**
Hespérides (Av. des) . . **X** 55
Hibert (Bd Jean) . . . . . **AZ**
Hibert (R.) . . . . **AZ**
Isola-Bella (Av. d') . . . . **X**

Jaurès (R. Jean) . . . . **BCY**
Joffre (R. du Mar.) . . . **BY** 60
Juin (Av. Mar.) . . . . **DZ**
Koenig (Av. Gén.) . . . . **DY**
Lacour (Bd Alexandre) . **X** 62
Latour-Maubourg (R.) . . **Z**
Lattre-de-T. (Av. de) . . **AY** 63
Laubeuf (Quai Max) . . **AZ**
Leader (Bd) . . . . **VX** 64
Lérins (Av. de) . . . . **X** 65
Lorraine (Bd de) . . . **CDY**
Macé (R.) . . . . **CZ** 66
Madrid (Av. de) . . . . . . **DZ**
Meynadier (R.) . . . . . **ABY**
Midi (Bd du) . . . . **X**
Mimont (R. de) . . . . . . **BY**
Mont-Chevalier (R. du) **AZ** 72
Montfleury (Bd) . . . **CDY** 74
Monti (R. Marius) . . . . **AY** 75
Noailles (Av. J.-de) . . . **X**
Observatoire (Bd de l') . **X** 84
Oxford (R. d') . . . . **V** 87
Pantiero (la) . . . . **ABZ**
Paradis-Terrestre
  (Corniches du) . . . . . **V** 88
Pasteur (R.) . . . . **DZ**
Pastour (R. Louis) . . . **AY** 90
Perier (Bd du) . . . . **V** 91
Perrissol (R. Louis) . . **AZ** 92
Petit-Juas (Av. du) . . . **VX**
Pins (Bd des) . . . . **X** 95
Pompidou (Espl. G.) . **BZ**
Prince-de-Galles (Av. du) **X** 97
République (Bd de la) . **X**
Riou (Bd du) . . . . **VX**
Riouffe (R. Jean de) . . **BY** 98
Roi-Albert Iᵉʳ (Av.) . . . . **X**
Rouguière (R.) . . . . . **BY** 100
St-Antoine (R.) . . . . . **AZ** 102
St-Nicolas (Av.) . . . . . **BY** 105
St-Pierre (Quai) . . . . . **AZ**
Sardou (R. Léandre) . . **X** 108
Serbes (R. des) . . . . . **BZ** 110
Source (Bd de la) . . . . **X** 112
Stanislas (Pl.) . . . . **AY**
Strasbourg (Bd de) . . **CDY**
Teisseire (R.) . . . . . . **V** 114

Tuby (Bd Victor) . . . . **AYZ** 115
Vallauris (Av. de) . . . . **VX** 116
Vallombrosa (Bd) . . . . **AY** 118
Vautrin (Bd Gén.) . . . . **DZ**
Vidal (R. du Cdt) . . . . **CY** 120
Wemyss
  (Av. Amiral Wester) . . **X** 122

LE CANNET

Aubarède (Ch. de l') . . **V** 8
Bellevue (Pl.) . . . . **V** 13
Bréguières (Ch. des) . . **V** 14
Cannes (R. de) . . . . . . **V** 19
Carnot (R. de) . . . . **V**
Cheval (Av. Maurice) . . **V** 23
Collines (Ch. des) . . . . **V**
Doumer (Bd Paul) . . . . **V**
Ecoles (R. des) . . . . . . **V** 34
Four-à-Chaux (Bd du) . **V** 45
Gambetta (Bd) . . . . . . **V** 50
Gaulle (Av. Gén.-de) . . **V**
Jeanpierre (Av. Maurice) **V** 58
Mermoz (Av. Jean) . . . **V** 67
Monod (Bd Jacques) . . **V** 68
Mont-Joli (Av. du) . . . . **V** 73
N.-D.-des-Anges (Av.) . . **V** 79
Olivet (Ch. de l') . . . . . **V** 85
Olivetum (Av. d') . . . . . **V** 86
Paris (R. de) . . . . **V** 89
Pinède (Av. de la) . . . . **V** 94
Pompidou (Av. Georges) **V** 96
République (Bd de la) . . **V**
Roosevelt (Av. Franklin) **V** 99
St-Sauveur (R.) . . . . . . **V** 106
Victor-Hugo (R.) . . . . . **V** 119
Victoria (Av.) . . . . **V**

VALLAURIS

Cannes (Av. de) . . . . . . **V** 18
Clemenceau (Av. G.) . . **V** 25
Golfe (Av. du) . . . . **V** 52
Isnard (Pl. Paul) . . . . . **V** 56
Picasso (Av. P.) . . . . . . **V** 93
Rouvier (Bd Maurice) . . **V** 102
Tapis-Vert (Av. du) . . . **V** 113

A   **B**

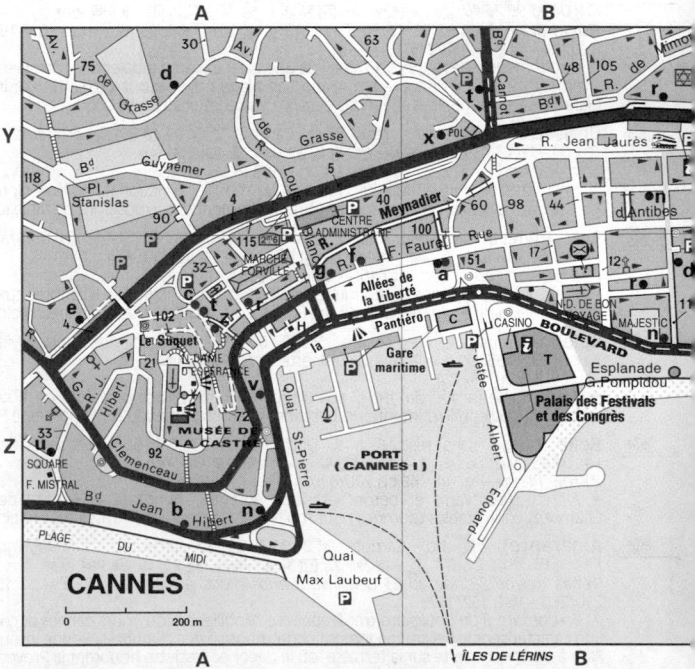

CANNES

0   200 m

PORT (CANNES I)

ÎLES DE LÉRINS

410

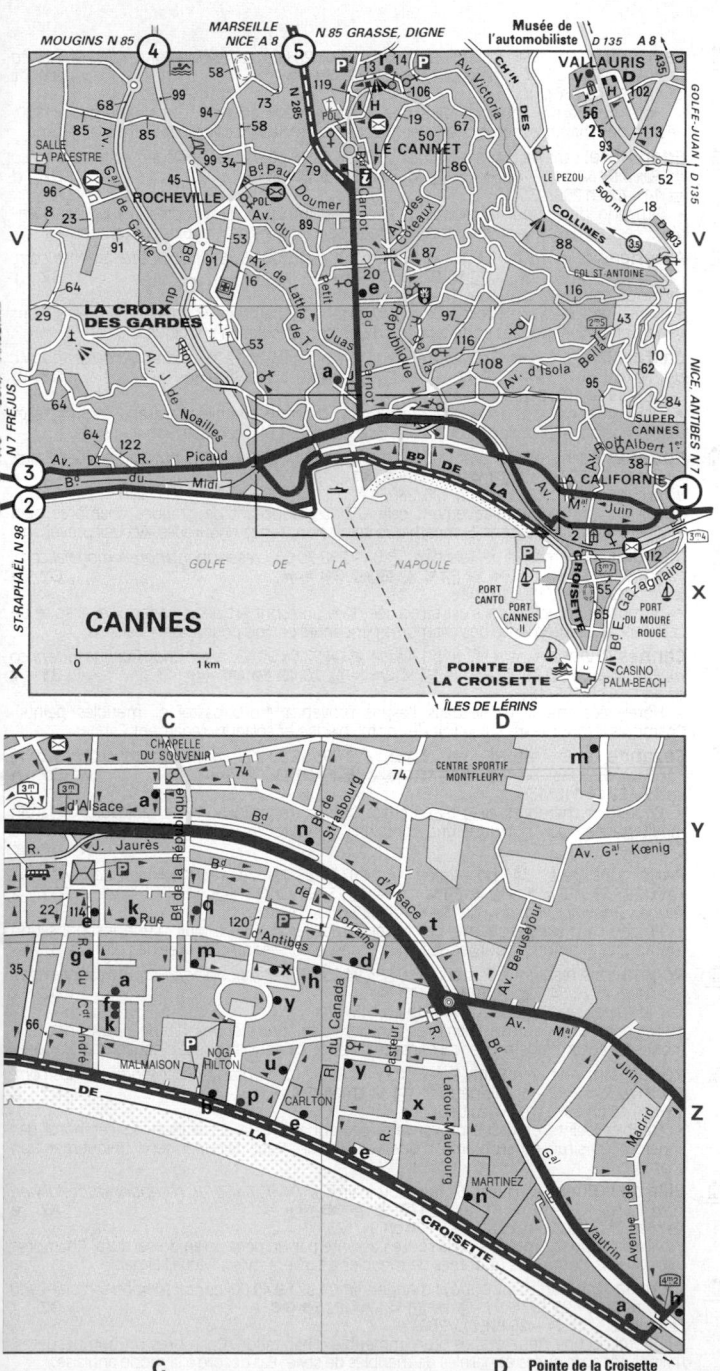

CANNES

🏠 **Cavendish** sans rest, 11 bd Carnot ✆ 04 97 06 26 00, *reservation@cavendish-cannes.co m*, Fax 04 97 06 26 01 – 🛗 ✻ 🗐 📺 📞, 🝔 ⓞ 🇬🇧, ✄ BY t
🖵 18 – **34 ch** 150/240.
♦ Hôtel de charme aménagé dans une demeure bâtie en 1897. Le bel ascenseur (1920) dessert des chambres "cosy", rénovées avec soin. Le plaisant salon-bar invite à la détente.

🏠 **Eden Hôtel** sans rest, 133 r. Antibes ✆ 04 93 68 78 00, *reception@eden-hotel-cannes.co m*, Fax 4 93 68 78 01 – 🛗 ✻ 🗐 📺 📞, 🝔 ⓞ 🇬🇧 DZ d
🖵 14 – **42 ch** 200/230.
♦ Situation idéale pour le shopping : l'hôtel est implanté dans la prestigieuse rue d'Antibes. Les chambres, rénovées et parquetées, sont garnies de meubles contemporains.

🏠 **America** sans rest, 13 r. St-Honoré ✆ 04 93 06 75 75, *info@hotel-america.com*, Fax 04 93 68 04 58 – 🛗 🗐 📺 📞, 🝔 ⓞ 🇬🇧 🇯🇨🇧, ✄ BZ r
fermé 26 nov. au 26 déc. – 🖵 12 – **28 ch** 112/179.
♦ Dans une rue calme proche de la Croisette. Les chambres, fraîches et actuelles, sont généralement spacieuses et bénéficient d'une bonne isolation phonique.

🏠 **California's** sans rest, 8 traverse Alexandre III ✆ 04 93 94 12 21, *nadia@californias-hotel.c om*, Fax 04 93 43 55 17, ⌇, ☞ – 🛗 🗐 📺 📞 – 🝔 15, 🝔 ⓞ 🇬🇧 🇯🇨🇧 DZ h
🖵 18 – **33 ch** 101/300.
♦ Deux belles maisons ordonnées autour d'un joli jardin. Meubles d'artisans, tons pastel et tissus choisis embellissent les chambres ; certaines ont une terrasse. Bateau privé.

🏠 **Fouquet's** sans rest, 2 rd-pt Dubois d'Angers ✆ 04 92 59 25 00, *info@le-fouquets.com*, Fax 04 92 98 03 39 – 🗐 📺 📞 ⌁, CZ y
1er avril-15 nov. – 🖵 12 – **10 ch** 170/230.
♦ Sur un rond-point relativement calme, hôtel disposant de grandes chambres bien équipées et personnalisées. Sympathique coin-salon. Tenue rigoureuse. Accueil prévenant.

🏠 **Mondial** sans rest, 1 r. Teisseire ✆ 04 93 68 70 00, *reservation@hotellemondial.com*, Fax 04 93 99 39 11 – 🛗 ✻ 🗐 📺 📞 ♿, 🝔 ⓞ 🇬🇧 🇯🇨🇧 CY e
🖵 12 – **39 ch** 110/180, 10 suites.
♦ La rénovation de l'hôtel s'est effectuée dans un esprit Art déco. Le mobilier, inspiré de cette époque, agrémente des chambres pimpantes parfois pourvues de balcons.

🏠 **Cannes Riviera** sans rest, 16 bd Alsace ✆ 04 97 06 20 40, *reservation@cannesriviera.co m*, Fax 04 93 39 20 75, ⌇ – 🛗 🗐 📺 📞 ⌁ – 🝔 20, 🝔 ⓞ 🇬🇧 🇯🇨🇧, ✄ BY r
🖵 14 – **59 ch** 105/150.
♦ Hôtel récemment refait dans l'esprit provençal (tons pastel et meubles peints). Chambres insonorisées. Sur le toit de l'hôtel, piscine et solarium regardent Cannes.

🏠 **Cézanne** sans rest, 40 bd Alsace ✆ 04 93 38 50 70, *contact@hotel-cezanne.com*, Fax 04 92 99 20 99, ☞ – 🛗 🗐 📺 📞 ⌁ – 🝔 40, 🝔 ⓞ 🇬🇧 🇯🇨🇧 CY n
🖵 13 – **29 ch** 110/138.
♦ Coquettes chambres avec tissus chatoyants et reproductions de tableaux, joli jardin méditerranéen où murmure une fontaine : la Provence de Cézanne... à 500 m de la Croisette.

🏠 **Paris** sans rest, 34 bd Alsace ✆ 04 97 06 98 40, *reservation@hotel-de-paris.com*, Fax 04 93 39 04 61, ⌇ – 🛗 🗐 📺 📞 ⌁ – 🝔 25, 🝔 ⓞ 🇬🇧 🇯🇨🇧, ✄ CY a
fermé 19 nov. au 26 déc. – 🖵 13 – **47 ch** 135/150, 3 suites.
♦ Proche d'un axe fréquenté, cet hôtel particulier du 19e s. jouit d'une insonorisation exemplaire. Chambres bourgeoises un brin désuètes. Piscine entourée de palmiers.

🏠 **Régina** sans rest, 31 r. Pasteur ✆ 04 93 94 05 43, *reception@hotel-regina-cannes.com*, Fax 04 93 43 20 54 – 🛗 🗐 📺 📞 🅿 🇬🇧, ✄ DZ x
fermé 10 nov. au 26 déc. – 🖵 11 – **19 ch** 145/170.
♦ Cet hôtel propose des chambres régulièrement entretenues : literie neuve, nouvelle moquette et carrelage provençal dans les salles de bains. La majorité dispose d'un balcon.

🏠 **Renoir** sans rest, 7 r. Edith Cavell ✆ 04 92 99 62 62, *contact@hotel-renoir-cannes.com*, Fax 04 92 99 62 82 – 🛗 cuisinette 🗐 📺 📞, 🝔 ⓞ 🇬🇧 🇯🇨🇧 BY x
🖵 12 – **10 ch** 137/149, 17 suites.
♦ Meubles peints et tissus provençaux personnalisent la décoration de cet hôtel des années 1920 situé en surplomb d'une voie rapide. Petit-déjeuner servi uniquement en chambre.

🏠 **Villa de l'Olivier** sans rest, 5 r. Tambourinaires ✆ 04 93 39 53 28, *reception@hotelolivier. com*, Fax 04 93 39 55 85, ⌇ – 🗐 📺 🅿 🝔 ⓞ 🇬🇧 🇯🇨🇧, ✄ AZ e
fermé 22 nov. au 22 déc. – 🖵 10 – **24 ch** 91/125.
♦ Villa du Suquet protégée de la route passante par un petit écran de verdure. Chambres insonorisées, coquettes et dotées de meubles de divers styles. Accueil aimable.

🏠 **Victoria** sans rest, rd-pt Duboys d'Angers ✆ 04 92 59 40 00, *contact@hotel-victoria-cann es.com*, Fax 04 93 38 03 91 – 🛗 🗐 📺 📞 ⌁, 🝔 ⓞ 🇬🇧 CZ x
fermé déc. – 🖵 14 – **25 ch** 145/200.
♦ L'hôtel occupe deux étages d'un immeuble d'habitation. Chambres un brin désuètes, mais plutôt spacieuses et garnies de meubles de style. Bar décoré à la mode anglaise.

🏨 **Festival** sans rest, 3 r. Molière 🖉 04 97 06 64 40, *infos@hotel-festival.com*, *Fax 04 97 06 64 45* – 🔲 TV 📞, AE ① GB JCB **CZ m**
fermé 26 nov. au 26 déc. – ⌧ 8 – **14 ch** 105/125.
* Au premier étage d'un immeuble résidentiel proche de la rue d'Antibes, chambres fonctionnelles et insonorisées. Pour la détente : sauna et jacuzzi.

🏨 **Provence** sans rest, 9 r. Molière 🖉 04 93 38 44 35, *contact@hotel-de-provence.com*, *Fax 04 93 39 63 14* – 🛗 🔲 TV 📞, AE ① GB JCB **CZ s**
fermé 22 nov. au 26 déc. – ⌧ 7,50 – **30 ch** 69/129.
* Un charmant jardin fleuri planté de palmiers devance cet hôtel idéalement situé à proximité de la Croisette. Petites chambres rénovées aux couleurs de la Provence.

🏨 **Albert 1er** sans rest, 68 av. Grasse 🖉 04 93 39 24 04, *Fax 04 93 38 83 75* – TV 🄿. GB **AY d**
fermé 1er au 15 déc. – ⌧ 6 – **11 ch** 60/70.
* Bon accueil dans cette villa des années 1930 où l'on petit-déjeune sur une plaisante terrasse embaumant les senteurs provençales. Sobres chambres.

🏨 **France** sans rest, 85 r. Antibes 🖉 04 93 06 54 54, *infos@h-de-france.com*, *Fax 04 93 68 53 43* – 🛗 🔲 TV 📞, AE ① GB JCB **CY k**
fermé 22 nov. au 26 déc. – ⌧ 9 – **33 ch** 122/146.
* Chambres pratiques et insonorisées, au mobilier d'inspiration Art déco. La rue est conquise par les boutiques de luxe : lèche-vitrine ou "bronzette" sur le toit-terrasse ?

🏨 **Florian** sans rest, 8 r. Cdt André 🖉 04 93 39 24 82, *info@hotel-florian-cannes.com*, *Fax 04 92 99 18 30* – 🛗 🔲 TV 📞, AE ① GB JCB **CZ g**
fermé 15 nov. au 15 janv. – ⌧ 5 – **20 ch** 62/75.
* Pimpante façade ocre à 200 m de la Croisette. Accueil tout sourire garanti dans cet hôtel familial aux chambres fraîches et actuelles, rigoureusement tenues. Clients fidèles.

🏨 **Beverly** sans rest, 14 r. Hoche 🖉 04 93 39 10 66, *contact@hotel-beverly.com*, *Fax 04 92 98 65 63* – 🛗 🔲 TV 📞, AE ① GB JCB **BY n**
fermé 9. – ⌧ 8 – **19 ch** 49/72.
* Dans une rue commerçante proche de la gare, haut immeuble dissimulant de menues chambres avant tout pratiques, que l'on rénove progressivement. Certaines sont climatisées.

🟅🟅🟅🟅 **Palme d'Or** - Hôtel Martinez, 73 bd Croisette 🖉 04 92 98 74 14, *martinez@concorde-hot* ✿✿ *els.com, Fax 04 93 39 03 38,* ≤, 🏖 – 🛗 🔲 ☁🄿. AE ① GB **DZ n**
fermé 12 au 27 avril, mi-nov. à mi-déc., dim. et lundi – **Repas** 55 bc (déj.), 70/140 et carte 105 à 160 ⌾.
* Photos de stars, bois nobles et couleurs élégantes composent ce nouveau décor ouvrant "plein cadre" sur la Croisette. Terrasse panoramique. Brillante cuisine gorgée de soleil.
Spéc. Gnocchi de jeunes carottes, melon, sucrine rôtie (été). Comme un stockfish, sardines en filets, chips de pérugine. Chocolat aux éclats de noisettes, gelée de roses. **Vins** Bellet, Vin de l'Ile Saint Honorat.

🟅🟅🟅🟅 **Villa des Lys** - Hôtel Majestic Barrière, 10 bd Croisette 🖉 04 92 98 77 41, *villadeslys@lucie* ✿ *nbarriere.com, Fax 04 93 38 97 90* – 🔲 ☁🄿. AE ① GB JCB **BZ n**
fermé 14 nov. au 30 déc., dim. et lundi – **Repas** *(dîner seul)* 75/190 et carte 100 à 140.
* Élégante verrière ouvrant sur le ciel azuréen et sobre décor d'inspiration Napoléon III : un joli cadre pour une fine cuisine unissant saveurs atlantiques et méditerranéennes.
Spéc. Bocal de foie gras de canard. Canon d'agneau rôti au thym-citron. "Traou Mad" tiède à la vanille. **Vins** Côtes de Provence.

🟅🟅🟅 **Mesclun**, 16 r. St-Antoine 🖉 04 93 99 45 19, *lemesclun@wanadoo.fr, Fax 04 93 47 68 29* – 🔲. AE GB JCB **AZ t**
fermé 20 nov. au 20 déc., 20 au 28 fév., et merc. – **Repas** (dîner seul.) 34 ⌾.
* Ambiance feutrée dans cette maison ancienne du vieux Cannes. Murs lambrissés, meubles de style, tableaux et éclairage discret forment le cadre de vos dîners intimes.

🟅🟅🟅 **Félix**, 63 bd Croisette 🖉 04 93 94 00 61, *Fax 04 93 94 06 90,* 🏖 – 🔲. AE GB **DZ e**
fermé 20 nov. au 20 déc. – **Repas** 42/45 et carte 45 à 77.
* On y tourna La Bonne Année et Trenet y avait sa table. Cet élégant restaurant de style brasserie chic jouit d'un emplacement privilégié sur la Croisette. Terrasse prisée.

🟅🟅 **Festival**, 52 bd Croisette 🖉 04 93 38 04 81, *contact@lefestival.fr, Fax 04 93 38 13 82,* 🏖 – AE ① GB JCB **CZ p**
fermé 17 nov. au 27 déc. – **Repas** *(26)* - 35/40, enf. 23 ⌾ - **Grill :** **Repas** carte 33 à 49 ⌾.
* Des dessins de navires en coupe égayent les lambris blonds de cette vaste brasserie. Terrasse face à la Croisette pour voir... et être vu ! Au Grill, ambiance conviviale, cadre sobre et restauration simple : grillades, salades, plats du jour, etc.

🟅🟅 **Relais des Semailles**, 9 r. St-Antoine 🖉 04 93 39 22 32, *Fax 04 93 39 84 73* – 🔲. AE GB **AZ z**
Repas 18 (déj.), 35/40 ⌾.
* Tableaux, meubles anciens et bibelots composent le cadre "cosy" de ce restaurant situé dans une ruelle de la vieille ville. Jolie mise en place. Plats traditionnels soignés.

XX **Mantel**, 22 r. St-Antoine *04 93 39 13 10, noel.mantel@wanadoo.fr, Fax 04 93 39 13 10–*
📧 GB   BZ   c
fermé 25 juin au 10 juil., 10 au 20 nov., jeudi midi et merc. – **Repas** *23 (déj.), 32/54 ♀.*
♦ L'un des nombreux restaurants bordant une pittoresque ruelle du Suquet. Celui-ci se distingue par sa cuisine appliquée mariant recettes provençales et influences italiennes.

XX **Gaston et Gastounette**, 7 quai St-Pierre *04 93 39 47 92, Fax 04 93 99 45 34,* 🏠 –
📧 ᴀᴇ ⓪ GB   AZ   v
fermé 1ᵉʳ au 20 déc. – **Repas** *23 (déj.), 31/35 ♀.*
♦ Les boiseries claires des deux salles à manger sont agrémentées de représentations colorées de paysages azuréens. Belle terrasse tournée vers le port.

XX **Palm Square**, 1 allée Liberté *04 93 06 78 27, squarepalm@aol.com, Fax 04 93 06 78 29*
– 📧 ᴀᴇ GB   AZ   a
fermé 24 nov. au 14 déc. – **Repas** *(16) - 22 (déj.)/75 bc, enf. 8 ♀.*
♦ Décor d'inspiration coloniale (boiseries, tons chauds et plantes) et cuisine dans l'air du temps pour ce restaurant "tendance" proche du palais des festivals.

XX **Rest. Arménien**, 82 bd Croisette *04 93 94 00 58, christian@lerestaurantarmenien.co m, Fax 04 93 94 56 12 –* 📧 GB   DZ   a
fermé 15 au 30 déc., le midi du mardi au sam., et lundi – **Repas** *menu unique 40.*
♦ Sans choix mais copieux, l'unique menu du jour vous convie à une escapade culinaire en Arménie. Cadre un peu kitsch éclairé de vitraux colorés. Clientèle fidèle.

XX **Il Rigoletto**, 60 bd Alsace *04 93 43 32 19,* 🏠 – 📧 ᴀᴇ GB   DY   t
fermé 21 nov. au 6 déc., mardi soir hors saison et dim. – **Repas** *14 (déj.), 28/48.*
♦ Le quartier est un peu excentré et la façade bourgeoise discrète, mais l'adresse a déjà ses fidèles, conquis par son authentique cuisine italienne entièrement faite maison.

XX **Comme Chez Soi**, 4 r. Batéguier *04 93 39 62 68, info@commechezsoi.net, Fax 04 93 38 20 65,* 🏠 – 📧 GB ᴊᴄʙ   CZ   k
fermé 22 nov. au 8 déc. et lundi – **Repas** *(dîner seul.) 29/53, enf. 15.*
♦ Bibelots ramenés de voyages ainsi que fleurs et tissus choisis créent la plaisante atmosphère de cette salle à manger. Cuisine provençale mâtinée d'influences asiatiques.

XX **Madeleine**, 13 bd Jean Hilbert *04 93 39 72 22, lemadeleine@fr.st, Fax 04 93 94 61 57,*
⇐, – 📧 ᴀᴇ ⓪ GB ᴊᴄʙ
fermé 15 déc. au 15 janv., dim. soir d'oct. à juin, merc. midi de juil. à sept. et mardi – **Repas** *23/35 ♀.*
♦ Hommage rendu à la mer dans cet établissement aux tonalités résolument azuréennes. Belle vue sur l'Esterel et les îles de Lérins. Cuisine iodée.

XX **Côté Jardin**, 12 av. St-Louis *04 93 38 60 28, cotejardin.com@wanadoo.fr, Fax 04 93 38 60 28,* 🏠 – 📧 ᴀᴇ ⓪ GB   X   a
fermé 2 au 12 janv., dim. et lundi – **Repas** *(20) - 35/45 ♀.*
♦ Ce restaurant situé dans un quartier résidentiel dispose d'une salle à manger-véranda décorée dans la note provençale et d'un jardinet-terrasse ombragé. Plats au goût du jour.

XX **3 Portes**, 16 r. Frères Pradignac *04 93 38 91 70, Fax 04 93 94 13 57,* 🏠 – 📧 ᴀᴇ GB
ᴊᴄʙ   CZ   y
fermé 1ᵉʳ au 11 juil., 15 au 25 déc., lundi midi, sam. midi et dim. hors saison – **Repas** *26 ♀.*
♦ "Fashion victim" ? Vous avez frappé aux 3 bonnes portes : cuisine au goût du jour d'inspiration méditerranéenne et décor design épuré sur fond musical "tendance".

X **Caveau 30**, 45 r. F. Faure *04 93 39 06 33, lecaveau30@wanadoo.fr, Fax 04 92 98 05 38,* 🏠 – 📧 ᴀᴇ ⓪ GB   AZ   f
Repas *20,50/28 ♀.*
♦ Vaste restaurant disposant de deux salles à manger de style brasserie des années 1930. Terrasse donnant sur une grande place ombragée. Produits de la mer.

X **Mère Besson**, 13 r. Frères Pradignac *04 93 39 59 24, lamerebesson@wanadoo.fr, Fax 04 92 18 93 11,* 🏠 – 📧 ᴀᴇ ⓪ GB   CZ   a
fermé (dîner seul) 27/32.
♦ Cette modeste maison est devenue une institution en matière de cuisine provençale. Salle à manger aux murs jaune paille animée par le spectacle de la brigade en action.

X **Rendez-Vous**, 35 r. F. Faure *04 93 68 55 10, Fax 04 93 38 96 21,* 🏠 – 📧 ᴀᴇ GB   AZ   g
fermé 8 au 17 janv. et 10 au 20 déc. – **Repas** *18,60/25,90 ♀.*
♦ Rendez-vous dans cette plaisante salle à manger actuelle après une matinée parfumée passée sur le marché aux fleurs voisin. Cuisine traditionnelle.

X **La Cave**, 9 bd République *04 93 99 79 87, restaurantlacave@free.fr, Fax 04 93 46 15 12* – 📧 ᴀᴇ GB ᴊᴄʙ   CY   q
fermé sam. midi et dim. – **Repas** *(22) - 28 ♀ ⊛.*
♦ Miroirs, affiches, banquettes en skaï et cuisines visibles de tous : un bistrot actuel et convivial où l'on mange un peu au coude à coude. Ardoise de suggestions du jour.

✗ **Aux Bons Enfants**, 80 r. Meynadier, ㈜ – ▦   **AZ** r
fermé août, 24 déc. au 2 janv., sam. soir d'oct. à avril et dim. – **Repas** (nombre de couverts limité) 17,50.
* Cette petite adresse familiale cultive avec bonheur l'art de recevoir. Goûteuse cuisine régionale. Particularités de la maison : pas de téléphone et on paie en liquide.

au Cannet Nord : 3 km - **V** – 42 158 h. alt. 80 – ⊠ 06110 .

🛈 *Office de tourisme, avenue du Campon ℘ 04 93 45 34 27, Fax 04 93 45 28 06, tourisme@mairie-lecannet.*

✗ **Pézou**, 346 r. St-Sauveur ℘ 04 93 69 32 50, Fax 04 93 46 05 59, ㈜ – **GB**. ⚡   **V** r
fermé nov., 1er au 15 fév., dim. soir hors saison et merc. – **Repas** 24/30 ♀.
* Pour oublier la Croisette le temps d'un repas, sympathique restaurant situé sur une jolie placette où l'on dresse des tables en été. Cuisine traditionnelle sans prétention.

Le CANNET 06 Alpes-Mar. **341** D6 – *rattaché à Cannes.*

Le CANNET-DES-MAURES 83340 Var **340** N5 – *3 478 h alt. 124.*
Paris 834 – Fréjus 39 – Brignoles 31 – Cannes 73 – Draguignan 27 – Toulon 54.

🏨 **Mas de Causserène**, N 7 ℘ 04 94 60 74 87, *e-oustalet@wanadoo.fr,*
Fax 04 94 60 95 97, ㈜ , ☕ – 📺 ✆ & **P** – 🄰 30 à 100. 🄰🄴 **GB**
- L'Oustalet *(fermé dim. soir du 7 sept.au 20 juin)* **Repas** 16(déj.),21/34, enf. 12 ♦ – ♀ 7,50
– 49 ch 46/55 – ½ P 46/50.
* Proche de l'autoroute et avant les plages de la Côte, hôtel pratique aux chambres fonctionnelles. La vaste salle à manger, tournée côté campagne, présente une plaisante décoration provençale ; cuisine traditionnelle, également servie en terrasse.

Si le coût de la vie subit des variations importantes,
les prix que nous indiquons peuvent être majorés.
Lors de votre réservation à l'hôtel, faites-vous préciser le prix définitif.

CANTOBRE 12 Aveyron **338** L6 – *rattaché à Nant.*

CAPBRETON 40130 Landes **335** C13 *G. Aquitaine* – 6 659 h alt. 6 – *Casino.*
🛈₈ *à Seignosse ℘ 05 58 41 68 30, N : 8 km par D 152.*
🛈 *Office de tourisme, avenue Georges Pompidou ℘ 05 58 72 12 11, Fax 05 58 41 00 29, tourisme.capbreton@wanadoo.fr.*
Paris 749 – Biarritz 29 – Bayonne 22 – Mont-de-Marsan 90 – St-Vincent-de-Tyrosse 12.

✗ **Bleu Marine**, 26 r.Gén. de Gaulle ℘ 05 58 72 12 02, Fax 05 58 72 12 02 – **GB**
fermé oct., dim. sauf midi de sept. à juin, lundi sauf juil.-août et mardi de sept. à avril –
Repas *(12 bc)* - 25/30 ♦.
* Ce petit restaurant situé au centre de la station met l'accent sur la qualité des produits. La cuisine, qui évolue au gré du marché, est servie dans un joli décor marin.

quartier de la plage :
🏠 **L'Océan**, av. G. Pompidou ℘ 05 58 72 10 22, *hotel-capbreton@wanadoo.fr,*
Fax 05 58 72 08 43, ← – 🛗, ▦ rest, 📺 **P** 🄰🄴 🄾 **GB**
fermé 15 nov. au 16 déc. et 4 au 27 janv. – **Repas** 10 (déj.), 15/22, enf. 8 ♦ – ♀ 8 – **25 ch**
74/84.
* Au bord du chenal, façade immaculée abritant des chambres dotées de balcons ; certaines renferment des meubles basques. L'Atlantique est à l'honneur, tant dans le décor du restaurant que dans l'assiette. Pizzeria pour les petits creux.

✗✗ **Café Bellevue**, av. G. Pompidou ℘ 05 58 72 10 30, Fax 05 58 72 11 12 – 🄰🄴 🄾 **GB**
30 janv.-8 nov et fermé lundi du 30 janv. au 1er avril – **Repas** 15/30, enf. 8 ♀.
* Près du port, grande salle à manger décorée dans un esprit "rétro", agrandie d'une large véranda donnant sur le chenal. Cuisine traditionnelle et banc d'écailler.

quartier la Pêcherie :
✗✗✗ **Regalty**, port de plaisance ℘ 05 58 72 22 80, Fax 05 58 72 22 80, ㈜ – 🄰🄴 🄾 **GB**
fermé lundi en juil.-août – **Repas** 28 et carte 41 à 48.
* Restaurant aménagé au rez-de-chaussée d'un immeuble moderne. Atmosphère marine dans la salle à manger habillée de boiseries. À table, produits de l'océan.

CAP COZ 29 Finistère **308** H7 – *rattaché à Fouesnant.*

CAP D'AGDE 34 Hérault **339** G9 – rattaché à Agde.

CAP d'AIL 06320 Alpes-Mar. **341** F5 – 4 532 h alt. 51.

🛈 Office de tourisme, 87 bis avenue du 3 Septembre ℰ 04 93 78 02 33, Fax 04 92 10 74 36, tourisme@cap-dail.com.

Paris 945 – Monaco 3 – Menton 14 – Monte-Carlo 4 – Nice 18.

Voir plan de Monaco (Principauté de).

🏨 **Marriott,** au port ℰ 04 92 10 67 67, thierry.derrien@marriotthotels.com, Fax 04 92 10 67 00, ≤, 🍽, ⬛ – 🛗 ⤢ ⬛ 📺 📞 ᝡ, ⟷ – 🔒 20 à 150. ㏓ ⓞ 🅶🅱 🅹🅲🅱. 🌿

Repas 43 ♀ – ⬗ 23 – **174 ch** 230/275, 12 suites.   AV   n

♦ Immeuble moderne face au port de plaisance du cap d'Ail. Chambres très confortables, conformes aux normes de la chaîne ; la plupart sont dotées de loggias avec vue sur la mer. Élégant restaurant aménagé à la façon d'une brasserie. Cuisine traditionnelle.

CAPDENAC-GARE 12700 Aveyron **338** E3 – 4 587 h alt. 175.

🛈 Office de tourisme, place du 14 juillet ℰ 05 65 64 74 87, Fax 05 65 80 88 15, office.de.tourisme.du.capdenacois@wanadoo.fr.

Paris 587 – Rodez 59 – Aurillac 65 – Villefranche-de-Rouergue 31.

à St-Julien-d'Empare Sud : 2 km par D 86 et D 558 – ✉ 12700 Capdenac-Gare :

🏨 **Auberge La Diège** ⬙, ℰ 05 65 64 70 54, hotel@diege.com, Fax 05 65 80 81 58, 🍽, 🍽 ⬛ 🔲, ⥁ – 📺 ᝡ 📞 – 🔒 30. ㏓ ⓞ 🅶🅱
fermé 15 déc. au 11 janv. et 7 au 15 fév. – **Repas** (fermé vend. soir, dim. soir et sam. d'oct. à avril et sam. midi d'avril à juin) 10/30,70, enf. 7 ♀ – ⬗ 10,70 – **24 ch** 48/64 – ½ P 47/56.

♦ Alliance audacieuse d'un bâtiment résolument contemporain (chambres fonctionnelles) avec une vieille ferme en grès beige accueillant le restaurant. Poutres, pierres apparentes et cheminée composent le caractère rustique de la salle à manger.

Nos guides hôteliers, nos guides touristiques et nos cartes routières sont complémentaires. Utilisez-les ensemble.

CAPESTANG 34310 Hérault **339** D9 – 3 007 h alt. 22.

🛈 Office de tourisme, boulevard Pasteur ℰ 04 67 93 34 23, Fax 04 67 93 34 23, otcapestang@wanadoo.fr.

Paris 775 – Montpellier 88 – Béziers 16 – Carcassonne 61 – Narbonne 18 – St-Pons 41.

à l'Ouest 5 km par D 11 et D 5 – ✉ 11590 Ouveillan :

XXX **Relais de Pigasse,** ℰ 04 67 89 40 98, relaispigasse@comtecathare.com, Fax 04 67 89 40 18, 🍽 – 🔲. 🅶🅱
✿ fermé 30 août au 6 sept., 24 au 28 déc., 1er au 28 fév., dim. soir, mardi midi et lundi – **Repas** 30 (déj.), 45/110 et carte 53 à 80, enf. 25 ♀ ⬗.

♦ Belle bâtisse (1684) au bord du canal du Midi. Décor moderne valorisant les vieilles pierres et séduisante cuisine personnalisée escortée par les vins de la propriété.

Spéc. Cappucino de champignons, velouté cacao, foie gras (sauf printemps). Papillote de loup et homard aux herbes. Surprise glacée de feuilles de tabac. **Vins** Minervois, Saint-Chinian.

CAP FERRET 33 Gironde **335** D7 G. Aquitaine – alt. 11 – ✉ 33950 Lege Cap Ferret.

Voir ✳ ★ du phare.

Paris 650 – Bordeaux 71 – Arcachon 10 – Lacanau-Océan 55 – Lesparre-Médoc 88.

🏨 **Frégate** sans rest, 34 av. Océan ℰ 05 56 60 41 62, resa@hotel-la-fregate.net, Fax 05 56 03 76 18, ⥁ – ⤢ 📺 🔲 ㏓ ⓞ 🅶🅱
fermé 3 nov. au 26 déc. – ⬗ 10 – **31 ch** 45/115.

♦ Réparties dans plusieurs bâtiments, chambres diverses en taille et en style, mais toutes décorées avec soin ; certaines ont un balcon donnant sur la piscine. Tenue rigoureuse.

X **Pinasse Café,** 2 bis av. Océan ℰ 05 56 03 77 87, pinassecafe@wanadoo.fr, Fax 05 56 60 63 47, ≤, 🍽 – ㏓ 🅶🅱
8 fév.-15 nov. – **Repas** 15 (déj.)/23, enf. 7,20 ♀.

♦ Ce sympathique bistrot honore l'océan dans le décor (oeuvres marines) et dans l'assiette (poissons et crustacés). En terrasse, belle vue sur le bassin et la dune du Pilat.

X **Chez Hortense,** à la pointe ℰ 05 56 60 62 56, Fax 05 56 60 42 84, ≤, 🍽 – 🅶🅱
juil.-août et week-ends d'avril à sept. – **Repas** carte 35 à 55.

♦ Restaurant aménagé dans une maison de pêcheur en briques et bois. Salle d'esprit bistrot, terrasse ouverte sur le bassin et la dune du Pilat. Cuisine de la mer.

CAP FRÉHEL 22 C.-d'Armor **309** I2 G. Bretagne – ⊠ 22240 Fréhel.

Voir Site★★★ – ☀ ★★★ – Fort La Latte : site★★, ☀ ★★ SE : 5 km.

Paris 438 – St-Malo 42 – Dinan 43 – Dinard 36 – Lamballe 36 – Rennes 96 – St-Brieuc 48.

✗ **Fauconnière,** à la Pointe ℘ 02 96 41 54 20, ≼ mer et côte – **GB**
1er avril-30 sept. – **Repas** (fermé le soir hors saison sauf week-ends) 18,50/27,50, enf. 8,50.
   ♦ Ce restaurant situé dans un site classé uniquement accessible à pied, est ancré sur les roches rouge violacé de la Fauconnière. Décor très sobre mais vue exceptionnelle.

CAP GRIS-NEZ ★★ 62 P.-de-C. **301** C2 G. Picardie Flandres Artois – ⊠ 62179 Audinghen.

Paris 288 – Calais 32 – Arras 139 – Boulogne-sur-Mer 21 – Marquise 13 – St-Omer 61.

✗ **Sirène,** ℘ 03 21 32 95 97, Fax 03 21 32 74 75, ≼ mer – **P.** **GB**
fermé 15 déc. au 25 janv., le soir sauf sam. de sept. à Pâques, dim. soir et lundi – **Repas** 20,20/36 ♀.
   ♦ Point de sirènes à l'horizon, mais homards et poissons vous charmeront dans cette maison postée au bord de l'eau, face aux côtes anglaises (visibles par beau temps).

CAPINGHEM 59 Nord **302** F4 – rattaché à Lille.

CAPPELLE-LA-GRANDE 59 Nord **302** C2 – rattaché à Dunkerque.

La CAPTE 83 Var **340** L7 – rattaché à Hyères.

CAPVERN-LES-BAINS 65130 H.-Pyr. **342** N6 G. Midi-Pyrénées – alt. 450 – Stat. therm. (fin avril-fin oct.) – Casino.

Env. Donjon du château de Mauvezin ☀ ★ O : 4,5 km.

☖₁₈ à Lannemezan ℘ 05 62 98 01 01, E : 12 km.

🛈 Office de tourisme, place des Thermes ℘ 05 62 39 00 46, Fax 05 62 39 08 14, ot-capvern@wanadoo.fr.

Paris 804 – Bagnères-de-Bigorre 19 – Bagnères-de-Luchon 71 – Lannemezan 9 – Tarbes 31.

🏭 **Lemoine,** 846 r. Provence ℘ 05 62 39 02 18, Fax 05 62 39 04 20, 🦩 – 📺 🛏 **P.** **GB.** ※
26 avril-23 oct. – **Repas** (8,50) - 12/16, enf. 7 ♀ – ☷ 6 – **12 ch** 46/53 – 1/2 P 35/40.
   ♦ Construction régionale en bord de route. Les petites chambres rustiques sont fort bien tenues ; choisir celles donnant sur le parc arboré. Salle à manger agreste aux allures de pension de famille où l'on propose recettes traditionnelles et menus diététiques.

CARANTEC 29660 Finistère **308** H2 G. Bretagne – 2 724 h alt. 37.

Voir Croix de procession★ dans l'église – "Chaise du Curé" (plate-forme) ≼ ★.

Env. Pointe de Pen-al-Lann ≼ ★★ E : 1,5 km puis 15 mn.

☖ de Carantec ℘ 02 98 67 09 14, S : 1km par D 73.

🛈 Office de tourisme, 4 rue Pasteur ℘ 02 98 67 00 43, Fax 02 98 67 90 51, carantec.tourisme@wanadoo.fr.

Paris 552 – Brest 71 – Lannion 53 – Morlaix 14 – Quimper 90 – St-Pol-de-Léon 10.

🏨 **L'Hôtel de Carantec-Patrick Jeffroy** ⚘, ℘ 02 98 67 00 47, patrick.jeffroy@wanad
✿✿ oo.fr, Fax 02 98 67 08 25, ≼ Baie de Morlaix, 🐟 – 🗓 📺 ⚌ **P.** – 🔬 15. 🏧 **GB.** ※ ch
fermé 15 nov. au 3 déc., 10 janv. au 2 fév., dim. soir du 14/09-15/06, lundi sauf le soir en saison, jeudi midi du 15/06-14/09 et mardi midi – **Repas** 50/105 et carte 72 à 96, enf. 18 – ☷ 16,50 – **12 ch** 128/205.
   ♦ Cette charmante maison de 1936, habilement rénovée dans le style de l'époque, surplombe la merveilleuse baie de Morlaix. Chambres raffinées. Restaurant panoramique où l'on se régale d'une cuisine personnalisée, "terre et mer" à l'unisson. Service prévenant.
   Spéc. Saint-Jacques de la baie au jus de céleri (oct. à avril). Filet de bar de ligne, petits camus aux coquillages. Sablé aux fraises de Plougastel.

✗✗ **Cabestan,** au port ℘ 02 98 67 01 87, lecabestan.carantec@wanadoo.fr,
🍴 Fax 02 98 67 90 49, ≼ – **GB.** ※
fermé 5 nov. au 10 déc., lundi sauf juil.-août et mardi – **Repas** 22/34, enf. 10 ♀.
   ♦ Salle à manger d'esprit rustique où l'on s'attable autour de plats régionaux avec le port et la Manche en toile de fond. Également, espace bar-brasserie.

✗ **Chaise du Curé,** 3, pl. République ℘ 02 98 78 33 27, Fax 02 98 78 33 27 – **GB**
fermé 5 au 20 nov., 21 janv. au 19 fév., 23 juin au 1er juil., merc. et jeudi – **Repas** 19/31 ♀.
   ♦ Sympathique adresse familiale située près de l'église et de la "Chaise du Curé" (de ce rocher, vue sur les grèves et la baie). Salle simple et colorée, cuisine du marché.

CARCASSONNE ⊠ 11000 Aude **344** F3 G. Languedoc Roussillon – 43 950 h alt. 110.

Voir La Cité**★★★** – Basilique St-Nazaire**★** : vitraux**★★**, statues**★★** – Musée du château Comtal : calvaire**★** de Villanière**★** – Montolieu**★** (village du livre) – Châteaux de Latours**★** – Commune de la "Méridienne verte".

🛩 de Carcassonne ℰ 06 13 20 85 43, par ③ : 4 km par D 118 et D 104.

🛫 de Carcassonne-Salvaza : ℰ 04 68 71 96 46, par ④ : 3 km.

🎫 Office de tourisme, 15 boulevard Camille Pelletan ℰ 04 68 10 24 30, Fax 04 68 10 24 38, accueil@carcassonne-tourisme.com.

Paris 768 ④ – Perpignan 114 ② – Toulouse 92 ④ – Albi 110 ① – Narbonne 61 ②.

🏨 **Trois Couronnes**, 2 r. Trois Couronnes ℰ 04 68 25 36 10, hotel3couronnes@wanadoo.f r, Fax 04 68 25 92 92, ≤, 𝄁ᴙ – 🛗 ▤ 📺 P. 🏋 ⇆ – 🏋 15 à 100. 🆎 ⑪ ☒   BZ u
Repas 21/38,50 ⛾ – ☲ 9,50 – **68 ch** 85,50/101 – ½ P 65/73.
♦ Immeuble récent bénéficiant d'une belle situation au bord de l'Aude et face aux rem-parts. Chambres bien équipées, en partie tournées sur la Cité. Au dernier étage de l'hôtel, la salle à manger offre une vue exceptionnelle sur la forteresse.

🏨 **Montségur** sans rest, 27 allée d'Iéna ℰ 04 68 25 31 41, reservation@hotelmontsegur.co m, Fax 04 68 47 13 22 – 🛗 ▤ 📺 P. 🏋 ⑪ ☒ 𝐉𝐂𝐁   AZ t
fermé 20 déc. au 3 fév. – ☲ 9 – **21 ch** 57/92.
♦ Cette maison de maître de la fin du 19ᵉ s. propose des chambres personnalisées par de beaux meubles anciens. Salon de style pour les petits-déjeuners.

✗✗✗ **Languedoc**, 32 allée Iéna ℰ 04 68 25 22 17, info@languedocrestaurant.com, Fax 04 68 25 04 14, 🍽 – ▤. 🆎 ⑪ ☒ 𝐉𝐂𝐁   AZ z
fermé 23 juin au 3 juil., 20 déc. au 18 janv., lundi sauf le soir en juil.-août et dim. soir – **Repas** 22/40 et carte 34 à 50, enf. 12 𝄞.
♦ Sur une artère fréquentée, accueil courtois invitant à déguster une cuisine classique dans un cadre rustico-bourgeois. En été, préférez le calme et la fraîcheur du patio.

✗✗ **Clos Occitan**, 68 bd Barbès ℰ 04 68 47 93 64, Fax 04 68 72 46 91, 🍽 – ▤. 🆎 ⑪ ☒   AZ s
fermé 12 janv. au 3 fév., sam. midi, dim. soir et lundi – **Repas** 15 (déj.), 22/45 ⛾.
♦ Ancien garage métamorphosé en un accueillant restaurant décoré aux couleurs du Sud. Belle terrasse garnie de meubles en fer forgé. Appétissante cuisine dans l'air du temps.

✗✗ **L'Écurie**, 43 bd Barbès ℰ 04 68 72 04 04, Fax 04 68 25 31 90, 🍽 – 🆎 ☒   AZ m
fermé dim. soir et merc. – **Repas** (15) - 21/35, enf. 10 ⛾.
♦ Étape insolite, ces authentiques écuries du 18ᵉ s. attendent cavaliers et cavalières. Stalles élégamment aménagées, sol en galets, tableaux et jardin ombragé au calme.

✗ **Chez Fred**, 31 bd O. Sarraut ℰ 04 68 72 02 23, contact@chez-fred.fr, Fax 04 68 71 52 64, 🍽 – ▤. 🆎   AY a
fermé 20 oct. au 3 nov., 9 fév. au 2 mars, vacances de fév., mardi soir et merc. en hiver et sam. midi – **Repas** 10 (déj.), 18/27 ⛾.
♦ Convivialité et spécialités régionales se sont donné rendez-vous dans ce plaisant bistrot niché au fond d'une cour, près de la gare. Intérieur chatoyant. Terrasse ombragée.

à l'entrée de la Cité, près porte Narbonnaise :

🏨 **Mercure Porte de la Cité** ⌕, 18 r. C. Saint-Saens ℰ 04 68 11 92 82, h1622@accor-hot els.com, Fax 04 68 71 11 45, 🍽, ⅃, 🌳 – 🛗 ✦ ▤ 📺 ⅃ & P – 🏋 15 à 50. 🆎 ⑪ ☒ 𝐉𝐂𝐁, ✻ rest
Repas 17/29, enf. 10 ⛾ – ☲ 9,50 – **61 ch** 90/93.
♦ Cette bâtisse languedocienne d'un quartier résidentiel offre confort, intimité et décora-tion méridionale. Optez pour les chambres avec vue sur la citadelle. Salle à manger proven-çale décorée de photos du pays ; jolie terrasse verdoyante.

dans la Cité - Circulation réglementée en été :

🏨 **Cité** ⌕, pl. Église ℰ 04 68 71 98 71, reservations@hoteldelacite.com, Fax 04 68 71 50 15, ≤, 🍽, ⅃, 🌳 – 🛗 ▤ 📺 ⅃ & ⇆ – 🏋 15 à 60. 🆎 ⑪ ☒ 𝐉𝐂𝐁   C e
❀ fermé déc. et janv. – **Barbacane** (dîner seul.) (mars-nov. et fermé mardi et merc.) **Repas** 60/100 et carte 80 à 95 – **Brasserie Chez Saskia** (fermé déc., janv., dim. et lundi en juil.-août) **Repas** 15/31 𝄞 – ☲ 28,80 – **53 ch** 315/650, 8 suites.
♦ Prestigieuse demeure néo-gothique ouverte sur un jardin avec piscine côté rem-parts. Agencements luxueux agrémentés de tableaux et de meubles de style. À la Barba-cane, cuisine actuelle et cadre médiéval raffiné. Chez Saskia, brasserie à l'ambiance décontractée.
Spéc. Tartine de haricots de Castelnaudary aux truffes d'été et mozzarella (juin à sept.). Langoustines rôties, crème d'amande glacée (printemps-été). Pigeon au lait anisé, haricots verts caramélisés. **Vins** Corbières, Coteaux du Languedoc.

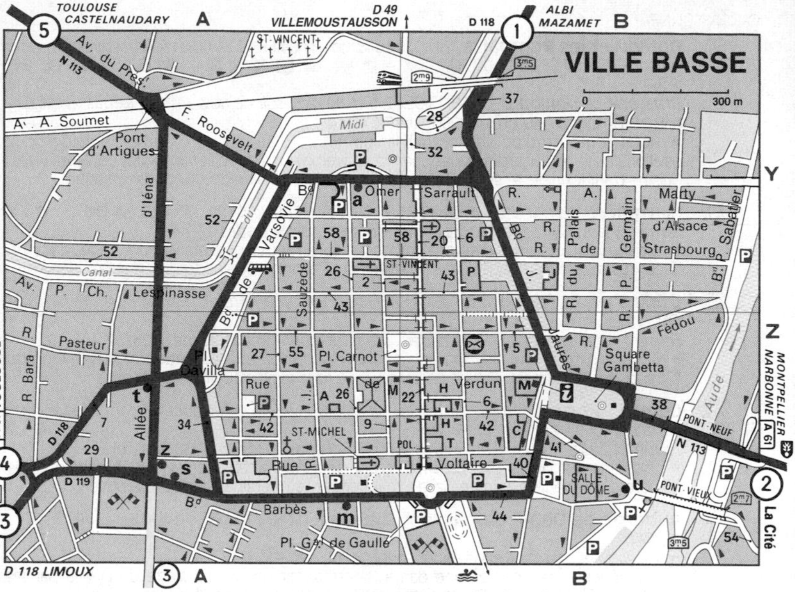

VILLE BASSE

TOULOUSE CASTELNAUDARY — A — VILLEMOUSTAUSSON ↑ — D 49 — D 118 — ALBI MAZAMET — B

5 · N 113 · Av. du Pré · ST-VINCENT

A. A. Soumet · F. Roosevelt · Midi · 1 · 3M5

Pont d'Artigues · 28 · 37 · 0   300 m

d'Iéna · B⁴ · Omer Sarraut · R. · A. · Marty · Y

52 · P · a · d'Alsace · Strasbourg · Sébadier

52 · 58 · 58 · 20 · 6 · R. · Palais · Germain

Av. P. Ch. Lespinasse · Canal · 26 · 2 · ST-VINCENT · 43 · de · B⁴

Pasteur · Saubède · 43 · Fedou

R. Bara · 27 · 55 · Pl. Carnot · 5 · Square Gambetta · Z

t · Rue · A 26 · de · M · Verdun · M · 38 · PONT NEUF

34 · 42 · 22 · 9 · H · 42 · N 113 · MONTPELLIER NARBONNE A 61

29 · Allée · ST-MICHEL · POL. · 41 · PONT VIEUX

Z · S · P · Rue · Voltaire · 40 · SALLE DU DÔME · u · La Cité

D 119 · B⁴ · Barbès · m · 44 · P · 54 · 2

Pl. Gⁿˡ de Gaulle

D 118 LIMOUX · 3 · A · B · 3

CARCASSONNE

Armagnac (R. A.) . . . . . . **AY** 2
Barbès (R.) . . . . **BZ** 5
Bringer (R. Jean) . . . . **BYZ** 6
Bunau-Varilla (Av.) . . . . **AZ** 7
Chartran (R.) . . . . **AZ** 9
Clemenceau (R. G.) . . . . **BY** 20
Combéléran (Mtée G.) . . **D** 21
Courtejaire (R.) . . . . **BZ** 22
Cros-Mayrevieille (Rue) . **D** 24
Dr-A.-Tomey (R.) . . . . . **AYZ** 26
Études (R. des) . . . . **AZ** 27
Foch (Av. du Mar.) . . . . **BY** 28
Gout (Av. Henri) . . . . . . **AZ** 29
Grand-Puits (R. du) . . . . **CD** 30
Joffre (Av. du Mar.) . . . . **BY** 32
Marcou (Bd) . . . . **AZ** 34
Médiévale (Voie) . . . . . **D** 36
Minervoise (Route) . . . . **BY** 37
Mullot (Av. Arthur) . . . . **BZ** 38
Pelletan (Bd C.) . . . . . . **BZ** 40
Pont-Vieux (R. du) . . . . **BY** 41
Ramon (R. A.) . . . . . . **ABZ** 42
République (R. de la) . **ABY** 43
Roumens (Bd du Cdt) . **BZ** 44
St. Jean (R.) . . . . **C** 46
St. Saëns (R. C.) . . . . . . **D** 48
St. Sernin (R.) . . . . **D** 49
Semard (Av. Pierre) . . . **AY** 52
Trivalle (R.) . . . . **BZ** 54
Verdun (R. de) . . . . . . **ABZ**
Victor-Hugo (R.) . . . . . **AZ** 55
Viollet-le-Duc (Rue) . . . **C** 56
4-Septembre (R. du) . **ABY** 58

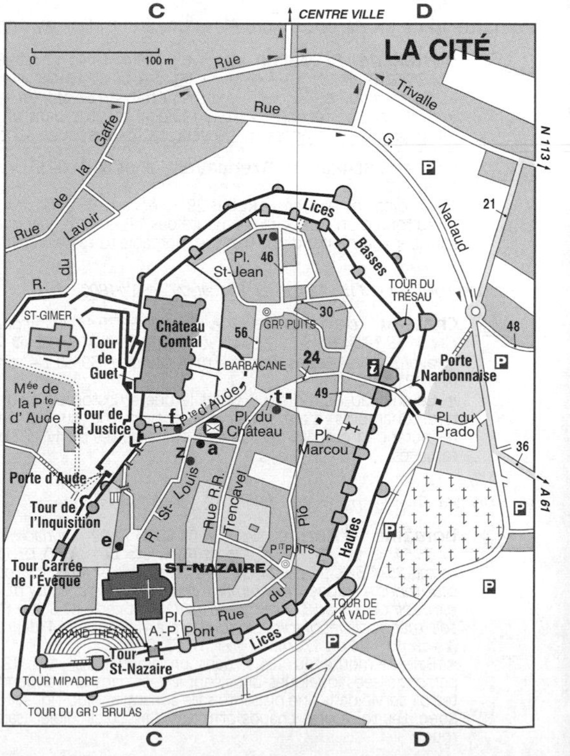

LA CITÉ

C — ↑ CENTRE VILLE — D

0   100 m

Rue · Trivalle · N 113

Rue de la Gaffe · Rue · G. · Nadaud · P

Rue du Lavoir · Lices · Basses · 21

V · 46 · Pl. St-Jean · TOUR DU TRÉSAU · 48

ST-GIMER · Château Comtal · 30 · GR⁴ PUITS · 56 · Porte Narbonnaise

Tour de Guet · BARBACANE · 24 · P

Mᵉᵉ de la Pᵗᵉ d'Aude · Tour de la Justice · R. · f · Pl. du Château · 49 · t · Pl. du Prado

Porte d'Aude · z · a · Pl. Marcou · 36 · A 61

Tour de l'Inquisition · R. St-Louis · Trencavel · Pᵗ PUITS · Hautes

e · Pˡô

Tour Carrée de l'Évêque · ST-NAZAIRE · du · TOUR DE LA VADE

GRAND THÉÂTRE · Pl. A.-P. Pont · Rue · Lices

Tour St-Nazaire

TOUR MIPADRE

TOUR DU GR⁴ BRULAS

C — D

419

🏨 **Donjon et les Remparts,** 2 r. Comte Roger 🕾 04 68 11 23 00, *info@bestwestern-donj on.com, Fax 04 68 25 06 60*, 🍴 – 📶 ⌐⌐ ▤ 📺 📞 🅿 – 🏊 15 à 50. 🆎 ⓪ 🅶🅱 🏧
C a

Brasserie Le Donjon 🕾 04 68 25 95 72 *(fermé dim. soir de nov. à mars)* **Repas** *(14)*-16/24, enf. 10 ♟ – 🖵 10 – **62 ch** 145/200 – ½ P 67/114.

♦ Hôtel composé d'un vieil orphelinat du 15ᵉ s., d'une maison médiévale et de deux pavillons au fond du jardin. Jolies chambres avec pierres, mobilier actuel et couleurs vives. Cuisine traditionnelle et spécialités de l'Aude servies dans un décor contemporain.

🍴🍴 **Marquière,** 13 r. St Jean 🕾 04 68 71 52 00, *Fax 04 68 71 30 81*, 🍴 – 🆎 ⓪ 🅶🅱 **C v** *fermé 15 janv. au 15 fév., jeudi sauf juil.-août et merc.* – **Repas** 17/44.

♦ Maison crépie située près des remparts Nord. Pause gourmande à l'étage, dans un décor rustique et feutré, ou dans la petite cour-terrasse. Cuisine traditionnelle.

🍴🍴 **L'Écu d'Or,** 7 r. Porte d'Aude 🕾 04 68 25 49 03, *lecudor@free.fr, Fax 04 68 25 33 14*, 🍴 – 🅶🅱 **C f**

fermé 12 nov. au 6 déc., 16 au 25 déc., merc. et jeudi – **Repas** 20 (déj.), 25/32, enf. 10 ♟.

♦ Après avoir parcouru lices basses et hautes, accordez-vous un entracte dans ce logis du 13ᵉ s. ou sur sa terrasse. Sa cuisine, au goût du jour, évolue au gré des saisons.

🍴🍴 **Comte Roger,** 14 r. St-Louis 🕾 04 68 11 93 40, *restaurant@comteroger.com, Fax 04 68 11 93 41*, 🍴 – 🆎 ⓪ 🅶🅱 **C z** *fermé 21 au 28 fév., dim. et lundi sauf fériés* – **Repas** 22 (déj.), 29/36, enf. 14 ♟.

♦ Vos flâneries dans la Cité vous mèneront peut-être à cette terrasse ombragée dressée au bord d'une venelle animée. Salle à manger contemporaine. Cuisine inventive.

🍴 **Auberge de Dame Carcas,** 3 pl. Château 🕾 04 68 71 23 23, *Fax 04 68 72 46 17*, 🍴 – ▤ 🅶🅱 **C t**

fermé janv. et merc. – **Repas** (dîner seul.) 14/24, enf. 9 ♟.

♦ Une légende raconte qu'une dame Carcas aurait mis fin au siège de la ville par les troupes de Charlemagne. Petits plats "canaille" servis dans un cadre rustique.

au hameau de Montredon *Nord-Est : 4 km par r. A. Marty* **BY** – ✉ *11090 Carcassonne :*

🏨 **Hostellerie St-Martin** ⚘, 🕾 04 68 47 44 41, *hostellerie@chateausaintmartin.net, Fax 04 68 47 74 70*, 🍴, ▤ ch, 📺 📞 🅿 🆎 – ⚘ ch *15 mars-14 nov. et 4-7 déc.* – voir rest. **Château St-Martin** – 🖵 9 – **15 ch** 58/85.

♦ Cette bâtisse récente de style régional se situe dans un paisible parc entouré par la campagne. Les chambres, mi-provençales, mi-rustiques, sont plaisantes.

🍴🍴🍴 **Château St-Martin "Trencavel",** 🕾 04 68 71 09 53, *Fax 04 68 25 46 55*, 🍴, 🔥 – 🅿. 🆎 ⓪ 🅶🅱

fermé dim. soir et merc. – **Repas** 29/52 et carte 42 à 63.

♦ Au fond d'un parc, belle demeure des 14ᵉ et 17ᵉ s., flanquée d'une tour du 12ᵉ s. Sobre intérieur agrémenté d'une fresque ; agréable terrasse d'été. Cuisine classique.

à Floure *par ② et N 113 : 11 km – 318 h. alt. 77 –* ✉ *11800 :*

🏰 **Château de Floure** ⚘, 🕾 04 68 79 11 29, *contact@chateau-de-floure.com, Fax 04 68 79 04 61*, 🍴, 🎋, 🌳, 🍴 – 📶 📺 🅿 – 🏊 60. 🆎 ⓪ 🅶🅱 🏧. ⚘ rest *1ᵉʳ avril-3 janv.* – **Repas** *(fermé le midi sauf dim.)* 39/69 ♟ – 🖵 16 – **16 ch** 100/170, 5 suites – ½ P 101/136.

♦ Ce château du 12ᵉ s. où vécut le poète Gaston Bonheur offre un intérieur de caractère. Chambres d'ampleurs variées avec vue sur le jardin à la française. Élégant restaurant agrémenté de boiseries et statuettes du 17ᵉ s. ; bar aménagé sous des voûtes romanes.

au Sud par ③ *et Est par D 104 : 3 km –* ✉ *11000 Carcassonne :*

🏰 **Domaine d'Auriac** ⚘, 🕾 04 68 25 72 22, *auriac@relaischateaux.com, Fax 04 68 47 35 54*, ⚘, 🎋, 🌳, 🍴 – 📶 📺 🅿 – 🏊 50. 🆎 ⓪ 🅶🅱 🏧
❀

fermé 25/4-3/5, 21-29/11, 3/1-7/2, dim. soir et lundi soir du 1/3 au 3/5 et d'oct. à mars sauf fériés – **Repas** *(fermé mardi midi, merc. midi et lundi sauf le soir du 4/5 au 30/9 et dim. soir du 1/3 au 3/5 sauf fériés)* 50/120 et carte 67 à 90 – **Bistrot d'Auriac** *(fermé mardi soir, merc. soir, jeudi soir et lundi d'oct. à mai)* **Repas** 14 (déj.) et carte 30 à 40, enf. 9 ♟ – 🖵 19 – **26 ch** 170/450 – ½ P 170/310.

♦ Belle demeure du 19ᵉ s. dans un grand parc ; golf 18 trous. Coquettes chambres personnalisées (quelques-unes sont logées dans une dépendance). Savoureuse cuisine du terroir servie dans une plaisante salle à manger. Club-house façon bistrot.
Spéc. Les foies gras chauds et froids. Cassoulet. Gibier (saison). **Vins** Corbières blanc et rouge.

à Cavanac *par* ③ *et rte de St-Hilaire : 7 km – 665 h. alt. 138 – ⊠ 11570 :*

🏛 **Château de Cavanac** ॐ, ℘ 04 68 79 61 04, Fax 04 68 79 79 67, 斧, 🛵, 🌊, 🛥, 🎾 –
📶, 🖿 ch, 📺 🖸 – 🛗 20. ☷. 🛠 ch
fermé janv., fév., lundi et dim. soir hors saison – **Repas** *(dîner seul.)* 36 bc – ⊡ 10 – **25 ch**
100/150, 4 suites.
   ◆ Château du 17ᵉ s. sur un domaine viticole. Belles chambres personnalisées avec vue sur
les vignes ou la campagne, plaisante salle des petits-déjeuners et billard. Écuries aménagées en restaurant ; plats traditionnels, grillades et vins de la propriété.

CARENNAC *46110 Lot* 𝟹𝟹𝟽 *G2 G. Périgord Quercy – 373 h alt. 123.*
   Voir *Portail*★ *de l'église St Pierre – Mise au tombeau*★ *dans la salle capitulaire du cloître.*
   🄑 *Office de tourisme, Cour du Prieuré* ℘ 05 65 10 97 01, Fax 05 65 10 51 22, ot.inter-
com.carennac@wanadoo.fr.
   Paris 520 – Brive-la-Gaillarde 39 – Cahors 79 – Martel 16 – St-Céré 17 – Tulle 51.

🏛 **Auberge du Vieux Quercy** ॐ, ℘ 05 65 10 96 59, contact@vieuxquercy.com,
Fax 05 65 10 94 05, 斧, 🌊, 🛥 – 📺 📞 🖸. ❹ ☷
15 mars-15 nov. et fermé dim. soir et lundi du 15 mars au 30 avril et du 1ᵉʳ oct. au 15 nov. –
Repas *(dîner seul. sauf sam., dim. et fériés)* 20/35, enf. 10 – ⊡ 9 – **22 ch** 70/85 – ½ P 68/
75.
   ◆ Les chambres, bien tenues, offrent un joli coup d'oeil sur les toits du village où fut
tourné le téléfilm La Rivière Espérance ; celles de l'annexe donnent sur la piscine. Lumineuse salle à manger rustique décorée de tableaux ; cuisine dans la note régionale.

🏠 **Hostellerie Fénelon** ॐ, ℘ 05 65 10 96 46, contact@hotel-fenelon.com,
Fax 05 65 10 94 86, 🌊, – 📺 📞 🖸. ☷
fermé 6 janv. au 20 mars, 17 nov. au 20 déc., vend., sam.midi et lundi midi sauf juil.-août –
Repas 18,50/48, enf. 9 ⊡ – ⊡ 8,50 – **15 ch** 46/58 – ½ P 53/59.
   ◆ Grande maison quercinoise à l'ambiance familiale, où vous préférerez les chambres
offrant une vue sur le cours de la Dordogne. Poutres et pierres, cheminée et objets
paysans font le cachet de la salle de restaurant largement ouverte sur la campagne.

CARENTAN *50500 Manche* 𝟹𝟶𝟹 *E4 G. Normandie Cotentin – 6 340 h alt. 18.*
   🄑 *Office de tourisme, boulevard de Verdun* ℘ 02 33 71 23 50, Fax 02 33 42 74 01,
info@ot-carentan.fr.
   Paris 308 – Cherbourg 52 – Avranches 89 – Caen 74 – Coutances 36 – St-Lô 29.

🏠 **Vauban** sans rest, 7 r. Sébline ℘ 02 33 71 00 20, Fax 02 33 71 98 17 – 📺 📞 ⇦. ☷. 🛠
⊡ 5,40 – **15 ch** 37/49,50.
   ◆ Des chambres menues, un peu mûrissantes mais impeccablement tenues, et une salle
de petits-déjeuners façon jardin d'hiver vous attendent en cet hôtel du centre-ville.

❌❌ **Auberge Normande**, bd Verdun ℘ 02 33 42 28 28, accueil@auberge-normande.com,
Fax 02 33 42 00 72, 斧 – 🖸. ☷ ❹ ☷
fermé 1ᵉʳ au 12 juil., merc. soir, dim. soir et lundi – **Repas** *(15)* - 19/32 ⊡.
   ◆ Maisons en pierres et briques disposées autour d'une cour fleurie. Pimpante salle à
manger contemporaine où l'on sert une cuisine traditionnelle aux accents du terroir.

à St-Hilaire-Petitville *Est : 2 km – 1 387 h. alt. 10 – ⊠ 50500 Carentan :*

🏠 **Kyriad**, N 13 ℘ 02 33 71 11 11, kyriad.carentan@wanadoo.fr, Fax 02 33 71 92 88, 斧 –
🛠 📺 📞 🖧 🖸 – 🛗 60. ☷ ❹ ☷
Repas *(fermé 24 déc. au 3 janv., vend. soir, sam. et dim. hors saison)* *(14)* - 16/25,50, enf. 5,90
⊡ – ⊡ 7,50 – **37 ch** 75/80 – ½ P 50/55.
   ◆ L'habile orientation des bâtiments, proches de la voie rapide, préserve la tranquillité des
chambres, simples et pratiques. Billard. Une fresque représentant une scène vénitienne
orne la salle à manger ; carte traditionnelle et produits de la mer.

CARGÈSE *2A Corse-du-Sud* 𝟹𝟺𝟻 *A7 – voir à Corse.*

CARHAIX-PLOUGUER *29270 Finistère* 𝟹𝟶𝟾 *J5 G. Bretagne – 7 648 h alt. 138.*
   🄑 *Office de tourisme, rue Brizeux* ℘ 02 98 93 04 42, Fax 02 98 93 23 83, tourismecarhaix-
@wanadoo.fr.
   Paris 506 – Quimper 61 – Brest 86 – Guingamp 49 – Lorient 74 – Morlaix 51 – Pontivy 59.

🏠 **Noz-Vad** sans rest, 12 bd République ℘ 02 98 99 12 12, aemcs@nozvad.com,
Fax 02 98 99 44 32 – 📶 📺 📞 🖧 – 🛗 20 à 50. ☷
*fermé 18 déc. au 10 janv. – ⊡ 6,50 – **43 ch** 41/65.*
   ◆ Des artistes locaux ont participé à la rénovation de cet hôtel arborant désormais un bel
intérieur breton, contemporain et original. Chambres confortables et insonorisées.

à Port de Carhaix *Sud-Ouest : 6 km par rte de Lorient – ✉ 29270 Motreff :*

Auberge du Poher, ☎ 02 98 99 51 18, *Fax 02 98 99 55 98,* – P. GB
fermé 1er au 21 juil., 3 au 17 fév., merc. soir, mardi soir hors saison, dim. soir et lundi – **Repas** 12,50/42 ♀.
◆ Gentille auberge située à l'orée du village. Le vestibule garni de meubles régionaux précède une plaisante salle à manger champêtre tournée vers le jardin.

CARIGNAN *08110 Ardennes* 306 N5 – *3 259 h alt. 174.*

Paris 264 – Charleville-Mézières 43 – Mouzon 8 – Montmédy 24 – Sedan 20 – Verdun 70.

Gourmandière, 19 av. Blagny ☎ 03 24 22 20 99, *la-gourmandiere2@wanadoo.fr, Fax 03 24 22 20 99,* – P. AE GB
fermé lundi – **Repas** 14/50, enf. 11.
◆ Maison bourgeoise en pierre abritant une sobre salle à manger rustique. En été, profitez de la terrasse dressée dans le jardin, à l'écart de la route. Belle carte des vins.

CARMAUX *81400 Tarn* 338 E6 – *10 231 h alt. 241.*

Office de tourisme, ☎ 05 63 76 76 67, Fax 05 63 36 84 51, otsi.carmaux@wanadoo.fr.
Paris 673 – Rodez 59 – Toulouse 96 – Cordes-sur-Ciel 22 – St-Affrique 90.

Au Chapon Tarnais, 3 bd Augustin Malraux (N 88) ☎ 05 63 36 60 10, *Fax 05 63 36 60 10*
fermé 3 au 14 janv. , sam. midi, dim. soir, mardi soir et lundi – **Repas** *(19,80)* - 22/34, enf. 15.
◆ Discrète maisonnette au bord de la route nationale. Intérieur simple et frais, avec poutres et cheminée, généreuse cuisine traditionnelle et accueil familial charmant.

Donnez-nous votre avis sur les tables que nous recommandons, sur leurs spécialités et leurs vins de pays.

CARNAC *56340 Morbihan* 308 M9 *G. Bretagne – 4 444 h alt. 16.*

Voir *Musée de préhistoire*★★ **M** – *Église St-Cornély*★ **E** – *Tumulus St-Michel*★ : ←★ – *Alignements du Ménec*★★ *par D 196 : 1,5 km – Alignements de Kermario*★★ *par* ② *: 2 km – Alignements de Kerlescan*★ *par* ② *: 4,5 km.*

18 *de Villarceaux à Auray ☎ 02 97 56 85 18, N : 8 km par D 196.*

Office de tourisme, 74 avenue des Druides ☎ 02 97 52 13 52, Fax 02 97 52 86 10, accueiltourisme@carnac.fr.

Paris 490 ② – Vannes 33 ② – Auray 13 ② – Lorient 49 ① – Quiberon 19 ①.

Plan page ci-contre

Diana, 21 bd Plage ☎ 02 97 52 05 38, *contact@lediana.com, Fax 02 97 52 87 91,* ←, – P. AE GB JCB Z r
hôtel : 9 avril-2 nov. ; rest. : 2 mai-3 oct. – **Repas** *(fermé le midi hors saison sauf dim. et fériés, merc. soir hors saison et merc. midi en saison)* 25 (déj.), 41/56 ♀ – 15 – **31 ch** 220/230 – ½ P 132,50/160.
◆ Atmosphère cossue, parfois un peu "kitsch", dans des chambres plutôt spacieuses ayant vue sur l'océan ou - plus calmes - sur le minigolf. Piscine panoramique. Véranda et terrasse face à la plage ; cuisine régionale et carte des vins et de rhums très étoffée.

Novotel, av. Atlantique ☎ 02 97 52 53 00, *h0406@accor-hotels.com, Fax 02 97 52 53 55,* ←, – P – 50. AE GB JCB Z s
fermé 3 au 24 janv. – ***Clipper :*** Repas *(20)*-28,50, enf. 11,50 ♀ – ***Diététique :*** Repas 28,50 – 12 – **107 ch** 127/166 – ½ P 109/117,50.
◆ Accès direct au centre de thalassothérapie, piscine à l'eau de mer, fitness, tennis et chambres rénovées : un Novotel dynamique ! Cuisine traditionnelle et buffet de fruits de mer au Clipper. Au Diététique, menus établis sur les conseils d'un nutritionniste.

Celtique, 17 av. Kermario ☎ 02 97 52 14 15, *reservation@hotelceltique.com, Fax 02 97 52 71 10,* – cuisinette P – 70. AE GB JCB Z h
Repas *(fermé le midi et dim. d'oct. à mars sauf vacances scolaires)* 19/32 ♀ – 10,90 – **56 ch** 116,20/138,20 – ½ P 88,80/99,90.
◆ Cet immeuble récent entouré de pins séculaires abrite des chambres actuelles et claires. Proximité de la plage, piscine couvrable hors saison, jacuzzi et fitness. Cuisine classique et produits de la mer servis dans un restaurant garni de meubles rustiques.

Plancton, 12 bd Plage ☎ 02 97 52 13 65, *info@hotel-plancton.com, Fax 02 97 52 87 63,* ←, – P – 25. AE GB. rest Z b
3 avril-15 oct. – **Repas** (dîner seul.) 20/31 ♀ – 10 – **30 ch** 103/140 – ½ P 81,50/94,50.
◆ Construction des années 1970 séparée de la plage par une avenue. Chambres fonctionnelles, mieux agencées côté mer et dotées de balcons offrant une vue sur la baie de Quiberon. Salle à manger au sobre décor actuel et terrasse d'été orientée plein Sud.

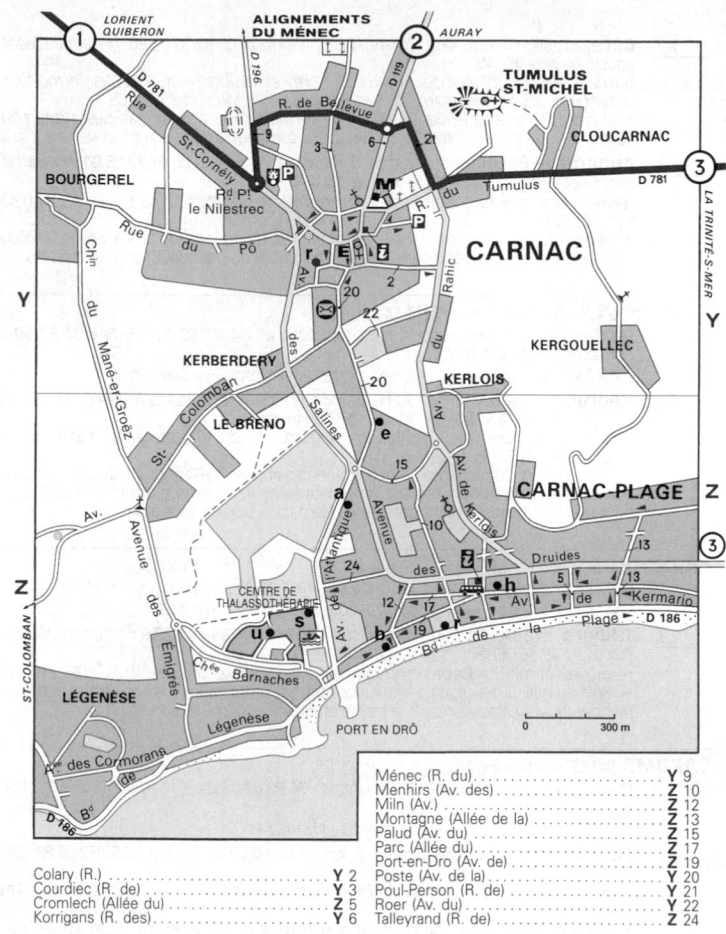

Ménec (R. du)	**Y** 9
Menhirs (Av. des)	**Z** 10
Miln (Av.)	**Z** 12
Montagne (Allée de la)	**Z** 13
Palud (Av. du)	**Z** 15
Parc (Allée du)	**Z** 17
Port-en-Dro (Av. de)	**Z** 19
Poste (Av. de la)	**Z** 20
Poul-Person (R. de)	**Y** 21
Roer (Av. du)	**Y** 22
Talleyrand (R. de)	**Z** 24

Colary (R.)	**Y** 2
Courdiec (R. de)	**Y** 3
Cromlech (Allée du)	**Z** 5
Korrigans (R. des)	**Y** 6

🏨 **Ibis**, av. Atlantique 𝒫 02 97 52 54 00, *H1054@accor-hotels.com, Fax* 02 97 52 53 66, ⩽, 𝕝₆, ▨, 🐾, ✕ – 🛗 ⬆ 📺 🖑 📶 – 🔏 20 à 60. 🌆 ⓪ 🇬🇧　　　　　　　　　　　**Z** u
Repas 22,50 ♈ – 🗜 8 – **96 ch** 82/115, 23 duplex – ½ P 70,50/83,50.
◆ Ce bâtiment émergeant au ras des anciennes salines est relié au centre de thalasso-thérapie. Chambres tout confort dotées de balcons. Belle piscine couverte. Carte tradi-tionnelle et menu diététique servis dans une coquette salle aux tons bleu et blanc.

🏨 **Licorne** sans rest, 5 av. Atlantique 𝒫 02 97 52 10 59, *info@hotel-la-licorne.com, Fax* 02 97 52 80 30, 🐾 – 📺 🖑 🖑 📶. 🌆 ⓪ 🇬🇧　　　　　　　　　　　　　　　　**Z** a
20 mars-12 nov. – 🗜 6,50 – **26 ch** 61/100.
◆ Maison récente d'allure bretonne abritant des chambres fraîches et pratiques ; certaines ont vue sur le plan d'eau des anciens marins salants. Quelques balcons.

🏨 **Armoric**, 53 av. Poste 𝒫 02 97 52 13 47, *armoric.carnac@wanadoo.fr, Fax* 02 97 52 98 66, 🍴, 🐾 – 🛗 📺 📶 – 🔏 20. 🌆 ⓪ 🇬🇧 🇯🇨🇧. ✕ rest　　　　　　　　　　　**Z** e
fermé 7 au 23 fév. – **Repas** *(fermé dim. soir et lundi midi)* 11,50 bc/45, enf. 9,30 ♈ – 🗜 8 – **25 ch** 69,50/104,30 – ½ P 69,50/78,80.
◆ Les chambres de cet hôtel des années 1960, récemment rénovées, sont pratiques et gaies ; celles des derniers étages offrent une vue dégagée. Paisible jardin arboré. Salle à manger simple et pimpante, terrasse d'été et registre culinaire classique.

XX **Côte,** aux Alignements de Kermario, par ② : 2 km ℰ 02 97 52 02 80, *restaurant.lacote@wanadoo.fr,* �──**P.** GB
fermé 4 au 8 oct., 1ᵉʳ au 8 déc., 6 janv. au 12 fév. et 15 au 19 mars – **Repas** *(fermé sam. midi, dim. soir de sept à juin, mardi midi en juil.-août et lundi) 23* (déj.), 33/65.
♦ Restaurant aménagé dans une vieille ferme située à deux pas des alignements de Kermario, le célèbre site mégalithique. Cadre campagnard et véranda ouverte sur le jardin.

X **Auberge le Râtelier** 🌺 avec ch, 4 chemin du Douet ℰ 02 97 52 05 04, *bouvart@infonie.fr,* Fax 02 97 52 76 11 – 🆃🆅 ℃ **P.** – 🍴 15. GB   Y r
fermé 6 janv. au 6 fév., mardi et merc. hors saison – **Repas** 17/40 ⅀ – ⌑ 7 – **8 ch** 46/52 – ½ P 50,50/55.
♦ Ferme du 19ᵉ s. dont la façade en granit est recouverte de vigne vierge. Chaleureuse salle rustique ; cuisine régionale faisant la part belle au poisson. Chambres simples.

CARNON-PLAGE 34280 Hérault **333** I7.
🛈 *Office de tourisme, Résidence La Civadière ℰ 04 67 50 51 15, Fax 04 67 50 54 04, contact@carnontourisme.com.*
Paris 758 – Montpellier 20 – Aigues-Mortes 20 – Nîmes 56 – Sète 37.

🏨 **Neptune,** au port ℰ 04 67 50 88 00, *hotel-neptune@wanadoo.fr,* Fax 04 67 50 96 72, ≤, 🍴, ⅃ – 🛗 ¼ 🆅 ℃ **P.** – 🍴 30. 🆎 ⓞ GB, 🍴 rest
fermé 18 déc. au 3 janv. (fermé dim. soir du 30 sept. au 1ᵉʳ mars) (14) - 18/41 – ⌑ 8,50 – **52 ch** 60/93 – ½ P 66/70,50.
♦ Face au port de plaisance, construction des années 1980 abritant des chambres claires, confortables et très bien tenues. Ambiance familiale et service attentif. La salle à manger ouvre sur une terrasse d'été dressée au bord de la piscine, face à la marina.

CARNOULES 83660 Var **340** M6 – 2 594 h alt. 205.
🛈 *Syndicat d'initiative, Cours Victor Hugo ℰ 04 94 28 32 96.*
Paris 831 – Toulon 34 – Brignoles 23 – Draguignan 48 – Hyères 34.

X **Tuilière,** rte de Toulon : 2 km sur N 97 ℰ 04 94 48 32 39, *astesiano@infonie.fr,* Fax 04 94 48 36 06, 🍴, ⅃, �──**P.** GB
fermé fév. et merc. – **Repas** (nombre de couverts limité, prévenir) (12) - 19/36, enf. 10 ⅀.
♦ Isolé au milieu des vignes, vieux mas abritant un restaurant rustique aux petites salles à manger provençales. Agréable terrasse en façade. Cuisine régionale.

CAROMB 84330 Vaucluse **332** D9 – 3 117 h alt. 95.
🛈 *Office de tourisme, place du Cabaret ℰ 04 90 62 36 21, Fax 04 90 62 36 22, otcaromb-@wanadoo.fr.*
Paris 683 – Avignon 37 – Carpentras 10 – Nyons 34.

XX **Four à Chaux,** rte Malaucène : 2 km ℰ 04 90 62 40 10, Fax 04 90 62 36 62, 🍴 – **P.** GB
fermé 12 nov. au 3 déc., 1ᵉʳ au 28 janv., mardi sauf le soir en juil.-août et lundi – **Repas** 17 (déj.), 24/40 ⅀.
♦ Restaurant aménagé dans un ancien four à chaux attenant à un atelier de poterie. Plaisante salle à manger sobrement rustique, ouverte sur une agréable terrasse ombragée.

CARPENTRAS ⬡ 84200 Vaucluse **332** D9 G. Provence – 26 090 h alt. 102.
Voir *Ancienne cathédrale St-Siffrein★ : Synagogue★ .*
🛈₈ *Provence Country Club à Saumane-de-Vaucluse ℰ 04 90 20 20 65, par ② : 18 km.*
🛈 *Office de tourisme, place Aristide Briand ℰ 04 90 63 00 78, Fax 04 90 60 41 02, tourist.carpentras@axit.fr.*
Paris 679 ④ – Avignon 30 ③ – Digne-les-Bains 139 ② – Gap 146 ① – Marseille 105 ②.

Plan page ci-contre

🏨 **Forum** sans rest, 24 r. Forum ℰ 04 90 60 57 00, *reception@hotelduforum.fr,* Fax 04 90 63 52 65 – 🛗 🗐 🆅 ⅙ **P.** 🆎 GB   Z t
fermé 20 déc. au 2 janv. et 1ᵉʳ au 15 fév. – ⌑ 7 – **28 ch** 54/61.
♦ Au centre-ville, immeuble récent dont les chambres disposent d'un mobilier de style provençal. Au 3ᵉ étage, salon et terrasse. Petit-déjeuner servi sous forme de buffet.

🏨 **Comtadin** sans rest, 65 bd Albin Durand ℰ 04 90 67 75 00, *le.comtadin@wanadoo.fr,* Fax 04 90 67 75 01 – ¼ 🗐 🆅 ⅙ ⅙ ⟺ – 🍴 30. GB   Z u
fermé 20 déc. au 17 janv., 14 au 21 fév. et dim. d'oct. à fév. – ⌑ 11 – **19 ch** 69/78.
♦ Hôtel particulier de la fin du 18ᵉ s. entièrement rénové. La majorité des chambres, claires et bien insonorisées, donne sur le patio où l'on petit-déjeune en été (buffets).

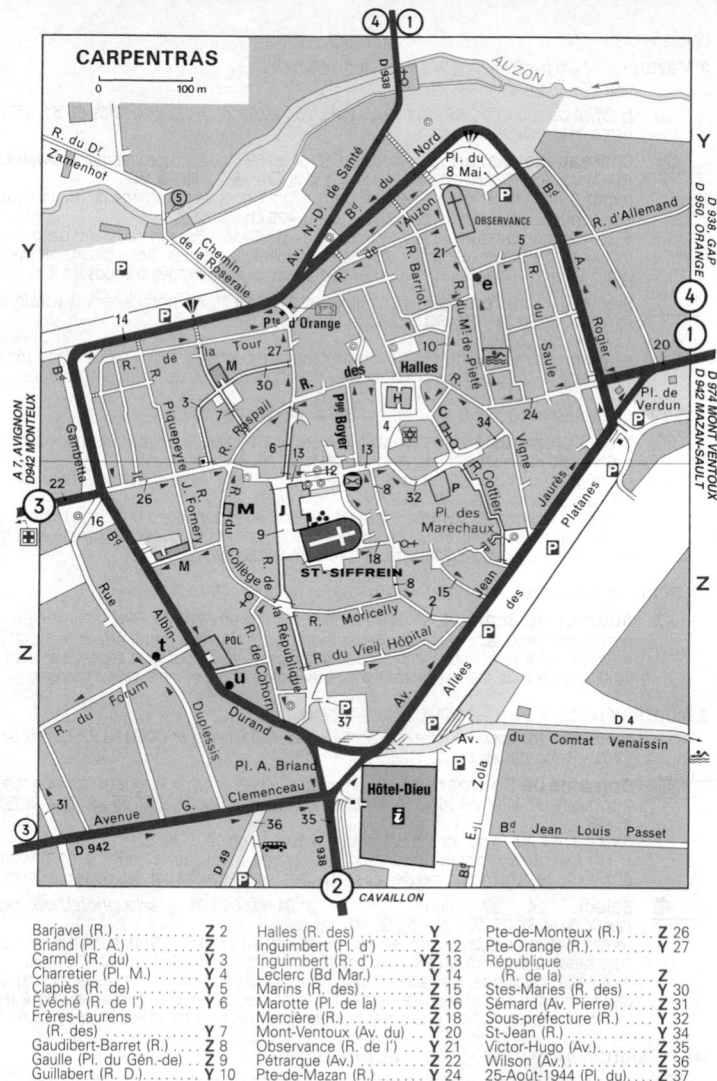

CARPENTRAS

0 — 100 m

Barjavel (R.)	**Z** 2	Halles (R. des)	**Y**	Pte-de-Monteux (R.)	**Z** 26
Briand (Pl. A.)	**Z**	Inguimbert (Pl. d')	**Z** 12	Pte-Orange (R.)	**Y** 27
Carmel (R. du)	**Y** 3	Inguimbert (R. d')	**YZ** 13	République	
Charretier (Pl. M.)	**Y** 4	Leclerc (Bd Mar.)	**Y** 14	(R. de la)	**Z**
Clapiès (R. de)	**Y** 5	Marins (R. des)	**Z** 15	Stes-Maries (R. des)	**Y** 30
Évêché (R. de l')	**Y** 6	Marotte (Pl. de la)	**Z** 16	Sémard (Av. Pierre)	**Z** 31
Frères-Laurens		Mercière (R.)	**Z** 18	Sous-préfecture (R.)	**Y** 32
(R. des)	**Y** 7	Mont-Ventoux (Av. du)	**Y** 20	St-Jean (R.)	**Y** 34
Gaudibert-Barret (R.)	**Z** 8	Observance (R. de l')	**Y** 21	Victor-Hugo (Av.)	**Z** 35
Gaulle (Pl. du Gén.-de)	**Z** 9	Pétrarque (Av.)	**Z** 22	Wilson (Av.)	**Z** 36
Guillabert (R. D.)	**Y** 10	Pte-de-Mazan (R.)	**Y** 24	25-Août-1944 (Pl. du)	**Z** 37

XX **Atelier de Pierre,** 30 pl. Horloge ℘ 04 90 60 75 00, *Fax 04 90 60 75 00,* 🍴 – 🍽. 💳 🆖
Y s

fermé janv., dim. et lundi – Repas 23/58 ⌾.

♦ Salle à manger provençale, terrasse dressée dans un patio et recettes inspirées par la région : dénichez ce coquet restaurant méridional au coeur de la capitale du Comtat.

X **Vert Galant,** 12 r. Clapiès ℘ 04 90 67 15 50, *castelainm@wanadoo.fr, Fax 04 90 67 15 50* – 🍽, 🆖
Y e

fermé lundi sauf le soir de mai à sept. et dim. sauf le midi d'oct. à avril – Repas (nombre de couverts limité, prévenir) 27/45.

♦ Dans une rue calme de la vieille ville, avenante devanture en bois précédant une petite salle de restaurant rustique égayée de couleurs ensoleillées. Carte au goût du jour.

425

à Mazan *Est : 7 km par D 942 – 4 943 h. alt. 100 –* ⊠ *84380 .*

Voir Cimetière ≤★.

🛈 *Office de tourisme, 83 place du 8 Mai* ℘ *04 90 69 74 27, Fax 04 90 69 66 31, officetourisme-mazan@wanadoo.fr.*

🏛 **Château de Mazan**, pl. Napoléon ℘ 04 90 69 62 61, *chateaudemazan@wanadoo.fr,* Fax 04 90 69 76 62, 佘 , ⅃ , ☞ – 🕸 🔟 📺 ६ ७ 🄿 – 🄲 20. 🄰🄴 ⊙ 🄶🄱
fermé 2 janv. au 1ᵉʳ mars – **Repas** *(fermé lundi hors saison et mardi)* (dîner seul. sauf week-ends) 30 (déj.), 47/61, enf. 23 🍷 – 🖙 15 – **25 ch** 120/255.
♦ L'ancienne demeure (18ᵉ s.) du marquis de Sade offre un ravissant décor mariant moulures d'époque, élégant mobilier et touches modernes. Belle piscine et séduisant jardin. Deux charmants salons et une superbe terrasse ombragée composent le restaurant.

🏠 **Siècle** ↘ sans rest, (derrière l'église) ℘ 04 90 69 75 70, *hotel.lesiecle@wordlonline.fr,* Fax 04 90 69 80 78 – 📺 , 🄶🄱
🖙 6 – **12 ch** 32/58.
♦ Maison bourgeoise du 16ᵉ s. à la charmante atmosphère "vieille France" dans une calme localité de la vallée de l'Auzon. Modestes chambres méticuleusement entretenues.

à St-Didier *Sud-Est par D 4 et D 39 : 2 km – 1 847 h. alt. 98 –* ⊠ *84210 :*

🏛 **Trois Colombes** ↘, 148 av. des Garrigues ℘ 04 90 66 07 01, *les3colombes@wanadoo.fr,* Fax 04 90 66 11 54, 佘 , ⅃ , ☞ – 🔟 ६ 🄿 , 🄶🄱 🄲🄱 , ℅ ch
fermé 2 janv. au 28 fév. – **Repas** *(fermé 12 au 28 nov., lundi et mardi hors saison)* 24/34, enf. 12,40 🍷 – 🖙 10,80 – **41 ch** 77/114 – ½ P 84,30.
♦ Les Trois Colombes se nichent dans la périphérie résidentielle d'un village tranquille situé entre Ventoux et Luberon. Les chambres, sobres, ont été rénovées. On dresse les tables de la terrasse autour d'une fontaine. Cuisine provençale traditionnelle.

au Beaucet *Sud-Est par D 4 et D 39 : 11 km – 352 h. alt. 275 –* ⊠ *84210 :*

✗✗ **Auberge du Beaucet**, ℘ 04 90 66 10 82, Fax 04 90 66 00 72 – 🄶🄱
fermé déc., janv., dim. et lundi – **Repas** (nombre de couverts limité, prévenir) 32/40 🍷.
♦ Cette auberge est au coeur du Beaucet, pittoresque bourgade adossée à une falaise. Cuisine nourrie de saveurs provençals, servie dans une pimpante salle à manger.

à Monteux *par ③ : 4,5 km – 9 564 h. alt. 42 –* ⊠ *84170 :*

🛈 *Office de tourisme, Centre d'Information et de Tourisme* ℘ *04 90 66 97 18, Fax 04 90 66 97 19, ot-monteux@axit.fr.*

🏛 **Domaine de Bournereau** ↘ sans rest, 579 chemin de la Sorguette rte Avignon et rte secondaire ℘ 04 90 66 36 13, *mail@bournereau.com, Fax 04 90 66 36 93,* ⅃ , – 🔟 ६ ७ 🄿 , 🄶🄱
fermé 8 nov. au 19 déc.et 3 au 23 janv. – 🖙 10 – **12 ch** 100/170.
♦ Un majestueux platane bicentenaire trône au milieu de la cour de ce paisible mas provençal. Les chambres, neuves et spacieuses, sont égayées par des couleurs ocres.

🏠 **Select**, 24 av. René Cassin ℘ 04 90 66 27 91, *select-hotel2@wanadoo.fr,* Fax 04 90 66 33 05, 佘 , ⅃ – 📺 🄿 , 🄶🄱 , ℅ ch
fermé 15 déc. au 6 janv., sam. et dim. du 15 oct. au 15 mars – **Repas** *(fermé sam. et dim. hors saison, sam. midi et dim. midi en saison)* 16/26 – 🖙 7 – **8 ch** 50/60 – ½ P 64.
♦ À l'écart du village, mas ancien abritant des petites chambres sobres et bien tenues. La piscine bordée par un espace vert est très appréciée en été. Coquette salle à manger méridionale prolongée d'une terrasse ombragée ; recettes familiales et vins locaux.

rte d'Avignon *par ③ D 942 : 10 km : –* ⊠ *84180 Monteux :*

✗✗✗ **Saule Pleureur**, ℘ 04 90 62 01 35, Fax 04 90 62 10 90, 佘 , ☞ – 🄿 , 🄰🄴 🄶🄱
fermé 1ᵉʳ au 21 mars, 5 au 21 nov., sam. midi, dim. soir et lundi – **Repas** (31) - 32/90 et carte 51 à 81, enf. 13.
♦ Bordant une route fréquentée, cette villa entourée d'un jardin accueille ses hôtes dans une salle à manger contemporaine ou sous une ravissante véranda. Cuisine régionale.

CARQUEIRANNE *83320 Var* 🗺🄰🄾 *L7 – 8 436 h alt. 30.*

🛈 *Syndicat d'initiative, place de la République* ℘ *04 94 01 40 40.*

Paris 849 – Toulon 16 – Draguignan 80 – Hyères 7.

🏠 **Plein Sud** sans rest, av. Gén. de Gaulle par rte du port ℘ 04 94 58 52 86, Fax 04 94 12 95 59 – 📺 ६ 🄿 , 🄶🄱 , ℅ ch
fermé 5 au 25 janv. – 🖙 7 – **17 ch** 41,90/65,60.
♦ Construction cubique des années 1970 située sur la route menant au port. Chambres un brin désuètes, mais plutôt spacieuses et rigoureusement tenues.

XX **Table du Port**, 39 av. Gén. de Gaulle par rte du port ℘ 04 94 12 27 27, 斎 – 📖, 🖭 ◑ 🍱
JCB

fermé nov., dim. soir, mardi midi et lundi – **Repas** 19 ⚘.
♦ Restaurant de style contemporain situé à deux pas du petit port de pêche. Au programme, cuisine inventive privilégiant les saveurs provençales et belle carte des vins.

X **Les Santonniers**, 18 r. J.-Jaurès (centre ville) ℘ 04 94 58 62 33, 斎 – 🍱
fermé lundi hors saison – **Repas** 18/29, enf. 10 ♀.
♦ Installé dans une maison de pays du centre-ville, ce modeste restaurant possède deux atouts : une jolie terrasse ombragée par un platane et un menu-carte à prix sage.

CARRIÈRES-SUR-SEINE 78 Yvelines 🔢 J2 🔢 ⑭ – *voir à Paris, Environs.*

Les CARROZ-D'ARÂCHES 74300 H.-Savoie 🔢 M4 *G. Alpes du Nord – alt. 1140 – Sports d'hiver : 1 140/2 500 m* ⚡ 5 ⚡ 70 ⚡.

🅖 de Pierre Carrée à Flaine ℘ 04 50 90 85 44, E : 12 km par D 106.

🅗 Office du Tourisme, 9 place Ambiance ℘ 04 50 90 00 04, Fax 04 50 90 07 00, carroz-@lescarroz.com.

Paris 580 – Chamonix-Mont-Blanc 47 – Thonon-les-Bains 70 – Annecy 67 – Bonneville 25.

🏛 **Croix de Savoie** ⚘, rte Flaine : 1 km ℘ 04 50 90 00 26, *info@lacroixdesavoie.fr,* Fax 04 50 90 00 63, ≤ montagnes, 斎 – 🖭 ❄ 🅿. 🍱
fermé lundi midi et dim. soir du 1er oct. au 14 déc. et du 1er mai au 14 juin – **Repas** 15,50/36,50, enf. 8 – ☂ 7 – **19 ch** 72/76 – ½ P 48/51.
♦ Atmosphère chaleureuse dans ce typique chalet savoyard surplombant la station, non loin des pistes. Superbe vue sur les montagnes et la vallée. Restaurant non-fumeurs avec cadre tout bois, nappes à carreaux, plats régionaux et service familial.

X **Les Servages**, rte des Servages ℘ 04 50 90 01 62, *servages@wanadoo.fr,* Fax 04 50 90 39 41 – 🍱
fermé 1er au 18 juin, 2 nov. au 3 déc., mardi hors saison et lundi – **Repas** carte 37 à 64, enf. 12 ♀.
♦ Accueil charmant, décor savoyard simple et authentique, cuisine du pays mâtinée d'une pointe d'originalité : cette ancienne ferme située sur les hauteurs a tout pour séduire.

Les Servages d'Armelle 🏨, rte des Servages ✉ 74300 Les Carroz d'Arâches ℘ 04 50 90 01 62, *servages@wanadoo.fr,* Fax 04 50 90 39 41, ≤ montagnes, 🍽 – 🍱. 🌿 ch
Repas (voir rest. Les Servages) – ☂ 20 – **5 ch** 150/180 – ½ P 125/150.
♦ Espace, luxe discret et raffinement dans les chambres de ce superbe chalet restauré avec le bois récupéré sur de vieilles fermes des alentours : un lieu où l'on se sent bien.

CARRY-LE-ROUET 13620 B.-du-R. 🔢 F6 *G. Provence – 6 009 h alt. 5 – Casino.*

🅗 Office de tourisme, avenue Aristide Briand ℘ 04 42 13 20 36, Fax 04 42 44 52 03, ot.carrylerouet@visitprovence.com.

Paris 765 – Marseille 34 – Aix-en-Provence 39 – Martigues 20 – Salon-de-Provence 45.

XXX **L'Escale**, prom. du Port ℘ 04 42 45 00 47, *gclor@free.fr,* Fax 04 42 44 72 69, ≤, 斎 – 🖭 🍱
3 mars-26 sept. et fermé dim. soir sauf du 14/07 au 15/08, lundi sauf le soir du 14/07 au 15/08 et sam. midi – **Repas** (dim. prévenir) (32) · 53 et carte 64 à 88.
♦ De la terrasse surplombant le port, la vue s'étend parfois jusqu'à Marseille. Le mistral souffle ? Choisissez la salle à manger ocre-orangé, elle aussi tournée vers la mer.

X **Madrigal**, 4 av. Dr G. Montus ℘ 04 42 44 58 63, Fax 04 42 44 58 63, ≤, 斎 – 🅿. 🖭 🍱
fermé 12 nov. au 10 janv., dim. soir et lundi – **Repas** 27/33.
♦ Sur les hauts de Carry, maison rose dont l'agréable terrasse offre un panorama de carte postale. Intérieur sobre éclairé par de larges baies vitrées. Carte traditionnelle.

CARSAC AILLAC 24200 Dordogne 🔢 I6 *G. Périgord Quercy – 1 217 h alt. 80.*

Paris 536 – Brive-la-Gaillarde 59 – Sarlat-la-Canéda 9 – Gourdon 18.

🏨 **Villa Romaine** ⚘ sans rest, St-Rome (3 km par rte Gourdon) ℘ 05 53 28 52 07, *contact @lavillaromaine.com,* Fax 05 53 28 58 10, ≤, 🛋, 🍽 – 📖 🖭 ❄ 🖐 🅿 – 🎾 20. 🖭 ◑ 🍱
fermé 2 au 31 janv. – ☂ 11 – **16 ch** 105/155.
♦ Ancienne métairie joliment restaurée, bâtie sur un site gallo-romain proche de la Dordogne. Chambres spacieuses et soignées. Terrasses, jardin et piscine sont très agréables.

🏠 **Relais du Touron** ⚘, rte Sarlat ℘ 05 53 28 16 70, *contact@lerelaisdutouron.com,* Fax 05 53 28 52 51, 斎, 🛋, 🖐 – 🖭 ❄ 🅿.
1er avril-12 nov. – **Repas** 14,50/34, enf. 9 ♀ – ☂ 8 – **18 ch** 58/61 – ½ P 56,50.
♦ Dans un joli parc arboré, séduisante maison périgourdine et son annexe où vous dormirez dans des chambres simples et rustiques.

CARTERET 50 Manche 🔢 B3 – voir à Barneville-Carteret.

CARVIN 62220 P.-de-C. 🔢 K5 – 17 772 h alt. 31.

Paris 204 – Lille 24 – Arras 35 – Béthune 28 – Douai 23.

🏨 **Parc Hôtel,** N 17 - Z.I. du Château 𝒫 03 21 79 65 65, *customer@parc-hotel.com,* Fax 03 21 79 80 00, 🏠 – 📺 ✆ & 🅿 – 🔼 25. 🆎 ⓞ 🔲 🎴
Repas *(fermé dim. soir et soirs fériés)* 19,50/31 bc ♈ – ⌑ 8,50 – **46 ch** 55/65.
♦ Près de l'autoroute, établissement récent proposant des chambres fonctionnelles, égayées de tons pastel et bien insonorisées, mais tout de même plus calmes côté campagne. Salle à manger claire et spacieuse où les repas sont servis sous forme de buffets.

XX **Charolais,** Domaine de la Gloriette, r. Mar. Foch (rte Seclin) 𝒫 03 21 40 12 98, *lecharolais@wanadoo.fr,* Fax 03 21 40 41 15, 🎍 – ▤ 🅿. 🆎 🔲
fermé août, mardi soir, merc. soir, jeudi soir, dim. soir et lundi – **Repas** *(19 bc)* - 27/64.
♦ La maison est bien dans le style régional avec sa façade en briques. Salle à manger sobrement aménagée. Cuisine traditionnelle et spécialité de boeuf charolais.

CASAMOZZA 2B H.-Corse 🔢 F4 – voir à Corse.

CASCASTEL DES CORBIERES 11360 Aude 🔢 H5 – 196 h alt. 140.

Paris 835 – Perpignan 52 – Carcassonne 70 – Narbonne 48.

X **Clos de Cascastel,** Quai de la Berre 𝒫 04 68 45 06 22, Fax 04 68 45 06 22, 🏠 – 🔲
fermé 10 au 20 nov., 15 au 28 fév. et mardi hors saison – **Repas** 13,50 (déj.), 25/38.
♦ Le village, entouré par le vignoble des corbières, est proche des "citadelles du vertige". Salle à manger égayée d'une fresque marine, cuisine du marché et vins du cru.

CASSEL 59670 Nord 🔢 C3 *G. Picardie Flandres Artois – 2 290 h alt. 175.*

Voir Site★.

🄩 *Office de tourisme, place Grand'Place 𝒫 03 28 40 52 55, Fax 03 28 40 59 17, contact@ot-cassel.fr.*

Paris 250 – Calais 58 – Dunkerque 30 – Hazebrouck 11 – Lille 52 – St-Omer 21.

XX **Petit Bruxelles,** au Petit-Bruxelles, Sud-Est : 3,5 km sur D 916 𝒫 03 28 42 44 64, *bdesnave@nordnet.fr,* Fax 03 28 40 58 13, 🎍 – 🅿. ⓞ 🔲
fermé dim. soir, mardi soir, merc. soir et lundi – **Repas** 23/48, enf. 12,20 ♈.
♦ Ancien relais de poste à la pimpante façade de briques rouges. Poutres apparentes et tables en bois ciré dans une chaleureuse salle à manger rustique à la mode flamande.

CASSIS 13260 B.-du-R. 🔢 I6 *G. Provence – 8 001 h alt. 10 – Casino.*

Voir Site★ – Les Calanques★★ (1h en bateau) – Mt de la Saoupe ⚹★★ : 2 km par D 41A.
Env. Cap Canaille, la plus haute falaise maritime d'Europe, ⩽★★★ 5 km par D41A – Sémaphore ⚹★★★ – Corniche des Crêtes★★ de Cassis à la Ciotat.

🄩 *Office de tourisme, quai des Moulins 𝒫 04 42 01 71 17, Fax 04 42 01 28 31, omt@cassis.fr.*
Paris 800 ① – Marseille 30 ① – Aix-en-Provence 51 ② – La Ciotat 10 ② – Toulon 42 ②.

CASSIS

Abbé-Mouton (R.) 2
Arène (R. de l') 4
Autheman (R. V.) 5
Baragnon (Pl.) 6
Barthélemy (Bd) 7
Barthélemy
  (Quai Jean-Jacques) 8
Baux (Quai des) 9
Ciotat (R. de la) 10
Clemenceau (Pl.) 12
Ganteaume (Av. de l'Amiral) . . 14
Jaurès (Av. J.J.) 16
Leriche (Av. Professeur) 17
Mirabeau (Pl.) 22
Moulins (Q. des) 23
République (Pl.) 25
Revestel (Av. du) 26
St-Michel (Pl.) 27
Thiers (R. Adolphe) 29
Victor-Hugo (Av.) 32

Le Guide change, changez de guide tous les ans.

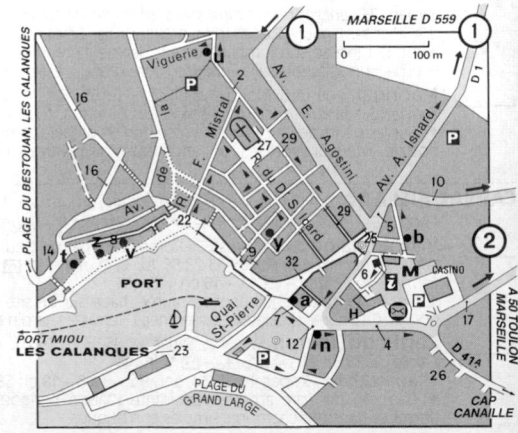

Royal Cottage ⚘ sans rest, 6 av. 11 Novembre par ① ℘ 04 42 01 33 34, *info@royal-cottage.com*, Fax 04 42 01 06 90, ⌿, ☂ – ‖ ▤ TV ☎ ⬥ ⟵ ▪ 🅿 – ⚿ 20. ◭ ⬤ ⒼⒷ ⚘
fermé 22 déc. au 4 janv. – ⌷ 11 – **21 ch** 130/150, 4 duplex.
♦ Petit paradis provençal où s'épanouit une luxuriante végétation exotique. Intérieur contemporain. La terrasse de certaines chambres offre un splendide coup d'oeil sur le port.

Les Jardins de Cassis sans rest, r. A. Favier par ① *: 1 km* ℘ 04 42 01 84 85, *contact@hotel-lesjardinsde-cassis.com*, Fax 04 42 01 32 38, ⌿, ☂, ⚘ – ▤ TV 🅿 ▪ – ⚿ 25 à 50. ◭ ⬤ ⒼⒷ
1er avril-4 nov. – ⌷ 13 – **36 ch** 112.
♦ Sur les hauteurs de Cassis, chapelet de petits bâtiments roses abritant des chambres simples et bien tenues, souvent dotées de terrasses privatives. Beau jardin méridional.

Golfe sans rest, 3 pl. Grand Carnot **(t)** ℘ 04 42 01 00 21, Fax 04 42 01 92 08, ≤ – TV. ◭ ⒼⒷ
29 mars-4 nov. – ⌷ 9 – **30 ch** 64/89.
♦ Ravissante villégiature située face au port, au-dessus d'un bar-glacier. Toutes les chambres sont pratiques et colorées, mais préférez celles dont le balcon ouvre côté mer.

Liautaud sans rest, 2 r. V. Hugo **(a)** ℘ 04 42 01 75 37, Fax 04 42 01 12 08, ≤ – ‖ ▤ TV ⟵. ⒼⒷ. ⚘
fermé 1er déc. au 1er fév. – ⌷ 6,50 – **39 ch** 60/71.
♦ La silhouette de l'hôtel se reflète sur les eaux du port de plaisance. Jolie vue sur le large d'une partie des chambres - toutes rénovées - et de la salle des petits-déjeuners.

Clos des Arômes ⚘, 10 r. Paul Mouton **(u)** ℘ 04 42 01 71 84, Fax 04 42 01 31 76, ☈ – TV ⟵. ◭ ⒼⒷ ⚘ ch
1er mars-3 janv. et fermé mardi midi, merc. midi et lundi – **Repas** 21/29 – ⌷ 7 – **14 ch** 48/73 – ½ P 59/64.
♦ Les portes de cette charmante maison ouvrent sur un riant jardin fleuri. Les chambres, à la fois sobres et contemporaines, sont gaies et décorées avec goût. Minuscule salle à manger, ravissante terrasse et cuisine méridionale : bourrides, bouillabaisses, etc.

Grand Jardin sans rest, 2 r. P. Eydin **(b)** ℘ 04 42 01 70 10, Fax 04 42 01 70 10 – TV ⟵. ◭ ⬤ ⒼⒷ. ⚘ – ⌷ 8 – **26 ch** 60/69.
♦ Avenante résidence située en plein centre-ville. Chambres fonctionnelles, donnant pour la plupart sur un jardin. Terrasse fleurie où l'on sert le petit-déjeuner en été.

Cassitel sans rest, pl. Clemenceau **(n)** ℘ 04 42 01 83 44, *cassitel@hotel-cassis.com*, Fax 04 42 01 96 31 – TV. ◭ ⬤ ⒼⒷ ⒿⒸⒷ. ⚘
⌷ 7 – **30 ch** 71/90.
♦ Entre port et plage, mais aussi en plein coeur du Cassis animé et noctambule (discothèques, bars). Chambres pratiques ; la salle des petits-déjeuners provençale a du cachet.

XXX **Presqu'île**, par rte Port-Miou, Sud-Ouest : 2 km ℘ 04 42 01 03 77, *restaurantlapresquile@wanadoo.fr*, Fax 04 42 01 94 49, ≤ mer et Cap Canaille, ☈ – ▪ P. ◭ ⒼⒷ
1er mars-12 nov. et fermé dim. soir de sept. à mai et lundi – **Repas** 28/43 et carte 52 à 71 Ⓨ.
♦ L'atout majeur de cette villa se trouvant sur la route des calanques est son exceptionnelle vue sur la mer. Mobilier en fer forgé, décor méridional et cuisine régionale.

✕ **Nino**, port de Cassis **(v)** ℘ 04 42 01 74 32, Fax 04 42 01 74 32, ≤ – ◭ ⬤ ⒼⒷ ⒿⒸⒷ
fermé 16 déc. au 15 fév., dim. soir hors saison et lundi – **Repas** 32 Ⓨ.
♦ Cette maison daterait de 1432. Plaisant décor nautique ; la terrasse surplombant le port est très prisée en saison. Produits de la mer (bouillabaisse) et vins régionaux.

✕ **Fleurs de Thym**, 5 r. La Martine **(y)** ℘ 04 42 01 23 03
fermé 1er au 20 janv. – **Repas** *(fermé lundi du 1er oct. au 31 mars)* (dîner seul. sauf dim. hors saison) 43,50 bc/65 bc.
♦ Cheminée, bois peint, tissus Souleiado, faïences de Moustiers : cadre méridional "cosy" dans une ancienne chapelle dont il ne reste que la façade en pierre. Carte ensoleillée.

✕ **Romano**, port de Cassis **(z)** ℘ 04 42 01 08 16, Fax 04 42 01 30 33, ≤, ☈ – ◭ ⬤ ⒼⒷ ⒿⒸⒷ
Repas (16) · 22,90/28,90, enf. 9,50.
♦ Restaurant de type bistrot marin où les fourneaux s'expriment avec un accent provençal. Décor contemporain sobre, éclairé de baies vitrées tournées vers le port.

CASTAGNÈDE 64 Pyr.-Atl. 🎴 G4 – rattaché à Salies-de-Béarn.

CASTAGNIERS 06670 Alpes-Mar. 🎴 E5 – 1 359 h alt. 350.
Voir *Aspremont* : ⚘ ★ *de la terrasse de l'ancien château SE : 4 km*, G. Côte d'Azur.
Paris 938 – Nice 18 – Antibes 34 – Cannes 44 – Levens 16 – Vence 22.

✕ **Chez Michel** avec ch, ℘ 04 93 08 05 15, Fax 04 93 08 05 38, ☈, ⌿ – TV ⚿ 20. ◭ ⒼⒷ
⬤ *fermé 28 oct. au 1er déc.* – **Repas** *(fermé dim. soir et lundi)* (10,70 bc) · 15/31, enf. 9,20 Ⓨ – ⌷ 6,10 – **20 ch** 45/48,5 – ½ P 53,5.
♦ Restaurant de style rustique agrémenté d'outils agricoles ; cuisine niçoise avec notamment daubes et raviolis. Quelques chambres simples et bien tenues dans une annexe.

CASTANET-TOLOSAN *31 H.-Gar.* **343** *H3 – rattaché à Toulouse.*

Le CASTELET *09 Ariège* **343** *I8 – rattaché à Ax-les-Thermes.*

CASTELJALOUX *47700 L.-et-G.* **336** *C4 G. Aquitaine – 4 755 h alt. 52.*
- ☈ *de Casteljaloux* ℘ *05 53 93 51 60, S : 4 km par D 933.*
- ☑ *Office de tourisme, Maison du Roy* ℘ *05 53 93 00 00, Fax 05 53 20 74 32, officetourisme@ casteljaloux.com.*
- *Paris 674 – Agen 55 – Langon 55 – Marmande 23 – Mont-de-Marsan 73 – Nérac 30.*

🏠   **Cordeliers,**   r.   Cordeliers   ℘ 05 53 93 02 19,   *hotel.lescordeliers@wanadoo.fr,* Fax 05 53 93 55 48 – 🛗 ⇆ 📺 📞 ⇐ 🅿 **AE ⓘ** **GB**
fermé 3 au 9 mai, 1ᵉʳ au 7 nov. et Noël à mi-janv. – **Repas** *(fermé lundi midi, vend. soir et dim. hors saison)* 16/29, enf. 10 ♀ – ⇌ 7 – **24** ch 37/70 – ½ P 39/44.
- ♦ Accueil souriant en cet établissement situé dans une venelle donnant sur la grande place. Les chambres, fonctionnelles et bien tenues, sont rénovées. Au restaurant, décoration actuelle sans fioriture, tables dressées avec soin et cuisine traditionnelle.

XXX   **Vieille Auberge,** 11 r. Posterne ℘ 05 53 93 01 36, Fax 05 53 93 18 89 – 🍽 🅿. **GB**
fermé 28 juin au 11 juil., 22 nov. au 5 déc., 23 fév. au 3 mars, mardi soir de nov. à mars, dim. soir et merc. – **Repas** 18,50/38,50 et carte 40 à 45, enf. 11 ♀.
- ♦ Charmante maison de pierre bordant une ruelle de la bastide. De riantes couleurs jaunes et bleues égaient la salle à manger, bien fleurie. Cuisine classique.

Une réservation confirmée par écrit ou par fax est toujours plus sûre.

CASTELLANE ◐ *04120 Alpes-de-H.-P.* **334** *H9 G. Alpes du Sud – 1 508 h alt. 730.*
Voir *Site★ – Lac de Chaudanne★ 4 km par ①.*
Excurs. *Grand canyon du Verdon★★★.*
- ☈ *de Taulane à La Martre* ℘ *04 93 60 31 30, E : 17 km par N 85.*
- ☑ *Office de tourisme, rue Nationale* ℘ *04 92 83 61 14, Fax 04 92 83 76 89, office@castellane .org.*
- *Paris 797 ③ – Digne-les-Bains 54 ③ – Draguignan 59 ② – Grasse 64 ① – Manosque 92 ②.*

🏨   **Nouvel Hôtel du Commerce,** pl. Église (e) ℘ 04 92 83 61 00, *accueil@hotel-fradet.co* m, Fax 04 92 83 72 82, 🍽 – 🛗 📺 📞 🅿 – 🔬 15. **AE ⓘ** **GB**
1ᵉʳ mars-30 oct. – **Repas** *(fermé mardi. de sept. à juin, lundi midi en juil.-août et merc. midi)* 21/33 ♀ – ⇌ 8 – **35** ch 50/65 – ½ P 61.
- ♦ Au pied de la falaise où se dresse la chapelle N.-D.-du-Roc, hôtel abritant des chambres déjà anciennes mais bien tenues. La salle à manger-véranda est plaisante, mais aux beaux jours, la fraîcheur de la terrasse délicieusement ombragée est très tentante.

à la Garde *par ① et N 85 : 6 km – 56 h. alt. 928 – ✉ 04120 :*

XX   **Auberge du Teillon** avec ch, ℘ 04 92 83 60 88, *aubergeteillon@club-internet.fr,* Fax 04 92 83 74 08 – 📺 🅿. **GB**
fermé 18 nov. au 10 mars, dim. soir et lundi de sept. à juin et mardi midi en juil.-août – **Repas** 19/42, enf. 8 – ⇌ 7 – **8** ch 39/49 – ½ P 45/50.
- ♦ Accueil tout sourire et ambiance conviviale en cette auberge rustique de bord de route. Cuisine simple offrant une remarquable diversité de préparations provençales.

Le CASTELLET *83330 Var* **340** *J6 – 3 799 h alt. 252.*
Paris 816 – Marseille 46 – Toulon 23 – Aubagne 30 – Bandol 11.

à Ste-Anne-du-Castellet *Nord : 4,5 km par D 226 et D 26 – ✉ 83330 :*

🏠   **Castel Ste-Anne** 🌿 sans rest, ℘ 04 94 32 60 08, Fax 04 94 32 68 16, 🔲, 🌳 – 📺 🅿. **GB**. ✿
⇌ 6 – **18** ch 50/65.
- ♦ Quiétude, jardin fleuri et jolie piscine caractérisent l'environnement de cet hôtel familial. Chambres neuves, dotées de terrasses à l'annexe ; les autres sont plus sobres.

au Circuit Paul Ricard *Nord : 11 km par D 226, D 26 et N 8 – ✉ 83330 Le Beausset :*

🏨   **Castellet** 🌿, 3001 rte Hauts du Camp ℘ 04 94 98 37 77, *infos@hotelducastellet.com,* Fax 04 94 98 37 78, ◐, 🔲, 🌳, ✿, 🍽, ⚴ – 🍽 📺 📞 🅿 – 🔬 15 à 50. **AE ⓘ** **GB**. ✿
Repas *(fermé lundi midi)* 40 (déj.), 60/80, enf. 15 ♀ – ⇌ 25 – **47** ch 350/450 – ½ P 260.
- ♦ À deux pas du circuit, belle demeure orientée plein Sud et entourée d'un joli parc clos. Décor mi-provençal, mi-toscan, luxueux aménagements et golf 4 trous. Élégant restaurant et cuisine méditerranéenne pour oublier la compétition... le temps d'un repas !

Résidence des Équipages sans rest, 3100 rte Hauts du Camp ℘ 04 94 98 37 77, *infos @hotelducastellet.com*, Fax 04 94 98 37 78 – ▤ ▥ 📞 ᴋ 🄿, ☷. ⛞ – 15 – **19 ch** 160.
♦ Mobilier design, isolation phonique efficace, télévison à écran plat, connexion Internet : cet hôtel accolé à l'aérogare séduira autant équipages que passagers en transit.

CASTELNAUDARY 11400 Aude **344** C3 G. Languedoc Roussillon – 10 851 h alt. 175.
🛈 *Office de tourisme, place de la République ℘ 04 68 23 05 73, Fax 04 68 23 61 40, otsi.castelnaudary@wanadoo.fr.*
Paris 735 ④ – Toulouse 60 ④ – Carcassonne 42 ④ – Foix 70 ④ – Pamiers 49 ⑤.

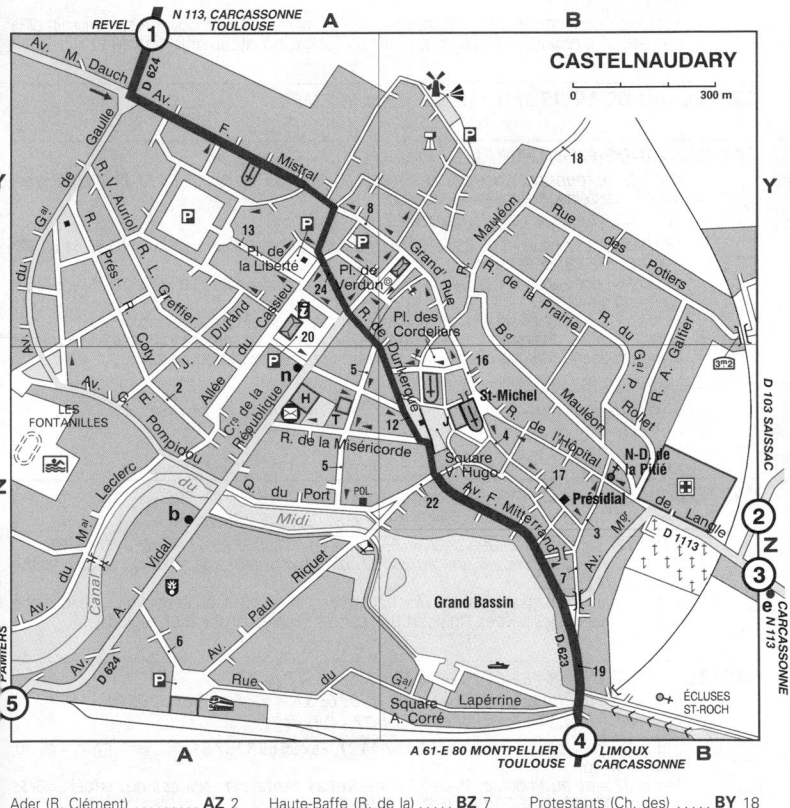

Ader (R. Clément) . . . . **AZ** 2	Haute-Baffe (R. de la) . . . . . **BZ** 7	Protestants (Ch. des) . . . . . . **BY** 18
Batailleries (R. des) . . . . **BZ** 3	Horloge (R. de l') . . . . **AY** 8	Pyrénées (Av. des) . . . . **BZ** 19
Collège (R. du) . . . . **BZ** 4	Laperrine (Pl. du Gén.) . . . . **BZ** 12	République
Dejean (R. du Gén.) . . . . . . **AZ** 5	Lapasset (R. du Gén.) . . . . . **AY** 13	(Pl. de la) . . . . **AY** 20
Dunkerque (R. de) . . . . **AYZ**	Pasteur (R. Louis) . . . . **BZ** 16	Riquet (R. Paul) . . . . **BZ** 22
Gare (Av. de la) . . . . **AZ** 6	Présidial (Rampe du) . . . . . . **BZ** 17	11-Novembre (R. du) . . . . . **AY** 24

Canal ♨ sans rest, 2 ter av. A. Vidal ℘ 04 68 94 05 05, *hotelducanal@wanadoo.fr*, Fax 04 68 94 05 06, ⌨ – ▥ 📞 ᴋ 🄿 – ⚗ 25. ◭ ⓪ ☷ ᴊᴄʙ
☐ 8 – **38 ch** 48/53.
AZ b
♦ Belle bâtisse ocre, autrefois usine à chaux, longée par le canal du Midi. Chambres pratiques et bien insonorisées. Petits-déjeuners servis au bord de l'eau. Joli Jardin.

Centre et Lauragais, 31 cours République ℘ 04 68 23 25 95, Fax 04 68 94 01 66, 😤 – ▥ 📞 ☷
AZ n
fermé 4 janv. au 5 fév. et dim. soir – **Repas** 17,50/22 ☖ – ☐ 5,50 – **16 ch** 40/45 – ½ P 36/39.
♦ Établissement familial situé au centre-ville. Chambres d'ampleur correcte, sobrement équipées d'un mobilier canné. Salle à manger lumineuse où l'on propose une cuisine traditionnelle enrichie de spécialités locales, dont le fameux cassoulet.

Clos Fleuri St-Siméon, 134 av. Mgr. de Langle par ③ ℰ 04 68 94 01 20, *closfleuristsime on@hotmail.com*, Fax 04 68 94 05 47, 😊, 🏊, 🚗 – 📺 📞 Ꮡ 🅿 AE GB
fermé 24 déc. au 8 janv. et dim. soir d'oct. à juin – **Repas** 12/28 ♀ – ⌓ 6 – **31 ch** 42/48 – ½ P 40.

♦ Isolé des bâtiments commerciaux par son enclos de verdure, hôtel récent disposant de chambres fonctionnelles aux tons pastel, pourvues du double vitrage. Le restaurant se prolonge d'une terrasse donnant sur le petit jardin et la piscine. Repas simples.

Tirou, 90 av. Mgr de Langle ℰ 04 68 94 15 95, *tirou@ataraxie.fr*, Fax 04 68 94 15 96, 😊, 🚗 – 🗐 🅿 GB   BZ e
fermé 28 juin au 5 juil., 20 déc au 20 janv., le soir sauf sam. hors saison et lundi – **Repas** 15 (déj.), 21/30 ♀ 🏵.

♦ Cette maison d'habitation abrite une salle à manger actuelle ouverte sur le jardin et la terrasse. Vins régionaux et, parmi les plats du terroir, incontournable cassoulet !

CASTELNAU-DE-LÉVIS 81 Tarn 🔢 E7 – *rattaché à Albi.*

CASTELNAU-DE-MONTMIRAL 81140 Tarn 🔢 C7 – 895 h alt. 287.

🅱 Office de tourisme, place des Arcades ℰ 05 63 33 15 11, Fax 05 63 33 17 60, *tourisme- .bastide.castelnaugresigne@wanadoo.fr.*
Paris 645 – Toulouse 69 – Cordes-sur-Ciel 22 – Gaillac 12.

Consuls, pl. Consuls ℰ 05 63 33 17 44, *hoteldesconsuls@aol.com*, Fax 05 63 33 61 30, 😊 – 🔌 📺 📞 Ꮡ AE ① GB JCB
1ᵉʳ avril-31 oct. – **Repas** (fermé mardi et merc. de sept. à avril) 13,50 (déj.), 20/26, enf. 8 ♀ – ⌓ 8 – **14 ch** 40/75.

♦ Maisons anciennes situées sur la place centrale de la pittoresque bastide du 13ᵉ s. : les vieilles façades dissimulent des chambres neuves ou seulement rafraîchies. Pierres et tomettes décorent la salle à manger ; terrasse dressée sous les couverts.

Michelin n'accroche pas de panonceau aux hôtels et restaurants qu'il signale.

CASTELNOU 66300 Pyr.-Or. 🔢 H7 G. Languedoc Roussillon – 331 h alt. 300.
Paris 868 – Perpignan 23 – Argelès-sur-Mer 40 – Céret 28 – Prades 30.

L'Hostal (accès piétonnier) ℰ 04 68 53 45 42, Fax 04 68 53 45 42, ≤, 😊 – AE ① GB
fermé 17 nov. au 9 déc., 6 janv. au 28 fév., dim. soir, merc. soir et lundi sauf juil.-août – **Repas** 22/39,50 bc ♀.

♦ Ce restaurant rustique occupe une bâtisse des 11ᵉ et 12ᵉ s. au centre d'un beau village médiéval aux ruelles pavées. On y sert une cuisine simple, d'inspiration régionale.

CASTELSARRASIN 🔄 82100 T.-et-G. 🔢 C7 – 11 352 h alt. 82.
🅱 Office de tourisme, place de la Liberté ℰ 05 63 32 01 39, Fax 05 63 32 75 01.
Paris 648 – Agen 54 – Toulouse 68 – Auch 77 – Cahors 71.

Félix 😊, rte Moissac : 4 km ℰ 05 63 32 14 97, Fax 05 63 32 37 51, 😊, 🚗 – 📺 🅿 – 🏖 40.
AE GB, 🍽 ch
fermé 27 sept. au 11 oct. et 1ᵉʳ au 13 janv. – **Repas** (fermé dim. soir et lundi) 13 (déj.), 18/33 ᏑᏑ – ⌓ 5,60 – **14 ch** 38,50/64 – ½ P 39,50/43,50.

♦ Vous ne rêvez pas, gringo, ce village évoquant le Nouveau-Mexique est bien un hôtel. Dormez au saloon, dans la banque ou au general store... "Pour une poignée de dollars" ! Restaurant décoré façon "cantina" avec cheminée. Animations le samedi soir.

CASTÉRA-VERDUZAN 32410 Gers 🔢 E7 – 830 h alt. 114 – Stat. therm. (début mars-mi déc.).
🅱 Office de tourisme, avenue des Thermes ℰ 05 62 68 10 66, Fax 05 62 68 14 58, *ot-si.castera@wanadoo.fr.*
Paris 720 – Agen 61 – Auch 26 – Condom 20.

Florida, ℰ 05 62 68 13 22, Fax 05 62 68 10 44, 😊 – 🗐 AE ① GB
fermé vacances de fév., dim. soir et lundi – **Repas** 13 (déj.), 22,50/49, enf. 13 ♀.

♦ Spécialités gersoises à savourer en hiver dans la salle à manger rustique où le feu crépite dans la cheminée, et en été sur la terrasse ombragée et fleurie.

CASTERINO 06 Alpes-Mar. 🔢 G3 – *rattaché à Tende.*

CASTILLON-DE-LARBOUST 31 H.-Gar. 343 B8 – rattaché à Bagnères-de-Luchon.

CASTILLON-DU-GARD 30 Gard 339 M5 – rattaché à Pont-du-Gard.

CASTILLON-EN-COUSERANS 09800 Ariège 343 E7 G. Midi-Pyrénées – 424 h alt. 543.
🏢 Office de tourisme, avenue Noël Peyrevidal ℘ 05 61 96 72 64, Fax 05 34 14 06 82, otcastil@club-internet.fr.
Paris 787 – Bagnères-de-Luchon 61 – Foix 58 – St-Girons 14.

à Audressein par rte de Luchon : 1 km – 107 h. alt. 509 – ⊠ 09800 :

XX **L'Auberge** avec ch., ℘ 05 61 96 11 80, aubergeaudressein@club-internet.fr, Fax 05 61 96 82 96 – 🗐 rest,. GB
fermé 10 janv. au 4 fév. – **Repas** (fermé dim. soir et lundi du 15 sept. au 5 mai sauf vacances scolaires) 18/53 ⌾ – ⊊ 7 – **9 ch** 35/45 – ½ P 36,50/41,50.
♦ Ces vieux murs de pierre abritaient une forge au 19e s. Salle à manger champêtre, véranda surplombant la rivière et appétissante cuisine inspirée par le terroir.

CASTRES ⬭ 81100 Tarn 338 F9 G. Midi-Pyrénées – 43 496 h alt. 170.
Voir Musée Goya★ – Hôtel de Nayrac★ **AY** – Centre national et musée Jean-Jaurès **AY**.
Env. Le Sidobre★ 9 km par ① – Musée du Protestantisme à Ferrières.
🏌 de Castres Gourjade ℘ 05 63 72 27 06, N : 3 km par ①.
✈ de Castres-Mazamet : ℘ 05 63 70 34 77 par ③ : 8 km.
🏢 Office de tourisme, 3 rue Milhau-Ducommun ℘ 05 63 62 63 62, Fax 05 63 62 63 60, otcastres@wanadoo.fr.
Paris 718 ⑦ – Toulouse 79 ④ – Albi 43 ⑦ – Béziers 107 ③ – Carcassonne 70 ③.

Plan page suivante

🏨 **Renaissance** ⬭ sans rest, 17 r. V. Hugo ℘ 05 63 59 30 42, Fax 05 63 72 11 57 – 🗐 📺 ✆. AE ⓞ GB AZ d
⊊ 7 – **20 ch** 55/70.
♦ Belle façade à colombages du 17e s. abritant des chambres personnalisées (styles Empire, Napoléon III, africain, etc.) où foisonnent tableaux et bibelots. Salons très "cosy".

🏨 **Europe**, 5 r. V. Hugo ℘ 05 63 59 00 33, Fax 05 63 59 21 38 – 📺. ⓞ GB AYZ v
Repas (fermé août, 23 déc. au 2 janv. et dim.) 10 ⌾ – ⊊ 8 – **36 ch** 60/70 – ½ P 75.
♦ Trois maisons du 17e s. reliées entre elles par un beau patio garni d'objets chinés. Dans les chambres, murs en briques et colombages, mobilier moderne et éclairage soigné. Restauration sous forme de buffets dans une salle décorée de tableaux contemporains.

🏨 **Occitan**, 201 av. Ch. de Gaulle par ③ ℘ 05 63 35 34 20, hotel-occitan@wanadoo.fr, Fax 05 63 35 70 32, �, 🖳, 🌳 – 🛗, 🗐 rest, 📺 📞 – 🏋 15. AE ⓞ GB
Repas (fermé dim. midi) 10 ⌾ – ⊊ 8 – **62 ch** 70/76 – ½ P 54/64.
♦ Hôtel pratique pour une étape aux portes de la ville. On rafraîchit peu à peu les chambres dans un esprit actuel ; d'autres occupent une aile neuve. Cuisine traditionnelle simple, servie dans un cadre contemporain ou sur la terrasse dressée face à un jardinet.

🏨 **Miredames**, 1 pl. R. Salengro ℘ 05 63 71 38 18, Bienvenue@hotel-miredames.com, Fax 05 63 71 38 19, � – 🛗, 🗐 ch, 📺 📞 ♿. AE ⓞ GB BY f
- Relais du Pont Vieux ℘ 05 63 55 56 14 **Repas** 10,50 (déj.)bc, 14,50/31, enf. 7,50 ⌾ – ⊊ 7 – **14 ch** 52/63 – ½ P 49/56.
♦ Ancienne maison du vieux Castres entièrement restaurée dont l'enseigne évoque le coche d'eau qui remonte l'Agout. Les chambres, de bonne taille, sont bien pensées. Le Relais du Pont Vieux donne sur une place où murmure une fontaine ; terrasse côté rivière.

XX **Victoria**, 24 pl. 8-Mai 1945 ℘ 05 63 59 14 68, Fax 05 63 59 14 68 – 🗐. AE ⓞ GB
JCB BZ s
Repas (fermé sam. midi et dim.) 11,50 (déj.), 17,50/45 ⌾.
♦ Trois salles à manger assez intimes aménagées dans un sous-sol voûté. La plus plaisante a vue sur la cave à vins protégée par une vitre. Cuisine traditionnelle.

XX **Mandragore**, 1 r. Malpas ℘ 05 63 59 51 27, Fax 05 63 73 29 68 – 🗐. ⓞ GB BY e
fermé 19 sept. au 4 oct., 16 au 31 janv., dim. et lundi – **Repas** 12 bc (déj.), 15/30.
♦ Cette maison du vieux Castres a été entièrement rénovée dans un esprit contemporain où dominent bois blond et verre dépoli. On y déguste des préparations traditionnelles.

X **Table du Sommelier**, 6 pl. Pélisson ℘ 05 63 82 20 10, Fax 05 63 82 20 10, � – 🗐. GB
fermé dim. sauf juil.-août et lundi – **Repas** (12,50) - 15/30 ⌾. AY t
♦ Bar à vins situé en face du musée Jean Jaurès : décor de caisses et de bouteilles, fumoir pour amateurs de cigares, crus sélectionnés et cuisine "bistrotière".

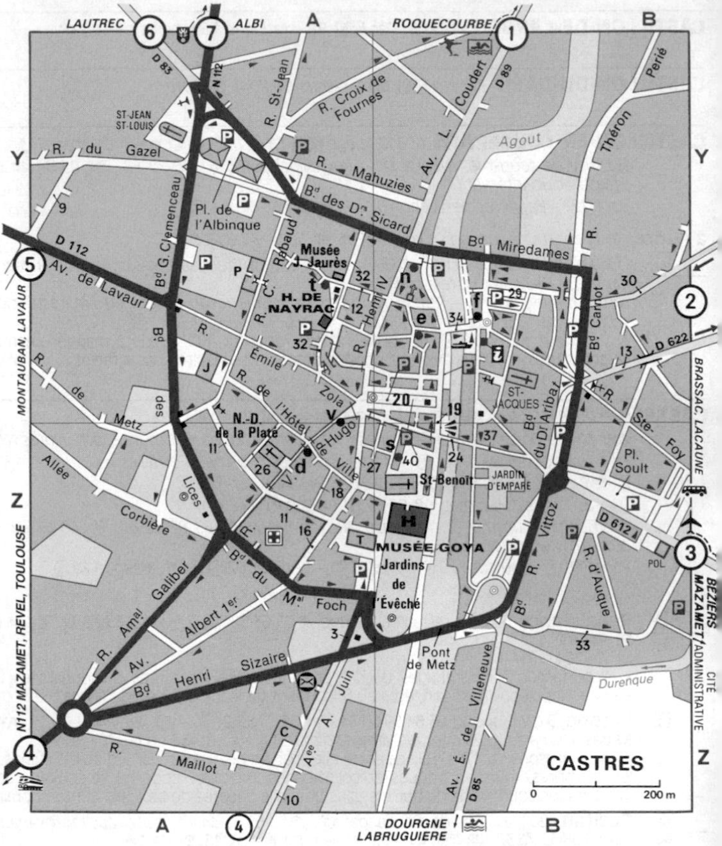

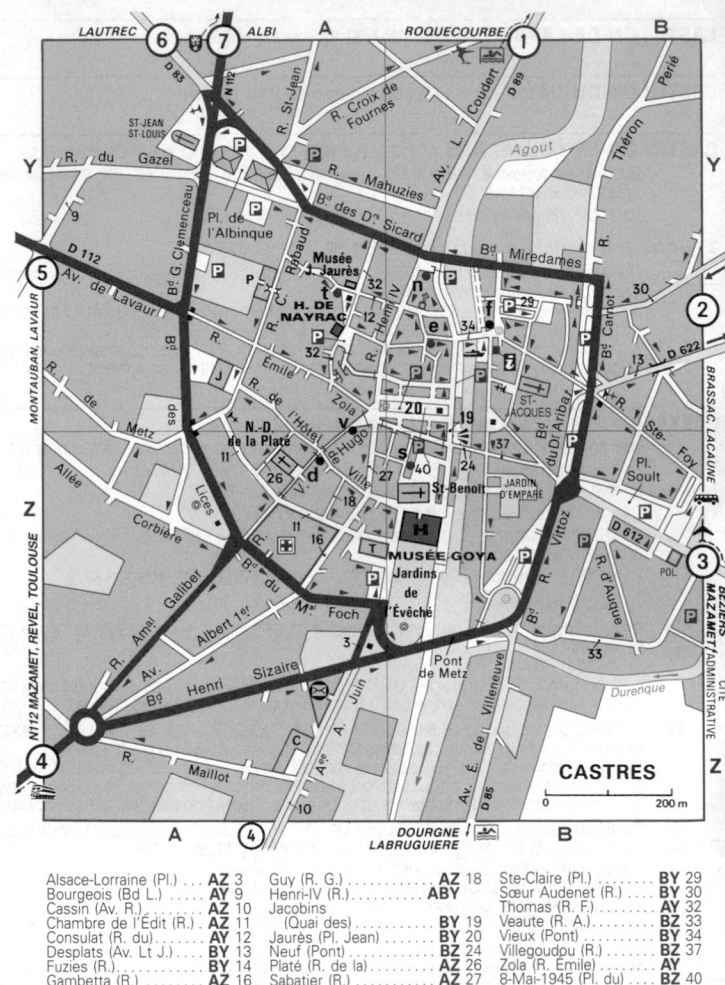

Alsace-Lorraine (Pl.)	AZ	3
Bourgeois (Bd L.)	AY	9
Cassin (Av. R.)	AZ	10
Chambre de l'Édit (R.)	AZ	11
Consulat (R. du)	AY	12
Desplats (Av. Lt J.)	BY	13
Fuzies (R.)	BY	14
Gambetta (R.)	AZ	16
Guy (R. G.)	AZ	18
Henri-IV (R.)	ABY	
Jacobins (Quai des)	BY	19
Jaurès (Pl. Jean)	BY	20
Neuf (Pont)	BZ	24
Platé (R. de la)	AZ	26
Sabatier (R.)	AZ	27
Ste-Claire (Pl.)	BY	29
Sœur Audenet (R.)	BY	30
Thomas (R. F.)	AY	32
Veaute (R. A.)	BZ	33
Vieux (Pont)	BY	34
Villegoudou (R.)	BZ	37
Zola (R. Émile)	AY	
8-Mai-1945 (Pl. du)	BZ	40

à Burlats *par ①, D 89 et D 58 : 9 km – 1 829 h. alt. 191 – ✉ 81100 :*

Castel de Burlats sans rest, ☎ 05 63 35 29 20, *le.castel.de-burlats@wanadoo.fr, Fax 05 63 51 14 69,* – – 20. AE GB JCB
fermé 25 au 31 août et 8 au 22 fév. – ☕ 10 – **12 ch** 61/100.
◆ Castel des 14e et 16e s. au blason redoré : très beau salon de style Renaissance et vastes chambres personnalisées (non-fumeurs) ouvertes sur le parc. Ambiance "guesthouse".

à Lagarrigue *par ③ : 4 km – 1 641 h. alt. 200 – ✉ 81090*

Montagne Noire, 29 av. Castres sur RN 112 ☎ 05 63 35 52 00, *Fax 05 63 35 25 59,* – , ch, – 30. AE GB JCB
fermé 24 déc. au 3 janv. – **Repas** *(fermé 24 juil. au 22 août) (17)* - 23, enf. 10 – ☕ 10 – **30 ch** 69/92 – ½ P 57.
◆ Au bord d'une route fréquentée, hôtel disposant de chambres bien insonorisées, garnies d'un mobilier d'esprit Art déco. Espace "balnéo" : sauna et petite piscine couverte. Au restaurant, le décor rustique et la cuisine traditionnelle ont pris l'accent du Sud.

CASTRIES 34160 Hérault 👿👿👿 I6 *G. Languedoc Roussillon – 5 146 h alt. 70.*

Voir *Château★*.

🛈 *Office de tourisme, place des Libertés ℰ 04 67 91 20 39, Fax 04 67 91 20 39.*
Paris 746 – Montpellier 19 – Lunel 15 – Nîmes 44.

✗ **L'Art du Feu,** 13 av. 8-Mai-1945 ℰ 04 67 70 05 97, Fax 04 67 70 05 97 – 🔳. 🎌
✂ *fermé 1ᵉʳ au 10 sept., vacances de fév., dim. soir, mardi soir et merc.* – **Repas** 12/24, enf. 10 ⌇.
   ♦ L'enseigne rappelle que cette maison abritait autrefois une forge. Plaisante petite salle à manger campagnarde avec pierres apparentes. Cuisine variant avec les saisons.

Le CATEAU-CAMBRÉSIS 59360 Nord 👿👿👿 J7 *G. Picardie Flandres Artois – 7 460 h alt. 123.*

🛈 *Office de tourisme, rue Victor Hugo ℰ 03 27 84 10 94, Fax 03 27 77 81 74, otlecateau@tis cali.fr.*
Paris 202 – St-Quentin 41 – Cambrai 24 – Hirson 44 – Lille 86 – Valenciennes 33.

🏠 **Hostellerie du Marché,** r. Landrecies ℰ 03 27 84 09 32, hostelleriedumarche@yahoo.f
✂ r, Fax 03 27 77 01 00 – 🍴 📺 📞 👍 – 🔒 15. 🎌 🧾 🕸 ch
   fermé 9 au 22 août, dim. soir et lundi – **Repas** (9) - 13/22, enf. 6 ⌇ – ⌴ 5 – **9 ch** 50 – ½ P 73.
   ♦ La ville du "traité" est aussi celle de Matisse, né ici en 1869. Chambres un peu petites, mais toutes rénovées et fraîches (coloris inspirés des oeuvres du peintre). Salle à manger rustique au charme "rétro" et cour-terrasse ; copieuse cuisine traditionnelle.

✗✗ **Relais Fénelon** avec ch, 21 r. Mar. Mortier ℰ 03 27 84 25 80, Fax 03 27 84 38 60, 🍽, 🌳
   – 📺. 🎌
   fermé 2 au 26 août – **Repas** *(fermé dim. soir et lundi sauf fériés)* (13,80) - 18/28 ⌇ – ⌴ 6 –
   5 ch 42/48,50 – ½ P 37,50.
   ♦ Cette demeure du 19ᵉ s. abrite une salle à manger au charme provincial, précédée d'un salon au confort bourgeois. Agréable terrasse d'été tournée vers un jardin arboré.

Le CATELET 02420 Aisne 👿👿👿 B2 – *218 h alt. 90.*
Paris 170 – St-Quentin 19 – Cambrai 22 – Le Cateau-Cambrésis 29 – Laon 66 – Péronne 28.

✗✗ **Auberge de la Croix d'Or,** ℰ 03 23 66 21 71, 🍽, 🌳 – 🅿. 🎌
   fermé 5 au 23 août, 23 déc. au 6 janv., dim. soir et lundi – **Repas** 20,20 bc/32,70, enf. 8 ⌇.
   ♦ Sympathique auberge de bord de route. Deux salles à manger rustiques avec poutres apparentes, ouvertes sur le jardin où l'on installe la terrasse aux beaux jours.

Les CATONS 73 Savoie 👿👿👿 I4 – *rattaché au Bourget-du-Lac.*

CAUDEBEC-EN-CAUX 76490 S.-Mar. 👿👿👿 E4 *G. Normandie Vallée de la Seine – 2 342 h alt. 6.*

Voir *Église Notre-Dame★*.
Env. *Vallon de Rançon★ NE : 2 km.*
🛈 *Office de tourisme, square Galler ℰ 02 32 70 46 32, Fax 02 32 70 46 31, office-tourisme.cc@wanadoo.fr.*
Paris 162 – Le Havre 53 – Rouen 37 – Lillebonne 17 – Yvetot 14.

🏠 **Normandie,** quai Guilbaud ℰ 02 35 96 25 11, info@le-normandie.fr, Fax 02 35 96 68 15,
✂ ⇐ – 📺 📞 🅿. 🆎 ① 🎌 🧾
   Repas *(fermé dim. soir et lundi midi sauf fériés)* 15/38 ⌇ – ⌴ 6 – **15 ch** 41/60 – ½ P 48/52.
   ♦ Sur le quai longeant la Seine, chambres fonctionnelles, parfois garnies de meubles rustiques ; les plus spacieuses, en façade, offrent une échappée sur le fleuve. Vue captivante sur la navigation fluviale depuis le restaurant ; plats traditionnels et normands.

🏠 **Cheval Blanc,** 4 pl. R. Coty ℰ 02 35 96 21 66, le-cheval-blanc-info@wanadoo.fr,
✂ Fax 02 35 95 35 40 – 📺. 🆎 ① 🎌
   fermé 24 au 31 déc. – **Repas** *(fermé dim. soir sauf fériés)* (10,50) - 14/33 ⌇ – ⌴ 6,50 – **14 ch**
   43/53 – ½ P 45.
   ♦ Hôtel du centre-ville en constante évolution. Les chambres, rénovées au second étage, sont toutes pourvues d'un double vitrage. Salle de restaurant simple et claire où l'on sert une cuisine traditionnelle influencée par le terroir.

CAUREL 22530 C.-d'Armor 👿👿👿 D5 – *387 h alt. 188.*
Paris 461 – St-Brieuc 48 – Carhaix-Plouguer 45 – Guingamp 48 – Loudéac 24 – Pontivy 22.

✗✗ **Beau Rivage** 🦢 avec ch, au Lac de Guerlédan : 2 km par D 111 ℰ 02 96 28 52 15,
   Fax 02 96 26 01 16, ⇐, 🌳 – 🔒 30. 🎌 🕸
   fermé 4 au 20 oct., 1ᵉʳ au 23 fév., lundi et mardi – **Repas** 17/55, enf. 10 – ⌴ 7 – **8 ch** 39/51 –
   ½ P 42/46.
   ♦ Cette maison récente a su tirer parti de sa situation au bord du lac en se dotant d'une salle actuelle bordée de baies vitrées et d'une terrasse. Chambres fonctionnelles.

CAURO 2A Corse-du-Sud **345** C8 – voir à Corse.

CAUSSADE 82300 T.-et-G. **337** F7 – 5 971 h alt. 109.

🛈 *Office de tourisme, rue de la République ℘ 05 63 26 04 04, Fax 04 63 26 04 04, caussade.tourisme@free.fr.*

Paris 606 – Cahors 38 – Gaillac 51 – Montauban 28 – Villefranche-de-Rouergue 52.

🏠 **Dupont,** r. Récollets ℘ 05 63 65 05 00, Fax 05 63 65 12 62 – 📺 📞 ᕦ 🚗 🅿 GB
Repas *(fermé vend. du 15 oct. au 15 avril, sam. midi et dim. soir)* 10 (déj.), 15/30, enf. 7 – 🍴 6 – **30 ch** 36/54 – ½ P 40/45.
  ◆ Hôtel familial situé dans la petite capitale du chapeau de paille. Préférez les chambres sur l'arrière, plus récentes. Petit-déjeuner servi sous une véranda. Plaisante salle à manger rustique et cuisine d'inspiration régionale.

à Monteils Nord-Est : 3 km par D 17 – 1 075 h. alt. 120 – ⊠ 82300 :

🍽 **Clos Monteils,** ℘ 05 63 93 03 51, Fax 05 63 93 03 51, 😀 – 💥
fermé janv., fév., mardi de nov. au 15 mai, sam. midi, dim. soir et lundi – **Repas** (nombre de couverts limités, prévenir) 15 (déj.), 23/44 🍷.
  ◆ L'ancien presbytère de ce village quercynois, transformé en restaurant, est décoré dans l'esprit d'une maison particulière. Agréable terrasse. Cuisine du terroir.

CAUTERETS 65110 H.-Pyr. **342** L7 *G. Midi-Pyrénées* – 1 305 h alt. 932 – Stat. therm. – Sports d'hiver : 1 000/2 350 m ᕦ 3 ᕦ 18 ᕦ – Casino.

Voir *La station★ – Route et site du Pont d'Espagne★★★ (chutes du Gave) au Sud par D 920 – Cascade★★ et vallée★ de Lutour S : 2,5 km par D 920.*

Env. *Cirque du Lys★★.*

🛈 *Office de tourisme, place Foch ℘ 05 62 92 50 50, Fax 05 62 92 11 70, accueil@cauterets.com.*

Paris 880 ① – Pau 75 ① – Argelès-Gazost 17 ① – Lourdes 30 ① – Tarbes 49 ①.

CAUTERETS

Benjamin-Dulau (Av.) 2
Bordenave (Pl.) 3
Clemenceau (Pl. G.). 4
Etigny (R. d') 5
Féria (R. de la) 6
Foch (Pl. Mar.) 8
Jean-Moulin (Pl.). 10
Latapie-Flurin (Bd) 12
Mamelon-Vert (Av.) 13
Pont-Neuf (R. du) 15
Richelieu (R. de). 16
Victoire (Pl. de la) 18

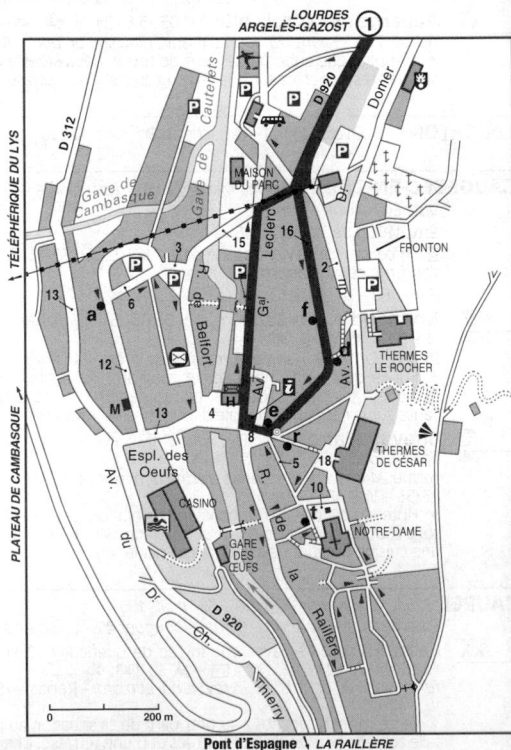

436

Sacca, bd Latapie-Flurin (a) ✆ 05 62 92 50 02, *hotel.le.sacca@wanadoo.fr,* Fax 05 62 92 64 63, ₤ᵇ – 🛗, ▤ rest, 📺 🅰🅴 ⓞ 🆖 🆓 ⅋ rest
fermé 1ᵉʳ oct. au 1ᵉʳ déc. – **Repas** 12 (déj.), 15/35, enf. 9 ⅒ – 🖃 6 – **44 ch** 48/68 – ½ P 38/48.
♦ Les chambres, dotées de balcons, sont aménagées dans un esprit contemporain et fonctionnel. Hall récemment habillé de bois blond. Accueillante salle à manger avec boiseries claires, mobilier actuel et tons chaleureux ; recettes traditionnelles.

César, r. César (r) ✆ 05 62 92 52 57, Fax 05 62 92 08 19 – 🛗 📺 🅰🅴 ⓞ 🆖, ⅋ rest
fermé 25 avril au 24 mai et 30 sept. au 24 oct. – **Repas** *(fermé le midi et merc. en hiver)* 15/40 ⅌ – 🖃 5,50 – **17 ch** 36/51 – ½ P 38/45.
♦ À proximité des thermes du même nom, façade colorée abritant des chambres assez grandes ; celles du 3ᵉ étage, rajeunies, sont plus plaisantes et actuelles. À table, plats traditionnels et spécialité de garbure (sur commande) ; décor un brin mûrissant.

Welcome ⅗, 3 r. V. Hugo (t) ✆ 05 62 92 50 22, Fax 05 62 92 02 90 – 🛗 📺 🆖
fermé 21 oct. au 30 nov. – **Repas** 17/24 ⅌ – 🖃 6 – **26 ch** 42/52 – ½ P 43/50.
♦ Bordant une rue paisible proche de l'église, hôtel aux chambres pratiques et très bien tenues, un peu plus anciennes à l'annexe située à 50 m. Le restaurant offre une ambiance rustique avec poutres apparentes, mobilier agreste et cuivres. Plats traditionnels.

Lion d'Or, 12 r. Richelieu (d) ✆ 05 62 92 52 87, *hotel.lion.dor@wanadoo.fr,* Fax 05 62 92 03 67 – 🛗 📺 🅰🅴 🆖, ⅋
fermé 30 sept. au 20 déc. – **Repas** (dîner seul.)(résidents seul.) 17/23, enf. 10 – 🖃 9,50 – **24 ch** 40/75 – ½ P 42/60.
♦ Pimpante maison du 19ᵉ s. aux chambres personnalisées et agrémentées d'objets chinés. Petit patio abondamment fleuri en saison.

Paris sans rest, 1 pl. Mar. Foch (e) ✆ 05 62 92 53 85, *skibar@wanadoo.fr,* Fax 05 62 92 02 23 – 🛗 cuisinette 📺 🅰🅴 🆖. ⅋
fermé 19 avril au 19 mai et 11 oct. au 5 déc. – 🖃 5,80 – **8 ch** 44/58.
♦ Dressé au coeur de la station thermale, ce bâtiment de 1905 au cachet préservé dispose de chambres au mobilier varié. Bar montagnard et terrasse ensoleillée.

*Les principales voies commerçantes figurent en **rouge** dans la liste des rues des plans de villes.*

CAVAILLON 84300 Vaucluse ⅓⅓⅔ D10 *G. Provence* – 24 563 h alt. 75.
Voir *Musée de l'Hôtel-Dieu : collection archéologique*★ **M** – ≼★ *de la colline St-Jacques.*
🛈 *Office de tourisme, place Francois Tourel* ✆ 04 90 71 32 01, Fax 04 90 71 42 99, *o.t.cavaillon@wanadoo.fr.*
Paris 702 ④ – Avignon 25 ① – Aix-en-Provence 60 ④ – Arles 44 ④ – Manosque 70 ②.

CAVAILLON

Berthelot (Av.) 2
Bournissac (Cours) . . . 3
Castil-Blaze (Pl.). 5
Clemenceau
  (Av. G.) 6
Clos (Pl. du) 7
Coty (Av. R.) 9
Crillon (Bd) 10
Diderot (R.). 12
Donné (Chemin) 13
Doumer (Bd. P.) 14
Dublé (Av. Véran). 15
Durance (R. de la) 17
Gambetta (Cours L.). . 18
Gambetta (Pl. L.) 19
Gaulle (Av. Gén.-de) . . 22
Grand-Rue. 23
Jean-Jaurès (Av.) 24
Joffre (Av. Mar.). 26
Kennedy (Av. J.F.) 27
Lattre-de-T. (R.P.J. de) 29
Pasteur (R.). 30
Péri (Av. Gabriel) 31
Pertuis (Rte de) 32
Raspail (R.). 34
Renan (Cours E.). 35
République (R. de la) . 37
Sarnette (Av. Abel) . . . 38
Saunerie (R.). 40
Sémard (Av. P.) 41
Tourel (Pl. F.) 42
Victor-Hugo (Cours). . . 43

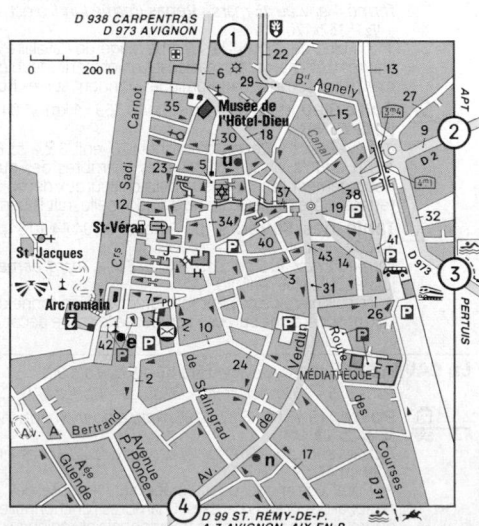

🏨 **Mercure**, 601 av. Boscodomini, par ④ : *2 km* ℘ 04 90 71 07 79, *h1951@accor-hotels.com*, Fax 04 90 78 27 94, 😄, 🔲, 🚗, ✖ – 📱 ⊁ ▥ ch, 🔟 ✆ & 🅿 – 🏃 60. 🆎 ⑩ 🇬🇧
Repas (12) - 15,50/20, enf. 8 ♀ – ☲ 11 – **64 ch** 75/115.
♦ Bâtisse des années 1970 récemment rajeunie dans le style méridional. Les chambres, plus calmes côté Sud, sont fonctionnelles et dotées de balcons. Joli décor provençal au restaurant ; la carte "Mercure" puise dans le terroir comtadin.

🏨 **Ibis**, 601 av. Boscodomini, par ④ : *2 km* ℘ 04 90 06 18 88, *h2179@accor-hotels.com*, Fax 04 90 71 03 50, 🔲, 🚗, ✖ – 📱 ⊁ ▥ ch, 🔟 ✆ & 🅿 – 🏃 60. 🆎 ⑩ 🇬🇧
Repas (12) - 15,50/20, enf. 8 ♀ – ☲ 6 – **62 ch** 45/73.
♦ Cet Ibis entièrement refait occupe deux étages de l'hôtel Mercure. Chambres modernes ; celles orientées vers le Sud garantissent des nuits plus tranquilles.

🏨 **Parc** sans rest, pl. F. Tourel (e) ℘ 04 90 71 57 78, *hotelduparc.cavaillon@wanadoo.fr*, Fax 04 90 76 10 35 – ▥ 🔟 ✆ 🚗. 🆎 ⑩ 🇬🇧
☲ 8 – **40 ch** 45/72.
♦ Préférez les chambres rénovées de l'annexe : les murs, colorés, sont agrémentés de frises composées de textes évoquant la Provence. Petits-déjeuners servis en véranda.

✕✕✕ **Prévot**, 353 av. Verdun (n) ℘ 04 90 71 32 43, *jean-jacques.prevot2@freesbee.fr*, Fax 04 90 71 97 05 – ▥. 🆎 ⑩ 🇬🇧 🇯🇨🇧
fermé 8 au 24 août, 20 au 28 fév., dim. et lundi sauf fériés – **Repas** 27 (déj.), 45/88 et carte 53 à 89 ♀.
♦ La décoration célèbre le melon dans tous ses états : tableaux, bibelots, lustres, vaisselle... Bien sûr, un menu entier est dédié à la cucurbitacée !

à Cheval-Blanc par ③ : *5 km – 3 524 h. alt. 83* – ⊠ *84460* :

✕ **Auberge de Cheval Blanc,** 481 av. de la Canebière, ℘ 04 32 50 18 55, Fax 04 32 50 18 52, 😄 – ▥. 🆎 🇬🇧
🚗 *fermé vacances de Toussaint, de fév., lundi soir, merc. midi et mardi* – **Repas** 20 (déj.), 23/55.
♦ Plaisante étape que cette discrète auberge de bord de route. Salle tout en couleurs et cuisine éclectique (provençale, lyonnaise ou au goût du jour) réalisée avec soin.

Le Guide change, changez de guide tous les ans.

CAVALAIRE-SUR-MER 83240 Var **340** O6 *G. Côte d'Azur* – *5 237 h alt. 2* – *Casino.*
Env. *Massif des Maures★★★.*
🎫 Office de tourisme, Maison de la Mer ℘ 04 94 01 92 10, Fax 04 94 05 49 89, *cavalaire@golf e-infos.com.*
Paris 880 – *Fréjus 41* – *Draguignan 55* – *Le Lavandou 21* – *St-Tropez 20* – *Toulon 61.*

🏨 **Calanque** 🏖, r. Calanque ℘ 04 94 00 49 00, *mario.lacalanque@wanadoo.fr*, Fax 04 94 64 66 20, < mer et calanques, 😄, 🔲, ✖ – 📱, ▥ ch, 🔟 ✆ 🅿. 🆎 ⑩ 🇬🇧
fermé 4 janv. au 15 mars – **Repas** (fermé lundi d'oct. à déc.) 35/50 – ☲ 18 – **24 ch** 170/240 – ½ P 132/170.
♦ Au pied de l'hôtel : la superbe plage de Cavalaire (4 km), les calanques et le massif des Maures. Les chambres, spacieuses et joliment meublées, dominent la Méditerranée. Salles à manger et terrasse panoramiques donnent sur les flots ; spécialités du pays.

🏨 **Golfe Bleu,** rte Croix-Valmer par D 559 : 1 km ℘ 04 94 00 42 81, Fax 04 94 05 48 79, 😄 – 🔟 🅿. 🆎 🇬🇧
1er fév.-31 oct. – **Repas** (dîner seul.) 20, enf. 8 ♀ – ☲ 6,80 – **15 ch** 76 – ½ P 60.
♦ Un double vitrage protège les chambres des nuisances sonores de la route voisine. Hébergement sans ampleur, mais chaleureux décor. Sobre salle des repas ouverte sur une terrasse côté rue. La cuisine, traditionnelle, fait la part belle aux produits de la mer.

✕ **Table des Saveurs,** pl. Parc ℘ 04 94 64 10 31, *la-table-des-saveurs@worldonline.fr*, Fax 04 94 00 40 99, 😄 – ▥. 🇬🇧
fermé 22 nov. au 8 déc., 10 janv. au 3 fév., mardi et merc. hors saison – **Repas** (dîner seul. en juil.-août) 28/69, enf. 10.
♦ La cuisinière de ce petit restaurant vous mitonne des recettes aux belles saveurs du Sud. L'atmosphère chaleureuse compense le sobre décor de la salle à manger.

La CAVALERIE 12230 Aveyron **338** K6 – *813 h alt. 800.*
Paris 655 – *Montpellier 96* – *Millau 20* – *Rodez 87.*

🏨 **Poste,** N 9 ℘ 05 65 62 70 66, *france.bonnemayre@wanadoo.fr*, Fax 05 65 62 78 24 – 📱 🔟 🚗 ✆ & 🅿. ⑩ 🇬🇧
fermé vend. soir, dim. soir et sam. d'oct. à Pâques – **Repas** 14/30,50, enf. 9,50 ♨ – ☲ 6,10 – **29 ch** 43/59 – ½ P 51.
♦ Hôtel commode pour l'étape sur la route des vacances, au coeur du Parc naturel régional des Grands Causses. Chambres fonctionnelles et colorées. Salle à manger au décor épuré et patio fleuri ; plats traditionnels et régionaux. Accueil tout sourire.

CAVALIÈRE 83 Var **340** N7 G. Côte d'Azur – alt. 4 – ⊠ 83980 Le Lavandou.

Env. Massif des Maures★★★.

Paris 880 – Fréjus 55 – Draguignan 68 – Le Lavandou 7 – St-Tropez 33 – Toulon 48.

Club, av. Cap Nègre ℘ 04 98 04 34 34, cavaliere@relaischateaux.com, Fax 04 94 05 73 16, ≤, 龠, ⏋, ▲ₒ, ℀ – ▐ ▤ TV ❤ & 🅿 – ⚠ 30. ⚑ ⓞ ⟱ ⓙⒸⒷ
1ᵉʳ mai-3 oct. – **Repas** 45 (déj.), 58/70 – ⏟ 17 – **42 ch** 295/560 – ½ P 265/355.
♦ Face à la "grande bleue", élégante demeure parée de couleurs ensoleillées abritant d'agréables chambres contemporaines. Plaisantes piscine et plage privée. Beau restaurant au décor provençal (toit ouvrant) et terrasses ombragées dominant le sable.

Grand Hôtel Moriaz, av. Cap Nègre ℘ 04 94 05 80 01, grand.hotel.moriaz@wanadoo.f r, Fax 04 94 05 70 88, ≤, 龠, ▲ₒ – ▤ TV ⟱. ⟱Ⓑ. ℀ rest
hôtel : 9 avril-15 oct. ; rest. : 26 mai-30 sept. – **Repas** 28/40 – ⏟ 10 – **23 ch** 80/180 – ½ P 100/130.
♦ En bord de mer, chambres de tailles variées renfermant un mobilier standard ; dotées de terrasses, elles sont presque toutes tournées vers le large. Le restaurant a quasiment "les pieds dans l'eau" : vue imprenable sur les îles d'Or. Recettes régionales.

CAVANAC 11 Aude **344** E3 – rattaché à Carcassonne.

CAYLUS 82160 T.-et-G. **337** G6 G. Périgord Quercy – 1 324 h alt. 228.

Voir Christ★ en bois dans l'église.

🅱 Office de tourisme, rue Droite ℘ 05 63 67 00 28, Fax 05 63 67 00 28, ot.caylus@wanadoo. fr.

Paris 628 – Albi 60 – Cahors 59 – Montauban 50 – Villefranche-de-Rouergue 30.

Renaissance avec ch., av. du Père Huc ℘ 05 63 67 07 26, Fax 05 63 24 03 57, 龠 – ▤ rest, TV. ⟱Ⓑ. ℀ ch
fermé 21 au 28 juin, 4 au 18 oct., 16 fév. au 1ᵉʳ mars, dim. soir et lundi – **Repas** 12 (déj.), 17/25, enf. 8 ♣ – ⏟ 7 – **9 ch** 28/44 – ½ P 41/44.
♦ Au calme à l'arrière de cet ancien relais de poste, la terrasse offre une échappée sur les vieilles maisons du bourg. Cuisine traditionnelle. Chambres fonctionnelles.

CEILLAC 05600 H.-Alpes **334** I4 G. Alpes du Sud – 276 h alt. 1640 – Sports d'hiver : 1 700/2 500 m ∛6 ⚶.

Voir Site★ – Église St-Sébastien★.

Env. Vallon du Mélezet★ – Lac Ste-Anne★★.

🅱 Office de tourisme, ℘ 04 92 45 05 74, Fax 04 92 45 47 05, officedutourisme@ceillac.com.

Paris 729 – Briançon 50 – Gap 75 – Guillestre 14.

Cascade ⑤, au pied du Mélezet Sud-Est : 2 km ℘ 04 92 45 05 92, info@hotel-la-cascade. com, Fax 04 92 45 22 09, ≤, 龠 – 🅿. ⟱Ⓑ. ℀
1ᵉʳ juin-7 sept. et 20 déc.-13 avril – **Repas** 14/22,50, enf. 8 ♀ – ⏟ 7,30 – **23 ch** 46/66 – ½ P 53,50/59.
♦ L'hôtel, isolé dans un beau site alpestre, séduira les amoureux de la nature. Chambres dotées de meubles en pin ornés de sculptures au couteau, typiques du Queyras. La salle à manger et la terrasse offrent une jolie vue sur les montagnes ; cuisine régionale.

La CELLE 83170 Var **340** L5 – 1 082 h alt. 260.

🅱 Syndicat d'initiative, place des Ormeaux ℘ 04 94 59 19 05, Fax 04 94 59 19 05, la-celle@wanadoo.fr.

Paris 812 – Aix-en-Provence 63 – Draguignan 62 – Marseille 65 – Toulon 48.

Hostellerie de l'Abbaye de la Celle ⑤, pl. du Gen. de Gaulle ℘ 04 98 05 14 14, cont act@abbaye-celle.com, Fax 04 98 05 14 15, 龠, ⏋, ♨ – ▤ ch, TV ❤ & 🅿. ⚑ ⓞ ⟱Ⓑ. ℀
fermé 25 janv. au 6 fév. – **Repas** (fermé mardi et merc. du 6 janv. au 31 mars et du 4 nov. au 22 déc.) 40/74 – ⏟ 15 – **10 ch** 245/295.
♦ Cette ravissante demeure provençale du 18ᵉ s. entourée d'un parc arboré et d'un potager eut pour hôte le Général. Chambres spacieuses et raffinées. Salles à manger de caractère et belle terrasse ombragée. Séduisante cuisine méridionale.

Ecrivez-nous...

Vos louanges comme vos critiques seront examinées avec le plus grand soin.
Nous reverrons sur place les informations que vous nous signalez.
Par avance merci !

CELLES-SUR-BELLE 79370 Deux-Sèvres 🔢 E7 G. Poitou Vendée Charentes – 3 480 h alt. 117.

Voir *Portail★* de l'église Notre-Dame.

🛈 *Office de tourisme, Les Halles* ℘ 05 49 32 92 28, Fax 05 49 32 92 28, comcanton.celles-@wanadoo.fr.

Paris 400 – Poitiers 69 – Couhé 37 – Niort 22 – St-Jean-d'Angély 52.

Hostellerie de l'Abbaye, 1 pl. Epoux-Laurant ℘ 05 49 32 93 32, hostellerie.abbaye@wanadoo.fr, Fax 05 49 79 72 65, 🍽 – 📺 ℃ 🄿 – 🔏 25. ① 🆖

fermé 25 au 31 oct. et 16 fév. au 7 mars – **Repas** *(fermé dim. soir) (8,90)* - 12/40, enf. 8,70 ♀ – ☑ 6 – **20 ch** 40/55 – ½ P 35.

◆ À l'ombre du haut clocher de l'abbatiale, maison régionale disposant de chambres fonctionnelles, rénovées par étapes. Coquette salle mi-rustique, mi-bourgeoise et terrasse dressée dans la cour ; la table, traditionnelle, s'inspire du terroir charentais.

CELLETTES 41120 L.-et-Ch. 🔢 F6 – 2 138 h alt. 78.

🛈 *Office de tourisme, 2 rue de la Rozelle* ℘ 02 54 70 30 46, Fax 02 54 70 30 46.

Paris 189 – Orléans 68 – Tours 73 – Blois 9 – Romorantin-Lanthenay 36.

XXX **Bernard Noël - Rest. de la Roselle,** ℘ 02 54 70 31 27, noel-la-roselle@wanadoo.fr, Fax 02 54 70 35 48, 🍽, ♨ – 🅿. 🆖

fermé 19 janv. au 12 mars, jeudi soir de sept. à juin, dim. soir et lundi – **Repas** 28/42 et carte 45 à 64, enf. 14 ♀.

◆ Gentilhommière du 18ᵉ s. joliment restaurée, nichée dans un parc arboré. Salle à manger coquettement dressée dans le jardin d'hiver. Carte traditionnelle actualisée.

CELONY 13 B.-du-R. 🔢 H4 – rattaché à Aix-en-Provence.

CENON 33 Gironde 🔢 H5 – rattaché à Bordeaux.

CERCY-LA-TOUR 58340 Nièvre 🔢 E10 – 2 108 h alt. 260.

🛈 *Syndicat d'initiative, quai Lacharme* ℘ 03 86 50 59 53, Fax 03 86 50 04 15.

Paris 284 – Châtillon-en-Bazois 24 – Luzy 30 – Moulins 53 – Nevers 48.

Val d'Aron, r. Écoles ℘ 03 86 50 59 66, terrierje@wanadoo.fr, Fax 03 86 50 04 24, 🍽, 🏊, 🚲 – 📺 ℃ 🅿. 🆖

fermé 15 déc. au 5 janv. – **Repas** *(fermé sam. midi et dim. du 1ᵉʳ nov. au 30 avril)* 17 (déj.), 24/45 – ☑ 8 – **12 ch** 61/71 – ½ P 54/60.

◆ Le bourg borde le canal du Nivernais. Demeure bourgeoise du 19ᵉ s. abritant des chambres vastes et fraîches, plus agréables côté jardin. Salle à manger rustique et repas servis l'été sous la charpente reconstituée d'une ancienne ferme.

CERDON 45620 Loiret 🔢 L6 G. Châteaux de la Loire – 1 009 h alt. 145.

Voir *Etang du Puits★ SE : 5 km – Commune de la "Méridienne verte".*

🛈 *Syndicat d'initiative, 2 impasse du Stade* ℘ 02 38 36 04 97, Fax 02 38 36 04 46.

Paris 174 – Orléans 50 – Aubigny-sur-Nère 21 – Gien 25 – Sully-sur-Loire 16.

X **Relais de Cerdon,** ℘ 02 38 36 02 15, Fax 02 38 36 05 85 – 🆖

fermé 8 au 24 mars, 6 au 15 sept., 22 au 30 déc., lundi soir, mardi soir et merc. – **Repas** 18/30, enf. 11 ♀.

◆ Charmante auberge à colombages dont l'une des salles a préservé sa belle cheminée et son élégante charpente. Plats traditionnels et une spécialité : la tête de veau.

CERDON 01450 Ain 🔢 F4 – 672 h alt. 300.

🛈 *Syndicat d'initiative, place F. Allombert* ℘ 04 74 39 93 02, Fax 04 74 39 93 02, si.cerdon-@wanadoo.fr.

Paris 460 – Ambérieu-en-Bugey 25 – Bourg-en-Bresse 32 – Nantua 20 – Oyonnax 32.

X **Vieille Côte,** pl. Mairie ℘ 04 74 39 96 86, c.b.france@wanadoo.fr, Fax 04 74 39 93 42 – 🆖

fermé 3 fév. au 3 mars, mardi et merc. hors saison – **Repas** 16/45, enf. 8 ♀.

◆ Traversez le café du village pour gagner la salle à manger, rajeunie par de chaudes couleurs. Service sans chichi et cuisine ménagère enrichie de spécialités régionales.

CÉRET ⬡ 66400 Pyr.-Or. 🔢 H8 G. Languedoc Roussillon – 7 291 h alt. 153.

Voir *Vieux pont★ – Musée d'Art Moderne★★.*

🛈 *Office de tourisme, avenue G. Clemenceau* ℘ 04 68 87 00 53, Fax 04 68 87 00 56, contact@ot-ceret.fr.

Paris 875 – Perpignan 34 – Gerona 81 – Port-Vendres 37 – Prades 72.

Terrasse au Soleil 🦐, Ouest : 1,5 km par rte Fontfrède – *𝒫 04 68 87 01 94, terrasse-au-s oleil.hotel@wanadoo.fr, Fax 04 68 87 39 24, ≤ le Canigou et plaine du Roussillon, 🌳, 🏊, 🎾, 🛎 – 🏥, 🗐 ch, TV 📶 📞 🅿 – 🍴 15. AE ① GB JCB*
Repas 43/52, enf. 19 – ☐ 13 – **32 ch** 217/265, 6 suites – ½ P 163/179.
♦ Charles Trenet vécut dans ce mas catalan isolé sur les vertes hauteurs de Céret. Jolies chambres personnalisées. Practice de golf, balnéothérapie. Salle à manger agrémentée de faïences et de meubles régionaux ; terrasse avec vue sur le Canigou.

Mas Trilles 🦐 sans rest, au Pont de Reynès : 3 km par rte d'Amélie *𝒫 04 68 87 38 37, Fax 04 68 87 42 62, 🏊, 🌳 – TV 🅿. GB*
Pâques-7 oct. – **12 ch** ☐ 135/200.
♦ Maison catalane du 17ᵉ s. nichée dans un vallon. Ravissantes chambres aux couleurs méditerranéennes, souvent avec terrasse ou jardin privatif. Piscine dominant le Tech.

Les Arcades sans rest, 1 pl. Picasso *𝒫 04 68 87 12 30, hotelarcades.ceret@wanadoo.fr, Fax 04 68 87 49 44 – |❚| cuisinette TV ⟵. GB. 🌸*
☐ 6,50 – **30 ch** 40/54.
♦ Chambres fraîches et gaies, garnies de meubles de style catalan. Collections de tableaux, affiches et lithographies évoquent des peintres de "L'École de Céret".

Les Feuillants avec ch, 1 bd La Fayette *𝒫 04 68 87 37 88, contact@feuillants.com, Fax 04 68 87 44 68, 🌳 – |❚| 🗐 TV – 🍴 15. GB*
fermé 20 déc. au 20 janv. – **Repas** (fermé dim. sauf fériés du 1ᵉʳ mars au 29 mai et 26 sept. au 1ᵉʳ mai et lundi) 31/105 bc et carte 60 à 80, enf. 19 ♀ 🕯 - **Brasserie Le Carré** (fermé dim. soir et lundi sauf du 29 mai au 26 sept.) **Repas** (16)-22/31 ♀ – ☐ 12,20 – **3 ch** 90, 3 suites 100/140 – ½ P 68/105.
♦ Au coeur de la cité, jolie villa Belle Époque ombragée par des platanes. Agréable salle à manger bourgeoise décorée d'une fresque contemporaine. Chambres de grand confort. "La Corrida", tableau de Michel Becker, orne la véranda de la Brasserie Le Carré.

Chat qui Rit, à la Cabanasse : 1,5 km par rte Amélie *𝒫 04 68 87 02 22, jean-paul.vander-el st@tiscali.fr, Fax 04 68 87 43 40, 🌳 – 🗐 🅿. GB*
fermé 22 au 30 nov., 3 janv. au 1ᵉʳ fév., mardi sauf juil.-août, dim. soir et lundi – **Repas** 13 bc (déj.), 20/31, enf. 10 ♀.
♦ Emblème de cette maison de pays, le chat fait partie intégrante du décor. Cadre moderne, mobilier en rotin et table centrale où sont dressés de copieux buffets.

Del Bisbe, 4 pl. Soutine *𝒫 04 68 87 00 85, bisbe@club-internet.fr, Fax 04 68 87 62 33, 🌳*
fermé 1ᵉʳ au 15 juin, 15 au 30 oct., 18 au 28 fév. et merc. – **Repas** 23/31 🍷.
♦ Demeure du 18ᵉ s. dont l'enseigne signifie "maison de l'Évêque" en catalan. Authentique décor rustique, jolie terrasse sous une treille et cuisine du terroir. Bar à tapas.

Le CERGNE 42460 Loire **327** E3 – 698 h alt. 640.
Paris 414 – Mâcon 72 – Charlieu 17 – Chauffailles 15 – Lyon 78 – Roanne 27 – St-Étienne 107.

Bel'Vue avec ch, *𝒫 04 74 89 87 73, lebelvue@wanadoo.fr, Fax 04 74 89 78 61, ≤, 🌳 – TV 📞. AE ① GB*
fermé 31 juil. au 9 août, 14 au 20 fév., vend. soir du 1ᵉʳ oct. au 31 mars, dim. soir et lundi midi – **Repas** 15 (déj.), 20/48, enf. 8 ♀ – ☐ 6,50 – **8 ch** 50/55 – ½ P 33.
♦ Pimpante auberge qui, comme son nom l'indique, offre une belle vue sur la vallée depuis la salle à manger, agrémentée de plantes. Cuisine traditionnelle. Chambres neuves.

CERGY 95 Val-d'Oise **305** D6 **106** ⑤ **101** ② – voir à Paris, Environs (Cergy-Pontoise).

CÉRILLY 03350 Allier **326** D3 G. Auvergne – 1 568 h alt. 340.
🏢 Office de tourisme, place du Champ de Foire *𝒫 04 70 67 55 89, Fax 04 70 67 50 96.
Paris 298 – Bourges 66 – Montluçon 41 – Moulins 47 – St-Amand-Montrond 33.

Chez Chaumat, pl. Péron *𝒫 04 70 67 52 21, Fax 04 70 67 35 28 – 🗐 rest, TV 📞. GB*
fermé 1ᵉʳ au 15 sept., 23 au 31 déc., 1ᵉʳ au 5 janv., dim. soir et lundi – **Repas** 11 (déj.), 16/35, enf. 7 ♀ – ☐ 6 – **8 ch** 42/56 – ½ P 47.
♦ Établissement familial implanté à quelques toises de la superbe forêt domaniale de Tronçais. Les chambres, simples, sont rénovées et insonorisées. Deux salles à manger : l'une mi-rustique, mi-bistrot, l'autre lambrissée et meublée dans le style Louis XIII.

CERNAY 68700 H.-Rhin **315** H10 G. Alsace Lorraine – 10 446 h alt. 275.
🏢 Office de tourisme, 1 rue Latouche *𝒫 03 89 75 50 35, Fax 03 89 75 49 24, info@cernay. net.
Paris 461 – Mulhouse 18 – Altkirch 26 – Belfort 39 – Colmar 37 – Guebwiller 15 – Thann 6.

XX **Hostellerie d'Alsace** avec ch, 61 r. Poincaré ✆ 03 89 75 59 81, *hostellerie.alsace@wanadoo.fr, Fax 03 89 75 70 22* – ▤ rest, TV ✆ P. AE GB
fermé 10 au 31 juil., 9 au 15 août, 24 déc. au 9 janv., sam. et dim. – **Repas** 18/55 ♀ – ☕ 7 – **10 ch** 40/55 – ½ P 38,50/43,50.
◆ Située près d'un carrefour, jolie maison à colombages abritant une salle à manger actuelle, claire et confortable. Chambres pratiques, plus tranquilles sur l'arrière.

CERNAY-LA-VILLE *78 Yvelines* 311 H3 106 ㉙ 101 ㉛ – *voir à Paris, Environs.*

CESSON *22 C.-d'Armor* 309 F3 – *rattaché à St-Brieuc.*

CESSON-SÉVIGNÉ *35 I.-et-V.* 309 M6 – *rattaché à Rennes.*

CETTE-EYGUN *64490 Pyr.-Atl.* 342 I7 – *95 h alt. 700.*
Paris 844 – Pau 68 – Lescun 10 – Lurbe-St-Christau 25 – Urdos 10.

Au Château d'Arance ⛰, rue Centrale Le Bourg ✆ 05 59 34 75 50, *didier.ziane@wanadoo.fr, Fax 05 59 34 57 62,* ⛱ – ▤ ch, TV ✆ ♿ – 🏔 30. GB. ✂ ch
fermé le jeudi de nov. à mars sauf vacances scolaires – **Repas** 25 – ☕ 7,20 – **8 ch** 57,60/60 – ½ P 49/52.
◆ Castel du 13e s. dominant la vallée d'Aspe. Chambres flambant neuves : parquet, murs immaculés et meubles contemporains. Les anciennes caves du château abritent une salle à manger moderne. Terrasse panoramique.

COL DE CEYSSAT *63 P.-de-D.* 326 E8 – *rattaché à Clermont-Ferrand.*

CHABLIS *89800 Yonne* 319 F5 *G. Bourgogne – 2 594 h alt. 135.*
Office de tourisme, 1 quai du Biez ✆ 03 86 42 80 80, Fax 03 86 42 49 71, ot-chablis@chablis.net.
Paris 181 – Auxerre 21 – Avallon 39 – Tonnerre 18 – Troyes 76.

Hostellerie des Clos (Vignaud) ⛰, 18 rue Jules Rathier ✆ 03 86 42 10 63, *host.clos@wanadoo.fr, Fax 03 86 42 17 11,* 🌳 – |⇕|, ▤ rest, TV ✆ ♿ P – 🏔 20 à 40. AE GB
✿ *fermé 22 déc. au 16 janv.* – **Repas** 35/73 et carte 52 à 89 ♀ 🍇 – ☕ 11 – **32 ch** 50/122 – ½ P 105/138.
◆ Cette élégante hostellerie occupe les murs d'un ancien hospice. Chambres soignées aux couleurs chatoyantes, salons cossus, fumoir et caveau de dégustation. Le restaurant ouvre sur un paisible jardin ; cuisine du terroir et bon choix de chablis et bourgognes.
Spéc. Fricassée d'escargots de Bourgogne. Dos de sandre rôti sur peau au chablis. Rognon de veau poêlé dans sa graisse. **Vins** Chablis, Irancy.

Aux Lys de Chablis sans rest, 38 rte Auxerre ✆ 03 86 42 49 20, *Fax 03 86 42 80 04* – ✂ TV ♿ P. AE GB
☕ 6,50 – **38 ch** 48/54.
◆ Étape pratique dans un établissement moderne bâti aux portes de l'agglomération. La majorité des chambres est bien insonorisée et rénovée dans un style actuel.

X **Vieux Moulin,** 18 r. des Moulins ✆ 03 86 42 47 30, *vxmoulinchablis@aol.com, Fax 03 86 42 84 44* – P. GB
fermé 24 déc. au 1er janv. – **Repas** 17/40 ♀.
◆ Moulin céréalier d'origine médiévale. La belle salle à manger rustique agrémentée de vieux objets paysans surplombe le cours du Serein. Recettes inspirées du terroir.

CHAGNY *71150 S.-et-L.* 320 I8 – *5 591 h alt. 215.*
Office de tourisme, 2 rue des Halles ✆ 03 85 87 25 95, Fax 03 85 87 14 44, ot.chagny-bourgogne@wanadoo.fr.
Paris 327 – Beaune 15 – Chalon-sur-Saône 20 – Autun 44 – Mâcon 77.

Lameloise, pl. d'Armes ✆ 03 85 87 65 65, *reception@lameloise.fr, Fax 03 85 87 03 57* – |⇕| ▤ TV 🚗. AE ⦿ GB JCB
✿✿✿ *fermé 22 déc. au 27 janv., jeudi midi, mardi midi et merc.* – **Repas** (prévenir) 85/120 et carte 80 à 110 🍇 – ☕ 20 – **16 ch** 125/275.
◆ Cette ancienne et discrète maison bourguignonne dissimule un intérieur raffiné, des chambres spacieuses et une boutique. Élégance rustique, cuisine de grande tradition et accueil parfait : la table (réservée aux non-fumeurs) est une institution gourmande.
Spéc. Ravioli d'escargots de Bourgogne dans leur bouillon d'ail doux. Pigeonneau rôti à l'émietté de truffes. Griottines au chocolat noir sur une marmelade d'oranges amères. **Vins** Rully blanc, Chassagne-Montrachet rouge.

🏠 **Poste** 🐾 sans rest, 17 r. Poste, *€ 03 85 87 64 40*, *hoteldelaposte-chagny71@tiscali.com*,
Fax 03 85 87 64 41, 🐎 – 🗹 📞 ⇔ 🅿 🖭 ⚙️
fermé 30 déc. au 15 fév. – ⊡ 6 – **11** ch 42/52.
◆ L'établissement est situé au coeur du bourg, mais au calme d'une impasse. Toutes les chambres, progressivement rénovées et nettes, sont en rez-de-jardin.

🏠 **Ferté** sans rest, bd Liberté, *€ 03 85 87 07 47*, *reservation@hotelferte.com*,
Fax 03 85 87 37 64, 🐎 – 🗹 🅿 🖭 ⚙️
fermé 19 au 26 déc. – ⊡ 6 – **13** ch 41/54,50.
◆ Accueil chaleureux, chambres impeccablement tenues et jardin aux senteurs de glycine et de rose sont les atouts de cet hôtel situé dans un village de la côte chalonnaise.

rte de Chalon *Sud-Est : 2 km par N 6 et rte secondaire* – ⊠ *71150 Chagny :*

🏠 **Hostellerie du Château de Bellecroix** 🐾, *€ 03 85 87 13 86*, *chateau.de.bellecroix*
@wanadoo.fr, Fax 03 85 91 28 62, 🌲, 🏊, 🔥 – 🗹 🅿 🖭 ⚙️ ⚙️ ᴊᴄʙ
fermé 19 déc. au 13 fév., et merc. hors saison – **Repas** *(fermé lundi midi, jeudi midi et merc.)* 25 (déj.), 45/59, enf. 15 ⴲ – ⊡ 15 – **20** ch 80/195 – ½ P 98/151.
◆ Ancienne demeure des chevaliers de Malte nichée dans un parc. Les chambres, personnalisées, sont vastes dans la commanderie du 12ᵉ s., plus petites dans le château du 18ᵉ s. Le restaurant a fière allure : cheminée, boiseries ouvragées et mobilier de style.

à Chassey-le-Camp *Sud-Ouest : 6 km par D 974 et D 109* – 277 h. alt. 300 – ⊠ *71150 :*

🏠 **Auberge du Camp Romain** 🐾, *€ 03 85 87 09 91*, *auberge.du.camp.romain@wanad*
oo.fr, Fax 03 85 87 11 51, ≤, ₤₅, 🏊, 🏊, 🏓 – 🗹 🗹 🕭 🅿 – 🔬 40. ⚙️
fermé 1ᵉʳ janv. au 10 fév. – **Repas** 19 (déj.), 24/42 ⴲ – ⊡ 8,50 – **36** ch 60/75, 5 duplex –
½ P 60/66.
◆ Entre vignes et bois, à deux pas d'un camp néolithique. Le bâtiment principal abrite des chambres simples ; celles de l'annexe sont plus grandes et plus modernes. Généreuse cuisine traditionnelle servie dans une salle à manger rustique.

Les pages explicatives de l'introduction
vous aideront à mieux profiter de votre **Guide Michelin.**

CHAILLES *73 Savoie* **333** *H5 – rattaché aux Échelles.*

CHAILLOL *05 H.-Alpes* **334** *F4 – alt. 1450 – ⊠ 05260 St-Michel-de-Chaillol.*
Paris 660 – Gap 24 – Orcières 20 – St-Bonnet-en-Champsaur 9.

🏠 **Auberge de l'Ocanière** 🐾, *€ 04 92 50 48 35*, Fax 04 92 50 48 35, ≤ – 🅿
25 juin-15 sept. et 20 déc.-30 mars – **Repas** (résidents seul.) 15/18 ⚖ – ⊡ 5,30 – **14** ch
31,50/40 – ½ P 36,50/38.
◆ Simplicité et tranquillité sont les atouts de cet hôtel aménagé dans une ancienne ferme. La majorité des chambres a vue sur la vallée ; elles sont mansardées au dernier étage.

CHAILLY-SUR-ARMANÇON *21 Côte-d'or* **320** *G6 – rattaché à Pouilly-en-Auxois.*

CHAINTRÉ *71570 S.-et-L.* **320** *I12 – 503 h alt. 284.*
Paris 397 – Mâcon 10 – Bourg-en-Bresse 45 – Lyon 70.

🍴🍴 **Table de Chaintré**, *€ 03 85 32 90 95*, Fax 03 85 32 91 04 – 🍽. ⚙️
fermé 6 au 21 août, 24 déc. au 8 janv., dim. soir, lundi et mardi – **Repas** (nombre de couverts limité, prévenir) 32 (déj.)/48.
◆ Au coeur du vignoble de Pouilly, accueillante maison où naquit et vécut Lucie Aubrac. Plaisante salle à manger actuelle. Menu unique du marché et belle carte des vins.

La CHAISE-DIEU *43160 H.-Loire* **331** *E2 G. Auvergne – 772 h alt. 1080.*
Voir *Église abbatiale St-Robert★★ : tapisseries★★★.*
🚩 *Office de tourisme, place de la mairie € 04 71 00 01 16, Fax 04 71 00 03 45, ot-casadei@aol.com.*
Paris 503 – Ambert 29 – Brioude 35 – Issoire 59 – Le Puy-en-Velay 42 – St-Étienne 81.

🏠 **Casadeï**, pl. Abbaye *€ 04 71 00 00 58*, *casadei@es-conseil.com*, Fax 04 71 00 01 67, 🌲 –
🗹. ⚙️
2 mai-2 nov. – **Repas** *(fermé dim. soir, lundi et mardi sauf juil.-août)* (dîner pour résidents seul. sauf en juil.-août) 14/24 ⴲ – ⊡ 8 – **9** ch 38/50 – ½ P 52.
◆ Au pied du grand escalier de l'abbatiale, hôtel familial proposant des chambres sobres et pratiques. Boutique d'artisanat local et ambiance de brocante au restaurant.

Monastère et Terminus, ☏ 04 71 00 00 73, *info@hotel-monastere-terminus.com,*
Fax 04 71 00 09 18 – 📺 GB
Pâques-Toussaint, fermé dim. soir et lundi sauf juil.-août – **Repas** (7,50) - 10,50/22, enf. 7 ♀ –
⌷ 7,50 – **14 ch** 36/41 – ½ P 29/32.
◆ Sur une route passante, face à l'ancienne gare de la Chaise-Dieu. Chambres au confort
simple, rajeunies par étapes. Cuisine familiale servie dans une salle à manger et une véranda
aménagée côté route. Décor sobre et mobilier de style bistrot.

XX **Écho et Abbaye** ⬙ avec ch, pl. Écho ☏ 04 71 00 00 45, Fax 04 71 00 00 22, 🌤 – 📺 ☎.
AE ⊙ GB. ⬙
27 mars-11 nov. et fermé merc. sauf juil.-août – **Repas** 16,50/58, enf. 10 ♀ ⬙ – ⌷ 8 – **10 ch**
43/60 – ½ P 55.
◆ Tables joliment dressées, cuisine traditionnelle, carte des vins étoffée… et clientèle V.I.P.
lors du festival de musique. Certaines chambres ont vue sur le cloître.

CHALAIS *16210 Charente* **324** *K8 G. Poitou Vendée Charentes – 2 027 h alt. 70.*
🛈 *Office de tourisme, 38 place de l'Hôtel de Ville* ☏ *05 45 98 02 71, otsichalais@infonie.fr.*
Paris 494 – Angoulême 47 – Bordeaux 83 – Périgueux 66.

XX **Relais du Château,** au château ☏ 05 45 98 23 58, Fax 05 45 98 00 53, 🌤 – **P**. AE GB
fermé 2 au 30 nov., dim. soir, mardi midi et lundi – **Repas** 16,50 (déj.), 21,50/28,50 ♀.
◆ Le pont-levis franchi (à pied !), gagnez ce restaurant aménagé dans une noble salle
voûtée du château érigé sur les hauteurs de Chalais. Cadre médiéval bien conservé.

CHALEZEULE *25 Doubs* **321** *G3 – rattaché à Besançon.*

CHALLANGES *21 Côte D'Or* **320** *J7 – rattaché à Beaune.*

CHALLANS *85300 Vendée* **316** *E6 G. Poitou Vendée Charentes – 16 132 h alt. 8.*
🛈 *Office de tourisme, place de l'Europe* ☏ *02 51 93 19 75, Fax 02 51 49 76 04, otchallans@
wanadoo.fr.*
Paris 436 ② *– Cholet 84* ② *– Nantes 58* ① *– La Roche-sur-Yon 42* ③*.*

CHALLANS

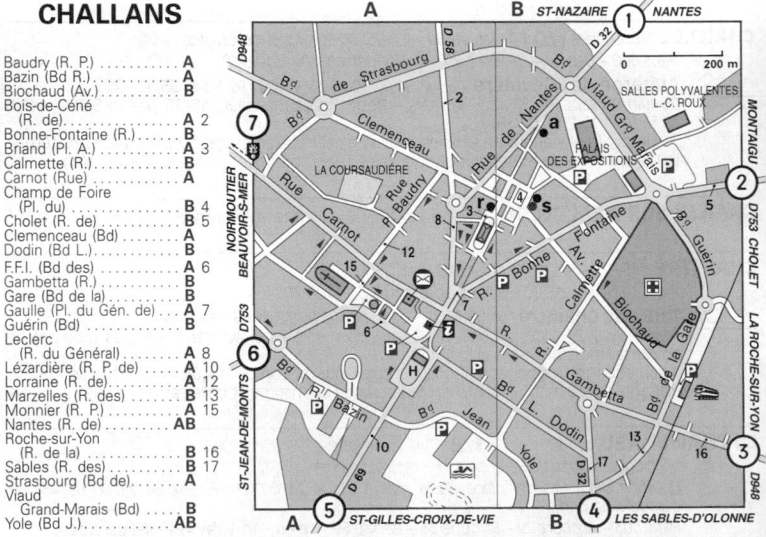

Baudry (R. P.) . . . . **A**
Bazin (Bd R.) . . . . **A**
Biochaud (Av.) . . . . **B**
Bois-de-Céné
(R. de) . . . . **A** 2
Bonne-Fontaine (R.) . . . . . **B**
Briand (Pl. A.) . . . . **A** 3
Calmette (R.) . . . . **A**
Carnot (Rue) . . . . **A**
Champ de Foire
(Pl. du) . . . . **B** 4
Cholet (R. de) . . . . **B** 5
Clemenceau (Bd) . . . . **A**
Dodin (Bd L.) . . . . **B**
F.F.I. (Bd des) . . . . **A** 6
Gambetta (R.) . . . . **B**
Gare (Bd de la) . . . . **B**
Gaulle (Pl. du Gén. de) . . . **A** 7
Guérin (Bd) . . . . **B**
Leclerc
(R. du Général) . . . . **A** 8
Lézardière (R. P. de) . . . . . **A** 10
Lorraine (R. de) . . . . **A** 12
Marzelles (R. des) . . . . . . **B** 13
Monnier (R. P.) . . . . **A** 15
Nantes (R. de) . . . . **AB**
Roche-sur-Yon
(R. de la) . . . . **B** 16
Sables (R. des) . . . . **B** 17
Strasbourg (Bd de) . . . . . . **A**
Viaud
Grand-Marais (Bd) . . . . . **B**
Yole (Bd J.) . . . . **AB**

Antiquité sans rest, 14 r. Galliéni ☏ 02 51 68 02 84, *antiquitehotel@aol.com,*
Fax 02 51 35 55 74, 🏊, – 📺. AE ⊙ GB. ⬙   **B a**
fermé 20 au 27 déc. – ⌷ 6 – **16 ch** 55/75.
◆ Maison récente de style vendéen. Le mobilier chiné chez les antiquaires personnalise les
chambres, tournées côté cour ; celles de l'annexe sont très soignées.

🏠 **Commerce** sans rest, 17 pl. A. Briand 🕿 02 51 68 06 24, *hotelducommercechallans@wan*
adoo.fr, Fax 02 51 49 44 97 – 📺 – 🛁 25. 🖭 🕮   **A r**
fermé 23 déc. au 5 janv. – 🍽 5,50 – **21 ch** 40/45.
   ◆ Cette sobre bâtisse blanche partiellement recouverte d'ardoises abrite des chambres
aux tons pastel. Les petits-déjeuners sont servis sous forme de buffet.

🏠 **Champ de Foire,** 10 pl. Champ de Foire 🕿 02 51 68 17 54, *hotel.champ.foire@wanadoo*
⬡ *.fr*, Fax 02 51 35 06 53 – 📺 📞 🕮 🖭. ✂ ch   **B s**
fermé 22 oct. au 7 nov., 13 fév. au 27 fév., vend. soir et sam. – **Repas** 12,50/48, enf. 10,20 🍴 –
🍽 6 – **12 ch** 36/42 – ½ P 40/44,50.
   ◆ Sur le vieux foirail de la cité célèbre pour ses fameux canards, maison de pays aux
chambres déjà anciennes, mais bien tenues et progressivement rafraîchies. La carte fait la
part belle aux produits de la mer et aux palmipèdes du coin... coin !

✕ **Chez Charles,** 8 pl. Champ de Foire 🕿 02 51 93 36 65, *chezcharles85@aol.com*,
Fax 02 51 49 31 88 – 🍴. 🖭 ① 🖭 🖯   **B s**
fermé 20 déc. au 25 janv., dim. soir et lundi – **Repas** 19/45, enf. 12 ⬡.
   ◆ Sympathique petit restaurant familial à l'esprit bistrot. Salle à manger joliment fleurie, où
l'on sert une cuisine classique sensible aux arrivages du marché.

à la Garnache *par ① : 6,5 km – 3 576 h. alt. 28 –* ⬡ *85710 :*

✕✕ **Petit St-Thomas,** 🕿 02 51 49 05 99, *lepetitsaintthomas@wanadoo.fr* – 🖭
⬡ *fermé 21 juin au 11 juil., 16 fév. au 11 mars et merc.* – **Repas** (12) - 18/37.
   ◆ Auberge régionale située à l'entrée du village. Cuisine traditionnelle soignée évoluant au
gré du marché et servie dans un cadre rustique à la fois sobre et plaisant.

rte de St-Gilles-Croix-de-Vie *par ⑤ –* ⬡ *85300 Challans :*

🏨 **Château de la Vérie** ⬡, 2,5 km sur D 69 🕿 02 51 35 33 44, *verie@wanadoo.fr*,
Fax 02 51 35 14 84, 🖭, ✕ 🖭 – 📺 🅿 – 🛁 15. 🖭 ① 🖭
fermé dim. soir et lundi de sept. à juin – **Repas** (18) - 28/54 – 🍽 10 – **21 ch** 112/155 –
½ P 94/115,50.
   ◆ Cette demeure du 16ᵉ s. vous invite à séjourner dans des chambres spacieuses, garnies
de vieux meubles. Promenades bucoliques dans le parc avec rivière et marais. Salle à
manger redécorée dans des tons provençaux ; moulures et cheminée anciennes préservées.

✕✕✕ **Gîte du Tourne-Pierre,** 3 km sur D 69 🕿 02 51 68 14 78, Fax 02 51 68 14 78, 🖭, 🍴 –
🅿. 🖭 ① 🖭 🖯
fermé 7 au 29 mars, 5 au 23 oct., vend. hors saison, sam. midi et dim. soir – **Repas**
(prévenir) 32/48 et carte 50 à 90.
   ◆ En retrait d'une route passante, maison vendéenne entourée de verdure. Salle mi-
campagnarde, mi-actuelle tournée vers le jardin et les sous-bois. Cuisine au goût du jour.

au Perrier *par ⑥ : 5 km direction St Jean-de-Monts – 1 506 h. alt. 4 –* ⬡ *85300 :*

✕✕ **Les Tendelles,** lieu-dit Les Hautes Tendes, rte Challans 🕿 02 51 35 36 94, *restaurant-les-t*
⬡ *endelles@wanadoo.fr* – 🅿. 🖭
*fermé 8 au 29 mars, 25 oct. au 8 nov., dim. soir, lundi d'oct. à fév., mardi soir, merc. soir et
jeudi soir* – **Repas** 16/35, enf. 10 ⬡.
   ◆ Ce restaurant vous reçoit dans une salle rajeunie, coiffée d'une charpente apparente et
agrémentée d'un aquarium et d'une cheminée. Recettes au goût du jour ; pain fait maison.

CHALLES-LES-EAUX 73 Savoie 🔳 I4 – *rattaché à Chambéry.*

CHALLEX 01630 Ain 🔳 I3 – *1 057 h alt. 500.*
Paris 519 – Bellegarde sur Valserine 22 – Bourg en Bresse 94 – Gex 20 – Lons le Saunier 113.

✕ **Chalet l'Ecureuil,** rte de la Plaine 🕿 04 50 56 40 82, Fax 04 50 41 24 58, 🖭 – 🅿
fermé oct., 2 au 15 janv., lundi et mardi – **Repas** (dîner seul. sauf dim.) 29/37.
   ◆ Une adresse sympathique installée dans un chalet situé à l'écart du village. Salle à
manger rustique décorée de vieux ustensiles, véranda et cuisine traditionnelle revisitée.

CHALONNES-SUR-LOIRE 49290 M.-et-L. 🔳 E4 *G. Châteaux de la Loire – 5 594 h alt. 25.*
Voir *Corniche angevine★ E.*
🅱 *Syndicat d'initiative, place de la mairie* 🕿 02 41 78 26 21, Fax 02 41 74 91 54, *communau*
te.com.loire-layon@wanadoo.fr.
Paris 319 – Angers 26 – Ancenis 38 – Châteaubriant 64 – Château-Gontier 62 – Cholet 42.

✕ **Boule d'Or,** 4 r. Las-Cases (près poste) 🕿 02 41 78 02 46, Fax 02 41 74 94 38 – 🖭 🖭
fermé 17 juin au 8 juil., dim. soir, merc. soir et lundi – **Repas** 17,50/41.
   ◆ Aimable petite adresse à dénicher au détour d'une ruelle. Riante salle à manger rustique
précédée d'un bar où l'on sert les plats du jour. Cuisine aux parfums régionaux.

CHÂLONS-EN-CHAMPAGNE P 51000 Marne 306 I9 *G. Champagne Ardenne* – 47 339 h alt. 83.

Voir *Cathédrale St-Étienne*★★ – *Église N.-D.-en-Vaux*★ : *intérieur*★★ F – *Statues-colonnes*★★ *du musée du cloître de N.-D.-en-Vaux*★ AY M1.

Env. *Basilique N.-D.-de-l'Épine*★★.

18 *de la Grande-Romanie à Courtisols* ☎ *03 26 66 65 97, par* ③ *: 15 km.*

Office de tourisme, 3 quai des Arts ☎ *03 26 65 17 89, Fax 03 26 65 35 65, off.tourisme.chalons-en-champagne@wanadoo.fr.*

Paris 188 ⑥ – *Reims 47* ① – *Dijon 259* ④ – *Metz 157* ② – *Nancy 162* ④ – *Troyes 82* ⑤.

Plans page ci-contre

Angleterre (Michel), 19 pl. Mgr Tissier ☎ 03 26 68 21 51, *hot.angl@wanadoo.fr, Fax 03 26 70 51 67* – AE GB BY g
fermé 18 juil. au 9 août, vacances de Noël et dim. – ***Jacky Michel*** *(fermé sam. midi, lundi midi et dim.)* **Repas** 32/90 et carte 70 à 97, enf. 7 – 15 – **25 ch** 85/150.
◆ Sobre construction offrant des chambres très confortables et personnalisées, souvent dotées de belles salles de bains en marbre. Élégante salle à manger agrémentée de boiseries claires et de tomettes ; goûteuse cuisine mariant tradition et modernité.
Spéc. Langoustines à la nage au chardonnay. Rissolles d'aile de caille, cuisses confites, galette de pomme de terre et foie gras poêlé. Soufflé au chocolat. **Vins** Champagne, Cumières.

Renard, 24 pl. République ☎ 03 26 68 03 78, *lerenard51@wanadoo.fr, Fax 03 26 64 50 07* – 30. AE GB. rest AZ r
fermé 21 déc. au 4 janv. – **Repas** *(fermé sam. midi et dim. soir)* 17,50/42, enf. 10 – 12 – **38 ch** 58/90 – 1/2 P 62/98.
◆ Ces deux bâtiments reliés par un patio-jardin d'hiver abritent d'originales chambres contemporaines : lit au centre de la pièce et décor "minimaliste". Au restaurant, boiseries sombres, mobilier rustique et décoration moderne. Accueil convivial.

Pot d'Étain sans rest, 18 pl. République ☎ 03 26 68 09 09, *hotellepotdetain51@wanadoo.fr, Fax 03 26 68 58 18* – GB AZ u
10 – **27 ch** 57/70.
◆ Sur une place animée, immeuble ancien disposant de pimpantes chambres insonorisées et garnies de meubles rustiques ou actuels. Petit-déjeuner avec viennoiseries maison.

Pré St-Alpin, 2 bis r. Abbé Lambert ☎ 03 26 70 20 26, *pre.saint.alpin@wanadoo.fr, Fax 03 26 68 52 20,* – GB AZ v
fermé dim. soir – **Repas** 16/28, enf. 11 - ***Cuisine d'à Côté :*** **Repas** carte environ 20.
◆ Préparations traditionnelles soignées à déguster dans un superbe cadre 1900. Deux salles sous verrières, baignées de lumière, et une troisième habillée de boiseries. À la Cuisine d'à Côté, on mange... dans la cuisine ! Vieux fourneau et belles faïences.

Les Ardennes, 34 pl. République ☎ 03 26 68 21 42, *Fax 03 26 21 34 55,* – AE GB AZ s
fermé dim. soir et lundi – **Repas** *(20,50)* - 26,50/39,90, enf. 6,30.
◆ Salle de restaurant rustique cloisonnée de colombages et réchauffée par une cheminée. La carte privilégie les produits du terroir et de la mer. Agréable terrasse d'été.

Au Carillon Gourmand, 15bis pl. Mgr Tissier ☎ 03 26 64 45 07, *Fax 03 26 21 06 09* – . GB BY e
fermé 25 avril au 2 mai, 1er au 23 août, 6 au 13 fév., dim. soir, merc. soir et lundi – **Repas** *(16,50)* - 26.
◆ Chaleureuse salle à manger prolongée d'une véranda ouverte sur la rue. Plats traditionnels assortis de suggestions du jour mitonnées en fonction des arrivages du marché.

Petit Pasteur, 42 r. Pasteur ☎ 03 26 68 24 78, *Fax 03 26 68 25 97,* – P. GB BY t
fermé 2 au 23 août, 2 au 9 janv., sam. midi, dim. soir et lundi – **Repas** 16/38.
◆ Aimable restaurant abritant une salle au cadre actuel prolongée par une courette où l'on dresse quelques tables à la belle saison. Recettes traditionnelles et au goût du jour.

rte de Reims *vers* ① *: 3 km* – ✉ *51520 St-Martin-sur-le-Pré :*

Campanile, ☎ 03 26 70 41 02, *chalonsenchampagne@campanile.fr, Fax 03 26 66 87 85,* – – 25. AE GB X n
Repas *(12,50)* - 16,50/18,50, enf. 6 – 6,50 – **49 ch** 59.
◆ Halte pratique à deux pas des voies rapides. Chambres fonctionnelles et bien insonorisées, conformes aux normes de la chaîne. Buffets d'entrées et de desserts vous attendent dans une sobre salle à manger égayée d'une cheminée.

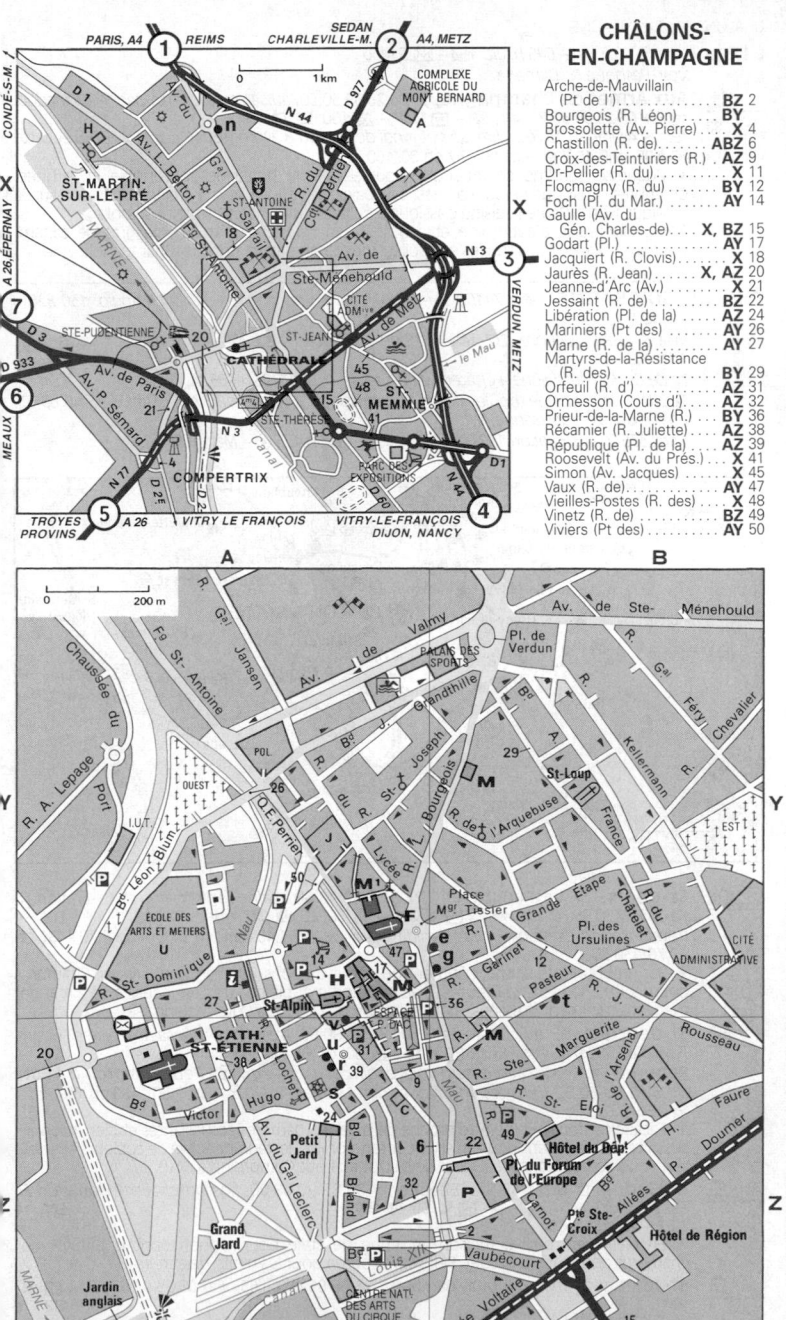

CHÂLONS-EN-CHAMPAGNE

Arche-de-Mauvillain
(Pt de l') . . . . **BZ** 2
Bourgeois (R. Léon) . . . . . **BY**
Brossolette (Av. Pierre) . . . . **X** 4
Chastillon (R. de) . . . . **ABZ** 6
Croix-des-Teinturiers (R.) . **AZ** 9
Dr-Pellier (R. du) . . . . **X** 11
Flocmagny (R. du) . . . . . . **BY** 12
Foch (Pl. du Mar.) . . . . . . **AY** 14
Gaulle (Av. du
Gén. Charles-de) . . . . **X, BZ** 15
Godart (Pl.) . . . . **AY** 17
Jacquiert (R. Clovis) . . . . . . **X** 18
Jaurès (R. Jean) . . . . . . **X, AZ** 20
Jeanne-d'Arc (Av.) . . . . **X** 21
Jessaint (R. de) . . . . **BZ** 22
Libération (Pl. de la) . . . . **AZ** 24
Mariniers (Pt des) . . . . . . **AZ** 26
Marne (R. de la) . . . . **AY** 27
Martyrs-de-la-Résistance
(R. des) . . . . **BY** 29
Orfeuil (R. d') . . . . **AZ** 31
Ormesson (Cours d') . . . . **AZ** 32
Prieur-de-la-Marne (R.) . . **BY** 36
Récamier (R. Juliette) . . . **AZ** 38
République (Pl. de la) . . . **AZ** 39
Roosevelt (Av. du Prés.) . . . **X** 41
Simon (Av. Jacques) . . . . . **X** 45
Vaux (R. de) . . . . **AY** 47
Vieilles-Postes (R. des) . . . . **X** 48
Vinetz (R. de) . . . . **BZ** 49
Viviers (Pt des) . . . . **AY** 50

447

à l'Épine *par* ③ : *8,5 km – 648 h. alt. 153 –* ⊠ *51460* .

Voir *Basilique N.-Dame*★★.

🏛 **Aux Armes de Champagne,** ℘ 03 26 69 30 30, *aux.armes.de.champagne@wanadoo.*
🕸 *fr, Fax 03 26 69 30 26,* 🏭, 🍽 – 🔟 📞 🅿 – ⚖ 100. 🖭 ⓞ 🆖
fermé 4 janv. au 13 fév., dim. soir et lundi de nov. au 6 avril – **Repas** 22 (déj.), 40/85 et carte
55 à 95, enf. 16 ♀ ⊹ – ⊇ 13 – **37 ch** 80/160.
 ♦ Coquette auberge champenoise couplée à une hôtellerie confortable et raffinée.
Chambres "cosy" et personnalisées. Les baies de la jolie salle à manger ouvrent sur la
basilique Notre-Dame ; cuisine classique actualisée utilisant les produits du potager.
Spéc. Millefeuille d'aubergine et avocat. Lapin fermier confit au foie gras de canard.
Coucou de Rennes aux truffes et girolles. **Vins** Champagne, Coteaux Champenois

---

CHALON-SUR-SAÔNE ◁⊳ *71100 S.-et-L.* **320** *J9 G. Bourgogne – 50 124 h Agglo. 130 825 h*
alt. 180.

Voir *Musées : Denon*★ **BZ M¹***, Nicéphore Niepce*★★ **BZ M²** *– Roseraie St-Nicolas*★ *SE :*
4 km **X.**

🛞 *de Chalon-sur-Saône à Châtenoy-en-Bresse* ℘ 03 85 93 49 65, **X.**

🖪 *Office de tourisme, boulevard de la République* ℘ 03 85 48 37 97, *Fax 03 85 48 63 55,*
chalon@chalon-sur-saone.net.

Paris 335 ⑦ *– Besançon 132* ① *– Dijon 68* ⑦ *– Lyon 125* ④ *– Mâcon 59* ④.

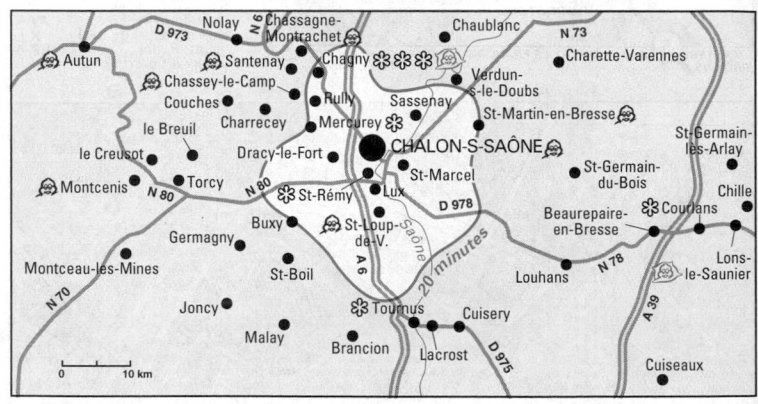

🏛 **St-Régis,** 22 bd République ℘ 03 85 90 95 60, *saint-regis@saint-regis-chalon.fr,*
Fax 03 85 90 95 70 – 🛗 🐾 🍽 🔟 📞 🚗 – ⚖ 30. 🖭 ⓞ 🆖 🅹🅲🅱 **BZ V**
Repas *(fermé dim. soir et sam. midi) (16,90)* - 23,70/33,40, enf. 10,50 ♀ – ⊇ 9,70 – **36 ch**
77,70/130,20.
 ♦ Sur un boulevard animé, bâtiment du début du 20e s. au charme provincial. Chambres
bourgeoises, souvent spacieuses. Plaisant salon meublé en cuir. Lumineuse salle à manger
avec tables joliment dressées ; belle sélection de vins de la Côte chalonnaise.

🏠 **St-Georges,** 32 av. J. Jaurès ℘ 03 85 90 80 50, *reservation@lesaintgeorges71.com,*
Fax 03 85 90 80 55 – 🛗 🍽 🔟 📞 🅿 – ⚖ 30. 🖭 ⓞ 🆖 **AZ X**
Repas *(fermé 1er au 22 août, sam. midi et dim. soir) (16)* - 22/66 ♀ **- Petit Comptoir d'à Côté**
℘03 85 90 80 52 *(fermé sam. midi et dim.)* **Repas** 15/20 ♀ – ⊇ 9,50 – **50 ch** 68/140 –
½ P 66/80.
 ♦ Façade centenaire en pierre proche de la gare. Chambres accueillantes et bien insonorisées ; certaines optent pour un style contemporain. Restaurant égayé de couleurs ensoleillées ; cuisine traditionnelle. Décor de bistrot au Petit Comptoir d'à Côté.

🏠 **Kyriad** sans rest, 35 pl. Beaune ℘ 03 85 90 08 00, *kyriad-chalon@wanadoo.fr,*
Fax 03 85 90 08 01, 👍 – 🍽 🔟 📞 🖭 ⓞ 🆖 **BY t**
⊇ 7 – **43 ch** 51/60.
 ♦ En plein centre-ville, maison ancienne de style bourguignon dont la plupart des
chambres donnent sur la cour. Belle cave voûtée pour les petits-déjeuners.

🏠 **St-Jean** sans rest, 24 quai Gambetta ℘ 03 85 48 45 65, *Fax 03 85 93 62 69 –* 🔟 📞
🆖 **BZ s**
⊇ 6 – **25 ch** 38/50.
 ♦ Hôtel particulier du 19e s. sur les quais de Saône. Préférez les chambres des 1er et
2e étages, plus spacieuses. Salle des petits-déjeuners sous verrière.

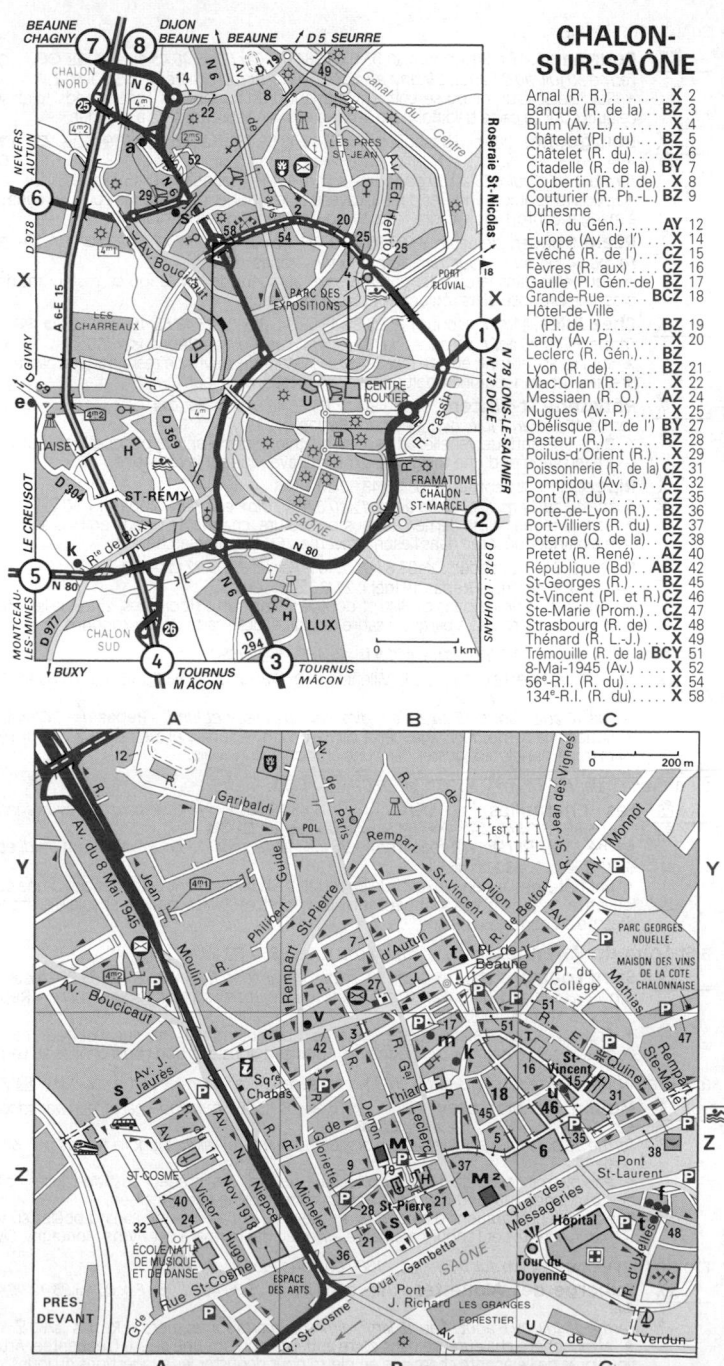

CHALON-SUR-SAÔNE

Arnal (R. R.) . . . . **X** 2
Banque (R. de la) . . **BZ** 3
Blum (Av. L.) . . . . . . **X** 4
Châtelet (Pl. du) . . . **BZ** 5
Châtelet (R. du) . . . **CZ** 6
Citadelle (R. de la) **BY** 7
Coubertin (R. P. de) . **X** 8
Couturier (R. Ph.-L.) **BZ** 9
Duhesme
  (R. du Gén.) . . . . . **AY** 12
Europe (Av. de l') . . . **X** 14
Evêché (R. de l') . . . **CZ** 15
Fèvres (R. aux) . . . . **CZ** 16
Gaulle (Pl. Gén.-de) **BZ** 17
Grande-Rue . . . . . . **BCZ** 18
Hôtel-de-Ville
  (Pl. de l') . . . . **BZ** 19
Lardy (Av. P.) . . . . **X** 20
Leclerc (R. Gén.) . . . **BZ**
Lyon (R. de) . . . . **BZ** 21
Mac-Orlan (R. P.) . . . **X** 22
Messiaen (R. O.) . . . **AZ** 24
Nugues (Av. P.) . . . . . **X** 25
Obélisque (Pl. de l') **BY** 27
Pasteur (R.) . . . . **BZ** 28
Poilus-d'Orient (R.) . . **X** 29
Poissonnerie (R. de la) **CZ** 31
Pompidou (Av. G.) . . **AZ** 32
Pont (R. du) . . . . **CZ** 35
Porte-de-Lyon (R.) . . **BZ** 36
Port-Villiers (R. du) . **BZ** 37
Poterne (Q. de la) . . **CZ** 38
Pretet (R. René) . . . **AZ** 40
République (Bd) . . **ABZ** 42
St-Georges (R.) . . . . **BZ** 45
St-Vincent (Pl. et R.) **CZ** 46
Ste-Marie (Prom.) . . **CZ** 47
Strasbourg (R. de) . . **CZ** 48
Thénard (R. L.-J.) . . . . **X** 49
Trémouille (R. de la) **BCY** 51
8-Mai-1945 (Av.) . . . . **X** 52
56ᵉ-R.I. (R. du) . . . . . **X** 54
134ᵉ-R.I. (R. du) . . . . **X** 58

XX **Gourmand,** 13 r. Strasbourg ☎ 03 85 93 64 61, *Fax 03 85 48 43 11* – ▤. AE GB CZ f
fermé 30 juil. au 21 août, 28 janv. au 13 fév., lundi et mardi – **Repas** 15,50/30 ♀.
◆ Sur l'île St-Laurent où se côtoient plusieurs restaurants, les "gourmands" plébiscitent celui-ci pour sa carte traditionnelle étoffée et sa chaleureuse salle à manger.

XX **Bourgogne,** 28 r. Strasbourg ☎ 03 85 48 89 18, *Fax 03 85 93 39 10* – AE ◑ GB JCB CZ t
fermé 4 au 19 juil., 25 au 30 déc., dim. soir et lundi – **Repas** 14,50/45, enf. 9,50 ♀.
◆ L'éclairage aux chandelles dans le caveau et le mobilier d'inspiration Louis XIII dans la salle à manger confortent le cadre "rustico-bourguignon" de ce restaurant.

XX **Réale,** 8 pl. Gén. de Gaulle ☎ 03 85 48 07 21, *Fax 03 85 48 57 77* – ▤. GB BZ m
fermé 14 juil. au 15 août, dim. soir et lundi – **Repas** 17/33 ♀.
◆ Vous êtes dans le quartier commerçant, au coeur de la ville, où ce restaurant de type brasserie propose plats régionaux et fruits de mer.

X **Chez Jules,** 11 r. Strasbourg ☎ 03 85 48 08 34, *Fax 03 85 48 55 48* – ▤. AE ◑ GB
fermé 1er au 20 août, vacances de fév., sam. midi et dim. – **Repas** 15,50/30 ♀. CZ f
◆ Sur l'île St-Laurent, étroite façade vitrée laissant découvrir un restaurant au cadre intime, dressé avec soin. Cuisine traditionnelle ; suggestions du jour.

X **Rôtisserie St-Vincent,** 9 r. du Blé ☎ 03 85 48 83 52 – ▤. GB CZ u
fermé 16 juin au 7 juil., dim. et lundi – **Repas** 16/27.
◆ Dans une antique venelle, adresse sympathique disposant de petits salons feutrés pour la conversation et d'une vaste salle à manger avec vue sur la rôtissoire.

X **Ripert,** 31 r. St Georges ☎ 03 85 48 89 20 – GB BZ k
fermé 12 au 21 mai, 12 au 31 août, 1er au 6 janv., dim. et lundi – **Repas** 15/30 ♀.
◆ Dans une rue calme derrière la sous-préfecture, charmante façade en bois abritant une salle à manger décorée dans l'esprit "taverne". Cuisine du marché.

X **Bistrot,** 31 r. Strasbourg ☎ 03 85 93 22 01, *Fax 03 85 93 27 05* – GB CZ f
fermé sam. et dim. – **Repas** 16 (déj.), 21/26 ♀.
◆ Ambiance animée dans ce Bistrot dont le décor "rétro" (boiseries, zinc, vieilles affiches, lampes...) a été recréé à partir du cadre d'origine. Belle carte de bourgognes.

à St-Marcel *à l'Est par D 978 : 3 km – 4 705 h. alt. 185 – ✉ 71380 :*

XX **Jean Bouthenet,** 19 r. de la Villeneuve (D 978) ☎ 03 85 96 56 16, *Fax 03 85 96 75 81* – GB
fermé 16 au 31 août, 15 au 28 fév., dim. soir, mardi soir et lundi – **Repas** *(16)* - 24/64 ♀.
◆ Située à la sortie du village, cette construction régionale présente un intérieur rénové. Plats traditionnels à déguster dans une ambiance conviviale.

à Lux *vers ③ par N 6 : 4 km – 1 620 h. alt. 180 – ✉ 71100 :*

Les Charmilles, r. Libération ☎ 03 85 48 58 08, *hotel.les.charmilles@wanadoo.fr, Fax 03 85 93 04 49,* – TV P – 20. AE GB
fermé 23 au 31 déc. – **Repas** *(fermé 26 juil. au 18 août, 22 au 31 déc., sam. midi et dim.)* 14/35 ♀ – 7 – **32 ch** 45/50.
◆ Cet hôtel des années 1970, situé en retrait de la route, vient de bénéficier d'une cure de jouvence. Ses chambres sont petites mais proprettes. Salle à manger ensoleillée et terrasse dressée au bord de la piscine.

à St-Loup-de-Varennes *par ③ : 7 km – 1 018 h. alt. 186 – ✉ 71240 :*

XX **Saint Loup,** N 6 ☎ 03 85 44 21 58, *sylparo@wanadoo.fr, Fax 03 85 94 85 27* – ▤ P. GB
fermé 28 juin au 18 juil., 4 au 10 oct., 7 au 16 janv., mardi soir, dim. soir et merc. – **Repas** *(13)* - 16,50/26,50, enf. 10 ♀.
◆ Pratique pour l'étape, cette auberge bourguignonne est sur la route nationale. Coquette salle à manger campagnarde. Cuisine régionale et bon choix de vins au verre.

à St-Rémy *vers ⑤ (rte du Creusot) N 6, N 80 et rte secondaire : 4 km – 5 961 h. alt. 187 – ✉ 71100 :*

XXX **Moulin de Martorey** (Gillot), ☎ 03 85 48 12 98, *moulindemartorey@wanadoo.com, Fax 03 85 48 73 67,* – ▤ P. AE GB X k
fermé 16 au 31 août, 23 fév. au 8 mars, dim. soir, mardi midi et lundi – **Repas** *(25)* - 34/68 et carte 53 à 73.
◆ Paisible minoterie du 19e s. surplombant un bief. Bel intérieur rustique (jolies dalles de pierre) agencé autour de l'ancienne machinerie. Cuisine personnalisée.
Spéc. Trois préparations d'escargots. Ris de veau et foie gras de canard poêlés au verjus. Tomates confites et fenouil caramélisé, glace au basilic (mai à oct.) **Vins** Montagny, Givry.

rte de Givry *Ouest : 4 km sur D 69 – ✉ 71880 Châtenoy-le-Royal :*

XX **Auberge des Alouettes,** 1 rte de Givry ☎ 03 85 48 32 15, *Fax 03 85 93 12 96,* – GB X e
fermé 15 juil. au 6 août, 4 au 19 janv., dim. soir, mardi soir et merc. – **Repas** 18/60 ♀.
◆ Atmosphère chaleureuse dans cette auberge bordant une artère fréquentée. Attablez-vous près de l'élégante cheminée en pierre pour déguster les suggestions du jour.

à Dracy-le-Fort *par ⑥ et D 978 : 6 km – 1 092 h. alt. 180 –* ⊠ *71640 :*

🏨 **Dracy** ⋙, ✆ 03 85 87 81 81, *le-dracy@charmehotel.com, Fax* 03 85 87 77 49, 😊, ⅃, ☞, ※ – 📺 📞 & ⅃ **P** – 🔼 60. 🖭 ⓞ ᴳᴮ
La Garenne ✆ 03 85 87 72 73 **Repas** 16/40, enf. 11 ⅃ – ☲ 9 – **41 ch** 64/90 – ½ P 66/76.
◆ Nichés dans un écrin de verdure, trois bâtiments récemment construits vous invitent à la détente. Chambres mansardées à l'étage. Le décor de la salle à manger évoque un peu la Provence avec ses murs jaune et bleu et ses chaises en bois peint.

près échangeur A6 Chalon-Nord – ⊠ *71100 Chalon-sur-Saône :*

🏨 **Mercure**, av. Europe ✆ 03 85 46 51 89, *H368@accor-hotels.com, Fax* 03 85 46 08 96, 😊, ⅃, ☞ – |🛗| ¼※ ☲ 📺 📞 & ⅃ **P** – 🔼 80. 🖭 ⓞ ᴳᴮ   X a
Repas *(fermé sam. midi, dim. midi et fériés)* 21,50/27, enf. 8 ♀ – ☲ 12 – **85 ch** 90/108.
◆ Bien placée près de l'accès autoroutier, imposante construction des années 1970 abritant des chambres printanières équipées de meubles en bois peint. Chaises en rotin et plantes vertes agrémentent l'intérieur de la salle à manger.

🏨 **Ibis**, av. de l'Europe ✆ 03 85 41 04 10, *h1565@accor-hotels.com, Fax* 03 85 41 04 11, 😊, ☜ ⅃ – |🛗| ¼※ ☲ 📺 📞 & ⅃ **P** – 🔼 100. 🖭 ⓞ ᴳᴮ ᴶᶜᴮ   X s
Repas 15/23, enf. 6,50 ♀ – ☲ 6,80 – **86 ch** 65/70.
◆ Près de l'échangeur de l'autoroute A6, architecture cubique où vous séjournerez dans des chambres fonctionnelles récemment rénovées. Le restaurant présente un cadre simple avec tables de bistrot, fauteuils "metteur en scène" et fresques.

à Sassenay *Nord-Est : 9 km par D 5 – 1 402 h. alt. 178 –* ⊠ *71530 :*

🍴🍴 **Magny,** 29 Grande rue ✆ 03 85 91 61 58, *Fax* 03 85 91 77 28 – 🖭 ᴳᴮ
fermé 24 au 31 mars, 7 au 25 août, dim. soir, mardi soir et lundi – **Repas** 19/42 ♀.
◆ Restaurant de village à l'ambiance agréablement provinciale. Vieilles armoires, reproductions sur le thème de la volaille et compositions florales président au décor.

CHAMAGNE *88 Vosges* **📃📃📃** *F2 – rattaché à Charmes.*

CHAMALIÈRES *63 P.-de-D.* **📃📃📃** *F8 – rattaché à Clermont-Ferrand.*

CHAMARANDES *52 H.-Marne* **📃📃📃** *K5 – rattaché à Chaumont.*

CHAMBERET *19370 Corrèze* **📃📃📃** *L2 – 1 304 h alt. 450.*
Env. Mont Gargan ❋❋ *NO : 9 km, G. Berry Limousin.*
🅱 *Syndicat d'initiative, 5 place du Marché* ✆ *05 55 98 30 12, Fax 05 55 98 79 34, mairie. chamberet@correze.net.*
Paris 453 – Limoges 66 – Guéret 84 – Tulle 45 – Ussel 64.

🏨 **France,** ✆ 05 55 98 30 14, *sylvie.pouget@wanadoo.fr, Fax* 05 55 73 47 15 – 🍽 rest, 📺 📞 **P**, ᴳᴮ
fermé 4 janv. au 9 fév., vend. soir et dim. soir de sept. à juin – **Repas** *(12,50)* - 16/28, enf. 9 ♀ – ☲ 7 – **12 ch** 34/48 – ½ P 40.
◆ Ambiance familiale dans une pimpante maison de pierre proposant des chambres rénovées. Bar à clientèle locale. Le restaurant a fière allure avec ses vieux meubles, poutres et fresques représentant châteaux et villages corréziens. À table, tradition et terroir.

CHAMBÉRY 🄿 *73000 Savoie* **📃📃📃** *I4 G. Alpes du Nord – 55 786 h Agglo. 113 457 h alt. 270.*
Voir Vieille ville★★ : *Château★, place St-Léger★, grilles★ de l'hôtel de Châteauneuf (n°18 rue de la Croix-d'Or) – Crypte★ de l'église St-Pierre-de-Lémenc – Rue Basse-du-Château★ – Cathédrale métropolitaine St-François-de-Sales★ – Musée Savoisien★ M¹ – Musée des Beaux-Arts★ M².*
✈ *de Chambéry-Aix-les-Bains : ✆ 04 79 54 49 54, au Bourget-du-Lac par ④ : 8 km.*
🅱 *Office de tourisme, 24 boulevard de la Colonne* ✆ *04 79 33 42 47, Fax 04 79 85 71 39, info@chambery-tourisme.com.*
Paris 562 ④ – Grenoble 55 ② – Annecy 50 ④ – Lyon 101 ④ – Torino 205 ②.

Plan page suivante

🏨 **Mercure** *sans rest,* 183 pl. Gare ✆ 04 79 62 10 11, *h1541@accor-hotels.com, Fax* 04 79 62 10 23 – |🛗| ¼※ 🍽 📺 📞 & ☜ 🖭 ⓞ ᴳᴮ   A s
☲ 12 – **81 ch** 140/155.
◆ Face à la gare, architecture résolument moderne alternant verre et béton. Plaisant hall d'accueil, salon-bar contemporain, chambres spacieuses et bien insonorisées.

CHAMBÉRY

Allobroges (Q. des) . . . . . **A** 2
Banque (R. de la) . . . . **B** 3
Basse-du-Château (R.) . . **A** 4
Bernardines (Av. des) . . . **A** 6
Boigne (R. de) . . . . **A**
Borrel
 (Q. du Sénateur A.) . . . **B** 7
Charvet (R. F.) . . . . **B** 9
Château (Pl. du) . . . . **A** 10
Colonne (Bd de la) . . . . . **B** 12

Ducis (R.) . . . . **B** 13
Ducs-de-Savoie
 (Av. des) . . . . **B** 14
Europe (Espl. de l') . . . . **B** 16
Freizier (R.) . . . . **AB** 17
Gaulle
 (Av. Gén.-de) . . . . **B** 18
Italie (R. d') . . . . **B** 20
Jaurès (Av. J.) . . . . **A** 21
Jeu-de-Paume (Q. du) . . **A** 23
Juiverie (R.) . . . . **A**
Lans (R. de) . . . . **A** 24
Libération (Pl. de la) . . . **B** 25

Maché (Pl.) . . . . **A** 27
Maché (R. du Fg) . . . . . . **A** 28
Martin (R. Cl.) . . . . **B** 30
Métropole (Pl.) . . . . **B** 31
Michaud (R.) . . . . **B** 32
Mitterrand (Pl. F.) . . . . . . **A** 33
Musée (Bd du) . . . . **AB** 34
Ravet (Q. Ch.) . . . . **B** 35
St-Antoine (R.) . . . . **A** 36
St-François (R.) . . . . **B** 38
St-Léger (Pl.) . . . . **B**
Théâtre (Bd du) . . . . **A**
Vert (Av. du Comte) . . . . **A** 40

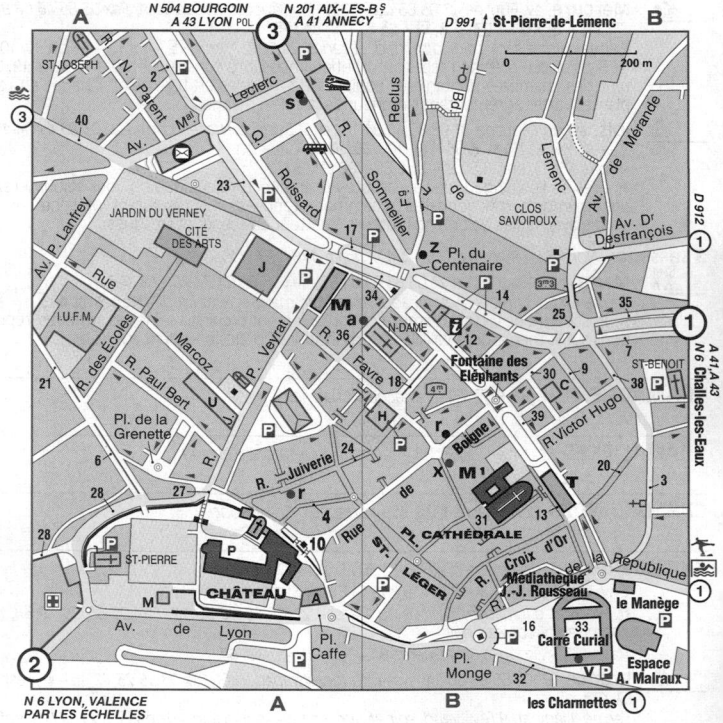

🏨🏨 **Hôtel des Princes** sans rest, 4 r. Boigne ✆ 04 79 33 45 36, *hoteldesprinces@wanadoo.f*
🏨   *r, Fax 04 79 70 31 47* – 🛗 ✸ 📺 ✆ – ⚿ 20. 🆎 ① ◎ ⒼⒷ   **B r**
     ☐ 7 – **45** ch 58/66.
     ◆ Chambres plaisantes, décor thématique (musique, cinéma, poésie, etc.), meubles choi-
     sis, etc. : cet hôtel charmant est situé à proximité de la fontaine des Éléphants.

🏨🏨 **France** sans rest, 22 fg Reclus ✆ 04 79 33 51 18, *hotellefrance@wanadoo.fr*,
     Fax 04 79 85 06 30 – 🛗 ✸ ▤ 📺 ✆ ➟ Ⓟ – ⚿ 50. 🆎 ① ◎ ⒼⒷ   **B z**
     ☐ 9 – **48** ch 60/80.
     ◆ Cette imposante bâtisse des années 1960 propose des chambres bien tenues, dotées de
     balcons et rénovées par étapes. Bonne insonorisation.

✕✕✕ **L'Essentiel** (Bouvier), 183 pl. Gare ✆ 04 79 96 97 27, *bouviergas@aol.com*,
ॐ   *Fax 04 79 96 17 78*, ㋡ – ▤, 🆎 ① ◎ ⒼⒷ   **A s**
     fermé 1er au 16 mai, 2 au 9 janv., lundi sauf le soir de sept. à avril, sam. midi et dim. – **Repas**
     24 (déj.), 35/76 et carte 70 à 98 ⓨ.
     ◆ Dans une structure pyramidale en verre, élégante salle à manger moderne agrémentée
     de nombreux bibelots et plantes vertes, et... l'essentiel : la cuisine au goût du jour.
     Spéc. Foie gras des Landes poêlé. Omble chevalier meunière. Canette caramélisée en
     cocotte aux huit épices. **Vins** Roussette de Marestel, Mondeuse d'Arbin.

XXX **St-Réal**, 86 r. St-Réal ℰ 04 79 70 09 33, Fax 04 79 33 49 65 – ⌂. 𝔸𝔼 ⓞ 𝔾𝔹   B   x
fermé dim. – **Repas** 33/89 et carte 50 à 82 ⅋.
  ♦ Cette maison du 17ᵉ s., jadis église des pénitents blancs, abrite une salle à manger cossue (éclairage tamisé, tableaux, poutres et pierres apparentes). Belle carte des vins.

XX **Tonneau**, 2 r. St-Antoine ℰ 04 79 33 78 26, Fax 04 79 85 49 69, 🏠 – 𝔸𝔼 ⓞ 𝔾𝔹   AB a
🍴 *fermé lundi de mai à fin août et dim. soir* – **Repas** 21/38 ⅋.
  ♦ Restaurant animé et décontracté, au décor de type brasserie : boiseries, banquettes, grand comptoir et lustres "rétro". Recettes traditionnelles.

XX **L'Hypoténuse**, 141 Carré Curial ℰ 04 79 85 80 15, *resto-hypo@wanadoo.fr*,
Fax 04 79 85 80 18, 🏠 – 𝔸𝔼 𝔾𝔹   B v
fermé vacances de printemps, 21 juil. au 19 août, dim. et lundi – **Repas** (16,50) - 21 (déj.),
32/42 ⅋.
  ♦ L'Hypoténuse dans le Carré est égale à la somme d'un décor contemporain - rehaussé de quelques meubles de style et d'expositions de tableaux - et d'une copieuse cuisine.

X **Maniguette**, 99 r. Juiverie ℰ 04 79 62 25 26 – 𝔾𝔹   A r
fermé 1ᵉʳ au 21 août, 25 déc. au 9 janv., mardi soir, dim. et lundi – **Repas** 25 ⅋.
  ♦ La maniguette, cette "graine de paradis" africaine, est une épice piquante qui aromatisera peut-être la cuisine du marché servie dans ce sympathique et plaisant restaurant.

à Sonnaz *par ① : 8 km sur D 991 – 1 222 h. alt. 370 –* ⊠ *73000 :*

XX **Auberge Le Régent**, 453 mont d'Aix-les-Bains ℰ 04 79 72 27 70, Fax 04 79 72 27 70,
🏠 – **P**. 𝔾𝔹. 🎴
fermé 15 août au 10 sept., dim. soir et merc. – **Repas** (17,50) - 25/43 ⅋.
  ♦ Ferme savoyarde du 19ᵉ s. transformée en restaurant. Coquettes salles à manger rustiques et agréable terrasse tournée sur le paisible jardin. Accueil familial.

au Sud-Est *: 2 km par D 912 et D 4 -* **B** *-* ⊠ *73000 Chambéry :*

XXX **Mont Carmel**, à Barberaz (près église) ℰ 04 79 85 77 17, *montcarmel@aol.com*,
Fax 04 79 85 16 65, 🏠, 🌳 – 𝔸𝔼 𝔾𝔹. 🎴
fermé 20 au 30 août, merc. soir, dim. soir et lundi – **Repas** 21 (déj.), 27/65 et carte 42 à 67 ⅋.
  ♦ Ex-maison de carmélites bâtie sur les hauteurs verdoyantes dominant le village. Belle terrasse d'été offrant quiétude et vue agréable sur les montagnes. Répertoire classique.

à Challes-les-Eaux *par ② : 7 km par N 6 et rte secondaire – 3 931 h. alt. 310 –* ⊠ *73190 :*
🛈 *Office de tourisme, avenue de Chambéry* ℰ 04 79 72 86 19, Fax 04 79 71 38 51,
ottchalles@aol.com.

🏰 **Château des Comtes de Challes** ⌂, 247 montée du Château ℰ 04 79 72 72 72, *info
@chateau-alpes.com*, Fax 04 79 72 83 83, ≤, 🏠, 🏊, 🎾 – 📺 **P** – 🏛 20 à 100. 𝔸𝔼 ⓞ 𝔾𝔹.
🎴 rest
Repas *(fermé dim. soir de nov. à avril)* 25/55 – ⊑ 12 – **45 ch** 55/180 – ½ P 67,50/119.
  ♦ Joli château des 13ᵉ et 15ᵉ s. entouré d'un parc dominant la campagne et planté d'arbres centenaires. Chambres refaites avec élégance, agrémentées de beaux meubles anciens. Une cheminée de 1650 trône dans la salle de restaurant, confortable et feutrée.

par ③ *: 3 km sur D 201 (sortie La Motte-Servolex) –* ⊠ *73000 Chambéry :*

🏰 **Novotel**, ℰ 04 79 68 60 00, *h0409@accor-hotels.com*, Fax 04 79 68 60 01, 🏠, 🏊, 🌳 –
⊞ 🔆 📺 ☎ 🅿 – 🏛 20 à 120. 𝔸𝔼 ⓞ 𝔾𝔹
Repas (15) - 20/28, enf. 8,20 ⅋ – ⊑ 11 – **102 ch** 82/146.
  ♦ À la périphérie d'une zone commerciale proche de la voie rapide, Novotel où vous réserverez une chambre refaite. Vaste salle de restaurant - bois clair et tons lumineux - et terrasse dressée au bord de la piscine.

🏨 **Ibis**, 100 r. Eugène Ducretet ℰ 04 79 69 28 36, *h0609@accor-hotels.com*,
Fax 04 79 96 39 91, 🏠 – 🔆 📺 🅿 – 🏛 20. 𝔸𝔼 ⓞ 𝔾𝔹
Repas *(fermé dim. midi et sam.)* (13) - 20, enf. 6 – ⊑ 6,50 – **88 ch** 60/63.
  ♦ Vous ne serez pas déçus par le confort et la fonctionnalité des nouvelles chambres : isolation phonique refaite et dernier "look" Ibis côté cadre. Le décor très sobre du restaurant et la carte sont conformes aux standards de la chaîne. Grande terrasse d'été.

à Chambéry-le-Vieux *par ③ : 5 km par N 201 et rte secondaire (sortie Chambéry-le-Haut) –*
⊠ *73000 :*

🏰 **Château de Candie** ⌂, ℰ 04 79 96 63 00, *candie@icor.fr*, Fax 04 79 96 63 10, ≤, 🏠,
🏊, 🌳 – 📺 🅿 – 🏛 30 à 90. 𝔸𝔼 𝔾𝔹
Repas *(fermé 15 nov. au 26 nov., le midi en juil.-août, sam.midi, mardi midi et lundi sauf
juil.-août)* 25 (déj.), 44/75 et carte 57 à 74 ⅋ – ⊑ 15 – **17 ch** 110/220, 3 duplex – ½ P 88/140.
  ♦ Cette maison forte, bâtie au 14ᵉ s. et dotée des croisées et restaurée avec raffinement, domine la vallée de Chambéry. Meubles anciens, bibelots, objets rares. Beau parc de 6 ha. Ambiance feutrée et tables espacées dans les plaisantes salles à manger.

Pas de publicité payée dans ce guide.

CHAMBOLLE-MUSIGNY *21220 Côte-d'Or* **320** *J6 – 313 h alt. 280.*

Paris 326 – Beaune 28 – Dijon 17.

🏯 **Château André Ziltener** ⌂, sans rest, ℘ 03 80 62 41 62, *chateau.ziltener@wanadoo.fr*, Fax 03 80 62 83 75, *☞* – 📺 **«** 🅿 – 🔬 25. 🆎 ⓪ 🟢 **JCB**
1er mars-15 déc. – ☲ 15 – **10 ch** 200/260.
♦ Cette demeure du 18e s. vous invite à partager le luxe discret de ses spacieuses chambres de style Louis XV, mariage réussi de l'ancien et du moderne. Petit musée du vin.

🍽 **Chambolle Musigny,** ℘ 03 80 62 86 26, Fax 03 80 62 86 26 – 🟢. 🛇
fermé 1er au 16 juil., 19 déc. au 20 janv., dim. soir de déc. à avril, merc. et jeudi – **Repas** 24/35, enf. 7,50.
♦ Accueil tout sourire dans cette petite salle à manger simple et proprette où l'on propose des recettes inspirées par le terroir et mitonnées avec le plus grand soin.

CHAMBON-LA-FORÊT *45340 Loiret* **318** *K3 – 625 h alt. 117.*

Paris 96 – Orléans 43 – Châteauneuf-sur-Loire 26 – Montargis 43 – Pithiviers 15.

🍽🍽 **Auberge de la Rive du Bois,** Nord : 1 km par rte Pithiviers ✉ 10 ℘ 02 38 32 28 44, Fax 02 38 32 02 61, *☞*, *☞* – 🅿. 🟢
fermé 5 au 24 août, 23 déc. au 4 janv., lundi soir, mardi soir et merc. – **Repas** 14/42, enf. 8 🍷.
♦ Pimpante auberge abritant également le bar-tabac de ce paisible hameau. Deux salles à manger champêtres dressées avec soin, véranda meublée en rotin et terrasse fleurie.

Le CHAMBON-SUR-LIGNON *43400 H.-Loire* **331** *H3 G. Vallée du Rhône – 2 642 h alt. 967.*

🚠 *du Chambon-sur-Lignon ℘ 04 71 59 28 10, SE : 5 km par D 103.*

🅱 *Office de tourisme, 1 rue des Quatre Saisons ℘ 04 71 59 71 56, Fax 04 71 65 88 78, lignonot@inforoutes-ardeche.fr.*

Paris 573 – Annonay 48 – Lamastre 32 – Privas 75 – Le Puy-en-Velay 45 – St-Étienne 60.

🏨 **Bel Horizon** ⌂, chemin de Molle ℘ 04 71 59 74 39, *hotel.bel.horizon@free.fr*, Fax 04 71 59 79 81, ≤, *☞*, ⌸, *☞*, *❀* – ➜ 📺 **«** 🕭 – 🔬 40. 🆎 🟢
fermé janv., dim. soir et lundi hors saison – **Repas** 18/34, enf. 10 🍷 – ☲ 8 – **20 ch** 84 – ½ P 66/74.
♦ Ambiance décontractée dans cet hôtel qui mise sur la détente et les loisirs. Chambres bien tenues, dotées d'un mobilier fonctionnel ou rustique. Salon avec billard. Restaurant aux tons ensoleillés et terrasse donnant sur le jardin ; courte carte classique.

au Sud : *3 km par D 151, rte de la Suchère et rte secondaire –* ✉ *43400 Chambon-sur-Lignon :*

🏨 **Bois Vialotte** ⌂, ℘ 04 71 59 74 03, Fax 04 71 65 86 32, ≤, *☞* – **«** 🅿 – 🔬 20. 🟢. 🛇 rest
1er juin-30 sept. – **Repas** 13 (déj.), 15/21, enf. 7 🍷 – ☲ 6,70 – **17 ch** 50/55 – ½ P 54.
♦ Les amateurs de calme apprécieront cet établissement familial situé à la lisière d'un bois. Les chambres, tournées vers la campagne, sont très bien tenues. Restaurant de type "pension" et cuisine traditionnelle (les deux menus changent chaque jour).

à l'Est : *3,5 km par D 157 et D 185 –* ✉ *43400 Chambon-sur-Lignon :*

🏨 **Clair Matin** ⌂, ℘ 04 71 59 73 03, *hotelclairmatin@aol.com*, Fax 04 71 65 87 66, ≤, *☞*, 🎣, ⌸, *☞*, *❀* – cuisinette 📺 **«** 🕭 – 🔬 30. 🆎 ⓪ 🟢
hôtel: 1er avril-15 nov. ; rest. : mai-15 nov. – **Repas** *(fermé mardi midi, jeudi midi et merc. en avril)* 23/55, enf. 13 🍷 – ☲ 12 – **30 ch** 80/115 – ½ P 71/115.
♦ Cet accueillant chalet offre au "matin clair" une vue étendue sur les Cévennes et un air pur garanti ! Chambres actuelles et nombreux loisirs dans le parc. Le restaurant et la terrasse ménagent un beau panorama sur les monts Mézenc et Gerbier-de-Jonc.

CHAMBORD *41250 L.-et-Ch.* **318** *G6 – 185 h alt. 71.*

Voir Château★★★, G. Châteaux de la Loire.

Paris 176 – Orléans 56 – Blois 18 – Châteauroux 101 – Romorantin-Lanthenay 38 – Salbris 55.

🏨 **Grand St-Michel** ⌂, Pl. St.-Louis ℘ 02 54 20 31 31, Fax 02 54 20 36 40, *☞*, *❀* – 📺 🅿. 🟢. 🛇 ch
fermé 12 nov. au 20 déc. et merc. de déc. à mars – **Repas** *(dim. et fêtes prévenir)* 19/25, enf. 10 🍷 – ☲ 7 – **38 ch** 52/79.
♦ Préférez les chambres donnant sur le château, merveille de la Renaissance. Vaste restaurant décoré de trophées, photos et tableaux évoquant les plaisirs de la chasse ; terrasse dressée face au logis royal magnifiquement illuminé le soir.

Si vous cherchez un hôtel tranquille,
consultez d'abord les cartes de l'introduction
ou repérez dans le texte les établissements indiqués avec le signe ⌂

CHAMBORIGAUD 30530 Gard **339** I3 – 731 h alt. 297.

Paris 638 – Alès 30 – Florac 52 – La Grand-Combe 19 – Villefort 22.

Les Cévennes, 14 rte Villefort ℘ 04 66 61 47 27, Fax 04 66 61 51 01, 🏤 – 📺 🅿. ⊖
fermé 5 oct., 1er janv. au 28 fév. et mardi du 15 sept. au 15 juin – **Repas** 12/21,
enf. 7,50 ♀ – � 7 – **11 ch** 39/44 – 1/2 P 39/43.

  ◆ Le village est aux portes du Parc national des Cévennes. Gentille petite auberge abritant
des chambres coquettes et bien tenues. Ambiance familiale. Plaisante salle à manger
rustique et terrasse ombragée en façade ; plats traditionnels.

CHAMBOULIVE 19450 Corrèze **329** L3 *G. Berry Limousin – 1 133 h alt. 429.*

🖪 Syndicat d'initiative, place de l'église ℘ 05 55 21 47 60, Fax 05 55 20 47 61.
Paris 463 – Brive-la-Gaillarde 43 – Bourganeuf 80 – Seilhac 10 – Tulle 23 – Uzerche 16.

Deshors Foujanet, rte Treignac ℘ 05 55 21 62 05, hotel.deshors-foujanet@wanadoo.f
r, Fax 05 55 21 68 80, 🏤, 🎇, 🏊, 🎇 – 📺 📞 🅿. 🅰🅴 ⓞ ⊖
fermé 1er au 27 oct., dim. soir et lundi sauf juil.-août – **Repas** (10) · 14/18, enf. 8,40 – ⊒ 7 –
24 ch 45/53 – 1/2 P 46/50.

  ◆ Chambres simples dans ces deux maisons mitoyennes situées aux portes du village. Aux
beaux jours, profitez de la piscine et du jardin ouverts sur la campagne. Le restaurant,
redécoré dans des tons pastel, a conservé son cachet champêtre. Carte régionale.

CHAMBRAY-LÈS-TOURS 37 I.-et-L. **317** N4 – rattaché à Tours.

Les prix
Pour toutes précisions sur les prix indiqués dans ce guide,
reportez-vous aux pages explicatives.

CHAMBRETAUD 85500 Vendée **316** K6 – 1 275 h alt. 214.

Paris 373 – Angers 85 – Bressuire 50 – Cholet 21 – Nantes 76 – La Roche-sur-Yon 55.

Château du Boisniard ⯘, ℘ 02 51 67 50 01, contact@chateau-boisnard.com,
Fax 02 51 67 53 81, 🏤, 🎇, 🎇 – 📺 📞 🅿 – 🅐 25. ⊖. 🎇
fermé du 1er au 15 fév. – **Repas** (fermé dim. soir et lundi) (sur réservation seul.) 21/35 – ⊒ 8
– **10 ch** 95/140.

  ◆ Beau manoir du 15e s. et son vaste domaine (forêt, étangs, etc.). Décoration soignée et
mobilier de style. La chambre n° 3 occupe l'ancienne chapelle (vitraux). Lustres à pendeloques, boiseries peintes et fenêtres ouvrant sur le parc ; cuisine du marché.

CHAMONIX-MONT-BLANC 74400 H.-Savoie **328** O5 *G. Alpes du Nord – 9 830 h alt. 1040 –*
Sports d'hiver : 1 035/3 840 m ⯘ 14 ⬉ 36 ⬈ – Casino **AY.**

Env. E : Mer de glace★★★ et le Montenvers★★★ par chemin de fer à crémaillère – SE :
Aiguille du midi ⯘★★★ par téléphérique (station intermédiaire : plan de l'Aiguille★★) – NO :
Le Brévent ⯘★★★ par téléphérique (station intermédiaire : Planpraz★★).

🚞 de Chamonix à Les Praz-de-Chamonix ℘ 04 50 53 06 28, N : 3 km **BZ.**
Tunnel du Mont-Blanc : péage en 2003, aller simple : autos 28,10, auto et caravane 37,20,
camions 104,40 à 209,90, motos 18,60. Renseignements ATMB ℘ 04 50 55 55 00.
🖪 Office de tourisme, 85 place du Triangle de l'Amitié ℘ 04 50 53 00 24, Fax 04 50 53 58 90,
info@chamonix.com.
Paris 610 ② – Albertville 65 ② – Annecy 97 ② – Aosta 57 ② – Genève 82 ②.

Plans pages suivantes

Hameau Albert 1er (Carrier), 38 rte du Bouchet ℘ 04 50 53 05 09, info@hameaualbert.
fr, Fax 04 50 55 95 48, ⬉, 🎇, 🎇, 🌳 – 📺 📞 ⯘ 🅿 – 🅐 15. 🅰🅴 ⓞ ⊖ 🅹🅲🅱   **AX** **f**
fermé mi-nov. à début déc. – **Repas** (fermé début oct. à début déc., jeudi midi et merc.
sauf fériés) 48/136 et carte 89 à 145, enf. 28 ♀ – ⊒ 17 – **20 ch** 150/565, 3 chalets –
1/2 P 138/345.

  ◆ Hommage au roi des Belges, "aficionado" de la station, cet hôtel centenaire entouré
d'un ravissant jardin arboré cultive tradition et modernité avec le même bonheur. Élégant
restaurant (non-fumeurs), brillante cuisine inventive et très belle carte des vins.
Spéc. Menu ''La Maison de Savoie''. Raviole de cèpes de pays et foie gras à la truffe blanche
d'Alba (sept. à Noël). Grosse côte de veau de lait élevé sous la mère, rôtie en cocotte. **Vins**
Chignin-Bergeron, Mondeuse d'Arbin.

La Ferme ⯘,, ⬉ massif du Mont-Blanc, 🎇, 🏊, 🎇, 🌳 – 📺 📞 ⬥ ⯘   **AX** **f**
Repas voir **Hameau Albert 1er** et rest. **Maison Carrier** – ⊒ 17 – **12 ch** 302/888 –
1/2 P 214/507.

  ◆ Le "Hameau", c'est aussi ce magnifique chalet construit avec le bois patiné de fermes
d'alpages et à l'intérieur résolument design. Fitness complet et dernier cri.

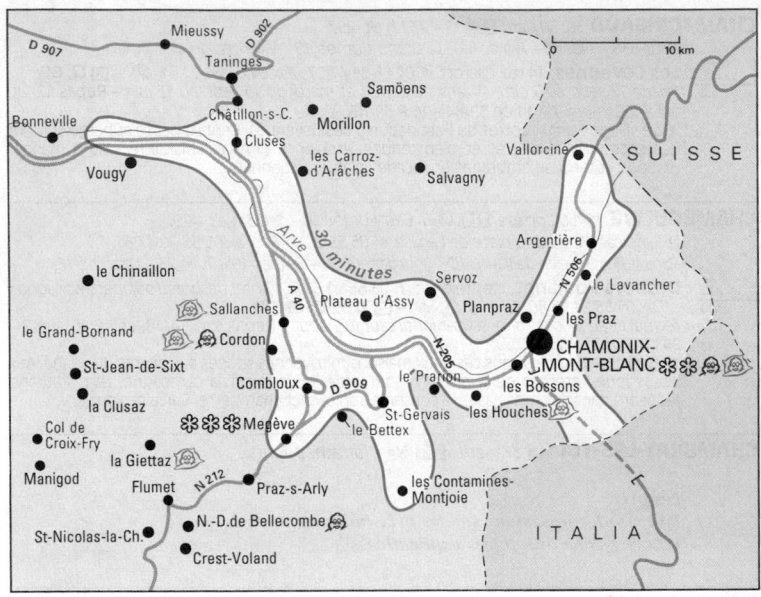

🏨🏨 **Mont-Blanc,** 62 allée Majestic 𝒫 04 50 53 05 64, *mont-blanc@chamonixhotels.com,* Fax 04 50 55 89 44, ≤, 🏝, 🏊, ☞, ✖ – ▮ ⇅ 📺 ✓ ⇌ 🅟 – ♨ 30. ☒ ⓪ ☒ ᴊᴄʙ
AY g
fermé 10 oct. au 10 déc. – **Matafan :** Repas 31 (déj.)48/63 ♈ – ☲ 13 – **32 ch** 200/220, 8 suites – ½ P 144/154.
◆ Après rénovations, c'est toute l'ambiance Belle Époque que l'on redécouvre dans cet établissement du centre-ville. Jardin ombragé. Au restaurant, cadre chic et raffiné, collection de lithographies du début du 20e s. et cuisine au goût du jour.

🏨🏨 **Les Aiglons,** 270 av. Courmayeur 𝒫 04 50 55 90 93, *info@aiglons.com,* Fax 04 50 53 51 08, ≤, 🏝, ◨, – ▮ ✄ 📺 ✓ 🅟 – ♨ 25. ☒ ⓪ ☒ ᴊᴄʙ AY m
fermé 3 mai au 24 mai et 15 oct. au 30 nov. – **Repas** (dîner seul.) 20 ♈ – ☲ 9 – **56 ch** 114/288 – ½ P 105/173.
◆ Chambres contemporaines et spacieuses situées à deux pas du téléphérique de l'aiguille du Midi. Certaines donnent sur le massif du Mont-Blanc. Solarium et fitness complet. Cuisine traditionnelle et spécialités savoyardes servies dans un sobre décor.

🏨🏨 **Morgane,** 145 av. Aiguille du Midi 𝒫 04 50 53 57 15, *info@morgane-hotel-chamonix.co m,* Fax 04 50 53 28 07, ≤, 🏝, ◨ – ▮ ✄ ⇌ 📺 ☒ ⓪ ☒ ᴊᴄʙ AY u
- Bistrot Savoyard : Repas 15/32, enf. 8 ♈ – ☲ 9 – **59 ch** 152/288 – ½ P 105/173.
◆ Hôtel récent mariant tradition régionale et confort moderne. Chambres bien équipées et insonorisées, toutes avec balcon ou terrasse. Recettes montagnardes - dont les incontournables fondue, raclette et tartiflette - et bar à vins (choix de crus savoyards).

🏨🏨 **Auberge du Bois Prin** ⟨, aux Moussoux 𝒫 04 50 53 33 51, *boisprin@relaischateaux.c om,* Fax 04 50 53 48 75, ≤ massif du Mont-Blanc, 🏝, ☞ – ▮ 📺 ⇌ 🅟 ☒ ⓪ ☒ ᴊᴄʙ AZ a
fermé 13 au 29 avril et 25 oct. au 25 nov. – **Repas** *(fermé merc. midi et lundi midi)* (20 bc) - 28/67 ♈ – ☲ 12,50 – **11 ch** 119,50/210 – ½ P 103,50/145.
◆ Sur les hauteurs de la "capitale française de l'alpinisme", joli chalet savoyard très fleuri en saison. Chambres un brin mûrissantes ; balcons. Panorama sur le mont Blanc depuis la salle à manger montagnarde et sa terrasse ; produits du marché et du potager.

🏨🏨 **Alpina,** 79 av. Mt-Blanc 𝒫 04 50 53 47 77, *alpina@chamonixhotels.com,* Fax 04 50 55 98 99, ≤, 🏝 – ▮ ✄, ▤ rest, 📺 ✓ ⇌ – ♨ 25 à 100. ☒ ⓪ ☒ ᴊᴄʙ
AX t
fermé 9 mai au 4 juin et 3 oct. au 18 déc. – **Repas** 26/32 ♈ – ☲ 12 – **127 ch** 106/146, 9 suites – ½ P 89/109.
◆ Hôtel des années 1970 abritant des équipements complets pour l'accueil des séminaires. Chambres rajeunies, lambrissées de pin ou de merisier. Restaurant dont le sobre décor contemporain est compensé par une large perspective sur les cimes enneigées.

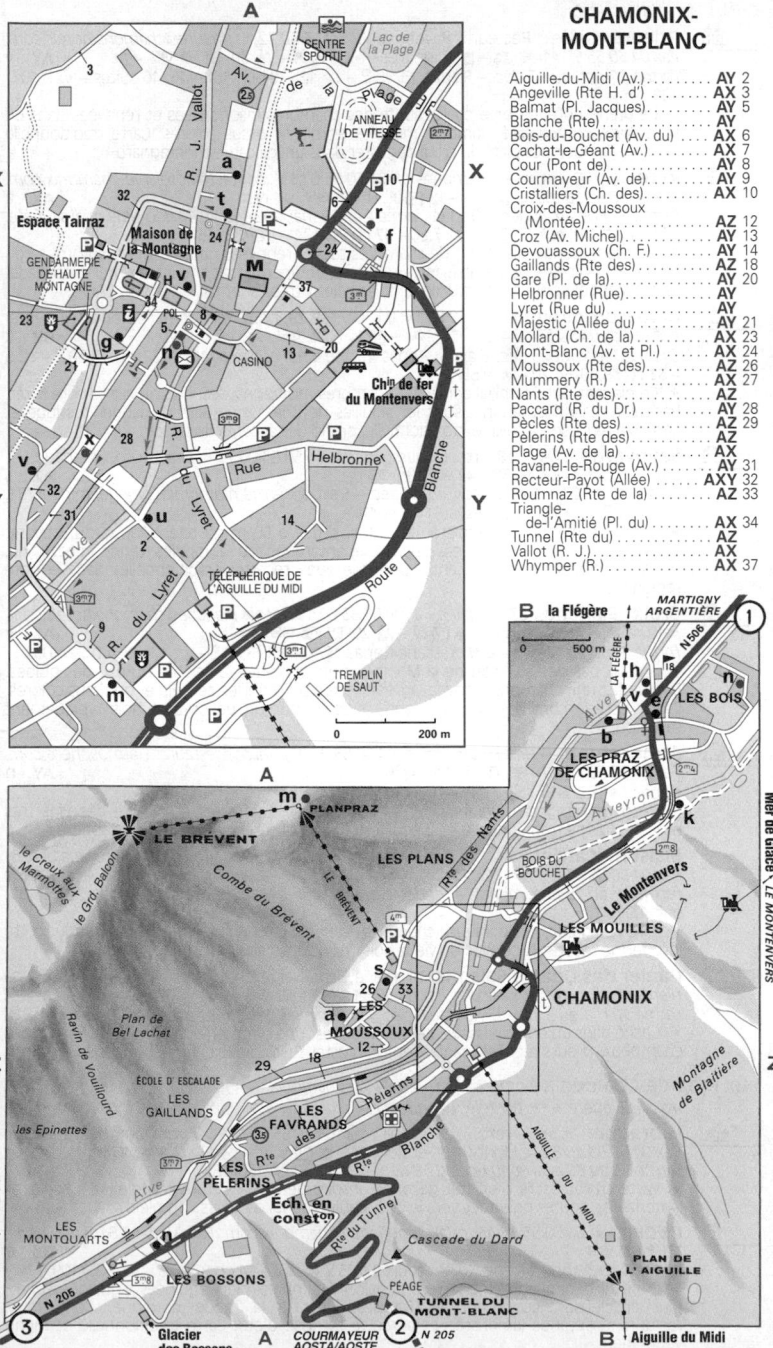

Prieuré, allée Recteur Payot ℰ 04 50 53 20 72, *prieure@chamonixhotels.com,*
Fax 04 50 55 87 41, ≤, *Ŀ₅* – ▯ cuisinette ᵏ⇼ ▭ ▭ – ▯ 30. ▭ ▭ ▭ ▭ AY v
fermé 10 oct. au 10 déc. – **Repas** 23/29 ℤ – ⌷ 12 – **81 ch** 130/146, 10 suites – ½ P 101/
109.

♦ Ce grand hôtel de type chalet abrite des chambres insonorisées et rénovées dans un
style savoyard actualisé : lambris, meubles en pin et tissus colorés. Carte traditionnelle
enrichie de quelques plats du cru à déguster dans un joli cadre montagnard.

Arve ⤳, 60 impasse Anémones ℰ 04 50 53 02 31, *contact@hotelarve-chamonix.com,*
Fax 04 50 53 56 92, ≤, *Ŀ₅,* ⾕ – ▯ ▭ ▭. ⿻ rest BZ a
fermé 1er nov. au 16 déc. – **Repas** *(fermé 2 au 28 mai, 19 sept. au 17 déc. et le midi sauf été)*
13 (déj.)/15,50, enf. 8,50 ₰ – ⌷ 7,80 – **37 ch** 70/104 – ½ P 55/66.

♦ Bâtisse régionale disposant de chambres toutes rénovées dans l'esprit savoyard. Jardinet face à la chaîne du Mont-Blanc. Au fitness, équipements complets et mur d'escalade.
Salle à manger sobrement actuelle dont les baies vitrées sont tournées vers l'Arve.

Arveyron, rte du Bouchet : 2 km ℰ 04 50 53 18 29, *hotel.arveyron-chamonix@club-inter*
net.fr, Fax 04 50 53 06 43, ≤, ⾕ – ▭ ▭ ▭ ▭ ▭. ⿻ rest BZ k
6 juin-20 sept. et 23 déc.-6 avril – **Repas** *(fermé lundi et merc.)* 15,10/22, enf. 8,50 ℤ – ⌷ 9
– **31** ch 38,90/64,20 – ½ P 55/59.

♦ Ce plaisant hôtel familial abrite des chambres montagnardes, plus au calme côté forêt.
Bar-salon, billard et jardin... sous les aiguilles de Chamonix ! Salle à manger rustique et
agréable terrasse. La cuisine, traditionnelle, prend des accents du terroir.

Savoyarde ⤳, 28 rte Moussoux ℰ 04 50 53 00 77, *lasavoyarde@wanadoo.fr,*
Fax 04 50 55 86 82, ≤, ⾕, ⾕ – ▯ ▭ ▭ AZ s
fermé 10 au 27 mai et 21 nov. au 16 déc. – **Repas** *(fermé mardi midi et jeudi midi)* 16/31,
enf. 7,20 ℤ – ⌷ 7 – **14 ch** 96/126 – ½ P 85.

♦ Coquette maison chamoniarde du 19e s. située à 50 m du téléphérique du Brévent.
Chambres simples, lambrissées, parfois mansardées ou agrandies d'une mezzanine.
Les salles à manger bénéficient d'une jolie vue ; recettes traditionnelles dans la note
régionale.

Croix Blanche, 87 r. Vallot ℰ 04 50 53 00 11, *croix-blanche@chamonixhotels.com,*
Fax 04 50 53 48 83, ≤, ⾕ – ▯ ▭ ▭ – ▯ 20. ▭ ▭ ▭ ▭ AX x
fermé 9 mai au 17 juin – *L'M* brasserie **Repas** 19/24, enf. 6,50 ℤ – ⌷ 10 – **35 ch** 72/108.

♦ À deux pas de la Maison de la Montagne où se trouve le célèbre bureau des guides.
Demandez une chambre rénovée, agrémentée d'un mobilier de style et de tissus colorés.
L'M, brasserie conviviale de Chamonix, a opté pour un décor tout bois typiquement
savoyard.

Atmosphère, 123 pl. Balmat ℰ 04 50 55 97 97, *infos@restaurant-atmosphere.com,*
Fax 04 50 53 38 96 – ▭. ▭ ▭ ▭ ▭ AY n
Repas *(18)* · 20/28 ℤ ⾕.

♦ Décor montagnard, véranda surplombant l'Arve, tables serrées, carte des vins très
étoffée, cuisine traditionnelle et spécialités régionales : un restaurant d'atmosphère !

Maison Carrier, 44 rte du Bouchet ℰ 04 50 53 00 03, *infos@hameaualbert.fr,*
Fax 04 50 55 95 48, ⾕ – ▯ ▭ ▭ ▭ AX r
fermé 1er au 15 juin, mi-nov. à mi-déc. et lundi sauf juil.-août et fériés – **Repas** *(22)* · 26/39,
enf. 13.

♦ Salle des guides, vertigineuse cheminée, etc. : un intérieur savoyard typique pour cette
jolie ferme reconstituée avec de vieux bois de chalets d'alpage. Cuisine du terroir.

Panier des Quatre Saisons, 24 galerie Blanc-Neige, r. Paccard ℰ 04 50 53 98 77, *lepa*
nierdes4saisons@hotmail.com, Fax 04 50 53 98 77 – ▭ ▭ AY x
fermé 10 mai au 3 juin, 15 nov. au 6 déc., jeudi midi et merc. – **Repas** 22,50/35,50, enf. 9 ℤ.

♦ Caché dans un étroit passage, ce restaurant est une sympathique bonbonnière au cadre
champêtre : fleurs séchées, paniers et tons pastel. Cuisine évoluant au gré des saisons.

aux Praz-de-Chamonix *Nord : 2,5 km* – ✉ *74400 Chamonix.*

Voir *La Flégère* ≤⋆⋆ *par téléphérique* **BZ.**

Labrador sans rest, au golf ℰ 04 50 55 90 09, *info@hotel-labrador.com,*
Fax 04 50 53 15 85, ≤ Mont-Blanc et golf, ⾕ – ▯ ▭ – ▯ 25. ▭ ▭ ▭ ▭ BZ h
fermé 23 au 30 avril et 10 oct. au 18 déc. – ⌷ 9 – **32 ch** 130/186.

♦ Vaste chalet coiffé d'un toit gazonné, inspiré de l'architecture scandinave. Chambres
lambrissées, toutes orientées vers le golf. Équipements de loisirs complets.

L'Eden, ℰ 04 50 53 18 43, *relax@hoteleden-chamonix.com, Fax 04 50 53 51 50,* ≤, ⾕ –
▭ ▭ ▭ ▭ BZ e
fermé 7 au 30 nov. – **Repas** (dîner seul.) 27/73 ℤ – ⌷ 9 – **14 ch** 82/175 – ½ P 85/109.

♦ Dans une pimpante maison centenaire. Chambres bien équipées ; quelques-unes,
plus spacieuses, accueillent les familles. Salon à la mode nordique. Confortable
restaurant, véranda lambrissée et agréable terrasse d'été. Carte traditionnelle et menu
végétarien.

🏠 **Les Lanchers,** 1459 rte des Praz *ℰ* 04 50 53 47 19, *vacances@hotel-lanchers-chamonix.c om, Fax 04 50 53 66 14*, ≤, 🍴 – 🆟. ⌷ 𝐆𝐁   BZ b
fermé 14 mai au 4 juin et 12 nov. au 10 déc. – **Repas** *(fermé lundi)* 16/23 ♀ – 🖙 7 – **11 ch** 65/71 – ½ P 56/62.
  • Derrière cette façade égayée de fresques colorées, vous trouverez des chambres simples et fraîches, et un bar fréquenté par la clientèle locale. Salle à manger-véranda meublée dans le style bistrot ; plats savoyards et choix d'omelettes.

✗✗ **Cabane,** au golf *ℰ* 04 50 53 23 27, *Fax 04 50 53 15 85*, ≤, 🍴 – 🆟. 🆎 ⓞ 𝐆𝐁   BZ v
fermé 1er au 15 mai, 5 nov. au 15 déc. et mardi du 15 déc. au 1er mai – **Repas** 25,50/43 ♀.
  • Cette avenante "cabane" en rondins accueille davantage de golfeurs que de coureurs des bois ! Belle charpente, mise en place soignée et convivialité assurée. Plats classiques.

aux Bois *Nord : 3,5 km* – ✉ *74400 Chamonix-Mt-Blanc :*

✗ **Sarpé,** *ℰ* 04 50 53 29 31, *Fax 04 50 55 81 94*, 🍴 – 🆟. 𝐆𝐁   BZ n
fermé 23 mai au 18 juin, 1er oct. au 4 déc., lundi et le midi sauf vacances scolaires – **Repas** 20/42.
  • Cet ancien atelier de menuiserie est devenu une adresse appréciée : on s'y réunit entre amis, dans un cadre rustique et une ambiance savoyarde, autour de plats régionaux.

au Lavancher *par* ①, *N 506 et rte secondaire : 6 km* – *Sports d'hiver : voir à Chamonix* – ✉ *74400 Chamonix.*

Voir ≤★★.

🏩 **Jeu de Paume** ≫, 705 rte Chapeau *ℰ* 04 50 54 03 76, *jeu-de-paume-chamonix@wana doo.fr, Fax 04 50 54 10 75*, ≤, 🍴, 🞐, 🐾, ✗ – 🛗 ⌷ ♥ 𝐏 – 🅐 40. 🆎 ⓞ 𝐆𝐁 𝐉𝐂𝐁. ✦ rest
15 juin-15 sept., 12 déc.-9 mai et fermé mardi midi et merc. midi – **Repas** 38/62 ♀ – 🖙 12 – **23 ch** 148/230 – ½ P 118/159.
  • Bois omniprésent et meubles chinés chez les antiquaires composent le cadre raffiné de ce chalet traditionnel situé au pied de l'aiguille Verte. Agréable espace de détente. Élégant restaurant : lambris cirés, mobilier et objets anciens. Cuisine classique.

🏠 **Beausoleil** ≫, *ℰ* 04 50 54 00 78, *hotel.beausoleil@libertysurf.fr, Fax 04 50 54 17 34*, ≤, 🍴, 🐾, ✗ – ⌷ ♥ 𝐏. 🆎 ⓞ 𝐆𝐁 𝐉𝐂𝐁. ✦ rest
fermé 10 au 19 mai et 19 sept. au 20 déc. – **Repas** *(fermé à midi du 20 déc. au 20 juin et jeudi midi en été)* 12,50/26, enf. 9 ⅄ – 🖙 8,50 – **15 ch** 82/92 – ½ P 64/69.
  • Ce chalet familial dispose d'une jolie façade ouvragée et de plaisantes petites chambres habillées de bois. En été, agréable jardin fleuri. Pimpant restaurant panoramique et belle terrasse ; cuisine traditionnelle, spécialités fromagères et pierrades.

aux Bossons *Sud : 3,5 km* – *alt. 1005* – ✉ *74400 :*

🏨 **Aiguille du Midi,** *ℰ* 04 50 53 00 65, *hotel-aiguille-du-midi@wanadoo.fr, Fax 04 50 55 93 69*, ≤, 🍴, 🏊, 🞐, ✗, 🐾 – 🛗 ⌷ ♥ 𝐏. – 🅐 20. 🆎 𝐆𝐁. ✦ rest   AZ n
20 mai-20 sept. et 20 déc.-12 avril – **Repas** 21/42, enf. 13 ♀ – 🖙 12 – **40 ch** 68,50/78,50 – ½ P 67,50/76,50.
  • Des fresques à la mode tyrolienne égayent l'extérieur de cet hôtel bâti en 1908. Plaisant parc face au glacier des Bossons. Bons équipements de loisirs. Le restaurant, en rotonde, est frais et accueillant. Jolie terrasse donnant sur le jardin. Carte classique.

à Planpraz *par télécabine* – ✉ *74400 :*

✗ **Bergerie de Planpraz,** *ℰ* 04 50 53 05 42, *bergerie.planpraz@wanadoo.fr, Fax 04 50 53 93 40*, ≤ Mont-Blanc et aiguilles, 🍴 – 🆎 𝐆𝐁 𝐉𝐂𝐁. ✦   AZ m
mi-juin-fin-sept. et mi-déc.-fin avril – **Repas** *(déj. seul.)* 33,50/46, enf. 9 ♀.
  • Ce beau chalet d'altitude occupe une situation en nid d'aigle, face à la chaîne du Mont-Blanc. Intérieur rustique, terrasse panoramique et goûteuse cuisine régionale.

CHAMOUILLE *02 Aisne* 𝟑𝟎𝟔 *D6* – *rattaché à Laon.*

CHAMOUSSET *73390 Savoie* 𝟑𝟑𝟑 *K4* – *383 h alt. 215.*
Paris 588 – *Albertville 26* – *Allevard 25* – *Chambéry 28* – *Grenoble 61.*

🏡 **Christin,** *ℰ* 04 79 36 42 06, *Fax 04 79 36 45 43*, 🐾 – ▦ rest, ⌷ ♥ 𝐏. 𝐆𝐁. ✦ rest
fermé 25 août au 10 sept., 2 au 10 janv., dim. soir et lundi – **Repas** 11 *(déj.)*, 14/32 ♀ – 🖙 6,10 – **16 ch** 38/49 – ½ P 40.
  • Près d'une voie ferrée peu fréquentée et du confluent de l'Arc et de l'Isère. Chambres réparties dans deux pavillons s'ouvrant sur un vaste et beau jardin. Cuisine traditionnelle réalisée avec les produits du potager, cadre rustique et ambiance familiale.

CHAMPAGNAC-DE-BELAIR *24 Dordogne* 𝟑𝟐𝟗 *F3* – *rattaché à Brantôme.*

CHAMPAGNEUX *73 Savoie* 𝟑𝟑𝟑 *G4* – *rattaché à St-Génix-sur-Guiers.*

CHAMPAGNEY 70 H.-Saône **314** I6 – rattaché à Ronchamp.

CHAMPAGNOLE 39300 Jura **321** F6 G. Jura – 8 616 h alt. 541.

Voir *Musée archéologique : plaques-boucles*★ **M.**

🛈 Office de tourisme, rue Baronne Delort 🛱 03 84 52 43 67, Fax 03 84 52 54 57, info@tourisme.champagnole.com.

Paris 420 – Besançon 66 – Dole 68 – Genève 86 – Lons-le-Saunier 34.

🏨 **Bois Dormant** ⌖, rte Pontarlier : 1,5 km 🛱 03 84 52 66 66, hotel@bois-dormant.com, Fax 03 84 52 66 67, 🍽, ⌖, 🐾 – 📺 ✔ & 🄿 – 🔏 50 à 60. ☑
Repas 15/37, enf. 12 ⵣ – ⵧ 9 – **40 ch** 49/65 – ½ P 48/50.
◆ Jouxtant le parc forestier, construction récente coiffée d'une solide charpente en sapin. Chambres spacieuses et confortables. La grande salle à manger-véranda offre un décor moderne. Paisible terrasse. Carte traditionnelle, plats de brasserie et vins du Jura.

🏨 **Grand Hôtel Ripotot**, 54 r. Mar. Foch 🛱 03 84 52 15 45, Fax 03 84 52 09 11, 🍽, ⌖ – 📶 📺 🄿 ☑
1er avril-30 oct. – **Repas** 23/36,50 ⵣ – ⵧ 7 – **35 ch** 48/54 – ½ P 44/46.
◆ Atmosphère "vieille France" dans cette hôtellerie jurassienne tenue par la même famille depuis 1875. Les chambres, spacieuses, profitent du silence du parc. Le restaurant (non-fumeurs) est gentiment "rétro" et agrémenté de vitraux Belle Époque.

rte de Genève Sud : 8 km – ✉ 39300 Champagnole :

🍽🍽 **Auberge des Gourmets** avec ch, sur N 5 🛱 03 84 51 60 60, Fax 03 84 51 62 83, 🍽, ⌖, 🐾 – 📺 🄿 🆎 ⓪ ☑
🐾 fermé 20 déc. au 31 janv., dim. soir et lundi midi hors saison – **Repas** 15/48, enf. 10 ⵣ – ⵧ 7,50 – **7 ch** 62/65 – ½ P 62.
◆ Restaurant au décor bourgeois ou cadre plus simple façon winstub, mais une seule cuisine, goûteuse et traditionnelle. Préférez les chambres côté terrasse, mieux insonorisées.

CHAMPAGNY-EN-VANOISE 73350 Savoie **333** N5 G. Alpes du Nord – 585 h alt. 1240.

Voir *Retable*★ *dans l'église* – *Télécabine de Champagny*★ : ≤★ – *Champagny-le-Haut*★★.

🛈 Office de tourisme, Le Centre 🛱 04 79 55 06 55, Fax 04 79 55 04 66, info@champagny.com.

Paris 625 – Albertville 44 – Chambéry 94 – Moûtiers 19.

🏨 **L'Ancolie** ⌖, 🛱 04 79 55 05 00, contact@hotel-ancolie.com, Fax 04 79 55 04 42, ≤, 🍽, 🛁, ⌖ – 📶 📺 ✔ &. ☑ 🍽 rest
26 juin-5 sept. et 20 déc.-14 avril – **Repas** 19 – **31 ch** (½ pens. seul.) – ½ P 81.
◆ La fleur d'altitude a prêté son nom à cet hôtel perché sur les hauteurs d'un authentique village-station. La majorité des chambres est décorée à la savoyarde et ouvre plein Sud. Salle à manger à l'ambiance montagnarde ; cuisine régionale simple.

🏨 **Les Glières** ⌖, 🛱 04 79 55 05 52, accueil@hotel-glieres.com, Fax 04 79 55 04 84, ≤, 🍽 – 📺. ☑
19 juin-11 sept. et 20 déc.-18 avril – **Repas** (15) - 18/25, enf. 7,50 ⵣ – ⵧ 9 – **20 ch** 66/90 – ½ P 66/71.
◆ Ce chalet récent jouit d'un environnement paisible tout en étant proche du centre du bourg. Chambres simples, rafraîchies par étapes, salon-cheminée, sauna et salle de jeux. Restaurant rustique et terrasse orientée plein Sud ; recettes typiquement savoyardes.

CHAMPCEVINEL 24 Dordogne **329** F4 – rattaché à Périgueux.

CHAMPEAUX 50530 Manche **303** C7 – 320 h alt. 80.

🛈 Syndicat d'initiative, L'Epine 🛱 02 33 61 29 18.

Paris 353 – St-Malo 85 – Avranches 19 – Granville 17 – St-Lô 69.

🍽🍽 **Marquis de Tombelaine et H. les Hermelles** ⌖ avec ch, sur D 911 🛱 02 33 61 85 94, claude.giard@wanadoo.fr, Fax 02 33 61 21 52, ≤, 🍽, 🐾 – 📺 🄿 ☑
fermé 22 au 26 nov., 5 au 30 janv., mardi soir et merc. – **Repas** 19,80/59,60, enf. 9,20 🍷 – ⵧ 7 – **6 ch** 48/54 – ½ P 56,50/59,50.
◆ Produits de la mer et du terroir se rejoignent dans les assiettes de ce restaurant juché sur la falaise en face du Mont-St-Michel. Chambres avec vue sur la célèbre baie.

CHAMPEIX 63320 P.-de-D. **326** F9 G. Auvergne – 1 135 h alt. 456.

Env. *Église de St-Saturnin*★★ N : 10 km.

🛈 Syndicat d'initiative, place du Pré 🛱 04 73 96 26 73.

Paris 440 – Clermont-Ferrand 30 – Condat 49 – Issoire 14 – Le Mont-Dore 35 – Thiers 63.

✗ **Promenade,** ℰ 04 73 96 70 24, h.r.lapromenade@wanadoo.fr, Fax 04 73 96 71 76 – 🆑 🖇 GB

fermé oct., mardi soir, jeudi soir et merc. sauf juil.-août – **Repas** 12,50/30, enf. 7,50.
♦ Le charme d'une auberge de village au cadre rustique patiné par le temps. Ambiance toute locale s'accordant à une cuisine traditionnelle fleurant bon l'Auvergne.

CHAMPENOUX 54280 M.-et-M. ᠍᠍307 J6 – 1 124 h alt. 234.
Paris 332 – Nancy 20 – Château-Salins 18 – Pont-à-Mousson 40 – St-Avold 61.

🏠 **La Lorette,** ℰ 03 83 39 91 91, la.lorette@wanadoo.fr, Fax 03 83 31 71 04, 佘 – 🔟 ❤ 🕭 🄿 – 🛕 15. 🆑 ◉ GB
fermé 28 juil. au 25 août et 14 au 23 fév. – **Repas** (fermé sam. midi, dim. soir et lundi) (10) - 17/33, enf. 8,50 ⵚ – ⵥ 6 – **10 ch** 48 – ½ P 47/55.
♦ L'enseigne évoque les haies de laurier qui entouraient jadis le verger familial voisin de cet ancien corps de ferme converti en hôtellerie. Chambres fonctionnelles et calmes. Deux salles à manger, dont une en véranda ; carte traditionnelle.

CHAMPILLON 51 Marne ᠍᠍306 F8 – rattaché à Épernay.

CHAMPS-SUR-TARENTAINE 15270 Cantal ᠍᠍330 D2 – 1 044 h alt. 450.
Env. Gorges de la Rhue★★ SE : 9 km, G. Auvergne.
🛈 Office de tourisme ℰ 04 71 78 72 75, Fax 04 71 78 75 09.
Paris 500 – Aurillac 90 – Clermont-Ferrand 82 – Condat 24 – Mauriac 38 – Ussel 36.

🏠 **Auberge du Vieux Chêne** ﹅, 34 rte Lacs ℰ 04 71 78 71 64, danielle.moins@wanadoo .fr, Fax 04 71 78 70 88, 佘, 🐎 – 🔟 🄿 ◉ GB
1er avril-1er nov. et fermé dim. et lundi sauf du 15 juin au 15 sept. – **Repas** (dîner seul) 22/30 ⵚ – ⵥ 8,50 – **15 ch** 57/80 – ½ P 56/65.
♦ Délicieuse étape champêtre dans une authentique ferme du 19e s. Chambres coquettes et chaleureuses, propices à un séjour empreint de quiétude. L'ex-grange a été soigneusement aménagée en salle à manger campagnarde. Terrasse bucolique face au joli jardin.

CHAMPS-SUR-YONNE 89 Yonne ᠍᠍319 E5 – rattaché à Auxerre.

CHAMPTOCEAUX 49270 M.-et-L. ᠍᠍317 B4 G. Châteaux de la Loire – 1 748 h alt. 68.
Voir Site★ – Promenade de Champalud★★.
🛅 de l'Ile d'Or à La Varenne ℰ 02 40 98 58 00, O : 5 km par D 751.
🛈 Office de tourisme, Maison du Champalud ℰ 02 40 83 57 49, champtoceaux.ot@wana doo.fr.
Paris 357 – Nantes 32 – Ancenis 9 – Angers 65 – Beaupréau 30 – Cholet 50 – Clisson 35.

🏠 **Champalud,** pl. de l'église ℰ 02 40 83 50 09, le-champalud@wanadoo.fr, 🖇 Fax 02 40 83 53 81 – 📶 ✁ 🔟 ❤ 🕭 GB
Repas (fermé dim. soir d'oct. à Pâques) (11,50) - 14,60/36,40, enf. 7,50 ⵚ – ⵥ 7 – **13 ch** 45/64, 7 suites – ½ P 43/65.
♦ Poutres apparentes et vieilles pierres se fondent habilement dans le décor actuel de cette maison rénovée située face à l'église. Chambres toutes refaites, bien équipées. Restaurant au joli cachet rustique ; cuisine traditionnelle orientée terroir. Bar-pub.

ХХХ **Les Jardins de la Forge** (Pauvert) ﹅, avec ch, pl. Piliers ℰ 02 40 83 56 23, contact@jar ✿ dins-de-la-forge.com, Fax 02 40 83 59 80, 🝳, 🐎 – ▤ ch, 🔟 ❤ 🕭 ⟻, 🆑 ◉ GB, ✾ ch
fermé 1er au 17 mars et 4 au 20 oct. – **Repas** (fermé dim. soir, lundi et mardi) (week-end prévenir) 32/78 et carte 55 à 70 ⵚ – ⵥ 14 – **7 ch** 95/165.
♦ Aménagé dans les murs de la forge familiale, ce restaurant jouit d'une échappée sur les ruines du château. Cuisine personnalisée. Belles chambres contemporaines.
Spéc. Darne d'alose poêlée au beurre d'oseille (mars à mai). Dos de sandre de Loire doré sur peau à la mimosa d'huîtres (sept. à avril). Pigeonneau "royal" sauce morille et jus de truffe.
Vins Muscadet sur lie, Anjou-Villages.

CHAMPTOCÉ-SUR-LOIRE 49123 M.-et-L. ᠍᠍317 D4 G. Châteaux de la Loire – 1 533 h alt. 17.
🛈 Syndicat d'initiative ℰ 02 41 39 91 80, Fax 02 41 39 95 89.
Paris 320 – Angers 27 – Châteaubriant 60 – Cholet 54 – Nantes 74.

🍴 **Cheval Blanc,** 1 r. Gilles de Rais ℰ 02 41 39 91 81, Fax 02 41 39 98 67 – 🔟 🄿 GB 🖇 fermé 1er au 15 mars, 15 au 30 sept., vend. soir, dim. soir et sam. hors saison – **Repas** (8,40) - 13/31,30, enf. 6,90 ⵚ – ⵥ 5,90 – **12 ch** 29/58 – ½ P 39,70.
♦ À deux tours de roue du château de Gilles de Rais, maison de style ligérien tenue par la même famille depuis trois générations. Chambres simples mais bien entretenues. Salle à manger garnie de meubles "seventies" et cuisine traditionnelle. Accueil familial.

CHAMPVANS-LES-MOULINS 25 Doubs **321** F3 – *rattaché à Besançon*.

CHAMROUSSE 38 *Isère* **333** I7 *G. Alpes du Nord* – 518 h alt. 1650 – *Sports d'hiver : 1 350/2 250 m* ⚡ *1* ⚡ *25* 🎿 – ✉ *38410 Uriage*.
Voir *Réserve naturelle de Luitel★* – *Fôret de Prémol★*.
Env. *Croix de Chamrousse★★ : ⁂★★ par téléphérique*.
🛈 Office de tourisme, 24 place de Belledonne ℘ 04 76 89 92 65, Fax 04 76 89 98 06, infos@chamrousse.com.
Paris 595 – Grenoble 30 – Allevard 56 – Chambéry 72 – Uriage-les-Bains 19 – Vizille 26.

✗ **L'Écureuil**, au Recoin ℘ 04 76 89 90 13, Fax 04 76 89 90 13, 🏠 – ⬛ 🆖
🍴 *fermé 1er mai au 1er juil.* – **Repas** 13/25 �.
 ♦ Cadre typiquement montagnard au pied du téléphérique : la salle à manger est décorée d'animaux naturalisés illustrant la faune de la chaîne de Belledonne. Plats régionaux.

CHANAS 38150 *Isère* **333** B6 – 1 931 h alt. 150.
Paris 512 – Grenoble 89 – Lyon 57 – St-Étienne 75 – Valence 51.

🏨 **Halte OK**, à l'échangeur A 7 ℘ 04 74 84 27 50, hotelhalteok@wanadoo.fr, Fax 04 74 84 36 61, 🏠, ✗ – 📶 ≡ 📺 📞 👶 🅿 – 🕸 15 à 50. 🆎 ⓞ 🆖
fermé 21 déc. au 4 janv. – **Repas** 17/23,50 ♦ – ☕ 6,50 – **45 ch** 49/57.
 ♦ Pour une étape sur la route des vacances, hôtel disposant de chambres avant tout pratiques, pourvues d'une bonne isolation phonique. Bar-salon agrémenté d'un aquarium. Lumineux restaurant agrémenté de claustras et de plantes vertes ; cuisine traditionnelle.

Nos guides hôteliers, nos guides touristiques et nos cartes routières sont complémentaires. Utilisez-les ensemble.

CHANCELADE 24 Dordogne **329** E4 – *rattaché à Périgueux*.

CHANDAI 61300 *Orne* **310** N2 – 532 h alt. 200.
Paris 129 – L'Aigle 10 – Alençon 72 – Chartres 71 – Dreux 53 – Évreux 57 – Lisieux 66.

✗✗ **L'Écuyer Normand**, N 26 ℘ 02 33 24 08 54, Fax 02 33 24 08 54 – 🆎 ⓞ 🆖 🆃🆑🅱
fermé merc. soir, dim. soir et lundi – **Repas** 22/35.
 ♦ Bibelots et tableaux sur le thème du cheval, poutres, mobilier rustique et cheminée font le cachet de cette auberge normande. Cuisine classique sensible au rythme des saisons.

CHANDOLAS 07230 *Ardèche* **331** H7 – 342 h alt. 115.
Paris 662 – Alès 43 – Aubenas 34 – Privas 66.

🏨 **Auberge Les Murets** ⚐, quartier Langarnayre ℘ 04 75 39 08 32, dominique.rignanese
@wanadoo.fr, Fax 04 75 39 39 90, 🏠, ⬛, 🐾 – ≡ 📺 🅿. 🆎 ⓞ 🆖, 🐾 ch
fermé 22 nov. au 10 déc., 2 janv. au 6 fév., lundi et mardi du 15 oct. au 30 mars – **Repas** 15,50/32 ♦ – ☕ 6 – **7 ch** 54 – ½ P 47.
 ♦ Ferme cévenole du 18e s. entourée d'un parc ouvert sur la campagne environnante. Pimpantes et agréables chambres meublées en rotin. Restaurant aménagé dans une cave voûtée ancienne. Un mûrier plus que centenaire procure un bel ombrage à la jolie terrasse.

CHANGÉ 53 Mayenne **310** E6 – *rattaché à Laval*.

CHANTELLE 03140 *Allier* **326** F5 *G. Auvergne* – 1 040 h alt. 324.
🛈 Office de tourisme, place de la mairie ℘ 04 70 56 62 37, Fax 04 70 56 62 37.
Paris 339 – Gannat 17 – Montluçon 61 – Moulins 47 – St-Pourçain-sur-Sioule 15.

🍴 **Poste**, ℘ 04 70 56 62 12, 🏠 – 🅿. 🆖
🍴 *fermé 21 sept. au 15 oct., 12 fév. au 2 mars et merc.* – **Repas** *(8,20)* -14/28, enf. 7 ♦ – ☕ 4,70 – **11 ch** 36/40 – ½ P 30,50/33.
 ♦ Cet ancien relais de poste propose des chambres modestes mais bien tenues, dotées d'un mobilier éclectique à dominante rustique. Sobre salle à manger champêtre et charmante cour-terrasse arborée ; petits plats traditionnels. Accueil familial.

CHANTEMERLE 05 H.-Alpes **334** H3 – *rattaché à Serre-Chevalier*.

CHANTEPIE 35 I.-et-V. **309** M6 – *rattaché à Rennes*.

CHANTILLY 60500 Oise 305 F5 *G. Île de France* – 10 902 h alt. 59.

Voir *Château*★★★ – *Parc*★★ – *Grandes Écuries*★★ : musée vivant du Cheval★★ – *L'Aérophile*★ (vol en ballon captif) : ≤★.

Env. *Site*★ du château de la Reine-Blanche S : 5,5 km.

₁₈ Dolce Chantilly à Vineuil-St-Firmin ℘ 03 44 58 47 74, par ① : 3 km ; ₁₈ à Apremont ℘ 03 44 25 61 11, N ; ₂₇ Les Golfs de Mont-Griffon à Luzarches ℘ 01 34 68 10 10, S : 11 km par N 16.

🛈 Office de tourisme, 60 avenue du Maréchal Joffre ℘ 03 44 67 37 37, Fax 03 44 67 37 37, office@chantilly-tourisme.com.

Paris 51 ② – Compiègne 44 ① – Beauvais 55 ⑤ – Meaux 53 ② – Pontoise 41 ④.

CHANTILLY

Berteux (Av. de) .... **A** 2	Condé (Av. de) .... **B** 6	Libération Maurice Schumann
Canardière (Quai de la) ..... **A** 3	Connétable (R. du) .... **AB**	(Bd de la) .... **A** 18
Cascades (R. des) .... **A** 4	Embarcadère (R. de l') ..... **A** 8	Orgemont (R. d') .... **A** 15
Chantilly (R. de) .... **B** 5	Faisanderie (R. de la) ..... **B** 9	Paris (R. de) .... **A** 16
	Joffre (Av. du Mar.) .... **A**	Vallon (Pl. Omer) .... **A** 21
	Leclerc (Av. du Gén.) ...... **A** 12	Victor-Hugo (R.) .... **A** 22

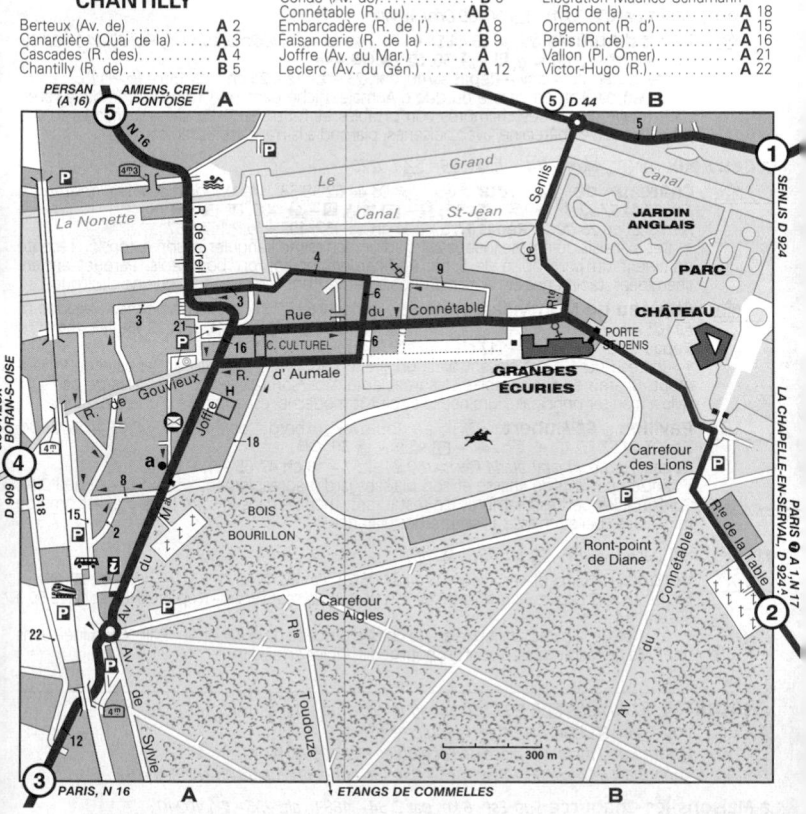

🏨 **Parc** sans rest, 36 av. Mar. Joffre ℘ 03 44 58 20 00, bwhotelduparc@aol.com, Fax 03 44 57 31 10, 🌳 – ⇄ ⅍ 🖵 ❖ 🅰🅴 ⓘ 🄶🄱   **A a**
☕ 11 – **57 ch** 78/112.
* Hôtel récent aux chambres assez spacieuses, claires et fonctionnelles, bénéficiant parfois d'une terrasse ; les plus calmes sont tournées vers le jardin. Bar anglais.

rte d'Apremont par ① et D 606 :

🏨🏨 **Dolce Chantilly** 🌳, à 3 km ⊠ 60500 Vineuil-St-Firmin ℘ 03 44 58 47 77, dolcechantilly @wanadoo.fr, Fax 03 44 58 50 11, ≤, 🎿, 🛝, 🏊, 🏊 – ⇄ ⅍ 🕶 ch, 🖵 ❖ ⅍ 🅿 – 🔏 300. 🅰🅴 ⓘ 🄶🄱 🄹🄲🄱
Carmontelle (fermé lundi midi et sam.) **Repas** 40 bc(déj.),55 bc/99 bc, enf. 23 ℤ – **L'Étoile** (dîner seul.) **Repas** 39 bc/50 bc, enf. 23 ℤ – ☕ 16 – **200 ch** 226/438, 4 suites.
* Complexe hôtelier bâti sur un golf. Mobilier "rétro" dans des chambres lumineuses, parfois dotées d'une loggia. Beau fitness et agréable piscine couverte. Registre culinaire classique au Carmontelle. À l'Étoile, la carte évolue au gré des saisons.

XX **Tour d'Apremont,** au golf d'Apremont, 7 km ⊠ 60300 Apremont ℰ 03 44 25 61 11, *go lf.apremont@free.fr, Fax 03 44 25 11 72,* ≤, 🍽 – **P.** 🖭 ⚊ ᴶᶜᴮ, ✦
fermé lundi – **Repas** *(déj. seul.)* carte 32 à 52.
✦ Entourée de bois, cette bâtisse blanche vous accueille dans une élégante salle à manger largement ouverte sur le parcours de golf. Cuisine traditionnelle.

XX **Auberge La Grange aux Loups** ⌂ avec ch, à Apremont, 6 km ⊠ 60300 Apremont ℰ 03 44 25 33 79, *lagrangeauxloups@wanadoo.fr, Fax 03 44 24 22 22,* 🍽, 🌳 – 📺 ℂ. 🖭 ⚊ ᴶᶜᴮ
Repas *(fermé sam. midi, dim. soir et lundi)* 25/61 bc 🍷 – ⊑ 10 – **4 ch** 75.
✦ Entrez sans crainte, les loups ont disparu ! Repas servis dans la salle à manger champêtre ou, en été, sur la terrasse. Quatre chambres coquettes dans une dépendance.

à Montgrésin *par* ② *: 5 km* – ⊠ *60560 Orry-la-Ville :*

🏛 **Relais d'Aumale** ⌂, ℰ 03 44 54 61 31, *relaisd.aumale@wanadoo.fr, Fax 03 44 54 69 15,* 🍽, 🌳, ✦ – 🚲 📺 ℂ ᴗ **P.** – ⚙ 30. 🖭 ⓪ ⚊ ᴶᶜᴮ
fermé 22 déc. au 4 janv. – **Repas** 36/40, enf. 23 – ⊑ 12 – **24 ch** 112/136 – ½ P 115.
✦ Ancien pavillon de chasse du duc d'Aumale, niché dans un jardin à l'orée de la forêt. L'aile neuve abrite des chambres confortables et feutrées. Deux salles à manger : l'une actuelle, l'autre châtelaine, avec boiseries, plafond à la française et tableaux.

à Gouvieux *par* ④ *: 4 km* – *9 406 h. alt. 26* – ⊠ *60270 :*

🏛 **Château de la Tour** ⌂, ℰ 03 44 62 38 38, *reception@lechateaudelatour.fr, Fax 03 44 57 31 97,* ≤, 🍽, ⌂, ✦, ⚐ – 📺 ℂ ᴗ **P.** – ⚙ 100. 🖭 ⓪ ⚊ ᴶᶜᴮ
fermé 21 au 28 déc. – **Repas** 37/57 – **41 ch** ⊑ 157/197 – ½ P 117/137.
✦ Cet ex-relais de chasse (début 20e s.) d'un richissime banquier et son extension récente dominent un parc boisé de 5 ha. Raffinement et confort bourgeois. Parquet ancien, cheminées, tapisseries et hauts plafonds agrémentent le restaurant ; cuisine classique.

🏛 **Château de Montvillargenne** ⌂, ℰ 03 44 62 37 37, *montvillargenne@wanadoo.fr, Fax 03 44 57 28 97,* ≤, 🍽, 🄵🅢, ⌂, ✦, ⚐ – 🚲 ✦ 📺 ℂ ᴗ **P.** – ⚙ 180. 🖭 ⓪ ⚊ ᴶᶜᴮ
Repas 35/67 🍷 – ⊑ 16 – **117 ch** 160/300, 3 duplex – ½ P 125/195.
✦ Château du 19e s. s'élevant dans un grand parc entre Chantilly et l'abbaye de Royaumont. Chambres confortables et agréablement personnalisées ; belles salles de bains. La salle à manger principale, lumineuse et plutôt moderne, est agrandie d'une mezzanine.

🏠 **Pavillon St-Hubert** ⌂, à Toutevoie, bord de l'Oise ℰ 03 44 57 07 04, *Fax 03 44 57 75 42,* ≤, 🍽, 🌳 – 📺 ℂ **P.** – ⚙ 30. ⚊
Repas *(fermé 11 janv. au 11 fév.)* 24/30 🍷 – ⊑ 7 – **18 ch** 47/65 – ½ P 62/69.
✦ Ancien pavillon de chasse et son plaisant jardin agréablement situé au bord de l'Oise. Confortables petites chambres. Le restaurant, meublé dans le style Louis XIII, est orné de massacres ; belle terrasse à l'ombre des platanes.

rte de Creil *par* ⑤ *: 4 km* – ⊠ *60740 St-Maximin :*

XXX **Verbois,** N 16, rd-pt Verbois ℰ 03 44 24 06 22, *Fax 03 44 25 76 63,* 🍽, 🌳 – **P.** 🖭 ⚊
fermé 16 au 31 août, 5 au 19 janv., dim. soir et lundi sauf fériés – **Repas** 29/50 et carte 50 à 65, enf. 14.
✦ À l'orée de la forêt, ancien relais de chasse précédé d'un joli jardin. Belle cheminée dans une salle de restaurant au confort bourgeois. Gibier en saison.

CHAOURCE 10210 Aube 🄰🄱🄱 E5 *G. Champagne Ardenne* – *1 092 h alt. 150.*
Voir *Église St-Jean-Baptiste*★ : *sépulcre*★★.
🄱 *Syndicat d'initiative, place de l'échiquier* ℰ 03 25 40 97 22.
Paris 196 – *Auxerre 66* – *Troyes 33* – *Bar-sur-Aube 58* – *Châtillon-sur-Seine 52.*

à Maisons-lès-Chaource *Sud-Est : 6 km par D 34* – *188 h. alt. 235* – ⊠ *10210 :*

🏨 **Aux Maisons,** ℰ 03 25 70 07 19, *accueil@logis-aux-maisons.com, Fax 03 25 70 07 75,* 🍽, ⌂ – 📺 **P.** 🖭 ⚊
Repas *(fermé dim. soir d'oct. à mars)* 22/38, enf. 11 🍷 – ⊑ 8 – **19 ch** 53/63 – ½ P 59/69.
✦ Ferme champenoise agrandie de deux bâtiments récents. Confortables chambres garnies d'un mobilier de style rustique et mansardées au dernier étage. Bonne insonorisation. Salle à manger d'esprit campagnard ; terrasse d'été dressée au bord de la piscine.

CHAPARON 74 H.-Savoie 🄷🄷🄸 K6 – *rattaché à Bredannaz.*

Ecrivez-nous...
Vos louanges comme vos critiques seront examinées avec le plus grand soin.
Nous reverrons sur place les informations que vous nous signalez.
Par avance merci !

La CHAPELLE-AUX-CHASSES 03230 Allier 326 I2 – 216 h alt. 225.

Paris 294 – Moulins 21 – Bourbon-Lancy 22 – Decize 25 – Digoin 50.

✕ **Auberge de la Chapelle aux Chasses**, ℘ 04 70 43 44 71, *aubergechapelle@aol.com*, ⌃ – ⲅⲃ

fermé vacances de Toussaint, de fév., mardi et merc. sauf fériés – **Repas** (nombre de couverts limité, prévenir) 18/35 ⨍.

♦ Appétissante cuisine traditionnelle évoluant au gré des saisons servie dans un sobre cadre d'inspiration rustique. Tables bien dressées et accueil sympathique.

La CHAPELLE-D'ABONDANCE 74360 H.-Savoie 328 N3 *G. Alpes du Nord* – 719 h alt. 1020 – Sports d'hiver : 1 000/1 850 m ⲋ 1 ⲋ 11 ⲋ.

🛈 *Office de tourisme, Maison des soeurs Chef Lieu* ℘ 04 50 73 51 41, Fax 04 50 73 56 04, *ot.lachapelle@valdabondance.com.*

Paris 600 – Thonon-les-Bains 34 – Annecy 108 – Châtel 6 – Évian-les-Bains 29 – Morzine 32.

🏠 **Cornettes**, ℘ 04 50 73 50 24, *Lescornettes@valdabondance.com*, Fax 04 50 73 54 16, ⌃, ℔, ▣, ⇄ – ⧘ cuisinette, ▤ rest, 📺 ⵛ ☗ – ⚱ 40. ⲅⲃ

6 mai-mi-oct. et 18 déc.-mi-avril – **Repas** 20/60 ⨍ – ⌑ 10 – **42 ch** 60/110, 22 studios – ½ P 80/95.

♦ Régis par la même famille depuis 1894, ces bâtiments reliés par un souterrain abritent de confortables chambres lambrissées. Équipements de loisirs et petit musée savoyard. Vaste salle à manger montagnarde ornée d'objets régionaux chinés ; cuisine du terroir.

🏠 **Les Gentianettes** ⶾ, ℘ 04 50 73 56 46, *bienvenue@gentiannettes.fr*, Fax 04 50 73 56 39, ⌃, ℔, ▣ – ⧘ 📺 ⵛ ☗ ☗. ⲅⲃ

18 mai-26 sept. et Noël-Pâques – **Repas** 18/52, enf. 9 ⨍ – ⌑ 8 – **32 ch** 105 – ½ P 95.

♦ Chalet blond aux plaisantes chambres pourvues de balcons et habillées de chaleureuses boiseries. Sauna, hammam, jacuzzi. Goûteuse cuisine régionale et atmosphère "cosy" au restaurant : lambris naturels, cuivres, objets paysans et décoration soignée.

🏠 **L'Ensoleillé**, ℘ 04 50 73 50 42, *info@hotel-ensoleille.com*, Fax 04 50 73 52 96, ℔, ▣, ⇄ – ⧘ 📺 ☗. ⲅⲃ. ⶾ rest

20 mai-15 sept. et 15 déc.-31mars – **Repas** (fermé mardi) 20/45, enf. 12 ⨍ – ⌑ 8,50 – **35 ch** 60/85 – ½ P 65/85.

♦ Ces deux chalets voisins proposent des chambres dotées de balcons et un espace forme complet. Une généreuse cuisine savoyarde vous sera servie dans le décor tout bois de la salle à manger ; fresques représentant le village, meubles et objets du pays.

🏠 **Chabi** ⶾ, ℘ 04 50 73 50 14, *hotel@lechabi.com*, Fax 04 50 73 55 84, ≤, ⌃, ℔, ▤ – 📺 ☗. ⲅⲃ

fermé 1ᵉʳ au 14 avril et 1ᵉʳ au 15 oct. – **Repas** 22/55, enf. 10 ⨍ – ⌑ 9 – **19 ch** 82/97 – ½ P 59/70.

♦ Cet hôtel surplombant la petite station offre des chambres garnies de meubles en pin ; toutes jouissent d'une vue étendue sur la montagne. Sauna, jacuzzi. Salle à manger sagement rustique et terrasse d'été dressée auprès de la piscine. Table traditionnelle.

🏠 **Vieux Moulin** ⶾ, rte Chevenne ℘ 04 50 73 52 52, *maxit-levieuxmoulin@wanadoo.fr*, Fax 04 50 73 55 62, ⌃, ⇄ – 📺 ☗. ⵄⴱ ⲅⲃ. ⶾ

20 mai-fin sept, 20 déc.-15 avril et fermé merc. – **Repas** 20/35, enf. 10 – ⌑ 8 – **16 ch** 42/50 – ½ P 50/54.

♦ Cet établissement entouré d'un jardin et un peu excentré dispose de chambres fonctionnelles, lambrissées et mansardées au dernier étage. La belle échappée sur la vallée et la carte mi-traditionnelle, mi-régionale sont les deux atouts du restaurant.

CHAPELLE-DES-BOIS 25240 Doubs 321 G7 *G. Jura* – 244 h alt. 1087 – Sports d'hiver : 1 050/ 1 300 m ⲋ.

Paris 458 – Genève 67 – Lons-le-Saunier 61 – Pontarlier 45.

🏠 **Les Mélèzes**, ℘ 03 81 69 21 82, *hotel.melezes@wanadoo.fr*, Fax 03 81 69 12 75, ≤, ⇄ – ⵛ. ⲅⲃ. ⶾ

20 juin-10 sept., 15 déc.-30 mars et week-ends hors saison – **Repas** (dîner seul. en été) 15/27, enf. 10 ⨍ – ⌑ 7,50 – **8 ch** 50/58 – ½ P 60.

♦ Rendez-vous des skieurs de fond et des randonneurs, cet hôtel familial propose des chambres simples et fonctionnelles. Sauna. Coquette salle à manger rustique égayée de bibelots régionaux pour cette table mariant tradition et terroir ; choix de vins du Jura.

La CHAPELLE-DU-GENÊT 49 M.-et-L. 317 C5 – rattaché à Beaupréau.

*Donnez-nous votre avis sur les tables que nous recommandons,
sur leurs spécialités et leurs vins de pays.*

La CHAPELLE-EN-SERVAL 60520 Oise **305** G6 – 2 462 h alt. 104.
Paris 41 – Compiègne 43 – Beauvais 64 – Chantilly 10 – Meaux 43 – Senlis 10.

🏨 **Mont-Royal** ⌂, Est : 2 km par D 118 ☎ 03 44 54 50 50, *commercial-montroyal@hotels.c om, Fax 03 44 54 50 21*, ≼, 🌳, 🕭, 🛋, 🔲, 🎾, 🐎 – ⬚ ✷ 🔲 📺 ✆ 🔥 – 🔬 180. ⚘ ⬤ 🔄
Repas *(fermé dim. midi)* 37/55, enf. 15 ℤ – **100 ch** ☒ 250/330.
● Dans un parc, joli pavillon de chasse où l'on s'initie à la "vie de château". Atmosphère raffinée, vastes chambres élégantes et équipements complets pour la détente. L'ex-fumoir abrite une salle à manger chic où la carte, classique, varie au gré du marché.

La CHAPELLE-EN-VALGAUDEMAR 05800 H.-Alpes **334** F4 *G. Alpes du Sud* – 129 h alt. 1083.
Voir *Les "Oulles du Diable"*★★ (marmites des géants) – Cascade du Casset★ NE : 3,5 km.
Env. *Chalet-hôtel du Gioberney : cirque*★★.
🛈 *Syndicat d'initiative La Chapelle en Valgaudemar* ☎ 04 92 55 23 21, *Fax 04 92 55 23 21, comcom.valgo@wanadoo.fr.*
Paris 653 – Gap 48 – Grenoble 91 – La Mure 51.

🏠 **Mont-Olan**, ☎ 04 92 55 23 03, *Fax 04 92 55 34 58*, ≼, 🍴, 🌿 – 📺 📞. 🔄. ✀ ch
🐎 10 avril-15 sept. – **Repas** 11/25 ℤ – ☒ 7 – **25 ch** 33/42 – ½ P 40.
● Ces deux bâtiments fréquentés par de nombreux randonneurs sont animés par une chaleureuse ambiance familiale. Petites chambres rustiques, plus plaisantes côté torrent. Plats traditionnels dans le restaurant campagnard et formules rapides au bar.

Si le coût de la vie subit des variations importantes,
les prix que nous indiquons peuvent être majorés.
Lors de votre réservation à l'hôtel, faites-vous préciser le prix définitif.

La CHAPELLE-EN-VERCORS 26420 Drôme **332** F4 *G. Alpes du Nord* – 662 h alt. 945 – Sports d'hiver au Col de Rousset : 1 255/1 700 m ≤8 ≴.
Voir *Grotte de la Draye blanche*★, 5 km au S par D 178.
🛚 *Chapelle-en-Vercors* ☎ 04 75 48 19 86, S : 2 km.
🛈 *Office de tourisme, place Piétri* ☎ 04 75 48 22 54, *Fax 04 75 48 13 81, ot.vercors @wanadoo.fr.*
Paris 604 – Grenoble 60 – Valence 63 – Die 41 – Romans-sur-Isère 47 – St-Marcellin 35.

🏨 **Bellier** ⌂, ☎ 04 75 48 20 03, *Fax 04 75 48 25 31*, 🌳, 🏊, 🌿 – 📺 ✆ 📞. ⚘ ⬤ 🔄
avril-oct. et fermé mardi soir et merc. – **Repas** 16/35, enf. 11 ℤ – ☒ 6 – **13 ch** 58/65 – ½ P 54/58.
● Pimpant chalet bâti sur un éperon dominant la route. Les chambres, spacieuses, sont le plus souvent équipées d'un balcon. Salle à manger rustique dotée d'un mobilier savoyard et terrasse dressée à l'ombre des arbres du jardin ; recettes traditionnelles.

🏠 **Sports,** av. des Grands Goulets ☎ 04 75 48 20 39, *hotel.des.sports@wanadoo.fr,*
🐎 *Fax 04 75 48 10 52*, 🌳 – 📺 ☎. 🔄. ✀ ch
fermé déc., janv., dim. soir et lundi sauf vacances scolaires et fériés – **Repas** *(12,50)* – 14,50/25, enf. 8 ℤ – ☒ 7 – **11 ch** 48 – ½ P 47,50.
● Dans une rue commerçante située à l'entrée du village, un véritable pied-à-terre pour cyclistes et randonneurs parcourant le Vercors. Chambres rénovées, bien insonorisées. Au restaurant, cadre campagnard rajeuni, plats traditionnels et spécialités régionales.

La-CHAPELLE-ST-LAURENT 79430 Deux-Sèvres **322** D4 – 1 697 h alt. 180.
Paris 375 – Niort 52 – Bressuire 12 – Cholet 56 – La Roche-sur-Yon 89.

✗ **Petite Auberge**, Basilique Pitié ☎ 05 49 72 02 15, *Fax 05 49 80 30 73*, 🌳 – 🔄
🐎 fermé lundi soir – **Repas** 14/28,50 ⅃.
● Au pied de la basilique, maison régionale abritant deux salles à manger rustiques, dont une égayée d'une jolie cheminée. Terrasse d'été avec jeux pour les enfants.

La CHAPELLE-ST-MESMIN 45 Loiret **318** H4 – rattaché à Orléans.

La CHAPELLE-SUR-ERDRE 44 Loire-Atl. **316** G4 – rattaché à Nantes.

CHARAVINES 38850 Isère **333** G5 *G. Vallée du Rhône* – 1 423 h alt. 500.
Voir *Tour du Lac*★.
🛈 *Office de tourisme, rue des Bains* ☎ 04 76 06 60 31, *Fax 04 76 06 60 50.*
Paris 534 – Grenoble 40 – Belley 47 – Chambéry 49 – La Tour-du-Pin 21 – Voiron 13.

🏨 **Beau Rivage,** Nord : 1 km par D 50 *℘* 04 76 06 61 08, *Fax* 04 76 06 66 58, ⬉, 🏤, 🐾🄶, 🍴 – 📺 📞 🅿 – 🏧 25. 🄶🄱. 🛇 ch
fermé 20 déc. au 1ᵉʳ fév., lundi sauf le soir en juil.-août, dim. soir et mardi soir de sept. à juin – **Repas** 16/36, enf. 10 ♀ ⧖ 🖵 7,50 – **29 ch** 45/50 – ½ P 46/48.
♦ Vaste maison et son annexe joliment tournées vers le lac de Paladru. Les pensionnaires bénéficient de l'accès gratuit aux jeux installés sur la plage. Salle à manger rustique, véranda et terrasse ombragée face au plan d'eau. Cuisine simple et fritures.

CHARBONNIÈRES-LES-BAINS *69 Rhône* **327** H5 – *rattaché à Lyon.*

CHARENTON-LE-PONT *94 Val-de-Marne* **312** D3 **101** ㉖ – *voir à Paris, Environs.*

CHARETTE *38390 Isère* **333** F3 – *281 h alt. 250.*
Paris 479 – Aix-les-Bains 68 – Belley 39 – Grenoble 100 – Lyon 63.

🏠 **Auberge du Vernay** 🐾, sur D 52, rte Optevoz *℘* 04 74 88 57 57, *aub.vernay.@libertys urf.fr, Fax* 04 74 88 58 57, 🏤 – 📺 📞 ⅋ 🅿 – 🏧 15. 🄶🄱
fermé 11 au 28 juin, 6 au 13 sept. et 6 au 13 janv. – **Repas** *(fermé dim. soir et lundi)* 15/25 ♀ – 🖵 7 – **7 ch** 46/53 – ½ P 42/52.
♦ Le calme de la campagne environnante, les coquettes chambres personnalisées font l'attrait de cette accueillante ferme du 18ᵉ s. joliment réhabilitée. La salle de restaurant mi-agreste, mi-contemporaine a beaucoup de cachet.

CHARETTE-VARENNES *71 S.-et-L.* **320** L8 – *rattaché à Pierre-de-Bresse.*

La CHARITÉ-SUR-LOIRE *58400 Nièvre* **319** B8 *G. Bourgogne* – *5 460 h alt. 170.*
Voir *Église N.-Dame*★★ : ⬉★★ *sur le chevet* – *Esplanade rue du Clos* ⬉★.
🛈 *Office de tourisme, 5 place Ste Croix* *℘* 03 86 70 15 06, *Fax* 03 86 70 21 55, *si.lacharite @wanadoo.fr.*
Paris 212 – Auxerre 109 – Bourges 51 – Montargis 102 – Nevers 25.

🏨 **Grand Monarque,** 33 quai Clemenceau *℘* 03 86 70 21 73, *le.grand.monarque@wanado o.fr, Fax* 03 86 69 62 32, 🏤, 🍴 – 📺 📞 ⅋ 🅿 – 🏧 20. 🄰🄴 ⓞ 🄶🄱 🄹🄲🄱
fermé 15 fév. au 18 mars – **Repas** *(fermé dim. soir du 12 nov. au 31 mars)* (17 bc) - 23/56, enf. 12 ♀ 🐾 – 🖵 10 – **15 ch** 65/85 – ½ P 57/85.
♦ Sur les quais de la Loire, demeure dont le bâtiment initial du 17ᵉ s. a été transformé au fil du temps. Spacieuses chambres rénovées. Le restaurant offre un joli coup d'oeil sur le jardin et le pont de la Charité qui enjambe le fleuve. Belle carte des vins.

🏠 **Bon Laboureur** sans rest, quai Romain Mollot (Ile de la Loire), par rte Bourges : 0,5 km *℘* 03 86 70 22 85, *lebonlaboureur@wanadoo.fr, Fax* 03 86 70 23 64, 🏤 – 📺 📞. 🄰🄴 ⓞ 🄶🄱. 🛇
🖵 5,50 – **16 ch** 40/50.
♦ Ancien relais de poste et grange de marinier transformés en hôtel abritant des chambres soignées. Petits-déjeuners servis dans une véranda ouverte sur le jardin.

CHARLEVAL *13350 B.-du-R.* **340** G3 – *2 080 h alt. 136.*
🛈 *Office de tourisme, 2 place André Leblanc* *℘* 04 42 28 45 30, *Fax* 04 42 28 45 30, *office-tourisme-charleval@wanadoo.fr.*
Paris 720 – Aix-en-Provence 34 – Cavaillon 28 – Marseille 63 – Salon-de-Provence 21.

🍴 **Cherche-Midi,** 36 rue St Joseph (derrière l'église) *℘* 04 42 28 52 50, *Fax* 04 42 28 52 50, 🏤 – 🄶🄱
fermé vacances de Toussaint, 20 déc. au 8 janv., dim. de nov. à fév., mardi midi, jeudi midi en juil.-août et lundi – **Repas** 11,50 (déj.), 16/25, enf. 9,50 ♀.
♦ Adorable maison tapissée de vigne vierge au coeur d'un agréable village provençal. Décor rustique, tableaux d'artistes locaux et cuisine mi-traditionnelle, mi-régionale.

CHARLEVILLE-MÉZIÈRES 🅿 *08000 Ardennes* **306** K4 *G. Champagne Ardenne* – *55 490 h Agglo. 107 777 h alt. 145.*
Voir *Place Ducale*★★ – *Musée de l'Ardenne*★ **BX** **M¹** – *Musée Rimbaud* **BX** **M²** – *Basilique N.-D.-d'Espérance : vitraux*★ **BZ.**
🐾 *des Sept-Fontaines à Fagnon* *℘* 03 24 37 38 24, *par* ⑥ : *10 km*; 🐾 *des Ardennes à Villers-le-Tilleul* *℘* 03 24 35 64 65, *S : 21 km par D 764 et D 33.*
🛈 *Office de tourisme, 4 place Ducale* *℘* 03 24 55 69 90, *Fax* 03 24 55 69 89.
Paris 230 ① – *Luxembourg 168* ① – *Reims 85* ① – *Sedan 26* ①.

CHARLEVILLE-MÉZIÈRES

Arches (Av. d') .... **BYZ**
Arquebuse (R. de l') ..... **BX** 2
Bérégovoy (R. P.) .... **BX** 3
Bourbon (R.) .... **BX** 4
Carré (R. Irénée) .... **BX** 5
Corneau (R. G.) .... **BY** 6
Droits-de-l'Homme
(Pl. des) .... **BX** 7

Fg de Pierre (R. du) .... **BZ** 8
Flandre (R. de) .... **BX** 9
Hôtel de Ville
(Pl. de l') .... **BZ** 10
Jaurès (Av. Jean) .... **BY**
Leclerc (Av. Mar.) .... **BY** 19
Manchester
(Av. de) .... **AY** 20
Mantoue (R. de) .... **BX** 21
Mitterrand (Av. F.) .... **AX** 22
Monge (R.) .... **BZ** 23
Montjoly (R. de) .... **AX** 24
Moulin (R. du) .... **BX** 25

Nevers (Pl. de) .... **BX** 27
Petit-Bois
(Av. du) .... **BX** 28
Petit-Bois (R. du) .... **BX** 29
République
(R. de la) .... **BX** 30
Résistance (Pl. de la) .... **BZ** 31
St-Julien (Av. de) .... **AY** 32
Sévigné (R. Mme de) ...... **BY** 33
Théâtre
(R. du) .... **BX** 34
91°-Régt-d'Infanterie
(Av. du) .... **BZ** 36

Paris sans rest, 24 av. G. Corneau ✆ 03 24 33 34 38, *hotel.de.paris.08@wanadoo.fr, Fax 03 24 59 11 21* – [TV] ✆. AE ⓓ GB — BY n
fermé 9 au 22 août et 20 déc. au 6 janv. – ☕ 6,50 – **27 ch** 39,50/70.
◆ Hôtel aménagé dans trois bâtiments du début du 20e s. Chambres claires et de bon confort, spacieuses et insonorisées côté rue, plus petites et au calme côté cour.

Clef des Champs, 33 r. Moulin ✆ 03 24 56 17 50, *courrier@laclefdeschamps.fr, Fax 03 24 59 94 07* – ▤. AE ⓓ GB — BX e
fermé dim. soir – **Repas** *(14,50)* - 21/59 et carte 43 à 68 ♀.
◆ Près de la place Ducale, la "place des Vosges" de Charleville, maison du 17e s. abritant une sobre salle dotée d'une cheminée en brique et bois. Plats au goût du jour.

Manoir du Mont Olympe, 1 r. Pâquis ✆ 03 24 33 43 20, *Fax 03 24 37 12 25,* 🍽 – AE GB — BX v
fermé dim. soir et lundi soir – **Repas** 27 ♀.
◆ Villa centenaire en briques rouges adossée au mont Olympe. Agréable salle à manger aux tons pastel et terrasse ombragée où l'on sert repas et rafraîchissements.

Côte à l'Os, 11 cours A. Briand ✆ 03 24 59 20 16, *Fax 03 24 59 48 30,* 🍽 – ▤. AE ⓓ GB — BY e
fermé dim. soir – **Repas** 14,50/24 ♀.
◆ Grande salle de restaurant tout en longueur, où l'on déguste dans une ambiance animée plats traditionnels et produits de la mer.

Amo Rini, 46 pl. Ducale ✆ 03 24 37 48 80 – GB — BX t
fermé 1er au 22 août, dim. et lundi – **Repas** (déj. seul.) carte 19 à 25 ♀.
◆ Cette trattoria carolomacérienne offre un cadre typiquement italien avec ses fresques figurant des angelots. Mets et vins transalpins servis en salle ou en vente à l'épicerie.

à Fagnon *par D 3* **AZ** *et D 39 : 8 km – 345 h. alt. 171 – ✉ 08090 :*

Abbaye de Sept Fontaines 🐌, ✆ 03 24 37 38 24, *abbaye-7-fontaines@wanadoo.fr, Fax 03 24 37 58 75,* ≤, 🍽, 🏌 – [TV] ✆ [P] – 🏛 25. AE ⓓ GB. ✗ rest
– **Repas** 30/65 ♀ – ☕ 12 – **23 ch** 84/197 – ½ P 85/105.
◆ Au coeur d'un parc où s'inscrit un parcours de golf, hôtel occupant les bâtiments restaurés d'une abbaye du 17e s. Au premier étage, grandes chambres avec vue sur la nature. Le Général honora de sa présence le restaurant bourgeois de l'établissement.

CHARLIEU *42190 Loire* 327 E3 *G. Bourgogne – 3 582 h alt. 265.*

Voir *Ancienne abbaye bénédictine★ : façade★★ – Couvent des Cordeliers★.*
Office de tourisme, place St-Philibert ✆ 04 77 60 12 42, Fax 04 77 60 16 91, office.tourisme.charlieu@wanadoo.fr.
Paris 398 ④ – Mâcon 77 ② – Roanne 18 ④ – St-Étienne 102 ④.

CHARLIEU

Abbaye (Pl. de l') 2
Chanteloup (R.) 4
Chantemerle (R.) 5
Écoles (R. des) 6
Farinet (R. A.) 7
Gaulle (R. Ch.-de) 9
Grenette (R.) 10
Jacquard (Bd) 12
Merle (R. du) 13
Michon (R.) 15
Morel (R. J.) 16
Moulins (R. des) 17
République (Bd de la) 18
Rouillier (R. C.) 19
St-Philibert (Pl.) 20
Solitude (R. de la) 21
Treuil-Buisson (R. du) 22
Valorge (Bd L.) 23

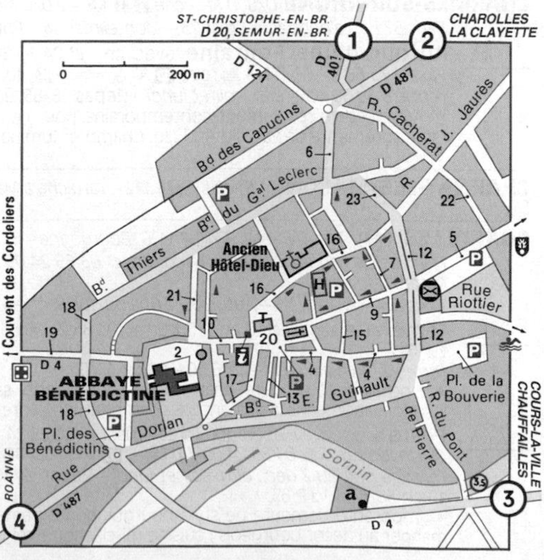

Relais de l'Abbaye, Le Pont de Pierre (a) ℰ 04 77 60 00 88, Fax 04 77 60 14 60, 🍽 –
🍴 📺 ℰ 🖳 – 🏄 50. 🖭 GB
fermé 23 au 31 août, janv., vend. soir et sam. midi hors saison, dim soir et lundi midi –
Repas 17/36,50, enf. 8,50 ♀ – ⌷ 6,50 – **27** ch 41/54 – ½ P 46.
♦ Établissement récemment rénové où vous séjournerez dans des chambres fonctionnelles, colorées et bien tenues. Vaste pelouse avec aire de jeux pour enfants. Sobre et
contemporaine salle à manger, paisible terrasse et plats traditionnels aux accents du terroir.

rte de Pouilly *par* ④ *et rte secondaire : 2,5 km :*

Moulin de Rongefer, ✉ 42190 St-Nizier-sous-Charlieu ℰ 04 77 60 01 57,
Fax 04 77 60 33 28, 🍽 – 🖳 GB
fermé 16 août au 5 sept., vacances de fév., dim. soir, mardi soir et merc. – **Repas** 14,50 (déj.),
23/47, enf. 9,50 ♀.
♦ Un fléchage efficace vous guidera jusqu'à cet ancien moulin bordant le Sornin. Confortable salle à manger campagnarde prolongée d'une agréable terrasse fleurie.

CHARMES 88130 Vosges **314** F2 *G. Alsace Lorraine* – 4 665 h alt. 282.
🛈 *Office de tourisme, 2 place Henri Breton* ℰ 03 29 38 17 09, Fax 03 29 38 17 09,
otpayscharmes@wanadoo.fr.
Paris 381 – Épinal 31 – Nancy 43 – Lunéville 40 – St-Dié 59 – Toul 62 – Vittel 40.

Dancourt avec ch, 6 pl. H. de Ville ℰ 03 29 38 80 80, *reception@hotel-dancourt.com,*
Fax 03 29 38 09 15, 🍽 – 📺 ℰ ⌷. 🖭 ⓞ GB
fermé 23 déc. au 23 janv., dim. soir du 30 sept. au 4 avril, sam. midi et vend. – **Repas** (13,50) –
16/52, enf. 11 ♀ – ⌷ 7,30 – **16 ch** 36/52,50 – ½ P 40/46,50.
♦ Près de la maison natale de M. Barrès, cadre original mêlant bustes et colonnes à la
grecque, sobre mobilier contemporain et plantes vertes exotiques. Chambres pratiques.

à Chamagne *Nord : 4 km par D 9 – 416 h. alt. 265 –* ✉ 88130 :

Chamagnon, 236 rue du Patis ℰ 03 29 38 14 74, 🍽 – GB
fermé 24 juin au 10 juil., 23 au 29 sept., dim. soir, merc. soir et lundi – **Repas** 9,50 (déj.),
17/38,50 ⅃.
♦ Claude Gellée dit Le Lorrain est né dans le village. Deux salles à manger récemment
rénovées dans un style contemporain et petite terrasse fleurie. Carte au goût du jour.

à Vincey *Sud-Est : 4 km par N 57 – 2 159 h. alt. 297 –* ✉ 88450 :

Relais de Vincey, ℰ 03 29 67 40 11, *relais.de.vincey@wanadoo.fr,* Fax 03 29 67 36 66,
🏊, 🌿, 🍴 – 📺 ℰ 🖳 – 🏄 25. 🖭 ⓞ GB JCB
fermé 16 au 30 août et 20 déc. au 3 janv. – **Repas** *(fermé sam. midi et dim. soir)* 21/32,
enf. 11,20 ⅃ – ⌷ 8,40 – **34 ch** 48/69 – ½ P 50/67.
♦ Les chambres, fonctionnelles, occupent l'annexe de cet établissement et donnent sur le
jardin. Équipements de loisirs et détente. Le bâtiment principal abrite un restaurant au
plaisant décor moderne où l'on sert une carte traditionnelle. Au bar, repas rapides.

CHARMES-SUR-RHÔNE 07800 Ardèche **331** K4 – 2 070 h alt. 112.
Paris 571 – Valence 11 – Crest 23 – Montélimar 44 – Privas 29 – St-Péray 11.

Autour d'une Fontaine avec ch, ℰ 04 75 60 80 10, *jmgaudry@hotmail.com,*
Fax 04 75 60 87 47, 🍽 – 🍽 rest, 📺 ℰ 🖳 ⌷ – 🏄 40. 🖭 ⓞ GB JCB
fermé 6 au 30 nov., dim. soir et lundi – **Repas** 18/65, enf. 10 ♀ – ⌷ 9 – **17 ch** 60/95.
♦ Architecture résolument contemporaine pour ce restaurant ouvert sur un patio-terrasse agrémenté de vases d'Anduze. Chambres lumineuses, décorées sur le thème fruitier.

CHARNAY-LÈS-MÂCON 71 S.-et-L. **320** I12 – *rattaché à Mâcon.*

CHAROLLES ◆ 71120 S.-et-L. **320** F11 *G. Bourgogne* – 3 027 h alt. 279.
🛈 *Office de tourisme, 24 rue Baudinot* ℰ 03 85 24 05 95, Fax 03 85 24 28 12, o.t.charolles
@wanadoo.fr.
Paris 374 – Mâcon 55 – Autun 80 – Chalon-sur-Saône 67 – Moulins 81 – Roanne 61.

Téméraire sans rest, 3 av. J. Furtin ℰ 03 85 24 06 66, Fax 03 85 24 05 54 – 📺 ℰ ⌷. 🖭
ⓞ GB
fermé 21 juin au 5 juil. – ⌷ 6,50 – **10 ch** 43/55.
♦ L'hôtel vient de faire peau neuve : belle literie, salles de bains modernes et bonne
insonorisation dans la plupart des chambres ; plaisante salle des petits-déjeuners.

Poste avec ch, av. Libération (près église) ℰ 03 85 24 11 32, *hotel-de-la-liberation-doucet*
@wanadoo.fr, Fax 03 85 24 05 74, 🍽 – 📺 ⌷. 🖭 GB
fermé 9 nov. au 12 déc., dim. soir et lundi – **Repas** 23/70 et carte 43 à 55, enf. 11 ♀ – ⌷ 8 –
10 ch 38/83 – ½ P 65.
♦ Imposante demeure de style bourguignon agrémentée d'une terrasse fleurie. Salle à
manger au décor bourgeois ; cuisine mi-classique, mi-régionale. Chambres confortables.

au Sud-Ouest *par D 985 et D 270 : 11 km –* ⊠ *71120 Changy :*

X **Chidhouarn,** 𝒫 03 85 88 32 07, Fax 03 85 88 01 23, ⅃, 🎋 – **P**, **GB**
fermé 6 au 14 sept., 17 janv. au 9 fév., lundi et mardi – **Repas** 12,50 (déj.), 18,50/45, enf. 8,50
♀.
♦ Au calme, en pleine campagne, plusieurs salles à manger rustiques dont une aménagée
sous véranda. Salon égayé d'une belle cheminée. Spécialités de poissons.

CHAROST *18290 Cher* 323 I5 *G. Berry Limousin – 1 069 h alt. 137.*
Paris 239 – Châteauroux 39 – Bourges 26 – Dun-sur-Auron 42 – Issoudun 11 – Vierzon 31.

à Brouillamnon *Nord-Est : 3 km par N 151 et D 16ᴱ –* ⊠ *18290 Plou :*

XX **L'Orée du Bois,** 𝒫 02 48 26 21 40, Fax 02 48 26 27 81, 🎋, 🎋 – **P**, **GB**, ❀
⊜ *fermé 26 juil. au 13 août, 17 janv. au 11 fév., dim. soir et lundi –* **Repas** 12,70/33,50,
enf. 11,50 ♀.
♦ Un petit hameau tranquille abrite cette auberge champêtre et son agréable jardin. Plats
du terroir servis dans une lumineuse salle à manger, ou sur la terrasse en été.

CHARQUEMONT *25140 Doubs* 321 K3 *– 2 209 h alt. 864.*
Paris 478 – Besançon 75 – Basel 98 – Belfort 66 – Montbéliard 49 – Pontarlier 59.

XX **Au Bois de la Biche** 🦌 *avec ch, Sud-Est : 4,5 km par D 10ᴱ et rte secondaire*
𝒫 03 81 44 01 82, *thierry.marcelpoix@wanadoo.fr,* Fax 03 81 68 65 09, ≼ Jura suisse, 🎋,
🎋 – **TV** **P**, **GB**
fermé 2 janv. au 2 fév., mardi d'oct à mars et lundi – **Repas** 16/37, enf. 8 – ⊑ 6,30 – **3 ch** 40
– ½ P 44.
♦ Point de ralliement des randonneurs, ce chalet entouré de bois domine les gorges du
Doubs. La plaisante salle à manger actuelle ouvre sur les crêtes du Jura suisse.

CHARRECEY *71510 S.-et-L.* 320 H8 *– 313 h alt. 350.*
Paris 341 – Chalon-sur-Saône 18 – Autun 36 – Beaune 29 – Mâcon 77.

X **Petit Blanc,** *Est : 2 km par D 978, rte Chalon-sur-Saône* 𝒫 03 85 45 15 43,
Fax 03 85 45 19 80, 🎋 – **P**, **GB**
*fermé 25 avril-5 mai, 17 août-2 sept., 22 déc.-6 janv., jeudi soir et dim. sauf le midi de sept. à
avril et lundi –* **Repas** 13 (déj.), 19/27, enf. 9 ♀.
♦ Cette auberge de bord de route ne paye pas de mine et pourtant on s'y bouscule :
plaisant intérieur de bistrot campagnard et cuisine traditionnelle très copieuse.

CHARROUX *03140 Allier* 326 F5 *G. Auvergne – 330 h alt. 420.*
Paris 344 – Clermont-Ferrand 61 – Montluçon 68 – Moulins 52 – Vichy 30.

XX **Ferme St-Sébastien,** 𝒫 04 70 56 88 83, Fax 04 70 56 86 66 – **P**, **GB**
🐄 *fermé 20 juin au 1ᵉʳ juil., 27 sept. au 6 oct., 20 déc. au 19 janv., mardi sauf juil.-août et lundi –*
Repas *(prévenir)* 22/48, enf. 10 ♀.
♦ Cette authentique ferme bourbonnaise réhabilitée abrite une coquette salle à manger
égayée de poutres peintes et d'herbiers. Cuisine au goût du jour fleurant bon le terroir.

CHARTRES **P** *28000 E.-et-L.* 311 E5 *G. Île de France – 40 361 h Agglo. 130 681 h alt. 142 Grand
pèlerinage des étudiants (fin avril-début mai).*

*Voir Cathédrale Notre-Dame★★★ : le portail Royal★★★, les vitraux★★★ – Vieux Chartres★ :
église St-Pierre★, ≼★ sur l'église St-André, des bords de l'Eure – Musée des Beaux-Arts :
émaux★ Y M² – COMPA★ (Conservatoire du Machinisme et des Pratiques Agricoles)
2 km par D24.*

🏌 *du Bois d'Ô à St-Maixme-Hauterive* 𝒫 02 37 51 04 61, par⑦ : 26 km.
🏢 *Office de tourisme, place de la Cathédrale* 𝒫 02 37 18 26 26, Fax 02 37 21 51 91,
info@otchartres.fr.
Paris 89 ② – Évreux 78 ① – Le Mans 120 ④ – Orléans 80 ③ – Tours 138 ④.

Plan page suivante

🏨 **Grand Monarque,** 22 pl. Épars 𝒫 02 37 18 15 15, *info@bw-grand-monarque.com,*
Fax 02 37 36 34 18 – 🛗 ▤ rest, **TV** ✆ ⟵ – 🔏 15 à 60. **AE** **①** **GB** **JCB**   **Z** e
Repas *(fermé dim. soir et lundi)* 44/50 ♀ **- Madrigal : Repas** 25 ♀ – ⊑ 12 – **50 ch** 85/155,
5 suites.
♦ Ce relais de poste du 16ᵉ s. est recommandé dans le Guide Michelin depuis 1900 ! Les
chambres, en cours de réfection, adoptent un style "cosy". Au restaurant, joli cadre
bourgeois et plats classiques. Au Madrigal, ambiance conviviale et cuisine "bistrotière".

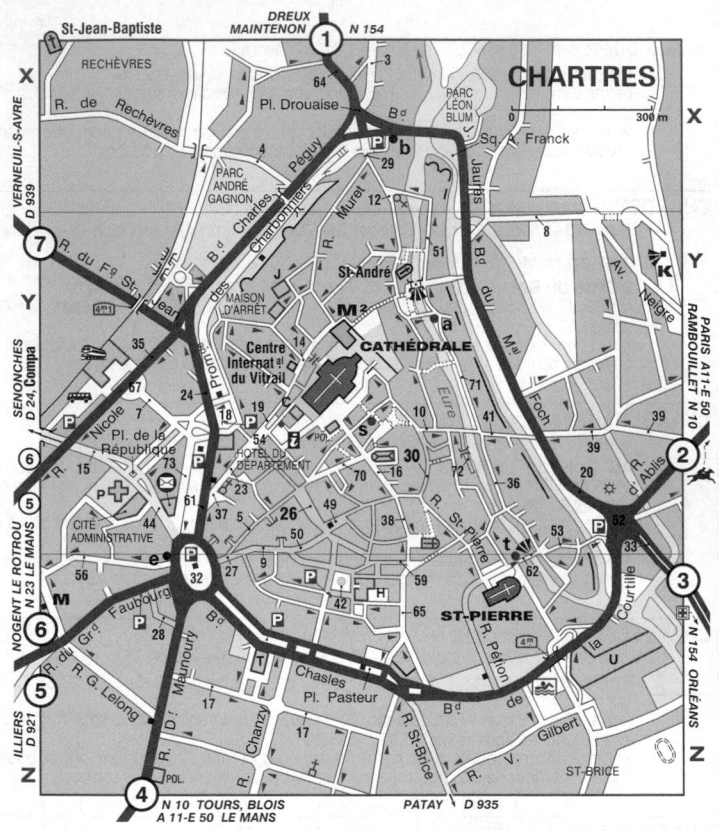

CHARTRES

St-Jean-Baptiste

RECHÈVRES

Aligre (Av. d')	**X** 3	
Alsace-Lorraine (Av. d')	**X** 4	
Ballay (R. Noël)	**Y** 5	
Beauce (Av. Jehan-de)	**Y** 7	
Bethouart (Av.)	**Y** 8	
Bois-Merrain (R. du)	**Y** 9	
Bourg (R. du)	**Y** 10	
Brèche (R. de la)	**X** 12	
Cardinal-Pie (R. du)	**Y** 14	
Casanova (R. Danièle)	**Y** 15	
Changes (R. des)	**Y** 16	
Châteaudun (R. de)	**Z** 17	
Châtelet (Pl.)	**Y** 18	
Cheval-Blanc (R. du)	**Y** 19	
Clemenceau (Bd)	**Y** 20	
Collin-d'Harleville (R.)	**Y** 23	
Couronne (R. de la)	**Y** 24	
Cygne (Pl. du)	**Y** 26	
Delacroix (R. Jacques)	**Z** 27	
Dr-Gibert (R. du)	**Z** 28	
Drouaise (R. Porte)	**X** 29	
Ecuyers (R. des)	**Y** 30	
Epars (Pl. des)	**Z** 32	
Faubourg La Grappe (R. du)	**Y** 33	
Félibien (R.)	**Y** 35	
Foulerie (R. de la)	**Y** 36	
Gaulle (Pl. Gén.-de)	**Y** 37	
Grenets (R. des)	**Y** 38	
Guillaume (R. du Fg)	**Y** 39	
Guillaume (R. Porte)	**Y** 41	
Halles (Pl. des)	**Z** 42	
Koenig (R. du Gén.)	**Y** 44	
Marceau (Pl.)	**Y** 49	
Marceau (R.)	**Y** 50	
Massacre (R. du)	**Y** 51	
Morard (Pl.)	**Y** 52	
Morard (R. de la Porte)	**Y** 53	
Moulin (Pl. Jean)	**Y** 54	
Péri (R. Gabriel)	**Z** 56	
Poêle-Percée (R. de la)	**Z** 59	
Résistance (Bd de la)	**Y** 61	
St-Hilaire (R. du Pont)	**Z** 62	
St-Maurice (R.)	**X** 64	
St-Michel (R.)	**Z** 65	
Semard (Pl. Pierre)	**Y** 67	
Soleil-d'Or (R. du)	**Y** 70	
Tannerie (R. de la)	**Y** 71	
Teinturiers (Q. des)	**Y** 72	
Viollette (Bd Maurice)	**Y** 73	

🏨 **Ibis Centre,** 14 pl. Drouaise   𝒫 02 37 36 06 36,   *h0917@accor-hotels.com,*
Fax 02 37 36 17 20, 🌤 – 🛗 ✎ 📺 📞 ⚙ ⇔ 🅿 – 🔬 35. 🆎 ⓞ ᴳᴮ   **X** b
Repas *(12)* - 15, enf. 6 🍸 – 🍽 6
79 ch 68.
◆ Au coeur de la capitale du "grenier de la France". La rénovation progressive des chambres leur permet de bénéficier des éléments de confort "dernier cri" de la chaîne. La terrasse, dressée au bord de l'Eure, est très courue aux beaux jours.

ℵℵℵ **Vieille Maison,** 5 r. au Lait 𝒫 02 37 34 10 67, *Fax 02 37 91 12 41* – ᴳᴮ   **Y** s
fermé 1er au 7 janv., dim. soir et lundi
Repas 29/46 et carte 54 à 68, enf. 13.
◆ Pierres et poutres apparentes, meubles rustiques et cheminée donnent tout son cachet à cette vénérable demeure plusieurs fois centenaire. Cuisine traditionnelle.

XXX **Moulin de Ponceau**, 21 r. Tannerie ℘ 02 37 35 30 05, *le-moulin-de-ponceau@wanadoo* Y a
.fr, Fax 02 37 35 30 12, 斋 – 匯 ⋐⋑
fermé vacances de fév., sam. midi et dim. soir – **Repas** 20 (déj.), 24/40, enf. 11 ♀.
♦ Halte apaisante dans ce moulin du 16ᵉ s. posté au bord de l'Eure. Salles à manger
champêtres, véranda et terrasse offrent un joli coup d'oeil sur la vieille ville.

XXX **St-Hilaire**, 11 r. Pont-St-Hilaire ℘ 02 37 30 97 57, Fax 02 37 30 97 57 – ⋐⋑ YZ t
fermé 27 juil. au 18 août, 21 déc. au 5 janv., sam. midi, lundi et dim. – **Repas** (nombre de
couverts limité, prévenir) 23/38, enf. 8 ♀.
♦ Du pont, jolie vue sur la cathédrale. Tomettes, poutres et meubles peints : cette maison
du 16ᵉ s. propose un cadre plaisant. Cuisine mariant tradition et terroir.

par ② et N 10 : 4 km – ⊠ 28000 Chartres :

🏨 **Novotel**, av. Marcel Proust ℘ 02 37 88 13 50, h0413@accor-hotels.com, Fax 02 37
30 29 56, 斋, ⣫, 🐾 – ⏸ ⅙⅓, ▤ rest, 📺 ⋐ ⅙ 🅿 – 🛎 100. 匯 ⓞ ⋐⋑ ⌧
Repas (18) - 23, enf. 9 ♀ – ⋤ 10 – **78 ch** 78/95.
♦ Construction des années 1970 située entre zone commerciale et voies rapides. Préférez
les chambres rénovées, pratiques et claires. Agréable jardin-patio, jeux pour les enfants.
Salle de restaurant contemporaine ouverte sur la piscine. Carte Novotel.

🏨 **Campanile**, parc des Propylées ℘ 02 37 90 76 00, chartres@campanile.fr,
Fax 02 37 90 84 40, 斋 – ⅙⅓ 📺 ⋐ ⅙ 🅿 – 🛎 25. 匯 ⋐⋑
Repas (13) - 19, enf. 6,50 ♀ – ⋤ 6,50 – **48 ch** 65.
♦ Proximité de l'échangeur autoroutier et chambres (avec balcons) fonctionnelles : une
étape pratique de la dynamique périphérie chartraine. Au restaurant, décor néo-rustique,
vue sur les cuisines, terrasse-véranda et nombreux buffets.

Z.A. de Barjouville par ④ : 4 km – ⊠ 28630 Barjouville :

🏨 **Mercure**, ℘ 02 37 35 35 55, h3481@accor-hotels.com, Fax 02 37 34 72 12, 斋 – ⅙⅓ 📺
⋐ ⅙ 🅿 – 🛎 60. 匯 ⓞ ⋐⋑
Repas (fermé sam. midi et dim.) 20/25 ♀ – ⋤ 12 – **73 ch** 57/81.
♦ Privilégiez les chambres actuelles et bien agencées de l'extension récemment
construite ; les autres attendent une rénovation. Salon-bar plaisant et salle de jeux. Cuisine
traditionnelle et "bistrotière" suggérée à l'ardoise.

à Lucé par ⑥ et N 23 : 4 km – 17 701 h. alt. 158 – ⊠ 28110 :

🏨 **Ibis**, impasse Périgord ℘ 02 37 35 76 00, h0688-gm@accor-hotels.com,
Fax 02 37 30 01 49 – ⅙⅓ 📺 ⋐ ⅙ 🅿 – 🛎 15 à 40. 匯 ⓞ ⋐⋑
Repas (12) - 16 ♀ – ⋤ 6 – **74 ch** 56.
♦ Un fléchage précis mène à cet établissement situé dans un quartier résidentiel.
Chambres avant tout pratiques, rajeunies par étapes. Menus traditionnels et courte carte
des vins vous sont proposés dans un cadre simple et lumineux.

CHARTRES-DE-BRETAGNE 35 I.-et-V. 🔢 L6 – rattaché à Rennes.

La CHARTRE-SUR-LE-LOIR 72340 Sarthe 🔢 M8 G. Châteaux de la Loire – 1 547 h alt. 55.
🛈 Office de tourisme, place Centrale ℘ 02 43 44 40 04, Fax 02 43 44 40 04, ot-la-chartre-
sur-le-loir@wanadoo.fr.
Paris 217 – La Flèche 57 – Le Mans 49 – St-Calais 30 – Tours 42 – Vendôme 42.

🏨 **France**, 20 Place de la République ℘ 02 43 44 40 16, hoteldefrance@worldonline.fr,
⌧ Fax 02 43 79 62 20, 斋, ⣫, 🐾 – 📺 ⋐ 🅿 – 🛎 25. ⋐⋑
fermé 1ᵉʳ fév. au 5 mars, lundi sauf le soir de juil. au 15 sept. et dim. soir du 15 sept. à juin –
Repas (dim. prévenir) 13/38 ♀ – ⋤ 6 – **24 ch** 47/62 – ½ P 41,60/44,40.
♦ Ce relais de poste centenaire abrite des chambres au décor déjà ancien, progressivement refaites dans un style actuel. Joli jardin au bord du Loir. Cadre rustique et atmosphère
"vieille France" caractérisent le restaurant. Table traditionnelle.

CHASSAGNE-MONTRACHET 21180 Côte-d'Or 🔢 I8 – 472 h alt. 200.
Paris 327 – Beaune 16 – Chalon-sur-Saône 23 – Amboise 343 – Blois 69.

XX **Chassagne**, ℘ 03 80 21 94 94, Fax 03 80 21 97 77 – ▤. ⋐⋑
⌧ *fermé 1ᵉʳ au 11 août, 19 déc. au 12 janv., dim. soir, merc. soir et lundi* – **Repas** 18/58 ♀ ⏸.
♦ Décor actuel coloré, cuisine au goût du jour et très belle carte de chassagne-montrachet : une plaisante étape gourmande au pays des "plus grands vins blancs du monde" !

Si vous êtes retardé sur la route, dès 18 h,
confirmez votre réservation par téléphone,
c'est plus sûr... et c'est l'usage.

CHASSELAY 69380 Rhône **327** H4 – 2 590 h alt. 220.

Paris 443 – Lyon 21 – L'Arbresle 15 – Villefranche-sur-Saône 18.

XXX **Guy Lassausaie,** rue de Belle Sise ℘ 04 78 47 62 59, guy.lassausaie@wanadoo.fr, Fax 04 78 47 06 19 – 🗐 **P.** 🖭 🕕 ⚙
✿ fermé 2 au 26 août, 14 au 23 fév., mardi et merc. – **Repas** 36/75 et carte 55 à 72.
   ♦ Dégustez une cuisine classique personnalisée dans ces salles contemporaines agrémentées de collections de carrés de soie lyonnais. Fumoir et boutique de produits maison.
Spéc. Dodine de foie gras de canard aux pommes et sauternes. Pigeon cuit au foin en cocotte lutée. Poire de veau rôtie à la réglisse, croustillant de jarret. **Vins** Saint-Véran, Moulin à Vent.

CHASSENEUIL-DU-POITOU 86 Vienne **322** I5 – rattaché à Poitiers.

CHASSE-SUR-RHÔNE 38 Isère **333** B4 – rattaché à Vienne.

CHASSEY-LE-CAMP 71 S.-et-L. **320** I8 – rattaché à Chagny.

La CHÂTAIGNERAIE 85120 Vendée **316** L8 – 2 762 h alt. 155.

🗓 Office de tourisme ℘ 02 51 52 62 37, Fax 02 51 52 69 20, tourisme@paysdelachataigneraie.org.

Paris 408 – Bressuire 32 – Fontenay-le-Comte 23 – Parthenay 43 – La Roche-sur-Yon 59.

🏠 **Auberge de la Terrasse,** 7r. Beauregard ℘ 02 51 69 68 68, bonneetape@aubergedelaterrasse.fr, Fax 02 51 52 67 96 – 🗺 📞 🔥, 🖭 🕕 ⚙ 🗷 rest
fermé 23 oct. au 1 nov. – **Repas** (fermé vend. soir, sam. soir et dim. soir hors saison) 17/29 ♈ – **14 ch** ☷ 43/57 – ½ P 44.
   ♦ Dans un quartier excentré assez tranquille. L'hôtel propose des chambres bien tenues, simples et avant tout pratiques. Accueil aimable. Petite salle de restaurant rustique décorée de peintures et estampes, où l'on propose carte et menus traditionnels.

Dans ce guide

un même symbole, un même mot,

*imprimé en **rouge** ou en **noir**, en maigre ou en **gras**,*

n'ont pas tout à fait la même signification.

Lisez attentivement les pages explicatives.

CHÂTEAU-ARNOUX-ST-AUBAN 04160 Alpes-de-H.-P. **334** E8 G. Alpes du Sud – 4 970 h alt. 440.

Env. Église St-Donat★ – Belvédère de la chapelle St-Jean★ – Site★ de Montfort.
🗓 Office de tourisme, Ferme de Font-Robert ℘ 04 92 64 02 64, Fax 04 92 64 54 55, ot.district@wanadoo.fr.

Paris 719 – Digne-les-Bains 26 – Forcalquier 30 – Manosque 42 – Sault 71 – Sisteron 15.

🏛 **Bonne Étape** (Gleize) ♨, Chemin du lac ℘ 04 92 64 00 09, bonneetape@relaischateaux.
✿ com, Fax 04 92 64 37 36, ⨱, ☞ – 🗐 🗺 **P** – 🛦 25 à 50. 🖭 🕕 ⚙ 🗺
fermé 22 nov. au 7 déc., 3 janv. au 11 fév. et lundi hors saison – **Repas** (fermé merc. midi, lundi et mardi hors saison sauf fériés) 52/135 bc et carte 65 à 90, enf. 22 ♈ **- Au Goût du Jour** ℘ 04 92 64 48 48 (fermé mardi midi et lundi hors saison) **Repas** (16)-24 – ☷ 14 – **11 ch** 160/220, 7 suites – ½ P 180/255.
   ♦ Difficile de ne pas succomber au charme de cette demeure du 18ᵉ s. fleurant bon la Provence. Ravissantes chambres dotées de meubles anciens. Au restaurant, décor méridional chic et belle cuisine classique. Cadre et plats de type bistrot au Goût du Jour.
Spéc. Salade de pigeon à la lavande. Agneau de Sisteron rôti. Crème glacée au miel de lavande. **Vins** Coteau de Pierrevert, Palette.

XXX **L'Oustau de la Foun,** Nord : 1,5 km sur N 85 ℘ 04 92 62 65 30, loustaoudela-foun@wanadoo.fr, Fax 04 92 62 65 32, ⨏ – **P.** – 🛦 20. 🖭 ⚙
fermé 22 au 30 juin, vacances de Toussaint, 1ᵉʳ au 9 janv., dim. soir et lundi – **Repas** 20 bc (déj.), 26/60 et carte 55 à 64, enf. 12.
   ♦ Au bord de la nationale, vieille ferme réhabilitée. Cuisine régionale servie dans une salle voûtée au décor provençal (tableaux colorés) ou dans un cadre plus contemporain.

XX **Magnanerie** avec ch, Nord : 2 km sur N 85 ✉ 04200 Aubignosc ℘ 04 92 62 60 11, stefan
paroche@aol.com, Fax 04 92 62 63 05, ⨏ – 🗺 **P.** ⚙
fermé 22 au 28 déc., 2 au 18 janv., jeudi soir hors saison, dim. soir et lundi – **Repas** 24/45 ♈ – ☷ 7 – **8 ch** 43/51 – ½ P 59/74.
   ♦ Sur la rive droite de la Durance, plaisante salle à manger aux couleurs de la Provence et lumineuse véranda servent de cadre à une cuisine du pays. Jolies chambres neuves.

à St-Auban *Sud-Ouest : 3,5 km par N 96 – ✉ 04600.*

Voir Site★ de Montfort S : 2 km.

Villiard, bd A. Lacroix ☎ 04 92 64 17 42, *hotel.villiard@wanadoo.fr, Fax 04 92 64 23 29,* ☂, ⊼ – ▤ rest, TV P. GB. ✂

fermé 15 déc. au 15 janv. – **Repas** *(fermé dim.)* 16/24,50, enf. 8 ♀ – ☕ 7 – **18 ch** 39/68 – ½ P 44,50/59.

◆ Cet établissement bordant une route fréquentée bénéficie d'un entretien régulier : façade repeinte, rénovation de la moitié des chambres et des salles de bains, etc. Salles à manger agrandies de deux terrasses, dont une côté verdure ; cuisine provençale.

CHÂTEAUBOURG *35220 I.-et-V.* **309** N6 – *4 877 h alt. 50.*

Paris 329 – Rennes 24 – Angers 114 – Châteaubriant 52 – Fougères 44 – Laval 57.

Ar Milin' ⛰, ☎ 02 99 00 30 91, *resa.armilin@wanadoo.fr, Fax 02 99 00 37 56,* ✂, ♨ – |♦| TV ☏ P – 🏛 20 à 50. AE ⊙ GB

fermé 19 déc. au 5 janv. – **Repas** *(le midi du lundi au vend.)* 25/41 ♀ – ☕ 10 – **32 ch** 73/170 – ½ P 63/70.

◆ Dans un parc (bel arboretum), ce moulin à farine du 19e s. bordant la Vilaine abrite des chambres personnalisées. Salle à manger mi-rustique, mi-bourgeoise et plaisante véranda offrent la vue sur la rivière ; carte traditionnelle personnalisée.

à St-Didier *Est : 6 km par D 33 – 1 275 h. alt. 49 – ✉ 35220 Chateaubourg :*

Pen'Roc ⛰, à La Peinière par D 105 ☎ 02 99 00 33 02, *hotellerie@penroc.fr, Fax 02 99 62 30 89,* ☂, Fö, ⛱, ⊼ – |♦| ▤ TV ☏ ♿ P – 🏛 60. AE ⊙ GB

fermé 24 déc. au 7 janv. – **Repas** *(fermé vend. soir et dim. soir hors saison)* 19,50/59,80 ♀ – ☕ 10,30 – **29 ch** 78/178 – ½ P 86,80/126,80.

◆ À la campagne, près d'un site de pèlerinage. Jolies chambres contemporaines ou inspirées de l'Asie ; certaines disposent d'une terrasse. Salle à manger soignée ou terrasse ombragée et fleurie pour un repas mariant tradition, produits de la mer et du jardin.

CHÂTEAUBRIANT SP *44110 Loire-Atl.* **316** H1 *G. Bretagne – 12 065 h alt. 70.*

Voir Château★.

ℹ *Office de tourisme, 22 rue de Couëré ☎ 02 40 28 20 90, Fax 02 40 28 06 02, tourisme-chateaubriant@fr.fm.*

Paris 354 ① – Angers 72 ③ – Laval 65 ② – Nantes 62 ④ – Rennes 61 ⑤.

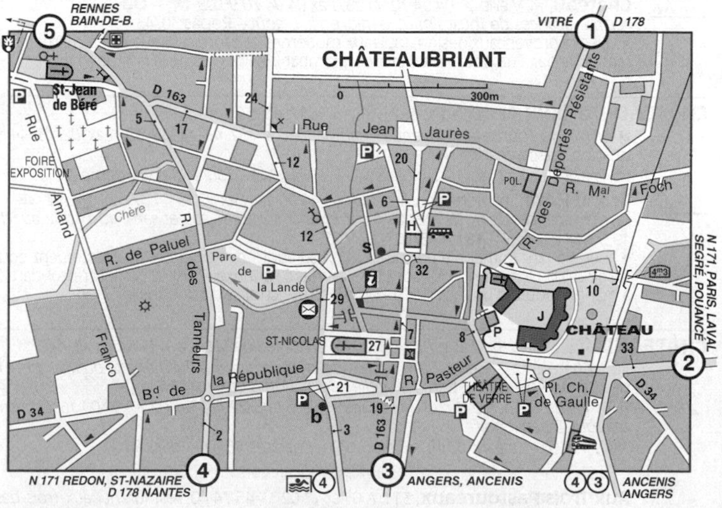

Alsace-Lorraine (R.)	2	Checheux (R. du Fg de)	10	Motte (Pl. de la)	21
Barre (R. de la)	3	Denieul-et-Gastineau (R.)	12	Poterie (R. de la)	24
Boispéan (R. du)	5	Gautier-Grosdoy (R. A.)	17	St-Nicolas (Pl.)	27
Bréant (Pl. E.)	6	Grimault (R. M.)	19	Victor-Hugo (R.)	29
Briand (R. Aristide)	7	Môquet (R. Guy)	20	11-Novembre (R. du)	32
Château (R. du)	8			27-Otages (R. des)	33

XXX **Poêlon d'Or,** 30 bis r. 11-Novembre **(s)** ✆ 02 40 81 43 33, *Fax 02 40 81 43 33* – ▤. GB JCB
fermé 3 au 16 août, 1er au 8 mars, dim. soir et lundi – **Repas** 15,50/46 et carte 48 à 65 ♀.
◆ Une cuisine traditionnelle et l'incontournable spécialité de la ville, le Chateaubriant (filet de boeuf grillé), vous sont proposées dans cette salle à manger cossue.

XX **Auberge Bretonne** avec ch, 23 pl. Motte **(b)** ✆ 02 40 81 03 05, *Fax 02 40 28 37 51* – TV ✆. ⓓ GB JCB
Repas 13 bc/50 ♀ – ☕ 6 – **8 ch** 31/74 – ½ P 37.
◆ L'établissement occupe une maison de pays bien restaurée. Salle à manger actuelle où l'on vous servira une cuisine traditionnelle. Quelques chambres dotées d'un joli mobilier.

CHÂTEAU-CHINON *58120 Nièvre* 319 G9 *G. Bourgogne – 2 990 h alt. 510.*

Voir *Musée du Septennat★ – ✻★ du Calvaire – Promenade du Château★.*

ℹ *Office de tourisme, place NotreDame ✆ 03 86 85 06 58, Fax 03 86 85 06 58, otsi.chateau-chinon@wanadoo.fr.*

Paris 281 – Autun 39 – Clamecy 65 – Nevers 65.

🏠 **Vieux Morvan,** 8 pl. Gudin ✆ 03 86 85 05 01, *au-vieux-morvan@tiscali.fr, Fax 03 86 85 02 78,* ≤, 🍽 – TV ✆ P. GB
fermé 15 déc. au 15 janv. – **Repas** *(fermé dim. soir et lundi sauf juil.-août)* 15/41, enf. 8,50 ♀ – ☕ 10 – **24 ch** 45/61 – ½ P 49/55.
◆ Cet établissement fut rendu célèbre par les nombreuses visites de François Mitterrand, vous pourrez d'ailleurs demander " sa " chambre lors de la réservation ! Les tables de la salle à manger profitent d'une jolie vue sur le Morvan.

CHÂTEAU D'IF *13 B.-du-R.* 340 G6 *G. Provence.*

⛴ *au départ de* **Marseille** *pour le château d'If★★ (✻★★★) 20 mn.*

Demandez à votre libraire
le catalogue des ***publications Michelin***

CHÂTEAUDOUBLE *83300 Var* 340 N4 *G. Côte d'Azur – 381 h alt. 540.*

Voir *Site★ – ≤★ de la tour "sarrasine" – Gorges de Châteaudouble★.*

Paris 875 – Castellane 50 – Draguignan 14 – Fréjus 43 – Toulon 98.

XX **Château,** Pl. Vieille ✆ 04 94 70 90 05, *Fax 04 94 70 90 05,* 🍽 – GB
fermé vacances de Toussaint et le midi en juil.-août – **Repas** 30/43.
◆ Sièges provençaux design, tableaux modernes et cadre rustique en ce charmant restaurant situé dans un bourg médiéval surplombant les gorges de la Nartuby.

CHÂTEAU-DU-LOIR *72500 Sarthe* 310 L8 *– 5 148 h alt. 50.*

ℹ *Office de tourisme, 2 avenue Jean Jaurès ✆ 02 43 44 56 68, Fax 02 43 44 56 95, ot.loir.berce@wanadoo.fr.*

Paris 235 – La Flèche 41 – Langeais 47 – Le Mans 43 – Tours 42 – Vendôme 59.

🏠 **Grand Hôtel,** pl. Hôtel de Ville ✆ 02 43 44 00 17, *Fax 02 43 44 37 58* – TV. AE GB
fermé vacances de Noël – **Repas** *(fermé vend. soir, dim. soir et sam. du 1er nov. au 31 mars)* 19,50/44 ♀ – ☕ 6 – **18 ch** 45/52 – ½ P 82.
◆ Cet élégant immeuble en tuffeau (19e s.) abrite des chambres correctement équipées, rustiques ou actuelles ; elles sont plus calmes à l'annexe. Plaisant cachet "rétro" dans la salle à manger dotée d'un mobilier de type bistrot ; cuisine traditionnelle.

CHÂTEAUDUN ⟨SP⟩ *28200 E.-et-L.* 311 D7 *G. Châteaux de la Loire – 14 543 h alt. 140.*

Voir *Château★★ – Vieille ville★ : église de la Madeleine★ – Promenade du Mail ≤★ – Musée des Beaux-Arts et d'Histoire naturelle : Collection d'oiseaux★* **M.**

ℹ *Office de tourisme, 1 rue de Luynes ✆ 02 37 45 22 46, Fax 02 37 66 00 16, tourisme.chateaudun@wanadoo.fr.*

Paris 131 ① – Orléans 53 ② – Blois 57 ③ – Chartres 45 ① – Tours 94 ③.

Plan page ci-contre

XX **Aux Trois Pastoureaux,** 31 r. A Gillet ✆ 02 37 45 74 40, *restaurant@aux-trois-pastoureaux.fr, Fax 02 37 66 00 32,* 🍽 – AE ⓓ GB A s
fermé 25 déc. au 9 janv., merc. midi, dim. soir et lundi – **Repas** 20,20/42,30, enf. 10 ♀.
◆ Le mariage des styles Art déco et rustique caractérise le cadre confortable de cette maison connue comme étant la plus ancienne auberge de Châteaudun. Plats au goût du jour.

CHÂTEAUDUN

Cap-de-la-Madeleine (Pl.) .... **A** 3
Château (R. du) .... **A** 4
Cuirasserie (Rue de la) .... **A** 5
Dunois (Pl. J.-de) .... **A** 6
Gambetta (R.) .... **AB**
Guichet (R.du) .... **A** 7
Huileries (R. des) .... **A** 8
Luynes (R. de) .... **A** 10
Lyautey (R. Mar.) .... **A** 12
Porte d'Abas (R. de la) ..... **A** 14
République (R.) .... **AB**
St-Lubin (R.) .... **A** 18
St-Médard (R.) .... **A** 19
18-Octobre (Pl. du) .... **A** 21

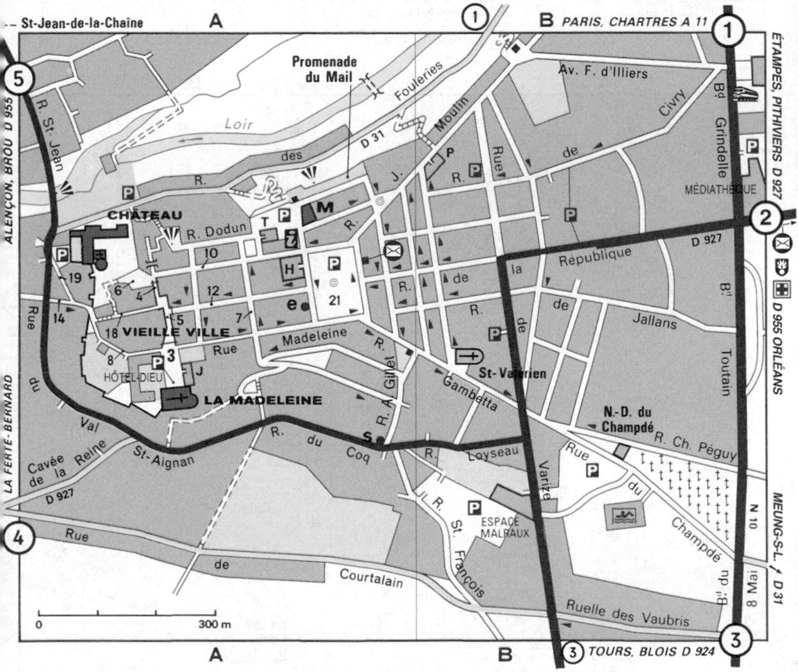

X **Licorne,** 6 pl. 18-Octobre ✆ 02 37 45 32 32, ☂ – ▤. GB **A e**
fermé 19 au 28 juin, 20 déc. au 15 janv., mardi soir et merc. – **Repas** 11,50/29.
◆ Il règne dans ce petit établissement une atmosphère décontractée. Restauration "à la bonne franquette" dans une salle à manger tout en longueur. Cuisine traditionnelle.

à Marboué *par ① sur N 10 : 5 km – 1 117 h. alt. 113 – ✉ 28200 :*

X **Toque Blanche,** ✆ 02 37 45 12 14, *Fax 02 37 45 12 14* – ▤. AE GB
fermé 15 sept. au 1er oct., fév., mardi soir et merc. – **Repas** 16,80/33,60, enf. 10.
◆ Restaurant d'étape situé en léger retrait d'une route passante. Deux salles à manger décorées dans un esprit discrètement campagnard. Cuisine traditionnelle simple.

CHÂTEAUFORT *78 Yvelines* 311 I3 101 ㉒ *– voir à Paris, Environs.*

CHÂTEAU-GONTIER SP *53200 Mayenne* 310 E8 *G. Châteaux de la Loire – 11 131 h alt. 33.*
Voir *Intérieur roman★ de l'église St-Jean-Baptiste.*
🛈 *Office de tourisme, quai d'Alsace ✆ 02 43 70 42 74, Fax 02 43 70 95 52, tourisme@sud-mayenne.com.*
Paris 288 ② – Angers 50 ③ – Châteaubriant 56 ⑤ – Laval 30 ① – Le Mans 95 ②.

Plan page suivante

Jardin des Arts ⛭, 5 r. A. Cahour ✆ 02 43 70 12 12, *jardin@art8.com, Fax 02 43 70 12 07*, ≤, ☂, ⛱ – TV 📞 P – 🏃 30. GB. ✗ **A e**
fermé 1er au 22 août et 20 déc. au 2 janv. – **Repas** *(fermé dim. et sam. midi)* 19/25 ♀ – ☕ 8 – **20 ch** 52/76 – ½ P 50/70.
◆ Ancienne sous-préfecture dont le beau jardin domine la Mayenne. Chambres spacieuses, salons abritant d'insolites billards, équipements informatiques et auditorium. Parquet, cheminée, boiseries d'origine et décoration moderne se côtoient au restaurant.

Alsace-Lorraine (Quai et R. d') **B** 2
Anjou (R. René d') . . . . **A**
Bourg-Roussel (R. du) . . . . **A** 5
Chevreul (R.) . . . . **A**
Coubertin (Q. P. de) . . . . **B** 7
Doumer (Pl. Paul) . . . . **A**
Enfer (R. d') . . . . **B** 8

Foch (Av. Mar.) . . . . **B** 9
Fouassier (R.) . . . . **A** 10
Français-Libres
(Rond-Point des) . . . . **A** 12
Gambetta (R.) . . . . **A** 14
Garnier (R.) . . . . **A**
Gaulle (Quai Ch. de) . . . . **B** 15
Homo (R. René) . . . . **A** 18
Joffre (Av. Mar.) . . . . **A** 20
Leclerc (R. de la Division) . . . . **A** 22
Lemonnier (R. Gén.) . . . . **B** 24

Lierru (R. de) . . . . **B** 25
Olivet (R. d') . . . . **A** 29
Pasteur (Quai) . . . . **B** 31
Pilori (Pl. du) . . . . **A** 33
Razilly (Av. de) . . . . **B**
République (Pl. de la) . . . . **A** 36
St-Jean (Pl.) . . . . **B** 39
St-Just (Pl.) . . . . **B** 40
St-Rémi (Pl.) . . . . **A**
Thiers (R.) . . . . **B**
Thionville (R. de) . . . . **B** 45

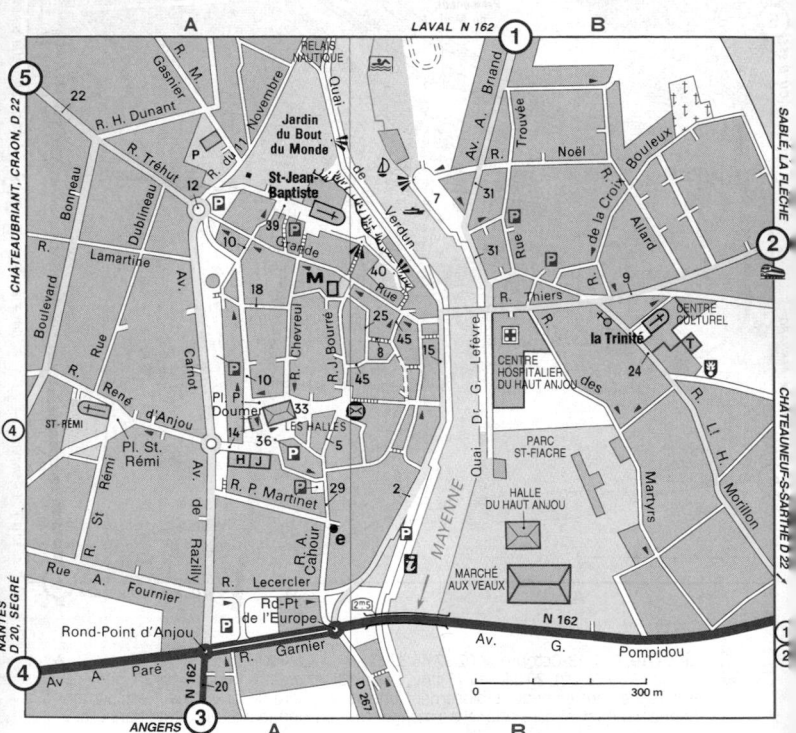

Parc Hôtel sans rest, 46 av. Joffre par ③ ℰ 02 43 07 28 41, *contact@parchotel.fr*, Fax 02 43 07 63 79, ⌀, ⚘, ♨ – ⇄ 📺 ✆ 🅿 – 🏦 25. 🆎 🌐
fermé 13 au 27 fév. – ⛳ 7 – **22 ch** 52/95.
♦ Maison de maître du 19e s. au cœur d'un parc. Cadre sans fioriture, mais de caractère : fer forgé, mobilier exotique, couleurs vives. Sept chambres dans les ex-écuries.

rte de Châteauneuf-sur-Sarthe *Sud-Est : 7 km par D 22 –* ✉ *53200 Coudray :*

🍴 **Amphitryon,** 2 rte Daon ℰ 02 43 70 46 46, *lamphitryon@wanadoo.fr*, Fax 02 43 70 42 93, 🌿 – 🌐
fermé 28 juin au 15 juil., 25 au 30 oct., 21 au 29 déc., 15 au 26 fév., dim. soir, mardi et merc. – **Repas** 16/25, enf. 9,50 ⛳.
♦ Il règne une agréable atmosphère bourgeoise dans cette maison du 19e s. située face à l'église du village. Tables joliment dressées ; cuisine mi-traditionnelle, mi-terroir.

CHÂTEAUMEILLANT 18370 Cher 323 J7 *G. Berry Limousin* – 2 058 h alt. 247.
Voir *Chœur★ de l'église St-Genès.*
🛈 *Office de tourisme, rue de la Victoire* ℰ 02 48 61 39 89, Fax 02 48 61 39 89, ot. chateaumeillant@wanadoo.fr.
Paris 313 – Argenton-sur-Creuse 58 – Châteauroux 55 – La Châtre 19 – Guéret 59.

XXX **Piet à Terre** (Finet) ⚭ avec ch, 21 rue du Château *ℰ* 02 48 61 41 74, *TFINET@wanadoo.f*
ⓔ *r, Fax* 02 48 61 41 88 – 🍽 rest, 🏧 📞 GB ✄
1er mars-11 nov. et fermé 1er au 7 sept., mardi sauf juil.-août, dim. soir et lundi. – **Repas**
(nombre de couverts limité, prévenir) 33,50/86 et carte 68 à 94 ♀ – ☕ 11,50 – **5 ch** 69/74.
    ◆ Faites de ce ravissant restaurant, situé au pied des vignes, votre pied-à-terre berrichon :
vous en repartirez du bon pied. Décor contemporain et savoureuse cuisine inventive.
Spéc. Tronçon de foie gras de canard au vieux balsamique (sauf été). Pigeon de ferme cuit
sur le foin. Opéra au chocolat. **Vins** Châteaumeillant, Quincy.

CHÂTEAUNEUF *21320 Côte-d'Or* **320** *H6 G. Bourgogne – 83 h alt. 475.*
    Voir *Site★ du village★ – Château★*.
    Paris 278 – Beaune 35 – Dijon 44 – Avallon 73 – Montbard 67.

🏠 **Hostellerie du Château** ⚭, *ℰ* 03 80 49 22 00, *hdc@hostellerie-chateauneuf.com*,
Fax 03 80 49 21 27, ≼, 🍽, 🖭 – 🕭. AE ① GB
fermé 1er déc. au 15 fév., merc. d'oct. à mars, lundi et mardi sauf juil.-août – **Repas** *(fermé
mardi midi)* 23/36 ♀ – ☕ 8 – **13 ch** 45/61, 4 suites – ½ P 52/64.
    ◆ À côté du château féodal, maison de caractère aux chambres rustiques personnalisées,
plus spacieuses dans l'annexe. Le jardin offre une jolie vue sur la forteresse. Lumineuse salle
à manger-véranda sagement campagnarde et terrasse d'été installée en façade.

CHÂTEAUNEUF *71 S.-et-L.* **320** *F12 – rattaché à Chauffailles.*

*Un automobiliste averti utilise le **Guide Michelin** de l'année.*

CHÂTEAUNEUF-DE-GALAURE *26330 Drôme* **332** *C2 – 1 276 h alt. 253.*
    Paris 531 – Valence 41 – Beaurepaire 19 – Romans-sur-Isère 27 – Tournon-sur-Rhône 25.

XX **Yves Leydier,** *ℰ* 04 75 68 68 02, *Fax* 04 75 68 66 19, 🍽, 🌳 – GB
fermé 2 au 28 fév., dim. soir sauf juil.-août, mardi soir et merc. – **Repas** carte 27 à 42,
enf. 10 ♀.
    ◆ Belle maison en galets de la Galaure. Au choix : salle à manger intime, véranda aux larges
baies vitrées ou terrasse ombragée surplombant le jardin fleuri.

CHÂTEAUNEUF-DU-FAOU *29520 Finistère* **308** *I5 G. Bretagne – 3 595 h alt. 130.*
    Voir *Domaine de Trévarez★ S : 6 km.*
    🛈 *Office de tourisme, place ar Segal ℰ* 02 98 81 83 90, *Fax* 02 98 81 79 30.
    Paris 526 – Quimper 38 – Brest 65 – Carhaix-Plouguer 23 – Châteaulin 24 – Morlaix 51.

🏠 **Relais de Cornouaille,** 9 r. Paul Sérusier, rte Carhaix *ℰ* 02 98 81 75 36, *relaiscornouaille*
⚭ *@wanadoo.fr, Fax* 02 98 81 81 32 – 🕭 🏧 📞 🕭 🖭 – 🕭 30. GB ✄
fermé oct. – **Repas** *(fermé dim. soir et sam.)* 13/34, enf. 8,50 ♀ – ☕ 6,50 – **29 ch** 38/49 –
½ P 42/44.
    ◆ Ambiance familiale dans cet hôtel dont le bar est fréquenté par une clientèle locale.
Chambres fonctionnelles, fraîches et bien tenues. Salle à manger sagement rustique,
accueil tout sourire et cuisine traditionnelle privilégiant les produits de la mer.

CHÂTEAUNEUF-DU-PAPE *84230 Vaucluse* **332** *B9 G. Provence – 2 078 h alt. 87.*
    Voir ≼★★ *du château des Papes.*
    🛈 *Office de tourisme, place du Portail ℰ* 04 90 83 71 08, *Fax* 04 90 83 50 34, *tourisme-
chato9-pape@wanadoo.fr.*
    Paris 667 – Avignon 19 – Alès 82 – Carpentras 22 – Orange 10 – Roquemaure 10.

XXX **Hostellerie Château des Fines Roches** ⚭ avec ch, rte Sorgues et voie privée
ℰ 04 90 83 70 23, *reservation@chateaufinesroches.com, Fax* 04 90 83 78 42, ≼ les vignes,
🍽, 🌳 – 🍽 🏧 AE ① GB ✄
fermé 21 nov. au 23 déc. – **Repas** 30/75 et carte environ 45 – ☕ 15 – **8 ch** 155/200 –
½ P 137,50/160.
    ◆ Étonnant château crénelé (19e s.) dominant le vignoble. Petites salles élégamment
décorées où l'on sert une cuisine aux saveurs régionales. Chambres agréables et spacieuses.

XX **Mère Germaine** avec ch, pl. Fontaine *ℰ* 04 90 83 54 37, *resa@lameregermaine.com,
Fax* 04 90 83 50 27, ≼, 🍽 – 🏧 🖭. GB ✄ ch
Repas *(fermé mardi soir, merc. soir et dim. soir sauf juil.-août)* 17 *(déj.)*, 22/85 bc ♀ – ☕ 8 –
8 ch 50/70 – ½ P 58/68.
    ◆ La Mère Germaine officiait jadis aux fourneaux de ce restaurant. La salle à manger, aux
couleurs du Sud, offre une belle vue sur les vignobles ; carte classique.

XX **Verger des Papes,** au Château   *04 90 83 50 40, vergerdespapes@wanadoo.fr,* Fax 04 90 83 79 93, ≤ le vignoble, le Luberon et Avignon, ⌂ – ▤, **GB**
fermé 20 déc. au 3 mars, dim. soir, lundi soir, mardi soir et merc. soir de nov. à mars –
Repas 18 (déj.)/24 ♈.
♦ Plaisant restaurant logé dans les remparts du château. Terrasse ombragée d'où l'on admire un splendide panorama. Caves gallo-romaines taillées dans le roc. Cuisine provençale.

X **Pistou,** 15 r. Joseph Ducos   *04 90 83 71 75, lepistou.ramos@wanadoo.fr,*
⊝ Fax 04 90 83 78 68 – **GB**
fermé 23 au 30 juin, janv., dim. soir et lundi – **Repas** *(fermé le soir de nov. à Pâques sauf sam.)* 15/26 ♈.
♦ Petite adresse située dans une ruelle menant à la forteresse papale. Sobre cadre rustique. Plats traditionnels et provençaux ou suggestions du jour à découvrir sur l'ardoise.

à l'Ouest *4 km par D 17 –* ✉ *84230 Châteauneuf-du-Pape :*

🏠 **Sommellerie,**   *04 90 83 50 00, la-sommellerie@wanadoo.fr, Fax 04 90 83 51 85,* ⌂ ,
⊒, ⇗ – ▤ rest, ▥ ▣ – ₰ 30. ⅍ ⓪ **GB** **JCB**, ⅌
fermé 2 au 31 janv., dim. soir et lundi de nov. à mars – **Repas** 29 (déj.), 42/75 – ⊊ 11 – **14 ch** 85/95 – ½ P 95/100.
♦ Au cœur du vignoble de Châteauneuf, bergerie du 17e s. joliment restaurée. Chambres fraîches, garnies de meubles campagnards. Beau jardin arboré. Coquettes salles à manger provençales et terrasse face à la piscine ; cuisine régionale et barbecues en été.

CHÂTEAUNEUF-EN-THYMERAIS 28170 E.-et-L. 📟 D4 – 2 423 h alt. 204.

🏌 *du Bois d'Ô à St-Maixme-Hauterive*   *02 37 51 04 61, O : 2 km par D 140.*
Paris 98 – Chartres 26 – Dreux 21 – Nogent-le-Rotrou 44 – Verneuil-Avre 32.

XX **L'Écritoire** (Pasquier) avec ch, 43 r. É. Vivier   *02 37 51 85 80, Fax 02 37 51 86 87,* ⌂ – **P.**
⊛ **GB**, ⅌ ch
fermé vacances de Toussaint, de fév., dim. soir, lundi et merc. sauf fériés – **Repas** *(nombre de couverts limité, prévenir)* 23 (déj.)/57 et carte 54 à 63 ♈ – ⊊ 7 – **5 ch** 45.
♦ Relais de poste du 16e s. au cachet préservé et cuisine subtile mariant produits du terroir et saveurs du monde. L'enseigne évoque l'écrivain public qui avait ici sa table.
Spéc. Langoustines en trois émotions (automne). Fricassée de lapin du Thymerais et homard au piment doux et noix (été). Agneau du Perche en trois accords (printemps).

CHÂTEAUNEUF-LE-ROUGE 13790 B.-du-R. 📟 I5 – 1 869 h alt. 230.

Paris 763 – Marseille 36 – Aix-en-Provence 14 – Aubagne 32 – Brignoles 46 – Rians 31.

🏠 **Galinière,** N 7 - rte St-Maximin : 2 km   *04 42 53 32 55, lagaliniere@aol.com, Fax 04 42 53 33 80,* ⌂ , ⊒, ⇗ – ▥ **P** – ₰ 15. ⅍ ⓪ **GB**
Repas 24,50/50, enf. 12 ♈ – ⊊ 9,70 – **18 ch** 52/75 – ½ P 72/77.
♦ Ferme des Templiers au 12e s., relais de poste au 18e s., ce domaine (parc de 15 ha) abrite aujourd'hui des chambres de style rustique et un centre équestre. Les salles à manger sont aménagées dans l'ex-bergerie ; décor campagnard et cuisine traditionnelle.

CHÂTEAUNEUF-SUR-SARTHE 49330 M.-et-L. 📟 G2 – 2 409 h alt. 20.

🛈 *Office de tourisme, quai de la Sarthe*   *02 41 69 82 89, Fax 02 41 69 82 89, tourismecha teauneufsursarthe@wanadoo.fr.*
Paris 278 – Angers 31 – Château-Gontier 25 – La Flèche 33.

🏠 **Les Ondines,** quai Sarthe   *02 41 69 84 38, Fax 02 41 69 83 59,* ⊝ – 🛗 ⅏ ▥ ⚐ **P.** ⅍
GB
fermé 20 fév. au 24 mars – **Repas** *(fermé dim. soir du 15 nov. au 19 mars)* (11) - 17/37 – ⊊ 6 – **24 ch** 40/61 – ½ P 41/44.
♦ Face au pont, à l'entrée du bourg. Atmosphère "seventies" préservée dans des chambres bien tenues ; les plus agréables donnent sur la Sarthe ou sur une cour. La jolie vue sur l'eau fait vite oublier le décor désuet de la salle à manger. Gril d'été.

XX **Auberge de la Sarthe** avec ch,   *02 41 69 85 29, Fax 02 41 76 68 85,* ≤, ⌂ – **GB**.
⅌ ch
fermé oct., dim. soir hors saison et lundi – **Repas** 11 (déj.), 18/36 – ⊊ 5 – **6 ch** 39/46 – ½ P 50.
♦ Bâtisse ancienne enfouie sous le lierre et dominant le cours de la Sarthe. Sur la terrasse au bord de l'eau, les clients apprécient la friture d'anguilles maison.

Si vous cherchez un hôtel tranquille,
consultez d'abord les cartes de l'introduction
ou repérez dans le texte les établissements indiqués avec le signe ⅏

CHÂTEAURENARD *13160 B.-du-R.* **340** *E2 G. Provence – 12 999 h alt. 37.*

Voir *Château féodal :* ✳★ *de la tour du Griffon.*

🛈 *Office de tourisme, 32 place de la République ℰ 02 38 95 39 53, Fax 02 38 95 39 53, otsi.chateau-renard@wanadoo.fr.*

Paris 692 – Avignon 10 – Carpentras 37 – Cavaillon 23 – Marseille 95 – Nîmes 44 – Orange 40.

✗ **Les Glycines** avec ch, 14 av. V. Hugo ℰ 04 90 94 10 66, Fax 04 90 94 78 10, � – 🖵 🔲.
GB
fermé 16 fév. au 8 mars, dim. soir et lundi – **Repas** (12) · 17/25, enf. 8 ⏚ – ⏗ 5 – **10 ch** 49 – ½ P 47.
◆ Trois salles à manger en enfilade, un patio couvert et une agréable petite terrasse d'été. Décor rustique simple et coloré, accueil familial et cuisine à l'accent régional.

CHÂTEAUROUX 🄿 *36000 Indre* **323** *G6 G. Berry Limousin – 49 632 h alt. 155.*

Voir *Déols : clocher★ de l'ancienne abbaye, sarcophage★ dans l'église St-Etienne.*

🏌 *du Val de l'Indre à Villedieu-sur-Indre ℰ 02 54 26 59 44, par ⑧ : 13 km;* 🏌 *les Dryades à Pouligny-Notre-Dame ℰ 02 54 06 60 67, par ⑧ : 14 km.*

🛈 *Office de tourisme, 1 place de la Gare ℰ 02 54 34 10 74, Fax 02 54 27 57 97, tourisme-chateauroux@wanadoo.fr.*

Paris 265 ① – Blois 101 ⑨ – Bourges 65 ② – Limoges 125 ⑥ – Tours 115 ⑧.

Plan page suivante

🏨 **Mercure**, r. V. Hugo ℰ 02 54 34 61 61, h1080@accor-hotels.com, Fax 02 54 27 69 51 – |≢|
⊱⊰ 🔲 🖵 📞 ₺ – 🖄 15 à 30. ஊ ◑ GB BY v
Repas *(fermé sam. sauf le soir en juil.-aout et dim.)* (15) · 21, enf. 6,50 ⏚ – ⏗ 9 – **60 ch** 67/78.
◆ Étape pratique, cet hôtel central abrite des chambres de bonne ampleur, fonctionnelles et bien insonorisées. Plaisante salle à manger avec jolies chaises, luminaires en fer forgé, voilages et stores aux couleurs ensoleillées ; cuisine traditionnelle.

🏨 **Elysée Hôtel** sans rest, 2 r. République ℰ 02 54 22 33 66, elysee36@wanadoo.fr, Fax 02 54 07 34 34 – |≢| ⊱⊰ 🔲 🖵 📞 ஊ ◑ GB JCB AY s
fermé 24 déc. au 2 janv. – ⏗ 7,50 – **18 ch** 46/59.
◆ Les chambres de cet immeuble centenaire sont personnalisées et bien tenues. Épris de littérature, le patron vous invite à découvrir les ouvrages de la bibliothèque du salon.

🏡 **Boischaut** sans rest, 135 av. La Châtre par ④ ℰ 02 54 22 22 34, hotel-boischaut@wanado o.fr, Fax 02 54 22 64 89 – |≢| 🔲 📞 🄿. ஊ ◑ GB X v
fermé 26 déc. au 2 janv. – ⏗ 5 – **27 ch** 34,50/48.
◆ Chambres régulièrement rénovées, garnies de meubles rustiques ou pratiques. Salon moderne et confortable, salle des petits-déjeuners éclairée par de larges baies.

✗✗ **Ciboulette**, 42 r. Grande ℰ 02 54 27 66 28, Fax 02 54 27 66 28 – GB BY e
fermé août, 24 déc. au 6 janv., dim., lundi et fériés – **Repas** (14) · 16/40, enf. 9 ⏚.
◆ Dans une ruelle pavée du vieux Châteauroux, accueillante devanture vitrée derrière laquelle s'abrite une lumineuse salle à manger. Cuisine au goût du jour ; vins au verre.

✗✗ **Lavoir de la Fonds Charles,** 26 r. Château-Raoul ℰ 02 54 27 11 16, Fax 02 54 60 02 22, � – GB AY n
fermé 4 au 24 août, sam. midi, dim. soir et lundi – **Repas** 17/32 ⏚.
◆ Dominé par le château Raoul, ce restaurant familial propose une carte traditionnelle à prix doux. Intérieur rustique, véranda et belle terrasse ombragée au bord de l'Indre.

rte de Paris *près Céré par ① : 6 km –* ⊠ *36130 Déols :*

🏨 **Relais St-Jacques,** ℰ 02 54 60 44 44, saint-jacques@wanadoo.fr, Fax 02 54 60 44 00, 🌴 – 🔲 rest, 🔲 📞 ₺ 🄿. ஊ ◑ GB
Repas *(fermé dim. soir)* 17,80/44,60 ⏚ – ⏗ 7,90 – **46 ch** 55,10/60,50 – ½ P 48,60/51,80.
◆ Jouxtant l'aérodrome de Déols au Nord de l'active cité berrichonne, construction des années 1970 renfermant des chambres équipées d'un mobilier fonctionnel. Au restaurant, cuisine classique aux accents régionaux à déguster dans une atmosphère feutrée.

par ② rte de Bourges sur N 151 *: 6 km –* ⊠ *36130 Montierchaume :*

🏡 **Les Ajoncs**, N 151 ℰ 02 54 26 93 93, Fax 02 54 26 93 85, � – ⊱⊰ 🔲 ₺ 🄿. – 🖄 20. ஊ GB
Repas *(fermé dim. soir)* 11,50/19 ⏚ – ⏗ 5,50 – **50 ch** 30/36,50 – ½ P 32,50.
◆ Cet hôtel situé sur la route d'Issoudun dispose de petites chambres pratiques très bien tenues. Expositions de tableaux renouvelées régulièrement. Cuisine traditionnelle et spécialités de couscous servies dans une sobre salle à manger, claire et fleurie.

à la Forge-de-l'Ile *par ④ : 6 km –* ⊠ *36330 Le Poinçonnet :*

🏡 **Auberge de l'Arc en Ciel** sans rest, Rte Montluçon ℰ 02 54 34 09 83, info@hotel-arc-e n-ciel.com, Fax 02 54 34 46 74 – 🔲 📞 🄿. 🖄 50. GB
fermé Noël au Jour de l'An – ⏗ 4,50 – **24 ch** 25/39.
◆ Avenante maison régionale disposant de confortables chambres au charme désuet ; la moitié d'entre elles donnent sur la campagne. Salon assez cossu pour le petit-déjeuner.

CHÂTEAUROUX

Albert Ier (R.) .... **BY** 2
Argenton (Av. d') .... **X** 4
Augras (R. E.) .... **X** 5
Auvergne (R. d') .... **X** 7
Bourdillon (R.) .... **BZ** 8
Bryas (Bd de) .... **X** 9
Cantrelle (R.) .... **ABZ** 10
Château-Raoul (R. du) .. **AY** 13
Châtre (Av. de la) .... **X, BZ** 14
Croix-Normand (Bd) .... **BZ** 17
Duchâteau (Av. G.) ...... **X** 18
États-Unis (R. des) .. **X, BY** 20
Fontaine-St-Germain (R.).. **X** 22
Fournier (R. A.) .... **BY** 23
Gallieni (R.) .... **BZ** 24
Gambetta (Pl.) .... **BY** 25
Gare (R. de la) .... **BY**
Gaulle (Av. du Gén. de). **X** 26
Grande (R.) .... **BY** 27
J.-J.-Rousseau (R.) .... **BY** 28
Jeux-Marins (Av. des) .. **X** 29
Kennedy (Av. J.-F.).. **X, AZ** 30
Ledru-Rollin (R.) ...... **BY** 31
Lemoine (Av. Marcel) **X, BY** 32
Marins (Av. des) .... **X, AY** 33
Marins (Bd des) .... **X, AY** 34
Mitterrand (Av. F.) .... **X** 35
Moulin-Neuf (Bd du) .... **X** 36
Palais-de-Justice (R. du)**ABZ** 37
Pont-Neuf (Av. du) .... **AY** 40
République (Pl. de la) .. **AY** 44
St-Denis (Bd).......... **X** 45
St-Luc (R.) .... **BY** 46
Ste-Hélène (Pl.) .... **X** 48
Tours (Av. de) .... **X** 50
Valle (Bd de la) .... **X** 51
Verdun (Av. de) .... **X** 52
Victoire
  et des Alliés (Pl. de la) **AY** 53
Victor-Hugo (R.) ...... **ABY** 54
3e-Rég.-Aviation-
  de-Chasse (R. du) ..... **X** 55
6-Juin 1944 Débarquement
  Allié (Av. du) .... **AY** 58

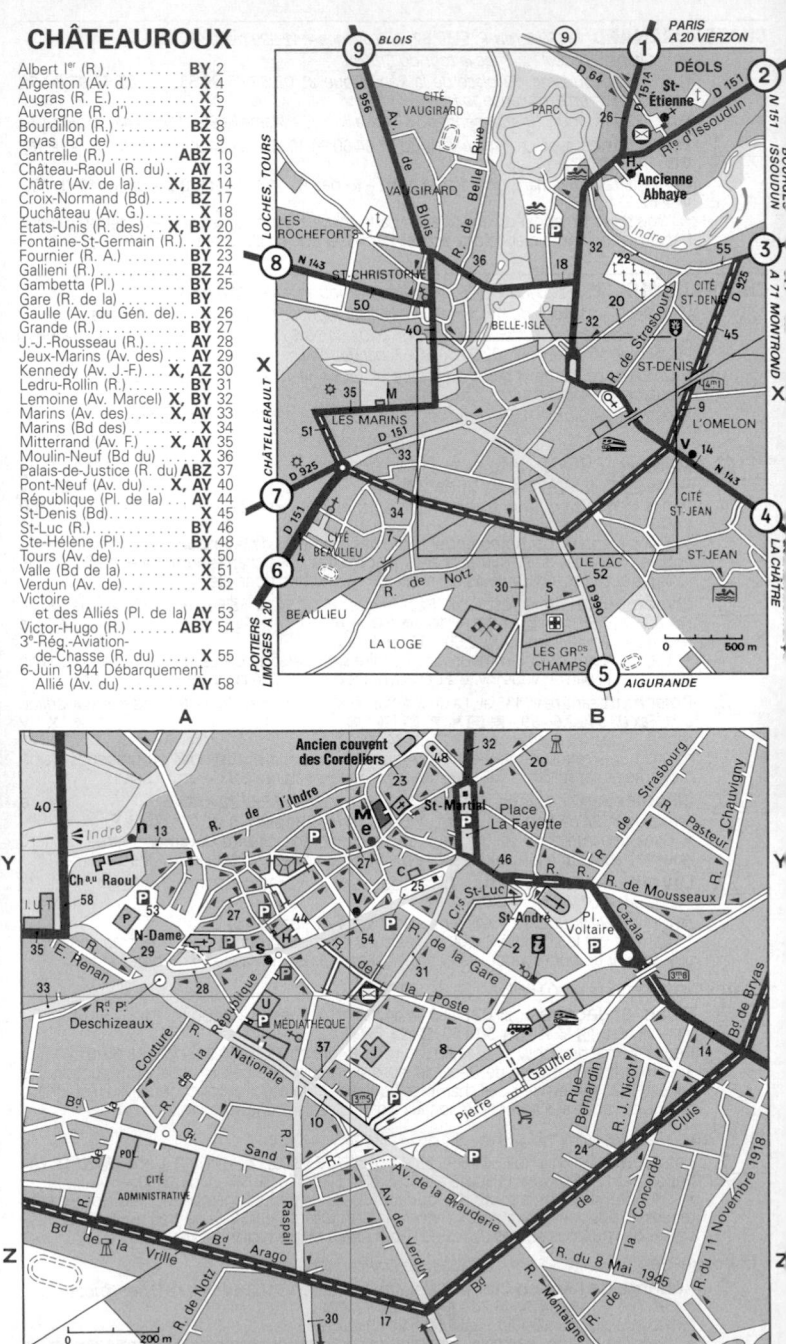

482

Le Poinçonnet par ⑤ : 6 km – 5 021 h. alt. 160 – ⊠ 36330 :

XX **Fin Gourmet**, 73 av. Forêt   🖉 02 54 35 40 17,   faim.gourmet@wanadoo.fr, Fax 02 54 35 47 20 – 🔳 **P**. GB
fermé 28 avril au 11 mai, 4 au 18 août, 3 au 13 janv., dim. soir et lundi – **Repas** 16 (déj.), 25/72.
◆ Cette discrète bâtisse de la périphérie dissimule un élégant intérieur contemporain : tons ocre et bleu, tableaux modernes et mise en place soignée. Cuisine au goût du jour.

rte de Limoges par ⑥ : 6 km – ⊠ 36250 St-Maur :

🏛 **Campanile,** 118 av. Occitanie 🖉 02 54 08 24 00,   chateaurouxsa@campanile.fr,
⊜ Fax 02 54 07 17 09, 😤, ⏚ – ✹⊁ 🔟 ⛄ & **P**. – 🏛 25. 🖭 ⑩ GB
Repas (12,50) - 14,50/18,50, enf. 6 ♀ – ☑ 5,50 – **43 ch** 60.
◆ Étape pratique sur la N 20, entre Champagne berrichonne et vallée de la Creuse. Les chambres, rénovées, sont simples et bien tenues. Mobilier néo-rustique et cuisine visible de tous dans une salle à manger sous poutres apparentes ; buffets et grillades.

CHÂTEAU-THÉBAUD 44690 Loire-Atl. 🗺️🔢🔢 H5 – 2 484 h alt. 58.
Paris 391 – Nantes 18 – Cholet 50 – La Roche-sur-Yon 59.

X **Auberge la Gaillotière,** rte Vertou, D 58 🖉 02 28 21 31 16, Fax 02 28 21 31 17 – GB
fermé mi-fév. à mi-mars, 2 au 12 août, mardi soir et merc. – **Repas** 13 (déj.), 17/24, enf. 10 ♀.
◆ Auberge isolée au milieu du vignoble nantais. Dans un cadre rustique sans fioriture, vous apprécierez sa cuisine traditionnelle autour d'un menu qui évolue au gré du marché.

CHÂTEAU-THIERRY ◈ 02400 Aisne 🗺️🔢🔢 C8 G. Champagne Ardenne – 14 967 h alt. 63.
Voir *Maison natale de La Fontaine* **A M** – *Vallée de la Marne★*.
🏌️ du Val Secret 🖉 03 23 83 07 25, par ① : 5 km.
🖪 Office de tourisme, 11 rue Vallée 🖉 03 23 83 10 14, Fax 03 23 83 14 74, otsi-château-thierry@wanadoo.fr.
Paris 95 – Reims 58 – Épernay 56 – Meaux 48 – Soissons 41 – Troyes 113.

🏛 **Ibis**, av. Gén. de Gaulle à Essômes-sur-Marne, Sud par D 969 : 2 km 🖉 03 23 83 10 10, h104 2@accor-hotels.com, Fax 03 23 83 45 23, 😤 – 🛉 ✹⊁ 🔟 & **P**. – 🏛 50. 🖭 ⑩ GB
Repas (12) - 18, enf. 5,50 ⅜ – ☑ 6 – **55 ch** 59.
◆ Chambres aux dernières normes de la chaîne ; calmes sur l'arrière, elles offrent à l'avant la vue sur le monument américain de la Cote 204 commémorant les combats de 1918. Le restaurant et la terrasse donnent sur un petit plan d'eau ; carte traditionnelle.

🏛 **Campanile,** av. Soissons 🖉 03 23 69 23 23,   chateauthierry@campanile.fr,
⊜ Fax 03 23 69 91 11, 😤 – ✹⊁ 🔟 ⛄ & **P**. – 🏛 25. 🖭 ⑩ GB 🃏
Repas (12,50) - 14,50/18,50, enf. 6 ♀ – ☑ 6,50 – **46 ch** 53.
◆ Près de l'autoroute, deux bâtisses récentes reliées par une terrasse couverte. Chambres typiques de la chaîne, fonctionnelles et bien tenues. Spacieuse salle des repas comprenant un espace largement non-fumeurs. Décor néo-rustique simple. Formules buffets.

XX **Auberge Jean de la Fontaine,** 10 r. Filoirs 🖉 03 23 83 63 89, infos@auberge-jean-de-la-fontaine.com, Fax 03 23 83 20 54, 😤 – 🖭 ⑩ GB
fermé 1er au 21 août, 1er au 16 janv., dim. soir et lundi – **Repas** 25/58 bc ♀.
◆ Hommage rendu au génial fabuliste dans cette petite salle de restaurant rustique où sont exposées des peintures sur bois illustrant quelques-unes de ses oeuvres.

X **Estoril,** 1 pl. Granges 🖉 03 23 83 64 16, Fax 03 23 83 77 08 – ⑩ GB
fermé 16 août au 1er sept., dim. soir et lundi – **Repas** (10) - 19/36, enf. 7,50 ♀.
◆ Clin d'oeil au Portugal dans le décor de ce restaurant (azulejos et couleurs ensoleillées) proposant spécialités lusitaniennes et plats traditionnels.

CHÂTEL 74390 H.-Savoie 🗺️🔢🔢 O3 G. Alpes du Nord – 1 190 h alt. 1180 – Sports d'hiver : 1 200/
2 100 m ✚ 2 ⬘52 ⬙.
Voir *Site★ – Lac du pas de Morgins★* S : 3 km.
🖪 Office de tourisme, Chef Lieu 🖉 04 50 73 22 44, Fax 04 50 73 22 87, touristoffice@chatel.com.
Paris 578 – Thonon-les-Bains 39 – Annecy 113 – Évian-les-Bains 34 – Morzine 38.

🏰 **Macchi,** 🖉 04 50 73 24 12, elisabeth@hotelmachi.com, Fax 04 50 73 27 25, ≤, 😤, ▟, 🔲 – 🛉 🔟 ⛄ ⟿ **P**. ⑩ GB. ⋇ rest
20 juin-10 sept. et 15 déc.-15 avril – **Repas** (dîner seul.)(½ pens. seul. en hiver) 19, enf. 10 ♀ – ☑ 13 – **32 ch** 120/140 – ½ P 92/113.
◆ Agréable chalet décoré à l'autrichienne abritant des chambres dont les balcons finement ouvragés donnent sur la vallée d'Abondance ; certaines sont rénovées. Raclettes et fondues à déguster dans un cadre savoyard ou carte et décor plus classiques.

🏨 **Fleur de Neige,** ℰ 04 50 73 20 10, *information@hotel-fleurdeneige.fr,*
Fax 04 50 73 24 55, ≼, 佘, ₺6, 🌊, ≂ – 📺 ✔ ℙ. 🄰🄴 🄶🄱
19 juin-1er sept. et 17 déc.-4 avril – **La Grive Gourmande** *(dîner seul. en hiver) (fermé lundi en hiver)* **Repas** 35/70 ♈, enf. 17,50 ♈ – ≊ 10 – **37 ch** 91/110 – ½ P 75/89.
◆ Chalet à flanc de montagne. Les chambres sont de tailles différentes et diversement meublées. Bar réchauffé par une cheminée, espace fitness. À la Grive Gourmande, confortable salle à manger en rotonde, panorama sur les alpages et cuisine au goût du jour.

🏠 **Kandahar** ⌂, Sud-Ouest : 1,5 km par rte Béchigne ℰ 04 50 73 30 60, *lekandahar@wana doo.fr,* Fax 04 50 73 25 17, 佘, ₺6, ≂ – cuisinette 📺 ℙ. 🄶🄱
fermé 12 avril au 8 mai, 6 au 22 juin et 1er nov. au 21 déc. – **Repas** *(fermé dim. soir et lundi)* 14/32 ♈ – ≊ 8 – **8 ch** 38/60, 14 studios – ½ P 46/63.
◆ Accueillante adresse familiale composée d'un chalet-hôtel rustique et d'une résidence hébergeant de confortables studios. Navettes pour le Linga. Cuisine régionale servie dans un chaleureux décor : mobilier campagnard, comtoise, cuivres rutilants et cheminée.

🏠 **Triolets** ⌂, rte Petit Châtel ℰ 04 50 73 20 28, *info@lestriolets.com,* Fax 04 50 73 24 10, ≼ vallée et montagnes, 🔲 – 📺 ✔ ℙ. 🄰🄴 🄶🄱, ⌘ rest
30 juin-31 août et 20 déc.-31 mars – **Repas** *(dîner seul.)* 21/30 ♈ – ≊ 11 – **20 ch** 70/123 – ½ P 75/84.
◆ Surplombant la station et bénéficiant d'un environnement calme, sympathique chalet aux chambres un peu anciennes mais bien tenues. Le bâtiment annexe abrite une piscine. Restaurant panoramique et terrasse orientée plein Sud. Plats typiquement chablaisiens.

🍴 **Vieux Four,** ℰ 04 50 73 30 56, Fax 04 50 73 38 12, 佘 – ℙ. 🄶🄱
19 juin-5 sept., 13 déc.-24 avril et fermé lundi – **Repas** 14/35, enf. 8,50.
◆ Ferme (1852), puis première boulangerie de Châtel au début du 20e s. et enfin chaleureux restaurant savoyard où l'on prend son repas au beau milieu des crèches de l'étable.

🍴 **Ripaille,** au Linga Sud-Ouest : 2 km ℰ 04 50 73 32 14, Fax 04 50 73 20 21, 佘 – ℙ. 🄶🄱
1er juil.-15 sept., 15 déc.-15 avril et fermé lundi – **Repas** 16/35, enf. 8 ♈.
◆ La façade ne paye pas de mine, mais les ripailleurs ne s'y trompent pas : ici, les spécialités du pays sont copieusement servies ! On propose également une carte de pizzas.

CHÂTELAILLON-PLAGE 17340 Char.-Mar. 🇩🇪 D3 G. Poitou Vendée Charentes – 5 625 h alt. 3 – Casino.
🛈 Office de tourisme, 5 avenue de Strasbourg ℰ 05 46 56 26 97, Fax 05 46 56 09 49, *office-tourisme@chatelaillon-plage.fr.*
Paris 482 – La Rochelle 19 – Niort 74 – Rochefort 22 – Surgères 29.

🏠 **Ibis** ⌂, à la Falaise, 1,5 km ℰ 05 46 56 35 35, Fax 05 46 56 33 44, ≼, 佘 – 📶 ⬅ 📺 ✔ ℙ – 🐾 25. 🄰🄴 🄾 🄶🄱
Repas *(15,30)* - 18,90, enf. 6,20 ₺ – ≊ 7,50 – **70 ch** 86/95.
◆ Ce bâtiment moderne héberge un centre de thalassothérapie. Chambres assez spacieuses, avant tout pratiques. Promenades ou bains de soleil sur la plage. Le restaurant et sa terrasse sont tournés vers l'Atlantique. Menu diététique et carte "Ibis" traditionnelle.

🏠 **Majestic Hôtel,** bd République ℰ 05 46 56 20 53, *majestic.chatelaillon@wanadoo.fr,* Fax 05 46 56 29 24, 佘 – 📺 ✔ 🄰🄴 🄶🄱
Repas *(fermé 2 au 18 janv.)* *(12)* -18,50/40, enf. 9 ♈ – ≊ 8 – **34 ch** 61/115 – ½ P 56,50/83,50.
◆ Au coeur de la station, belle façade des années 1920 abritant des chambres progressivement rénovées dans un esprit actuel et très simplement meublées. Mobilier en rotin et joli décor "rétro" dans la salle à manger. Carte privilégiant les produits de la mer.

🏠 **Plage,** bd Mer ℰ 05 46 56 26 02, *hotelaplage-chatel@wanadoo.fr,* Fax 05 46 56 01 29, ≼ – 📺 ℙ. 🄶🄱
Repas *(fermé dim. soir et lundi)* 15/25 ♈ – ≊ 6,50 – **10 ch** 50/70 – ½ P 40/55.
◆ Discrète maison régionale bâtie sur le front de mer. Confort simple mais tenue sans reproche dans les petites chambres ; cinq d'entre elles donnent sur le rivage. Les grandes baies vitrées de la sobre salle à manger offrent le spectacle de l'océan.

🍴🍴 **Acadie St-Victor** avec ch, 35 bd Mer ℰ 05 46 56 25 13, *stvictor@wanadoo.fr,* Fax 05 46 56 25 12, ≼ – 📺 ✔ 🄰🄴 🄶🄱
fermé 22 fév. au 12 mars, 17 oct. au 12 nov., vend. soir d'oct. avril (sauf hôtel), dim. soir et lundi hors saison – **Repas** *(13,50)* -18/32, enf. 9 – ≊ 6 – **13 ch** 44/52 – ½ P 49/56.
◆ Belle vue sur l'océan depuis ce restaurant bâti face à la plage. Intérieur contemporain rafraîchi et cuisine axée sur les produits de la mer. Chambres simples et pratiques.

🍴 **Les Flots** avec ch, 52 bd Mer ℰ 05 46 56 23 42, Fax 05 46 56 99 37, ≼, 佘 – 📺 📺 ✔ ℙ – 🐾 20.
fermé 5 déc. au 2 fév. – **Repas** *(fermé mardi)* 23 ♈ – ≊ 8 – **11 ch** 68/83 – ½ P 63/70.
◆ Décor marin dans une plaisante salle à manger de type bistrot ouverte sur l'immense plage. Goûteuse cuisine océane mitonnée au gré du marché. Chambres actuelles.

Le CHÂTELET *18170 Cher* **323** *J7 – 1 104 h alt. 200.*

Paris 301 – Argenton-sur-Creuse 66 – Bourges 54 – Châteauroux 55.

à Orsan *Nord-Ouest : 7 km par D 951 et D 65, rte de Lignères –* ✉ *18170 Maisonnais :*

🏠 **Maison d'Orsan** ⟨⟩, ℰ 02 48 56 27 50, Fax 02 48 56 39 64, ≤, 🐎 – 📞 🅿, ⊝. ❄ ch
3 avril-1er nov. – **Repas** *(fermé le midi en avril, sept., oct. sauf week-ends et fériés) (33) -*
45/55 ♀ – ⊑ 18 – **6 ch** 190/225 – ½ P 143/168.
◆ Délicieuse étape dans un prieuré du 17e s. : réfectoire et dortoir transformés en ravissantes chambres contemporaines, exquise tonnelle et jardins monastiques recomposés.
Dans l'assiette, produits du potager et du marché. Boutique et salon de thé.

CHÂTELGUYON *63140 P.-de-D.* **326** *F7 G. Auvergne – 5 241 h alt. 430 – Stat. therm. (début mai-
fin sept.) – Casino* **B**.

🛈 *Office de tourisme, 1 avenue de l'Europe* ℰ *04 73 86 01 17, Fax 04 73 86 27 03,
ot.chatelguyon@wanadoo.fr.*

Paris 411 ① – Clermont-Ferrand 21 ① – Gannat 31 ① – Vichy 43 ① – Volvic 11 ②.

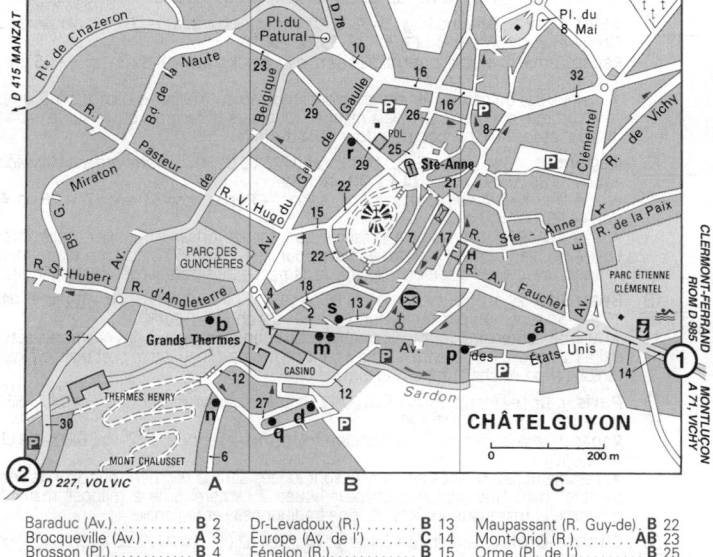

Baraduc (Av.)	**B** 2	Dr-Levadoux (R.)	**B** 13	Maupassant (R. Guy-de)	**B** 22
Brocqueville (Av.)	**A** 3	Europe (Av. de l')	**C** 14	Mont-Oriol (R.)	**AB** 23
Brosson (Pl.)	**B** 4	Fénelon (R.)	**B** 15	Orme (Pl. de l')	**B** 25
Chalusset (R. du)	**A** 6	Groslier (R. J.)	**B** 16	Ormeau (R. de l')	**B** 26
Château (R. du)	**B** 7	Hôtel-de-Ville		Punett (R. A.)	**B** 27
Commerce (R. du)	**C** 8	(R. de l')	**B** 17	Remparts (R. des)	**B** 29
Coulon (R. Roger)	**B** 10	Lacroix (R.)	**B** 18	Russie (Av. de)	**A** 30
Dr-Gübler (R.)	**B** 12	Marché (Pl. du)	**B** 21	Thermal (Bd)	**C** 32

 Thermalia, av. Baraduc ℰ 04 73 86 00 11, *phdrougard@lareposeraie.com,*
Fax 04 73 86 21 97 – 🔄 📺 📞 – ⛓ 25. 🆎 ⊝. ❄ **B m**
fermé 15 déc. au 15 janv. – **Repas** *(fermé sam. midi, dim. soir et vend. d'oct. à mars)* 12
(déj.), 16,50/29,50, enf. 7,90 ♀ – ⊑ 6,40 – **30 ch** 52/56 – P 56,50.
◆ Hôtel composé de deux bâtiments (dont une ex-maison de cure) séparés par un jardin-
terrasse fleuri et ombragé par des marronniers. Chambres sobres. Décor Belle Époque
préservé dans la salle à manger, recettes traditionnelles et menus diététiques.

 Splendid, 5-7 r. Angleterre ℰ 04 73 86 04 80, *contact@splendid-resort.com,*
Fax 04 73 86 17 56, 🍴, ⅃, ⚕ – 🔄 ⤢ 📺 🅿 – ⛓ 40. 🆎 ⊙ ⊝. ❄ rest **A b**
fermé 18 au 28 déc. – **Repas** *(fermé sam. et dim. du 1er nov. au 31 mars.)* 14/39 ♀ – ⊑ 9 –
75 ch 52/90 – ½ P 56/66.
◆ Guy de Maupassant fréquenta régulièrement cet ancien palace bâti en 1872 et a laissé
son nom à l'un des salons. Ambiance et décor délicieusement "rétro" dans les chambres.
Majestueuse salle à manger du 19e s. : colonnes, belle cheminée en bois sculpté, etc.

🏨 **Mont Chalusset** ⑤, r. A. Punett   ℰ 04 73 86 00 17, *hotel-montchalusset@massifcentral*   B q
.net, Fax 04 73 86 22 94, ≼, ଛ – ⋈ ⊡, ⅍ ⊕ ⊖, ⅍ rest
Repas *(fermé sam. et dim. en hiver)* (13,50) - 17,50/42, enf. 11,50 ♀ – ⋷ 9 – **40 ch** 68/96 –
P 79/87.
  ♦ Ambiance familiale dans cette bâtisse centenaire adossée au mont Chalusset. Les chambres, bien tenues et équipées d'un mobilier varié, sont parfois dotées de balcons. Restaurant à la mode des années 1970 ; recettes traditionnelles, régionales ou diététiques.

🏨 **Bellevue** ⑤, 4 r. A. Punett   ℰ 04 73 86 07 62, *hotel-bellevue.chatelguyon@wanadoo.fr*,   B d
Fax 04 73 86 02 56, ≼ – ⋈ ⊡, ⅍ ⊖, ⅍ rest
hôtel: 1ᵉʳ avril-2 nov. ; rest.: 28 avril-27 sept. – **Repas** 18/30, enf. 7 – ⋷ 9 – **38 ch** 42/65 –
P 68/82.
  ♦ Hôtel des années 1930 surplombant la petite station thermale du pays brayaud. Les chambres, fonctionnelles et fraîches, sont plus grandes en façade. La salle de restaurant offre une agréable vue sur Châtelguyon. Cuisine d'inspiration régionale.

🏨 **Hirondelles,** av. États-Unis   ℰ 04 73 86 09 11, *hotel.hirondelles@wanadoo.fr*,   B p
⑤   Fax 04 73 86 48 38, ଛ, ⅍ – ⊡ ⅍ ⊡, ⅍ ⊕ ⊖, ⅍ rest
24 avril-10 oct. – **Repas** *(2 mai-29 sept.)* (12) - 14/30 ⅃ – ⋷ 7,50 – **30 ch** 38/62 – P 48/60.
  ♦ Le bâtiment principal abrite des chambres pratiques bénéficiant d'un double vitrage ; à l'annexe, elles donnent sur un plaisant jardin. Minigolf, billard, fitness. Repas traditionnels et menus auvergnats servis auprès d'une cheminée ou sur la terrasse fleurie.

🏨 **Bains,** av. Baraduc   ℰ 04 73 86 07 97, *les.bains.hotel.chatelguyon@wanadoo.fr*,   B m
Fax 04 73 86 11 56 – ⋈ ⅍ ⊡ ⅍ – ⅍ 35. ⅍ ⊕ ⊖
Repas *(fermé dim. soir, lundi midi et sam. midi d'oct. à avril)* 16/32 ♀ – ⋷ 9 – **35 ch** 50/58 –
P 58.
  ♦ À deux pas du casino. Petites chambres récemment rénovées côté avenue, ampleur et style rustique côté cour. La salle à manger, tout juste redécorée, ouvre sur le patio ; menu "terroir" et formule concoctée autour de la truffade.

🏨 **Régence,** 31 av. États-Unis   ℰ 04 73 86 02 60, *hotel-regence3@wanadoo.fr*,   C a
Fax 04 73 86 02 49, ଛ – ⋈ ⊡ ⅍ ⊖, ⅍ rest
fermé janv.-fév., lundi et mardi hors saison – **Repas** 16,50/33 – ⋷ 7 – **26 ch** 40/46 –
½ P 44,50.
  ♦ Bâti en 1903, cet hôtel a préservé son cachet originel (mobilier, belle cheminée). Chambres bien tenues. Navette gratuite pour les thermes. Chaleureuse salle à manger où l'on sert une cuisine traditionnelle et, à la demande, des plats allégés et diététiques.

🏨 **Beau Site** ⑤, r. Chalusset   ℰ 04 73 86 00 49, Fax 04 73 86 14 61, ଛ – ⊡ ⅍ ⅍ ⊖   A n
⑤   *1ᵉʳ mai-30 sept.* – **Repas** 12/18, enf. 7 – ⋷ 6 – **29 ch** 36 – P 50/80.
  ♦ Maison centenaire dont le vénérable escalier en bois mène à des chambres actuelles et claires. L'annexe est récente. Jardin à flanc de colline. Menu "terroir" et plats typiques de la région : tripoux, charcuteries et fromages.

🏨 **Paris,** r. Dr Levadoux   ℰ 04 73 86 00 12, *hotel.de.paris@wanadoo.fr*, Fax 04 73 86 43 55 –
⑤   ⋈, ⊟ rest, ⊡ ⅍ – ⅍ 30. ⅍ ⊖   B s
Repas *(fermé jeudi d'oct. à avril et dim. soir de mai à sept.)* 15/31 ♀ – ⋷ 6,60 – **59 ch** 34/53
– P 52/104.
  ♦ Les chambres, refaites peu à peu, sont logées dans le bâtiment principal de l'établisse- ment et dans une ancienne chapelle située à l'arrière. Salle à manger mariant décor moderne et matériaux anciens ; cuisine traditionnelle et régionale.

🏨 **Chante-Grelet,** av. Gén. de Gaulle   ℰ 04 73 86 02 05, Fax 04 73 86 48 58, ଛ – ⅍ ⊡ ⅍
⑤   ⋑, ⊖, ⅍ rest   B r
2 mai-30 sept. – **Repas** 13/25 ♀ – ⋷ 7 – **35 ch** 35/45 – P 57/60.
  ♦ Établissement des années 1960 offrant des chambres simples et bien tenues, qui ont conservé leur mobilier initial ; la moitié d'entre elles donnent sur le jardin ombragé. Décor agreste un peu sombre au restaurant et cuisine traditionnelle sans prétention.

CHÂTELLERAULT   ⑤ 86100 Vienne ⓷⓷⓷ J4 G. *Poitou Vendée Charentes* – 34 126 h alt. 52.
  🛈 *Office de tourisme, 2 avenue Treuille* ℰ *05 49 21 05 47, Fax 05 49 02 03 26, contact@cc pays-chatelleraudais.fr.*
  Paris 304 ① – *Poitiers* 36 ③ – *Châteauroux* 98 ② – *Cholet* 134 ④ – *Tours* 71 ①.

Plan page ci-contre

🏨 **Grand Hôtel Moderne,** 74 bd Blossac   ℰ 05 49 93 33 00, *grand.hotel.moderne@wanad*
⑤   *oo.fr*, Fax 05 49 93 25 19 – ⋈, ⊟ rest, ⊡ ⅍ ⋑, ⅍ ⊕ ⊖   BY n
Charmille *(fermé 19 déc. au 2 janv., sam. midi, dim. et lundi)* **Repas** 24/46 – **Grill** *(fermé 19 déc. au 2 janv., vend. soir, sam. soir et dim.)* **Repas** 12/22 – ⋷ 10 – **24 ch** 70/140.
  ♦ Tout près de l'hôtel de ville, bel édifice du début du 20ᵉ s. Les chambres, progressive- ment rénovées, adoptent des styles différents (actuel, ethnique, etc.). Cadre bourgeois et cuisine classique à la Charmille. Salle rustique et plats traditionnels au Grill.

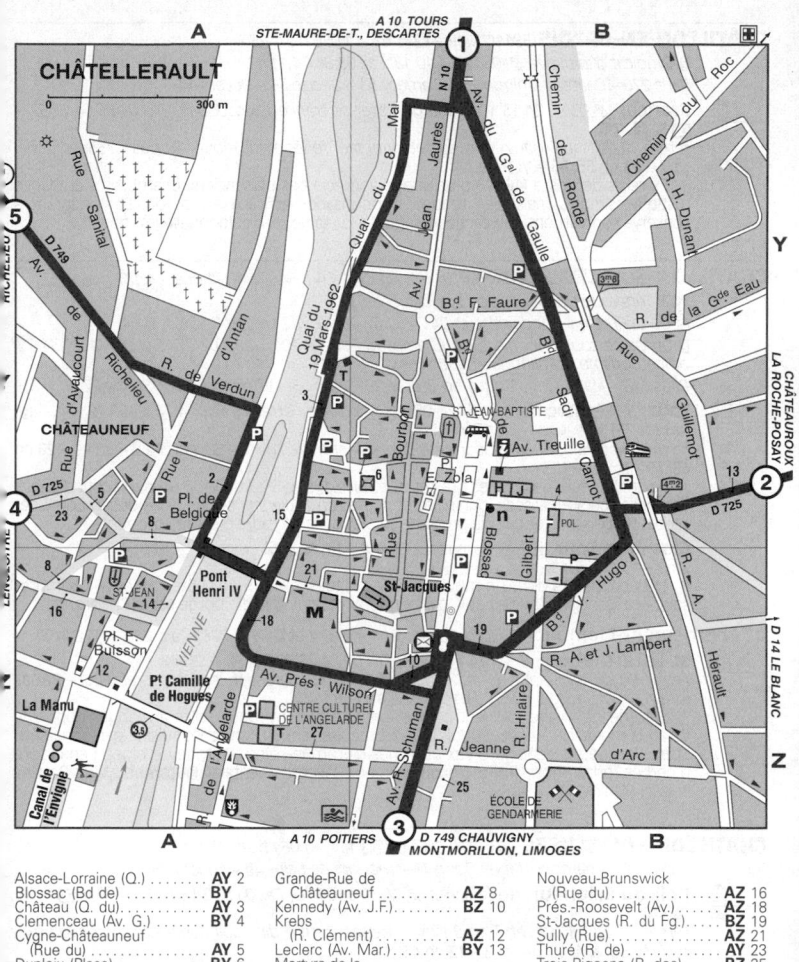

CHÂTELLERAULT

Alsace-Lorraine (Q.)	**AY** 2	Grande-Rue de		Nouveau-Brunswick	
Blossac (Bd de)	**BY**	Châteauneuf	**AZ** 8	(Rue du)	**AZ** 16
Château (Q. du)	**AY** 3	Kennedy (Av. J.F.)	**BZ** 10	Prés.-Roosevelt (Av.)	**AZ** 18
Clemenceau (Av. G.)	**BY** 4	Krebs		St-Jacques (R. du Fg)	**BZ** 19
Cygne-Châteauneuf		(R. Clément)	**AZ** 12	Sully (Rue)	**AZ** 21
(Rue du)	**AY** 5	Leclerc (Av. Mar.)	**BY** 13	Thuré (R. de)	**AY** 23
Dupleix (Place)	**BY** 6	Martyrs-de-la-		Trois-Pigeons (R. des)	**BZ** 25
Gaudeau-Lerpinière		Résistance (Q. des)	**AZ** 14	Villeneuve	
(Rue)	**AY** 7	Napoléon-1er (Quai)	**AY** 15	(R. Chanoine-de)	**AZ** 27

🏠 **Ibis**, av. C. Pagé, par ③ : 3 km ✆ 05 49 02 18 18, _H0610@accor-hotels.com_, Fax 05 49 02 01 79 – 🛏 ✦ 🖃 TV 📞 – 🔬 20 à 40. AE ⓞ GB JCB
Brasserie ✆ 05 49 02 18 19 **Repas** _(12,20)_-21/27, enf. 7,40 ♀ – 🖵 6 – **72 ch** 57.
♦ Construction cubique jouxtant un centre commercial. Confort pratique dans des chambres colorées mises aux dernières normes de la chaîne. Bonne insonorisation. Fruits de mer et plats alsaciens servis dans un cadre dominé par le bois.

à Naintré _par ③ : 9 km sur N 10 – 5 293 h. alt. 73 –_ ⊠ _86530 :_

XX **Grilllade**, ✆ 05 49 90 03 42, Fax 05 49 90 06 75, 😀, 🌳 – **P**. GB
⊖ _fermé 8 au 22 août, dim. soir, mardi soir et merc. soir du 15 nov. au 15 mars –_ **Repas** 14,50/33,50 ♀.
♦ Bâtisse de type chaumière disposant d'une salle à manger en rotonde sous charpente. Carte traditionnelle, rôtisserie et grillades au feu de bois ; vins de Loire à l'honneur.

Si vous cherchez un hôtel tranquille,
consultez d'abord les cartes de l'introduction
ou repérez dans le texte les établissements indiqués avec le signe ✏

CHÂTILLON-EN-BAZOIS 58110 Nièvre **319** E9 – 1 056 h alt. 250.

🛈 Syndicat d'initiative 🖉 03 86 84 10 18, Fax 03 86 84 11 43.

Paris 276 – Château-Chinon 25 – Clamecy 53 – Decize 34 – Nevers 40.

🏡 **France,** 🖉 03 86 84 13 10, auberge-hotel-de-france@wanadoo.fr, Fax 03 86 84 14 32 –
📺 🕻 🄿. ㏄
fermé 19 déc. au 26 janv., dim. soir et lundi sauf fériés et juil.-août – **Repas** 17/33, enf. 10 –
�🍽 7 – **13 ch** 55/85 – ½ P 49.
* Ex-relais de poste (16ᵉ s.) d'un village apprécié des plaisanciers. Chambres à tendance rustique, simples mais bien tenues. Insonorisation efficace en façade. Le restaurant a conservé son authentique cachet campagnard ; table mi-traditionnelle, mi-terroir.

CHÂTILLON-SUR-CHALARONNE 01400 Ain **328** C4 G. Vallée du Rhône – 4 137 h alt. 177.

Voir Triptyque★ dans l'ancien hôpital.

🛈 de La Bresse à Condeissiat 🖉 04 74 51 42 09, NE : 12 km par D 936 et D 64.

🛈 Office de tourisme, place du Champ de Foire 🖉 04 74 55 02 27, Fax 04 74 55 34 78, officetourisme.chatillon@wanadoo.fr.

Paris 418 – Mâcon 28 – Bourg-en-Bresse 28 – Lyon 55 – Villefranche-sur-Saône 27.

🏨 **Tour,** pl. République 🖉 04 74 55 05 12, hotellatour@free.fr, Fax 04 74 55 09 19, 🏤 – 📱,
▤ rest, 📺 🕻 ὦ. ㏄ – 🔏 15. ㏄
fermé 19 au 28 déc. – **Repas** (fermé dim. soir et merc.) (18) - 23/58, enf. 13 ⌾ – ⍽ 10 – **20 ch**
68/75 – ½ P 71/103.
* Cette demeure en briques, pierres et colombages (15ᵉ s.) doit son nom à sa tour d'angle. Chambres personnalisées, originales et hautes en couleurs ; boutique de décoration. Spécialités de poissons et cuisine bressane servies dans un cadre d'esprit baroque.

Clos de la Tour 🏨 ฿ sans rest., 🔟, 🌳 – 📺 🕻 ὦ 🄿
⍽ 9 – **15 ch** 95/115.
* Trois bâtiments dont un moulin du 16ᵉ s. situés à 200 m de l'hôtel principal. Chambres soignées associant l'ancien et le contemporain et grand jardin bordé par la Chalaronne.

à l'Abergement-Clémenciat Nord-Ouest : 5 km par D 7 et D 64ᶜ – 728 h. alt. 250 – ✉ 01400 :

🍴 **St-Lazare** (Bidard), 🖉 04 74 24 00 23, Fax 04 74 24 00 62, 🏤 – ㏂ ㏄
✿ fermé 20 juil. au 5 août, 15 au 25 nov., 15 fév. au 3 mars, dim. soir, merc. et jeudi – **Repas** (prévenir) (27) - 30 (déj.), 35/70 et carte 54 à 71, enf. 20.
* Épicerie de village joliment convertie en restaurant. Deux salles à manger dont une véranda moderne ouverte sur un jardinet méditerranéen. Goûteuse cuisine personnalisée. **Spéc.** Tournedos de sandre aux pistaches (automne-hiver). Poitrine de pigeon en croûte d'herbes (printemps). Poire croustillante aux saveurs orientales (automne). **Vins** Pouilly-Fuissé, Manicle.

CHÂTILLON-SUR-CLUSES 74300 H.-Savoie **328** M4 – 1 061 h alt. 730.

Paris 576 – Chamonix-Mont-Blanc 47 – Thonon-les-Bains 49 – Annecy 63.

🏡 **Bois du Seigneur,** rte Taninges 🖉 04 50 34 27 40, Fax 04 50 34 80 20, ⩹ – ᾿⇆ 📺 🕻 🄿.
㏂ ㏄
fermé 1ᵉʳ au 14 oct. et 3 au 9 janv. – **Repas** (fermé dim. soir, lundi et mardi midi) (11) -
13,60/31,50, enf. 10 ⌾ – ⍽ 8 – **12 ch** 45.
* Bâtisse savoyarde surplombant une route passante dans un village situé au-dessus de Cluses. Chambres simples, campagnardes, à la tenue irréprochable. Accueil charmant. Plats traditionnels servis auprès de la cheminée de la salle à manger ou dans la véranda.

CHÂTILLON-SUR-SEINE 21400 Côte-d'Or **320** H2 G. Bourgogne – 6 269 h alt. 219.

Voir Source de la Douix★ – Musée★ du Châtillonnais : trésor de Vix★★.

🛈 Office de tourisme, place Marmont 🖉 03 80 91 13 19, Fax 03 80 91 21 46, tourism-chatillon-sur-seine@wanadoo.fr.

Paris 233 – Auxerre 85 – Chaumont 60 – Dijon 83 – Langres 74 – Saulieu 79 – Troyes 69.

à Montliot-et-Courcelles Nord-Ouest : 4 km par N 71 – 278 h. alt. 224 – ✉ 21400 :

🏡 **Magiot** sans rest, 🖉 03 80 91 20 51, Fax 03 80 91 20 51 – 📺 🕻 ὦ ⇐ 🄿. ㏄. 🌣
fermé 21 déc. au 2 janv. et dim. d'oct. à mars – ⍽ 6 – **22 ch** 44/47.
* Établissement récent de type motel. Chambres avant tout pratiques, réparties dans les deux ailes encadrant la terrasse-solarium. Véranda aménagée en salon.

CHATOU 78 Yvelines **311** I2 **101** ⑬ – voir à Paris, Environs.

Les plans de villes sont orientés le Nord en haut.

La CHÂTRE 〈S〉 *36400 Indre* 323 *H7 G. Berry Limousin – 4 547 h alt. 210.*

🛈 *Office de tourisme, square George Sand ℘ 02 54 48 22 64, Fax 02 54 06 09 15, ot.la-chatre@wanadoo.fr.*

Paris 298 – Bourges 69 – Châteauroux 37 – Guéret 53 – Montluçon 65.

🏠 **Notre Dame** sans rest, 4 pl. N.-Dame ℘ 02 54 48 01 14, *Fax 02 54 48 31 14* – 📺. 🈁 ⓞ
📵

fermé vacances de fév. – ⊆ 6,60 – **19 ch** 39/47.
* Petit hôtel au charme discret, situé dans un quartier calme du centre-ville. Chambres de style rustique et bien tenues, donnant presque toutes côté cour. Accueil très aimable.

✕✕ **A l'Escargot**, pl. Marché ℘ 02 54 48 03 85 – 🈁 ⓞ 📵
fermé 12 janv. au 11 fév., lundi et mardi – **Repas** 17/36 ♈.
* Sympathique auberge jadis fréquentée, dit-on, par les parents de George Sand. Trois pimpantes salles à manger ; la première, rustique, est plus agréable. Carte traditionnelle.

à Nohant-Vic *Nord : 6 km par D 943 et D 918 – 500 h. alt. 221 – ⊠ 36400 :*

🏠🏠 **Auberge de la Petite Fadette** 🕊, pl. du Cht. Nohant ℘ 02 54 31 01 48, *Fax 02 54 31 10 19*, 😃, 🐎 – 📺 ⓦ 🄵. 🈁 📵 🄹🄲🄱
Repas 17/48 ♈ – ⊆ 10 – **9 ch** 60/120 – ½ P 57/87.
* L'héroïne de George Sand a donné son nom à cette auberge berrichonne assez cossue. Grandes chambres dotées d'un authentique mobilier ancien, souvent familial. Salle à manger de caractère (poutres apparentes, cheminée) ; bon choix de vins de Loire.

à St-Chartier *Nord : 9 km par D 943 et D 918 – 540 h. alt. 195 – ⊠ 36400 .*

Voir Vic : fresques★ de l'église SO : 2 km.

🏠🏠 **Château Vallée Bleue** 🕊, rte Verneuil ℘ 02 54 31 01 91, *valleebleu@aol.com, Fax 02 54 31 04 48*, 😃, ⌇, ⍾, 🐎 – 📺 ⓦ 🄵. 🈁 📵 📵
mi-mars-mi-nov. et fermé dim. soir et lundi sauf de juin à sept. – **Repas** *(fermé le midi sauf sam., dim. et fériés)* 29/39 ♈ ♈ – ⊆ 11 – **11 ch** 90/145 – ½ P 80/95.
* Cette belle maison de maître du 19ᵉ s. héberge des chambres personnalisées, tandis que l'agréable duplex occupe un pigeonnier. Restaurant proposant un décor mi-rustique, mi-bourgeois, des plats classiques et une séduisante carte des vins.

à Pouligny-Notre-Dame *Sud : 12 km par D 940 – 605 h. alt. 376 – ⊠ 36160 :*

🏠🏠🏠 **Les Dryades** 🕊, ℘ 02 54 06 60 60, *les.dryades@wanadoo.fr, Fax 02 54 30 10 24*, ≤ Vallée Noire, 😃, 🐎, ℔, ⍾, 🔲, 🐎 – ❖ ▤ 📺 ⓦ 🄵. 🄵 – 🄶 40. 🈁 📵 📵 🄹🄲🄱
Repas 40/75 – ⊆ 10 – **85 ch** 100 – ½ P 103.
* Centre de balnéothérapie, parcours de golf 18 trous et grand confort au coeur de la vallée Noire, à deux tours de roue du village où fut tourné le Jour de fête de J. Tati. Salle à manger contemporaine et véranda panoramiques ; carte classique ou diététique.

CHAUBLANC *71 S.-et-L.* 320 *J8 – rattaché à St-Gervais-en-Vallière.*

CHAUDES-AIGUES *15110 Cantal* 330 *G5 G. Auvergne – 986 h alt. 750 – Stat. therm. (fin avril-fin oct.) – Casino.*

🛈 *Office de tourisme, 1 avenue Georges Pompidou ℘ 04 71 23 52 75, Fax 04 71 23 51 98, sicaigues@wanadoo.fr.*

Paris 538 – Aurillac 94 – Espalion 54 – St-Chély-d'Apcher 30 – St-Flour 27.

🏠 **Beauséjour**, 9 av. G. Pompidou ℘ 04 71 23 52 37, *beausejour@wanadoo.fr,*
📵 *Fax 04 71 23 56 89*, 😃, ⌇ – ▤ ❖ 📺. 📵
🏠 *2 avril-25 nov. et fermé vend. soir et sam. sauf vacances scolaires* – **Repas** 13/31 ♈ – ⊆ 6,20
– **39 ch** 50/56 – ½ P 44/49.
* À deux pas du centre thermal, immeuble des années 1960 dont les chambres, fonctionnelles et bien tenues, sont munies du double vitrage. Salon-bar "cosy". Plaisantes salles à manger et terrasse donnant sur la piscine chauffée ; cuisine du terroir.

🏠 **Aux Bouillons d'Or**, 10 quai Remontalou ℘ 04 71 23 51 42, *Fax 04 71 23 57 41* – ▤ 📺.
📵 📵
fermé janv., fév., dim. soir et lundi en mars-avril – **Repas** 11/14 ♈ – ⊆ 6 – **12 ch** 35/38 –
½ P 34/38.
* Atmosphère de pension de famille et prix doux au coeur de la station. Chambres simples, déjà anciennes, garnies d'un mobilier éclectique. Cachet "rétro" dans la salle à manger agrémentée de jolies chaises en bois et d'une collection de bouteilles anciennes.

à Lanau *Nord : 4,5 km par D 921 – ⊠ 15260 Neuvéglise :*

✕✕ **Auberge du Pont de Lanau** avec ch, ℘ 04 71 23 57 76, *aubergedupontdelanau@wanadoo.fr, Fax 04 71 23 53 84*, 😃, 🐎 – 📺 ⓦ 🄵. ⓞ 📵
fermé 1ᵉʳ janv. au 1ᵉʳ fév., – **Repas** *(fermé lundi et mardi hors saison)* 24,50/49,50 ♈ – ⊆ 9 –
8 ch 59,50.
* Maison auvergnate du 19ᵉ s., naguère relais de poste. Boiseries, pierres apparentes et cheminées confèrent un cachet rustique à la salle à manger.

à Maisonneuve *Sud-Ouest : 10 km par D 921 – ⊠ 15110 Chaudes-Aigues :*

✗   **Moulin des Templiers** *avec ch,* ℰ 04 71 73 81 80, *les-templiers2@wanadoo.fr,*
⇔   *Fax 04 71 73 81 80 –* 📺 **P**. **GB**
fermé 10 au 25 oct., dim. soir et lundi – **Repas** 11/21 ⅃ – � 6 – **5 ch** 35 – ½ P 35.
   ◆ Aimable auberge de bord de route où l'on propose une cuisine traditionnelle fleurant
bon l'Auvergne. Salle à manger sagement campagnarde et quelques chambres pratiques.

CHAUFFAILLES *71170 S.-et-L.* **320** *G12 G. Bourgogne – 4 119 h alt. 405.*

🅱 *Office de tourisme, 1 rue Gambetta* ℰ 03 85 26 07 06, Fax 03 85 26 03 92, office.tou
risme.chauffailles@wanadoo.fr.

Paris 404 – Mâcon 64 – Charolles 32 – Lyon 77 – Roanne 33.

à Châteauneuf *Ouest : 7 km par D 8 G. Bourgogne – 110 h. alt. 370 – ⊠ 71740 :*

✗✗   **Fontaine,** ℰ 03 85 26 26 87, Fax 03 85 26 26 87 – **P**. **GB**
🍴   *fermé 12 au 18 nov., 10 janv. au 9 fév., dim. soir hors saison, mardi soir et merc. –* **Repas** 15
bc (déj.), 18,50/51, enf. 9,50 ♀.
   ◆ Ancien atelier de tissage où grimpe la glycine. La salle est aménagée à la façon d'un
jardin d'hiver "rétro", avec fontaine et mosaïque décorative. Produits du terroir.

CHAUFFAYER *05 H.-Alpes* **334** *E4 – 334 h alt. 910 – ⊠ 05800 St-Firmin-en-Valgaudemar.*
Paris 639 – Gap 27 – Grenoble 77 – St-Bonnet-en-Champsaur 13.

🏨   **Château des Herbeys** ⌦, *Nord : 2 km par N 85 et rte secondaire* ℰ 04 92 55 26 83, *de
las-hotel-restaurant@wanadoo.fr, Fax 04 92 55 29 66,* 🌳, ⛱, ✗, ♨ – 📺 ✆ **P**. **AE** **GB**
1ᵉʳ avril-11 nov. et fermé mardi sauf vacances scolaires – **Repas** 19,50/38, enf. 11,50 ♀ –
⊋ 10 – **10 ch** 50/115 – ½ P 60/90.
   ◆ Vous apercevrez peut-être des daims ou des lamas dans le parc arboré de cette
demeure du 13ᵉ s. Mobilier ancien dans les chambres ; certaines avec baignoire "balnéo".
Au restaurant, décor éclectique mais de caractère (meubles de style, objets chinés, etc.).

CHAUFOUR-LÈS-BONNIÈRES *78270 Yvelines* **311** *E1 – 413 h alt. 157.*
Paris 74 – Rouen 64 – Évreux 27 – Mantes-la-Jolie 21 – Vernon 10 – Versailles 64.

🏠   **Les Nymphéas** *sans rest, N 13* ℰ 01 34 76 09 44, *contact@hotelnympheas.com,*
Fax 01 34 76 09 45 – 📺 ✆ ♿ **P** – 🔏 30. **GB**
⊋ 6 – **24 ch** 55/75.
   ◆ Architecture récente abritant un hall au cadre rustique réchauffé par une cheminée et
des chambres neuves, sobrement décorées et bien insonorisées.

✗✗   **Au Bon Accueil** *avec ch, N 13* ℰ 01 34 76 11 29, *Fax 01 34 76 00 36 –* 🍽 rest, 📺 **P**. **GB**
⇔   *fermé 14 juil. au 14 août, 24 déc. au 5 janv., vend. soir, dim. soir et sam. –* **Repas** 14/37,
enf. 8,50 ⅃ – ⊋ 4,20 – **16 ch** 24,50/40.
   ◆ Adresse toute simple, mais "bon accueil" assuré. Ambiance décontractée et plats traditionnels sont les autres atouts de cette maison qui sert aussi des repas pour les routiers.

CHAUMONT **P** *52000 H.-Marne* **313** *K5 G. Champagne Ardenne – 25 996 h alt. 318.*

Voir Viaduc★ – Basilique St-Jean-Baptiste★.

🅱 *Office de tourisme, place du Général de Gaulle* ℰ 03 25 03 80 80, Fax 03 25 32 00 99,
office-tourisme.chaumont@wanadoo.fr.

Paris 264 ⑤ – Épinal 128 ② – Langres 35 ③ – St-Dizier 74 ① – Troyes 101 ⑤.

Plan page ci-contre

🏨   **France,** *25 r. Toupot de Béveaux* ℰ 03 25 03 01 11, *contact@chaumont-hotel-france.co
m, Fax 03 25 32 35 80 –* 🛗 *cuisinette* ✧ 📺 ✆ ♿ ⇔. **AE** ➊ **GB** **JCB**   **Z s**
Repas *(fermé 21 juil. au 17 août, dim. et fériés) (dîner seul.)* 16/33, enf. 10 ♀ – ⊋ 9 – **13 ch**
81/99, 7 suites.
   ◆ Auberge depuis le 16ᵉ s., cette pimpante bâtisse rose abrite des chambres personnalisées par de discrets décors évoquant des destinations lointaines. Bonne insonorisation.
Salle à manger à la fois simple et accueillante ; recettes traditionnelles.

🏨   **Grand Hôtel Terminus-Reine,** *pl. Gén. de Gaulle* ℰ 03 25 03 66 66, *relais.sud.terminu
s@wanadoo.fr, Fax 03 25 03 28 95 –* 🛗 📺 ⇔ – 🔏 60. **GB**   **Z a**
Repas *(fermé dim. soir du 1ᵉʳ nov. à Pâques)* 12 *(dîner),* 16,50/65 ♀ – ⊋ 7,50 – **61 ch** 56/110
– ½ P 50/70.
   ◆ Derrière une façade en rotonde bien fleurie à la belle saison, chambres confortables
rénovées par étapes, plus spacieuses côté rue. Carte traditionnelle et gibier en saison servis
au restaurant. Espace pizzéria-grill au sous-sol.

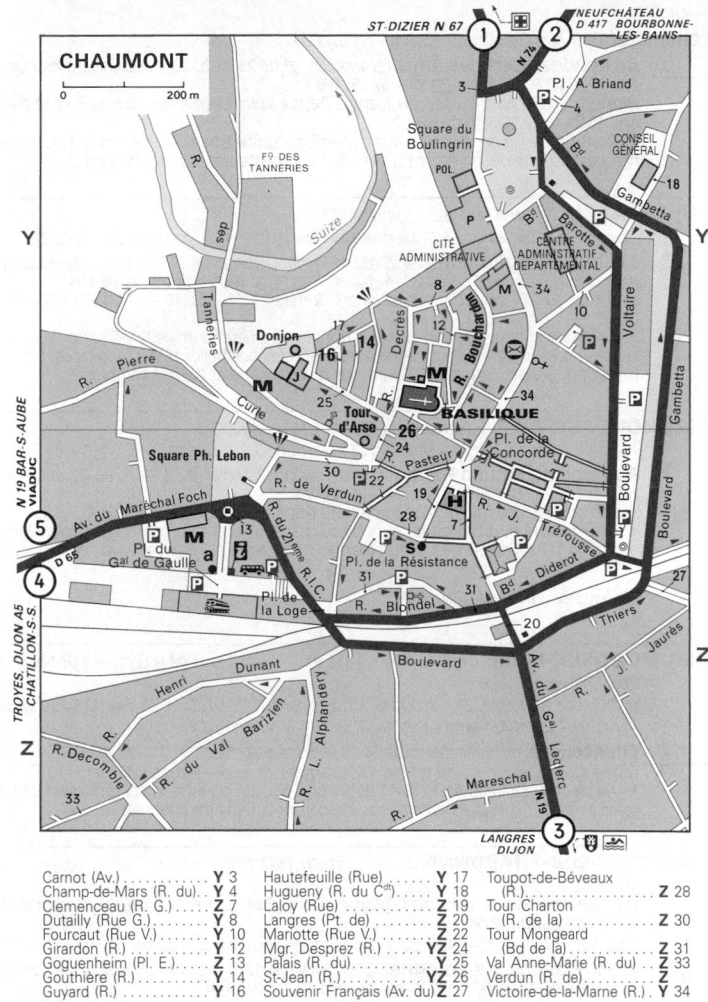

CHAUMONT

0   200 m

ST-DIZIER N 67

NEUFCHÂTEAU
D 417 BOURBONNE-
LES-BAINS

Carnot (Av.)	**Y** 3	Hautefeuille (Rue)	**Y** 17
Champ-de-Mars (R. du)	**Y** 4	Hugueny (R. du C^dt)	**Y** 18
Clemenceau (R. G.)	**Z** 7	Laloy (Rue)	**Z** 19
Dutailly (Rue G.)	**Y** 8	Langres (Pt. de)	**Z** 20
Fourcaut (Rue V.)	**Y** 10	Mariotte (Rue V.)	**Z** 22
Girardon (R.)	**Y** 12	Mgr. Desprez (R.)	**YZ** 24
Goguenheim (Pl. E.)	**Z** 13	Palais (R. du)	**Y** 25
Gouthière (R.)	**Y** 14	St-Jean (R.)	**YZ** 26
Guyard (R.)	**Y** 16	Souvenir Français (Av. du)	**Z** 27

Toupot-de-Béveaux (R.)	**Z** 28
Tour Charton (R. de la)	**Z** 30
Tour Mongeard (Bd de la)	**Z** 31
Val Anne-Marie (R. du)	**Z** 33
Verdun (R. de)	**Z**
Victoire-de-la-Marne (R.)	**Y** 34

Grand Val, rte Langres par ③ : *2,5 km* ℘ 03 25 03 90 35, *legrandval@wanadoo.fr*, Fax 03 25 32 11 80 – 🛗 📺 📞 ⇔ 🅿. 🗚 ⓿ ☕
fermé 23 au 31 déc. et dim. soir du 1ᵉʳ nov. au 30 mars – **Repas** 9,80/28,50, enf. 7 ♀ – ☜ 6 – **45 ch** 47/52.
◆ Imposant hôtel des années 1960 en léger retrait de la route nationale. Les chambres, fonctionnelles et progressivement refaites, sont plus grandes côté façade principale. Un grand tableau à thème médiéval égaye le restaurant où règne une ambiance "sixties".

L'Étoile d'Or, rte Langres par ③ : *2 km* ℘ 03 25 03 02 23, Fax 03 25 32 52 33 – 📺 🅿 – 🏦 25. ☕
Repas *(fermé dim. soir et soirs fériés)* 15,90/28 ♀ – ☜ 6 – **12 ch** 36/46 – ½ P 39,90/57.
◆ Les nuisances de la N 19 proche de l'hôtel sont tempérées par un double vitrage efficace. Chambres d'assez bon confort, parfois lambrissées ou mansardées. Pierres apparentes, cheminée et chaises Louis XVI font le cachet du restaurant. Plats traditionnels.

à Chamarandes *par ③ et D 162 : 3,5 km –* ⊠ *52000 :*

XX **Au Rendez-vous des Amis** ⤵ *avec ch,* 𝒫 03 25 32 20 20, *pascal.nicard@wanadoo.fr,* Fax 03 25 02 60 90, 🈺 – 🆅 ❤ – 🚗 25. ⅁ℬ
fermé 1ᵉʳ au 23 août, 20 déc. au 2 janv. – **Repas** *(fermé vend. soir, dim. soir et sam.)* 18/48, enf. 15 ⚲ – ⚌ 7,50 – **19 ch** 39/62.
◆ Riante auberge de village voisine de l'église. Cuisine traditionnelle servie dans une salle à manger rustique ou, en été, à l'ombre du tilleul centenaire. Chambres pratiques.

CHAUMONT *89340 Yonne* 𝟑𝟏𝟗 *B2 – 551 h alt. 70.*

Paris 97 – Fontainebleau 34 – Montereau-Fault-Yonne 15 – Nemours 35 – Sens 22.

🏨 **Château de Chaumont** ⤵, 5 rue de la Montagne 𝒫 03 86 96 61 69, *chateaudechaum ont@free.fr,* Fax 03 86 96 61 28, ≤, 🈺, 🍃 – 📱 🆅 ❤ & 🅿 – 🚗 25. ⅋ℰ ⓪ ⅁ℬ
fermé 20 au 27 déc., dim. soir et lundi – **Repas** 21/36 – ⚌ 10 – **37 ch** 61/113 – ½ P 67/82,30.
◆ Joli château bourguignon du 18ᵉ s. dont le parc fleuri domine la vallée de l'Yonne. Dans les chambres, mobilier de style rehaussé de quelques belles pièces originales. Les salles à manger et la vaste terrasse s'ouvrent sur la verdoyante et paisible campagne.

CHAUMONT-SUR-AIRE *55260 Meuse* 𝟑𝟎𝟕 *C5 – 157 h alt. 250.*

Paris 270 – Bar-le-Duc 24 – St-Mihiel 25 – Verdun 33.

X **Auberge du Moulin Haut,** *Est : 1 km sur rte St-Mihiel* 𝒫 03 29 70 66 46, *auberge@mo ulinhaut.fr,* Fax 03 29 70 60 75, 🈺 – 🅿, ⅋ℰ ⅁ℬ
fermé vacances de fév., dim. soir et lundi – **Repas** 15 (déj.), 23/90, enf. 8,50.
◆ Moulin situé au bord d'un cours d'eau, dans un domaine comprenant plusieurs bâtiments du 18ᵉ s. Chaleureuse salle à manger champêtre et vaste parc avec étang (pêche).

Utilisez le guide de l'année.

CHAUMONT-SUR-LOIRE *41150 L.-et-Ch.* 𝟑𝟏𝟖 *E7 G. G. Châteaux de la Loire. – 1 031 h alt. 69.*
Voir Château★★.

🅳 *Office de tourisme, 24 rue du Maréchal Leclerc* 𝒫 02 54 20 91 73, *Fax 02 54 20 90 34.*
Paris 201 – Tours 45 – Amboise 21 – Blois 18 – Montrichard 19.

X **Chancelière,** 1 r. Bellevue 𝒫 02 54 20 96 95, *Fax 02 54 33 91 71* – 🍽, ⅋ℰ ⅁ℬ
fermé 10 nov. au 5 déc., 14 janv.au 13 fév., merc. et jeudi – **Repas** 15/33, enf. 10 ⚲.
◆ Au pied du château et au bord de la Loire, façade en tuffeau abritant deux coquettes salles à manger rustiques avec poutres apparentes. Plats traditionnels.

CHAUMONT-SUR-THARONNE *41600 L.-et-Ch.* 𝟑𝟏𝟖 *I6 G. Châteaux de la Loire – 1 072 h alt. 122.*

🅳 *Office de tourisme, place de l'Église* 𝒫 02 54 88 64 00, *Fax 02 54 88 60 40, contact@chau mont-sur-tharonne.org.*
Paris 165 – Orléans 35 – Blois 52 – Romorantin-Lanthenay 32 – Salbris 30.

🏨 **Croix Blanche de Sologne,** 𝒫 02 54 88 55 12, *lacroixblanchesologne@wanadoo.fr,* Fax 02 54 88 60 40, 🈺 – 🆅 ❤ 🅿 – 🚗 15 à 40. ⅋ℰ ⅁ℬ 🄹🄲🄱
Repas *(fermé mardi midi, merc. midi et jeudi midi sauf fériés)* 22 (déj.), 27/55, enf. 12 ⚲ – ⚌ 8 – **15 ch** 40/100, 3 duplex – ½ P 70/90.
◆ Cette auberge fondée en 1700 est l'une des plus vieilles de France. Meubles et papiers peints anciens ajoutent à l'atmosphère "rétro" des chambres. Pour accéder au restaurant, traversez la "cuisine-musée" où n'officient que des femmes. Cuisine du terroir.

CHAUMOUSEY *88 Vosges* 𝟑𝟏𝟒 *G3 – rattaché à Épinal.*

CHAUNAY *86510 Vienne* 𝟑𝟐𝟐 *H7 – 1 180 h alt. 130.*

Paris 381 – Poitiers 47 – Angoulême 68 – Confolens 52 – Niort 57.

🏨 **Central,** 18 Grande Rue 𝒫 05 49 59 25 04, *hotel.central@tiscali.fr,* Fax 05 49 53 41 88, ⤵ – 🍽 rest, 🆅 🅿.
fermé 1ᵉʳ au 21 fév. et dim. soir du 1ᵉʳ sept. au 31 mars – **Repas** 15/24 ⅋ – ⚌ 6 – **14 ch** 40/48 – ½ P 42/50.
◆ Derrière une façade ancienne où grimpe la vigne vierge, chambres dotées de meubles de style ou campagnard ; celles de l'annexe, en rez-de-jardin, sont plus simples. Tons ensoleillés, mobilier champêtre et tableaux égayent le restaurant ; plats traditionnels.

CHAUNY 02300 Aisne 306 B5 – 12 523 h alt. 50.

🛈 Office de tourisme, place du Marché Couvert ℰ 03 23 52 10 79, Fax 03 23 39 38 77, tourisme-chauny@wanadoo.fr.

Paris 124 – Compiègne 46 – St-Quentin 31 – Laon 35 – Noyon 18 – Soissons 32.

XXX **Toque Blanche** (Lequeux) avec ch, 24 av. V. Hugo ℰ 03 23 39 98 98, info@toque-blanche
.fr, Fax 03 23 52 32 79, 🌧, 🍴, 🐾 – ⇆, 🍴 – 🔟 🅿 – 🔏 30. ☒ 🍴 ch
fermé 2 au 23 août, 5 au 18 fév., sam. midi, dim. soir et lundi – **Repas** 30/66 et carte 60 à 75
🍷 – ⬚ 11 – **6 ch** 86.
♦ Demeure des années 1920 entourée d'un joli parc. Dans la salle à manger, moulures
d'époque et sobre mobilier d'esprit Art déco. La table marie tradition et invention.
Spéc. Escalopes de foie gras de canard. Etuvée de homard au sauternes. Soufflé chaud au
parfum de saison.

à Ognes Ouest : 2 km par rte de Noyon – 1 120 h. alt. 55 – ⊠ 02300 :

X **Relais St-Sébastien**, ℰ 03 23 52 15 77, gautier1134@aol.com, Fax 03 23 39 91 52, 🌧
– ☒
fermé 25 août au 2 sept., vacances de fév., sam. midi et le soir sauf vend. et sam. – **Repas**
15,50 (déj.), 22,90/41 🍷.
♦ Cette auberge familiale bordant un axe animé propose une cuisine traditionnelle dans
un cadre sagement rustique ou, en été, sur la petite terrasse entourée d'un jardin.

au Rond-d'Orléans Sud-Est : 8 km par D 937 et D 1750 – ⊠ 02300 Sinceny :

🏠 **Auberge du Rond d'Orléans** 🦢, ℰ 03 23 40 20 10, Fax 03 23 52 36 80 – 🔟 🅿 –
🔏 40. ☒
fermé 26 juil. au 8 août, 20 au 26 déc. et dim. soir – **Repas** 15/45, enf. 10 🍷 – ⬚ 7 – **21 ch**
47/54.
♦ Au cœur de la forêt domaniale de Coucy-Basse, établissement de type motel disposant
de chambres fonctionnelles bien tenues. Petits-déjeuners dans un bâtiment séparé. Spacieuse salle à manger de style rustique et cuisine traditionnelle aux accents du terroir.

Ecrivez-nous...
Vos louanges comme vos critiques seront examinées avec le plus grand soin.
Nous reverrons sur place les informations que vous nous signalez.
Par avance merci !

La-CHAUSSÉE-ST-VICTOR 41 L.-et-Ch. 318 F6 – rattaché à Blois.

CHAUSSIN 39120 Jura 321 C5 – 1 579 h alt. 191.

Paris 354 – Beaune 52 – Besançon 76 – Chalon-sur-Saône 56 – Dijon 62 – Dole 21.

🏨 **Chez Bach**, pl. Ancienne Gare ℰ 03 84 81 80 38, hotel-bach@wanadoo.fr,
Fax 03 84 81 83 80, 🌧 – ⇆ 🔟 🐾 🅿 – 🔏 25. ☒ 🅞 ☒ 🗾
fermé 20 déc. au 3 janv., vend. soir sauf 14 juil. au 31 août, dim. soir et lundi midi – **Repas**
(week-end prévenir) 15/52 🍷 ⬧ – ⬚ 8 – **20 ch** 53/57 – ½ P 55.
♦ Dans un village aux confins de la Bresse, de la Bourgogne et du Jura. Les chambres du
bâtiment récent sont modernes et confortables. Accueil familial. Salle à manger contemporaine, table traditionnelle et bon choix de vins régionaux.

🏠 **Val d'Orain**, 34 r. S.-M. Lévy ℰ 03 84 81 82 15, aubergevaldorain@wanadoo.fr,
Fax 03 84 81 75 24, 🌧, 🌳 – 🔟. ☒
fermé 23 au 29 août, vacances de Toussaint, de fév., vend. soir, sam. midi sauf juil.-août et
dim. soir – **Repas** 12 bc (déj.), 19/33 – ⬚ 6 – **10 ch** 40 – ½ P 38/76.
♦ Auberge bordant la traversée du village baigné par l'Orain, un affluent du Doubs.
Chambres simples à la tenue irréprochable. Salle à manger sagement campagnarde prolongée d'une véranda et terrasse dressée dans la cour. Cuisine du terroir et vins jurassiens.

CHAUVIGNY 86300 Vienne 322 J5 G. Poitou Vendée Charentes – 7 025 h alt. 65.

Voir Ville haute★ – Église St-Pierre★ : chapiteaux du chœur★★ – Donjon de Gouzon★.

Env. St-Savin : abbaye★★ (peintures murales★★★).

🛈 Office de tourisme ℰ 05 49 45 99 10, Chauvigny@cg86.fr.

Paris 333 – Poitiers 26 – Bellac 64 – Le Blanc 36 – Châtellerault 30 – Montmorillon 27.

🏠 **Lion d'Or**, 8 r. Marché, ville basse ℰ 05 49 46 30 28, Fax 05 49 47 74 28 – 🍴 rest, 🔟 🐾 🔥
☒ ☒
fermé 24 déc. au 7 janv. – **Repas** 16/34, enf. 7 🍷 – ⬚ 5,50 – **26 ch** 42 – ½ P 40.
♦ Rénovation réussie pour cet hôtel de la ville basse : décor gai, chambres personnalisées,
hall et salon originalement aménagés. Claustras en fer forgé, chaises de style Art nouveau,
plafond de lierre séché et goûteuse cuisine traditionnelle au restaurant.

CHAUX-NEUVE 25240 Doubs **321** G6 – 223 h alt. 992.

Paris 450 – Besançon 94 – Genève 78 – Lons-le-Saunier 68 – Pontarlier 35 – St-Claude 53.

🏠 **Auberge du Grand Gît** ⏆, 🖉 03 81 69 25 75, nicod@aubergedugrandgit.com, Fax 03 81 69 15 44, ≤, 🐎 – 🕻 🗌, 🖵 GB

fermé 28 mars au 4 mai, 17 oct. au 21 déc. – **Repas** (fermé dim. soir et lundi) 12,50 (déj.), 15,50/20 – 🗌 7 – **10 ch** 39/45 – ½ P 52.

◆ Vous apprécierez l'ambiance familiale et le calme des chambres (confortables et lambrissées) de ce chalet récent posté à l'orée de la forêt. Le patron mitonne une appétissante cuisine régionale qui vous sera servie dans une sympathique salle campagnarde.

CHAVANAY 42410 Loire **327** H7 – 2 288 h alt. 200.

Paris 504 – Annonay 27 – St-Étienne 50 – Serrières 12 – Tournon-sur-Rhône 52 – Vienne 19.

XXX **Alain Charles** avec ch, rte Nationale 🖉 04 74 87 23 02, Fax 04 74 87 01 42, 🏤 – 🗐 🗹 🗌. GB

fermé 16 août au 7 sept., 2 au 10 janv., dim. soir et lundi sauf fériés – **Repas** 18,50/55 et carte 38 à 55, enf. 9,20 🗌 – 🗌 7 – **4 ch** 41/51 – ½ P 48.

◆ Halte gourmande aux abords du Parc naturel régional du Pilat. Cuisine classique servie dans une salle à manger agréable, à l'atmosphère bourgeoise. Chambres simples.

CHAVIGNOL 18 Cher **323** M2 – rattaché à Sancerre.

CHAVOIRES 74 H.-Savoie **328** K5 – rattaché à Annecy.

CHAZELLES-SUR-LYON 42140 Loire **327** F6 G. Vallée du Rhône – 4 801 h alt. 630.

🚼 Office de tourisme, 9 place Jean-Baptiste Galland 🖉 04 77 54 98 86, Fax 04 77 54 94 58, ot.chazelles@wanadoo.fr.

Paris 487 – St-Étienne 34 – Lyon 46 – Montbrison 28 – Roanne 70.

🏠🏠 **Château Blanchard** ⏆, 36 rte St-Galmier 🖉 04 77 54 28 88, Fax 04 77 54 36 03, 🐎 – 🗹 🕻 🗌 – 🔏 40. 🖭 ⓞ GB

fermé 8 au 28 août – **Repas** (fermé vend. soir, dim. soir et lundi) 19/28 – 🗌 7 – **12 ch** 55/75 – ½ P 48.

◆ Cette imposante villa voisine du musée du Chapeau appartenait autrefois à un chapelier du pays. Chambres pratiques bien tenues ; salon-véranda tourné vers le jardin arboré. Restaurant au cadre soigné : boiseries et miroirs d'origine, mobilier contemporain.

CHAZEY-SUR-AIN 01150 Ain **328** E5 – 1 200 h alt. 235.

Paris 469 – Lyon 43 – Bourg-en-Bresse 45 – Chambéry 87 – Nantua 57.

XX **Louizarde,** au Sud par D 62 et rte secondaire : 3 km 🖉 04 74 61 53 23, Fax 04 74 61 58 47, 🏤 – 🗌. 🖭 GB

fermé 31/8 au 14/9, 4 au 18/1, mardi soir, merc. soir, jeudi soir d'oct à mai, sam. midi, dim. soir et lundi – **Repas** 18 (déj.), 28/50 🗌.

◆ La silhouette de cette maison n'est pas sans rappeler l'architecture de la Louisiane. Décor intérieur subtilement "colonial" et belle terrasse ouverte sur le jardin.

Le CHEIX 63 P.-de-D. **326** F9 – ⊠ 63320 St-Diéry.

Voir Gorges de Courgoul★ SE : 5 km, G. Auvergne.

Paris 454 – Clermont-Ferrand 44 – Besse-en-Chandesse 8 – Issoire 22 – Le Mont-Dore 29.

X **Relais des Grottes** avec ch, rte Besse 🖉 04 73 96 30 30, Fax 04 73 96 31 34, ≤, 🏤 – 🗌. GB

rest. : fermé 24 déc. au 15 janv., dim. soir et merc. sauf juil.-août ; hôtel : ouvert 2 fév.-1er nov. – **Repas** 14,50/30, enf. 9 🗌 – 🗌 5,50 – **9 ch** 25/42 – ½ P 31/40.

◆ Ancien relais de poste proche des grottes de Jonas. Cuisine régionale servie dans une petite salle sagement campagnarde ou sur la belle terrasse d'été. Chambres modestes.

CHELLES 60 Oise **305** J4 – rattaché à Pierrefonds.

CHÉNAS 69840 Rhône **327** H2 – 442 h alt. 253.

Paris 407 – Mâcon 18 – Bourg-en-Bresse 45 – Lyon 59 – Villefranche-sur-Saône 28.

XX **Les Platanes de Chénas,** aux Deschamps, Nord : 2 km par D 68 🖉 03 85 36 79 80, Fax 03 85 36 78 33, ≤, 🏤 – 🗌. 🔏 30. GB

fermé 23 au 28 déc., fév., mardi et merc. sauf juil.-août – **Repas** 22/55 bc, enf. 11 🍴.

◆ Poutres, parquet et cheminée dans cette ferme transformée en restaurant. La terrasse, sous les platanes, offre une vue étendue sur le Beaujolais. Belle carte de vins du cru.

CHÊNEHUTTE-LES-TUFFEAUX *49 M.-et-L.* ▣ *I5 – rattaché à Saumur.*

CHÉNÉRAILLES *23130 Creuse* ▣ *K4 G. Berry Limousin – 759 h alt. 537.*

Voir *Haut-relief★ dans l'église.*

🛈 *Syndicat d'initiative* ☎ *05 55 62 91 22.*

Paris 369 – Aubusson 19 – La Châtre 63 – Guéret 32 – Montluçon 46.

XX **Coq d'Or,** 7 pl. du Champ de Foire ☎ 05 55 62 30 83, Fax 05 55 62 95 18 – **GB**
fermé 27 juin au 7 juil., 23 sept. au 4 oct., 30 déc. au 17 janv., dim. soir, merc. soir et lundi –
Repas 11 (déj.), 18/38 ♀.
◆ Restaurant situé au centre d'un village qui possède une intéressante église du 13e s.
Cuisine au goût du jour servie dans un cadre typique des années 1980.

CHENONCEAUX *37150 I.-et-L.* ▣ *P5 G. Châteaux de la Loire – 325 h alt. 62.*

Voir *Château de Chenonceau★★★.*

🛈 *Office de tourisme, 1 rue Bretonneau* ☎ *02 47 23 94 45, Fax 02 47 23 82 41.*

Paris 234 – Tours 33 – Amboise 12 – Château-Renault 36 – Loches 31 – Montrichard 8.

🏛 **Bon Laboureur,** 6 rue du Dr Bretonneau ☎ 02 47 23 90 02, *laboureur@wanadoo.fr,*
😊 Fax 02 47 23 82 01, 😊, 🔲, 🍴 – 🔲 📺 ❤ 🚹 🅿. **GB**
fermé 12 nov. au 5 fév. et mardi midi – **Repas** 30/69 et carte 61 à 76 ♀ – 🖵 10 – **23 ch**
75/135, 4 suites – ½ P 95/118.
◆ Près du célèbre "château des Dames", dans un parc avec potager, ensemble de
coquettes maisons abritant de belles chambres feutrées et rénovées. Élégante salle à
manger bourgeoise et jolie terrasse ombragée bordant le jardin.
Spéc. Crème onctueuse d'écrevisses et concassé de tomates au basilic (juin à sept.).
Conjugaison de ris et tête de veau. Millefeuille chocolat. **Vins** Montlouis, Chenonceau.

🏛 **Roseraie,** ☎ 02 47 23 90 09, *lfiorito@aol.com,* Fax 02 47 23 91 59, 😊, 🔲, 🍴 – 📺 ❤ 🅿.
GB
1er mars-12 nov. – **Repas** *(fermé mardi midi et lundi en mars et du 15 oct. au 12 nov.)* 17
(déj.), 23/33 ♀ – 🖵 9 – **17 ch** 53/90.
◆ Le long bâtiment tapissé de vigne vierge renferme des chambres spacieuses dotées de
meubles rustiques. Jardin et piscine pour la détente. Le restaurant offre un cadre campagnard "cosy" renforcé par la présence d'un coin salon avec cheminée.

🏠 **Hostellerie La Renaudière,** 24 rue du Dr Bretonneau ☎ 02 47 23 90 04, *gerhotel@clu*
b-internet.fr, Fax 02 47 23 90 51, 😊, 🛏, 🔲, 🅿 – cuisinette 📺 ❤ 🚹 🅿. 🅰 ⓪ **GB** 🇯🇨🇧.
😊 rest
fermé 2 janv. au 12 fév. – **Repas** *(fermé merc. et le midi en semaine)* (19) - 25/39, enf. 9 ♀ –
🖵 5 – **16 ch** 60/95 – ½ P 51/63.
◆ Belle demeure du 19e s. aux chambres agréablement aménagées, nichée dans un parc
planté de séquoias et de cèdres du Liban. Salle à manger-véranda et terrasse offrent une
jolie vue sur la nature. Vieilles recettes tourangelles et plats traditionnels.

CHENÔVE *21 Côte-d'Or* ▣ *K6 – rattaché à Dijon.*

CHÉPY *80210 Somme* ▣ *C7 – 1 277 h alt. 96.*

Paris 207 – Abbeville 17 – Amiens 72 – Le Tréport 23.

🏛 **Auberge Picarde** 😊, à la Gare ☎ 03 22 26 20 78, *auberge-picarde@wanadoo.fr,*
😊 Fax 03 22 26 33 34 – 📺 ❤ 🅿 – 🔬 30. 🅰 **GB**
fermé 23 août au 8 sept. et 26 déc. au 12 janv. – **Repas** *(fermé sam. midi et dim. soir)* 14/34
♀ – 🖵 5,50 – **25 ch** 40/60,50 – ½ P 37,50.
◆ Confortables chambres de style ancien ou moderne situées face à une gare désaffectée,
dans un environnement campagnard. Billard. Une galerie couverte, aménagée comme un
jardin d'hiver, conduit au restaurant d'esprit rustique. Table "tradition et terroir".

CHERBOURG-OCTEVILLE 〰 *50100 Manche* ▣ *C2 G. Normandie Cotentin – 25 370 h*
Agglo. 117 855 h alt. 10 – Casino **BY.**

Voir *Fort du Roule ≤★ – Château de Tourlaville : parc★ 5 km par ①.*

🚢 *de Cherbourg à La Glacerie* ☎ *02 33 44 45 48, par ② et D 122 : 7 km.*

✈ *de Cherbourg-Maupertus :* ☎ *02 33 88 57 60, par ① : 13 km.*

🛈 *Office de tourisme, 2 quai Alexandre III* ☎ *02 33 93 52 02, Fax 02 33 53 66 97, ot-*
cherbourg-cotentin@wanadoo.fr.

Paris 359 ② – Brest 399 ② – Caen 125 ② – Laval 224 ② – Le Mans 284 ② – Rennes 210 ②.

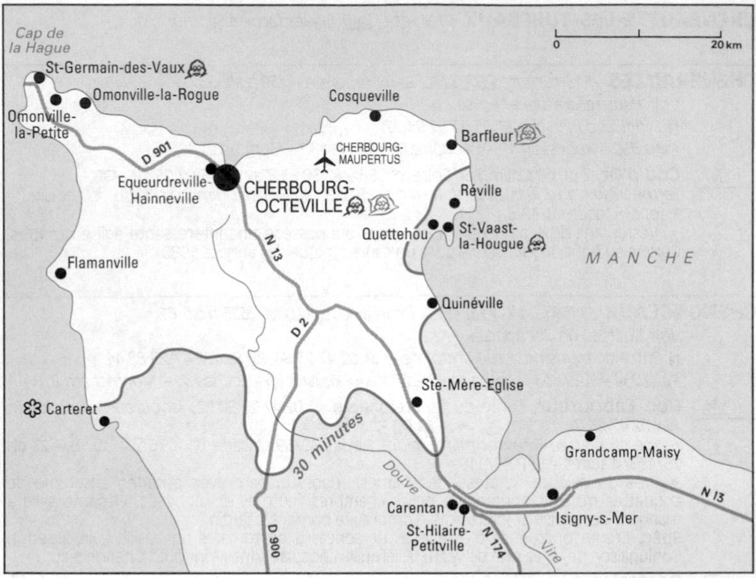
Cap de la Hague
0
20 km
St-Germain-des-Vaux
Omonville-la-Rogue
Omonville-la-Petite
Cosqueville
Barfleur
D 901
CHERBOURG-MAUPERTUS
Equeurdreville-Hainneville
CHERBOURG-OCTEVILLE
Réville
Quettehou
St-Vaast-la-Hougue
N 13
Flamanville
MANCHE
Quinéville
D 2
Ste-Mère-Eglise
Carteret
30 minutes
Grandcamp-Maisy
Douve
N 13
Carentan
Isigny-s-Mer
St-Hilaire-Petitville
N 174
D 900
Vire

Chantereyne sans rest, port de plaisance ✆ 02 33 93 02 20, *hotel-chantereyne@wanadoo.fr, Fax 02 33 93 45 29* – TV ✆ ♿. AE ⓓ GB AX b
fermé 17 déc. au 2 janv. – ☕ 7,50 – **50 ch** 57/64.
◆ Imposante bâtisse des années 1980 située face au port de plaisance, visible depuis une partie des chambres pratiques et claires. Mobilier d'origine ; bonne insonorisation.

Louvre sans rest, 2 r. H. Dunant ✆ 02 33 53 02 28, *inter.hotel.le.louvre@wanadoo.fr, Fax 02 33 53 43 88* – |‡| TV ✆ 🚗. AE ⓓ GB JCB AX e
fermé 21 déc. au 5 janv. – ☕ 6,50 – **42 ch** 47/61.
◆ Situation centrale, chambres confortables, isolation phonique efficace et petits-déjeuners servis sous forme de buffet : voici les atouts de cet hôtel cherbourgeois.

Ambassadeur sans rest, 22 quai Caligny ✆ 02 33 43 10 00, *ambassadeur.hotel@wanadoo.fr, Fax 02 33 43 10 01* – |‡| TV ✆ ♿. AE ⓓ GB BX v
fermé 19 déc. au 3 janv. – ☕ 5 – **40** ch 29/54.
◆ Sur les quais, établissement mettant à votre disposition ses chambres sobres et convenablement équipées ; celles de la façade ont vue sur le port.

Renaissance sans rest, 4 r. Eglise ✆ 02 33 43 23 90, *Fax 02 33 43 96 10*, ← – ⇔ TV ✆. GB. ⚡ BX a
☕ 8 – **12** ch 40/55.
◆ Enseigne-vérité : l'hôtel profite d'une récente cure de jouvence. Chambres gaies et insonorisées ; salles de bains modernes. Une adresse pour repartir du bon pied !

Angleterre sans rest, 8 r. P. Talluau ✆ 02 33 53 70 06, *Fax 02 33 53 74 36* – ⇔ TV ✆. GB. ⚡ AX k
☕ 6 – **23 ch** 32/45.
◆ Proche du centre-ville, adresse plaisante pour son atmosphère familiale et ses petites chambres fonctionnelles ; elles ont été refaites et sont égayées de tissus fleuris.

Café de Paris, 40 quai Caligny ✆ 02 33 43 12 36, *cafedeparis.res@wanadoo.fr, Fax 02 33 43 98 49* – ▤. AE GB BXY d
fermé 7 au 22 nov., 16 janv. au 7 fév., dim. et lundi midi du 29 sept au 13 avril – **Repas** (14) - 18/34,50 ♀.
◆ Brasserie au cadre contemporain chic. Attablez-vous près des baies vitrées pour jouir de l'animation des bassins portuaires. Produits de la mer et cuisine traditionnelle.

Vauban, 22 quai Caligny ✆ 02 33 43 10 11, *Fax 02 33 43 15 18* – AE GB BX n
fermé 24 oct. au 8 nov., vacances de fév., sam. midi hors saison, dim. soir et lundi – **Repas** 20/45, enf. 11,50 ♀.
◆ Ce restaurant contemporain - teintes ensoleillées, tables rondes et baie vitrée tournée vers les quais de l'avant-port - propose une cuisine au goût du jour soignée.

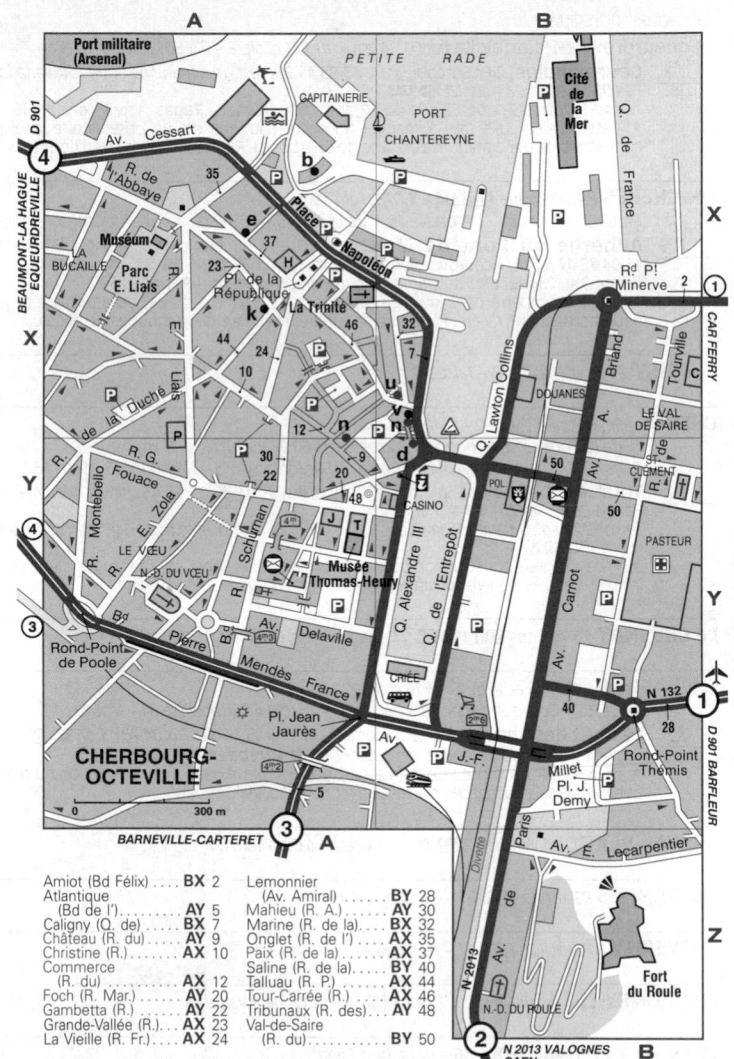

Amiot (Bd Félix) .... **BX** 2
Atlantique
  (Bd de l') .... **AY** 5
Caligny (Q. de) .... **BX** 7
Château (R. du) .... **AY** 9
Christine (R.) ...... **AX** 10
Commerce
  (R. du) .... **AX** 12
Foch (R. Mar.) .... **AY** 20
Gambetta (R.) ..... **AY** 22
Grande-Vallée (R.).. **AX** 23
La Vieille (R. Fr.).. **AX** 24

Lemonnier
  (Av. Amiral) .... **BY** 28
Mahieu (R. A.) .... **AY** 30
Marine (R. de la).. **BX** 32
Onglet (R. de l') .. **AX** 35
Paix (R. de la) .... **AX** 37
Saline (R. de la) .. **BY** 40
Talluau (R. P.) .... **AX** 44
Tour-Carrée (R.) ... **AX** 46
Tribunaux (R. des).. **AY** 48
Val-de-Saire
  (R. du) .... **BY** 50

✗ **Pommier,** 15bis r. Notre-Dame ✆ 02 33 53 54 60, *Fax 02 33 53 40 86,* 🌤 – 🍽. ⅁⅁.
✤   AXY n
fermé 5 au 18 avril et 25 oct. au 14 nov., dim. et lundi
Repas *(18,90)*-24,90 ♀.
♦ Ce restaurant abrite, derrière sa discrète façade, une salle à manger égayée de couleurs méridionales. Exposition de peintures et de sculptures. Cuisine traditionnelle.

✗ **Sel et Poivre,** 17 r.Port ✆ 02 33 01 24 09 – ⅁⅁   BX u
fermé 14 au 31 mars, 19 sept. au 6 oct., le midi en juil.-août, mardi et merc. hors saison –
Repas *(17,50)*-25 ♀.
♦ Une pincée de sel, un tour de moulin de poivre et une bonne dose de savoir-faire permettent de concocter les plats du marché que l'on sert dans cette jolie minisalle à manger.

497

à Equeurdreville-Hainneville *par ④ : 4 km – 18 173 h. alt. 8 – ✉ 50120 :*

XX **Gourmandine,** 24 r. Surcouf ✆ 02 33 93 41 26, *rest.gourmandine.equeud@wanadoo.fr, Fax 02 33 93 41 26* – ▤. AE ⓓ GB
fermé 14 juil. au 7 août, 22 déc. au 10 janv., dim. et lundi – **Repas** 13,50/36, enf. 11,50.
◆ Cette chaleureuse salle à manger au décor nautique est un observatoire idéal pour contempler le trafic maritime en rade de Cherbourg. Registre culinaire traditionnel.

Les CHÈRES *69380 Rhône 327 H4 – 1 073 h alt. 190.*

Paris 439 – Lyon 21 – L'Arbresle 15 – Meximieux 57 – Trévoux 7 – Villefranche-sur-Saône 14.

XX **Auberge du Pont de Morancé,** Ouest : 2 km par D 100 ✉ 69480 Anse ✆ 04 78 47 65 14, *jacquesverdier@mail.com, Fax 04 78 47 05 83,* 🏠, 🌲 – 🅿. GB
fermé 2 au 28 fév., dim. soir, lundi soir, mardi soir et merc. – **Repas** 20/50 🍷.
◆ Étape champêtre dans la vallée de l'Azergues. Cadre rustique, belle terrasse et jardin fleuri bordant une rivière. Plats traditionnels et spécialité de grenouilles persillées.

CHERISY *28 E.-et-L. 311 E3 – rattaché à Dreux.*

CHÉROY *89690 Yonne 319 A2 – 1 403 h alt. 145.*

⛳18 de La Forteresse à Thoury-Férottes ✆ 01 60 96 95 10, NO : 13 km par D 28.
Paris 101 – Fontainebleau 41 – Auxerre 70 – Montargis 33 – Nemours 25 – Sens 23.

X **Tour de Chéroy,** 3 pl. de la Concorde ✆ 03 86 97 53 43, *tourcheroy@free.fr, Fax 03 86 97 58 60* – GB
fermé 27 juin au 6 juil., 16 janv. au 16 fév., dim. soir, lundi soir, merc. soir et mardi – **Repas** *(10)* - 15,50/30 🍷.
◆ Face à l'église, construction bourguignonne dont la sobre salle à manger meublée dans le style rustique s'ouvre sur un espace bar. Plats traditionnels et régionaux.

Le CHESNAY *78 Yvelines 311 I3 101 23 – voir à Paris, Environs (Versailles).*

CHEVAGNES *03230 Allier 326 I3 – 716 h alt. 224.*

Paris 309 – Bourbon-Lancy 18 – Decize 31 – Digoin 43 – Lapalisse 51 – Moulins 18.

XX **Le Goût des Choses,** 12 rte Nationale ✆ 04 70 43 11 12, *Fax 04 70 43 17 88,* 🏠 – GB
fermé vacances de Toussaint, dim. soir et merc. – **Repas** *(14)* - 20/42, enf. 7 🍷.
◆ Ici, le goût des choses s'exprime tant dans l'assiette, élaborée en fonction du marché, que dans la salle, décorée et dressée avec soin. Accueil souriant.

CHEVAL-BLANC *84 Vaucluse 332 D11 – rattaché à Cavaillon.*

CHEVANNES *89 Yonne 319 D5 – rattaché à Auxerre.*

CHEVERNY *41 L.-et-Ch. 318 F7 – rattaché à Cour-Cheverny.*

CHEVIGNEY-LÈS-VERCEL *25 Doubs 321 I4 – rattaché à Valdahon.*

CHEVIGNY *21 Côte-d'Or 320 K6 – rattaché à Dijon.*

CHEVRY *01 Ain 328 J3 – rattaché à Gex.*

Le CHEYLARD *07160 Ardèche 331 I4 – 3 514 h alt. 450.*

ℹ Office de tourisme, rue du 5 Juillet 1944 ✆ 04 75 29 18 71, Fax 04 75 29 46 75, office@otlecheylard-ardeche.com.
Paris 598 – Valence 59 – Aubenas 50 – Lamastre 21 – Privas 47 – Le Puy-en-Velay 62.

🏠 **Provençal,** 17 av. Gare ✆ 04 75 29 02 08, *Fax 04 75 29 35 63,* 🏊 – ▤ rest, TV 📞 🅿. AE GB. ✗ ch
fermé 12 au 31 mars, 27 août au 15 sept., 25 déc. au 5 janv., vend. soir, dim. soir et lundi – **Repas** 20/59 bc 🍷 – ☕ 8 – **10 ch** 44/63 – ½ P 51.
◆ Derrière une façade ardéchoise, chambres toutes simples mais de bon confort. Salutaires promenades à pied ou en VTT sur les bords de l'Eyrieux. Deux salles à manger sobrement rustiques, cuisine traditionnelle inspirée du terroir et sélection de vins du pays.

CHÉZERY-FORENS *01410 Ain* 328 *I3 – 369 h alt. 585.*

Paris 506 – Bellegarde-sur-Valserine 17 – Bourg-en-Bresse 82 – Gex 39 – Nantua 30.

Commerce, ℰ 04 50 56 90 67, 佘 – GB
1ᵉʳ mars-30 sept., 5 fév-1ᵉʳ mars et fermé mardi soir et merc. hors vacances scolaires –
Repas 14/32, enf. 7 💰 – ⊆ 6,50 – **8 ch** 42 – ½ P 45.
◆ Petites chambres rénovées et accueil plein de gentillesse sont les atouts de cette attachante maison bercée par les eaux frémissantes de la Valserine. Généreuse cuisine régionale servie dans un plaisant décor campagnard ou sur une terrasse dominant la rivière.

CHICHILIANNE *38930 Isère* 333 *G9 – 207 h alt. 1006.*

Paris 617 – Die 45 – Gap 78 – Grenoble 55 – La Mure 61.

Château de Passières ⑤, ℰ 04 76 34 45 48, Fax 04 76 34 46 25, ≤, 佘, ⴵ, 🐾, 🎾 – 🅿 – 🛏 35. 🆎 GB
fin fév-oct. et fermé dim. soir et lundi hors saison – **Repas** 19/32, enf. 12 – ⊆ 8 – **23 ch** 49/66 – ½ P 49/66.
◆ Boiseries à rechampis, meubles anciens et objets d'art décorent ce château du 14ᵉ s. bâti au pied du mont Aiguille. Chambres classiques et soignées ou modernes et simples. Une collection de tableaux orne les murs de la salle à manger ; recettes du terroir.

CHILLE *39 Jura* 321 *D6 – rattaché à Lons-le-Saunier.*

CHILLEURS-AUX-BOIS *45170 Loiret* 318 *J3 – 1 703 h alt. 125.*

Paris 96 – Orléans 30 – Chartres 71 – Étampes 47 – Pithiviers 14.

Lancelot, 12 r. Déportés ℰ 02 38 32 91 15, Fax 02 38 32 92 11, 佘 – 🅿. GB
fermé 4 au 11 août, dim. soir, merc. soir et lundi – **Repas** (dim. et fêtes, prévenir) (14,50) -
19,50, enf. 12 ⴼ.
◆ Chaleureux restaurant installé dans une discrète maison au centre du village. Décor rustique, tableaux en exposition-vente, accueil aimable et cuisine traditionnelle.

CHINAILLON *74 H.-Savoie* 328 *L5 – rattaché au Grand-Bornand.*

CHINDRIEUX *73310 Savoie* 333 *I3 – 1 092 h alt. 300.*

Env. Abbaye de Hautecombe★★ SO : 10 km, G. Alpes du Nord.

Paris 520 – Annecy 48 – Aix-les-Bains 16 – Bellegarde-sur-Valserine 39 – Chambéry 33.

Relais de Chautagne, ℰ 04 79 54 20 27, Fax 04 79 54 51 63, 佘 – 📶 ⴵ 🅿 – 🛏 25. GB
fermé 24 déc. au 10 fév., dim. soir et lundi – **Repas** 16/30 ⴼ – ⊆ 7 – **26 ch** 45/50.
◆ La Chautagne est le nom de ce petit "pays" savoyard que traverse le Rhône. Chambres de style actuel ou plus anciennes mais entretenues. Salles à manger de style néo-rustique où l'on sert cuisine traditionnelle, spécialités savoyardes et gibier en saison.

CHINON ⑤ℙ *37500 I.-et-L.* 317 *K6 G. Châteaux de la Loire – 8 716 h alt. 40.*

Voir Vieux Chinon★★ : Grand Carroi★★ A E – Château★★ : ≤★★.

Env. Château d'Ussé★★ 14 km par ①.

🛈 *Office de tourisme, place Hofheim ℰ 02 47 93 17 85, Fax 02 47 93 93 05, tourisme-@chinon.com.*

Paris 285 ① – Tours 46 ① – Châtellerault 51 ③ – Poitiers 80 ③ – Saumur 29 ③.

Plan page suivante

France, 47 pl. Gén. de Gaulle ℰ 02 47 93 33 91, elmachinon@aol.com, Fax 02 47 98 37 03
– 涎, 🍴 rest, 📺 ✆ 🚗, 🆎 ⓪ GB 🇯 🇨🇧, 🐾 ch   A s
fermé 15 fév. au 2 mars, 7 nov. au 1ᵉʳ déc. et dim. de nov. à mars – **Chapeau rouge** ℰ 02 47
98 08 08 *(fermé 7 nov. au 1ᵉʳ déc., dim. soir et lundi* **Repas** 25/56 ⴼ – ⊆ 10 – **29 ch** 69/96,
3 suites – ½ P 66/79.
◆ Deux maisons mitoyennes du 16ᵉ s. disposant de chambres fraîches, confortables et bien insonorisées ; certaines ont vue sur les remparts. Jolie courette intérieure. Élégant restaurant ouvrant sur une place ombragée. Appétissante cuisine au goût du jour.

Diderot sans rest, 4 r. Buffon ℰ 02 47 93 18 87, hoteldiderot@hoteldiderot.com,
Fax 02 47 93 37 10 – ⴵ 🅿 🆎 ⓪ GB, 🐾   B n
⊆ 6,50 – **28 ch** 40/69.
◆ Dans les murs d'une belle demeure du 18ᵉ s., chambres simples rehaussées de quelques meubles anciens. Petit-déjeuner servi dans une jolie salle rustique ; confitures maison.

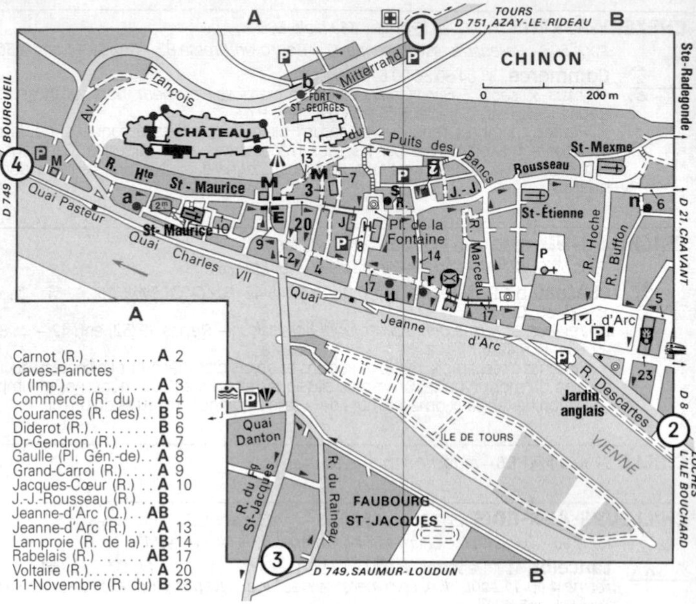

Carnot (R.)	A	2
Caves-Painctes (Imp.)	A	3
Commerce (R. du)	A	4
Courances (R. des)	B	5
Diderot (R.)	B	6
Dr-Gendron (R.)	A	7
Gaulle (Pl. Gén.-de)	A	8
Grand-Carroi (R.)	A	9
Jacques-Cœur (R.)	A	10
J.-J.-Rousseau (R.)	B	
Jeanne-d'Arc (Q.)	AB	
Jeanne-d'Arc (R.)	A	13
Lamproie (R. de la)	B	14
Rabelais (R.)	AB	17
Voltaire (R.)	A	20
11-Novembre (R. du)	B	23

XXX **Au Plaisir Gourmand** (Rigollet), quai Charles VII ☎ 02 47 93 20 48, *Fax 02 47 93 05 66*, 🏛 – ▤. AE GB A a
✿
fermé 15 fév. au 14 mars, mardi midi, dim. soir et lundi – **Repas** (nombre de couverts limité, prévenir) 27/59 et carte 46 à 67 ♀.
◆ Cette noble maison du 17ᵉ s., précédée d'une ravissante cour fleurie, invite tous les gargantuas de passage à déguster ses mets classiques et régionaux dans un cadre feutré.
Spéc. Ballotine de canette au foie gras. Sandre au beurre blanc. Beuchelle à la tourangelle.
Vins Vouvray, Chinon.

XX **L'Océanic,** 13 r. Rabelais ☎ 02 47 93 44 55, *Fax 02 47 93 38 08*, 🏛 – ▤. GB A u
fermé 28 juin au 4 juil., 31 déc. au 20 janv., dim. soir et lundi – **Repas** 21/60 bc, enf. 10,50 ♀.
◆ Sympathique restaurant de produits de la mer situé dans une rue piétonne du centre-ville. Un bel aquarium trône au milieu de la salle à manger, actuelle et confortable.

X **L'Écho de Rabelais,** 2 r. Château ☎ 02 47 93 95 87, *Fax 02 47 81 20 63*, ≤, 🏛 – GB A b
fermé 15-30/11, 1-12/02, le soir sauf sam. hors saison, dim. soir, lundi soir, mardi soir et merc. soir en saison – **Repas** 19/26, enf. 6,50 ♀.
◆ Restaurant situé à l'entrée du château, face aux prestigieuses vignes du Clos de l'Écho (jadis propriété du père de Rabelais). Décor de bistrot moderne et terrasse ombragée.

à Marçay *par ③ et D 116 : 9 km – 448 h. alt. 65 – ✉ 37500 :*

Château de Marçay 🐦, ☎ 02 47 93 03 47, *marcay@relaischateaux.fr, Fax 02 47 93 45 33*, ≤, 🏛, 🏊, 🎾, 🌳 – 🛗 📺 📞 🅿 – 🏛 30 à 80. AE ⓓ GB JCB
fermé mi-janv. à début mars – **Repas** *(fermé dim. soir et lundi hors saison, jeudi midi en saison, lundi midi et mardi midi)* 48/77 ♀ 🍇 – ☕ 18 – **28 ch** 245/290, 4 suites – ½ P 146/217.
◆ De la forteresse militaire du 12ᵉ s. ne subsiste que ce beau château remodelé au 15ᵉ s. Cadre de caractère, grand parc arboré et vue sur les vignes (dégustation au domaine). Décor raffiné, carte au goût du jour et cave riche en vins de Loire au restaurant.

CHISSAY-EN-TOURAINE *41 L.-et-Ch.* 318 D7 – *rattaché à Montrichard.*

Dans ce guide
un même symbole, un même mot,
imprimé en rouge ou en noir, en maigre ou en gras,
n'ont pas tout à fait la même signification.
Lisez attentivement les pages explicatives.

CHISSEAUX *37150 I.-et-L.* **317** *P5 – 575 h alt. 58.*

🚹 *Syndicat d'initiative, mairie* ℰ *02 47 23 90 75.*

Paris 235 – Tours 37 – Amboise 14 – Loches 33 – Romorantin-Lanthenay 63.

🏠 **Clair Cottage**, ℰ *02 47 23 90 69, hotel.clair.cottage@wanadoo.fr, Fax 02 47 23 87 07,*
🚗 🏠, ⊥, 🐎 – ⁂, 🖃 rest, 📺 🅿. 🖭 ⴳ⅁
1er mars-15 nov. – **Repas** *(fermé dim. soir, lundi midi et mardi midi)* 15/32, enf. 9 ⵙ – ⵦ 7 –
10 ch 47/56 – 1/2 P 47/52.
* Hôtel composé de deux bâtiments dont une annexe établie dans une demeure
tourangelle du 19e s. Petites chambres fonctionnelles ou rustiques, régulièrement
entretenues. Sobre salle à manger et terrasse d'été. Carte traditionnelle et menu du
terroir.

🍴🍴 **Auberge du Cheval Rouge**, 30 r. Nationale ℰ *02 47 23 86 67, Fax 02 47 23 92 22,* 🚗
– ⴳ⅁
fermé 12 au 26 nov., 15 au 26 mars, mardi hors saison et lundi sauf fériés – **Repas** *(16,50)* -
21/43, enf. 12 ⵙ.
* L'ancien café du village abrite aujourd'hui un coquet restaurant (non-fumeurs) dont le
cadre rustique est égayé de couleurs provençales. Charmante terrasse verdoyante.

CHOISY-AU-BAC *60 Oise* **305** *I4 – rattaché à Compiègne.*

Lisez attentivement l'introduction : c'est la clé du guide.

CHOLET ⚑ *49300 M.-et-L.* **317** *D6 G. Châteaux de la Loire – 54 204 h alt. 91.*

Voir Musée d'Art et d'Histoire★ **Z M.**

⛳ *de Cholet* ℰ *02 41 71 05 01,* **AX.**

🚹 *Office de tourisme, place Rougé* ℰ *02 41 49 80 00, Fax 02 41 49 80 09, info-accueil@ot-cholet.fr.*

Paris 353 ① – Angers 64 ① – Ancenis 49 ⑥ – Nantes 60 ⑤ – La Roche-sur-Yon 70 ④.

Plan page suivante

🏨 **Grand Hôtel de la Poste**, 26 bd G.-Richard ℰ *02 41 62 07 20, ghpcholet@wanadoo.fr,*
Fax 02 41 58 54 10 – 📶, 🖃 rest, 📺 📞 ⟺ – 🅰 50. 🖭 ⓞ ⴳ⅁ ᴶᶜᴮ   **Z e**
fermé 23 déc. au 3 janv. – **Rotonde** *(fermé vend. soir, sam. midi et dim.)* **Repas** *(15)*-18,50/
54,50, enf. 10,50 ⵙ – ⵦ 8,50 – **49 ch** 56/95.
* Cette maison, tenue par la même famille depuis 1919, serait le plus vieil hôtel de Cholet.
On rajeunit peu à peu les chambres, actuelles et de tailles diverses. Plaisante salle à manger
décorée dans l'esprit Art déco. Cuisine classique aux accents régionaux.

🏨 **Atlantel**, rte Angers ℰ *02 41 71 08 08, atlantel2@wanadoo.fr, Fax 02 41 71 96 96,* 🚗 –
📺 📞 ⵿ 🅿 – 🅰 70. 🖭 ⓞ ⴳ⅁   **BX t**
Repas *(fermé vend. soir et sam. du 15 sept. au 1er juin)* 19/44, enf. 10 ⵙ – ⵦ 8,40 – **57 ch**
53/59 – 1/2 P 60.
* Implantée dans une zone commerciale, construction récente bien insonorisée.
Chambres un peu désuètes, mais spacieuses et bien équipées. Le restaurant, aménagé
dans le style années 1980, s'agrémente d'un aquarium-fontaine. Patio-terrasse.

🏠 **Parc** sans rest, 4 av. A. Manceau ℰ *02 41 62 65 45, hotel.parc.cholet@wanadoo.fr,*
Fax 02 41 58 64 08 – 📶 📺 📞 ⟺ – 🅰 50. ⴳ⅁   **AY x**
fermé 20 déc. au 2 janv. – ⵦ 7 – **46 ch** 61/85.
* Cet hôtel de la petite capitale de la "Vendée militaire" a bénéficié d'une salutaire rénovation. Les chambres situées sur l'arrière sont plus tranquilles.

🏛 **Commerce** sans rest, 194 r. Nationale ℰ *02 41 62 08 97, lecommerce.cholet@wanadoo.f
r, Fax 02 41 62 31 57* – 📞 📞. 🖭 ⴳ⅁   **Z a**
fermé 8 au 14 nov. et 3 au 9 janv. – ⵦ 6,50 – **15 ch** 34/50.
* Nostalgie, quand tu nous tiens... Que de souvenirs d'enfance ranimés par ces papiers
peints à grosses fleurs ! Charme désuet, ambiance familiale et tenue irréprochable.

🍴🍴 **Touchetière**, rd-pt St-Léger ℰ *02 41 62 55 03, Fax 02 41 58 82 10,* 🚗 – 🅿. 🖭
ⴳ⅁   **AX b**
fermé 3 au 30 août, sam. midi, dim. soir et mardi soir – **Repas** *(17)* - 20,50/33 ⵙ.
* Salle à manger avec poutres apparentes et cheminée : cette auberge, qui daterait du
16e s., a préservé son cachet rustique. Terrasse d'été fleurie et calme.

🍴 **L'Ourdissoir**, 40 r. St-Bonaventure ℰ *02 41 58 55 18, ourdissoir@wanadoo.fr,*
Fax 02 41 58 55 18 – ⴳ⅁   **Z b**
fermé 18 juil. au 10 août, 19 fév. au 1er mars, dim. soir et merc. – **Repas** 13 *(déj.)*, 17,50/34 bc
ⵙ.
* Deux agrestes salles à manger dont l'une fut un atelier de tisserands de la ville du
mouchoir. Les beaux murs de pierres servent de cadre à une cuisine traditionnelle.

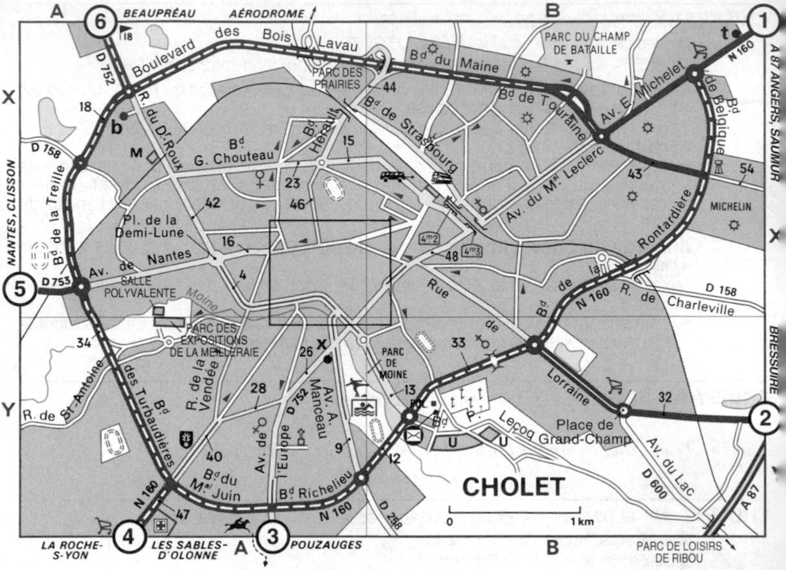

Abreuvoir (Av. de l')	**Z** 2
Bons-Enfants (R. des)	**Z** 3
Bouet (Av. F.)	**AX** 4
Bourg-Baudry (R. du)	**Z** 6
Bretonnaise (R.)	**Z** 7
Champagny (Av. du Cte de)	**AY** 9
Clemenceau (R. G.)	**Z** 10
Coubertin (Bd P. de)	**BY** 12
Delhumeau Plessis (Bd)	**BY** 13
Faidherbe (Bd du Gén.)	**AY** 15
Foch (Av. du Mar.)	**AX** 16
Godinière (Bd de la)	**AX** 18
Guérineau (Pl. A.)	**Z** 20
Hôtel-de-Ville (R. de l')	**Z** 22
Joffre (Bd du Mar.)	**AX** 23
Libération (Av. de la)	**Z** 26
Marne (Av. de la)	**AY** 28
Maudet (Av.)	**Z** 30
Maulévrier (R. de)	**BY** 32
Minée (Bd de la)	**BY** 33
Moinie (Bd de la)	**AY** 34
Moine (R. de la)	**Z** 36
Montfort (R. G. de)	**Z** 37
Nantaise (R.)	**Z** 39
Nationale (R.)	**Z**
Napoléon Bonaparte (Av.)	**AY** 40
Pasteur (R. L.)	**AX** 42
Poitou (Bd du)	**AX** 43
Pont-de-Pierre (Bd du)	**AB** 44
Puits-de-l'Aire (R. du)	**AX** 45
Richard (Bd G.)	**Z** 46
Sables (Av. des)	**AY** 47
Sadi-Carnot (R.)	**BX** 48
Salberie (R.)	**Z** 49
Sardinerie (R. de la)	**Z** 50
Toutlemonde (R. de)	**BX** 54
Travot (Pl.)	**Z** 52
Travot (R.)	**Z** 53
Vieux-Greniers (R. des)	**Z** 56
8-Mai-1945 (Pl. du)	**Z** 58

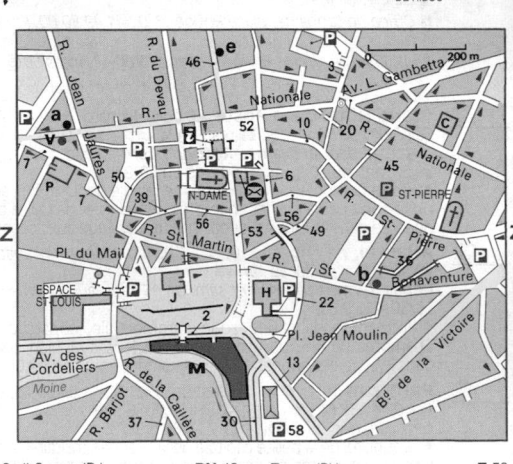

Passé Simple, 181 r. Nationale ℰ 02 41 75 90 06, Fax 02 41 75 90 06 – ⚐ ⚐ ✦

fermé 17 août au 6 sept., dim. soir, mardi midi et lundi – **Repas** 15 (déj.), 20/50, enf. 10 ⌂.
♦ Atmosphère conviviale, mi-champêtre, mi-bistrot, dans cet établissement où se mitonnent des plats classiques renouvelés au fil des saisons.

au Sud-Est : 4 km par D 600 (av. Lac) – 54 204 h. alt. 91 – ⊠ 49300

Belvédère ⚘, Lac de Ribou ℰ 02 41 75 68 00, lebelvedere-cholet@wanadoo.fr, Fax 02 41 75 68 09, ≤, ⇪ – ▤ ch, ⊡ ⛬ 🅿 – 🔏 30. ⚐ ⚐
fermé fév – **Repas** (fermé dim. soir et lundi) (16) -19/28 ⌂ – ⊇ 7 – **8 ch** 87.
♦ Cette bâtisse récente dominant le lac de Ribou jouit d'un environnement verdoyant. Les chambres, spacieuses et claires, sont dotées d'un mobilier en rotin peint. Salle à manger actuelle, agréable terrasse ouverte sur la nature et cuisine traditionnelle.

à Nuaillé *par ① et D 960 : 7,5 km – 1 356 h. alt. 133 –* ⊠ *49340 :*

🏠 **Biches** *sans rest,* pl. Église ℰ 02 41 62 38 99, *les-biches@wanadoo.fr, Fax 02 41 26 96 24,*
⤓ – 🔟. GB
fermé 30 avril au 3 mai et 17 déc. au 3 janv. – ⊑ 8,40 – **12 ch** 48/56.
◆ En 1794, La Rochejaquelein fut tué par un Bleu à l'entrée du village. Chambres anciennes
mais bien tenues et dotées de literies neuves. Petit-déjeuner servi face à la piscine.

CHOMELIX *43500 H.-Loire* **331** *E2 – 409 h alt. 910.*
Paris 519 – Ambert 36 – Brioude 52 – Le Puy-en-Velay 30 – St-Étienne 77.

🍴🍴 **Auberge de l'Arzon** *avec ch,* ℰ 04 71 03 62 35, *Fax 04 71 03 61 62 –* 🔟 ᖚ. GB. ⚠ rest
3 avril-1ᵉʳ nov. et fermé lundi et le midi sauf sam. et dim. – **Repas** 21/40 ⎷ – ⊑ 6,50 – **9 ch**
43/58 – ½ P 46/53.
◆ À proximité du Parc naturel du Livradois-Forez, bâtisse en pierre hébergeant une salle à
manger meublée dans le style rustique. Paisibles chambres contemporaines à l'annexe.

CHONAS-L'AMBALLAN *38 Isère* **333** *B5 – rattaché à Vienne.*

CHORANCHE *38680 Isère* **333** *F7 G. Alpes du Nord – 130 h alt. 280.*
Voir Grotte de Coufin★★.
Paris 588 – Grenoble 52 – Valence 48 – Villard-de-Lans 20.

🏠 **Jorjane,** ℰ 04 76 36 09 50, *info@lejorjane.com, Fax 04 76 36 00 80,* 🌳 – ⚞ ℰ. ⓪ GB
⚞ *fermé 15 au 25 nov., dim. soir et lundi –* **Repas** 14,50/30 ⎷ – ⊑ 6,10 – **7 ch** 33/46 –
½ P 31,50/43,50.
◆ Dans le célèbre village aux sept grottes, auberge familiale abritant des chambres pratiques. Les motards y sont chouchoutés. Restaurant rustique décoré d'objets chinés et
terrasse couverte bordant la route ; plats traditionnels, grillades, salades, pizzas.

CIBOURE *64 Pyr.-Atl.* **85** *02 – voir à St-Jean-de-Luz.*

CIEUX *87520 H.-Vienne* **325** *D5 – 897 h alt. 320.*
🖪 *Syndicat d'initiative* ℰ 05 55 03 33 23, *Fax 05 55 03 26 88, awoldbanner@aol.com.*
Paris 388 – Limoges 31 – Bellac 17 – Confolens 35 – St-Junien 18.

🏠 **Auberge La Source,** 1 av. Lac ℰ 05 55 03 33 23, *awaldbauer@aol.com,*
Fax 05 55 03 26 88, 🌳, ⚞ – ⚞ 🔟 ᖚ – ⚞ 60. GB
fermé 4 au 11 nov., 19 janv. au 10 fév., dim. soir, mardi midi et lundi – **Repas** *(11)* - 15 (déj.),
20/50 bc, enf. 7 ⎷ – ⊑ 7 – **8 ch** 48/69 – ½ P 52/56.
◆ Ex-relais de poste entièrement réhabilité. Un vieil escalier de bois conduit à des
chambres fraîches et pratiques. La salle à manger occupe les anciennes écuries, sous une
belle charpente. Terrasse et jardin tournés vers la campagne. Recettes traditionnelles.

CINQ CHEMINS *74 H.-Savoie* **328** *L2 – rattaché à Thonon-les-Bains.*

La CIOTAT *13600 B.-du-R.* **340** *I6 G. Provence – 31 630 h – Casino* **AZ.**
Voir Calanque de Figuerolles★ SO : 1,5 km puis 15 mn par D141 **AZ** *– Chapelle N.-D. de la
Garde* ⇐★★ *O : 2,5 km puis 15 mn.*
Excurs. à l'Ile Verte ⇐★ *en bateau 30 mn* **BZ.**
🖪 *Office de tourisme,* boulevard Anatole France ℰ 04 42 08 61 32, *Fax 04 42 08 17 88,*
tourismeciotat@free.fr.
Paris 802 ⑤ *– Marseille 32* ⑤ *– Toulon 36* ③ *– Aix-en-Provence 53* ⑤ *– Brignoles 62* ⑤*.*
Plan page suivante

🍴 **Fresque,** 18 r. des Combattants (pl. Eglise) ℰ 04 42 08 00 60, *lafresque@aol.com,* 🌳 –
GB. ⚠ **BZ r**
fermé 15 déc. au 10 fév., dim. soir et lundi – **Repas** 21/32, enf. 7.
◆ Dominant le port, pharmacie du 19ᵉ s. convertie en agréable restaurant. Son nom
provient de la jolie fresque ornant le plafond de la salle. La carte à l'accent du Sud.

au Clos des Plages *–* ⊠ *13600 La Ciotat :*

🏠 **Provence Plage,** 3 av. Provence ℰ 04 42 83 09 61, *hotel@provenceplage.com,*
Fax 04 42 08 16 28, 🌳 – 🔟 🅿. 🆎 GB **BY d**
fermé 24 oct. au 23 nov. – **Repas** *(fermé dim. soir d'oct. à mai)* 12 (déj.), 18/26, enf. 8,50 ⎷ –
⊑ 6 – **20 ch** 43/58 – ½ P 41/48.
◆ Dans un quartier de villas à deux pas de la plage, hôtel des années 1950 bien entretenu.
Les chambres sont sobres et actuelles. Ambiance familiale. Salle à manger agrémentée de
plantes vertes et terrasse sous les platanes ; plats aux accents méridionaux.

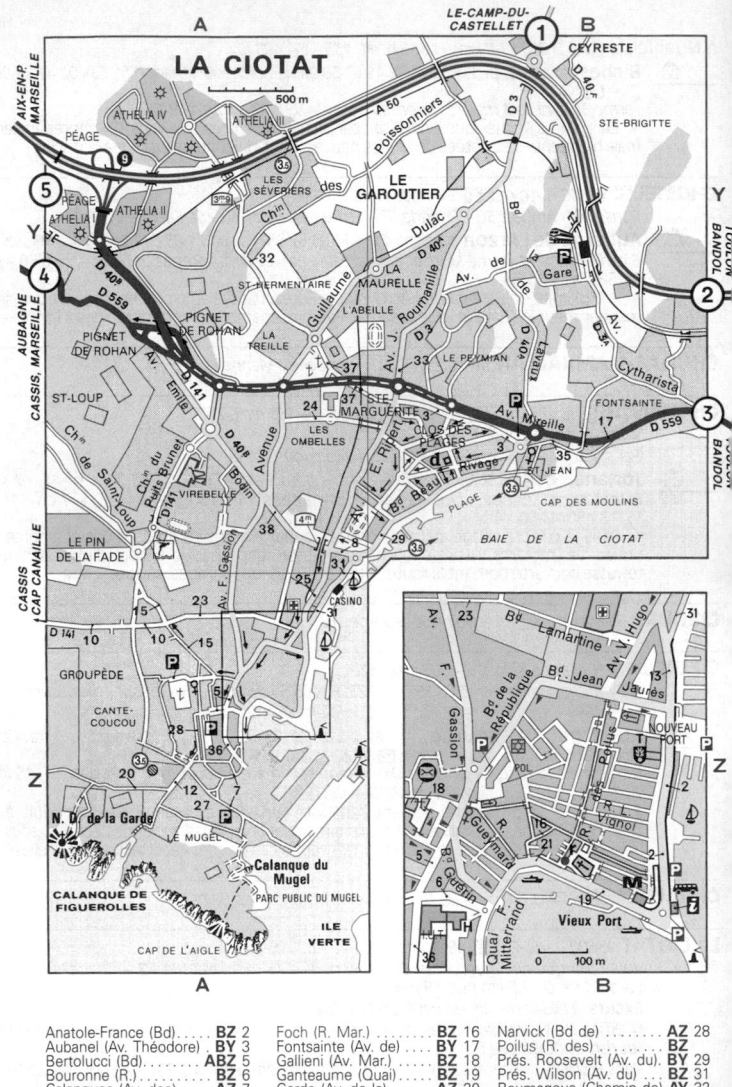

Anatole-France (Bd)	**BZ** 2	Foch (R. Mar.)	**BZ** 16	Narvick (Bd de)	**AZ** 28
Aubanel (Av. Théodore)	**BY** 3	Fontsainte (Av. de)	**BY** 17	Poilus (R. des)	**BZ**
Bertolucci (Bd)	**ABZ** 5	Gallieni (Av. Mar.)	**BZ** 18	Prés. Roosevelt (Av. du)	**BY** 29
Bouronne (R.)	**BZ** 6	Ganteaume (Quai)	**BZ** 19	Prés. Wilson (Av. du)	**BZ** 31
Calanques (Av. des)	**AZ** 7	Garde (Av. de la)	**AZ** 20	Roumagoua (Chemin de)	**AY** 32
Camugli (Av.)	**AY** 8	Gaulle		Roumanille (Av. J.)	**BY** 33
Camusso (Av. Marcel)	**AZ** 10	(Quai Gén. de)	**BZ** 21	St-Jean (Av. de)	**BY** 35
Cardinal Maurin (Av. du)	**AZ** 12	Kennedy (Av. J. F.)	**ABZ** 23	Sandral (Av. M.)	**ABZ** 36
Clemenceau (Bd G.)	**BZ** 13	Mistral (Av. Frédéric)	**AZ** 25	Sellon (Av. Émile)	**AY** 37
Crozet (Av. Louis)	**AZ** 15	Mugel (Av. du)	**AZ** 27	Subilia (Av. Ernest)	**AY** 38

au Liouquet *par* ③ *et D 559 : 6 km –* ⊠ *13600 La Ciotat :*

🏨 **Ciotel Le Cap** ॐ, 𝄐 04 42 83 90 30, *leciotel@aol.com, Fax 04 42 83 04 17,* 🌧, 🏊, 🐎 –
▤ ch, 📺 📞 🅿 🆎 ⓪ 🆚, 🛏 ch

27 mars-31 oct. – **Repas** *(fermé dim. soir et lundi sauf juil.-août)* 26/40 🛎 – 🖙 11 – **44 ch**
131/144 – ½ P 106.

♦ Disséminés dans un ravissant jardin fleuri, six pavillons de plain-pied abritant des chambres de bonne ampleur, dotées de terrasses. Jolie piscine face à la mer. L'atout majeur de la salle à manger, simplement décorée, est sa vue sur la "grande bleue".

XX **Auberge Le Revestel** avec ch, ✆ 04 42 83 11 06, *revestel@wanadoo.fr, Fax 04 42 83 29 50,* ≤, – 📺. GB. ✗ ch
fermé 15 au 25 nov. et 10 janv. au 12 fév. – **Repas** *(fermé lundi midi et merc. midi en juil.-août, dim. soir et merc. de sept. à juin)* 34/38, enf. 15 ♀ – ☕ 8 – **6 ch** 54 – ½ P 70.
◆ Belle situation sur la corniche pour ce petit restaurant au cadre très coloré. Les larges baies de la salle à manger offrent une vue imprenable sur le large. Cuisine actuelle.

CIRES-LÈS-MELLO *60660 Oise* 305 *F5 – 3 585 h alt. 39.*

Paris 65 – Compiègne 47 – Beauvais 32 – Chantilly 17 – Clermont 16 – Creil 12.

Relais du Jeu d'Arc, pl. Jeu d'Arc à Mello, Est : 1 km ✆ 03 44 56 85 00, *jeudarc@cdno.org, Fax 03 44 56 85 19,* – 📺 ♿ 🅿 – 🏛 40. GB. ✗
fermé août et 24 déc. au 1er janv. – **Repas** *(fermé dim. et lundi)* 23/39 – ☕ 8 – **14 ch** 66/120 – ½ P 71.
◆ Ancien relais de poste dont les origines remontent au 17e s. Les chambres sont actuelles et confortables, parfois mansardées. Plats du terroir servis au coin du feu dans une sympathique salle décorée d'objets paysans. La terrasse offre une vue sur le château.

CLAIRAC *47320 L.-et-G.* 336 *E3 – 2 385 h alt. 52.*

Office de tourisme, 16 place Viçoze ✆ 05 53 88 71 59, Fax 05 53 88 71 59, tourisme@clairac.com.
Paris 690 – Agen 42 – Marmande 24 – Nérac 35.

XX **L'Écuelle d'Or,** 22 r. Porte Pinte ✆ 05 53 88 19 78, *ecuelle.or@wanadoo.fr, Fax 05 53 88 90 77* – AE GB
fermé 24 au 31 août, 25 oct. au 2 nov., sam. midi, dim. soir et lundi – **Repas** (15) - 18/47, enf. 11.
◆ Dans une maison séculaire, agréable salle à manger rustique avec pierres et poutres apparentes. Cuisine selon le marché, plus quelques spécialités du Sud-Ouest.

CLAIX *38 Isère* 333 *H7 – rattaché à Grenoble.*

CLAM *17 Char.-Mar.* 324 *H7 – rattaché à Jonzac.*

CLAMART *92 Hauts-de-Seine* 311 *J3* 101 ㉕ *– voir à Paris, Environs.*

CLAMECY *58500 Nièvre* 319 *E7 G. Bourgogne – 4 806 h alt. 144.*

Voir *Église St-Martin*★.
Office de tourisme, rue du Grand Marché ✆ 03 86 27 02 51, Fax 03 86 27 20 65, tourism.clamecy@wanadoo.fr.
Paris 208 – Auxerre 42 – Avallon 38 – Cosne-sur-Loire 52 – Dijon 145 – Nevers 69.

Poste, 9 pl. E. Zola ✆ 03 86 27 01 55, *hotelposteclamecy@wanadoo.fr, Fax 03 86 27 05 99* – 📺 📞 – 🏛 20. AE ⓓ GB
Repas 18/29 ♀ – ☕ 8 – **13 ch** 44/52 – ½ P 50.
◆ Ancien relais de poste de la petite cité où l'on pratiquait le spectaculaire flottage du bois. Chambres fraîches et sobres, plus calmes sur l'arrière. Confortable salle à manger mi-classique, mi-actuelle. Carte et menus traditionnels.

Le CLAUX *15400 Cantal* 330 *E4 – 260 h alt. 1080.*

Voir *Cascade du Sartre*★ *N : 4 km* G. Auvergne.
Paris 514 – Aurillac 80 – Mauriac 59 – Murat 36.

Peyre-Arse, ✆ 04 71 78 93 32, *cantallogisdefrance@wanadoo.fr, Fax 04 71 78 90 37,* ≤, – 🅿 – 🏛 50. AE ⓓ GB
fermé 3 nov. au 3 déc. – **Repas** 18/25 ♀ – ☕ 6,50 – **28 ch** 42/45 – ½ P 46.
◆ Bâtiment des années 1980 situé à l'entrée du village. Les chambres, avant tout pratiques, ont conservé leur mobilier d'origine. Belle vue sur les monts du Cantal. Salle des repas sobrement décorée et garnie de meubles bistrot. À table, tradition et terroir.

Les CLAUX *05 H.-Alpes* 334 *I5 – rattaché à Vars.*

La CLAYETTE *71800 S.-et-L.* 320 *F12 G. Bourgogne – 2 069 h alt. 369.*

Voir *Château de Drée*★ *N : 4 km.*
Office de tourisme, 3 route de Charolles ✆ 03 85 28 16 35, Fax 03 85 28 28 34, office-du-tourisme-de-la-clayette@wanadoo.fr.
Paris 387 – Mâcon 54 – Charolles 20 – Lapalisse 64 – Lyon 85 – Roanne 41.

XX **Gare** avec ch, 38 rue de la Gare ℘ 03 85 28 01 65, *Fax 03 85 28 03 13*, 🏠, 🍴, 🌳 – 📺 ℅ 🛏 🅿 GB
fermé 6 janv. au 12 fév., dim. soir et lundi midi sauf juil.-août – **Repas** 20/36, enf. 11 ⅃ – ⬜ 6,50 – **8 ch** 42/62 – ½ P 41,50/50,50.
◆ À la sortie du bourg, maison ancienne au confort modeste. La salle à manger contemporaine où dominent les tons pastel ouvre sur un agréable jardin fleuri en été.

CLÉCY *14570 Calvados* 🔲🔲🔲 *J6 G. Normandie Cotentin – 1 252 h alt. 100.*
Env. *Croix de la Faverie★*.
🏌 *de Clécy-Cantelou* ℘ 02 31 69 72 72, SO : 4 km par D 133.
🚩 *Office de tourisme, place du Tripot* ℘ 02 31 69 79 95, *Fax 02 31 69 76 50, otsi.clecy@liber tysurf.fr.*
Paris 268 – Caen 39 – Condé-sur-Noireau 10 – Falaise 31 – Flers 22 – Vire 35.

🏯 **Moulin du Vey** 🐌, Est : 2 km par D 133^A ℘ 02 31 69 71 08, *reservations@moulinduvey.c om, Fax 02 31 69 14 14*, ≤, 🏠 – 📺 🅿 – 🎮 80. 🅰🅴 ⓪ GB
fermé déc. et janv. – **Repas** *(fermé dim. soir et lundi sauf du 1er nov. au 30 mars)* 24/64, enf. 14 ⅞ – ⬜ 10 – **12 ch** 73/102 – ½ P 86/97,50.
◆ Étape bucolique au coeur de la Suisse normande : ancien moulin à farine posté sur une rive de l'Orne, disposant de coquettes chambres personnalisées. Élégante salle de restaurant aménagée dans une annexe (maison à colombages) et terrasse au bord de la rivière.

Manoir du Placy 🏨 🐌 sans rest, à 400 m. ℘ 02 31 59 20 00 – 📺 🅿 GB
Pâques-sept. – ⬜ 10 – **6 ch** 78/122.
◆ À 400 m de la maison-mère, ce corps de ferme joliment restauré propose des chambres simples, meublées dans le style campagnard et fort bien tenues.

XX **Auberge du Chalet de Cantepie**, à Cantepie, Nord : 1 km ℘ 02 31 69 88 88, *auberge .cantepie@wanadoo.fr, Fax 02 31 69 66 72*, 🏠, 🌳 – 🅿 GB
fermé 22 déc. au 6 fév., dim. soir et lundi sauf fériés – **Repas** 18/35, enf. 12 ⅞.
◆ Plaisante bâtisse régionale à colombages et sa terrasse ombragée. Collection de tableaux réalisés par les descendants de Pissarro. Service en costumes traditionnels normands.

Michelin n'accroche pas de panonceau aux hôtels et restaurants qu'il signale.

CLÉDEN-CAP-SIZUN *29770 Finistère* 🔲🔲🔲 *D6 – 1 037 h alt. 30.*
Voir *Pointe de Brézellec* ≤★ *N : 2 km, G. Bretagne.*
Paris 608 – Quimper 46 – Audierne 11 – Douarnenez 27.

X **L'Étrave**, rte Pointe du Van sur D 7 : 2 km ℘ 02 98 70 66 87, ≤, 🌳 – 🅿 GB
4 avril-3 oct. et fermé mardi soir sauf juil.-août et merc. – **Repas** 17/48, enf. 8.
◆ Étrave en guise de comptoir, charpente en carène renversée et belles échappées sur l'océan : cadre marin où l'on se presse pour déguster homards et autres fruits de mer.

CLELLES *38930 Isère* 🔲🔲🔲 *G9 – 378 h alt. 746.*
🚩 *Office de tourisme, place de la mairie* ℘ 04 76 34 43 09, *Fax 04 76 34 43 09, ot-clelles-trieves@wanadoo.fr.*
Paris 614 – Die 60 – Gap 72 – Grenoble 52 – La Mure 29 – Serres 57.

🏠 **Ferrat**, à la gare ℘ 04 76 34 42 70, *Fax 04 76 34 47 47*, ≤, 🍴, 🌳 – 📺 ℅ 🛏 🅿 GB
fermé 12 au 28 fév. – **Repas** 19/33, enf. 10 ⅞ – ⬜ 6,50 – **23 ch** 45/52 – ½ P 55.
◆ Au pied du mont Aiguille, chambres d'esprit rustique ou actuelles, parfois dotées de petits balcons. Bonne insonorisation. Chaleureuse salle à manger d'hiver. En été, optez pour la véranda ou le snack-bar auprès de la piscine.

CLÈRES *76690 S.-Mar.* 🔲🔲🔲 *G4 G. Normandie Vallée de la Seine – 1 266 h alt. 113.*
Voir *Parc zoologique★*.
🚩 *Office de tourisme, 59 avenue du Parc* ℘ 02 35 33 38 64, *Fax 02 35 33 38 64, infos@ot-cleres.fr.*
Paris 155 – Rouen 25 – Dieppe 45 – Forges-les-Eaux 35 – Neufchâtel-en-Bray 36 – Yvetot 39.

à Frichemesnil *Nord-Est : 4 km par D 6 et D 100 – 402 h. alt. 150 –* ⊠ *76690 :*

XX **Au Souper Fin** avec ch, ℘ 02 35 33 33 88, *eric.buisset@free.fr, Fax 02 35 33 50 42*, 🏠, 🌳 – 📺 GB, 🐾 ch
fermé 24 mars-1er avril, 11 août-2 sept., 22 déc.-6 janv., dim. soir d'oct. à avril, merc. et jeud. – **Repas** (16) - 28/46, enf. 10 ⅞ 🐾 – ⬜ 8 – **3 ch** 44/50 – ½ P 55.
◆ Sympathique étape campagnarde dans un ancien café-épicerie. Coquette salle à manger, plats classiques, vins choisis, terrasse-pergola et jolies petites chambres.

au Sud : *2 km sur D 155* – ⊠ *76690 Clères* :

✗ **Auberge du Moulin,** ℘ 02 35 33 62 76, *marchalbourg@net-up.com*, Fax 02 35
33 62 76, 🍃 – **🅿**, **GB**
fermé 16 au 31 août, 1ᵉʳ au 15 mars, lundi et mardi – **Repas** *(12)* - 18,50/31 ⅄.
♦ Accueillante auberge à quelques tours de roue du parc zoologique de Clères. Salle
à manger rustique, rajeunie par de lumineuses couleurs et réchauffée par une petite
cheminée.

CLERGOUX *19320 Corrèze* **329** M4 – *385 h alt. 520.*
Paris 492 – *Brive-la-Gaillarde 46* – *Mauriac 46* – *St-Céré 71* – *Tulle 21* – *Ussel 51.*

🏡 **Chammard** *sans rest*, ℘ 05 55 27 76 04, 🥾 – **🅿**. 🌸
� 3,70 – **14 ch** 26/35.
♦ Chambres très simples, mais tenue méticuleuse. Une cheminée décorée de cuivres
rutilants agrémente le hall ; deux beaux lits bretons égaient la salle des petits-déjeuners.

CLERMONT ⟨S⟩ *60600 Oise* **305** F4 *G. Picardie Flandres Artois* – *9 699 h alt. 125.*
🅱 *Office de tourisme, 9 place de l'Hôtel de Ville* ℘ 03 44 50 40 25, Fax 03 44 50 40 25.
Paris 79 – *Compiègne 34* – *Amiens 83* – *Beauvais 27* – *Mantes-la-Jolie 101* – *Pontoise 62.*

à Gicourt-Agnetz *Ouest : 2 km par ancienne rte de Beauvais* – ⊠ *60600 Agnetz* :

✗✗ **Auberge de Gicourt,** *466 av. Forêt de Hez* ℘ 03 44 50 00 31, *Fax 03 44 50 42 29*, 🍃 –
AE **GB**
fermé 1ᵉʳ au 6 janv., dim. soir, merc. soir et lundi – **Repas** 18/45 ⅄.
♦ À proximité d'une forêt, pimpante auberge champêtre où l'on concocte une cuisine
traditionnelle et quelques spécialités du Sud-Ouest. Terrasse fleurie.

à Étouy *Nord-Ouest : 7 km par D 151* – *772 h. alt. 85* – ⊠ *60600* :

✗✗✗ **L'Orée de la Forêt** *(Leclercq)*, *255 r. Forêt* ℘ 03 44 51 65 18, *Fax 03 44 78 92 11*, 🅚 – **🅿**.
🏵 **AE** **GB**. 🌸
fermé 2 au 31 août, 2 au 9 janv., sam. midi, dim. soir, vend. et soirs fériés – **Repas** 24 (déj.),
41/64 et carte 60 à 80.
♦ Belle maison de maître du début du 20ᵉ s. nichée dans son paisible parc arboré. Deux
jolies salles à manger au confort bourgeois. Cuisine au goût du jour.
Spéc. Foie gras poêlé au sirop de betterave. Pigeonneau rôti à la badiane. Millefeuille
vanillé.

CLERMONT-EN-ARGONNE *55120 Meuse* **307** B4 *G. Champagne Ardenne* – *1 767 h alt. 229.*
🅱 *Office de tourisme, place de la République* ℘ 03 29 88 42 22, Fax 03 29 88 42 43.
Paris 236 – *Bar-le-Duc 49* – *Dun-sur-Meuse 41* – *Ste-Menehould 15* – *Verdun 29.*

✗✗ **Bellevue** *avec ch*, *r. Libération* ℘ 03 29 87 41 02, *Fax 03 29 88 46 01*, 🍃, 🥾 – **TV** **🅿**. **AE**
🕦 **GB**. 🌸 ch
fermé 23 déc. au 10 janv., dim. soir et merc. – **Repas** 15/36 ⅄ – ⊐ 7 – **7 ch** 39,50/50 –
½ P 44.
♦ Côté restaurant, salle à manger moderne prolongée d'une terrasse surplombant le
jardin. Côté hôtel, chambres simples, un tantinet désuètes mais bien tenues.

CLERMONT-FERRAND 🅟 *63000 P.-de-D.* **326** F8 *G. Auvergne* – *137 140 h Agglo. 258 541 h
alt. 401.*
Voir *Le Vieux Clermont*✲✲ **EFVX** : *Basilique de N.-D.-du-Port*✲✲ (*choeur*✲✲✲), *Cathédrale*✲✲ (*vitraux*✲✲), *fontaine d'Amboise*✲, *cour*✲ *de la maison de Savaron* **EV** – *Cour*✲
dans le musée du Ranquet **EV M¹**, *musée d'archéologie Bargoin*✲ **FX** – *Le Vieux Mont-
ferrand*✲✲ : *hôtel de Lignat*✲, *hôtel de Fontenilhes*✲, *maison de l'Éléphant*✲, *cour*✲ *de
l'hôtel Regin*, *porte*✲ *de l'hôtel d'Albiat*, – *Bas-relief*✲ *de la maison d'Adam et d'Ève* –
Musée d'art Roger-Quilliot – *Belvédère de la D 941*⁰ ⟨✲ **AY**.
Env. Puy de Dôme 🌸✲✲✲ *15 km par* ⑥ – *Vulcania (Centre Européen du Vulcanisme)*.
Circuit automobile de Clermont-Ferrand-Charade AZ.
✈ *de Clermont-Ferrand-Auvergne :* ℘ 04 73 62 71 00 *par D 766* **CY** : *6 km.*
🅱 *Office de tourisme, place de la Victoire* ℘ 04 73 98 65 00, Fax 04 73 90 04 11, *tou-
risme@clermont-fd.com.*
Paris 420 ② – *Lyon 172* ③ – *Moulins 106* ① – *St-Étienne 147* ③.

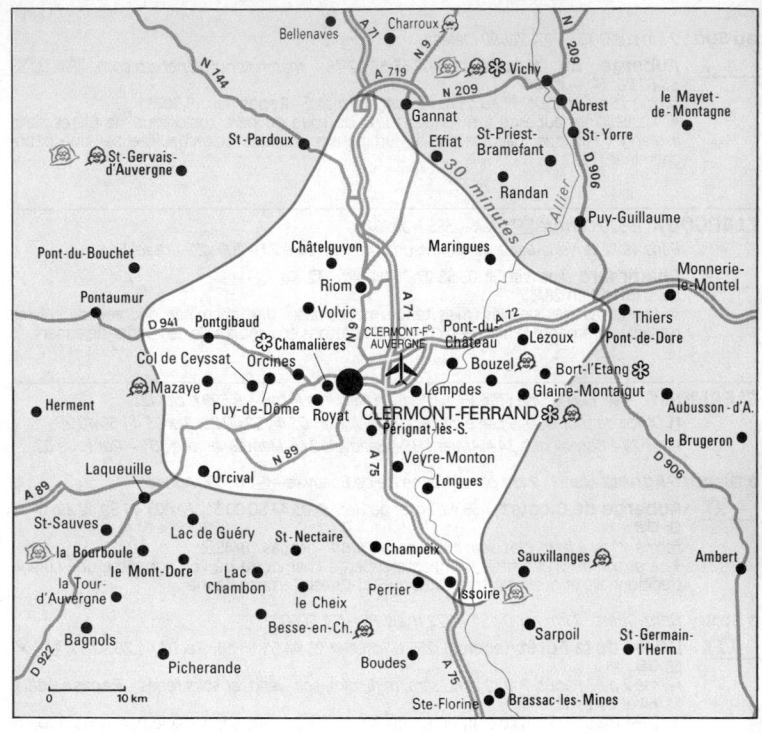

Mercure Centre, 82 bd F. Mitterrand *☎* 04 73 34 46 46, *h1224@accor-hotels.com,* *Fax* 04 73 34 46 36, 🌿 – 📶 ❄ 📺 ✆ & 🚗 – �️ 20 à 100. AE ⓪ GB, ✸ rest **EX v**
Repas *(fermé 27 déc. au 4 janv., sam. midi et dim. midi)* (20) - 22/32 ♀ – � 12 – **123 ch** 100/108.
❖ Imposant bâtiment des années 1970 abritant des chambres récentes et bien insonorisées ; certaines offrent une vue sur le puy de Dôme. Bar "cosy". Le restaurant, sobre et lumineux, donne sur une agréable terrasse d'été. Carte traditionnelle et régionale.

Novotel, Z.I. du Brézet, r. G. Besse ✉ 63100 *☎* 04 73 41 14 14, *h1175@accor-hotels.com,* *Fax* 04 73 41 14 00, 🌿 – 📶 ❄ 📺 ✆ & 🚗 – �️ 15 à 120. AE ⓪ GB **CY a**
Clos des Iris *☎* 04 73 41 14 50 *(fermé 5 juil. au 5 sept., 23 oct. au 3 nov. et 18 déc. au 2 janv.)*
Repas carte 32 à 45, enf. 8,20 ♀ – **Jardin des Puys : Repas** 17/25, enf. 8,20 ♀ – ⊷ 11,50 – **131 ch** 98/110.
❖ Espace, décor plaisant, bonne isolation phonique : réservez en priorité une chambre rénovée. Vaste hall, bar contemporain. Élégante salle en rotonde tournée vers une cascade fleurie au Clos des Iris. Cadre et carte de brasserie au Jardin des Puys.

---

des Puys Arverne, pl. Delille *☎* 04 73 91 92 06, *reception.hoteldespuys@wanadoo.fr,* *Fax* 04 73 91 60 25, 🌿 – 📶 📺 ✆ & – �️ 15 à 60. AE ⓪ GB JCB, ✸ rest **FV m**
Repas *(fermé sam. midi, dim.)* 23 ♀ – ⊷ 11 – **57 ch** 83/90.
❖ Chambres pratiques et fraîches (parfois avec balcon), emplacement central et salle des petits-déjeuners panoramique (vue sur le puy de Dôme) font l'attrait de cet hôtel. À la brasserie du rez-de-chaussée, cadre actuel, formules buffets et plats traditionnels.

Holiday Inn Garden Court, 59 bd F. Mitterrand *☎* 04 73 17 48 48, *higcclermont@allian-ce-hospitality.com, Fax* 04 73 35 58 47 – 📶 ❄ 📺 ✆ & 🚗 – �️ 15 à 50. AE ⓪ GB JCB **EX a**
Repas *(fermé vend. soir, sam. et dim)* 17/21, enf. 7 ⅙ – ⊷ 10 – **94 ch** 115.
❖ Entre le jardin Lecoq et la maison de la culture, à l'abri d'une sobre façade, chambres bien équipées, garnies d'un mobilier aux lignes élégantes. Lumineuse verrière, plantes vertes et meubles contemporains caractérisent la salle à manger.

🏨 **Lafayette** sans rest, 53 av. Union Soviétique ℰ 04 73 91 82 27, *hotel-le-lafayette@massif
central.net*, Fax 04 73 91 17 26 – |📱| 🖵 TV ☎ P. AE ◑ GB   GV a
⬜ 9,50 – **48 ch** 89/109.
  ◆ Cet hôtel voisin de la gare est entièrement rénové : chambres aux tons pastel dotées de
meubles modernes en bois clair. Climatisation côté rue et calme sur l'arrière.

🏨 **Coubertin,** 25 av. Libération ℰ 04 73 93 22 22, *accueil@hotel-coubertin.com*,
Fax 04 73 34 88 66, 🖳 – |📱| 🖵 TV ☎ & 🖘 – ⚿ 35. AE ◑ GB   EX m
Repas *(fermé du 7 au 23 août, sam., dim. et fériés)* *(12)* -17 ♀ – ⬜ 9 – **81 ch** 79/89.
  ◆ Chambres au mobilier coloré dans un immeuble récent ; à partir du 3e étage, côté rue,
elles bénéficient de la vue sur les volcans. Restaurant simple et convivial, au cadre d'inspiration Art déco. Carte traditionnelle et buffet de desserts.

🏨 **Dav'Hôtel Jaude** sans rest, 10 r. Minimes ℰ 04 73 93 31 49, *contact@davhotel.fr*,
Fax 04 73 34 38 16 – |📱| 🖵 TV ☎. AE ◑ GB JCB   EV f
⬜ 8,50 – **28 ch** 46/54.
  ◆ Atout majeur de l'hôtel : sa proximité avec la place de Jaude (commerces, parking public
et cinémas). Chambres de bonne ampleur, décorées dans les tons pastel.

🏨 **République,** 97, av. République ✉ 63100 ℰ 04 73 91 92 92, Fax 04 73 90 21 88, 🖫 – |📱|
🖳, 🖵 ch, TV 🖵 & P. – ⚿ 60. AE ◑ GB   BY n
Repas *(fermé sam. midi, dim. et fériés)* 17/24 ♀ – ⬜ 8 – **55 ch** 56/60 – ½ P 45.
  ◆ Chambres bien équipées et claires en bordure de la zone industrielle. Préférez celles
côté usines, plus calmes le soir. Le restaurant traditionnel s'ouvre sur une petite terrasse
d'été. Le bar-brasserie en façade offre des repas plus simples.

🏨 **Albert-Élisabeth** sans rest, 37 av. A. Élisabeth ℰ 04 73 92 47 41, *hotel-albertelisabeth@
massifcentral.net*, Fax 04 73 90 78 32 – |📱| TV. AE ◑ GB   GV v
⬜ 7,50 – **38 ch** 66/40.
  ◆ Le nom de cet hôtel évoque un séjour clermontois des souverains belges. L'hôtel
dispose de petites chambres pratiques et tenues de façon rigoureuse. Accueil familial.

🏨 **Beaulieu** sans rest, 13 av. Paulines ℰ 04 73 92 46 99, *pgc63@free.fr*, Fax 04 73 90 47 02 –
|📱| cuisinette TV ☎ P.   FX y
⬜ 6,20 – **21 ch** 38/57.
  ◆ Petite adresse de quartier, à deux pas de l'université. Chambres fraîches et bien insonorisées. Les studios conviendront aux longs séjours. Accueil aimable.

🏨 **Bordeaux** sans rest, 39 av. F. Roosevelt ℰ 04 73 37 32 32, *hoteldebordeaux-clermontfd
@wanadoo.fr*, Fax 04 73 31 40 56 – |📱| TV 🖘. GB. 🖉   DX w
⬜ 8 – **32 ch** 40/52.
  ◆ Modeste établissement à l'ambiance familiale abritant des chambres peu amples et
diversement meublées, à choisir côté cour. Le garage est commode.

🍴🍴🍴 **Emmanuel Hodencq,** pl. Marché St-Pierre (1er étage) ℰ 04 73 31 23 23, *emmanuel.ho
❀   dencq@wanadoo.fr*, Fax 04 73 31 36 00, 🖫 – 📱. AE ◑ GB JCB   EV a
fermé 12 au 18 avril, 9 au 30 août, dim. et lundi – **Repas** 34/130 bc et carte 70 à 110 ♀.
  ◆ Installée au-dessus des halles, chaleureuse salle de restaurant contemporaine ouverte
sur une jolie terrasse verdoyante. Cuisine au goût du jour soignée. Cave à cigares.
Spéc. Cromesquis de pieds de cochon. Tarte fine aux cèpes (saison). Soufflé au caramel.
Vins Vin de Pays d'Urfé blanc, Boudes.

🍴🍴🍴 **Jean-Claude Leclerc,** 12 r. St-Adjutor ℰ 04 73 36 46 30, Fax 04 73 31 30 74, 🖫 –
❀   EV k
fermé 15 août au 6 sept. et dim. – **Repas** 25 (déj.)/34 et carte 70 à 85, enf. 14 ♀.
  ◆ Ce restaurant proche de la cité judiciaire dispose d'une élégante salle à manger moderne et d'une agréable terrasse ombragée. Cuisine au goût du jour délicate et savoureuse.
Spéc. Foie gras frais de canard à notre façon. Faux-filet de bœuf sauce périgueux,
pommes de terre fondantes au cantal. Biscuit moelleux aux amandes, crème glacée
caramel.

🍴🍴 **L'Alambic,** 6 r. Ste-Claire ℰ 04 73 36 17 45, Fax 04 73 36 17 45 – GB   EV v
fermé mi-juil. à mi-août, vacances de fév., lundi midi, merc. midi et dim. – **Repas** 23/33 ♀.
  ◆ De l'alambic d'antan ne demeure que le nom. La maison s'attache à faire découvrir la
cuisine du terroir dans deux salles à manger immaculées.

🍴🍴 **Le Comptoir des Saveurs,** 5 r. Ste-Claire ℰ 04 73 37 10 31, Fax 04 73 37 10 31 –
GB   EV x
fermé 1er au 30 août, 15 au 28 fév., dim. et lundi – **Repas** (déj. seul.) 20/35 ♀ 🖉.
  ◆ Petite salle à manger voûtée, décor contemporain (joli comptoir, boiseries et couleurs),
cuisine du marché annoncée sur une grande ardoise et boutique de plats à emporter.

🍴 **Brasserie Danièle Bath,** pl. Marché St-Pierre (rez-de-chaussée) ℰ 04 73 31 23 22, *rest
aurant.bath@wanadoo.fr*, Fax 04 73 31 08 33, 🖫 – ▤. ◑ GB   EV e
fermé 15 au 30 août, 6 au 28 fév., dim., lundi et fériés – **Repas** 21 ♀.
  ◆ Cuisine traditionnelle servie dans une chaleureuse salle de restaurant aménagée à la
façon d'un bistrot. L'été, terrasse dressée sur la place piétonne.

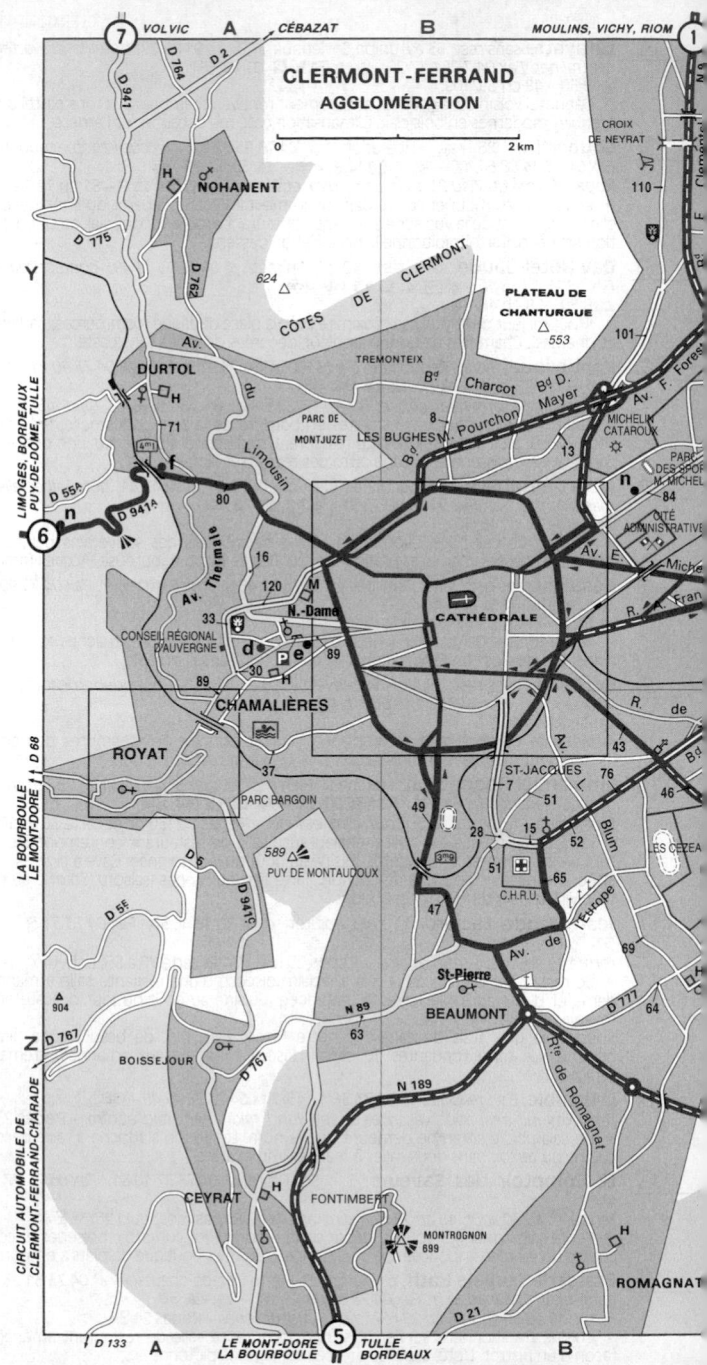

CLERMONT-FERRAND
AGGLOMÉRATION

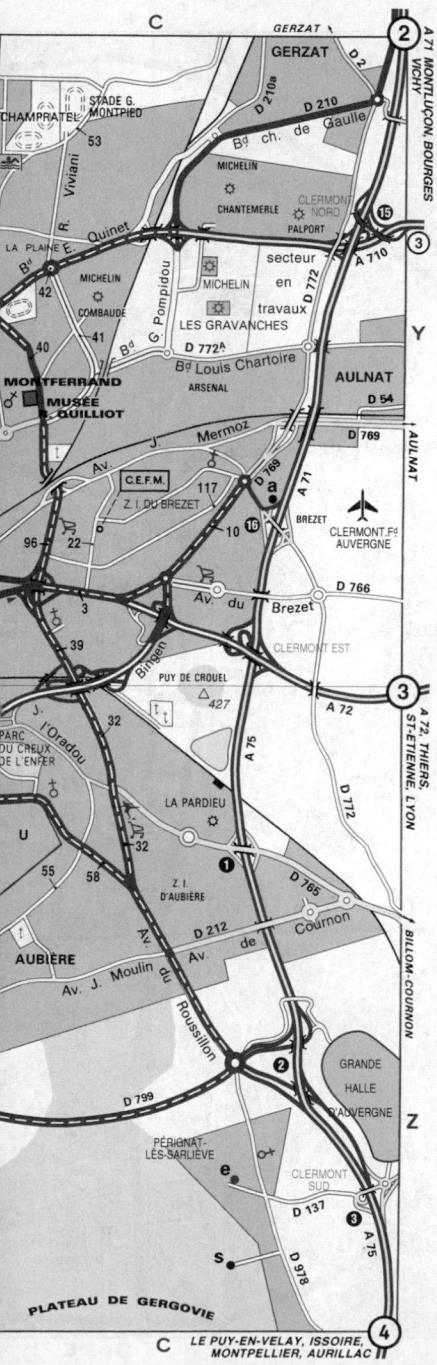

AUBIÈRE

Cournon (Av. de) .... **CZ**
Maerte (Av. R.) .... **CZ** 55
Mont-Mouchet (Av. du) ... **BZ** 64
Moulin (Av. Jean) .... **CZ**
Noellet (Av. J.) .... **BZ** 69
Roussillon (Av. du) .... **CZ**

BEAUMONT

Europe (Av. de l') .... **BZ**
Leclerc (Av. du Mar.) ..... **BZ** 47
Mont-Dore (Av. du) .... **ABZ** 63
Romagnat (Rte de) .... **BZ**

CHAMALIÈRES

Claussat (A. J.) .... **AY** 16
Europe (Carref. de l') .... **AY** 30
Fontmaure (Av. de) ...... **AY** 33
Gambetta (Bd) .... **AZ** 37
Royat (Av. de) .... **AY** 89
Voltaire (R.) .... **AY** 120
Thermale (Av.) .... **AY**

CLERMONT-FERRAND

Agriculture (Av. de l') .... **CY** 3
Anatole-France (R.) ...... **BY**
Bernard (Bd Cl.) .... **BY** 7
Bingen (Bd J.J.) .... **BCYZ**
Blanzat (R. de) .... **BY** 8
Blériot (R. L.) .... **CY** 10
Blum (Av. L.) .... **BZ**
Brezet (Av. du) .... **CY**
Champfleuri (R. de) ..... **BY** 13
Charcot (Bd) .... **BY**
Churchill (Bd Winston) ... **BZ** 15
Clementel (Bd E.) .... **BY**
Cugnot (R. N.-J.) .... **CY** 22
Dunant (Pl. H.) .... **BZ** 28
Flaubert (Bd G.) .... **CZ** 32
Forest (Av. F.) .... **BY**
Jean-Moulin (Bd) .... **CY** 39
Jouhaux (Bd L.) .... **CY** 40
Kennedy (Bd J.-F.) ..... **CY** 41
Kennedy (Carref.) ...... **CY** 42
La Fayette (Bd) .... **BZ** 43
Landais (Av. des) ...... **BCZ** 46
Libération (Av. de la) ... **BZ** 49
Limousin (Av. du) ...... **AY**
Liondards (Av. des) ..... **BZ** 51
Loucheur (Bd Louis) .... **BZ** 52
Mabrut (R. A.) .... **CY** 53
Margeride (Av. de la) .... **CZ** 58
Mayer (Bd D.) .... **BY**
Mermoz (Av. J.) .... **CY**
Michelin (Av. Edouard) .. **BY**
Montalembert (R.) ...... **BZ** 64
Oradou (R. de l') .... **BCZ**
Pochet-Lagaye (Bd P.) .. **BZ** 76
Pompidou (Bd G.) ...... **BY**
Pourchon (Bd M.) ...... **BY**
Puy-de-Dôme (Av. du) .. **AY** 80
Quinet (Bd E.) .... **CY**
République (Av. de la) ... **BY** 84
St-Jean (Bd) .... **CY** 96
Sous-les-Vignes (R.) .... **BY** 101
Torpilleur Sirocco (R. du) . **BY** 110
Verne (R. Jules) .... **CY** 117
Viviani (R.) .... **CY**

DURTOL

Paix (Av. de la) .... **AY** 71

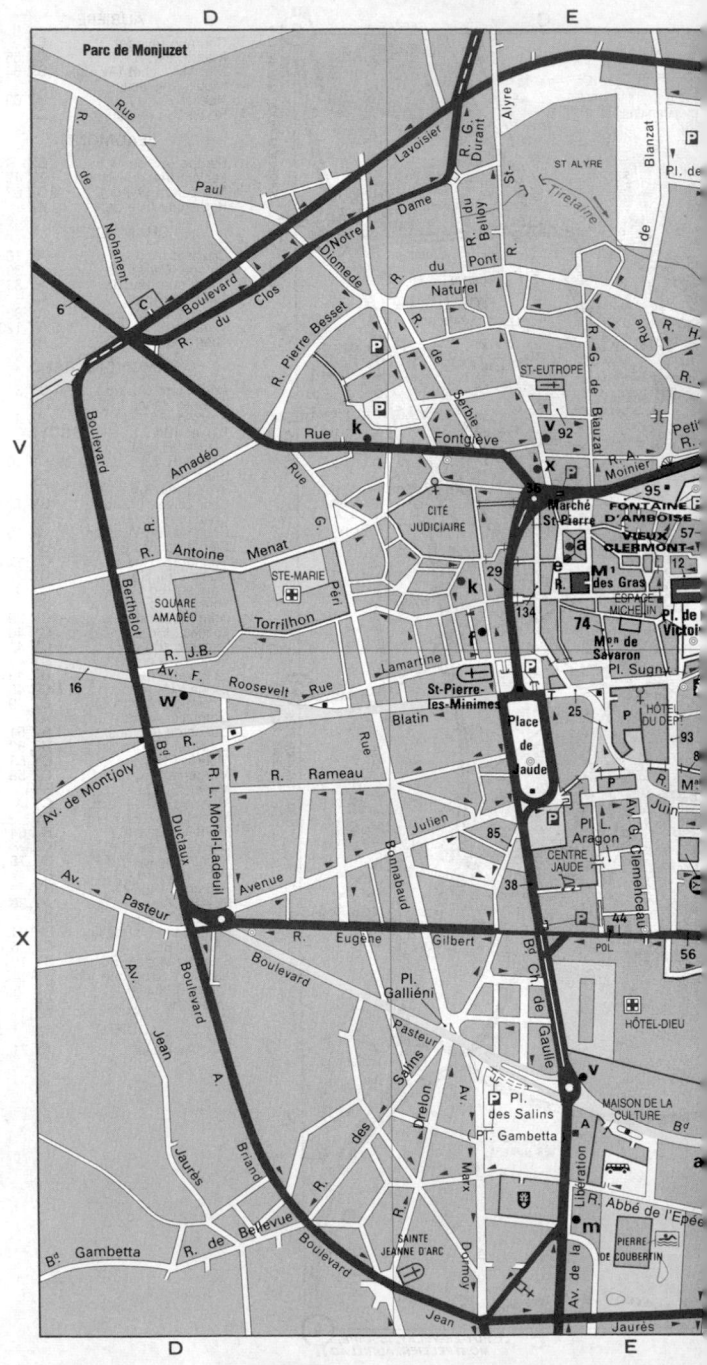

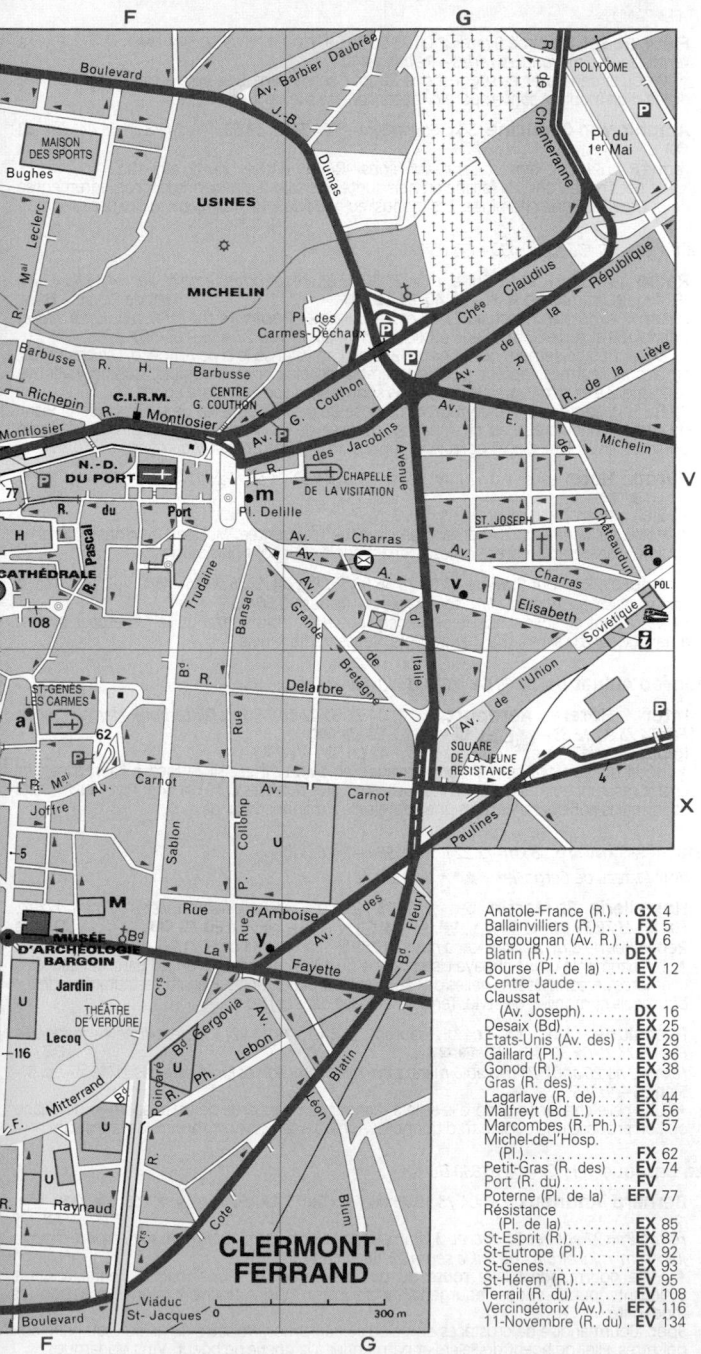

CLERMONT-FERRAND

Anatole-France (R.) . . **GX** 4
Ballainvilliers (R.). . . . . **FX** 5
Bergougnan (Av. R.) . . **DV** 6
Blatin (R.). . . . . **DEX**
Bourse (Pl. de la) . . . . **EV** 12
Centre Jaude. . . . . **EX**
Claussat
  (Av. Joseph) . . . . . . **DX** 16
Desaix (Bd). . . . . **EX** 25
Etats-Unis (Av. des) . . **EV** 29
Gaillard (Pl.) . . . . **EV** 36
Gonod (R.) . . . . **EX** 38
Gras (R. des) . . . . **EV**
Lagarlaye (R. de) . . . . . **EX** 44
Malfreyt (Bd L.) . . . . . . **EX** 56
Marcombes (R. Ph.) . . **EV** 57
Michel-de-l'Hosp.
  (Pl.). . . . . **FX** 62
Petit-Gras (R. des) . . . **EV** 74
Port (R. du). . . . . **FV**
Poterne (Pl. de la) . . **EFV** 77
Résistance
  (Pl. de la) . . . . **EX** 85
St-Esprit (R.). . . . . **EX** 87
St-Eutrope (Pl.) . . . . . . **EX** 92
St-Genes. . . . . **EX** 93
St-Hérem (R.). . . . . . . **EV** 95
Terrail (R. du) . . . . **FV** 108
Vercingétorix (Av.) . . **EFX** 116
11-Novembre (R. du) . **EV** 134

✗ **Fleur de Sel**, 8 r. Abbé Girard ☎ 04 73 90 30 59, Fax 04 73 90 30 59 – ⊞   FX   a
fermé août, dim., lundi et fériés – **Repas** 25/40.
  ◆ Produits de la mer et suggestions du jour servis dans une salle à manger ensoleillée
dotée d'un mobilier contemporain : cette adresse a le vent en poupe.

✗ **Amphitryon Capucine**, 50 r. Fontgiève ☎ 04 73 31 38 39, Fax 04 73 31 38 44 – ▣. ☒
⊞   DV   k
fermé 8 au 31 août, dim. et lundi sauf fériés – **Repas** 16 (déj.), 23/46, enf. 10 ☒.
  ◆ Ce petit restaurant à la façade en bois abrite une salle à manger redécorée, agrémentée
de poutres et d'une cheminée. Les menus, au goût du jour, changent au gré des saisons.

à Chamalières – *18 136 h. alt. 450* – ✉ *63400* :

🏨 **Radio** ⟫, 43 av. P. et M.-Curie ☎ 04 73 30 87 83, resa@hotel-radio.fr, Fax 04 73 36 42 44,
≼, ☞ – ▐, ▤ rest, ▣ ☒ ⓟ – ▟ 40. ☒ ⓞ ⊞   Plan de Royat   B   w
fermé 1er au 10 mai, 27 oct. au 3 nov. et 2 au 26 janv. – **Repas** *(fermé sam. midi, lundi midi et
dim.)* 31/85 et carte 57 à 75, enf. 22 ☒ – ☲ 19 – **26 ch** 70/127 – ½ P 83/107.
  ◆ Élégant établissement des années 1930 où l'on valorise le style Art déco. Les chambres,
amples et feutrées, optent pour une ambiance plus contemporaine. Cuisine inventive
sophistiquée et attrayante carte des vins sont servies dans un cadre épuré.
  Spéc. Foie gras de canard confit, crème prise de girolles et gelée de truffe (saison). Blanc
de turbot côtier braisé au champagne, mousse de pomme de terre truffée. Le "Grand
dessert" : chocolats, glaces et fruits en dégustation. **Vins** Côtes d'Auvergne.

🏨 **Europe Hôtel** sans rest, 29 av. Royat ☎ 04 73 37 61 35, Fax 04 73 31 16 59 – ▐ ▣
⟸, ⓞ ⊞   AY   e
☲ 8,60 – **34 ch** 46,30/65.
  ◆ Hôtel des années 1970 bordant une avenue fréquentée. Mobilier "seventies" ou style
Louis XV dans les chambres ; celles donnant sur la cour sont plus calmes.

✗ **Gravière**, 22 r. Pont Gravière ☎ 04 73 36 99 35, Fax 04 73 36 99 35 – ⊞   AY   d
fermé 19 juil. au 19 août, dim. soir et merc. – **Repas** 20,50/45 ☒.
  ◆ Restaurant de style rustique niché dans une rue étroite et tranquille. Un espace bar est
aménagé dans la salle à manger aveugle. Repas traditionnels.

à l'aéroport d'Aulnat *par D 769* CY – ✉ *63610 Aulnat* :

🏨 **Inter Hôtel Aéroport**, ☎ 04 73 60 42 80, info@interhotel-clermont.com,
⊞   Fax 04 73 90 12 33 – ▤ ▣ ⓖ ⓟ – ▟ 20. ☒ ⓞ ⊞
Repas 13,50/17,50, enf. 7 ⅃ – ☲ 6,50 – **42 ch** 52 – ½ P 40.
  ◆ Hôtel d'étape pratique si vous voyagez en avion : il est situé face à l'aérogare. Les
chambres, fonctionnelles et bien tenues, sont plus paisibles côté parking. Plats auvergnats
et formules buffets servis dans une sobre salle à manger-véranda.

à Pérignat-lès-Sarliève : *8 km – 2 221 h. alt. 364* – ✉ *63170* :

Voir *Plateau de Gergovie*★ : ☀★★ *S : 8 km.*

🏨 **Hostellerie St-Martin** ⟫, ☎ 04 73 79 81 00, reception@hostellerie-st-martin.com,
Fax 04 73 79 81 01, ≼, 🍴, ⌿, ✗, ⅃ – ▐ ▣ ⓖ ⓟ – ▟ 20 à 60. ☒ ⊞   CZ   j
Repas *(fermé dim. soir de nov. à mars)* 25/59 ☒ – ☲ 10 – **34 ch** 89/135 – ½ P 72,50/95.
  ◆ Les bâtiments d'une abbaye cistercienne du 14e s., entourés d'un joli parc, abritent des
chambres personnalisées ; celles de l'annexe sont plus simples. Élégant restaurant au décor
bourgeois et mobilier de style. Terrasse dressée dans le jardin.

✗✗ **Pescalune** avec ch, r. J. Jaurès ☎ 04 73 79 11 22, le.pescalune@wanadoo.fr,
Fax 04 73 79 09 30, 🍴 – ▣ ⊞   CZ   e
fermé 2 au 26 août, 21 fév. au 6 mars, sam. midi, dim. soir et lundi – **Repas** 21/46 ☒ – ☲ 5 –
3 ch 35 – ½ P 35.
  ◆ Une belle cheminée décore la salle à manger campagnarde de cette auberge de village
où l'on propose une cuisine traditionnelle. Agréable terrasse sur l'arrière de la maison.

rte de La Baraque *vers* ⑥ – ✉ *63830 Durtol* :

✗✗✗✗ **Bernard Andrieux**, ☎ 04 73 19 25 00, Fax 04 73 19 25 04 – ▤ ⓟ. ☒ ⓞ ⊞ ⓙⒸⒷ
⌿   AY   f
fermé 2 au 22 août et 24 déc. au 3 janv. – **Repas** *(fermé sam. midi, dim. soir et lundi d'oct. à
juin, sam. midi et dim. de juil. à sept.)* 29/68 et carte 51 à 78 ☒.
  ◆ Halte gourmande sur la route du puy de Dôme dans une maison fleurie abritant
d'élégants petits salons bourgeois et feutrés. Cuisine sachant marier tradition et
modernité.
  Spéc. Gourmandise de crustacés en gelée aux agrumes. Noisette de ris de veau pané aux
noisettes. Filet de boeuf de Salers et parmentier à la queue de boeuf. **Vins** Madargues.

XX **L'Aubergade,** ℰ 04 73 37 84 64, Fax 04 73 30 95 57, 佘, ☞ – 🖪. ⓖⓑ   AY n
fermé 7 au 22 fév., 16 août au 15 sept. et merc. – **Repas** 22 (déj.), 27/69 ♈.
❖ Salle rustique ouverte sur le jardin, tables fleuries et cuisine au goût du jour : une halte sympathique sur la route du puy de Dôme, le célèbre volcan de la chaîne des Puys.

à Orcines *par* ⑥ *: 8 km – 3 067 h. alt. 810 –* ⊠ *63870 :*

🏠 **Hostellerie les Hirondelles,** 34 rte. de Limoges ℰ 04 73 62 22 43, Fax 04 73 62 19 12,
佘 – 📺 🗞 & 🖪 – 🛏 25. ⓖⓑ
fermé 3 nov. au 3 fév., dim. soir au mardi midi d'oct. à avril – **Repas** (13,10) - 16,50/38, enf. 10 ♈
– ⊇ 7,50 – **18 ch** 51/59,50 – ½ P 44,50/48,50.
❖ Un bien joli nom pour cette ancienne ferme postée en lisière du Parc naturel des Volcans. Plaisantes chambres bien insonorisées. Restaurant aménagé sous les voûtes de l'ancienne étable ; cuisine traditionnelle et auvergnate.

au sommet du Puy-de-Dôme *par* ⑥ *: 13 km – alt. 1465 –* ⊠ *63870 Orcines :*

XX **Mont Fraternité,** ℰ 04 73 62 23 00, Fax 04 73 62 10 30, ≤ volcans et Sancy – ⓖⓑ
avril-oct. – **Repas** *(fermé le soir en avril et oct.)* 22/38 ♈ **- Brasserie** *(mai-sept.)* **Repas** 14/18
🍷.
❖ Restaurant moderne éclairé par de larges baies vitrées dans un bâtiment hébergeant également un musée, une boutique de souvenirs et un bar. Petite carte traditionnelle, recettes régionales et panorama sur la chaîne des puys à la Brasserie.

au col de Ceyssat *par* ⑥ *et rte du Puy-de-Dôme : 12 km – 467 h. alt. 800 –* ⊠ *63810 Orcines :*

X **Auberge des Muletiers,** ℰ 04 73 62 25 95, Fax 04 73 62 28 03, 佘 – 🖪. ⓖⓑ
fermé 14 nov. au 14 déc., 10 janv. au 2 fév., mardi d'oct. à mars, dim. soir et lundi – **Repas**
(14) - 22/27 ♈.
❖ Construction de type chalet située au pied du puy de Dôme. Chaleureux décor rustique agrémenté d'un vaisselier et d'une cheminée. Terrasse panoramique. Cuisine régionale.

CLERMONT-L'HÉRAULT *34800 Hérault* 🗟🗟🗟 *F7 G. Languedoc Roussillon – 6 532 h alt. 92.*
Voir *Église St-Paul*★.
🚺 *Office de tourisme, 9 rue René Gosse* ℰ 04 67 96 23 86, Fax 04 67 96 98 58.
Paris 718 – Montpellier 42 – Béziers 46 – Lodève 24 – Pézenas 22 – Sète 55.

XX **Fontenay,** rte Lac du Salagou ℰ 04 67 88 04 06, *valerie@fontenay.net,*
Fax 04 67 88 03 40, 佘 – 🗐 🖪. 🅰🅴 ⓪ ⓖⓑ
fermé 5 au 18 juil., sam. midi, dim. soir et merc. soir – **Repas** 13 (déj.), 21/43 ♈ 🍷.
❖ Construction récente dans un quartier résidentiel. Salle à manger actuelle et colorée, tournée sur une agréable terrasse intérieure. Cuisine au goût du jour et vins régionaux.

à St-Guiraud *Nord : 7,5 km par N 9, N 109, D 908, D 141 et D 130ᴱ – 184 h. alt. 120 –* ⊠ *34725 :*

XX **Mimosa,** ℰ 04 67 96 67 96, *le.mimosa@wanadoo.fr,* Fax 04 67 96 61 15, 佘 – 🗐. ⓪ ⓖⓑ.
🦌
12 mars-31 oct. et fermé dim. soir sauf juil.-août, le midi sauf dim. et lundi – **Repas** 52/78,
enf. 26 🍷.
❖ Ex-maison de vigneron au coeur du village. Coquet intérieur contemporain où l'on déguste une cuisine du marché d'inspiration méditerranéenne. Bon choix de vins régionaux.

à St-Saturnin-de-Lucian *Nord : 10 km par N 9, N 109, D 908, D 141 et D 130 – 229 h. alt. 150 –*
⊠ *34725 :*
Env. *Grotte de Clamouse*★★ *NE : 12 km – St-Guilhem-le-Désert : site*★★, *église abbatiale*★
NE : 17 km.

🏠 **Ostalaria Cardabela** 🦌 *sans rest,* 10 pl. Fontaine ℰ 04 67 88 62 62, *ostalaria.cardabela*
@wanadoo.fr, Fax 04 67 88 62 82 – 🗞. ⓪ ⓖⓑ. 🦌
12 mars-31 oct. – ⊇ 9,50 – **7 ch** 65/90.
❖ Ravissante demeure séculaire sur la place du village. Chambres spacieuses où s'harmonisent mobilier design, vieilles pierres et cheminées d'origine. Accueil à partir de 17 h.

CLICHY *92 Hauts-de-Seine* 🗟🗟🗟 *J2* 🗓🗓🗓 ⑮ *– voir à Paris, Environs.*

CLIMBACH *67510 B.-Rhin* 🗟🗟🗟 *L2 – 516 h alt. 347.*
Paris 476 – Strasbourg 63 – Bitche 38 – Haguenau 30 – Wissembourg 9.

XX **Cheval Blanc** *avec ch,* ℰ 03 88 94 41 95, Fax 03 88 94 21 96 – 📺 🖪. ⓖⓑ
fermé 1ᵉʳ au 10 juil., 15 janv. au 15 fév., dim. soir du 15 nov. au 15 mars, mardi soir et merc. –
Repas 15,50/32 ♈ – ⊇ 6,20 – **12 ch** 42/49,50 – ½ P 47,50/50,50.
❖ Auberge familiale composée de deux maisons : la principale abrite une salle à manger rustico-alsacienne tandis que de confortables chambres sont logées dans l'annexe.

CLIOUSCLAT 26270 Drôme **332** C5 – 641 h alt. 235.

Paris 586 – *Valence 31 – Montélimar 24.*

🏠 **Treille Muscate** 🐾, 🕿 04 75 63 13 10, *latreillemuscate@wanadoo.fr*, Fax 04 75 63 10 79, ≼, 🏤 – 📺 📶 🅿️ ⊕
1er mars-15 déc. – **Repas** *(fermé merc.)* 25 ♀ – ♁ 8 – **12 ch** 60/115 – ½ P 60,50/90,50.
♦ Cette coquette auberge ne manque pas de charme : atmosphère provençale, chambres joliment personnalisées et généreux vergers en toile de fond. La belle salle à manger voûtée ravit les yeux : poteries de Cliouscat, meubles et objets chinés. Cuisine du Sud.

CLISSON 44190 Loire-Atl. **316** I5 *G. Poitou Vendée Charentes* – 5 939 h alt. 34.

Voir *Site* ★ – *Domaine de la Garenne-Lemot* ★.

🅱 *Office de tourisme, place du Minage* 🕿 02 40 54 02 95, Fax 02 40 54 07 77, *ot-@clisson.com.*

Paris 396 – *Nantes 31 – Niort 130 – Poitiers 151 – La Roche-sur-Yon 54.*

🏠 **Gare**, r. Ferdinand-Albert 🕿 02 40 36 16 55, *petit-sa@wanadoo.fr*, Fax 02 40 54 40 85 –
⊕ 🍽 rest, 📺. ⊕
fermé au 17 août, 1er au 10 janv., vend. soir et dim. soir – **Repas** *(8,50)* - 10 *(déj.),* 11/30, enf. 7,50 ♀ – ♁ 7 – **35 ch** 32/53 – ½ P 32/40.
♦ Hôtel familial disposant de chambres régulièrement rénovées, actuelles et fonctionnelles. Bar ouvert à la clientèle de passage. Accueillante salle à manger et cuisine traditionnelle.

💥💥💥 **Bonne Auberge** (Poiron), 1 r. O. de Clisson 🕿 02 40 54 01 90, Fax 02 40 54 08 48, 🐖 –
⊕ 🆎 ⊕ ⊕
fermé 8 au 31 août, 13 fév. au 2 mars, dim. soir, mardi midi, merc. midi et lundi – **Repas** 18,50 *(déj.),* 35,50/56,50 et carte 60 à 80 ♀.
♦ Avenante maison bourgeoise au coeur de la petite cité italianisée. Trois coquettes salles à manger dont une véranda ouverte sur le jardin. Carte classique personnalisée.
Spéc. Ravioles de langoustines et de homard. Rissole de pigeonneau au foie gras. Tarte chaude aux pommes. **Vins** Muscadet.

à Gétigné *Sud-Est : 3 km par N 149 et rte secondaire – 3 076 h. alt. 26 –* ✉ *44190 :*

💥💥 **Gétignière**, 3 r. Navette 🕿 02 40 36 05 37, Fax 02 40 54 24 76 – 🆎 ⊕
fermé 6 au 27 aout, 24 déc. au 2 janv., dim. soir, lundi soir, mardi soir et merc. – **Repas** 18/61 ♀.
♦ Lambris et stores "bateau" blancs, bibelots (mouettes et canards) : régalez-vous d'une cuisine au goût du jour dans cette jolie salle à manger contemporaine.

Ecrivez-nous...
Vos louanges comme vos critiques seront examinées avec le plus grand soin.
Nous reverrons sur place les informations que vous nous signalez.
Par avance merci !

CLOHARS-FOUESNANT 29 Finistère **308** G7 – *rattaché à Bénodet.*

CLUNY 71250 S.-et-L. **320** H11 *G. Bourgogne* – 4 376 h alt. 248.

Voir *Anc. abbaye* ★★ : *clocher de l'Eau Bénite* ★★ – *Musée Ochier* ★ **M** – *Clocher* ★ *de l'église St-Marcel.*

Env. *Château de Cormatin* ★★ *(cabinet de St-Cécile* ★★★ *) N : 13 KM – Communauté de Taizé N : 10 km.*

🅱 *Office de tourisme, 6 rue Mercière* 🕿 03 85 59 05 34, Fax 03 85 59 06 95, *cluny@wanadoo.fr.*

Paris 384 ① – *Mâcon 25* ③ – *Chalon-sur-Saône 49* ① – *Montceau-les-Mines 44* ④ – *Tournus 33* ②.

Plan page ci-contre

🏨 **Bourgogne**, pl. Abbaye **(n)** 🕿 03 85 59 00 58, *contact@hotel-cluny.com*, Fax 03 85 59 03 73 – 📺 ₲ 🚗. 🆎 ⊕
fermé 1er déc. au 31 janv. et hôtel : mardi et merc. en fév. – **Repas** *(fermé mardi et merc.)* 22/39, enf. 9,50 ♀ – ♁ 10 – **13 ch** 78/118, 3 suites – ½ P 71/78.
♦ Lamartine venait se reposer dans cet hôtel particulier de caractère situé face à l'abbaye bénédictine. Chambres et boudoir sont dotés d'un mobilier de style Empire. Haut plafond et vieille cheminée en pierre dans la sobre salle à manger. Carte classique.

🏛 **St-Odilon** sans rest, rte Azé (y)
ℰ 03 85 59 25 00, *saint-odilon@
acmtel.com*, Fax 03 85 59 06 18,
🌳 – ✖ 📺 ⚙ �🚫 🅿, 🄰🄴 ⓪ 🄶🄱
⌑ 6,50 – **36 ch** 50.

◆ Vous apprécierez l'environnement champêtre de ce motel
proche du pont sur la Grosne.
Petites chambres discrètes garnies d'un mobilier fonctionnel.

XX **Hermitage**, rte Cormatin par
①: 1km ℰ 03 85 59 27 20,
Fax 03 85 59 08 06, 🌳, 🄰 – 🅿.
🄰🄴 ⓪ 🄶🄱 🄹🄲🄱
*fermé 15 déc. au 15 janv., lundi et
mardi du 16 oct. au 1ᵉʳ avril* –
Repas 13 bc (déj.)/39, enf. 11 ⌘.

◆ Au centre d'un grand parc
paysager, demeure de caractère
transformée en restaurant "cosy". Le salon dispose d'un billard
pour se distraire et d'un bar pour
se rafraîchir.

✕ **Auberge du Cheval Blanc**,
🛏 1 r. Porte de Mâcon (a)
ℰ 03 85 59 01 13, Fax 03 85 59
13 32 – ▤. 🄶🄱
*fermé 28 nov. au 8 mars, 28 juin
au 10 juil., le soir en mars et nov.,
vend. et sam.* – **Repas** 15/36,
enf. 9,50.

◆ Imposante auberge régionale
à l'entrée de la ville. Plats traditionnels à déguster tout en admirant la fresque peinte sur un
des murs de la salle à manger.

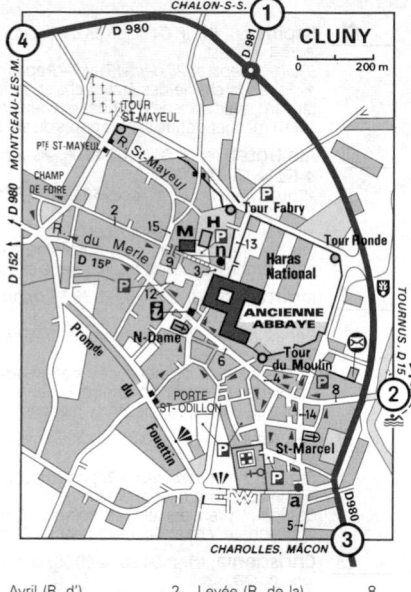

Avril (R. d')	2	Levée (R. de la)	8
Conant		Marché (Pl. du)	9
(Espace K. J.)	3	Mercière (R.)	12
Filaterie (R.)	4	Pte-des-Prés (R.)	13
Gaulle (Av. Ch.-de)	5	Prud'hon (R.)	14
Lamartine (R.)	6	République (R.)	15

Une réservation confirmée par écrit ou par fax est toujours plus sûre.

La CLUSAZ 74220 H.-Savoie 🐸🐸🐸 L5 *G. Alpes du Nord* – *2 023 h alt. 1040* – *Sports d'hiver : 1 100/
2 600 m* 🚡 6 🚠 49 🎿.

Voir E : *Vallon des Confins★ – Vallée de Manigod★* S – *Col des Aravis* ≤★★ *par* ② : 7,5 km.

🛈 *Office de tourisme, Maison
du Tourisme* ℰ 04 50 32 65
00, Fax 04 50 32 65 01, *infos-
@laclusaz.com*.
Paris 564 ① – Annecy 32 ① –
Chamonix-Mont-Blanc 60 ②
– Albertville 40 ②.

🏨 **Beauregard** 🐾, (k)
ℰ 04 50 32 68 00, *info@hot
el-beauregard.fr*, Fax 04 50
02 59 00, 🌳, 🏋, 🎣, ▧ – 🛗 📺 ⚙
⚙ ⟷ 🅿 – ⚕ 20 à 80. 🄰🄴 ⓪
🄶🄱. ✄ rest
fermé nov. – **Repas** 20 (déj.),
23/26 ⌘ – ⌑ 11 – **95 ch** 100/
180, (en hiver : ½ pens. seul.)
– ½ P 90/212.

◆ Entre les pistes et le cœur
de la station, ensemble de
chalets confortables et bien
équipés. Chaleureux inté-
rieur en bois blond, grandes
chambres au calme. Plaisant
décor montagnard dans les
salles à manger et terrasse
plein Sud ; cuisine traditionnelle.

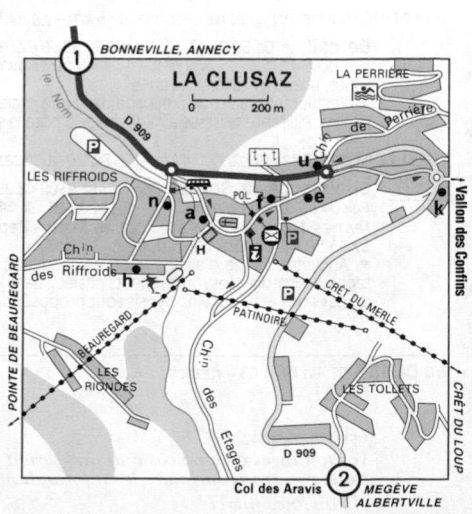

🏨 **Sapins** 🕭, (h) 🖉 04 50 63 33 33, *sapins@clusaz.com, Fax 04 50 63 33 34*, ≤, ⊿ – 📳 📺 🗲 📔. GB. 🛠 rest
9 juin-10 sept. et 20 déc.-15 avril – **Repas** 18/22 – ☱ 8 – **24 ch** 60/90 – ½ P 82/91.
♦ Face à la chaîne des Aravis, chalet abritant des chambres rénovées dans le style montagnard, avec boiseries blondes et couleurs gaies. Original salon tendu de velours rouge. La salle à manger donne sur les pistes de ski. À la carte, tartiflettes et fondues.

🏨 **Alp'Hôtel**, (e) 🖉 04 50 02 40 06, *alphotel@clusaz.com, Fax 04 50 02 60 16*, 🌣, Ⅰ♨, ⊿ – 📳 📺 🗲, ㏂ ⓪ GB
1er juin-30 sept. et 1er déc.-30 avril – **Repas** 20/48, enf. 10 ♈ – ☱ 8 – **15 ch** 110/120 – ½ P 122.
♦ Haut chalet dressé au centre de La Clusaz. Les chambres, garnies de meubles en merisier, pin ou rotin, sont dotées de balcons. Salon-cheminée. Spacieux restaurant aux murs lambrissés ; carte traditionnelle et spécialités régionales. Salon de thé.

🏨 **Montagne**, (u) 🖉 04 50 63 38 38, *montagne@clusaz.com, Fax 04 50 63 38 39*, 🌣 – 📺 🗲 – 🚵 20. ㏂ GB
Repas *(fermé dim. soir et lundi en mai-juin et de sept. à nov.)* 18/29, enf. 9 ♈ – ☱ 8 – **27 ch** 90/100 – ½ P 98.
♦ Architecture classique des stations de sports d'hiver. Intérieur tout bois, chambres douillettes (réservez-en une rénovée), salon avec cheminée et piano. Restaurant panoramique au chaleureux décor alpin et agréable terrasse ; cuisine traditionnelle et du pays.

🏨 **Les Airelles**, (a) 🖉 04 50 02 40 51, *airelles@clusaz.com, Fax 04 50 32 35 33*, Ⅰ♨ – 📺 ㏂ GB
fermé mi-nov. à mi-déc. – **Repas** 20/30, enf. 10 ♈ – ☱ 8 – **14 ch** 100 – ½ P 95/95.
♦ Aimable hôtel rajeuni proche de l'église. Pimpantes petites chambres lambrissées ; celles des deux premiers étages possèdent un balcon joliment fleuri en été. Sympathique atmosphère "chalet" au restaurant. La Savoie est également honorée dans l'assiette.

🏨 **Christiania**, (f) 🖉 04 50 02 60 60, *contact@hotelchristiania.fr, Fax 04 50 32 66 98* – 📳 📺 ⇔ 📔. GB. 🛠
2 juil.-10 sept. et 20 déc. 15 avril – **Repas** *(fermé en été et merc.)* 19/28, enf. 9,50 ♨ – **28 ch** (½ pens. seul.) – ½ P 60/83.
♦ Construction de pays abritant une adresse familiale bien entretenue. Les chambres ont en partie été refaites ; certaines possèdent une terrasse. Carte traditionnelle et menu du terroir servis dans une grande salle à manger au décor en bois blond.

🏨 **Floralp**, (n) 🖉 04 50 02 41 46, *info@hotel-floralp74.com, Fax 04 50 02 63 94* – 📳 📺 🗲. GB. 🛠 rest
28 juin-15 sept. et 20 déc.-14 avril – **Repas** *(18)* - 22/26, enf. 10 ♈ – ☱ 7,50 – **20 ch** 48/80 – ½ P 60/80.
♦ Chalet ancien soucieux de préserver son ambiance montagnarde. Les chambres en façade sont les plus prisées. Billard et agréable salon-bar. Mobilier rustique, murs et plafond lambrissés réchauffent la salle des repas où règne un esprit "pension de famille".

à Crêt-du-Merle *par ② et rte secondaire : 5 km* – ✉ 74220 La Clusaz :

🍴 **Bercail**, 🖉 04 50 02 43 75, *Fax 04 50 32 69 87*, ≤, 🌣 – GB
juil.-nov., 1er déc.-15 avril et week-ends du 15 avril au 31 mai – **Repas** (nombre de couverts limité, prévenir) carte environ 28.
♦ Restaurant d'altitude aménagé dans une ancienne bergerie (1732), au sein du domaine skiable. Plaisante terrasse à midi, tables d'hôte le soir (accès par chenillette ou 4x4).

rte du Col des Aravis *par ② : 4 km* – ✉ 74220 La Clusaz :

🏨 **Chalets de la Serraz** 🕭, 🖉 04 50 02 48 29, *info-hotel-chalets-serraz@wanadoo.fr, Fax 04 50 02 64 12*, ≤, 🌣, ⊿ – 📺 🗲 📔. ㏂ ⓪ GB
fermé 24 avril au 22 mai et 1er oct. au 5 nov. – **Repas** *(fermé mardi)* 28,20/45, enf. 14,50 ♈ – ☱ 13,50 – **7 ch** 150/176, 3 duplex – ½ P 135.
♦ Ancienne ferme d'alpage dont les coquettes chambres s'ouvrent toutes sur la montagne. Salon-bar "cosy". Trois petits chalets, dans le jardin, abritent des duplex. Belle cuisine du pays des Aravis et vins choisis sont proposés dans un charmant décor savoyard.

La CLUSE *01 Ain* ▨▨▨ *G3 – rattaché à Nantua.*

Ecrivez-nous...
Vos louanges comme vos critiques seront examinées avec le plus grand soin.
Nous reverrons sur place les informations que vous nous signalez.
Par avance merci !

CLUSES 74300 H.-Savoie **328** M4 G. Alpes du Nord – 17 711 h alt. 486.

Voir Bénitier★ de l'église.

🛈 Office de tourisme, 100 place du 11 Novembre ℘ 04 50 98 31 79, Fax 04 50 96 46 99, ot@cluses.com.

Paris 570 ④ – Chamonix-Mont-Blanc 41 ② – Thonon-les-Bains 59 ④ – Annecy 56 ④.

CLUSES

Bargy (R. du) . . . . **AZ** 3
Berthelot (R.M.) . . . . **BZ** 4
Chautemps (R. E.) . . . . . . **BZ** 7
Colomby (Av. de) . . . . **AY** 9
Deuxième D.B.
  (R. de la) . . . . **BY** 12
Europe (Carr. de l') . . . . . **BY** 13
Ferrié (R. du Gén.) . . . . . . **BZ** 15
Gaillard (Av. A.) . . . . **AY** 18
Gare (Av. de la) . . . . **BZ** 19

Gaulle (Pl. Ch. de) . . . . **BZ** 20
Grand Massif (Av. du) . . . . **BY** 21
Grande Rue . . . . **BZ** 22
Grands Champs
  (R. des) . . . . **BY** 24
Hugard (R.Cl.) . . . . **BZ** 25
Lattre-de-Tassigny
  (R. du Mar.-de) . . . . **AY** 27
Leclerc (R. du Mar.) . . . . . **BZ** 28
Libération (Av. de la) . . . . **BZ** 30
Louis Armand (R.) . . . . **AY** 31
Luther King (R.M.) . . . . . . **AY** 33
Lycée (R. du) . . . . **BZ** 34

Mont-Blanc (Rd-Pt du) . . . . . **BZ** 37
Pasteur (R.) . . . . **BZ** 39
Pointe de la Lanche
  (R. de la) . . . . **BY** 40
Pointe du Criou (R. de la) . . **BY** 42
Pointe de la Cupoire
  (R. de la) . . . . **BY** 43
Prairie (R. de la) . . . . **BY** 48
Pré Benevix (R.du) . . . . . . **BZ** 49
Pont (R. du) . . . . **AY** 51
Tête de Colonney (R. de la) **BY** 52
Trappier (R.P.) . . . . **AY** 57
8-Mai-1945 (R. du) . . . . . . **BZ** 59

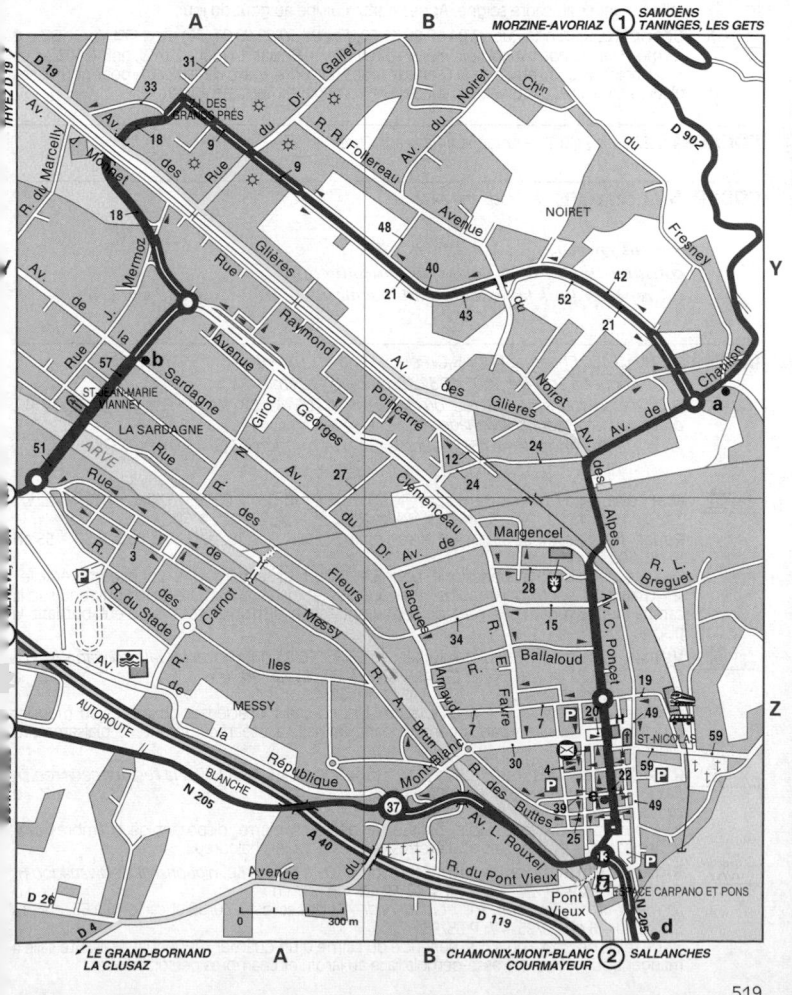

4 C, 301 bd Chevran ✆ 04 50 98 01 00, hotel4c@aol.com, Fax 04 50 98 32 20, 😊, Ⅰ₆ – 📶 ✦ 📺 ✆ ⚙ 🅿 – 🚗 40. 🅰🅴 🅶🅱, 🛇   BY a
hôtel : fermé 7 au 22 août – **Repas** (fermé 1ᵉʳ au 23 mai, 1ᵉʳ au 31 août, sam. sauf le soir du 1ᵉʳ fév. au 31 août et dim.) 13 (déj.)/27 ♀ – ☷ 11 – **39 ch** 77/93.
   ◆ Légèrement excentrée, cette adresse propose des chambres fonctionnelles, dotées de petits balcons (sauf trois) ouverts sur la nature. Ample restaurant au sobre décor moderne et belle terrasse où sont servis pizzas, pâtes et plats traditionnels.

Bargy, 28 av. Sardagne ✆ 04 50 98 01 96, le.bargy@wanadoo.fr, Fax 04 50 98 23 24, 😊 – 📶 📺 ✆ ⚙ 🅿. 🅰🅴 🅶🅱   AY b
Cercle des Songes (fermé 15 au 23 mai, 7 au 29 août, 24 déc. au 2 janv., sam. d'avril à déc. et dim. **Repas** 14,50/27, enf. 8,50 ⅄ – ☷ 7 – **30 ch** 62/68 – ½ P 50/70.
   ◆ À proximité du centre-ville, établissement récent dont les chambres, spacieuses et bien insonorisées, disposent toutes d'un canapé pour "tenir salon". Carte traditionnelle étoffée servie dans un cadre confortable et feutré et bar-brasserie pour repas express.

Saint-Vincent, 14 r. Faubourg St Vincent par ② : 200 m ✆ 04 50 96 17 47, Fax 04 50 96 83 75, 😊 – 🅶🅱   BZ d
fermé sam. midi, dim. soir et lundi – **Repas** 17,50 (déj.), 25/40, enf. 8.
   ◆ Cette vieille maison régionale entièrement rénovée abrite aujourd'hui une séduisante salle à manger au cadre soigné. Appétissante cuisine au goût du jour.

Grenette, 9 Grande Rue ✆ 04 50 96 31 50, Fax 04 50 89 99 24, 😊 – ▤. 🅶🅱   BZ e
fermé 1ᵉʳ au 29 août, lundi soir, mardi soir et dim. – **Repas** 14 (déj.), 21/35, enf. 6,50 ♀.
   ◆ Attablez-vous à l'étage de la Grenette, dans un cadre égayé de tableaux, pour goûter ses plats savoyards et, au dîner, ses spécialités fromagères. Terrasse au calme.

COCHEREL 27 Eure **304** I7 – rattaché à Pacy-sur-Eure.

COCURÈS 48 Lozère **330** J8 – rattaché à Florac.

Si vous cherchez un hôtel tranquille,
consultez d'abord les cartes de l'introduction
ou repérez dans le texte les établissements indiqués avec le signe 🌿

COGNAC ◁🆂🅿▷ 16100 Charente **324** I5 G. Poitou Vendée Charentes – 19 534 h alt. 25.
   🏌 Du Cognac à St-Brice ✆ 05 45 32 18 17, par ① : 8 km.
   🅘 Office de tourisme, 16 rue du 14 juillet ✆ 05 45 82 10 71, Fax 05 45 82 34 47, office.tourisme.cognac@wanadoo.fr.
   Paris 478 ⑤ – Angoulême 45 ① – Bordeaux 120 ③ – Niort 83 ⑤ – Saintes 27 ④.

Plan page ci-contre

Mercure, 84 av. d'Angoulême par ① : 2 km ✆ 05 45 35 42 00, h5167@accor-hotels.com, Fax 05 45 35 45 02, 😊, ⛆, ⚄, ☞ – 📶 ✦ 📺 ✆ ⚙ 🅿 – 🚗 25. 🅰🅴 ⓞ 🅶🅱
Repas (fermé sam. et dim. sauf le soir en juil.-août) (13) – 16, enf. 10 ♀ – ☷ 8,50 – **55 ch** 67/83,50.
   ◆ Cure de jouvence bénéfique pour cet hôtel situé dans une zone commerciale : les chambres sont confortables, chaleureuses et gaies (à l'arrière, elles ouvrent sur la campagne). Sympathique salle de restaurant façon bistrot et terrasse d'été bordant la piscine.

Valois sans rest, 35 r. 14-Juillet ✆ 05 45 36 83 00, hotel.le-valois@wanadoo.fr, Fax 05 45 36 83 01 – 📶 ✦ 📺 ✆ ⚙ 🅿 – 🚗 20. 🅰🅴 ⓞ 🅶🅱 🅹🅲🅱   Z a
fermé 24 déc. au 2 janv. – ☷ 7,50 – **45 ch** 61/69.
   ◆ Construction récente à deux pas des grands chais. Spacieuses chambres au mobilier fonctionnel. Le salon-bar, aménagé dans le hall, a été récemment et plaisamment redécoré.

Résidence sans rest, 25 av. V. Hugo ✆ 05 45 36 62 40, la.residence@free.fr, Fax 05 45 36 62 49 – 📺 ✆ ⟺. 🅰🅴 ⓞ 🅶🅱   Z e
fermé 20 déc. au 3 janv. – ☷ 8 – **18 ch** 40/45.
   ◆ À proximité du centre-ville, bâtisse régionale en pierre, disposant de chambres pratiques égayées de meubles et d'étoffes colorés. Accueil chaleureux.

Pigeons Blancs avec ch, 110 r. J.-Brisson ✆ 05 45 82 16 36, pigeonsblancs@wanadoo.fr, Fax 05 45 82 29 29, 😊, ☞ – ⚄ 📺 ✆ ⚙ 🅿. 🅰🅴 ⓞ 🅶🅱, 🛇 🅲🅱   Y d
fermé 1ᵉʳ au 15 janv., dim. soir et lundi midi – **Repas** 20 (déj.), 30/58 et carte 45 à 65, enf. 8.
♀ – ☷ 10 – **6 ch** 60/95 – ½ P 65/95.
   ◆ Ce relais de poste du 17ᵉ s. bénéficie du calme d'un quartier résidentiel. Plaisante salle à manger bourgeoise, terrasse-pergola face au jardin et chambres personnalisées.

COGNAC

Angoulême (R. d') .... Y
Armes (Place d') .... Y
Bazoin (R. Abel) .... Y 6
Boucher (R. Cl.) .... Y 7
Briand (R. A.) .... Y

Canton (R. du) .... Y 8
Champ-de-Mars (Allées du) .. Z 9
Château (Q. du) .... Y 10
Cordeliers (R. des) .... Y 11
Corderie (Allées de la) .... Z 12
François-Ier (R.) .... Y 13
Germain (R. H.) .... Y 14
Grande-Rue .... Y 15

Isle-d'Or (R. de l') .... Y 16
Lusignan (R. de) .... Y 20
Magdeleine (R.) .... Y 21
Martell (Pl. Ed.) .... Z 22
Monnet (Pl. Jean) .... Z 23
Palais (R. du) .... Y 24
Victor-Hugo (Av.) .... Z
14-Juillet (R. du) .... Z 26

Si vous cherchez un hôtel tranquille,
consultez d'abord les cartes de l'introduction
ou repérez dans le texte les établissements indiqués avec le signe 🆂

par ①, *rte d'Angoulême et rte de Rouillac (D 15) : 3 km –* ⊠ *16100 Châteaubernard :*

🏠 **Château de l'Yeuse** ⌂, quartier l'Échassier, r. Bellevue ℰ 05 45 36 82 60, *chateauyeus e@wanadoo.fr*, Fax 05 45 35 06 32, ≤, 🌳, Ⅰ₆, Ⅰ, 🐎 – 🛗 📺 📞 🕭 🅿 – 🛗 25. 🆎 ⓞ 🇬🇧 🄹🄲🄱

fermé 1ᵉʳ janv. au 12 fév. – **Repas** *(fermé dim. soir d'oct. à avril et sam. midi)* 23 (déj.), 38/61 ♀ ⌂ – ⌧ 12 – **21 ch** 89/153, 3 suites – ½ P 87,50/117.

♦ Atmosphère romantique en cette gentilhommière du 19ᵉ s. agrandie d'une aile moderne. Mobilier ancien et décor raffiné dans les chambres. Salon "cognacs et cigares". Élégant restaurant et terrasse d'été dominant la vallée de la Charente. Carte personnalisée.

🏠 **L'Échassier** ⌂, quartier l'Échassier, 72 r. Bellevue ℰ 05 45 35 01 09, *echassier@wanadoo .fr*, Fax 05 45 32 22 43, 🌳, Ⅰ, 🐎 – 📺 📞 🕭 🅿 – 🛗 20. 🆎 🇬🇧 🄹🄲🄱

fermé 24 oct. au 3 nov., 30 avril au 17 mai – **Repas** *(fermé dim .soir hors saison, vend. midi et sam. midi)* 27/58 ♀ ⌂ – ⌧ 9 – **22 ch** 90/110 – ½ P 82/91,50.

♦ Deux bâtiments de part et d'autre d'un jardin. La villa récente abrite de douillettes chambres contemporaines. Le restaurant est installé dans des écuries datant du 19ᵉ s. ; cuisine au goût du jour, très belle carte des vins et remarquable choix de cognacs.

COGOLIN *83310 Var* 🔢 O6 – *9 079 h alt. 20.*

🄸 *Office de tourisme, place de la République* ℰ *04 94 55 01 10, Fax 04 94 55 01 11, cogolin.tourisme.accueil@wanadoo.fr.*

Paris 864 – Fréjus 33 – Ste-Maxime 11 – Toulon 60.

🏠 **Maison du Monde** sans rest, ℰ 04 94 54 77 54, *info@lamaisondumonde.fr*, Fax 04 94 54 77 55, Ⅰ, 🐎 – 📺 📞 🅿. 🆎 ⓞ 🇬🇧

fermé 9 au 23 nov. et 16 fév. au 7 mars – ⌧ 12,30 – **12 ch** 90/150.

♦ Jolie demeure bourgeoise du 19ᵉ s. entourée d'un jardin planté de palmiers et de platanes. Chambres de caractère, garnies de meubles provenant du monde entier.

✗ **Grain de Sel**, 6 r. 11-Novembre (derrière Mairie) ℰ 04 94 54 46 86 – 🍽. 🇬🇧

fermé vacances de Toussaint, de fév., sam. midi, merc. et dernier week-end du mois – **Repas** (dîner seul. en juil.-août) 31 ♀.

♦ Un minuscule bistrot provençal qui ne manque pas de sel : le chef prépare sous vos yeux, directement dans la salle à manger, d'appétissantes recettes du marché.

✗ **L'Oustaou d'Italie**, 28 r. Gambetta ℰ 04 94 54 72 41 – 🍽. 🇬🇧

fermé 24 déc. au 10 janv., le midi en juil.-août, dim. et lundi hors saison – **Repas** 22/32, enf. 10 ⌂.

♦ Enseigne à décoder : on sert ici une cuisine italo-provençale, non pas dans un "oustaou" (mas en réduction), mais dans deux petites salles rustiques toutes simples.

au Sud-Est *sur N 98, direction Toulon : 5 km –* ⊠ *83310 :*

✗ **Ferme du Magnan**, ℰ 04 94 49 57 54, Fax 04 94 49 57 54, ≤ – 🇬🇧

27 mars-17 oct. et fermé mardi – **Repas** (dîner seul. en juil.-août) 25/46, enf. 12,50.

♦ Bastide au 16ᵉ s., magnanerie au 19ᵉ s. et enfin sympathique restaurant campagnard. La table, généreuse, utilise les produits de la ferme. Terrasse panoramique.

COIGNIÈRES *78310 Yvelines* 🔢 H3 – *4 231 h alt. 160.*

Paris 39 – Rambouillet 15 – St-Quentin-en-Yvelines 7 – Versailles 21.

❀❀❀ **Capucin Gourmand**, N 10 ℰ 01 34 61 46 06, *k-vivier@wanadoo.fr*, Fax 01 34 61 73 46, 🌳 – 🅿. 🆎 ⓞ 🇬🇧

fermé dim. soir – **Repas** 30/72,50 et carte 52 à 69.

♦ Dans une zone commerciale, ancien relais de poste au charme préservé. Salle à manger à la fois agreste et cossue, réchauffée l'hiver par une cheminée. Calme terrasse fleurie.

❀❀ **Vivier**, N 10 ℰ 01 34 61 64 39, *k-vivier@wanadoo.fr*, Fax 01 34 61 94 30 – 🅿. 🆎 ⓞ 🇬🇧

fermé dim. soir et lundi – **Repas** *(29,30)* - 34,40/39,80.

♦ Comme le suggère l'enseigne, on déguste ici fruits de mer et poissons. Les deux belles salles à manger rustiques sont égayées de petites notes marines.

COISE *73800 Savoie* 🔢 J4 – *945 h alt. 292.*

Paris 582 – Grenoble 55 – Albertville 32 – Chambéry 23.

🏠 **Château de la Tour du Puits** ⌂, rte du Puits : 1 km ℰ 04 79 28 88 00, *info@chateau delatourdupuits.com*, Fax 04 79 28 88 01, ≤, Ⅰ, 🐴 – 📺 📞 🅿 – 🛗 50. 🆎 ⓞ 🇬🇧 🄹🄲🄱 ❀

fermé 4 nov. au 12 déc. – **Repas** *(fermé lundi et mardi)* (menu unique) 29/55 – ⌧ 20 – **7 ch** 200/250 – ½ P 126/191.

♦ Ce gracieux château rebâti au 18ᵉ s. dresse sa jolie tour en poivrière au milieu d'un superbe parc boisé. Chambres décorées à ravir. Héliport. Le restaurant, chaleureux et intime, a beaucoup de cachet. Belle terrasse sous les platanes.

COL BAYARD 05 H.-Alpes 334 E5 G. Alpes du Nord – alt. 1248 – ⊠ 05500 St-Bonnet-en-Champsaur.
Paris 658 – Gap 7 – La Mure 56 – Sisteron 60.

à Laye Nord : 2,5 km par N 85 – 212 h. alt. 1170 – ⊠ 05500 St-Bonnet-en-Champsaur :

✕ **Laiterie du Col Bayard,** ℰ 04 92 50 50 06, colbayard@wanadoo.fr, Fax 04 92 50 19 91,
🍴 ⭤ – 🅿. 🇬🇧
fermé 12 nov. au 18 déc., mardi soir, merc. soir, jeudi soir et lundi hors vacances scolaires et
fériés – **Repas** 15/35 bc, enf. 7,90.
◆ Attenant à une laiterie-fromagerie, étonnant restaurant où est installée une boutique
de produits locaux. Terrasse avec vue sur les montagnes. À la carte, le fromage est roi.

COL D'ARCAROTTA 2B H.-Corse 345 F5 – Voir à Corse.

COL DE BAVELLA 2A Corse-du-Sud 345 E9 – voir à Corse.

COL DE CUREBOURSE 15 Cantal 330 D5 – rattaché à Vic-sur-Cère.

COL DE LA CROIX-FRY 74 H.-Savoie 328 L5 – rattaché à Manigod.

COL DE LA FAUCILLE ★★ 01 Ain 328 J2 G. Jura – alt. 1320 – Sports d'hiver : (Mijoux-Lelex-la
Faucille) 900/1 680 m ⛄ 3 ⛷ 26 ⛷ – ⊠ 01170 Gex.
Voir Descente sur Gex★★ (N 5) ✳★★ SE : 2 km – Mont-Rond★★ (accès par télécabine - gare
à 500 m au SO du col).
Paris 480 – Bourg-en-Bresse 108 – Genève 29 – Gex 11 – Morez 28 – Nantua 58.

🏨 **Mainaz** ⬆, Sud : 1 km par N5 ℰ 04 50 41 31 10, mainaz@club-internet.fr,
Fax 04 50 41 31 77, ⇐ lac Léman et les Alpes, 🍴, ⛴ – 📶 📺 📶 🅿. 🆎 ⓪ 🇬🇧
fermé 25 oct. au 10 déc., dim. soir, mardi midi et lundi sauf vacances scolaires – **Repas**
23/47, enf. 15 ⵏ – ⵎ 11 – **22 ch** 57/90 – ½ P 80/90.
◆ Atout incontestable de ce grand chalet de bois : la vue exceptionnelle sur le Léman et les
Alpes. Chambres spacieuses un peu anciennes, parfois dotées d'un balcon. Magnifique
panorama sur lac et montagnes depuis la terrasse du restaurant ; cuisine régionale.

🏨 **Couronne,** ℰ 04 50 41 32 65, hotel-de-la-couronne@wanadoo.fr, Fax 04 50 41 32 47, ⇐,
🍴, ⛴ – 📺 ⛴ ⬅ 🅿. 🇬🇧
15 déc.-31 mars et 15 mai-30 sept. – **Repas** 22/37, enf. 9 – ⵎ 8 – **15 ch** 50/56 – ½ P 53.
◆ Chalet-hôtel isolé au sommet du col, au coeur d'une sapinière. Petites chambres fonctionnelles (souvent avec balcon) ; la plupart offrent une agréable vue sur le Mont-Rond.
Spacieuse salle à manger rustique, terrasse d'été et cuisine traditionnelle simple.

🏨 **Petite Chaumière** ⬆, ℰ 04 50 41 30 22, info@petitechaumiere.com,
Fax 04 50 41 33 22, ⇐, 🍴 – 📺 📶 🅿. 🇬🇧
fermé 3 au 24 avril et 9 oct. au 20 déc. – **Repas** 17,50/28,50 – ⵎ 8,50 – **54 ch** 48,50/62 –
½ P 60,50/64.
◆ Le chalet jurassien des années 1960 se trouve au pied des pistes de ski alpin. Chambres
simples, lambrissées à hauteur d'appui ; quelques-unes ont un balcon. Décor d'esprit
montagnard et larges baies vitrées dans la salle à manger prolongée d'une terrasse.

COL DE LA MACHINE 26 Drôme 332 F4 – rattaché à St-Jean-en-Royans.

COL DE LA SCHLUCHT 88 Vosges 314 K4 G. Alsace Lorraine – alt. 1258 – Sports d'hiver : 1 150/
1 250 m ⛷.
Voir Route des Crêtes★★★ N et S – Le Hohneck ✳★★★ S : 5 km.
Paris 441 – Colmar 37 – Épinal 56 – Gérardmer 16 – Guebwiller 46 – St-Dié 37 – Thann 43.

🏨 **Collet,** au Collet : 2 km sur rte Gérardmer ⊠ 88400 Xonrupt-Longemer ℰ 03 29 60 09 57,
hotcollet@aol.com, Fax 03 29 60 08 77, ⇐, 🍴 – 📺 🅿. 🆎 ⓪ 🇬🇧
fermé 28 mars au 4 avril et 7 nov. au 9 déc. – **Repas** (fermé jeudi midi et merc.) 15 (déj.),
22/26, enf. 8 ⵏ – ⵎ 9 – **25 ch** 55/109 – ½ P 64/70.
◆ Au milieu des sapins, solide construction de montagne à l'ambiance familiale très
conviviale. Belle décoration intérieure, chatoyante et fleurie. Cuisine du terroir épanouie à
base de légumes du potager.

COL DE ST-IGNACE 64 Pyr.-Atl. 342 C3 – rattaché à Ascain.

COL DU CUCHERON 38 Isère 333 I5 – rattaché à St-Pierre-de-Chartreuse.

COL DU DONON 67 B.-Rhin 315 G5 G. Alsace Lorraine – alt. 718 – ⊠ 67130 Schirmeck.
Voir ❄❄ sur la chaîne des Vosges.
Paris 402 – Strasbourg 61 – Lunéville 61 – St-Dié 41 – Sarrebourg 39 – Sélestat 67.

🏠 **Donon** ➣, ℘ 03 88 97 20 69, hotelrestdudonon@wanadoo.fr, Fax 03 88 97 20 17, ≤,
㤠, ℔, ☐, 🐾, ℁ – cuisinette �📺 🄿 – ☒ 50. ☖
fermé 22 au 28 mars, 15 nov. au 5 déc. et jeudi hors saison – **Repas** (7,50) - 16/37, enf. 6 ☿ –
☲ – **22 ch** 55/59, 6 studios – ½ P 54/57.
❖ Menues touches autrichiennes dans la décoration de cette bâtisse isolée dans la campagne, à près de 800 m d'altitude. Chambres garnies d'un mobilier peint ou rustique. Trois
salles à manger lambrissées et terrasse ombragée.

COL DU LAUTARET 05220 H.-Alpes 334 G2 – alt. 2058.
Paris 653 – Briançon 27 – Les Deux-Alpes 38 – Valloire 25.

🏯 **Glaciers** ➣, ℘ 04 92 24 42 21, bonnabel@hotel-bonnabel.com, Fax 04 92 24 44 81,
≤ montagnes et glaciers, 㤠, ℔, ☐ – ▯ ℁ 📺 ℀ ℥ ↩, ℀ 🄰 ℗ ☖
fermé oct. et nov. – **Repas** 13,50 (déj.)/35, enf. 7,50 ☿ – ☲ 15 – **22 ch** 150/180 – ½ P 117/
167.
❖ Depuis cet hôtel bâti au sommet du col (2058 m), la vue sur les montagnes et les glaciers
est exceptionnelle. Grandes chambres d'esprit chalet, bel espace de remise en forme. Deux
restaurants au choix : traditionnel ou brasserie ; salon-bar (billard et jeux).

COL DU PAVILLON 69 Rhône 327 F3 – rattaché à Cours.

Si le coût de la vie subit des variations importantes,
les prix que nous indiquons peuvent être majorés.
Lors de votre réservation à l'hôtel, faites-vous préciser le prix définitif.

COLIGNY 01270 Ain 328 F2 – 1 091 h alt. 298.
Paris 407 – Mâcon 57 – Bourg-en-Bresse 24 – Lons-le-Saunier 39 – Tournus 48.

🍴 **Petit Relais**, ℘ 04 74 30 10 07, Fax 04 74 30 10 07, 㤠 – 🄰 ℗ ☖ ☒. ℁
⊛ fermé 16 fév. au 27 mars, 30 sept. au 15 oct., merc. soir et jeudi – **Repas** 18,70/57, enf. 9 ☼.
❖ Ce petit restaurant rustique proche de l'église propose une cuisine goûteuse, les spécialités de la Bresse et des vins choisis. Terrasse dressée l'été dans la cour intérieure.

COLLÉGIEN 77 S.-et-M. 312 F2 101 19 – voir à Paris, Environs (Marne-la-Vallée).

La COLLE-SUR-LOUP 06480 Alpes-Mar. 341 D5 G. Côte d'Azur – 6 697 h alt. 90.
🛈 Office de tourisme, 28 avenue Maréchal Foch ℘ 04 93 32 68 36, Fax 04 93 32 05 07,
ot.lacolle@atsat.com.
Paris 919 – Nice 18 – Antibes 15 – Cagnes-sur-Mer 7 – Cannes 26 – Grasse 19 – Vence 7.

🏨 **L'Abbaye**, 541 bd Teisseire (rte Grasse) ℘ 04 93 32 68 34, l-abbaye@wanadoo.fr,
Fax 04 93 32 85 06, 㤠, ☐ – 📺 ℀ 🄿. 🄰 ℗ ☖
Repas (fermé mardi midi et lundi) 30/80 – ☲ 10 – **14 ch** 70/200 – ½ P 75/140.
❖ Chambres personnalisées aménagées dans les nobles murs d'une très ancienne abbaye,
ex-propriété des moines de l'Île St-Honorat. Ravissant patio et chapelle du 10ᵉ s. Belle salle
de restaurant voûtée au décor provençal. Terrasse dressée dans le patio ombragé.

🏨 **Marc Hély** ➣ sans rest, Sud-Est : 0,8 km par D 6 ℘ 04 93 22 64 10, contact@hotelmarc-h
ely.com, Fax 04 93 22 93 84, ≤, 㤠 – ▬ 📺 ℀ 🄿. 🄰 ℗ ☖
☲ 10 – **12 ch** 77/107.
❖ Grande maison régionale dont la plupart des chambres, rustiques et bien équipées,
bénéficient d'une vue sur Saint-Paul-de-Vence. Petits-déjeuners servis dans une véranda.

🍴🍴 **L'Eden**, 493 rte St-Paul ℘ 04 93 32 50 25, gillesgalli@libertysurf.fr, Fax 04 93 32 04 78, ≤,
㤠 – ☖
fermé 15 nov. au 1ᵉʳ déc., 15 fév. au 1ᵉʳ mars, dim. soir hors saison, sam. midi en saison et
lundi – **Repas** 28/75.
❖ En surplomb de la route, accueillante salle à manger égayée de tons écru et blanc. En
été, repas servis en terrasse à l'ombre des mûriers. Cuisine au goût du jour.

COLLEVILLE-MONTGOMERY 14 Calvados 303 K4 – rattaché à Ouistreham.

COLLIAS 30 Gard 339 L5 – rattaché à Pont-du-Gard.

COLLIOURE 66190 Pyr.-Or. 𝟑𝟒𝟒 J7 G. Languedoc Roussillon – 2 763 h alt. 2.

Voir Site★★ – Retables★ dans l'église Notre-Dame-des-Anges.

🛈 Office de tourisme, place du 8 Juin ℘ 04 68 82 15 47, Fax 04 68 82 46 29, contact @collioure.com.

Paris 879 ② – Perpignan 30 ② – Argelès-sur-Mer 7 ② – Céret 36 ② – Port-Vendres 3 ①.

COLLIOURE

Aire (R. de l') . . . . **B** 2
Amirauté (Q. de l') . . . . **B** 3
Arago (R. François) . . . . **B** 4
Argelès (Rte d') . . . . **A**
Dagobert (R.) . . . . **B** 7
Démocratie (R. de la) . . . . . . **B** 8
Égalité (R. de l') . . . . **B** 9
Ferry (R. Jules) . . . . **AB** 13

Galère (R. de la) . . . . **A**
Gaulle (Av. du Gén.) . . . . **B**
Jaurès (Pl. Jean) . . . . **B** 14
Lamartine (R.) . . . . **B** 15
La Tour d'Auvergne
   (R. de) . . . . **B** 16
Leclerc (Pl. Gén.) . . . . **AB** 17
Maillol (Av. Aristide) . . . . . . **A**
Mailly (R.) . . . . **B** 19
Michelet (R. Jules) . . . . **A** 20
Miradou (Av. du) . . . . **A** 23

Pasteur (R.) . . . . **B**
Pla de Las Fourques
   (R. du) . . . . **A**
République (R. de la) . . . . . **AB**
Rolland (R. Romain) . . . . **A**
Rousseau (R. J. J.) . . . . **AB** 29
St-Vincent (R.) . . . . **B** 30
Soleil (R. du) . . . . **B** 33
Vauban (R.) . . . . **B** 34
8 Mai 1945 (Pl. du) . . . . **B** 35
18-Juin (Pl. du) . . . . **B** 40

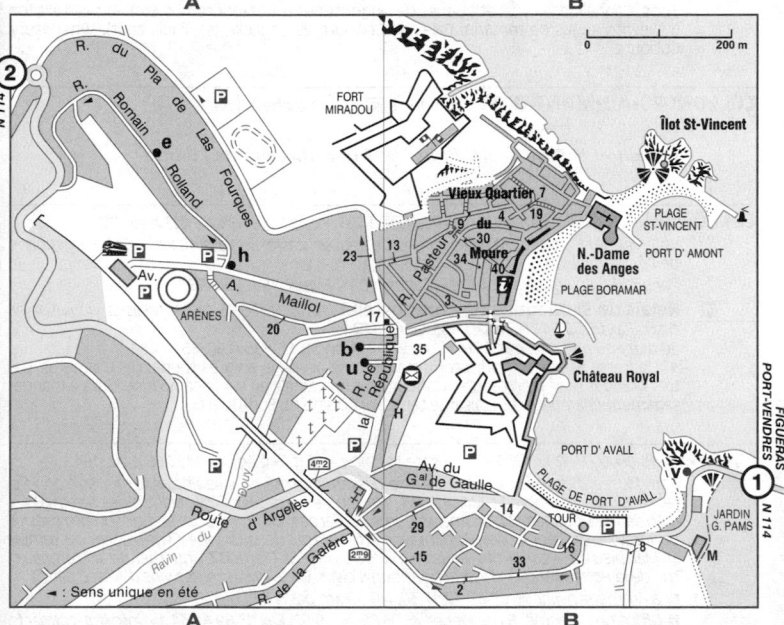

: Sens unique en été

🏨 **Casa Païral** sans rest, impasse Palmiers ℘ 04 68 82 05 81, contact@hotel-casa-pairal.co m, Fax 04 68 82 52 10, 🍽, ☂ – 📧 TV �P AE ⓪ GB   A b
1er avril-2 nov. – ☷ 10 – **28 ch** 68/170.
   ◆ Demeure du 19e s. disposée autour d'un luxuriant jardin méditerranéen où murmure une fontaine. Chambres de caractère dans le bâtiment principal ; plus calmes dans le second.

🏨 **L'Arapède**, rte Port-Vendres ℘ 04 68 98 09 59, hotelarapede@yahoo.fr, Fax 04 68 98 30 90, ⩽, 🍴, 🍽 – ⫯ 📧 TV ⚓ �P GB
6 mars-21 nov. et fermé le midi sauf week-end et fériés – **Repas** (dîner seul. sauf week-end) 17/46, enf. 12 – ☷ 10 – **20 ch** 75/155 – ½ P 67,50/107,50.
   ◆ Hôtel moderne bâti à flanc de colline. Joli mobilier de style catalan dans de grandes chambres tournées vers la mer et la piscine à débordement. Restaurant décoré de photos anciennes de Collioure, terrasse face à la "grande bleue" et recettes du terroir.

🏨 **Princes de Catalogne** 🐾 sans rest, r. Palmiers ℘ 04 68 98 30 00, contact@hotel-princ escatalogne.fr, Fax 04 68 98 30 31 – ⫯ 📧 TV 🔧 AE ⓪ GB   A u
☷ 6,50 – **29 ch** 67.
   ◆ Immeuble récent se fondant parmi des maisons traditionnelles. Chambres spacieuses, fonctionnelles et égayées de jolis tissus provençaux. Piano-bar certains soirs.

Madeloc sans rest, r. R.-Rolland ℰ 04 68 82 07 56, *hotel@madeloc.com*,
Fax 04 68 82 55 09, ⌫, 🌳 – 📺 📞 📁 ⅋ ⓐ ⓞ 🅖🅑   **A e**
15 mars-2 nov. – ⌕ 7 – **22 ch** 70/90.
* Sur les hauteurs de la station, chambres meublées en rotin, dotées de terrasses aux
derniers étages. Jardin à flanc de colline. Expositions de peintures et de sculptures.

Méditerranée sans rest, av. A. Maillol ℰ 04 68 82 08 60, *mediterraneehotel@free.fr*,
Fax 04 68 82 28 07, 🌳 – 🔲 📺 🚗. 🅖🅑   **A h**
fin mars-début nov. – ⌕ 7 – **23 ch** 75/85.
* Ce bâtiment des années 1970 propose des chambres sobres et pratiques, toutes pourvues de balcons. Jardin en terrasses. Solarium. Garage pratique.

ХХХ   **Neptune** (Mourlane), rte Port-Vendres ℰ 04 68 82 02 27, *smourlane@yahoo.fr*,
⛁   Fax 04 68 82 50 33, ≼ vieux port, �& – 🔲 📁 ⅋ ⓐ ⓞ 🅖🅑. ⅋⅋   **B v**
fermé 8 au 24 déc., 2 janv. au 5 fév., lundi de juil. à sept., et merc. d'oct. à juin – **Repas** 30
(déj.), 48,50/98 et carte 55 à 80.
* Les superbes terrasses étagées de ce restaurant s'agrippent au rocher. Décor aux
couleurs du Sud et tableaux contemporains. Carte régionale et produits de la mer.
Spéc. Cannelloni au vert et queues de langoustines rôties (printemps-été). Agneau allaiton
d'Aveyron au jus de romarin. Galet de Collioure au chocolat (sauf juil.-août). **Vins** Maury,
Collioure.

COLLONGES-AU-MONT-D'OR *69 Rhône* **327** I5 – *rattaché à Lyon.*

---

*Un automobiliste averti utilise le **Guide Michelin** de l'année.*

COLLONGES-LA-ROUGE *19500 Corrèze* **329** K5 *G. Périgord Quercy* – *413 h alt. 230.*
Voir *Village★★ : tympan★ et clocher★ de l'église, castel de Vassinhac★ – Saillac : tympan★
de l'église S : 4 km.*
Paris 505 – *Brive-la-Gaillarde 21* – *Cahors 105* – *Figeac 75* – *Tulle 35.*

Relais de St-Jacques de Compostelle 🐾, ℰ 05 55 25 41 02, *relais-st-jacques@yah
oo.fr*, Fax 05 55 84 08 51, �& – 📁 ⅋ ⓐ ⓞ 🅖🅑
20 mars-15 nov. – **Repas** 19/42 ⅋ ⌕ 7 – **11 ch** 50/65 – ½ P 50/65.
* L'adresse est idéale pour profiter du lumineux village en grès rouge. Les chambres, pas
très grandes mais bien tenues, donnent sur les castels ou sur la campagne. Salle à manger
sagement champêtre et plaisante terrasse. Cuisine du Sud-Ouest.

COLMAR 🅿 *68000 H.-Rhin* **315** I8 *G. Alsace Lorraine* – *65 136 h Agglo. 116 268 h alt. 194.*
Voir *Musée d'Unterlinden★★★ (retable d'Issenheim★★★)* – *Ville ancienne★★ : Maison Pfis-
ter★★ BZ W, Collégiale St-Martin★ BY, Maison des Arcades★ CZK, Maison des Têtes★ BY Y
– Ancienne Douane★ BZ D, Ancien Corps de Garde★ BZ B – Vierge au buisson de roses★★
et vitraux★ de l'église des Dominicains BY – Vitrail de la Grande Crucifixion★ du temple
St-Matthieu CY – La "petite Venise"★ : ≼★ du pont St-Pierre BZ , quartier de la Krutenau★,
rue de la Poissonnerie★, façade du tribunal civil★ BZ J – Maison des vins d'Alsace par ①.*
🏌 *à Ammerschwihr* ℰ 03 89 47 17 30, NO : 9 km par N 415 puis D 11.
🇮 *Office de tourisme, 8 rue Kléber* ℰ 03 89 20 68 92, Fax 03 89 41 34 13, *info@ot-colmar.fr.*
Paris 450 ① – *Basel 68* ③ – *Freiburg-im-Breisgau 51* ② – *Nancy 140* ① – *Strasbourg 78* ①.

Plans pages suivantes

Les Têtes 🐾, 19 r. Têtes ℰ 03 89 24 43 43, *les-tetes@calixo.net.fr*, Fax 03 89 24 58 34 – 📳
📺 📞 📁 – 🏌 30. ⓐ ⓞ 🅖🅑 🅹🅲🅱   **BY y**
fermé fév. voir rest. **Maison des Têtes** ci-après – ⌕ 13 – **21 ch** 109/230.
* Demeure du 17ᵉ s. à la façade sculptée d'une centaine de "têtes". Les couloirs, décorés
par un artiste local, desservent des chambres raffinées. Ravissante cour intérieure.

Colombier sans rest, 7 r. Turenne ℰ 03 89 23 96 00, *info@hotel-le-colombier.com*,
Fax 03 89 23 97 27 – 📳 📺 📞 ♿ – 🏌 30. ⓐ ⓞ 🅖🅑 🅹🅲🅱   **BZ u**
fermé vacances de Noël – ⌕ 10 – **24 ch** 75/180.
* Cadre contemporain, mobilier créé par un designer italien, escalier Renaissance et
paisible patio comptent parmi les trésors de cette belle maison du 15ᵉ s.

Grand Hôtel Bristol, 7 pl. Gare ℰ 03 89 23 59 59, *reservation@grand-hotel-bristol.fr*,
Fax 03 89 23 92 26 – 📳 ☇ 📺 📞 ♿ – 🏌 15 à 25. ⓐ ⓞ 🅖🅑   **AZ g**
voir rest. **Rendez-vous de Chasse** ci-après - **L'Auberge** brasserie ℰ 03 89 23 17 57 **Repas**
(13)- 18/27, enf. 8 ⅋ – ⌕ 10,50 – **70 ch** 78/145 – ½ P 90/120.
* Hôtel du début du 20ᵉ s. ayant conservé, dans son ensemble, une plaisante atmosphère
Belle Époque. Chambres bien meublées et équipées, plus calmes à l'arrière. Joli cadre 1900
et attrayante carte privilégiant plats et vins d'Alsace à l'Auberge.

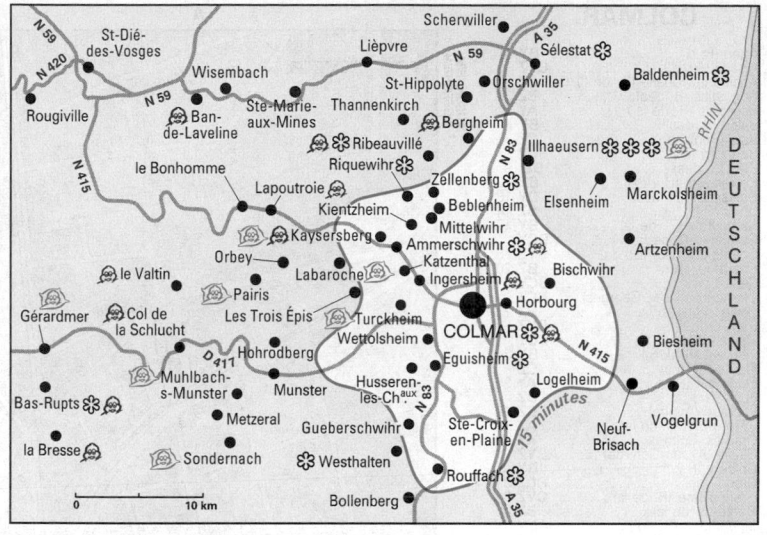

Hostellerie Le Maréchal, 4 pl. Six Montagnes Noires ✆ 03 89 41 60 32, *marechal@calix o.net*, Fax 03 89 24 59 40, �└ – 🛗 �⟲ 🔲 📺 ✆ 👤 – 🏛 20. 🏧 ⑩ 📧 🃏   BZ b
À l'Échevin : Repas 25(déj.), 35/75, enf. 11 🍷 – 🖵 12,50 – **30 ch** 80/215 – ½ P 102,50/162,50.
◆ La Lauch coule au pied de ces ravissantes maisons alsaciennes (16e et 17e s.) de la Petite Venise. Les chambres ont un côté "bonbonnière" ; certaines ont vue sur le canal. À l'Échevin, décor sur le thème de la musique et spectacle enchanteur de la rivière.

Mercure Unterlinden sans rest, 15 r. Golbery ✆ 03 89 41 71 71, *H0978@accor-hotels.c om*, Fax 03 89 23 82 71 – 🛗 �⟲ 🔲 📺 ✆ 🔥 ⟲ – 🏛 15 à 50. 🏧 ⑩ 📧 🃏   BY v
🖵 11,90 – **76 ch** 105/143.
◆ À deux pas du célèbre musée d'Unterlinden, bâtisse récente disposant de chambres confortables, bien insonorisées et peu à peu redécorées dans un style actuel. Bar à vins.

Amiral sans rest, 11A bd Champ-de-Mars ✆ 03 89 23 26 25, *hotelamiralcolmar@wanadoo .fr*, Fax 03 89 23 83 64, �└ – 🛗 �⟲ 📺 ✆ 👤 – 🏛 25. 🏧 ⑩ 📧   BZ d
🖵 9,50 – **47 ch** 76/108, 3 duplex.
◆ Cette ancienne malterie abrite d'agréables chambres, actuelles et assez spacieuses (plus calmes dans le bâtiment principal), et un chaleureux salon-cheminée meublé en rotin.

St-Martin sans rest, 38 Grand'Rue ✆ 03 89 24 11 51, *colmar@hotel-saint-martin.com*, Fax 03 89 23 47 78 – 🛗 📺 ✆. 🏧 ⑩ 📧 🃏   CZ e
fermé 1er janv. au 3 mars. – 🖵 9,50 – **33 ch** 89/121.
◆ Dans le quartier historique, trois maisons des 14e et 17e s. réparties autour d'une cour intérieure avec tourelle et escalier Renaissance. Chambres "cosy" personnalisées.

Turenne sans rest, 10 rte Bâle ✆ 03 89 21 58 58, *helmlinger@turenne.com*, Fax 03 89 41 27 64 – 🛗 �⟲ 📺 ✆ 🔥 – 🏛 15. 🏧 ⑩ 📧   CZ x
🖵 7,50 – **82 ch** 64/70.
◆ Architecture et mobilier d'inspiration régionale caractérisent cet hôtel proche de la Petite Venise. Chambres pimpantes et pratiques. Salle des petits-déjeuners alsacienne.

Au Fer Rouge (Fulgraff), 52 Grand'Rue ✆ 03 89 41 37 24, *au.fer.rouge@calixo.net*, Fax 03 89 23 82 24, �└ – 🏧 ⑩ 📧   BZ s
fermé 25 juil. au 6 août, 9 au 27 janv., dim. sauf le midi en déc. et de mai à oct. et lundi –
Repas 47/95 et carte 80 à 112 🍷.
◆ Gracieuse demeure à pans de bois (17e s.) d'une pittoresque place de Colmar. Élégant intérieur alsacien où l'on sert une délicieuse cuisine classique. Belle carte des vins.
Spéc. Lapereau et légumes du jardin cuits en pot-au-feu. Potée de légumes et champignons, sandre et écrevisses dans raviole. "Autour de l'agneau". **Vins** Pinot-Auxerrois, Rouge d'Alsace.

COLMAR

Agen (R. d') . . . . **BY**
Alsace (Av. d') . . . . **CYZ**
Ancienne Douane (Pl. de l') . . **CZ** 2
Augustins (R. des) . . . . **BZ** 3
Bagatelle (R. de la) . . . . **AY**
Bains (R. des) . . . . **BY** 5
Bâle (Route de) . . . . **CZ**
Bartholdi (R.) . . . . **BCZ**
Blés (R. des) . . . . **BZ** 9
Boulangers (R. des) . . . . **BY** 12
Brasseries (R. des) . . . . **CY** 13
Bruat (R.) . . . . **BY** 14
Cathédrale (Pl. de la) . . . . **BY** 17
Cavalerie (R. de la) . . . . **BCY**
Champ-de-Mars (Bd du) . . . . . **BYZ** 18
Chauffour (R.) . . . . **BZ** 20
Clefs (R. des) . . . . **BCY**
Clemenceau (Av. Georges) . . . **BCZ**
Ecoles (R. des) . . . . **BZ** 22
Est (R. de l') . . . . **CYZ**
Fleischhauer (R.) . . . . **BCY**
Fleurent (R. J.-B.) . . . . **BY** 24
Fleurs (R. des) . . . . **CZ**
Florimont (R. du) . . . . **AY** 25
Foch (Av.) . . . . **BZ**
Fribourg (Av. de) . . . . **CZ**
Gare (Pl. et R. de la) . . . . **AZ**
Grad (R. Charles) . . . . **AY**
Gaulle (Av. du Gén. de) . . . . **ABYZ**
Golbéry (R.) . . . . **BY**
Grand'Rue . . . . **BCZ** 31
Grenouillère (R. de la) . . . . . . **CYZ** 32
Herse (R. de la) . . . . **BZ** 33
Ingersheim (Rte d') . . . . **ABY**
Jeanne d'Arc (Pl.) . . . . **CY**
Joffre (Av.) . . . . **BZ**
Kléber (R.) . . . . **BY** 35
Ladhof (R. du) . . . . **CY** 36
Lasch (R. Georges) . . . . **AY** 37
Lattre-de-Tassigny (Av. J. de) . **ABY** 43
Leclerc (Bd du Gén.) . . . . **BZ** 45
Liberté (Av. de la) . . . . **AZ**
Logelbach (R. du) . . . . **AY**
Manège (R. du) . . . . **BZ** 49
Marchands (R. des) . . . . **BYZ** 50
Marché-aux-Fruits (Pl. du) . . . **BZ** 51
Marne (Av. de la) . . . . **BZ**
Messimy (R.) . . . . **ABZ** 52
Molly (R. Berthe) . . . . **BYZ** 54
Mouton (R. du) . . . . **CY** 57
Mulhouse (R. de) . . . . **AZ**
Neuf-Brisach (Route de) . . . . . **CY**
Nord (R. du) . . . . **BCY**
Poincaré (Av. Raymond) . . . . . **ABZ**
Poissonnerie (R. et Q. de la) . . **BCZ** 62
Preiss (R. Jacques) . . . . **ABZ** 63
Rapp (Pl.) . . . . **BZ**
Rapp (R.) . . . . **BCY**
Reims (R. de) . . . . **BY** 65
République (Av. de la) . . . . . **ABYZ**
Ribeauvillé (R. de) . . . . **BY** 67
Rœsselman (R.) . . . . **BY** 69
Rouffach (Route de) . . . . **AZ**
St-Jean (R.) . . . . **BZ** 71
St-Joseph (Pl. et R.) . . . . **AY**
St-Josse (R.) . . . . **CZ**
St-Léon (R.) . . . . **AY**
St-Nicolas (R.) . . . . **BY** 73
St-Pierre (Bd et Pont) . . . . **BCZ**
Schlumberger (R. Camille) . . . **ABZ**
Schwendi (R.) . . . . **CZ**
Sélestat (Route de) . . . . **CY**
Semm (R. de la) . . . . **CZ**
Serruriers (R. des) . . . . **BY** 75
Sinn (Quai de la) . . . . **BY** 77
Six-Montagnes-Noires (Pl. des). . **BY** 79
Stanislas (R.) . . . . **BY**
Tanneurs (R. des) . . . . **CZ** 82
Têtes (R. des) . . . . **BY** 83
Thann (R. de) . . . . **CY**
Tir (R. du) . . . . **AZ**
Turckheim (R. de) . . . . **AY**
Turenne (R.) . . . . **BCZ**
Unterlinden (Pl. d') . . . . **BY** 85
Val St-Grégoire (R. du) . . . . . . **AY**
Vauban (R.) . . . . **CY**
Voltaire (R.) . . . . **ABZ**
Weinemer (R.) . . . . **BZ** 86
1re Armée Française (R. de la) . . **BY**
2 Février (Pl. du) . . . . **CY** 87
5e Division Blindée (R.de la) . . . **BY** 95
18 Novembre (Pl. du) . . . . **BY** 97

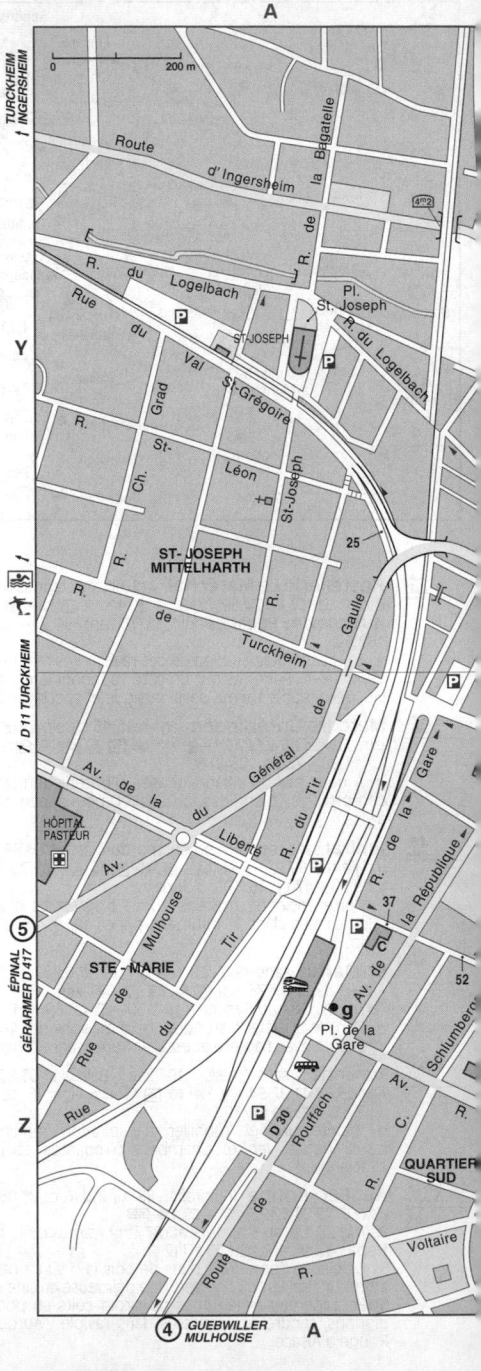

528

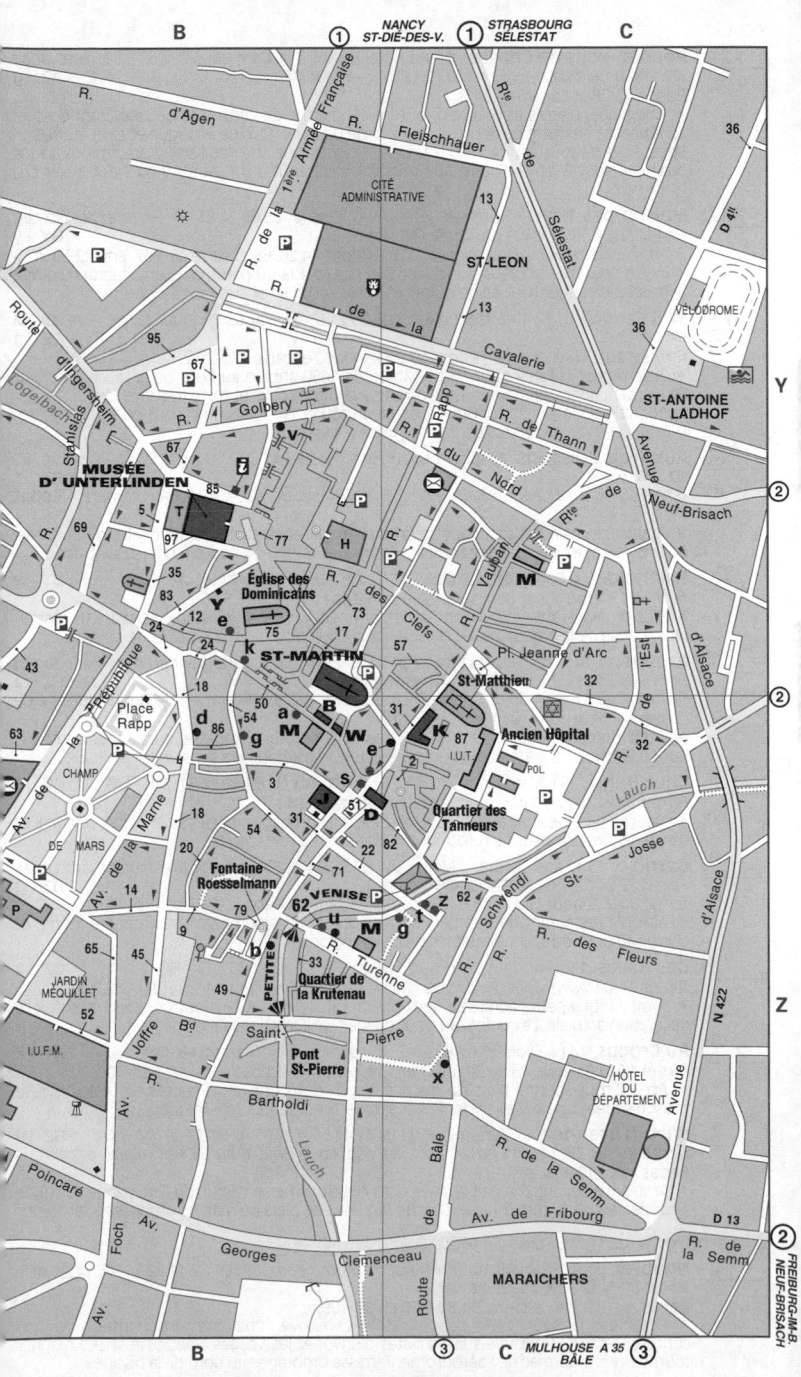

Rendez-vous de Chasse - Grand Hôtel Bristol, 7 pl. Gare ☎ 03 89 23 15 86, *reservation @grand.hotel-bristol.fr, Fax 03 89 23 92 26* – AE ⓘ GB   AZ g
Repas 42/78 et carte 61 à 84 ℟.

♦ Cheminée, pierres et poutres ajoutent au charme de cette salle de restaurant cossue, agrémentée en outre de dessins originaux de Daumier. Cuisine classique et cave étoffée.
Spéc. Pavé de tourteau farci au tourteau. Noisettes de chevreuil aux champignons, sauce poivrade (août à janv.). Gaufre aux mirabelles (15 août à fin sept.). **Vins** Pinot auxerrois, Pinot noir.

Maison des Têtes - Hôtel Les Têtes, 19 r. Têtes ☎ 03 89 24 43 43, *les-tetes@calixo.net, Fax 03 89 24 58 34*, 🍽 – ▤. AE ⓘ GB JCB   BY y
fermé fév., dim. soir, mardi midi et lundi – **Repas** 24,20/65 et carte 40 à 57, enf. 12,50 ℟.

♦ Cette belle maison Renaissance est l'un des joyaux du patrimoine architectural colmarien. Salle à manger habillée de boiseries blondes (19ᵉ s.) et cuisine classique.

JY'S (Schillinger), 17 r. Poissonnerie ☎ 03 89 21 53 60, *Fax 03 89 21 53 65*, 🍽 – ▤. AE ⓘ GB   CZ g
fermé 6 au 13 fév. et dim. – **Repas** 27 (déj.), 45/60 et carte 47 à 70 ℟.

♦ Jolie façade colorée pour cette bâtisse de 1650 ancrée au bord de la Lauch. Intérieur résolument contemporain, cuisine offerte à la vue de tous et carte très inventive.
Spéc. Tatin de légumes confits. Pigeonneau rôti et foie gras de canard poêlé sur risotto. Millefeuille chocolat, poires confites et glace réglisse.

Aux Trois Poissons, 15 quai Poissonnerie ☎ 03 89 41 25 21, *Fax 03 89 41 25 21* – ▤. AE ⓘ GB JCB   CZ t
fermé 15 juil. au 1ᵉʳ août, 23 au 27 déc., 5 au 18 janv., dim. soir, mardi soir et merc. – **Repas** 21/42 ℟.

♦ Ambiance chaleureuse, coquette salle à manger et carte mi-traditionnelle, mi-inventive où le poisson est roi : cette maison à colombages bordant la Lauch a bien des attraits.

Bartholdi, 2 r. Boulangers ☎ 03 89 41 07 74, *Fax 03 89 41 14 65*, 🍽 – GB   BY e
fermé 21 juin au 4 juil., dim. soir et lundi – **Repas** 21/49, enf. 6,90 ℟.

♦ Bois omniprésent et mobilier alsacien donnent un air de winstub à ce spacieux restaurant proche de la maison natale de Bartholdi. Cuisine de pays, spécialités de poissons.

Arpège, 24 r. Marchands ☎ 03 89 23 37 89, *restaurant.arpege@wanadoo.fr, Fax 03 89 23 39 22*, 🍽 – AE ⓘ GB JCB   BZ a
fermé 14 au 21 août, 30 oct. au 6 nov., sam. midi, mardi soir et merc. – **Repas** (nombre de couverts limité, prévenir) 25/49, enf. 10 ℟.

♦ Cette demeure datant de 1463, nichée au fond d'une impasse, aurait appartenu à la famille Bartholdi. Salle à manger actuelle et terrasse aménagée dans un joli jardin fleuri.

Chez Hansi, 23 r. Marchands ☎ 03 89 41 37 84, *Fax 03 89 41 37 84*, 🍽 – GB   BZ e
fermé 24 au 30 juin, janv., merc. soir et jeudi – **Repas** 18/44 ℟.

♦ Taverne typique du vieux Colmar : façade à colombages, boiseries, mobilier régional et service assuré en costume folklorique. Cuisine du terroir soignée.

Garbo, 15 r. Berthe Molly ☎ 03 89 24 48 55, *garbo@restaurantgarbo.com, Fax 03 89 24 57 68* – ▤. AE ⓘ GB JCB   BZ g
fermé 8 au 22 août, 3 au 9 janv., dim., lundi et fériés – **Repas** 32/65 bc, enf. 14.

♦ Aimable restaurant de quartier. Mobilier simple de type bistrot, atmosphère intime et cuisine au goût du jour utilisant les produits régionaux.

des Halles, 11 r. Wickram ☎ 03 89 23 61 10, *Fax 03 89 41 35 16* – GB   CZ z
fermé 14 juil. au 15 août, 24 déc. au 4 janv., sam. et dim. – **Repas** 11,50 (déj.), 18/34 ℟.

♦ Sympathique petite adresse à deux pas du canal de la Lauch. Poutres apparentes et jolie décoration actuelle. La cuisine, au goût du jour, évolue selon le marché.

Au Crocus, 14 pl. École ☎ 03 89 23 32 49, *aucrocus@fr.fm* – ▤. ⓘ GB   BY k
fermé 15 au 29 août, 13 au 20 fév, merc. soir et dim. – **Repas** 13,50 (déj.), 23/40 ℟.

♦ Accueil tout sourire, plats du marché et prix doux ont fait le succès de cette discrète maison située dans la vieille ville. Décor simple, mi-rustique, mi-régional.

Wistub Brenner, 1 r. Turenne ☎ 03 89 41 42 33, *Fax 03 89 41 37 99*, 🍽 – GB   BZ u
fermé 20 au 29 juin, 15 au 24 nov., 24 déc. au 2 janv., 6 au 23 fév., mardi et merc. – **Repas** 18 à 24, enf. 9,50 ℟.

♦ Ambiance décontractée et animée dans ce bistrot façon Wistub où l'on mange au coude à coude. Sympathique terrasse. Cuisine régionale et plats du marché proposés à l'ardoise.

à l'aérodrome *par ① : 3,5 km –* ✉ *68000 Colmar :*

Novotel, ☎ 03 89 41 49 14, *h0416@accor-hotels.com, Fax 03 89 41 22 56*, 🍽, ☒, 🌲 – ⊁ ▤ TV ☏ P – ▲ 35. AE ⓘ GB
Repas (17) - 22, enf. 8 ℟ – ☲ 11,80 – **66 ch** 99/109.

♦ Hôtel des années 1970 périodiquement rénové. Chambres insonorisées de bon confort ; certaines ont vue sur les pistes d'envol et les Vosges. Spacieuse salle à manger tournée vers le tarmac de l'aérodrome. Terrasse ombragée au bord de la piscine.

à Horbourg *à l'Est par rte de Neuf-Brisach : 4 km – 5 060 h. alt. 188 –* ⊠ *68180 Horbourg Wihr :*

🏨 **Europe,** 15 rte Neuf-Brisach 📞 03 89 20 54 00, *reservation@hotel-europe-colmar.fr,* Fax 03 89 41 27 50, ⅙, 🔲, ❀ – 🛗 ⇄, ▤ ch, 📺 ⚓ ⅙ 🅿 – 🔬 15 à 300. 🖭 ⓿ 🖭 ❀ rest
Eden des Gourmets *(fermé 10 au 30 juil., 5 au 25 janv., dim. soir, mardi midi et lundi)*
Repas 46/76 – **Jardin d'Hiver** *(fermé dim. midi)* **Repas** 23/36, enf. 13 ♀ – 🖭 13,80 –
127 ch 122/152, 11 suites – ½ P 113.
   ♦ Imposante architecture "néo-alsacienne" aux chambres spacieuses et confortables, parfois très luxueuses. Équipements d'exception pour séminaires et loisirs. Cadre raffiné et cuisine traditionnelle à l'Éden des Gourmets. Plats du terroir au Jardin d'Hiver.

🏨 **Cerf,** 9 Grand'Rue 📞 03 89 41 20 35, *cerf-hotel@wanadoo.fr,* Fax 03 89 24 24 98, ❀ – 📺 ⚓ 🅿. 🖭 ❀
   11 mars- 25 déc. – **Repas** *(fermé le midi sauf dim. et fériés en avril, mai et juin et merc. du 15 sept. au 25 déc.)* 22/35, enf. 8,50 ♀ – 🖭 9,50 – **27 ch** 60/80 – ½ P 60/65.
   ♦ Pimpante maison à la façade colorée. Les chambres, pratiques et rénovées, sont plus calmes côté jardin. Le décor du bar évoque la Belle Époque. Au restaurant, carte traditionnelle et gibier, en saison, servis dans un cadre bourgeois actualisé.

🏨 **Ibis,** 13 rte Neuf Brisach 📞 03 89 23 46 46, *H1034-act2003@accor-hotels.com,* Fax 03 89 24 35 45 – 🛗 ⇄ ▤ 📺 ⚓ 🅿 – 🔬 20 à 50. 🖭 ⓿ 🖭 🖭
Repas 15, enf. 6 ♀ – 🖭 6 – **86 ch** 54/58.
   ♦ Les chambres de cet hôtel répondent toutes aux dernières normes de confort Ibis et bénéficient en outre d'une bonne insonorisation. Restaurant aménagé à la façon d'une winstub ; dans l'assiette, recettes traditionnelles et quelques spécialités alsaciennes.

à Bischwihr *Nord-Est par D 111 : 8 km – 816 h. alt. 187 –* ⊠ *68320 :*

🏨 **Relais du Ried,** 3 grand rue 📞 03 89 47 47 06, *hotel.relais.duried@wanadoo.fr,* Fax 03 89 47 72 58, ❀ – 📺 🅿. 🖭 ❀ rest
   fermé 12 au 26 nov. et 19 déc. au 7 mars – **Repas** *(dîner seul.)(résidents seul.)* 19 ♀ – 🖭 8 –
59 ch 49/65 – ½ P 50.
   ♦ En retrait d'une route passante, ancienne ferme de la vallée de l'Ill transformée en hôtel. Chambres simples, fonctionnelles et bien tenues. Restaurant agrandi d'une véranda.

à Logelheim *Sud-Est par D 13 et D 45 - CZ - 9 km – 585 h. alt. 195 –* ⊠ *68280 :*

🏨 **A la Vigne** ❀, 5 Grand'Rue 📞 03 89 20 99 60, *la-vigne@reperes.com,* Fax 03 89 20 99 69 – 📺 ⚓ ⓿ 🖭 ❀ ch
   fermé 24 juin au 11 juil. et 24 déc. au 9 janv. – **Repas** *(fermé dim. sauf fériés, sam. midi et lundi soir)* 10 (déj.), 19,50/34 ♀ – 🖭 5,90 – **9 ch** 47,10/68 – ½ P 48,50.
   ♦ Maison régionale simple mais accueillante située au coeur d'un paisible village. Les chambres sont modernes, calmes et aménagées avec soin. Sobre salle à manger champêtre ; plats du terroir (tartes flambées, choucroutes, spaetzele) et ardoise de suggestions.

à Ste-Croix-en-Plaine *par ③ : 10 km – 2 121 h. alt. 192 –* ⊠ *68127 :*

🏨 **Au Moulin** ❀, rte d'Herrlisheim sur D 1 📞 03 89 49 31 20, Fax 03 89 49 23 11, ≤, ❀ – 🛗 📺 🅿. 🖭
   1er avril-4 nov. *(dîner pour résidents seul.)* – **Repas** carte environ 30 – 🖭 8 – **17 ch** 40/80.
   ♦ Dans cet ex-moulin, une partie des chambres, confortables et bien tenues, a vue sur les Vosges. Petit musée d'objets alsaciens anciens. Restauration d'appoint (plats locaux).

à Wettolsheim *par ⑤ et D 1 bis II : 4,5 km – 1 692 h. alt. 220 –* ⊠ *68000 :*

XXX **Auberge du Père Floranc** avec ch, 9 r. Hertzog 📞 03 89 80 79 14, Fax 03 89 79 77 00, ≤, ❀ – 📺 ⇄ 🅿. 🖭 ⓿ 🖭 🖭
   fermé 2 janv. au 6 fév., dim. soir, mardi midi et lundi – **Repas** 23/65 et carte 47 à 69 ♀ – 🖭 10 – **4 ch** 57 – ½ P 73/108.
   ♦ Belles boiseries ouvragées dans la salle à manger, joli jardin fleuri, cuisine traditionnelle et régionale : cette auberge constitue une plaisante étape de la route des Vins.

   Annexe : Le Pavillon 🏨 ❀ sans rest, ≤, ❀ – 📺 🅿. 🖭 ⓿ 🖭 🖭
🖭 10 – **19 ch** 63/95.
   ♦ Discrète bâtisse dissimulée au bout d'une allée verdoyante. Chambres calmes, de bon confort, rafraîchies par étapes. Amusante collection de coquillages dans le salon.

à Ingersheim *Nord-Ouest : 4 km – 4 170 h. alt. 220 –* ⊠ *68040 :*

XXX **Kuehn** avec ch, quai Fecht 📞 03 89 30 08 88, *kuehng@club-internet.fr,* Fax 03 89 27 00 77, ≤, ❀, ❀ – 🛗, ▤ ch, 📺 ⚓ ⅙ 🅿 – 🔬 30. 🖭 ❀ rest
   fermé 7 au 21 nov., 5 au 31 janv., dim. soir, mardi midi et lundi d'oct. à juil. – **Repas** *(fermé lundi sauf le soir d'oct. à juil., dim. soir d'oct. à juil., merc. midi de juil. à oct. et mardi midi)* 25/65 et carte 46 à 65, enf. 10 ♀ – 🖭 9 – **21 ch** 48/53 – ½ P 62.
   ♦ Aux portes de Colmar, grand établissement récent à toit pentu. Deux salles des repas - une rustique et l'autre plus bourgeoise - offrant un joli coup d'oeil sur les collines.

XX **Taverne Alsacienne**, 99 r. République $\mathscr{E}$ 03 89 27 08 41, *Fax 03 89 80 89 75* – 🖭 ☷
fermé 19 juil. au 10 août, 1er au 13 janv., jeudi soir, dim. soir et lundi – **Repas** 15 (déj.), 18/53,
enf. 10 ♀ ♧.
◆ Au bord de la Fecht, vaste salle à manger contemporaine et claire, précédée d'un bar
servant des plats du jour. Cuisine classique et régionale, belle carte de vins alsaciens.

COLOMBEY-LES-DEUX-ÉGLISES 52330 H.-Marne 🕮🕮 J4 *G. Champagne Ardenne* – *650 h
alt. 353.*
Voir *Mémorial du Général-de-Gaulle et la Boisserie (musée).*
🅱 *Syndicat d'initiative, 72 rue du Général-de-Gaulle $\mathscr{E}$ 03 25 01 52 33, Fax 03 25 01 98 61.*
Paris 248 – Bar-sur-Aube 16 – Châtillon-sur-Seine 63 – Chaumont 26 – Neufchâteau 71.

🏠🏠 **Dhuits**, N 19 $\mathscr{E}$ 03 25 01 50 10, *Fax 03 25 01 56 22,* ♧, ♠ – ⇔ 🖭 ㅚ, ⇔ 🅿 – ♨ 50. ☷
fermé 20 déc. au 5 janv. – **Repas** 15/30, enf. 9,50 ♪ – ⊑ 7 – **40 ch** 40/65 – ½ P 50/65.
◆ Construction des années 1970 au bord de la nationale. Chambres fonctionnelles pour
une étape dans le village du Général, à deux pas de la Boisserie et du Mémorial. Salle à
manger contemporaine réchauffée d'une cheminée, terrasse d'été et plats traditionnels.

XX **Auberge de la Montagne** (Natali) ♧ avec ch, $\mathscr{E}$ 03 25 01 51 69, *Fax 03 25 01 53 20,*
⚘ ♠ – 🖭 🅿. 🖭 ☷. ♧ ch
$\mathbb{3}$
fermé 8 au 16 mars, 13 au 21 sept., 20 au 29 déc., 17 janv. au 2 fév., lundi et mardi – **Repas**
26/52 et carte 75 à 95 ♀ – ⊑ 8 – **8 ch** 46/71.
◆ Pierres et poutres affirment le cadre rustique des salles à manger de cette maison
nichée dans un jardin-verger ; cuisine séduisante. Chambres bien équipées et calmes.
Spéc. Chaud-froid d'œuf mollet et homard étuvé au beurre demi-sel. Filet de chevreuil
pané aux amandes (saison). Rhubarbe dans biscuit, sorbet fraises et olives noires confites
(saison). **Vins** Champagne, Coteaux champenois rouge.

COLOMIERS 31 H.-Gar. 🕮🕮 F3 – *rattaché à Toulouse.*

COLROY-LA-ROCHE 67420 B.-Rhin 🕮🕮 H6 – *455 h alt. 475.*
Paris 412 – Strasbourg 66 – Lunéville 70 – St-Dié 33 – Sélestat 31.

🏠🏠🏠 **Hostellerie La Cheneaudière** ♧, $\mathscr{E}$ 03 88 97 61 64, *chenaudiere@relaischateaux.fr,*
Fax 03 88 47 21 73, ≼, ♧, ⸙, ⌷, ⚘, ♧ – ▤ rest, 🖭 ♥ 🅿 – ♨ 25. 🖭 ⓪ ☷
$\mathbb{3}$
Princes de Salm : Repas 110 et carte 88 à 100 ♀ – **Pastoureaux :** Repas 38 ♀ – ⊑ 19 –
29 ch 130/260, 3 suites – ½ P 122/201.
◆ Élégante hostellerie et son agréable jardin dominant le village. Chambres personnalisées
et équipements de loisirs complets. Cadre cossu et beau répertoire culinaire aux Princes de
Salm. Superbes boiseries du 18e s. et table régionale soignée aux Pastoureaux.
Spéc. Tartare de saumon frais d'Écosse. Fricassée de homard et pâtes larges au basilic.
Soufflé à la mirabelle. **Vins** Riesling, Sylvaner.

COLY 24 Dordogne 🕮🕮 I5 – *rattaché au Lardin-St-Lazare.*

La COMBE 73 Savoie 🕮🕮 H4 – *rattaché à Aiguebelette-le-Lac.*

COMBEAUFONTAINE 70120 H.-Saône 🕮🕮 D6 – *496 h alt. 259.*
🅱 *Syndicat d'initiative, $\mathscr{E}$ 03 84 92 11 80, Fax 03 84 92 15 23.*
Paris 336 – Besançon 72 – Épinal 83 – Gray 40 – Langres 52 – Vesoul 24.

XX **Balcon** avec ch, $\mathscr{E}$ 03 84 92 11 13, *Fax 03 84 92 15 89* – 🖭 ⇔. 🖭 ⓪ ☷. ♧ ch
fermé 28 juin au 7 juil., 4 au 9 oct., 27 déc. au 15 janv., dim soir, mardi midi et lundi – **Repas**
23/58 – ⊑ 7 – **14 ch** 40/62 – ½ P 50.
◆ Cette auberge tapissée de vigne vierge abrite une jolie salle à manger rustique (cuivres
et meubles cirés) ; plats régionaux. Réservez une chambre sur l'arrière, au calme.

La COMBE-DES-ÉPARRES 38 Isère 🕮🕮 E4 – *rattaché à Bourgoin-Jallieu.*

Les COMBES 25500 Doubs 🕮🕮 J4 – *rattaché à Morteau.*

COMBLOUX 74920 H.-Savoie 🕮🕮 M5 *G. Alpes du Nord* – *1 976 h alt. 980 – Sports d'hiver : 1 000/
1 850 m* ♧ 1 ♧ 24 ♧.
Voir ♧★★★ – *Table d'orientation★ de la Cry.*
🅱 *Office de tourisme, 49 chemin des Passerands $\mathscr{E}$ 04 50 58 60 49, Fax 04 50 93 33 55,
Combloux@wanadoo.fr.*
Paris 593 – Chamonix-Mont-Blanc 31 – Annecy 80 – Bonneville 37 – Megève 6 – Morzine 50.

Aux Ducs de Savoie 🐾, au Bouchet ℘ 04 50 58 61 43, *info@ducs-de-savoie.com,* Fax 04 50 58 67 43, ≤ Mont-Blanc, 🍽️, *Ƙ, ☷, ⇌ – 🛗 TV 📞 ⇦ P – 🅰️ 35, ㏂ ① ㏉, ⁕ rest

1er juin-6 oct. et 15 déc.-25 avril – **Repas** 28/38 – ⊡ 14 – **50 ch** 170 – ½ P 130.

♦ Face au mont Blanc, vaste chalet pour amoureux de nature et de calme. Chambres peu à peu rénovées. Piscine surplombant la vallée. Un joli plafond finement ouvragé accentue le caractère alpin de la salle à manger " tout bois " ; cuisine au goût du jour.

Au Coeur des Prés 🐾, 152 chemin du Champet ℘ 04 50 93 36 55, *hotelaucoeurdespr es@wanadoo.fr,* Fax 04 50 58 69 14, ≤ Aravis et Mont-Blanc, *Ƙ, ☷, ⇌, ⁕ – 🛗 TV ⇦ P, ㏉, ⁕ rest

1er juin-21 sept. et 20 déc.-30 mars – **Repas** (résidents seul.) 26/42 ♀ – ⊡ 11 – **30 ch** 85/110 – ½ P 79/85.

♦ Sur les hauteurs dominant Combloux, chambres sans fioritures mais lumineuses, lambrissées et assez spacieuses. Confortable salon réchauffé par une cheminée.

✕ **Tavaillon,** La Barotière ℘ 04 50 58 65 99, *Fax 04 50 58 65 31* – ㏂

fermé 20 juin au 8 juil., 28 nov. au 16 déc., dim. soir, mardi soir et merc. – **Repas** 15 (déj.), 24/85.

♦ Côté décor : murs habillés de lattes, poutres apparentes, comptoir en pierre, tables bien dressées et bouquets de fleurs séchées. Côté cuisine, recettes au goût du jour.

au Haut-Combloux *Ouest : 3,5 km –* ⊠ *74920 Combloux :*

🏠 **Rond-Point des Pistes** 🐾, ℘ 04 50 58 68 55, *rpoinpiste@aol.com,* Fax 04 50 93 30 54, ≤ Mont-Blanc, 🍽️, *Ƙ, ⇌ – 🛗 TV P, ㏉, ⁕ rest

1er juin-30 sept. et 1er déc.-30 avril – **Repas** 25/40 ♀ – ⊡ 15 – **29 ch** 80/110 – ½ P 79/85.

♦ Hôtel bien situé au départ des remontées mécaniques, disposant de chambres lambrissées, plus agréables du côté du massif du Mont-Blanc. Billard. Poutres et pierres apparentes donnent un petit air montagnard à la salle à manger ; cuisine traditionnelle.

Nos guides hôteliers, nos guides touristiques et nos cartes routières sont complémentaires. Utilisez-les ensemble.

COMBOURG *35270 I.-et-V.* 🄷🄾🄹 *L4 G. Bretagne – 4 850 h alt. 45.*

Voir *Château*★.

🏌️ *des Ormes à Dol-de-Bretagne* ℘ 02 99 73 54 44, N : 13 km par D 795.

🅱️ *Office de tourisme, place Albert Parent* ℘ 02 99 73 13 93, Fax 02 99 73 52 39, ot *@combourg.org.*

Paris 387 – St-Malo 36 – Avranches 58 – Dinan 25 – Fougères 49 – Rennes 41 – Vitré 56.

🏛️ **Château,** pl. Chateaubriand ℘ 02 99 73 00 38, *hotelduchateau@wanadoo.fr,* Fax 02 99 73 25 79, 🍽️ – TV 📞 P – 🅰️ 15 à 35, ㏂ ① ㏉ 🅹🅲🅱

fermé 21 au 29 mars, 18 déc. au 18 janv., dim. soir sauf 14 juil. au 20 août, sam. midi et lundi midi – **Repas** (15) -19/50 ♀ – ⊡ 9,50 – **33 ch** 96/121 – ½ P 52/88.

♦ Au pied du château hanté par le romantique souvenir de Chateaubriand, belle maison ancienne et ses annexes. Confortables chambres personnalisées. Carte mi-traditionnelle, mi-régionale où figure en bonne place le délicieux chateaubriand !

🏠 **Lac,** pl. Chateaubriand ℘ 02 99 73 05 65, *hoteldulac@tiscali.fr,* Fax 02 99 73 23 34, ≤, 🍽️, ⇌ – TV 📞 P – 🅰️ 20, ㏂ ① ㏉

fermé fév., dim. soir hors saison et vend. – **Repas** 16 (déj.), 22,50/42, enf. 9 ♀ – ⊡ 9 – **28 ch** 42/67 – ½ P 47/51,50.

♦ À l'entrée du vieux bourg dominé par son château médiéval, pour ainsi dire "les pieds dans le lac", maison régionale disposant de chambres pratiques et fraîches. Deux salles à manger dont une véranda ouverte sur le plan d'eau. Belle terrasse dans le jardin.

✕✕ **L'Écrivain,** pl. St-Gilduin (face église) ℘ 02 99 73 01 61, *Fax 02 23 16 46 31,* 🍽️ – P, ㏉

fermé vacances de Toussaint, de fév., merc. soir, dim.soir hors saison et jeudi – **Repas** 14 (déj.), 20,10/34,70 ♀.

♦ Une salle à manger habillée de boiseries, une autre ouverte sur le jardin ; il règne ici une ambiance bucolique que n'aurait pas renié le plus célèbre de nos romantiques.

COMBREUX *45530 Loiret* 🄷🄸🄸 *K4 – 202 h alt. 130.*

Paris 113 – Orléans 41 – Bellegarde 12 – Châteauneuf-sur-Loire 14 – Pithiviers 31.

🏠 **Auberge de Combreux,** ℘ 02 38 46 89 89, *aubergec@compuserve.com,* Fax 02 38 59 36 19, 🍽️, ☷, ⇌, ⁕ – 🛗 TV 📞 P – 🅰️ 20, ㏂ ㏉

fermé 22 déc. au 20 janv. et lundi midi – **Repas** (18) - 28/35, enf. 10 – ⊡ 8 – **19 ch** 64/79 – ½ P 64/74.

♦ Près de la forêt, ex-relais de poste tapissé de vigne vierge et son annexe composée de trois maisonnettes entourées d'un jardin. Chambres rustiques (deux avec jacuzzi). Chaleureuse salle à manger champêtre, terrasse verdoyante et carte traditionnelle.

COMMENTRY *03600 Allier* 326 *D5 G. Auvergne – 7 204 h alt. 407.*

Paris 336 – Aubusson 77 – Gannat 49 – Montluçon 16 – Moulins 67 – Riom 67.

XXX **Michel Rubod,** 47 r. J.-J. Rousseau ℰ 04 70 64 45 31, Fax 04 70 64 33 17 – **GB**
✿ *fermé 3 au 9 avril, 3 au 23 août, 21 déc. au 3 janv., merc. midi, dim. soir et lundi* – **Repas** 22/67 et carte 50 à 80 ₤.

◆ La façade tout juste refaite dissimule une élégante salle à manger contemporaine aux tables joliment dressées. On y savoure une cuisine au goût du jour soignée.
Spéc. Foie gras chaud sauce aigre-douce. Grillades d'aubergine et rouget à l'huile des faux (avril à oct.). Sablés de crème brûlée aux fruits rouges (saison). **Vins** Saint-Pourçain blanc

---

COMMERCY ⬥ *55200 Meuse* 307 *E6 – 6 324 h alt. 240.*

🛈 *Office de tourisme, place Charles-de-Gaulle ℰ 03 29 91 33 16, office.tourisme.commer cy@wanadoo.fr.*

Paris 269 – Nancy 53 – Bar-le-Duc 40 – Metz 73 – Toul 31 – Verdun 56.

🏠 **Madeleine,** La Louvière (rte Nancy) ℰ 03 29 91 51 25, *hotelmadeleine@free.fr,*
Fax 03 29 91 09 59, 😤 – 🗐 🔟 📞 📞 – 🔏 30. **GB**
Repas *(fermé dim. soir)* 13/28, enf. 8 ₤ – 🍽 5,50 – **26 ch** 35/55 – ½ P 36/39,50.

◆ Au pays de la célèbre madeleine, bâtiment moderne proposant aux voyageurs des chambres actuelles, insonorisées et équipées d'un mobilier mariant bois et fer forgé. Sobre salle à manger éclairée par de larges baies.

XX **Côté Jardin** avec ch, 40 r. St-Mihiel ℰ 03 29 92 09 09, *sarl.cotejardin@wanadoo.fr,*
Fax 03 29 92 09 10, 😤, 🌿 – 🗐 rest, 🔟 📞 – 🔏 15 à 100. **GB**
Repas *(fermé vend. soir et dim. soir)* (dîner seul sauf dim.) 18 (dîner), 38/40 ₤ – 🍽 11 –
11 ch 52/80 – ½ P 50/60.

◆ Côté rue, une façade joliment rénovée ; "côté jardin", une confortable salle de restaurant largement ouverte sur la terrasse et la verdure. Cuisine composée selon la saison.

COMPIÈGNE ⬥ *60200 Oise* 305 *H4 G. Picardie Flandres Artois – 41 254 h Agglo. 108 234 h alt. 41.*

Voir *Palais*★★★ *: musée de la voiture*★★, *musée du Second Empire*★★ *– Hôtel de ville*★ **BZ H** *– Musée de la Figurine historique*★ **BZ M** *– Musée Vivenel : vases grecs*★★ **AZ M**[1].

Env. *Forêt*★★ *(les Beaux Monts) – Rethondes : Clairière de l'Armistice*★★ *(statue du Maréchal Foch, dalle commémorative, wagon du Maréchal Foch.*

🏌 *de Compiègne ℰ 03 44 38 48 00, E : par avenue Royale* **BZ.**

🛈 *Office de tourisme, place de l'Hôtel de Ville ℰ 03 44 40 01 00, Fax 03 44 40 23 28, otsi@mairie-compiegne.fr.*

Paris 81 ⑥ – Amiens 80 ⑦ – Beauvais 61 ⑥ – St-Quentin 74 ① – Soissons 39 ②.

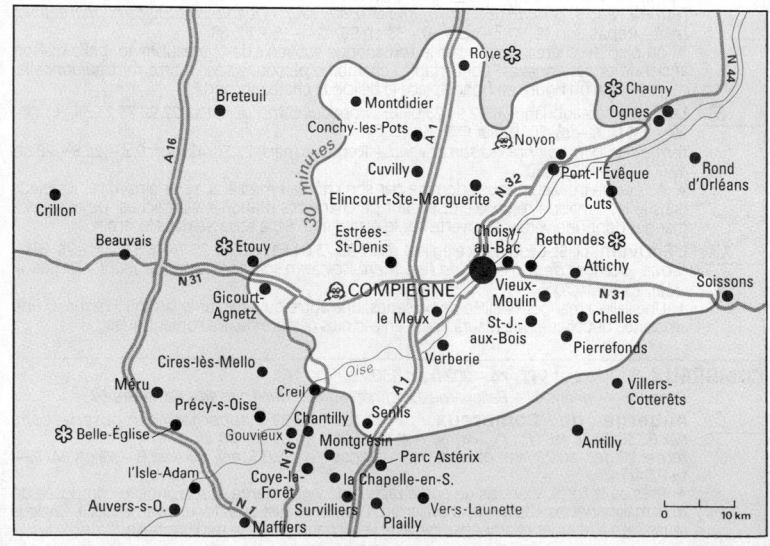

534

COMPIÈGNE

Austerlitz (R. d') . . . . . **AZ** 2
Boucheries (R. des) . . . . **AZ** 3
Capucins (R. des) . . . . . **AZ** 4
Change (Pl. du) . . . . . . **AZ** 5
Clemenceau (Av. G.) . . . **BY** 6
Harlay (R. de) . . . . **AY** 8
Hôtel-de-Ville (Pl. de l') **AZ** 10

Legendre (R. J.) . . . . . . **BZ** 12
Lombards (R. des) . . . . **BZ** 13
Magenta (R.) . . . . **BZ** 14
Notre-Dame-de-
  Bon-Secours (R.) . . . **AZ** 15
Noyon (R. de) . . . . **AY** 16
Paris (R. de) . . . . **AY** 17
Pierrefonds (R. de) . . . . **BZ** 18
St-Antoine (R.) . . . . . . **AZ** 19

St-Corneille (R.) . . . . . . **AZ** 20
St-Jacques (Pl.) . . . . . . **BZ** 22
Soissons (R. de) . . . . . **BY** 24
Solferino (R.) . . . . **AYZ** 25
Sorel (R. du Prés.) . . . . **AZ** 26
Sous-Préfecture
  (R. de la) . . . . **BZ** 27
54ᵉ-Rgt.-d'Infanterie
  (Pl.) . . . . **AY** 30

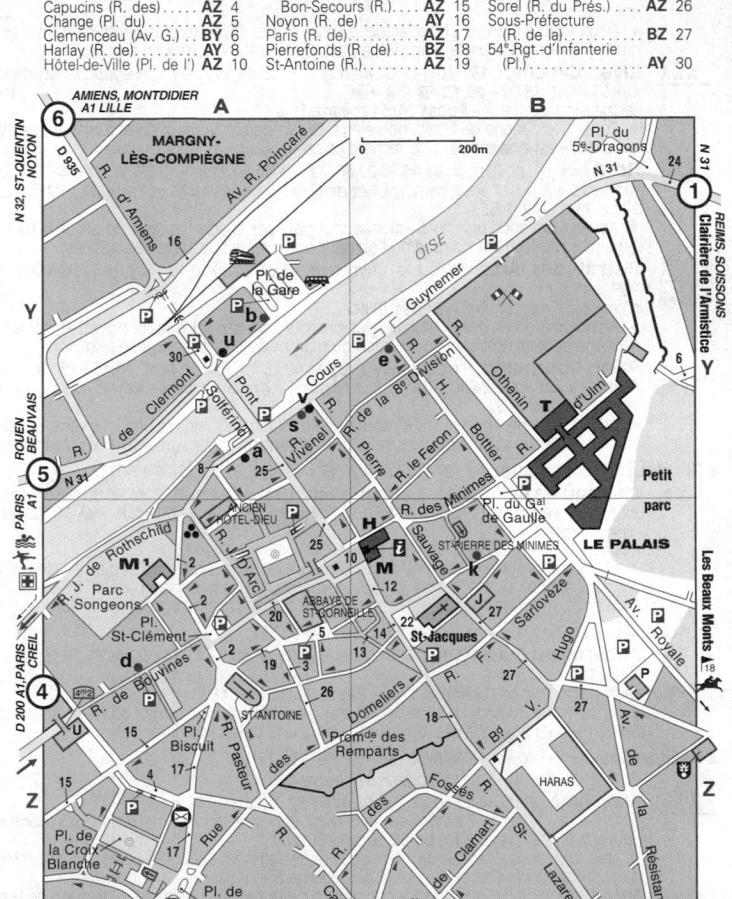

Les Beaux Arts sans rest, 33 cours Guynemer ☎ 03 44 92 26 26, hotel@bw-lesbeauxarts .com, Fax 03 44 92 26 00 – cuisinette 📺 📞 ⚫ 🚗 – 🔌 30. 🏧 ⓞ 🅶🅱 🅹🅲🅱   **AY** v
🍽 10 – **35 ch** 65/74, 14 suites.
♦ Plaisant mobilier en teck, couleurs ensoleillées, confort moderne : les chambres de cet hôtel situé sur les quais sont chaleureuses ; certaines disposent de cuisinettes.

Flandre sans rest, 16 quai République ☎ 03 44 83 24 40, Fax 03 44 90 02 75 – 🛗 📺 ⓞ
🅶🅱 🅹🅲🅱   **AY** u
fermé 24 déc. au 2 janv. – 🍽 7,50 – **42 ch** 42/54.
♦ À deux pas de la gare, sur la rive droite de l'Oise. Chambres d'esprit rustique, progressivement rafraîchies. Une bonne insonorisation atténue les bruits du carrefour.

de Harlay sans rest, 3 r. de Harlay ☎ 03 44 23 01 50, Fax 03 44 20 19 46 – 🛗 📺 🅿 🏧 ⓞ
🅶🅱   **AY** a
🍽 7,50 – **21 ch** 54,90/74,20.
♦ Bâtisse en pierres de taille proche du musée Vivenel (vases grecs). Chambres sobrement meublées et bien tenues ; celles donnant sur les quais sont dotées d'un double vitrage.

XXX **Part des Anges,** 18 r. Bouvines 🖉 03 44 86 00 00, *Fax 03 44 86 09 00,* 🕿 – 🗐 **P.** 🆎 GB
fermé 25 juil. au 27 août, sam. midi, dim. soir et lundi – **Repas** *(21 bc)* - 26/39 et carte 26 à 39,
enf. 13 ♀.   **AZ d**

  ◆ Deux salles à manger : l'une actuelle, vaste et claire, l'autre plus petite et intime, égayée
  d'une fresque illustrant la "part des anges". Cuisine au goût du jour soignée.

XXX **Rive Gauche,** 13 cours Guynemer 🖉 03 44 40 29 99, *rivegauche@wanadoo.fr,*
Fax 03 44 40 38 00 – 🗐. 🆎 ⓞ GB 💳   **BY e**
fermé lundi et mardi – **Repas** 24/34 et carte 56 à 67.

  ◆ Sur la rive gauche de l'Oise, une élégante façade abrite deux salles à manger feutrées ;
  l'une d'elle est éclairée par une verrière colorée. Cuisine au goût du jour.

XXX **Nord** avec ch, pl. Gare 🖉 03 44 83 22 30, *Fax 03 44 90 11 87 –* 🗐 TV � 🆎 GB   **AY b**
fermé 25 juil. au 17 août, sam. midi et dim. soir – **Repas** 23/35 et carte 42 à 77 ♀ – 🖙 7 –
20 ch 49/55 – ½ P 55.

  ◆ Adresse devenue une "institution locale" pour ses spécialités de produits de la mer. Salle
  à manger moderne et claire, d'où l'on peut observer le spectacle des cuisines.

X **Bistrot des Arts,** 35 cours Guynemer 🖉 03 44 20 10 10, *Fax 03 44 20 61 01 –* 🗐.
GB   **AY s**
fermé sam. midi et dim. – **Repas** 18 bc/22 ♀.

  ◆ Atmosphère conviviale typique des bistrots : chaises ad hoc, banquettes, tables sans
  nappage et plats préparés en fonction du marché et inscrits sur l'ardoise du jour.

X **Palais Gourmand,** 8 r. Dahomey 🖉 03 44 40 13 13, *Fax 03 44 40 13 13 –* 🆎 GB **BZ k**
fermé 2 au 23 août, 24 au 28 déc., 1ᵉʳ au 7 mars, dim. soir et lundi – **Repas** *(12,50)* - 16,50 (déj.),
18,50 bc/20,50 bc ♀.

  ◆ Cette pimpante maison (1890) abrite une enfilade de salons et une jolie véranda où tons
  chauds, tableaux mauresques et mosaïques créent un cadre agréable. Plats traditionnels.

à Élincourt-Ste-Marguerite *par ① et D 142 : 15 km – 763 h. alt. 83 –* ☒ *60157 :*

🏰 **Château de Bellinglise** 🍃, Nord : 1 km / 1, rte de Paris 🖉 03 44 96 00 33, *chateaudeb
ellinglise@wanadoo.fr, Fax 03 44 96 03 00,* ←, 🏖, 🎾, 🔖 – 🛗 TV � **P.** – 🚗 70. 🆎 ⓞ
💳, 🍴 rest
Repas 32/79, enf. 22 – 🖙 16 – **37 ch** 280/360 – ½ P 158/207,50.

  ◆ Chaque chambre de cette élégante demeure du 16ᵉ s. en brique et pierre s'élevant dans
  un parc arboré possède son propre décor inspiré des siècles passés. Belles boiseries
  anciennes, mobilier de style et recettes au goût du jour caractérisent le restaurant.

à Choisy-au-Bac *par ② : 5 km – 3 571 h. alt. 40 –* ☒ *60750 :*

XX **Auberge du Buissonnet,** 825 r. Vineux 🖉 03 44 40 17 41, *Fax 03 44 85 28 18,* 🏖, 🌳 –
P. 🆎 GB
fermé dim. soir, mardi soir et lundi – **Repas** 25/45, enf. 15 ♀.

  ◆ La quiétude du jardin baigné par un étang compense la proximité d'une route passante.
  Salle à manger aux tons vifs, ouverte sur la nature. Cuisine traditionnelle.

à Rethondes *par ② : 10 km – 668 h. alt. 38 –* ☒ *60153 :*
  Voir St-Crépin-aux-Bois : mobilier★ de l'église NE : 4 km.

XXX **Alain Blot,** 🖉 03 44 85 60 24, *Fax 03 44 85 92 35,* 🌳 – GB
🍀 *fermé 1ᵉʳ au 17 sept., 2 au 18 janv., sam. midi, dim. soir, lundi et mardi –* **Repas** (nombre de
couverts limité, prévenir) 35 bc/69 et carte 56 à 80.

  ◆ Non loin de la Clairière de l'Armistice, salle raffinée, meublée Louis XVI et prolongée
  d'une véranda ouverte sur un joli jardin. Cuisine traditionnelle personnalisée.
  Spéc. Grillade de bar de ligne à la confiture d'oignons. Menu "simple expression de la mer".
  Assiette "tout chocolat".

à Vieux-Moulin *par ③ et D 14 : 10 km – 579 h. alt. 49 –* ☒ *60350 .*
  Voir Mont St-Marc★ N : 2 km – Les Beaux-Monts★★ : ←★ NO : 7 km.

XXX **Auberge du Daguet,** face église 🖉 03 44 85 60 72, *Fax 03 44 85 61 28 –* GB
fermé 12 au 23 juil., 3 au 21 janv., lundi soir et mardi – **Repas** 22/41 et carte 37 à 59.

  ◆ À l'ombre du clocher en chapeau chinois, vitraux, pierres et poutres composent le cadre
  d'inspiration "médiévale" de cette avenante auberge champêtre. Gibier en saison.

XX **Auberge du Mont St-Pierre,** 28 rte des Étangs 🖉 03 44 85 60 00, *Fax 03 44 85 23 03,*
🏖 – **P.** 🆎 GB
fermé vacances de fév., dim. soir et lundi sauf fériés – **Repas** 22/35 ♀.

  ◆ Proche des étangs creusés par les religieux du Mont-St-Pierre, maison de pays postée à
  la lisière de la forêt. Salle à manger-véranda ; produits de saison et gibier.

Z.A.C. de Mercières *par ⑤ et D 200 : 6 km –* ☒ *60200 :*

🏰 **Mercure,** carrefour J. Monnet 🖉 03 44 30 30 30, *h1623@accor-hotel.com,*
Fax 03 44 30 30 44, ♣ – 🖙 ◼ TV � **P.** – 🚗 40 à 150. 🆎 ⓞ GB 💳, 🍴 rest
Repas *(fermé dim. midi et sam. midi)* (14,50) - 20, enf. 7,60 ♀ – 🖙 11 – **92 ch** 92/100.

  ◆ Entre ville et autoroute, hôtel pensé pour le bien-être du voyageur : confort, espace,
  bonne insonorisation et bar convivial, idéal pour la détente. Vaste et sobre salle à manger
  contemporaine prolongée d'une terrasse d'été. Carte "Mercure" et grillades.

🏨 **Relais Napoléon**, av. Europe ℰ 03 44 20 11 11, *contact@aurelaisnapoleon.com,* *Fax 03 44 20 41 60,* �柱, 🚗 – ✖️, ≣ rest, 📺 📞 🅿️ – 🦽 40. 🖭 ⓪ ◎
Bonaparte *(fermé sam. midi et dim. soir)* **Repas** *(14)*-18/46 ▯ – 🖵 10 – **48 ch** 70/85 – ½ P 66,50.
♦ Construction récente abritant de sobres chambres. Meubles de style Empire et collection de bibelots ayant trait à Napoléon Ier entretiennent le souvenir impérial. Des reproductions de tableaux de David à la gloire de l'Empereur ornent le restaurant.

au Meux *par ⑤, D 200 et D 98 : 11 km – 1 708 h. alt. 50 – ✉ 60880 :*

🏠 **Auberge de la Vieille Ferme**, ℰ 03 44 41 58 54, *auberge.vieille.ferme@wanadoo.fr,* *Fax 03 44 41 23 50 –* 📺 📞 🅿️ – 🦽 30. ◎
fermé 2 au 23 août, 20 déc. au 5 janv., dim. soir et lundi – **Repas** 20 bc/50 bc – 🖵 9 – **14 ch** 52/66 – ½ P 51,50/61.
♦ Ancienne ferme en briques rouges de la vallée de l'Oise abritant des chambres simples, mais pratiques et bien tenues. Cadre d'inspiration campagnarde. Sympathique salle à manger où règne une atmosphère agreste. Carte traditionnelle et régionale.

✖✖ **Maison du Gourmet**, 1 rue de la République ℰ 03 44 91 10 10, Fax 03 44 91 13 94, 🌿
◎ – 🅿️. 🖭 ◎
fermé 19 juil. au 6 août, vacances de fév., sam. midi, dim. soir et lundi – **Repas** 15/24, enf. 9,20 ▯.
♦ Restaurant familial aménagé dans une maison en brique où mobilier choisi et tons pastel composent un cadre intime. Cuisine traditionnelle.

Donnez-nous votre avis sur les tables que nous recommandons,
sur leurs spécialités et leurs vins de pays.

COMPS-SUR-ARTUBY *83840 Var* 🔳 *O3 G. Alpes du Sud – 280 h alt. 898.*
Env. *Balcons de la Mescla★★★ NO : 14,5 km – Tunnels de Fayet ⩽★★★ O : 20 km.*
Paris 892 – Castellane 29 – Digne-les-Bains 82 – Draguignan 31 – Grasse 60 – Manosque 97.

🏠 **Grand Hôtel Bain**, ℰ 04 94 76 90 06, *jmbain@wanadoo.fr,* Fax 04 94 76 92 24, 🌿, 🚗 –
◎ 📺 📞 ☕, 🖭 ◎ ◎
fermé 11 nov. au 25 déc. – **Repas** 13/34, enf. 9 – 🖵 6,50 – **17 ch** 45/58 – ½ P 45/48.
♦ Inscrite dans le Livre des records, la même famille vous accueille dans cet hôtel depuis 1737. Chambres fonctionnelles rafraîchies et bien tenues. Agréable jardin. Salle à manger panoramique égayée de tons provençaux. Cuisine régionale.

CONCA *2A Corse-du-Sud* 🔳 *E9 – voir à Corse.*

CONCARNEAU *29900 Finistère* 🔳 *H7 G. Bretagne – 19 453 h alt. 4.*
Voir *Ville Close★★ C – Musée de la Pêche★ M¹ – Pont du Moros ⩽★ B – Fête des Filets bleus★ (fin août).*
🚢 pour **Beg Meil** - *(juillet-août)* Traversée 25 mn - Renseignements et Tarifs : Vedettes Glenn, face au Port de Plaisance à Concarneau ℰ 02 98 97 10 31, Fax 02 98 60 49 70 – 🚢 pour 🔳les Glénan - *(avril à sept.)* Traversée 1h 10 mn - Renseignements et Tarifs : voir ci-dessus – 🚢 pour **La Rivière de l'Odet** - *(avril à sept.)* Traversée 4h - Renseignements et Tarifs : voir ci-dessus.
🖪 *Office de tourisme, quai d'Aiguillon ℰ 02 98 97 01 44, Fax 02 98 50 88 81, otsi.concar* *neau@wanadoo.fr.*
Paris 546 ① – Quimper 22 ① – Brest 96 ① – Lorient 49 ① – Vannes 102 ①.

Plans pages suivantes

🏨 **Océan**, plage Sables Blancs ℰ 02 98 50 53 50, *hotel.ocean@wanadoo.fr,* *Fax 02 98 50 84 16,* ⩽, 🌿, 🟦 – 🛗 📺 📞 🅿️ – 🦽 20 à 40. ◎ 🛥️ rest   A r
Repas *(fermé lundi midi, dim. soir et sam. d'oct. à avril)* 25/45 – 🖵 12,50 – **53 ch** 105/115, 17 duplex – ½ P 79/85.
♦ Imposant bâtiment moderne contemplant la mer. Chambres spacieuses, actuelles et claires ; celles en façade jouissent d'une belle vue sur le large. Vaste salle de restaurant tournée vers la baie de Concarneau ; cadre contemporain et cuisine traditionnelle.

🏠 **Les Halles** sans rest, pl. Hôtel de Ville ℰ 02 98 97 11 41, *contact@hoteldeshalles.com,* *Fax 02 98 50 58 54 –* 📺 📞, 🖭 ◎ ◎   C s
fermé dim. hors saison – 🖵 6 – **23 ch** 47/56.
♦ Ambiance familiale dans cet hôtel disposant d'un bar au rez-de-chaussée. Les chambres, pimpantes et colorées (meubles en rotin ou en bois peint), sont régulièrement rénovées.

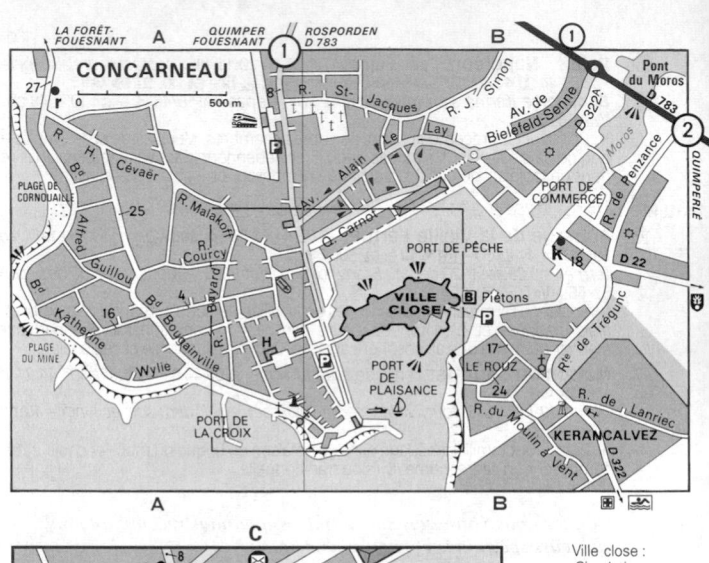

CONCARNEAU

LA FORÊT-FOUESNANT **A** QUIMPER FOUESNANT / ROSPORDEN D 783 **B**

500 m

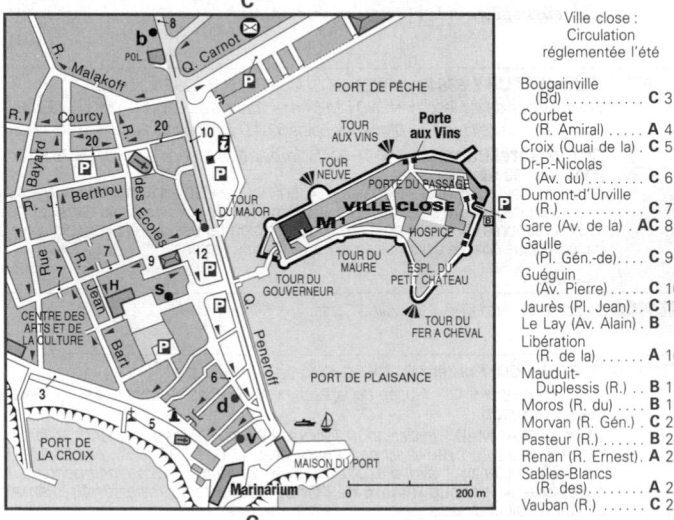

Ville close :
Circulation
réglementée l'été

Bougainville (Bd)	**C** 3
Courbet (R. Amiral)	**A** 4
Croix (Quai de la)	**C** 5
Dr-P.-Nicolas (Av. du)	**C** 6
Dumont-d'Urville (R.)	**C** 7
Gare (Av. de la)	**AC** 8
Gaulle (Pl. Gén.-de)	**C** 9
Guéguen (Av. Pierre)	**C** 10
Jaurès (Pl. Jean)	**C** 12
Le Lay (Av. Alain)	**B**
Libération (R. de la)	**A** 16
Mauduit-Duplessis (R.)	**B** 17
Moros (R. du)	**B** 18
Morvan (R. Gén.)	**C** 20
Pasteur (R.)	**B** 24
Renan (R. Ernest)	**A** 25
Sables-Blancs (R. des)	**A** 27
Vauban (R.)	**C** 29

🏨 **France et Europe** sans rest, 9 av. Gare ℘ 02 98 97 00 64, hotel.france-europe@wanado
o.fr, Fax 02 98 50 76 66, 🏋 – 🛗 📺 ✆ & 🅿 🅰🅴 ① ⒼⒷ 🆑
fermé 20 déc. au 4 janv. et sam. du 15 nov. au 15 mars – 🖵 7 – **26 ch** 48/60. **C b**

◆ L'axe passant longeant l'immeuble ne nuit pas à la tranquillité des chambres, fonctionnelles et équipées du double vitrage. Salle des petits-déjeuners au décor marin.

XX **Coquille,** quai Moros ℘ 02 98 97 08 52, Fax 02 98 50 69 13, 🏤 – 🅰🅴 ① ⒼⒷ **B k**
fermé 15 mai, dim. soir et lundi – **Repas** 26/68.

◆ Sur le port, restaurant rustique agrémenté de meubles bretons et d'une collection de
tableaux des écoles de Pont-Aven et Concarneau. Produits de la mer.

XX **Chez Armande,** 15 bis av. Dr Nicolas ℘ 02 98 97 00 76, Fax 02 98 97 00 76 – 🅰🅴 ⒼⒷ
🍴 fermé 26 août au 3 sept., 16 déc. au 7 janv., 10 au 25 fév., mardi sauf juil.-août et merc. –
Repas 18,90 (déj.), 24,90/34,30, enf. 10 🍷. **C d**

◆ Pour déguster cuisine traditionnelle soignée et gourmandises de la mer, rejoignez cette
maison située face à la ville close. Jolie salle à manger de style breton.

✕ **L'Amiral,** 1 av. P. Guéguin ☎ 02 98 60 55 23, Fax 02 98 50 66 23 – ⚓ 10 à 20. ⊞
fermé 1ᵉʳ au 15 oct., 15 janv. au 6 fév., dim. soir hors saison et lundi – **Repas** *(13,60)* -
16,80/24,50, enf. 7 ⌾.   **C t**
❖ Emplacement pratique entre l'Office de tourisme et la ville close, plaisant décor marin
dominé par le bois et registre culinaire traditionnel : bienvenue à bord de l'Amiral !

✕ **Buccin,** 1 r. Duguay-Trouin ☎ 02 98 50 54 22, Fax 02 98 50 70 37 – ⒶⒺ ⊞   **C v**
fermé 17 au 30 nov., sam. midi hors saison, dim. soir et jeudi – **Repas** 17/35, enf. 10,50 ⌾.
❖ Escale paisible un peu à l'écart du circuit touristique. Recettes traditionnelles servies
dans une salle à manger aux tons jaune et gris. Fréquentes expositions de peintures.

CONCHES-EN-OUCHE 27190 Eure **304** F8 G. Normandie Vallée de la Seine – 4 280 h alt. 123.
   Voir Église Ste-Foy★.
   🛈 Syndicat d'initiative, place A. Briand ☎ 02 32 30 76 42, Fax 02 32 60 22 35, tourisme-
   cc.conches@wanadoo.fr.
   Paris 118 – Bernay 34 – Dreux 49 – Évreux 18 – Rouen 61.

✕ **Grand'Mare,** 13 av. croix de fer ☎ 02 32 30 23 30 – ⊞
📡 *fermé dim. soir, mardi soir et lundi* – **Repas** 20/30 - **Bistro** Repas 10/12 ♬.
❖ Poussez la porte de cette vieille auberge et découvrez son élégante salle à manger
entièrement habillée de boiseries. Répertoire culinaire traditionnel. Le Bistro occupe une
maisonnette à colombages accolée à la Grand'Mare ; suggestions du jour à l'ardoise.

CONCHY-LES-POTS 60490 Oise **305** H3 – 522 h alt. 106.
   Paris 100 – Compiègne 28 – Amiens 55 – Beauvais 68 – Montdidier 14 – Roye 13.

✕✕ **Relais,** N 17 ☎ 03 44 85 01 17, Fax 03 44 85 00 58 – **P.** ⊞
fermé 26 juil. au 11 août, dim. soir, lundi soir, mardi soir et merc. – **Repas** 25/82.
❖ Ne vous fiez pas à l'environnement un peu austère de cet ancien relais routier : la salle à
manger s'avère coquette et lumineuse, et la cuisine traditionnelle, généreuse.

CONDÉ-NORTHEN 57220 Moselle **307** J4 – 526 h alt. 208.
   Paris 350 – Metz 21 – Pont-à-Mousson 52 – Saarlouis 38 – Saarbrücken 52 – Thionville 49.

🏠 **Grange de Condé,** 🍴 ☎ 03 87 79 30 50, Fax 03 87 79 30 51, 🌿, ⓕ₅, 🍸, 🎾 – |✿|, ▤ ch, 📺
⊞ ⚡ **P.** – ⚓ 50 à 300. ⒶⒺ ⊞
fermé lundi sauf fériés – **Repas** *(9,50)* - 13/45, enf. 7,50 ⌾ – ☲ 18 – **17 ch** 88, 3 suites.
❖ Un hôtel flambant neuf est venu s'ajouter à cette ferme familiale bâtie en 1682. Cuisine
à la broche et produits du potager sont à déguster dans le plaisant cadre rustico-lorrain de
la salle à manger.

CONDOM Ⓡ 32100 Gers **336** E6 G. Midi-Pyrénées – 7 251 h alt. 81.
   Voir Cathédrale St-Pierre★ : Cloître★ BZ.
   🛈 Office de tourisme, place Bossuet ☎ 05 62 28 00 80, Fax 05 62 28 45 46, otsi@condo
   m.org.
   Paris 729 ① – Agen 41 ① – Mont-de-Marsan 80 ③ – Toulouse 121 ② – Auch 46 ②.

Plan page suivante

🏠 **Les Trois Lys** 🌿, 38 r. Gambetta ☎ 05 62 28 33 33, hoteltroislys@wanadoo.fr,
Fax 05 62 28 41 85, 🌿, 🍸 – ▤ 📺 ⚡ **P.** – ⚓ 15. ⊞   **Y a**
fermé fév. – **Repas** *(fermé dim. sauf le soir de juil. à sept. et lundi midi)* 18 (déj.)/32 ⌾ – ☲ 9
– **10 ch** 110/150 – ½ P 72,50/92,50.
❖ Cet élégant hôtel particulier du 18ᵉ s. abrite des chambres personnalisées, souvent
dotées de beaux meubles anciens et parfois d'une cheminée. Jolie piscine sur l'arrière. Salle
à manger rénovée et terrasse en teck dressée dans la cour ; bar-fumoir "cosy".

🏠 **Continental,** 20 av. Mar. Foch ☎ 05 62 68 37 00, lecontinental@lecontinental.net,
Fax 05 62 68 23 71, 😊 – 📺 ⚡ ♿, ⒶⒺ ⓞ ⊞   **Y v**
fermé 19 au 26 déc. et 2 au 17 janv. – **Repas** *(fermé dim. soir et lundi)* 13 bc (déj.), 20/29,
enf. 9 – ☲ 10 – **25 ch** 39/64 – ½ P 42.
❖ La Baïse coule au pied de cet hôtel entièrement rénové. Chambres confortables, ornées
de gravures anciennes ; la plupart donnent sur un jardinet. Pimpante salle à manger aux
tons jaune-orangé et terrasse d'été dans la cour. Plats traditionnels et régionaux.

🏠 **Logis des Cordeliers** 🌿 sans rest, r. de la Paix ☎ 05 62 28 03 68, reception@logisdesco
🏡 rdeliers.com, Fax 05 62 68 29 03, 🍸 – ♿ 📺 ⚡ **P.** ⊞   **Z b**
fermé 3 janv. au 7 fév. – ☲ 6 – **21 ch** 46/68.
❖ Bâtiment récent situé dans un quartier tranquille. Chambres fonctionnelles ; optez pour
celles côté piscine, agrémentées de petits balcons fleuris. Accueil aimable.

CONDOM

Aquitaine (Av. d') .... **Y** 2
Armuriers (R. des) .... **Y** 5
Barlet (Pont) .... **Y** 7
Bonnamy (R.) .... **YZ** 8
Buzon (R. et Quai) ...... **Z** 12
Carmes (Pont des) ...... **Z** 14

Cazaubon (R. H.) .... **Z** 16
Charron (R.) .... **Y** 19
Cordeliers (R. des) .... **Z** 21
Foch (R. Mar.) .... **Z** 22
Gaichies (R.) .... **Y** 24
Gambetta (R. L.) .... **Y** 26
Jaurès (R. J.) .... **Z** 28
Lannelongue (Pl.) .... **Y** 31
Lion-d'Or (Pl. du) .... **Y** 35

Monnaie
 (R. de la) .... **YZ** 38
Paix
 (R. de la) .... **Z** 40
Roquepine
 (R. de) .... **Z** 44
Roques (R.) .... **Y** 47
Saint-Exupéry (R.) .... **Z** 50
St-Pierre (Pl.) .... **Y** 53

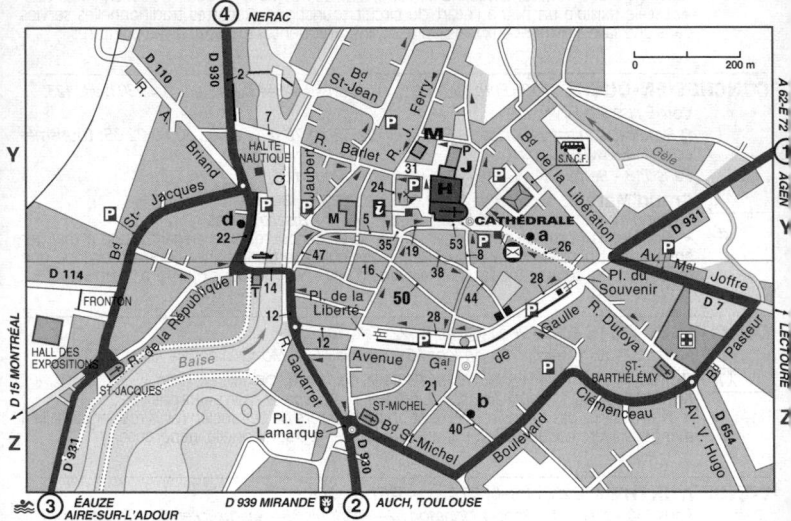

Si vous êtes retardé sur la route, dès 18 h,
confirmez votre réservation par téléphone,
c'est plus sûr... et c'est l'usage.

CONDRIEU *69420 Rhône* **327** *H7 G. Vallée du Rhône – 3 424 h alt. 150.*

Voir *Calvaire* ≤★.

🛈 *Office de tourisme, place du Séquoïa ℰ 04 74 56 62 83, Fax 04 74 56 62 83, ot-condrieu@wanadoo.fr.*

Paris 497 – Lyon 41 – Annonay 34 – Rive-de-Gier 21 – Tournon-sur-Rhône 55 – Vienne 12.

🏨 **Hôtellerie Beau Rivage** (Donet), *ℰ 04 74 56 82 82, infos@hotel-beaurivage.com,*
☼ *Fax 04 74 59 59 36, ≤, 佘, ☞ – ⊨ ♦⁄⁄ 圁 rest,* 🖵 📶 & 🅿. ⓪ ⒼⒷ ⒿⒸⒷ
Repas 31 bc (déj.), 52/73 et carte 63 à 80 – ⊆ 15 – **29 ch** 110/210.
♦ Étape de charme dans l'un des plus fameux vignobles des côtes du Rhône. L'ancienne maison de pêcheurs et sa nouvelle aile abritent des chambres "cosy". Restaurant non-fumeurs, belle terrasse au bord du fleuve et cuisine classique dans la veine méridionale.
Spéc. Quenelle de brochet au salpicon de homard. Fleur de courgette farcie, beurre d'estragon (15 mai au 15 oct.). Côte de boeuf casserole. **Vins** Condrieu, Saint-Joseph.

🍴🍴 **Reclusière** avec ch, 14 rte Nationale *ℰ 04 74 56 67 27, Fax 04 74 56 80 05 –* 圁 🖵 & 🅿.
ⒶⒺ ⒼⒷ
fermé 21 au 27 oct. et 15 fév. au 2 mars (fermé merc. sauf le soir de Pâques à fin sept. et mardi) 28/65 ♀ & – ⊆ 10 – **8 ch** 51/74.
♦ En retrait de la route, maison bourgeoise rénovée. Décor contemporain et exposition de tableaux dans les salles à manger. Petites chambres bien équipées.

CONFLANS-STE-HONORINE *78 Yvelines* **311** *I2* **101** *③ – voir à Paris, Environs.*

CONLEAU *56 Morbihan* **308** *O9 – rattaché à Vannes.*

CONNAUX *30 Gard* **339** *M4 – rattaché à Bagnols-sur-Cèze.*

CONNELLES *27430 Eure* 304 H6 – *188 h alt. 15.*

Paris 111 – Rouen 33 – Les Andelys 13 – Évreux 34 – Vernon-sur-Eure 40.

Moulin de Connelles , D 19 ✆ 02 32 59 53 33, *moulindeconnelles@moulindeconnelles.com, Fax 02 32 59 21 83,* <, , , , – TV ✆ P – 30. AE ① GB JCB

Repas *(fermé dim. soir, mardi midi et lundi d'oct. à avril)* 27 (déj.), 32/56, enf. 12 ♀ – ☕ 13 – **7 ch** 105/155, 6 suites – ½ P 101/121.

◆ Niché au coeur de son parc-écrin sur une île de la Seine, ce ravissant manoir anglo-normand est un vrai havre de paix partagé entre romantisme et impressionnisme. Élégante salle à manger, véranda (non-fumeurs) surplombant la rivière et délicieuse terrasse.

CONQUES *12320 Aveyron* 338 G3 *G. Midi-Pyrénées – 302 h alt. 350.*

Voir *Site*★★ - *Village*★ – *Abbatiale Ste-Foy*★★ : *tympan du portail occidental*★★★ *et trésor de Conques*★★★ – *Le Cendié*★ *O : 2 km par D 232 – Site du Bancarel*★ *S : 3 km par D 901.*

Office de tourisme, place de l'Abbatiale ✆ *05 65 72 85 00, Fax 05 65 72 87 03, tourisme@conques.fr.*

Paris 601 – Rodez 37 – Aurillac 53 – Espalion 42 – Figeac 43.

Ste-Foy , Rue principale ✆ 05 65 69 84 03, *hotelsaintefoy@hotelsaintefoy.fr, Fax 05 65 72 81 04,* <, – . AE ① GB

9 avril-25 oct. – **Repas** (15,50) - 22 (déj.), 35/59 ♀ – ☕ 13,50 – **18 ch** 105/197 – ½ P 107/144.

◆ Cette demeure du 17e s. typiquement rouergate contemple la magnifique abbatiale. Meubles rustiques ou de style, poutres et vieilles pierres agrémentent l'étape. Salles à manger de caractère complétées par deux charmantes terrasses ; cuisine classique.

Auberge St-Jacques , ✆ 05 65 72 86 36, *info@aubergestjacques.fr, Fax 05 65 72 82 47,* – GB

fermé 2 janv. au 2 fév. – **Repas** 15/42 ♀ – ☕ 7 – **13 ch** 45/58 – ½ P 44.

◆ Maison plusieurs fois centenaire où vous dormirez au calme dans des chambres rustiques de bon confort : saint Jacques veille sur vos nuits ! Restaurant au cadre champêtre proposant une cuisine soignée d'inspiration régionale. Brasserie au rez-de-chaussée.

au Sud : *3 km sur D 901 – ✉ 12320 Conques :*

Moulin de Cambelong , ✆ 05 65 72 84 77, *domaine-de-combelong@wanadoo.fr, Fax 05 65 72 83 91,* <, , – TV ✆ P. AE ① GB

fermé 5 nov. au 5 fév., mardi, merc. de janv. à mars et le midi en semaine – **Repas** 45 – ☕ 13 – **10 ch** 100/170 – ½ P 90/130.

◆ Beau moulin du 18e s. baigné par le Dourdou et entouré de verdure. Jolies chambres personnalisées (tissus tendus et meubles anciens). Coquette salle à manger et agréable terrasse d'été dominant la rivière. Menu unique privilégiant les produits du terroir.

Le CONQUET *29217 Finistère* 308 C4 *G. Bretagne – 2 408 h alt. 30.*

Voir *Site*★.

Excurs. *Île d'Ouessant*★★ – *Les Abers*★★.

Office de tourisme, Parc de Beauséjour ✆ *02 98 89 11 31, Fax 02 98 89 08 20, ot.conquet@wanadoo.fr.*

Paris 619 – Brest 24 – Brignogan-Plages 59 – St-Pol-de-Léon 85.

à la Pointe de St-Mathieu *Sud : 4 km – ✉ 29217 Plougonvelin.*

Voir *Phare* ✻★★ – *Ruines de l'église abbatiale*★.

Hostellerie de la Pointe St-Mathieu , ✆ 02 98 89 00 19, *saintmathieu.hotel.@wanadoo.fr, Fax 02 98 89 15 68,* <, – TV ✆ ♿ – 25. AE GB

fermé fév. – **Repas** *(fermé dim. soir)* 25/64 ♀ – ☕ 9 – **23 ch** 58/150 – ½ P 65,50/109.

◆ Le site est exceptionnel : cette hôtellerie du bout du monde se niche entre les phares et les vestiges de l'abbaye. Belles chambres confortables, à choisir avec balcon ! Jolie salle à manger voûtée (grande cheminée en granit et meubles bretons). Cuisine iodée.

Les CONTAMINES-MONTJOIE *74170 H.-Savoie* 328 N6 *G. Alpes du Nord – 1 129 h alt. 1164 – Sports d'hiver : 1 165/2 500 m 4 22 .*

Voir *Le Signal*★ *(par télécabine).*

Office de tourisme, route de Notre-Dame de la Gorge ✆ *04 50 47 01 58, Fax 04 50 47 09 54, info@lescontamines.com.*

Paris 606 – Chamonix-Mont-Blanc 33 – Annecy 93 – Bonneville 50 – Megève 20.

Chemenaz, près de la télécabine du Lay ✆ 04 50 47 02 44, *info@chemenaz.com, Fax 04 50 47 12 73,* , , , – TV P. ① GB

hôtel : 13 juin-10 sept. et 19 déc.-10 avril – ***Trabla*** *(4 juil.-30 août et 19 déc.-10 avril)* **Repas** 16,50/33bc, enf. 9 – ☕ 8,50 – **39 ch** 111 – ½ P 80.

◆ Chalet moderne aux larges baies vitrées, sis aux hameaux du Lay face à la télécabine. Préférez les chambres rénovées. Le restaurant tire son nom du patois savoyard qui désigne une étagère à fromage. Grande cheminée, belle charpente et cuisine traditionnelle.

Gai Soleil 🦐, 𝒫 04 50 47 02 94, *gaisoleil2@wanadoo.fr*, Fax 04 50 47 18 43, ≤, 斧, 🚗 – **ℙ**, **GB**, 🛇 rest

15 juin-15 sept. et 20 déc.-20 avril – **Repas** 18/25 ℤ – ☲ 10 – **19 ch** 49/69 – ½ P 57/62.

♦ On est ici aux petits soins pour la clientèle. Dominant la station, cette ancienne ferme au toit recouvert de tavaillons est joliment fleurie en saison. Chambres lambrissées. Sympathique salle des repas rustique où règne une atmosphère de pension de famille.

Grizzli sans rest, 148 rte Notre-Dame de la Gorge 𝒫 04 50 91 56 55, *grizzlihotel@grizzli.com*, Fax 04 50 91 57 00, ≤ – **tv**, **AE**, **GB**, 🛇

fermé 10 au 30 mai et 1er nov. au 15 déc. – ☲ 6 – **16 ch** 56/62.

♦ La façade assez anodine contraste avec la chaleur du nouveau décor d'inspiration montagnarde. Bois et tissus colorés habillent les chambres ; quelques baignoires à remous.

Camille Bonaventure 🦐 sans rest, 135 chemin Nivorin d'en Bas 𝒫 04 50 47 23 53, *camille.bonaventure@wanadoo.fr*, Fax 04 50 47 47 14 62, ≤ – **ℙ**, **GB**, 🛇

fermé 30 avril au 10 juin et 30 sept. au 10 déc. – ☲ 6,50 – **11 ch** 57/77.

♦ Ce discret chalet dissimule un accueillant salon où se mêlent meubles savoyards et marocains et de plaisantes chambres entièrement boisées. Buffet de petits-déjeuners.

Chalézan, 2164 rte St-Gervais 𝒫 04 50 47 23 76, 斧 – **ℙ**, **GB**

13 déc.-16 mai et 19 juin-12 sept. – **Repas** *(fermé mardi midi et lundi)* (22,50) - 26/59.

♦ Charmant chalet où l'on se régale d'une cuisine du terroir mise au goût du jour. Intérieur coquet à souhait : cheminée, nappes brodées, objets paysans et outils de charpentier.

CONTAMINE-SUR-ARVE 74130 H.-Savoie **328** L4 – *1 343 h alt. 450.*

Paris 547 – Annecy 46 – Thonon-les-Bains 36 – Chamonix-Mont-Blanc 63 – Genève 20.

Tourne Bride avec ch, 94, rte d'Annemasse 𝒫 04 50 03 62 18, *hotel-tourne-bride@wanadoo.fr*, Fax 04 50 03 91 99 – ▤ rest, **tv**, **GB**

fermé 12 au 18 juil., 3 au 20 janv., dim. soir et lundi – **Repas** 12,50 (déj.), 21,50/38 ℤ – ☲ 6 – **8 ch** 38/45 – ½ P 41.

♦ La façade pimpante de cet ex-relais de poste attire l'oeil. L'écurie abrite désormais une coquette salle à manger campagnarde où l'on sert une cuisine traditionnelle soignée.

CONTEVILLE 27210 Eure **304** C5 – *726 h alt. 33.*

Paris 181 – Le Havre 34 – Évreux 102 – Honfleur 15 – Pont-Audemer 14 – Pont-l'Évêque 28.

XXX **Auberge du Vieux Logis** (Louet), 𝒫 02 32 57 60 16, Fax 02 32 57 45 84 – **GB**

fermé 13 nov. au 2 déc. et 3 au 13 janv. – **Repas** *(fermé dim. soir sauf août, mardi d'oct. à avril et lundi)* 42/75 et carte 54 à 82.

♦ Coquette façade à pans de bois et intérieur normand de caractère avec colombages et murs de briques. La cuisine, personnalisée, revisite avec brio les "classiques" du terroir.
Spéc. Foie gras de canard poêlé, sauce au cidre. Saint-Jacques à la crème de morilles (saison). Feuilleté aux pommes caramélisées.

CONTRES 41700 L.-et-Ch. **318** F7 – *3 268 h alt. 98.*

Paris 203 – Tours 66 – Blois 22 – Châteauroux 79 – Montrichard 23.

France, 𝒫 02 54 79 50 14, *metivier@mond.net*, Fax 02 54 79 02 95, 斧, 🖥, 🟰, ℀ – 🠐,
▤ rest, **tv**, ✆, 🕭, 🚗 – **ℙ** – 🔬 30. **GB**, 🛇 ch

fermé 25 janv. au 3 mars, sam. midi, dim. soir et lundi de Toussaint à Pâques – **Repas** 17,50/45 ℤ – ☲ 8,50 – **37 ch** 60,50/81, (en été : ½ pens. seul.) – ½ P 59/75.

♦ Malgré la proximité de la route, les chambres de cette jolie maison régionale, en majorité orientées côté piscine, sont au calme. Salle à manger actuelle aménagée sous vélum de toile et terrasse dressée dans une jolie cour très fleurie.

XX **Botte d'Asperges,** 𝒫 02 54 79 50 49, Fax 02 54 79 08 74 – ▤, **GB**

fermé 24 au 27 déc., 2 au 15 janv., dim. soir et lundi – **Repas** 14,50/28, enf. 8 ℤ.

♦ Poutres apparentes et colombages participent, avec la fresque murale représentant un étang solognot, à l'atmosphère agreste de ce restaurant. Cuisine traditionnelle.

CONTREVOZ 01 Ain **328** G6 – *rattaché à Belley.*

CONTREXÉVILLE 88140 Vosges **314** D3 G. Alsace Lorraine – *3 708 h alt. 342 – Stat. therm. (fin mars-mi oct.) – Casino* **Y.**

🚄 à Vittel 𝒫 03 29 08 59 40, par ① : 7 km.

🛈 Office de tourisme, 105 rue du Shah de Perse 𝒫 03 29 08 08 68, Fax 03 29 08 25 40, *contrex.tourisme@wanadoo.fr.*

Paris 337 ③ – Épinal 47 ① – Langres 75 ② – Nancy 83 ① – Neufchâteau 28 ③.

CONTREXÉVILLE

Daudet (R.) . . . . **Y** 2
Hazau (Av. du Bois d'). . . . . **Y** 5
Hirschauer (R. du Gén.) . . . . **Y** 6
Moulin (R. Jean). . . . . **Z** 9
Shah-de-Perse (R. du) . . . . **Y** 10
Stanislas (R. du Roi) . . . . **Z** 12
Thomson (R. Gaston). . . . . **Y** 13
Victoire (R. de la) . . . . **Y** 15
Wladimir (R. Grande-Duchesse) . . **Z** 16
Ziwer-Pacha (R.) . . . . **Z** 18
11-Septembre (R. du) . . . . **Y** 19

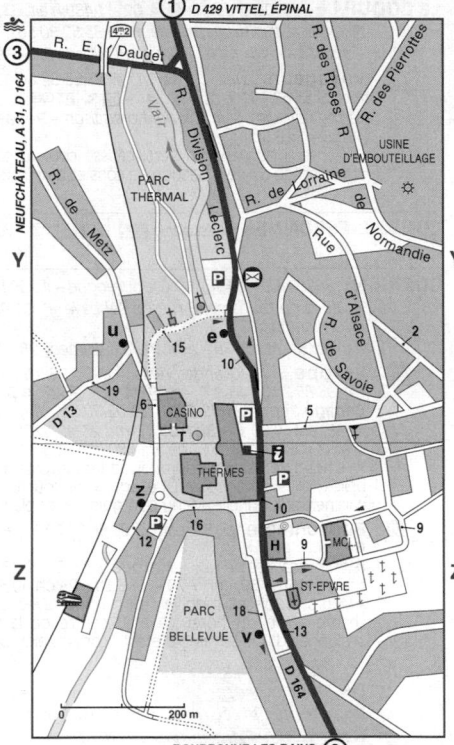

Cosmos, r. Metz ℘ 03 29 07 61 61, *contact@cosmos-hotel.com,* Fax 03 29 08 68 67, ⌂, Ⅰ᳷, ⬛, ☞ – ⏐ ⟨⟩ TV ⟨ P – ⚖ 15 à 40. AE ⓞ GB. ⬚ rest   **Y** u
Repas 22/34 – ⬚ 9 – **77 ch** 66/81, 6 suites – ½ P 64.
♦ Jadis fréquenté par le schah, hôtel Belle Époque dans un parc (practice de golf). Chambres progressivement revues, hall majestueux, établissement thermal intégré. Grande salle à manger au cachet délicieusement "rétro". Menus classiques et diététiques.

Souveraine sans rest, Parc Thermal ℘ 03 29 08 09 59, *contact@souveraine-hotel.com,* Fax 03 29 08 16 39 – TV ⟨ P. AE ⓞ GB   **Y** e
fermé 12 au 28 mars – ⬚ 8 – **31 ch** 52/67.
♦ Ancienne résidence de la grande-duchesse Wladimir, tante de Nicolas II. Hauts plafonds, moulures, lits en cuivre... un décor "rétro" qui vous séduira. Chambres refaites.

Villa Beauséjour, 204 r. Ziwer-Pacha ℘ 03 29 08 04 89, *villa.beausejour@wanadoo.fr,* Fax 03 29 08 62 28 – TV. GB. ⬚ rest   **Z** v
28 mars-17 oct. – **Repas** 19/31, enf. 8 ⅄ – ⬚ 8 – **30 ch** 40/48 – P 52/54.
♦ Moins bruyantes, les chambres tournées vers la cour fleurie auront votre préférence. Intérieur sagement personnalisé. Agréable salon décoré à l'anglaise. Coquette salle à manger ou véranda donnant sur une cour fleurie. Menus traditionnels et carte "minceur".

France, 58 av. Roi Stanislas ℘ 03 29 05 05 05, *mi.dodin@wanadoo.fr,* Fax 03 29 08 69 96 – TV P. AE GB
fermé 15 déc. au 20 janv. et dim. soir du 20 janv. au 1ᵉʳ mars – **Repas** 14,50/30 ⅄ – ⬚ 7,50 – **31 ch** 42/55 – P 58.
♦ À proximité de l'établissement thermal, cet immeuble à la façade pastel dissimule des chambres rénovées, mais simplement aménagées. Plafond lambrissé et mobilier de style rustique décorent la salle à manger. Repas traditionnels et diététiques.

COQUELLES *62 P.-de-C.* 🔢 **301** D2 – *rattaché à Calais.*

La COQUILLE 24450 Dordogne **329** G2 – 1 489 h alt. 337.

🛈 Syndicat d'initiative, mairie ℰ 05 53 52 80 56, Fax 05 53 52 80 46.

Paris 434 – Limoges 47 – Brive-la-Gaillarde 87 – Périgueux 49.

XX **Voyageurs** avec ch, N 21 ℰ 05 53 52 80 13, lesvoyageurs.lacoquille@wanadoo.fr, Fax 05 53 62 18 29, 佘, 菜, 秤 – 🔟 ఆ ℙ, ☷
fermé fév., dim. soir et lundi hors saison – **Repas** 12 (déj.), 17/35, enf. 9 ♀ – ⴺ 6,50 – **9 ch** 46/55 – ½ P 50.
◆ Au seuil du Périgord Vert, bâtisse couleur sable bordant la nationale. Salle rustique, agrémentée d'une collection de coqs et d'un original plafond peint. Chambres colorées.

CORBEIL-ESSONNES 91 Essonne **312** D4 **101** ㉗ – voir à Paris, Environs.

CORBIGNY 58800 Nièvre **319** F8 G. Bourgogne – 1 709 h alt. 203.

🛈 Office de tourisme, 8 rue de l'Abbaye ℰ 03 86 20 02 53, Fax 03 86 20 07 52, contact-@corbigny.org.

Paris 236 – Autun 76 – Avallon 38 – Clamecy 28 – Nevers 58.

🏨 **Europe,** 7 Grande Rue ℰ 03 86 20 09 87, hoteleuropelecepage@tiscali.fr, Fax 03 86 20 06 40, 佘 – 🔰 🔟 ఆ க் – 益 20. ☷
Cépage (fermé 23/12-2/01, 20/02-20/03, dim. soir, merc. soir et jeudi sauf 07/08) **Repas** 29/58, enf. 9,90 ♀ – **Bistrot** (fermé 23/12-2/01, 20/02-20/03, dim. soir, merc. soir et jeudi sauf 07/08) **Repas** 10,20 (déj.)/18,80, enf. 9,90 க் – ⴺ 7 – **18 ch** 42/62 – ½ P 37.
◆ L'hôtel, récemment agrandi, abrite des chambres colorées et bien équipées, dotées de belles salles de bains. Au Cépage, jolie cour-terrasse, salle rustique ou plus actuelle et cuisine traditionnelle. Menu bourguignon et plats du terroir au Bistrot.

🏨 **Buissonnière,** pl. St-Jean ℰ 03 86 20 02 13, Fax 03 86 20 13 85, 佘 – ⵗ 🔟 ఆ 쎄 ⓪ ☷
fermé vacances de fév. – **Marode** ℰ 03 86 20 13 55 (fermé fév., dim. soir et lundi) **Repas** 9,20 (déj.)15/36,50, enf. 7,70 – ⴺ 5,20 – **23 ch** 40,50/48 – ½ P 38,50.
◆ Murs crépis et mobilier fonctionnel avec, parfois, vue sur la campagne pour les chambres de cet hôtel situé au centre de la localité. Confortable salle de restaurant prolongée d'une terrasse d'été. Décor actuel et carte traditionnelle étoffée.

Les prix

Pour toutes précisions sur les prix indiqués dans ce guide,
reportez-vous aux pages explicatives.

CORDES-SUR-CIEL 81170 Tarn **338** D6 G. Midi-Pyrénées – 996 h alt. 279.

Voir Site★★ – La Ville haute★★ : maisons gothiques★★ - musée d'Art et d'Histoire Charles-Portal★ – Musée de l'Outil et des Métiers anciens★ à Vindrac-Alayrac O : 5 km.

🛈 Office de tourisme, Maison Fonpeyrouse ℰ 05 63 56 00 52, Fax 05 63 56 19 52, officedutourisme.cordes@wanadoo.fr.

Paris 655 – Toulouse 82 – Albi 25 – Rodez 78 – Villefranche-de-Rouergue 47.

🏨 **Grand Écuyer** (Thuriès) ⵘ, ℰ 05 63 53 79 50, grand.ecuyer@thuries.fr, ✿ Fax 05 63 53 79 51, ≼ vallée – 🗏 rest, 🔟 ఆ ⓪ ☷ ⵘ rest
Rameaux-nov. – **Repas** (fermé le midi en semaine et lundi sauf août) 38/72 et carte 70 à 90 ♀ – ⴺ 13 – **13 ch** 125/155 – ½ P 115/127,50.
◆ Demeure gothique (classée monument historique) sise dans l'une des pittoresques ruelles pavées du village. Raymond VII en fit sa résidence de chasse. Bel intérieur. Salles à manger de caractère et beaux meubles d'antiquaires. Table classique personnalisée.
Spéc. Duo de foie gras de canard. Pigeonneau fondant farci-truffé. Gratin de fraises des bois au citron, coulis d'abricot. **Vins** Gaillac, Fronton

🏨 **Hostellerie du Vieux Cordes** ⵘ, ℰ 05 63 53 79 20, vieux.cordes@thuries.fr, Fax 05 63 56 02 47, ≼, 佘 – 🔟 ఆ – 益 20 à 50. 쎄 ⓪ ☷
fermé janv. – **Repas** (fermé dim. soir et lundi du 1er nov. à Pâques) 14,50/33, enf. 8 ♀ – ⴺ 7 – **21 ch** 47/70 – ½ P 51,50.
◆ Dans les murs d'un ancien monastère. Un bel escalier à vis mène aux chambres sobrement décorées. Le patio est ombragé d'une glycine. Grande salle à manger prolongée d'une belle terrasse ouverte sur la vallée. Deux thèmes à la carte : saumon et canard.

Annexe La Cité 🏠 ⵘ sans rest, ℰ 05 63 56 03 53, vieux.cordes@thuries.fr, Fax 05 63 56 02 47, ≼ – 🔟 ఆ 쎄 ⓪ ☷
Pâques-mi-oct. – ⴺ 6,50 – **8 ch** 50/64.
◆ Au fond d'une cour intérieure, dans une maison du 13e s. intégrée aux remparts, chambres plus ou moins spacieuses, au décor déjà ancien, mais progressivement rafraîchies.

CORDON *74700 H.-Savoie* **328** M5 *G. Alpes du Nord – 881 h alt. 871.*

Voir *Site★*.

🛈 *Office de tourisme, La Frasse* ✆ *04 50 58 01 57, Fax 04 50 91 25 36, Cordon@cordon-ot.com.*

Paris 589 – Chamonix-Mont-Blanc 32 – Annecy 76 – Bonneville 33 – Megève 10.

🏨🏨 **Les Roches Fleuries** 🌳, ✆ *04 50 58 06 71, info@rochesfleuries.com,*
Fax 04 50 47 82 30, ≤ chaîne Mont-Blanc, 🍴, ↮, ⊇, ⇌ – 📺 📞 ☎ 🏠 📶 – ⅏ 30. ᴭ ⓪ ᴳᴮ
ᴶᶜᴮ. ⅌ rest
*10 mai-25 sept. et mi-déc.-mi-avril – Repas (fermé mardi midi et lundi sauf vacances
scolaires)* 29 (déj.), 39/62 ♀ *- Boîte à Fromages* (dîner seul.)(prévenir) *(fermé lundi sauf
vacances scolaires)* **Repas** 29 – ⊇ 13,70 – **21 ch** 125/210, 4 suites – ½ P 110/155.
   ♦ Ravissant chalet fleuri perché sur les hauteurs du "balcon du mont Blanc". Chaleureux
intérieur tout bois et élégant mobilier savoyard ancien. Au restaurant, cadre feutré et
cuisine classique revisitée. À la Boîte à Fromages, carte mariant terroir et fromages.

🏨🏨 **Chamois d'Or** 🌳, ✆ *04 50 58 05 16, hotellechamoisdor@wanadoo.fr,*
Fax 04 50 93 72 96, ≤ chaîne Mont-Blanc, 🍴, ↮, ⊇, ⇌, ⅍ – ▮ 📺 ⇌ 📶. ᴭ ᴳᴮ
1ᵉʳ juin-mi-sept. et 18 déc.-début avril – Repas (fermé jeudi midi) 23/45 ♀ – ⊇ 13 – **28 ch**
105/140 – ½ P 105.
   ♦ Chalet de style autrichien, régulièrement rénové, intéressant pour ses équipements de
loisirs. Chambres lambrissées, égayées de jolis tissus. Confortable salon. Décor montagnard
dans la salle de restaurant panoramique. Cuisine traditionnelle et régionale.

🏨 **Cordonant** 🌳, ✆ *04 50 58 34 56, lecordonant@wanadoo.fr, Fax 04 50 47 95 57,*
≤ chaîne Mont-Blanc, 🍴, ↮ – 📺 📶. ᴳᴮ. ⅌ rest
16 mai-20 sept. et 20 déc.-15 avril – Repas 21/30 – ⊇ 7,50 – **11 ch** 58/80 – ½ P 68/78.
   ♦ Pimpant chalet à la chaleureuse ambiance familiale. Beaux meubles en bois peint dans
les chambres relookées ; certaines profitent d'un balcon, côté vallée. Goûteuse cuisine
traditionnelle et vue imprenable sur les sommets depuis la salle à manger rustique.

CORENC *38 Isère* **333** H6 – *rattaché à Grenoble.*

CORMEILLES *27260 Eure* **304** C6 – *1 191 h alt. 80.*

🛈 *Office de tourisme, 14 place du Mont Mirel* ✆ *02 32 56 02 39, Fax 02 32 42 32 66,*
otsi.cormeilles@wanadoo.fr.

Paris 181 – Bernay 441 – Lisieux 19 – Pont-Audemer 17 – Pont-l'Évêque 17.

🏠 **Auberge du Président,** ✆ *02 32 57 80 37, aubergedupresident@wanadoo.fr,*
Fax 02 32 57 88 31 – 📺 📞 📶. ᴭ ᴳᴮ
fermé 5 au 18 janv. – Repas (fermé dim. soir et lundi sauf le soir en saison) 16/44 ♀ –
⊇ 9,50 – **13 ch** 48/75 – ½ P 48/63.
   ♦ L'enseigne rend hommage au président de la République René Coty qui séjourna à
l'hôtel. Choisissez une chambre rénovée. Au restaurant, le plaisant décor normand avec
poutres et cheminée remporte tous les suffrages !

CORMEILLES-EN-VEXIN *95 Val-d'Oise* **305** D6 **106** ㊿ – *voir à Paris, Environs (Cergy-Pontoise).*

CORMERY *37320 I.-et-L.* **317** N5 *G. Châteaux de la Loire – 1 542 h alt. 59.*

🛈 *Syndicat d'initiative, 13 rue Nationale* ✆ *02 47 43 30 84, Fax 02 47 43 18 73.*

Paris 254 – Tours 21 – Blois 63 – Château-Renault 48 – Loches 22 – Montrichard 33.

🍴🍴 **Auberge du Mail**, pl. Mail ✆ *02 47 43 40 32, Fax 02 47 43 08 72,* 🍴 – ᴭ ᴳᴮ
*fermé 24 avril au 1ᵉʳ mai, 30 août au 5 sept., 23 déc. au 6 janv., le soir de nov. à mars, sam.
midi et jeudi – Repas* 16/46, enf. 9 ♀.
   ♦ Maison de pays proche de l'abbaye célèbre pour ses macarons. Cadre rustico-bourgeois
dans la salle à manger et reposante terrasse ombragée par des tilleuls et une glycine.

🍴 **Auberge des 2 Cèdres,** av. Gare ✆ *02 47 43 03 09, Fax 02 47 43 03 09,* 🍴 – ᴳᴮ
*fermé 5 au 19 juil., vacances de Toussaint, de fév., mardi soir, merc. soir du 1ᵉʳ déc. au
31 mars, dim. soir et lundi – Repas* 11,50 (déj.), 15/28, enf. 8 ♀.
   ♦ Faux air de guinguette pour cette bâtisse régionale située non loin de la gare. Cadre très
simple et terrasse dressée dans un minijardin. Accueil charmant et cuisine familiale.

*Donnez-nous votre avis sur les tables que nous recommandons,
sur leurs spécialités et leurs vins de pays.*

CORNILLON _30630 Gard_ **339** L3 _G. Provence – 689 h alt. 168._

    Paris 666 – Avignon 50 – Alès 47 – Bagnols-sur-Cèze 17 – Pont-St-Esprit 25.

XX **Vieille Fontaine** ⑤ avec ch, _ℰ_ 04 66 82 20 56, _vieillefontaine@libertysurf.fr,_
    Fax 04 66 82 33 64, ≤ vallée de la Cèze, 🛋, ⌁, 🐾 – ☎, AE ① GB
    mars-nov. – **Repas** _(fermé lundi, mardi et merc. d'oct. à avril)_ (dîner seul. en juil.-août sauf
    dim.et feriés) 35/55 – ⌷ 10 – **8 ch** 100/145 – ½ P 85/107,50.
    ♦ Maison de caractère adossée aux murailles médiévales. Chambres coquettes, salle à
    manger voûtée, piscine et jardin en terrasses dominant la vallée.

CORPS _38970 Isère_ **333** I9 _G. Alpes du Sud – 453 h alt. 939._

    Voir _Barrage★★ et pont★ du Sautet O : 4 km._

    🮲 _Syndicat d'initiative, route Napoléon ℰ 04 76 30 03 85, Fax 04 76 30 03 85, corps@ma_
    geos.com.

    Paris 626 – Gap 39 – Grenoble 64 – La Mure 24.

🮮 **Tilleul,** _ℰ_ 04 76 30 00 43, _jourdan@hotel_restaurant_du_tilleul.com,_ Fax 04 76 30 06 12,
⇔ 🛋 – ⇔ ☎ 📞 🐾, AE ① GB JCB
    fermé 3 nov. au 15 déc. – **Repas** 12,10/28,50, enf. 8 ♈ – ⌷ 5,70 – **17 ch** 37/55 – ½ P 41/59.
    ♦ Sur l'impériale route Napoléon et au coeur du vieux village fort animé en été. Chambres
    fraîches et bien tenues, plus calmes à l'annexe. Accueil charmant. Salle de restaurant un
    peu sombre, mais sympathique ambiance campagnarde. Cuisine traditionnelle.

🮮 **Napoléon** sans rest, _ℰ_ 04 76 30 00 42, _hotelnapoleon@wanadoo.fr,_ Fax 04 76 30 06 83 –
🏠 ⇔, GB
    1ᵉʳ mai-15 oct. et 5 fév.-6 mars – ⌷ 6,50 – **22** ch 49/59.
    ♦ Dans une vaste bâtisse, petites chambres claires ravivées, équipées d'un mobilier de
    facture artisanale. Salle des petits-déjeuners aux tons pastel.

XX **Poste** avec ch, _ℰ_ 04 76 30 00 03, _delas-hotel-restaurant@wanadoo.fr,_ Fax 04 76 30 02 73,
    🛋 – ☎ 📞 🐾, AE GB
    fermé 5 janv. au 13 fév. – **Repas** 19,50/39, enf. 10,50 ♈ – ⌷ 8 – **18 ch** 38,50/70 – ½ P 42/65.
    ♦ Pimpante façade colorée et fleurie. Intérieur avec mobilier de style Louis XIII, limonaire et
    accumulation de tableaux et bibelots. Terrasse protégée de la route.

CORRENÇON-EN-VERCORS _38 Isère_ **333** G7 – _rattaché à Villard-de-Lans._

CORRENS _83570 Var_ **340** L5 – _661 h alt. 190._

    🮲 _Syndicat d'initiative, place Général-de-Gaulle ℰ 04 94 37 21 95, Fax 04 94 37 21 99,_
    ot@correns.fr.

    Paris 821 – Aix-en-Provence 71 – Draguignan 576 – Toulon 62.

X **Auberge du Parc** avec ch, _ℰ_ 04 94 59 53 52, _auberge-du-parc@wanadoo.fr,_
    Fax 04 94 59 53 54, 🛋, 🐾 – ☎ 📞, AE GB
    Repas _(fermé dim. soir au jeudi midi de nov. à avril et mardi en saison)_ 42, enf. 7,70 –
    ⌷ 10,70 – **6 ch** 109/185.
    ♦ Auberge originalement décorée (surtout les chambres, ornées de fresques et trompe-
    l'oeil). Le menu unique, changé chaque jour, met en valeur les produits du terroir.

CORRÈZE _19800 Corrèze_ **329** M3 _G. Berry Limousin – 1 152 h alt. 455._

    🮲 _Office de tourisme, place de la mairie ℰ 05 55 21 32 82, Fax 05 55 21 63 56, correze.vil_
    lage@wanadoo.fr.

    Paris 480 – Brive-la-Gaillarde 45 – Aubusson 96 – Tulle 19 – Uzerche 35.

🏯 **Seniorie de Corrèze** ⑤, _ℰ_ 05 55 21 22 88, _hotelseniorie@wanadoo.fr,_
    Fax 05 55 21 24 00, ≤, 🛋, ⌁, 🐾 ⇔ 📁 – 🖿 30, AE ① GB, ⌖
    fermé 20 au 27 déc., fév., sam. (sauf rest.), dim. et lundi de nov. à mars – **Repas** 22/35 –
    ⌷ 11 – **29 ch** 90/130 – ½ P 68.
    ♦ Ce majestueux édifice du 19ᵉ s., jadis pensionnat pour jeunes filles, domine la cité
    médiévale. Chambres très spacieuses, pour la plupart rénovées. Confortables salles à
    manger bourgeoises prolongées d'une grande terrasse. Courte carte traditionnelle.

    **Dans ce guide**

    un même symbole, un même mot,
    imprimé en **_rouge_** _ou en_ **_noir,_** _en maigre ou en_ **_gras,_**
    n'ont pas tout à fait la même signification.
    Lisez attentivement les pages explicatives.

CORSE

345 *G. Corse - 249 729 h.*

RENSEIGNEMENTS PRATIQUES

TRANSPORTS MARITIMES

Depuis la France continentale les relations avec la Corse s'effectuent à partir de Marseiile, Nice et Toulon

au départ de Marseille : SNCM - 61 bd des Dames (2ᵉ) ℘ 08 36 67 95 00, Fax 04 91 56 95 86. CMN - 4 quai d'Arenc (2ᵉ) ℘ 04 91 99 45 00, Fax 04 91 99 45 34.

au départ de Nice : SNCM - Ferryterranée quai du Commerce ℘ 04 93 13 66 99, Fax 04 93 13 66 81. CORSICA FERRIES - Port de Commerce

au départ de Toulon : SNCM/CMT - 49 av. Infanterie de Marine (1ᵉʳ avr. - 30 sept.) ℘ 04 94 16 66 66, Fax 04 94 16 66 68.

AÉROPORTS

La Corse dispose de quatre aéroports assurant des relations avec le continent, l'Italie et une partie de l'Europe :

Ajaccio ℘ 04 95 23 56 56, Calvi ℘ 04 95 65 88 88, Bastia ℘ 04 95 54 54 54 , et Figari-Sud-Corse ℘ 04 95 71 10 10 (Bonifacio et Porto-Vecchio).

Voir aussi au texte de ces localités.

QUELQUES GOLFS

₉ *Bastia ℘ 04 95 38 33 99 par ② : 20 km*

₁₈ *de Sperone ℘ 04 95 73 17 13, E : 6 km*

Ajaccio 🅿 *2A Corse-du-Sud* 345 *B8 – 52 880 h – Casino* Z *–* ✉ *20000.*

Voir *Vieille Ville★ - Musée Fesch★★ : peintures italiennes★★★ – Maison Bonaparte★ – Musée Napoléonien★ (1er étage de l'hôtel de ville) – Jetée de la Citadelle ≤★ – Place Gén.-de-Gaulle ou Place du Diamant ≤★.*

Env. *Golfe d'Ajaccio★★ – Les Milelli★ 5 km au NO par ①.*

Excurs. *aux Iles Sanguinaires★★.*

✈ *d'Ajaccio-Campo dell'Oro : ☎ 04 95 23 56 56, par ① : 7 km.*

🛈 *OMT, boulevard du Roi Jérôme ☎ 04 95 51 53 03, Fax 04 95 51 53 01, ajaccio.tourisme @wanadoo.fr.*

Bastia 147 ① – Bonifacio 131 ① – Calvi 166 ① – Corte 80 ① – L'Ile-Rousse 141 ①.

Plans page ci-contre

🏨 **Fesch** sans rest, 7 r. Cardinal Fesch ☎ 04 95 51 62 62, Fax 04 95 21 83 36 – 🛗 🗏 📺. 🖭 ⑩ GB JCB
Z y
fermé 13 déc. au 14 janv. – ☲ 7 – **77 ch** 69/104.
♦ Dans une rue piétonne du centre-ville. Un réseau un peu déroutant de couloirs mène à des chambres crépies, spacieuses, au mobilier d'inspiration corse.

🏨 **Napoléon** sans rest, 4 r. Lorenzo Vero ☎ 04 95 51 54 00, info@hotel-napoleon-ajaccio.com, Fax 04 95 21 80 40 – 🛗 🗏 📺 ✆ ⛬. 🖭 ⑩ GB
Z s
☲ 7 – **62 ch** 85/100.
♦ La rue, perpendiculaire au cours Napoléon, est assez calme. Quelques chambres ont été rénovées ; les autres restent fonctionnelles. Accueil souriant.

🏨 **San Carlu** sans rest, 8 bd Casanova ☎ 04 95 21 13 84, Fax 04 95 21 09 99 – 🛗 📺 ✆. 🖭 GB. ✦
Z f
fermé 20 déc. au 31 janv. – ☲ 9 – **40 ch** 86/110.
♦ Hôtel dominant la citadelle (domaine militaire) et voisin de la plage St-François. Grandes chambres bien équipées, dépourvues de climatisation, mais correctement insonorisées.

🏨 **Impérial**, 6 bd Albert 1er ☎ 04 95 21 50 62, Fax 04 95 21 15 20, 🍽, 🐾, 🏖 – 🛗, 🗏 rest, 📺. 🖭 ⑩ GB
Y a
mars-nov. – **Repas** 22 – ☲ 6,50 – **57 ch** 59/83 – ½ P 52/66.
♦ Petit immeuble en lisière de ville, que seule une placette sépare de la mer. Chambres de bonne ampleur. Le bar est décoré de toiles du patron, peintre à ses heures. Vaste salle à manger agrandie d'une agréable terrasse. Cuisine traditionnelle.

🏨 **Marengo** ✦ sans rest, 2 r. Marengo ☎ 04 95 21 43 66, Fax 04 95 21 51 26 – 🗏 📺. GB.
Y n
25 mars-5 nov. – ☲ 6 – **16 ch** 64/70.
♦ Légèrement excentré et dans un quartier calme, petit établissement familial aux chambres simples, mais fraîches et bien tenues. Bon accueil.

🍴🍴 **Rotonde**, bd P. Rossini ☎ 04 95 50 40 65, casino.ajac@wanadoo.fr, Fax 04 95 21 47 82 – 🖭 GB. ✦
Z t
fermé dim. et lundi – **Repas** (dîner seul.) carte 33 à 50.
♦ Restaurant situé dans l'enceinte du casino. Chaleureuse et confortable salle à manger dont les baies vitrées s'ouvrent sur une plaisante terrasse. Piano bar. Cuisine actuelle.

🍴🍴 **Grand Café Napoléon**, 10 cours Napoléon ☎ 04 95 21 42 54, cafe.napoleon@wanadoo .fr, Fax 04 95 21 53 32 – GB
Z d
fermé 24 déc. au 1er janv., sam. soir, dim. et fériés – **Repas** 16 (déj.), 28/44 ♀.
♦ La vaste salle napoléonienne de l'ancien café chantant résonne encore d'airs de bel canto. Cuisine au goût du jour. Sur rue, terrasse-limonade très prisée.

🍴🍴 **A La Funtana**, 9 r. Notre Dame ☎ 04 95 21 78 04, afuntana@wanadoo.fr, Fax 04 95 21 40 56 – 🗏. 🖭 ⑩ GB JCB
Z a
fermé dim. soir et lundi – **Repas** 25/49.
♦ Restaurant voisin de la cathédrale (16e s.) où fut baptisé Napoléon Bonaparte. Aménagements de caractère - murs crépis et poutres apparentes - et cuisine au goût du jour.

🍴🍴 **Floride**, au port Charles Ornano ☎ 04 95 22 67 48, Fax 04 95 23 51 16, ≤, 🍽 – 🗏. 🖭 ⑩ GB
Y b
fermé dim. midi en saison, sam. midi et dim. soir – **Repas** 30/62 ♀ **Bistrot** ☎ 04 95 22 70 10 (fermé le midi de juin à sept., le soir hors saison sauf vend. et sam.) **Repas** carte 22 à 40.
♦ Au premier étage, se donnant un air de capitainerie, salle à manger et véranda-terrasse avec vue panoramique sur le port. Produits de la mer. La terrasse du Bistrot est le lieu idéal pour contempler le spectacle des bateaux.

🍴 **Le 20123**, 2 r. Roi de Rome ☎ 04 95 21 50 05, Fax 04 95 24 59 34, 🍽 – 🗏
Z v
fermé mi-janv. à mi-fév., le midi et lundi – **Repas** (prévenir) 26.
♦ Seule besogne qui vous incombera au cœur de cette évocation d'un village corse : puiser votre eau à la fontaine de la "place". Cuisine du terroir annoncée verbalement.

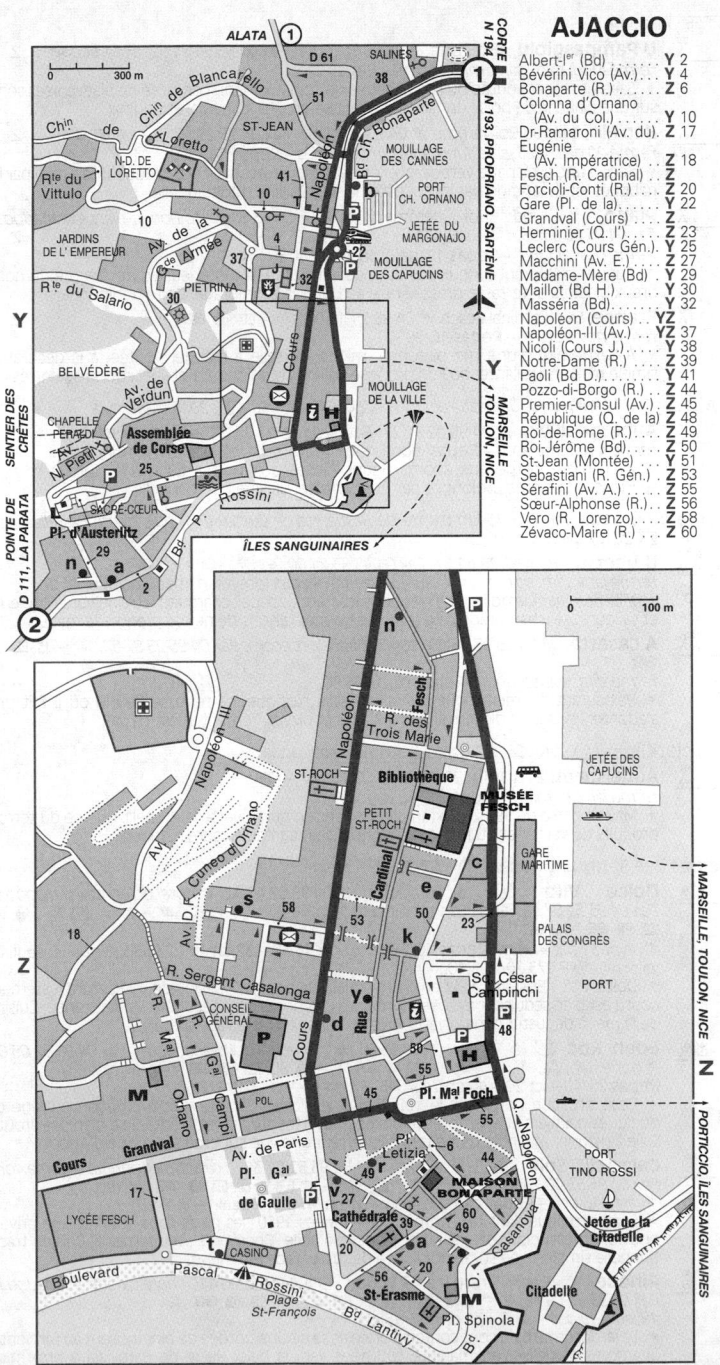

AJACCIO

Albert-Ier (Bd) . . . . **Y** 2
Bévérini Vico (Av.) . . . **Y** 4
Bonaparte (R.) . . . . . . **Z** 6
Colonna d'Ornano
(Av. du Col.) . . . . . . **Y** 10
Dr-Ramaroni (Av. du). **Z** 17
Eugénie
(Av. Impératrice) . . **Z** 18
Fesch (R. Cardinal) . . **Z**
Forcioli-Conti (R.) . . . . **Z** 20
Gare (Pl. de la). . . . . . **Y** 22
Grandval (Cours) . . . . **Z**
Herminier (Q. l') . . . . . **Z** 23
Leclerc (Cours Gén.) . **Y** 25
Macchini (Av. E.) . . . . **Z** 27
Madame-Mère (Bd) . . **Y** 29
Maillot (Bd H.) . . . . . . **Y** 30
Masséria (R.) . . . . **Z** 32
Napoléon (Cours) . . . **YZ**
Napoléon-III (Av.) . . **YZ**
Nicoli (Cours J.) . . . . . **Y** 37
Notre-Dame (R.) . . . . **Y** 41
Paoli (Bd D.) . . . . **Z** 39
Pozzo-di-Borgo (R.) . . **Z** 44
Premier-Consul (Av.) . **Z** 45
République (Q. de la) . **Z** 48
Roi-de-Rome (R.) . . . . **Z** 49
Roi-Jérôme (Bd) . . . . **Z** 50
St-Jean (Montée) . . . **Y** 51
Sebastiani (R. Gén.) . **Z** 53
Sérafini (Av. A.) . . . . . **Z** 55
Sœur-Alphonse (R.) . . **Z** 56
Vero (R. Lorenzo) . . . . **Z** 58
Zévaco-Maire (R.) . . . **Z** 60

※ **U Pampasgiolu,** 15 r. Porta   ℰ 04 95 50 71 52, *Fax 04 95 50 71 52*, 🌣 – 🔲. 🇬🇧   Z   r
fermé lundi midi, sam. midi et dim. – **Repas** 22 ♀.
   ◆ Salle à manger voûtée où l'on propose un copieux menu composé de plats corses servis sur une planche de bois : un "spuntinu" (casse-croûte) convivial et original.

※ **Bec Fin,** 3 bis bd Roi Jérôme   ℰ 04 95 21 30 52, *Fax 04 95 21 30 52* – 🔲. 🇦🇪 🇬🇧   Z   k
   fermé 20 déc. au 5 janv., lundi soir, dim. et fériés – **Repas** 14/29 ♀.
   ◆ Face à une esplanade verdoyante, une salle sobre et spacieuse, fréquentée à midi par les habitués, et davantage par les touristes le soir. Cuisine traditionnelle.

※ **Piano,**   13   bd   Roi   Jérôme   ℰ 04 95 51 23 81,   *toinou-le-piano@wanadoo.fr*,
   Fax 04 95 20 95 98, 🌣 – 🔲. 🇬🇧   Z   e
   fermé nov. et lundi – **Repas** 12 (déj.), 18,50/30,50 ♀.
   ◆ Coquet restaurant à deux pas du musée Fesch. Petit intérieur voûté, décoré de nombreux bibelots et terrasse dressée face au boulevard ombragé. Carte traditionnelle.

※ **France,** 59 r. Cardinal Fesch   ℰ 04 95 21 11 00, 🌣 – 🇦🇪 ① 🇬🇧   Z   n
   fermé nov. et dim. – **Repas** 16/20 ♣.
   ◆ À l'extrémité d'une rue piétonne, mignonne salle à manger voûtée, à la décoration simple mais accueillante, où l'on propose cuisine traditionnelle et spécialités régionales.

à Afa *par* ① *: 15 km par rte de Bastia et D 161 – 2 055 h. alt. 150* – ✉ *20167 Mezzavia :*

※※ **Auberge d'Afa,** ℰ 04 95 22 92 27, *Fax 04 95 22 92 27*, 🌣 – 🅿. 🇦🇪 ① 🇬🇧
   fermé lundi sauf août – **Repas** (nombre de couverts limité, prévenir) 16 (déj.)/25.
   ◆ Avenante auberge aux abords fleuris nichée aux portes du village. Salle à manger spacieuse et colorée prolongée par une terrasse. Cuisine traditionnelle.

Plaine de Cuttoli *par* ① *: 15 km par rte de Bastia, rte de Cuttoli (D 1) puis rte de Bastelicaccia –* ✉ *20167 Mezzavia :*

※※ **U Licettu,** ℰ 04 95 25 61 57, *Fax 04 95 53 71 00*, ≤, 🌣, 🌳 – 🅿. 🇬🇧
   fermé janv. dim. soir et lundi sauf juil.-août – **Repas** (prévenir) (menu unique) 34 bc.
   ◆ Villa dominant le golfe et noyée sous les fleurs, accueil charmant, cuisine corse copieuse et savoureuse (charcuteries maison) : de bonnes raisons de ne pas prendre le maquis !

※※ **A Casetta,** ℰ 04 95 25 66 59, *contact@acasetta.com*, *Fax 04 95 25 87 67*, 🌣 – 🅿. 🇦🇪 🇬🇧
   fermé dim. soir et lundi – **Repas** 38,20/45,80.
   ◆ Restaurant apprécié pour sa fraîche salle rustique, sa terrasse fleurie où il fait bon s'attarder, sa cuisine du terroir, ses grillades et pizzas. Tentant, n'est-ce pas ?

à Pisciatello *par* ① *et N 196 : 12 km* – ✉ *20129 Bastelicaccia :*

※ **Auberge du Prunelli,** ℰ 04 95 20 02 75, 🌣 – 🇬🇧
   fermé janv. et mardi – **Repas** 17,50 (déj.)/29 bc ♀.
   ◆ Maison corse du 19ᵉ s. jouxtant le pont ancien qui traverse le Prunelli. Cuisine du terroir, produits du verger et du potager servis dans un agréable cadre rustique.

rte des îles Sanguinaires *par* ② – ✉ *20000 Ajaccio :*

🏨 **Dolce Vita** 🐬, à 9 km   ℰ 04 95 52 42 42,   *hotel.dolcevita@wanadoo.fr*,
   Fax 04 95 52 07 15, ≤ îles Sanguinaires et le golfe, 🌣, ☳, 🐾, 🌳 – 🔲 ch, 📺 🅿 – 🔬 35.
   🇦🇪 ① 🇬🇧, 🛏 rest
   1ᵉʳ avril-31 oct. – **Mer : Repas** 40/54,40 ♀ – ☲ 16,30 – **32 ch** 101/230,50, (½ Pens. seul. en saison) – ½ P 173,20/205,40.
   ◆ Dolce Vita... Et si Anita Ekberg surgissait de la piscine ? Ce lieu de villégiature justement couru est bien séduisant avec ses agréables chambres orientées côté Méditerranée. Cuisine de la mer à déguster dans la vaste salle ou sur sa terrasse face au golfe.

🏨 **Eden Roc** 🐬, à 10 km   ℰ 04 95 51 56 00, *edenroc@wanadoo.fr*, *Fax 04 95 52 05 03*,
   ≤ golfe, 🌣, 🎴, ☳, 🌳 – 🛗 🔲 📺 📞 🐾 🅿 – 🔬 80. 🇦🇪 ① 🇬🇧 🇯🇨🇧, 🛏 rest
   Repas 25/40 – ☲ 20 – **40 ch** 245/545, 8 suites – ½ P 220/322,50.
   ◆ Belle situation dominant le golfe, piscine nichée dans un jardin d'éden ombragé de quelques palmiers et chambres relookées ouvertes sur la mer : l'adresse a bien des atouts. Salle à manger agrandie d'une terrasse offrant une vue superbe sur la baie d'Ajaccio.

🏨 **Cala di Sole** 🐬, à 6 km   ℰ 04 95 52 01 36, *caladisole@annuaire-corse.com*,
   Fax 04 95 52 00 20, ≤ mer, 🌣, ☳, 🐾, ※ – 🔲 📺 📞 🅿. 🇦🇪 🇬🇧, 🛏 rest
   1ᵉʳ avril-15 oct. – **Repas** carte 40 à 60 – **31 ch** (½ pens. seul.) – ½ P 128.
   ◆ Séjour tonique dans un bâtiment des années 1960 "les pieds dans l'eau" : plage privée, piscine, fitness, plongée, jet-ski et planche à voile. Chambres avec terrasse. Cuisine traditionnelle simple, axée sur le poisson, à déguster face à la mer.

🏨 **Pinède** 🐬, sans rest, à 3,5 km   ℰ 04 95 52 00 44, *hotelpinede@wanadoo.fr*,
   Fax 04 95 52 09 48, ≤, ☳, 🐾, 🔲 📺 📞 🅿. 🇦🇪 ① 🇬🇧, ※
   19 janv.-19 déc. – ☲ 6 – **38 ch** 137/158.
   ◆ Le jardin de ce bâtiment contemporain et sa piscine bordée de pins incitent au farniente. Chambres actuelles, en majorité tournées vers la baie. Plage de Barbicaja à proximité.

XX **Palm Beach,** à 5 km ℰ 04 95 52 01 03, hotel@palm-beach.fr, Fax 04 95 52 02 89, ≼, 斎, ♨ – 🗐. 🖭 ⓪ 🖼 🗷. 🛠
fermé dim. soir et lundi – **Repas** 24/53.
◆ Avec en premier plan la "grande bleue", restaurant de plage aménagé dans un esprit méditerranéen sobre et raffiné. À la carte, le poisson est roi.

X **Nausicaa,** à 7 km ℰ 04 95 52 01 42, Fax 04 95 52 01 42, ≼, 斎 – 🅿. 🖭 🖼
fermé nov. et lundi d'oct. à mai – **Repas** (dîner seul. en juil.-août) 18,30 (déj.), 30,50/38,20.
◆ Villa noyée sous les lauriers et les mûriers. Dégustez, entre autres, les poissons grillés au feu de bois dans une salle rustique ou sur l'agréable terrasse, face au golfe.

Aléria *2B H.-Corse* 345 *G7 – 1 966 h alt. 20 – ⊠ 20270.*
🖪 *Office de tourisme, Casa Luciana* ℰ 04 95 57 01 51, Fax 04 95 57 03 79, officetourismeale ria@wanadoo.fr.
Bastia 71 – Corte 50 – Porto Vecchio 72.

🏠 **L'Atrachjata** sans rest, ℰ 04 95 57 03 93, info@hotel-atrachjata.net, Fax 04 95 57 08 03 – 🛊 🗐 🖭 📞 ᛦ 🅿. 🖭 🖼. 🛠
⊑ 11 – **28 ch** 85/145.
◆ Au coeur d'Aléria (première métropole historique de Corse), hôtel familial entièrement refait. Grandes chambres actuelles, salles de bains neuves et insonorisation efficace.

Si le coût de la vie subit des variations importantes,
les prix que nous indiquons peuvent être majorés.
Lors de votre réservation à l'hôtel, faites-vous préciser le prix définitif.

Algajola *2B H.-Corse* 345 *C4 – 216 h alt. 2 – ⊠ 20220 L'Ile-Rousse.*
Voir *Citadelle★ – Descente de Croix★ dans l'église.*
🖪 *Office de tourisme, rue Droite* ℰ 04 95 62 78 32.
Bastia 76 – Calvi 16 – L'Ile-Rousse 10.

🏠 **Stellamare,** chemin Santa Lucia ℰ 04 95 60 71 18, stellamare2@wanadoo.fr, Fax 04 95 60 69 39, 🐄 – 📞 🅿. 🖼. 🛠
12 avril-12 oct. – **Repas** (dîner seul.) (résident seul.) 27 ♀ – ⊑ 7,50 – **16 ch** (½ pens. seul.) – ½ P 70/75.
◆ En retrait de la mer, nichée sur les hauteurs de la station, maison que l'on atteint après avoir traversé un beau jardin. Chambres plaisantes, régulièrement rafraîchies.

🏠 **Beau Rivage,** ℰ 04 95 60 73 99, info@hotel-beau-rivage.com, Fax 04 95 60 79 51, ≼, 斎, ♨ – 🗐 🖭 🅿. 🖭 🖼. 🛠 rest
15 avril-15 oct. – **Repas** (dîner seul.) (résidents seul.) – **36 ch** 73/130 – ½ P 62/76.
◆ Vous serez ici "les pieds dans l'eau" : les chambres de ce bâtiment moderne sont toutes judicieusement tournées vers la Méditerranée.

⌂ **Plage** sans rest, ℰ 04 95 60 72 12, Fax 04 95 60 64 89, ≼ – 🅿. 🖼. 🛠
1ᵉʳ mai-30 sept. – ⊑ 8 – **36 ch** 47/66.
◆ Pension de famille au charme désuet postée en bord de plage. Bercés par le sac et le ressac, vous oublierez vite l'aspect monacal de certaines chambres !

Aullène *2A Corse-du-Sud* 345 *D9 – 138 h alt. 825 – ⊠ 20116.*
Ajaccio 73 – Bonifacio 84 – Corte 103 – Porto-Vecchio 59 – Propriano 37 – Sartène 35.

⌂ **Poste,** ℰ 04 95 78 61 21, Fax 04 95 78 61 21, ≼, 斎 – 🖼. 🛠 rest
1ᵉʳ mai-30 sept. – **Repas** 16/22 ♀ – ⊑ 5,50 – **20 ch** 29/41 – ½ P 35/37.
◆ Dans un village de montagne, un des plus anciens hôtels de Corse, tenu depuis toujours par la même famille. Chambres modestes à la tenue impeccable. Le restaurant respire l'authenticité et la simplicité. Généreuse cuisine corse et produits maison.

Bastelica *2A Corse-du-Sud* 345 *D7 – 460 h alt. 800 – ⊠ 20119.*
Voir *Route panoramique★ du plateau d'Ese.*
Env. À 400 m du col de Mercujo : belvédère ≼★★ et SO : 13,5 KM.
Ajaccio 43 – Corte 69 – Propriano 70 – Sartène 82.

X **Chez Paul** avec ch, ℰ 04 95 28 71 59, Fax 04 95 28 73 13, ≼, 斎 – cuisinette. 🖼
Repas 13/20 – ⊑ 3,50 – **6 ch** 40 – ½ P 33.
◆ Vue plongeante sur le village et la vallée du Prunelli depuis la petite salle séparée de la cuisine... par la rue ! Cuisine corse, charcuteries maison. Chambres bien équipées.

Bastia Ⓟ *2B H.-Corse* 345 *F3 – 37 884 h –* ⌧ *20200.*

Voir *Terra-Vecchia* : le vieux port**, oratoire de l'Immaculée Conception* – Terra-Nova* : Assomption de la Vierge** dans l'église Ste-Marie, décor** rococo dans la chapelle Ste-Croix – musée d'Ethnographie corse** **M1.**

Env. *Église Ste-Lucie* ⩼** *6 km NO par D 31* X *– ⁎*** de la Serra di Pigno 14 km par* ③ *– ⩼** du col de Teghime10 km par* ③.

⛳ *Bastia Golf Club* ℰ *04 95 38 33 99, par* ② *: 20 km.*

✈ *de Bastia-Poretta* ℰ *04 95 54 54 54, par* ② *: 20 km.*

🛈 *Office de tourisme, place St Nicolas* ℰ *04 95 54 20 40, Fax 04 95 54 20 41, ot-bastia@wanadoo.fr.*

Ajaccio 148 ② *– Bonifacio 171* ② *– Calvi 92* ③ *– Corte 69* ② *– Porto 136* ②.

Plan page ci-contre

🏨 **Ibis** sans rest, av. J. Zuccarelli par ③ ℰ 04 95 55 05 10, *ibisbastiacentre@wanadoo.fr*, Fax 04 95 55 05 11 – 🛗 📶 📺 📞 ᗕ – 🛎 15 à 40. ◖≡◗ ⧉
⌕ 6 – **71 ch** 73.
♦ Architecture contemporaine excentrée bénéficiant d'équipements modernes très appréciables. Chambres confortables, insonorisées et bien conçues. Buffet de petits-déjeuners.

🏨 **Les Voyageurs** sans rest, 9 av. Mar. Sébastiani ℰ 04 95 34 90 80, *hotel-voyageurs@ifrance.com*, Fax 04 95 34 00 65 – 📺 📞 ⒶⒺ ◖≡◗   **X r**
fermé 20 déc. au 10 janv. – ⌕ 7 – **24 ch** 70/100.
♦ À deux pas de la gare, cet hôtel a pris un nouvel élan grâce à la rénovation réussie de ses chambres, décorées dans les tons jaune et bleu. Bonne insonorisation.

🏨 **Posta Vecchia** sans rest, r. Posta Vecchia ℰ 04 95 32 32 38, *hotel-postavecchia@wanadoo.fr*, Fax 04 95 32 14 05 – 🛗 ≡ 📺 📞 ⒶⒺ ① ◖≡◗ ⧉   **Y s**
⌕ 6,50 – **49 ch** 41/78.
♦ Au cœur de Terra-Vecchia, la vieille ville bastiaise, immeuble aux volets bleus. Chambres un peu étroites mais bien tenues ; elles sont plus grandes et plaisantes à l'annexe.

🍴🍴 **Citadelle**, r. Ste-Croix ℰ 04 95 31 44 70, Fax 04 95 32 77 53, 🌣 – ≡. ⒶⒺ ◖≡◗ ⒿⒸⒷ   **Z a**
fermé mi-déc. à mi-janv., sam. midi et dim. – **Repas** 35 ⓨ.
♦ Chaleureuse décoration méditerranéenne pour cet ancien moulin à huile qui a conservé, grâce à une habile restructuration, sa meule et sa presse à olives. Cuisine du terroir.

🍴🍴 **Chez Huguette**, quai Sud, au Vieux-Port ℰ 04 95 31 37 60, *panta@wanadoo.fr*, Fax 04 95 31 37 60, ⩼ – ⒶⒺ ① ◖≡◗   **Z t**
fermé 24 nov. au 14 déc., sam. midi, dim. sauf le soir en juil-août et lundi midi en juil-août – **Repas** carte 36 à 47.
♦ Restaurant familial situé face aux nombreuses embarcations du vieux port. Cet agréable voisinage donne le ton à la cuisine qui met à l'honneur fruits de mer et poissons frais.

🍴 **A Casarella**, r. Ste-Croix ℰ 04 95 32 02 32, Fax 04 95 32 02 32, 🌣 – ≡. ⒶⒺ ◖≡◗ ⧉   **Z s**
fermé nov., sam. midi et dim. – **Repas** carte environ 30.
♦ Après le labyrinthe de venelles de la pittoresque citadelle, que diriez-vous d'une halte dans ce restaurant où quelques tables offrent une échappée sur le vieux port ?

à Palagaccio *par* ① *: 2,5 km –* ⌧ *20200 Bastia :*

🏩 **L'Alivi** ⩘ sans rest, ℰ 04 95 55 00 00, *hotel-alivi@wanadoo.fr*, Fax 04 95 31 03 95, ⩼ mer, ⅀, 🌳 – 🛗 📺 📞 Ⓟ – 🛎 50. ⒶⒺ ① ◖≡◗
fermé 2 déc. au 3 janv. – ⌕ 10 – **37 ch** 135/165.
♦ Sur la route du Cap Corse, établissement moderne aux chambres fonctionnelles et spacieuses faisant face à la mer. Ample solarium surplombant la "grande bleue".

à Pietranera *par* ① *: 3 km –* ⌧ *20200 Bastia :*

🏩 **Pietracap** ⩘ sans rest, sur D 131 ℰ 04 95 31 64 63, *hotel-pietracap@wanadoo.fr*, Fax 04 95 31 39 00, ⩼, ⅀, 🌳 – ≡ 📺 📞 Ⓟ – 🛎 20. ⒶⒺ ① ◖≡◗ ⒿⒸⒷ
1er avril-30 nov. – ⌕ 10 – **39 ch** 106/155.
♦ Un havre de paix dans un parc arboré et fleuri, une attention toute particulière étant ici accordée à la splendide décoration florale. Vastes chambres côté mer Méditerranée.

🏨 **Cyrnea** sans rest, ℰ 04 95 31 41 71, Fax 04 95 31 72 65, ⩼, 🌳 – ≡ 📺 📞 ⟺ Ⓟ – 🛎 20. ◖≡◗ ⧉
fermé 15 déc. au 15 janv. – ⌕ 7 – **20 ch** 65/80.
♦ À côté de l'église, sur la rue principale, petite affaire familiale aux chambres simples et bien tenues, plus agréables côté mer. Le jardin, en terrasses, aboutit à la plage.

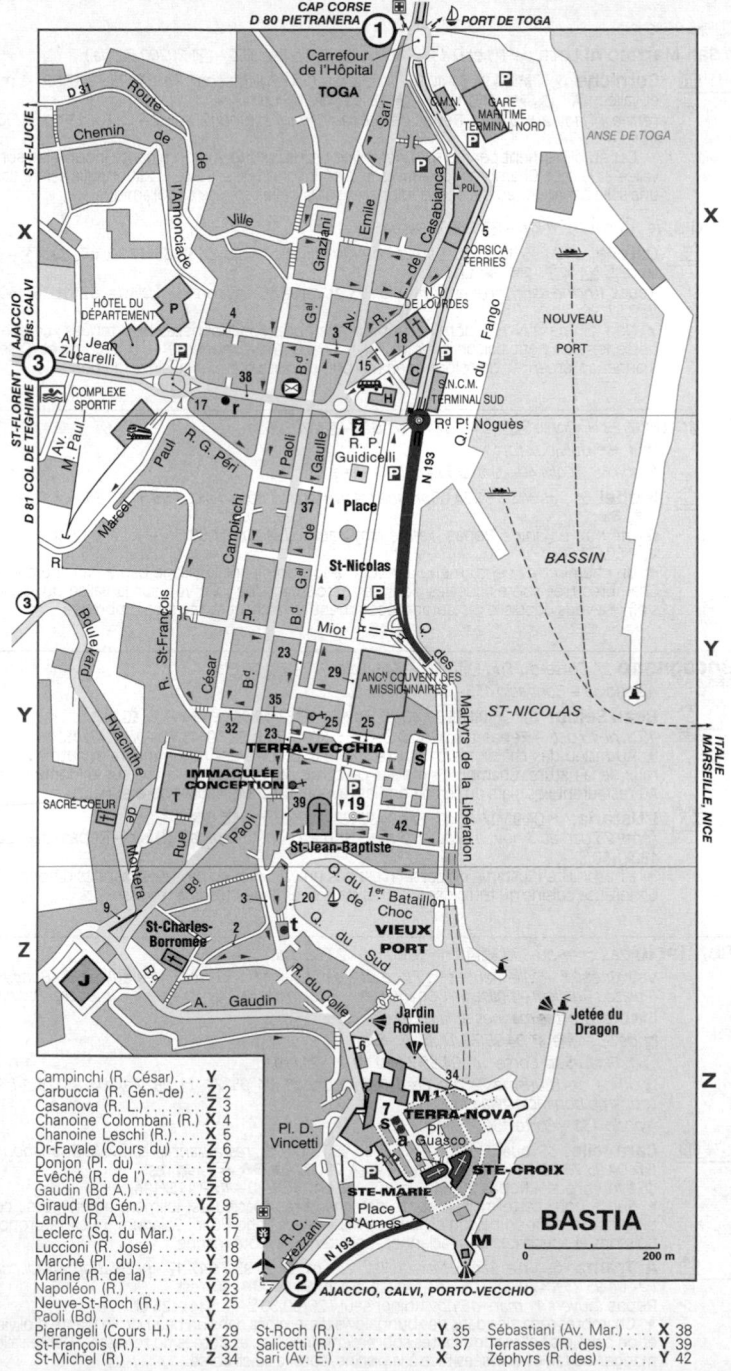

Campinchi (R. César) .... **Y**
Carbuccia (R. Gén.-de) .. **Z** 2
Casanova (R. L.) .... **Z** 3
Chanoine Colombani (R.) **X** 4
Chanoine Leschi (R.) ..... **X** 5
Dr-Favale (Cours du) ..... **Z** 6
Donjon (Pl. du) .... **Z** 7
Évêché (R. de l') .... **Z** 8
Gaudin (Bd A.) .... **Z**
Giraud (Bd Gén.) .... **YZ** 9
Landry (R. A.) .... **X** 15
Leclerc (Sq. du Mar.) .... **X** 17
Luccioni (R. José) .... **X** 18
Marché (Pl. du) .... **Y** 19
Marine (R. de la) .... **Z** 20
Napoléon (R.) .... **Y** 23
Neuve-St-Roch (R.) ...... **Y** 25
Paoli (Bd) ....
Pierangeli (Cours H.) .... **Y** 29
St-François (R.) .... **Y** 32
St-Michel (R.) .... **Z** 34

St-Roch (R.) .... **Y** 35
Salicetti (R.) .... **Y** 37
Sari (Av. E.) .... **X**

Sébastiani (Av. Mar.) .... **X** 38
Terrasses (R. des) .... **Y** 39
Zéphyrs (R. des) .... **Y** 42

BASTIA

0   200 m

à San Martino di Lota *par ① et D 131 : 13 km – 2 530 h. alt. 350 – ⊠ 20200 Bastia :*

🏨 **Corniche** ♨, ℰ 04 95 31 40 98, *info@hotel-lacorniche.com, Fax 04 95 32 37 69,* ≼ mer
et vallée, 🍽️, ⤢, ☞ – ⊡ 🕻 🅿. – 🍴 15. ⚙ 🆚. ⋪ ch
fermé 1ᵉʳ janv. au 15 fév. – **Repas** *(fermé mardi midi et lundi)* 25/45 ⓔ – ⊑ 8 – **19 ch** 69/96 –
½ P 64,50/78.

◆ Cet établissement perché sur une colline profite d'une vue dominante inoubliable sur la
vallée et la mer. Chambres spacieuses et bien insonorisées. Carte traditionnelle servie dans
une salle à manger au décor méridional et sur la belle terrasse panoramique.

rte d'Ajaccio *par ② : 4 km – ⊠ 20600 Bastia :*

🏨 **Ostella,** ℰ 04 95 30 97 70, *Ostella.hotel@wanadoo.fr, Fax 04 95 33 11 70,* 🍽️, ₤ᛰ, 🏊 – 🛗,
☰ rest, ⊡ 🕻 🅿. – 🍴 25. ⚙ 🆚. ⋪ ch
Repas *(fermé sam. midi et dim. midi)* 23 et carte 35 environ ⓔ – ⊑ 10 – **52 ch** 76/130 –
½ P 67/90.

◆ Non loin de la N 193, hôtel récent aux chambres fonctionnelles bien tenues ; certaines
possèdent un petit balcon ouvrant sur la mer. Fitness moderne et très complet. Salle à
manger agrémentée de colonnes en marbre, terrasse d'été et cuisine traditionnelle.

Belgodère *2B H.-Corse* ⭘⭘⭘ *D4 – 371 h alt. 320 – ⊠ 20226.*

Voir ≼★ *du vieux fort.*

Bastia 68 – Calvi 40 – Corte 55 – L'Ile-Rousse 15.

⌂ **Niobel** ♨, ℰ 04 95 61 34 00, *niobeltrani@hotmail.com, Fax 04 95 61 35 85,* ≼ vallée, 🍽️
– 🅿. 🆚
fermé nov. et janv. – **Repas** *(fermé dim. sauf juil.-août)* 17,50/31 – ⊑ 7 – **12 ch** 60/75 –
½ P 50/52,50.

◆ Un chemin très pentu mène à cette maison dominant le village bâti à flanc de colline.
Chambres très sobres, idéales pour se ressourcer. Une jolie vue sur la vallée du Régino
s'offre à vous depuis le restaurant récemment rafraîchi et sa terrasse ombragée.

Bocognano *2A Corse-du-Sud* ⭘⭘⭘ *D7 – 343 h alt. 600 – ⊠ 20136.*

Ajaccio 39 – Bonifacio 155 – Corte 43.

⌂ **Beau Séjour** ♨, ℰ 04 95 27 40 26, *Fax 04 95 27 40 95,* ≼, ☞ – 🅿. ⚙ 🆚
15 avril-15 oct. – **Repas** 13,90/28,20 ⓔ – ⊑ 5,30 – **17 ch** 38,50/45,50 – ½ P 42/45.

◆ Au milieu des châtaigniers, bâtisse (1890) appréciée des randonneurs et autres amoureux de la nature. Chambres simples ; certaines offrent une belle vue sur le Monte d'Oro.
Au restaurant, les plats du terroir ont les faveurs du chef ; cadre sobre et fleuri.

✕✕ **L'Ustaria,** ℰ 04 95 27 41 10, *Fax 04 95 27 43 26,* 🍽️ – ⚙ 🆚. ⋪
femé 25 oct. au 3 nov., 15 fév. au 3 mars et merc. du 15 sept. au 30 juin – **Repas** *(déj. seul.)*
18,50/50 ⓔ.

◆ L'hospitalité ("lustaria" en corse) n'est pas un vain mot au pays des "bandits d'honneur".
Généreuse cuisine du terroir servie près de la cheminée ou sur la terrasse.

Bonifacio *2A Corse-du-Sud* ⭘⭘⭘ *D11 G. Corse – 2 658 h alt. 55 – ⊠ 20169.*

Voir *Site*★★★ *– Ville haute*★★ *: Place du marché* ≼★★ *– Trésor*★ *des églises de Bonifacio
(Palazzu Publicu) – Eglise St-Dominique*★ *– Esplanade St-Francois* ≼★ *– Cimetière marin*★.

Excurs. *Grottes marines et la côte*★★.

🏌 *de Sperone* ℰ 04 95 73 17 13, *E : 6 km.*

✈ *Figari-Sud-Corse : ℰ 04 95 71 10 10, N : 21 km.*

🄸 *Office de tourisme, 2 rue Fred Scamaroni ℰ 04 95 73 11 88, Fax 04 95 73 14 97,
tourisme.bonifacio@wanadoo.fr.*

Ajaccio 132 – Corte 150 – Sartène 50.

🏨 **Caravelle,** 35 quai Comparetti ℰ 04 95 73 00 03, *restaurant-la-caravelle@wanadoo.fr,
Fax 04 95 73 00 41,* ≼, 🍽️ – ⊡ 🆚. – 🍴 25. ⚙ ⓞ 🆚 🄹🄲🄱. ⋪ rest
15 avril-mi oct. – **Repas** 29/64 – ⊑ 10 – **28 ch** 115/220 – ½ P 115/194.

◆ Sur le port, cette maison abrite des chambres spacieuses, joliment aménagées ; certaines possèdent un balcon ou une terrasse. Petit patio fleuri. Solarium. La carte propose
poissons et spécialités bonifaciennes. Belle terrasse, côté marine.

🏨 **A Trama** ♨, rte Santa Manza Est : 2 km ℰ 04 95 73 17 17, *hotelatrama@aol.com,
Fax 04 95 73 17 79,* 🍽️, ⤢, 🏊 – ⊡ 🅿. ⚙ ⓞ 🆚. ⋪ rest
Repas *(ouvert 1ᵉʳ mars-15 nov.)* (diner seul.) 26/30,50 ⓔ – ⊑ 11 – **25 ch** 176.

◆ Chambres réparties dans des bungalows disséminés dans un beau jardin planté d'oliviers
et de palmiers ; elles sont toutes sobrement décorées et dotées de terrasses. Petite salle à
manger ou tables dressées face à la piscine, sous le soleil corse.

🏨 **Centre Nautique,** quai Nord ✆ 04 95 73 02 11, *info@centre-nautique.com*, Fax 04 95 73 17 47, ☆ – 🗹 **P.** **ÆE** **①** **GB**, ✖
26 déc.-30 oct. – **Repas** *(fermé lundi sauf juil.-août)* carte 30 à 55 – ☲ 10 – **11 ch** 140/190 – ½ P 104/129.
♦ Cette maison ancienne est l'observatoire idéal pour contempler tranquillement le port et la ville haute. Plaisante décoration maritime. Chambres agencées en duplex. Restaurant meublé en teck, à la fois chic et décontracté. Cuisine traditionnelle et vins d'ici.

🏨 **Roy d'Aragon** sans rest, 13 quai Comparetti ✆ 04 95 73 03 99, *info@royaragon.com*, Fax 04 95 73 07 94 – 🛗 🗹. **ÆE** **GB**, ✖
☲ 8 – **31 ch** 90/145.
♦ Cette bâtisse du 18e s. qui abrita, un temps, la gendarmerie, propose aujourd'hui des chambres rénovées ; certaines donnent sur le port. Terrasse pour le petit-déjeuner.

🏨 **Santa Teresa** ⌖ sans rest, quartier St-François (ville haute) ✆ 04 95 73 11 32, *hotel.santateresa@wanadoo.fr*, Fax 04 95 73 15 99, ≼ – 🛗 ▤ 🗹 **P.** **GB**, ✖
1er avril-30 oct. – ☲ 10 – **48 ch** 126/137.
♦ Imposante bâtisse proche du surprenant cimetière marin. Chambres fonctionnelles et calmes ; préférez celles bénéficiant d'une vue sur les falaises et la Sardaigne.

✗ **Stella d'Oro,** 7 r. Doria (ville haute) ✆ 04 95 73 03 63, *stella.oro@bonifacio.com*, Fax 04 95 73 03 12 – ▤. **ÆE** **①** **GB**
4 avril-fin sept. – **Repas** 22,50 ♈.
♦ Petite adresse très sympathique et joliment décorée (poutres, pressoir à olives et meule en pierre). Cuisine bonifacienne et poissons au gré des arrivages. Accueil chaleureux.

✗ **Domaine de Licetto** ⌖ avec ch, rte Pertusato, Sud-Est : 2 km ✆ 04 95 73 19 48, *denisefaby@aol.com*, Fax 04 95 73 03 59, ≼, ☆ – **P.**
Repas *(ouvert Pâques-fin oct. et fermé dim. sauf août)* (nombre de couverts limité, prévenir) (dîner seul.) (menu unique) 30 – ☲ 6 – **7 ch** 67/112.
♦ Salle rustique et terrasse fleurie où l'on sert une cuisine corse familiale préparée avec les légumes du potager. Chambres simples. Du domaine, vue superbe sur la région.

à Gurgazu *Nord-Est : 6 km par rte de Santa-Manza* – ✉ *20169 Bonifacio* :

🏨 **Golfe** ⌖, ✆ 04 95 73 05 91, *golfe.hotel@wanadoo.fr*, Fax 04 95 73 17 18, ≼, ☆ – ▤ ch, **P.** **ÆE** **GB**
avril-24 oct. – **Repas** 14,50/22 – **12 ch** (½ pens. seul.) – ½ P 70.
♦ Occupant un site sauvage dans le golfe de Santa Manza, à 50 m de la mer, une affaire familiale simple pour amateurs de quiétude. Les baies vitrées de la salle à manger ouvrent "plein cadre" sur les eaux bleues du golfe. Appétissante cuisine traditionnelle.

à Calalonga *Est : 6 km par D 258 et rte secondaire* – ✉ *20169 Bonifacio* :

✗✗ **Marina di Cavu** ⌖ avec ch, ✆ 04 95 73 14 13, *info@marinadicavu.com*, Fax 04 95 73 04 82, ≼ Iles Lavezzi et Cavallo, ☆, ⛴ – ▤ ch, 🗹 **P.** **ÆE** **GB** **JCB**, ✖
Repas *(ouvert 1er avril-2 nov.)* (nombre de couverts limité, prévenir) 45/65 (dîner), carte le midi ♈ – ☲ 16 – **4 ch** 220/340, 5 suites 460/600 – ½ P 282/402.
♦ Le chemin est un peu cahotant, mais vous serez récompensés de votre peine avec cet insolite restaurant aménagé dans les rochers et ces jolies chambres méditerranéennes.

au Nord-Est : *10 km par rte de Porto-Vecchio (N 198) et rte secondaire* – ✉ *20169 Bonifacio* :

🏨 **U Capu Biancu** ⌖, Domaine de Pozzoniello ✆ 04 95 73 05 58, *info@ucapubiancucom*, Fax 04 95 73 18 66, ≼, ☆, ♠, – ▤ rest, 🗹 㐁 **P.** **ÆE** **①** **GB**, ✖ rest
29 avril-2 nov. – **Repas** 50 ♈ – ☲ 16 – **38 ch** 157/250 – ½ P 133/173.
♦ Un chemin défoncé conduit à cet hôtel isolé dans la nature, face au golfe de Santa Manza. Chambres très colorées, côté mer ou maquis. Ponton privé et sports nautiques. L'atout majeur du restaurant est sa vue panoramique sur les flots. Spécialités régionales.

Calacuccia *2B H.-Corse* 345 *D5 – 340 h alt. 830 –* ✉ *20224.*
Voir *Site*★★ – *Tour du lac de barrage*★★ – *Défilé de la Scala di Santa Régina*★★ *NE : 5 km.*
🅱 *Syndicat d'initiative, avenue Valdoniello* ✆ *04 95 47 12 62, Fax 04 95 47 12 62, ot-niolu@club-internet.fr.*
Bastia 78 – Calvi 97 – Corte 35 – Piana 68 – Porto 58.

🏨 **Acqua Viva** sans rest, ✆ 04 95 48 06 90, Fax 04 95 48 08 82 – 🗹 **P.** **GB**
☲ 9 – **14 ch** 66.
♦ Au débouché de la Scala di Santa Regina taillée, dit-on, par la Vierge en personne, cet hôtel dispose de chambres actuelles d'une tenue irréprochable. Accueil aimable.

Calvi 🕾 *2B H.-Corse* 345 *B4 – 5 177 h –* ⊠ *20260.*

Voir *Citadelle*✶✶ : *fortifications*✶ – *La Marine*✶.

Env. *Intérieur*✶ *de l'église St-Jean-Baptiste.*

Excurs. *La Balagne*✶✶✶.

✈ *de Calvi-Ste-Catherine :* 𝒫 *04 95 65 88 88, par* ①.

🖪 *Office de tourisme, Port de Plaisance* 𝒫 *04 95 65 16 67, Fax 04 95 65 14 09, omt. calvi@wanadoo.fr.*

Bastia 92 ① – *Corte 88* ① – *L'Île-Rousse 25* ① – *Porto 73* ①.

N 197 🍴 *L'ÎLE-ROUSSE, BASTIA, AJACCIO*

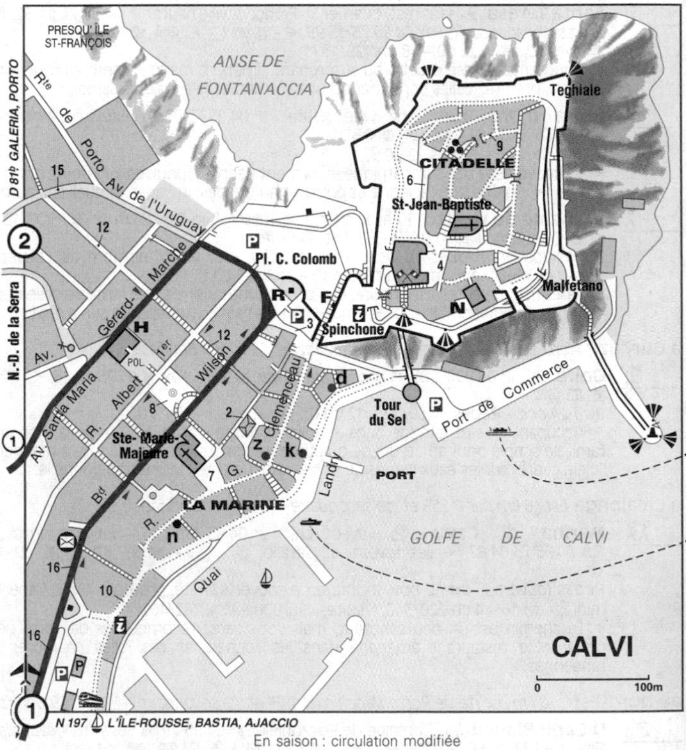

En saison : circulation modifiée

Alsace-Lorraine (R.) 2	Crudelli (Pl.) 7	Montée des Écoles
Anges (R. des) 3	Dr-Marchal	(Chemin de) 12
Armes (Pl. d') 4	(Pl. du) 8	Napoléon (Av.) 15
Clemenceau (R. G.)	Fil (R. du) 9	République (Av. de la) 16
Colombo (R.) 6	Joffre (R.) 10	Wilson (Bd)

🏨🏨 **Villa** ⅏, chemin de Notre Dame de la Serra par ① : *1 km* 𝒫 04 95 65 10 10, *la-villa.reservat*
❀ *ion@wanadoo.fr, Fax 04 95 65 10 50,* ≤, 😚, *Ⅰ₅*, ⬜, ✂, ▵, – ▯ ⤴ ☰ ⅏ ℃ & ℗ – ▵ 40.
AE ① GB JCB ✂
1ᵉʳ avril-2 janv. – **L'Alivu** *(fermé lundi et mardi du 3 nov. au 23 déc.)* **Repas** 70
(dîner) et carte 90 à 115 – ⊇ 23 – **41 ch** 380/420, 10 suites.
♦ Entre couvent et villa romaine, palace contemporain juché sur les hauteurs, comme prosterné face à la mer. Fer forgé, mosaïques, rotin, terre cuite... Un joyau caché ! Au dîner, goûteuse cuisine méditerranéenne ; à midi, recettes plus simples et choix limité.
Spéc. Penne rigate comme un risotto, langoustines et crevettes. Pigeonneau en croûte de sel, jus au vinaigre de myrthe. Pavé de denti comme un tournedos (sauf été). **Vins** Vin de Corse Calvi.

🏨 **Regina** sans rest, av. Santa Maria par ① ℰ 04 95 65 24 23, *infos@reginahotelcalvi.com*, Fax 04 95 61 00 09, ≤, ⌫ – ⧉ ⥅ 🖵 📺 📞 ₺ ⬚ 🅿 – 🔏 50
☲ 10 – **44 ch** 144/255.
◆ Ce nouvel hôtel bénéficie d'une situation dominante offrant ainsi une vue sur le port et le golfe de Calvi. Grandes chambres modernes tournées vers la mer ou la jolie piscine.

🏨 **Balanea** sans rest, 6 r. Clemenceau (n) ℰ 04 95 65 94 94, *info@hotel-balanea.com*, Fax 04 95 65 29 71, ≤ – ⧉ ⧉ 📺 📞, 🆎 ① 🆇🅱
☲ 12 – **38 ch** 180/200.
◆ Accès par rue piétonne. La plupart des chambres, spacieuses et peu à peu rénovées, offrent un beau panorama sur le port ; toutes sont climatisées.

🏨 **Meridiana** sans rest, av. Santa Maria par ① ℰ 04 95 65 31 38, *info@hotel-meridiana.com*, Fax 04 95 65 32 72, ≤ – ⧉ ⧉ 📺 📞 🅿, 🆎 ① 🆇🅱, ⚡
☲ 9 – **42 ch** 110.
◆ Complexe hôtelier moderne sur les hauteurs de la cité "toujours fidèle". Loggia privée et vue sur la mer pour les chambres (sauf quatre récemment aménagées). Accueil aimable.

🏨 **L'Onda** sans rest, av. Christophe Colomb par ① : *1 km* ℰ 04 95 65 35 00, *hotelonda@yaho o.fr*, Fax 04 95 65 16 26 – ⧉ ⧉ 📺 🅿, 🆎 ① 🆇🅱, ⚡
17 avril-4 nov. – ☲ 7 – **24 ch** 82/110.
◆ À proximité de la plage et de la pinède créée à la fin du 19ᵉ s., petit immeuble des années 1980 dont les chambres, pratiques, bénéficient toutes de l'agrément d'une loggia.

🏨 **Caravelle** ⚡, à la plage par ① : *0,5 km* ℰ 04 95 65 95 50, *hotel-la-caravelle-calvi@wanad oo.fr*, Fax 04 95 65 00 03, ⚡ – ⧉ 📞, 🆇🅱, ⚡
8 avril-28 oct. – **Repas** (dîner seul.) (½ pens. obligatoire en saison) 22/33 – ☲ 10 – **34 ch** 85/99 – ½ P 98/108.
◆ Construction basse aux allures d'hacienda. Chambres réparties autour d'un nid de verdure, certaines avec terrasse fleurie. Solarium dominant le golfe de Calvi. Salle de restaurant toute simple, mais lumineuse ; tables dressées dans le jardin aux beaux jours.

🏨 **Revellata** sans rest, av. Napoléon, rte d'Ajaccio par ② : *0,5 km* ℰ 04 95 65 01 89, *info.@h otel-revellata.com*, Fax 04 95 65 29 82, ≤ – ⧉ ⧉ 🅿, 🆎 ① 🆇🅱, ⚡
1ᵉʳ avril-30 oct. – ☲ 7 – **43 ch** 120/135.
◆ La mer est à moins de 100 m, seulement séparée de l'établissement par la route conduisant à Porto. Chambres au mobilier robuste, jouissant de la vue sur la "grande bleue".

🍴🍴🍴 **Emile's,** quai Landry (k) ℰ 04 95 65 09 60, *info@restaurant-emiles.com*, Fax 04 95 60 56 40, ≤, ⚡ – ⧉ 🆇🅱, ⚡
fermé 1ᵉʳ au 20 fév., 1ᵉʳ au 15 nov., lundi et mardi hors saison – **Repas** 28 (déj.), 45/100 (dîner) et carte 62 à 85 🛇.
◆ Un discret escalier mène à la terrasse panoramique surplombant le port et à la salle à manger. Cuisine faisant la part belle aux produits de la mer.

🍴 **Calellu,** quai Landry (d) ℰ 04 95 65 22 18, ≤, ⚡ – 🆎 🆇🅱
1ᵉʳ mars-31 oct. et fermé lundi hors saison – **Repas** 20/25 🛇.
◆ Petite façade avenante et salle aux tons beiges, décorée sur le thème de la flore corse. Carte de poissons, à déguster tout en contemplant les bateaux dans la baie.

🍴 **Aux Bons Amis,** r. Clemenceau (z) ℰ 04 95 65 05 01, Fax 04 95 65 32 41, ⚡ – ⧉. 🆇🅱
1ᵉʳ avril-15 oct. et fermé jeudi hors saison et dim. midi en saison – **Repas** 17/55 🛇.
◆ Dans une rue piétonne, sympathique petit restaurant décoré sur le thème de la pêche (filets, bibelots) ; vivier à langoustes et homards. Spécialités de produits de la mer.

par ① rte de l'aéroport et chemin privé : 5 km – ✉ 20260 Calvi :

🏨 **Signoria** ⚡, ℰ 04 95 65 93 00, *info@hotel-la-signoria.com*, Fax 04 95 65 38 77, ⚡, ⌫, ⚡, 🐾 – ⧉ ch, 📺 📞 🅿, 🆎 ① 🆇🅱, ⚡ ch
fin mars à début nov. – **Repas** (dîner seul. en semaine) 60/74 – ☲ 22 – **20 ch** 280/380 – ½ P 217/267.
◆ La fibre méditerranéenne palpite en cette demeure du 17ᵉ s. nichée dans une pinède : murs aux tons ocre ou bleu, mobilier corse d'époque et... senteurs infinies ! Cuisine au goût du jour, servie dans une salle à manger méridionale ou sur une jolie terrasse.

Cargèse 2A Corse-du-Sud 🗺️ A7 – 982 h alt. 75 – ✉ 20130.
Voir *Église latine* ≤★ – *Site*★★ depuis le belvédère de la pointe Molendino E : 3 km.
🅱 *Office de tourisme, rue du Dr Dragacci* ℰ 04 95 26 41 31, Fax 04 95 26 48 80, *ot. cargese@wanadoo.fr.*
Ajaccio 51 – Calvi 106 – Corte 119 – Piana 21 – Porto 33.

🏨 **Thalassa** ⟋, plage du Pero, Nord : 1,5 km ℰ 04 95 26 40 08, *Fax 04 95 26 41 66*, ≼, ▲ᴳ, ♨ – 🖸 ⅙ 🅿. ✍ rest
hôtel : 2 mai-30 sept. ; rest. : 20 mai-30 sept. – **Repas** (1/2 pens. seul.) – ⚏ 6 – **22 ch** (1/2 pens. seul.) – 1/2 P 71.
♦ Un étroit chemin mène à cet hôtel "les pieds dans l'eau". Chambres rustiques, donnant parfois côté mer. Ambiance de pension de famille. Les habitués du restaurant apprécient la simplicité de la salle à manger aux tons blanc et bleu et la proximité de la plage.

🏨 **Spelunca** sans rest, ℰ 04 95 26 40 12, *Fax 04 95 26 47 36*, ≼ – 😎 ✍
1ᵉʳ avril-5 nov. – ⚏ 6 – **20 ch** 70/80.
♦ Immeuble des années 1960 à l'entrée de la "ville grecque". Chambres méticuleusement tenues, avec vue sur le golfe de Sagone en façade, et calme appréciable sur l'arrière.

Casamozza *2B H.-Corse* 345 *F4* – ✉ *20290 Borgo.*
Bastia 20 – Corte 49 – Vescovato 6.

🏨 **Chez Walter,** N 193 ℰ 04 95 36 00 09, *hotel.chez.walter@wanadoo.fr*, *Fax 04 95 36 18 92*, ㋡, ⅃, ☞, ✸ – ▤ ch, 🖸 ✆ 🅿 – 🛦 30 à 80. ஊ ⓪ 🅶🅱
Repas *(fermé 10 au 31 déc. et dim. de sept. à juin.)* 20/23 – ⚏ 7 – **52 ch** 90/145 – 1/2 P 80/95.
♦ Proche de l'aéroport de Bastia-Poretta et en retrait de la N 193, complexe hôtelier moderne dont les chambres, bien équipées, ont toutes été relookées. Vaste salle de restaurant au décor passe-partout ; cuisine de type pension de famille, buffets et pizzas.

Cauro *2A Corse-du-Sud* 345 *C8 – 1 060 h alt. 450 – ✉ 20117.*
Ajaccio 22 – Sartène 63.

✗ **Napoléon,** ℰ 04 95 28 40 78 – ⓪ 🅶🅱
15 juil.-15 sept., weeks-ends hors saison et fermé merc. – **Repas** (prévenir) 25 ♈.
♦ Auberge avenante sur la rue principale du village. Salle à manger rustique où l'on propose une cuisine d'inspiration régionale. Accueil familial décontracté.

Col d'Arcarotta *2B H.-Corse* 345 *F5 – alt. 819 – ✉ 20234 Piobetta.*
Bastia 59 – Corte 61 – Vescovato 40.

✗ **Auberge des Deux Vallées,** ℰ 04 95 35 91 20, *vavincenti@aol.com, Fax 04 95 35 91 20*, ≼, ㋡ – 🅶🅱
1ᵉʳ mai-15 sept. et fermé lundi – **Repas** 15/25 ♌.
♦ Modeste petite auberge comme perdue en pleine Castagniccia, où l'on jouira d'un beau panorama sur les vallées verdoyantes. Spécialités corses ; vente de charcuteries locales.

Col de Bavella *2A Corse-du-Sud* 345 *E9 – alt. 1218 – ✉ 20124 Zonza.*
Voir *Col et aiguilles de de Bavella*★★★ – *Forêt de Bavella*★★.
Ajaccio 102 – Bonifacio 76 – Porto-Vecchio 49 – Propriano 49 – Sartène 47.

✗ **Auberge du Col de Bavella,** ℰ 04 95 72 09 87, *Fax 04 95 72 16 48*, ㋡ – ஊ ⓪ 🅶🅱 🅹🅲🅱
1ᵉʳ avril-31 oct. – **Repas** 15,50/22,50, enf. 8,50 ♈.
♦ Ressource de montagne perdue parmi les pins laricio, à proximité des surprenantes aiguilles de Bavella. Vaste salle rustique. Spécialités corses et charcuteries maison.

Conca *2A Corse-du-Sud* 345 *E9 – 770 h alt. 360 – ✉ 20135.*
Ajaccio 148 – Bonifacio 51.

🏨 **San Pasquale** ⟋ sans rest, ℰ 04 95 71 56 13, *Fax 04 95 71 42 10*, ☞
1ᵉʳ mai-30 sept. – ⚏ 6 – **15 ch** 65/82.
♦ Vous goûterez à un repos bien mérité dans ce petit hôtel familial, point d'aboutissement, ou de départ, du GR 20. Chambres toutes blanches, meublées en rotin.

Corte ⟨ᔆᴾ⟩ *2B H.-Corse* 345 *D6 G. Corse – 6 329 h alt. 396 – ✉ 20250.*
Voir *Ville haute*★ : *chapelle Ste-Croix*★, *citadelle*★ ≼★, *Belvédère* ❊★ – *Musée de la Corse*★★.
Env. ❊★★ *du Monte Cecu N : 7 km – SO : gorges de la Restonica*★★.
🅱 *Office de tourisme, La Citadelle* ℰ 04 95 46 26 70, *Fax 04 95 46 34 05, Corte.Tourisme @wanadoo.fr.*
Bastia 69 – Bonifacio 150 – Calvi 88 – L'Ile-Rousse 63 – Porto 93 – Sartène 149.

dans les Gorges de La Restonica *Sud-Ouest sur D 623 –* ⊠ *20250 Corte :*

🏤 **Dominique Colonna** ⑤ sans rest, à 2 km ℘ 04 95 45 25 65, *restonic@club-internet.fr*,
Fax 04 95 61 03 91, ⅃, ⌖ – ▤ 🆃🆅 ✆ ⅋ 🅿 ⅍ ⑩ 🅶🅱
15 mars-4 nov. – 🖃 11 – **30 ch** 90/130.
♦ Au beau milieu des gorges profondes et des "pins de Corte" se dresse fièrement ce
groupe de bâtiments portant le nom d'une célébrité du ballon rond. Chambres modernes.

✕ **Auberge de la Restonica,** à 2 km ℘ 04 95 46 09 58, *aubergerestonica@hotmail.com*,
Fax 04 95 61 15 79, ⌖, ⅃ – ▤ 🅿 🅶🅱
15 mars-3 nov. – **Repas** 19/25, enf. 9.
♦ Cette auberge propose, dans un cadre agreste chaleureux, une cuisine du terroir ainsi
que quelques spécialités de poissons directement pêchés dans la Restonica.

Coti-Chiavari *2⬚ Corse-du-Sud* 🎴🎴🎴 *B9 – 490 h alt. 625 –* ⊠ *20138.*
Ajaccio 42 – Propriano 38 – Sartène 50.

🏠 **Belvédère** ⑤, ℘ 04 95 27 10 32, Fax 04 95 27 12 99, ≼ golfe d'Ajaccio, ⌖, ⌖ – 🆃🆅 ⅍
🅿 ⅍ rest
fermé 11 nov. au 15 fév. et le midi sauf dim. de fév. à mai – **Repas** (prévenir) 25/28 ⅃ – 🖃 5
– **13 ch** 50/65 – ½ P 45.
♦ Véritable nid d'aigle isolé dans le maquis et offrant une vue époustouflante sur le golfe
d'Ajaccio. Les chambres sont spacieuses et fonctionnelles. La salle de restaurant et la
terrasse composent de séduisants belvédères ; cuisine du terroir.

Erbalunga *2B H.-Corse* 🎴🎴🎴 *F3 –* ⊠ *20222.*
Voir *Le port★*.
Bastia 11 – Rogliano 30.

🏠 **Castel'Brando** sans rest, ℘ 04 95 30 10 30, *info@castelbrando.com*, Fax 04 95 33 98 18,
⅃, ⌖ – cuisinette 🆃🆅 ✆ ⅍ 🅿 ⅍ 🅶🅱 🆃🅲🅱
15 mars-2 nov. – 🖃 12 – **40 ch** 96/160.
♦ Maison de maître édifiée par un médecin des armées napoléoniennes. Le client y est
choyé. Chambres sans fioritures, mais de caractère : pierres, tomettes et murs blanchis.

✕✕ **Pirate,** au port ℘ 04 95 33 24 20, *jeanpierrericci@aol.com*, Fax 04 95 33 18 97, ≼, ⌖ –
▤, 🅰🅴 🅶🅱, ⅍
fermé janv., fév., lundi et mardi sauf le soir en juil.-août – **Repas** 47 (déj.), 67/97 bc ⅍.
♦ Agréable terrasse dressée face au petit port, coquettes salles à manger rénovées et
poissons fraîchement pêchés font le charme de cette vieille maison en pierre.

Évisa *2A Corse-du-Sud* 🎴🎴🎴 *B6 – 196 h alt. 850 –* ⊠ *20126.*
Voir *Forêt d'Aïtone★★ – Cascades d'Aïtone★★ NE : 3 km puis 30 mn.*
Env. *Col de Vergio* ≼★★ *NE : 10 km.*
Ajaccio 71 – Calvi 96 – Corte 70 – Piana 33 – Porto 23.

🏠 **Scopa Rossa,** ℘ 04 95 26 20 22, Fax 04 95 26 24 17, ⌖ – 🅿. 🅶🅱. ⅍ rest
1er mars-30 nov. – **Repas** 20 ⅍ – 🖃 7 – **25 ch** 56/68 – ½ P 52/57.
♦ Dans la traversée de cette petite station haut perchée (830 m), longue bâtisse proposant
des chambres au décor tendance "seventies", simples mais bien tenues. Les fusils ornant la
salle à manger rustique sont aujourd'hui muets ; recettes du terroir.

Favone *2A Corse-du-Sud* 🎴🎴🎴 *F9 –* ⊠ *20144 Ste Lucie-de-Porto-Vecchio.*
Ajaccio 128 – Bonifacio 58.

🏠 **U Dragulinu** ⑤ sans rest, ℘ 04 95 73 20 30, *hoteludragulinu@wanadoo.fr*,
Fax 04 95 73 22 06, ≼, ⌖, ⌖ – 🅿. 🅶🅱
avril-oct. – 🖃 9 – **33 ch** 146/177.
♦ "La famille est de Favone" confie une chanson d'Yves Duteil. Possible. Du moins nous
réserve-t-on ici un accueil familial, en un lieu idéal pour un séjour balnéaire.

Feliceto *2B H.-Corse* 🎴🎴🎴 *C4 – 162 h alt. 350 –* ⊠ *20225 Muro.*
Bastia 76 – Calvi 26 – Corte 72 – L'Île-Rousse 15.

🏠 **Mare E Monti** ⑤ sans rest, ℘ 04 95 63 02 00, Fax 04 95 63 02 01, ≼, ⅃, ⅍ – 🅿. 🅶🅱. ⅍
1er avril-15 oct. – 🖃 7 – **18 ch** 96.
♦ Fortune faite dans la canne à sucre, les ancêtres de la famille revinrent de Porto Rico et
édifièrent au 19e s. ce "Palais américain" entre mer et montagne.

Galéria *2B H.-Corse* 345 *A5 – 302 h alt. 30 –* ⊠ *20245.*

Voir *Golfe de Galéria★.*

🛈 *Syndicat d'initiative, Carrefour Cinque Arcate* ℘ *04 95 62 02 27, Fax 04 95 62 02 27.*

Bastia 118 – Calvi 34 – Porto 48.

à Ferayola *Nord : 13 km par D 351 et D 81⁸ –* ⊠ *20260 Calvi :*

🏠 **Auberge de Ferayola** ⑤*,* ℘ *04 95 65 25 25, ferayola@aol.com, Fax 04 95 65 20 78,* 斎*,* ⑤*,* 鸟*,* ※ *–* 🅿*.* 🇬🇧*.* ※
1ᵉʳ mai-30 sept. – **Repas** *16/20* ♈ *–* 🖙 *7 –* **10 ch** *77/90 –* ½ P *67/73,50.*
◆ Petit îlot de vie totalement isolé en plein maquis et seulement séparé de la mer par la route littorale. Calme assuré. On ne peut que respecter cette loi du silence ! Vue sur la "grande bleue" et la montagne depuis la salle à manger rustique et sa terrasse.

Guagno-les-Bains *2A Corse-du-Sud* 345 *C6 –* ⊠ *20160 Poggiolo.*

Ajaccio 63 – Calvi 124 – Corte 100 – Vico 12.

🏨 **Thermes** ⑤*,* ℘ *04 95 26 80 50, Fax 04 95 28 34 02,* ≤*,* 斎*,* 𝑘*,* ⑤*,* ※ *–* 🛗 cuisinette 📺 ⤳ 氐 🅿 *–* 🔏 *30.* 🆎 ⓞ 🇬🇧*.* ※ rest
1ᵉʳ mai-30 sept. – **Repas** *20/23, enf. 9 –* 🖙 *8 –* **40 ch** *63/83 –* ½ P *61,50.*
◆ Bâtiment moderne face aux thermes de 1808. Chambres spacieuses et calmes, dotées de loggias. Belle piscine, location de VTT. Salle de restaurant fonctionnelle où l'on propose cuisine traditionnelle, menu "santé" et parfois des soirées "buffet à thème".

L'Ile-Rousse *2B H.-Corse* 345 *C4 – 2 774 h –* ⊠ *20220.*

Voir *Marché couvert★ – Ile de la Bietra★.*

Excurs. *La Balagne★★★.*

🛈 *Office de tourisme, 7 place Paoli* ℘ *04 95 60 04 35, Fax 04 95 60 24 74, info@ot-ile-rousse.fr.*

Bastia 67 – Calvi 25 – Corte 63.

🏨 **Santa Maria** sans rest, rte Port ℘ *04 95 63 05 05, infos@hotelsantamaria.com, Fax 04 95 60 32 48,* ≤*,* ⑤*,* 🐎 *–* 📺 ⤳ 🅿 *–* 🔏 *15.* 🆎 ⓞ 🇬🇧
🖙 *11 –* **56 ch** *132/157.*
◆ Situé avant le pont conduisant sur l'île de la Pietra. Chambres agréables, de conception actuelle. Quelques-unes offrent, par gros temps, une vue d'apocalypse sur la mer.

🏨 **Funtana Marina** ⑤ sans rest, 1 km par rte Monticello et rte secondaire ℘ *04 95 60 16 12, hotel-funtana.marina@wanadoo.fr, Fax 04 95 60 35 44,* ≤ mer, ⑤ *–* 📺 ⤳ 🅿*.* 🇬🇧*.* ※
fermé fév. – 🖙 *8,40 –* **29 ch** *85.*
◆ Sur les hauteurs, bâtisse récente immergée dans une végétation luxuriante. Quelques chambres rénovées. Belle piscine d'où l'on bénéficie d'un panorama sur la mer et la ville.

🏠 **Cala di l'Oru** ⑤ sans rest, bd Fogata ℘ *04 95 60 14 75, hotelcaladiloru@wanadoo.fr, Fax 04 95 60 36 40,* ≤*,* ⑤*,* 🐎 *–* 📺 ⤳ 🅿*.* 🆎 🇬🇧*.* ※
1ᵉʳ mars-1ᵉʳ nov. – 🖙 *8,50 –* **26 ch** *78/114.*
◆ Construction moderne dressée au milieu d'un séduisant jardin planté d'essences méditerranéennes. Chambres au calme, avec vue sur la "grande bleue" ou sur la montagne.

🏠 **L'Amiral** ⑤ sans rest, bd Ch.-Marie Savelli ℘ *04 95 60 28 05, info@hotel-amiral.com, Fax 04 95 60 31 21,* ≤ *–* 📺 🅿*.* 🇬🇧*.* ※
avril-sept. – 🖙 *8,50 –* **20 ch** *82/90.*
◆ Petit immeuble de deux étages, à 50 m de la plage de sable de cette station de villégiature. Chambres fonctionnelles, de taille moyenne, très simples à l'annexe.

🏖 **Grillon,** av. P. Doumer ℘ *04 95 60 00 49, hr-le-grillon@wanadoo.fr, Fax 04 95 60 43 69 –* 🇬🇧
1ᵉʳ mars-31 oct. – **Repas** *12,50/15,70* ♃ *–* 🖙 *5,40 –* **16 ch** *49/53 –* ½ P *46.*
◆ Le sens de l'hospitalité, que l'on cultive ici de manière intensive, fera oublier la simplicité du lieu. Les chambres, rafraîchies, restent modestes. Sobre salle de restaurant où l'on propose une cuisine familiale à tendance régionale.

à Monticello *Sud-Est : 4,5 km par D 63 – 1 253 h. alt. 220 –* ⊠ *20220 L'Ile-Rousse :*

🍴 **A Pasturella** avec ch, ℘ *04 95 60 05 65, Fax 04 95 60 21 78,* ≤*,* 斎 *–* ▤ rest, 📺*.* 🆎 ⓞ 🇬🇧
fermé 2 nov. au 1ᵉʳ déc. et dim. soir de mi-déc. à fin mars – **Repas** *24/45* ♈ *–* 🖙 *10 –* **14 ch** *46/76 –* ½ P *62,50/70.*
◆ Dans un pittoresque village perché de la corniche Paoli. Poissons (pêche du jour) et plats traditionnels à savourer dans une salle rajeunie ou sur la belle terrasse.

à Pigna *Sud-Ouest : 8 km par N 197 et D 151 – 95 h. alt. 400 – ⊠ 20220 :*

⚲ **Casa Musicale** �, ℘ 04 95 61 77 31, *info@casa-musicale.org*, Fax 04 95 61 74 28, ≤, AE GB, ⚘

fermé janv. – **Repas** carte 34 à 46 ♀ – ⌷ 6 – **7 ch** 66/93.

◆ Mélodie en M majeur : Méditerranée, montagne et musique, pour une vieille maison pétrie de charme. Chambres "minimalistes", agrémentées de jolies fresques. La salle à manger voûtée occupe un ancien pressoir à huile ; terrasse panoramique.

Levie *2A Corse-du-Sud* ③④⑤ *D9 – 696 h alt. 645 – ⊠ 20170.*

Voir *Musée de l'Alta Rocca : christ en ivoire★*.

Env. *Sites★★ de Cucuruzzu et Capula O : 7 km.*

🚩 *Office de tourisme, ℘ 04 95 78 56 33, Fax 04 95 78 44 77, alta-rocca@wanadoo.fr.*

Ajaccio 101 – Bonifacio 57 – Porto-Vecchio 39 – Sartène 28.

✕ **Pergola,** ℘ 04 95 78 41 62, ⌂ – GB

⊕ *mai-oct.* – **Repas** (nombre de couverts limité, prévenir) 14,50, enf. 7,60 ⅃.

◆ Après la visite des collections du musée de l'Alta Rocca, retour au temps présent sous une accueillante tonnelle où l'on sert quelques spécialités corses.

Lumio *2B H.-Corse* ③④⑤ *B4 – 1 040 h alt. 150 – ⊠ 20260.*

Bastia 82 – Calvi 10 – L'Île-Rousse 16.

✕✕ **Chez Charles** avec ch, ℘ 04 95 60 61 71, *chezcharles@wanadoo.fr*, Fax 04 95 60 62 51, ⌂, ⍚, ⍈ TV ⅃ P, AE ① GB JCB, ⚘

15 mars-début nov. – **Repas** *(fermé lundi midi, mardi midi de mai à sept. et lundi hors saison)* 33/54 ♀ – ⌷ 10 – **14 ch** 96/130 – ½ P 100.

◆ Avenante maison située en bord de route. Agréable salle à manger et terrasse panoramique ombragée ; cuisine traditionnelle. Chambres confortables. Belle piscine à débordement.

Luri *2B H.-Corse* ③④⑤ *F2 – 750 h alt. 107 – ⊠ 20228.*

Bastia 32.

🏠 **Santa Severa** sans rest, à Santa Severa ℘ 04 95 35 00 98, *hotelsantasevera@aol.com*, Fax 04 95 35 31 05, ≤ – P, AE GB

1er avril-15 oct. – ⌷ 5 – **15 ch** 60/69.

◆ Sur les hauteurs, cet hôtel récemment rénové borde la route du Cap Corse. Chambres simples, avec terrasse, majoritairement tournées vers la mer. Accueil familial sympathique.

✕ **A Luna,** à Santa Severa ℘ 04 95 35 03 17, Fax 04 95 35 03 17, ≤, ⌂ – AE GB

26 mai-30 sept. et fermé lundi en sept. – **Repas** 17/25 ♀.

◆ Restaurant quasiment "les pieds dans l'eau", aménagé sur la marine de Luri. Intérieur redécoré (tableaux modernes) et grande terrasse semi-couverte. Carte orientée poisson.

Macinaggio *2B H.-Corse* ③④⑤ *F2 – ⊠ 20248.*

Bastia 37.

🏠 **U Libecciu** �, ℘ 04 95 35 43 22, *info@u-libecciu.com*, Fax 04 95 35 46 08, ⍓ – ⌷ rest, TV ⍭ P, AE ① GB JCB, ⚘

1er avril-30 sept. – **Repas** 17/22 – ⌷ 6 – **30 ch** 76/105 – ½ P 65/75.

◆ Le mouillage de Macinaggio est réputé depuis l'Antiquité ; le port moderne est à moins de 100 m de cette pension de famille datant des années 1980. Chambres spacieuses. À la carte du restaurant, spécialités insulaires dont la terrine de mouflon (en saison).

🏠 **U Ricordu,** ℘ 04 95 35 40 20, *info@hotel-uricordu.com*, Fax 04 95 35 41 88, ⌂, ⍰, �=
⊕ TV ⍦ & P, AE ① GB, ⚘ rest

1er avril-30 oct. – **Repas** 14/16, enf. 7 ♀ – **54 ch** ⌷ 139/154 – ½ P 85/88.

◆ Chambres fraîches et actuelles équipées d'un mobilier en pin, que vous rejoindrez après avoir parcouru le vivifiant sentier des douaniers. Sobre salle à manger et cuisine traditionnelle.

Oletta *2B H.-Corse* ③④⑤ *F4 – 830 h alt. 250 – ⊠ 20232.*

Bastia 18 – Calvi 78 – Corte 72 – L'Île-Rousse 53.

✕✕ **Auberge A Magina,** ℘ 04 95 39 01 01, Fax 04 95 39 01 01, ≤ Nebbio et golfe de St-Florent, ⌂ – GB, ⚘

1er avril-15 oct. – **Repas** *(fermé lundi)* 20/26.

◆ Une vue à couper le souffle et une vraie cuisine corse préparée en famille, servie dans une belle salle moderne. Le soir, depuis la terrasse, sublime coucher de soleil.

Olmeto
2A Corse-du-Sud 345 C9 – 1 115 h alt. 320 – ⌧ 20113.

🛈 *Syndicat d'initiative, Village* 𝄢 04 95 74 65 87, Fax 04 95 74 62 86, otolmeto@aol.com.
Ajaccio 64 – Propriano 8 – Sartène 20.

Santa Maria 🐾, 𝄢 04 95 74 65 59, ettorinathalie@aol.com, Fax 04 95 74 60 33, 🍽 –
🗏 ch, 📺 📞 ⓓ 🅶🅱
fermé nov. et déc. – **Repas** 16 (déj.)/23 – ⌸ 5,50 – **12 ch** 53/55 – ½ P 54.
◆ Ambiance familiale dans cet ancien moulin à huile veillé par l'église. Une envolée d'escaliers menant aux chambres rénovées lui donne du cachet. Coquet restaurant aménagé
sous de belles voûtes séculaires et terrasse joliment fleurie, tournée vers le golfe.

Patrimonio
2B H.-Corse 345 F3 – 645 h alt. 100 – ⌧ 20253.

Voir *Église St-Martin★ – Nativu★*.

Bastia 16 – St-Florent 6 – San-Michele-de-Murato 22.

Osteria di San Martinu, 𝄢 04 95 37 11 93, 🍽 – 🅿. 🅶🅱. 🛇
avril-fin sept. et fermé merc. midi en avril, mai et sept. – **Repas** 20 🍷.
◆ Tout se passe, en été, sur la terrasse sous pergola : on y goûte des plats corses et
des grillades arrosés, bien entendu, de vin de Patrimonio, produit par le frère du
patron.

Peri
2A Corse-du-Sud 345 C7 – 1 140 h alt. 450 – ⌧ 20167.

Ajaccio 26 – Corte 71 – Propriano 82 – Sartène 94.

Chez Séraphin, 𝄢 04 95 25 68 94, 🍽
fermé 12 oct. au 12 déc. – **Repas** *(fermé lundi, mardi, merc., jeudi du 12/12 au 01/07 sauf
fériés, mardi midi, merc. midi et lundi de 07 à 09)* (menu unique) 35 bc.
◆ Typique maison corse dans un charmant village accroché à la montagne. Terrasse
dominant la vallée. L'accueil est chaleureux, la cuisine authentique et généreuse.

Petreto-Bicchisano
2A Corse-du-Sud 345 C9 – 549 h alt. 600 – ⌧ 20140 Petreto-Bicchisano.

Ajaccio 52 – Sartène 35.

France, à Bicchisano 𝄢 04 95 24 30 55, 🍽 – 🅿. 🅶🅱. 🛇
Repas (prévenir) 28 (déj.), 36/50, enf. 15 🍷.
◆ Spécialités corses et produits maison (charcuteries, confitures, liqueurs) sont servis dans
cette salle à manger au décor agreste soigné ou sous la fraîche tonnelle.

Piana
2A Corse-du-Sud 345 A6 – 428 h alt. 420 – ⌧ 20115.

Voir *Golfe de Porto★★★*.

🛈 *Syndicat d'initiative, Syndicat d'initiative* 𝄢 04 95 27 84 42, Fax 04 95 27 82 72, infos@si
piana.com.

Ajaccio 72 – Calvi 85 – Évisa 33 – Porto 13.

Capo Rosso 🐾, 𝄢 04 95 27 82 40, caporosso@wanadoo.fr, Fax 04 95 27 80 00, ≤ golfe
et les calanche, 🍽, ⌷, ☞ – 📺 🅿. 🅰🅴 🅶🅱. 🛇 rest
1er avril-15 oct. – **Repas** 23/58 – ⌸ 10 – **56 ch** 135/139, (en été : ½ pens. seul.) –
½ P 82,50/110.
◆ Cet hôtel en partie rénové domine le golfe de Porto et les Calanche : très belle vue
depuis de nombreuses chambres (balcons) et de la superbe piscine. Location de vélos.
Vaste salle à manger panoramique tournée vers la côte. Plats de poisson.

Scandola, rte Cargèse 𝄢 04 95 27 80 07, infos@hotelscandola.com, Fax 04 95 27 83 88,
≤, 🍽 – 📺 🅿. 🅶🅱. 🛇 ch
1er avril-30 oct. – **Repas** 17/30 – ⌸ 6 – **17 ch** 45/79 – ½ P 65.
◆ Le principal attrait de l'établissement est sa perspective sur les Calanche et la baie de
Porto. Un paysage exceptionnel que vous admirerez depuis votre loggia privée. La carte
propose quelques plats typiquement corses et un choix de pizzas.

Continental sans rest, 𝄢 04 95 27 89 00, Fax 04 95 27 84 71, ☞ – 🅿. 🅶🅱. 🛇
1er avril-30 sept. – ⌸ 6,50 – **16 ch** 38/60.
◆ Chambres modestes et parquetées, au charme désuet, ou style "seventies" à l'annexe.
On se passe aisément de luxe à deux pas des majestueux escarpements cyclopéens.

Piedicroce *2B H.-Corse* 345 *F5 – 117 h alt. 636 –* ✉ *20229.*

🛈 *Office de tourisme* ℰ *04 95 35 82 54, Fax 04 95 58 41 01.*

Bastia 54 – Corte 52 – Vescovato 35.

♨ **Le Refuge,** ℰ *04 95 35 82 65, Fax 04 95 35 84 42,* ≤, 🏤 – GB, ❀ rest
hôtel : avril-oct.; rest.: fermé nov. et de noël au jour de l'an – **Repas** 16/23 🍷 – ☲ 6,10 –
20 ch 46/49 – ½ P 48.
   ♦ Non loin du Monte San Petrone et des ruines romantiques du couvent d'Orezza,
établissement modeste où l'on demandera une chambre orientée vers la ténébreuse
vallée. À table, saucissons et jambons occupent une place de choix dans les suggestions de
la patronne.

Pioggiola *2B H.-Corse* 345 *C4 – 69 h alt. 880 –* ✉ *20259.*

Bastia 84 – Calvi 41.

♨ **Auberge Aghjola** ❀, ℰ *04 95 61 90 48, Fax 04 95 61 92 99,* 🏤, ⤵ – AE ⓞ GB,
❀ rest
1er avril-10 oct. – **Repas** (nombre de couverts limité, prévenir) 22 (déj.)/25 🍷 – ☲ 6 – **8 ch** 37
– ½ P 61.
   ♦ Une adresse attachante que cette maison du bout du monde où le temps semble s'être
arrêté. Chambres simples agrémentées de meubles en bois peint. Installez-vous autour de
la grande table d'hôte pour goûter à une cuisine corse authentique (menu unique).

Porticcio *2A Corse-du-Sud* 345 *B8 –* ✉ *20166.*

🛈 *OMT, Les Echoppes* ℰ *04 95 25 01 01, Fax 04 95 25 11 12, porticcio.org@wanadoo.fr.*
Ajaccio 19 – Sartène 68.

🏨 **Maquis** ❀, ℰ *04 95 25 05 55, info@lemarquis.com, Fax 04 95 25 11 70,* ≤ Ajaccio et
golfe, 🏤, ⤵, ▢, 🐾, ☞, ❀ – 🛗, 🔲 ch, 📺 ❤ 🅿. AE ⓞ GB, ❀ rest
fermé 5 janv. au 15 fév. – **Repas** 58 et grill le midi 🍷 – ☲ 21 – **19 ch** 325/490, 6 suites –
½ P 241,50/324.
   ♦ Jolie demeure d'inspiration génoise nichée dans un jardin luxuriant en bordure de mer.
Chambres spacieuses, au beau mobilier ancien. Splendides piscines. Cuisine inventive, vins
choisis et vue panoramique depuis le restaurant et la superbe terrasse.

🏨 **Sofitel** ❀, ℰ *04 95 29 40 40, h0587@accor-hotels.com, Fax 04 95 25 00 63,* ≤ golfe, 🏤,
🦮, ⤵, 🐾, ☞, ❀ – 🛗 ⇆ 📺 ❤ 👍 🅿 – 🕍 20 à 60. AE ⓞ GB, ❀ rest
fermé 15 déc. au 18 janv. – **Repas** 28/43 – ☲ 19 – **98 ch** 262/750 – ½ P 240/366.
   ♦ Complexe hôtelier voué à Neptune : situation isolée à la pointe du cap de Porticcio,
institut de thalassothérapie, sports nautiques et chambres tournées vers la mer. Plats au
goût du jour et diététiques à déguster dans un décor marin ou dehors, face aux flots.

à Agosta-Plage *Sud : 2 km –* ✉ *20166 :*

🏠 **Kallisté** ❀ sans rest, rte Vieux Molini ℰ *04 95 25 54 19, info@hotels-kalliste.com,*
Fax 04 95 25 59 25, ≤ golfe d'Ajaccio, ⤵, ☞ – 📺 🅿
15 mars-11 nov. – ☲ 10 – **9 ch** 92/160.
   ♦ Un joli jardin clos assure la tranquillité de cette villa nichée dans un quartier résidentiel.
Chambres sobrement décorées ; expositions (mer ou verdure) et ampleurs diverses.

✕ **Crique,** ℰ *04 95 25 94 73, lacrique.agosta@wanadoo.fr,* 🏤 – ⓞ GB
🦞 fermé 15 nov. au 6 déc., 9 au 24 janv., dim. soir et lundi sauf 13 juil. au 22 août – **Repas**
14/23 🍷.
   ♦ Ce restaurant a des airs de chalet (murs lambrissés et arche en pierre), mais plage et
criques rappellent le paysage balnéaire corse. Plats traditionnels, salades et grillades.

Porto *2A Corse-du-Sud* 345 *B6 –* ✉ *20150 Ota.*

Voir Tour génoise★.

Env. Golfe de Porto★★★ : les Calanche★★★ – NO : réserve de Scandola★★★, golfe★★ de
Girolata.

🛈 *Office de tourisme, place de la Marine* ℰ *04 95 26 10 55, Fax 04 95 26 14 25, office@por-
to-tourisme.com.*

Ajaccio 84 – Calvi 73 – Corte 93 – Évisa 23.

🏨 **Belvédère** ❀ sans rest, à la Marine ℰ *04 95 26 12 01, info@hotel-le-belvedere.com,*
Fax 04 95 26 11 97, ≤ – 🛗 🔲 📺 👍, GB
15 mars-1er nov. – ☲ 7 – **20 ch** 65/100.
   ♦ Au pied de la célèbre tour génoise défiant les assauts de la mer, construction moderne
en pierres rouges proposant des chambres bien équipées, à choisir côté port.

Subrini sans rest, à la Marine   ℰ 04 95 26 14 94,   *subrini@hotels-porto.com*,
Fax 04 95 26 11 57, ≤ – 🛗 📶 🛁 **P.** 🅐 GB. ✻
1ᵉʳ avril-31 oct. – ☲ 10 – **23 ch** 70/120.
 ♦ Bâtisse en pierres de taille située au-delà de la route bordée par les fameux eucalyptus
centenaires. Chambres donnant sur la place principale de la marine et sur la tour.

Capo d'Orto sans rest,   ℰ 04 95 26 11 14,   *hotel.capo.d.orto@wanadoo.fr*,
Fax 04 95 26 13 49, ≤, ⅃ – 📶 **P.** ⓞ GB. ✻
1ᵉʳ avril-2 nov. – ☲ 7,50 – **31 ch** 89/99.
 ♦ Cet hôtel récent surplombe la route, à l'entrée de la station balnéaire. Chambres amples,
toutes avec loggia ou balcon. Petits-déjeuners servis sur une terrasse panoramique.

Bella Vista,   ℰ 04 95 26 11 08,   *bellavistacorse@aol.com*,   Fax 04 95 26 15 18, ≤, 🍽 –
🛏 rest, 📶 **P.** GB. ✻
3 avril-2 nov. – **Repas** *(fermé lundi midi sauf juil.-août)* 16/43 ♀ – ☲ 10 – **18 ch** 89/130 –
½ P 85,50/98.
 ♦ Il règne une ambiance familiale dans cette maison aux chambres colorées, en partie
rénovées ; certaines ménagent d'inoubliables couchers de soleil sur le Capo d'Orto. Plats au
goût du jour et charcuteries maison sont au menu du restaurant ; belle terrasse.

Romantique 🍽, à la Marine   ℰ 04 95 26 10 85,   *info@hotel-romantique-porto.com*,
Fax 04 95 26 14 04, ≤, 🍽 – 🛏 ch, 📶. ⓞ GB. ✻ ch
5 avril-20 oct. – **Repas** *(1ᵉʳ mai-10 oct.)* 15,80/20,20 ♀ – ☲ 7,50 – **8 ch** 90 – ½ P 77.
 ♦ Chambres spacieuses, crépies et carrelées, équipées d'un mobilier de fabrication artisanale ; les balcons donnent tous sur la petite marine et le bois d'eucalyptus. Langouste,
bouillabaisse et poisson grillé à la une de la carte. Terrasse dominant le port.

✕ **Mer,** à la Marine   ℰ 04 95 26 11 27,   *laora5@wanadoo.fr*, Fax 04 95 96 11 17, ≤, 🍽 – GB
15 mars-15 nov. – **Repas** 18,50 (déj.)/29 ♀.
 ♦ À l'extrémité de la marine, la terrasse de cette maison de pierre aux volets bleus est
idéale pour voir la montagne se jeter dans la mer. Spécialités de poissons.

Porto-Pollo *2A Corse-du-Sud* ▨▨▨ *B9 – alt. 140 –* ✉ *20140 Petreto-Bicchisano.*
  Ajaccio 52 – Sartène 31.

Les Eucalyptus 🍽 sans rest,   ℰ 04 95 74 01 52,   *Portopollo@hotmail.com*,
Fax 04 95 74 06 56, ≤, ⅋, ✕ – 📶 **P.** 🅐 GB. ✻
4 avril-15 oct. – ☲ 6,90 – **27 ch** 58/75.
 ♦ Construction des années 1960 dominant le golfe de Valinco que l'on contemplera
depuis la plupart des chambres, pratiques et dotées de balcons. Jardin méridional arboré.

Kallisté, ✉ 20156 Serra di Ferro   ℰ 04 95 74 02 38,   *le-kalliste@free.fr*, Fax 04 95 74 06 26,
🍽 – 🛏 📞 **P.** GB
1ᵉʳ avril-8 nov. – **Repas** *(dîner seul.)* 23 – ☲ 6,90 – **19 ch** 110/130 – ½ P 65,60.
 ♦ Chambres actualisées, dotées d'un mobilier et d'équipements fonctionnels. Quelques-
unes bénéficient de terrasses accordant le coup d'oeil sur les flots bleus. Cuisine sans
prétention servie dans une salle à manger fraîche et colorée ou sur la terrasse.

Porto-Vecchio *2A Corse-du-Sud* ▨▨▨ *E10 – 10 326 h alt. 40 –* ✉ *20137.*
  Env. Golfe de Porto-Vecchio★★ – Castellu d'Arraghju★ ≤★★ N : 7,5 km.
  Figari-Sud-Corse : ℰ 04 95 71 10 10, SO : 23 km.
  🄱 *Office de tourisme, rue du Docteur Camille de Rocca Serra ℰ 04 95 70 09 58, Fax 04 95 70
03 72, info@destination-sudcorse.com.*
  Ajaccio 141 – Bonifacio 28 – Corte 121 – Sartène 59.

Belvédère 🍽, rte plage de Palombaggia : 5 km   ℰ 04 95 70 54 13,   *info@hbcorsica.com*,
Fax 04 95 70 42 63, ≤, 🍽, ⅃, 🅰, ⅋ – 🛏 ch, 📶 📞 🛁 **P.** – 🛗 15. 🅐 ⓞ GB. ✻ ch
fermé 2 janv. au 6 mars – **Repas** 49/79 et carte 66 à 90 ⌘ **- Mari e Tarra** (terrasse)(dîner
seul.)(grill) *(1ᵉʳ mai-mi-oct.)* **Repas** carte 45 à 70 – ☲ 18 – **16 ch** 315/460, 3 suites –
½ P 210/275.
 ♦ Dans une oasis de verdure, au bord de l'eau, bel ensemble avec piscine et terrasse
panoramiques, plage privée et chambres méditerranéennes en bungalows. Élégante salle à
manger en rotonde ; cuisine inventive et cave étoffée. Carte de grillades au Mari e Tarra.
Spéc. Ravioli de langoustines aux champignons sauce crustacés. Aiguillette de Saint-Pierre
sauce vierge. Croque agrume, croustillant moelleux acide. **Vins** Figari, Patrimonio.

Roi Théodore 🍽, rte Bastia (N 198) Nord : 1 km   ℰ 04 95 70 14 94,   *info@roitheodore.co
m*, Fax 04 95 70 41 34, 🍽, ⅃, ⅋ – 🛏 📶 🛁 **P.** – 🛗 40. 🅐 GB. ✻ rest
Repas *(fermé 5 janv. au 8 fév., dim. et lundi 1ᵉʳ nov. au 31 mars)* 27/40 – ☲ 15 – **49 ch**
200/395, 6 suites – ½ P 175/197,50.
 ♦ Malgré la proximité de la route, les chambres, confortables et amples, offrent une
apaisante quiétude ; certaines sont orientées vers la piscine et le joli jardin. Une terrasse
verdoyante complète agréablement sur le sobre salle à manger ; carte classique.

🏨 **Syracuse** ⬙, rte plage de Palombaggia : 6 km ℰ 04 95 70 53 63, *contact@corse-hotelsyracuse.com*, Fax 04 95 70 28 97, ≤, 佘, ⊠, ♠ₒ, ☞ – TV P. ΑΕ ⓪ GB, ⅏ rest
1ᵉʳ avril-15 oct. – **Repas** 40/55 – ⊇ 10 – **18 ch** 205/228 – ½ P 157.
♦ Plusieurs bâtiments modernes séparés de la mer une végétation luxuriante. Chambres en rez-de-jardin ou dotées d'une loggia. Farniente sur la plage ou près de la piscine. Un kiosque de toile constitue l'architecture originale du restaurant.

🏨 **Golfe Hôtel**, r. du 9-Septembre-1943 ℰ 04 95 70 48 20, *info@golfehotel.com*, Fax 04 95 70 92 00, ⊠ – ⋈ 💻 TV ✆ ♿ P. – ♠ 20. ΑΕ ⓪ GB, ⅏ rest
Les Quatre Saisons ℰ 04 95 70 92 03 (dîner seul.) *(fermé 30 oct. au 5 déc. et dim. du 1ᵉʳ nov. au 30 mars)* **Repas** 23/31, enf. 10 ♀ – ⊇ 8 – **41 ch** 155/335, (en été : ½ pens. seul.) – ½ P 115/190,50.
♦ Hôtel récent en léger retrait de la route menant au port. Chambres actuelles, bien tenues. Quelques-unes, rajeunies, bénéficiant d'une décoration plus soignée. Sobre salle à manger dressée sous une charpente apparente où l'on sert une carte au goût du jour.

🏨 **Alcyon** sans rest, 9 r. Mar. Leclerc (face Poste) ℰ 04 95 70 50 50, *info@hotel-alcyon.com*, Fax 04 95 70 25 84 – ⋈ 💻 TV ✆ ♿ P. ΑΕ ⓪ GB
⊇ 9 – **40 ch** 160/169.
♦ Immeuble moderne du centre-ville. Chambres sobres et fonctionnelles, toutes rénovées. Préférez celles de la façade, ou des étages supérieurs sur l'arrière.

🏨 **San Giovanni** ⬙, rte Arca, Sud-Ouest : 3 km par D 659 ℰ 04 95 70 22 25, *info@hotel-san-giovanni.com*, Fax 04 95 70 20 11, ≤, 佘, ⊠, ⅏, ♣ – 💻 rest, TV ✆ P. ΑΕ ⓪ GB, ⅏
27 fév.-2 nov. – **Repas** (1/2 pension seul.) – ⊇ 8 – **30 ch** 73/90 – ½ P 70.
♦ Pension de famille dans un grand parc arboré et fleuri, agrémenté d'un bassin. Certaines chambres s'ouvrent de plain-pied sur un petit jardin privatif. Piscine et jacuzzi.

🏠 **Goéland**, à la Marine ℰ 04 95 70 14 15, *hotel-goeland@wanadoo.fr*, Fax 04 95 72 05 18, ≤, ♠ₒ, ☞ – TV P. GB, ⅏ ch
1ᵉʳ au 3 nov. – **Repas** 23,50 (déj.), 25/28 ♀ – ⊇ 8 – **23 ch** 80/170 – ½ P 75/110.
♦ "Les pieds dans l'eau", vous serez hébergé dans une maison aux installations simples, mais permettant de profiter pleinement de la beauté du site. Petit port privé. Cuisine corse et plats méditerranéens servis au restaurant ou sur une jolie terrasse.

✗✗ **Troubadour**, 13 r. Gén. Leclerc (près Poste) (1ᵉʳ étage) ℰ 04 95 70 08 62, *georges-billon@wanadoo.fr*, Fax 04 95 70 55 26, 佘 – 💻 P. GB
fermé dim. sauf d'avril à oct. – **Repas** (dîner seul. en saison) 23 ♀.
♦ Cure de jouvence pour ce restaurant porto-vecchiais : la salle à manger, prolongée d'une terrasse fleurie, a pris de jolies couleurs méditerranéennes. Cuisine corse.

✗✗ **L'Orée du Maquis** avec ch, à la Trinité, Nord : 5 km et chemin de la Lézardière ℰ 04 95 70 22 21, Fax 04 95 70 22 21, ≤, 佘, ⊠ – P. ⅏ ch
fermé nov., janv., du mardi au jeudi d'oct. à avril, lundi hors saison et dim. – **Repas** (nombre de couverts limité, prévenir)(menu unique)(dîner seul.) 60 – ⊇ 10 – **3 ch** 122/160.
♦ On accède à cette villa isolée par un chemin escarpé. De la terrasse occupant une position dominante, la vue porte loin sur le maquis et le littoral. Cuisine sucrée-salée.

au golfe de Santa Giulia *Sud : 8 km par N 198 et rte secondaire* – ✉ 20137 Porto-Vecchio :

🏨 **Moby Dick** ⬙, ℰ 04 95 70 70 00, *webmaster@sudcorse.com*, Fax 04 95 70 46 66, ≤, 佘, ♠ₒ, ⅏ – 💻 ch, TV ⊠ P. – ♠ 40. ΑΕ ⓪ GB, ⅏
30 avril-20 oct. – **Repas** 46 – ⊇ 11 – **44 ch** 90/110, (1/2 pens. seul. en saison) – ½ P 82,50/105.
♦ Emplacement idyllique sur la lagune pour cet hôtel séparé du golfe aux couleurs polynésiennes par une plage de sable fin. Chambres rénovées à choisir côté mer ou côté jardin. À midi, formules-buffets et grillades. Le soir, spécialités corses.

🏨 **Castell'Verde** ⬙, ℰ 04 95 70 71 00, *webmaster@sud-corse.com*, Fax 04 95 70 71 01, ≤ golfe, ⊠, ☞, ⅏ – ⋈, 💻 ch, TV P. ΑΕ ⅏
1ᵉʳ mai-30 sept. – **Repas** -voir rest. **Costa Rica** – ⊇ 10 – **30 ch** 190 – ½ P 139.
♦ Dans un village de vacances construit en pin laricio, établissement dont les chambres au décor chatoyant sont toutes tournées vers la mer. Plage à 300 m.

✗✗ **Costa Rica**, ℰ 04 95 72 24 51, Fax 04 95 72 05 66, ≤, 佘 – P. ΑΕ ⓪ GB
1ᵉʳ mai-15 oct. – **Repas** 30/35.
♦ Salle en demi-rotonde dont les grandes baies vitrées révèlent l'omniprésence de la mer et de la nature corse. Agréable terrasse ombragée face à la baie. Plats au goût du jour.

à Cala Rossa *Nord-Est : 10 km par N 198 et D 468* – ✉ 20137 Porto-Vecchio :

🏨 ✿ **Grand Hôtel de Cala Rossa** ⬙, ℰ 04 95 71 61 51, *calarossa@relaischateaux.fr*, Fax 04 95 71 60 11, ≤, 佘, ⅏, 🛶, ♠ₒ, ☞, ⅏ – ⋈ 💻 TV ✆ P. ΑΕ ⓪ GB, ⅏
1ᵉʳ avril-2 janv. – **Repas** (dîner seul.) 92/120 et carte 100 à 150 ♀ – ⊇ 24 – **45 ch** 138/305, (en été : ½ pens. seul.) – ½ P 141/217.
♦ Sous les pins, face à la plage, jardin fleuri aux exhalaisons de tamaris et de lauriers-roses : à demeure d'exception, écrin splendide. Chambres dans la note méditerranéenne. Élégante salle à manger, délicieuse terrasse ombragée et cuisine inventive.
Spéc. Les trois salades "mer et montagne". Chapon de mer farci d'aromates et rôti à l'ail. Feuilles caramélisées craquantes aux fruits rouges. **Vins** Patrimonio, Figari.

à la presqu'île du Benedettu *Nord-Est : 10 km par N 198 et D 468 –* ⊠ *20137 Porto-Vecchio :*

🏨 **U Benedettu** ⟨⟩, ℰ 04 95 71 62 81, benedettu@wanadoo.fr, Fax 04 95 71 66 37, ≤, 🛎, 🛥, 🌿 – ▤ ch, 🔟 📞 🅿, 🆚 ⓪ 🆖
Repas 32/100 ♈ – 🖵 11 – **8 ch** 150/270 – ½ P 115/175.
◆ Situation idyllique : pavillons disséminés sur la presqu'île au bord de la plage d'où l'on jouit d'une intéressante perspective sur le golfe de Porto-Vecchio. Le poisson est la vedette de ce restaurant qui a "les pieds dans l'eau".

Propriano *2A Corse-du-Sud* 🄳🄵🄵 *C9 – 3 166 h alt. 5 – Stat. therm. O (Bains de Baracci) –* ⊠ *20110.*

🅱 *Office de tourisme, Port de Plaisance* ℰ *04 95 76 01 49, Fax 04 95 76 00 65, officetou rismepropriano@wanadoo.fr.*

Ajaccio 74 – Bonifacio 62 – Corte 139 – Sartène 13.

🏨 **Grand Hôtel Miramar,** rte Corniche ℰ 04 95 76 06 13, miramar@wanadoo.fr, Fax 04 95 76 13 14, ≤ golfe de Valinco, 🌿, 🕰, ⛱, 🌿 – ▤ ch, 🔟 📞 🅿 – 🔼 25. 🆚 ⓪ 🆖, 🌿 rest
25 avril-3 oct. – **Repas** carte 51 à 69 – 🖵 18 – **21 ch** 320/370, 3 suites – ½ P 233/258.
◆ Les eaux turquoise du golfe font ressortir le blancheur immaculée des murs. Décor de caractère, jardin luxuriant, sports nautiques, pêche à bord du bateau de l'hôtel. Jolie salle de restaurant et grande terrasse ombragée de mûriers. Plats traditionnels.

🏨 **Roc é Mare** sans rest, ℰ 04 95 76 04 85, rocemare@wanadoo.fr, Fax 04 95 76 17 55, ≤ golfe, 🛥, 🌿 – 🛗 🔟 🅿 – 🔼 80. 🆚 ⓪ 🆖. 🌿
1er avril-1er nov. – **62 ch** 🖵 140/170.
◆ Immeuble des années 1960 ancré sur un promontoire dominant le golfe de Valinco. Les chambres, fonctionnelles, disposent d'une loggia côté mer. En été, snack sur la plage.

🏨 **Ibiscus** ⟨⟩ sans rest, ℰ 04 95 76 01 56, Fax 04 95 76 23 88, ≤ – 🛗 🔟 📞 ♿ 🅿. 🆖
mars-nov. – 🖵 7 – **27 ch** 80.
◆ Hôtel proche du centre, mais protégé du bruit par sa situation en surplomb. Grands balcons tournés vers le golfe, meubles en merisier et ampleur caractérisent les chambres.

🏨 **Loft Hôtel** sans rest, 3 r. Pandolfi ℰ 04 95 76 17 48, Fax 04 95 76 22 04 – 🔟 📞 🅿. 🌿
15 avril-30 sept. – 🖵 6 – **25 ch** 65.
◆ Construction récente en retrait du port abritant des chambres sobrement aménagées et mansardées à l'étage. Les "lofteurs" de grande taille choisiront celles du rez-de-chaus-sée !

🏨 **Arcu di Sole** ⟨⟩, rte Baraci, Nord-Est : 2 km ⊠ 20113 Olmeto ℰ 04 95 76 05 10, Arcudis ole@wanadoo.fr, Fax 04 95 76 13 36, 🌿, ⛱, 🌿, 🌿 – 🅿, 🆚 🆖. 🌿 rest
12 avril-15 oct. – **Repas** 15/17 – 🖵 8 – **51 ch** 105/130 – ½ P 65/73.
◆ Architecture ocre rose au cœur d'un vaste jardin fleuri. Chambres meublées en rotin ou en bois peint ; certaines sont dans des bungalows. Minigolf. Deux terrasses (côté pinède ou tournée vers la piscine) vous convient à un repas traditionnel sans prétention.

🍴🍴 **Lido** ⟨⟩ avec ch, ℰ 04 95 76 06 37, Fax 04 95 76 31 18, ≤, 🌿 – 🆚 🆖. 🌿 ch
2 mai-30 sept. et fermé lundi midi – **Repas** (dej. seul.) carte 45 à 60 – 🖵 10 – **14 ch** 96/192 – ½ P 87/135.
◆ Restaurant construit en 1932 sur une presqu'île, entre plages et rochers. Décor marin, transats et terrasses "les pieds dans l'eau". Jolies chambres "andalouses".

🍴 **Cabanon,** av. Napoléon (sur le port) ℰ 04 95 76 07 76, Fax 04 95 76 27 97, ≤, 🌿 – 🆚 ⓪ 🆖
1er avril-15 oct. – **Repas** (16) - 20/30, enf. 12.
◆ Salle à manger en bleu marine et blanc, belle terrasse d'où l'on contemple les bateaux et spécialités de poissons : ce "cabanon" proche du port est tout entier voué à la mer.

Quenza *2A Corse-du-Sud* 🄳🄵🄵 *D9 – 215 h alt. 840 –* ⊠ *20122.*

Voir *Fresques★ de la chapelle Santa-Maria-Assunta.*

Ajaccio 85 – Bonifacio 75 – Porto-Vecchio 47 – Sartène 38.

🏨 **Sole e Monti,** ℰ 04 95 78 62 53, sole.e.monti@wanadoo.fr, Fax 04 95 78 63 88, ≤, 🌿, 🌿 – 🔟 🅿. 🆚 ⓪ 🆖. 🌿 rest
1er mai-30 sept. – **Repas** (fermé mardi midi et lundi) (23) - 28/44 ♈ – 🖵 10 – **20 ch** (½ pens. seul.) – ½ P 80/90.
◆ Soleil et montagne dans ce village dominé par les majestueuses aiguilles de Bavella. Chambres rustiques, à choisir côté façade principale pour la vue sur la vallée. Au restaurant : cochon sauvage, cabri, charcuterie corse et autres richesses du terroir.

St-Florent 2B H.-Corse 345 E3 – 1 474 h – ⊠ 20217.

Voir *Église Santa Maria Assunta*★★ – *Vieille Ville*★.

Env. *Les Agriates*★.

🖪 *Office de tourisme* 𝒫 04 95 37 06 04, Fax 04 95 37 06 04.

Bastia 22 – Calvi 70 – Corte 75 – L'Ile-Rousse 45.

🏨 **La Roya** ⬧, rte Calvi : 1 km 𝒫 04 95 37 00 40, *michel@hotelroya.com*, Fax 04 95 37 09 85, ≤ Golfe et St Florent, 🏤, 🏊, 🐾, 🚗 – 🔲 📺 🕹 🄿 – 🔏 20. 🖭 GB

13 mars-15 nov – **Repas** *(1er avril-1 oct.)* 40 (dîner) et carte le midi ♀ – **31 ch** ⊆ 260/320 – ½ P 135/200.

♦ Architecture moderne face à la plage de la Roya ; accès direct. Les chambres, rénovées et garnies de meubles en rotin, sont souvent dotées de balcons tournés vers les flots. Lumineuse salle à manger et terrasse ouverte sur le ravissant jardin et la piscine.

🏨 **Dolce Notte** ⬧ sans rest, 𝒫 04 95 37 06 65, *info@hotel-dolce-notte.com*, Fax 04 95 37 10 70, ≤ golfe, 🐾, 🚗 – 📺 🄿. GB. ✼

20 mars-20 oct. – ⊆ 7 – **20 ch** 95/130.

♦ Construction basse tout en longueur, en bord de mer à la sortie de la ville sur la route du Cap Corse. Chambres tournées vers la Méditerranée, avec terrasse ou loggia.

🏨 **Tettola** sans rest, Nord : 1 km sur D 81 𝒫 04 95 37 08 53, *info@tettola.com*, Fax 04 95 37 09 19, ≤, 🏊 – cuisinette 🔲 📺 🕹 🄿. GB. ✼

mars-oct. – ⊆ 7 – **30 ch** 135/155.

♦ Sur une plage de galets, hôtel récent disposant de chambres situées côté montagne ou côté "grande bleue", plus tranquilles et lumineuses. Accueil aimable.

🏨 **Bellevue** sans rest, 𝒫 04 95 37 00 06, *hotel-bellevue@wanadoo.fr*, Fax 04 95 37 14 83, ≤, 🏊, ✼, 🐾 – 📺 🄿 – 🔏 100. GB. ✼

1er avril-20 oct. – ⊆ 8 – **25 ch** 116/155.

♦ Une place de choix au milieu d'un beau parc dominant la mer, face au Cap Corse. Les chambres, tout en blanc et bleu, sont dotées de lits en fer forgé, parfois à baldaquin.

🏨 **Les Galets** sans rest, rte Front de Mer 𝒫 04 95 37 09 09, *hotellesgalets@wanadoo.fr*, Fax 04 95 37 48 88, ≤, 🚗 – 📺 🕹 🄿. GB

1er avril-30 oct. – ⊆ 7 – **16 ch** 95/119.

♦ Attenant à une résidence, mais indépendant, hôtel récent disposant de grandes chambres fonctionnelles avec balcon et vue sur la mer. Agréable jardin ; accueil sympathique.

🏨 **Maxime** sans rest, 𝒫 04 95 37 05 30, Fax 04 95 37 13 07 – 📺 🕹 🄿. ✼

⊆ 7 – **19 ch** 75.

♦ Bâtisse blanche aux volets bleus construite au bord d'une petite rivière (amarrage possible). Les chambres sont équipées de loggias ou de balcons.

XX **Rascasse,** promenade des Quais 𝒫 04 95 37 06 99, *atrium-saintflorent@wanadoo.fr*, Fax 04 95 37 06 09, ≤, 🏤 – 📱. 🖭 ⓞ GB. ✼

1er mars-30 sept. – **Repas** carte 41 à 58 ♀.

♦ Après la visite de l'ancienne cathédrale du Nebbio, venez ici déguster quelques spécialités de poisson. À l'étage, terrasse panoramique dominant le port.

Sainta-Maria-Sicché 2A Corse-du-Sud 345 C8 – 357 h alt. 420 – ⊠ 20190 Santa-Maria-Sicché.

Ajaccio 36 – Sartène 51.

🏨 **Santa Maria,** 𝒫 04 95 25 72 65, Fax 04 95 25 71 34, 🏤 – 📺 🕹 🄿. 🖭 ⓞ GB 🔳. ✼

Repas *(fermé 15 déc. au 15 fév.)* 15/23 ♀ – ⊆ 6,50 – **22 ch** 45/65 – ½ P 47/54.

♦ Bâtiment des années 1970 aux chambres modestes, mais bien tenues ; quelques-unes sont dotées de balcons. Ambiance de pension de famille. Salle à manger rustique où charcuteries maison et plats corses se partagent la courte carte.

Ste-Lucie-de-Tallano 2A Corse-du-Sud 345 D9 – 392 h alt. 450 – ⊠ 20112.

Ajaccio 92 – Bonifacio 68 – Porto-Vecchio 48 – Sartène 19.

X **Santa Lucia,** 𝒫 04 95 78 81 28, 🏤 – 📱. GB. ✼

fermé janv. et dim. hors saison – **Repas** 15,30/21,40 ♀.

♦ Bercé par le murmure de la fontaine, attardez-vous sur la terrasse ombragée (tilleul et acacia), face à la place centrale de ce pittoresque village. Cuisine corse familiale.

Sartène ⟨≋⟩ *2A Corse-du-Sud* **345** *C10 G. Corse – 3 410 h alt. 310 –* ⊠ *20100.*
Voir *Vieille ville*★★ *– Procession de Catenacciu*★★ *(vend. Saint) – Musée de Préhistoire corse*★*.*
🅱 *Syndicat d'initiative, 6 rue Borgo* ℘ *04 95 77 15 40, Fax 04 95 77 15 40.*
Ajaccio 84 – Bonifacio 50 – Corte 149.

🏨 **Villa Piana** ⌂ sans rest, rte Propriano ℘ 04 95 77 07 04, *info@lavillapiana.com,* Fax 04 95 73 45 65, ≼, **I♣**, ⌟, ﹪, ♨ – �📺 ✆ **P** – 🏊 70. 🆎 ⑩ **GB**. ﹪
1er avril-24 oct. – ⌧ 8 – **31 ch** 95.
♦ Beau panorama sur "la plus corse des villes corses" (P. Mérimée) depuis le parc de l'hôtel. La piscine à débordement domine la vallée du Rizzanèse. Chambres plaisantes.

XX **Auberge Santa Barbara**, rte de Propriano ℘ 04 95 77 09 06, *Fax 04 95 77 09 09,* �, ﹪ – **P**. 🆎 ⑩ **GB**
15 mars-15 oct. et fermé lundi sauf le soir en saison – **Repas** 29 ♈.
♦ De la terrasse sous auvent, au coeur d'un jardin coquet, saisissante vue en contre-plongée sur Sartène. Intérieur campagnard et spécialités régionales.

Soccia *2A Corse-du-Sud* **345** *C6 – 121 h alt. 670 –* ⊠ *20125.*
Ajaccio 69 – Calvi 130 – Corte 106 – Vico 18.

🏨 **U Paese** ⌂ sans rest, ℘ 04 95 28 31 92, *hotel.u.paese@wanadoo.fr,* Fax 04 95 28 35 19, ≼ – 📳 **P**. **GB**
⌧ 6 – **33 ch** 37/56.
♦ Bâtisse des années 1970 dans un ravissant village perché. Le confort est spartiate, comme s'il s'avérait superflu devant le sublime spectacle de la nature.

Solenzara *2A Corse-du-Sud* **345** *F8 – alt. 310 –* ⊠ *20145.*
🅱 *Office de tourisme, rue Principale* ℘ *04 95 57 43 75, Fax 04 95 57 43 59, office-de-tourisme-de-solenzara@wanadoo.fr.*
Ajaccio 118 – Bonifacio 68 – Sartène 77.

🏨 **Solenzara** sans rest, ℘ 04 95 57 42 18, *info@lasolenzara.com, Fax 04 95 57 46 84,* ≼, ⌟, � – 📺 ₺ **P**. 🆎 **GB**. ﹪
6 avril-3 nov. – ⌧ 7 – **28 ch** 86/92.
♦ Imposante architecture de style génois datant du 18e s. au milieu d'un jardin face à la mer. Préférez les chambres de l'annexe, spacieuses et plus récentes.

🏨 **Maquis et Mer** sans rest, ℘ 04 95 57 42 37, *maquis-et-mer@wanadoo.fr,* Fax 04 95 57 46 85 – 📳 📺 **P** – 🏊 30. 🆎 ⑩ **GB** **JCB**
1er avril-30 oct. – ⌧ 8 – **41 ch** 80/200.
♦ Chambres plus grandes et mieux meublées dans l'aile sans ascenseur. Dans l'autre, profitez de la climatisation. L'hôtel est fréquenté par les pilotes de chasse de la base voisine.

X **A Mandria,** Nord : 1 km ℘ 04 95 57 41 95, *Sirius1@wanadoo.fr, Fax 04 95 57 45 96,* �, 🌨 – **P**
🐾 *fermé janv., dim. soir et lundi hors saison –* **Repas** 20 ♈.
♦ Repas sous l'agréable pergola ou dans la salle à manger rustique et simple où sont exposés les outils trouvés dans l'ancienne bergerie. Grill et cuisine corse.

Vico *2A Corse-du-Sud* **345** *B7 – 898 h alt. 400 –* ⊠ *20160.*
Voir *Couvent St-François : christ en bois*★ *dans l'église conventuelle.*
🅱 *Office de tourisme* ℘ *04 95 28 05 36, Fax 04 95 28 05 36.*
Ajaccio 51 – Calvi 112 – Corte 88.

🏨 **U Paradisu** ⌂, ℘ 04 95 26 61 62, *paradisu@wanadoo.fr,* �, ⌟ – 📺. 🆎 ⑩ **GB**
fermé 1er janv. au 15 mars – **Repas** 18,50 – ⌧ 7 – **21 ch** 70 – ½ P 59.
♦ Chambres d'une sobre rusticité (quelques rénovations récentes) aux portes de la petite capitale du Liamone. Ambiance de pension de famille. Restaurant sagement campagnard agrandi d'une terrasse. À table, priorité donnée à l'Île de Beauté.

Zicavo *2A Corse-du-Sud* **345** *D8 – 237 h alt. 700 –* ⊠ *20132.*
Ajaccio 63 – Bonifacio 110 – Corte 78 – Porto-Vecchio 86 – Sartène 62.

☖ **Tourisme** ⌂, ℘ 04 95 24 40 06, *Fax 04 95 24 40 06,* ≼, 🌨 – ﹪
Repas 13 (déj.), 17/20, enf. 8 ♈ – ⌧ 4 – **15 ch** 34/40 – ½ P 40.
♦ Cette maison familiale offre un très joli panorama sur la vallée. Chambres modestes, mais bien tenues ; certaines bénéficient de terrasses. La salle de restaurant est meublée et décorée dans un sobre esprit rustique. Spécialités corses copieusement servies.

Zonza *2A Corse-du-Sud* 345 *E9 – 1 802 h alt. 780 –* ⊠ *20124.*

Voir *Col et aiguilles de Bavella*★★★ *NE : 9 km.*

Ajaccio 93 – Bonifacio 67 – Porto-Vecchio 40 – Sartène 38.

🏛 **Tourisme,** ℘ 04 95 78 67 72, *letourisme@wanadoo.fr,* Fax 04 95 78 73 23, ≤, 🍽, 🎋 – 🛗 📺 🕙 ⬤ GB JCB

25 mars-30 oct. – **Repas** 18/28, enf. 10 �❨ – 🖵 10 – **16 ch** 46/120 – ½ P 65/75.
♦ Hôtel de la fin du 19ᵉ s. régulièrement rénové. Chambres claires, dotées de balcons. À l'arrivée, on est convié à se désaltérer à la fontaine de la maison ! Trois salles à manger, dont deux en véranda tournées vers les massifs alentour. Cuisine régionale.

🏛 **L'Incudine,** ℘ 04 95 78 67 71, Fax 04 95 78 67 71, 🍽 – 🍴. 🕮 GB

1ᵉʳ avril-30 oct. – **Repas** 17/40 – 🖵 12 – **18 ch** 80/85 – ½ P 70.
♦ L'Incudine, la "crête des Forgerons" (forme d'enclume), veille sur cette maison villageoise. Demander une chambre refaite. Atmosphère familiale. Appétissante cuisine du terroir que l'on sert dans une confortable salle à manger.

CORTE *2B H.-Corse* 345 *D6 – voir à Corse.*

COSNE-COURS-SUR-LOIRE ⬢ *58200 Nièvre* 319 *A7* G. Bourgogne *– 11 399 h alt. 150.*

Voir *Cheminée★ du musée.*

🏌 *du Sancerrois à Sancerre* ℘ 02 48 54 11 22, *par* ④ *puis D 955 : 10 km.*

🛈 *Office de tourisme, place de l'Hôtel de Ville* ℘ 03 86 28 11 85, Fax 03 86 28 11 85, *otcosne@club-internet.fr.*

Paris 186 – Auxerre 83 – Bourges 61 – Montargis 76 – Nevers 54.

🏛 **Vieux Relais,** 11 r. St-Agnan ℘ 03 86 28 20 21, *contacts@le-vieux-relais.fr,* Fax 03 86 26 71 12 – 📺 🍴 🚗, 🕮 GB

fermé 24 déc. au 15 janv., vend. soir, sam. midi et dim. soir – **Repas** 17,20/32,10, enf. 12 �❨ – 🖵 9,50 – **10 ch** 80/82 – ½ P 62.
♦ Entre Loire et Nohain, un relais de poste multi-centenaire mais rénové. Les chambres, distribuées autour d'une jolie cour intérieure fleurie, portent des noms d'oiseaux. Belles poutres, dallage d'origine et tons lumineux décorent la salle à manger.

🏛 **Saint-Christophe,** pl. Gare ℘ 03 86 28 02 01, Fax 03 86 26 94 28 – 📺 🍴. 🕮 GB

fermé 23 juil. au 20 août, 26 déc. au 3 janv., dim. soir et vend. – **Repas** 19/35,50, enf. 9 �❨ – 🖵 6 – **8 ch** 33,50/42 – ½ P 40/43,50.
♦ Discret établissement situé juste en face de la gare. Les petites chambres, confortablement équipées, sont plus calmes sur l'arrière. Cuisine traditionnelle servie dans un cadre rajeuni ou, aux beaux jours, en terrasse.

XX **Les Forges** avec ch, 21 r. St-Aignan ℘ 03 86 28 23 50, *denis-cathye@wanadoo.fr,* Fax 03 86 28 91 60 – 🍽 rest, 📺 🍴. 🕮 GB. 🍴 rest

fermé 1ᵉʳ au 6 juil., 22 au 29 déc. – **Repas** *(fermé dim. soir et lundi)* (18) - 23 (déj.), 26/60 �❨ – 🖵 7 – **14 ch** 43/58.
♦ Nulle trace du "routier" d'origine dans cet hôtel-restaurant revu de fond en comble : salle à manger actuelle et gaie (carte au goût du jour), crêperie et chambres pratiques.

X **Panetière,** 18 pl. Pêcherie ℘ 03 86 28 01 04, 🍽 – GB

fermé 1ᵉʳ au 23 août, dim. soir et lundi – **Repas** 16/45.
♦ Les anciennes maisons des mariniers bordent la place. Intérieur refait dans l'esprit rustique et petite terrasse devançant la façade recouverte de vigne vierge.

COSQUEVILLE *50330 Manche* 303 *D1 – 491 h alt. 22.*

Paris 358 – Cherbourg 21 – Caen 124 – Carentan 51 – St-Lô 79 – Valognes 27.

XX **Au Bouquet de Cosqueville,** 38 hameau Remond ℘ 02 33 54 32 81, *contact@bouquetdecosqueville.com,* Fax 02 33 54 63 38 – GB

fermé 7 au 13 juin, janv., mardi et merc. sauf juil.-août – **Repas** 18/68.
♦ Entrez dans cette vieille maison villageoise tapissée de vigne vierge pour déguster une cuisine de la mer et du terroir dans un cadre intime et sagement campagnard.

Le COTEAU *42 Loire* 327 *D3 – rattaché à Roanne.*

Si le coût de la vie subit des variations importantes,
les prix que nous indiquons peuvent être majorés.
Lors de votre réservation à l'hôtel, faites-vous préciser le prix définitif.

La CÔTE-ST-ANDRÉ *38260 Isère* **333** *E5 G. Vallée du Rhône – 4 240 h alt. 370.*

🛈 *Office de tourisme, place Hector Berlioz* ℰ *04 74 20 61 43, Fax 04 74 20 56 25, office-tourisme@cc-bievre-liers.fr.*

Paris 525 – Grenoble 50 – Lyon 67 – La Tour-du-Pin 33 – Valence 75 – Vienne 36 – Voiron 32.

XX **France** avec ch, pl. Église ℰ *04 74 20 25 99, Fax 04 74 20 35 30* – 🍴 rest, 📺 🚗 – 🏪 25.
GB
❀ **Repas** *(fermé dim. soir et lundi sauf fériés)* 30/73 et carte 41 à 73, enf. 16 – ☐ 8,50 – **14 ch** 54/64 – ½ P 57.
♦ Demeure ancienne au coeur de la cité natale de Berlioz. La cuisine, ancrée dans la tradition, est servie dans un cadre contemporain. Chambres au mobilier campanard.
Spéc. Pigeonneau côtois en croûte dorée. Poulet au vinaigre. Sifflet de sole à la barigoule d'artichauts. **Vins** Condrieu, Viognier.

COTI-CHIAVARI *2A Corse-du-Sud* **345** *B9 – voir à Corse.*

COTINIÈRE *17 Char.-Mar.* **324** *C4 – rattaché à Ile d'Oléron.*

La COUARDE-SUR-MER *17 Char.-Mar.* **324** *B2 – voir à Île de Ré.*

---

*Pour visiter une ville ou une région : utilisez les Guides Verts **Michelin**.*

COUCHES *71490 S.-et-L.* **320** *H8 G. Bourgogne – 1 409 h alt. 320.*

🛈 *Syndicat d'initiative, 3 Grande Rue* ℰ *03 85 49 69 47, Fax 03 85 49 69 47, couchois @wanadoo.fr.*

Paris 328 – Beaune 31 – Chalon-sur-Saône 26 – Autun 26 – Le Creusot 16.

🏠 **Les 3 Maures,** ℰ *03 85 49 63 93, tolfotel@wanadoo.fr, Fax 03 85 49 50 29,* 🌳, 🚲 – 📺.
⊗ Ⓐ GB
fermé 20 au 27 déc., 15 fév. au 15 mars, mardi midi et lundi du 15 sept. au 15 juil. – **Repas** 14/35 ♈ – ☐ 6 – **16 ch** 48/51 – ½ P 43/48.
♦ Dans cet ancien relais de poste, on préférera les chambres donnant sur l'arrière-cour fleurie. Bar à clientèle locale et grand caveau voûté où l'on vend des vins de Bourgogne. Longue salle de restaurant rustique agrémentée d'un beau plafond à la française.

COUDEKERQUE BRANCHE *59 Nord* **302** *C1 – rattaché à Dunkerque.*

Le COUDRAY-MONTCEAUX *91 Essonne* **312** *D4 – voir à Paris, Environs (Corbeil-Essonnes).*

COUILLY-PONT-AUX-DAMES *77860 S.-et-M.* **312** *G2 G. Île-de-France – 1 897 h alt. 50.*

Paris 45 – Coulommiers 20 – Lagny-sur-Marne 12 – Meaux 9 – Melun 45.

XX **Auberge de la Brie** (Pavard), rte Quincy (D 436) ℰ *01 64 63 51 80, Fax 01 60 04 69 82,*
🌳 – 🍴 Ⓟ. GB
❀ *fermé 1ᵉʳ au 25 août, 24 déc. au 5 janv., 20 fév. au 4 mars, dim. et lundi –* **Repas** (nombre de couverts limité, prévenir) *(26)* - 38/65 et carte 61 à 75.
♦ L'intérieur de cette coquette maison briarde ne manque pas de caractère, la cuisine - au goût du jour - non plus. Une salle est réservée aux non-fumeurs.
Spéc. Millefeuille de homard aux tomates confites. Noix de ris de veau braisée aux champignons. Soufflé au Grand Marnier.

COUIZA *11190 Aude* **344** *E5 G. Languedoc Roussillon – 1 194 h alt. 228.*

Paris 785 – Carcassonne 41 – Foix 75 – Perpignan 88 – Toulouse 110.

🏛 **Château des Ducs de Joyeuse** 🌿, ℰ *04 68 74 23 50, d.avelange@chateau-des-ducs .com, Fax 04 68 74 23 36,* 🌳, 🏊, ✗ – 📺 🕭 – 🏪 20 à 50. Ⓐ Ⓞ GB. 🛠 rest
hôtel : 1ᵉʳ avril-15 déc., rest : 1ᵉʳ avril-1ᵉʳ janv. – **Repas** *(fermé dim. soir et lundi soir sauf juil.-août)* *(dîner seul.)* *(29)* -31/55, enf. 13 ♈ – ☐ 12 – **35 ch** 100/180 – ½ P 83,50/131.
♦ Beau château fortifié du 16ᵉ s. au coeur du pays cathare. Préférez les chambres d'inspiration médiévale (pierres, poutres, lits à baldaquin) aux autres, plus fonctionnelles. Élégante salle à manger et terrasse dressée dans la cour. Cuisine traditionnelle.

COULANDON *03 Allier* **326** *G3 – rattaché à Moulins.*

572

COULANGES-LA-VINEUSE 89580 Yonne **319** E5 – 916 h alt. 193.

Paris 180 – Auxerre 15 – Avallon 42 – Clamecy 33 – Cosne-sur-Loire 67.

à Val-de-Mercy Sud : 4 km par D 165 et D 38 – 369 h. alt. 115 – ⊠ 89580 :

XX **Auberge du Château** ⑤ avec ch, ℘ 03 86 41 60 00, delfontaine.j@wanadoo.fr, Fax 03 86 41 73 28, 佘, ㈜ – TV ℃, ☒ ⒼⒷ, ⅊ rest
fermé 15 janv. au 5 mars, dim. soir (sauf hôtel), mardi midi et lundi – **Repas** (nombre de couverts limité, prévenir) 23/39, enf. 12 ⅊ – ⥮ 10,50 – **5 ch** 66/91,50 – ½ P 72.
♦ Cette ancienne ferme est devenue une coquette auberge de campagne. Restaurant composé de deux salons bourgeois parquetés aux murs ornés de tableaux. Chambres feutrées.

COULLONS 45720 Loiret **318** L6 – 2 274 h alt. 166.

Paris 165 – Orléans 60 – Aubigny-sur-Nère 18 – Gien 16 – Sully-sur-Loire 22.

XX **Canardière**, 1 rue de la Mairie ℘ 02 38 29 23 47, Fax 02 38 29 27 33, 佘 – ⒼⒷ
fermé 18 août au 8 sept., 1er au 14 janv., dim. soir, mardi soir , merc. et le soir en semaine – **Repas** 29/60, enf. 15 ⅊ - **Brasserie** (fermé le soir sauf en juil. août) **Repas** 11 bc (déj.)/16, enf. 10.
♦ Cadre rustique soigné : poutres, belle cheminée en cuivre, trophées de chasse et animaux naturalisés. Cuisine au goût du jour et gibier en saison. Accueillant bar-brasserie pour déjeuners express ; la salle des banquets occupe l'ancien bal du village.

COULOMBIERS 86600 Vienne **322** H6 – 1 017 h alt. 141.

Paris 352 – Poitiers 19 – Couhé 25 – Lusignan 8 – Parthenay 44 – Vivonne 10.

▥ **Centre Poitou**, ℘ 05 49 60 90 15, hotelcentre_poitou@wanadoo.fr, Fax 05 49 60 53 70, 佘, ㈜ – ▤ TV ℃ ⅍ ⇔ – ⚐ 25. ⒼⒷ
fermé 22 oct. au 7 nov., 23 fév. au 7 mars, et dim. sauf juil.-août – **Repas** (femé dim. soir et lundi du 15 sept. à juin) 20/61 ⅊ – ⥮ 7 – **13 ch** 48/90 – ½ P 40/50.
♦ Relais sur la route de Compostelle, cette maison régionale dispose d'agréables chambres meublées dans le style Louis-Philippe. Salon-piano, jardin verdoyant. Deux chaleureuses salles à manger (poutres, dallage ancien, cheminées) et terrasse sous une tonnelle.

COULOMMIERS 77120 S.-et-M. **312** H3 G. Île de France – 13 852 h alt. 85.

🅱 Office de tourisme, 7 rue du Général-de-Gaulle ℘ 01 64 03 88 09, Fax 01 64 03 88 09, off.tourisme@coulommiers.fr.

Paris 62 – Châlons-en-Champagne 111 – Meaux 26 – Melun 46 – Provins 39.

X **Échevins**, quai Hôtel-de-Ville ℘ 01 64 20 75 85, Fax 01 64 20 75 85, 佘 – ▤. ⒶⒺ ⒼⒷ
fermé 28 juil. au 15 août, dim. soir et lundi – **Repas** 16,50/40 ⅊.
♦ En centre-ville, une façade évoquant un chalet dissimule ce restaurant récemment rénové. Plaisant intérieur de style contemporain, terrasse d'été et cuisine au goût du jour.

COULON 79510 Deux-Sèvres **322** C7 G. Poitou Vendée Charentes – 2 074 h alt. 6.

Voir Marais poitevin★★.

🅱 Office de tourisme, rue Gabriel Auchier ℘ 05 49 35 99 29, Fax 05 49 35 84 31, ot@ville-coulon.fr.

Paris 418 – La Rochelle 63 – Fontenay-le-Comte 25 – Niort 11 – St-Jean-d'Angély 58.

▦ **Au Marais** ⑤ sans rest, quai L. Tardy ℘ 05 49 35 90 43, information@hotel-aumarais.com, Fax 05 49 35 81 98 – TV ℃ ⅍. ⒼⒷ
fermé 15 déc. au 1er fév. – ⥮ 10 – **18 ch** 50/72.
♦ Face à l'embarcadère pour le Marais mouillé, deux anciennes maisons de bateliers. Agréables chambres rustiques et colorées ; certaines ont vue sur la Sèvre. Accueil charmant.

XX **Central** avec ch, pl. Église ℘ 05 49 35 90 20, Fax 05 49 35 81 07, 佘 – TV ℃. ⒶⒺ ⒼⒷ
fermé 27 sept. au 10 oct., 16 fév. au 10 mars, dim. soir et lundi – **Repas** 16,50/36,50, enf. 8 ⅊ – ⥮ 6 – **5 ch** 43/45 – ½ P 42,70.
♦ Poutres, meubles anciens, objets agricoles, faïences : le cadre campagnard de cette auberge, située sur une jolie place, a du cachet. Patio-terrasse. Cuisine soignée.

COUPELLE-VIEILLE 62310 P.-de-C. **301** F4 – 494 h alt. 147.

Paris 232 – Calais 68 – Abbeville 58 – Arras 64 – Boulogne-sur-Mer 48 – Lille 90.

XX **Fournil**, D 928 ℘ 03 21 04 47 13, Fax 03 21 47 16 06, 佘, ㈜ – ℗. ⓪ ⒼⒷ
fermé 4 au 12 juil., 2 au 17 janv., mardi soir d'oct. à mai, dim. soir et lundi – **Repas** 15/34 ⅊.
♦ Restaurant proche du parc d'attractions du Moulin de la tour. Salle à manger égayée de tons pastel et deux salons pour les repas commandés. Cuisine au goût du jour.

COURBEVOIE *92 Hauts-de-Seine* 👁️👁️👁️ J2 👁️👁️👁️ ⑮ *– voir à Paris, Environs.*

COURCELLES-DE-TOURAINE *37330 I.-et-L.* 👁️👁️👁️ K4 *– 325 h alt. 85.*

🏌️ *du Château des Sept-Tours ℘ 02 47 24 69 75, E : 7 km.*
Paris 267 – Tours 35 – Angers 74 – Chinon 46 – Saumur 46.

au golf *Est : 7 km dir. Ambillou puis Château La Vallière –* ✉️ *37330 Courcelles-de-Touraine :*

🏰 **Château des Sept Tours** ⬧, *℘ 02 47 24 69 75, info@7tours.com, Fax 02 47 24 23 74,*
≤, 🏊, ⚲ – 🛗 📺 📞 🅿️ – 🏛️ 25 à 40. 🏧 ⭕
fermé fév. – **Repas** *(fermé dim soir et lundi du 15 nov. à fév., le midi du lundi au jeudi)*
35/50, enf. 16 ♀ **Club House** (brasserie) (déj. seul.) **Repas** *(16)* 25 ♀ – 🍽️ 16 – **44 ch** 145/210 –
½ P 150/155.
   ◆ Château du 15ᵉ s. plusieurs fois remanié, entouré d'un vaste parc et d'un golf 18 trous.
Chambres bien meublées. Des fresques illustrant le thème de la chasse ornent l'élégant
restaurant. Au Club House, repas légers servis dans l'ancienne chapelle du domaine.

COURCELLES-SUR-VESLE *02220 Aisne* 👁️👁️👁️ D6 *– 295 h alt. 75.*

Paris 122 – Reims 39 – Fère-en-Tardenois 20 – Laon 35 – Soissons 21.

🏰 **Château de Courcelles** ⬧, *℘ 03 23 74 13 53, reservation@chateau-de-courcelles.fr,*
❄️ *Fax 03 23 74 06 41,* ≤, 🌳, 🏊, 🎾, ⚲ – 🛗 📺 📞 ⚙️ 🅿️ – 🏛️ 40. 🏧 🏧 ⭕ 🍽️
Repas 45/80 et carte 75 à 95, enf. 20 ♀ – 🍽️ 18 – **15 ch** 195/305, 3 suites – ½ P 165/240.
   ◆ Château du 17ᵉ s. dans un parc de 20 ha (étang). Crébillon, Rousseau ou encore Cocteau
lui ont confirmé ses lettres de noblesse. Chambres personnalisées. Centre équestre. Salle à
manger raffinée et belle véranda, meublée dans le style Napoléon III.
Spéc. Escalopes de foie gras de canard. Filets de Saint-Pierre dorés au beurre salé. Pigeonneau rôti, jus aux arômes de cacao. **Vins** Champagne, Cumières.

Ecrivez-nous...
Vos louanges comme vos critiques seront examinées avec le plus grand soin.
Nous reverrons sur place les informations que vous nous signalez.
Par avance merci !

COURCHEVEL *73120 Savoie* 👁️👁️👁️ M5 *G. Alpes du Nord – Sports d'hiver : 1 100/2 750 m ⛷️ 11 ⛷️ 54*
⛷️.

Altiport International ℘ 04 79 03 31 14, S : 4 km.

🅱️ *Office de tourisme, La Croisette ℘ 04 79 08 00 29, Fax 04 79 08 15 63, pro@courchevel-*
.com.

Paris 660 ① *– Albertville 52* ① *– Chambéry 99* ① *– Moûtiers 25* ①.

Plan page ci-contre

à Courchevel 1850.

Voir ❄️* *– Belvédère la Saulire**** *(télécabine).*

🏨 **Les Airelles** ⬧, *au Jardin Alpin ℘ 04 79 00 38 38, info@airelles.fr, Fax 04 79 00 38 39,* ≤,
🌳, 🛁, 🏊 – 🛗, 🍽️ rest, 📺 📞 ⚙️ 🚗. 🏧 ⭕ ⭕ 🍽️ 🌸   Z h
17 déc.-12 avril – **Table du Jardin :** Repas 85(déj.)/115, ♀, enf. 60 – **Coin Savoyard :**
spécialités savoyardes (dîner seul.) **Repas** 95, ♀, enf. 60 – 🍽️ 45 – **57 ch** 795/1440, 3 suites –
½ P 413/713.
   ◆ Exotisme montagnard en ce chalet de style tyrolien : oriel, balcons ouvragés, polychro-
mie des façades, poêle en faïence et personnel en costume autrichien ! Décor très raffiné à
la Table du Jardin. Cadre et cuisine d'esprit régional au Coin Savoyard.

🏨 **Byblos** ⬧, *au jardin Alpin ℘ 04 79 00 98 00, courchevel@byblos.com, Fax 04 79 00 98 01,*
≤, 🌳, 🛁, 🏊 – 🛗 📺 📞 ⚙️ 🚗 🅿️ – 🏛️ 40. 🏧 ⭕ ⭕ 🍽️ 🌸 rest   Z y
mi-déc.-mi-avril – **Bayader** (dîner seul.) **Repas** 50/85 – **L'Oriental** (dîner seul.) **Repas**
55/75 ♀ – **66 ch**, 12 suites, (½ pens. seul.) – ½ P 445/565.
   ◆ Le petit frère du Byblos tropézien allie architecture contemporaine et tradition savoyarde. Chambres orientées au Sud, avec vue sur la forêt. Jolie salle à manger voûtée et
cuisine créative au restaurant Bayader. Cuisine du bassin méditerranéen à l'Oriental.

🏨 **Annapurna** ⬧, *rte Altiport ℘ 04 79 08 04 60, info@annapurna-courchevel.com,*
Fax 04 79 08 15 31, ≤ pistes et la Saulire, 🌳, 🛁, 🏊 – 🛗 📺 📞 🚗 – 🏛️ 15 à 80. 🏧 ⭕ ⭕.
🌸 rest
10 déc.-17 avril – **Repas** 30 (déj.), 50/80 ♀ – 🍽️ 18 – **56 ch** 518/631, 7 suites – ½ P 309/361.
   ◆ C'est l'hôtel de Courchevel le plus proche des cimes. Cadre minéral, sobre architecture
de bois clair. Toutes les chambres sont exposées plein Sud. Grande salle à manger et sa
terrasse tournées vers les pistes de ski. Cuisine traditionnelle.

Kilimandjaro ♨, rte Altiport ☎ 04 79 01 46 46, *welcome@hotelkilimandjaro.com, Fax 04 79 01 46 40,* < pistes et montagnes, 🏖, ⓪, 🏋, 🏊, 🏞 – 🛗, ≡ ch, 📺 📞 ♿ 🚗 🅿. AE ⓪ GB. ✂
déc.-avril – ***Coeur d'Or*** (dîner seul.) **Repas** 70/95, enf. 25 – ***Terrasses du Coeur d'Or*** (déj. seul.) **Repas** carte 50 à 70, enf. 16 🍷 – **15 ch**, 12 suites, 3 duplex (1/2 pens. seul.) – 1/2 P 650/1610.
◆ Lauze, pierre et bois "vieilli" composent ces luxueux chalets regroupés en hameau. Superbes chambres savoyardes, équipées high-tech et toutes dotées d'une loggia. Décor tout bois et coins "cosy" au Coeur d'Or. Cuisine du terroir et plats simples aux Terrasses.

des Neiges ♨, ☎ 04 79 08 03 77, *reservation@hoteldesneiges.com, Fax 04 79 08 18 70,* <, 🏖, ⓪, 🏋 – 🛗, ≡ ch, 📺 📞 🚗. AE ⓪ GB. ✂ ch Z e
15 déc.-15 avril – **Repas** 39,50 (déj.)/61 – ☕ 15 – **42 ch** 420/570, 6 suites – 1/2 P 255/360.
◆ Nouvelle façade en bois clair et pierre, chambres rénovées avec goût, piano-bar feutré et centre de remise en forme : une cure de jouvence réussie ! Sobre salle à manger (exposition de tableaux), terrasse tournée vers les pistes et cuisine traditionnelle.

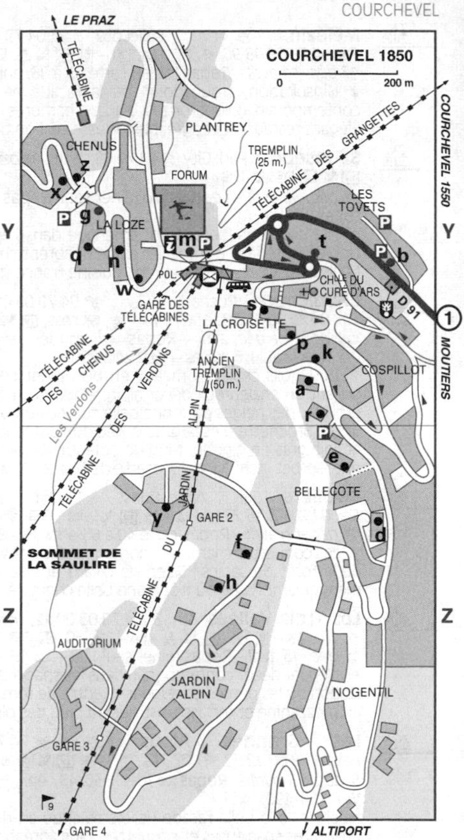

Carlina ♨, ☎ 04 79 08 00 30, *message@hotelcarlina.com, Fax 04 79 08 04 03,* <, 🏖, ⓪, 🏊 – 🛗 📺 📞 🚗 🅿 – 🏛 25 à 60. AE ⓪ GB. ✂ rest Y a
20 déc.-12 avril – **Repas** 45/68 – **52 ch** (1/2 pens. seul.), 12 suites – 1/2 P 270/360.
◆ Imposant chalet de couleur brun-rouge dont les chambres, vastes et feutrées, ont vue sur les pistes (Sud) ou sur la vallée (Nord). Centre de balnéothérapie complet. Belle échappée sur les pentes enneigées depuis la salle à manger et la terrasse ensoleillée.

Lana ♨, ☎ 04 79 08 01 10, *info@lelana.com, Fax 04 79 08 36 70,* <, 🏖, 🏋, 🏊 – 🛗 📺 📞 🚗 – 🏛 80. AE ⓪ GB. ✂ rest Y p
15 déc.-15 avril – ***St Nicolas*** (dîner seul.) **Repas** 55/110 – ***Table du Lana :*** **Repas** 36/50 – ☕ 20 – **58 ch** 560/970, 16 suites – 1/2 P 405/575.
◆ Chambres cossues et personnalisées, bronzes, belle piscine "à la romaine" : l'originalité est de mise à l'intérieur de ce chalet en bois sombre. Élégant restaurant et cuisine actuelle au St-Nicolas. Buffets et plats traditionnels à La Table du Lana.

Bellecôte ♨, r. Bellecôte ☎ 04 79 08 10 19, *message@lebellecote.com, Fax 04 79 08 17 16,* <, 🏖, 🏋, 🏊 – 🛗 📺 – 🏛 40. AE ⓪ GB. ✂ rest Z d
20 déc.-12 avril – **Repas** 48 (déj.)/68 – **52 ch** (1/2 pens. seul.) – 1/2 P 250/320.
◆ Insolites chambres au parfum d'Asie : portes sculptées afghanes, mobilier népalais et statuettes cambodgiennes ; certaines possèdent un balcon orienté plein Sud. Restaurant meublé en style Louis XIII ou terrasse offrant la vue sur le sommet de Bellecôte.

Alpes Hôtel du Pralong ♨, rte Altiport ☎ 04 79 08 24 82, *pralong@relaischateaux.com, Fax 04 79 08 36 41,* <, 🏖, 🏋, 🏊 – 🛗 📺 📞 🚗 🅿 – 🏛 30. AE ⓪ GB JCB. ✂
18 déc.-mi-avril – **Repas** 52 (déj.)/73 – **57 ch** (1/2 pens. seul.), 8 suites – 1/2 P 210/350.
◆ Sur la route de l'altiport, établissement tout entier tourné vers la montagne. Chambres claires et spacieuses, agréable piano-bar et jolie piscine en mosaïque. Vaste salle à manger compartimentée par d'imposantes colonnes. Terrasse ensoleillée face aux pistes.

Mélézin 🐟, r. Bellecôte 🖉 04 79 08 01 33, *lemelezin@amanresorts.com,*
Fax 04 79 08 08 96, ≤, 🚡, *Is,* 🔲 – 🛗 ⟨TV⟩ ⟨ 🅿️ ⟨AE⟩ ⟨O⟩ GB, ⋘ Y r
17 déc.-11 avril – **Repas** (dîner) carte 63 à 86, enf. 28 – 🖙 25 – **26 ch** 520/1100, 5 suites.
♦ L'inspiration "troubadour" de la façade ne laisse pas deviner le ravissant intérieur
contemporain (jolis bronzes d'art). Chambres raffinées, la plupart exposées plein Sud.
Élégant restaurant et agréable terrasse où l'on déguste une cuisine au goût du jour.

St-Joseph, r. Park City 🖉 04 79 08 16 16, *info@lesaintjoseph.com,* Fax 04 79 08 38 38 – 🛗
⟨TV⟩ ⟨ 🅿️ ⟨AE⟩ ⟨O⟩ GB Y n
15 déc.-15 avril – **Le Hussard** (dîner seul) **Repas** Carte 54 à 71 ⓨ – 🖙 30 – **11 ch** 400/720, 4
suites.
♦ Nid douillet superbement aménagé dans l'esprit d'une luxueuse demeure de famille.
Nobles matériaux et mobilier chiné décorent chambres soignées et vastes appartements.
Chaleureuse salle de restaurant, cuisine franco-italienne et riche carte des vins.

Chabichou (Rochedy) 🐟, 🖉 04 79 08 00 55, *chabi@chabichou-courchevel.com,*
Fax 04 79 08 33 58, ≤, *Is* – 🛗, 🗏 rest, ⟨TV⟩ ⟨ ⟨ 🖙 – 🖴 30 à 50. ⟨AE⟩ ⟨O⟩ GB Y z
❄❄ *juil.-août et déc.-avril* – **Repas** (45) - 70 (déj.), 85/150 et carte 110 à 165, enf. 30 – **41 ch**
(½ pens. seul.), 3 suites – ½ P 240/280.
♦ Deux jolis chalets jumeaux en bois peint couleur crème. Les chambres rénovées arborent un chaleureux décor alpin. Plaisante salle à manger, petits salons intimes et deux
étoiles... des neiges pour une belle cuisine au goût du jour !
Spéc. Brochette d'escargots grillée aux pistaches (hiver). Croustillant de pigeon de Bresse
et foie gras en gigotin, tatin de polenta. Fagotin de mangue et ananas, coulis de mandarine, sorbet litchi. **Vins** Roussette de Marestel, Mondeuse d'Arbin

Sivolière 🐟, Nord-Ouest : 1 km 🖉 04 79 08 08 33, *sivoliere@wanadoo.fr,*
Fax 04 79 08 15 73, ≤, *Is* – 🛗 ⟨TV⟩ ⟨ ⟨ ⋘
1er déc.-fin avril – **Repas** carte 40 à 65 – 🖙 16 – **31 ch** 206/662 – ½ P 159/379.
♦ Les coquettes chambres montagnardes ont vue sur le spectacle donné par les écureuils
de la forêt de sapins ! Salon de billard et attentions pour les enfants. Ravissante salle à
manger lambrissée où trône une belle cheminée. Cuisine au goût du jour.

Les Trois Vallées 🐟, 🖉 04 79 08 00 12, *info@3vallees-hotel.com,* Fax 04 79 08 17 98,
≤, 🚡, *Is* – 🛗 ⟨¾⟩ ⟨TV⟩ ⟨ ⟨ ⟨ – 🖴 60. ⟨AE⟩ GB, ⋘ Y q
1er déc.-15 avril – **Repas** (dîner seul.) 56 – 🖙 15 – **30 ch** 470/510 – ½ P 255/275.
♦ Élégant décor contemporain dans les spacieuses chambres dotées de balcons (vue sur la
station ou les pentes enneigées). Centre de remise en forme complet. Belle salle à manger
en mezzanine et terrasse installée au pied des pistes. Le menu change chaque jour.

Les Grandes Alpes 🐟, 🖉 04 79 08 03 35, *grandesalpes@wanadoo.fr,*
Fax 04 79 08 12 52, ≤, *Is* – 🛗 ⟨TV⟩ ⟨ ⟨ ⟨ – 🖴 15. ⟨AE⟩ GB, ⋘ Y s
5 déc.-25 avril – **Repas** 20 (déj.), 30/43, enf. 10 ⓨ – 🖙 20 – **41 ch** 720/980, 4 suites –
½ P 260/490.
♦ Chalet à la belle façade de pierre situé au-dessus d'une luxueuse galerie marchande.
Chambres spacieuses et coquettes, plus agréables côté Sud (calme et vue sur les pistes). À
midi, formules rapides. Le soir, carte traditionnelle et plats savoyards.

Loze sans rest, 🖉 04 79 08 28 25, *info@la-loze.com,* Fax 04 79 08 39 29 – 🛗 ⟨TV⟩ ⟨ ⟨ ⟨AE⟩
⟨O⟩ GB, ⋘ Y w
1er déc.-12 avril – 🖙 16 – **28 ch** 355/440.
♦ À côté des télécabines, établissement égayé d'une fresque en façade. Peintures murales
dans les chambres confortables. Joli salon décoré à l'autrichienne, où l'on sert le thé.

Pomme de Pin 🐟, 🖉 04 79 08 36 88, *info@pommedepin.com,* Fax 04 79 08 38 72,
≤ vallée et montagnes, 🚡, *Is* – 🛗 ⟨TV⟩ ⟨ ⟨ ⟨ ⟨AE⟩ ⟨O⟩ GB Y x
21 déc.-15 avril – **Repas** (voir aussi **Le Bateau Ivre** ci-après) - 25 (déj.)/38 et carte 45 à 55 ⓨ
– **49 ch** 292/342 – ½ P 195/219.
♦ Cette architecture contemporaine en bois et verre s'écarte résolument du style chalet.
Grandes chambres fonctionnelles ; la plupart ont vue sur la station, côté soleil levant.
Agréable restaurant panoramique prolongé d'une terrasse très prisée aux beaux jours.

Les Ducs de Savoie 🐟, au Jardin Alpin 🖉 04 79 08 03 00, *message@lesducsdesavoie.c*
om, Fax 04 79 08 16 30, ≤, 🚡, *Is,* 🗏 – 🛗 ⟨TV⟩ ⟨ – 🖴 40. ⟨AE⟩ ⟨O⟩ GB Z f
20 déc.-12 avril – **Repas** (30) - 35 (déj.)/50 – **70 ch** (½ pens. seul.) – ½ P 180/250.
♦ Chambres lambrissées, garnies d'un solide mobilier en pin ; choisir celles exposées plein
Sud (balcons). Bon équipement sportif et salon de billards. Décor montagnard et mobilier
actuel dans la salle à manger prolongée d'une terrasse ; vue sur les sommets.

Crystal Hôtel 🐟, rte Altiport 🖉 04 79 08 28 22, *crystal.hotel@wanadoo.fr,*
Fax 04 79 08 28 39, ≤ montagnes, 🗏 ⟨TV⟩ ⟨ ⟨ ⟨ ⟨AE⟩ ⟨O⟩ GB JCB
20 déc.-mi-avril – **Repas** 38 (déj.)/58 – **47 ch** (½ pens. seul.), 4 suites – ½ P 175/240.
♦ Hôtel situé au pied des pistes et à l'écart du centre. Chambres rénovées, pratiques et
baignées de lumière (vue sur la montagne ou la vallée). Bel espace de remise en forme.
Sobre décor actuel dans une spacieuse salle à manger lambrissée. Recettes classiques.

🏨 **Courcheneige** ⊗, r. Nogentil 𝒫 04 79 08 02 59, *info@courcheneige.com*, Fax 04 79 08 11 79, ≤ montagnes, 🏠, **Ⅰ₅** – 🛗 TV 🚗, AE GB, % **Z**
20 déc.-20 avril – **Repas** (dîner pour résidents seul.) 29 (déj.) ⅃ ☜ – **77 ch** (½ pens. seul.), 4 duplex – ½ P 132/206.
♦ Ce chalet planté au milieu des pistes illustre bien le concept de "station skis aux pieds". Petites chambres fonctionnelles. Carte des vins étoffée. Belle terrasse.

🏨 **L'Aiglon** ⊗, 𝒫 04 79 08 02 66, *aiglon@courchevel1850.com*, Fax 04 79 08 37 94 – TV AE ① GB, % rest **Y k**
7 déc.-27 avril – **Repas** 38 – ⊇ 15 – **32 ch** 260/380 – ½ P 137/180.
♦ Un petit chalet accueillant proche des pistes, où règne une ambiance "pension de famille" peu commune à Courchevel 1850. Toutes les chambres sont désormais rénovées. Salle des repas lambrissée toute simple mais dressée avec soin, d'où l'on aperçoit la station.

❄❄❄ **Bateau Ivre** - Hôtel Pomme de Pin - (Jacob), 𝒫 04 79 00 11 71, *pommedepin.courchevel*
✿✿ *@wanadoo.fr*, Fax 04 79 08 38 72, ≤ station et massif de la Vanoise – 🛗, AE ① GB **Y x**
mi-déc.-mi-avril – **Repas** 70 (déj.), 80/150 et carte 110 à 145, enf. 30 ☜.
♦ Cuisine inventive, belle carte des vins, chaleureux cadre contemporain et vue panoramique époustouflante sur la station et sur la Vanoise : l'"après-ski façon "Courch" !
Spéc. Oeuf cassé, pommes de terre fondantes, langoustine au lard, jus vinaigré aux truffes. Saint-Jacques poêlées, tombée de salades aux arachides grillées. Canette de Barbarie rôtie et glacée aux épices douces. **Vins** Chignin-Bergeron, Mondeuse d'Arbin.

❌❌ **Saulire**, pl. Rocher 𝒫 04 79 08 07 52, *lasaulire@wanadoo.fr*, Fax 04 79 08 02 63, 🏠 – ▦. AE GB **Y t**
fermé mai, juin, et lundi de sept. à nov. – **Repas** 28/30 et carte le soir, enf. 15 ⅂.
♦ Décor savoyard tout bois, affiches anciennes et vieux outils montagnards : l'intérieur façon chalet alpin a du cachet. Carte traditionnelle et menu du jour suggéré sur ardoise.

❌❌ **Genépi**, r. Park City 𝒫 04 79 08 08 63, *le-genepi@wanadoo.fr*, Fax 04 79 08 08 63 – AE GB **Y g**
fermé 10 juil. au 10 sept., sam. et dim. de mai à nov. – **Repas** 31/36, enf. 18 ⅂.
♦ Le plaisant salon-bar, agrémenté d'une cheminée, dessert deux petites salles à manger rustiques et chaleureuses. Cuisine au goût du jour, menu végétarien et plats régionaux.

❌ **Fromagerie**, r. Tovets 𝒫 04 79 08 27 47, Fax 04 79 08 20 91 – GB **Y b**
juil.-août et déc.-avril – **Repas** 22 (déj.), 27/37, enf. 13.
♦ Dégustation de spécialités fromagères régionales dans une salle à manger montagnarde décorée d'objets savoyards chinés dans les brocantes. Dîner aux chandelles.

à Courchevel 1650 *par* ① : 4 km – ✉ 73120 :

🏨 **Golf,** r. Maquis 𝒫 04 79 00 92 92, *alex.courchevel@wanadoo.fr*, Fax 04 79 08 19 93, ≤ – 🛗 TV ✓ ₺, AE GB, % rest
fermé le week-end du 1er au 27 juin et du 31 août au 30 oct. – **Repas** (fermé mai et du 30 oct. au 15 déc.) (dîner seul.) 46, enf. 18 – ⊇ 9 – **41 ch** 214/335, 6 duplex – ½ P 110/140.
♦ Immeuble abritant une résidence hôtelière et un hôtel. Ce dernier dispose de chambres lambrissées, dotées de balcons tournés vers la vallée ou les pistes. Confortable salle à manger pour se requinquer après une bonne journée de ski.

🏨 **Portetta,** 𝒫 04 79 08 01 47, *info@portetta.com*, Fax 04 79 08 16 23, ≤, 🏠, **Ⅰ₅**, ▨ – 🛗 GB
15 déc.-15 avril – **Repas** 25 (déj.), 45/50 ⅂ – ⊇ 15 – **45 ch** 150/180 – ½ P 130/160.
♦ Cet hôtel, prodigue de rénovations, offre un séjour convivial dans des chambres agréablement décorées et dotées de balcons côté Sud. Piscine couverte avec vue sur les pistes. Confortable restaurant et sa terrasse bien exposée face aux champs de neige.

à Courchevel 1550 *par* ① : 5,5 km – ✉ 73120 Courchevel

🏨 **Les Ancolies** ⊗, 𝒫 04 79 08 27 66, *message@lesancolies.fr*, Fax 04 79 08 05 64, ≤, **Ⅰ₅** – 🛗 TV ℙ. AE GB JCB, % rest
déc.-fin avril – **Repas** (dîner seul.) 30 – **32 ch** (½ pens. seul.) – ½ P 122.
♦ Tout de pierre et de bois, imposant immeuble situé aux portes de cette paisible station familiale ; chambres fonctionnelles et lambrissées, toutes pourvues de balcons. Cuisine au goût du jour à déguster dans une salle à manger bordée de grandes baies vitrées.

au Praz (Courchevel 1300) *par* ① : 8 km – ✉ 73120 Courchevel :

🏨 **Les Peupliers,** 𝒫 04 79 08 41 47, *lespeuplie@aol.com*, Fax 04 79 08 45 05, **Ⅰ₅** – 🛗 TV ℙ. AE ① GB
25 juin-15 sept. et 1er déc.-30 avril – **Repas** 20 (déj.)/33, enf. 10 ⅂ – ⊇ 10 – **35 ch** 150/205 – ½ P 100/135.
♦ À proximité d'un joli petit lac et du tremplin de saut olympique, hôtel aux chambres rénovées (avec balcon côté Sud). Fitness bien équipé. Accueil sympathique. Repas traditionnel au restaurant principal ou spécialités locales dans un frais cadre montagnard.

COUR-CHEVERNY *41700 L.-et-Ch.* **318** *F6 – 2 555 h alt. 86.*

Env. *Château de Cheverny★★★ S : 1 km – Porte★ de la chapelle du château de Troussay SO : 3,5 km – Château de Beauregard★, G. Châteaux de la Loire..*

🛈 *Office de tourisme, 12 rue du Chêne des Dames* ℘ *02 54 79 95 63, Fax 02 54 79 23 90, chateau.cheverny@wanadoo.fr.*

Paris 194 – Orléans 73 – Blois 14 – Châteauroux 88 – Romorantin-Lanthenay 28.

St-Hubert, ℘ 02 54 79 96 60, hotel-sthubert@wanadoo.fr, Fax 02 54 79 21 17, 🌣 – 📺 ✆ 📱 – 🛎 15. 🖭 ⓪ ☷ ⅏ rest

2 mai-13 déc. – **Repas** *(fermé dim. soir du 15 nov. au 15 mars)* 14/38, enf. 9 ♈ – ☐ 7 – **20 ch** 45/55 – ½ P 46/50.

◆ Cet hôtel proche du centre-ville abrite des chambres à l'atmosphère agréablement provinciale ; certaines, rénovées, sont fraîches et plaisantes. Salon-cheminée. Vaste salle de restaurant lambrissée. Cuisine traditionnelle et gibier en saison.

à Cheverny *Sud : 1 km – 986 h. alt. 110 –* ✉ *41700 :*

🛈 *Office de tourisme, 12 rue du Chêne des Dames* ℘ *02 54 79 95 63, Fax 02 54 79 23 90, chateau.cheverny@wanadoo.fr.*

Château du Breuil 🐾, Ouest : 3 km par D 52 et voie privée ℘ 02 54 44 20 20, Fax 02 54 44 30 40, 🌣, 🏊 – 📺 ✆ 📱. 🖭 ☷

fermé 2 janv. au 31 mars – **Repas** *(dîner seul.) (résidents seul.)* menu unique – ☐ 11,50 – **18 ch** 108/142.

◆ Visitez Cheverny et logez au Breuil : ce discret château du 18e s., situé dans un beau parc arboré, dispose de chambres assez spacieuses, dotées de meubles de style.

Grand Chancelier, 2 r. Chêne des Dames ℘ 02 54 79 22 57, Fax 02 54 79 22 57, 🌣 – 🖭 ⓪ ☷

fermé 1er janv. au 3 mars, mardi et merc. sauf le midi en saison et lundi soir hors saison – **Repas** 20/37 ♈.

◆ Auberge du 15e s. installée dans les communs du superbe château de Cheverny, alias Moulinsart pour les "Tintinophiles". Plats traditionnels et l'été, carte brasserie en sus.

COURCOURONNES *91 Essonne* **312** *D4* **101** ㊱ *– voir à Paris, Environs (Évry).*

COURCOURY *17 Char.-Mar.* **324** *G5 – rattaché à Saintes.*

COURLANS *39 Jura* **321** *C6 – rattaché à Lons-le-Saunier.*

COURRUERO *83 Var* **340** *O6 – rattaché à Plan-de-la-Tour.*

COURS *69470 Rhône* **327** *E3 – 4 241 h alt. 543.*

🛈 *Syndicat d'initiative, 54 rue de Thizy* ℘ *04 74 64 72 11.*

Paris 416 – Mâcon 70 – Chauffailles 17 – Lyon 75 – Roanne 28 – Villefranche-sur-Saône 50.

au col du Pavillon *Est : 4 km par D 64 – alt. 755 –* ✉ *69470 Cours :*

Pavillon 🐾, ℘ 04 74 89 83 55, hotel-pavillon@wanadoo.fr, Fax 04 74 64 70 26, 🌣, 🚗 – 📺 ✆ 🚿 📱 – 🛎 30. ☷

fermé fév., dim. soir, vend. soir et sam. sauf juil. et août – **Repas** *(18)* - 21,90/55, enf. 10 ♈ – ☐ 7,50 – **21 ch** 44/56 – ½ P 50/54.

◆ Au col même, en lisière de forêt ; la quiétude de l'environnement, l'architecture d'inspiration nordique et les chambres rénovées font de cet hôtel une étape plaisante. Cuisine classique servie dans une salle à manger contemporaine prolongée d'une véranda.

Dans ce guide

un même symbole, un même mot,
imprimé en **rouge** *ou en* **noir,** *en maigre ou en* **gras,**
n'ont pas tout à fait la même signification.
Lisez attentivement les pages explicatives.

COUR-ST-MAURICE *25380 Doubs* 321 K3 – *157 h alt. 500.*

Paris 481 – Besançon 68 – Baume-les-Dames 50 – Montbéliard 44 – Maiche 12 – Morteau 37.

⌂ **Moulin** ☾, à Moulin du Milieu, Est : 3 km sur D 39 ☎ 03 81 44 35 18, ≤, 🌳 – 📺 ✆ Ⓟ. GB. ⊘ rest

1er mars-1er oct. – **Repas** *(fermé merc. sauf le soir en saison)* (nombre de couverts limité, prévenir) 17/28 – ☕ 6,10 – **6 ch** 42/70 – ½ P 53/58.

◆ Cette insolite villa des années 1930 fut construite pour un meunier de la vallée. Chambres "rétro", agréable jardin ombragé et parcours de pêche réservé aux hôtes du Moulin. Coquette salle à manger bourgeoise tournée vers la rivière. Carte traditionnelle.

✗ **Truite du Moulin**, à Moulin du Bas, Est : 3 km sur D 39 ☎ 03 81 44 30 59, *Fax 03 81 44 30 59*, ☂ – Ⓟ. GB

fermé déc., mardi soir et merc. – **Repas** 18,50/24 🍷.

◆ L'ex-moulin borde une rivière poissonneuse. Les truites, spécialités de la maison, viennent de l'ancien bief transformé en vivier. Accueillante salle à manger rustique.

COURSAN *11 Aude* 344 J3 – *rattaché à Narbonne.*

COURSEGOULES *06140 Alpes-Mar.* 341 D5 *G. Côte d'Azur – 322 h alt. 1020.*

Paris 856 – Castellane 60 – Grasse 33 – Nice 40.

⌂ **Auberge de L'Escaou** ☾, ☎ 04 93 59 11 28, *escaou@wanadoo.fr, Fax 04 93 59 13 70*, ≤, ☂ – ⇕ 📺. AE GB

fermé 1er déc. au 7 janv. – **Repas** 20/25, enf. 10 – ☕ 6 – **10 ch** 40/62 – ½ P 48.

◆ Maison ancienne rénovée, dans un pittoresque village juché sur un piton dominant le cours encaissé de la Cagne. Petites chambres sobrement aménagées. Décor mi-actuel, mi-rustique dans la salle à manger, véranda panoramique et jolie terrasse ombragée.

Si vous êtes retardé sur la route, dès 18 h,
confirmez votre réservation par téléphone,
c'est plus sûr... et c'est l'usage.

COURSEULLES-SUR-MER *14470 Calvados* 303 J4 *G. Normandie Cotentin – 3 886 h.*

Voir *Clocher★ de l'église de Bernières-sur-Mer E : 2,5 km – Tour★ de l'église de Ver-sur-Mer O : 5 km par D 514.*

Env. *Château★★ de Fontaine-Henry S : 6,5 km.*

ℹ *Office de tourisme, 54 rue du 11 Novembre ☎ 02 31 37 46 80, Fax 02 31 36 17 18, tourisme.courseulles@wanadoo.fr.*

Paris 252 – Caen 20 – Arromanches-les-Bains 14 – Bayeux 24 – Cabourg 41.

✗✗ ∞ **Paris** avec ch, pl. 6-Juin ☎ 02 31 37 45 07, *hoteldeparis-normandie@wanadoo.fr, Fax 02 31 37 51 63*, ☂ – 📺 Ⓟ. AE GB. ⊘ rest

fermé 12 nov. au 11 déc. – **Repas** 14/30 🍷 – ☕ 7 – **27 ch** 53/65 – ½ P 46/56,50.

◆ Le 14 juin 1944, sur la plage voisine, le général de Gaulle remettait un pied libérateur sur le sol français. Accueillante salle à manger-véranda et produits de la mer.

✗✗ **Pêcherie** avec ch, pl. 6-Juin ☎ 02 31 37 45 84, *pecherie@wanaddoo.fr, Fax 02 31 37 90 40*, ☂ – 📺 Ⓟ. AE ① GB

Repas 18/35, enf. 9 🍷 – ☕ 8 – **6 ch** 74 – ½ P 74.

◆ Lampes-tempête, rames et hublots apportent à la salle de restaurant une touche maritime. L'on y sert une cuisine océane. Chambres façon "cabines de bateau".

✗✗ ∞ **Crémaillère** avec ch, bd Plage ☎ 02 31 37 46 73, *cremaillere@wanadoo.fr, Fax 02 31 37 19 31*, ≤, ☂ – ▤ rest, 📺 ✆ Ⓟ. AE ① GB

Repas 15/43, enf. 7 🍷 – ☕ 8 – **9 ch** 76, 4 suites – ½ P 76.

◆ La salle à manger principale offre une vue panoramique sur la côte de Nacre. Sur l'arrière, petites salles élégamment refaites. Carte traditionnelle et produits de la mer.

Annexe Gytan ⌂ sans rest, ☎ 02 31 37 95 96, *cremaillere@wanadoo.fr, Fax 02 31 37 19 31*, 🏋, 🌳 – 📺 ♿ Ⓟ – 👥 30. AE ① GB

☕ 8 – **24 ch** 68, 11 duplex.

◆ La réception se fait à la Crémaillère, dont ce bâtiment moderne, proche des plages du Débarquement, est l'annexe. Chambres bien équipées.

COURTENAY *45320 Loiret* 318 P3 – *3 437 h alt. 146.*

⛳18 *de Clairis à Savigny-sur-Clairis ☎ 03 86 86 33 90, N : 7 km.*

ℹ *Office de tourisme, 5 rue du Mail ☎ 02 38 97 00 60, Fax 02 38 97 39 12, otsi.courtenay@wanadoo.fr.*

Paris 118 – Auxerre 56 – Nemours 44 – Orléans 101 – Sens 25.

Auberge La Clé des Champs (Delion) ⑊ avec ch, rte Joigny : 1 km 𝒫 02 38 97 42 68, Fax 02 38 97 38 10, �, 🍽, 🚶 – 📺 📞 🅿 ⚫ GB

fermé 11 au 27 oct., 10 au 28 janv., mardi et merc. – **Repas** (nombre de couverts limité, prévenir) 25/100 et carte 51 à 100 – 🖵 9,50 – **7 ch** 75,50/128.

◆ Ferme du 17ᵉ s. et son jardin fleuri. Chambres campagnardes, élégante salle à manger rustique, ambiance champêtre, héliport privé : cette clé-là ouvre bien des horizons !
Spéc. Ris de veau poêlé à la crème de vanille et à l'oseille. Pigeonneau fermier rôti, jus aux abattis. Noisettine meringuée du duc de Praslin (sept. à mai). **Vins** Petit Chablis, Irancy.

Raboliot, pl. Marché 𝒫 02 38 97 44 52 – 🖹. GB
Repas (déj. seul.) 10/20.

◆ L'enseigne est un clin d'œil au roman solognot de Maurice Genevoix. Petite façade en bois et cadre agreste simple ; mise en place un peu serrée. Cuisine traditionnelle.

à Ervauville *Nord-Ouest : 9 km par N 60, D 32 et D 34 – 389 h. alt. 152 – ⊠ 45320 :*

Le Gamin, 𝒫 02 38 87 22 02, Fax 02 38 87 25 40, 🌺 – GB
fermé 21 juin au 6 juil., 27 sept au 5 oct., 31 janv. au 8 fév., dim. soir, lundi et mardi – **Repas** (nombre de couverts limité, prévenir) 36 (déj.)/54 et carte 81 à 102.

◆ L'ancienne épicerie-buvette familiale est devenue une élégante auberge. Décor original : jeux de miroirs, briques flammées et bibelots. Terrasse ouverte sur un joli jardin.
Spéc. Chaud-froid d'éventail d'avocat et ris de veau. Côte de veau au sautoir, girolles crémières (saison). Terrine aux pommes, oranges confites, glace pain d'épices. **Vins** Chablis, Sancerre.

COURTILS 50220 Manche �303 D8 – 257 h alt. 35.
Paris 349 – *St-Malo 60* – Avranches 13 – Dol-de-Bretagne 35 – Fougères 43 – St-Lô 70.

Manoir de la Roche Torin ⑊, Bas Courtils 𝒫 02 33 70 96 55, manoir.rochetorin@wan adoo.fr, Fax 02 33 48 35 20, ≤, 🐾 – 📺 🅿 ⚫ ⓞ GB
fermé 11 nov. au 15 déc., 2 janv. au 14 fév. et lundi – **Repas** (fermé le midi en semaine, dim. soir et lundi) 21/50 🍽 – 🖵 11,50 – **16 ch** 95/198 – ½ P 78/137.

◆ Coquet manoir isolé sur la grève face à la baie du Mont-St-Michel, point de départ de balades. Chambres progressivement refaites. Certaines tables du restaurant offrent une vue sur la "Merveille de l'Occident". Menus régionaux et agneau de pré-salé.

La COURTINE 23100 Creuse ❸❷❺ K6 – 971 h alt. 789.
🖸 Syndicat d'initiative 𝒫 05 55 66 76 58, Fax 05 55 66 70 69.
Paris 424 – Aubusson 38 – La Bourboule 53 – Guéret 80 – Ussel 21.

Au Petit Breuil, rte Felletin 𝒫 05 55 66 76 67, Fax 05 55 66 71 84, 🌺, 🍽, 🚶 – 🛗 📺 🚿 ⊜ 🅿. GB
fermé vend. soir du 15 oct. au 15 mars et dim. soir – **Repas** 11/32, enf. 9 🍽 – 🖵 6 – **11 ch** 38/42 – ½ P 38/42.

◆ Demeure familiale centenaire dont toutes les chambres, simples mais correctement équipées, sont rénovées. Pierres apparentes, chaises paillées, meubles anciens et cuivres donnent un cachet rustique à la salle à manger ; terrasse auprès de la piscine.

COURTY 63 P.-de-D. ❸❷❻ I7 – rattaché à Thiers.

COUSTELLET 84660 Vaucluse ❸❸❷ D10 *G. Provence* – alt. 243.
Paris 705 – *Avignon 31* – Apt 23 – Carpentras 26 – Cavaillon 10.

Maison Gouin, N 100 𝒫 04 90 76 90 18, Fax 04 90 76 91 78, 🌺 – 🖹. GB
fermé 15 nov. au 10 déc., 15 fév. au 10 mars, merc. et dim. – **Repas** 11,50 bc (déj.)/31.

◆ Dans un village du Petit Luberon, restaurant familial aménagé dans l'arrière-boutique de cette boucherie ouverte en 1928. On choisit directement son vin à la cave. Atypique !

COUTANCES ◍ 50200 Manche ❸❶❸ D5 *G. Normandie Cotentin* – 9 522 h alt. 91.
Voir Cathédrale★★★ : tour-lanterne★★★, parties hautes★★ – Jardin des Plantes★.
🖸 Office de tourisme, place Georges Leclerc 𝒫 02 33 19 08 10, Fax 02 33 19 08 19, tourisme-coutances@wanadoo.fr.
Paris 335 ② – Avranches 52 ③ – Cherbourg 76 ⑤ – St-Lô 28 ② – Vire 66 ③.

Plan page ci-contre

Cositel ⑊, par ④ : 1 km sur D44 𝒫 02 33 19 15 00, hotelcositel@wanadoo.fr, Fax 02 33 19 15 02, ≤, – 📺 🐾 🅿. – 🅰 15 à 100. ⚫ GB
Pommeau : Repas 19,80/41, enf. 9 🍴 – **Bistro Jazzy** (fermé vend. soir, sam. et dim. de la Toussaint à Pâques) **Repas** (13,50)-19,50, enf. 9 🍽 – 🖵 8,80 – **55 ch** 53/58 – ½ P 50.

◆ Construction moderne érigée sur une colline surplombant la ville. Les chambres sont claires et équipées d'un mobilier fonctionnel. Vinothèque. Au Pommeau, cuisine tradi-tionnelle et terrasse sur un petit plan d'eau. Au Bistro, plats simples et ambiance jazzy.

COUTANCES

Albert-1er (Av.) . . . . Z 2
Croûte (R. de la) . . . . YZ 3
Daniel (R.) . . . . Y 5
Duhamel (R.) . . . . Y 6
Écluse-Chette (R. de l') . . . . Y 8
Encoignard (Bd) . . . . Z 9
Foch (R. Mar.) . . . . Z 10
Gambetta (R.) . . . . Y 12
Herbert (R. G.) . . . . Z 13
Leclerc (Av. Division) . . . . Y 15
Legentil-de-la-
 Galaisière (Bd) . . . . Z 16
Lycée (R. du) . . . . Z 17
Marest (R. Thomas du) . . . . Y 18
Milon (R.) . . . . Y 19
Montbray (R. G.-de) . . . . Y 20
Normandie (R. de) . . . . Y 21
Palais-de-Justice (R. du) . . . . . . Y 23
Paynel (Bd J.) . . . . Y 24
Quesnel-
 Morinière (R.) . . . . Z 26
République (Av. de la) . . . . Y 27
St-Dominique (R.) . . . . Y 29
St-Nicolas (R.) . . . . Y 30
Tancrède (R.) . . . . Y 32
Tourville (R.) . . . . Y 33

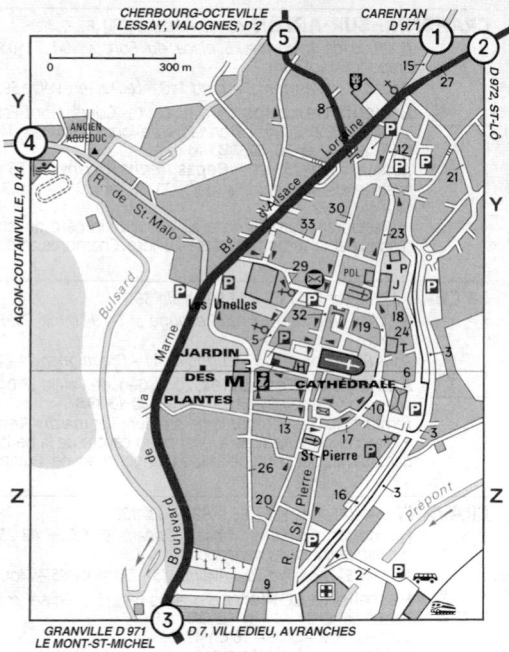

à Gratot *par ④ et D 244 : 4 km – 612 h. alt. 83 – ⊠ 50200 :*

> ※ **Tourne-Bride**, 85 r. d'Argouges ℘ 02 33 45 11 00, Fax 02 33 45 11 00, 帚 – P. GB
> ⊕ *fermé 1er au 15 juil., vacances de fév., dim. soir et lundi* – **Repas** (B) - 15/38, enf. 8,50 ♀.
> ♦ Relais de poste du 19e s. proche du château de Gratot et de sa Tour à la Fée. Salles à manger campagnardes, coquettes et chaleureuses. Cuisine traditionnelle.

COUTRAS *33230 Gironde* **335** *K4 – 7 003 h alt. 15.*

> 🖪 *Office de tourisme, 17 rue Sully ℘ 05 57 69 36 53, Fax 05 57 69 36 43, office-du-tourisme.pays-de-coutras@wanadoo.fr.*
> *Paris 527 – Bordeaux 51 – Bergerac 67 – Blaye 50 – Jonzac 58 – Libourne 18 – Périgueux 87.*

> 🏛 **Henri IV** sans rest, pl. 8 Mai 1945 (face gare) ℘ 05 57 49 34 34, hotel-henriIV.gironde@wa
> nadoo.fr, Fax 05 57 49 20 72, 帚 – TV P. – ♨ 30. ⚎ ⓪ GB
> ⊡ 7,50 – **14 ch** 41,50/61,50.
> ♦ La bataille que livra Henri de Navarre en 1587 a fait entrer Coutras dans l'histoire. Cette maison de maître du 19e s. abrite des chambres simples et bien tenues.

COYE-LA-FORÊT *60580 Oise* **305** *F6 – 3 516 h alt. 88.*

> *Paris 47 – Compiègne 50 – Beauvais 47 – Chantilly 8 – Meaux 48 – Senlis 16.*

> ※※ **Auberge Les Étangs**, 1 r. Clos des Vignes ℘ 03 44 58 60 15, francoise.colagiacomo@wa
> nadoo.fr, Fax 03 44 58 75 95, 帚 – ⚎ GB
> *fermé 26 juil. au 10 août, 7 au 29 fév., lundi et mardi* – **Repas** 24/33 ♀.
> ♦ Dans l'aire des étangs de Commelles, en forêt de Coye-Chantilly, auberge de campagne fleurie. Salles à manger de style Louis XIII et cuisine traditionnelle.

CRAPONNE *69290 Rhône* **327** *H5 G. Vallée du Rhône – 8 002 h alt. 285.*

> *Paris 460 – Lyon 11 – L'Arbresle 20 – Vienne 36 – Villefranche-sur-Saône 35.*

> ※ **Poste**, 107 av. E. Millaud ℘ 04 78 57 45 40, Fax 04 37 22 02 15, 帚 – P. ⚎ ⓪ GB
> ⊕ *fermé 9 au 23 août, 15 oct. au 1er nov., 14 au 28 fév., merc. soir d'oct. à mars, dim. soir et lundi* – **Repas** 14/37, enf. 7 ♀.
> ♦ Après avoir contemplé les vestiges d'un aqueduc qui alimentait en eau le Lyon gallo-romain, ce restaurant vous mettra, lui, l'eau à la bouche. Terrasse très prisée en été.

CRAPONNE-SUR-ARZON *43500 H.-Loire* **331** *F2 G. Vallée du Rhône – 2 653 h alt. 915.*

🏢 *Office de tourisme, 6 place du Fort ℘ 04 71 03 23 14, Fax 04 71 01 24 19, ot-craponne@aol.com.*

Paris 473 – Clermont-Ferrand 110 – Le Puy-en-Velay 39 – St-Etienne 60.

✗ **Brûleurs de Loups** ⏴ avec ch, Les Cours, Nord-Est : 1 km par D 498 et rte secondaire ℘ 04 71 03 22 99, *info@bruleurs-de-loups.com, Fax 04 71 03 89 60,* ≤, 🥢, 🔥 – cuisinette
📺 📞 🅿 – 🏦 20. 🆎 🆖. ✗ rest

hôtel: 1ᵉʳ avril-15 oct. – **Repas** *(fermé 1ᵉʳ janv. au 28 fév., mardi de sept. à juin et lundi)* (week-ends, prévenir) 16 (déj.), 21/36, enf. 7 ♀ – ☲ 7 (½ pens. seul.), 8 chalets 53/68 – ½ P 44,50/52.

♦ Restaurant familial situé au coeur d'un parc qui surplombe le village. Salle à manger rustique et amusante terrasse-paillote. Chambres aménagées dans des petits chalets.

La CRAU *83260 Var* **340** *L7 – 14 509 h alt. 36.*

🏢 *Office de tourisme, rue Renaude ℘ 04 94 01 56 99, Fax 04 94 01 56 99, otsilacrau@wanadoo.fr.*

Paris 847 – Toulon 15 – Brignoles 41 – Draguignan 71 – Hyères 9 – Marseille 77.

✗✗ **Auberge du Fenouillet**, 20 av. Gén. de Gaulle ℘ 04 94 66 76 74, *auberge.fenouillet@wanadoo.fr, Fax 04 94 57 81 09 –* 🔲. 🆎 🅾 🆖
fermé 13 juil. au 20 août, dim. soir, lundi et mardi – **Repas** 30/46, enf. 11 ♀.

♦ Façade discrète mais avenante au centre de la petite ville. Vous déjeunerez ou dînerez dans le frais décor d'une salle à manger rénovée. Cuisine traditionnelle.

CRAVANT *89460 Yonne* **319** *F5 – 824 h alt. 120.*

🏢 *Syndicat d'initiative, 4 rue d'Orléans ℘ 03 86 42 25 71, Fax 03 86 42 25 71, syndicat-dinitiative.cravant@wanadoo.fr.*

Paris 185 – Auxerre 19 – Avallon 33 – Clamecy 35 – Montbard 65.

🏠 **Hostellerie St-Pierre** ⏴ sans rest, 5 r. Église ℘ 03 86 42 31 67, *lestpierre@aol.com, Fax 03 86 42 37 43 –* 🚿. 🆎 🆖
9 avril-2 nov. – ☲ 8 – **16 ch** 45/90.

♦ Bâtiments disposés autour d'une cour fleurie agrémentée d'un puits. Les chambres n'ont pas toutes le confort sanitaire, mais elles sont toujours personnalisées et plaisantes.

CRÈCHES-SUR-SAÔNE *71 S.-et-L.* **320** *I12 – rattaché à Mâcon.*

CRÉCY-EN-PONTHIEU *80150 Somme* **301** *E6 G. Picardie Flandres Artois – 1 577 h alt. 30.*

🏢 *Syndicat d'initiative, 32 rue du Maréchal Leclerc de Hauteclocque ℘ 03 22 23 93 84, Fax 03 22 23 93 84, commune-de-crecy-en-ponthieu@wanadoo.fr.*

Paris 194 – Abbeville 20 – Amiens 59 – Montreuil 31 – St-Omer 72.

🏠 **Maye,** ℘ 03 22 23 54 35, *Fax 03 22 23 53 32,* 🌾 – 📺 🅿. 🏦 🆎 🅾 🆖
fermé 1ᵉʳ au 28 mars, dim. soir et lundi – **Repas** (11) - 16/33 ♀ – ☲ 7,50 – **11 ch** 45,50/58 – ½ P 46.

♦ La localité est passée à la postérité un triste jour de 1346... Les petites chambres insonorisées accueillent aujourd'hui sans distinction vainqueurs et vaincus. Une grande cheminée trône dans la salle à manger lambrissée et éclairée d'un vitrail à feuillage.

CREIL *60100 Oise* **305** *F5 G. Ile de France – 30 675 h alt. 30.*

🏌 *à Apremont ℘ 03 44 25 61 11, SE : 6 km par N 330.*

🏢 *Syndicat d'initiative, 41 place du Gal-de-Gaulle ℘ 03 44 55 16 07, Fax 03 44 55 05 27, synd.init-tourisme.creil@wanadoo.fr.*

Paris 63 – Compiègne 37 – Beauvais 45 – Chantilly 9 – Clermont 17.

🏠 **Ferme de Vaux,** rte Vaux (sur D 120 direction Verneuil) ℘ 03 44 64 77 00, *Fax 03 44 26 81 50 –* 📺 🅿. – 🏦 30. 🆎 🆖 🆓🆑🅱
Repas *(fermé sam. midi et dim. soir)* 16 (déj.), 26/45 – ☲ 7,50 – **28 ch** 58/62 – ½ P 54.

♦ Ancienne ferme francilienne tout de pierre bâtie. Confort moderne dans les chambres, plus spacieuses au rez-de-chaussée. Mobilier de style Louis XIII, lourdes tentures et tapisseries agrémentent la salle à manger. Carte classique ; service attentionné.

CRÉMIEU *38460 Isère* **333** *E3 G. Vallée du Rhône – 3 169 h alt. 200.*

Voir Halles★.

🏢 *Office de tourisme, 5 place de la Nation Charles-de-Gaulle ℘ 04 74 90 45 13, Fax 04 74 90 02 25, office.tourismecremieu@wanadoo.fr.*

Paris 488 – Lyon 36 – Belley 49 – Bourg-en-Bresse 64 – Grenoble 86 – La Tour-du-Pin 28.

✗ **Auberge de la Chaite** avec ch, *℘ 04 74 90 76 63, Fax 04 74 90 88 08,* 🏠, 🍴 – 📺 📞 **P**.
🅰🅴 ⓞ 🅶🅱

fermé 5 au 24 avril, 20 déc. au 11 janv., mardi midi d'oct. à avril, dim. soir et lundi – **Repas**
14/32, enf. 7,50 ♟ – 😋 6,20 – **10 ch** 39/50.

♦ Face à la porte de la Loi, cette maison de pays propose des plats traditionnels à déguster
dans une salle au décor campagnard ou sur la terrasse ombragée. Chambres rénovées.

CREPON 14 *Calvados* 🅱🅾🅾 I4 *G. Normandie Cotentin* – *199 h alt. 52* – ✉ *14480 Creully.*
Paris 257 – Caen 23 – Bayeux 13 – Deauville 66.

🏨 **Ferme de la Rançonnière** 🏠, rte Arromanches-les-Bains *℘ 02 31 22 21 73, ranconni*
ere@wanadoo.fr, Fax 02 31 22 98 39, 🍴 – 📺 📞 ♿ **P** – 🔒 30. 🅰🅴 🅶🅱
Repas *(fermé 5 au 29 janv.)* 15/40, enf. 10 ♟ – 😋 11 – **35 ch** 55/130 – ½ P 55/90.

♦ Vous serez séduits par cette ferme fortifiée médiévale dont les chambres aux poutres
patinées sont agrémentées de meubles et bibelots anciens. Le cadre paysan de la salle de
restaurant a été jalousement préservé : cheminée, murs et belles voûtes en pierre.

Annexe Ferme de Mathan 🏠 sans rest, à 800 m., 🍴 – 📺 📞 **P**. 🅰🅴 🅶🅱
😋 11 – **13 ch** 110/160.

♦ Chambres récemment aménagées dans une métairie du 18ᵉ s. ; spacieuses, elles sont
joliment décorées et dotées de meubles chinés. Calme garanti.

CRESSERONS 14 *Calvados* 🅱🅾🅾 J4 – *rattaché à Douvres-la-Délivrande.*

CREST 26400 *Drôme* 🅱🅱🅱 D5 *G. Vallée du Rhône* – *7 739 h alt. 196.*

Voir Donjon★ : ☀★.

🏌 *du Domaine de Sagnol à Gigors-et-Lozeron ℘ 04 75 40 98 00, par ① : 19 km.*

🅱 *Office de tourisme, place du Docteur Rozier ℘ 04 75 25 11 38, Fax 04 75 76 79 65,*
ot-crest@vallee-drome.com.

Paris 585 ④ – Valence 28 ④ – Die 37 ① – Gap 129 ① – Grenoble 114 ④ – Montélimar 37 ②.

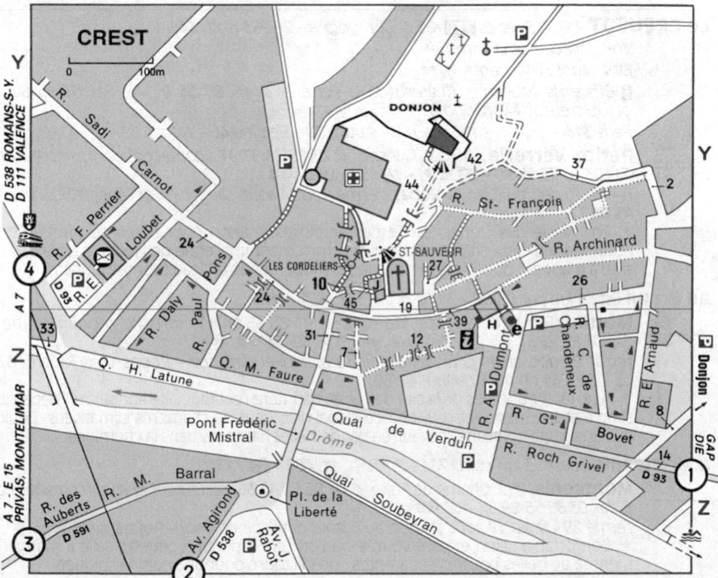

CREST

0   100m

DONJON

Barbèyère (Mtée de la)... **Y** 2	Gaulle (Pl. du Gén.-de)... **YZ** 19	Remparts (Ch. des)... **Y** 37
Boucheries (R. des)... **Z** 7	Hôtel-de-Ville (R. de)... **Y** 24	République (R. de la)... **YZ** 39
Calade (R. de la)... **Z** 8	Jourbernon (Cours de)... **Y** 26	Saboury (R. de)... **Y** 42
Cordeliers (Esc. des)... **Y** 10	Julien (Pl.)... **Y** 27	Tour (R. de la)... **Y** 44
Cuiretteries (R. des)... **Z** 12	Long (R. M.)... **Z** 31	Vieux-Gouvernement
Dr.-A. Ricateau (Av.)... **Z** 14	Pied Gai (Quai)... **Z** 33	(R. du)... **Y** 45

XX **Kléber** avec ch, 6 r. A. Dumont   ✆ 04 75 25 11 69, Fax 04 75 76 82 82 – 🗟 rest, 📺, **GB**
fermé 15 août au 2 sept., 1ᵉʳ au 20 janv., mardi midi, dim. soir et lundi – **Repas** 19/43 – 🖙 7
– **7 ch** 33/55.   **Z e**
    ◆ Touche transalpine dans la petite cité au fier donjon : murs joliment travaillés à l'éponge
et sièges italiens en cuir rouge. Cuisine classique.

Le CRESTET 84 Vaucluse 332 D8 – *rattaché à Vaison-la-Romaine.*

CREST-VOLAND 73590 Savoie 333 M3 *G. Alpes du Nord* – 418 h alt. 1230 – Sports d'hiver :
1 230/2 000 m ✆ 17 ⚡.
  🛈 Office de tourisme, Maison de Crest-Voland   ✆ 04 79 31 62 57, Fax 04 79 31 85 36,
crestvoland-cohennoz@minitel.net.
  Paris 588 – Chamonix-Mont-Blanc 47 – Albertville 24 – Annecy 53 – Megève 15.

🏠 **Caprice des Neiges** 🐾, rte du Col des Saisies : 1 km ☒ 73590   ✆ 04 79 31 62 95, *lecapri
cedes-neiges@wanadoo.fr*, Fax 04 79 31 79 30, ≤, ㄷ, 🐴, ≪ – 📺 🅿. ⓞ **GB**. ⚒
20 juin-15 sept. et 18 déc.-18 avril – **Repas** 20/30 ♀ – 🖙 7 – **16 ch** 79/118 – ½ P 70.
    ◆ Chalet fleuri de style savoyard situé au pied des pistes, légèrement à l'écart du village.
Chaleureux intérieur rénové dans l'esprit montagnard actuel. Salle à manger au joli décor
campagnard. Aire de jeux pour enfants et minigolf.

CRÉTEIL 94 Val-de-Marne 312 D3 101 ㉗ – *voir à Paris, Environs.*

CREULLY 14480 Calvados 303 I4 – 1 426 h alt. 27.
  Paris 253 – Caen 20 – Bayeux 14 – Deauville 62.

XX **Hostellerie St-Martin** avec ch,   ✆ 02 31 80 10 11, *hostellerie.stmartin@wanadoo.fr*,
Fax 02 31 08 17 64 – 📺 📞 🅿. 🆀 ⓞ **GB**
Repas 13/36 – 🖙 6 – **12 ch** 46/49 – ½ P 46.
    ◆ Ces belles salles voûtées du 16ᵉ s., agrémentées de sculptures d'un artiste régional,
abritaient naguère les halles du village ; plats traditionnels. Chambres pour l'étape.

Le CREUSOT 71200 S.-et-L. 320 G9 *G. Bourgogne* – 26 283 h alt. 348.
  Voir *Château de la Verrerie★*.
  Env. *Mont St-Vincent★* ※ ★★.
  🛈 Office de tourisme, Château de la Verrerie   ✆ 03 85 55 02 46, Fax 03 85 80 11 03,
otsi.le.creusot@wanadoo.fr.
  Paris 316 – Chalon-sur-Saône 38 – Autun 30 – Beaune 46 – Mâcon 89.

🏨 **Petite Verrerie**, 4 r. J. Guesde   ✆ 03 85 73 97 97, *contact@hotelfp-lecreusot.com*,
Fax 03 85 73 97 90 – 📺 📞 🅿. – 🆔 15 à 30. 🆀 **GB**
fermé 20 déc. au 6 janv. – **Repas** *(fermé 9 au 24 août, sam., dim. et fériés)* 12/23 ♀ – 🖙 10 –
43 ch 77.
    ◆ Pharmacie des Usines, cercle des employés, maison pour hôtes de marque et enfin
hôtel spacieux aux chambres rénovées, fortement imprégné de l'histoire de la ville. Sobre
salle à manger : boiseries peintes, sièges modernes et tableaux contemporains.

au Breuil Est : 3 km par D 290 – 3 667 h. alt. 337 – ☒ 71670 :

🏠 **Moulin Rouge** 🐾, rte Moncoy   ✆ 03 85 55 14 11, *info@le-moulin-rouge.com*,
Fax 03 85 55 53 37, ㄷ, ⊥, 🐴 – ⚒ 📺 🅿. 🆀 ⓞ **GB** **JCB**
fermé 20 janv., vend. soir, sam. midi et dim. soir – **Repas** 14,80/38, enf. 8,50 ♀ –
🖙 7,50 – **31 ch** 40/62 – ½ P 41/50.
    ◆ À un jet d'étincelles de la cité de l'acier, bâtiment rectangulaire abritant un hébergement
simple et bien tenu, et pavillon octogonal disposant de chambres climatisées. Deux salles
de restaurant dont une réchauffée par de belles flambées dans la cheminée.

à Montcenis Ouest : 3 km par D 784 – 2 352 h. alt. 400 – ☒ 71710 :

XX **Montcenis**, 2 pl. Champ de Foire   ✆ 03 85 55 44 36, *restaurant.le-montcenis@wanadoo.f
r*, Fax 03 85 55 89 52 – 🆀 **GB**
⊛   *fermé 29 juil. au 19 août, 26 déc. au 6 janv., dim. soir et lundi* – **Repas** 19/46 ♀.
    ◆ Confortable salon et cave voûtée où l'on sert l'apéritif, coquette salle à manger agré-
mentée de belles poutres apparentes : un joli cadre pour une cuisine soignée.

à Torcy Sud : 4 km par D 28 – 3 554 h. alt. 310 – ☒ 71210 :

XXX **Vieux Saule**,   ✆ 03 85 55 09 53, *restaurant.levieuxsaule@wanadoo.fr*, Fax 03 85 80 39 99,
– 🅿. **GB**
fermé dim. soir et lundi – **Repas** 17/64 et carte 38 à 58, enf. 10 🍷.
    ◆ La visite du château de la Verrerie aux étonnantes tours coniques vous a ouvert l'appé-
tit ? Rejoignez cette salle élégante où vous dégusterez une cuisine traditionnelle.

CREVOUX 05200 H.-Alpes **334** H5 *G. Alpes du Sud – 103 h alt. 1577 – Sports d'hiver : 1 600/ 2 400 m ⚡5 ⚘*.

Paris 711 – Briançon 57 – Embrun 14 – Gap 53 – Guillestre 29.

⚐ **Parpaillon** ⚘, *℘ 04 92 43 18 08, Fax 04 92 43 69 66*, ⇐ – **P.** ⓞ **GB**, ⚘ rest
fermé 20 au 30 avril et 10 au 30 nov. – **Repas** 17/25, enf. 9 ♀ – ⚍ 6,50 – **25 ch** 30/51 – ½ P 38/44.
◆ Établissement familial situé dans un hameau isolé, au pied de la chaîne du Parpaillon. Les chambres de l'annexe sont plus récentes. Lambris, parements de pierre et mobilier de bistrot personnalisent la salle des repas ; cuisine régionale simple.

CRICQUEBOEUF 14 Calvados **303** M3 – rattaché à Honfleur.

CRILLON 60112 Oise **305** C3 – 433 h alt. 110.

Paris 103 – Compiègne 75 – Aumale 33 – Beauvais 16 – Breteuil 33 – Gournay-en-Bray 18.

✕✕ **Petite France,** 7 r. Moulin *℘ 03 44 81 01 13, lapetitefrance@wanadoo.fr, Fax 03 44 81 01 13* – ▤. **GB**
fermé août, 21 au 28 fév., dim. soir, lundi et mardi – **Repas** *(12,90)* - 19 bc (déj.), 25/30,50 ♀.
◆ Auberge accueillante dans un petit village du Beauvaisis. Intérieur rustique agréablement désuet, avec mise en place soignée. Cuisine du terroir.

CRILLON-LE-BRAVE 84410 Vaucluse **332** D9 – 398 h alt. 340.

Paris 687 – Avignon 41 – Carpentras 14 – Nyons 37 – Vaison-la-Romaine 22.

🏚 **Hostellerie de Crillon le Brave** ⚘, pl. Église *℘ 04 90 65 61 61, crillonbrave@relaisch ateaux.com, Fax 04 90 65 62 86*, ⇐ plaine et Mont Ventoux, 斎, ⊿ – ⓣⓥ ✆ **P.** **AE** ⓞ **GB**. ⚘ rest
fermé 2 janv. au 10 mars – **Repas** *(fermé mardi de nov. à fin avril)* (dîner seul.) 64 *Le Bistrot (1er mai-1er nov. et fermé mardi)* (dîner seul.) **Repas** 28/35 ♀ – ⚍ 17 – **24 ch** 205/430, 8 suites.
◆ Charmante bastide du 17e s. dans un village perché face à la plaine et au mont Ventoux. Jardin à l'italienne et ravissantes chambres provençales. Restaurant aménagé dans un ancien cellier ; saveurs du Midi. Au Bistrot, cuisine régionale et plaisant décor.

CRISENOY 77 S.-et-M. **312** F4 – rattaché à Melun.

Le CROISIC 44490 Loire-Atl. **316** A4 *G. Bretagne – 4 278 h alt. 6.*

Voir Océarium★ – ⇐★ du Mont-Lénigo.

🄍 du Croisic *℘ 02 40 23 14 60, O : 3 km.*

🄑 Office de tourisme, place du 18 Juin 1940 *℘ 02 40 23 00 70, Fax 02 40 23 23 70, bienvenue@ot-lecroisic.com.*

Paris 459 ① – Nantes 86 ① – La Baule 9 ① – Redon 66 ① – Vannes 81 ①.

Plan page suivante

🏚 **Fort de l'Océan** ⚘, pointe du Croisic *℘ 02 40 15 77 77, contact@fort-ocean.com, Fax 02 40 15 77 80*, ⇐ Côte Sauvage, 斎, ⊿, 🌳 – ▤ ⓣⓥ ✆ ఉ. 🚗. **AE** ⓞ **GB**
Repas *(fermé 12/11 au 18/12, 4/1 au 10/2, le midi (sauf vend., sam., dim.) en juil., lundi et mardi du 15/9 au 30/6)* 32 (déj.)/58 – ⚍ 13 – **9 ch** 188/199 – ½ P 180.
◆ Fortin du 17e s. "à la Vauban" surplombant l'océan. Vue superbe sur la Côte sauvage depuis quelques-unes des chambres personnalisées. Location de vélos. Cuisine de la mer soignée à déguster dans un cadre empreint d'élégance ou sur la terrasse abritée du vent.

🏨 **Vikings** sans rest, à Port-Lin *℘ 02 40 62 90 03, Fax 02 40 23 28 03*, ⇐ – 🕪 ⓣⓥ ఉ. 🚗 – 🅿 50. **AE** ⓞ **GB** **AZ e**
⚍ 10 – **24 ch** 71/111.
◆ Cet immeuble récent abrite des chambres spacieuses dotées d'un mobilier de qualité. Quelques-unes tournent leur bow-window vers la Côte sauvage.

🏠 **Nids** ⚘, 15 r. Pasteur à Port-Lin *℘ 02 40 23 00 63, hotel.lesnids@worldonline.fr, Fax 02 40 23 09 79*, 斎, ⊿, 🌳 – ⓣⓥ ✆ ఉ. **AE** ⓞ **GB** **AZ f**
hotel : 1er avril-3 nov. rest. : 1er avril-1er oct. et fermé mardi – **Repas** *(fermé le midi sauf dim.)* 23/31, enf. 10 ♀ – ⚍ 7,50 – **22 ch** 68/81 – ½ P 51/65,50.
◆ Chambre en majorité rénovées, colorées et équipées de meubles peints vosgiens. Petits-déjeuners servis au bord de la piscine couverte. Boulodrome. Salle des repas agrémentée de sièges de style Louis XIII et terrasse dressée dans le jardin. Produits de la mer.

LE CROISIC

Aiguillon (Quai d')	**AY** 2	Grande-Rue	**AY** 12	Port Charly (Quai)	**AY** 26
Cordiers (R. des)	**BY** 6	Lénigo (Quai du)	**AY** 13	Port Ciguet (Quai du)	**AY** 27
Europe (Rue de l')	**AY** 7	Lepré (Pl. Domatien)	**AY** 16	Port Lin (Av. de)	**AZ** 28
Gaulle (Pl. du Gén.-de)	**AZ** 9	Mail de Broc (R. du)	**AY** 17	Rielle (Quai Hervé)	**BY** 32
		Petite Chambre (Q. de la)	**AY** 20	Saint-Christophe (R.)	**BY** 33
		Pilori (R. du)	**BY** 22	Saint-Goustan (Av. de)	**AY** 35
		Poilus (R. des)	**BZ** 23	18-Juin-1940 (Pl. du)	**BZ** 36

Castel Moor, Baie Castouillet, Nord-Ouest : 1,5 km sur D 45 *℘* 02 40 23 24 18, *castel@cas tel-moor.com, Fax* 02 40 62 98 90, ≤, 🏡 – 📺 ᵹ 🄿 🄰🄴 ① 🄶🄱
fermé 12 au 20 nov., 24 déc. au 28 janv., mardi midi, dim. soir et lundi – **Repas** 22/36 ℀ –
⊡ 7 – **19 ch** 49/71 – ½ P 53,50/62.
◆ Imposante villa contemporaine située sur la route de corniche longeant la Côte sauvage.
Les chambres sont modernes et le séjour, iodé. Salle à manger en demi-rotonde et véranda
ouvrant plein cadre sur l'océan. La table privilégie poissons et fruits de mer.

L'Estacade, 4 quai Lénigo ℰ 02 40 23 03 77, lestacade@wanadoo.fr, Fax 02 40 23 24 32 –
📺 🅰🅴 🇬🇧   AY a
fermé 28 nov. au 15 déc. et 12 au 28 fév. – **Repas** (fermé mardi d'oct. à mars et merc. sauf
juil.-août) 16/45, enf. 10 ♉ – 😋 6,50 – **15 ch** 51,50/64 – ½ P 50/56.
◆ Établissement familial dans les murs d'une discrète maison bretonne située sur les
quais, face à la nouvelle criée. Les chambres sont simples et pratiques. Salle de restaurant et
véranda ménagent un joli coup d'oeil sur le port de pêche. Produits de l'océan.

XXX **L'Océan** 🕭 avec ch, à Port-Lin ℰ 02 40 62 90 03, Fax 02 40 23 28 03, ≤ mer et côte – 📺
🕻. 🅰🅴 ⓞ 🇬🇧   AZ v
Repas carte 56 à 87 – 😋 10 – **14 ch** 85/183.
◆ La salle à manger, agrippée aux rochers de la Côte sauvage, offre une vue panoramique
sur le large. Cuisine de la mer "tout frais pêché". Quelques chambres rénovées.

XX **Bretagne,** 11 quai Petite Chambre ℰ 02 40 23 00 51, info@restaurant-de-bretagne.com,
Fax 02 40 23 18 32 – 🅰🅴 🇬🇧   BY e
fermé 8 au 23 mars, 4 au 19 oct., dim. soir, lundi et mardi hors vacances scolaires – **Repas**
19,50/42,50, enf. 10 ♉.
◆ Boiseries, tableaux et faïences de Quimper... Salle à manger-véranda au décor breton
patiné et goûteuse cuisine faisant la part belle aux produits de la mer.

XX **Bouillabaisse Bretonne,** sur le port ℰ 02 40 23 06 74, Fax 02 40 15 71 43 –
🇬🇧   BY s
fermé 5 janv. au 25 mars, dim. soir et mardi sauf juil.-août et lundi – **Repas** 20/32 ♉.
◆ L'enseigne fera sourciller les Marseillais, mais la vue sur les flots bleus réconciliera
Bretons et Provençaux. Homards et langoustines vous tendent leurs pinces.

X **Lénigo,** 11 quai Lénigo ℰ 02 40 23 00 31, Fax 02 40 23 01 01, 🍽 – 🅰🅴 ⓞ 🇬🇧   AY b
fermé nov., vacances de Noël, de fév., lundi et mardi sauf du 30 juil. au 31 août – **Repas**
18/35, enf. 10 ♉.
◆ Lambris, cordages et accastillages apportent un plaisant petit air marin à ce restaurant
situé sur le port. Cuisine tournée vers les produits de l'océan.

La CROIX-BLANCHE 71 S.-et-L. 320 I11 – rattaché à Berzé-la-Ville.

La CROIX-DU-BREUIL 87 H.-Vienne 325 F4 – rattaché à Bessines-sur-Gartempe.

La CROIX-VALMER 83420 Var 340 O6 G. Côte d'Azur – 2 734 h alt. 120.
🅱 Office de tourisme, esplanade de la Gare ℰ 04 94 55 12 12, Fax 04 94 55 12 10,
contact@lacroixvalmer.fr.
Paris 873 – Fréjus 35 – Draguignan 48 – Le Lavandou 27 – Ste-Maxime 15 – Toulon 68.

au Sud-Ouest : 3,5 km par D 559 puis rte secondaire par rd-pt du Débarquement – ✉ 83420 La
Croix-Valmer :

X **Petite Auberge de Barbigoua,** quartier Barbigoua ℰ 04 94 54 21 82, 🍽 – 🅿. 🇬🇧
1er avril-31 oct. – **Repas** (dîner seul.) carte 40 à 52.
◆ Petite salle où vous serez installés autour de tables bien espacées, dans un frais décor
rustique. L'atmosphère est conviviale, la carte orientée vers les poissons.

à Gigaro Sud-Est : 5 km par rte secondaire – ✉ 83420 La Croix-Valmer :

🏠 **Château de Valmer** 🕭, ℰ 04 94 55 15 15, chateauvalmer@aol.com,
Fax 04 94 55 15 10, ≤, 🍽, 🛋, ⚿ – 🛗, 🖿 ch, 📺 🕻 🕭 🅿 – 🔬 30. 🅰🅴 ⓞ 🇬🇧. ❀
mai-oct. – **Repas** (fermé mardi) (dîner seul.) 52, enf. 20 ♉ 🍷 – 😋 18 – **42 ch** 206/360.
◆ Au sein d'un domaine viticole, bastide précédée d'un patio où trône un vieil olivier.
Vastes chambres rénovées dans le style régional. Piscine bordée d'une palmeraie. Au
restaurant, la Provence est à la fête, tant dans le décor que dans l'assiette !

🏠 **Pinède-Plage** 🕭, ℰ 04 94 55 16 16, pinedeplage@aol.com, Fax 04 94 55 16 10, ≤, 🍽,
🛋, ⚿, ✗ – 🛗 ch, 📺 🕻 🅿. 🅰🅴 ⓞ 🇬🇧. ❀
mai-sept. – **Repas** 48 (dîner), et carte environ 60, enf. 20 ♉ – 😋 18 – **33 ch** 206/355.
◆ "Les pieds dans l'eau" et ombragée par des pins parasols, construction récente au
plaisant décor "cosy" (joli camaïeu de beiges). Chambres avec terrasse ou balcon. Salle à
manger-véranda meublée en rotin ou tables dressées près de la piscine, face à la mer.

🏠 **Souleias** 🕭, ℰ 04 94 55 10 55, infos@hotel-souleias.com, Fax 04 94 54 36 23, ≤ mer et
îles, 🍽, 🛋, ⚿, ✗ – 🛗 📺 🕻 🅿 – 🔬 25. 🅰🅴 🇬🇧. ❀ rest
9 avril-10 oct. – **Repas** (dîner seul.) 34 (déj.), 50/74, enf. 16 ♉ – 😋 16,50 – **48 ch** 182/410 –
½ P 117,50/269.
◆ Belle propriété sous les pins, au sommet d'une colline dominant le littoral. Chambres
sobres, jardin fleurant bon la Provence, tennis et plaisance. La terrasse ombragée du
restaurant surplombe la piscine de l'hôtel et offre la vue sur la baie de Cavalaire.

🏛️ **Les Moulins de Paillas et de Gigaro**, ℘ 04 94 79 71 11, *message@lesmoulinsdepaill as.com, Fax 04 94 54 37 05*, 🌳, 🏊, 🐴, 🏖️, 🍽️ – 📺 🅿️ – 🚶 20. 🆎 ⚙️
14 mai-28 sept. – **Brigantine** ℘ 04 94 79 67 16 (dîner seul.) **Repas** 48 – **Pépé Le Pirate** ℘ 04 94 79 67 16 grill – **Repas** 22/30, enf. 15 – ☲ 15 – **68 ch** 155/320 – ½ P 140/180.
◆ Complexe hôtelier face à la baie de Cavalaire. Préférez la Résidence : chambres plus spacieuses et calmes. Nombreux équipements de loisirs. Au restaurant la Brigantine, cadre rustique et vue sur la plage. Chez Pépé le Pirate, formule grill au bord de la mer.

CROS-DE-CAGNES 06 Alpes-Mar. 🔢 D6 – rattaché à Cagnes-sur-Mer.

Le CROTOY 80550 Somme 🔢 C6 *G. Picardie Flandres Artois* – 2 439 h alt. 1.
🚏 Office de tourisme, 1 rue Carnot ℘ 03 22 27 05 25, Fax 03 22 27 90 58.
Paris 210 – Abbeville 22 – Amiens 75 – Berck-sur-Mer 29 – Hesdin 41.

🏛️ **Les Tourelles** 🌿, ℘ 03 22 27 16 33, *lestourelles@nhgroupe.com, Fax 03 22 27 11 45*, ← – ⚙️
fermé 4 au 25 janv. – **Repas** 19,80/27,80 ☲ – ☲ 7 – **27 ch** 54/71 – ½ P 59/75.
◆ Belle maison de maître du 19e s. face à la baie de Somme. Chambres personnalisées, original dortoir pour les enfants, salon "cosy". Nombreuses activités et expositions. Cuisine du terroir privilégiant les produits de la mer servie dans une sobre salle.

CROZANT 23160 Creuse 🔢 G2 *G. Berry Limousin* – 581 h alt. 263.
Voir *Ruines*★.
Paris 329 – Argenton-sur-Creuse 31 – La Châtre 46 – Guéret 41 – Montmorillon 68.

🍴 **Lac** 🌿, au pont de Crozant, Est : 1 km par D 72 et D 30 ℘ 05 55 89 81 96, 🌳 – 🅿️. ⚙️
fermé fév., 1er au 7 mars, dim. soir, merc. soir et lundi – **Repas** 16,50/36.
◆ Établissement modeste bien situé face au lac (possibilité d'excursions en vedette) visible depuis la terrasse et certaines tables de la salle à manger ; carte traditionnelle.

🍴 **Auberge de la Vallée**, ℘ 05 55 89 80 03, Fax 05 55 89 83 22 – 🆎 ⓪ ⚙️
fermé 3 janv. au 3 fév., lundi soir et mardi du 15 sept. au 30 juin – **Repas** 16/35, enf. 9.
◆ Petite auberge campagnarde où les serveurs officient certains jours en costume folklorique marchois. Cuisine traditionnelle réalisée avec les produits du terroir.

CROZON 29160 Finistère 🔢 E5 *G. Bretagne* – 7 535 h alt. 85.
Voir *Retable*★ *de l'église.*
Env. *Circuit des Pointes*★★★.
🚏 Office de tourisme, boulevard de Pralognan ℘ 02 98 27 07 92, Fax 02 98 27 24 89, *crozon.maison.du.tourisme@wanadoo.fr.*
Paris 587 – Brest 60 – Quimper 49 – Châteaulin 35 – Douarnenez 40 – Morlaix 81.

🏛️ **Presqu'île** sans rest, pl. Église ℘ 02 98 27 29 29, *mutin.gourmand1@wanadoo.fr,* Fax 02 98 26 11 97 – 📺 🛎️ 🔥, 🆎 ⚙️. 🚫
fermé 4 janv. au 16 fév. – ☲ 9 – **13 ch** 47/72.
◆ L'ex-mairie abrite désormais des chambres insonorisées et décorées avec goût dans un style qui panache touches actuelles et esprit breton. Boutique de produits régionaux.

🍴🍴 **Mutin Gourmand**, pl. Église ℘ 02 98 27 06 51, *mutin.gourmand1@wanadoo.fr,* Fax 02 98 26 11 97 – ▦. 🆎 ⚙️
fermé 5 janv. au 16 fév., dim. soir, lundi et mardi hors saison – **Repas** 16 (déj.), 24/49, enf. 10 ☲ 🍷.
◆ Petite maison bretonne aux volets bleus, décor contemporain, pierres apparentes et nombreuses aquarelles. Cuisine régionale soignée ; vins du Languedoc et des côtes du Rhône.

au Fret Nord : 5,5 km par D 155 et D 55 – ✉️ 29160 Crozon :

🏛️ **Hostellerie de la Mer**, 11, quai du Fret ℘ 02 98 27 61 90, *hostellerie.de.la.mer@wanad oo.fr, Fax 02 98 27 65 89*, ← – 🆎 ⚙️
fermé 3 janv. au 4 fév. – **Repas** 20/46 ☲ – ☲ 8 – **25 ch** 49/62 – ½ P 53/59.
◆ Hôtel familial situé sur le port du Fret, face à la rade de Brest. Petites chambres simples garnies d'un mobilier varié (breton ou fonctionnel) ; certaines sont rénovées. Le cadre du restaurant est à l'image de sa cuisine, pleinement régional.

Ecrivez-nous...
Vos louanges comme vos critiques seront examinées avec le plus grand soin.
Nous reverrons sur place les informations que vous nous signalez.
Par avance merci !

CRUIS 04230 Alpes-de-H.P. 334 D8 – 551 h alt. 728.

Paris 732 – Digne-les-Bains 42 – Forcalquier 22 – Manosque 42 – Sisteron 26.

Auberge de l'Abbaye, ℘ 04 92 77 01 93, Fax 04 92 77 01 92, 😤 – 📺 ⚓ – 🏠 25. ⚍
fermé 3 janv. au 15 fév. – **Repas** (fermé dim. soir et lundi hors saison) 13/21 ♀ – ⚌ 7 – **9 ch**
56/60 – ½ P 45.

♦ Dans le village de Haute-Provence accroché à la montagne de Lure, petite adresse familiale aux chambres rustiques fort bien tenues. Sobre salle à manger méridionale et terrasse ombragée dressée sur la place du bourg ; cuisine dans la note régionale.

CRUSEILLES 74350 H.-Savoie 328 J4 – 3 186 h alt. 781.

🛈 Syndicat d'initiative, 35 place de la mairie ℘ 04 50 32 10 33, Fax 04 50 44 07 36.

Paris 537 – Annecy 19 – Bellegarde-sur-Valserine 44 – Bonneville 37 – Genève 27.

L'Ancolie 🌿 avec ch, au parc des Dronières, Nord-Est : 1 km par D 15 ℘ 04 50 44 28 98, info@lancolie.com, Fax 04 50 44 09 73, ≤, 😤, 🌳 – 📺 ⚓ ⚒ 🅿 – 🏠 35. ⚍ 🌐 rest
fermé vacances de Toussaint, de fév., dim. soir et lundi de juin à sept. sauf hôtel – **Repas** 24 (déj.), 35/62 – ⚌ 13 – **10 ch** 72,50/103 – ½ P 73/86,50.

♦ Pimpant chalet récent situé dans un joli site, au bord d'un lac. Plaisante salle à manger et terrasse panoramique ; cuisine actuelle. Confortables chambres lambrissées.

aux Avenières Nord : 6 km par D 41 et rte secondaire – ✉ 74350 Cruseilles :

Château des Avenières 🌿, ℘ 04 50 44 02 23, chateau-des-avenieres@aic.fr, Fax 04 50 44 29 09, ≤ chaîne des Aravis, ✤, 🍸, 🐛, 🎾 – 📱 📺 ⚓ 🅿 – 🏠 50. ⚍
début mars-24 oct. – **Repas** (fermé lundi midi, merc. midi et mardi) 30 (déj.), 45/95, enf. 26
♀ – ⚌ 15 – **12 ch** 135/275 – ½ P 117/187.

♦ Délicieux manoir datant de 1907 au passé empreint de mystère. Chambres personnalisées, ravissant parc en forme de papillon et vue imprenable sur la chaîne des Aravis. Superbe salle à manger néogothique aux boiseries ouvragées parées de camées à l'antique.

Les pages explicatives de l'introduction
*vous aideront à mieux profiter de votre **Guide Michelin**.*

CUBRY 25680 Doubs 321 I2 – 70 h alt. 340.

Paris 389 – Besançon 53 – Belfort 49 – Lure 27 – Montbéliard 42 – Vesoul 31.

Château de Bournel 🌿, ℘ 03 81 86 00 10, info@bournel.com, Fax 03 81 86 01 06, 😤, 🍸, 🐛 – 📱 🅿 – 🏠 50. ⚏ ⚍ 🌐 rest
26 mars -31 oct. – **Le Maugré** ℘ 03 81 86 00 10 Repas 14 (déj.), 30/55 ♀, enf.13 – ⚌ 10 –
17 ch 150/245 – ½ P 125.

♦ Hôtel aménagé dans les dépendances (18e s.) du château du marquis de Moustier, au coeur d'un parc de 80 ha. Jardin à la française et golf 18 trous. Chambres spacieuses. Jolie salle à manger voûtée et cuisine classique au Maugré. Repas rapide à la brasserie.

CUCQ 63 P.-de-C. 301 C5 – rattaché à Le Touquet-Paris-Plage.

CUCUGNAN 11350 Aude 344 G5 G. Languedoc Roussillon – 113 h alt. 310.

Voir Circuit des Corbières cathares★★.

Paris 847 – Perpignan 42 – Carcassonne 77 – Limoux 79 – Quillan 51.

Auberge du Vigneron 🌿 avec ch, ℘ 04 68 45 03 00, auberge.vigneron@ataraxie.fr, Fax 04 68 45 03 08, 😤 – 📺 ⚓ ⚍ 🌐
1er mars-12 nov. – **Repas** (fermé lundi sauf le soir en juil-août et dim. soir) 19/35 ♀ – ⚌ 6,50
– **6 ch** 43/65 – ½ P 44/55.

♦ Vieille maison d'un village des Corbières rendu célèbre par la plume d'Alphonse Daudet. Salle à manger dans l'ancien chai, chambres accueillantes : rien à sermonner !

Auberge de Cucugnan 🌿 avec ch, ℘ 04 68 45 40 84, Fax 04 68 45 01 52, 😤 – 🛏 ch, 📺 🅿 ⚓
fermé 1er janv. au 15 mars et merc. – **Repas** (12,50) - 16/40, enf. 7 ♀ – ⚌ 6,50 – **6 ch** 45/56 –
½ P 43/50.

♦ Grange aménagée que l'on atteint après avoir parcouru un dédale de ruelles. Ambiance campagnarde. Cuisine généreuse, fleurant bon le terroir. Chambres neuves.

CUCURON 84160 Vaucluse 332 F11 G. Provence – 1 792 h alt. 350.

🛈 Office de tourisme, rue Léonce Brieugne ℘ 04 90 77 28 37, Fax 04 90 77 17 00, ot-cucuron@axit.fr.

Paris 739 – Apt 25 – Cavaillon 39 – Digne-les-Bains 109 – Manosque 35.

XX Petite Maison (Mehdi), pl. Étang ✆ 04 90 77 18 60, *la-petite-maison@wanadoo.fr, Fax 04 90 77 18 61,* ☂ – AE GB

✿ *fermé 15 nov. au 5 déc., 24 janv. au 6 fév., lundi et mardi* – **Repas** 24,50 (déj.), 40/75,50 et carte 77 à 97, enf. 24.

◆ Charmant restaurant délicieusement décoré (magnifique tapisserie du 17e s. au rez-de-chaussée). La cuisine valorise le terroir ; carte de vins du monde et de la région.

Spéc. Favouilles en coque, jus de bouillabaisse (juil.-août). Côte de cochon fermier cloûtée au chorizo. Volaille demi-deuil cuite au foin en cocotte (déc. à août). **Vins** Côtes du Lubéron.

X **Horloge,** ✆ 04 90 77 12 74, *horlog.@wanadoo.fr, Fax 04 90 77 29 90* – GB

fermé 9 fév. au 16 mars, 21 au 28 déc., lundi soir du 15 sept. au 12 avril, mardi soir et merc. – **Repas** *(13 bc)* - 16/36, enf. 8,50 ♀.

◆ Dans ce bourg du Luberon, pressoir à huile du 14e s. réaménagé en restaurant rustique égayé de chauds coloris. Plats aux accents régionaux.

CUERS *83390 Var* 340 L6 – *8 174 h alt. 140.*

ℹ *Office de tourisme, 18 place Général de Gaulle ✆ 04 94 48 56 27, Fax 04 94 28 03 56, odt.de.cuers@wanadoo.fr.*

Paris 834 – Toulon 22 – Brignoles 25 – Draguignan 59 – Marseille 84.

XXX **Lingousto,** Est : 2 km par rte Pierrefeu ✆ 04 94 28 69 10, *Fax 04 94 48 63 79,* ☂ – P. AE ⓓ GB

fermé 2 janv. au 1er fév., dim soir, merc. soir et lundi – **Repas** 35/75 et carte 35 à 55, enf. 16 ♀.

◆ Charmante bastide entourée de vignes et d'un potager. Salle à manger et salon ornés d'oeuvres contemporaines. Belle terrasse dressée sous les platanes. Carte au goût du jour.

XX **Verger des Kouros,** rte de Solliès-Pont par N 97 : 2 km ✆ 04 94 28 50 17, *Fax 04 94 48 69 77,* ☂ – P. AE GB

fermé 17 au 31 janv., merc. et mardi soir hors saison – **Repas** 14 (déj.)/31.

◆ Point de statues d'éphèbes, mais trois frères d'origine grecque à la tête de ce restaurant occupant une maison régionale. Fraîche salle à manger et recettes du terroir.

CUISEAUX *71480 S.-et-L.* 320 M11 *G. Bourgogne – 1 749 h alt. 280.*

ℹ *Syndicat d'initiative, cours du Château des Princes d'Orange ✆ 03 85 72 70 60, Fax 03 85 72 51 09.*

Paris 395 – Chalon-sur-Saône 60 – Mâcon 74 – Lons-le-Saunier 26 – Tournus 52.

🏠 **Vuillot,** ✆ 03 85 72 71 79, *hotel.vuillot@wanadoo.fr, Fax 03 85 72 54 22,* ⛱ – ▤ rest, TV ✆ 🚗 P. AE GB

fermé janv., dim. soir et lundi – **Repas** 14/40, enf. 7 ♀ – ☕ 7,50 – **16 ch** 35/52 – ½ P 40/45.

◆ Maison bourguignonne en belles pierres du pays abritant des petites chambres proprettes, dans un bourg conservant des vestiges de ses anciennes fortifications. Restaurant sagement rustique prolongé d'une véranda et d'une miniterrasse. Carte traditionnelle.

CUISERY *71290 S.-et-L.* 320 J10 *G. Bourgogne – 1 612 h alt. 211.*

ℹ *Syndicat d'initiative, place d'Armes ✆ 03 85 40 11 70, Fax 03 85 40 11 70, si.cuisery@wanadoo.fr.*

Paris 367 – Chalon-sur-Saône 35 – Lons-le-Saunier 50 – Mâcon 38 – Tournus 8.

XXX **Hostellerie Bressane** avec ch, 56, rte de Tournus ✆ 03 85 32 30 66, *hostellerie.bressane@worldonline.fr, Fax 03 85 40 14 96,* ☂, 🛋 – TV ✆ ♿ 🚗. GB

fermé 22 déc. au 3 fév., merc. et jeudi – **Repas** 22/60 et carte 37 à 60, enf. 12 ♀ – ☕ 9 – **13 ch** 60/80 – ½ P 74/78.

◆ Cuisine traditionnelle servie dans une lumineuse salle à manger coiffée d'une charpente peinte. À l'annexe, chambres calmes et actuelles ; les autres attendent une rénovation.

CUQ-TOULZA *81470 Tarn* 338 D9 – *519 h alt. 203.*

Paris 713 – Toulouse 47 – Albi 72 – Castelnaudary 35 – Castres 33 – Gaillac 54.

🏠 **Cuq en Terrasses** ⛰, Sud-Est : 2,5 km par D 45 ✆ 05 63 82 54 00, *info@cuqenterrasses.com, Fax 05 63 82 54 11,* ←, ☂, ⛱, 🛋 – TV ✆. AE ⓓ GB JCB. ✗

15 mars-15 nov. – **Repas** *(fermé mardi soir)* (prévenir) (menu unique) (dîner seul.) 30 ♀ – ☕ 11 – **8 ch** 90/130 – ½ P 80/100.

◆ Cette charmante maison du 18e s. est une perle rare : insolite jardin en terrasses, ambiance "guesthouse", chambres personnalisées et décorées avec goût. Le soir, un menu unique est servi dans la coquette petite salle à manger.

La CURE *39 Jura* 321 G8 – *rattaché aux Rousses.*

CURTIL-VERGY 21 Côte-d'Or **320** J6 – rattaché à Nuits-St-Georges.

CURZAY-SUR-VONNE 86600 Vienne **322** G6 – 426 h alt. 125.

Paris 364 – Poitiers 29 – Lusignan 11 – Niort 54 – Parthenay 34 – St-Maixent-l'École 28.

🏰 **Château de Curzay** ⚜, rte Jazeneuil *ℰ* 05 49 36 17 00, info@chateau-curzay.com,
Fax 05 49 53 57 69, ≤, 斎, ☷, ﹩ – ᵀᵛ 📞 ঎ 🅿 – ♨ 30. ᴀᴇ ⓪ ☻ ᴊᴄв
13 mai-2 nov. et fermé merc. midi, lundi et mardi sauf juil.-août – **La Cédraie** : Repas 45 bc
(déj.), 62/98 et carte 58 à 73 ♀ – ☷ 20 – **19 ch** 150/255, 3 suites – ½ P 152/240.
◆ Beau château du début du 18ᵉ s. dressé au coeur d'un parc de 120 ha traversé par une
rivière et hébergeant un haras. Chambres au port aristocratique. La Cédraie propose une
cuisine personnalisée utilisant les produits du potager et du jardin aromatique.
Spéc. Cassolette d'escargots aux lentins de chêne. Langoustines poêlées, tagliatelles au
safran. Suprême de pigeonneau doré au sautoir. **Vins** Haut-Poitou.

CUSSEY-SUR-L'OGNON 25870 Doubs **321** F2 – 621 h alt. 227.

Env. Château de Moncley★, G. Jura.

Paris 412 – Besançon 14 – Gray 37 – Vesoul 45.

XX **Vieille Auberge** avec ch, *ℰ* 03 81 48 51 70, Fax 03 81 57 62 30, 斎 – ᵀᵛ 📞. ☻
fermé 23 août au 6 sept., 27 déc. au 3 janv., lundi, vend. soir hors saison et dim. soir –
Repas 22, enf. 9 – ☷ 8 – **8 ch** 48/55 – ½ P 48.
◆ Maison ancienne en pierres de taille tapissée de lierre. Cuisine traditionnelle et plats
régionaux proposés dans une salle à manger discrètement rustique.

CUTS 60400 Oise **305** J3 – 858 h alt. 79.

Paris 115 – Compiègne 26 – St-Quentin 45 – Chauny 16 – Noyon 10 – Soissons 30.

XX **Auberge Le Bois Doré,** 5 r. Ramée - D 934 *ℰ* 03 44 09 77 66, sarl-le-bois-doré@wanado
o.fr, Fax 03 44 09 79 27 – ☻
fermé 23 fév. au 10 mars, 25 oct. au 3 nov., dim. soir, mardi soir et lundi – **Repas** (12) - 15
(déj.), 16/31 ♀.
◆ Bâtisse plus que centenaire dont la façade s'égaye de dais verts. Salle à manger refaite,
claire et sobrement décorée. À l'étage, vaste salle de banquets.

CUVES 50 Manche **303** F7 – 360 h alt. 78 – ⊠ 50670 St-Pois.

Paris 334 – Avranches 23 – Domfront 42 – Fougères 47 – St-Lô 54 – Vire 25.

XX **Moulin de Jean,** Nord-Est : 2 km sur D 48 *ℰ* 02 33 48 39 29, reservations@lemoulindeje
an.com, Fax 02 33 48 35 32, 斎 – 🅿. ᴀᴇ ⓪ ☻
Repas (22) - 28,50/39,50 ♀.
◆ Ce vieux moulin perdu dans la campagne est aménagé en restaurant. Cuisine au goût du
jour à déguster, selon la saison, dans un cadre rustique ou en terrasse.

CUVILLY 60490 Oise **305** H3 – 520 h alt. 78.

Paris 93 – Compiègne 21 – Amiens 54 – Beauvais 61 – Montdidier 15 – Noyon 32 – Roye 20.

X **L'Auberge Fleurie,** 64 rte Flandres (N 17) *ℰ* 03 44 85 06 55, Fax 03 44 85 06 55, 斎, ₰
☜ – ᴀᴇ ☻
fermé 26 au 30 déc., jeudi soir de janv. à mars, dim. soir et lundi – **Repas** 13/35.
◆ Maison tapissée de vigne vierge au riche passé : relais de poste, puis ferme et aujourd'hui restaurant. Salle rustique, sise dans l'ex-bergerie. Plats traditionnels.

DABISSE 04 Alpes-de-H.-P. **334** D9 – ⊠ 04190 Les Mées.

Paris 734 – Digne-les-Bains 34 – Forcalquier 20 – Manosque 27 – Sisteron 30.

XXX **Vieux Colombier,** rte d'Oraison, Sud : 2 km sur D 4 *ℰ* 04 92 34 32 32, snowak@wanado
o.fr, Fax 04 92 34 34 26, 斎 – 🅿. ᴀᴇ ⓪ ☻
fermé 2 au 12 janv., mardi soir du 15 oct. au 15 mars, dim. soir et merc. – **Repas** 28/56 et
carte 49 à 62, enf. 13 ♀.
◆ Dans une ancienne ferme, salle à manger avec poutres apparentes. Agréable terrasse
ombragée par deux marronniers centenaires. Cuisine au goût du jour.

DACHSTEIN 67120 B.-Rhin **315** J5 – 1 271 h alt. 160.

Paris 477 – Strasbourg 23 – Molsheim 6 – Saverne 28 – Sélestat 40.

XX **Auberge de la Bruche,** *ℰ* 03 88 38 14 90, Fax 03 88 48 81 12, 斎 – ☻
fermé 14 au 25 août, 27 déc. au 9 janv., sam. midi, dim. soir et mardi – **Repas** 25/46 ♀.
◆ Prenez l'ancienne tour de garde du village ; à ses pieds, un cours d'eau, la Bruche, et à
ses côtés une auberge fleurie au décor élégant : le tout forme un joli tableau.

La DAILLE 73 Savoie 🔢 O5 – rattaché à Val-d'Isère.

DAMBACH-LA-VILLE 67650 B.-Rhin 🔢 I7 *G. Alsace Lorraine* – 1 973 h alt. 210.

🏛 *Office de tourisme, 11 place du Marché ℰ 03 88 92 61 00, Fax 03 88 92 47 11, otdambach-la-ville@tourisme-alsace.info.*

Paris 443 – Strasbourg 52 – Obernai 24 – Saverne 61 – Sélestat 8.

🏠 **Vignoble** sans rest, ℰ 03 88 92 43 75, Fax 03 88 92 62 21 – 📺 ✆ 🅶. GB, ⛄
fermé 27 juin au 9 juil., 24 déc. au 12 mars et dim. hors saison – 🍽 6 – **7** ch 44/52.
♦ Les cloches de l'église voisine restent muettes la nuit, permettant de profiter pleinement des coquettes petites chambres de cette ancienne grange (1765) bâtie à l'alsacienne.

🏠 **Au Raisin d'Or,** 28B rue Clémenceau ℰ 03 88 92 48 66, *au-raisin-d-or@wanadoo.fr,* Fax 03 88 92 61 42 – 🍽 rest, 📺 🅿. GB. ⛄
fermé 19 déc. au 8 janv., 5 au 23 fév., mardi et lundi – **Repas** 25, enf. 8,50 ♀ – 🍽 8 – **8** ch 42/46 – ½ P 38/40.
♦ Une étape bienvenue sur la route des Vins. L'extérieur est sobre ; l'intérieur offre le décor simple mais chaleureux d'une aimable pension familiale. Salle des repas aménagée dans l'esprit alsacien. Cuisine régionale arrosée des crus de la propriété.

DAMGAN 56750 Morbihan 🔢 P9 – 1 327 h.

🏛 *Office de tourisme, place du Presbytère ℰ 02 97 41 11 32, Fax 02 97 41 13 22, office-tourisme-damgan@wanadoo.fr.*

Paris 469 – Vannes 29 – Muzillac 10 – Redon 46 – La Roche-Bernard 25.

🏠 **Plage** sans rest, 38 bd de l'Océan ℰ 02 97 41 10 07, *infos@hoteldelaplage-damgan.com,* Fax 02 97 41 12 82, ← – 🚲 📺 🅶 🅿. GB
fermé 12 nov. au 21 déc. et 6 janv. au 8 fév. – 🍽 6,70 – **18** ch 55/68.
♦ Mention particulière pour les chambres bien pensées qui profitent presque toutes d'une belle échappée sur l'Atlantique. Restauration d'appoint, avec une "saladerie".

🏠 **Albatros,** ℰ 02 97 41 16 85, *albatros56@wanadoo.fr,* Fax 02 97 41 21 34, ←, 🏡 – 🍽 rest, 📺 ✆ 🅶 🅿. GB
28 mars-mi-oct. – **Repas** (11) - 17/37,50, enf. 8,50 ♀ – 🍽 6,20 – **27** ch 48/63 – ½ P 46/54.
♦ Bâtisse des années 1970 que seule une route sépare de la plage. La majorité des chambres offre une vue sur l'océan ; toutes sont scrupuleusement tenues. Au restaurant, joli coup d'oeil sur les flots, spécialités de poissons et crustacés.

DAMPIERRE-EN-YVELINES 78 Yvelines 🔢 H3 🔢 ③ – voir à Paris, Environs.

DAMPRICHARD 25450 Doubs 🔢 L3 – 1 768 h alt. 825.

Paris 505 – Besançon 82 – Basel 94 – Belfort 64 – Montbéliard 47 – Pontarlier 67.

🏠 **Lion d'Or,** 7 pl. du 3ème RTA ℰ 03 81 44 22 84, *hotel.damprichard@wanadoo.fr,* Fax 03 81 44 23 10, 🏡 – 📺 ⬅ 🅿. GB
fermé 18 oct. au 2 nov., dim. soir et lundi – **Repas** 13,50 (déj.), 18/46 ♀ – 🍽 6,80 – **15** ch 41/48 – ½ P 40/47.
♦ Petit hôtel familial au centre d'un bourg limitrophe de la Suisse, dont les alentours sont très prisés des pêcheurs et des randonneurs. Chambres modestes mais nettes. Salle des repas moderne et simple où l'on propose une cuisine traditionnelle.

DANJOUTIN 90 Ter.-de-Belf. 🔢 F11 – rattaché à Belfort.

DANNEMARIE 68210 H.-Rhin 🔢 G11 – 1 988 h alt. 320.

Paris 447 – Mulhouse 25 – Basel 43 – Belfort 25 – Colmar 58 – Thann 25.

🍴 **Wach,** près H. de Ville ℰ 03 89 25 00 01, Fax 03 89 25 00 01 – GB JCB
fermé 9 au 23 août, 24 déc. au 10 janv. et lundi – **Repas** (déj. seul.) 10,50/35, enf. 8,50 ♀ 🍸.
♦ La modeste façade de ce restaurant familial est joliment fleurie en saison. L'appétissante cuisine du terroir s'accompagne d'un vin choisi sur une carte bien fournie.

🍴 **Ritter,** face gare ℰ 03 89 25 04 30, *restaurant.ritter@wanadoo.fr,* Fax 03 89 08 02 34, 🏡, 🏡 – 🅿. 🅾 GB JCB
fermé 12 au 22 juil., 20 au 31 déc., 7 au 25 fév., jeudi soir, lundi soir et mardi – **Repas** 11,50/32, enf. 9 ♀.
♦ L'intérieur de cette belle maison 1900 - ancien théâtre du village - est aménagé à l'alsacienne : collection de chopes, outils paysans… Spécialité de carpes frites.

🛈 *Office de tourisme, place Thiers ℘ 05 58 56 86 86, Fax 05 58 56 86 80, tourisme.dax @wanadoo.fr.*

Paris 727 ① – Biarritz 61 – Bordeaux 144 ① – Mont-de-Marsan 54 ② – Pau 85 ③.

DAX

Aspremont (R. d')	**A** 2
Augusta (Cours J.)	**B** 3
Baignots (Allée des)	**B** 4
Bouvet (Pl. C.)	**B** 5
Carmes (R. des)	**B** 6
Carnot (Bd)	**A** 10
Cazade (R.)	**B** 12
Chanoine-Bordes (Pl.)	**B** 13
Chaulet (Av. G.)	**AB** 14
Clemenceau (Av. G.)	**AB** 15
Doumer (Av. P.)	**A** 16
Ducos (Pl. R.)	**B** 18
Foch (Cours Mar.)	**B** 19
Fusillés (R. des)	**B** 22
Gaulle (Espl. Gén.-de)	**B** 23
Lahillade (R. G.)	**A** 24
Lorrin (Bd C.)	**A** 26
Manoir (Bd Y.-du)	**AB** 28
Milliés-Lacroix (Av. E.)	**AB** 30
Neuve (Rue)	**B** 31
Pasteur (Cours)	**B** 34
Sablar (Av. du)	**B** 37

St-Pierre (Pl.)	**B** 38
St-Pierre (R.)	**B** 39
St-Vincent (R.)	**B** 40
St-Vincent-de-Paul (Av.)	**AB** 44
Sully (R.)	**B** 47
Tambour (R. du)	**A** 48
Thiers (Pl.)	**B** 49
Toro (R. du)	**B** 50
Tuilleries (Av. des)	**AB** 51
Verdun (Cours de)	**B** 52
Victor-Hugo (Av.)	**AB** 54

ST-PAUL-LÈS-DAX

Foch (R. Mar.)	**A** 20
Liberté (Av. de la)	**A** 25
Loustalot (R. René)	**A** 27
Résistance (Av. de la)	**A** 36
St-Vincent-de-Paul (Av.)	**A** 45

🏨 **Grand Hôtel Mercure Splendid,** cours Verdun ℘ 05 58 56 70 70, h2148@accor-hotel s.com, Fax 05 58 74 76 33, ≤, ☞ – 🛗 📺 📶 – 🛜 20 à 100. 🖭 ⓪ 🆚, ⅏ rest **B a**
fermé janv. et fév. – **Repas** 24/33, enf. 10 ♀ – ⌷ 10 – **155 ch** 110/125, 6 suites – ½ P 64,50/ 84.

♦ Le cadre Art déco originel est pieusement conservé, tant dans le hall et le bar que dans les chambres spacieuses, au charme désuet. Centre thermal récemment rénové. Majestueuse salle à manger inspirée, dit-on, de celle du paquebot Normandy.

🏨 **Grand Hôtel** 🐾, r. Source ℘ 05 58 90 53 00, grandhotel@thermesadour.com, Fax 05 58 90 52 88, ☞ – 🛗 cuisinette, 🗏 rest, 📺 📶 📶 – 🛜 50. 🖭 🆚 🗒 ⅏ rest **B f**
fermé 19 déc. au 29 fév. – **Repas** 15/25 – ⌷ 7 – **130 ch** 72/76, 7 suites – ½ P 58/64.

♦ Cet hôtel a trouvé un second souffle grâce à une réfection bien réalisée. Chambres contemporaines insonorisées. Thermes intégrés et nombreuses animations (thés dansants). Salle à manger très spacieuse, fréquentée principalement par une clientèle de curistes.

🏨 **Richelieu,** 13 av. V. Hugo ℰ 05 58 90 49 49, *reception@wanadoo.fr, Fax 05 58 90 80 86,*
🛏 – |♨| cuisinette ⊡ ❤ 🅿 – 🏋 25. 🖭 ⑩ 🇬🇧   **B n**
fermé 12 au 18 août, 25 déc. au 5 janv. – **Repas** *(fermé sam. midi, dim. soir et lundi)* 14 bc
(déj.), 20/34 ℤ – ㉕ – **40 ch** 50/65 – ½ P 80.
  ◆ Chambres fonctionnelles refaites ; demandez-en une sur l'arrière. Un "tuyau" pour les
curistes : l'annexe abrite des studios pratiques et équipés d'une cuisinette. Salle à manger
colorée jusqu'aux poutres et patio où l'on dresse les tables par beau temps.

🏨 **Vascon** sans rest, pl. Fontaine Chaude ℰ 05 58 56 64 60, *Fax 05 58 90 85 47* – |♨| ⊡ ❤
🇬🇧   **B u**
1ᵉʳ mars-30 nov. – ⊡ 6,10 – **25 ch** 31/45.
  ◆ Face à la Fontaine chaude (64° !), principale curiosité dacquoise, petites chambres
coquettes, colorées et dotées d'un mobilier de facture artisanale. Accueil aimable.

🍴🍴 **L'Amphitryon,** 38 cours Galliéni ℰ 05 58 74 58 05 – 🇬🇧   **B e**
fermé 23 août au 6 sept., 2 au 24 janv., dim. soir, sam. midi et lundi – **Repas** (nombre de
couverts limité, prévenir) 20/37 ℤ.
  ◆ Le restaurant a été revu de pied en cap : façade immaculée et plaisante salle à manger au
décor marin. Cuisine au goût du jour utilisant les produits régionaux.

St-Paul-lès-Dax – *10 226 h. alt. 21* – ✉ *40990* .

🛈 *Office de tourisme, 68 avenue de la Résistance ℰ 05 58 91 60 01, Fax 05 58 91 97 44,
ot-stpauldx@wanadoo.fr.*

🏨 **Calicéo** 🦢, au Lac de Christus ℰ 05 58 90 66 00, *caliceo@thermesadour.com,
Fax 05 58 90 68 68,* ◁, 🛁, ⑩, ⅙, 🌳 – |♨| cuisinette ⅍ ≡ ⊡ ❤ ৬ ⇔ 🅿 – 🏋 25 à 80. 🖭
⑩ 🇬🇧 🇯🇨🇧, ⅍ rest   **A n**
Repas 17/35, enf. 7 ℤ – ⊡ 12 – **50 ch** 79/89, 145 suites 105.
  ◆ Complexe récent dont la décoration des chambres s'inspire des années 1940. Espace de
remise en forme aquatique et minicentre thermal. La salle de restaurant est agrandie d'une
terrasse tournée vers le lac de Christus ; cuisine traditionnelle ou diététique.

🏨 **Les Jardins du Lac** 🦢, au lac de Christus ℰ 05 58 91 43 43, *jardinsdulac@wanadoo.fr,
Fax 05 58 91 34 24,* 🛋, ⅃, 🌳 – |♨| cuisinette, ≡ rest, ⊡ ❤ ৬ 🅿 – 🏋 15. 🖭 ⑩ 🇬🇧 🇯🇨🇧,
⅍ rest   **A v**
Repas *(fermé dim. de sept. à juin)* 15/34 ℤ – ⊡ 8,50 – **1 ch** 87, 50 suites 102,50/131 –
½ P 67.
  ◆ Immeuble moderne entre lac et forêt. Appartements spacieux, sobrement décorés et
répondant aux normes de confort actuelles ; espace salon séparé et cuisinette. La petite
salle de restaurant, lumineuse et contemporaine, s'ouvre côté piscine.

🏨 **Lac** 🦢, au lac de Christus ℰ 05 58 90 60 00, *hotel_dulac@thermesadour.com,
Fax 05 58 91 34 88,* 🌳 – |♨| cuisinette, ≡ rest, ⊡ ❤ ৬ 🅿 – 🏋 15 à 60. 🖭 ⑩ 🇬🇧,
⅍ rest   **A t**
29 fév-8 nov. – **L'Arc-en-Ciel** ℰ 05 58 90 63 00 **Repas** 14,50/22,90/40, enf. 7,60 ৬ – ⊡ 8 –
249 ch 56/62 – ½ P 59,50.
  ◆ Ensemble hôtelier et thermal bien situé à deux pas du lac de Christus. Chambres toutes
refaites ; la moitié d'entre elles ont une loggia. Cadre contemporain et vue sur l'eau dans la
salle de l'Arc-en-Ciel ; plats traditionnels ou diététiques pour les curistes.

🏨 **Kyriad** sans rest, au lac de Christus ℰ 05 58 91 70 70, *kyriaddax@tiscali.fr,
Fax 05 58 91 90 00* – ⅍ ⊡ ❤ 🅿 – 🏋 25. 🖭 ⑩ 🇬🇧 🇯🇨🇧   **A f**
⊡ 6,50 – **42 ch** 65/70.
  ◆ Proche du lac et voisin du casino, hôtel de chaîne aux aménagements fonctionnels. Les
chambres, colorées, ont été récemment rénovées.

🏨 **Campanile,** rte Bayonne - N 124 ℰ 05 58 91 35 34, *Fax 05 58 91 37 00,* 🛋 – ⅍ ⊡ ❤ ৬
🅿 – 🏋 25. 🖭 ⑩ 🇬🇧   **A b**
Repas *(12,50)* - 14,50/18,50 ℤ – ⊡ 6 – **47 ch** 69.
  ◆ Séparé du lac par la nationale, Campanile entouré de verdure et doté des équipements
habituels à la chaîne. Chambres avec sas d'entrée et murs crépis ; tenue soignée. Salle à
manger néo-rustique égayée de couleurs landaises, et terrasse verdoyante et fleurie.

🍴🍴🍴 **Moulin de Poustagnacq,** ℰ 05 58 91 31 03, *Fax 05 58 91 37 97,* 🛋 – 🅿. 🖭 ⑩
🇬🇧   **A r**
fermé vacances de Toussaint, mardi midi, dim. soir et lundi – **Repas** 25/58 et carte 59 à 74.
  ◆ Réhabilitation réussie d'un ancien moulin en lisière de bois. Salle à manger originalement
décorée et terrasse au bord d'un étang. Cuisine actuelle aux accents régionaux.

🍴🍴 **Relais des Plages** avec ch, rte de Bayonne par ④ : *3 km* ℰ 05 58 91 78 86,
Fax 05 58 91 85 13, 🛋, ⅃, 🌳 – ≡ rest, ⊡ ❤ 🅿. 🖭 ⑩ 🇬🇧
Repas *(fermé dim. soir et lundi sauf juil.-août)* (11) - 16/26,50 ℤ – ⊡ 7 – **9 ch** 39,60/55 –
½ P 50/56.
  ◆ Salles à manger rustiques, véranda et terrasse tournée vers le jardin et la piscine. Table
traditionnelle et spécialités locales. Petites chambres bien refaites.

à Oeyreluy *Sud : 5 km par D 6-A-et rte secondaire – 1 120 h. alt. 10 – ⊠ 40180 :*

× **Auberge Au Point du Jour,** 377 rte du Bourg ℘ 05 58 57 81 01, s.labeyrie@infonie.fr, Fax 05 58 57 81 01 – **①** **⅁⅊**
fermé 25 oct. au 4 nov., 19 janv. au 1ᵉʳ fév., 23 fév. au 4 mars, dim. soir, lundi soir et merc. – **Repas** 11 bc (déj.), 20/38 ⅄.
◆ Cette petite auberge basque située sur la place d'un minuscule village propose une généreuse cuisine régionale. Accueil des plus sympathiques.

DEAUVILLE 14800 Calvados **303** M3 *G. Normandie Vallée de la Seine* – 4 364 h alt. 2 – Casino **AZ**.
Voir *Mont Canisy*★ *5 km par* ④ *puis 20 mn.*

Excurs. *La corniche normande*★★ – *La côte fleurie*★★.

⊞ New Golf de Deauville ℘ 02 31 14 24 24, S : 3 km par D 278 **AZ** ; ⊞ de l'Amirauté à Tourgéville ℘ 02 31 14 42 00, S : 4 km par D 278 ; ⊞ de St-Gatien à St-Gatien-des-Bois ℘ 02 31 65 19 99, E : 10 km par D 74 **BZ**.

✈ de Deauville-St-Gatien : ℘ 02 31 65 65 65, S : 7 km **BY**.

🛈 Office de tourisme, place de la mairie ℘ 02 31 14 40 00, Fax 02 31 88 78 88, info@deauville.org.

Paris 202 ③ – Caen 50 ④ – Le Havre 44 ③ – Évreux 101 ③ – Lisieux 30 ③ – Rouen 90 ③.

DEAUVILLE			
	Fracasse (R. A.) .... **AZ**	Le-Hoc (R. D.) ...... **BZ** 24	
	Gambetta (R.) .... **BY** 9	Le Marois (R.) ...... **AZ** 25	
	Gaulle (Av. Gén.-de) ... **AZ** 10	Mirabeau (R.) ...... **BY** 26	
Blanc (R. E.) .... **AZ** 4	Gontaut-Biron (R.) ..... **AYZ** 13	Morny (Pl. de) ...... **BZ** 28	
Colas (R. E.) .... **AZ** 5	Hoche (R.) .... **AYZ** 20	République	
Fossorier (R. R.) ..... **ABZ** 8	Laplace (R.) .... **AZ** 23	(Av. de la) .... **ABZ**	

[Map of Deauville]

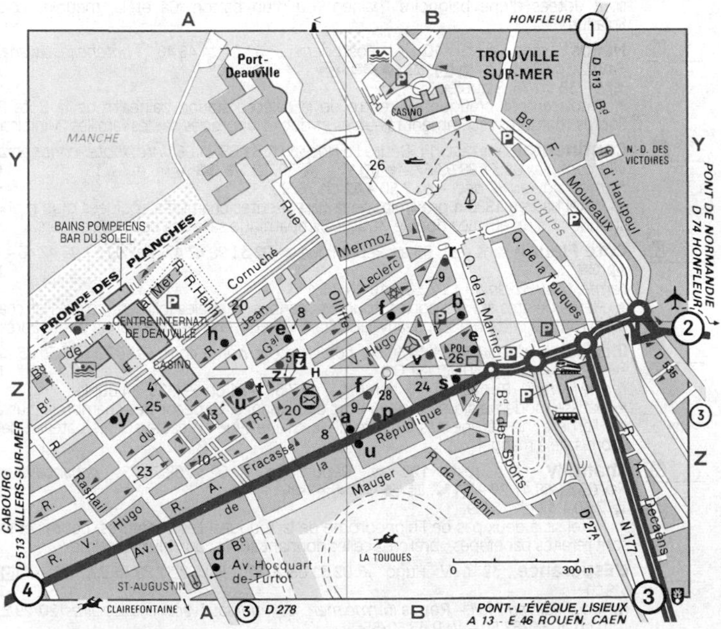

🏨🏨🏨 **Normandy-Barrière,** 38 r. J. Mermoz ℘ 02 31 98 66 22, normandy@lucienbarriere.com, Fax 02 31 98 66 23, ≤, 🌿, 🛎, ⊠, ⚒ – 🛗 📺 📞 🛗 ⟷ – ⚖ 15 à 160. 🏧 **①** **⅁⅊** **JCB**, ⅝ rest

AZ h

Belle Époque : **Repas** 47/58 ⅄ – ⊃ 23 – **271 ch** 498/588, 20 suites.
◆ La silhouette de manoir anglo-normand de ce palace dessiné en 1912 est devenue l'emblème de la station. Spacieuses chambres soignées et bel espace de remise en forme. Salle à manger de style Belle Époque et tables dressées dans la jolie "cour normande" l'été.

Royal-Barrière, bd E. Cornuché, ☎ 02 31 98 66 33, royal@lucienbarriere.com, Fax 02 31 98 66 34, ≤, 佘, Fō, ⌿, ※ – ☒ ☒ ⏧ ☒ P – 益 20 à 200. ☒ ◑ ☒ ☒   AZ y

11 mars-2 nov. – **L'Etrier** (dîner seul.) **Repas** 59/90 et carte 76 à 120 ♀ – **Côté Royal** (dîner seul. du 1er juil. au 15 sept.) ouvert vend. soir, dim. midi, sam. du 11 mars au 30 juin et 16 sept. au 2 nov. **Repas** 49 ♀ – ☲ 23 – **222 ch** 380/509, 30 suites.
* Imposante architecture 1900 appréciée par le "jet-set" et les stars du cinéma. Chambres luxueusement aménagées, parfois tournées vers la Manche. L'Etrier propose son cadre "cosy" et sa délicieuse cuisine au goût du jour. Atmosphère de palace au Côté Royal.
Spéc. Langoustines rôties, millefeuille d'andouille et pomme. Filet de boeuf normand au sautoir. Crêpes au beurre d'Isigny, confitures autour de la pomme.

L'Augeval, 15 av. Hocquart de Turtot, ☎ 02 31 81 13 18, info@augeval.com, Fax 02 31 81 00 40, 佘, ⌿–☒, ≣ rest, ⏧ ☇ ⅋ – 益 50. ☒ ◑ ☒ ☒   AZ d
Repas 28/75 ♀ – ☲ 14 – **32 ch** 138/218 – ½ P 90/145.
* Ce séduisant manoir restauré est situé à proximité de l'hippodrome et des haras. Ambiance feutrée et décor actuel dans les chambres. Une jolie voûte de briques coiffe la salle de restaurant où vous dégusterez une cuisine personnalisée.

Mercure Deauville Hôtel du Yacht Club sans rest, 2 r. Breney ☎ 02 31 87 30 00, h2876@accor-hotels.com, Fax 02 31 87 05 80 – ☒ ⅌ ⏧ ☇ ⅋ . ☒ ◑ ☒ ☒   BY b
fermé 4 janv. au 4 fév. – ☲ 11 – **53 ch** 137/141, 6 duplex.
* Hôtel récent abritant des chambres fonctionnelles, à choisir côté quai pour la vue sur les voiliers, ou côté jardin public pour le calme. Copieux petit-déjeuner.

Trophée sans rest, 81 r. Gén. Leclerc ☎ 02 31 88 45 86, information.@letrophee.com, Fax 02 31 88 07 94, ⌿ – ☒ ≣ ⏧ ☇. ☒ ◑ ☒ ☒   AZ u
☲ 10 – **35 ch** 89/124.
* Toutes les chambres de cet hôtel ont bénéficié d'une rénovation soignée ; certaines sont dotées d'une baignoire "balnéo" ou d'un balcon. Çà et là, meubles coloniaux. Solarium.

Hélios sans rest, 10 r. Fossorier ☎ 02 31 14 46 46, hotehelios@wanadoo.fr, Fax 02 31 88 53 87 – ☒ ⏧ ☒ ◑ ☒ ☒ ※   AZ e
☲ 8 – **36 ch** 76, 8 duplex.
* Emplacement pratique au centre de la célèbre station balnéaire de la Côte Fleurie. Sobres chambres récemment rajeunies et duplex appréciés par les familles. Minipiscine.

Continental sans rest, 1 r. Désiré Le Hoc ☎ 02 31 88 21 06, info@hotel-continental-deauville.com, Fax 02 31 98 93 67 – ☒ ☇ – 益 30. ☒ ◑ ☒ ☒   BZ s
fermé 8 nov. au 17 déc. – ☲ 7,50 – **42 ch** 76/90.
* Hôtel bâti en 1880 à proximité de la gare. Petites chambres équipées d'un mobilier en stratifié et d'un efficace double vitrage. Sympathique salle des petits-déjeuners.

Côte Fleurie sans rest, 55 av. République ☎ 02 31 98 47 47, Fax 02 31 98 47 46 – ⏧ ☒ ◑ ☒   BZ u
fermé 17 au 31 janv. – ☲ 7,50 – **16 ch** 74/116.
* Fleurs peintes sur les portes, touches marines, meubles joliment colorés et charmant patio font de cette maison deauvillaise fraîchement rénovée une bonne petite adresse.

Ibis, quai Marine ☎ 02 31 14 50 00, h0795@accor-hotels.com, Fax 02 31 14 50 05, 佘 – ☒ ⅌ ⏧ ⅋ ☎ – 益 30. ☒ ◑ ☒   BZ e
fermé le midi – **Repas** (12)-15, enf. 6 ⅃ – ☲ 7,50 – **81 ch** 59/125, 14 duplex.
* Bâtisse moderne située face au port de plaisance. Le décor des chambres, plus calmes sur l'arrière, ne déroge pas au style de la chaîne. Vue agréable sur les bateaux depuis la sobre salle à manger.

Chantilly sans rest, 120 av. République ☎ 02 31 88 79 75, hchantilly@aol.com, Fax 02 31 88 41 29 – ⏧ ☇. ☒ ◑ ☒ ☒ ※   BZ a
☲ 7,50 – **17 ch** 75/99.
* Hôtel sis à deux pas de l'hippodrome de la Touques. Les chambres, petites et simples, sont refaites par étapes ; préférez celles donnant sur la cour, plus au calme.

L'Espérance, 32 r. V. Hugo ☎ 02 31 88 26 88, Fax 02 31 88 33 29, 佘 – ⏧. ☒. ※ ch   BY f
fermé 21 juin au 7 juil. – **Repas** (fermé merc. et jeudi sauf vacances scolaires) 20/29 ♀ – ☲ 6 – **10 ch** 46,50/68,50 – ½ P 45,50/55.
* Au centre de la prestigieuse station, établissement familial aux aménagements simples, abritant des chambres sobres, plus tranquilles côté cour. Atout principal du restaurant : le patio agréablement fleuri où l'on sert les repas à la belle saison.

Ciro's, prom. Planches ☎ 02 31 14 31 31, Fax 02 31 88 32 02, ≤, 佘 – ☒ ◑ ☒   AZ a
fermé 7 au 22 janv., mardi et merc. d'oct. à mai sauf vacances scolaires et fériés – **Repas** 39 et carte 57 à 89 ⅃ ⅋.
* Pavillon donnant sur la fameuse promenade des "planches". Salle feutrée tournée vers la Manche et produits de la mer à l'honneur pour ce rendez-vous chic des célébrités.

XX **Spinnaker,** 52 r. Mirabeau & 02 31 88 24 40, Fax 02 31 88 43 58 – AE ⓞ GB BZ **v**
fermé 21 au 28 juin, 15 au 30 nov., 2 au 31 janv., mardi d'oct. à avril et lundi – **Repas** 28/43.
♦ Ce "spi"-là ne vous fera pas gagner de régate, mais il vous propulsera vers un joli cadre
contemporain où vous attendent cuisine de la mer et viandes cuites à la rôtisserie.

XX **Yearling,** 38 av. Hocquart de Turtot (Sud du plan **AZ**) D 278 & 02 31 88 33 37, *le-yearling
@wanadoo.fr, Fax 02 31 88 33 89 – AE GB*
fermé 15 nov. au 1ᵉʳ déc., 3 au 27 janv., mardi et merc. – **Repas** 21/62 bc ₺.
♦ Élégant bistrot décoré à l'anglaise sur une thématique hippique. Le cheval gagnant de la
carte est toutefois le homard, qui s'y taille la part du lion.

XX **Les Alizés,** 70 r. Gambetta & 02 31 88 30 75, *lesalizes.m@wanadoo.fr, Fax 02 31 88 30 79*
– AE GB BZ **f**
fermé 6 au 28 janv., mardi, merc. 1ᵉʳ juil. au 10 sept., lundi midi, mardi midi et merc. midi –
Repas 30/36,50 ₺.
♦ Un homme et une femme, Deauville, les Antilles et la Normandie... Mélangez le tout et
vous obtenez d'insolites recettes mariant saveurs épicées et produits du terroir !

XX **Flambée,** 81 r. Général Leclerc & 02 31 88 28 46, Fax 02 31 88 28 46, 🌣 – 🍽 AE ⓞ
GB AZ **t**
fermé 1ᵉʳ au 15 janv. – **Repas** (16) - 19/46, enf. 13 ₺.
♦ Une belle flambée crépite dans la grande cheminée où l'on prépare, sous vos yeux, les
grillades. Autres choix : plats traditionnels et homard (vivier). Décor "brasserie".

X **Garage,** 118 bis av. République & 02 31 87 25 25, Fax 02 31 87 38 37, 🌣 – AE ⓞ GB
JCB BZ **p**
fermé 14 déc. au 14 janv. lundi soir, mardi d'oct. à Pâques et lundi en sept. – **Repas**
15,50/25,50 ₺.
♦ De l'ancien garage subsiste une fresque à sujet automobile. Salle de restaurant façon
brasserie, agrémentée de photographies de stars. On y déguste surtout des fruits de mer.

X **Bagdad Café,** 77 r. Gén. Leclerc & 02 31 98 25 45, Fax 02 31 98 91 56 – AE
GB AY **z**
fermé 12 au 28 nov., 10 au 25 janv., mardi et merc. hors saison – **Repas** carte 31 à 41 ₺.
♦ Charmant restaurant égayé de murs orangés et d'objets marocains. Accueil tout sourire
garanti et cuisine aussi parfumée que savoureuse : pastilla, couscous, tajines, etc.

X **Chez Marthe,** 1 quai de la Marine & 02 31 88 92 51, *chezmarthe@chezmarthe.com,
Fax 02 31 87 34 95 – AE GB* BY **r**
fermé 14 au 20 juin, 15 au 21 nov., 10 janv. au 7 fév., mardi et merc. – **Repas** (23) - carte 40 à
58 ₺.
♦ Face au port de plaisance, adresse "mode" inspirée par les bistrots d'antan, mais où
vieux bibelots et mobilier hétéroclite sont savamment disposés. Ambiance conviviale.

à l'aéroport Deauville-St-Gatien *par ② : 7 km par D 74 –* ✉ 14130 Pont-l'Évêque :

XX **Rest. Aéroport,** 1ᵉʳ étage & 02 31 64 81 81, Fax 02 31 64 83 83, ≤, 🌣 – AE GB
*fermé 12 au 27 nov., 1ᵉʳ au 15 fév., dim. soir et lundi d'oct. à mars, lundi soir de mars à oct.
et mardi* – **Repas** (16) - 23/29, enf. 12 ₺.
♦ Cuisine traditionnelle, vivier à homards, cheminée en pierre et vue sur le tarmac : ce
restaurant d'aérogare sollicite autant le coup d'oeil que le coup de fourchette !

à Touques *par ③ : 2,5 km – 3 500 h. alt. 10 –* ✉ 14800 :

🏨 **Domaine de l'Amirauté,** N 177 & 02 31 81 82 83, *contact@amiraute-resort.com,
Fax 02 31 81 82 93,* 🌣, 🛁, 🏊, 🏊, 🎾, 🏌, – 📶 📺 ✆ ⤶ 🅿 – 🔬 20 à 600. AE ⓞ GB
JCB
Pré St-Arnoult (déj. seul.) (avril-août) **Repas** carte 31/42 – **Grill :** Repas 30 – 🖵 13 – **225 ch**
130/240, 6 suites – ½ P 107.
♦ Vaste domaine situé sur les rives de la Touques : hôtel doté de chambres spacieuses,
club de sport très complet (piscine sous une pyramide de verre) et centre de congrès.
Sobre cadre actuel au Pré St-Arnoult. Salades et grillades figurent à la carte du Grill.

XX **Aux Landiers,** 90 r. Louvel et Brière & 02 31 88 00 39, *aux.landiers@wanadoo.fr,
Fax 02 31 89 00 17,* 🌣 – AE ⓞ GB
*fermé 6/01 au 7/02, lundi midi, mardi midi en juil.-août, merc. sauf le soir en juil.-août, jeudi
de sept. à juin* – **Repas** 28/58, enf. 14.
♦ Cette façade boisée dissimule deux coquettes petites salles à manger où poutres et
cheminée apportent une plaisante touche campagnarde. Agréable terrasse fleurie.

XX **L'Ardoise,** & 02 31 81 47 81, Fax 02 31 81 47 81, 🌣 – GB
*fermé 20/06-5/07, 28/11-13/12, dim. soir hors saison, mardi sauf le soir des vacances
scolaires et lundi* – **Repas** 27/39 ₺.
♦ En retrait de la route, jolie maison en pierre devancée par une terrasse. Intérieur
rustique. Dans l'assiette, plats traditionnels enrichis de saveurs provençales.

à Canapville *par ③ : 6 km – 222 h. alt. 10 – ⊠ 14800 :*

XX **Auberge du Vieux Tour**, sur N 177 ℰ 02 31 65 21 80, Fax 02 31 65 03 75, 斎, 泵 – 🅿.
GB

fermé 28 juin au 4 juil., vacances de Noël, de fév., dim. soir, mardi soir et merc. hors saison –
Repas 18/33 ♀.

❖ Coiffée de chaume, l'auberge borde la nationale, mais la coquette salle à manger
(poutres, murs jaunes, tableaux, tomettes) et la terrasse sont au calme, côté jardin.

au New Golf *Sud : 3 km par D 278 -* **BAZ** *– ⊠ 14800 Deauville :*

🏨 **Golf-Barrière** ೩, ℰ 02 31 14 24 00, hoteldugolfdeauville@lucienbarriere.com,
Fax 02 31 14 24 01, ≼ campagne deauvillaise, 斎, Ⅰ₅, ☒, ✖, ▲, – 📵 TV ℂ 🅿 – 🔬 30 à 200.
🅰🅴 ① GB JCB, ✖ rest

fermé 14 nov. au 31 déc. – **Pommeraie** (dîner seul) **Repas** *(30)-*38/58, enf. 20 ♀ – **Club**
House ℰ 02 31 14 24 23 (déj. seul.) *(fermé mardi en janv. et fév.)* **Repas** *(26)-*33, enf. 12 ♀ –
⊡ 21 – **178 ch** 348/610.

❖ Palace Art déco entouré d'un golf et juché sur le mont Canisy, d'où la vue s'étend sur la
mer et sur la campagne. Chambres spacieuses peu à peu rénovées. Élégant cadre 1930 et
cuisine classique à la Pommeraie. Repas servis sous forme de buffets au Club House.

au Sud : *6 km par D 278 et chemin de l'Orgueil – ⊠ 14800 Deauville :*

🏰 **Hostellerie de Tourgéville** ೩, ℰ 02 31 14 48 68, hostellerie@hotel-de-tourgeville.co
m, Fax 02 31 14 48 69, ≼, 斎, Ⅰ₅, ☒, ✖, ▲, – 📵 TV ℂ 🅿 – 🔬 20. 🅰🅴 GB JCB, ✖

fermé 1ᵉʳ au 23 fév. – **Repas** *(fermé le midi sauf dim. et fériés)* 38/55 – ⊡ 15 – **6 ch** 160,
6 suites 320, 13 duplex 185 – ½ P 125/205.

❖ Séduisant manoir normand isolé en plein bocage du pays d'Auge. Chambres, duplex et
triplex portent le nom d'une vedette du cinéma ; décor personnalisé (golf, cheval, etc.). La
ravissante salle à manger campagnarde donne sur un joli patio.

au golf de l'Amirauté *Sud : 7 km par D 278 – ⊠ 14800 Deauville :*

XX **Chaumes**, ℰ 02 31 14 42 00, golf@amiraute-resort.com, Fax 02 31 88 32 00, ≼, 斎 – 🅿.
GB

Repas 27/38,50 ♀.

❖ Hier haras, aujourd'hui club-house abritant une salle de restaurant au cadre contemporain. Vue panoramique sur le parcours de 27 trous agrémenté de sculptures modernes.

DECAZEVILLE *12300 Aveyron* 🄳🄷🄸 *F3 G. Midi-Pyrénées – 6 805 h alt. 230.*

🄱 *Office de tourisme, square Jean Ségalat ℰ 05 65 43 18 36, Fax 05 65 43 19 89, officetou
rismedecazeville@wanadoo.fr.*

Paris 605 – Rodez 39 – Aurillac 64 – Figeac 27 – Villefranche-de-Rouergue 39.

🏠 **Moderne et Malpel,** 16 av. A. Bos (derrière église) ℰ 05 65 43 04 33, Fax 05 65 43 17 17
😊 – TV ℂ – 🔬 30. 🅰🅴 GB

Repas *(fermé sam. et dim.)* 13/27 ♀ – ⊡ 6 – **24 ch** 40/60 – ½ P 40/49.

❖ Face à la poste, une adresse pratique pour l'étape dans la petite cité minière. Ambiance
familiale et chambres sobrement aménagées. Lumineuse salle à manger mi-moderne,
mi-rustique ; dans l'assiette, solide cuisine régionale.

DECIZE *58300 Nièvre* 🄳🄷🄹 *D11 G. Bourgogne – 6 456 h alt. 197.*

🄱 *Office de tourisme, place du Champs de Foire ℰ 03 86 25 27 23, Fax 03 86 77 16 58,
tourisme.decize@wanadoo.fr.*

Paris 270 – Châtillon-en-Bazois 34 – Luzy 44 – Moulins 35 – Nevers 34.

XX **Charolais,** 33 bis rte Moulins ℰ 03 86 25 22 27, frank.rapiau@wanadoo.fr,
Fax 03 86 25 52 52, 斎 – ▤. ① GB

*fermé 1ᵉʳ au 7 janv., 24 fév. au 3 mars, mardi soir et merc. soir de mi-nov. à mi-avril, dim. soir
et lundi –* **Repas** 15,50/51 ♀.

❖ La ville natale de Maurice Genevoix abrite ce restaurant au cadre contemporain assidûment fréquenté par les plaisanciers du canal nivernais. Cuisine au goût du jour.

La DÉFENSE *92 Hauts-de-Seine* 🄳🄷🄷 *J2* 🄾🄾🄷 *⑭ – voir à Paris, Environs.*

Dans ce guide

un même symbole, un même mot,
imprimé en **rouge** *ou en* **noir**, *en maigre ou en* **gras**,
n'ont pas tout à fait la même signification.
Lisez attentivement les pages explicatives.

DELME 57590 Moselle **307** J5 – 728 h alt. 220.

🛈 Syndicat d'initiative, 33 rue Raymond Poincaré ℰ 03 87 01 37 19, Fax 03 87 01 43 14.

Paris 364 – Metz 33 – Nancy 36 – Château-Salins 12 – Pont-à-Mousson 27 – St-Avold 43.

🏠 **A la XIIᵉ Borne,** ℰ 03 87 01 30 18, XIIborne@wanadoo.fr, Fax 03 87 01 38 39, 😊 , 🐴 –
🛁, 🍴 rest, 📺 📞 🚗, 🅰 ⓪ 🆖

Repas 16/46 ⅛ – 🖵 7,50 – **15 ch** 46/65 – ½ P 37,50.

◆ Proche de l'église, imposante façade couleur pastel. Toutes les chambres de l'hôtel ont
été rénovées : décoration et mobilier actuels. Sobre salle à manger moderne où vous
pourrez vous restaurer en toute simplicité ; boutique de produits locaux.

🏠 **Auberge de Delme,** ℰ 03 87 01 33 33, Fax 03 87 01 38 12, 😊 , 🐴 – 📺 📞 🅿. 🅰 🆖

Repas 16/40 ♀ – 🖵 5 – **11 ch** 35/54 – ½ P 39.

◆ Petite maison du début du 20ᵉ s. bordant la fameuse Route du Poisson en Saulnois.
Chambres fonctionnelles et agrément d'un jardin campagnard. Le meilleur accueil vous
sera réservé dans cette longue et plaisante salle à manger.

DESCARTES 37160 I.-et-L. **317** N7 G. Châteaux de la Loire – 4 019 h alt. 50.

🛈 Office de tourisme, mairie ℰ 02 47 92 42 20, Fax 02 47 59 72 20.

Paris 292 – Tours 59 – Châteauroux 94 – Châtellerault 24 – Chinon 51 – Loches 32.

🏠 **Moderne,** 15 r. Descartes ℰ 02 47 59 72 11, hotel.moderne.fb@wanadoo.fr,
🆖 Fax 02 47 92 44 90, 😊 – 📺 🅿. 🆖

fermé 29 nov. au 5 déc., vacances de fév., vend. de sept. à mai et sam. midi – **Repas** 13/33,
enf. 8 ♀ – 🖵 6,10 – **11 ch** 36/49 – ½ P 38/42.

◆ Non loin de la maison natale de René Descartes, aujourd'hui musée, hôtel bien tenu
abritant des chambres au cadre actuel et bien insonorisées. Paisible restaurant et, l'été,
terrasse dressée dans le petit jardin ; cuisine traditionnelle.

🍴 **Auberge de l'Islette,** à Lilette (86 Vienne) Ouest : 3 km par D 58 et D5 ⊠ 37160
🆖 Descartes ℰ 02 47 59 72 22, auberge.lilette@wanadoo.fr, Fax 02 47 92 93 93 – 🅿. 🆖

fermé mardi soir et merc. de sept. à juin – **Repas** 11 (déj.), 15/30 ♀.

◆ Modeste salle à manger accessible par le bar-tabac du village. Les tables y sont bien
espacées et la carte présente des plats à dominante régionale.

DESVRES 62240 P.-de-C. **301** E3 – 5 205 h alt. 98.

🛈 Office de tourisme, rue Jean Macé ℰ 02 21 87 69 23, Fax 03 21 83 44 45, des-
vres@tourisme.norsys.fr.

Paris 263 – Calais 40 – Arras 98 – Boulogne 19.

🏠 **Ferme du Moulin aux Draps** 🍃 sans rest, rte Crémarest (D 254ᴱ) : 1,5 km
ℰ 03 21 10 69 59, Fax 03 21 87 14 56, 🌸 – 🍴 📺 📞 🅰 🅿. 🅰 ⓪ 🆖 🅹🅲🅱. 🌸
🖵 11,50 – **20 ch** 75/88.

◆ Ce séduisant hôtel niché entre forêts et prairies a été reconstruit sur le modèle de
l'ancienne ferme familiale : écuries au rez-de-chaussée et chambres récentes à l'étage.

Les DEUX-ALPES (Alpes de Mont-de-Lans et de Vénosc) 38860 Isère **333** J7
G. Alpes du Nord – Alpe de Vénosc, 1 660 m Alpe de Mont-de-Lans – Sports d'hiver : 1 650/
3 600 m ⮜ 7 ⮜ 49 🎿.

Voir Belvédères : de la Croix★, des Cîmes – Croisière Blanche★★★.

🛫 des Deux-Alpes ℰ 04 76 80 52 89, E : 2 km.

🛈 Office de tourisme, ℰ 04 76 79 22 00, Fax 04 76 79 01 38, les2alp@les2alpes.com.

Paris 640 ① – Grenoble 78 ① – Le Bourg-d'Oisans 26 ①.

Plan page suivante

🏨 **Bérangère** 🍃, (a) ℰ 04 76 79 24 11, berangerehotel@free.fr, Fax 04 76 79 55 08, ⮜,
😊 , 🛁, 🏊, 🖵 – 🍴 📺 📞 🅿. – 🏋 25. 🅰 🆖, 🌸 rest

juil.-août et début déc.-mi-avril – **Repas** (dîner seul. en été) 30 (déj.), 35/75 ♀ – 🖵 15 –
59 ch 128/371 – ½ P 100/150.

◆ Façade habillée de bois et chambres peu à peu refaites pour cet hôtel qui bénéficie en
sus de la vue sur les glaciers. Salle à manger rajeunie tournée vers les montagnes ; l'été,
agréable terrasse dressée autour de la piscine.

🏨 **Farandole** 🍃, 18 rue du Cairou (b) ℰ 04 76 80 50 45, hotellafarandole@free.fr,
Fax 04 76 79 56 12, ⮜ massif de la Muzelle, 😊 , 🛁, 🏊, 🐴 – 🍴 📺 📞 🅿. – 🏋 25 à 60. 🅰 🆖.
🌸 rest

18 déc.-18 avril – **Repas** (dîner seul) (35) - 45, enf. 25 ♀ – 🖵 18 – **46 ch** 230/320, 4 suites,
10 duplex – ½ P 185/195.

◆ Face aux pistes du Diable, construction des années 1960 grande ouverte sur la nature ;
belle vue sur le massif de la Muzelle. Chambres assez grandes, rénovées côté Nord. De
chaudes boiseries habillent le restaurant où l'on sert une cuisine au goût du jour.

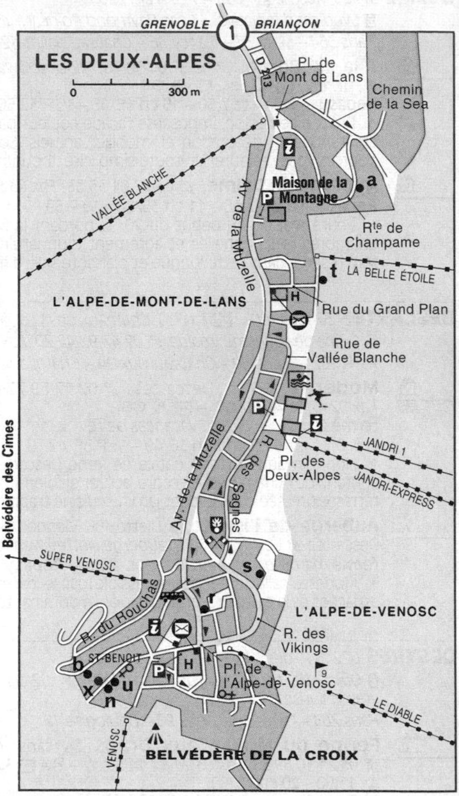

GRENOBLE
1
BRIANÇON
LES DEUX-ALPES
0
300 m
D 213
Pl. de
Mont de Lans
Chemin
de la Sea
VALLÉE BLANCHE
Av. de la Muzelle
Maison de la
Montagne
a
Rte de
Champame
t
LA BELLE ÉTOILE
L'ALPE-DE-MONT-DE-LANS
H
Rue du Grand Plan
Rue de
Vallée Blanche
P
R. des Sagnes
JANDRI 1
Pl. des
Deux-Alpes
JANDRI-EXPRESS
Belvédère des Cîmes
Av. de la Muzelle
SUPER VENOSC
s
r
L'ALPE-DE-VENOSC
R. du Rouchas
R. des
Vikings
ST-BENOIT
b
x
u
n
H
Pl. de
l'Alpe-de-Venosc
LE DIABLE
VENOSC
BELVÉDÈRE DE LA CROIX

Chalet Mounier, (n) ☎ 04 76 80 56 90, *doc@chalet-mounier.com, Fax 04 76 79 56 51,* <, 🏔, ⛹, 🏊, 🏊, 🌳, ✂ – |‡| 📺 ♿ – 🎓 15 à 25. GB. ✂

26 juin-28 août et 11 déc.-30 avril – **Repas** (dîner seul sauf dim. et fériés) 27/39 ♀ - ***P'tit Polyte*** (dîner seul.) *(fermé lundi)* **Repas** 33/56 ♀ – **44 ch** ☕ 159/182, 3 duplex – ½ P 84/124.

◆ Du chalet d'alpage de 1879 ne subsiste que l'âme : le décor renouvelé de bois sculpté et tissus tendus a instauré une ambiance "cosy style". Coquet restaurant à l'autrichienne et cuisine inventive. Le P'tit Polyte propose des recettes régionales soignées.

Spéc. Escalope de foie gras à la fricassée de fruits de saison.Blanc de féra au crémeux d'écrevisses-.Caïon cuisiné"de la tête aux pieds". **Vins** Chignin-Bergeron, Mondeuse.

Souleil'Or 🐴, (t) ☎ 04 76 79 24 69, *hotel.le.souleil.or@wanadoo.fr, Fax 04 76 79 20 64,* <, 🏔, ⛹, 🏊 – |‡|, ▤ rest, 📺 🅿 – 🎓 25. AE GB. ✂

20 juin-31 août et 19 déc.-25 avril – **Repas** (dîner seul.) 28 ♀ – ☕ 11 – **42 ch** 100/145 – ½ P 103/109,50.

◆ L'originale architecture moderne de cet immeuble à balcons de bois contraste agréablement avec sa décoration intérieure très autrichienne. Chambres récemment rénovées. Recettes traditionnelles et spécialités dauphinoises.

Les Mélèzes, (s) ☎ 04 76 80 50 50, *hotellesmelezes@aol.com, Fax 04 76 79 20 70,* <, 🏔, ⛹ – 📺 🅿 – 🎓 25. GB. ✂ rest

20 déc.-28 avril – **Repas** 28/63 – ☕ 9 – **32 ch** 68,50/86,50 – ½ P 75,50/84,50.

◆ Tout près du centre-ville et au pied des pistes, étonnant chalet aux lignes triangulaires où l'on préférera les chambres tournées vers le Sud. Plaisants salons. Ambiance "pension de famille" dans la salle à manger et produits soigneusement choisis.

Serre-Palas sans rest, (u) ☎ 04 76 80 56 33, *limounier@wanadoo.fr, Fax 04 76 79 04 36* – 📺. GB

fermé 4 mai au 21 juin, 7 sept. au 25 oct. et 3 au 29 nov. – **24 ch** ☕ 93/113.

◆ Chambres agréables au mobilier de bois peint ou verni, égayées de voilages et dessus-de-lit colorés. Celles avec balcon ont vue sur le Parc national des Écrins.

Bel'Auberge, 1 r. Chapelle (x) ☎ 04 76 79 57 90, *belauberge@wanadoo.fr, Fax 04 76 80 56 89,* 🏔 – 🅿. GB

1er juil.-31 août et 1er déc.-30 avril – **Repas** 18/32, enf. 10 ♀.

◆ Salle à manger habillée de boiseries blondes et garnie de meubles assortis. On y sert une cuisine simple et quelques spécialités savoyardes (fondues et raclettes).

Panoramic, au sommet du téléphérique Jandri 2 ou Jandri-Express 1 ☎ 04 76 79 06 75, *Fax 04 76 79 29 53,* < du massif du Vercors au versant italien du Mont-Blanc, 🏔 – GB

29 nov.-2 mai – **Repas** (déj. seul.) *(16)* - carte 26 à 36, enf. 10 ♀.

◆ Perché tout en haut des pistes, à 2 600 m d'altitude, sympathique chalet rénové dans la tradition montagnarde. Recettes du pays, accueil charmant et panorama "grand écran".

DHUIZON *41220 L.-et-Ch.* **318** *G6 – 1 254 h alt. 93.*

Paris 174 – Orléans 46 – Beaugency 23 – Blois 29 – Romorantin-Lanthenay 27.

XX **Auberge du Grand Dauphin** *avec ch., 17 pl. St.-Pierre* ℰ 02 54 98 31 12, *auberge-gra
nd-dauphin@wanadoo.fr, Fax 02 54 98 37 64,* ㄾ – ⭤ **P**. ㉢
fermé 15 janv. au 15 fév., mardi de nov. à mars, dim. soir et lundi – **Repas** 15/40, *enf.* 8 ♀ –
⭤ 5 – **9 ch** 38/40.
♦ Proche de l'église, maison de style régional parementée de briques. Salle à manger
chaleureuse ; cuisine traditionnelle. Chambres simples et nettes donnant sur la cour.

DIE ⬠ *26150 Drôme* **332** *F5 G. Alpes du Sud – 4 451 h alt. 415.*

Voir *Mosaïque★ dans l'hôtel de ville.*

Env. *Paysages du Diois★★.*

🄱 *Office de tourisme, Quartier St Pierre* ℰ 04 75 22 03 03, Fax 04 75 22 40 46, otdie@vallee-
drome.com.

Paris 623 – Valence 66 – Gap 92 – Grenoble 110 – Montélimar 73 – Nyons 77 – Sisteron 103.

🏠 **Alpes** *sans rest, 87 r. C. Buffardel* ℰ 04 75 22 15 83, *hoteldesalpesdie@wanadoo.fr,
Fax 04 75 22 09 39 –* |訇| ⭤ ✔ ⇦. ㆍ㆒ ㉢
⭤ 6 – **24 ch** 43/47.
♦ Ce relais de diligences du 14e s., maintes fois remanié, propose des chambres spacieuses, peu à peu rénovées et bien tenues.

Écrivez-nous...

*Vos louanges comme vos critiques seront examinées avec le plus grand soin.
Nous reverrons sur place les informations que vous nous signalez.*

Par avance merci !

DIEFFENTHAL *67650 B.-Rhin* **315** *I7 – 226 h alt. 185.*

Paris 441 – Strasbourg 54 – Lunéville 100 – St-Dié 45 – Sélestat 7.

🏠 **Verger des Châteaux** ⬠, ℰ 03 88 92 49 13, Fax 03 88 92 40 99, ⩾, ㄾ, 㤱 – |訇| ⭤ &.
P – 🄰 30. ㉢. ⚇ rest
fermé 24 au 27 déc. et 5 au 25 janv. – **Repas** *(fermé sam. midi)* 9,90 *(déj.),* 21/35 ♀ – ⭤ 7 –
32 ch 55/59,50 – ½ P 49.
♦ L'imposante bâtisse borde le fameux vignoble alsacien. Les chambres, un peu nues, y
sont amples et munies d'un mobilier actuel. Vaste et sobre salle à manger agréablement
ouverte sur la campagne ; registre culinaire traditionnel.

DIEFMATTEN *68780 H.-Rhin* **315** *G10 – 251 h alt. 300.*

Paris 450 – Mulhouse 21 – Belfort 25 – Colmar 48 – Thann 15.

XXX **Auberge du Cheval Blanc**, *17 r.Hecken* ℰ 03 89 26 91 08, *patrick@auchevalblanc.fr,
Fax 03 89 26 92 28,* ㄾ, 㤱 – ▤ **P** – 🄰 30. ㆍ㆒ ⓞ ㉢
fermé 19 juil. au 3 août, 3 au 25 janv., lundi et mardi sauf le midi fériés – **Repas** *(19,50)* -
27/68 et carte 43 à 75, enf. 10 ♀.
♦ Maison alsacienne du 19e s. à la pimpante façade bleu pastel. La salle à manger, rénovée
dans un esprit contemporain, a néanmoins conservé son âme campagnarde.

DIENNE *15300 Cantal* **330** *E4 G. Auvergne – 293 h alt. 1053.*

Voir ⩽★★ *du Pas de Peyrol.*

Paris 529 – Aurillac 54 – Allanche 21 – Condat 30 – Mauriac 52 – Murat 10 – St-Flour 34.

♨ **Poste**, ℰ 04 71 20 80 40, Fax 04 71 20 82 75, ⩽ – **P**. ㆍ㆒ ㉢. ⚇
fermé 15 nov. au 1er fév. – **Repas** *(dîner seul.)* 15/18 ♀ – ⭤ 7 – **10 ch** 42/55 – ½ P 41/45.
♦ Sur la traversée de ce village quelque peu enclavé entre deux hauts cols, ancien relais de
poste en pierres du pays faisant preuve d'une hospitalité toute auvergnate. À table, décor
hérité des années 1970 et produits du potager présents dans le menu régional.

DIEPPE ⬠ *76200 S.-Mar.* **304** *G2 G. Normandie Vallée de la Seine – 34 653 h alt. 6 – Casino Municipal* AY.

Voir *Église St-Jacques★ – Chapelle N.-D.-de-Bon-Secours ⩽★ – Musée★ du château (ivoires
dieppois★).*

🄾 *de Dieppe-Pourville* ℰ 02 35 84 25 05, O : 2 km par D 74.

🄱 *Office de tourisme, Pont Jehan Ango* ℰ 02 32 14 40 60, Fax 02 32 14 40 61, officetour
.dieppe@wanadoo.fr.

Paris 197 ② – Abbeville 68 ① – Caen 176 ② – Le Havre 111 ② – Rouen 66 ②.

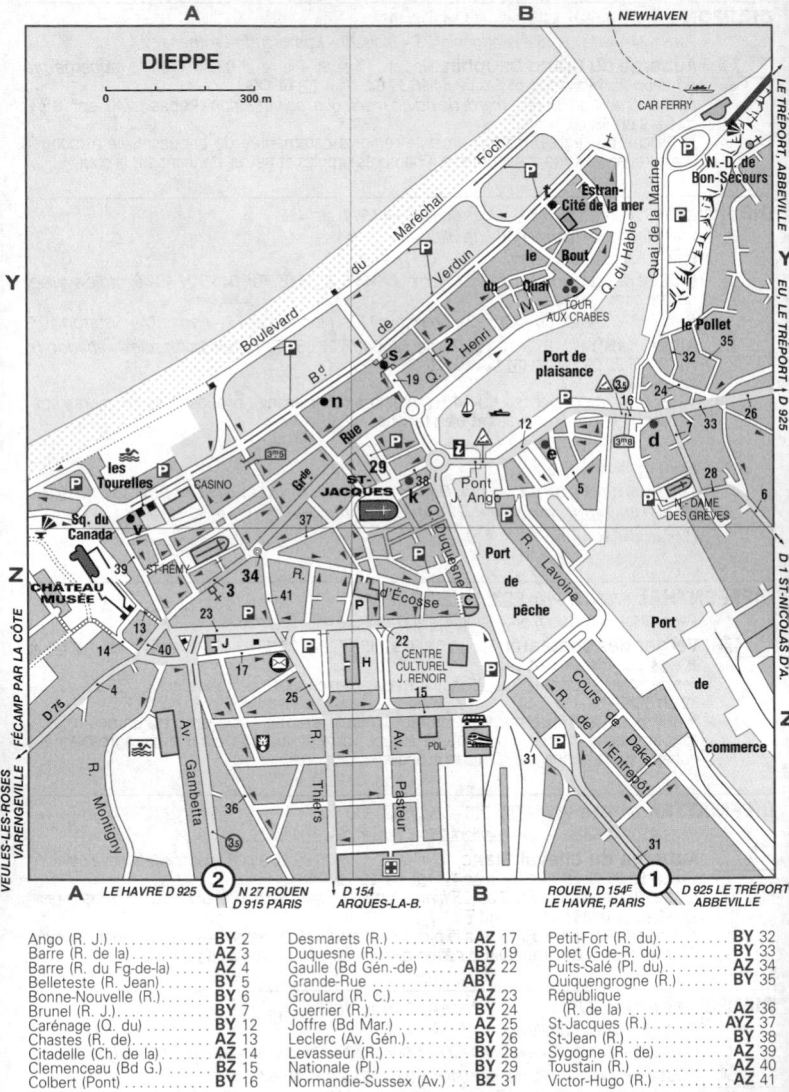

DIEPPE

0 — 300 m

NEWHAVEN

CAR FERRY

N.-D. de Bon-Secours

Estran-Cité de la mer

le Bout

le Quai du

TOUR AUX CRABES

Q. du Hâble

Quai de la Marine

le Pollet

EU, LE TRÉPORT 1 D 925

Port de plaisance

Boulevard du Maréchal Foch Verdun de Henri

Rue Grde

ST-JACQUES

CASINO

les Tourelles

Sq. du Canada

CHÂTEAU MUSÉE

ST-RÉMY

Q. Duquesne

Port de pêche

Pont J. Ango

N.-DAME DES GRÈVES

R. Lavoine

Port

de

commerce

Cours de Dakar

R. de l'Entrepôt

CENTRE CULTUREL J. RENOIR

Av. Gambetta

R. Montigny

R. Thiers

Av. Pasteur

POL.

VEULES-LES-ROSES VARENGEVILLE
FÉCAMP PAR LA CÔTE
D 75

D 1 ST-NICOLAS D'A.

Ango (R. J.)	**BY** 2
Barre (R. de la)	**AZ** 3
Barre (R. du Fg-de-la)	**AZ** 4
Belleteste (R. Jean)	**BY** 5
Bonne-Nouvelle (R.)	**BY** 6
Brunel (R. J.)	**BY** 7
Carénage (Q. du)	**BY** 12
Chastes (R. de)	**AZ** 13
Citadelle (Ch. de la)	**AZ** 14
Clemenceau (Bd G.)	**BZ** 15
Colbert (Pont)	**BY** 16

Desmarets (R.)	**AZ** 17
Duquesne (R.)	**BY** 19
Gaulle (Bd Gén.-de)	**ABZ** 22
Grande-Rue	**ABY**
Groulard (R. C.)	**AZ** 23
Guerrier (R.)	**AZ** 24
Joffre (Bd Mar.)	**AZ** 25
Leclerc (Av. Gén.)	**BY** 26
Levasseur (R.)	**BY** 28
Nationale (Pl.)	**BY** 29
Normandie-Sussex (Av.)	**BZ** 31

Petit-Fort (R. du)	**BY** 32
Polet (Gde-R. du)	**BY** 33
Puits-Salé (Pl. du)	**AZ** 34
Quiquengrogne (R.)	**BY** 35
République (R. de la)	**AZ** 36
St-Jacques (R.)	**AYZ** 37
St-Jean (R.)	**BY** 38
Sygogne (R. de)	**AZ** 39
Toustain (R.)	**AZ** 40
Victor-Hugo (R.)	**AZ** 41

A — LE HAVRE D 925 — N 27 ROUEN D 915 PARIS — D 154 ARQUES-LA-B. — ROUEN, D 154E LE HAVRE, PARIS — D 925 LE TRÉPORT ABBEVILLE — B

Aguado sans rest, 30 bd Verdun ℘ 02 35 84 27 00, *Fax 02 35 06 17 61*, ⇐ – 🛗 📺 🝙 🇬🇧 ※
⌕ 8 – **56 ch** 78/88.
BY **s**
♦ L'immeuble enjambe la rue, mais les chambres sont bien insonorisées ; celles donnant sur la promenade maritime disposent de plus d'espace.

Europe sans rest, 63 bd Verdun ℘ 02 32 90 19 19, *Fax 02 32 90 19 00*, ⇐ – 🛗 🕺 📺 ✆ 🖐 – 🚧 25. 🇬🇧
⌕ 8 – **60 ch** 78/82.
BY **t**
♦ Hôtel récent dont l'originale façade est revêtue de bois clair. Vous y trouverez des chambres actuelles et meublées en rotin, toutes tournées vers la Manche.

Plage sans rest., 20 bd Verdun ☎ 02 35 84 18 28, *plagehotel@wanadoo.fr*, Fax 02 35 82 36 82, ≤ – 🛗 📺 📞 ⬛ ⓞ ⬛ 🇯🇨🇧 **AY n**
☞ 6,30 – **40 ch** 50/63.
◆ Hôtel familial idéalement situé face à la plage de galets. Les chambres profitent du calme sur l'arrière, de la vue sur la mer à l'avant. Agréable salle des petits-déjeuners.

Présidence, 1 bd Verdun ☎ 02 35 84 31 31, *hotel-la-presidence@wanadoo.fr*, Fax 02 35 84 86 70, ≤ – 🛗, ▦ rest, 📺 📞 🚗 – 🛆 70. ⬛ ⓞ ⬛ **AY v**
Repas 14,50/24 ☑ – ☞ 8,40 – **89 ch** 50/94 – ½ P 48/65.
◆ Réservez une chambre rénovée dans cet hôtel des années 1970 idéalement situé à proximité de la plage et du château-musée. Les larges baies du restaurant panoramique logé au dernier étage de l'immeuble permettent de profiter du spectacle de la Manche.

Ibis ⑤, par ② *le Val Druel* ☎ 02 35 82 65 30, *ho611@occorhotels*, Fax 02 35 82 41 52 – ⬅️ 📺 📞 🄿 – 🛆 25. ⬛ ⓞ ⬛. 🎝 rest
Repas (dîner seul.) 15, enf. 6 ☑ – ☞ 6 – **45 ch** 68.
◆ Dans une Z.A.C. de la périphérie, tissu turquoise, lampes contemporaines et décor bois : des chambres fonctionnelles mises aux dernières normes de la chaîne. Salle à manger coiffée d'une charpente, accueil bienveillant et carte Ibis traditionnelle.

Mélie, 2 Gde rue du Pollet ☎ 02 35 84 21 19, *huelamelie@aol.com*, Fax 02 35 06 24 27 – ⬛ ⓞ ⬛ **BY d**
fermé dim. soir sauf juil.-août et lundi – **Repas** (prévenir) 18,90 (déj.), 25,50/47 ☑.
◆ Petite façade si discrète que vous pourriez ne pas la remarquer. Dommage, car l'on sert ici une cuisine faisant honneur aux produits de la mer dans un cadre rustique sobre.

Marmite Dieppoise, 8 r. St-Jean ☎ 02 35 84 24 26, Fax 02 35 84 31 12 – ⬛ **BY k**
fermé 28 juin au 6 juil., 22 nov. au 10 déc., dim. sauf le midi du 1er avril au 1er nov., jeudi soir et lundi – **Repas** 26,50/40.
◆ Que contient donc cette fameuse marmite ? C'est la surprise du chef ! Salle à manger plutôt chaleureuse (murs de briques) ; les vendredis et samedis, on dîne aux chandelles.

Bistrot du Pollet, 23 r. Tête de Beœuf ☎ 02 35 84 68 57 – ⬛ **BY e**
fermé 10 au 24 mars, août, dim. et lundi – **Repas** (nombre de couverts limité, prévenir) 11,50 et carte 21 à 30.
◆ Ambiance conviviale et généreuse cuisine "bistrotière" qui fait la part belle aux poissons : cette petite adresse est fréquentée par une clientèle d'habitués.

aux Vertus *par ② et N 27 : 3,5 km –* ⬓ *76550 Offranville :*

Bucherie, ☎ 02 35 84 83 10, Fax 02 35 84 18 19, 🌳 – 🄿, ⬛ ⬛ 🇯🇨🇧
fermé 29 juil. au 11 août, 25 nov. au 8 déc., 23 mars au 9 avril, dim. soir, mardi soir et lundi – **Repas** 28 et carte 50 à 60 ☑.
◆ Bâtiment inspiré de l'architecture régionale près de la route nationale. Plats traditionnels servis dans deux confortables salles à manger, dont une agrémentée d'une cheminée.

à Offranville *par②, N 27 et D 54 : 6 km – 3 470 h. alt. 80 –* ⬓ *76550 :*

Colombier, r. Loucheur ☎ 02 35 85 48 50, *lecourski@wanadoo.fr*, Fax 02 35 83 76 87 – ⬛
fermé 20 sept. au 6 oct., 17 janv. au 3 fév., mardi soir hors saison, dim. soir et lundi – **Repas** *(14,50)* - 20,50/54 ☑.
◆ Cette maison de style normand, bâtie en 1509, serait la plus vieille du bourg. Un coup de jeune a égayé l'intérieur : murs jaunes et poutres restaurées. Cuisine d'aujourd'hui.

à Pourville-sur-Mer *Ouest par D 75* **AZ** *: 5 km –* ⬓ *76550 :*

Trou Normand, r. des Verts Bois ☎ 02 35 84 59 84, Fax 02 35 40 29 41 – ⬛
fermé 1er au 21 août, 21 déc. au 4 janv., mardi soir, dim. et merc. soir sauf de mai à sept. – **Repas** 18/27 ☑.
◆ L'auberge jouxte la plage où débarquèrent, en 1942, les Canadiens de l'opération "Jubilee". Décor d'inspiration rustique. Sur la carte : produits de la mer et du terroir.

DIEULEFIT *26220 Drôme* ▦▦ *D6 G. Vallée du Rhône – 3 096 h alt. 366.*
🄑 *Office de tourisme, 1 place Abbé Magnet ☎ 04 75 46 42 49, Fax 04 75 46 36 48, ot.dieulefit@wanadoo.fr.*
Paris 614 – Valence 57 – Crest 30 – Montélimar 29 – Nyons 30 – Orange 58.

✗ **Relais du Serre** avec ch, rte Nyons : 3 km sur D 538 ℰ 04 75 46 43 45, *le-relais-du-serre*
@club-internet.fr, Fax 04 75 46 40 98, 🍴 – 📺 ❖ 🅿 ⁂ 📶
fermé 3 au 21 janv., dim. soir et lundi d'oct. à mai – **Repas** 18/27, enf. 7 ♀ – ⌖ 6,50 – **10 ch**
30/55 – ½ P 44/46.
  ◆ Petite maison au confort simple sur la route de la vallée du Lez, dominée par maints
vestiges féodaux. Salle à manger rustique ; cuisine traditionnelle et gibier en saison.

au Poët-Laval *Ouest : 5 km par D 540 – 809 h. alt. 311 – ⊠ 26160 .*
  Voir *Site★.*

🏨 **Les Hospitaliers** ⚬, ℰ 04 75 46 22 32, *contact@hotel-les-hospitaliers.com*,
Fax 04 75 46 49 99, ≼ vallée et montagnes, 🍴, ⚘, 🌳 – 📺 ❖ 🅿 ⁂ ⓞ 📶
13 mars-14 nov. et 18 au 31 déc. – **Repas** *(fermé lundi et mardi sauf du 1er juil. au 12 sept.)*
(25) - 39/53, enf. 15 ♀ – ⌖ 15 – **22 ch** 65/135 – ½ P 67,50/102,50.
  ◆ Au vieux village, chambres aménagées dans des maisons de pierres sèches et piscine
surplombant la vallée : difficile pour ces Hospitaliers-là de repartir en croisade ! Cuisine
d'aujourd'hui servie dans une salle de caractère ou sur la terrasse panoramique.

DIGNE-LES-BAINS 🅿 04000 Alpes-de-H.-P. 𝟑𝟑𝟒 F8 *G. Alpes du Sud* – 16 064 h alt. 608 – Stat.
therm. (mi fév.-début déc.).
  Voir *Musée départemental★* B M² – *Cathédrale N.D.-du-Bourg★* – *Dalles à ammonites
géantes★* N : 1 km par D 900⁴.
  Env. ≼★ du Relais de Télévision.
  🛲 de Digne-les-Bains ℰ 04 92 30 58 00, par ② et D 12 : 7 km.
  🛈 Office de tourisme, Rond-Point du 11 novembre ℰ 04 92 36 62 62, Fax 04 92 32 27 24,
info-digne.les.bains@wanadoo.fr.
  Paris 744 ② – Aix-en-Provence 109 ② – Avignon 167 ② – Cannes 135 ② – Gap 89 ②.

DIGNE-LES-BAINS

Ancienne Mairie	Capitoul (R.) . . . . **B** 3	Payan (R. du Col.) . . . . **A** 12
(R. de l') . . . . **B** 8	Dr-Romieu (R. du) . . . . **B** 4	Pied-de-Ville (R.) . . . . **A** 13
Arès (Cours des) . . . . **B** 2	Gassendi (Bd) . . . . **AB**	Saint-Charles (Montée) . . . **A** 14
	Gaulle (Pl. Ch. de) . . . . **B** 6	Tribunal (Cours du) . . . . **B** 15
	Hubac (R. de l') . . . . **A** 7	11-Novembre 1918
	Mitan (Pl. du) . . . . **B** 10	(Rᵈ-Pᵗ du) . . . . **A** 17

Grand Paris, 19 bd Thiers $\mathscr{C}$ 04 92 31 11 15, *gransparis@wanadoo.fr*, Fax 04 92 32 32 82, 余 – 画 く ☞ – 益 15. 匝 ⑩ GB JCB   A a
1er mars-30 nov. – **Repas** *(fermé lundi midi et mardi midi hors saison)* 23 (déj.), 30/67 ♀ 魚 – ☷ 15 – **17 ch** 80/165, 4 suites – P 118/133.
♦ Ambiance "vieille France" dans ce couvent du 17e s. transformé en hostellerie familiale. Les chambres, offrent un charme un brin désuet. Recettes traditionnelles et bon choix de côtes-du-rhône servis au restaurant ou sur la terrasse ombragée.

Tonic Hôtel ⑤, rte Thermes Est : 2 km par av. 8-Mai **B** $\mathscr{C}$ 04 92 32 20 31, *hotel.tonic.digne@eurothermes.com*, Fax 04 92 32 44 54, 余, ⅃ – ⅋ 画 く ↘ – 益 80. 匝 ⑩ GB. ஜ rest
1er avril-31 oct. – **Repas** 19/25 ♀ – ☷ 8 – **60 ch** 63,50/77 – P 69,50/74,50.
♦ Étape tonique dans cette construction récente voisine des thermes. Les chambres, spacieuses, sont toutes équipées d'une baignoire à remous ; certaines bénéficient d'un balcon. Salle à manger actuelle et terrasse sont tournées vers la piscine.

Coin Fleuri, 9 bd V. Hugo $\mathscr{C}$ 04 92 31 04 51, Fax 04 92 32 55 75, 余 – 画. GB
fermé 2 janv. au 15 janv., dim. soir et lundi – **Repas** *(13)* - 17 (déj.), 20/26 ⅃ – ☷ 5 – **13 ch** 38/47 – ½ P 43/48.   B v
♦ Les chambres de cet établissement fréquenté par une clientèle de curistes sont simples, pratiques et bien insonorisées. Restaurant de type pension au décor sagement provençal, et grande terrasse ombragée où l'on sert des repas sous forme de buffets en été.

Provence sans rest, 17 bd Thiers $\mathscr{C}$ 04 92 31 32 19, *rubisprovence@wanadoo.fr*, Fax 04 92 31 48 39 – 画 く. 匝 GB   A s
☷ 6 – **17 ch** 50/56.
♦ Occupant en partie un couvent du 17e s., hôtel aux chambres rajeunies par des tissus à la mode régionale et garnies de meubles chinés dans les brocantes.

Central sans rest, 26 bd Gassendi $\mathscr{C}$ 04 92 31 31 91, *webmaster@lhotel-central.com*, Fax 04 92 31 49 78 – 画. GB   A t
☷ 6 – **20 ch** 25/47.
♦ Les chambres scrupuleusement tenues de ce petit hôtel situé au coeur de la capitale des "Alpes de la Lavande" présentent une discrète décoration provençale.

rte de Nice *par* ② *et N 85 : 2 km* – ⊠ *04000 Digne-les-Bains* :

Villa Gaïa ⑤, $\mathscr{C}$ 04 92 31 21 60, *hotel.gaia@wanadoo.fr*, Fax 04 92 31 20 12, 余, 魚 – ⅃ **P**. GB. ஜ
15 avril-21 oct. – **Repas** *(fermé 1er au 10 juil., 28 au 31 août et merc.)* (dîner seul.) (résidents seul.) 26/39 – ☷ 8,50 – **11 ch** 65/95 – ½ P 73/76.
♦ Atmosphère familiale en cette accueillante maison de maître nichée dans un vaste parc arboré. Salons, bibliothèque, meubles de style et chambres personnalisées.

DIGOIN 71160 S.-et-L. **320** D11 *G. Bourgogne* – 8 947 h alt. 232.
🛈 Office de tourisme, 8 rue Guilleminot $\mathscr{C}$ 03 85 53 00 81, Fax 03 85 53 27 54, *office-de-tourisme-digoin@wanadoo.fr*.
Paris 337 – Autun 69 – Charolles 26 – Moulins 57 – Roanne 57 – Vichy 69.

Gare avec ch, 79 av. Gén. de Gaulle $\mathscr{C}$ 03 85 53 03 04, *jean-pierre.mathieu@worldonline.fr*, Fax 03 85 53 14 70, 余 – ↘, 〓 rest, 画 く **P**. GB
fermé janv., merc. sauf juil.-août et dim. soir d'oct. à juin – **Repas** 18/58 et carte 42 à 56 ♀ – ☷ 10 – **12 ch** 44/60 – ½ P 50.
♦ Proche du canal du Centre. D'étranges colonnes de pierre ajourées divisent la salle où l'on s'assied "Louis XIII". Chambres rénovées, meubles de facture artisanale.

à Neuzy *Nord-Est : 4 km par D 994* – ⊠ *71160 Digoin* :

Merle Blanc, $\mathscr{C}$ 03 85 53 17 13, *lemerleblanc@wanadoo.fr*, Fax 03 85 88 91 71 – 画 く **P**. GB
fermé dim. soir et lundi midi – **Repas** *(10,50)* - 14/38,30, enf. 9 ⅃ – ☷ 6 – **15 ch** 33/45 – ½ P 36,80/38,90.
♦ Affaire familiale située au centre du village. On a redonné un peu d'éclat aux chambres, équipées d'un mobilier de série. Vaste salle des repas compartimentée par des claustras, où l'on propose une carte traditionnelle étoffée.

à La Villeneuve *Nord-Est : 7 km par D 994 et D 52* – ⊠ *71160 Digoin* :

Auberge de Vigny, $\mathscr{C}$ 03 85 81 10 13, Fax 03 85 81 10 13, 余 – GB
fermé 15 au 30 oct., janv., lundi et mardi – **Repas** 15/31, enf. 7.
♦ Simplicité et authenticité caractérisent cette auberge située en pleine campagne. Accueil familial, salle à manger rustique et recettes traditionnelles.

Si vous cherchez un hôtel tranquille,
consultez d'abord les cartes de l'introduction
ou repérez dans le texte les établissements indiqués avec le signe ⑤

DIJON 🅿 21000 Côte-d'Or 🮖🮖🮖 K6 G. Bourgogne – 149 867 h Agglo. 236 953 h alt. 245.

Voir *Palais des Ducs et des États de Bourgogne*★★ : *Musée des Beaux-Arts*★★ (tombeaux des Ducs de Bourgogne★★★) - *Rue des Forges*★ - *Eglise Notre-Dame*★ – *Plafonds*★ du Palais de Justice **DY J** – *Chartreuse de Champmol*★ : *Puits de Moïse*★★, *Portail de la Chapelle*★ **A** – *Église St-Michel*★ – *Jardin de l'Arquebuse*★ **CY** – *Rotonde*★★ de la crypte★ dans la cathédrale St-Bénigne – *Musée de la Vie bourguignonne*★ **DZ M⁷** – *Musée Archéologique*★ **CY M²** – *Musée Magnin*★ **DY M⁵** – *Muséum d'Histoire naturelle*★ **CY M⁸**.

🮚 de Dijon Bourgogne à Norges-la-Ville ℘ 03 80 35 71 10, par ① : 15 km; 🮚 à Quetigny ℘ 03 80 48 95 20, E : 5 km par D 107.

🛫 Dijon-Bourgogne ℘ 03 80 67 67 67 par ⑤ : 4,5 km.

🮚 Office de tourisme, 34 rue des Forges ℘ 03 80 44 11 44, Fax 03 80 30 90 02, infotourisme@dijon-tourism.com.

Paris 311 ⑦ – Auxerre 152 ⑦ – Besançon 94 ③ – Genève 192 ③ – Lyon 191 ④.

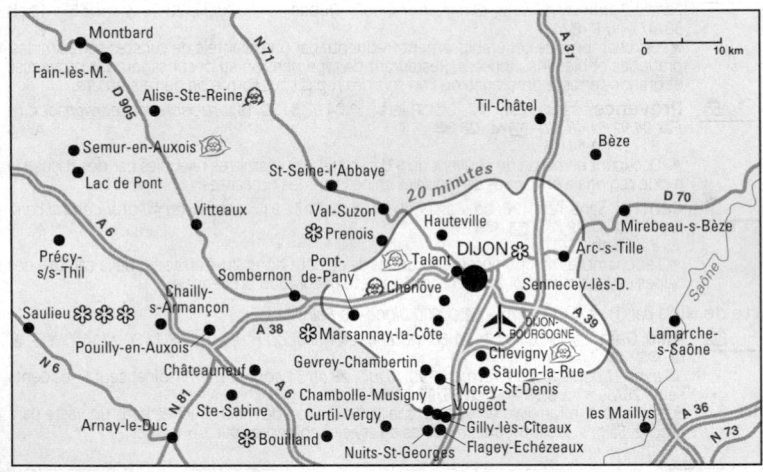

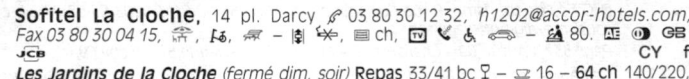

🏨🏨🏨 **Sofitel La Cloche**, 14 pl. Darcy ℘ 03 80 30 12 32, *h1202@accor-hotels.com*, Fax 03 80 30 04 15, 🍴, 🎧, 🮚 – 🛗 🮚, 🍴 ch, 📺 📞 ⓐ 🚗 – 🏛 80. 🖭 ⓐ 🖻 🖪
🖪 **CY f**
Les Jardins de la Cloche (fermé dim. soir) Repas 33/41 bc 🖢 – 🖵 16 – **64 ch** 140/220, 4 duplex.
 ◆ Le bâtiment actuel ne date que de la fin du 19ᵉ s., mais la Cloche ouvrit ses portes dès 1424. Belles chambres contemporaines. Piano-bar et putting-green de golf. Aux Jardins de la Cloche, salle sous verrière bien décorée et jolie terrasse.

🏨🏨🏨 **Hostellerie du Chapeau Rouge** (Frachot), 5 r. Michelet ℘ 03 80 50 88 88, *chapeaurouge@bourgogne.net*, Fax 03 80 50 88 89 – 🛗 🮚 📺 📞 ⓐ🮚 – 🏛 50. 🖭 ⓐ 🖻 **CY a**
🮚 Repas 36 (déj.), 42/43 bc et carte 63 à 80 🖢 – 🖵 13 – **30 ch** 122/146.
 ◆ Cette élégante hostellerie, créée en 1863, abrite de plaisantes chambres personnalisées et un salon sous verrière façon jardin d'hiver. Salle à manger feutrée (boiseries, collection de tableaux), cuisine inventive et beau livre de cave.
Spéc. Thon rouge laqué saignant. Escargots croustillants, petits gnocchi de pommes de terre et champignons (automne). Dos de biche aux racines du moment (saison). **Vins** Sauvignon de Saint-Bris, Côte de Nuits.

🏨🏨🏨 **Mercure**, 22 bd Marne ℘ 03 80 72 31 13, *h1227@accor-hotels.com*, Fax 03 80 73 61 45, 🍴, 🮚, 🮚 – 🛗 🮚 📺 📞 ⓐ 🚗 – 🏛 25 à 200. 🖭 ⓐ 🖻 🖪 🮚 rest **EX z**
Château Bourgogne : Repas (22)-26/47 🖢 – 🖵 12 – **123 ch** 107/135.
 ◆ L'immeuble, moderne, jouxte l'auditorium, le palais des congrès et celui des expositions. Réserver plutôt les chambres rénovées, plus gaies et actuelles. L'été, on dresse les tables de la terrasse du Château Bourgogne au bord de la piscine.

🏨🏨 **Philippe Le Bon**, 18 r. Ste-Anne ℘ 03 80 30 73 52, *hotel-libertel-philippe-le-bon@wanadoo.fr*, Fax 03 80 30 95 51 – 🛗 🮚 📞 ⓐ 🮚 – 🏛 25 à 50. 🖭 ⓐ 🖻 🖪
voir rest. *Les Oenophiles* ci-après – 🖵 12 – **32 ch** 76/129. **DY p**
 ◆ À proximité du musée de la Vie bourguignonne, chambres insonorisées, pourvues d'un mobilier pratique. Quelques-unes offrent une sympathique vue sur les toits dijonnais.

DIJON

Aiguillottes (Bd des)........ **A** 2
Albert-1er (Av.)............... **A**
Allobroges (Bd des) .... **A** 3
Auxonne (Rue d') .... **B**
Bachelard (Bd Gaston)..... **A** 4
Bellevue (R. de) .... **A** 5
Bertin (Av. J. B.) .... **B** 6
Bourroches (Bd des) .... **A**
Briand (Av. A.) .... **B** 8
Camus (Av. Albert) .... **B** 12
Castel (Bd du) .... **A** 13
Champollion (Av.) .... **B** 15
Chanoine-Bardy (Imp.) .... **B** 16
Chanoine-Kir (Bd) .... **A** 17
Chateaubriand (R. de) ..... **B** 19
Chèvre-Morte (Bd de) ..... **A** 20
Chevreul (R.).............. **AB**
Chicago (Bd de).......... **B**
Churchill (Bd W.) .... **A** 24
Clomiers (Bd des) .... **A** 26
Concorde (Av. de la) ...... **B** 28
Cracovie (R. de)........... **B**
Dijon (R. de)............... **B**
Doumer (Bd Paul)......... **B**
Drapeau (Av. du) .... **B**
Dumont (R. Ch.).......... **AB**

Eiffel (Av. G.) .... **A**
Einstein (Av. Albert) .... **A** 36
Europe (Bd de l') .... **B** 38
Europe (Rd-Pt de l') .... **B** 40
Faubourg-St-Martin
   (R. du) .... **B**
Fauconnet (R. Gén.) ..... **AB** 42
Fontaine-lès-Dijon (R.) ... **A** 43
Fontaine-des-Suisses (Bd) ... **B** 44
France-Libre (Pl. de la) ... **AB** 45
Gabriel (Bd) .... **B** 46
Gallieni (Bd Mar.) .... **AB** 48
Gaulle (Crs Gén.-de) ...... **B** 50
Gorgets (Bd des) .... **A** 52
Gray (R. de) .... **B**
Jaurès (Av. J.) .... **A**
Jeanne-d'Arc (Bd) .... **B** 55
Joffre (Bd Mar.)............ **B**
Jouvence (R. de) .... **A**
Kennedy (Bd J.) .... **A** 56
Langres (Av. de) .... **B**
Longvic (R. de) .... **B**
Magenta (R.) .... **B** 58
Maillard (Bd) .... **A** 60
Malines (R. de) .... **B**
Mansard (Bd) .... **B** 62
Mayence (R. de) .... **B**
Mirande (R. de) .... **B**
Mont-Blanc (Av. du) ...... **B** 65
Moulins (R. des) .... **A**

Nation (Rd-Pt de la) .... **B** 66
Orfèvres (R. des) .... **A** 68
Ouest (Bd de l') .... **A** 69
Parc (Cours du) .... **B** 70
Pascal (Bd) .... **B**
Poincaré (Av. R.) .... **B** 71
Pompidou (Rd-Pt Georges) . **B** 72
Pompidou (Voie Georges) .. **B**
Pompon (Bd F.) .... **A** 73
Prat (Av. du Colonel) ..... **B** 75
Rembrandt (Bd) .... **B** 78
Rolin (Q. Nicolas) .... **A** 79
Roosevelt (Av. F. D.) ...... **B** 80
Saint-Exupéry (Pl.)........ **B** 85
Salengro (Pl. R.) .... **B**
Schuman (Bd Robert)..... **B** 88
Stalingrad (Av. de) .... **B**
Stearinerie (R. de la) ..... **A**
Strasbourg (Bd de) .... **B** 90
Sully (R.) .... **A**
Talant (R. de) .... **A**
Trimolet (Bd) .... **B** 91
Troyes (Bd de) .... **A**
Université (Bd de l') .... **B**
Valendons (Bd des) .... **A**
Valendons (R. des) .... **A**
Victor-Hugo (Av.)........... **A**
Ier-Consul (Av. du) .... **A**
8-Mai-1945 (Rd-Pt du) .... **B** 96
26e-Dragons (R. du) ...... **B** 98

DIJON

Adler (Pl. E.) .... **EZ**
Albert-Iᵉʳ (Av.) .... **CY**
Arquebuse (R. de l') ... **CY**
Audra (R.) .... **CY**
Auxonne (R. d') .... **EZ**
Baudin (R. J.-B.) ...... **EYZ**
Berbisey (R.) .... **CYZ**
Berlier (R.) .... **DEY**
Bordot (R.) .... **DZ**
Bossuet (R. et Pl.) .... **CDY**
Bouhey (Pl. J.) .... **EX**
Bourg (R. du) .... **DY**
Briand (Av. A.) .... **EX** 8
Brosses (Bd de) .... **CY** 9
Buffon (R.) .... **DY**
Cabet (R. P.) .... **EY**
Carnot (Bd) .... **DEY**
Castell (Bd du) .... **CZ**
Cellerier (R. J.) .... **CX**
Chabot-Charny (R.) .... **DYZ**
Champagne (Bd de) .... **EX** 14
Charrue (R.) .... **DY** 18
Chouette (R. de la) .... **DY** 21
Clemenceau (Bd G.) ... **EX**
Colmar (R. de) .... **EX**
Comte (R. A.) .... **DY** 27
Condorcet (R.) .... **CY**
Cordeliers (Pl. des) ... **DY**
Courtépée (R.) .... **DX**
Darcy (Pl.) .... **CY**
Daubenton (R.) .... **CZ**
Davout (R.) .... **EY**
Devosge (R.) .... **CDXY**
Diderot (R.) .... **EY**
Dr-Chaussier (R.) ...... **CY** 32
Dubois (Pl. A.) .... **CY** 33
Dumont (R. Ch.) .... **DZ**
École-de-Droit (R.) .... **DY** 35
Égalité (R. de l') ...... **CX**
Févret (R.) .... **DZ**
Foch (Av. Mar.) .... **CY** 43
Fontaine-lès-Dijon (R.) . **CX**
Forges (R. des) .... **DY**
Fremiet (R. A.) .... **DX**
Gagnereaux (R.) .... **DX**
Garibaldi (Av.) .... **DX**
Gaulle (Crs Gén.-de) .. **DZ**
Godrans (R. des) ...... **DY** 51
Grangier (Pl.) .... **DY** 54
Gray (R. de) .... **EY**
Guillaume-Tell (R.) .... **CY**
Hôpital (R. de l') ...... **CZ**
Ille (R. de l') .... **CY**
J.-J.-Rousseau (R.) .... **DY**
Jean-Jaurès (Av.) ..... **CZ**
Jeannin (R.) .... **DEY**
Jouvence (R. de) ...... **DX**
Ledru-Rollin (R.) ...... **EXY**
Libération (Pl. de la) .. **DY** 57
Liberté (R. de la) ...... **CY**
Longvic (R. de) .... **DEZ**
Magenta (R.) .... **EZ** 58
Manutention (R. de la) . **CZ**
Marceau (R.) .... **DX**
Mariotte (R.) .... **CY**
Marne (Bd de la) ...... **EX**
Metz (R. de) .... **EX**
Michelet (R.) .... **CY** 64
Mirande (R. de) .... **EY**
Monge (R.) .... **CY**
Montchapet (R. de) .... **CX**
Mulhouse (R. de) ..... **EXY**
Musette (R.) .... **DY**
Parmentier (R.) .... **EX**
Pasteur (R.) .... **DYZ**
Perrières (R. des) ..... **CY**
Perspective (Pl. de la). **CZ**
Petit-Cîteaux (R. du) ... **CZ**
Petit-Potet (R. du) .... **DY** 71
Piron (R.) .... **DY**
Préfecture (R. de la) ... **DY**
Prés.-Wilson (Pl.) ..... **DZ**
Raines (R. du Fg) ..... **CYZ**
Rameau (R.) .... **DY** 77
République (Pl. de la) .. **DX**
Rolin (Quai N.) .... **CZ**

Roses (R. des) .... **CX**
Roussin (R. Amiral) ... **DY**
Rude (Pl. F.) .... **DY**
Rude (R. F.) .... **DY** 81
St-Bénigne (Pl.) ...... **CY** 82
St-Bernard (Pl.) ...... **DY** 83
St-Michel (Pl.) .... **DY** 86
Ste-Anne (R.) .... **DYZ**
Sambin (R.) .... **DX**
Sévigné (Bd de) ...... **CY**
Suquet (Pl.) .... **CZ**
Tanneries (Rd-Pt des) . **CZ**

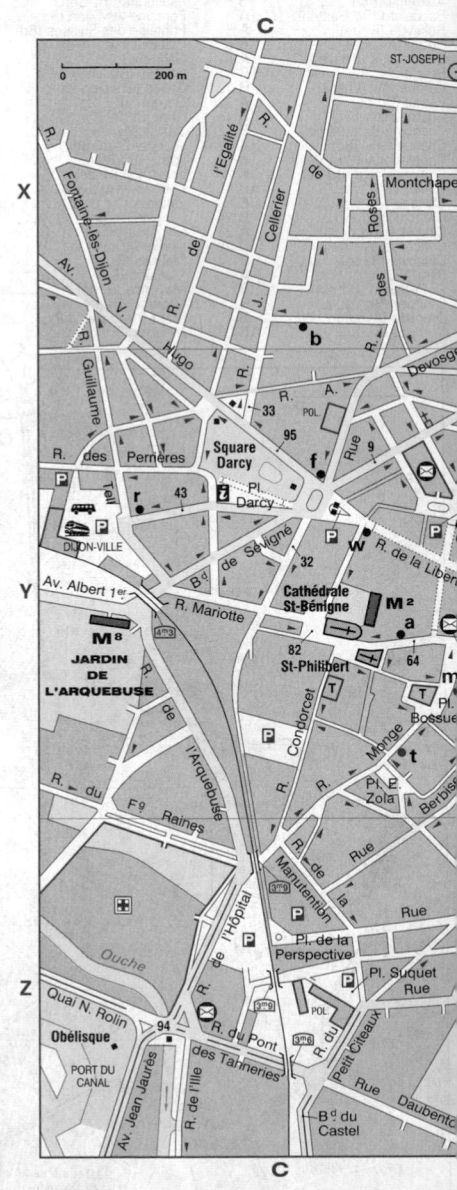

Si vous cherchez un hôtel tranquille,
consultez d'abord les cartes de l'introduction
ou repérez dans le texte les établissements indiqués avec le signe 🐿

Théâtre (Pl. du) .... **DY**	Vaillant (R.) .... **DY** 92	Voltaire (Bd) .... **EYZ**
Thiers (Bd) .... **EY**	Vannerie (R.) .... **DY**	Zola (Pl. E.) .... **CY**
Tivoli (R. de) .... **CDZ**	Vauban (R.) .... **DY**	Iᵉʳ-Mai (Pl. du) .... **CZ** 94
Transvaal (R. du) .... **CDZ**	Verdun (Bd de) .... **EX** 93	Iʳᵉ-Armée-Française (Av.) **CY** 95
Trémouille (Bd de la) **DXY**	Verrerie (R.) .... **DY**	26ᵉ-Dragons (R. du) .... **EX** 98
Turgot (R.) .... **DZ**	Victor-Hugo (Av.) ..... **CXY**	30-Octobre (Pl. du) .... **EY**

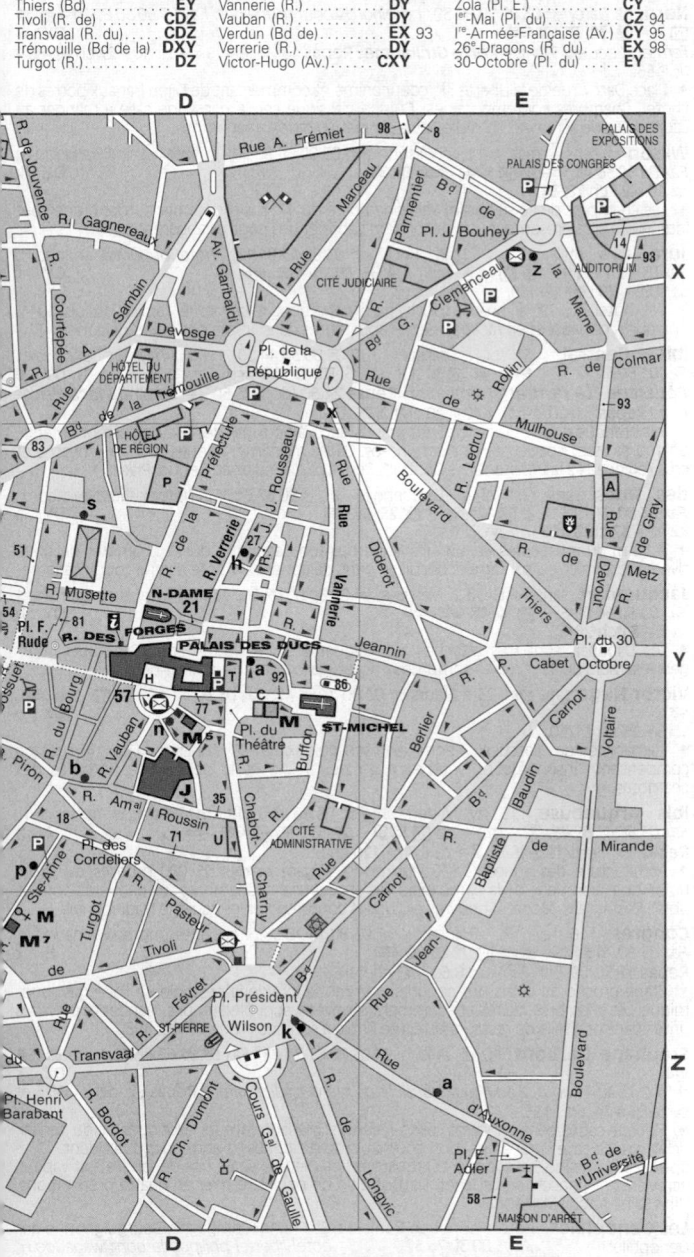

Nord, pl. Darcy ℘ 03 80 50 80 50, *hotelnord@bourgogne.net,* Fax 03 80 50 80 51 – 🛗 ▤
📺 ✆ – ⌂ 30. 🆎 ⓪ GB   **CY w**
fermé 17 déc. au 3 janv. – *Porte Guillaume :* Repas 18/36, enf. 9 ♀ – ☞ 10 – **27 ch** 67/86 –
½ P 66.
  ♦ Place Darcy, rue de la Liberté : le coeur animé et commerçant de Dijon bat aux portes de
l'hôtel. Chambres contemporaines. Cuisine classique servie dans une salle à manger au
cadre rustique actualisé. Formules plus simples au caveau-bar à vins.

Wilson sans rest, pl. Wilson ℘ 03 80 66 82 50, *hotelwilson@wanadoo.fr,*
Fax 03 80 36 41 54 – 🛗 📺 ✆ ⅙ ⇔. 🆎 GB   **DZ k**
☞ 10 – **27 ch** 78/84.
  ♦ Les chambres de ce séduisant relais de poste du 17ᵉ s. s'ordonnent autour d'une cour
intérieure. Elles présentent une décoration sobre et des poutres apparentes.

Jura sans rest, 14 av. Mar. Foch ℘ 03 80 41 61 12, *hotel-du-jura@wanadoo.fr,*
Fax 03 80 41 51 13 – 🛗 📺 ✆ ⅙ ⇔ – ⌂ 35. 🆎 ⓪ GB JCB. ✾   **CY r**
☞ 9,80 – **79 ch** 115/139.
  ♦ Cet hôtel du 19ᵉ s. proche de la gare appartient à la même famille depuis 1911.
Chambres climatisées en façade. Pierres apparentes dans la salle des petits-déjeuners.

Ibis Central, 3 pl. Grangier ℘ 03 80 30 44 00, *H0654@accor-hotels.com,*
Fax 03 80 30 77 12 – 🛗 ✾ ▤ 📺 ✆ ⅙ – ⌂ 25. 🆎 ⓪ GB JCB   **CY e**
Rôtisserie "Le Central" (fermé dim.) Repas 24,50 (déj.)/25,50 ♀ – *Central Place* (fermé
dim.) Repas (13)-20 ♀ – ☞ 7,40 – **90 ch** 60/75.
  ♦ Ibis pratique pour visiter la cité des grands ducs, à deux pas des principaux monuments.
Chambres assez spacieuses et insonorisées. Cadre moderne, viandes rôties à la broche et
crus régionaux à la Rôtisserie "Le Central". Repas plus simples au Central Place.

des Ducs sans rest, 5 r. Lamonnoye ℘ 03 80 67 31 31, *hoteldesducs@aol.com,*
Fax 03 80 67 19 51 – 🛗 📺 ✆ ⇔ – ⌂ 25. 🆎 GB   **DY a**
☞ 10 – **37 ch** 85/95.
  ♦ À 50 m du musée des Beaux-Arts (superbes tombeaux des ducs). Chambres progressivement rafraîchies (sol carrelé, décor) et petit-déjeuner servi l'été dans la cour intérieure.

Jacquemart sans rest, 32 r. Verrerie ℘ 03 80 60 09 60, *hotel@hotel-lejacquemart.fr,*
Fax 03 80 60 09 69 – 📺 ✆. 🆎 GB JCB   **DY h**
☞ 6 – **31 ch** 26/57.
  ♦ Les Dijonnais sont très attachés aux jacquemarts de Notre-Dame. Chambres bourgeoises, murs du 17ᵉ s. et les sompteux hôtels particuliers de la ville à deux pas.

Victor Hugo sans rest, 23 r. Fleurs ℘ 03 80 43 63 45, Fax 03 80 42 13 01 – 📺 ⇔. GB
✾   **CX b**
☞ 5 – **23 ch** 31/50.
  ♦ L'amabilité de l'accueil, l'entretien scrupuleux et la fonctionnalité du garage
compensent l'insonorisation intérieure un peu faible et le décor sans fioritures des
chambres.

Ibis Arquebuse, 15 av. Albert 1ᵉʳ ℘ 03 80 43 01 12, *h1380@accor-hotels.com,*
Fax 03 80 41 69 48, ⇔ – 🛗 📺 ✆ ℙ – ⌂ 100. 🆎 ⓪ GB JCB   **A n**
Repas (14) - 16,50/19, enf. 10 ♀ – ☞ 6,80 – **128 ch** 65.
  ♦ Architecture des années 1970 voisine de la gare et des 35 000 espèces du jardin
botanique, jadis siège de la compagnie des arquebusiers. Chambres aux dernières normes
"Ibis". Restaurant décoré d'oeuvres picturales contemporaines ; cuisine traditionnelle.

Congrès, 16 av. R. Poincaré ℘ 03 80 71 10 56, *hotel.lescongres@wanadoo.fr,*
Fax 03 80 74 34 89 – 🛗 ▤ 📺 ℙ. 🆎 ⓪ GB   **B t**
Repas 17,50/29, enf. 7 ♀ – ☞ 8,60 – **47 ch** 49/63.
  ♦ Étape proche du palais des congrès, commode lors de la prestigieuse foire gastrono-
mique. Les chambres, claires et sobrement rénovées, sont bien tenues. Viandes et poissons
grillés dans une salle de restaurant restée fidèle à son "look" des années 1980.

XXX **Stéphane Derbord,** 10 pl. Wilson ℘ 03 80 67 74 64, Fax 03 80 63 87 72 – ▤. 🆎 ⓪
✿   GB   **DZ k**
fermé 1ᵉʳ au 15 août, 2 au 6 janv., lundi midi, mardi midi et dim. – Repas 22 (déj.), 40/75 et
carte 54 à 74, enf. 13 ♀ ☜.
  ♦ Élégant cadre contemporain, plats inventifs mariant saveurs exotiques et du terroir,
riche livre de cave : une étape incontournable de la cité des "grands ducs d'Occident".
Spéc. Escargots de Bourgogne et croustillant de pied de veau. Dos de sandre cuit vapeur,
écrevisses et gnocchi de brochet. Dégustation de poulet fermier en quatre préparations.
Vins Saint-Aubin, Marsannay

XXX **Les Oenophiles** - Hôtel Philippe Le Bon, 18 r. Ste-Anne (Compagnie Bourguignonne des
Oenophiles) ℘ 03 80 30 73 52, *hotel-libertel-philippe-le-bon@wanadoo.fr,*
Fax 03 80 30 95 51, ⇔ – ▤ ℙ. 🆎 ⓪ GB JCB   **DY p**
fermé le midi du 9 au 22 août et dim. – Repas 30/47 et carte 38 à 57, enf. 13 ♀.
  ♦ Salles de caractère installées dans un hôtel particulier du 15ᵉ s. Caveau-musée du Vin et
collection de figurines se rapportant à l'histoire du duché de Bourgogne.

XXX **Pré aux Clercs** (Billoux), 13 pl. Libération ℰ 03 80 38 05 05, *billoux@club-internet.fr*,
❀ *Fax 03 80 38 16 16* – ﭏ ⓞ ﭏ **DY n**
fermé 17 au 25 août, dim. soir et lundi – **Repas** 33 bc (déj.), 45/87 et carte 60 à 90.
♦ Les baies de l'élégante salle à manger (décor design et poutres apparentes) donnent sur
la jolie place dessinée par Hardouin-Mansart. Goûteuse cuisine classique. Fumoir.
Spéc. Meurette d'escargots. Charlotte de canard au pain d'épices. Macaron au chocolat,
poêlée de poires **Vins** Marsannay blanc, Pernand-Vergelesses

XX **Dame d'Aquitaine**, 23 pl. Bossuet ℰ 03 80 30 45 65, *dame.aquitaine@wanadoo.fr*,
Fax 03 80 49 90 41 – ﭏ ⓞ ﭏ ﭏ **CY m**
fermé 1ᵉʳ au 6 janv., lundi midi et dim. – **Repas** *(14,50)* - 21,10 bc (déj.), 25,70/35,90.
♦ Salle de restaurant pittoresque, aménagée au sous-sol, dans une crypte voûtée du 13ᵉ s.
Cadre médiéval et cuisine mariant saveurs gasconnes et bourguignonnes.

XX **Côte St-Jean**, 13 r. Monge ℰ 03 80 50 11 77, *Fax 03 80 50 18 75* – ﭏ ﭏ **CY t**
fermé 14 juil. au 15 août, 1ᵉʳ au 15 janv., merc. midi, sam. midi et mardi – **Repas** (prévenir) 16
(déj.), 24/38.
♦ Façade "rétro" avenante. La sympathique salle voûtée du sous-sol aurait servi de tannerie au 19ᵉ s. ; l'autre, au rez-de-chaussée, est plus sobre mais joliment colorée.

XX **Cézanne,** 38 r. Amiral Roussin ℰ 03 80 58 91 92, *Fax 03 80 49 86 80* – ▪. ﭏ ﭏ
ﭏ **DY b**
fermé 15 au 30 août, 24 au 30 déc., lundi midi et dim. – **Repas** (nombre de couverts limité,
prévenir) 16,90/45, enf. 13 ♀.
♦ Décor ensoleillé, cuisine fleurant bon l'huile d'olive : ce restaurant situé dans une charmante venelle du centre historique met la Provence de Cézanne à l'honneur.

XX **Ma Bourgogne,** 1 bd P. Doumer ℰ 03 80 65 48 06, *Fax 03 80 67 82 65*, 🍽 – ﭏ
B e
fermé 10 au 25 août, dim. soir, merc. soir et sam. – **Repas** 19/29.
♦ Sacrifiez à la tradition en buvant un kir, la boisson apéritive du truculent chanoine, avant
de partir à la découverte des spécialités régionales.

XX **Petit Vatel,** 73 r. Auxonne ℰ 03 80 65 80 64, *Fax 03 80 31 69 92* – ▪. ﭏ ﭏ **EZ a**
fermé 29 juil. au 29 août, sam. midi et dim. sauf fériés – **Repas** 23/37 ♀.
♦ Agréable restaurant de quartier aménagé dans deux petites salles traditionnelles, aux
tables espacées. L'accueil y est aimable ; la cuisine, du terroir.

X **Bistrot des Halles,** 10 rue Bannelier ℰ 03 80 49 94 15, *Fax 03 80 38 16 16* – ▪.
ﭏ **DY s**
fermé dim. et lundi – **Repas** 16 (déj.) et carte 26 à 35 ♀.
♦ Face aux halles joliment restaurées, des plats "canailles" et le décor de bistrot 1900 un
brin théâtral séduisent les Dijonnais. Convivialité assurée !

X **Les Caves de la Cloche** - Hôtel Sofitel La Cloche, 14 pl. Darcy ℰ 03 80 30 12 32, *h1202@*
accor-hotels.com, Fax 03 80 30 04 15 – ▪. ﭏ ⓞ ﭏ ﭏ **CY f**
Repas (dîner seul.) 29.
♦ Caveau bourguignon où l'on sert, "à la bonne franquette" et dans une ambiance
musicale et folklorique, quelques spécialités du terroir. Petite cave régionale.

X **Les Deux Fontaines,** 16 pl. République ℰ 03 80 60 86 45, *Fax 03 80 28 54 80* –
ﭏ **DX x**
fermé 10 au 25 août, 25 déc. au 1ᵉʳ janv., dim. et lundi – **Repas** *(13)* - carte 23 à 46, enf. 7 ♀.
♦ Murs chaulés, vieilles banquettes restaurées, tables en bois brut et affiches publicitaires :
un décor simple et plaisant pour cette reconstitution d'un bistrot à l'ancienne.

au Parc de la Toison d'Or *Nord : 5 km par N 74* – ✉ *21000 Dijon* :

🏨 **Holiday Inn Garden Court,** 1 pl. Marie de Bourgogne ℰ 03 80 60 46 00, *dijon.reservat*
ion@ichotelsgroup.com, Fax 03 80 72 32 72 – 🛗 ⇄ ▪ 📺 ✆ ❖ 🅿 – 🔔 70. ﭏ ⓞ ﭏ ﭏ
❀ rest **B r**
Repas *(fermé le midi du 12 juil. au 15 août, sam. midi, dim. midi et fériés le midi)* *(12)* - 14
(déj.), 17/25, enf. 5,50 ♀ – 🍽 11,50 – **100 ch** 110/145 – ½ P 71/78.
♦ Cet immeuble contemporain du quartier de la Toison d'Or jouxte le centre commercial
et son parc aquatique. Chambres fonctionnelles. Cuisine traditionnelle et plats préparés à
base de moutarde de Dijon servis dans un cadre sobre.

à Sennecey-lès-Dijon *Sud-Est : 6 km sur D 905* – *2 168 h. alt. 224* – ✉ *21800 Quétigny* :

🏨 **Flambée,** ℰ 03 80 47 35 35, *hotelrestaurantlaflambée@wanadoo.fr, Fax 03 80 47 07 08*,
🍽, 🌳, ⇄ – 🛏 📺 ✆ 🅿 – 🔔 25. ﭏ ⓞ ﭏ ﭏ ❀ ch
Repas 20,30/35,50 ♀ – 🍽 9 – **23 ch** 86/126 – ½ P 57.
♦ Plaisante construction de style chaumière proche de la base aérienne, disposant de
chambres spacieuses et colorées. Salon-bar "rétro" et jardin arboré. Au restaurant : imposante charpente en bois, flambées dans la cheminée et cuisine traditionnelle.

à Chevigny *par ⑤ et D 996 : 9 km – ⊠ 21600 Longvic :*

🏠 **Relais de la Sans Fond,** 33 rte Dijon ℰ 03 80 36 61 35, *Fax 03 80 36 94 89,* 😤 , 🛋 – 📺
📷 📞 **P**. – 🍴 60. 🆑 🖼
Repas *(fermé dim. soir)* 13 (déj.), 20/32, enf. 10 ♀ – ☱ 7 – **17** ch 40/50 – ½ P 50/55.
♦ Petite auberge familiale aux aménagements simples mais soignés. Chambres claires,
équipées d'un mobilier en bois stratifié et fort bien tenues. Salle à manger bourgeoise
égayée d'une cheminée et agréable terrasse installée face au jardin ; cuisine classique.

à Chenôve *par ⑥ : 6 km – 16 257 h. alt. 263 – ⊠ 21300 :*

🏨 **Comfort Inn,** 120 av. Roland Carroz ℰ 03 80 54 04 04, *comfort@bourgogne.net,*
Fax 03 80 54 04 05, 😤 – 📱 ✦ 📺 📞 🛋 **P**. – 🍴 50. 🆑 🖼 🖼
fermé 23 déc. au 3 janv. – **Véranda :** **Repas** *(13)* 17,50 ♂ – ☱ 6,50 – **41** ch 50/70 –
½ P 53/55.
♦ L'hôtel borde une route très passante, mais l'insonorisation des chambres, fonctionnelles et bien tenues, est efficace. Petits-déjeuners sous forme de buffets. Ambiance
"jardin d'hiver" dans la salle du restaurant La Véranda ; grillades et plats à la broche.

🍴🍴 **Clos du Roy,** 35 av. 14-Juillet ℰ 03 80 51 33 66, *clos.Du.roy@wanadoo.fr,*
📷 *Fax 03 80 51 36 66 –* ▤ **P**. 🖼
fermé 2 au 22 août, 17 au 19 fév., dim. soir et lundi – **Repas** 15,30 (déj.), 21/55.
♦ Ce restaurant au cadre actuel est une étape de choix sur la route du vignoble. L'or de la
côte y est fièrement représenté, la cuisine régionale également.

à Marsannay-la-Côte *par ⑥ : 8 km – 5 211 h. alt. 275 – ⊠ 21160 :*

🛈 *Office de tourisme, 41 rue de Mazy ℰ 03 80 52 27 73, Fax 03 80 52 30 23, ot-
marsannay@wanadoo.fr.*

🍴🍴🍴 **Gourmets** (Perreaut), 8 r. Puits de Têt (près église) ℰ 03 80 52 16 32, *joel--nicole.perreaut*
❄ *@wanadoo.fr, Fax 03 80 52 03 01,* 😤 – 🆑 🖼 🖼 🖼
fermé 1ᵉʳ au 17 août, 17 janv. au 11 fév., mardi midi, dim. soir et lundi – **Repas** 29/78 et
carte 69 à 95 ♀ ♨.
♦ Une carte des vins somptueuse, une cuisine au goût du jour personnalisée et séduisante, une salle à manger à la page... Le gourmet est ici comme un coq en pâte !
Spéc. Profiteroles d'escargots à la menthe fraîche. Saint-Pierre rôti au four, jus de coquillages. Travers de veau de sept heures aux arômes d'orange et parmesan. **Vins** Marsannay
blanc et rouge.

à Talant *: 4 km – 12 176 h. alt. 354 – ⊠ 21240 :*

Voir *Table d'orientation* ≼★.

🏨 **Bonbonnière** ❀ sans rest, au vieux village, 24 rue des Orfèvres (près église)
📷 ℰ 03 80 57 31 95, *labonbonniere@wanadoo.fr, Fax 03 80 57 23 92,* 🛋 – 📱 📺 **P**. 🆑 🖼.
❄   A S
fermé 18 déc. au 3 janv., sam. et dim. en janv et fév. – ☱ 7,50 – **20** ch 55/80.
♦ À proximité du lac artificiel (sports nautiques) créé par le chanoine Kir, petit hôtel familial
aux aménagements soignés. Chambres spacieuses et fraîches ; agréable jardin.

à Prenois *par ⑧ : 12 km par N 71 et D 104 – 310 h. alt. 485 – ⊠ 21370 :*

🍴🍴🍴 **Auberge de la Charme** (Zuddas), ℰ 03 80 35 32 84, *davidlacharme@aol.com,*
❄ *Fax 03 80 35 34 48 –* 🆑 🖼
fermé 1ᵉʳ au 14 août, vacances de fév., dim. soir, mardi midi et lundi – **Repas** (prévenir) *(16
bc)* - 23/70 et carte 52 à 67 ♀ ♨.
♦ Le célèbre circuit voisin accueillit naguère les courses de F1, mais c'est désormais à cette
ex-forge coquettement rénovée que le village doit sa notoriété. Cuisine inventive.
Spéc. Tronçon de congre poché à l'huile d'olives noires. Escargots et galette de brebis au
pain trempé. Sandre de Saône et cocos aux pieds de cochon (15 août à fin oct.) **Vins**
Marsannay blanc, Saint-Romain.

rte de Troyes *par ⑧ : 4 km – ⊠ 21121 Daix :*

🏠 **Castel Burgond** sans rest, 3 rte Troyes (N 71) ℰ 03 80 56 59 72, *castel.burgond@wanad*
oo.fr, Fax 03 80 57 69 48 – 📱 📺 📞 🛋 **P**. – 🍴 15. 🆑 🖼 🖼 🖼
fermé 25 déc. au 5 janv. – ☱ 7,50 – **46** ch 53/57.
♦ Dans un quartier résidentiel, bâtisse contemporaine proposant quelques petites
chambres récentes au dernier étage ; les autres sont simplement fonctionnelles.

🍴🍴 **Trois Ducs,** ℰ 03 80 56 59 75, *Fax 03 80 56 00 16,* 😤 – **P**. 🆑 🖼 🖼
fermé 5 au 18 août, sam. midi, dim. soir et lundi – **Repas** 21/50, enf. 13,50 ♀.
♦ Salle moderne et cuisine au goût du jour dégustée sous le regard de trois des quatre
grands ducs Valois de Bourgogne. Jean sans Peur, il est vrai, était chétif et laid...

à Hauteville-lès-Dijon par ⑧ et D 107ᶠ : 6 km – 1 023 h. alt. 402 – ⊠ 21121 :

XX **Musarde** ⤳ avec ch, 7, rue des Riottes ℘ 03 80 56 22 82, hotel.rest.lamusarde@wanado o.fr, Fax 03 80 56 64 40, ☆, ☞ – TV ℅ AE ① GB JCB
fermé 3 au 13 août, dim. soir, mardi midi et lundi – **Repas** 22/43 ♀ – ⴾ 8,50 – **12 ch** 45/61 – ½ P 59.
  ◆ Ferme du 19ᵉ s. transformée en hôtel-restaurant, grand calme et verdure, cuisine traditionnelle actualisée... tout semble réuni pour musarder ici sans retenue.

DINAN ⬡ 22100 C.-d'Armor **309** J4 G. Bretagne – 10 907 h alt. 92.
Voir *Vieille ville*✶✶ : *Tour de l'Horloge* ⋇✶✶ **R**, *Jardin anglais* ⩽✶* , place des Merciers✶ **BZ** , rue du Jerzual✶ **BY**, – Promenade de la Duchesse-Anne ⩽* , Tour du Gouverneur ⩽✶* , Tour Ste-Catherine ⩽✶* – Château✶ : ⋇✶* .
☇ La Corbinais Golf Club à St-Michel-de-Plélan ℘ 02 96 27 64 81, O : 15 km ; ☇ de St-Malo à Le Tronchet ℘ 02 99 58 96 69, par ② D 676 : 19 km.
☑ Office de tourisme, place du château ℘ 02 96 87 69 76, Fax 02 96 87 69 77, infos@dinan-tourisme.com.
Paris 400 ② – St-Malo 32 ① – Rennes 54 ② – St-Brieuc 61 ③ – Vannes 120 ③.

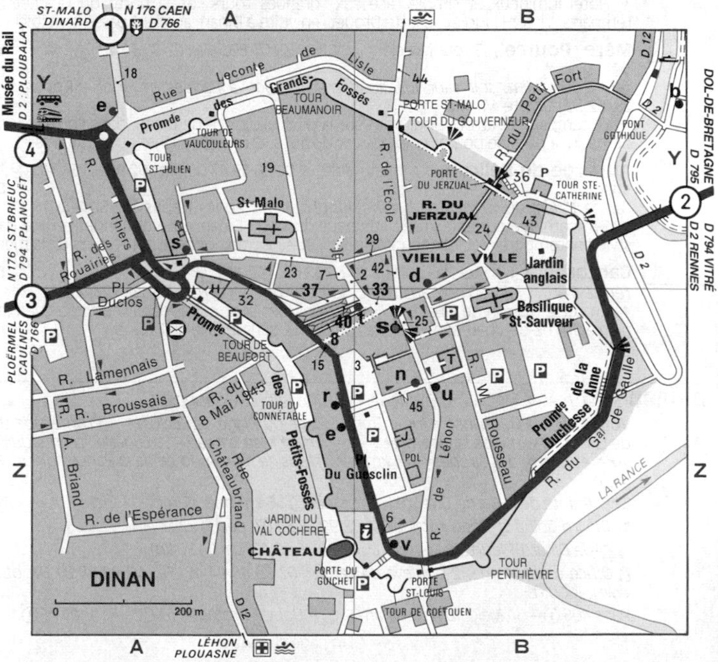

[Map of DINAN]

Apport (R. de l') ..... **ABY** 2	Garaye	Michel (R.) .... **BY** 36
Champ clos (Pl. du) .. **ABZ** 3	(R. Comte de la) .... **AY** 19	Mittrie (R. de la) ..... **AZ** 37
Château (R. du) ...... **BZ** 6	Grande-Rue........... **AY** 23	Petit-Pain (R. du) ..... **AZ** 40
Cordeliers (Pl. des)... **AY** 7	Haute-Voie (R.)....... **BY** 24	Poissonnerie
Cordonnerie	Horloge (R. de l') ..... **BZ** 25	(R. de la) .... **BY** 42
(R. de la) .... **AZ** 8	Lainerie (R. de la) .... **BY** 29	Rempart (R. du)....... **BY** 43
Ferronerie (R. de la) .. **AZ** 15	Marchix (R. du) ...... **AYZ** 32	St-Malo (R.) .... **BY** 44
Gambetta (R.) .... **AY** 18	Merciers (Pl. des).... **BYZ** 33	Ste-Claire (R.) .... **BZ** 45

🏬 **Jerzual,** 26 quai Talards (au port) ℘ 02 96 87 02 02, *hotel-jerzualdinan@wanadoo.fr,* Fax 02 96 87 02 03, ☆, ⴾ – 📺 ⅙ ⩽ ≡ rest, TV ℅ & ℙ – 🔏 30 à 120. AE GB **BY b**
Repas *(fermé 15 oct. au 25 mars, sam. midi et dim. soir hors saison)* 15/29, enf. 12 ♀ – ⴾ 11 – **54 ch** 108/148, 4 suites – ½ P 83/104.
  ◆ La silhouette de cet hôtel neuf qui évoque les cloîtres bretons se fond bien dans le quartier du port. Chambres spacieuses et actuelles. Piscine dans une jolie cour fermée. Restaurant-rôtisserie et deux terrasses : l'une face à la Rance, l'autre dans le patio.

🏨 **Challonge** sans rest, 29 pl. Duguesclin 𝄞 02 96 87 16 30, *lechallonge@wanadoo.fr*, Fax 02 96 87 16 31 – 🛗 📺 ❤️ ⅙. GB   **AZ e**
🖙 7 – **19 ch** 63/73.
   ◆ Cette longue façade classique borde l'ancien champ de foire veillé par la statue de Du Guesclin. Les chambres, confortables, ont un petit air "british".

🏨 **Avaugour** sans rest, 1 pl. Champ 𝄞 02 96 39 07 49, *avaugour.hotel@wanadoo.fr*, Fax 02 96 85 43 04, 🌿 – 🛗 📺 ❤️ GB   **AZ r**
fermé 12 nov. au 15 fév. – 🖙 11 – **24 ch** 120/155.
   ◆ Belle bâtisse en pierres du pays adossée aux remparts. Chambres rénovées, avec vue sur la place ou sur le joli jardin où l'on dresse des tables pour le petit-déjeuner en été.

🏨 **Arvor** sans rest, 5 r. Pavie 𝄞 02 96 39 21 22, *arvor@destinationbretagne.com*, Fax 02 96 39 83 09 – 🛗 📺 ❤️ ⅙. 🅿. 🅰🅴 GB   **BZ u**
fermé 3 janv. au 2 fév. – 🖙 6 – **23 ch** 41/62.
   ◆ Un portail Renaissance sculpté donne accès à cet immeuble du 18ᵉ s. édifié sur le site d'un ancien couvent. Intérieur moderne et fonctionnel ; chambres de bonne ampleur.

🏨 **Grandes Tours** sans rest, 6 r. Château 𝄞 02 96 85 16 20, *carregi@wanadoo.fr*, Fax 02 96 85 16 04 – 🛗 📺 ❤️ 🖘. 🅰🅴 GB   **BZ v**
fermé 15 déc. au 15 fév. – 🖙 6 – **34 ch** 45/69.
   ◆ Hôtel lumineux et simple face aux "grandes tours" de la porte du Guichet et des remparts. Victor Hugo et Juliette Drouet, en visite à Dinan, auraient passé la nuit ici.

XXX **Mère Pourcel**, 3 pl. Merciers 𝄞 02 96 39 03 80, Fax 02 96 39 49 91, 😤 – 🅰🅴 ⓞ GB   **BZ t**
fermé fév., dim. soir sauf juil.-août, mardi d'oct. à Pâques et lundi – **Repas** 20 (déj.), 28/62,50 et carte 44 à 57.
   ◆ Le temps s'est arrêté pour vous sur la plus jolie place de Dinan, dans cette magnifique demeure à pans de bois et colombages du 15ᵉ s. Cuisine et cachet authentiques.

XX **Auberge du Pélican**, 3 r. Haute Voie 𝄞 02 96 39 47 05, Fax 02 96 87 53 30, 😤 – GB. ✂   **BY d**
fermé 15 janv au 10 fév., jeudi soir et lundi sauf juil.-août – **Repas** 15,50/47.
   ◆ Sympathique adresse située au coeur du vieux Dinan. Salle à manger refaite dans un style contemporain et jolie terrasse d'été. Cuisine traditionnelle et produits de la mer.

X **Cantorbery**, 6 r. Ste-Claire 𝄞 02 96 39 02 52 – 🅰🅴 GB. ✂   **BZ n**
fermé 3 au 11 juil., 20 nov. au 10 déc, 13 au 27 fév. et merc. – **Repas** 22/32 ♀.
   ◆ En cette maison de ville du 17ᵉ s., les grillades sont cuites dans la grande cheminée de pierre du rez-de-chaussée. Boiseries d'époque dans la salle de l'étage.

DINARD *35800 I.-et-V.* 🔟🔟🔟 *J3 G. Bretagne* – *10 430 h alt. 25* – *Casino* **BY.**

Voir *Pointe du Moulinet ⩽** – Grande Plage ou Plage de l'Écluse* – *Promenade du Clair de Lune* – *Pointe de la Vicomté** – La Rance** en bateau* – *St-Lunaire : pointe du Décollé ⩽** et grotte des Sirènes* 4,5 km par ②* – *Usine marémotrice de la Rance : digue ⩽* SE : 4 km.

Env. *Pointe de la Garde Guérin* : ☀** par ②* : 6 km puis 15 mn.

🏌 *Dinard Golf à St-Briac-sur-Mer 𝄞 02 99 88 32 07, par ②* : 7 km.

✈ *de Dinard-Pleurtuit-St-Malo 𝄞 02 99 46 18 46, par ①* : 5 km.

🄱 *Office de tourisme, 2 boulevard Féart 𝄞 02 99 46 94 12, Fax 02 99 88 21 07, ot.dinard @wanadoo.fr.*

Paris 408 ① – St-Malo 10 ① – Dinan 22 ① – Dol-de-Bretagne 31 ① – Rennes 73 ①.

Plan page ci-contre

🏨🏨 **Grand Hôtel Barrière de Dinard**, 46 av. George V 𝄞 02 99 88 26 26, *grandhoteldinar d@lucienbarriere.com, Fax 02 99 88 26 27*, ⩽, 🛁, 🔲, 🌿 – 🛗 ↔ 📺 ❤️ ⅙. 🅿 – 🔬 15 à 120. 🅰🅴 ⓞ GB 🅹🅲🅱. ✂ rest   **BY v**
26 mars-14 nov. – **Repas** (dîner seul.) 35/85 ♀ – 🖙 17 – **90 ch** 200/360 – ½ P 149/229.
   ◆ Dominant la promenade maritime du Clair de Lune, ce "grand hôtel" du 19ᵉ s. a rouvert ses portes après une rénovation : tout y est conçu pour la détente et le confort. Cuisine classique en parfait accord avec le décor du restaurant ; vue sur le littoral.

🏨🏨 **Novotel Thalassa** 🦐, av. Château Hébert 𝄞 02 99 16 78 10, *H1114@accor-hotels.com, Fax 02 99 16 78 29*, ⩽ mer, 😤, 🛁, 🔲, 🌿, ✂ – 🛗 ↔ 📺 ❤️ ⅙. 🖘 🅿. 🔬 25. 🅰🅴 ⓞ GB. ✂ rest   **AY r**
fermé 28 nov. au 26 déc. – **Repas** carte 30 à 40, enf. 12 ♀ – 🖙 12 – **106 ch** 145/161 – ½ P 107/115.
   ◆ Complexe moderne situé dans un cadre unique, sur la pointe de St-Énogat. Centre de thalassothérapie, salon de beauté et chambres actuelles avec vue sur mer. Au restaurant, panorama sur la Manche, décor actuel et recettes diététiques.

DINARD

Abbé-Langevin (R.) .... **AY** 2
Albert-Ier (Bd) .... **BY** 3
Anciens Combattants
  (R. des) .... **AZ** 5
Barbine (R. de) .... **AZ** 7
Boutin (Pl. J.) .... **BY** 9
Clemenceau (R. G.) ... **BY** 10
Coppinger (R.) .... **BY** 12

Corbinais (R. de la) ..... **AZ** 13
Croix-Guillaume
  (R.) .... **AZ** 15
Douet-Fourche (R. du) . **AZ** 17
Dunant (R. H.) .... **AY** 19
Féart (Bd) .... **BYZ**
Français-Libres (R.) .... **BZ** 22
Gaulle (Pl. du Gén.-de) . **BZ** 25
Giraud (Av. du Gén.) ... **BZ** 26
Leclerc (R. Mar.) ..... **BYZ** 28
Levasseur (R.) .... **BY** 29

Lhotelier (Bd) .... **AY** 31
Libération (Bd de la) ... **AZ** 32
Malouine (R. de la) ... **BY** 34
Mettrie (R. de la) .... **BZ** 35
Pionnière (R. de la) . **ABY** 38
Prés.-Wilson (Bd) .... **BY** 40
Renan (R. E.) .... **AY** 43
République (Pl. de la) . **BY** 44
St-Lunaire (R. de) .... **AY** 48
Vallée (R. de la) .... **BYZ** 50
Verney (R. Y.) .... **BY** 52

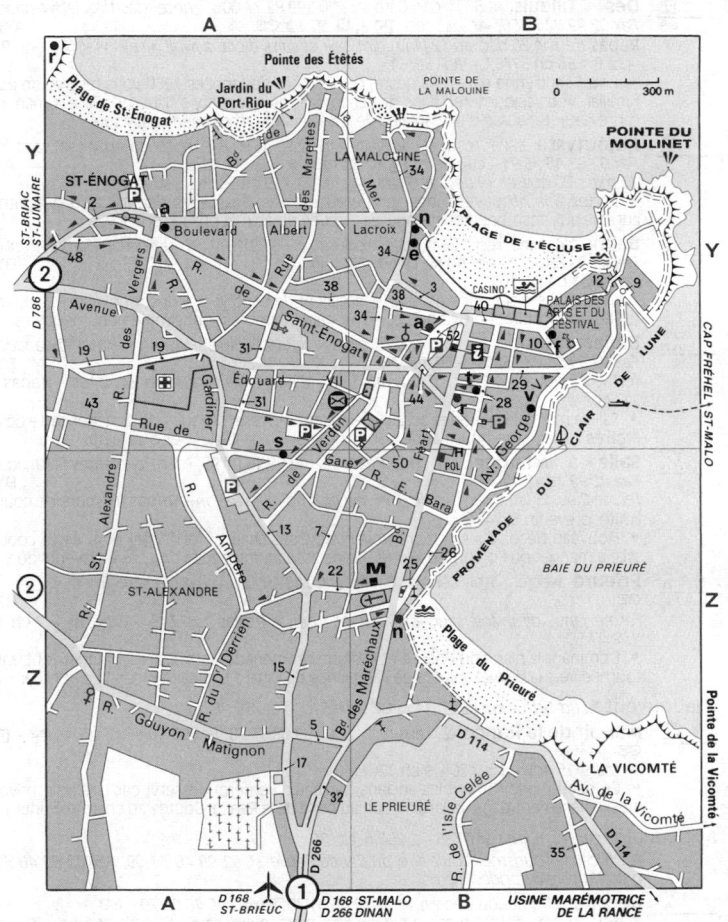

🏨 **Villa Reine Hortense** ⚜ sans rest, 19 r. Malouine ℰ 02 99 46 54 31, *reine.hortense@w
anadoo.fr*, Fax 02 99 88 15 88, ≤ mer et St-Malo – 📺 🅿️ 🆎 ⑩ 🇬🇧 🇯🇨🇧   BY e
1er avril-5 oct. – 🍽 13 – **8 ch** 175/205.
  ♦ Toute la Belle Époque revit dans le décor de cette villa typique de la "perle" de la Côte
d'Émeraude. Chambres personnalisées. Accès privé à la plage de l'Écluse.

🏨 **Crystal** sans rest, 15 r. Malouine ℰ 02 99 46 66 71, *hcrystal@club-internet.fr*,
Fax 02 99 88 17 73, ≤ – 🛗 cuisinette ⅊✗ 📺 📞 🅿️ 🆎 ⑩ 🇬🇧   BY n
🍽 8 – **26 ch** 77/129.
  ♦ Hôtel récent aux chambres amples et bien tenues (certaines avec cuisinette) ; préférez
celles côté mer. Les demeures voisines de la pointe de la Malouine méritent le coup
d'oeil.

🏨 **Roche Corneille,** 4 r. G. Clemenceau ☎ 02 99 46 14 47, *Fax 02 99 46 40 80* – 📶 📺 📶 ᯣ.
ᴬᴱ ① 🆖 🅹🅲🅱. ⅍
　　　　　　　　　　　　　　　　　　　　　　　　　　　　　　　　　　　　　　BY f
Repas *(1ᵉʳ mai-15 oct. et fermé dim. soir et lundi soir)* (dîner seul.) 25/28,50, enf. 10 ♀ –
⌷ 10,50 – **28 ch** 105/125 – ½ P 84,50/93,50.
　◆ Villa caractéristique du style balnéaire en vogue à la fin du 19ᵉ s. L'intérieur, entièrement
rénové, allie charme et confort, jolis parquets et équipements modernes. La cuisine "terre
et mer" évolue au gré du marché.

🏨 **Des Tilleuls,** 36 r. Gare ☎ 02 99 82 77 00, *hotel-des-tilleuls@wanadoo.fr*,
⊖ *Fax 02 99 82 71 55,* 🌿 – 🍽 rest, 📺 🔌 🅿 ᴬᴱ ① 🆖. ⅍　　　　　　　AYZ s
Repas *(fermé 20 déc. au 12 janv., dim. soir et sam. d'oct. à avril)* (10,50) - 13,50/28, enf. 8,50 ♀
– ⌷ 8 – **53 ch** 57/67 – ½ P 56/61.
　◆ Entre l'ancienne gare et la poste, ce bâtiment des années 1960 vous réserve un accueil
familial. Vous séjournerez dans des chambres au décor style "Liberty". Salle à manger au
cadre fleuri rehaussé d'un camaïeu de rose ; cuisine résolument classique.

🏨 **Améthyste** sans rest, pl. Calvaire ☎ 02 99 46 61 81, *hotel-amethyste@wanadoo.fr*,
Fax 02 99 46 96 91 – cuisinette 📺 📶. ᴬᴱ 🆖. ⅍　　　　　　　　　　　AY a
1ᵉʳ mars-20 nov. et 19 déc. au 5 janv. – ⌷ 8,50 – **19 ch** 55/64, 5 studios.
　◆ Partez à la découverte des somptueuses villas dinardaises depuis cette sympathique
adresse aux chambres fonctionnelles. Accueil aimable et prix raisonnables.

🏨 **Balmoral** sans rest, 26 r. Mar. Leclerc ☎ 02 99 46 16 97, *info@hotels-balmoral.com*,
Fax 02 99 88 20 48 – 📶 📺 📶. ᴬᴱ ① 🆖 🅹🅲🅱　　　　　　　　　　　　BY t
⌷ 8 – **31 ch** 54/100.
　◆ Cette bâtisse ancienne du centre-ville vient de bénéficier d'une rénovation. Le hall reste
toutefois d'inspiration rustique et les menues chambres sont simplement meublées.

🍴🍴 **Didier Méril,** 6 r. Yves Verney ☎ 02 99 46 95 74, *didiermeril@wanadoo.fr*,
Fax 02 99 16 07 75, 🏡 – ᴬᴱ ① 🆖　　　　　　　　　　　　　　　　　　BY a
fermé 22 nov. au 13 déc., 3 janv. au 3 fév. et merc. sauf vacances scolaires – **Repas** (20) -
27/99 ♀ 🍷.
　◆ Salle à manger colorée et actuelle, élégante terrasse, produits de la mer et carte des vins
étoffée : une pause gourmande à 50 m de la plage de l'Écluse et du casino.

🍴🍴 **Salle à Manger,** 25 bd Féart ☎ 02 99 16 07 95, *lasalleamanger@wanadoo.fr*,
Fax 02 99 16 42 19 – 🆖　　　　　　　　　　　　　　　　　　　　　　BY r
fermé 2 au 15 janv., sam. midi, dim. soir et lundi hors saison – **Repas** (nombre de couverts
limité, prévenir) 32/42 ♀.
　◆ Nouveau décor d'inspiration provençale (tons chauds, fer forgé) pour cette coquette
salle à manger où l'on propose une cuisine associant produits bretons et saveurs du Sud.

🍴 **Prieuré** avec ch, 1 pl. Gén. de Gaulle ☎ 02 99 46 13 74, *Fax 02 99 46 81 90*, ≤, 🏡 – 📺.
🆖　　　　　　　　　　　　　　　　　　　　　　　　　　　　　　　　　　BZ n
fermé janv., dim. soir sauf juil.-août et lundi – **Repas** 19/27 ♀ – ⌷ 6,50 – **7 ch** 48 –
½ P 47,50.
　◆ Dominant la plage du Prieuré et la digue-promenade, sobre salle à manger tout entière
tournée vers la baie et animée de l'ambiance du Dinard balnéaire façon Éric Rohmer.

à la Jouvente *Sud-Est : 7 km par D 114* - **BZ** *et D 5* – ✉ *35730 Pleurtuit :*

🏨 **Manoir de la Rance** ⌂ sans rest, ☎ 02 99 88 53 76, *Fax 02 99 88 63 03*, ≤, 🌿 – 📺 🅿.
🆖
15 mars-15 nov. – ⌷ 9,20 – **9 ch** 120/160.
　◆ Ce beau manoir (meubles anciens, tableaux, verrière) desservi par une voie privée se
dresse fièrement dans un jardin fleuri au bord de la Rance. Goûtez au charme d'antan.

à St-Lunaire *par ② : 5 km par D786 – 2 250 h. alt. 20.*
　🅱 *Office de tourisme, boulevard du Gal de Gaulle* ☎ *02 99 46 31 09, Fax 02 99 46 31 09,
otsi.stlunaire@worldonline.fr.*

🍴 **Décollé,** 1 Pointe du Décollé ☎ 02 99 46 01 70, *Fax 02 99 46 01 70* – 🆖
1ᵉʳ fév.-11 nov, fermé merc., jeudi en fév., mars, mardi sauf juil.-août et lundi – **Repas** 19
(déj.), 28/36, enf. 12,20.
　◆ La carte fait la part belle aux produits de la mer, tandis que le sobre décor s'efface
volontiers devant la jolie vue sur la pointe du Décollé et la Côte d'Émeraude.

DIOU *36 Indre* **323** *I4 – rattaché à Issoudun.*

DISNEYLAND RESORT PARIS *77 S.-et-M.* **312** *F2* **106** *㉒ – voir à Paris, Environs (Marne-
La-Vallée).*

---

*Nos guides hôteliers, nos guides touristiques et nos cartes routières
sont complémentaires. Utilisez-les ensemble.*

DISSAY 86130 Vienne 🔢 I4 G. Poitou Vendée Charentes – 2 634 h alt. 69.

Voir Peintures murales★ de la chapelle du château.

🅱 Syndicat d'initiative, place du 8 Mai 1945 ℰ 05 49 52 34 56, Fax 05 49 62 58 72.

Paris 320 – Poitiers 16 – Châtellerault 19.

※※ **Binjamin** avec ch, N 10 ℰ 05 49 52 42 37, binjamin1@aol.com, Fax 05 49 62 59 06, ☂, ☞ – 🆃🆅 ☏ ℙ, 🅖🅑

hôtel : fermé 15 oct. au 1ᵉʳ mars, sam. midi, dim. soir et lundi – **Repas** (fermé 1ᵉʳ au 15 août, 15 au 21 nov. et 7 au 13 fév., sam. midi, dim. soir et lundi) 19,50 (déj.), 29,50/46 ♈ – ☖ 6,50 – **10 ch** 43 – ½ P 55/75.

  ♦ Construction moderne en léger retrait d'une route nationale. Salle à manger en rotonde, sur deux niveaux. Chambres fraîches, au mobilier en bois peint.

※ **Clos Fleuri**, r. Église ℰ 05 49 52 40 27, Fax 05 49 62 37 29, 🏡 – ℙ, 🅖🅑

fermé dim. soir, mardi soir et merc. – **Repas** 17/28,50.

  ♦ Maison poitevine proche de l'église. L'accès se fait via une cour ombragée par un vénérable marronnier. Décor simple, plats traditionnels et une spécialité : la tête de veau.

DIVES-SUR-MER 14 Calvados 🔢 L4 – rattaché à Cabourg.

DIVONNE-LES-BAINS 01220 Ain 🔢 J2 G. Jura – 6 171 h alt. 486 – Stat. therm. (mi mars-fin nov.) – Casino.

🏌 de Divonne-les-Bains ℰ 04 50 40 34 11, O : 2 km; 🏌 de Maison-Blanche à Echenevex ℰ 04 50 42 44.

🅱 Office de tourisme, rue des Bains ℰ 04 50 20 01 22, Fax 04 50 20 32 12, accueil@divonnelesbains.com.

Paris 488 – Thonon-les-Bains 51 – Bourg-en-Bresse 129 – Genève 18 – Gex 9 – Nyon 9.

🏰 **Grand Hôtel** ♠, ℰ 04 50 40 34 34, info@domaine-de-divonne.com, Fax 04 50 40 34 24, ≼, ☞, ☂, ☀, 🎾, ☖ – 🛗 🆃🆅 ☏ ℙ – 🔬 200. 🅰🅔 ⓞ 🅖🅑

voir rest. **Terrasse** ci-après - **Le Léman** ℰ 04 50 40 34 18 (fermé sam. midi) **Repas** 25(déj.)/38, enf. 14 ♓ – ☖ 20 – **116 ch** 215/490, 14 suites.

  ♦ Palace des années 1930 au cœur d'un parc ombragé de 5 ha. Bourgeois, Art déco ou contemporain : trois cadres différents pour les chambres, toutes élégantes et spacieuses. Belle salle à manger garnie de chaises de style Art nouveau et délicieuse terrasse.

🏰 **Château de Divonne** ♠, 115 r. Bains ℰ 04 50 20 00 32, divonne@grandesetapes.fr, ❄ Fax 04 50 20 03 73, ≼ lac Léman et Mont-Blanc, 🏡, ☂, 🎾, ☖ – 🛗, ☰ rest, 🆃🆅 ☏ ℙ – 🔬 30. 🅰🅔 ⓞ 🅖🅑 🅙🅒🅑, 🦌 rest

fermé 4 au 31 janv. – **Repas** 50 bc (déj.), 55/95 et carte 70 à 90, enf. 23 – ☖ 22 – **26 ch** 135/305, 5 suites – ½ P 183/235,50.

  ♦ Un beau et vaste parc arboré entoure cette demeure (19ᵉ s.) bâtie sur les ruines d'une maison forte du 11ᵉ s. Chambres personnalisées desservies par un escalier monumental. Élégante salle de restaurant, terrasse enchanteresse et goûteuse cuisine classique.

Spéc. Mijotée de champignons au Vin Jaune, oeuf mollet et haricots cocos. Filet de sandre étuvé au pied de cochon. Quinoa comme un riz au lait, sorbet pomme verte. **Vins** Bugey, Arbois.

🏠 **Jura** ♠, sans rest, 54 rue d'Arbère ℰ 04 50 20 05 95, hoteljura@aol.com, Fax 04 50 20 21 21, ☞ – 🆃🆅 🚗 ℙ, 🅰🅔 ⓞ 🅖🅑

☖ 8 – **21 ch** 56/61.

  ♦ Petite affaire familiale dont les chambres, méticuleusement tenues, viennent toutes d'être rénovées. Petits-déjeuners servis sous une véranda ouverte sur le jardin.

🏠 **Les Coccinelles** ♠, sans rest, rte de Lausanne ℰ 04 50 20 06 96, hotel@coccinelles.fr, Fax 04 50 20 01 18, ☞ – 🛗 🆃🆅 ☏ ℙ, 🅰🅔 ⓞ 🅖🅑

☖ 7 – **24 ch** 37/57.

  ♦ Sur l'arrière, l'agréable jardin ombragé constitue l'atout majeur de ce gros pavillon situé à proximité du centre-ville. Chambres simples, calmes et bien tenues.

※※※※ **Terrasse** - Grand Hôtel, av. des Thermes ℰ 04 50 40 35 39, terrasse@domaine-de-divonn ❄ e.com, Fax 04 50 40 34 24, 🏡 – ☰ ☐ ℙ, 🅰🅔 ⓞ 🅖🅑 🅙🅒🅑

fermé 19 au 30 déc., vacances de fév., dim. soir, lundi et mardi – **Repas** 33 (déj.), 55/79 et carte 72 à 91 ♈.

  ♦ Belle salle à manger feutrée dont la décoration s'inspire d'un jardin d'hiver. Tables rondes et sièges d'esprit Art nouveau. Agréable terrasse ombragée. Cuisine personnalisée.

Spéc. Araignée de mer mousseuse aux perles rouges. Grosse sole meunière, tombée d'oseille et de coquillages. Côte de veau en tajine. **Vins** Arbois-Chardonnay, Gamay du Bugey.

※ **Auberge du Vieux Bois**, rte Gex : 1 km ℰ 04 50 20 01 43, Fax 04 50 20 17 74, ☞ – ℙ, 🅰🅔 🅙🅒🅑

fermé 28 juin au 11 juil., 25 oct. au 3 nov., 7 au 27 fév., dim. soir et lundi – **Repas** (12) - 15 (déj.), 24/40, enf. 10 ♈.

  ♦ Cadre champêtre récemment rafraîchi, jolie terrasse, accueil convivial et cuisine traditionnelle caractérisent cette engageante petite auberge adossée au bois du mont Mussy.

DOL-DE-BRETAGNE *35120 I.-et-V.* **309** L3 *G. Bretagne – 4 563 h alt. 20.*

Voir *Cathédrale St-Samson*★★ - *Cathédraloscope*★ - *Collection*★ *du musée Les "Trésors du mariage ancien" – Promenade des Douves*★ : ≤★ – *Mont-Dol* ☀★ *4,5 km NO par D 155.*

☝ *des Ormes* ℘ *02 99 73 54 44, S : 9 km par D 795.*

🛈 *Office de tourisme, 3 Grande Rue des Stuart* ℘ *02 99 48 15 37, Fax 02 99 48 14 13, office.dol@wanadoo.fr.*

Paris 378 – St-Malo 28 – Alençon 154 – Dinan 26 – Fougères 54 – Rennes 56.

🏠 **Bretagne**, pl. Châteaubriand ℘ 02 99 48 02 03, *Fax 02 99 48 25 75,* 🍴 – 📺. 🇬🇧
fermé oct., vacances de fév., sam. du 11 nov. au 13 avril sauf fêtes de fin d'année – **Repas** 10,50/27, enf. 7 ♀ – ☐ 6 – **27 ch** 48/54 – ½ P 28/42.
♦ Cet hôtel, situé au centre de l'ancienne cité épiscopale de Bretagne, est géré par la même famille depuis 1923. Chambres simples ; quelques-unes sont plus modernes. Cuisine classique servie dans une salle ornée de bibelots et réchauffée par une cheminée.

✗ **Grabotais**, 4 r. Ceinte ℘ 02 99 48 19 89 – ▣. 🇦🇪 🇬🇧
fermé 26 nov. au 6 janv., dim. soir 1er nov. à Pâques et lundi – **Repas** 18/27 ♀.
♦ Maison de marchand du 15e s. au coeur de la petite capitale du marais de Dol. À l'intérieur : poutres, pierres apparentes et cheminée où l'on prépare des grillades.

DOLE ◁🖉▷ *39100 Jura* **321** C4 *G. Jura – 24 949 h alt. 220.*

Voir *Le Vieux Dole*★★ **BZ** : *Collégiale Notre-Dame*★ – *Grille*★ *en fer forgé de l'église St-Jean-l'Evangéliste* **AZ** – *Le musée des Beaux-Arts*★.

Env. *Forêt de Chaux*★.

☝ *Public du Val d'Amour à Parcey* ℘ *03 84 71 04 23, par* ③ *: 9 km par D 405 et N 5.*

🛈 *Office de tourisme, 6 place Grevy* ℘ *03 84 72 11 22, Fax 03 84 72 31 12, ot.juradolois @wanadoo.fr.*

Paris 363 ① *– Beaune 65* ① *– Besançon 55* ① *– Dijon 50* ⑤ *– Lons-le-Saunier 57* ③.

🏨 **Chaumière**, 346 av. Mar. Juin par ③ : *3 km* ℘ 03 84 70 72 40, *Fax 03 84 79 25 60,* 🍴 , 🏊, 🌳 – 📺 📞 ⇦ 🅿 – 🅰 25. 🇦🇪 ⓪ 🇬🇧
fermé 20 déc. au 4 janv., dim. sauf le soir du 15 juin au 15 sept., sam. midi et lundi midi – **Repas** 20 (déj.), 29/48 – ☐ 12 – **18 ch** 55/76.
♦ Établissement de style chaumière bordant la route de Lons-le-Saunier. Les chambres, confortables et insonorisées, ouvrent sur le jardin et la piscine. La créativité de la cuisine contraste avec le cadre traditionnel de la salle ; bon choix de vins régionaux.

🏠 **Cloche** sans rest, 1 pl. Grévy ℘ 03 84 82 06 06, *lacloche.hotel@wanadoo.fr,*
Fax 03 84 72 73 82 – 🛗 📺 📞 – 🅰 50. 🇬🇧 **BY v**
fermé 22 déc. au 2 janv. – ☐ 7,50 – **30 ch** 54/80.
♦ Stendhal aurait séjourné dans cette vieille maison voisine du cours St-Mauris. Ses chambres, de bonne ampleur, sont rafraîchies par étapes. Sauna.

✗✗ **Bec Fin**, 67 r. Pasteur ℘ 03 84 82 43 43, *fassenet.romu@wanadoo.fr, Fax 03 84 79 28 07,*
🍴 – 🇦🇪 ⓪ 🇬🇧 **BZ a**
fermé 9 au 24 mars, 5 au 13 oct., 24 au 29 déc., 4 au 19 janv., mardi sauf juil.-août et merc. –
Repas 24/39 ♀.
♦ À deux pas de la maison natale de Pasteur, coquette salle voûtée et terrasse offrant une vue sur le canal des Tanneurs. La cuisine personnalisée du chef est prometteuse.

✗✗ **Romanée**, 13 r. Vieilles Boucheries ℘ 03 84 79 19 05, *la-romanee.franchini@wanadoo.fr,*
Fax 03 84 79 26 97, 🍴 – 🇦🇪 ⓪ 🇬🇧 **BZ n**
fermé 1er au 8 juil., 30 août au 5 sept., dim. soir et merc. d'oct. à juin – **Repas** 15/50 🍷.
♦ Cette ancienne boucherie datant de 1717 a conservé, sur les murs de la salle à manger voûtée, ses pendoirs. Terrasse bordée d'arbustes et de fleurs. Cuisine traditionnelle.

✗ **Grévy**, 2 av. Eisenhower ℘ 03 84 82 44 42, *Fax 03 84 82 44 42,* 🍴 – 🇬🇧 **BY v**
fermé 2 au 24 août, 25 déc. au 1er janv., sam. et dim. – **Repas** 13 (déj.)/17 bc ♀.
♦ Décor minimal, banquettes en cuir et nappes à carreaux confirment la vocation de bistrot de cette petite adresse où l'on se sustente de plats d'inspiration lyonnaise.

à Rochefort-sur-Nenon *par* ② *: 7 km par N 73 – 641 h. alt. 210 –* ✉ *39700 :*

🏠 **Fernoux-Coutenet** 📶, r. Barbière ℘ 03 84 70 60 45, *Fax 03 84 70 50 89,* 🍴 – 📺 📞 🇬🇧
fermé dim. d'oct. à mai et sam. midi – **Repas** 12/30, enf. 8,50 ♀ – ☐ 7,50 – **20 ch** 42/52 – ½ P 44.
♦ Façade avenante postée entre l'église et la mairie du bourg. Chambres simples aux murs blanchis, équipées d'un mobilier moderne en bois stratifié. Trois salles à manger rustiques, dont une voûtée, où vous sera servie une cuisine ménagère sans prétention.

DOLE

Arènes (R. des) .... **ABZ**
Besançon (R. de) .... **BYZ**
Béthouart (R. du Gén.) .... **BZ** 2
Boyvin (R.) .... **BZ** 4
Chifflot (R. L.) .... **AZ** 5

Duhamel (Av. J.) .... **AZ** 6
Gouvernement (R. du) .... **BY** 9
Grande-Rue .... **BZ** 10
Jean-Jaurès (Av.) .... **BY** 13
Juin (Av. du Mar.) .... **BZ** 14
Lattre-de-Tassigny
   (Av. du Mar. de) .... **BY** 15

Messageries (R. des)...... **AY** 16
Nationale, Charles-
   de-Gaulle (Pl.) .... **BZ** 17
Parlement (R. du) .... **BZ** 18
Rockefeller (R. J.) .... **BY** 21
Sous-Préfecture
   (R. de la) .... **BY** 22

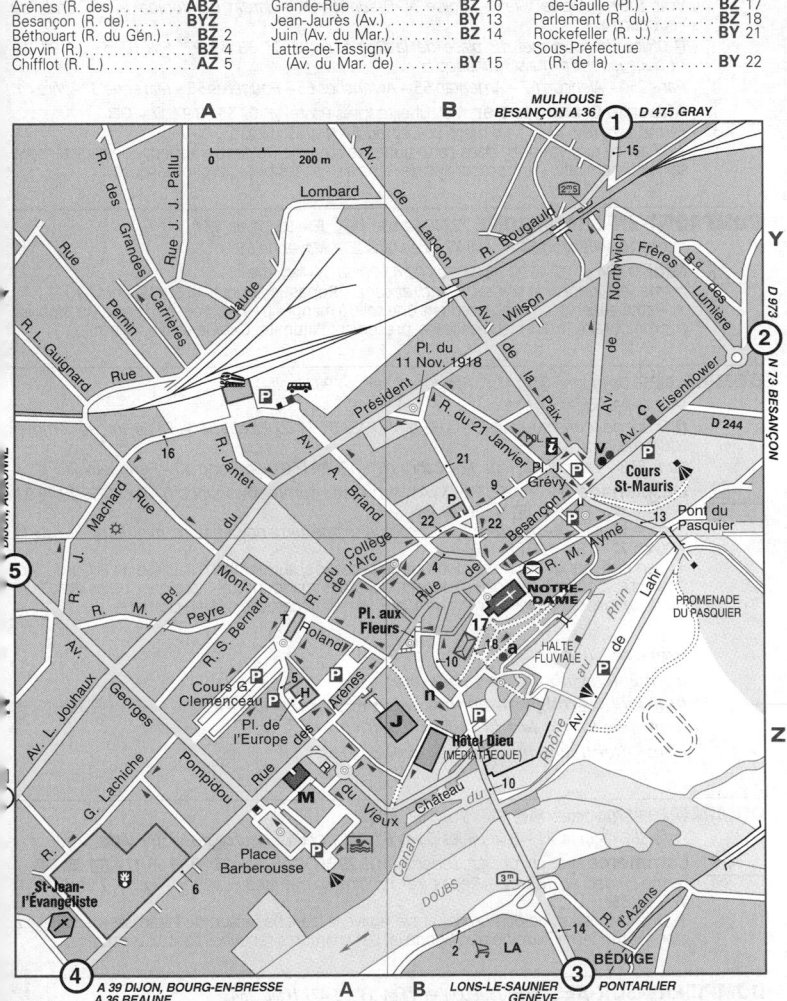

à Parcey par ③ *rte de Lons-le-Saunier : 8 km – 838 h. alt. 197 –* ⊠ *39100 :*

XX **Les Jardins Fleuris,** 35 route nationale 5 ℘ 03 84 71 04 84, *Fax 03 84 71 09 43,* 😤 –
GB

fermé 11 nov. au 2 déc., 2 au 12 juil., dim. soir et mardi – **Repas** 15,50/37,50 ♀.
   ◆ Maison de village en pierres de taille. Deux petites salles à manger d'une fraîche
apparence. Terrasse fleurie, au calme, sur l'arrière. Carte simple.

DOLUS D'OLERON *17 Char.-Mar.* **324** *C4 – voir à Ile d'Oléron.*

Ecrivez-nous...
Vos louanges comme vos critiques seront examinées avec le plus grand soin.
Nous reverrons sur place les informations que vous nous signalez.
Par avance merci !

DOMFRONT *61700 Orne* 310 F3 *G. Normandie Cotentin – 4 262 h alt. 185.*

Voir *Site*★ - *Vieille ville*★ – *Église N.-D-sur-l'Eau*★ – *Jardin du donjon* ✻★ – *Croix du Faubourg* ✻★.

Office de tourisme, 12 place de la Roirie ☎ 02 33 38 53 97, Fax 02 33 30 89 25, ot.bocagedomfrontais@wanadoo.fr.

Paris 250 – Alençon 62 – Argentan 55 – Avranches 65 – Fougères 55 – Mayenne 34 – Vire 41.

Auberge Grandgousier, 1 pl. Liberté (près Poste) ☎ 02 33 38 97 17 – GB
fermé oct., fév., lundi soir, merc. soir et jeudi – **Repas** 15/29 ♀.
◆ "Fays ce que voudras" dans cette auberge familiale du centre ancien, que caractérisent sa belle cheminée - contemporaine de Rabelais - et ses plats gargantuesques.

DOMFRONT-EN-CHAMPAGNE *72240 Sarthe* 310 J6 – *936 h alt. 131.*

Paris 216 – Alençon 54 – Laval 77 – Le Mans 20 – Mayenne 55.

Midi, D 304 ☎ 02 43 20 52 04, *Fax 02 43 20 56 03* – ▤. GB
fermé fév., lundi et le soir sauf vend. et sam. – **Repas** 12,90 (déj.), 18,50/35, enf. 7,70.
◆ Petite auberge de village abritant une salle à manger très colorée, équipée d'un mobilier contemporain. Tables bien espacées, préservant l'intimité. Cuisine traditionnelle.

DOMME *24250 Dordogne* 329 I7 *G. Périgord Quercy – 987 h alt. 250.*

Voir *La bastide*★ : ✻★★★.

Office de tourisme, place de la Halle ☎ 05 53 31 71 00, Fax 05 53 31 71 09, infos@domme-tourisme.com.

Paris 538 – Sarlat-la-Canéda 12 – Cahors 51 – Fumel 50 – Gourdon 20 – Périgueux 76.

L'Esplanade , ☎ 05 53 28 31 41, *esplanade.domme@wanadoo.fr, Fax 05 53 28 49 92,* ≤, , – ▤ rest, TV. AE GB
4 mars-11 nov. – **Repas** *(fermé lundi sauf le soir de juin à nov. et merc. midi)* 35/85 ♀ – 11 – **20 ch** 72/128 – ½ P 89/116.
◆ Demeure périgourdine en bordure de la bastide, surplombant la vallée de la Dordogne. Chambres bourgeoises, parfois logées dans des maisonnettes ; préférez celles avec vue. Élégante salle à manger surplombant la rivière et généreuse cuisine classique.

Dans ce guide
un même symbole, un même mot,
imprimé en ***rouge*** *ou en* ***noir****, en maigre ou en* ***gras****,*
n'ont pas tout à fait la même signification.
Lisez attentivement les pages explicatives.

DOMPAIRE *88270 Vosges* 314 F3 – *919 h alt. 300.*

Paris 366 – Épinal 21 – Luxeuil-les-Bains 61 – Nancy 64 – Neufchâteau 56 – Vittel 24.

Commerce avec ch, pl. Gén. Leclerc ☎ 03 29 36 50 28, *Fax 03 29 36 66 12* – TV. AE GB
fermé 20 déc. au 10 janv. – **Repas** *(fermé dim. soir et lundi)* 12/28 ♀ – 5 – **7 ch** 37/41 – ½ P 27/33.
◆ Une succession de dais en tissu rayé égaye la blanche façade de l'établissement. Salle à manger moderne ; cuisine traditionnelle. Les chambres rénovées sont plus actuelles.

DOMPIERRE-SUR-BESBRE *03290 Allier* 326 J3 – *3 477 h alt. 234.*

Paris 324 – Bourbon-Lancy 19 – Decize 46 – Digoin 27 – Lapalisse 36 – Moulins 31.

Auberge de l'Olive, av. Gare ☎ 04 70 34 51 87, *auberge-olive@wanadoo.fr, Fax 04 70 34 61 68* – ▤ rest, TV P. GB
fermé 18 au 26 sept., dim. soir de nov. à mars et vend. sauf juil.-août – **Repas** 15/45, enf. 8 ♀ – 6 – **17 ch** 43/46 – ½ P 40/42.
◆ À deux tours de roues du parc d'attractions du Pal, auberge abritant des chambres rustiques rafraîchies ; celles de l'annexe récente sont plus actuelles. Deux salles à manger : l'une campagnarde, l'autre moderne, en véranda. Recettes traditionnelles.

DOMPIERRE-SUR-VEYLE *01240 Ain* 328 E4 – *968 h alt. 285.*

Paris 439 – Mâcon 54 – Belley 70 – Bourg-en-Bresse 18 – Lyon 58 – Nantua 47.

Aubert, pl. de la Mairie ☎ 04 74 30 31 19, *Fax 04 74 30 36 98,* – GB
fermé 15 au 23 juil., fév., jeudi et le soir sauf vend. et sam. – **Repas** 19/45, enf. 7,60.
◆ Restaurant de village sur la place de l'église. Grande salle de café pour repas de type "cantine", et salle à manger simple où l'on sert les spécialités de la Dombes.

DOMRÉMY-LA-PUCELLE *88630 Vosges* **314** *C2 G. Alsace Lorraine – 167 h alt. 280.*

Voir *Maison natale de Jeanne d'Arc*★.

Paris 328 – Nancy 59 – Neufchâteau 11 – Toul 37.

Jeanne d'Arc sans rest, 1 r. Principale ℘ 03 29 06 96 06 – ☞. **GB**. ✀
1er avril-15 nov. – ☲ 4 – **7 ch** 25/34.
◆ La maison natale de la Pucelle est à deux pas. Hôtel familial proposant de petites chambres bien tenues et peu sonores : n'y parviennent que des filets de voix. Salon TV.

DONZENAC *19270 Corrèze* **329** *K4 G. Périgord Quercy – 2 147 h alt. 204.*

Voir *Les Pans de Travassac*★.

🛈 *Office de tourisme, place de l'Hôtel de Ville ℘ 05 55 85 65 35, Fax 05 55 85 72 30, tourisme.donzenac@wanadoo.fr.*
Paris 469 – Brive-la-Gaillarde 11 – Limoges 81 – Tulle 27 – Uzerche 26.

au Nord-Est *par rte d'Uzerche sur D 920*

Relais du Bas Limousin, à 6 km ℘ 05 55 84 52 06, *relais-du-bas-limousin@wanadoo.fr,*
Fax 05 55 84 51 41, 🍽, ⌂, ⚁ – ✄ 📺 ☎ ☞ 🅿. **GB**
fermé 31 oct. au 14 nov., 1er au 16 janv., dim. soir de mi-sept. à fin juin et lundi midi – **Repas**
14/45, enf. 8 ♈ – ☲ 6,50 – **22 ch** 52/62 – ½ P 47.
◆ Cette auberge inspirée de l'architecture régionale est bâtie en léger retrait de la D 920. Les chambres sont personnalisées. Salle à manger rustique complétée d'une véranda (meubles en fer forgé) ouverte sur le jardin et la piscine ; carte régionale.

Maleyrie, à 5 km, A20 sortie 47 dir. Sadroc ℘ 05 55 84 50 67, *hoteldelamaleyrie@caramail. com*, Fax 05 55 84 20 63, 🍽, ⚁ – 📺 ☎ ☞ 🅿. **GB**
fermé 14 au 22 fév., 20 au 28 mars, 20 déc. au 10 janv., vend. soir et samedi hors saison –
Repas 13,50/25, enf. 7,50 ♈ – ☲ 5,50 – **12 ch** 30/42 – ½ P 37/41.
◆ Cette hôtellerie familiale est située dans une bourgade corrézienne autrefois réputée pour ses ardoises. Chambres sobrement décorées, à choisir de préférence côté jardin. Au restaurant, cuisine régionale sans prétention proposée dans un cadre campagnard.

DONZY *58220 Nièvre* **319** *B7 G. Bourgogne – 1 659 h alt. 188.*

🛈 *Office de tourisme, 7 rue de l'Eminence ℘ 03 86 39 45 29, officetourisme.donziais-@wanadoo.fr.*
Paris 203 – Auxerre 66 – Bourges 73 – Clamecy 39 – Cosne-sur-Loire 19 – Nevers 50.

Grand Monarque, près église ℘ 03 86 39 35 44, *monarque.jacquet@laposte.net,*
Fax 03 86 39 37 09, 🍽 – 📺 ☎ . 🅰🅴 **JCB**
fermé 10 janv. au 10 fév., dim soir et lundi du 15 oct. au 15 avril – **Repas** 14 (déj.), 21/36 ♈ –
☲ 7 – **11 ch** 53/69 – ½ P 45,50.
◆ Façade en pierres d'un ancien relais de diligences. Un bel escalier à vis du 16e s. dessert des chambres simples, parfois rénovées et rehaussées de meubles bourguignons. Salle de restaurant champêtre avec jolie cuisine du 19e s. pieusement préservée.

Le DORAT *87210 H.-Vienne* **325** *D3 G. Berry Limousin – 1 963 h alt. 209.*

Voir *Collégiale St-Pierre*★★.

🛈 *Office de tourisme, 17 place de la Collégiale ℘ 05 55 60 76 81, Fax 05 55 68 27 87, mairie.ledorat@wanadoo.fr.*
Paris 369 – Limoges 58 – Poitiers 77 – Bellac 13 – Le Blanc 49 – Guéret 68.

Promenade avec ch, 3 av. Verdun ℘ 05 55 60 72 09, Fax 05 55 68 67 62 – 📺 ☎ ☞ 🅿.
GB
fermé 16 sept. au 7 oct., 14 janv. au 4 fév., dim. soir et lundi – **Repas** 11/30, enf. 8,40 ♈ –
☲ 5,50 – **8 ch** 28/33 – ½ P 28/31.
◆ Derrière la sobre façade de l'établissement, recettes traditionnelles servies dans deux salles rustiques ; l'une d'elles est rajeunie par des couleurs vives. Chambres simples.

Marmite, 29 av.Gare ℘ 05 55 60 66 94, Fax 05 55 60 74 73, 🍽 – **GB**
fermé 23 juin au 1er juil., 20 sept.au 7 oct., 20 au 29 janv. lundi soir et mardi – **Repas** (12) –
16/36, enf. 7 ⅜.
◆ Monsieur utilise bien plus qu'une marmite pour mijoter sa copieuse cuisine tradi-tionnelle, tandis que Madame s'affaire dans une salle à manger où le bois domine le décor.

*Les principales voies commerçantes figurent en **rouge**
dans la liste des rues des plans de villes.*

DORMANS 51700 Marne **306** D8 *G. Champagne – 3 126 h alt. 70.*

🛈 *Office de tourisme, avenue des victoires* ☎ *03 26 53 35 86, Fax 03 26 53 35 87, office.tourisme.dormans@wanadoo.fr.*

Paris 118 – Reims 41 – Château-Thierry 24 – Épernay 25 – Meaux 71 – Soissons 46.

XX **Table Sourdet,** 6 r. Docteur Moret ☎ *03 26 58 20 57, Fax 03 26 58 88 82 –* 🏛 30. 🖭 ☎
fermé 1ᵉʳ au 15 juil. et vend. – **Repas** 33/45, enf. 12 ♀ **- Petite Table** *(déj. seul.) (fermé vend., sam. et dim.)* **Repas** 16/28 ♀ enf.12.
♦ L'on est cuisinier de père en fils depuis six générations à la Table Sourdet ! La vaste maison abrite une salle à manger bourgeoise où l'on propose une carte classique. La Petite Table est installée dans une véranda ; menus simples et à prix doux.

DORRES 66760 Pyr.-Or. **344** C8 *G. Languedoc Roussillon – 219 h alt. 1458.*

Paris 849 – Ax-les-Thermes 47 – Font-Romeu-Odeillo-Via 15 – Perpignan 104.

🏠 **Marty** ⚘, ☎ *04 68 30 07 52, Fax 04 68 30 08 12,* ≤, 😊 *–* 🖭 🅿. ☎
🍽 *fermé 25 oct. au 20 déc. –* **Repas** 15 bc/30, enf. 8 ♣ *–* ⌑ 6 **– 21 ch** 42/60 – ½ P 42,50.
♦ Pension de famille sur les hauteurs de la Cerdagne, proche d'une source sulfureuse et de son petit bassin. Chambres un brin désuètes, parfois avec loggia. Restaurant panoramique agrémenté d'objets agricoles et de trophées de chasse. Copieuse cuisine catalane.

DOUAI ◁◁▷ 59500 Nord **302** G5 *G. Picardie Flandres Artois – 42 796 h alt. 31.*

Voir *Beffroi*★ **BY D** *– Musée de la Chartreuse*★.

Env. *Centre historique minier de Lewarde*★★ *SE : 8 km par* ②.

🏌 *à Thumeries* ☎ *03 20 86 58 98, par* ① *et D 8 : 15 km.*

🛈 *Office de tourisme, 70 place d'Armes* ☎ *03 27 88 26 79, Fax 03 27 99 38 78, tourisme@ville-douai.fr.*

Paris 194 ③ – Lille 42 ④ – Arras 26 ③ – Tournai 39 ① – Valenciennes 47 ②.

Plan page ci-contre

🏨 **Terrasse,** 36 terrasse St-Pierre ☎ *03 27 88 70 04, contact@laterrasse.fr, Fax 03 27 88 36 05 –* 🖭 rest, 🖭 🅿 *–* 🏛 30. 🖭 ☎   **BY a**
Repas 32/71 ♀ ☎ *–* ⌑ 8,50 **– 26 ch** 50/100 – ½ P 55/64.
♦ Avenante maison cachée dans une ruelle jouxtant l'ancienne collégiale St-Pierre. Les chambres, un peu petites, sont décorées dans le style des années 1980. Restaurant cossu agrémenté de tableaux, cuisine classique et belle carte des vins (900 appellations).

🏠 **Ibis** sans rest, pl. St-Amé ☎ *03 27 87 27 27, Fax 03 27 98 31 64 –* 📱 ⚡ 🖭 ✆ ♿ 🅿 *–* 🏛 60.
🖭 ⓘ ☎   **AY e**
⌑ 6 **– 42 ch** 57.
♦ Les standards Ibis dans une demeure historique ! Ces maisons des 16ᵉ et 18ᵉ s. abritent des chambres fonctionnelles de tailles variées ; poutres et mansardes au 3ᵉ étage.

XX **Au Turbotin,** 9 r. Massue ☎ *03 27 87 04 16, Fax 03 27 87 87 57 –* ▤. 🖭 ⓘ ☎   **AY s**
fermé août, 7 au 20 fév., sam. midi, dim. soir et lundi – **Repas** 16/42 ♀.
♦ Voisin du Palais de Justice, ce restaurant de poissons aménagé dans une ex-graineterie accueille une clientèle de gens de robe. Salle à manger animée d'un vivier.

à Roost-Warendin *par* ①*, D 917 et D 8 : 10 km – 5 744 h. alt. 22 –* ✉ *59286 :*

🛈 *Syndicat d'initiative, 270 rue Brossolette* ☎ *03 27 95 90 00, Fax 03 27 95 90 01.*

XX **Chat Botté,** Château de Bernicourt ☎ *03 27 80 24 44, Fax 03 27 80 35 81,* 😊, 🏮 *–* 🅿. 🖭
☎
fermé 2 semaines en août, dim. soir et lundi – **Repas** *(déj. seul. en semaine)* (14,50) - 25/ 65 ♀ ☎.
♦ Tons pastel, mobilier en rotin et plantes vertes dans les dépendances du joli château de Bernicourt (18ᵉ s.) entouré d'un parc. Cuisine classique ; carte des vins étoffée.

à Brebières *par* ③ *: 7 km – 4 424 h. alt. 48 –* ✉ *62117 (Pas-de-Calais) :*

XXX **Air Accueil,** N 50 ☎ *03 21 50 01 02, Fax 03 21 50 84 17,* 😊, ▦ *–* 🅿. ☎
fermé dim. soir, lundi et soirs fériés – **Repas** 25/36 et carte 35 à 62 ♀.
♦ Long bâtiment en briques près d'un aérodrome. Salle à manger de style Louis XIII égayée de tissus fleuris et verdoyante terrasse. Dégustations de vins dans un des salons.

rte de Hénin-Beaumont *par* ④ *et N 43 : 3 km –* ✉ *59553 Cuincy :*

🏠 **Campanile,** r. Maximilien Robespierre ☎ *03 27 96 97 00, douaicu@campanile.fr, Fax 03 27 98 98 93,* 😊 *–* ⚡ 🖭 ♿ 🅿 *–* 🏛 25. 🖭 ⓘ ☎
Repas (12,50) - 16,50/18,50, enf. 6 ♀ *–* ⌑ 6,50 **– 50 ch** 59/70.
♦ Hôtel situé à la périphérie de la ville des géants. Les chambres, pratiques et bien tenues, bénéficient d'un récent rajeunissement ; demandez-en une sur l'arrière, au calme. Cuisines visibles de la salle à manger et repas servis l'été sur une petite terrasse.

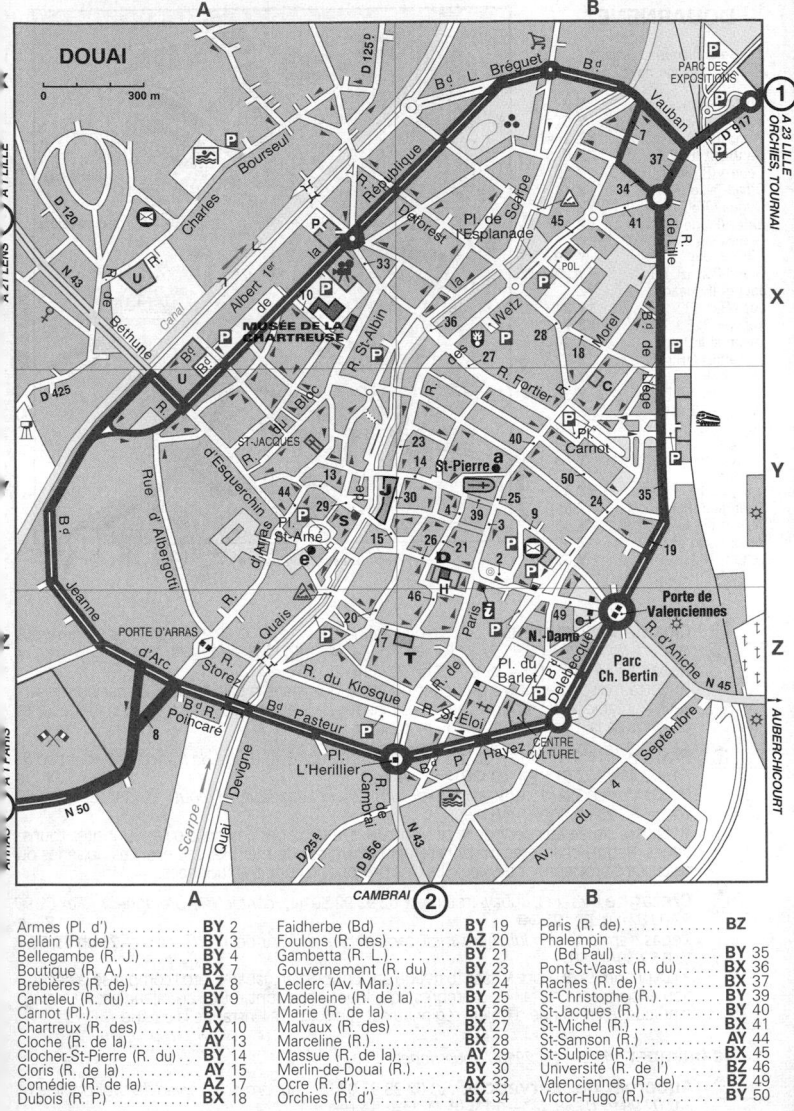

DOUAI

0   300 m

PARC DES EXPOSITIONS

A 23 LILLE
ORCHIES, TOURNAI

MUSÉE DE LA
CHARTREUSE

St-Pierre

Porte de
Valenciennes

PORTE D'ARRAS

Parc
Ch. Bertin

CENTRE
CULTUREL

N. Dame

Armes (Pl. d')	**BY** 2	Faidherbe (Bd)	**BY** 19	Paris (R. de)	**BZ**
Bellain (R. de)	**BY** 3	Foulons (R. des)	**AZ** 20	Phalempin	
Bellegambe (R. J.)	**BY** 4	Gambetta (R. L.)	**BY** 21	(Bd Paul)	**BY** 35
Boutique (R. A.)	**BX** 7	Gouvernement (R. du)	**BY** 23	Pont-St-Vaast (R. du)	**BX** 36
Brebières (R. de)	**AZ** 8	Leclerc (Av. Mar.)	**BY** 24	Raches (R. de)	**BX** 37
Canteleu (R. du)	**BY** 9	Madeleine (R. de la)	**BY** 25	St-Christophe (R.)	**BY** 39
Carnot (Pl.)	**BY**	Mairie (R. de la)	**BY** 26	St-Jacques (R.)	**BY** 40
Chartreux (R. des)	**AX** 10	Malvaux (R. des)	**BX** 27	St-Michel (R.)	**BX** 41
Cloche (R. de la)	**AY** 13	Marceline (R.)	**BX** 28	St-Samson (R.)	**AY** 44
Clocher-St-Pierre (R. du)	**BY** 14	Massue (R. de la)	**AY** 29	St-Sulpice (R.)	**BX** 45
Cloris (R. de la)	**AY** 15	Merlin-de-Douai (R.)	**BY** 30	Université (R. de l')	**BZ** 46
Comédie (R. de la)	**AZ** 17	Ocre (R. d')	**AX** 33	Valenciennes (R. de)	**BZ** 49
Dubois (R. P.)	**BX** 18	Orchies (R. d')	**BX** 34	Victor-Hugo (R.)	**BY** 50

Lisez attentivement l'introduction : c'est la clé du guide.

DOUAINS *27 Eure* **304** *I7 – rattaché à Vernon.*

DOUARNENEZ *29100 Finistère* **308** *F6 G. Bretagne – 15 827 h alt. 25.*

Voir *Boulevard Jean-Richepin et nouveau port★ ≤★ Y – Port du Rosmeur★ – Musée à flot★★ - collection★ au musée du bateau – Ploaré : tour★ de l'église S : 1 km – Pointe de Leydé★ ≤★ NO : 5 km.*

🛈 *Office de tourisme, 2 rue Docteur Mével ☎ 02 98 92 13 35, Fax 02 98 92 70 47, tourisme.douarnenez@wanadoo.fr.*

Paris 585 ① *– Quimper 23* ② *– Brest 76* ① *– Lorient 88* ② *– Vannes 141* ②.

DOUARNENEZ

Sens unique en saison :
flèche noire

Anatole-France (R.)....... **Y** 2
Baigneurs (R. des) .... **Y** 5
Barré (R. J.) .... **YZ** 7
Berthelot (R.)........... **Z** 8
Centre (R. du) .... **Y** 10
Croas-Talud (R.)......... **Z** 14
Duguay-Trouin (R.)...... **YZ** 15
Enfer (Pl. de l')......... **YZ** 16
Grand-Port
   (Quai du) .... **Y** 19
Grand-Port (R. du) ..... **Y** 20
Jaurès (R. Jean)........ **YZ**
Jean-Bart (R.) .... **Y** 24
Kerivel (R. E.) .... **YZ** 21
Laënnec (R.) .... **Y** 25
Lamennais (R.) .... **Y** 27
Marine (R. de la)....... **Y** 32
Michel (R. L.) .... **Y** 36
Monte-au-Ciel (R.)...... **Z** 37
Péri (Pl. Gabriel) .... **Y** 42
Petit-Port
   (Quai du) .... **Y** 43
Plomarc'h
   (R. des) .... **YZ** 44
Stalingrad (Pl.)......... **Z** 56
Vaillant (Pl. E.) .... **Y** 59
Victor-Hugo (R.)........ **Z** 60
Voltaire (R.) .... **Y** 62

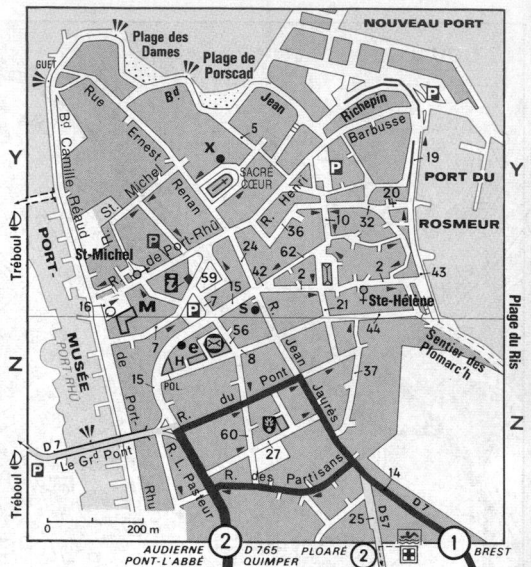

Clos de Vallombreuse ⬧, 7 r. d'Estienne-d'Orves ✆ 02 98 92 63 64, *clos.vallombreuse@wanadoo.fr, Fax 02 98 92 84 98*, ⬧, 🏠, ♨, 🐎 – 📺 📞 🅿. 🆎 ⴳⴱ   Y x
Repas 16/54, enf. 10 ♀ – ⬜ 8 – **25 ch** 72/116 – ½ P 62/84.
⬧ Cette maison de maître du début du 20e s. dominant la baie fut édifiée par un conservateur. Agréable jardin arboré. Chambres plaisantes diversement meublées. Élégant décor et produits de la mer font l'attrait du restaurant.

France, 4 r. J. Jaurès ✆ 02 98 92 00 02, *hotel.de.france.dz@wanadoo.fr, Fax 02 98 92 27 05* – 📺. 🆎 ⴳⴱ 🇯🇨🇧. ⬧ rest   Y s
Repas *(fermé 3 au 10 janv., sam. midi, dim. soir et lundi sauf juil.-août) (12)* - 19/38, enf. 9,50
♀ – ⬜ 7 – **25 ch** 50/55 – ½ P 50.
⬧ Bâtisse située au coeur de la cité portuaire, à deux pas des principales curiosités touristiques. Petites chambres majoritairement pourvues de meubles anciens. Les boiseries du restaurant proviennent de vieux lits clos bretons ; cuisine traditionnelle.

Bretagne, 23 r. Duguay-Trouin ✆ 02 98 92 30 44, *contact@le-bretagne.fr, Fax 02 98 92 09 07* – 📞 📺. 🆎 ⴳⴱ   Z e
Repas *(fermé lundi midi, merc. midi, sam. midi et dim.)* 10 (déj.)/17 ♀ – ⬜ 6 – **23 ch** 33/53 –
½ P 32,50/42,50.
⬧ La proximité du Port-Musée (bateau-feu, langoustier, gabarre, etc.) compense la décoration ancienne de certaines chambres ; quelques-unes sont toutefois rajeunies. Au restaurant, curieux mélange d'objets régionaux et mexicains, à l'instar de la cuisine.

rte de Quimper : *4 km* – ✉ *29100 Douarnenez* :

Auberge de Kerveoc'h, ✆ 02 98 92 07 58, *auberge.de-kerveoch@worldonline.fr, Fax 02 98 92 03 58,* 🏠 – 📺 📞 ⬧ 🅿. 🆎 ⴳⴱ. ⬧ rest
Repas 16/18, enf. 11 ♀ – ⬜ 9 – **14 ch** 52/69 – ½ P 49/57,50.
⬧ Cette vieille ferme dotée d'un beau jardin abritait précédemment un centre équestre. Les chambres, refaites, sont habillées de couvre-lits évoquant le pays bigouden. Le restaurant, installé dans les ex-écuries, a conservé son plaisant cachet rustique.

à Tréboul *Nord-Ouest : 3 km* – ✉ *29100* :

Thalasstonic, r. des Professeurs Curie ✆ 02 98 74 45 45, *info@hotel-douarnenez.com, Fax 02 98 74 36 07,* 🏠 – 📞 📺 📞 ⬧ 🅿. 🆎 🔵 ⴳⴱ. ⬧ rest
Repas (15) - 21, enf. 9 ♀ – ⬜ 8 – **50 ch** 63/91 – ½ P 72/84.
⬧ Hôtel iodé pour un séjour tonique : plage proche et accès direct au centre de thalassothérapie. Chambres spacieuses, fonctionnelles et récemment rajeunies. Accueillant restaurant contemporain prolongé d'une terrasse d'été ; cuisines classique et diététique.

🏠 **Ty Mad** ⚓, près chapelle St-Jean, ℰ 02 98 74 00 53, *hoteltymad@wanadoo.fr*,
Fax 02 98 74 15 16, ≤, 🌳, 🚗 – 🅿 GB, ✂ rest
1er avril-30 sept. – **Repas** (dîner seul.) 15/20 – ⌂ 6,50 – **19 ch** 48/52 – ½ P 49.
◆ Le peintre quimpérois Max Jacob aurait fréquenté cette "bonne maison" (ty mad)
dominant la plage St-Jean. Chambres simples et bien tenues. La salle à manger-véranda
surplombe le jardin et offre une jolie vue sur la mer. Courte carte axée sur le poisson.

DOUBS 25 Doubs 🗺️ I5 – *rattaché à Pontarlier.*

DOUCIER 39130 Jura 🗺️ E7 – 270 h alt. 526.
Voir *Lac de Chalain*★★ *N : 4 km G. Jura.*
Paris 427 – Champagnole 21 – Lons-le-Saunier 25.

XX **Comtois** avec ch, ℰ 03 84 25 71 21, *restaurant.comtois@wanadoo.fr*, Fax 03 84 25 71 21, 🌳 – 🅿 GB
fermé 28 nov. au 11 fév., dim. soir, mardi soir et merc. sauf du 15 juin au 15 sept – **Repas**
19/68 bc, enf. 8,50 ⌂ ⚓ – ⌂ 6 – **8 ch** 28/50 – ½ P 36/41.
◆ Plaisant décor campagnard, généreuse cuisine du terroir, service soigné et très bon
accueil font la réputation cette coquette auberge. Attrayante sélection de vins du Jura.

XX **Sarrazine,** ℰ 03 84 25 70 60, Fax 03 84 25 79 34, 🌳 – 🅿 GB
fermé début déc. à début janv. et jeudi – **Repas** 13,60/22,40, enf. 10,60 ⌂.
◆ On tue le cochon... sur la fresque murale de ce restaurant rustique où les ripailleurs se
retrouvent autour des spécialités maison : pieds de porc et grillades au feu de bois.

DOUÉ-LA-FONTAINE 49700 M.-et-L. 🗺️ H5 *G. Châteaux de la Loire – 7 450 h alt. 75.*
Voir *Zoo de Doué*★★.
🅱 Office de tourisme, 30 place des Fontaines ℰ 02 41 59 20 49, Fax 02 41 59 93 85,
tourisme.doue.la.fontaine@wanadoo.fr.
Paris 322 – Angers 40 – Châtellerault 86 – Cholet 50 – Saumur 19 – Thouars 30.

🏠 **Saulaie** sans rest, rte Montreuil-Bellay : 2 km ℰ 02 41 59 96 10, *hoteldelasaulaie@wanado
o.fr,* Fax 02 41 59 96 11, 🏊, 🚗 – 🔟 👤 🅿 ① GB
fermé 18 déc. au 3 janv. – ⌂ 6,80 – **44 ch** 35/52.
◆ Après la visite des "caves demeurantes" alentour, retrouvez la lumière naturelle dans cet
établissement récent aux chambres actuelles, colorées et assez spacieuses.

XX **Auberge Bienvenue** avec ch, 104 route Cholet (face Zoo) ℰ 02 41 59 22 44, *auberge.bi
envenue@wanadoo.fr,* Fax 02 41 59 93 49, 🌳, 🚗 – ▤ ch, 🔟 👤 🅿 ⁇ GB
Repas *(fermé vacances de fév., dim. soir et lundi)* (15) · 19/42, enf. 9 ⌂ – ⌂ 6,50 – **7 ch** 50/55
– ½ P 61.
◆ Faites le plein de saveurs et de parfums dans cette chaleureuse salle de restaurant :
goûteux plats traditionnels et terrasse fleurant bon la rose. Sept chambres récentes.

XX **France** avec ch, 19 pl. Champ de Foire ℰ 02 41 59 12 27, *jarnot@hoteldefrance-doue-co
m,* Fax 02 41 59 76 00 – 🔟 👤 GB
fermé 25 juin au 3 juil., 22 déc. au 24 janv., dim. soir et lundi sauf juil.-août – **Repas** (14) ·
16/37, enf. 8 ⌂ – ⌂ 6 – **17 ch** 37/49 – ½ P 45.
◆ Dans la cité de la rose, salle de restaurant au décor velouté : murs tendus de tissu bleu,
plafond orné de draperies et sièges Louis XVI. Chambres simples.

DOURDAN 91410 Essonne 🗺️ B4 *G. Île de France – 9 555 h alt. 100.*
Voir *Place du Marché aux grains*★ – *Vierge au perroquet*★ *au musée.*
🏌️ Rochefort Chisan Country Club à Rochefort-en-Yvelines ℰ 01 30 41 31 81, N : 8 km par
D 836 et D 149 ; 🏌️ à Forges-les-Bains ℰ 01 64 91 48 18, N : 14 km par D 838.
🅱 Office de tourisme, place du Général de Gaulle ℰ 01 64 59 86 97, Fax 01 60 81 05 69,
office.tourisme.dourdan@wanadoo.fr.
Paris 54 – Chartres 48 – Étampes 18 – Évry 44 – Orléans 81 – Rambouillet 22 – Versailles 51.

XX **Auberge de l'Angélus,** 4 pl. Chariot ℰ 01 64 59 83 72, *angelus-gourmet@wanadoo.fr,*
Fax 01 64 59 83 72, 🌳 – 🅰 ① GB
fermé 9 août au 1er sept., vacances de fév., lundi soir, mardi soir et merc. – **Repas** 20/37,
enf. 15.
◆ À l'écart du pittoresque centre historique, relais de poste du 18e s. abritant trois petites
salles à manger récemment rénovées. Terrasse dressée dans la jolie cour pavée.

DOURGNE 81110 Tarn 🗺️ E10 – *1 186 h alt. 250.*
🅱 Office de tourisme, place Jean Bugis ℰ 05 63 74 27 19, Fax 05 63 74 27 19, *contact@pays-
dedourgne-tourisme.com.*
Paris 742 – Toulouse 67 – Carcassonne 52 – Castelnaudary 35 – Castres 19 – Gaillac 64.

✗ **Hostellerie de la Montagne Noire** avec ch, 15 pl. Promenades ℰ 05 63 50 31 12, *ho tel.restaurant.montagne.noire@wanadoo.fr*, Fax 05 63 50 13 55, 🍴 – 🍽 rest, 🆅 ✆ ₺. 🖭 ⓪ 🖭 ⚞

Repas *(fermé dim. soir et lundi)* 13,50 (déj.), 19,50/32,50 ₰ – 🖙 5,50 – **9 ch** 40/46 – ½ P 37/40.

• Vieille maison d'un village de la Montagne Noire. Deux salles à manger : l'une récente, fraîche et lumineuse, l'autre plus simple, de style champêtre. Chambres bien équipées.

au Nord *4 km par D 85 et D 14 –* ✉ *81110 St-Avit :*

✗✗ **Les Saveurs de St-Avit,** ℰ 05 63 50 11 45, *simonscott6@aol.com*, Fax 05 63 50 11 45, 🍴 – 🖭 🖭 ⚞

fermé janv., sam. midi, dim. soir et lundi – **Repas** (17) - 23 (déj.), 30/73 bc ♀.

• Ancien corps de ferme isolé en pleine campagne. Bel intérieur rustique (poutres, puits, mangeoires) orné de tableaux d'un artiste local ; terrasse sous le toit de la grange.

DOURLERS 59228 Nord 🇫🇷 L6 – *568 h alt. 171.*

Paris 245 – St-Quentin 75 – Avesnes-sur-Helpe 10 – Lille 94 – Maubeuge 13 – Le Quesnoy 27.

✗✗ **Auberge du Châtelet,** rte Avesnes-sur-Helpe sur N 2 : 1 km ✉ 59440 Avesnes-sur-Helpe ℰ 03 27 61 06 70, *Fax 03 27 61 20 02,* 🍴 – 🅿. 🖭 🖭

fermé 16 au 31 août, dim. soir et soirs fériés – **Repas** 23/51 bc, enf. 13 ₰ ⚞.

• Auberge familiale proche de ce village de l'Avesnois et de son surprenant kiosque à danser du 19ᵉ s. Chaleureux intérieur campagnard, terrasse calme et belle carte des vins.

DOUSSARD 74210 H.-Savoie 🇫🇷 K6 – *2 781 h alt. 456.*

🅱 *Syndicat d'initiative* ℰ 04 50 44 81 69, Fax 04 50 44 81 75.

Paris 555 – Annecy 20 – Albertville 27 – Megève 42.

🏨 **Arcalod,** ℰ 04 50 44 30 22, *info@hotelarcalod.fr*, Fax 04 50 44 85 03, 🍴, ₰, 🏊, 🚲 – 🔱 🆅 ✆ ₺. 🖭 🖭 ⚞ rest

19 avril-29 sept. – **Repas** *(fermé dim. soir et lundi du 19 avril au 15 mai)* 15,50/27,50, enf. 9,50 ♀ – 🖙 8 – **33 ch** 64/67,50 – ½ P 63,50.

• Pimpant chalet savoyard séparé de son vaste jardin par la petite route conduisant au village. Chambres pratiques et bien tenues ; nombreuses activités de loisirs sur place. Spacieuse salle de restaurant actuelle où l'on sert des plats traditionnels et locaux.

à Bout-du-Lac *Nord-Ouest : 3 km par N 508 –* ✉ *74210 :*

✗✗ **Chappet** avec ch, ℰ 04 50 44 30 19, *hotel-chappet@wanadoo.fr*, Fax 04 50 44 83 26, 🍴, ₰, 🅿. 🖭

20 fév.-30 sept. et fermé jeudi soir, dim. soir et lundi – **Repas** 26/52 ♀ – 🖙 8,50 – **9 ch** 56/60 – ½ P 64.

• Plats traditionnels à déguster sur la belle terrasse ombragée, dressée au bord de l'eau et offrant un superbe panorama sur le lac. Ponton privé. Sympathique accueil familial.

DOUVAINE 74140 H.-Savoie 🇫🇷 K3 – *3 859 h alt. 428.*

🅱 *Office de tourisme, 35 rue du Centre* ℰ 04 50 94 10 55, Fax 04 50 94 36 13, *officetou risme@ville-douvaine.fr*.

Paris 555 – Thonon-les-Bains 16 – Annecy 63 – Chamonix-Mont-Blanc 87 – Genève 18.

✗✗✗ **La Table d'Angelo,** Château de Chilly Sud-Est:2km ℰ 04 50 35 46 55, *tabledangelo@yaho o.fr*, Fax 04 50 35 41 31 – 🅿. 🖭 ⚞

fermé 1ᵉʳ au 30 juil., 3 au 9 janv., mardi et merc. – **Repas** 39 (déj.), 46/78 et carte 68 à 94.

• Restaurant aménagé avec beaucoup de goût dans un petit château du 15ᵉ s. dont l'authenticité a été soigneusement préservée (pierres, poutres, cheminée) ; cuisine inventive.

✗✗ **Couronne,** ℰ 04 50 85 10 20, *la.couronne2@freesbee.fr*, Fax 04 50 85 10 40, 🍴 – 🅿. 🖭 ⚞

fermé 10 au 28 juin et 22 déc. au 6 janv., dim. soir et lundi – **Repas** 11,50 bc (déj.), 24/42.

• Cette auberge datant de 1780 abrite une chaleureuse salle à manger (poutres apparentes, couleurs ensoleillées) ouverte sur une petite cour ombragée. Recettes au goût du jour.

DOUVRES LA DÉLIVRANDE 14440 Calvados 🇫🇷 J4 G. Normandie Cotentin – *4 809 h alt. 19.*

🅱 *Syndicat d'initiative, 41 rue Général de Gaulle* ℰ 02 31 37 93 10, Fax 02 31 37 93 10, *infos@ville-douvres-la-delivrande.fr*.

Paris 246 – Caen 15 – Bayeux 26 – Deauville 48.

✗✗ **Jacques Quirié,** 1 pl. Ancienne Mairie ℰ 02 31 37 20 04, *Fax 02 31 37 76 12* – 🅿. 🖭 ⚞

fermé 6 au 25 juil., vacances de fév., dim. soir et lundi – **Repas** 13,50 (déj.)/22 ♀.

• Le conseil municipal fréquente peut-être toujours l'endroit, mais pour d'autres raisons : l'ancienne mairie est devenue une moderne salle de restaurant aux couleurs vives.

à Cresserons Est : 2 km par D 35 – 1 202 h. alt. 9 – ⊠ 14440 :

XXX **Valise Gourmande,** rte Lion sur Mer ℘ 02 31 37 39 10, Fax 02 31 37 59 13, 霜, 屏 – 臣. ⅁⅄, ⅗

fermé 8 au 26 mars, 27 sept. au 15 oct., mardi midi, dim. soir et lundi – **Repas** 28/54 et carte 47 à 65.

♦ Prieuré du 18ᵉ s. et son jardin clos. Élégamment décorées, trois petites salles à l'esprit campagnard, dont une agrémentée d'une cheminée. Cuisine classique.

DRACY-LE-FORT 71 S.-et-L. **320** I9 – *rattaché à Chalon-sur-Saône.*

DRAGUIGNAN ◀▶ 83300 Var **340** N4 *G. Côte d'Azur* – 32 829 h alt. 178.

Voir *Musée des Arts et Traditions populaires de moyenne Provence*★ M².

Env. *Site*★ *de Trans-en-Provence S : 5 km.*

⛳ *de St-Endréol à La Motte ℘ 04 94 51 89 89, par ② et D 47 : 15 km.*

🄱 *Office de tourisme, 2 avenue Carnot ℘ 04 98 105 105, Fax 04 98 105 110, contact@ot-draguignan.fr.*

Paris 862 ② – Fréjus 30 ② – Marseille 124 ② – Nice 89 ② – Toulon 79 ②.

DRAGUIGNAN

Cisson (R.)	**YZ** 3	Gay (Pl. C.)	**Y** 6	Marché (Pl. du)	**Y** 16
Clemenceau (Bd)	**Z**	Grasse (Av. de)	**Y** 8	Martyrs-de-la-R.	
Clément (R. P.)	**Z** 4	Joffre (Bd Mar.)	**Z** 9	(Bd des)	**Z** 17
Droits de l'Homme		Juiverie		Marx-Dormoy (Bd)	**Y** 18
(Parvis des)	**Z** 5	(R. de la)	**Y** 12	Mireur (R. F.)	**Y** 19
		Kennedy (Bd J.)	**Z** 13	Observance (R. de l')	**Y** 20
		Leclerc (Bd Gén.)	**Z** 14	République (R. de la)	**Z** 23
		Marchands (R. des)	**Y** 15	Rosso (Av. P.)	**Z** 24

🏨 **Mercure** sans rest, 11 bd G. Clemenceau ℘ 04 94 50 95 09, h2969@accor-hotels.com, Fax 04 94 68 23 49 – 🛗 ✳⇆ 🎯 📺 📞 & 🚗. 🅰🅴 ⓪ ⅁⅄ 🅹🅲🅱   **Z** n
⊇ 9,50 – **35 ch** 66/102, 3 suites.

♦ Complexe hôtelier moderne situé en plein centre-ville, à proximité des musées. Chambres spacieuses, bien équipées et insonorisées, dont une partie a été rénovée.

✗ **Lou Galoubet**, 23 bd J. Jaurès ℰ 04 94 68 08 50, Fax 04 94 68 08 50 – 🍴 ⚎ ⌷ Z e
fermé 18 août au 5 sept., dim. soir et lundi – **Repas** 21,50 ⌷.
● Chaises et banquettes en skaï rouge mettent de la gaieté et donnent un air de brasserie
à ce restaurant dont les cuisines s'offrent à la vue de tous. Recettes classiques.

✗ **Rest. du Parc**, 21 bd Liberté ℰ 04 94 50 66 44, Fax 04 94 50 66 44, 🌇 – ⚎ Y a
fermé vacances de Toussaint et de fév., dim. et lundi en hiver, sam. midi, dim. midi et lundi
midi en été – **Repas** 16 (déj.), 19/24, enf. 10 ⌷.
● Petite salle aux couleurs du Sud et agréable terrasse ombragée par un platane séculaire.
Cuisine traditionnelle ; formule unique à midi, carte plus étoffée le soir.

rte de Flayosc *par ③ et D 557 : 4 km* – ✉ *83300 Draguignan* :

🏠 **Les Oliviers** sans rest, ℰ 04 94 68 25 74, *hotel-les-oliviers@club-internet.fr*,
Fax 04 94 68 57 54, 🏊, 🌴 – 📺 ⚞ ⅙ 🅿. ⚎
fermé 5 au 25 janv. – ⌷ 8 – **12 ch** 54/58.
● Construction récente de style méridional. Les chambres, à la tenue irréprochable,
ouvrent de plain-pied avec le jardin fleuri où l'on sert le petit-déjeuner en été.

à Flayosc *par ③ et D 557 : 7 km – 3 924 h. alt. 310* – ✉ *83780* :

🛈 *Office de tourisme, place Pied Bari* ℰ 04 94 70 41 31, Fax 04 94 70 47 91, officedetou
risme@ville-flayosc.fr.

✗✗ **Vieille Bastide** avec ch, 306 rte du Peyron par rte Salernes et rte secondaire
 ℰ 04 98 10 62 62, lavieillebastide@tiscali.fr, Fax 04 94 84 61 23, 🌇 , 🏊, 🌴 – 📺 ⚞ 🅿. ⚎
Repas *(fermé 26 oct. au 15 nov., 4 au 25 janv., merc. midi de nov. à mars, dim. soir et lundi)*
20,60 (déj.), 27,90/48,70, enf. 16,80 – ⌷ 8 – **7 ch** 55/89 – ½ P 64/80.
● Ces vieux murs de pierre abritent une salle à manger agreste et gaie, ainsi que
des chambres rénovées dans le goût régional et garnies d'un mobilier peint. Terrasse
ombragée.

✗ **L'Oustaou**, au village ℰ 04 94 70 42 69, Fax 04 94 84 64 92, 🌇 – ⚎ ⚎
fermé 15 nov. au 15 déc., dim. soir, mardi soir et merc. hors saison – **Repas** 23/42 ⌷.
● Deux petites salles dans un "oustaou", un mas provençal en réduction. Photographies et
bibelots des années 1920-1930 captent les regards. Cuisine aux accents du terroir.

✗ **Salle à Manger**, 9 pl. République ℰ 04 94 84 66 04, ronald-abbink@wanadoo.fr,
Fax 04 94 70 42 56, 🌇 – ⚎
fermé le midi de mardi, merc., sam. et dim. soir du 1er oct. au 30 mars, midi en juil.-août,
lundi et 8 déc. au 5 janv. – **Repas** 30 ⌷.
● Une séduisante "salle à manger" : poutres apparentes, murs en pierres du pays ou
blanchis à la chaux, tables nappées de lin et cuisine du marché aussi soignée qu'ensoleillée.

Le DRAMONT *83 Var* 🈺🈲 *Q5 – rattaché à St-Raphaël.*

DRAVEIL *91 Essonne* 🈛🈚 *D3* 🈷 ㊱ *– voir à Paris, Environs.*

DREUX ◁◁ *28100 E.-et-L.* 🈛🈚 *E3 G. Normandie Vallée de la Seine – 31 849 h alt. 82.*
Voir *Beffroi★ AY B – Glaces peintes★★ de la chapelle royale St-Louis **AY**.*
🛈 *Office de tourisme, 6 rue des Embûches* ℰ 02 37 46 01 73, Fax 02 37 46 19 27,
contact@ot-dreux.fr.
Paris 78 ② – Chartres 36 ④ – Évreux 44 ⑥ – Mantes-la-Jolie 43 ①.

Plan page ci-contre

🏠 **Beffroi** sans rest, 12 pl. Métézeau ℰ 02 37 50 02 03, Fax 02 37 42 07 69 – 📺 ⚞. ⚎ ⓞ ⚎
🍴 🎴 AZ e
fermé 23 juil. au 16 août – ⌷ 7 – **15 ch** 57/62.
● Hôtel idéalement situé à proximité de l'élégant beffroi du 16e s. Chambres fonctionnelles ; celles donnant côté rivière sont plus au calme. Salon ouvert sur la Blaise.

✗ **St-Pierre**, 19 r. Sénarmont ℰ 02 37 46 47 00, lesaint.pierre@wanadoo.fr,
Fax 02 37 46 43 19 – ⚎ BY r
fermé 12 au 28 juil., 7 au 15 mars, dim. soir, jeudi soir et lundi – **Repas** (12) - 14/25,
enf. 7,50 🍴.
● Restaurant niché dans une ruelle voisine de l'église St-Pierre. Trois petites salles à
manger de style bistrot égayées de tons pastel. Cuisine traditionnelle.

à Cherisy *par ② : 4,5 km – 1 768 h. alt. 88* – ✉ *28500* :

✗✗ **Vallon de Chérisy**, ℰ 02 37 43 70 08, Fax 02 37 43 86 00, 🌴 – 🅿. ⚎
fermé 8 au 15 mars, juil., dim. soir, mardi soir et merc. – **Repas** 32/38, enf. 8,50.
● Maison à colombages proposant deux cadres pour vos repas : poutres et mobilier de
style Louis-Philippe dans la salle à manger, baies vitrées et sièges en rotin sous la véranda.

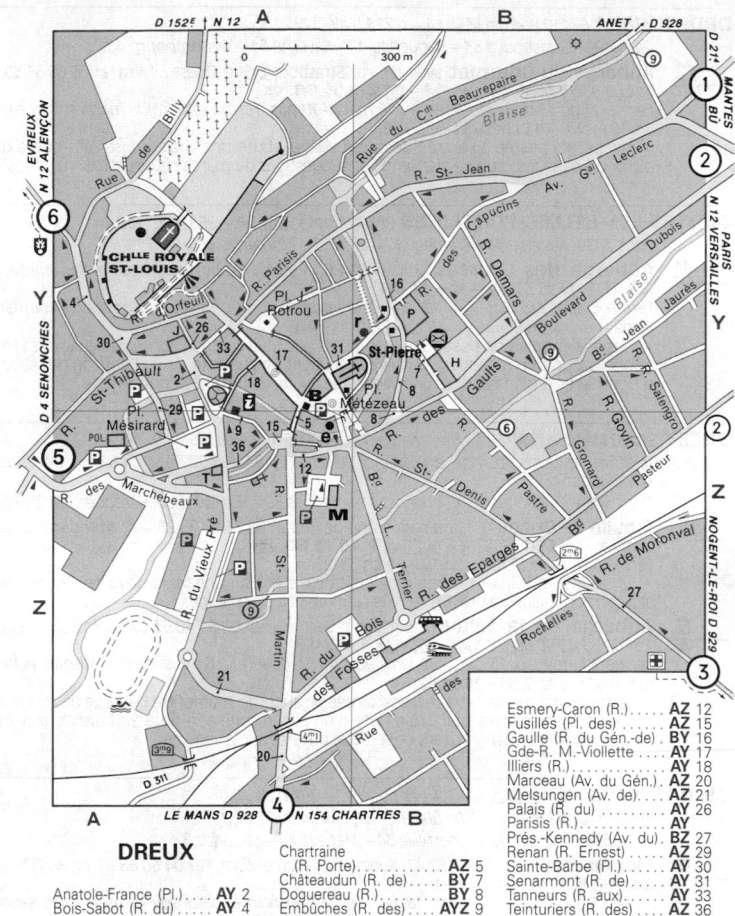

DREUX

Anatole-France (Pl.) .... **AY** 2
Bois-Sabot (R. du) ..... **AY** 4

Chartraine
  (R. Porte). . . . . **AZ** 5
Châteaudun (R. de) .... **BY** 7
Doguereau (R.). . . . . . . **BY** 8
Embûches (R. des) .... **AYZ** 9

Esmery-Caron (R.). . . . . **AZ** 12
Fusillés (Pl. des) . . . . . . **AZ** 15
Gaulle (R. du Gén.-de) . **BY** 16
Gde-R. M.-Viollette . . . . **AY** 17
Illiers (R.). . . . . **AY** 18
Marceau (Av. du Gén.). **AZ** 20
Melsungen (Av. de). . . . **AZ** 21
Palais (R. du) . . . . **AY** 26
Parisis (R.). . . . . **AY**
Prés.-Kennedy (Av. du). **BZ** 27
Renan (R. Ernest) . . . . . **AZ** 29
Sainte-Barbe (Pl.). . . . . **AY** 30
Senarmont (R. de) . . . . **AY** 31
Tanneurs (R. aux). . . . . **AY** 33
Teinturiers (R. des) .... **AZ** 36

à Ste-Gemme-Moronval par ②, N 12, D 912 et D 308¹ : 6 km – 691 h. alt. 79 – ⊠ 28500 :

XXX **L'Escapade,** ℰ 02 37 43 72 05, Fax 02 37 43 86 96, 🍴 – 🅿. 🆎 ⒼⒷ
fermé 3 au 31 août, 23 fév. au 10 mars, dim. soir, lundi soir et mardi – **Repas** 32 et carte 51 à 71 ♀.
  ◆ Escapade gourmande dans cette accueillante auberge campagnarde proposant des recettes au goût du jour. Paisible terrasse et chaleureuse salle à manger.

à Vernouillet-centre *Sud par D 311* **AZ** : 2 km – 11 496 h. alt. 97 – ⊠ 28500 :

XX **Auberge de la Vallée Verte** avec ch, (près Église) ℰ 02 37 46 04 04, *aubergevallee@w anadoo.fr*, Fax 02 37 42 91 17 – 🆅 🚗 🅿. 🆎 ⒼⒷ. ❄ ch
fermé 1ᵉʳ au 25 août, 25 déc. au 9 janv., dim. et lundi – **Repas** 22,90/39,70 bc ♀ – ⊡ 6,50 – **11 ch** 53,40/68,60 – ½ P 49,50.
  ◆ Dans le vieux Vernouillet. Poutres anciennes et tomettes : l'aspect rustique du restaurant a été pieusement préservé ; cuisine traditionnelle. Chambres refaites.

Les prix
Pour toutes précisions sur les prix indiqués dans ce guide,
reportez-vous aux pages explicatives.

DRUSENHEIM 67410 B.-Rhin **315** L4 – 4 723 h alt. 122.

Paris 499 – Strasbourg 33 – Haguenau 17 – Saverne 61 – Wissembourg 48.

XX **Auberge du Gourmet** avec ch, rte Strasbourg, Sud-Ouest : 1 km ℘ 03 88 53 30 60,
Fax 03 88 53 31 39, 斧, ℀ – �🅣 🅴 ⅃ 🅿. 🅶🅱.
fermé 1er au 15 août et 18 fév. au 10 mars – **Repas** (fermé sam. midi, mardi soir et merc.)
24/39 – ⌿ 6 – **11 ch** 37/51 – ½ P 38.
♦ L'auberge, postée à l'entrée de ce joli village, abrite une chaleureuse salle dotée d'un
plafond à caissons ; cuisine alsacienne et suggestions du marché. Coquettes chambres.

DRUYES-LES-BELLES-FONTAINES 89560 Yonne **319** D6 – 288 h alt. 168.

Paris 183 – Auxerre 34 – Clamecy 17 – Gien 75 – Montargis 98.

🏠 **Auberge des Sources** ⚘, ℘ 03 86 41 55 14, aubergedessources@wanadoo.fr,
Fax 03 86 41 90 31, 斧 – ⅃ 🅿. 🅶🅱
fermé 6 janv. au 14 fév., lundi et mardi ; ouvert week-end seul. de mi-fév. à mi-mars –
Repas (13) - 16/38 ⌿ – ⌿ 6 – **15 ch** 46/50 – ½ P 43.
♦ Cet ancien relais de poste d'un paisible village bourguignon abrite des chambres fonctionnelles, un brin rustiques ; certaines occupent une annexe. Tour d'horizon des spécialités culinaires régionales dans une vaste salle rajeunie ou sur le patio-terrasse.

DUCEY 50220 Manche **303** E8 G. Normandie Cotentin – 2 174 h alt. 15.

🅱 Office de tourisme, 4 rue du Génie ℘ 02 33 60 21 53, Fax 02 33 60 54 07, ducey.tourisme
@wanadoo.fr.

Paris 348 – Avranches 11 – Fougères 41 – Rennes 80 – St-Hilaire-du-Harcouët 16 – St-Lô 68.

🏨 **Moulin de Ducey** ⚘ sans rest, 1 Grande Rue ℘ 02 33 60 25 25, info@moulindeducey.c
om, Fax 02 33 60 26 76, ⋖ – 🌓 🅣 🅴 ⅃ 🅿. 🅰🅴 🅾 🅶🅱 🅹🅲🅱
fermé 5 janv. au 12 fév. – ⌿ 10 – **28 ch** 53/95.
♦ Entre bief et Sélune, l'ancien moulin semble établi sur une île verdoyante. Chambres de
style anglais ; salon coloré. On ferre le saumon dans les parages.

🏠 **Auberge de la Sélune**, 2 r. Saint-Germain ℘ 02 33 48 53 62, info@selune.com,
🚑 Fax 02 33 48 90 30, 斧, ⊷ – 🅣 – 🅰 15. 🅰🅴 🅶🅱
fermé 21 nov. au 13 déc., 23 janv. au 14 fév. et lundi d'oct. à mars – **Repas** 14,40/35,
enf. 9,90 ⌿ – ⌿ 7,50 – **20 ch** 52/54 – ½ P 56.
♦ Cette ex-maison de retraite transformée en auberge champêtre héberge des chambres
sobrement aménagées. Joli jardin doté d'un pittoresque abri situé au bord de la Sélune.
Plaisantes salles à manger, dont celle d'été, ouverte sur la verdure.

DUINGT 74410 H.-Savoie **328** K6 G. Alpes du Nord – 797 h alt. 450.

🅱 Syndicat d'initiative ℘ 04 50 68 67 07, Fax 04 50 77 03 17.

Paris 548 – Annecy 12 – Albertville 34 – Megève 48 – St-Jorioz 3.

🏠 **Clos Marcel**, ℘ 04 50 68 67 47, lionel@clos-marcel.com, Fax 04 50 68 61 11, ⋖, 斧, ⚓,
斧 – 🅣 🅴 🅿. 🅰🅴 🅶🅱. ℀ rest
hôtel : 3 avril-30 sept. ; rest. : 18 avril-26 sept. et fermé mardi soir et merc. hors saison –
Repas 18/28, enf. 8,50 ⌿ – ⌿ 7,50 – **15 ch** 80 – ½ P 56/72.
♦ Toutes les chambres sont tournées côté flots et offrent le coup d'oeil sur les sommets
de la rive opposée. Agréable jardin au bord du lac ô combien reposant ! Ponton privé. Salle
de restaurant panoramique et délicieuse terrasse tournée vers le lac d'Annecy.

🏠 **Auberge du Roselet**, ℘ 04 50 68 67 19, nicolas.falquet@wanadoo.fr,
Fax 04 50 68 64 80, 斧, ⚓, ⊷ – 🅣 🅿. 🅶🅱
fermé 3 nov. au 3 janv. – **Repas** 19/50, enf. 11 ⌿ – ⌿ 8 – **14 ch** 100/106 – ½ P 77.
♦ Outre ses chambres, assez spacieuses et peu à peu refaites, cet hôtel possède également une petite plage privée. Plats traditionnels et poissons du lac - pêchés par le cousin
de la patronne - à déguster sur la terrasse à fleur d'eau.

DUNES 82340 T.-et-G. **337** A7 – 893 h alt. 120.

Paris 655 – Agen 21 – Auvillar 13 – Miradoux 12 – Moissac 32.

XX **Les Templiers**, 1 pl. Martyrs ℘ 05 63 39 86 21, Fax 05 63 39 86 21, 斧 – 🅶🅱
🚑 fermé 15 au 30 oct., mardi soir sauf juil.-août, sam. midi, dim. soir et lundi – **Repas** 19/42,
enf. 11 ⌿.
♦ Maison du 16e s. au cachet rustique habilement mis à profit. Décor lumineux (tons
jaunes, pierres, briques et fleurs), terrasse sous les arcades et cuisine au goût du jour.

Pour les grands voyages d'affaires ou de tourisme,
Guide MICHELIN : EUROPE.

DUNIÈRES 43220 H.-Loire 𝟑𝟑𝟏 I2 – 2 949 h alt. 760.

Paris 549 – St-Étienne 37 – Le Puy-en-Velay 52 – St-Agrève 30.

XX **Tour** avec ch, D 61 ℰ 04 71 66 86 66, la.tour-hotel-restaurant@wanadoo.fr,
Fax 04 71 66 82 32, 🛋 – 📺 📞 ⅃ 🄿 – 🛗 15. 🄐🄴 GB

fermé 23 août au 5 sept., 7 au 27 fév., week-ends en janv., vend. soir d'oct. à mai, dim. soir
et lundi midi – **Repas** (11) - 13 (déj.), 18/46, enf. 10 ⅄ – 🖵 7 – **11 ch** 45/54 – ½ P 45/48.
♦ Cette maison moderne domine le village de Dunières. Salle à manger actuelle et de bon
goût, jolie terrasse fleurie et cuisine traditionnelle bien mitonnée. Chambres pratiques.

DUNKERQUE ◁📎▷ 59140 Nord 𝟑𝟎𝟐 C1 G. Picardie Flandres Artois – 70 850 h Agglo. 191 173 h
alt. 4 – Casino à Malo-les-Bains.

Voir Port★★ – Musée d'Art contemporain★ : jardin des sculptures★ **CDY** – Musée des
Beaux-Arts★ **CDZ** M² – Musée portuaire★ **CZ** M³ – Commune de la "Méridienne verte".

🏌 de Dunkerque à Coudekerque ℰ 03 28 61 07 43, SE : 1 km par D 72.

🚹 Office de tourisme, rue de l'Amiral Romarc'h ℰ 03 28 66 79 21, Fax 03 28 63 38 34,
accueil.dunesdeflandre@ot-dunkerque.fr.

Paris 288 ② – Calais 47 ③ – Amiens 205 ② – Ieper 56 ② – Lille 73 ② – Oostende 57 ①.

DUNKERQUE

Banc Vert (R. du)	**AX** 8	Darses (Chaussées des)	**AX** 25	Mendès-France (Bd)	**BX** 52
Berteaux (Av. M.)	**AX** 10	Jaurès (R. Jean)	**BX** 39	Pasteur (R.)	**BX** 56
Cambon (Bd P.)	**BX** 17	Lille (R. de)	**BX** 45	République (R. de la)	**AX** 61
		Malo (R. Célestin)	**BX** 50	Waldeck-Rousseau (R.)	**BX** 73

DUNKERQUE

Albert-Ier (R.) . . . . **CZ** 2
Alexandre-III (Bd) . . . . **CZ** 3
Arbres (R. des) . . . . **CDY** 6
Asseman (Pl. P.) . . . . **DY** 8
Bergues
 (R. du Canal-de) . . . . **CZ** 9
Bollaert (Pl. Emile) . . . . **CZ** 12
Calonne (Pl.) . . . . **DZ** 16
Carnot (Bd) . . . . **DY** 18
Carton Lurat (Av.) . . . . **DZ** 19
Clemenceau (R.) . . . . **CZ** 21
Digue de Mer . . . . **DY**
Écluse-de-Bergues (R.) . . . . **CZ** 26

Faidherbe (Av.) . . . . **DY**
Fusiliers-Marins (R.) . . . . . . **CZ** 30
Gare (Pl. de la) . . . . **CZ** 32
Gaulle (Pl. du Gén.-de) . . . **CZ** 33
Geeraert (Av. Adolphe) . . . **DY**
Hermitte (R. l') . . . . **CY** 35
Hollandais (Quai des) . . . . . **CZ** 36
Hôtel-de-Ville (R. de l') . . . **DY** 37
Jardins (Quai des) . . . . **CZ** 38
Jaurès (R. Jean) . . . . **CZ** 40
Jean-Bart (Pl.) . . . . **CZ** 41
Jeu-de-Paume (R. du) . . . . **CZ** 42
Leclerc (R. du Mar.) . . . . . . **CY** 43
Leughenaer (R. du) . . . . . . **CY** 44
Lille (R. de) . . . . **CZ** 45
Magasin-Général (R.) . . . . **CZ** 48

Malo (Av. Gaspard) . . . . . . **DY** 49
Mar.-de-France
 (Av. des) . . . . **DY** 51
Minck (Pl. du) . . . . **CY** 53
Paris (R. de) . . . . **CZ** 54
Prés.-Poincaré
 (R. du) . . . . **CZ** 57
Prés.-Wilson (R. du) . . . . . **CZ** 58
Quatre-Écluses (Quai) . . . . **CZ** 59
Thiers (R.) . . . . **CZ** 65
Turenne (Pl.) . . . . **DY** 67
Valentin (Pl. C.) . . . . **CZ** 68
Verley (Bd Paul) . . . . **DY** 69
Victoire
 (Pl. et R. de la) . . . . . . **CDY** 70
Victor-Hugo (Bd) . . . . **CZ** 72

Borel sans rest, 6 r. L'Hermite ✆ 03 28 66 51 80, *borel@hotelborel.fr*, Fax 03 28 59 33 82 –
⊞ ⚒ TV ✎ – ⚙ 25. ⌹ ⓞ ⚏ ⛫ CY u
⌷ 9,50 – **48 ch** 64/74.
* Immeuble en briques proche du port de plaisance. Chambres modernes, pourvues de meubles de qualité. Copieux petit-déjeuner proposé sous forme de buffet.

Europ'Hôtel, 13 r. Leughenaer ✆ 03 28 66 29 07, *europhotel@wanadoo.fr*,
Fax 03 28 63 67 87 – ⊞ ⚒, ▦ rest, TV ✎ – ⚙ 40 à 200. ⌹ ⓞ ⚏ ⛫ CY s
Repas *(fermé vend., sam. et dim. et vacances scolaires)* (dîner seul.) carte environ 20 ⚖ –
⌷ 10 – **116 ch** 67/74.
* Proche du Leughenaer, vestige des fortifications de la cité au 14ᵉ s., bâtiment des années 1970 abritant des chambres petites, pratiques et diversement aménagées. Au restaurant, murs de pierre, vieux objets paysans et cuisine traditionnelle.

Welcome, 37 r. R. Poincaré ✆ 03 28 59 20 70, *contact@hotel-welcome.fr*, Fax 03 28
21 03 49 – ⊞, ▦ rest, TV ✎ ₲ – ⚙ 40. ⌹ ⚏
L'Écume Bleue (fermé sam. midi et dim. soir) **Repas** 17,60/21 ⚖ – ⌷ 10,30 – **40 ch** 62/73 –
½ P 56,50.
* Cet hôtel du centre-ville sort d'une cure de jouvence complète. Chambres fonctionnelles au décor actuel et gai ; bar moderne agrémenté d'un billard. Pimpant cadre contemporain dans la salle de l'Écume Bleue où trône le buffet de hors-d'oeuvre et de desserts.

L'Estouffade, 2 quai Citadelle ✆ 03 28 63 92 78, Fax 03 28 63 92 78, ☆ – ⚏ CZ s
fermé 10 août au 10 sept., dim. soir et lundi – **Repas** 23/33,50 ⚖.
* Petite salle à manger souvent bondée où l'on déguste spécialités de poisson et cuisine classique. Terrasse d'été au calme, face au quai bordant le bassin du Commerce.

Le Corsaire, 6 quai Citadelle ✆ 03 28 59 03 61, *corsairedk@free.fr*, Fax 03 28 59 03 61, ≼,
☆ – ⌹ ⚏ CZ a
fermé dim. soir et merc. – **Repas** 23,50/37,50, enf. 8.
* Proche du Musée portuaire, ce restaurant et sa terrasse offrent une vue sur le trois-mâts Duchesse Anne. Cadre actuel coloré et cuisine évoluant au gré des saisons.

à Malo-les-Bains – ✉ 59240 Dunkerque :

Hirondelle, 46 av. Faidherbe ✆ 03 28 63 17 65, *info@hotelhirondelle.com*,
Fax 03 28 66 15 43, ⚖₄ – ⊞ ▦ TV ✎ ₲ – ⚙ 40. ⌹ ⚏ DY r
Repas *(fermé 7 au 22 mars, 16 août au 6 sept., dim. soir et lundi midi)* 15/43 ⚖ ⅋ – ⌷ 6 –
42 ch 49/63 – ½ P 45.
* L'immeuble est au coeur de la petite station balnéaire bordée d'une vaste plage de sable fin. Chambres bien tenues, équipées d'un mobilier pratique. Produits de la mer, cuisine classique et vins du Languedoc-Roussillon proposés dans un cadre contemporain.

à Téteghem *Sud-Est par N 1* **BX** *et D 204 : 6 km – 7 237 h. alt. 1 –* ✉ 59229 :

La Meunerie ⚘ avec ch, au Galghouck, Sud Est : 2 km par D 4 ✆ 03 28 26 14 30, *meuner ie@wanadoo.fr*, Fax 03 28 26 17 32, ☆, ⚘ – TV ✎ ⚏ ▣ – ⚙ 20. ⌹ ⓞ ⚏
fermé 1ᵉʳ au 15 août, 2 au 4 janv., 7 au 13 fév. – **Repas** *(fermé mardi midi, dim. soir et lundi)*
25 (déj.), 53/61 et carte 58 à 70 ⚖ – ⌷ 12,20 – **9 ch** 84/130 – ½ P 100.
* Réparti en plusieurs salons feutrés et bourgeois ouverts sur le jardin, ce restaurant est installé dans un ancien moulin à vapeur. Appétissante cuisine classique.

à Coudekerque-Branche – *24 152 h. alt. 1 –* ✉ 59210 :

🛈 Office de tourisme, 59 rue du Boërnhol ✆ 03 28 64 60 00, Fax 03 28 64 60 00,
ot@ville-coudekerque-branche.fr.

Le Soubise, 49 rte Bergues ✆ 03 28 64 66 00, *restaurant.soubise@wanadoo.fr*,
Fax 03 28 25 12 19 – ▣, ⌹ ⚏ BX a
fermé 19 au 28 avril, 22 juil. au 17 août, 16 déc. au 5 janv., sam. et dim. – **Repas** 23/45 et
carte 36 à 54 ⚖.
* Relais de poste du 18ᵉ s. en briques bordant le canal. Élégante salle à manger agrémentée de nombreux tableaux, où vous dégusterez une cuisine traditionnelle soignée.

à Cappelle-la-Grande *Sud : 5 km sur D 916 – 8 908 h. –* ✉ 59180 .

🛈 Syndicat d'initiative, ✆ 03 28 64 94 41, Fax 03 28 60 25 31, *contact@cappellelagrande.fr*.

Bois de Chêne, 48 rte Bergues ✆ 03 28 64 21 80, Fax 03 28 61 22 00, ☆ – ▣, ⌹
⚏ BX a
fermé 1ᵉʳ au 16 août, vacances de fév., dim. soir, lundi soir et sam. – **Repas** 27,50/53 bc,
enf. 9,50 ⚖.
* La façade blanche de cette vieille bâtisse fraîchement ravalée dissimule un chaleureux intérieur rustique et soigné. Cuisine traditionnelle et spécialités régionales.

au Lac d'Armbouts-Cappel *par ② N 225 sortie 19a – 2 656 h. –* ⊠ *59380*

🏨 **Lac** ⚓, 2 bordure du Lac ℘ 03 28 60 70 60, *hotel.dulac@wanadoo.fr,* Fax 03 28 61 06 39, 🍴 – ⚡ 📺 **P** – 🕸 80. 🖭 ⊙ Ⓖ**B**   **AX** n
Repas *(fermé sam. midi) (11)* - 22/24 ⚈ – ⚏ 9,20 – **66 ch** 49/77 – ½ P 48.
♦ Établissement récent situé dans un cadre verdoyant, sur une rive du lac d'Armbouts. Chambres colorées, à choisir côté plan d'eau pour la vue ou parking pour l'ampleur. Salle à manger contemporaine ouverte sur une terrasse, un jardin et la campagne flamande.

🏨 **Campanile,** Bordure du Lac ℘ 03 28 64 64 70, *dunkerque.armbatscappal@campanile.fr,* ⚏ Fax 03 28 60 53 12, 🍴 – ⚡ 📺 ⚄ 🕸 **P** – 🕸 25 à 40. 🖭 ⊙ ⒼB   **AX** d
Repas *(12,50)* - 14,50/22, enf. 6 ⚈ – ⚏ 6,50 – **40 ch** 60/80.
♦ Entre le lac et la nationale, un Campanile classiquement aménagé, commode pour l'étape. Les chambres sont fonctionnelles. Restaurant sans surprise, avec une salle à manger d'inspiration rustique et des formules-repas à prix doux.

DUN-SUR-AURON *18130 Cher* 323 L5 *G. Berry Limousin – 4 013 h alt. 182.*
🄱 *Office de tourisme, place du Châtelet ℘ 02 48 59 85 26, Fax 02 48 59 85 26.*
Paris 269 – Bourges 27 – Montluçon 75 – Moulins 81 – Nevers 57 – St-Amand-Montrond 20.

🍴 **Les Heures Gourmandes,** 12 Grande Rue ℘ 02 48 59 88 94, *jean-louis.fenayrou@wan adoo.fr,* Fax 02 48 59 15 82 – 📖. ⒼB
fermé 18 au 26 avril, 4 au 20 oct., 2 au 16 fév., dim. soir, merc. soir et lundi – Repas 17/36 ⚈.
♦ Une cuisine du marché vous attend dans ce qui fut autrefois la boutique d'un horloger. Cadre coquet – où l'on s'abstient de fumer – et tables dressées avec soin.

*Les pages explicatives de l'introduction
vous aideront à mieux profiter de votre* **Guide Michelin.**

DURAS *47120 L.-et-G.* 336 D1 *G. Aquitaine – 1 214 h alt. 122.*
🄱 *Syndicat d'initiative, 2 boulevard Jean Brisseau ℘ 05 53 83 63 06, Fax 05 53 76 04 36, contact@paysdeduras.com.*
Paris 577 – Agen 90 – Marmande 23 – Périgueux 88 – Ste-Foy-la-Grande 22.

🍴🍴 **Hostellerie des Ducs** ⚓ avec ch, bd. J. Brisseau ℘ 05 53 83 74 58, *hostellerie.des.duc s@wanadoo.fr,* Fax 05 53 83 75 03, 🍴, 🎱, 🐎 – 📖 rest, 📺 ⚄ ⟸ **P** – 🕸 20. 🖭 ⊙ ⒼB. 🦅 ch
Repas *(fermé dim. soir et lundi d'oct. à juin, lundi midi de juil. à sept. et sam. midi)* 26/53 ⚈ – ⚏ 8,50 – **16 ch** 54/81 – ½ P 56/84.
♦ Cet ancien presbytère voisin du château propose une cuisine traditionnelle servie dans une salle à manger meublée en style Louis XIII ou sous la véranda. Chambres actuelles.

DURTAL *49430 M-et-L.* 317 H2 *G. Châteaux de la Loire – 3 224 h alt. 39.*
🄱 *Syndicat d'initiative, Vitrine du Pays Baugeois ℘ 02 41 76 37 26, Fax 02 41 76 37 26.*
Paris 261 – Angers 38 – La Flèche 14 – Laval 66 – Le Mans 63 – Saumur 66.

🍴 **Boule d'Or** avec ch, 19 av. d'Angers ℘ 02 41 76 30 20, Fax 02 41 76 06 99 – 📺 **P**. ⒼB
fermé 9 au 25 août, 17 au 23 fév., dim. soir, mardi soir, merc. et soirs fériés – Repas 12,80 (déj.)/36, enf. 6 ⚈ – ⚏ 5,50 – **5 ch** 37/44.
♦ Petite affaire familiale bordant la route nationale. Solives et pierres apparentes confèrent un certain charme au restaurant. Chambres d'appoint au confort spartiate.

DURY *80 Somme* 301 G8 – *rattaché à Amiens.*

EAUX-PUISEAUX *10130 Aube* 313 D5 – *194 h alt. 220.*
Paris 161 – Troyes 32 – Auxerre 53 – Sens 63.

🍴🍴 **Ferme du Clocher,** ℘ 03 25 42 02 21, *la-ferme-du-clocher@wanadoo.fr,* ⚏ Fax 03 25 42 03 30, 🍴, 🐎 – **P**. ⒼB
fermé 26 déc. au 10 janv., vacances de fév., dim. soir et lundi midi – Repas 16 (déj.), 22/29 ⚈.
♦ Belle ferme ancienne mariant la pierre calcaire et la brique. Cuisine du terroir servie dans une salle rustique dotée d'une mezzanine ou en terrasse, face au verger.

Les ÉCHELLES *73360 Savoie* 333 H5 *G. Alpes du Nord – 1 248 h alt. 386.*
🄱 *Syndicat d'initiative, rue Stendhal ℘ 04 79 36 56 24, Fax 04 79 36 53 12, ot.vallee-de-chartreuse@wanadoo.fr.*
Paris 552 – Grenoble 40 – Chambéry 24 – Lyon 92 – Valence 106.

à Chailles *Nord : 5 km –* ⊠ *73360 Les Échelles :*

✗ **Auberge du Morge** avec ch, N 6 ☎ 04 79 36 62 76, *gil.bouvier@wanadoo.fr*, Fax 04 79 36 51 65, 斎, 屛 – **P**, **AE** **GB**, ❄ ch
fermé 12 nov. au 20 janv., jeudi midi et merc. – **Repas** 19/38 ⅌ – ⊈ 6 – **8 ch** 40 – ½ P 44/48.
♦ Construction régionale à l'entrée des gorges de Chailles, entre la route et un torrent qui tentera les pêcheurs. Chaleureuse salle à manger campagnarde. Chambres rajeunies.

ECHENEVEX *01 Ain* 📘 *J3 – rattaché à Gex.*

Les ÉCHETS *01 Ain* 📘 *C5 – alt. 276 –* ⊠ *01700 Miribel.*
Paris 454 – Lyon 20 – L'Arbresle 28 – Bourg-en-Bresse 47 – Villefranche-sur-Saône 30.

✗✗✗ **Jacques et Christophe Marguin** avec ch, 916, rte de Stasbourg ☎ 04 78 91 80 04, *contact@christophe-marguin.com*, Fax 04 78 91 06 83, 屛 – ▤ rest, **TV** 🚗 **P**, **AE** **①** **GB** **JCB**
fermé 1er au 23 août, 19 déc. au 3 janv., dim. soir et lundi – **Repas** 20/68 et carte 40 à 73 ⅌ ⅋ – ⊈ 8 – **7 ch** 50.
♦ Photographies des "ancêtres", boiseries, bibliothèque... un lieu agréable où l'on se sent un peu comme chez soi. Cuisine classique et cave riche en bordeaux et bourgognes.

ÉCHIROLLES *38 Isère* 📘 *H7 – rattaché à Grenoble.*

ECULLY *69 Rhône* 📘 *H5 – rattaché à Lyon.*

EFFIAT *63260 P.-de-D.* 📘 *G6 G. Auvergne – 744 h alt. 350.*
Voir *Château*★.
Paris 392 – Clermont-Ferrand 38 – Gannat 11 – Riom 22 – Thiers 39 – Vichy 18.

✗ **Cinq Mars**, r. Cinq-Mars (D 984) ☎ 04 73 63 64 16, Fax 04 73 63 64 16 – **GB**
fermé 9 au 31 août, vacances de fév., sam. midi et le soir sauf sam. – **Repas** 12 (déj.), 17/27 ⅌.
♦ Café de village bâti en 1876 à proximité du château du marquis de Cinq-Mars. L'ancienne partie épicerie abrite désormais une salle à manger rustique. Cuisine traditionnelle.

ÉGLETONS *19300 Corrèze* 📘 *N3 – 4 087 h alt. 650.*
🛈 *Office de tourisme, rue Joseph Vialaneix* ☎ 05 55 93 04 34, Fax 05 55 93 00 09, *ot.egletons@wanadoo.fr.*
Paris 499 – Aurillac 97 – Aubusson 75 – Limoges 112 – Mauriac 46 – Tulle 31 – Ussel 29.

🏨 **Ibis**, rte Ussel par N 89 : 1,5 km ☎ 05 55 93 25 16, *h0816@accor-hotels.com*, Fax 05 55 93 37 54, 斎, 屛, ❄ – ❄ **TV** ✆ ﹠ **P** – ▲ 15. **AE** **①** **GB**
Repas (12) - 16, enf. 6 ⅌ – ⊈ 5,50 – **41 ch** 52.
♦ Le plan d'eau voisin et les chambres un peu plus grandes qu'à l'ordinaire font l'attrait de cet Ibis qui a choisi pour cadre la campagne haut-corrézienne. La salle à manger intègre un salon réchauffé par une cheminée ; carte traditionnelle.

EGUISHEIM *68420 H.-Rhin* 📘 *H8 G. Alsace Lorraine – 1 548 h alt. 210.*
Voir *Circuit des remparts*★ *– Route des Cinq Châteaux*★ *SO : 3 km.*
🛈 *Office de tourisme, 22a Grand' Rue* ☎ 03 89 23 40 33, Fax 03 89 41 86 20, *info@ot-eguisheim.fr.*
Paris 452 – Colmar 7 – Belfort 68 – Gérardmer 52 – Guebwiller 21 – Mulhouse 42.

🏨 **Hostellerie du Pape**, 10 Grand Rue ☎ 03 89 41 41 21, *info@hostellerie-pape.com*, Fax 03 89 41 41 31, – ▮❄ **TV** ✆ ﹠ **P** – ▲ 30. **AE** **①** **GB** **JCB**
fermé 4 janv. au 6 fév. – **Repas** (fermé lundi et mardi) 17/38, enf. 10 ⅌ – ⊈ 10 – **33 ch** 65/95 – ½ P 77.
♦ L'enseigne de cette ancienne exploitation viticole est un clin d'œil à Léon IX, le "pape voyageur", né à Eguisheim en 1002. Les chambres, toutes rénovées, sont agréables. Plats régionaux servis dans une chaleureuse salle à manger ; cours de cuisine en hiver.

🏨 **St-Hubert** 🌳 sans rest, 6 r. Trois Pierres ☎ 03 89 41 40 50, *hotel.st.hubert@wanadoo.fr*, Fax 03 89 41 46 88, ≤, 🔲 – **TV** ✆ ﹠ **P**, **GB**, ❄
fermé 15 au 25 nov. et 26 janv. au 5 mars – ⊈ 10 – **12 ch** 89/99.
♦ À l'écart du bourg, construction récente où l'on cultive une ambiance de maison d'hôte. Grandes chambres actuelles et soignées ; quelques miniterrasses au ras des vignes.

Hostellerie du Château sans rest, 2 r. Château ✆ 03 89 23 72 00, *info@hostellerieduc hateau.com*, Fax 03 89 41 63 93 – 📺 ✆ AE ⓞ GB
fermé 2 janv. au 10 fév. – ⌑ 9,50 – **11 ch** 63/120.
◆ Au centre du pittoresque village, une habile restauration a redonné vie à ces vieux murs. Chambres personnalisées et contemporaines, bien intégrées au cadre ancien.

Auberge des Comtes, 1 pl. Ch. de Gaulle ✆ 03 89 41 16 99, Fax 03 89 24 97 10, 🍃 – 🛗
📺 ✆ P. GB
fermé 1er janv. au 15 mars – **Repas** *(fermé merc. et jeudi)* 18/34, enf. 7 ♔ – ⌑ 8 – **14 ch**
44/60 – ½ P 52/56.
◆ Cette vieille demeure familiale est complétée d'une récente extension accueillant des chambres avant tout pratiques. Cuisine traditionnelle servie dans une salle à manger de style rustique ornée d'un plafond à caissons moulurés ou sur la terrasse d'été.

Auberge des Trois Châteaux, 26 Grand'Rue ✆ 03 89 23 11 22, *contact@auberge-3-c hateaux.com*, Fax 03 89 23 72 88 – 📺, GB, 🍴 ch
fermé 11 janv. au 2 fév. – **Repas** *(fermé mardi soir et merc.)* 15/17, enf. 7,50 ♔ – ⌑ 7 –
13 ch 45/62 – ½ P 47/53.
◆ Maison du 17e s. joliment fleurie en saison, située au coeur du bourg. Toutes les chambres sont récentes et fonctionnelles ; les plus lumineuses donnent sur la rue. Restaurant à la fois simple et sympathique où l'on propose des petits plats du terroir.

Caveau d'Eguisheim (Perrin), 3 pl. Château St-Léon ✆ 03 89 41 08 89, *Fax 03 89 23 79 99* – GB
fermé fin janv. à fin fév., lundi et mardi – **Repas** 28 bc (déj.), 36/57 et carte 46 à 70 ♔.
◆ Authentique maison vigneronne à la pimpante façade fleurie. Le pressoir à vis (1721) trône dans la chaleureuse salle à manger. Goûteux plats traditionnels et carte "cochon".
Spéc. Presskopf traditionnel, salade de céleri rave truffée. Tarte flambée au thon rouge et aubergines. Parfait glacé de griottines au pain d'épices. **Vins** Edelzwicker

Grangelière, 59 r. Rempart Sud ✆ 03 89 23 00 30, *lagrangelière@olixo.net*,
Fax 03 89 23 61 62, 🍃 – GB
fermé mi-fév. à mi-mars, dim. soir de nov. à avril et jeudi – **Repas** 22 bc/65 bc.
◆ Cette belle architecture à pans de bois abrite une brasserie conviviale au rez-de-chaussée et deux salles plus cossues à l'étage où est proposée la carte gastronomique.

Au Vieux Porche, 16 r. Trois Châteaux ✆ 03 89 24 01 90, *vieux.porche@wanadoo.fr*,
Fax 03 89 23 91 25, 🍃 – GB. 🍴
fermé 27 juin au 6 juil., 8 au 16 nov., 15 fév au 15 mars, mardi et merc. – **Repas** 23/60,
enf. 10 ♔.
◆ Cette demeure de vignerons datant de 1707 abrite une jolie salle de restaurant (poutres, vitraux, boiseries) où l'on sert une cuisine traditionnelle influencée par le marché.

ÉLINCOURT-STE-MARGUERITE 60 Oise 305 H3 – *rattaché à Compiègne.*

ELNE 66200 Pyr.-Or. 344 I7 G. Languedoc Roussillon – 6 410 h alt. 30.
Voir *Cloître*★★ *de la Cathédrale Ste-Eulalie et Ste-Julie.*
🄱 Office de tourisme, Espace Sant-Jordi ✆ 04 68 22 05 07, Fax 04 68 37 95 05, *contact@ot-elne.fr.*
Paris 864 – Perpignan 14 – Argelès-sur-Mer 8 – Céret 29 – Port-Vendres 17 – Prades 58.

Week-End, av. P. Reig ✆ 04 68 22 06 68, *hotel.weekend@libertysurf.fr*,
Fax 04 68 22 17 16, 🍃 – ▤ ch, 📺 ✆ AE ⓞ GB JCB
fermé 15 nov. au 15 déc. – **Repas** *(fermé sam. et dim. sauf le soir en saison)* 13 bc (déj.),
20/32 – ⌑ 6 – **8 ch** 70 – ½ P 46.
◆ Cet hôtel simple mais rénové compose une halte sympathique sur la route de l'Espagne, dans la plus ancienne cité du Roussillon. L'ex-grange abrite une salle à manger rustique, tandis que la terrasse occupe un patio fleuri ; cuisine traditionnelle.

ÉLOISE 74 H.-Savoie 328 I4 – *rattaché à Bellegarde-sur-Valserine.*

ELSENHEIM 67390 B.-Rhin 315 J8 – 679 h alt. 179.
Paris 456 – Colmar 18 – Ribeauvillé 413 – Sélestat 15.

Cottage, 22 r. Principale ✆ 03 88 92 51 59, *lecottage@evc.net*, Fax 03 88 74 98 00, 🍃 –
GB
fermé 16 au 30 août, 14 au 28 fév., mardi soir, merc. soir et lundi – **Repas** 13 (déj.), 20/30.
◆ Les arrivages réguliers de poissons constituent l'atout maître de ce restaurant : la marée est annoncée sur l'ardoise du jour. Salle à manger en "duplex" et terrasse.

Une réservation confirmée par écrit ou par fax est toujours plus sûre.

EMBRUN 05200 H.-Alpes **334** G5 *G. Alpes du Sud – 6 152 h alt. 871.*

Voir *Cathédrale N.-D. du Réal★ : trésor★ , portail★ – Peintures murales★ dans la chapelle des Cordeliers – Rue de la Liberté et Rue Clovis-Huques★ .*

🛈 *Office de tourisme, place Général-Dosse ℰ 04 92 43 72 72, Fax 04 92 43 54 06, officede tourisme.embrun@wanadoo.fr.*

Paris 706 – Briançon 48 – Barcelonnette 55 – Digne-les-Bains 97 – Gap 41 – Guillestre 21.

🏛 **Mairie,** pl. Mairie ℰ 04 92 43 20 65, Fax 04 92 43 47 02, 🍴 – 🛗 📺 ৬ ⟺ – 🅐 20. 🆎
🚗 **GB**

fermé 1er au 20 mai, oct. et nov. – **Repas** *(fermé lundi midi en juin et sept., dim. soir et lundi de déc. à avril)* 17/24, enf. 9 ♀ – � 7 – **24 ch** 44/50 – ½ P 48.
◆ Jolie maison ancienne située au coeur de la vieille ville riche de façades colorées qui évoquent la Provence. Chambres bien rénovées. Salle à manger rustique et terrasse face à une fontaine dont le murmure accompagnera un repas traditionnel et généreux.

🏛 **Notre-Dame,** av. Gén. Nicolas ℰ 04 92 43 08 36, Fax 04 92 43 58 41, 🍴, 🌳 – 📺.
GB

fermé 20 déc. au 30 janv., dim. soir et lundi sauf juil.-août – **Repas** 19/27, enf. 10 ♀ – ⊒ 7 –
7 ch 48 – ½ P 47.
◆ Deux villas des années 1930 aux portes de l'ex-métropole ecclésiastique. L'une d'elles abrite des chambres fonctionnelles et très bien tenues. Salle de restaurant gentiment provinciale, terrasse ombragée et menus traditionnels.

rte de Gap *Sud-Ouest : 3 km par N 94 –* ✉ *05200 Embrun :*

🏨 **Les Bartavelles,** ℰ 04 92 43 20 69, info@bartavelles.com, Fax 04 92 43 11 92, 🍴, 🏊,
🌳, ✎ – 🛗, 🍽 rest, 📺 ☏ 🅿 – 🅐 80. 🆎 ⓪ **GB**

fermé 6 au 13 janv. – **Repas** *(fermé dim. soir et lundi midi de nov. à avril)* 20/40, enf. 11 ♀ –
⊒ 8,50 – **43 ch** 77/91 – ½ P 68/76.
◆ Grosse "chaumière" des années 1970 et son jardin. Chambres refaites, meublées dans le style caractéristique du Queyras ; bungalows familiaux et bons équipements de loisirs. Salle à manger en rotonde et terrasse au bord de la piscine (formules grill en été).

ÉMERINGES 69840 Rhône **327** H2 – 215 h alt. 353.

Paris 408 – Mâcon 20 – Bourg-en-Bresse 56 – Lyon 65 – Villefranche-sur-Saône 33.

🍴 **L'Auberge des Vignerons-La Tassée,** La Tassée ℰ 04 74 04 45 72,
Fax 04 74 04 45 72 – 🍽. **GB**

fermé 22 au 28 déc., 26 janv. au 15 fév. et lundi – **Repas** 15 (déj.), 20/35.
◆ Les baies vitrées de la petite salle de restaurant offrent une jolie vue sur les vignes du Beaujolais. Intérieur lambrissé et nappes colorées. Cuisine traditionnelle.

EMMERIN 59 Nord **302** F4 – *rattaché à Lille.*

ENCAUSSE-LES-THERMES 31160 H.-Gar. **343** C6 – 591 h alt. 362.

🛈 *Office de tourisme, rue de la Fontaine ℰ 05 61 89 32 64, Fax 05 61 88 81 34, ot.encausse-les-thermes@wanadoo.fr.*

Paris 776 – Bagnères-de-Luchon 41 – St-Gaudens 12 – St-Girons 42 – Toulouse 104.

🍴 **Aux Marronniers,** ℰ 05 61 89 17 12, Fax 05 61 89 17 12, 🍴 – **GB**
🚗

fermé janv., dim. soir et lundi hors saison – **Repas** 13,50/24,50.
◆ Cette façade couverte de vigne vierge abrita un relais de poste au tout début du 20e s. Atmosphère "vieille France". Terrasse sous les marronniers, au bord d'une rivière.

ENGHIEN-LES-BAINS 95 Val-d'Oise **305** E7 **101** ⑤ – *voir à Paris, Environs.*

ENTRAYGUES-SUR-TRUYÈRE 12140 Aveyron **338** H3 *G. Midi-Pyrénées – 1 267 h alt. 236.*

Voir *Vieux Quartier : Rue Basse★ – Pont gothique★ .*

Env. *Vallée du Lot★★ .*

🛈 *Office de tourisme, 30 Tour de Ville ℰ 05 65 44 56 10, Fax 05 65 44 50 85, ot-pays-entraygues@wanadoo.fr.*

Paris 600 – Aurillac 45 – Rodez 43 – Figeac 58 – St-Flour 83.

🏛 **Deux Vallées,** ℰ 05 65 44 52 15, hotel.2vallees@wanadoo.fr, Fax 05 65 44 54 47, 🍴 – 🛗
🚗 📺 ⟺. **GB**

fermé 1er au 15 fév., dim. soir, vend. soir et sam. de nov. à mars – **Repas** *(fermé 5 au 22 nov. et 24 au 31 déc.)* 11/31 ৬ – ⊒ 6 – **17 ch** 33/40 – ½ P 35.
◆ À Entraygues confluent les vallées du Lot et de la Truyère. Toutes les chambres, pratiques et insonorisées, sont rénovées ; celles de l'arrière ouvrent sur la campagne. Atmosphère de "pension de famille" au restaurant.

XX **Lion d'Or**, ℰ 05 65 51 40 44, 🏠 – AE GB
fermé janv., dim. soir et lundi – **Repas** 11 (déj.), 14/24 ♀.
🍴 ◆ Deux atouts pour ce restaurant : sa cuisine traditionnelle enrichie de saveurs du terroir et son agréable terrasse d'été, ombragée et calme. Intérieur d'esprit rustique.

au Fel *Ouest : 10 km par D 107 et D 573 – 146 h. alt. 530 – ✉ 12140 Entraygues-sur-Truyère :*

🏠 **Auberge du Fel** ⌂, ℰ 05 65 44 52 30, info@auberge-du-fel.com, Fax 05 65 48 64 96,
🏠, ♫ – TV 📞 & P. ⓪ GB
3 avril-3 nov. – **Repas** *(fermé le midi sauf sam., dim., vacances scolaires et fériés)* 18/36,
enf. 10 ♀ – ♀ 6 – **10** ch 52/58 – ½ P 48/53.
◆ Bâtisse en pierre tapissée de vigne vierge dans un pittoresque hameau surplombant le Lot. Chambres joliment refaites : murs colorés, parquet et mobilier en bois peint. Pounti, truffade et cabécou arrosés du vin du Fel vous attendent au restaurant.

ENTRECHAUX *84 Vaucluse* 332 D8 – *rattaché à Vaison-la-Romaine.*

ENTRE-LÈS-FOURGS *25 Doubs* 321 I6 – *rattaché à Jougne.*

ENTZHEIM *67 B.-Rhin* 315 J5 – *rattaché à Strasbourg.*

ÉPERNAY ⑤P 51200 Marne 306 F8 *G. Champagne Ardenne* – *25 844 h alt. 75.*
Voir *Caves de Champagne★★ – Collection archéologique★ au musée municipal.*
🚩 Office de tourisme, 7 avenue de Champagne ℰ 03 26 53 33 00, Fax 03 26 51 95 22,
tourisme@ot-epernay.fr.
Paris 143 ④ – Reims 28 ① – Châlons-en-Champagne 35 ② – Château-Thierry 57 ④.

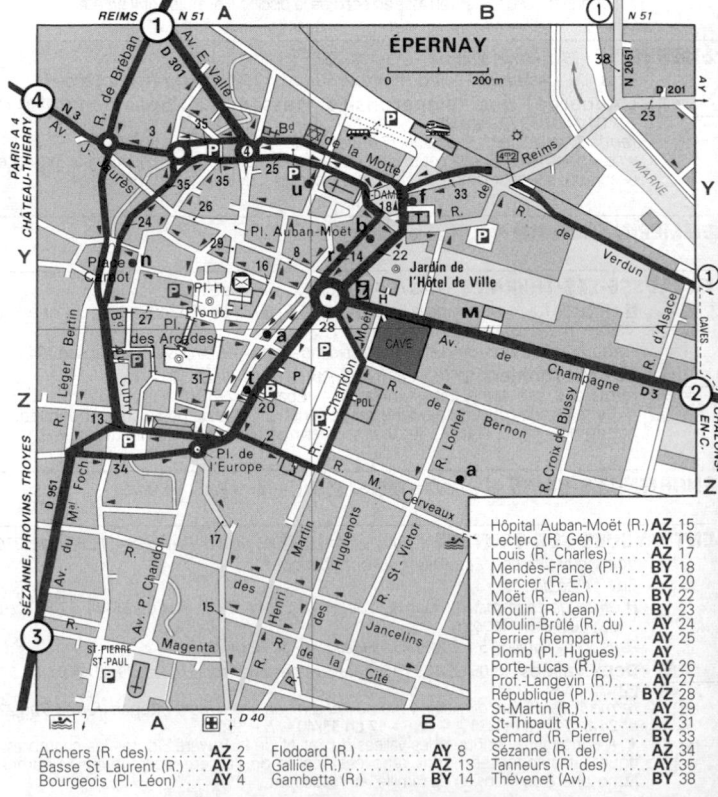

Hôpital Auban-Moët (R.) . . **AZ** 15
Leclerc (R. Gén.) . . . . . . **AY** 16
Louis (R. Charles) . . . . . **AZ** 17
Mendès-France (Pl.) . . . **BY** 18
Mercier (R. E.) . . . . **AZ** 20
Moët (R. Jean). . . . . **BY** 22
Moulin (R. Jean) . . . . . . **BY** 23
Moulin-Brûlé (R. du) . . . **AY** 24
Perrier (Rempart) . . . . . **AY** 25
Plomb (Pl. Hugues) . . . . **AY**
Porte-Lucas (R.) . . . . . . **AY** 26
Prof.-Langevin (R.) . . . . **AY** 27
République (Pl.) . . . . . . **BYZ** 28
St-Martin (R.) . . . . **AY** 29
St-Thibault (R.) . . . . **AZ** 31
Semard (R. Pierre) . . . . **BY** 33
Sézanne (R. de) . . . . . . **AZ** 34
Tanneurs (R. des) . . . . . **AY** 35
Thévenet (Av.) . . . . **BY** 38

Archers (R. des) . . . . **AZ** 2
Basse St Laurent (R.) . . . **AY** 3
Bourgeois (Pl. Léon) . . . . **AY** 4
Flodoard (R.) . . . . **AY** 8
Gallice (R.) . . . . **AZ** 13
Gambetta (R.) . . . . **BY** 14
Sézanne (R. de) . . . . **AZ** 34
Tanneurs (R. des) . . . . . . **AY** 35
Thévenet (Av.) . . . . **BY** 38

🏨 **Clos Raymi** ॐ sans rest, 3 r. Joseph de Venoge ℰ 03 26 51 00 58, *closraymi@wanadoo.f r*, Fax 03 26 51 18 98, 🐜 – 📺 ℰ, 🖭 ⒼⒷ 𝐽𝐶𝐵   BZ a
☶ 14 – **7 ch** 130/150.
♦ La jolie maison de maître en briques rouges fut celle de la famille Chandon. Chambres personnalisées raffinées. Agréable salle des petits-déjeuners ouverte sur le jardin.

🏨 **Les Berceaux**, 13 r. Berceaux ℰ 03 26 55 28 84, *les.berceaux@wanadoo.fr*, Fax 03 26 55 10 36 – 🛗, 🍴 rest, 📺, 🖭 ⓐ ⒼⒷ, ⚗   AZ a
Repas *(fermé 15 au 31 août, 23 fév. au 9 mars., lundi et mardi)* 28/61 ⏦ **Le 7 : Repas** 22 –
☶ 11 – **29 ch** 66/75 – ½ P 74.
♦ Au cœur de la pétillante cité, établissement de tradition dont les chambres sont en partie rénovées. Élégant restaurant où l'on propose goûteuses recettes classiques, champagnes et coteaux champenois. Atmosphère conviviale de bar à vins et nouveau décor au 7.

🏨 **Champagne** sans rest, 30 r. E. Mercier ✉ 51200 ℰ 03 26 53 10 60, *infos@bw-hotel-cha mpagne.com*, Fax 03 26 51 94 63 – 🛗 📺 ℰ, 🖭 ⓞ ⒼⒷ   AZ t
fermé 22 déc. au 2 janv. – ☶ 9,50 – **30 ch** 75/115.
♦ Central et pratique, l'hôtel dispose de chambres peu refaites mais bien meublées (contemporain ou merisier). Petit-déjeuner servi sous forme de buffet.

✗✗ **Les Cépages**, 16 r. Fauvette ℰ 03 26 55 16 93, *lescepages@wanadoo.fr*, Fax 03 26 54 51 30 – 🍴, 🖭 ⒼⒷ   AY n
fermé 12 au 30 juil., 25 au 30 déc., 26 fév. au 11 mars, merc. soir, dim. soir et jeudi – **Repas** 17/65 ⓨ 🞇.
♦ Institut oenologique, boutique d'antiquités et aujourd'hui restaurant où l'on expose des toiles d'artistes régionaux. Cuisine au goût du jour et bon choix de champagnes.

✗✗ **Théâtre**, 8 pl. P. Mendès-France ℰ 03 26 58 88 19, *Fax 03 26 58 88 38* – 🍴. ⓞ ⒼⒷ   BY f
fermé 21 juil. au 4 août, 17 fév. au 10 mars, dim. soir du 15 nov. au 15 avril, mardi soir et merc. – **Repas** (15) - 21/40 ⓨ.
♦ Sièges en rotin et couleurs chaudes apportent une touche "coloniale" à cette ample et élégante salle de restaurant installée dans un bâtiment du début du 20ᵉ s.

✗ **Table Kobus**, 3 r. Dr Rousseau ℰ 03 26 51 53 53, *Fax 03 26 58 42 68* – 🍴. ⒼⒷ   ABY u
fermé 19 au 29 avril, 1ᵉʳ au 19 août, 24 déc. au 9 janv., dim. soir, jeudi soir et lundi – **Repas** (17) - 24/33.
♦ Sympathique bistrot 1900 où l'on peut déguster du champagne en amenant ses propres bouteilles et ce, sans payer de droit de bouchon ! Les Sparnaciens s'y précipitent.

✗ **Bacchus Gourmet**, 21 r. Gambetta ℰ 03 26 51 11 44, *aubacchusgourmet@wanadoo.fr* – ⓞ ⒼⒷ   BY r
fermé 16 au 31 août , 19 déc. au 12 janv., lundi et mardi – **Repas** 24/79 bc.
♦ Belle sélection de dives bouteilles dans ce bistrot bâti en pierres de Saint-Émilion. Un mur est égayé d'un trompe-l'œil représentant une cave à vins. Cadre plutôt simple.

✗ **Cave à Champagne**, 16 r. Gambetta ℰ 03 26 55 50 70, *cave.champagne@wanadoo.fr*, Fax 03 26 51 07 24 – 🍴. ⒼⒷ   BY b
fermé mardi soir et merc. – **Repas** (nombre de couverts limité, prévenir) 14,50/28 ⓨ.
♦ Petit caveau à la gloire des vins régionaux (exposition de bouteilles). Vraie gageure, on y fait un repas au champagne sans se ruiner. Registre culinaire traditionnel.

à Champillon *par* ① : *6 km* – *528 h. alt. 210* – ✉ 51160 :

🏨 **Royal Champagne** ॐ, N 2051 ℰ 03 26 52 87 11, *royalchampagne@wanadoo.fr*, Fax 03 26 52 89 69, ≤ Épernay, vignoble et vallée de la Marne, 🐜 – ⚲, 🍴 rest, 📺 ℰ ઠ, 🞈 🄿 – 🅰 15. 🖭 ⓞ ⒼⒷ 𝐽𝐶𝐵
fermé janv. – **Repas** *(fermé mardi midi et lundi)* 40 (déj.), 60/98 et carte 75 à 97, enf. 20 ⓨ 🞇 – ☶ 24 – **20 ch** 270/350, 5 suites – ½ P 210/275.
♦ L'ancien relais de poste domine superbement Épernay, le vignoble de Champagne et la vallée de la Marne. Les chambres sont luxueusement aménagées. Élégante salle à manger, cuisine actuelle et très belle cave : trois bonnes raisons de sabler le champagne !
Spéc. Foie gras de canard pané au pain d'épices, rôti en cocotte. Volaille de Bresse à la broche en deux services. Dégustation de trois desserts au chocolat. **Vins** Champagne, Cumières.

rte de Reims *par* ① : *8 km* – ✉ 51160 St-Imoges :

✗✗ **Maison du Vigneron**, N 51 ℰ 03 26 52 88 00, *Fax 03 26 52 86 03* – 🍴 🄿. 🖭 ⓞ ⒼⒷ 𝐽𝐶𝐵
fermé dim. soir et merc. – **Repas** 22/48 ⓨ 🞇.
♦ Atmosphère d'auberge forestière dans cette maison située au bord de la N 51. Poutres, lustres en fer forgé, cheminée et belle mise en place au service d'une cuisine classique.

à Vinay par ③ : 6 km – 463 h. alt. 102 – ✉ 51530 :

🏨 **Hostellerie La Briqueterie,** rte de Sézanne ℰ 03 26 59 99 99, info@labriqueterie.fr,
Fax 03 26 59 92 10, ↦, ⌧, ☞ – ☰ 📺 📞 ⌷ ⇔ 🅿 – 🛎 35. 🆎 ⏚
fermé 21 au 26 déc. – **Repas** 40 (dîner), 60/75 et carte 51 à 75 ♀ – ☲ 14 – **42 ch** 185/250.
  ♦ Cette hostellerie entourée d'un gracieux jardin abrite de douillettes chambres rénovées,
un espace de remise en forme et un bar où l'on déguste le champagne maison. Poutres
apparentes, tons écrus et draperies en lin composent l'élégant décor du restaurant.
Spéc. Petits pots d'escargots au beurre d'herbes. Pigeonneau désossé au foie gras et aux
truffes en feuilleté. Pêches pochées au sirop de coquelicot (juin à sept.). **Vins** Coteaux
Champenois, Bouzy.

ÉPERNON 28230 E.-et-L. **311** G4 G. Ile de France – 5 498 h alt. 106.
Paris 66 – Chartres 27 – Dreux 30 – Étampes 51 – Rambouillet 14 – Versailles 47.

🏠 **Madeleine,** 24 r. Madeleine ℰ 02 37 83 42 06, Fax 02 37 83 57 34, 🌤 – 📺 📞 🅿 ⏚
fermé 1er au 8 mars, août, dim. soir et lundi – **Repas** 16/43 bc, enf. 8,20 ♀ – ☲ 6 – **7 ch**
39/60 – ½ P 42/49.
  ♦ Modeste hôtel établi à la périphérie de la ville dont vous irez arpenter les rues sinueuses
bordées de maisons à colombages. Chambres simples, mais bien entretenues. Salle à
manger sobrement rustique, service sans façon et cuisine familiale.

*Les principales voies commerçantes figurent en **rouge***
dans la liste des rues des plans de villes.

ÉPINAL 🅿 88000 Vosges **314** G3 G. Alsace Lorraine – 35 794 h alt. 324.
Voir Vieille ville★ : Basilique★ – Parc du château★ – Musée départemental d'art ancien et
contemporain★ – Imagerie d'Épinal.
🎿 des Images d'Épinal ℰ 03 29 34 65 97, par ② : 3 km.
🚩 Office de tourisme, 6 place St. Goëry ℰ 03 29 82 53 32, Fax 03 29 82 88 22, tourisme.epi
nal@wanadoo.fr.
Paris 385 ⑦ – Belfort 96 ⑤ – Colmar 88 ④ – Mulhouse 106 ④ – Nancy 72 ① – Vesoul 90 ④.

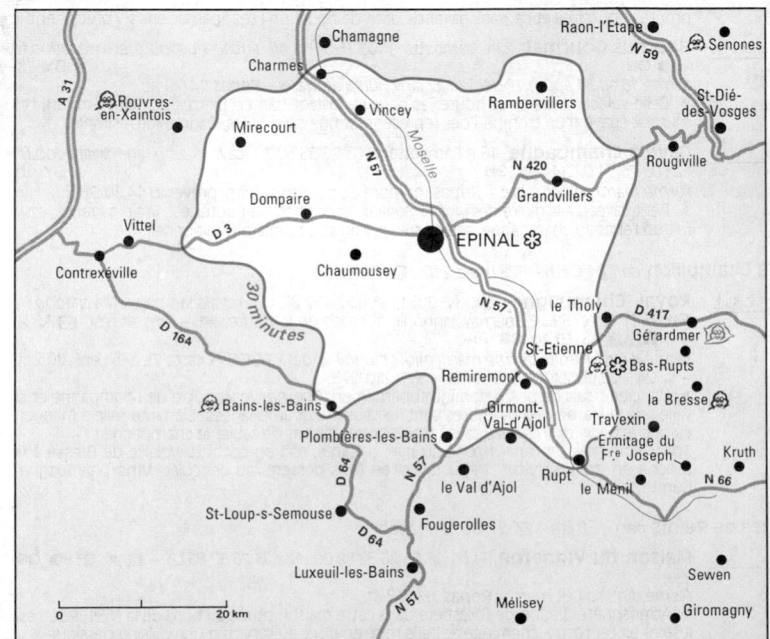

ÉPINAL

Abbé-Friesenhauser (R.)	**BZ** 2
Ambrail (R. d')	**BZ** 4
Bassot (Pl. Cl.)	**BZ** 5
Blaudez (R. F.)	**BZ** 6
Boegner (R. du Pasteur)	**BZ** 7
Bons-Enfants (Quai des)	**AZ** 8
Boudiou (Pt et R. du)	**AZ** 10
Boulay-de-la-	
Meurthe (R.)	**AY** 12
Bourg (R. L.)	**AY** 13
Chapitre (R. du)	**BZ** 15
Clemenceau (Pl.)	**AY** 17
Clemenceau (Pont)	**BY** 18
Comédie (R. de la)	**BZ** 20
Entre-les-Deux-Portes	
(R.)	**BYZ** 24
États-Unis (R. des)	**AY**
Foch (Pl.)	**BZ** 26
Gaulle	
(Av. du Gén.-de)	**AY** 27
Georgin (R.)	**BZ** 29
Halles (R. des)	**BZ** 30
Henri (Pl. E.)	**BZ** 32
La Tour (R. G. de la)	**AZ** 35
Lattre (Av. Mar.-de)	**AY** 36
Leclerc (R. Gén.)	**BZ** 38
Lormont (R.)	**BZ** 40
Lyautey (R. Mar.)	**AY** 41
Maix (R. de la)	**BZ** 43
Minimes (R. des)	**AZ** 45
Neufchâteau (R.)	**AY** 48
N.-D.-de-Lorette (R.)	**AZ** 49
Pinau (Pl.)	**AZ** 50
Poincaré (R. Raymond)	**BY** 52
Sadi-Carnot (Pont)	**AZ** 53
St-Goery (R.)	**BZ** 54
Schwabisch Hall (Pl. de)	**BZ** 55
Vosges (Pl. des)	**BZ** 56
4-Nations (Pl. des)	**AY** 57
170e Régt-d'Inf. (Pont du)	**BZ** 59
170e-Régt-d'Inf. (R. du)	**BZ** 61

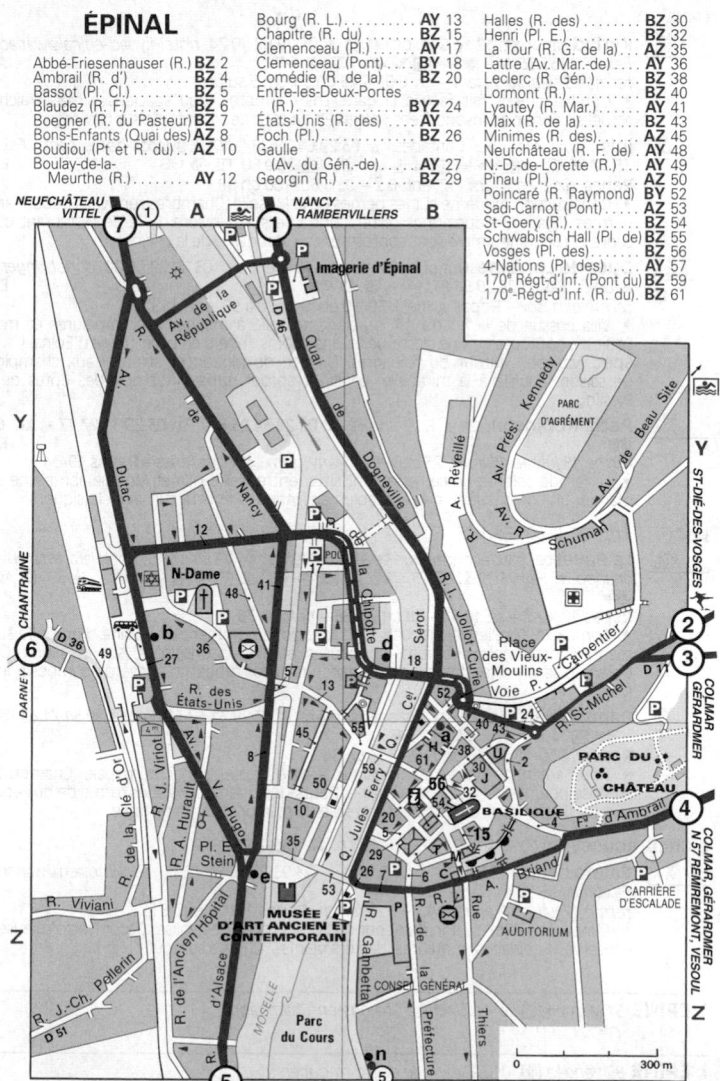

🏨 **Manoir des Ducs** 🦢, 5 av. Provence 𝒫 03 29 29 55 55, *manoir-hotel@wanadoo.fr*, Fax 03 29 29 55 56 – 📶, 🖥 ch, 📺 📞 🚫 🅿, 🆎 ⑨ ☑ ☑ ☑, ⚡ ch   **BZ n**
voir rest. ***Ducs de Lorraine*** ci-après – ☕ 10 – **12 ch** 98.

✦ Cette ravissante demeure bourgeoise bâtie en 1876 abrite depuis peu de jolies chambres personnalisées, spacieuses et bien équipées.

🏨 **Mercure**, 13 pl. E. Stein 𝒫 03 29 29 12 91, *h0831@accor-hotels.com*, Fax 03 29 29 12 92 – 📶 ⬅➡ 🖥 📺 📞 🅿 – 🔏 30 à 80. 🆎 ⑨ ☑   **AZ e**
Repas *(fermé dim. midi et sam. midi)* (18) - 23, enf. 8 ♀ – ☕ 12 – **54 ch** 89/110, 6 suites.

✦ À deux pas du riche musée départemental, cet hôtel du 19e s., réhabilité et agrandi par la chaîne, a bénéficié d'une rénovation totale. Nuits plus calmes sur l'arrière. Restaurant entièrement relooké proposant une carte typiquement "Mercure".

🏨 **Kyriad** sans rest, 12 av. Gén. de Gaulle ✆ 03 29 82 10 74, *hotel-kyriad-epinal@wanadoo.fr,*
Fax 03 29 35 35 14 – 📱 🍴 📺 📞 🚗, 🖭 ⓸ ⒼⒷ AY b
fermé 23 déc. au 1ᵉʳ janv. – 🖵 6,50 – **45 ch** 53/59, 3 suites.

◆ L'établissement fait face à la gare. Les chambres, peu spacieuses mais fraîches et actuelles, sont bien insonorisées ; réservez-en tout de même une sur l'arrière.

🏨 **Ibis,** quai Mar. de Contades ✆ 03 29 64 28 28, *h0890@accor-hotels.com, Fax 03 29
35 37 88,* 🍴 – 📱 🍴 📺 📞 🚗 📶 – 🏛 20 à 80. 🖭 ⓸ ⒼⒷ BY d
Repas (dîner seul.) *(12)* - 17, enf. 6 🖵 – 6,50 – **60 ch** 58.

◆ Construction moderne sur les berges de la Moselle. Chambres rénovées, répondant aux normes "Ibis" ; quelques-unes offrent une vue sur la rivière. Salle de restaurant dont le cadre et la cuisine simple sont conformes aux standards de la chaîne.

🍴🍴🍴 **Ducs de Lorraine** (Obriot et Ringer), 5 r. Provence ✆ 03 29 29 56 00, *obriot.ringer@wan*
❀ *adoo.fr, Fax 03 29 29 56 01,* 🍴 – 🖭 ⓸ ⒼⒷ BZ n
fermé dim. soir – **Repas** 30 (déj.), 39/90 et carte 70 à 90, enf. 15 🖵.

◆ Villa cossue de la fin du 19ᵉ s., élégante salle à manger avec moulures et mobilier Louis XV, goûteuse cuisine classique et vins choisis : une bien belle image d'Épinal !
Spéc. Variation autour du foie gras. Dînette de pigeon et streusel aux champignons de saison. Soufflé à la mirabelle, coulis et sorbet. **Vins** Pinot noir des Côtes de Toul, Riesling.

🍴🍴 **Petit Robinson,** 24 r. R. Poincaré ✆ 03 29 34 23 51, *Fax 03 29 31 27 17* – 🍴, 🖭 ⓸
ⒼⒷ BZ a
fermé 15 juil. au 15 août, 23 déc. au 1ᵉʳ janv., sam., dim. et fériés – **Repas** 19/34.

◆ La façade colorée de ce restaurant situé entre vieille ville et Moselle abrite une salle à manger un brin désuète mais intimement intime. Registre culinaire classique.

par ① : *3 km* – ⊠ *88000 Épinal :*

🏨 **La Fayette,** parc économique Le Saut Le Cerf ✆ 03 29 81 15 15, *hotel.lafayette.epinal@w*
anadoo.fr, Fax 03 29 31 07 08, 🍴, 🖪, 🍴 – 🍴 📺 📞 🚗 🚗 📶 – 🏛 50. 🖭 ⓸ ⒼⒷ
Ⓙ ⒸⒷ
Repas 18/42 🖵 – 🖵 10,50 – **58 ch** 77/88 – ½ P 60/70.

◆ Complexe hôtelier récent bâti dans une zone commerciale voisine d'un golf. Équipements fonctionnels, chambres spacieuses et bien insonorisées, spa et sauna. Cuisine classique sans prétention proposée dans un décor moderne égayé de compositions florales.

🏨 **Campanile,** r. Merle Blanc, Bois de la Voivre ✆ 03 29 31 38 38, *Fax 03 29 34 71 65,* 🍴 , 📶
🚗 – 🍴 📺 📞 📶 – 🏛 25. 🖭 ⓸ ⒼⒷ
Repas 12,50/18,50 🖵 – 🖵 6,50 – **43 ch** 58.

◆ Hôtel aménagé dans un site calme, à côté de la piscine municipale. Chambres sans surprise pour les habitués de la chaîne. Petits-déjeuners servis sous forme de buffets. Jolie vue sur un parcours de golf depuis la salle de restaurant et sa terrasse.

à Chaumousey *par* ⑥ *et D 460 : 10 km* – *784 h. alt. 360* – ⊠ *88390 :*

🍴🍴 **Calmosien,** 37 r. d'Epinal ✆ 03 29 66 80 77, *lecalmosien@wanadoo.fr,*
Fax 03 29 66 89 41, 🍴 – 🖭 ⓸ ⒼⒷ
fermé 17 juil. au 2 août, dim. soir et lundi – **Repas** 19/49, enf. 8 🖵.

◆ Pimpante petite maison du début du 20ᵉ s. proche de l'église. Décor "rétro" pieusement conservé : luminaires, moulures, papiers peints... Cuisine au goût du jour.

L'ÉPINE *51 Marne* 🗺 I9 – *rattaché à Châlons-en-Champagne.*

L'ÉPINE *85 Vendée* 🗺 O10 – *voir à Île de Noirmoutier.*

ÉPINEAU-LES-VOVES *89 Yonne* 🗺 D4 – *rattaché à Joigny.*

EPINOUZE *26210 Drôme* 🗺 C2 – *1 096 h alt. 208.*
Paris 523 – Grenoble 79 – Lyon 68 – St-Étienne 86 – Valence 62.

🏨 **Galliffet** 🍴, ✆ 04 75 31 72 98, *jj.galliffet@libertysurf.fr, Fax 04 75 31 62 30,* 🍴, 📶 – 📺
🚗 🅿 ⒼⒷ
Repas *(fermé dim. soir, vend. soir et sam.)* (dîner seul.) (résidents seul.) 10,50/31 🖧 – 🖵 7,50
– **18 ch** 40/47 – ½ P 38,50/47.

◆ Deux bâtiments encadrant un jardin ombragé ; le plus récent héberge de petites chambres simples et pratiques qui profitent du calme environnant. Cuisine traditionnelle proposée dans deux salles à manger ; l'une est feutrée, l'autre spacieuse et moderne.

EQUEURDREVILLE-HAINNEVILLE *50 Manche* 303 *C2 – rattaché à Cherbourg-Octeville.*

ERBALUNGA *2B H.-Corse* 345 *F3 – voir à Corse.*

ERDEVEN *56410 Morbihan* 308 *M9 – 2 523 h alt. 18.*

🔼 *Office de tourisme, 7 rue Abbé-Le-Barh* 🖉 *02 97 55 64 60, Fax 02 97 55 66 75, ot.erdeven @wanadoo.fr.*

Paris 492 – Vannes 34 – Auray 15 – Carnac 10 – Lorient 28 – Quiberon 20 – Quimperlé 46.

Voyageurs, r. Océan 🖉 02 97 55 64 47, hotel-voyageurs-56@wanadoo.fr, Fax 02 97 55 64 24 – 📺 🅿. GB

15 mars-30 sept. – **Repas** *9,50/23, enf. 6* 🍷 – 🖵 *6,20 –* **20 ch** *28,50/45,80 –* ½ P *35,50/ 43,80.*

♦ Pension de famille bretonne au charme désuet, nichée dans une discrète ruelle au voisinage de l'église. Les chambres sont proprettes, mais un peu nues. Sobre salle à manger et spécialités régionales.

Lisez attentivement l'introduction : c'est la clé du guide.

ERMENONVILLE *60950 Oise* 305 *H6 G. Île de France – 830 h alt. 92.*

Voir Mer de Sable★ – Forêt d'Ermenonville★ - Abbaye de Chaalis★★ N : 3 km.

🔼 *Syndicat d'initiative, rue René de Girardin* 🖉 *03 44 54 01 58, Fax 03 44 54 04 96, ot-ermenonville@wanadoo.fr.*

Paris 51 – Compiègne 42 – Beauvais 70 – Meaux 25 – Senlis 14 – Villers-Cotterêts 38.

à Ver-sur-Launette *Sud : 3 km par D 84 – 1 006 h. alt. 85 –* ✉ *60950 :*

XX **Rabelais**, 3 pl. Église 🖉 03 44 54 01 70, Fax 03 44 54 05 20 – 📧 GB

fermé 4 au 24 août, dim. soir, merc. soir et lundi – **Repas** *(18) - 28,90/39* 🍷.

♦ Face à l'église, maison de village possédant un auvent en chaume. Deux salles aux tons pastel, dont l'une est agrémentée d'une cheminée. Cuisine traditionnelle.

ERMITAGE FRÈRE JOSEPH *88 Vosges* 314 *J5 – rattaché à Ventron.*

ERNÉE *53500 Mayenne* 310 *D5 G. Normandie Cotentin – 5 703 h alt. 120.*

🔼 *Syndicat d'initiative, place de la mairie* 🖉 *02 43 08 71 10.*

Paris 304 – Domfront 47 – Fougères 22 – Laval 31 – Mayenne 25 – Vitré 30.

XX **Grand Cerf** avec ch, 19 r. A.-Briand 🖉 02 43 05 13 09, hotelrestaurantlegrandcerf@wana doo.fr, Fax 02 43 05 02 90 – 📺 📞 🚗. 📧 GB 🄹🄲🄱. ✄ ch

fermé 13 janv. au 3 fév., dim. soir et lundi midi – **Repas** *(14) - 19/30, enf. 12* 🍷 – 🖵 *6,50 –* **7 ch** *33/42 –* ½ P *53/61.*

♦ La salle à manger, décorée de nombreuses sculptures, allie pierres apparentes et éléments de décor modernes. Le cadre est soigné, la cuisine du terroir aussi.

à La Coutancière *Est : 9 km sur N 12 –* ✉ *53500 Vautorte :*

X **Coutancière**, 🖉 02 43 00 56 27, Fax 02 43 00 66 09 – 🅿. GB

fermé 15 juil. au 7 août, 22 fév. au 2 mars, dim. soir, mardi soir et merc. – **Repas** *(11) - 16,30/39,50* 🍷.

♦ Auberge sympathique à l'orée de la forêt de Mayenne, au coeur de la région décrite par Balzac dans son roman Les Chouans. Cuisine traditionnelle et service attentif.

ERQUY *22430 C.-d'Armor* 309 *H3 G. Bretagne – 3 760 h alt. 12.*

Voir Cap d'Erquy ★ NO : 3,5 km puis 30 mn.

🔼 *Office de tourisme, boulevard de la Mer* 🖉 *02 96 72 30 12, Fax 02 96 72 02 88, tourisme.erquy@wanadoo.fr.*

Paris 451 – St-Brieuc 33 – Dinan 46 – Dinard 39 – Lamballe 21 – Rennes 102.

Beauséjour, 21 r. Corniche 🖉 02 96 72 30 39, hotel.beausejour@wanadoo.fr, Fax 02 96 72 16 30, ← – 📺 🅿. GB

fermé 18 déc. au 4 janv., dim. soir et lundi du 15 sept. au 15 juin – **Repas** *17/32 –* 🖵 *7,50 –* **15 ch** *62 –* ½ P *62.*

♦ À 100 m de la plage, hôtel-restaurant familial disposant de chambres insonorisées et égayées de tissus colorés et fleuris ; la moitié offre une vue sur le port de pêche. Table iodée et beau panorama sur la mer à travers les baies de la sobre salle à manger.

XX **L'Escurial,** bd Mer $\mathscr{E}$ 02 96 72 31 56, Fax 02 96 63 57 92, ≤ – **GB**
fermé 4 janv. au 2 fév., dim. soir sauf juil.-août et lundi – **Repas** 20/72 bc ♀.
◆ Face à la mer, restaurant installé dans le même immeuble que l'Office de tourisme. On y déguste plats classiques, poissons et, en saison, les fameuses noix de Saint-Jacques.

à St-Aubin *Sud-Est : 2,5 km par rte secondaire* – ⊠ 22430 Erquy :

X **St-Aubin,** $\mathscr{E}$ 02 96 72 13 22, Fax 02 96 63 54 31, ㉓, ㋡ – **P**. **AE GB**
fermé 27 sept. au 4 oct., 19 au 28 déc.,12 au 28 fév., lundi en juil-août, mardi et merc. de sept. à juin – **Repas** 13 (déj.), 20/50 ♀.
◆ Cette demeure campagnarde en pierres du pays abrite une belle salle à manger rustique. Aux beaux jours, profitez de la terrasse et du ravissant jardin fleuri.

ERSTEIN 67150 B.-Rhin **515** J6 – 9 664 h alt. 150.

🛈 *Office de tourisme, 2 rue du Couvent $\mathscr{E}$ 03 88 98 14 33, Fax 03 88 98 04 39, erstein@tourisme-alsace.info.*

Paris 514 – Strasbourg 28 – Colmar 49 – Molsheim 24 – St-Dié 69 – Sélestat 27.

🏠 **Crystal,** 41 av. Gare $\mathscr{E}$ 03 88 64 81 00, *hotel-crystal@wanadoo.fr*, Fax 03 88 98 11 29, ㉓ – 📶, ▤ rest, ㊆ ✆ ♿ ⇔ **P** – 🛗 25 à 50. **AE GB**. ⚓ rest
fermé 25 juil. au 8 août – **Repas** *(fermé 25 juil. au 15 août, 19 déc. au 2 janv., vend. soir, sam. midi et dim.)* (13) - 17/38, enf. 7 ♀ – ☑ 8 – **66 ch** 49/64, 3 suites – ½ P 48.
◆ Architecture contemporaine proche de la route nationale. Intérieur récemment rénové : chambres bien aménagées (mobilier fonctionnel et en rotin) et coin-salon feutré. La salle à manger – tons jaune et orangé, quelques toiles modernes – est sobre et plaisante.

XXX **Jean-Victor Kalt,** 41 av. Gare $\mathscr{E}$ 03 88 98 09 54, *jean-victor-kalt@wanadoo.fr*, Fax 03 88 98 83 01 – ▤ **P**. **AE ① GB**
fermé 7 au 20 mars, 1ᵉʳ au 9 janv., dim. soir et lundi sauf fériés – **Repas** (20) - 26/60 et carte 40 à 60 ♀.
◆ Des murs revêtus de chaleureuses boiseries et décorés de tableaux, une belle mise en place et les tables espacées rendent attrayante cette salle de restaurant.

Si le coût de la vie subit des variations importantes,
les prix que nous indiquons peuvent être majorés.
Lors de votre réservation à l'hôtel, faites-vous préciser le prix définitif.

ERVAUVILLE 45 Loiret **518** O3 – *rattaché à Courtenay.*

ESPALION 12500 Aveyron **558** I3 *G. Midi-Pyrénées* – 4 360 h alt. 342.

Voir *Église de Perse*★ *SE : 1 km.*

🛈 *Office de tourisme, 2 rue Saint-Antoine $\mathscr{E}$ 05 65 44 10 63, Fax 05 65 44 10 39, ot-espalion@wanadoo.fr.*

Paris 592 – Rodez 31 – Aurillac 72 – Figeac 93 – Mende 101 – Millau 81 – St-Flour 80.

🏠 **France** sans rest, bd J. Poulenc $\mathscr{E}$ 05 65 44 06 13, Fax 05 65 44 76 26 – 📶 ㊆ ✆ ♿ **P**. ⚓
☑ 6,50 – **9 ch** 37,50/43,50.
◆ Central et voisin des musées, petit hôtel disposant de chambres crépies, fraîches et dotées de meubles en bois clair. Insonorisation efficace, tenue rigoureuse et prix doux.

🏠 **Moderne et rest. l'Eau Vive,** bd Guizard $\mathscr{E}$ 05 65 44 05 11, Fax 05 65 48 06 94 – 📶, ▤ rest, ♿. **GB**
fermé 3 nov. au 10 déc. et 3 au 15 janv. – **Repas** *(fermé dim. soir et lundi sauf juil.-août)* 20/43, enf. 8,60 ♀ – ☑ 7 – **28 ch** 40/54 – ½ P 39/46.
◆ Maison à pans de bois où la tradition d'accueil des pèlerins en route pour St-Jacques-de-Compostelle est restée vivace. Préférez une chambre rajeunie. Le chef, passionné de pêche, propose des spécialités de poissons d'eau douce dans un cadre lumineux.

XX **Méjane,** r. Méjane $\mathscr{E}$ 05 65 48 22 37, Fax 05 65 48 13 00 – ▤. **AE ① GB**
fermé 28 juin au 3 juil., vacances de fév., lundi sauf le soir hors saison, merc. sauf en juil.-août et dim. soir – **Repas** (15,30) - 21,50/49,50, enf. 11 ♀.
◆ La présence de miroirs repousse les limites de la petite salle à manger. La décoration contemporaine est aussi soignée que la cuisine au goût du jour.

ESPALY-ST-MARCEL 43 H.-Loire **551** F3 – *rattaché au Puy-en-Velay.*

ESQUIÈZE-SÈRE 65 H.-Pyr. **542** L7 – *rattaché à Luz-St-Sauveur.*

ESTAING 12190 Aveyron 🟦🟦🟦 I3 *G. Midi-Pyrénées* – 612 h alt. 313.

🔹 *Syndicat d'initiative, rue François d'Estaing ℰ 05 65 44 03 22, Fax 05 65 44 03 22, syndicatinitiative.estaing@wanadoo.fr.*

Paris 602 – Rodez 35 – Aurillac 63 – Conques 33 – Espalion 10 – Figeac 74.

🔹 **St-Fleuret**, face mairie ℰ 05 65 44 01 44, *auberge.st.fleuret@wanadoo.fr,*
Fax 05 65 44 72 19, 🦌 – 📞 🚗, 🅾 GB

15 mars-15 nov. et fermé dim. soir et lundi hors saison – **Repas** 17/48 ♀ – ⧓ 6 – **14 ch** 44/47 – ½ P 44/46.

◆ Cet ancien relais de poste (19ᵉ s.) abrite des chambres actuelles, donnant sur le jardin ou sur la vieille ville dominée par son pittoresque château. Vaste salle à manger campagnarde réchauffée d'une cheminée. Spécialités régionales dont le fameux aligot.

🔹 **Aux Armes d'Estaing**, ℰ 05 65 44 70 02, *remi.catusse@wanadoo.fr,* Fax 05 65 44 74 54 – 🚗 🅿 GB

1ᵉʳ mars-15 nov. et fermé dim. soir et lundi – **Repas** 13/35, enf. 7 ♀ – ⧓ 6,50 – **32 ch** 41/55 – ½ P 37/44.

◆ Accueil familial devant le pont gothique franchissant le Lot, au pied du château, berceau de la famille d'Estaing. Chambres simplement aménagées. La carte du restaurant opte pour la cuisine du pays ; intérieur champêtre agrémenté d'une cheminée.

ESTAING 65400 H.-Pyr. 🟦🟦🟦 K7 *G. Aquitaine* – 67 h alt. 970.

Voir *Lac d'Estaing* S : 4 km.

Paris 874 – Pau 69 – Argelès-Gazost 12 – Arrens 7 – Laruns 43 – Lourdes 24 – Tarbes 43.

🔹 **Lac d'Estaing** 🦢 avec ch, au Lac Sud : 4 km ℰ 05 62 97 06 25, Fax 05 62 97 06 25, ≤, 🏡 – 🅿 GB. 🦌 rest

1ᵉʳ mai-15 oct. – **Repas** 14/38 – ⧓ 6 – **8 ch** 40/44 – ½ P 44/46.

◆ Dans un site superbe, entre un lac romantique et de fiers sommets, modeste auberge de montagne à la façade fleurie. Salle à manger rustique et chambres simples.

ESTÉRENÇUBY 64 Pyr.-Atl. 🟦🟦🟦 E6 – *rattaché à St-Jean-Pied-de-Port.*

ESTIVAREILLES 03190 Allier 🟦🟦🟦 C4 – *1 033 h alt. 90.*

Paris 317 – Bourbon-l'Archambault 45 – Montluçon 12 – Montmarault 36 – Moulins 80.

🔹🔹 **Lion d'Or**, N 144 ℰ 04 70 06 00 35, Fax 04 70 06 09 78, 🏡 – 🅿 GB

fermé 26 juil. au 9 août, 17 au 31 janv., dim. soir et lundi – **Repas** 16,50/45 ♀.

◆ Bâtisse centenaire bordant la route nationale. De belles poutres font le caractère de la salle à manger, tandis que la terrasse donne sur un parc arboré baigné par un étang.

ESTRABLIN 38 Isère 🟦🟦🟦 C4 – *rattaché à Vienne.*

ESTRÉES-ST-DENIS 60190 Oise 🟦🟦🟦 G4 – *3 542 h alt. 70.*

Paris 81 – Compiègne 17 – Beauvais 46 – Clermont 21 – Senlis 34.

🔹🔹 **Moulin Brûlé**, 70 r. Flandres (N 17) ℰ 03 44 41 97 10, Fax 03 44 41 51 87 96, 🏡 , 🚗 – GB

fermé 1ᵉʳ au 7 mars, 2 au 25 août, dim. soir, lundi et mardi – **Repas** (15) - 20/48 ♀.

◆ Maison en pierres de taille sur la traversée du village. Intérieur campagnard avec poutres anciennes, tons pastel et cheminée. Sur l'arrière, petite terrasse au calme.

ÉTAIN 55400 Meuse 🟦🟦🟦 E3 *G. Alsace Lorraine* – *3 709 h alt. 210.*

🔹 *Office de tourisme, 31 rue Raymond Poincaré ℰ 32 65, Fax 03 29 87 20 80, ot-si.etain@club-internet.fr.*

Paris 285 – Metz 66 – Briey 26 – Longwy 43.

🔹 **Sirène**, r. Prud'homme-Havette (rte Metz) ℰ 03 29 87 10 32, Fax 03 29 87 17 65, 🏡 , 🍴 – 📺 🅿 – 🔒 30.

fermé 23 déc. au 1ᵉʳ fév., dim. soir et lundi – **Repas** 11/39, enf. 6,50 ♀ – ⧓ 7 – **21 ch** 42/59 – ½ P 39/47.

◆ Les lieux, restés sourds aux appels de la mode, résonnent du tumulte de l'histoire : Napoléon III serait tombé là - par hasard ? - après Gravelotte. Chambres rénovées. Cuisine traditionnelle servie dans une grande salle à manger rustique.

ÉTAMPES ⬛ 91150 Essonne 🟦🟦🟦 B5 *G. Île de France* – *21 839 h alt. 80.*

Voir *Collégiale Notre-Dame*★.

🔹 *de Belesbat à Boutigny-sur-Essonne ℰ 01 69 23 19 10, E : 17 km par D 837 et D 153.*

🔹 *Office de tourisme, place de l'Hôtel de Ville et des droits de l'Homme ℰ 01 69 92 69 00, Fax 01 69 92 69 28, tourisme@mairie-etampes.fr.*

Paris 51 – Fontainebleau 45 – Chartres 59 – Évry 35 – Melun 49 – Orléans 76 – Versailles 58.

XX **Auberge de la Tour St-Martin**, 97 r. St-Martin ℘ 01 69 78 26 19, *Fax* 01 69 78 26 07 –
AE GB
fermé 7 au 25 août, sam. midi, dim. soir et lundi – **Repas** 32.
✦ Poutres, pierres apparentes et cheminée agrémentent cette sympathique petite salle à
manger rustique. Dans l'assiette, produits choisis préparés selon la tradition.

à Ormoy-la-Rivière *au Sud : 5 km par D 49 et rte secondaire* – *943 h. alt. 81* – ⊠ *91150* :

X **Vieux Chaudron**, 45 Grande Rue ℘ 01 64 94 39 46, *guillaume.giblin@wanadoo.fr*,
Fax 01 64 94 39 46, 🍸 – GB
fermé 16 août au 6 sept., 1er au 14 janv., jeudi soir, dim. soir et lundi – **Repas** 28/38.
✦ Petite auberge au centre du village, face à l'église. Intérieur campagnard réchauffé en
hiver par une cheminée. En été, terrasse au calme. Recettes dans l'air du temps.

ÉTANG-DE-HANAU *57 Moselle* 307 *Q4* – *rattaché à Philippsbourg.*

ÉTANG D'IMSTHAL *67 B.-Rhin* 315 *I3* – *rattaché à La Petite-Pierre.*

Les ÉTANGS-DES-MOINES *59 Nord* 302 *M7* – *rattaché à Fourmies.*

ÉTEL *56410 Morbihan* 308 *L9* *G. Bretagne* – *2 165 h alt. 20.*
🚊 *Syndicat d'initiative, place des Thoniers* ℘ 02 97 55 23 80, *Fax* 02 97 55 58 26, *syndicat.ini
tiative.etel@wanadoo.fr.*
Paris 494 – *Vannes 37* – *Lorient 26* – *Quiberon 24.*

🏠 **Trianon** 🦐, 14 r. gén. Leclerc ℘ 02 97 55 32 41, *Fax* 02 97 55 44 71, 🚗 – 📺 ✆ 🅿. AE GB
Repas *(fermé janv., dim. soir et lundi midi de nov. à mars)* 19/42 – ☑ 10 – **20 ch** 65/80 –
½ P 65/85.
✦ À proximité du port de pêche, chambres-bonbonnières agréablement provinciales ;
préférez celles de la villa annexe. Pour la détente, salon-cheminée ou jardinet au calme.
Salle à manger rustique soignée et cuisine de la mer.

Si le coût de la vie subit des variations importantes,
les prix que nous indiquons peuvent être majorés.
Lors de votre réservation à l'hôtel, faites-vous préciser le prix définitif.

ÉTOILE-SUR-RHÔNE *26800 Drôme* 332 *C4* – *4 054 h alt. 170.*
🚊 *Office de tourisme, 45 Grande Rue* ℘ 04 75 60 75 14, *Fax* 04 75 60 70 12, *office-
tourisme.etoile@wanadoo.fr.*
Paris 569 – *Valence 12* – *Crest 17* – *Privas 34.*

XX **Vieux Four**, pl. Léon Lérisse ℘ 04 75 60 72 21, *levieuxfour@9online.fr*,
Fax 04 75 60 53 74, 🍸 – ▦. GB
fermé 13 au 22 avril, 16 août au 10 sept.,1er au 15 janv., dim. soir, lundi et mardi – **Repas** (20) -
25/50.
✦ Côtoyant une vieille demeure seigneuriale, belle maison régionale dont le bâti en pierre
contraste heureusement avec un décor intérieur contemporain. Cuisine classique.

ÉTOUY *60 Oise* 305 *F4* – *rattaché à Clermont.*

L'ÉTRAT *42 Loire* 327 *F7* – *rattaché à St-Étienne.*

ETRÉAUPONT *02580 Aisne* 306 *F3* – *933 h alt. 127.*
🚊 *Syndicat d'initiative, rue de la Libération* ℘ 02 23 97 77 00, *Fax* 02 23 97 77 00.
Paris 184 – *St-Quentin 51* – *Avesnes-sur-Helpe 24* – *Hirson 16* – *Laon 44.*

🏰 **Clos du Montvinage**, 8 rue Albert Ledant ℘ 03 23 97 91 10, *contact@clos-du-montvin
age.fr, Fax* 03 23 97 48 92, 🍸, 🚗 – 📺 ✆ 🕭 🅿 – 🔬 30. AE ➊ GB. ✂ ch
fermé dim. soir – **Auberge du Val de l'Oise** ℘ 03 23 97 40 18 *(fermé 9 au 15 août, 20 au
26 déc., 1er au 11 janv., dim. soir et lundi midi)* **Repas** 20/35,50, enf. 11,80 ⚡ – ☑ 7 – **20 ch**
49,50/78,50 – ½ P 50/59.
✦ Avenante maison de maître du 19e s. abritant des chambres de style Louis-Philippe. Pour
vos loisirs : charmante salle de billard, minicourts de tennis, vélos et croquet. Au restaurant,
décor chic, atmosphère feutrée, plats traditionnels et menu végétarien.

ÉTRETAT 76790 S.-Mar. 304 B3 *G. Normandie Vallée de la Seine* – *1 615 h alt. 8* – *Casino* **A**.

Voir *Le Clos Lupin*★ – *Falaise d'Aval*★★★ – *Falaise d'Amont*★★.

d'Étretat *℘ 02 35 27 04 89,* **A**.

🛈 *Office de tourisme, place Maurice Guillard ℘ 02 35 27 05 21, Fax 02 35 28 87 20, ot.etretat@wanadoo.fr.*

Paris 206 ③ – Le Havre 29 ④ – Bolbec 30 ③ – Fécamp 16 ② – Rouen 90 ②.

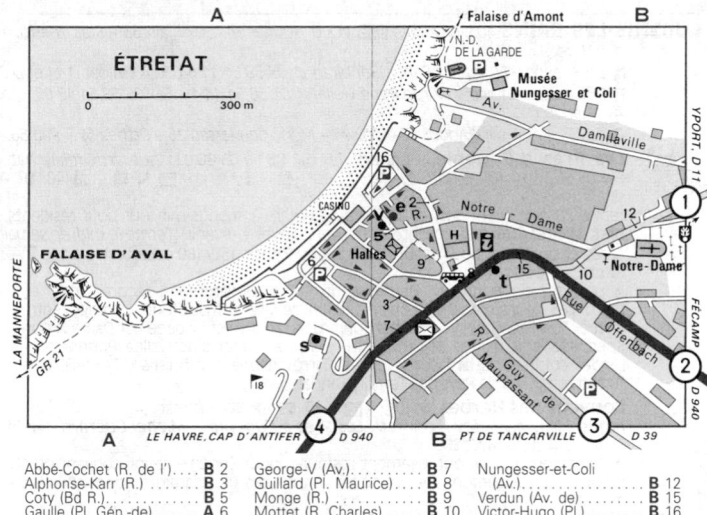

Abbé-Cochet (R. de l') . . . . **B** 2	George-V (Av.) . . . . **B** 7	Nungesser-et-Coli
Alphonse-Karr (R.) . . . . **B** 3	Guillard (Pl. Maurice) . . . . **B** 8	(Av.) . . . . **B** 12
Coty (Bd R.) . . . . **B** 5	Monge (R.) . . . . **B** 9	Verdun (Av. de) . . . . **B** 15
Gaulle (Pl. Gén.-de) . . . . **A** 6	Mottet (R. Charles) . . . . . **B** 10	Victor-Hugo (Pl.) . . . . . . **B** 16

🏨 **Dormy House** 🦢, rte Le Havre *℘ 02 35 27 07 88, dormy.house@wanadoo.fr, Fax 02 35 29 86 19,* ≤ falaise et mer, 😋, 🍸 – ⛄ 📺 📞 🔌 📶 – 🔔 50. 🅰🅴 **A** s
🦢 rest

Repas *(19) - 26,50 (déj.),* 35,50/60, enf. 15 – 🍽 13,50 – **61 ch** 80/133 – ½ P 67,50/125.

◆ En surplomb de la station et au coeur d'un parc, manoir de 1870 et ses dépendances tournés vers la falaise d'Amont. Les chambres, rénovées, sont "cosy". La salle à manger panoramique offre une vue privilégiée sur la mer. Agréable terrasse. Carte classique.

🏨 **Ambassadeur** sans rest, 10 av. Verdun *℘ 02 35 27 00 89, hotel-ambassadeur@wanadoo .fr, Fax 02 35 28 63 69* – 📺 📶 🅰🅴 🆎 **B** t
🍽 11 – **21 ch** 61/105.

◆ Jolie villa centenaire proche du Clos Lupin, la maison-musée du "gentleman cambrioleur". Chambres spacieuses et sagement personnalisées, au délicieux charme "rétro".

🏨 **Falaises** sans rest, bd R. Coty *℘ 02 35 27 02 77, Fax 02 35 28 87 59* – 📺. 🆎 **B** v
🍽 6 – **24 ch** 39/61.

◆ Petit immeuble proche de la plage de galets encadrée par les falaises d'Aval et d'Amont. Les chambres, modernes et fonctionnelles, offrent un sobre décor.

XX **Galion,** bd R. Coty *℘ 02 35 29 48 74, Fax 02 35 29 74 48* – 🅰🅴 🆎 **B** e
fermé 15 déc. au 26 janv., mardi et merc. – **Repas** 22/38 🍷.

◆ Le trésor de ce galion-là ne se trouve pas à fond de cale, mais au plafond : la forêt de poutres sculptées date du 14ᵉ s. et provient d'une maison de Lisieux.

au Tilleul *par ④ et D 940 : 3 km – 582 h. alt. 107* – ⊠ *76790 Étretat :*

🏨 **St-Christophe** sans rest, *℘ 02 35 28 84 29, Fax 02 35 28 84 30* – 📺 📞. 🆎 🦢
fermé 5 au 25 janv. – 🍽 5,50 – **21 ch** 45/51.

◆ Cet ex-café de village proche de l'Aiguille propose des chambres simples, mais pratiques et dotées d'un mobilier de bonne facture. Accueil familial.

EU 76260 S.-Mar. 304 I1 *G. Normandie Vallée de la Seine* – *8 081 h alt. 19.*

Voir *Collégiale Notre-Dame et St-Laurent*★ – *Chapelle du Collège*★.

🛈 *Office de tourisme, 41 rue Paul Bignon ℘ 02 35 86 04 68, Fax 02 35 50 16 03, otsi.eu@wanadoo.fr.*

Paris 176 – Abbeville 34 – Amiens 88 – Dieppe 33 – Rouen 102 – Le Tréport 5.

🏨 **Maine,** 20 pl. Gare ℰ 02 35 86 16 64, *info@hotel-maine.com, Fax 02 35 50 86 25,* 🍽 – 📺
🛏 ✆ 🅿️ 🆎 GB
Repas *(fermé 17 août au 8 sept. et dim. soir)* 15/38,90 ♀ – ⊃ 7 – **18 ch** 40/56 – ½ P 59.
◆ Cette attrayante maison bourgeoise bâtie en 1897 héberge de petites chambres sobrement équipées et parfois décorées dans le style "rétro". L'intérieur de la coquette salle à manger évoque la Belle Époque. Carte traditionnelle et joli choix de poissons.

EUGÉNIE-LES-BAINS *40320 Landes* 335 I12 *G. Aquitaine – 507 h alt. 65 – Stat. therm. (mi fév.-début déc.).*

🏌 *Les Greens d'Eugénie à Bahus-Soubiran ℰ 05 58 51 11 63, S : 4 km par D 11 et D 62.*

🛈 *Office de tourisme, 147 rue René Vielle ℰ 05 58 51 13 16, Fax 05 58 51 12 02, oteugenie @wanadoo.fr.*

Paris 731 – Aire-sur-l'Adour 12 – Dax 71 – Mont-de-Marsan 26 – Orthez 52 – Pau 56.

🏰 **Les Prés d'Eugénie** (Guérard) ⓢ, ℰ 05 58 05 06 07, *guerard@relaischateaux.fr,*
❀❀❀ *Fax 05 58 51 10 10,* ≤, 🍽, 🐾, ⅙, ⊿, ✖, 🐾 – 🗐, ▤ ch, 📺 ✆ 🅿️ – ⚒ 40. 🆎 ⓪ GB.
✖
fermé 29 nov. au 17 déc. et 2 janv. au 25 mars – (menus minceur pour résidents seul.) -
rest. Michel Guérard *(nombre de couverts limité, prévenir) (fermé le midi en semaine sauf fériés et du 19 juil. au 24 août et lundi soir)* **Repas** 130/180 et carte 115 à 135 ♀ – ⊃ 28 –
22 ch 315, 6 suites.
◆ Les Prés du bonheur ! Demeure du 19ᵉ s. élégamment décorée, parc et ''ferme'' thermale : heureux mariage entre maison de ville et maison des champs, entre plaisir et forme. Au village-jardin de Michel Guérard, la cuisine est inspirée par Dame Nature.
Spéc. Salade de truffes de l'année aux pommes de terre nouvelles. Poitrine de volaille des Landes cuisinée au lard sur la braise. Tarte chaude aux fraises d'Eugénie (saison). **Vins** Tursan blanc, Vin de Pays des Terroirs Landais.

Couvent des Herbes ⓢ, , 🐾 – 📺 ✆ 🅿️ 🆎 ⓪ GB, ✖ rest
fermé 2 janv. au 11 fév. – voir rest. **Les Prés d'Eugénie** *et* **Michel Guérard** – ⊃ 28 – **4 ch** 340/375, 4 suites 470/500.
◆ Napoléon III fit amoureusement restaurer pour Eugénie ce joli couvent du 18ᵉ s. surmonté d'un clocheton. Les chambres, entourées d'un jardin d'éden, sont la séduction même.

🏰 **Maison Rose** ⓢ (voir aussi rest. **Michel Guérard**), ℰ 05 58 05 06 07, *guerard@relaischa teaux.fr, Fax 05 58 51 10 10,* ⊿, ✖, 🐾 – cuisinette 📺 ✆ 🅿️ 🆎 ⓪ GB
fermé 5 déc. au 12 fév. – **Repas** *(résidents seul.)* – ⊃ 18 – **26 ch** 115/170, 5 studios –
P 150/180.
◆ Couleurs pastel reposantes, mobilier en rotin blanc et fleurs fraîches, salon "cosy" aux murs tendus d'étoffe rayée : une ambiance "guesthouse" raffinée et réussie.

✕ **Ferme aux Grives** ⓢ avec ch, ℰ 05 58 05 05 06, *guerard@relaischateaux.fr, Fax 05 58 51 10 10,* 🍽, ⊿, ✖, 🐾 – 📺 ✆ 🅿️ GB
fermé 2 janv. au 11 fév. – **Repas** *(fermé mardi soir et merc. sauf du 13 juil. au 24 août et fériés)* 40 – ⊃ 25 – **1 ch** 340/375, 3 suites 470/500.
◆ Ancienne auberge de village qui a retrouvé ses couleurs d'antan. Jardin potager, vieilles poutres et tomettes magnifient une cuisine du terroir ressuscitée.

Donnez-nous votre avis sur les tables que nous recommandons,
sur leurs spécialités et leurs vins de pays.

ÉVELLE *21340 C.-d'Or* 320 I8.
Paris 312 – Beaune 14 – Autun 36 – Chalon-sur-Saône 32 – Dijon 59.

✕ **Auberge du Vieux Pressoir,** ℰ 03 80 21 82 16, *Fax 03 80 21 82 16* – GB
fermé vacances de fév., merc., le midi en semaine et dim. soir de Pâques à oct. ; ouvert vend. soir, sam. soir et dim. midi hors saison – **Repas** 23/26, enf. 8.
◆ Auberge campagnarde des Hautes-Côtes de Beaune, à deux pas du château de la Rochepot. Ambiance sympathique - entre le bistrot et la table d'hôte - et petits plats régionaux.

ÉVIAN-LES-BAINS *74500 H.-Savoie* 328 M2 *G. Alpes du Nord – 7 273 h alt. 370 – Stat. therm. (début fév.-mi nov.) – Casino* **B.**
Voir Lac Léman★★★ – *Promenade en bateau*★★★ – *L'escalier d'honneur*★ *de l'hôtel de ville.*
Env. Falaises★★.

🏌 *Évian Masters Golf Club ℰ 04 50 75 46 66, par* ③ *: 1 km* **A.**
🛈 *Office de tourisme, place d'Allinges ℰ 04 50 75 04 26, Fax 04 50 75 61 08, otevian@icor.fr.*
Paris 577 ③ – *Thonon-les-Bains 10* ③ – *Genève 44* ③ – *Montreux 40* ①.

ÉVIAN-
LES-BAINS

Abondance (Av. d') .... **C** 2
Bennevey (Bd de) .... **AB** 5
Besson (Quai Ch.) .... **B** 6
Clermont (R. de) .... **B** 10

Cordeliers (R. des) .... **C** 12
Cottet (Pl. Ch.) .... **B** 15
Folliet (R. Gaspard) .... **B** 19
Grottes (Av. des) .... **C** 22
Larringes (Av. de) .... **A** 25
Libération
(Pl. de la) .... **C** 26
Mateirons (Av. des) .... **B** 27

Monnaie (R. de la) .... **B** 29
Narvik (Av. de) .... **B** 31
Nationale (Rue) .... **B** 33
Neuvecelle
(Av. de) .... **C** 36
Port (Pl. du) .... **C** 37
Sources (Av. des) .... **B** 39
Vallées (Av. des) .... **AB** 40

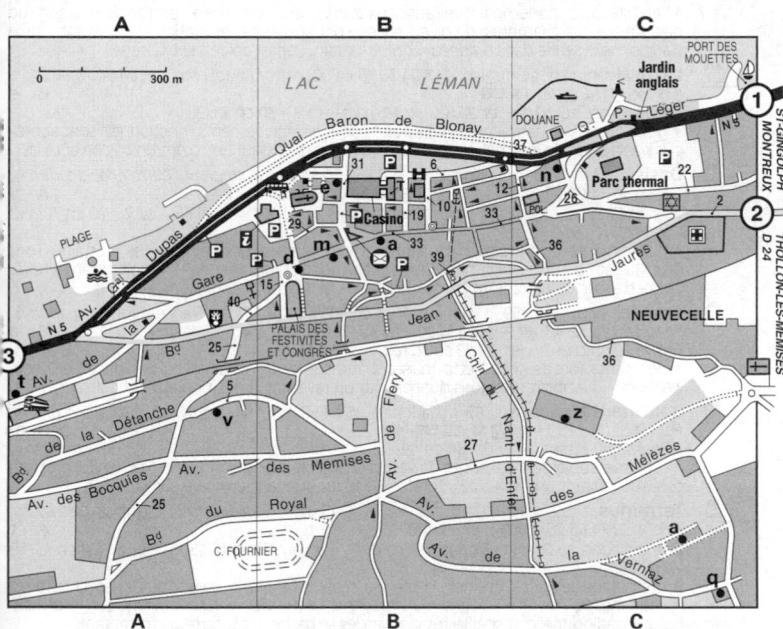

🏨🏨🏨 **Royal** ⏸, ☎ 04 50 26 85 00, *hotelroyal@royalparcevian.com*, Fax 04 50 75 38 40, ≤, 🍴, ☺, Ⅰₒ, ⚊, 🔲, ✕, 🛝 – 🛎 📺 ✆ 🅿 – 🔬 25 à 50. 🝾 ⑩ ☎ 🅅 🏵 rest   **C z**
fermé 21 nov. au 5 fév. – voir rest. *Café Royal* ci-après **- Véranda** (rôtisserie) **Repas** 60 –
Jardin des Lys (rest. diététique) **Repas** 60/70 – ⌷ 22 – **130 ch** 440/710, 24 suites –
½ P 270/405.
♦ Belle architecture Art déco pour ce luxueux palace édifié en 1907. Parc majestueux,
superbe institut de remise en forme et spacieuses chambres garnies de meubles de style. À
la Véranda, menu de saison et grillades. Cuisine diététique au Jardin des Lys.

🏨🏨 **Ermitage** ⏸, rte Abondance ☎ 04 50 26 85 00, *hotelermitage@royalparcevian.com*,
Fax 04 50 75 29 37, ≤ lac et montagnes, 🍴, ☺, Ⅰₒ, ⚊, 🔲, ✕, 🛝 – 🛎 📺 –
🔬 25 à 100. 🝾 ⑩ ☎ 🅅 🏵 rest   **C a**
fermé 2 nov. au 28 déc. – *Gourmandin :* **Repas** 42/64, enf. 18 – ⌷ 20 – **87 ch** 210/560,
4 suites – ½ P 180/360.
♦ Dans un magnifique parc, palace du début du 20e s. à taille humaine, alliant le charme
d'un cadre douillet au plaisir des loisirs et de la détente (institut de soins). Au restaurant,
décor raffiné, superbe terrasse tournée vers la nature et plats régionaux.

🏨🏨 **La Verniaz et ses Chalets** ⏸, rte Abondance ☎ 04 50 75 04 90, *verniaz@relaischatea*
ux.com, Fax 04 50 70 78 92, ≤, 🍴, 🔲, ✕, 🛝 – 🛎 📺 ✆ 🅿 – 🔬 15. 🝾 ⑩ ☎
🅅   **C q**
7 fév.-7 nov. – **Repas** 38/68 ♈ – ⌷ 15 – **33 ch** 130/270, 5 chalets – ½ P 126/191.
♦ Ensemble de bâtiments et chalets disséminés dans un superbe parc noyé sous les fleurs
en saison. Grandes chambres un brin mûrissantes ; vue sur le lac. Cuisine classique, spécialités de grillades et poissons du Léman à déguster dans le restaurant rustique.

🏨 **Alizé** sans rest, 2 av. J. Léger ☎ 04 50 75 49 49, *alize.hotel@wanadoo.fr*, Fax 04 50 75 50 40
– 🗏 📺 ✆ 🝾 ☎ 🏵   **C n**
fermé 15 nov. au 31 janv. – ⌷ 7 – **22 ch** 84/96.
♦ Belle situation face au débarcadère et à côté de l'espace thermal. Les chambres, rénovées, sont contemporaines et très colorées ; la plupart d'entre elles donnent sur le lac.

Bourgogne, pl. Charles Cottet ✆ 04 50 75 01 05, *bourgogne@wanadoo.fr, Fax 04 50 75 04 05,* – |‡| TV. AE ⓓ GB JCB B d
fermé janv. – **Repas** *(11 avril-3 oct. et fermé dim. soir et lundi sauf juil. août)* 26/46, enf. 10 ♀ - ***Brasserie*** *(fermé lundi)* Repas *(11,50)*- 23,50/37,50, enf. 6 ♀ – ☐ 8 – **31 ch** 71/96 – ½ P 67/74.
◆ Architecture moderne accueillante aux allures de chalet, sise à l'entrée de la grand'rue piétonnière. Les chambres, de divers styles, sont spacieuses et pratiques. Attrayante carte traditionnelle servie dans un décor contemporain. Repas rapide à la brasserie.

Littoral sans rest, av. de Narvik ✆ 04 50 75 64 00, *hlittoral@aol.com, Fax 04 50 75 30 04,* ← – |‡| TV ✆ ♿. AE ⓓ GB B e
fermé 25 oct. au 10 nov. et 20 fév. au 10 mars – ☐ 8 – **30 ch** 71/90.
◆ Près du casino, bâtiment contemporain dont les équipements fonctionnels sont appréciés par la clientèle internationale. Toutes les chambres (sauf deux) ont un balcon côté lac.

Oasis, 11 bd Bennevy ✆ 04 50 75 13 38, *stephane.berthier@wanadoo.fr, Fax 04 50 74 90 30,* ←, – TV ✆ P. GB. A v
1er avril-fin sept. – **Repas** *(1er mai-15 sept.)* (dîner seul.) 16/24, enf. 7 ♀ – ☐ 7 – **20 ch** 70/112 – ½ P 70.
◆ Sur les hauteurs d'Évian, charmant hôtel aux chambres gaies et actuelles ; certaines font face au lac, d'autres occupent deux maisonnettes nichées dans le joli jardin arboré. Coquette salle de restaurant garnie de lambris blonds et de tons jaune et rouge.

France sans rest, 59 r. Nationale ✆ 04 50 75 00 36, *hotel-france-evian@wanadoo.fr, Fax 04 50 75 32 47,* – |‡| TV ✆ P – 30. AE ⓓ GB JCB B a
fermé 20 nov. au 26 déc. et 12 au 20 fév. – ☐ 7 – **45 ch** 64/74.
◆ Pimpante façade pour cette maison bâtie sur le site du château des ducs de Savoie (vestiges). Chambres pratiques donnant sur un ravissant jardin. Copieux petit-déjeuner.

Continental sans rest, 65 r. Nationale ✆ 04 50 75 37 54, *info@continental-evian.com, Fax 04 50 75 31 11* – |‡| TV ✆. AE GB. B m
fermé 15 au 30 janv. – ☐ 6 – **34 ch** 49/65.
◆ Cet immeuble de 1868 abrite de vastes chambres bien insonorisées ; celles du 4e étage, côté rue, offrent une jolie vue sur le lac. Beau mobilier ancien chiné par le patron.

Terminus, 32 av. Gare ✆ 04 50 75 15 07, *accueil@hotel-terminus-evian.com, Fax 04 50 74 63 23* – |‡| TV. AE ⓓ GB A t
fermé 12 déc. au 2 janv. – **Repas** *(fermé dim.) (9,90)* - 12/25, enf. 7,50 ♀ – ☐ 6 – **20 ch** 43/59 – ½ P 46/49.
◆ L'enseigne le laisse deviner, l'hôtel se trouve face à la gare. Toutes les chambres, fonctionnelles, ont été refaites mais préférez celles avec balcon ouvrant sur le Léman. Cuisine traditionnelle et spécialités savoyardes se partagent la carte du restaurant.

Café Royal - Hôtel Royal, ✆ 04 50 26 85 00, *hotelroyal@royalparcevian.com, Fax 04 50 75 38 40,* ←, – P. AE ⓓ GB JCB. C z
fermé 21 nov. au 5 fév. et le midi hors saison sauf vacances scolaires – **Repas** 60/150 et carte 85 à 119.
◆ Le superbe Café Royal renferme un petit trésor : les fresques Belle Époque de Gustave Jaulmes. Vue imprenable sur le lac depuis la très belle terrasse. Cuisine raffinée.
Spéc. Omble chevalier sauvage "Sommet d'Evian". Poularde des fermes bressanes à la broche. Caïon à l'ancienne, farcement des Habères, jambon croustillant. **Vins** Marin, Mondeuse.

ÉVISA *2A Corse-du-Sud* 345 B6 – *voir à Corse.*

ÉVOSGES *01230 Ain* 328 F5 – *109 h alt. 750.*
Paris 481 – Aix-les-Bains 69 – Belley 37 – Bourg-en-Bresse 57 – Lyon 79 – Nantua 32.

Auberge Campagnarde , ✆ 04 74 38 55 55, *auberge-campagnarde@wanadoo.fr, Fax 04 74 38 55 62,* – TV P. GB
fermé 1er au 9 sept., 3 janv. au 4 fév., mardi soir et merc. (sauf hôtel du 15 mai au 15 sept.) – **Repas** 22/46 – ☐ 7 – **15 ch** 40/65 – ½ P 48/56.
◆ Cette vieille ferme d'un paisible village du Bugey est appréciée des amateurs de nature et de quiétude. Chambres décorées dans un esprit rustique ou moderne. Minigolf. Salle à manger champêtre et terrasse fleurie ; cuisine aux accents régionaux.

ÉVREUX P *27000 Eure* 304 G7 *G. Normandie Vallée de la Seine – 51 198 h alt. 64.*
Voir *Cathédrale Notre-Dame*★★ – *Châsse*★★ *dans l'église St-Taurin – Musée*★★ **M.**
18 *d'Évreux ✆ 02 32 39 66 22, par ④ : 3 km.*
Office de tourisme, 1 ter place de Gaulle ✆ 02 32 24 04 43, Fax 02 32 31 28 45, information@ot-pays-evreux.fr.
Paris 100 ② – Rouen 56 ① – Alençon 119 ③ – Caen 135 ④ – Chartres 78 ③.

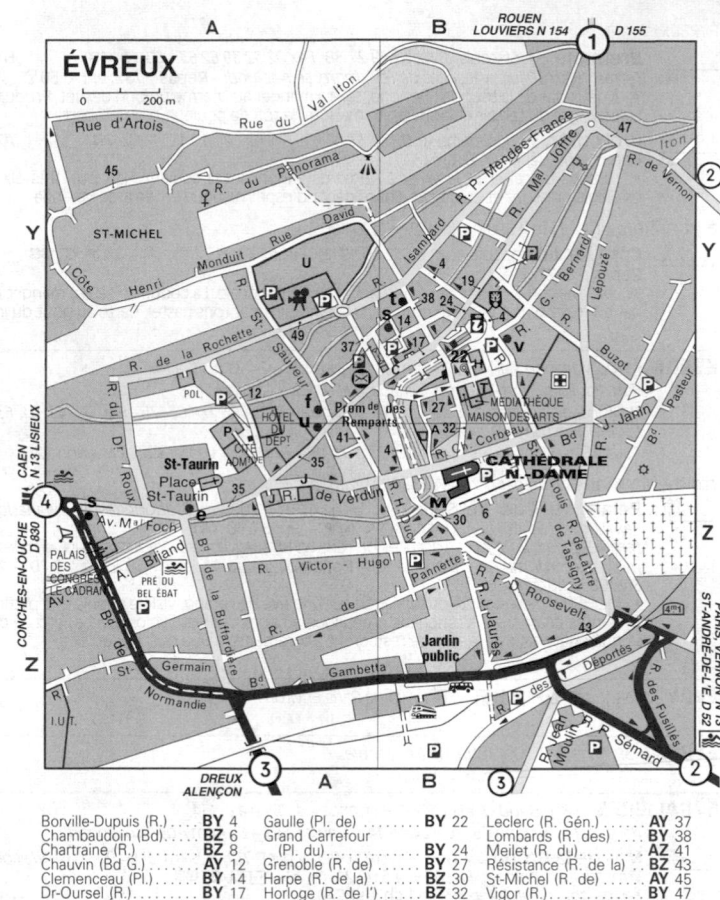

ÉVREUX

ROUEN
LOUVIERS N 154 D 155

CAEN N 13 LISIEUX

CONCHES-EN-OUCHE D 830

PALAIS DES CONGRÈS LE CADRAN AV.

PARIS, VERNON N 13
ST-ANDRÉ-DE-L'E. D 52

DREUX
ALENÇON

Borville-Dupuis (R.)	**BY** 4	Gaulle (Pl. de)	**BY** 22
Chambaudoin (Bd)	**BZ** 6	Grand Carrefour	
Chartraine (R.)	**BZ** 8	(Pl. du)	**BY** 24
Chauvin (Bd G.)	**AY** 12	Grenoble (R. de)	**BY** 27
Clemenceau (Pl.)	**BY** 14	Harpe (R. de la)	**BZ** 30
Dr-Oursel (R.)	**BY** 17	Horloge (R. de l')	**BZ** 32
Feray (R. Édouard)	**BY** 19	Joséphine (R.)	**AZ** 35

Leclerc (R. Gén.)	**AY** 37
Lombards (R. des)	**BY** 38
Meilet (R. du)	**AZ** 41
Résistance (R. de la)	**BZ** 43
St-Michel (R. de)	**AY** 45
Vigor (R.)	**BY** 47
7e-Chasseurs (R. du)	**AY** 49

Mercure, bd Normandie ✆ 02 32 38 77 77, h1575@accor-hotels.com, Fax 02 32 39 04 53 – ▯ ❦ ☰ 📺 ℭ ₺ ⟨⟩ ▭ – ▵ 80. ᴁ ⑩ ☺☻
AZ s

Repas (15) - 18,50/20,50 bc, enf. 9 ☲ – ☲ 9,50 – **60 ch** 80/88,50.

♦ Cette architecture contemporaine dressée à l'intersection d'importants axes routiers abrite des chambres bien équipées et insonorisées. Ronce de bois, tons chauds et belle luminosité concourent à créer une plaisante atmosphère dans la salle de restaurant.

L'Orme sans rest, 13 r. Lombards ✆ 02 32 39 34 12, Fax 02 32 33 62 48 – ▯ 📺 ᴁ ⑩ ☺☻
BY t

fermé les week-ends du 1er oct. au 31 mars – ☲ 9 – **39 ch** 53/90.

♦ Cet établissement du centre-ville constitue une adresse pratique pour le voyageur de passage. Chambres sobres et fonctionnelles, parfois dotées d'un mobilier en bambou.

Vieille Gabelle, 3 r. Vieille Gabelle ✆ 02 32 39 77 13, Fax 02 32 39 77 13 – ᴁ ☺☻ BY s
fermé 1er au 22 août, 25 déc. au 1er janv., sam. midi, dim. soir et lundi – **Repas** 13/24.

♦ La devanture, bien normande avec ses colombages, est avenante. Deux salles à manger campagnardes avec poutres apparentes, dont une agrémentée d'une jolie cheminée de pierre.

Gazette, 7 r. St-Sauveur ✆ 02 32 33 43 40, xavier.buzieux@wanadoo.fr, Fax 02 32 31 38 87 – ᴁ ☺☻
AY f

fermé 1er au 29 août, sam. midi et dim. – **Repas** (14) - 17/35 ☲.

♦ Belle façade verte habillée de bois et intérieur tendance bistrot "rétro", décoré de reproductions de gazettes anciennes. Atmosphère intime et cuisine au goût du jour.

✕ **Bretagne**, 3 r. St-Louis ℰ 02 32 39 27 38, Fax 02 32 39 62 63 – 🖾 ⓪ ⲅⲃ   **BY** v
🍴 *fermé 15 au 30 juil., vacances de fév., merc. soir et lundi* – **Repas** 11/32, enf. 8,50 ♀.
   ♦ À deux pas de la tour de l'Horloge, salle à manger au charme un brin désuet. Produits de la mer, plats du terroir et la spécialité maison : le rôti de poulet au camembert.

✕ **Croix d'Or**, 3 r. Joséphine ℰ 02 32 33 06 07, Fax 02 32 31 14 27 – 🖾 ⲅⲃ   **AZ** e
🍴 **Repas** 10,90 (déj.), 14/28, enf. 8.
   ♦ Le banc d'écailler et le vivier à homards annoncent la couleur : la carte, très étoffée, privilégie poissons et crustacés. Sobre décor d'esprit rustique et terrasse-véranda.

à Parville par ④ : 4 km – 320 h. alt. 130 – ✉ 27180 :

✕✕ **Côté Jardin**, rte Lisieux ℰ 02 32 39 19 19, Fax 02 32 31 21 85, 🌫 – 🍽 🄿. 🖾 ⲅⲃ
Repas (17) - 27/37 ♀.
   ♦ Jolie maison à colombages bordant la route nationale. La coquette salle à manger n'est pas en reste avec son cadre normand repeint dans des tons pastel. Carte au goût du jour.

ÉVRON 53600 Mayenne 📖🄰🄾 G6 G. Normandie Cotentin – 7 283 h alt. 114.
   Voir *Basilique Notre-Dame★ : chapelle N.-D.-de l'Épine★★*.
   🄱 *Office de tourisme, place de la Basilique ℰ 02 43 01 63 75, Fax 02 43 01 63 75, tourisme.evron@wanadoo.fr.*
   Paris 250 – Alençon 58 – La Ferté-Bernard 98 – Laval 32 – Le Mans 55 – Mayenne 25.

rte de Mayenne 6 km par D 7 – ✉ 53600 Mézangers :

🏨 **Relais du Gué de Selle** ॐ, ℰ 02 43 91 20 00, relaisduguedeselle@wanadoo.fr, Fax 02 43 91 20 10, ⑂, 🍴, 🐎 – 📺 📞 🄿... – 🔬 15 à 60. ⲅⲃ
fermé 22 déc. au 7 janv., vacances de fév., vend. soir, dim. soir et lundi d'oct. à mai, lundi midi et mardi midi de juin à sept. – **Repas** (14,50) - 20/44, enf. 8,50 ♀ – 🍴 8,70 – **24 ch** 60/108, 7 duplex – ½ P 53/74.
   ♦ Vieille ferme restaurée et son jardin sur une rive de l'étang, visible depuis une partie des plaisantes chambres. Promenade aménagée au bord de l'eau, vélos, pêche, etc. Le décor soigné et avenant de la salle de restaurant s'agrémente d'une cheminée.

EVRY 91 Essonne 📖🄸🄸 D4 📖🄾🄸 ㊲ 📖🄵 – voir à Paris,Environs.

EYBENS 38 Isère 📖🄸🄸 H7 – rattaché à Grenoble.

EYGALIÈRES 13810 B.-du-R. 📖🄴🄾 E3 G. Provence – 1 851 h alt. 134.
   Paris 701 – Avignon 28 – Cavaillon 14 – Marseille 83 – St-Rémy-de-Provence 12.

🏨 **Mas de la Brune** ॐ sans rest, rte St-Rémy par D 74ᴬ : 1,5 km ℰ 04 90 90 67 67, contact @masdelabrune.com, Fax 04 90 95 99 21, 🍴, 🐎 – 📺 🄿. 🖾 ⲅⲃ
fermé déc. et janv. – 🍴 13 – **11 ch** 180/240.
   ♦ Résidence du consul d'Eygalières, puis moulin à huile, cette demeure Renaissance abrite à présent un hôtel de caractère. Ne manquez pas l'insolite "jardin de l'alchimiste".

🏨 **Bastide** ॐ, rte Orgon (D 24ᴮ) et chemin de Pestelade ℰ 04 90 95 90 06, contact@labastid e.com.fr, Fax 04 90 95 99 77, 🌫, 🐎 – 📺 📞 ... ch
Repas (dîner seul.) 22/29 – 🍴 12 – **15 ch** 70/98 – ½ P 78.
   ♦ Meubles patinés, tomettes et autres matériaux anciens : les chambres de cette maison isolée dans la garrigue ont un cachet certain. Beaux espaces verts. Coquette salle à manger et charmante terrasse ; assiettes composées à midi, menu traditionnel au dîner.

🏨 **Auberge de la Pierre Blanche** ॐ, rte Orgon (D 24ᴮ) : 3 km ℰ 04 90 95 93 17, bernad ette.courdon@free.fr, Fax 04 90 90 60 62, 🌫, 🍴, 🐎 – 📺 🄿. ⲅⲃ
Repas (1ᵉʳ avril-30 sept.) 20/35 – 🍴 9 – **10 ch** 88 – ½ P 75.
   ♦ Épris de calme et de nature ? Vous apprécierez cet hôtel et son agréable jardin ouverts sur garrigue et pinède. Chambres pratiques et colorées ; activités de loisirs. Salle à manger provençale ; terrasse donnant sur la piscine. Plats classiques et régionaux.

🏨 **Mas Du Pastre** ॐ sans rest, rte Orgon (D 24ᴮ) : 1,5 km ℰ 04 90 95 92 61, contact@masd oupastre.com, Fax 04 90 90 61 75, 🍴, 🐎 – 📺 🄿. ⲅⲃ. ✂
fermé 15 nov. au 15 déc. – 🍴 12 – **13 ch** 105/160.
   ♦ Ambiance "guesthouse", décoration provençale à l'ancienne, meubles et bibelots chinés, jardin enchanteur... Cette authentique bergerie familiale est pétrie de charme.

  annexe Maison Roumanille ॐ sans rest, au village ℰ 04 90 95 92 61, Fax 04 90 90 61 75 – ⲅⲃ
fermé 15 nov. au 15 déc. – **8 ch** 🍴 105/120.
   ♦ Au coeur du village, joli mas décoré dans le même esprit que la maison-mère. Toutes les chambres, sauf une, possèdent une terrasse. Véranda pour les petits-déjeuners.

XX ❀ **Bistrot d'Eygalières "Chez Bru"** avec ch, r. République ☎ 04 90 90 60 34, *sbru@club-internet.fr*, Fax 04 90 90 60 37, 🌤 – 🗏 TV ℃ AE GB
fermé 7 au 12 août, 12 janv. au 15 mars, dim. soir d'oct. à mai, mardi midi de juin à sept. et lundi – **Repas** (nombre de couverts limité, prévenir) 45 (déj.), 64/74 et carte 65 à 76 ♀ –
☲ 12 – **4 ch** 130/160.
   ◆ Bistrot chic et accueillant installé dans deux maisons villageoises accolées. Tons crème, tableaux contemporains et joli patio-terrasse. Cuisine provençale au goût du jour.
Spéc. Kingcrabe à la mousse de pommes de terre aux truffes (oct. à janv.). Tempura à l'émulsion de soja. Pigeon rôti à la confiture d'échalotes. **Vins** Châteauneuf-du-Pape, Coteaux d'Aix-en-Provence-les-Baux.

EYGUIÈRES 13430 B.-du-R. 340 F3 G. Provence – 5 392 h alt. 75.
   🅱 Office de tourisme, place de l'Ancien Hôtel de Ville ☎ 04 90 59 82 44, Fax 04 90 59 89 07, ot.eyguieres@visitprovence.com.
   Paris 715 – *Avignon 40* – Aix-en-Provence 49 – Arles 45 – Istres 27 – Marseille 66.

X **Relais du Coche**, pl. Monier ☎ 04 90 59 86 70, Fax 04 90 45 09 50, 🌤 – 🗏. AE ◉ GB
fermé 28 juin au 1er juil., 2 au 21 janv., mardi midi en juil.-août, dim. soir de sept. à juin et lundi – **Repas** 16 (déj.), 25/32.
   ◆ Grande salle rustique occupant les écuries d'un ancien relais de diligences (18e s.). L'espace est cloisonné en stalles. Agréable patio-terrasse envahi de vigne vierge.

Écrivez-nous...

Vos louanges comme vos critiques seront examinées avec le plus grand soin. Nous reverrons sur place les informations que vous nous signalez.

Par avance merci !

EYMET 24500 Dordogne 329 D8 G. Périgord Quercy – 2 552 h alt. 54.
   🅱 Office de tourisme, place Gambetta ☎ 05 53 23 74 95, Fax 05 53 27 98 76, ot.eymet @perigord.tm.fr.
   Paris 560 – Arcachon 72 – Bayonne 239 – Bordeaux 101 – Dax 188 – Périgueux 74.

🏠 🕏 **Les Vieilles Pierres** ⬎, rte de Marmande ☎ 05 53 23 75 99, *les.vieilles.pierres@wanado o.fr*, Fax 05 53 27 87 14, 🌤, 🏊, 🎋 – 🗏 TV ℃ & 🏩 GB
fermé vacances de fév. et de Toussaint – **Repas** *(fermé dim. soir sauf 18 juil. au 30 août, sam. midi hors sais. et le soir du 24 déc. au 2 janv.)* 10/33, enf. 8,50 ♀ – ☲ 5 – **9 ch** 34/55 – ½ P 36,50/40.
   ◆ Les chambres, simples, sont réparties dans trois pavillons ordonnés autour d'un patio ombragé d'un noyer. Aire de jeux pour les enfants. Le restaurant, aménagé dans une ancienne grange, ne fait pas mentir l'enseigne. On y sert une cuisine classique.

XX **Cour d'Eymet**, 32 bd National ☎ 05 53 22 72 83, 🌤 – GB
fermé jeudi midi, sam. midi et merc. – **Repas** (nombre de couverts limité, prévenir) 25 (déj.), 30/40.
   ◆ Restaurant installé dans une belle maison bourgeoise. Intérieur à la fois sobre et élégant et jolie cour-terrasse. Cuisine traditionnelle et petite cave riche en vins du pays.

EYSINES 33 Gironde 335 H5 – rattaché à Bordeaux.

Les EYZIES-DE-TAYAC 24620 Dordogne 329 H6 G. Périgord Quercy – 909 h alt. 70.
   Voir *Musée national de Préhistoire★* – *Grotte du Grand Roc★★* : ≤★ – *Grotte de Font-de-Gaume★*.
   🅱 Office de tourisme, 19 avenue de la Préhistoire ☎ 05 53 06 97 05, Fax 05 53 06 90 79, contact@leseyzies.com.
   Paris 536 – *Sarlat-la-Canéda 21* – Brive-la-Gaillarde 62 – Fumel 62 – Périgueux 47.

🏛 ❀❀ **Centenaire** (Mazère), 2 av.du Cingle ☎ 05 53 06 68 68, *hotel.centenaire@wanadoo.fr*, Fax 05 53 06 92 41, 🌤, 🛁, 🏊, 🎋 – 🗏 ch, TV ℃ 🏩 – 🔏 15. AE ◉ GB JCB, 🐾 ch
début avril-début nov. – **Repas** *(dîner seul sauf jeudi, sam., dim.)* 38 (déj.), 62/120 et carte 86 à 120 – ☲ 18 – **14 ch** 138/260, 5 suites – ½ P 160/304.
   ◆ Cette belle demeure nichée dans un paisible jardin clos accueillant une délicieuse piscine propose des chambres agréables et cossues. Élégante salle à manger bourgeoise où vous vous délecterez d'une cuisine inventive sublimant le terroir.
Spéc. Terrine chaude de cèpes de châtaigniers. Esturgeon d'Aquitaine caramélisé à la plancha, crème de maïs blanc au caviar de truffe. Steak d'oie "Rossini", cannelloni de roquette, crème de pommes de terre aux truffes. **Vins** Bergerac, Montravel.

Cro Magnon, 54 av. Préhistoire ☐ 05 53 06 97 06, *hotel.cro.magnon.les.eyzies@wanado o.fr*, Fax 05 53 06 95 45, 🍽️ – 📺 P. AE ⑩ GB

Repas *(15 juin-15 oct.)* (15) - 25/40, enf. 10 ♀ – ☲ 9 – **15 ch** 84/99 – ½ P 75.

◆ Cet établissement adossé à la falaise (rocher visible dans un couloir) sort d'une cure de jouvence. Chambres personnalisées et agréables salons dont un avec bibliothèque. Salle à manger-véranda et terrasse ombragée ; cuisine régionale (formule bistrot à midi).

Moulin de la Beune, ☐ 05 53 06 94 33, *souliebeune@perigord.com*, Fax 05 53 06 98 06, 🍽️ – 📺 ⓒ P. AE GB. 🍴 rest

1ᵉʳ avril-1ᵉʳ nov. – **Au Vieux Moulin** *(fermé mardi midi, merc. midi et sam. midi)* **Repas** 22/45 ♀ – ☲ 6,50 – **20 ch** 49/78 – ½ P 72.

◆ Deux vieux moulins dans un paisible jardin traversé par la Beune. Chambres spacieuses, meublées d'ancien et décorées avec goût. Agréable salon doté d'une belle cheminée. Plaisant restaurant d'où l'on aperçoit la roue à aubes. Cuisine fidèle à la région.

des Roches sans rest, rte Sarlat ☐ 05 53 06 96 59, *hotel@roches-les-eyzies.com*, Fax 05 53 06 95 54, 🍲, 🌳 – 📺 & P. GB. 🍴

11 avril-2 nov. – ☲ 8,50 – **40 ch** 75/96.

◆ Construction de style régional au pied de falaises couronnées de chênes. Les chambres adoptent peu à peu un cadre plus feutré. Reposant jardin en bord de rivière.

Hostellerie du Passeur, ☐ 05 53 06 97 13, *hostellerie-du-passeur@perigord.com*, Fax 05 53 06 91 63, 🍽️ – 📺 ⓒ P. GB

début mars-début nov. – **Repas** *(fermé lundi et mardi midi sauf en saison)* 18,50 bc (déj.), 22/45, enf. 10 ♀ – ☲ 7 – **19 ch** 62/100 – ½ P 60/82.

◆ Au coeur du bourg, bordant une petite place, demeure ancienne de caractère dont le hall, le bar et la plupart des chambres ont été refaits. Tables dressées avec soin dans deux salles avenantes ou sur la quiète terrasse ombragée ; plats aux accents du terroir.

Les Glycines, rte Périgueux ☐ 05 53 06 97 07, *les-glycines-aux-eyzies@wanadoo.fr*, Fax 05 53 06 92 19, ≤, 🍽️, 🍲, ♨ – 📺 P. GB

15 mars-15 nov. – **Repas** *(fermé sam. midi, lundi midi et mardi midi)* 22 (déj.), 34/48, enf. 14 ♀ – ☲ 12 – **23 ch** 82/210 – ½ P 85/139.

◆ Près du pont sur la Vézère, relais de poste et sa tonnelle de glycine, transformé en hostellerie depuis 1862. Les chambres sont progressivement rénovées. Très beau parc. Salle à manger tournée vers la nature, plaisante terrasse au calme et recettes du pays.

à l'Est : *7 km par rte de Sarlat* – ✉ *24620 Les-Eyzies-de-Tayac* :

Métairie, sur D 47 ☐ 05 53 29 65 32, *bourgeade@wanadoo.fr*, Fax 05 53 29 65 30, 🍽️ – P. AE GB jcb

début fév.-début nov. et fermé dim. soir hors saison, merc. midi et lundi – **Repas** 13 (déj.), 23,50/35,50, enf. 8,50.

◆ Au pied du château de Beyssac dont elle dépendait, ancienne ferme bâtie autour d'une cour-terrasse. Les mangeoires ornant la salle à manger rappellent le passé des lieux.

à l'Est : *8 km par rte de Sarlat, C 3 dir. Meyrals et rte secondaire* – ✉ *24220 Meyrals* :

Ferme Lamy 🐾 sans rest, ≤, 🍲, 🌳 – 📺 ⓒ P. AE ⑩ GB ☐ 05 53 29 62 46, *ferme-lamy@wanadoo.fr*, Fax 05 53 59 61 41, ☲ 15 – **12 ch** 95/220.

◆ Ambiance "cosy" dans cette ravissante ferme perdue en plein Périgord noir. Chambres au calme, garnies de meubles anciens et joliment décorées. Beau jardin. Accueil familial.

ÈZE 06360 Alpes-Mar. **341** F5 *G. Côte d'Azur* – *2 509 h alt. 390.*

Voir *Site★★ – Sentier Frédéric Nietzsche★ – Le vieux village★ – Jardin exotique* 🌿 *★★★*.

Env. *"Belvédère" d'Èze* ≤★★ *O : 4 km*.

🚩 *Office de tourisme, place du Général-de-Gaulle* ☐ *04 93 41 26 00, Fax 04 93 41 04 80, eze@webstore.fr.*

Paris 938 – Monaco 8 – Nice 12 – Cap d'Ail 6 – Menton 17 – Monte-Carlo 8.

Château de la Chèvre d'Or 🐾, r. Barri (accès piétonnier) ☐ 04 92 10 66 66, *reservatio n@chevredor.com*, Fax 04 93 41 06 72, ≤ côte et presqu'île, 🍽️, 🍷, 🍲, 🌳 – 🍴 📺 ⓒ P – 🍷 20. AE ⑩ GB jcb ✿ ✿

5 mars-début nov. – **Repas** *(fermé merc. en mars et en nov.)* (prévenir) 60 (déj.)/130 et carte 130 à 170 – ☲ 35 – **27 ch** 500/750, 6 suites.

◆ Site pittoresque dominant la mer, vrai nid d'aigle aux jardins suspendus agrippés au rocher, cette demeure enchanteresse est une promesse de séjour inoubliable. Merveille pour les yeux (paysage) et régal pour les papilles : le restaurant a un goût de paradis.

Spéc. Les asperges "bourgeoises" (printemps). Filet mignon de veau rôti à l'infusion d'expresso torréfié (été). Perdreau "pattes grises", coffre rôti en feuille de vigne, jus pressé à la fine champagne (automne). **Vins** Côtes de Provence.

🏛️ **Château Eza** ⚓, (accès piétonnier) ℰ 04 93 41 12 24, *chateza@wanadoo.fr*, Fax 04 93 41 16 64, ≤ côte et presqu'île, 🍽️ – ▤ 📺. 🆎 ⓪ 🆑 🃏
1er avril-1er nov. – **Repas** 40 (déj.), 65/90 – **7 ch** ⊂ 380/730, 3 suites.
◆ Époustouflante vue plongeante sur la côte depuis les terrasses de cette demeure (14e s.) accrochée entre ciel et mer, ex-propriété du prince de Suède. Chambres de caractère. La décoration de la salle à manger-véranda s'inspire du Moyen-Âge ; toit ouvrant.

🏛️ **Les Terrasses d'Eze** ⚓, rte La Turbie par N 7 et D 45 : 1,5 km ℰ 04 92 41 55 55, *info@te rrasses-eze.com*, Fax 04 92 41 55 10, ≤ mer, 🍽️, 🧖, 🏊, 🌳, 🎾 – 🛗 ▤ 📺 📶 ♿ 🅿 – 🚌 25 à 100. 🆎 ⓪ 🆑. ✗ rest
Repas (dîner seul.) 35/57 ⊻ – ⊂ 20 – **75 ch** 210/280, 6 suites.
◆ Architecture contemporaine perchée à flanc de colline. Toutes les chambres (spacieuses et avec terrasse) et la belle piscine à débordement contemplent la "grande bleue". Cuisine aux parfums provençaux, à déguster en terrasse ou dans la salle à manger.

✗✗ **Troubadour**, r. du Brec (accès piétonnier) ℰ 04 93 41 19 03 – 🆑
fermé 27 juin au 6 juil., 21 nov. au 20 déc., 27 fév. au 8 mars, lundi sauf le soir de juil. à sept. et dim. – **Repas** (prévenir) 30/45.
◆ Au coeur du vieux village, trois menues salles intimes et fraîches dans une demeure ancienne. Carte classique évoluant au gré du marché et quelques spécialités provençals.

FAGNON 08 Ardennes **306** J4 – rattaché à Charleville-Mézières.

FAIN-LÈS-MONTBARD 21 Côte-d'Or **320** G4 – rattaché à Montbard.

Nos guides hôteliers, nos guides touristiques et nos cartes routières sont complémentaires. Utilisez-les ensemble.

FALAISE 14700 Calvados **303** K6 G. Normandie Cotentin – 8 434 h alt. 132.
Voir *Château Guillaume-Le-Conquérant*★ – *Église de la Trinité*★.
🅱 Office de tourisme, boulevard de la Libération ℰ 02 31 90 17 26, Fax 02 31 90 98 70, info@otsifalaise.com.
Paris 264 ③ – Caen 36 ① – Argentan 23 ③ – Flers 37 ⑤ – Lisieux 45 ① – St-Lô 107 ①.

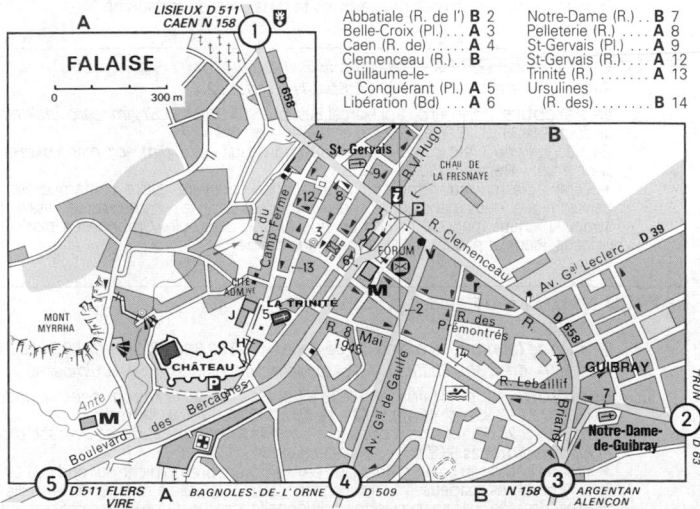

Abbatiale (R. de l')	**B** 2		Notre-Dame (R.)	**B** 7
Belle-Croix (Pl.)	**A** 3		Pelleterie (R.)	**A** 8
Caen (R. de)	**A** 4		St-Gervais (Pl.)	**A** 9
Clemenceau (R.)	**B**		St-Gervais (R.)	**A** 12
Guillaume-le-			Trinité (R.)	**A** 13
Conquérant (Pl.)	**A** 5		Ursulines	
Libération (Bd)	**A** 6		(R. des)	**B** 14

🏛️ **Poste**, 38 r. G. Clemenceau ℰ 02 31 90 13 14, *hotel.delaposte@wanadoo.fr*,
Fax 02 31 90 01 81 – 📺 – 🚌 15. 🆎 🆑   **B** **v**
fermé 2 au 30 janv., vend. soir d'oct. à avril, sam. midi de mai à sept., dim. soir et lundi –
Repas 15/39 ⊻ – ⊂ 7,50 – **17 ch** 48/95 – ½ P 48/58.
◆ Ce bâtiment de l'après-guerre héberge des chambres sobres et bien tenues ; celles sur l'arrière sont plus calmes. Salle de restaurant aux tons pastel où l'on sert des plats traditionnels.

Ibis, rd-pt de l'Attache par ① : *1,5 km* & 02 31 90 11 00, *h1678@accor-hotels.com,* *Fax 02 31 90 08 00,* 🏠 – 📶 🖙 🅣 🕭 & 🗜 – 🏊 25. 🆎 ⓪ 🅖🅑

Repas *(12)* - 15/18, enf. 6 ♀ – 🖭 6 – **53 ch** 40/56.

◆ Hôtel récent bâti à la périphérie de la ville. Chambres fonctionnelles, pour la plupart tournées vers le château, et salon de billard. Dans la salle à manger actuelle, on propose une carte Ibis un peu plus personnalisée qu'à l'accoutumée ; cave à cigares.

XXX **Fine Fourchette,** 52 r. G. Clemenceau & 02 31 90 08 59, *Fax 02 31 90 00 83* – 🆎 🅖🅑
fermé 18 fév. au 7 mars et mardi soir hors saison – **Repas** 13,90/49,90 et carte 33 à 49, enf. 8,50 ♀. **B r**

◆ Tons provençaux et tables joliment dressées font le cachet de ces deux salles à manger sises dans une maison des années 1950 en pierres de taille. Cuisine personnalisée.

XX **L'Attache,** rte Caen par ① : *1,5 km* & 02 31 90 05 38, *Fax 02 31 90 57 19* – 🆎 🅖🅑. 🛇
fermé 19 au 31 juil., mardi soir et merc. – **Repas** (nombre de couverts limité, prévenir) 16/38.

◆ Ancien relais de poste à la pimpante façade. Sympathique intérieur campagnard et cuisine du terroir réhabilitant légumes et plantes aromatiques injustement délaissés.

Le FALGOUX *15380 Cantal* 🟦🟦🟦 *D4 – 193 h alt. 930 – Sports d'hiver : 1 050 m ⚡1 🎿.*

Voir *Vallée du Falgoux★.*

Env. *Cirque du Falgoux★★ SE : 6 km – Puy Mary* ☀️★★★ *: 1 h AR du Pas de Peyrol★★ SE : 12 km,* G. Auvergne.

Paris 533 – Aurillac 57 – Mauriac 29 – Murat 34 – Salers 15.

Voyageurs, & 04 71 69 51 59, ≤, 🏠 – 🅣 🕭. 🅖🅑
fermé 15 nov. au 6 janv. et merc. soir sauf de mai à sept. – **Repas** 17/22 ♀ – 🖭 5,60 – **14 ch** 36/41 – ½ P 35,60/38,10.

◆ Auberge dans la pure tradition auvergnate : "cantou" (grande cheminée bordée de bancs) dans le bar et accueil serviable. Chambres rajeunies, garnies de meubles rustiques. Au restaurant, recettes régionales et jolie vue sur les paysages des monts du Cantal.

Eterlou 🛏️, & 04 71 69 51 14, *Fax 04 71 69 53 26,* ≤, 🏠 – cuisinette 🅣. 🅖🅑. 🛇
31 mars-11 nov. – **Repas** 12,60/29,40 ♀ – 🖭 6,60 – **10 ch** 59,40 – ½ P 49,50.

◆ Agréable maison de village vantant les mérites de l'Auvergne et studios actuels aménagés dans l'annexe : une adresse "nature", idéale pour la découverte des monts du Cantal. Produits et plats régionaux ont l'exclusivité de la carte du restaurant.

FALICON *06 Alpes-Mar.* 🟦🟦🟦 *E5 – 1 644 h alt. 396.*

Paris 935 – Nice 12 – Cannes 42 – Sospel 41 – Vence 32.

XX **Le Parcours** (Delacourt), 1 pl.Marcel Eusebi & 04 93 84 94 57, *jmdparcourslive@rivieram* ✿ *ail.com, Fax 04 93 98 66 90,* ≤ Nice et la mer – 🗐. 🅖🅑 🅹🅲🅱
fermé 5 janv. au 3 fév., le midi du lundi au jeudi en juil.-août, dim. soir, mardi midi et lundi de sept. à juin – **Repas** 35/50.

◆ Écrans plasma retransmettant le travail des cuisiniers, cadre contemporain, terrasse panoramique, deux menus (sans choix) composés selon le marché : un séduisant cocktail ! **Spéc.** Artichaut, gnocchi et lard en bouillon de barigoule. Ombrine en pavé épais à la plancha. Pieds et paquets cuits comme une daube

---

Le FAOU *29580 Finistère* 🟦🟦🟦 *F5 G. Bretagne – 1 571 h alt. 10.*

Voir *Site★.*

🅱 *Office de tourisme, 10 rue du Gal-de-Gaulle* & 02 98 81 06 85, *Fax 02 98 81 08 03.*

Paris 560 – Brest 30 – Châteaulin 20 – Landerneau 23 – Morlaix 52 – Quimper 43.

Beauvoir, 11 pl. Mairie & 02 98 81 90 31, *la-vieille renommée@wanadoo.com,* *Fax 02 98 81 92 93* – 📶 🖙 🅣 🕭 🗜 – 🏊 15 à 100. 🆎 ⓪ 🅖🅑. 🛇 rest
fermé 10 au 28 déc. et dim. d'oct. à juin – **Vieille Renommée** *(fermé dim. soir d'oct. à juin et lundi midi)* **Repas** 55 ♀ 🎴 – 🖭 9 – **33 ch** 65/70 – ½ P 54.

◆ Grande bâtisse au coeur d'un village éminemment breton niché au fond de l'estuaire du Faou. Chambres spacieuses à l'atmosphère "rétro". La salle à manger de la Vieille Renommée est dressée avec soin ; cuisine traditionnelle assortie d'une belle carte des vins.

Le FAOUËT *56320 Morbihan* 🟦🟦🟦 *J6 G. Bretagne – 2 806 h alt. 68.*

Voir *Chapelle St-Fiacre★ : jubé★★ SE : 2,5 km – Site★ de la chapelle Ste-Barbe NE : 3 km.*

🅱 *Office de tourisme, 1 rue de Quimper* & 02 97 23 23 23, *Fax 02 97 23 11 66, officedetou risme.lefaquet@wanadoo.fr.*

Paris 516 – Vannes 88 – Concarneau 46 – Lorient 40 – Pontivy 47 – Quimper 52.

Croix d'Or, 9, pl. Bellanger ℘ 02 97 23 07 33, Fax 02 97 23 06 52 – 📺 ☎, 🍽 ℅ ch
fermé 15 déc. au 15 janv., dim. soir et lundi hors saison – **Repas** 14/37,40 – ☷ 6,90 – **11 ch** 36/54 – ½ P 41,20.
◆ Ce petit établissement (1872) fait face aux jolies halles du 16ᵉ s. animées par un marché bimensuel. Les chambres sont simples et bien tenues. Salle de restaurant campagnarde et soignée où l'on sert une carte traditionnelle assez ramassée.

FARROU *12 Aveyron* 338 *E4 – rattaché à Villefranche-de-Rouergue.*

FAULQUEMONT *57380 Moselle* 307 *K4 – 5 478 h alt. 275.*
Paris 367 – Metz 38 – Château-Salins 29 – Pont-à-Mousson 46 – St-Avold 15.

au Nord : *3 km par rte de St-Avold et golf –* ✉ *57380 Faulquemont :*

Holiday Inn 🌳, av. J. Monnet ℘ 03 87 00 49 49, Fax 03 87 00 49 40, 🏤, 🏊, – 📶 ✠,
🍽 ch, 📺 ☎ & 🏦 – 🔬 15 à 60. 🖭 ⑩ 🆉🅱
Repas 24 🝙 – ☷ 10 – **60 ch** 95/115 – P 70.
◆ Architecture contemporaine bordant un golf 18 trous. Les chambres, spacieuses et modernes, répondent aux attentes de la clientèle d'affaires et de loisirs. Les baies de la grande et sobre salle à manger s'ouvrent sur les greens.

FAVERGES *74210 H.-Savoie* 328 *K6 G. Alpes du Nord – 6 310 h alt. 507.*
🅱 *Office de tourisme, place M. Piquand* ℘ 04 50 44 60 24, Fax 04 50 44 45 96, ot.faverges @wanadoo.fr.
Paris 562 – Albertville 20 – Annecy 27 – Megève 35.

Florimont, rte Albertville : 2,5 km ℘ 04 50 44 50 05, info@hotelflorimont.com, Fax 04 50 44 43 20, 🏤, 🌫 – 📶 ✠ 📺 & 🅿 – 🔬 30. 🖭 ⑩ 🆉🅱. 🛇
Repas *(fermé 20 déc. au 6 janv., dim. soir et sam.)* (16) · 21/56, enf. 9 🝙 – ☷ 9 – **27 ch** 70/105 – ½ P 63/75.
◆ Ensemble hôtelier accueillant installé entre lac et montagnes et en retrait d'un axe passager. Tons vifs et bon équipement caractérisent les chambres, toutes rénovées. Salle à manger redécorée avec goût, terrasse ouverte sur la nature et plats traditionnels.

Genève, 34 r. République ℘ 04 50 32 46 90, hotel-de-geneve@wanadoo.fr, Fax 04 50 44 48 09, 🏤 – 📶 ☎ & 🅿 – 🔬 25. 🖭 ⑩ 🆉🅱 🅹🅲🅱
fermé 3 au 18 avril, 18 déc. au 2 janv. – **Repas** *(fermé vend., sam. et dim.)* (dîner seul.) 15/19 ♀ – ☷ 6,70 – **30 ch** 52/67 – ½ P 45/52,50.
◆ Cet hôtel central bénéficie d'une isolation phonique particulièrement efficace pour les chambres situées côté rue ; la moitié a été rénovée et climatisée. Cuisine traditionnelle servie dans une salle de restaurant ou sur une terrasse orientée plein Sud.

L'Oreille d'Ours, 25 r. Gambetta ℘ 04 50 32 49 98 – 🆉🅱
fermé 15 au 22 mars, 14 au 28 juin, 17 au 24 nov., 22 au 30 déc., dim. soir et lundi – **Repas** 16 (déj.), 23/28 bc, enf. 9 ♀.
◆ Ce restaurant emprunte son nom à une plante du massif des Bauges dotée d'un doux feuillage laineux. Intérieur tout bois, cuisine traditionnelle et suggestions du marché.

au Tertenoz *Sud-Est : 4 km par D 12 et rte secondaire –* ✉ *74210 Faverges :*

Au Gay Séjour 🌳 avec ch, ℘ 04 50 44 52 52, hotel-gay-sejour@wanadoo.fr, Fax 04 50 44 49 52, ≤, 🏤 – 📺 ☎ 🅿. 🖭 ⑩ 🆉🅱 🅹🅲🅱. 🛇 ch
fermé 14 nov. au 20 déc., dim. soir et lundi de sept. à juin sauf fériés – **Repas** 25/70 ♀ – ☷ 12 – **11 ch** 45/82 – ½ P 65/85.
◆ Ferme du 17ᵉ s. retirée dans un hameau de montagne. Jolie vue sur la vallée et cuisine traditionnelle soignée au restaurant ; chambres un peu anciennes, mais bien tenues.

FAVERGES-DE-LA-TOUR *38 Isère* 333 *G4 – rattaché à La Tour-du-Pin.*

FAVIÈRES *80120 Somme* 301 *C6 – 405 h alt. 1.*
Voir Le Crotoy : Butte du Moulin ≤⋆ *SO : 5 km, G. Picardie Flandres Artois.*
Paris 212 – Abbeville 22 – Amiens 77 – Berck-Plage 27 – Le Crotoy 5.

Clé des Champs, ℘ 03 22 27 88 00, Fax 03 22 27 79 36 – 🍽 🅿. 🖭 ⑩ 🆉🅱
fermé 23 au 31 août, 3 au 14 janv., 6 au 20 fév., lundi et mardi sauf fériés – **Repas** 13,80/38,20, enf. 8,40 ♀.
◆ Vieille ferme du Marquenterre à deux pas de la baie de Somme, où l'on déguste une cuisine du terroir généreuse. Murs décorés de faïences et de cuivres.

FAVONE *2A Corse-du-Sud* 345 *F9 – voir à Corse.*

FAYENCE 83440 Var 340 P4 G. Côte d'Azur – 4 253 h alt. 350.

Voir ≤★ de la terrasse de l'Église.

🅱 Office de tourisme, place Léon Roux ℘ 04 94 76 20 08, Fax 04 94 39 15 96, ot-.fayence@wanadoo.fr.

Paris 884 – Castellane 55 – Draguignan 30 – Fréjus 36 – Grasse 26 – St-Raphaël 37.

🏨 **Les Oliviers** sans rest, quartier La Ferrage (rte Grasse) ℘ 04 94 76 13 12, hotel.oliviers.fay en@free.fr, Fax 04 94 76 08 05, 🐚 – 🗏 📺 🄿. 🕮. ✵
⊠ 7,60 – **22 ch** 60/80.
   ◆ Petit immeuble dominant la plaine du Gué et son important centre de vol à voile. Sportifs et "pantouflards" trouveront aux Oliviers des chambres privilégiant le côté pratique.

✗ **Farigoulette,** pl. Château ℘ 04 94 84 10 49, Fax 04 94 84 10 49, 🍴 – 🕮. ✵
1er avril-30 sept. et fermé lundi – **Repas** (dîner seul.) 33,50/52.
   ◆ Deux petites salles aménagées dans une ancienne étable, où pierres apparentes, meubles régionaux et décor provençal cohabitent harmonieusement. Cuisine régionale.

✗ **France,** 1 Grand'Rue du Château ℘ 04 94 76 00 14 – 🕮
fermé 1er au 24 déc., 11 janv. au 28 fév., dim. soir sauf juil.-août et lundi – **Repas** 18 (déj.), 28/45.
   ◆ Sympathique maison de pays sur une place du village. La salle à manger, d'esprit bistrot, est agrémentée d'objets chinés et de boiseries. Balcon-terrasse surplombant la rue.

✗ **Temps des Cerises,** pl. République ℘ 04 94 76 01 19, marie-louise.schroder@wanadoo. fr, Fax 04 94 76 92 50 – 🕮
fermé 2 au 24 nov., 7 au 22 janv., le midi en semaine et mardi – **Repas** 32.
   ◆ Ce restaurant fayençois, aménagé dans une charmante maison régionale, laisse le choix entre sa coquette salle à manger ocre-rouge et sa terrasse ombragée.

à l'Ouest *par rte de Seillans (D 19) et rte secondaire* – ✉ 83440 Fayence :

🏨 **Moulin de la Camandoule** 🐚, à 2 km ℘ 04 94 76 00 84, moulin.camandoule@wanad oo.fr, Fax 04 94 76 10 40, ≤, 🍴, 🅹, 🄰 – 📺 🕻 🄿. 🕮
Repas *(fermé 5 au 22 janv., 1er au 16 déc., jeudi hors saison et merc.)* 38,50/55, enf. 15 � –
⊠ 12 – **11 ch** 90/160 – ½ P 103/129.
   ◆ Au coeur d'un parc traversé par un aqueduc romain, moulin à huile du 17e s. abritant de jolies chambres campagnardes. Admirez le mécanisme destiné à presser les olives avant de vous attabler sur la terrasse dressée au bord d'un charmant jardin-verger.

XXX **Castellaras** (Carro), à 4 km ℘ 04 94 76 13 80, Fax 04 94 84 17 50, ≤, 🍴, 🐎 – 🄿. 🕮 🛈
🕸 🕮
   fermé 15 au 31 mars, 28 juin au 7 juil., 15 nov. au 8 déc., lundi sauf juil.-août et mardi –
Repas 43/58 et carte 60 à 75.
   ◆ Juchée sur une colline, jolie villa en pierre aménagée avec soin, d'où la vue porte sur Fayence et la vallée. Mais le principal attrait du lieu est sa cuisine au goût du jour.
Spéc. Cassolette de coeurs d'artichaut en barigoule, pistes à la provençale (mai à juin). Carpaccio de queues de langoustines (juil. à sept.). Jambonnette de perdreau sauce velours (oct. à déc.). **Vins** Côtes de Provence.

Le FAYET 74 H.-Savoie 74 08 – *voir à St-Gervais-les-Bains.*

FÉCAMP 76400 S.-Mar. 304 C3 G. Normandie Vallée de la Seine – 21 027 h alt. 15 – Casino **AZ.**

Voir *Abbatiale de la Trinité★ – Palais Bénédictine★★ – Musée des Terres-Neuvas et de la Pêche★ M³ – Chapelle N.-D.-du-Salut* ☀★★ *N : 2 km par D 79* **BY.**

🅱 Office de tourisme, 113 rue Alexandre le Grand ℘ 02 35 28 51 01, Fax 02 35 27 07 77, fecamp-tourisme@wanadoo.fr.

Paris 201 ③ – Le Havre 43 ③ – Amiens 165 ② – Caen 113 ③ – Dieppe 66 ① – Rouen 74 ②.

Plan page ci-contre

🏨 **Grand Pavois** sans rest, 15 quai Vicomté ℘ 02 35 10 01 01, Fax 02 35 29 31 67, ≤ – 🛗 🗏 📺 🕻 🚗. 🕮 🛈 🕮   **AY** r
⊠ 10 – **35 ch** 80/115.
   ◆ Sur les quais, immeuble bâti en lieu et place d'une conserverie. Hall au décor marin et grandes chambres garnies de meubles contemporains ; certaines donnent sur le port.

🏨 **Ferme de la Chapelle** 🐚, côte de la Vierge par ①, rte du Phare et D 79 : 2 km
℘ 02 35 10 12 12, fermedelachapelle@wanadoo.fr, Fax 02 35 10 12 13, 🅹, 🐎 – cuisinette
📺 🄿. 🛁 15. 🕮 🕮
fermé 5 au 13 janv. – **Repas** *(fermé lundi midi)* 14,50/33, enf. 9,50 ⊠ – ⊠ 7 – **17 ch** 57/68, 5 suites – ½ P 52.
   ◆ Couronnant une falaise qui domine la ville, cette ancienne ferme accolée à la chapelle des marins abrite, autour d'une cour carrée, des chambres sobrement meublées. Salle de restaurant à la fois simple et accueillante, où l'on sert des plats traditionnels.

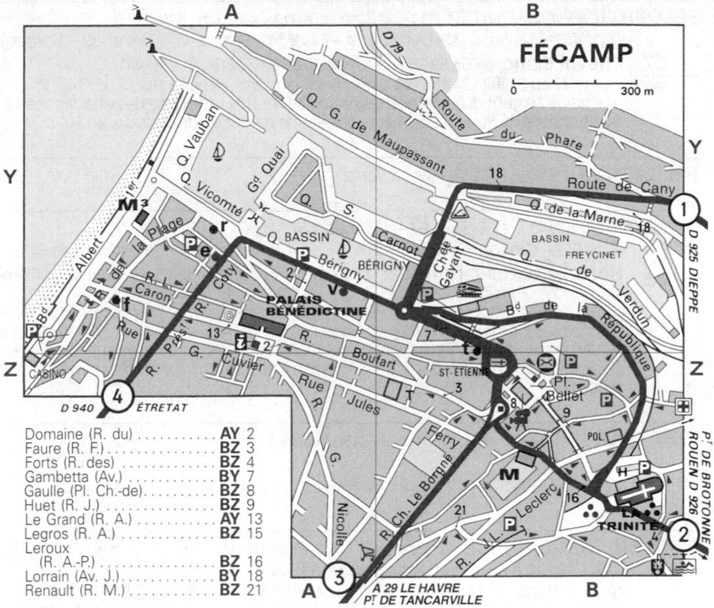

Domaine (R. du) . . . . AY 2
Faure (R. F.) . . . . BZ 3
Forts (R. des) . . . . BZ 4
Gambetta (Av.) . . . . BY 7
Gaulle (Pl. Ch.-de) . . . . BZ 8
Huet (R. J.) . . . . BZ 9
Le Grand (R. A.) . . . . AY 13
Legros (R. A.) . . . . BZ 15
Leroux (R. A.-P.) . . . . BZ 16
Lorrain (Av. J.) . . . . BY 18
Renault (R. M.) . . . . BZ 21

Plage sans rest, 87 r. Plage ☎ 02 35 29 76 51, *hoteldelaplagefecamp@wanadoo.fr, Fax 02 35 28 68 30* – TV. AE GB — AY f
7 – **22 ch** 50/64.
◆ Les chambres de cette construction moderne proche du front de mer sont menues, mais pratiques et fraîches. On petit-déjeune dans une salle au décor maritime.

Vent d'Ouest sans rest, 3 av. Gambetta ☎ 02 35 28 04 04, *hotel@hotelventdouest.tm.fr, Fax 02 35 28 75 96* – TV. AE GB — BY t
5 – **15 ch** 34/53.
◆ Cet hôtel familial sans prétention, entièrement refait, conviendra aux budgets serrés. Les chambres, de couleur jaune, sont bien équipées. Coquette salle des petits-déjeuners.

Auberge de la Rouge avec ch, Rte du Havre par ③ : *2 km* ☎ 02 35 28 07 59, *auberge.rouge@wanadoo.fr, Fax 02 35 28 70 55*, – TV P – 25. AE GB
fermé vacances de fév. – **Repas** *(fermé dim. soir et lundi)* 17/49 et carte 40 à 60, enf. 10 –
6,10 – **8 ch** 58.
◆ Salle campagnarde avec poutres et cheminée ou véranda ouverte sur le jardin fleuri : deux cadres rénovés pour une cuisine traditionnelle. Chambres rustiques en rez-de-jardin.

Marée, 77 quai Bérigny (1er étage) ☎ 02 35 29 39 15, *Fax 02 35 29 73 27* – AE GB — AY v
fermé en janv., jeudi soir, dim. soir et lundi – **Repas** 17,60 (déj.), 23,50/34, enf. 11,50.
◆ La carte de ce restaurant qui abrite une poissonnerie au rez-de-chaussée est entièrement vouée aux produits de la mer. Sobre décor actuel et vue sur le port.

Le Vicomté, 4 r. Prés. R. Coty ☎ 02 35 28 47 63 – GB — AY e
fermé 16 août au 1er sept., 20 déc. au 3 janv., merc. soir, dim. et fériés – **Repas** 14,90.
◆ Proche de l'étonnant palais Bénédictine dû au créateur de la célèbre liqueur, agréable petit bistrot où l'on déguste une cuisine du marché à découvrir sur l'ardoise.

FEGERSHEIM *67 B.-Rhin* 315 K6 – *rattaché à Strasbourg.*

Le FEL *12 Aveyron* 338 H3 – *rattaché à Entraygues-sur-Truyères.*

Si vous êtes retardé sur la route, dès 18 h, confirmez votre réservation par téléphone, c'est plus sûr... et c'est l'usage.

FELDBACH 68640 H.-Rhin **315** H11 *G. Alsace Lorraine* – 401 h alt. 410.

Paris 461 – Mulhouse 32 – Altkirch 14 – Basel 34 – Belfort 46 – Colmar 80 – Montbéliard 41.

XX **Cheval Blanc,** ℰ 03 89 25 81 86, Fax 03 89 07 72 88, 斎 – **P.** GB
 fermé 12 au 27 juil., 24 janv. au 8 fév., lundi et mardi – **Repas** 9 (déj.), 13/34 ♀ 斎.
 ♦ Cuisine au goût du jour, recettes régionales et très belle carte des vins dans cette maison traditionnelle du Sundgau où est exposée une collection de tableaux du 20ᵉ s.

FELICETO 2B H.-Corse **345** C4 – *voir à Corse.*

FENEYROLS 82140 T.-et-G. **337** G7 – 166 h alt. 124.

Paris 632 – Cahors 63 – Limoges 245 – Lyon 424 – Montpellier 251 – Toulouse 642.

XX **Hostellerie Les Jardins des Thermes** ⊗ avec ch., ℰ 05 63 30 65 49, raffi-frederic@wanadoo.fr, Fax 05 63 30 60 17, 斎, 🦆 – 🔋 TV 📞 & **P.** GB
 hôtel : mars-mi-nov. ; rest. : 1ᵉʳ fév.-mi-nov. – **Repas** (fermé mi-nov. au 31 janv., merc. et jeudi de sept. à juin) (13) - 17 (déj.), 22/41 bc, enf. 10 ♀ – ⊂ 7 – **5 ch** 42/72 – ½ P 43/52.
 ♦ Cet ancien hôtel thermal entièrement restauré est blotti dans un parc (vestiges de thermes romains) au bord de l'Aveyron. Restaurant joliment coloré et chambres spacieuses.

FERAYOLA 2B H.-Corse **345** B5 – *voir à Corse (Galéria).*

Le Guide change, changez de guide tous les ans.

FÈRE-EN-TARDENOIS 02130 Aisne **306** D7 *G. Picardie Flandres Artois* – 3 356 h alt. 180.

Voir *Château de Fère* : Pont-galerie** N : 3 km.

🏌 de Champagne à Villers-Agron-Aiguizy ℰ 03 23 71 62 08, E : 17 km par D 2.
🅱 Office de tourisme, 18 rue Etienne-Moreau-Nelaton ℰ 03 23 82 31 57, Fax 03 23 82 28 19, fere-en-tardenois@com02.com.
Paris 111 – Reims 50 – Château-Thierry 23 – Laon 55 – Soissons 27.

🏰 **Château de Fère** ⊗, au Nord, 3 km par D 967 ℰ 03 23 82 21 13, chateau.fere@wanadoo.fr, Fax 03 23 82 37 81, ≤, 斎, 🏊, ✗, 🦆 – TV & **P.** – 🔒 30. AE ⓞ GB JCB
 fermé 2 janv. au 12 fév. – **Repas** (fermé lundi midi de nov. à mars) 34/86 ♀ – ⊂ 17 – **19 ch** 160/320, 6 suites.
 ♦ Avec en arrière-plan les ruines du château d'Anne de Montmorency et de son fameux pont, cette belle demeure du 16ᵉ s. offre un décor somptueux (vaste parc). Les trois salles à manger rivalisent d'élégance et de caractère (fresque à la gloire de La Fontaine).

FERNEY-VOLTAIRE 01210 Ain **328** J3 *G. Jura* – 7 083 h alt. 430.

Voir *Château*.
Env. *Genève***.

🏌 de Gonville à St-Jean-de-Gonville ℰ 04 50 56 40 92, SO : 14 km par D 35 et D 984.
✈ de Genève-Cointrin ℰ (00 41 22) 717 71 11, S : 4 km.
🅱 Office de tourisme, 26 Grand' Rue ℰ 04 50 28 09 16, Fax 04 50 40 78 99, otferney@cc-pays-de-gex.fr.
Paris 499 – Thonon-les-Bains 43 – Bellegarde-sur-Valserine 37 – Genève 10 – Gex 10.

🏰 **Novotel,** par D 35 rte de Meyrin ℰ 04 50 40 85 23, h0422@accor.hotels.com, Fax 04 50 40 76 33, 斎, 🏊, ✗, 🦆 – ✦ 🔋 TV 📞 & **P.** – 🔒 100. AE ⓞ GB
 Repas (16) - 20, enf. 9 ♀ – ⊂ 11,50 – **80 ch** 98/108.
 ♦ Ce Novotel, pratique pour une étape à proximité de la frontière suisse, vous reçoit dans des chambres fonctionnelles. Paisible salle à manger ouverte sur la terrasse et carte partagée entre plats traditionnels et spécialités régionales.

🏨 **Campanile,** par D 35 et chemin Planche Brûlée ℰ 04 50 40 74 79, geneve@campanile.fr, Fax 04 50 42 97 29, 斎 – ✦ 🔋 TV 📞 & **P.** AE ⓞ GB
 Repas (12,50) - 16,50/18,50, enf. 6 🦆 – ⊂ 6,50 – **62 ch** 80.
 ♦ Ressource située à proximité de la voie de contournement de la petite cité. Les chambres, avant tout pratiques, ont bénéficié d'une récente cure de rajeunissement. Restaurant de style néo-rustique, formules buffets et plats du jour suggérés à l'ardoise.

XX **France** avec ch, 1 r. Genève ℰ 04 50 40 63 87, hotelfranceferney@wanadoo.fr, Fax 04 50 40 47 27, 斎 – AE GB
 fermé 4 au 12 avril, 29 août au 7 sept. et 19 déc. au 10 janv. – **Repas** (18) - 22 (déj.), 39,50/50 ♀ – ⊂ 9 – **14 ch** 50 – ½ P 136.
 ♦ On s'attablera au milieu d'un décor de photos et d'affiches publicitaires ou sur l'agréable terrasse arborée : deux plaisantes manières d'apprécier une carte classique.

✗ **Chanteclair,** 13 r. Versoix ℰ 04 50 40 79 55, *Fax 04 50 40 93 04* – ⒼⒷ
fermé 8 au 31 août, 21 déc. au 3 janv., dim. et lundi – **Repas** 21 (déj.), 35/66, enf. 13 Ⓨ ✿.
♦ En centre-ville, cette petite salle de restaurant aux tons bleu et jaune vous invite à découvrir sa cuisine renouvelée au rythme des saisons et sa belle carte des vins.

FERRETTE 68480 H.-Rhin ⒊⒈⒌ H12 *G. Alsace Lorraine* – 1 020 h alt. 470.
Voir *Site*★ – *Ruines du Château* ≤★.
ⓑ *de la Largue à Seppois-le-Bas* ℰ 03 89 07 67 67, *O* : 10 km par D 473 et D 24.
ⓘ *Syndicat d'initiative, route de Lucelle* ℰ 03 89 08 23 88, *Fax 03 89 40 33 84, infotou risme@jura-alsacien.net.*
Paris 467 – Mulhouse 38 – Altkirch 20 – Basel 28 – Belfort 52 – Colmar 85 – Montbéliard 48.

à Ligsdorf *Sud : 4 km par D 432 – 297 h. alt. 520* – ✉ 68480 :

✗✗ **Moulin Bas** ⓈⒹ *avec ch,* 1 r. Raedersdorf ℰ 03 89 40 31 25, *info@le-moulin-bas.fr,*
Fax 03 89 40 37 15, 佘, ⌁ – ⓉⓋ Ⓒ Ⓟ. ⒼⒷ
Mezzanine *(fermé mardi)* **Repas** 12(déj.),31/60 ♣ – **Stuba** *(fermé mardi)* **Repas**
carte 18 à 35 ♣ – ⌸ 15 – **7 ch.**
♦ Ce moulin édifié en 1796 au bord de l'Ill abrite deux restaurants et des chambres calmes et élégantes. La Mezzanine propose une cuisine traditionnelle dans un cadre rustique soigné. Le Stuba offre une vue sur l'ancien mécanisme ; cuisine régionale.

à Moernach *Ouest : 5 km par D 473 – 536 h. alt. 470* – ✉ 68480 :

✗✗ **Aux Deux Clefs** ⓈⒹ avec ch, ℰ 03 89 40 80 56, *auxdeuxclefs@wanadoo.fr,*
Fax 03 89 08 10 47, ⌁ – ⌂ Ⓟ. ⒼⒷ
fermé 28 juil. au 7 août, 26 oct. au 5 nov. et vacances de fév. – **Repas** *(fermé merc. et jeudi)*
22/48 Ⓨ – ⌸ 6 – **7 ch** 35/48 – ½ P 43/50.
♦ Jolie maison à colombages typique du Sundgau. Chaleureuse salle à manger agrémentée d'une exposition de tableaux ; accueillantes chambres parquetées dans un bâtiment voisin.

à Lutter *Sud-Est : 8 km par D 23 – 297 h. alt. 428* – ✉ 68480 :

✗✗ **Auberge Paysanne** ⓈⒹ avec ch, r. Principale ℰ 03 89 40 71 67, *Fax 03 89 07 33 38,* 佘
– ⓉⓋ Ⓒ Ⓟ – Ⓐ 20. ⒼⒷ
fermé 28 juin au 13 juil., vacances de fév., mardi midi et lundi – **Repas** 10 (déj.), 22/37,
enf. 9,50 Ⓨ – ⌸ 6,50 – **7 ch** 37,50/48 – ½ P 45.
♦ Plusieurs salles à manger dans ce restaurant proche de la frontière suisse ; la plus séduisante présente un cadre alsacien. Carte traditionnelle et gibier. Chambres actuelles.

Annexe Hostellerie Paysanne ⓜ ⓈⒹ *sans rest,,* ⌁ – ⓉⓋ Ⓒ Ⓟ – Ⓐ 20. ⒼⒷ
⌸ 6,50 – **9 ch** 46,50/68.
♦ Cette ferme alsacienne de 1618 a été démontée, puis reconstruite dans ce village. Chambres fonctionnelles, garnies de meubles de style. L'accueil se fait à l'Auberge Paysanne.

La FERRIÈRE-AUX-ÉTANGS 61 Orne ⒊⒈⒉ F3 – *rattaché à Flers.*

FERRIÈRES-EN-BRIE 77 S.-et-M. ⒊⒈⒉ F3 ⒑⒈ 30 – *voir à Paris, Environs (Marne-la-Vallée).*

FERRIÈRES 45210 Loiret ⒊⒈⒏ N3 *G. Bourgogne* – 3 049 h alt. 96.
Voir *Croisée du transept*★ *de l'église St-Pierre et St-Paul.*
ⓘ *Office de tourisme, place des Eglises* ℰ 02 38 96 58 86, *Fax 02 38 96 60 39, ferrieres-engatinais.tourisme@wanadoo.fr.*
Paris 99 – Auxerre 81 – Fontainebleau 40 – Montargis 12 – Nemours 26 – Orléans 86.

ⓜⓜ **Abbaye** ⓈⒹ, ℰ 02 38 96 53 12, *Fax 02 38 96 57 63,* 佘 – ⓉⓋ Ⓒ Ⓖ Ⓟ – Ⓐ 30. ⒶⒺ ⒼⒷ
Repas *(12)* - 20/50, enf. 10 – ⌸ 7 – **30 ch** 53/60 – ½ P 50/65.
♦ L'enseigne fait allusion à l'abbaye St-Pierre-et-St-Paul autour de laquelle s'est développé le bourg. Préférez les chambres récentes, spacieuses et bien équipées. Vaste salle des repas où l'on sert une cuisine traditionnelle ; terrasse très prisée en été.

La FERTÉ-BERNARD 72400 Sarthe ⒊⒈⒉ M5 *G. Châteaux de la Loire* – 9 239 h alt. 90.
Voir *Église N.-D.-des Marais*★★.
ⓑ *du Perche à Souancé-au-Perche* ℰ 02 37 29 17 33, *NE : 21 km par N 23 et D137.*
ⓘ *Office de tourisme, 15 place de la Lice* ℰ 02 43 71 21 21, *Fax 02 43 93 25 85, ot.la.fertebernard@wanadoo.fr.*
Paris 164 – Alençon 56 – Chartres 79 – Châteaudun 65 – Le Mans 54.

XXX **Perdrix** avec ch., 2 r. Paris ℰ 02 43 93 00 44, *restaurantlaperdrix@hotmail.com*, Fax 02 43 93 74 95 – ▤ rest, 🇹🇻 📞 ⇔, ☞
fermé fév., lundi soir et mardi – **Repas** 18/38 et carte 40 à 50, enf. 10 – ⇌ 6 – **7 ch** 42/52.
♦ Imposante bâtisse bordant la route nationale. Les tons pastel de la décoration, sobre et soignée, créent une ambiance feutrée dans la salle à manger. Chambres insonorisées.

XX **Dauphin,** 3 r. d'Huisne (secteur piétonnier) ℰ 02 43 93 00 39, Fax 02 43 71 26 65, ㍿ – ☞
fermé 11 au 22 mars, 2 semaines en août, dim. soir et lundi – **Repas** 15/38, enf. 11,50 ♀.
♦ Cette maison de la vieille ville daterait en partie du 16ᵉ s. : l'affaire repose sur des bases solides ! Belle cheminée d'époque dans une salle ; terrasse côté rue piétonne.

La FERTÉ-IMBAULT 41300 L.-et-Ch. 🎴 I7 – 1 035 h alt. 99.
🇧 *Syndicat d'initiative, 31 route Nationale ℰ 02 54 96 34 83, Fax 02 54 96 10 39.*
Paris 191 – Bourges 66 – Orléans 68 – Romorantin-Lanthenay 19 – Vierzon 23.

🏠 **Auberge A la Tête de Lard,** ℰ 02 54 96 22 32, Fax 02 54 96 06 22, ㍿ – ▤ rest, 🇹🇻 📞 🇵 ☞ ⚘ ch
fermé 11 au 18 sept., janv., dim. soir, mardi midi et lundi sauf fériés – **Repas** 16/46 ♀ – ⇌ 7 – **11 ch** 45/48 – ½ P 52.
♦ Chambres actuelles aménagées en cette agréable petite auberge solognote. Côté loisirs, pas d'inquiétude : randonnées, VTT, kayaks, pêche (rivière privée). La salle de restaurant, rafraîchie, n'a pas perdu son cachet campagnard ; on y sert du gibier en saison.

La FERTÉ-MACÉ 61600 Orne 🎴 G3 *G. Normandie Cotentin* – 6 679 h alt. 250.
🇧 *Office de tourisme, 11 rue de la Victoire ℰ 02 33 37 10 97, Fax 02 33 37 10 97, otsibocage@aol.com.*
Paris 227 ① – Alençon 46 ③ – Argentan 33 ① – Domfront 23 ④ – Falaise 41 ⑤ – Flers 26 ⑤.

LA FERTÉ-MACÉ

Armand-Macé (R.) . . . . **B** 2
Barre (R. de la) . . . . **B** 4
Chauvière (R.) . . . . **B** 7
Clouet (R. du) . . . . **A** 8
De Contades (Bd Gérard) . . **A** 10
Fossés Nicole (R. des) . . . . . . **B** 12
Hautvie (R. d') . . . . **B**
Le Meunier de la Raillière
   (Av.) . . . . **B** 13
Leclerc (Pl. du Gén.) . . . . **B** 15
République
   (Pl. de la) . . . . **B** 16
Teinture (R. de la) . . . . **B** 18
Val Vert (R. du) . . . . **A** 19
4 Roues (R. des) . . . . **B** 21

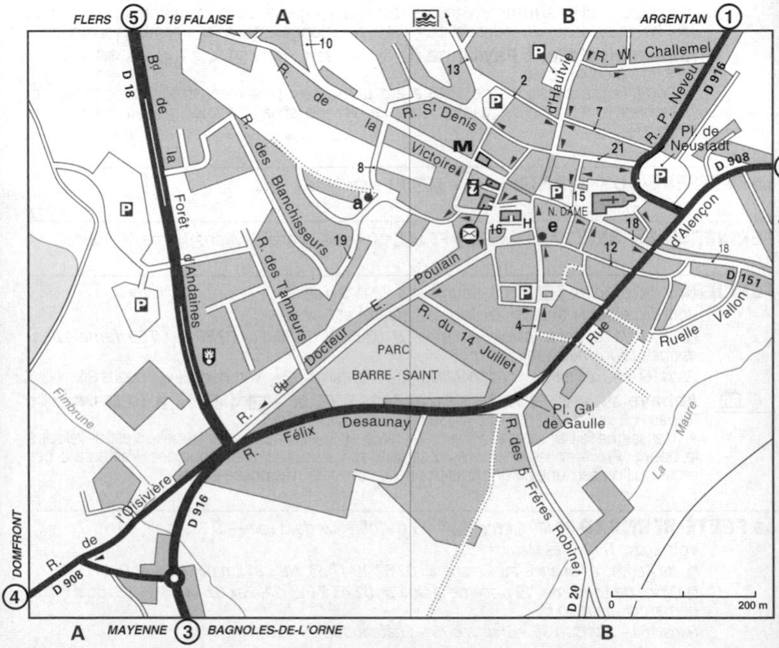

🏠 **Auberge d'Andaines,** rte Bagnoles-de-l'Orne par ③ : *2 km* ℰ 02 33 37 20 28, resa@aub
⊞ ergeandaines.com, Fax 02 33 37 25 05, 🌿, 🌿 – 🅿 – 🍴 30. ⊞
fermé 15 janv. au 15 fév. et vend. du 1ᵉʳ nov. au 1ᵉʳ avril – **Repas** 14/32 ♀ – ⊡ 6 – **15 ch** 29/50
– ½ P 38,50/45.
♦ Auberge familiale à la lisière de la forêt des Andaines. Chambres simples mais bien
tenues ; choisir si possible celles côté jardin. Restaurant coquet et chaleureux, conçu dans
un style un brin "rétro".

✕ **Auberge de Clouet** 🐾 avec ch, Le Clouet ℰ 02 33 37 18 22, *Fax 02 33 38 28 52,* 🌿 –
⊞ 📺 🅿 🖭 ⊞, ✍ ch   **A a**
fermé 1ᵉʳ au 15 nov., dim. soir et lundi d'oct. à pâques – **Repas** 18/60 ♀ – ⊡ 7 – **6 ch** 40/60 –
½ P 60.
♦ Produits du terroir servis dans le cadre rustique de cette ancienne ferme du bocage
normand ou sur sa jolie terrasse fleurie. Quelques chambres modestes.

✕ **L'Espérance,** 13 r. Barre ℰ 02 33 37 38 21, *Fax 02 33 37 38 21* – ⊞   **B e**
⊞ *fermé 20 juill. au 3 août, 26 oct. au 2 nov., 20 au 27 déc., 7 au 14 fév., dim. soir et merc.* –
Repas (6,90) -8,80/28,50, enf. 8,50 ♀.
♦ Petit restaurant traditionnel du centre-ville fréquenté par les Fertois. On y mange "à la
bonne franquette" des plats régionaux dans une salle à manger sobrement décorée.

La FERTÉ-ST-AUBIN 45240 Loiret 🔢 I5 G. Châteaux de la Loire – 6 783 h alt. 114.

Voir *Château*★.

🏌 *des Aisses* ℰ 02 38 64 80 87, SE : 3 km par N 20.

🛈 *Syndicat d'initiative, rue des Jardins* ℰ 02 38 64 67 93, Fax 02 38 64 61 39, mairie@laferte
saintaubin.com.

Paris 153 – Orléans 23 – Blois 62 – Romorantin-Lanthenay 45 – Salbris 34.

✕✕ **Ferme de la Lande,** Nord-Est : 3 km par rte Marcilly ℰ 02 38 76 64 37, *solognote@ferm
edelalande.com, Fax 02 38 64 68 87,* 🌿, ♨ – 🅿 🖭 ⊞
fermé 26 janv. au 8 fév., 10 au 25 oct., dim. soir, merc. soir et lundi – **Repas** 25/58,
enf. 14,50.
♦ Restaurant aménagé dans un corps de ferme dont l'authenticité a été habilement
préservée (pans de bois et briques). Cuisine au goût du jour. Balade apéritive dans le parc.

✕✕ **Auberge de l'Écu de France,** 6 r. Gén. Leclerc (N 20) ℰ 02 38 64 69 22,
⊞ *Fax 02 38 64 09 54* – ⊞
fermé 6 au 20 fév., merc. et le soir sauf vend. et sam. – **Repas** 15/35, enf. 10 ♀.
♦ Petite maison solognote (17ᵉ s.) à deux pas du majestueux château. Coquet intérieur
campagnard cloisonné de colombages et cuisine traditionnelle.

La FERTÉ-SOUS-JOUARRE 77260 S.-et-M. 🔢 H2 – 8 584 h alt. 58.

🛈 *Office de tourisme, 26 place de l'Hôtel de Ville* ℰ 01 60 22 63 43, Fax 01 60 22 19 73.
Paris 67 – Melun 70 – Reims 83 – Troyes 116.

🏰 **Château des Bondons** 🐾, Est : 2 km par D 70, rte Montménard ℰ 01 60 22 00 98, *cha
teau-des-bondons@club.internet.fr, Fax 01 60 22 97 01,* 🌿, ♨ – 📺 📞 🅿 🖭 ⓪ ⊞
JCB
Repas *(fermé 1ᵉʳ janv. au 5 fév., lundi et mardi)* 40/48, enf. 14 ♀ – ⊡ 10 – **8 ch** 100/110,
3 suites.
♦ Dans un joli parc, cette demeure du 18ᵉ s. fut celle du romancier G. Ohnet et abrita le
G.Q.G. de l'armée française pendant la drôle de guerre. Chambres personnalisées. Restau-
rant avec boiseries, fresque évoquant Marseille et cheminée ornée de céramiques.

à Jouarre Sud : 3 km par D 402 – 3 415 h. alt. 141 – ✉ 77640 .

Voir *Crypte*★ de l'abbaye, G. Ile de France.

🛈 *Office de tourisme, rue de la Tour* ℰ 01 60 22 64 54, Fax 01 60 22 65 15, tourisme.jouard-
@wanadoo.fr.

🏠 **Plat d'Étain,** ℰ 01 60 22 06 07, *hotel-le-plat-d-etain@wanadoo.fr, Fax 01 60 22 35 63* –
📺 📞 🅿 ⊞
fermé 15 juil. au 13 août, 17 au 31 déc., dim. soir et vend. – **Repas** (11,50) - 15,50/35, enf. 8,50
♀ – ⊡ 6 – **18 ch** 39/50 – ½ P 32.
♦ Auberge édifiée en 1840 à deux pas de l'abbaye et de ses cryptes carolingiennes. Les
chambres sont, pour leur part, actuelles. Un plat en étain - lié au nom de l'établissement,
inchangé depuis sa création - décore le mur de la salle à manger un brin désuète.

---

*Nos guides hôteliers, nos guides touristiques et nos cartes routières
sont complémentaires. Utilisez-les ensemble.*

FEURS *42110 Loire* **327** *E5 G. Vallée du Rhône – 7 669 h alt. 343.*

🛈 *Office de tourisme, place du Forum ℘ 04 77 26 05 27, Fax 04 77 26 00 55, feurs.office. tourisme@libertysurf.fr.*

Paris 433 – St-Étienne 47 – Lyon 69 – Montbrison 24 – Roanne 38 – Thiers 68 – Vienne 93.

🏨 **Motel Etésia** sans rest, rte Roanne ℘ 04 77 27 07 77, Fax 04 77 27 03 33, ☞ – 📺 ✇ ᕃ P. AE ① GB. ✀
fermé 14 au 22 août, 18 déc. au 2 janv. – 🍴 5 – **15 ch** 36,50/45.
♦ Proche d'un complexe sportif, pavillon récent proposant des chambres en rez-de-jardin, fonctionnelles et assez spacieuses. Salle des petits-déjeuners au confort élémentaire.

✗✗ **Boule d'Or**, 42 r. R. Cassin ℘ 04 77 26 20 68, Fax 04 77 26 56 84, 🍽 – GB
fermé 1er au 22 août, 16 au 31 janv., dim. soir et lundi – **Repas** 18/53.
♦ Située à la sortie de la petite ville, sobre bâtisse abritant trois salles à manger classiquement aménagées où se déguste une solide cuisine traditionnelle.

à Salt-en-Donzy *rte de Lyon : 5 km – 393 h. alt. 337 – ✉ 42110 :*

✗ **Assiette Saltoise**, le Bourg ℘ 04 77 26 04 29, Fax 04 77 26 04 29, 🍽 – GB
🍴 *fermé mardi soir et merc. –* **Repas** 10 (déj.), 14,50/22,50, enf. 9,50.
♦ Cette sympathique auberge de campagne jouxte une jolie petite église romane. Intérieur tout simple, charmante terrasse sous les tilleuls et généreuse cuisine du terroir.

FEY *57 Moselle* **307** *H4 – rattaché à Metz.*

Michelin n'accroche pas de panonceau aux hôtels et restaurants qu'il signale.

FIGEAC ◁▷ *46100 Lot* **337** *I4 G. Périgord Quercy – 9 606 h alt. 214.*

Voir Le vieux Figeac★★ : hôtel de la Monnaie★ M¹, musée Champollion★ M² près de la place aux Écritures★ – Chapelle N.D.-de-Pitié★ dans l'église St-Sauveur.

🛈 *Office de tourisme, place Vival ℘ 05 65 34 06 25, Fax 05 65 50 04 58, figeac@wanadoo.fr.*
Paris 578 ⑥ – Rodez 66 ② – Aurillac 64 ① – Villefranche-de-Rouergue 36 ③.

Plan page ci-contre

🏰 **Château du Viguier du Roy** ⌂, r. É. Zola (e) ℘ 05 65 50 05 05, hotel@chateau-viguie r-figeac.com, Fax 05 65 50 06 06, ♨, ⌁, 📶, ≡ ch, 📺 ✇ P – ⛴ 30. AE ① GB. ✀
9 avril-17 oct. - voir rest. **Dînée du Viguier** – 🍴 18 – **21 ch** 175/255.
♦ Bel ensemble urbain soigneusement restauré, dont les murs de grès résonnent d'échos moyenâgeux. Donjon du 14e s. et cloître contribuent à cette atmosphère.

🏨 **Pont d'Or** sans rest, 2 av. J. jaurès (x) ℘ 05 65 50 95 00, contact@hotelpontdor.com, Fax 05 65 50 95 39, ᕃ, 📶, ⌁ – 📶 cuisinette ✇ ≡ 📺 ᕃ P – ⛴ 30. AE ① GB JCB
🍴 9 – **35 ch** 80/96.
♦ L'hôtel, rénové, est situé dans le quartier historique. Chambres élégantes, équipements dernier cri, piscine sur le toit et jolie terrasse (petit-déjeuner) longeant le Célé.

🏨 **Champollion** sans rest, 3 pl. Champollion (v) ℘ 05 65 34 04 37, Fax 05 65 34 61 69 – 📺 ✇ ᕃ. AE ① GB
🍴 5,80 – **10 ch** 42/47.
♦ Maison natale, Place des Écritures... et hôtel à l'enseigne de "l'Égyptien" : le souvenir de Champollion est aussi présent dans ce logis médiéval aux chambres actuelles.

🏨 **Bains** sans rest, 1 r. Griffoul (n) ℘ 05 65 34 10 89, hotel-des-bains@wanadoo.fr, Fax 05 65 14 00 45 – 📺 ✇. AE ① GB
fermé 13 déc. au 13 janv., sam. et dim. du 11 nov. à fév. – 🍴 6 – **21 ch** 27,50/59.
♦ Sur la rive gauche du Célé, l'ancien établissement de bains publics fut transformé en hôtel dans les années 1970. Chambres bien tenues et terrasse-bar au ras de l'eau.

✗✗✗ **Dînée du Viguier** - Hôtel Château du Viguier du Roy, r. Boutaric (s) ℘ 05 65 50 08 08, Fax 05 65 50 09 09, 🍽 – ≡. AE ① GB
fermé 15 au 22 nov., 23 janv. au 15 fév., dim. soir hors saison, sam. midi et lundi – **Repas** 25/60 et carte 54 à 60, enf. 10 ♀.
♦ Quelques beaux restes médiévaux donnent du cachet à la salle à manger : majestueuse cheminée au manteau sculpté, poutres peintes... N'y manque plus que le viguier !

✗✗ **Cuisine du Marché**, 15 r. Clermont (a) ℘ 05 65 50 18 55, cuisinedumarche@wanadoo.f r, Fax 05 65 50 18 55, 🍽 – AE ① GB JCB
fermé dim. – **Repas** 18 (déj.), 27/35, enf. 8 ♀.
♦ Cuisines visibles de la salle et discrète décoration contemporaine en surimpression : une transparence qui respecte l'âme de cette ex-cave à vins du vieux Figeac.

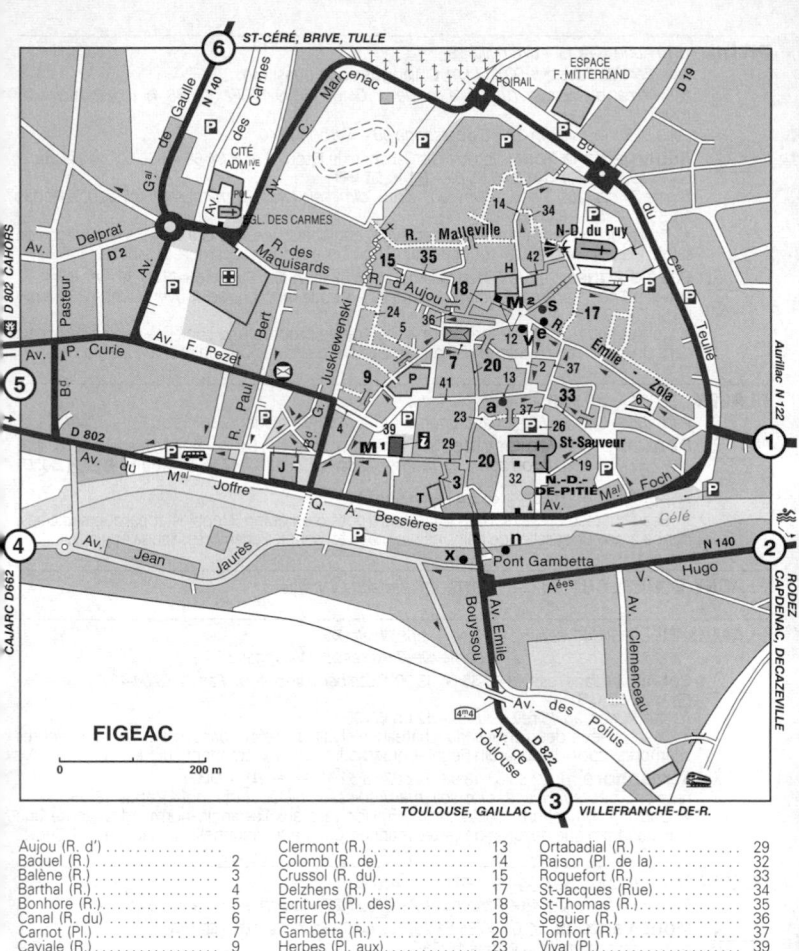

FIGEAC

0   200 m

Aujou (R. d')		Clermont (R.)	13	Ortabadial (R.)	29
Baduel (R.)	2	Colomb (R. de)	14	Raison (Pl. de la)	32
Balène (R.)	3	Crussol (R. du)	15	Roquefort (R.)	33
Barthal (R.)	4	Delzhens (R.)	17	St-Jacques (Rue)	34
Bonhore (R.)	5	Ecritures (Pl. des)	18	St-Thomas (R.)	35
Canal (R. du)	6	Ferrer (R.)	19	Seguier (R.)	36
Carnot (Pl.)	7	Gambetta (R.)	20	Tomfort (R.)	37
Caviale (R.)	9	Herbes (Pl. aux)	23	Vival (Pl.)	39
Champollion		Laurière (R.)	24	11-Novembre (R. du)	41
(Pl. et R. des Frères)	12	Michelet (Pl. É.)	26	16-Mai (R. du)	42

Si le coût de la vie subit des variations importantes,
les prix que nous indiquons peuvent être majorés.
Lors de votre réservation à l'hôtel, faites-vous préciser le prix définitif.

FISMES 51170 Marne **306** E7 – 5 313 h alt. 70.

🚩 *Office de tourisme, 28 rue René Letilly* ☎ *03 26 48 81 28, Fax 03 26 48 12 09, office-.fismes@wanadoo.fr.*

Paris 131 – Reims 29 – Château-Thierry 42 – Compiègne 69 – Laon 37.

🏠 **Boule d'Or**, 11 r. Lefèvre ☎ 03 26 48 11 24, boule.or@wanadoo.fr, Fax 03 26 48 17 08 – 📺 ✆ 🅰🅴 ⓪ ⒼⒷ, ✵
fermé 20 janv. au 11 fév., dim. soir, mardi midi et lundi – **Repas** (11,80) - 16,90 (déj.), 24,50/49,90, enf. 8,20 ⬚ – ⬚ 7,50 – **7 ch** 47/54,50 – ½ P 57/61.
✦ Comme jadis les rois de France en route pour leur sacre, vous ferez étape dans la localité. À votre disposition, des chambres fraîches d'une tenue impeccable. Deux salles à manger en enfilade, simples mais coquettes ; cuisine classique et plats du terroir.

FITOU 11510 Aude **344** I5 – 676 h alt. 38.

Env. Fort de Salses★★ SO : 11 km, G. Languedoc Roussillon.

🛈 Syndicat d'initiative, rue de la mairie ℘ 04 68 45 69 11, Fax 04 68 45 61 80, mairie@fitou.fr.

Paris 823 – Perpignan 29 – Carcassonne 90 – Narbonne 40.

※※ **Auberge de la Tour** avec ch, Les Cabanes de Fitou, N 9 ℘ 04 68 45 66 90, daniel.auber@wanadoo.fr, Fax 04 68 45 65 97 – 📺 🅿. 🗚 🖼
fermé 24 oct. au 23 déc., 2 janv. au 12 fév., dim. soir, lundi, et mardi sauf juil.-août – **Repas** 25/59 ♀ – ☲ 7 – **6 ch** 70/90.
♦ Construction récente d'allure médiévale, englobant une chapelle du 11ᵉ s. aménagée en salon. Pierres apparentes, tour circulaire, poutres et voûtes. Chambres rustiques.

※ **Cave d'Agnès,** 29 rue Gilbert Salamo ℘ 04 68 45 75 91, Fax 04 68 45 03 28 – 🅿. 🖼
🐌 2 avril-14 nov. et fermé jeudi midi et merc. – **Repas** (nombre de couverts limité, prévenir) 20,50/29,50, enf. 10.
♦ Sur les hauteurs du village, cette vieille grange propose une copieuse cuisine régionale dans une salle campagnarde réchauffée par une cheminée où l'on prépare les grillades.

FLACEY 28800 E.-et-L. **311** E7 – 193 h alt. 157.

Paris 122 – Orléans 61 – Châteaudun 9 – Chartres 36 – Nogent-le-Rotrou 52.

🏠 **Domaine de Moresville** ≫ sans rest, rte de Brou, Nord-Ouest par D 110 ℘ 02 37 47 33 94, info@domaine-moresville.com, Fax 02 37 47 56 40 – 📺 📞 🅿. – 🖄 30. 🗚 ❶ 🖼
fermé 21 au 30 déc. – ☲ 12 – **9 ch** 80/160.
♦ Beau château du 18ᵉ s. dans un joli parc doté d'un étang. Meubles et parquets anciens, bonne ampleur et salles de bains neuves caractérisent les chambres. Sauna et jacuzzi.

FLAGEY-ÉCHEZEAUX 21 C.-d'Or **320** J7 – rattaché à Vougeot.

FLAMANVILLE 50340 Manche **303** A2 – 1 683 h alt. 74.

Paris 371 – Cherbourg 27 – Barneville-Carteret 23 – Valognes 36.

🏠 **Bel Air** ≫ sans rest, ℘ 02 33 04 48 00, hotelbelair@aol.com, Fax 02 33 04 49 56, 🌿 – 🛏 📺 📞 🅿. 🗚 🖼. ❊
fermé 1ᵉʳ déc. au 15 fév. – ☲ 10 – **12 ch** 65/90.
♦ Le régisseur des fermes du château résidait autrefois dans cette maison. Petites chambres "cosy", beau jardin fleuri et grand calme vous y attendent aujourd'hui.

※ **Sémaphore,** ℘ 02 33 52 18 98, Fax 02 33 52 36 39, ≼, 🎇 – 🖼
fermé 15 déc. au 31 janv., dim. soir, mardi soir sauf juil.-août et lundi – **Repas** 18/25.
♦ L'ancien sémaphore, posté sur une falaise face aux îles anglo-normandes, abrite une salle panoramique décorée de cartes marines. Cuisine traditionnelle et plats du Sud-Ouest.

FLASSAN 84410 Vaucluse **332** E9 – 341 h alt. 410.

Paris 695 – Avignon 48 – Carpentras 21 – Sault 29 – Vaison-la-Romaine 28.

※ **Mont-Ventoux,** ℘ 04 90 61 81 29, Fax 04 90 61 72 79, 🎇 – 🗚 🖼
🐌 fermé sept. et merc. – **Repas** 14/36 ♀.
♦ Il faut traverser le café du village pour gagner la salle à manger rustique ou la terrasse dressée sous les canisses. Cuisine traditionnelle, gibiers et truffes en saison.

FLAVIGNY-SUR-MOSELLE 54 M.-et-M. **307** I7 – rattaché à Nancy.

FLAYOSC 83 Var **340** N4 – rattaché à Draguignan.

La FLÈCHE 🈯 72200 Sarthe **310** I8 G. Châteaux de la Loire – 15 241 h alt. 33.

Voir Prytanée militaire★ – Boiseries★ de la chapelle N.-D.-des-Vertus – Parc zoologique du Tertre Rouge★ 5 km par ② puis D 104.

Env. Bazouges-sur-le-Loir : pont ≼★, 7 km par ④.

🛈 Office de tourisme, boulevard de Montréal ℘ 02 43 94 02 53, Fax 02 43 94 49 15, otsi-lafleche@libertysurf.fr.

Paris 244 ① – Angers 52 ④ – Laval 70 ⑤ – Le Mans 44 ① – Tours 71 ②.

Plan page ci-contre

🏠 **Relais Cicero** ≫ sans rest, 18 bd Alger ℘ 02 43 94 14 14, Fax 02 43 45 98 96, 🌿 – 📺. 🗚 🖼
Y a
fermé 1ᵉʳ au 15 août, 22 déc. au 4 janv. et dim. – ☲ 9 – **20 ch** 69/109.
♦ Ancien couvent (17ᵉ s.), belle décoration intérieure et mobilier d'époque : une authenticité habilement sauvegardée en ce havre de paix que son jardin sépare du monde.

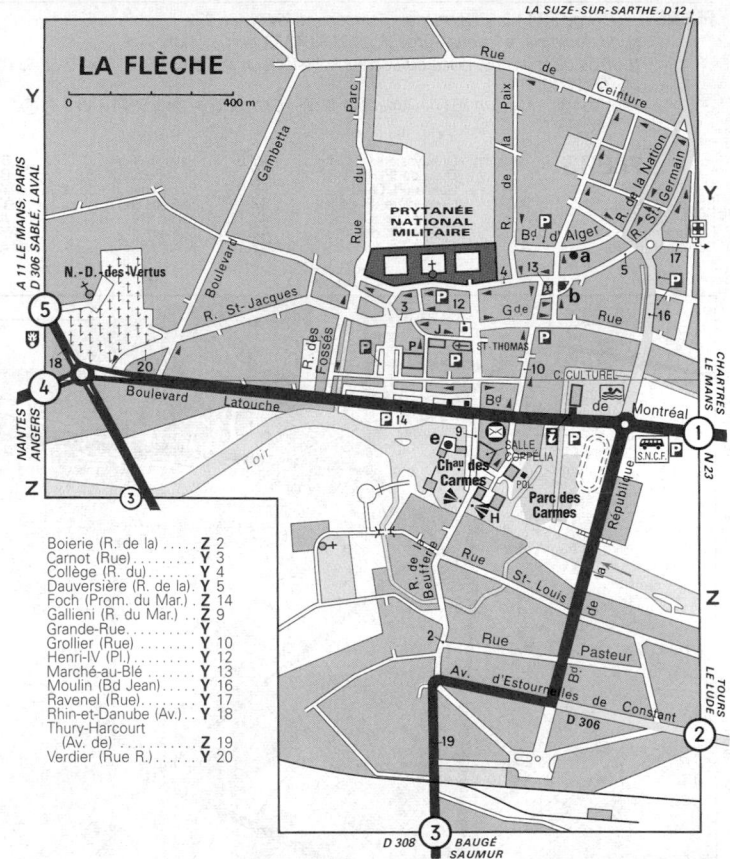

LA FLÈCHE

Boierie (R. de la) . . . . . **Z** 2
Carnot (Rue) . . . . **Y** 3
Collège (R. du) . . . . . . **Y** 4
Dauversière (R. de la) . **Y** 5
Foch (Prom. du Mar.) . **Z** 14
Galliéni (R. du Mar.) . . **Z** 9
Grande-Rue . . . . **Y**
Grollier (Rue) . . . . . . **Y** 10
Henri-IV (Pl.) . . . . **Y** 12
Marché-au-Blé . . . . . **Y** 13
Moulin (Bd Jean) . . . . **Y** 16
Ravenel (Rue) . . . . . . **Y** 17
Rhin-et-Danube (Av.) . **Y** 18
Thury-Harcourt
   (Av. de) . . . . **Z** 19
Verdier (Rue R.) . . . . . **Y** 20

XX **Moulin des Quatre Saisons**, r. Galliéni ℰ 02 43 45 12 12, *camille.constantin@wanadoo*
.fr, Fax 02 43 45 10 31, ⌂ – 🅿, ⒶⒺ ☒ **Z** e
fermé vacances de Toussaint, 5 au 20 janv., merc. soir, dim. soir et lundi – **Repas** 20,10/40,
enf. 12 ♀ ☙.
   ◆ Moulin (17ᵉ s.) au bord du Loir, plats traditionnels aux accents du Sud, carte de vins de
Loire complétée de quelques crus aussi autrichiens que le décor : éclectique !

XX **Fesse d'Ange**, pl. 8 Mai 1945 ℰ 02 43 94 73 60, *magaligasnier.@aol.fr*,
Fax 02 43 45 97 33 – ▦, ⒶⒺ ☒ **Y** b
fermé 30 août au 7 sept., dim. soir, mardi midi et lundi – **Repas** 18/50 ♀.
   ◆ N'allons pas discuter du sexe des anges : la cuisine traditionnelle est généreuse, la salle à
manger présente un élégant décor contemporain et le service est attentionné.

FLÉRÉ-LA-RIVIÈRE 36700 Indre 🎲🎲🎲 C4 – 594 h alt. 95.
   Paris 277 – Tours 61 – Le Blanc 50 – Châtellerault 60 – Châtillon-sur-Indre 7 – Loches 17.

X **Relais du Berry**, 2 rte Tours ℰ 02 54 39 32 57 – ☒
☙ *fermé 6 au 17 sept., janv., dim. soir, lundi et mardi* – **Repas** 13/35 ⅃.
   ◆ À l'entrée du village, cet ancien relais de poste aux abords fleuris propose une cuisine
traditionnelle réalisée avec les fruits et légumes du jardin. Cadre rustique simple.

Donnez-nous votre avis sur les tables que nous recommandons,
sur leurs spécialités et leurs vins de pays.

FLERS *61100 Orne* **310** F2 *G. Normandie Cotentin* – *16 947 h alt. 270.*

📄 *du Houlme à La Selle-la-Forge* 𝒫 *02 33 64 42 83, par* ③ *: 4 km.*

🛈 *Office de tourisme, place du Docteur Vayssières* 𝒫 *02 33 65 06 75, Fax 02 33 65 09 84, otsi.flers@wanadoo.fr.*

Paris 234 ② – *Alençon 73* ③ – *Argentan 42* ② – *Caen 60* ① – *Laval 86* ④ – *Vire 31* ⑥.

FLERS

Boule (R. de la) . . . . **AY**	Dr-Vayssières (Pl. du) . . . . . **AY** 6
Charleston (Pl.) . . . . **AYZ** 3	Duhalde (Pl. P.) . . . . **AZ**
Delaunay (R.) . . . . **AY** 4	Gaulle (Pl. Ch.-de) . . . . **AY** 9
Domfront (R. de) . . . . **AZ**	Géroudière (R. de la) . . . . **BZ** 10
	Gévelot (R. J.) . . . . **AY** 12
	Messei (R. de) . . . . **AZ**
	Moulin (R. du) . . . . **ABY** 14

Paris (R. de) . . . . **BY**
Pont Feron (R. du) . . . . **BZ** 15
République (R. de la) . . . . **AYZ** 16
St-Gilles (R.) . . . . **BYZ** 18
Salles (R.) . . . . **AY** 19
Schnetz (R.) . . . . **AYZ**
6-Juin (R. du) . . . . **AY**

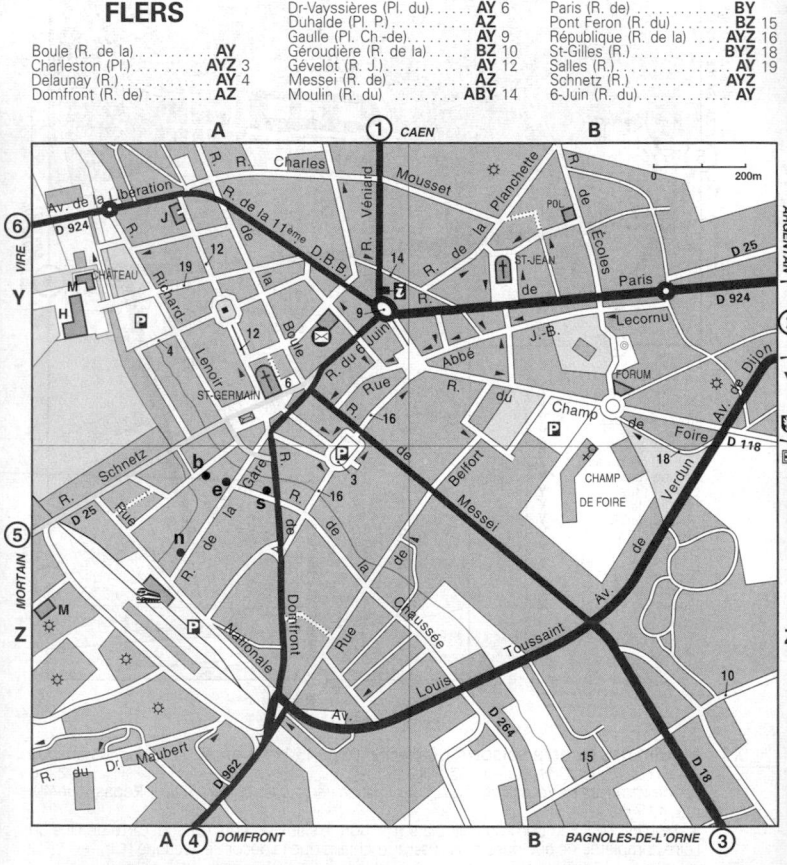

🏨 **Galion** ⌂ sans rest, 5 r. V. Hugo 𝒫 02 33 64 47 47, Fax 02 33 65 10 10 – 📺 📞 🔌 🚗 **P**. 🅰🅴 ⬜ㅤ
GB
AZ b

⚏ 6 – **30 ch** 40/48.

♦ Cet immeuble moderne situé au centre-ville bénéficie d'un environnement paisible et d'une bonne insonorisation. Chambres assez spacieuses, tendues de tissu.

🏨 **Lys d'Or** sans rest, 22 r. Gare 𝒫 02 33 65 28 28, Fax 02 33 65 20 56 – 📺 📞 **P**. 🅰🅴 ⓞ
GB
AZ e

⚏ 5 – **12 ch** 35/50.

♦ Petit hôtel familial dans une bâtisse ancienne. Chambres simples, tapissées de moquette ou de papier à fleurs ; celles de l'arrière sont plus calmes.

🏨 **Beverl'inn**, 9 r. Chaussée 𝒫 02 33 96 79 79, beverlinn@free.fr, Fax 02 33 65 94 89 – 📺
📞, GB, ⌖
AZ s

fermé 20 déc. au 2 janv., sam. midi et dim. – **Repas** *(8,50 bc)* - 12,50 (déj.)/22, enf. 6,50 ⚏ -
⚏ 5 – **16 ch** 33/43 – ½ P 34/36.

♦ Bocage normand ou Highlands ? L'enseigne et l'aménagement intérieur entretiennent l'ambiguïté. Vous séjournerez dans des chambres équipées de meubles en pin. Restaurant "cosy" aux tonalités écossaises, grillades au feu de bois et recettes du pays des fantômes.

XX **Auberge Le Relais Fleuri,** 115 r. Schnetz, 1 km **AZ** *📱* 02 33 65 23 89, *Fax 02 33 65 63 62,* *🎉* – ⊖⊟
fermé 26 juil. au 9 août, dim. soir, vend. soir et lundi – **Repas** 18,50/33 💲.
❖ La façade est un peu triste, mais l'intérieur rustique, rehaussé de pierres et poutres apparentes, est assez coquet. Cuisine régionale et belle carte des vins.

XX **Au Bout de la Rue,** 60 r. Gare *📱* 02 33 65 31 53, *lebouleux@wanadoo.fr,* *Fax 02 33 65 46 81* – ▤. ⊖⊟   **AZ** n
fermé 1ᵉʳ au 25 août, merc. soir, sam. midi, dim. et fériés – **Repas** *(15)* - 20/34, enf. 9 ♁.
❖ Affiches et photographies anciennes décorent les murs de cette salle à manger de style bistrot "rétro", d'où il vous sera permis d'observer l'affairement des cuisines.

au Buisson-Corblin *par* ② *: 3 km* – ✉ *61100 Flers :*

XX **Auberge des Vieilles Pierres,** *📱* 02 33 65 06 96, *aubergedevieillespierres@wanadoo* ⊖⊟ .*fr, Fax 02 33 65 80 72* – ▤ **P**. ⅋ ⊖⊟
fermé 2 au 24 août, vacances de fév., lundi et mardi – **Repas** 15/37, enf. 8.
❖ Les salles à manger, agréablement rajeunies, se parent désormais de couleurs chaleureuses. La cuisine, au goût du jour, met les produits de la mer à l'honneur.

à La Ferrière-aux-Étangs *par* ③ *: 10 km* – 1 643 h. alt. 304 – ✉ *61450 :*

XX **Auberge de la Mine,** le Gué-Plat par rte Dompierre : 2 km *📱* 02 33 66 91 10, *aubergede* 🍗 *lamine@free.fr, Fax 02 33 96 73 90* – **P**. ⅋ ⊙ ⊖⊟
fermé 3 au 27 août, 6 au 31 janv., dim. soir, mardi et merc. – **Repas** 19/50, enf. 10.
❖ L'ex-cantine de la mine de fer, dont l'activité a cessé en 1970, abrite désormais deux plaisantes salles à manger où l'on déguste une appétissante cuisine au goût du jour.

FLEURANCE *32500 Gers* **图图图** *G6 G. Midi-Pyrénées* – *6 273 h alt. 97.*
  🏌 *de Fleurance* *📱* 05 62 06 26 26, *S : 4 km par N 21.*
  🠤 *Office de tourisme, 112 bis rue de la République* *📱* 05 62 64 00 00, Fax 05 62 06 27 80, *tourismefleurance@free.fr.*
  Paris 693 – Agen 49 – Auch 25 – Condom 34 – Montauban 66 – Toulouse 87.

🏨 **Fleurance,** rte Agen *📱* 05 62 06 14 85, *lefleurance.hotel@wanadoo.fr,* *Fax 05 62 64 05 12,* *🎉* – ▤ rest, 📺 **P** – 🏊 30. ⅋ ⊟
fermé 22 déc. au 12 janv. – **Repas** *(fermé dim. soir et vend. d'oct. à avril, vend. midi de mai à sept. et sam. midi)* 16 (déj.), 26,50/48 ♁ – ═ 8 – **23 ch** 43/80 – ½ P 58/70.
❖ Hôtel pratique pour une étape au coeur de la Lomagne. Petites chambres pratiques, parfois de plain-pied avec le jardin arboré ou dotées d'un balcon. Tons jaune-orangé, mobilier en rotin et larges baies vitrées dans la salle à manger agrandie d'une terrasse.

🏠 **Relais** sans rest, 30 av. Charles de Gaulle (rte d'Auch) *📱* 05 62 06 05 08, *hotel-le-relais@wa nadoo.fr, Fax 05 62 06 03 84* – 📺 **P**. ⅋ ⊖⊟
═ 5,50 – **22 ch** 31/46.
❖ Aux portes de la bastide du 13ᵉ s., ce petit hôtel dispose de chambres fonctionnelles et propres, correctement insonorisées. Un programme de rénovations est en cours.

FLEURIE *69820 Rhône* **图图图** *H2 G. Vallée du Rhône* – 1 190 h alt. 320.
  Paris 410 – Mâcon 22 – Bourg-en-Bresse 46 – Lyon 58 – Villefranche-sur-Saône 27.

🏠 **Grands Vins** 🐾 sans rest, Sud : 1 km par D 119ᴱ *📱* 04 74 69 81 43, Fax 04 74 69 86 10, ≤, 🍸, 🌿 – 📺 📱 **P**. ⊖⊟. ✂
fermé 31 juil. au 9 août, déc. et janv. – ═ 9 – **20 ch** 64/73.
❖ Établissement familial dont le jardin borde le vignoble. Chambres simples et bien tenues ; vaste salle des petits-déjeuners. Exposition-vente de vins du village.

XX **Le Cep** (Mme Chagny), pl. Église *📱* 04 74 04 10 77, Fax 04 74 04 10 28 – ▤. ⅋ ⊖⊟
⭐ *fermé déc., janv., dim. et lundi sauf fériés* – **Repas** (prévenir) 35/60 et carte 32 à 53 ♁.
❖ Foin du décor élégant ou de la brigade stylée ! Cette digne ambassade du Beaujolais a renoncé au luxe pour mieux retrouver les saveurs d'une authentique cuisine du terroir.
Spéc. Cuissots de grenouilles sur salades maraîchères. Volaille fermière mijotée en coq au vin. Cassis de Lancié en sorbet, pulpe acidulée et glace vanille. **Vins** Beaujolais blanc, Fleurie.

FLEURVILLE *71260 S.-et-L.* **图图图** *J11 – 471 h alt. 174.*
  Paris 375 – Mâcon 18 – Cluny 26 – Pont-de-Vaux 8 – St-Amour 43 – Tournus 16.

🏨 **Château de Fleurville,** *📱* 03 85 27 91 30, *fleurville@free.fr, Fax 03 85 27 91 29,* *🎉,* 🍸, 👁, 🎓 – 📺 **P**. ⅋ ⊖⊟ 🎦. ✂ ch
fermé 15 nov. au 3 fév. – **Repas** *(fermé mardi soir, jeudi midi et merc. hors saison)* 30/64, enf. 14 – ═ 13 – **15 ch** 122/148 – ½ P 75/108.
❖ Rappelez-vous : Mme de Fleurville, la mère douce et aimante des récits de la Comtesse de Ségur... Vous êtes ici dans son château, datant du 16ᵉ s. et entouré d'un parc. Salle à manger rustique avec cheminée ornée d'un trophée de chasse et agréable terrasse.

XX 🏠 **Fleurvil** avec ch, ℘ 03 85 27 90 90, *Badouxdidier@wanadoo.fr*, Fax 03 85 27 93 99, 🛖 –
📺 **P**. 🅰🅴 🆎
fermé 16 nov. au 16 déc., lundi et mardi – **Repas** 13,50 (déj.), 16,50/47, enf. 9,50 ⵟ – ⵥ 6,50
– **9** ch 31/50 – ½ P 38,50/43.
◆ Une étape bienvenue aux confins des monts du Mâconnais : généreuse cuisine traditionnelle servie dans une salle à manger rustique et chambres claires et insonorisées.

FLEURY-SUR-ORNE *14 Calvados* 🔢 *J5 – rattaché à Caen.*

FLORAC ◁🆂▷ *48400 Lozère* 🔢 *J9 G. Languedoc Roussillon – 1 996 h alt. 542.*
Env. *Corniche des Cévennes★.*
🚹 *Office de tourisme, avenue J. Monestier* ℘ 04 66 45 01 14, Fax 04 66 45 25 80,
otsi@ville-florac.fr.
Paris 622 – Alès 65 – Mende 38 – Millau 84 – Rodez 123 – Le Vigan 72.

🏛 **Grand Hôtel du Parc**, 47 av. J. Monestier ℘ 04 66 45 03 05, *grand-hotel-du-parc@wan
adoo.fr*, Fax 04 66 45 11 81, 🛖, 🏊, 🌳 – 🗱 📺 📞 ⵚ **P**. – 🅰 40. 🅰🅴 ⓞ 🆎. 🛇 ch
15 mars-30 nov. – **Repas** *(fermé dim.soir, lundi sauf le soir en saison et mardi midi hors
saison)* 16,50/32,50, enf. 8 – ⵥ 6,80 – **60** ch 44/62 – ½ P 44/50.
◆ Au cœur d'un jardin planté de cèdres séculaires, hôtel abritant des chambres quelque
peu désuètes, mais bien tenues. Hébergement fonctionnel dans le bâtiment récent accolé.
Deux salles à manger et une terrasse ombragée où l'on propose une cuisine régionale.

🏠 **Gorges du Tarn**, 48 rue Pecher ℘ 04 66 45 00 63, *gorges-du-tarn.adonis@wanadoo.fr*,
🐾 Fax 04 66 45 10 56 – cuisinette 📺 **P**. 🆎. 🛇
Pâques - Toussaint et fermé merc. sauf juil.-août – **L'Adonis** : **Repas** 17/47, enf. 4 – ⵥ 6,50
– **23** ch 30/55, 4 studios – ½ P 34/49.
◆ Vous êtes à l'entrée (ou à la sortie) des gorges du Tarn. Chambres rénovées dans
l'habitation principale, moins fraîches plus spacieuses à l'annexe. Le décor du restaurant évoque la Méditerranée, mais sa carte et ses spécialités content le pays cévenol.

X **Source du Pêcher**, 1 r. Remuret ℘ 04 66 45 03 01, Fax 04 66 45 28 82, 🛖
Pâques-Toussaint et fermé merc. sauf juil.-août – **Repas** 15 (déj.), 23/50.
◆ Jouxtant la source du Pêcher, une résurgence du causse Méjean au cœur du vieux
Florac, maison ancienne réaménagée en restaurant "rétro" ; agréable terrasse.

à Cocurès *Nord-Est : 5,5 km par N 106 et D 998 – 175 h. alt. 600 – ✉ 48400 :*

🏠 **Lozerette**, ℘ 04 66 45 06 04, *lalozerette@wanadoo.fr*, Fax 04 66 45 12 93, 🌳 – 📺 ⵚ **P**.
🆎 🅰🅴 ⓞ 🆎 🅹🅲🅱. 🛇 rest
🏠 *Pâques-Toussaint* – **Repas** *(fermé mardi sauf le soir en juil.-août et merc. midi de sept. à
juin)* 15/41, enf. 10 ⵟ ⵘ – ⵥ 7,50 – **21** ch 49/70 – ½ P 52/62.
◆ Dans un hameau situé aux portes du Parc national des Cévennes, vieille demeure aux
petites chambres fraîches et personnalisées. Coquette salle à manger coiffée de poutres
apparentes, cuisine traditionnelle et cave riche en vins du Languedoc-Roussillon.

La FLOTTE *17 Char.-Mar.* 🔢 *C2 – voir à Ile de Ré.*

FLOURE *11 Aude* 🔢 *F3 – rattaché à Carcassonne.*

FLUMET *73590 Savoie* 🔢 *M3 G. Alpes du Nord – 769 h alt. 920 – Sports d'hiver : 1 000/2 030 m
ⵎ 11 ⵥ.*
🚹 *Office de tourisme* ℘ 04 79 31 61 08, Fax 04 79 31 84 67, *info@flumet-montblanc.com.*
Paris 582 – Chamonix-Mont-Blanc 43 – Albertville 22 – Annecy 51 – Megève 10.

🏛 **Hostellerie du Parc des Cèdres** sans rest, ℘ 04 79 31 72 37, Fax 04 79 31 61 66, ≼,
🔟 – **P**. 🅰🅴 ⓞ 🆎 🅹🅲🅱
12 juin-20 sept., vacances de Noël et 5 fév.-15 mars – ⵥ 10 – **18** ch 45/62.
◆ L'hôtel est entouré d'un parc planté de 35 espèces d'arbres différentes. Les chambres
sont parfois dotées de balcons donnant sur le massif des Aravis.

X **Ferme du Rocher**, à Prasset Nord-Est:2,5km par rte de Megève et chemin privé
℘ 04 79 31 80 30, 🛖 – **P**
15 déc.-15 avril, juil.-août et week-ends – **Repas** 25.
◆ Cette ancienne ferme joliment restaurée accueille un restaurant bien sympathique.
Authentique atmosphère savoyarde, mobilier dépareillé et menu du jour ancré dans le
terroir.

à St-Nicolas-la-Chapelle *Sud-Ouest : 1,2 km par N 212 – 418 h. alt. 950 – ⊠ 73590 :*

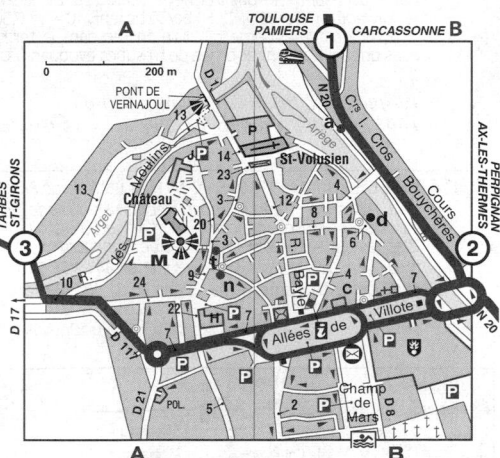

Vivier, sur N 212 *ℰ 04 79 31 73 79, contact@hotelduvivier.fr, Fax 04 79 31 60 70,* ≤, 🏠 –
📺 P. GB. ✳
fermé 28 mars au 29 avril, 3 oct. au 6 déc., dim. soir et lundi hors saison – **Repas** *14/21* ⚖ –
� *6,50 –* **20 ch** *46/52 –* ½ P *44/47.*
♦ Ce chalet bien situé dans la vallée de l'Arly est un "vivier" de convivialité et de bonne
humeur aux chambres simples et nettes. Restauration traditionnelle de type "pension"
servie en salle ou sur la petite terrasse.

FOIX P *09000 Ariège* 343 *H7 G. Midi-Pyrénées – 9 109 h alt. 375.*
Voir Site★ – ※★ de la tour du château – Route Verte★★ O par D17 A.
Env. Rivière souterraine de Labouiche★ NO : 6,5 km par D1.
🏌 *de l'Ariège à La Bastide-de-Sérou ℰ 05 61 64 56 78, par ③ : 15 km.*
🛈 *Office de tourisme, 29 rue Delcassé ℰ 05 61 65 12 12, Fax 05 61 65 64 63.*
Paris 762 ① – Andorra-la-Vella 102 ② – Carcassonne 89 ① – St-Girons 45 ③.

FOIX

Alsace-Lorraine
(Bd) . . . . **B** 2
Bayle (R.) . . . . **B**
Chapeliers (R. des) . . . . . . **A** 3
Delcassé (R. Th.) . . . . **B** 4
Delpech (R. Lt P.) . . . . **A** 5
Duthil (Pl.) . . . . **B** 6
Fauré (Crs G.) . . . . **AB** 7
Labistour (R. de) . . . . **B** 8
Lazéma (R.) . . . . **A** 9
Lérida (Av. de) . . . . **A** 10
Lespinet (R. de) . . . . **A** 13
Marchands
(R. des) . . . . **B** 12
Préfecture (R. de la) . . . . . **A** 14
Rocher (R. du) . . . . **A** 20
St-Jammes (R.) . . . . **A** 22
St-Volusien (Pl.) . . . . **A** 23
Salenques (R. des) . . . . . . **A** 24

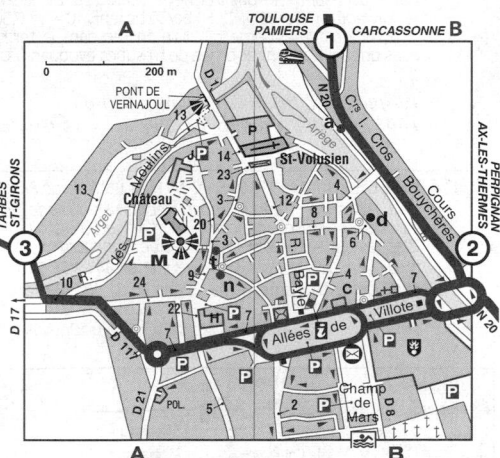

🏨 **Pyrène** sans rest, par ② : *2 km ℰ 05 61 65 48 66, hotel.pyrene@wanadoo.fr,
Fax 05 61 65 46 69,* 🏊, 🌳, ✳ – 📺 P. AE GB
fermé 20 déc. au 1er fév. et dim. d'oct. au 10 mars – ⊟ *7 –* **20 ch** *49/56.*
♦ À la périphérie de la cité, hôtel fonctionnel disposant de bons équipements de loisirs et
de chambres spacieuses et insonorisées. Une adresse utile sur la route de l'Andorre.

🏨 **Lons,** 6 pl. G. Dutilh *ℰ 05 61 65 52 44, hotel-lons-foix@wanadoo.fr, Fax 05 61 02 68 18 –*
📶, 🍽 rest, 📺 – 🔊 25. AE ⓪ GB   B d
fermé 21 déc. au 5 janv. – **Repas** *(fermé vend. soir et sam. midi) 13/30* ⛋ **- Brasserie du
XIXe siècle** *ℰ 05 61 65 12 10 (déj. seul) (fermé mai, nov., et dim.)* **Repas** *12,20/16,80,
enf. 6,30* ⚖ *–* ⊟ *7 –* **38 ch** *50/64 –* ½ P *48.*
♦ Dans la vieille ville dominée par le château des Comtes de Foix, établissement ancien aux
chambres pratiques. La salle à manger-véranda surplombe plaisamment l'Ariège. Hauts
plafonds, corniches et moulures donnent à la brasserie son cachet "19e s.".

XX **Ste-Marthe,** 21 r. N. Peyrévidal *ℰ 05 61 02 87 87, restaurant@le-saintemarthe.fr,
Fax 05 61 05 19 00,* 🏠 – AE ⓪ GB JCB   A n
fermé 16 au 31 janv., mardi et merc. de sept. à mai – **Repas** *27,50/51, enf. 12.*
♦ Des détails qui font la différence : salle actuelle agrémentée de tableaux, menus consul-
tables par serveur vocal ou Internet, cigares en fin de repas et boutique gourmande.

XX **Phoebus,** 3 cours Irénée Cros *ℰ 05 61 65 10 42, Fax 05 61 65 10 42,* ≤ – 🍽. ⓪ GB
                                                                                              B a
fermé 18 juil. au 18 août, sam. midi et lundi – **Repas** *23/43* ⛋.
♦ La salle de restaurant domine l'Ariège et offre un joli panorama sur le château de Gaston
Phoebus. Carte en braille pour les non-voyants. Cuisine traditionnelle.

X **Médiéval,** 42 r. des Chapeliers *ℰ 05 34 09 01 72, restlemedieval@aol.com,
Fax 05 34 09 01 73 –* AE GB   A t
fermé dim. soir et lundi midi – **Repas** *22/48* ⛋.
♦ Ce restaurant du centre-ville abrite deux salles à manger rustiques en "duplex" : poutres
et cheminée agrémentent celle du rez-de-chaussée. Cuisine traditionnelle.

au Col des Marrous *Ouest : 19 km par D 17* – ⊠ *09000 Foix :*

Auberge Les Myrtilles ⌦, ℰ 05 61 65 16 46, *aubergelesmyrtilles@wanadoo.fr*, Fax 05 61 65 16 46, ≤, 佘, ▤, 痡 – ▥ 匝. ☖. ✚ rest
fermé 3 nov. au 3 mars, mardi de sept. à mai, merc. de mars à mai et lundi – **Repas** 15/25, enf. 7 – ⊑ 6 – **7 ch** 60/75 – ½ P 49/56.

◆ Accueil chaleureux et grand calme à 1000 m d'altitude dans ce chalet isolé, bienvenu sur la Route Verte. Chambres simples, sauna et jacuzzi. Nappes à carreaux, cadre rustique, ambiance familiale et recettes du terroir : un vrai restaurant de "montagne" !

La FOLIE-COUVRECHEF *14 Calvados* 303 *J4 – rattaché à Caen.*

FONDAMENTE *12540 Aveyron* 338 *K7 – 303 h alt. 430.*
Paris 679 – Montpellier 98 – Albi 109 – Millau 43 – Rodez 111 – St-Affrique 28.

✗ **Baldy** *avec ch*, ℰ 05 65 99 37 38, Fax 05 65 99 37 38 – ▥. 匝. ✚ ch
hôtel : avril-sept. – **Repas** *(fermé 17 déc. au 28 fév., le soir et sam. midi d'oct. à avril et lundi en juil.-août)* 13 bc (déj.), 22,50 bc/30 bc, enf. 10 – ⊑ 6,50 – **9 ch** 40/44 – ½ P 45.
◆ Sympathique auberge familiale ancrée dans le terroir : la cuisine régionale est servie dans une salle à manger ornée de fresques évoquant les paysages des Causses.

Les pages explicatives de l'introduction
*vous aideront à mieux profiter de votre **Guide Michelin**.*

FONTAINEBLEAU ⟨⟩ *77300 S.-et-M.* 312 *F5 G. Île de France – 15 942 h alt. 75.*
Voir Palais★★★ *: Grands appartements*★★★ *(Galerie François 1er★★★, Salle de Bal★★★)* – *Jardins*★ *– Musée napoléonien d'Art et d'Histoire militaire : collection de sabres et d'épées*★ **M**¹ *– Forêt*★★★ *– Gorges de Franchard*★★ *5 km par* ⑥.
🏌 *U.C.P.A. Bois-le-Roi à Bois-le-Roi* ℰ 01 64 81 33 31, *par* ① *: 10 km.*
🛈 *Office de tourisme, 4 rue Royale* ℰ 01 60 74 99 99, Fax 01 60 74 80 22, *info@fontaine bleau-tourisme.com.*
Paris 64 ⑦ *– Melun 18* ① *– Montargis 51* ④ *– Orléans 89* ⑤ *– Sens 54* ③.

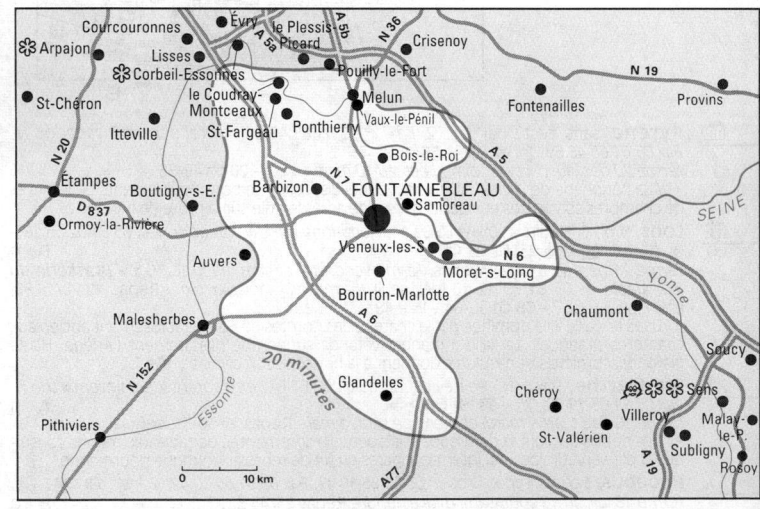

🏨 **Grand Hôtel de l'Aigle Noir** *sans rest,* 27 pl. Napoléon Bonaparte ℰ 01 60 74 60 00, *h otel.aigle.noir@wanadoo.fr*, Fax 01 60 74 60 01, 㦻, ▤ – 陝 ᗝ 🗏 ▥ ☏ & ⟷ – 諡 50. 歴 ⓞ 匝 ᴶᶜᴮ
AZ a
⊑ 18 – **53 ch** 202/236, 3 suites.
◆ Ancien hôtel particulier construit au 15e s. face à l'entrée du château. Ambiance feutrée et chambres personnalisées par de beaux meubles de style. Espace de remise en forme.

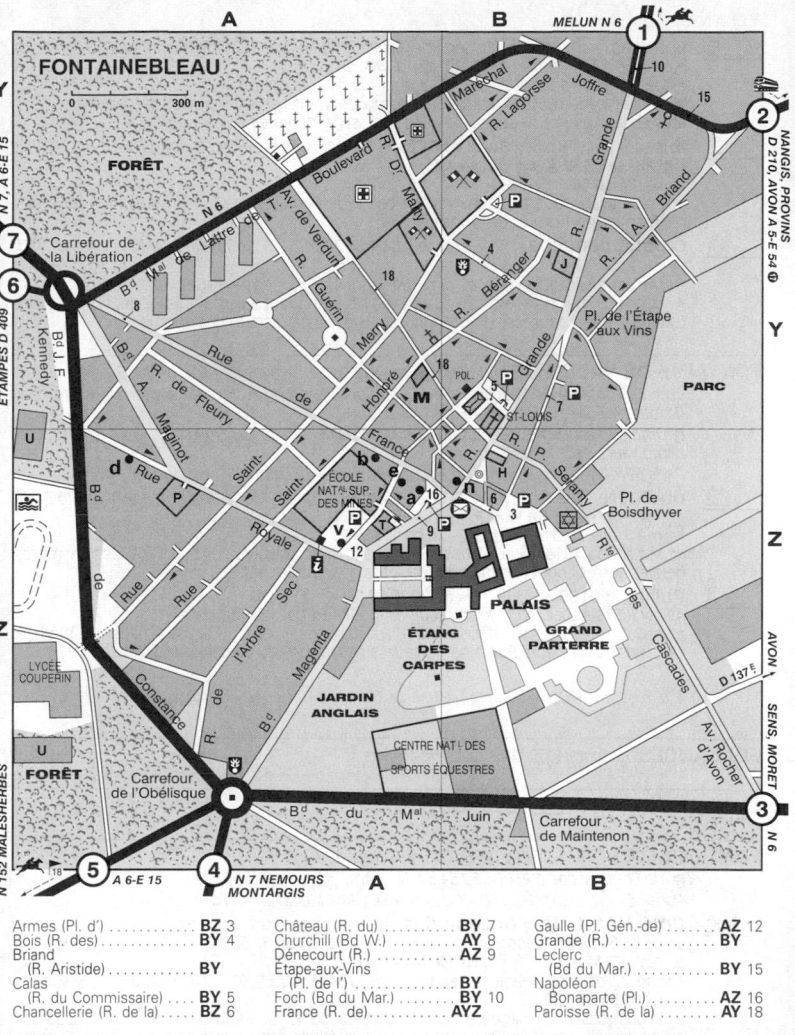

FONTAINEBLEAU

FORÊT

Carrefour de la Libération

PARC

ÉCOLE NAT^{LE} SUP. DES MINES

PALAIS

ÉTANG DES CARPES

GRAND PARTERRE

JARDIN ANGLAIS

LYCÉE COUPERIN

FORÊT

Carrefour de l'Obélisque

CENTRE NAT^L DES SPORTS ÉQUESTRES

Carrefour de Maintenon

Pl. de l'Étape aux Vins

Pl. de Boisdhyver

Armes (Pl. d') . . . . **BZ** 3	Château (R. du) . . . . **BY** 7	Gaulle (Pl. Gén.-de) . . . . . . **AZ** 12
Bois (R. des) . . . . **BY** 4	Churchill (Bd W.) . . . . **AY** 8	Grande (R.) . . . . **BY**
Briand (R. Aristide) . . . . **BY**	Dénecourt (R.) . . . . **AZ** 9	Leclerc (Bd du Mar.) . . . . **BY** 15
Calas (R. du Commissaire) . . . . **BY** 5	Étape-aux-Vins (Pl. de l') . . . . **BY**	Napoléon Bonaparte (Pl.) . . . . . . **AZ** 16
Chancellerie (R. de la) . . . . . **BZ** 6	Foch (Bd du Mar.) . . . . . **BY** 10	Paroisse (R. de la) . . . . . . **AY** 18
	France (R. de) . . . . **AYZ**	

🏨 **Mercure** ⑤, 41 r. Royale 𝄢 01 64 69 34 34, *h1627@accor-hotels.com*, Fax 01 64 69 34 39, 🌭, 🛗, ☞, ✖ – 📶 ⇔ 🖵 ☎ ✆ **P** – 🕍 50. ◫ ⓪ ☲   **AZ d**
Repas *(23)* - 29/33, enf. 10 ♀ – 🗇 12 – **97 ch** 117/140.
♦ Un établissement confortable et de qualité proposant des chambres fonctionnelles. Le soir, détendez-vous devant la cheminée du salon ou profitez de l'ambiance "cosy" du bar. Salle à manger au décor contemporain prolongée d'une terrasse avec vue sur le parc.

🏨 **Napoléon**, 9 r. Grande 𝄢 01 60 39 50 50, *info@naposite.com*, Fax 01 64 22 20 87, 🌭 – 📶 🖵 ✆ – 🕍 15 à 40. ◫ ⓪ ☲   **BZ n**
Table des Maréchaux : **Repas** 32/65, enf. 14 ♀ – 🗇 13 – **57 ch** 112/142 – ½ P 91.
♦ À 100 m du château où Napoléon fit ses adieux à la garde impériale en 1814, ex-relais de poste dont les chambres donnent sur une cour intérieure. L'élégante Table des Maréchaux (clin d'œil à la Malmaison) borde un agréable patio-terrasse.

🏨 **Londres** sans rest, 1 pl. Gén. de Gaulle ℘ 01 64 22 20 21, hdelondres1850@aol.com, Fax 01 60 72 39 16 – 🌂 📺 ✇ 🅿. 🆑 ⊙ ⅁🅱. ⅀   **AZ** v
fermé 13 au 18 août et 23 déc. au 8 janv. – ⊑ 10 – **12 ch** 108/140.
♦ Cette façade du 19ᵉ s. abrite des chambres amples et insonorisées, élégamment décorées : beaux tissus, meubles rustiques et de style, gravures de chasse.

🏨 **Ibis** sans rest, 18 r. Ferrare ℘ 01 64 23 45 25, h1028@accor-hotels.com, Fax 01 64 23 42 22 – 🛗 🌂 🖭 📺 ✇ 🖐 ⇔. 🆑 ⊙ ⅁🅱   **AZ** e
⊑ 6 – **86 ch** 66.
♦ Étape avant tout pratique en plein coeur de Fontainebleau. Chambres bien rénovées, conformes aux normes de la chaîne.

✕✕ **Croquembouche,** 43 r. France ℘ 01 64 22 01 57, Fax 01 60 72 08 73 – ▤. 🆑 ⅁🅱
                                                                        AZ b
fermé août, vacances de Noël, dim. soir, jeudi midi et merc. – **Repas** (15) - 20/32 ⅀.
♦ Dans une rue commerçante du centre-ville, restaurant aux multiples séductions : cuisine traditionnelle amoureuse du produit frais, tons pastel, accueil chaleureux.

FONTAINE-DE-VAUCLUSE 84800 Vaucluse 💶💶💶 D10 G. Provence – 610 h alt. 75.
Voir *La Fontaine de Vaucluse★★ – Collection Casteret★ au Monde souterrain de Norbert Casteret – Église St-Véran★*.
🅱 *Office de tourisme, chemin du Gouffre ℘ 04 90 20 32 22, Fax 04 90 20 21 37, officetourisme.vaucluse@wanadoo.fr.*
Paris 697 – *Avignon 33* – Apt 34 – Carpentras 21 – Cavaillon 15 – Orange 42.

🏨 **du Poète** sans rest, ℘ 04 90 20 34 05, contact@hoteldupoete.com, Fax 04 90 20 34 08, ⅃, 🏊, – 🌂 ▤ 📺 ✇ 🖐 ⇔ 🅿 – 🔬 24. 🆑 ⊙ ⅁🅱
fermé 5 janv. au 8 fév. – ⊑ 16 – **24 ch** 115/240.
♦ Moulin du 19ᵉ s. niché dans un verdoyant jardin traversé par la Sorgue. Les chambres, neuves et très coquettes, marient couleurs provençales et beau mobilier.

✕ **Philip,** ℘ 04 90 20 31 81, Fax 04 90 20 28 63, ≤, 🈂 – ⅁🅱
1ᵉʳ avril-30 sept. et fermé le soir sauf juil.-août – **Repas** 23/32.
♦ Atout majeur de ce restaurant familial datant des années 1920 : sa situation au pied des cascades de la célèbre Fontaine. Terrasse au bord de l'eau. Recettes régionales.

Un automobiliste averti utilise le **Guide Michelin** *de l'année.*

FONTANGES 15 Cantal 💶💶💶 D4 – rattaché à Salers.

Le FONTANIL 38 Isère 💶💶💶 H6 – rattaché à Grenoble.

FONTENAILLES 77370 S.-et-M. 💶💶💶 G4 – 887 h alt. 102.
🌄 de Fontenailles ℘ 01 64 60 51 52, N : 2 km.
Paris 66 – *Fontainebleau 30* – Coulommiers 34 – Melun 22 – Provins 26.

🏨 **Golf Hôtel de Fontenailles** ⑤, Domaine du Bois Boudran Nord : 1 km ℘ 01 64 60 51 00, fontenailles@wanadoo.fr, Fax 01 60 67 52 12, ≤, 🈂, 🏋, ✕✕, 🐾 – 🛗, ▤ rest, 📺 ✇ 🖐 🅿 – 🔬 35. 🆑 ⊙ ⅁🅱 ⊆🄲🄱
fermé 22 déc. au 4 janv. – **Repas** 21 (déj.)/34 ⅀ – ⊑ 9,50 – **48 ch** 100/175, 3 suites – ½ P 107,50/168,50.
♦ Proust descendit naguère dans ce château du 19ᵉ s. aujourd'hui doté d'un beau parcours de golf. Les chambres sont vastes et bien équipées. Une atmosphère discrètement japonisante emplit la salle de restaurant habillée de boiseries claires.

🏨 **Forge,** 59 rte Melun ℘ 01 64 08 44 11, Fax 01 60 67 56 26, 🈂 – 📺 ✇ 🅿. ⅁🅱. ⅀
fermé août, merc. soir, dim. soir et lundi – **Repas** 17/24 ⅀ – ⊑ 5,40 – **16 ch** 30,50/45,80.
♦ L'établissement a été entièrement rénové il y a quelques années. Chambres assez grandes, plus au calme sur l'arrière. Salle de restaurant actuelle et terrasse sous velum pour les beaux jours ; buffet d'entrées et plats traditionnels.

FONTENAI-SUR-ORNE 61 Orne 💶💶💶 I2 – rattaché à Argentan.

FONTENAY-LE-COMTE ⬗ 85200 Vendée 💶💶💶 L9 G. Poitou Vendée Charentes – 13 792 h alt. 21.
Voir *Clocher★ de l'église N.-Dame* **B** – *Intérieur★ du château de Terre-Neuve*.
🅱 *Office de tourisme, place de la Bascule ℘ 02 51 69 44 99, Fax 02 51 50 00 90, ot.paysdefontenay.le.comte@libertysurf.fr.*
Paris 442 ① – *La Rochelle 51* ④ – Cholet 103 ① – La Roche-sur-Yon 64 ⑤.

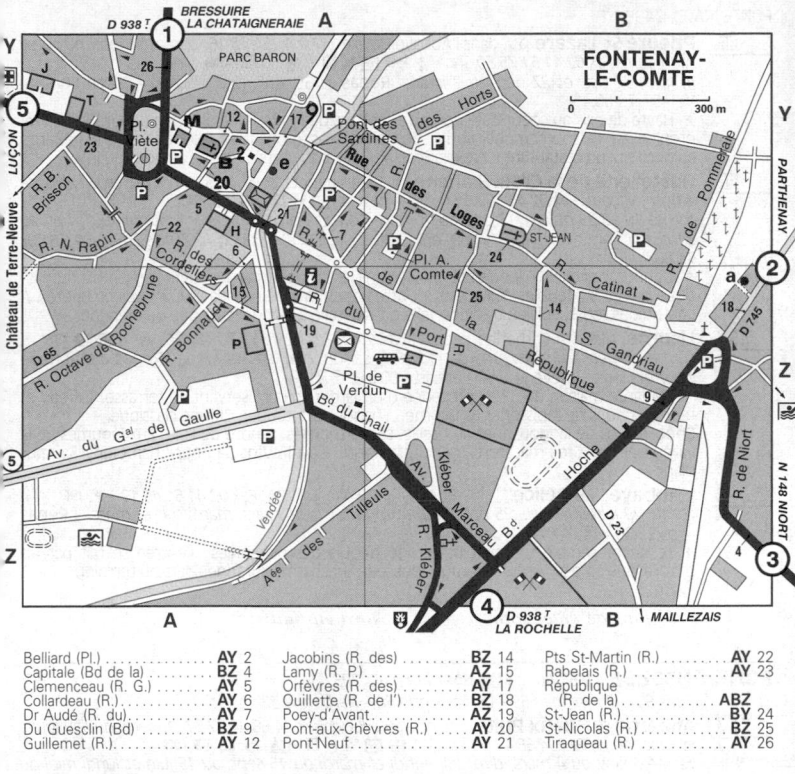

FONTENAY-LE-COMTE

Belliard (Pl.)	**AY** 2	Jacobins (R. des)	**BZ** 14
Capitale (Bd de la)	**BZ** 4	Lamy (R. P.)	**AZ** 15
Clemenceau (R. G.)	**AY** 5	Orfèvres (R. des)	**AY** 17
Collardeau (R.)	**AY** 6	Ouillette (R. de l')	**BZ** 18
Dr Audé (R. du)	**AY** 7	Poey-d'Avant	**AZ** 19
Du Guesclin (Bd)	**BZ** 9	Pont-aux-Chèvres (R.)	**AY** 20
Guillemet (R.)	**AY** 12	Pont-Neuf	**AY** 21
		Pts St-Martin (R.)	**AY** 22
		Rabelais (R.)	**AY** 23
		République (R. de la)	**ABZ**
		St-Jean (R.)	**BY** 24
		St-Nicolas (R.)	**BZ** 25
		Tiraqueau (R.)	**AY** 26

Rabelais 🦢, 19 rue Ouillette 🗐 02 51 69 86 20, *hotel-lerabelais@wanadoo.fr*, *Fax 02 51 69 80 45*, 🏠, 🌲, ▦, 🍴 – ⨯ TV 📞 & ⇔ 🅿 – 🔼 15 à 50. 🖭 ⒼⒷ BZ **a**
Repas (10,50) - 14/26, enf. 7 �𝟤 – ⚏ 8 – **54 ch** 60/98 – ½ P 56.
♦ L'enseigne évoque le séjour de trois ans que fit l'écrivain dans la ville. Le vôtre sera plus court, mais tout aussi agréable, dans des chambres donnant sur un jardin fleuri. La salle à manger campagnarde ouvre sur une terrasse installée au bord de la piscine.

Aux Chouans Gourmets, 6 r. Halles 🗐 02 51 69 55 92, *Fax 02 28 13 02 08* – 🔼 15. ⒼⒷ *fermé 15 au 29 mars, 30 août au 13 sept., 2 au 10 janv., jeudi soir sauf juil.-août, dim. soir et lundi* – **Repas** 14/35, enf. 7 🕮. AY **e**
♦ Dans le vieux Fontenay, ce restaurant attire les gourmets avec sa sympathique cuisine du marché, son attrayante carte des vins et sa véranda aménagée au bord de la rivière.

à Velluire par ④, D 938 ter et D 68 : 11 km – 508 h. alt. 9 – ⊠ 85770 :

Auberge de la Rivière 🦢 avec ch, 🗐 02 51 52 32 15, *Fax 02 51 52 37 42* – TV. ⒼⒷ *fermé 20 déc. au 7 mars, dim. soir et lundi (sauf hôtel) et lundi midi en juil.-août* – **Repas** 35/46 et carte 45 à 62 �𝟤 – ⚏ 11 – **11 ch** 73/91 – ½ P 84/91.
♦ Coquette auberge postée sur une rive de la Vendée. Salle à manger rustique avec poutres et vaisselier où sont rangées de vieilles assiettes. Chambres spacieuses et soignées.

FONTENAY-SOUS-BOIS 94 Val-de-Marne **312** D2 **101** ⑰ – *voir à Paris, Environs.*

FONTEVRAUD-L'ABBAYE 49590 M.-et-L. **317** J5 G. Châteaux de la Loire – 1 189 h alt. 75.
Voir Abbaye★★ – Église St-Michel★.
🚹 *Office de tourisme, allée Ste-Catherine* 🗐 02 41 51 79 45, Fax 02 41 51 79 01, *officetourisme-fontevraud@libertysurf.fr.*
Paris 296 – Angers 78 – Chinon 21 – Loudun 22 – Poitiers 78 – Saumur 15 – Thouars 38.

🏠 **Prieuré St-Lazare** 🏠, dans l'Abbaye Royale ✆ 02 41 51 73 16, *contact@hotelfp-fontev raud.com*, Fax 02 41 51 75 50, 🍽 – |ⓑ ✎ 📺 ✆ 🅿 – 🅰 60. 🆎 ⒼⒷ. ✖
1er avril-31 oct. et 27 déc. au 2 janv. – **Repas** 25/55, enf. 12 ⓨ – ⌼ 10 – **52 ch** 50/95 – ½ P 57/79,50.

♦ Havre de paix au cœur des jardins de l'abbaye de Fontevraud, l'ancien prieuré St-Lazare, propice au ressourcement, abrite des chambres monacales. Le petit cloître héberge aujourd'hui un restaurant (chapelle réservée aux banquets) ; cuisine au goût du jour.

🏠 **Hostellerie de la Croix Blanche**, pl. Plantagenets ✆ 02 41 51 71 11, *la_croix_blanche @hotmail.com*, Fax 02 41 38 15 38, 🍽 – ▤ rest, 📺 ✆ 🅿 – 🅰 50. ⒼⒷ
fermé 18 au 29 nov. et 13 janv. au 10 fév. – **Repas** *(fermé dim. soir et lundi du 1er nov. au 31 mars)* 18,40 (déj.), 19,50/40,80, enf. 9,30 ⓨ – ⌼ 9,10 – **25 ch** 49,50/83,20 – ½ P 56,90/ 71,60.

♦ L'auberge accueille depuis près de 300 ans les hôtes venus découvrir l'ensemble monastique du 12e s. Meubles régionaux, poutres et cheminée dans la plupart des chambres. À l'heure des repas, cuisine traditionnelle dans la salle à manger rustique ou crêperie.

XXX **Licorne**, allée Ste-Catherine ✆ 02 41 51 72 49, Fax 02 41 51 70 40, 🍽 , 🍽 – 🆎 ⓞ ⒼⒷ
❄ *fermé mi-déc. à fin janv., mardi midi hors saison, dim. soir et lundi* – **Repas** (nombre de couverts limité, prévenir) 28/72 et carte 60 à 82 ⓨ 🍴.
♦ Élégante maison du 18e s. précédée d'un jardin de curé servant de terrasse. Tuffeau et reproductions de tapisseries (la Licorne...) habillent l'intérieur. Cuisine classique.
Spéc. Ravioli de langoustines au basilic, sauce morilles. Sandre de Loire aux légumes de la vallée (saison). Gros macaron au chocolat (sept. à avril). **Vins** Saumur-Champigny, Saumur blanc.

X **L'Abbaye ''Le Délice''**, 8 av. Roches ✆ 02 41 51 71 04, Fax 02 41 51 43 10 – 🅿. ⒼⒷ
🍴 *fermé 29 juin au 7 juil., 25 oct. au 3 nov., 14 fév. au 4 mars, mardi soir et merc.* – **Repas** 11,50/25,50, enf. 7,70 ⓨ.
♦ Le décor semble n'avoir plus bougé depuis des décennies : l'entrée se fait par un pittoresque café et la salle à manger possède un charme suranné. Plats du terroir.

Les plans de villes sont orientés le Nord en haut.

FONTJONCOUSE 11360 Aude 🔢 H4 – 119 h alt. 298.
Paris 822 – Perpignan 65 – Carcassonne 56 – Narbonne 32.

XXX **Auberge du Vieux Puits** (Goujon) 🏠 avec ch, ✆ 04 68 44 07 37, *aubergeduvieuxpuits @wanadoo.fr*, Fax 04 68 44 08 31, 🌲 – ▤ 📺 ✆ & 🅿 – 🅰 15 – **8 ch**
❄❄ *fermé 3 janv. au 4 mars, dim. soir, lundi et mardi du 15 sept. au 15 juin et lundi midi du 15 juin au 15 sept.* – **Repas** 43 (déj.), 68/90 et carte 90 à 110, enf. 15 🍴 – ⌼ 15 – **8 ch** 150/210 – ½ P 147/197.

♦ Bâtisse récente dans un village des Corbières. Décor aux couleurs du Sud, très belle carte de vins régionaux et cuisine actuelle aux accents du terroir. Chambres élégantes.
Spéc. Ravioli de petits gris et moules de Gruissan en crème d'aïgo boulido. Baréjade de légumes cuits-crus au féché sec et à l'huile de Bize (été). Suprême de pigeon rôti, aumonière aux figues façon pastilla. **Vins** Corbières, Minervois.

FONT-ROMEU 66120 Pyr.-Or. 🔢 D7 *G. Languedoc Roussillon* – *2 003 h alt. 1800 – Sports d'hiver : 1 900/2 250 m 🎿 1 ⟨28 🎿 – Casino.*
*Voir Camaril***, retable* et chapelle* de l'Ermitage – ✴✴ Calvaire.*
🏌 *de Font-Romeu ✆ 04 68 30 10 78, N : 1 km.*
🅱 *Office de tourisme, avenue Emmanuel Brousse ✆ 04 68 30 68 30, Fax 04 68 30 29 70, free@wanadoo.fr.*
Paris 858 ② – Andorra la Vella 73 ② – Ax-les-Thermes 56 ② – Bourg-Madame 18 ②.

Plan page ci-contre

🏠 **Grand Tétras** sans rest, av. E. Brousse ✆ 04 68 30 01 20, *hotelgrandtetras@wanadoo.fr*, Fax 04 68 30 35 67 – |ⓑ 📺 ✆ ⟨⟩ – 🅰 40. 🆎 ⓞ ⒼⒷ   AX r
⌼ 7 – **36 ch** 46/73.
♦ Décor montagnard récent, balcon et vue panoramique dans les chambres orientées au Sud ; celles au Nord sont plus sobres et garnies de meubles de style catalan.

🏠 **Carlit**, ✆ 04 68 30 80 30, *carlit.hotel@wanadoo.fr*, Fax 04 68 30 80 68, 🍽, 🌲, 🍽 – |ⓑ cuisinette 📺 ✆ – 🅰 40. 🆎 ⓞ ⒼⒷ   AX a
8 mai-30 sept. et 10 déc.-15 avril – **Cerdagne** (15 juin-15 sept. et 15 déc.-31 mars) (dîner seul.) **Repas** (19)-19/29 ⓨ – **El Foc** (15 mai-30 sept. et 15 déc.-10 avril) **Repas** carte environ 23 ⓨ – ⌼ 7 – **46 ch** 70/80, 12 duplex – ½ P 68/73.
♦ Cet imposant immeuble propose des chambres fonctionnelles, des duplex pour les familles et, à 50 m, un agréable jardin (piscine) en terrasses. Cuisine traditionnelle et cadre rustique au Cerdagne. Tapas et spécialités fromagères au bistrot El Foc.

FONT-ROMEU

Allard (R. Henri) . . . . **BX** 2
Brousse (Av. Emmanuel) . . **BX** 3
Calvet (R.) . . . . **BX** 5

Capelle
  (R. du docteur) . . . . **AX** 6
Cytises (R. des) . . . . **AX** 8
Ecureuils (R. des) . . . . **AX** 9
Espagne (Av.d') . . . . **AX**
Genêts d'Or (R. des) . . . . . . **BY** 12

Liberté (R. de la) . . . . **AY** 13
Maillol (R.) . . . . **BX** 15
République
  (R. de la) . . . . **AY** 16
Saules (R. des) . . . . **AY** 18
Trombe (R. Professeur) . . . . **AY** 19

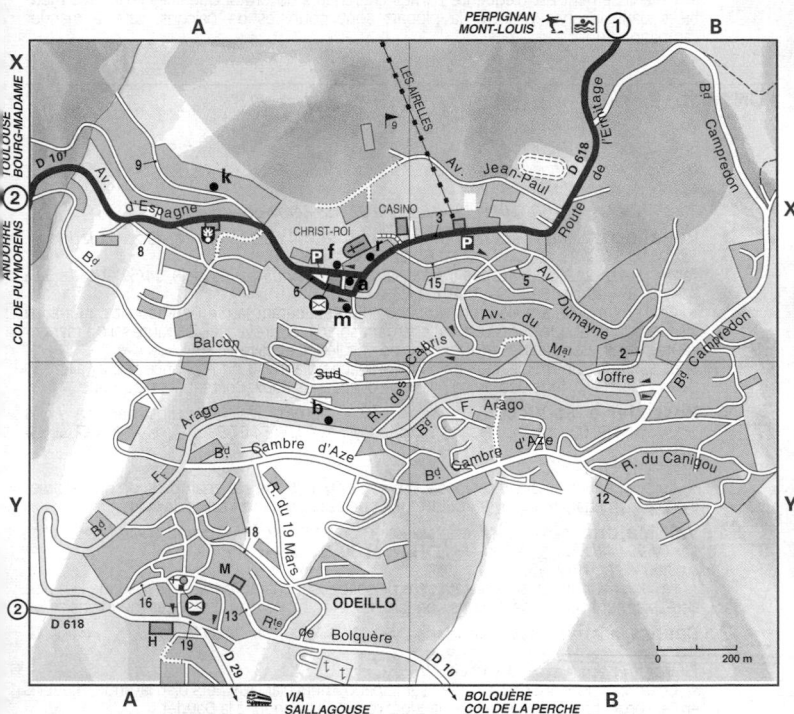

🏨 **Sun Valley**, av. Espagne 𝒫 04 68 30 21 21,   *pierre.mitjaville@wanadoo.fr*,
Fax 04 68 30 30 38, 𝄃ℴ – ▯ 📺 ⇔, ⠿. ᴳᴮ. ⅋ rest   **AX** f
fermé 20 oct. au 30 nov. – **Repas** (résidents seul.) 16,50 ⅄ – ⌸ 9 – **41 ch** 65/94 – ½ P 75.
♦ Hôtel central où toutes les chambres - vastes et avec balcon orienté au Sud - profitent
du soleil. Bel espace de remise en forme au dernier étage. Petit-déjeuner copieux.

🏠 **Y Sem Bé** ⤸, 5 r. Ecureuils 𝒫 04 68 30 00 54,   *ysembe@hotel-ysembe.com*,
Fax 04 68 30 25 42, ≼ Cerdagne, 🍽 – 📺. ᴳᴮ   **AX** k
12 juin-19 sept., 23 oct.-2 nov. et 12 déc.-20 avril – **Repas** (½ pens. seul.) – ⌸ 7 – **23 ch**
62/70 – ½ P 43/62.
♦ Y sem bé : "on y est bien", en catalan. Il est vrai que l'on se sent à son aise dans ce chalet
familial situé en lisière de forêt. Chambres plaisantes, souvent avec balcon. Cuisine simple
de style "pension de famille" servie dans une salle à manger lumineuse.

🏠 **Pyrénées**, pl. Pyrénées 𝒫 04 68 30 01 49, Fax 04 68 30 35 98, ≼ Cerdagne, 🍽, ▤ – ▯
⅋⇔ 📺. ᴬᴱ ⓞ ᴳᴮ. ⅋ rest   **AX** m
fermé 20 avril au 1ᵉʳ juin et 19 oct. au 1ᵉʳ déc. – **Repas** (dîner seul.) 20 – ⌸ 6,50 – **32 ch**
42/88 – ½ P 42/55.
♦ Belle situation pour cet hôtel des années 1930 en granit et bois : la plupart des chambres,
simples et dotées de balcons, offrent une superbe vue sur les montagnes. Repas servis
dans une salle à manger-véranda ou en terrasse, avec les Pyrénées en toile de fond.

🏠 **Clair Soleil**, rte Odeillo : 1 km 𝒫 04 68 30 13 65,   *clairsoleil2@wanadoo.fr*,
Fax 04 68 30 08 27, ≼, 🌊, 🍴 – ▯ 📺 🅿. ᴳᴮ. ⅋   **AY** b
fermé 5 avril au 5 mai et 30 oct. au 20 déc. – **Repas** *(fermé le midi du lundi au jeudi hors
saison)* 19/30, enf. 8 ⅄ – ⌸ 6,50 – **29 ch** 47/54 – ½ P 48/56.
♦ Cette sympathique pension de famille bénéficie d'une très bonne exposition face au
four solaire d'Odeillo. Les chambres sont cependant modestes. Salle à manger et véranda
jouissent d'une vue sur les Pyrénées ; cuisine régionale et accueil aux petits soins.

à Via *Sud : 5 km par D 29* **AY** – ⊠ *66120 Font-Romeu :*

🏠 **L'Oustalet,** ℘ 04 68 30 11 32, *Fax 04 68 30 31 89,* ≼, 🦶, 🐟 – 📱 TV 📞 P, GB, ❀ rest
10 mai-15 sept – **Repas** (dîner seul.) (résidents seul.) – 🍽 6,50 – **24 ch** 38/45 – ½ P 47.
◆ L'établissement est fréquenté par les chercheurs du CNRS. Quelques chambres meublées dans le style catalan ; la plupart sont pourvues de balcons. Salle à manger campagnarde.

FONTVIEILLE *13990 B.-du-R.* 👫👫👫 *D3* G. *Provence* – *3 456 h alt. 20.*

Voir *Moulin de Daudet* ≼ ★.

Env. *Chapelle St-Gabriel* ★ *N : 5 km.*

🅱 Office de tourisme, 5 rue Marcel Honorat ℘ 04 90 54 67 49, Fax 04 90 54 69 82, ot.fontvieille@visitprovence.com.

Paris 712 – *Avignon 30* – *Arles 12* – *Marseille 92* – *St-Rémy-de-Provence 18.*

🏠🏠 **Regalido** (Michel) 🐌, r. F. Mistral ℘ 04 90 54 60 22, *la-regalido@wanadoo.fr,*
Fax 04 90 54 64 29, 🌳, 🐟 – 🍽 TV P, AE ① GB JCB
fermé 3 janv. au 20 fév – **Repas** (fermé sam. midi et lundi) (32) - 39 (déj.), 54/59 et carte 59 à
73 – 🍽 16 – **15 ch** 188/280 – ½ P 121/209.
◆ Ce vieux moulin à huile blotti au cœur d'un exubérant jardin fleuri aurait pu lui aussi inspirer à Daudet quelques "Lettres" chantant son décor provençal. Élégante salle à manger voûtée et terrasse dans la verdure ; cuisine ensoleillée et cave étoffée.
Spéc. Gratinée de moules aux épinards. Panaché d'agneau de Provence rôti à l'ail et au thym. "Aïgo Sau". **Vins** Coteaux d'Aix-en-Provence-les-Baux, Châteauneuf-du-Pape.

🏠🏠 **Hostellerie St-Victor** 🐌 sans rest, chemin des Fourques par rte Arles
℘ 04 90 54 66 00, *aps@hotel-saint-victor.com, Fax 04 90 54 67 88,* 🦶, 🌳, 🐟 – TV 🐟 ♿ P, AE ①
GB JCB
🍽 11 – **13 ch** 88/170.
◆ Cette spacieuse maison régionale tire son originalité de ses chambres, de divers styles (l'une est aménagée dans une roulotte !), et de ses étonnantes salles de bains.

🏠🏠 **Val Majour** sans rest, rte Arles ℘ 04 90 54 62 33, *contact@valmajour.com,*
Fax 04 90 54 61 67, 🦶, 🎾, 🐟 – 🍽 TV P, – 🏊 30. AE ① GB JCB
🍽 9,50 – **32 ch** 70/115.
◆ Le "dormeur du val" se reposera dans de spacieuses chambres de style rustique ; les plus agréables sont dotées de balcons donnant sur le grand parc aux essences méridionales.

🏠 **Daudet** sans rest, 7 av. Montmajour ℘ 04 90 54 76 06, *Fax 04 90 54 76 95,* 🦶, 🌳 – ♿ P,
GB
27 mars-fin oct. – 🍽 7,50 – **14 ch** 57/65.
◆ Chambres donnant de plain-pied sur le patio, murs blancs, volets bleu lavande, meubles en fer forgé, terrain de pétanque, lauriers roses : le bonheur à la Daudet !

🍴 **Hostellerie de la Tour,** rte Arles ℘ 04 90 54 72 21, *Fax 04 90 54 86 26,* 🌳, 🦶 – TV P,
GB
15 mars-31 oct. – **Repas** 11/18, enf. 8 – 🍽 9 – **10 ch** 40/65 – ½ P 44,50/52.
◆ Un accueil chaleureux et attentif vous attend dans cette auberge plébiscitée par les habitués pour sa bonne tenue. Les chambres sont plutôt soignées. Petite salle à manger-véranda aux couleurs provençales, cuisine familiale et sélection de vins régionaux.

🍴 **Table du Meunier,** 42 cours Hyacinthe Bellon ℘ 04 90 54 61 05, *Fax 04 90 54 77 24,* 🌳
– 🍽 P, GB
fermé vacances de Toussaint, de fév., 20 au 28 déc., 15 janv. au 15 mars, mardi sauf juil.-août et merc. – **Repas** (prévenir) 23/30 ♀.
◆ Ici, le "meunier" ne dort pas : sa goûteuse cuisine du terroir attire, dans un cadre rustique, nombre de visiteurs. La terrasse recèle un trésor : un poulailler de 1765.

🍴 **Cuisine au Planet,** 144 Grand'rue ℘ 04 90 54 63 97, *cuisineplanet@wanadoo.fr,*
Fax 04 90 54 63 97, 🌳 – 🍽, AE GB
1er mars-31 oct., 20 déc.-15 janv. et fermé lundi sauf le soir en été et mardi midi – **Repas**
25/32, enf. 11 ♀.
◆ Tomettes, poutres et pierres, nappes "Souleiado", cuisine provençale mise au goût du jour : un lieu accueillant, dans une des plus vieilles maisons du village (16e s.).

rte des Baux *Est : 3 km par D 17* – ⊠ *13990 Fontvieille :*

🏠 **Ripaille,** ℘ 04 90 54 73 15, *hotel@laripaille.com, Fax 04 90 54 60 69,* 🌳, 🦶 – TV P,
GB
1er avril-31 oct. – **Repas** (fermé lundi midi sauf juil.-août) 15/30, enf. 8 ♀ – 🍽 9 – **20 ch**
60/80 – ½ P 65/70.
◆ Mas moderne isolé dans les fameuses "montagnes" de Tartarin. Les chambres de l'arrière donnent sur la campagne, les autres ont un balcon ou une terrasse face à la piscine. Agréable salle de restaurant méridionale et tables dressées sous les mûriers en été.

rte de Tarascon *Nord-Ouest : 5 km par D 33* – ✉ *13150 Tarascon :*

🏨 **Mazets des Roches** ⬀, ☎ 04 90 91 34 89, *mazets-roches@wanadoo.fr*, Fax 04 90 43 53 29, 🌳, ⬚, ✕, ⬛ – 🖭 🅿 – 🔾 40. ⚙ ⓞ ☒. ✕
1er avril-31 oct. – **Repas** *(fermé jeudi midi et sam. midi sauf juil.-août)* 16/32 ♀ – 🖵 10 – **36 ch** 75/130 – ½ P 59/95.

◆ Dans un parc boisé de 13 ha, établissement récent aux chambres fonctionnelles et confortables. Grande piscine (25 m) et tennis, pour séduire les sportifs. Meubles en bambou, plantes vertes et motifs fleuris : un cadre végétal dans une salle à manger-véranda.

FORBACH ⬓ *57600 Moselle* 𝟑𝟎𝟕 M3 *G. Alsace Lorraine – 22 807 h Agglo. 104 074 h alt. 222.*
🛈 *Office de tourisme, 174 rue Nationale* ☎ 03 87 85 02 43, Fax 03 87 85 17 15, tourisme @forbach.com.
Paris 385 ② – Metz 59 ② – St-Avold 23 ② – Sarreguemines 21 ② – Saarbrücken 13 ①.

FORBACH

Alliés (R. des)	**B** 2	
Arras (R. d')	**A** 3	
Briand (Pl A.)	**A** 6	
Chapelle (R. de la)	**A** 7	
Couturier (R.)	**B** 9	

Eglise (R. de l') **B** 10
Gare (R. de la) **B** 12
Jardins (R. des) **A** 13
Moulins (R. des) **A** 15
Nationale (R.) **AB**
Ney (R. P.) **A** 17
Parc (R. du) **B** 18
Remsing (R. de) **A** 20

République (Pl. de la) **B** 21
Schlossberg (R. du) **A** 23
Schuman (Pl. R.) **B** 24
St-Remy (Av.) **AB**
Tuilerie (R. de la) **A** 26
22-Novembre (R. du) **B** 27

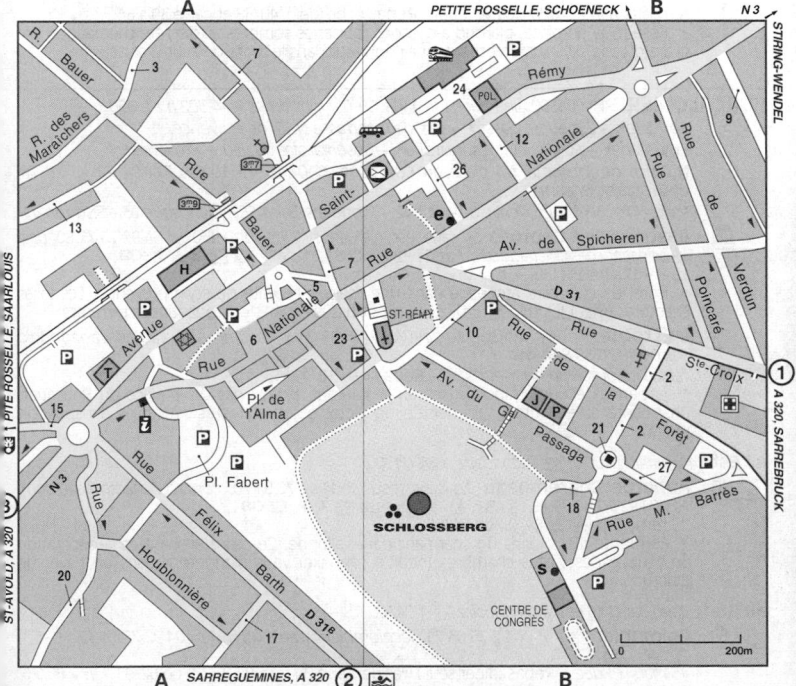

🏨 **Mercure,** *par ②, près piscine et échangeur Forbach-Sud Centre de Loisirs* ☎ 03 87 87 06 06, *h1976@accor-hotels.com*, Fax 03 87 84 04 23, 🌳, ✕ – 🛗 ⇄, ▤ ch, 🖭 ⬙ ⬛ 🅿 – 🔾 100. ⚙ ⓞ ☒ ⓙⓒⓑ
Repas 16/38 bc ♀ – 🖵 9,50 – **67 ch** 65/95.

◆ Hôtel excentré mais situé à proximité d'un complexe sportif. Les nouvelles chambres sont amples et joliment aménagées ; les autres, plus petites, restent fonctionnelles. Salle à manger moderne prolongée d'une véranda.

Poste sans rest, 57 r. Nationale ✆ 03 87 85 08 80, *Fax 03 87 85 91 91* – TV P. AE O GB B e
☕ 6 – **29 ch** 28/50.
◆ Central et pratique, cet hôtel de la "capitale" du bassin houiller lorrain abrite des chambres printanières, meublées simplement. Celles de l'arrière sont plus au calme.

Schlossberg, 13 r. Parc ✆ 03 87 87 88 26, *Fax 03 87 87 83 86,* – ▤. GB B s
fermé 15 au 31 août, 2 au 15 janv., mardi soir et merc. – **Repas** 18/43 ♀.
◆ Bâti en pierre du pays, ce restaurant côtoie le Schlossberg recouvert de forêt et couronné par les ruines du château. Boiseries et plafond marqueté réchauffent la salle.

à Stiring-Wendel *Nord-Est : 3 km par N 3 – 13 129 h. alt. 240 – ✉ 57350 :*
Office de tourisme, place de Wendel ✆ 03 87 87 07 65, Fax 03 87 87 69 98, O.T.@rtvc-stiring.fr.

Bonne Auberge (Mlle Egloff), 15 r. Nationale ✆ 03 87 87 52 78, *Fax 03 87 87 18 19,* – ▤ P. GB
fermé 13 au 19 avril, 16 août au 1er sept., 27 déc. au 3 janv., sam. midi, dim. soir et lundi sauf fériés – **Repas** 37 (déj.), 45/85 et carte 62 à 80 ♀.
◆ Élégante salle contemporaine aménagée autour du jardin d'hiver éclairé par un puits de lumière, cuisine au goût du jour et belle carte des vins : une enseigne-vérité !
Spéc. Bouchées d'aubergines en ravioles, chèvre mousseux (mai à oct.). Foie d'oie poêlé aux coings (oct. à mars). Brûlé-glacé à la violette. **Vins** Riesling, Côtes de Toul.

à Rosbrück *par ③ : 6 km – 912 h. alt. 200 – ✉ 57800 :*

Auberge Albert Marie, 1 r. Nationale ✆ 03 87 04 70 76, *Fax 03 87 90 52 55* – ▤ P. GB JCB
fermé sam. midi, dim. soir et lundi – **Repas** 24 bc (déj.), 40/58 et carte 39 à 64 ♀.
◆ Belle mise en place, plafond à caissons, boiseries sombres et discrète thématique à la gloire du coq : la tradition est autant à l'honneur dans le cadre que sur la carte.

FORCALQUIER

SP *04300 Alpes-de-H.-P.* 334 C9 *G. Alpes du Sud – 4 302 h alt. 550.*
Voir *Site★ – Cimetière classé★ – ※★ de la terrasse N.-D. de Provence.*
Env. *Mane★ – St-Michel-l'Observatoire★ – Observatoire de Haute-Provence★.*
Office de tourisme, 13 place du Bourguet ✆ 04 92 75 10 02, Fax 04 92 75 26 76, oti@forcalquier.com.
Paris 747 – Aix-en-Provence 80 – Apt 42 – Digne-les-Bains 50 – Manosque 23 – Sisteron 43.

Bastide Saint Georges sans rest, rte Banon (2 km sur D 950) ✆ 04 92 75 72 80, *bastidesaintgeorges@wanadoo.fr, Fax 04 92 75 72 81,* – ▤ TV P. GB
☕ 8 – **17 ch** 120/130.
◆ Hôtel de caractère aménagé dans une maison récente de style provençal. Les jolies chambres (meubles chinés, vieilles pierres et tissus en lin) s'ouvrent sur des terrasses.

L'Estable, r. L. Andrieux ✆ 04 92 75 39 82, *restaurantlestable@wanadoo.fr, Fax 04 92 75 39 82* – GB
fermé lundi soir en hiver et mardi – **Repas** *(13)* - 16/40 ♀.
◆ Anciennes écuries transformées en restaurant à deux pas de la place du Bourguet. Charmante salle voûtée agrémentée de vieux objets agrestes ; recettes d'inspiration régionale.

à l'Est *: 4 km par N 100 et rte secondaire – ✉ 04300 :*

Auberge Charembeau sans rest, ✆ 04 92 70 91 70, *contact@charembeau.com, Fax 04 92 70 91 83,* ←, – cuisinette TV P. AE GB
15 fév.-15 nov. – ☕ 8 – **24 ch** 56/86.
◆ Ferme du 18e s. dans un charmant parc vallonné. Ce cadre avenant et la décoration provençale des vastes chambres (neuf à l'annexe) vous plongeront dans un havre de quiétude.

au Sud *: 4 km par D 16 et rte secondaire – ✉ 04300 :*

Colombier ✆ 04 92 75 03 71, *lecolombier@wanadoo.fr, Fax 04 92 75 14 30,* ←, – TV P. GB
15 mars-31 déc. – **Repas** (dîner seul.) (résidents seul.) – ☕ 8,50 – **15 ch** 62/93 – 1/2 P 68/76.
◆ Ce mas du 18e s. joliment restauré servait jadis de relais à la garde royale de Louis XV. Les chambres, décorées avec goût, ouvrent sur un grand et beau jardin méridional.

à Mane *au Sud : 4 km par N 100 – 1 169 h. alt. 500 – ✉ 04300 :*

Mas du Pont Roman sans rest, chemin Châteauneuf (rte Apt) ✆ 04 92 75 49 46, *pont-roman@laposte.net, Fax 04 92 75 36 73,* – TV P. GB
☕ 7 – **9 ch** 50/70.
◆ Accueil chaleureux en ce mas traditionnel situé en retrait de la N 100, à proximité d'un vieux pont roman. Coquet salon et chambres calmes, garnies de meubles provençaux.

La FORÊT-FOUESNANT 29940 Finistère **308** H7 G. Bretagne – 2 809 h alt. 19.

🛈 Office de tourisme, 2 rue du Vieux Port ✆ 02 98 51 42 07, Fax 02 98 51 44 52, accueil@foret-fouesnant-tourisme.com.

Paris 552 – Quimper 16 – Concarneau 8 – Pont-l'Abbé 22 – Quimperlé 36.

Beauséjour, pl. Baie ✆ 02 98 56 97 18, contact@h.beauséjour.com, Fax 02 98 51 40 77 – 📺 🔥 🅿 ⓪ 🈯

25 mars-10 oct. – **Repas** (fermé lundi midi et mardi midi) 12,50/38, enf. 8,80 ♀ – ⌑ 6,20 – **18 ch** 50/59 – ½ P 52/56.

◆ Au fond d'une anse de la baie de La Forêt, hôtel familial simple mais bien tenu. Les chambres sont un peu nues, mais claires et spacieuses pour la plupart. Salle à manger rustique (avec cheminée) et terrasse couverte située à quelques mètres de la rive.

Auberge St-Laurent, rte Concarneau par la côte : 2 km ✆ 02 98 56 98 07, Fax 02 98 56 98 07, 🚗 – 🅿 🈯

fermé vacances de Toussaint, de fév., mardi soir hors saison et merc. – **Repas** 15 (déj.), 19/36, enf. 9 ♀.

◆ Sympathique auberge sur la route côtière de Concarneau. L'une des deux salles à manger campagnardes, à poutres apparentes et cheminée, donne sur le jardin.

FORÊT-SUR-SÈVRE 79380 Deux-Sèvres **322** C4 – 2 229 h alt. 153.

Paris 396 – Bressuire 16 – Nantes 101 – Niort 62 – La Roche-sur-Yon 74.

Auberge du Cheval Blanc avec ch, 36 r. de Lattre de Tassigny ✆ 05 49 80 86 35, auber ge.du.cheval.blanc@wanadoo.fr, Fax 05 49 80 66 75 – 📺 📞 🈯 🈯

fermé 6 au 13 sept., 1er au 7 fév., dim. soir et lundi midi – **Repas** 12/33 ♀ – ⌑ 5 – **4 ch** 40/43 – ½ P 35.

◆ La vénérable cheminée en pierre (15e s.) de la salle non-fumeurs révèle l'ancienneté de ce relais de poste sorti comme neuf d'une cure de jouvence. Chambres coquettes.

Utilisez le guide de l'année.

La FORGE-DE-L'ILE 36 Indre **323** G6 – rattaché à Châteauroux.

FORGES-LES-EAUX 76440 S.-Mar. **304** J4 G. Normandie Vallée de la Seine – 3 465 h alt. 161 – Casino.

🛈 Office de tourisme, rue Albert Bochet ✆ 02 35 90 52 10, Fax 02 35 90 34 80, office-forgesleseaux@wanadoo.fr.

Paris 117 – Rouen 44 – Abbeville 73 – Amiens 72 – Beauvais 52 – Le Havre 123.

Folie du Bois des Fontaines sans rest, rte Dieppe ✆ 02 32 89 50 68, hotel-folie@g-pa rtouche.fr, Fax 02 32 89 50 67, 🏊 – 🛗 📺 📞 🅿 🈯 ⓪ 🈯 🈯. 🌸

⌑ 12,50 – **10 ch** 104/304.

◆ Cette demeure anglo-normande centenaire entourée d'un parc arboré héberge un salon "cosy", doté d'une belle cave à cigares, et d'agréables chambres personnalisées.

Continental sans rest, av. des Sources (rte Dieppe) ✆ 02 32 89 50 50, casinoforges@wan adoo.fr, Fax 02 35 90 26 14 – 🛗 📺 📞 🔥 🅿 🈯 🈯. 🌸

⌑ 8 – **44 ch** 53/76.

◆ Petit immeuble de style régional abritant des chambres assez spacieuses, très sobre-ment décorées et garnies d'un mobilier de série. Confortable salon.

Paix, 15 r. Neufchâtel ✆ 02 35 90 51 22, contact@hotellapaix.fr, Fax 02 35 09 83 62, 🚗 – 🛗 📺 📞 🔥 🅿 – 🛗 15. 🈯 ⓪ 🈯

fermé 20 déc. au 5 janv., dim. soir hors saison et lundi midi – **Repas** 15,50/33, enf. 10 ♀ – ⌑ 6,10 – **18 ch** 51/62 – ½ P 46,20/47,70.

◆ Au centre de cette petite station thermale du pays de Bray. Chambres récentes meu-blées en style rustique ; jardin fleuri et arboré. Faïences, cuivres anciens, cheminée et poutres apparentes participent au caractère champêtre de la spacieuse salle à manger.

Colvert sans rest, 8 r. Rebours Mutel ✆ 02 35 09 70 40, hotel.le.colvert@wanadoo.fr, Fax 02 35 09 70 49 – 📺 📞 🔥. 🈯

⌑ 5,50 – **9 ch** 55/62.

◆ Une façade en bois et zinc dissimule ce petit hôtel familial tout neuf. Pas de luxe ostentatoire dans les chambres, mais un confort simple et des équipements fonctionnels.

Auberge du Beau Lieu avec ch, rte Gournay : 2 km (D 915) ✆ 02 35 90 50 36, aubeaulie u@aol.com, Fax 02 35 90 35 98, 🌸 – 📺 🔥. 🈯 🈯

fermé 1er au 10 sept., 18 janv. au 5 fév., lundi soir, merc. midi et mardi – **Repas** 16,50/50 – ⌑ 11 – **3 ch** 55.

◆ Auberge campagnarde du pays brayon. L'hiver, on se réfugie avec plaisir auprès de l'âtre de la douillette salle de restaurant. Terrasse d'été. Chambres au rez-de-chaussée.

FORT-MAHON-PLAGE *80790 Somme* **301** *C5 G. Picardie Flandres Artois – 1 140 h alt. 2 – Casino.*

Env. *Parc ornithologique du Marquenterre*★★ *S : 15 km.*

🏌 *de Belle-Dune &ℓ 03 22 23 45 50, (près de l'Aquaclub).*

🛈 *Office de tourisme, 1000 avenue de la Plage &ℓ 03 22 23 36 00, Fax 03 22 23 93 40, Fort-mahon@wanadoo.fr.*

Paris 225 – Calais 94 – Abbeville 41 – Amiens 90 – Berck-sur-Mer 19 – Étaples 30.

🏨 **Terrasse,** *&ℓ 03 22 23 37 77, info@hotellaterrasse.com, Fax 03 22 23 36 74,* ≤, 🍽 – 📶, 🖭 rest, 📺 📠 **P** – 🛗 25 à 80. 🎴 ⓪ ☞ 🝙. ⌚
Repas *12,90/50 bc, enf. 6,90 – ☲ 9 – **56 ch** 49,50/83,50 – ½ P 43,30/58,40.*
♦ Établissement familial en front de mer. La plupart des chambres sont rénovées et tournées vers le large, mais on peut préférer celles donnant sur la cour, plus au calme. Restaurant au décor marin, grand ouvert sur les flots, terrasse et espace brasserie.

✕✕✕ **Auberge Le Fiacre** ⸰⸰ *avec ch, à Routhiauville Sud-Est : 2 km par rte de Rue* ✉ *80120 Quend &ℓ 03 22 23 47 30, lefiacre@wanadoo.fr, Fax 03 22 27 19 80,* 🍃 – 📺 📠 **P**. ☞
🝙 *ch*
*fermé 3 janv. au 3 fév., 13 au 26 déc., mardi midi et merc. midi – **Repas** 19/38 et carte 28 à 52 ♈ – ☲ 8,50 – **11 ch** 78, 3 suites – ½ P 70/73.*
♦ Lieu idéal pour se mettre au vert, cette ancienne ferme du Marquenterre aménagée en restaurant offre un coquet cadre campagnard. Jardin agrémenté d'un colombier.

PLAGE DE LA FOSSETTE *83 Var* **340** *N7 – rattaché au Lavandou.*

FOS-SUR-MER *13270 B.-du-R.* **340** *E5 G. Provence – 13 922 h alt. 11.*

Voir *Village* ★.

🛈 *Office de tourisme, place de l'Hôtel de Ville &ℓ 04 42 47 71 96, Fax 04 42 05 59 42, infosfossurmer@free.fr.*

Paris 750 – Marseille 51 – Aix-en-Provence 55 – Arles 42 – Martigues 12.

🏨 **Provence-Camargue** ⸰⸰, *rte d'Istres : 3 km &ℓ 04 42 05 00 57, contact@provence-ca margue.net, Fax 04 42 05 51 00,* 🍃, ⏋, ⌚ – 🖭 📺 📠 **P** – 🛗 140. 🎴 ⓪ ☞. ⌚ rest
Repas *(fermé week-end) 28 ⅃ – ☲ 10 – **72 ch** 89/127 – ½ P 64.*
♦ Près de l'étang de l'Estomac, cet hôtel propose des chambres actuelles (un tiers avec balcon), spacieuses et insonorisées. Bons équipements de loisirs et de séminaires. Salle de restaurant récemment rénovée où l'on propose une cuisine classique.

FOUCHÈRES *10260 Aube* **313** *F5 – 450 h alt. 138.*

Paris 189 – Troyes 25 – Bar-sur-Aube 42 – Bar-sur-Seine 11.

✕✕ **Auberge de la Seine,** *1 fg de Bourgogne &ℓ 03 25 40 71 11, contact@aubergedelaseine .com, Fax 03 25 40 71 11,* 🍃 – 🎴 ☞
*fermé du 16 au 23 nov., 19 janv. au 12 fév., dim. soir et merc. – **Repas** 18/45 ♈.*
♦ Relais de poste (18ᵉ s.) situé entre la Seine et la route nationale. Cuisine traditionnelle servie sous les poutres de la salle à manger meublée dans le style Louis XIII.

FOUDAY *67 B.-Rhin* **315** *H6 G. Alsace Lorraine – 303 h – ✉ 67130 Le Ban-de-la-Roche.*

Paris 412 – Strasbourg 61 – St-Dié 34 – Saverne 55 – Sélestat 37.

🏨 **Julien,** *N 420 &ℓ 03 88 97 30 09, hoteljulien@wanadoo.fr, Fax 03 88 97 36 73,* 🍃, Ⅰ₆, 🏊, ⌖ – 📶 📺 📠 📠 **P** – 🛗 15 à 25. 🎴 ☞. ⌚ rest
*fermé 4 au 25 janv. – **Repas** (fermé mardi) 12 (déj.), 18/34, enf. 9 ♈ – ☲ 10 – **34 ch** 74/90, 8 duplex – ½ P 73/90.*
♦ Chambres agréablement personnalisées, accueil aimable, beau parc où coule une rivière : ce n'est pas sans raison que l'adresse est aussi prisée. À l'heure des repas, venez découvrir une goûteuse cuisine régionale assortie des fameuses cochonnailles d'automne.

FOUDON *49 M.-et-L.* **317** *G4 – rattaché à Angers.*

FOUESNANT *29170 Finistère* **308** *G7 G. Bretagne – 8 076 h alt. 30.*

🏌 *de Cornouaille à La Forêt-Fouesnant &ℓ 02 98 56 97 09, E : 4 km par D 44.*

🛈 *Office de tourisme, 49 rue de Kérourgué &ℓ 02 98 56 00 93, Fax 02 98 56 64 02, accueil@ot-fouesnant.fr.*

Paris 555 – Quimper 16 – Carhaix-Plouguer 69 – Concarneau 11 – Quimperlé 39.

🏠 **L'Orée du Bois** *sans rest, 4 r. Kergoadig &ℓ 02 98 56 00 06, Fax 02 98 56 14 17 –* 📺 📠 ⓪ ☞
☲ *6,10 – **15 ch** 42/50.*
♦ Aimable accueil familial en cet hôtel qui abrite des chambres simples et sans ampleur. Salle des petits-déjeuners façon bistrot marin et confortable salon où trône un piano.

au Cap Coz *Sud-Est : 2,5 km par rte secondaire – ✉ 29170 Fouesnant :*

Pointe du Cap Coz, ✆ 02 98 56 01 63, *bienvenue@hotel-capcoz.com, Fax 02 98 56 53 20,* ≤ mer et port, – TV ✆. AE GB.
fermé 1er janv. au 10 fév., dim. soir et lundi midi du 15 sept. au 15 juin et merc. – **Repas** 20/40, enf. 10,50 ♀ – ☐ 7,50 – **16 ch** 55/86 – ½ P 66/78.
◆ L'hôtel est posé sur la langue sablonneuse du Cap-Coz. Les chambres, fonctionnelles, offrent une vue sur le port ou le large. Le restaurant, non-fumeur et récemment rajeuni, ménage un joli coup d'oeil sur le littoral ; belle cuisine aux saveurs iodées.

Belle-Vue, ✆ 02 98 56 00 33, *hotel-belle-vue@wanadoo.fr, Fax 02 98 51 60 85,* ≤, – TV ✆ P. GB.
hôtel : 1er mars-31 oct. ; rest. : 20 mars-31 oct. et fermé lundi – **Repas** 16/32, enf. 9,50 ♀ – ☐ 7 – **16 ch** 53/66 – ½ P 47/58.
◆ Pension de famille dominant la baie de la Forêt. Les chambres, petites et sans fioriture, sont pour la plupart tournées vers l'océan. Sobre décor et cuisine sans prétention : la simplicité est de mise au restaurant. L'été, plaisante terrasse panoramique.

à la Pointe de Mousterlin *Sud-Ouest : 6 km par D 145 et D 134 – ✉ 29170 Fouesnant :*

Pointe de Mousterlin, ✆ 02 98 56 04 12, *hopointe@club-internet.fr, Fax 02 98 56 61 02,* – TV ✆ P – 30. AE GB. rest
fermé 10 janv. au 13 fév. – **Repas** 15/33, enf. 10 ♀ – ☐ 8 – **44 ch** 87,50/99 – ½ P 70/85,50.
◆ Complexe balnéaire à l'extrémité de la pointe. Chambres spacieuses et pratiques côté jardin, rénovées et un peu plus personnalisées côté océan. Bons équipements de loisirs. Deux salles à manger dont une véranda et cuisine privilégiant les produits de la mer.

FOUGÈRES

35300 *I.-et-V.* 309 O4 *G. Bretagne – 21 779 h alt. 115.*

Voir *Château★★ – Église St-Sulpice★ – Jardin public★ : ≤★ – Vitraux★ de l'église St-Léonard – Rue Nationale★.*

Office de tourisme, 2 rue Nationale ✆ 02 99 94 12 20, Fax 02 99 94 77 30, ot.fougeres-@wanadoo.fr.

Paris 326 ③ – Avranches 44 ⑤ – Laval 53 ② – Le Mans 132 ② – Rennes 52 ④ – St-Malo 80 ⑤.

Plan page suivante

H. Voyageurs sans rest, 10 pl. Gambetta ✆ 02 99 99 08 20, *hotel-voyageurs-fougeres@wanadoo.fr, Fax 02 99 99 99 04* – TV ✆. AE GB BY e
fermé 25 déc. au 3 janv. – ☐ 8 – **37 ch** 45/59.
◆ Établissement centenaire proche de la maison natale du marquis de La Rouërie, instigateur de la chouannerie. Chambres toutes rénovées, actuelles et bien équipées.

Balzac sans rest, 15 r. Nationale ✆ 02 99 99 42 46, *Fax 02 99 99 65 43* – TV. AE GB BY t
☐ 5 – **20 ch** 31/40.
◆ Balzac écrivit Les Chouans à Fougères. Chambres confortables et gaies, salles de bains bien équipées et prix serrés caractérisent cet hôtel du quartier historique.

Haute Sève, 37 bd J. Jaurès ✆ 02 99 94 23 39 – GB BY z
fermé 20 juil. au 16 août, 1er au 28 janv., 9 au 19 fév., dim. soir et lundi – **Repas** 18,30 bc (déj.), 20,50/48,70.
◆ La jolie façade jaune pâle abrite une plaisante salle à manger ornée de tableaux peints par un artiste local. Cuisine régionale actualisée, influencée par le marché.

Rest. Voyageurs, 10 pl. Gambetta ✆ 02 99 99 14 17, *Fax 02 99 99 28 89* – AE GB BY e
fermé sam. midi et dim. soir – **Repas** 16/37 ♀.
◆ Le Restaurant des Voyageurs est indépendant de l'hôtel du même nom. Murs lambrissés à mi-hauteur, cheminée, tables joliment dressées et cuisine au goût du jour.

à Parigné *par ①, D 108 rte de Mellé : 11 km – 1 133 h. alt. 162 – ✉ 35133 :*

Château du Bois Guy, rte Mellé par D 108 : 2 km ✆ 02 99 97 25 76, *chateau.bois.guy@wanadoo.fr, Fax 02 99 97 27 27,* – TV P – 25 à 60. AE GB. rest
10 avril-15 oct. et fermé sam. midi, dim. soir et lundi – **Repas** 22 (déj.), 31/65 ♀ – ☐ 10 – **13 ch** 74/133 – ½ P 73/90.
◆ Ancienne demeure (17e s.) du général du Boisguy - leader chouan - accolée à un édifice Renaissance. Chambres joliment meublées et parc agrémenté d'un étang. Cuisine classique servie dans trois salles de restaurant élégantes et bourgeoises.

à Landéan *par ① : 8 km – 1 166 h. alt. 142 – ✉ 35133 :*

Au Cellier, D 177 ✆ 02 99 97 20 50, *Fax 02 99 97 20 50* – AE GB
fermé 3 au 24 janv., 16 au 30 août, dim. soir et lundi – **Repas** (11) - 16/38 ♀.
◆ Sympathique petite maison où grimpe la vigne vierge. La salle à manger campagnarde est décorée, entre autres, d'un tableau du 19e s. évoquant une fontaine miraculeuse.

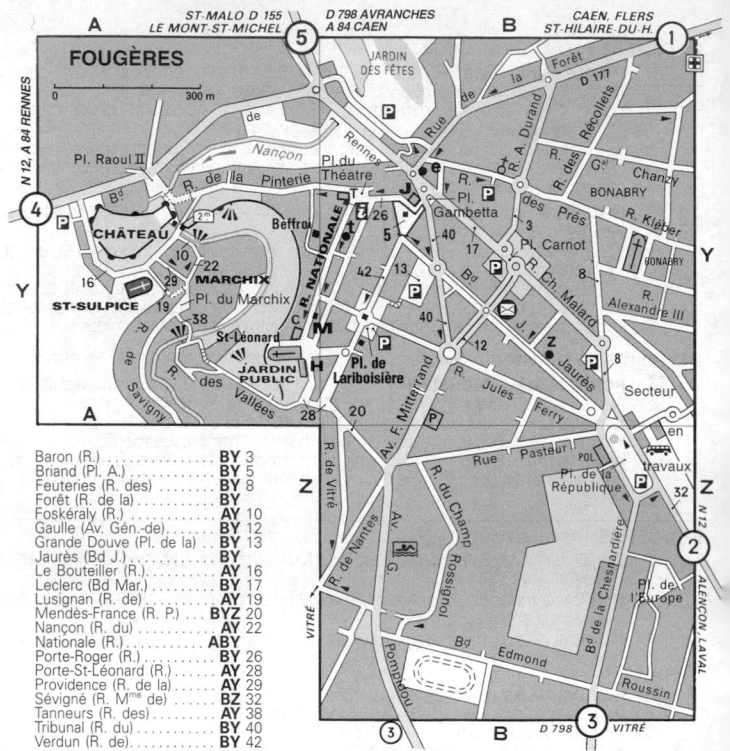

FOUGÈRES

Baron (R.)	**BY** 3
Briand (Pl. A.)	**BY** 5
Feuteries (R. des)	**BY** 8
Forêt (R. de la)	**BY**
Foskéraly (R.)	**AY** 10
Gaulle (Av. Gén.-de)	**BY** 12
Grande Douve (Pl. de la)	**BY** 13
Jaurès (Bd J.)	**BY**
Le Bouteiller (R.)	**AY** 16
Leclerc (Bd Mar.)	**BY** 17
Lusignan (R. de)	**AY** 19
Mendès-France (R. P.)	**BYZ** 20
Nançon (R. du)	**AY** 22
Nationale (R.)	**ABY**
Porte-Roger (R.)	**BY** 26
Porte-St-Léonard (R.)	**AY** 28
Providence (R. de la)	**AY** 29
Sévigné (R. Mᵐᵉ de)	**BZ** 32
Tanneurs (R. des)	**AY** 38
Tribunal (R. du)	**BY** 40
Verdun (R. de)	**BY** 42

sur N 12 par ② rte de Laval : 11 km – ⊠ 35133 Fougères :

※※ **Petite Auberge**, ℘ 02 99 95 27 03, Fax 02 99 95 27 03 – 🅿. ① 🆚
⌂ fermé 9 au 13 fév., 5 au 8 avril, 24 juil. au 13 août, dim. soir, mardi soir, merc. soir, jeudi soir et lundi – **Repas** (nombre de couverts limité, prévenir) (12,20) - 15 (déj.), 21/33 ♈.
♦ Discrète auberge aux "marches" de la Bretagne. Façade fleurie, intérieur rehaussé de touches décoratives d'esprit Art nouveau et goûteuses recettes traditionnelles.

FOUGEROLLES 70220 H.-Saône **314** G5 G. Jura – 3 967 h alt. 311.

Voir Écomusée du Pays de la Cerise et de la Distillation★.

🛈 Office de tourisme, 1 rue de la Gare ℘ 03 84 49 12 91, Fax 03 84 49 12 91, accueil@otsi-fougerolles.net.

Paris 374 – Épinal 49 – Luxeuil-les-Bains 10 – Remiremont 25 – Vesoul 43.

※※ **Au Père Rota**, ℘ 03 84 49 12 11, jean-pierre-kuentz@wanadoo.fr, Fax 03 84 49 14 51 – 🅿. 🆎 ① 🆚
fermé 1ᵉʳ au 5 sept., 2 au 28 janv., mardi soir, dim. soir et lundi sauf fériés – **Repas** (18) - 23/59 ♈ 🕭.
♦ La capitale du kirsch abrite ce restaurant contemporain feutré, où l'on déguste une cuisine classique. Belle carte des vins, riche en vieux millésimes.

La FOUILLOUSE 42480 Loire **327** E7 – rattaché à St-Étienne.

FOURAS 17450 Char.-Mar. **324** D4 G. Poitou Vendée Charentes – 3 835 h alt. 5 – Casino.

Voir Donjon ⚓★.

🛈 Office de tourisme, avenue du Bois Vert ℘ 05 46 84 60 69, Fax 05 46 84 28 04, otourisme@fouras.net.

Paris 485 – La Rochelle 34 – Châtelaillon-Plage 18 – Rochefort 15.

🏨 **Grand Hôtel des Bains**, r. Gén.-Bruncher ℘ 05 46 84 03 44, *hotelsdesbains@wanadoo.f
r*, Fax 05 46 84 58 26, 🐎 – TV 🕭 ⇔. AE ① GB, ⁂ rest
15 mars-1er nov. – **Repas** (dîner seul.) *(11)* - 18,50/25,50, enf. 7 ♀ – ⌑ 6,50 – **31 ch** 50/70 –
½ P 48/55.
 ♦ Les chambres de ce relais de poste du 19e s. sont majoritairement agencées autour d'un
plaisant jardin intérieur ; certaines bénéficient même d'une rénovation. La sobre salle à
manger sert de cadre à une cuisine traditionnelle sans prétention.

FOURGES 27630 Eure **304** J7 – 772 h alt. 14.
　　Paris 74 – Rouen 75 – Les Andelys 26 – Évreux 47 – Mantes-la-Jolie 23 – Vernon 14.

XX **Moulin de Fourges**, ℘ 02 32 52 12 12, *info@moulin-de-fourges.com*,
Fax 02 32 52 92 56, 🏛, 🐎 – GB
1er avril-31 oct. et fermé dim. soir et lundi sauf juil.-août – **Repas** *(23)* - 33 ♀.
 ♦ Ancien moulin au bord de l'Epte, où se serait sans doute plu Monet, hôte de la voisine
Giverny. Point de nymphéas, mais un agréable cadre champêtre. Cuisine traditionnelle.

FOURMIES 59610 Nord **302** M7 G. Picardie Flandres Artois – 13 867 h alt. 200.
　　Voir Musée du textile et de la vie sociale★.
　　🖪 Office de tourisme, 20 rue Jean Jaurès ℘ 03 27 60 40 97, Fax 03 27 57 30 44, *officetou
risme.fourmies@wanadoo.fr.*
　　Paris 214 – St-Quentin 65 – Avesnes-sur-Helpe 16 – Charleroi 60 – Hirson 14 – Lille 115.

aux Étangs-des-Moines Est : 2 km par D 964 et rte secondaire – ⊠ 59610 Fourmies :

🏨 **Ibis** sans rest, ℘ 03 27 60 21 54, *xferez@aol.com*, Fax 03 27 57 40 44 – ⁂ TV – 🔏 25. AE
① GB
⌑ 7,50 – **31 ch** 53.
 ♦ Établissement récent en lisière d'une belle forêt de chênes. Parfait pour profiter au
mieux du calme et du cadre bucolique des étangs, oeuvre des moines de Liessies.

X **Auberge des Étangs des Moines**, ℘ 03 27 60 02 62, Fax 03 27 60 10 25, 🏛 – GB
fermé 4 au 25 août, 24 fév. au 8 mars, sam. midi, dim. soir et lundi sauf fériés – **Repas**
16/32.
 ♦ Cette ancienne guinguette au bord de l'eau séduit par son ambiance conviviale, sa
terrasse et sa plaisante salle à manger dotée d'une véranda. Plats traditionnels.

FOURQUES 30 Gard **339** M6 – rattaché à Arles.

La FOUX D'ALLOS 04 Alpes-de H.-P. **334** H7 – rattaché à Allos.

FRANCESCAS 47600 L.-et-G. **336** E5 – 714 h alt. 109.
　　Paris 720 – Agen 28 – Condom 18 – Nérac 14 – Toulouse 134.

XXX **Relais de la Hire**, ℘ 05 53 65 41 59, *la.hire@wanadoo.fr*, Fax 05 53 65 86 42, 🏛, 🐎 –
ℙ. AE ① GB JCB
fermé 30 oct. au 5 nov., dim. soir, merc. midi et lundi – **Repas** (prévenir) 23/56 et carte 49 à
64 ♀.
 ♦ Au coeur du pays d'Albret, maison de maître du 18e s. joliment restaurée. Deux salles à
manger, dont une plus contemporaine, et agréable terrasse dans le jardin.

FRANCHEVILLE 69 Rhône **327** H5 – rattaché à Lyon.

FRANQUEVILLE-ST-PIERRE 76 S.-Mar. **304** H5 – rattaché à Rouen.

FRÉHEL 22240 C.-d'Armor **309** H3 – 2 047 h alt. 72 – Casino.
　　Voir ⁂ ★★★.
　　Env. Fort La Latte★★ : site★★, ⁂★★ SE : 5 km.
　　🖪 Office de tourisme, le Bourg ℘ 02 96 41 53 81, *otfrehel@wanadoo.fr.*
　　Paris 433 – St-Malo 36 – Dinan 38 – Lamballe 28 – St-Brieuc 40 – St-Cast-le-Guildo 15.

XX **Victorine**, pl. Mairie ℘ 02 96 41 55 55, *contact@levictorine.com*, Fax 02 96 41 55 55, 🏛
– ① GB JCB
fermé 10 nov. au 10 déc., merc. midi en juil.-août, mardi et merc. de sept.à juin – **Repas**
23/85 ♀.
 ♦ Fréquenté par des habitués, ce restaurant familial situé sur la place du village vous
propose son ambiance sympathique et sa cuisine traditionnelle influencée par le marché.

FRÉJUS *83600 Var* **340** *P5 G. Côte d'Azur – 46 801 h alt. 20.*

Voir *Groupe épiscopal★★ : baptistère★★, cloître★, cathédrale★ – Ville romaine★* **A** *: arènes★ – Parc zoologique★ N : 5 km par* ③.

de Roquebrune à Roquebrune-sur-Argens ℘ 04 94 19 60 35, O : 6 km par D 8 ; de Valescure à St-Raphaõl ℘ 04 94 82 40 46, NE : 8 km.

℘ 08 36 35 35 35.

⊠ *Office de tourisme, 325 rue Jean Jaurès* ℘ 04 94 51 83 83, Fax 04 94 51 00 26, frejus.tourisme@wanadoo.fr.

Paris 868 ③ *– Cannes 40* ④ *– Draguignan 31* ③ *– Hyères 90* ② *– Nice 66* ④.

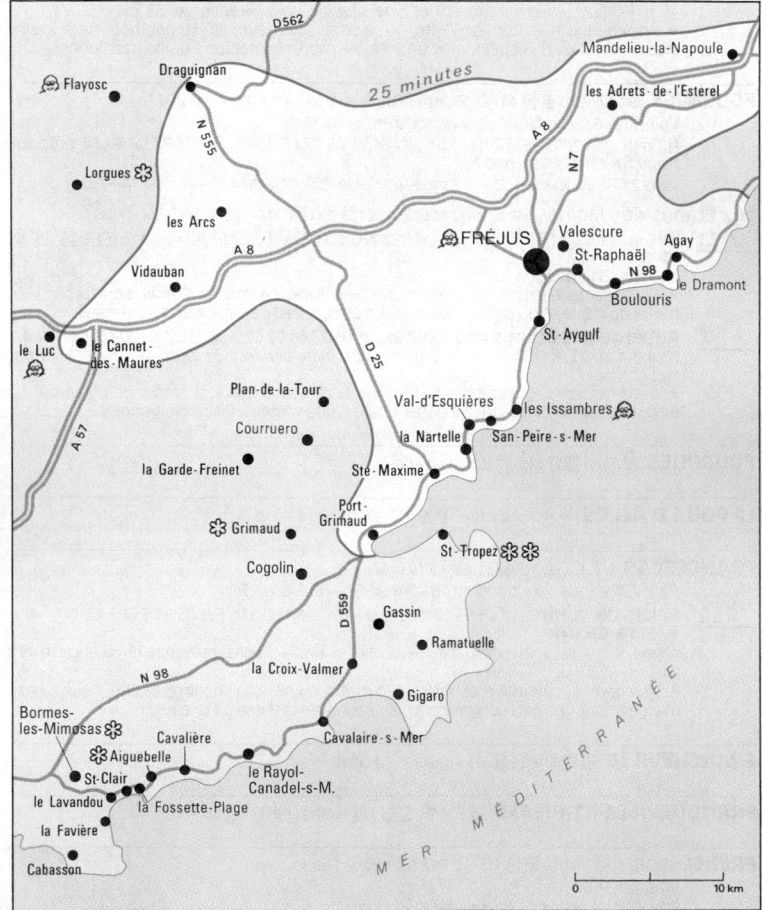

L'Aréna, 145 r. Gén. de Gaulle ℘ 04 94 17 09 40, info@arena-hotel.com, Fax 04 94 52 01 52, ⌷ – ▯ ⚇ ▤ 📺 ✆ ⚅ 🅿 ☒ ⓪ ⓒⓑ. ✳ ch   **C r** fermé 15 déc. au 15 janv. – **Repas** (fermé sam. midi et lundi) 23/54 ⌷ – ⌷ 10 – **36 ch** 98/150 – ½ P 95/115.

◆ Les chambres de cette charmante maison provençale s'ouvrent sur un patio où prospèrent les essences méditerranéennes. Agréable piscine et accueil tout sourire. Au restaurant, décor ensoleillé et carte méridionale vous content le pays des cigales.

FRÉJUS-
ST-RAPHAËL

Agachon (Av. de l') .... **A** 2
Alger (Bd) .... **B** 5
Brosset (Av. du Gén.) ..... **AB** 13
Carrara (R. Jean) .... **A** 16
Coty (Prom. René) .... **B** 20

Decuers (Bd S.) .... **A** 23
Donnadieu (R.) .... **B** 24
Einaudi (R. Albert) .... **A** 25
Europe (Av. de l') .... **A** 26
Fabre (Av. Hippolyte) ...... **B** 26
Garros (R. Roland) .... **B** 32
Gaulle (Av. du Gén.-de) .... **B** 33
Leclerc (Av. Mar.) .... **B** 39
Libération (Bd de la) ...... **B** 40
Mimosas (Bd des) .... **B** 43

Myrtes (Av. des) .... **B** 45
Papin (R. Denis) .... **B** 46
Poincaré
  (Av. Raymond) .... **B** 47
Rivière (Av. Théodore) ..... **B** 51
Triberg (R. de) .... **A** 53
Valescure (Av. de) .... **A** 54
Verdun (Av. de) .... **A** 56
Victor-Hugo (Av.) .... **B** 60
XVe-Corps (Av. du) .... **A** 62

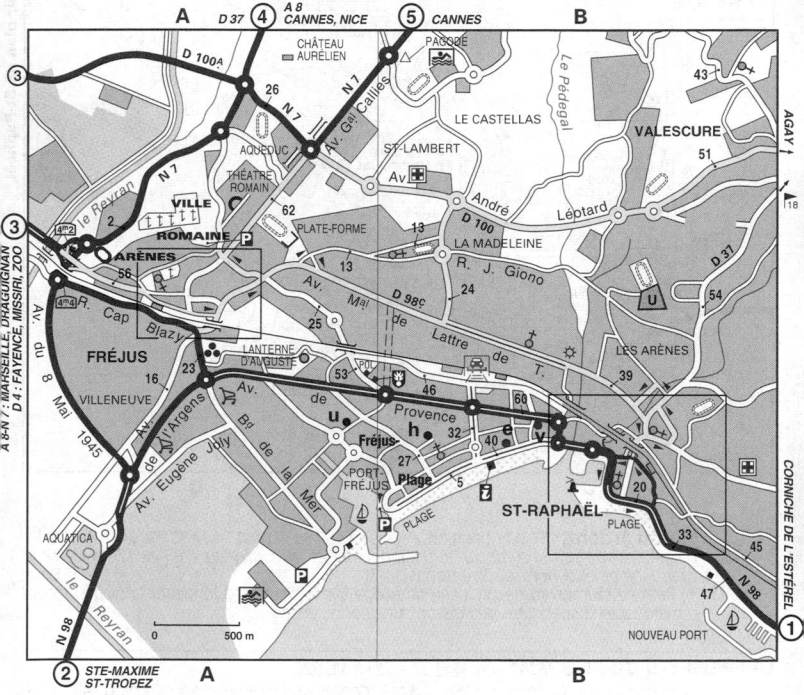

※ **Les Potiers,** 135 r. Potiers ℘ 04 94 51 33 74 – ▤. ☒   **C   s**
    fermé 1er au 20 déc., le midi en juil.-août, merc. midi et mardi de sept. à juin – **Repas**
    (nombre de couverts limité, prévenir) 22,50/31,50.
    ◆ Sympathique ambiance rustique en cette petite adresse où l'on ne façonne pas l'argile,
    mais une belle cuisine au goût du jour enrichie de saveurs méditerranéennes.

à Fréjus-Plage AB – ⊠ *83600 Fréjus*

▥ **Sable et Soleil** sans rest, 158 r. P. Arène ℘ 04 94 51 08 70, *sableetsoleil@free.fr,*
    Fax 04 94 53 49 12 – ▤ ▥ ☎ ₰ ▯. ☒. ⌘   **A   u**
    fermé 15 nov. au 15 déc. – ☲ 6 – **20 ch** 39/63.
    ◆ "Sable et soleil", que désirer de plus ? On se contentera donc de ces chambres fonc-
    tionnelles dotées de larges baies, et de l'aimable hospitalité. La plage est à deux pas.

▥ **L'Oasis** ⌂ sans rest, imp. Charcot ℘ 04 94 51 50 44, *info@hotel-oasis.net,*
    Fax 04 94 53 01 04 – ▥ ▯. ☒. ⌘   **B   h**
    1er fév.-10 nov. – ☲ 6 – **27 ch** 49/63.
    ◆ En retrait du port de plaisance, cette construction des années 1950 invite au farniente, à
    l'ombre des pins qui l'entourent ou de sa pergola. Chambres simples, bien tenues.

※※ **Toque Blanche,** 394 av. V. Hugo ℘ 04 94 52 06 14, *Fax 04 94 52 06 14* – ▤. ☒   **B   v**
    fermé 21 au 28 juin, 4 au 7 oct., 6 au 21 déc., dim. soir, merc. soir d'oct. à juin et lundi –
    Repas 14,50 (déj.), 33/53 ♚.
    ◆ Ce restaurant au cadre sobrement bourgeois propose une cuisine assez traditionnelle.
    Pour les inconditionnels de la terrasse, quelques tables installées sur le trottoir.

FRÉJUS

Aubenas (R. Joseph)	**C** 7	
Beausset (R. du)	**D** 9	
Clemenceau (R. G.)	**D** 19	
Craponne (R.)	**C** 22	
Decuers (Bd S.)	**D** 23	
Fleury (R. de)	**D** 28	
Formigé (Pl.)	**D** 29	
Gallus	**C** 30	
Girardin (R.)	**C** 35	
Glacière (Pl. de la)	**D** 36	
Grisolle (R.)	**D** 37	
Jaurès (R. Jean)	**C**	
Liberté (Pl. de la)	**C** 42	
Montgolfier (R.)	**C** 44	
Portalet (Pge du)	**D** 48	
Potiers (R. des)	**C** 49	
Sieyès (R.)	**D** 52	
Verdun (Av. de)	**C** 56	

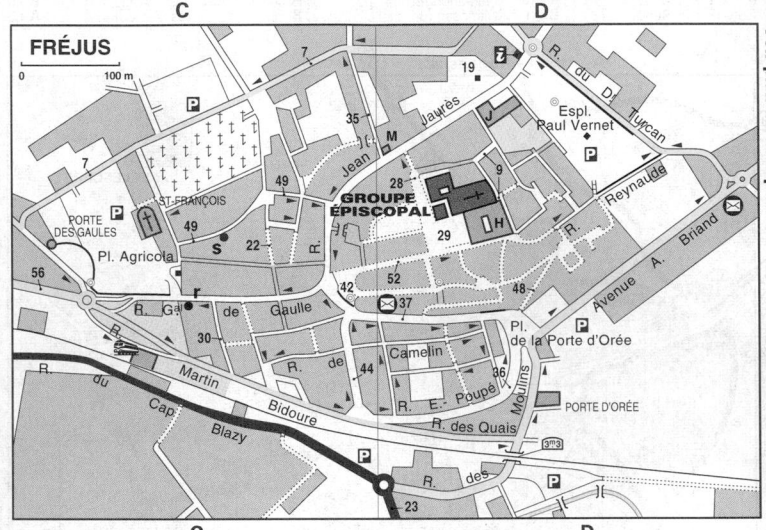

Voir plan de St-Raphaël

✗ 🛏 **Mérou Ardent**, 157 bd Libération ℰ 04 94 17 30 58, Fax 04 94 17 33 79, 🍽 – 🍴. **GB**
fermé 7-17/06, 15/11-2/12, 10-16/01, lundi midi et jeudi midi du 1/07 au 12/09, dim.soir,
merc. soir et jeudi hors saison – **Repas** 14/36.   **B e**
◆ Petit restaurant au décor marin aménagé sur le boulevard longeant la plage. Accueil
remarquable et spécialités de poisson : une bonne prise !

Le FRENEY-D'OISANS 38142 Isère **333** J7 – 221 h alt. 926.

Voir *Barrage du Chambon*★★ SE : 2 km – *Gorges de l'Infernet*★ SO : 2 km, G. Alpes du
Nord.

🛈 *Syndicat d'initiative* ℰ 04 76 80 05 82.

Paris 626 – Bourg-d'Oisans 12 – La Grave 16 – Grenoble 64.

🛏 **Cassini**, ℰ 04 76 80 04 10, info@hotel-cassini.com, Fax 04 76 80 23 06, 🍽 , 🐎 – 📺 📞
🚗. **GB**
1er juin-20 sept. et 24 déc.-20 avril – **Repas** *(fermé le midi du 24 déc. au 20 avril) (15)* - 19/35,
enf. 9 ♈ – ☐ 8 – **10 ch** 48/67 – ½ P 50/64.
◆ Au coeur de la vallée de la Romanche, auberge familiale abritant des chambres toutes
rénovées ; celles de l'arrière donnent sur le ruisseau. Petite salle à manger assez simple,
meublée dans l'esprit rustique, où l'on sert une cuisine traditionnelle.

à Mizoën *Nord-Est : 4 km par N 91 et D 25 – 163 h. alt. 1100 –* ⊠ *38142 :*

🏨 **Panoramique** 🕊 ,   ℰ 04 76 80 06 25,   info@hotel-panoramique.com,
Fax 04 76 80 25 12, ≤ montagne et vallée, 🍽 , 🐎 – ⇆ 📺 📞 🅿. 🅰🅴 ⓪ **GB**. ✂
20 mai-19 sept. et 17 déc.-18 avril – **Repas** *(13)* - 19/22,20, enf. 6,50 ♈ – ☐ 7,80 – **9 ch**
62/73,50 – ½ P 47,50/57,50.
◆ Outre son très bel environnement, ce chalet fleuri à la tenue méticuleuse offre de
nombreux agréments - solarium exposé plein Sud, sauna, etc. - et un accueil charmant.
Salle de restaurant panoramique et agréable terrasse d'été face aux sommets.

FRESNAY-SUR-SARTHE 72130 Sarthe **310** J5 G. Normandie Cotentin – 2 335 h alt. 95.

🛈 *Office de tourisme, 19 avenue du Dr Riant* ℰ 02 43 33 28 04, Fax 02 43 34 19 62,
ot.alpes-mancelles@wanadoo.fr.

Paris 235 – Alençon 22 – Laval 73 – Mamers 30 – Le Mans 41 – Mayenne 54.

🏠 **Ronsin** sans rest, 5 av. Ch. de Gaulle ℘ 02 43 97 20 10, Fax 02 43 33 50 47 – 📺 🖤 🚗 –
🛗 30. 🆎 ⓞ ◷
fermé 20 déc. au 13 janv., dim. et lundi – 😋 5,50 – **10 ch** 41/47.
♦ Point de départ idéal d'une excursion dans les Alpes Mancelles, cette maison familiale
centenaire dispose de chambres que l'on rénove peu à peu.

Le FRET 29 Finistère 🔢 D5 – *rattaché à Crozon.*

FRICHEMESNIL 76 S.-Mar. 🔢 G4 – *rattaché à Clères.*

FROENINGEN 68 H.-Rhin 🔢 H10 – *rattaché à Mulhouse.*

FROIDETERRE 70 H.-Saône 🔢 H6 – *rattaché à Lure.*

FRONTIGNAN 34110 Hérault 🔢 H8 G. Languedoc Roussillon – *19 145 h alt. 2.*
🇮 *Office de tourisme, rue de la Raffinerie ℘ 04 67 48 33 94, Fax 04 67 43 26 34.*
Paris 775 – Montpellier 26 – Lodève 59 – Sète 10.

XX **Jas d'Or,** 2 bd V. Hugo ℘ 04 67 43 07 57, Fax 04 67 43 07 57 – ▦. ◷
fermé mardi soir et merc. hors saison, lundi midi, jeudi midi et sam. midi en juil.-août –
Repas 18/34.
♦ Au centre-ville, à deux pas du canal, cet ancien cellier abrite une salle d'inspiration
gallo-romaine. Mariez le muscat de Frontignan à la cuisine, très au goût du jour.

rte de Montpellier *Nord-Est : 4 km sur N 112* – ✉ *34110 Frontignan :*

🏠 **Hôtellerie de Balajan,** 41 rte. de Montpellier ℘ 04 67 48 13 99, balajanvic@aol.com,
Fax 04 67 43 06 62, 🏊 – ▦ 📺 🖤 🅿. ◷. ✂ rest
fermé 24 déc. au 5 janv., fév., dim. au 15 oct. au 31 mars, lundi midi et sam. midi –
Repas (16) 20/47, enf. 9 – 😋 7,80 – **18 ch** 59/92 – ½ P 56/63.
♦ Le vignoble produisant le fameux muscat entoure cet immeuble aux chambres sobres
situé sur la route nationale. En arrière-plan, le massif de la Gardiole. La convivialité du
restaurant doit beaucoup à ses tables fleuries ; saveurs méridionales dans l'assiette.

FRONTONAS 38290 Isère 🔢 E4 – *1 714 h alt. 260.*
Paris 495 – Lyon 34 – Ambérieu-en-Bugey 44 – La Tour-du-Pin 26 – Vienne 35.

X **Auberge du Ru,** Le Bergeron-Les Quatre Vies ℘ 04 74 94 25 71, info@aubergeduru.fr,
Fax 04 74 94 25 71, 🌳 – 🅿. 🆎 ◷
fermé 16 fév. au 2 mars, 19 juil. au 10 août, dim. soir, lundi et mardi – **Repas** 17 (déj.), 23/
29 🍷.
♦ Auberge campagnarde au cœur d'un hameau. Pimpante salle à manger décorée
d'outils agricoles ; carte et menus, au goût du jour, évoluent au gré du marché.

FUISSÉ 71960 S.-et-L. 🔢 I12 G. Bourgogne – *317 h alt. 290.*
Paris 401 – Mâcon 9 – Charolles 54 – Chauffailles 52 – Villefranche-sur-Saône 48.

XX **Pouilly Fuissé,** ℘ 03 85 35 60 68, Fax 03 85 35 60 68, 🌳 – 🆎 ◷
🍴 *fermé 28 juil. au 6 août, 2 au 26 janv., dim. soir, lundi soir, mardi soir et merc.* – **Repas** (sam.
et dim. prévenir) 17/38, enf. 9 🍷.
♦ Cette adresse portant le nom du cru local ne peut que favoriser les vins régionaux, servis
en bouteille ou au verre, pour accompagner sa goûteuse cuisine traditionnelle.

La FUSTE 04 Alpes-de-H.-P. 🔢 D10 – *rattaché à Manosque.*

FUTEAU 55 Meuse 🔢 B4 – *rattaché à Ste-Menehould (51 Marne).*

FUVEAU 13710 B.-du-R. 🔢 I5 – *7 509 h alt. 283.*
🇮 *Syndicat d'initiative ℘ 04 42 65 65 78, Fax 04 42 65 65 72.*
Paris 765 – Marseille 36 – Brignoles 53 – Manosque 73.

🏠 **Mona Lisa,** D 6, face golf de Château l'Arc ℘ 04 42 68 19 19, hotel@hotelmonalisafuveau.
com, Fax 04 42 68 19 18, 🌳, 🏊 – 🔟 ▦ 📺 🖤 🅿 – 🛗 20 à 150. 🆎 ⓞ ◷ 🏧
Repas (17) - 27 (déj.)/30 bc 🍷 – 😋 11 – **81 ch** 80/108.
♦ Architecture contemporaine en demi-lune à proximité d'un golf. Camaïeu de beige,
mobilier en bois peint et prise Internet haut débit : des chambres reposantes et bien
pensées. Lumineux restaurant dont les baies vitrées s'ouvrent sur la terrasse et la piscine.

GABRIAC *12340 Aveyron* **338** *I4 – 446 h alt. 580.*
Paris 605 – Rodez 27 – Espalion 13 – Mende 88 – Sévérac-le-Château 35.

✕ **Bouloc** avec ch, ✆ 05 65 44 92 89, franckbouloc@wanadoo.fr, Fax 05 65 48 86 74, ⌓, ⌗
– ⚏ 🅿. 🄶🄱
fermé 16 au 24 mars, 23 au 30 juin, 1ᵉʳ au 22 oct., mardi soir et merc. sauf juil.-août – **Repas**
14,50/29,50, enf. 8,50 ⚲ – ⚌ 6 – **11 ch** 45/51 – ½ P 44.
♦ Maison régionale officiant depuis six générations : autant dire qu'en matière de spécialités du Rouergue, on s'y connaît ! Salle à manger d'inspiration Art déco.

GAGNY *93 Seine-St-Denis* **305** *G7* **101** ⑱ *– voir à Paris, Environs.*

GAILLAC *81600 Tarn* **338** *D7 G. Midi-Pyrénées – 11 073 h alt. 143.*
🄸 *Office de tourisme, Abbaye St Michel* ✆ 05 63 57 14 65, Fax 05 63 57 61 37, tourisme@ville-gaillac.fr.
Paris 672 – Toulouse 58 – Albi 26 – Cahors 89 – Castres 52 – Montauban 50.

🄰 **Verrerie**, r. Égalité ✆ 05 63 57 32 77, contact@la-verrerie.com, Fax 05 63 57 32 27, 🍽,
⌓, ♨ – 🍴 rest, ⚏ ✆ ♿ 🅿 – 🕿 20. 🄰🄴 ⓞ 🄶🄱 🄹🄲🄱. ✼ rest
Repas *(fermé dim. soir du 15 oct. au 15 avril)* 13 bc (déj.), 21/35 ⚲ – ⚌ 7,50 – **14 ch** 47/62 –
½ P 40/48.
♦ Un minimusée évoque le passé de cette bâtisse bicentenaire, jadis verrerie puis fabrique
de pâtes. Chambres modernes et pratiques, à choisir côté parc (belle bambouseraie).
Lumineuse salle à manger prolongée d'une agréable terrasse tournée vers la verdure.

🏠 **L'Occitan** sans rest, pl. Gare ✆ 05 63 57 11 52, hotel.occitan@wanadoo.fr,
Fax 05 63 57 56 18 – ⚏ 🅿. 🄶🄱
fermé week-ends de nov. à mars – ⚌ 6 – **12 ch** 38/45.
♦ Hôtel de gare traditionnel aux chambres assez spacieuses, disposant parfois d'un
confort sanitaire modeste. L'ancien bar a été aménagé en salle de petit-déjeuner.

✕✕ **Les Sarments**, 27 r. Cabrol (derrière abbaye St-Michel) ✆ 05 63 57 62 61,
Fax 05 63 57 62 61 – ⓞ 🄶🄱. ✼
fermé 25 avril au 3 mai, 19 déc. au 10 janv., 21 fév. au 7 mars, dim. soir, merc. soir et lundi –
Repas 23/46 ⚲ ⌁.
♦ Découvrez le Gaillac viticole avec ce chai médiéval voisin de la maison des Vins. Coquet
restaurant voûté égayé de tableaux, carte traditionnelle et dives bouteilles.

✕ **Table du Sommelier**, 34 pl. Thiers ✆ 05 63 81 20 10, Fax 05 63 81 20 10, 🍽 – 🍴. 🄶🄱
fermé dim. sauf juil.-août et lundi – **Repas** (12,50) - 15/30 bc ⚲ ⌁.
♦ Avec une telle enseigne, nul doute, c'est Bacchus que l'on célèbre dans ce "bistrot-
boutique" : belle carte des vins, au verre ou en bouteille, et dégustations de crus locaux.

GAILLAN-EN-MÉDOC *33 Gironde* **335** *F3 – rattaché à Lesparre-Médoc.*

GAILLON *27600 Eure* **304** *I7 G. Normandie Vallée de la Seine – 6 861 h alt. 15.*
🅟 *de Gaillon* ✆ 02 32 53 89 40, E : 1 km par D 515.
🄸 *Office de tourisme, 4 place Aristide Briand* ✆ 02 32 53 08 25.
Paris 94 – Rouen 48 – Les Andelys 13 – Évreux 25 – Vernon 15.

✕✕ **Grain de Sel**, 12 r. P. Brossolette ✆ 02 32 53 51 10, 🍽 – 🄰🄴 🄶🄱
fermé 30 juil. au 15 août, 24 déc. au 3 janv., dim. soir, mardi soir, merc. soir et lundi – **Repas**
19/27 ⚲.
♦ La façade de cette maison située en plein coeur de la petite cité est agrémentée de
colombages. Chaleureux cadre rustique et ambiance conviviale ; cuisine traditionnelle.

à Vieux-Villez *Ouest : 4 km par N 15 – 160 h. alt. 125 – ✉ 27600 :*

🏨 **Château Corneille**, ✆ 02 32 77 44 77, chateau.corneille@wanadoo.fr,
Fax 02 32 77 48 79, ♨ – ⚏ ✆ 🅿 – 🕿 35. 🄰🄴 ⓞ 🄶🄱
Closerie ✆ 02 32 77 42 97 *(fermé 8 au 24 août, 1ᵉʳ au 15 janvier, sam. midi, dim. soir et
lundi)* **Repas** 14,50/34,50, enf. 8 ⚲ – ⚌ 10 – **20 ch** 80/114 – ½ P 92.
♦ Cette avenante demeure bourgeoise nichée dans un petit parc abrite des chambres
confortables et refaites depuis peu. Chaises en fer forgé, poutres, briques et cheminée
composent le décor du restaurant, logé dans une ancienne bergerie.

GALÉRIA *2B H.-Corse* **345** *A5 – voir à Corse.*

*Les principales voies commerçantes figurent en **rouge**
dans la liste des rues des plans de villes.*

GAMBAIS 78950 Yvelines **311** G3 – 2 064 h alt. 119.

Paris 55 – Dreux 27 – Mantes-la-Jolie 32 – Rambouillet 22 – Versailles 38.

XX **Auberge du Clos St-Pierre**, 2 bis r. Goupigny *𝒫* 01 34 87 10 55, Fax 01 34 87 03 88, 🌧 – **AE** **GB**

fermé 1ᵉʳ au 24 août, dim. soir, mardi soir et lundi – **Repas** 23/34 ♈.

♦ Derrière la façade rouge de cette auberge, cuisine bourgeoise servie dans une salle à manger rustique rajeunie ou sur la petite terrasse ombragée par un tilleul.

GAN 64290 Pyr.-Atl. **342** J5 – 4 971 h alt. 210.

Paris 786 – Pau 10 – Arudy 17 – Lourdes 39 – Oloron-Ste-Marie 26.

XX **Hostellerie L'Horizon** avec ch, chemin Mesplet *𝒫* 05 59 21 58 93, pierreeyt@free.fr, Fax 05 59 21 71 80, ≤, 🌧, 🍽 – **TV** **P**. **GB**

fermé 23 déc. au 2 fév., dim. soir, mardi midi et lundi – **Repas** 15 (déj.), 25/45, enf. 10 – 🞏 6 – **7 ch** 50/60 – ½ P 57,50.

♦ La salle à manger-véranda et la belle terrasse sont tournées vers un plaisant jardin planté de palmiers ; par beau temps, les Pyrénées ferment l'horizon. Chambres simples.

GANNAT 03800 Allier **326** G6 *G. Auvergne* – 5 838 h alt. 345.

Voir *Évangéliaire★* au musée municipal (château).

🛈 Office de tourisme, place des Anciens d'AFN *𝒫* 04 70 90 17 78, Fax 04 70 90 19 45, otpaysdegannat@wanadoo.fr.

Paris 383 – Clermont-Ferrand 49 – Montluçon 78 – Moulins 58 – Vichy 20.

XX **Frégénie**, 20 r. Frères Bruneau *𝒫* 04 70 90 04 65, Fax 04 70 90 35 90 – **GB**

fermé 19 au 26 avril, 23 août au 6 sept., 26 déc. au 9 janv., lundi et le soir sauf vend. et sam. – **Repas** 14 (déj.), 21/41 ♈ ☕.

♦ Accueil chaleureux et cadre bourgeois dans cette maison de village proche des halles. Cuisine au goût du jour et belle carte des vins valorisant les crus régionaux.

Si vous cherchez un hôtel tranquille,
consultez d'abord les cartes de l'introduction
ou repérez dans le texte les établissements indiqués avec le signe ☜

GAP **P** 05000 H.-Alpes **334** E5 *G. Alpes du Sud* – 36 262 h alt. 735.

Voir *Vieille ville★ – Musée départemental★.*

🏌 Alpes Provence Gap Bayard *𝒫* 04 92 50 16 83, par ① : 7 km.

🛈 Office de tourisme, 12 rue Faure du Serre *𝒫* 04 92 52 56 56, Fax 04 92 52 56 57, office.TourismeGap@wanadoo.fr.

Paris 665 ① – Avignon 209 ④ – Grenoble 103 ① – Sisteron 52 ③ – Valence 158 ①.

Plan page suivante

🏨 **Porte Colombe**, 4 pl. F. Euzières *𝒫* 04 92 51 04 13, hotel.portecolombe@wanadoo.fr, Fax 04 92 52 42 50 – 📶 🍽 🗐 **TV** 📞 🚗. **AE** **①** **GB**   **Z** **n**

Repas *(fermé 30 avril au 23 mai, 31 déc. au 17 janv., vend., sam., dim. et le midi)* (16) - 22/28, enf. 11 – 🞏 6,50 – **27 ch** 40/60 – ½ P 45/47.

♦ À l'emplacement d'une ancienne porte de la cité, immeuble abritant des chambres confortables et bien insonorisées. Terrasse-solarium sur le toit, offrant une vue sur la ville. Cuisine classique simple, servie le soir, dans une salle à manger sobrement décorée.

🏨 **Kyriad** sans rest, par ③ : 2,5 km (près piscine), rte Sisteron *𝒫* 04 92 51 57 82, Fax 04 92 51 56 52, 🌧 – 🍽 **TV** 📞 **P**. **AE** **①** **GB**

🞏 6,50 – **26 ch** 65/68.

♦ Aux portes de Gap, sur la route Napoléon, hôtel disposant de chambres fraîches et spacieuses, aménagées de part et d'autre du jardin, où l'on petit-déjeune à la belle saison.

🏨 **Clos** ☜, par ① rte Grenoble et chemin privé *𝒫* 04 92 51 37 04, leclos@lemel.fr, Fax 04 92 52 41 06, 🌧, 🍽 – **TV** **P**. – 🙎 15. **GB**

fermé 25 oct. au 22 nov. – **Repas** *(fermé dim. soir et lundi sauf vacances scolaires)* 17/29, enf. 9,50 ♈ – 🞏 6,50 – **29 ch** 45,50/56 – ½ P 45.

♦ Cet hôtel de la périphérie gapençaise propose des chambres fonctionnelles, dotées pour moitié d'un balcon. Jardin arboré avec jeux pour les enfants. Spacieuse salle à manger d'esprit rustique prolongée d'une véranda et d'une terrasse d'été.

🏨 **Ibis**, 5 bd G. Pompidou *𝒫* 04 92 53 57 57, ibisgap@wanadoo.fr, Fax 04 92 53 38 15, 🌧 – 📶 🍽 **TV** 🕭 🚗 – 🙎 30 à 50. **AE** **①** **GB**   **Y** **x**

Repas (13) - 16, enf. 6 ♈ – 🞏 6 – **61 ch** 58/67.

♦ Vous trouverez ici toutes les prestations habituelles à la chaîne, y compris un double vitrage efficace et un espace séminaire. La bonne tenue et le soin porté à l'accueil sont les atouts majeurs du restaurant de cet Ibis ; décor dans les tons pastel.

GAP

Balmens (R.) .... **Z** 3
Carnot (R.) .... **Z** 4
Curie (Bd P. et M.) .... **Y** 5
Dumont (Av. du Cdt) .... **Y** 6

Euzières (Pl. Frédéric) ...... **Z** 7
Eymar (R. Jean) .... **Y** 8
Faure-du-Serre (R.) .... **Y** 9
France (R. de) .... **Y** 10
Jaurès (Av. Jean) .... **Z** 12
Ladoucette (Cours) .... **Z** 13
Libération (Bd de) .... **Y** 14

Mazel (R. du) .... **Z** 15
Moreau (R. E.) .... **Z** 16
Révelly (Pl. du) .... **Y** 17
Roux
  (R. Colonel) .... **Z** 19
St-Arnoux (Pl.) .... **Z** 20
Valserres (R. de) .... **Z** 23

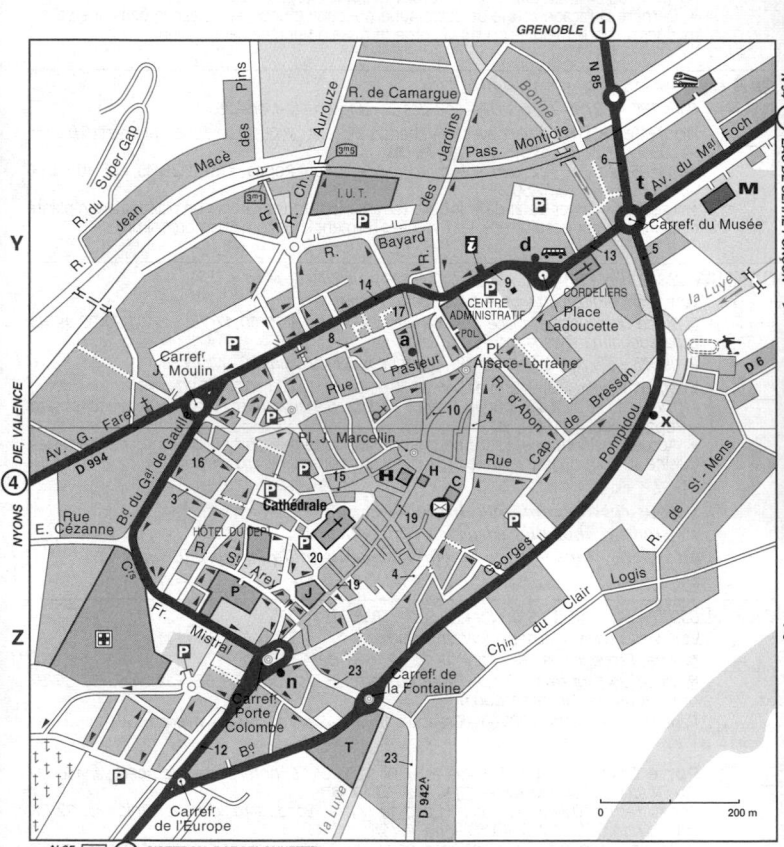

🏠 **Ferme Blanche** ♨, par ① et rte secondaire : 2 km (vers Romette) ☎ 04 92 51 03 41, *la.f erme.blanche@wanadoo.fr*, ☆, ⇌ – 🆃🆅 🅿, 🅰🅴 🅶🅱
Repas *(fermé le midi)* 23/35 ♨ – ☲ 8 – **20 ch** 45/70, 3 suites – ½ P 61.
♦ Ferme du 18ᵉ s. où les chambres, simples et champêtres, sont plus confortables côté façade. Salon et salle des petits-déjeuners sous de belles voûtes en briques. L'ancienne étable abrite le restaurant au décor campagnard et agrémenté d'une jolie cheminée.

XXX **Patalain,** 2 pl. Ladoucette ☎ 04 92 52 30 83, *sarl-le-patalain@wanadoo.fr*, Fax 04 92 52 30 83, ☆, ⇌ – 🅿. 🅰🅴 🅶🅱 🅹🅲🅱 **Y d**
fermé 26 déc. au 6 janv., dim. et lundi – **Repas** 32/36, enf. 12 *- Bistro du Patalain :* Repas (14)-17/21, enf. 12 ♀.
♦ Belle maison de maître dans un jardin arboré. La cuisine classique est servie dans des salles à manger confortables et bourgeoises. Au Bistrot du Patalain, plats régionaux et menu du jour inscrit sur ardoise vous attendent dans un cadre typique du genre.

XX **Pasturier,** 18 r. Pérolière ☎ 04 92 53 69 29, *Fax 04 92 53 30 91*, ☆ – 🅰🅴 🅶🅱 **Y a**
fermé 27 juin au 12 juil., 2 au 16 janv., dim. et lundi sauf fériés – **Repas** 24,50/64, enf. 11 ♀ ☆.
♦ Petit restaurant niché dans une rue piétonne de la vieille ville. Cuisine régionale et carte des vins fournie sont proposées dans un cadre rustique fleuri et en terrasse.

✗ **Grangette,** 1 av. Foch 🖉 04 92 52 39 82 – **GB**   Y   t
fermé 16 au 31 juil., 14 au 31 janv., dim. soir et lundi – **Repas** 17,50/26.
   ♦ La visite des riches collections du musée départemental vous a ouvert l'appétit ? Rendez-vous dans ce restaurant voisin pour y savourer des plats traditionnels.

à la Freissinouse *par ④ : 9 km – 456 h. alt. 965 –* ✉ *05000 :*

🏨 **Azur,** D 994 🖉 04 92 57 81 30, *Fax 04 92 57 92 37,* 🛎, 🎣 – 🛗 📺 📞 ⇔ 🅿. **GB**
🍽 **Repas** 15/25, enf. 9 ♨ – ⬜ 5 – **45 ch** 45/56 – ½ P 46/51.
   ♦ Hôtel disposant de chambres pratiques et colorées. De l'autre côté de la route, un parc avec étang, piscine, jeux et annexe-chalet comprenant deux duplex pour les familles. Cuisine classique servie dans une salle à manger spacieuse et confortablement meublée.

GARCHES *92 Hauts-de-Seine* **311** J2 **101** ⑭ – *voir à Paris, Environs.*

La GARDE *04 Alpes-de-H.-P.* **334** H10 – *rattaché à Castellane.*

La GARDE *48 Lozère* **330** H5 – *rattaché à St-Chély-d'Apcher.*

Dans ce guide
un même symbole, un même mot,
imprimé en **rouge** *ou en* **noir**, *en maigre ou en* **gras**,
n'ont pas tout à fait la même signification.
Lisez attentivement les pages explicatives.

La GARDE-ADHÉMAR *26700 Drôme* **332** B7 *G. Vallée du Rhône* – *1 075 h alt. 178.*
   Voir *Église*★ – ≼★ *de la terrasse.*
   ☑ *Syndicat d'initiative, rue Marquis de la Baume* 🖉 *04 75 04 40 10, Fax 04 75 04 43 44.*
   Paris 624 – Montélimar 24 – Nyons 42 – Pierrelatte 7.

🏨 **Logis de l'Escalin** 🛏, Nord : 1 km par D 572 🖉 04 75 04 41 32, *info@lescalin.com,*
   Fax 04 75 04 40 05, 🌭, 🛎, 🌿 – 📺 📞 🅿. **AE GB**. 🍴 ch
   fermé 13 au 22 avril, 18 au 28 oct., 3 au 10 janv., dim.soir, mardi midi et lundi – **Repas** 21/46
   ♀ – ⬜ 10 – **16 ch** 60/75 – ½ P 63/71.
   ♦ Cette ferme aurait pu voir naître Escalin, baron de la Garde et ambassadeur de François 1er. Les chambres offrent un confort complet et un plaisant décor coloré. Salle à manger provençale réchauffée par une cheminée et agréable terrasse ombragée de platanes.

La GARDE-FREINET *83310 Var* **340** N6 *G. Côte d'Azur* – *1 619 h alt. 380.*
   ☑ *Office de tourisme, 1 place Neuve* 🖉 *04 94 43 67 41, Fax 04 94 43 08 69, ot–lgf@club-internet.fr.*
   Paris 851 – Fréjus 42 – Brignoles 48 – Hyères 70 – Toulon 71 – St-Tropez 22 – Ste-Maxime 22.

✗ **Faücado,** 🖉 04 94 43 60 41, 🌭 – **AE GB**
   fermé 10 janv. au 10 mars, mardi sauf le soir en juil.-août et fériés – **Repas** 28/50 et dîner à la carte 38 à 62.
   ♦ Établissement attrayant doté d'une sympathique terrasse fleurie en façade. Intime salle à manger provençale agrémentée de nombreux bibelots. Cuisine traditionnelle.

La GARDE-GUÉRIN *48800 Lozère* **330** L8 *G. Languedoc Roussillon.*
   Voir *Donjon* ☀★ – *Belvédère du Chassezac*★★.
   Paris 610 – Alès 59 – Aubenas 69 – Florac 71 – Langogne 37 – Mende 55.

🏨 **Auberge Régordane** 🛏, 🖉 04 66 46 82 88, *Fax 04 66 46 90 29,* 🌭 – 📺. ⓘ **GB**
   10 avril-3 oct. – **Repas** *(fermé mardi midi sauf juil.-août)* 17/30, enf. 9,50 ♀ – ⬜ 7 – **15 ch**
   48/59 – ½ P 49/54.
   ♦ Cette demeure du 16e s. profite d'un bel intérieur de caractère au coeur d'un village médiéval fortifié situé sur l'antique voie Régordane reliant l'Auvergne au Languedoc. Voûtes en granit, décor rustique soigné et jolie terrasse font le cachet du restaurant.

La GARENNE-COLOMBES *92 Hauts-de-Seine* **311** J2 **101** ⑭ – *voir à Paris, Environs.*

GARETTE *79 Deux-Sèvres* **322** C7 *G. Poitou Vendée Charentes –* ✉ *79270 Sansais.*
Paris 419 – La Rochelle 60 – Fontenay-le Comte 28 – Niort 12 – St-Jean-d'Angély 59.

XX **Les Mangeux de Lumas,** r. des Gravées (accès piétonnier en été) ✆ 05 49 35 93 42, Fax 05 49 35 82 89, 🍽 – **GB**
fermé 2 au 28 nov., 3 au 23 janv., lundi soir, merc. soir sauf du 12 juil. au 31 août et mardi – **Repas** 23/47, enf. 10 ♀.
◆ Typique du Marais poitevin, le double accès de la maison guide vos pas vers les terrasses : côté rue ou côté conche. Spécialités de petits-gris ou "lumas". L'été, formule grill.

GARIDECH *31380 H.-Gar.* **343** H2 – *954 h alt. 180.*
Paris 687 – Toulouse 21 – Albi 58 – Auch 96.

XX **Club,** route d'Albi ✆ 05 61 84 20 23, *rest-leclub@wanadoo.fr,* Fax 05 61 84 43 21, 🍽 , 🚗
– **P**. **GB**
fermé 16 août au 2 sept. et 21 au 27 fév. – **Repas** 15 (déj.), 22/37 ♀.
◆ Maison familiale située dans un jardin en retrait de la N 88. Sobre salle à manger agrémentée de poutres. Terrasse et véranda tournées vers la campagne. Carte traditionnelle.

GARNACHE *85 Vendée* **316** F6 – *rattaché à Challans.*

GARONS *30 Gard* **339** L6 – *rattaché à Nîmes.*

GASNY *27620 Eure* **304** J7 – *2 941 h alt. 36.*
🏌 *de Villarceaux à Chaussy* ✆ *01 34 67 73 83, N : 11 km par D 37.*
Paris 77 – Rouen 71 – Évreux 43 – Mantes-la-Jolie 20 – Vernon 10 – Versailles 67.

XX **Auberge du Prieuré Normand,** 1 pl. République ✆ 02 32 52 10 01, 🍽 – **GB**
🐌 *fermé 2 au 30 août, mardi soir et merc. –* **Repas** 14,50 (déj.), 22,50/40 ♀.
◆ Depuis la Roche-Guyon, votre route vous mènera le long des boves crayeuses à cette sympathique auberge villageoise où vous attend une cuisine traditionnelle soignée.

GASSIN *83580 Var* **340** O6 *G. Côte d'Azur – 2 710 h alt. 200.*
Voir *Terrasse des Barri* ≤★.
Env. *Moulins de Paillas* ❄★★ *SE : 3,5 km.*
Paris 872 – Fréjus 34 – Le Lavandou 31 – St-Tropez 9 – Ste-Maxime 14 – Toulon 69.

XX **Auberge la Verdoyante,** Nord : 2 km par rte St-Tropez et chemin privé
✆ 04 94 56 16 23, *la.verdoyante@tiscali.fr,* Fax 04 94 56 43 10, ≤, 🍽 – **P**. **GB**
fin mars-15 nov. et fermé merc. midi et sam. midi en juil.-août et merc. de sept. à juin – **Repas** 25/34.
◆ Auberge nichée dans un écrin de verdure. Goûtez à sa cuisine régionale, sur la terrasse dominant le golfe de St-Tropez ou dans une salle rustique avec cheminée.

GAURIAC *33710 Gironde* **335** H4 – *826 h alt. 50.*
Paris 551 – Bordeaux 42 – Blaye 11 – Jonzac 57 – Libourne 38.

X **Filadière,** Ouest : 2 km sur D 669E1 ✆ 05 57 64 94 05, *lafiladiere@tiscali.fr,* Fax 05 57 64 94 06, ≤, 🍽 – **P**. **GB**
fermé 6 au 18 déc., mardi soir du 15 sept. au 30 juin et merc. – **Repas** 14,50 (déj.), 21/28, enf. 8 ♀.
◆ La terrasse panoramique bordant l'estuaire de la Gironde est un des atouts de ce restaurant bâti sur le site d'un ancien complexe de stockage pétrolier. Intérieur lumineux.

GAVARNIE *65120 H.-Pyr.* **342** L8 *G. Midi-Pyrénées – 164 h alt. 1350 – Sports d'hiver : 1 350/ 2 400 m ≰ 11 🎿.*
Voir *Village★ – Cirque de Gavarnie★★★ S : 3 h 30.*
🅱 *Office de tourisme,* ✆ *05 62 92 49 10, Fax 05 62 92 41 00, ot-gedre@gavarnie.com.*
Paris 901 – Pau 96 – Lourdes 52 – Luz-St-Sauveur 20 – Tarbes 71.

🏨 **Marboré,** ✆ 05 62 92 40 40, *hotel@lemarbore.com,* Fax 05 62 92 40 30, ≤, 🍽 , 🛁 – 📺
📞 **P** – 🔔 25. 🆎 **GB**. 🛏 ch
fermé 4 nov. au 20 déc. – **Repas** 18/25, enf. 10 ♀ – 🍴 7,50 – **24 ch** 43,50/56 – ½ P 53.
◆ Ambiance conviviale dans cet hôtel du 19e s. situé à l'entrée du cirque. Vous y trouverez des chambres simples mais bien tenues et un bar-pub de style "british". Plats traditionnels servis dans une salle à manger façon bistrot, sous la véranda ou en terrasse.

GÉMENOS *13420 B.-du-R.* **340** I6 *G. Provence – 5 485 h alt. 150.*

Env. *Parc de St-Pons★ E : 3 km.*

🛈 *Office de tourisme, cours Pasteur & 04 42 32 18 44, Fax 04 42 32 15 49, ot.gemenos-@visitprovence.com.*

Paris 788 – Marseille 25 – Toulon 50 – Aix-en-Provence 39 – Brignoles 48.

Relais de la Magdeleine 🦢, rd-pt de la Madeleine, N 396 & 04 42 32 20 16, *contact@relais-madeleine.fr*, Fax 04 42 32 02 26, 🍽️, 🏊 – 🛏 🆅 ❤️ 🅿 – 🕍 30. 🆎 🆎 🕍
15 mars-1ᵉʳ déc. – **Repas** *(fermé merc. midi hors saison et lundi midi)* 42/52 ⵌ – ⵧ 13 –
24 ch 120/185 – ½ P 108/135.
  ◆ C'est toute la Provence qui s'exprime dans cette élégante demeure du 18ᵉ s. : mobilier ancien, tomettes, tableaux, tissus... jusqu'au chant des cigales dans le parc ! Cuisine classique, carte des vins étoffée et décor raffiné caractérisent le restaurant.

Bed & Suites sans rest, au parc d'activités de Gémenos, Sud : 2 km & 04 42 32 72 73, *bed andsuites@voila.fr*, Fax 04 42 32 72 74 – 🛏 🆇 🆕 🆅 ❤️ 🕭 🅿 🆎 🆔 🆎 🕍
– ⵧ 10 – **29 ch** 75/100.
  ◆ Derrière sa façade ocre, cet hôtel tout neuf abrite des chambres modernes, dotées de balcons et décorées dans un sobre esprit provençal ; elles sont plus calmes à l'avant.

Parc 🦢, Vallée St-Pons par D 2 : 1 km & 04 42 32 20 38, Fax 04 42 32 10 26, 🍽️, 🌳 – 🆅 🅿 – 🕍 20. 🆎 🆎
Repas *(12)* - 15,50 (déj.), 22/65 ⵌ – ⵧ 7 – **13 ch** 51/84 – ½ P 55/66.
  ◆ Non loin du parc de St-Pons, dans un écrin de verdure en retrait de la départementale, une sympathique adresse, pleine de gaieté avec ses chambres colorées. Spacieux restaurant offrant une jolie vue sur un jardin fleuri. Terrasse ombragée par des platanes.

Si le coût de la vie subit des variations importantes,
les prix que nous indiquons peuvent être majorés.
Lors de votre réservation à l'hôtel, faites-vous préciser le prix définitif.

GÉNÉRARGUES *30 Gard* **339** I4 – *rattaché à Anduze.*

GENESTON *44140 Loire-Atl.* **316** G5 – *2 217 h alt. 28.*

Paris 398 – Nantes 20 – Cholet 60 – La Roche-sur-Yon 47.

Pélican, 13 pl. G. Gaudet & 02 40 04 77 88, Fax 02 40 04 77 88 – 🍽️. 🆎. 🕷
fermé 2 au 27 août, 16 au 25 fév., dim. soir, lundi et merc. – **Repas** 19,50/29,50, enf. 6,10 ⵌ.
  ◆ Cette pimpante façade en bois peint dissimule deux petites salles à manger récemment rénovées dans les tons jaune et vert. Cuisine classique habilement mise au goût du jour.

GENILLÉ *37460 I.-et-L.* **317** P5 *G. Châteaux de la Loire – 1 425 h alt. 88.*

🛈 *Office de tourisme, 17 place Agnès Sorel & 02 47 59 57 85, Fax 02 47 59 57 85.*
Paris 239 – Tours 48 – Blois 57 – Châtellerault 67 – Loches 12.

Agnès Sorel avec ch, pl. Eglise & 02 47 59 50 17, *agnessorel@wanadoo.fr*, Fax 02 47 59 59 50, 🍽️, 🌳 – 🆎
fermé 22 au 29 mars, 4 au 11 oct., 1ᵉʳ au 25 janv., merc. en juil.-août, dim. soir, lundi et mardi midi – **Repas** 19/42, enf. 10 – ⵧ 7 – **3 ch** 38/49 – ½ P 41/47.
  ◆ Deux plaisantes salles à manger rustico-bourgeoises attendent les convives dans cette maison de pays. Ils s'y régaleront avec une goûteuse cuisine dans l'air du temps.

GENNES *49350 M.-et-L.* **317** H4 *G. Châteaux de la Loire – 1 946 h alt. 28.*

Voir *Église★★ de Cunault SE : 2,5 km – Église★ de Trèves-Cunault SE : 3 km.*

🛈 *Office de tourisme, square de l'Europe & 02 41 51 84 14, Fax 02 41 51 83 48, ot-gennois@wanadoo.fr.*

Paris 305 – Angers 33 – Bressuire 65 – Cholet 68 – La Flèche 46 – Saumur 20.

Aux Naulets d'Anjou 🦢, 18 r. Croix de Mission & 02 41 51 81 88, *naulets.danjou@lapo ste.net*, Fax 02 41 38 00 78, ⵗ, 🍽️, 🏊 – 🆅 🅿 – 🕍 20. 🆎 🕷 rest
fermé nov. – **Repas** *(dîner seul.)* 19/23 ⵌ – ⵧ 8 – **19 ch** 54/66 – ½ P 52.
  ◆ Construction des années 1970 dans la partie haute du village, où il fait bon se détendre et se ressourcer entre Anjou et Saumurois. Lumineuse salle à manger prolongée d'un balcon-terrasse ouvert sur la piscine et le jardin. Cuisine familiale.

L'Aubergade, 7 av. Cadets & 02 41 51 81 07, Fax 02 41 38 07 85 – 🆎
fermé vacances de fév., dim. soir hors saison, mardi soir et merc. – **Repas** 24/53, enf. 10 ⵌ.
  ◆ Les "cadets de Saumur" se sont illustrés en 1940 dans les environs. Accueil hospitalier, mobilier rustique et cuisine influencée par le terroir caractérisent ce restaurant.

GENSAC *33890 Gironde* 🔢 *L6 – 800 h alt. 78.*

🏢 *Office de tourisme* 🖉 *05 57 47 46 67, Fax 05 57 47 46 63, gensac@free.fr.*
Paris 554 – Bergerac 39 – Bordeaux 63 – Libourne 33 – La Réole 34.

🍴🍴 **Remparts** 🛏 *avec ch., 16 r. Château* 🖉 *05 57 47 43 46, rempartsgensac@aol.com,*
Fax 05 57 47 46 76, ≼, 🚗 – 📺 📹 & 🄿. 🗺
fermé 16 nov. au 31 déc. et en semaine en janv. et fév. – **Repas** *(fermé dim. soir, mardi midi et lundi)* 23/40, enf. 11 ⚚ – ⚌ 7 ch 55 – ½ P 55.
◆ Proche de l'église, sobre restaurant offrant une vue panoramique sur la vallée ; tables bien dressées. Beau jardin et coquettes chambres aménagées dans un presbytère médiéval.

au Nord *:2 km par D16 et D130 (rte de Juillac)* – ✉ *33890 Juillac :*

🍴🍴 **Belvédère,** 🖉 *05 57 47 40 33, le-belvedere@wanadoo.fr, Fax 05 57 47 48 07,* ≼, 🌿 – 🄿.
🗺 ⓐ ① 🗺 🗺
fermé oct., mardi sauf le midi en juil.-août et merc. – **Repas** 18 bc (déj.), 25/56, enf. 10 ⚚.
◆ Grand chalet surplombant un méandre de la Dordogne. Chaleureuse salle à manger au cachet rustique, jolie mise en place et agréable terrasse. Cuisine à l'accent régional.

au Sud-Ouest *: 2 km par D18 et D15E1* – ✉ *33350 Ste Radegonde*

🏨 **Château de Sanse** 🛏, 🖉 *05 57 56 41 10, contact@chateaudesanse.com,*
Fax 05 57 56 41 29, ≼, 🌿, ⬩, ⚚ – ⚬ 📺 📹 & 🄿 – ⚌ 25. 🗺 ① 🗺. 🍽 rest
fermé fév. – **Repas** *(fermé le midi sauf week-ends, lundi et mardi d'oct. à avril et dim soir)*
26/28 ⚚ – ⚌ 15 – **14 ch** 100/185 – ½ P 81/120.
◆ Dans un grand parc, demeure du 18ᵉ s. donnant sur les collines de l'Entre-Deux-Mers. Intérieur rénové ; spacieuses chambres de caractère. Le cadre contemporain du restaurant est des plus agréables. Terrasse dressée face à la verdure ; cuisine actuelle.

Pour visiter une ville ou une région : utilisez les Guides Verts Michelin.

GENTILLY *94 Val-de-Marne* 🔢 *D3* 🔢 ㉖ *– voir à Paris, Environs.*

GÉRARDMER *88400 Vosges* 🔢 *J4 G. Alsace Lorraine – 8 845 h alt. 669 – Sports d'hiver : 660/*
1 350 m ≤ 31 ⚡ *– Casino* **AZ.**
Voir Lac de Gerardmer★ – Lac de Longemer★ – Saut des Cuves★ E : 3 km par ①.
🏢 *Office de tourisme, 4 place des Déportés* 🖉 *03 29 27 27 27, Fax 03 29 27 23 25,*
info@gerardmer.net.
Paris 425 ③ *– Colmar 52* ① *– Épinal 40* ③ *– Belfort 78* ② *– St-Dié 27* ① *– Thann 50* ②.

Plan page ci-contre

🏨🏨 **Grand Hôtel,** pl. Tilleul 🖉 *03 29 63 06 31, gerardmer-grandhotel@wanadoo.fr,*
Fax 03 29 63 46 81, 🌿, ⬩, 🔲, ⚚ – ⚑ ⚬ 📺 📹 & 🄿 – ⚌ 20 à 100. 🗺 ① 🗺 **AZ f**
Grand Cerf *(fermé le midi sauf dim. et jours fériés)* **Repas** 21/48, enf. 11 ⚚ – **L'Assiette du
Coq à l'Âne : Repas** *(11/*16/25, enf. 9 ⚚ – ⚌ 11 – **58 ch** 86,50/175, 4 suites – ½ P 90/115.
◆ Imposante bâtisse du 19ᵉ s. au coeur d'un vaste domaine arboré. Les chambres, peu à peu rénovées, adoptent un décor "cosy" mariant esprit anglais et style chalet. Cuisine traditionnelle au Grand Cerf. Spécialités du terroir à l'Assiette du Coq à l'Âne.

🏨🏨 **Manoir au Lac** 🛏, par ③ *: 1 km rte d'Épinal* 🖉 *03 29 27 10 20, contact@manoir-au-lac.c
om, Fax 03 29 27 10 27,* ≼ lac, 🔲, ⚚ – 📺 & ⚬ 🄿 – ⚌ 20. 🗺 ① 🗺 🗺. 🍽
fermé 12 au 30 nov. – **Repas** *(dîner seul.)* (résidents seul.) 30 – ⚌ 20 – **14 ch** 140/270.
◆ Jadis fréquenté par Maupassant, typique chalet vosgien du 19ᵉ s. dans un parc. Ambiance "guesthouse", chambres raffinées, salon avec piano et superbe vue sur le lac.

🏨 **Beau Rivage,** esplanade du Lac 🖉 *03 29 63 22 28, Hotel-Beau-Rivage@wanadoo.fr,*
Fax 03 29 63 29 83, ≼ lac, 🌿, ⬩ – 🔳 📺 🄿 🗺 ① 🗺 **AY e**
Repas 22,50 (déj.), 28/59, enf. 11 ⚚ – ⚌ 10 – **46 ch** 88/115 – ½ P 89/97.
◆ Situation idéale pour cet hôtel qui a quasiment "les pieds dans l'eau". Chambres rajeunies ; celles avec balcon et vue sur les ondes bleutées sont à réserver en priorité. Cuisine au goût du jour servie dans un restaurant tourné vers le beau rivage lacustre.

🏨 **Jamagne,** 2 bd Jamagne 🖉 *03 29 63 36 86, hotel.jamagne@wanadoo.fr,*
Fax 03 29 60 05 87, 🌿, 🍸, 🔲 – ⚑ 📺 📹 – ⚌ 20 à 50. 🗺. 🍽 rest **AY g**
fermé 7 mars au 2 avril et 14 nov. au 17 déc. – **Repas** *(fermé merc. midi sauf vacances
scolaires)* 17/20, enf. 8 ⚚ – ⚌ 9,50 – **48 ch** 75/85 – ½ P 55/60.
◆ Établissement tenu depuis 1905 par la même famille. Chambres rénovées, lambrissées et dotées d'un mobilier de style régional. Belle piscine intérieure. Cuisine traditionnelle escortée de spécialités et de vins régionaux, à déguster dans un cadre rustique.

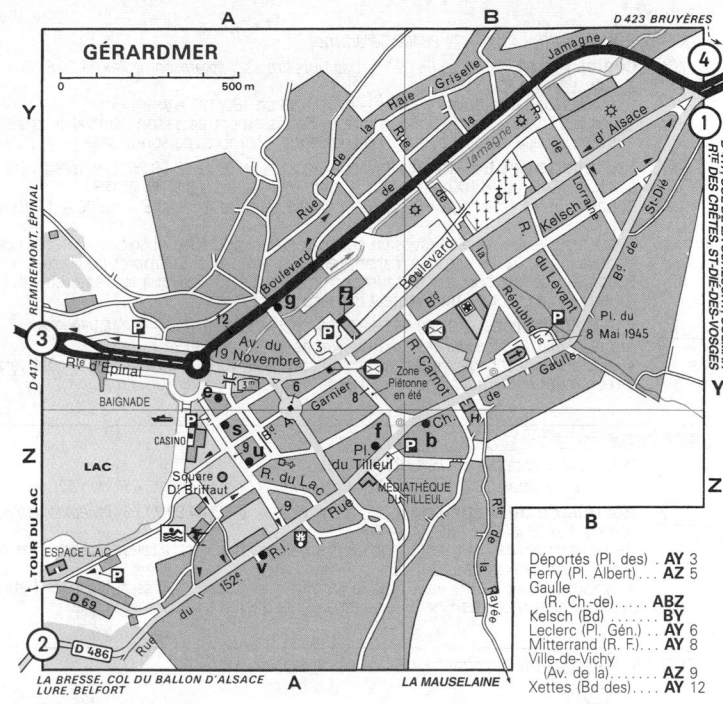

GÉRARDMER

0   500 m

Déportés (Pl. des) . **AY** 3
Ferry (Pl. Albert) . . . **AZ** 5
Gaulle
  (R. Ch.-de) . . . . . **ABZ**
Kelsch (Bd) . . . . **BY**
Leclerc (Pl. Gén.) . . **AY** 6
Mitterrand (R. F.) . . **AY** 8
Ville-de-Vichy
  (Av. de la) . . . . . . **AZ** 9
Xettes (Bd des) . . . . **AY** 12

Paix, 6 av. Ville de Vichy ℘ 03 29 63 38 78, *hotel.delapaix@wanadoo.fr*, Fax 03 29 63 18 53,
🌳 – 🛗 TV 📞 P. GB ✄   **AZ s**
Bistrot des Bateliers (fermé dim. soir et lundi sauf vacances scolaires et fériés) Repas
(18)-25/40 ⅊ – � 8,50 – **24 ch** 58/85 – ½ P 65/78.
  ◆ Hôtel familial installé face au lac et au casino. Réservez en priorité les chambres récemment rajeunies. Cuisine classique, recettes du terroir et plats végétariens cohabitent sur la
carte du restaurant. Salle et véranda ont vue sur le plan d'eau.

Les Reflets du Lac sans rest, au bout du lac, par ③ : 2,5 km ℘ 03 29 60 31 50, *pasc.bon
temps@wanadoo.fr*, Fax 03 29 63 17 51, ≤ – TV 📞 P. GB
fermé 12 nov au 15 déc. – ⊷ 6,10 – **12 ch** 46/84.
  ◆ Le lieu de tournage des Grandes Gueules (Bourvil et Lino Ventura) est situé à deux pas de
ce plaisant chalet entièrement rénové. La moitié des chambres regarde le lac.

Gérard d'Alsace sans rest, 14 r. 152e R. I. ℘ 03 29 63 02 38, *gerard.dalsace.hotel@liberty
surf.fr*, Fax 03 29 60 85 21, 🛋, 🌳 – P. ⓞ GB ✄   **AZ v**
fermé 14 nov. au 5 déc. – ⊷ 6,90 – **17 ch** 38/58.
  ◆ Colorées, mises au goût du jour et accueillantes, les chambres de cet établissement
offrent toutefois un confort simple. Location de VTT sur place.

Loges du Parc sans rest, 12 av. Ville de Vichy ℘ 03 29 63 32 43, *les.loges.du.parc@wanad
oo.fr*, Fax 03 29 63 17 03, 🛋 – TV P. ﷼ GB ✄   **AZ u**
4 avril-3 oct. et 19 déc.-6 mars – ⊷ 8,50 – **30 ch** 58/68.
  ◆ L'hôtel est séparé du lac par un square. Petites chambres coquettes, souvent égayées
de tissus colorés et de frisette. Salon-cheminée décoré à la tyrolienne.

Chalet du Lac, par ③ : 1 km rte Épinal ℘ 03 29 63 38 76, Fax 03 29 60 91 63, ≤ lac, 🌳 –
TV P. GB
fermé oct. – **Repas** 18,50/51, enf. 10 ⅊ – ⊷ 7,50 – **11 ch** 54/67,50 – ½ P 52,50.
  ◆ Fringant chalet vosgien de 1866, typique des rives du lac de Gérardmer. Chambres
discrètement décorées, parfois pourvues de meubles régionaux. Dans la salle à manger,
cuisine traditionnelle, jolie vue sur les flots et chaleureux intérieur façon "stube".

Bistrot de la Perle, 32 r. Ch. de Gaulle ℘ 03 29 60 86 24, Fax 03 29 60 86 24, 🌳 – GB
fermé 28 juin au 6 juil., 4 au 28 oct., mardi soir et merc. hors saison – **Repas** (9,50) -14,50/20,
enf. 6,10 ⅊.   **BZ b**
  ◆ Moderne et discrète petite devanture vitrée. Cuisine régionale actualisée servie dans
une salle à manger aménagée façon bistrot ou en terrasse, au calme sur l'arrière.

aux Bas Rupts par ② : 4 km – ⊠ 88400 Gérardmer :

🏨 **Chalet Fleuri,** ℘ 03 29 63 09 25, basrupts@relaischateaux.com, Fax 03 29 63 00 40, ≤,
🛁, 🐾, ℅ – 📺 🄿 🄰🄴 ☖☒
voir rest. **Host. Bas-Rupts** ci-après – ☄ 20 – **13 ch** 180/190 – ½ P 145/185.
♦ Toit pentu, façades de bois sombre et fleurissement en saison : ambiance chalet que
renforce le beau décor rustique à l'autrichienne. Chambres personnalisées.

✗✗✗✗ **Hostellerie des Bas-Rupts** (Philippe) avec ch, ℘ 03 29 63 09 25, basrupts@relaischate
🌼 aux.com, Fax 03 29 63 00 40, ≤, 🏡, 🛁, 🐾, ℅ – ▤ rest, 📺 ☏ 🄿 🄰🄴 ☖☒
Repas (dim. et fêtes prévenir) 32 (déj.), 40/88 et carte 61 à 90 ☒ – ☄ 20 – **11 ch** 160 –
½ P 130/175.
♦ Les grandes baies de ce ravissant chalet ouvrent sur la forêt vosgienne. Intérieur raffiné
et chaleureux. Cuisine soignée mariant terroir et inventivité. Chambres douillettes.
Spéc. Duo de langoustines et saumon fumé. Tripes au riesling à la crème et moutarde.
Assiette "tout cochon". **Vins** Muscat d'Alsace, Tokay-Pinot gris.

✗✗ **A la Belle Marée,** ℘ 03 29 63 06 83, Fax 03 29 63 20 76, ≤, 🐾 – 🄿 🄰🄴 ① ☖☒
🦐 fermé 28 juin au 8 juil., lundi et mardi – **Repas** 22/50, enf. 10 ☒.
♦ Hublots et décor "paquebot" en acajou côté salle, vue sur les montagnes côté véranda,
ou comment embarquer... pour les "fjords" vosgiens ! Produits de la mer.

GERBEROY 60380 Oise ᴆᴏᴝ C3 – 111 h alt. 180.
🄱 Syndicat d'initiative ℘ 03 44 82 33 63.
Paris 110 – Aumale 30 – Beauvais 22 – Breteuil 37 – Compiègne 82 – Rouen 62.

✗✗ **Hostellerie du Vieux Logis,** 25 r. Logis du Roy ℘ 03 44 82 71 66, levieuxlogis@worldo
nline.fr, Fax 03 44 82 61 65, 🏡 – ☖☒
fermé vacances de Noël, de fév., du lundi soir au vend. de nov. à fév, mardi soir, dim. soir et
merc. en saison – **Repas** 21/46 ☒.
♦ Maison à l'entrée du vieux village fortifié désormais pris d'assaut par les fleurs, les
peintres et les touristes. Cheminée et charpente découverte égayent la salle.

GERDE 65 H.-Pyr. ᴈᴁᴈ N4 – rattaché à Bagnères-de-Bigorre.

GERMAGNY 71430 S.-et-L. ᴈᴈᴏ H9 – 156 h alt. 265.
Paris 361 – Chalon-sur-Saône 27 – Mâcon 54 – Montceau-les-Mines 28 – Paray-le-Monial 53.

✗ **Auberge La Gourmandière,** ℘ 03 85 49 25 46, lagourmandiere@wanadoo.fr,
🍴 Fax 03 85 49 25 73 – ☖☒
fermé 23 août au 8 sept., 21 au 31 déc., mardi et merc. – **Repas** 12,50/25,50, enf. 8 ☒.
♦ Petite auberge familiale toute simple au coeur du hameau. Intérieur d'esprit rustique,
accueil sympathique, cuisine traditionnelle et spécialités bourguignonnes.

GÉTIGNÉ 44 Loire-Atl. ᴈᴚᴇ I5 – rattaché à Clisson.

Les GETS 74260 H.-Savoie ᴈᴈᴚ N4 G. Alpes du Nord – 1 352 h alt. 1170 – Sports d'hiver : 1 170/
2 000 m ⑤ 5 ⑤ 47 🎿.
Env. Mont Chéry ※ ★★.
🇬 des Gets ℘ 04 50 75 87 63, E : 3 km.
🄱 Office de tourisme ℘ 04 50 75 80 80, Fax 04 50 79 76 90, lesgets@lesgets.com.
Paris 579 – Thonon-les-Bains 36 – Annecy 77 – Bonneville 33 – Cluses 19 – Morzine 7.

🏨 **Labrador,** rte La Turche ℘ 04 50 75 80 00, info@labrador-hotel.com, Fax 04 50 79 87 03,
≤, 🏡, 🛥, 🛁, 🖂, 🐾, ℅ – 🕸 📺 ☏ ☞ 🄿 🄰🄴 ① ☖☒ ☖☒, ⌇ rest
27 juin-11 sept. et 19 déc.-8 avril – **St-Laurent** (dîner seul.) **Repas** 28/46 ☒ – ☄ 13 – **23 ch**
180/240 – ½ P 150/160.
♦ Ce pimpant chalet en bois clair abrite des chambres, toutes rénovées, avec lambris,
étoffes colorées et larges baies vitrées face aux montagnes. Salle de jeux bien équipée.
Dans la salle à manger, plaisant cachet savoyard et grillades préparées au feu de bois.

🏨 **Mont Chéry,** ℘ 04 50 75 80 75, hotel.mont-chery@wanadoo.fr, Fax 04 50 79 70 13, ≤,
🏡, 🖂, 🐾 – 🛗, ▤ rest, 📺 ☏ ☞ 🄿 ☖☒, ⌇
hôtel : 1er juil.-31 août et 20 déc.-15 avril ; rest. : 20 déc.-15 avril – **Repas** 32/63 ☒ – **27 ch**
☄ 100/250 – ½ P 110/220.
♦ Le mont Chéry, qui a donné son nom à l'hôtel, domine la petite station familiale. Les
chambres, personnalisées, sont très coquettes dans leur décor "montagnard chic". Jolie
salle à manger et terrasse ensoleillée. Carte traditionnelle et salon de thé.

Marmotte, *𝒸 04 50 75 80 33, info@hotel-marmotte.com, Fax 04 50 75 83 26, ≤, Ⅰ₅, ⬚*
– 🛗 TV 🍴 ⇔ P. AE ⓘ GB JCB, ≫ rest
3 juil.-12 sept. et 18 déc.-3 avril – **Repas** (dîner seul.) (résidents seul.) 26/33, enf. 13 ⌷ –
⊐ 11 – **48 ch** 226/260, 5 duplex – ½ P 165/202.
♦ L'hôtel est situé au pied des remontées mécaniques. Chambres spacieuses et restaurant
ouvert sur les pistes. Un souterrain permet de rejoindre l'espace de remise en forme.

Alpina ⧽, 55 imp. Grange Neuve *𝒸 04 50 75 80 22, info@hotel-alpina74.com,*
Fax 04 50 75 83 48, ≤, ⧑, ☞ – 🛗 TV 🍴 ⇔ P. AE ⓘ GB, ≫ rest
20 mai-20 sept. et 15 déc.-20 avril – **Repas** 18 (déj.), 20/30 – ⊐ 7,20 – **33 ch** 104/110 –
½ P 83/89.
♦ Cure de jouvence réussie pour ce chalet-hôtel situé sur les hauteurs du bourg : les
chambres ont été refaites dans un style savoyard actuel. Plaisant jardin d'été. Cuisine aux
accents du pays, décor tout bois et tons chauds vous attendent au restaurant.

Alpages, rte La Turche *𝒸 04 50 75 80 88, info@hotel-alpages.com, Fax 04 50 79 76 98, ≤,*
Ⅰ₅, ⧑, – 🛗 TV P. AE ⓘ GB. ≫ rest
1er juil.-31 août et 15 déc.-15 avril – **Repas** 15/30 – ⊐ 17 – **22 ch** 170/185 – ½ P 152.
♦ Façade avenante et chambres pratiques égayées de tissus colorés : une pension de
famille sans fard, à rejoindre "tout schuss". Piscine extérieure chauffée l'hiver. Peaux de
chèvre et de mouton agrémentent les murs du restaurant ; plats savoyards.

Bellevue, 125 rte Front de Neige *𝒸 04 50 75 80 95, bellevue.gets@wanadoo.fr,*
Fax 04 50 79 81 81, ≤, 🍴, Ⅰ₅ – TV ⇔. GB. ≫ ch
30 juin-31 août. et 20 déc.-6 avril – **Repas** 15 (déj.), 17/22 ⌷ – ⊐ 8 – **16 ch** 130/160 –
½ P 90.
♦ Ce chalet situé à côté de l'école de ski a été entièrement redécoré. Chambres avec
balcons, peu spacieuses, mais soignées ; les plus agréables sont exposées plein Sud. Carte
régionale servie dans une salle à manger claire. Plats du jour au bar-brasserie.

Crychar ⧽, par rte La Turche *𝒸 04 50 75 80 50, info@crychar.com, Fax 04 50 79 83 12,*
≤, ⧑, – TV P. AE ⓘ GB. ≫
26 juin-15 sept. et 18 déc.-16 avril – **Repas** (dîner seul.) (½ pens. seul.) (résidents seul.) 26 –
⊐ 12 – **15 ch** 165 – ½ P 120.
♦ Cirque blanc l'hiver, alpages verdoyants l'été : la petite bâtisse propose des chambres
simples dotées de balcons, dans un environnement qui séduira les sportifs.

Bel'Alpe, *𝒸 04 50 79 74 11, belalpe@portesdusoleil.com, Fax 04 50 79 80 99, ≤, 🍴, ☞*
– 🛗 TV P. GB
20 juin-10 sept. et 15 déc.-20 avril – **Repas** 13/32, enf. 10 ⌷ – ⊐ 7 – **36 ch** 75 – ½ P 73.
♦ Chalet traditionnel équipé pour répondre aux besoins d'une clientèle familiale ("club
enfant" en hiver). Chambres sans fioriture ; certaines possèdent un balcon. Restaurant au
décor actuel, vue sur la station et cuisine traditionnelle dans la note locale.

GEVREY-CHAMBERTIN *21220 Côte-d'Or* **320** *J6 G. Bourgogne – 3 258 h alt. 275.*
🅱 *Office de tourisme, 3 rue Gaston Roupnel 𝒸 03 80 34 38 40, Fax 03 80 34 15 49,*
gevrey.info@wanadoo.fr.
Paris 315 ① – Beaune 33 ① – Dijon 13 ① – Dole 61 ①.

Plan page suivante

Grands Crus ⧽ sans rest, r. de Lavaux *𝒸 03 80 34 34 15, hotel.lesgrandscrus@ipac.fr,*
Fax 03 80 51 89 07, ☞ – 🍴 P. GB   **A   c**
1er mars-30 nov. – ⊐ 9 – **24 ch** 65/80.
♦ Les vignes des "grands crus" voisinent cette chaleureuse maison de village entourée
d'un joli jardin fleuri. Chambres bourgeoises et salon de caractère.

Arts et Terroirs sans rest, 28 rte Dijon *𝒸 03 80 34 30 76, arts-et-terroirs@wanadoo.fr,*
Fax 03 80 34 11 79, ☞ – TV 🍴 P. AE ⓘ GB   **B   e**
⊐ 8 – **20 ch** 58/90.
♦ L'hôtel borde la N 74 mais la plupart des chambres, de style Louis XV ou Empire, donnent
sur l'arrière, au calme du jardin. Salon "Chesterfield" où trône un piano.

Aux Vendanges de Bourgogne, 47 rte de Beaune *𝒸 03 80 34 30 24, aux-vendanges*
-de-bourgogne@wanadoo.fr, Fax 03 80 58 55 44, 🍴 – TV 🍴 P. GB   **B   n**
fermé 20 déc. au 3 janv. – **Repas** (fermé dim. et lundi) (17) - 25/39, enf. 10 ⌷ ☞ – ⊐ 7,50 –
14 ch 38/58 – ½ P 56/66.
♦ Cette maison fondée en 1864 abrite de petites chambres meublées simplement ; un
double vitrage tente d'atténuer les bruits de la route nationale. Salle à manger rustique où
l'on sert une cuisine du terroir assortie d'une attrayante carte de gevrey-chambertin.

Les Millésimes, 25 r. Église *𝒸 03 80 51 84 24, lesmillesimes@lesmillesimes.fr,*
Fax 03 80 34 12 73, 🍴 – ▤ P. AE GB   **A   r**
fermé 10 déc. au 25 janv., merc. midi, dim. midi et mardi – **Repas** 55/99 et carte 82 à 102 ☞.
♦ Restaurant aménagé dans les caves voûtées d'un cellier du 18e s. On y marie l'or de la
côte à une cuisine actuelle inspirée par le terroir. Très beau choix de vins régionaux.

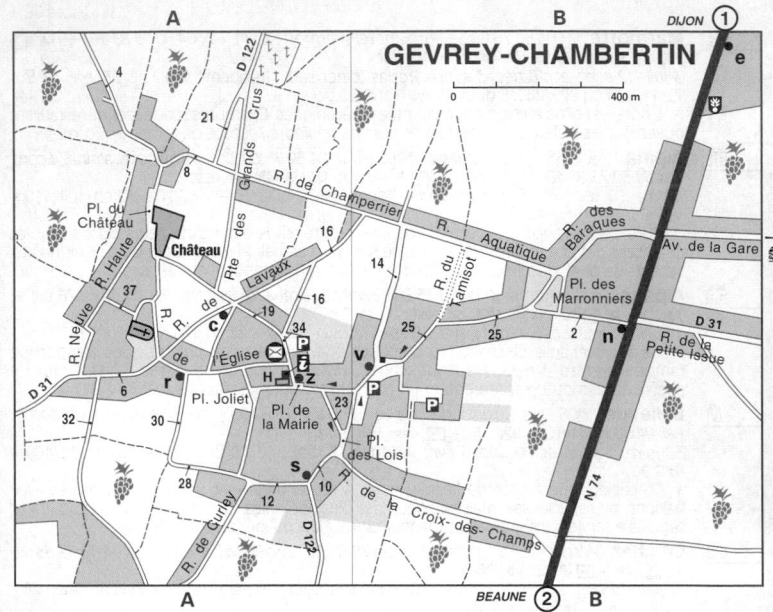

GEVREY-CHAMBERTIN

Ancienne Poste		Combe du Bas (R.)	**B** 14	Mees (R. des)	**A** 28
(R. de l')	**B** 2	Combe du Dessus (R.)	**A** 16	Meixvelle	
Argillière (Chemin de l')	**A** 4	Docteur Magnon Pujo (R. du)	**A** 19	(R. de)	**A** 30
Aumonerie (R. de l')	**A** 6	En Songe (R. d')	**A** 21	Planteligone (R. de)	**A** 32
Caron (R. du)	**A** 8	Gaizot (R. d')	**A** 23	Roupnel	
Chambertin (R. du)	**A** 10	Lattre de Tassigny		(R. Gaston)	**A** 34
Chêne (R. du)	**A** 12	(R. du Maréchal de)	**B** 25	Tison (R. du)	**A** 37

XXX **Rôtisserie du Chambertin,** ℘ 03 80 34 33 20, *Fax 03 80 34 12 30* – ▤ 🅿 ⅁🄱 🄹🄲🄱
A S
fermé 1er au 15 août, 7 au 28 fév., dim. soir, mardi midi et lundi – **Repas** 32/66 et carte 40 à 80, enf. 13 ♀ - *Le Bonbistrot :* Repas carte 22 à 30 ♀.
◆ Remonter de la salle voûtée peut être une épreuve, car la carte comporte une séduisante sélection de chambertins ! Minimusée de la tonnellerie. Le Bonbistrot occupe une ancienne grange ; carte traditionnelle et régionale où le coq au vin figure en bonne place.

XX **Sommellerie,** 7 r. Souvert ℘ 03 80 34 31 48, *Fax 03 80 58 52 20* – ⅁🄱
B V
fermé 4 au 13 juil., 19 déc. au 11 janv., lundi sauf le soir en sept.-oct. et dim. – **Repas** 17 (déj.), 24/62.
◆ Au cœur de ce village tout entier dédié à Bacchus, deux petites salles à manger à l'étage d'une maison en pierre. Discrète décoration vigneronne et recettes personnalisées.

X **Chez Guy,** 3 pl. Mairie ℘ 03 80 58 51 51, *chez-guy@hotel-bourgogne.com,*
Fax 03 80 58 50 39 – ⅁🄱
A Z
fermé vacances de Noël, mardi et merc. – **Repas** (20) - 25/29, enf. 10 ☙.
◆ Un grand comptoir de service et une cheminée-gril occupent le fond de cette salle agrémentée de poutres apparentes. Cuisine régionale et belle sélection de chambertins.

GEX ◁ℙ▷ *01170 Ain* 🄷🄸🄸 *J3 G. Jura – 7 733 h alt. 626.*
🕰 *de Maison-Blanche à Échenevex* ℘ 04 50 42 44 42, *S : 3 km par D 984.*
🄱 *Office de tourisme, square Jean Clerc* ℘ 04 50 41 53 85, *Fax 04 50 41 81 00, ot.pays degex@wanadoo.fr.*
Paris 490 – Genève 19 – Lons-le-Saunier 93 – Pontarlier 110 – St-Claude 42.

🏠 **Parc** sans rest, 58 passage de la Couronne ℘ 04 50 41 50 18, *hotel.parc@wanadoo.fr,*
Fax 04 50 42 37 29, 🍽 – 📺 ☏ 🅿, 🄰🄴 ⅁🄱, 🛉
fermé 3 au 31 janv. et dim. – ⊇ 8 – **15 ch** 56/65.
◆ Maison familiale agrémentée d'une jolie terrasse fleurie. Chambres simples, équipées de meubles rustiques ; quatre d'entre elles, rénovées, sont plus grandes.

à Echenevex Sud : 4 km par D 984c et rte secondaire – 1 197 h. alt. 580 – ⊠ 01170 Gex :

🏠 **Auberge des Chasseurs** ⑤, ℘ 04 50 41 54 07, Fax 04 50 41 90 61, ≤ Mont-Blanc, 😤,
☒, 🥢 – 📺 ❤ 🅿 – 🔏 30. 🆎 ⒼⒷ
1er mars-11 nov., fermé dim. soir et lundi sauf juil.-août, mardi midi et vend. midi – **Repas**
(prévenir) 33/55 ⴹ – 😑 12 – **15 ch** 75/140 – ½ P 100/125.
♦ Coquette maison de campagne au décor intérieur soigné : plafonds peints, photographies de Cartier-Bresson, oeuvres d'art... Chambres personnalisées. Sympathique restaurant de style rustique et agréable terrasse avec le massif du Mont-Blanc en toile de fond.

à Chevry Sud : 7 km par D 984c – 803 h. alt. 500 – ⊠ 01170 :

🍴 **Auberge Gessienne**, ℘ 04 50 41 01 67, Fax 04 50 41 01 67, 😤 – 🅿, ⒼⒷ
fermé 1er au 24 août, 19 déc. au 4 janv., mardi soir, merc. soir, dim. soir et lundi – **Repas** 11,50
(déj.), 21,60/34 bc ⴹ.
♦ Sur la traversée du village, ferme jurassienne assidûment fréquentée par les habitants
de la "zone franche" qui apprécient sa cuisine régionale et son cadre rustique.

GICOURT 60 Oise **305** F4 – rattaché à Clermont.

GIEN 45500 Loiret **318** M5 G. Châteaux de la Loire – 15 332 h alt. 162.
Voir Château⋆ : musée de la Chasse⋆⋆ , terrasse du château ≤⋆ M – Pont ≤⋆.
Env. Pont-canal⋆⋆ de Briare : 10 km par ②.
🛈 Office de tourisme, place Jean-Jaurès ℘ 02 38 67 25 28, Fax 02 38 38 23 16.
Paris 149 ① – Orléans 70 ④ – Auxerre 85 ② – Bourges 77 ③ – Cosne-sur-Loire 46 ②.

GIEN

Anne-de-Beaujeu (R.) . . . . **Z** 2
Bildstein (R. du Lt.) . . . . **Y** 3
Briqueteries (R. des) . . . . **Z**
Château (Pl. du) . . . . **Z** 5
Clemenceau (R. G.) . . . . **Y**
Curie (Place) . . . . **Z**
Gambetta (R.) . . . . **Z** 6
Hôtel-de-Ville (R. de l') . . . . . **Z** 7
Jean-Jaurès (Pl.) . . . . **Z** 9
Jeanne-d'Arc (R.) . . . . **YZ**
Joffre (Q. du Mar.) . . . . **Z**
Leclerc (Av. du Mar.) . . . . . . **Z** 12
Lenoir (Quai) . . . . **Z**
Louis-Blanc (R.) . . . . **Z** 13
Marienne
(R. de l'Adj.-Chef) . . . . . . **Z** 15
Montbricon (R. de) . . . . **YZ**
Noé (R. de) . . . . **Y**
Paris (R. de) . . . . **YZ**
Paul-Bert (R.) . . . . **Z** 16
Président-Wilson (Av.) . . . . . . **Y** 17
République (Av. de la) . . . . . . **Y** 19
Thiers (R.) . . . . **Z** 23
Verdun (R. de) . . . . **Y**
Victor-Hugo (R.) . . . . **Z** 24
Vieille-Boucherie (R.) . . . . . . **Z** 25
Villejean (Av. J.) . . . . **Y**

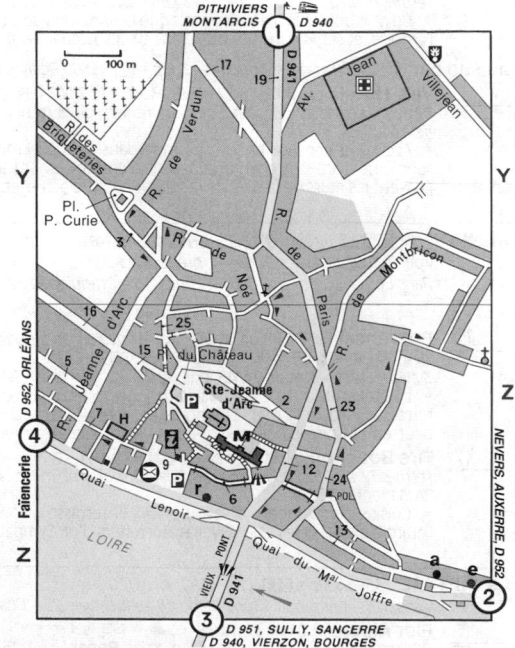

🏠 **Rivage** sans rest, 1 quai Nice ℘ 02 38 37 79 00, Fax 02 38 38 10 21, ≤ – 📺 ❤ 🅿 – 🔏 20.
🆎 ⒼⒷ ⒿⒸⒷ
Z a
fermé 24 déc. au 2 janv. – 😑 8,50 – **16 ch** 46/85, 3 suites.
♦ Certaines chambres de cet hôtel regardent la Loire et son pittoresque vieux pont ;
toutes ont un décor traditionnel et un mobilier de style. Bar et salon confortables.

Axotel sans rest, 14 r. Bosserie, par ① : *3 km* ✆ 02 38 67 11 99, *axotelgien.com@wanadoo.fr, Fax 02 38 38 16 61,* – ▤ TV ✆ P – 30. AE GB
10 – **48 ch** 52/61.
◆ À l'entrée Nord de la ville, hôtel récent à la façade passe-partout. Chambres spacieuses et confortables, équipées de meubles cérusés et égayées de tissus colorés.

Anne de Beaujeu sans rest, 10 rte Bourges par ③ ✆ 02 38 29 39 39, *hotel.a.beaujeu@wanadoo.fr, Fax 02 38 38 27 29* – TV ✆ P. AE GB JCB
8 – **30 ch** 43/60.
◆ Cette imposante construction de la rive gauche porte le nom de la célèbre comtesse de Gien. Cadre contemporain. Préférez les chambres situées sur l'arrière.

Poularde avec ch, 13 quai Nice ✆ 02 38 67 36 05, *Fax 02 38 38 18 78* – ▤ rest, TV ✆. AE GB Z e
fermé 1er au 15 janv., dim. soir et lundi midi – **Repas** 17,50/45 ♀ – 8,50 – **9 ch** 45/58 – ½ P 48.
◆ En bordure du fleuve, cuisine traditionnelle servie dans une élégante salle à manger. Tableaux, chaises Louis XVI, vaisselle de Gien et argenterie. Chambres rénovées.

Côté Jardin, 14 rte Bourges par ③ ✆ 02 38 38 24 67, *Fax 02 38 38 24 67,* – ▤. GB
fermé vacances de fév., mardi soir et merc. – **Repas** (nombre de couverts limité, prévenir) 18/44, enf. 10 ♀.
◆ Sympathique petit restaurant situé de l'autre côté... de la Loire. Aux murs de la salle à manger sont accrochées des natures mortes. Terrasse d'été. Cuisine au goût du jour.

Loire, 18 quai Lenoir ✆ 02 38 67 00 75, *Fax 02 38 38 01 49* – GB Z r
fermé 23 fév. au 4 mars et lundi sauf fériés – **Repas** 18/40 ♀.
◆ Sur les quais au pied du château (musée de la chasse), deux salles accueillantes : l'une est ornée de tableaux d'artistes locaux et l'autre, à l'étage, a vue sur la Loire.

P'tit Bouchon, 66 r. B. Palissy (par r. Hôtel de Ville **Z**) ✆ 02 38 67 84 40, *Fax 02 38 67 84 40* – GB
fermé 1er au 22 août, 23 déc. au 3 janv., sam. midi et dim. – **Repas** (16) - 20/28, enf. 12 ♀.
◆ Ce p'tit bistrot-là n'a de lyonnais que le nom. On y sert des plats tout simples, suggérés à l'ardoise, et servis dans un cadre sans chichi. Accueil sympathique.

au Sud par ③ *, D 940 et rte secondaire : 3 km* – ✉ *45500 Poilly-lez-Gien :*

Villa Hôtel , ✆ 02 38 27 03 30, *Fax 02 38 27 03 43* – TV ✆ P. GB
Repas *(fermé vend., sam., dim. et fériés)* (dîner seul.) (11) - 13 – 5 – **24 ch** 31 – ½ P 31,50.
◆ Accueil et convivialité sont de mise dans cet hôtel moderne au confort simple. Atout supplémentaire : les chambres y sont bien tenues. Des assiettes de la faïencerie de Gien égayent les murs de la salle de restaurant. Cadre actuel et cuisine traditionnelle.

GIENS *83 Var* 340 L7 *G. Côte d'Azur* – ✉ *83400 Hyères.*

Voir *Ruines du château des Pontevès* ✻★★.
Paris 860 – Toulon 27 – Carqueiranne 10 – Draguignan 87 – Hyères 9.

Voir plan de Giens à Hyères..

Provençal, ✆ 04 98 04 54 54, *leprovencal@wanadoo.fr, Fax 04 98 04 54 50,* ←, , , , – TV ✆ P – 50. AE GB. rest X s
3 avril-16 oct. – **Repas** 24/48, enf. 12 ♀ – 14 – **41 ch** 90/130 – ½ P 100/113.
◆ L'hôtel, bâti à flanc de colline, dispose d'un parc ombragé et fleuri, descendant en terrasses jusqu'à la mer. Chambres provençales. Le panorama offert par le restaurant a peut-être inspiré le poète Saint-John Perse, célèbre ex-résident de la presqu'île.

Tire Bouchon, pl. St Pierre ✆ 04 94 58 24 61, ←, – ▤. GB X a
fermé 12 au 25 oct.,13 déc. au 7 janv., mardi et merc. sauf le soir en juil.-août – **Repas** 24/31, enf. 15,50.
◆ Cuisine traditionnelle à savourer sur la terrasse - couverte en hiver - surplombant la "grande bleue" et les îles d'Hyères aux reflets d'or. Sympathique carte des vins.

La GIETTAZ *73590 Savoie* 333 L2 – *488 h alt. 1120.*

Paris 575 – Chamonix-Mont-Blanc 49 – Albertville 29 – Chambéry 80 – Megève 16.

Flor'Alpes, ✆ 04 79 32 90 88, ←, – GB. rest
20 juin-10 sept. et 20 déc.-31 mars – **Repas** (11) - 15/21 – 5,50 – **11** ch 34/39 – ½ P 35/36,80.
◆ Tenue impeccable, balcons fleuris, patronne attentionnée : découvrez l'authentique hospitalité savoyarde dans cette sympathique petite pension jouxtant l'église. La salle à manger, sagement rustique, ouvre ses baies sur le jardin. Service tout sourire !

Lisez attentivement l'introduction : c'est la clé du guide.

GIFFAUMONT-CHAMPAUBERT 51290 Marne 퀸06 K11 G. Champagne Ardenne – 234 h. alt. 130.

Voir *Lac du Der-chantecoq*★★.

🛈 Office de tourisme, Maison du Lac ℘ 03 26 72 62 80, Fax 03 26 72 64 69, info@lac-duder.com.

Paris 208 – Bar-le-Duc 53 – Chaumont 75 – St-Dizier 25 – Vitry-le-François 28.

🏨 **Cheval Blanc** ⌂, ℘ 03 26 72 62 65, lechevalblanc6@aol.com, Fax 03 26 73 96 97, 🍽 – ⚄ 📺 🅿 – 🔒 20. 🝙 GB, ✂ ch
fermé 6 au 23 sept., 2 au 24 janv., mardi midi, dim. soir et lundi – **Repas** 21/44 ♀ – ☑ 7 – **14 ch** 60/80 – ½ P 57.

◆ À 200 m du plus grand lac artificiel d'Europe, maison offrant aux vacanciers "verts" un accueillant salon et des chambres modernes et claires. Salle de restaurant où domine la couleur ocre, terrasse d'été dressée sur l'arrière et registre culinaire classique.

GIGARO 83 Var 퀸 O6 – rattaché à La Croix-Valmer.

GIGNAC 34150 Hérault 퀸 G7 – 3 955 h alt. 53.

🛈 Office de tourisme, place du Gal Claparède ℘ 04 67 57 58 83, Fax 04 67 57 67 95, oti.gignac@wanadoo.fr.

Paris 719 – Montpellier 30 – Béziers 58 – Lodève 25 – Sète 57.

🍴🍴 **Les Liaisons Gourmandes - Capion,** 3 bd Esplanade ℘ 04 67 57 50 83, liaisons-gourmandes.capion@wanadoo.fr, Fax 04 67 57 93 70 – 🍽. 🝙 ⓞ GB
fermé mars, lundi sauf le soir en juil.-août, sam. midi et dim. soir hors saison – **Repas** 16/45, enf. 9 ♀.

◆ Restaurant contemporain de ce village de la vallée de l'Hérault situé au coeur d'une région riche en curiosités naturelles. La spécialité maison : les croquettes de volaille.

GIGONDAS 84190 Vaucluse 퀸 D9 G. Provence – 648 h alt. 313.

🛈 Office de tourisme, place du Portail ℘ 04 90 65 85 46, Fax 04 90 65 88 42, ot-gigondas@axit.fr.

Paris 662 – Avignon 40 – Nyons 31 – Orange 20 – Vaison-la-Romaine 16.

🏨 **Les Florets** ⌂, Est : 2 km par rte secondaire ℘ 04 90 65 85 01, Fax 04 90 65 83 80, 🍽, ✿ – 📺 🅿. 🝙 GB
fermé 1er janv. au 15 mars, lundi soir et mardi de nov. à avril et merc. – **Repas** (nombre de couverts limité, prévenir) 24/37 ♀ – ☑ 12 – **15 ch** 90/125 – ½ P 89/106,50.

◆ Au pied des Dentelles de Montmirail, cette hôtellerie isolée dans la campagne vous propose de séduisantes chambres colorées. Goûteuse cuisine régionale et vins du domaine servis dans un décor provençal ou sur l'agréable terrasse ombragée et fleurie.

GILETTE 06830 Alpes-Mar. 퀸 D4 G. Côte d'Azur – 1 254 h alt. 420.

Voir ✳★★ des ruines du château.

🛈 Syndicat d'initiative, place du Dr René Morani ℘ 04 92 08 98 08, Fax 04 93 08 52 70.

Paris 946 – Antibes 43 – Nice 36 – St-Martin-Vésubie 45.

à Vescous par rte de Rosquesteron (D 17) : 9 km – ✉ 06830 Gilette :

🍴 **Capeline,** ℘ 04 93 08 58 06, Fax 04 93 08 58 06, 🍽 – 🅿. GB
ouvert mars à oct., sam. et dim. de nov. à fév. et fermé merc. – **Repas** (prévenir) (déj. seul.) 20/26.

◆ Petite maison isolée au bord d'une route de la vallée de l'Esteron. La goûteuse cuisine du jour, annoncée verbalement, met en valeur les produits de la région. Décor rustique.

GILLY-LÈS-CÎTEAUX 21 Côte-d'Or 퀸 J6 – rattaché à Vougeot.

GIMBELHOF 67 B.-Rhin 퀸 K2 – rattaché à Lembach.

GINASSERVIS 83560 Var 퀸 K3 – 984 h alt. 407.

Paris 781 – Aix-en-Provence 53 – Avignon 111 – Manosque 23 – Marseille 82 – Toulon 91.

🍴 **Chez Marceau** avec ch, pl. Jean Jaurès ℘ 04 94 80 11 21, Fax 04 94 80 16 82, 🍽 – 📺. 🝙 GB, ✂
fermé vacances de Toussaint, fév., mardi soir et merc. – **Repas** 14 bc/35, enf. 8 – ☑ 5,50 – **5 ch** 35/40 – ½ P 40,50.

◆ Entre Durance et Verdon, cette sympathique auberge et sa terrasse dressée sur la place vous feront plonger au coeur de la vie d'un village provençal. Cuisine régionale.

GINCLA 11140 Aude 344 E6 – 43 h alt. 570.

Voir *Commune de la "Méridienne verte".*
Paris 821 – Perpignan 67 – Carcassonne 77 – Foix 88 – Quillan 25.

🏨 **Hostellerie du Grand Duc** ⌂, ℰ 04 68 20 55 02, *hotelgranduc@wanadoo.fr*,
Fax 04 68 20 61 22, ☆, ⌨ – 📺 📞 ☎ 🅿 ⊞
1er avril-2 nov. – **Repas** *(fermé merc. midi sauf juil.-août)* 27/56, enf. 14 ♀ – ⊇ 7,50 – **12 ch**
48/65 – ½ P 60/65.
♦ Pierres apparentes, boiseries et meubles anciens composent l'intérieur de caractère de cette maison de maître (18e s.) du pays cathare. Salle à manger "rustique chic" avec cheminée et terrasse bordant un jardin ombragé de tilleuls et agrémenté d'une fontaine.

GIRMONT-VAL-D'AJOL 88340 Vosges 314 H5 – 273 h alt. 650.
Paris 390 – Épinal 42 – Colmar 92 – Mulhouse 80 – Vesoul 59.

au Nord-Est *par D 83, D 57 et rte secondaire : 6,5 km – ⊠ 88340 Girmont-Val d'Ajol :*

🏨 **Auberge de la Vigotte** ⌂, ℰ 03 29 61 06 32, *courrier@lavigotte.com*,
Fax 03 29 61 07 88, ≤, ☆, ⌨, ✗ – 📺 – 🅿. ⊞
fermé 1er nov. au 20 déc. – **Repas** *(fermé mardi et merc.)* (17) - 22/35, enf. 8 ♀ – ⊇ 6 – **18 ch**
51/64 – ½ P 52/60.
♦ Vieille ferme vosgienne (1750) isolée dans un environnement plaisant (forêts, étangs). Les chambres décorées dans le style campagnard sont "cosy". Jardin ouvert sur la nature. Salle à manger au cachet champêtre. Cuisine du terroir... et des cinq continents.

Une réservation confirmée par écrit ou par fax est toujours plus sûre.

GIROMAGNY 90200 Ter.-de-Belf. 315 E10 *G. Jura – 3 300 h alt. 495.*
🛈 Office de tourisme, Parc du Paradis des Loups ℰ 03 84 29 09 00, Fax 03 84 29 33 80, *tourisme-vosgesud@wanadoo.fr.*
Paris 419 – Épinal 80 – Mulhouse 49 – Belfort 15 – Lure 30 – Thann 34 – Le Thillot 31.

rte du Ballon d'Alsace *Nord : 7 km par D 465 – alt. 701 – ⊠ 90200 Lepuix-Gy :*

🍴 **Saut de la Truite** avec ch, ℰ 03 84 29 32 64, Fax 03 84 29 57 42, ≤, ☆, ⌨ – 📺 ☎ 🅿.
⊞ ⊞
fermé 15 déc. au 1er fév. et vend. – **Repas** 15,50/31, enf. 7 ♀ – ⊇ 6,50 – **5 ch** 46 – ½ P 45.
♦ Pension de famille centenaire pour amoureux de la nature. Un joli jardin dégringole jusqu'à la Savoureuse qui forme à deux pas de là la cascade du Saut de la Truite.

GIROUSSENS 81 Tarn 338 C8 – *rattaché à Lavaur.*

GISORS 27140 Eure 304 K6 *G. Normandie Vallée de la Seine – 10 882 h alt. 60.*
Voir *Château fort★★ – Église St-Gervais et St-Protais★.*
🏌 à Chaumont-en-Vexin ℰ 03 44 49 00 81, E : 8 km par D 982 ; 🏌 de Rebetz à Chaumont-en-Vexin ℰ 03 44 49 15 54, E : 12 km par D 981.
🛈 Office de tourisme, 3 rue Baléchoux ℰ 02 32 55 14 60, Fax 02 32 27 38 28.
Paris 73 – Rouen 59 – Beauvais 33 – Évreux 66 – Mantes-la-Jolie 40 – Pontoise 38.

🏨 **Moderne**, 1 pl. de la Gare ℰ 02 32 55 23 51, *hôtel.moderne@free.fr*, Fax 02 32 55 08 75 –
⊞ 📞 ⊞ ⊞
Repas *(fermé 8 au 29 août, 19 déc. au 3 janv., vend. soir, dim. soir et sam.)* 11,80/24 ♀ – ⊇ 8
– **31 ch** 40/60 – ½ P 38/48.
♦ Cet hôtel familial situé face à la gare conviendra pour une étape. Les chambres, sobrement décorées, sont bien tenues. Salle à manger rustique, cuisine traditionnelle et formule "table d'hôte" favorisant la convivialité.

🍴🍴 **Cappeville**, 17 r. Cappeville ℰ 02 32 55 11 08, *pierre.potel@worldonline.fr*,
Fax 02 32 55 93 92 – ⊞ ⊞ 🄹🄲🄱
fermé 1er au 18 sept., 5 au 15 janv., merc. et jeudi – **Repas** 18/41, enf. 11.
♦ Au coeur de la petite capitale du Vexin normand. Rénovée et parée de couleurs vives et fraîches, la salle n'en a pas moins conservé poutres patinées et cheminée.

à Bazincourt-sur-Epte *Nord : 6 km par D 14 – 578 h. alt. 55 – ⊠ 27140 :*

🏨 **Château de la Rapée** ⌂, *Ouest : 2 km par rte secondaire* ℰ 02 32 55 11 61, *infos@hotel-la-rapee.com*, Fax 02 32 55 95 65, ☆, ⊇, 🏌 – 📺 🅿 – 🔒 30. ⊞ ⊞ ✗
fermé 16 août au 1er sept., 16 janv. au 26 fév. et merc. – **Repas** 29,50/41,50 ♀ – ⊇ 11 –
13 ch 79,50/141 – ½ P 73,50/81.
♦ La vallée de l'Epte, chérie par les peintres, constitue la toile de fond de ce beau manoir anglo-normand s'élevant dans un parc arboré. Chambres spacieuses, mobilier ancien. La salle à manger présente un chaleureux décor bourgeois rehaussé de boiseries.

à **St-Denis-le-Ferment** *Nord-Ouest : 7 km par rte secondaire et D 17 – 456 h. alt. 70 – ✉ 27140 :*

XX **Auberge de l'Atelier,** ✆ 02 32 55 24 00, *Fax 02 32 55 10 20,* – P. GB
fermé 15 au 30 sept., dim. soir et lundi sauf fériés – **Repas** 23,70/48,10 ♀.
◆ L'on se sent bien dans cette salle à manger : reposantes couleurs pastel, abondante décoration florale, sièges cannés et meubles de style. Cuisine traditionnelle.

GISSAC *12360 Aveyron* 338 J7 – *97 h alt. 600.*
Paris 681 – Castres 92 – Lodève 52 – Millau 44 – St-Affrique 20.

Château de Gissac ✆ 05 65 98 14 60, *chateau.gissac@wanadoo.fr, Fax 05 65 98 14 61,* – TV P – 60. GB JCB. ch
Repas *(fermé 1er janv. au 16 mars, dim. soir, mardi midi et lundi du 15 sept. au 15 juin)* 23/35 ♀ – ☕ 8 – **31 ch** 42,50/72 – ½ P 57/68.
◆ Charmant château des 16e et 18e s. posté dans un village isolé. Un bel escalier en pierre dessert des chambres sobrement contemporaines. Petit jardin à la française. De belles voûtes anciennes servent de cadre au restaurant ; cuisine traditionnelle.

GIVET *08600 Ardennes* 306 K2 *G. Champagne Ardenne – 7 372 h alt. 103.*
Voir ≤★ *du fort de Charlemont*★.
Office de tourisme, place de la Tour Victoire ✆ *03 24 42 03 54, Fax 03 24 40 10 70, ot.givet@wanadoo.fr.*
Paris 287 – Charleville-Mézières 58 – Fumay 23 – Rocroi 41.

Les Reflets Jaunes sans rest, 2 r.Gén. de Gaulle ✆ 03 24 42 85 85, *reflets-jaunes@wanadoo.fr, Fax 03 24 42 85 86* – TV P. AE GB
☕ 9,75 – **18 ch** 38/95.
◆ Hôtel récemment ouvert au coeur de la ville natale d'É. Mehul, l'auteur du Chant du départ. Chambres spacieuses et fonctionnelles ; certaines disposent d'un magnétoscope.

Val St-Hilaire, 7 quai des Fours ✆ 03 24 42 38 50, *Fax 03 24 42 07 36,* – TV P – 25. AE GB. ch
Fermé 20 déc. au 15 janv. – ***Auberge de la Tour*** *(fermé dim. soir et lundi midi)* **Repas** 15 (déj.) 18,30/30, enf. 11,50 – ☕ 7,70 – **20 ch** 45/53,50 – ½ P 48,80.
◆ Bâtisse moderne postée sur la rive gauche de la Meuse. Choisir entre la vue pittoresque sur le fleuve et le calme des chambres situées à l'arrière. Salle à manger rustique soignée, aux murs de briques, où l'on propose des recettes classiques.

Roosevelt sans rest, 14 quai Remparts ✆ 03 24 42 14 14, *Fax 03 24 42 15 15* – TV. GB
fermé vend. midi et jeudi – ☕ 7 – **8 ch** 45/60.
◆ Maison ancienne convertie en hôtel sur une rive de la Meuse. Petites chambres principalement meublées en rotin. La salle des petits-déjeuners sert aussi de salon de thé.

GIVORS *69700 Rhône* 327 H6 *G. Vallée du Rhône – 18 437 h alt. 156.*
Office de tourisme, 1 place de la Liberté ✆ *04 78 07 41 38, Fax 04 78 07 41 39, office.tourisme.fleuve@wanadoo.fr.*
Paris 480 – Lyon 25 – Rive-de-Gier 17 – Vienne 12.

à **Loire-sur-Rhône** *: 5 km par N 86, rte de Condrieu – 2 126 h. alt. 140 – ✉ 69700 :*

XX **Camerano,** ✆ 04 78 07 96 36, *Fax 04 72 49 99 94,* – P. GB
fermé 1er au 24 août, 26 déc. au 4 janv., dim. soir, lundi soir et sam. – **Repas** (15) - 23/60.
◆ La salle à manger habillée de boiseries de ce relais de poste fondé en 1833 a conservé son atmosphère "vieille France". Agréable terrasse ombragée. Cave à cigares.

GLAINE-MONTAIGUT *63160 P.-de-D.* 326 H8 – *482 h alt. 350.*
Paris 440 – Clermont-Ferrand 31 – Issoire 37 – Thiers 21.

X **Auberge de la Forge** avec ch, ✆ 04 73 73 41 80, *a.delaforge@wanadoo.fr, Fax 04 73 73 33 83,* – . AE GB
fermé 1er au 20 sept. – **Repas** *(fermé dim. soir, lundi soir et mardi)* 10,50 bc (déj.), 14/26 – ☕ 6 – **4 ch** 39/50 – ½ P 46.
◆ Face à la belle église romane, sympathique auberge refaite à l'ancienne (murs de pisé) et proposant une reconstitution de la forge du village (foyer, soufflet, enclume).

GLANDELLES *77 S.-et-M.* 312 F6 – *rattaché à Nemours.*

Le Guide change, changez de guide tous les ans.

GLUIRAS *07190 Ardèche* **331** *J4 – 349 h alt. 800.*

Paris 606 – Valence 48 – Le Cheylard 20 – Lamastre 40 – Privas 33.

✗ **Relais de Sully** ॐ avec ch, ℘ 04 75 66 63 41, Fax 04 75 64 69 88, 🎐 – 📺, GB
fermé 22 au 29 déc., 25 janv. au 15 mars, dim. et merc. hors saison – **Repas** 14/35, enf. 9 ♀ – 🖵 5 – **4 ch** 31.
◆ Cette maison en pierre située au centre du village perché aurait été jadis un monastère. Salle à manger simple et véranda. Les chambres sont petites mais récentes.

GOLFE DE SANTA-GIULIA *2A Corse-du-Sud* **345** *E10 – voir à Corse (Porto-Vecchio).*

Le GOLFE-JUAN *06 Alpes-Mar.* **341** *D6 G. Côte d'Azur –* ✉ *06220 Vallauris.*
🛈 *Office de tourisme, Vieux-Port* ℘ *04 93 63 73 12, Fax 04 93 63 95 01.*
Paris 905 – Cannes 6 – Antibes 5 – Grasse 23 – Nice 29.

pour **Vallauris** voir plan de **Cannes**.

🏨 **Beau Soleil** ॐ sans rest, impasse Beau-Soleil par N 7 (dir. Antibes) ℘ 04 93 63 63 63, *con tact@hotel-beau-soleil.com, Fax 04 93 63 02 89,* ⌧ – 📶 📺 ☜ 🅿, ﷼ GB, ✦
28 mars-10 oct. – 🖵 10 – **30 ch** 85/120.
◆ Cet hôtel moderne, sis dans une impasse à 500 m de la plage du Midi et du théâtre de la Mer, vous propose des chambres colorées et bien entretenues (certaines avec balcon).

🏨 **de la Mer** sans rest, N 7, 226 av. Liberté ℘ 04 93 63 80 83, *Fax 04 93 63 10 83,* ⌧ – 📶 📺 ﷼ GB
fermé 2 au 30 nov. – 🖵 7 – **33 ch** 52/109.
◆ Pour pallier la proximité de la N 7, les chambres, sobres et actuelles, sont bien insonorisées et tournées sur l'arrière de l'immeuble ; certaines ont un balcon côté piscine.

✗✗ **Tétou**, à la plage ℘ 04 93 63 71 16, *Fax 04 93 63 16 77,* ≤ îles de Lérins, 🐾 – 📶 ⌐ 🅿
🟢 *9 mars-31 oct. et fermé lundi midi et merc.* – **Repas** carte 92 à 135.
◆ Cette institution locale fondée en 1920 a gardé son ambiance de restaurant balnéaire de luxe. On y sert la bouillabaisse depuis toujours et une petite carte régionale.
Spéc. Bouillabaisse. Langouste grillée. Loup de ligne "mode Maison". **Vins** Bellet, Côtes de Provence.

✗✗ **Nounou**, à la plage ℘ 04 93 63 71 73, *Fax 04 93 63 46 91,* ≤ îles de Lérins, 🎐, 🐾 – ⌐
🅿, ﷼ ◑ GB J̄C̄B̄
fermé 12 nov. au 25 déc., dim. soir hors saison, mardi en hiver et lundi – **Repas** 30/56 ♀.
◆ Restaurant à même la plage, dont les baies vitrées s'ouvrent côté rivage. Intérieur d'inspiration marine ; cuisine de poissons et de coquillages et quelques plats provençaux.

à Vallauris *Nord-Ouest : 2,5 km par D 135 – 25 773 h. alt. 120 –* ✉ *06220 .*
Voir *Musée national "la Guerre et la Paix" (château) – Musée de l'Automobile★ NO : 4 km.*
🛈 *Office de tourisme, square du 8 mai 1945* ℘ *04 93 63 82 58, Fax 04 93 63 13 66, Tourisme.vgj@wanadoo.fr.*

✗✗ **Gousse d'Ail**, 11 av. Grasse ℘ 04 93 64 10 71 – 📶, ﷼ GB   V   y
🐾 *fermé 1er au 15 juil., 25 oct. au 10 nov., mardi soir l'hiver, mardi midi et dim. midi l'été, dim. soir et lundi* – **Repas** 23/33, enf. 13 ♀.
◆ Avec une telle enseigne, pas de doute, c'est une cuisine régionale que l'on vous concocte ici. Cadre rustique agrémenté des fameuses céramiques locales.

GORDES *84220 Vaucluse* **332** *E10 G. Provence – 2 092 h alt. 372.*
Voir *Site★ – Village★ – Château : cheminée★ – Village des Bories★★ SO : 2 km par D 15 puis 15 mn – Abbaye de Sénanque★★ NO : 4 km – Pressoir★ dans le musée des Moulins de Bouillons S : 5 km.*
🛈 *Office de tourisme, Le Château* ℘ *04 90 72 02 75, Fax 04 90 72 02 26, office.gordes @wanadoo.fr.*
Paris 712 – Avignon 38 – Apt 19 – Carpentras 26 – Cavaillon 18 – Sault 35.

🏨 **Les Bories** ॐ, rte Vénasque : 2 km ℘ 04 90 72 00 51, *lesbories@wanadoo.fr, Fax* 04 90 72 01 22, ≤ le Luberon, 🎐, 🍴, ⌧, 🅂, ✦, 🏊 – 📶 📺 🅿 – 🔬 30, ﷼ ◑ GB J̄C̄B̄, ✦ rest
fermé 3 janv. au 27 fév. – **Repas** (prévenir) 35 (déj.), 53/85 et carte 80 à 100 🐾 – 🖵 23 – **29 ch** 160/370 – ½ P 162/267.
◆ Ces luxueuses "bories" semblent comme perdues dans la garrigue, entre lavande et oliviers. Une ancienne bergerie en guise de restaurant, sa terrasse ombragée, le jardin aromatique, les plats méridionaux et des vins du pays : la vie, la vraie !

Bastide de Gordes ⚜, le village   𝒫 04 90 72 12 12, *mail@bastide-de-gordes.com*, Fax 04 90 72 05 20, ≤ le Luberon, 🍽, ⅃ – 🔲 🖭 ☏ & 🄿 – ♨ 30. 🆀 GB, ⋙ rest
fermé 2 janv. au 6 mars – **Les Terrasses** *(fermé lundi, mardi et le midi sauf dim.)* **Repas** 85/115 – **Côté Bistrot** *(fermé lundi et mardi sauf du 15 mai au 15 sept., dim. et le soir du merc. au sam.)* **Repas** *(34)*-45 ♀ – ☵ 23 – **35 ch** 167/365.
  ♦ Demeure du 16ᵉ s. à l'élégance toute provençale. Chambres tournées vers la vallée ou le pittoresque village. Cuisine aux saveurs du Sud et belle sélection de vins régionaux servis dans une salle à manger raffinée ou sur le terrasse panoramique.

Gacholle ⚜, rte Murs par D 15 : 1,5 km   𝒫 04 90 72 01 36, *la.gacholle.gordes@wanadoo.fr*, Fax 04 90 72 01 81, ≤ vallée, 🍽, ⅃, ⋙, ⋙ – 🖭 ☏ 🄿. GB. ⋙ rest
fermé 13 janv. au 28 fév. – **Repas** *(fermé lundi)* 30 ♀ – ☵ 12 – **11 ch** 107/135.
  ♦ La bâtisse a été rénovée dans le respect de la tradition : couleurs chatoyantes, ferronneries, terre cuite... Atout maître : le coup d'œil sur la vallée. Tons ocres et mobilier provençal au restaurant, terrasse panoramique et cuisine au goût du jour.

Gordos ⚜ sans rest, rte Cavaillon : 1,5 km   𝒫 04 90 72 00 75, *mail@hotel-le-gordos.com*, Fax 04 90 72 07 00, ⅃, ⋙ – 🖭 ☏ 🄿. 🆀 GB
20 mars-3 nov. – ☵ 14 – **19 ch** 118/180.
  ♦ Ce mas récent en pierres sèches est posté à l'entrée du village. Quelques chambres de plain-pied avec le jardin à l'italienne, qu'embaument les plantes aromatiques.

Les Romarins ⚜ sans rest, rte Sénanque   𝒫 04 90 72 12 13, *hoteldesromarins.com*, Fax 04 90 72 13 13, ≤ village, ⅃ – 🖭 ☏ & 🄿. GB
fermé 14 nov. au 18 déc. et 5 janv. au 11 mars – ☵ 11 – **12 ch** 105/150.
  ♦ Petit-déjeuner aux premiers rayons de soleil sur la terrasse de cette ferme centenaire dominant Gordes. Jolies chambres personnalisées, à la fois actuelles et méridionales.

rte d'Apt *Est : par D 2* – ✉ *84220 Gordes :*

Auberge de Carcarille ⚜ 🐾, rte d'Apt par D 2 : 4 km   𝒫 04 90 72 02 63, *carcaril@club-internet.fr*, Fax 04 90 72 05 74, 🍽, ⅃, ⋙ – 🖭 🄿. GB. ⋙ ch
fermé 30 nov. au 1ᵉʳ fév. – **Repas** *(fermé vend. sauf le soir d'avril à sept.)* 17/40, enf. 10 ♀ – ☵ 10 – **11 ch** 63/70 – ½ P 68/73.
  ♦ En contrebas du village. Cette plaisante construction en pierres sèches propose des chambres refaites dans le style provençal, avec balcon ou terrasse. Blancheur immaculée des murs dans ce restaurant égayé de chaises colorées et de rideaux fleuris.

Ferme de la Huppe ⚜, rte Goult : 5 km ✉ 84220   𝒫 04 90 72 12 25, *gerald.konings@wanadoo.fr*, Fax 04 90 72 01 83, 🍽, ⅃ – 🖭 🄿. GB
26 mars-28 nov. – **Repas** *(fermé merc., jeudi et le midi sauf dim.)* 37 ♀ – ☵ 10 – **9 ch** 115/165 – ½ P 65/112,50.
  ♦ Jolie fermette du 18ᵉ s. en pierres sèches, dont les chambres douillettes et fraîches se répartissent autour d'un puits. Coquette salle à manger rustique de style "borie", agrémentée d'outils agricoles. Terrasse sous auvent avec mobilier en fer forgé.

rte des Imberts *Sud-Ouest : 4 km par D 2* – ✉ *84220 Gordes :*

Mas de la Senancole ⚜,   𝒫 04 90 76 76 55, *gordes@mas-de-la-senancole.com*, Fax 04 90 76 70 44, 🍽, ⅃, ⋙ – 🔲 🖭 & 🄿 – ♨ 15. 🆀 GB
fermé 3 janv. au 15 fév. – **Repas** *(18)* - 30/60 ♀ – ☵ 13 – **21 ch** 108/128.
  ♦ La Sénancole coule à proximité de cet hôtel récent. Chambres insonorisées et agrémentées de meubles peints ; certaines possèdent une terrasse privative. Salle à manger aux couleurs provençales aménagée face à la piscine.

L'Estellan,   𝒫 04 90 72 04 90, *estellan@wanadoo.fr*, Fax 04 90 72 04 90, 🍽, ⋙ – 🄿. 🆀 GB
fermé janv. – **Repas** 18/36 ♀.
  ♦ Séduisant bistrot aménagé dans un mas en pierres du pays. Des citations de Daudet et de Mistral ornent les murs ocres de la salle ; belle terrasse et cuisine régionale.

aux Beaumettes *Sud : 5,5 km par D 15 et D 103* – *194 h. alt. 127* – ✉ *84220 :*

Bastide des 5 Lys ⚜,   𝒩 100   𝒫 04 90 72 38 38, *info@bastide-des-5-lys.fr*, Fax 04 90 72 29 90, ⅃, ⋙, ⋙ – 🖭 ☏ 🄿. 🆀 GB
fermé dim. soir, mardi midi et lundi du 15 oct. au 31 mars – **Repas** 30,50 (déj.), 48/80 ♀ 🐾 – ☵ 15 – **18 ch** 160/258 – ½ P 137,50/179.
  ♦ Une allée de cyprès conduit à cette élégante bastide du 16ᵉ s. Quelques chambres en rez-de-jardin, avec lits à baldaquin. Restaurant coloré, décoré avec goût, et idyllique terrasse ombragée dressée au bord d'un ravissant jardin. Bon choix de vins régionaux.

GORGES DE LA RESTONICA *2B H.-Corse* 🄷🄸🄵 *D6* – *voir à Corse (Corte).*

Pour les grands voyages d'affaires ou de tourisme,
Guide MICHELIN : EUROPE.

GORZE *57680 Moselle* **307** H4 *G. Alsace Lorraine – 1 392 h alt. 300.*

🛈 *Office de tourisme, 22 rue de l'Église* ℘ 03 87 52 04 57, Fax 03 87 52 04 57, tourisme.gorze@free.fr.

Paris 324 – Metz 20 – Jarny 17 – Pont-à-Mousson 22 – St-Mihiel 43 – Verdun 54.

XX **Hostellerie du Lion d'Or** avec ch, 105 r. Commerce ℘ 03 87 52 00 90, Fax 03 87 52 09 62, 佘, 畀 – 🖵 – 🖄 25. ⬛

fermé dim. soir et lundi – **Repas** 18 (déj.), 25/59, enf. 10 🍷 – ☲ 7,50 – **15 ch** 47/58 – ½ P 48.

♦ Poutres, pierres et cheminées d'origine ont été judicieusement conservées dans ce relais de poste du 19ᵉ s. On y sert une cuisine traditionnelle.

GOSNAY *62 P.-de-C.* **301** I4 – *rattaché à Béthune.*

La GOUESNIÈRE *35350 I.-et-V.* **309** K3 – *1 068 h alt. 22.*

Paris 390 – St-Malo 13 – Dinan 25 – Dol-de-Bretagne 13 – Lamballe 65 – Rennes 64.

🏨 **Maison Tirel-Guérin**, à la Gare (rte Cancale) : 1,5 km D 76 ℘ 02 99 89 10 46, info@tirel-guerin.com, Fax 02 99 89 12 62, ♨, 🏊, 畀, ❀ – 🛗, 🍴 rest, 🖵 ✆ ᵴ 🅿 – 🖄 25 à 30. ⬛ ⓘ ⬛ 🔴 ᵴ rest

fermé 15 déc. au 15 janv. – **Repas** *(fermé dim. soir d'oct. à mars et lundi midi sauf fériés)* (dim. et fêtes prévenir) 22/105 et carte 50 à 70 🍷 – ☲ 11,50 – **47 ch** 89/138, 3 suites – ½ P 107/113,50.

♦ Face à une gare de campagne, maison familiale aux multiples séductions : jardin fleuri, chambres spacieuses et personnalisées, jacuzzi et service sans faille. Goûteuse cuisine classique servie dans une salle où règne une atmosphère agréablement provinciale.

Spéc. Homard bleu braisé. Poulette fermière, pommes, pruneaux et purée. Huîtres sauvages de la baie de Cancale (sauf juil.-août)

🏨 **Château de Bonaban** ⬞, r. Alfred de Folliny ℘ 02 99 58 24 50, chateau.bonaban@wanadoo.fr, Fax 02 99 58 28 41, ❀, ♨, ☍ – 🛗 🖵 ✆ ᵴ 🅿 – 🖄 30. ⬛ ⬛

Repas *(fermé lundi midi, mardi midi, merc. midi et jeudi midi de juin à sept.)* 23/43 🍷 – ☲ 13 – **33 ch** 90/210 – ½ P 75/172,50.

♦ Ce château du 17ᵉ s. décoré à l'américaine (copies de tableaux, fresques naïves, confrontation des styles) a conservé son escalier de marbre et ses boiseries d'origine. Décor et ambiance un brin aristocratique dans les salles à manger.

GOULT *84220 Vaucluse* **332** E10 – *1 285 h alt. 258.*

Paris 714 – Apt 14 – Avignon 41 – Bonnieux 8 – Carpentras 35 – Cavaillon 19 – Sault 38.

XX **Bartavelle**, r. Cheval Blanc ℘ 04 90 72 33 72, Fax 04 90 72 33 72, 佘 – ⬛

début mars-mi-nov. et fermé mardi et merc. – **Repas** (dîner seul. sauf dim. de mars à mai) 33.

♦ Le "petit Marcel" et son chasseur de père auraient apprécié cette salle voûtée (non-fumeurs) avec ses tomettes... rouges comme des bartavelles ! Plats régionaux. Fumoir.

GOUMOIS *25470 Doubs* **321** L3 – *196 h alt. 490.*

Voir *Corniche de Goumois★★*, G. Jura.

Paris 513 – Besançon 92 – Bienne 486 – Montbéliard 55 – Morteau 47.

🏨 **Taillard** ⬞, alt. 605 ℘ 03 81 44 20 75, hotel.taillard@wanadoo.fr, Fax 03 81 44 26 15, ≤vallée du Doubs, 佘, ♨, 🏊, 畀 – 🖵 ᵴ 🅿 – 🖄 25. ⬛ ⓘ ⬛

début mars-début nov. – **Repas** *(fermé merc. sauf le soir d'avril à sept. et lundi midi de sept. à juin)* 22 (déj.), 28/62, enf. 12,50 🍷 ᵴ – ☲ 10 – **18 ch** 57/84, 4 duplex – ½ P 66/94.

♦ Dans la famille depuis 1874, cette hôtellerie de la Corniche de Goumois se niche dans un écrin de verdure. Préférez les chambres de l'annexe. Au restaurant, agréable vue sur la vallée, cuisine classique et belle carte de vins franc-comtois.

🏠 **Moulin du Plain** ⬞, Nord : 5 km par rte secondaire ℘ 03 81 44 41 99, thomas.choulet@libertysurf.fr, Fax 03 81 44 45 70, ≤, 畀 – 🖵 ✆ 🅿 ⬛

22 fév.-2 nov. – **Repas** 15/32 🍷 – ☲ 6,60 – **22 ch** 38,30/57,50 – ½ P 45/51,70.

♦ Cette bâtisse postée au bord du Doubs dans un environnement forestier séduira en priorité les pêcheurs. Certaines chambres sont d'ailleurs tournées vers la rivière. Dans les assiettes, priorité aux truites, morilles et autres produits d'ici.

Si vous êtes retardé sur la route, dès 18 h,
confirmez votre réservation par téléphone,
c'est plus sûr... et c'est l'usage.

GOUPILLIÈRES 14210 Calvados **303** J5 – 150 h alt. 162.

Paris 255 – Caen 24 – Condé-sur-Noireau 27 – Falaise 34 – Saint-Lô 63.

※※ **Auberge du Pont de Brie**, Halte de Grimbosq, Est : 1,5 km ℰ 02 31 79 37 84, *contact @pontdebrie.com, Fax 02 31 79 87 22* – **P**. **GB**
fermé 19 déc. au 4 fév., en semaine de nov. à déc., dim. soir d'oct. à avril, mardi de sept. à juin et lundi – **Repas** 16,50/39,50 ♀.
♦ Petite auberge familiale isolée dans la vallée de l'Orne, port d'attache idéal pour une découverte de la Suisse normande. Salle à manger rustique. Cuisine traditionnelle.

GOURDON ◁➀ 46300 Lot **337** E3 *G. Périgord Quercy* – 4 882 h alt. 250.

Voir *Rue du Majou*★ – *Cuve baptismale*★ *dans l'église des Cordeliers* – *Esplanade* ☀★.
Env. *Grottes de Cougnac*★ *NO : 3 km.*

🛈 *Office de tourisme, 24 rue du Majou* ℰ 05 65 27 52 50, Fax 05 65 27 52 52, gourdon-@wanadoo.fr.
Paris 543 – Sarlat-la-Canéda 26 – Bergerac 91 – Brive-la-Gaillarde 66 – Cahors 44 – Figeac 63.

🏦 **Domaine du Berthiol** ⑊, Est : 1 km par D 704 ℰ 05 65 41 33 33, *domaine-du-berthiol @wanadoo.fr, Fax 05 65 41 14 52*, ⑊, ☆, ⑊ – ⑊, 🗏 rest, **TV** ❤ **P** – ⑊ 25. **AE** **GB**. ⑊
1er avril-31 déc. – **Repas** *(fermé dim. soir et lundi hors saison)* (24) - 31/46, enf. 12 ♀ – ⑊ 11 – **29 ch** 76/93 – ½ P 74/80.
♦ Aux confins du Quercy et du Périgord, cette avenante demeure régionale est nichée dans un parc plaisant. Chambres agréablement rajeunies. Foie gras, confit, truffes : toutes les spécialités périgourdines figurent sur la carte de ce confortable restaurant.

🏦 **Hostellerie de la Bouriane** ⑊, pl. Foirail ℰ 05 65 41 16 37, *hostellerie-la-bouriane@*
🆗 *wanadoo.fr, Fax 05 65 41 04 92*, ⑊ – ⑊, 🗏 rest, **TV** ❤ **P** **AE** **GB**. ⑊
fermé 15 janv. au 10 mars, dim. soir et lundi du 15 oct. au 30 avril – **Repas** *(dîner seul. sauf dim.)* 20/40 ♀ – ⑊ 10 – **20 ch** 65/95 – ½ P 61,20/78.
♦ Une maison centenaire qui a su garder sa tradition d'hospitalité. Chambres rustiques et soignées, mansardées au dernier étage. Agréable jardin. Copies de tableaux et tapisseries d'Aubusson ornent la salle à manger. Goûteuse cuisine classique.

Si vous cherchez un hôtel tranquille,
consultez d'abord les cartes de l'introduction
ou repérez dans le texte les établissements indiqués avec le signe ⑊

GOURDON 06620 Alpes-Mar. **341** C5 *G. Côte d'Azur* – 379 h alt. 800.

Voir *Site*★★ – ⑊★★ *du chevet de l'église* – *Château : musée des Arts décoratifs et de la modernité.*

🛈 *Syndicat d'initiative, place de l'Eglise* ℰ 04 93 09 68 25, Fax 04 93 77 01 97, sygourdon @wanadoo.fr.
Paris 921 – Cannes 27 – Castellane 62 – Grasse 15 – Nice 39 – Vence 25.

※※※ **Nid d'Aigle**, pl. Victoria ℰ 04 93 77 52 02, *resa@nid-daigle.com, Fax 04 93 77 14 45*, ⑊ *gorges du Loup et la Méditerranée*, ⑊ – **AE** **GB**
fermé 15 nov. au 15 déc., début janv. à début fév., dim. soir et lundi de nov. à avril – **Repas** 35/89 et carte 48 à 74 ♀.
♦ Idéalement implantée à la proue du village, cette bâtisse jouit d'une vue imprenable depuis les jolies salles à manger et la terrasse panoramique. Cuisine régionale.

※ **Au Vieux Four**, r. Basse (au village) ℰ 04 93 09 68 60
fermé sam. et le soir en semaine sauf juil.-août – **Repas** (prévenir) 18,50.
♦ Maison ancienne nichée dans une ruelle de Gourdon "la Sarrasine". Son four à bois sert à la préparation de plats provençaux et de grillades. Décor rustique coloré.

GOURETTE 64 Pyr.-Atl. **342** K7 *G. Aquitaine* – *alt. 1400* – *Sports d'hiver : 1 400/2 400 m* ⑊ 1 ⑊ 18
⑊ – ✉ 64440 Eaux Bonnes.

Voir *Col d'Aubisque* ☀★★ *N : 4 km.*

🛈 *Office de tourisme, place Sarrières* ℰ 05 59 05 12 17, Fax 05 59 05 12 56, office.du.touris-me.eaux.bonnes.gourette@wanadoo.fr.
Paris 829 – Pau 52 – Argelès-Gazost 35 – Eaux-Bonnes 9 – Laruns 14 – Lourdes 47.

🏛 **Boule de Neige** ⑊, ℰ 05 59 05 10 05, *bouledeneige@wanadoo.fr, Fax 05 59 05 11 81*, ⑊, ⑊ – ⑊ **TV**. **GB**. ⑊
1er juil.-1er sept. et fin nov.-15 avril – **Repas** 18 (déj.)/30, enf. 9 ♀ – ⑊ 8 – **20 ch** 70/80 – ½ P 64.
♦ Construction des années 1970 située près des remontées mécaniques, face aux sommets pyrénéens. Chambres fonctionnelles, équipées de lits superposés pour les enfants. Restaurant familial et terrasse face aux pistes. Cuisine traditionnelle ; snack à midi.

🏠 **Pene Blanque,** ℰ 05 59 05 11 29, *hotelaupeneblanque@wanadoo.fr*, Fax 05 59 05 10 85, ≤, 🍽, *Iᵈ*, 🔟 **P**, 🖼, ❄ rest
1ᵉʳ juil.-1ᵉʳ sept. et 21 déc.-1ᵉʳ avril – **Repas** (dîner seul.) 16/32, enf. 10 – 🍴 8,50 – **24 ch** 59/78 – ½ P 65.
♦ "Tout schuss" sur la piste vertigineuse de la Pène Blanque ! En bas, au centre de la station, vous attendent des petites chambres lambrissées et dotées de balcons. Salle de restaurant aux allures de pension de famille où l'on propose une carte traditionnelle.

🍴 **L'Amoulat** avec ch, ℰ 05 59 05 12 06, *chalet.hotel.amoulat@wanadoo.fr*, ꂅ Fax 05 59 05 13 45, 🍽 – 🔟, 🖼, 🖼, ❄ rest
15 juin-15 sept.et 20 déc.-31 mars – **Repas** 15/21 – 🍴 7 – **12 ch** 48/62 – ½ P 49/53.
♦ Chalet situé sur la route du col de l'Aubisque, illustre étape du Tour de France. Salle rustique et véranda. Plats régionaux et cuisine au goût du jour.

GOURNAY-EN-BRAY 76220 S.-Mar. **304** K5 *G. Normandie Vallée de la Seine* – *6 275 h alt. 94.*
🅱 *Office de tourisme, 9 place d'Armes* ℰ 02 35 90 28 34, Fax 02 35 09 62 07, *contact@ot-gournay-en-bray.fr.*
Paris 97 – Rouen 50 – Amiens 78 – Les Andelys 38 – Beauvais 31 – Dieppe 76 – Gisors 25.

🏨 **Saint Aubin,** rte Dieppe 3 km sur D 915 ℰ 02 35 09 70 97, *hotel.le.saint.aubin@wanadoo. fr,* Fax 02 35 09 30 93 – 📱 ⅍ ▤ 🔟 💶 🛒 **P** – 🕍 60. 🖼 🖼
Repas 18/49 – 🍴 8 – **60 ch** 55/90 – ½ P 48,50/65.
♦ Cette construction récente, en léger retrait de la route, propose des chambres neuves et fonctionnelles convenant pour une étape. Le restaurant, aménagé au sous-sol de l'hôtel, est sobrement décoré. Repas servis sous forme de buffets.

🏠 **Cygne** sans rest, 20 r. Notre Dame ℰ 02 35 90 27 80, Fax 02 35 90 59 00 – 📱 ⅍ 🔟 **P**, 🖼 **JCB**
🍴 6 – **29 ch** 40/55.
♦ L'hôtel est situé au centre de cette petite cité du pays de Bray. Les chambres sont simples et bien tenues ; celles tournées sur l'arrière assurent des nuits plus calmes.

GOUSSAINVILLE 95 Val-d'Oise **305** F6 **101** ⑦ – *voir à Paris, Environs.*

GOUVIEUX 60 Oise **305** F5 – *rattaché à Chantilly.*

GRADIGNAN 33 Gironde **335** H6 – *rattaché à Bordeaux.*

GRAMAT 46500 Lot **337** G3 *G. Périgord Quercy* – *3 545 h alt. 305.*
🅱 *Office de tourisme, place de la République* ℰ 05 65 38 73 60, Fax 05 65 33 46 38, *gramat@wanadoo.fr.*
Paris 534 – Brive-la-Gaillarde 57 – Cahors 58 – Figeac 36 – Gourdon 38 – St-Céré 22.

🏨 **Lion d'Or,** pl. République ℰ 05 65 38 73 18, *liondorhotel@wanadoo.fr,* Fax 05 65 38 84 50, 🍽, 🖐, – 📱 ▤ 🔟 💶 ⇦ – 🕍 15. 🖼 ⓞ 🖼 **JCB**
fermé 15 déc. au 15 janv. – **Repas** *(fermé vend. midi et sam. midi du 11 nov. à fin mars)* 23 (déj.), 32/60 – 🍴 12 – **15 ch** 55/85 – ½ P 86.
♦ Cette maison régionale de caractère établie en centre-ville profite d'un parc situé à 200 m. Chambres insonorisées, au décor soigné. Pour déguster plats classiques et recettes du pays, salle à manger bourgeoise ou terrasse ombragée et fleurie.

🏠 **Relais des Gourmands,** à la gare ℰ 05 65 38 83 92, *gcurtet@aol.com,* ꂅ Fax 05 65 38 70 99, 🍽, 🏊, ⇿ – 🔟 💶 ⓞ 🖼
fermé 14 fév. au 6 mars, dim. soir et lundi sauf juil.-août – **Repas** 15/36,50, enf. 8 🖐 – 🍴 7 – **16 ch** 53/59 – ½ P 56/59,50.
♦ Accueil attentionné et bonne tenue dans cet établissement situé face à la gare. Chambres actuelles et plaisante piscine bordée d'un jardin. Lumineux restaurant contemporain égayé d'une harmonie de tons jaunes ; on y propose une carte régionale.

🏠 **Centre,** pl. République ℰ 05 65 38 73 37, *le.centre@wanadoo.fr,* Fax 05 65 38 73 66, 🍽 – ꂅ 🔟 💶 ⇦, 🖼 ⓞ 🖼
Repas 14/40 🖐 – 🍴 7 – **14 ch** 40/60 – ½ P 50.
♦ Des chambres fonctionnelles n'attendant que votre visite, au coeur de cette localité animée par d'importantes foires agricoles. Cuisine quercynoise servie dans une salle à manger claire ou, à la belle saison, sur la terrasse.

à Lavergne Nord-Est : 4 km par D 677 – 410 h. alt. 320 – ✉ 46500 :

🍴 **Limargue,** ℰ 05 65 38 76 02, *jackydambleve5@libertysurf.fr,* Fax 05 65 33 68 13 – **P**, 🖼 ꂅ *20 mars-8 nov. et fermé 11 au 21 oct., mardi et merc. hors saison* – **Repas** 12/21,50, enf. 6,10 🖐.
♦ En parcourant le causse de Gramat, faites une halte dans cette sympathique maison en pierres de taille pour y goûter la cuisine du Quercy. Vins en pichet et au verre.

rte de Brive *4,5 km par N 140 et rte secondaire –* ✉ *46500 Gramat :*

🏰 **Château de Roumégouse** ⬢, 🖉 05 65 33 63 81, *roumegouse@relaischateaux.fr*, Fax 05 65 33 71 18, ⬅ Causse de Gramat, 🍴, 🏊, ⬜ – ▤ 🔟 🅿. 🕮 ⓪ ᴳᴮ ᴶᶜᴮ
9 avril-17 oct. – **Repas** *(fermé lundi midi, merc. midi, jeudi midi, vend. midi et mardi)* 30 (déj.), 35/57 bc, enf. 20 ♀ – 🖙 15 – **16 ch** 110/205 – ½ P 140/178.
◆ La tour ronde et son bar-bibliothèque, les meubles anciens, les "bories" du parc font de ce château du 19ᵉ s. - honoré de la visite du général de Gaulle - un lieu unique. Élégantes salles à manger, véranda prolongée d'une terrasse fleurie et carte régionale.

GRAMBOIS *84240 Vaucluse* 🗺️ *G11 – 1 113 h alt. 390.*

🛈 *Syndicat d'initiative, rue de la mairie* 🖉 *04 90 77 96 29, Fax 04 90 77 94 68, otsi grambois@wanadoo.fr.*
Paris 759 – Aix-en-Provence 36 – Apt 41 – Digne-les-Bains 82 – Manosque 22.

🏨 **Clos des Sources** ⬢, D 122 🖉 04 90 77 93 55, *le-clos-des-sources@wanadoo.fr*, Fax 04 90 77 92 96, ⬅, 🍴, 🏊 – 🔟 🅿. ᴳᴮ, ⬡ rest
hôtel : fermé janv. ; rest. : 1ᵉʳ mars-30 oct. – **Repas** (dîner seul.) (résidents seul.) 25/32 ♀ – 🖙 15 – **12 ch** 134/170 – ½ P 110,50.
◆ Sur une colline face à un typique village du Luberon, chambres avec terrasse privative et vue sur la vallée. Salle à manger coiffée d'une charpente apparente ; agréable patio.

Les prix
Pour toutes précisions sur les prix indiqués dans ce guide,
reportez-vous aux pages explicatives.

Le GRAND-BORNAND *74450 H.-Savoie* 🗺️ *L5 G. Alpes du Nord – 2 115 h alt. 934 – Sports d'hiver : 1 000/2 100 m ⬚ 2 ⬚ 37 ⬚.*

🛈 *Office de tourisme, place de l'Eglise* 🖉 *04 50 02 78 00, Fax 04 50 02 78 01, infos@legrand-bornand.com.*
Paris 564 – Annecy 31 – Chamonix-Mont-Blanc 76 – Albertville 47 – Bonneville 23.

🏠 **Vermont** *sans rest, rte du Bouchet* 🖉 04 50 02 36 22, *hotel.vermont@wanadoo.fr*, Fax 04 50 02 39 36, ⬅, ⬢, 🔟 – ⬚ 🔟 ⬚ – 🏊 15. ᴳᴮ
15 juin-15 sept. et 15 déc. au 20 avril – **23 ch** 🖙 95/110.
◆ Près de la télécabine de la Joyère, construction régionale dotée d'un bel espace de détente et de remise en forme. Chambres (non-fumeurs) lambrissées, souvent avec balcon.

🏠 **Delta** *sans rest, L'Envers de Villeneuve* 🖉 04 50 02 26 25, *info@hotel.delta74.com*, Fax 04 50 02 32 71 – 🔟 ⬚ 🅿. ᴳᴮ
22 juin-8 sept. et 15 déc.-20 avril – 🖙 7 – **15 ch** 60.
◆ Petit chalet récent à la périphérie du village, abritant un magasin de sport (location de skis) et un hôtel aux chambres tout bois bien dimensionnées.

🏠 **Glaïeuls**, *à la télécabine la Joyère* 🖉 04 50 02 20 23, *info@hotel-lesglaieuls.com*, Fax 04 50 02 25 00, ⬅ – 🔟 ⬚ 🅿. ᴳᴮ
15 juin-15 sept. et 20 déc.-15 avril – **Repas** 13,50/27,50 – 🖙 6,50 – **21 ch** 46,40/82,50 – ½ P 63.
◆ Hôtel familial bien tenu, jouxtant la télécabine qui relie le bourg au Chinaillon. En saison, la façade est fleurie... de géraniums ! Chambres sobres, la plupart avec balcon. Restauration rapide au rez-de-chaussée ou cuisine traditionnelle servie à l'étage.

🏠 **Croix St-Maurice**, *face église* 🖉 04 50 02 20 05, *info@hotel-lacroixstmaurice.com*, Fax 04 50 02 35 37, ⬅, 🍴 – ⬚ 🔟 ⬚. 🕮 ⓪ ᴳᴮ
fermé 1ᵉʳ au 20 oct. – **Repas** 17/27, enf. 8 ♀ – 🖙 6,50 – **21 ch** 62 – ½ P 68.
◆ Chalet traditionnel au coeur de la petite capitale... du reblochon. Les chambres, souvent lambrissées et dotées d'un balcon, sont rajeunies par étapes. Le restaurant offre un beau panorama : au premier plan l'église et en toile de fond la chaîne des Aravis.

🍴 **L'Hysope,** *Pont de Suize, rte du Bouchet* 🖉 04 50 02 29 87, *Fax 04 50 02 29 87*, 🍴 – ⓪ ᴳᴮ ᴶᶜᴮ
fermé oct., merc. et jeudi hors saison – **Repas** 27/63, enf. 9,50 ♀.
◆ Murs lambrissés, fleurs séchées et photos anciennes du village décorent ce restaurant familial ; service attentionné. L'hysope (herbe méditerranéenne) embaume certains plats.

🍴 **Traîneau d'Angeline**, *Le Pont de Suize* 🖉 04 50 63 27 64, *Fax 04 50 63 27 64*, 🍴 – ᴳᴮ
1ᵉʳ juil.-30 sept., 1ᵉʳ déc.-31 mai et fermé mardi et lundi sauf vacances scolaires – **Repas** carte 28 à 36, enf. 7 ⬚.
◆ Sympathique restaurant de la vallée du Borne avec belle salle à manger sous charpente et terrasse tournée vers le torrent. Spécialités régionales et grillades au feu de bois.

au Chinaillon *Nord : 5,5 km par D 4 –* ⊠ *74450 Le Grand-Bornand :*

🏠 **Les Cimes** *sans rest,* 𝒫 04 50 27 00 38, *info@hotel-les-cimes.com, Fax 04 50 27 08 46,* ≤
– ✸ 📺 **P.** 🅰🅴 **GB**
15 juin-15 sept. et 15 nov.-25 avril – ☲ 11 – **10 ch** 100/145.
♦ Au sein du hameau sportif du "Grand Bo", chalet-bonbonnière aux chambres pétil-
lantes : décor montagnard contemporain, meubles et bibelots anciens, etc. Une perle rare !

🏠 **Crémaillère,** 𝒫 04 50 27 02 33, *cremaill@wanadoo.fr, Fax 04 50 27 07 91,* ≤, 🍴 – 📺 ☎
P. **GB**
fermé 15 sept. au 20 déc. et 20 avril au 20 juin – **Repas** *(fermé lundi et mardi)* 16 (déj.),
19/28, enf. 7 ☯ – ☲ 6,50 – **16 ch** 80/84 – ½ P 66.
♦ Toutes les chambres de ce petit hôtel sont orientées plein Sud, face aux pistes ; elles
sont dotées de balcons et adoptent peu à peu un cadre alpin. Salon-cheminée "cosy".
Cuisine savoyarde proposée dans une salle à manger rustique décorée de bois blond.

GRANDCAMP-MAISY *14450 Calvados* **303** F3 *G. Normandie Cotentin – 1 831 h alt. 5.*
🅱 *Office de tourisme, 118 rue A-Briand* 𝒫 02 31 22 62 44, Fax 02 31 22 99 95, *ot.grand
campmaisy@wanadoo.fr.*
Paris 297 – Cherbourg 73 – Caen 63 – St-Lô 40.

✕✕ **Marée,** 5 quai Henri Cheron 𝒫 02 31 21 41 00, *Fax 02 31 21 44 55,* 🍴 – 🅰🅴 **GB**
Repas *(14)* - 16/25 ☯.
♦ Ambiance et décor marins face à la criée ; la salle à manger agrandie d'une véranda invite
à se régaler de produits tout frais pêchés dans la Manche ou l'Océan.

Pas de publicité payée dans ce guide.

La GRAND-COMBE *30110 Gard* **339** J3 *– 5 800 h alt. 185.*
Paris 674 – Alès 13 – Aubenas 78 – Florac 53 – Nîmes 59 – Villefort 40.

au Nord-Ouest *: 6 km par rte de Florac –* ⊠ *30110 La Grand-Combe :*

🛏 **Lac,** 𝒫 04 66 34 12 85, *hoteldulacdescomboux@wanadoo.fr, Fax 04 66 30 77 24,* 🍴 – **P.**
GB
fermé 3 au 10 nov., vacances de fév. et merc. – **Repas** 13/24,10 ♨ – ☲ 5 – **12 ch**
22,50/41,60 – ½ P 28,30/37,40.
♦ Non loin d'une retenue sur le Gardon, sympathique petite affaire familiale créée dans les
années 1950. Chambres modestes mais très bien tenues. Cuisine traditionnelle sans appa-
rat à déguster dans une sobre salle à manger néo-rustique.

GRAND'COMBE-CHÂTELEU *25 Doubs* **321** J4 *– rattaché à Morteau.*

La GRANDE-MOTTE *34280 Hérault* **339** J7 *G. Languedoc Roussillon – 6 458 h alt. 1 – Casino.*
🏌 *de la Grande-Motte* 𝒫 04 67 56 05 00, *N : 2 km.*
🅱 *Office de tourisme, allée des Parcs* 𝒫 04 67 56 42 00, *Fax 04 67 29 03 45, Infos@ot-
lagrandemotte.fr.*
Paris 747 – Montpellier 28 – Aigues-Mortes 12 – Lunel 16 – Nîmes 45 – Sète 47.

🏨🏨 **Grand M'Hôtel** ⌂, *quartier Point Zéro* 𝒫 04 67 29 13 13, *info@thalasso-grandemotte.c
om, Fax 04 67 29 03 45,* ≤ *littoral,* 🍴, 🏊, 🔲 – 🔯 🍴 📺 ☎ ⟷ – 🔏 50. 🅰🅴 ⓪ **GB**
fermé 23 déc. au 30 janv. – **Repas** 25/30, enf. 10 ☯ *Les Corallines :* Repas 30 ☯ – *Les
Astérides* (déj. seul) Pâques-sept. Repas 25 ☯ – ☲ 8 – **36 ch** 125, 3 suites.
♦ À l'écart du centre, sur le bord de mer, complexe hôtelier récent incluant un centre de
thalassothérapie. Chambres avec balcon. Belle piscine et terrasse panoramique. Tradition et
saveurs du Sud aux Corallines. Viandes et poissons grillés aux Astérides.

🏨🏨 **Novotel** ⌂, *av. Golf* 𝒫 04 67 29 88 88, *h2190@accor-hotels.com, Fax 04 67 29 17 01,* ≤,
🍴, **⚡,** 🏊, 🔲 – 🔯 ✸ 📺 ☎ 🅿 – 🔏 30 à 80. 🅰🅴 ⓪ **GB**
Repas carte 25 à 35, enf. 8 ☯ – ☲ 12 – **81 ch** 100/160 – ½ P 94.
♦ À l'entrée du golf, cet établissement vous accueille avec un hall monumental coiffé
d'une coupole en verre. Chambres aux normes de la chaîne, spacieuses et fonctionnelles.
Repas façon brasserie dans une salle à manger contemporaine prolongée d'une terrasse.

🏨🏨 **Mercure,** 140 r. du port 𝒫 04 67 56 90 81, *h1230@accor-hotels.com, Fax 04 67 56 92 29,*
≤ *littoral,* 🍴, 🏊 – 🔯 🍴 ☎ 🅿 – 🔏 90. 🅰🅴 ⓪ **GB**
Repas *(ouvert 19 juin-31 août)* carte 30 à 43, enf. 12 – ☲ 12 – **117 ch** 110/135.
♦ Sa tour domine le port de plaisance, au coeur du centre animé de la station. Les
chambres sont toutes dotées d'un balcon. Cuisine simple (salades et grillades) proposée
dans un décor moderne ou sur une terrasse ombragée de platanes.

🏨 **Golf** ⚘ sans rest, 1920 av. Golf *𝒫* 04 67 29 72 00, *golfhotel34@wanadoo.fr*, *Fax 04 67 56 12 44*, 🏊, 🎾 – 📲 🕽🗚 📺 🗍 🕭 – 📶 **P** – 🔏 20. 🟥 ⓞ ⒢⒝ ⒥⒞⒝
⌂ 10 – **44 ch** 102/145.
♦ Construction récente aux chambres refaites dans un style actuel, toutes avec loggia et orientées vers le golf ou le plan d'eau du Ponant. Jardin-piscine très agréable.

🏨 **Azur Bord de Mer** ⚘ sans rest, esplanade de la Capitainerie *𝒫* 04 67 56 56 00, *hotelaz ur34@.com*, *Fax 04 67 29 81 26*, ≤, 🏊 – 🕽🗚 📺 🗍 **P**. 🟥 ⓞ ⒢⒝ ⒥⒞⒝. 🗍
⌂ 9 – **20 ch** 121.
♦ Une vigie scrutant la "grande bleue ", par sa situation sur le môle fermant le port au Sud. Chambres bien entretenues, au décor classique ou contemporain. Abords verdoyants.

🏨 **Europe** sans rest, derrière la poste *𝒫* 04 67 56 62 60, *hoteleurope@wanadoo.fr*, *Fax 04 67 56 93 07*, 🏊 – 🔲 📺 **P**. 🟥 ⓞ ⒢⒝ ⒥⒞⒝
⌂ 9 – **34 ch** 92/115.
♦ Sympathique hôtel familial situé derrière le palais des congrès. Chambres pratiques, peu à peu personnalisées. Joli salon de style marocain où l'on sert le thé à la menthe.

🏨 **Quetzal** ⚘, allée des Jardins *𝒫* 04 67 56 61 10, *hotelquetzal@tiscali.fr*, *Fax 04 67 56 86 34*, 🏕, 🏊, 🎾 – 📲 🕽🗚, 🔲 ch, 📺 **P** – 🔏 20 à 60. 🟥 ⓞ ⒢⒝. 🗍 rest
mi-mars-mi-oct. – **Repas** *(juin-sept.)* (dîner seul.) (résidents seul.) 15/17, enf. 8 🍴 – ⌂ 10 –
52 ch 110 – ½ P 79,50.
♦ Le bâtiment date de la construction de la station, mais l'intérieur sort d'une rénovation complète. Chambres contemporaines ou de style provençal, calmes et dotées de loggias.

🏨 **Plage** ⚘, allée du Levant (direction Grau-du-Roi) *𝒫* 04 67 29 93 00, *hotel.de.la.plage@wa nadoo.fr*, *Fax 04 67 56 00 07*, ≤, 🏕 – 📺 🗍 **P**. 🟥 ⓞ ⒢⒝
9 avril-24 oct. – **Repas** 20 🟡 – ⌂ 11 – **39 ch** 105/108 – ½ P 80.
♦ L'établissement se trouve dans un quartier résidentiel, face à la plage. Toutes les chambres, spacieuses et lumineuses, ont une loggia côté Méditerranée. Au restaurant, chaises et nappes aux tons ensoleillés vous convient à un repas simple, orienté "poisson".

𝕏𝕏𝕏 **Alexandre**, esplanade Maurice Justin *𝒫* 04 67 56 63 63, *michel@alexandre-restaurant.co m*, *Fax 04 67 29 74 69*, ≤, 🏕 – 📶 **P**. 🟥 ⓞ ⒢⒝ ⒥⒞⒝. 🗍
fermé 28 au 30 oct., 3 au 6 nov., 5 janv. au 10 fév., dim. soir, lundi et mardi de nov.à mars sauf fériés – **Repas** 33/65 et carte 46 à 72, enf. 15 🟡 ❧ *Bistrot d'Alexandre* (grill) *ouvert juil.-août et fermé dim. soir et lundi)* **Repas** 19.
♦ Salle panoramique donnant sur le port et le large, décor moderne et mise en place soignée. Cuisine classique, produits de la mer et belle sélection de vins du Languedoc. Au Bistrot : ambiance décontractée et carte axée sur les viandes et poissons grillés.

rte de Carnon-Plage *par rte littorale (D 59) : 3 km –* ✉ *34280 La Grande-Motte :*

𝕏 **Compagnie des Comptoirs "Effet Mer"**, *𝒫* 04 67 56 02 14, *Fax 04 67 56 43 42*, ≤, 🏕, 🍷 – 🟥 ⒢⒝
1ᵉʳ mai-28 sept. – **Repas** carte 35 à 54 🟡.
♦ Une porte monumentale en bois de Bali signale l'entrée de ce restaurant éphémère installé sur la plage... Bel intérieur en teck et cuisine aux saveurs d'Orient et du Sud.

Le GRAND-PRESSIGNY *37350 I.-et-L.* **③①⑦** N7 *G. Châteaux de la Loire– 1 119 h alt. 63.*
Voir *Château*★.
🅱 *Office de tourisme* *𝒫* 02 47 94 96 82, *Fax 02 47 94 96 82*, *le-grand-pressigny@wana-doo.fr*.
Paris 303 – Poitiers 67 – Le Blanc 45 – Châtellerault 30 – Loches 32 – Tours 70.

🏠 **Auberge Savoie-Villars**, *𝒫* 02 47 94 96 86, *Fax 02 47 91 07 81*, 🏕 – 🗍. ⒢⒝
fermé 14 au 22 nov., 6 au 13 mars – **Repas** *(fermé dim. soir et lundi sauf en juil.-août)*
14/31 🟡 – ⌂ 5,80 – **10 ch** 38/45 – ½ P 35.
♦ Dans ce fameux site néolithique, auberge rustique, mais non préhistorique dont l'enseigne évoque les princes de Savoie, Pressignois célèbres. Chambres bien tenues. Salle à manger campagnarde et carte éclectique (salades, plats du terroir, crêpes, etc.).

GRANDVILLERS *88600 Vosges* **③①④** I3 – *712 h alt. 365.*
Paris 404 – Épinal 22 – Lunéville 48 – Gérardmer 29 – Remiremont 38 – St-Dié 28.

🏨 **Europe et Commerce**, 3 et 4 rte Bruyères *𝒫* 03 29 65 71 17, *Fax 03 29 65 85 23*, 🎾, 🗍 – 📺 🗍 🕭 **P** – 🔏 20. 🟥 ⒢⒝
Repas *(fermé vend. soir et dim. soir)* 13/38 🟡 – ⌂ 6 – **21 ch** 41/62 – ½ P 40/45.
♦ Le nom de cet établissement est on ne peut plus d'actualité. Le bâtiment le plus ancien abrite quelques chambres ; celles de l'annexe sont plus calmes et profitent du jardin. Modeste salle à manger aux tons pastel ; cuisine traditionnelle simple.

GRANGES-LÈS-BEAUMONT *26 Drôme* **③③②** C3 – *rattaché à Romans-sur-Isère.*

Les GRANGES-STE-MARIE 25 Doubs **321** H6 – rattaché à Malbuisson.

Les GRANGETTES 25160 Doubs **321** H6 – 182 h alt. 864.

Paris 454 – Besançon 70 – Champagnole 41 – Morez 48 – Pontarlier 11.

☆ **Bon Repos** ⊗, 𝒫 03 81 69 62 95, hotel.bon.repos.@wanadoo.fr, Fax 03 81 69 66 61, 🐎 – **P**. GB. ⚘

fermé 21 au 29 mars, 17 oct. au 21 déc., dim. soir et lundi hors saison – **Repas** 14,50/30,60, enf. 7,20 ♀ – ☑ 5,50 – **13 ch** 42,70/46 – ½ P 42,70/47,80.

♦ Dans la traversée du village, maison d'époque 1900 à l'ambiance familiale. Le jardin, derrière l'annexe, descend vers le lac de St-Point situé en contrebas. Salle à manger un brin désuète et cuisine régionale simple : croûtes aux morilles et liqueur de sapin.

GRANS 13450 B.-du-R. **340** F4 – 3 753 h alt. 52.

🛈 Office de tourisme, boulevard Victor-Jauffret 𝒫 04 90 55 88 92, Fax 04 90 55 86 27.
Paris 729 – Marseille 50 – Arles 43 – Martigues 29 – Salon-de-Provence 7.

✗ **Planet**, pl. J. Jaurès 𝒫 04 90 55 83 66, Fax 04 90 55 70 43, 🍽 – GB

fermé 22 sept. au 8 oct., 27 oct. au 5 nov.,23 fév. au 17 mars, dim. soir, lundi et mardi de nov. à mars – **Repas** 16 (déj.), 21/36, enf. 9,20 ♀.

♦ Cet ancien moulin à huile abrite désormais un petit restaurant voûté aux murs crépis. Agréable terrasse à l'ombre des platanes, accueil sympathique et cuisine du terroir.

GRANVILLE 50400 Manche **303** C6 G. Normandie Cotentin – 12 687 h alt. 10 – Casino **Z** et à St-Pair-sur-Mer.

Voir Le tour des remparts★ : place de l'Isthme ≤★ **Z** – Pointe du Roc : site★.

🏌 de Granville à Bréville-sur-Mer 𝒫 02 33 50 23 06, par ① : 5 km.

🛈 Office de tourisme, 4 cours Jonville 𝒫 02 33 91 30 03, Fax 02 33 91 30 19, office-tourisme@ville-granville.fr.

Paris 342 ② – St-Malo 93 ③ – Avranches 27 ③ – Cherbourg 105 ① – St-Lô 57 ①.

Plans page ci-contre

🏠 **Grand Large** sans rest, 5 r. Falaise 𝒫 02 33 91 19 19, infos@hotel-le-grand-large.com, Fax 02 33 91 19 00, ≤, 🏖, **fb** – 🛗 cuisinette 🆃🆅 ⚘ ⟵ – 🛗 20. 🅐🅔 ① GB 🆓🅱 ⚘

fermé 27 nov. au 18 déc. – ☑ 8 – **38 ch** 74/96, 13 duplex. **Z** **r**

♦ Surplombant la plage du haut de la falaise, cet hôtel récent associé à un centre de thalassothérapie abrite des chambres spacieuses tournées en majorité vers la Manche.

🏠 **Bains** sans rest, 19 r. G. Clemenceau 𝒫 02 33 50 17 31, Fax 02 33 50 89 22, ≤ – 🛗 🆃🆅 ⚘ ⚘. GB **Z** **v**

fermé 3 au 17 janv. – ☑ 8 – **47 ch** 56/105.

♦ Cet établissement centenaire voisin du casino propose des chambres spacieuses et actuelles ; certaines possèdent un balcon avec vue sur mer.

🏠 **Michelet** sans rest, 5 r. J. Michelet 𝒫 02 33 50 06 55, Fax 02 33 50 12 25 – 🆃🆅 **P**. 🅐🅔 GB. ⚘ **Z** **u**

☑ 5,70 – **20 ch** 23/48.

♦ L'enseigne rend hommage à l'un des hôtes célèbres de la station. Chambres simples et rénovées, appréciées des curistes et de la clientèle d'affaires. Bon accueil.

✗✗ **Citadelle**, 34 r. Port 𝒫 02 33 50 34 10, citadell@club-internet.fr, Fax 02 33 50 15 36, ≤, 🍽 – 🍽. GB **Y** **d**

fermé vacances de Noël, de fév., mardi d'oct. à mars et merc. – **Repas** 15/30 ♀.

♦ Dégustez homards de Chausey et autres produits de la mer dans un décor marin ou sur la terrasse tournée vers le port d'où s'élançaient corsaires et terre-neuvas.

par ① rte de Coutances : 4,5 km – ⊠ 50290 Bréville-sur-Mer :

🏠 **Beaumonderie**, 𝒫 02 33 50 36 36, la-beaumonderie@wanadoo.fr, Fax 02 33 50 36 45, ≤, 🍽, 🔲, ⚘, 🏊 – 🆃🆅 ⚘ 🏖 **P**. – 🛗 250. 🅐🅔 GB 🆓🅱. ⚘ rest

L'Orangerie : **Repas** 28/72, enf. 12 – ☑ 14 – **13 ch** 75/170, 3 suites – ½ P 72/114.

♦ Cette maison des années 1920 fut le Q.G. de Eisenhower lors du débarquement de Normandie. Chambres personnalisées, salon-bar anglais, billard français, squash et joli parc. Coquette salle à manger en rotonde et cuisine traditionnelle à l'écoute de la mer.

à St-Pair-sur-Mer par ④ : 4 km – 3 616 h. alt. 30 – ⊠ 50380 :

🛈 Office de tourisme, 3 rue Charles Mathurin 𝒫 02 33 50 52 77, Fax 02 33 50 00 04, offitour.st.pair.s.mer@wanadoo.fr.

✗ **Au Pied de Cheval**, au Casino 𝒫 02 33 91 34 01, Fax 02 33 50 26 27, ≤, 🍽 – 🍽. GB

fermé 3 au 21 oct., 1er au 25 janv., dim. soir, mardi hors saison et lundi – **Repas** 18,50/20,50 ♀.

♦ Au pied du casino, sur une plage faisant face à Granville. Vaste salle à manger de style brasserie, proposant une cuisine franco-italienne.

GRANVILLE

Briand (Av. A.) . . . . **Y** 2
Clemenceau (R. G.) . . **Z** 3
Corsaires (Pl. aux) . . **Z** 4
Corsaires (R. aux) . . . **Z** 6
Couraye (R.) . . . . **Z**

Desmaisons (R. C.) . . . . **Z** 7
Granvillais (Bd des Amiraux)**Z** 8
Hauteserve (Bd d') . . . . **Z** 9
Juifs (R. des) . . . . **Z**
Lecampion (R.) . . . . **Z**
Leclerc (R. Gén.) . . . . **Y**
Parvis Notre-Dame
(Montée du) . . . . **Z** 12

Poirier (R. Paul) . . . . **Z** 15
St-Sauveur (R.) . . . . **Z** 16
Ste-Geneviève (R.) . . . . **Z** 17
Saintonge (R.) . . . . **Z** 18
Terreneuviers (Bd) . . . . **Y** 21
Vaufleury (Bd) . . . . **Y** 22
2e et 202e de Ligne
(Bd des) . . . . **Z** 25

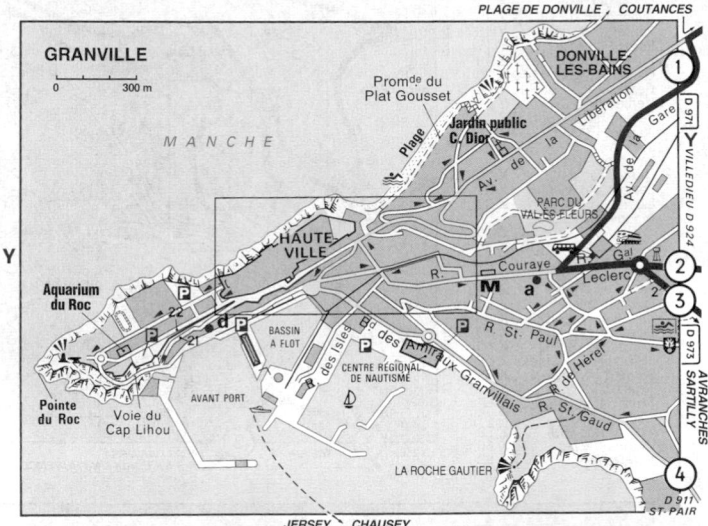

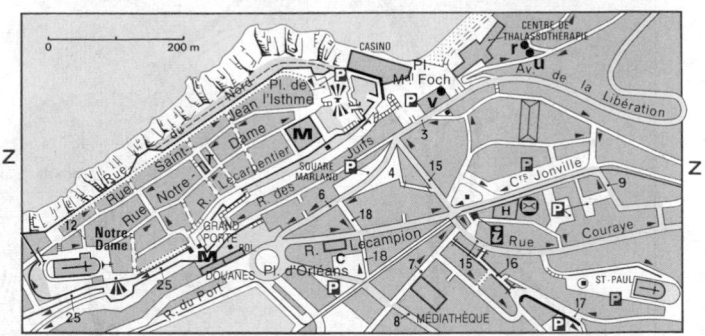

Pour visiter une ville ou une région : utilisez les Guides Verts Michelin.

GRASSE ⟨SP⟩ 06130 Alpes-Mar. **341** C6 *G. Côte d'Azur* – 43 874 h alt. 250 – Casino.

Voir *Vieille ville★ : Place du Cours★ ⩽★ Z, musée d'Art et d'Histoire de Provence★ Z M¹ –
Toiles★ de Rubens dans la cathédrale Notre-Dame-du-Puy Z B – Parc de la Corniche ⁂★★
30 mn Z – Jardin de la Princesse Pauline ⩽★ X K – Musée international de la Parfume-
rie★ Z M³*.

Env. *Montée au col du Pilon ⩽★★ 9 km par ④.*

🏌 *de St-Donat à Le Plan-de-Grasse ℘ 04 93 09 76 60, par ② : 5 km ;* 🏌 *Grasse Country Club
℘ 04 93 60 55 44, O : 5 km par D 11 ;* 🏌 *de la Grande Bastide à Châteauneuf-Grasse ℘ 04 93
77 70 08, E : 6 km par D 7 ;* 🏌 *Opio Valbonne à Opio ℘ 04 93 12 00 08, E : 11 km par D 4 X ;*
🏌 *St-Philippe Golf Academy à Sophia-Antipolis ℘ 04 93 00 00 57, E : 12 km.*

🛈 *Office de tourisme, 22 cours Honoré Cresp ℘ 04 93 36 66 66, Fax 04 93 36 86 36,
info@grasse-riviera.com.*

Paris 905 ② – Cannes 17 ② – Digne-les-Bains 118 ④ – Draguignan 53 ③ – Nice 40 ②.

GRASSE

Barri (Pl. du) . . . . **Z** 4
Bellevue (Bd) . . . . . . **X** 5
Charabot (Bd) . . . . . **Y** 6
Conte (R. D.) . . . . . . **Y** 7
Cresp (Cours H.) . . . **Z** 8
Crouët (Bd J.) . . . . . **X** 10
Droite (R.) . . . . **Y** 12
Duval (Av. M.) . . . . . **X** 14
Evêché (R. de l') . . . **Z** 15
Fontette (R. de) . . . **Y** 16
Foux (Pl. de la) . . . . **Y** 17
Fragonard (Bd) . . . . **Z** 18
Gaulle (Av. Gén.-de) . **X** 20
Gazan (R.) . . . . **Z** 22
Herbes (Pl. aux) . . . **Y** 23
Jeu-de-Ballon (Bd) . **YZ**
Journet (R. M.) . . . . **YZ** 26
Juin (Av. Mar.) . . . . . **Y** 27
Lattre-de-Tassigny
   (Av. de) . . . . **X** 28
Leclerc (Bd Mar.) . . . **X** 30
Libération (Av.) . . . . **X** 32
Mougins-Roquefort
   (R.) . . . . **Z** 33
Moulin des Paroirs (R.) **X** 34
Oratoire (R. de l') . . . **Z** 35
Ossola (R. Jean) . . . **Z** 38
Petit-Puy (Pl. du) . . . **Z** 42
Poissonnerie (Pl.) . . **Z** 43
Prés.-Kennedy (Bd) . . **X** 45
Reine-Jeanne (Bd) . . **X** 48
Rothschild (Bd de) . . **X** 49
St-Martin (Traverse) . **Z** 50
Sémard (Av. P.) . . . . **Z** 53
Thiers (Av.) . . . . **Y**
Touts-Petits (Trav.) . **Z** 55
Tracastel (R.) . . . . . **Z** 57
Victor-Hugo (Bd) . . . **XZ** 59
Victoria (Av.) . . . . . . **X** 60
11-Novembre (Av. du) **XY** 63

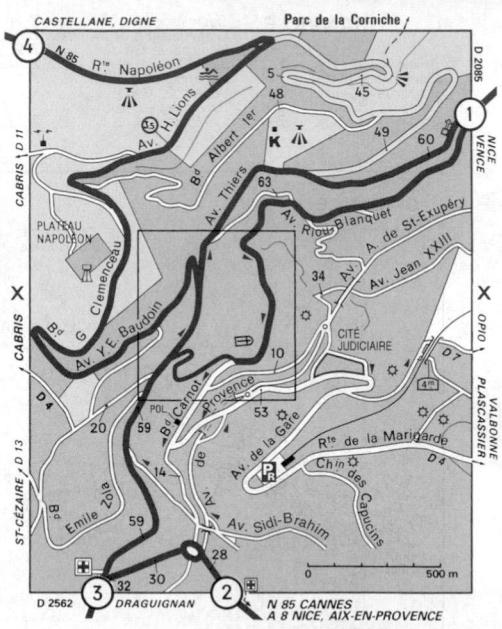

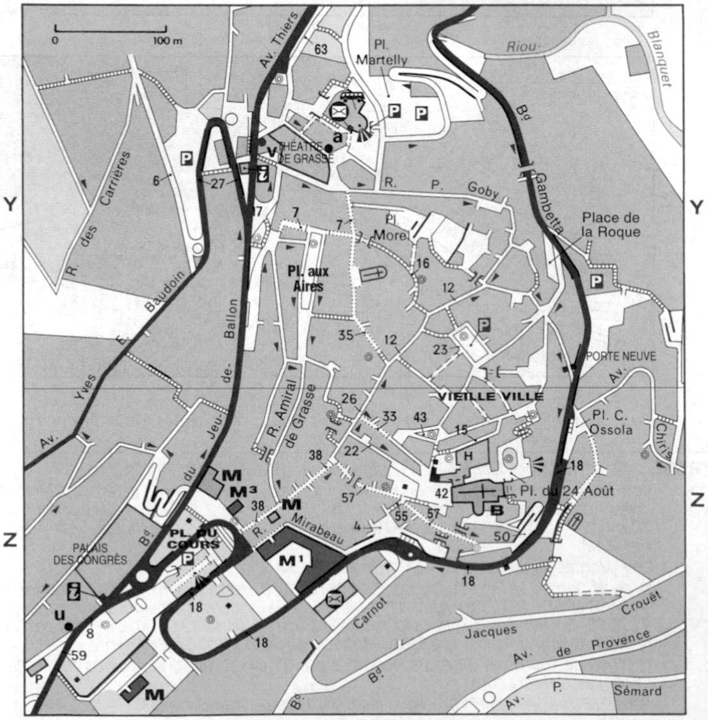

🏨 **Bastide Saint Mathieu** ॐ sans rest, 35 chemin Blumenthal (quartier St Mathieu) Est plan par av Jean XXIII *&* 04 97 01 10 00, *info@bastidestmathieu.com,* Fax 04 97 01 10 09, ⌧, 🗖 – 🛗 🗟 ⃞ ⓒ 🅿. 🖭 ⃝. ✄
5 ch ⊐ 270/300.
  ◆ Délicieuse bastide du 18ᵉ s. où se marie avec bonheur le luxe d'un hôtel de caractère et l'atmosphère d'une maison d'hôte. Superbes et spacieuses chambres ; très beau salon.

🏨 **Patti**, pl. Patti *&* 04 93 36 01 00, *hotelpatti@libertysurf.fr,* Fax 04 93 36 36 40, 🖾 – 🛗 🗟 🖾. 🖭 ⓞ 🖾 🖾 🖾   Y a
Repas *(fermé dim.)* 17/25, enf. 9 ⚘ – ⊐ 7 – **73 ch** 79/125 – ½ P 55/78.
  ◆ Les chambres de cet établissement voisin du centre international arborent un décor provençal ou plus contemporain. Salle à manger actuelle et terrasse installée face à une placette. Cuisine traditionnelle aux accents régionaux.

🏨 **Panorama** sans rest, 2 pl. Cours *&* 04 93 36 80 80, *hotelpanorama@wanadoo.fr,* Fax 04 93 36 92 04 – 🛗 cuisinette ⃞ 🖭 ⓞ 🖾   Z u
fermé 4 janv. au 9 fév. – ⊐ 7 – **36 ch** 69/107.
  ◆ Hôtel apprécié pour sa proximité avec le palais des congrès et les principaux musées grassois. Chambres fonctionnelles et bien tenues, parfois égayées de coloris provençaux.

XXXX **Bastide St-Antoine** (Chibois) ॐ avec ch, 48 av. H. Dunant (quartier St-Antoine) par ② *et*
❀❀ *rte Cannes : 1,5 km &* 04 93 70 94 94, *info@jacques-chibois.com,* Fax 04 93 70 94 95, ≼, 🖾, 🗖, 🏊, – 🛗 🗟 ⃞ ⃝ ☎ 🅿 – 🔬 20 à 80. 🖭 ⓞ 🖾 🖾
Repas 53 (déj.), 130/170 et carte 98 à 134 ⅞ ⅌ – ⊐ 23 – **11 ch** 262/318.
  ◆ Cette ravissante bastide du 18ᵉ s. s'élève sur une colline plantée de vieux oliviers ; sa savoureuse cuisine est un bel hommage à la capitale des parfums. Chambres élégantes.
  Spéc. Homard en fraîcheur de glace de fromage blanc (printemps-été). Saint-Pierre en symphonie de pois gourmands et fenouil (printemps-été). Canette au jus de noix de Tonkin. **Vins** Côtes de Provence, Bellet.

X **Café Arnaud**, 10 pl. Foux *&* 04 93 36 44 88, *cafearnaud@libertysurf.fr* – 🗟. 🖭 ⓞ 🖾
fermé juin, sam. midi et dim. – **Repas** 30/35, enf. 11 ⅞.   Y v
  ◆ Salle à manger voûtée, ambiance "bistrot" et cuisine méditerranéenne parfumée font de ce sympathique restaurant une adresse prisée. Miniterrasse sur le trottoir.

à Magagnosc par ① *rte de Nice : 5 km* – ⊠ 06520.
  Voir ≼★ *du cimetière de l'Eglise St-Laurent – Le Bar-sur-Loup : site★, danse macabre★ dans l'église St-Jacques, place de l'Église* – ≼★ *NE : 3,5 km.*

XX **Toque Blanche**, 83 av. Auguste Renoir *&* 04 93 36 20 64, Fax 04 93 36 16 67, ≼, 🖾 – 🖾
fermé 15 nov. au 8 déc., dim. soir et lundi – **Repas** *(20)* - 38/58.
  ◆ Les larges baies vitrées de la salle ainsi que la terrasse de cette villa ouvrent sur la vallée et le golfe de Napoule. Décor actuel et feutré. Cuisine au goût du jour.

au Val du Tignet par ③ *rte de Draguignan : 8 km par D 2562* – ⊠ 06530 Peymeinade :

XX **Auberge Chantegrill**, *&* 04 93 66 12 33, *restaurantchantegrill@wanadoo.fr,* Fax 04 93 66 02 31, 🖾, – 🗟 🅿. 🖭 ⓞ 🖾 🖾
fermé nov., dim. soir et lundi hors saison – **Repas** 19/46 ⅞.
  ◆ Cette auberge en pierre dispose de nombreux atouts : coquette salle à manger provençale, jardin-terrasse fleuri, généreuse cuisine traditionnelle et accueil aimable.

à Cabris *Ouest : 5 km par D 4 X – 1 472 h. alt. 550* – ⊠ 06530.
  Voir *Site★* – ≼★★ *des ruines du château.*
  🛈 *Office de tourisme, 4 rue de la Porte Haute &* 04 93 60 55 63, Fax 04 93 60 55 94, *tourisme.cabris@libertysurf.fr.*

🏨 **Horizon** sans rest, *&* 04 93 60 51 69, Fax 04 93 60 56 29, ≼ massifs de l'Esterel et des Maures, 🗖 – 🛗 ⃞ ☎ 🅿. 🖭 ⓞ 🖾. ✄
1ᵉʳ avril-15 oct. – ⊐ 9 – **22 ch** 75/115.
  ◆ Hôtel familial dans un charmant village perché naguère apprécié des écrivains. De la terrasse du petit-déjeuner, de la piscine et des chambres, la vue est à couper le souffle.

XX **Auberge du Vieux Château** ॐ avec ch, pl. Panorama *&* 04 93 60 50 12, *aubergeduvi euxchateau@wanadoo.fr,* Fax 04 93 60 58 47, 🖾 – ⃞. 🖭 🖾
fermé 8 janv. au 12 fév. – **Repas** *(fermé mardi sauf le soir d'avril à oct. et lundi)* (22) - 32 – ⊐ 10 – **4 ch** 80/100.
  ◆ Demeure ancienne à deux pas des ruines du château. Salle à manger redécorée dans un esprit provençal et jolie terrasse offrant une perspective sur la nature. Chambres coquettes.

X **Petit Prince**, 15 r. F. Mistral *&* 04 93 60 63 14, Fax 04 93 60 62 87, 🖾 – 🖭 🖾
fermé 15 déc. au 20 janv., mardi sauf juil.-août et merc. – **Repas** 19 (déj.), 28/44.
  ◆ Dessine-moi un... Cabris ! La mère de Saint-Exupéry vécut dans ce village. Salle rustique décorée de gravures et objets sur le thème du Petit Prince. Belle terrasse ombragée.

GRATENTOUR *31 H.-Gar.* 343 G2 – *rattaché à Toulouse.*

GRATOT *50 Manche* **303** *D5 – rattaché à Coutances.*

Le GRAU-D'AGDE *34 Hérault* **339** *F9 – rattaché à Agde.*

Le GRAU-DU-ROI *30240 Gard* **339** *J7 G. Provence – 5 875 h alt. 2 – Casino.*

🛈 *Office de tourisme, 30 rue Michel Rédarès* ☎ *04 66 51 67 70, Fax 04 66 51 06 80, ot-legrauduroi-portcamargue@wanadoo.fr.*

Paris 751 – Montpellier 34 – Aigues-Mortes 7 – Arles 55 – Lunel 22 – Nîmes 49 – Sète 52.

à Port Camargue *Sud : 3 km par D 62B –* ✉ *30240 Le Grau-du-Roi.*

🛈 *Office de tourisme, Carrefour 2000* ☎ *04 66 51 71 68.*

🏨🏨 **Spinaker** (Cazals) ⬙, pointe de la Presqu'île ☎ *04 66 53 36 37, spinaker@wanadoo.fr,*
❀ *Fax 04 66 53 17 47,* ≤, 🍽, 🏊, 🛋 – ▤ 📺 ☎ P – 🖆 40. 🆎 ⓞ 🅖🅑 🅙🅒🅑
14 fév.-14 nov. et rest. : fermé lundi, mardi d'oct. à juin, merc. et jeudi de fév. au 14 avril –
Carré des Gourmets *(fermé le midi sauf juil.-août)* **Repas** *32/81 et carte 65 à 85, enf. 15* ♀
– ☲ *12 –* **16 ch** *108/131, 5 suites – ½ P 101,50/162.*
◆ *Cet hôtel semble amarré à un quai de la marina. Les jolies chambres personnalisées (Provence, Afrique, Maroc) s'ouvrent de plain-pied sur jardin et terrasses. Restaurant contemporain tourné vers une forêt de mâts. Carte de poissons et vaste choix de vins.*
Spéc. *Carpaccio de boeuf à l'huile de truffe. Filets de rougets rôtis à l'huile d'olive. Sole meunière de petits bateaux.* **Vins** *Costières de Nîmes, Pic Saint Loup.*

🏨🏨 **Oustau Camarguen** ⬙, 3 rte Marines ☎ *04 66 51 51 65, oustaucamarguen@wanadoo.*
fr, Fax 04 66 53 06 65, 🍽, 🏊, 🛋 – ▤ 📺 ☎ P – 🖆 30. 🆎 ⓞ 🅖🅑 🅙🅒🅑
hôtel : 26 mars-12 oct. ; rest : 2 mai-fin sept. et fermé merc. – **Repas** *(dîner seul.) 27* ♀ *–*
☲ *10 –* **39 ch** *87/97 – ½ P 74,50/79,50.*
◆ *Sur la route de la plage Sud, petit mas camarguais décoré dans l'esprit provençal. Chambres spacieuses ; certaines sont dotées de jardinets privatifs. Hammam et spa. Cuisine classique au dîner servie dans une salle rustique ou en terrasse, au bord de la piscine.*

🍴🍴 **L'Amarette**, centre commercial Camargue 2000 ☎ *04 66 51 47 63,* ≤, 🍽 – 🅖🅑
fermé déc., janv. et merc. hors saison – **Repas** *(21) -* *34/59, enf. 14* ♀.
◆ *Intérieur soigné et cuisine de la mer au 1ᵉʳ étage d'un centre commercial, à deux pas de la plage Nord. La terrasse couverte offre un joli coup d'oeil sur le golfe du Lion.*

GRAUFTHAL *67 B.-Rhin* **315** *H4 – rattaché à La Petite-Pierre.*

La GRAVE *05320 H.-Alpes* **334** *F2 G. Alpes du Nord – 511 h alt. 1526 – Sports d'hiver : 1 450/ 3 250 m* ≤ 2 ≤ 2 🎿.

Voir Glacier de la Meije★★★ (par téléphérique) – ❄★★★.

Env. Oratoire du Chazelet★★★ NO : 6 km.

🛈 *Office de tourisme* ☎ *04 76 79 90 05, Fax 04 76 79 91 65, ot@lagrave-lameije.com.*

Paris 642 – Briançon 38 – Gap 126 – Grenoble 80 – Col du Lautaret 11.

🏨🏨 **Chalets de la Meije** ⬙ sans rest, ☎ *04 76 79 97 97, contact@chalet-meije.com,*
Fax 04 76 79 97 98, ≤, 🛋, 🏊 – cuisinette 📺 🛢 ⬅. 🅖🅑
fermé 4 au 19 mai et 6 oct.au 19 déc. – ☲ *8 –* **12 ch** *65/76, 9 suites, 6 duplex.*
◆ *Ensemble hôtelier et résidentiel superbement situé face au parc des Écrins. Les jolies chambres (lambris, fer forgé, meubles rustiques) sont réparties entre plusieurs chalets.*

🏨🏨 **Meijette**, ☎ *04 76 79 90 34, hotel.lameijette.juge@wanadoo.fr, Fax 04 76 79 94 76,* ≤,
🍽 – 🛗 📺 P. 🅖🅑 🛢 rest
1ᵉʳ juin-20 sept., 1ᵉʳ mars-1ᵉʳ mai et fermé mardi sauf juil.-août – **Repas** *25/30* ♀ *–* ☲ *8 –*
18 ch *55/80 – ½ P 56/76.*
◆ *Face au grandiose massif de la Meije, deux bâtiments séparés par une route. Les chambres, souvent spacieuses, sont meublées en pin et bien tenues. Superbe vue sur les glaciers depuis le restaurant et la terrasse panoramique, idéalement orientée.*

GRAVELINES *59820 Nord* **302** *A2 G. Picardie Flandres Artois – 12 430 h.*

🛈 *Office de tourisme, 11 rue de la République* ☎ *03 28 51 94 00, Fax 03 28 65 58 19, gravelines.cote.opale@wanadoo.fr.*

Paris 287 – Calais 26 – Cassel 38 – Dunkerque 21 – Lille 89 – St-Omer 36.

🏨🏨 **Hostellerie du Beffroi**, pl. Ch. Valentin ☎ *03 28 23 24 25, hoteldubeffroi@wanadoo.fr,*
🛢 *Fax 03 28 65 59 71,* 🍽 – 🛗 ✻ 📺 ☎ 🛢 – 🖆 60. 🆎 ⓞ 🅖🅑
Repas *(fermé sam. midi et dim. soir) (11,50) -* *15/30, enf. 7,50* ♀ *–* ☲ *8 –* **40 ch** *61/65 – ½ P 56.*
◆ *Bâtisse récente aux murs parementés de briques située au pied du beffroi, dans l'enceinte aménagée par Vauban. Chambres fonctionnelles rénovées. Salle à manger contemporaine et terrasse faisant face à la place ; cuisine traditionnelle sans prétention.*

GRAVESON _13690 B.-du-R._ **340** _D2 G. Provence_ – _3 188 h alt. 14._

Voir _Musée Auguste-chabaud★_ – **🛈** _Office de tourisme, cours National_ ✆ 04 90 95 71 05, _Fax 04 90 95 81 75, ot.graveson@visitprovence.com._

Paris 696 – Avignon 14 – Carpentras 40 – Cavaillon 30 – Marseille 102 – Nîmes 38.

🏠🏠 **Moulin d'Aure** 🦢, rte St-Rémy-de-Provence : 1 km par D 5 ✆ 04 90 95 84 05, _hotel-mouli n-d-aure@wanadoo.fr, Fax 04 90 95 73 84,_ 🌳, 🏊, 🌿 – ≡ ch, 📺 **P** – 🅰 20. 🆎 🇬🇧 🃏

Repas (dîner seul.) 35 – 🍽 12,50 – **19 ch** 90/130 – ½ P 71/101.

♦ Dans un grand parc planté d'oliviers, cette bastide récente dispose de jolies chambres provençales (fer forgé, tomettes, couleurs du Sud) ; quelques-unes avec terrasse. Au menu, spécialités méridionales et italiennes parfumées avec l'huile d'olive du domaine.

🏠🏠 **Mas des Amandiers,** rte d'Avignon : 1,5 km ✆ 04 90 95 81 76, _contact@hotel-des-aman diers.com, Fax 04 90 95 85 18,_ 🌳, 🏊, 🌿 – ≡ rest, 📺 🕭 **P** – 🅰 35. 🆎 🇴 🇬🇧 🃏

15 mars-15 oct. – **Repas** _(fermé merc. midi et jeudi midi)_ (15) -17/39, enf. 11 🍴 – 🍽 8 – **28 ch** 54/59 – ½ P 53/54.

♦ Réparties autour de la piscine et de sa terrasse, sobres chambres de style rustique aux tons ensoleillés. Parcours botanique, nombreux loisirs, location de vélos et scooters. Salle à manger actuelle décorée dans la note provençale ; carte classique.

🏠 **Cadran Solaire** 🦢 sans rest, r. Cabaret Neuf ✆ 04 90 95 71 79, _cadransolaire@wanadoo.f r, Fax 04 90 95 55 04,_ 🌿 – **P**. 🇬🇧 – _mi-mars-mi-nov._ – 🍽 7 – **12 ch** 51/76.

♦ La façade de ce charmant relais de poste du 16ᵉ s. blotti dans un joli jardin est ornée d'un cadran solaire. Ravissantes chambres (sans TV) et délicieuse terrasse.

🍴🍴🍴 **Clos des Cyprès,** rte Châteaurenard ✆ 04 90 90 53 44, _Fax 04 90 90 55 84,_ 🌳, 🌿 – ≡ **P**. 🇬🇧

fermé 2 au 20 janv., dim. soir, merc. soir et lundi sauf fériés – **Repas** 38 (déj.), 45/65.

♦ Plaisante salle à manger mi-bourgeoise, mi-provençale et sa terrasse sous auvent, face à un agréable jardin planté d'oliviers et d'abricotiers. Cuisine au goût du jour.

GRAY _70100 H.-Saône_ **314** _B8 G. Jura_ – _6 773 h alt. 220._

Voir _Hôtel de ville★_ – _Collection de pastels et dessins★ de Prud'hon au musée Baron-Martin★ M¹._

🛈 _Office de tourisme, Pavillon du Tourisme_ ✆ 03 84 65 14 24, _Fax 03 84 65 46 26, otsigray@wanadoo.fr._

Paris 336 ⑤ – Besançon 45 ③ – Dijon 50 ⑤ – Dole 46 ④ – Langres 56 ① – Vesoul 58 ②.

GRAY

Boichut (Pl.)	**Y** 3
Capucins (Av.)	**Z** 5
Casernes (R. des)	**Z** 6
Couyba (Av. Ch.)	**Y** 7
Curie (Rue P.)	**Z** 9
Devosge (R. F.)	**Y** 10
Eglise (R. de l')	**Y** 12
Gambetta (R.)	**Y** 13
Gaulle (Av. Général-de)	**Z** 14
Gaulle (Pl. Charles-de)	**YZ** 15
Grands Moulins (Bd des)	**Y** 16
Libération (Av. de la)	**Z** 17
Marché (R. du)	**Z** 18
Mavia (Quai)	**Y** 20
Mavia (Rue)	**Y** 21
Neuf (Chemin)	**Z** 22
Paris (R. de)	**Y** 24
Perrières (R. des)	**Z** 25
Perrières (Fg. des)	**Z** 26
Perrières (R. du Fg. des)	**Y** 27
Pigalle (Rue)	**Y** 28
Port (Av. du)	**Y** 29
Quatre-Septembre (Place du)	**Y** 30
Revon (Av.)	**Z** 31
Rossen (R.)	**Z** 32
Signard (Rue M.)	**Z** 34
Soupirs (R. des)	**Z** 35
Sous-Préfecture (Place de la)	**Y** 36
Thiers (R.)	**Y** 37
Vieille-Tuilerie (Rue de la)	**Z** 39

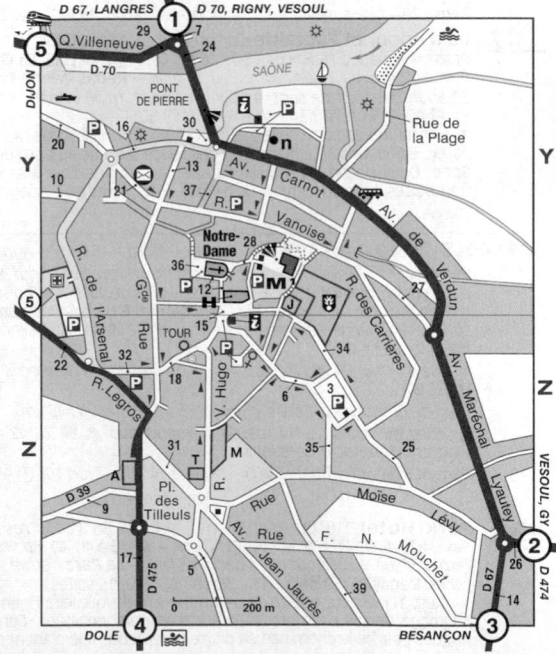

🏠 **Fer à Cheval** sans rest, 9 av. Carnot ✆ 03 84 65 32 55, Fax 03 84 65 42 63 – 📺 📞 📶 🅿 AE
GB JCB
Y n
fermé 1er au 8 août et 19 déc. au 2 janv. – 🍴 7 – **46 ch** 35/48.
  ♦ Bâtisse des années 1970 dans la partie basse de la ville, près du pont de pierre. Le décor des chambres n'a pas changé depuis l'ouverture ; préférez celles de l'arrière.

à Rigny *par ① D 70 et D 2 : 5 km – 586 h. alt. 196 – ⊠ 70100 :*

🏰 **Château de Rigny** ⑊, ✆ 03 84 65 25 01, *chateau-de-rigny@wanadoo.fr*, Fax 03 84 65 44 45, ⩽, 🍽, 🏊, ⚒, 🐾 – 📺 🅿 AE GB. 🐾
Repas 29/55 🍴 – 🍴 10 – **29 ch** 65/190 – ½ P 142/140.
  ♦ Les allées du parc de cette demeure du 17e s. serpentent jusqu'à la Saône. Le mobilier des chambres (choisir celles de la magnanerie) a été chiné dans les brocantes. Confortable salle à manger ou plaisante terrasse ; registre culinaire classique.

à Nantilly *par ① et D 2 : 5 km – 452 h. alt. 200 – ⊠ 70100 :*

🏰 **Château de Nantilly** ⑊, ✆ 03 84 67 78 00, *nantilly@romantik.de*, Fax 03 84 67 78 01, 📶, ⑊, 🏊, ⚒, ⚒ – 📺 🐾 🅿 – 🔔 25 à 60. AE ⓪ GB
15 mars-1er nov. – **Repas** *(dîner seul.)* 43/95, enf. 15 – 🍴 17 – **30 ch** 130/150, 4 suites, 7 duplex – ½ P 118/128.
  ♦ Jolie maison de maître dans un parc traversé par un cours d'eau. Les chambres du bâtiment principal ont plus de cachet que celles des annexes. Restaurant particulièrement soigné : tonalités rosées, moulures, fresques, belle argenterie... et cuisine classique.

Dans ce guide

un même symbole, un même mot,

imprimé en **rouge** *ou en* **noir***, en maigre ou en* **gras***,*

n'ont pas tout à fait la même signification.

Lisez attentivement les pages explicatives.

GRENADE-SUR-L'ADOUR *40270 Landes* 📖 I12 – *2 265 h alt. 55.*

🛈 *Office de tourisme, 1 place des Déportés ✆ 05 58 45 45 98, Fax 05 58 45 45 55, ot@tourismegrenadois.com.*

Paris 720 – Aire-sur-l'Adour 18 – Mont-de-Marsan 15 – Orthez 53 – St-Sever 14 – Tartas 33.

🍴🍴🍴 **Pain Adour et Fantaisie** (Garret) avec ch, 14 pl. Tilleuls ✆ 05 58 45 18 80, *pain.adour.fa ntaisie@wanadoo.fr*, Fax 05 58 45 16 57, 🍽 – 📺 – 🔔 25. AE GB
🌸 *fermé 22 nov. au 7 déc., 21 fév. au 1er mars* – **Repas** *(fermé lundi sauf le soir du 14 juil. au 31 août, dim. soir de sept. à mi-juil. et merc. midi)* 35 (déj.), 57/82 bc et carte 57 à 74 🍴 – 🍴 11,40 – **11 ch** 70/134 – ½ P 89,50/115,50.
  ♦ L'enseigne de cette belle maison (17e s.) est un clin d'oeil au glorieux cinéma néoréaliste italien. Élégante salle à manger et délicieuse terrasse au bord de l'Adour.
Spéc. Oeuf poché à l'anguille fumée. Piccatas de foie gras de canard grillé. Gelée aux framboises, tatin au caramel de fenouil. **Vins** Côtes de Gascogne, Madiran

---

GRENOBLE 🅿 *38000 Isère* 📖 H6 *G. Alpes du Nord* – *153 317 h Agglo. 419 334 h alt. 213.*

Voir *Site*★★★ – *Église-musée St-Laurent*★★ *: crypte St-Oyand*★ *FY* – *Fort de la Bastille* ⛰ ★★ *par téléphérique* **EY** – *Vieille ville*★ **EY** *: Palais de Justice*★ *(boiseries*★ *) - escalier*★ *de l'hôtel d'Ornacieux* **EY J** – *Musées : de Grenoble*★★★ *FY, de la Résistance et de la Déportation*★ *F , de l'ancien Evêché-Patrimoines de l'Isère*★★ – *Musée dauphinois*★ *: chapelle*★★*, exposition thématique*★★ **EY.**

🏌 *à Seyssins ✆ 04 76 70 12 63,* **AX** ; 🏌 *de Grenoble à Bresson ✆ 04 76 73 65 00, S : 6 km par D 269* **BX :**

✈ *de Grenoble-St-Geoirs ✆ 04 76 65 48 48, par ⑥ : 45 km.*

🛈 *Office de tourisme, 14 rue de la République ✆ 04 76 42 41 41, Fax 04 76 00 18 98, welcome@grenoble-isere.info.*

Paris 566 ⑥ – Chambéry 55 ② – Genève 143 ② – Lyon 105 ⑥ – Torino 235 ②.

Plans pages suivantes

🏨 **Park Hôtel,** 10 pl. Paul Mistral ✆ 04 76 85 81 23, *resa@park-hotel-grenoble.fr*, Fax 04 76 46 49 88 – 🔔 ⅍⩽ 📺 📞 ⩽ – 🔔 15 à 40. 🔔 ⓪ GB JCB
FZ w
fermé 31 juil. au 23 août et 24 déc. au 3 janv. – **Le Parc** *(fermé sam. midi, dim. midi et midis fériés)* **Repas** 25/50 🍴 – 🍴 13 – **39 ch** 150/270, 13 suites.
  ♦ C'est à l'intérieur que ce discret immeuble dévoile le raffinement de ses aménagements, à l'image de ses chambres, luxueuses et personnalisées. Centre d'affaires. Les murs de briques et la belle cheminée en pierre agrémentent le plaisant restaurant du Parc.

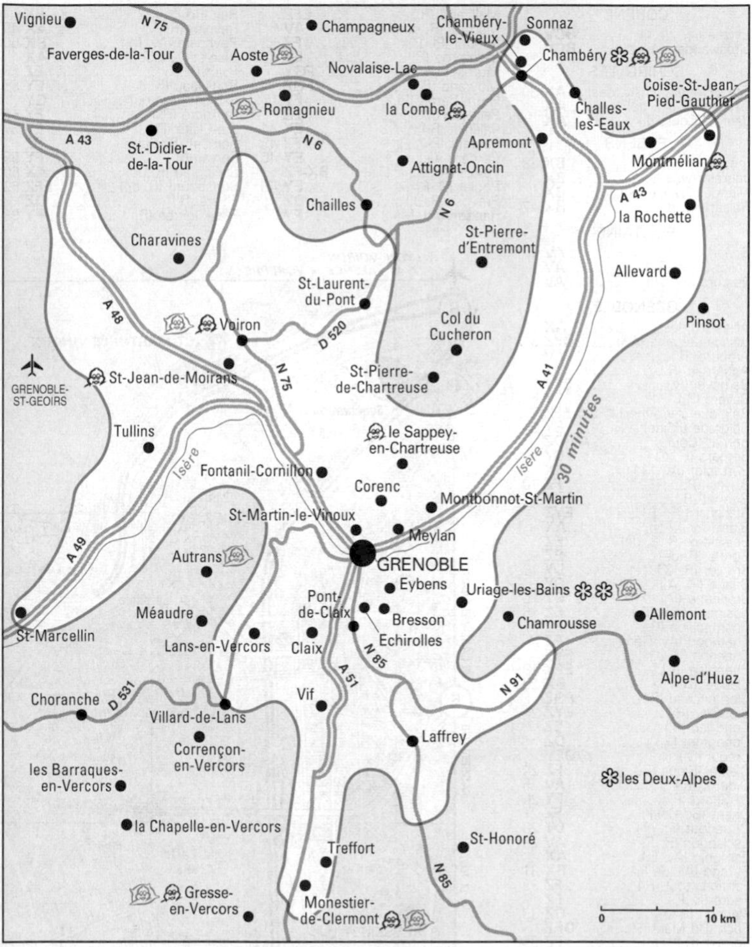

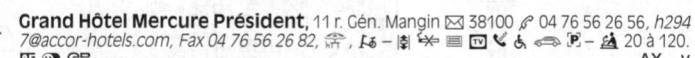

🏨 **Grand Hôtel Mercure Président**, 11 r. Gén. Mangin ⊠ 38100 ℘ 04 76 56 26 56, *h294 7@accor-hotels.com*, Fax 04 76 56 26 82, 佘, Ⅰ₆ – 劇 ❄ 📺 ❤ 🕭 ⇔ ℙ – 🍴 20 à 120.
🆎 ⓞ 🅶🅱
AX y

Repas *(fermé 24 déc. au 3 janv.)* 19/23, enf. 12 ⵣ – ⵥ 13 – **105 ch** 130/180.
◆ Plaisantes chambres modernes (accès Internet, consoles de jeux...), original bar au cadre africain, salles de séminaires, sauna, jacuzzi ouvert sur une terrasse-jardin. Le cadre d'esprit Art déco du restaurant évoque les belles brasseries des années 1930.

🏨 **Mercure Centre**, 12 bd Mar. Joffre ℘ 04 76 87 88 41, *h0652@accor-hotels.com*, Fax 04 76 47 58 52 – 劇 ❄ 📺 ❤ 🕭 ⇔ – 🍴 20 à 150. 🆎 ⓞ 🅶🅱
EZ d
Repas *(fermé sam., dim. et fériés)* *(14)* - carte environ 24 – ⵥ 11,50 – **88 ch** 106/122.
◆ Cet édifice construit pour les J.O. de 1968 est aujourd'hui classé car représentatif du style "tout béton" de l'époque. Chambres modernes et joliment colorées. Dans une ambiance feutrée, le restaurant propose plats traditionnels et recettes du Dauphiné.

🏨 **Novotel Centre**, à Europole, pl. R. Schuman ℘ 04 76 70 84 84, *h1624@accor-hotels.co m*, Fax 04 76 70 24 93 – 劇 ❄ 📺 ❤ 🕭 ℙ – 🍴 15 à 540. 🆎 ⓞ 🅶🅱 🅹🅲🅱
AV r
Repas *(16)* - 19, enf. 8 ⵣ – ⵥ 11 – **118 ch** 97/114.
◆ Intégré au "World Trade Center" (salles de réunions, auditorium, hall d'exposition...) : hôtel conçu pour une clientèle d'affaires. Chambres spacieuses et fonctionnelles. Cuisine traditionnelle et grillades figurent au programme du restaurant.

CORENC

Eygala (Av. de l') .... **BCV**
Grésivaudan (Av. du) .... **BCV**

ÉCHIROLLES

États-Généraux (Av. des) .. **AX** 30
Grugliasco (Av. de) .... **AX**
Jaurès (Cours J.) .... **AX**

EYBENS

Innsbruck (Av. d') .... **BX** 38
Jaurès (Av. J.) .... **BX**
Mendès-France (R.) .... **BX**
Poisat (Av. de) .... **BX** 47

FONTAINE

Briand (Av. A.) .... **AV**
Joliot-Curie (Bd) .... **AV**
Vercors (Av. du) .... **AV**

GRENOBLE

Alliés (R. des) .... **AX**
Alsace-Lorraine (Av.) .... **DYZ** 3
Ampère (R.) .... **AV**
Augereau (R.) .... **DZ**
Barnavel (R.) .... **EFY** 5
Bayard (R.) .... **FY** 6
Belgique (Av. Albert-Ier de) **EFZ** 7
Belgrade (R. de) .... **EY** 9
Berriat (Cours) .... **AV-DZ**
Bernard (Q. Cl.) .... **DY**
Berthelot (Av. M.) .... **BX**
Bistesi (R.) .... **FZ** 10
Bizanet (R.) .... **FGY**
Blanchard (R. P.) .... **EYZ**
Blum (Av. Léon) .... **AX**
Boissieux (R. B.-de) ..... **EZ**
Bonne (R. de) .... **EZ** 12
Brenier (R. C.) .... **DY** 13
Briand (Pl. A.) .... **DY**
Brocherie (R.) .... **EY** 15
Casimir-Périer (R.) ...... **EZ** 16
Champollion (R.) .... **FZ** 17
Champon (Av. Gén.) ..... **FZ**
Chanrion (R. J.) .... **FYZ**
Chenoise (R.) .... **EFY** 18
Claudel (R. P.) .... **BX** 20
Clemenceau (Bd) .... **FGZ**
Clot-Bey (R.) .... **EYZ** 21
Condillac (R.) .... **EZ**
Condorcet (R.) .... **DZ**
Créqui (Q.) .... **DEY**
Diables-Bleus (Bd des) ... **FZ** 24
Diderot (R.) .... **AV** 25
Dr-Girard (Pl.) .... **FY** 26
Driant (Bd Col.) .... **FZ** 27
Dubedout (Pl. H.) .... **DY** 28
Esclangon (R. F.) .... **AV** 29
Esmonin (Av. E.) .... **AX**
Europe (Av. de l') .... **BX** 31
Fantin-Latour (R.) .... **FZ** 32
Faure (R. E.) .... **FZ**
Flandrin (R. J.) .... **GZ** 33
Foch (Bd Mar.) .... **DEZ**
Fourier (R.) .... **FZ** 34
France (Q. de) .... **DEY**
Gambetta (Bd) .... **DEZ**
Graille (Q. de la) .... **DY**
Grande-Rue .... **EY** 37
Grenette (Pl.) .... **EY**
Gueymard (R. E.) .... **DY**
Haxo (R.) .... **FZ**
Hébert (R.) .... **FYZ**
Hoche (R.) .... **EZ**
Jaurès (Cours J.) .... **DYZ**
Jay (Q. S.) .... **EY**
Jeanne-d'Arc (Av.) ...... **GZ**
Joffre (Bd Mar.) .... **DEZ**
Jongking (Q.) .... **FY**
Jouhaux (R. L.) .... **BX-GZ**
Jouvin (Q. X.) .... **FY**
Lafayette (R.) .... **AX** 39
La Fontaine (Cours) ..... **EZ**
Lakanal (R.) .... **EZ**
Lavalette (Pl.) .... **FY** 40
Leclerc (Av. Mar.) ...... **FY**
Lesdiguières (R.) .... **EZ**
L'Herminier (R. Cdt) ..... **FY** 41
Libération et du Gén.-
  de Gaulle (Crs de la) .... **AX**
Lyautey (Bd Mar.) .... **EZ** 42
Lyon (Rte de) .... **DY**
Malakoff (R.) .... **FGZ**

Mallifaud (R.) .... **EFZ**
Martyrs (R. des) .... **AV**
Mistral (Pl. P.) .... **FZ**
Montorge (R.) .... **EY** 43
Mortillet (R. de) .... **FGY**
Moyrand (R.) .... **FGZ**
Notre-Dame (Pl.) .... **FY**
Pain (Bd J.) .... **FZ**
Palanka (R.) .... **EY** 44
Pasteur (R.) .... **FZ** 45
Perrière (Q.) .... **EY** 46
Perrot (Av. J.) .... **BX-FZ**
Poulat (R. F.) .... **EY** 48
Prévost (R. J.) .... **DZ**
Randon (Av. Mar.) .... **FY**

Rey (Bd Ed.) .... **EY**
Reynier (R. A.) .... **AX** 49
Reynoard (Av. M.) .... **BX** 50
Rhin-et-Danube (Av.) ..... **AX**
Rivet (Pl. G.) .... **EZ** 52
Rousseau (R. J.-J.) ...... **EY** 55
Sablon (Pont du) .... **GY**
St-André (Pl.) .... **EY** 56
Ste-Claire (Pl.) .... **EY** 57
Sembal (Bd A.) .... **EZ**
Servan (R.) .... **FY** 59
Stalingrad (R. de) .... **AX** 60
Strasbourg (R. de) ...... **EFZ** 62
Thiers (R.) .... **DZ**
Très-Cloîtres (R.) .... **FY** 63

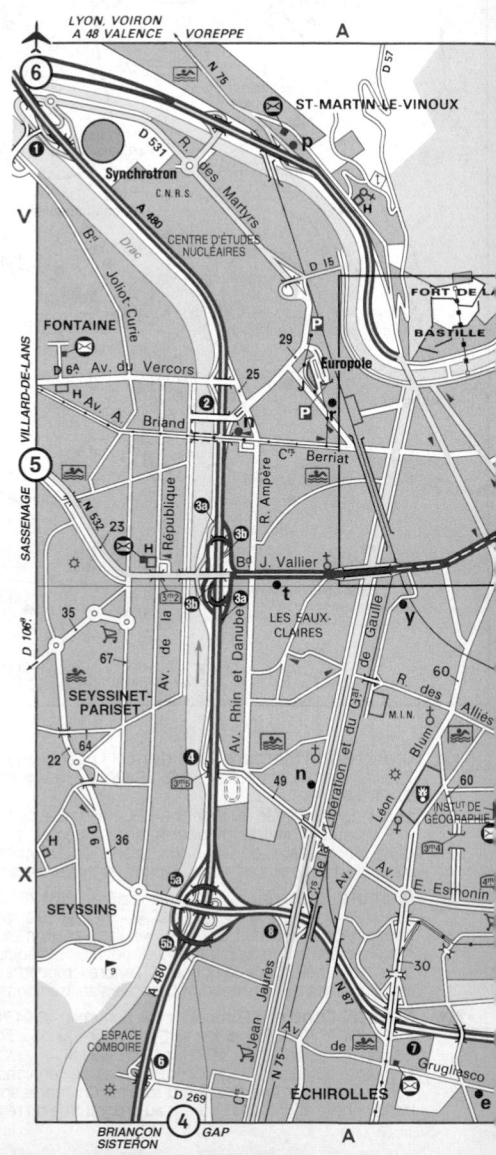

Turenne (R.)	**DZ**
Vallès (Av. J.)	**BV**
Vallier (Bd J.)	**AVX**
Valmy (Av. de)	**GZ**
Verdun (Pl.)	**FZ**
Viallet (Av. F.)	**DEY**
Vicat (R.)	**EZ** 66
Victor-Hugo (Pl.)	**EZ**
Villars (R. D.)	**FYZ**
Voltaire (R.)	**FY** 68

MEYLAN

Vercors (Av. du)	**CV**
Verdun (Av. de)	**CV**

SEYSSINET-PARISET

Coubertin (Av. P. de)	**AX** 22
Desaire (Bd des Frères)	**AV** 23
Gaulle (Av. Gén.-de)	**AX** 35
République (Av. de la)	**AVX**
Tuilerie (R.)	**AX** 64
Victor-Hugo (Av.)	**AX** 67

SEYSSINS

Gaulle (Av. Gén.-de)	**AX** 36

ST-MARTIN-D'HÈRES

Antoine (R.)	**CX**

LA TRONCHE

Chantourne (Bd de la)	**BV** 19
Grande-Rue	**BV**
Maquis-du-Grésivaudan (Av. des)	**BV**

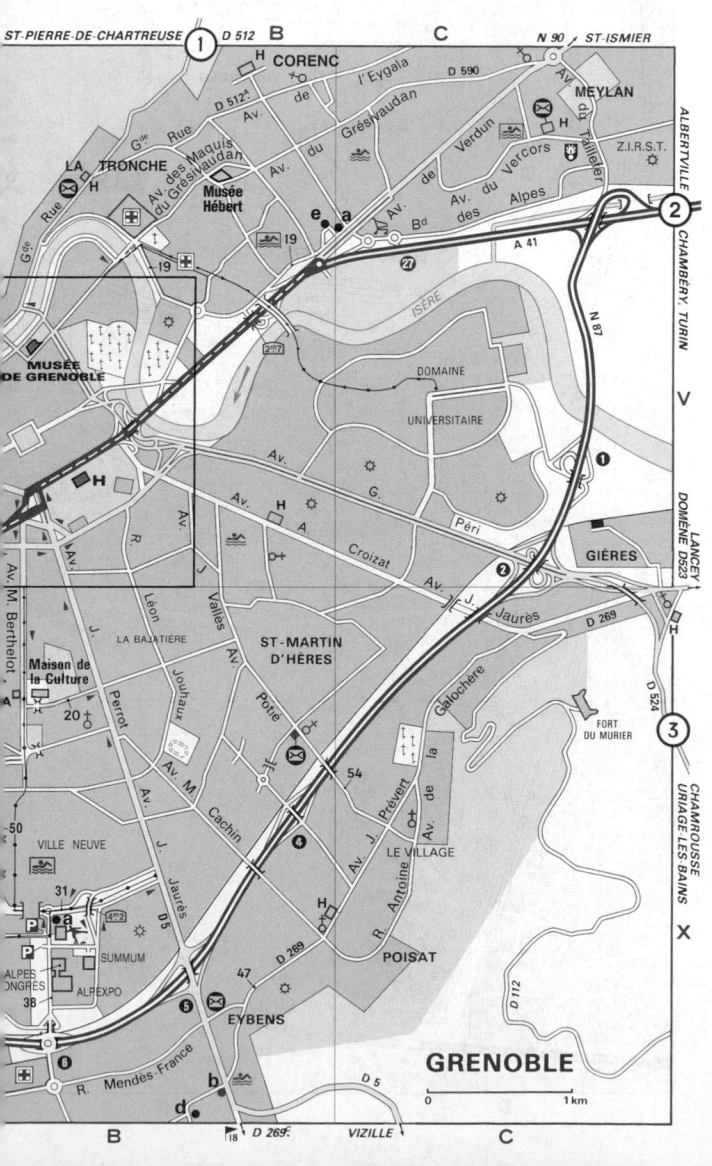

GRENOBLE

Alsace-Lorraine (Av.) .... **DYZ** 3
Barnavel (R.) .... **EFY** 5
Bayard (R.) .... **FY** 6
Belgique
  (Av. Albert-Ier-de) ..... **EFZ** 7
Belgrade (R. de) .... **EY** 9

Bistesi (R.) .... **FZ** 10
Blanchard (R. P.) .... **EYZ**
Bonne (R. de) .... **EZ** 12
Brenier (R. C.) ...... **DY** 13
Brocherie (R.) .... **EY** 15
Casimir-Perier (R.) ... **EZ** 16
Champollion (R.) ..... **FZ** 17
Chenoise (R.) .... **EFY** 18

Clot-Bey (R.) .... **EYZ** 21
Diables-Bleus
  (Bd des) .... **FZ** 24
Dr-Girard (Pl.) ...... **FY** 26
Driant (Bd Col.) ..... **FZ** 27
Dubedout (Pl. H.) .... **DY** 28
Fantin-Latour (R.) ... **FZ** 32
Flandrin (R. J.) ..... **GZ** 33

Foch (Bd Mar.)	**DEZ**	Montorge (R.)	**EY** 43	Ste-Claire (Pl.)	**EY** 57
Fourier (R.)	**FZ** 34	Palanka (R.)	**EY** 44	Servan (R.)	**FY** 59
Grande-Rue	**EY** 37	Pasteur (Pl.)	**FZ** 45	Strasbourg	
Grenette (Pl.)	**EY**	Perrière (Q.)	**EY** 46	(R. de)	**EFZ** 62
Lafayette (R.)	**EY** 39	Poulat (R. F.)	**EY** 48	Très-Cloîtres (R.)	**FY** 63
Lavalette (Pl.)	**EY** 40	Rivet (Pl. G.)	**EZ** 53	Vicat (R.)	**EZ** 66
L'Herminier (R. Cdt).	**FY** 41	Rousseau (R. J.-J.)	**EY** 55	Victor-Hugo (Pl.)	**EZ**
Lyautey (Bd Mar.)	**EZ** 42	St-André (Pl.)	**EY** 56	Voltaire (R.)	**FY** 68

Ugerel Alpexpo, 1 av. Innsbruck ℰ 04 76 33 02 02, *reception1@hotel-ugerel-alpexpo.com,* Fax 04 76 33 34 44, 🦌, ☷, – ♨ ⇆ ▤ 📺 ✆ ⅋ ⇔ 🅿 – 🛗 20 à 150. 🝏 ⓪ ⒼⒷ BX a

Repas *(fermé dim. midi et sam.)* 16 (déj.)/24, enf. 7 ♈ – ⊑ 12 – **100 ch** 115.
◆ Cet hôtel des années 1970, desservi par le tramway, jouxte le centre des expositions Alpexpo. Chambres pratiques et particulièrement grandes. Salle à manger au décor un peu passe-partout, mais ouverte sur la terrasse et la piscine.

Angleterre sans rest, 5 pl. V. Hugo ℰ 04 76 87 37 21, *hotel-angleterre@hotel-angleterre.fr,* Fax 04 76 50 94 10 – ♨ ⇆ ▤ 📺 ✆, 🝏 ⓪ ⒼⒷ ⒿⒸⒷ EZ z
⊑ 10 – **62 ch** 91/155.
◆ Face à un jardin public, immeuble du début du 20ᵉ s. dont les chambres sont meublées en rotin et cannage. Certaines sont mansardées, d'autres équipées de baignoires "balnéo".

Terminus sans rest, 10 pl. Gare ℰ 04 76 87 24 33, *terminush@aol.com,* Fax 04 76 50 38 28 – ♨ ⇆ 📺 ✆ – 🛗 25. 🝏 ⓪ ⒼⒷ ⒿⒸⒷ, ✻ DY t
⊑ 8 – **39 ch** 60/122.
◆ Cet hôtel situé devant la gare propose des chambres rajeunies, bien équipées et dotées d'un double vitrage efficace. Petits-déjeuners servis sous une lumineuse verrière.

Quality Hotel sans rest, 116 cours Libération ℰ 04 76 21 26 63, *info@quality-hotel-grenoble.com,* Fax 04 76 48 01 07 – ♨ cuisinette ⇆ ▤ 📺 ✆ 🅿 – 🛗 60. 🝏 ⓪ ⒼⒷ ⒿⒸⒷ AX n
⊑ 9 – **56 ch** 69/76.
◆ Sur un important axe de circulation, simple façade en partie habillée de carrelage abritant des chambres de bon confort, actuelles et insonorisées. Petit bar-salon.

Gambetta, 59 bd Gambetta ℰ 04 76 87 22 25, *hotelgambetta@wanadoo.fr,* Fax 04 76 87 40 94 – ♨ ▤ 📺 ✆, 🝏 ⒼⒷ EZ a
fermé 19 au 31 juil. – **Repas** *(fermé 12 au 31 juil., vend. soir, sam. et dim.)* 14/25 ♈ – ⊑ 7,50 – **45 ch** 40,90/60,90 – ½ P 41,80/45,50.
◆ Après restauration, la façade de cet hôtel fondé en 1924 a retrouvé son style "rétro" d'origine. Chambres rénovées, pratiques et pourvues du double vitrage. Vaste salle à manger au cadre contemporain occupant la pointe du bâtiment. Carte traditionnelle.

Splendid sans rest, 22 r. Thiers ℰ 04 76 46 33 12, *info@splendid-hotel.com,* Fax 04 76 46 35 24 – ♨ ▤ 📺 ✆ 🅿, 🝏 ⓪ ⒼⒷ ⒿⒸⒷ DZ q
⊑ 5,90 – **45 ch** 63/79.
◆ Près du musée des Rêves mécaniques, prolongez vos songes dans ces chambres refaites : d'un style actuel, elles sont égayées d'originales fresques exécutées au pochoir.

Patinoires sans rest, 12 r. Marie Chamoux ⊠ 38100 ℰ 04 76 44 43 65, *info@hotel-patinoire.com,* Fax 04 76 44 44 77 – ♨ ▤ 📺 ✆ 🅿, 🝏 ⓪ ⒼⒷ GZ b
fermé 26 juil. au 22 août – ⊑ 6,50 – **35 ch** 41/52.
◆ Dans un quartier résidentiel calme, hôtel aux petites chambres pratiques et confortables. Bonne isolation phonique. Salle des petits-déjeuners décorée de trophées de chasse.

Trianon sans rest, 3 r. P. Arthaud ℰ 04 76 46 21 62, *info@hotel-trianon.com,* Fax 04 76 46 37 56 – ♨ ⇆ 📺, 🝏 ⓪ ⒼⒷ ⒿⒸⒷ DZ m
fermé 15 juil. et 26 déc. au 3 janv. – ⊑ 6 – **38 ch** 39/82.
◆ Plusieurs chambres sont originalement aménagées (thèmes "Pompadour", "Bergerie"...) ; les autres sont plus sobres et plus modestes. Salon-boudoir de style Napoléon III.

Ibis gare sans rest, 27 quai C. Bernard ℰ 04 76 86 68 68, Fax 04 76 50 95 03 – ♨ ⇆ ▤ 📺 ✆, 🝏 ⒼⒷ DY k
⊑ 6 – **36 ch** 68.
◆ Mobilier moderne, couleurs gaies et bonne isolation phonique caractérisent cet hôtel posté sur les quais de l'Isère. Côté rue, les chambres ont vue sur le fort de la Bastille.

Gallia sans rest, 7 bd Mar. Joffre ℰ 04 76 87 39 21, *gallia-hotel@wanadoo.fr,* Fax 04 76 87 65 76 – ♨ ⇆ 📺, 🝏 ⓪ ⒼⒷ, ✻ EZ s
fermé 26 juil. au 22 août – ⊑ 6 – **35 ch** 46/49.
◆ La majorité des chambres a bénéficié d'une cure de jouvence : pratiques et gaies, elles arborent parfois les couleurs de la Provence. Pimpant hall-salon aux jolis tons pastel.

Europe sans rest, 22 pl. Grenette ℰ 04 76 46 16 94, *hotel.europe.gre@wanadoo.fr,* Fax 04 76 43 13 65, 🛗 – ♨ ✆ – 🛗 70. 🝏 ⓪ ⒼⒷ, ✻ EY t
⊑ 7 – **45 ch** 51/65.
◆ L'Europe, situé au cœur du quartier commerçant et piétonnier, est le plus vieil hôtel de Grenoble. Il abrite des chambres actuelles et insonorisées.

Institut sans rest, 10 r. L. Barbillon ℰ 04 76 46 36 44, *contact@institut-hotel.fr,* Fax 04 76 47 73 09 – ♨ ✆ ⇔, 🝏 ⓪ ⒼⒷ DY h
⊑ 6,50 – **48 ch** 43/58.
◆ L'hôtel sort d'une rénovation complète ; les chambres (plus calmes à l'arrière) sont bien équipées et affichent un décor aux tons pastel. Prix modérés et accueil tout sourire.

▥ **Alpes** sans rest, 45 av. F. Viallet ℘ 04 76 87 00 71, hotel-desalpes@wanadoo.fr, Fax 04 76 56 95 45 – ▤ ▥ ☎ 🚗, ◪ ◉ ◙   DY z
⌿ 6,50 – **67 ch** 45/54.
* Proche de la gare, construction "tout béton" datant des années 1970. Petites chambres fonctionnelles et parties communes ont conservé le style "seventies". Accueil familial.

▥ **Paris-Nice** sans rest, 61 bd J. Vallier ✉ 38100 ℘ 04 76 96 36 18, hotel.paris.nice@wanado o.fr, Fax 04 76 48 07 79 – ▥ ☎ 🚗, ◪ ◙   AVX t
⌿ 5,50 – **29 ch** 40/48.
* Sur un boulevard passant, proche de la sortie de l'autoroute, petites chambres pourvues, en façade, d'un double vitrage efficace. Confort simple, mais tenue sans reproche.

XXX **Auberge Napoléon**, 7 r. Montorge ℘ 04 76 87 53 64, Fcaby@wanadoo.fr, Fax 04 76 87 80 76 – ▤. ◪ ◙   EY b
fermé 23 août au 6 sept., dim. et le midi – **Repas** (nombre de couverts limité, prévenir) 40 et carte 45 à 62 ⌿.
* La maison entretient le souvenir de Napoléon Bonaparte, son hôte le plus célèbre. Cadre plaisant et soigné de style Empire, où l'on propose une cuisine personnalisée.

XXX **L'Escalier**, pl. Lavalette ℘ 04 76 54 66 16, Fax 04 76 63 01 58, 🍽 – ▤. ◪ ◉ ◙ 🇯🇨🇧
fermé sam. midi, lundi midi et dim. – **Repas** 32/69 et carte 47 à 61.   FY p
* Près du musée de Grenoble, maison ancienne ayant conservé son attrayant cachet grâce aux poutres et pierres apparentes. Menus originaux : gourmand, minceur ou "cuillère".

XX **A Ma Table**, 92 cours J. Jaurès ℘ 04 76 96 77 04, Fax 04 76 96 77 04 – ▤. ◙   DZ t
fermé 1ᵉʳ août au 1ᵉʳ sept., sam. midi, dim. et lundi – **Repas** (nombre de couverts limité, prévenir) 38,50/57,50 ⌿.
* Une enseigne qui en dit long ! Adresse minuscule où l'on vous reçoit comme à la maison : généreuse cuisine du marché et accueil chaleureux. Réservé aux non-fumeurs.

XX **Chasse-Spleen**, 6 pl. Lavalette ℘ 04 38 37 03 52, Fax 04 76 63 01 58 – ◪ ◉ ◙ 🇯🇨🇧   FY e
fermé 10 au 31 août, sam. et dim. – **Repas** 24 ⌿.
* Hommage à Charles Baudelaire qui baptisa ce vin lors d'un séjour à Moulis-en-Médoc. Aux murs, poèmes de l'auteur en guise de nourriture spirituelle. À table, plats dauphinois.

X **Panse**, 7 r. Paix ℘ 04 76 54 09 54, Fax 04 76 42 64 54 – ◪   FY n
fermé 4 au 12 avril, 18 juil. au 16 août, dim. et fériés – **Repas** 12,70 (déj.), 15/26,50 ⌿.
* Restaurant du quartier des antiquaires, apprécié pour ses prix doux et sa cuisine traditionnelle servie dans un sobre décor rehaussé de touches contemporaines.

X **Grill Parisien**, 34 bd Alsace-Lorraine ℘ 04 76 46 10 16 – ◪ ◙   DYZ r
fermé août, 24 déc. au 2 janv., sam., dim. et fériés – **Repas** 16,50/28 ⌿.
* Installés à la table d'hôte (dans la cuisine) ou sous les poutres de la salle à manger, les habitués de ce bistrot se régalent d'une cuisine du marché aux accents du Sud.

X **Bistrot Lyonnais**, 168 cours Berriat ℘ 04 76 21 95 33, Fax 04 76 21 95 33, 🍽 – ◪ ◙   AV n
fermé 17 au 23 mai, 9 au 29 août, 24 déc. au 2 janv., sam., dim. et fériés – **Repas** 20/34.
* Salles rustiques ornées d'assiettes et d'affiches anciennes. En été, un repas sous la superbe glycine, classée par la ville, s'impose ! Généreuse cuisine traditionnelle.

à St-Martin-le-Vinoux : 2 km par A 48 et N 75 – 5 187 h. alt. 250 – ✉ 38950 :

XXX **Pique-Pierre**, 1 rue Conrad Kilian ℘ 04 76 46 12 88, info@pique-pierre.com, Fax 04 76 46 43 90, 🍽 – ▤ ℙ. ◪ ◙   AV p
fermé 31 juil. au 24 août, dim. soir et lundi – **Repas** 27/49 et carte 34 à 46, enf. 11 ⌿.
* Maison bourgeoise des faubourgs, entre Bastille et autoroute. Avec ses boiseries, ses miroirs et ses lustres, la salle à manger a préservé un petit air "rétro".

à Corenc par ① : 3,5 km sur D 512 – 3 856 h. alt. 450 – ✉ 38700 :

XX **Corne d' Or**, ℘ 04 38 86 62 36, info@cornedor.com, Fax 04 38 86 62 37, ≤, 🍽 – ℙ. ◙. 🍽
fermé 15 août au 3 sept., vacances de fév., mardi soir, dim. soir et merc. – **Repas** 25/65, enf. 16 ⌿.
* Les tables dressées près de la baie vitrée et la terrasse ombragée offrent un joli panorama sur Grenoble et la chaîne de Belledonne. Cuisine au goût du jour.

à Meylan : 3 km par N 90 – 18 741 h. alt. 331 – ✉ 38240 :

▦▦ **Mercure Alpha**, 34 av. Verdun ℘ 04 76 90 63 09, h2948@accor-hotels.com, Fax 04 76 90 28 27, 🍽, ⊿ – ▤ cuisinette 🍽 ▤ ▥ ☎ ℙ – 🔬 20 à 100. ◪ ◉ ◙ 🇯🇨🇧   BV e
Repas (fermé sam.) (13,60) - 18,20/28, enf. 7,50 ⌿ – ⌿ 12 – **60 ch** 94/106, 23 studios.
* Cet hôtel bordant un important axe routier se révèle pratique pour la clientèle d'affaires. Chambres fonctionnelles, salon-bar moderne et salles de séminaires bien équipées. Le décor du restaurant change en fonction du thème de la carte (mer, Amérique, etc.).

🏠 **Belle Vallée** sans rest, 32 av. Verdun 🖉 04 76 90 42 65, *hotel.belle.vallée@freesbee.fr*, Fax 04 76 90 65 98 – 🛗 ▤ 🖾 📺 📞 ⟷ 🄿. AE ⓪ GB JCB CV a

🖵 7,50 – **30 ch** 60/62.

◆ Hébergement efficacement protégé des bruits de l'avenue et de l'hypermarché voisin. Chambres claires et sympathique salle des petits-déjeuners de style bistrot.

XX **Cerisaie**, 18 chemin St-Martin (par N 90) 🖉 04 76 41 91 29, *contact@lacerisaie.net*, Fax 04 76 18 25 30, 🍽, ⬜, 🌳 – 🄿. AE GB JCB

fermé 24 déc. au 10 janv., lundi en août, sam. midi et dim. – **Repas** 25 (déj.), 30/75.

◆ Une maison de famille fourmillant de souvenirs et de bibelots au milieu d'un grand jardin où l'on dresse la terrasse : cette "Cerisaie" évoque la pièce éponyme de Tchekhov.

à Montbonnot-St-Martin *Nord-Est : 7 km par av. de Verdun et N 90 – 3 827 h. alt. 310 –* ✉ *38330 .*

Voir *Bec de Margain* ⇐★★ *NE : 13 km puis 30 mn.*

XXX **Les Mésanges-Alain Pic**, 876 r. Gén. de Gaulle 🖉 04 76 90 21 57, *info@restaurant-alain -pic.com*, Fax 04 76 90 44 48, 🍽, 🌳 – AE GB

fermé 16 au 23 août, dim. soir, sam. midi et lundi – **Repas** (38) - 24/75 et carte 63 à 78 🍷.

◆ Le jardin et sa terrasse ombragée donnant sur la chaîne de Belledonne constituent le joyau de cette maison bourgeoise au décor intérieur chaleureux et fleuri.

à Eybens : *5 km – 9 471 h. alt. 230 –* ✉ *38320 :*

🏰 **Château de la Commanderie** ⬥, av. Échirolles 🖉 04 76 25 34 58, *resa@commanderi e.fr*, Fax 04 76 24 07 31, 🍽, ⬜, 🌳 – 📺 📞 🄿 – 🛡 25. AE ⓪ GB. ⌘ BX d

Repas *(fermé 19 déc. au 4 janv.)* (19) - 29 (déj.), 36,50/64 🍷 – 🖵 12,50 – **25 ch** 81/150 – ½ P 83/108.

◆ Petit château - ex-commanderie des Templiers - dans un jardin arboré. Meubles ancestraux, portraits de famille et tapisseries d'Aubusson décorent ce lieu chargé d'histoire. Cuisine classique actualisée servie dans un cadre bourgeois ou sur la terrasse d'été.

XX **Rustique Auberge**, 134 av. J. Jaurès 🖉 04 76 25 24 70, Fax 04 76 62 39 53 – ▤. AE ⓪ GB BX b

fermé 1er au 21 août, 26 déc. au 1er janv., lundi midi, sam. midi et dim. – **Repas** (12,50) - 17/ 36 🍷.

◆ Bâtisse des années 1960 bordant une importante avenue. Salle de restaurant d'esprit rustique où l'on s'attable autour de plats traditionnels.

à Bresson *Sud par av. J. Jaurès : 8 km par D 269ᶜ – 739 h. alt. 300 –* ✉ *38320 :*

XXXX **Chavant** avec ch, 🖉 04 76 25 25 38, *chavant@wanadoo.fr*, Fax 04 76 62 06 55, 🍽, ⬜, 🌳 – 📺 📞 🄿 – 🛡 15. AE ⓪ GB

fermé 9 au 15 août et 24 au 31 déc. – **Repas** *(fermé sam. midi, dim. soir et lundi)* 35 (déj.), 48/70 et carte 50 à 80, enf. 13 🍷 – 🖵 13 – **7 ch** 110/170.

◆ Séduisante auberge abritant une salle habillée de boiseries et une terrasse ouvertes sur un joli jardin arboré. Cave à vins (vente et dégustation). Chambres personnalisées.

à Échirolles : *4 km – 32 806 h. alt. 237 –* ✉ *38130 :*

🏨 **Dauphitel**, 16 av. Kimberley 🖉 04 76 33 60 60, *info@dauphitel.fr*, Fax 04 76 33 60 00, 🍽, ⬜, ⌘ – 🖾 ⟷ ▤ 📺 📞 🄿 – 🛡 15 à 50. AE ⓪ GB JCB. ⌘ rest AX e

Repas *(fermé 1er au 22 août, 24 déc. au 2 janv., sam. et dim.)* (18 bc) - 24,50, enf. 11 🍷 – 🖵 9,50 – **68 ch** 80/88 – ½ P 73.

◆ Les chambres, confortables et bien insonorisées, disposent d'un accès à Internet par la TV. Nombreux équipements de loisirs et de séminaires. Piscine entourée de verdure. Grande et lumineuse salle à manger ; terrasse d'été entourée d'une végétation exotique.

par la sortie ④ :

à Pont-de-Claix *8 km par N 75 – 11 612 h. alt. 240 –* ✉ *38800 :*

X **Provençal**, 16 bis cours St-André 🖉 04 76 98 01 16, Fax 04 76 98 01 16 – ▤. GB

fermé 12 au 20 avril, 2 au 24 août, 2 au 10 janv., mardi soir, dim. soir et lundi – **Repas** (10,50) - 14,50 (déj.), 18,50/38,90, enf. 8 🍷.

◆ Cette maison familiale située dans la contre-allée d'une grande avenue abrite une salle de restaurant au décor sage et frais. Adresse prisée, notamment à l'heure du déjeuner.

à Claix : *9 km par A 480, sortie 9 – 7 388 h. alt. 300 –* ✉ *38640 :*

🏠 **Comfort Inn Primevère**, 2 r. Europe 🖉 04 76 98 84 54, Fax 04 76 98 66 22, 🍽, ⬜ – 🖾 ⟷ 📺 📞 🄿 – 🛡 15 à 30. AE ⓪ GB. ⌘ rest

Repas (13,50) - 15,50/21,50, enf. 8 🍷 – 🖵 7 – **45 ch** 56.

◆ Dans un secteur d'activités commerciales, bâtiment moderne dont les chambres sont un peu exiguës, mais fonctionnelles et insonorisées. Carte traditionnelle étoffée de quelques spécialités régionales et formule-buffet.

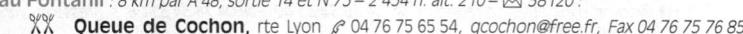

par la sortie ⑥ :

au Fontanil : *8 km par A 48, sortie 14 et N 75 – 2 454 h. alt. 210 –* ⊠ *38120 :*

XX **Queue de Cochon,** rte Lyon ℰ 04 76 75 65 54, *qcochon@free.fr*, Fax 04 76 75 76 85, 🛋 – ▤ **P**. ⚠ **GB**

fermé sam. midi, dim. soir et lundi – **Repas** *(26)* - 29/48, enf. 11 ♀.
  ♦ L'adresse est autant appréciée pour ses buffets et ses grillades que pour sa vaste terrasse verdoyante. Décor actuel agrémenté d'un vivier ; vaisselle sur le thème du cochon.

près échangeur A 48 *sortie nº 12/13 : 12 km –* ⊠ *38340 Voreppe :*

🏨 **Novotel,** ℰ 04 76 50 55 55, *h0423@accor-hotels.com*, Fax 04 76 56 76 26, 🛋, 🏊, 🌳 – ▮ 🔆 ▤ 📺 & **P**. – 🔬 15 à 130. ⚠ ⓪ **GB**
  Repas *(16,90)* - 19,90, enf. 8 ♀ – 🖵 11 – **114 ch** 86/89.
  ♦ À la fois proches de l'autoroute et entourés de champs : chambres spacieuses et de bon confort, rajeunies par étapes, et bar décoré sur le thème du travail de la soie. Salle à manger actuelle toute simple ; terrasse face au jardin. Restauration de type grill.

GRÉOUX-LES-BAINS *04800 Alpes-de-H.-P.* ③④ *D10 G. Alpes du Sud – 1 921 h alt. 386 – Stat. therm. (début mars-fin déc.) – Casino.*

🇧 *Office de tourisme, 5 avenue des Marronniers* ℰ 04 92 78 01 08, Fax 04 92 78 13 00, *tourisme@greoux-les-bains.com.*

Paris 783 – Aix-en-Provence 55 – Brignoles 52 – Digne-les-Bains 69 – Manosque 14.

🏨 **Crémaillère** 🌿, rte Riez ℰ 04 92 70 40 04, Fax 04 92 78 19 80, 🏊, 🌳 – ▮ 🔆, ▤ rest, 📺 & **P** – 🔬 40. ⚠ **GB**
  21 mars-20 déc. – **Repas** *(18)* - 25/32 ♀ – 🖵 12 – **51 ch** 77 – ½ P 72.
  ♦ Les chambres, avec balcon ou loggia, offrent un cadre contemporain coloré et lumineux qui laisse présager un séjour réussi à deux pas des thermes troglodytes. Avec ses tons jaune soleil et bleu lavande, le décor de la salle à manger s'inspire de la Provence.

🏨 **Villa Borghèse** 🌿, av. Thermes ⊠ 04800 ℰ 04 92 78 00 91, *villa.borghese@wanadoo.fr*, Fax 04 92 78 00 55, 🕎, 🏊, 🌳, 🍸 – ▮ ▤ 📺 🚗 **P** – 🔬 30 à 80. ⚠ ⓪ **GB**. 🍽 rest
  20 mars-7 nov. – **Repas** *(20)* - 29/38, enf. 13 – 🖵 11 – **67 ch** 90/124 – P 103/120.
  ♦ Pas de collections d'oeuvres d'art dans cette "Villa Borghèse" tapissée d'ampélopsis, mais des chambres spacieuses, et aussi sauna, espace beauté, club et cours de bridge. Élégant restaurant agrémenté de poutres apparentes et appétissante carte classique.

🏨 **Hostellerie du Lou San Peyre,** av. Thermes ℰ 04 92 78 01 14, *contact@lousanpeyre.com*, Fax 04 92 78 11 72, 🛋, 🏊, 🌳 – ▮ 📺 & **P**. – 🔬 40. ⚠ **GB**. 🍽 rest
  1ᵉʳ avril-31 oct. – **Repas** *(16,50)* - 27/30 et carte le midi sauf dim., enf. 13,50 ♀ – 🖵 10,20 – **38 ch** 106 – P 88.
  ♦ Hôtel situé dans un joli jardin qui domine Gréoux-les-Bains. Les chambres, vastes et rénovées, sont toutes dotées d'un balcon. Salle à manger claire et terrasse dressée face aux cyprès. Salades et grillades à midi ; cuisine traditionnelle au dîner.

🏨 **Chêneraie** 🌿, Les Hautes Plaines, par av. Thermes ℰ 04 92 78 03 23, *contact@la-cheneraie.com*, Fax 04 92 78 11 72, ≪, 🛋, 🏊, 🌳 – ▮ 📺 & **P**. ⚠ **GB**
  fermé 15 nov. au 28 fév. – **Repas** 17,50/36, enf. 9,50 ♀ – 🖵 10,50 – **20 ch** 55/79 – P 64/75.
  ♦ Immeuble moderne érigé sur les hauteurs de la station, dans un paisible quartier résidentiel. Amples chambres fonctionnelles égayées de tissus provençaux. Claire salle à manger dont les larges baies donnent sur la piscine, le vieux village et le château.

🏨 **Verdon,** rte Riez ℰ 04 92 70 40 03, Fax 04 92 70 43 99, 🛋, 🌳 – ▮ 📺 & **P** – 🔬 40. ⚠ ⓪ **GB**
  29 fév.-28 nov. – **Repas** 19/31 ♨ – 🖵 9,70 – **64 ch** 58/69 – P 57/65.
  ♦ Cet hôtel rénové abrite des chambres fraîches, pratiques et dotées de balcons ; elles ont vue sur le village ou la garrigue. Agréable jardin avec terrain de pétanque. Plaisante salle de restaurant actuelle et terrasse verdoyante dressée à l'ombre.

🏨 **Grand Jardin,** av. Thermes ℰ 04 92 70 45 45, *a.vidal@wanadoo.com*, Fax 04 92 74 24 79, 🛋, 🏊, 🌳, 🍸 – ▮ 📺 **P** – 🔬 30. ⚠ ⓪ **GB**
  1ᵉʳ mars-20 déc. – **Repas** *(15)* - 18/25 ♀ – 🖵 7,50 – **80 ch** 51,50/71,50 – P 57/69.
  ♦ Cette grande bâtisse est voisine du parc recelant la source aux vertus curatives. Préférez les chambres situées côté jardin, elles sont plus claires et dotées d'un balcon. La salle à manger-véranda et la belle terrasse s'ouvrent sur la piscine et la verdure.

🏨 **Alpes,** av. Alpes ℰ 04 92 74 24 24, Fax 04 92 74 24 26, 🛋, 🏊 – ▮ **P**. ⚠ **GB**
  avril-déc. – **Repas** *(fermé dim. soir et lundi)* 17/33 ♀ – 🖵 10 – **30 ch** 42/64 – P 52/59.
  ♦ Au pied du château des Templiers, bâtiment ancien abritant un intérieur rajeuni. Chambres pratiques et insonorisées. L'enseigne est alpestre mais c'est bien la Provence qui s'exprime au restaurant, tant dans l'assiette que dans le décor. Terrasse ombragée.

GRESSE-EN-VERCORS *38650 Isère* **EEE** *G8 G. Alpes du Nord – 299 h alt. 1205 – Sports d'hiver : 1 300/1 700 m ✓ 16 ☝.*

Voir *Col de l'Allimas* ≼* *S : 2 km.*

🗓 *Syndicat d'initiative, Le faubourg ℘ 04 76 34 33 40, Fax 04 76 34 31 26, si.gresse.en.vercors@wanadoo.fr.*

Paris 610 – Grenoble 48 – Clelles 22 – Monestier-de-Clermont 14 – Vizille 43.

🏠 **Chalet** ॐ, ℘ 04 76 34 32 08, lechalet@free.fr, Fax 04 76 34 31 06, ≼, ㎡, ユ, ※ – 🛗 📺
🖂 ✆ ⇦ 🄿 – 🏖 25. ☜. ✀
8 mai-10 oct. et 18 déc.-6 mars – **Repas** *(fermé merc. sauf vacances scolaires)* 17/48, enf. 10 – ☷ 8,50 – **25** ch 54/78 – ½ P 57/65.

◆ Plutôt qu'un chalet, une maison dauphinoise ancienne, qui soigne ses visiteurs. Grandes chambres parfois dotées d'une loggia. La cuisine traditionnelle mitonnée par le chef charmera vos papilles. Élégante salle à manger et jolie terrasse.

GRESSWILLER *67190 B.-Rhin* **EEE** *I5 – 1 287 h alt. 200.*

Paris 482 – Strasbourg 34 – Obernai 13 – Saverne 33 – Sélestat 39.

🏠 **L'Écu d'Or**, Z.A. : 1 km par D 217 ℘ 03 88 50 16 00, info@lecudor.fr, Fax 03 88 50 15 11 –
▦ rest, 📺 ✆ & 🄿. ☜
fermé mars, 1er au 21 nov., janv. et fév. – **Repas** *(14,50)* - 20/35, enf. 10 ♀ – ☷ 6,50 – **25** ch 45/50 – ½ P 45.

◆ Cette imposante construction récente inspirée de l'architecture régionale dispose de chambres fraîches et nettes. Cuisine classique sans prétention servie dans une salle à manger soignée ou à l'espace brasserie.

Les plans de villes sont orientés le Nord en haut.

GRESSY *77 S.-et-M.* **EEE** *F2* **EEE** ⑩ *– voir à Paris, Environs.*

GRÉSY-SUR-ISÈRE *73740 Savoie* **EEE** *K4 – 1 043 h alt. 350.*

Env. *Site*★★ *– Château de Miolans* ≼* : *Tour St-Pierre* ≼★★ , *souterrain de défense*★ Alpes du Nord.

Paris 595 – Albertville 18 – Aiguebelle 12 – Chambéry 35 – St-Jean-de-Maurienne 48.

🎄🎄🎄 **Tour de Pacoret** ॐ avec ch, Nord-Est : 1,5 km par D 201 🖂 73460 Frontenex
℘ 04 79 37 91 59, info@hotel-pacoret-savoie.com, Fax 04 79 37 93 84, ≼ vallée et montagnes, ㎡, ユ, 🄰 – 📺 🄿. ☜. ✀ rest
1er mai-fin oct. – **Repas** *(fermé merc. midi sauf juil.-août, lundi en oct. et mardi)* 19/45 et carte 35 à 45 ♀ – ☷ 9 – **10** ch 64/94 – ½ P 60/75.

◆ Cette tour de guet édifiée en 1283 garde la Combe de Savoie. Nouvelle salle à manger et agréable terrasse. Un escalier à vis dessert des chambres progressivement rénovées.

GRÉZIEU-LA-VARENNE *69290 Rhône* **EEE** *H5 – 4 133 h alt. 332.*

Paris 460 – Lyon 15 – L'Arbresle 18 – Villefranche-sur-Saône 36.

🎄🎄🎄 **Hostellerie de la Varenne,** 9 r. E. Evellier ℘ 04 78 57 31 05, Fax 04 37 22 02 94, ㎡ –
🄰🄴 ☜
fermé 4 au 12 août, 21 au 28 fév., dim. soir, merc. soir et lundi – **Repas** *(14)* - 19 (déj.), 27/47,50 et carte 33 à 56, enf. 11,50.

◆ Face à la mairie, ce bâtiment moderne abrite une élégante salle à manger aux couleurs "toscanes". Plaisante terrasse côtoyant un joli jardin. Attrayante cuisine de saison.

La GRIÈRE *85 Vendée* **EEE** *H9 – rattaché à La Tranche-sur-Mer.*

GRIGNAN *26230 Drôme* **EEE** *C7 G. Provence – 1 353 h alt. 198.*

Voir *Château*★★ – *Église St-Sauveur* ☀★ .

🗓 *Office de tourisme, Grande Rue ℘ 04 75 46 56 75, Fax 04 75 46 55 89, ot.paysdegrignan-@wanadoo.fr.*

Paris 629 – Crest 46 – Montélimar 25 – Nyons 25 – Orange 52 – Pont-St-Esprit 38.

🏠🏠 **Manoir de la Roseraie** ॐ, rte Valréas ℘ 04 75 46 58 15, roseraie.hotel@wanadoo.fr,
Fax 04 75 46 91 55, ≼, ㎡, ユ, ※, 🄰 – ⇦, ▦ rest, 📺 ✆ & 🄿. 🄰🄴 ⑩ ☜
fermé au 17 déc., 5 janv. au 13 fév., mardi et merc. hors saison – **Repas** *(prévenir)* 32 (déj.), 51/62 ♀ – ☷ 18 – **21** ch 155/205 – ½ P 146/168.

◆ "Exquis", aurait pu écrire la Marquise à propos de cet élégant manoir (19e s.) situé au pied du château. Chambres spacieuses, roseraie, belle piscine... L'élégante salle à manger, aménagée en rotonde, ouvre pleinement sa verrière sur le joli parc arboré.

🏠 **Clair de la Plume** ⚘ sans rest, pl. Mail ℘ 04 75 91 81 30, *plume2@wanadoo.fr*, Fax 04 75 91 81 31, 🚗 – 📺 📞, 🆔 ⓪ 🅶🅱 🇯🇨🇧
10 ch ⚏ 90/165.
   ◆ Face à un ancien lavoir, demeure de caractère du 17ᵉ s. au décor soigné. Jardin clos ombragé de tonnelles où l'on prend les petits-déjeuners l'été. Chambres provençales.

XX **Relais de Grignan**, rte Montélimar D 541 : 1 km ℘ 04 75 46 57 22, *info@lerelaisdegrign an.com*, Fax 04 75 46 92 96, 🌇, 🚗 – 🔲 🅿. 🅶🅱
fermé 1ᵉʳ au 17 nov., 20 au 29 dec., dim. soir, merc. soir et lundi – **Repas** 16 (déj.), 24/45, enf. 9 ⛟.
   ◆ Sur la route de la grotte de Mme de Sévigné, une cuisine traditionnelle servie dans un cadre actuel ou sous les frondaisons de la terrasse. En hiver, spécialités de truffes.

GRIMAUD 83310 Var 🔢 O6 *G. Côte d'Azur* – *3 780 h alt. 105*.

Voir *Château* ≤★.

Env. *Port Grimaud*★ : ≤★ *5 km*.

🅱 *Office de tourisme, 1 boulevard des Aliziers ℘ 04 94 43 26 98, Fax 04 94 43 32 40, bureau.du.tourisme.grimaud@wanadoo.fr.*

Paris 861 – *Fréjus* 32 – Le Lavandou 32 – St-Tropez 12 – Ste-Maxime 12 – Toulon 64.

🏠 **Boulangerie** ⚘ sans rest, rte de Collobrières, Ouest : 2 km par D 14 ℘ 04 94 43 23 16, Fax 04 94 43 38 27, ≤, 🔲, 🏊, 🏋, – 🔲 🅿. 🆔 🅶🅱, 🏊
Pâques-10 oct. – ⚏ 10 – **11 ch** 106/128.
   ◆ Détente et bien-être sont au rendez-vous de ce petit mas niché dans la verdure d'un parc : chambres au sobre décor provençal, atmosphère conviviale.

🏠 **Athénopolis** ⚘ sans rest, rte La Garde-Freinet, Nord-Ouest : 3,5 km par D 558 ℘ 04 98 12 66 44, *hotel@athenopolis.com*, Fax 04 98 12 66 40, 🔲, 🚗, 🏋 – 📞 🚶 🅿. 🆔 ⓪ 🅶🅱
9 avril-31 oct. – ⚏ 8 – **11 ch** 94/108.
   ◆ Dans le paysage méditerranéen - presque grec - du massif des Maures, maison aux volets bleus et chambres colorées avec loggia ou terrasse privative.

🏠 **Hostellerie du Coteau Fleuri**, pl. Pénitents ℘ 04 94 43 20 17, *coteaufleuri@wanadoo .fr*, Fax 04 94 43 33 42, ≤ – 🆔 ⓪ 🅶🅱, 🏊 rest
fermé 3 nov. au 18 déc. et 5 au 20 janv. – **Repas** *(fermé le midi en juil.-août, lundi midi, vend. midi et mardi)* 30/68 bc ⛟ – ⚏ 7,50 – **14 ch** 76/115 – ½ P 73/92,50.
   ◆ Ancienne magnanerie située dans le vieux village, à flanc de colline. Demandez une chambre rénovée. Plaisante salle à manger rustique avec cheminée monumentale et balcon-terrasse tourné vers le massif des Maures. Registre culinaire classique.

XXX **Les Santons** (Girard), ℘ 04 94 43 21 02, *lessantons@wanadoo.fr*, Fax 04 94 43 24 92 – 🔲. ⓪ 🅶🅱
❄ *3 avril-31 oct.* – **Repas** *(fermé le midi en juil.-août sauf week-ends, merc. sauf le soir en saison et jeudi midi)* 33 bc (déj.), 44/67,50 et carte 75 à 100, enf. 18 ⛟.
   ◆ Une institution locale trentenaire que cette auberge de caractère bordant la traversée du village. Cadre provençal soigné : antiquités, santons, cuivres et fleurs.
   Spéc. Oeufs brouillés aux truffes du Haut Var. Petite bourride. Selle d'agneau de Sisteron rôtie au thym. **Vins** Côtes de Provence, Bandol

XX **Bretonnière**, pl. Pénitents ℘ 04 94 43 25 26, Fax 04 94 54 19 43 – 🔲. 🅶🅱
fermé 17 nov. au 17 mars, dim. soir et lundi – **Repas** 16 (déj.), 28/35 ⛟.
   ◆ Dans une ruelle du bourg médiéval, ce restaurant offre l'attrait d'une carte étoffée. Décor coquet, mariant le bois sombre (meubles Louis-Philippe) à divers tons de bleu.

XX **Mûrier**, Sud-Est : 1,5 km sur D 14 ℘ 04 94 43 34 94, Fax 04 94 43 32 65, 🌇 – 🔲 🅿. 🆔 🅶🅱
fermé 5 au 22 janv. et jeudi – **Repas** 35/65, enf. 16 ⛟.
   ◆ Plaisante décoration régionale dans ce restaurant "cosy" abritant une salle prolongée d'une véranda tournée vers le jardin. Cuisine inventive et belle carte des vins.

X **Auberge La Cousteline**, Sud-Est : 2,5 km sur D 14 ℘ 04 94 43 29 47, *aubergelacousteli ne@wanadoo.fr*, 🌇 – 🅿. 🅶🅱
fermé 10 nov. au 15 déc., mardi de sept. à juin, lundi d'oct. à mai et midi en juil-août – **Repas** 30,50/50 ⛟.
   ◆ Ancienne ferme isolée, enfouie dans la verdure. Intérieur dans le style "campagne provençale" et jolie terrasse des plus appréciées en saison. Plats du marché.

La GRIVE 38 Isère 🔢 E4 – *rattaché à Bourgoin-Jallieu*.

Nos guides hôteliers, nos guides touristiques et nos cartes routières sont complémentaires. Utilisez-les ensemble.

GROISY *74570 H.-Savoie* 328 K4 – *2 605 h alt. 690.*
Paris 534 – Annecy 17 – Bellegarde-sur-Valserine 40 – Bonneville 29 – Genève 37.

XX **Auberge de Groisy,** ✆ 04 50 68 09 54, *Fax 04 50 68 09 54* – GB
fermé 15 au 30 juil., 23 déc. au 3 janv., dim. soir, lundi et mardi – **Repas** (nombre de couverts limité, prévenir) 20/50 ♀.
◆ Voisine de l'église, ferme du 19e s. habilement restaurée (poutres et pierres apparentes) et cuisine au goût du jour soignée : une sympathique halte champêtre.

GRUFFY *74540 H.-Savoie* 328 J6 – *1 157 h alt. 570.*
Paris 545 – Annecy 17 – Aix-les-Bains 19 – Chambéry 36 – Genève 62.

Gorges du Chéran ⛰, au Pont de l'Abîme ✆ 04 50 52 51 13, *Fax 04 50 52 57 33*, ≤, 🌳, 🌲 – 📺 P. GB. ✗ ch
28 mars-3 nov. – **Repas** *(fermé dim. soir sauf juil.-août)* 19/29, enf. 8,50 ♀ – ☕ 6,30 – **8 ch** 50/63 – ½ P 40,80/52,30.
◆ Chambres calmes et lambrissées dans un établissement bénéficiant d'un remarquable arrière-plan : le pont métallique (1887) qui enjambe les gorges du Chéran. Copieuse cuisine traditionnelle inspirée par la région ; belle terrasse panoramique et salle rustique.

GRUISSAN *11430 Aude* 344 J4 *G. Languedoc Roussillon* – *3 061 h alt. 2* – *Casino.*
Office de tourisme, 1 boulevard du Pech-Maynaud ✆ 04 68 49 09 00, Fax 04 68 49 33 12, office.tourisme@gruissan-mediterranee.com.
Paris 796 – Perpignan 76 – Carcassonne 73 – Narbonne 15.

Phoebus, bd Sagne (au casino) ✆ 04 68 49 03 05, *hotel-gruissan@g-partouche.fr, Fax 04 68 49 07 67*, 🏊 – ✈ ▤ 📺 ✆ ♿ P – 🏛 30. AE ⓓ GB. ✗ rest
Repas *(14)* - 19/43 bc, enf. 6 ♀ – ☕ 9 – **50 ch** 57/85 – ½ P 66,50/75,50.
◆ Intégré au complexe du casino, chambres de style motel, décorées selon des thèmes originaux : "Sud", "Nautique", "Pescador", "Us et coutumes". Restaurant au cadre actuel complété en été par une formule grill au bord de la piscine.

Corail, quai Ponant, au port ✆ 04 68 49 04 43, *corail2@wanadoo.fr, Fax 04 68 49 62 89*, ≤, 🌳 – |♦| ▤ 📺 ✆ P. AE ⓓ GB
1er fév.-5 nov. – **Repas** 17/35 ♀ – ☕ 8 – **32 ch** 63/70 – ½ P 58.
◆ Le miroir d'eau du port de plaisance reflète la façade couleur corail de cet hôtel moderne. Les chambres, fonctionnelles, sont dotées de loggias. Le restaurant-véranda semble amarré aux quais tant il en est proche ; cuisine traditionnelle à l'écoute de la mer.

Port, bd Corderie ✆ 04 68 49 07 33, *Fax 04 68 49 52 41*, 🌳, 🏊 – |♦| ✈ 📺 ♿ P. AE GB. ✗ rest
Pâques-oct. – **Repas** (dîner seul.) 20 ♀ – ☕ 7 – **43 ch** 61, 6 suites – ½ P 45,50.
◆ L'extérieur cubique un peu austère contraste avec le nouvel aménagement intérieur, gai et accueillant. Mobilier en bois peint et teintes méridionales dans les chambres. Esprit du Sud au restaurant (fer forgé, tons ensoleillés), jolie terrasse sous une treille.

Plage sans rest, r. Bernard l'Hermite (à la plage) ✆ 04 68 49 00 75 – ✆ P. GB. ✗
Pâques-mi-sept. – **17 ch** ☕ 55.
◆ À 2 mn des maisons sur pilotis immortalisées par le film "37°2 le matin", cet immeuble passe-partout recèle des chambres claires et bien tenues. Accueil sympathique.

XX **L'Estagnol,** au village ✆ 04 68 49 01 27, *Fax 04 68 32 23 38*, ≤, 🌳 – ▤. GB
fin mars-30 sept. et fermé lundi – **Repas** 14 (déj.), 21/28, enf. 7 ♀.
◆ Retrouvez toute la vie du vieux village dans cette ancienne maison de pêcheur faisant face à l'étang : décor provençal, spécialités de poissons, bonhomie méridionale.

X **Lamparo,** au village ✆ 04 68 49 93 65, *Fax 04 68 49 93 65*, 🌳 – ▤. GB
fermé 15 déc. au 28 janv., lundi et mardi hors saison – **Repas** 19/35.
◆ Sur le quai en arc de cercle du bourg ancien, spacieux et sobre restaurant agrémenté d'un jardin d'hiver central. Cuisine orientée vers les produits de la mer.

Le GUA *17680 Char.-Mar.* 324 E5 – *1 856 h alt. 3.*
Paris 493 – Bordeaux 126 – Rochefort 26 – La Rochelle 63 – Royan 16.

Moulin de Châlons, Châlons, Ouest : 1 km rte de Royan ✆ 05 46 22 82 72, *moulin-de-chalons@wanadoo.fr, Fax 05 46 22 91 07*, 🌳, 🌲 – 📺 P. AE GB
fermé 3 au 31 janv., dim. soir et lundi du 1er oct. au 30 avril – **Repas** 22/64, enf. 10 ♀ – ☕ 11 – **10 ch** 79/130 – ½ P 74/100.
◆ Moulin à marée du 18e s. sur l'estuaire de la Seudre. Chambres toutes tournées vers le joli parc ; certaines profitent d'une belle rénovation, les autres restent charmantes. Coquet restaurant campagnard ; carte classique et bon choix de poissons.

GUAGNO-LES-BAINS *2A Corse-du-Sud* 345 C6 – *voir à Corse.*

GUEBERSCHWIHR 68420 H.-Rhin **315** H8 *G. Alsace Lorraine* – 816 h alt. 260.

Paris 487 – Colmar 12 – Guebwiller 18 – Mulhouse 36 – Strasbourg 92.

Relais du Vignoble ⑤, ℰ 03 89 49 22 22, hotelrelaisduvignoble@wanadoo.fr, Fax 03 89 49 27 82, ≤, ⇆ – 🛗 📺 ℃ 🄿 – 🔬 40. 🇬🇧
fermé 26 janv. au 6 mars – *Belle Vue* 03 89 49 31 09 (fermé merc. midi et jeudi) **Repas** 14/35, enf. 8,50 🄹 – ⊷ 8,50 – **30 ch** 50/75 – ½ P 53/55.
• Étape "spiritueuse" sur la route des Vins : la jeune bâtisse jouxte la cave familiale et la plupart des chambres (quelques balcons) sont tournées vers les vignes. Cuisine classique et vins du domaine à déguster sur la terrasse panoramique aux beaux jours.

GUEBWILLER ⑤❾ 68500 H.-Rhin **315** H9 *G. Alsace Lorraine* – 11 525 h alt. 300.

Voir *Église St-Léger* : façade Ouest★★ – *Intérieur*★★ de l'église N.-Dame★ : Maître-Hôtel★★ - Hôtel de ville★ – Musée du Florival★.

Env. *Vallée de Guebwiller*★★ NO.

🄱 Office de tourisme, 73 rue de la République ℰ 03 89 76 10 63, Fax 03 89 76 52 72, o.t.guebwiller@wanadoo.fr.

Paris 474 – Mulhouse 24 – Belfort 52 – Colmar 27 – Épinal 96 – Strasbourg 107.

L'Ange, 4 r. Gare ℰ 03 89 76 22 11, hoteldelange@wanadoo.fr, Fax 03 89 76 50 08 – 🛗 📺 🄿 – 🔬 15 à 20. 🄰🄴 🇬🇧
Repas (fermé 8 au 15 mars et le midi sauf dim.) 15/48 ♀ – ⊷ 6,80 – **36 ch** 36/58 – ½ P 48,50.
• L'enseigne - sauf coïncidence - et un élévateur en guise d'ascenseur témoignent que l'hôtel fut autrefois une maternité. Chambres fonctionnelles autour d'un puits de lumière. Sobre restaurant contemporain agrémenté d'un vieux gramophone ; recettes classiques.

à Murbach *Nord-Ouest : 5 km par D 40* – 136 h. alt. 420 – ⊠ 68530.

Voir *Église*★★.

Hostellerie St-Barnabé ⑤, ℰ 03 89 62 14 14, hostellerie.st.barnabe@wanadoo.fr, Fax 03 89 62 14 15, 🏡, 🚿, 🍴 – ▤ rest, 📺 🄿 🄰🄴 ① 🇬🇧 🄹🄲🄱
fermé 23 au 26 déc. et 3 janv. au 11 fév. – **Repas** (fermé dim. soir de nov. à avril, le mardi midi et merc. midi) 28/80 ♀ – ⊷ 15,50 – **27 ch** 76/183 – ½ P 96/150.
• Cette demeure alsacienne et son jardin égayent le pittoresque vallon de Murbach. Les chambres rénovées sont plus actuelles et colorées. Confortable salon de détente. Cuisine au goût du jour et atmosphère discrètement médiévale dans l'élégante salle à manger.

à Rimbach-près-Guebwiller *Ouest : 11 km par D 5* – 244 h. alt. 550 – ⊠ 68500 :

L'Aigle d'Or ⑤, 5 rue Principale ℰ 03 89 76 89 90, Fax 03 89 74 32 41, 🏡, 🚿 – ℃ 🚗 🄿 – 🔬 15. 🄰🄴 ① 🇬🇧
fermé 17 au 23 oct. et mi-fév. à mi-mars – **Repas** (fermé lundi de mi-sept. à juin) 9 (déj.), 13,50/32, enf. 6,50 ♀ – ⊷ 6,20 – **20 ch** 23/39 – ½ P 32/44.
• Petite auberge familiale toute simple, idéale pour retrouver quiétude et authenticité. Ravissant jardin et half-court. Confitures maison à déguster lors du petit-déjeuner. Petits plats aux accents régionaux servis auprès de la cheminée du restaurant.

GUÉCELARD 72230 Sarthe **310** J7 – 2 594 h alt. 45.

Paris 219 – Château-du-Loir 38 – La Flèche 26 – Le Grand-Lucé 38 – Le Mans 19.

Botte d'Asperges, ℰ 02 43 87 29 61, Fax 02 43 87 29 61 – ① 🇬🇧
fermé 8 au 28 mars, 2 au 23 août, dim. soir et lundi sauf fériés – **Repas** 16/45, enf. 8.
• Ancien relais de poste bordant la route nationale. Fresques et tableaux à motifs floraux décorent la salle à manger aux tables soigneusement dressées. Carte traditionnelle.

GUÉMENÉ-SUR-SCORFF 56160 Morbihan **308** L6 – 1 205 h alt. 180.

🄱 Syndicat d'initiative ℰ 02 97 51 23 89, si.guemene@voila.fr.

Paris 480 – Vannes 74 – Concarneau 72 – Lorient 46 – Pontivy 21 – Rennes 131.

Bretagne, r. J. Peres ℰ 02 97 51 20 08, hotellebretagne@wanadoo.fr, Fax 02 97 39 30 49, 🚿 – ℃ 🄿 – 🔬 40. 🇬🇧
fermé 1er au 15 sept., 20 déc. au 10 janv. et sam. hors saison – **Repas** 9,50 (déj.), 14/26,50, enf. 6,50 ♀ – ⊷ 6 – **19 ch** 34/62 – ½ P 32/37.
• Modeste hôtel établi au centre du village, où l'on choisira une chambre sur l'arrière, plus confortable et plus récente. Bar à clientèle locale. L'inévitable andouille, spécialité de Guémené, se décline de moult façons sur la carte du restaurant.

Donnez-nous votre avis sur les tables que nous recommandons,
sur leurs spécialités et leurs vins de pays.

GUENROUËT *44530 Loire-Atl.* **315** *E2 – 2 408 h alt. 30.*

Paris 430 – Nantes 56 – Redon 21 – St-Nazaire 41 – Vannes 72.

XX **Relais St-Clair,** 31 rue de l'Isac rte Nozay ℰ 02 40 87 66 11, *cuisinerie@relais-saint-clair.c om, Fax 02 40 87 71 01,* 🏦 – 🗐. **GB**

fermé 5 au 29 janv., mardi sauf juil.-août et lundi – **Repas** 25/64, enf. 12 ☒.

♦ Bâtisse située à proximité du canal de Nantes à Brest et d'une petite base de loisirs. Cuisine traditionnelle à l'étage et restauration plus simple au rez-de-chaussée.

XX **Paradis des Pêcheurs,** au Cougou sur D 102 : 5 km ℰ 02 40 87 64 10, *Fax 02 40 87 64 10,* 🖈 – **P. GB**

fermé vacances de fév., dim. soir, lundi soir, mardi soir et merc. – **Repas** 10 (dèj.), 16,50/ 28,70, enf. 10 ☒.

♦ Dans un hameau tranquille de l'Argoat, maison des années 1930 entourée de pins et châtaigniers. Boiseries d'époque dans le bar et la salle à manger. Recettes classiques.

GUÉRANDE *44350 Loire-Atl.* **316** *B4 G. Bretagne – 13 603 h alt. 54.*

Voir *Collégiale St-Aubin★*.

🄳 *Office de tourisme, 1 place du Marché au Bois* ℰ 02 40 24 96 71, *Fax 02 40 62 04 24, office.tourisme.guerande@wanadoo.fr.*

Paris 450 – Nantes 77 – La Baule 6 – St-Nazaire 20 – Vannes 69.

🏨 **Les Voyageurs,** pl. du 8 Mai 1945 ℰ 02 40 24 90 13, *Fax 02 40 62 06 64,* 🏦 – 🗺 📞. **GB**

fermé 23 déc. au 21 janv. – **Repas** *(fermé dim. soir et lundi de sept. à juin)* 11,50/29,90 ☒ – ☒ 6 – **12 ch** 44/56,50 – ½ P 48,50/53.

♦ La pimpante petite maison où est aménagé cet hôtel se dresse extra-muros, face aux murailles. Chambres tendance "rétro", bien meublées. Pas moins de quatre salles à manger rustiques - dont une ouverte sur la terrasse - attendent les voyageurs.

XX **Les Remparts** avec ch, bd Nord ℰ 02 40 24 90 69, *clesremparts@aol.com, Fax 02 40 62 17 99* – 🗺. **GB**

fermé 2 au 27 juin, 29 nov. au 3 janv., 13 au 19 fév., dim. soir, sam. soir et lundi sauf fériés – **Repas** *(fermé le soir du 1er oct au 31 mars)* (16,50) - 21,50/26,50, enf. 9 ☒ – ☒ 5,50 – **8 ch** 48 – ½ P 49.

♦ Au pied des remparts, restaurant au cadre actuel où l'on déguste plats classiques et poissons, saupoudrés, bien sûr, de sel de Guérande. Les chambres pourront dépanner.

X **Vieux Logis,** pl. Psalette (intra-muros) ℰ 02 40 62 09 73, 🏦 – **GB**

fermé 12 nov. au 16 déc., mardi soir et merc. sauf juil.-août et fériés – **Repas** (14,50) - 20/27, enf. 10.

♦ Prévôté de Guérande, étude notariale et enfin restaurant : cette belle maison en pierre a conservé son cadre du 17e s. Spécialités de grillades au feu de bois.

La GUERCHE-DE-BRETAGNE *35130 I.-et-V.* **309** *O7 G. Bretagne – 4 095 h alt. 77.*

🄳 *Office de tourisme, place Charles de Gaulle* ℰ 02 99 96 30 78, *Fax 02 99 96 41 43, otsi.laguerche@wanadoo.fr.*

Paris 324 – Châteaubriant 30 – Laval 53 – Redon 84 – Rennes 55 – Vitré 22.

XX **Calèche** 🐾 avec ch, 16 av. Gén. Leclerc ℰ 02 99 96 21 63, *Fax 02 99 96 49 52,* 🏦 – 🗺 **P. AE GB**

fermé 1er au 20 août, 24 déc.au 3 janv., vend. soir, dim. soir et lundi – **Repas** (10) - 11,70/30,50 ☒ – ☒ 8 – **12 ch** 37/48 – ½ P 37.

♦ Du Guesclin fut le seigneur de cette petite cité célèbre pour son marché (le plus ancien de Bretagne). Cadre actuel, accueil familial et généreuse cuisine du terroir.

GUÉRET 🄿 *23000 Creuse* **325** *I3 G. Berry Limousin – 14 123 h alt. 457.*

Voir *Émaux Champlevés★ du musée d'art et d'archéologie de la Sénatorerie.*

🄳 *Office de tourisme, 1 avenue Charles de Gaulle* ℰ 05 55 52 14 29, *Fax 05 55 41 19 38, info@ot-gueret.fr.*

Paris 351 ① – Limoges 93 ② – Châteauroux 90 ① – Montluçon 66 ③.

Plan page ci-contre

🏨 **Auclair,** 19 av. Sénatorerie ℰ 05 55 41 22 00, *hotel-auclair@wanadoo.fr, Fax 05 55 52 86 89,* 🏦, 🏊, 🖈 – 🗺 – 🛗 15. **GB**   **Z s**

Repas *(fermé dim. soir en hiver)* (9,20) - 22/30, enf. 11,50 ☒ – ☒ 7 – **31 ch** 47/52 – ½ P 52,80.

♦ Proche du musée de la Sénatorerie et de sa magnifique collection d'émaux champlevés. Chambres aux gais coloris, meublées en rotin. Cuisine traditionnelle servie dans une salle à manger élégante et feutrée : drapés à profusion, rideaux fleuris et chandelles.

GUÉRET

Allende (R. Salvador) . . . . . **Y** 2
Ancienne-Mairie (R. de l') . **Z** 4
Bonnyaud (Pl.) . . . . **Z** 5
Corneille (R. Pierre) . . . . . **Y** 7
Ducouret (R.) . . . . **Z** 9

Gare
  (Rond-Point de la) . . . . **Y** 12
Grand (R. Alfred) . . . . . . **Z** 13
Grande-Rue . . . . **Z** 15
Jaurès (R. Jean) . . . . **Z** 16
Londres (R. de) . . . . **Y** 17
Musset (R. Alfred-de) . . **Y** 19
Pasteur (Av.) . . . . **YZ** 20

Piquerelle (Pl.) . . . . **Y** 22
Poitou (Av. du) . . . . **Y** 23
Rollinat (R. Maurice) . . . . **Y** 25
Roosevelt
  (R. Franklin) . . . . **Y** 26
St-Pardoux (Bd) . . . . **Y** 28
Verdun (R. de) . . . . **Z** 29
Zola (Bd Émile) . . . . **Y** 30

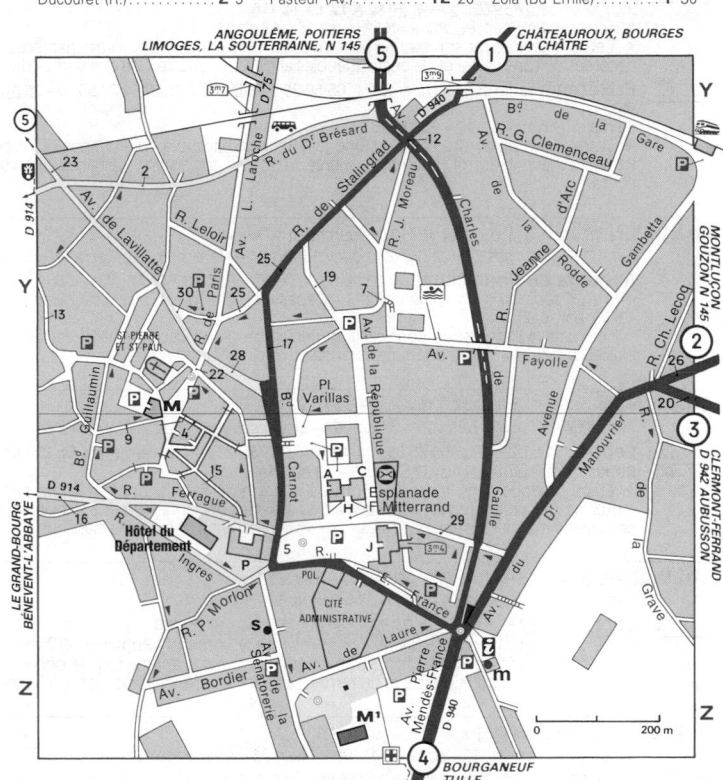

🏨   **Campanile**, av. R. Cassin par ⑤ 𝄞 05 55 51 54 00, guéret@campanile.fr, Fax 05 55 52 56 16, 🍴 – ✦✕ 📺 ✆ & 🅿 – 🔏 15 à 30. 🜇 ⓪ ☒ 🝆
  Repas (12,50) - 16,50/18,50, enf. 6 ♈ – ☲ 6,50 – **52 ch** 59.
  ◆ Chambres pratiques et bien tenues, prestations habituelles de la chaîne : une adresse incitant à faire étape à la périphérie guérétoise. Les différents buffets proposés permettent à chacun de manger à sa faim. Les enfants bénéficient même d'un menu spécifique.

XX   **Le Coq en Pâte**, 2 r.de Pommeil 𝄞 05 55 41 43 43, Fax 05 55 41 43 42, 🍴 , 🌿 – 🅿 -
⊖   🔏 18. ☒   **Z n**
  fermé du 28 juin au 6 juil., 3 au 19 janv. et lundi – **Repas** 15/50 ♈.
  ◆ Maison bourgeoise du 19ᵉ s. dont la terrasse s'ouvre sur un agréable jardin arboré. Intérieur fort bien restauré préservant le style d'origine. Cuisine actuelle ; vivier.

à Ste-Feyre *par* ③ : 7 km – 2 250 h. alt. 450 – ✉ 23000 :

XX   **Les Touristes-Michel Roux**, 𝄞 05 55 80 00 07, Fax 05 55 81 11 04 – 🍽 . ☒ 🌿
  fermé janv., merc. soir, dim. soir et lundi – **Repas** 17/43, enf. 9 🍷.
  ◆ Bâtisse régionale au centre d'un village de la Haute-Marche. Nouveau décor, coloré et fleuri, dans la salle à manger ornée d'une belle armoire à épices. Cuisine du marché.

Les prix
Pour toutes précisions sur les prix indiqués dans ce guide,
reportez-vous aux pages explicatives.

GUÉTHARY 64210 Pyr.-Atl. 342 C4 G. Aquitaine – 1 284 h alt. 15.

🖿 Office de tourisme, rue du Comte de Swiecinski ℰ 05 59 26 56 60, Fax 05 59 54 92 67, office@guethary-france.com.

Paris 780 – Biarritz 9 – Bayonne 19 – Pau 125 – St-Jean-de-Luz 7.

🏠 **Villa Catarie** ◈ sans rest, 415 av.Gén. de Gaulle ℰ 05 59 47 59 00, villa.catarie@wanadoo .fr, Fax 05 59 47 59 02, ⌐ – 🛊 📺 ⊄ ఉ 🅿 🖭 ① 🖼
fermé nov. à mi-déc. et janv. à mi-fév. – � 13 – **16 ch** 145/165.
◆ Cette ravissante maison basque construite en 1830 abrite d'élégantes chambres "cosy" décorées de tons pastel et de beaux meubles anciens. Coquette salle des petits-déjeuners.

🏠 **Brikétinia** sans rest, r. Empereur ℰ 05 59 26 51 34, ., Fax 05 59 54 71 55, ⩽ – 🛊 📺 ఉ 🖼
15 mars-1er nov. – ⊏ 10 – **20 ch** 90.
◆ Ce relais de poste du 17e s. est une jolie maison basque à colombages où Napoléon Bonaparte aurait dormi. Chambres sobres, rénovées avec soin ; certaines ont vue sur l'Océan.

Le GUÉTIN 18 Cher 323 O5 – ✉ 18150 La Guerche-sur-l'Aubois.

Paris 252 – Bourges 58 – La Guerche-sur-l'Aubois 11 – Nevers 13 – St-Pierre-le-Moutier 29.

🍴 **Auberge du Pont-Canal,** ℰ 02 48 80 40 76, Fax 02 48 80 45 11, � – 🖼
fermé 26 sept. au 4 oct., janv. et lundi – **Repas** (déj. seul. d'oct. à avril sauf sam.) 12 (déj.), 19/35, enf. 6,50.
◆ Jouxtant le pittoresque pont-canal qui enjambe l'Allier, cette auberge familiale abrite plusieurs salles à manger dont une véranda ouverte sur la campagne.

GUEUGNON 71130 S.-et-L. 320 E10 – 8 563 h alt. 243.

Paris 335 – Bourbon-Lancy 27 – Mâcon 87 – Montceau-les-Mines 29 – Moulins 63.

🏠 **Centre,** 34 r. Liberté ℰ 03 85 85 21 01, Fax 03 85 85 02 67 – 🍽 rest, 📺 ⊄ 🅿 🖭 🖼
🍴 **Repas** (fermé dim. soir) 13/32 ⊏ – 🖸 6 – **19 ch** 34/43.
◆ Étape pratique dans la cité des Forgerons, cet hôtel familial bordant la rue principale renferme des chambres fonctionnelles. Des assiettes anciennes ornent le plafond d'une des salles à manger rustiques. Toutes deux se consacrent à une cuisine classique.

GUEWENHEIM 68116 H.-Rhin 315 G10 – 1 176 h alt. 323.

Paris 458 – Mulhouse 21 – Altkirch 23 – Belfort 36 – Thann 9.

🍴🍴 **Gare,** ℰ 03 89 82 51 29, Fax 03 89 82 84 62, �, 🌿 – 🍽 🅿 🖼
fermé 27 juil. au 14 août, 15 fév. au 4 mars, mardi soir et merc. – **Repas** 22/58 ⊏ 🖗.
◆ Un ancien café de village, fort sympathique, tenu par la même famille depuis quatre générations. Plats traditionnels et du terroir. La superbe carte des vins mérite le voyage.

GUIDEL 56520 Morbihan 308 K8 – 9 156 h alt. 38.

Paris 511 – Quimper 60 – Lorient 14 – Pont-Aven 26 – Quimperlé 12.

🍴🍴 **Navéos,** à Guidel-Plages, Sud-Ouest : 3 km par D 306 ℰ 02 97 32 80 80, Fax 02 97 32 80 80 – 🖼
fermé 15 nov. au 15 déc. et merc. hors saison – **Repas** 28/56 ⊏.
◆ Près des grandes plages de l'Atlantique, salle à manger contemporaine et cuisine ambitieuse mariant avec bonheur produits régionaux, épices et zestes de modernité.

GUIGNIÈRE 37 I.-et-L. 317 M4 – rattaché à Tours.

GUILHERAND-GRANGES 07 Ardèche 331 L4 – rattaché à Valence (26 Drôme).

GUILLESTRE 05600 H.-Alpes 334 H5 G. Alpes du Sud – 2 211 h alt. 1000.

Voir Porche★ de l'église – Pied-la-Viste ⩽★ E : 2 km – Peyre-Haute ⩽★ S : 4 km puis 15 mn.
Env. Combe du Queyras★★ NE : 5,5 km.

🖿 Office de tourisme, place Salva ℰ 04 92 45 04 37, Fax 04 95 45 19 09, pays-du-guillestrois@wanadoo.fr.

Paris 715 – Briançon 36 – Barcelonnette 51 – Digne-les-Bains 114 – Gap 61.

🏠 **Les Barnières** ◈, ℰ 04 92 45 04 87, hotel-lesbarnieres@wanadoo.fr, Fax 04 92 45 28 74, ⩽ vallée et montagnes, �, ⌐, 🌿, 🌿 – 🛊 📺 ⊄ 🅿 🖼 🌿 ch
fermé 16 oct. au 26 déc. – **Repas** 17/33, enf. 10 – ⊏ 9 – **40 ch** 72/78 – ½ P 73.
◆ Hôtel composé de deux chalets dont un n'ouvrant qu'en été. Chambres spacieuses, souvent dotées de meubles régionaux, agréable jardin et équipements sportifs complets. Salle à manger mi-rustique, mi-bourgeoise, terrasse ombragée et cuisine traditionnelle.

🏠 **Catinat Fleuri**, ℰ 04 92 45 07 62, catinat-fleuri@wanadoo.fr, Fax 04 92 45 28 88, 🍴,
🛆, ⌗, ⌗ – ⁙ 📺 🄿 – 🛦 15. ⓪ ㏿
Repas 13,90/30, enf. 6,90 ♀ – ⌘ 6,10 – **21 ch** 56,50/70 – ½ P 62,50.
♦ Chambres simples mais spacieuses au sein d'une propriété familiale dédiée au tourisme
vert. Équipements de loisirs partagés avec un camping. Décor assez sobre, chaises de style
et cuisine traditionnelle façon pension de famille au restaurant.

à Mont-Dauphin gare Nord-Ouest : 4 km par D 902ᴬ et N 94 – 87 h. alt. 1050 – ✉ 05600 .

Voir Charpente★ de la caserne Rochambeau.

🄳 Office de tourisme, ℰ 04 92 45 17 80, Fax 04 92 45 17 80.

🏠 **Lacour et rest. Gare**, ℰ 04 92 45 03 08, renseignement@hotel-lacour.com,
Fax 04 92 45 40 09, ⌗ – 📺 ✆ 🄿 – 🛦 30. ㏿ ㏿. ⌗ rest
fermé sam. du 1ᵉʳ mai au 30 juin et du 1ᵉʳ sept. au 20 déc. – **Repas** 14,50/34, enf. 7,50 ♀ –
⌘ 7 – **46 ch** 29/56,50 – ½ P 48.
♦ En contrebas des fortifications de Mont-Dauphin, ce vieil hôtel familial entièrement
restauré et son annexe offrent un hébergement fonctionnel. Restaurant au cadre contemporain, aménagé dans un bâtiment indépendant agrémenté d'un cadran solaire en façade.

🏠 **L'Échauguette** ⌗, r. Catinat ℰ 04 92 45 07 13, info@échauguette.com, Fax 04 92
45 14 22, ≤, 🍴, ⌗ – 📺. ㏿ ㏿
fermé 28 mars au 10 avril, 15 oct. au 15 déc. – **Repas** (1ᵉʳ mai-15 oct et fermé dim. soir,
mardi, merc. et jeudi sauf juil-août) 21,50/31, enf. 8,50 – ⌘ 5,40 – **13 ch** 47/50 – ½ P 40/
44.
♦ Au coeur du fort édifié par Vauban, charmante maison datant en partie du 17ᵉ s.
Intérieur chaleureux, décor rustique, objets chinés, paisible jardin et vue sur les sommets.
Restaurant orné d'assiettes et de lithographies anciennes. Bar façon estaminet.

Pour les grands voyages d'affaires ou de tourisme,
Guide MICHELIN : EUROPE.

GUILLIERS 56490 Morbihan 🟥🟥🟥 Q6 – 1 216 h alt. 86.

Paris 418 – Vannes 59 – Dinan 66 – Lorient 91 – Ploërmel 13 – Rennes 69.

🏠 **Relais du Porhoët**, ℰ 02 97 74 40 17, relais.du.porhoet@wanadoo.fr,
Fax 02 97 74 45 65, ⌗ – 📺 ✆ 🄿 – 🛦 20. ㏿. ⌗
fermé 28 juin au 5 juil., 4 au 11 oct., 3 au 24 janv., lundi sauf le soir en saison et dim. soir hors
saison – **Repas** 13/36, enf. 8 ♀ – ⌘ 6 – **12 ch** 42/45 – ½ P 37/40.
♦ La façade fleurie de l'hôtel est avenante en saison. Derrière se cachent d'agréables
chambres meublées en style rustique. Une majestueuse cheminée réchauffe l'une des
salles de restaurant où l'on sert une goûteuse cuisine régionale.

GUILVINEC 29730 Finistère 🟥🟥🟥 F8 G. Bretagne – 3 042 h alt. 5.

🄳 Office de tourisme, 62 rue de la Marine ℰ 02 98 58 29 29, Fax 02 98 58 34 05,
ot@leguilvinec.com.
Paris 584 – Quimper 30 – Douarnenez 44 – Pont-l'Abbé 10.

🏠 **Centre**, r. Gén. de Gaulle ℰ 02 98 58 10 44, Fax 02 98 58 31 05, 🍴 – 📺 🄿. ㏿
fermé janv. – **Repas** (fermé 15 nov. à fin mars et lundi midi) 12/28 ♀ – ⌘ 7 – **9 ch** 40/52 –
½ P 47/52.
♦ L'hôtel borde une rue passante située au coeur du premier port langoustinier de France.
Vous serez hébergé dans des chambres plus fonctionnelles que charmantes. Le restaurant
familial propose une cuisine simple aux couleurs de l'océan.

✕ **Chandelier**, 16 r. Marine ℰ 02 98 58 91 00, restaurant.le.chandelier.martin@wanadoo.fr,
Fax 02 98 58 08 68 – ㏿
fermé vacances de Toussaint, de fév., mardi soir et lundi hors saison et dim. soir – **Repas**
21/53.
♦ Façade attrayante, salles à manger contemporaines, tables joliment dressées et beaux
produits de la mer à l'honneur : le restaurant étant prisé, pensez à réserver en saison !

GUINGAMP ⬦ 22200 C.-d'Armor 🟥🟥🟥 D3 G. Bretagne – 8 008 h alt. 81.

Voir Basilique N.D.-de-Bon-Secours★ B.

🏌 à Bégard ℰ 02 96 45 32 64, par ⑦ : 13 km.

🄳 Office de tourisme, place Champ au Roy ℰ 02 96 43 73 89, Fax 02 96 40 01 95,
otguingamp@wanadoo.fr.
Paris 484 ③ – St-Brieuc 32 ③ – Carhaix-Plouguer 49 ⑥ – Lannion 32 ⑦ – Morlaix 53 ⑦.

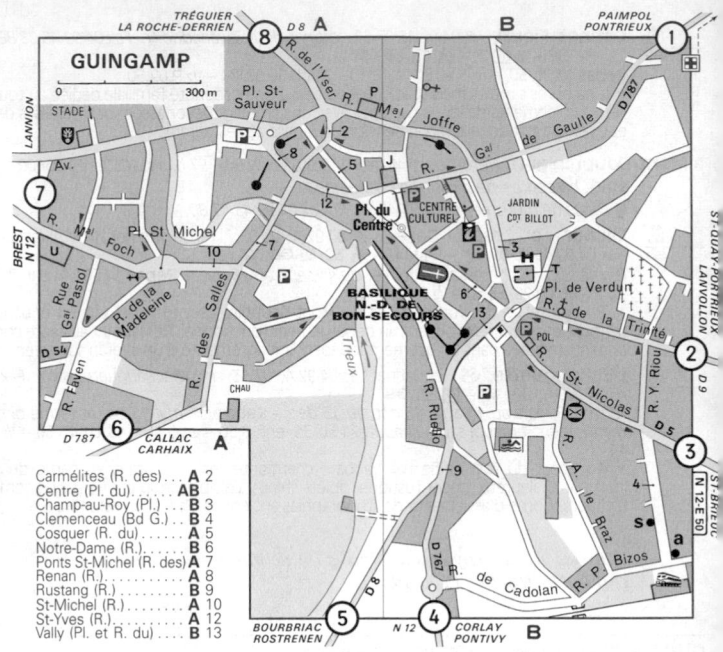

GUINGAMP

TRÉGUIER
LA ROCHE-DERRIEN   D 8   A   B   PAIMPOL
PONTRIEUX

LANNION

BREST
N 12

CALLAC
CARHAIX

BOURBRIAC
ROSTRENEN

CORLAY
PONTIVY

Carmélites (R. des) . . . **A** 2
Centre (Pl. du) . . . . . **AB**
Champ-au-Roy (Pl.) . . **B** 3
Clemenceau (Bd G.) . . **B** 4
Cosquer (R. du) . . . . . **A** 5
Notre-Dame (R.) . . . . . **B** 6
Ponts St-Michel (R. des) **A** 7
Renan (R.) . . . . **A** 8
Rustang (R.) . . . . **B** 9
St-Michel (R.) . . . . . . **A** 10
St-Yves (R.) . . . . **A** 12
Vally (Pl. et R. du) . . . . **B** 13

🏨 **de l'Arrivée** sans rest, 19 bd Clemenceau, face gare ℘ 02 96 40 04 57, Ⅰ₅ – 🛗 cuisinette
📺 ✆ & – 🍴 25. 🔄   B a
☲ 6 – **27 ch** 44/85.
◆ L'enseigne évoque la proximité de la gare ferroviaire. À l'arrivée ou au départ de Guingamp, cet hôtel s'avère pratique avec ses chambres sans ampleur mais bien rénovées.

🏨 **Armor** sans rest, 44-46 bd Clemenceau ℘ 02 96 43 76 16, hotelarmor.guingamp@wanad
oo.fr, Fax 02 96 43 89 62 – 📺 ✆ 🆎 ⓪ 🔄 🗾   B s
☲ 6,50 – **23 ch** 48/56.
◆ Cette bâtisse moderne proche de la gare abrite de petites chambres fonctionnelles,
dotées d'un solide mobilier en bois. Décor un peu désuet, mais tenue impeccable.

XX **Boissière**, r. Yser par ⑧ : 1 km ℘ 02 96 21 06 35, Fax 02 96 21 13 38, 👯 – 🅿. 🔄. ⅍
fermé 23 juin au 8 juil., dim. soir fin sept. à fin mars, sam. midi et lundi – **Repas** (12,90) - 15,40
(déj.), 18/60, enf. 7,70 ⅌.
◆ Maison de maître centenaire nichée dans son parc. Deux plaisantes salles à manger
bourgeoises servent de cadre à une cuisine traditionnelle qui évolue au gré des saisons.

GUISE 02120 Aisne 📓📓📓 D3 G. Picardie Flandres Artois – 5 901 h alt. 97.
Voir Château fort des Ducs de Guise★.
🏢 Office de tourisme, 2 rue Chantraine ℘ 03 23 60 45 71, Fax 03 23 05 60 15, office.tou
rismeguise@free.fr.
Paris 177 – St-Quentin 28 – Avesnes-sur-Helpe 38 – Cambrai 49 – Hirson 37 – Laon 39.

X **Guise** avec ch, 103 pl. Lesur ℘ 03 23 61 17 58, Fax 03 23 61 26 08 – 📺. 🔄
😋 fermé 15 au 31 déc. – **Repas** (fermé vend. soir, dim. soir et sam.) 12/23 🍴 – ☲ 6 – **8 ch**
34/40 – ½ P 46.
◆ Dominé par le château fort des ducs de Guise - les célèbres "balafrés" de l'histoire de
France - un restaurant familial sans prétention. Petites chambres pour dépanner.

GUJAN-MESTRAS 33470 Gironde 📓📓📓 E7 G. Aquitaine – 14 958 h alt. 5.
Voir Parc ornithologique du Teich★ E : 5 km.
🚉 de Gujan-Mestras ℘ 05 57 52 73 73, S : 5 km par N 250 et D 65.
🏢 Office de tourisme, 19 avenue de Lattre-de-Tassigny - La Hume ℘ 05 56 66 12 65, Fax 05
56 22 01 41, otgujan@wanadoo.fr.
Paris 638 – Bordeaux 56 – Andernos-les-Bains 26 – Arcachon 10.

🏠 **Guérinière**, à Gujan   ℰ 05 56 66 08 78, *lagueriniere@wanadoo.fr*, Fax 05 56 66 13 39, �स्,
☼ 🔟 – 🖃 📺 🕻 🄿 – 🛁 20. 🖭 ⓞ 🖼 🥏
   Repas *(fermé sam. midi et dim. soir d'oct. à juin)* 35 bc/70 et carte 45 à 65 ♀ – ☲ 10 – **25 ch**
110/185 – ½ P 110.
   ♦ Bâtisse moderne située au centre du principal port ostréicole du bassin d'Arcachon. Les
chambres, spacieuses, sont toutes rénovées. Cuisine au goût du jour parfumée à savourer
dans une salle contemporaine ou la jolie terrasse dressée au bord de la piscine.
   Spéc. Camarones royales rôties aux herbes. Morue à l'arcachonnaise. Tarte soufflée aux
pruneaux, glace caramélisée au beurre salé

GUNDERSHOFFEN *67110 B.-Rhin* 🔢 *J3 – 3 490 h alt. 180.*
   Paris 466 – Strasbourg 45 – Haguenau 16 – Sarreguemines 61 – Wissembourg 33.

XXX   **Au Cygne** (Paul) 🦢 avec ch, 35 Gd Rue   ℰ 03 88 72 96 43, *sarl.lecygne@wanadoo.fr*,
☼   Fax 03 88 72 86 47, 🐎 – ₩₩, 🖃 rest, 📺 🕻 🕭 🄿. 🖼
   fermé 2 au 23 août, 18 fév. au 7 mars, jeudi soir, dim. soir et lundi – **Repas** 37/70 et carte 55
à 75 ♀ ⊛ – ☲ 12 – **10 ch** 95/200.
   ♦ Cette belle maison à colombages abrite une élégante salle à manger où l'on déguste
une cuisine inventive et raffinée. À 400 m, chambres neuves aménagées dans un ancien
moulin.
   Spéc. Grenouilles aux schniederspaedle. langoustines sur compotée de légumes à l'orientale. Filet de chevreuil aux spaetzele. **Vins** Tokay-Pinot gris, Pinot noir.

XX   **Le Soufflet**, 13 rue de la Gare   ℰ 03 88 72 91 20, *franck.chateauroux@wanadoo.fr*,
🖼   Fax 03 88 72 91 20, �s – 🖼
   fermé 25 juil. au 8 août, vacances de fév., sam. midi et lundi – **Repas** 12,50/54, enf. 7 ♀ -
Bahnstuebel : **Repas** carte environ 20.
   ♦ En face de la gare et de la mairie, façade fleurie abritant une salle de restaurant
agrémentée de sièges de style Louis XV et d'une cheminée ; cuisine classique. Ambiance
winstub, plats du jour et petite carte de spécialités alsaciennes au Bahnstuebel.

Demandez à votre libraire
le catalogue des **publications Michelin**

GY *70700 H.-Saône* 🔢 *C8 G. Jura – 1 018 h alt. 237.*
   Voir *Château*★.
   🅱 *Office de tourisme, 15 Grande Rue   ℰ 03 84 32 93 93, Fax 03 84 32 86 87, ot.monts
degy@wanadoo.fr.*
   Paris 356 – Besançon 32 – Dijon 69 – Dôle 50 – Gray 20 – Langres 75 – Vesoul 39.

🏠   **Pinocchio** 🦢 sans rest,   ℰ 03 84 32 95 95, Fax 03 84 32 95 75, 🔟, 🐎, 🎾 – cuisinette 📺
  🕻 🄿 – 🛁 30. 🖭 🖼
   fermé 22 déc. au 4 janv. – ☲ 5 – **14 ch** 45/76.
   ♦ Cette jolie maison régionale restaurée avec soin dans le style contemporain offre des
chambres personnalisées. Intérieur décoré sur le thème de la célèbre marionnette.

GYE-SUR-SEINE *10250 Aube* 🔢 *G5 – 513 h alt. 172.*
   Paris 209 – Troyes 45 – Châtillon-sur-Seine 26 – Tonnerre 45.

🏠   **Les Voyageurs**, 6 r.de la Nation   ℰ 03 25 38 20 09, *hotel-voyageurs-gye@wanadoo.fr*,
🖼   Fax 03 25 38 25 37 – 📺 🕻 🕭 🚗 – 🛁 30. 🖼 🎾 ch
   fermé 16 au 22 août et vacances de fév. – **Repas** *(fermé dim. soir et merc.)* 12,80/31,50 ♀ –
☲ 6 – **7 ch** 48 – ½ P 45.
   ♦ Des chambres entièrement rénovées, pimpantes et colorées vous attendent dans ce
relais de poste bâti à la fin du 19ᵉ s. et doté d'une avenante façade en pierre. Le restaurant
opte pour un décor actuel, des meubles en rotin et une carte traditionnelle.

HABÈRE-POCHE *74420 H.-Savoie* 🔢 *L3 – 729 h alt. 945 – Sports d'hiver : 930/1 600 m ≤ 9 ✦.*
   Voir *Col de Cou*★ *NO : 4 km, G. Alpes du Nord.*
   🅱 *Syndicat d'initiative, Chef Lieu   ℰ 04 50 39 54 46, Fax 04 50 39 56 62, habere@wanadoo.fr.*
   Paris 564 – Thonon-les-Bains 19 – Annecy 63 – Bonneville 33 – Genève 37.

🏠   **Chardet** 🦢, à Ramble, Nord : 2,5 km   ℰ 04 50 39 51 46, *chardet@wanadoo.fr*,
  Fax 04 50 39 57 18, ≤, �s, 🔟, 🔟, 🐎, 🎾 – 🛗 📺 🕻 🄿 – 🛁 15 à 30. 🖼
   15 mai-10 oct. et 20 déc.-31 mars – **Repas** 19/29, enf. 9 ♀ – ☲ 7,50 – **32 ch** 55/74 –
½ P 50/60.
   ♦ À deux pas du col de Cou, pension de famille des années 1970 peu à peu redécorée dans
le style alpin. Chambres avec vue sur la vallée Verte ; équipements sportifs. Restaurant très
"couleur locale" avec son traîneau en guise de décor et son menu savoyard.

✗ **Tiennolet,** ℰ 04 50 39 51 01, Fax 04 50 39 58 15, 斎 – ⚅
fermé 6 juin au 2 juil., 10 oct. au 20 nov., mardi soir et merc. sauf vacances scolaires – **Repas**
14,50 (déj.), 22/35, enf. 11.
◆ Au centre du village, au-dessus de la pâtisserie familiale, chaleureux restaurant montagnard agrandi d'une terrasse exposée plein Sud. Cuisine classique et plats savoyards.

L'HABITARELLE *48 Lozère* 330 *K7 –* ⊠ *48170 Châteauneuf-de-Randon.*
Paris 587 – Langogne 19 – Mende 27 – Le Puy-en-Velay 62.

🏛 **Poste,** ℰ 04 66 47 90 05, *contact@hoteldelaposte48.com*, Fax 04 66 47 91 41 – 🕾 ☎ &.
⟲ 🅿. ⚅
fermé 22 oct. au 2 nov. et 17 déc. au 31 janv. – **Repas** *(fermé vend. soir, sam. midi et dim.
soir sauf juil. août)* 14/30, enf. 6 ♀ – ⟳ 6,50 – **16 ch** 43/50 – ½ P 43,50.
◆ Près du mausolée érigé en l'honneur de Bertrand Du Guesclin, mort ici même d'avoir bu
de l'eau trop glacée, se tient ce sympathique relais de poste du 19ᵉ s. Restaurant aménagé
dans une ex-grange à foin (murs en pierre, charpente en sapin) ; plats du terroir.

HAGENTHAL-LE-HAUT *68220 H.-Rhin* 315 *I11 – 410 h alt. 400.*
Paris 483 – Mulhouse 41 – Altkirch 26 – Basel 13 – Colmar 76.

✗✗ **Ancienne Forge,** 52 rue Principale ℰ 03 89 68 56 10, *baumannyves@aol.com*,
Fax 03 89 68 17 38 – ⚅
fermé 9 au 12 avril, 19 juil. au 9 août, 20 déc. au 3 janv., dim. et lundi – **Repas** 29 (déj.),
46 bc/65 ♀.
◆ Dans un paisible village, maison à pans de bois entourée de verdure. Cuisine au goût du
jour soignée servie dans une salle aux jolies poutres peintes ou dans la véranda.

Les pages explicatives de l'introduction
*vous aideront à mieux profiter de votre **Guide Michelin**.*

HAGETMAU *40700 Landes* 335 *H13 G. Aquitaine – 4 403 h alt. 96.*
Voir Chapiteaux★ de la Crypte de St-Girons.
🛈 *Office de tourisme, place de la République* ℰ *05 58 79 38 26, Fax 05 58 79 47 27,*
tourisme.hagetmau@wanadoo.fr.
Paris 737 – Aire-sur-l'Adour 34 – Dax 45 – Mont-de-Marsan 29 – Orthez 25 – Pau 56.

🏨 **Les Lacs d'Halco** 🕭, Sud-Ouest : 3 km sur rte de Cazalis ℰ 05 58 79 30 79, *contact@hot*
el-des-lacsdhalco.fr, Fax 05 58 79 36 15, ≼, 🔲, ✗ – ▤ 🕾 ☎ & 🅿 – 🔏 30. 🕮 ⚅.
✗ rest
Repas *(18)* · 25/45 ♀ – ⟳ 10 – **24 ch** 64/94 – ½ P 66/81.
◆ Acier, verre, bois et pierre : esprit "zen" pour cette étonnante architecture design
ouverte sur lacs et forêt. Belles chambres contemporaines ; barques, minigolf, etc. Une
rotonde "posée" sur l'eau abrite le restaurant qui offre une jolie vue sur la nature.

🏨 **Jambon** 🕭, r. Carnot ℰ 05 58 79 32 02, Fax 05 58 79 34 78, ⅃ – ▤ rest, 🕾 🅿. ⓪ ⚅
✗ ch
fermé oct., dim. soir et lundi – **Repas** 17/30, enf. 7,50 ♀ – ⟳ 5,50 – **9 ch** 45/90.
◆ Cette grande maison du centre-ville héberge des chambres spacieuses et actuelles ;
toutes donnent sur l'espace cour-piscine. Bonne insonorisation et tenue rigoureuse. Généreuse cuisine traditionnelle et landaise servie dans une confortable salle bourgeoise.

HAGUENAU ⬡ *67500 B.-Rhin* 315 *K4 G. Alsace Lorraine – 32 242 h alt. 150.*
Voir Musée historique★ BZ M² – Retable★ dans l'église St-Georges – Boiseries★ dans
l'église St-Nicolas.
🏌 *Soufflenheim Baden-Baden à Soufflenheim* ℰ *03 88 05 77 00, par ② et D138 : 14 km.*
🛈 *Office de tourisme, place de la Gare* ℰ *03 88 93 70 00, Fax 03 88 93 69 89, tourisme@ville*
haguenau.fr.
Paris 478 ④ – Strasbourg 33 ④ – Baden-Baden 41 ② – Sarreguemines 93 ⑥.

Plan page ci-contre

🏨 **Europe,** 15 av. Prof. René Leriche par ④ ℰ 03 88 93 58 11, *europe.hotel1@wanadoo.fr,*
Fax 03 88 06 05 43, 斎, ⅃, 🔲 – 🛗 ✗✗, ▤ rest, 🕾 ☎ 🅿 – 🔏 25 à 40. 🕮 ⓪ ⚅. ✗ rest
Repas 9,60 (déj.), 12/27 ♀ – ⟳ 6,50 – **71 ch** 48/52 – ½ P 41,50.
◆ Construction moderne à l'écart du centre. Petites chambres fonctionnelles dotées d'un
mobilier de style Régence ou rustique. Cuisine traditionnelle et spécialités alsaciennes à
découvrir dans une vaste salle prolongée d'une véranda tournée vers la piscine.

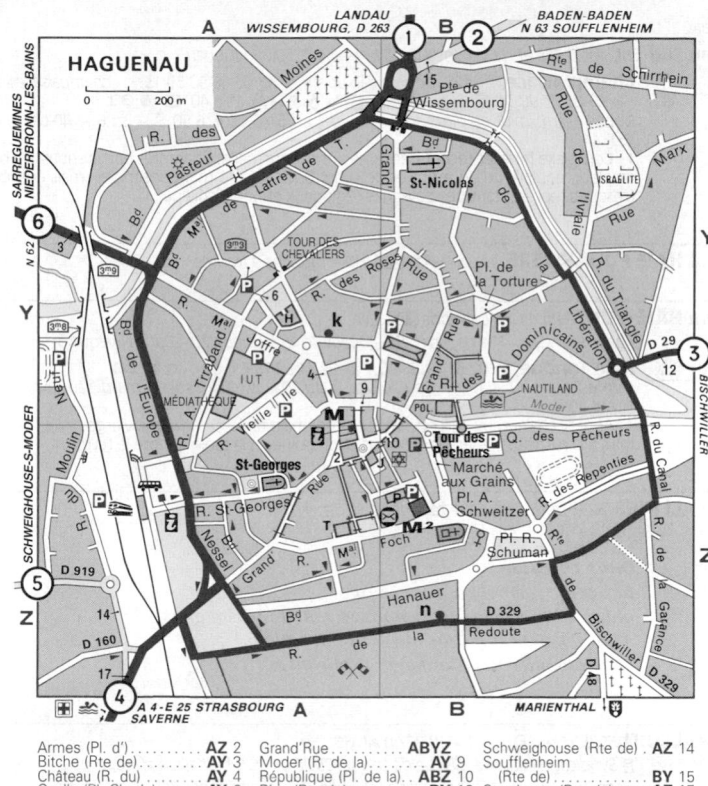

HAGUENAU

LANDAU
WISSEMBOURG, D 263

BADEN-BADEN
N 63 SOUFFLENHEIM

SARREGUEMINES
NIEDERBRONN-LES-BAINS   N 62

SCHWEIGHOUSE-S-MODER

A 4 - E 25 STRASBOURG
SAVERNE

MARIENTHAL

Armes (Pl. d')	**AZ** 2	Grand'Rue	**ABYZ**	Schweighouse (Rte de) . **AZ** 14
Bitche (Rte de)	**AY** 3	Moder (R. de la)	**AY** 9	Soufflenheim
Château (R. du)	**AY** 4	République (Pl. de la) . **ABZ** 10		(Rte de)	**BY** 15
Gaulle (Pl. Ch.-de)	**AY** 6	Rhin (Rte du)	**BY** 12	Strasbourg (Rte de)	**AZ** 17

🏨 **Pins,** 112 rte Strasbourg par ④ ☏ 03 88 93 68 40, *hotelrestaurantlespins@wanadoo.fr*, *Fax 03 88 93 34 14,* 🏡 – 📺 📞 🐕 🅿 – 🔥 20. 🖭 🔾🔾 🔾🔾🔾
Repas *(12)* - 15 (déj.), 21/55, enf. 9 🍷 🏺 – 🖵 9 – **23 ch** 64 – ½ P 57.
◆ Motel proche de la nationale. Petites chambres au calme, diversement meublées, logées dans une longue bâtisse colorée de bleu et de blanc. Au restaurant, boiseries claires, décor célébrant une glorieuse marque automobile et bon choix de vins régionaux.

🍽🍽 **Jardin,** 16 r. Redoute ☏ 03 88 93 29 39, *Fax 03 88 93 29 39* – 🔲 🅿. 🔾🔾   **BZ** n
fermé 20 août au 5 sept., vacances de fév., mardi et merc. – **Repas** *(26)* - 32/46 🍷.
◆ Jolie façade haguenovienne refaite dans le style Renaissance et intérieur original composé de chaleureuses boiseries égayées de motifs peints.

🍽🍽 **Barberousse,** 8 pl. Barberousse ☏ 03 88 73 31 09, *Fax 03 88 73 45 14,* 🏡 –
🔾🔾   **AY** k
fermé 25 juil. au 18 août, mardi soir, dim. soir et lundi – **Repas** 10,50/43, enf. 6,50 🍷.
◆ Cuisine régionale et décor alsacien caractérisent ce relais de poste du 17e s. dont la façade à colombages fait honneur à la cité chère aux Hohenstaufen.

à Schweighouse-sur-Moder par ⑤ : 4 km – 4 595 h. alt. 150 – ⌧ 67590 :

🍽🍽 **Auberge du Cheval Blanc** avec ch, 46 r. Gén. de Gaulle ☏ 03 88 72 76 96, *jml01@hotm*
🔾🔾 *ail.com, Fax 03 88 72 07 32,* 🏡 – 📺 🅿 – 🔥 15. 🔾🔾
fermé 30 juil. au 24 août, 27 déc. au 5 janv., dim. soir (sauf hôtel) et sam. – **Repas** 13/35, enf. 9 🍷 – 🖵 6 – **6 ch** 37.
◆ Auberge traditionnelle au centre du village. Fer forgé et bois participent au cadre rustique chic de la salle à manger. Les chambres sont modestes mais bien tenues.

au Sud-Est *par D 329 et rte secondaire : 3 km –* ⊠ *67500 Haguenau :*

🏨 **Champ'Alsace,** 12 r. St-Exupéry ℰ 03 88 93 30 13, *champalsace@aol.fr,*
Fax 03 88 73 90 04, 🍽 – 📶, ▤ rest, 📺 ✆ & 📍 – 🎿 15 à 40. 🖭 ⓪ 🖼
Repas *(sam. midi et dim. soir)* 10,50 (déj.), 15/45, enf. 6,50 ♀ – � 6 – **40 ch** 47/76 –
½ P 44.
♦ Complexe hôtelier récent dans une zone industrielle. Chambres entretenues, de bonne
ampleur, équipées d'un mobilier de série. Deux salles à manger simples, mais égayées de
fresques représentant des paysages régionaux et une distillerie.

La HAIE FOUASSIÈRE *44 Loire-Atl.* **316** *H5 – rattaché à Nantes.*

La HAIE-TONDUE *14130 Calvados* **303** *M4.*
Paris 198 – Caen 41 – Le Havre 53 – Deauville 15 – Lisieux 20 – Pont-l'Évêque 8.

XX **Haie Tondue,** ℰ 02 31 64 85 00, Fax 02 31 64 78 35, 🍽 – ▤ 📍. 🖼
fermé 21 juin au 20 juil., 11 au 20 oct., 3 au 20 janv., lundi soir et mardi sauf avril – **Repas**
21/44,50 ♀.
♦ Accueil chaleureux en cette maison régionale tapissée de vigne vierge. Salles rénovées,
mais à la rusticité préservée (poutres et cheminée) ; la table honore le terroir.

HALLINES *62 P.-de-C.* **301** *G3 – rattaché à St-Omer.*

> *Dans ce guide*
> *un même symbole, un même mot,*
> *imprimé en* **rouge** *ou en* **noir,** *en maigre ou en* **gras,**
> *n'ont pas tout à fait la même signification.*
> *Lisez attentivement les pages explicatives.*

HALLUIN *59250 Nord* **302** *G3 – 18 997 h alt. 30.*
🛈 Syndicat d'initiative, 58 rue de Lille ℰ 03 20 03 49 24, *sihalluin@free.fr.*
Paris 239 – Arras 71 – Dunkerque 80 – Lille 22 – Valenciennes 71.

XX **La Clé des Champs,** 273 r. Lille ℰ 03 20 37 34 34, *la.clef.des.champs@wanadoo.fr,*
Fax 03 20 46 10 32 – 🖭 🖼
fermé 26 juil. au 25 août, 22 au 29 déc., dim. soir et merc. – **Repas** 25,50/39,50 ♀.
♦ Maison bourgeoise à la façade rénovée. Hauts plafonds, poutres, parquet et cheminées
font le charme des trois salles à manger. Goûteuse cuisine traditionnelle.

HAMBACH *57910 Moselle* **307** *N4 – 2 501 h alt. 230.*
Paris 396 – Strasbourg 98 – Metz 70 – Saarbrücken 23 – Sarreguemines 8.

🏨 **Hostellerie St-Hubert** 🦢, La Verte Forêt ℰ 03 87 98 39 55, Fax 03 87 98 39 57, 🍽,
🍹, ❦ – 📶 📺 ✆ & 📍 – 🎿 50. 🖭 🖼. ✿ rest
Repas 17/56 – ⊥ 7 – **53 ch** 53/78,50.
♦ Établissement moderne bordant un étang au sein d'un complexe sportif. Chambres
spacieuses parfois dotées de meubles en bois peint ; elles possèdent des loggias privatives. Deux salles à manger où l'on propose une cuisine traditionnelle.

HAMBYE *50450 Manche* **303** *E6 G. Normandie Cotentin – 1 121 h alt. 111.*
Voir Église abbatiale★★.
Paris 316 – Coutances 20 – Granville 30 – St-Lô 25 – Villedieu-les-Poêles 17.

à l'Abbaye *Sud : 3,5 km par D 51 –* ⊠ *50450 Hambye :*

XXX **Auberge de l'Abbaye** 🦢 avec ch, 5 rte de l'Abbaye ℰ 02 33 61 42 19, *aubergedelabba*
ye@wanadoo.fr, Fax 02 33 61 00 85 – 📺. 🖼
fermé 28 sept. au 15 oct., vacances de fév., dim. soir et lundi – **Repas** 21/54 et carte 32 à
40, enf. 11 – ⊥ 8 – **7 ch** 52 – ½ P 52.
♦ Cette maison en pierres de taille, proche des ruines de l'abbaye gothique, s'égaye d'un
parterre de fleurs et de gazon. Chaleureuse salle à manger. Cuisine traditionnelle.

HARDELOT-PLAGE 62 P.-de-C. **301** C4 G. Picardie Flandres Artois – ✉ 62152 Neufchâtel-Hardelot.

🔟 d'Hardelot à Neufchâtel-Hardelot ℘ 03 21 83 73 10, E : 1 km.

Paris 254 – Calais 51 – Arras 114 – Boulogne-sur-Mer 15 – Le Touquet-Paris-Plage 23.

🏨 **Parc** ⊗, 111 av. Francois 1ᵉʳ ℘ 03 21 33 22 11, *parc.hotel@najeti.com*, Fax 03 21 83 29 71, 🍽, ⊿, ☂, ⛊ – 📶 ⅍, 🍽 rest, 📺 📞 ⅍ 🅿 – 🔏 25 à 100. 🆎 ⓪ ⊖⊟
Repas (18) - 25 ℉ – ☷ 11 – **81 ch** 116/241 – ½ P 87,50.
◆ Complexe hôtelier et sportif récent dans un environnement arboré. Les chambres, spacieuses et douillettes (mobilier peint), ouvrent sur le parc. Provision de senteurs et de saveurs iodées dans ce lumineux restaurant où dominent les tons blanc et beige.

🏨 **Régina**, 185 av. Francois 1ᵉʳ ℘ 03 21 83 81 88, *leregina.hotel@wanadoo.fr*, Fax 03 21 87 44 01, 🍽 – 📶 📺 🅿 – 🔏 40. 🆎 ⓪ ⊖⊟, ⊗ rest
14 fév.-13 nov. – **Repas** (fermé dim. soir, lundi sauf juil. et août, mardi midi du 30 sept. au 31 mars) 19/32, enf. 7,50 ℉ – ☷ 7 – **38 ch** 62 – ½ P 50.
◆ Bâtisse moderne dans la forêt qui s'étend aux portes de cette élégante station de la Côte d'Opale. Les chambres sont sobrement aménagées. Au restaurant, produits de la pêche servis dans un décor de style balnéaire ; la terrasse est agréable par beau temps.

HASPARREN 64240 Pyr.-Atl. **342** E4 G. Aquitaine – 5 477 h alt. 50.

Env. *Grottes d'Oxocelhaya et d'Isturits*★★ SE : 11 km.

🗓 Office de tourisme, 2 place Saint-Jean ℘ 05 59 29 62 02, Fax 05 59 29 13 80, *hasparren-.tourisme@wanadoo.fr*.

Paris 783 – Biarritz 34 – Bayonne 24 – Cambo-les-Bains 9 – Pau 106.

🏨 **Les Tilleuls,** pl. Verdun ℘ 05 59 29 62 20, Fax 05 59 29 13 58 – 📶 📺 – 🔏 30. ⊖⊟. ⊗
fermé vacances de fév. – **Repas** (fermé dim. soir et sam. d' oct. à juin sauf fériés) 15/26 ℉ – ☷ 6 – **25 ch** 40/53 – ½ P 40/44.
◆ La maison qu'habita l'écrivain Francis Jammes est à deux pas de cette construction de style basque disposant de chambres bien rénovées. Sympathique salle de restaurant rustique où l'on vous proposera de goûter aux recettes régionales.

HASPRES 59198 Nord **302** I6 – 2 753 h alt. 44.

Paris 197 – Lille 66 – Avesnes-sur-Helpe 49 – Cambrai 18 – Valenciennes 16.

🍴 **Auberge St-Hubert,** rte Denain 1km (D 955) ℘ 03 27 25 70 97, *auberge.st.hubert.hasp res@wanadoo.fr*, Fax 03 27 25 76 21, 🍽, 🍽 – 🅿. 🆎 ⓪ ⊖⊟ ⌸
fermé 4 au 29 août, 4 au 12 janv., mardi soir et lundi sauf fériés – **Repas** 21/44 bc.
◆ Cette auberge de la vallée de la Selle abrite deux salles à manger champêtres dont la principale s'agrémente d'une jolie cheminée. Cuisine traditionnelle et gibier en saison.

HAUTE-GOULAINE 44 Loire-Atl. **316** H4 – rattaché à Nantes.

HAUTERIVES 26390 Drôme **332** D2 G. Vallée du Rhône – 1 333 h alt. 299.

Voir *Le Palais Idéal*★.

🗓 Office de tourisme, rue du palais Idéal ℘ 04 75 68 86 82, Fax 04 75 68 92 96, *ot.haute-rives@wanadoo.fr*.

Paris 540 – Valence 46 – Grenoble 77 – Lyon 85 – Vienne 42.

🏨 **Relais,** ℘ 04 75 68 81 12, Fax 04 75 68 92 42, 🍽 – 📺. ⊖⊟
fermé 15 janv. au 28 fév., dim. soir et lundi sauf juil-août – **Repas** 14/30, enf. 7 – ☷ 7 – **15 ch** 39/50 – ½ P 39/46.
◆ L'établissement a fait peau neuve pour accueillir les visiteurs du "Palais idéal" édifié par le facteur Cheval : toutes les chambres ont été refaites. Les petits plats traditionnels du chef sont servis dans une vaste salle à manger rustique.

Ecrivez-nous...
Vos louanges comme vos critiques seront examinées avec le plus grand soin.
Nous reverrons sur place les informations que vous nous signalez.
Par avance merci !

Les HAUTES-RIVIÈRES *08800 Ardennes* **306** *L3 G. Champagne Ardenne – 1 949 h alt. 175.*

Voir *Croix d'Enfer* ≤★ *S : 1,5 km par D 13 puis 30 mn – Vallon de Linchamps★ N : 4 km.*

Paris 252 – Charleville-Mézières 22 – Dinant 1009 – Sedan 29.

   🏠   **Auberge en Ardenne,** *𝒫 03 24 53 41 93, auberge.ardenne@wanadoo.fr,*
          Fax 03 24 53 60 10, 🌣 – 📺 ⌑ *fermé 25 déc. au 16 janv.* – **Repas** *(fermé sam. midi et dim. soir sauf juil.-août)* 16/30,
          enf. 9 ⅃ – ⌑ 6,50 – **14 ch** 47/54 – ½ P 45/49.
          ◆ De part et d'autre de la route qui traverse ce joli village, sympathique affaire familiale
          proprement tenue, aux chambres spacieuses et claires. Salle à manger campagnarde avec
          pierres apparentes ou terrasse au bord de la Semoy, selon les éléments du climat !

   XX   **Les Saisons,** 5 Grande Rue *𝒫 03 24 53 40 94, Fax 03 24 54 57 51* – 🗐. **GB**
   ⊝   *fermé 23 août au 1ᵉʳ sept., le soir en fév., dim. soir, lundi sauf fériés et merc. soir* – **Repas**
          12/35 ⅃.
          ◆ Dans un bourg de la vallée de la Semoy, restaurant abritant plusieurs salles à manger
          rustiques ; l'une d'elles, plus simple, est réservée au service des plats du jour.

HAUTEVILLE-LÈS-DIJON *21 Côte-d'Or* **320** *J5 – rattaché à Dijon.*

Si le coût de la vie subit des variations importantes,
les prix que nous indiquons peuvent être majorés.
Lors de votre réservation à l'hôtel, faites-vous préciser le prix définitif.

Le HAVRE ◁🕬▷ *76600 S.-Mar.* **304** *A5 G. Normandie Vallée de la Seine – 190 905 h Agglo.*
248 547 h alt. 4.

Voir *Port★★ EZ – Quartier moderne★ EFYZ : intérieur★★ de l'église St-Joseph★ EZ, pl. de*
l'Hôtel-de-Ville★ FY47, Av. Foch★ EFY – Musée des Beaux-Arts André-Malraux★ EZ.

Env. *Ste-Adresse★ : circuit★.*

🏌₁₈ *du Havre à Octeville-sur-Mer 𝒫 02 35 46 36 50, par ① : 10 km.*

✈ *du Havre-Octeville : 𝒫 02 35 54 65 00 A.*

🛈 *Office de tourisme, 186 boulevard Clemenceau 𝒫 02 32 74 04 04, Fax 02 35 42 38 39,*
office.du.tourisme.havre@wanadoo.fr.

Paris 198 ④ – Amiens 184 ③ – Caen 90 ④ – Lille 318 ③ – Nantes 382 ④ – Rouen 87 ③.

Plans pages suivantes

   🏨🏨 **Mercure,** chaussée G. Pompidou *𝒫 02 35 19 50 50, h0341@accor-hotels.com,*
         Fax 02 35 19 50 99, 🌣 – 📶 ⥤ 🗐 📺 ⌑ & ⌬ – 🔬 25 à 100. ⴬ ⴲ **GB**   **GZ b**
         Repas *(fermé le midi les sam., dim. et fériés)* (15) · 18, enf. 7,50 ⁊ – ⌑ 11 – **92 ch** 97/129,
         4 suites.
         ◆ Face au bassin du Commerce et adossé au World Trade Center, Mercure offrant une
         gamme de chambres fonctionnelles dont le décor s'inspire des quatre saisons. Chaleureux
         bar-salon et restaurant au cadre frais où l'on sert des plats traditionnels.

   🏨   **Vent d'Ouest** sans rest, 4 r. Caligny *𝒫 02 35 42 50 69, contact@ventdouest.fr,*
         Fax 02 35 42 58 00 – 📶 📺 ⌑ – 🔬 15. ⴬ **GB**   **EZ a**
         ⌑ 9 – **35 ch** 90/120.
         ◆ Rénovation très réussie pour cet hôtel havrais : chambres agréablement décorées
         (thèmes "Mer", "Campagne", "Zen" et "Montagne") et accueillant salon-bibliothèque.

   🏨   **des Bains,** 3 pl. Clemenceau à Ste-Adresse, 2 km ✉ 76310 *𝒫 02 35 54 68 90, lapetiterade*
         @wanadoo.fr, Fax 02 35 54 68 91, 🌣 – 📶 🗐 📺 ⌑ & ⴬ ⴲ **GB**   **A e**
         Repas 20/35 – ⌑ 7 – **17 ch** 76/110.
         ◆ Emplacement idéal face à la mer pour cet hôtel au chaleureux intérieur contemporain.
         Toutes les chambres (sauf quatre) s'ouvrent sur le large. Au restaurant, cadre de bistrot
         marin et baies vitrées d'où l'on profite de la vue sur la "petite rade".

   🏨   **Marly** sans rest, 121 r. Paris *𝒫 02 35 41 72 48, hotellemarly@libertysurf.fr,*
         Fax 02 35 21 50 45 – 📶 📺 ⌑. ⴬ ⴲ **GB JCB**   **FZ n**
         ⌑ 10 – **37 ch** 76/92.
         ◆ Entre ville moderne et centre ancien, hôtel fréquenté par la clientèle d'affaires. Les
         chambres, de bonne ampleur et bien insonorisées, sont régulièrement entretenues.

   🏨   **Bordeaux** sans rest, 147 r. L. Brindeau *𝒫 02 35 22 69 44, hotelbordeaux@libertysurf.fr,*
         Fax 02 35 42 09 27 – 📶 📺 ⌑. ⴬ ⴲ **GB JCB**. ⚹   **FZ g**
         ⌑ 10 – **31 ch** 72/110.
         ◆ Face à l'espace Oscar Niemeyer (le Volcan) et à deux pas du bassin du Commerce. Salon
         "cosy" agrémenté de bibelots marins. Chambres fonctionnelles.

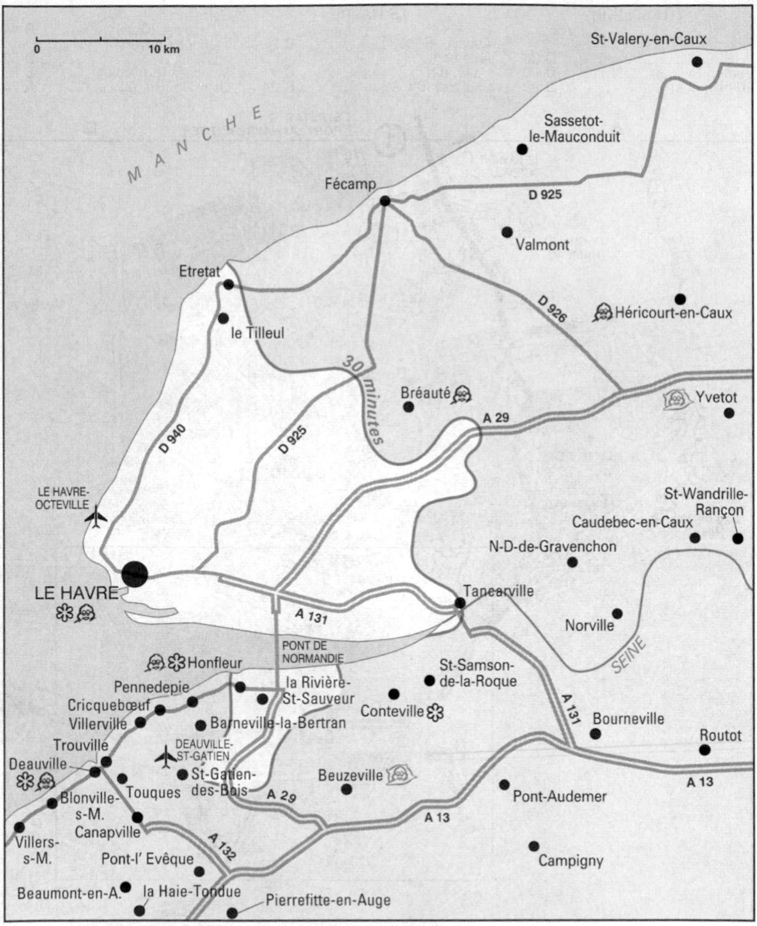

Ibis Centre, r. 129e Régt d'Infanterie ✆ 02 35 22 29 29, *h1123@accor-hotels.com,* *Fax 02 35 21 00 00* – ▮ ⇆ TV ✆ ♿ 🚗 – 🏛 50. AE ⓓ GB GZ a
Repas (dîner seul.) 13/16, enf. 6 🍷 – ☕ 6 – **91 ch** 62/88.
◆ Ce gros bâtiment voisin du centre-ville offre un hébergement neuf : chambres claires, bien pensées et dotées de salles de bains modernes. Conviviale salle à manger en rotonde où l'on sert une cuisine traditionnelle. Salon doté d'un billard.

Terminus, 23 cours République ✆ 02 35 25 42 48, *inter@terminus-lehavre.com,* *Fax 02 35 24 46 55* – ▮ TV ✆ – 🏛 18. AE ⓓ GB JCB. ✂ HZ e
fermé 27 déc. au 3 janv. – **Repas** *(fermé 19 juil. au 30 août, 27 déc. au 3 janv., vend., sam. et dim.)* (dîner seul.) (résidents seul.) 15/19 – ☕ 6,50 – **44 ch** 46,50/71 – ½ P 42.
◆ Si vous descendez au Terminus, choisissez une chambre rénovée pour ses couleurs gaies et son mobilier contemporain. Les autres disposent d'un cadre plus ancien.

Petit Vatel sans rest, 86 r. L.-Brindeau ✆ 02 35 41 72 07, *hoter.vatel@wanadoo.fr,* *Fax 02 35 21 37 86* – TV ✆. AE GB FZ t
fermé vacances de Noël – ☕ 6 – **26 ch** 43/53.
◆ Entre la haute tour-lanterne de l'église St-Joseph et le marché, un hôtel familial sans audace architecturale, mais disposant de chambres proprettes.

HARFLEUR

Doumer
(R. Paul) . . . . **D** 30
Verdun (Av. de) . . . . **D** 90
104 (R. des) . . . . **D** 98

LE HAVRE

Abbaye (R. de l') . . . . **C** 2
Aplemont
(Av. d') . . . . **C** 7
Churchill (Bd W.) . . . . **B** 24

Hermann-du-
Pasquier (Quai) . . . . **B** 44
Joannès-Couvert
(Quai) . . . . **B** 52
Mouchez (Bd Amiral) . . . . . **B** 68
Octeville (Rte d') . . . . **A** 74

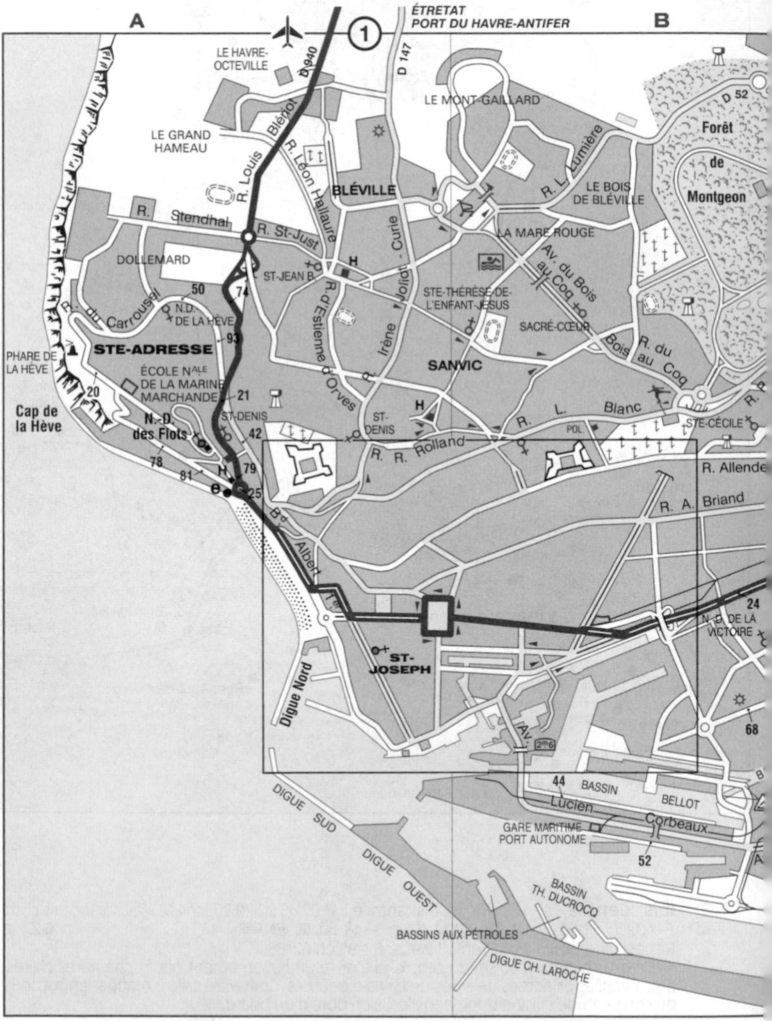

Celtic sans rest, 106 r. Voltaire   𝒫 02 35 42 39 77,   *hotel-celtic@proximedia.fr,*
Fax 02 35 21 67 65 – 📺. ⁛ 🅖🅑   **FZ k**
fermé 26 déc. au 4 janv. – 🖙 7 – **14 ch** 48.
   ◆ Contrastant avec le futuriste Volcan d'Oscar Niemeyer, tout proche, ce petit établissement
vous accueille avec bonhomie dans son cadre de style rustique.

Richelieu sans rest, 132 r. Paris   𝒫 02 35 42 38 71, *Fax 02 35 21 07 28* – 📺 ✆, ⁛ ⓘ 🅖🅑. ⁂
🖙 6 – **19 ch** 39/55.   **FZ f**
   ◆ Hôtel simple situé dans une rue animée, bordée par de nombreuses boutiques. Hall-salon
aux couleurs de la mer. Chambres rajeunies par étapes et diversement meublées.

Picasso (Av. Pablo)	**C** 77
Rouelles (R. de)	**C** 82
Sakharov (R. Andreï)	**C** 84
Val-aux-Corneilles (Av.)	**C** 88

SAINTE-ADRESSE

Cap (Rte du)	**A** 20
Cavell (R. E.)	**A** 21
Clemenceau (Pl.)	**A** 25

Gaulle (R. Gén.-de)	**A** 42
Ignauval (R. d')	**A** 50
Prés.-F.-Faure (Bd)	**A** 78
Reine-Élisabeth (R.)	**A** 79
Roi-Albert (R. du)	**A** 81
Vitanal (R. de)	**A** 93

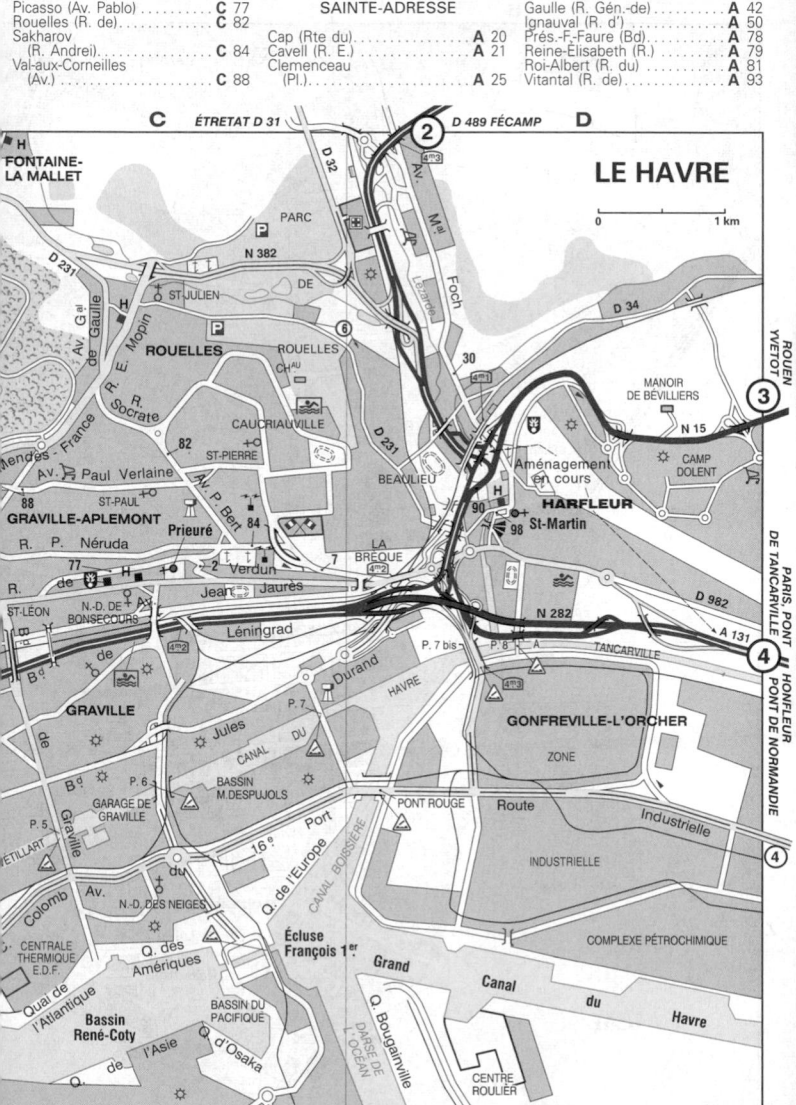

LE HAVRE

0   1 km

XXX **Villa du Havre**, r. G. de Maupassant 📞 02 35 54 78 80, *villa-du-havre@free.fr*,
※ Fax 02 35 54 78 81 – 🅿️ 🄐🄴 🄶🄱   EY t
fermé 19 juil. au 9 août, 17 janv. au 1ᵉʳ fév., dim. soir, merc. soir et lundi – **Repas** 29,50 (déj.),
46/125 et carte 70 à 95 🍷.

♦ Ravissante maison bourgeoise du 19ᵉ s. récemment restaurée. Moulures, parquet
et oeuvres d'art contemporain caractérisent la salle à manger. Goûteuse cuisine
inventive.

Spéc. Gâteaux d'oeufs moelleux aux huîtres et caviar. Pigeonneau entier poudré au cacao,
jus corsé au chèvre. Soupe soufflée de chocolat amer.

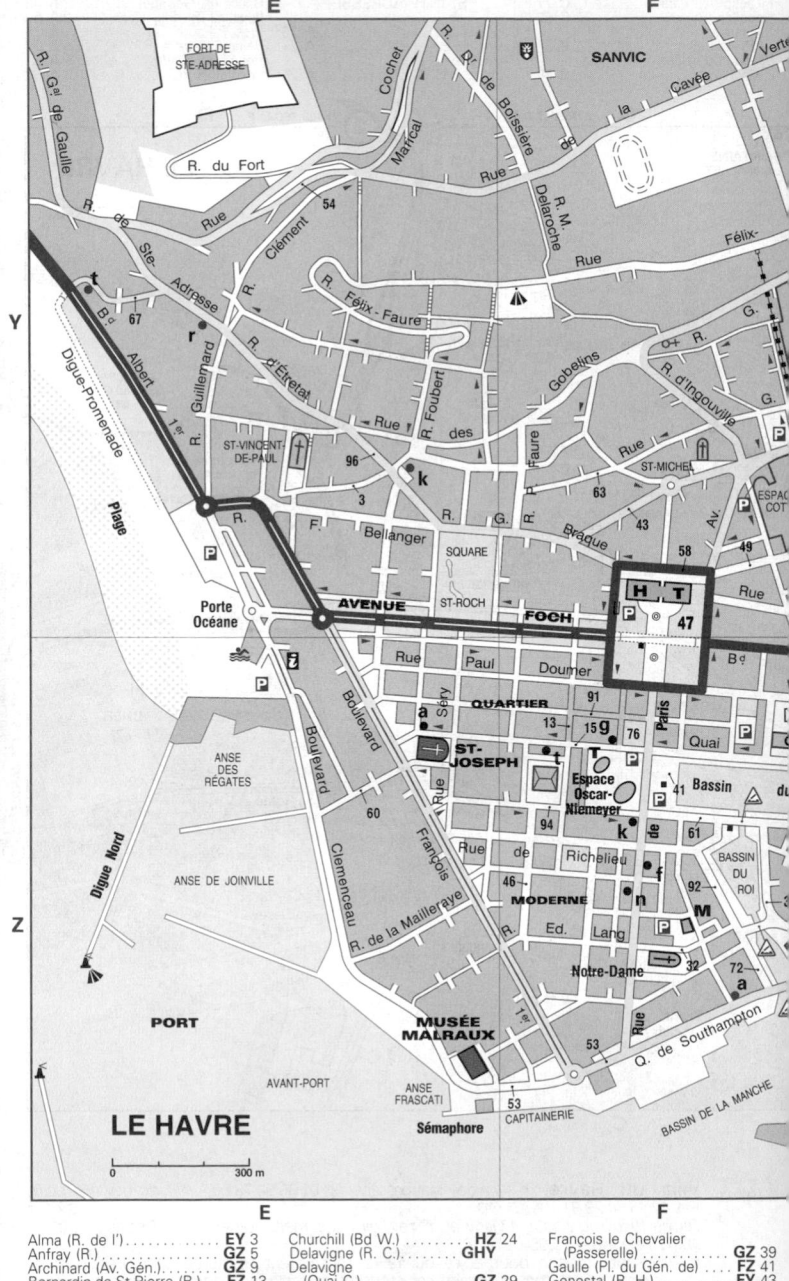

LE HAVRE

Alma (R. de l')	**EY** 3	
Anfray (R.)	**GZ** 5	
Archinard (Av. Gén.)	**GZ** 9	
Bernardin-de-St-Pierre (R.)	**FZ** 13	
Bretagne (R. de)	**FGZ** 14	
Briand (R. A.)	**HY**	
Brindeau (R. L.)	**EFZ** 15	
Chevalier-de-laBarre (Cours)	**HZ** 18	
Churchill (Bd W.)	**HZ** 24	
Delavigne (R. C.)	**GHY**	
Delavigne (Quai C.)	**GZ** 29	
Drapiers (R. des)	**FZ** 32	
Etretat (R. d')	**EY**	
Faidherbe (R. Gén.)	**GZ** 36	
Féré (Quai Michel)	**FZ** 37	
François le Chevalier (Passerelle)	**GZ** 39	
Gaulle (Pl. du Gén. de)	**FZ** 41	
Genestal (R. H.)	**FY** 43	
Honegger (R. A.)	**FZ** 46	
Hôtel-de-Ville (Pl. de l')	**FYZ** 47	
Huet (R. A.-A.)	**FY** 49	
Ile (Quai de l')	**GZ** 51	

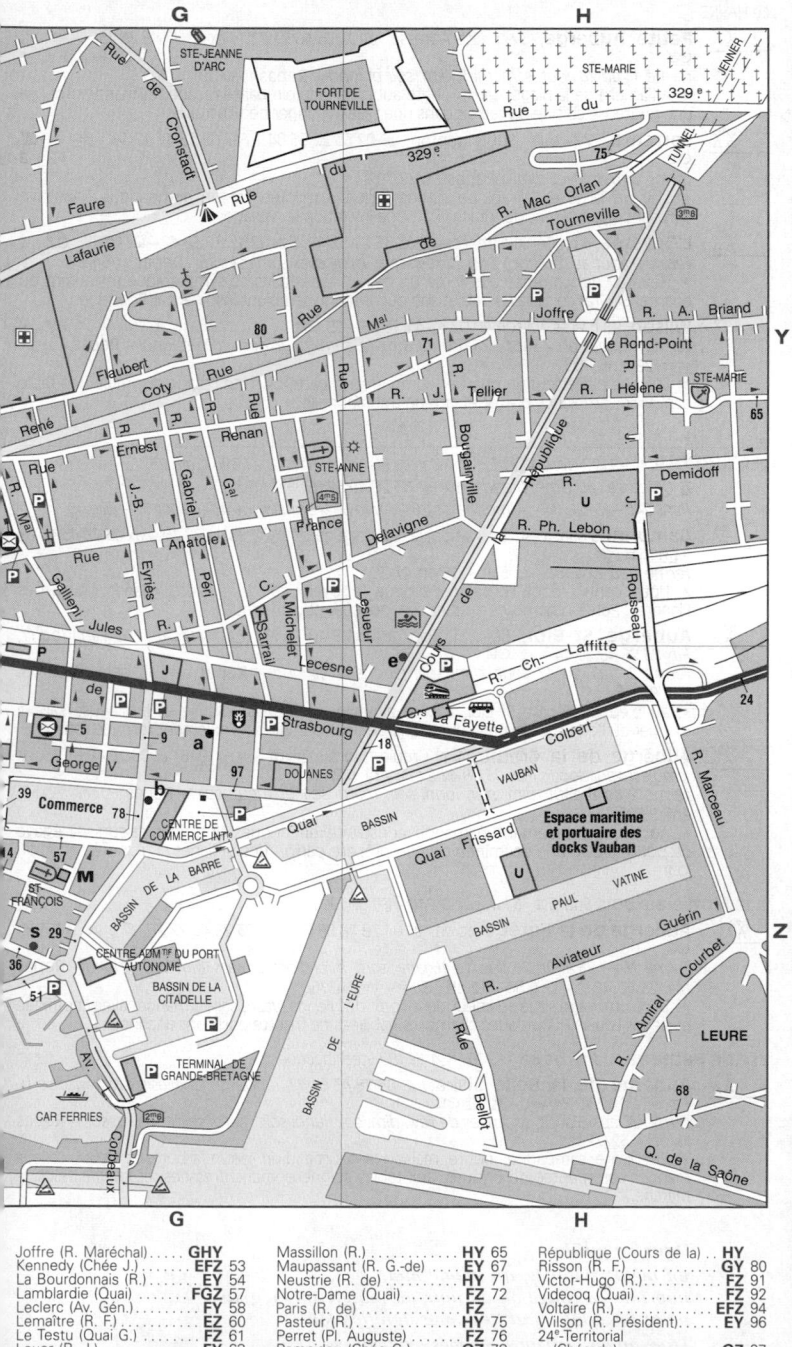

Joffre (R. Maréchal) . . . . . **GHY**
Kennedy (Chée J.) . . . . **EFZ** 53
La Bourdonnais (R.) . . . . . . **EY** 54
Lamblardie (Quai) . . . . **FGZ** 57
Leclerc (Av. Gén.) . . . . **FY** 58
Lemaître (R. F.) . . . . **EZ** 60
Le Testu (Quai G.) . . . . **FZ** 61
Louer (R. J.) . . . . **FY** 63

Massillon (R.) . . . . **HY** 65
Maupassant (R. G.-de) . . . **EY** 67
Neustrie (R. de) . . . . **HY** 71
Notre-Dame (Quai) . . . . . . **FZ** 72
Paris (R. de) . . . . **FZ**
Pasteur (R.) . . . . **HY** 75
Perret (Pl. Auguste) . . . . . . **FZ** 76
Pompidou (Chée G.) . . . . . **GZ** 78

République (Cours de la) . . **HY**
Risson (R. F.) . . . . **GY** 80
Victor-Hugo (R.) . . . . **FZ** 91
Videcoq (Quai) . . . . **FZ** 92
Voltaire (R.) . . . . **EFZ** 94
Wilson (R. Président) . . . . . **EY** 96
24ᵉ-Territorial
(Chée du) . . . . **GZ** 97

XX **Petite Auberge**, 32 r. Ste-Adresse   02 35 46 27 32,   *Fax 02 35 48 26 15* –   EY   r
GB

fermé 1er au 26 août, sam. midi, dim. soir et lundi – **Repas** 19,50/39.
♦ À l'arrière de la plage, cette "petite auberge" à la pimpante façade normande propose une goûteuse cuisine du terroir dans une salle à manger néo-rustique.

XX **Sorrento,** 77 quai Southampton   02 35 22 55 84,   *Fax 02 35 41 12 34,*   –   FZ   a
GB

fermé sam. midi et dim. – **Repas** 21/29,70 ♀.
♦ L'air du large et la typique cuisine italienne mijotée par un authentique Napolitain diffusent des parfums de "dolce vita". Une invitation au voyage.

XX **L'Odyssée,** 41 r. Gén. Faidherbe   02 35 21 32 42, *Fax 02 35 21 32 42* – GB   GZ   s
fermé 8 août au 1er sept., 7 au 22 fév., sam. midi, dim. soir et lundi – **Repas** 21/34 ♀.
♦ Heureux qui comme vous ferez un beau... repas dans ce sympathique restaurant du quartier St-François : sa cuisine et son décor marin semblent inspirés par Poséidon.

X **Wilson,** 98 r. Prés. Wilson   02 35 41 18 28 – GB   EY   k
fermé 15 août au 2 sept., 23 fév. au 8 mars, sam. midi, dim. soir et lundi – **Repas** (12,50) - 15,70/29, enf. 10 ♀.
♦ Sur une placette d'un quartier commerçant, cette discrète façade dissimule une table conviviale : ambiance bistrot et cuisine traditionnelle.

HAZEBROUCK 59190 Nord **302** D3 *G. Picardie Flandres Artois* – 21 396 h alt. 25.

🛈 Office de tourisme, Grand Place   03 28 49 59 89, Fax 03 28 49 53 28.
Paris 240 – Calais 64 – Armentières 28 – Arras 60 – Dunkerque 43 – Ieper 37 – Lille 43.

🏠 **Gambrinus** sans rest, 2 r. Nationale (rue face gare)   03 28 41 98 79, *Fax 03 28 43 11 06* –   GB. ✦
fermé 9 au 22 août – 5,50 – **15 ch** 47/52.
♦ Hôtel central dont l'enseigne évoque le joyeux roi de la bière, grande figure des Flandres. Petites chambres simples, insonorisées et bien tenues.

XX **Auberge St-Éloi,** 60 r. Église   03 28 40 70 23, *yannickchever@wanadoo.fr,* *Fax 03 28 40 70 44* – , GB
fermé 26 juil. au 17 août, dim. soir, jeudi soir et lundi – **Repas** (13) - 15 (déj.), 19,50/65, enf. 9,50 ♀.
♦ Au pied de l'église St-Éloi, accueil aimable en cette spacieuse et lumineuse salle à manger où l'on propose une cuisine ancrée dans la tradition. Également formule rôtisserie.

XX **Auberge de la Creule,** 1 r. Creule, Nord : 2 km sur D 916   03 28 48 03 03, *la creule@wanadoo.fr, Fax 03 28 42 27 86* – 🅿. GB
fermé 2 au 8 août, dim. soir, lundi soir, mardi soir et merc. soir – **Repas** (12,50) - 22/38, enf. 8,50 ♀.
♦ Auberge typiquement flamande construite en briques. Intérieur rajeuni et égayé de poutres et d'une cheminée où l'on prépare parfois des grillades ; cuisine au goût du jour.

à la Motte-au-Bois *Sud-Est : 6 km par D 946* – ✉ 59190 :

XXX **Auberge de la Forêt** avec ch,   03 28 48 08 78, *Fax 03 28 40 77 76,* ,   – 🆃🆅 🅿. GB
fermé 16 au 23 août, 26 déc. au 16 janv., sam. midi d'oct. à mars, dim. soir et lundi – **Repas** (17) - 23,50/48 ♀ – 6,50 – **12 ch** 38/59 – 1/2 P 49/60.
♦ Dans un village situé au cœur de la forêt de Nieppe. Vaste salle à manger avec cheminée et sièges Louis XIII. Quelques chambres habillées de frisette pourront dépanner.

rte de Béthune *Sud : 7 km par D 916* – ✉ 59189 Steenbecque :

XX **Auberge de la Belle Siska,**   03 28 43 61 77, *auberge.labellesistra@wanadoo.fr,* *Fax 03 28 40 10 84,*   – 🅿. GB
fermé 1er au 15 août, vacances de fév., dim. soir, lundi soir, mardi soir et merc. soir – **Repas** 23 (déj.), 32/72 bc.
♦ En pleine campagne, petite maison entourée d'un jardin arboré et fleuri. Salle à manger parementée de briques, aux tables soigneusement dressées, et cuisine selon le marché.

Dans ce guide
un même symbole, un même mot,
imprimé en **rouge** *ou en* **noir**, *en maigre ou en* **gras**,
n'ont pas tout à fait la même signification.
Lisez attentivement les pages explicatives.

HÉDÉ 35630 I.-et-V. **309** L5 G. Bretagne – 1 822 h alt. 90.

Env. Château de Montmuran★ et église des Iffs★ O : 8 km.

🛈 Syndicat d'initiative ℘ 02 99 45 46 18, Fax 02 99 45 50 48.

Paris 372 – Rennes 25 – Avranches 71 – Dinan 33 – Dol-de-Bretagne 31 – Fougères 70.

※※ **Vieille Auberge**, rte de Tinténiac ℘ 02 99 45 46 25, lavieilleauberge@yahoo.fr, Fax 02 99 45 51 35, 😤 – **P**. **AE** **GB**
fermé 23 août au 8 sept., 25 oct. au 3 nov., 12 au 28 janv., dim. soir et lundi – **Repas** 14 (déj.), 24/60 ♀.
♦ Moulin du 17ᵉ s. au charme bucolique : chaleureuse salle campagnarde, délicieuse terrasse envahie par la végétation et située au bord d'un étang, joli jardinet fleuri.

※※ **Hostellerie du Vieux Moulin** avec ch, rte de Tinténiac ℘ 02 99 45 45 70, Fax 02 99 45 44 86, 😤, 🌳 – **TV** **P**. **AE** **GB**
fermé 25 oct. au 7 nov., 27 déc. au 2 janv., 13 au 27 fév., dim. soir sauf juil.-août, jeudi midi et lundi – **Repas** 13 (déj.), 21/39, enf. 11 ♀ – 🖙 7 – **13 ch** 42/58 – ½ P 42/48.
♦ Longue bâtisse en pierre édifiée non loin des ruines d'un moulin. Salle à manger un peu sombre, avec cheminée-rôtissoire et meubles bretons. Quelques chambres pour l'étape.

Ecrivez-nous...
Vos louanges comme vos critiques seront examinées avec le plus grand soin.
Nous reverrons sur place les informations que vous nous signalez.
Par avance merci !

HENDAYE 64700 Pyr.-Atl. **342** B4 G. Aquitaine – 12 596 h alt. 30 – Casino **AX**.

Voir Grand crucifix★ dans l'église St-Vincent **BY** B – Château d'Antoine-Abbadie★★ (salon★) 3 km par ①.

🛈 Office de tourisme, 12 rue des Aubépines ℘ 05 59 20 00 34, Fax 05 59 20 79 17, tourisme.hendaye@wanadoo.fr.

Paris 799 ② – Biarritz 31 ② – Pau 143 ② – St-Jean-de-Luz 12 ② – San Sebastián 21 ③.

Plan page suivante

à Hendaye Plage :

🏨🏨 **Ibaïa**, 76 av. Mimosas ℘ 05 59 48 88 88, info@thalassoblanco.com, Fax 05 59 48 88 89, ≤, 😤, 🛋, 🎱 – 🛗 ☰ **TV** 🕭. **AE** **①** **GB**   **AX** n
fermé 11 au 26 déc. – **Enbata :** **Repas** 20/30 – 🖙 12 – **61 ch** 126/178 – ½ P 113/123.
♦ Architecture d'inspiration basque située face au port de plaisance. Les chambres fonctionnelles et dotées de balcons, sont en cours de rénovation. L'agréable terrasse du restaurant Enbata est dressée au bord de la piscine et offre une jolie vue sur les quais.

🏨🏨 **Serge Blanco**, bd Mer ℘ 05 59 51 35 35, info@thalassoblanco.com, Fax 05 59 51 36 00, ≤, 😤, 🏋, 🛋 – 🛗 ☰ **TV** 📞 🕭 🚗 – 🔏 30 à 100. **AE** **①** **GB**   **AX** e
fermé 11 au 26 déc. – **Repas** 29/42 – 🖙 12 – **90 ch** 98/194 – ½ P 114/134.
♦ Le célèbre rugbyman est le propriétaire de ce complexe récent bâti entre plage et marina, avec centre de thalassothérapie intégré. Chambres de style contemporain. Trois formules de restauration au choix : diététique, "gastronomique" et grill en été.

à Biriatou par ② et D 258 : 4 km – 831 h. alt. 60 – ⊠ 64700 :

🏠 **Les Jardins de Bakéa**, ℘ 05 59 20 02 01, bakea@fr.st, Fax 05 59 20 58 21, 🌳 – 🛗 **TV** **P**. – 🔏 30. **AE** **①** **GB**
Pâques-fin oct. – **Repas** voir rest **Bakéa** – 🖙 8,50 – **23 ch** 43/65 – ½ P 64/71,50.
♦ La plupart des chambres de l'annexe du Bakéa, une maison régionale du début du 20ᵉ s. peu à peu rénovée, sont tournées vers la vallée ou le vaste jardin.

※※ **Bakéa** (Duval) avec ch, ℘ 05 59 20 76 36, bakea@fr.st, Fax 05 59 20 58 21, ≤, 😤 – **TV**. **AE** **①** **GB**
❀ fermé 27 janv. au 13 fév., lundi midi et mardi midi d'avril à sept., lundi et mardi d'oct. à Pâques – **Repas** 30/41 et carte 45 à 65 ♀ ❀ – 🖙 8,50 – **7 ch** 59/62 – ½ P 68/70.
♦ Typique auberge basque au coeur d'un charmant village. Délicieuse salle à manger campagnarde et terrasse ombragée surplombant la vallée de la Bidassoa. Carte au goût du jour.
Spéc. Lasagnes d'anchois frais marinés au basilic. Foie chaud des soeurs Tatin en aigre-doux. Palombe rôtie à la vigneronne (oct. à déc.). **Vins** Jurançon sec, Irouléguy.

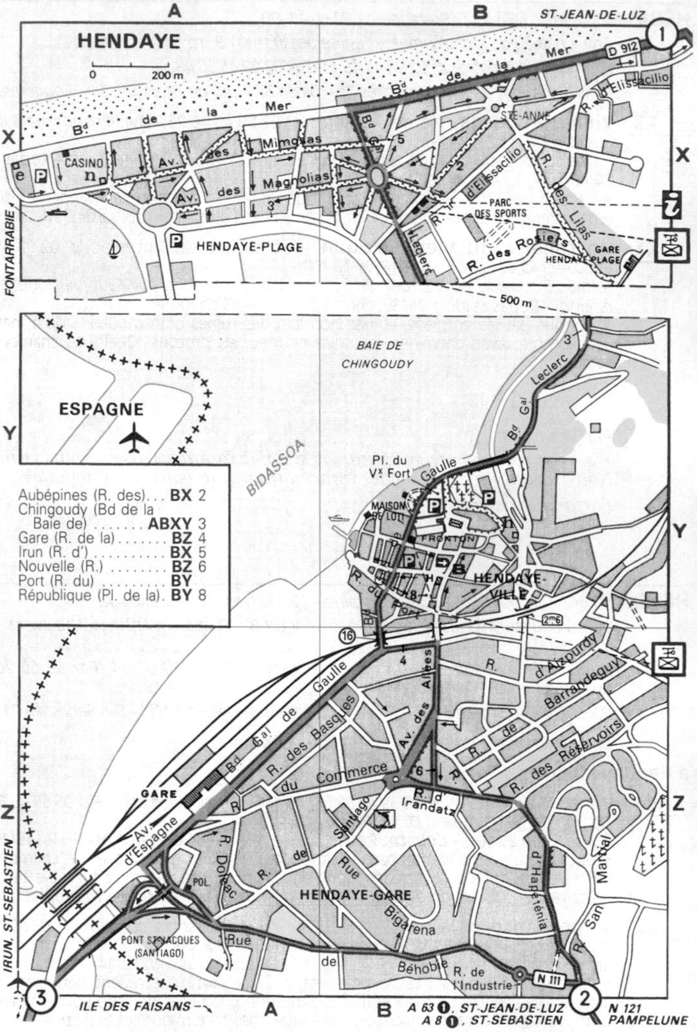

HENDAYE

0   200 m

FONTARRABIE

CASINO

HENDAYE-PLAGE

Bd   de   la   Mer

Av.   des   Mimosas

Av.   des   Magnolias

R. d'Elissacilio

R. des Lilas

STE-ANNE

PARC
DES
SPORTS

R. des Rosiers

GARE
HENDAYE-PLAGE

500 m

BAIE DE
CHINGOUDY

ESPAGNE

BIDASSOA

IRUN, ST-SEBASTIEN

Aubépines (R. des)	**BX** 2
Chingoudy (Bd de la Baie de)	**ABXY** 3
Gare (R. de la)	**BZ** 4
Irun (R. d')	**BX** 5
Nouvelle (R.)	**BZ** 6
Port (R. du)	**BY**
République (Pl. de la)	**BY** 8

Pl. du
V.x Fort

Gaulle

Bd Gal Leclerc

MAISON
DE
LA LUTTE

FRONTON

HENDAYE-
VILLE

R. d'Aguerroy

R. Barrandeguy

R. des Réservoirs

GARE

Av.   Gal   de   Gaulle

R. des Basques

du   Commerce

Av.   des   Alliés

Santiago

R.   Irandatz

Av.   d'Espagne

POL.

HENDAYE-GARE

R.   de

Rue   Bigafena

San   Marfial

R. d'Haritena

PONT ST-JACQUES
(SANTIAGO)

Rue

de

Béhobie

R. de
l'Industrie

ILE DES FAISANS

N III

A 63 ①, ST-JEAN-DE-LUZ
A 8 ①, ST-SEBASTIEN

N 121
PAMPELUNE

Si le coût de la vie subit des variations importantes,
les prix que nous indiquons peuvent être majorés.
Lors de votre réservation à l'hôtel, faites-vous préciser le prix définitif.

HÉNIN-BEAUMONT 62110 P.-de-C. **301** K5 *G. Picardie Flandres Artois* – 25 178 h alt. 30.
Paris 194 – Lille 34 – Arras 25 – Béthune 30 – Douai 13 – Lens 11.

Novotel, près échangeur Autoroute A1, par N 43 ⊠ 62950 Noyelles-Godault
🖉 03 21 08 58 08, *h0426@accor-hotels.com, Fax* 03 21 08 58 00, 🌤, ⌿, ⚞ – ⇝, 🗏 ch,
📺 ⍾ ⌖ 🅿 – 🔏 30 à 80. 🆎 ⑩ ⑤
Repas *(18)* - carte 25 à 35, enf. 8 ♀ – ⌚ 11 – **81 ch** 85/90.
 ◆ Novotel proche d'un noeud autoroutier. Les chambres ont adopté le dernier style de la chaîne ; les plus agréables sont orientées vers le patio-terrasse. Salle à manger moderne et tables dressées près de la piscine lorsque le temps le permet.

HENNEBONT *56700 Morbihan* **308** *L8 G. Bretagne – 13 412 h alt. 15.*

Voir *Tour-clocher★ de la basilique N.-D.-de-Paradis.*

Env. *Port-Louis : citadelle★★ (musée de la Compagnie des Indes★★, musée de l'Arsenal★) S : 13 km.*

🏢 *Office de tourisme, 9 place Maréchal Foch* ℰ *02 97 36 24 52, Fax 02 97 36 21 91.*

Paris 492 – Vannes 50 – Concarneau 57 – Lorient 13 – Pontivy 51 – Quimperlé 26.

rte de Port-Louis *Sud : 4 km par D 781 – ✉ 56700 Hennebont :*

🏰 **Château de Locguénolé** ♨, ℰ *02 97 76 76 76, contact@chateau-de-locguenole.com, Fax 02 97 76 82 35,* ≤, 🏡, 🏖, 🎾, 🖐, – 📺 📞 **P**, – � 50. 🖭 ⓪ ⊞ JCB, 🎐 *rest fermé 4 janv. au 12 fév. –* **Repas** *(fermé lundi sauf le soir de mai à mi-sept. et le midi sauf dim.)* 49 *(dîner), 69/91 et carte 68 à 108, enf. 26* 🍷 ☎ – ⚌ *23 –* **18 ch** *135/285, 4 suites –* 1/2 *P 153,50/228,50.*

♦ Deux demeures historiques dans un parc de 120 ha qui descend jusqu'à la ria du Blavet. Chambres élégantes assurant un séjour agréable. Trois salles à manger où l'on sert une cuisine mariant avec brio les saveurs marines et potagères ; belle carte des vins.
Spéc. Carpaccio de homard bleu fumé. Langoustines royales sur crêpe croustillante de cébettes. Mousseux de fraises aux arômes balsamiques (mai à sept.).

Chaumières de Kerniaven 🏨 ♨ *sans rest, à 3 km* ℰ *02 97 76 91 90, chaumieres@chateau-de-locguenole.com, Fax 02 97 76 82 35,* ☀ – 📺 📞 **P**, 🖭 ⓪ ⊞
10 avril-25 sept. – ⚌ *15 –* **5 ch** *105/112, 4 duplex.*

♦ Présentez-vous à l'accueil au Château de Locguénolé ; vous serez conduit jusqu'à ces deux chaumières du 17ᵉ s. perdues dans la nature, idéales pour se ressourcer.

L'HERBAUDIÈRE *85 Vendée* **316** *C5 – voir à Île de Noirmoutier.*

HERBAULT *41190 L.-et-Ch.* **318** *D6 – 1 050 h alt. 138.*

Paris 196 – Tours 47 – Blois 17 – Château-Renault 18 – Montrichard 38 – Vendôme 26.

🍴🍴 **Auberge des Trois Marchands,** *34 pl. de l'Hôtel de ville* ℰ *02 54 46 12 18, Fax 02 54 46 12 18 –* ⊞
fermé janv., dim. soir, lundi soir et mardi – **Repas** *(14) · 19/36* 🍷.

♦ L'auberge est sur la place principale de ce village du Blésois. Par la vitre, jetez un coup d'oeil aux cuisines avant de rejoindre la salle à manger campagnarde.

Les HERBIERS *85500 Vendée* **316** *J6 G. Poitou Vendée Charentes – 13 932 h alt. 110.*

Voir *Mont des Alouettes★ : moulin ≤★★ N : 2 km – Chemin de fer de la Vendée★.*

Env. *Route des Moulins★.*

🏢 *Office de tourisme, 10 rue Nationale* ℰ *02 51 92 92 92, Fax 02 51 92 93 70, contact@ot-lesherbiers.fr.*

Paris 381 – Bressuire 48 – Chantonnay 25 – Cholet 26 – Clisson 35 – La Roche-sur-Yon 40.

🏨 **Relais,** *18 r. Saumur* ℰ *02 51 91 01 64, relais.cotriade@free.fr, Fax 02 51 67 36 50 –* 📺 – 🚝 15. 🖭 ⓪ ⊞
Cotriade *(fermé le midi du 1ᵉʳ au 15 août, vend. soir, sam. midi et dim. soir hors saison)* **Repas** *19/52, enf. 8,90* 🍷 *–* **Brasserie** *(fermé le midi du 1ᵉʳ au 15 août, vend. soir, dim. soir et sam.)* **Repas** *10,70/16,90, enf. 6,90* 🍷 *–* ⚌ *8 –* **26 ch** *50/53 –* 1/2 *P 42,20.*

♦ Étape pratique au coeur du haut bocage vendéen, sur la route des moulins. Petites chambres fonctionnelles et espace salon plaisant, garni d'un mobilier ancien. Carte traditionnelle et régionale à la Cotriade. Plats simples et rapides à la Brasserie.

🏨 **Chez Camille,** *2 rue Monseigneur Massé* ℰ *02 51 91 07 57, chez.camille@online.fr, Fax 02 51 67 19 28 –* 🍽 *rest,* 📺 📞 🖐 **P**, – 🚝 10. 🖭 ⊞
Repas *(fermé dim. soir du 15 sept. au 15 juin)* *(11) ·14/27, enf. 9,50* 🍷 *–* ⚌ *6 –* **13 ch** *52/60 –* 1/2 *P 45/48.*

♦ Proche du vieux donjon d'Ardelay, cet hôtel à l'atmosphère agréablement provinciale (le bar est le siège du club de football local) dispose de chambres assez sobres. Au restaurant, on cultive convivialité et simplicité en servant une cuisine sans prétention.

rte de Cholet *Nord : 3 km sur N 160 – ✉ 85500 Les Herbiers :*

🍴🍴 **Mont des Alouettes,** ℰ *02 51 67 02 18, Fax 02 51 67 03 22,* ≤ – 🍽 **P**, – 🚝 15. ⊞
fermé 4 au 20 oct., 14 fév. au 3 mars et lundi – **Repas** *13 (déj.), 15,50/30* 🍷.

♦ Sur la colline aux fameux moulins, d'où la vue s'étend sur l'immensité du bocage vendéen, restaurant familial proposant des petits plats traditionnels.

Un automobiliste averti utilise le **Guide Michelin** *de l'année.*

HERBIGNAC *44410 Loire-Atl.* 📖 *C3 – 4 353 h alt. 18.*

Paris 446 – Nantes 72 – La Baule 24 – Redon 37 – St Nazaire 28.

au Sud, *rte de Guérande par D774 : 6 km –* ⊠ *44410 Herbignac :*

XX **Chaumière des Marais,** ☎ 02 40 91 32 36, 🌳 , 🌳 – 🅿. 🖼
fermé mi-oct. à mi-nov., vacances de fév., lundi soir hors saison et mardi – **Repas** 18 (déj.),
25/46, enf. 12,50 ♀.
♦ Jolie chaumière briéronne aux abords fleuris ; terrasse et potager. Coquette salle à
manger égayée de blanc et de bleu. Cuisine actuelle enrichie d'aromates et d'épices.

HÉRICOURT-EN-CAUX *76560 S.-Mar.* 📖 *E3 – 867 h alt. 65.*

Paris 183 – Le Havre 61 – Rouen 46 – Bolbec 25 – Dieppe 49 – Fécamp 31 – Yvetot 11.

XX **Saint-Denis,** ☎ 02 35 96 55 23, Fax 02 35 96 55 23 – 🅿. 🖼
🖼 *fermé mardi et merc. –* **Repas** 15/38,50 ♀.
♦ Au coeur du village, maison normande mariant pierres et colombages. Vaste salle à
manger feutrée où vous dégusterez une cuisine du marché fleurant bon le terroir.

Les HERMAUX *48340 Lozère* 📖 *G7 – 111 h alt. 1045.*

Paris 594 – Espalion 56 – Florac 73 – Mende 50 – Millau 67 – Rodez 75 – St-Flour 90.

🏠 **Vergnet** 🦢, ☎ 04 66 32 60 78, Fax 04 66 32 68 13, 🌳 – 📺 – 🏄 30. 🖼
🖼 **Repas** *(fermé dim. soir)* 12/24, enf. 10 🦮 – ♀ 5 – **12** ch 35 – ½ P 37.
♦ Dans un hameau pittoresque de l'Aubrac, hôtel disposant de chambres de style rustique, très bien tenues et au calme. Accueil familial très convivial. Salle à manger décorée
d'animaux naturalisés où l'on sert, entre autres, l'aligot "à la bonne franquette".

HERMENT *63470 P.-de-D.* 📖 *C8 – 352 h alt. 824.*

🏛 *Syndicat d'initiative* ☎ 04 73 22 13 92.
Paris 405 – Clermont-Ferrand 54 – Aubusson 49 – Le Mont-Dore 38 – Montluçon 79.

🏠 **Pereton,** ☎ 04 73 22 10 55, Fax 04 73 22 13 63 – 📺 🅿. 🆎 🖼
🖼 **Repas** *(fermé dim. soir de nov. à mars)* 10/27,50 ♀ – 😋 4,90 – **22** ch 32,80/33,60 – ½ P 32.
♦ Dans ce petit hôtel datant des années 1960, préférez les chambres de l'annexe, plus
modernes que celles du bâtiment principal. Salle de restaurant un peu désuète où prévaut
la simplicité ; l'on y propose des recettes traditionnelles.

HÉROUVILLE *95 Val-d'Oise* 📖 *D6 – voir à Paris, Environs (Cergy-Pontoise).*

HÉROUVILLE-ST-CLAIR *14 Calvados* 📖 *J4 – rattaché à Caen.*

HERRERE *64 Pyr.-Atl.* 📖 *I5 – rattaché à Oloron-Ste-Marie.*

HESDIN *62140 P.-de-C.* 📖 *F5 G. Picardie Flandres Artois – 2 686 h alt. 27.*

🏛 *Office de tourisme, place d'Armes* ☎ 03 21 86 19 19, Fax 03 21 86 04 05.
Paris 210 – Calais 89 – Abbeville 36 – Arras 58 – Boulogne-sur-Mer 65 – Lille 89.

🏠 **Trois Fontaines** 🦢, 16 rte Abbeville à Marconne ☎ 03 21 86 81 65, hotel.3fontaines@w
anadoo.fr, Fax 03 21 86 33 34, 🌳 – 📺 🦮 🅿. 🖼
fermé 15 au 31 déc., le midi en août, lundi midi et sam. midi – **Repas** *(14)* - 16/29 – 😋 6,50 –
16 ch 47/67 – ½ P 43/48.
♦ L'hôtel est composé de deux bâtiments modernes. Les chambres ouvrent toutes de
plain-pied sur le jardin ; choisir celles de l'extension récente bâtie "à la scandinave". Cadre
d'inspiration campagnard et cheminée caractérisent ce restaurant convivial.

🏠 **Flandres,** r. Arras ☎ 03 21 86 80 21, Fax 03 21 86 28 01 – 📺 🅿 – 🏄 15. 🖼
🖼 *fermé 17 déc. au 7 janv. –* **Repas** *(13,50)* -17/24, enf. 7,50 ♀ – 😋 8 – **14** ch 46/66 – ½ P 48,50.
♦ Dans le centre historique de la petite cité fondée par Charles Quint, à deux pas du pont
sur la Canche. Chambres nettes, plus récentes au 2ᵉ étage. À l'heure des repas, viandes
rôties à la broche et poissons tout frais pêchés vous mettront l'eau à la bouche.

XX **L'Écurie,** 17 rue Jacquemont ☎ 03 21 86 86 86, Fax 03 21 86 86 86 – 🖼
🖼 *fermé 3 au 24 juil., 24 fév. au 3 mars, lundi et mardi –* **Repas** 15/27,50, enf. 8.
♦ Ce sympathique restaurant est situé à deux pas du bel hôtel de ville hesdinois. Lumineuse salle à manger aux murs décorés de faïences. Cuisine traditionnelle.

Nos guides hôteliers, nos guides touristiques et nos cartes routières
sont complémentaires. Utilisez-les ensemble.

HESDIN L'ABBÉ 62 P.-de-C. **301** D3 – *rattaché à Boulogne-sur-Mer.*

HÉSINGUE 68 H.-Rhin **315** J11 – *rattaché à St-Louis.*

HEUDICOURT-SOUS-LES-CÔTES 55 Meuse **307** F5 – *rattaché à St-Mihiel.*

HEUGUEVILLE-SUR-SIENNE 50200 Manche **303** C5 – *484 h alt. 15.*
Paris 342 – Avranches 52 – Cherbourg 80 – Coutances 7 – St-Lô 35 – Vire 73.

XX **Mascaret,** ℰ 02 33 45 86 09, le.mascaret@wanadoo.fr, Fax 02 33 07 90 01, 佘, 淼 – **P.** GB. 淼
fermé 20 au 30 nov., 3 au 31 janv., merc. de sept. à juin, dim. soir et lundi – **Repas** 29/60 ℒ 淼.
◆ Tout incite à pousser la porte de cet ancien presbytère : accueil prévenant, atmosphère chaleureuse, intimité des salles, cuisine au goût du jour et séduisante carte des vins.

HEYRIEUX 38540 Isère **333** D4 – *4 163 h alt. 220.*
Paris 487 – Lyon 30 – Pont-de-Chéruy 22 – La Tour-du-Pin 35 – Vienne 25.

XXX **L'Alouette,** rte St-Jean-de-Bournay : 3 km ⊠ 38090 Bonnefamille ℰ 04 78 40 06 08, alouette@jcmarlhins.com, Fax 04 78 40 54 74, 佘 – ■ **P.** AE ⓞ GB JCB
fermé 17 au 24 mai, 1er au 23 août, sam. midi, dim. soir et lundi – **Repas** 20 (déj.), 30/49 et carte 33 à 46 ℒ.
◆ Salle de restaurant tripartite avec poutres apparentes, agrémentée de tableaux et de sculptures d'un artiste régional. Jolie mise en place et cuisine traditionnelle.

HINSINGEN 67260 B.-Rhin **315** F3 – *72 h alt. 220.*
Paris 405 – St-Avold 35 – Sarrebourg 37 – Sarreguemines 22 – Strasbourg 92.

X **Grange du Paysan,** ℰ 03 88 00 91 83, Fax 03 88 00 93 23 – ■ **P.** GB
⊞ *fermé lundi* – **Repas** 10/50 ℒ.
◆ Vieilles poutres, licous et autres objets du monde agricole : on appréciera dans cette salle champêtre une cuisine du terroir généreuse (produits de l'élevage familial).

HIRMENTAZ 74 H.-Savoie **328** M3 – *rattaché à Bellevaux.*

HIRTZBACH 68118 H.-Rhin **315** H11 – *1 183 h alt. 308.*
Paris 462 – Mulhouse 24 – Altkirch 5 – Belfort 31 – Colmar 71.

XX **Hostellerie de l'Illberg,** 17 r. Mar. de Lattre de Tassigny ℰ 03 89 40 93 22, hostelillberg@tiscali.fr, Fax 03 89 08 85 19, 佘 – **P.** – ⚘ 15. ⓞ GB
fermé 26 juil. au 15 août et 29 déc. au 12 janv. – **Repas** (20) · 29/50 ℒ.
◆ Cette avenante maison bâtie en 1913 abrite une salle à manger qu'un parquet et des poutres rendent chaleureuse. Terrasse dressée sur l'arrière et cuisine dans l'air du temps.

HOERDT 67720 B.-Rhin **315** K4 – *4 123 h alt. 135.*
Paris 483 – Strasbourg 18 – Haguenau 21 – Molsheim 44 – Saverne 46.

X **A la Charrue,** 30 r. République ℰ 03 88 51 31 11, lacharrue@wanadoo.fr, Fax 03 88 51 32 55, 佘 – **P.** GB
fermé 5 au 25 juil., 23 déc. au 4 janv. et lundi sauf fériés – **Repas** (spéc. d'asperges d'avril à juin) (9) · 10,40 (déj.), 28/48 ℒ.
◆ La grande spécialité de la maison, c'est l'asperge (en saison) ! Alors toute la région - membres du Conseil de l'Europe compris - accourt ici pour la célébrer.

HOHRODBERG 68 H.-Rhin **315** G8 G. Alsace Lorraine – *alt. 750* – ⊠ 68140 Munster.
Voir ≼★★.
Paris 462 – Colmar 26 – Gérardmer 37 – Guebwiller 47 – Munster 8 – Le Thillot 57.

🏠 **Panorama** 淼, ℰ 03 89 77 36 53, info@hotel-panorama-alsace.com, Fax 03 89 77 03 93, ≼ vallée et montagnes, 佘, ☒ – ₪ ⓣⓥ ☎ ₺ **P.** – ⚘ 12. AE GB
fermé 15 nov. au 2 déc. et 10 janv. au 3 fév. – **Repas** 16/35, enf. 9 ℒ – ☖ 9 – **30 ch** 49/69 – ½ P 47/62.
◆ Bâtiment ancien et son annexe moderne, face à la vallée de Munster et aux ballons vosgiens. Chambres confortables. Confitures maison au petit-déjeuner. Magnifique panorama depuis le restaurant où l'on sert des spécialités telles que le Presskopf de la mer.

🏠 **Roess** ⟋, 𝒞 03 89 77 36 00, *info@hotel-roess.fr*, Fax 03 89 77 01 95, ≤ les Hautes Vosges, 🚗 – 📶 📺 **P.** – 🍸 20 à 35. **GB**. ⬤% ch
fermé 8 au 25 mars et 4 nov. au 2 déc. – **Repas** 17,70/29,90, enf. 8,50 ⵏ – 🍽 7,50 – **25 ch** 38,50/62 – ½ P 47,50/54.
◆ Cette maison du 19ᵉ s. agrandie au cours des années 1960 vous accueille dans une ambiance familiale et un cadre montagnard. Le vieux billard du salon mérite le coup d'oeil. Vue exceptionnelle sur les Hautes Vosges et la vallée de Munster depuis le restaurant.

Le HOHWALD 67140 B.-Rhin **315** H6 *G. Alsace Lorraine* – 386 h alt. 570 – Sports d'hiver : 600/1 100 m ✂ 1 🎿.
Env. *Le Neuntelstein★★* ≤★★ N : 6 km puis 30 mn.
🅱 *Office de tourisme, square Kuntz 𝒞 03 88 08 33 92, Fax 03 88 08 32 05, ot.lehohwald-r@wanadoo.fr.*
Paris 430 – Strasbourg 51 – Lunéville 89 – Molsheim 33 – St-Dié 46 – Sélestat 26.

%% **Petite Auberge** avec ch, 𝒞 03 88 08 33 05, *hrpetiteauberge@aol.com*,
🍴 Fax 03 88 08 34 62, 😊 – 📺 📭 **P.** **GB**. ⬤% ch
fermé 1ᵉʳ au 10 juil., 1ᵉʳ janv. au 5 fév., mardi soir et merc. – **Repas** 13,90/24,70 carte le week-end, enf. 7 ⵏ - *Caveau Le Relais* (*fermé le midi en juil.-août sauf lundi, sam. soir et dim. soir*) **Repas** carte 18 à 32, enf. 7 🍷 – 🍽 7 – **7 ch** 60 – ½ P 55.
◆ Au coeur du petit village, modeste auberge à l'accueil chaleureux. Cuisine classique servie dans une lumineuse salle à manger ménageant une échappée sur la campagne. Le Caveau le Relais propose des tartes flambées dans un décor de style rustique.

HOLNON 02 Aisne **306** B3 – *rattaché à St-Quentin.*

Les pages explicatives de l'introduction
vous aideront à mieux profiter de votre **Guide Michelin.**

Le HÔME 14 Calvados **303** L4 – *rattaché à Cabourg.*

L'HOMME d'ARMES 26 Drôme **332** B6 – *rattaché à Montélimar.*

HOMPS 11200 Aude **344** H3 – 605 h alt. 48.
Paris 801 – Carcassonne 33 – Lézignan-Corbières 10 – Narbonne 27 – Perpignan 87.

%% **Auberge l'Arbousier** ⟋ avec ch, av. Carcassonne 𝒞 04 68 91 11 24, *auberge.arbousie r@wanadoo.fr*, Fax 04 68 91 12 61, ≤, 😊 – 📺 📭 **P.** **GB**. ⬤% ch
fermé 25 oct. au 30 nov., 23 déc. au 5 janv. et 15 fév. au 15 mars – **Repas** (*fermé mardi midi et lundi en juil.-août, dim. soir et merc. de sept. à juin*) 13 (déj.), 20/34, enf. 8 ⵏ – 🍽 6 – **11 ch** 43/70 – ½ P 40/50.
◆ Ancien chai situé dans un village jadis siège d'une commanderie des chevaliers de Malte. Chambres récentes, vaste salle à manger et terrasse au bord du canal du Midi.

HONFLEUR 14600 Calvados **303** N3 *G. Normandie Vallée de la Seine* – 8 178 h alt. 5.
Voir *le vieux Honfleur★★ : Vieux bassin★★* **AZ**, *église Ste-Catherine★★* **AY** *et clocher★* **AY B** – *Côte de Grâce★★* **AY** *: calvaire★★*.
Env. *Pont de Normandie★★ par ① : 4 km (péage)..*
🅱 *Office de tourisme, quai Lepaulmier 𝒞 02 31 89 23 30, Fax 02 31 89 31 82, office-du-tourisme-honfleur@wanadoo.fr.*
Paris 195 ① – Caen 69 ② – Le Havre 27 ① – Lisieux 38 ② – Rouen 83 ①.

Plan page ci-contre

🏨 **Ferme St-Siméon** ⟋, r. A. Marais par ③ 𝒞 02 31 81 78 00, *accueil@fermesaintsimeon.f r*, Fax 02 31 89 48 48, ≤, 😊, 🍷, 🏊, 🧖 – 📶 📺 **P.** – 🍸 50. 🆎 **GB** 🇯 🇨 🇧, ⬤% ch
Repas (*fermé mardi midi et lundi sauf fériés*) 105 ⵏ – 🍽 20 – **30 ch** 220/450, 4 suites – ½ P 195/545.
◆ Haut lieu de l'histoire de la peinture, l'auberge que fréquentaient les impressionnistes est devenue un magnifique ensemble hôtelier. Son parc ombragé domine l'estuaire. Salle de restaurant raffinée, terrasses face à la mer, belle cave à cigares et à calvados.

🏨 **Manoir du Butin** ⟋, r. A. Marais par ③ 𝒞 02 31 81 63 00, Fax 02 31 89 59 23, ≤, 😊, 🧖 – 📺 📭 **P.** 🆎 **GB** 🇯🇨🇧
fermé 12 nov. au 5 déc. et 4 au 23 janv. – **Repas** (*fermé jeudi midi, vend. midi et merc. sauf fériés*) 35/48 ⵏ – 🍽 10 – **10 ch** 120/350 – ½ P 120/238.
◆ Colombages peints, fenêtres à croisillons, jeu de toitures asymétriques et parc : ce manoir du 18ᵉ s. pétri de charme abrite des chambres douillettes. Élégante et lumineuse salle à manger ; cuisine au goût du jour.

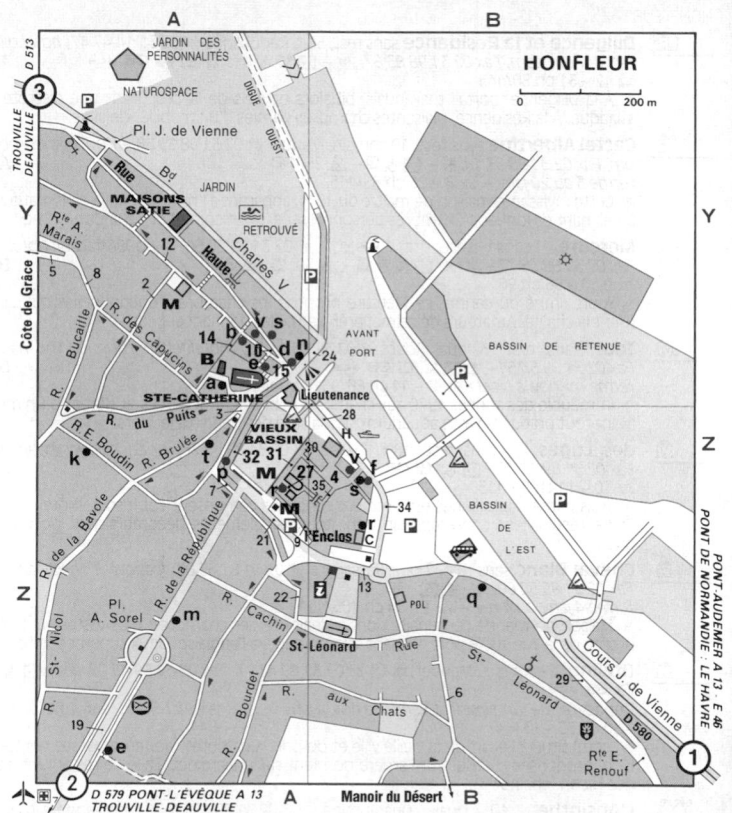

Albert-Ier (R.)	**AY** 2	Homme-de-Bois (R.)	**AY** 12	Prison (R. de la)	**AZ** 27
Berthelot (Pl. P.)	**AZ** 3	Le-Paulmier (Q.)	**BZ** 13	Quarantaine	
Boudin (Pl. A.)	**BZ** 4	Lingots (R. des)	**AY** 14	(Q. de la)	**BZ** 28
Cachin (R.)	**AZ**	Logettes (R. des)	**AY** 15	République (R. de la)	**AZ**
Charrière-de-Grâce	**AY** 5	Manuel (Cours A.)	**AZ** 19	Revel (R. J.)	**BZ** 29
Charrière-St-Léonard		Montpensier (R.)	**AZ** 21	St-Antoine (R.)	30
(R.)	**BZ** 6	Notre-Dame (R.)	**AZ** 22	St-Étienne (Quai)	**AZ** 31
Dauphin (R. du)	**AZ** 7	Passagers		Ste-Catherine	
Delarue-Mardrus (R. L.)	**AY** 8	(Q. des)	**ABY** 24	(Quai)	**AZ** 32
Fossés (Cours des)	**AZ** 9	Porte-de-Rouen		Tour (Quai de la)	**BZ** 34
Hamelin (Pl.)	**AY** 10	(Pl. de la)	**AZ** 25	Ville (R. de la)	**BZ** 35

🏨 **Les Maisons de Léa** sans rest, pl. Ste-Catherine ℰ 02 31 14 49 49, *contact@lesmaisons delea.com*, Fax 02 31 89 28 61 – 📺 📞 – 🛁 25. 🆎 ⓪ 🅶🅱   AY a
⌷ 10 – **29 ch** 95/165.
  ◆ Quatre petites maisons composent cet hôtel de caractère : décoration à thème pour chacune ("campagne", "romance", etc.), chambres "cosy" rénovées avec goût, salon de thé.

🏨 **L'Écrin** ⌔ sans rest, 19 r. E. Boudin ℰ 02 31 14 43 45, *hotel.ecrin@honfleur.com*, Fax 02 31 89 24 41, ☞ – 📺 📞 🅿 🆎 ⓪ 🅶🅱, 🌿   AZ k
⌷ 11 – **28 ch** 85/160.
  ◆ Chambres et salons de cette demeure du 18e s. font penser à un cabinet de curiosités. On y trouve à profusion meubles normands, tableaux, riches lambris et stucs rococo.

🏨 **L'Absinthe** sans rest, 1 r. de la Ville ℰ 02 31 89 23 23, *reservation@absinthe.fr*, Fax 02 31 89 53 60 – 📺 📞 🚗 🆎 ⓪ 🅶🅱   BZ s
fermé 13 nov. au 13 déc. – ⌷ 10 – **7 ch** 122.
  ◆ Chambres soignées, aux couleurs vives et d'un luxe discret, aménagées dans un ancien presbytère du 16e s. Chaleureux salon rustique doté d'une belle cheminée en pierre.

🏠 **Diligence et la Résidence** sans rest, 53 r. République ✆ 02 31 14 47 47, *hotel.diligenc e@honfleur.com*, Fax 02 31 98 83 87, 🛋 – 📺 📞 🔥 ⟵ 🅿 ⚠ ⓪ ⅏ ᴊᴄʙ AZ m
🛏 12 – **31 ch** 80/145.

◆ À la Diligence, portail thaïlandais, bibelots et ciels de lit procurent une discrète note asiatique. À la Résidence, plaisantes chambres garnies d'un mobilier de style.

🏠 **Castel Albertine** sans rest, 19 cours A. Manuel ✆ 02 31 98 85 56, *info@honfleurhotels.c om*, Fax 02 31 98 83 18, ⚘ – 📺 🔥 🅿 – ⚿ 25. ⅏ AZ e
fermé 5 au 20 janv. – 🛋 8 – **26 ch** 65/115.

◆ Cette ravissante maison de maître du 19ᵉ s. appartient à l'historien de la diplomatie Albert Sorel, natif d'Honfleur. Chambres personnalisées, salon coquet et véranda arborée.

🏠 **Mercure** sans rest, r. Vases ✆ 02 31 89 50 50, *ho986@accor-hotels.com*, Fax 02 31 89 58 77 – 🛗 ✴ 📺 📞 🔥 🅿 – ⚿ 30. ⚠ ⓪ ⅏ BZ q
🛋 9,50 – **56 ch** 96.

◆ À proximité du centre, ce Mercure propose les chambres fonctionnelles qui caractérisent la chaîne. Amateurs de calme, préférez celles donnant sur l'arrière.

🏠 **Tour** sans rest, 3 quai Tour ✆ 02 31 89 21 22, *hoteldelatourhonfleur@wanadoo.fr*, Fax 02 31 89 53 51 – 🛗 📺 📞. ⚠ ⅏ ᴊᴄʙ BZ r
fermé mi-nov. à Noël – 🛋 7 – **44 ch** 66/95, 4 duplex.

◆ Immeuble des années 1970 aux chambres sobrement décorées et dotées d'un mobilier avant tout pratique. Vaste aquarium dans la salle des petits-déjeuners.

🏠 **des Loges** ⚘ sans rest, 18 r. Brûlée ✆ 02 31 89 38 26, *hoteldesloges@wanadoo.fr*, Fax 02 31 89 42 79 – 📺 🔥. ⚠ ⅏ AZ t
🛋 10 – **14 ch** 90/115.

◆ Trois bâtisses anciennes entièrement rénovées composent cet insolite hôtel-boutique. Cadre résolument contemporain dont tous les éléments décoratifs sont en vente sur place.

🏠 **Cheval Blanc** sans rest, 2 quai Passagers ✆ 02 31 81 65 00, *lecheval.blanc@wanadoo.fr*, Fax 02 31 89 52 80, ⟵ – 🛗 📺. ⅏ AY n
fermé 4 janv. au 4 fév. – 🛋 3 – **34 ch** 105/191.

◆ Maison normande centenaire dont la majorité des chambres, plus vastes au 1ᵉʳ étage, profite de la vue sur le port. Plaisant salon meublé à l'anglaise. Deux superbes suites.

🏠 **Otelinn**, 62 cours A. Manuel par ② ✆ 02 31 89 41 77, Fax 02 31 89 48 09, 🛋 – 📺 🔥 🅿. ⚠ ⓪ ⅏ ᴊᴄʙ

Repas *(fermé lundi midi et vend. de nov. à janv.)* (11,50) - 15,50/22,50 bc, enf. 7,80 ♀ – 🛋 6,50 – **50 ch** 55 – ½ P 47.

◆ Hôtel situé à l'écart de la vieille ville et du port. Chambres modernes, assez petites mais bien insonorisées ; celles sur l'arrière donnent sur un jardinet. Salle de restaurant aménagée façon "chaîne".

🍴🍴🍴 **L'Absinthe,** 10 quai Quarantaine ✆ 02 31 89 39 00, *reservation@absinthe.fr*, Fax 02 31 89 53 60, 🏠 – ⚠ ⓪ ⅏ BZ v
fermé 13 nov. au 13 déc. – **Repas** 29/63 et carte 63 à 102 ♀.

◆ Respectueuse de la loi, la carte ne mentionne pas la dangereuse boisson du 19ᵉ s. Le cadre 15ᵉ et 17ᵉ s. est rustique à souhait, mais la cuisine est bien actuelle.

🍴🍴 **La Terrasse et l'Assiette** (Bonnefoy), 8 pl. Ste-Catherine ✆ 02 31 89 31 33, Fax 02 31 89 90 17, 🏠 – ⅏ AY e
❀ *fermé 15 nov. au 15 déc., 5 au 15 janv., mardi sauf juil.-août et lundi* – **Repas** 27/48 et carte 60 à 78 ♀.

◆ Colombages et murs parementés de briques donnent un cachet certain à ce restaurant qui a pour atout supplémentaire sa terrasse dressée face à la surprenante église de bois.
Spéc. Grosses langoustines aux vermicelles frits. Noix de ris de veau en aigre-doux. Sablé breton aux fraises tièdes (été).

🍴🍴 **Auberge du Vieux Clocher,** 9 r. de l'Homme de Bois ✆ 02 31 89 12 06, Fax 02 31 89 44 75 – ⅏ AY b
fermé janv., lundi et mardi sauf juil.-août – **Repas** 19,90/34,90 ♀.

◆ Dans une rue du pittoresque quartier Ste-Catherine. Petites salles à manger aux couleurs pastel et jolie collection d'assiettes anciennes.

🍴🍴 **Entre Terre et Mer,** 12 pl. Hamelin ✆ 02 31 89 70 60, *entreterreetmer@wanadoo.fr*, Fax 02 31 89 40 55, 🏠 – ⚠ ⅏ AY d
☕ *fermé 20 janv. au 15 fév. et merc. de nov. à avril* – **Repas** (18) - 22/27 ♀.

◆ Deux agréables salles à manger actuelles ; celle agrémentée de poutres et pierres apparentes et d'un sol en jonc de mer a beaucoup de cachet. Cuisine "terre et océan".

🍴🍴 **Au Vieux Honfleur,** 13 quai St-Étienne ✆ 02 31 89 15 31, Fax 02 31 89 92 04, 🏠 – ⅏ AZ r

Repas 27/46,50 ♀.

◆ Au rez-de-chaussée ou à l'étage, l'attrait principal du restaurant est la fascinante vue sur le Vieux Bassin. Spécialités de produits de la mer et tripes maison.

XX **Fleur de Sel,** 17 r. Haute ℰ 02 31 89 01 92, Fax 02 31 89 01 92 – ⅊ ⅁⅁   AY v
fermé 3 au 31 janv., mardi et merc. – **Repas** 22/39.
♦ Une balade dans le joli jardin public voisin vous ouvrira l'appétit. Sympathique restaurant de style rustique, où l'on prépare une cuisine au goût du jour.

X **Au P'tit Mareyeur,** 4 r. Haute ℰ 02 31 98 84 23, jule.rastacoop@freesbee.fr, Fax 02 31 89 99 32 – ⅊ ⅁⅁   AY s
fermé 3 janv. au 2 fév., lundi et mardi – **Repas** (nombre de couverts limité, prévenir) 20/36,50.
♦ Poutres, colombages, chaises drapées et discrète décoration maritime participent de l'atmosphère intime du restaurant. La carte met à l'honneur poissons et fruits de mer.

X **Grenouille,** 16 quai Quarantaine ℰ 02 31 89 04 24, reservation@absinthe.fr, Fax 02 31 89 53 60, ⅌ – ⅊ ⅁⅁   BZ f
fermé 13 nov. au 13 déc. – **Repas** 16/23, enf. 7,50 ⅊.
♦ Collections de batraciens et de Guides Michelin agrémentent l'une des salles de cette brasserie animée. À la carte, produits du terroir et cuisses de grenouilles !

X **Ascot,** 76 quai Ste-Catherine ℰ 02 31 98 87 91, Fax 02 31 89 38 72, ⅌ – ⅁⅁   AZ p
fermé 13 janv. au 15 fév., merc. sauf de mai à sept. et jeudi – **Repas** 22/29,50 ⅊.
♦ Salle au cadre "minimaliste" un tantinet "rétro" ou terrasse bordant le Vieux Bassin : deux ambiances contrastées pour déguster une carte orientée poisson.

à la Rivière-St-Sauveur par ① : 2 km – 1 578 h. alt. 1 – ⊠ 14600 :

▥▥ **Antarès** sans rest, ℰ 02 31 89 10 10, antares.honfleur@wanadoo.fr, Fax 02 31 89 58 57, ⅙, ▨ – ⅙ ⅊ ⅌ ⅆ ⅊ – ⅍ 60. ⅊ ⅋ ⅁⅁
⌑ 9 – **66 ch** 89/125, 10 duplex.
♦ Complexe hôtelier récent aux équipements pratiques. La moitié des chambres regarde vers le pont de Normandie ; duplex bien pensés. Piscine intérieure chauffée.

▥ **Les Bleuets** sans rest, ℰ 02 31 81 63 90, contact@motel-les-bleuets.com, Fax 02 31 89 92 12 – ⅊ ⅌ ⅆ ⅊ ⅊ ⅁⅁. ⅌
fermé 13 au 27 déc., 10 au 27 janv. et dim. soir hors saison – **17 ch** ⌑ 88/152.
♦ Deux constructions récentes de type motel dans le village natal de l'économiste Frédéric Le Play. Chambres simples où l'on a privilégié le côté pratique.

à Barneville-la-Bertran par ②, D 62 et D 279 : 5 km – 138 h. alt. 48 – ⊠ 14600 :

▥ **Auberge de la Source** ⅌ sans rest, ℰ 02 31 89 25 02, Fax 02 31 89 44 40, ⅌ – ⅊ ⅊.
⅁⅁. ⅌
15 fév.-15 nov. – ⌑ 8 – **16 ch** 63/107.
♦ En pleine campagne, fermette à colombages et maison de briques s'élèvent au beau milieu d'un agréable jardin fleuri où se disséminent bassins à truites et pommiers.

par ③ rte de Trouville : 3 km – ⊠ 14600 Vasouy :

▥▥ **Chaumière** ⅌, rte du Littoral, Vasouy ℰ 02 31 81 63 20, chaumiere@relaischateaux.fr, Fax 02 31 89 59 23, ⅌, ⅌, ⅌ – ⅊ ⅌ ⅊. ⅊ ⅁⅁ ⅊
fermé 2 au 19 déc. et 13 janv. au 6 fév. – **Repas** (fermé merc. midi, jeudi midi et mardi sauf fériés) (nombre de couverts limité, prévenir) 40/58 – ⌑ 15 – **9 ch** 180/400 – ½ P 130/275.
♦ Cette jolie ferme normande du 17e s. se dresse face à l'estuaire de la Seine dans un parc dégringolant jusqu'à la mer. Chambres "cosy", garnies de beaux meubles anciens. Poutres patinées et belle cheminée contribuent à l'atmosphère douillette du restaurant.

à Pennedepie par ③ : 5 km – 310 h. alt. 20 – ⊠ 14600 :

X **Moulin St-Georges,** ℰ 02 31 81 48 48, ⅌ – ⅁⅁
fermé mi-fév. à mi-mars, mardi soir et merc. – **Repas** 14/23, enf. 7 ⅊.
♦ On accède à ce restaurant bordant la route côtière par le bar-tabac, puis par... les cuisines, où trône un vieux fourneau à charbon. Cadre simple, repas copieux.

par ③ rte de Trouville et rte secondaire : 8 km – ⊠ 14600 Honfleur :

▥▥ **Romantica** ⅌, chemin Petit Paris ℰ 02 31 81 14 00, Fax 02 31 81 54 78, ≤, ⅌, ▨, ▨, ⅌ – ⅌ ⅌ ⅍ 25. ⅊ ⅁⅁
Repas 24/35 ⅊ – ⌑ 8 – **27 ch** 60/140 – ½ P 60/90.
♦ Maison récente dont la façade à colombages s'inspire de l'architecture régionale. Chambres spacieuses (mobilier rustique) et agréable piscine intérieure. Beau coup d'œil sur la Manche et la campagne par les baies vitrées du restaurant.

à Cricqueboeuf par ③, rte de Trouville : 9 km – 182 h. alt. 25 – ⊠ 14113 :

▥▥▥ **Manoir de la Poterie** ⅌, ℰ 02 31 88 10 40, info@honfleur-hotel.com, Fax 02 31 88 10 90, ≤, ⅌ – ⅙ ⅊ ⅌ ⅆ ⅊. ⅊ ⅊ ⅁⅁ ⅊
Repas (fermé merc. midi, lundi midi et mardi) 30/55 – ⌑ 14 – **18 ch** 134/198.
♦ Cette bâtisse d'allure normande se dresse face à la mer. Belles chambres de style Louis XVI ou Directoire ménagent une vue "maritime" ou "campagnarde". Élégante salle de restaurant : mobilier de style, tons chaleureux et tables soigneusement dressées.

à Villerville par ③, rte de Trouville : 10 km – 676 h. alt. 10 – ⊠ 14113 :

🛈 Office de tourisme, rue Général Leclerc ℘ 02 31 87 21 49, Fax 02 31 98 30 65, ot-villerville@free.fr.

🏠 **Bellevue** ⬩, rte Honfleur ℘ 02 31 87 20 22, resa@bellevue-hotel.fr, Fax 02 31 87 20 56, <, 🎏, 🍴 – 🏡 📺 🅿. 🖭 ⓪ 🐵

fermé 5 janv. au 5 fév. – **Repas** (fermé mardi midi, merc. midi et jeudi midi) 19/39, enf. 12 –
☐ 8 – **30 ch** 60/115 – ½ P 56/85.

♦ Cette demeure dominant la mer fut à la fin du 19ᵉ s. la villégiature d'un directeur de l'Opéra de Paris. Chambres rustiques ; cadre actuel et terrasses privatives à l'annexe. La coquette salle à manger-véranda offre une jolie vue sur le jardin et le littoral.

L'HÔPITAL-CAMFROUT 29460 Finistère 🐼🟢🟢 F5 – 1 641 h alt. 20.

Voir Daoulas : enclos paroissial★ et cloître★ de l'abbaye N : 4,5 km, G. Bretagne.
Paris 566 – Brest 25 – Morlaix 57 – Quimper 50.

L'HÔPITAL-ST-BLAISE 64130 Pyr.-Atl. 🐼🟢🟢 H5 G. Aquitaine – 74 h alt. 145.

Voir Église★.
Paris 796 – Pau 52 – Oloron-Ste-Marie 18 – Orthez 32 – St-Jean-Pied-de-Port 52.

🍴 **Auberge du Lausset** ⬩ avec ch, ℘ 05 59 66 53 03, Fax 05 59 66 21 78, 🎏 – 📺. 🖭 🐵. 🛵

fermé 4 au 25 oct., 10 au 24 janv., dim. soir et lundi hors saison – **Repas** 11 (déj.), 16/30, enf. 6,50 ☐ – ☐ 6 – **7 ch** 40/41 – ½ P 39/41.

♦ Au coeur de la Basse Soule, le pays des Mousquetaires d'Alexandre Dumas. L'auberge jouxte la charmante église romane. Salle de restaurant et chambres fonctionnelles.

HORBOURG 68 H.-Rhin 🐼🟢🟢 I8 – rattaché à Colmar.

L'HORME 42 Loire 🐼🟢🟢 G7 – rattaché à St-Chamond.

L'HOSPITALET-PRÈS-L'ANDORRE 09390 Ariège 🐼🟢🟢 I9 – 166 h alt. 1446.

Paris 822 – Ax-les-Thermes 19 – Foix 62 – Font-Romeu-Odeillo-Via 37.

🐲 **Puymorens**, ℘ 05 61 05 20 03 – 🐵
Repas 16/20 🍸 – ☐ 5 – **12 ch** 30/36.

♦ À deux tours de roue du tunnel de Puymorens et du domaine skiable du col, modeste pension de famille abritant des chambres simples, un peu désuètes. La cuisine est préparée sur un "antique" fourneau à charbon : un restaurant comme il n'en existe presque plus !

HOSSEGOR 40150 Landes 🐼🟢🟢 C13 G. Aquitaine – alt. 4 – Casino.

Voir Le lac★ – Les villas basco-landaises★.

🏌 d'Hossegor ℘ 05 58 43 56 99, SE : 0,5 km ; 🏌 à Seignosse ℘ 05 58 41 68 30, N : 5 km par D 152 ; 🏌 de Pinsolle à Soustons ℘ 05 58 48 03 92, N : 10 km par D 4.

🛈 Office de tourisme, place des Halles ℘ 05 58 41 79 00, Fax 05 58 41 79 09, hossegor.tourisme@wanadoo.fr.

Paris 752 – Biarritz 32 – Bayonne 25 – Bordeaux 170 – Dax 40 – Mont-de-Marsan 93.

🏠 **Les Hortensias du Lac** ⬩ sans rest, av. Tour du Lac ℘ 05 58 43 99 00, reception@hortensias-du-lac.com, Fax 05 58 43 42 81, <, 🎏 – 📺 ✆ 🕭 🚗 🅿. 🖭 ⓪ 🐵 🐾
2 avril-14 nov. – ☐ 17 – **11 ch** 145/165, 5 suites, 8 duplex.

♦ Belle bâtisse des années 1930 entourée d'une pinède et bordant le "lac marin". Les chambres, décorées avec goût, possèdent un balcon ou une terrasse. Salon panoramique.

🏠 **Pavillon Bleu,** av. Touring Club de France ℘ 05 58 41 99 50, pavillon.bleu@wanadoo.fr, Fax 05 58 41 99 59, <, 🎏 – 🖩 ☰ 📺 ✆ 🕭 – 🔏 25. 🖭 🐵
Repas (fermé 26 déc. au 28 janv., dim. soir et lundi d'oct. à avril) (21) - 28/49 – ☐ 10 – **20 ch** 121 – ½ P 99.

♦ Un établissement neuf où vous réserverez une chambre dotée d'un balcon tourné vers le lac pour profiter du ballet nautique des dériveurs et autres planches à voile. Salle à manger contemporaine, belle terrasse à fleur d'eau et cuisine au goût du jour.

🍴🍴 **Cottage,** av. J. Moulin, rte Seignosse par bords du lac (D 79) ⊠ 40510 Seignosse ℘ 05 58 43 31 39, Fax 05 58 43 31 39, <, 🎏 – 🅿. 🖭 🐵
fermé 3 janv. au 11 fév., lundi et mardi hors saison – **Repas** 19 (déj.)/30 🍸.

♦ Une fraîche salle à manger égayée par du linge basque, une coquette terrasse recevant les effluves de la pinède et des recettes "terre et mer" : un "cottage" apprécié !

La HOUBE 57 Moselle **307** 07 – ⊠ 57850 Dabo.

Paris 453 – Strasbourg 45 – Lunéville 86 – Phalsbourg 18 – Sarrebourg 27 – Saverne 17.

Vosges 🐾, 🖉 03 87 08 80 44, info@hotel-restaurant-vosges.com, Fax 03 87 08 85 96, ≤, ☞ – ⚞ 🅿. 🆚. ⅗ ch

fermé 15 fév. au 15 mars, 28 sept. au 7 oct., mardi soir et merc. – **Repas** 9,50 (déj.), 12,50/25, enf. 6 ♀ – 🖙 6 – **9 ch** 29/47 – ½ P 40.

♦ Poussez jusqu'à l'extrémité du village, où règne le calme, et vous en serez récompensés : une petite auberge y abrite des chambres simples, mais bien rénovées. Au restaurant, sympathique cuisine du terroir servie face au rocher de Dabo et à sa chapelle.

Les HOUCHES 74310 H.-Savoie **328** N5 G. Alpes du Nord – 2 706 h alt. 1004 – Sports d'hiver : 1 010/1 900 m 🚠2 🚡16 🎿.

Voir Le Prarion★★.

🅱 Office de tourisme, place de l'église 🖉 04 50 55 50 62, Fax 04 50 55 53 16, info@leshouches.com.

Paris 602 – Chamonix-Mont-Blanc 9 – Annecy 89 – Bonneville 47 – Megève 26.

du Bois, La Griaz 🖉 04 50 54 50 35, reception@hotel-du-bois.com, Fax 04 50 55 50 87, ≤, 🍴, 🔲 – 🛗 🆚 🅿 ← 🏊 40. 🆚

fermé 10 au 23 mai et 1ᵉʳ au 28 nov. – **Repas** (fermé le midi sauf juil.-août) (27) - 34, enf. 8 ♭ – 🖙 9 – **43 ch** 83/116 – ½ P 80/87.

♦ Vaste chalet en bois clair où l'on choisira les chambres côté mont Blanc, plus calmes ; cadre sagement régional et balcon pour la plupart. Belle piscine et sauna. Plaisante salle à manger entièrement décorée dans un style savoyard où cuisine au goût du jour.

Auberge Beau Site, près Église 🖉 04 50 55 51 16, hotelbeausite@wanadoo.fr, Fax 04 50 54 53 11, ≤, 🍴, 🔲 – 🛗 🆚 🅿. 🆚 ⓘ 🆚. ⅗ rest

20 mai-10 oct. et 20 déc.-20 avril – **Le Pèle** (fermé 20 avril au 15 mai, 6 oct. au 20 déc., merc. soir et les midis sauf dim. hors saison) **Repas** 23/54 ♭ – 🖙 7 – **18 ch** 62/98 – ½ P 64/72.

♦ Pimpante maison familiale située au pied du clocher de la station rendue célèbre par Lord Kandahar. Chambres de bonne ampleur, égayées d'étoffes rouges et vertes. Chaleureux restaurant avec billots de bois posés près de la cheminée aux cuivres rutilants.

Auberge Le Montagny 🐾 sans rest, Le Pont 🖉 04 50 54 57 37, hotel.montagny@wanadoo.fr, Fax 04 50 54 52 97, ≤ – 🆚 🆚 🅿. 🆚. ⅗

fermé 20 avril au 6 juin et 11 oct. au 18 déc. – 🖙 7 – **8 ch** 63/70.

♦ De la ferme de 1876 ne subsistent que la porte et quelques poutres : ce sympathique petit chalet où le bois est roi a été entièrement refait dans un agréable style actuel.

Chris-Tal, 242 av. des Alpages 🖉 04 50 54 50 55, info@chris-tal.fr, Fax 04 50 54 45 77, ≤, 🔲, ⅗ – 🛗 cuisinette 🆚 🆚 ← 🅿. 🆚

19 mai-2 oct. et 18 déc.-10 avril – **Repas** 18,50 (déj.), 22/30, enf. 8,50 ♀ – 🖙 7,50 – **19 ch** 89, 4 suites – ½ P 64/75.

♦ Au coeur de la petite station, bâtisse locale où les chambres privilégient l'espace et la fonctionnalité ; la plupart ouvrent sur la célèbre "piste Verte : Kandahar". Au restaurant, ambiance "pension de famille" et cuisine oscillant entre tradition et terroir.

au Prarion par télécabine – ⊠ 74170 St-Gervais-les-Bains.

Voir ⅖★★ 30 mn.

Prarion 🐾, alt.1 860 🖉 04 50 54 40 07, info@prarion.com, Fax 04 50 54 40 03, ☀ sommets, glaciers et vallées, 🍴 – 🆚. ⅗ ch

26 juin-5 sept. et 18 déc.-mi-avril – **Repas** (self au déj. en hiver) carte environ 26 ♀ – 🖙 8 – **12 ch** 40/80, (1/2 pens. seul. en hiver) – ½ P 90.

♦ Posé au milieu des pistes, cet ancien refuge vous offre la quiétude de ses vastes chambres, sa terrasse plein Sud et une vue étendue sur les cimes et leurs neiges éternelles. Le bois et la lumière règnent en maîtres dans les deux salles à manger panoramiques.

HOUDAN 78550 Yvelines **311** F3 G. Île de France – 3 112 h alt. 104.

🚅 de la Vaucouleurs à Civry-la-Forêt 🖉 01 34 87 62 29, N : 11 km par D 983 ; 🚅 des Yvelines à La Queue-les-Yvelines 🖉 01 34 86 48 89, E : 12 km par N 12.

🅱 Syndicat d'initiative, 69 Grande Rue 🖉 01 30 59 53 86, Fax 01 30 59 66 84, otph-@wanadoo.fr.

Paris 60 – Chartres 55 – Dreux 20 – Évreux 52 – Mantes-la-Jolie 28 – Versailles 42.

Poularde, 24 av. République (rte Maulette D 912) 🖉 01 30 59 60 50, sylvain.vandenameele@wanadoo.fr, Fax 01 30 59 79 71, 🍴, ← – 🅿. 🆚 🆚

fermé 4 au 20 août, 17 fév. au 3 mars, dim. soir, lundi et mardi – **Repas** (20) - 35/60 et carte 50 à 70, enf. 10 ♀.

♦ Dans le jardin de cette belle maison bourgeoise folâtrent les fameuses poules de Houdan... bientôt dans votre assiette ! Élégante salle feutrée, carte de tradition.

XX **Donjon,** 14 r. Epernon (près église) ✆ 01 30 59 79 14, *eric.deserville@wanadoo.fr,* Fax 01 30 88 12 31 – ▨. Æ ⒼⒷ
fermé 8 au 23 août, jeudi soir, dim. soir et lundi – **Repas** 26 (déj.), 37/41 ♈.
• Du château médiéval ne subsiste que le donjon, proche voisin de ce restaurant qui en a pris le nom. Cuisine classique servie dans un joli cadre contemporain et coloré.

à Berchères-sur-Vesgre *Nord-Ouest : 7 km par D 933 – 712 h. alt. 86 –* ▨ *28560 :*

🏰 **Château de Berchères** ⊗ sans rest, ✆ 02 37 82 28 22, *chateau-de-bercheres@wanadoo.fr,* Fax 02 37 82 28 23, ⚒, ⚓ – ⓥ ⓣⓥ ❤ Ⓟ – 🝙 50. Æ ⒼⒷ
fermé dim. – ☲ 15 – **17 ch** 125/210, 4 suites.
• Dans un vaste parc avec étang, majestueux château du 18ᵉ s. bien conservé et entièrement redécoré sur le thème des fruits et légumes. La chapelle est restée intacte.

HOUDEMONT *54 M.-et-M.* 🕮 H7 – *rattaché à Nancy.*

HOULGATE *14510 Calvados* 🕮 L4 *G. Normandie Vallée de la Seine – 1 832 h alt. 11 – Casino.*
Voir *Falaise des Vaches Noires★ au NE.*
🏌 *d'Houlgate à Gonneville-sur-Mer* ✆ 02 31 24 80 49, E : 3 km par D 513.
🛈 *Office de tourisme, boulevard des Belges* ✆ 02 31 24 34 79, Fax 02 31 24 42 27, *houlgate@wanadoo.fr.*
Paris 214 – Caen 29 – Deauville 14 – Lisieux 33 – Pont-l'Évêque 25.

🏨 **1900,** 17 r. Bains ✆ 02 31 28 77 77, Fax 02 31 28 08 07 – ▨ rest, ⓣⓥ. Æ ⓞ ⒼⒷ
fermé 8 janv. au 1ᵉʳ fév. et 18 nov. au 7 déc. – **Repas** 10/45, enf. 7 ♈ – ☲ 8 – **14 ch** 60/92 – ½ P 44,50/72,50.
• L'hôtel borde la rue principale de cette charmante station de la Côte Fleurie. Chambres rénovées dans le style de la Belle Époque. Brasserie au "look" 1900 avec plafond peint, miroirs, bibelots, colonnes, banquettes de cuir et joli zinc chiné.

X **Mon Castel** avec ch, 1 bd Belges ✆ 02 31 24 83 47, Fax 02 31 28 50 36 – ⒼⒷ, ⚒ ch
fermé oct. et vacances de fév. – **Repas** *(fermé mardi et merc. sauf juil.-août)* 15/34 – ☲ 6,50 – **9 ch** 43/46 – ½ P 44.
• L'une des nombreuses villas de style cottage qui ont fleuri à Houlgate à partir des années 1850. Touche campagnarde dans la salle à manger. Petites chambres simples.

HUNINGUE *68 H.-Rhin* 🕮 J11 – *rattaché à St-Louis.*

HUSSEREN-LES-CHÂTEAUX *68420 H.-Rhin* 🕮 H8 *G. Alsace Lorraine – 397 h alt. 380.*
Paris 455 – Colmar 10 – Belfort 69 – Gérardmer 55 – Guebwiller 22 – Mulhouse 40.

🏰 **Husseren-les-Châteaux** ⊗, r. Schlossberg ✆ 03 89 49 22 93, *mail@hotel.husseren-les-chateaux.com,* Fax 03 89 49 24 84, ≤, ⚒, ⚓, ▤, ⚒ – ⓥ cuisinette ⇆ ⓣⓥ ❤ & Ⓟ – 🝙 20 à 100. Æ ⓞ ⒼⒷ ⒿⒸⒷ
Repas 21/52 ♈ – ☲ 12 – **2 ch** 83, 36 duplex 125/220 – ½ P 104,50.
• Construction moderne étagée à flanc de colline dans une clairière jouissant d'un calme bienfaiteur. Duplex équipés de meubles scandinaves. Les baies de la salle de restaurant ménagent une belle échappée sur la vallée du Rhin.

HYÈRES *83400 Var* 🕮 L7 *G. Côte d'Azur – 51 417 h alt. 40 – Casino des Palmiers* **Z.**
Voir ⇐★ *de la place St-Paul* **Y 49** – ⇐★ *du parc St-Bernard* **Y** – ⇐★ *de l'esplanade de la Chapelle N.-D. de Consolation* **V B** – ⋇★ *des Ruines du Château des aires – Presqu'île de Giens★★.*
⚓ *de Toulon-Hyères :* ✆ 04 94 00 83 83, SE : 4 km **V.**
🛈 *Office de tourisme, 3 avenue Ambroise Thomas* ✆ 04 94 01 84 50, Fax 04 94 01 84 51, *info@ot-hyeres.fr.*
Paris 851 ③ – Toulon 19 ③ – Aix-en-Provence 102 ③ – Cannes 123 ③ – Draguignan 78 ③.

Plans page ci-contre

🏰 **Mercure,** 19 av. A. Thomas ✆ 04 94 65 03 04, *h1055@accor-hotels.com,* Fax 04 94 35 58 20, ⚒, ▤ – ⓥ ⇆ ⓣⓥ ❤ & Ⓟ – 🝙 20 à 100. Æ ⓞ ⒼⒷ, ⚒   **V X**
Repas (16) - 21, enf. 7,50 ♈ – ☲ 11 – **84 ch** 119/129.
• Hôtel moderne intégré à un centre d'affaires, en bordure de la voie rapide Olbia qui traverse la ville. Chambres aux normes de la chaîne. Les larges baies vitrées de la salle à manger ouvrent sur la terrasse et la piscine ; restauration de type grill.

🏨 **L'Europe** sans rest, 45 av. E. Cavell ✆ 04 94 00 67 77, *contact@hotel-europe-hyeres.com,* Fax 04 94 00 68 48 – ⓥ ❤ Æ ⒼⒷ   **V r**
☲ 6,50 – **25 ch** 70/95.
• Vous cherchez un hôtel à deux pas de la gare ? Voici un immeuble du 19ᵉ s. entièrement rénové, abritant des chambres claires, fonctionnelles et correctement insonorisées.

HYÈRES
GIENS

Almanarre
  (Route de l')..... X 2
Barbacane (R.)..... Y 3
Barruc (R.)..... Y 5
Belgique (Av. de).. Y 5
Bourgneuf (R.).... Y 6
Chateaubriand (Bd) Y 7
Clemenceau (Pl.)... Y 9
Clotis (Av. J.).... V, Z 10
Costebelle (Mtée).. V 12
Degioanni Route
  (R.)............ V 13
Denis (Av. A.)..... Y
Dr-Perron (Av.)... Z 14
Foch (Av. Mar.)... Y 15
Gambetta (Av.)... Y
Gaulle (Av. de)... V 16
Geoffroy
  St-Hilaire (Av.)... V 17
Godillot (Av. A.)... V 18
Herriot (Bd E.)... X 20
Iles-d'Or (Av. des).. Y
Lattre-de-T. (Av. de) V 22
Lefebvre (Pl. Th.).. Z 23
Macri (Ch. Soldat). V 25
Madrague (Rte)... X 26
Mangin (Av. Gén.).. V 28
Massillon (Pl. et R.) Y 29
Millet (Av. E.)..... Z 32
Moulin-Premier-
  (Ch. du).......... V 33
Noailles (Mtée de) V 34
Nocard (Bd.)...... Y 35
Palyvestre (Ch. du). V 36
Paradis (R.)....... Y 37
Plaine-de-
  Bouisson (Ch.).. X 38
Provence (R. de) V, Z 40
Rabaton (R.)...... Y 41
République
  (Pl. et R.)...... Y 42
Riondet (Av.)..... YZ 43
Riquier (Av. O.)... V 44
Roubaud (Ch.)..... Y 45
St-Bernard (R.).... Y 46
St-Esprit (R.)..... Y 47
St-Paul (Pl., R.)... Y 49
Ste-Catherine (R.).. Y 50
Ste-Claire (R.).... Y 51
Strasbourg (Crs)... Y 52
Versin (Pl. L.).... Z 53
Victoria (Av.)..... Z 54
11-Novembre (Pl.).. V 56
15ᵉ-Corps (Av. du).. V 57

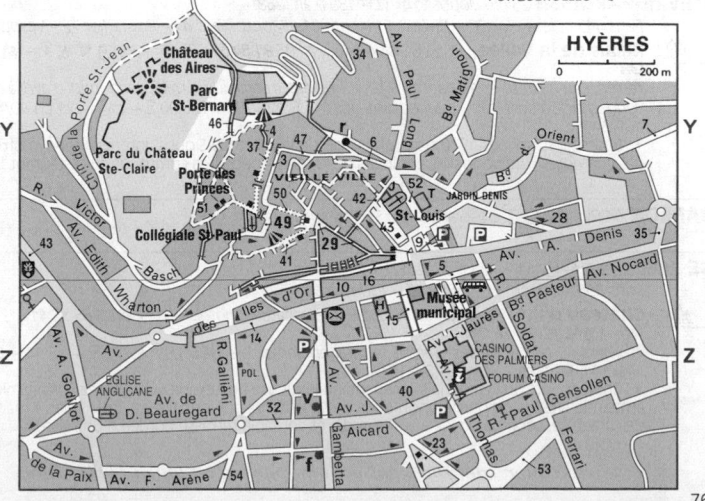

763

🏠 **Soleil** sans rest, r. Rempart 𝒫 04 94 65 16 26, soleil@hotel-du-soleil.fr, Fax 04 94 35 46 00
– 🔟 📞. 🖭 ⓞ 🔄 🔄. ⚡ Y r
22 ch ⛛ 51/84.
◆ Vieille maison de caractère juchée sur les hauteurs de la cité, près de la villa-musée des Noailles. Chambres étroites mais nettes ; salle des petits-déjeuners provençal.

XXX **Les Jardins de Bacchus**, 32 av. Gambetta 𝒫 04 94 65 77 63, santionijeanclaude@wana doo.fr, Fax 04 94 65 71 19, 🌳 – 🍽. 🖭 ⓞ 🔄 Z v
fermé dim. soir sauf juil.-août sam. midi et lundi – **Repas** 32/49, enf. 10 ⚡.
◆ Pause bachique au centre-ville : la salle aux airs d'atrium, ornée de fresques célébrant ce dieu rubicond, propose vins régionaux et cuisine inspirée... du terroir.

XX **Crèche Provençale**, 15 rte Toulon 𝒫 04 94 65 30 28, Fax 04 94 14 35 70 – 🍽.
🔄 V b
fermé 1er au 20 juil., 5 au 18 janv., sam. midi, mardi midi et lundi – **Repas** 27/60 ⅞.
◆ À la sortie de Hyères, cette discrète façade cache une salle à manger rustique avec murs en pierres apparentes et joli mobilier. La visite des Rois mages serait imminente...

X **Grand Large**, 46 av. Gambetta 𝒫 04 94 65 18 22, 🌳 – 🍽. 🔄 Z f
fermé janv., dim. soir et lundi. – **Repas** 20/27 ⅞.
◆ Charmante petite salle de restaurant toute simple, décorée sur le thème du "grand large". Belle terrasse ombragée. Cuisine axée sur les produits de la mer.

à Hyères-Plage Sud-Est : 5 km – **X** – ⊠ 83400 Hyères :

🏠 **Rose des Mers** sans rest, 3 allée E. Gérard 𝒫 04 94 58 02 73, rosemer@club-internet.fr, Fax 04 94 58 06 16, ≤, 🐎 – 🔟 🅿. 🖭 🔄 X k
15 mars-15 nov. – ⛛ 8 – **20 ch** 70/80.
◆ Petit hôtel familial "les pieds dans l'eau". Les chambres, simples, sont pourvues de balcons. Plage aménagée où des matelas sont gracieusement mis à disposition.

à La Capte Sud-Est : 8 km – ⊠ 83400 Hyères :

🏠 **Ibis Thalassa**, allée Mer 𝒫 04 94 58 00 94, h1559@accor-hotels.com, Fax 04 94 58 09 35, ≤, 🌳, 🎾, 🏊, 🐎, 🌿 – 🍽 🔟 📞 ♿ 🅿 – 🛎 20. 🖭 ⓞ 🔄. ⚡ rest X d
fermé 9 au 29 janv. – **Repas** (17) - 22, enf. 7,50 ⅞ – ⛛ 7,70 – **95 ch** 125 – ½ P 76/78.
◆ Sur le tombolo Est de Giens, hébergement couplé avec un centre de thalassothérapie. Chambres tournées sur le jardin et piscine d'eau de mer chauffée. Recettes diététiques au restaurant.

à La Bayorre Ouest : 2,5 km par rte de Toulon – ⊠ 83400 :

XXX **Colombe**, 𝒫 04 94 35 35 16, restaurant.lacolombe@libertysurf.fr, Fax 04 94 35 37 68, 🌳 – 🍽. ⓞ 🔄
fermé dim. soir hors saison, mardi midi en juil.-août, sam. midi et lundi – **Repas** 24/32 et carte 46 à 58.
◆ Au pied du massif des Maurettes, restaurant aux couleurs du Sud en parfait accord avec la cuisine régionale plaisante et copieuse. Belle terrasse d'été à l'arrière.

HYÈVRE-PAROISSE 25110 Doubs 321 I2 – 188 h alt. 288.
Paris 445 – Besançon 37 – Belfort 61 – Lure 51 – Montbéliard 44 – Pontarlier 72 – Vesoul 50.

🏨 **Relais de la Vallée**, 𝒫 03 81 84 46 46, Fax 03 81 84 37 52, 🌳 – 📶 🔟 📞 ♿ 🅿 – 🛎 20.
🔄
fermé 9 au 22 août et 19 déc. au 9 janv. – **Repas** (fermé lundi midi, vend. midi d'avril à oct., vend. d'oct. à avril, sam. midi et dim. soir) 13,50/26,70, enf. 6,90 ⅞ – ⛛ 7 – **21 ch** 40/45 – ½ P 37,20.
◆ Bâtisse des années 1970 dans un village de la vallée du Doubs. Intérieur rénové offrant des chambres fonctionnelles équipées de loggias. Spécialités comtoises au restaurant.

IBARRON 64 Pyr.-Atl. 342 C4 – rattaché à St-Pée-sur-Nivelle.

IGÉ 71960 S.-et-L. 320 I11 – 768 h alt. 265.
Paris 396 – Mâcon 14 – Cluny 13 – Tournus 34.

🏰 **Château d'Igé** ☞, 𝒫 03 85 33 33 99, ige@chateauxhotels.com, Fax 03 85 33 41 41, 🌳, 🌿 – 🔟 📞 🅿. 🖭 ⓞ 🔄
1er mars-30 nov. – **Repas** (fermé le midi en semaine sauf fériés) 35/72 ⅞ – ⛛ 14 – **8 ch** 141/146, 6 suites – ½ P 101,50/127.
◆ Château fort du Mâconnais aménagé en luxueuse hostellerie : vous ferez vos premières armes de châtelain bourguignon dans des chambres personnalisées. Trois salles à manger de caractère, véranda ouverte sur le jardin et agréable terrasse bordée d'un ruisseau.

Une réservation confirmée par écrit ou par fax est toujours plus sûre.

ILAY 39 Jura **321** F7 G. Jura – ✉ 39150 St-Laurent-en-Grandvaux.

Voir *Cascades du Hérisson*★★★.

🛈 *Office de tourisme, place Charles Thevenin à St-Laurent* ℰ 03 84 60 15 25, Fax 03 84 60 15 25.

Paris 439 – Champagnole 19 – Lons-le-Saunier 36 – Morez 22 – St-Claude 39.

🏠 **Auberge du Hérisson,** carrefour D 75-D 39 ℰ 03 84 25 58 18, *auberge@herisson.com,* Fax 03 84 25 51 11, 🎴 – 📺 **P.** 😄
5 fév.-2 nov. – **Repas** 15/40 ♀ – ☑ 7 – **16 ch** 30/55 – ½ P 39/47.
♦ Cette petite auberge familiale dont les chambres sont en grande majorité rénovées, jouxte les pittoresques cascades du Hérisson. Les deux salles à manger ont gardé l'allure campagnarde de la ferme de jadis. Cuisine franc-comtoise et vins du terroir.

ÎLE-AUX-MOINES 56780 Morbihan **308** N9 G. Bretagne – 610 h alt. 16.

Paris 474 – Vannes 15 – Auray 15 – Quiberon 46.

✕ **Les Embruns,** r. Commerce ℰ 02 97 26 30 86, Fax 02 97 26 31 94, 🎴 – 😄
fermé 1er au 15 oct., janv., fév. et merc. – **Repas** 16/23, enf. 7 ♀.
♦ Le charmant bourg de la plus grande île du golfe du Morbihan abrite ce sympathique bar-restaurant au cadre sans chichi. Cuisine simple influencée par le marché.

L'ÎLE BOUCHARD 37220 I.-et-L. **317** L6 G. Châteaux de la Loire – 1 764 h alt. 41.

Voir *Chapiteaux*★ *et Cathèdre*★ *dans le prieuré St-Léonard.*
Env. *Champigny-sur-Veude : vitraux*★★ *de la Ste-Chapelle*★ SO : 10,5 km.
🛈 *Office de tourisme, 16 place Bouchard* ℰ 02 47 58 67 75, Fax 02 47 58 67 75.
Paris 284 – Tours 45 – Châteauroux 118 – Chinon 16 – Châtellerault 49 – Saumur 42.

✕✕✕ **Auberge de l'Île,** ℰ 02 47 58 51 07, *aubergedelile@wanadoo.fr,* Fax 02 47 58 51 07, 🎴 – 😄
fermé janv., fév., mardi et merc. – **Repas** 24/49 et carte 37 à 56, enf. 10.
♦ Plaisante maison située sur une île ayant appartenu à Richelieu. Salle à manger décorée de toiles contemporaines, terrasse surplombant la Vienne et cuisine classique.

Dans ce guide

un même symbole, un même mot,
imprimé en **rouge** *ou en* **noir,** *en maigre ou en* **gras,**
n'ont pas tout à fait la même signification.
Lisez attentivement les pages explicatives.

ÎLE-D'AIX ★ 17123 Char.-Mar. **324** C3 G. Poitou Vendée Charentes – 186 h alt. 10.

Accès *par transports maritimes.*

🚢 *depuis la* **Pointe de la Fumée** *(2,5 km NO de Fouras) - Traversée 25 mn - Renseignements et tarifs à Société Fouras-Aix* ℰ 05 46 41 76 24, Fax 05 46 41 16 96.

🚢 *depuis* **La Rochelle** *- Service saisonnier - Traversée 1h 15 mn - Renseignements : Croisières Inter Îles,* ℰ 05 46 50 51 88 *(La Rochelle)* 🚢 *depuis* **Boyardville** *(Île d'Oléron) - Service saisonnier - Traversée 30 mn - Renseignements Inter Îles* ℰ 05 46 47 01 45, Fax 05 46 75 05 55 (Boyardville) – 🚢 *depuis* **La Tranche-sur-Mer** *- Service saisonnier - Traversée 2 h 30 mn - Renseignements et tarifs : Inter Îles* ℰ 02 51 27 43 04.

depuis **Sablanceaux** *- Service saisonnier - Agences Inter Îles de Sablonceaux - Renseignements et tarifs* ℰ 05 46 09 87 27, Fax 05 46 09 35 28 🚢 *depuis* **Fouras** *- Service permanent - Traversée 30 mn - Renseignements et tarifs* ℰ 05 46 84 60 50, Fax 05 46 84 53 83.

ÎLE-D'ARZ 56840 Morbihan **308** O9 G. Bretagne – 231 h alt. 25.

Accès *par transports maritimes.*

🚢 *depuis* **Barrarach et Conleau** *- Traversée 20 mn - Renseignements : le passeur de l'Île-d'Arz* ℰ 06 08 32 81 14, Fax 02 97 50 88 89 – 🚢 *depuis* **Vannes** *Service saisonnier - Traversée 30 mn - Renseignements : Navix S.A. Gare Maritime (Vannes)* ℰ 02 97 46 60 00, Fax 02 97 46 60 29.

ÎLE-DE-BATZ 29253 Finistère **308** G2 G. Bretagne – 575 h alt. 30.

Accès *par transports maritimes.*

🚢 *depuis* **Roscoff** *- Traversée 15 mn - Renseignements et tarifs : Cie Finistérienne de transports maritimes BP 10 - 29253 Île de Batz* ℰ 02 98 61 78 87, Fax 02 98 61 75 94.
🛈 *Syndicat d'initiative,* ℰ 02 98 61 75 70, Fax 02 98 61 75 85, *mairie.iledebatz@liberty.fr.*

ÎLE-DE-BRÉHAT ★ 22870 C.-d'Armor 309 D1 G. Bretagne – 421 h alt. 7.

Voir Tour de l'île★★ – Phare du Paon★ – Croix de Maudez ≤★ – Chapelle St-Michel ※★★ – Bois de la citadelle ≤★.

Accès par transports maritimes, pour **Port-Clos**.

≈ depuis la **Pointe de l'Arcouest** - Traversée 10 mn - Renseignements et tarifs : Vedettes de Bréhat ℘ 02 96 20 00 11, Fax 02 96 55 79 55 - ≈ depuis **St-Quay-Portrieux** - Service saisonnier - Traversée 1 h 15 mn - Renseignements et tarifs : OT St-Quay-Portrieux ℘ 02 96 70 40 64 – ≈ depuis **Binic** - Service saisonnier - Traversée 1 h 30 mn -Renseignements et tarifs :OT de Binic ℘ 02 96 73 60 12.

≈ depuis **Erquy** - Service saisonnier - Traversée 1 h 30 mn - Renseignements et tarifs :OT Erquy ℘ 02 96 72 30 12.

🖪 Syndicat d'initiative, Le Bourg ℘ 02 96 20 04 15, Fax 02 96 20 06 94, syndicatinitiative.brehat@wanadoo.fr.

🏛 **Bellevue** ⌂, Port-Clos ℘ 02 96 20 00 05, hotelbellevue.brehat@wanadoo.fr, Fax 02 96 20 06 06, ≤, 需, 🖙 – ▓ ⊺⊽. ⅏
fermé 18 nov. au 13 déc. et 5 janv. au 6 fév. – **Repas** 22,70/33,40, enf. 12,90 ♀ – ⌑ 10,50 – **17 ch** 91/107 – ½ P 83/91.
♦ Pimpante façade blanche voisine du débarcadère et abritant des chambres simples et bien tenues. Location de vélos sur place. Restaurant panoramique décoré de tableaux d'un artiste îlien ; table généreusement approvisionnée en produits fraîchement pêchés.

🏛 **Vieille Auberge** ⌂, au bourg ℘ 02 96 20 00 24, vieille-auberge.brehat@wanadoo.fr, Fax 02 96 20 05 12 – ⅏
Pâques-nov. – **Repas** 16/42, enf. 8,50 – ⌑ 8,50 – **14 ch** 100 – ½ P 80.
♦ On rejoint à pied cette ancienne maison de corsaires située au bourg : le patrimoine écologique de l'île mérite que l'on oublie sa voiture ! Chambres fonctionnelles. Cuisine de l'océan à déguster dans la salle ornée de filets de pêche ou dans la cour fleurie.

Dans ce guide
un même symbole, un même mot,
*imprimé en **rouge** ou en **noir**, en maigre ou en **gras**,*
n'ont pas tout à fait la même signification.
Lisez attentivement les pages explicatives.

ÎLE DE GROIX ★ 56590 Morbihan 308 K9 G. Bretagne.

Voir Site★ de Port-Lay – Trou de l'Enfer★.

Accès par transports maritimes pour **Port-Tudy** (en été réservation **recommandée** pour le passage des véhicules).

≈ depuis **Lorient** - Traversée 45 mn - Tarifs, se renseigner : Cie Morbi hannaise et Nantaise de Navigation, bd A.-Pierre ℘ 08 20 05 60 00, Fax 02 97 64 77 69.

≈ depuis **Doëlan** service saisonnier - Traversée 1h - Renseignements et tarifs : Vedettes Glenn ℘ 02 98 97 10 31, Fax 02 98 60 49 70.

🏛 **Marine**, au Bourg ℘ 02 97 86 80 05, hotel.dela.marine@wanadoo.fr, Fax 02 97 86 56 37, 需, 🖙 – ⅋⅋ ⅏
fermé janv., dim. soir et lundi hors saison sauf vacances scolaires – **Repas** 15/23, enf. 8 ♀ – ⌑ 8 – **22 ch** 36/78 – ½ P 45/63.
♦ À 5 mn à pied de l'embarcadère pour le continent, maison bourgeoise proposant des chambres simples bien tenues. Ambiance marine au bar où vous côtoierez des îliens. De jolis vaisseliers agrémentent la salle à manger rustique ; carte de poissons et crustacés.

🏛 **Ty Mad**, au port ℘ 02 97 86 80 19, Fax 02 97 86 50 79, 需, 🏊 – ⅋ ℙ. ⅋⅋ ⊚ ⅏. ⅏
hôtel : fermé janv. ; rest. : ouvert Pâques-nov. – **Repas** 16/39, enf. 9 – ⌑ 7 – **32 ch** 52/70 – ½ P 48.
♦ Une "bonne maison" (ty mad en breton) pour un séjour tonique et de détente : grande piscine au calme et location de vélos. Chambres de différents styles. Salle à manger campagnarde ; à la carte, spécialités du terroir et, en vedette, le homard.

ÎLE DE NOIRMOUTIER 85 Vendée G. Poitou Vendée Charentes.

Accès - par le pont routier au départ de Fromentine : passage gratuit.

- par le passage du Gois★★ : 4,5 km.
- pendant le premier ou le dernier quartier de la lune par beau temps (vents hauts) d'une heure et demie avant la basse mer, à une heure et demie environ après la basse mer.
- pendant la pleine lune ou la nouvelle lune par temps normal : deux heures avant la basse mer à deux heures après la basse mer.
- en toutes périodes par mauvais temps (vents bas) ne pas s'écarter de l'heure de basse mer.

L'Épine – *1 685 h alt. 2 –* ✉ *85740* .

Paris 463 – Nantes 79 – Cholet 134 – Noirmoutier-en-l'Île 4 – La Roche-sur-Yon 85.

🏨 **Punta Lara** ⬦, Sud : 2 km par D 95 et rte secondaire ✉ 85680 La Guérinière ℘ 02 51 39 11 58, puntalara@leshotelsparticuliers.com, Fax 02 51 39 69 12, ≤ l'Océan, 🏡, 🏊, ※ – ❤ 📠 – 🏛 15 à 100. 🝙 ⓞ 🄶🄱 🄹🄲🄱
9 avril-1ᵉʳ oct. – **Repas** 16,50 (déj.), 19,50/33 ♈ – 🍴 15,50 – **61 ch** 150/185 – ½ P 110,50/126,50.
♦ Au bois des Éloux, entre océan et marais salants, bungalows d'aspect vendéen abritant des chambres fraîches, toutes avec balcon ou terrasse face à l'Atlantique. La vaste salle de restaurant, sous une belle charpente en bois, s'ouvre sur la piscine.

L'Herbaudière – ✉ *85330 Noirmoutier-en-l'Île.*

Paris 469 – Nantes 85 – Cholet 140 – La Roche-sur-Yon 91.

✕✕ **Marine,** sur le port ℘ 02 51 39 23 09, Fax 02 51 39 23 09, 🏡, 🌳 – 🄶🄱
🍴 *fermé 1ᵉʳ au 24 oct., dim. soir, mardi soir et merc. sauf juil.-août* – **Repas** 13 (déj.), 22/46, enf. 10 ♈.
♦ Maison de pays face au port de pêche. Barre, lanternes, cuivres, bibelots et tableaux affirment l'ancrage maritime du décor. Terrasse côté jardin. Beaux produits de la mer.

Noirmoutier-en-l'Île – *5 001 h alt. 8 –* ✉ *85330* .

Voir *Collection de faïences anglaises* au château.*

🛈 Office de tourisme, 1 rue du Général Passaga ℘ 02 51 39 80 71, Fax 02 51 39 53 16, info@ile-noirmoutier.com.

Paris 464 – Nantes 80 – Cholet 135 – La Roche-sur-Yon 86.

🏨 **Fleur de Sel** ⬦, ℘ 02 51 39 09 07, contact@fleurdesel.fr, Fax 02 51 39 09 76, 🏡, 🏊, 🌳, ※ – ↩, 🍽 rest, 📺 ❤ & 📠 – 🏛 25. 🝙 🄶🄱
2 avril-1ᵉʳ nov. (fermé lundi midi et mardi midi sauf vacances scolaires) (19,50) - 24,50 (déj.), 32/44, enf. 15 ♈ – 🍴 10,30 – **35 ch** 120/145 – ½ P 93/109.
♦ Maison régionale aux chambres de style bateau (bois d'if, décor marin) ou "cosy" (pin ciré et tissus à rayures), en rez-de-jardin fleuri ou tournées vers le château. Le cadre du restaurant s'inspire de l'océan. Terrasse prisée. Cuisine au goût du jour.

🏨 **Général d'Elbée** sans rest, pl. Château ℘ 02 51 39 10 29, elbee@leshotelsparticuliers.com, Fax 02 51 39 08 23, 🏊, 🌳 – &, 🏛 15 à 20. 🝙 ⓞ 🄶🄱 🄹🄲🄱
1ᵉʳ avril-30 sept. – 🍴 12 – **27 ch** 112/145.
♦ Demeure historique du 18ᵉ s. Les chambres, aménagées comme autrefois, ont vue sur le port ; certaines jouissent du spectacle du château éclairé le soir.

🏨 **Les Douves** sans rest, 11 r. Douves (face au Château) ℘ 02 51 39 02 72, hotel-les-douves @wanadoo.fr, Fax 02 51 39 73 09, 🏊 – ↩ 📺 ❤ – 🏛 25. 🄶🄱
fermé janv. – 🍴 7,50 – **22 ch** 80/90.
♦ Place d'Armes, port et château sont à deux pas de ces chambres de conception moderne équipées de meubles en bois stratifié. Piscine aménagée sur l'arrière de la maison.

✕✕ **Grand Four,** 1 r. Cure (derrière le château) ℘ 02 51 39 61 97, info@legrandfour.com, Fax 02 51 39 61 97 – 🝙 🄶🄱
🍴 *fermé déc., janv., dim. soir et lundi hors saison* – **Repas** 17,50 bc/36,50 ♈.
♦ Bâtisse tapissée de vigne vierge. Cuisine de la mer servie au rez-de-chaussée décoré de fresques, tableaux et bibelots, ou à l'étage joliment rénové dans l'esprit marin.

✕✕ **Manoir,** 11A r. Douves ℘ 02 51 35 77 73, Fax 02 51 35 77 73 – 🄶🄱
fermé 24 nov. au 9 déc., 13 janv. au 4 fév., dim. soir et jeudi soir hors saison et lundi – **Repas** 17/35 ♈.
♦ Cette agréable salle de restaurant aux tons pastel offre une vue sur le château médiéval. Cuisine traditionnelle utilisant les produits de la mer et du terroir.

✕✕ **L'Étier,** rte L'Épine, Sud-Ouest : 1 km ℘ 02 51 39 10 28, Fax 02 51 39 23 00, ≤ – 📠. 🄶🄱
fermé janv. et lundi – **Repas** 13/32 ♈.
♦ Construction récente bordant l'étier de l'Arceau. Salle à manger sobrement rustique (le coin cheminée est réservé aux non-fumeurs) et agréable terrasse-véranda.

✕✕ **Côté Jardin,** 1 bis r. Grand Four (derrière le château) ℘ 02 51 39 03 02, Fax 02 51 39 24 46 – 🄶🄱
fermé 15 nov. au 15 fév., dim. soir, jeudi soir et lundi – **Repas** (13) - 16/36, enf. 8 ♈.
♦ Ce restaurant gaiement coloré propose son cadre champêtre : poutres et pierres apparentes. À l'étage, salle dans le même esprit, parquetée et plus claire. Plats traditionnels.

au Bois de la Chaize *Est : 2 km –* ✉ *85330 Noirmoutier.*

Voir *Bois*★.

Les Prateaux ⛱, ☏ 02 51 39 12 52, *les-prateaux@wanadoo.fr, Fax 02 51 39 46 28,* – TV ✆ ♿ P. ◑ GB. ⊗ ch
mi-fév.-mi-oct. – **Repas** *(fermé merc. midi et mardi)* 23/55 ♀ – ☕ 12 – **19 ch** 99/143 – ½ P 97/116.
◆ Proximité de la plage des Dames, calme de la pinède voisine et jardin fleuri sont les atouts de cet hôtel. Chambres au mobilier de style ou plus actuelles dans l'aile rénovée. Lumineux restaurant et terrasse sous les parasols ; cuisine classique et de la mer.

St-Paul ⛱, ☏ 02 51 39 05 63, *christian.buron@wanadoo.fr, Fax 02 51 39 73 98,* , , , – TV – 20 à 25. AE GB. ⊗ rest
15 mars-2 nov. – **Repas** *(fermé dim. soir et lundi de mi-sept. à mai)* 27/62 – ☕ 9 – **37 ch** 55/125, (en été : ½ pens. seul.) – ½ P 120.
◆ Bâtiment entouré d'un petit parc agrémenté d'arbustes et de massifs de fleurs. Mobilier de style ou rustique dans les chambres ; salon-bar chaleureux. Plats traditionnels et produits de la mer servis dans une salle cossue coiffée de poutres apparentes.

Les Capucines (annexe -11 ch), ☏ 02 51 39 06 82, *capucineshotel@aol.com, Fax 02 51 39 33 10,* , – TV ♿ P. GB
10 fév.-11 nov. et fermé merc. et jeudi en fév.-mars et oct.-nov. – **Repas** 15 (déj.), 21/34, enf. 9 ♀ – ☕ 7,50 – **21 ch** 82/85 – ½ P 58/74.
◆ Vers la plage des Dames, complexe hôtelier en constante évolution. Chambres pratiques et nettes ; celles de l'annexe offrent plus de confort et d'espace. Deux salles à manger au cadre moderne et terrasse dressée au bord de la piscine.

ÎLE DE PORQUEROLLES – ✉ 83400.

Accès *par transports maritimes.*

depuis **La Tour Fondue** *(presqu'île de Giens) - Traversée 40 mn - Renseignements et tarifs : Transport et Vision Sous-Marine ☏ 04 94 58 95 14, Fax 04 94 58 91 73 (La Tour Fondue) - Transports Maritimes et Terrestres du Littora l Varois (TLV) ☏ 04 94 58 21 81 (La Tour Fondue), Fax 04 94 58 91 73 – depuis* **Cavalaire** *- service saisonnier - Traversée 1h 40 mn ou* **Le Lavandou** *- service saisonnier - traversée 50 mn.*

Vedettes Iles d'Or 15 q. Gabriel-Péri ☏ 04 94 71 01 02 (Le Lavandou), Fax 04 94 71 78 95 depuis **Toulon** *- service saisonnier - Traversée 1h - Renseignements et tarifs : Transmed 2000 quai Kronstad ☏ 04 94 92 96 82 (Toulon), Fax 04 94 91 98 57.*

Mas du Langoustier ⛱, Ouest : 3,5 km du port ☏ 04 94 58 30 09, *langoustier@wanadoo.fr, Fax 04 94 58 36 02,* ≤, , , , – TV ✆ – 20 à 50. AE ◑ GB. ⊗
fin avril-début oct. – **Repas** 55/80 et carte 58 à 95 ♀ – ☕ 19 – **44 ch** (½ pens. seul.), 4 suites – ½ P 208/281.
◆ Chambres spacieuses et lumineuses dans un site sauvage dominant la mer, près de la pointe du Grand Langoustier. Transfert possible en hélicoptère depuis le continent. Au restaurant, cuisine du soleil revisitée avec brio et la "grande bleue" à perte de vue.
Spéc. Salade tiède de poulpe. Steak de thon rouge mi-cuit aux cinq épices. Hamburger de magret de canard aux cèpes et foie gras. **Vins** Ile de Porquerolles.

Villa Sainte Anne, pl. Armes ☏ 04 98 04 63 00, *courrier@sainteanne.com, Fax 04 94 58 32 26,* – ch, TV ✆ ♿ – 20. AE ◑ GB
fermé 1er nov. au 25 déc. et 3 janv. à fin fév. – **Repas** 19 (déj.), 24/32, enf. 10 ♀ – **25 ch** ☕ 205/250 – ½ P 127,50/145.
◆ Accueillante maison installée sur la vivante place du village. Chambres rénovées dans la partie ancienne ; elles sont neuves et plus grandes à l'annexe. Chaleureuse salle à manger et plaisante terrasse ombragée. Cuisine traditionnelle et produits de la mer.

ÎLE DE PORT-CROS ★★★ *83400 Var* 340 N7 *G. Côte d'Azur.*

Accès *par transports maritimes.*

depuis **Le Lavandou** *- Traversée 35 mn - Renseignements et tarifs : Vedettes Iles d'Or 15 quai Gabriel-Péri ☏ 04 94 71 01 02 (Le Lavandou), Fax 04 94 71 78 95 depuis* **Cavalaire** *- Traversée 45 mn - Renseignements et tarifs : voir ci-dessus – depuis le* **Port de la Plage d'Hyères** *- Traversée 1 h - Renseignements et tarifs : Transports et Vision Sous-Marine (TVM) ☏ 04 94 58 95 14, Fax 04 94 58 91 73.*

Manoir ⛱, ☏ 04 94 05 90 52, *lemanoir-portcros@wanadoo.fr, Fax 04 94 05 90 89,* ≤, , , – ✆ – 15. GB. ⊗ ch
10 avril-3 oct. – **Repas** 43/53 – ☕ 13 – **18 ch** (½ pens. seul.), 4 duplex – ½ P 150/195.
◆ Pour les amoureux de calme et de nature... Cette jolie maison du 19e s. entourée d'un parc jouit en effet d'une situation idyllique dans une île protégée. Restaurant et terrasse regardent les voiliers ancrés dans la rade de Port-Cros ; cuisine régionale.

ÎLE DE RÉ ★ *17 Char.-Mar.* **324** B2 *G. Poitou Vendée Charentes.*

Accès par le pont routier (voir à La Rochelle).

Ars-en-Ré – *1 294 h alt. 4* – ⊠ *17590* .

🛈 *Office de tourisme, place Carnot* ℰ *05 46 29 46 09, Fax 05 46 29 68 30, ot-arsenre@wanadoo.fr.*

Paris 506 – La Rochelle 34 – Fontenay-le-Comte 85 – Luçon 75.

Sénéchal sans rest, 6 r. Gambetta ℰ *05 46 29 40 42, hotel.le.senechal@wanadoo.fr, Fax 05 46 29 21 25* – 📞. **GB**
15 fév.-12 nov. et 20 déc.- 2 janv. – 🖵 *8* – **18** ch 55/160.
♦ Ce vieil hôtel rétais propose des chambres rénovées, agrémentées de pierres blanches, de boiseries claires et de tissus colorés. Profitez également de l'agréable patio.

Martray sans rest, Le Martray, Est : 3 km par D 735 ℰ *05 46 29 40 04, hotellemartray@aol.com, Fax 05 46 29 41 19* – 📺 📞 🅿. 🄰🄴 ⓞ **GB**
1er mars-14 nov. – 🖵 *8* – **14** ch 60/90.
♦ Cette construction de style régional est située à deux pas de la plage. Vous poserez votre valise dans une chambre meublée sans luxe, mais fort bien tenue.

Parasol, Nord-Ouest : 1 km par rte phare des Baleines ℰ *05 46 29 46 17, Fax 05 46 29 05 09,* 🏦, 🛝 – cuisinette 🔲 📺 📞 🅿. **GB**. ⚡ ch
mi-mars-4 nov. – **Repas** 21/37 ⚱ – 🖵 *7* – **9** ch 37/73, 20 studios – ½ P 64.
♦ Cinq petits bâtiments récents dans un environnement verdoyant. Chambres sobrement décorées, mais rajeunies et dotées d'une literie neuve. Studios avec cuisinette. De grands pins remplacent avantageusement les parasols pour ombrager la terrasse du restaurant.

Bistrot de Bernard, 1 quai Criée ℰ *05 46 29 40 26, bistrot.de.bernard@wanadoo.fr, Fax 05 46 29 28 99,* 🏦 – **GB**
fermé 11 nov. au 20 déc., 6 janv. au 15 fév., lundi et mardi d'oct. à mars – **Repas** (16) - 22/ 30 ⚱.
♦ La cour fleurie donne un air colonial à ce restaurant aménagé, sis dans une demeure rétaise ancienne. Sculptures en bronze et cadres en mosaïque agrémentent la salle à manger.

Cabane du Fier, Le Martray, Est : 3 km par D 735 ℰ *05 46 29 64 84, Fax 05 46 29 64 84,* ⩽, 🏦 – 🅿. **GB**
15 mars-début nov. et fermé mardi soir et merc. hors saison – **Repas** carte 26 à 42 ⚱.
♦ Construction en bois adossée à une cabane d'ostréiculteur. Salle au décor marin et terrasse orientée vers le Fier d'Ars. Produits de la mer suggérés sur l'ardoise du jour.

Côté Quai, ℰ *05 46 29 94 94, cotequai@wanadoo.fr, Fax 05 46 29 08 20,* 🏦 – 🔲. **GB**
fermé 15 nov. au 15 déc. et janv. – **Repas** 22/25.
♦ Ce sympathique bistrot au plaisant cadre marin offre une vue sur les cuisines où se mitonnent d'appétissants plats traditionnels. Agréable "terrassette" dressée face au port.

Le Bois-Plage-en-Ré – *2 235 h alt. 5* – ⊠ *17580* .

🛈 *Office de tourisme, 87 rue des Barjottes ℰ 05 46 09 23 26, Fax 05 46 09 13 15, office-de-tourisme.le.bois.plage@wanadoo.fr.*

Paris 494 – La Rochelle 23 – Fontenay-le-Comte 74 – Luçon 64.

Les Bois Flottais 🦢 sans rest, chemin des Mouettes ℰ *05 46 09 27 00, lesboisflottais@wanadoo.fr, Fax 05 46 09 28 00,* 🍸 – 📺 📞 🅃 🅿. 🄰🄴 **GB**
fermé 20 nov. au 20 déc. et 4 janv. au 20 fév. – 🖵 *12* – **10** ch 95.
♦ Hôtel neuf, dans le style insulaire. Chambres de plain-pied avec la piscine. Murs blancs, sol en tomettes, lambris et bibelots marins y composent un charmant décor.

L'Océan, 172 r. St-Martin ℰ *05 46 09 23 07, ocean@iledere.com, Fax 05 46 09 05 40,* 🏦, 🌿 – 📺 📞 🅿. 🄰🄴 **GB**. ⚡ ch
fermé au 5 fév. – **Repas** (fermé merc. sauf vacances scolaires) 22/32, enf. 10 ⚱ – 🖵 *10* – **24** ch 70/120 – ½ P 66/90.
♦ Maisons aux murs chaulés disposées autour d'une cour intérieure. Bois blond, courtepointes et tissus brodés recréent le charme si particulier des habitations rétaises. Parquet et lambris blanc décorent le restaurant. Terrasse prolongée par une cour-jardin.

Gollandières, av. des Gollandières ℰ *05 46 09 23 99, hotel-les-gollandieres@wanadoo.fr, Fax 05 46 09 04 84,* 🏦, 🍸, 🌿 – 📺 🅿 – 🔬 15 à 60. 🄰🄴 ⓞ **GB**
1er mars-12 nov. – **Repas** 17,50 (déj.), 36/69, enf. 12 ⚱ – 🖵 *11* – **35** ch 98/115 – ½ P 89/98.
♦ Derrière les dunes, établissement disposant de petites chambres réparties autour de deux patios. Agréable piscine. Salle à manger au décor sagement rustique prolongée par une véranda et paisible terrasse incitant à prolonger le repas.

La Couarde-sur-Mer – *1 179 h alt. 1 –* ✉ *17670* .

🚹 *Office de tourisme, rue Pasteur* 🕿 *05 46 29 82 93, Fax 05 46 29 63 02, office-de-tourisme-la-couarde@wanadoo.fr.*

Paris 497 – La Rochelle 26 – Fontenay-le-Comte 76 – Luçon 66.

🏨 **Vieux Gréement** sans rest, 13 pl. Carnot 🕿 05 46 29 82 18, *hotelvieuxgreement@wanadoo.fr*, Fax 05 46 29 50 79 – 📺 ✆ ৬. 🆎
fermé 6 janv. au 1er avril – ☷ 8 – **16 ch** 61/96.

♦ Sur la place du village, vénérable pension de famille rénovée disposant de chambres personnalisées. Huîtres et tartines gourmandes pour une petite pause repas sans chichi.

La Flotte – *2 737 h alt. 4 –* ✉ *17630* .

🚹 *Office de tourisme, quai de Sénac* 🕿 *05 46 09 60 38, Fax 05 46 09 64 88, ot.la.flotte@wanadoo.fr.*

Paris 489 – La Rochelle 17 – Fontenay-le-Comte 68 – Luçon 58.

🏨 **Richelieu** ᯤ, av. Plage 🕿 05 46 09 60 70, *info@hotel-le-richelieu.com*, Fax 05 46 09 50 59, ≤, 佘, ᰢ, *f₆*, ᾀ, ᾟ, 粦 – 🖥 📺 ✆ ৬. 🅿 – 🔬 60. 🆎 🆎
fermé 5 janv. au 5 fév. – **Repas** 50/65 et carte 68 à 87 ℤ – ☷ 20 – **37 ch** 340/380, 3 suites – ½ P 140/305.

♦ Luxueuses chambres dotées de meubles de style au bord de l'océan. Les plus agréables possèdent une vaste terrasse face au large. Centre de thalassothérapie. Les baies du restaurant s'ouvrent sur le jardin et l'Atlantique ; cuisine classique soignée.
Spéc. Homard grillé au beurre de corail. Trilogie de Saint-Jacques. Filet de Saint-Pierre à la plancha. **Vins** Vins de l'Ile de Ré, Fiefs Vendéens.

🛋 **Hippocampe** sans rest, r. Château des Mauléons 🕿 05 46 09 60 68 – 🆎
☷ 5 – **12 ch** 35/50.

♦ Maison régionale construite en 1927. Les chambres, petites et un brin monocales, bénéficient d'aménagements récents : literie neuve, peintures et papiers peints refaits.

Les Portes-en-Ré – *661 h alt. 4 –* ✉ *17880* .

ⓣ *de Trousse-Chemise* 🕿 *05 46 29 69 37, S : 3 km par D 101.*

🚹 *Office de tourisme, 52 rue de Trousse-Chemise* 🕿 *05 46 29 52 71, Fax 05 46 29 52 81, office-tourisme-lesportesenre@wanadoo.fr.*

Paris 514 – La Rochelle 43 – Fontenay-le-Comte 93 – Luçon 83.

🍴🍴 **Auberge de la Rivière,** Ouest : 1 km sur D 101 🕿 05 46 29 54 55, *Fax 05 46 29 40 32,* 佘 – 🅿. 🆎
fermé 20 nov. au 15 déc., janv., mardi et merc. hors saison, merc. midi et lundi midi en juil.-août – **Repas** 30/63, enf. 10 ℤ.

♦ Maison contemporaine d'allure traditionnelle proche du bois de Trousse-Chemise joliment chanté par Aznavour. Salle à manger élégante et lumineuse ; menus soignés.

🍴 **Chasse-Marée,** 1 r. J. David 🕿 05 46 29 52 03, *restaurant.le.chasse-maree@wanadoo.fr,* Fax 05 46 28 00 91, 佘 – 🆎
fermé 13 nov. au 26 déc., 3 janv. au 27 mars, dim. soir et lundi hors saison – **Repas** 23/43.

♦ Murs de pierre, poutres apparentes, cheminée, tableaux aux couleurs vives et mobilier ancien caractérisent ce restaurant installé au coeur du village. Carte dédiée au poisson.

Rivedoux-Plage – *1 754 h alt. 2 –* ✉ *17940* .

🚹 *Office de tourisme, place de la République* 🕿 *05 46 09 80 62, Fax 05 46 09 80 62, office-de-tourisme-rivedoux@wanadoo.fr.*

Paris 483 – La Rochelle 12 – Fontenay-le-Comte 63 – Luçon 53.

🏨 **Auberge de la Marée** sans rest, rte St-Martin 🕿 05 46 09 80 02, *auberge.delamaree@wanadoo.fr*, Fax 05 46 09 88 25, ᾟ, 粦 – 📺 ৬. ☜ 🅿 – 🔬 20. 🆎
3 avril-11 nov. – ☷ 11 – **30 ch** 88/170.

♦ Les chambres les plus agréables bénéficient de terrasses et s'ouvrent sur la roseraie et la piscine. Les autres sont rajeunies et offrent parfois une vue sur le petit port.

🍴 **Auberge de la Marée,** rte St-Martin 🕿 05 46 35 39 44, *Fax 05 46 09 15 81* – 🆎
fermé 12 au 31/01, dim. soir, mardi soir, merc. du 1/11 au 13/04 et mardi midi du 14/04 au 1/11 – **Repas** (15) - 28/45, enf. 10.

♦ Réservez de préférence une table près des baies de ce restaurant au décor "seventies" pour profiter du panorama sur les flots, le pont et le continent. Vivier à homards.

St-Clément-des-Baleines – *728 h alt. 2* – ⊠ *17590* .

Voir *L'Arche de Noé (parc d'attractions)* : *Naturama*★ *(collection d'animaux naturalisés) – Phare des Baleines* ☀ ★ *N : 2,5 km.*

🛈 *Office de tourisme, 200 rue du Centre* ℰ *05 46 29 24 19, Fax 05 46 29 08 14, off-detourisme.saintclementdesbaleines@wanadoo.fr.*

Paris 509 – La Rochelle 38 – Fontenay-le-Comte 89 – Luçon 79.

🏨 **Chat Botté** sans rest, 2 pl. Église ℰ *05 46 29 21 93, Fax 05 46 29 29 97,* 🐎 – 📺 🅿. ① GB

fermé 24 nov. au 19 déc. et 5 janv. au 10 fév. – ☞ 8,50 – **19 ch** 85/110.
♦ Charmant hôtel dont le décor intérieur privilégie le bois, de jolis tons pastel et des meubles anciens. Plaisante salle des petits-déjeuners ; l'été, on sert en terrasse.

🍴 **Chat Botté,** r. Mairie ℰ *05 46 29 42 09, restaurant-lechatbotte@wanadoo.fr, Fax 05 46 29 29 77,* 😊 , 🐎 – 🆎 ① GB

fermé 1er déc. au 1er fév. et lundi du 15 sept. au 15 juin – **Repas** 22,50/61 et carte 40 à 60 ⟐.
♦ L'enseigne tire son nom du "Chabot", l'un des cinq hameaux qui composent le village. Confortable salle à manger au cadre marin, largement ouverte sur un agréable jardin.

St-Martin-de-Ré – *2 637 h alt. 14* – ⊠ *17410* .

Voir *Fortifications*★ .

🛈 *Office de tourisme, quai Nicolas Baudin* ℰ *05 46 09 20 06, Fax 05 46 09 06 18, ot.st-.martin@wanadoo.fr.*

Paris 493 – La Rochelle 22 – Fontenay-le-Comte 72 – Luçon 62.

🏨 **Clos St-Martin** sans rest, 8 cours Pasteur ℰ *05 46 01 10 62, hotelclos-saintmartin@wanadoo.fr, Fax 05 46 01 99 89,* ⊠ – 🛗 📶 📺 📞 & 🅿. 🆎 ① GB
fermé 6 au 16 déc. et 9 janv. au 3 fév. – ☞ 12 – **28 ch** 95/135.
♦ Bâtisse neuve à une encablure du port. Les chambres, parfois de plain-pied avec la piscine, sont sobrement décorées : mobilier blanc, murs clairs, tomettes ou moquette au sol.

🏨 **Jetée** sans rest, quai G. Clemenceau ℰ *05 46 09 36 36, lajetee@multi-micro.com, Fax 05 46 09 36 06* – 🛗 📺 & 🚗 – 🏬 25. 🆎 GB
☞ 7,50 – **30 ch** 105.
♦ Face au port, construction récente bien intégrée au site. Toutes les chambres, égayées de tons chaleureux, s'ordonnent autour d'un patio baigné de lumière.

🏨 **Galion** sans rest, allée Guyane ℰ *05 46 09 03 19, hotel.le.galion@wanadoo.fr, Fax 05 46 09 13 26,* ≤ – 📺 📞 & 🚗. GB JCB
☞ 8 – **29 ch** 75/100.
♦ Les remparts de Vauban protègent l'hôtel des humeurs de l'océan. Chambres actuelles et bien tenues, donnant presque toutes sur le large ou sur le patio. Salon asiatique.

🏨 **Maison Douce** 🦋 sans rest, 25 r. Mérindot ℰ *05 46 09 20 20, lamaisondouce@wanadoo.fr, Fax 05 46 09 90 90,* 🐎 – 📺 📞. 🆎 GB. 🌿
fermé 12 nov. au 26 déc. et 6 janv. au 15 fév. – ☞ 13 – **11 ch** 115/150.
♦ Typique maison rétaise (19e s.) au coeur de la cité fortifiée. Ravissantes chambres pastel et salles de bains "rétro" ; jolie cour-jardin où l'on sert le petit-déjeuner.

🏨 **Port** sans rest, 29 quai Poithevinière ℰ *05 46 09 21 21, iledere-hot.port@wanadoo.fr, Fax 05 46 09 06 85* – 📺. GB
☞ 7 – **35 ch** 63/85.
♦ C'est le quartier animé de St-Martin-de-Ré. Établissement proposant des chambres colorées, meublées simplement. Certaines bénéficient de la vue sur le port.

🏨 **Colonnes,** 19 quai Job-Foran ℰ *05 46 09 21 58, info@hotellescolonnes.com, Fax 05 46 09 21 49,* ≤, 😊 – 🛗 📺 🅿. GB
fermé 12 déc. au 4 fév. – **Repas** *(fermé merc.)* 25,50/39,50 ⟐ – ☞ 7,50 – **30 ch** 87 – ½ P 75.
♦ Cette construction de style régional possède en façade une terrasse où règne une chaleureuse ambiance. Chambres nettes, un brin provençales, côté port ou côté cour. Salle à manger immaculée égayée par des tableaux. On y sert, sans façon, une cuisine du large.

Ste-Marie-de-Ré – *2 655 h alt. 9* – ⊠ *17740* .

🛈 *Office de tourisme, place d'Antioche* ℰ *05 46 30 22 92, Fax 05 46 30 01 68, mairie-sainte-marie@mairie-sainte-marie-de-re.fr.*

Paris 486 – La Rochelle 15 – Fontenay-le-Comte 66 – Luçon 55.

🏨 **Atalante** 🦋 , ℰ *05 46 30 22 44, iledere@relaisthalasso.com, Fax 05 46 30 13 49,* ≤, 🛁, ⊠, 🍴, 🐎 – 📺 & 🅿 – 🏬 80. 🆎 ① GB. 🌿 rest
fermé 1er au 15 déc. – **Repas** 19/30 ⟐ – ☞ 10 – **65 ch** 104/300 – ½ P 96,50/128,50.
♦ Face à l'océan, hôtel disposant de chambres actuelles mais dotées de meubles "seventies" ; salles de bains rénovées. Accès direct au centre de thalassothérapie voisin. La salle à manger-véranda est une vraie fenêtre sur le spectacle de l'Atlantique.

ÎLE DE SEIN 29990 Finistère **308** B6 G. Bretagne – 242 h alt. 14.

    ⌖ Transports uniquement piétons - ⌖ depuis **Brest** (saisonnier) - Traversée 1 h 30 mn - Renseignements et tarifs : Cie Maritime Penn Ar Bed (Brest) 🖉 02 98 80 80 80, Fax 02 98 44 75 43 – ⌖ depuis **Audierne** (toute l'année) Traversée 1 h - Renseignements et tarifs : voir ci-dessus.

    ⌖ depuis **Camaret** (saisonnier) Traversée 1 h - Renseignements et tarifs : voir ci-dessus.

🏠   **Ar Men** ⌖, rte Phare 🖉 02 98 70 90 77, hotel.armen@wanadoo.fr, Fax 02 98 70 93 25, ⇐
🖼   – 🍴, **GB**
    fermé 27 sept. au 19 oct. et 10 au 25 janv. – **Repas** (fermé dim. soir et merc.) 18/24 – ☲ 6,50 – **10** ch 49/64 – ½ P 46/53,50.
    ◆ Charmante étape insulaire en cet hôtel familial reconnaissable à sa façade rose. Les chambres, petites et joliment rénovées, regardent toutes l'océan. Salon-bibliothèque. Salle à manger et cuisine en parfaite harmonie : simples et tournées vers le large.

ÎLE D'HOUAT 56 Morbihan **308** N10 G. Bretagne – 335 h alt. 31 – ⊠ 56170 Quiberon.
    Voir Le Bourg ⇐★.
    Accès par transports maritimes.

    ⌖ depuis **Quiberon -** Traversée 40 mn - Renseignements et tarifs : Cie Morbihannaise et Nantaise de Navigation 🖉 0820 056 000 (Quiberon), Fax 02 97 50 11 40 depuis **La Trinité-sur-Mer** (juil.-août)Traversée 1h-Navix : cours des quais 🖉 02 97 55 81 00.

🏠   **Sirène** ⌖, 🖉 02 97 30 66 73, Fax 02 97 30 66 94, 🌤 – 🍴 ✆, 🖭 **GB**, ⚘
    avril-oct. – **Repas** 20/31 – **24** ch (½ pens. seul.) – ½ P 73/80.
    ◆ Au centre du bourg, un hôtel familial où l'amabilité de l'accueil, les chambres pratiques et insonorisées vous promettent un agréable séjour. Salle à manger prolongée d'une terrasse où l'on sert une cuisine au registre classique.

ÎLE D'OLÉRON ★ 17 Char.-Mar. **324** C4 G. Poitou Vendée Charentes.
    Accès par le pont viaduc : passage gratuit.

Boyardville – ⊠ 17190 St-Georges-d'Oléron.
    🏌 d'Oléron à St-Pierre-d'Oléron 🖉 05 46 47 11 59, S : 2 km par D 126.
    Paris 517 – La Rochelle 82 – Marennes 24 – Rochefort 45 – Saintes 65.

🍴   **Bains** avec ch, au port 🖉 05 46 47 01 02, hotel.des.bains@net-up.com, Fax 05 46 47 16 90, 🌤 – 🍴. **GB**. ⚘ ch
    20 mai-19 sept. – **Repas** (fermé merc. du 26 mai au 7 juil. et merc. midi du 14 juil. au 15 sept.) (½ pens. seul. en juil.-août) 17/31,50, enf. 10 – ☲ 6,10 – **11** ch 31,50/49 – ½ P 47/53.
    ◆ Pierre apparente, cuivre et mobilier rustique composent un décor de caractère dans cette salle à manger dont les fenêtres ouvrent sur le quai du port. Chambres simples.

La Brée-les-Bains – 760 h alt. 5 – ⊠ 17840 .
    🛈 Office de tourisme, 20 rue des Ardillières 🖉 05 46 47 96 73, Fax 05 46 75 96 73, otlabree@aol.com.
    Paris 531 – La Rochelle 90 – Marennes 32 – Rochefort 53 – Royan 63.

🏠   **Chaudrée**, 7 pl. Pasteur 🖉 05 46 47 81 85, hotel.la.chaudree@wanadoo.fr, Fax 05 46 75 73 99, 🌤, 🏊 – 🍽 rest, 🖭 ⚙. **GB**
    1ᵉʳ avril-30 sept. – **Repas** (fermé mardi sauf vacances scolaires) 11 (déj.), 17,50/24, enf. 7,50 🍷 – ☲ 6,60 – **17** ch 66/79 – ½ P 54/61.
    ◆ Proche de la plage, maison centenaire entièrement rénovée disposant de chambres actuelles et agréablement colorées ; certaines donnent sur la cour intérieure et la piscine. Confortable salle à manger aux tons marins. Produits régionaux et de la pêche.

La Cotinière – ⊠ 17310 St-Pierre-d'Oléron.
    Paris 522 – La Rochelle 80 – Marennes 22 – Rochefort 44 – Royan 54 – Saintes 63.

🏠   **Motel Ile de Lumière** ⌖ sans rest, av. Pins 🖉 05 46 47 10 80, ile.de.lumiere@wanadoo.fr, Fax 05 46 47 30 87, ⇐, 🛁, 🏊, 🌳, ⚘ – cuisinette 🖭 🅿. **GB**
    9 avril-fin sept. – **45** ch ☲ 93/118.
    ◆ Hôtel composé de plusieurs pavillons disséminés parmi les dunes, face à l'océan. Les grandes chambres sont tournées vers les flots ou le jardin ; certaines sont rénovées.

🏠   **Face aux Flots** ⌖, 🖉 05 46 47 10 05, face.aux.flots@wanadoo.fr, Fax 05 46 47 45 95, ⇐, 🏊 – 🍴 ✆ ⚙. 🖭 **GB**
    fermé 12 nov. au 10 fév. sauf vacances de Noël – **Repas** (dîner seul.) (résidents seul.) – **21** ch 78 – ½ P 60/72.
    ◆ Sur le rivage, construction des années 1960 aux abords fleuris. Les chambres, insonorisées et meublées simplement, bénéficient d'une récente cure de jouvence.

Dolus d'Oléron – *2 723 h alt. 7 – ⊠ 17550.*

🛈 *Office de tourisme, place de l'Hôtel de Ville ℘ 05 46 75 32 84, Fax 05 46 75 63 60, office-de-tourisme-dolus-oleron@wanadoo.fr.*

Paris 511 – La Rochelle 75 – Marennes 17 – Rochefort 39 – Saintes 58.

à la Rémigeasse *ouest : 2 km par rte secondaire – ⊠ 17550 Dolus d'Oléron :*

🏰🏰 **Grand Large** ⚘, à la Plage ℘ 05 46 75 77 77, *contact@le-grand-large.fr,* Fax 05 46 75 49 15, ≤, 🔲, ☂, ✕ – 🔟 ✇ 🅿. ⅍ ⒼⒷ. ⅋ rest
1er mars-15 nov. – **Repas** *(dîner seul. sauf en été et week-ends)* 23/56 ⚲ – ⊑ 10 – **24 ch** 70/160, 4 suites – ½ P 68/113.
◆ Superbe emplacement dans les dunes pour cette construction des années 1970 offrant un accès direct à la plage. Spacieuses chambres refaites dans un style sobre. Cuisine marine servie dans une salle à manger dont les baies vitrées s'ouvrent sur le grand large.

St-Pierre-d'Oléron – *5 944 h alt. 8 – ⊠ 17310.*

Voir *Église* ⚘ ★.

🛈 *Office de tourisme, place Gambetta ℘ 05 46 47 11 39, Fax 05 46 47 10 41, office-tourisme-saint-pierre-oleron@wanadoo.fr.*

Paris 522 – La Rochelle 80 – Marennes 22 – Rochefort 44 – Royan 54 – Saintes 63.

✕ **Les Alizés,** 4 r. Dubois-Aubry ℘ 05 46 47 20 20, *Fax 05 46 47 20 20* – ⒼⒷ
⅋ *fermé mi-nov. à mi-déc., mi-janv. à début mars, mardi et merc. sauf juil.-août et fériés* – **Repas** 15/30, enf. 9.
◆ Salle à manger printanière décorée avec des rideaux aux motifs fruitiers. À la belle saison, les tables sont dressées dans un patio calme et plaisant. Cuisine de la mer.

St-Trojan-les-Bains – *1 624 h alt. 5 – ⊠ 17370.*

🛈 *Office de tourisme, Carrefour du Port ℘ 05 46 76 00 86, Fax 05 46 76 17 64, ot-st-trojan-les-bains@wanadoo.fr.*

Paris 509 – La Rochelle 74 – Marennes 16 – Rochefort 38 – Royan 47 – Saintes 57.

🏰🏰 **Novotel** ⚘, plage de Gatseau, Sud : 2,5 km ℘ 05 46 76 02 46, *h0417@accor-hotels.com,* Fax 05 46 76 09 33, ≤, ☂, ⚘, 🝔, ✕ – 🔌 ⅙, ▤ ch, 🔟 ✇ ♿ 🅿 – 🔏 25. ⅍ ⓞ ⒼⒷ. ⅋ rest
fermé 28 nov. au 19 déc. – **Repas** *(18)* - 26, enf. 11 ⚲ – ⊑ 12 – **80 ch** 145/162 – ½ P 105/115.
◆ À Gatseau, quand le soleil illumine plages et forêts, on se croirait sous les tropiques ! Établissement moderne et confortable, équipé d'un centre de thalassothérapie. Restaurant panoramique face à l'océan ; en saison, les pins embaument la terrasse.

🏰 **Forêt** ⚘, bd P. Wiehn ℘ 05 46 76 00 15, *laforet.oleron@wanadoo.fr,* Fax 05 46 76 14 67, ≤, ☂, 🔲, ☂ – 🔌, ▤ rest, 🔟 🅿. ⒼⒷ
10 avril-30 sept. – **Repas** 15/24 ⚲ – ⊑ 8 – **43 ch** 61/100 – ½ P 53/79.
◆ Belle situation isolée. Chambres sobres bénéficiant de la vue sur la forêt de pins ou sur l'océan et la côte saintongeaise. Agréable piscine, jacuzzi, location de vélos. Grande salle à manger au cadre actuel ; beau panorama sur le pont-viaduc et le continent.

🏰 **L'Albatros** ⚘, 11 bd Dr Pineau ℘ 05 46 76 00 08, *Fax 05 46 76 03 58,* ≤, ☂ – ▤ rest, 🔟 ✇ ♿ 🅿. ⒼⒷ
14 fév.-4 nov. – **Repas** *(24)* - 35 – ⊑ 8 – **13 ch** 52/74 – ½ P 58/69.
◆ Le calme de cet hôtel situé au bord de l'océan est à peine troublé par le bruit des vagues. Petites chambres simples mais progressivement rénovées. Restaurant au cadre marin et terrasse dominent l'Atlantique ; poissons et fruits de mer au gré des arrivages.

🏰 **Homard Bleu,** 10 bd Félix Faure ℘ 05 46 76 00 22, *Fax 05 46 76 14 95,* ≤, ☂ – 🔟 ✇. ⅍ ⓞ ⒼⒷ
fermé 1er nov. au 22 déc., 2 janv. au 15 fév., mardi et merc. du 25 sept. à Pâques – **Repas** 16,50/58, enf. 11 – ⊑ 7,50 – **20 ch** 55/64 – ½ P 61,50/65.
◆ Sur la route côtière, chambres fonctionnelles, bien aménagées et insonorisées ; la moitié d'entre elles offre une vue sur l'océan. Salle à manger-véranda tournée vers le port et le continent. La cuisine traditionnelle s'enrichit de l'environnement marin.

✕ **Belle Cordière,** 76 r. République ℘ 05 46 76 12 87, *Fax 05 46 75 24 74,* ☂ – ▤. ⒼⒷ
⅋ *fermé 11 au 31 janv., lundi et mardi sauf juil.-août* – **Repas** 12/24, enf. 10 ⚲.
◆ Maison régionale située dans une ruelle proche de l'église. Accueil familial, cadre marin, tables simplement dressées, cuisine du marché, poissons et spécialités du cru.

ÎLE D'OUESSANT *29242 Finistère* 🮗🮗🮗 *A4 G. Bretagne.*

⛴ *Transports uniquement piétons - depuis* **Brest** *- Traversée 2 h 15 mn - Renseignements et tarifs : Cie Maritime Penn Ar Bed (Brest) ℘ 02 98 80 80 80, Fax 02 98 44 75 43 –* ⛴ *depuis* **Le Conquet** *- Traversée 1 h - Renseignements et tarifs : voir ci-dessus –* ⛴ *depuis* **Camaret** *(uniquement mi juillet-mi août)- Traversée 1 h 15 mn - Renseignements et tarifs : voir ci-dessus.*

Roc'h-Ar-Mor, au bourg de Lampaul ☎ 02 98 48 80 19, *roch.armor@wanadoo.fr, Fax 02 98 48 87 51*, ≤, – |‡| TV ☎ ♿. GB. rest
fermé 22 nov. au 13 déc. et 3 janv. au 6 fév. – **Repas** *(fermé dim. soir et lundi)* (résidents seul.) 15/46, enf. 6,80 – 8,50 – **15 ch** 52,50/82,50 – ½ P 52,50/63.
◆ Le dernier hôtel avant l'Amérique ! Chambres sobres mais bien rénovées ; certaines bénéficient d'une agréable vue sur la baie de Lampaul. Salle à manger panoramique.

ÎLE D'YEU ★★ *85 Vendée 361 BC7 G. Poitou Vendée Charentes – 4 941 h.*

Accès *par transports maritimes, pour* **Port-Joinville.**

depuis Fromentine : traversée 40 ou 70 mn - Renseignements à Cie d'Yeu Continent BP 16-85550 La Barre-de-Monts ☎ 08 25 85 30 00, Fax 02 51 49 59 70.

depuis Fromentine (de mi-mars à mi-oct.) - Traversée 45 mn - Renseignements et tarifs : Vedettes Inter-Îles Vendéennes 85630 Barbâtre ☎ 02 51 39 00 00, Fax 02 51 39 54 26 depuis Barbâtre (La Fosse) et St-Gilles-Croix-de-Vie : Service Saisonnier - Renseignements et tarifs : voir ci-dessus.

Port-de-la-Meule – ✉ *85350 L'Ile d'Yeu.*

Voir *Côte Sauvage★★ : ≤★★ E et O – Pointe de la Tranche★ SE.*

Port-Joinville – ✉ *85350 L'Ile d'Yeu.*

Voir *Vieux Château★ : ≤★★ SO : 3,5 km – Grand Phare ≤★ SO : 3 km.*

Atlantic Hôtel sans rest, quai Carnot ☎ 02 51 58 38 80, *atlantic-hotel-yeu@club-internet.fr, Fax 02 51 58 35 92*, ≤ – TV ☎. AE GB
fermé 2 au 24 janv. – 7 – **15** ch 54/61.
◆ Face à l'embarcadère, au-dessus de la poissonnerie familiale, chambres fonctionnelles ouvrant sur la mer ou le village et ses jardinets de pêcheurs. Petit salon panoramique.

Escale sans rest, La Croix de port ☎ 02 51 58 50 28, *yeu.escale@voila.fr, Fax 02 51 59 33 55* – TV ♿. GB
fermé 18 nov. au 15 déc. – 6,20 – **28 ch** 35/63.
◆ En retrait du port, façade blanche égayée de volets colorés. Chambres simples, bien tenues ; préférez celles du bâtiment principal. Salle des petits-déjeuners au décor marin.

Nos guides hôteliers, nos guides touristiques et nos cartes routières sont complémentaires. Utilisez-les ensemble.

L'ILE-ROUSSE *2B H.-Corse 345 C4 – voir à Corse.*

ÎLE SAINT-HONORAT ★★ *06 Alpes-Mar. 341 D6 G. Côte d'Azur.*

Voir *Ancien monastère fortifié★ : ≤★★ – Tour de l'île★★.*

ÎLE SAINTE-MARGUERITE ★★ *06 Alpes-Mar. 341 D6 G. Côte d'Azur* – ✉ *06400 Cannes.*

Voir *Forêt★★ – ≤★ de la terrasse du Fort-Royal.*

Accès *par transports maritimes.*

depuis **Cannes** *Traversée 15 mn par Cie Esterel Chanteclair-Gare Maritime des Iles ☎ 04 93 39 11 82, Fax 04 92 98 80 32.*

ÎLES CHAUSEY *50 Manche 303 B6 G. Normandie Cotentin.*

Voir *Grande Ile★.*

Accès *par transports maritimes.*

depuis **Granville** *-Traversée 50 mn - Renseignements à : Vedette "Jolie France II" Gare Maritime ☎ 02 33 50 31 81 (Granville), Fax 02 33 50 39 90, ou en saison, à Émeraudes Lines Gare Maritime ☎ 02 33 50 16 36 (Granville), F ax 02 33 50 87 80 – depuis* **St-Malo** *-Service saisonnier - Traversée 1 h 10 mn - Renseignements à Émeraude Lines B.P. 35401 St-Malo Cedex ☎ 02 23 18 01 80, Fax 02 23 18 15 00.*

Fort et des Iles, ☎ 02 33 50 25 02, *Fax 02 33 50 25 02*, ≤ archipel, – GB.
19 avril-26 sept. – **Repas** *(fermé lundi sauf fériés)* (en saison, prévenir) 18/80, enf. 11 – 7 – **8 ch** (½ pens. seul.) – ½ P 54.
◆ Idéal pour se ressourcer loin de l'agitation continentale. Chambres très simples, sans télévision pour mieux profiter de l'atmosphère insulaire. Homards, crabes, huîtres et poissons : cuisine de la mer réalisée selon la pêche du jour. Belle vue sur l'archipel.

Las ILLAS *66 Pyr.-Or. 344 H8 – rattaché à Maureillas-las-Illas.*

ILLHAEUSERN *68970 H.-Rhin* 315 *I7 – 646 h alt. 173.*

Paris 452 – Colmar 19 – Artzenheim 15 – St-Dié 55 – Sélestat 15 – Strasbourg 69.

Clairière ⊗ sans rest, rte Guémar ℰ 03 89 71 80 80, *hotel.la.clairiere@wanadoo.fr*, Fax 03 89 71 86 22, ⅃, ☞, ℀ – ⓑ ⅏ ⓣⓥ ⓒ ⓟ. ⊞
fermé janv. et fév. – ⊊ 13 – **25 ch** 77/202.
◆ À l'orée de la forêt de l'Ill, vaste bâtisse inspirée de l'architecture alsacienne. Chambres personnalisées, calmes et spacieuses ; certaines sont dotées de balcons.

Les Hirondelles sans rest, au village ℰ 03 89 71 83 76, *hotelleshirondelles@wanadoo.fr*, Fax 03 89 71 86 40, ⅃, ☞ – ▤ ⓣⓥ ⓒ ⓖ ⓟ. ⊞
fermé 22 au 27 déc. et 2 fév. au 8 mars – **19 ch** ⊊ 60/75.
◆ Le cadre rustique des chambres, réparties autour d'une jolie cour, rappelle qu'à l'origine le bâtiment était une ferme. Salle des petits-déjeuners égayée de boiseries peintes.

Auberge de l'Ill (Haeberlin), 2 rue de Collonges ℰ 03 89 71 89 00, *auberge-de-l-ill@auberge-de-l-ill.com*, Fax 03 89 71 82 83, ≼ jardins fleuris, ☞ – ▤ ⓟ. ⒶⒺ ⓞ ⊞
fermé 3 au 11 janv., 2 fév. au 8 mars, lundi et mardi – **Repas** (prévenir) 90 (déj.), 108/131 et carte 90 à 140 ⊊ ⸙.
◆ Cuisine classique personnalisée et recettes alsaciennes sublimées servies dans une élégante salle à manger ouverte sur la ravissante végétation des berges de l'Ill.
Spéc. Mousseline de grenouilles " Paul Haeberlin". Volaille de Bresse rôtie à la broche, petit baeckoeffa aux truffes. Assiette "tout est bon dans le cochon". **Vins** Riesling, Pinot blanc.

Hôtel des Berges 🏠 ⊗, ℰ 03 89 71 87 87, *hotel-des-berges@wanadoo.fr*, Fax 03 89 71 87 88, ≼, ☞ – ⅏ ▤ ch, ⓣⓥ ⓒ ⓖ ⇦ – ⚠ 15 à 25. ⒶⒺ ⓞ ⊞
fermé 3 au 11 janv., 1er fév. au 9 mars et mardi - voir rest. **Auberge de l'Ill** – ⊊ 27 – **9 ch** 270/325, 4 suites.
◆ Belle reconstitution d'un séchoir à tabac du Ried, au fond du jardin de l'Auberge de l'Ill. Chambres raffinées, jacuzzi extérieur et petit-déjeuner servi... sur une barque !

ILLIERS-COMBRAY *28120 E.-et-L.* 311 *D6 G. Châteaux de la Loire – 3 226 h alt. 160.*
🅱 *Office de tourisme, 5 rue Henri Germond ℰ 02 37 24 24 00, Fax 02 37 24 21 79.*
Paris 115 – Chartres 26 – Châteaudun 29 – Le Mans 98 – Nogent-le-Rotrou 41.

Florent, pl. Église ℰ 02 37 24 10 43, *leflorent@aol.com*, Fax 02 37 24 11 78 – ⒶⒺ ⊞
fermé dim. soir, lundi, mardi et merc. sauf fériés – **Repas** 19/50, enf. 8,50 ⊊.
◆ Dans ce village cher à Proust, on se tournera du côté de chez Florent pour aller à la recherche du temps perdu : l'ancienne quincaillerie est devenue un coquet restaurant.

ILLKIRCH-GRAFFENSTADEN *67 B.-Rhin* 315 *K5 – rattaché à Strasbourg.*

INGERSHEIM *68 H.-Rhin* 315 *H8 – rattaché à Colmar.*

INGWILLER *67340 B.-Rhin* 315 *I3 – 3 847 h alt. 185.*
🅱 *Office de tourisme, 68 rue du Gal Goureau ℰ 03 88 89 23 45, Fax 03 88 89 60 27, tourisme@pays-de-hanau.com.*
Paris 448 – Strasbourg 45 – Haguenau 28 – Sarrebourg 49 – Sarreguemines 52 – Saverne 24.

Aux Comtes de Hanau avec ch, 139 r. Gén. de Gaulle ℰ 03 88 89 42 27, *accueil@aux-comtes-de-hanau.com*, Fax 03 88 89 51 18, ☼ – ⅏ ⓣⓥ ⓒ ⓟ – ⚠ 25. ⒶⒺ ⓞ ⊞ ⓙⓒⒷ
fermé 5 au 19 juil., 7 au 28 fév., merc. soir et lundi – **Repas** 10,50 (déj.), 15,50/48,50, enf. 9,50 ⊊ – ⊊ 10,50 – **11 ch** 54,50/66,50 – ½ P 43,50/53,50.
◆ Petite adresse villageoise du pays de Hanau, tenue par la même famille depuis 1848. Cuisine classique et salle à manger chaleureuse agrémentée d'un poêle en faïence.

INNENHEIM *67880 B.-Rhin* 315 *J6 – 1 015 h alt. 150.*
Paris 487 – Strasbourg 23 – Molsheim 12 – Obernai 10 – Sélestat 34.

Au Cep de Vigne, 5 r. Barr (N 422) ℰ 03 88 95 75 45, Fax 03 88 95 79 73, ☞ – ⅏ ⓣⓥ ⓒ ⓖ ⓟ – ⚠ 40. ⊞
fermé 15 au 28 fév., lundi (sauf hôtel) et dim. soir – **Repas** 22/39, enf. 8,50 ⊊ – ⊊ 7,30 – **37 ch** 54/63 – ½ P 52.
◆ Une auberge dans la pure tradition alsacienne. Derrière la façade à colombages se cachent des chambres confortables. La cuisine régionale servie au restaurant s'accomode volontiers des meilleurs crus locaux : les vignes ne sont qu'à deux pas de là.

INXENT *62 P.-de-C.* 301 *D4 – rattaché à Montreuil.*

ISBERGUES *62 P.-de-C.* 301 *H4 – rattaché à Aire-sur-la-Lys.*

ISIGNY-SUR-MER 14230 Calvados 303 F4 G. Normandie Cotentin – 2 920 h alt. 4.

🏢 Office de tourisme, 1 rue Victor Hugo ℰ 02 31 21 46 00, Fax 02 31 22 90 21, ot-si.isigny@libertysurf.fr.

Paris 298 – Cherbourg 63 – Bayeux 35 – Caen 64 – Carentan 14 – St-Lô 29.

🏛 **France**, 13 r. E. Demagny ℰ 02 31 22 00 33, hotel.france.isigny@wanadoo.fr,
Fax 02 31 22 79 19 – 📺 🅿 – 🛁 25. GB
19 fév.-15 nov. et fermé sam. midi, dim. soir et sam. hors saison et week-ends fériés –
Repas (11) - 13,50/22, enf. 8 ⅃ – ⊠ 6 – **18 ch** 47/50 – ½ P 47/51.
♦ Sur la rue principale de la petite cité laitière et beurrière, établissement ancien bâti autour d'une cour intérieure. Chambres simples, parfois de plain-pied. Plats traditionnels et de la mer (dont les huîtres du pays) servis dans deux sobres salles à manger.

L'ISLE-ADAM 95290 Val-d'Oise 305 E6 G. Île de France – 11 163 h alt. 28.

Voir Chaire★ de l'église St-Martin.

🏌 de l'Isle-Adam ℰ 01 34 08 11 11, NE : 5 km; 🏌 Les Golfs de Mont Griffon à Luzarches ℰ 01 34 68 10 10, NE : 5 km; 🏌 Paris International Golf Club à Baillet-en-France ℰ 01 34 69 90 00, SE par N 1 : 15 km.

🏢 Office de tourisme, 46 Grande Rue ℰ 01 34 69 41 99, Fax 01 34 08 09 79, o.t.isle-adam@wanadoo.fr.

Paris 41 – Compiègne 66 – Beauvais 49 – Chantilly 24 – Pontoise 13 – Taverny 16.

🍴🍴 **Gai Rivage**, 11 r. Conti ℰ 01 34 69 01 09, Fax 01 34 69 30 37, 🌫 – GB. 🌫
fermé 23 août au 6 sept., 27 déc. au 10 janv., 21 fév. au 7 mars, dim. soir et lundi – **Repas** 32/36.
♦ Le restaurant est situé sur une île : ses larges baies et sa charmante terrasse permettent de contempler le spectacle de la navigation sur l'Oise. Cuisine traditionnelle.

🍴 **Relais Fleuri**, 61 bis r. St-Lazare ℰ 01 34 69 01 85, 🌫 – 🎴 GB
fermé 2 au 27 août, dim. soir, lundi soir, merc. soir et mardi – **Repas** 25.
♦ Cette auberge familiale proche du parc "anglo-chinois" de Cassan héberge une salle à manger rustique, un salon Régence et une véranda plus actuelle. Plats classiques.

L'ISLE-D'ABEAU 38080 Isère 333 E4 – 12 034 h alt. 265.

Paris 499 – Lyon 38 – Bourgoin-Jallieu 06 – Grenoble 72 – La Tour du Pin 21.

🍴🍴 **Relais du Çatey** 🌫 avec ch, r. Didier ℰ 04 74 18 26 50, relaiscatey@aol.com,
Fax 04 74 18 26 59, 🌫, 🌫 – 📺 ✆ 🅿. 🎴 GB
fermé 7 au 30 août, lundi midi et dim. – **Repas** 19,50 (déj.), 26/43 ⅃ – ⊠ 5,80 – **7 ch** 51/59 –
½ P 45/48,50.
♦ La décoration et l'éclairage contemporains soulignent le cachet préservé de cette maison dauphinoise bâtie en 1760. Terrasse calme et verdoyante. Table au goût du jour.

à l'Isle-d'Abeau-Ville-Nouvelle Ouest : 4 km par N 6 – ⊠ 38080 L'Isle-d'Abeau :

🏨 **Mercure**, 20 rue Condorcet ℰ 04 74 96 80 00, H1132@accor-hotels.com,
Fax 04 74 96 80 99, 🌫, 🐟, 🎿, 🏊, 🌫 – 🛗 📶, 🔲 rest, 📺 ✆ 🅿 – 🛁 25 à 150. 🎴 🅾 GB
JCB
Belle Époque : Repas (14)-21, enf. 9 ⅃ – **New Sunset** - brasserie **Repas** carte environ 16,
enf. 9 ⅄ – ⊠ 10 – **159 ch** 96/106.
♦ Ce Mercure oeuvre pour le repos et le bien-être de ses hôtes : construction "géobiologique" (tendance Feng Shui), centre de remise en forme, équipements sportifs complets... Carte traditionnelle à la Belle Époque. Plats de brasserie au piano-bar le New Sunset.

L'ISLE-JOURDAIN 32600 Gers 336 I8 G. Midi-Pyrénées – 5 560 h alt. 116.

Voir Centre-musée européen d'art campanaire★.

🏌 Las Martines ℰ 05 62 07 27 12, N : 4 km.

🏢 Office de tourisme, Au bord du Lac ℰ 05 62 07 25 57, Fax 05 62 07 24 81, ot-isle-jourdain@wanadoo.fr.

Paris 682 – Toulouse 37 – Auch 45 – Montauban 58.

à Pujaudran Est : 8 km par N 124 – 898 h. alt. 302 – ⊠ 32600 :

🍴🍴🍴 **Puits St-Jacques** (Bach), ℰ 05 62 07 41 11, Fax 05 62 07 44 09, 🌫 – 🎴 🅾 GB
🌸 fermé 15 août au 2 sept., vacances de fév., mardi sauf le soir en nov.-déc., dim. soir et lundi
– **Repas** (week-ends prévenir) 20 (déj.), 29/69 et carte 55 à 70 ⅄.
♦ Sur la route de Compostelle, cette maison régionale en briques rosées vous accueille dans une élégante salle à manger ou dans une cour à l'atmosphère méridionale.
Spéc. Tatin de foie de canard aux griottines. Petit boudin et sauté de homard, crème de pacherenc au gingembre. Gaspacho de fruits rouges (avril à sept.) **Vins** Madiran, Côtes de Gascogne.

L'ISLE-JOURDAIN 86150 Vienne **322** K7 *G. Poitou Vendée Charentes* – 1 287 h alt. 142.

🗋 *Office de tourisme, place de l'Ancienne Gare* 🕿 05 49 48 80 36, Fax 05 49 48 80 36, isle.jourdain.86@wanadoo.fr.

Paris 375 – *Poitiers 53* – Confolens 29 – Niort 104.

à Port de Salles *Sud : 7 km par D 8 et rte secondaire* – ✉ 86150 Le Vigeant :

🏨 **Val de Vienne** 🦢 *sans rest*, 🕿 05 49 48 27 27, *info@hotel-valdevienne.com*, Fax 05 49 48 47 47, ≤, 🌲, 🛲 – 📺 📞 🖪 ⋅ 🏴 – 🕍 20. 🖭 🖼
fermé 18 déc. au 8 janv. – ⌂ 10 – **22 ch** 75.
♦ En pleine campagne, sur une rive de la Vienne, établissement de type motel dont les chambres s'ouvrent sur des terrasses. Avenant salon-bar dans la véranda côté piscine.

🍴🍴🍴 **La Grimolée,** 🕿 05 49 48 75 22, *info@hotel-valdevienne.com*, Fax 05 49 48 59 99, 🈺, 🛲 – 🖼,
fermé 3 janv. au 7 fév. et merc. – **Repas** 17/38 et carte 30 à 48, enf. 10 ⅋.
♦ Les grandes baies de cette pimpante salle à manger donnent sur un jardin-terrasse au bord de la Vienne. Belle vaisselle et cuisine classique aux accents du terroir.

Si vous cherchez un hôtel tranquille,
consultez d'abord les cartes de l'introduction
ou repérez dans le texte les établissements indiqués avec le signe 🦢

L'ISLE-SUR-LA-SORGUE 84800 Vaucluse **332** D10 *G. Provence* – 16 971 h alt. 57.
Voir *Décoration★ de la collégiale de Notre-Dame des Anges*.
Env. *Église★ du Thor O : 5 km*.

🗋 *Office de tourisme, place de la Liberté* 🕿 04 90 38 04 78, Fax 04 90 38 35 43, office-tourisme.islesur-sorgue@wanadoo.fr.

Paris 693 – *Avignon 23* – Apt 34 – Carpentras 18 – Cavaillon 11 – Orange 35.

🏨 **Araxe** 🦢, 871 rte Apt : 1,5 km 🕿 04 90 38 40 00, *araxe2@wanadoo.fr*, Fax 04 90 20 84 74, 🈺, 🛲, 🍴 – cuisinette 📺 ♿ 🖪 – 🕍 40. 🖭 ⊕ 🖼
Repas 21,50/28 – ⌂ 10 – **40 ch** 58/115, 13 suites – ½ P 61,50/106.
♦ En léger retrait de la route, ensemble hôtelier aux aménagements récents, dont les bâtiments s'organisent autour d'un beau jardin bordant la Sorgue. Deux piscines. Au restaurant, cuisine du marché parfumée de senteurs provençales et décor façon jardin d'hiver.

🏨 **Névons** *sans rest*, chemin des Névons (derrière Poste) 🕿 04 90 20 72 00, *info@hotel-les-nevons.com*, Fax 04 90 20 56 20, 🌲 – 🛗 📺 📞 ♿ 🏴 🖪. 🖼. 🛇
fermé 10 déc. au 22 janv. – ⌂ 6 – **26 ch** 61/65.
♦ Cet immeuble moderne propose des chambres fonctionnelles et fraîches à la sortie de la ville. Sur le toit, moments de détente offerts par le solarium-piscine.

🍴🍴 **Prévôté,** 4 bis r. J.-J. Rousseau (derrière l'église) 🕿 04 90 38 57 29, *Fax 04 90 38 57 29*, 🈺 –
fermé 16 nov. au 8 déc., 18 janv. au 10 fév., merc. sauf le soir de sept. à juin et mardi – **Repas** 25 (déj.), 42/60 ⅋.
♦ Dénichez ce restaurant parmi les boutiques d'antiquaires : aménagé dans l'ancienne prévôté, il offre un décor rustique soigné et ses baies donnent sur un bras de la Sorgue.

🍴 **L'Oustau de l'Isle,** 21 av. 4 Otages 🕿 04 90 38 54 84, *contact@restaurant-oustau.com*, Fax 04 90 38 54 84, 🈺 – 🖼 🖼 🌑
fermé 15 nov. au 16 déc., 10 janv. au 3 fév., jeudi sauf le soir de Pâques à oct. et merc. – **Repas** (16) · 23,50/33,50, enf. 12.
♦ À quelques pas de la vieille ville, une adresse aux couleurs et saveurs de la Provence : meubles peints, nappes aux tons ensoleillés et plats à l'accent occitan.

🍴 **Vivier de la Sorgue,** 800 cours F. Peyre (rte Carpentras) 🕿 04 90 38 52 80, Fax 04 90 95 45 24, 🈺 – 🖼. 🖼
fermé 5 au 31 janv., dim. soir hors saison, sam. midi et lundi – **Repas** 26/40.
♦ Au rez-de-chaussée d'un complexe accueillant bureaux et hôtel, ce restaurant s'ouvre sur la Sorgue. Sobre cadre coloré ou balcon-terrasse pour observer les ébats des canards.

au Nord *par D 938 et rte secondaire* – ✉ 84740 Velleron :

🏨 **Hostellerie La Grangette** 🦢, à 6 km 🕿 04 90 20 00 77, *hostellerie-la-grangette@club-internet.fr*, Fax 04 90 20 07 06, 🈺, 🌲, 🍴, 🐾 – 🈻 🖪 – 🕍 80. 🖼, 🛇 *rest*
1er fév.-2 nov. – **Repas** (fermé le midi, mardi et merc. sauf juil.-août) 38/42 ⅋ – **16 ch** ⌂ 147/208 – ½ P 98,50/148.
♦ Gaieté et art de vivre règnent dans cette ferme provençale entourée d'un parc. Dans les chambres, décoration stylée et belle literie composent un vrai "coucoun". Cuisine ensoleillée, avec en prime la célèbre recette marseillaise des pieds et paquets.

rte d'Apt *Sud-Est : 6 km par N 100 –* ⊠ *84800 L'Isle-sur-la-Sorgue :*

🏨 **Mas des Grès,** 🕿 04 90 20 32 85, *info@masdesgres.com, Fax 04 90 20 21 45,* 🍴 , ⅃ , 🐎
– 🅿. 📼, 🚫
20 mars-11 nov. – **Repas** (dîner seul.) (menu unique) (prévenir) 30 – ⊑ 10 – **14 ch** 110/160
– ½ P 80/115.

♦ Plus qu'un hôtel, une maison de caractère. Accueil, quiétude, chambres simples, jardin et piscine : tout respire ici les joies de l'été. Le restaurant est agréable avec ses tables dressées sous la treille ou sous les platanes ; cuisine du marché et paëllas.

au Sud-Ouest *: 3 km par rte de Caumont sur D 25 et rte secondaire –* ⊠ *84800 L'isle-sur-la-Sorgue :*

🏨 **Mas de Cure Bourse** 🦢, 🕿 04 90 38 16 58, *masdecurebourse@wanadoo.fr,*
Fax 04 90 38 52 31, 🍴 , ⅃ , 🐎 – 📼 🅿 – 🛗 60. 📼. 🚫 ch
Repas *(fermé 8 au 30 nov., 2 au 19 janv., mardi midi et lundi sauf fériés)* 26/49 ⊑ – ⊑ 10 –
13 ch 85/115 – ½ P 79,50/99,50.

♦ Mas du 18ᵉ s. perdu au milieu des vergers. Intérieur rustique, chambres impeccables (parées de tissus Souleïado), piscine et jardin ombragé procurent détente et bien-être. Salle à manger provençale et terrasse ombragée d'arbres centenaires ; cuisine du Sud.

L'ISLE-SUR-SEREIN 89440 Yonne 🗐🗐🗐 H6 – *716 h alt. 190.*
Paris 209 – *Auxerre 50 – Avallon 17 – Montbard 36 – Tonnerre 36.*

🍴🍴 **Auberge du Pot d'Étain** avec ch, 24 rue Bouchardat 🕿 03 86 33 88 10, *potdetain@ipoi*
nt.fr, Fax 03 86 33 90 93, 🛗 – 📼 📞. 📼
fermé 19 au 26 oct., fév., dim. soir sauf juil.-août et lundi – **Repas** 23/49 ⊑ ⅌ – ⊑ 8 – **9 ch**
56/69 – ½ P 60.

♦ Cuisine aux accents régionaux, cave très riche en bourgognes et chambres feutrées : une plaisante auberge de la bucolique vallée du Serein… à deux tours de roue de l'A 6 !

Le Guide change, changez de guide tous les ans.

ISOLA 2000 *06420 Alpes-Mar.* 🗐🗐🗐 D2 *G. Alpes du Sud – alt. 2000 – Sports d'hiver : 1 800/2 600 m*
🚡 2 ⅍ 22 🎿.
Voir *Vallon de Chastillon★ O.*

🅱 *Office de tourisme, Immeuble Le Pelevos* 🕿 04 93 23 15 15, Fax 04 93 23 14 25, *info@isola2000.com.*
Paris 816 – Barcelonnette 83 – Nice 89 – St-Martin-Vésubie 55.

🏨 **Chastillon** 🦢, 🕿 04 93 23 26 00, *chastillon@dial.oleane.com, Fax 04 93 23 26 12,* ≤, 🍴
– 🛗 📼 ⟷ 🅿 – 🛗 40. 📼 ⓪ 📼 📼. 🚫 rest
déc.-avril et 15 juin-15 sept. – **Repas** 18/35 – ⊑ 13 – **45 ch** (½ pens. seul.), 3 suites –
½ P 100/140.

♦ Architecture et décor des années 1970, au pied des pistes. Petites chambres ouvrant sur le patio couvert aménagé en salon. Plats traditionnels et régionaux servis dans une chaleureuse salle à manger montagnarde agrémentée d'une cheminée.

ISPE *40 Landes* 🗐🗐🗐 D8 *– rattaché à Biscarrosse.*

Les ISSAMBRES *83380 Var* 🗐🗐🗐 P5 *G. Côte d'Azur.*
Paris 877 – *Fréjus 11 – Draguignan 40 – St-Raphaël 14 – Ste-Maxime 9 – Toulon 99.*

à San-Peïre-sur-Mer *–* ⊠ *83380 Les Issambres :*

🏨 **Provençal,** N 98 🕿 04 94 55 32 33, *info@hotel-le-provencal.com, Fax 04 94 55 32 34,* ≤,
🍴 – 🛗 ch, 📼 🅿. 📼 📼
3 fév.-4 nov. – **Les Mûriers** (fermé mardi midi) **Repas** 24,5/44 ⅌ – ⊑ 9,70 – **27 ch** 80/105 –
½ P 77,30/86.

♦ Ce bâtiment ocre en forme de U est séparé de la plage par la route nationale. Modernes ou rustiques, les chambres sont bien tenues. Cuisine méditerranéenne servie dans une salle à manger égayée de fresques ou à l'ombre des mûriers de la terrasse.

au parc des Issambres *–* ⊠ *83380 Les Issambres :*

🏨 **Villa-St-Elme,** N 98 🕿 04 94 49 52 52, *info@saintelme.com, Fax 04 94 49 63 18,* ≤, 🍴,
⅃, 🐎. ⟷ – 🛗 📼 ⅌ 🛗 📼 📼 📼
Repas carte 58 à 74 ⅌ · *Le Café :* **Repas** 23/39 ⅌ – ⊑ 17,50 – **11 ch** 212/599 – ½ P 237/390.
♦ Face à la "grande bleue", trois demeures dont une élégante villa 1930 naguère fréquentée par Édith Piaf et Charles Trenet. Grandes chambres personnalisées. Belle salle à manger d'hiver et vivifiante terrasse donnant sur la mer. Décor d'esprit colonial au Café !

🏠 **Quiétude,** N 98 ℰ 04 94 96 94 34, *laquietude@hotmail.com*, Fax 04 94 49 67 82, ≤, 斎, 🛋, 🎨 – ▤ ch, 📺 ✆ 🅿. GB
10 fév.-2 nov. – **Repas** 16/30, enf. 8,80 – 😐 8,80 – **19 ch** 65/82 – ½ P 67,50/71.
♦ Maison des années 1960 dans un petit jardin. Chambres fonctionnelles et colorées ; quelques-unes offrent une échappée sur le large. Les repas pris en toute quiétude, face à la "grande bleue", sur la terrasse du restaurant sont emprunts de saveurs marines.

à la calanque des Issambres – ✉ 83380 *Les Issambres* :

🏠 **Les Calanques,** N 98 ℰ 04 98 11 36 36, *contact@french-riviera-hotel.com*, Fax 04 98 11 36 37, 斎 – ▤ 📺 & 点. GB. ⚹ ch
1ᵉʳ mars-3 nov. et 18 déc.-2 janv. – **Repas** *(fermé dim. soir sauf en juil.-août, midi en juil.-août et lundi)* 18,50, enf. 8 ⅄ – 😐 7 – **12 ch** 74/136 – ½ P 62/93.
♦ Construction récente d'allure régionale disposant d'un accès direct à la plage. Chambres provençales à thème ; au 2ᵉ étage, elles possèdent une terrasse avec vue sur la mer. Petite restauration et vins au verre servis dans un cadre bistrot moderne et coloré.

✕ **Chante-Mer,** au village ℰ 04 94 96 93 23, Fax 04 94 96 88 49, 斎 – ▤. GB
📮 *fermé 15 déc. au 31 janv., dim. soir d'oct. à Pâques, mardi midi et lundi* – **Repas** 20/33.
♦ Menue salle à manger accueillante aux murs habillés de bois clair. Tables joliment dressées et alléchante carte traditionnelle ouvrent l'appétit. Terrasse d'été en façade.

ISSOIRE ◈ 63500 P.-de-D. **326** G9 *G. Auvergne* – 13 773 h alt. 400.

Voir *Anc. abbatiale St-Austremoine*★★ Z.

🅱 *Office de tourisme, place Charles de Gaulle* ℰ 04 73 89 15 90, Fax 04 73 89 96 13, *ot.issoire.pays@wanadoo.fr*.

Paris 446 ① – *Clermont-Ferrand* 36 ① – *Le Puy-en-Velay* 94 ③ – *Thiers* 56 ①.

ISSOIRE

Altaroche (Pl.) . . . . **Z** 2
Ambert (R. d') . . . . **Y**
Ancienne-Caserne (R. de l') . . . . . **Z** 3
Berbiziale (R. de la) . . . . **Y**
Buisson (Bd A.) . . . . **Y**
Cerf-Volant (R. du) . . . . **Y** 4
Châteaudun (R. de) . . . . **Y** 5
Cibrand (Bd J.) . . . . **Y**
Dr Sauvat (R.) . . . . **Y**
Duprat (Pl. Ch.) . . . . **Z**
Espagnon (R. d') . . . . **Z**
Foirail (Pl. du) . . . . **Y**
Fours (R. des) . . . . **Z**
Gambetta (R.) . . . . **Z** 6
Gare (Av. de la) . . . . **Z** 9
Gaulle (Pl. du Gén.-de) . . . . **Y**
Gauttier (R. E.) . . . . **Y**
Hainl (Bd G.) . . . . **Z**
Hauterive (R. E. d') . . . . **Z**
Libération (Av. de la) . . . . **Z** 10
Manlière (Bd de la) . . . . **Z**
Mas (R. du) . . . . **Y**
Montagne (Pl. de la) . . . . **Y**
Notre-Dame-des-Filles (R.) . . . . . . **Z** 12
Palais (R. du) . . . . **Z**
Pomel (R. P. N.) . . . . **Z** 13
Pont (R. du) . . . . **Z** 14
Ponteil (R. du) . . . . **Z** 16
Postillon (R. du) . . . . **Z**
République (Pl. de la) . . . . **Z**
St-Avit (Pl.) . . . . **Y** 22
Sous-Préfecture
  (Bd de la) . . . . **Z**
Terraille (R. de la) . . . . **Z** 24
Triozon-Bayle (Bd) . . . . **YZ** 25
Verdun (Pl. de) . . . . **Z** 26
8-Mai (Av. du) . . . . **Y** 30

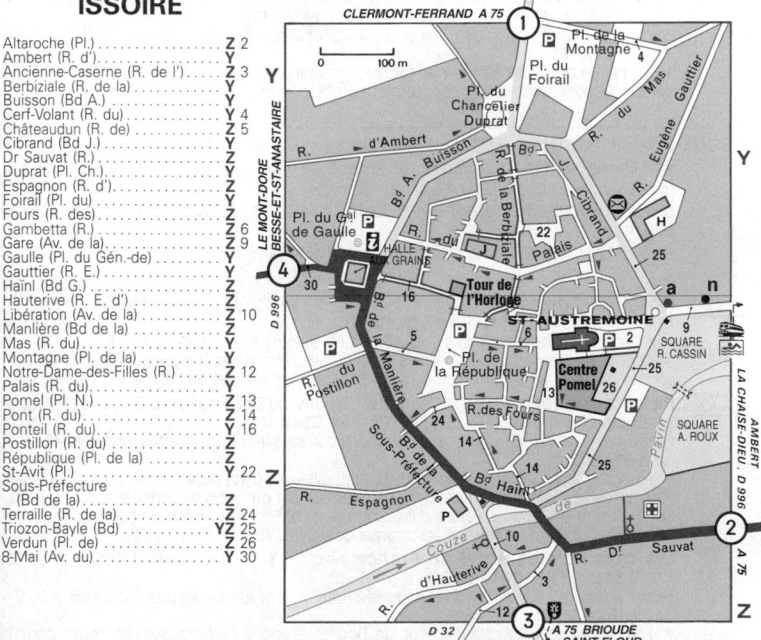

🏠 **Pariou** sans rest, 18 bd Kennedy par ① : *1 km* ℰ 04 73 55 90 37, *info@hotel-pariou.com*, Fax 04 73 55 96 16 – 📧 ▤ 📺 ✆ & 🅿 – 🕭 20. GB
📮 *fermé 17 déc. au 2 janv.* – 😐 9,50 – **33 ch** 55/60.
♦ Bâtisse des années 1950 au bord d'un axe passant. À l'instar de la façade, les chambres sont rénovées ; celles côté boulevard sont plus spacieuses et bien insonorisées.

🏠 **Tourisme** sans rest, 13 av. Gare ✆ 04 73 89 23 68, *hoteldutourisme@wanadoo.fr*, Fax 04 73 89 65 28 – 🔟. 🆑 YZ n
fermé 19 déc. au 2 janv. & 6 au 13 fév. – 🍴 6 – **13 ch** 40/46.
❖ Pavillon du début du 20ᵉ s. proche de la gare. Chambres simples et fonctionnelles aux murs crépis ou habillés de lambris. Petit-déjeuner servi au bar.

🍴 **Relais** avec ch, 1 av. Gare ✆ 04 73 89 16 61, Fax 04 73 89 55 62 – 🔟. 🆑 YZ a
🅰 *fermé 25 oct. au 5 nov., vacances de fév., lundi (sauf hôtel) et dim. soir* – **Repas** 10/30 ⅜ – 🍴 6,90 – **6 ch** 31/50 – ½ P 38/45.
❖ Ancien relais de poste à deux pas de l'abbatiale St-Austremoine. Salle à manger spacieuse et campagnarde. Cuisine traditionnelle, quelques spécialités régionales.

à Sarpoil *par ② et D 999 : 10 km* – ✉ 63490 St-Jean-en-Val :

XXX **Bergerie,** ✆ 04 73 71 02 54, Fax 04 73 71 02 54, 🌲, 🌳 – 🅿. 🆎 🆑
fermé janv., dim soir et lundi de sept. à juin – **Repas** (nombre de couverts limité, prévenir) 17/60 et carte 38 à 62 ⅜.
❖ Cuisine au goût du jour proposée dans trois décors différents : "retour de chasse" avec belle cheminée, petite salle voûtée et climatisée, ou jolie véranda face à la terrasse.

à Perrier *par ④ et D 996 : 5 km* – 775 h. alt. 415 – ✉ 63500 :

🍴 **Cour Carrée,** ✆ 04 73 55 15 55, 🌲 – 🅿. 🆑
fermé 30 août au 7 sept., vacances de Noël et de fév., dim. soir, merc. midi, sam. midi de sept. à juin et lundi – **Repas** (nombre de couverts limité, prévenir) (20) - 26/36 ⅜.
❖ La cuverie voûtée d'une maison de vigneron datant de 1830 a été aménagée en salle de restaurant. Terrasse dressée dans la cour carrée, sous l'ombrage d'un marronnier.

ISSONCOURT *55 Meuse* 🗺 *C5 – 118 h alt. 260* – ✉ *55220 Souilly.*
Paris 265 – Bar-le-Duc 28 – St-Mihiel 28 – Verdun 28.

XX **Relais de la Voie Sacrée** 🌲 avec ch, ✆ 03 29 70 70 46, *christian-caillet@wanadoo.fr*, Fax 03 29 70 75 75, 🌲, 🌳 – 🍽 rest, 🔟 🥂 🅿 – 🅰 20. 🆑
fermé 2 janv. au 1ᵉʳ mars, dim. soir d'oct. à mai et lundi – **Repas** 17/55, enf. 13 ⅜ 🐟 – 🍴 8 – **7 ch** 52 – ½ P 63.
❖ L'auberge borde la célèbre Voie Sacrée, lien vital de communication lors de la bataille de Verdun. Décor rustico-bourgeois, terrasse ombragée et séduisante carte des vins.

ISSOUDUN 🔵 *36100 Indre* 🗺 *H5 G. Berry Limousin – 13 685 h alt. 130.*
Voir *Musée de l'hospice St-Roch*★ *: arbre de Jessé*★ *dans la chapelle et apothicairerie*★ **AB.**
🔹 *des Sarrays* ✆ 02 54 49 54 49, *par ⑤ : 12 km.*
🅱 *Office de tourisme, place St Cyr* ✆ 02 54 21 74 02, Fax 02 54 03 03 36, *tourisme@issoudun.fr.*
Paris 244 ① – Bourges 37 ② – Châteauroux 29 ⑤ – Tours 127 ① – Vierzon 35 ①.

Plan page ci-contre

🏯 **Hôtel La Cognette** 🌲, r. Minimes ✆ 02 54 03 59 59, *lacognette@wanadoo.fr*, Fax 02 54 03 13 03 – 🔟 📺 🕭 ♿ ⟳. 🆎 🅾 🆑 A e
voir rest. *La Cognette* ci-après – 🍴 10 – **11 ch** 55/120, 3 suites – ½ P 76/96.
❖ Chambres bien équipées, garnies de meubles de style et baptisées de noms de personnes célèbres. La plupart sont de plain-pied avec un jardinet où l'on petit-déjeune l'été.

XXX **Rest. La Cognette** -Hôtel La Cognette- (Daumy), bd Stalingrad ✆ 02 54 03 59 59, *lacognette@wanadoo.fr*, Fax 02 54 03 13 03, 🌲 – 🍽. 🆎 🅾 🆑 A z
❀ *fermé janv., mardi midi, dim. soir et lundi d'oct. à mai sauf fériés* – **Repas** (prévenir) 26/65 et carte 60 à 90 ⅜ 🐟.
❖ Plongez dans l'univers balzacien de La Rabouilleuse : cette auberge, qui inspira l'écrivain, vous accueille chaleureusement dans un riche décor bourgeois d'esprit 19ᵉ s.
Spéc. Crème de lentilles vertes d'Issoudun aux truffes. Tournedos de homard au jus de viande. Travers de porc fermier au caramel de poivre. **Vins** Reuilly , Quincy.

🍴 **Les Trois Rois et Hôtel de France** avec ch, 3 r. P. Brossolette ✆ 02 54 21 00 65, Fax 02 54 21 50 61 – 🔟 🅿. 🆎 🆑 A s
fermé 8 sept. au 7 oct., 26 janv. au 11 fév., dim. soir et lundi – **Repas** 15/24, enf. 9,20 ⅜ – 🍴 7 – **18 ch** 34/50 – ½ P 46,80.
❖ Philippe Auguste, Richard Coeur de Lion et Frédéric Barberousse, en route pour la croisade, auraient fait ripaille en ces lieux qui ont conservé un cadre médiéval.

à Diou *par ① : 12 km sur D 918 – 235 h. alt. 130* – ✉ 36260 :

XX **L'Aubergeade,** rte Issoudun ✆ 02 54 49 22 28, Fax 02 54 49 22 28, 🌲, 🌳 – 🍽 🅿. 🆑
fermé merc. soir et dim. soir – **Repas** 16,50/33.
❖ Une adresse bien sympathique dans un joli village fleuri traversé par la Théols. Salle à manger simple et fraîche, terrasse tournée vers un jardin et cuisine au goût du jour.

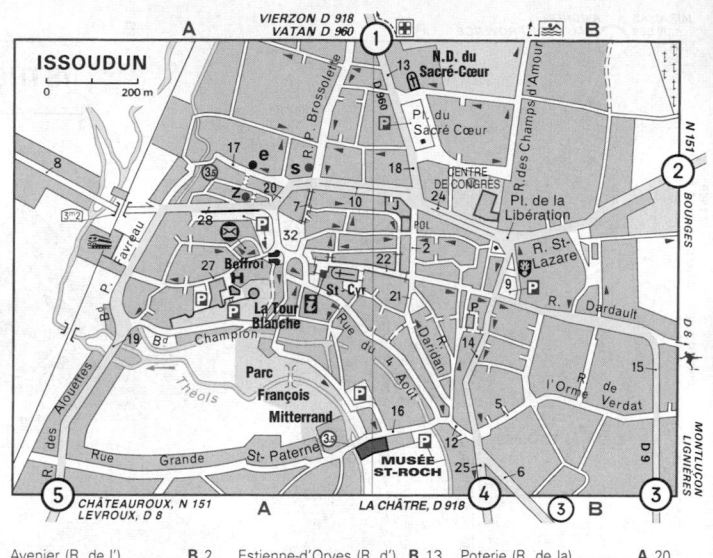

ISSOUDUN

VIERZON D 918
VATAN D 960

N.D. du
Sacré-Cœur

Pl. du
Sacré Cœur

CENTRE
DE CONGRES

Pl. de la
Libération

Beffroi

La Tour
Blanche

St-Cyr

Parc
François
Mitterrand

St-Paterne

MUSÉE
ST-ROCH

CHÂTEAUROUX, N 151
LEVROUX, D 8

LA CHÂTRE, D 918

Avenier (R. de l')	**B** 2	Estienne-d'Orves (R. d')	**B** 13	Poterie (R. de la)	**A** 20
Bons-Enfants (R. des)	**B** 5	Fossés-de-Villatte		Quatre-Vents	
Capucins (R. des)	**B** 6	(R. des)	**B** 14	(R. des)	**B** 21
Casanova (R. D.)	**A** 7	Gaulle (Av. Ch. de)	**B** 15	République (R. de la)	**AB** 22
Chinault (Av. de)	**A** 8	Hospices St-Roch (R.)	**B** 16	Roosevelt (Bd Prés.)	**B** 24
Croix-de-Pierre		Minimes (R. des)	**A** 17	St-Martin (R.)	**B** 25
(Pl. de la)	**B** 9	Père-Jules-Chevalier		Semard (R. P.)	**A** 27
Dormoy (Bd M.)	**A** 10	(R. du)	**B** 18	Stalingrad (Bd de)	**A** 28
Entrée-de-Villatte (R.)	**B** 12	Ponts (R. des)	**A** 19	10-Juin (Pl. du)	**A** 32

Ecrivez-nous...

Vos louanges comme vos critiques seront examinées avec le plus grand soin.
Nous reverrons sur place les informations que vous nous signalez.
Par avance merci !

ISSY-LES-MOULINEAUX *92 Hauts-de-Seine* **311** *J3* **101** ㉕ *– voir à Paris, Environs.*

ISTRES ⊜ *13800 B.-du-R.* **340** *E5 G. Provence – 38 993 h alt. 32.*

🗎 *Office de tourisme, 30 allée Jean-Jaurès* ℘ *04 42 55 51 15, Fax 04 42 56 59 50,*
ot.istres@visitprovence.com.
Paris 745 ③ *– Marseille 55* ② *– Arles 46* ③ *– Martigues 14* ② *– Salon-de-Provence 25* ②.

Plan page suivante

🏠 **Castellan** *sans rest, pl. Ste-Catherine* ℘ *04 42 55 13 09, Fax 04 42 56 91 36,* ⌂ – 📺 🅿 ⒶⒺ
ⒼⒷ ⸫ AX **a**
⌂ 6,30 – **17 ch** 45/54.
◆ Près de la place forte gréco-ligure du Castellan. Chambres spacieuses et claires ; certaines sont décorées dans le style provençal. Accueil aimable et tenue sans reproche.

XX **St-Martin,** *Port des Heures Claires, Sud-Est : 3 km* ℘ *04 42 56 07 12, restaurant-le-saint-martin@voila.fr, Fax 04 42 56 04 59,* ⟨, ☆ – 🗏, ⒼⒷ, ⸫ BZ **e**
fermé mardi soir et merc. sauf juin à sept. – **Repas** *22/28* ⒜.
◆ Ici l'on se mettrait en quatre pour vous être agréable ! Mais vous serez déjà comblés par la vue sur l'étang, la terrasse sur le toit et les vins régionaux à petits prix.

XX **Les Deux Toques,** *7 av. H. Boucher* ℘ *04 42 55 16 01, lesdeuxtoques@aol.com,*
Fax 04 42 55 95 02, ☆ – 🗏, ⒶⒺ ⓞ ⒼⒷ, ⸫ AX **n**
fermé 24 août au 8 sept., 21 déc. au 5 janv., dim. sauf midi fériés et lundi – **Repas** *20 (déj.),*
28/65, enf. 12 ⒴.
◆ "Deux toques" pour deux espaces : salle rustique à poutres et pierres apparentes ou courette-terrasse à l'ombre des platanes. Cuisine régionale évoluant au fil des saisons.

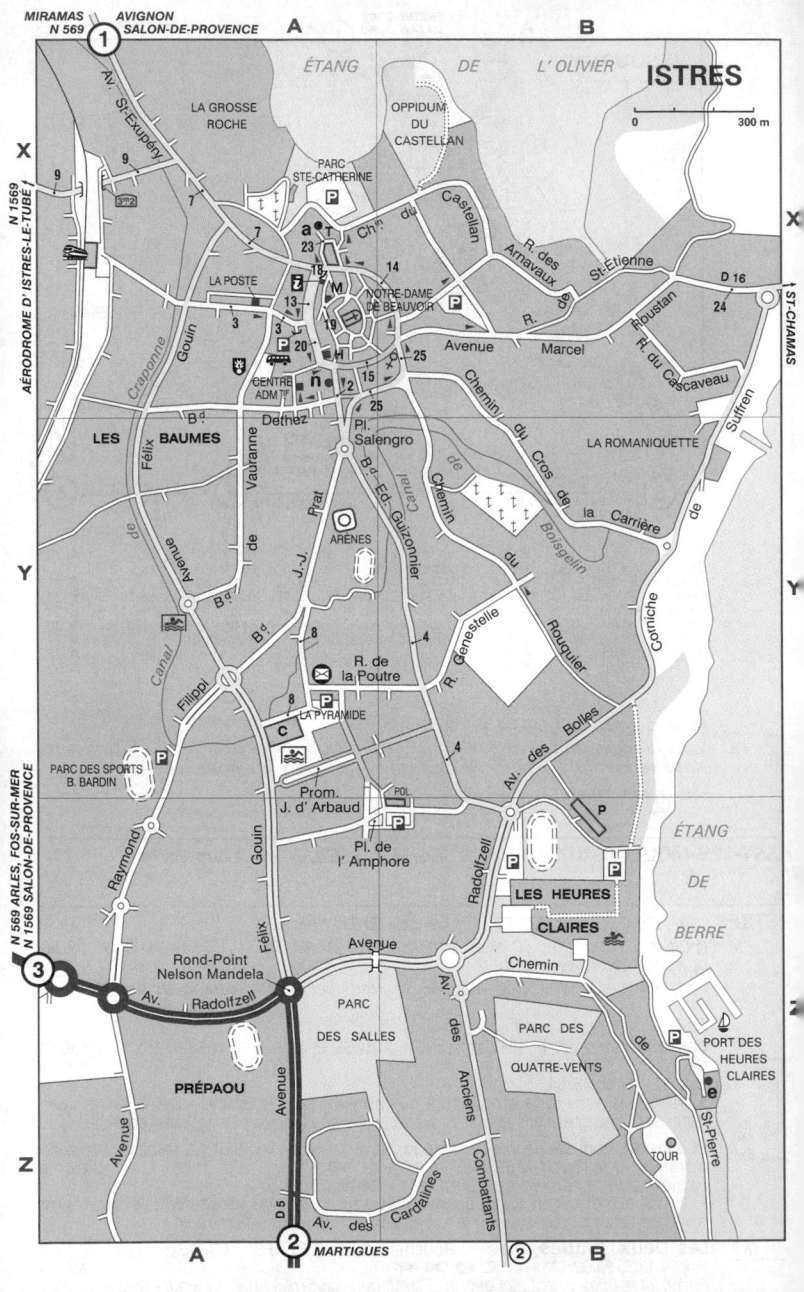

ISTRES

Boucher (Av. H.)	**AX** 2	Guynemer (Av. G.)	**AX** 9
Briand (Av. A.)	**AX** 3	Jean-Jaurès (Allée)	**AX** 13
Chave (Av. Alderic)	**BY** 4	Mistral (Bd F.)	**ABX** 14
Craponne (Av. A. de)	**AX** 7	Painlevé (Bd P.)	**ABX** 15
Equerre (R. de l')	**AY** 8	Porte d'Arles (Pl. de la)	**AX** 18

Puits-Neuf (Pl. du)	**AX** 19
République (Bd de la)	**AX** 20
Ste-Catherine (R.)	**AX** 23
St-Chamas (Rte de)	**BX** 24
Victor-Hugo (Bd)	**ABX** 25

ITTERSWILLER 67140 B.-Rhin 🔢 I6 *G. Alsace Lorraine – 270 h alt. 235.*

🏛 Syndicat d'initiative 𝒫 03 88 85 50 12, Fax 03 88 85 56 09.
Paris 502 – Strasbourg 45 – Erstein 25 – Mittelbergheim 5 – Molsheim 26 – Sélestat 16.

🏨 **Arnold** 🦢, 𝒫 03 88 85 50 58, arnold-hotel@wanadoo.fr, Fax 03 88 85 55 54, ≤, 🍽, 🌳 –
📺 📶 ढ 🄿 – 🛏 25. 🄰🄴 🄶🄱
- Winstub Arnold (fermé vacances de fév, dim. soir de nov. à mai et lundi) **Repas** 22/45 🔸 –
� 10 – **29 ch** 88/110 – ½ P 80/93.
♦ Deux belles maisons à colombages dans un village de la route des Vins. Chambres feutrées bien équipées, pour la plupart rénovées. Le décor de la Winstub Arnold est très ancré dans le terroir et la table met à l'honneur les "elsässische spezialitäten".

ITTEVILLE 91760 Essonne 🔢 D4 – 5 354 h alt. 72.
Paris 45 – Fontainebleau 41 – Arpajon 14 – Corbeil-Essonnes 21 – Étampes 20 – Melun 28.

🍴 **Auberge de l'Épine,** Nord : 3 km, au domaine de l'Épine (29 av. Gén.-Leclerc)
𝒫 01 64 93 10 75, auberge.epine@wanadoo.fr, Fax 01 64 93 09 89, 🍽, 🄰🄴 🄶🄱
fermé 2 août au 1ᵉʳ sept., 19 au 27 fév., lundi soir, mardi soir et merc. – **Repas** 27/36.
♦ Un ancien relais de poste transformé en restaurant. Chaleureuse et lumineuse salle à manger-véranda de style rustique où l'on propose des recettes traditionnelles.

ITXASSOU 64250 Pyr.-Atl. 🔢 D5 *G. Aquitaine – 1 770 h alt. 39.*
Voir Église★.
Paris 787 – Biarritz 25 – Bayonne 24 – Cambo-les-Bains 5 – Pau 119 – St-Jean-de-Luz 34.

🏨 **Fronton,** 𝒫 05 59 29 75 10, ostatu@aol.com, Fax 05 59 29 23 50, ≤, 🍽, 🔄 – 🛎, ▤ rest,
📺 📶 ढ 🄿 🄰🄴 🄾 🄶🄱, 🦢 rest
fermé 14 au 20 nov., 1ᵉʳ janv. au 17 fév. et merc. – **Repas** 17/34, enf. 9 – ⊐ 9 – **25 ch** 42/52
– ½ P 44/57.
♦ Maison basque adossée au fronton de pelote du village. Les chambres, rajeunies, sont plus fonctionnelles dans l'aile récente. Salle à manger campagnarde tournée vers les monts d'Itxassou ; goûtez à la fameuse confiture de cerises noires.

🏨 **Txistulari** 🦢, 𝒫 05 59 29 75 09, Fax 05 59 29 80 07, 🍽, 🌳 – 📺 📶 ढ 🄿, 🄰🄴 🄾 🄶🄱 🄹🄲🄱, 🦢
fermé 16 déc. au 9 janv. et dim. soir – **Repas** (fermé le soir hors saison) 13,50/27, enf. 8 🍷 –
⊐ 5,50 – **20 ch** 44 – ½ P 44.
♦ L'hôtel vous apparaîtra peu après la petite route conduisant au Pas de Roland. Chambres simples et bien tenues ; environnement calme et verdoyant. S'il fait beau, prenez vos repas sous la treille, sinon optez pour la grande salle à manger, sobre et fraîche.

🏨 **Chêne** 🦢, près église 𝒫 05 59 29 75 01, Fax 05 59 29 27 39, ≤, 🍽, 🌳 – 🄿, 🄶🄱, 🦢 rest
fermé janv., fév., mardi d'oct. à juin et lundi – **Repas** 15,50/28, enf. 7,50 – ⊐ 6 – **16 ch**
33/42 – ½ P 46.
♦ Les clients sont accueillis dans cette jolie auberge rustique face à l'église du village depuis 1696. Quelques chambres, déjà anciennes mais bien tenues. Tomettes et poutres colorées agrémentent le restaurant, étape gourmande dédiée au Pays Basque.

IVRY-LA-BATAILLE 27540 Eure 🔢 I8 *G. Normandie Vallée de la Seine – 2 639 h alt. 54.*
🏌 de La Chaussée d'Ivry à La Chaussée-d'Ivry 𝒫 02 37 63 06 30, N : 2 km.
Paris 75 – Anet 6 – Dreux 21 – Évreux 36 – Mantes-la-Jolie 25 – Pacy-sur-Eure 17.

🍴 **Moulin d'Ivry,** 𝒫 02 32 36 40 51, Fax 02 32 26 05 15, 🍽, 🌳 – 🄿, 🄰🄴 🄶🄱
fermé 6 au 19 oct., 9 fév. au 1ᵉʳ mars, lundi et mardi sauf fériés – **Repas** 27/42 🍷.
♦ Ancien moulin abritant plusieurs petites salles champêtres, au charme volontiers désuet. Jardin et terrasse s'étalent agréablement au bord de l'Eure. Recettes classiques.

IVRY-SUR-SEINE 94 Val-de-Marne 🔢 D3 🔢 ㉖ – voir à Paris, Environs.

IZERNORE 01580 Ain 🔢 G3 – 1 656 h alt. 452.
🏛 Office de tourisme, place de l'église 𝒫 04 74 76 51 30, Fax 04 74 76 51 39, ot.izernore-
@wanadoo.fr.
Paris 476 – Bourg-en-Bresse 52 – Lyon 93 – Nantua 10 – Oyonnax 13.

🏨 **Michaillard,** 𝒫 04 74 76 96 46, Fax 04 74 76 96 46 – 📺 🚗 🄿, 🄶🄱, 🦢 ch
fermé 9 au 29 août, 24 déc. au 1ᵉʳ janv. – **Repas** (fermé dim. soir et lundi) (9,50) - 11,50/18,
enf. 7 🍷 – ⊐ 7 – **9 ch** 30,50/54 – ½ P 39,50.
♦ Ce relais de campagne dotée d'une façade moderne réserve un accueil des plus aimables. Chambres et salles de bains majoritairement rajeunies. Pimpante salle à manger aux tons jaune et orangé ; les tables sises dans l'espace véranda sont baignées de lumière.

JANVRY 🔢 ㉝ – voir à Paris, Environs.

JARNAC 16200 Charente **324** I5 G. Poitou Vendée Charentes – 4 659 h alt. 26.

Voir Donation François-Mitterrand – Maison Courvoisier – Maison Louis-Royer.

🛈 Office de tourisme, place du Château ℰ 05 45 81 09 30, Fax 05 45 36 52 45, office-tourisme-pays-de-jarnac@wanadoo.fr.

Paris 475 – Angoulême 31 – Barbezieux 30 – Bordeaux 113 – Cognac 15 – Jonzac 41.

XX **Château**, pl. Château ℰ 05 45 81 07 17, Fax 05 45 35 35 71 – 🗐. 🖭 **GB**
fermé 9 au 31 août, 17 au 31 janv., dim. soir, merc. soir et lundi – **Repas** 17,50 (déj.), 26/39 ♀.
♦ Le château évoqué par l'enseigne, détruit au 19ᵉ s., a fait place aux chais de la Maison Courvoisier, voisins de ce sympathique restaurant coloré et fleuri d'orchidées.

à Bourg-Charente Ouest : 6 km par N 141 et rte secondaire – 753 h. alt. 14 – ⊠ 16200 :

XXX **Ribaudière** (Verrat), ℰ 05 45 81 30 54, la.ribaudiere@wanadoo.fr, Fax 05 45 81 28 05,
🌣 ☆, ♨ – ₽. 🖭 ⓸ **GB**
fermé 15 oct. au 1ᵉʳ nov., vacances de fév., mardi midi, dim. soir et lundi – **Repas** 30/65 et carte 58 à 80 ♀ ☙.
♦ Sur la rive gauche de la Charente, cet agréable restaurant vous reçoit en terrasse face à la rivière, ou dans l'élégante salle à manger contemporaine. Cuisine au goût du jour.
Spéc. Soupe de cèpes et foie gras de canard (sept. à fév.). Escalopes de ris de veau braisées, fettuccini aux truffes. Poêlée de fraises au pineau des Charentes (mai à sept.). **Vins** Vins de Pays Charentais.

à Bassac Sud-Est : 7 km par N 141 et D 22 – 461 h. alt. 20 – ⊠ 16120 :

🏨 **Essille** ⬙, ℰ 05 45 81 94 13, l.essille@wanadoo.fr, Fax 05 45 81 97 26, 🌣, ♨ – 🖵 ₽. **GB**
fermé 1ᵉʳ au 8 janv. – **Repas** (fermé merc. midi, sam. midi et dim. soir) 16 (déj.), 23/42, enf. 10,80 – 🖵 6,50 – **10 ch** 45/60.
♦ Accueil charmant dans cet hôtel familial situé à deux pas de l'abbaye. Chambres de bonne ampleur, dotées d'un mobilier un peu ancien, mais progressivement rafraîchies. Repas servis dans deux salles à manger dont une agréable véranda ouverte sur le parc arboré.

à Vibrac Sud-Est : 11 km par N 141 et D 22 – 244 h. alt. 25 – ⊠ 16120 :

🏨 **Les Ombrages** ⬙, rte Angeac ℰ 05 45 97 32 33, Fax 05 45 97 32 05, 🌣, ♨, ♨, ♨ –
🖵 ℰ ₽ – ♨ 15. **GB**. ℅ ch
fermé 23 déc. au 12 janv., dim. soir et lundi – **Repas** (13) - 20/34 ♀ – 🖵 7,50 – **9 ch** 48/55 – ½ P 41/44.
♦ Construction des années 1970 dans un village tranquille. Sobre mobilier de style rustique et tenue sans reproche dans les chambres, toutes en rez-de-chaussée. Restaurant avec salle à manger d'hiver, véranda et terrasse dressée face au jardin et à la piscine.

JARVILLE-LA-MALGRANGE 54 M.-et-M. **307** I6 – rattaché à Nancy.

JAUSIERS 04 Alpes de H.-P. **334** I6 – rattaché à Barcelonnette.

JAVRON 53 Mayenne **310** G4 – 1 512 h alt. 176 – ⊠ 53250 Javron-les-Chapelles.
🛈 Syndicat d'initiative ℰ 02 43 03 40 67, Fax 02 43 03 43 43.
Paris 224 – Alençon 36 – Bagnoles-de-l'Orne 20 – Le Mans 70 – Mayenne 25.

XXX **Terrasse**, 30 Grande Rue ℰ 02 43 03 41 91, l@terrasse.fr, Fax 02 43 04 49 48 – **GB**
fermé 1ᵉʳ au 15 juil., 28 oct. au 3 nov., 17 fév. au 2 mars, mardi et merc. sauf fériés – **Repas** 18/50 et carte 35 à 44, enf. 10.
♦ Cette demeure villageoise ancienne vous reçoit dans une salle à manger contemporaine et feutrée. Une étape gastronomique à l'orée des pittoresques Alpes Mancelles.

ÎLE DE JERSEY ★★ **309** J1 G. Normandie Cotentin – 85 150 h.

Accès par transports maritimes pour St-Hélier (réservation indispensable).

⚓ depuis **St-Malo** (réservation obligatoire) : par **car-ferry -** Traversée 70 mn. Renseignements et tarifs à Émeraude Lines, Terminal Ferry du Naye (St-Malo) ℰ 02 23 18 01 80, Fax 02 23 18 15 00, par **Hydroglisseur** (Condor Ferries) - Traversée 1 h - Renseignements et tarifs : gare maritime de la bourse (St-Malo) ℰ 02 99 20 03 00, Fax 02 99 56 39 27.

⚓ depuis **Carteret** : Catamaran -service saisonnier (traversée 50 mn -Gorey) par Émeraude Lines - Renseignements et tarifs : voir Granville -.

⚓ depuis **Granville** - Catamaran rapide - service saisonnier - traversée 60 mn (St-Hélier) par Émeraude Lines ℰ 02 33 50 16 36, Fax 02 33 50 87 80 depuis **Carteret** - Catamaran - service saisonnier - traversée 50 mn (Gorey) par Émeraude Lines - Renseignements et tarifs : voir Granville.

Ressources hôtelières voir Le Guide Michelin : **Great Britain and Ireland**

Voir *Vierge au sourire*★ *dans l'église St-Thibault* **A E** – *Côte St-Jacques*★ ≤★ *1,5 km par D 20* **A**.

🏌 *du Roncemay à Chassy* 🕿 03 86 73 50 50, par ④ : 18 km.

🖼 *Office de tourisme, 4 quai Ragobert* 🕿 03 86 62 11 05, Fax 03 86 91 76 38, ot-joigny@libertysurf.fr.

Paris 144 ④ – *Auxerre 28* ② – *Gien 74* ④ – *Montargis 59* ④ – *Sens 33* ⑤ – *Troyes 76* ③.

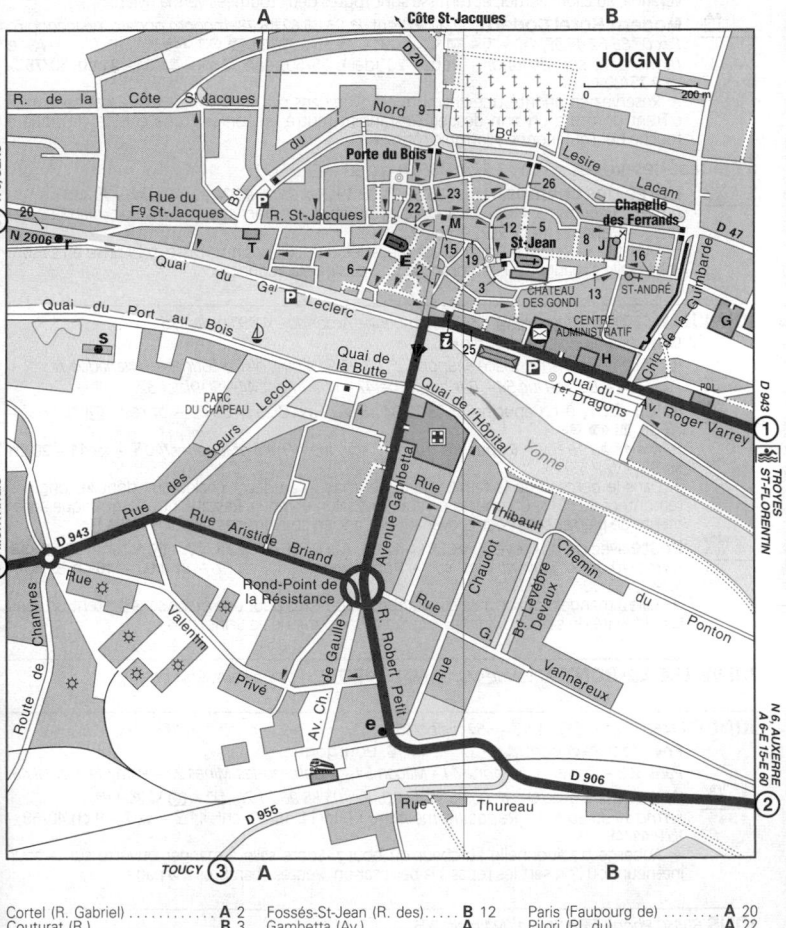

Cortel (R. Gabriel)	**A** 2	Fossés-St-Jean (R. des)	**B** 12	Paris (Faubourg de)	**A** 20
Couturat (R.)	**B** 3	Gambetta (Av.)	**A**	Pilori (Pl. du)	**A** 22
Dans-le-Château (R.)	**B** 5	Grenet (R. Dominique)	**B** 13	Porte-du-Bois	
Etape (R. de l')	**A** 6	Joigny (Pl. Jean de)	**A** 15	(R. de la)	**A** 23
Ferrand (R. Jacques)	**B** 8	Moines (R. des)	**B** 16	Ragobert (Quai Henri)	**AB** 25
Forêt d'Othe (Av. de la)	**A** 9	Montant-au-Palais (R.)	**B** 19	Tour-Carrée (R. de la)	**B** 26

🏨 **Côte St-Jacques** (Lorain) ⏩, 14 fg Paris 🕿 03 86 62 09 70, *lorain@relaischateaux.com*,
🏯🏯🏯 Fax 03 86 91 49 70, ≤, 🏛, 🔲, 🔳 – 🛏, 🍽 rest, 📺 📞 ⅗, 🚗 **P** – 🔏 30. 🝰 🕚 ⓖⓑ 🇯🇨🇧
fermé 3 janv. au 3 fév. – **Repas** (dim. prévenir) 72 bc (déj.), 140/160 et carte 119 à 166 ♀ 🏯 –
⚏ 27 – **27 ch** 135/330, 5 suites – ½ P 200/258.   **A r**
♦ Luxueuse hôtellerie face à l'Yonne, "si loin de toutes choses" (Colette)... et si près de
l'équation parfaite. Bateau privé (balades fluviales) et boutique. Brillante cuisine inventive et
feu roulant de grands crus pour ce fleuron de la gastronomie française.
Spéc. Genèse d'un plat sur le thème de l'huître. Aile de raie en cuisson lente, tomates
confites, infusion de lait de coco. Poularde de Bresse à la vapeur de champagne. **Vins**
Bourgogne blanc, Irancy.

Rive Gauche , r. Port au Bois ☎ 03 86 91 46 66, *clorain@dial.oleane.com, Fax 03 86 91 46 93,* ←, , , – , rest, – 25 à 50. AE GB A s
Repas *(fermé dim. soir de nov. à fév.)* 18 (déj.), 28/35, enf. 9 – 8 – **42 ch** 60/105 – 1/2 P 60/71.
◆ Architecture contemporaine bâtie sur la rive gauche de l'Yonne. Chambres refaites, bien pensées et assez spacieuses. Agréable parc avec pièce d'eau et hélisurface. Salle à manger-véranda, au cadre actuel, et terrasse sont toutes deux tournées vers la rivière.

Modern'Hôtel Godard, 17 av. R. Petit ☎ 03 86 62 16 28, *modern.godard@wanadoo.fr, Fax 03 86 62 44 33,* , – – 15 à 30. AE GB JCB A e
fermé dim. soir et lundi – **Repas** 20 (déj.), 25/50, enf. 10 – 6 – **21 ch** 50/75 – 1/2 P 75/80.
◆ Réservez en priorité une chambre rénovée dans cet hôtel voisin de la gare ; les autres offrent un cadre un brin désuet. Restaurant feutré où l'on sert une cuisine classique à touche bourguignonne ; formule rôtisserie.

à Épineau-les-Voves *par ③ : 7,5 km – 665 h. alt. 92 – ✉ 89400 :*

XX **L'Orée des Champs,** N 6 ☎ 03 86 91 20 39, *Fax 03 86 91 24 92,* , – . GB
fermé 23 août au 5 sept., vacances de fév., jeudi soir hors saison, lundi soir, mardi soir et merc. – **Repas** 13 (déj.), 20/29, enf. 9 .
◆ La petite véranda de l'entrée est précédée d'un joli jardin-terrasse, très prisé en saison. Sobre salle à manger où l'on propose une cuisine traditionnelle.

JOINVILLE *52300 H.-Marne* 313 K3 *G. Champagne Ardenne – 4 380 h alt. 195.*
Voir *Château du Grand Jardin★.*
Office de tourisme, place Saunoise ☎ 03 25 94 17 90, office-tourisme@wanadoo.fr.
Paris 244 – Bar-le-Duc 54 – Bar-sur-Aube 47 – Chaumont 44 – St-Dizier 32.

Soleil d'Or, 9 r. Capucins ☎ 03 25 94 15 66, *Fax 03 25 94 39 02* – rest, – 20. AE GB
fermé 1er au 15 fév. – **Repas** *(fermé dim. soir, mardi midi et lundi)* 20/40 – 11 – **20 ch** 38/95 – 1/2 P 55/75.
◆ Dans le berceau de la famille de Guise, maison au décor chaleureux dont les origines remontent au 17e s. Chambres rustiques et salon-véranda. Restaurant néo-gothique agrémenté de pierres sculptées provenant de l'ancien couvent des Jacobins (14e s.).

XX **Poste** avec ch, pl. Grève ☎ 03 25 94 12 63, *Fax 03 25 94 36 23,* – . AE GB
fermé 10 au 27 janv. et dim. soir – **Repas** 12,20/33,60, enf. 7 – 4,80 – **10 ch** 33,60 – 1/2 P 32/35,10.
◆ Salle à manger confortable et chambres modestes pour une étape sans prétention dans la petite cité du sire de Joinville, le célèbre hagiographe de Saint Louis.

JOINVILLE-LE-PONT *94 Val-de-Marne* 312 D3 101 ㉗ *– voir à Paris, Environs.*

JONCY *71460 S.-et-L.* 320 H10 *– 457 h alt. 236.*
Env. *Mont St-Vincent* ✳★★ *O : 12 km, G. Bourgogne.*
Paris 368 – Chalon-sur-Saône 34 – Mâcon 51 – Montceau-les-Mines 22 – Paray-le-Monial 46.

XX **Commerce** avec ch, ☎ 03 85 96 27 20, *Fax 03 85 96 21 76,* – . GB
fermé 14 au 20 fév. – **Repas** *(fermé merc.)* 11 (déj.), 16/40, enf. 11 – 7 – **9 ch** 40/58 – 1/2 P 41/48.
◆ Auberge traditionnelle au coeur du bourg. Sobre salle à manger ouverte sur la cour intérieure où l'on sert les repas à la belle saison. Petites chambres à la page.

JONS *69330 Rhône* 327 J5 *– 1 094 h alt. 205.*
Paris 476 – Lyon 28 – Meyzieu 10 – Montluel 8 – Pont-de-Chéruy 12.

Auberge de Jons sans rest, rte Pont ☎ 04 78 31 29 85, *hotel.de.jons@wanadoo.fr, Fax 04 72 02 48 24,* ←, – – 20 à 50. AE GB
fermé 20 déc. au 4 janv. – 10 – **25 ch** 120.
◆ Complexe hôtelier moderne ancré sur une rive du Rhône, à deux tours de roue de l'aéroport lyonnais. Chambres gaies et bien équipées ; deux originaux duplex. Plaisante piscine.

JONZAC SP *17500 Char.-Mar.* 324 H7 *G. Poitou Vendée Charentes – 3 817 h alt. 40 – Stat. therm. (mi fév.-début déc.).*
Office de tourisme, 25 place du Château ☎ 05 46 48 49 29, Fax 05 46 48 51 07, Tourisme.Jonzac@wanadoo.fr.
Paris 512 – Bordeaux 84 – Angoulême 59 – Cognac 36 – Royan 60 – Saintes 44.

✗ **Bistro 108**, face gare 𝒫 05 46 48 02 95, Fax 05 46 48 02 95, 😊 – **P.** **GB**. ✗
❀ *fermé sam. midi, dim. soir et lundi* – **Repas** 11 (déj.), 15/32 ♀.
  ◆ Deux salles à manger sous le même toit : l'une propose une cuisine traditionnelle dans un sobre cadre actuel ; dans l'autre, de style bistrot, on sert le plat du jour.

à Clam *Nord : 6 km par D 142 – 283 h. alt. 67 –* ⊠ *17500 :*

🏠 **Vieux Logis**, 𝒫 05 46 70 20 13, info@vieuxlogis.com, Fax 05 46 70 20 64, 😊, ⅃, ⚘ –
❀ ▤ rest, 📺 📞 ≐ **P.** – 🛗 20. 🅰🅴 ➊ **GB**. ✗ ch
🏛 *fermé 9 au 31 janv., dim. soir et lundi midi d'oct. à Pâques* – **Repas** 15/34, enf. 10 ♀ –
  ☲ 7,50 – **10** ch 46/54 – ½ P 43/47.
  ◆ Le maître des lieux, photographe, expose ses clichés dans cet établissement situé au coeur du Jonzaçais. Chambres contemporaines situées de plain-pied avec un jardin. La cuisine du terroir de la chef est servie dans une plaisante salle à manger.

JOSSELIN *56120 Morbihan* 🖳 *P7 G. Bretagne – 2 419 h alt. 58.*
  Voir *Château*★★ *: façade*★★ *– Basilique N.-D.-du-Roncier*★ *– ≼★ du Pont Ste-Croix.*
  🛈 *Office de tourisme, place de la Congrégation* 𝒫 *02 97 22 36 43, Fax 02 97 22 20 44,*
  ot.josselin@wanadoo.fr.
  Paris 428 – Vannes 41 – Dinan 86 – Lorient 76 – Rennes 79 – St-Brieuc 79.

🏠 **Château**, 1 r. Gén. de Gaulle 𝒫 02 97 22 20 11, contact@hotel-chateau.com,
❀ Fax 02 97 22 34 09, ≼, 😊 – 📺 📞 🛗 30. 🅰🅴 **GB**
  fermé 7 au 15 nov., 23 au 31 déc., fév., dim. soir et lundi de mi-nov. à mi-mars – **Repas**
  14,20/45, enf. 8,20 ♀ – ☲ 7,50 – **36** ch 58,50/68,50 – ½ P 44,80/51.
  ◆ Face au château des Rohan, mais sur l'autre rive de l'Oust. Les chambres, sobrement décorées, offrent une belle vue sur l'à-pic des murailles. Salle à manger de style "médiéval" précédée d'une terrasse tournée vers le canal et le château.

JOUARRE *77 S.-et-M.* 🖳 *H2 – rattaché à La Ferté-sous-Jouarre.*

JOUCAS *84220 Vaucluse* 🖳 *E10 – 317 h alt. 263.*
  Paris 716 – Apt 14 – Avignon 42 – Carpentras 32 – Cavaillon 22.

🏰 **Mas des Herbes Blanches** ⌂, rte Murs : 2,5 km 𝒫 04 90 05 79 79, masherbes@relaisc
  hateaux.com, Fax 04 90 05 71 96, ≼ le Luberon, 😊, ⅃, ⚘, ✗ – ▤ ch 167/398, 3 suites – ½ P 260/309.
  fermé 2 janv. au 10 mars – **Repas** 45/76 – ☲ 21 – **16** ch 167/398, 3 suites – ½ P 260/309.
  ◆ Ce superbe mas adossé au plateau de Vaucluse et dominant la plaine d'Apt abrite des chambres personnalisées, avec balcon ou jardin privatif. Restaurant chic et terrasse offrant un panorama inoubliable sur la montagne du Luberon ; cuisine au goût du jour.

🏰 **Hostellerie Le Phébus** (Mathieu) ⌂, rte Murs 𝒫 04 90 05 78 83, phebus@relaischatea
❀ ux.com, Fax 04 90 05 73 61, ≼ le Luberon, 😊, ⅃, ⚘, ✗ – ▤ ch, 📺 📞 ≐ 🖳 **P.** 🅰🅴 **GB**
  🅹🅲🅱
  1ᵉʳ avril-31 oct. – **Repas** *(fermé mardi midi, merc. midi et jeudi midi)* 43/135 bc et carte 73 à
  110 ♀ – ☲ 21 – **16** ch 167/398, 9 suites – ½ P 260/309.
  ◆ Cette demeure contemporaine isolée dans la garrigue dore ses murs de pierres sèches sous le soleil provençal. Chambres très élégantes. Salle à manger raffinée et terrasse couverte d'où l'on bénéficie d'une vue splendide sur le Luberon ; cuisine inventive.
  Spéc. Minestrone de céphalopodes en vinaigrette d'herbes pilées. Bohémienne d'auber-gines, rouget barbet à l'unilatérale. Pigeonneau rôti en cocotte. **Vins** Côtes du Ventoux, Côtes du Lubéron

🏠 **Mas du Loriot** ⌂, rte Murs : 4 km 𝒫 04 90 72 72 62, mas.du.loriot@wanadoo.fr,
  Fax 04 90 72 62 54, ≼ le Luberon, 😊, ⅃ – 📺 **P.** **GB**
  6 mars-30 nov. – **Repas** *(fermé mardi, jeudi, sam. et dim.)* (dîner seul.) (résidents seul.) 23 ♀
  – ☲ 11 – **8** ch 90/120.
  ◆ Maison de famille perdue dans la garrigue, avec le Luberon pour toile de fond. Petites chambres actuelles, en rez-de-jardin. Agréable piscine que la lavande parfume.

JOUÉ-LÈS-TOURS *37 I.-et-L.* 🖳 *M4 – rattaché à Tours.*

JOUGNE *25370 Doubs* 🖳 *I6 G. Jura – 1 198 h alt. 1001 – Sports d'hiver : à Métabief 880/1 450 m*
  ✔22 ✗.
  Paris 464 – Besançon 79 – Champagnole 50 – Lausanne 48 – Morez 49 – Pontarlier 20.

🏠 **Couronne**, 𝒫 03 81 49 10 50, Fax 03 81 49 19 77, 😊, ⚘ – 📞. **GB**. ✗ rest
  fermé 26 oct. au 30 nov., dim. soir et lundi soir hors vacances scolaires et fériés – **Repas**
  15,50/41, enf. 8,50 ♀ – ☲ 5,50 – **10** ch 43/53 – ½ P 40/52.
  ◆ Dans la patrie du VTT, une adresse pleine de ressort, au confort simple mais d'une parfaite tenue. Du jardin, perspective sur l'église voisine et les monts du Jura. Au restau-rant, cuisine familiale, ambiance résolument franc-comtoise et terrasse fleurie.

à Entre-lès-Fourgs Sud-Est : 4,5 km par D 423 – ⊠ 25370 Les Hôpitaux-Neufs :

🏠 **Les Petits Gris** ॐ, ℰ 03 81 49 12 93, Fax 03 81 49 13 93, ≼, 🐖 – 📺 ⊙ ⌷⌷
🕸 *fermé 27 sept. au 23 oct. –* **Repas** *(fermé mardi soir sauf vacances scolaires et merc.)*
15/28,50, enf. 9 ⌷ – ⊇ 8 – **13 ch** 37/45 – ½ P 47/50.
◆ Sympathique accueil familial en cet établissement montagnard dans un hameau proche
de la frontière suisse et au pied de remontées mécaniques. Chambres calmes et bien
tenues. Nombreuses recettes du terroir à découvrir dans la plaisante salle à manger
rustique.

La JOUVENTE 35 I.-et-V. 🖫🖫🖫 J3 – rattaché à Dinard.

JOYEUSE 07260 Ardèche 🖫🖫🖫 H7 G. Vallée du Rhône – 1 483 h alt. 180.
Voir *Corniche du Vivarais Cévenol★★* O.
🖪 Office de tourisme ℰ 04 75 39 56 76, Fax 04 75 39 58 87, joyeuse@fnotsi.net.
Paris 650 – Alès 54 – Mende 97 – Privas 55.

🏠 **Cèdres,** ℰ 04 75 39 40 60, hotelcedres@wanadoo.fr, Fax 04 75 39 90 16, ⅃, 🐖 – 🛗 ▤
🕸 📺 ⅙ 🅿 🖭 ⊙ ⌷⌷. ⅋ rest
15 avril-15 oct. – **Repas** 13/28, enf. 7,50 ⅋ – ⊇ 7,50 – **40 ch** 49/89, 5 duplex – ½ P 54.
◆ Le village fut le berceau des Joyeuse, une illustre famille des 16e et 17e s. L'hôtel est
aménagé dans une ancienne usine textile surplombant les gorges de la Beaume. Immense
restaurant un peu "kitsch" qui ravira les nostalgiques de l'ambiance "cantine".

JUAN-LES-PINS 06160 Alpes-Mar. 🖫🖫🖫 D6 G. Côte d'Azur – alt. 2 – Casino Eden Beach **FZ.**
Env. *Massif de l'Esterel★★★ – Massif de Tanneron★*.
🖪 Office de tourisme, 51 boulevard Ch.-Guillaumont ℰ 04 92 90 53 05.
Paris 910 ③ – Cannes 10 ② – Aix-en-Provence 161 ③ – Nice 22 ①.

JUAN-LES-PINS

Ardisson (Bd B.)	**FZ** 5
Courbet (Av. Amiral)	**EZ** 18
Docteur Dautheville (Av.)	**FZ** 22
Docteur Hochet (Av. du)	**FZ** 23

Gallet (Av. Louis)	**EZ** 27
Gallice (Av. G.)	**FZ** 29
Hôtel des Postes (R. de l')	**FZ** 44
Iles (R. des)	**EZ** 46
Joffre (Av. Maréchal)	**EFZ** 47
Lauriers (Av. des)	**EZ** 48
Maupassant (Av. Guy de)	**EFZ** 53

Oratoire (R. de l')	**FZ** 56
Palmiers (Av. des)	**FZ** 59
Paul (R. M.)	**EZ** 60
Printemps (R. du)	**FZ** 63
St-Honorat (R.)	**EZ** 71
Ste-Marguerite (R.)	**EZ** 74
Vilmorin (Av.)	**EZ** 88

Accès et sorties : voir à Antibes

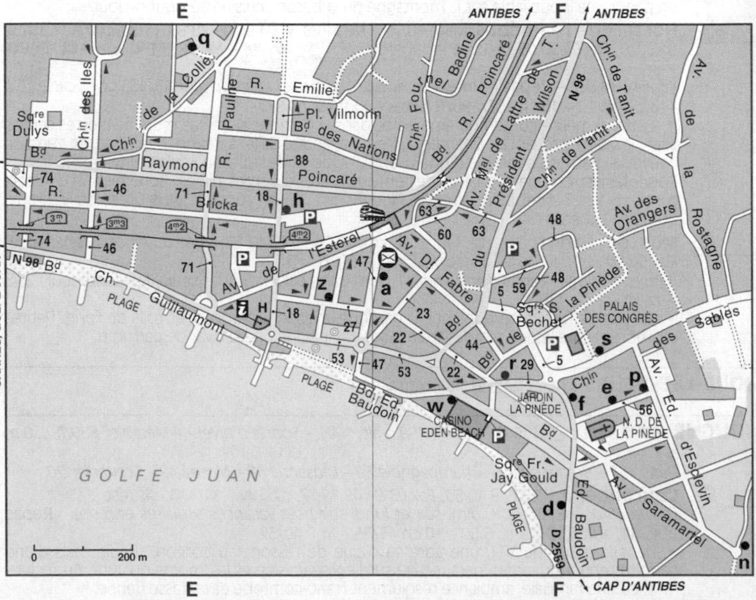

Juana 🐾, la Pinède, av. G. Gallice 🕿 04 93 61 08 70, *info@hotel-juana.com*,
Fax 04 93 61 76 60, 🍴, 𝄞, 🏊 – 🛗 ▤ ▥ 📺 📞 ⇔ 🅿 – 🏥 25. 🆎 🇬🇧   FZ f
fermé mi-nov.-mi-déc. – **Terrasse-Christian Morisset** 🕿 04 93 61 20 37 (dîner seul. en
juil.-août) *(fermé mi-nov. à mi déc., mardi et merc. de sept. à juin)* **Repas** 60(déj), 92/
135 et carte 105 à 160 – 🖙 23 – **35 ch** 320/635, 5 suites.
 ◆ Luxueux hôtel des années 1930 où l'on cultive l'art de recevoir. Élégantes chambres
refaites dans l'esprit Art déco et dotées d'équipements haut de gamme. À la délicieuse
Terrasse, belle cuisine ensoleillée servie sous les palmiers. Bar "cosy" et fumoir.
Spéc. Cannelloni de supions et palourdes à l'encre de seiche. Selle d'agneau de Pauillac
cuite en terre d'argile de Vallauris. Millefeuille de fraises des bois à la crème de mascarpone
(avril à sept.). **Vins** Bellet, Côtes de Provence.

Belles Rives, 33 bd E. Baudoin 🕿 04 93 61 02 79, *info@bellesrives.com*,
Fax 04 93 67 43 51, ≤ mer et massif de l'Estérel, 🍴, 🏊 – 🛗 ▤ 📺 📞 🆎 🇴 🇬🇧 🇯🇨🇧
🏊 rest   FZ d
20 fév.-2 janv. – **La Passagère** (dîner seul.) *(fermé lundi et mardi du 20 fév. au 31 mars et
1ᵉʳ oct. au 2 janv.)* **Repas** 64/89 – **Plage Belles Rives** (déj. seul.) **Repas** carte 50 à 60 🍷,
enf. 15 – 🖙 25 – **40 ch** 340/685, 5 suites.
 ◆ Ce petit joyau Art déco ancré au bord de la "grande bleue" semble guetter le retour de
Scott Fitzgerald. Plage aménagée et ponton privé. Beau décor 1930 de style "paquebot" au
restaurant La Passagère. Tables dressées face la mer à la Plage Belles Rives.

Méridien Garden Beach, 15 bd E. Baudoin 🕿 04 92 93 57 57, *contact@lemeridien-jua
nlespins.com*, Fax 04 92 93 57 56, ≤, 🍴, 𝄞, 🏊 – 🛗 🍽 ▤ 📺 📞 ⇔ – 🏥 140. 🆎 🇴
🇬🇧 🇯🇨🇧 🏊   FZ w
Frégate 1ᵉʳ nov.-31 mars **Repas** carte 40/68 🍷 – **Plage** (1ᵉʳ avril-31 oct.) **Repas** carte 40 à
68 🍷 – 🖙 20 – **171 ch** 295/465, 4 suites.
 ◆ Cet immeuble "verre et béton" ouvert sur les flots jouxte le casino. Préférez les grandes
chambres joliment rénovées et profitez des équipements sportifs. Restaurant-véranda
tourné vers la mer à la Frégate. Salades et grillades vous attendent à la Plage.

Ambassadeur, 50 chemin des Sables 🕿 04 92 93 74 10, *manager@hotel-ambassadeur.c
om*, Fax 04 93 67 79 85, 𝄞, 𝄞, 🏊 – 🛗 🍽 ▤ 📺 📞 ♿ – 🏥 25 à 250. 🆎 🇴 🇬🇧
🇯🇨🇧   FZ s
Le Gauguin 🕿 04 92 93 74 52 *(fermé le midi en juil.-août)* **Repas** 19/24, enf. 12 🍷 – **Grill Les
Palmiers** (déj. seul.) *(juil.-août)* **Repas** (18) et carte 35 à 43 – 🖙 18 – **221 ch** 170/530,
4 suites – ½ P 117/141.
 ◆ Ce vaste complexe hôtelier adossé au palais des congrès accueille séminaires et vacan-
ciers. Les chambres sont parées de couleurs du Sud. Belle piscine bordée de palmiers.
Décor provençal et carte régionale au Gauguin. L'été, restauration simple au Grill.

Ste-Valérie 🐾, r. Oratoire 🕿 04 93 61 07 15, *saintevalerie@juanlespins.net*,
Fax 04 93 61 47 52, 🍴, 𝄞, 🌳 – 🛗, ▤ ch, 📺 ⇔ 🅿 🏊   FZ p
9 avril-15 oct. – **Repas** *(fermé jeudi)* 32 (dîner) et carte le midi 🍷 – 🖙 15 – **28 ch** 150/350 –
½ P 147/222.
 ◆ Hôtel blotti dans un petit écrin de verdure et de fleurs. La majorité des chambres, plus
au calme côté jardin, a été redécorée dans un esprit méridional. Accueil charmant. Chaleureuse salle à manger prolongée d'une terrasse dressée au bord de la piscine.

Villa de l'Ambassadeur 🐾 sans rest, av. Saramartel 🕿 04 92 93 48 00, *manager@hote
l-ambassadeur.com*, Fax 04 93 61 86 78, 𝄞, 🌳 – 🛗 ▤ 📺 📞 🅿 – 🏥 15. 🆎 🇬🇧   FZ n
31 mars-30 oct. – 🖙 18 – **25 ch** 179/260.
 ◆ Cèdres et oliviers ombragent le joli jardin de cette villa (1960). Cure de jouvence à la
mode provençale pour la majorité des chambres ; celles côté piscine sont plus sobres.

Astoria sans rest, 15 av. Mar. Joffre 🕿 04 93 61 23 65, *reservation@hotellastoria.com*,
Fax 04 93 67 10 40 – 🛗 🍽 ▤ 📺 📞 🅿 🆎 🇴 🇬🇧   FZ a
🖙 9,50 – **49 ch** 97/230.
 ◆ Proche de la gare et à deux pas de la plage, petit immeuble aux aménagements
intérieurs modernes. Les chambres sur l'arrière sont plus calmes.

Mimosas sans rest, r. Pauline 🕿 04 93 61 04 16, *hotelmimosas@libertysurf.fr*,
Fax 04 92 93 06 46, 🏊, ⚡ – 📺 🆎 🇬🇧 🏊   EZ q
1ᵉʳ mai-30 sept. – 🖙 10 – **34 ch** 80/120, 3 suites.
 ◆ Hôtel centenaire dont la façade immaculée se dresse au cœur d'un parc planté de
palmiers. Préférez les chambres en rez-de-jardin ou celles avec balcon tourné vers la
piscine.

Eden Hôtel sans rest, 16 av. L. Gallet 🕿 04 93 61 05 20, Fax 04 92 93 05 31 – ▤ 📺 ⇔.
🇬🇧 🏊   EZ z
fév.-oct. – 🖙 5,50 – **17 ch** 60/82.
 ◆ Atouts majeurs de cet édifice 1930 : petit-déjeuner en terrasse, proximité de la plage et
ambiance conviviale. Chambres simples ; certaines offrent une échappée sur la mer.

🏠 **Juan Beach,** r. Oratoire 🖋 04 93 61 02 89, *juan.beach@wanadoo.fr,* Fax 04 93 61 16 63, 🍴 – 📺 🅿️ 🇬🇧 ⚡ rest **FZ e**
1ᵉʳ avril-2 nov. – **Repas** (dîner seul.) (résidents seul.) 28 ♀ – 🍴 8 – **26 ch** 74/102, (1/2 pens. seul. en été) – 1/2 P 66/81.
♦ À proximité du jardin de la Pinède où se déroule le festival de jazz, gentille maison centenaire où règne un esprit de pension de famille. Chambres sobres, mais bien tenues.

XXX **Les Pêcheurs,** Port du Crouton (rte Cap d'Antibes) 🖋 04 92 93 13 30, *reservation@lespe cheurs-juan.com,* Fax 04 92 93 15 04, ≤ la mer et l'Esterel, 🍴, 🔥 – 🗏 🍴 🅿️ 🇦🇪 🇬🇧
voir plan d'Antibes **BV u**
fermé 15 au 30 nov. – **Repas** 30 et carte 60 à 85 *Plage* (déj. seul.) **Repas** 30.
♦ Joli décor contemporain, ravissante terrasse panoramique et cuisine aux saveurs marines en ce restaurant superbement ancré au bord des flots. Côté Plage, on propose une carte plus simple servie sous les pins maritimes. Location de matelas.

XX **Bijou Plage,** bd Littoral 🖋 04 93 61 39 07, *bijou.plage@free.fr,* Fax 04 93 67 81 78, ≤ îles de Lérins, 🍴, 🔥 – 🗏 🍴 🇦🇪 🇴 🇬🇧 voir plan d'Antibes **AU d**
fermé mardi soir et merc. du 1ᵉʳ nov. au 1ᵉʳ mars – **Repas** 18,50 (déj.), 27/45 ♀.
♦ Un restaurant de plage sur la plus grande étendue de sable fin des Alpes-Maritimes. Réservez en terrasse ou sous la véranda au décor marin ; produits de la Méditerranée.

XX **L'Amiral,** 7 av. Amiral Courbet 🖋 04 93 67 34 61 – 🗏, 🇦🇪 🇬🇧 **EZ h**
fermé 8 au 15 mars, 1ᵉʳ au 19 juil., 29 nov. au 6 déc. et lundi – **Repas** 25/32.
♦ Ce sympathique restaurant familial propose une cuisine traditionnelle et des recettes de la mer. Salle à manger intime, agrémentée de tableaux et réservée aux non-fumeurs.

XX **Perroquet,** La Pinède, av. G. Gallice 🖋 04 93 61 02 20, Fax 04 93 61 02 20, 🍴 – 🗏. 🇬🇧 **FZ r**
fermé 3 nov. au 26 déc. – **Repas** 26/31 ♀.
♦ Restaurant ouvert sur l'animation de la pinède. Bibelots, cafetières, moulins à café et fleurs égayent la plaisante salle à manger provençale. Cuisine traditionnelle.

Dans ce guide

un même symbole, un même mot,
imprimé en **rouge** *ou en* **noir,** *en maigre ou en* **gras,**
n'ont pas tout à fait la même signification.
Lisez attentivement les pages explicatives.

JULIÉNAS 69840 Rhône **327** H2 *G. Vallée du Rhône* – *792 h alt. 276.*
Paris 403 – Mâcon 15 – Bourg-en-Bresse 51 – Lyon 63 – Villefranche-sur-Saône 32.

🏠 **Vignes** 🦢 sans rest, rte St-Amour : 0,5 km 🖋 04 74 04 43 70, *hoteldesvignes@wanadoo.f r,* Fax 04 74 04 41 95, 🌿 – 📺 🚿 🅿️ 🇦🇪 🇬🇧
fermé 21 au 28 déc., 7 au 22 fév. et dim. de déc. à mars – 🍴 10 – **22 ch** 42/67.
♦ À flanc de coteau et entouré de vignes, cet hôtel abrite des chambres rénovées, fraîches et gaies. Mention spéciale pour le petit-déjeuner beaujolais (charcuteries locales).

XX **Chez la Rose** avec ch, pl. Marché 🖋 04 74 04 41 20, *info@chez-la-rose.fr,* Fax 04 74 04 49 29, 🍴 – 📺 📞 🇦🇪 🇴 🇬🇧 🇯🇨🇧
fermé 15 au 25 déc., 8 au 28 fév., lundi (sauf hôtel en été), mardi midi, jeudi midi et vend. midi – **Repas** 25/55, enf. 13 ♀ – 🍴 10 – **10 ch** 48/60 – 1/2 P 55/90.
♦ Cuisine du terroir soignée, servie dans un décor rustique ou sur la terrasse envahie de fleurs. Chambres plus récentes à l'annexe, bien meublées dans le bâtiment principal.

X **Le Coq à Juliénas,** pl. Marché 🖋 04 74 04 41 98, *leon@relaischateaux.fr,* Fax 04 74 04 41 44, 🍴 – 🇦🇪 🇬🇧
fermé 22 déc. au 22 janv. et merc. – **Repas** 21,50/31, enf. 10.
♦ Volets bleu lavande, intérieur résolument "rétro" égayé de bibelots à la gloire du coq et de fresques bachiques, terrasse très prisée l'été : un coquet "bistrot de chef".

JUMIÈGES 76480 S.-Mar. **304** E5 *G. Normandie Vallée de la Seine* – *1 714 h alt. 25.*
Voir *Ruines de l'abbaye*★★★.
Bac: *de Jumièges - renseignements* 🖋 02 35 96 36 69.
🅱 *Office de tourisme, rue Guillaume le Conquérant* 🖋 02 35 37 28 97, Fax 02 35 37 07 07, *si-jumieges@wanadoo.fr.*
Paris 160 – Rouen 28 – Caudebec-en-Caux 16.

XX **Auberge des Ruines,** 17 pl. de la Mairie 🖋 02 35 37 24 05, Fax 02 35 37 87 34, 🍴 – 🇬🇧
fermé 23/08 au 1/09, 22/12 au 12/01, lundi soir, jeudi soir de nov à mi-mars, dim. soir, mardi soir et merc. – **Repas** 18 (déj.), 32/44.
♦ Plaisante étape gourmande face aux ruines de l'abbaye bénédictine : colombages et cheminée ornent la salle prolongée d'une agréable véranda ; cuisine personnalisée.

JUNGHOLTZ 68500 H.-RHIN **315** H9 – 658 h alt. 332.

Paris 475 – Mulhouse 23 – Belfort 62 – Colmar 32 – Guebwiller 6.

🏠 **Les Violettes** ⚙, à l'Ouest : 1 km ℘ 03 89 76 91 19, lesviolettes@wanadoo.fr, Fax 03 89 74 29 12, ≤, ☞ – 🍴 rest, 🖵 ⚙ ☝ – 🍴 15 à 100. ㏿ ⓪ ☜
Repas (fermé lundi) 27 (déj.), 48/63, enf. 18 ☟ – ⧫ 11 – **22 ch** 90/300 – ½ P 120/160.
♦ Deux maisons voisines de la basilique de Thierenbach. Chambres agréables, chaleureuses et soignées dans l'une, hébergement confortable mais moins cossu pour l'autre. Jolie salle à manger agrémentée de boiseries et élégante véranda feutrée ; cuisine classique.

🍴 **Ferme des Moines**, à l'Ouest : 1 km ℘ 03 89 76 93 01, Fax 03 89 74 29 12, ☞ – 🍴 🅿. 🍴 15 à 100. ㏿ ☜
Repas carte 31 à 42 ☟.
♦ L'ancienne ferme bénédictine accueille désormais un restaurant doté d'une très belle cheminée sculptée et d'une décoration inspirée par la vie monastique. Plats régionaux.

JURANÇON 64 Pyr.-Atl. **342** J5 – rattaché à Pau.

JUVIGNAC 34 Hérault **339** H7 – rattaché à Montpellier.

JUVIGNY 74 H.-Savoie **328** K3 – rattaché à Annemasse.

JUVIGNY-SOUS-ANDAINE 61140 Orne **310** F3 – 1 055 h alt. 200.

Paris 239 – Alençon 51 – Argentan 47 – Domfront 12 – Mayenne 33.

🍴🍴 **Au Bon Accueil** avec ch, ℘ 02 33 38 10 04, info@aubonaccueil-normand.com, Fax 02 33 37 44 92 – 🍴 rest, 🖵 ☜. ☜
fermé 15 fév. au 15 mars, dim. soir et lundi – **Repas** 14 (déj.), 18/40 ☟ – ⧫ 8,50 – **8 ch** 46/62 – ½ P 53.
♦ Au centre du pittoresque village, maison accueillante servant une cuisine généreuse. L'une des deux salles à manger s'agrémente d'une verrière et d'un petit jardin d'hiver.

🍴 **Forêt** avec ch, ℘ 02 33 38 11 77 – ☜
fermé 20 déc. au 4 janv. – **Repas** 15/27, enf. 9 ☟ – ⧫ 6 – **7 ch** 38/43.
♦ Avant ou après une balade en forêt des Andaines, faites halte dans ce petit établissement au cadre rustique et à l'atmosphère délicieusement provinciale. Cuisine simple.

KATZENTHAL 68230 H.-Rhin **315** H8 – 497 h alt. 280.

Paris 445 – Colmar 8 – Gérardmer 53 – Munster 18 – St-Dié 48.

🍴🍴 **A l'Agneau** avec ch, 16 Grand'Rue ℘ 03 89 80 90 25, hotel-restaurant.agneau@wanadoo. fr, Fax 03 89 27 59 58, ☞ – 🅿. ☜. ✂ ch
fermé 30 juin au 9 juil., 17 au 26 nov. et 22 déc. au 28 déc. – **Repas** (fermé merc. et jeudi sauf le soir de juil. à début oct.) 15 (déj.), 18/43, enf. 8 ☟ – ⧫ 7 – **13 ch** 43/55 – ½ P 43/54.
♦ Attenante à l'exploitation viticole familiale, maison régionale abritant une plaisante salle à manger typiquement alsacienne. À table, cuisine et vins du pays.

KAYSERSBERG 68240 H.-Rhin **315** H8 G. Alsace Lorraine – 2 676 h alt. 242.

Voir Église Ste-Croix ★ : retable★★ – Hôtel de ville★ - Vieilles maisons★ – Pont fortifié★ – Maison Brief★.

🚩 Office de tourisme, 39 rue du Gal de Gaulle ℘ 03 89 78 22 78, Fax 03 89 78 27 44, info@kaysersberg.com.

Paris 438 – Colmar 12 – Gérardmer 46 – Guebwiller 35 – Munster 22 – St-Dié 41 – Sélestat 24.

🏨 **Chambard** ⚙, r. Gén. de Gaulle ℘ 03 89 47 10 17, hotelrestaurantchambard@wanadoo. fr, Fax 03 89 47 35 03, ☞ – 🚪 🖵 ⚙ 🅿 – 🍴 20. ㏿ ☜
Repas (fermé lundi sauf soir de mai à oct., merc. midi d'oct à mai et mardi midi) 29 (déj.), 41/67, enf. 12,50 ☟ ☞ - **Winstub :** Repas 15/24 ⚙ – ⧫ 10,80 – **20 ch** 87,50/119 – ½ P 103,30/129,30.
♦ Grande hôtellerie postée à l'entrée de la ville natale du docteur Schweitzer. Chambres confortables et accueillant salon agrémenté de pierres et poutres apparentes. Élégant restaurant, belle carte des vins et plats classiques. Cuisine alsacienne à la Winstub.

🏠 **Les Remparts** ⚙ sans rest (annexe Les Terrasses 🏨 🏢 15 ch), 4 r. Flieh ℘ 03 89 47 12 12, hotel@lesremparts.com, Fax 03 89 47 37 24 – cuisinette 🖵 ⚙ ☝ ☜ 🅿 – 🍴 25. ㏿ ☜
fermé 2 au 28 fév. – ⧫ 6,80 – **40 ch** 60/82.
♦ Hôtel situé dans un quartier résidentiel calme aux portes de la cité. Les chambres bénéficient d'un décor actuel et de belles terrasses ; hébergement plus spacieux à l'annexe.

A l'Arbre Vert (annexe Belle Promenade 14 ch), 1 r. Haute du Rempart *&* 03 89 47 11 51, *arbrevertbellepromenade@wanadoo.fr*, Fax 03 89 78 13 40 – 📺. GB
fermé janv., mardi midi et lundi – **Repas** 23/42, enf. 10 ♀ – ☐ 7,20 – **30 ch** 57/70 – ½ P 70.
   ♦ Maisons de style alsacien situées de part et d'autre d'une place verdoyante. Chambres rustiques ; à l'annexe, cadre plus agréable et meubles peints. Salles à manger habillées de chaleureuses boiseries où l'on sert une cuisine classique inspirée par le terroir.

Constantin ॐ sans rest, 10 r. Père Kohlman *&* 03 89 47 19 90, *reservation@hotel-const antin.com*, Fax 03 89 47 37 82 – 📶 📺 ✆ ⟷ – 🅰 25. GB. ⚘
   ☐ 6,50 – **20 ch** 58/68.
   ♦ Cette vieille maison de vigneron rénovée abrite des chambres actuelles ou de style régional. Salle des petits-déjeuners sous verrière agrémentée d'un beau poêle en faïence.

Vieille Forge, 1 r. Écoles *&* 03 89 47 17 51, Fax 03 89 78 13 53 – 📠. GB
fermé 1ᵉʳ au 21 juil., vacances de fév., lundi, mardi et jeudi (sauf le soir en sept.-oct.) et merc. – **Repas** 18,50/35, enf. 8,50 ♀.
   ♦ Façade très discrète, décor rustique sans fioriture, salle à manger réservée aux non-fumeurs et généreuse cuisine fleurant bon le terroir caractérisent ce restaurant.

Au Lion d'Or, 66 r. Gén. de Gaulle *&* 03 89 47 11 16, *auliond.or@wanadoo.fr*, Fax 03 89 47 19 02, 佘 – 🆎 GB
fermé janv., vacances de fév., mardi sauf le midi du 1ᵉʳ mai au 31 oct. et merc. – **Repas** 15/50, enf. 4,60 ♀.
   ♦ Belle maison bâtie en 1521 et tenue par la même famille depuis 1764 ! Plaisantes salles à manger dont une réchauffée par une monumentale cheminée d'époque. Cour-terrasse.

à Kientzheim Est : 3 km par D 28 – 827 h. alt. 225 – ⊠ 68240 .
   Voir *Pierres tombales★ dans l'église.*

Hostellerie Schwendi ॐ, 2, pl. Schwendi *&* 03 89 47 30 50, *hotel-schwendi@wanado o.fr*, Fax 03 89 49 04 49, 佘 – 📺 🅿. 🆎 ⑩ GB
fermé 20 déc. au 15 mars – **Repas** *(fermé jeudi midi et merc.)* 23/54, enf. 10 ♀ ⚘ – ☐ 7,50 – **17 ch** 65/78 – ½ P 71,50.
   ♦ La belle façade à colombages se dresse sur une placette pavée du village viticole. Intérieur mi-rustique, mi-bourgeois soigné. Coquettes chambres personnalisées. Joli restaurant, terrasse face à une fontaine, cuisine au goût du jour et vins de la propriété.

Hotel de l'Abbaye d'Alspach ॐ sans rest, *&* 03 89 47 16 00, *hotel@abbayealspach.c om*, Fax 03 89 78 29 73, 🖴 – 📺 ⅄ 🅿. – 🅰 15. 🆎 ⑩ GB
fermé 5 janv. au 15 mars – ☐ 9 – **28 ch** 57/96, 5 suites.
   ♦ Hôtel en partie aménagé dans les dépendances d'un couvent du 13ᵉ s. Chambres souvent agrémentées de meubles campagnards ; cinq superbes suites. Jolie cour intérieure.

KEMBS-LOÉCHLÉ 68680 H.-Rhin **315** J11 – alt. 245.
   Paris 493 – Mulhouse 25 – Altkirch 26 – Basel 16 – Belfort 70 – Colmar 60.

Les Écluses, 8 r. Rosenau *&* 03 89 48 37 77, *restaurant.les.ecluses@freesbee.fr*, Fax 03 89 48 49 31, 佘 – 🅿. GB
fermé vacances de Toussaint, de fév., merc. soir d'oct. à avril, dim. soir et lundi – **Repas** 14,50/29, enf. 8,50 ♀.
   ♦ À proximité du canal de Huningue et de la petite Camargue alsacienne, cette sympathique adresse propose des spécialités de poissons dans une sobre salle à manger.

KIENTZHEIM 68 H.-Rhin **315** H8 – rattaché à Kaysersberg.

KILSTETT 67840 B.-Rhin **315** L4 – 1 923 h alt. 130.
   Paris 489 – Strasbourg 14 – Haguenau 23 – Saverne 51 – Wissembourg 60.

Oberlé, 11 rte Nationale *&* 03 88 96 21 17, *hr.oberle@wanadoo.fr*, Fax 03 88 96 62 29, 佘 – 📺 ⅄ 🅿. GB
fermé 16 août au 5 sept. et 17 fév. au 5 mars – **Repas** *(fermé vend. midi et jeudi)* 9,90 (déj.), 19/36 ♀ – ☐ 5 – **31 ch** 30/51 – ½ P 33/38,50.
   ♦ À l'entrée du village, cet établissement familial est en train de changer de "look", passant de l'esprit rustique à un cadre plus actuel. Huit chambres nouvellement créées. Restaurant sobrement meublé dans le style alsacien et cuisine d'inspiration régionale.

Cheval Noir, 1, r du soldat Maussire *&* 03 88 96 22 01, Fax 03 88 96 61 30 – 🅿. GB
fermé 20 juil. au 15 août, 15 au 31 janv., lundi et mardi – **Repas** 22,50/40 ♀.
   ♦ Depuis cinq générations, la même famille vous reçoit en cette belle maison à colombages du 18ᵉ s. Intérieur chaleureux avec fresque (scène de chasse) et carte traditionnelle.

Le KREMLIN-BICÊTRE 94 Val-de-Marne **312** D3 **101** ㉖ – voir à Paris, Environs.

KRUTH 68820 H.-Rhin **315** F9 – 1 010 h alt. 498.

Voir *Cascade St-Nicolas★ SO : 3 km par D 13⁰¹* – *Musée du textile et des costumes de Haute-Alsace à Husseren-Wesserling SE : 6 km*, G. Alsace Lorraine.

Paris 453 – *Épinal 68* – Mulhouse 40 – Colmar 63 – Gérardmer 31 – Thann 20 – Le Thillot 29.

Auberge de France, 20, Grand Rue *℘* 03 89 82 28 02, *aubergedefrance@wanadoo.fr*, Fax 03 89 82 24 05, *☞* – *📺* **P.** **GB**

fermé 14 au 26 juin et 3 janv. au 6 fév. – **Repas** *(fermé merc. soir et jeudi)* 9.90 (déj.), 15/37, enf. 7,90 ☲ – ☲ 6 – **16 ch** 43/49 – ½ P 37.

♦ Dans la traversée de ce village de la haute vallée de la Thur, auberge bien tenue abritant des chambres assez confortables. Billard, boulodrome. Vous passerez par le bar de l'hôtel pour atteindre la salle à manger rustique où l'on sert des plats traditionnels.

LAÀS 64390 Pyr.-Atl. **342** G4 – 125 h alt. 75.

Paris 789 – Pau 54 – Orthez 19 – Peyrehorade 37 – Salies-de-Béarn 18.

Auberge de la Fontaine, *℘* 05 59 38 59 33, Fax 05 59 38 59 33, *☞* – **GB**

15 juin-30 sept. et fermé lundi sauf fériés – **Repas** 15/29.

♦ C'est coiffé de son béret basque que le patron de cette sympathique auberge champêtre viendra vous saluer. Il y mitonne avec passion les produits du terroir et de son potager.

LABAROCHE 68910 H.-Rhin **315** H8 – 1 985 h alt. 750.

Paris 441 – Colmar 17 – Gérardmer 49 – Munster 25 – St-Dié 44.

Au Tilleul *⌖,* *℘* 03 89 49 84 46, *au-tilleul@wanadoo.fr*, Fax 03 89 78 91 88, *✵* – *🔊* *📺* **P.** – *🏊* 15 à 30. **GB.** *✸* rest

fermé 6 janv. au 6 fév. – **Repas** 14/20 ☲ – ☲ 7,50 – **30 ch** 46 – ½ P 45.

♦ Pension de famille dans un bourg vosgien dominant la plaine d'Alsace. Demandez une des chambres de l'annexe, plus actuelles. Nappes colorées et sièges de style Louis XV font la personnalité de ce restaurant d'hôtel ; menu unique, recettes traditionnelles.

Rochette avec ch, *℘* 03 89 49 80 40, *hotel.la.rochette@wanadoo.fr*, Fax 03 89 78 94 82, *☞* – *📺* **P.** **GB**

fermé 12 au 22 nov., 21 fév. au 15 mars, – **Repas** *(fermé lundi soir d'oct. à mars et mardi)* 16/58, enf. 9 ☲ – ☲ 7 – **7 ch** 48/55 – ½ P 55/58.

♦ Attrayante maison régionale dans un jardin verdoyant. Jolie salle à manger colorée à dominantes jaune et rouge. Chambres assez coquettes, claires et bien insonorisées.

LABARTHE-INARD 31800 H.-Gar. **343** D6 – 781 h alt. 330.

Paris 756 – Bagnères-de-Luchon 57 – St-Gaudens 11 – Toulouse 84.

Hostellerie du Parc, 86, RN 117 *℘* 05 61 89 08 21, Fax 05 61 95 99 14, *☞* – *📺* *✆* *♿* **P.** **① GB**

fermé fév., dim. soir et lundi – **Repas** 12/40, enf. 7,70 *♣* – ☲ 5,50 – **16 ch** 40/50 – ½ P 41,50/46,50.

♦ Au cœur du Comminges, hôtel familial bordant la nationale. Les chambres, qui donnent sur l'arrière-cour, bénéficient d'un cadre récent. Lumineux restaurant et sa terrasse ombragée de platanes, agréable malgré la proximité de la route. Plats traditionnels.

LABARTHE-SUR-LÈZE 31860 H.-Gar. **343** G4 – 4 632 h alt. 162.

🏌 de Toulouse à Vieillevigne *℘* 05 61 73 45 48, N : 10 km par D 4.

Paris 694 – Toulouse 21 – Auch 91 – Pamiers 45 – St-Gaudens 81.

Poêlon, 19 pl. V. Auriol *℘* 05 61 08 68 49, Fax 05 61 08 78 48, *☞* – **GB**

fermé 22 déc. au 6 janv., dim. et lundi – **Repas** 21/37 *☞*.

♦ Demeure bourgeoise transformée en restaurant : deux salles à manger au cadre rustique, une cuisine traditionnelle et une belle carte des vins (plus de 600 références).

Rose des Vents, carrefour D 19-D 4 *℘* 05 61 08 67 01, Fax 05 61 08 85 84, *☞*, *☞* – **P.** **AE ① GB**

fermé 18 août au 5 sept., 23 fév. au 7 mars, dim. soir, lundi et mardi – **Repas** 14 (déj.), 22/38.

♦ Confortable maison de pays qu'un écrin de verdure préserve des bruits de la route. Vous vous attablerez dans une véranda sur laquelle grimpe la vigne vierge.

LABASTIDE-MURAT 46240 Lot **337** F4 G. Périgord Quercy – 690 h alt. 447.

🛈 Office de tourisme, Grand' Rue *℘* 05 65 21 11 39, Fax 05 65 24 57 66, *labastide-murat@wanadoo.fr.*

Paris 543 – Sarlat-la-Canéda 50 – Brive-la-Gaillarde 66 – Cahors 32 – Figeac 45 – Gourdon 26.

🏠 **Kyriad,** ☎ 05 65 21 18 80, *kyriad.labastide@wanadoo.fr, Fax 05 65 21 10 97,* ⛱ – 🚭, ▤ ch, 📺 📞. [AE] [Ⓓ] [GB]
fermé 20 déc. au 20 janv. – **Repas** 14 (déj.), 20/30, enf. 8 🍷 – ☕ 7 – **20 ch** 56/66 – ½ P 48/52.
◆ Ce castel du 13e s. fait miroiter sa succession de toits au soleil du Quercy. Chambres sobres, dotées de mobilier en bois peint réalisé par un artisan local. Salle à manger rustique agrémentée d'une cheminée, où l'on vient déguster des recettes du terroir.

LACABARÈDE *81240 Tarn* [338] H10 – *304 h alt. 325.*

Paris 754 – Béziers 71 – Carcassonne 53 – Castres 36 – Mazamet 19 – Narbonne 62.

🏠 **Demeure de Flore** 🌿, 106 Grand'rue ☎ 05 63 98 32 32, *demeure.de.flore@hotelrama.com, Fax 05 63 98 47 56,* ⛱, 🏊, 🌳 – 📺 📞 ♿ 🚗 🅿. [Ⓓ] [GB] [JCB]. 🚫 rest
fermé 5 janv. au 3 fév. et lundi hors saison – **Repas** (menu unique) 24 (déj.)/32 🍷 – ☕ 9,50 – **11 ch** 60/88 – ½ P 82/86.
◆ La déesse romaine a doté cette maison de maître du 19e s. d'un bel écrin de verdure face à la Montagne Noire. Intérieur coquet, mobilier ancien, accueil attentif. Cuisine du marché ensoleillée à déguster dans la belle salle à manger bourgeoise.

LACANAU-OCÉAN *33680 Gironde* [335] D4 *G. Aquitaine.*

Voir *Lac de Lacanau★ E : 5 km.*
⛳18 *à Lacanau* ☎ *05 56 03 92 98, E : 2 km ;* ⛳9 *de la Méjanne* ☎ *05 56 03 28 80, E : 3 km.*
ℹ *Office de tourisme, place de L'Europe* ☎ *05 56 03 21 01, Fax 05 56 03 11 89, lacanau@lacanau.com.*
Paris 636 – Bordeaux 63 – Andernos-les-Bains 38 – Arcachon 87 – Lesparre-Médoc 52.

🏠 **Aplus** 🌿, rte Baganais ☎ 05 56 03 91 00, *aplus.lacanau@wanadoo.fr, Fax 05 56 03 91 10,* ⛱, 🎾, 🏋, 🏊, 🏊, 🏇 – 🛗 📺 📞 ♿ 🅿 – 🧑‍🤝‍🧑 15 à 70. [AE] [Ⓓ] [GB]
fermé déc. et janv. – **Repas** *(fermé déc.)* 22, enf. 10 🍷 – ☕ 9,50 – **57 ch** 96/112 – ½ P 86.
◆ Au coeur d'une pinède, ensemble hôtelier avec centre équestre parrainé par un ex-champion olympique. Chambres modernes ou studios. Bel espace de remise en forme. Au restaurant, carte traditionnelle complétée en été par une formule grill.

LACAPELLE-MARIVAL *46120 Lot* [337] H3 *G. Périgord Quercy – 1 247 h alt. 375.*

ℹ *Office de tourisme, place de la Halle* ☎ *05 65 40 81 11, Fax 05 65 40 81 11, ot-.pays.lacapellemarival@wanadoo.fr.*
Paris 555 – Aurillac 66 – Cahors 64 – Figeac 21 – Gramat 22 – Rocamadour 32 – Tulle 75.

🏠 **Terrasse,** près château ☎ 05 65 40 80 07, *hotel-restaurant-la-terrasse@wanadoo.fr, Fax 05 65 40 99 45,* 🌳 – 📺 📞 – 🧑‍🤝‍🧑 15. [GB]
fermé 2 janv. à début mars – **Repas** *(fermé mardi midi, dim. soir et lundi sauf juil.-août, lundi midi en juil.-août)* 12,50 (déj.), 18/34 🍷 – ☕ 6,30 – **13 ch** 42/56 – ½ P 43/49.
◆ À côté du massif donjon carré du château, des chambres fonctionnelles attendent votre passage. Plaisant petit jardin bordé d'un ruisseau. Cuisine au goût du jour faisant le meilleur usage des produits de saison, à déguster dans une lumineuse salle à manger.

LACAPELLE-VIESCAMP *15150 Cantal* [330] B5 – *434 h alt. 550.*

Paris 547 – Aurillac 19 – Figeac 57 – Laroquebrou 12 – St-Céré 48.

🏠 **Lac** 🌿, ☎ 04 71 46 31 57, *hoteldulac@wanadoo.fr, Fax 04 71 46 31 64,* ≤, ⛱, 🏊, 🌳 – 📺 📞 ♿ 🅿 – 🧑‍🤝‍🧑 20. [Ⓓ] [GB]
fermé janv., fév., dim. soir et vend. du 1er nov. au 15 avril – **Repas** *(10,50)* - 13,50/32, enf. 8 🍷 – ☕ 8 – **23 ch** 55/60 – ½ P 50/53.
◆ À 500 m du lac de St-Étienne-Cantalès propice à la pêche, accueil convivial en cet établissement des années 1950 agrandi au fil des ans. Chambres claires et insonorisées. La sobre salle de restaurant est tournée vers la piscine et la nature environnante.

LACAUNE *81230 Tarn* [338] I8 *G. Midi-Pyrénées – 2 914 h alt. 793 – Casino.*

ℹ *Office de tourisme, place Général de Gaulle* ☎ *05 63 37 04 98, Fax 05 63 37 03 01, office-tourisme@lacaune.com.*
Paris 708 – Albi 67 – Béziers 89 – Castres 48 – Lodève 73 – Millau 69 – Montpellier 131.

🏠 **Fusiès,** r. République ☎ 05 63 37 02 03, *espoutis@infonie.fr, Fax 05 63 37 10 98,* ⛱, 🏊 – 🛗 📺 📞. [AE] [Ⓓ] [GB] [JCB]
fermé 3 au 21 janv., vend. soir et dim. soir du 15 nov. au 15 mars – **Repas** 16/57, enf. 12 🍷 – ☕ 8 – **48 ch** 50/70 – ½ P 60/65.
◆ Ancien relais de diligences accueillant les voyageurs depuis 1685 et riche de souvenirs. Chambres au décor et mobilier "seventies" ; celles sur l'arrière sont plus calmes. Des fresques des années 1930 ornent les murs de la salle à manger.

XX **Calas** avec ch, pl. Vierge ✆ 05 63 37 03 28, *hotelcalas@wanadoo.fr, Fax 05 63 37 09 19,* ⛱, 🛏 – TV. AE ⓓ GB JCB
fermé 15 déc. au 15 janv., vend. soir, sam. midi et dim. soir d'oct. à Pâques – **Repas** 14,50/43, enf. 11,50 ♀ – ☕ 4,70 – **16 ch** 37/50 – ½ P 41.
◆ Les Calas, depuis quatre générations, nous mijotent une solide cuisine du terroir. La salle à manger a été décorée par des artistes du pays. Chambres rajeunies.

LACAVE *46200 Lot* 337 F2 *G. Périgord Quercy – 293 h alt. 130.*
Voir *Grottes*★.
Paris 528 – Brive-La-Gaillarde 51 – Sarlat-La-Canéda 41 – Cahors 58 – Gourdon 26.

Château de la Treyne ⛰, Ouest : 3 km par D 23, D 43 et voie privée ✆ 05 65 27 60 60, *treyne@relaischateaux.com, Fax 05 65 27 60 70,* ≤, ⛱, ⛱, 🛏, 🎾, 🌳 – |⇕| ▤ TV ✆ P. AE ⓓ GB JCB
3 avril-12 nov. et 27 déc.-2 janv. – **Repas** *(fermé le midi du mardi au vendredi)* 70/110 et carte 100 à 130 ♀ – ☕ 18 – **16 ch** 260/360 – ½ P 180/270.
◆ Château du 17ᵉ s. dominant la Dordogne, dans un parc avec jardin à la française et chapelle romane (expositions, concerts). Cadre idyllique, chambres somptueuses. Au restaurant, belles boiseries, plafond à caissons et cuisine classique actualisée.
Spéc. Pot-au-feu de canard aux cocos de Paimpol (fin août à fin nov.). Nage de petite lotte au curry et safran. Tournedos de ris de veau braisé aux truffes. **Vins** Bergerac, Cahors.

XXX **Pont de l'Ouysse** (Chambon) ⛰ avec ch, ✆ 05 65 37 87 04, *pont.ouysse@wanadoo.fr, Fax 05 65 32 77 41,* ≤, ⛱, ⛱, 🛏 – ▤ ch, TV ✆ P. AE ⓓ GB JCB
début mars-4 nov. et fermé lundi sauf le soir en saison et mardi midi – **Repas** 35/120 et carte 58 à 78 – ☕ 15 – **14 ch** 145/180 – ½ P 153.
◆ Maison du 19ᵉ s. adossée à une falaise. Jolie salle à manger, terrasse ombragée et promenade aménagée au bord de l'Ouysse. Cuisine inventive inspirée par le Sud-Ouest.
Spéc. Foie de canard "Bonne Maman". Queues de langoustines aux truffes. Daube de pied de porc truffé, aligot au lard paysan. **Vins** Bergerac, Cahors.

LAC CHAMBON ★★ *63 P.-de-D.* 326 E9 *G. Auvergne – alt. 877 – Sports d'hiver : 1 150/1 760 m* ⛷ 9 ⛷ – ✉ *63790 Chambon-sur-Lac.*
Paris 456 – Clermont-Ferrand 37 – Condat 39 – Issoire 32 – Le Mont-Dore 18.

Grillon, ✆ 04 73 88 60 66, *Fax 04 73 88 65 55,* ⛱, 🛏 – TV 🚗 P. AE ⓓ GB
6 fév.-2 nov. – **Repas** *(fermé mardi midi du 15 sept. à fin avril sauf vacances scolaires)* 13/30, enf. 8 ♀ – ☕ 7,50 – **22 ch** 36/42 – ½ P 41/44.
◆ Sur un axe fréquenté, immeuble des années 1950 régulièrement rafraîchi. Chambres de style rustique, certaines avec balcon. Jardin et aire de jeux. Plats traditionnels et régionaux servis dans un cadre un tantinet désuet ou sur une terrasse tournée vers le lac.

Beau Site, ✆ 04 73 88 61 29, *Fax 04 73 88 66 73,* ≤, ⛱ – TV P. GB
vacances de fév.-15 oct. – **Repas** *(fermé le midi en mars et avril)* 15/25, enf. 10 – ☕ 7 – **17 ch** 45 – ½ P 45.
◆ Établissement familial aménagé dans deux bâtiments très fleuris en surplomb du lac. Chambres claires, tournées vers le plan d'eau et la plage. Salles à manger actuelles dont les baies vitrées offrent un joli coup d'oeil sur le rivage. Cuisine régionale.

LAC DE GUÉRY *63 P.-de-D.* 326 D9 – *rattaché au Mont-Dore.*

LAC DE LA LIEZ *52 H.-Marne* 313 M6 – *rattaché à Langres.*

LAC DE PONT *21 Côte-d'Or* 320 G5 – *rattaché à Semur-en-Auxois.*

LAC DE VASSIVIÈRE *23 Creuse* 325 I6 – *rattaché à Peyrat-le-Château (87 H.-Vienne).*

LAC GÉNIN *01 Ain* 328 H3 – *rattaché à Oyonnax.*

LACROIX-FALGARDE *31 H.-Gar.* 343 G3 – *rattaché à Toulouse.*

LACROST *71 S.-et-L.* 320 J10 – *rattaché à Tournus.*

LADOIX-SERRIGNY *21 Côte-d'Or* 320 J7 – *rattaché à Beaune.*

LAFARE 84190 Vaucluse 332 D9 – 97 h alt. 220.

  Paris 670 – Avignon 37 – Carpentras 13 – Nyons 34 – Orange 26.

🏠 **Grand Jardin** 🦢, 🕿 04 90 62 97 93, Fax 04 90 65 03 74, ≤ vignobles et Dentelles de
  Montmirail, 😗, ⚘, 🚗 – 🔟 &. 🖭 ⓞ ⒼⒷ
  1ᵉʳ avril-3 oct. – **Repas** *(fermé lundi et le midi sauf merc. et dim.)* (20) - 28/38, enf. 14 ♀ –
  ⌑ 11 – **8 ch** 92 – ½ P 74.
  ♦ Accueil chaleureux en cette construction récente cernée par les vignes des Côtes-du-
  Rhône. Chambres décorées dans le style provençal. La terrasse fleurie, dressée à l'ombre
  des canisses, offre un coup d'œil sur les Dentelles de Montmirail.

LAFFREY 38220 Isère 333 H7 G. Alpes du Nord – 311 h alt. 910.

  Voir *Prairie de la Rencontre★*.

  🚹 *Office de tourisme, Le village* 🕿 04 76 73 16 36, Fax 04 76 73 10 21.
  Paris 588 – Grenoble 26 – Le Bourg-d'Oisans 38 – La Mure 15 – Villard-de-Lans 55.

🍴 **Pacodière** 🦢 avec ch, rte du Lac 🕿 04 76 73 16 22, Fax 04 76 73 16 22, 😗, 🚗 – 🅿. 🖭
  ⒼⒷ
  1ᵉʳ mai-1ᵉʳ nov., *week-ends de nov. à avril (sauf janv.) et fermé dim. soir et lundi du 7 sept. au*
  1ᵉʳ nov. – **Repas** 21/36, enf. 12 ♀ – ⌑ 8 – **3 ch** 53.
  ♦ Sur la Route Napoléon jalonnée de lacs. Prolongez votre pèlerinage à la prairie de la
  "Rencontre" par la dégustation de plats traditionnels dans un pimpant cadre rustique.

LAGARDE-ENVAL 19150 Corrèze 329 L4 – 748 h alt. 480.

  Paris 488 – Brive-la-Gaillarde 35 – Aurillac 71 – Mauriac 66 – St-Céré 48 – Tulle 14.

🍴 **Central** avec ch, 🕿 05 55 27 16 12, Fax 05 55 27 13 79 – 🔟 ⒼⒷ ⚘ ch
  fermé 1ᵉʳ au 20 sept., sam. et dim. – **Repas** 12 (déj.), 16/23 – ⌑ 5,40 – **7 ch** 35 – ½ P 45.
  ♦ Sympathique maison familiale qui abrite aussi le bar-tabac du village. Salle à manger
  rustique où l'on sert une cuisine typiquement corrézienne. Chambres modestes.

LAGARRIGUE 81 Tarn 338 F9 – rattaché à Castres.

LAGUÉPIE 82250 T.-et-G. 337 H7 – 720 h alt. 149.

  🚹 *Office de tourisme, place de Foirail* 🕿 05 63 30 20 34, Fax 05 63 30 20 34.
  Paris 649 – Rodez 70 – Albi 38 – Montauban 71 – Villefranche-de-Rouergue 34.

🏠 **Les Deux Rivières**, 🕿 05 63 31 41 41, Fax 05 63 30 20 91 – 📶 🔟 &. ⒼⒷ
  fermé vacances de fév. – **Repas** *(fermé vend. soir, sam. midi, dim. soir et lundi soir)* 10 (déj.),
  16/30, enf. 9 & – ⌑ 6 – **8 ch** 31/34 – ½ P 35.
  ♦ Ce petit hôtel constitue une étape conviviale au confluent de l'Aveyron et du Viaur. Vous
  serez logé dans des chambres simples mais bien tenues. La restauration du midi est
  assurée au bar ; celle du soir a pour cadre une salle à manger fonctionnelle.

LAGUIOLE 12210 Aveyron 338 J2 G. Midi-Pyrénées – 1 248 h alt. 1004 – Sports d'hiver : 1 100/
  1 400 m ≰ 12 ≴.

  ☌ de Mezeyrac 🕿 05 65 44 48 48, O : 12 km par D 541.
  🚹 *Office de tourisme, place du Foirail* 🕿 05 65 44 35 94, Fax 05 65 44 35 76, ot-laguiole@wa
  nadoo.fr.
  Paris 571 – Aurillac 79 – Rodez 52 – Espalion 22 – Mende 83 – St-Flour 59.

🏨 **Grand Hôtel Auguy** (Mme Muylaert), 🕿 05 65 44 31 11, *grand-hotel.auguy@wanadoo.f*
❀ *r*, Fax 05 65 51 50 81, 🚗 – 📶 🔟 &. ➿. 🖭 ⓞ ⒼⒷ
  7 fév.-21 nov. et fermé lundi sauf le soir en juil-août, dim. soir et mardi midi – **Repas**
  (nombre de couverts limité, prévenir) 28 (déj.), 38/72 et carte 48 à 62 ♀ & – ⌑ 10 – **22 ch**
  65/86 – ½ P 75/90.
  ♦ Cette maison de tradition a retrouvé tout son éclat à la suite d'une rénovation réussie.
  Les chambres, contemporaines, sont soignées et colorées. Restaurant confortable où l'on
  s'abstiendra de fumer pour mieux déguster les goûteuses spécialités de l'Aubrac.
  Spéc. Pavé de boudin noir, pommes en l'air et foie gras poêlé. Truite en croustillant de lard,
  sauce au vieux laguiole. Transparent d'aubergine à la crème de fenouil, glace au thym-
  citron (juin à sept.). **Vins** Marcillac, Vin de table de l'Aveyron.

🏨 **Relais de Laguiole**, espace Les Cayres 🕿 05 65 54 19 66, *relais-de-laguiole@wanadoo.f*
  r, Fax 05 65 54 19 49, 🖳 – 📶 🔟 &. – 🛁 15 à 100. 🖭 ⓞ ⒼⒷ
  3 avril-2 nov. – **Repas** 16/30, enf. 10 ♀ – ⌑ 9 – **33 ch** 75/130 – ½ P 63/82.
  ♦ Cette construction moderne revêtue d'ardoise héberge des chambres spacieuses et
  contemporaines ainsi qu'une belle piscine couverte. Copieux buffet de petits-déjeuners.
  Jolis tissus, mobilier blanc et recettes régionales caractérisent le chaleureux restaurant.

🏨 **Régis,** ☎ 05 65 44 30 05, *hotel.regis@wanadoo.fr, Fax 05 65 48 46 44,* 🏊 – 🛗 📺 **P.** AE ⓞ
GB
fermé 21 au 28/03, 21 au 27/06, 15/11 au 26/12, 31/01 au 6/02, jeudi midi et vend. midi hors vacances scolaires – **Repas** 16/27 ⅞ – ⚌ 5,60 – **24 ch** 42/66 – ½ P 42/50.
♦ Ce relais de diligences du 19ᵉ s. niché au coeur de la petite cité aveyronnaise abrite des chambres au décor actuel et une agréable piscine sur l'arrière. Salle à manger agrémentée d'un beau plafond peint datant du début du 20ᵉ s. ; carte régionale.

à l'Est : *6 km par rte d'Aubrac (D 15) –* ⊠ *12210 Laguiole :*

🏨🏨 **Michel Bras** ⬧, ☎ 05 65 51 18 20, *michel.bras@wanadoo.fr, Fax 05 65 48 47 02,* ❋ pay-
❀❀❀   sages de l'Aubrac – 🛗, 🍽 rest, 📺 ☎ ⬧ **P.** AE ⓞ GB JCB. ❀
avril-oct. et fermé lundi sauf juil.-août – **Repas** *(fermé mardi midi, merc. midi sauf juil.-août et juin)* (nombre de couverts limité, prévenir) 50 (déj.), 90/146 et carte 110 à 150 ⬧ – ⚌ 22 – **15 ch** 197/333.
♦ Cette abbaye de Thélème futuriste semble égarée parmi les rudes paysages de l'Aubrac. Face à la nature, grandes chambres au décor contemporain épuré. Cuisine du terroir hautement inspirée servie dans une salle de restaurant design et panoramique.
Spéc. "Gargouillou" de jeunes légumes. Pièce de boeuf Aubrac rôtie à la braise. Biscuit tiède de chocolat "coulant". **Vins** Gaillac, Marcillac

à Soulages-Bonneval *Ouest : 5 km par D 541 – 235 h. alt. 830 –* ⊠ *12210 :*

🏯 **Auberge du Moulin** ⬧, ☎ 05 65 44 32 36, *Fax 05 65 54 11 01,* 🍴, ♣ – ⬧ **P.** GB
🍴   *fermé vend. soir d'oct. à juin sauf vacances scolaires –* **Repas** 10/20 ⅞ – ⚌ 4,50 – **12 ch**
22/28 – ½ P 26/29.
♦ Champêtre et d'un confort modeste, l'adresse occupe un vieux moulin haut perché. Petites chambres sobres ; certaines donnent sur une cascade. Baignade aménagée à proximité. Une simplicité de bon aloi anime le restaurant où l'on propose les plats du pays.

LAJOUX *39 Jura* 🔢 *F8 – rattaché à Lamoura.*

LALACELLE *61320 Orne* 🔢 *I4 – 268 h alt. 300.*
Env. *Château de Carrouges★★ N : 11 km,* G. Normandie Cotentin.
Paris 208 – Alençon 20 – Argentan 34 – Domfront 42 – Falaise 57 – Mayenne 41.

🍴 **Lentillère,** rte d'Alençon : 1,5 km sur N 12 ☎ 02 33 27 38 48, *lalentillere@wanadoo.fr,*
🍴   *Fax 02 33 27 38 30,* 🍴, ♣ – ♣ **P.** ⓞ GB
fermé 9 au 29 janv., 28 juin au 2 juil., 29 nov. au 6 déc. dim. soir et lundi – **Repas** 14/31, enf. 8 ⅞.
♦ Auberge bienvenue au bord de la route nationale : prenez l'apéritif dans le joli jardin, puis rejoignez la salle à manger campagnarde au charme un brin désuet.

LALANDE *31 H.-Gar.* 🔢 *G3 – rattaché à Toulouse.*

LALINDE *24150 Dordogne* 🔢 *F6 – 2 966 h alt. 46.*
🅱 *Office de tourisme, Jardin Public* ☎ 05 53 61 08 55, *Fax 05 53 61 00 64, ot.lalinde@peri gord.tm.fr.*
Paris 537 – Bergerac 23 – Brive-La-Gaillarde 103 – Périgueux 49 – Villeneuve-sur-Lot 61.

🏨 **Périgord,** pl. 14-Juillet ☎ 05 53 61 19 86, *philippe.amagat@wanadoo.fr,*
Fax 05 53 61 27 49, 🍴 – 📺 ☎ AE ⓞ GB JCB
fermé 20 déc. au 10 janv. – **Repas** *(fermé vend., sam., lundi et dim. sauf juil-août et fériés)* 15 (déj.), 25/45 ⅞ – ⚌ 7 – **16 ch** 44/65 – ½ P 44/52.
♦ Au centre de l'ancienne bastide aujourd'hui assoupie, près de la mairie, belle maison en calcaire doré abritant des chambres simples aux tons clairs. L'enseigne est sans équivoque : au restaurant, les recettes du Périgord sont déclinées sur tous les menus.

à St-Capraise-de-Lalinde *Ouest, rte de Bergerac : 7 km – 531 h. alt. 42 –* ⊠ *24150 :*

🍴 **Relais St-Jacques** avec ch, pl. Eglise ☎ 05 53 63 47 54, *Fax 05 53 73 33 52 –* 🍽 rest, 📺
🍴   ☎. GB. ❀ rest
fermé 15 au 30 nov. et merc. – **Repas** 14,50/36, enf. 10 ⅞ – ⚌ 8 – **7 ch** 39/52 – ½ P 41/47.
♦ À côté de l'église, ancien relais sur la route de Compostelle, dont l'origine remonterait au 13ᵉ s. Intérieur rustique, hospitalité toute périgourdine et plats du terroir.

LALLEYRIAT *01130 Ain* 🔢 *H4 – 195 h alt. 850.*
Paris 486 – Bourg-en-Bresse 62 – Genève 61 – Nantua 12 – Oyonnax 24.

🍴🍴 **Les Gentianes,** ☎ 04 74 75 31 80, *Fax 04 74 75 30 60,* 🍴 – GB. ❀
fermé 5 au 31 janv., dim. soir, lundi et mardi – **Repas** 24/41, enf. 15 ⅞.
♦ Cheminée de pierre, poutres et trophées de chasse : cette maison à la façade fleurie soigne son cadre campagnard. Ses plats traditionnels ont un léger accent régional.

LALOUVESC 07520 Ardèche **331** J3 – 494 h alt. 1050.

🛈 Office de tourisme, rue St-Régis ℘ 04 75 67 84 20, Fax 04 75 67 80 09, ot.lalouvesc-@wanadoo.fr.

Paris 553 – Valence 56 – Annonay 24 – Lamastre 25 – Tournon-sur-Rhône 39.

🏠 **Relais du Monarque**, 9, r. des Alpes ℘ 04 75 67 80 44, relais.monarque@wanadoo.fr, Fax 04 75 67 83 65, ≤, 🌿, 🚗 – 📺. ⒼⒷ
11 avril-17 oct. et fermé mardi soir et merc. hors saison – **Repas** 18/30 – ⌸ 9 – **16 ch** 49/56 – ½ P 49/51.
♦ Relais de poste du 17ᵉ s. entièrement rénové. Chambres agréables, à choisir côté Est avec vue sur la vallée de l'Ay et sur les Alpes par temps clair. Pimpantes salles de restaurant et terrasse panoramique tournée vers le beau jardin (jeu d'échecs géant).

LAMAGDELAINE 46 Lot **337** E5 – rattaché à Cahors.

LAMALOU-LES-BAINS 34240 Hérault **339** D7 G. Languedoc Roussillon – 2 156 h alt. 200 – Stat. therm. (début fév.-mi déc.) – Casino.

Voir Église de St-Pierre-de-Rhèdes★ SO : 1,5 km.

Env. St-Pierre-de-Rhèdes★ SO : 1,5 km.

🏌 de Lamalou-les-Bains ℘ 04 67 95 08 47, SE : 2 km par D 908.

🛈 Office de tourisme, 1 avenue Capus ℘ 04 67 95 70 91, Fax 04 67 95 64 52, om t.Lamalou@wanadoo.fr.

Paris 732 – Montpellier 79 – Béziers 39 – Lodève 38 – St-Pons-de-Thomières 38.

🏠 **L'Arbousier et Paix** ◐, ℘ 04 67 95 63 11, arbousier.hotel@wanadoo.fr, Fax 04 67 95 67 78, 🌿 – 📧 📺 ℃ 🅿 🔓 ⒶⒺ ⒼⒷ
Repas 20/45, enf. 8,50 ⌸ – ⌸ 7,50 – **31 ch** 50/58,50 – P 52,80/57,80.
♦ Charmant établissement du début du 20ᵉ s. apprécié des curistes car voisin des thermes. Les chambres, diverses en taille, sont lumineuses et fonctionnelles. Le restaurant occupe un joli pavillon d'esprit 1900 ; terrasse ombragée de platanes centenaires.

🍴 **Les Marronniers**, 8 av. Capus ℘ 04 67 95 76 00, Fax 04 67 95 76 00, 🌿 – ▣ ⒶⒺ ⓄⒷ
fermé 2 au 22 janv., dim. soir et lundi – **Repas** (14) - 17/40 ⌸.
♦ Une halte revigorante après de saines excursions dans le Caroux ou sur le parcours du chemin de fer touristique Bédarieux-Mons. Cuisine du marché, choix de vins régionaux.

LAMARCHE-SUR-SAÔNE 21 Côte-d'Or **320** M6 – rattaché à Auxonne.

LAMASTRE 07270 Ardèche **331** J4 G. Vallée du Rhône – 2 467 h alt. 375.

🛈 Office de tourisme, place Montgolfier ℘ 04 75 06 48 99, Fax 04 75 06 37 53, ot.lamastre-@wanadoo.fr.

Paris 577 – Valence 38 – Privas 55 – Le Puy-en-Velay 72 – St-Étienne 90 – Vienne 92.

🏠 **Château d'Urbilhac** ◐ sans rest, Sud-Est : 2 km par rte Vernoux-en-Vivarais ℘ 04 75 06 42 11, Fax 04 75 06 52 75, ≤ montagnes, 🏊, 🎾, 🌿 – 🚗 🅿 ⒶⒺ ⒼⒷ
20 mai-15 sept. – ⌸ 12 – **10 ch** 120.
♦ Joli petit château du 19ᵉ s., de style Renaissance, au coeur d'un parc de 60 ha dominant la vallée. Élégants intérieurs, mobilier ancien et piscine panoramique.

🏠 **Midi** (Perrier), pl. Seignobos ℘ 04 75 06 41 50, Fax 04 75 06 49 75, 🚗 – 📺 🚗. ⒶⒺ ⓄⒷ
🅹🅲🅱
❄ fermé fin déc. à mi-fév., vend. soir, dim. soir et lundi – **Repas** 34/78, enf. 15 ⌸ – ⌸ 13 – **10 ch** 62/98 – ½ P 89.
♦ Le bâtiment principal et son annexe disposent de chambres agréablement provinciales ayant conservé leurs vieux parquets. Préférez celles sur l'arrière, plus calmes. Salle de restaurant au cadre un brin désuet où l'on sert une cuisine classique bien tournée.
Spéc. Salade tiède de foie gras de canard. Pain d'écrevisses sauce cardinal. Soufflé glacé aux marrons de l'Ardèche. **Vins** Saint-Péray, Saint-Joseph.

LAMBALLE 22400 C.-d'Armor **309** G4 G. Bretagne – 10 563 h alt. 55.

Voir Haras national★.

🛈 Office de tourisme, place du Martray ℘ 02 96 31 05 38, Fax 02 96 50 01 96, ot-si.lamballe@netcourrier.com.

Paris 431 ② – St-Brieuc 21 ④ – Dinan 42 ② – Rennes 81 ② – St-Malo 50 ① – Vannes 130 ③.

LAMBALLE

Augustins (R. des)	**A** 2	
Bario (R.)	**A** 3	
Blois (R. Ch. de)	**B** 5	
Boucouets (R. des)	**B** 7	
Cartel (R. Ch.)	**A** 8	
Charpentier (R. Y.)	**A**	
Dr-A.-Calmette (R. du)	**A** 15	

Dr-Lavergne (R. du)	**A** 16
Foch (R. Mar.)	**B** 19
Gesle (Ch. de la)	**A** 23
Grand Boulevard (R. du)	**A** 24
Hurel (R. du Bg)	**B** 25
Jeu-de-Paume (R. du)	**A** 26
Leclerc (R. Gén.)	**B** 29
Marché (Pl. du)	**A** 30
Martray (Pl. du)	**A**

Mouëxigné (R.)	**B** 31
Poincaré (R.)	**B** 34
Préville (R.)	**B** 35
St-Jean (R.)	**A** 37
St-Lazare (R.)	**A** 38
Tery (R. G.)	**A** 39
Tour-aux-Chouettes (R.)	**B** 42
Val (R. du)	**AB**
Villedeneu (R.)	**A** 45

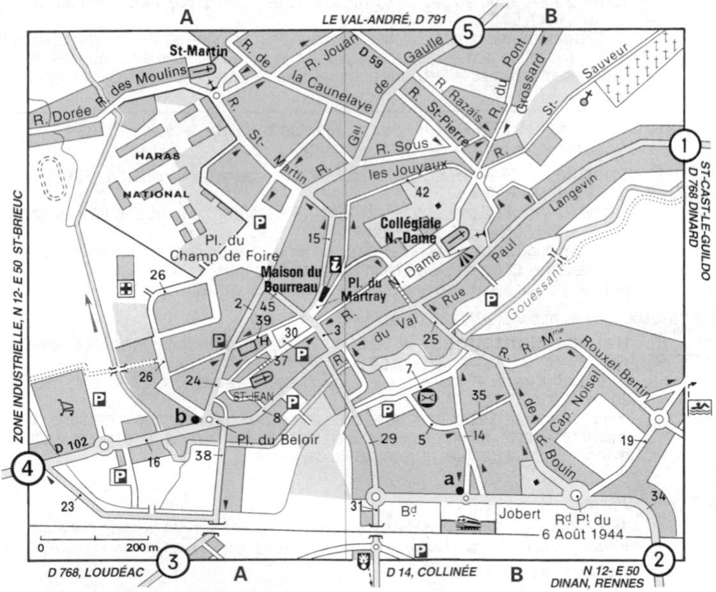

🏨 **Alizés,** Z.I., par ④ : *2 km* ℘ 02 96 31 16 37, *alizes.hotel.rest.@wanadoo.fr*, Fax 02 96 31 23 89, 🚗 – 🔟 📞 ❖ 🅿 – 🔬 60. 🆎 ⑩ ☻ ✵
fermé 20 déc. au 10 janv. – **Repas** *(fermé dim. sauf juil.-août)* 13 (déj.), 16/29, enf. 9,50 ♀ – � 7 – **32 ch** 48/53 – ½ P 48.
◆ Établissement de type motel aux chambres fonctionnelles, commodes pour l'étape sur l'axe Rennes-St-Brieuc. Salons spacieux, avec espace billard. La salle à manger est tournée sur le jardin ; on y propose une cuisine traditionnelle.

🏨 **Angleterre** sans rest, 29 bd Jobert **(a)** ℘ 02 96 31 00 16, *hotel-dangleterre@wanadoo.fr*, Fax 02 96 31 91 54 – 📱 🔟 📞 ☻
⊄ 8,50 – **27 ch** 62/80.
◆ Cet hôtel situé juste en face de la gare abrite un confortable salon-bibliothèque et des chambres bien insonorisées et refaites. Accueil sympathique.

🏨 **Tour d'Argent,** 2 r. Dr Lavergne **(b)** ℘ 02 96 31 01 37, *latourdargent@wanadoo.fr*, Fax 02 96 31 37 59 – 🍽 rest, 🔟 ⚹ – 🔬 50. 🆎 ⑩ ☻
Repas *(fermé sam. de sept. à avril)* (10) - 16/45, enf. 9 ♀ – ⊄ 9 – **16 ch** 55/62 – ½ P 48/60.
◆ Loin du luxe de son homonyme parisien, cette maison à colombages offre un cadre intérieur mariant le moderne à l'ancien. L'une des deux salles à manger est ornée des œuvres d'artistes locaux ; l'autre, plus rustique, est dotée d'une imposante cheminée.

à la Poterie *Est : 3,5 km –* ⊠ 22400 Lamballe :

🏨 **Manoir des Portes** ❧, ℘ 02 96 31 13 62, *contact@manoirdesportes.com*, Fax 02 96 31 20 53, 🍴, 🚗 – 🔟 🅿. ☻
fermé 8 au 22 mars, 2 au 15 nov., sam. midi et lundi midi de Pâques au 15 sept, dim. soir et lundi soir – **Repas** 23/35 ♀ – ⊄ 7,50 – **13 ch** 51,60/92,70 – ½ P 58,80/67,90.
◆ Ce manoir du 16ᵉ s. proche d'un centre équestre bénéficie d'un environnement verdoyant : jardin fleuri, verger et potager. Confortables chambres colorées. Plaisante salle à manger (poutres et cheminée) où l'on sert une cuisine qui évolue au gré des saisons.

Les pages explicatives de l'introduction
*vous aideront à mieux profiter de votre **Guide Michelin**.*

LAMOTTE-BEUVRON 41600 L.-et-Ch. **318** J6 – 4 251 h alt. 114.

🛈 Syndicat d'initiative, Hôtel de Ville 𝄞 02 54 88 84 85, Fax 02 54 88 84 83, contact@la motte-beuvron.com.

Paris 171 – Orléans 36 – Blois 59 – Gien 58 – Romorantin-Lanthenay 39 – Salbris 21.

   Tatin, face gare 𝄞 02 54 88 00 03, Fax 02 54 88 96 73, 🍴, 🌿 – 🛏 rest, 📺 ✆ 🅿 – 🕌 15. 🖭 ⬛

fermé 2 au 10 août, 20 déc. au 5 janv., 7 au 23 fév., dim. soir et lundi – **Repas** (19) - 25/50 🍷 – ➖ 10 – **14 ch** 50/73.

♦ Cette hôtellerie familiale nichée au coeur de la Sologne abrite des chambres relookées dans le style contemporain et un plaisant jardin. C'est ici-même que les soeurs Tatin inventèrent la fameuse tarte aux pommes caramélisées. Tradition toujours vivante !

LAMOURA 39310 Jura **321** F8 – 436 h alt. 1156 – Sports d'hiver : voir aux Rousses.

Paris 477 – Genève 47 – Gex 29 – Lons-le-Saunier 74 – St-Claude 16.

🛏 **Spatule**, 𝄞 03 84 41 20 23, laspatule.hotel.restaurant@wanadoo.fr, Fax 03 84 41 24 16, ≤, 🍴, 🌿 – ✆ 🅿. ⬛

fermé 12 avril au 2 mai, 2 nov. au 2 déc. – **Repas** (fermé lundi soir et mardi hors saison) 14/25, enf. 7,50 🍷 – ➖ 6,50 – **25 ch** 51 – ½ P 48.

♦ Chalet érigé au pied des pistes de ski de fond, dans un hameau aux environs de la station des Rousses. Choisissez une chambre côté sommets. La salle à manger offre une vue imprenable sur les pentes enneigées en hiver et les vertes montagnes en été.

à Lajoux Sud : 6 km par D 292 – 220 h. alt. 1180 – ✉ 39310 :

🛏 **Haute Montagne**, 𝄞 03 84 41 20 47, hotel-haute-montagne@wanadoo.fr, Fax 03 84 41 24 20, 🍴, 🌿 – 📲 📺 🅿. ⬛

fermé 13 mars au 1er mai et 27 sept. au 11 déc. – **Repas** 12,50/28,90, enf. 7,50 🍷 – ➖ 6 – **20 ch** 31,80/45 – ½ P 44,80.

♦ Façade rafraîchie pour cet hôtel situé au centre d'un bourg de montagne. À l'intérieur, chambres sobres, refaites à neuf et bien insonorisées. Atmosphère rustique dans la salle à manger ; cuisine familiale et recettes du pays.

Ecrivez-nous...
Vos louanges comme vos critiques seront examinées avec le plus grand soin.
Nous reverrons sur place les informations que vous nous signalez.
Par avance merci !

LAMURE-SUR-AZERGUES 69870 Rhône **327** F3 – 871 h alt. 383.

🛈 Office de tourisme, rue du vieux pont 𝄞 04 74 03 13 26, Fax 04 74 03 13 26, officetou-risme@chello.fr.

Paris 446 – Mâcon 51 – Lyon 50 – Roanne 49 – Tarare 36 – Villefranche-sur-Saône 29.

🛏 **Ravel**, 𝄞 04 74 03 04 72, Fax 04 74 03 05 26, 🍴, 🌿 – 📺. ⬛

fermé 2 au 30 nov. et vend. de sept. à mai – **Repas** 13/37 🍶 – ➖ 5 – **8 ch** 27/44 – ½ P 40/43.

♦ Petit établissement offrant des chambres d'un confort modeste, mais très bien tenues ; quelques-unes ménagent une perspective sur la vallée de l'Azergues. Restaurant accessible par le bar ; décor rustique et recettes traditionnelles dans la veine régionale.

LANARCE 07660 Ardèche **331** G5 – 199 h alt. 1180.

Paris 579 – Aubenas 44 – Langogne 18 – Privas 72 – Le Puy-en-Velay 48.

🛏 **Provence**, N 102 𝄞 04 66 69 46 06, leprovence@voila.fr, Fax 04 66 69 41 56, 🍴, 🌿 – 📲 📺 ໄ, 🚗 🅿. ⬛

6 fév.-5 nov. – **Repas** 16/28, enf. 7,50 🍷 – ➖ 6,40 – **19 ch** 34/47 – ½ P 36/48.

♦ Bâtisse récente longeant un axe fréquenté. Les chambres, insonorisées et majoritaire-ment tournées sur l'arrière, bénéficient d'un coquet décor. Appétissante cuisine du terroir servie dans la sobre salle à manger ou sur la paisible terrasse.

LANAU 15 Cantal **330** F5 – rattaché à Chaudes-Aigues.

LANCIEUX 22 C.-d'Armor **309** J3 – rattaché à St-Briac-sur-Mer.

LANCRANS 01 Ain **328** I4 – rattaché à Bellegarde-sur-Valserine.

LANDÉAN 35 I.-et-V. **309** P4 – rattaché à Fougères.

LANDERNEAU 29800 Finistère **308** F4 G. Bretagne – 14 281 h alt. 10.

Voir *Enclos paroissial* ★ *de Pencran S* : 3,5 km **Z** – *Enclos paroissial* ★ *de la Roche-Maurice* : 5 km par ①.

🛫₂₇ *de Brest Iroise* ℘ 02 98 85 16 17, SE : 5 km par r. J.-L.-Rolland **Z**.

🅸 *Office de tourisme, Pont de Rohan* ℘ 02 98 85 13 09, Fax 02 98 21 39 27, ot@landerneau -.com.

Paris 575 ③ – *Brest 24* ③ – *Carhaix-Plouguer 60* ② – *Morlaix 39* ③ – *Quimper 65* ③.

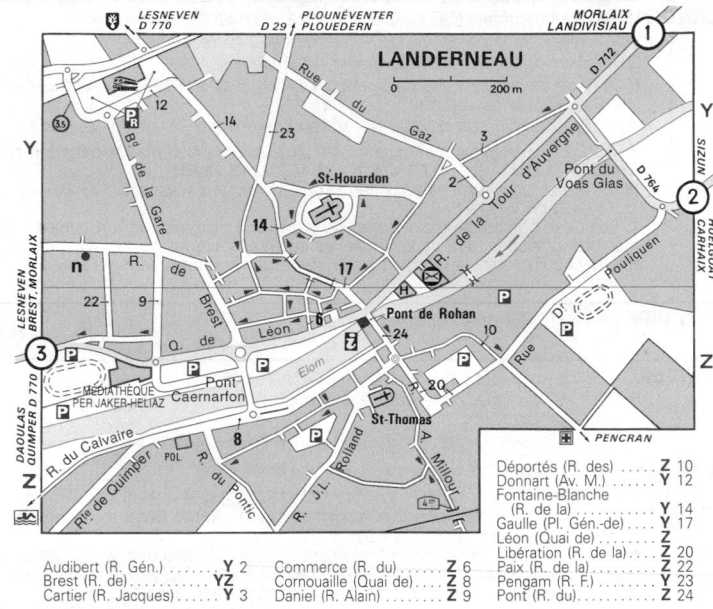

Audibert (R. Gén.)	**Y** 2	Commerce (R. du)	**Z** 6	
Brest (R. de)	**YZ**	Cornouaille (Quai de)	**Z** 8	
Cartier (R. Jacques)	**Y** 3	Daniel (R. Alain)	**Z** 9	

Déportés (R. des) ..... **Z** 10
Donnart (Av. M.) ...... **Y** 12
Fontaine-Blanche
 (R. de la) .... **Y** 14
Gaulle (Pl. Gén.-de) .... **Y** 17
Léon (Quai de) .... **Z**
Libération (R. de la) .... **Z** 20
Paix (R. de la) .... **Z** 22
Pengam (R. F.) .... **Z** 23
Pont (R. du) .... **Z** 24

🏨 **Ibis**, Nord : 1,5 km par ③ *et rte Lesneven* ℘ 02 98 21 85 00, *ibis-landerneau@mescoat.co m*, Fax 02 98 21 67 61 – ✲ 📺 📞 ⚙ 🅿, 🆎 ⑨ ☑
fermé 19 déc. au 4 janv. – ***Trois Rouleaux*** *(fermé sam. et dim.)* **Repas** 18/35 🍷 – ☕ 6 – **42 ch** 60 – ½ P 44.
◆ Au sein du parc de Mescoat, unité moderne aux chambres peu spacieuses mais rénovées ; confort actuel et décoration soignée. Parcours santé et minigolf. Côté table, cuisine au goût du jour servie dans une vaste salle au cadre sobrement moderne.

🍴🍴 **L'Amandier** avec ch, 55 r. Brest ℘ 02 98 85 10 89, Fax 02 98 85 34 14 – 📺. ☑
❀ rest **Y** n
Repas *(fermé sam. midi, dim. soir et lundi)* (14) - 17/30 🍷 – ☕ 6,50 – **8 ch** 42/49 – ½ P 45.
◆ Ce petit restaurant installé dans une discrète maison bretonne propose une cuisine classique. Les chambres démontreront qu'il y a aujourd'hui peu de "bruit dans Landerneau".

LANDES-LE-GAULOIS 41190 L.-et-Ch. **318** E6 – 582 h alt. 105.
Paris 195 – *Tours 54* – *Blois 17* – *Château-Renault 25* – *Vendôme 21*.

🏰 **Château de Moulins** ⤫ *sans rest*, Nord-Est : 2 km par D 26 ℘ 02 54 20 17 93, Fax 02 54 20 17 99, 🏊 – 📺 🚗 🅿 – 🔅 25. 🆎 ☑ 🎫
☕ 11 – **22 ch** 153/183.
◆ Au coeur d'un vaste domaine arboré (étang), élégant château bâti entre le 12e et le 17e s. Grandes chambres souvent garnies de meubles chinés chez les antiquaires. Héliport.

Écrivez-nous...

Vos louanges comme vos critiques seront examinées avec le plus grand soin.
Nous reverrons sur place les informations que vous nous signalez.
Par avance merci !

LANDEVANT 56690 Morbihan 🔢🔢🔢 M8 – 2 123 h alt. 29.

Paris 484 – Vannes 38 – Auray 19 – Lorient 25 – Pontivy 43.

%% **Forestière,** 1,5 km par rte Nostang (D 33) 𝒫 02 97 56 90 55, *karine.et.erik@free.fr,*
Fax 02 97 56 90 55, 🏠 – 🅿. GB
fermé 4 au 17 oct., 15 fév. au 6 mars, dim. soir et lundi sauf fériés – **Repas** 14/40.
♦ Pavillon de style régional dans un environnement forestier. Cuisine au goût du jour
servie dans une confortable salle à manger ou sur la terrasse dallée.

LANDIVISIAU 29400 Finistère 🔢🔢🔢 G3 G. Bretagne – 8 751 h alt. 75.

Voir *Porche★ de l'église St-Thivisiau – Jubé★ de la Chapelle Ste-Anne.*

Env. *Église★ de Bodilis – St-Thégonnec★★ – Guimiliau★★.*

🔃 *Office de tourisme, 14 avenue du Maréchal Foch* 𝒫 02 98 68 33 33, Fax 02 98 68 41 98,
info@ot-paysdelandivisiau.com.

Paris 559 – Brest 38 – Landerneau 17 – Morlaix 23 – Quimper 73 – St-Pol-de-Léon 23.

🏨 **Kyriad,** Z.A. Le Vern par rte Roscoff : 2 km 𝒫 02 98 24 42 42, *kyriad.landi@gofornet.com,*
Fax 02 98 24 42 00, %% – 📺 📞 🅿. – 🛗 15 à 30. AE ① GB
fermé 20 déc. au 12 janv. – Repas (fermé dim. soir et sam. hors saison) (12) - 16, enf. 7 ♀ –
🍽 7,50 – **52 ch** 56/62 – ½ P 53.
♦ Complexe hôtelier situé aux portes de la ville et à proximité de la nationale. Grandes
chambres pratiques ; aire de jeux pour les enfants. Sobre restaurant moderne où vous
attendent buffet de hors-d'oeuvre à volonté et plats du jour suggérés sur ardoise.

LANDSER 68 H.-Rhin 🔢🔢🔢 I10 – rattaché à Mulhouse.

LANGEAC 43300 H.-Loire 🔢🔢🔢 C3 G. Auvergne – 4 070 h alt. 505.

🔃 *Office de tourisme, place Aristide Briand* 𝒫 04 71 77 05 41, Fax 04 71 77 19 93,
ot.langeac@haut-allier.com.

Paris 508 – Brioude 31 – Mende 92 – Le Puy-en-Velay 45 – St-Flour 54.

à Reilhac *Nord : 3 km par D 585 –* ✉ *43300 Mazeyrat-d'Allier :*

🏨 **Val d'Allier,** 𝒫 04 71 77 02 11, Fax 04 71 77 19 20 – 📺 📞 🅿. ⟷. AE ① GB. %% rest
1ᵉʳ avril-3 nov. et fermé dim. soir et lundi hors saison – Repas (dîner seul.) (prévenir) (18) -
22/45 ♀ – 🍽 8 – **22 ch** 45/55 – ½ P 50.
♦ Ce pied-à-terre confortable aménagé dans un village de caractère des gorges de l'Allier
conviendra aux randonneurs et adeptes d'activités sportives. Salle à manger au cadre
actuel récemment rénové ; cuisine traditionnelle et recettes régionales.

LANGEAIS 37130 I.-et-L. 🔢🔢🔢 L5 G. Châteaux de la Loire – 3 865 h alt. 41.

Voir *Château★★ : appartements★★★.*

Env. *Parc★ du château de Cinq-Mars-la-Pile NE : 5 km par N 152.*

🔃 *Office de tourisme, place du 14 Juillet* 𝒫 02 47 96 58 22, Fax 02 47 96 83 41, *tourismelan-geais@ifrance.com.*

Paris 259 – Tours 24 – Angers 101 – Château-la-Vallière 28 – Chinon 26 – Saumur 41.

%%% **Errard Hosten** avec ch, 2 r. Gambetta 𝒫 02 47 96 82 12, *info@errard.com,*
Fax 02 47 96 56 72, 🏠 – 📺 📞 ⟷. AE ① GB JCB
*fermé déc., janv., mardi midi, dim. soir et lundi hors saison – Repas 28/47 bc et carte 45 à
64 ♀ – 🍽 14 – 10 ch 63/89.*
♦ Ex-relais de poste (1653) situé à proximité du château. Cuisine du terroir servie dans une
salle habillée de boiseries ou dans la jolie cour-terrasse. Chambres bourgeoises.

à St-Patrice *Ouest : 10 km par rte de Bourgueil – 639 h. alt. 39 –* ✉ *37130 Langeais :*

🏰 **Château de Rochecotte** 🏠, 𝒫 02 47 96 16 16, *chateau.rochecotte@wanadoo.fr,*
Fax 02 47 96 90 59, ≤, 🏊, 🎾 – 📶 📺 📞 🅿 – 🛗 40. AE GB. %% rest
*fermé 3 fév. au 2 mars – Repas 38/77,50, enf. 15,50 ♀ – 🍽 15,50 – 31 ch 130/206, 3 suites –
½ P 113,50/124,50.*
♦ Le château du prince de Talleyrand est devenu un hôtel aux chambres spacieuses et
ravissantes. Chapelle, parc, jardin à la française, colonnade à l'antique et belle piscine. Les
élégantes salles à manger optent pour le style du 18ᵉ s. Carte au goût du jour.

Ecrivez-nous...
Vos louanges comme vos critiques seront examinées avec le plus grand soin.
Nous reverrons sur place les informations que vous nous signalez.
Par avance merci !

⊗ *33210 Gironde* 🌃 *J7 G. Aquitaine – 6 168 h alt. 10.*

Env. *Château de Roquetaillade★★ S : 7 km.*

🏌₁₈ *des Graves et Sauternais ℰ 05 56 62 25 43, E : 5 km par D 116.*

🅱 *Office de tourisme, allée Jean-Jaurès ℰ 05 56 63 68 00, Fax 05 56 63 68 09, office-du-tourisme-langon@wanadoo.fr.*

Paris 624 – Bordeaux 49 – Bergerac 83 – Libourne 54 – Marmande 47 – Mont-de-Marsan 86.

XXX ✿ **Claude Darroze** avec ch, 95 cours Gén. Leclerc ℰ 05 56 63 00 48, *restaurant.darroze@w anadoo.fr*, Fax 05 56 63 41 15, 佘 – 🆅 ✆ 🖛 🅿 – 🍽 40. 🆎 ⓪ 🅖🅑 🅙🅒🅑
fermé 21 oct. au 10 nov., 6 au 28 janv., dim. soir et lundi midi de nov. à juin. – **Repas** 38/68 et carte 60 à 85 ♀ ☕ – ☖ 11 – **16 ch** 58/92 – ½ P 82/105.

◆ Salle de restaurant à l'antique, terrasse aux platanes séculaires, savoureuse cuisine classique et carte des vins étoffée : cette demeure de tradition invite à la gourmandise.
Spéc. Lamproie de la Gironde au vin de Bordeaux (janv. à avril). Foie gras de canard chaud aux pommes caramélisées. Coeurs d'artichauts farcis braisés à la barigoule et foie gras de canard. **Vins** Graves, Sauternes.

X **Cyril,** 62 cours Fossés ℰ 05 56 76 25 66, *cyril.baland@free.fr*, Fax 05 56 76 25 66, 佘 – 🅖🅑
Repas 10 (déj.), 18/38, enf. 9 ♀.

◆ Cyril, c'est le chef ! Il mitonne sa cuisine traditionnelle tandis que Karine accueille les clients dans le décor fraîchement relooké de la salle à manger.

à St-Macaire *Nord : 2 km – 1 541 h. alt. 15 – ⊠ 33490 .*

Voir *Verdelais : calvaire ≼★ N : 3 km – Château de Malromé★ N : 6 km – Ste-Croix-du-Mont : ≼★, grottes★ N : 5 km.*

XX ✾ **Abricotier** avec ch, N 113 ℰ 05 56 76 83 63, *Fax 05 56 76 28 51*, 佘, 🍵, 🖛 – cuisinette 🆅 🅿, 🅖🅑, ✀ ch
fermé 12 nov. au 12 déc., mardi soir et lundi – **Repas** 18/36 – ☖ 5 – **3 ch** 43/48.

◆ Maison régionale à deux pas de la cité médiévale. Petites salles à manger au cadre actuel et jardin-terrasse ombragé ; cuisine traditionnelle. Chambres accueillantes.

à Preignac *Nord-Ouest : 5 km par rte de Bordeaux (N113) – 2 026 h. alt. 8 – ⊠ 33210 Langon :*

X **Le Cap,** ℰ 05 56 63 27 38, *lecaphorn@wanadoo.fr*, Fax 05 56 76 22 14, 佘, 🖛 – 🅿. 🅖🅑
fermé 13 au 26 avril, 20 sept. au 12 oct., dim. soir sauf juin à sept. et lundi – **Repas** 19,80/33.

◆ Maison de passeurs à l'origine, puis demeure de pêcheurs, cette "guinguette" des bords de la Garonne propose plats traditionnels et produits de la pêche locale.

⊗ *52200 H.-Marne* 🌃 *L6 G. Champagne Ardenne – 9 586 h alt. 466.*

Voir *Site★★ – Promenade des remparts★★ – Cathédrale St-Mammès★ Y – Section gallo-romaine★ au musée d'art et d'histoire Y M¹.*

🅱 *Office de tourisme, place Bel Air ℰ 03 25 87 67 67, Fax 03 25 87 73 33, tourisme.langres @wanadoo.fr.*

Paris 285 ① – Chaumont 35 ① – Dijon 79 ③ – Nancy 142 ① – Vesoul 76 ②.

Plan page suivante

🏨 **Cheval Blanc,** 4 r. Estres ℰ 03 25 87 07 00, *info@hotel-langres.com*, Fax 03 25 87 23 13 – 🆅 ✆ 🖛. 🆎 🅖🅑, ✀ rest   **Z a**
fermé 10 au 30 nov. – **Repas** *(fermé merc. midi)* 25/70 ♀ – ☖ 9 – **22 ch** 57/80 – ½ P 75/130.

◆ Église paroissiale devenue auberge à la Révolution. Les murs de pierre témoignent d'un passé chargé d'histoire : Bossuet y reçut le sous-diaconat. Chambres de caractère. La salle à manger marie sans cérémonie poutres, meubles rustiques et lustres modernes.

🏨 **Grand Hôtel de l'Europe,** 23 r. Diderot ℰ 03 25 87 10 88, *hotel-europe.langres@wan adoo.fr*, Fax 03 25 87 60 65 – 🆅 ✆ 🅿. 🅖🅑   **Z e**
fermé dim. soir en hiver – **Repas** 15/46, enf. 10 ♀ – ☖ 7,50 – **26 ch** 45/65 – ½ P 68.

◆ À l'intérieur des remparts, ancien relais de poste bordant la rue principale de la vieille ville. Pimpantes chambres rénovées, plus calmes sur l'arrière. Boiseries claires, parquet et mobilier campagnard font le décor du restaurant attenant au bar de l'hôtel.

🏨 **Lion d'Or,** rte Vesoul ℰ 03 25 87 03 30, *relais.sud.terminus@wanadoo.fr*, Fax 03 25 88 42 67, 🖛 – 🆅 🅿 – 🍽 40. 🅖🅑   **Z n**
fermé 15 janv. au 15 fév. et dim. soir de nov. à avril – **Repas** (11) - 13/43, enf. 9 ♀ – ☖ 7,10 – **14 ch** 45/60 – ½ P 45.

◆ Ce petit établissement jouxtant un lac-réservoir (plage, pêche, voile) a bénéficié d'une cure de jouvence : chambres actuelles et bar-salon "africain". Salle à manger colorée (jaune des murs, bleu des nappes, etc.) et terrasse dressée au bord du jardin.

🏠 **Poste** sans rest, 10 pl. Ziegler ℰ 03 25 87 10 51, *hoteldelaposte.langres@wanadoo.fr*, Fax 03 25 88 46 18 – 🆅 🅿. 🅖🅑   **Y u**
☖ 6 – **35 ch** 20/39.

◆ Confort rudimentaire ? Mais, que voulez-vous, les murs datent du 16ᵉ s... Prenez donc la vie avec philosophie dans la ville natale de Diderot !

LANGRES

Barbier-d'Aucourt (R.)............ **Y** 3
Beligné (R. Ch.)................. **Y** 4
Belle-Allée (La)................. **Y** 5
Boillot (R.).................... **Y** 6
Boulière (R.)................... **Y** 7
Canon (R.).................... **Y** 8
Centenaire (Pl. du).............. **Y** 10
Chambrûlard (R.)................ **Y** 12
Chavannes (R. des).............. **Z** 13
Crémaillère (R. de la)............ **Y** 14
Croc (R. du).................. **Y** 15
Denfert-Rochereau (R.).......... **Y** 16
Diderot (R.)................... **YZ**
Durand (R. Pierre).............. **Y** 17
Gambetta (R.).................. **Y** 18
Grand-Bie (R. du)............... **Y** 19
Grand-Cloître (R. du)............ **Y** 20
Grouchy
  (Pl. Col.-de)................. **Z** 21
Lambert-Payen (R.).............. **Y** 24
Leclerc (R. Général)............. **Y** 25
Lescornel (R.).................. **Y** 26
Longe-Porte (R.)................ **X** 27
Mance (Square J.)............... **Y**
Minot (R.).................... **Z** 31
Morlot (R. Card.)............... **Y** 32
Roger (R.).................... **Y** 33
Roussat (R. Jean)............... **Y** 35
St-Didier (R.).................. **Y** 36
Terreaux (R. des)............... **Y** 37
Tournelle (R. de la)............. **Y** 39
Turenne (R. de)................ **Y** 41
Ursulines (R. des).............. **Y** 43
Walferdin (R.).................. **Y** 44
Ziegler (Pl.).................. **Y** 45

PORTES

Boulière..................... **Y**
Gallo-Romaine................. **Y**
Henri-IV..................... **Y**
Hôtel-de-Ville (de l').......... **X**
Longe-Porte.................. **X**
Moulins (des)................. **Y**
Neuve...................... **Y**

TOURS

Navarre et d'Orval (de)......... **Z**
Petit-Sault (du)................ **X**
Piquante..................... **X**
St-Ferjeux................... **Z**
St-Jean..................... **X**
Sous-Murs (de)................ **Y**
Virot....................... **Y**

au Lac de la Liez par ②, N 19 et D 284 : 4 km – ⊠ 52200 Langres :

XX **Auberge des Voiliers** ⬙ avec ch, au bord du Lac ℰ 03 25 87 05 74, auberge.voiliers@ wanadoo.fr, Fax 03 25 87 24 22, ⩽, 🍽 – 🗐 rest, 🆃 📞, GB, ⬙
fermé 1ᵉʳ déc. au 2 mars et lundi – Repas 16 (déj.), 20/40, enf. 7 ♀ – ☑ 7 – **8 ch** 55/100 – ½ P 55/82.
◆ La façade vitrée, très années 1970, miroite au soleil face aux 270 ha du lac. Salle de restaurant redécorée et chambres pour dépanner. Ponton et miniplage à proximité.

LANGRUNE-SUR-MER 14830 Calvados ❘3❘0❘3❘ J4 – 1 706 h.

🄱 Office de tourisme, place du 6 Juin ℰ 02 31 97 32 77, Fax 02 31 97 00 77, tourisme.langrune@libertysurf.fr.
Paris 249 – Caen 18 – Bayeux 27 – Ouistreham 10.

🏠 **Mer**, promenade A. Briand ℰ 02 31 96 03 37, hoteldelamer@wanadoo.fr, Fax 02 31 97 57 94, ⩽, 🍽 – 🆃, AE ⓪ GB
fermé 8 déc. au 5 janv. – Repas 12,60/27, enf. 9 ♀ – ☑ 6 – **12 ch** 31/40 – ½ P 49.
◆ Façade toute blanche contrastant avec le bleu de la mer que l'on contemple depuis la plupart des chambres, petites mais proprettes. La salle à manger offre un décor discrètement marin et une agréable vue sur la Manche ; plats traditionnels.

Ecrivez-nous...
Vos louanges comme vos critiques seront examinées avec le plus grand soin.
Nous reverrons sur place les informations que vous nous signalez.
Par avance merci !

LANGUIMBERG 57810 Moselle **307** M6 – 175 h alt. 290.

Paris 411 – Nancy 65 – Lunéville 43 – Metz 79 – Sarrebourg 21 – Saverne 48.

XX **Chez Michèle**, ℘ 03 87 03 92 25, Fax 03 87 03 93 47 – 至 ⊖B
fermé 8 au 18 sept., 22 déc. au 10 janv., lundi soir d'oct. à avril, mardi soir et merc. – **Repas** 30/60, enf. 10 ♀.
❖ Cuisine actuelle servie dans un ancien café de village devenu plaisante auberge rustique. Sur l'arrière, vaste véranda rénovée et agréablement entourée par la végétation.

LANNEPAX 32190 Gers **336** D7 – 569 h alt. 168.

Paris 749 – Aire-sur-l'Adour 48 – Auch 41 – Barbotan-les-Termes 34 – Condom 27.

X **Hostellerie Gasconne**, pl. Mairie ℘ 05 62 58 02 00
fermé 20 au 28 juin, 13 sept. au 5 oct., 22 déc. au 1er mars, dim. soir et lundi – **Repas** nombre de couverts limité, prévenir) 13/46 ♀.
❖ Cette belle demeure gasconne était naguère la propriété d'un notaire. Coquette salle campagnarde avec colombages, cheminée et poutres apparentes. Goûteuse cuisine du terroir.

LANNILIS 29870 Finistère **308** D3 – 4 473 h alt. 48.

🛈 Office de tourisme, 1 place de l'Eglise ℘ 02 98 04 05 43, Fax 02 98 04 12 47, office@abers-tourisme.com.

Paris 599 – Brest 23 – Landerneau 29 – Morlaix 63 – Quimper 89.

XX **Auberge des Abers**, pl. Gén. Leclerc (près église) ℘ 02 98 04 00 29, Fax 02 98 37 23 26 – 至 ⊖B
fermé 8 au 23 mars, 27 sept. au 18 oct., dim. soir, mardi soir et lundi – **Repas** (1er étage) (nombre de couverts limité, prévenir) (dîner seul. sauf dim) 48/80 bc ♀ - **Rez-de-Chaus-sée :** (déj. seul.) (fermé dim. et lundi) **Repas** 8,80 bc.
❖ Jolie maison de granit où, le soir, une cuisine du marché vous sera servie à l'étage dans une salle à manger à l'atmosphère d'auberge villageoise. À midi, franche convivialité, simplicité et menu du jour unique proposé à petit prix au Rez-de-Chaussée.

Si vous êtes retardé sur la route, dès 18 h,
confirmez votre réservation par téléphone,
c'est plus sûr... et c'est l'usage.

LANNION ◆ 22300 C.-d'Armor **309** B2 G. Bretagne – 18 368 h alt. 12.

Voir Maisons anciennes★ (pl.Général Leclerc **Y17**) – Église de Brélévenez★ : mise au tombeau★ **Y**.

✈ de Lannion : ℘ 02 96 05 82 00, N par ① : 2 km.

🛈 Office de tourisme, 2 quai d'Aiguillon ℘ 02 96 46 41 00, Fax 02 96 37 19 64, infos@ot-lannion.fr.

Paris 516 ③ – St-Brieuc 65 ③ – Brest 96 ⑤ – Morlaix 42 ⑤.

Plan page suivante

🏨 **Ibis** sans rest, 30 av. Gén. de Gaulle ℘ 02 96 37 03 67, H3401@accor-hotels.com, Fax 02 96 46 45 83 – 🛗 ❄ ≡ 📺 📞 ⅙ – 🔬 15 à 30. 至 ⊕ ⊖B   **Z a**
☕ 6,50 – **70 ch** 65.
❖ Cet hôtel, récemment passé sous l'enseigne Ibis, est situé face à la gare. Chambres entièrement refaites, de tailles variées, plus calmes côté jardin ou parking.

rte de Perros-Guirec par ① D 788 : 5 km – ✉ 22300 Lannion :

🏨 **Arcadia** sans rest, ℘ 02 96 48 45 65, hotel-arcadia@wanadoo.fr, Fax 02 96 48 15 68, ▨, 🍽 – 📺 📞 ⅙ – 🔬 25. 至 ⊖B
fermé 20 déc. au 8 janv. – ☕ 6,10 – **23 ch** 58, 6 duplex.
❖ À proximité du C.N.E.T., hôtel moderne abritant des chambres fonctionnelles, bien tenues et meublées en rotin. Petite restauration réservée aux résidents. Bar avec billard.

à La Ville-Blanche par ②, rte de Tréguier : 5 km sur D 786 – ✉ 22300 Lannion :

XXX **Ville Blanche** (Jaguin), ℘ 02 96 37 04 28, jaguin@la-ville-blanche.com, Fax 02 96 46 57 82 – 🅿. 至 ⊕ ⊖B 🕧
fermé 29 juin au 5 juil., 20 déc. au 28 janv., merc. sauf juil.-août, dim. soir et lundi – **Repas** (week-end prévenir) 28/70 et carte 53 à 72, enf. 15 ♀.
❖ Élégante salle à manger et son jardin potager où l'on cueille les fines herbes relevant subtilement la cuisine très personnalisée de cette délicieuse "maison de famille".
Spéc. Homard rôti au beurre salé, ses pinces en ragoût (avril à oct.). Saint-Jacques des Côtes d'Armor (oct. à mars). Parfait glacé menthe-chocolat.

LANNION

Aiguillon (Quai d')...... **Z** 2	Du Guesclin (R.)....... **Z** 9
Augustins (R. des)...... **Z** 3	Frères-Lagadec
Buzulzo (R. de)........ **Z** 4	(R. des)............ **Z** 12
Chapeliers (R. des)..... **Y** 6	Keriavily (R. de)........ **Z** 14
Cie-Roger-de-Barbé (R.) . **Y** 7	Kermaria (R. et Pont).. **Z** 16
Clemenceau (Allée)..... **Z** 8	Leclerc (Pl. Gén.)...... **Y** 17
	Le-Dantec (R. F.)....... **Y** 18
	Le-Taillandier (R. E.)... **Z** 20
	Mairie (R. de la)....... **Y** 21

Palais-de-Justice	
(Allée du)........... **Z** 24
Pont-Blanc	
(R. Geoffroy-de)..... **Z** 25
Pors an Prat (R. de)... **Y** 26
Roud Ar Roc'h (R. de).. **Z** 28
St-Malo (R. de)....... **Z** 29
St-Nicolas (R.)........ **Z** 30
Trinité (R. de la)...... **Y** 32

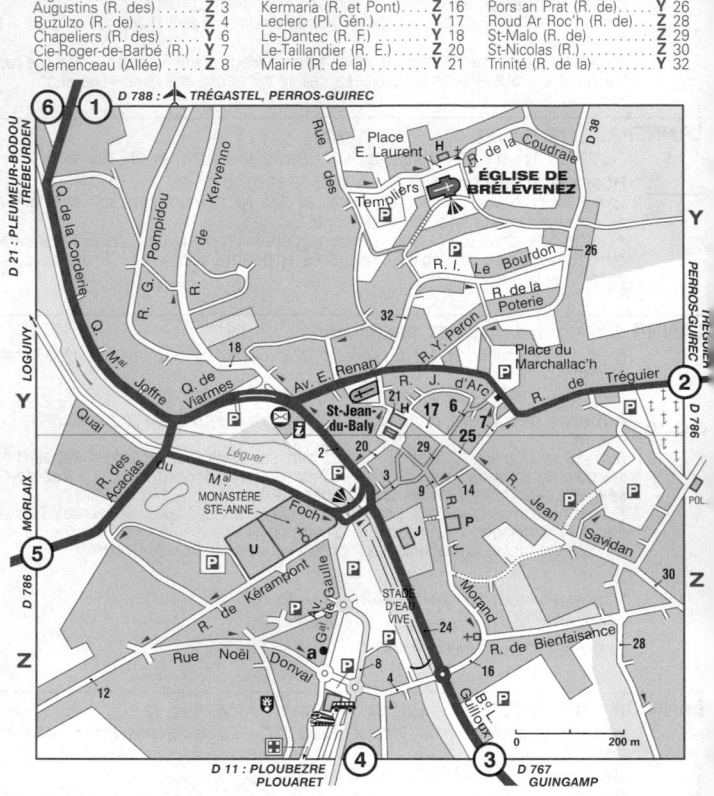

Si le coût de la vie subit des variations importantes,
les prix que nous indiquons peuvent être majorés.
Lors de votre réservation à l'hôtel, faites-vous préciser le prix définitif.

LANS-EN-VERCORS *38250 Isère* **333** *G7 – 2 026 h alt. 1120 – Sports d'hiver : 1 020/1 980 m*
16 .

🛈 *Office de tourisme, place de la mairie ℘ 04 76 95 42 62, Fax 04 76 95 49 70, tourisme@ot-lans-en-vercors.fr.*

Paris 576 – Grenoble 27 – Villard-de-Lans 8 – Voiron 37.

🏠 **Val Fleuri**, *℘ 04 76 95 41 09, levalfleuri@aol.com, Fax 04 76 94 34 69, ≤, 斎, 屛 – TV ℅
⇔ P, GB. ℅ rest*

20 mai-12 sept. et 18 déc.-20 mars – **Repas** *16/25 ⅃ – ⍽ 6,50 –* **16 ch** *30/54 – ½ P 41/53.*
♦ Le temps semble s'être arrêté dans cette attachante demeure de 1928 au cachet "rétro"
parfaitement conservé (belle salle à manger d'origine). Chambres méticuleusement
tenues.

🏠 **Au Bon Accueil**, *D 531 ℘ 04 76 95 42 02, aubonaccueil@wanadoo.fr, Fax 04 76 94 63 22,
斎, 屛 – ⇔ P, GB*

fermé 12 au 17 avril, 20 sept. au 2 oct., vend. soir et sam. hors saison – **Repas** *18/38 ⅃ –
⍽ 6 –* **17 ch** *36/46 – ½ P 40/43.*
♦ Hôtel situé à l'entrée de ce bourg perché sur le plateau du Vercors, au débouché des
gorges d'Engins. Chambres campagnardes sobres. Salle à manger agréablement provinciale et terrasse ombragée. Un "tuyau" ? Essayez la tartiflette au bleu de Sassenage !

au col de la Croix Perrin *Sud-Ouest : 4 km par D 106 –* ✉ *38250 Lans-en-Vercors :*

✗ **Auberge de la Croix Perrin** ⌂ avec ch, ℘ 04 76 95 40 02, Fax 04 76 94 33 10, ≤, 斉,
🖭 – 📺 ✆ 🅿. 🇬🇧
fermé 13 avril au 14 mai et 2 nov. au 17 déc. – **Repas** *(fermé dim. soir, mardi soir et merc.
hors vacances scolaires)* 14,50 *(déj.),* 19,50/26,50 ♀ – ☐ 6 – **9 ch** 42/46 – ½ P 45.
♦ Sympathique ex-maison forestière cernée par les sapins. Intérieur rénové où domine le
bois, coquettes chambres, restaurant avec vue dégagée et copieux plats traditionnels.

LANSLEBOURG-MONT-CENIS *73480 Savoie* **333** *O6 G. Alpes du Nord – 640 h alt. 1399 –
Sports d'hiver : 1 400/2 800 m ⚡ 1 ✆ 21 ⚡.*
🇮 *Office de tourisme, 89 rue du Mont Cenis à Val-Cenis* ℘ 04 79 05 23 66, Fax 04 79 05 82
17, info@valcenis.com.
Paris 685 – Albertville 112 – Chambéry 125 – St-Jean-de-Maurienne 53 – Torino 94.

🏠 **Vieille Poste,** ℘ 04 79 05 93 47, info@lavieilleposte.com, Fax 04 79 05 86 85 – 📺 ✆. 🖭
🇬🇧
15 juin-26 sept. et 26 déc.-15 avril – **Repas** 12 bc/20, enf. 8,50 ♀ – ☐ 6,10 – **17 ch** 48 –
½ P 58.
♦ Au centre de cette station de la Haute-Maurienne, accueillante pension de famille
récemment rajeunie. Petites chambres actuelles, à la tenue irréprochable. Le décor rustico-
savoyard de la salle à manger est en phase avec la copieuse cuisine régionale.

🏠 **Relais des Deux Cols,** 66 r. Mont-Cenis ℘ 04 79 05 92 83, hotel@relais-des-2-cols.fr,
Fax 04 79 05 83 74, 斉, 🍴 – 📺. 🖭 ① 🇬🇧
1er mai-1er nov. et 20 déc.-7 avril – **Repas** 15/32 – ☐ 7 – **28 ch** 50/54 – ½ P 48/56.
♦ Hôtel d'étape sur la route des cols du Mont-Cenis et de l'Iseran. Chambres refaites,
mansardées au dernier étage. Les baies de la lumineuse salle de restaurant familiale
s'ouvrent sur la nature, tandis que la cuisine revendique son ancrage régional.

Une réservation confirmée par écrit ou par fax est toujours plus sûre.

LANSLEVILLARD *73480 Savoie* **333** *O6 G. Alpes du Nord – 431 h alt. 1500 – Sports d'hiver (voir à
Lanslebourg-Mont-Cenis).*
Voir Peintures murales★ dans la chapelle St-Sébastien.
🇮 *Office de tourisme, Grande Rue* ℘ 04 79 05 23 66, Fax 04 79 05 82 17, info@valcenis.com.
Paris 689 – Albertville 116 – Briançon 87 – Chambéry 129 – Val-d'Isère 51.

🏠 **Les Mélèzes,** ℘ 04 79 05 93 82, Fax 04 79 05 93 82, ≤, 🚗 – 🅿. 🖭 🇬🇧, ✎
20 juin-10 sept. et 20 déc.-20 avril – **Repas** *(en hiver déj seul.)* 14,90/20 ♀ – ☐ 6,80 – **10 ch**
62, 4 suites.
♦ Architecture des années 1980 idéalement située au pied des pistes. Chambres lambrissées, pour la plupart tournées vers la Dent Parrachée (3684 m). La patronne, aux fourneaux,
bichonne ses pensionnaires en mitonnant des petits plats maison.

LANTOSQUE *06450 Alpes-Mar.* **341** *E4 – 1 019 h alt. 550.*
🇮 *Syndicat d'initiative* ℘ 04 93 03 00 02, Fax 04 93 03 03 12.
Paris 883 – Nice 51 – Puget-Théniers 53 – St-Martin-Vésubie 16 – Sospel 42.

🏠 **Ancienne Gendarmerie** ⌂, ℘ 04 93 03 00 65, faivre.mireille@wanadoo.fr,
Fax 04 93 03 06 31, 🍴, 🚗 – 📺. 🖭 🇬🇧
fermé 10 nov. au 1er mars, dim. soir et lundi – **Repas** 24/39,50 – ☐ 10 – **8 ch** 80/110 –
½ P 76/92.
♦ Plus l'ombre d'un képi dans cette bâtisse du 19e s. qui abritait une gendarmerie, mais
des chambres accueillantes et mises au goût du jour. Une agréable vie de caserne !
Restaurant de style rustique tourné vers le jardin qui dégringole jusqu'à la Vésubie.

LANVOLLON *22290 C.-d'Armor* **309** *E3 – 1 388 h alt. 90.*
🇮 *Syndicat d'initiative, place du marché au blé* ℘ 02 96 70 12 47, Fax 02 96 70 27 34,
o.t.lanvollon@wanadoo.fr.
Paris 475 – St-Brieuc 27 – Guingamp 17 – Lannion 51 – Paimpol 19.

🏠 **Lucotel,** rte de St-Quay-Portrieux (par D 9 : 1 km) ℘ 02 96 70 01 17, lucotel@wanadoo.fr,
Fax 02 96 70 08 84, ✎ – 📺 rest, 📺 ✆ & 🅿 – 🖳 25. 🖭 ① 🇬🇧
fermé 18 oct. au 6 nov. et 14 au 26 fév. – **Repas** *(fermé dim. soir et lundi midi d'oct. à mars)*
13 *(déj.),* 18/30,50, enf. 8 ♀ – ☐ 7,90 – **28 ch** 46/59 – ½ P 51,50/55,50.
♦ Les chambres de cet hôtel récent bâti à l'écart du village sont simples, mais fonctionnelles et bien tenues. Minigolf. Boiseries et meubles en hêtre agrémentent la salle à
manger ; cuisine traditionnelle sans prétention.

LAON ℗ 02000 Aisne 𝟑𝟎𝟔 D5 *G. Picardie Flandres Artois* – 26 265 h alt. 181.

Voir *Site*★★ – *Cathédrale Notre-Dame*★★ : *nef*★★★ – *Rempart du Midi et porte d'Ardon*★ **CZ** – *Abbaye St-Martin*★ **BZ** – *Porte de Soissons*★ **ABZ** – *Rue Thibesard* ≤★ **BZ** – *Musée*★ *et chapelle des Templiers*★ **CZ.**

🏌 de l'Ailette à Cerny-en-Laonnois ℘ 03 23 24 83 99, S : 16 km par D 967 **DZ.**

🛈 *Office de tourisme, place du Parvis de la Cathédrale* ℘ 03 23 20 28 62, Fax 03 23 20 68 11, *tourisme.info.laon@wanadoo.fr.*

Paris 141 ③ – Reims 62 ② – St-Quentin 48 ② – Soissons 38 ③.

🏛 **Bannière de France,** 11 r. F. Roosevelt ℘ 03 23 23 21 44, *hotel.banniere.de.france@wa*
🏚 *nadoo.fr,* Fax 03 23 23 31 56 – 📺 📞 🕸 – 🛎 60. 🖭 ⓞ 🖼 🎴 ⅏ **BCZ** t
fermé 20 déc. au 19 janv. – **Repas** (16) · 21/54 ♀ – ⌷ 7,50 – **18** ch 43/64 – ½ P 49/55.
 ◆ Ce relais de poste de la ville haute édifié en 1685, accueillit le premier cinéma laonnois dans sa salle de banquets (années 1920). Les chambres rénovées sont pimpantes. Le restaurant tout en longueur, classiquement aménagé, possède un charme "vieille France".

LAON

Arquebuse (R. de l')	**CZ** 2	
Aubry (Pl.)	**CZ** 3	
Berthelot (R. Marcelin)	**AZ** 5	
Bossus (R. del'Abbé)	**DY** 6	
Bourg (R. du)	**BCZ** 8	
Carnot (Av.)	**CY**	
Change (R. du)	**CZ** 9	
Charles de Gaulle (Av.)	**DY** 12	
Châtelaine (R.)	**CZ** 13	
Cloître (R. du)	**CZ** 15	
Combattants d'Afrique du Nord (Pl. des)	**DZ** 16	
Cordeliers (R. des)	**CZ** 18	
Doumer (R. Paul)	**CZ** 19	

Hostellerie St-Vincent, av. Ch. de Gaulle par ② ℘ 03 23 23 42 43, *hotel.st.vincent@wa nadoo.fr, Fax 03 23 79 22 55,* 🍴 – 📺 📞 & 📦 – 🏛 25. 🆎 ⓞ 🄶🄱
CY a
fermé vacances de Noël – **Repas** *(fermé sam. midi et dim. soir)* (11,50) - 15,50/19,60, enf. 7 Ⓨ – 🍽 6,50 – **47 ch** 52/60 – ½ P 43/48.
♦ Établissement moderne de type motel bâti au pied de l'ancienne capitale carolingienne perchée sur son rocher. Chambres fonctionnelles. Spacieuse salle de restaurant au décor contemporain, équipée de chaises de style bistrot.

Petite Auberge, 45 bd Brossolette ℘ 03 23 23 02 38, *w.marc.zorn@wanadoo.fr, Fax 03 23 23 31 01 –* 🆎 🄶🄱
CY a
fermé 21 au 28 avril, 4 au 17 août, 23 au 29 fév., sam. midi, lundi soir et dim. sauf fériés – **Repas** 25/40 et carte 50 à 60 - ***Bistrot St-Amour*** ℘03 23 23 31 01 **Repas** 12,80/15,40 &.
♦ Dans la ville basse, salle à manger aux douces tonalités, agrémentée de poutres peintes et de tapisseries, et meublée dans le style Louis XIII. Cuisine ad hoc dans l'air du temps et formule express servies dans le décor tout simple du Bistrot St-Amour.

Ermant (R. Georges) . . . . . . **CZ** 21	Marquette (R. Père) . . . . **BZ** 27	St-Jean (R.) . . . . **BZ** 33
Herriot (Pl. Edouard) . . . . . . **CY** 22	Martinot (Allée Jean) . . . . . **DZ** 28	Saint-Martin (R.) . . . . **BZ** 34
Hurée (R. de la) . . . . **DY** 23	Mortagne (Pl. Gautier de) . . **CZ** 29	Signier (R. de) . . . . **CZ** 36
Jur (Prom. Barthélemy de) **CZ** 24	Rabin (Promenade	Thuillart (R. Fernand) . . . . . **DY** 37
Leduc (R. Eugène) . . . . **DY**	Yitzhak) . . . . **CZ** 30	Victor Hugo (Pl.) . . . . **DY** 39
Libération (R. de la) . . . . . **ABZ** 25	Roosevelt (R. Franklin) . . . . **CZ** 31	Vinchon (R.) . . . . **CZ** 40

à Samoussy *par ② et D 977 : 13 km – 376 h. alt. 84 –* ✉ *02840 :*

XXX **Relais Charlemagne,** 4 rte de Laon ℮ 03 23 22 21 50, *relais.charlemagne@wanadoo.fr,*
Fax 03 23 22 18 75, 🌳, 🚗 – GB
fermé 8 au 27 août, 14 au 21 fév., merc. soir, dim. soir et lundi – **Repas** 25/50 et carte
51 à 62.
◆ Berte, la mère de Charlemagne, était originaire de ce village. La maison abrite deux salles
feutrées (non-fumeurs) ; l'une d'elles s'ouvre sur le jardin. Cuisine classique.

à Chamouille *par D 967DZ : 13 km – 204 h. alt. 112 –* ✉ *02860 :*

🏰 **Mercure** ⊗, parc nautique de l'Aillette, Sud 0,5 km par D 967 ℮ 03 23 24 84 85, *hotel-me*
rcure@ailette.fr, Fax 03 23 24 81 20, ≤, 🌳, 🏊 – ⧘ 🗮, ▤ rest, 📺 📞 ₺ 🖪 – 🔬 40. AE ⓞ
GB JCB
Repas *(17)* - 22, enf. 12 ♀ – ⊑ 10,50 – **58 ch** 81/91.
◆ Bâtiment moderne isolé sur la rive d'un vaste plan d'eau équipé pour les sports nautiques. Chambres spacieuses dotées de loggias ; golf. Salle à manger contemporaine et
terrasse dressée au bord de la piscine, sur les berges du parc nautique de l'Ailette.

LAPALISSE *03120 Allier* 📳 I5 *G. Auvergne – 3 332 h alt. 280.*
Voir *Château*★★.
🛈 *Office de tourisme, 3 rue du Pdt Roosevelt* ℮ *04 70 99 08 39, Fax 04 70 99 28 09,*
office.tourisme@cc-paysdelapalisse.fr.
Paris 346 – Digoin 45 – Mâcon 122 – Moulins 50 – Roanne 49 – St-Pourçain-sur-Sioule 30.

XXX **Galland** avec ch, 20 pl. République ℮ 04 70 99 07 21, *Fax 04 70 99 34 64* – 📺 📞 🖪 –
🔬 40. GB
fermé 22 nov. au 7 déc, 24 janv. au 15 fév., dim. soir hors saison et lundi – **Repas** (dim. et
fêtes, prévenir) 24/50 et carte 45 à 55, enf. 15 ♀ – ⊑ 7 – **8 ch** 45/50.
◆ Régalez-vous de plats au goût du jour dans cette élégante salle à manger contemporaine égayée de tons pastel. Chambres confortables et bien tenues.

X **Bourbonnais** avec ch, pl. 14-Juillet ℮ 04 70 99 29 23, *hotel-du-bourbonnais@wanadoo.*
fr, Fax 04 70 99 19 79, 🌳, 🚗 – 📺, AE GB
fermé mardi sauf juil.-août – **Repas** 13,50/31,50 ♀ – ⊑ 5 – **13 ch** 38/46 – ½ P 37/44.
◆ Façade un brin austère pour cette maison régionale située dans la partie haute de la ville,
mais intérieur champêtre des plus avenants. Chambres fraîches et pratiques.

LAPOUTROIE *68650 H.-Rhin* 📳 H8 *G. Alsace Lorraine – 2 104 h alt. 420.*
Paris 430 – Colmar 21 – Munster 31 – Ribeauvillé 20 – St-Dié 33 – Sélestat 33.

🏰 **Faudé,** 28 r. Gén. Dufieux ℮ 03 89 47 50 35, *info@faude.com, Fax 03 89 47 24 82,* 🌳, 🏌,
🔲, 🚗 – ⧘ 📺 📞 🖪 – 🔬 20. AE ⓞ GB
fermé 1ᵉʳ au 19 mars et 2 au 26 nov. – **Faudé Gourmet** *(fermé mardi et merc.)* **Repas**
29/70 ♀ – **Au Grenier Welche** *(fermé mardi et merc.)* **Repas** 19/26 ♙ – ⊑ 13 – **29 ch** 58/88
– ½ P 66/95.
◆ Ces maisons régionales (non-fumeurs) abritent des chambres modernes, parfois aménagées pour les familles. Joli jardin bordé par une rivière. Au Faudé Gourmet, atmosphère
feutrée et carte classique. Plats du terroir et service en tenue locale au Grenier Welche.

XX **Les Alisiers** ⊗ avec ch, Sud-Ouest : 3 km par rte secondaire ℮ 03 89 47 52 82, *jacques.d*
egouy@wanadoo.fr, Fax 03 89 47 22 38, ≤ vallon, 🌳, 🚗 – ⧘ 📺 📞 ₺ 🖪. GB
⊗ ch
fermé 25 juin au 1ᵉʳ juil., 20 au 25 déc., 3 janv. au 3 fév., lundi et mardi sauf hôtel en saison –
Repas (dim., prévenir) *(15)* - 21/38, enf. 8,50 ♀ – ⊑ 8,50 – **18 ch** 31/122 – ½ P 56/85.
◆ Cette ferme du pays welche (1819) est devenue une coquette auberge réservée aux
non-fumeurs. Chambres campagnardes et restaurant tourné vers le vallon. Plats
régionaux.

X **Hostellerie A La Bonne Truite** avec ch, à Hachimette, Est par N 415 : 1 km
℮ 03 89 47 50 07, *bonne.truite@wanadoo.fr, Fax 03 89 47 25 35,* 🌳 – 📺 🖪. AE
GB
fermé 16 au 28 juin, nov., janv., mardi et merc. d'oct. à juin – **Repas** (dîner seul. sauf
week-ends) 15/34, enf. 10 ♀ – ⊑ 7 – **10 ch** 41/45 – ½ P 46/48.
◆ Maison centenaire bordant la N 415 dans sa traversée du pittoresque val d'Orbey.
Restaurant d'esprit rustique et chambres simples, plus calmes à l'arrière. Accueil charmant.

X **A l'Ancienne Gare,** à Hachimette, Est : 1 km par N 415 ℮ 03 89 47 56 69,
Fax 03 89 47 59 28 –
fermé 23 juin au 6 juil., 26 janv. au 8 fév., sam. midi, merc. soir et jeudi – **Repas** 19/34,
enf. 9,50 ♀.
◆ Des quais aux cuisines, le chef n'est plus le même : la salle d'attente est devenue salle à
manger, sans crier gare. Terrasse d'été fleurie. Cuisine traditionnelle.

LAQUEUILLE 63820 P.-de-D. ₃₂₆ D9 – 384 h alt. 1000.

Paris 455 – Clermont-Ferrand 40 – Aubusson 74 – Mauriac 73 – Le Mont-Dore 15 – Ussel 43.

au Nord-Est 2 km par D 922 et rte secondaire – ⊠ 63820 Laqueuille :

🏠 **Auberge de Fondain** ⤳, Fondain ℰ 04 73 22 01 35, auberge.de.fondain@wanadoo.f
🍽 r, Fax 04 73 22 06 13, ≼, 🍴, ₣ₒ, ⇝ – 🗜 ₱. 🖭
fermé 7 au 17 mars, 1ᵉʳ nov. au 2 déc., jeudi midi, mardi, mer. 1ᵉʳ déc. au 1ᵉʳ avril, dim. soir et
lundi – **Repas** 11 (déj.), 14/22, enf. 8 ⅃ – ⊇ 7 – **6 ch** 42/62 – ½ P 49.
◆ Une demeure bourgeoise ancienne perdue au milieu des champs, des chambres personnalisées sur le thème des fleurs, quelques VTT, un fitness... Une vraie mise au vert ! Vue
sur le Sancy, décor régional authentique et spécialités auvergnates au restaurant.

à la gare Ouest : 3 km par D 922 et D 82 :

🏠 **Les Clarines,** ℰ 04 73 22 00 43, Fax 04 73 22 06 10, 🍴, 🌰 – 🖭 ⇝ – 🔏 25. 🖭
2 mai-2 nov. – **Repas** (dîner seul.) 16,50/23, enf. 8,90 ⃝ – ⊇ 6 – **10 ch** 38/48.
◆ L'arrivée du chemin de fer transforma cette ferme du début du 20ᵉ s. en hôtel.
Chambres spacieuses, un brin désuètes mais bien tenues. Salon doté d'un mobilier
éclectique. La salle à manger campagnarde est tournée vers un plaisant jardin arboré et
fleuri.

LARAGNE-MONTÉGLIN 05300 H.-Alpes ₃₃₄ C7 – 3 296 h alt. 571.

🖪 Office de tourisme, place des Aires ℰ 04 92 65 09 38, Fax 04 92 65 28 41, office.tourisme-
.laragne@wanadoo.fr.

Paris 687 – Digne-les-Bains 58 – Gap 40 – Sault 60 – Serres 17 – Sisteron 18.

🏠 **Chrisma** sans rest, rte de Grenoble ℰ 04 92 65 09 36, Fax 04 92 65 08 12, 🛁, 🌰 – 🖭
⇝ ₱. 🖭
fermé 11 nov. au 10 déc. et fév. – ⊇ 6 – **17 ch** 42/50.
◆ L'agréable jardin et sa terrasse sont les atouts de cet hôtel bâti au pied de la montagne
de Chabre, célèbre pour son site de vol libre. Chambres spacieuses, bien rénovées.

⌂ **Terrasses,** av. Provence (N 75) ℰ 04 92 65 08 54, hotellesterrasses@free.fr,
Fax 04 92 65 21 08, 🍴 – 🖭 ⇝ ₱ 🖭 🖭. ⅍ rest
1ᵉʳ avril-1ᵉʳ nov. – **Repas** (dîner seul.) (15) - 20/25, enf. 10 ⃝ – ⊇ 7 – **15 ch** 28/49 – ½ P 43/48.
◆ Pension de famille traditionnelle aux chambres simples et bien tenues ; côté jardin, elles
possèdent une terrasse offrant un joli coup d'œil sur le village. Repas servis dans une salle à
manger aux tons ensoleillés ou sous une pergola à la belle saison.

*Michelin n'accroche pas de panonceau aux hôtels et restaurants
qu'il signale.*

LARÇAY 37270 I.-et-L. ₃₁₇ N4 – 2 037 h alt. 82.

Paris 243 – Tours 10 – Angers 134 – Blois 55 – Poitiers 103 – Vierzon 113.

🍴🍴 **Les Chandelles Gourmandes,** 44 r. Nationale ℰ 02 47 50 50 02, charret@chandelles-
gourmandes.fr, Fax 02 47 50 55 94 – ₱. 🖭 �ⓞ 🖭
fermé 1ᵉʳ au 8 août, 1ᵉʳ au 12 sept., dim. soir, lundi et mardi – **Repas** 29/65, enf. 11 ⃝.
◆ Poutres, tuffeau et cheminée agrémentent la salle à manger de cet ancien relais de
poste situé sur une rive du Cher. Cuisine du terroir, fritures et poissons de Loire.

Le LARDIN-ST-LAZARE 24570 Dordogne ₃₂₉ I5 – 1 846 h alt. 86.

Paris 503 – Brive-la-Gaillarde 28 – Lanouaille 38 – Périgueux 47 – Sarlat-la-Canéda 31.

🏠🏠 **Sautet,** ℰ 05 53 51 45 00, contact@hotelsautet-dordogne.com, Fax 05 53 51 45 09, 🍴,
🛁, ⅍, 🎱, ₤ – 🛗 🖭 ⅃ ₱ – 🔏 25. 🖭 ⓞ 🖭
fermé mi-déc. au 4 janv. – **Repas** (fermé week-ends d'oct. à mars, vend. midi, sam. midi
d'avril à sept. et le midi en juil.-août) 25/42 ⃝ – ⊇ 9,50 – **25 ch** 71/75 – ½ P 69.
◆ Hôtel de tradition tout entier tourné vers son beau parc arboré. Trois chambres ont été
rénovées ; les autres possèdent un charme désuet. Salle de restaurant immaculée et
terrasse donnant sur la verdure ; recettes périgourdines.

au Sud : 4 km par D 704, D 62 et rte secondaire – ⊠ 24570 Condat-sur-Vézère :

🏠🏠 **Château de la Fleunie** ⤳, ℰ 05 53 51 32 74, lafleunie@free.fr, Fax 05 53 50 58 98, ≼,
🍴, ₤, 🛁, ⅍, 🎱, – 🖭 ⅃ ⅍ ₱ – 🔏 80. 🖭 ⓞ 🖭
fermé janv. et fév. – **Repas** 23/48 ⃝ – ⊇ 10 – **33 ch** 80/135 – ½ P 67/100.
◆ Château féodal au milieu d'un parc de 100 ha avec enclos animalier. Chambres
"châtelaines" ; certaines vous offrent de dormir sous une forêt de poutres. Menu "retour
du marché" ou menu "du Chevalier" à déguster dans une salle à manger ayant fière
allure.

à Coly *Sud-Est : 6 km par D 74 et D 62 – 230 h. alt. 113 – ✉ 24120 :*

Voir *Église★★ de St-Amand-de-Coly SO : 3 km*, **G. Périgord Quercy.**

Manoir d'Hautegente ⛰, ☎ 05 53 51 68 03, *hotel@manoir-hautegente.com, Fax 05 53 50 38 52*, – TV P. AE ⓞ GB
début avril-début nov. – **Repas** *(fermé le midi du lundi au jeudi)* 42/58 ♀ – ☕ 14 – **10 ch** 130/151, 4 duplex – ½ P 90/162.
◆ Dans un parc traversé par une rivière, moulin à draps du 14e s. devenu élégante hôtellerie tapissée de vigne vierge. Intérieur "cosy" agrémenté de meubles anciens. Succession de charmantes petites salles à manger voûtées et belle terrasse au bord de l'eau.

LARGENTIÈRE

SP *07110 Ardèche* **331** H6 *G. Vallée du Rhône – 1 942 h alt. 240.*

Voir *Le vieux Largentière★.*

Office de tourisme, 41 avenue de la république ☎ 04 75 39 14 28, Fax 04 75 39 23 66, info@largentiere.net.

Paris 645 – Alès 66 – Aubenas 18 – Privas 49.

à Rocher *Nord : 4 km par D 5 – 227 h. alt. 353 – ✉ 07110 Largentière :*

Chêne Vert ⛰, ☎ 04 75 88 34 02, *contact@hotellechenevert.com, Fax 04 75 88 33 85*, ←, – TV ☎ ♿ P. GB
1er avril-1er nov. et fermé lundi et mardi en oct. – **Repas** 16/33 – ☕ 7,50 – **25 ch** 55/68 – ½ P 52/58.
◆ Aux confins du Vivarais et des Cévennes, adresse conviviale disposant de chambres pratiques ; certaines, dotées d'un balcon, offrent le coup d'oeil sur la jolie piscine. À table, plats traditionnels et recettes régionales servis dans un sobre cadre actuel.

LARMOR-BADEN

56870 Morbihan **308** N9 – *954 h alt. 10.*

Voir *Cairn ★★ de l'île Gavrinis : 15 mn en bateau.*

Paris 474 – Vannes 15 – Auray 15 – Lorient 59 – Pontivy 66.

Centre, ☎ 02 97 57 04 68, *Fax 02 97 57 20 94* – TV ☎ P
fermé janv. et lundi du 1er oct. au 15 avril – **Repas** 14 (déj.), 20/28 ♀ – ☕ 6 – **13 ch** 54/58 – ½ P 46.
◆ Cet hôtel se trouve au coeur du village d'où partent les navettes pour le surprenant cairn de Gavrinis. Chambres simples, un brin surannées, mais bien tenues. Décor d'esprit marin au restaurant où trône un aquarium ; plats traditionnels et produits de l'océan.

LARMOR-PLAGE

56260 Morbihan **308** K8 *G. Bretagne – 8 470 h alt. 4.*

Voir ←★ *du Pont St-Maurice.*

Paris 510 – Vannes 66 – Lorient 7 – Quimper 74.

Les Mouettes ⛰, Anse de Kerguélen, Ouest : 1,5 km ☎ 02 97 65 50 30, *info@lesmouettes.com, Fax 02 97 33 65 33*, ←, – ▤ rest, TV ☎ ♿ P – 15. AE ⓞ GB. ✗ rest
Repas 17,50/43, enf. 9 ♀ – ☕ 8 – **21 ch** 65/75 – ½ P 70.
◆ Une douce quiétude (hors saison !), à peine troublée par le cri des mouettes, règne dans cet hôtel moderne baigné par les flots de l'anse de Kerguelen. Vue imprenable sur l'Atlantique et l'île de Groix depuis la terrasse... ou à l'abri de la salle à manger !

LARRAU

64560 Pyr.-Atl. **342** G6 – *214 h alt. 636.*

Paris 832 – Pau 75 – Oloron-Ste-Marie 42 – St-Jean-Pied-de-Port 64.

Etchemaïté ⛰, ☎ 05 59 28 61 45, *hotel-etchemaite@wanadoo.fr, Fax 05 59 28 72 71*, ←, – TV ☎. GB. ✗ ch
fermé 29 nov. au 7 déc., 4 janv. au 7 fév., dim. soir et lundi hors saison – **Repas** 15/42, enf. 8 ♀ – ☕ 8 – **16 ch** 42/58 – ½ P 43,50/52,50.
◆ Simplicité et ambiance familiale d'une auberge de montagne au coeur d'un hameau de la pittoresque haute Soule. Chambres fonctionnelles. Accueillante salle de restaurant avec pierres apparentes, poutres, nappage basque, vieille cheminée et vue sur la vallée.

LASCELLE

15590 Cantal **330** D4 – *317 h alt. 760.*

Paris 555 – Aurillac 16 – Bort-les-Orgues 84 – Brioude 94 – Murat 36.

Lac des Graves ⛰, Jaulhac ☎ 04 71 47 94 06, *lac.des.graves@wanadoo.fr, Fax 04 71 47 96 55*, ←, – TV ☎ ♿ P – 40. GB
Repas 20/36 ♀ – ☕ 6 – **23 ch** 53/58 – ½ P 55.
◆ Vaste parc aménagé au bord d'un lac fréquenté par les pêcheurs. D'originaux chalets en bois "les pieds dans l'eau" abritent des chambres neuves. Centre équestre. La grande salle à manger et sa terrasse panoramique s'ouvrent sur la belle nature environnante.

LASTOURS 11600 Aude **344** F3.

Paris 782 – Toulouse 107 – Carcassonne 19 – Castres 52 – Narbonne 18.

XX **Puits du Trésor**, 21 rte des Quatre Châteaux ℘ 04 68 77 50 24, Fax 04 68 77 50 24 – ⊙
GB JCB
fermé 6 fév. au 6 mars, merc. midi, dim. soir, lundi et mardi – **Repas** 49.
◆ Village situé au pied du château ruiné de Lastours. Cadre moderne et appétissantes
recettes personnalisées au restaurant. Ardoise du jour et confort plus simple au bistrot.

LATOUR-DE-CAROL 66760 Pyr.-Or. **344** C8 – 367 h alt. 1260.

Paris 839 – Ax-les-Thermes 37 – Font-Romeu-Odeillo-Via 21 – Perpignan 110.

🏠 **Auberge Catalane**, 10 av. Puymorens ℘ 04 68 04 80 66, carolee@club-internet.fr,
⇔ Fax 04 68 04 95 25, 🌧 – TV P. GB
fermé 3 au 18 mai, 3 nov. au 26 déc., dim. soir et lundi sauf vacances scolairess – **Repas**
14,50/29,10 ♀ – ⊊ 6 – **10 ch** 39/56 – ½ P 42,50.
◆ Au coeur de la Cerdagne, auberge "cent pour cent catalane" tenue par la même famille
depuis sa création en 1929. Chambres coquettes, bien rénovées. Pimpante salle à manger
rustique, véranda ou terrasse pour découvrir les recettes régionales.

LATTES 34 Hérault **339** I7 – rattaché à Montpellier.

LAUTERBOURG 67630 B.-Rhin **315** N3 – 2 269 h alt. 115.

🛈 Office de tourisme, 21 rue de la 1ère Armée ℘ 03 88 94 66 10, Fax 03 88 54 61 33,
tourisme.lauterbourg@wanadoo.fr.

Paris 519 – Strasbourg 63 – Haguenau 40 – Karlsruhe 22 – Wissembourg 20.

XXX **Poêle d'Or**, 35 r. Gén. Mittelhauser ℘ 03 88 94 84 16, info@poeledor.com,
⇔ Fax 03 88 54 62 30, 🌧 – ▤. AE ⊙ GB
fermé 28 juil. au 12 août, 2 au 24 janv., merc. et jeudi – **Repas** 26 (déj.), 40/73,50 et carte 41
à 77, enf. 13 ♀.
◆ Maison à colombages bordant la rue principale de la ville. Élégante salle à manger dotée
d'un mobilier de style Louis XIII, plaisante véranda et terrasse fleurie pour l'été.

LAUTREC 81440 Tarn **338** E8 G. Midi-Pyrénées – 1 554 h alt. 294.

🛈 Office de tourisme, rue du Mercadial ℘ 05 63 75 31 40, Fax 05 63 75 32 90, ot.lautrec-
@free.fr.

Paris 703 – Toulouse 76 – Albi 31 – Castelnaudary 55 – Castres 17 – Gaillac 34.

X **Moulin Gourmand**, rte Castres ℘ 05 63 75 30 13, Fax 05 63 75 30 13 – ▤ P. ⊙ GB
⇔ fermé 13 sept. au 3 oct., lundi soir, mardi soir, merc. soir, jeudi soir et dim. soir du 6 oct. au
31 mai – **Repas** 11 bc (déj.), 14/33, enf. 7,50.
◆ Architecture contemporaine de forme circulaire voisine d'un vieux moulin à vent, au
pied du calvaire de la Salette. Sobre salle à manger et cuisine traditionnelle à prix doux.

LAUZERTE 82110 T.-et-G. **337** C6 – 1 487 h alt. 224.

🏌 des Roucous à Sauveterre ℘ 05 63 95 83 70, E : 16 km par D 34.
🛈 Office de tourisme, place des Cornières ℘ 05 63 94 61 94, Fax 05 63 94 61 93, lau
zerte.tourisme@quercy-blanc.net.

Paris 614 – Agen 53 – Auch 98 – Cahors 39 – Montauban 38.

☂ **Quercy**, fg d'Auriac ℘ 05 63 94 66 36 – GB
⇔ fermé dim. soir et lundi sauf juil.-août – **Repas** 10 (déj.), 25/41 ♀ – ⊊ 6 – **10 ch** 31/41 –
½ P 30/36.
◆ Au coeur de la "Tolède du Quercy", maison de pays de la fin du 19ᵉ s. coquettement
restaurée. Quelques chambres s'ouvrent sur la vallée. La lumineuse salle à manger offre le
coup d'oeil sur un paysage de collines et de vallons ; plats du terroir.

LAVAL P 53000 Mayenne **310** E6 G. Normandie Cotentin – 50 947 h alt. 65.

Voir Vieux château★ Z : charpente★★ du donjon, musée d'Art naïf★, ≼★ des remparts –
Vieille ville★ YZ : – Les quais★ ≼★ – Jardin de la Perrine★ Z – Chevet★ de la basilique N.-D.
d'Avesnières X – Église N.-D. des Cordeliers★ : retables★★ X – Lactopôle★★.

🏌 de Laval à Changé ℘ 02 43 53 16 03, N par ⑥ : 8 km.
🛈 Office de tourisme, 1 allée du Vieux St-Louis ℘ 02 43 49 46 46, Fax 02 43 49 46 21,
office.tourisme@mairie-laval.fr.

Paris 280 ① – Angers 79 ④ – Le Mans 86 ① – Rennes 76 ⑦ – St-Nazaire 153 ⑤.

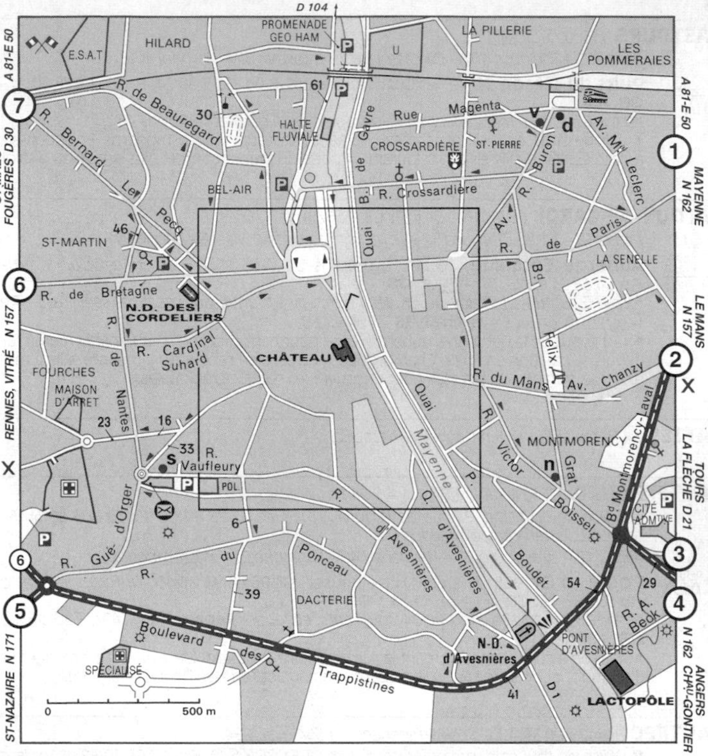

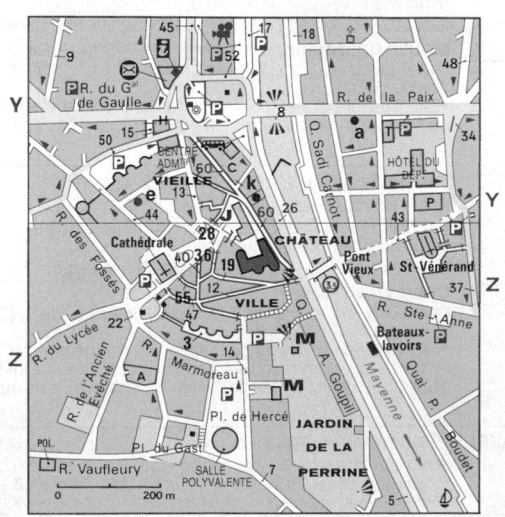

LAVAL

Allègre
  (Prom. Anne d')... **Z** 3
Avesnières (Q. d')... **Z** 5
Avesnières (R. d')... **Z** 7
Bourg-Hersent (R.)... **X** 6
Briand (Pont A.)... **Y** 8
Britais (R. du)... **Y** 9
Chapelle (R. de)... **Z** 12
Déportés (R. des)... **Y** 13
Douanier-
  Rousseau (R.)... **Z** 14
Droits de l'homme
  (Parvis des)... **Y** 15
Étaux (R. des)... **X** 16
Gambetta (Quai)... **Y** 17
Gaulle (R. Gén.-de)... **Y**
Gavre (Q. B. de)... **Y** 18
Grande-Rue... **Z** 19
Hardy-de-Lévaré (Pl.)**Z** 22
Haut-Rocher (R.)... **X** 23
Jean-Fouquet (Q.)... **Y** 26
La Trémoille (Pl. de)... **Z** 28
Le Basser (Bd F.)... **X** 29
Macé (R. J.)... **X** 30
Messager (R.)... **X** 33
Moulin (Pl. J.)... **Y** 34
Orfèvres (R. des)... **Y** 36
Paix (R. de la)... **Y**
Paradis (R. de)... **Z** 37
Picardie (R. de)... **X** 39
Pin-Doré (R. du)... **Z** 40
Pont-d'Avesnières
  (Bd du)... **X** 41
Pont-de-Mayenne
  (R. du)... **Z** 43
Renaise (R.)... **Y** 44
Résistance (Crs de la) **Y** 45
St-Martin (R.)... **X** 46

Serruriers (R. des)... **Z** 47
Solferino (R.)... **Y** 48
Souchu-Servinière (R.)... **Y** 50
Strasbourg (R. de)... **Y** 52

Tisserands (Bd des)... **X** 54
Trinité (R. de la)... **Z** 55
Val-de-Mayenne (R. du)... **YZ** 60
Vieux-St-Louis (R. du)... **X** 61

Grand Hôtel de Paris sans rest, 22 r. Paix ☎ 02 43 53 76 20, *Fax 02 43 56 91 83* – AE GB JCB Y a
fermé 24 au 26 déc. et 31 déc. au 2 janv. – ☕ 7 – **39 ch** 47,50/78.
◆ En plein quartier commerçant, bâtiment ancien entièrement rénové. Les chambres sont actuelles et fonctionnelles, égayées d'expositions de tableaux.

Ibis, rte Mayenne par ① : *3 km* ☎ 02 43 53 81 82, *H0613@accor-hotels.com, Fax 02 43 53 11 19,* – – 45. AE GB
Repas *(9)* - 16, enf. 6 ₸ – ☕ 6 – **67 ch** 60.
◆ Hôtel de chaîne des années 1970 situé dans une zone industrielle. Les chambres, toutes refaites, répondent désormais aux dernières normes "Ibis". Restaurant sans surprise, tant dans le décor que dans l'assiette : mobilier néo-rustique et formules buffets.

Marin'Hôtel sans rest, 102 av. R. Buron ☎ 02 43 53 09 68, *decouacon@wanadoo.fr, Fax 02 43 56 95 35* – AE GB X d
☕ 5,80 – **25 ch** 45/51.
◆ Les mascarons de la façade indiquent l'ancienneté des murs, mais les chambres, sans luxe, sont modernes, pratiques et insonorisées. On petit-déjeune dans un cadre marin.

XXX **Bistro de Paris** (Lemercier), 67 r. Val de Mayenne ☎ 02 43 56 98 29, *bistro.de.paris@wanadoo.fr, Fax 02 43 56 52 85* – AE GB. Y k
fermé 1er au 24 août, sam. midi, dim. soir et lundi – **Repas** 22/41 et carte 38 à 45, enf. 13 ₸.
◆ Cette vieille maison abrite un bistrot cossu dont le décor Art nouveau est particulièrement séduisant et chaleureux. Vous y dégusterez une délicieuse cuisine au goût du jour.
Spéc. Galettes de langoustines en pommes de terre. Blanc de turbot rôti aux épices. Pomme confite au thym-citron. **Vins** Savennières, Chinon.

XXX **Capucin Gourmand,** 66 r. Vaufleury ☎ 02 43 66 02 02, *capucingourmand@free.fr, Fax 02 43 66 13 50,* – AE GB X s
fermé 2 au 26 août, dim. soir, merc. midi et lundi – **Repas** *(16 bc)* - 19,50/45 et carte 36 à 49 ₸.
◆ Une parure de lierre recouvre la bâtisse. Boiseries, poutres et sièges en osier teinté bleu, papier peint jaune : un cadre jeune et accueillant pour une cuisine actuelle.

XX **Gerbe de Blé** avec ch, 83 r. V.-Boissel ☎ 02 43 53 14 10, *gerbedeble@wanadoo.fr, Fax 02 43 49 02 84* – AE GB X n
fermé 26 juil. au 19 août, 2 au 13 janv., lundi midi et dim. sauf fériés – **Repas** 16 (déj.), 23/45 ₸ – ☕ 8,50 – **8 ch** 58/78 – ½ P 56/70.
◆ Poutres, cheminée et décoration "blonde comme les blés" : la salle à manger de cet établissement familial est chaleureuse et soignée. Chambres spacieuses et confortables.

XX **Hostellerie à la Bonne Auberge** avec ch, 170 r. Bretagne par ⑥ ☎ 02 43 69 07 81, *labonneauberge@free.fr, Fax 02 43 91 15 02* – AE GB. ch
fermé 1er au 22 août, 24 déc. au 8 janv., 19 au 26 fév., vend. soir, dim. soir et sam. – **Repas** 15,50/35, enf. 10 ₸ – ☕ 7,50 – **12 ch** 52/73 – ½ P 50/62.
◆ À l'écart du centre-ville, maison régionale tapissée de vigne vierge. La salle à manger, agrandie d'une véranda, est claire et moderne. Goûteuse cuisine traditionnelle.

XX **L'Antiquaire,** 5 r. Béliers ☎ 02 43 53 66 76, *Fax 02 43 56 92 18* – GB Y e
fermé 15 juil. au 5 août, 18 au 25 fév., sam. midi, dim. soir et merc. – **Repas** 16/35,50, enf. 9 ₸.
◆ Cette maison est située au coeur de la vieille ville. Le cadre de la salle à manger, récemment refaite, s'inspire de styles anglais. Cuisine classique.

X **Edelweiss,** 99 av. R. Buron ☎ 02 43 53 11 00, *Fax 02 43 53 36 51* – GB X v
fermé 19 juil. au 9 août, vacances de fév., dim. soir et lundi – **Repas** *(11,50)* - 21/30, enf. 7,70 ₸.
◆ À côté de la gare, plaisante salle de restaurant redécorée dans un style actuel (tons pastel). On y mange "à la bonne franquette" dans une ambiance conviviale.

à Changé *au Nord : 4 km – 4 909 h. alt. 55 – ✉ 53810 :*

XX **Domaine des Saveurs,** rte Louverné par D 561 : 2 km ☎ 02 43 67 16 66, *domainedessaveurs@wanadoo.fr, Fax 02 43 67 19 39,* , – AE GB.
fermé 9 au 20 août, 14 au 28 fév., dim. soir, sam. midi et lundi – **Repas** *(14)* - 18,70 (déj.), 23,90/30,20.
◆ De la ferme du 19e s. subsistent les poutres patinées, les carreaux de terre cuite et la cheminée en brique. Terrasse ombragée d'un tilleul et jardin ouvert sur la campagne.

XX **Table Ronde,** pl. Mairie ☎ 02 43 53 43 33, *Fax 02 43 49 05 60,* – GB
fermé 16 au 23 août, dim. soir, mardi soir, merc. soir, jeudi soir et lundi – **Repas** 21,50/38 ₸ - ***Bistrot*** **:** Repas *(13)*-15/38 ₸.
◆ Cet établissement situé face au château propose deux formules. À l'étage, cuisine classique, chaises de style Louis XVI et tables bien dressées. Au Bistrot, cadre simple, convivialité de mise et cuisine ad hoc déclinée autour d'un menu du jour.

Le LAVANCHER *74 H.-Savoie* 328 O5 – *rattaché à Chamonix.*

Le LAVANDOU *83980 Var* **340** N7 *G. Côte d'Azur – 5 449 h alt. 1.*

Env. *Ile d'Hyères*★★★.

⚑ *Office de tourisme, quai Gabriel-Péri ℰ 04 94 00 40 50, Fax 04 94 00 40 59, info@lelavandou.com.*

Paris 873 ② – Fréjus 61 ① – Cannes 102 ① – Draguignan 75 ① – Toulon 41 ②.

LE LAVANDOU	Cazin (R. Charles) . . . . **A** 4	Patron Ravello (R.) . . . . **B** 10
	Gaulle (Av. Gén. de) . . . . **AB**	Péri (Quai Gabriel). . . . . **B** 12
Bois Notre-Dame (R. du) . . . . . **A** 2	Lattre-de-Tassigny (Bd. de) . . . **A** 7	Port (R. du) . . . . **B** 13
Bouvet (Bd. Gén. G.) . . . . **A** 3	Martyrs-de-la-Résistance	Port Cros (R.) . . . . **A** 15
	(Av. des) . . . . **A** 8	Vincent Auriol (Av. Prés.). . . . . **A** 16

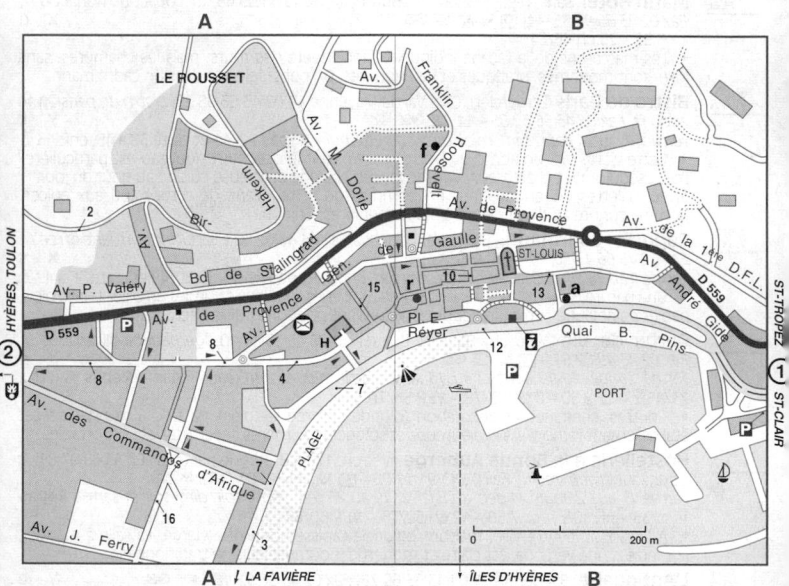

A ↓ *LA FAVIÈRE*   ↑ *ÎLES D'HYÈRES* **B**

🏠 **Petite Bohème** 🦢, av. F.-Roosevelt *ℰ 04 94 71 10 30, hotelpetiteboheme@wanadoo.f*
r, Fax 04 94 64 73 92, 🌳 *,* 🚗 *– ▤* 📺 ☎*.* 🖪 🝙   **B** f
fermé 15 nov. au 1ᵉʳ fév. – **Repas** 22/32, enf. 9,50 ☂ – 🝙 8,20 – **19 ch** 60/100 – ½ P 66,90/
71.

◆ Faire la grasse matinée dans une chambre sobrement provençale, puis une sieste en
chaise longue sous la treille entre deux apéritifs : une vraie vie de "bohème" ! Salle à manger
méridionale et terrasse ombragée dressée au bord du jardin.

🏠 **Rabelais** sans rest, face Vieux Port *ℰ 04 94 71 00 56, hotel.lerabelais@wanadoo.fr,*
Fax 04 94 71 82 55, ≤ *–* 📺*.* 🖪   **B** a
fermé 20 déc. au 20 janv. – 🝙 7 – **19 ch** 50/81.

◆ Cet hôtel idéalement situé sur le front de mer héberge des petites chambres fraîches et
colorées. L'été, petits-déjeuners en terrasse face à l'animation portuaire.

✗ **Krill**, r. Patron Ravello *ℰ 04 94 71 06 43,* 🌳 *– ▤.* 🝙 ⓞ 🖪   **B** r
fermé 1ᵉʳ nov. au 20 déc. et lundi hors saison – **Repas** 26/29.

◆ Restaurant du secteur piétonnier proposant une cuisine à touche provençale, servie
dans une salle à manger avec vue sur le port, ou sur la terrasse côté rue.

à St-Clair *par ① : 2 km –* ✉ *83980 Le Lavandou :*

🏨 **Roc Hôtel** 🦢 sans rest, *ℰ 04 94 01 33 66, roc_hotel@wanadoo.fr, Fax 04 94 01 33 67,* ≤,
🝙 *–* ▤ 📺 📶 & 🅿*.* 🖪*.* 🛁
27 mars-23 oct. – 🝙 7,50 – **29 ch** 98/150.

◆ Hôtel moderne bâti sur un roc léché par les flots. Chambres lumineuses ; préférez celles
donnant sur le large et dotées de terrasses. Séjour assurément tonique.

🏨 **Méditerranée** ⚓, 𝒫 04 94 01 47 70, *hotel.med@wanadoo.fr*, Fax 04 94 01 47 71, ≤, 🍴 – 🗐 ch, 📺 ❤ 🅿. 🚗. 💥 rest
15 mars-20 oct. – **Repas** (résidents seul.) – 🍽 7 – **21 ch** 77/104 – ½ P 64/77,50.
 ♦ Profitez des plaisirs de la Méditerranée au bord de cette plage de sable fin particulière-ment ensoleillée. Petites chambres pratiques. Terrasse ombragée.

🏨 **Belle Vue** ⚓, 𝒫 04 94 00 45 00, *hotelbellevue@wanadoo.fr*, Fax 04 94 00 45 25, ≤, 🚗 – 📺 🚗 🅿. 🖭 ⓞ 🚗. 💥
avril.-oct. – **Repas** *(juin-sept. et fermé dim.)* (dîner seul.) 32 🍷 – 🍽 12 – **19 ch** 70/170 – ½ P 110/130.
 ♦ À l'écart de l'animation du bord de mer, plaisante villa aux abords fleuris surplombant la baie de St-Clair. Chambres rustiques ; certaines jouissent de la "belle vue". Le restaurant offre également un beau panorama (superbes couchers de soleil sur la côte).

🏨 **Bastide** sans rest, 𝒫 04 94 01 57 00, *contact@lhotel-la-bastide.fr*, Fax 04 94 01 57 13 – 📺 ❤ 🅑 🅿. 🚗
1er mars-15 nov. – 🍽 9 – **19 ch** 82/97.
 ♦ À 50 m du rivage, maison de 1920 au physique méridional : murs immaculés, volets colorés et tuiles romaines. Chambres assez simples, mais dotées de terrasses ou de balcons.

à La Fossette-Plage *par ① : 3 km* – ✉ *83980 Le Lavandou :*

🏨 **83 Hôtel**, 𝒫 04 94 71 20 15, *hotel83@wanadoo.fr*, Fax 04 94 71 63 42, ≤ côte et mer, 🍴, 🏊, 🎠, 🚗, 💥 – 🕪 🗐 📺 🅿. 🖭 ⓞ 🚗
1er avril-15 oct. – **Jardin de la Fossette :** Repas 35/56 🍷 – 🍽 15 – **30 ch** 190/270 – ½ P 142/182.
 ♦ Le littoral varois prend ici l'allure d'une île du Pacifique. Économisez des milliers de kilomètres en séjournant dans cet hôtel conçu pour le farniente ! Chambres spacieuses. Salle à manger-véranda ou plaisante terrasse : belle vue et cuisine classique.

🍴 **Auberge de la Fossette** avec ch, 16 av. Cap. Thorel 𝒫 04 94 71 08 76, Fax 04 94 05 97 55, 🍴 – 🗐 ch, 📺. 🚗
20 mai-20 sept. et fermé le midi sauf dim. et fériés – **Repas** 25/35, enf. 10 – 🍽 10 – **15 ch** 60/100 – ½ P 65/85.
 ♦ À deux pas de la plage, mais préservée de son animation, cette auberge familiale vous invite à goûter sa cuisine régionale simple et ses grillades. Terrasse sous une glycine.

à Aiguebelle *par ① : 4,5 km* – ✉ *83980 Le Lavandou :*

🏨 **Les Roches** ⚓, 𝒫 04 94 71 05 07, *resahotel@hotelesroches.fr*, Fax 04 94 71 08 40, ≤ mer et les îles, 🍴, 🏊, 🎠 – 🗐 📺 ❤ 🅿. – 🏋 15 à 35. 🖭 ⓞ 🚗
fermé 5 janv. au 20 mars – **Repas** 53/88, enf. 20 · **Pirate** : *15 mai-30 sept.* **Repas** carte 60 à 90 🍷 – 🍽 25 – **32 ch** 400/590, 7 suites – ½ P 203/373.
 ♦ Les chambres, spacieuses et cossues, et leurs terrasses étagées à flanc de crique font de cet hôtel un petit paradis sur mer... Tel un paquebot, le restaurant panoramique paraît dominer les flots. Au Pirate, déjeunez simplement les "pieds dans l'eau".

🏨 **Les Alcyons** sans rest, 𝒫 04 94 05 84 18, *alcyons@beausoleil-alcyons.com*, Fax 04 94 05 70 89 – 🗐 📺 🅿. 🖭 ⓞ 🚗
3 avril-15 oct. – 🍽 6,50 – **24 ch** 92/107.
 ♦ La rencontre des alcyons serait un présage de calme et de paix : l'accueil attentionné et la bonne tenue de cet établissement tendraient à accréditer la légende.

🏨 **Hydra** sans rest, 𝒫 04 94 71 65 46, *hydra.hotel@wanadoo.fr*, Fax 04 94 15 08 07, 🏊, 🚗 – 🗐 📺 ❤ 🎠 🚗. 🖭 ⓞ 🚗 🇯🇨🇧. 💥
🍽 10 – **26 ch** 70/98, 4 studios.
 ♦ De l'île grecque qui lui a donné son nom, cet hôtel moderne a hérité la luminosité et le dépouillement du décor intérieur. Passage souterrain menant directement à la mer.

🏨 **Beau Soleil**, 𝒫 04 94 05 84 55, *beausoleil@beausoleil-alcyons.com*, Fax 04 94 05 70 89, 🍴 – 🗐 📺 🅿. – 🏋 20. 🖭 🚗
hôtel : Pâques-30 sept. ; rest.: mi-mai-30 sept. – **Repas** (snack le midi) 23/30 🍷 – 🍽 6 – **15 ch** 48/58, (en saison : ½ pens. seul.) – ½ P 62/68,50.
 ♦ Aiguebelle ("belle eau") et beau soleil : tout semble réuni pour des vacances réussies ! Chambres avec balcon ; la moitié profite d'une récente rénovation. Salle à manger méridio-nale et terrasse ombragée d'un platane. Carte snack à midi ; menus au dîner.

🍴 **Le Sud** (Pétra), 𝒫 04 94 05 76 98, 🍴 – 🚗
🌿 *fermé 2 au 31 janv., le midi sauf dim. du 15 juin au 15 sept.* – **Repas** (menu unique) 59.
 ♦ La salle à manger provençale ne manque pas de caractère, avec ses cuivres et autres objets de brocante. Un cadre adéquat pour déguster une goûteuse cuisine du marché.
Spéc. Cappuccino de pétoncles, cèpes et truffes. Légumes confits "ratatouille", huile de menthe (15 juin au 15 sept.). Lapin confit de quatre heures, polenta aux pignons (15 avril au 15 oct.). **Vins** Côtes de Provence.

LAVARDIN *41 L.-et-Ch.* 🗺 *C5 – rattaché à Montoire-sur-le-Loir.*

LAVAUDIEU *43100 H.-Loire* **331** *C2 G. Auvergne – 225 h alt. 465.*

Voir *Fresques★ de l'église abbatiale - Cloître★ – Carrefour du vitrail★.*

Paris 488 – Brioude 11 – Clermont-Ferrand 78 – Le Puy-en-Velay 56 – St-Flour 63.

Auberge de l'Abbaye, ℘ 04 71 76 44 44 – ▤. **GB**

fermé 7 au 14 fév., dim. soir sauf en été et lundi – **Repas** 13/23 ♀.

♦ Au centre du village, près de l'abbaye et de ses belles fresques, salle à manger rustique avec poutres apparentes et cheminée. Cuisine régionale.

Court La Vigne, ℘ 04 71 76 45 79, Fax 04 71 76 45 79, ☞ – ⓞ **GB**

fermé déc., janv., mardi et merc. – **Repas** (nombre de couverts limité, prévenir) 14/23.

♦ Cette charmante bergerie des 18ᵉ et 19ᵉ s. est joliment meublée et dispose d'une agréable cour intérieure. Belle cuisine du terroir et galerie d'expositions temporaires.

Les LAVAULTS *89 Yonne* **319** *H8 – rattaché à Quarré-les-Tombes.*

LAVAUR *81500 Tarn* **338** *C8 G. Midi-Pyrénées – 8 537 h alt. 140.*

Voir *Cathédrale St-Alain★.*

▤₁₈ *des Étangs de Fiac à Fiac* ℘ 05 63 70 64 70, E : 11 km par D 112.

🅱 *Office de tourisme, Tour des Rondes* ℘ 05 63 58 02 00, Fax 05 63 41 42 89, ot.la vaur1@wanadoo.fr.

Paris 682 – Toulouse 44 – Albi 51 – Castelnaudary 56 – Castres 40 – Montauban 58.

Jardin avec ch, 10 allées Ferréol-Mazas ℘ 05 63 41 40 30, Fax 05 63 41 47 74 – ▤ rest, ⛛ ℃, **GB**

fermé 25 avril au 2 mai, 16 août au 6 sept. et 25 déc. au 10 janv. – **Repas** (fermé dim. et lundi) 14 (déj.), 19/35 ♀ – ☲ 5 – **9 ch** 40.

♦ À côté du jardin de l'évêché et de la cathédrale, cette maison régionale ancienne propose une cuisine traditionnelle. Chambres fonctionnelles logées dans un bâtiment séparé.

à Giroussens *Nord-Ouest : 10 km par D 87 – 1 040 h. alt. 204 –* ✉ *81500 :*

L'Échauguette avec ch, Pl. de la Mairie ℘ 05 63 41 63 65, Fax 05 63 41 63 13, ≼, ☞ – **Æ** ⓞ **GB**

fermé 15 au 30 sept., 2 au 23 fév., dim. soir et lundi – **Repas** 15 (déj.), 21/43, enf. 9 ♀ – ☲ 4,50 – **3 ch** 23/43.

♦ Cette construction des 13ᵉ et 19ᵉ s. au cadre rustique très affirmé a beaucoup de cachet. Cuisine aux accents du terroir, terrasse panoramique, exposition de poteries.

LAVELANET *09300 Ariège* **343** *J7 – 6 872 h alt. 512.*

🅱 *Office de tourisme, Maison de Lavelanet* ℘ 05 61 01 22 20, Fax 05 61 03 06 39, lavelanet.tourisme@wanadoo.fr.

Paris 784 – Carcassonne 71 – Castelnaudary 53 – Foix 28 – Limoux 47 – Pamiers 42.

à Villeneuve-d'Olmes *Sud-Ouest : 3 km par D 109 – 1 292 h. alt. 595 –* ✉ *09300 :*

Castrum ⬗ avec ch, ℘ 05 61 01 35 24, lecastrum@lecastrum.fr, Fax 05 61 01 22 85, ≼, ☞, ⴺ – ⛛ ℃ ⅍, Ᵽ, **Æ** ⓞ **GB** **JCB**

Repas 26 (déj.) 35/80 et carte 53 à 69 ♂ – ☲ 16 – **8 ch** 100/150.

♦ Grande villa récente abritant une belle salle aux couleurs méridionales et des chambres soignées. Cuisine au goût du jour et joli choix de vins du Languedoc-Roussillon.

à Nalzen *Ouest : 6 km sur D 117 – 141 h. alt. 632 –* ✉ *09300 :*

Les Sapins, ℘ 05 61 03 03 85, Fax 05 61 03 03 85, ☞ – Ᵽ, **Æ** ⓞ **GB**

fermé 13 au 27 nov., 2 au 22 janv., dim. soir, merc. soir et lundi – **Repas** 13 bc (déj.), 20/33,70, enf. 8 ♀.

♦ Maison traditionnelle des montagnes du Plantaurel aux versants couverts de sapins. Cuisine régionale servie dans un sobre intérieur campagnard.

à Montségur *Sud : 13 km par D 109 et D 9 – 117 h. alt. 900 –* ✉ *09300 Lavelanet :*

🅱 *Office de tourisme, village* ℘ 05 61 03 03 03, Fax 05 61 03 03 03, info.tourisme@mont-segur.org.

Costes ⬗, ℘ 05 61 01 10 24, Fax 05 61 03 06 28, ☞ – **GB**

1ᵉʳ avril-11 nov. et fermé dim. soir et lundi – **Repas** 16/27 ♂ – ☲ 6,50 – **9 ch** 38/48 – ½ P 42.

♦ Au pied du "pog" et de sa forteresse ruinée, auberge sympathique qui servit autrefois de grange puis d'école. Chambres simples. La pierre et le bois dominent dans la salle à manger ; sur le coin du fourneau mijotent civets, confits, magrets et cassoulets.

Le Guide change, changez de guide tous les ans.

LAVENTIE *62840 P.-de-C.* **301** *J4 – 4 383 h alt. 18.*

Paris 229 – Lille 29 – Armentières 13 – Arras 45 – Béthune 18 – Dunkerque 63 – Ieper 30.

Cerisier (Delerue), 3 r. Gare ℰ 03 21 27 60 59, Fax 03 21 27 60 87 – ⊖B, ℀
fermé août, vacances de fév., sam. midi, dim. soir et lundi – **Repas** 29/64 et carte 60 à 73.

◆ Maison bourgeoise en briques rouges abritant d'agréables petites salles au décor contemporain (réservées aux non-fumeurs) et un fumoir. Savoureuse cuisine au goût du jour.

Spéc. Escalope de foie gras de canard à la compotée de cerises acidulées (juin-juil.). Saint-Jacques au beurre d'orange (nov.-déc.). Tourte aux figues à la cassonade, caramel au beurre salé (automne).

LAVERGNE *46 Lot* **337** *G3 – rattaché à Gramat.*

LAVIOLLE *07530 Ardèche* **331** *I5 – 130 h alt. 650.*

Paris 610 – Aubenas 21 – Lamastre 51 – Mézilhac 9 – Privas 41 – Le Puy-en-Velay 67.

Les Plantades ⌂, rte Antraigues Sud : 2 km sur D 578 ℰ 04 75 38 71 58, aymardph@wanadoo.fr, ≼, ㎡, – ⌂. ⊖B
fermé 2 nov. au 20 déc., mardi soir et merc. sauf juil.-août – **Repas** (fermé le midi en semaine) 11/25, enf. 7 ⊊ – ⊊ 5,50 – **8 ch** 37/40 – ½ P 33/35.

◆ Tout ici respire l'authenticité : la situation isolée dans la montagne et les meubles en châtaignier, oeuvre d'un artisan local. Le restaurant au décor néo-rustique abrite également le bar du village. À table, produits du terroir et cuisine familiale.

LAXOU *54 M.-et-M.* **307** *H6 – rattaché à Nancy.*

LAYE *05 H.-Alpes* **334** *E5 – rattaché à Col Bayard.*

La LÉCHÈRE *73260 Savoie* **333** *L4 G. Alpes du Nord – 1 936 h alt. 461 – Stat. therm. (fin mars-fin oct.).*

🛈 Office de tourisme, Les Eaux Claires ℰ 04 79 22 51 60, Fax 04 79 22 57 10, info@la-lechere.com.

Paris 602 – Albertville 21 – Celliers 16 – Chambéry 70 – Moûtiers 6.

Radiana ⌂, ℰ 04 79 22 61 61, hotel.radiana@tiscali.fr, Fax 04 79 22 65 25, ≼, 🏊 – 🛗 🌀,
🍴 rest, 📺 📞 ⅋ ⌂ – 🔔 30. ⅍ ⊖B, ℀ rest
hôtel : avril-mi-oct. et fin déc.-début mars – **Repas** (avril-mi-oct.) 18/24 ⊊ – ⊊ 8 – **87 ch** 60/105 – ½ P 67/82.

◆ Belle bâtisse des années 1930 avec accès direct aux thermes. Les chambres, fonctionnelles, donnent en partie sur le parc thermal. Salon rénové dans le style Art déco. Longue salle des repas où s'attablent curistes et pensionnaires. Menus diététiques en saison.

Les LECQUES *83 Var* **340** *J6 – rattaché à St-Cyr-sur-Mer.*

LECTOURE *32700 Gers* **336** *F6 G. Midi-Pyrénées – 3 933 h alt. 155.*

Voir Site⋆ – Promenade du bastion ≼⋆ – Musée municipal⋆.

🛈 Office de tourisme, place de l'Hôtel de Ville ℰ 05 62 68 76 98, Fax 05 62 68 79 30, ot.lectoure@wanadoo.fr.

Paris 708 – Agen 39 – Auch 35 – Condom 26 – Montauban 84 – Toulouse 114.

de Bastard ⌂, r. Lagrange ℰ 05 62 68 82 44, hoteldebastard@wanadoo.fr, Fax 05 62 68 76 81, 😀, ⛆, ㎡ – 📺 ⇔ – 🔔 15 à 30. ⓪ ⊖B
fermé 20 déc. au 1ᵉʳ fév. – **Repas** (fermé mardi midi et lundi sauf le soir du 15 juil. au 15 sept. et dim. soir du 1ᵉʳ sept. au 15 juil.) 15 (déj.), 28/59 – ⊊ 10 – **29 ch** 45/65 – ½ P 54/68.

◆ En plein centre de la cité gersoise, élégant hôtel particulier du 18ᵉ s. abritant des chambres progressivement refaites ; celles du 2ᵉ étage sont mansardées. Restaurant aménagé dans plusieurs salons bourgeois meublés en style Louis XVI ; cuisine du terroir.

LEIGNÉ-LES-BOIS *86450 Vienne* **322** *K4 – 465 h alt. 125.*

Paris 318 – Poitiers 54 – Le Blanc 36 – Châtellerault 16 – Loches 54 – La Roche-Posay 10.

Bernard Gautier, ℰ 05 49 86 53 82, Fax 05 49 86 58 05 – ⊖B
fermé 11 au 30 nov., 16 fév. au 7 mars, dim. soir et lundi – **Repas** 21/40.

◆ Sur la place de l'église, la façade pimpante et la sympathique salle à manger campagnarde (flambées dans la cheminée) ajoutent à l'agrément d'une généreuse cuisine classique.

LELEX *01410 Ain* 328 I3 *G. Jura – 221 h alt. 900 – Sports d'hiver : voir au Col de la Faucille.*

🛈 *Office de tourisme, Monts-Jura 𝒫 04 50 20 91 43, Fax 04 50 20 93 95, otmtjura@cc-pays-de-gex.fr.*

Paris 491 – Bourg-en-Bresse 91 – Gex 27 – Morez 39 – Nantua 42 – St-Claude 31.

🏛 **Crêt de la Neige,** 𝒫 04 50 20 90 15, *maryline.grospiron@wanadoo.fr,* Fax 04 50 20 94 46, 🍴 – 📺 **P.** 🖪 **GB.** ⚡ rest

20 juin-5 sept. et 19 déc.-2 avril – **Repas** 15,50/22, enf. 8,50 ⚐ – ⌚ 6 – **25 ch** 33/56 – ½ P 41,50/53,50.

◆ Accueil chaleureux en cette maison villageoise chère à la famille Grospiron dont Edgar, son champion olympique de skis de bosses, fait la fierté. Choisir une chambre rénovée. Salle à manger rustique, véranda et terrasse pour une cuisine ancrée dans le terroir.

🛆 **Centre,** 𝒫 04 50 20 90 81, *lecentrelelex@wanadoo.fr,* Fax 04 50 20 93 97, 🍴 – 📺 **P.** **GB.** ⚡

12 juil.-15 sept. et 20 déc.-30 avril – **Repas** (dîner seul.) 16,50/30, enf. 9 ⚑ – ⌚ 7 – **20 ch** 48/57 – ½ P 43/54.

◆ Face aux remontées mécaniques de la station dominée par le plus haut sommet du Jura, gros chalet des années 1960 offrant des chambres simples d'ampleur variée. Restaurant orné d'une étonnante cheminée sculptée. Tartiflettes, raclettes et fondues sur commande.

LEMBACH *67510 B.-Rhin* 315 K2 *G. Alsace Lorraine – 1 689 h alt. 190.*

Env. Château de Fleckenstein★ NO : 7 km.

🛈 *Office de tourisme, 23 route de Bitche 𝒫 03 88 94 43 16, Fax 03 88 94 20 04, info@ot-lembach.com.*

Paris 470 – Strasbourg 58 – Bitche 32 – Haguenau 25 – Wissembourg 15.

🏛 **Heimbach** sans rest, 15 rte Wissembourg 𝒫 03 88 94 43 46, *contact@hotel-au-heimbach.fr,* Fax 03 88 94 20 85 – 🚿 📺 **P.** **GB.** ⚡

⌚ 9 – **18 ch** 54/69.

◆ Au cœur d'une petite ville où perdurent les traditions de l'Alsace, bâtisse régionale à colombages abritant des chambres de style rustique.

🏛 **Vosges du Nord** sans rest, 59 rte Bitche 𝒫 03 88 94 43 41, Fax 03 88 94 23 08, 🌳 – **P.** ⚡

fermé fév. et lundi – ⌚ 5 – **7 ch** 45/50.

◆ Un petit hôtel où l'on se sent vraiment chez soi. Chambres peu spacieuses, mais parfaitement tenues et coin petit-déjeuner chaleureux.

XXXX **Auberge du Cheval Blanc** (Mischler) avec ch, 4 rte Wissembourg 𝒫 03 88 94 41 86, *info@au-cheval-blanc.fr,* Fax 03 88 94 20 74, 🌳 – 🍽 📺 ⚐ & **P.** – 🖆 25. 🖪 ⓞ **GB**
❀❀
fermé 5 au 23 juil. et 31 janv. au 19 fév. – **Repas** (fermé vend. midi, lundi et mardi) 33/85,40 et carte 60 à 80 ⚑ ◆ - **D'Rössel Stub** (fermé 31 janv. au 18 fév., merc. et jeudi) **Repas** carte environ 30 ⚑ – **3 ch** 107/138, 3 suites 199.

◆ Une jolie cour pavée précède la vaste salle à manger de cet élégant relais de poste du 18ᵉ s. Plafond à caissons, cheminée, meubles anciens et cuisine alsacienne revisitée. Le D'Rössel Stub, coquet bistrot, occupe une ancienne ferme restaurée avec goût.

Spéc. Farandole de quatre foies d'oie chauds. Trilogie de grenouilles. Médaillons de chevreuil à la moutarde de fruits rouges (mai à fév.). **Vins** Riesling, Pinot blanc.

à Gimbelhof *Nord : 10 km par D 3, D 925 et rte forestière* – ✉ *67510 Lembach :*

X **Gimbelhof** 🌲 avec ch, 𝒫 03 88 94 43 58, *info@gimbelhof.com,* Fax 03 88 94 23 30, ≤, 🍴 – **P.** **GB**
🚲
fermé 20 nov. au 26 déc. et vacances de fév. – **Repas** (fermé lundi et mardi) 10,50/26, enf. 5,60 ⚑ – ⌚ 5,50 – **8 ch** 39/47 – ½ P 39/47.

◆ Cette auberge forestière du "pays des trois frontières" isolée dans le massif vosgien séduira les amoureux de la nature. Chambres et salle des repas très sobres.

LEMPDES *63370 P.-de-D.* 326 G8 – *8 401 h alt. 330.*

Paris 420 – Clermont-Ferrant 11 – Issoire 36 – Thiers 36 – Vichy 51.

X **Poids de Ville,** 6 r. Caire 𝒫 04 73 61 74 71, Fax 04 73 61 66 21 – 🍽. **GB**
fermé dim. sauf le midi de sept. à juin et lundi – **Repas** 14 (déj.), 24,50/40, enf. 12 ⚑.
◆ La balance communale était située sur la place du village, face à ce chaleureux restaurant aux tons ocre et rouge où l'on propose une cuisine d'inspiration méditerranéenne.

LENCLOITRE *86140 Vienne* 322 H4 *G. Poitou Vendée Charentes – 2 253 h alt. 71.*

🛈 *Office de tourisme, place du Champ de Foire 𝒫 05 49 19 70 75, Fax 05 49 19 70 75, office-tourisme.lencloitre@interpc.fr.*

Paris 319 – Poitiers 30 – Châtellerault 18 – Mirebeau 12 – Richelieu 24.

XX **Champ de Foire,** 18 pl. Champ de foire ✆ 05 49 90 74 91, *Fax 05 49 93 33 76* – ⒼⒷ.

fermé 16 au 29 août, 20 au 26 déc., 2 semaines en fév., mardi soir, dim. soir et lundi – **Repas** *(12,50)* - 16,50/36 ⚲.

• Accueil sympathique en ce restaurant bordant le foirail médiéval. La goûteuse cuisine du marché est servie dans une salle simplement aménagée et réchauffée par une cheminée.

LENS ⓈⓅ 62300 P.-de-C. **301** J5 *G. Picardie Flandres Artois* – 36 206 h Agglo. 323 174 h alt. 38.

🄱 *Syndicat d'initiative, 26 rue de laPaix* ✆ 03 21 67 66 66, *Fax 03 21 67 65 66, lens.officetou risme@wanadoo.fr.*

Paris 199 ③ – *Lille 37* ① – *Arras 18* ③ – *Béthune 19* ④ – *Douai 24* ② – *St-Omer 69* ④.

LENS

Anatole-France (R.)	**BXY** 2	Freycinet (R. Louis de)	**CX** 12
Basly (Bd Emile)	**ABY**	Gare (R. de la)	**BCY**
Berthelot (R. Marcelin)	**BY** 3	Gauthier (R. François)	**BY** 13
Combes (R. Emile)	**CX** 4	Havre (R. du)	**BY** 14
Decrombecque		Hospice (R. de l')	**CY** 15
(R. Guilsain)	**BXY** 6	Huleux (R. François)	**BXY** 16
Diderot (R. Denis)	**CY** 7	Jean Jaurès (Pl)	**BY** 18
Faidherbe (R. Louis)	**BY** 8	Jean Moulin (R.)	**BX** 19
Flament (R. Etienne)	**BX** 10	Lamendin (R. Arthur)	**CXY** 20
		Lanoy (R. René)	**BXY** 21
		Leclerc (R. du Mar.)	**BY** 22
		Paix (R. de la)	**BY** 23

Paris (R. de)	**BY** 24
Pasteur (R. Louis)	**BX** 25
Pourquoi-Pas (R. du)	**ABX** 26
Pressense	
(R. Francis de)	**CX** 27
République (Pl. de la)	**BY** 28
Reumaux (Av. Elie)	**ABX** 29
Sorriaux (R. Uriane)	**BCX** 30
Varsovie (Av de)	**CY** 31
Wetz (R. du)	**BX** 32
8 Mai 1945 (R.)	**CY** 33
11 Novembre (R. du)	**ABX** 36

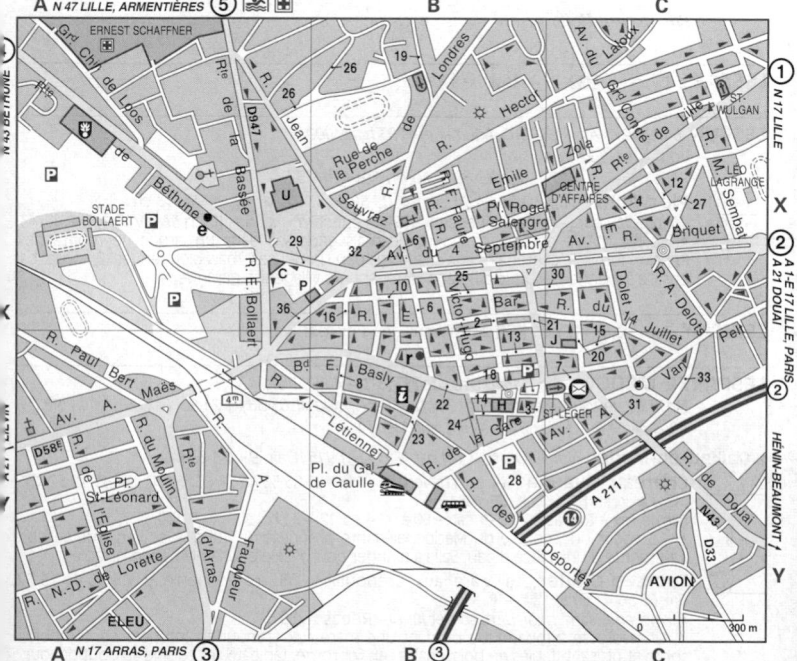

🏠 **Lensotel,** centre commercial Lens 2 par ⑤ : *3,5 km* ✉ 62880 Vendin-le-Vieil
✆ 03 21 79 36 36, *lensotel@wanadoo.fr, Fax 03 21 79 36 00,* 🛄, 🎋 – 📺 📞 🄿 – 🕍 120. 🄰🄴 ⓪ ⒼⒷ

Repas 15/28 ⚲ – ⚄ 8 – **70 ch** 58/64 – ½ P 53.

• Îlot hôtelier de style provençal au coeur d'une zone commerciale. Plaisantes chambres actuelles ; elles sont toutes de plain-pied : réservez de préférence côté jardin. Salle à manger revêtue de briques et dotée d'une cheminée ; véranda face à la piscine.

🏠 **Espace Bollaert,** 13C rte Béthune 🖉 03 21 78 30 30, *hotelbollaert@nordnet.fr,* Fax 03 21 78 24 83 – 🕸, 🍴 rest, 📺 📞 🖪 🖪 – 🛁 150. 🖭 ⅅ㏇   **AX e**
Repas *(fermé août et dim. soir)* 18/29 ⅀ – ☂ 7,90 – **54 ch** 56/58 – ½ P 43.
♦ Devant le mythique stade des "sang et or", un hôtel récent aux chambres fonction-nelles. Les soirs de match, profitez de la formule "entrée au stade-repas-chambre". Restau-rant en rotonde ou espace bar : les deux conviennent pour grignoter un petit plat.

XX **L'Arcadie II,** 13 r. Decrombecque 🖉 03 21 70 32 22, Fax 03 21 70 32 22 – 🖭 ⅅ㏇, ⅌
fermé 4 au 24 août, 20 fév. au 6 mars, lundi soir, dim. soir, sam. midi et merc. – **Repas** 26/
38 ⅀.   **BY r**
♦ En plein centre-ville, une atmosphère feutrée baignée d'une douce lumière : un (mini) clin d'oeil à l'Arcadie des poètes. Cuisine traditionnelle.

LÉON *40550 Landes* ⅢⅢⅤ *D11 – 1 453 h alt. 9.*
Voir *Courant d'Huchet★ en barque NO : 1,5 km,* G. Aquitaine.
🔲 *de Moliets à Moliets-et-Maa* 🖉 05 58 48 54 65, *SO : 8 km par D 652 puis D 117.*
🅱 *Office de tourisme, 65 place Jean Baptiste Courtiau* 🖉 05 58 48 76 03, Fax 05 58 48 70 38, *ot.leon@wanadoo.fr.*
Paris 724 – Castets 14 – Dax 30 – Mont-de-Marsan 75.

🏠 **Hôtel du Lac** ⅌ *sans rest,* 2 r. des Berges du Lac 🖉 05 58 48 73 11, *hotel.du.lac.leon@w anadoo.fr,* Fax 05 58 49 27 79, ⤐ – ⅅ㏇. ⅌
mi-mars-mi-oct. – ☂ 5 – **14 ch** 42/60.
♦ La plupart des chambres, petites et simples, sont tournées vers le plan d'eau (sports nautiques et excursions en barque sur le courant d'Huchet).

Pas de publicité payée dans ce guide.

LESCAR *64 Pyr.-Atl.* ⅢⅣⅡ *J5 – rattaché à Pau.*

LESCUN *64490 Pyr.-Atl.* ⅢⅣⅡ *I7* G. Aquitaine *– 203 h alt. 900.*
Voir ⅌★★ *30 mn.*
Paris 846 – Pau 70 – Lourdes 89 – Oloron-Sainte-Marie 37.

🏠 **Pic d'Anie** ⅌, 🖉 05 59 34 71 54, Fax 05 59 34 53 22, ⤐, 🍴 – ⅅ㏇. ⅌ ch
15 juin-15 sept. – **Repas** (dîner seul.) 15/30, enf. 10 ⅀ – ☂ 5 – **10 ch** 33,50/43 – ½ P 40/43.
♦ Le pic d'Anie domine ce bourg béarnais enchâssé dans un cirque de montagnes. Pension familiale centenaire aux chambres peu spacieuses, mais bien tenues. Épicerie, bar et salle à manger rustique à l'étage : atmosphère villageoise garantie !

LÉSIGNY *77 S.-et-M.* ⅢⅠⅡ *E3* ⅢⅩⅢ ㉙ *– voir à Paris, Environs.*

LESPARRE-MÉDOC ⅏ *33340 Gironde* ⅢⅢⅤ *F3 – 4 855 h alt. 12.*
🅱 *Office de tourisme, place du Docteur Lapeyrade* 🖉 05 56 41 21 96, Fax 05 56 41 21 96.
Paris 541 – Bordeaux 68 – Soulac-sur-Mer 31.

à Gaillan-en-Médoc *Nord-Ouest : 2 km par N 215 – 1 915 h. alt. 9 –* ✉ *33340 :*

XXX **Château Layauga** *avec ch,* rte Verdon : 3 km 🖉 05 56 41 26 83, Fax 05 56 41 19 52, 🍴, 🍴 – 🍴 rest, 📺 ⇦ 🖪 🖭 ⅅㄐㄣ
fermé fév. – **Repas** 30/70 et carte 60 à 90 – ☂ 12 – **7 ch** 100 – ½ P 100.
♦ Au coeur du vignoble du Médoc, élégante propriété du 19ᵉ s. avec jardin de verdure agrémenté d'une pièce d'eau. Salle à manger bourgeoise et chambres confortables.

XX **Table d'Olivier,** La Mare aux Grenouilles, 53 rte Lesparre 🖉 05 56 41 13 32, Fax 05 56 41 69 82, 🍴 – 🖪. ⅅ㏇
fermé janv., sam. midi, dim. soir et lundi – **Repas** 23/60 ⅀.
♦ Une adresse sympathique bordant une mare aux grenouilles. Intérieur contemporain sobre et plaisant (tables en bois, chaises en fer forgé, tableaux) et cuisine au goût du jour.

LESPIGNAN *34710 Hérault* ⅢⅢⅨ *E9 – 2 568 h alt. 61.*
Paris 769 – Montpellier 78 – Béziers 11 – Capestang 20 – Narbonne 20.

X **Hostellerie du Château,** 4 r. Figuiers 🖉 04 67 37 67 71, Fax 04 67 37 67 71, 🍴 – 🍴.
🖭 ⅅ㏇
fermé 6 au 25 janv., dim. soir, mardi soir et merc. – **Repas** 19/55.
♦ Cet ancien château juché au sommet du village héberge une fraîche salle à manger au mobilier campagnard. De la petite terrasse, on ne se lasse pas de contempler la région.

LESTELLE-BÉTHARRAM *64800 Pyr.-Atl.* 342 K6 *G. Aquitaine – 786 h alt. 299.*

Voir *Grottes★ de Bétharram S : 5 km.*

Office de tourisme, mairie ✆ 05 59 61 93 59, Fax 05 59 61 99 19, comlestelle@cdg64.fr.

Paris 801 – Pau 28 – Laruns 35 – Lourdes 17 – Nay 8 – Oloron-Ste-Marie 42.

Vieux Logis, rte des Grottes de Bétharram : 2 km ✆ 05 59 71 94 87, *hotel.levieuxlogis@wanadoo.fr, Fax 05 59 71 96 75,* ← – 15 à 25. AE GB

fermé 25 oct. au 8 nov., 25 janv. au 4 mars, dim. soir et lundi hors saison – **Repas** *(fermé lundi midi et dim. soir)* 24/44, enf. 11 – 9,50 – **35 ch** 42/60 – ½ P 54/61.

◆ L'ancienne ferme (restaurant) jouxte l'aile récente (chambres fonctionnelles) dans un vaste parc (cinq amusants chalets) proche des grottes de Bétharram. Chaleureuses salles à manger rustiques, cuisine traditionnelle et accueil aux petits soins.

LEUCATE *11370 Aude* 344 J5 *G. Languedoc Roussillon – 2 732 h alt. 21.*

Voir ←★ *du sémaphore du Cap E : 2 km.*

Office de tourisme, Espace Culturel ✆ 04 68 40 91 31, Fax 04 68 40 24 76, info@leucate.net.

Paris 821 – Perpignan 35 – Carcassonne 88 – Narbonne 38 – Port-la-Nouvelle 18.

Jardin des Filoche, au village, 64 av. J. Jaurès ✆ 04 68 40 01 12, *Fax 04 68 40 01 12,* – GB

4 avril-1er nov. et fermé le midi sauf sam., dim., fériés et lundi – **Repas** 24/28.

◆ Bâtisse rose ceinte d'un jardin clos l'isolant de l'agitation urbaine. À la belle saison, séduisante terrasse ombragée de multiples essences. Cuisine à l'accent méridional.

Jouve avec ch, sur la plage ✆ 04 68 40 02 77, *jouveleucate@ifrance.com, Fax 04 68 40 03 60,* ←, – . AE GB. ch

1er avril-30 sept. – **Repas** *(fermé dim. soir sauf juil-août et lundi)* 20/40, enf. 9 – 8 – **7 ch** 66/77 – ½ P 65/70,50.

◆ Sur la plage, établissement centenaire reconstruit après-guerre. Salle à manger récente et agréable terrasse-jardin. Chambres sobres tournées vers la Méditerranée.

Village, au village, 129 av. J. Jaurès ✆ 04 68 40 06 91, *andrieu.eric@free.fr, Fax 04 68 40 06 91* – . GB

fermé mardi soir et merc. – **Repas** 16,50/25.

◆ Coloris bleu et blanc, murs égayés de tableaux d'artistes régionaux et cuisine faisant la part belle au poisson : l'ancienne bergerie est devenue petit restaurant marin.

à Port-Leucate *Sud : 7 km par D 627 – ✉ 11370 :*

Deux Golfs sans rest, sur le port ✆ 04 68 40 99 42, *Fax 04 68 40 79 79* – . AE GB

1er mars-31 oct. – 6 – **30 ch** 46/62.

◆ Dans la marina bâtie entre l'étang et la mer, immeuble récent aux chambres fonctionnelles dotées de loggias privatives majoritairement tournées vers le port de plaisance.

LEUTENHEIM *67480 B.-Rhin* 315 M3 – *788 h alt. 119.*

Paris 501 – Strasbourg 45 – Haguenau 22 – Karlsruhe 46.

Auberge Au Vieux Couvent, à Koenigsbruck, Nord-Ouest : 2 km par D 163 ✆ 03 88 86 39 86, *Fax 03 88 05 28 58,* – . GB

fermé 1er au 10 mars, 25 août au 9 sept., 27 déc. au 4 janv., lundi et mardi – **Repas** *(7,70)* - 26/35.

◆ Pimpante demeure alsacienne à colombages de la fin du 17e s. Des maximes écrites en lettres gothiques ornent les murs de la salle à manger rustique (boiseries, poutres).

LEVALLOIS-PERRET *92 Hauts-de-Seine* 311 J2 101 ⑮ – *voir à Paris, Environs.*

LEVENS *06670 Alpes-Mar.* 341 E4 *G. Côte d'Azur – 3 700 h alt. 600.*

Voir ←★ – *Saut des Français★★ N : 8 km.*

Office de tourisme, place de la République ✆ 04 93 79 71 00, Fax 04 93 79 75 64, ot.levens@free.fr.

Paris 946 – Antibes 43 – Cannes 53 – Nice 25 – Puget-Théniers 50 – St-Martin-Vésubie 39.

Vigneraie, rte St-Blaise 1,5 km ✆ 04 93 79 77 60, *Fax 04 93 79 82 35,* – . GB

8 fév.-10 oct. – **Repas** (résidents seul.) 16,50/23,50 – 6 – **18 ch** 32/40 – ½ P 44.

◆ Ambiance familiale et table généreuse caractérisent cette maison aux abords verdoyants. Chambres campagnardes ; certaines ont un balcon. Larges baies dans la salle à manger.

LEVERNOIS *21 Côte-d'Or* 320 J8 – *rattaché à Beaune.*

LEVIE *2A Corse-du-Sud* **345** *D9 – voir à Corse.*

LEVROUX *36110 Indre* **323** *F5 G. Berry Limousin – 2 914 h alt. 142.*

Voir *Collégiale St-Sylvain*★.

Env. *Château de Bouges*★★, *parc*★ *NE : 9,5 km.*

🚗 *Office de tourisme, place Ernest Nivet ℰ 02 54 35 63 39, Fax 02 54 35 63 39, ot-levroux@wanadoo.fr.*

Paris 261 – Blois 81 – Châteauroux 20 – Châtellerault 96 – Loches 56 – Vierzon 55.

XX **Relais St-Jean,** 34 r. Nationale ℰ 02 54 35 81 56, *relais.saint.jean@free.fr,* Fax 02 54 35 36 09, 🍽 – 🖭 GB
fermé 23 août au 12 sept., 7 au 11 fév., mardi soir d'oct. à mai, dim. soir et merc. – **Repas** *(15)* - 22/38, enf. 11 ♀.
♦ Un joli porche du 19ᵉ s. mène à la cour intérieure où est installée la terrasse. Plaisante salle à manger aux tons pastel jaune et vert. Cuisine au goût du jour.

LEYNES *71570 S.-et-L.* **320** *I12 – 503 h alt. 340.*

Paris 402 – Mâcon 15 – Bourg-en-Bresse 51 – Charolles 58 – Villefranche-sur-Saône 36.

X **Fin Bec,** pl. de la mairie ℰ 03 85 35 11 77, Fax 03 85 35 13 71 – GB
fermé 25 juil. au 4 août, 15 au 24 nov., 1ᵉʳ au 11 janv., jeudi soir sauf juil.-août, dim. soir et lundi – **Repas** 15/40 ♀.
♦ La façade un rien décrépie de cette maison de village dissimule une chaleureuse salle à manger rustique où vous attend un excellent accueil et une solide cuisine régionale.

LÉZIGNAN-CORBIÈRES *11200 Aude* **344** *H3 – 8 266 h alt. 51.*

🚗 *Office de tourisme, 9 cours de la République ℰ 04 68 27 05 42, Fax 04 68 27 05 42, tourisme-lezignan@wanadoo.fr.*

Paris 804 – Perpignan 85 – Carcassonne 39 – Narbonne 22 – Prades 129.

X **Rest. Tournedos et H. Tassigny** avec ch, Rd-Pt de Lattre-de-Tassigny ℰ 04 68 27 11 51, Fax 04 68 27 67 31 – 🗏 🖭 GB
fermé au 12 oct., 24 janv. au 7 fév., lundi (sauf hôtel) et dim. soir – **Repas** 12 bc (déj.), 14 bc/26 bc, enf. 6,50 – ☑ 6,50 – **19 ch** 32/45 – ½ P 40.
♦ Grillades et tournedos - spécialités du chef - sont servis dans une lumineuse salle à manger aux couleurs du Midi. Ambiance sympathique. Réservez une chambre sur l'arrière.

LEZOUX *63190 P.-de-D.* **326** *H8 G. Auvergne – 4 957 h alt. 340.*

🚗 *Syndicat d'initiative ℰ 04 73 73 01 00, lezoux@cyber63.com.*

Paris 434 – Clermont-Ferrand 33 – Issoire 43 – Riom 38 – Thiers 16 – Vichy 43.

XX **Les Voyageurs** avec ch, pl. de la Mairie ℰ 04 73 73 10 49, Fax 04 73 73 92 60 – 🖭 ☎ GB
fermé 30 août au 20 sept., 5 au 16 janv., dim. soir et lundi – **Repas** *(11)* - 14/32, enf. 9 ♀ – ☑ 6 – **9 ch** 34/45 – ½ P 40/45.
♦ Dans une bâtisse des années 1960 située face à la mairie, cuisine traditionnelle proposée dans une spacieuse salle éclairée par de larges fenêtres. Chambres bien tenues.

à Bort-l'Étang *Sud-Est : 8 km par D 223 et D 309 – 445 h. alt. 420 – ⊠ 63190.*

Voir ❋★ *de la terrasse du château*★ à Ravel O : 5 km.

🏰 **Château de Codignat** 🐾, Ouest : 1 km ℰ 04 73 68 43 03, *codignat@relaischateaux.com,* Fax 04 73 68 93 54, ≤, 🍽, ☒, 🎾, 🐾-🖭 ☎ 🅿 – 🛎 40. 🖭 ⓪ GB
20 mars-2 nov. – **Repas** *(fermé le midi du lundi au vend. sauf fériés)* (nombre de couverts limité, prévenir) 50/90 et carte 85 à 100 – ☑ 16 – **19 ch** 200/340 – ½ P 180/260.
♦ Joli château du 15ᵉ s. et son superbe parc. Les chambres, raffinées, évoquent pour la plupart un personnage historique : Louis XI, Jacques Cœur, Barbe-Bleue... Repas servis dans le donjon, auprès d'une imposante cheminée médiévale diffusant sa douce chaleur.
Spéc. Tronçon épais de sole rôti, écumé de crevettes grises. Ris de veau au sautoir, radis glacés au banyuls et dés de foie gras. Les différentes textures du chocolat. **Vins** Château-gay, Madargues.

Si vous cherchez un hôtel tranquille,
consultez d'abord les cartes de l'introduction
ou repérez dans le texte les établissements indiqués avec le signe 🐾

🚉 *de Teynac à Beychac-et-Caillau* ℰ 05 56 72 85 62, *par* ④ *et N 89 : 15 km*; 🚉 *de Bordeaux Cameyrac à St-Sulpice-et-Cameyrac* ℰ 05 56 72 96 79, *par*; ④ *et N 89 : 16 km.*

🅱 *Office de tourisme, 45 allée Robert Boulin* ℰ 05 57 51 15 04, Fax 05 57 25 00 58, *officedetourismelibourne@wanadoo.fr.*

Paris 576 ⑤ – *Bordeaux 30* ④ – *Agen 129* ③ – *Bergerac 64* ③ – *Périgueux 100* ②.

LIBOURNE

Amade (Q. du Gén. d')	**AZ** 4	Gambetta (R.)	**ABY**	Prés.-Doumer (R. du)	**ABY** 28
Clemenceau (Av. G.)	**BY** 5	Jaurès (R. J.)	**ABZ**	Prés.-Wilson (R. du)	**BY** 29
Decazes (Pl.)	**BY** 6	J.-J.-Rousseau (R.)	**ABZ** 10	Princeteau (Pl.)	**ABY** 30
Ferry (R. J.)	**AZ** 7	Lattre-de-Tassigny		Salinières	
Foch (Av. du Mar.)	**BY** 8	(Pl. du Mar.-de)	**AZ** 14	(Quai des)	**AY** 35
		Montaigne (R. M.)	**BZ** 21	Surchamp (Pl. A.)	**AZ**
		Montesquieu (R.)	**BY** 23	Thiers (R.)	**AZ**
		Prés.-Carnot (R. du)	**ABY**	Waldeck-Rousseau (R.)	**AY** 45

✕✕ **Chez Servais**, 14 pl. Decazes ℰ 05 57 51 83 97, Fax 05 57 51 83 97 – GB   BY **n**
☺ *fermé 12 au 25 août, dim. soir et lundi* – **Repas** 15,50 (déj.)/23 ♀.
♦ Accueil charmant, ambiance décontractée, attrayante cuisine au goût du jour et décor aux tons lumineux : pas mal d'atouts pour ce restaurant situé au coeur de la bastide.

✕✕ **Bord d'Eau**, *par* ⑤ : *1,5 km* ⊠ 33126 Fronsac ℰ 05 57 51 99 91, Fax 05 57 25 11 56, ← –
🅿 GB
fermé en sept., en nov., vacances de fév., merc. soir, dim. soir et lundi – **Repas** 19/46 ♀.
♦ Construction sur pilotis au bord de la Dordogne. Les tables proches des baies profitent de la vue sur la rivière et sur Libourne. Expositions de tableaux ou de photographies.

LIÈPVRE 68660 H.-Rhin **315** H7 – 1 632 h alt. 272.

Paris 428 – Colmar 35 – Ribeauvillé 27 – St-Dié 31 – Sélestat 15.

XX **Auberge Frankenbourg** ⌖ avec ch, à La Vancelle Nord-Est : 2,5 km par rte secondaire ✉ 67730 ℘ 03 88 57 93 90, hr.frankenbourg@wanadoo.fr, Fax 03 88 57 91 31, ☆, ⇜, ⌂ – TV ☏ ♿ ☒

fermé 1ᵉʳ au 12 mars, 28 juin au 9 juil. et 15 au 29 fév. – **Repas** (fermé mardi soir et merc.) 28/50, enf. 13 ♀ – ☐ 8 – **11 ch** 42/50 – ½ P 50.

♦ Dans un hameau entouré de forêts, adresse familiale comprenant un restaurant à l'esprit campagnard et de petites chambres fonctionnelles bien tenues. Cuisine au goût du jour.

LIESSIES 59740 Nord **302** M7 G. Picardie Flandres Artois – 501 h alt. 165.

Voir Parc départemental du Val Joly★ E : 5 km.

🛈 Syndicat d'initiative, 20 rue Maréchal Foch ℘ 03 27 57 91 11, Fax 03 27 57 91 11, syndicat-liessies@wanadoo.fr.

Paris 223 – St-Quentin 74 – Avesnes-sur-Helpe 14 – Charleroi 48 – Hirson 24 – Maubeuge 23.

🏠 **Château de la Motte** ⌖, Sud : 1 km par rte secondaire ℘ 03 27 61 81 94, contact@chateaudelamotte.fr, Fax 03 27 61 83 57, ☆, ⇜, ♨ – TV P – ☒ 50. ☒

fermé 20 déc. au 10 fév., lundi midi hors saison et dim. soir – **Repas** 19/68 ♀ – ☐ 7,50 – **9 ch** 52/83 – ½ P 60.

♦ Jadis maison de retraite pour les moines de l'abbaye voisine, cette construction de briques entourée d'un parc a gardé son âme hospitalière. Au restaurant, cadre de caractère, carte traditionnelle et plats régionaux (flamiche au maroilles, poulet en Waterzoï).

X **Carillon,** Face à l'église ℘ 03 27 61 80 21, contact@le-carillon.com, Fax 03 27 61 82 34 – ☒

fermé 16 nov. au 1ᵉʳ déc., 2 fév. au 23 fév., le soir de dim. à jeudi – **Repas** (nombre de couverts limité, prévenir) 16 bc/36 ♀.

♦ Bâtisse ancienne en pierre face à l'église du 16ᵉ s. Cuisine concoctée selon le marché et servie dans une salle égayée de poutres et de briques. Boutique gourmande.

Nos guides hôteliers, nos guides touristiques et nos cartes routières sont complémentaires. Utilisez-les ensemble.

LIEUSAINT 77 S.-et-M. **312** E4 **101** ㉘ – voir à Paris, Environs.

LIGNAN-SUR-ORB 34 Hérault **339** D8 – rattaché à Béziers.

LIGNY-EN-CAMBRÉSIS 59191 Nord **302** I7 – 1 658 h alt. 127.

Paris 193 – St-Quentin 35 – Arras 51 – Cambrai 17 – Valenciennes 42.

🏠 **Château de Ligny** ⌖, ℘ 03 27 85 25 84, contact@chateau-de-ligny.fr, Fax 03 27 85 79 79, ♨ – ◻ ⌦ TV ☏ ♿ ⇜ P – ☒ 150. ☒ ☒ ☒

fermé 1ᵉʳ fév. au 1ᵉʳ mars et lundi sauf fériés – **Repas** 48/82 et carte 64 à 95 – ☐ 20 – **23 ch** 120/200, 3 suites – ½ P 123/317.

♦ Ce beau manoir bâti du 12ᵉ au 15ᵉ s. et niché dans un parc abrite des chambres personnalisées ; elles sont plus spacieuses et soignées dans la nouvelle résidence. L'ancienne salle d'armes et le salon-bibliothèque font le charme du restaurant.

Spéc. Tarte de rouget barbet au romarin. Tourte de volaille de Licques au foie gras. Soufflé chaud à la chicorée.

LIGNY-LE-CHÂTEL 89144 Yonne **319** F4 G. Bourgogne – 1 289 h alt. 130.

Env. Abbaye de Pontigny★ 4 km au NE.

🛈 Office de tourisme, 22 rue Paul Desjardins ℘ 03 86 47 47 03, Fax 03 86 47 58 38, pontigny@wanadoo.fr.

Paris 178 – Auxerre 22 – Sens 60 – Tonnerre 28 – Troyes 64.

🏠 **Relais St-Vincent** ⌖, 14 Grande Rue ℘ 03 86 47 53 38, relais.saint.vincent@libertysurf.fr, Fax 03 86 47 54 16, ☆ – TV ♿ P – ☒ 50. ☒ ☒ ☒

fermé 20 déc. au 2 janv. – **Repas** 13/26 ♀ – ☐ 7,40 – **15 ch** 41,50/67,50 – ½ P 40,50/53.

♦ Le bailli de Ligny logeait dans cette demeure du 17ᵉ s. aujourd'hui convertie en hostellerie. Le charme d'antan, préservé, continue d'opérer dans les chambres. Poutres apparentes et cheminée séculaire dans la salle à manger où l'on sert des menus régionaux.

LIGSDORF 68 H.-Rhin **315** H12 – rattaché à Ferrette.

LILLE

Ⓟ *59000 Nord* ➌⓪➋ *G4 G. Picardie Flandres Artois*
184 657 h. - Agglo. 1 000 900 h - alt. 10.
223 ⑩ – Bruxelles 114 ⑧ – Gent 75 ② – Luxembourg 310 ⑧ – Strasbourg 530 ⑧

LILLE 2004 : capitale européenne de la culture
Renseignements/réservations : ☏ 08 90 39 20 24 (0,112 €/mn).

Carte de voisinage	p. 2
Nomenclature des hôtels et des restaurants	p. 3, 9 à 12
Plans de Lille	
Agglomération	p. 4 et 5
Lille Centre	p. 6 et 7
Agrandissement partie centrale	p. 8

OFFICE DE TOURISME

Palais Rihour ☏ 03 20 21 94 21, Fax 03 20 21 94 20, info@lilletourisme.com

RENSEIGNEMENTS PRATIQUES

TRANSPORTS
Auto-train ☏ 08 36 35 35 35.

AÉROPORTS
Lille-Lesquin ☏ 03 20 49 68 68 par A1 : 8 km HT

QUELQUES GOLFS
🕱 *Lille Métropole à Ronchin ☏ 03 20 47 42 42 HT*
🕱 *de Sart ☏ 03 20 72 02 51 par N356 : 7 km HS*
🕱 *des Flandres ☏ 03 20 72 20 74 par N350 : 4,5 km HS*
🕱 *de Brigode à Villeneuve d'Ascq ☏ 03 20 91 17 86 par D146 : 9 km JS*
🕱 *de Bondues ☏ 03 20 23 20 62 par N17 : 9,5 km HR*

DÉCOUVRIR

AUTOUR DU BEFFROI DE L'HÔTEL DE VILLE
Quartier St-Sauveur FZ : porte de Paris★, ≤★ du beffroi - Palais des Beaux-Arts★★★ EZ

AUTOUR DU BEFFROI DE LA CHAMBRE DE COMMERCE
Le Vieux-Lille★★ EY : Vieille Bourse★★, Demeure de Gilles de la Boé★ (29 place Louise-de-Bettignies) - rue de la Monnaie★ - Hospice Comtesse★ - Maison natale du Général de Gaulle EY - Église St-Maurice★ EFY, La Citadelle★ BV

LES QUARTIERS QUI BOUGENT
Place du Général-de-Gaulle (Grand'Place)★ EY - Place Rihour EY - Rue de Béthune (cinémas) EYZ - Euralille (tour du Crédit Lyonnais★).
Et autour de la gare Lille-Flandres FY.

...ET AUX ENVIRONS
Villeneuve d'Ascq : musée d'Art moderne★★ HS M
Bondues : château du Vert-Bois★ HR
Bouvines : vitraux de l'église et évocation de la bataille JT

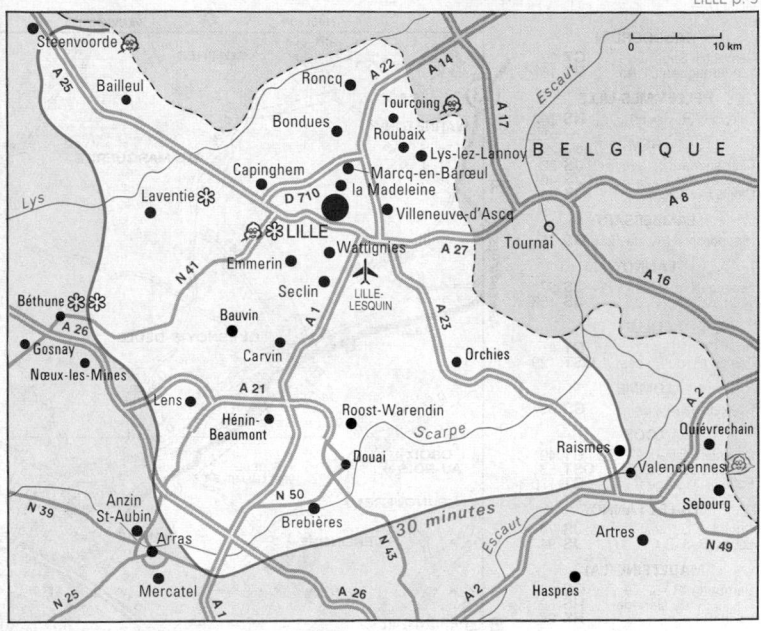

L'Hermitage Gantois, 224 r. Paris ℰ 03 20 85 30 30, contact@hotelhermitagegantois.com, Fax 03 20 42 31 31 – 🔟 📞 – 🈺 20 à 60. 🆎 ⓿ ⑱ 🄹🄲🄱 EZ b
Repas 34 - **L'Estaminet** Repas (15)-18, enf. 8 ♀ – ☲ 18 – **67 ch** 190/240.
◆ Cet hospice du 14ᵉ s., classé, abrite un hôtel de caractère. Décor d'origine préservé, rehaussé de notes contemporaines ; chambres donnant souvent sur de jolis patios. Carte traditionnelle et voûtes rouge et or au restaurant. Esprit brasserie à l'Estaminet.

Crowne Plaza, 335 bd Leeds ℰ 03 20 42 46 46, contact@lille-crowneplaza.com, Fax 03 20 40 13 14, ≼, 🇫🇸–⊟ ⅍ ≡ 🔟 📞 ఉ 🚗 – 🈺 10 à 100. 🆎 ⓿ ⑱ 🄹🄲🄱
Repas 23, enf. 10 ♀ – ☲ 17 – **121 ch** 190. p.8 FY n
◆ Face à la gare TGV, cette architecture cubique moderne abrite un hôtel flambant neuf. Grandes chambres contemporaines, "zen" et très bien équipées. Bel espace bibliothèque. Décor design (mobilier signé Starck), carte actuelle et formules buffets au restaurant.

Carlton sans rest, 3 r. Paris ✉ 59800 ℰ 03 20 13 33 13, carlton@carltonlille.com, Fax 03 20 51 48 17, 🇫🇸–⊟ ⅍ ≡ 🔟 📞 ఉ 🚗 – 🈺 15 à 170. 🆎 ⓿ ⑱ 🄹🄲🄱 p. 8 EY u
☲ – **60 ch** 165/260.
◆ Petit palace du début du 20ᵉ s. situé face à la vieille Bourse. Suites luxueuses et chambres de style Louis XV et Louis XVI à la décoration soignée. Bar anglais.

Alliance 🏡, 17 quai du Wault ✉ 59800 ℰ 03 20 30 62 62, alliancelille@alliance-hospitality.com, Fax 03 20 42 94 25 – ⊟ ⅍, ≡ ch, 🔟 📞 ఉ 🄿 – 🈺 35 à 100. 🆎 ⓿ ⑱ 🄹🄲🄱
Repas (fermé lundi du 15 juil. au 31 août) (15) - 27/33 bc, enf. 7 ♀ – ☲ 17 – **75 ch** 210, 8 suites. p. 6 BV d
◆ Couvent du 17ᵉ s. en briques rouges posté entre le vieux Lille et la Citadelle. Décor contemporain dans les chambres, disposées autour d'un jardin intérieur. Une vaste verrière pyramidale coiffe le cloître où est aménagée la salle de restaurant. Piano-bar.

Grand Hôtel Bellevue sans rest, 5 r. J. Roisin ℰ 03 20 57 45 64, grand.hotel.bellevue@wanadoo.fr, Fax 03 20 40 07 93 – ⊟ ⅍ ≡ 🔟 📞 – 🈺 50 à 100. 🆎 ⓿ ⑱ 🄹🄲🄱
☲ 11 – **57 ch** 135. p. 8 EY a
◆ Bel immeuble en pierres de taille au cœur de la capitale des Flandres. Chambres de caractère, joliment rénovées et meublées ; certaines s'ouvrent sur la Grand'Place.

HAUBOURDIN
Carnot (R. Sadi) .... **GT** 22
Vanderhaghen (R. A.) .... **GT** 157

HELLEMMES-LILLE
Salengro (R. Roger) ..... **HS** 142

HEM
Clemenceau .... **JS** 28
Croix (R. de) .... **JS** 40
Gaulle (Av. Ch. de) ...... **JS** 64

LAMBERSART
Hippodrome (Av. de l') ... **GS** 76

LANNOY
Leclerc (R. du Gén.) ..... **JS** 97
Tournai (R. de) .... **JS** 153

LILLE
Arras (R. du Fg-d') ...... **GT** 4
Postes (R. du Fg-des) .. **GST** 129

LOMME
Dunkerque (Av. de) ..... **GS** 52

LOOS
Doumer (R. Paul) .... **GT** 49
Foch (R. du Mar.) ...... **GST** 58
Potié (R. Georges) ...... **GT** 130

LYS-LEZ-LANNOY
Guesde (R. Jules) .... **JS** 75
Lebas (R. J.-B.) .... **JS** 94

MADELEINE (LA)
Gambetta (R.) .... **GS** 63
Gaulle (R. du Gén.-de) ... **HS** 69
Lalau (R.) .... **HS** 87

MARCQ-EN-BARŒUL
Clemenceau .... **HS** 30
Couture (R. de la) ...... **HS** 39
Foch (Av. Mar.) .... **HS** 57
Nationale (Rue) .... **HS** 122

MARQUETTE-LEZ-LILLE
Lille (R. de) .... **GS** 103
Menin (R. de) .... **HS** 117

MONS-EN-BARŒUL
Gaulle (R. du Gén.-de) ... **HS** 70

MOUVAUX
Carnot (Bd) .... **HR** 21

ST-ANDRE
Lattre-de-Tassigny
(Av. du Mar. de) ..... **GS** 91
Leclerc (R. du Gén.) .... **GS** 99

TOUFFLERS
Déportés (R. des) ...... **JS** 48

TOURCOING
Yser (R. de l') .... **JR** 165
3 Pierres (R. des) ...... **JR** 166

VILLENEUVE-D'ASCQ
Ouest (Bd de l') .... **HS** 124
Ronsse (R. Ch.) .... **JT** 136
Tournai (Bd de) .... **JT** 151

WAMBRECHIES
Marquette (R. de) ...... **GS** 108

WATTIGNIES
Clemenceau (R.) .... **GT** 31
Gaulle
(R. du Gén.-de) ...... **GT** 72
Victor-Hugo (R.) .... **GT** 160

WATTRELOS
Carnot (R.) .... **JRS** 24
Jaurès (R. J.) .... **JR** 82
Lebas (R. J.-B.) .... **JR** 96
Mont-à-Leux (R. du) .... **JR** 121

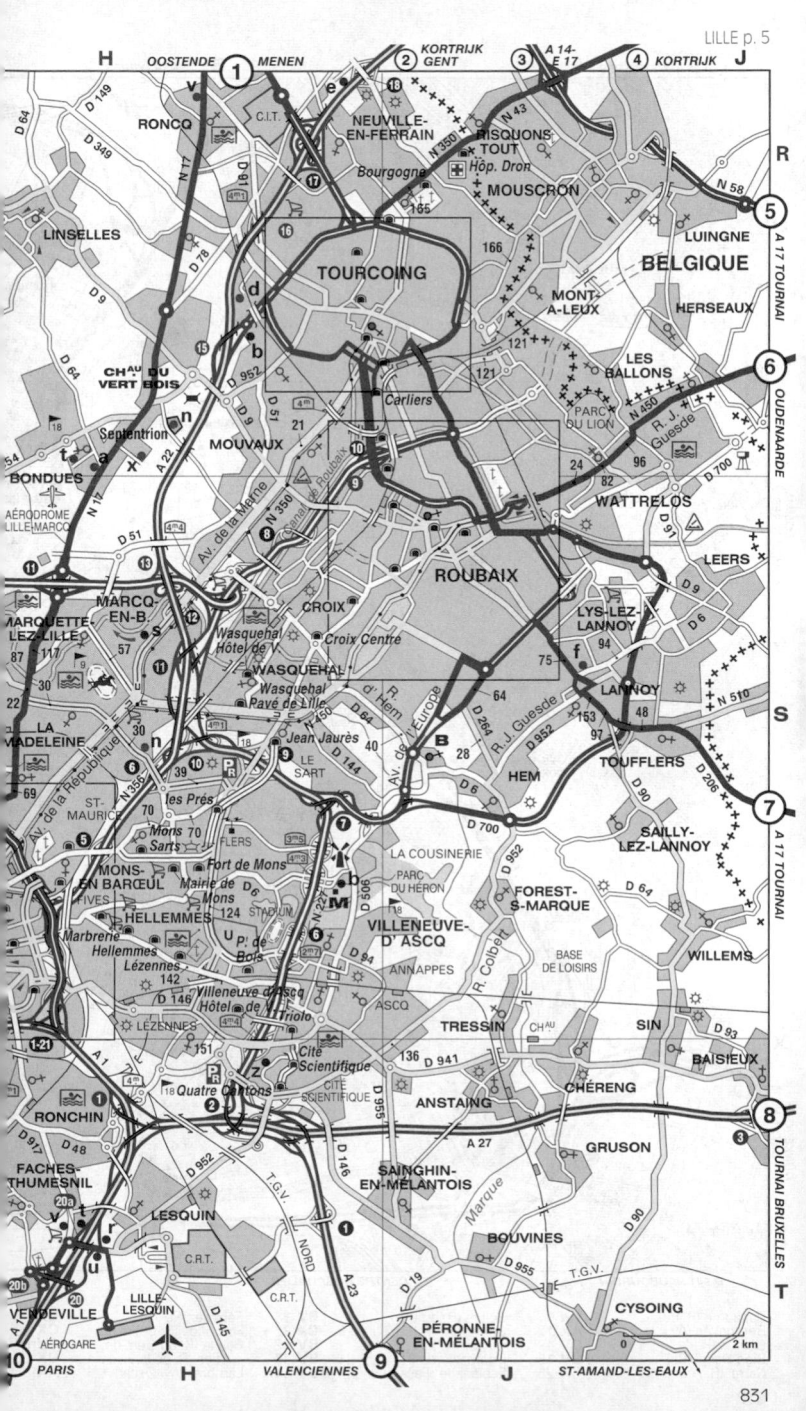

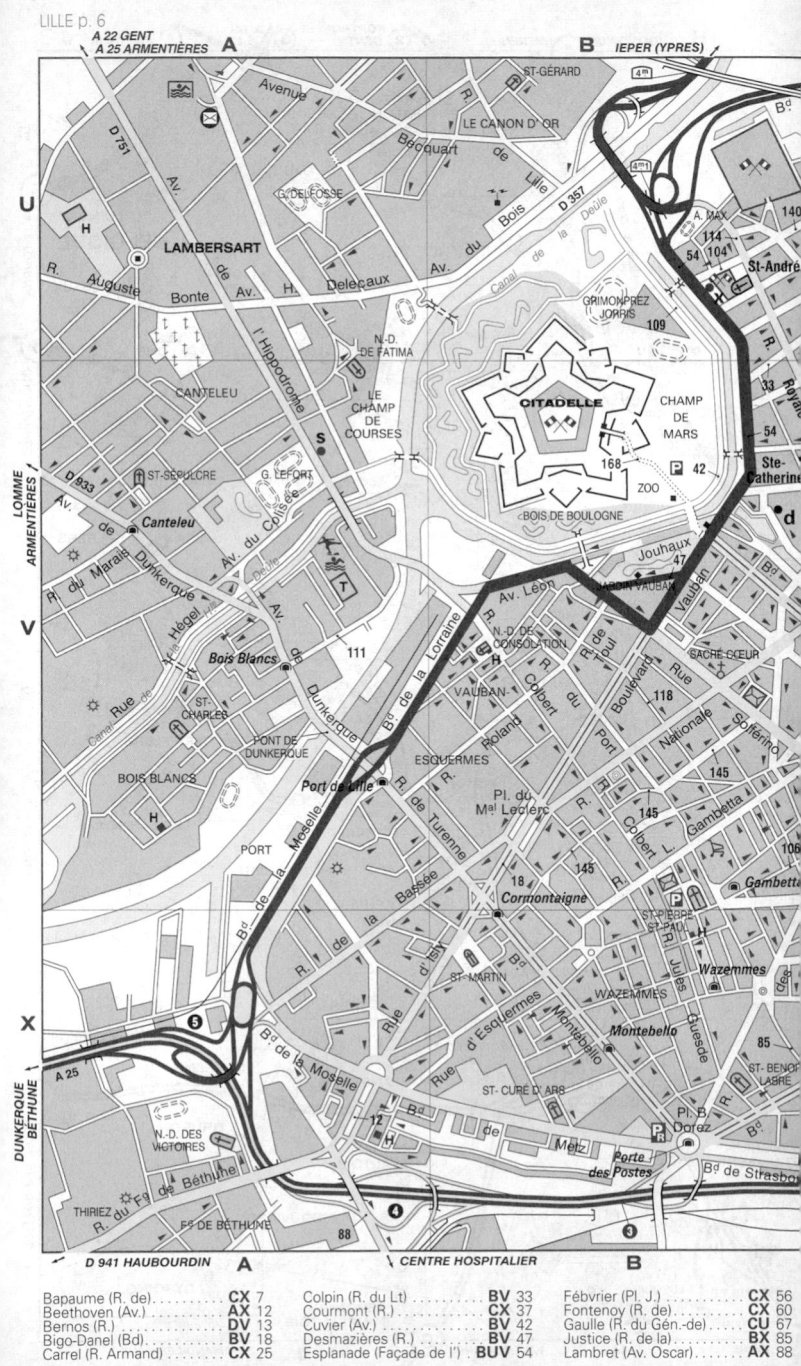

Bapaume (R. de)	**CX** 7	Colpin (R. du Lt)	**BV** 33	Février (Pl. J.)	**CX** 56
Beethoven (Av.)	**AX** 12	Courmont (R.)	**CX** 37	Fontenoy (R. de)	**CX** 60
Bernos (R.)	**DV** 13	Cuvier (Av.)	**BV** 42	Gaulle (R. du Gén.-de)	**CU** 67
Bigo-Danel (Bd)	**BV** 18	Desmazières (R.)	**BV** 47	Justice (R. de la)	**BX** 85
Carrel (R. Armand)	**CX** 25	Esplanade (Façade de l')	**BUV** 54	Lambret (Av. Oscar)	**AX** 88

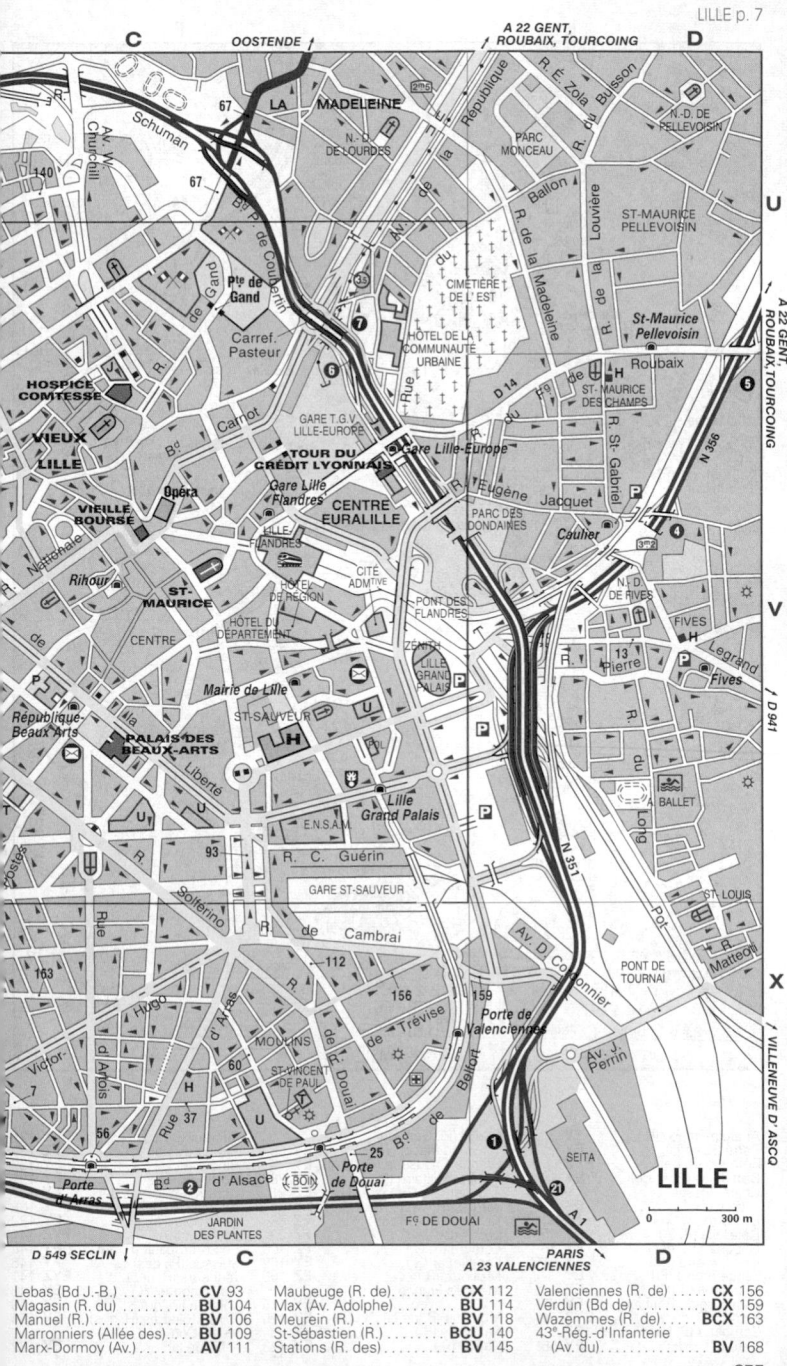

Lebas (Bd J.-B.) .... **CV** 93
Magasin (R. du) .... **BU** 104
Manuel (R.) .... **BV** 106
Marronniers (Allée des) .... **BU** 109
Marx-Dormoy (Av.) .... **AV** 111

Maubeuge (R. de) .... **CX** 112
Max (Av. Adolphe) .... **BU** 114
Meurein (R.) .... **BV** 118
St-Sébastien (R.) .... **BCU** 140
Stations (R. des) .... **BV** 145

Valenciennes (R. de) ..... **CX** 156
Verdun (Bd de) .... **DX** 159
Wazemmes (R. de) .... **BCX** 163
43e-Rég.-d'Infanterie
(Av. du) .... **BV** 168

Anatole-France (R.) . . . . **EY** 3
Barre (R. de la) . . . . **EY** 9
Béthune (R. de) . . . . **EYZ**
Bettignies (Pl. L. de) . . . . . **EY** 16
Chats-Bossus
(R. des) . . . . **EY** 27
Debierre (R. Ch.) . . . . **FZ** 43
Delesalle (R. E.) . . . . **EZ** 45
Déportés (R. des) . . . . **FY** 46
Dr.-Calmette (Bd) . . . . **FY** 51
Esquermoise (R.) . . . . **EY**
Faidherbe (R.) . . . . **EY**
Faubourg-de-Roubaix (R.) . . **FY** 55
Fosses (R. des) . . . . **EYZ** 61
Gambetta (R. Léon) . . . . . . **EZ**
Gare (Pl. de la) . . . . **FY** 65

Gaulle (Pl. Gén.-de)
(Grand Place) . . . . **EY** 66
Grande Chaussée (R. de la) . **EY** 73
Hôpital-Militaire (R.) . . . . . . **EY** 78
Jacquemars-Giélée (R.) . . . . **EZ** 81
Jardins (R. des) . . . . **EY** 83
Kennedy (Av. Prés.) . . . . . . **FZ** 86
Lebas (Bd J.-B.) . . . . **FZ** 93
Lefèvre (R. G.) . . . . **FZ** 100
Lepelletier (R.) . . . . **EY** 102
Maillotte (R.) . . . . **EZ** 104
Mendès-France
(Pl.) . . . . **EY** 115
Monnaie (R. de la) . . . . **EY** 120
Nationale (R.) . . . . **EYZ**
Neuve (R.) . . . . **EY** 123

Pasteur (Bd L.) . . . . **FY** 125
Réduit (R. du) . . . . **FZ** 132
Rihour (Pl.) . . . . **EY**
Roisin (R. Jean) . . . . **EY** 135
Rotterdam (Parvis de) . . . . . **FY** 137
Roubaix (R. de) . . . . **EFY** 138
St-Génois (R.) . . . . **EY** 139
St-Venant (Av. Ch.) . . . . . . **FYZ** 141
Sec-Arembault (R. du) . . . . . **EY** 144
Suisses (Pl. des) . . . . **FY** 146
Tanneurs (R. des) . . . . . . **EYZ** 147
Tenremonde (R.) . . . . **EY** 148
Théâtre (Pl. du) . . . . **EY** 150
Trois-Mollettes (R. des) . . . . **EY** 154
Vieille-Comédie
(R. de la) . . . . **EY** 162

🏨 **Novotel Flandres**, 49 r. Tournai ✉ 59800 ℰ 03 28 38 67 00, *H3165@accor-hotels.com*, *Fax 03 28 38 67 10*, ㈜ – 📶 🔆 🗐 📺 🕻 🕭 – 🔬 80. 🖭 ◑ ☎ 🗚   p. 8 **FZ u**
Repas carte 25 à 35, enf. 8 �‍ – ☞ 11 – **93 ch** 129/179, 5 suites.
♦ L'hôtel, voisin de la gare Lille-Flandres, ne déroge pas aux nouvelles normes de la chaîne : vaste hall-salon, chambres modernes et bien équipées. Couleurs lumineuses, meubles en rotin et fer forgé dans une salle à manger éclairée par de larges baies vitrées.

🏨 **Mercure Le Royal** sans rest, 2 bd Carnot ✉ 59800 ℰ 03 20 14 71 47, *h0802@accor-hot els.com, Fax 03 20 14 71 48* – 📶 🔆 🗐 📺 🕻 – 🔬 25. 🖭 ◑ ☎ 🗚   p. 8 **EY h**
☞ 11 – **99 ch** 136/190.
♦ Poutres et briques, tant à la réception que dans les salons, révèlent tout le charme de cet immeuble centenaire en pierres de taille. Chambres actuelles, rénovées avec soin.

🏨 **Paix** sans rest, 46 bis r. Paris ✉ 59000 ℰ 03 20 54 63 93, *hotelpaixlille@aol.com, Fax 03 20 63 98 97* – 📶 📺 🕻. 🖭 ◑ ☎ 🗚   p. 8 **EY r**
☞ 8,50 – **35 ch** 67/93.
♦ Hôtel bâti en 1782. Passionnée de peinture, la propriétaire des lieux expose des reproductions de tableaux et a réalisé la fresque qui égaie la salle des petits-déjeuners.

🏨 **Express by Holiday Inn** sans rest, 75bis r. Gambetta ℰ 03 20 42 90 90, *expresslille@alli ance-hospitality.com, Fax 03 20 57 14 24* – 📶 🔆 📺 🕻 🕭 ☞ – 🔬 15 à 160. 🖭 ◑ ☎ 🗚   p. 8 **EZ e**
99 ch ☞ 95.
♦ Les atouts de cet hôtel ? Des chambres situées côté cour, garantie d'une certaine quiétude, des aménagements récents et chaleureux, et un garage bien commode.

🏨 **des Tours** sans rest, 27 r.des Tours ℰ 03 59 57 47 00, *contact@hotel-des-tours.com, Fax 03 59 57 47 99* – 📶 📺 🕻 ☞ – 🔬 25 à 260. 🖭 ☎   p. 8 **EY s**
☞ 11 – **51 ch** 104/120, 13 duplex.
♦ Cet hôtel a de quoi vous séduire : emplacement au centre du Vieux Lille, garage surveillé, hall et salon égayés de tableaux contemporains, chambres modernes et pratiques.

🏨 **Ibis Gare**, 29 av. Ch. St-Venant ✉ 59800 ℰ 03 28 36 30 40, *h0901@accor-hotels.com, Fax 03 28 36 30 99*, ㈜ – 📶 📺 🕻 🕭 – 🔬 20 à 60. 🖭 ◑ ☎   p. 8 **FYZ a**
Repas *(12)* - 20 et carte 16 à 30, enf. 6 ♨ – ☞ 6 – **151 ch** 80.
♦ Complexe hôtelier occupant une construction récente proche de la gare Lille-Flandres. Chambres fonctionnelles bien rénovées. Quelques plats de bistrot et des clins d'oeil à la cuisine du Nord complètent la carte traditionnelle de ce restaurant Ibis.

🏨 **Brueghel** sans rest, parvis St-Maurice ℰ 03 20 06 06 69, *hotel.brueghel@wanadoo.fr, Fax 03 20 63 25 27* – 📶 📺 🕻. 🖭 ◑ ☎   p. 8 **EY x**
☞ 7,50 – **60 ch** 64/88.
♦ Façade typiquement flamande, charme "rétro" du hall et de l'ascenseur, petites chambres fraîches aux tons pastel et situation centrale font de cet hôtel une adresse prisée.

🏨 **Lille Europe** sans rest, av. Le Corbusier ℰ 03 28 36 76 76, *lilleeurope@citadines.com, Fax 03 28 36 77 77* – 📶 📺 🕻 🕭 ☞. 🖭 ◑ ☎ 🗚   p. 8 **FY m**
☞ 8 – **97 ch** 77.
♦ Entre les deux gares, immeuble moderne intégré au centre Euralille (commerces et restaurants). Chambres pratiques et bien insonorisées. Salle des petits-déjeuners panoramique.

𝕏𝕏𝕏𝕏 **A L'Huîtrière**, 3 r. Chats Bossus ✉ 59800 ℰ 03 20 55 43 41, *contact@huitriere.fr,*
❀ *Fax 03 20 55 23 10* – 🗐. 🖭 ◑ ☎ 🗚   p. 8 **EY g**
fermé 22 juil. au 24 août, dim. soir et soirs fériés – **Repas** 43 (déj.)/110 et carte 75 à 110 �‍ ☞.
♦ Le décor de céramique de la poissonnerie vaut le coup d'oeil et met en appétit. Suivent trois luxueuses salle à manger bourgeoises. Un haut lieu de la gastronomie lilloise.
Spéc. Huîtres. Saint-Jacques au chou vert et à la truffe (oct. à mai). Poêlée de homard aux pommes de terre et à l'estragon.

𝕏𝕏𝕏 **Sébastopol** (Germond), 1 pl. Sébastopol ℰ 03 20 57 05 05, *n.germond@restaurant-seba*
❀ *stopol.fr, Fax 03 20 40 11 31* – 🗐. 🖭 ☎ 🗚   p. 8 **EZ a**
fermé 8 au 30 août, dim. soir, sam. midi et lundi midi – **Repas** 28 (déj.)/44 et carte 60 à 75, enf. 14 �‍ ☞.
♦ Un rideau de verdure et une originale petite marquise habillent cette gracieuse façade. Intérieur rénové, actuel et chaleureux. Cuisine classique et belle carte des vins.
Spéc. Crépinette de pieds de porc et foie gras aux cèpes (automne). Filet de boeuf aux jets de houblon, jus à la bière (printemps). Vapoureux glacé à la chicorée.

𝕏𝕏𝕏 **L'Esplanade** (Scherpereel), 84 façade Esplanade ✉ 59800 ℰ 03 20 06 58 58,
❀ *Fax 03 28 52 47 43* – 🗐. 🖭 ◑ ☎   p. 6 **BU x**
fermé sam. midi et fériés – **Repas** 30 (déj.), 45/65 et carte 60 à 75 �‍ ☞.
♦ Maison de briques voisine de la "reine des citadelles". À l'étage, salle à manger contemporaine et cossue. Cuisine au goût du jour escortée par une très belle carte des vins.
Spéc. Langoustines rôties, chutney de pomme verte et raisin. Turbot sauvage meunière, panais, jus de volaille. Parfait glacé aux épices, spéculoos, sabayon vanille.

XXX **Laiterie,** 138 r. Hippodrome à Lambersart ⊠ 59130 Lambersart 🕿 03 20 92 79 73, Fax 03 20 22 16 19, 🛱 – 🖭 GB   p.6 **AV s**
fermé 9 au 15 août, dim. soir et lundi – **Repas** 28/38 et carte 39 à 70 ♀.
♦ Restaurant aménagé dans un pavillon de la périphérie lilloise. Intérieur actuel (mobilier moderne, camaïeu de gris, éclairage soigné) et cuisine au goût du jour.

XX **Baan Thaï,** 22 bd J.-B. Lebas 🕿 03 20 86 06 01, Fax 03 20 86 03 23 – ▤. 🖭 GB
fermé dim. sauf le midi d'oct. à mars et sam. midi – **Repas** 39/45 ♀.   p. 8 **EZ s**
♦ Ce restaurant installé à l'étage d'une maison bourgeoise est une véritable invite à un voyage au royaume de Siam : élégant décor exotique et carte thaïlandaise traditionnelle.

XX **Clément Marot,** 16 r. Pas ⊠ 59800 🕿 03 20 57 01 10, *marot.clement4@wanadoo.fr,* Fax 03 20 57 39 69 – 🖭 🛈 GB JCB   p. 8 **EY n**
fermé dim. sauf le midi hors saison – **Repas** (15) - 22 (déj.), 31/45.
♦ Petite maison de briques tenue par les descendants du poète cadurcien Clément Marot. Cadre contemporain, murs ornés de tableaux et atmosphère conviviale.

XX **Varbet,** 2 r. Pas ⊠ 59800 🕿 03 20 54 81 40, *levarbet@aol.com,* Fax 03 20 57 55 18 – 🖭 GB   p. 8 **EY t**
fermé mi-juil. à mi-août, 24 déc. au 3 janv., dim., lundi et fériés – **Repas** 29/75.
♦ Décoration de bon goût pour ce restaurant feutré et habillé de boiseries où l'on sert une cuisine traditionnelle. Une petite adresse fréquentée par une clientèle d'habitués.

XX **Champlain,** 13 r. N. Leblanc 🕿 03 20 54 01 38, *le.champlain@wanadoo.fr,* Fax 03 20 40 07 28, 🛱 – 🖭 GB, ⅍   p. 8 **EZ u**
fermé 1ᵉʳ au 27 août, sam. midi et dim. soir – **Repas** 25 bc (déj.), 28/40 ♀.
♦ Maison bourgeoise de la seconde moitié du 19ᵉ s. Salle à manger cossue - haut plafond mouluré, cheminées - et terrasse d'été dressée dans la cour intérieure, au calme.

XX **Lanathaï,** 189 r. Solférino 🕿 03 20 57 20 20, 🛱 – 🖭 GB, ⅍   p. 8 **EZ s**
fermé dim. – **Repas** 23/36.
♦ Côté décor : cadre élégant avec parquet, meubles en rotin, nappes en lin et plaisante terrasse en teck. Côté assiette, cuisine thaïlandaise goûteuse et soignée.

XX **L'Écume des Mers,** 10 r. Pas ⊠ 59800 🕿 03 20 54 95 40, *aproye@nordnet.com,* Fax 03 20 54 96 66 – ▤. 🖭 🛈 GB JCB   p. 8 **EY n**
fermé dim. soir – **Repas** (15) - 20 et carte 28 à 45 ♀.
♦ Ambiance animée, carte journalière de poissons, joli banc d'écailler et quelques viandes pour les "accros" : cette vaste brasserie a le vent en poupe.

XX **L'Assiette du Marché,** 61 r. Monnaie 🕿 03 20 06 83 61, *assiettedumarche@free.fr,* Fax 03 20 14 03 75 – GB   **EY v**
fermé dim. – **Repas** (15) - 20 ♀.
♦ Le nouveau décor contemporain et une verrière coiffant la cour intérieure mettent en valeur l'ancien hôtel des Monnaies (18ᵉ s.). L'assiette se garnit en fonction du marché.

XX **Brasserie de la Paix,** 25 pl. Rihour 🕿 03 20 54 70 41, *contact@brasserielapaix.com,* Fax 03 20 40 15 52 – ▤. 🖭 GB   p. 8 **EY z**
Repas 16 (déj.)/24 ♀.
♦ Céramiques, boiseries, banquettes et tables serrées composent le décor de cette sympathique brasserie située à deux pas du palais Rihour (Office de tourisme).

XX **Bistrot Tourangeau,** 61 bd Louis XIV ⊠ 59800 🕿 03 20 52 74 64, *hehochart@nordnet.*
🏵 *fr, Fax 03 20 85 06 39* – ▤. 🖭 GB   p. 8 **FZ t**
fermé sam. midi et dim. – **Repas** (20) - 25/32 ♀ 🕏.
♦ Mignonne façade de bois peinte en rouge, dont l'originale enseigne est faite d'ustensiles de cuisine. Recettes traditionnelles, quelques plats tourangeaux et vins de Loire.

X **Coquille,** 60 r. St-Étienne ⊠ 59800 🕿 03 20 54 29 82, *dadeleval@nordet.fr,* Fax 03 20 54 29 82 – GB   p. 8 **EY e**
fermé 1 au 15 août, sam. midi et dim. – **Repas** (prévenir) (15,50) - 29 ♀.
♦ La façade en briques de cette maison du 18ᵉ s. attire le regard. L'intérieur associe harmonieusement vieilles poutres et vénérables murs à un aménagement moderne.

X **Alcide,** 5 r. Débris St-Étienne ⊠ 59800 🕿 03 20 12 06 95, *bigarade@easynet.fr,* Fax 03 20 55 93 83 – ▤. 🖭 🛈 GB   p. 8 **EY f**
Repas 20/38.
♦ Bien que rénovée, cette brasserie fondée en 1830 dans une ruelle proche de la Grand Place a préservé son cachet : banquettes, tables serrées, boiseries et cuisine ad hoc.

X **Bistrot de Pierrot,** 6 pl. Béthune 🕿 03 20 57 14 09, *pierrot@bistrot-de-pierrot.com,* Fax 03 20 30 93 13, ▤. 🖭 GB   p. 8 **EZ t**
fermé dim., lundi et fériés – **Repas** carte 26 à 35.
♦ Pierrot, jovial et médiatique patron du lieu, propose un bon choix de plats "canailles" à apprécier dans un cadre bistrot où règne une atmosphère conviviale et sans chichi.

à Bondues – *10 680 h. alt. 37* – ⊠ *59910* :

🛈 *Syndicat d'initiative, 266 Domaine de la vigne 🕿 03 20 25 94 94, mbondues@nordnet.fr.*

XXX **Auberge de l'Harmonie,** pl. Église 🕿 03 20 23 17 02, *contact@aubergeharmonie.fr,*
Fax 03 20 23 05 99, 🍽 – ⬛. 🅰🅴 **GB**   p. 5 **HR** t
fermé 9 juil. au 1er août, dim. soir, mardi soir, jeudi soir et lundi – **Repas** 25 bc (déj.), 48
bc/80 bc et carte 49 à 68.
♦ Couleurs gaies et chaleureuses, mobilier rustique, poutres apparentes, terrasse verdoyante et cuisine au goût du jour : décor et mets vivent effectivement en harmonie.

XXX **Val d'Auge,** 805 av. Gén. de Gaulle 🕿 03 20 46 26 87, *valdauge@nornet.fr,*
Fax 03 20 37 43 78 – ⬛ 🅿. 🅰🅴 ⓘ **GB**   p. 5 **HR** a
fermé 1er au 15 janv., dim. soir, mardi et merc. – **Repas** 32/60 et carte 44 à 60 ♀.
♦ La maison borde la nationale. À l'intérieur, cadre sagement moderne : murs clairs et
collection de tableaux. Recettes au goût du jour ; beau choix de whiskies.

à Roncq – *12 705 h. alt. 37* – ⊠ *59223* :

X **L'Hexagone,** 463 r. Lille (N 17) 🕿 03 20 94 03 79, *lhexagone@nornet.fr,*
Fax 03 20 94 03 79 – **GB**   HR v
fermé 10 au 25 août, sam. midi, dim. soir et lundi – **Repas** (17,50) - 23/50 bc.
♦ La brique rouge domine le décor de cet ancien relais de poste converti en restaurant
familial où l'on s'applique à mijoter une cuisine traditionnelle.

à La Madeleine – *22 399 h. alt. 48* – ⊠ *59110* :

🛈 *Syndicat d'initiative, 177 rue du Général de Gaulle 🕿 03 20 74 32 35, Fax 03 20 06 04 39,*
silamadeleine@wanadoo.fr.

🏨 **Arts Déco Romarin** sans rest, 110 r. République 🕿 03 20 14 81 81, *hotel-art-decoroma*
rin@wanadoo.fr, Fax 03 20 14 81 80 – 🛗 ⁙⇄ ⬛ 📺 📞 🕭 🅿. 🅰🅴 **GB** **JCB**   FY t
⊡ 10 – **56 ch** 130/150.
♦ Cet hôtel récent borde une avenue passante, mais bénéficie d'une insonorisation efficace. Intérieur de style Art déco, chambres de bonne ampleur et salon-bar feutré.

à Marcq-en-Baroeul – *37 177 h. alt. 15* – ⊠ *59700* :

🛈 *Office de tourisme, 111 avenue Foch 🕿 03 20 72 60 87, Fax 03 20 72 56 65, Office.du.tou-*
risme.marcq@wanadoo.fr.

🏨 **Sofitel,** av. Marne, par N 350 : 5 km 🕿 03 28 33 12 12, *h1099@accor-hotels.com,*
Fax 03 28 33 12 24 – 🛗 ⁙⇄ ⬛ 📺 📞 ⌖🅿 – 🕭 15 à 150. 🅰🅴 ⓘ **GB**   p. 5 **HS** s
L'Europe 🕿 03 28 33 12 68 *(fermé 17 juil. au 22 août, sam. midi et dim. soir)* **Repas** (17)-22 ♀
– ⊡ 18 – **125 ch** 189/199.
♦ Construction des années 1970 entourée de verdure, à proximité d'un noeud autoroutier. Chambres toutes rénovées et coquettes. Salon cossu et plaisant piano-bar. À la
brasserie Europe, ardoise de suggestions du jour, carte traditionnelle et banc d'écailler.

XXX **Septentrion,** parc du château Vert-Bois, par N 17 : 9 km 🕿 03 20 46 26 98, *leseptentrion*
@nordnet.fr, Fax 03 20 46 38 33, 🍽, 🍃 – 🅿. 🅰🅴 **GB**   p. 5 **HR** n
fermé 19 juil. au 14 août, 17 au 24 fév., mardi soir, merc. soir, jeudi soir et lundi – **Repas** 23
bc (déj.), 30/60 et carte 48 à 64 ♀.
♦ Au sein de la fondation Prouvost-Septentrion, dépendance du château du Vert-Bois
aménagée en restaurant. La confortable salle à manger offre une vue bucolique sur le parc.

XX **Auberge de la Garenne,** 17 chemin de Ghesles 🕿 03 20 46 20 20, *contact@aubergega*
renne.fr, Fax 03 20 46 32 33, 🍽, 🍃 – 🅿. 🅰🅴 ⓘ **GB** **JCB**   p. 5 **HR** x
fermé 2 au 27 août, dim. soir, lundi et mardi d'oct. à avril – **Repas** (19) - 32 bc/75 bc,
enf. 11 ⊛.
♦ Restaurant campagnard simple, tourné vers une foisonnante garenne où s'aventurent
d'intrépides lapins... qui finiront peut-être dans votre assiette ! Belle carte des vins.

X **Salle à Manger,** 99 r. Delcenserie 🕿 03 20 65 21 19, *Fax 03 20 45 90 45*   p.5 **HS** n
fermé 15 août au 1er sept., sam., dim. et le soir sauf jeudi – **Repas** (nombre de couverts
limités, prévenir) 25.
♦ Restaurant de poche installé dans une ancienne maison ouvrière. Couleurs chaudes et
photographies en noir et blanc pour le décor ; recettes au goût du jour pour l'assiette.

à Villeneuve d'Ascq – *65 042 h. alt. 26* – ⊠ *59650* :

🛈 *Office de tourisme, chemin du Chat Botté 🕿 03 20 43 55 75, Fax 03 20 91 28 28,*
ot-vdascq@nordnet.fr.

🏨 **Campanile,** 48 av. Canteleu, La Cousinerie 🕿 03 20 91 83 10, *lillevilleneuvedascq@campa*
nile.fr, Fax 03 20 67 21 18, ⁙⇄ 📺 📞 🕭 🅿. 🅰🅴 ⓘ **GB**   p. 5 **HS** b
Repas (12,50) - 16,50/19,30, enf. 6 ♀ – ⊡ 6,50 – **46 ch** 60.
♦ Ce Campanile situé dans un parc d'activités tertiaires abrite de petites chambres toutes
relookées selon les dernières normes de la chaîne. Au restaurant, mobilier de style rustique,
cuisines visibles de tous et miniterrasse. Formules buffets et plats du jour.

🏠 **Ascotel**, av. P. Langevin-Cité Scientifique 𝄡 03 20 67 34 34, *ascotel@club-internet.fr*, Fax 03 20 91 39 28, 🌳 – 📶 📺 📞 ⚄ 🅿 – 🍽 25 à 400. 🜨 ⚅ HT z
Repas *(fermé sam. et dim.)* 15,30/25 ♀ – ⊑ 10,40 – **83 ch** 65/88 – ½ P 58,30/64,40.
◆ Au coeur de la cité scientifique, complexe hôtelier récent adapté pour les séjours d'affaires : vaste salle de congrès, grand amphithéâtre et chambres fonctionnelles. Salle de restaurant très spacieuse, sobre cadre actuel et tons pastel. Formules buffets.

à l'aéroport de Lille-Lesquin – ✉ *59810 Lesquin* :

🏘 **Mercure Aéroport**, 𝄡 03 20 87 46 46, *h1098@accor-hotels.com*, Fax 03 20 87 46 47, ✗ – 📶 ✗ 🔲 📺 📞 ⚄ 🅿 – 🍽 900. 🜨 ⚅ ⚅ JCB p. 5 **HT r**
La Flamme : Repas 23bc./36bc, enf. 7,70 ♀ – ⊑ 11 – **215 ch** 86/102.
◆ Architecture contemporaine face à l'aéroport. Chambres spacieuses et de bon confort, progressivement rajeunies ; évitez de réserver côté autoroute. Convivialité, cuisine traditionnelle et beau choix de viandes à la Flamme.

🏘 **Suitehotel** sans rest, impasse Jean Jaurès 𝄡 03 28 54 24 24, *h2855@accor-hotels.com*, Fax 03 28 54 24 99, 🗄 – 📶 cuisinette ✗ 🔲 📺 📞 ⚄ 🅿 🜨 ⚅ **HT u**
⊑ 12 – **73 ch** 77.
◆ Nouvelle génération d'hôtel privilégiant espace et autonomie : chambres modulables (30 m²) avec salon-bureau et cuisinette ; coin "business", distributeur de plats préparés.

🏘 **Novotel Aéroport**, 55 route de Douai 𝄡 03 20 62 53 53, *H0427@accor-hotels.com*, Fax 03 20 97 36 12, 🌳, 🌿 – ✗ 🔲 📺 📞 ⚄ 🅿 – 🍽 25 à 200. 🜨 ⚅ ⚅ JCB
Repas *(17)* - 24/29, enf. 8,50 ♀ – ⊑ 11 – **92 ch** 91/93. p. 5 **HT t**
◆ Cette construction basse est la plus ancienne unité de la chaîne (1967). Chambres fonctionnelles refaites dans le style des Novotels récents. Salle à manger moderne et sa terrasse d'été donnant sur la verdure. Traditionnelle carte de l'enseigne.

🏠 **Agena** sans rest, 451 av du Général Leclerc ✉ 59155 Faches-Thumesnil 𝄡 03 20 60 13 14, *hotelagena@nordnet.fr*, Fax 03 20 97 31 79 – 🔲 📞 ⚄ 🅿 🜨 ⚅ ⚅ JCB p. 5 **HT v**
⊑ 9 – **40 ch** 56,50/61,50.
◆ Les chambres de ce bâtiment en arc de cercle sont en rez-de-jardin ; préférez celles tournées vers le patio, plus calmes. Cadre sobre, murs crépis et mobilier simple.

à Wattignies – *14 440 h. alt. 39* – ✉ *59139* :

🍴 **Cheval Blanc**, 110 r. Général de Gaulle 𝄡 03 20 97 34 62 – 🔲. ⚅ p.4 **GT x**
fermé 9 août au 1ᵉʳ sept., 16 au 23 fév., sam. midi, dim. soir et merc. – **Repas** 23 (déj.), 30/40.
◆ Accueil sympathique, décor actuel rénové (tons clairs, tableaux modernes) et appétissante cuisine au goût du jour : une nouvelle vie pour cette maison de la banlieue lilloise.

à Emmerin – *3 029 h. alt. 24* – ✉ *59320* :

🏘 **Howarderie** 🌳 sans rest, 1 r. Fusillés 𝄡 03 20 10 31 00, *howarderie@nordnet.fr*, Fax 03 20 10 31 09 – 🔲 📞 ⚄. 🜨 ⚅ ⚅ JCB. ✗ p.4 **GT e**
fermé 20 déc. au 4 janv. – ⊑ 15 – **8 ch** 120/155.
◆ Une aile de cette vieille cense (ferme) en briques située face à l'église abrite des chambres personnalisées et élégantes, pourvues de beaux meubles de style ou anciens.

à Capinghem – *1 524 h. alt. 50* – ✉ *59160* :

🍴 **Marmite de Pierrot**, 93 r. Poincaré 𝄡 03 20 92 12 41, Fax 03 20 92 72 51 – 🅿. 🜨 ⚅. ✗ p.4 **GS v**
fermé dim. soir, mardi soir, merc. soir et lundi – **Repas** *(21)* - 29, enf. 10,50.
◆ Du grouin jusqu'à la queue, dans le cochon tout est bon : vérifiez-le dans cet ex-café de village proposant un intérieur rustique orné de licous et d'outils paysans.

LIMEUIL 24510 Dordogne 🔢 G6 *G. Périgord Quercy* – *315 h alt. 65.*
Voir *Site★*.
🅱 *Syndicat d'initiative, Le Bourg 𝄡 05 53 63 38 90, Fax 05 53 63 30 31, si.limeuil@perigord.tm.fr.*
Paris 528 – Sarlat-la-Canéda 38 – Bergerac 43 – Brive-la-Gaillarde 78 – Périgueux 48.

🏠 **Les Terrasses de Beauregard** 🌳, rte de Trémolat, 1 km 𝄡 05 53 63 30 85, *contact @terrasses-beauregard.com*, Fax 05 53 24 53 55, ≤, 🌳, 🏊, 🌿 – 🔲 ch, 🔲 📞 ⚄ 🜨 ⚅ ⚅
1ᵉʳ avril-30 oct. – **Repas** 13,80/42,70 ♀ – ⊑ 6,10 – **8 ch** 50,50 – ½ P 52,50.
◆ Sur les hauteurs du vieux bourg, imposante bâtisse dont la terrasse offre un "beau regard" sur le cingle de Limeuil. Petites chambres sagement rénovées. En été, les tables du restaurant sont dressées à l'ombre de grands arbres, face à la campagne.

Si le coût de la vie subit des variations importantes,
les prix que nous indiquons peuvent être majorés.
Lors de votre réservation à l'hôtel, faites-vous préciser le prix définitif.

LIMOGES 🅿 *87000 H.-Vienne* **325** *E6 G. Berry Limousin – 133 968 h Agglo. 173 299 h alt. 300.*

Voir *Cathédrale St-Etienne★ – Église St-Michel-des-Lions★ – Cour du temple★ CZ 115 – Jardins de l'évêché★ – Musée A. Dubouché★★ (porcelaines) BY – Rue de Boucherie★ – Musée de l'évêché* : les émaux★ – Chapelle St-Aurélien★ - Gare des Bénédictins★.*

🏌 *de la Porcelaine à Panazol* ℘ *05 55 31 10 69, par* ② *: 9 km ;* 🏌 *de Limoges* ℘ *05 55 30 21 02, par* ⑤ *: 3 km.*

✈ *Limoges :* ℘ *05 55 43 30 30, par* ⑦ *: 10 km.*

🛈 *Office de tourisme, 12 boulevard de Fleurus* ℘ *05 55 34 46 87, Fax 05 55 34 19 12, info@tourismelimoges.com.*

Paris 391 ① *– Angoulême 105* ⑦ *– Brive-la-Gaillarde 92* ④ *– Châteauroux 126* ①.

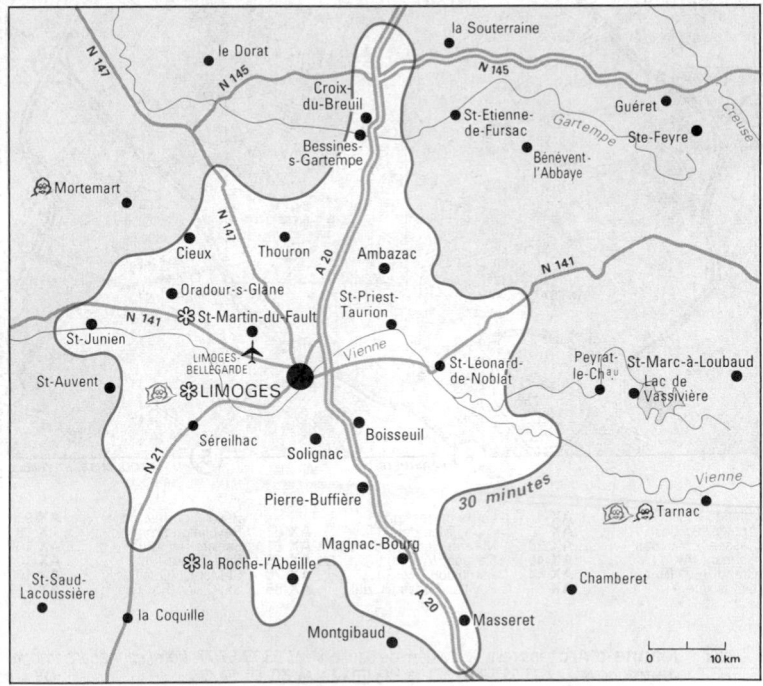

🏨 **Royal Limousin** *sans rest,* 1 pl. République ℘ 05 55 34 65 30, *contact@royal-limousin.c om, Fax 05 55 34 55 21 –* 📶 TV ℡ – ⛓ 150. AE ① GB   **CY u**
🍽 9,50 – **70 ch** 75/105, 5 suites.
♦ La modernité caractérise cet hôtel dont une partie des chambres, harmonie de bois clair et de tons pastel, donnent sur une vaste place piétonnière au coeur de la ville.

🏨 **Atrium** *sans rest,* Parc du Ciel ℘ 05 55 10 75 75, *ha8703@inter-hotel.com, Fax 05 55 10 75 76 –* 📶 ✸✖ ≣ TV ℡ & ⇔. AE GB   **DY a**
🍽 8 – **70 ch** 65/95.
♦ Ce bâtiment (1920) abritait jadis un entrepôt des douanes. Après quelques simples formalités, vous logerez dans des chambres contemporaines et fort bien équipées.

🏨 **Richelieu** *sans rest,* 40 av. Baudin ℘ 05 55 34 22 82, *info@hotel-richelieu.com, Fax 05 55 34 35 36 –* 📶 TV ℡ P – ⛓ 10. AE ① GB JCB   **CZ k**
🍽 8 – **32 ch** 55/95.
♦ Jeune façade d'esprit "post-moderne" bordant un axe fréquenté, tout près de la nouvelle Médiathèque. Chambres fraîches et insonorisées, privilégiant le côté pratique.

🏨 **Boni** *sans rest,* 48bis av. Garibaldi ℘ 05 55 77 39 82, *petit.paris@wanadoo.fr, Fax 05 55 77 23 99 –* 📶 TV ℡ ⇔. GB   **CY n**
fermé 17 déc. au 2 janv., vend., sam. et dim. hors saison – 🍽 6,80 – **35 ch** 45/56.
♦ À deux pas des boutiques du centre St-Martial, chambres de plusieurs types dont neuf "prestige" dans le nouveau bâtiment ; la plupart donnent sur des cours intérieures.

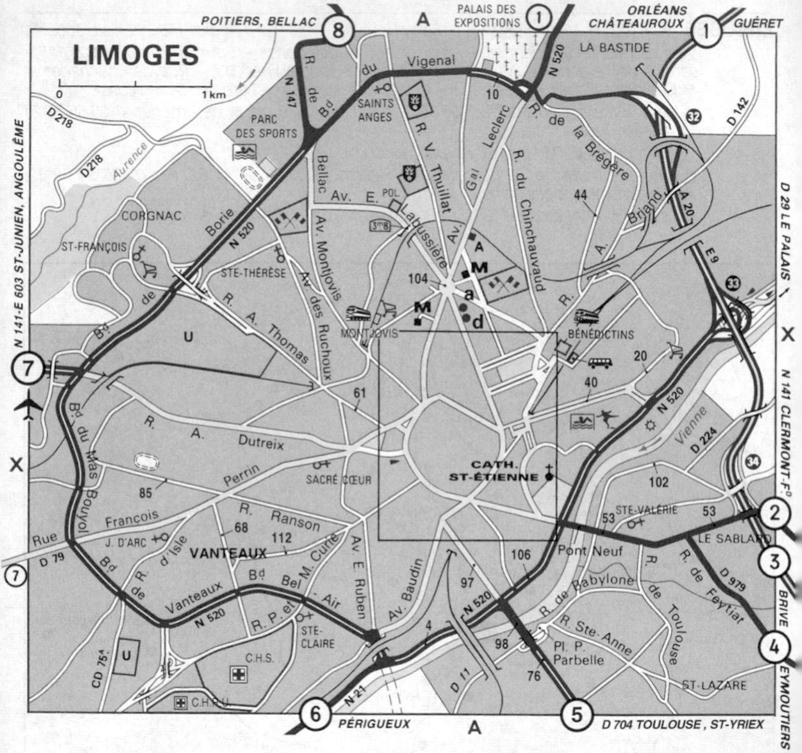

Allende (Quai Salvador) . . . AX 4
Arcade (Bd des) . . . . AX 10
Casseaux (Av. des) . . . . AX 20
Gagnant (Av. J.) . . . . AX 40
Grand-Treuil (R. du) . . . . . . AX 44
Labussière (Av. E.) . . . . AX 51
Lattre-de-Tassigny (Av. Mar. de) . . . . AX 53
Mauvendière (R. de la) . . . . AX 61
Naugeat (Av. de) . . . . AX 68
Pompidou (Av. G.) . . . . AX 76
Puy-Las-Rodas (R. du) . . . . AX 85
Révolution (Av. de la) . . . . . AX 97
Révolution (Pont de la) . . . AX 98
Sablard (Av. du) . . . . AX 102
Sadi-Carnot (Pl.) . . . . AX 104
St-Martial (Quai) . . . . AX 106
Ste-Claire (R.) . . . . AX 112

Jeanne-d'Arc sans rest, 17 av. Gén. de Gaulle ☎ 05 55 77 67 77, *hoteljeannedarc.limoges@wanadoo.fr, Fax 05 55 79 86 75* – 30. AE GB DY s
fermé 20 déc. au 7 janv. – 7,50 – **50 ch** 53/80.
◆ Cette bâtisse du 19e s. proche de la gare est un ancien relais de poste où règne une charmante atmosphère "vieille France". Plaisante salle des petits-déjeuners.

Paix sans rest, 25 pl. Jourdan ☎ 05 55 34 36 00, *Fax 05 55 32 37 06* – GB DY r
6 – **31 ch** 36/60.
◆ Face à un square, immeuble fin 19e s. aux salons agrémentés d'une impressionnante collection de phonographes. Chambres diverses en taille et en mobilier.

Philippe Redon, 3 r. d'Aguesseau ☎ 05 55 34 66 22, *Fax 05 55 34 18 05* – AE GB BZ t
fermé août, sam. midi, lundi midi et dim. – **Repas** 30 (déj.), 45/65 et carte 50 à 77.
◆ Pierres apparentes et décoration contemporaine président au cadre confortable et élégant de ce restaurant voisin des halles. Préparations culinaires inventives et soignées.
Spéc. "Club-sandwich" de pieds et oreilles de cochon, foie gras et cèpes. Tournedos de poulette aux sacs de légumes. Baba punché, crème fouettée vanille.

Amphitryon, 26 r. Boucherie ☎ 05 55 33 36 39, *amphitryon87@wanadoo.fr, Fax 05 55 32 98 50,* – AE GB. CZ u
fermé 16 août au 6 sept., sam. midi, lundi midi et dim. – **Repas** (18) - 22 (déj.), 26/55.
◆ Maison à pans de bois inscrite, avec son agréable terrasse, au coeur du pittoresque "village" des Bouchers. Intérieur chaleureux, belle mise en place et plats au goût du jour.

LIMOGES

Aine (Pl. d') . . . . **BZ** 2
Allois (R. des) . . . . **DZ** 6
Amphithéâtre (R. de l') . . . **BY** 8
Barreyrrette (Pl. de la) . . . **CZ** 12
Bénédictins (Av. des) . . . . **DY** 14
Betoulle (Pl. L.) . . . . **CZ** 16
Boucherie (R. de la) . . . . . **CZ** 18
Cathédrale (R. de la) . . . . **DZ** 23
Clocher (R. du) . . . . **CZ** 25
Collège (R. du) . . . . **CZ** 26
Consulat (R. du) . . . . **CZ**
Coopérateurs (R. des) . . . **BY** 27

Dupuytren (R.) . . . . **CZ** 30
Ferrerie (R.) . . . . **CZ** 33
Fonderie (R. de la) . . . . . **BY** 35
Fontaine-des-Barres (Pl.) . **CY** 37
Gambetta (Bd) . . . . **BCZ**
Giraudoux (Sq. J.) . . . . . . **CY** 42
Haute-Cité (R.) . . . . **DZ** 46
Jacobins (Pl. des) . . . . . . **CZ** 49
Jean-Jaurès (R.) . . . . . . **CYZ**
Louis-Blanc (Bd) . . . . **CZ**
Louvrier-de-Lajolais (R.) . . **BY** 55
Manigne (Pl.) . . . . **CZ** 57
Maupas (R. du) . . . . **DY** 59
Michels (R. Charles) . . . . . **CZ** 63
Motte (Pl. de la) . . . . **CZ** 66

Périn (Bd G.) . . . . **CY** 71
Préfecture (R. de la) . . . . **CY** 83
Raspail (R.) . . . . **DZ** 89
Réforme (R. de la) . . . . . . **CY** 91
République (Pl. de la) . . . . **CY** 95
St-Martial (R.) . . . . **CZ** 107
St-Maurice (Bd) . . . . **DZ** 109
St-Pierre (Pl.) . . . . **CZ** 110
Stalingrad (Pl.) . . . . **CY** 113
Temple (Cour du) . . . . . . **CZ** 115
Temple (R. du) . . . . **CZ** 116
Tourny (Carr.) . . . . **CY** 118
Victor-Hugo (Bd) . . . . . . **BY** 120
Vigne-de-Fer (R.) . . . . . . **CZ** 122
71e-Mobile (R. du) . . . . . . **DZ** 125

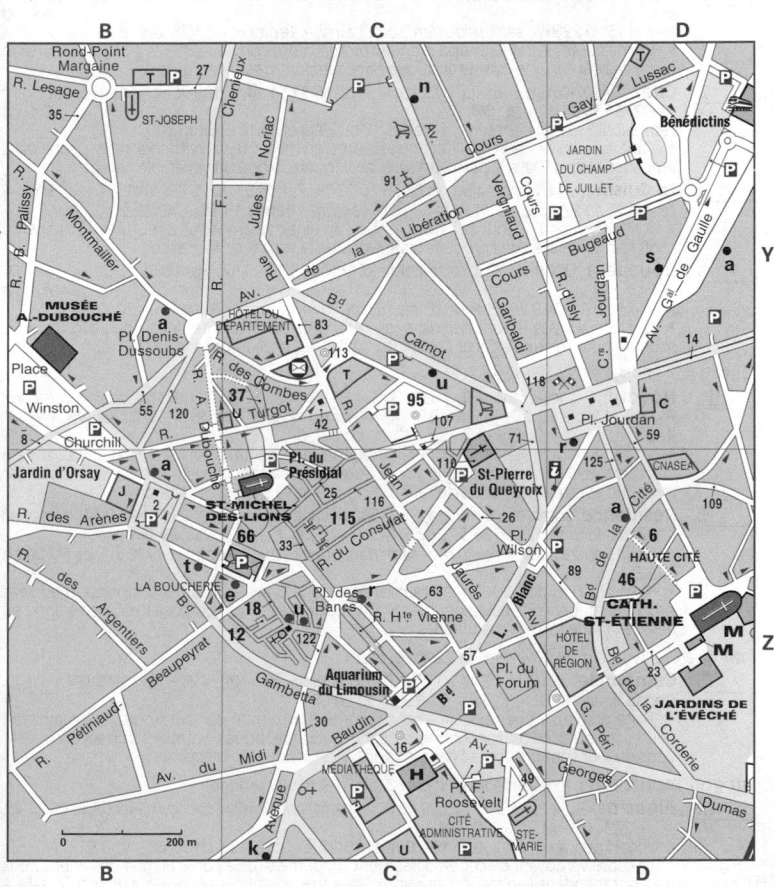

XX **L'Escapade du Gourmet**, 5 r. 71e Mobiles ℰ 05 55 32 40 26, Fax 05 55 32 11 95 – 🅿. GB   **DZ a**

fermé 10 au 26 août, sam. midi, dim. soir et lundi – **Repas** 17 (déj.), 22,80/37,50 ♀.
   ✦ Proche de la cathédrale et des jardins de l'évêché, restaurant dont le cadre Belle Époque (jolies fresques et verrières) a été préservé. Cuisine classique.

X **Versailles**, 20 pl. Aine ℰ 05 55 34 13 39, Fax 05 55 32 84 73 – ▣. GB   **BZ a**
GB **Repas** (11) - 13/22, enf. 5,50 ♀.
   ✦ Avec le palais de justice en toile de fond, salle à manger ornée de miroirs et de boiseries, agrandie d'une mezzanine circulaire sobrement agencée. Repas orienté brasserie.

✗ **Les Petits Ventres,** 20 r. Boucherie ✆ 05 55 34 22 90, *emavic-sarl@wanadoo.fr,* Fax 05 55 32 41 04, 🍴 – Ⓐ Ⓞ ⒼⒷ   **CZ u**
fermé 2 au 17 mai, 5 au 22 sept., 8 au 15 janv., dim. et lundi – **Repas** 17/30,50 ℤ.
 ♦ Les petits ventres (et autres) viennent dans ces maisons à colombages du 15ᵉ s. pour se rassasier de plats "canailles" (spécialité de tripes). Sympathique cadre rustique.

✗ **Pré St-Germain,** 26 r. Loi ✆ 05 55 32 71 84 – 🍴, Ⓐ Ⓞ ⒼⒷ   **CZ r**
fermé 3 au 24 août, dim. soir et lundi – **Repas** 18/31,50 ℥.
 ♦ Toutes les préparations (plats traditionnels) proposées ici sont maison. Le cadre, lui, est sobrement actuel : façade vitrée donnant sur la rue, tons pastel et bois laqué.

✗ **Maison des Saveurs,** 74 av. Garibaldi ✆ 05 55 79 30 74, Fax 05 55 79 30 74,
ⒼⒷ   **AX d**
fermé 15 au 29 juin, sam. midi, dim. soir et lundi – **Repas** (15) - 19/38, enf. 8.
 ♦ Ce restaurant installé sur une avenue commerçante convie ses hôtes à déguster dans un cadre chaleureux une cuisine classique effectivement très savoureuse.

✗ **Chez Alphonse,** 5 pl. Motte ✆ 05 55 34 34 10, *bistrot.alphonse@wanadoo.fr,*
🥤 Fax 05 55 34 34 14 – 🍴, Ⓐ Ⓞ ⒼⒷ   **CZ e**
fermé lundi soir, dim. et fériés – **Repas** 12 bc (déj.) et carte environ 30.
 ♦ Face aux halles, adresse décontractée et animée où se mitonnent de petits plats tendance bistrot. Dans la première salle, ancien café, trône un vénérable comptoir.

✗ **La Cuisine,** 21 r. Montmailler ✆ 05 55 10 28 29, Fax 05 55 10 28 29 – ⒼⒷ   **BY A**
fermé 1ᵉʳ au 27 août, 15 au 30 janv., dim. et lundi – **Repas** 15 (déj.), 40/50 ℤ.
 ♦ À midi, le menu du jour fait salle comble ; au dîner, ambiance plus feutrée. La Cuisine du chef, mitonnée avec des produits frais, explique le succès de la maison.

✗ **Bouche à Oreille,** 72 bis av. Garibaldi ✆ 05 55 10 09 57, Fax 05 55 10 09 57 – 🍴. Ⓐ
ⒼⒷ   **AX a**
fermé 3 au 9 mai, 8 au 23 août, 1ᵉʳ au 16 janv., dim. et lundi – **Repas** (14) - 20/39 ℤ.
 ♦ Discrète adresse à dénicher dans les faubourgs de la ville. Le décor joue la carte de la sobriété pour mieux s'effacer devant les goûteuses préparations "bistrotière".

par ① *et A 20* – ✉ *87280 Limoges :*

🏨 **Novotel,** sortie n° 30 : 5 km ✆ 05 44 20 20 00, *h0431@accor-hotels.com,*
 Fax 05 44 20 20 10, 🍴, Ⓙ, 🌳, ✗ – 🛏 ⚡ 🖻 📺 ☎ & 🅿 – 🔏 30 à 100. Ⓐ Ⓞ ⒼⒷ ⒿⒸⒷ
 Repas carte 23 à 32, enf. 8 ℤ – ⒓ 11 – **90 ch** 87/95.
 ♦ En zone industrielle, hôtel dont la silhouette "années 1970" se mire dans un lac, au sein d'un parc de 3 ha. Parcours de jogging, pour clients attentifs à leur forme. Salle à manger moderne et climatisée ; terrasse face à la piscine et au petit lac d'Uzurat.

🏨 **Résidence,** sortie n° 28 : 12 km ✉ 87280 Beaune-les-Mines ✆ 05 55 39 90 47, *la-residen*
 ce2@wanadoo.fr, Fax 05 55 39 28 85, 🍴, 🌿 – 📺 ☎ 🅿 – 🔏 50. Ⓐ Ⓞ ⒼⒷ ⒿⒸⒷ
 fermé 16 au 29 août, 7 au 20 fév., sam. midi et dim. soir – **Repas** 19,30/38 ℤ – ⒓ 6 – **20 ch**
 44/48 – ½ P 55.
 ♦ Situé à 500 m de l'A 20, hôtel familial commode pour l'étape. Les chambres, meublées simplement, bénéficient du double vitrage. Cuisine classique proposée sous la véranda ou dans la grande salle de restaurant.

par ③ *et A 20 sortie n° 36 : 6 km* – ✉ *87220 Feytiat :*

🏨 **Campanile,** ✆ 05 55 06 14 60, Fax 05 55 06 38 93, 🍴 – 📺 ☎ 🅿 – 🔏 25. Ⓐ ⒼⒷ
 Repas (12,50) - 16,50, enf. 6 ℤ – ⒓ 6,50 – **50 ch** 56.
 ♦ Halte pratique : une ressource sans surprise à proximité de l'autoroute. Les chambres, petites mais fraîches et fonctionnelles, sont toutes identiques. Formules buffets et suggestions du jour sont proposées dans le cadre néo-rustique du restaurant.

au golf municipal *par ⑤ et rte secondaire : 3 km* – ✉ *87000 Limoges :*

🏨 **Albatros** ⮞, av.Golf ✆ 05 55 06 00 00, *albatroshotelim@wanadoo.fr,* Fax 05 55 06 23 49,
🥤 🍴 – 📺 ☎ 🅿 – 🔏 30 à 100. ⒼⒷ – **Repas** 15/22 ℤ – ⒓ 8 – **33 ch** 56/68 – ½ P 57.
 fermé 24 déc. au 1ᵉʳ janv. et dim. soir – **Repas** 15/22 ℤ – ⒓ 8 – **33 ch** 56/68 – ½ P 57.
 ♦ Le cadre verdoyant de cet établissement moderne situé à l'orée du golf convient à ceux qui appréhendent l'animation citadine. Plaisantes chambres rénovées. Lumineuse salle à manger dont les baies ouvrent sur la terrasse d'été et sur les greens.

à St-Martin-du-Fault *par ⑦, N 141 et D 20 : 13 km* – ✉ *87510 Nieul :*

🏨 **Chapelle St-Martin** (Dudognon) ⮞, ✆ 05 55 75 80 17, *chapelle@relaischateaux.com,*
🌿 Fax 05 55 75 89 50, ≤, 🍴, Ⓙ, ✗, 🌿 – 📺 ⇔ 🅿 – 🔏 25. Ⓐ Ⓞ ⒼⒷ ⒿⒸⒷ, ✗ rest
 fermé janv. – **Repas** *(fermé dim. soir de nov. à mars, lundi sauf le soir en juil.-août, mardi midi et merc. midi)* (nombre de couverts limité, prévenir) 39/72 et carte 60 à 80 ℤ – ⒓ 13 –
 9 ch 120/200, 3 suites – ½ P 133/198.
 ♦ Gentilhommière dans un parc, en lisière d'un bois. Festival d'étoffes colorées dans les chambres, spacieuses et soignées. Salles à manger bourgeoises - élégant mobilier, nobles cheminées et tentures murales - où l'on présente une carte au goût du jour.
 Spéc. Déclinaison de foies gras. Thon cru émincé à la fine pâte de curry, marqué au grill (juin à oct.). Ris de veau farci de truffes.

LIMONEST 69 Rhône **327** H4 – rattaché à Lyon.

LIMOUX ◁S▷ 11300 Aude **344** E4 G. Languedoc Roussillon – 9 411 h alt. 172.

🛈 Syndicat d'initiative, Promenade du Tivoli ℰ 04 68 31 11 82, Fax 04 68 31 87 14, limoux@fnotsi.net.

Paris 769 – Carcassonne 25 – Foix 70 – Perpignan 104 – Toulouse 94.

🏠 **Grand Hôtel Moderne et Pigeon**, 1 pl. Gén. Leclerc (près Poste) ℰ 04 68 31 00 25, gr andhotelpigeon@wanadoo.fr, Fax 04 68 31 12 43, 🏤 – 📺 📞, 🟥 ⒼⒷ
fermé 15 au 20 janv. – **Repas** (fermé dim. soir sauf juil.-août, sam. midi et lundi) 30/45 ⵏ – 🖃 12 – **16 ch** 52/95 – ½ P 62/82.
◆ Cet ancien hôtel particulier a conservé son superbe escalier décoré de fresques (17ᵉ s) et de vitraux. Les chambres, plus grandes au 1ᵉʳ étage, sont parfois rénovées. Belles salles à manger 1900 et terrasse bordée de plantes vertes ; cuisine classique.

✕ **Maison de la Blanquette**, 46 bis promenade du Tivoli, ℰ 04 68 31 01 63,
⊜ Fax 04 68 31 20 59, 🏤 – ▤. ⒼⒷ
fermé en oct. et merc. – **Repas** 15 bc/31,50 bc, enf. 7,50.
◆ Ce restaurant propose des menus "boissons comprises" pour escorter comme il se doit la fameuse blanquette de Limoux ! Boutique de vins régionaux.

LINGOLSHEIM 67 B.-Rhin **315** K5 – rattaché à Strasbourg.

Le LIOUQUET 13 B.-du-R. **340** I6 – rattaché à La Ciotat.

LIPSHEIM 67 B.-Rhin **315** J6 – rattaché à Strasbourg.

LISIEUX ◁S▷ 14100 Calvados **303** N5 G. Normandie Vallée de la Seine – 23 166 h alt. 51 Pèlerinage (fin septembre).

Voir Cathédrale St-Pierre★ BY.

Env. Château★ de St-Germain-de-Livet 7 km par ④.

🛈 Office de tourisme, 11 rue d'Alençon ℰ 02 31 48 18 10, Fax 02 31 48 18 11, tou risme@ville-lisieux.fr.

Paris 179 ② – Caen 64 ⑥ – Alençon 94 ④ – Évreux 73 ② – Le Havre 60 ① – Rouen 93 ②.

Plan page suivante

🏨 **Mercure**, par ② : 2,5 km (rte de Paris) ℰ 02 31 61 17 17, h1725@accor-hotels.com, Fax 02 31 32 33 43, 🏤, 🟰, 📞 – 📲 📺 📶 🅿 – 🔬 80. 🟥 ⓞ ⒼⒷ
Repas (16,50) -19,50/22, enf. 9 ⵏ – 🖃 9,50 – **69 ch** 90/95.
◆ Périphérique, hôtel à l'architecture contemporaine. Chambres bien agencées et insonorisées ; celles du dernier étage sont mansardées. Restaurant au cadre moderne s'ouvrant côté piscine, auprès de laquelle on dresse la terrasse en été.

🏠 **Azur** sans rest, 15 r. au Char ℰ 02 31 62 09 14, resa@azur-hotel.com, Fax 02 31 62 16 06 –
📲 📺, 🟥 ⒼⒷ, ✂ BYZ b
🖃 8,40 – **15 ch** 65/85.
◆ Hôtel rénové occupant un immeuble d'une cinquantaine d'années. Chambres printanières et confortables. Petit-déjeuner soigné servi dans une salle façon jardin d'hiver.

🏠 **Place** sans rest, 67 r. H. Chéron ℰ 02 31 48 27 27, hoteldelaplacebw@wanadoo.fr, Fax 02 31 48 27 20 – 📲 ✂ 📺 📞, 🟥 ⓞ ⒼⒷ 🅹🅲🅱 ABY a
🖃 8 – **34 ch** 66/76.
◆ La taille des chambres est très variable, mais toutes ont bénéficié d'un programme de rénovation qui les a rendues gaies et actuelles. Copieux buffet de petits-déjeuners.

🏠 **St-Louis** sans rest, 4 r. St-Jacques ℰ 02 31 62 06 50 – 📺. ⒼⒷ BZ s
🖃 6 – **17 ch** 29/46.
◆ Papier peint plus gai, mobilier remplacé, sanitaire amélioré : les chambres de cet hôtel familial profitent peu à peu d'une bénéfique cure de jouvence. Jardinet.

🏠 **Terrasse Hôtel**, 25 av. Ste-Thérèse ℰ 02 31 62 17 65, Fax 02 31 62 20 25, 🏤 – 📺 📞 🅿.
🟥 ⓞ ⒼⒷ BZ r
fermé 3 janv. au 8 fév. – **Repas** (12,80) - 15,80/25, enf. 7,80 ⵏ – 🖃 6,10 – **17 ch** 32,80/48,80 – ½ P 38,30/46,30.
◆ Au cœur du "Lisieux de sainte Thérèse" - entre Carmel et basilique - l'hôtel propose de petites chambres sans ostentation, équipées d'un mobilier également simple. Le chef concocte une cuisine traditionnelle.

✕✕✕ **Parc**, 21 bd H. Fournet ℰ 02 31 62 08 11, sarl-leparc@wanadoo.fr, Fax 02 31 62 79 55 – 🅿.
🟥 ⒼⒷ BY t
fermé 1ᵉʳ au 15 août, sam. midi et dim soir – **Repas** 15,50/55 et carte 50 à 65 ⵏ.
◆ Naguère chapelle d'une maison bourgeoise, aujourd'hui insolite salle à manger néogothique meublée Louis XIII. Accès par une passerelle. Carte traditionnelle.

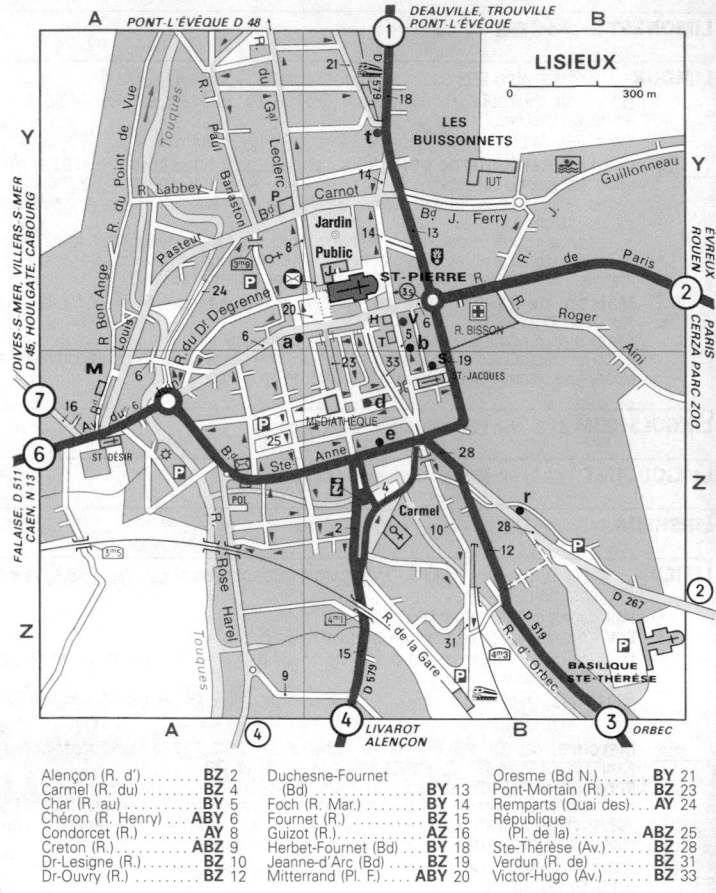

LISIEUX

Alençon (R. d')	**BZ** 2	Duchesne-Fournet		Oresme (Bd N.)	**BY** 21
Carmel (R. du)	**BZ** 4	(Bd)	**BY** 13	Pont-Mortain (R.)	**BZ** 23
Char (R. au)	**BY** 5	Foch (R. Mar.)	**BY** 14	Remparts (Quai des)	**AY** 24
Chéron (R. Henry)	**ABY** 6	Fournet (R.)	**BZ** 15	République	
Condorcet (R.)	**AY** 8	Guizot (R.)	**AZ** 16	(Pl. de la)	**ABZ** 25
Creton (R.)	**ABZ** 9	Herbet-Fournet (Bd)	**BY** 18	Ste-Thérèse (Av.)	**BZ** 28
Dr-Lesigne (R.)	**BZ** 10	Jeanne-d'Arc (Bd)	**BZ** 19	Verdun (R. de)	**BZ** 31
Dr-Ouvry (R.)	**BZ** 12	Mitterrand (Pl. F.)	**ABY** 20	Victor-Hugo (Av.)	**BZ** 33

XX   **Aux Acacias**, 13 r. Résistance ℰ 02 31 62 10 95, Fax 02 31 32 59 06 – ⊖B   **BZ** d
⊕   *fermé jeudi soir de nov. à mars, dim. soir et lundi sauf fériés* – **Repas** 15/45, enf. 8,50 ⬥.
     ♦ Nappes et tentures pastel, mobilier en bois peint : un cadre au goût du jour et une cuisine traditionnelle - aux accents du terroir - bénéficiant de la même attention.

XX   **France**, 5 r. au Char ℰ 02 31 62 03 37, Fax 02 31 62 03 37 – ⬛ ⊖B   **BY** v
⊕   *fermé 4 au 26 janv., dim. soir de sept. à juin et lundi* – **Repas** 15/26,50, enf. 9,50 ⬥.
     ♦ Vieux pressoir, cuivres rutilants et phonographes : une atmosphère insolite qui donne un charme indéniable à ce restaurant proche de la cathédrale. Vins de propriétaires.

À Ouilly-du-Houley *par* ②, *D 510 et D 262 : 10 km* – *193 h. alt. 55* – ✉ *14590 Moyaux :*

XX   **Paquine**, rte Moyaux ℰ 02 31 63 63 80, paquine@hotmail.com, Fax 02 31 63 63 80, ⛲ –
   ℙ. ⊖B
   fermé 16 au 24 mars, 1er au 9 sept., 14 nov. au 2 déc., dim. soir de sept. à juin, mardi soir et merc. – **Repas** (prévenir) 28/55 ⬥.
     ♦ Vous cesserez de battre la campagne après avoir testé cette petite auberge fleurie : le cadre rustique est chaleureux et la carte corrigée selon les variations saisonnières.

Si le coût de la vie subit des variations importantes,
les prix que nous indiquons peuvent être majorés.
Lors de votre réservation à l'hôtel, faites-vous préciser le prix définitif.

LISLE-SUR-TARN 81310 Tarn 000 C7 – 3 683 h alt. 127.

🛈 Office de tourisme, place Paul Saissac ℘ 05 63 40 31 85, Fax 05 63 33 36 18, infos@ville-lisle-sur-tarn.fr.

Paris 668 – Toulouse 51 – Albi 32 – Cahors 105 – Castres 58 – Montauban 46.

✗
🍴 **Romuald,** 6 r. Port ℘ 05 63 33 38 85, 🏠 – ☻
fermé vacances de Toussaint, dim soir et lundi – **Repas** 10,80 bc (déj.), 13/28.
◆ Maison à pans de bois du 16ᵉ s. au coeur de la bastide. Cuisine traditionnelle et grillades préparées dans la grande cheminée qui agrémente la salle à manger rustique.

LISSES 91 Essonne 000 D4 000 ㉜ – voir à Paris, Environs (Évry).

LISTRAC MEDOC 33480 Gironde 000 G4 – 1 854 h alt. 40.

Paris 609 – Bordeaux 38 – Lacanau-Océan 39 – Lesparre-Médoc 31.

✗ **Auberge des Vignerons** avec ch, 28 av. Soulac ℘ 05 56 58 08 68, Fax 05 56 58 08 99, 🏠 – 📺 🅿. ☻
fermé vacances de fév., sam. midi, dim. soir et lundi d'oct. à mai – **Repas** 17/28 ♀ – ☐ 6 –
7 ch 40 – ½ P 60.
◆ Cette auberge jouxte la maison des Vins. Salle à manger dans un ancien chai, terrasse tournée vers les vignes, cuisine traditionnelle et cave axée sur les crus de Listrac.

LIVRY-GARGAN 93 Seine-St-Denis 000 G7 000 ⑱ – voir à Paris, Environs.

La LLAGONNE 66 Pyr.-Or. 000 D7 – rattaché à Mont-Louis.

Dans ce guide

un même symbole, un même mot,
imprimé en **rouge** *ou en* NOIR, *en maigre ou en* **gras**,
n'ont pas tout à fait la même signification.
Lisez attentivement les pages explicatives.

LLO 66 Pyr.-Or. 000 D8 – rattaché à Saillagouse.

LOCHES ◉ 37600 I.-et-L. 000 O6 G. Châteaux de la Loire – 6 328 h alt. 80.

Voir Cité médiévale★★ : donjon★★, église St-Ours★, Porte Royale★, porte des cordeliers★, hôtel de ville★ **Y H** – Chateaux★★ : gisant d'Agnès Sorel★, triptyque★ – Carrières troglody-tiques de Vignemont★.

Env. Portail★ de la Chartreuse du Liget E : 10 km par ②.

🏌 de Loches-Verneuil à Verneuil-sur-Indre ℘ 02 47 94 79 48, par ③ : 10 km.

🛈 Office de tourisme, place de la Marne ℘ 02 47 91 82 82, Fax 02 47 91 61 50, loches.en-.touraine@wanadoo.fr.

Paris 261 ① – Tours 42 ① – Blois 68 ① – Châteauroux 72 ③ – Châtellerault 56 ④.

Plan page suivante

🏨 **George Sand,** 39 r. Quintefol ℘ 02 47 59 39 74, contactgs@hotelrestaurant-georgesand
.com, Fax 02 47 91 55 75, 🏠 📞 🆎 ☻   **Z s**
fermé 2 au 9 nov., 12 au 20 fév. et dim. soir hors saison – **Repas** 17/63 ♀ – ☐ 8 – **20 ch**
48/110 – ½ P 41/71,50.
◆ Cette demeure du 15ᵉ s. postée sur les berges de l'Indre ne manque pas d'atouts, à commencer par le bel escalier à vis en pierre menant aux chambres rustiques ou actuelles. Plaisant restaurant (poutres et cheminée) et délicieuse terrasse dominant la rivière.

🏨 **Luccotel** ♨, r. Lézards, par ⑤ : 1 km ℘ 02 47 91 30 30, luccotel@wanadoo.fr,
Fax 02 47 91 30 35, ≤, 🏠, 🏊, 🎾, ✗ – ≣ rest, 📺 📞 🔥 🅿 – 🔺 15 à 100. 🆎 ☻
fermé 13 déc. au 6 janv. – **Repas** (fermé sam. midi) 15 (déj.), 17/34, enf. 9 ♀ – ☐ 7 – **69 ch**
46/61 – ½ P 36/46.
◆ Construction récente surplombant la cité médiévale et son château, visibles depuis certaines chambres (rénovations progressives). Billard et équipements sportifs complets. La salle à manger moderne et la terrasse offrent un agréable point de vue sur la ville.

LOCHES

Anciens A.F.N. (Pl. des) . **Z**
Auguste (Bd Ph.) . . . . **Z**
Balzac (R.) . . . . **YZ**
Bas-Clos (Av. des) . . . . . **Y** 2
Blé (Pl. au) . . . . **Y** 3
Château (R. du) . . . . **YZ** 5
Descartes (R.) . . . . **Y** 7
Donjon (Mail du) . . . . **Z**
Droulin (Mail) . . . . **Z**
Filature (Q. de la) . . . . . . **Y** 8
Foulques-Nerra
  (R.) . . . . **Z** 9
Gaulle (Av. Gén.-de) . . . **Y** 10
Grand Mail (Pl. du) . . . . . **Y** 12
Grande-Rue . . . . **Y** 13
Lansyer (R.) . . . . **Y** 14
Marne (Pl. de la) . . . . **Y**
Mazerolles (Pl.) . . . . **Y** 15
Moulins (R. des) . . . . **Y** 16
Pactius (R. T.) . . . . **Z** 17
Picois (R.) . . . . **Y**
Poterie (Mail de la) . . . . . **Z**
Ponts (R. des) . . . . **Y** 18
Porte-Poitevine
  (R. de la) . . . . **Z** 19
Quintefol (R.) . . . . **YZ**
République (R. de la) . . . **Y**
Ruisseaux (R. des) . . . . . **Z** 20
St-Antoine (R.) . . . . **Y** 21
St-Ours (R.) . . . . **Y** 22
Tours (R. de) . . . . **Y**
Verdun (Pl. de) . . . . **Y**
Victor-Hugo (R.) . . . . **Y**
Vigny (R. A.-de) . . . . **Y**
Wermelskirchen
  (Pl. de) . . . . **Y** 29

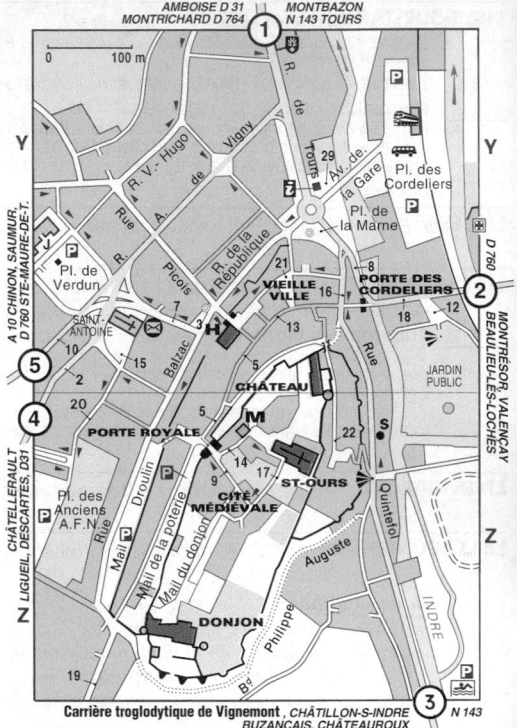

Carrière troglodytique de Vignemont, *CHÂTILLON-S-INDRE*
BUZANÇAIS, CHÂTEAUROUX

Ecrivez-nous...

Vos louanges comme vos critiques seront examinées avec le plus grand soin.
Nous reverrons sur place les informations que vous nous signalez.

Par avance merci !

LOCMARIAQUER *56740 Morbihan* **308** *N9 G. Bretagne – 1 367 h alt. 5.*

Voir *Ensemble mégalithique* ★★ *- dolmens de Mané Lud*★ *et de Mané Rethual*★ *– Tumulus de Mané-er-Hroech*★ *S : 1 km – Dolmen des Pierres Plates*★ *SO : 2 km – Pointe de Kerpenhir* ⩽★ *SE : 2 km.*

🛈 *Office de tourisme, rue de la Victoire ℘ 02 97 57 33 05, Fax 02 97 57 44 30, ot.loc mariaquer@wanadoo.fr.*

Paris 488 – Vannes 31 – Auray 13 – Quiberon 31 – La Trinité-sur-Mer 10.

🏠 **Trois Fontaines** sans rest, rte Auray *℘ 02 97 57 42 70, hot3f@aol.com,* Fax 02 97 57 30 59, � – 📺 📞 ♿ 🅿. 🈁
20 mars-15 nov – � *10 –* **18 ch** *76/115.*
♦ À l'entrée du village, un hôtel engageant avec sa façade galbée et ses abords fleuris. L'intérieur n'est pas en reste : agréable salon et chambres dotées de meubles en acajou.

🏠 **Neptune** ⌖ sans rest, port du Guilvin *℘ 02 97 57 30 56,* ⩽ *–* 📺 📞 ♿ 🅿
avril-sept. – ⊏ *6 –* **12 ch** *50/70.*
♦ Face aux îles du golfe du Morbihan, hôtel familial aussi solidement planté qu'un dolmen, offrant la perspective d'un séjour revigorant. Chambres récentes et bien aménagées.

🏠 **Lautram**, près église *℘ 02 97 57 31 32, Fax 02 97 57 37 87,* 🌺 *–* 📺. 🈁
🍽 *1er avril-30 sept. –* **Repas** *13/30, enf. 7* ⩘ *–* ⊏ *6 –* **23 ch** *40/56 – ½ P 40/52.*
♦ Établissement tenu par la même famille depuis 1900. Aménagements simples, un peu mûrissants. Chambres plus calmes et ravissant jardinet à l'annexe. Salle de restaurant fonctionnelle agrandie d'une véranda ; cuisine dans la note régionale.

LOCMINÉ *56500 Morbihan* **303** *N7 G. Bretagne – 3 430 h alt. 108.*

🛈 *Syndicat d'initiative, place Anne de Bretagne* 𝒫 *02 97 60 00 37, locmine.ville@wanadoo.fr.*

Paris 453 – Vannes 29 – Lorient 52 – Pontivy 24 – Quimper 114 – Rennes 104.

Auberge de la Ville au Vent, r. O. de Clisson 𝒫 02 97 60 08 40, Fax 02 97 60 56 24 – **P**. **AE ⓞ GB**

fermé 1ᵉʳ au 13 sept., vacances de fév., mardi soir, merc. soir et jeudi soir de sept. à juin, dim. soir et lundi – **Repas** 14/54, enf. 12 ♀.

◆ Cette ancienne ferme vous reçoit dans son cadre de vieilles poutres, pierres apparentes et massive cheminée, contrastant avec un confortable mobilier contemporain.

à Bignan *Est : 5 km par D 1 – 2 546 h. alt. 148 –* ✉ *56500 :*

Auberge La Chouannière, 𝒫 02 97 60 00 96, Fax 02 97 44 24 58 – **GB**

fermé 1ᵉʳ au 15 mars, 28 juin au 5 juil., 4 au 20 oct., dim. soir, merc. soir et lundi – **Repas** 19/61 ♀.

◆ L'enseigne rappelle à notre bon souvenir Pierre Guillemot, farouche lieutenant de Cadoudal, natif du village. Sobre décor, chaises de style Louis XVI et cuisine classique.

LOCQUIREC *29241 Finistère* **303** *J2 G. Bretagne – 1 293 h alt. 15.*

Voir *Église★ – Pointe de Locquirec★ 30 mn – Table d'orientation de Marc'h Sammet ≼★ O : 3 km.*

🛈 *Office de tourisme, place du Port* 𝒫 *02 98 67 40 83, Fax 02 98 79 32 50, contact@locquirec.com.*

Paris 534 – Brest 81 – Guingamp 52 – Lannion 22 – Morlaix 26.

Grand Hôtel des Bains ⊗, 𝒫 02 98 67 41 02, hotel.des.bains@wanadoo.fr, Fax 02 98 67 44 60, ≼ la baie, **ℐ₆**, ⬚, **⚲₆**, 🐎 – 🛗 **TV** 📞 ⅙ **P**. **AE ⓞ GB**, 🍽 rest

fermé 5 au 30 janv. – **Repas** (dîner seul.) 34 – � 21 – **36 ch** 173/197 – ½ P 108,50/130,50.

◆ L'Hôtel de la plage fut tourné dans cette élégante demeure postée sur une pointe et entourée d'un jardin à fleur d'eau. Chambres dans le style "balnéaire" contemporain. Restaurant chic (lambris pastel et fauteuils en corde) donnant sur la baie.

LOCRONAN *29180 Finistère* **303** *F6 G. Bretagne – 799 h alt. 105.*

Voir *Place★★ – Église St-Ronan et chapelle du Pénity★★ – Montagne de Locronan ⚹★ E : 2 km.*

🛈 *Office de tourisme, place de la mairie* 𝒫 *02 98 91 70 14, Fax 02 98 51 81 20, locronan.tourisme@wanadoo.fr.*

Paris 576 – Quimper 16 – Brest 66 – Briec 22 – Châteaulin 18 – Crozon 33 – Douarnenez 11.

Prieuré, 𝒫 02 98 91 70 89, leprieure1@aol.com, Fax 02 98 91 77 60, 🍴, 🐎 – **TV** 📞 **P**. **GB**, 🍽 ch

fermé 25 oct. au 19 déc. et 1ᵉʳ janv. au 14 mars – **Repas** *(fermé 25 oct. au 7 nov., 13 au 28 fév., vend. hors saison sauf vacances scolaires)* (11,50) - 16,50/33 ♀ - � 7,50 – **15 ch** 51,50/65 – ½ P 53/56,50.

◆ Petit hôtel familial situé à l'entrée du pittoresque et célèbre village breton. Les chambres côté rue ont été rénovées ; celles de l'annexe sont plus tranquilles. Dans la salle à manger dialoguent sans messe basse la poutre, la pierre et le mobilier régional.

au Nord-Ouest *: 3 km par rte secondaire –* ✉ *29550 Plonévez-Porzay :*

Manoir de Moëllien ⊗, 𝒫 02 98 92 50 40, manmoel@aol.com, Fax 02 98 92 55 21, ≼, 🐎, 🦌 – **TV** 📞 ⅙ **P**. **AE ⓞ GB**

fin mars-début janv. – **Repas** (dîner seul.)(résidents seul.) – ⊇ 10 – **18 ch** 64/114 – ½ P 63/88.

◆ Joli manoir du 17ᵉ s. isolé dans un vaste parc en pleine campagne. Les chambres, aménagées dans les dépendances, profitent du grand calme. Imposantes cheminées au restaurant.

Dans ce guide

un même symbole, un même mot,
imprimé en **rouge** *ou en* **noir**, *en maigre ou en* **gras**,
n'ont pas tout à fait la même signification.
Lisez attentivement les pages explicatives.

847

LODÈVE <SP> *34700 Hérault* **339** E6 *G. Languedoc Roussillon – 6 900 h alt. 165.*

Voir *Anc. cathédrale St-Fulcran★ – Musée de Lodève★.*

Office de tourisme, 7 place de la République ☏ 04 67 88 86 44, Fax 04 67 44 07 56, ot34lodevois@lodeve.com.

Paris 695 ② – Montpellier 55 ② – Alès 98 ① – Béziers 63 ② – Millau 60 ① – Pézenas 39 ②.

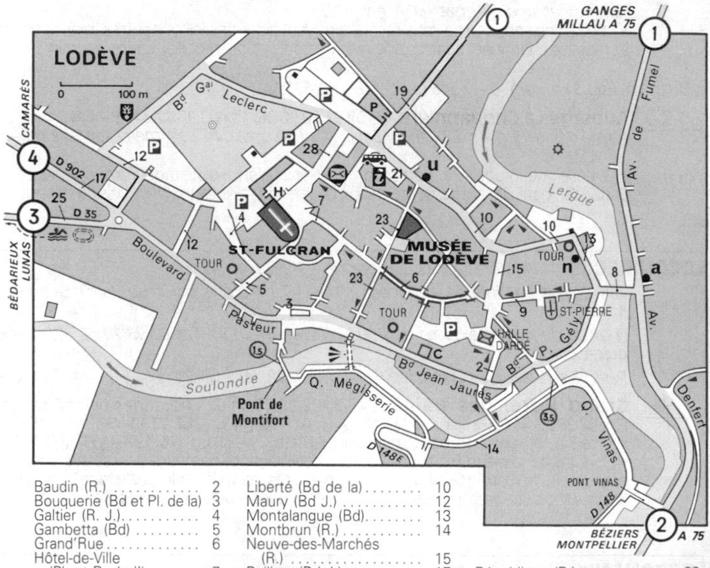

Baudin (R.) 2
Bouquerie (Bd et Pl. de la) 3
Galtier (R. J.). 4
Gambetta (Bd) 5
Grand'Rue 6
Hôtel-de-Ville (Pl. et R. de l') 7
Lergue (Pont de) 8
Lergue (R. de) 9
Liberté (Bd de la). 10
Maury (Bd J.) 12
Montalangue (Bd). 13
Montbrun (R.) 14
Neuve-des-Marchés (R.) 15
Railhac (Bd J.). 17
République (Av. de la). . . . 19
République (Pl.) 21
République (R.) 23
Vallot (Av. J.) 25
4-Septembre (R. du) 28

Paix, 11 bd Montalangue **(n)** ☏ 04 67 44 07 46, *hotel-de-la-paix@wanadoo.fr, Fax 04 67 44 30 47,* ☂, ⛱ – TV ☎ – 🅰 20. GB

fermé 1er fév. au 7 mars, dim. soir et lundi d'oct. à mars – **Repas** 18/35 ♀ – ☕ 7,50 – **22 ch** 56/80 – ½ P 56.

◆ Aux portes des Grands Causses, ancien relais de poste abritant des chambres progressivement rénovées dans un style provençal coloré. Le charme mauresque du patio-terrasse (grill l'été) évoque l'Andalousie : murs ocre, mosaïques, tomettes, palmiers et piscine.

Nord sans rest, 18 bd Liberté **(u)** ☏ 04 67 44 10 08, *hoteldunord.lodeve@wanadoo.fr, Fax 04 67 44 92 78* – |≢| cuisinette ⇸ TV ♿. GB. ✂

fermé du 8 au 31 janv. – ☕ 6,50 – **28 ch** 37/65.

◆ Le compositeur Georges Auric est né en 1899 dans ce vieil hôtel du centre. Aujourd'hui entièrement rénové, il abrite des chambres sobres et insonorisées.

Croix Blanche, 6 av. Fumel **(a)** ☏ 04 67 44 10 87, *hotel-croix-blanche@wanadoo.fr, Fax 04 67 44 38 33,* ☂ – **P**. GB. ✂ rest

1er avril-30 nov. – **Repas** *(fermé vend. midi)* 13/28, enf. 7 – ☕ 6,50 – **32 ch** 32/43 – ½ P 33/38.

◆ Ambiance familiale dans cet établissement au cadre rustique pieusement conservé. Les chambres, de tailles variées, ont le charme désuet des vieilles auberges provinciales. Cuivres, poutres apparentes et cheminée en briques égayent la salle des repas.

à Poujols *Nord : 6,5 km par N 9 et D 149 – 125 h. alt. 250 – ✉ 34700 Soubès :*

Temps de Vivre, rte Pegairolles ☏ 04 67 44 03 78, *Fax 04 67 44 03 78,* ≤, ☂ – **P**. GB

fermé janv., merc. en nov., déc. et fév., mardi sauf de juil. à sept. et lundi – **Repas** 20 (déj.), 28/58 ♀ 🍇.

◆ Agrippé à une colline dominant la vallée de l'Escalette, ce restaurant abrite deux salles dont une véranda ouverte sur la nature. Recettes personnalisées et vins régionaux.

LODS 25930 Doubs **321** H4 G. Jura – 271 h alt. 361.

Paris 440 – Besançon 37 – Baume-les-Dames 50 – Levier 22 – Pontarlier 25 – Vuillafans 5.

Truite d'Or, ℰ 03 81 60 95 48, la-truite-dor@wanadoo.fr, Fax 03 81 60 95 73, 佘, ஒ – **Ⅳ Ⓟ, ⅢⒷ**

fermé 15 déc. au 30 janv., dim. soir et lundi d'oct. à avril – **Repas** 15,50/41,50, enf. 8,50 ♀ – ☲ 6 – **11 ch** 43 – ½ P 46.

♦ À l'entrée de ce pittoresque village des berges de la Loue, une ancienne maison de tailleur de pierre qui comblera les amateurs de pêche et les autres. Chambres modestes. À table, la truite est le point d'orgue d'un répertoire dans la note régionale.

LOGELHEIM 68 H.-Rhin **315** I8 – rattaché à Colmar.

Les LOGES-EN-JOSAS 78 Yvelines **311** I3 **101** ㉓ – voir à Paris, Environs.

LOGNES 77 S.-et-M. **312** E2 **101** ㉙ – voir à Paris, Environs (Marne-la-Vallée).

LOHÉAC 35550 I.-et-V. **309** K7 – 603 h alt. 50.

Voir Manoir de l'automobile★★, G. Bretagne.

Paris 380 – Rennes 35 – Châteaubriant 51 – Ploërmel 47 – Redon 33.

Gibecière, 22 r. de la Poste ℰ 02 99 34 06 14, Fax 02 99 34 10 37, 佘 – Ⅳ ℰ ᵯ Ⓟ, ⅢⒷ

fermé 7 au 22 fév. – **Repas** (fermé dim. soir) (9,50) - 15,50/50, enf. 8 ♀ – ☲ 5,40 – **24 ch** 32,50/57.

♦ Hôtellerie familiale au centre du bourg qui abrite le fameux Manoir de l'automobile. Chambres fonctionnelles et jolie salle de banquet. Le restaurant est un des lieux de rendez-vous des hommes d'affaires de la région ; une salle est réservée aux plats du jour.

LOIRÉ 49440 M.-et-L. **317** D3 – 754 h alt. 39.

Paris 322 – Angers 45 – Ancenis 35 – Châteaubriant 34 – Laval 66 – Nantes 69 – Rennes 84.

Auberge de la Diligence, ℰ 02 41 94 10 04, info@diligence.fr, Fax 02 41 94 10 04 – ⅢⒷ

fermé 3 au 10 mai, 7 au 30 août, 1er au 10 janv., sam. midi, dim. soir et lundi – **Repas** (nombre de couverts limité, prévenir) 14 (déj.), 20/61, enf. 11 ஐ.

♦ Cette auberge rustique du 18e s. a de quoi inspirer la sympathie : poutres et pierres apparentes, grande cheminée, cuisine soignée et généreuse. Une bonne halte.

LOIRE-SUR-RHÔNE 69 Rhône **327** H6 – rattaché à Givors.

LOMENER 56 Morbihan **308** K8 – rattaché à Ploemeur.

Dans ce guide
un même symbole, un même mot,
imprimé en **rouge** *ou en* **noir***, en maigre ou en* **gras***,*
n'ont pas tout à fait la même signification.
Lisez attentivement les pages explicatives.

LONDINIÈRES 76660 S.-Mar. **304** I3 – 1 158 h alt. 78.

🛈 Syndicat d'initiative ℘ 02 35 94 90 69, Fax 02 35 94 90 69.
Paris 147 – Amiens 78 – Dieppe 27 – Neufchâtel-en-Bray 14 – Le Tréport 31.

🍴 **Auberge du Pont** avec ch, ℘ 02 35 93 80 47, Fax 02 32 97 00 57, 斎 – **P**. **GB**
fermé 1er au 15 fév. et lundi – **Repas** (6,10) - 8,80/32, enf. 6 ♀ – ☲ 4,60 – **10 ch** 30/33 –
½ P 28,40/29,90.
♦ Petite auberge des bords de l'Eaulne où l'on propose une cuisine régionale simple,
servie dans une salle à manger rustique au milieu de laquelle trône un gril.

LONGJUMEAU 91 Essonne **312** C3 **101** 35 – voir à Paris, Environs.

LONGNY-AU-PERCHE 61290 Orne **310** N3 G. Normandie Vallée de la Seine – 1 590 h alt. 165.

🛈 Office de tourisme, place de l'Hôtel de Ville ℘ 02 33 73 66 23, Fax 02 33 73 47 75.
Paris 131 – Alençon 63 – Rennes 221 – Rouen 137 – Tours 161.

🍴🍴 **Moulin de la Fenderie,** rte Rémalard-Bizou ℘ 02 33 83 66 98, Fax 02 33 73 16 71, 斎,
🐾 – **P**, ◑ **GB**
fermé mi-janv. à mi-fév., merc. midi, lundi et mardi – **Repas** (19) · 26/49, enf. 10 ♀.
♦ Maisons dispersées dans un jardin fleuri traversé par la rivière qui alimentait l'ancien
moulin. L'été, s'attabler en terrasse sous le saule pleureur est un vrai bonheur !

LONGUES 63 P.-de-D. **326** G9 – rattaché à Vic-le-Comte.

LONGUEVILLE-SUR-SCIE 76590 S.-Mar. **304** G3 – 936 h alt. 61.

Paris 183 – Dieppe 20 – Le Havre 97 – Rouen 52.

🍴🍴 **Cheval Blanc,** ℘ 02 35 83 30 03, Fax 02 35 83 30 03, 斎 – **GB**
fermé 10 au 30 août, vacances de fév., dim. soir, lundi soir et merc. – **Repas** 18/40.
♦ Aimable auberge située au centre du bourg. Une cuisine traditionnelle vous sera servie
sous les poutres d'une salle à manger rustique aux tons frais et lumineux.

LONGUYON 54260 M.-et-M. **307** E2 – 5 876 h alt. 213.

🛈 Office de tourisme, place S. Allende ℘ 03 82 39 21 21, Fax 03 82 26 44 37, office.de.tou-
risme.longuyon@wanadoo.fr.
Paris 314 – Metz 79 – Nancy 133 – Sedan 69 – Thionville 56 – Verdun 48.

🍴🍴🍴 **Mas et H. Lorraine** avec ch, face gare ℘ 03 82 26 50 07, mas.lorraine@wanadoo.fr,
Fax 03 82 39 26 09, 斎 – 🔟 ✆ ↣ – 🚴 40. **AE** ◑ **GB** **JCB**
fermé 10 janv. au 5 fév. – **Repas** (fermé lundi sauf fériés) 19,50/60 et carte 44,50 à 63 ♀ – ☲ 7
– **14 ch** 46/65 – ½ P 54/73.
♦ La bâtisse, reconstruite après la Grande Guerre, abrite une chaleureuse salle de restaurant et de chambres pratiques. La terrasse surplombe le potager et la rivière.

à Rouvrois-sur-Othain (Meuse) Sud : 7,5 km par N 18 – 190 h. alt. 223 – ✉ 55230 :

🍴🍴 **Marmite,** 11 rte Nationale ℘ 03 29 85 90 79, Fax 03 29 85 99 23 – 🍽. **GB**. ✻
fermé 16 au 23 août, janv., fév., mardi de sept. à mi-mars, dim. soir et lundi – **Repas** (12) -
20/48, enf. 8 ♀.
♦ Les petits plats mijotés, inspirés par le terroir, sont généreusement servis dans la salle à
manger de cet ancien café de village. En saison, épanouissement floral en façade.

LONGWY 54400 M.-et-M. **307** F1 G. Alsace Lorraine – 14 521 h alt. 262.

Voir Musée municipal : collection de fers à repasser★ M.
🛈 Office de tourisme, place Darche ℘ 03 82 24 27 17, Fax 03 82 24 77 75, ot-longwy@wana
doo.fr.
Paris 328 ③ – Luxembourg 38 ① – Metz 64 ② – Thionville 41 ②.

Plan page ci-contre

à Méxy Sud : 3 km par ② (N 52) – 1 997 h. alt. 369 – ✉ 54400 :

🏨 **Mercure,** r. Château d'Eau ℘ 03 82 23 14 19, h2051@accor-hotels.com,
Fax 03 82 25 61 06, 斎 – 📳 🍽 ↣ – 🚴 25. **AE** ◑ **GB** **JCB**
Repas 13/23, enf. 9 ♀ – ☲ 8 – **40 ch** 53/59.
♦ Établissement situé à proximité d'un axe passant. Les installations sont spacieuses,
l'équipement complet et le mobilier contemporain. Chambres de style actuel. Assiettes
gourmandes et formule buffets à découvrir dans un sobre décor ou en terrasse.

LONGWY

Aviation (Av. de l') . . . . **A**
Banque (R. de la) . . . . . . **AB**
Boismont (R. de) . . . . . . **AB**
Briand (R. A.) . . . . **A** 2
Carnot (R.) . . . . **B** 3
Chiers (R. de la) . . . . . . **B**
Darche (Pl. du Col.) . . . . **A** 5
Faïencerie (R. de la) . . . . **B**
Foch (Av. du Mar.) . . . . . **A**
Friclot (R. Abbé) . . . . . . **A** 6
Gaulle (Av. Ch. de) . . . . **AB**
Giraud (Pl.) . . . . **B** 8
Huart (R. Hippolyte d') . . **B**
Labro (R. Albert) . . . . . . **B**
Lattre-de-Tassigny
    (Av. Mar. de) . . . . . . **B** 9
Leclerc (Pl. du Gén.) . . . **B** 12
Legendre (R.) . . . . **A**
Malraux (Av. André) . . . . **A**
Margaine (R.) . . . . **A** 13
Mercy (R.) . . . . **B**
Merlin (R. du Col.) . . . . . **B** 15
Metz (R. de) . . . . **B**
Pershing (R. du Gén.) . . . **B** 16
Poincaré (Av. Raymond) . . **A**
République (Av. de la) . . . **A**
Saintignon
    (Av. de) . . . . **AB**
Saint-Louis (R.) . . . . **B**
Stanislas (R.) . . . . **A**
Tanneries (R. des) . . . . . **B** 18
11 Nov. 1918 (Pl. du) . . . . **A** 19

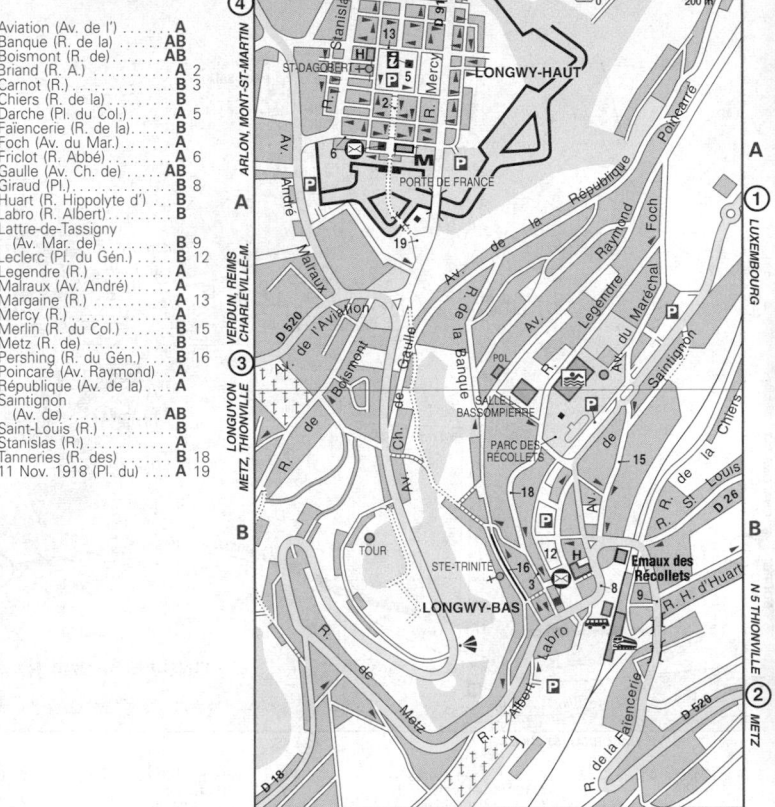

*Les principales voies commerçantes figurent en **rouge***
dans la liste des rues des plans de villes.

LONGWY see previous text

LONS-LE-SAUNIER ⚑ 39000 Jura **321** D6 *G. Jura* – *18 483 h alt. 255 – Stat. therm. (début avril-fin oct.) – Casino.*

Voir *Rue du Commerce★ – Théâtre★ – Pharmacie★ de l'Hôtel-Dieu.*

🏌 du Val de Sorne ℘ 03 84 43 04 80, S : 6 km par D 117 et D 41.

🚩 *Office de tourisme, place du 11 Novembre ℘ 03 84 24 65 01, Fax 03 84 43 22 59, officedetourismedelons-le-saunier@wanadoo.fr.*

Paris 408 ③ – Chalon-sur-Saône 61 ③ – Besançon 84 ① – Bourg-en-Bresse 73 ③.

Plan page suivante

🏨 **Parc,** 9 av. J. Moulin ℘ 03 84 86 10 20, *Fax 03 84 24 97 28* – |≜| 🗐 📺 ⚓ & . 🖭 �ⓞ ⎈ ᴊᴄʙ
Repas 14/25 ♈ – ⌑ 5,50 – **16 ch** 46/51 – ½ P 39,70.   Y   s
  ♦ Chambres actuelles et fonctionnelles et réveil au son de la Marseillaise que carillonne l'horloge du théâtre voisin dans cet hôtel qui est un Centre d'aide par le travail. Sobre salle à manger et cuisine simple utilisant quelques produits régionaux.

🏠 **Nouvel Hôtel** sans rest, 50 r. Lecourbe ℘ 03 84 47 20 67, *nouvel.hotel39@wanadoo.fr,*
Fax 03 84 43 27 49 – |≜| 📺 ⚓ P . 🖭 ⓞ ⎈   Y   r
fermé 17 déc. au 9 janv. – ⌑ 7 – **26 ch** 35/50.
  ♦ De superbes maquettes de navires de guerre réalisées par le maître des lieux vous accueillent dans le hall. Aux étages, chambres d'ampleur diverse, au mobilier rustique.

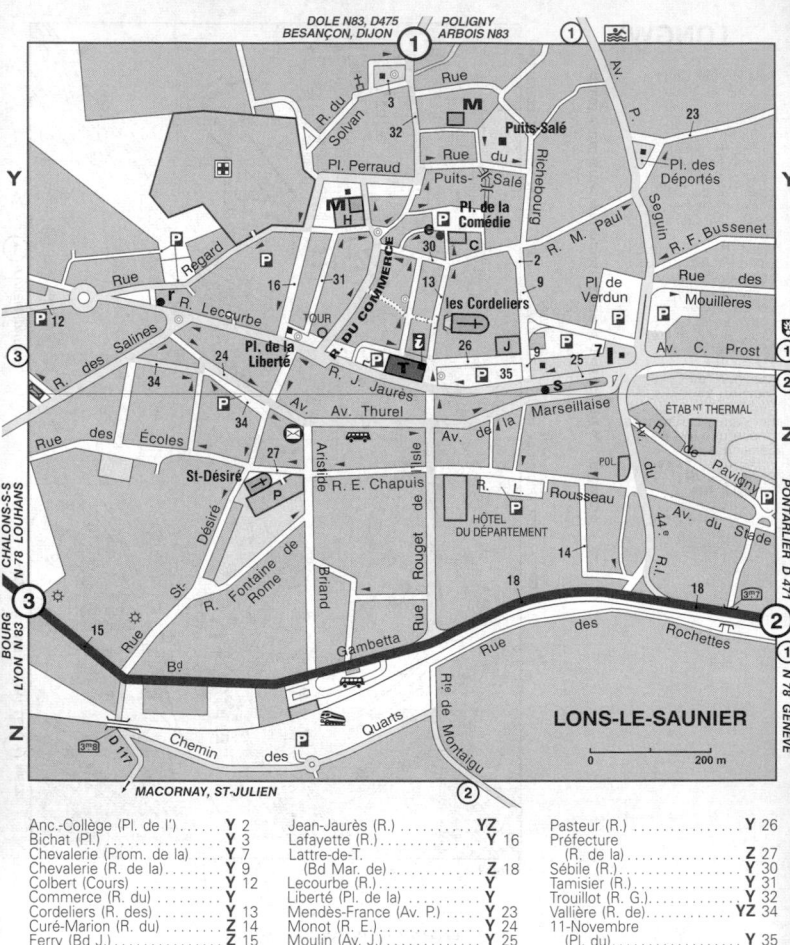

LONS-LE-SAUNIER

Anc.-Collège (Pl. de l')	**Y** 2	Jean-Jaurès (R.)	**YZ**	Pasteur (R.)	**Y** 26
Bichat (Pl.)	**Y** 3	Lafayette (R.)	**Y** 16	Préfecture	
Chevalerie (Prom. de la)	**Y** 7	Lattre-de-T.		(R. de la)	**Z** 27
Chevalerie (R. de la)	**Y** 9	(Bd Mar. de)	**Z** 18	Sébile (R.)	**Y** 30
Colbert (Cours)	**Y** 12	Lecourbe (R.)	**Y**	Tamisier (R.)	**Y** 31
Commerce (R. du)	**Y**	Liberté (Pl. de la)	**Y**	Trouillot (R. G.)	**Y** 32
Cordeliers (R. des)	**Y** 13	Mendès-France (Av. P.)	**Y** 23	Vallière (R. de)	**YZ** 34
Curé-Marion (R. du)	**Z** 14	Monot (R. E.)	**Y** 24	11-Novembre	
Ferry (Bd J.)	**Z** 15	Moulin (Av. J.)	**Y** 25	(Pl. du)	**Y** 35

XX   **Comédie**, 65 r. Agriculture ℘ 03 84 24 20 66, *Fax 03 84 24 12 64*, ㅠ – ▤. ☞   **Y**   e
fermé 12 avril au 25 mai, 1ᵉʳ au 22 août, dim. et lundi – **Repas** 16/26 ♀.
♦ Cette jolie façade rénovée proche de la maison natale de Rouget de Lisle abrite une salle contemporaine complétée par une paisible terrasse. Appétissante cuisine classique.

XX   **Germandrée**, 740 rte Besançon par ① ℘ 03 84 47 24 70, ㅠ – ℙ. ☞
fermé 15 au 31 juil., vacances de fév., dim. soir et lundi – **Repas** 16/40.
♦ C'est une carte classique, sensible au rythme des saisons, que l'on vous propose dans cette salle à manger rustique refaite et réchauffée par une cheminée.

à Chille par ① *rte de Besançon et D 157 : 3 km* – *254 h. alt. 330* – ⊠ *39570 :*

▥   **Parenthèse** ⬙, 300 chemin du Pin ℘ 03 84 47 55 44, *parenthese.hotel@wanadoo.fr,*
Fax 03 84 24 92 13, ㅠ, ☒, ᐟᐟ – ▯ ▥ ᕦ ℙ – ᐃ 30. ☎ ☞
Repas *(fermé sam. midi, dim. soir et lundi midi)* 17,50/48, enf. 10 ♀ – ヱ 10 – **34 ch** 92/134 –
½ P 82/103.
♦ Sur la route du vignoble jurassien, hôtellerie contemporaine dont les chambres offrent deux niveaux de confort ; la plupart possèdent un balcon avec vue sur le parc boisé. Cadre actuel et recettes mariant produits d'ici et saveurs d'ailleurs au restaurant.

au Sud *par D 117 et D 41 : 6 km –* ⊠ *39570 Vernantois :*

🏨 **Domaine du Val de Sorne** ॐ, ℘ 03 84 43 04 80, *info@valdesorne.com*, *Fax 03 84 47 31 21*, ≤, 🏫, 🎣, 🏊, 🏌 – ▯ 🔆, ▤ rest, 📺 🅿 – 🏄 50 à 100. 🖭 ⅁
fermé 20 déc. au 4 janv. – **Repas** *(fermé dim. soir)* 25/36 ♀ – ▭ 12 – **36 ch** 92/102.
♦ Au coeur du golf du Val de Sorne, construction régionale moderne proposant des équipements de loisirs de qualité et de confortables chambres colorées. L'agréable salle à manger, la véranda récente et la terrasse sont tournées vers les greens du parcours.

à Courlans *par* ③ *rte de Chalon, N 78 : 6 km – 737 h. alt. 227 –* ⊠ *39570 :*

XXXX **Auberge de Chavannes** (Carpentier), av. de Chalon ℘ 03 84 47 05 52, *contact@auber
ge-de-chavannes.com, Fax 03 84 43 26 53,* 🏫 – ▤ 🅿. ⅁
🕸 *fermé 21 juin au 6 juil., janv., dim. soir, lundi et mardi* – **Repas** (nombre de couverts limité, prévenir) 29/46 et carte 57 à 75 ♀.
♦ Cette auberge bourgeoise sait tirer le meilleur parti de sa situation aux confins de deux régions : la Bresse pour les volailles, le Revermont jurassien pour les vins.
Spéc. Nage d'escargots en cassolette. Suprême de poularde de Bresse en rouelles. Filets de pigeon aux choux croquants. **Vins** L'Etoile, Arbois.

LORAY 25390 Doubs **321** I4 – 404 h alt. 745.
Paris 448 – Besançon 46 – Baume-les-Dames 35 – Morteau 22 – Pontarlier 41.

XX **Robichon** avec ch, 22 Grande Rue ℘ 03 81 43 21 67, *hotel.robichon@free.fr, Fax 03 81 43 26 10,* 🏫, ⚓ – 📺 ☎ 🅿 – 🏄 30. ⅁
fermé 1ᵉʳ au 8 oct., 20 au 30 nov., 21 au 28 déc., 15 au 30 janv., dim. soir et lundi – **Repas** 20/45 ♀ • *P'tit Bichon* (fermé 4 au 11 oct., 15 au 23 nov., 15 au 30 janv., dim. soir et lundi)
Repas 17/20, enf. 8,50 – ▭ 8 – **11 ch** 52/58 – ½ P 55/58.
♦ Robuste maison régionale située au centre du bourg. Salle à manger moderne agrémentée de plantes vertes et de claustras ; cuisine traditionnelle. Chambres rénovées. Au P'tit Bichon, décor façon café de village, plats franc-comtois, grillades et menu du jour.

LORGUES 83510 Var **340** N5 *G. Côte d'Azur* – 7 319 h alt. 200.
🔖 *Office de tourisme, place d'Entrechaus* ℘ 04 94 73 92 37, *Fax 04 94 84 34 09, lorot
si@aol.com.*
Paris 841 – Fréjus 37 – Brignoles 34 – Draguignan 12 – St-Raphaël 41 – Toulon 72.

XXX **Bruno** ॐ avec ch, Sud-Est : 3 km par rte des Arcs ℘ 04 94 85 93 93, *chezbruno@wanado
o.fr, Fax 04 94 85 93 99,* ≤, 🏫, ⚓ – 📺 ☎ 🅿. 🖭 ⊙ ⅁. 🍽 ch
🕸 *fermé dim. soir et lundi du 15 sept. au 15 juin* – **Repas** (prévenir) 54/100 ♀ – ▭ 12,20 – **4 ch** 130/206.
♦ Ce mas provençal entouré de vignes est la propriété d'un chef truculent qui voue une passion à la truffe. Élégante salle et chambres de plain-pied avec un "jardin de curé".
Spéc. Caviar de truffes, blinis, crème fouettée aux truffes, huile d'olive. Homard cuit meunière, petits légumes confits à la truffe tuber aestivum. Pomme de terre de montagne en robe des champs aux truffes. **Vins** Coteaux Varois blanc et rouge.

au Nord-Ouest *par rte de Salernes, D 10 et rte secondaire : 8 km –* ⊠ *83510 :*

🏨 **Château de Berne** ॐ, ℘ 04 94 60 48 88, *auberge@chateauberne.com, Fax 04 94 60 48 89,* ≤, 🏫, 🎣, 🎣, 🏊, 🏌, 🛎 – ▯ 🔆 ▤ 📺 ☎ 🏫 ☞🅿 – 🏄 20 à 30. 🖭 ⊙ ⅁
🇯 🍽
fermé 2 nov. au 29 fév. – **Repas** 29/58 ♀ – ▭ 18 – **19 ch** 280/480 – ½ P 213/273.
♦ Hôtel de charme (jolies chambres provençales), expositions, concerts, espace forme, école du vin, de cuisine et d'aquarelle réunis au coeur d'un vaste domaine viticole. Élégant restaurant et terrasse sous une tonnelle ; produits du marché et potager "bio".

LORIENT ◁▷ 56100 Morbihan **308** K8 *G. Bretagne* – 59 189 h Agglo. 116 174 h alt. 4.
Voir *Base des sous-marins*★ **AZ** – *Intérieur*★ *de l'église N.-D.-de-Victoire* **BY** E.
🏌 *de Valqueven à Quéven* ℘ 02 97 05 17 96, *N : 8 km par D 765.*
✈ *de Lorient Lann-Bihoué :* ℘ 02 97 87 21 50, *par D 162 : 8 km* **AZ.**
🔖 *Office de tourisme, quai de Rohan* ℘ 02 97 21 07 84, *Fax 02 97 21 99 44, contact@lorient-
tourisme.com.*
Paris 503 ② – *Vannes 60* ② – *Quimper 69* ② – *St-Brieuc 116* ② – *St-Nazaire 146* ②.

Plan page suivante

🏨 **Mercure** sans rest, 31 pl. J. Ferry ℘ 02 97 21 35 73, *h0873@accor-hotels.com, Fax 02 97 64 48 62* – ▯ 🔆 ▤ 📺 – 🏄 50. 🖭 ⊙ ⅁ 🇯 **BZ m**
▭ 11 – **58 ch** 83/91.
♦ Situation très pratique : commerces, palais des congrès et bassin à flot sont à proximité. Réception et salons rénovés, chambres fonctionnelles aux murs crépis.

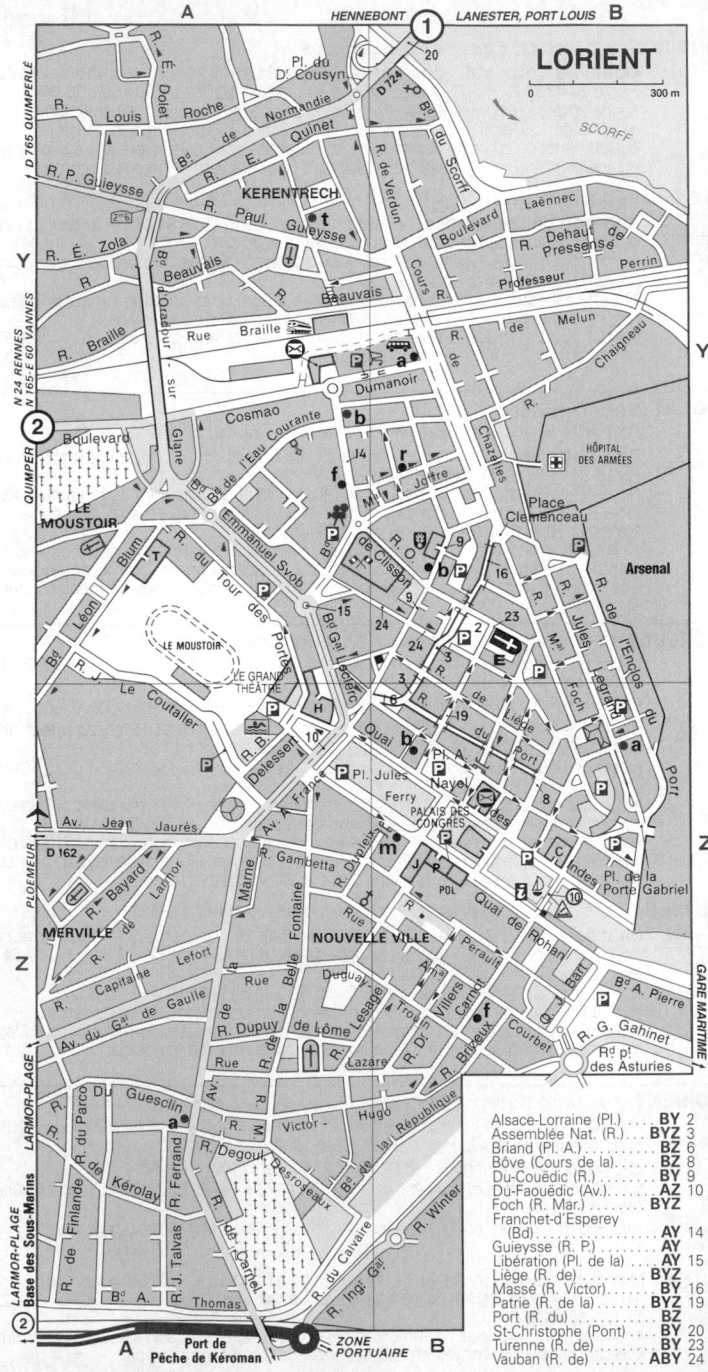

LORIENT

0 — 300 m

SCORFF

KERENTRECH

LE MOUSTOIR

LE MOUSTOIR

LE GRAND THÉÂTRE

HÔPITAL DES ARMÉES

Place Clemenceau

Arsenal

MERVILLE

NOUVELLE VILLE

PALAIS DES CONGRÈS

Pl. de la Porte Gabriel

GARE MARITIME

Port de Pêche de Kéroman   ZONE PORTUAIRE

Alsace-Lorraine (Pl.)	**BY** 2
Assemblée Nat. (R.)	**BYZ** 3
Briand (Pl. A.)	**BZ** 6
Bôve (Cours de la)	**BZ** 8
Du-Couëdic (R.)	**BY** 9
Du-Faouëdic (Av.)	**AZ** 10
Foch (R. Mar.)	**BYZ**
Franchet-d'Esperey (Bd)	**AY** 14
Guieysse (R. P.)	**AY**
Libération (Pl. de la)	**AY** 15
Liège (R. de)	**BYZ**
Massé (R. Victor)	**BY** 16
Patrie (R. de la)	**BYZ** 19
Port (R. du)	**BZ**
St-Christophe (Pont)	**BY** 20
Turenne (R. de)	**BY** 23
Vauban (R. de)	**ABY** 24

Cléria sans rest, 27 bd Mar. Franchet d'Esperey ☎ 02 97 21 04 59, *info@hotel-cleria.com*, Fax 02 97 64 19 10 – ⁑ 🆑 🍸 – ⚴ 15. 🖭 ◑ 🇬🇧 🇯🇨🇧   **AY** f
≔ 7,50 – **33 ch** 70/80.
♦ Chambres claires, mobilier actuel, literie neuve et salles de bains refaites caractérisent cet établissement lorientais idéalement placé entre la gare et le centre-ville.

Victor-Hugo sans rest, 36 r. L. Carnot ☎ 02 97 21 16 24, *hotelvictorhugo.lorient@wanadoo.fr*, Fax 02 97 84 95 13 – 📺 🍸. 🖭 🇬🇧   **BZ** f
≔ 6 – **30 ch** 58/65.
♦ Petites chambres bien équipées, bonne isolation phonique et accueil attentionné sont les principales caractéristiques de cet hôtel situé dans le quartier de Nouvelle Ville.

Central Hôtel sans rest, 1 r. Cambry ☎ 02 97 21 16 52, *Fax 02 97 84 88 94* – 🍸. 🖭 ◑ 🇬🇧   **BZ** b
≔ 7 – **22 ch** 49/60.
♦ Enseigne méritée pour cet immeuble des années 1950 caractéristique de la reconstruction de la ville. Lors de votre réservation, demandez une chambre rénovée.

Léopol sans rest, 11 r. W. Rousseau ☎ 02 97 21 23 16, *Fax 02 97 84 93 27* – |🛗| ⁑ 📺 🍸. 🖭 ◑ 🇬🇧   **BY** r
fermé 19 déc. au 3 janv. – ≔ 7 – **26 ch** 59/68.
♦ Petit hôtel familial bien tenu, à l'écart des axes animés. Chambres peu spacieuses mais rafraîchies, souscrivant aux normes du confort moderne. Plaisant salon meublé en rotin.

Mascotte du Centre sans rest, 30 r. du Couëdic ☎ 02 97 64 13 27, *hotelmascotte@wanadoo.fr*, Fax 02 97 64 17 39 – 📺 🍸 🅿. 🖭 🇬🇧   **BY** b
≔ 8 – **32 ch** 69/79.
♦ Cet immeuble d'après-guerre - mitoyen avec la gendarmerie - bénéficie d'un emplacement central et d'une récente cure de jouvence. Chambres sans luxe, mais bien refaites.

Ibis Centre Gare, 9 cours Chazelles ☎ 02 97 35 20 20, *h5221@accor-hotels.com*, Fax 02 97 35 20 22 – |🛗| ⁑ 📺 🍸 ♿ – ⚴ 20. 🖭 ◑ 🇬🇧   **BY** a
Repas (12) - 20, enf. 6 – ≔ 6 – **51 ch** 65.
♦ Les habitués de la marque ne seront pas dépaysés : les aménagements de cet hôtel situé au-dessus d'une galerie marchande répondent aux normes Ibis. Cuisine sans surprise et décor de bistrot qui à défaut d'être authentique s'avère chaleureux.

%%% **Jardin Gourmand**, 46 r. J. Simon ☎ 02 97 64 17 24, *Fax 02 97 64 15 75*, �🪑 – 🍽. 🇬🇧   **AY** t
fermé 22 août au 15 sept., vacances de fév., dim. et lundi – **Repas** 21 (déj.)/36 ⅞ 🍷.
♦ Boiseries acajou, mobilier de bistrot épuré et verre dépoli composent le décor contemporain de cette salle ouverte sur une agréable terrasse-jardin. Belle carte des vins.

%%% **Saint-Louis**, 48 r. J. Le Grand ☎ 02 97 21 50 45, *Fax 02 97 84 00 77* – 🇬🇧   **BZ** a
fermé 28 août au 9 sept., 16 fév. au 3 mars, mardi soir et merc. – **Repas** 11,50 (déj.), 18/37 ⅞.
♦ La façade décorée dans un style marin donne le ton : ce restaurant, voisin de l'arsenal, met à l'honneur les produits de la mer. Tableaux d'artistes locaux accrochés aux murs.

% **Pic**, 2 bd Mar. Franchet d'Esperey ☎ 02 97 21 18 29, *Fax 02 97 21 92 64*, 🌂 – 🇬🇧   **AY** b
fermé sam. midi et dim. – **Repas** (15) - 19/40 🍷.
♦ Pimpante façade, décor "rétro" rutilant, ambiance bistrot, beau choix de vins, cuisine traditionnelle et poissons frais... Une adresse qui tombe à pic !

% **Pécharmant**, 5 r. Carnel ☎ 02 97 21 33 86 – 🇬🇧   **AZ** a
fermé 9 au 18 mai, 4 au 26 juil., 26 déc. au 5 janv., dim., lundi et fériés – **Repas** 18/40, enf. 11.
♦ La façade orange ornée de casseroles en cuivre ne passe pas inaperçue, mais c'est bien grâce à sa cuisine - généreuse et délicate - que ce petit restaurant ne désemplit pas.

% **Rest. Victor-Hugo**, 36 r. L. Carnot ☎ 02 97 64 26 54, *levictorhugo-restolorient@tiscali.fr*, Fax 02 97 64 24 87 – 🖭 ◑ 🇬🇧   **BZ** f
fermé 1er au 15 sept., vacances de fév., lundi soir et dim. – **Repas** (12) - 15/35, enf. 10 ⅞.
♦ Indépendant de l'hôtel du même nom. Enfilade de salles à manger modernes - l'une d'elles est égayée d'un décor de jardin d'hiver - éclairées par un puits de lumière.

Z.I. de Kerpont par ① : 6 km – ⊠ 56850 Caudan :

Novotel, centre hôtelier de Bellevue ☎ 02 97 89 21 21, *h0434@accor-hotels.com*, Fax 02 97 89 21 24, 🌂, ⬛, 🌳 – |🛗| ⁑ 📺 🍸 🅿 – ⚴ 100. 🖭 ◑ 🇬🇧 🇯🇨🇧
Repas carte 25 à 35, enf. 8 ⅞ – ≔ 11 – **87 ch** 105.
♦ Chambres rajeunies bien équipées, parcours de jogging et nombreux espaces verts : tels sont les atouts de ce Novotel. Insonorisation correcte malgré le voisinage de la N 165. Le restaurant et sa terrasse dressée au bord de la piscine donnent sur une pinède.

Ibis sans rest, centre hôtelier de Bellevue ☎ 02 97 76 40 22, *h0616@accor-hotels.com*, Fax 02 97 81 28 56 – ⁑ 🍸 🅿. 🖭 ◑ 🇬🇧   **BZ** v
≔ 6 – **41 ch** 72.
♦ Proximité de la route nationale - efficace double vitrage pour votre confort - et chambres rénovées font de cet hôtel de chaîne une adresse commode pour l'étape.

au Nord-Ouest : *3,5 km par D 765* **AY** – ⊠ *56100 Lorient* :

XXX **L'Amphitryon** (Abadie), 127 r. Col. Müller ℰ 02 97 83 34 04, *contact@amphitryon.abadie*
❀❀ *.com*, Fax 02 97 37 25 02 – ▤. ⁂ ⓞ ☲. ⋇
fermé 25 avril au 11 mai, 5 au 22 sept., 2 au 11 janv., dim. et lundi – **Repas** 36/98 *et carte 75
à 90*, enf. 13 ⁊.
♦ Cette discrète façade dissimule un restaurant où le chef-amphitryon s'adonne, dans un
cadre résolument contemporain, au culte du beau et du bon. Cuisine inventive.
Spéc. Huîtres "papillon", mousseline de carottes aux agrumes (oct. à avril). Bar en cuisson
lente, fumet au champagne. Strates chocolat Caraïbes, granité menthe citronnée.

LORMES *58140 Nièvre* 319 *F8 G. Bourgogne* – *1 398 h alt. 420.*

Voir *Terrasse du cimetière* ⁂ ★ – *Mont de la Justice* ⁂ ★ *NO : 1,5 km.*

🛈 *Office de tourisme, 5 route d'Avallon* ℰ *03 86 22 82 74, Fax 03 86 22 88 21, ot-
.morvandeslacs@wanadoo.fr.*

Paris 249 – Autun 70 – Avallon 29 – Clamecy 34 – Nevers 75.

🏠 **Perreau**, 8 rte Avallon ℰ 03 86 22 53 21, *Fax 03 86 22 82 15* – 📺 🅿. ☲
⊜ *fermé 23 déc. au 1ᵉʳ fév., dim. soir et lundi d'oct. à mai* – **Repas** (12 bc) - 15/26 ⁊ – 🖵 5,50 –
17 ch 43/50 – ½ P 43/46.
♦ Sympathique auberge sur la traversée de la cité morvandelle, au coeur du Parc
naturel régional du Morvan. Chambres colorées ; préférez celles de l'annexe. Accueillante
salle à manger rustique agrémentée de lampes-vitraux, de poutres et de pierres
apparentes.

LORRIS *45260 Loiret* 318 *M4 G. Châteaux de la Loire* – *2 674 h alt. 126.*

Voir *Église N.-Dame★*.

🛈 *Office de tourisme, 2 rue des Halles* ℰ *02 38 94 81 42, Fax 02 38 94 88 00, ot-
si.lorris@tiscali.fr.*

Paris 132 – Orléans 55 – Gien 27 – Montargis 23 – Pithiviers 45 – Sully-sur-Loire 19.

XX **Guillaume de Lorris,** 8 Grande Rue ℰ 02 38 94 83 55, *Fax 02 38 94 83 55* – ⁂
⊜ ☲
fermé dim. soir, lundi et mardi – **Repas** (nombre de couverts limité, prévenir) 21/28 ⁊.
♦ L'enseigne évoque l'auteur du Roman de la Rose, natif de Lorris. Cheminée, poutres et
pierres : un plaisant intérieur rustique où l'on régale d'une cuisine au goût du jour.

XX **Sauvage** avec ch, pl. Martroi ℰ 02 38 92 43 79, *Fax 02 38 94 82 46* – ▤ rest, 📺. ⁂ ⓞ
☲
fermé 1ᵉʳ au 23 oct., fév., dim. soir et vend. – **Repas** 22/50, enf. 10 ⅙ – 🖵 7 – **8 ch** 48/65 –
½ P 50/60.
♦ Sur la grand-place du Martroi, vous trouverez ce "sauvage" bien civilisé : salle à manger
sous verrière autour d'un jardin d'hiver, chambres accueillantes et bien tenues.

LOUBRESSAC *46130 Lot* 337 *G2 G. Périgord Quercy* – *432 h alt. 320.*

Voir *Site★ du château.*

🛈 *Office de tourisme* ℰ *05 65 10 82 18, saint-cere@wanadoo.fr.*

Paris 531 – Brive-la-Gaillarde 47 – Cahors 73 – Figeac 44 – Gramat 16 – St-Céré 10.

🏨 **Relais de Castelnau** ⚘, ℰ 05 65 10 80 90, *rdc46@wanadoo.fr,* Fax 05 65 38 22 02,
≼ vallée, 🍴, ⊿, ⌨, ⁂ – 📺 ⅋ 🅿. – 🏛 25 à 50. ☲. ⋇ rest
1ᵉʳ avril-1ᵉʳ nov. et fermé dim. soir et lundi en avril et oct. – **Repas** (15) - 23/40, enf. 10 ⁊ –
🖵 9 – **40 ch** 85/100 – ½ P 75/85.
♦ Cette construction moderne est tournée vers l'imposant château de Castelnau-Bretenoux, qui domine la campagne. Chambres colorées et pratiques. La salle de restaurant et la
terrasse offrent une vue panoramique sur les vallées de la Bave et de la Dordogne.

🏠 **Lou Cantou** ⚘, ℰ 05 65 38 20 58, *Fax 05 65 38 25 37,* ≼, 🍴 – ▤ rest, 📺 🅿. ☲
⊜ ☲
fermé 25 oct. au 15 nov. et 15 au 28 fév., dim. soir et lundi hors saison – **Repas** 12/31, enf. 7
⁊ – 🖵 7,50 – **12 ch** 47/57 – ½ P 50/52.
♦ Au coeur du village fortifié, des chambres proprettes, plus grandes dans l'annexe ;
certaines jouissent de la vue sur la vallée de la Bave. Une petite passerelle dessert le
bar-tabac du village et la salle de restaurant, aménagée dans un style rustique.

*Si le coût de la vie subit des variations importantes,
les prix que nous indiquons peuvent être majorés.
Lors de votre réservation à l'hôtel, faites-vous préciser le prix définitif.*

LOUDÉAC 22600 C.-d'Armor **309** F5 *G. Bretagne* – *9 371 h alt. 155.*

🛈 *Syndicat d'initiative, 1 rue Saint Joseph ℘ 02 96 28 25 17, Fax 02 96 28 25 33, tou risme@centrebretagne.com.*

Paris 438 – St-Brieuc 41 – Carhaix-Plouguer 69 – Dinan 76 – Pontivy 24 – Rennes 88.

🏨 **Voyageurs,** 10 r. Cadélac ℘ 02 96 28 00 47, *hoteldesvoyageurs@wanadoo.fr,*
🕭 *Fax 02 96 28 22 30* – 🛗, 🗐 rest, 📺 📞 – 🛦 40. 🆀 ⑩ ☒
fermé 24 déc. au 3 janv. – **Repas** *(fermé dim. soir hors saison, vend. soir et sam.)* 15/39,
enf. 9,50 ⵀ – 🖵 7 – **28 ch** 55/70 – ½ P 52/62.
♦ Cet établissement d'une rue commerçante animée du centre-ville vous accueille
dans des chambres rénovées et pourvues d'un efficace double vitrage. Restaurant décoré
à la façon d'une brasserie chic (banquettes, miroirs, etc.) ; registre culinaire
traditionnel.

Donnez-nous votre avis sur les tables que nous recommandons,
sur leurs spécialités et leurs vins de pays.

LOUDUN 86200 Vienne **322** G2 *G. Poitou Vendée Charentes* – *7 704 h alt. 120.*

Voir *Tour carrée* ✳✳ **AY.**

🚆 *de Loudun à Roiffé ℘ 05 49 98 78 06, N : 18 km par D 147.*

🛈 *Office de tourisme, 2 rue des Marchands ℘ 05 49 98 15 96, Fax 05 49 98 69 49,*
ot.loudun@wanadoo.fr.

Paris 311 ① – Angers 79 ④ – Châtellerault 47 ① – Poitiers 55 ④ – Tours 72 ①.

LOUDUN

Anjou (Av. d') . . . . **BY** 2	
Château (R. du) . . . . **AY** 3	
Chevreau (R. U.) . . . . **BZ** 4	
Collège (R. du) . . . . **BY** 5	
Corderie (R. de la) . . . . . . **ABY** 7	
Croix-Bruneau (R. de la) . . . . **AY** 9	
Grand-Cour . . . . **BY** 10	
Jeu de Paume (R. du) . . . **BYZ** 12	
Leuze (Av. de) . . . . **BY** 13	
Meures (R. des) . . . . **BY** 15	
Palais (R. du) . . . . **BYZ** 16	
Petit Château (R. du) . . . . **AYZ** 17	
Portail-Chaussé (R. du) . . . **BY** 18	
Porte-de-Chinon (R.) . . . . . **BY**	
Poitou (Av. du) . . . . **BZ** 20	
Porte de Chinon (Pl.) . . . . . **BY** 22	
Porte Mirebeau (Pl.) . . . . . **BZ** 23	
Porte Mirebeau (R.) . . . . . . **BZ** 24	
Porte St-Nicolas (R.) . . . . **AY** 27	
Renaudot (R.) . . . . **BY** 28	
Touraine (Av. de) . . . . **BY** 29	
Vieille Charité (R.) . . . . **BZ** 31	
Vieille porte du Martray . . . **AY** 32	

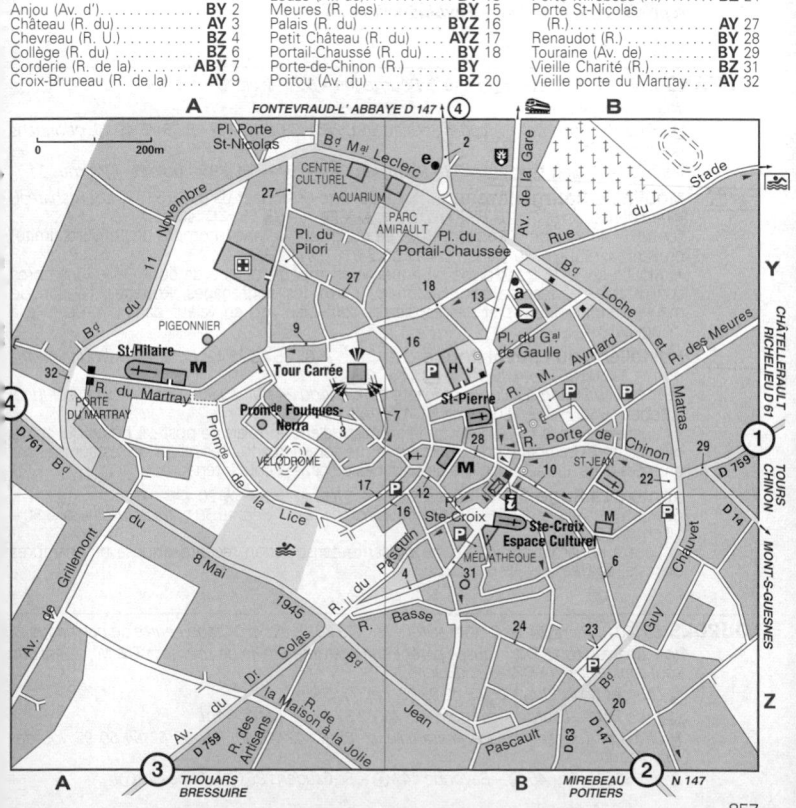

🏠 **Hostellerie de la Roue d'Or**, 1 av. Anjou ℘ 05 49 98 01 23, *Fax 05 49 98 85 45*, ☆ – 📺 ✆ ⅙ 🅿 🄰🄴 ⓞ ☺🄱
BY e
fermé dim. soir et sam. d'oct. au 15 avril – **Repas** 13/34,60 ♀ – ☞ 5,80 – **14 ch** 38,10/50,30 – ½ P 43/51.
◆ Cet ancien relais de poste abrite des chambres simples, meublées dans le style Louis-Philippe ; elles sont mansardées au 2ᵉ étage. Plaisante salle à manger bourgeoise au cadre rajeuni où l'on sert une cuisine traditionnelle.

🏠 **Renaudot** sans rest, 40 av. de Leuze ℘ 05 49 98 19 22, *Fax 05 49 98 94 22* – 📳 📺 ☺🄱
☞ 7 – **29 ch** 36.
BY a
◆ L'enseigne rend hommage au Loudunais fondateur de la presse française et du Mont-de-Piété parisien. Spacieuses chambres fonctionnelles, bénéficiant d'une literie récente.

LOUÉ 72540 Sarthe 🟥🟥🟥 I7 – 2 042 h alt. 112.
Paris 230 – Laval 59 – Le Mans 30 – Rennes 127 – Sillé-le-Guillaume 26.

🏨 **Ricordeau**, 13 r. Libération ℘ 02 43 88 40 03, *hotel-ricordeau@wanadoo.fr*, *Fax 02 43 88 62 08*, ☆ , ⅃ , ☞ – 📳 📺 ✆ ⅙ 🅿 – 🄼 25. 🄰🄴 ⓞ ☺🄱
Repas *(fermé dim soir sauf du 2 mai au 30 sept et lundi)* 22/85, enf. 13 ♀ ☆ – ☞ 12 – **9 ch** 90/110, 4 suites.
◆ Dans la patrie des volailles fermières, un relais de poste du 19ᵉ s. au bord de la Végre. Plaisantes chambres rénovées, terrasse et jardin au ras de l'eau. Dalles de pierre et cheminée personnalisent le restaurant, ouvert sur la verdure. Belle carte des vins.

Les prix
Pour toutes précisions sur les prix indiqués dans ce guide,
reportez-vous aux pages explicatives.

LOUHANS ◁🝐▷ 71500 S.-et-L. 🟥🟥🟥 L10 *G. Bourgogne* – 6 237 h alt. 179.
Voir *Grande-Rue★*.
🄱 *Office de tourisme, 1 Arcades St-Jean ℘ 03 85 75 05 02, Fax 03 85 75 48 70, otlouhans @wanadoo.fr.*
Paris 373 – Chalon-sur-Saône 38 – Bourg-en-Bresse 61 – Dijon 85 – Dole 76 – Tournus 31.

🏨 **Moulin de Bourgchâteau** ⌘, r. Guidon (rte Chalon) ℘ 03 85 75 37 12, *bourgchateau @netcourrier.com, Fax 03 85 75 45 11*, ≤, 🐟 – 📺 🅿 – 🄼 15. ☺🄱. ⚞ rest
fermé 1ᵉʳ au 23 janv. – **Repas** *(fermé lundi de sept. à mars)* (nombre de couverts limité, prévenir) 22/50, enf. 10 ♀ – ☞ 10 – **17 ch** 54/58 – ½ P 56/80.
◆ Moulin de 1778 transformé en auberge champêtre des bords de la Seille. Chambres confortables et insolite salon aménagé parmi les engrenages. Rouages, caisson de meule, trémie, poutres et vieilles pierres sont bien mis en valeur dans la belle salle à manger.

🏠 **Hostellerie du Cheval Rouge**, 5 r. Alsace ℘ 03 85 75 21 42, *hotel-chevalrouge@wana doo.fr, Fax 03 85 75 44 48*, ☆ – 📺 ⇦. ☺🄱
fermé 16 au 26 juin, 22 déc. au 12 janv., dim. soir du 24 nov. au 30 mars, mardi midi et lundi – **Repas** 16/38 ♀ – ☞ 6,50 – **9 ch** 31/42 – ½ P 39.
◆ L'enseigne de la maison évoque son passé d'ancien relais de poste. L'hôtel, qui abrite des chambres campagnardes, borde une rue commerçante. Les tables du restaurant sont dressées dans une salle habillée de boiseries ou dans la cour intérieure.

annexe La Buge 🏨 ⌘ sans rest, – ⚞ 📺 ✆ ⅙ ⇦ – 🄼 20. ☺🄱. ⚞
fermé 16 au 26 juin, 22 déc. au 12 janv., dim. soir du 1ᵉʳ déc. au 30 mars et lundi – ☞ 6,50 – **14 ch** 40/56.
◆ Face à un jardin potager, cette plaisante construction récente dispose de chambres claires et égayées de tissus colorés.

LOURDES 65100 H.-Pyr. 🟥🟥🟥 L6 *G. Midi-Pyrénées* – 15 203 h alt. 420 Grand centre de pèlerinage.
Voir *Château fort★ DZ : musée pyrénéen★ – Musée Grévin de Lourdes★ DZ M¹ – Basilique souterraine St-Pie X CZ – Pic du Jer★.*
🝵 *Lourdes Golf Club ℘ 05 62 42 02 06, par ④ : 3 km.*
✈ *de Tarbes-Lourdes-Pyrénées : ℘ 05 62 32 92 22, par ① : 1m.*
🄱 *Office de tourisme, place Peyramale ℘ 05 62 42 77 40, Fax 05 62 94 60 95, lourdes @sudfr.com.*
Paris 850 ① – Pau 45 ④ – Bayonne 147 ④ – St-Gaudens 86 ② – Tarbes 19 ①.

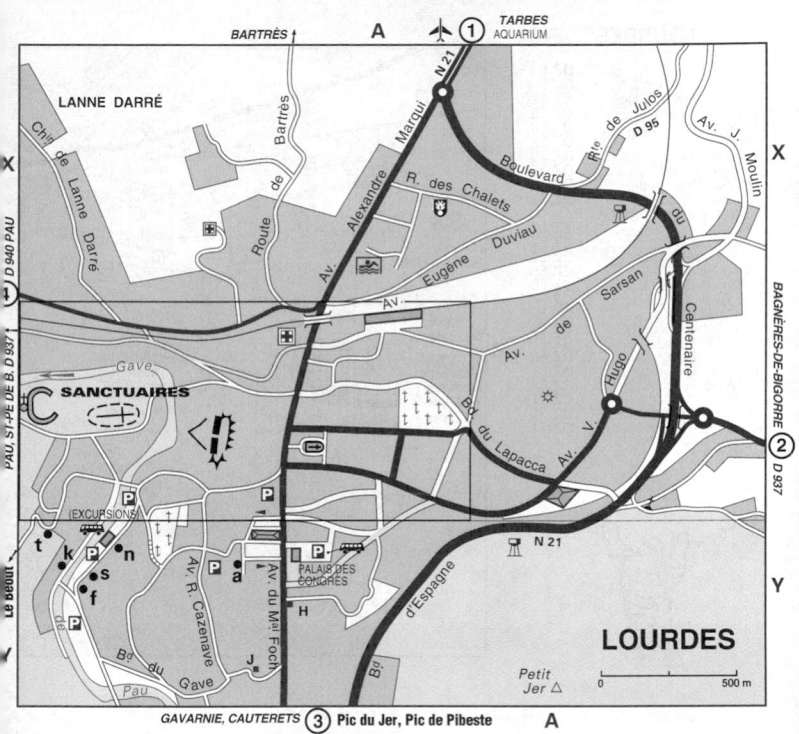

LOURDES

🏠🏠 **Éliseo,** 4 r. Reine Astrid 𝒫 05 62 41 41 41, *eliseo@cometolourdes.com,* Fax 05 62 41 41 50
– 📶 🗗 📺 📞 ᴃ. ⬛ 🄿 – 🛗 20 à 150. 🄰🄴 🄶🄱   CZ p
fermé 5 nov. au 6 fév. – **Repas** 24 ♨ – ⬜ 10 – **188 ch** 85/118, 16 suites – ½ P 85.
♦ À proximité de la grotte, établissement neuf abritant de grandes chambres modernes,
très bien équipées. Boutique de souvenirs ; terrasses panoramiques sur le toit. Plusieurs
salles à manger, spacieuses et décorées dans un élégant style contemporain.

🏠🏠 **Grand Hôtel de la Grotte,** 66 r. Grotte 𝒫 05 62 94 58 87, *booking@hoteldelagrotte.co
m,* Fax 05 62 94 20 50, ≼, 🌇 – 📶, ⬛ rest, 📺 📞 ᴃ. 🄿, 🄰🄴 🄾 🄶🄱 🄹🄲🄱   DZ y
1ᵉʳ avril-31 oct. – **Repas** 16/37 ♀ - ***Brasserie*** 𝒫 05 62 42 39 34 **Repas** *(12)* 16, enf. 7 ♨ –
⬜ 12 – **76 ch** 66/140, 4 suites – ½ P 73/106.
♦ Cet hôtel de tradition est situé au pied du château fort. Chambres de style Louis XVI,
certaines avec vue sur la basilique. Salles à manger feutrées ; formule buffet en été. La
Brasserie offre un décor actuel et une terrasse sous les tilleuls.

🏠🏠 **Gallia et Londres,** 26 av. B. Soubirous 𝒫 05 62 94 35 44, *contact@hotelgallialondres.co
m,* Fax 05 62 42 24 64, ≼, – 📶, ⬛ rest, 📺 🄰🄴 🄾 🄶🄱 🄹🄲🄱 ⌀   CZ c
1ᵉʳ avril-31 oct. – **Repas** 15/21 – ⬜ 16 – **90 ch** 78/110 – ½ P 70/75.
♦ Séduisante atmosphère "vieille France" dans ce bel hôtel situé à proximité des
sanctuaires. Chambres confortables, meublées dans le style Louis XVI. Salle à manger
agrémentée de jolies boiseries, de lustres en cristal et d'une fresque représentant
Venise.

🏠🏠 **Alba,** 27 av. Paradis 𝒫 05 62 42 70 70, *hotelalba@aol.com,* Fax 05 62 94 54 52, 🌇 – 📶 ⬛
ᴃ. ⬛ 🄿 – 🛗 15 à 60. 🄰🄴 🄶🄱 ⌀ rest   AY f
fin mars-fin oct. – **Repas** *(10)* - 11/16, enf. 6,50 ♀ – ⬜ 7 – **213 ch** 83/126, 24 duplex –
½ P 62.
♦ Vaste immeuble récent sur les bords du gave de Pau. Chambres pratiques, spacieux
salons et petite chapelle à disposition des résidents. Grandes salles à manger modernes
accueillant des pèlerins du monde entier. Bar confortable et boutique.

LOURDES

Basse (R.)	**DZ** 5
Bourg (Chaussée du)	**DZ** 8
Capdeville (Rue Louis)	**EZ** 12
Carrières Peyramale (R. des)	**CZ** 15
Fontaine (R. de la)	**DZ** 20
Fort (R. du)	**DZ** 22
Grotte (Bd de la)	**DZ** 30
Jeanne-d'Arc (Pl.)	**DZ** 35
Latour-de-Brie (R. de)	**DZ** 40
Marcadal (Pl. du)	**DZ** 45
Martyrs de la Déportation (R. des)	**EZ** 47
Paradis (Espl. du)	**CZ** 50
Petits Fossés (R. des)	**CZ** 53
Peyramale (Av.)	**CZ** 55
Peyramale (Pl.)	**CZ** 56
Pont-Vieux	**CZ** 57
Pyrénées (R. des)	**DZ** 59
Reine Astrid (R. de la)	**CZ** 60
St-Frai (R. Marie)	**CZ** 65
St-Michel (Pont)	**DZ** 66
St-Pierre (R.)	**DZ** 67
Ste-Marie (R.)	**DZ** 68
Schœpfer (Av. Mgr)	**CZ** 71
Soubirous (Av. Bernadette)	**CZ** 73
Soubirous (R. Bernadette)	**DZ** 74

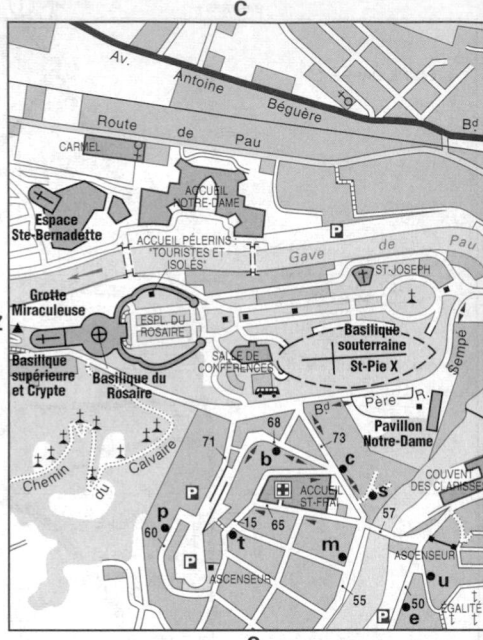

Paradis, 15 av. Paradis 📞 05 62 42 14 14, *info@hotelparadislourdes.com*, Fax 05 62 94 64 04, ← – ♦, ≡ rest, ☑ & ⇔ 🅿 – 🔺 150. 🆎 ☸   **AY n**
5 avril-fin oct. – **Repas** 23 ♣ – ☲ 15 – **300 ch** 75/90 – ½ P 70.
  ◆ Cet établissement ouvert en 1992 est situé au bord du gave. Chambres fonctionnelles, mobilier pratique et insonorisation efficace. Immense et sobre salle des repas ; confortables fauteuils capitonnés dans les salons.

Mercure Impérial, 3 av. Paradis 📞 05 62 94 06 30, *hotel.mercure.imperial@wanadoo.fr*, Fax 05 62 94 48 04 – ♦, ≡ ☑ & 🆎 ☻ ☸ ⌨, ⅍ rest   **CZ u**
1ᵉʳ fév.-15 déc. – **Repas** 15 ♀ – ☲ 10 – **93 ch** 92/99.
  ◆ Établi au pied du château et dominant le gave, hôtel des années 1930 proposant des chambres rénovées dans un esprit "rétro". Toit-terrasse panoramique. Un bel escalier dessert la jolie salle à manger classique et son salon ouvrant sur le jardin.

Méditerranée, 23 av. Paradis 📞 05 62 94 72 15, *hotelmed@aol.com*, Fax 05 62 94 10 54 – ♦ ≡ & 🅿 – 🔺 20 à 60. 🆎 ☸   **AY s**
15 mars-10 nov. – **Repas** 16/20,50, enf. 8 ♀ – ☲ 9 – **171 ch** 67/83 – ½ P 62.
  ◆ L'établissement bénéficie d'une cure de rajeunissement : chambres bien pensées, petit solarium et chapelle pour se recueillir. Immense salle à manger moderne et fonctionnelle ouvrant sur le gave de plus intime.

Christ-Roi, 9 r. Mgr Rodhain 📞 05 62 94 24 98, *hotelcristroi@wanadoo.fr*, Fax 05 62 94 17 65 – ♦, ≡ rest, & ⇔ – 🔺 30. 🆎 ☸. ⅍ rest   **AY t**
Pâques-15 oct. – **Repas** 17 – ☲ 6 – **172 ch** 67, 8 duplex – ½ P 55.
  ◆ Les pèlerins peuvent prendre un ascenseur situé à deux pas de l'hôtel pour rejoindre la cité religieuse. Chambres actuelles dans un édifice récent. Bar anglais. Vaste salle à manger contemporaine fréquentée principalement par les résidents de l'hôtel.

Beauséjour, 16 av. Gare 📞 05 62 94 38 18, *beausejour.p.martin@wanadoo.fr*, Fax 05 62 94 96 20, ⌂, ☞ – ♦, ≡ rest, ☑ 🅿, 🆎 ☻ ☸ ⌨   **EZ s**
Le Parc : **Repas** carte 33 à 47 – ☲ 8 – **45 ch** 60/145 – ½ P 58/63.
  ◆ Ce petit hôtel jouxtant la gare n'est pas dénué de charme : jolie façade centenaire, jardin, salon bourgeois, chambres bien refaites et boutique. Restaurant-véranda et terrasse tournés sur la verdure ; registre culinaire traditionnel.

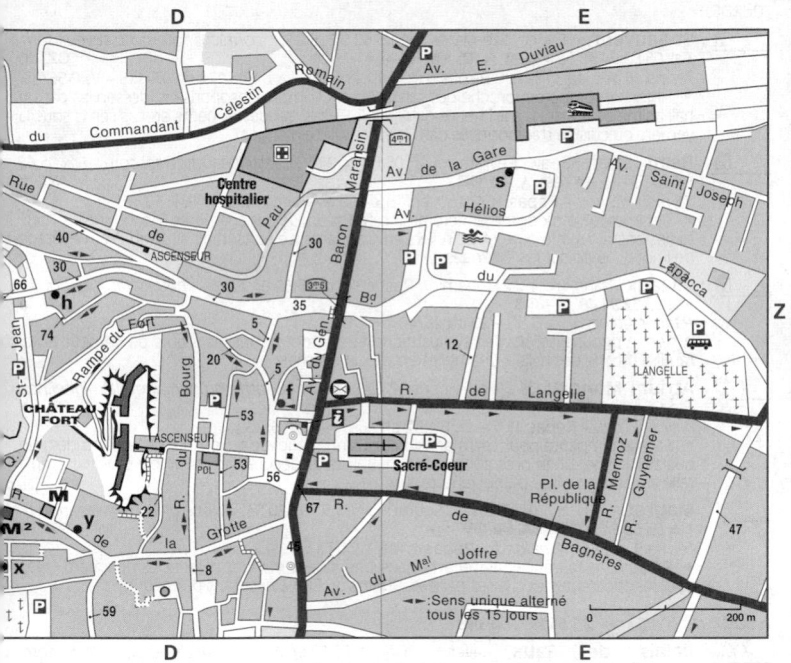

D | E

:Sens unique alterné
tous les 15 jours

0   200 m

🏨 **Solitude,** 3 passage St-Louis   ℰ 05 62 42 71 71,   *contact@hotelsolitude.com,*
Fax 05 62 94 40 65, ← – ‖�, ▤ rest, ৬ ⇔ – ⛴ 15 à 100. ⅋ ⓪ ⒼⒷ ⒿⒸⒷ, ※   **CZ** s
1er avril-5 nov. – **Repas** 16 ♈ – ⷤ 12 – **281 ch** 67/115, 4 suites, 8 duplex – ½ P 56/63.
♦ Ce bâtiment bordant le gave de Pau abrite de plaisantes chambres à la page. Vue
panoramique depuis la petite piscine aménagée sur le toit. Salle à manger en rotonde avec
terrasse surplombant la rivière.

🏨 **Espagne,** 9 av. Paradis   ℰ 05 62 94 50 02,   *hoteldespagne@wanadoo.fr,*   Fax 05 62
94 58 15, ← – ‖�, ▤ rest, **P** – ⛴ 35. ⅋ ⒼⒷ. ※   **CZ** e
1er avril-20 oct. – **Repas** 17,50/18,50 – ⷤ 6,80 – **129 ch** 82,50 – ½ P 57.
♦ L'enseigne et la discrète décoration hispano-mauresque du salon rappellent la proximité
de l'Espagne. Sobres petites chambres fonctionnelles. Choisissez la salle à manger "Séville",
agrémentée d'arcades, de poutres apparentes et d'une cheminée.

🏨 **Excelsior,** 83 bd Grotte   ℰ 05 62 94 02 05,   *hotel.excelsior@wanadoo.fr,*   Fax 05 62
94 82 88 – ‖�, ▤ rest, ⓽ ⅋ ⓪ ⒼⒷ ⒿⒸⒷ, ※ rest   **DZ** h
9 avril-30 oct. – **Repas** 18/20 – ⷤ 9,50 – **67 ch** 58/79 – ½ P 56,50.
♦ Les pèlerins ont ici le choix entre plusieurs types de chambres, mais toutes sont
rénovées ; certaines ont vue sur la basilique, d'autres sur le château fort. Salon et bar
bourgeois au rez-de-chaussée et, à l'étage, salle à manger panoramique.

🏨 **Florida,** 3 r. Carrières Peyramale   ℰ 05 62 94 51 15,   *flo_aca_mira_hotels@hotmail.com,*
Fax 05 62 94 69 49 – ‖� ▤ ⓽ ৬ **P**. ⅋ ⓪ ⒼⒷ, ※ rest   **CZ** t
2 avril-31 oct. et 8-12 fév. – **Repas** 12,10 – ⷤ 9 – **117 ch** 47,50/61,50 – ½ P 47,50.
♦ L'intérieur du Florida a été entièrement refait. Chambres confortables. À noter : l'hôtel
est bien équipé pour l'accueil des personnes handicapées. Sobre décor dans la salle à
manger. Vue imprenable sur la ville et les Pyrénées du toit-terrasse.

🏨 **Notre Dame de France,** 8 av. Peyramale   ℰ 05 62 94 91 45,   *contact@hotelnd-france.fr,*
Fax 05 62 94 57 21 – ‖�, ▤ rest, ⓽ ৬. ※ rest   **CZ** m
1er avril-30 oct. et 9-12 fév. – **Repas** 12/16 ⚥ – ⷤ 7 – **76 ch** 55/75 – ½ P 55/60.
♦ Le long du gave de Pau, hôtel dirigé par la même famille depuis plusieurs générations.
Les chambres bénéficient d'une cure de jouvence (mobilier, moquette, tissus). Le restau-
rant, rafraîchi, offre l'atmosphère d'une aimable pension.

🏨 **St-Sauveur,** 9 r. Ste-Marie ✆ 05 62 94 25 03, *contact@hotelsaintsauveur.com*,
Fax 05 62 94 36 52 – 📱 🔲 ዿ. 🖭 ⓞ 🆖 🝓 ✑ ch   **CZ   b**
fermé 16 déc. au 31 janv. – **Repas** *(11,50)* - 16, enf. 7 ♈ – ⴰ 12 – **174 ch** 67/115 – ½ P 56/63.
♦ Hôtel contemporain proche des sanctuaires. Chambres insonorisées, desservies par un
hall animé et coloré. C'est l'heure du repas ? Pizzas, salades et petits en-cas servis sous la
verrière ou cuisine traditionnelle dans la vaste salle à manger.

🏨 **Beau Site,** 36 av. Peyramale ✆ 05 62 94 04 08, *hotelbeausite@aol.com*, Fax 05 62
94 06 59 – 📱, 🔲 rest, ዿ. 🖭 🆖   **AY   k**
15 mars-15 nov. – **Repas** 16/20,50, enf. 8 ♈ – ⴰ 9 – **66 ch** 63/78 – ½ P 59,50.
♦ Cet immeuble moderne entièrement refait propose des chambres fonctionnelles ; certaines ont vue sur le gave et les reliefs environnants. Le restaurant, situé au premier étage
de l'hôtel, ouvre sur les Pyrénées.

🏨 **Cazaux** sans rest, 2 chemin Rochers ✆ 05 62 94 22 65, *hotelcazaux@yahoo.fr*,
Fax 05 62 94 48 32 – 🆖   **AY   a**
Pâques-fin oct. – ⴰ 5,50 – **20 ch** 26/48.
♦ Tenue rigoureuse, accueil sympathique et prix doux sont les atouts de ce petit hôtel
familial proche des halles. Chambres simples et fraîches.

🏕 **Atrium Mondial** ⌖, 9 r. Pèlerins ✆ 05 62 94 27 28, *atriummondialhotel@minitel.net*,
Fax 05 62 94 70 92 – 📱. 🆖   **DZ   x**
3 avril-15 oct. – **Repas** 11 ♈ – ⴰ 8 – **52 ch** 36/51 – ½ P 37/39.
♦ Façade pimpante pour cette pension de famille rénovée qui profite de la quiétude d'un
quartier calme. Chambres sobrement meublées et décorées d'un simple crucifix. Ample
salle à manger coiffée d'une verrière.

✗ **Magret,** 10 r. 4 Frères Soulas ✆ 05 62 94 20 55, *pene.philippe@wanadoo.fr*,
Fax 05 62 94 20 55 – 🔳. ⓞ 🆖 🝓   **DZ   f**
fermé 5 au 26 janv. et lundi – **Repas** 13 (déj.), 24/33 ♈.
♦ Ce petit restaurant vous recevra dans une salle à manger d'esprit campagnard, avec
poutres apparentes et chaises paillées. Cuisine du Sud-Ouest sans prétention.

à Saux *par ① : 3 km –* ⴲ *65100 Lourdes :*

✗✗✗ **Relais de Saux** avec ch, ✆ 05 62 94 29 61, *relais.de.saux@sudfr.com*,
Fax 05 62 42 12 64, ≼, 🛋, 🌳 – 🖵 ✆ 🅿. 🖭 ⓞ 🆖. 🝓
fermé 15 au 30 nov. – **Repas** 28/48 et carte 35 à 60 ♈ – ⴰ 9 – **7 ch** 84/96 – ½ P 60/65,50.
♦ Au cœur d'un ravissant jardin, auberge du 18ᵉ s. tapissée de vigne vierge. Coquette salle
à manger agreste et amples chambres garnies de meubles anciens.

à Poueyferré *par ④, rte de Pau : 4 km – 780 h. alt. 360 –* ⴲ *65100 :*

✗ **Verger des Saveurs,** ✆ 05 62 94 58 57
fermé 17 au 29 oct., 5 au 25 janv. et lundi d'oct. à mai – **Repas** 20/30, enf. 9,20 ♈.
♦ Ce "verger des saveurs" a investi un ancien café de village : à l'instar de la cuisine, au goût
du jour, le décor de la salle à manger est d'inspiration marine.

LOURMARIN *84160 Vaucluse* 🔢 **F11** *G. Provence – 1 119 h alt. 224.*

Voir *Château★.*

🏛 *Office de tourisme, 9 avenue Philippe de Girard* ✆ *04 90 68 10 77, Fax 04 90 68 11 01,
ot-lourmarin@axit.fr.*

Paris 732 – Apt 19 – Aix-en-Provence 37 – Cavaillon 32 – Digne-les-Bains 114.

🏨 **Moulin de Lourmarin** (Loubet) ⌖, r. Temple ✆ 04 90 68 06 69, *info@moulindelourmar*
❄❄ *in.com, Fax 04 90 68 31 76,* 🌳 – 📱 🔲 🖵 🛋. 🖭 ⓞ 🆖 🝓
fermé 15 nov. au 15 déc. et 15 janv. au 15 fév. – **Repas** *(fermé jeudi midi en saison, merc
sauf le soir en saison et mardi)* 91/152 et carte 120 à 200 ♉ – ⴰ 19 – **19 ch** 190/490 –
½ P 250/360.
♦ Près du château, moulin à huile du 18ᵉ s. pétri de charme et abritant de délicieuses
chambres. Restaurant voûté occupant l'ancien pressoir et ravissante terrasse pour une
cuisine inventive, hommage subtil aux saveurs et aux couleurs du Luberon.
Spéc. Complicité de foie gras. Loup de ligne à l'unilatérale, infusion de sauge et orange.
Carré d'agneau au serpolet, jus au thym citronné. **Vins** Côtes du Luberon.

🏛 **Mas de Guilles** ⌖, rte Vaugines : 2 km ✆ 04 90 68 30 55, *hotel@guilles.com*,
Fax 04 90 68 37 41, ≼, 🌳, ⛾, 🌳, 🝓 – 🖵 ✆ 🅿 – 🔏 25. 🖭 🆖. 🝓 rest
1ᵉʳ mars-15 nov. – **Repas** *(dîner seul.)* 40 ♈ – ⴰ 12 – **29 ch** 80/110 – ½ P 90/105.
♦ Un chemin cahoteux mène à ce joli mas provençal niché au milieu des vignes et
des vergers. Plaisantes chambres actuelles, agrémentées de belles armoires anciennes.
Salle à manger voûtée aménagée dans une maisonnette et jolie terrasse meublée en fer
forgé.

XXX ✿ **Auberge La Fenière** (Mme Sammut) ⌖ avec ch, Sud, rte de Cadenet par D 943 : 2 km
✆ 04 90 68 11 79, reine@wanadoo.fr, Fax 04 90 68 18 60, ≤ plaine de la Durance, 斎, ⌁,
⌖ – 🍴 rest, 📺 🅿️ ⚿ 🅿️ AE ① GB JCB
fermé 11 nov. au 1ᵉʳ fév. – **Repas** *(fermé mardi midi et lundi)* 45/100 et carte 79 à 100 ⅋ 🖘 –
⌸ 13 – **9 ch** 152/200.

◆ Havre de grâce... culinaire, face au Grand Luberon. Jolie salle à manger, élégantes chambres décorées sur le thème des métiers d'arts et deux roulottes pour vivre en bohème !
Spéc. "Voyage" autour de l'artichaud violet. Risotto aux herbes et citron vert, Saint-Pierre rôti au foie de baudroie façon Rossini. Pigeonneau fermier en cocotte à l'ail confit. **Vins** Côtes du Lubéron.

XX **L'Antiquaire,** 9 r. Grand Pré ✆ 04 90 68 17 29, Fax 04 90 68 17 29 – 🍴. GB
fermé 15 nov. au 5 déc., 17 janv. au 6 fév., dim. soir d'oct. à mai, mardi midi et lundi – **Repas** 18 *(déj.)*, 28/39 ⅋.

◆ L'enseigne de cette jolie maison en pierre évoque une oeuvre d'Henri Bosco, l'un des chantres de Lourmarin. À l'étage, salles aux couleurs de la Provence.

Une réservation confirmée par écrit ou par fax est toujours plus sûre.

LOUVIERS 27400 Eure **304** H6 G. Normandie Vallée de la Seine – 18 328 h alt. 15.

Voir **Église N.-Dame★** : oeuvres d'art★, porche★ **BY.**

Env. Vironvay ≤★.

🏌 du Vaudreuil à Le Vaudreuil ✆ 02 32 59 02 60, par ② : 6 km.

🅱 Office de tourisme, 10 rue du Maréchal Foch ✆ 02 32 40 04 41, Fax 02 32 40 04 41, info@tourisme-seine-eure.com.

Paris 104 ③ – Rouen 33 ② – Les Andelys 22 ③ – Lisieux 75 ⑤ – Mantes-la-Jolie 51 ③.

LOUVIERS

Anc.-Combattants-
d'Afrique-du-N. (R.).. **BY** 2
Beaulieu (R. de) ..... **AZ** 3
Coq (R. au) .... **ABY** 5

Dr-Postel (Bd du)...... **BZ** 6
Flavigny (R.) .... **AZ** 7
Foch (R. Mar.) .... **BZ** 8
Gaulle (R. Gén.-de) .... **AZ** 9
Halle-aux-Drapiers (Pl.).. **AZ** 10
Huet (R. J.) .... **AZ** 12
Matrey (R. du) .... **AZ** 14

Mendès-France (R. P.)**ABY** 15
Pénitents (R. des) .... **BY** 16
Poste (R. de la) ...... **BY** 18
Quai (R. du) .... **BY**
Quatre-Moulins (R. des)**BY** 21
Thorel (Pl. E.) .... **AY** 22
Vexin (Chaussée du).. **BY** 24

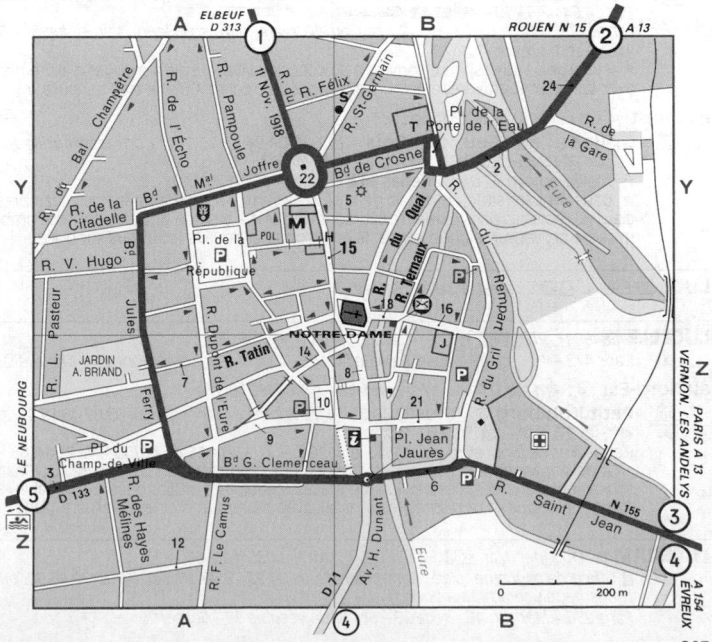

Pré-St-Germain ⑤, 7 r. St-Germain ℰ 02 32 40 48 48, *le.pre.saint.germain@wanadoo.fr*, Fax 02 32 50 75 60, ⇧ – ⑱ 🖽 📞 ᕋ 🅿 – 🔬 70. 🔤 🖾. ✄ rest   BY s
Repas *(fermé sam. midi et dim.)* 26 ♇ – ☷ 10 – **30 ch** 78/93 – ½ P 70/77,50.
♦ Centrale et néanmoins au calme, demeure imposante proposant des chambres au décor actuel et aux aménagements fonctionnels. Cuisine au goût du jour à découvrir dans un cadre contemporain ou, selon le climat, sur la terrasse. Formule rapide servie au bar.

à Vironvay *par ③ : 5 km – 275 h. alt. 119 – ⌧ 27400.*

Voir *Église*★.

XXX **Les Saisons** (Portier) ⑤ avec ch, ℰ 02 32 40 02 56, Fax 02 32 25 05 26, ⇧, ⚏, ☞, ✖ –
🖽 🅿 – 🔬 25. 🔤 ⑥ 🖾. ✄
⇩
fermé 16 au 26 août, 20 au 27 déc., 23 fév. au 11 mars, dim. soir, merc. soir et lundi – **Repas**
39/54 et carte 62 à 80 ♇ – ☷ 12,20 – **10 ch** 130/185, 4 suites.
♦ Élégante hostellerie dans la campagne normande. Les baies de la salle à manger s'ouvrent sur le joli jardin. Pavillons-cottages abritant des chambres au charme "british".
Spéc. Soupière de crustacés et coquillages en croûte (15 nov. au 15 déc.). Pomme de ris de veau braisée aux légumes de saison. Tarte fine aux pommes et amandine.

LUBBON *40240 Landes* 🎱🎱🎱 K10 – *95 h alt. 140.*

Paris 686 – Aire-sur-l'Adour 61 – Condom 43 – Mont-de-Marsan 48 – Nérac 36.

🏖 **du Bon Coin "Chez Jeanne",** D 933 ℰ 05 58 93 60 43, Fax 05 58 93 61 42, ⚏, ☞ – 🅿.
🖾. ✄ ch
fermé 2 au 24 juil., 2 au 16 janv., vend. soir et sam. de sept. à juin, sam. soir en juil.-août et dim. soir – **Repas** 11/37, enf. 6,10 ⅄ – ☷ 4,60 – **4 ch** 28/34 – ½ P 31.
♦ Petite affaire bien tenue, dans la pinède du Gabardan landais. Chambres sobres ; préférez celles de l'annexe, face à la piscine. Restaurant familial sans prétention où l'on propose des petits plats régionaux dans la grande salle à manger-véranda.

Une réservation confirmée par écrit ou par fax est toujours plus sûre.

Le LUC *83340 Var* 🎱🎱🎱 M5 *G. Côte d' Azur* – *7 282 h alt. 160.*

🄑 *Office de tourisme, le Château des Vintimilles* ℰ 04 94 60 74 51.
Paris 836 – Fréjus 41 – Cannes 75 – Draguignan 29 – St-Raphaël 45 – Toulon 52.

XX **Gourmandin,** pl. L. Brunet ℰ 04 94 60 85 92, *gourmandin@wanadoo.fr,*
Fax 04 94 47 91 10 – ⬛. 🔤 ⑥ 🖾 🥃🅱🅱
fermé 23 août au 23 sept., 20 fév. au 10 mars, dim. soir, jeudi soir et lundi – **Repas**
(week-end, prévenir) 22/42 ♇.
♦ Auberge à l'atmosphère conviviale au coeur du village. Salle à manger d'allure rustique, avec tableaux et gravures aux murs et nappes au crochet. Cuisine traditionnelle.

à l'Ouest *: 4 km par N 7 – ⌧ 83340 Le Luc :*

🏨 **Grillade au Feu de Bois** ⑤, ℰ 04 94 69 71 20, *contact@lagrillade.com,*
Fax 04 94 59 66 11, ⇧, ⚏, 🔥 – 🖽 🖽 📞 🅿. 🔤 🖾
fermé 11 nov. au 22 déc. – **Repas** 34 ♇ – ☷ 10 – **16 ch** 70/110.
♦ Dans un parc situé en retrait de la N 7, ex-ferme viticole abritant des chambres spacieuses, réparties dans plusieurs bâtiments. Cuisine à base de grillades, terrasse ombragée et cadre provençal soigné, oeuvre de la patronne-antiquaire (boutique sur place).

LUCÉ *28 E.-et-L.* 🎱🎱🎱 E5 – *rattaché à Chartres.*

LUCELLE *68480 H.-Rhin* 🎱🎱🎱 H12 *G. Alsace Lorraine* – *47 h alt. 640.*

Paris 472 – Altkirch 29 – Basel 41 – Belfort 56 – Colmar 98 – Delémont 17 – Montbéliard 46.

au Nord-Est *: 4,5 km par D 41 et rte secondaire – ⌧ 68480 Lucelle :*

🏨 **Petit Kohlberg** ⑤, ℰ 03 89 40 85 30, *petitkohlberg@fr.fm,* Fax 03 89 40 89 40, ≼, ⇧,
☞ – 🖽 🖽 ᕋ 🅿 – 🔬 30 à 50. 🖾
Repas *(fermé lundi et mardi)* 14/40, enf. 10 ♇ – ☷ 9,50 – **35 ch** 40/55 – ½ P 51/56.
♦ À deux pas de la Suisse, un environnement champêtre propice au repos. Chambres sobrement décorées. Des maillots dédicacés d'équipes cyclistes décorent le salon. Salle à manger rustique et terrasse face au jardin, avec champs et prairies en arrière-plan.

LUCÉRAM *06440 Alpes-Mar.* 🎱🎱🎱 F4 *G. Côte d'Azur* – *1 035 h alt. 660.*

🄑 *Office de tourisme, place Adrien Barallis* ℰ 04 93 79 46 50, Fax 04 93 79 46 50, *officede tourismedeluceram@wanadoo.fr.*
Paris 956 – Menton 46 – Nice 28 – St Martin Vésubie 38 – Sospel 28.

✂ **Auberge de la Méditerranée** avec ch, 1 pl. A. Barralis *ℰ* 04 93 91 35 65, 🐜 – 📺
⊕ *fermé 25 janv. au 10 fév., dim. soir et lundi* – **Repas** *(11,90)* - 15/45 ♀ – ☲ 5 – **6 ch** 27/45 –
½ P 38.
   ◆ Vieille maison nichée au coeur d'un pittoresque village de l'arrière-pays niçois. Une
copieuse cuisine régionale vous est proposée dans deux accueillantes salles voûtées.

LUCEY *54 M.-et-M.* 🔢 *G6 – rattaché à Toul.*

LUCHÉ-PRINGÉ *72800 Sarthe* 🔟 *J8 G. Châteaux de la Loire – 1 531 h alt. 34.*
   🅗 *Syndicat d'initiative, 4 rue Paul Doumer ℰ 02 43 45 44 50, Fax 02 43 45 75 71, mai
rie@ville-luche-pringe.fr.*
   Paris 242 – Angers 68 – La Flèche 14 – Le Lude 10 – Le Mans 39.

✕✕ **Auberge du Port des Roches** ⌂ avec ch, au Port des Roches Est : 2,5 km par D 13 et
⊕ D 214 *ℰ* 02 43 45 44 48, Fax 02 43 45 39 61, 🐜, 🌲 – 📺 📞 🅿. 🅖🅑
fermé 28 janv. au 10 mars, dim. soir, mardi midi et lundi – **Repas** 20/40, enf. 9 ♀ – ☲ 6 –
12 ch 42/52 – ½ P 46/51.
   ◆ Jardin-terrasse au fil de l'eau, plaisante salle à manger bourgeoise, chambres fraîches et
colorées : faites fi de la morosité dans cette auberge "cosy" des bords du Loir !

LUCHON *31 H.-Gar.* 🔢 *20 – voir Bagnères-de-Luchon.*

LUÇON *85400 Vendée* 🔟 *I9 G. Poitou Vendée Charentes – 9 311 h alt. 8.*
   Voir Cathédrale Notre-Dame★ – Jardin Dumaine★.
   🅗 *Office de tourisme, square Edouard Herriot ℰ 02 51 56 36 52, Fax 02 51 56 03 56,
officetourisme.paysluconnais@wanadoo.fr.*
   Paris 438 – La Rochelle 43 – Cholet 89 – Fontenay-le-Comte 30 – La Roche-sur-Yon 33.

✕✕✕ **Mirabelle,** 89 bis r. de Gaulle, rte des Sables d'Olonne *ℰ* 02 51 56 93 02,
Fax 02 51 56 35 92, 🐜 – ▤. 🅖🅑. ✾
fermé 25 au 31 oct., 15 au 23 fév., dim. soir, sam. midi et mardi sauf juil.-août – **Repas**
16/65 et carte 44 à 64, enf. 10 ♀.
   ◆ Pimpante façade située à deux pas de la cathédrale où Richelieu fut nommé évêque en
1608. Salle à manger actuelle et plaisante terrasse. Cuisine régionale.

✕✕ **Boeuf Couronné** avec ch, rte de la Roche-sur-Yon : 2 km *ℰ* 02 51 56 11 32, *boeufcouro
⊕ nne@wanadoo.fr, Fax 02 51 56 98 25,* 🐜, 🌲 – 📺 👫 🅿. 🆚 25. 🅖🅑
fermé mi-sept. à début oct., dim. soir et lundi – **Repas** 13/31 – ☲ 5,70 – **4 ch** 43/50,50.
   ◆ Aux confins du Marais poitevin et de la Plaine, auberge dotée de deux salles à manger :
l'une contemporaine, l'autre aménagée sous une véranda. Recettes traditionnelles.

LUC-SUR-MER *14530 Calvados* 🔟 *J4 G. Normandie Cotentin – 3 036 h – Casino.*
   Voir Parc municipal★.
   🅗 *Office de tourisme, rue du Docteur Charcot ℰ 02 31 97 33 25, Fax 02 31 96 65 09,
luc.sur.mer@wanadoo.fr.*
   Paris 249 – Caen 18 – Arromanches-les-Bains 23 – Bayeux 29 – Cabourg 28.

🏨 **Des Thermes et du Casino,** *ℰ* 02 31 97 32 37, *hotelresto@hotelresto.lesthermes.co
m, Fax 02 31 96 72 57,* ≤, 🐜, 👍, 🔲, 🌲 – 📱 📺 📞 👫 🅿. 🆚 ① 🅖🅑
3 avril-15 oct. – **Repas** 22/60, enf. 11 ♀ – ☲ 9 – **48 ch** 100/110 – ½ P 75,50/80.
   ◆ Adresse tonique postée sur la digue-promenade, à proximité des thermes et du casino.
Les chambres avec balcon offrent la vue sur la mer. Le restaurant est tourné vers la Manche
d'un côté et sur le jardin fleuri et planté de pommiers de l'autre.

Le LUDE *72800 Sarthe* 🔟 *J9 G. Châteaux de la Loire – 4 201 h alt. 48.*
   Voir Château★★.
   🅗 *Office de tourisme, place François de Nicolay ℰ 02 43 94 62 20, Fax 02 43 94 48 46,
otbas.ludois@wanadoo.fr.*
   Paris 244 – Angers 63 – Chinon 63 – La Flèche 20 – Le Mans 45 – Saumur 51 – Tours 51.

✕✕ **Renaissance** avec ch, 2 av. Libération *ℰ* 02 43 94 63 10, *lelude.renaissance@wanadoo.fr,
⊕ Fax 02 43 94 21 05 –* 📺 🅖🅒🅑
fermé vacances de Toussaint, de fév., dim. soir et lundi – **Repas** *(10)* - 13/35, enf. 8,50 ♀ –
☲ 6 – **8 ch** 45/55 – ½ P 44/49.
   ◆ À deux pas du château et de son parc dominant le Loir, faites halte dans cet ancien café
joliment aménagé en restaurant. Terrasse-jardin. Cuisine traditionnelle.

LUGON ET L'ILE-DU-CARNEY 33 Gironde 335 I5 – 1 000 h alt. 36 – ⊠ 33240 St-André-de-Cubzac.

Paris 565 – Bordeaux 31 – Libourne 11 – St-André-de-Cubzac 10.

XX **Auberge de la Vieille Chapelle,** Sud-Ouest : 3 km par D 138 ℘ 05 57 84 48 65, Fax 05 57 84 40 28, ≤ – ▤ **P**. **⏱**

fermé 15 sept. au 15 oct., 5 au 21 janv., dim. soir, mardi et merc. – **Repas** 17 (déj.), 33/56, enf. 13 ♀.

• Cette étonnante chapelle du 12ᵉ s. restaurée semble égarée entre vignes et Dordogne. Superbe charpente, cadre de pierre et de bois. Cuisine régionale et vins de la propriété.

LUGOS 33830 Gironde 335 F8 – 558 h alt. 40.

Paris 642 – Bordeaux 60 – Arcachon 44 – Bayonne 137.

X **Bonne Auberge** ⬙ avec ch, ℘ 05 57 71 95 28, Fax 05 57 71 94 32, ⌂, ⛫ – **TV P**. **⏱**

fermé nov., dim. soir et lundi hors saison – **Repas** 9,50/37, enf. 7 ♀ – ♑ 5 – **12 ch** 36 – 1/2 P 38,50.

• Salle décorée d'assiettes anciennes et de cuivres, terrasse dressée à l'ombre des platanes et cuisine régionale pour cette "bonne auberge" du Parc des Landes de Gascogne.

LUMBRES 62380 P.-de-C. 301 F3 – 3 873 h alt. 45.

🛈 Office de tourisme, rue François Cousin ℘ 03 21 93 45 46, Fax 03 21 12 44 87, otlumbres @paysdelumbres.com.

Paris 261 – Calais 44 – Arras 81 – Boulogne-sur-Mer 43 – Dunkerque 51 – St-Omer 11.

🏠 **Moulin de Mombreux** ⬙, Ouest : 2 km par rte Boulogne, D 225 et rte secondaire ℘ 03 21 39 13 13, moulin.de.mombreux@gofornet.com, Fax 03 21 93 61 34, ♨ – **TV** 📞 ♿ **P** – ♤ 25. **AE** **⏱**

fermé 20 déc. au 20 janv. – **Repas** 38 bc/60 bc – ♑ 10 – **24 ch** 80/110 – 1/2 P 88.

• Laissez-vous prendre au charme romantique de ce moulin du 18ᵉ s. niché dans un parc sur les rives du Bléquin. Nuits douillettes, avec une cascade pour berceuse... Poutres apparentes et mobilier rustique agrémentent la salle à manger située à l'étage.

---

*Demandez à votre libraire
le catalogue des* **publications Michelin**

LUNEL 34400 Hérault 339 J6 *G. Languedoc Roussillon* – 22 352 h alt. 6.

🛈 Office de tourisme, 16 cours Gabriel Péri ℘ 04 67 87 83 97, Fax 04 67 71 26 67, t–lunel@infonie.fr.

Paris 733 – Montpellier 30 – Aigues-Mortes 16 – Alès 58 – Arles 56 – Nîmes 31.

XX **Chodoreille,** 140 r. Lakanal ℘ 04 67 71 55 77, chodoreille@wanadoo.fr, Fax 04 67 83 19 97, ⌂ – ▤. **AE** **⏱**

fermé 13 au 31 août, lundi soir et dim. sauf fériés, mardi soir en hiver – **Repas** 20/51.

• Cette maison vous concocte une cuisine au goût du jour et met à l'honneur le taureau camarguais. Salle contemporaine ou terrasse ombragée... selon les humeurs du ciel !

X **L'Authentic,** 9 av. Gén. de Gaulle (rte Nîmes) ℘ 04 67 83 91 12, Fax 04 67 91 07 93 – ▤. **⏱**

fermé 11 juil. au 17 août, 13 fév. au 1ᵉʳ mars, dim., lundi et fériés – **Repas** 45.

• Poutres restaurées, murs colorés (tons ocre) et exposition de tableaux composent le décor de ce restaurant situé en retrait de la N 113. La cuisine cultive "l'authentic" !

LUNÉVILLE ⬙ 54300 M.-et-M. 307 J7 *G. Alsace Lorraine* – 20 200 h alt. 224.

Voir *Château*★ **A** – *Parc des Bosquets*★ **AB** – *Boiseries*★ *de l'église St-Jacques* **A**.

🛈 Office de tourisme, Aile Sud du Château ℘ 03 83 74 06 55, Fax 03 83 73 57 95, ot.lunevillois@freesbee.fr.

Paris 347 ⑤ – Nancy 36 ⑤ – Épinal 69 ④ – Metz 95 ① – St-Dié 56 ③ – Strasbourg 132 ②.

Plan page ci-contre

🏠 **des Pages,** 5 quai Petits Bosquets ℘ 03 83 74 11 42, Fax 03 83 73 46 63, ⌂ – 🛗 ⁜ **TV** 📞 **P** – ♤ 40. **AE** **⏱**   **A u**

Petit Comptoir ℘ 03 83 73 14 55 *(fermé sam. midi de sept à juin et dim. soir)* **Repas** 16/27, enf. 11 ♀ – ♑ 8 – **36 ch** 45/95 – 1/2 P 48.

• Importants corps de bâtiments faisant face au château. Les chambres rénovées adoptent un style moderne assez original compensant un certain manque d'ampleur. Le restaurant est aménagé dans un esprit "bistrot" ; cuisine simple et appétissante.

LUNÉVILLE

Banaudon (R.) .... **A** 2
Basset (R. R.) .... **B** 3
Bosquets (R. des) .... **B** 4
Brèche (R. de la) .... **A** 5
Carnot (R.) .... **B** 7
Castara (R.) .... **A** 9
Chanzy (R.) .... **A** 10
Charier (R. G.) .... **A** 13
Charité (R. de la) .... **A** 15
Château (R. du) .... **A** 16
Erckmann (R.) .... **B** 18
Gaillardot (R.) .... **A** 20
Gambetta (R.) .... **B** 21
Haxo (R.) .... **B** 23
Lebrun (R.) .... **B** 25
Leclerc (R. Gén.) .... **A** 27
Léopold (Pl.) .... **AB** 28
République (R.) .... **A** 30
St-Jacques (Pl.) .... **A** 32
St-Rémy (Pl.) .... **A** 36
Ste-Marie (R.) .... **A** 37
Sarrebourg (R. de) .... **A** 39
Templiers (R. des) .... **A** 41
Thiers (R.) .... **A** 43
Viller (R. de) .... **A** 48
2ᵉ-Div.-de-Cavalerie
(Pl. de la) .... **A** 50

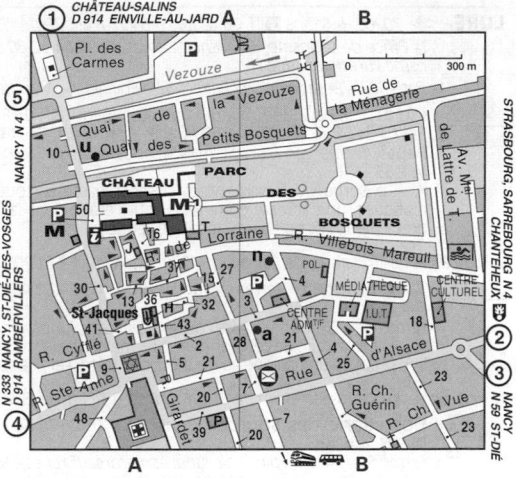

🍽️🍽️ **Floréal,** 1 pl. Léopold (1ᵉʳ étage) ℘ 03 83 73 39 80, Fax 03 83 73 29 89 – 🅰🇬🇧 **B** **a**
fermé dim. soir et lundi – **Repas** 13/34, enf. 8 ♨.
♦ L'entrée de ce restaurant proche de la baroque église St-Jacques se remarque à peine. À l'étage, la spacieuse et moderne salle à manger domine la place ; plats classiques.

🍽️ **Les Bosquets,** 2 r. Bosquets ℘ 03 83 74 00 14, Fax 03 83 74 16 93 – 🅰🌑🇬🇧 **B** **n**
fermé 15 au 30 août, jeudi soir et dim. soir – **Repas** 14/28 ♨.
♦ Restaurant de quartier situé face au parc des Bosquets tracé au début du 18ᵉ s. Grande salle à manger colorée au rez-de-chaussée, rustique à l'étage. Cuisine traditionnelle.

à Moncel-lès-Lunéville *rte de St-Dié par* ③ *: 3 km – 391 h. alt. 234 –* ✉ *54300 :*

🍽️🍽️ **Relais St-Jean,** sur N 59 ℘ 03 83 74 08 65, Fax 03 83 73 59 25 – 🍴 🅿. 🅰🇬🇧
fermé 10 juil. au 10 août, dim soir, merc. soir et lundi – **Repas** 14/21, enf. 9 ♈.
♦ La salle à manger principale de ce restaurant de la vallée de la Meurthe est chaleureuse et équipée d'un mobilier en fer forgé. Cuisine classique.

au Sud par ④ *puis av. G. Pompidou et cités Ste-Anne : 5 km –* ✉ *54300 Lunéville :*

🏨 **Château d'Adoménil** (Million) ⌚, ℘ 03 83 74 04 81, adomenil@relaischateaux.com,
Fax 03 83 74 21 78, 😤, ⛲, ⚚ – 📺 ⚓ 🅿. – 🏸 20. 🅰🌑🇬🇧 🇯🇨🇧, ⚒ rest
fermé 3 janv. au 4 fév., dim. soir du 1ᵉʳ nov. au 15 avril, mardi midi et lundi – **Repas** (*nombre de couverts limité, prévenir*) 41/85 et carte 70 à 95, enf. 20 – ⌛ 17 – **9 ch** 150/185, 5 duplex – ½ P 160/180.
♦ Belle demeure du 18ᵉ s. nichée dans un joli parc. Les chambres bourgeoises se répartissent au sein même du château, celles d'inspiration provençale occupent les dépendances. Quatre élégants salons abritent le restaurant, rendez-vous gourmand très prisé.
Spéc. Nougat de foie gras d'oie. Dos de sandre au pinot noir (mai à oct.). Cornets craquants de pavot bleu, liqueur de lait à l'eau de vie de mirabelle. **Vins** Côtes de Toul blanc et rouge.

LURBE-ST-CHRISTAU *64660 Pyr.-Atl.* 🅷🅷🅷 *I6 – 235 h alt. 260 – Stat. therm. en travaux : fermés en 2002.*
Paris 820 – Pau 44 – Laruns 32 – Lourdes 61 – Oloron-Ste-Marie 10 – Tardets-Sorholus 29.

🏨 **Au Bon Coin** ⌚, rte des Thermes ℘ 05 59 34 40 12, thierrylassala@wanadoo.fr,
Fax 05 59 34 46 40, ⛲, 😤 – 📺 ⚓ 🅿. – 🏸 25. 🅰🇬🇧
fermé dim. soir, lundi et mardi midi du 10 oct. au 30 mars – **Repas** (*fermé 25 déc. au 1ᵉʳ janv.*) 23/58 🐕 – ⌛ 8 – **18 ch** 49/78.
♦ Sympathique et confortable hôtellerie familiale en lisière de forêt. Préférez les chambres côté jardin, plus tranquilles. Cuisine classique et vins de Madiran à déguster dans une salle avec poutres colorées et pierres apparentes ou sous la véranda moderne.

Les principales voies commerçantes figurent en **rouge**
dans la liste des rues des plans de villes.

867

LURE ⬙ *70200 H.-Saône* **314** *G6 G. Jura – 8 727 h alt. 290.*

🛈 *Office de tourisme, 35 avenue Carnot* ✆ *03 84 62 80 52, Fax 03 84 62 74 61, Office.Tourisme.Lure@wanadoo.fr.*

Paris 387 – Besançon 77 – Belfort 37 – Épinal 77 – Montbéliard 35 – Vesoul 30.

🏨 **Luron,** 92 av. République par rte Vesoul ✆ *03 84 30 03 03, leluron@leluron.fr,* Fax 03 84 62 76 62, 🏖 – 📶 📺 📞 ⅙ 🅿 – 🚗 40. 🆎 ⓞ 🇬🇧
Repas *(fermé vend. soir, dim. soir et sam. midi)* 15,30/30 ♈ – 🖭 6 – **40 ch** 39/43,50 – ½ P 35.
♦ À la sortie de la ville, hôtel d'aspect passe-partout, aux chambres insonorisées et pratiques. Une adresse commode pour l'étape dans la ville du Sapeur Camember. Nombreux menus et bon choix de salades et de grillades.

à Roye *Est : 2 km par rte de Belfort – 1 127 h. alt. 301 –* ✉ *70200 :*

🍴🍴 **Saisonnier,** La Verrerie (sur N 19) ✆ *03 84 30 46 00, Fax 03 84 30 46 00,* 🏖 – 🅿 🇬🇧
fermé 6 au 26 août, vacances de fév., dim. soir, lundi soir et merc. – **Repas** 18/47, enf. 9 ♈.
♦ Les épais murs de cette ancienne ferme hébergent trois salles à manger campagnardes où l'on propose une cuisine au goût du jour. L'été, service sur le jardinet-terrasse.

à Froideterre *Nord-Est : 3 km par D 486 et D 99 – 311 h. alt. 306 –* ✉ *70200 :*

🍴🍴 **Hostellerie des Sources** (Brocard), ✆ *03 84 30 34 72, Fax 03 84 30 29 87,* 🏖 – 🖥 🅿
🅰 🆎 🇬🇧 🇯🇨🇧 🛇
fermé 5 au 24 janv., dim. soir, lundi et mardi sauf fériés – **Repas** (nombre de couverts limité, prévenir) 35/90 et carte 49 à 84, enf. 13 ♈ 🍷.
♦ Coquette ferme en pierre située à la lisière du plateau des Mille Étangs. Élégant intérieur rustique. Cuisine personnalisée ; belle carte des vins (caveau de dégustation).
Spéc. Foie gras de canard mariné au jurançon moelleux. Caneton du marais au potiron rouge (automne). Griottines de Fougerolles et chocolat premier cru du Venezuela. **Vins** Charcenne blanc et rouge.

LURI *2b H.-Corse* **345** *F2 – voir à Corse.*

LURS *04700 Alpes-de-H.P.* **334** *D9 G. Alpes du Sud – 347 h alt. 600.*

Voir *Site★*.

🛈 *Syndicat d'initiative* ✆ *04 92 79 10 20, syndicat-d-initiative-lurs@wanadoo.fr.*
Paris 737 – Digne-les-Bains 40 – Forcalquier 11 – Manosque 22 – Sisteron 33.

🏨 **Séminaire** 🛇, ✆ *04 92 79 94 19, info@hotel-leseminaire.com, Fax 04 92 79 11 18,* ≤,
🏖, 🕗, 🖙, 🔥, 🛏 – ✂ 📺 📞 🅿 – 🚗 25. 🇬🇧
fermé 1ᵉʳ déc. au 31 janv. – **Repas** *(fermé lundi midi et mardi midi)* 17 (déj.), 23/58,
enf. 11,50 ♈ – 🖭 12,50 – **16 ch** 78/106 – ½ P 76/86.
♦ Établissement non-fumeurs aménagé dans l'ex-séminaire de la résidence d'été des évêques de Sisteron. Chambres sobres et pratiques ; jardin panoramique. Salle à manger voûtée et belle vue sur la vallée depuis la jolie terrasse ombragée. Cuisine régionale.

🍴 **Bello Visto,** ✆ *04 92 79 95 09, Fax 04 92 79 11 34,* ≤ Vallée de la Durance – 🇬🇧
🍽 *fermé 1ᵉʳ oct. au 10 nov., mardi du 1ᵉʳ avril au 30 sept., le soir du 10 nov. au 30 mars et merc.*
– **Repas** 14/38.
♦ L'enseigne définit parfaitement cette adresse située au coeur du pittoresque village. Salle à manger panoramique donnant sur la vallée de la Durance ; cuisine provençale.

LUSIGNAN *86600 Vienne* **322** *G6 G. Poitou Vendée Charentes – 2 677 h alt. 134.*

🛈 *Office de tourisme, place du Bail* ✆ *05 49 43 61 21, Fax 05 49 43 75 64, otalm @wanadoo.fr.*
Paris 360 – Poitiers 26 – Angoulême 95 – Confolens 74 – Niort 54.

🏨 **Chapeau Rouge,** 1 r. Chypre ✆ *05 49 43 31 10, Fax 05 49 43 31 20,* 🌿 – 📺 🅿
🇬🇧
fermé 25 oct. au 4 nov. et lundi – **Repas** 16/35 ♈ – 🖭 6,40 – **8 ch** 40/50 – ½ P 35.
♦ Relais de poste du 17ᵉ s. dans la cité de la fée Mélusine. Décor très simple et solide mobilier rustique dans des chambres un brin désuètes. À voir dans la salle à manger : la vieille cheminée avec sa devise en ancien français et son tourne-broche à poids.

Les pages explicatives de l'introduction
vous aideront à mieux profiter de votre **Guide Michelin.**

LUSSAC-LES-CHÂTEAUX 86320 Vienne **322** K6 G. Poitou Vendée Charentes – 2 532 h alt. 104.
Env. Nécropole mérovingienne★ de Civaux NO : 6 km sur D 749.
🛈 Office de tourisme, place du Champ de Foire ℰ 05 49 84 57 73, Fax 05 49 84 57 73, otsilussac@wanadoo.fr.
Paris 355 – Poitiers 39 – Bellac 42 – Châtellerault 52 – Montmorillon 12 – Ruffec 51.

🏠 **Les Orangeries** sans rest, ℰ 05 49 84 07 07, orangeries@wanadoo.fr, Fax 05 49 84 98 82, ⌂, ☞, – 🔽 ☎ 🅿 – 🔬 30. 🆎 🖭, ⚙
fermé 15 déc. au 30 janv. – ⊡ 12 – **7 ch** 85/100, 3 suites.
♦ Maison du 18e s. joliment rénovée : boiseries au naturel, décor rustique de caractère, piscine tout en longueur. À l'arrière, présence inattendue d'un ravissant jardin.

LUTTER 68 H.-Rhin **315** I12 – rattaché à Ferrette.

LUTZELBOURG 57820 Moselle **307** O6 G. Alsace Lorraine – 695 h alt. 212.
Voir Plan-incliné★ de St-Louis-Arzviller SO : 3,5 km.
🛈 Syndicat d'initiative ℰ 03 87 25 30 19, Fax 03 87 25 33 76, lutz elbourg@wanadoo.fr.
Paris 438 – Strasbourg 62 – Metz 113 – Obernai 49 – Sarrebourg 20 – Sarreguemines 53.

✗ **Des Vosges** avec ch, ℰ 03 87 25 30 09, info@hotelvosges.com, Fax 03 87 25 42 22, 🏤 – 🔽 ☎ 🅿 🆎 🖭
Repas (fermé dim. soir et merc.) (9,50) - 17,50/29,50 ♉ – ⊡ 7 – **10 ch** 50/58 – ½ P 40/48.
♦ L'auberge, proche de l'insolite "ascenseur à bateaux", cultive la tradition régionale : objets du patrimoine local et cuisine du cru. Terrasse dominant le canal.

Ecrivez-nous...
Vos louanges comme vos critiques seront examinées avec le plus grand soin.
Nous reverrons sur place les informations que vous nous signalez.
Par avance merci !

LUX 71 S.-et-L. **320** J9 – rattaché à Chalon-sur-Saône.

LUXÉ 16 Charente **324** K4 – rattaché à Mansle.

LUXEUIL-LES-BAINS 70300 H.-Saône **314** G6 G. Jura – 8 414 h alt. 305 – Stat. therm. (début avril-fin nov.) – Casino.
Voir Hôtel du Cardinal Jouffroy★ B – Musée de la tour des Échevins : stèle★ M¹ – Anc. Abbaye St-Colomban★ – Maison François 1er★ K.
🏌 de Luxeuil Bellevue à Genevrey ℰ 03 84 95 82 00, par ③ : 11 km.
🛈 Office de tourisme, 1 avenue des Thermes ℰ 03 84 40 06 41, Fax 03 84 93 74 47, officetouris-meluxeuil@wanadoo.fr.
Paris 379 ④ – Épinal 58 ① – Vesoul 32 ③ – Vittel 72 ④.

🏠 **Beau Site**, 18 r. G. Moulimard (u) ℰ 03 84 40 14 67, Fax 03 84 40 50 25, 🏤, ⌂, ☞ – 🛏 ⚡ 🔽 🅿. 🆎
Repas (fermé vend. soir, sam. midi et dim. soir du 1er nov. au 31 mars) (10) - 13/40 ♉ – ⊡ 7 – **33 ch** 65/70 – ½ P 45/50.
♦ À proximité des thermes et du moderne centre d'aquathérapie, maison à l'accueil familial, qu'agrémente un jardin fleuri. Chambres rénovées. L'une des salles à manger s'ouvre sur la terrasse, côté piscine ; intérieur décoré de boiseries et carte traditionnelle.

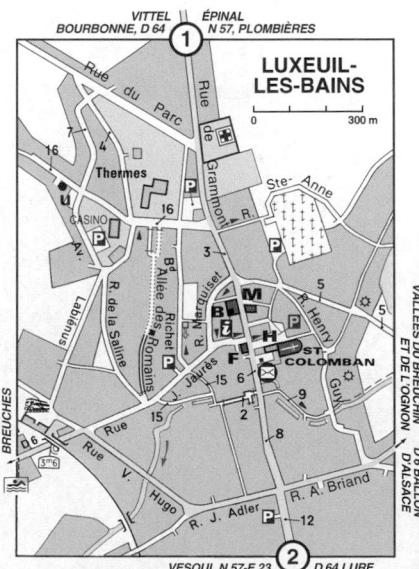

Cannes (R. des)	2		Jeanneney (R. J.)	8
Carnot (R.)	3		Lavoirs (R. des)	9
Clemenceau (R. G.)	4		Maroselli	
Gambetta (R.)	5		(Allées A.)	12
Genoux (R. V.)	6		Morbief (R. du)	15
Hoche (R.)	7		Thermes (Av. des)	16

LUYNES *37230 I.-et-L.* **317** M4 *G. Châteaux de la Loire – 4 501 h alt. 60.*

Voir *Église*★ *au Vieux-Bourg de St-Etienne de Chigny O : 3 km.*

🚩 *Office de tourisme, 9 rue Alfred Baugé* ℰ *02 47 55 77 14, Fax 02 47 55 77 14, ot-si@luynes.fr.*

Paris 247 – Tours 11 – Angers 115 – Chinon 41 – Langeais 15 – Saumur 56.

 Domaine de Beauvois ⑤, Nord-Ouest : 4 km par D 49 ℰ 02 47 55 50 11, *beauvois@gr andesetapes.fr*, Fax 02 47 55 59 62, ≤, 🏡, 🏊, ✗, 🎣 – 🛗, 🍽 rest, 📺 ✆ 🚗 🅿. 🔏 12 à 15. 🖭 ⓞ 🆑 🍽 rest

fermé 25 janv. au 5 mars – **Repas** *45/70 et carte 62 à 80* ♑ – ⌕ 21 – **35 ch** *180/270 –* ½ P 168/213.

♦ Fier manoir des 16e et 17e s. niché dans un parc arboré avec étang (pêche et canotage). Très belles chambres personnalisées : nobles étoffes et meubles de style. Cuisine au goût du jour servie dans une élégante salle à manger ou dans d'intimes petits salons.

LUZ-ST-SAUVEUR *65120 H.-Pyr.* **342** L7 *G. Midi-Pyrénées – 1 098 h alt. 710 – Stat. therm. (début mai-fin oct.) – Sports d'hiver : 1 800/2 450 m ⚡14 ⚡.*

Voir *Église fortifiée*★.

🚩 *Office de tourisme, 20 place du 8 mai* ℰ *05 62 92 30 30, Fax 05 62 92 87 19, ot@luz.org.*

Paris 882 – Pau 77 – Argelès-Gazost 19 – Cauterets 24 – Lourdes 32 – Tarbes 51.

à Esquièze-Sère : *au Nord – 464 h. alt. 710 –* ✉ *65120 :*

Montaigu ⑤, rte Vizos ℰ 05 62 92 81 71, *hotel.montaigu@wanadoo.fr*, Fax 05 62 92 94 11, ≤, 🍴 – 🛗 📺 🅿. – 🔏 25. 🖭 ⓞ 🆑 🍽 rest

fermé 15 avril au 2 mai, oct. et nov. – **Repas** *(dîner seul.) 15/25, enf. 8 –* ⌕ 7 – **35 ch** *60/75 –* ½ P 60.

♦ Établissement récent situé au pied d'un château en ruine. Chambres spacieuses et fonctionnelles ; certaines possèdent un balcon avec vue sur les montagnes. Restaurant au cadre empreint de sobriété et lumineux salon-bar tourné vers le jardin.

Si vous cherchez un hôtel tranquille,
consultez d'abord les cartes de l'introduction
ou repérez dans le texte les établissements indiqués avec le signe ⑤

LYON

Ⓟ *69000 Rhône* **327** *I5* **110** ⑭ *G. Vallée du Rhône - 445 452 h.*
Agglo. 1 348 832 h - alt. 175.
458 ⑩ *– Genève 151* ② *– Grenoble 106* ④ *– Marseille 314* ⑥ *– St-Étienne 61* ⑥

Carte de voisinage	p. 2
Plans de Lyon	
Agglomération	p. 4 et 5
Lyon Centre partie Nord	p. 6 et 7
Lyon Centre partie Sud	p. 8 et 9
Répertoire des rues	p. 10 et 11
Liste alphabétique des hôtels et restaurants	p. 11 et 12
Nomenclature des hôtels et des restaurants	p. 3 et 13 à 23

OFFICE DE TOURISME

Pl. Bellecour ℰ 04 72 77 69 69, Fax 04 78 42 04 32, info@lyon-france.com

RENSEIGNEMENTS PRATIQUES

TRANSPORTS
Auto-train ℰ 08 36 35 35 35

AÉROPORT
Lyon-Saint-Exupéry : ℰ 08 26 800 826 par ④ *: 27 km*

QUELQUES GOLFS
🏌 *de Lyon ℰ 04 78 31 11 33 par* ③ *: 25 km*
🏌 *de Mionnay-les-Dombes ℰ 04 78 91 84 84*
🏌 *de Lyon Chassieu ℰ 04 78 90 84 77* **DQ**
🏌 *de Salvagny ℰ 04 78 48 88 48 par* ⑨ *: 20 km*

DÉCOUVRIR

LE SITE
≼★★★ *de la basilique Notre-Dame de Fourvière* **EX**
Montée du Garillan★ **EX**
≼★ *sur la Saône et la presqu'île depuis la place Rouville* **EV**

LYON ROMAIN ET GALLO-ROMAIN
Théâtres romains et l'Odéon **EY** *- Aqueducs romains* **EY** *- Musée de la Civilisation gallo-romaine★★ : table claudienne★★★* **EY** **M¹0**

LE VIEUX LYON
Quartiers St-Jean, St-Paul et St-Georges★★★ **EFXY** *- Rue Saint-Jean :Cour★★ au n°28 et cour★ de l'hôtel du Gouvernement au n°2 - Couloir voûté★ au n°18 rue Lainerie - galerie★★ de l'hôtel Bullioud au n°8 rue Juiverie - Hôtel Gadagne★* **FX M⁴** *: musée historique de Lyon★, musée lapidaire★, musée international de la Marionnette★ - Primitiale St-Jean★ (Choeur★★)* **EFY** *- Maison du Crible★ au n°16 rue du Boeuf - Théâtre "le Guignol de Lyon"* **FX T**

LA PRESQU'ILE

Place Bellecour **FY** - *Fontaine★ de la place des Terreaux* **FX** - *Palais St-Pierre★* **FX M**^{9}

Musée des Beaux-Arts★★★ **FX M**^{9} - *Musée historique des tissus★★★* **FY M**^{1}*7* - *Musée de l'Imprimerie★★* **FX M**^{1}*6* - *Musées des Arts décoratifs★★* **FY M**^{7}

LA CROIX ROUSSE

Aux origines de la soierie lyonnaise

Mur des Canuts **FV R** - *Maison des Canuts* **FV M**^{5} - *Ateliers de Soierie vivante★* **FV E**

RIVE GAUCHE DU RHÔNE

Quartiers : les Brotteaux, la Guillotière, Gerland, la Part-Dieu

Parc de la Tête d'Or★ : Roseraie★ **GHV** - *Musée d'Histoire naturelle★★* **GV M**^{2}*0* - *Centre d'Histoire de la Résistance et de la Déportation★* **FZ M**^{1}

Musée d'Art contemporain★ **GU** - *Musée urbain Tony-Garnier* **CQ** - *Halle Tony-Garnier* **BQR** - *Château Lumière* **CQ M**^{2}

ENVIRONS

Musée de l'automobile Henri-Malartre★★ à Rochetaillée-sur-Saône 12 km par ⑪

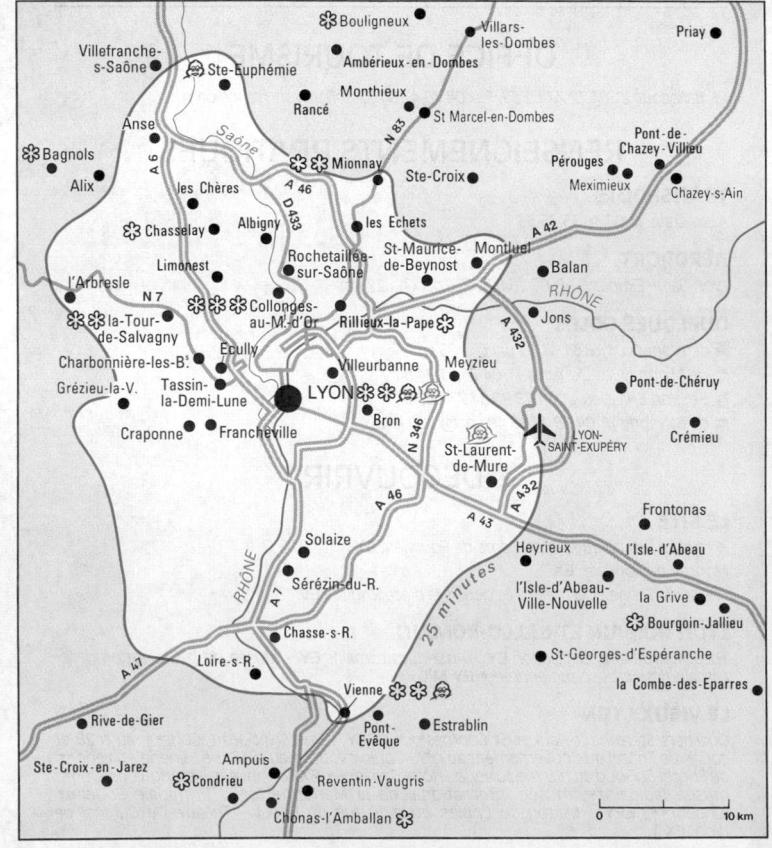

Hôtels

Centre-ville (Bellecour-Terreaux) :

🏨 **Sofitel**, 20 quai Gailleton ✉ 69002 𝒞 04 72 41 20 20, *h0553@accor-hotels.com*, Fax 04 72 40 05 50, ≤ – 📱 📺 🕿 📞 ♿ 🐾 🛻 – 🅰 15 à 200. 🆎 ⓪ 🔢 ᴊᴄʙ
p. 8 **FY** p
Les Trois Dômes (au 8ᵉ étage) 𝒞 04 72 41 20 97 *(fermé 24 juil. au 23 août, 19 au 28 fév., dim. et lundi)* Repas 63/114bc – **Sofishop** (rez-de-chaussée) 𝒞 04 72 41 20 80 Repas (15)-29/41 🍷 – ⊂ 24 – **137 ch** 277/310, 29 suites.
♦ L'extérieur cubique un brin austère contraste avec le luxueux aménagement intérieur. Préférez les chambres rénovées, dotées de meubles en acajou ou en bois blond. Vue panoramique sur tout Lyon depuis Les Trois Dômes. Ambiance et carte brasserie au Sofishop.

🏨 **Sofitel Royal** sans rest, 20 pl. Bellecour ✉ 69002 𝒞 04 78 37 57 31, *h2952@accor-hotels .com*, Fax 04 78 37 01 36 – 📱 ⚡ 🔲 📺 📞, 🆎 ⓪ 🔢 ᴊᴄʙ
p. 8 **FY** g
⊂ 17 – **80 ch** 150/342.
♦ Bâtisse du 19ᵉ s. face à la plus célèbre place lyonnaise. Petites chambres "clipper" mariant acajou et laiton, grandes pièces de style Louis XV ou cadre fonctionnel.

🏨 **Carlton** sans rest, 4 r. Jussieu ✉ 69002 𝒞 04 78 42 56 51, *h2950@accor-hotels.com*, Fax 04 78 42 10 71 – 📱 ⚡ 🔲 📺 📞, 🆎 ⓪ 🔢 ᴊᴄʙ
p. 8 **FX** b
⊂ 12 – **83 ch** 117/138.
♦ Pourpre et or : deux couleurs qui habillent cet hôtel de tradition aménagé à la façon d'un petit palace "rétro". La vénérable cage d'ascenseur ne manque pas de charme.

🏨 **Mercure Plaza République** sans rest, 5 r. Stella ✉ 69002 𝒞 04 78 37 50 50, *h2951-gm@accor-hotels.com*, Fax 04 78 42 33 34 – 📱 ⚡ 🔲 📺 📞 ♿ – 🅰 20 à 35. 🆎 ⓪ 🔢 ᴊᴄʙ
p. 8 **FY** k
⊂ 12 – **78 ch** 123/148.
♦ Un mascaron couronne chaque fenêtre de cet immeuble du 19ᵉ s. dont l'architecture extérieure contraste de manière surprenante avec un intérieur résolument moderne.

🏨 **Globe et Cécil** sans rest, 21 r. Gasparin ✉ 69002 𝒞 04 78 42 58 95, *globe.et.cecil@wanadoo.fr*, Fax 04 72 41 99 06 – 📱 🔲 📺 📞 – 🅰 25. 🆎 ⓪ 🔢 ᴊᴄʙ
p. 8 **FY** b
60 ch ⊂ 115/135.
♦ Les murs, du 19ᵉ s., abritent un hôtel de caractère. Chambres personnalisées, meubles chinés chez les antiquaires et petits-déjeuners dans une salle habillée de boiseries.

🏨 **Beaux-Arts** sans rest, 75 r. Prés. E. Herriot ✉ 69002 𝒞 04 78 38 09 50, *h2949@accor-hotels.com*, Fax 04 78 42 19 19 – 📱 ⚡ 🔲 📺 📞 – 🅰 15. 🆎 ⓪ 🔢 ᴊᴄʙ
p. 8 **FX** t
⊂ 12 – **75 ch** 135/142.
♦ Bel immeuble d'époque 1900 où la plupart des chambres sont meublées en style Art déco. Quatre d'entre elles, plus insolites, sont décorées par des artistes contemporains.

🏨 **Artistes** sans rest, 8 r. G. André ✉ 69002 𝒞 04 78 42 04 88, *hartiste@club-internet.fr*, Fax 04 78 42 93 76 – 📱 🔲 📺 📞. 🆎 ⓪ 🔢. 🛇
p. 8 **FY** r
⊂ 9 – **45 ch** 70/108.
♦ L'enseigne évoque les artistes du théâtre des Célestins voisin. Chambres claires et coquettes. Une fresque à la manière de Cocteau orne la salle des petits-déjeuners.

🏨 **Grand Hôtel des Terreaux** sans rest, 16 r. Lanterne ✉ 69001 𝒞 04 78 37 48 04, *ght@hotel-lyon.fr*, Fax 04 78 37 79 75, 🔲 – 📱 🔲 📺 📞. 🆎 ⓪ 🔢
p. 6 **FX** u
⊂ 8,50 – **54 ch** 72,50/125.
♦ Cette gracieuse façade dissimule des chambres majoritairement rénovées : étoffes colorées et mobilier de différents styles. La piscine couverte assure un moment de détente.

🏨 **Résidence** sans rest, 18 r. V. Hugo ✉ 69002 𝒞 04 78 42 63 28, *hotel-la-residence@wanadoo.fr*, Fax 04 78 42 85 76 – 📱 🔲 📺 📞. 🆎 ⓪ 🔢 ᴊᴄʙ
p. 8 **FY** s
⊂ 6,50 – **67 ch** 68.
♦ Établissement situé dans une rue piétonne proche de la place Bellecour. Salon et chambres à la mode des "seventies" ; préférez celles qui ont été rénovées, plus chatoyantes.

🏨 **Élysée Hôtel** sans rest, 92 r. Prés. E. Herriot ✉ 69002 𝒞 04 78 42 03 15, *elysee-hotel@wanadoo.fr*, Fax 04 78 37 76 49 – 📱 📺 📞. 🆎 ⓪ 🔢 ᴊᴄʙ
p. 8 **FY** z
⊂ 7,60 – **29 ch** 44/70.
♦ Cette adresse familiale de la presqu'île propose de petites chambres fonctionnelles. Assez gaies et plus calmes côté cour, elles sont mansardées au dernier étage.

🏨 **Célestins** sans rest, 4 r. Archers ✉ 69002 𝒞 04 72 56 08 98, *info@hotelcelestins.com*, Fax 04 72 56 08 65 – 📱 📺 📞. 🆎 ⓪ 🔢 ᴊᴄʙ
p. 8 **FY** a
⊂ 7,50 – **29 ch** 60/75.
♦ Hôtel occupant plusieurs étages d'un immeuble d'habitation. Chambres claires, meublées sans fioriture ; celles de la façade offrent une échappée sur la colline de Fourvière.

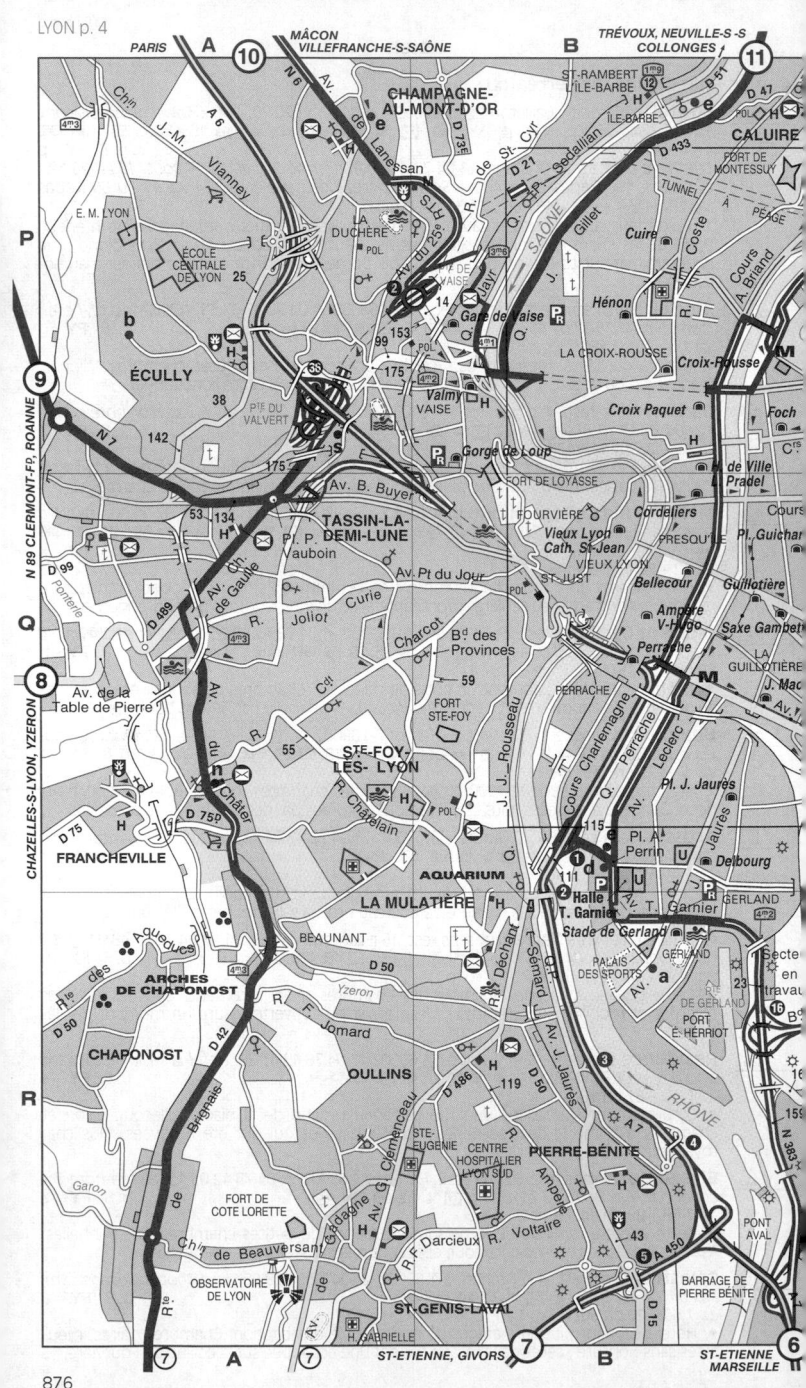

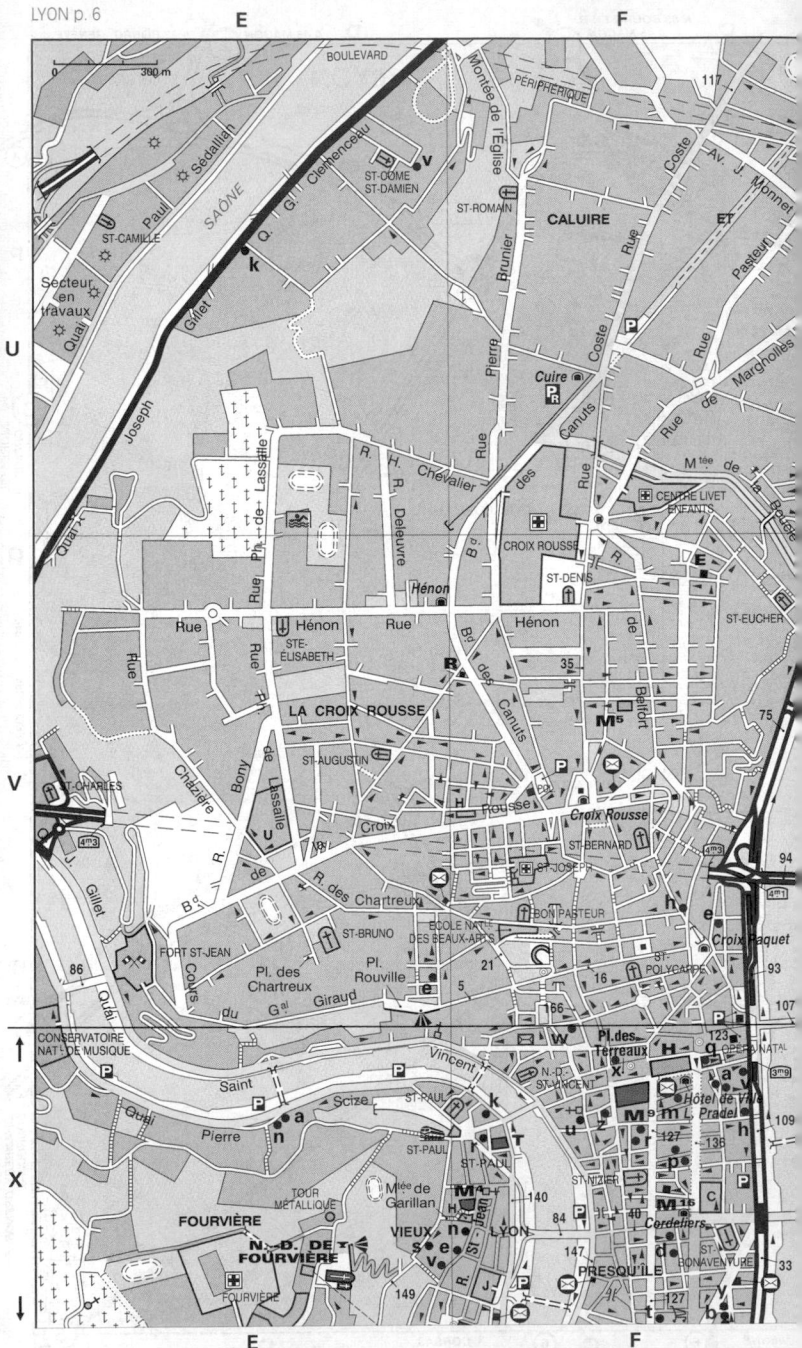

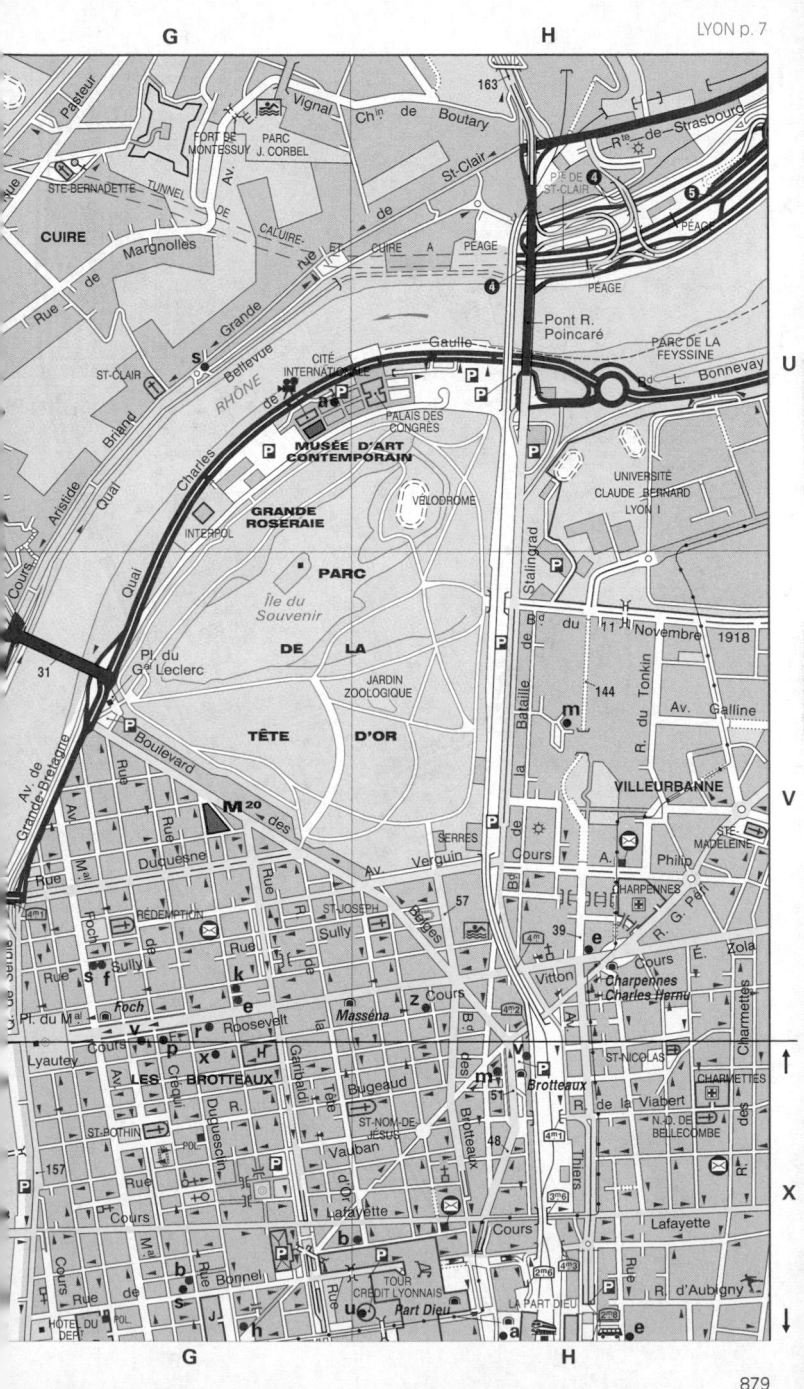

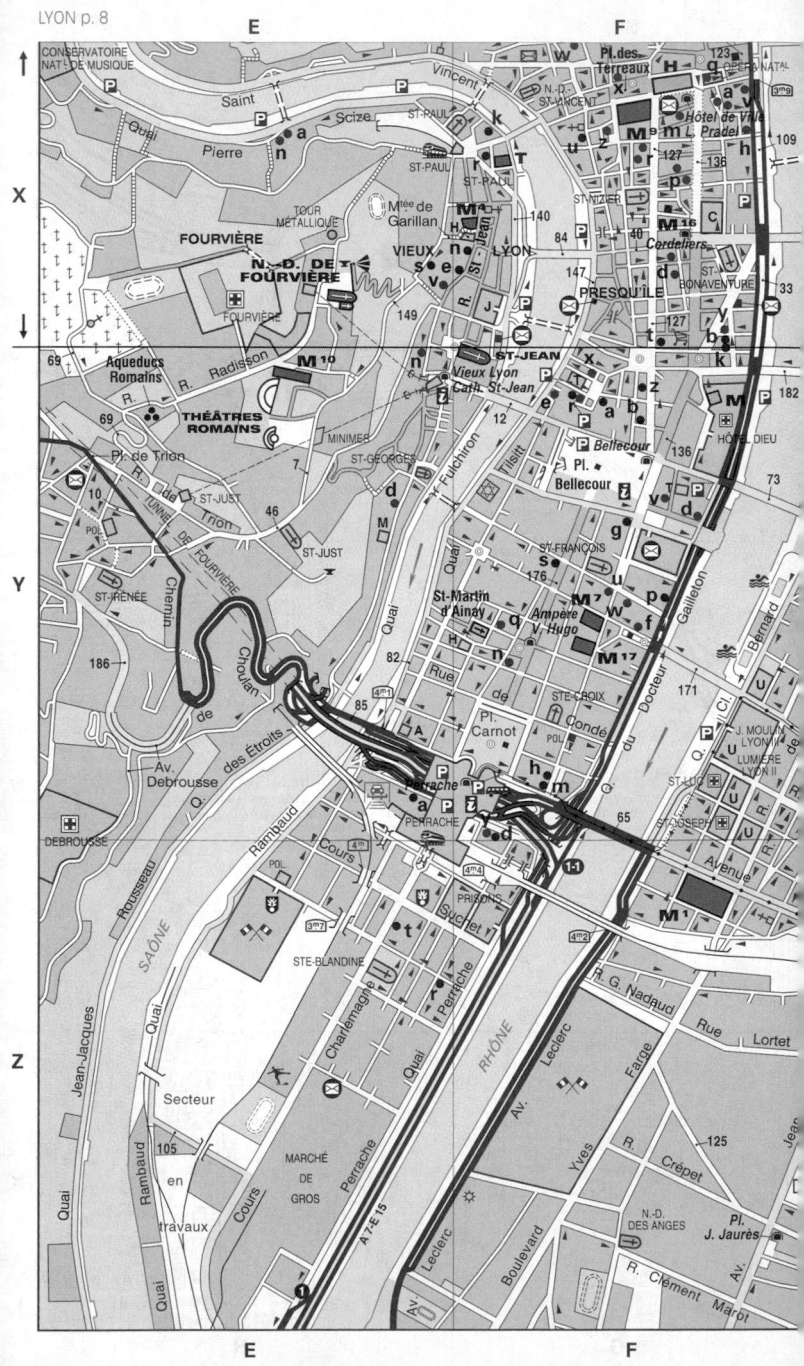

BRON

Bonnevay (Bd L.)	p. 5	**DQ**
Brossolette (Av. P.)	p. 5	**DQ**
Droits-de-l'Homme (Bd des)	p. 5	**DQ**
Genas (Rte de)	p. 3	**CDQ**
Mendès-France (Av. P.)	p. 5	**DR** 103
Pinel (Bd)	p. 5	**CQ**
Roosevelt (Av. F.)	p. 5	**DQR** 143
8-Mai-1945 (R. du)	p. 5	**DQ** 188

CALUIRE ET CUIRE

Boucle (Montée de la)	p. 6	**FU**
Boutary (Ch. de)	p. 7	**HU**
Briand (Cours A.)	p. 7	**GUV**
Brunier (R. P.)	p. 6	**FU**
Canuts (Bd des)	p. 6	**FUV**
Chevalier (R. H.)	p. 6	**EFU**
Clemenceau (Quai G.)	p. 6	**FU**
Coste (Rue)	p. 6	**FU**
Église (Montée de l')	p. 6	**FU**
Margnolles (R. de)	p. 6	**FGU**
Monnet (Av. J.)	p. 6	**FU**
Pasteur (R.)		**FGU**
Peissel (R. F.)	p. 6	**FU** 117
St-Exupéry (Grande R. de)	p. 7	**GHU**
Soldats (Montée des)	p. 7	**HU** 163
Strasbourg (Rte de)	p. 5	**CP**
Vignal (Av. E.)	p. 7	**GU**

CHAMPAGNE

Lanessan (Av. de)	p. 4	**AP**

CHAPONOST

Aqueducs (Rte des)	p. 4	**AR**
Brignais (Rte de)	p. 4	**AR**

CHASSIEU

Gaulle (Bd Ch.-de)	p. 5	**DQ**

ÉCULLY

Champagne (Rte de)	p. 4	**AP** 25
Dr-Terver (Av.)	p. 4	**AP** 38
Marietton (Rue)	p. 4	**AP** 99
Roosevelt (Av. F.)	p. 4	**AP** 142
Vianney (Chin J.-M.)	p. 4	**AP**

FRANCHEVILLE

Chater (Av.)	p. 4	**AQ**
Table-de-Pierre (Av.)	p. 4	**AQ**

LA MULATIÈRE

Dechant (R. S.)	p. 4	**BR**
Mulatière (Pont de la)	p. 4	**BQ** 163
Rousseau (Quai J.-J.)	p. 8	**EZ**
Semard (Quai P.)	p. 4	**BR**

LYON

Annonciade (R. de l')	p. 6	**FV** 5
Antiquaille (R. de l')	p. 8	**EY** 7
Aubigny (R. d')	p. 9	**HX**
Barret (R. Croix)	p. 9	**GZ**
Basses-Verchères (R. des)	p. 8	**EY** 10
Bataille de Stalingrad (Bd de la)	p. 7	**HUV**
Béchevelin (R.)	p. 9	**GY**
Belfort (R. de)	p. 6	**FV**
Belges (Bd des)	p. 7	**GHV**
Bellecour (Place)	p. 8	**FY**
Bellevue (Quai)	p. 6	**GU**
Berliet (R. M.)	p. 9	**HZ**
Bernard (Quai Cl.)	p. 8	**FY**
Bert (R. P.)	p. 9	**GHY**
Berthelot (Av.)	p. 9	**GHZ**
Bloch (R. M.)	p. 9	**GZ**
Bonaparte (Pont)	p. 8	**FY** 12
Bonnel (R. de)	p. 7	**GV**
Bony (R.)	p. 6	**EV**
Boucle (Montée de la)	p. 6	**FU**
Bourgogne (R. de)	p. 4	**BP** 14
Brotteaux (Bd des)	p. 7	**HVX**
Bugeaud (R.)	p. 7	**HX**
Burdeau (Rue)	p. 6	**FV** 16
Buyer (Av. B.)	p. 4	**AQ**
Canuts (Bd des)	p. 6	**FUV**
Carmélites (Montée des)	p. 6	**FV** 21
Carnot (Pl.)	p. 8	**FY**
Chambaud de la Bruyère (Bd)	p. 4	**BR** 23
Charcot (R. Cdt)	p. 4	**ABQ**
Charlemagne (Cours)	p. 8	**EZ**
Charmettes (R. des)	p. 7	**HVX**
Chartreux (R. des)	p. 6	**EV**
Chartreux (R. des)	p. 6	**EV**
Chazière (Rue)	p. 6	**EV**
Chevalier (R. H.)	p. 6	**EFU**
Chevreul (Rue)	p. 9	**GYZ**
Choulans (Ch. de)	p. 8	**EY**
Churchill (Pt W.)	p. 7	**GV** 31
Condé (R. de)	p. 8	**FY**
Courmont (Quai J.)	p. 6	**FX** 33
Crepet (Rue)	p. 8	**FZ**
Créqui (R. de)	p. 7	**GVY**
Croix-Rousse (Bd)	p. 6	**EFV**
Croix-Rousse (Grande R. de la)	p. 6	**FV** 35
Debrousse (Av.)	p. 8	**EY**
Deleuvre (R.)	p. 6	**EUV**
Dr-Gailleton (Quai)	p. 8	**FY**
Duguesclin (Rue)	p. 7	**GVY**
Duquesne (Rue)	p. 7	**GV**
Épargne (R. de l')	p. 9	**HZ** 41
États-Unis (Bd des)	p. 5	**CQR**
Étroits (Quai des)	p. 8	**EY**
Farge (Bd Y.)	p. 8	**FZ**
Farges (R. des)	p. 8	**EY** 46
Faure (Av. F.)	p. 9	**GHY**
Favre (Bd J.)	p. 7	**HX** 48
Ferry (Pl. J.)	p. 7	**HX** 51
Flandin (R. M.)	p. 9	**HXY**
France (Bd A.)	p. 7	**HV** 57
Frères-Lumière (Av. des)	p. 9	**HZ**
Fulchiron (Quai)	p. 8	**EY**
Gallieni (Pont)	p. 8	**FY** 65
Gambetta (Cours)	p. 9	**GHY**
Garibaldi (Rue)	p. 9	**GVZ**
Garillan (Montée de)	p. 6	**EFV**
Garnier (Av. T.)	p. 9	**GZ**
Gaulle (Q. Ch.-de)	p. 7	**GHU**
Genas (Rte de)	p. 5	**CDQ**
Gerland (R. de)	p. 9	**GZ**
Gerlier (R. Cardinal)	p. 8	**EY** 69
Gillet (Quai J.)	p. 6	**EUV**
Giraud (Cours Gén.)	p. 6	**EV**
Grande-Bretagne (Av. de)	p. 7	**GV**
Grenette (Rue)	p. 6	**FX** 71
Guillotière (Grande R. de la)	p. 9	**GYZ**
Guillotière (Pt de la)	p. 8	**FY** 73
Hénon (Rue)	p. 6	**EFV**
Herbouville (Cours d')	p. 6	**FV** 75
Jaurès (Av. J.)	p. 9	**GY**
Jayr (Quai)	p. 4	**BP**
Joffre (Quai Mar.)	p. 8	**EY** 82
Joliot-Curie (Rue)	p. 4	**AQ**
Juin (Pt Alphonse)	p. 6	**FX** 84
Jutard (Pl. A.)	p. 9	**GY**
Koening (pt Gén.)	p. 8	**EV** 86
La Fayette (Cours)	p. 7	**GHX**
La Fayette (Pont)	p. 7	**GX** 88
La Part Dieu	p. 9	**HXY**
Lacassagne (Av.)	p. 5	**CQ**
Lassagne (Quai A.)	p. 6	**FV** 93
Lassalle (R. Ph. de)	p. 6	**EUV**
Lattre-de-Tassigny (Pt de)	p. 6	**FV** 94
Leclerc (Av.)	p. 8	**EFZ**
Leclerc (Pl. Gén.)	p. 7	**GV**
Liberté (Cours de la)	p. 9	**GXY**
Lortet (Rue)	p. 9	**FZ**
Lyautey (Pl. Mar.)	p. 7	**GVX**
Marchand (Pt Kitchener)	p. 8	**EY** 85
Marius-Vivier-Merle (Bd)	p. 9	**HY** 101
Marseille (R. de)	p. 9	**GY**
Mermoz (Av.)	p. 5	**CQ**
Montrochet (R. P.)	p. 8	**EZ** 105
Morand (Pont)	p. 6	**FVX** 107
Moulin (R. J.)	p. 6	**FX** 109
Mulatière (Pont de la)	p. 4	**BQ** 111
Nadaud (R. G.)	p. 8	**FZ**
Pasteur (Pont)	p. 4	**BQ** 115
Périphérique (Bd)	p. 6	**EHU**
Perrache (Quai)	p. 8	**EZ**
Pinel (Bd)	p. 5	**CQ**
Point-du-Jour (Av.)	p. 4	**ABQ**
Pompidou (Av. G.)	p. 9	**HY**
Pradel (Pl. L.)	p. 6	**FX** 123
Pré-Gaudry (Rue)	p. 8	**FZ** 125
Prés.-Herriot (R. du)	p. 6	**FX** 127
Radisson (R. R.)	p. 8	**EY**
Rambaud (Quai)	p. 8	**EYZ**
Repos (R. du)	p. 9	**GZ** 131
République (R. de la)	p. 8	**FXY** 136
Rockefeller (Av.)	p. 5	**CQ** 138
Rolland (Quai R.)	p. 6	**FV** 140
Roosevelt (Cours F.)	p. 7	**GVX**
St-Antoine (Quai)	p. 6	**FX** 147
St-Barthélemy (Montée)	p. 6	**EX** 149
St-Jean (Rue)	p. 6	**FX**
St-Simon (R.)	p. 4	**ABP** 153
St-Vincent (Quai)	p. 6	**EFX**
Santy (Av. Paul)	p. 5	**CQR**
Sarrail (Quai Gén.)	p. 7	**GVX** 157
Saxe (Av. Mar. de)	p. 9	**GXY**
Scize (Quai P.)	p. 6	**EX**
Sedallian (Quai P.)	p. 6	**EU**
Serbie (Quai de)	p. 7	**GV**
Servient (R.)	p. 9	**GY**
Stalingrad (Pl. de)	p. 9	**GHY**
Suchet (Cours)	p. 8	**EFZ**
Sully (Rue)	p. 7	**GV**
Tchécoslovaques (Bd des)	p. 9	**HZ**
Terme (Rue)	p. 6	**FV** 166
Terreaux (Pl. des)	p. 6	**FX**
Tête d'Or (Rue)	p. 7	**GVX**
Thiers (R.)	p. 7	**HVX**
Thomas (Crs A.)	p. 5	**CQ** 168
Tilsitt (Quai)	p. 8	**FY**
Trion (Pl. de)	p. 8	**EY**
Trion (R. de)	p. 8	**EY**
Université (Pont de l')	p. 8	**FY** 171
Université (R. de l')	p. 9	**GY** 172
Vauban (Rue)	p. 7	**GHX**
Verguin (Av.)	p. 7	**HV**
Viabert (R. de la)	p. 7	**HX**
Victor-Hugo (Rue)	p. 8	**FY** 176
Vienne (Rte de)	p. 9	**GZ**
Villette (R. de la)	p. 9	**HY** 178
Villon (Rue)	p. 9	**HZ**
Vitton (Cours)	p. 7	**HV**
Vivier (R. du)	p. 9	**GZ** 180
Wilson (Pont)	p. 8	**FY** 182
I¹ᵉ-Div.-Fr.-Libre (Av.)	p. 8	**EY** 186
25ᵉ-R.T.S. (Av. du)	p. 4	**ABP**

OULLINS

Jaurès (Av. J.)	p. 4	**BR**
Jomard (R. F.)	p. 4	**AR**
Perron (R. du)	p. 4	**BR** 119

PIERRE-BÉNITE

Ampère (Rue)	p. 4	**BR**
Europe (Bd de l')	p. 4	**BR** 43
Voltaire (Rue)	p. 4	**BR**

ST-DIDIER-AU-MONT-D'OR

St-Cyr (R. de)	p. 4	**BP**

ST-FONS

Farge (Bd Y.)	p. 5	**CR**
Jaurès (Bd J.)	p. 5	**CR** 79
Semard (Bd P.)	p. 4	**BR** 159
Sembat (R. M.)	p. 4	**BR** 161

ST-GENIS-L.

Beauversant (Ch. de)	p. 4	**AR**
Clemenceau (Av. G.)	p. 4	**AR**
Darcieux (R. F.)	p. 4	**ABR**
Gadagne (Av. de)	p. 4	**AR**

ST-PRIEST

Aviation (R. de l')	p. 5	**DR**
Briand (R. A.)	p. 5	**DR**
Dauphiné (R. du)	p. 5	**DR**
Gambetta (Rue)	p. 5	**DR**

Grande Rue . . . . p. 5 **DR**
Herriot (Bd E.) . . . . . . p. 5 **DR**77
Lyonnais (R. du) . . . . p. 5 **DR**
Maréchal (R. H.) . . . . p. 5 **DR**97
Parilly (Bd de) . . . . . p. 5 **DR**
Rostand (R. E.) . . . . . p. 5 **DR**145
Urbain-Est (Bd) . . . . . p. 5 **DR**

STE-FOY

Charcot (R. Cdt) . . . . p. 4 **ABQ**
Châtelain (R.) . . . . . . p. 4 **AQ**
Fonts (Ch. des) . . . . p. 4 **AQ**55
Franche-Comté (R.) . . p. 4 **BQ**59
Provinces (Bd des) . . p. 4 **BQ**

TASSIN

Foch (Av. Mar.) . . . . . p. 4 **AQ**53
Gaulle (Av. de) . . . . . p. 4 **AQ**
République (Av.) . . . . p. 4 **AQ**134
Vauboin (Pl. P.) . . . . . p. 4 **AQ**
Victor-Hugo (Av.) . . . p. 4 **APQ**175

VAULX-EN-VELIN

Allende (Av. S.) . . . . . p. 5 **DP**3
Böhlen (Av. de) . . . . . p. 5 **DQ**
Cachin (Av. M.) . . . . . p. 5 **DP**
Dumas (R. A.) . . . . . . p. 5 **DQ**

Gaulle (Av. Ch.-de) . . p. 5 **DP**67
Grandclément (Av.) . . p. 5 **DP**
Marcellin (Av. P.) . . . . p. 5 **DP**
Péri (Av. G.) . . . . p. 5 **DP**
Roosevelt (Av. F.) . . . p. 5 **DQ**
Salengro (Av. R.) . . . . p. 5 **DQ**
Soie (Pont de la) . . . . p. 5 **DP**
8-Mai-1945 (Av.) . . . . p. 5 **DP**

VÉNISSIEUX

Bonnevay (Bd L.) . . . . p. 5 **CR**
Cachin (Av. M.) . . . . . p. 5 **CR**18
Cagne (Av. J.) . . . . . . p. 5 **CR**
Charbonnier (Chin du) p. 5 **CDR**
Croizat (Bd A.) . . . . . p. 5 **CR**
Farge (Bd Y.) . . . . . . p. 5 **CR**
Frères-Bertrand (R.) . . p. 5 **CR**61
Gaulle (Av. Ch.-de) . . p. 5 **CR**
Gérin (Bd L.) . . . . p. 5 **CR**
Grandclément (Pl. J.) . p. 5 **CR**
Guesde (Av. J.) . . . . . p. 5 **CR**
Joliot-Curie (Bd I.) . . . p. 5 **CR**
Péri (R. G.) . . . . p. 5 **CR**
République
   (Av. de la) . . . . . . p. 5 **CR**
Thorez (Av. M.) . . . . . p. 5 **CR**
Vienne (Rte de) . . . . . p. 5 **CQR**

VILLEURBANNE

Bataille de Stalingrad
   (Bd de la) . . . . p. 7 **HUV**
Blum (R. L.) . . . . p. 5 **CDQ**
Bonnevay (Bd L.) . . . . p. 5 **HU**
Charmettes (R. des) . p. 7 **HVX**
Chirat (R. F.) . . . . p. 5 **CQ**29
Croix-Luizet
   (Pont de) . . . . p. 5 **CDP**
Dutrievoz (Av. A.) . . . p. 7 **HV**39
Galline (Av.) . . . . p. 7 **HV**
Genas (Rte de) . . . . . p. 5 **CDQ**
Jaurès (R. J.) . . . . . . p. 5 **CQ**80
Péri (R. G.) . . . . p. 7 **HV**
Philip (Cours A.) . . . . p. 7 **HV**
Poincaré (Pt R.) . . . . . p. 7 **HU**
Poudrette
   (R. de la) . . . . p. 5 **DQ**
Rossellini (Av. R.) . . . p. 7 **HV**144
Salengro
   (Av. R.) . . . . p. 5 **CP**
Tolstoï (Cours) . . . . . p. 5 **CQ**
Tonkin (R. du) . . . . . . p. 7 **HV**
Zola (Crs E.) . . . . p. 5 **HV**
4-Août-1789
   (R. du) . . . . p. 5 **CQ**
11-Novembre-1918
   (Bd du) . . . . p. 7 **HV**

Liste alphabétique des hôtels et restaurants

A

19 Adrets (Les)
17 Alex (Chez)
17 Alexandrin (L')
14 Arc-en-Ciel (L')
   (H. Méridien Part-Dieu)
19 Argenson Gerland
15 Ariana
3 Artistes
16 Auberge de Fond Rose (L')
17 Auberge de l'Ile
21 Auberge de la Vallée
13 Axotel

B

22 Beaulieu
3 Beaux-Arts
13 Belles Saisons
   (Gd H. Mercure Ch. Perrache)
20 Bernachon Passion
14 Bistrot de la Tour
   (H. Méridien Part-Dieu)
20 Bistrot du Palais
14 Blue Elephant (H. Hilton)
22 Bouchon
14 Brasserie Belge (H. Hilton)
18 Brasserie Georges
14 Brasserie Lyon Plage
   (H. Lyon Métropole)
18 Brunoise

C

21 Café des Fédérations
15 Campanile Forum Part-Dieu
21 Campanile Tassin
22 Canuts (Les)
3 Carlton
18 Caro de Lyon
17 Cazenove
3 Célestins
13 Chalut (H. Axotel)
13 Charlemagne
16 Christian Têtedoie
14 Collège
20 Comptoir des Marronniers
15 Congrès
19 Contretête
13 Cour des Loges
14 Créqui Part-Dieu

D

20 Daniel et Denise

E

3 Élysée Hôtel
20 En mets fait ce qu'il te plaît
19 Est (L')
20 Étage (L')

F

17 Fernand Duthion
17 Fleur de Sel
19 Francotte

G

19 Gabion
21 Garet
23 Gentil'Hordière
 3 Globe et Cécil
23 Golf
17 Gourmet de Sèze
 3 Grand Hôtel des Terreaux
13 Grand Hôtel Mercure
     Château Perrache
19 Grenadin
18 Grenier des Lyres

H - I

14 Hilton
15 Holiday Inn Garden Court
21 Hugon (Chez)
16 Ibis Bron Eurexpo
14 Ibis La Part-Dieu Gare
23 Ibis Lyon Nord
13 Ibis Perrache

J - K

17 Jardin des Saveurs
17 J.-C. Pequet
18 Jean-François (Chez)
21 Jura
22 Kyriad

L

15 Laënnec
22 Larivoire
16 Léon de Lyon
15 Libertel Wilson
13 Loges (Les) (H. Cour des Loges)
22 Lyon Est
14 Lyon Métropole

M

19 Machonnerie
18 Maison Borie
20 Maison Villemanzy
17 Mathieu Viannay
22 Mercure Charbonnières
15 Mercure Charpennes
15 Mercure Lumière
 3 Mercure Plaza République
16 Mère Brazier
18 Mère Vittet
14 Méridien Part-Dieu
21 Meunière
20 Muses de l'Opéra (Les)

N

15 Noailles
19 Nord (Le)
16 Novotel Bron
15 Novotel Gerland

14 Novotel La Part-Dieu
23 Novotel Lyon Nord
21 Novotel Tassin

O

20 Oliviers (Les)
22 Orangerie de Sébastien (L')
19 Ouest (L')

P

17 Passage
14 Patio Morand
16 Paul Bocuse
20 Pavé St-Georges
21 Petit Bouchon
     "Chez Georges" (Au)
20 Petit Léon
13 Phénix Hôtel
16 Pierre Orsi
23 Puy d'Or

R

 3 Résidence
18 Romanée
14 Roosevelt
23 Rotonde

S

21 Saisons
13 Savoies
 3 Sofishop
     (H. Sofitel Centre-ville)
 3 Sofitel
22 Sofitel Lyon Aéroport
 3 Sofitel Royal
18 Splendid
16 St-Alban
19 Sud (Le)

T

20 Tablier de Sapeur
18 Tassée
19 Terrasse St-Clair
13 Terrasses de Lyon
     (H. Villa Florentine)
19 Théodore
20 Thomas
13 Tour Rose
 3 Trois Dômes
     (H. Sofitel Centre-ville)

V

13 Verdun
13 Villa Florentine
18 Vivarais
18 Voûte - Chez Léa (La)

Y

18 Yinitial

Perrache :

🏨 **Grand Hôtel Mercure Château Perrache**, 12 cours Verdun ✉ 69002 *ℰ* 04 72 77 15 00, *h1292@accor-hotels.com*, Fax 04 78 37 06 56 – 🛎 ⚒ 🖪 📺 ✆ ⇔ 🅿 – 🏛 20 à 200. 🖭 ⓞ 🅶🅱 🅹🅲🅱 p. 8 **EY** **a**
Les Belles Saisons *(fermé sam. midi)* **Repas** 23,50/33, enf. 14,50 – 🍽 13,50 – **111 ch** 96/188.

♦ L'ex-hôtel de la compagnie PLM a conservé une partie de son cadre Art nouveau, dont les délicates boiseries sculptées du hall. Chambres souvent meublées d'ancien. Le "style Majorelle" prend toute sa dimension dans le superbe restaurant Les Belles Saisons.

🏨 **Charlemagne**, 23 cours Charlemagne ✉ 69002 *ℰ* 04 72 77 70 00, *charlemagne@hotel-l yon.fr*, Fax 04 78 78 42 94 84, ⚒ – 🛎 ⚒ 🖪 📺 ✆ ⇔ 🅿 – 🏛 15 à 120. 🖭 ⓞ 🅶🅱 p. 8 **EZ** **t**
Repas *(fermé 2 au 24 août, 20 déc. au 3 janv., sam. et dim.)* 18 – 🍽 9 – **116 ch** 86/110.

♦ Deux immeubles séparés par une cour ; les chambres du second bâtiment sont plus agréables et spacieuses. Salle des petits-déjeuners de style jardin d'hiver. Au restaurant : décor moderne, plaisante terrasse d'été et cuisine traditionnelle sans prétention.

🏨 **Axotel**, 12 r. Marc-Antoine Petit ✉ 69002 *ℰ* 04 72 77 70 70, *axotel.perrache@hotel-lyon. fr*, Fax 04 72 40 00 65, ⚒ – 🛎 📺 ✆ ⇔ – 🏛 25 à 100. 🖭 ⓞ 🅶🅱, ✀ rest p. 8 **EZ** **r**
Chalut (fermé 1er au 23 août, 23 déc.au 3 janv., vend. soir, sam. midi et dim.) **Repas** 25/50 ♀ enf 9,20 – 🍽 8 – **128 ch** 57/89 – ½ P 54/73.

♦ Cet hôtel bénéficie d'équipements adaptés pour accueillir des séminaires. Chaleureuses chambres décorées dans les tons jaune et bleu et garnies de meubles clairs. Dans les filets du Chalut : des poissons bien sûr, mais aussi des plats de viande.

🏨 **Verdun** sans rest, 82 r. Charité ✉ 69002 *ℰ* 04 78 37 34 71, *hoteldeverdun@wanadoo.fr*, Fax 04 78 37 45 35 – 🛎 ⚒ 📺 ✆. 🖭 ⓞ 🅶🅱 🅹🅲🅱. ✀ p. 8 **FY** **m**
fermé 13 au 22 août et 24 déc. au 3 janv. – 🍽 12 – **28 ch** 80/130.

♦ Gare à proximité, chambres refaites et égayées de couleurs vives, copieux petit-déjeuner servi sous forme de buffet : voici brossé le portrait "TGV" de cet hôtel familial.

🏨 **Ibis Perrache** sans rest, 28 cours de Verdun ✉ 69002 *ℰ* 04 78 37 56 55, *h2751@accor-h otels.com*, Fax 04 78 37 02 58 – 🛎 ⚒ 📺 ✆ ᵴ – 🏛 40. 🖭 ⓞ 🅶🅱 🅹🅲🅱 p. 6 **FY** **d**
🍽 6,50 – **121 ch** 70/85.

♦ Immeuble des années 1920 situé à deux pas du Vieux Lyon. L'hôtel vient d'être rénové. Un escalier de marbre éclairé de vitraux conduit à des chambres bien équipées.

🏨 **Savoies** sans rest, 80 r. Charité *ℰ* 04 78 37 66 94, *hotel.des.savoies@wanadoo.fr*, Fax 04 72 40 27 84 – 🛎 📺 ⇔. 🖭 ⓞ 🅶🅱 🅹🅲🅱 P. 8 **FY** **h**
🍽 5 – **46 ch** 63/74.

♦ Façade rénovée et rehaussée de blasons savoyards. Les chambres sont petites, mais viennent de bénéficier d'une cure de jouvence. Garage très apprécié de la clientèle.

Vieux-Lyon :

🏨 **Villa Florentine** ⚘, 25 montée St-Barthélémy ✉ 69005 *ℰ* 04 72 56 56 56, *florentine@ relaischateaux.com*, Fax 04 72 40 90 56, ≤ Lyon, ⚒, 🛢, 🏊, ✀ – 🛎 ⚒ 📺 ✆ ᵴ ⇔ 🅿 – 🏛 15. 🖭 ⓞ 🅶🅱. ✀ p. 6 **EFX** **s**
Les Terrasses de Lyon (carte réduite le midi sauf dim.) **Repas** 38 (déj.), 70/110 et carte 85 à 145 – 🍽 30 – **20 ch** 335/500, 8 suites.

♦ Sur "la colline qui prie" (Michelet), cet ancien couvent et sa parure Renaissance égalent les plus somptueuses villas toscanes. Chambres lumineuses et raffinées. Les "Terrasses" : cadre idyllique, vue imprenable sur la ville et belle cuisine au goût du jour.
Spéc. Homard à la broche et nem de jarret de veau. Saint-Pierre entier cuit vapeur, jus de romarin. Couronne d'agneau clouté aux anchois marinés. **Vins** Vin du Bugey, Saint-Joseph.

🏨 **Cour des Loges** ⚘, 6 r. Boeuf ✉ 69005 *ℰ* 04 72 77 44 44, *contact@courdesloges.com*, Fax 04 72 40 93 61, ⚒, 🛢, 🏊 – 🏛 15 à 50. 🖭 ⓞ 🅶🅱 🅹🅲🅱 p. 6 **FX** **n**
Les Loges : **Repas** 35(déj.) et carte 50 à 64 ♀ – 🍽 22 – **52 ch** 220/460, 4 suites.

♦ Designers et artistes contemporains ont signé le décor étonnant de cet ensemble de maisons des 15e et 17e s. groupées autour d'une splendide cour à galeries. Aux Loges, cuisine inventive et cadre personnalisé.

🏨 **Tour Rose** ⚘, 22 r. Boeuf ✉ 69005 *ℰ* 04 78 92 69 10, *latourrose@free.fr*, Fax 04 78 42 26 02 – 🛎 ⚒ 📺 ✆ ⇔ – 🏛 25. 🖭 ⓞ 🅶🅱 🅹🅲🅱 p. 6 **EFX** **e**
Repas *(fermé le midi en août et dim.)* 53/106 – 🍽 14 – **12 ch** 250/355.

♦ Maisons du Vieux Lyon, leur caractéristique tour d'escalier et leurs jardins étagés. Étonnantes chambres décorées par les meilleurs soyeux lyonnais. Belle verrière au pied de la tour rose et salle à manger cossue pour une cuisine créative jouant des épices.

🏨 **Phénix Hôtel** sans rest, 7 quai Bondy ✉ 69005 *ℰ* 04 78 28 24 24, *phenix-hotel@wanado o.fr*, Fax 04 78 28 62 86 – 🛎 ⚒ 📺 ✆ ᵴ ⇔ – 🏛 30. 🖭 ⓞ 🅶🅱 🅹🅲🅱 p. 6 **FX** **k**
🍽 10 – **36 ch** 125/155.

♦ Immeuble ancien sur les quais de la Saône. Grandes chambres au décor actuel ; quelques-unes disposent d'une cheminée. Agréable salle des petits-déjeuners sous verrière.

🏠 **Collège** sans rest, 5 pl. St Paul ⊠ 69005 ℰ 04 72 10 05 05, *contact@college-hotel.com*, *Fax 04 78 27 98 84* – 📳 ⁕⊟ ≡ 📺 ❤ ぬ – ⚏ 20. ᴁᴇ ⓞ ᴄᴮ ᴊᴄʙ   **XF**   r
⊑ 11 – **39 ch** 105/130.
    ◆ Mais qui a eu cette idée folle un jour d'inventer le Collège ? Bureaux d'écoliers, cheval d'arçon, cartes de géographie : tout évoque ici l'univers scolaire d'autrefois.

La Croix-Rousse (bord de Saône) :

🏠🏠 **Lyon Métropole**, 85 quai J. Gillet ⊠ 69004 ℰ 04 72 10 44 44, *metropole@lyonmetropol e_concorde.com, Fax 04 72 10 44 42*, 🌿, ⍩, ⍟ – 📳 ≡ 📺 ❤ ぬ ⇌ ᴘ – ⚏ 15 à 300. ᴁᴇ ⓞ ᴄᴮ ᴊᴄʙ   p. 6 **EU** k
fermé 24 déc. au 3 janv. – **Brasserie Lyon Plage :** Repas 32, enf. 12 ⊻ – ⊑ 23 – **118 ch** 250.
    ◆ La livrée jaune et blanche de cette architecture "années 1980" se mire dans la piscine olympique. Hôtel sportif : courts de tennis, de squash et practices. Chambres rénovées. À la Brasserie Lyon Plage, intérieur marin et terrasse dressée au bord du bassin.

Les Brotteaux :

🏠🏠🏠 **Hilton,** 70 quai Ch. de Gaulle ⊠ 69006 ℰ 04 78 17 50 50, *rm-lyon@hilton.com, Fax 04 78 17 52 52*, 🌿, ʆⅆ – 📳 ⁕⊟ ≡ 📺 ❤ ぬ ⇌ – ⚏ 15 à 400. ᴁᴇ ⓞ ᴄᴮ
ᴊᴄʙ   p. 7 **GU** a
Blue Elephant ℰ 04 78 17 50 00 *(fermé 20 juil. au 20 août, sam. midi et dim.)* Repas 27(déj.), 40/55 ⊻ – **Brasserie Belge** ℰ 04 78 17 51 00 Repas (17) - 23 bc (déj.) et carte 34 à 45, enf. 9 ⅋ – ⊑ 24 – **194 ch** 230/400, 5 suites.
    ◆ Hôtel de la Cité internationale rassemblant palais des congrès, casino et musée d'Art contemporain. Vastes chambres tournées vers le parc de la Tête d'Or ou le Rhône. Cuisine et cadre thaïlandais au Blue Elephant. Spécialités du plat pays à la Brasserie Belge.

🏠 **Roosevelt** sans rest, 48 r. Sèze ⊠ 69006 ℰ 04 78 52 35 67, *hotel.roosevelt@wanadoo.fr, Fax 04 78 52 39 82* – 📳 ⁕⊟ ≡ 📺 ❤ ぬ ⇌ ᴘ – ⚏ 15 à 40. ᴁᴇ ⓞ ᴄᴮ   p. 7 **GX** x
⊑ 10 – **48 ch** 107/126.
    ◆ Cet établissement dispose d'un plaisant salon-bibliothèque et de chambres confortables - plus petites en façade - de style contemporain. Aux murs, photographies noir et blanc.

🏠 **Patio Morand** sans rest, 99 r. Créqui ⊠ 69006 ℰ 04 78 52 62 62, *accueil@hotel-morand. fr, Fax 04 78 24 87 88* – ⁕⊟ 📺. ᴁᴇ ⓞ ᴄᴮ ᴊᴄʙ   p. 7 **GVX** p
⊑ 8,50 – **31 ch** 62/80.
    ◆ Ce menu hôtel proche de l'Opéra propose des chambres diversement décorées. Quelques-unes, plus calmes, ouvrent sur le patio fleuri et coloré où l'on sert les petits-déjeuners.

La Part-Dieu :

🏠🏠🏠 **Méridien Part-Dieu** ॐ, 129 r. Servient (32ᵉ étage) ⊠ 69003 ℰ 04 78 63 55 00, *info@le meridien-lyon.com, Fax 04 78 63 55 20*, ≤ Lyon et vallée du Rhône – 📳 ⁕⊟ ≡ 📺 ❤ ⇌ –
⚏ 15 à 110. ᴁᴇ ⓞ ᴄᴮ ᴊᴄʙ   p. 7 **GX** u
L'Arc-en-Ciel *(fermé 15 juil. au 25 août, sam. midi et dim.)* Repas (30)-36/53bc, enf. 18 ⅋ –
Bistrot de la Tour (rez-de-chaussée) *(fermé vend. soir, dim. midi et sam.)* Repas (15,50) 17,50/19, enf. 10,50 ⊻ – ⊑ 11 – **245 ch** 260/315.
    ◆ Au sommet du "crayon" (à plus de 100 m de hauteur), vue panoramique et agencement intérieur inspiré des maisons du Vieux Lyon : cour intérieure, galeries superposées. Spectacle assuré à l'Arc-en-Ciel perché au 32ᵉ étage de la tour : la ville est à vos pieds !

🏠🏠 **Novotel La Part-Dieu,** 47 bd Vivier-Merle ⊠ 69003 ℰ 04 72 13 51 51, *h0735@accor-ho tels.com, Fax 04 72 13 51 99* – 📳 ⁕⊟ ≡ 📺 ❤ ぬ ⇌ – ⚏ 15 à 70. ᴁᴇ ⓞ ᴄᴮ ᴊᴄʙ
Repas (15,70) - 19, enf. 8 ⊻ – ⊑ 11 – **124 ch** 117/139.   p. 9 **HX** a
    ◆ Vaste bar-salon équipé d'un espace Internet, chambres mises aux dernières normes de la chaîne : une étape pratique à deux pas de la gare. En attendant le train ou entre deux rendez-vous, la clientèle d'affaires contente son appétit au restaurant Novotel.

🏠 **Créqui Part-Dieu** sans rest, 37 r. Bonnel ⊠ 69003 ℰ 04 78 60 20 47, *infosa@hotel-creq ui.com, Fax 04 78 62 21 12* – 📳 ⁕⊟ ≡ 📺 ❤ ぬ – ⚏ 30. ᴁᴇ ⓞ ᴄᴮ   p. 7 **GX** s
⊑ 10 – **46 ch** 100/120, 3 suites.
    ◆ L'établissement s'élève face à la cité judiciaire. Les chambres s'égayent de coloris et tissus provençaux. Celles de l'aile neuve offrent un cadre résolument moderne.

🏠 **Ibis La Part-Dieu Gare,** pl. Renaudel ⊠ 69003 ℰ 04 78 95 42 11, *h0618@accor-hotels. com, Fax 04 78 60 42 85*, 🌿 – 📳 ≡ 📺 ❤ ぬ – ⚏ 20. ᴁᴇ ⓞ ᴄᴮ   p. 9 **HY** k
Repas (14,60) - 17,80, enf. 6,60 ⊻ – ⊑ 6 – **144 ch** 82.
    ◆ Architecture cubique proche de la gare de La Part-Dieu. Les chambres, refaites suivant le nouveau concept Ibis, sont agrémentées de tissus pastel. Restaurant sans prétention où l'on propose une carte privilégiant buffets et grillades.

🏨 **Campanile Forum Part-Dieu**, 31 r. Maurice Flandin ⊠ 69003 𝒫 04 72 36 31 00, *camp anilepartdieu@wanadoo.fr*, Fax 04 72 34 02 80, ☞ – 📱 ✎, ☰ ch, 📺 ✆ ⅙ 🚗 – 🛎 20 à 50. ⌧ ⓪ ㏄   p. 9 **HX** e
Repas *(12,50)* - 16,50/21,30, enf. 6 ♀ – ⌧ 6,50 – **170 ch** 85.
♦ Occupant en partie un immeuble moderne de bureaux - le "Forum" -, ce Campanile offre des chambres simples, mais rajeunies et correctement équipées. Murs parementés de briques, tons clairs et meubles néo-rustiques composent le cadre de l'immense restaurant.

La Guillotière :

🏨🏨 **Libertel Wilson** sans rest, 6 r. Mazenod ⊠ 69003 𝒫 04 78 60 94 94, *h2780@accor-hotel s.com*, Fax 04 78 62 72 01 – 📱 ✎ ☰ 📺 ✆ 🚗. ⌧ ⓪ ㏄ ㎄   P. 9 **GY** a
⌧ 12 – **54 ch** 111/130.
♦ Mobilier contemporain inspiré du style Art déco et tissus chatoyants - cité des canuts oblige ! - personnalisent les chambres de cet hôtel récent proche des quais du Rhône.

🏨 **Noailles** sans rest, 30 cours Gambetta ⊠ 69007 𝒫 04 78 72 40 72, *accueil@hotel-de-noail les-lyon.com*, Fax 04 72 71 09 10 – ☰ 📺 ✆ 🚗. ⌧ ⓪ ㏄   p. 9 **GY** s
fermé 30 juil. au 30 août – ⌧ 10 – **24 ch** 65/111.
♦ Les chambres, garnies de meubles modernes, ouvrent sur la cour intérieure ou sur un jardin. Son garage et la proximité du métro font du Noailles une adresse pratique.

Gerland :

🏨🏨🏨 **Novotel Gerland**, 70 av. Leclerc ⊠ 69007 𝒫 04 72 71 11 11, *h0736@accor-hotels.com*, Fax 04 72 71 11 00, ☞, ⅃ – 📱 ✎ ☰ 📺 ✆ ⅙ 🚗 – 🛎 90 à 150. ⌧ ⓪ ㏄   p. 4 **BQ** e
Repas *(20)* - 25, enf. 8 ♀ – ⌧ 11 – **187 ch** 136/155.
♦ Bâtisse moderne proche de la halle Tony-Garnier et du stade de football. L'intérieur est rénové par étapes pour respecter les dernières normes de la chaîne. Le restaurant, récemment refait, propose la carte "Novotel" classique.

Montchat-Monplaisir,

🏨🏨🏨 **Mercure Lumière**, 69 cours A. Thomas 𝒫 04 78 53 76 76, *h1535@accor-hotels.com*, Fax 04 72 36 97 65 – 📱 ✎ ☰ 📺 ✆ ⅙ 🚗 – 🛎 25 à 50. ⌧ ⓪ ㏄ ㎄   p. 9 **HZ** e
Repas *(fermé dim. midi, sam. et fériés)* *(15)* - 18/24, enf. 10 ♀ – ⌧ 12 – **78 ch** 140/150.
♦ Silence, on tourne ! Fin 19e s., à Lyon : les frères Lumière inventent le cinématographe. 1991, zoom, même lieu : ce Mercure reçoit un décor inspiré du cinéma. Clap de fin. Des photos évoquant l'histoire du 7e art décorent la salle à manger contemporaine.

🏨 **Laënnec** sans rest, 36 r. Seignemartin ⊠ 69008 𝒫 04 78 74 55 22, *reservation@hotel_lae nnec.com*, Fax 04 78 01 00 24 – 📺 🚗. ⌧ ⓪ ㏄ ㎄   p. 5 **CQ** n
fermé 8 au 21 août – ⌧ 6 – **14 ch** 66/73.
♦ Cure de jouvence pour les petites chambres de cet hôtel familial du quartier hospitalo-universitaire : parquet flottant, couleurs vives et éclairages neufs. Tenue rigoureuse.

à Villeurbanne – *124 215 h. alt. 168* – ⊠ **69100** :

🏨🏨🏨 **Congrès**, pl. Cdt Rivière 𝒫 04 72 69 16 16, *reservation@hoteldescongres.com*, Fax 04 78 94 64 86 – 📱 ☰ 📺 🚗 – 🛎 65. ⌧ ⓪ ㏄. ⅙ rest   p. 7 **HV** m
fermé 30 juil. au 22 août, 24 déc. au 2 janv., vend. soir, sam. et dim. – **Repas** 32/48 ♀ – ⌧ 14 – **134 ch** 80/105.
♦ Architecture de béton proche du parc de la Tête d'Or (105 ha). Décor conforme au standard des années 1980. Les chambres "prestige", rénovées, sont plus chaleureuses. Cuisine traditionnelle dans ce restaurant fréquenté notamment par la clientèle d'affaires.

🏨🏨🏨 **Mercure Charpennes**, 7 pl. Ch. Hernu 𝒫 04 72 44 46 46, *h1625@accor-hotels.com*, Fax 04 78 89 10 14 – 📱 ✎ ☰ 📺 ✆ 🚗 – 🛎 20 à 80. ⌧ ⓪ ㏄   p. 7 **HV** e
Repas *(fermé 31 juil. au 15 août, dim. midi et sam.)* 18/23,50, enf. 9 ♀ – ⌧ 11,50 – **96 ch** 110/140.
♦ Façade moderne caractéristique de ce quartier en cours de rénovation. L'intérieur est chaleureux avec ses tons pastel et son décor contemporain. Chambres spacieuses. Salle à manger actuelle bordant l'ancienne place de la Bascule. Spécialités lyonnaises.

🏨🏨 **Holiday Inn Garden Court**, 130 bd 11 Nov. 1918 𝒫 04 78 89 95 95, *higcvilleurbanne@ alliance-hospitality.com*, Fax 04 72 43 91 55 – 📱 ✎ ☰ 📺 ✆ 🚗 – 🛎 25 à 100. ⌧ ⓪ ㏄ ㎄   p. 5 **CP** r
Repas *(fermé sam. midi et dim. midi)* 17/21 – ⌧ 11 – **79 ch** 107/145.
♦ Une adresse particulièrement appréciée par la clientèle d'affaires : chambres confortables et bien agencées, espaces de réunions modulables. Côté restaurant, appétissante cuisine traditionnelle et aménagements modernes.

🏨 **Ariana** sans rest, 163 cours É. Zola 𝒫 04 78 85 32 33, *ariana@ariana-hotel.fr*, Fax 04 72 65 78 55 – 📱 ☰ 📺 ✆ 🚗. ⌧ ㏄   p. 5 **CP** k
⌧ 8,50 – **102 ch** 48/72.
♦ Immeuble récent situé face à la "cité des Gratte-Ciel" édifiée dans les années 1930. Chambres fonctionnelles. Vous gagnerez rapidement le centre de Lyon grâce au métro.

à Bron – *37 369 h. alt. 204* – ⊠ *69500* :

🏨 **Novotel Bron,** 260 av. J. Monnet ℰ 04 72 15 65 65, *h0436@accor-hotels.com,*
Fax 04 72 15 09 09, 斎, 🏊, 🐎 – 🛗 🔅 ⌘ 📺 ☎ & 🅿 – 🛎 15 à 500. ᴁ ⓞ ᴄᴮ
Repas *(17,50)* - 21,50, enf. 8 🍽 – 🛏 11 – **190 ch** 130/138.   p. 5 **DR f**
◆ Entre A 43 et N 6, cet hôtel de chaîne constitue une étape avant tout pratique.
Chambres de bonne ampleur. Nombreux équipements pour séminaires, jardin et piscine.
Restauration conforme aux normes Novotel, satisfaisante pour une pause-repas aux portes
de Lyon.

🏨 **Ibis Bron Eurexpo,** r. M. Bastié ℰ 04 72 37 01 46, *h0854-gm@accor-hotels.com,*
Fax 04 78 26 65 43, 斎 – 🛗 🔅, ⌘ ch, 📺 ☎ & 🅿 – 🛎 30. ᴁ ⓞ ᴄᴮ   p. 5 **DR n**
Repas *(12)* - 15, enf. 6 🍷 – 🛏 6 – **79 ch** 59/76.
◆ Bâtisse moderne proche du parc des expositions et de l'autoroute A 43. Chambres
crépies, refaites aux nouvelles normes de la chaîne. Espace "grillades" aménagé à même la
salle à manger. Terrasse d'été. Cuisine traditionnelle et plats de brasserie.

Restaurants

🍽🍽🍽🍽🍽 **Paul Bocuse,** au pont de Collonges Nord : 12 km par bords Saône (D 433, D 51) ⊠ 69660
✿✿✿ Collonges-au-Mont-d'Or ℰ 04 72 42 90 90, *paul.bocuse@bocuse.fr,* Fax 04 72 27 85 87 –
🖥 🅿. ᴁ ⓞ ᴄᴮ ᴊᴄᴮ   p. 4 **BP**
Repas 109/185 et carte 90 à 150, enf. 19 🍴.
◆ Le monde entier défile dans le palais-auberge coloré et cossu de "Monsieur Paul", le
primat des "gueules". Plats historiques et "fresque des grands chefs" dans la cour.
Spéc. Soupe aux truffes. Loup en croûte feuilletée. Volaille de Bresse. **Vins** Saint-Véran,
Brouilly

🍽🍽🍽🍽 **Léon de Lyon** (Lacombe), 1 r. Pleney ⊠ 69001 ℰ 04 72 10 11 12, *leon@relaischateaux.fr,*
✿✿ Fax 04 72 10 11 13 – 🖥. ᴁ ᴄᴮ ᴊᴄᴮ   p. 8 **FX r**
fermé 1ᵉʳ au 23 août, dim. et lundi – **Repas** 60 (déj.), 110/150 et carte 93 à 115, enf. 14 🍽 🍴.
◆ La tradition de la grande cuisine lyonnaise demeure bien vivante en ces salons et
cabinets habillés de boiseries et décorés de tableaux à la gloire du marmiton. Épatant !
Spéc. Cochon fermier du Cantal, foie gras et oignons confits. Quenelles de brochet sauce
Nantua. Cinq petits desserts à la praline de Saint-Genix **Vins** Saint-Véran, Chiroubles

🍽🍽🍽🍽 **Pierre Orsi,** 3 pl. Kléber ⊠ 69006 ℰ 04 78 89 57 68, *orsi@relaischateaux.com,*
✿ Fax 04 72 44 93 34, 斎 – 🖥 🍴. ᴁ ᴄᴮ ᴊᴄᴮ   p. 7 **GV v**
fermé dim. et lundi sauf fériés – **Repas** 43 (déj.), 77/107 et carte 75 à 100 🍽 🍴.
◆ Maison ancienne abritant une élégante salle de restaurant et une terrasse-roseraie où
l'on déguste une cuisine lyonnaise soignée. Belle cave voûtée bicentenaire.
Spéc. Ravioles de foie gras au jus de porto et truffes. Homard en carapace. Pigeonneau en
cocotte aux gousses d'ail confites. **Vins** Saint-Joseph, Mâcon-Villages

🍽🍽🍽 **Christian Têtedoie,** 54 quai Pierre Scize ⊠ 69005 ℰ 04 78 29 40 10, *restaurant@tetedo*
✿ *ie.com,* Fax 04 72 07 05 65 – 🖥 🍴 🍷. ᴁ ᴄᴮ   p. 6 **EX n**
fermé 1ᵉʳ au 8 mai, 1ᵉʳ au 23 août, 21 au 27 fév., sam. midi et dim. – **Repas** 36,50/54 et carte
56 à 76 🍽.
◆ Derrière la gracieuse façade, décor contemporain raffiné déclinant un subtil camaïeu de
jaunes. Quelques tables ont vue sur la Saône. Cuisine au goût du jour, cave-vitrine.
Spéc. Marroné lyonnais et ailes de poule faisane à l'émulsion de cèpes et châtaignes (sept. à
déc.). Filet de féra braisé à l'oseille. Tête de veau confite au vin de Cornas (sept. à avril). **Vins**
Saint-Péray, Coteaux du Tricastin

🍽🍽🍽 **L'Auberge de Fond Rose** (Vignat), 23 quai G. Clemenceau ⊠ 69300 Caluire-et-Cuire
✿ ℰ 04 78 29 34 61, *contact@aubergedefondrose.com,* Fax 04 72 00 28 67, 斎, 🐎 – 🖥 🅿.
ᴁ ⓞ ᴄᴮ   P. 6 **EU v**
fermé vacances de Toussaint, de fév., dim. soir et lundi – **Repas** 36/63 et carte 68 à 84 🍽.
◆ Maison bourgeoise des années 1920 entourée de son jardin ombragé et fleuri. Salle à
manger dotée d'une cheminée et calme terrasse où l'on sert une cuisine classique soignée.
Spéc. Rémoulade de grenouilles et fritot d'escargot (printemps-été). Féra du lac Léman à la
peau argentée, mijotée de courgettes et tomates (mi-mai-mi-sept.). Selle d'agneau farcie
aux herbes, pommes Anna. **Vins** Gigondas, Fleurie.

🍽🍽🍽 **Mère Brazier,** 12 r. Royale ⊠ 69001 ℰ 04 78 28 15 49, Fax 04 78 28 63 63 – ᴁ ⓞ
ᴄᴮ   p. 6 **FV e**
fermé 23 juil. au 25 août, sam. midi, dim., mardi et fériés – **Repas** 31 (déj.), 46/55 et carte 43
à 65.
◆ Vénérable conservatoire de la tradition culinaire lyonnaise, ce restaurant honore la
mémoire de la légendaire Mère Brazier. Les spécialités maison sont immuables.

🍽🍽🍽 **St-Alban,** 2 quai J. Moulin ⊠ 69001 ℰ 04 78 30 14 89, Fax 04 72 00 88 82 – 🖥. ᴁ ⓞ
ᴊᴄᴮ   p. 6 **FX v**
fermé 19 juil. au 18 août, 1ᵉʳ au 6 janv., sam. midi, dim. et fériés – **Repas** *(27)* - 36/62 et carte
45 à 60 🍽.
◆ Des carrés de soie représentent les monuments lyonnais égayent l'intérieur chic de
cette salle à manger voûtée proche de l'Opéra. Cuisine classique actualisée.

XXX **Fernand Duthion,** 18 r. D. Vincent ✉ 69410 Champagne-au-Mont-d'Or
ℰ 04 78 35 04 78, Fax 04 78 35 59 58, 舘, 雞 – 🅿. GB p. 4 **AP e**
fermé 12 au 29 août, 23 déc. au 3 janv., dim. soir, lundi et merc. – **Repas** 26 (déj.), 50/70 et carte 50 à 70 ₹.

◆ Maison bourgeoise 1900 dans un joli jardin planté d'arbres centenaires. Les salles à manger offrent un charme désuet. Terrasse ombragée. Registre culinaire classique.

XX **Auberge de l'Île** (Ansanay-Alex), sur l'Île Barbe ✉ 69009 ℰ 04 78 83 99 49, *info@auberg*
❀❀ *edelile.com, Fax 04 78 47 80 46* – 🅿. 🆎 ⓞ GB JCB p. 4 **BP e**
fermé 1ᵉʳ au 24 août, dim. et lundi – **Repas** 75/95.

◆ Salle à manger de caractère (non-fumeur) et subtile cuisine au goût du jour font de cette maison du 17ᵉ s. nichée sur une île de la Saône une adresse attachante.
Spéc. Coeur de thon rouge, caviar, vodka, betterave (sept.). Curry de Saint-Jacques et boudin noir (nov.). Glace réglisse, cornet de pain d'épices. **Vins** Condrieu, Côte-Rôtie.

XX **L'Alexandrin** (Alexanian), 83 r. Moncey ✉ 69003 ℰ 04 72 61 15 69, *Fax 04 78 62 75 57,*
❀ 舘 – 🗏. 🆎 GB p. 7 **GX h**
fermé 20 au 24 mai, 11 au 14 juil., 1ᵉʳ au 23 août, 11 au 15 nov., 24 déc. au 4 janv. – **Repas** *(fermé sam. midi de mai à août, dim., lundi et fériés)* 38 (déj.), 60/80 et carte 60 à 85 ₰.

◆ Décor contemporain chic, service souriant, belle carte de côtes-du-rhône et cuisine originale rajeunissant les plats du terroir : ce restaurant attire le "Tout-Lyon".
Spéc. Mousseline de brochet en quenelle et son crémeux d'écrevisses. Fricassée de volaille de Bresse au vinaigre. Madeleines guanaja et entremets chocolat amer, sorbet cacao. **Vins** Saint Péray, Crozes-Hermitage.

XX **Nicolas Le Bec,** 14 rue Grolée ✉ 69002 ℰ 04 78 42 15 00, *restaurant@nicolaslebec.com,*
❀ *Fax 04 72 40 98 97* – 🗏 ⊟ᵀ. 🆎 ⓞ GB p. 7
fermé 1ᵉʳ au 16 août, dim. et lundi – **Repas** 40 (déj.), 75/98 et carte 70 à 100 ₹.

◆ Il n'est bon Bec que de… Lyon ! Cadre résolument contemporain aux tons caramel et chocolat, cuisine aussi inventive que subtile et livre de cave glorifiant l'Hexagone.
Spéc. Artichauts au bouillon d'eucalyptus, langoustines rôties. Filet de canard cuit sur l'os, jus de gentiane au navet. Riz crémeux, caramel mou, biscuits d'amande.

XX **Cazenove,** 75 r. Boileau ✉ 69006 ℰ 04 78 89 82 92, *orsi@relaischateaux.com,*
❀ *Fax 04 72 44 93 34* – 🗏 ⊟ᵀ. 🆎 GB JCB p. 7 **GV k**
fermé août, sam. et dim. – **Repas** 33/43 ₹.

◆ Évocation Belle Époque réussie : banquettes capitonnées, glaces murales, appliques "rétro" et bronzes d'art. Petits plats régionaux, convivialité assurée.

XX **Passage,** 8 r. Plâtre ✉ 69001 ℰ 04 78 28 11 16, *Fax 04 72 00 84 34* – 🗏. 🆎 GB
JCB p. 8 **FX r**
fermé 8 au 23 août, dim., lundi et fériés – **Repas** 15 (déj.), 29/45 ₹.

◆ Sièges de cinéma récupérés et trompe-l'oeil façon rideau de scène au bistrot, fauteuils "club" et décor feutré dans la salle principale : deux atmosphères séduisantes.

XX **Fleur de Sel,** 3 r. Remparts d'Ainay ✉ 69002 ℰ 04 78 37 40 37, *Fax 04 78 37 26 37* –
GB p. 8 **FY q**
fermé août, dim. et lundi – **Repas** 24 (déj.)/39 ₹.

◆ Des voilages vert et jaune tamisent la lumière de cette vaste salle à manger bourgeoise. Tables espacées et sièges modernes. Cuisine personnalisée d'inspiration provençale.

XX **Jardin des Saveurs,** 95 cours Docteur Long ✉ 69003 Montchat-Monplaisir
ℰ 04 78 53 27 05, *Fax 04 72 34 67 48* – ⓞ GB p. 5 **CQ a**
fermé 9 au 21 août et dim. – **Repas** 27/50 ₰.

◆ Ancien bar métamorphosé en restaurant très prisé. Les clés du succès ? Une cuisine soignée, une judicieuse sélection de vins, un service attentif et des prix sages.

XX **J.-C. Pequet,** 59 pl. Voltaire ✉ 69003 ℰ 04 78 95 49 70, *Fax 04 78 62 85 26* – 🗏. 🆎 ⓞ
GB JCB p. 9 **GY v**
fermé août, sam. et dim. – **Repas** 25/45.

◆ Décor sans excentricité et sage cuisine classique évoluant au gré des saisons : un établissement fiable fréquenté par une clientèle d'habitués.

XX **Gourmet de Sèze** (Mariller), 129 r. Sèze ✉ 69006 ℰ 04 78 24 23 42, *Fax 04 78 24 66 81*
❀ – 🗏. 🆎 GB p. 7 **HV z**
fermé 20 au 24 mai, 24 juil. au 23 août, 20 au 24 fév., dim., lundi et fériés – **Repas** *(nombre de couverts limité, prévenir)* 32/57 ₹.

◆ Coquette petite salle de restaurant et cuisine classique intelligemment actualisée : les gourmets de la rue de Sèze ne sont pas les seuls à être séduits.
Spéc. Croustillants de pieds de cochon. Saint-Jacques grillées à la crème de brocoli et jus de truffe (oct. à mars). Le "Grand dessert". **Vins** Saint-Joseph blanc, Morgon.

XX **Mathieu Viannay,** 47 av. Foch ✉ 69006 ℰ 04 78 89 55 19, *Fax 04 78 89 08 39* – 🗏. 🆎
GB p. 7 **GV s**
fermé 2 au 23 août, 24 déc. au 2 janv., sam. et dim. – **Repas** (20) - 25/55 ₹.

◆ Restaurant au cadre résolument moderne - parquet, sièges colorés et éclairage original - en harmonie avec une cuisine au goût du jour bien troussée.

889

XX **Maison Borie**, 3 pl. Antonin Perrin ⊠ 69007 Gerland ℰ 04 72 76 20 20, Fax 04 37 37 10 00, ⇔ – ≡ ℙ. ⅁⅁ p. 4 **BQ d**
fermé 10 au 24 août, 20 déc. au 2 janv. et dim. – **Repas** (20) - 25 (déj.), 45/80.
♦ Original décor contemporain, atmosphère "branchée" et cuisine inventive font l'attrait de cette maison du 19ᵉ s. Carte plus étoffée au dîner. Salles à manger sans tabac.

XX **Brunoise**, 4 r. A. Boutin ⊠ 69100 Villeurbanne ℰ 04 78 52 07 77, Fax 04 72 83 54 96 – ≡.
⅁⅁ p. 5 **CP b**
fermé 1ᵉʳ au 22 août, 26 au 30 déc., lundi soir, mardi soir, sam., dim. et fériés – **Repas** 20/
45 ⅄.
♦ Les spécialités de la maison, peintes par les artistes de la Cité de la Création, décorent la façade. Salle à manger actuelle. Carte traditionnelle. Soirées à thème culinaire.

XX **Romanée**, 19 r. Rivet ⊠ 69001 ℰ 04 72 00 80 87, Fax 04 72 07 88 44 – ≡. ⅁⅁
⅁⅁ p. 6 **EV e**
fermé 2 au 22 août, sam. midi, dim. soir et lundi – **Repas** (18) - 25/36 ⅄.
♦ Plaisante salle à manger moderne où contrastent ce tons blanc et chocolat, cuisine actuelle et très beau choix de côtes-du-rhône distinguent ce restaurant de la Croix-Rousse.

XX **Chez Jean-François**, 2 pl. Célestins ⊠ 69002 ℰ 04 78 42 08 26, Fax 04 72 40 04 51 –
≡. ⅁⅁ ⅁⅁ ⅉ⅌⅁ p. 8 **FY x**
fermé 8 au 12 avril, 23 juil. au 23 août, dim., lundi et fériés – **Repas** (13,80) - 16,80/29,80 ⅄.
♦ Ce restaurant au décor contemporain, fréquenté par les artistes du théâtre des Célestins tout proche, fait souvent salle comble. Généreuse cuisine du terroir.

XX **Tassée**, 20 r. Charité ⊠ 69002 ℰ 04 72 77 79 00, jpborgeot@latassee.fr, Fax 04 72 40 05 91 – ≡. ⅁⅁ p. 8 **FY u**
fermé dim. – **Repas** 26/46 ⅄.
♦ Peinte dans les années 1950, la fresque bachique d'inspiration médiévale donne du cachet à ce bistrot proche de la place Bellecour. Cuisine classique et lyonnaise.

XX **Yinitial**, 14 r. Palais Grillet ⊠ 69002 ℰ 04 78 42 14 14, palais.grillet@wanadoo.fr, Fax 04 72 40 98 07 – ≡. ⅁⅁ p. 8 **FX d**
fermé 29 au 20 août, sam. midi et dim. – **Repas** 25.
♦ Vénérables poutres du 17ᵉ s. et cadre épuré japonisant au service d'une cuisine franco-asiatique faites sous vos yeux (cuissons au wok, à la plancha ou à la vapeur).

XX **Vivarais**, 1 pl. Gailleton ⊠ 69002 ℰ 04 78 37 85 15, Fax 04 78 37 59 49 – ≡. ⅁⅁ ⅁ ⅁⅁
ⅉ⅌⅁ p. 8 **FY f**
fermé 26 juil. au 22 août, 25 déc. au 2 janv. et dim. – **Repas** 20 (déj.), 26/34 ⅄.
♦ Boiseries et tableaux anciens : un cadre assez soigné se prêtant à la dégustation d'une appétissante cuisine au goût du jour escortée de goûteuses "lyonnaiseries".

XX **Grenier des Lyres**, 21 r. Creuzet ⊠ 69007 ℰ 04 78 72 81 77, thierrygache@club-interne
t.fr, Fax 04 78 72 01 75 – ≡. ⅁⅁ ⅁⅁ p. 9 **GY t**
fermé 11 au 27 août, lundi soir, sam. midi et dim. – **Repas** 18,50 bc (déj.), 25,90/40,50.
♦ "Grenier délire" plutôt, avec cette petite salle à manger au décor de lambris aussi original que la cuisine "lyrique" que l'on y déguste.

XX **Splendid**, pl. J. Ferry ⊠ 69006 ℰ 04 37 24 85 85, lesplendid@georgesblanc.com, Fax 04 37 24 85 86 – ⅁⅁ ⅁ ⅁⅁ ⅉ⅌⅁ p. 7 **HX m**
Repas (16,50 bc) - 19,50 (déj.), 27/42, enf. 11 ⅄.
♦ Les plats servis, simples et généreux, rendent hommage aux "Mères" lyonnaises dont on retrouve les photos sur une "fresque" originale déployée au-dessus des cuisines.

XX **Caro de Lyon**, 24 r. Bât d'Argent ⊠ 69001 ℰ 04 78 39 58 58, lecarodelyon_reception@li
bertysurf.fr, Fax 04 72 07 98 96 – ⅌. ⅁⅁ ⅁⅁ p. 6 **FX h**
fermé dim. – **Repas** 25 (déj.)/65, enf. 12 ⅄.
♦ Des bibliothèques décorent les murs de ce restaurant qui se démarque peu à peu de son image de brasserie en proposant une cuisine plutôt soignée et dans l'air du temps.

XX **La Voûte - Chez Léa**, 11 pl. A. Gourju ⊠ 69002 ℰ 04 78 42 01 33, Fax 04 78 37 36 41 –
≡. ⅁⅁ ⅁⅁ p. 8 **FY e**
fermé dim. – **Repas** 16,50 (déj.), 25/35 ⅄.
♦ L'immuable carte nous ramène à l'époque, pas si lointaine, où les "Mères" régnaient sur le Lyon gastronomique. Cadre "rétro" au rez-de-chaussée, plus cossu à l'étage.

XX **Brasserie Georges**, 30 cours Verdun ⊠ 69002 ℰ 04 72 56 54 54, brasserie.georges@w
anadoo.fr, Fax 04 78 42 51 65 – ⅁⅁ ⅁ ⅁⅁ ⅉ⅌⅁ p. 8 **FZ b**
Repas 18,50/21, enf. 7,60 ⅄.
♦ "Bonne bière et bonne chère depuis 1836" et cadre résolument Art déco datant de 1925 : "la Georges", où s'attablèrent tant de célébrités, n'a rien perdu de son charme.

XX **Mère Vittet**, 26 cours de Verdun ⊠ 69002 ℰ 04 78 37 20 17, merevittet@wanadoo.fr, Fax 04 78 42 40 70 – ≡. ⅁⅁ ⅁⅁ p. 8 **FY y**
Repas (15) - 22/42, enf. 11 ⅄.
♦ Les noctambules apprécient ce restaurant voisin de la gare de Perrache : carte traditionnelle, banc d'écailler et cadre provincial, le tout ouvert jusqu'à 1 h du matin.

✕ **Argenson Gerland**, 40 allée P. de Coubertin à Gerland ⊠ 69007 ℰ 04 72 73 72 73, Fax 04 72 73 72 74, 🍴 – **P**, **AE** **①** **GB** **JCB**　　　　　　p. 4 **BR** **a**
Repas 18/25,60 ♀.
◆ Salle rénovée de style brasserie, agréable terrasse : hommes d'affaires à midi et fanas de ballon rond le soir se retrouvent dans ce restaurant voisin du stade de Gerland.

✕ **Le Nord**, 18 r. Neuve ⊠ 69002 ℰ 04 72 10 69 69, Fax 04 72 10 69 68, 🍴 – ▤, **AE** **①** **GB** **JCB**　　　　　　p. 8 **FX** **p**
Repas (19) - 23 bc/28, enf. 9,20 ♀.
◆ Le Nord s'orienterait plutôt à l'Est par sa cuisine et son authentique décor de brasserie 1900 : banquettes bordeaux, pavement de mosaïque, boiseries et lampes boule.

✕ **L'Est**, Gare des Brotteaux, 14 pl. J. Ferry ⊠ 69006 ℰ 04 37 24 25 26, Fax 04 37 24 25 25,
🍴 – ▤, **AE** **①** **GB**　　　　　　p. 7 **HX** **v**
Repas (19) - 23 bc/28, enf. 9,20 ♀.
◆ Ancienne gare convertie en brasserie "tendance". Rondes de trains électriques et cuisine des cinq continents : globe-trotters gourmands, en voiture !

✕ **L'Ouest**, 1 quai Commerce ⊠ 69009 ℰ 04 37 64 64 64, Fax 04 37 64 64 65, 🍴 – 🔔 ▤ 🚗, **AE** **①** **GB** **JCB**
Repas (19) - 23 bc/28, enf. 9,20 ♀.
◆ Étonnante architecture moderne alliant bois, béton et métal. Bar, écrans géants, décor design, cuisine visible de tous et recettes des îles : Bocuse à la conquête de l'Ouest !

✕ **Contretête**, 55 quai Pierre Scize ⊠ 69005 ℰ 04 78 29 41 29, Fax 04 72 07 05 65 – **AE** **GB**　　　　　　p. 6 **EX** **a**
fermé 1ᵉʳ au 23 août, sam. midi et dim. – Repas carte 27 à 35 ♀.
◆ Couvé par le restaurateur Christian Têtedoie, ce bistrot flambant neuf semble déjà dans son jus : vieux zinc, carreaux de ciment et plaques émaillées. Cuisine familiale.

✕ **Gabion**, 13 bd E. Deruelle ⊠ 69003 ℰ 04 72 60 81 57, legabion@wanadoo.fr, Fax 04 78 60 83 18 – ▤, **AE** **①** **GB**
fermé 8 au 15 août, 24 déc. au 2 janv., lundi soir et dim. – Repas (15) - 18 (déj.)/24, enf. 8 ♀.
◆ Étonnant décor contemporain associant un camaïeu de tons bruns et un revêtement de galets pris dans un treillis d'acier (gabion). Produits de la mer et plats de brasserie.

✕ **Le Sud**, 11 pl. Antonin Poncet ⊠ 69002 ℰ 04 72 77 80 00, Fax 04 72 77 80 01, 🍴 – ▤, **AE** **①** **GB** **JCB**　　　　　　p. 8 **FY** **d**
Repas (19) - 23 bc/28, enf. 9,20 ♀.
◆ Point cardinal de la géographie bocusienne, cette brasserie évoque le bassin méditerranéen par son décor jeune et coloré et par sa "cuisine du soleil". On dirait le Sud...

✕ **Francotte**, 8 pl. Célestins ⊠ 69002 ℰ 04 78 37 38 64, infos@francotte.fr, Fax 04 78 38 20 35 – ▤, **AE** **①** **GB** – Repas (14) - 19 ♀.　　　　p. 8 **FY** **r**
fermé dim. et lundi – Repas (14) - 19 ♀.
◆ Ce restaurant voisin du théâtre des Célestins offre un cadre mi-bistrot, mi-bouchon et propose une cuisine de brasserie. Petit-déjeuner le matin ; salon de thé l'après-midi.

✕ **Machonnerie**, 36 r. Tramassac ⊠ 69005 ℰ 04 78 42 24 62, felix@lamachonnerie.com, Fax 04 72 40 23 32 – ▤, **AE** **①** **GB**　　　　　　p. 8 **EY** **h**
fermé dim. et le midi sauf sam. – Repas (prévenir) 18/40 bc ♀.
◆ La tradition du mâchon lyonnais est respectée dans ce restaurant : service "à la bonne franquette", ambiance conviviale et cuisine authentique

✕ **Terrasse St-Clair**, 2 Grande r. St-Clair ⊠ 69300 Caluire-et-Cuire ℰ 04 72 27 37 37, leon@relaischateaux.fr, Fax 04 72 27 37 38, 🍴 – **AE** **GB**　　　　P. 7 **GU** **s**
fermé 21 déc. au 11 janv., lundi soir et dim. soir – Repas 22, enf. 10 ♀.
◆ On a voulu donner un petit air de guinguette à la salle de restaurant et surtout à la terrasse ombragée de platanes. Le Rhône, il est vrai, est à deux pas.

✕ **Les Adrets**, 30 r. Boeuf ⊠ 69005 ℰ 04 78 38 24 30, Fax 04 78 42 79 52 – **GB**
fermé 12 au 18 avril, 2 au 29 août, 27 déc. au 2 janv., sam. et dim. – Repas 12,50 bc (déj.), 19/38, enf. 8,50.　　　　　　p. 6 **EX** **v**
◆ Cette maison ancienne du Vieux Lyon abrite une salle à manger rustique - poutres apparentes et sol en tomettes - partiellement ouverte sur les cuisines. Plats traditionnels.

✕ **Théodore**, 34 cours Franklin Roosevelt ⊠ 69006 ℰ 04 78 24 08 52, Fax 04 72 74 41 21, 🍴 – **AE** **①** **GB** **JCB**　　　　　　p. 9 **GVX** **v**
fermé 8 au 16 août, dim. et fériés – Repas (15) - 17 (déj.), 19,50/42, enf. 12 ♀.
◆ Derrière une discrète façade peinte, ambiance bistrot et cadre Belle Époque auront tôt fait de vous séduire. Agréable terrasse estivale. Cuisine traditionnelle.

✕ **Grenadin**, 27 r. Franklin ⊠ 69002 ℰ 04 78 37 80 94, Fax 04 72 41 81 06 – ▤, **AE** **①** **GB**　　　　　　p. 8 **FY** **n**
fermé août, dim. et lundi – Repas 16/30 ♀.
◆ Cuisine traditionnelle et spécialités lyonnaises à déguster dans cette discrète salle à manger d'esprit rustique voisine de l'incontournable musée des Tissus.

✗ **Petit Léon,** 3 r. Pleney ⊠ 69001 ✆ 04 72 10 11 11, *leon@relaischateaux.fr,* Fax 04 72 10 11 13 – AE GB p. 8 **FX r**
fermé 1ᵉʳ au 23 août, le soir, dim. et lundi – **Repas** 18, enf. 10 ⁒.
♦ Sympathique annexe des prestigieux Léon de Lyon, où l'on mange au coude à coude des plats très "terroir" dans un décor de vieilles plaques publicitaires.

✗ **Les Oliviers,** 20 r. Sully ⊠ 69006 ✆ 04 78 89 07 09, Fax 04 78 89 08 39 – ▪. GB p. 7 **GV f**
fermé 2 au 23 août, 24 déc. au 2 janv., sam. et dim. – **Repas** (14) - 28.
♦ "Sous le soleil exactement" : chaleureuse décoration aux couleurs du pays des oliviers et notes méridionales, également présentes dans l'appétissante cuisine au goût du jour.

✗ **Comptoir des Marronniers,** 8 r. Marronniers ⊠ 69002 ✆ 04 72 77 10 00, *leon@relais chateaux.fr, Fax 04 72 77 10 01,* 😊 – AE GB p. 8 **FY v**
fermé 9 au 22 août, lundi midi et dim. – **Repas** 22, enf. 10 ⁒.
♦ Dans une ruelle piétonne proche de la place Bellecour, un "bistrot de chef" récent avec, comme il se doit, un cadre actuel réussi et une carte à prix doux.

✗ **Bernachon Passion,** 42 cours Franklin-Roosevelt ⊠ 69006 ✆ 04 78 52 23 65, Fax 04 78 52 67 77 – ▪. AE GB p. 7 **GV r**
fermé 25 juil. au 24 août, dim., lundi et fériés – **Repas** (nombre de couverts limité, prévenir)(déj. seul.) 21,30 et carte environ 32 ⁒.
♦ La petite carte attrayante proposée ici permet de se restaurer avant ou après ses emplettes dans la boutique voisine du célèbre chocolatier. Salon de thé l'après-midi.

✗ **Les Muses de l'Opéra,** pl. Comédie, au 7ᵉ étage de l'Opéra ⊠ 69001 ✆ 04 72 00 45 58, Fax 04 72 29 34 01, ≤ Fourvière, 😊 ▪ ▪. AE GB p. 8 **FX q**
Repas (18) - 24/29.
♦ Dans la verrière surmontant l'Opéra, restaurant panoramique au décor résolument contemporain imaginé par Jean Nouvel. Les huit muses du fronton vous tournent le dos.

✗ **Maison Villemanzy,** 25 montée St-Sébastien ⊠ 69001 ✆ 04 72 98 21 21, *leon@relaisc hateaux.fr, Fax 04 72 98 21 22,* ≤ Lyon, 😊 – AE GB p. 6 **FV h**
fermé 2 au 15 janv., lundi midi et dim. – **Repas** (prévenir) 22, enf. 10 ⁒.
♦ Ex-résidence du médecin-colonel de l'hôpital militaire devenue un sympathique bistrot "rétro". Les cinq galons ne sont plus requis pour commander sur la terrasse panoramique.

✗ **Bistrot du Palais,** 220 r. Duguesclin ⊠ 69003 ✆ 04 78 14 21 21, *leon@relaischateaux.fr, Fax 04 78 14 21 22,* 😊 – ▪. GB p. 9 **GY r**
fermé 1ᵉʳ au 23 août, lundi soir et dim. – **Repas** 22, enf. 10 ⁒.
♦ La Robe a élu domicile dans ce bistrot sympathique situé face au nouveau palais de justice. Décor jeune et chaleureux ; cuisine traditionnelle variant au gré des saisons.

✗ **L'Étage,** 4 pl. Terreaux (2ᵉ étage) ⊠ 69001 ✆ 04 78 28 19 59, Fax 04 78 28 19 59 – ▪. GB p. 8 **FX x**
fermé 26 juil. au 23 août, 15 au 22 fév., dim. et lundi – **Repas** (prévenir) 18/26 ⁒.
♦ Au second étage d'un immeuble sans ascenseur, cet ancien atelier de "canut" au cadre revu dans un esprit coquet et très actuel a la cote auprès des Lyonnais.

✗ **Daniel et Denise,** 156 r. Créqui ⊠ 69003 ✆ 04 78 60 66 53, Fax 04 78 60 66 53 – ▪. AE
😊 p. 7 **GX x**
fermé août, sam., dim. et fériés – **Repas** carte 24 à 40.
♦ Cadre d'une ancienne charcuterie et fameuses "lyonnaiseries" : avec un peu de "bou-teille", l'adresse pourrait devenir un "bouchon" patenté.

✗ **En mets fait ce qu'il te plaît,** 43 r. Chevreul ⊠ 69007 ✆ 04 78 72 46 58, Fax 04 78 71 06 08 – GB. ✂ p. 9 **GY e**
fermé août, sam. et dim. – **Repas** (prévenir)(déj. seul.) (16) - 23 ⁒.
♦ La petite salle et la véranda offrent, certes, un confort un brin spartiate, mais les mets – d'incroyables mets vrais - plaisent, et pas seulement au mois de mai.

✗ **Tablier de Sapeur,** 16 r. Madeleine ⊠ 69007 ✆ 04 78 72 22 40, Fax 04 78 72 22 40 – ▪. AE ① GB p. 9 **GY k**
fermé août, 25 déc. au 2 janv., lundi d'oct. à juin, sam. de juil. à sept. et dim. – **Repas** 20/35, enf. 10,70.
♦ Accueil familial, cadre frais, plats traditionnels soignés - dont le fameux tablier de sapeur, spécialité lyonnaise à base de gras-double - et choix de vins en pots.

✗ **Pavé St-Georges,** 86 r. St-Georges ⊠ 69005 ✆ 04 72 56 05 67, Fax 04 72 56 05 67 – ▪. AE GB. ✂ p. 8 **EY d**
fermé vacances de printemps, 1ᵉʳ au 20 août, vacances de Noël, sam. midi, dim. et lundi –
Repas 12 (déj.), 18/35 ⁒.
♦ Gentille adresse du Vieux Lyon proche du pavé de l'église St-Georges. Salle à manger rajeunie et décorée de poutres. Cuisine au goût du jour ; le soir, menus plus étoffés.

✗ **Thomas,** 6 r. Laurencin ⊠ 69002 ✆ 04 72 56 04 76, *info@restaurant-thomas.com,* Fax 04 72 56 04 76 – GB p. 8 **FY w**
fermé 1ᵉʳ au 15 mai, 3 au 21 août, dim. et lundi – **Repas** 15 (déj.), 26/39 ⁒.
♦ Avenante façade rouge vif égayant un quartier commerçant. Sobre mobilier de bistrot, murs ocre et expositions de tableaux. Cuisine au goût du jour, formule rapide à midi.

LES BOUCHONS : *dégustation de vins régionaux et cuisine locale dans une ambiance typiquement lyonnaise*

✗ **Garet,** 7 r. Garet ⌧ 69001 ✆ 04 78 28 16 94, legaret@wanadoo.fr, Fax 04 72 00 06 84 – ▤. Ⓐ GB
⊛   p. 6 **FX a**
fermé 24 juil. au 22 août, 24 déc. au 2 janv., sam. et dim. – **Repas** (prévenir) 17 (déj.), 21/31 bc �.
❖ Le Lyon en bras de chemise et salopette y croise le P.D.G. venu se délecter de petits plats immuables ne s'embarrassant guère de considérations diététiques.

✗ **Chez Hugon,** 12 rue Pizay ⌧ 69001 ✆ 04 78 28 10 94, *Fax 04 78 28 10 94* – GB
fermé août, sam. et dim. – **Repas** (prévenir) 22/30 ♐.   p. 6 **FX m**
❖ La cuisinière surveille sous vos yeux la cuisson de sa blanquette, dans une ambiance chaleureuse et conviviale : on s'y tire-bouchonne de plaisir !

✗ **Au Petit Bouchon "Chez Georges",** 8 r. Garet ⌧ 69001 ✆ 04 78 28 30 46 –
⊛ GB   p. 6 **FX a**
fermé août, sam. et dim. – **Repas** 15,50/20,50 (midi) et carte le soir 24/36.
❖ C'est "à la bonne franquette" que l'on déguste les spécialités du "bouchon" : tablier de sapeur, quenelle soufflée, etc. arrosées d'un "pot" de Beaujolais.

✗ **Café des Fédérations,** 8 r. Major Martin ⌧ 69001 ✆ 04 78 28 26 00, yr@lesfedeslyon.com, Fax 04 72 07 74 52 – ▤. GB JCB   p. 6 **FX z**
fermé 24 juil. au 22 août, sam. et dim. – **Repas** (prévenir) 19 (déj.)/23.
❖ Nappes à petits carreaux, tables et convives accolés, saucissons géants suspendus au-dessus du comptoir et cuisine du terroir copieuse : un bouchon, un vrai !

✗ **Jura,** 25 r. Tupin ⌧ 69002 ✆ 04 78 42 20 57 – GB   p. 8 **FX d**
fermé 21 juil. au 21 août, lundi de sept. à avril, sam. de mai à sept. et dim. – **Repas** (prévenir) 18,50 ♐.
❖ Ne soyez pas déroutés par l'enseigne : c'est bien à un authentique bouchon que l'on a affaire, avec un cadre 1930 pieusement conservé et les typiques "lyonnaiseries".

✗ **Meunière,** 11 r. Neuve ⌧ 69001 ✆ 04 78 28 62 91 – GB   p. 8 **FX p**
fermé 14 juil. au 15 août, dim., lundi et fériés – **Repas** (prévenir) 17 (déj.), 20,50/27.
❖ On signale un "bouchon" dans la rue Neuve : le décor des années 1920 n'a pas bougé d'un iota et la carte est appétissante, alors forcément, aux heures de pointe...

Environs

à Francheville – *11 324 h. alt. 240* – ⌧ 69340 :

ХХ **Auberge de la Vallée** avec ch, 39 av. Chater ✆ 04 78 59 11 88, *Fax 04 78 59 47 16,* ☂ –
ᵗᵛ Ⓟ. GB   p. 4 **AQ n**
Repas *(fermé vacances de fév., dim. soir et lundi)* 14 (déj.), 23/50 ♐ – ♍ 5 – **12 ch** 45/60 – ½ P 51.
❖ Restaurant familial au voisinage des arches de Chaponost, vestiges d'un aqueduc gallo-romain. Salle contemporaine et mise en place soignée. Petites chambres pour l'étape.

à Tassin-la-Demi-Lune : *5 km par D 407* – *15 977 h. alt. 220* – ⌧ 69160 :

🏨 **Novotel Tassin,** 13 D av. V. Hugo ✆ 04 78 64 68 69, *h1201@accor-hotels.com, Fax 04 78 64 61 11,* ☂, ⿴, ⊐ – ◫ ✙ ⬅ ᵗᵛ ✆ ⅙ ⬟ Ⓟ – 🔒 25 à 80. Ⓐ ⊙ GB
Repas carte 18 à 25, enf. 8 ♐ – ⿴ 11 – **103 ch** 120/125.   p. 4 **AP n**
❖ Architecture contemporaine jouxtant un important noeud routier, à proximité du tunnel de Fourvière. Préférez les chambres mises aux dernières normes Novotel. Restaurant judicieusement ouvert sur la piscine enchâssée au coeur de l'hôtel. Service jusqu'à minuit.

🏨 **Campanile Tassin,** 12 r. Montribloud ✆ 04 78 36 69 69, *Fax 04 78 36 02 68* – ◫ ⬅,
▤ rest, ᵗᵛ ✆ ⅙ Ⓟ – 🔒 15 à 35. Ⓐ ⊙ GB   p. 4 **AP s**
Repas *(12,50)* - 16,50, enf. 6 ♐ – ⿴ 6,50 – **101 ch** 85.
❖ Campanile récent, plus spacieux que les unités classiques. Chambres aménagées selon l'habitude avec sas d'entrée, mobilier pratique léger et sol imitant le parquet. Meubles néo-rustiques, cuisines visibles de tous et formules buffets au restaurant.

à Ecully : *7 km par A6, sortie n° 36* – *18 011 h. alt. 240* – ⌧ 69130 :

ХХХ **Saisons,** Château du Vivier, 8 chem. Trouillat ✆ 04 72 18 02 20, *Fax 04 78 43 33 51* – Ⓐ
GB   p. 4 **AP b**
fermé 9 au 22 août, 20 déc. au 2 janv., merc. soir, sam., dim. et fériés – **Repas** 24 (déj.), 29/35.
❖ Dans un parc, château du 19ᵉ s. abritant une école hôtelière internationale fondée en 1990 sous la houlette de Paul Bocuse. Les étudiants assurent cuisine et service.

à Collonges-au-Mont-d'Or *Nord : 12 km par bords de Saône (D 433, D 51) – 3 420 h. alt. 176 –* ✉ *69660 :*

voir XXXXX ❀❀❀ **Paul Bocuse** *à* **Lyon**

par la sortie ① :

à Rillieux-la-Pape : *7 km par N 83 et N 84 – 28 367 h. alt. 269 –* ✉ *69140 :*

XXX **Larivoire** (Constantin), chemin des Iles ✆ 04 78 88 50 92, *bernard.constantin@larivoire.co*
❀ *m*, Fax 04 78 88 35 22, ☞ – **P**, **AE** **GB**
fermé 16 au 28 août, 24 au 28 fév., dim. soir, lundi soir et mardi – **Repas** 29/75 et carte 62 à 83.
◆ Jolie maison rose abritant une plaisante salle à manger bourgeoise, rajeunie et agrémentée
de meubles anciens. Agréable terrasse ombragée. Cuisine classique actualisée.
Spéc. Tourteau frais émietté servi comme un cocktail (mai à sept.). Riz arborio en risotto
crémeuse et écrevisses du Léman (mai à sept.). Ris de veau pané en viennoise. **Vins**
Saint-Joseph blanc, Fleurie

par la sortie ② :

à St-Maurice-de-Beynost *par A 42 sortie n° 5 : 16 km – 4 020 h. alt. 200 –* ✉ *01700 :*

🏨 **Lyon Est**, ✆ 04 78 55 90 90, *hotel-lyon-est@wanadoo.fr*, Fax 04 78 55 90 05 – |ஜ| ⚟ ▤ 📺
📞 ⅗ ⇔ **P** – 🔬 35 à 200. **AE** **①** **GB** **JCB**
Repas *(fermé sam. midi et dim. midi)* (15,40) - 20,40/42,30, enf. 12,20 ⅟ – ⚌ 9,60 – **85 ch**
85/116,10.
◆ Bâtisse moderne proche de l'autoroute. Un grand hall revêtu de marbre dessert les
chambres, spacieuses et égayées de couleurs gaies. Bons équipements pour séminaires.
Restaurant contemporain et cuisine traditionnelle ; coin buffet pour repas rapides.

par la sortie ④ :

à l'aérogare de Lyon St-Exupéry *: 27 km par A 43 –* ✉ *69125 Lyon St-Exupéry-Aéroport :*

🏨 **Sofitel Lyon Aéroport** sans rest, 3ᵉ étage aérogare centrale ✆ 04 72 23 38 00, *h0913@ac*
cor-hotels.com, Fax 04 72 23 98 00 – |ஜ| ⚟ ▤ 📺 📞. **AE** **①** **GB** **JCB**
⚌ 18 – **120 ch** 198/249.
◆ Dans le hall central de l'aérogare, hôtel de chaîne pratique pour l'escale : chambres
fonctionnelles (quelques-unes offrent une vue sur les pistes) et bar "tropical".

🏨 **Kyriad,** zone de frêt ✆ 04 72 23 90 90, *kyriad.lyon-saintexupery@wanadoo.fr*,
Fax 04 72 23 80 32 – |ஜ|, ▤ rest, 📺 ⅗ ⅙ **P** – 🔬 30. **AE** **①** **GB**
Repas *(fermé sam. midi , dim. midi et fériés le midi)* (13) -16,50, enf. 6 ⅟ – ⚌ 7 – **84 ch** 65/68.
◆ Les petites chambres crépies de ce bâtiment moderne sont équipées d'un mobilier de
série. Salon-bar plutôt plaisant. Au restaurant, mobilier néo-rustique et cuisine visible en salle ;
carte traditionnelle et formules buffets.

XXX **Les Canuts,** 1ᵉʳ étage de l'aérogare ✆ 04 72 22 71 86, *Fax 04 72 22 71 72* – ▤. **AE** **①** **GB**
fermé 2 au 22 août, sam. et dim. – **Repas** 30 et carte 30 à 38 ⅟.
◆ Le décor du restaurant rend hommage aux canuts (ouvriers de la soierie lyonnaise) et à leur
travail. Quant à la cuisine, elle met en valeur des recettes d'aujourd'hui.

X **Bouchon,** 1ᵉʳ étage de l'aérogare ✆ 04 72 22 71 99, *Lyonaero@elior.com*,
Fax 04 72 22 71 72 – ▤. **AE** **①** **GB** **JCB**
Repas 15,50/25 ⅟.
◆ Aménagée dans l'esprit d'un bouchon lyonnais, cette brasserie sans prétention propose
des plats du terroir. Service rapide convenant à la clientèle aéroportuaire.

par la sortie ⑨ :

à Charbonnières-les-Bains *: 8 km par N 7 – 4 377 h. alt. 233 –* ✉ *69260 .*
Voir *Parc Lacroix Laval : château de la Poupée*★ .

🏨 **Mercure Charbonnières,** 78bis rte Paris N 7 ✆ 04 78 34 72 79, *h0345@accor-hotels.co*
m, Fax 04 78 34 88 94, ☞ – ⚟ ⚌ **P** – 🔬 25. **AE** **①** **GB** **JCB**
Repas *(fermé sam. et dim.)* (16) - 22, enf. 10 ⅟ – ⚌ 10,50 – **60 ch** 101/130.
◆ L'établissement occupe une position stratégique à portée de voix du conseil régional. Les
chambres viennent de bénéficier d'un lifting (couleurs chatoyantes). Salle à manger design
éclairée par une grande baie vitrée façon paquebot ; carte au goût du jour.

🏨 **Beaulieu** sans rest, 19 av. Gén. de Gaulle ✆ 04 78 87 12 04, *Fax 04 78 87 00 62* – |ஜ| 📺 📞 **P** –
🔬 20. **AE** **①** **GB** **JCB**
⚌ 6,60 – **44 ch** 60/70.
◆ Construction traditionnelle au centre de la petite cité appréciée des Lyonnais. Les
chambres sont modestes, mais offrent une isolation phonique efficace et une bonne tenue.

XX **L'Orangerie de Sébastien,** domaine de Lacroix Laval ✉ 69280 Marcy-L'Étoile
✆ 04 78 87 45 95, *orangerie-de-sebastien@wanadoo.fr*, Fax 04 71 87 45 96, ☞ – **GB**
fermé 2 au 16 août, vacances de fév., dim. soir, lundi et mardi – **Repas** 21 (déj.), 30/50.
◆ L'orangerie du château accueille un élégant restaurant où l'on sert une cuisine au goût du
jour soignée. Profitez aussi des nombreuses activités proposées sur le domaine.

à La Tour-de-Salvagny : *11 km par N 7 – 3 402 h. alt. 356 –* ⊠ *69890 :*

Golf, allée du Levant ℰ 04 78 87 29 87, *hoteldugolf@wanadoo.fr,* Fax 04 78 87 29 89, 斎, ♠️, ⊅, ☞ – ⧉ ⅍ ▤ 📺 ☏ ৬ 🅿 – 🛐 15 à 180. ◼ ⓘ ⚏ 🃏
Repas *(fermé sam. et dim.)* 14/22 ⚑ – ⊑ 11 – **73 ch** 115/135.
• Placé sous le signe du golf (parcours de 18 trous à 3 km), cet établissement récent propose des chambres pratiques et très confortables. Lumineuse salle de restaurant et terrasse installée face à la piscine ; cuisine traditionnelle.

XXXX **Rotonde,** au Casino Le Lyon Vert ℰ 04 78 87 00 97, *restaurant-rotonde@g-partouche.fr,* ✿✿ Fax 04 78 87 81 39 – ▤ ⤢. ◼ ⓘ ⚏ 🃏
fermé 25 juil. au 26 août, dim. soir, mardi midi et lundi – **Repas** 38 (déj.), 75/115 et carte 90 à 120, enf. 28 ⚑ ⤢.
• Étape gastronomique renommée au premier étage du célèbre casino, soumis aux caprices de dame fortune depuis 1882. Élégante salle Art déco face à une bondissante cascade.
Spéc. Quatre foies pressés et salade de fonds d'artichauts. Tajine de homard entier aux petits farcis. Cannelloni de chocolat amer à la glace de crème brûlée. **Vins** Condrieu, Côte-Rôtie

par la sortie ⑩ :

Porte de Lyon - *Échangeur A6-N 6 : 10 km –* ⊠ *69570 Dardilly :*

Novotel Lyon Nord, ℰ 04 72 17 29 29, *h0437@accor-hotels.com,* Fax 04 78 35 08 45, 斎, ⊅, ☞ – ⧉ ⅍ ▤ 📺 ☏ ৬ 🅿 – 🛐 25 à 75. ◼ ⓘ ⚏ 🃏
Repas (15,50) - 20,70, enf. 8 ⚑ – ⊑ 11 – **107 ch** 99/114.
• Novotel des années 1970 situé dans le parc d'affaires de Dardilly. Les chambres ont été rénovées et mises aux derniers standards de la chaîne. Prestation culinaire traditionnelle dans une salle à manger tendance bistrot tournée vers le jardin paysagé.

Ibis Lyon Nord, ℰ 04 78 66 02 20, *ibis.lyon.nord@wanadoo.fr,* Fax 04 78 47 47 93, 斎, ⊅, ☞ – ⧉ ⅍ ▤ 📺 ☏ ৬ 🅿 – 🛐 20. ◼ ⓘ ⚏
Repas (12) - 17,50/21,50, enf. 8,50 ⚑ – ⊑ 7 – **82 ch** 70/85.
• Plus chaleureux qu'à l'accoutumée grâce, en particulier, à son architecture originale et ses chambres relookées, cet Ibis joue résolument la carte de la personnalisation. Au restaurant, décor de bistrot façon bouchon lyonnais et terrasse au bord de la piscine.

à Limonest : *13 km par A 6 et D 42 – 2 733 h. alt. 390 –* ⊠ *69760 :*

XX **Gentil'Hordière,** rte Mont Verdun ℰ 04 78 35 94 97, Fax 04 78 43 85 48, 斎 – ◼ ⚏
fermé 4 au 25 août, dim. soir, sam. midi et lundi – **Repas** 24/44 ⚑ ⤢.
• Tout le charme d'une auberge de village : salle à manger rustique, nappes en dentelle, flambées hivernales ou terrasse d'été sous les platanes. Belle carte des vins.

XX **Puy d'Or,** 25 rte du Puy d'Or-carrefour N 6 et D 42 ℰ 04 78 35 12 20, Fax 04 78 64 55 15 – 🅿. ◼ ⚏
fermé août, dim. soir, mardi soir et lundi – **Repas** 20/65.
• La bâtisse borde la N 6, à proximité d'un noeud routier. Les salles à manger doivent prochainement bénéficier d'une cure de jouvence. Sage cuisine classique.

LYS-LEZ-LANNOY *59 Nord* 302 *H3 – rattaché à Roubaix.*

LYS-ST-GEORGES *36230 Indre* 323 *G7 – 213 h alt. 200.*
Paris 287 – Argenton-sur-Creuse 29 – Bourges 80 – Châteauroux 29 – La Châtre 22.

X **Auberge La Forge,** Le Bourg ℰ 02 54 30 81 68, *contacts@restaurantlaforge.com,* Fax 02 54 30 94 96, 斎 – ⚏
fermé 22 sept. au 8 oct., 2 au 21 janv., dim. soir, lundi et mardi – **Repas** 16/39, enf. 10 ⚑.
• Auberge villageoise recouverte d'ampélopsis. Poutres, tomettes, cheminée et tableaux : le décor rustique est en harmonie avec la cuisine du terroir. Jolie terrasse verdoyante.

MACÉ *61 Orne* 310 *J3 – rattaché à Sées.*

MACHILLY *74140 H.-Savoie* 328 *K3 – 862 h alt. 525.*
Paris 548 – Thonon-les-Bains 20 – Annemasse 11 – Genève 21.

XXX **Refuge des Gourmets,** 90 route des Framboises ℰ 04 50 43 53 87, *chanove@refuged esgourmets.com,* Fax 04 50 43 53 76, 斎 – ▤ 🅿. ◼ ⚏
fermé 19 juil. au 12 août, 21 fév. au 4 mars, dim. soir et lundi – **Repas** 30/66 et carte 47 à 80 ⚑.
• Hall d'accueil égayé d'une vinothèque et élégante salle d'inspiration Belle Époque dans ce "refuge" où les gourmets apprécient la cuisine créative évoluant au gré des saisons.

MACINAGGIO *2B H.-Corse* **345** F2 – *voir à Corse.*

MÂCON ℙ *71000 S.-et-L.* **320** I12 *G. Bourgogne – 34 469 h alt. 175.*

Voir *Musée des Ursulines*★ **BY M**[1] – *Musée Lamartine* **BZ M**[2] – *Apothicairerie*★ *de l'Hôtel-Dieu* **BY** – ≼★ *du Pont St-Laurent.*

Env. *Roche de Solutré*★★ *O : 9 km – Clocher*★ *de l'église de St-André de Bagé E : 8,5 km.*

🏌 *de la Commanderie à Crottet* ℰ *03 85 30 44 12, par* ② *: 7 km ;* 🏌 *de Mâcon La Salle à La Salle* ℰ *03 85 36 09 71, par* ① *: 14 km.*

🛈 *Syndicat d'initiative, 6 rue Dufour* ℰ *03 85 38 09 99, Fax 03 85 38 09 99, routedes-vinsmaconnaisbeaujolais@wanadoo.fr.*

Paris 391 ① *– Bourg-en-Bresse 38* ② *– Chalon-sur-Saône 59* ① *– Lyon 71* ③ *– Roanne 96* ③.

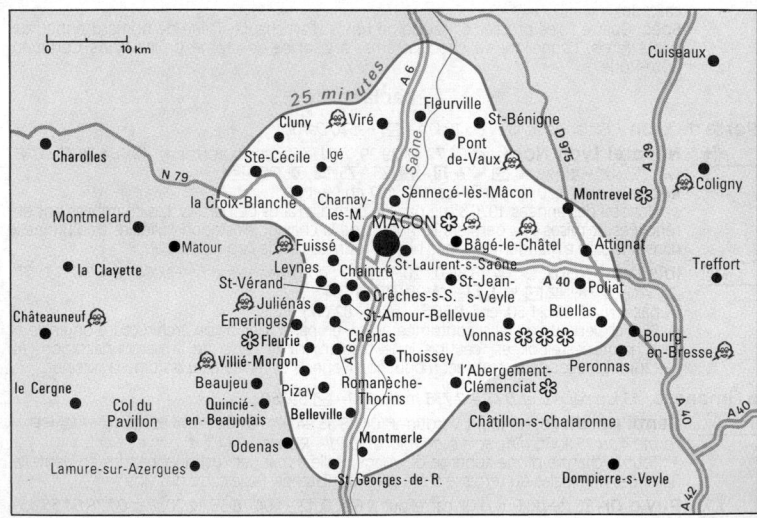

🏨 **Bellevue,** 416 quai Lamartine ℰ *03 85 21 04 04, bellevue.macon@wanadoo.fr, Fax 03 85 21 04 02 –* 📶, 🍴 rest, 📺 ☎ 🚗 🅿 – 🛗 25. 🖭 ⬛ 🇯🇨🇧 **BZ u**
fermé 21 nov. au 16 déc. – **Repas** *(fermé dim. sauf le midi en été, mardi et merc.)* carte 30 à 49, enf. 13 ☟ – ☲ 10,50 – **24 ch** 85/130.
◆ Hôtel de tradition sur les bords de Saône, le long de la N 6. Un bel escalier en colimaçon conduit à des chambres élégantes et feutrées. Mobilier d'inspiration Louis XIII et boiseries composent le décor classique de la salle à manger.

🏨 **Mercure Bord de Saône,** 26 r. Coubertin par ① *: 0,5 km* ℰ *03 85 21 93 93, mercbds@clubinternet.fr, Fax 03 85 39 11 45,* ≼, 🌳, 🏊, 🌿 – 📶 ✕, 🍴 ch, 📺 ☎ 🅿 – 🛗 60. 🖭 ⓞ ⬛ 🇯🇨🇧
Repas *(17)* - 20/26, enf. 9 ☟ – ☲ 11 – **64 ch** 90/107.
◆ Au calme, dans la verdure, les prestations habituelles de la chaîne avec un "plus" agréable : la plupart des chambres offrent une vue sur la Saône. Salle à manger contemporaine et bar rénovés ; aux beaux jours, on dresse la terrasse au bord de la piscine.

🏨 **Concorde** sans rest, 73 r. Lacretelle ℰ *03 85 34 21 47, hotel.concorde.71@wanadoo.fr, Fax 03 85 29 21 79,* 🌿 – 📺 ☎ 🚗. ⬛ **AY d**
fermé 20 déc. au 12 janv. et dim. du 15 oct. au 15 avril – ☲ 8 – **14 ch** 36/48.
◆ Chambres simples et bien tenues - choisir celles donnant sur le jardin fleuri - et petit-déjeuner servi dans une salle fraîche ou en terrasse : un sympathique hôtel familial.

🍽🍽 **Pierre** (Gaulin), 7 r. Dufour ℰ *03 85 38 14 23, contact@restaurant-pierre.com, Fax 03 85 39 84 04 –* 🖭. 🖭 ⓞ ⬛ 🇬🇧 **BZ k**
✿ *fermé 5 au 27 juil., vacances de fév., lundi et mardi –* **Repas** 24/68 et carte 58 à 70 ☟.
◆ Pierres, poutres apparentes et cheminée : à l'agrément d'un cadre néo-rustique chaleureux et soigné s'ajoute une cuisine mariant habilement terroir et modernité.
Spéc. Foie gras de canard cuit dans sa graisse. Noix de ris de veau braisée, pomme purée truffée. Soufflé griottines au kirsch. **Vins** Mâcon-Uchizy, Givry.

MÂCON

Barre (Pl. de la) . . **AYZ** 2
Barre (R. de la) . . . **BZ** 3
Dombey (R.) . . . . . . **BZ** 5
Dufour (R.) . . . . **BZ** 6
Gaulle (Av. Gén.-de) **BY** 7
Laguiche (R. Ph.) . . **BZ** 8
Lamartine (R.) . . **BYZ** 9
Paix
  (Square de la) . . **BY** 10
Perrier (R.) . . . . **AY** 12
Poissonnière (Pl.) . . **BZ** 13
Pont (R. du) . . . . . . **BZ** 14
Préfecture
  (R. de la) . . . . . . **BY** 15
St-Étienne (Pl.) . . . **BY** 17
St-Nizier (R.) . . . . . **BY** 18
Sigorgne (R.) . . . . . **BZ** 19
Strasbourg (R. de) **BY** 20
Ursulines (R. des) **BY** 21
11-Nov.-1918
  (R. du) . . . . . . **ABY** 22
28-Juin-1944 (R.) . . **BY** 24

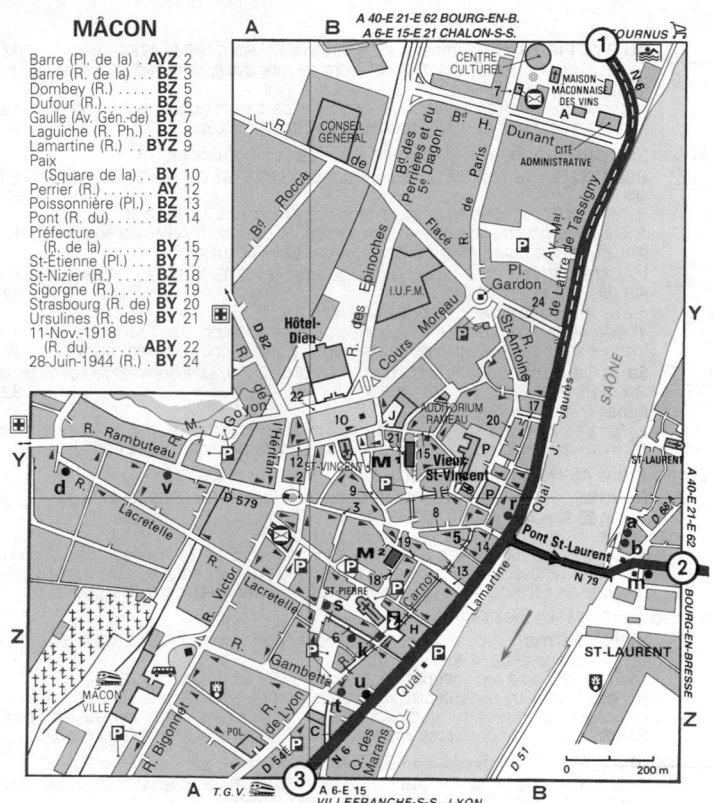

A 40-E 21-E 62 BOURG-EN-B.
A 6-E 15-E 21 CHALON-S-S.
TOURNUS
A 40-E 21-E 62
BOURG-EN-BRESSE
A 6-E 15
VILLEFRANCHE-S-S., LYON
T.G.V.

XX **Poisson d'Or,** port de plaisance par ① *et bords de Saône* ℘ 03 85 38 00 88, Fax 03 85 38 82 55, ≤, ☆ – P. AE GB
fermé 15 oct. au 8 nov., 15 au 31 mars, dim. soir d'oct. à fin mai, mardi et merc. – **Repas** 20/50, enf. 14 ♀.
♦ La Saône coule le long du jardin de cette paisible auberge. Salle à manger surplombant la rivière ou terrasse au bord de l'eau ? Le temps décidera ! Fritures de poissons.

XX **Les Tuileries,** quai Marans **BZ** ℘ 03 85 38 43 30, Fax 03 85 39 35 10, ☆ – ▤ P. AE GB
fermé dim. soir d'oct. à avril et sam. midi – **Repas** 18/42, enf. 10 ♀.
♦ Cette fringante villa et sa terrasse se dressent au bord de la Saône à la périphérie mâconnaise. Décor feutré et mobilier contemporain. Plats traditionnels et menu poisson.

XX **Rocher de Cancale,** 393 quai J. Jaurès ℘ 03 85 38 07 50, Fax 03 85 38 70 47 – ▤. AE GB
BZ r
fermé dim. soir et lundi sauf fériés – **Repas** 16/38 ♀.
♦ Deux salles à manger : moderne ou rustique, à l'étage de cette maison en pierres de pays postée sur le quai voisin du vénérable pont St-Laurent. Cuisine traditionnelle.

XX **L'Amandier,** 74 r. Dufour ℘ 03 85 39 82 00, Fax 03 85 38 92 21, ☆ – ▤ ⓞ GB **BZ** s
fermé 10 août au 2 sept., vacances de fév., dim. soir et lundi – **Repas** 12 (déj.), 19,50/48, enf. 9 ♀.
♦ Cette maison mâconnaise située au centre-ville abrite un restaurant au décor contemporain où l'on sert des plats au goût du jour. Terrasse ombragée bordant une rue piétonne.

X **Charolais,** 71 r. Rambuteau ℘ 03 85 38 36 23 – GB **AY** v
fermé 8 au 23 août, dim. soir et lundi – **Repas** 13/30.
♦ Un peu excentrée, cette longue façade à pans de bois dissimule un intérieur campagnard ; on y déguste une cuisine régionale mettant à l'honneur la belle race charolaise.

✗ **Au P'tit Pierre**, 10 r. Gambetta ℘ 03 85 39 48 84, *Fax 03 85 39 48 84* – ⊞ **BZ t**
fermé 25 juil. au 15 août, mardi soir et merc. de sept. à juin, lundi midi et dim. en juil.-août –
Repas 16/29, enf. 8 ℤ.
◆ Les Mâconnais fréquentent avec assiduité ce bistrot : décor gai et convivial, tables joliment dressées et carte bien tournée assurent son succès.

à St-Laurent-sur-Saône *(Ain) – 1 655 h. alt. 176* – ⊠ *01750 St-Laurent :*

🏠 **Beaujolais** sans rest, 88 pl. République ℘ 03 85 38 42 06, *Fax 03 85 38 78 02* – 📺 ✆.
⊞ **BZ m**
fermé 3 au 17 oct., 3 au 16 janv. et dim. d'oct. à mars – ⊇ 7 – **16 ch** 36/50.
◆ Sur la rive gauche de la Saône, face au pont St-Laurent, hôtel au confort simple dont la plupart des chambres, rafraîchies, offrent une jolie vue sur la ville.

✗✗ **L'Autre Rive**, 143 quai Bouchacourt ℘ 03 85 39 01 02, *lechef@lautrerive.fr,*
Fax 03 85 38 16 92 – ⅍ ⊞ **BZ a**
fermé jeudi midi et merc. – **Repas** 16/42, enf. 8,50 ℤ.
◆ Rien ne manque dans ce restaurant situé face à Mâcon, sur "l'autre rive" : jolie salle à manger-véranda, sympathique terrasse au bord de la Saône et copieux plats du terroir.

✗ **Saint-Laurent**, 1 quai Bouchacourt ℘ 03 85 39 29 19, *saintlaurent@georgesblanc.com,*
Fax 03 85 38 29 77, ≤, 🍽 – ⅍ ⬤ ⊞ **BZ b**
Repas 17 (déj.), 19/40, enf. 11 ℤ.
◆ Terrasse avec vue sur Mâcon et plats mijotés : franchissez le pont St-Laurent pour rejoindre ce bistrot "rétro" rendu célèbre par la visite de Mitterrand et Gorbatchev.

à l'échangeur A6-N6 de Mâcon-Nord *par ① : 7 km* – ⊠ *71000 Mâcon :*

🏨 **Novotel**, ℘ 03 85 20 40 00, *h0438@accor-hotels.com, Fax 03 85 20 40 33*, 🍽, ⊒, 🐎 –
🛏 📺 ✆ ⅙ 🅿 – 🔥 25 à 100. ⅍ ⬤ ⊞
Repas (15) - 20, enf. 8 ℤ – ⊇ 11 – **114 ch** 92/180.
◆ Architecture passe-partout dans la zone hôtelière de l'échangeur de Mâcon-Nord. Chambres rénovées de bon confort et coin jeu pour les enfants. Salle à manger fonctionnelle avec cuisine-grill visible de tous ; terrasse dressée au bord de la piscine.

au Nord *par ① : 3 km sur N 6* – ⊠ *71000 Mâcon :*

🏠 **Vieille Ferme**, ℘ 03 85 21 95 15, *vieil.ferme@wanadoo.fr, Fax 03 85 21 95 16*, ≤, 🍽,
⊒, 🐕 – cuisinette 📺 ✆ ⅙ 🅿 – 🔥 70.
fermé 20 déc. au 2 janv. – **Repas** 12/28, enf. 7,50 ℤ – ⊇ 6 – **24 ch** 47/60.
◆ Halte champêtre dans un parc au bord de la Saône. Les chambres sont aménagées dans une construction récente de type motel. La "vieille ferme" abrite le restaurant rustique (pierres et poutres apparentes, cheminée) ouvert sur une jolie terrasse à fleur d'eau.

à Sennecé-lès-Mâcon *par ① : 7,5 km* – ⊠ *71000 Mâcon :*

🏠 **Auberge de la Tour**, ℘ 03 85 36 02 70, *aubergedelatour@wanadoo.fr,*
Fax 03 85 36 03 47, 🍽 – ⅍ 📺 🅿 – 🔥 25. ⊞, ✻ rest
fermé 24 oct. au 9 nov., 13 fév. au 8 mars, mardi midi, dim. soir et lundi – **Repas** 20/46,
enf. 9,50 ℤ 🐕 – ⊇ 7,30 – **24 ch** 41/63 – ½ P 46.
◆ La tour de guet, curiosité du village, voisine avec cette auberge familiale. Quelques chambres ont été refaites. Pimpante salle à manger rustique avec cheminées et terrasse sous un vieux platane. Belle sélection de vins du Mâconnais.

par ② rte de Bourg-en-Bresse – ⊠ *01750 Replonges :*

🏨 **Huchette**, à 4,5 km près sortie n°3 de l'A40 ℘ 03 85 31 03 55, *lahuchette@wanadoo.fr,*
Fax 03 85 31 10 24, 🍽, ⊒, 🐕 – 📺 ✆ ⅙ 🅿 ⅍ ⬤ ⊞ 🅹🅲🅱 ✻ rest
fermé 25 oct. au 23 nov. – **Repas** *(fermé mardi midi et lundi)* 27/45 ℤ – ⊇ 11,50 – **14 ch**
70/110 – ½ P 85/90.
◆ Cette demeure nichée au cœur d'un agréable parc est une étape plaisante. Ses chambres, au décor des années 1970, ouvrent sur le jardin. Salle à manger campagnarde agrémentée de poutres apparentes, d'une cheminée et de fresques à motifs agrestes.

🏠 **Oréon**, à 5 km près sortie n°3 de l'A40 ℘ 03 85 31 00 10, *hotel.oreon@wanadoo.fr,*
Fax 03 85 31 00 90, 🍽, ⊒, 🐎 – 🛏 📺 ✆ ⅙ 🅿 – 🔥 20 à 70. ⅍ ⊞
Repas *(fermé 21 déc. au 4 janv., sam. midi, dim. et fériés)* 13,50/39 ℤ – ⊇ 7 – **36 ch** 55/61 –
½ P 52/77,50.
◆ Architecture contemporaine proche de la sortie de l'A 40. L'amabilité de l'accueil et les chambres simples et fonctionnelles font de cette adresse une halte pratique.

à Crèches-sur-Saône *au Sud, par ③ : 8 km par N 6 – 2 753 h. alt. 180* – ⊠ *71000 :*

🛈 *Syndicat d'initiative, 466 route nationale 6 ℘ 03 85 37 48 32, Fax 03 85 36 57 91,*
si-creches@club-internet.fr.

🏠 **Ibis**, espace commercial Les Bouchardes ℘ 03 85 36 51 60, *h0670@accor-hotels.com,*
Fax 03 85 37 42 40, 🍽, ⊒ – 🛏 📺 ✆ ⅙ 🅿 – 🔥 80. ⅍ ⬤ ⊞ ✻ rest
Repas (14,70) - 17,60, enf. 6 ℤ – ⊇ 6 – **62 ch** 58/66.
◆ Ibis des années 1980 construit en U autour d'un espace vert, avec jeu de toitures de tuiles asymétriques. Chambres rénovées. Décor simple dans ce restaurant-bistrot doté de larges baies. En été, service en terrasse au bord de la piscine.

à Charnay-lès-Mâcon *Ouest : 2,5 km – 6 739 h. alt. 217 –* ⊠ *71850 :*

🏛 *Syndicat d'initiative, 2727 route de Davayé* ☎ *03 85 20 53 90, Fax 03 85 20 53 91, si-charnay-les-macon@wanadoo.fr.*

XXX **Moulin du Gastronome** avec ch, D 17, rte Cluny ☎ 03 85 34 16 68, *Fax 03 85 34 37 25,* 🍴, 🌾 – ▤ rest, 🅿. ஊ
fermé 6 au 20 fév., 23 août au 5 sept., dim. soir et lundi sauf fériés – **Repas** 21/53 et carte 36 à 50 ⅞ ♨ – ☲ 8 – **7 ch** 55/68.
 ◆ La façade aux volets bleu lavande donne un petit air méridional à cette maison. Salle à manger néo-classique et jardin-terrasse ; bon choix de vins (régionaux et bordeaux).

La MADELAINE-SOUS-MONTREUIL *62 P.-de-C.* 301 *D5 – rattaché à Montreuil.*

La MADELEINE *59 Nord* 302 *G4 – rattaché à Lille.*

MADIÈRES *34 Hérault* 339 *G5 –* ⊠ *34190 Ganges.*
 Paris 705 – Montpellier 62 – Lodève 30 – Nîmes 79 – Le Vigan 20.

🏛 **Château de Madières** 🌾, ☎ 04 67 73 84 03, *madieres@wanadoo.fr,* *Fax 04 67 73 55 71,* ≼, 🍴, 🏊, ⅃ – ▥ 🅿. ஊ 🟥. 🌾 rest
3 avril-2 nov. – **Repas** 45/69 ⅞ – ☲ 15 – **12 ch** 135/233.
 ◆ Au cœur d'un parc escaladant le causse, château fort du 12ᵉ s. - agrandi à la Renaissance - surplombant les gorges de la Vis. Un cadre grandiose, authentique... et "cosy". Salle à manger aux belles voûtes de pierre et agréable terrasse ; cuisine ensoleillée.

MAFFLIERS *95560 Val-d'Oise* 305 *E6 – 1 370 h alt. 145.*
 Paris 29 – Compiègne 73 – Beaumont-sur-Oise 10 – Beauvais 53 – Senlis 45.

🏛 **Novotel** 🌾, Allée des Marronniers ☎ 01 34 08 35 35, *h0383@accor-hotels.com,* *Fax 01 34 69 97 49,* 🍴, ⅃, 🌾, ♨ – ▥ 🅿 – 🔔 60. ஊ 🟥
Repas (17) - 24/35, enf. 8,50 ⅞ – ☲ 12,50 – **98 ch** 110/118.
 ◆ Tennis, parcours santé, piscine et terrain de volley-ball dans un parc : un Novotel placé sous le signe du sport ! À l'entrée du parc, l'annexe moderne abrite les chambres. Restaurant installé dans une demeure du 19ᵉ s. (décor sobre et carte de la chaîne).

MAGAGNOSC *06 Alpes-Mar.* 341 *C5 – rattaché à Grasse.*

Les MAGES *30960 Gard* 339 *K3 – 1 511 h alt. 200.*
 Paris 701 – Alès 16 – Florac 76 – Nîmes 63 – Orange 73.

à Larnac *Nord : 1,5 km – 1 511 h. alt. 200 –* ⊠ *30960 Les Mages :*

🏛 **Clos des Arts** 🌾 sans rest, ☎ 04 66 25 40 91, *Fax 04 66 25 40 92 –* ▥ ♿ 🅿 – 🔔 15.
☲ 6 – **13 ch** 49.
 ◆ Magnanerie, filature et maison de maître : ces trois bâtiments (18ᵉ s.) accueillent des chambres neuves et sobres, une coquette salle de petit-déjeuner et une galerie d'art.

MAGESCQ *40140 Landes* 335 *D12 – 1 378 h alt. 28.*

🏛 *Office de tourisme, 1 place de l'église* ☎ *05 58 47 76 24, Fax 05 58 47 75 81, officetou rismemagescq@wanadoo.fr.*
 Paris 722 – Biarritz 52 – Bayonne 45 – Castets 13 – Dax 16 – Mont-de-Marsan 71.

🏛 **Relais de la Poste** (Coussau) 🌾, 24 av. de Maremne ☎ 05 58 47 70 25, *poste@relaischat*
🌸🌸 *eaux.com, Fax 05 58 47 76 17,* ⅃, 🌾, ♨ – ▤ ▥ 🅿. ஊ 🟥
fermé 12 nov. au 20 déc., lundi et mardi d'oct. à avril – **Repas** *(fermé mardi midi , jeudi midi et lundi sauf août)* (week-ends, prévenir) 52/95 et carte 66 à 90 ⅞ ♨ – ☲ 15 – **10 ch** 145/185, 3 suites – ½ P 150/190.
 ◆ Ce castel landais entouré d'un grand parc arboré réserve un excellent accueil à ses hôtes. Jolies chambres personnalisées dotées de balcons. Élégant restaurant et terrasse sont tournés vers la pinède ; belle cuisine de pays et riche carte des vins.
 Spéc. Foie gras de canard aux girolles. Lamproie de l'Adour au vin des sables (fév. à juil). Gibiers (saison). **Vins** Tursan, Madiran.

XX **Cabanon et Grange au Canard,** Nord : 1 km sur ancienne N 10 ☎ 05 58 47 71 51, *le.c abanon@mageos.com, Fax 05 58 47 75 19,* 🍴, 🌾 – ▤ 🅿.
fermé dim. soir et lundi sauf juil.-août – **Repas** 23/54 ⅞.
 ◆ Deux salles rustiques servant une même cuisine régionale : d'un côté, une typique maison landaise décorée de nombreux bibelots ; de l'autre, une authentique grange.

MAGNAC-BOURG 87380 H.-Vienne **325** F7 – 795 h alt. 444.

    🛈 Office de tourisme, 2 place de la Bascule ℰ 05 55 00 89 91, Fax 05 55 00 78 38, ot.magnac.bourg@wanadoo.fr.

    Paris 419 – Limoges 31 – St-Yrieix-la-Perche 28 – Uzerche 28.

🏛 **Auberge de l'Étang,** ℰ 05 55 00 81 37, Fax 05 55 48 70 74, 🌤, ⅃ – 📺 ❤ 🅿. 🆎
    fermé 15 nov. au 6 déc., 7 au 21 fév., dim. soir et lundi sauf juil.-août – **Repas** (fermé merc. soir en juil.-août) 13/37, enf. 9,90 ⅃ – ⚏ 6 – **14 ch** 40/45 – ½ P 44.
    ♦ Façade refaite pour cet hôtel dominant un étang. Les chambres profitent également d'une sérieuse cure de jouvence ; certaines ont vue sur la piscine et le plan d'eau. Décor campagnard un brin suranné au restaurant et agréable terrasse ; carte traditionnelle.

XX **Voyageurs,** ℰ 05 55 00 80 36, Fax 05 55 00 56 37 – ⛟. 🆎. ⌘
    fermé 8 au 24 juin, 10 au 26 sept., 2 au 24 janv., dim. soir et sam. de sept. à juin et mardi soir – **Repas** 16/28, enf. 10 ⍟.
    ♦ Cette maison du 17ᵉ s. à la façade en pierre abrite une salle à manger rustique ornée d'armes anciennes et une partie véranda. Cuisine traditionnelle et accueil sympathique.

MAGNY-COURS 58 Nièvre **319** B10 – rattaché à Nevers.

MAGNY-LE-HONGRE 77 S.-et-M. **312** F2 **106** ㉒ – voir à Paris, Environs (Marne-la-Vallée).

MAILLANE 13 B.-du-R. **340** D3 – rattaché à St-Rémy-de-Provence.

Si le coût de la vie subit des variations importantes,
les prix que nous indiquons peuvent être majorés.
Lors de votre réservation à l'hôtel, faites-vous préciser le prix définitif.

MAILLAS 40120 Landes **335** J9 – 102 h alt. 90.

    Paris 661 – Agen 84 – Bordeaux 86 – Mont de Marsan 60 – Marmande 51.

XX **Domaine de la Haute Lande** ⛟ avec ch, Nord Ouest par D 303:2km
    ℰ 05 56 65 90 60, domaine-haute-lande@libertysurf.fr, Fax 05 56 65 81 95, 🌤, 🔥 – 📺 ❤
    🔥 🅿 – 🏛 20 à 30. 🆎 🆎
    fermé 28 juin au 12 juil. et 16 fév. au 7 mars – **Repas** 21 (déj.), 28/38 ⍟ – ⚏ 7,50 – **8 ch** 53/106 – ½ P 56,50/70.
    ♦ Restaurant aménagé dans un domaine forestier de 700 ha où l'on peut chasser, se balader à pied, en 4X4 et en quad. Salle à manger rustique et chambres fonctionnelles.

Les MAILLYS 21 Côte-d'Or **320** M7 – rattaché à Auxonne.

MAISON NEUVE 16 Charente **324** M6 – rattaché à Angoulême.

MAISONNEUVE 15 Cantal **330** F6 – rattaché à Chaudes-Aigues.

MAISONS-ALFORT 94 Val-de-Marne **312** D3 **101** ㉗ – voir à Paris, Environs.

MAISONS-DU-BOIS 25 Doubs **321** I5 – rattaché à Montbenoit.

MAISONS-LAFFITTE 78 Yvelines **311** I2 **101** ⑬ – voir à Paris, Environs.

MAISONS-LÈS-CHAOURCE 10 Aube **313** F5 – rattaché à Chaource.

MALAUCÈNE 84340 Vaucluse **332** D8 G. Provence – 2 538 h alt. 333.

    🛈 Office de tourisme, place de la mairie ℰ 04 90 65 22 59, Fax 04 90 65 22 59, ot-malaucene@axit.fr.

    Paris 673 – Avignon 45 – Carpentras 18 – Vaison-la-Romaine 10.

🏛 **Domaine des Tilleuls** sans rest, rte Mont-Ventoux ℰ 04 90 65 22 31, infos@domained estilleuls.com, Fax 04 90 65 16 77, ⅃, 🔥 – 📺 ❤ 🅿. 🆎
    ⚏ 8 – **20 ch** 70/85.
    ♦ Cette magnanerie du 18ᵉ s. accueille un charmant hôtel rénové dans le style provençal. Préférez les chambres tournées vers l'agréable parc planté de tilleuls et platanes.

MALAY 71460 S.-et-L. **320** I10 G. Bourgogne – 214 h alt. 242.

Voir *Château de Cormatin** : cabinet de Ste-Cécile*** S : 3 km.*

Paris 368 – Chalon-sur-Saône 34 – Mâcon 39 – Montceau-les-Mines 39 – Paray-le-Monial 55.

  Place, sur D 981 𝄐 03 85 50 15 08, *contact@hotel-comartin.com*, Fax 03 85 50 13 23, 🌧, ⌕ – 📺 & 🅿 – 🏋 30. **GB**

mars- mi-nov. et fermé mardi midi, dim. soir et lundi – **Repas** 16/36 ⁊ – ⌕ 8 – **30 ch** 44/48 – ½ P 45.

♦ Chambres fonctionnelles, bons équipements de loisirs (salle de musculation, minigolf, location de VTT) : cet hôtel vous ménage une étape de détente sur la route de Cluny. Sobre salle à manger dont les murs en pierre sont agrémentés de vieux outils agricoles.

MALAY-LE-PETIT 89 Yonne **319** D2 – rattaché à Sens.

MALBUISSON 25160 Doubs **321** H6 G. Jura – 400 h alt. 900.

Voir *Lac de St-Point*.

🔋 *Syndicat d'initiative, 69 Grande Rue 𝄐 03 81 69 31 21, Fax 03 81 69 71 94, infos@mont-dor-2lacs.com.*

Paris 456 – Besançon 74 – Champagnole 42 – Pontarlier 16 – St-Claude 72.

🏨 **Lac**, 𝄐 03 81 69 34 80, *hotellelac@wanadoo.fr*, Fax 03 81 69 35 44, ≼, ⌕, 🌳 – 📱 📺 🅿 ⑩ **GB**

fermé 15 nov. au 19 déc. sauf week-ends – **Repas** 17/40,50, enf. 8 ⁊ - **Rest. du Fromage :** Repas 17/20, enf. 7 ⁊ – ⌕ 10 – **49 ch** 37/107, 5 suites – ½ P 41/74,50.

♦ Grande maison familiale bordant la rue principale du village et faisant face au lac côté jardin. Intérieur cossu à l'atmosphère "rétro". Une délicieuse ambiance "vieille France" règne au restaurant du Lac. Tartes, fondues et raclette au Restaurant du Fromage.

annexe Beau Site 🏨 sans rest, 𝄐 03 81 69 70 70 – cuisinette 📺 🅿 ⑩ **GB**

fermé 15 nov. au 15 déc. sauf week-ends – ⌕ 8 – **14 ch** 27/32, 3 duplex – ½ P 37.

♦ Cet édifice du début du 19ᵉ s. dont l'entrée est rehaussée de colonnes abrite des chambres aménagées dans un esprit fonctionnel.

🏨 **Poste**, 𝄐 03 81 69 79 34, *hotellelac@wanadoo.fr*, Fax 03 81 69 35 44 – 📺. **GB**

fermé 3 au 15 janv., dim. soir et lundi – **Repas** 9,50/18,50, enf. 7 ⁊ – ⌕ 7 – **10 ch** 31/43 – ½ P 36,50/38,50.

♦ Ce petit hôtel récemment rénové propose des chambres dotées de meubles colorés ; préférez celles tournées vers le lac, plus tranquilles. Cuisine traditionnelle et spécialité de pierrades vous attendent dans une salle à manger fraîche et gaie.

🎍🎍 **Bon Accueil** (Faivre) avec ch, 𝄐 03 81 69 30 58, *lebonaccueilfaivre@wanadoo.fr*, Fax 03 81 69 37 60, 🌳 – 📺 🚗 🅿 ⒶⒺ ⑩ **GB**. 🍴

fermé 19 au 28 avril, 25 oct. au 3 nov., 13 déc. au 12 janv., dim. soir, mardi midi et lundi – **Repas** *(22)* - 27/47 et carte 46 à 64, enf. 15 ⁊ – ⌕ 9 – **12 ch** 46/70 – ½ P 59/63.

♦ Pimpante maison où l'on cultive l'art de recevoir : accueil attentif, nouvelle salle à manger mariant boiseries et sol en pierre, et brillante cuisine au goût du jour.

Spéc. Gaudes "façon gnocchi" au vieux comté dans un jus de viande (automne-hiver). Poissons à l'absinthe de Pontarlier (15 juin au 15 sept.). Sorbet à la gentiane, macaronade au pamplemousse. **Vins** Arbois, Côtes du Jura.

🎍🎍 **Jean-Michel Tannières** avec ch, 𝄐 03 81 69 30 89, *contact@restaurant-tannières.com*, Fax 03 81 69 39 16, 🌧, 🌳 – 📺 🚗 🅿 ⑩ **GB**

fermé 13 au 30 avril, 3 janv. au 5 fév., dim. soir d'oct. à mai, lundi et mardi – **Repas** 25/65 et carte 43 à 70, enf. 12 ⁊ – ⌕ 8 – **4 ch** 100 – ½ P 90.

♦ Cuisine classique accompagnée d'un large choix de vins, servie dans une salle à manger bourgeoise donnant sur un jardin où murmure un ruisseau. Accueil chaleureux.

aux Granges-Ste-Marie Sud-Ouest : 2 km – ✉ 25160 Labergement-Ste-Marie :

🏨 **Auberge du Coude**, 𝄐 03 81 69 31 57, Fax 03 81 69 33 90, 🌧, 🌳 – 📺 ✨ 🅿 **GB**

fermé 12 nov. au 18 déc., dim. soir et merc. hors saison – **Repas** 16/45, enf. 7,50 ⁊ – ⌕ 7 – **11 ch** 45 – ½ P 44.

♦ Cette maison ancienne (1826) postée entre les lacs de Saint-Point et de Remoray-Boujeons vous reçoit dans des chambres actuelles. Jardin incluant un étang. Salle à manger campagnarde agrémentée de boiseries ; on y propose une cuisine régionale.

La MALÈNE 48210 Lozère **330** H9 G. Languedoc Roussillon – 171 h alt. 450.

Voir *O : les Détroits** et cirque des Baumes** (en barque).*

🔋 *Syndicat d'initiative 𝄐 04 66 48 50 77.*

Paris 609 – Florac 41 – Mende 41 – Millau 44 – Sévérac-le-Château 33 – Le Vigan 77.

🏠 **Manoir de Montesquiou,** ℰ 04 66 48 51 12, montesquiou@demeures-de-lozere.com, Fax 04 66 48 50 47, 🏤, 🌳 – 📺 📞 🅿. ⓘ ⅭⒷ
fin mars-fin oct. – **Repas** 21,50/40,40, enf. 11 ♀ – ☲ 12,50 – **12 ch** 73/139 – ½ P 76,50/109,50.
  ◆ Ce beau manoir en pierre du 15ᵉ s. élance ses tourelles au coeur du village : une charmante base de découverte des splendides paysages des gorges du Tarn. Deux salles à manger (rustique ou voûtée), jolie terrasse et cuisine à base des produits du terroir.

au Nord-Est 5,5 km sur D 907bis – ⊠ 48210 Ste-Énimie :

🏠 **Château de la Caze** ⏧, ℰ 04 66 48 51 01, chateau.de.la.caze@wanadoo.fr, Fax 04 66 48 55 75, ≤, 🏤, 🛥, 🐾 – 📺 ✓ 🅿. 🆎 ⓘ ⅭⒷ. ⅌ rest
3 avril-11 nov. et fermé jeudi midi et merc. du 3 au 30 avril et du 1ᵉʳ oct. au 11 nov. sauf fériés – **Repas** 30/76, enf. 14 ♀ – ☲ 14 – **7 ch** 118/162, 6 suites – ½ P 104/155.
  ◆ Majestueux château du 15ᵉ s. surgissant au milieu des arbres dans un parc au bord du Tarn. Meubles de style et actuels personnalisent les chambres. La petite salle à manger occupe une ancienne chapelle (croisées d'ogives, cheminée gothique) ; dîners-concerts.

MALESHERBES 45330 Loiret 🔢 L2 G. Châteaux de la Loire – 5 989 h alt. 108.
  🏌 du Château d'Augerville à Augerville-la-Rivière ℰ 02 38 32 12 07, S : 8 km par D 410.
  🅗 Office de tourisme, 2 rue de la Pilonne ℰ 02 38 34 81 94, Fax 02 38 34 81 94, ot.malesherbes@wanadoo.fr.
  Paris 75 – Fontainebleau 27 – Étampes 26 – Montargis 62 – Orléans 62 – Pithiviers 19.

🏠 **Écu de France,** 10 pl. Martroi ℰ 02 38 34 87 25, ecudefrance@wanadoo.fr, Fax 02 38 34 68 99, 🏤 – 📺 ✓ 🅿. 🆎 ⅭⒷ
Repas (fermé 6 au 19 août, jeudi soir et dim. soir) 18/28, enf. 6,30 ♀ - **Brasserie de l'Écu** (fermé 6 au 19 août, jeudi soir et dim. soir) **Repas** carte environ 20, enf. 6,30 ⅊ – ☲ 6,50 – **16 ch** 50/60 – ½ P 49,50/54,50.
  ◆ Cet ancien relais de poste situé à deux pas des tours du château de Malesherbes dispose de chambres fonctionnelles bien tenues. Le restaurant a du cachet avec ses poutres et sa cheminée ; terrasse dressée dans la cour. Repas express à l'espace brasserie.

MALICORNE-SUR-SARTHE 72270 Sarthe 🔢 I8 G. Châteaux de la Loire – 1 686 h alt. 39.
  🅗 Office de tourisme, 3 place Duguesclin ℰ 02 43 94 74 45, Fax 02 43 94 59 61, ot-.malicorne@wanadoo.fr.
  Paris 236 – Château-Gontier 52 – La Flèche 16 – Le Mans 32.

✕✕ **Petite Auberge,** au pont ℰ 02 43 94 80 52, Fax 02 43 94 31 37, 🏤 – ⅭⒷ
fermé 22 déc. au 20 fév., lundi et le soir de sept. à avril sauf sam. – **Repas** 15 (déj.), 23/45, enf. 9 ♀.
  ◆ L'été, s'attarder longuement sur la terrasse au ras de l'eau à contempler bateaux de plaisance et rives boisées ; l'hiver, se réfugier auprès de la cheminée médiévale.

MALO-LES-BAINS 59 Nord 🔢 C1 – rattaché à Dunkerque.

Le MALZIEU-VILLE 48140 Lozère 🔢 I5 – 970 h alt. 860.
  🅗 Office de tourisme, tour de bodon ℰ 04 66 31 82 73, www.lozere-online.com/malzieu.
  Paris 541 – Mende 51 – Millau 107 – Le Puy-en-Velay 74 – Rodez 125 – St-Flour 38.

🏠 **Voyageurs,** rte Saugues ℰ 04 66 31 70 08, pagesc@wanadoo.fr, Fax 04 66 31 80 36 – 📶 ✓ ⅊ 🅿. ⅭⒷ. ⅌
fermé 1ᵉʳ déc. au 15 mars, dim. soir et sam. sauf juil.-août – **Repas** 13/22,50 ♀ – ☲ 8 – **19 ch** 40/50 – ½ P 46.
  ◆ Dans un joli village de la Margeride, bâtisse des années 1970 aux chambres fonctionnelles : une étape pratique si vous avez entrepris la découverte de la région. Plats traditionnels et lozériens servis dans une salle à manger d'inspiration rustique.

MAMERS ⟨SP⟩ 72600 Sarthe 🔢 L4 G. Normandie Vallée de la Seine – 6 084 h alt. 128.
  🅗 Office de tourisme, 29 place Carnot ℰ 02 43 97 60 63, Fax 02 43 97 42 87, tourisme-mamers-saosnois@wanadoo.fr.
  Paris 185 – Alençon 25 – Le Mans 51 – Mortagne-au-Perche 25 – Nogent-le-Rotrou 40.

🏠 **Dauphin,** 54 r. Fort ℰ 02 43 34 24 24, Fax 02 43 34 44 05 – 📺 ✓ 🅿. – 🅪 30. 🆎 ⓘ ⅭⒷ
fermé vend. soir et dim. soir – **Repas** 10/29 ♀ – ☲ 5,50 – **12 ch** 27/40 – ½ P 24/29.
  ◆ Hôtel familial sans prétention situé sur l'artère principale de la ville. Le général de Gaulle honora la maison de sa présence au cours de l'année 1958. Goûtez aux rillettes de Mamers dans la salle à manger campagnarde ou au bar de la maison.

au Pérou *(61 Orne) Est : 7 km par rte de Bellême –* ⊠ *61360 Chemilly :*

✗ **Petite Auberge,** ☏ 02 33 73 11 34, *lapetiteauberge@free.fr,* ✿, ♨ – **℉**. **GB**
fermé 24 déc. au 3 janv., vacances de fév., lundi soir, merc.soir et mardi – **Repas** 12,50 (déj.),
16,80/46, enf. 9,50.
◆ Une "petite auberge" isolée en bord de route. Attablez-vous dans la salle à manger
rustique, réchauffée par une cheminée, ou sur la terrasse donnant sur un jardin fleuri.

MANCENANS LIZERNE 25 *Doubs* **321** K3 – *152 h alt. 720.*
Paris 490 – Besançon 77 – Morteau 32 – Pontarlier 63.

✗ **Au Coin du Bois,** rue sous le rang,La Lizerne:par D464 ☏ 03 81 64 00 55,
Fax 03 81 64 21 98 – **GB**
fermé 30 nov. au 14 déc., 3 au 31 janv. et lundi – **Repas** 16/48, enf. 8.
◆ Joli chalet niché dans une clairière entourée de sapins. La sobre salle à manger d'esprit
rustique sert de cadre à une cuisine traditionnelle étoffée de plats du terroir.

MANCIET 32 *Gers* **336** C7 – *rattaché à Nogaro.*

Si vous cherchez un hôtel tranquille,
consultez d'abord les cartes de l'introduction
ou repérez dans le texte les établissements indiqués avec le signe ⤷

MANDELIEU 06210 *Alpes-Mar.* **341** C6 *G. Côte d'Azur – 17 870 h alt. 4 – Casino.*
Voir ⩽★ *de la colline de San Peyré – Site★ du château-musée.*
⌖ *de Mandelieu* ☏ 04 92 97 32 00, SO : 2 km ; ⌖ *Riviera Golf Club* ☏ 04 92 97 49 49, SO :
2 km.
🛈 *Office de tourisme, 340 rue Jean Monnet* ☏ 04 93 93 64 65, Fax 04 93 93 64 66,
ota@ot-mandelieu.fr.
Paris 890 ⑥ – Cannes 9 ③ – Fréjus 30 ⑤ – Brignoles 86 ⑥ – Draguignan 53 ⑥ – Nice 37 ③.

Plan page suivante

🏨 **Domaine d'Olival** ⤷ sans rest, 778 av. Mer ☏ 04 93 49 31 00, *domaineolival@wanadoo.*
fr, Fax 04 92 97 69 28, ⤴, ♨ – cuisinette ▦ **TV** ✆ **℉**. **AE** ◑ **GB**   Y b
20 janv.-31 oct. – ⊇ 10 – **13 ch** 158, 5 suites.
◆ Cette longue bâtisse provençale se prélasse au sein d'un magnifique jardin, sur un îlot au
milieu de la Siagne. Chambres confortables. Promenade en bateau possible.

🏨 **Hostellerie du Golf** ⤷, 780 av. Mer ☏ 04 93 49 11 66, *hoteldugolf@aol.com,*
Fax 04 92 97 04 01, ✿, ♨, ♨, ✗ – 🛗, ▦ ch, **TV** ✆ & **℉** – ☒ 20. **AE** ◑ **GB**   Y n
Repas (18) - 24 ⚲ – ⊇ 8 – **45 ch** 91,40/109, 10 suites – ½ P 80,90/89,40.
◆ L'établissement est construit au bord de la rivière face au célèbre "Old Course" fondé par
le grand duc de Russie en 1891. Sobres chambres néo-classiques aux pâles tonalités. Salle à
manger claire et terrasse tournée vers le jardin ; restauration simple.

🏨 **Les Bruyères** sans rest, 1400 av. Fréjus ☏ 04 93 49 92 01, Fax 04 93 49 21 55, ♨ – cuisinette ▦ **TV** ✆ **℉**. **AE** **GB**   Y h
⊇ 8 – **14 ch** 88.
◆ Sur la N 7, des chambres fonctionnelles et correctement insonorisées s'abritent derrière
une grande façade moderne rehaussée d'un quatuor de colonnes. Tenue rigoureuse.

🏨 **Acadia** sans rest, 681 av. Mer ☏ 04 93 49 28 23, *acadia.revotel@wanadoo.fr,*
Fax 04 92 97 55 54, ♨, ♨, ✗ – 🛗 **TV** ✆ **℉**. **AE** ◑ **GB**   Y v
fermé 9 nov. au 27 déc. – ⊇ 9 – **29 ch** 73/80, 6 suites.
◆ Les pontons privés de cet hôtel sis dans un méandre de la Siagne, face à l'île de
Robinson, vous conviennent à des balades nautiques. Chambres progressivement rénovées.

La Napoule – ⊠ *06210 .*
Voir *Site★ du château-musée.*
Paris 893 – Cannes 9 – Mandelieu-la-Napoule 3 – Nice 40 – St-Raphaël 34.

🏨 **Sofitel Royal Casino,** 605 av. Gén. de Gaulle (N 98) ☏ 04 92 97 70 00, *h-1168@accor-hot*
els.com, Fax 04 93 49 51 50, ⩽, ✿, ✦, ♨, ▨, ✗ – 🛗 ▦ **TV** ✆ & **℉** – ☒ 50 à 500. **AE** ◑
GB **JCB**   Z a
Le Féréol ☏ 04 92 97 70 20 **Repas** 26(déj.)/37 – *Terrasse du Casino* ☏ 04 92 97 70 21
(fermé dim.) **Repas** carte 20 à 30, enf. 13 ⚲ – ⊇ 19 – **200 ch** 315/425, 13 suites – ½ P 174/
231,50.
◆ Complexe moderne édifié en bord de mer et abritant un hôtel voué aux loisirs.
Chambres fonctionnelles et confortables, presque toutes avec loggia. Au Féréol, cuisine
méridionale et jolie décoration marine. Bistrot d'esprit provençal à la Terrasse du Casino.

MANDELIEU-LA NAPOULE

Bon-Puits (Bd du) . . . . Y 6
Cannes (Av. de) . . . . Y 8
Ecureuils (Bd des) . . . . Y 13
Esterel-Parc (Bd) . . . . Y 14
Europe (Av. de l') . . . . Y 16
Fontmichel (Av. G. de) . . . . . . Y 17
Frejus (Av. de) . . . . Y
Gaulle (Av. Gén. de) . . . . Y 19
Juin (Av. Mar.) . . . . Y
Marine-Royale
(Allée de la) . . . . Y 23
Mer (Av. de la) . . . . Y
Princes (Bd des) . . . . Y 25
République (Av. de la) . . . . . . Y 27
Ricard (Av. P.) . . . . Y
Siagne (R. de la) . . . . Y
Tavernière (Bd de la) . . . . Y 28

LA NAPOULE

Abaguiers (R. des) . . . . Z 2
Argentière (R. de l') . . . . Z 3
Aulas (R. Jean) . . . . Z 4
Balcon-d'Azur (Rd-Pt) . . . . Z 5
Carle (R. J.H.) . . . . Z 10
Chantier-Naval (R. du) . . . . . . Z 12
Clews (Av. H.) . . . . Z
Fanfarigoule (Bd) . . . . Z
Gaulle (Av. Gén. de) . . . . Z
Hautes-Roches (R. des) . . . . . Z 20
Mancha (Av. de la) . . . . Z 22
Petit-Port (R. du) . . . . Z
Pierrugues (R. Charles) . . . . . Z 24
Plage (R. de la) . . . . Z
Riou (Av. du) . . . . Z
San-Peyré (Bd du) . . . . Z
Soustelle (Bd J.) . . . . Z
23-Août (Av. du) . . . . Z

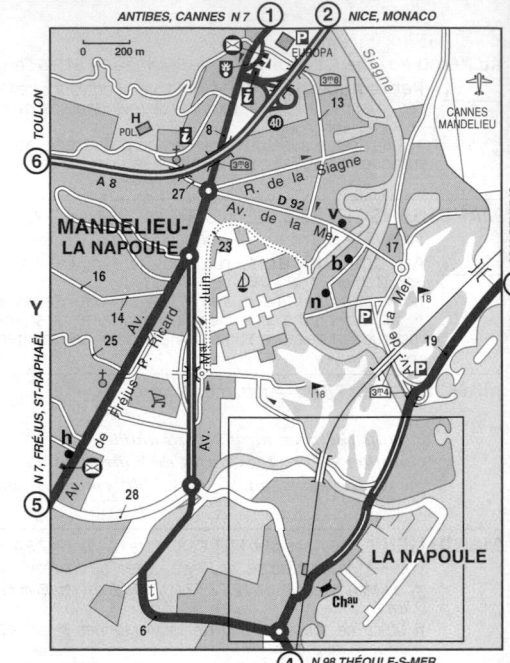

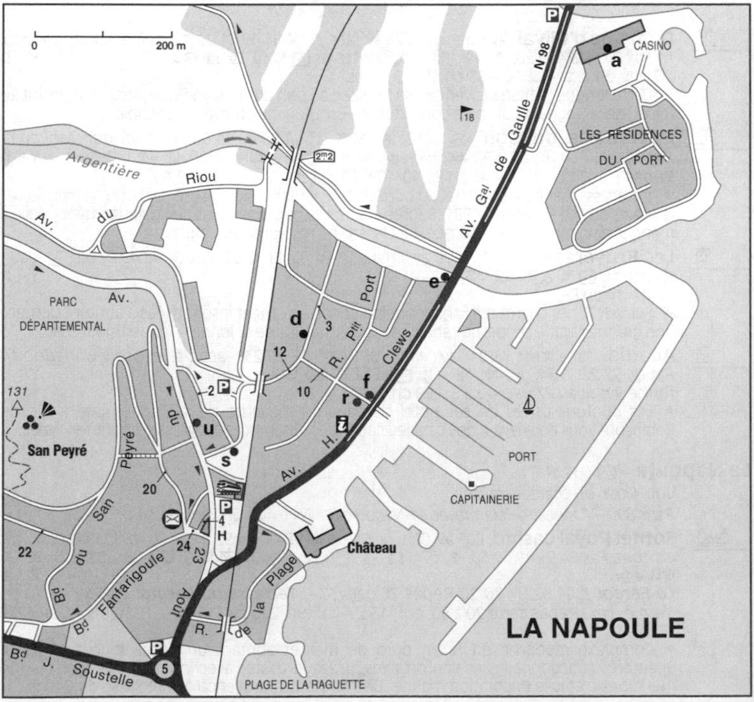

Ermitage du Riou, av. H.-Clews, $\mathscr{C}$ 04 93 49 95 56, *hotel@ermitage-du-riou.fr*, Fax 04 92 97 69 05, ≤, 斦, ⊒ – ⊜ ⊟ TV ℰ P – 益 15 à 60. AE ⓪ GB   **Z e**
Repas 39 bc/85 ♀ – ⊆ 16 – **37 ch** 192/301, 3 suites – ½ P 160,50/184,50.
◆ Cette demeure provençale ancienne à la façade ocre et brique offre des chambres confortables ouvertes sur le large ou sur le golf. Plats traditionnels, produits de la mer et vins de la propriété à déguster dans une salle à manger-véranda tournée vers le port.

Villa Parisiana sans rest, r. Argentière, $\mathscr{C}$ 04 93 49 93 02, *villa.parisiana@wanadoo.fr*, Fax 04 93 49 62 32 – TV. AE ⓪ GB   **Z d**
fermé 19 au 27 déc. – ⊆ 6 – **13 ch** 47/63.
◆ Cette villa 1900 ne manque pas de charme malgré la proximité de la voie ferrée : chambres bien rénovées, quelques balcons ensoleillés et jolie terrasse sous la treille.

Corniche d'Or sans rest, pl. Fontaine, $\mathscr{C}$ 04 93 49 92 51, *info@cornichedor.com*, Fax 04 93 49 71 95 – TV ℰ. AE ⓪ GB. ⬚   **Z s**
fermé 29 nov. au 16 déc. – ⊆ 6,80 – **12 ch** 46/74.
◆ Cet hôtel voisin de la gare a bénéficié d'une cure de jouvence : chambres refaites, mobilier en pin, literie neuve et décor plus gai. Toutes ont un balcon.

XXXX **L'Oasis** (Raimbault), r. J. H. Carle, $\mathscr{C}$ 04 93 49 95 52, *oasis@relaischateaux.com*, ❀❀ Fax 04 93 49 64 13, 斦 – ⊟ P ℰ. AE ⓪ GB   **Z r**
fermé 12 déc. au 14 janv., dim. soir et lundi de nov. à mars et lundi midi d'avril à oct. –
Repas 45 (déj.), 65/128 et carte 100 à 121 ⬚.
◆ Luxuriant patio, cadre élégant, délicieuse cuisine méridionale aux "zestes" orientaux, caravane... des desserts : ce caravansérail pour nomades-gourmands n'est pas un mirage !
Spéc. Soleil levant de poisson cru en salade d'orge perlée. Pavé de gros loup laqué et rôti à la braise. Selle de chevreuil en noisettes, sauce poivrade aux myrtilles (mi-oct. à début janv.).
Vins Côtes de Provence, Coteaux d'Aix en Provence-les Baux.

XXX **L'Armorial,** bd H. Clews, $\mathscr{C}$ 04 93 49 91 80, *maryse.bottero@wanadoo.fr*, Fax 04 93 93 28 50, ≤ – ⊟. GB JCB   **Z f**
fermé merc. sauf juil.-août – **Repas** 29 et carte 48 à 68.
◆ À l'entrée du port, quelques degrés à gravir pour atteindre ce restaurant. Au choix : la douceur de la salle à manger ou la vue depuis la véranda. Spécialités régionales.

XX **Pomme d'Amour,** 209 av. 23-Août, $\mathscr{C}$ 04 93 49 95 19, *jacques.arwacher@wanadoo.fr*, Fax 04 93 49 95 24, 斦 – ⊟. GB   **Z u**
fermé 15 nov. au 15 déc., sam. midi de juil. à sept., mardi sauf le soir de juil. à sept. et merc. midi – **Repas** 29/35 ♀.
◆ Escale culinaire discrète au centre de La Napoule, tout près de la gare. Plaisante salle à manger rustique avec mise en place soignée. Cuisine traditionnelle et régionale.

MANDEREN 57 Moselle ❘307❘ J2 – rattaché à Sierck-les-Bains.

MANE 04 Alpes-de-H.-Provence ❘334❘ C9 – rattaché à Forcalquier.

MANIGOD 74230 H.-Savoie ❘328❘ L5 – 789 h alt. 950.
Voir *Vallée de Manigod* ★★, G. Alpes du Nord.
🛈 *Office de tourisme, Chef Lieu* $\mathscr{C}$ 04 50 44 92 44, Fax 04 50 44 94 68, *manigod@club-internet.fr*.
Paris 558 – Annecy 25 – Chamonix-Mont-Blanc 67 – Albertville 39 – Thônes 6.

rte du col de la Croix-Fry : 5,5 km :

🏨 **Chalet Hôtel Croix-Fry** ⬚, $\mathscr{C}$ 04 50 44 90 16, *hotelchaletcroixfry@wanadoo.fr*, Fax 04 50 44 94 87, ≤ montagnes, 斦, ⊒, ⬚ – TV ℰ P. AE ⓪ GB
mi-juin-mi-sept. et mi-déc.-mi-avril – **Repas** (fermé mardi midi, merc. midi et lundi) 25 (déj.), 44/75 ♀ – ⊆ 17 – **6 ch** 145/325, 4 duplex – ½ P 130/195.
◆ Chalet présentant un chaleureux décor intérieur, tout en bois et agrémenté de peaux de moutons. Chambres personnalisées par de vieux meubles savoyards. Salle à manger montagnarde, terrasse panoramique offrant une superbe vue sur les Aravis et carte régionale.

au col de la Croix-Fry Nord-Est : 7 km – alt. 1467 – ⊠ 74230 Thônes :

X **Les Sapins** avec ch, $\mathscr{C}$ 04 50 44 95 71, *les-sapins@wanadoo.fr*, Fax 04 50 44 94 96, ≤, 斦 – TV P. AE ⓪ GB
fermé 28 avril au 6 mai, 21 oct. au 20 nov., dim. soir et lundi hors saison – **Repas** 18,50/33, enf. 7,70 ♀ – ⊆ 6,50 – **10 ch** 35/58 – ½ P 52.
◆ Au pied des pistes, ce sympathique chalet familial en cours de rénovation accueille les amoureux de la montagne depuis plusieurs décennies. Cuisine savoyarde.

Les pages explicatives de l'introduction
vous aideront à mieux profiter de votre Guide Michelin.

MANOSQUE 04100 Alpes-de-H.-P. **334** C10 G. Alpes du Sud – 19 603 h alt. 387.

Voir Le vieux Manosque★ : Porte Saunerie★, façade★ de l'hôtel de ville – Sarcophage★ et Vierge noire★ dans l'église N.-D. de Romigier – Fondation Carzou★ M – ≼★ du Mont d'Or NE : 1,5 km.

🅱️₁₈ du Lubéron à Pierrevert ℘ 04 92 72 17 19, par ③ et D 6 : 7 km.

🅱 Office de tourisme, place du Docteur Joubert ℘ 04 92 72 16 00, Fax 04 92 72 58 98, otmanosque@hotmail.com.

Paris 758 ③ – Aix-en-Provence 57 ② – Avignon 91 ③ – Digne-les-Bains 61 ①.

MANOSQUE

Arthur-Robert (R.)	2
Aubette (R. d')	3
Bret (Bd M.)	5
Chacundier (R.)	6
Dauphine (R.)	8
Giono (Av. J.)	9
Grande (R.)	10
Guilhempierre (R.)	12
Hôtel-de-Ville (Pl. de l')	13
J.-J. Rousseau (R.)	14
Marchands (R. des)	15
Mirabeau (Bd)	16
Mont d'Or (R. du)	18
Observantins (Pl. des)	19
Ormeaux (Pl. des)	20
Pelloutier (Bd C.)	22
Plaine (Bd de la)	23
République (R. de la)	26
St-Lazare (Av.)	28
Saunerie (R. de la)	30
Soubeyran (R.)	32
Tanneurs (R. des)	33
Tourelles (R. des)	34
Voland (R.)	35
Vraies-Richesses (Montée des)	36

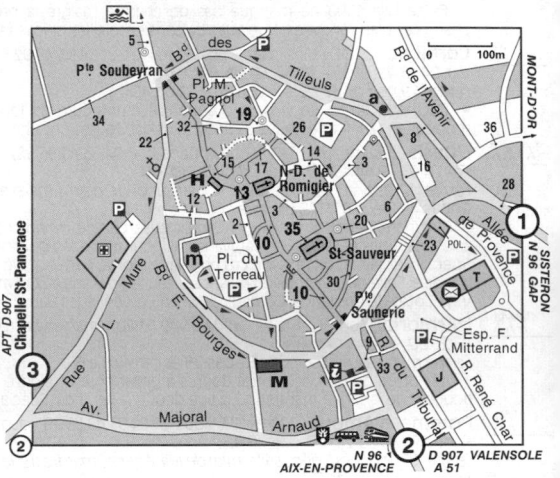

🏨 **Pré St-Michel** ⤸ sans rest, Nord : 1,5 km par bd M. Bret et rte Dauphin ℘ 04 92 72 14 27, pre.st.michel@wanadoo.fr, Fax 04 92 72 53 04, ⏝, ☞ – 📺 ❤ ﺗ 📵 – 🔏 25. 🇬🇧

⊊ 7,50 – **24 ch** 75/90.

◆ Récente bâtisse régionale aux chambres spacieuses. Vue sur les collines et les toitures de Manosque "agencées les unes aux autres comme les plaques d'une armure" (Giono).

🏨 **Mercure,** av. Gén. de Gaulle ℘ 04 92 87 78 58, relais.manosque@wanadoo.fr, Fax 04 92 72 66 60, 😀 – 📳 ฿, ▤ ch, 📺 ❤ ﺗ 🅰🅴 ① 🇬🇧

Repas (14) - 17,50/28, enf. 7 ⏝ – ⊊ 8 – **36 ch** 65/79.

◆ Aux portes du vieux Manosque, cet hôtel a bénéficié d'une rénovation complète : les chambres et les salons arborent un chaleureux décor de style provencal. L'esprit du Sud souffle sur le joli cadre du restaurant (bois peint et couleurs ensoleillées).

XX ❀ **Dominique Bucaille,** 43 bd Tilleuls (a) ℘ 04 92 72 32 28, dbucaille@aol.com, Fax 04 92 72 32 28 – 🅰🅴 ① 🇬🇧 🇯🇨🇧

fermé mi-juil. à mi-août, vacances de fév., merc. soir et dim. sauf fériés – **Repas** (16) - 25 (déj.), 43/69 et carte 54 à 86, enf. 10.

◆ Ancienne filature (17ᵉ s.) aménagée en restaurant : salle à manger voûtée aux couleurs de la Provence, ouverte sur les cuisines. Recettes méridionales personnalisées.

Spéc. Gnocchi de pommes de terre au pistou. Travers de cochon glacé aux épices. Riz au lait à la vanille bourbon, nougatine d'amandes.

X **Luberon,** pl. Terreau (m) ℘ 04 92 72 03 09, Fax 04 92 72 03 09, 😀 – 🇬🇧 ✻

fermé 6 au 20 sept., dim. soir et lundi sauf de mi-juil. à mi-août – **Repas** (12,50) - 18/43 ⅛.

◆ Petite adresse du centre-ville et sa salle rustique rehaussée de tons ensoleillés. Terrasse d'été installée sur la place. Carte aux accents du Sud proposée à l'ardoise.

à La Fuste Sud-Est : 6,5 km par rte de Valensole – ⊠ 04210 Valensole :

🏨 **Hostellerie de la Fuste** ⤸, ℘ 04 92 72 05 95, lafuste@aol.com, Fax 04 92 72 92 93, ≼, 😀, ⏝, 🔥 – ▤ rest, 📺 ❤ ﺗ – 🔏 70. 🅰🅴 ① 🇬🇧 🇯🇨🇧

fermé 12 nov. au 3 déc., 7 janv. au 11 fév., dim. soir de sept. à juin et lundi sauf le soir en juil.-août. – **Repas** (nombre de couverts limité, prévenir) 54/85 – ⊊ 16 – **14 ch** 145/220 – ½ P 147,50/185.

◆ Élégante hostellerie campagnarde dans un parc fleuri incluant un beau potager. Chambres douillettes, et un calme à peine troublé par le chant des cigales. L'atout maître du restaurant est sa ravissante terrasse ombragée par de majestueux platanes.

Le MANS ℙ 72000 *Sarthe* **310** K6 *G. Châteaux de la Loire* – 146 105 h Agglo. 194 825 h alt. 80.

Voir *Cathédrale St-Julien*★★ : *chevet*★★★ – *Le Vieux Mans*★★ : *maison de la Reine Bérengère*★, *enceinte gallo-romaine*★ **DV** M² – *Église de la Couture*★ : *Vierge*★★ – *Église Ste-Jeanne-d'Arc*★ – *Musée de Tessé*★ – *Abbaye de l'Épau*★ **BZ** , 4 km par D 152 – *Musée de l'Automobile*★★ : 5 km par ④.

ᴛ₁₈ *à Sargé-lès-le-Mans* ℘ 02 43 76 25 07, par ① : 6 km; ᴛ₁₈ *des 24 Heures-Le Mans à Mulsanne* ℘ 02 43 42 00 36, par ④ : 11 km.

Circuit des 24 heures et circuit Bugatti : 5 km par ④.

🄱 *Office de tourisme, rue de l'Etoile* ℘ 02 43 28 17 22, Fax 02 43 28 12 14, officedutourisme@ville-lemans.fr.

Paris 206 ② – *Angers 97* ④ – *Le Havre 213* ⑥ – *Nantes 184* ④ – *Rennes 154* ⑤ – *Tours 85* ③.

LE MANS

Ambroise Paré (R.)	**AZ** 4	Esterel (R. de l')	**BZ** 30	Moulin (Av. J.)	**BZ** 57
Ballon (R. de)	**AZ** 6	Flore (R. de)	**BZ** 31	Négrier (Bd du Gén.)	**BZ** 58
Bertinière (R. de la)	**BZ** 10	Gaulle (R.du Gén.-de)	**ABZ** 36	Néruda (R. Pablo)	**BZ** 60
Brossolette (Bd P.)	**AZ** 15	Géneslay (Av. F.)	**ABZ** 37	Pied-Sec (R. de)	**AZ** 63
Carnot (Bd)	**AZ** 16	Grande-Maison		Pointe (R. de la)	**AZ** 64
Churchill (Bd W.)	**BZ** 17	(R. de la)	**AZ** 39	Prémartine (Rte de)	**BZ** 67
Clemenceau (Bd G.)	**BZ** 18	Heuzé (Av. O.)	**AZ** 42	Riffaudières (Bd des)	**AZ** 73
Douce-Amie		Jean-Jaurès (Av.)	**BZ** 43	Rondeau (R. J.)	**AZ** 74
(R. de)	**BZ** 22	Lefeuvre (Av. H.)	**BZ** 44	Rubillard (Av.)	**AZ** 78
Durand (Av. G.)	**BZ** 26	Maillets (R. des)	**BZ** 46	Schuman (Bd R.)	**BZ** 80
		Mare (Ch. de la)	**BZ** 49	Victimes du Nazisme	
		Mariette (R. de la)	**BZ** 51	(R. des)	**BZ** 82
		Monthéard (Av. de)	**BZ** 55	Yvré-Levêque (Ch. d')	**BZ** 87

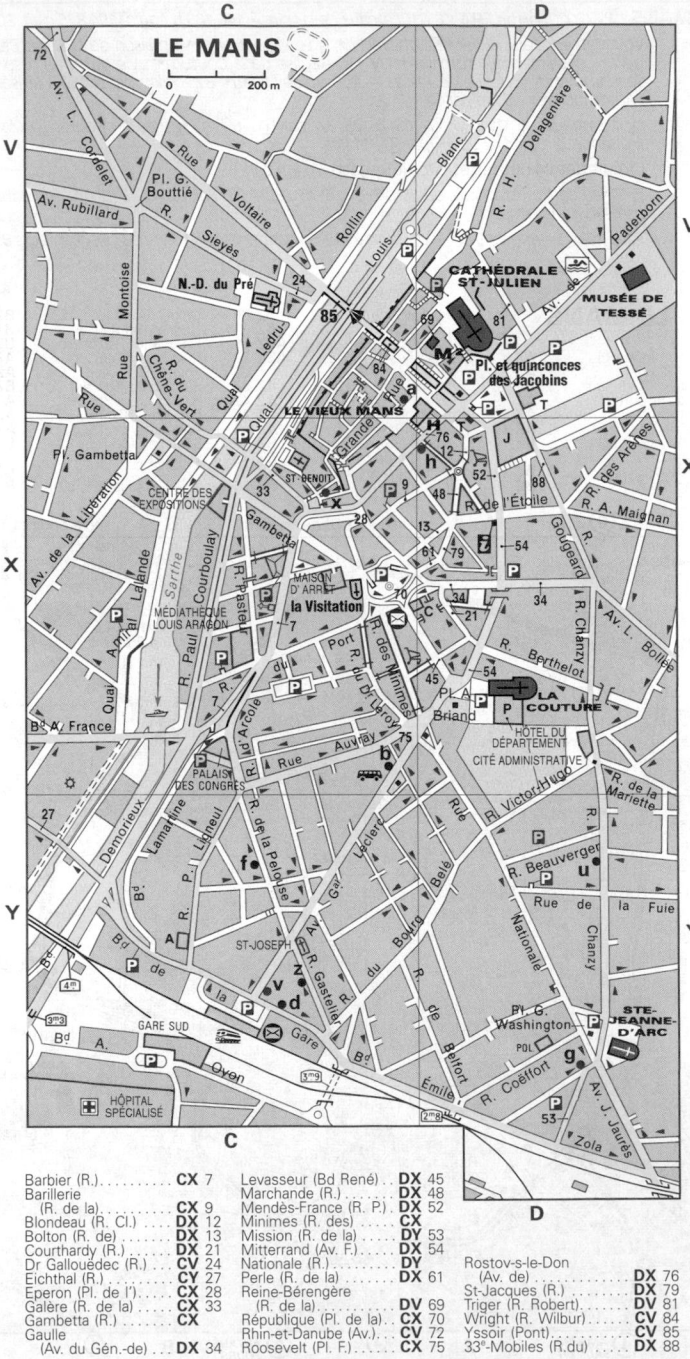

LE MANS

0   200 m

Barbier (R.)	**CX**	7
Barillerie (R. de la)	**CX**	9
Blondeau (R. Cl.)	**DX**	12
Bolton (R. de)	**DX**	13
Courthardy (R.)	**DX**	21
Dr Gallouëdec (R.)	**CV**	24
Eichthal (R.)	**CY**	27
Eperon (Pl. de l')	**CX**	28
Galère (R. de la)	**CX**	33
Gambetta (R.)	**CX**	
Gaulle (Av. du Gén.-de)	**DX**	34

Levasseur (Bd René)	**DX**	45
Marchande (R.)	**DX**	48
Mendès-France (R. P.)	**DX**	52
Minimes (R. des)	**CX**	
Mission (R. de la)	**DY**	53
Mitterrand (Av. F.)	**DY**	54
Nationale (R.)	**DY**	
Perle (R. de la)	**DX**	61
Reine-Bérengère (R. de la)	**DV**	69
République (Pl. de la)	**CX**	70
Rhin-et-Danube (Av.)	**CV**	72
Roosevelt (Pl. F.)	**CX**	75

Rostov-s-le-Don (Av. de)	**DX**	76
St-Jacques (R.)	**DX**	79
Triger (R. Robert)	**CV**	81
Wright (R. Wilbur)	**CV**	84
Yssoir (Pont)	**CV**	85
33e-Mobiles (R. du)	**DX**	88

🏨🏨 **Concorde**, 16 av. Gén. Leclerc ℰ 02 43 24 12 30, *lemans@concorde-hotels.com*, Fax 02 43 24 85 74, 🍽 – 📶 🕮 ✆ 🚗 **P** – 🛗 50. ⅍ ⓘ ⅁ 💳 **CX b**
L'Amphitryon : Repas *(19)*-35/45, enf. 11 ♀ – �>☐ 12 – **53 ch** 110/205.
◆ Hôtel en briques (1905) ayant judicieusement préservé son cachet malgré des rénovations régulières. Chambres dotées de meubles de style. Plaisante salle à manger bourgeoise au charme d'antan : lustres, moulures, statues nichées et belle mise en place.

🏨🏨 **Novotel**, bd R. Schuman (Z.A.C. Sablons) ✉ 72100 ℰ 02 43 85 26 80, *h0440@accor-hotels*
.com, Fax 02 43 75 31 76, 🍽, ⚓, 🎾 – 📶 ✆ 🖹 🕮 ✆ 🚹 **P** – 🛗 15 à 120. ⅍ ⅁
⅁
BZ a
Repas carte 25 à 35, enf. 8 ♀ – ☐ 10 – **94 ch** 84/94.
◆ Architecture extérieure passe-partout des années 1970, mais plaisant intérieur contemporain. Chambres fonctionnelles, plus tranquilles sur l'arrière, côté jardin et rivière. Salle à manger moderne et agréable terrasse tournée vers la verdure ; carte "Novotel".

🏨 **Chantecler** sans rest, 50 r. Pelouse ℰ 02 43 14 40 00, *hotel.chantecler@wanadoo.fr*, Fax 02 43 77 16 28 – 📶 🕮 ✆ **P**. ⅍ ⓘ ⅁ **CY f**
fermé 1er au 21 août – ☐ 8 – **32 ch** 65/72, 3 suites.
◆ Mobilier en rotin et plantes vertes agrémentent la salle des petits-déjeuners, véritable jardin d'hiver sous véranda. Tons pastel reposants dans les chambres.

🏨 **Mercure**, 17 r. Pointe ✉ 72100 ℰ 02 43 72 27 20, *h0344@accor-hotels.com*, Fax 02 43 85 96 06, 🍽, 🎾 – 📶 ✆ 🖹 🕮 ✆ 🚹 **P** – 🛗 25. ⅍ ⓘ ⅁ 💳 **AZ b**
Repas *(fermé vend. soir, sam. , dim. d'oct. à mai, sam. midi et dim. midi en juil.-août) (14,50)* -
20, enf. 7,50 ♀ – ☐ 8 – **68 ch** 67/80.
◆ Bâtisse des années 1970 abritant des chambres pratiques et bien tenues, plus calmes sur l'arrière. Hébergement actuel et spacieux dans l'annexe récente. Jardin avec minigolf. Restaurant décoré de photographies évoquant la mythique course des 24 Heures du Mans.

🏨 **Emeraude** sans rest, 18 r. Gastelier ℰ 02 43 24 87 46, Fax 02 43 24 60 64 – 📶 🕮 ✆ 🚗.
⅁. 🍽 **CY z**
fermé 26 juil. au 17 août et 21 déc. au 5 janv. – ☐ 6,80 – **33 ch** 60/75.
◆ Accueil chaleureux en cet hôtel proche de la gare. Chambres décorées dans des tons pastel. Aux beaux jours, les petits-déjeuners sont servis dans la cour intérieure fleurie.

🏨 **Commerce** sans rest, 41 bd Gare ℰ 02 43 83 20 20, *commerce.hotel@wanadoo.fr*, Fax 02 43 83 20 21 – 🕮 ✆. ⅍ ⅁. 🍽 **CY d**
☐ 6 – **36 ch** 51/60.
◆ L'isolation phonique est efficace côté gare, mais les nuits sont tout de même plus paisibles dans la bâtisse arrière. Petites chambres pratiques et bien tenues.

🏨 **L'Escale** sans rest, 72 r. Chanzy ℰ 02 43 50 40 00, Fax 02 43 84 76 82 – 📶 🕮 ✆ **P**. ⅍ ⓘ
⅁ 💳 **DY u**
fermé 20 au 31 déc. et dim – ☐ 6 – **46 ch** 48/51.
◆ Le confort de cet hôtel traditionnel reste modeste, cependant la plupart des chambres - à la tenue méticuleuse - ont bénéficié d'une petite cure de jouvence.

XXX **Beaulieu** (Boussard), 24 r. Ponts Neufs ℰ 02 43 87 78 37, Fax 02 43 87 78 27, 🍽 – 🖩. ⅍
⅁ **DX h**
❀ fermé 1er août au 1er sept., 1er au 6 mars, sam. et dim. – Repas 25 (déj.), 35/91 et carte 61 à
80.
◆ Poutres patinées et jolies tentures dans une maison du 15e s. au coeur du vieux Mans : un cadre élégant et chaleureux pour une appétissante cuisine au goût du jour.
Spéc. Morilles farcies au foie gras et ris de veau (mars-avril). Oeufs coque au foie gras à la truffe blanche (mai à juil.). Volaille fléchoise aux cèpes rôtie en cocotte (sept. à nov.).

XX **Fontainebleau**, 12 pl. St-Pierre ℰ 02 43 14 25 74, Fax 02 43 14 25 74, 🍽 –
⅁ **CV a**
fermé 15 sept. au 1er oct., 21 au 27 fév., lundi et mardi en août – Repas 16/37 ♀.
◆ Maisons à pans de bois et hôtels particuliers sont aux portes de ce restaurant occupant des murs datant de 1720. Intérieur rustique, terrasse fleurie et plats traditionnels.

XX **St-Lô**, 97 av. Gén. Leclerc ℰ 02 43 24 71 85, Fax 02 43 23 52 52 – 🖩. ⅁ **CY v**
⅁ fermé 30 juil. au 17 août, dim. soir et sam. – Repas 13,80/28, enf. 9,50 ♀.
◆ Lumineuse salle à manger aménagée derrière la devanture vitrée de ce restaurant du quartier de la gare. À l'étage, salons feutrés pour repas commandés. Cuisine traditionnelle.

XX **Rascasse**, 6 r. Mission ℰ 02 43 84 45 91, *raoulj@club-internet.fr*, Fax 02 43 85 01 89 – 🖩.
⅍ ⅁ **DY g**
fermé 1er au 26 août, sam. midi, jeudi midi et merc. – Repas 19/55, enf. 11 ♀.
◆ Deux salles à manger voisines de l'église Ste-Jeanne d'Arc : l'une garnie d'un mobilier de style Art déco ; l'autre, refaite et agrémentée d'une cheminée.

X **Ciboulette**, 14 r. Vieille Porte ℰ 02 43 24 65 67, *ciboulettelemans@aol.com*, Fax 02 43 87 51 18 – 🖩. ⅁ **CX x**
fermé 1er au 10 mai, 4 au 18 août, 1er au 7 janv., lundi midi, sam. midi et dim. – Repas 15,40
(déj.)/29,70 ♀.
◆ Cadre intime façon bistrot dans une maison médiévale : chaudes boiseries, velours rouge et laque noire de style fin 19e s. Carte privilégiant les produits de la mer.

par ③ *sur N 138 : 4 km –* ⊠ *72100 Le Mans :*

🏠 **Green 7,** 447 av. G. Durand (rte de Tours) ℰ 02 43 40 30 30, *le-green-7@wanadoo.fr,* Fax 02 43 40 30 00, 🛱, 🐜 – ≡ rest, 📺 📞 🕭 🅿 – 🔬 15 à 35. 🖭 ☺ 🛠 – .🛠 rest
Repas *(fermé 11 au 14 août, vend. soir et dim. soir)* 20/32, enf. 8 ♇ – ⌷ 7 – **75 ch** 49/69 – ½ P 59.

• À deux "putts" des parcours de Mulsanne et Sargé, adresse résolument placée sous le signe du golf célébré par l'enseigne et par le décor à dominante verte. Salle de restaurant fonctionnelle agrandie d'une terrasse ombragée ; cuisine traditionnelle.

à Arnage *par* ④ *: 10 km – 5 565 h. alt. 42 –* ⊠ *72230 :*

𝕏𝕏𝕏 **Auberge des Matfeux,** Sud sur D 147 ℰ 02 43 21 10 71, *matfeux@wanadoo.fr,* Fax 02 43 21 25 23 – 🅿. 🖭 ☺ 🛠
fermé 26 juil. au 25 août, 2 au 11 janv., dim. soir, mardi soir, merc. soir et lundi – **Repas** 30/70 et carte 57 à 73, enf. 17 ♇.

• Originale architecture en briques, verre et bois au milieu d'un parc proche du fameux circuit des 24 Heures. Agréables salles à manger et salons. Cuisine au goût du jour.

par ⑤ *et N 157 : 4 km –* ⊠ *72000 Le Mans :*

🏨 **Auberge de la Foresterie,** rte de Laval ℰ 02 43 51 25 12, *aubergedelaforesterie@wan* adoo.fr, Fax 02 43 28 54 58, 🛱, 🔄, 🐜 – ≡ rest, 📺 📞 🕭 🅿 – 🔬 60. 🖭 ☺ 🛠
Repas 20,90 bc/35 bc – ⌷ 9,50 – **39 ch** 80/155.

• Un hôtel à la page : spacieuses chambres bien équipées, room-service, salons de réception, salles de séminaires et grand jardin pour la détente. Salle à manger feutrée et espace véranda-terrasse bordant les repas d'été ; cuisine classique.

MANSLE *16230 Charente* 🔟🟤🟤 L4 – *1 597 h alt. 65.*

🇧 *Office de tourisme, place du Gardoire* ℰ 05 45 20 39 91, Fax 05 45 22 46 93, *ot-.pays.manslois@wanadoo.fr.*

Paris 421 – Angoulême 26 – Cognac 53 – Limoges 93 – Poitiers 88 – St-Jean-d'Angély 62.

🏠 **Beau Rivage,** pl. Gardoire ℰ 05 45 20 31 26, Fax 05 45 22 24 24, 🛱, 🐜 – 📺 🅿. 🛠
🐟 *fermé 1ᵉʳ au 15 mars, 15 nov. au 5 déc. et dim. soir de nov. à mars* – **Repas** 12/30, enf. 7 – ⌷ 7 – **32 ch** 45/47 – ½ P 50/60.

• Derrière une façade un peu austère, cet établissement abrite des chambres pimpantes et offre l'agrément d'un jardin au bord de la Charente (location de canoës). La vaste salle à manger et la terrasse ont vue sur la verdure et la rivière ; carte traditionnelle.

à St-Groux *Nord-Ouest : 3 km par D 361 – 122 h. alt. 57 –* ⊠ *16230 :*

🏠 **Trois Saules** 🌦, ℰ 05 45 20 31 40, *les3saules.faure@voila.fr,* Fax 05 45 22 73 81, 🛱, 🐜 🐟 – 📺 🅿. 🛠
fermé 26 oct.au 12 nov., 14 au 28 fév., vend. soir, dim. soir et lundi midi de fin sept. à mai – **Repas** *(8)* - 10/26, enf. 5,50 ♨ – ⌷ 5,50 – **10 ch** 32/45 – ½ P 37/42.

• L'auberge est longée par la rivière. Affaire familiale composée de deux bâtiments : l'un abrite les chambres, simples et pratiques, l'autre le restaurant. Repas traditionnel dans un cadre sans artifice, avant une partie de pêche sur la berge de la Charente.

à Luxé *Ouest : 6 km par D 739 – 756 h. alt. 70 –* ⊠ *16230 :*

𝕏𝕏 **Auberge du Cheval Blanc,** à la gare ℰ 05 45 22 23 62, Fax 05 45 45 39 94 75 – 🛠
🐟 *fermé fév., dim. soir, mardi soir et lundi* – **Repas** 12,50 bc *(déj.),* 22/34, enf. 7 ♇.

• À l'avenante façade de cette maison centenaire répond une salle à manger tout aussi plaisante avec son décor rustique et ses tables fleuries. Cuisine régionale soignée.

MANTES-LA-JOLIE ◁▷ *78200 Yvelines* 🔢🟥🟥 G2 *G. Île de France – 43 672 h alt. 34.*

Voir *Collégiale Notre-Dame*★★ BB.

🏌 *à Guerville* ℰ 01 30 92 45 45, *par* ③ *et D 158 : 6 km ;* 🏌 *de Moisson-Mousseaux à Moisson* ℰ 01 34 79 39 00, *par* ⑤ *et D 124 : 14 km ;* 🏌 *de Villarceaux à Chaussy* ℰ 01 34 67 73 83, N : 20 km par D 147.

🇧 *Office de tourisme, 4 place Saint Maclou* ℰ 01 34 77 10 30, Fax 01 30 98 61 49, *officetourismemantes@wanadoo.fr.*

Paris 56 ③ *– Beauvais 69* ① *– Chartres 78* ④ *– Évreux 46* ④ *– Rouen 80* ④ *– Versailles 47* ③.

Plan page ci-contre

à Mantes-la-Ville *par* ③ *: 2 km – 19 231 h. alt. 36 –* ⊠ *78200 :*

𝕏𝕏𝕏 **Moulin de la Reillère,** 171 rte Houdan ℰ 01 30 92 22 00, Fax 01 30 92 22 00, 🛱, 🐜 – 🅿. 🖭 🛠
fermé 15 au 31 août, sam. midi, dim. soir et lundi – **Repas** 23/30 et carte 40 à 55.

• Agréable salle bourgeoise aménagée dans un ancien moulin (poutres apparentes). La terrasse s'ouvre sur un joli jardin fleuri. Cuisine classique et belle sélection de fromages.

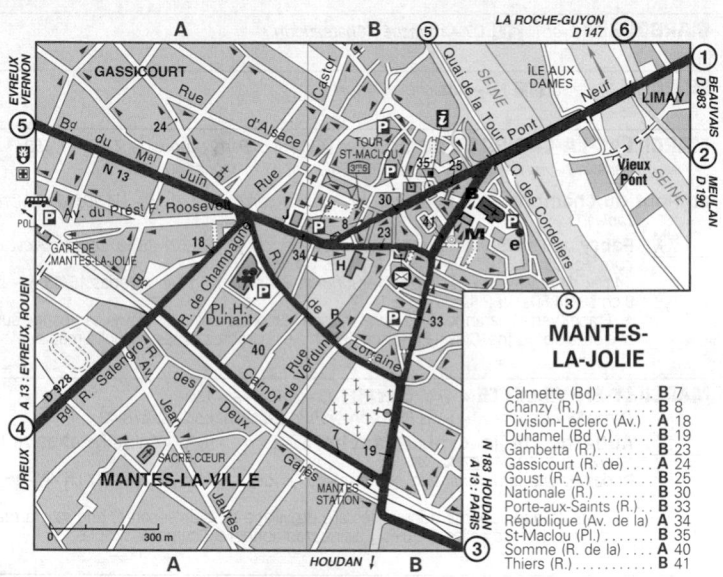

MANTES-LA-JOLIE

Calmette (Bd)	**B** 7
Chanzy (R.)	**B** 8
Division-Leclerc (Av.)	**A** 18
Duhamel (Bd V.)	**A** 19
Gambetta (R.)	**B** 23
Gassicourt (R. de)	**A** 24
Goust (R. A.)	**B** 25
Nationale (R.)	**B** 30
Porte-aux-Saints (R.)	**B** 33
République (Av. de la)	**A** 34
St-Maclou (Pl.)	**B** 35
Somme (R. de la)	**A** 40
Thiers (R.)	**B** 41

à Rosay par ③ : 10 km – 364 h. alt. 98 – ⊠ 78790 :

XX **Auberge de la Truite**, 1 r. Boinvilliers ℘ 01 34 76 30 52, Fax 01 34 76 30 65, 斧 – ℙ.
fermé dim. soir, mardi midi et lundi – **Repas** 30/55 ♀ ॐ.
♦ Intérieur coquet et terrasse ouverte sur la campagne mantoise : cette pimpante auberge en pierre constitue une charmante étape champêtre. Plats classiques et vins choisis.

à St-Martin-la-Garenne par ⑥ et D 147 : 7 km – 740 h. alt. 125 – ⊠ 78520 Limay :

X **Auberge St-Martin**, 1 rue du Vieux Puits ℘ 01 34 77 58 45 – ℙ. ⅁⅀
fermé 1er au 27 août, lundi, mardi, merc. et jeudi – **Repas** 22,50/25,50.
♦ Ouvert uniquement en fin de semaine, ce restaurant dispose de deux salles à manger :
l'une rustique près du bar et l'autre au cadre actuel. Cuisine traditionnelle.

MANTES-LA-VILLE 78 Yvelines ▨▨▨ G2 – rattaché à Mantes-la-Jolie.

MANZAC-SUR-VERN 24110 Dordogne ▨▨▨ E5 – 505 h alt. 80.
Paris 502 – Bergerac 34 – Bordeaux 112 – Périgueux 20.

XX **Lion d'Or** avec ch, ℘ 05 53 54 28 09, Fax 05 53 54 25 50, 斧 , ☞ – ⅏ ♦ – ◭ 25. ① ⅁⅀
fermé fév., dim. soir sauf juil.-août et lundi – **Repas** (13,50) - 17,50/42, enf. 8,80 ♀ – ☲ 7 –
7 ch 24/38 – ½ P 45.
♦ Lumineuse salle à manger agrémentée de bibelots où l'on savoure une copieuse cuisine
au goût du jour aux accents du terroir. Quelques chambres dépanneront.

MARANS 17230 Char.-Mar. ▨▨▨ E2 G. Poitou Vendée Charentes – 4 375 h alt. 1.
🅱 Office de tourisme, 62 rue d'Aligre ℘ 05 46 01 12 87, Fax 05 46 35 97 36, office-de-tourisme.marans@wanadoo.fr.
Paris 461 – La Rochelle 24 – Fontenay-le-Comte 28 – Niort 56 – La Roche-sur-Yon 60.

X **Porte Verte** avec ch, 20 quai Foch ℘ 05 46 01 09 45, laporteverte@aol.com, 斧 – ⅏.
⅁⅀
fermé vacances toussaint et fév. – **Repas** (1er mars 23 oct. et fermé merc.) (nombre de
couverts limité, prévenir) 17/32 – **7 ch** 50/58.
♦ Cette coquette maison du 19e s. borde le canal reliant l'ancien port à l'océan. Salle à
manger rustique et cuisine dans la note régionale. Chambres d'hôtes bien aménagées.

MARAUSSAN 34 Hérault ▨▨▨ D8 – rattaché à Béziers.

MARBOUÉ 28 E.-et-L. **311** D7 – rattaché à Châteaudun.

MARÇAY 37 I.-et-L. **317** K6 – rattaché à Chinon.

MARCILLAC-LA-CROISILLE 19320 Corrèze **329** N4 G. Berry Limousin – 778 h alt. 550.
Paris 498 – Aurillac 80 – Argentat 26 – Égletons 17 – Mauriac 40 – Tulle 27.

au Pont du Chambon Sud-Est : 15 km, dir. Mauriac par D 60 et D 13 – ✉ 19320 St-Merd-de-Lapleau :

XX **Fabry** (Au Rendez-vous des Pêcheurs) 🦢 avec ch, 𝒫 05 55 27 88 39, contact@rest-fabry.com, Fax 05 55 27 83 19, ≤, 룳 – 📺 📞 🅿. 🕦 GB
14 fév.-11 nov. et fermé dim. soir et lundi de mi-sept. à fin juin – **Repas** 16/35 ♨ – 🖙 6 – **8 ch** 38/44,50 – ½ P 42.
◆ Étape "verte" garantie dans cette maison régionale isolée en pleine campagne sur une rive de la Dordogne. Cuisine inspirée du terroir, chambres claires, accueil aimable.

MARCILLY-EN-VILLETTE 45240 Loiret **318** J5 – 1 900 h alt. 124.
Paris 153 – Orléans 23 – Blois 83 – Romorantin-Lanthenay 55 – Salbris 40.

X **Auberge de la Croix Blanche** avec ch, 118 pl. Église 𝒫 02 38 76 10 14, Fax 02 38 76 10 67 – 📺 📞. GB
Repas (fermé sam. midi, dim. soir et merc.) 15 (déj.), 20/45 – 🖙 5,50 – **7 ch** 42 – ½ P 36/41,50.
◆ Sympathique auberge abritant le café du village et, bien séparée, une salle à manger rustique coiffée de belles poutres. Cuisine traditionnelle. Chambres simples.

MARCKOLSHEIM 67390 B.-Rhin **315** J8 – 3 614 h alt. 178.
🗓 Office de tourisme, 13 rue du Maréchal Foch 𝒫 03 88 92 56 98, Fax 03 88 92 56 07, marckolsheim@tourisme-alsace.info.
Paris 457 – Colmar 21 – Gérardmer 81 – St-Dié 61 – Sélestat 16 – Strasbourg 74.

XX **Restaurant** avec ch, 28 r. Mar. Foch 𝒫 03 88 92 56 56, info@le-restaurant.com.fr, Fax 03 88 92 77 99, 룳 – 📺 📞. ATE GB
fermé 18 au 26 août, 22 déc. au 4 janv., vacances de fév., mardi soir, sam. midi et merc. – **Repas** 17 (déj.), 32/62 ♈ – 🖙 7 – **11 ch** 31/46 – ½ P 46.
◆ Joli restaurant à la pimpante façade jaune, cuisine italo-alsacienne, vins transalpins et chambres modestes pour une étape proche de la Ligne Maginot du Rhin (musée-mémorial).

MARCOUSSIS 91 Essonne **312** C4 **101** ㉞ – voir à Paris, Environs.

MARCQ-EN-BAROEUL 59 Nord **302** G3 – rattaché à Lille.

MAREUIL-CAUBERT 80 Somme **301** D7 – rattaché à Abbeville.

MARGAUX 33460 Gironde **335** G4 – 1 338 h alt. 16.
Paris 599 – Bordeaux 29 – Lesparre-Médoc 42.

🏨 **Relais de Margaux** 🦢, chemin de l'Ile Vincent - au Nord-Est : 2,5 km 𝒫 05 57 88 38 30, relais-margaux@relais-margaux.fr, Fax 05 57 88 31 73, ≤, 룳, 🏊, 🎾, 🏋 – 🛗 📺 📞 🅿. 🛗 – 🅰 20 à 70. 🕦 GB JCB
Repas (fermé le midi en semaine en janv. et fév., lundi midi et sam. midi en mars et déc.) 38/75 menu unique dim. soir et lundi, enf. 18 🍷 – 🖙 20 – **58 ch** 157/212, 5 suites – ½ P 138/243.
◆ À la lisière du célèbre vignoble, dans un parc de 55 ha, ancienne demeure de viticulteur agrandie et rénovée. Chambres amples et de très bon confort. Élégant restaurant conçu à la manière des orangeries et terrasse ouverte sur la nature ; bon choix de margaux.

🏨 **Pavillon de Margaux**, 3 r. G. Mandel 𝒫 05 57 88 77 54, le-pavillon-margaux@wanadoo.fr, Fax 05 57 88 77 73, ≤ – 📺 📞 🅿. ATE 🕦 GB
Repas (fermé mardi et merc. du 16 nov. au 28 fév.) 16 (déj.), 24/51, enf. 10 ♈ – 🖙 10 – **14 ch** 81/110 – ½ P 78/92.
◆ Belle demeure du 19ᵉ s. bordée par les vignes. Plaisant salon bourgeois et jolies chambres décorées selon le thème des châteaux du Médoc. Coquette salle à manger et véranda tournées vers le prestigieux vignoble margalais ; cuisine traditionnelle.

XX **Savoie,** 1 pl. Trémoille ✆ 05 57 88 31 76, *lesavoie33@wanadoo.fr, Fax 05 57 88 91 97,* – GB
fermé vacances de Noël, de fév. et dim. soir – **Repas** 15 (déj.), 21/39 ♀.
◆ Cette maison villageoise du 19e s. soigne son cadre (collection de vieilles cartes postales). Goûteuse cuisine préparée sur un fourneau à charbon et belle carte de bordeaux.

à Arcins *Nord-Ouest : 6 km sur D 2 – 304 h. alt. 10 – ✉ 33460 :*

X **Lion d'Or,** ✆ 05 56 58 96 79, – ▤. AE GB
fermé juil., 24 déc. au 1er janv., dim., lundi et fériés – **Repas** (nombre de couverts limité, prévenir) 11 bc, enf. 7.
◆ Sympathique bistrot campagnard avec boiseries claires et décor de casiers à bouteilles. Plats du terroir mitonnés et copieux. Convivialité de rigueur !

MARGÈS *26260 Drôme* 332 *D3 – 723 h alt. 282.*
Paris 551 – Valence 36 – Grenoble 92 – Hauterives 14 – Romans-sur-Isère 13.

Auberge Le Pont du Chalon, 3 km par rte Romans ✆ 04 75 45 62 13, *Fax 04 75 45 60 19,* – TV P. GB
fermé 26 avril au 3 mai, 23 août au 6 sept., 24 au 30 déc.; 13 au 27 fév. – **Repas** *(fermé merc. soir et jeudi soir d'oct. à avril, dim. soir, mardi soir et lundi)* 15/31, enf. 8 – ☕ 5 – **10 ch** 36/41 – 1/2 P 38/45,50.
◆ Auberge de 1900 nichée derrière un rideau de platanes, à la croisée de deux routes. Décoration actuelle et colorée partout. Salle à manger de style provençal et terrain de pétanque pour l'avant ou l'après-repas : "pastaga" ou pousse-café en jeu !

Nos guides hôteliers, nos guides touristiques et nos cartes routières sont complémentaires. Utilisez-les ensemble.

MARGON *34320 Hérault* 339 *E8 – 244 h alt. 90.*
Paris 745 – Montpellier 74 – Agde 32 – Béziers 20 – Lodève 51 – Sète 50.

Auberge du Château ⛰, 1 ch. des Serres ✆ 04 67 24 85 65, *charles.kress@wanadoo.fr, Fax 04 67 24 75 99,* – ▤ rest, TV ♿ P. AE GB
fermé 4 au 12 mars et 4 au 26 nov., mardi midi et lundi sauf juil.-août – **Repas** 15/40 bc, enf. 7 ♀ – **12 ch** ☕ 51/96 – 1/2 P 50,50/65.
◆ Construction de style régional située sur un ancien domaine viticole proche du château du 13e s. Chambres simples, meublées diversement. Piscine entourée d'un jardinet. Salle à manger rustique réchauffée par une cheminée ; service en terrasse l'été.

MARGUERITTES *30 Gard* 339 *L5 – rattaché à Nîmes.*

MARIENTHAL *67500 B.-Rhin* 315 *K4.*
Paris 479 – Strasbourg 30 – Haguenau 5 – Saverne 42.

XXX **Relais Princesse Maria Leczinska,** 1 r. Rothbach ✆ 03 88 93 43 48, *contact@relais-leczinska.com, Fax 03 88 93 40 35,* – GB
fermé 1er au 14 mars, 30 août au 12 sept., sam. midi, merc. et jeudi – **Repas** 15 (déj.), 29/55 et carte 39 à 54 ♀.
◆ La fille du roi de Pologne trouva refuge dans cette belle maison alsacienne avant son mariage avec Louis XV. Salle à manger cossue. Cuisine personnalisée et menus à thèmes.

MARIGNANE *13700 B.-du-R.* 340 *G5 G. Provence – 34 006 h alt. 10.*
Voir *Canal souterrain du Rove★ SE : 3 km.*
✈ *de Marseille-Provence : ✆ 04 42 14 14 14.*
Office de tourisme, 4 boulevard Frédéric Mistral ✆ 04 42 77 04 90, Fax 04 42 31 49 39, office-tourisme@marignane-en-provence.com.
Paris 753 – Marseille 26 – Aix-en-Provence 24 – Martigues 16 – Salon-de-Provence 33.

à l'aéroport *au Nord – ✉ 13700 :*

Sofitel, ✆ 04 42 78 42 78, *h0541@accor-hotels.com, Fax 04 42 78 42 70,* – ▤ TV ♿ P – 200. AE GB JCB
Cenadou ✆ 04 42 78 42 83 *(fermé août, vend. soir, sam., dim. et feriés)* **Repas** 37/45 – ***Café de Provence :*** Repas 27/32, enf. 8 – ☕ 19 – **176 ch** 210/240, 3 suites.
◆ Cet imposant bâtiment des années 1970 est en train de changer de "look" : les chambres récemment rénovées dans le style provençal sont confortables et élégantes. Au Cenadou, décor et cuisine aux accents régionaux. Repas rapides au Café de Provence.

🏨 **Best Western,** ℰ 04 42 15 54 00, *bwmarseille@tiscali.fr, Fax 04 42 89 69 18,* 🍃, 🇑, 🎾
– 🛉 🗗 🆃🆅 ₺ 🅿 ▭ – 🚗 100. ▫ ⓞ 🆖 🆛
Repas 22, enf. 9 ⓙ – 🍽 10 – **120 ch** 85/99 – ½ P 75,50/82,50.
◆ Cette construction récente dissimule un intérieur classique assez inattendu : mobilier
Louis XVI dans les chambres et lustre de cristal dans le hall. Salle à manger moderne
agrémentée de boiseries ; terrasse meublée en teck dressée au bord de la piscine.

🏨 **Ibis,** ℰ 04 42 79 61 61, *h1093@accor-hotels.com, Fax 04 42 89 93 13,* 🍃, 🇑 – 🛉 🍽 ▭
🆃🆅 ₺ 🅿 ▫ ⓞ 🆖
Repas (11,30) - 14,60/17,80, enf. 6,60 ⓨ – 🍽 6 – **85 ch** 70.
◆ Cet hôtel a fait peau neuve : les chambres, pratiques et colorées, sont désormais
conformes aux dernières normes "Ibis". Bonne insonorisation. Restaurant proposant buffets et grillades préparées en salle. Décor néo-rustique et terrasse d'été.

Z.I. Les Estroublans *Nord-Est : 4 km par D 9 (rte Vitrolles)* – ▨ *13127 Vitrolles :*

🏨 **Novotel,** 24 rue de Madrid ℰ 04 42 89 90 44, *h0442@accor-hotels.com,*
Fax 04 42 79 07 04, 🍃, 🇑, 🌳 – 🛉 🍽 ▭ 🆃🆅 ₺ 🅿 – 🚗 200. ▫ ⓞ 🆖 🆛
Repas (19) - 22, enf. 8 ⓨ – 🍽 11 – **117 ch** 100.
◆ Grandes chambres progressivement rafraîchies et dotées d'un double vitrage efficace.
Espaces communs décorés sur le thème de l'aviation. Belle roseraie dans le jardin. Salle à
manger fonctionnelle avec cuisine-grill visible de tous. Patio-terrasse.

MARIGNY-ST-MARCEL *74150 H.-Savoie* 🇩🇨🇧 I6 – *629 h alt. 404.*

Paris 536 – *Annecy 19 – Aix-les-Bains 22 – Bellegarde-sur-Valserine 43 – Rumilly 6.*

🍴🍴 **Blanc** avec ch, ℰ 04 50 01 09 50, *hotelblanc@wanadoo.fr, Fax 04 50 64 58 05,* 🍃, 🇑, 🌳
– 🆃🆅 ₺ 🅿, 🆖
Repas *(fermé dim. soir et sam. sauf juil.-août)* 21/70 – 🍽 9 – **8 ch** 68/75 – ½ P 54/67.
◆ Adresse familiale disposant d'une salle à manger aux couleurs vives et d'une agréable
terrasse ombragée tournée sur le jardin ; cuisine classique. Chambres confortables.

MARINGUES *63350 P.-de-D.* 🇩🇨🇶 G7 *G. Auvergne* – *2 504 h alt. 315.*

Paris 409 – *Clermont-Ferrand 32 – Lezoux 16 – Riom 22 – Thiers 23 – Vichy 29.*

🍴🍴 **Clos Fleuri** avec ch, rte Clermont ℰ 04 73 68 70 46, *closfleuri63@wanadoo.fr,*
Fax 04 73 68 75 58, 🍃, 🌳 – 🆃🆅 ₺ 🅿, 🆖, 🎾 ch
fermé 16 fév. au 15 mars, lundi sauf le soir en juil.-août et dim. soir – **Repas** 15/34 ⓙ – 🍽 6 –
15 ch 38/50 – ½ P 42/45.
◆ Maison située à la sortie du village et possédant un magnifique jardin sur lequel
s'ouvrent les baies de la salle à manger. Classicisme campagnard dans l'assiette.

MARLENHEIM *67520 B.-Rhin* 🇩🇨🇪 I5 *G. Alsace Lorraine* – *3 365 h alt. 195.*

🅱 *Office de tourisme, place du Kaufhaus* ℰ *03 88 87 75 80, Fax 03 88 87 75 80, mairie*
@marlenheim.com.
Paris 468 – *Strasbourg 21 – Haguenau 50 – Molsheim 13 – Saverne 18.*

🏨 **Cerf** (Husser), 30 rue du Général de Gaulle ℰ 03 88 87 73 73, *info@lecerf.com,*
❀❀ *Fax 03 88 87 68 08,* 🍃 – ▭ 🆃🆅 🅿 – 🚗 20. ▫ ⓞ 🆖
fermé 30 déc. au 5 janv., mardi et merc. – **Repas** 39 (déj.), 85/95 et carte 65 à 98 ☞ – 🍽 15 –
13 ch 90/200.
◆ Ancien relais de poste transformé en élégante hostellerie composée de plusieurs bâtisses disposées autour d'une jolie cour fleurie. Chambres soignées. Restaurant habillé de
boiseries et de toiles régionalistes ; cuisine alsacienne revisitée avec talent.
Spéc. Tartare de daurade, garniture jardinière au raifort. Choucroute de cochon de lait au
foie gras fumé. Soufflé au fromage blanc, soupe de fruits rouges (mai à nov.). **Vins** Riesling,
Pinot noir.

🏨 **Hostellerie Reeb,** ℰ 03 88 87 52 70, *hostellerie-reeb@wanadoo.fr, Fax 03 88 87 69 73,*
🍃 – ▭ rest, 🆃🆅 ₺ 🅿 – 🚗 25. ▫ ⓞ 🆖 🆛
fermé dim. soir et lundi – **Repas** 38/48 ⓨ - *Crémaillère :* **Repas** (10) - 19/28 ⓨ – 🍽 12 – **29 ch**
50 – ½ P 52.
◆ Bâtisse à colombages au coeur du village où débute la route des Vins. Chambres
confortables, diversement meublées. Restaurant feutré : boiseries, lustres à pendeloques
et chaises Louis XV. À la Crémaillère, décor "tout bois", vitraux et meubles rustiques.

Dans ce guide

un même symbole, un même mot,
imprimé en **rouge** *ou en* noir, *en maigre ou en* **gras**,
n'ont pas tout à fait la même signification.
Lisez attentivement les pages explicatives.

MARLY LE ROI *78* 312 *B2* 106 ⑰ 101 ⑫ – *voir à Paris, Environs.*

MARMANDE ◁SP▷ *47200 L.-et-G.* 336 *C2 G. Aquitaine – 17 199 h alt. 30.*

🚉 *de Marmande* ℰ *05 53 20 87 60, E : 4 km.*

🛈 *Office de tourisme, boulevard Gambetta* ℰ *05 53 64 44 44, Fax 05 53 20 17 19, ot.marmande@wanadoo.fr.*

Paris 666 – Agen 67 – Bergerac 57 – Bordeaux 90 – Libourne 65.

🏨 **Capricorne**, rte Agen (N 113) : 2 km ℰ 05 53 64 16 14, *contact@lecapricorne-hotel.com*⤵, Fax 05 53 20 80 18, 🐎, ⅀, �──▥ 📺 ⌧ 🅿 – 🅰 40. 🖭 ⓞ 🖼 🃏
fermé 17 déc. au 2 janv. – **Trianon** ℰ 05 53 20 80 94 *(fermé 1 au 9/5, 16 au 28/9, 17/12 au 2/1, lundi midi, sam. midi et dim.)* **Repas** 18/28⅜, enf. 10 – ⅏ 7,50 – **34 ch** 51/57 – ½ P 53.
✦ Cette construction moderne postée au bord de la route nationale abrite des chambres claires et insonorisées, tout juste rénovées. Salle à manger actuelle prolongée d'une petite terrasse. Cuisine traditionnelle et vins du Marmandais.

à l'Est, rte de Périgueux *par D 933, puis D 267 (rte de Birac-sur-Trec) : 7 km –* ✉ *47200 Virazeil :*

🍴🍴 **Auberge du Moulin d'Ané,** ℰ 05 53 20 18 25, 🐎 – 🅿. 🖭 ⓞ 🖼
fermé merc. sauf juil.-août et mardi – **Repas** (prévenir) 23/37, enf. 8,50.
✦ Il faut sortir des sentiers battus pour rencontrer cet ancien moulin perdu dans la campagne. Intérieur rustique (cheminée, pierres apparentes) et véranda au bord de l'eau.

à l'échangeur A 62 *Sud : 9 km par D 933 –* ✉ *47430 Sainte-Marthe :*

🏨 **Les Rives de l'Avance** 🌲 sans rest, ℰ 05 53 20 60 22, Fax 05 53 20 98 76, 🏖 – 📺 ⌧ 🅿. 🖼
⅏ 5,40 – **16 ch** 33,60/47,30.
✦ Calme et verdure font de cet hôtel jouxtant un moulin à eau une halte inespérée à proximité de l'autoroute. Chambres fonctionnelles et colorées.

MARNE-LA-VALLÉE *77 S.-et-M.* 312 *E2* 101 ⑲ – *voir à Paris, Environs.*

MARQUAY *24620 Dordogne* 329 *H6 G. Périgord Quercy – 477 h alt. 175.*
Paris 530 – Brive-la-Gaillarde 55 – Sarlat-la-Canéda 12 – Périgueux 60.

🏨 **Bories** 🌲 sans rest, Le Bourg ℰ 05 53 29 67 02, *hotel.des.bories@wanadoo.fr*, Fax 05 53 29 64 15, ⅀, 🌿 – 📺 🅿. 🖼
1ᵉʳ avril-2 nov. – ⅏ 7,50 – **30 ch** 33/61.
✦ Vous ne logerez pas dans ces typiques cabanes de pierres sèches, mais dans une grande maison familiale au cadre rustique. Salon agrémenté d'une belle cheminée.

🏨 **Condamine** 🌲, rte Meyrals : 1 km ℰ 05 53 29 64 08, *hotel.lacondamine@wanadoo.fr*, Fax 05 53 28 81 59, ≼, 🐎, ⅀, 🌿 – 📺 ♿ 🅿. 🖼
8 avril-1ᵉʳ nov. – **Repas** (dîner seul.)(résidents seuls en juil.-août) 15/30, enf. 8 ⅅ – ⅏ 6,50 – **22 ch** 42/48 – ½ P 46/49.
✦ Bâtisse d'allure traditionnelle dominant la campagne périgourdine. Quelques chambres avec balcon et vue sur la nature. Sage décor d'esprit rustique. Minigolf, boulodrome. Restaurant de style "pension de famille" ; la terrasse ouvre sur le jardin et la piscine.

🍴🍴 **L'Esterel,** ℰ 05 53 29 67 10, Fax 05 53 30 43 46 – ▤. 🖭 🖼
Pâques-Toussaint et fermé merc. et jeudi – **Repas** 15/38, enf. 9 ⅅ.
✦ Au cœur du village, ce sympathique restaurant mitonne une cuisine au goût du jour. Repas dans la salle rustique avec parquet et poutres ou la véranda.

MARSANNAY-LA-CÔTE *21 Côte-d'Or* 320 *J6 – rattaché à Dijon.*

MARSEILLAN *34340 Hérault* 339 *G8 G. Languedoc Roussillon – 6 199 h alt. 3.*
Paris 754 – Montpellier 49 – Agde 7 – Béziers 31 – Pézenas 20 – Sète 24.

🍴🍴 **Table d'Emilie,** 8 pl. Couverte ℰ 04 67 77 63 59, Fax 04 67 01 72 02, 🐎 – 🖼
fermé 12/11 au 6/12, 16/02 au 8/03, lundi midi et jeudi midi 15/06-15/09, dim. soir, lundi et merc. hors saison – **Repas** 16 (déj.), 23/47 ⅅ.
✦ Une table d'Émilie... jolie ! : maisonnette du 12ᵉ s. avec salle à manger à pierres apparentes, voûtée d'ogives et verdoyant patio. Cuisine au goût du jour.

🍴 **Chez Philippe,** 20 r. Suffren ℰ 04 67 01 70 62, *chezphilippe@club-internet.fr*, Fax 04 67 01 70 62, 🐎 – ▤. 🖼
fermé 21 déc. au 17 fév., mardi sauf juil.-août, dim. et lundi – **Repas** (prévenir) 23, enf. 15.
✦ Sympathique ambiance méridionale à proximité du bassin de Thau : cuisine gorgée de soleil, servie dans la salle aux couleurs méditerranéennes ou sur la jolie terrasse en teck.

MARSEILLE

🅿 *13000 B.-du-R.* 340 *H6* 114 ㉘ *G. Provence 798 430 h. - Agglo. 1 349 772 h.*
Paris 769 ④ – *Lyon 314* ④ – *Nice 189* ② – *Torino 373* ② – *Toulon 64* ② – *Toulouse 405* ④

Carte de voisinage . . . . p. 2
Plans de Marseille
    Agglomération . . . . p. 4 et 5
    Marseille Centre . . . . p. 6 et 7
Nomenclature des hôtels et des restaurants . . . . p. 3 et 8 à 10

OFFICES DE TOURISME

La Canebière (1ᵉʳ) ☏ *04 91 13 89 00, Fax 04 91 13 89 20, info@marseille-tourisme.com,*
Gare St-Charles (1ᵉʳ) ☏ *04 91 50 59 18*

RENSEIGNEMENTS PRATIQUES

TRANSPORTS
Auto-train ☏ *08 36 35 35 35.*
Tunnel Prado-Carénage : Péage 2003, tarif normal : 2,30

TRANSPORTS MARITIMES
Pour la Corse : SNCM 61 bd des Dames (2ᵉ) ☏ *08 36 67 95 00, Fax 04 91 56 95 86 -*
CMN 4 quai d'Arenc (2ᵉ) ☏ *04 91 99 45 00, Fax 04 91 99 45 34 - Pour le Château d'If :*
G.A.C.M 1 quai des Belges ☏ *04 91 55 50 09, Fax 04 91 55 60 23*

AÉROPORT
Marseille-Provence ☏ *04 42 14 14 14 par* ① *: 28 km.*

QUELQUES GOLFS
🛇 *d'Allauch* ☏ *04 91 07 28 22 par* ② *: 14 km*
🛇 *de Marseille-la-Salette* ☏ *04 91 27 12 16 par* ② *: 10 km*

DÉCOUVRIR

AUTOUR DU VIEUX PORT

Le vieux port★★ - Quai des Belges (marché aux poissons) **ET 5** - *Musée d'Histoire de Marseille★* **ET M³** - *Musée du Vieux Marseille* **DET M⁷** - *Musée des Docks romains ★* **DT M⁶** - *≼★ depuis le belvédère St-Laurent* **DT D** - *Musée Cantini★* **FU M²**

QUARTIER DU PANIER

Centre de la Vieille Charité★★ : Musée d'archéologie méditerranéenne, Musée d'Arts africains, océaniens, amérindiens MAAOA★★ **DS E** - *Ancienne cathédrale de la Major★* **DS B**

NOTRE-DAME-DE-LA-GARDE

≼★★★ du parvis de la basilique de N.-D.-de-la-Garde **EV**
Basilique St-Victor★ (crypte★★) **DU**

LA CANEBIÈRE

De la rue Longue-des-Capucins au cours Julien : place du Marché-des-Capucins, rue du Musée, rue Rodolphe-Pollack, rue d'Aubagne, rue St-Ferréol

QUARTIER LONGCHAMP

Musée Grobet-Labadié★★ **GS M⁸** - *Palais Longchamp★* **GS** : *musée des Beaux-Arts★ et musée d'Histoire naturelle★*

QUARTIERS SUD

Corniche Président-J.-F.-Kennedy★★ **AYZ** - *Parc du Pharo* **DU**

AUTOUR DE MARSEILLE

Visite du port★ - Château d'If★★ : ☀★★★ sur le site de Marseille - Massif des Calanques★★ - Musée de la faïence★

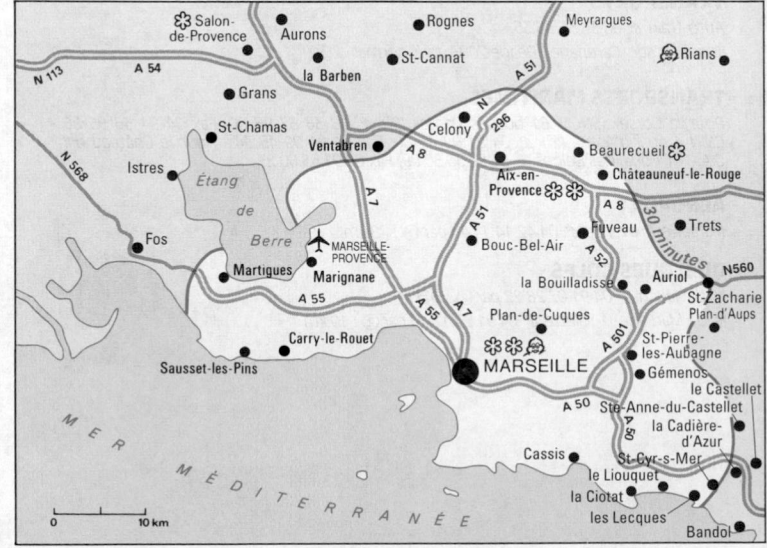

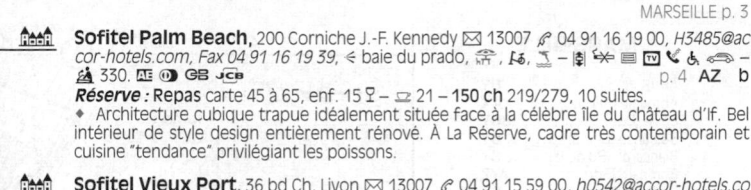

Sofitel Palm Beach, 200 Corniche J.-F. Kennedy ⊠ 13007 ℰ 04 91 16 19 00, *H3485@ac cor-hotels.com*, Fax 04 91 16 19 39, ≤ baie du prado, 🍽, *Fᴈ*, ⌿ – 🛗 ❄ 📺 ⴾ ⇦ – 🏛 330. ⴹⴱ ⴲ ⴳⴼ ⴽⴾ
p. 4 **AZ** **b**

Réserve : Repas carte 45 à 65, enf. 15 ⴰ – ⵣ 21 – **150 ch** 219/279, 10 suites.

♦ Architecture cubique trapue idéalement située face à la célèbre île du château d'If. Bel intérieur de style design entièrement rénové. À La Réserve, cadre très contemporain et cuisine "tendance" privilégiant les poissons.

Sofitel Vieux Port, 36 bd Ch. Livon ⊠ 13007 ℰ 04 91 15 59 00, *h0542@accor-hotels.co m*, Fax 04 91 15 59 50, ≤ vieux port, ⌿ – 🛗 ❄ 📺 📺 ⴾ ⇦ – 🏛 130. ⴹⴱ ⴲ ⴳⴼ ⴽⴾ
p. 6 **DU** **n**

Les Trois Forts ℰ 04 91 15 59 56 Repas *(39)*- 49/69 – ⵣ 20 – **127 ch** 235/355, 3 suites.

♦ Ce bel hôtel dominant la passe du Vieux Port et ses forts historiques vous convie à une escale dans ses vastes chambres provençales et à son bar au décor marin. Atmosphère de paquebot, vue exceptionnelle et cuisine actuelle au restaurant Les Trois Forts.

Petit Nice (Passédat) ⵞ, anse de Maldormé (hauteur 160 corniche Kennedy) ⊠ 13007 ℰ 04 91 59 25 92, *passedat@relaischateaux.com*, Fax 04 91 59 28 08, ≤ mer, 🍽, ⌿ – 🛗 ▤ 📺 ⴿ ⴹⴱ ⴲ ⴳⴼ ⴽⴾ
p. 4 **AZ** **d**

❁❁ Repas *(fermé dim. et lundi sauf le soir de mai à sept.)* 55 (déj.), 90/180 et carte 150 à 200 ⴰ – ⵣ 25 – **13 ch** 275/510, 3 suites – ½ P 202,50/277,50.

♦ Deux villas des années 1910 surplombant la "grande bleue" dans un cadre d'opérette marseillaise, des chambres délicatement personnalisées… Le cabanon féerique ! Sa cuisine de la mer raffinée a fait de ce coin de paradis le passage obligé de toute célébrité.
Spéc. Menu "Découverte de la mer". Tronçon de loup de palangre "Lucie Passédat". Galinette de ligne en deux assiettes. **Vins** Côtes de Provence, Coteaux d'Aix en Provence.

Holiday Inn, 103 av. Prado ⊠ 13008 ℰ 04 91 83 10 10, *himarseille@alliance-hospitality.c om*, Fax 04 91 79 84 12, *Fᴈ* – 🛗 ❄ 📺 ⴿ ⴾ ⇦ – 🏛 150. ⴹⴱ ⴲ ⴳⴼ ⴽⴾ p. 5 **BZ** **u**
Repas *(fermé fériés)* 18/23 ⴰ – ⵣ 15 – **119 ch** 160/205, 4 suites.

♦ À proximité du palais des congrès et du mythique Stade-Vélodrome, établissement actuel pensé pour la clientèle d'affaires. Chambres bien équipées, toutes rénovées. Sobre salle à manger contemporaine et cuisine d'inspiration méridionale. Fauteuils club au bar.

Mercure Prado sans rest, 11 av. Mazargues ⊠ 13008 ℰ 04 96 20 37 37, *H3004@accor-h otels.com*, Fax 04 96 20 37 99, *Fᴈ* – 🛗 ❄ 📺 ⴿ ⴾ ⇦ – 🏛 20. ⴹⴱ ⴲ ⴳⴼ p. 5 **BZ** **n**
ⵣ 12 – **100 ch** 105/115.

♦ Les internautes seront choyés par ce "cyberhôtel" rénové dans le style design. Chambres spacieuses ; trois disposent d'une terrasse panoramique. Patio pour le petit-déjeuner.

Mercure Euro-Centre, r. Neuve St-Martin ⊠ 13001 ℰ 04 96 17 22 22, *h1148@accor-h otels.com*, Fax 04 96 17 22 33 – 🛗 ❄ 📺 ⴿ ⴾ ⇦ – 🏛 200. ⴹⴱ ⴲ ⴳⴼ p. 6 **EST** **g**
Repas *(fermé dim. midi)* 14/24, enf. 8 ⴰ – ⵣ 12 – **198 ch** 103/118.

♦ Grand édifice moderne dominant le Jardin des Vestiges, derrière le Centre Bourse. Chambres spacieuses. Bar anglais, "business center" tout neuf. Restaurant, de style brasserie offrant un cadre provençal. Buffet et menus à midi, petite carte le soir.

Novotel Vieux Port, 36 bd ch. Livon ⊠ 13007 ℰ 04 96 11 42 11, *h0911@accor-hotels.c om*, Fax 04 96 11 42 20, 🍽, ⌿ – 🛗 ❄ 📺 ⴿ ⴾ ⇦ – 🏛 250. ⴹⴱ ⴲ ⴳⴼ ⴽⴾ
Repas 26/35, enf. 8 ⴰ – ⵣ 13 – **90 ch** 130/160.
p. 6 **DU** **n**

♦ L'hôtel vient de rafraîchir toutes ses chambres (nombreuses "familiales"), amples et de bon confort ; les plus plaisantes donnent sur le port ou sur le parc du Pharo. Salle à manger-véranda et agréable terrasse avec vue imprenable sur la passe du Vieux Port.

New Hôtel Bompard ⵞ sans rest, 2 r. Flots Bleus ⊠ 13007 ℰ 04 91 99 22 22, *marseill ebompard@new-hotel.com*, Fax 04 91 31 02 14, ⌿, ⴿ – 🛗 cuisinette 📺 ⴾ ⴵ – 🏛 25. ⴹⴱ ⴲ ⴳⴼ ⴽⴾ
p. 4 **AZ** **e**
ⵣ 11 – **46 ch** 91/108.

♦ Hôtel calme et confortable en retrait de la corniche. Des toiles laissées par des artistes de passage ornent les murs. Quatre nouvelles chambres élégantes (demandez le "mas").

Résidence du Vieux Port sans rest, 18 quai du Port ⊠ 13002 ℰ 04 91 91 91 22, *hotel residence@wanadoo.fr*, Fax 04 91 56 60 88, ≤ vieux port – 🛗 ❄ 📺 ⴿ – 🏛 30. ⴹⴱ ⴲ ⴳⴼ ⴽⴾ
p. 6 **ET** **a**
ⵣ 11 – **40 ch** 100,50/155,50.

♦ Balcons donnant sur le Vieux Port et cadre classique ou provençal, au choix de l'hôte : goûtez à la douceur des nuits massaliotes dans cet établissement à la situation enviée.

Mascotte sans rest, 5 La Canebière ⊠ 13001 ℰ 04 91 90 61 61, *mascotte-marseille@hot el-sofibra.com*, Fax 04 91 90 95 61 – 🛗 ❄ 📺 – 🏛 30. ⴹⴱ ⴲ ⴳⴼ
p. 6 **ET** **s**
ⵣ 9 – **45 ch** 77/101.

♦ Au bas de la Canebière, hôtel occupant les trois derniers étages d'un immeuble du début du 20ᵉ s. Chambres bien équipées et insonorisées ; certaines aperçoivent le port.

MARSEILLE

Aix (R. d') . . . . **BY**
Anthoine (R. d') . . . . **AX**
Baille (Bd) . . . . **BCY**
Belsunce (Cours) . . . . . . **BY**
Blancarde (Bd de la) . . . . . . **CY**
Bompard (Bd) . . . . **AYZ**
Briançon (Bd de) . . . . **BX** 13
Canebière (La) . . . . **BY**
Cantini (Av. Jules) . . . . . . **BCZ**
Capelette (Av. de la) . . . **CYZ**
Castellane (Pl.) . . . . **BY**
Catalans (R. des) . . . . . . **AY** 16
Chartreux (Av. des) . . . . . . **CY** 17
Chave (Bd) . . . . **BCY**
Chutes-Lavie (Av.) . . . . . . **CX**
Dunkerque (Bd de) . . . . . **AX**
Duparc (Bd F.) . . . . **CXY**
Endoume (R. d') . . . . **AY**
Estrangin (Bd G.) . . . . . . **ABZ**
Fleming (Bd A.) . . . . **CX**
Foch (Av. Mar.) . . . . **CY**
Guesde (Pl. Jules) . . . . . . **BY** 35
Guibal (R.) . . . . **BX**
Guigou (Bd) . . . . **BX** 36
Jean-Jaurès (Pl.) . . . . **BY**
Jeanne-d'Arc (Bd) . . . . . . **CY**
Lazaret (Quai du) . . . . . . **AX**
Leclerc (Av. Gén.) . . . . . . **BY**
Lesseps (Bd F. de) . . . . . **AX** 40
Lieutaud (Cours) . . . . **BY**
Livon (Bd Charles) . . . . . . **AY**
Mazargues (Av. de) . . . . . . **BZ**
Mermoz (R. Jean) . . . . . . **BZ**
Michelet (Bd) . . . . **BCZ**
Moulin (Bd Jean) . . . . . . **CY** 47
National (Bd) . . . . **BX**
Notre-Dame (Bd) . . . . **BY**
Paradis (R.) . . . . **BYZ**
Paris (Bd de) . . . . **ABX**
Pelletan (Av. C.) . . . . **BXY**
Périer (Bd) . . . . **BZ**
Plombières (Bd de) . . . . . **BX**
Pologne (Pl. de) . . . . **CY** 51
Pompidou (Prom. G.) . . . **BZ** 52
Prado (Av. du) . . . . **BYZ**
Président J.-F.-Kennedy
  (Corniche) . . . . **AYZ**
Pyat (R. Félix) . . . . **BX**
Rabatau (Bd) . . . . **BCZ**
République (R. de la) . . . . **ABY**
Roches (Av. des) . . . . **AZ**
Rolland (R. du Cdt) . . . . . **BZ**
Rolland (Bd Romain) . . . . **CZ**
Rome (R. de) . . . . **BY**
Roucas-Blanc (Ch. du) . . . **AZ**
Rouet (R. du) . . . . **BYZ**
St-Just (Av. de) . . . . **CX**
St-Pierre (R.) . . . . **BCY**
Ste-Marguerite (Bd) . . . . . . **CZ**
Ste-Marthe (Ch. de) . . . . . **BX**
Sakakini (Bd) . . . . **CY**
Salengro (Av. R.) . . . . **BX**
Sartre (Av. J.-P.) . . . . **CX** 59
Schlœsing (Bd) . . . . **CZ**
Sébastopol (Pl.) . . . . **CY**
Strasbourg (Bd) . . . . **BX** 61
Teisseire (Bd R.) . . . . **CZ**
Tellène (Bd) . . . . **AY**
Timone (Av. de la) . . . . **CY**
Toulon (Av. de) . . . . **BCY**
Vallon-l'Oriol (Ch.) . . . . . . **AZ**
Vauban (Bd) . . . . **BY**
Verdun (R. de) . . . . **CY** 70

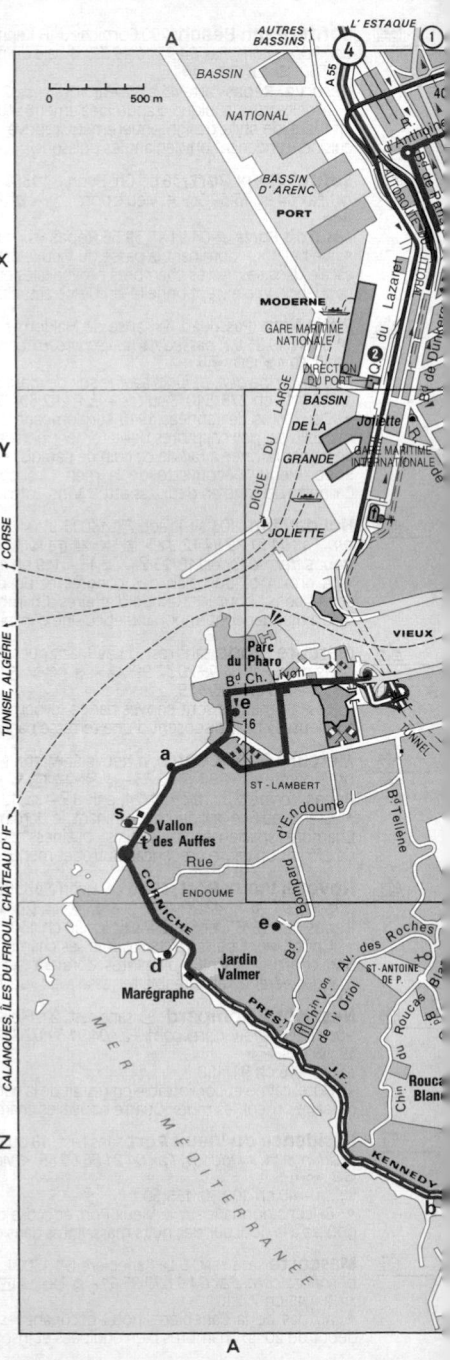

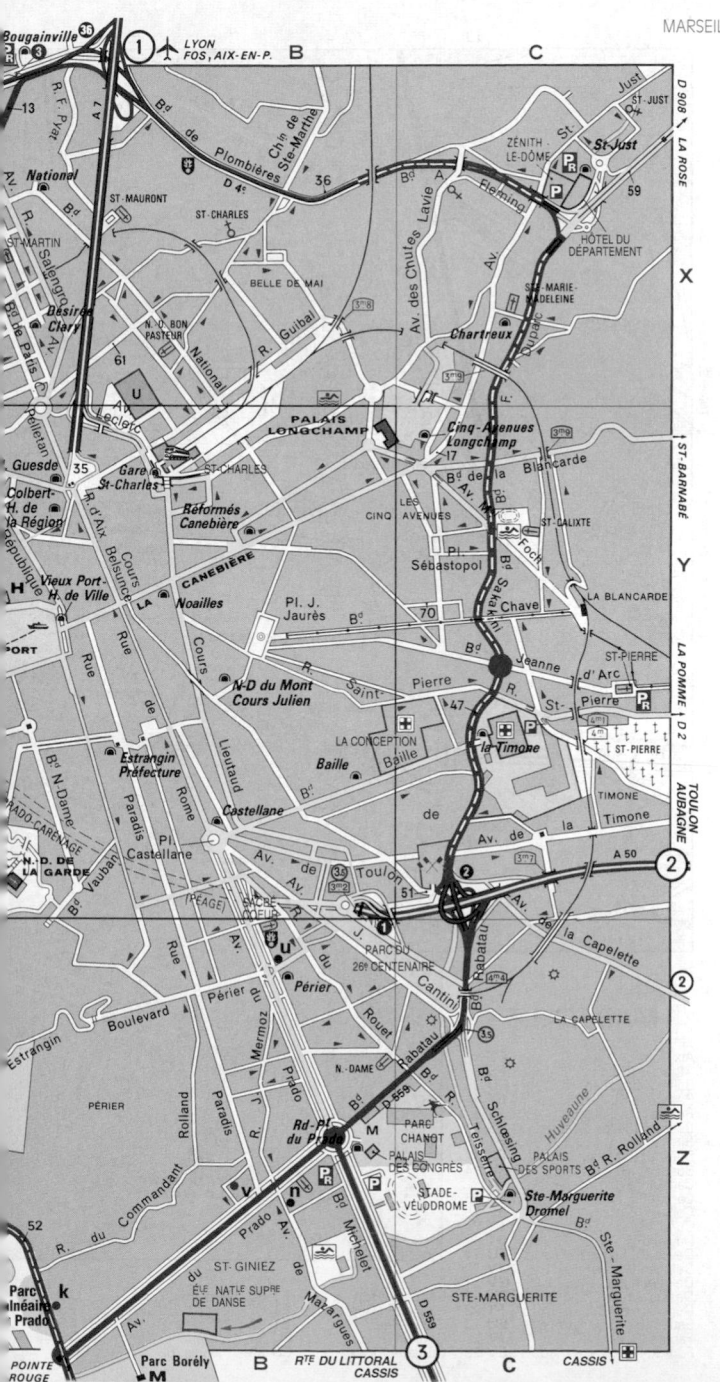

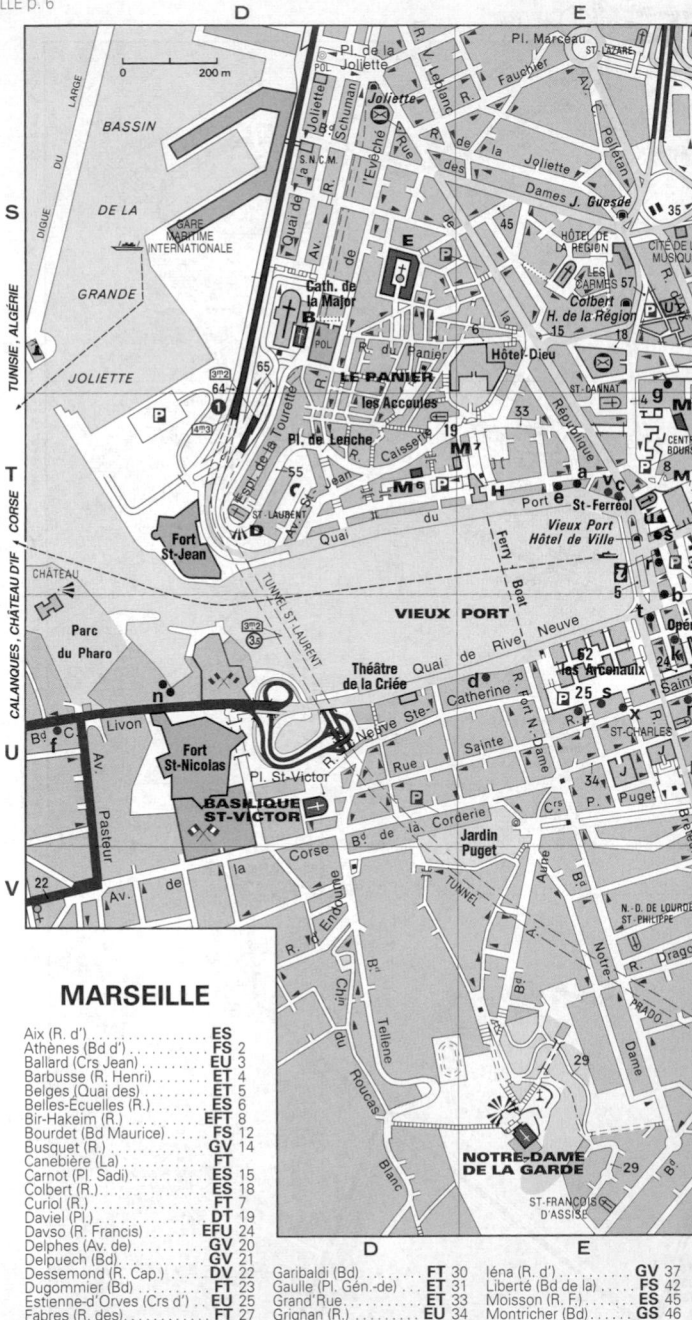

MARSEILLE

Aix (R. d') . . . . **ES**
Athènes (Bd d') . . . . **FS** 2
Ballard (Crs Jean) . . . . **EU** 3
Barbusse (R. Henri) . . . . **ET** 4
Belges (Quai des) . . . . **ET** 5
Belles-Écuelles (R.) . . . . **ES** 6
Bir-Hakeim (R.) . . . . **EFT** 8
Bourdet (Bd Maurice) . . . . . **FS** 12
Busquet (R.) . . . . **GV** 14
Canebière (La) . . . . **FT**
Carnot (Pl. Sadi) . . . . **ES** 15
Colbert (R.) . . . . **ES** 18
Curiol (R.) . . . . **FT** 7
Daviel (Pl.) . . . . **DT** 19
Davso (R. Francis) . . . . **EFU** 24
Delphes (Av. de) . . . . **GV** 20
Delpuech (Bd) . . . . **GV** 21
Dessemond (R. Cap.) . . . . . **DV** 22
Dugommier (Bd) . . . . **FT** 23
Estienne-d'Orves (Crs d') . . **EU** 25
Fabres (R. des) . . . . **FT** 27
Fort-du-Sanctuaire (R. du) . . **EV** 29

Garibaldi (Bd) . . . . **FT** 30
Gaulle (Pl. Gén.-de) . . . . . **ET** 31
Grand'Rue . . . . **ET** 33
Grignan (R.) . . . . **EU** 34
Guesde (Pl. J.) . . . . **ES** 35

Iéna (R. d') . . . . **GV** 37
Liberté (Bd de la) . . . . **FS** 42
Moisson (R. F.) . . . . **FS** 45
Montricher (Bd) . . . . **GS** 46
Paradis (R.) . . . . **FUV**

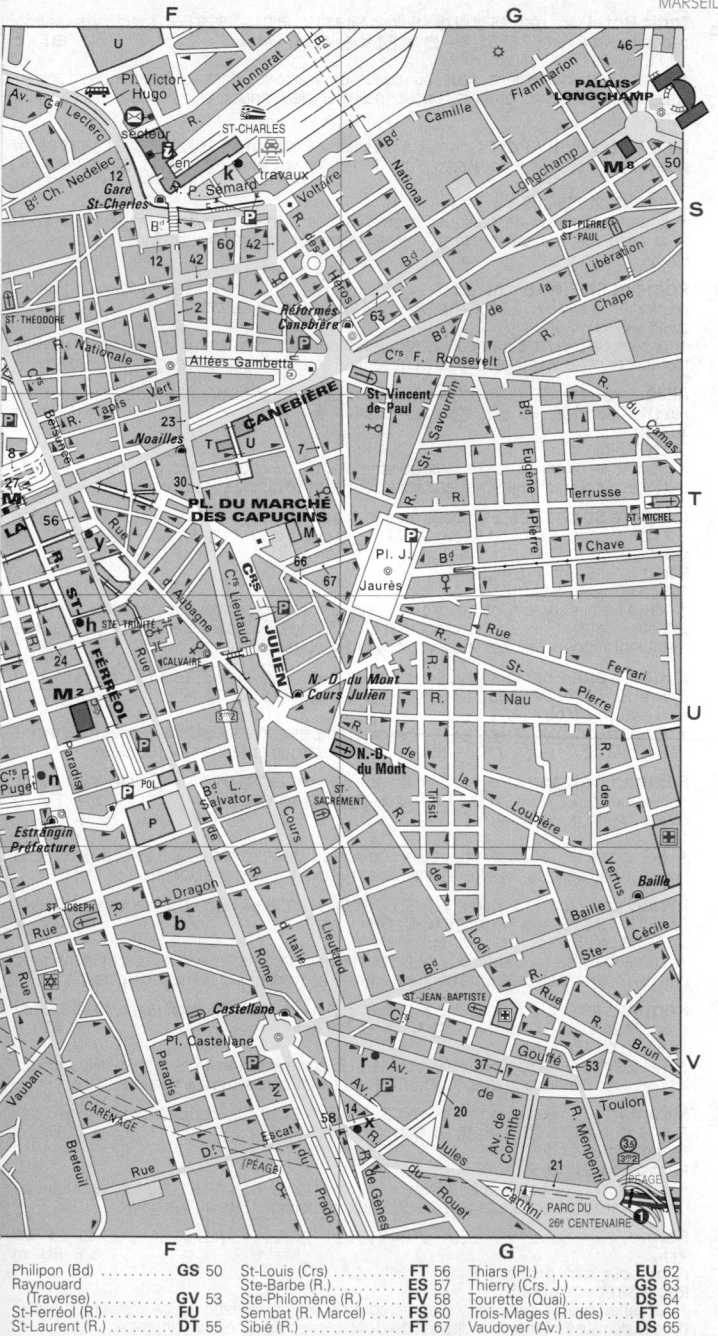

Philipon (Bd) . . . . **GS** 50	St-Louis (Crs) . . . . **FT** 56	Thiars (Pl.) . . . . **EU** 62
Raynouard	Ste-Barbe (R.) . . . . **ES** 57	Thierry (Crs. J.) . . . . **GS** 63
(Traverse) . . . . **GV** 53	Ste-Philomène (R.) . . . . . **FV** 58	Tourette (Quai) . . . . **DS** 64
St-Ferréol (R.) . . . . **FU**	Sembat (R. Marcel) . . . . . **FS** 60	Trois-Mages (R. des) . . . **FT** 66
St-Laurent (R.) . . . . **DT** 55	Sibié (R.) . . . . **FT** 67	Vaudoyer (Av.) . . . . **DS** 65

Tonic Hôtel sans rest, 43 quai des Belges ⊠ 13001 ℰ 04 91 55 67 46, *tonic.marseille@wa nadoo.fr, Fax 04 91 55 67 56,* ≤ – 📶 🖪 🔟 📞 ⅙. 🖭 ⓞ ᏀᏴ 🔤 p. 6 **EU** t
🖵 11,50 – **59 ch** 90/140.
♦ L'hôtel est idéalement situé au coeur de Marseille, dans le quartier de l'ancien Arsenal des Galères. Chambres fonctionnelles et bien tenues, plus bruyantes côté Vieux Port.

New Hôtel Vieux Port sans rest, 3 bis r. Reine Élisabeth ⊠ 13001 ℰ 04 91 99 23 23, *m arseillevieux-port@new-hotel.com, Fax 04 91 90 76 24* – 📶 🖪 🔟 – 🛓 25. 🖭 ⓞ ᏀᏴ 🔤,
🞂 p. 6 **ET** u
🖵 11 – **42 ch** 135/200.
♦ Sous les fenêtres de quelques chambres : les bateaux amarrés dans le Vieux Port, et le coeur battant de la cité. Les aménagements un brin "rétro" font le charme de l'hôtel.

Rome et St-Pierre sans rest, 7 cours St-Louis ⊠ 13001 ℰ 04 91 54 19 52, *hderome@w anadoo.fr, Fax 04 91 54 34 56* – 📶 🞂 🖪 🔟 📞 – 🛓 30. 🖭 ⓞ ᏀᏴ 🔤 p. 7 **FT** y
🖵 11 – **47 ch** 72/87.
♦ Logées dans quatre immeubles régulièrement rafraîchis, vastes chambres au confort rustique dont les volets bleus s'ouvrent sur les façades baroques dessinées par Puget.

Alizé sans rest, 35 quai Belges ⊠ 13001 ℰ 04 91 33 66 97, *alize-hotel@wanadoo.fr, Fax 04 91 54 80 06,* ≤ – 📶 🖪 🔟 📞. 🖭 ⓞ ᏀᏴ 🔤 p. 6 **ETU** b
🖵 9,50
39 ch 60/80.
♦ Devant le célèbre marché aux poissons, hôtel fonctionnel apprécié de la clientèle d'affaires. Choisir les chambres en façade, claires et offrant le spectacle du port.

Ibis Gare St-Charles, esplanade Gare St-Charles ⊠ 13001 ℰ 04 91 95 62 09, *h1390@ac cor-hotels.com, Fax 04 91 50 68 42,* 🍴 – 📶 🞂, 🖪 ch, 🔟 📞 ⅙ – 🛓 40. 🖭 ⓞ
ᏀᏴ p. 7 **FS** k
Repas *(12)* - 15, enf. 6 🍷 – 🖵 6
146 ch 80, 26 suites.
♦ Vaste hôtel entièrement relooké. Confortables chambres avec vue panoramique sur la ville ou... sur les voies ! Bonne insonorisation. Affichage "live" des horaires de trains. Salle de restaurant moderne et très spacieuse ouvrant sur une plaisante terrasse.

Kyriad Vieux Port sans rest, 6 r. Beauvau ⊠ 13001 ℰ 04 91 33 02 33, *kyriad.vieux-port @wanadoo.fr, Fax 04 91 33 21 34* – 📶 🖪 🔟 📞 – 🛓 30. 🖭 ⓞ ᏀᏴ 🔤 p. 6 **ET** r
🖵 9 – **49 ch** 64/74.
♦ Proximité du port et de l'opéra, chambres simples et pratiques (plus calmes mais moins claires côté cour), plaisant hall-salon de style mauresque et tenue sans reproche.

Edmond Rostand sans rest, 31 r. Dragon ⊠ 13006 ℰ 04 91 37 74 95, *info@hoteledmo ndrostand.com, Fax 04 91 57 19 04* – 📶 🖪 🔟 📞. 🖭 ⓞ ᏀᏴ 🔤 p. 7 **FV** b
fermé 21 déc. au 5 janv. – 🖵 6
16 ch 49/54.
♦ L'enseigne de cet hôtel situé dans une rue du Marseille résidentiel et bourgeois rend hommage au père de Cyrano, originaire de la ville. Chambres bien tenues.

Kyriad sans rest, 31 r. Rouet ⊠ 13006 ℰ 04 91 79 56 66, *kyriad.marseille@wanadoo.fr, Fax 04 91 78 33 85* – 📶 🞂 🖪 🔟 📞. 🖭 ᏀᏴ p. 7 **GV** x
🖵 7 – **53 ch** 65/67.
♦ Immeuble récent au voisinage de l'active place Castellane. Chambres toutes identiques, plus ou moins spacieuses. Une honnête adresse convenant à la clientèle de passage.

Hermès sans rest, 2 r. Bonneterie ⊠ 13002 ℰ 04 96 11 63 63, *hotel.hermes@wanadoo.f r, Fax 04 96 11 63 64* – 📶 🞂 🖪 🔟 📞. 🖭 ⓞ ᏀᏴ 🔤 p. 6 **ET** e
🖵 8 – **28 ch** 45/76.
♦ Petites chambres fonctionnelles ; celles du 5ᵉ étage possèdent une terrasse avec vue sur les bateaux au mouillage. Toit-solarium offrant un joli panorama sur Marseille.

Miramar, 12 quai Port ⊠ 13002 ℰ 04 91 91 10 40, *contact@bouillabaisse.com, Fax 04 91 56 64 31,* 🍴 – ▤. 🖭 ᏀᏴ p. 6 **ET** v
fermé dim. et lundi
Repas carte 60 à 80 ₹.
♦ Atmosphère de bois vernis et fauteuils rouges très "années 1960" pour ce restaurant où l'on déguste bouillabaisse et autres spécialités de poissons face au Vieux Port.

Ferme, 23 r. Sainte ⊠ 13001 ℰ 04 91 33 21 12, *Fax 04 91 33 81 21* – ▤. 🖭 ⓞ ᏀᏴ
🔤 p. 6 **EU** m
fermé août, sam. midi et dim.
Repas 38 et carte 45 à 55.
♦ Trompe-l'oeil et éclairages soignés agrémentent l'intérieur de ce restaurant feutré proche du musée Cantini. La disposition des tables en box préserve l'intimité.

XX L'Épuisette, Vallon des Auffes ⊠ 13007 ✆ 04 91 52 17 82, contact@l-epuisette.com,
❀ Fax 04 91 59 18 80, ≤ îles du Frioul et Château d'If – ▤. ⒜⒠ ⒼⒷ p. 4 AY s
fermé 7 août au 7 sept., dim. et lundi – **Repas** 40/80 et carte 65 à 95 ♀.
♦ Ancrée sur les rochers de l'enchanteur vallon des Auffes, cette nef vitrée vous convie à
un agréable voyage culinaire dans un lumineux décor en bleu, blanc et bois.
Spéc. Supions et grosses crevettes roses panées, chutney de piquillos. Tajine de sole et
artichauts violets en barigoule. Bouillabaisse des pêcheurs en deux services. **Vins** Coteaux-
d'Aix-en-Provence, Bandol.

XX **Péron,** 56 corniche Kennedy ⊠ 13007 ✆ 04 91 52 15 22, info@restaurant-peron.com,
Fax 04 91 52 17 29, ≤ archipel du Frioul et château d'If, 綨 – ▤ ⒜⒠ ⓞ ⒼⒷ ⒿⒸⒷ p. 4 AY a
Repas 41.
♦ L'élégant cadre contemporain des salles, agrémentées d'oeuvres d'artistes régionaux,
tente de rivaliser avec le superbe panorama dont jouit ce restaurant accroché aux rochers.

XX **Une Table au Sud,** 2 quai Port (1er étage) ⊠ 13002 ✆ 04 91 90 63 53, unetableausud@w
anadoo.fr, Fax 04 91 90 63 86, ≤ – ▤. ⒼⒷ p. 6 ET c
fermé 31 juil. au 23 août, 1er au 7 janv., sam. midi, dim. et lundi
Repas 39/65.
♦ Ce restaurant joliment redécoré vous invite au mariage de l'oeil et du goût : cuisine où
pointent les parfums de la Méditerranée et vue sur les forts et la "Bonne Mère".

XX **Chez Fonfon,** 140 Vallon des Auffes ⊠ 13007 ✆ 04 91 52 14 38, chezfonfon@aol.com,
Fax 04 91 52 14 16, ≤ – ▤. ⒜⒠ ⓞ ⒼⒷ ⒿⒸⒷ p. 4 AY t
fermé 2 au 23 janv., lundi midi et dim.
Repas 32/50, enf. 11,50 ♀.
♦ Dans le respect d'une longue tradition familiale, produits de la mer servis en bordure du
petit port du vallon des Auffes. Une maison marseillaise, foi de Marius !

XX **Michel-Brasserie des Catalans** (Visciano), 6 r. Catalans ⊠ 13007 ✆ 04 91 52 30 63,
❀ Fax 04 91 59 23 05 – ▤. ⒜⒠ ⒼⒷ p. 4 AY e
Repas carte 40 à 77.
♦ Accueil à la Pagnol assuré par un Popeye en marinière et cadre "rétro" : l'autre conserva-
toire de la bouillabaisse à Marseille. La pêche du jour est exposée dans un "pointu".
Spéc. Bouillabaisse. Supions sautés ail et persil. Bourride provençale **Vins** Cassis, Bandol.

XX **Les Échevins,** 44 r. Sainte ⊠ 13001 ✆ 04 96 11 03 11, echevins@wanadoo.fr,
Fax 04 96 11 03 14 – ▤. ⒜⒠ ⓞ ⒼⒷ ⒿⒸⒷ p. 6 EU x
fermé 14 juil. au 16 août, sam. midi et dim.
Repas 29/46.
♦ Les murs qui retenaient les bagnards au temps des galères servent aujourd'hui de cadre
à cet accueillant restaurant. Carte marseillaise avec escapades dans le Sud-Ouest.

XX **Les Arcenaulx,** 25 cours d'Estienne d'Orves ⊠ 13001 ✆ 04 91 59 80 30, restaurant@les-
arcenaulx.com, Fax 04 91 54 76 33, 綨 – ▤. ⒜⒠ ⓞ ⒼⒷ ⒿⒸⒷ p. 6 EU s
fermé 11 au 19 août et dim.
Repas 27,50/49,50, enf. 10 ♀.
♦ Sis dans les entrepôts des galères (17e s.), ce lieu original qui associe une librairie, une
maison d'édition et un restaurant à l'écrin d'une cuisine gorgée de soleil.

XX **Les Mets de Provence "Chez Maurice Brun",** 18 quai de Rive Neuve (2e étage)
⊠ 13007 ✆ 04 91 33 35 38, Fax 04 91 33 05 69 – ▤. ⒼⒷ p. 6 EU d
fermé 10 au 25 août, lundi midi, sam. midi et dim.
Repas 36 bc (déj.)/52.
♦ Adresse renommée du Vieux Port aménagée sous les combles d'un ancien couvent de
religieuses. Très joli cadre rustique provençal. Menu unique, verbal, renouvelé chaque jour.

XX **René Alloin,** 8 pl. Amiral Muselier (par prom. G. Pompidou) ⊠ 13008 ✆ 04 91 77 88 25, al
lloinfilipe@aol.com, Fax 04 91 71 82 46, 綨 – ▤. ⒼⒷ p. 5 BZ k
fermé sam. midi et dim. soir
Repas 21 (déj.), 32/48.
♦ Face aux plages du Prado, dans un décor provençal contemporain, petit bastion de
résistance gastronomique confronté à la cohorte des bars et des pizzérias.

XX **Cyprien,** 56 av. Toulon ⊠ 13006 ✆ 04 91 25 50 00, Fax 04 91 25 50 00 – ▤.
❀ ⒼⒷ p. 7 GV r
*fermé 23 juil. au 26 août, 24 déc. au 6 janv., lundi soir, sam. sauf le soir d'août à juin, dim. et
fériés* – **Repas** 23/60.
♦ Classicisme affirmé dans la cuisine et le décor : non loin de la place Castellane, savoir-
faire et saveurs dispensés dans un cadre feutré ponctué de petites notes florales.

X **Côte de Boeuf,** 35 cours d'Estienne d'Orves ⊠ 13001 ✆ 04 91 54 89 08,
Fax 04 91 54 25 60 – ▤. ⒜⒠ ⒼⒷ ⒿⒸⒷ p. 6 EU r
fermé 14 juil. au 15 août, dim. et fériés
Repas 29/32 綨.
♦ Installée dans un ancien entrepôt des galères, adresse très "terroir" courue pour ses
spécialités de viandes, grillées en salle, et pour son exceptionnel choix de vins.

※ **Cavalino,** 34 bd É. Sicard ⊠ 13008 ✆ 04 91 32 60 14 – ▤. GB   p. 4 **AZ** **v**
fermé 1er au 28 août, sam. midi et dim. – **Repas** 24 ♀.
♦ Le four à bois est le seul vestige de cette ancienne pizzéria devenue un accueillant restaurant d'inspiration provençale. Cuisine familiale et gibier en saison.

※ **Chez Vincent,** 25 r. Glandeves ⊠ 13001 ✆ 04 91 33 96 78   p. 6 **EU** **k**
fermé août et lundi – **Repas** carte environ 30.
♦ Façade modeste, décor simple de style bistrot et Rose, la patronne, aux fourneaux depuis les années 1940 : une institution prisée des Marseillais. Copieuse cuisine régionale.

※ **Charles Livon,** 89 bd Ch. Livon ⊠ 13007 ✆ 04 91 52 22 41, *Fax 04 91 31 41 63* – ▤.
GB   p. 6 **DU** **f**
fermé 10 au 24 août, 23 au 26 déc., sam. midi, lundi midi et dim. – **Repas** 22/60 ♀.
♦ Façade avenante, fraîche salle à manger décorée de tableaux à thèmes marins et cuisine régionale revisitée : un petit restaurant convivial à deux pas du palais du Pharo.

à Plan-de-Cuques *Nord-Est : 10 km par La Rose et D 908 – 10 503 h. alt. 70 –* ⊠ 13380 :

🏨 **Caesar** ≫, av. G. Pompidou ✆ 04 91 07 25 25, Fax 04 91 05 37 16, 済, ☒, ⊐, ☞ – 🛗 ▤
📺 ✆ ♿ ▣ – 🔏 60. ጨ ⑩ GB ℑCB
Repas *(fermé dim. soir)* 28/42 ♀ – ⊇ 8 – **30 ch** 70/80 – ½ P 65.
♦ La sérénité méditerranéenne du lieu, les tons ocre des murs, les chambres aux coloris méridionaux et la piscine à péristyle incitent au farniente. Carte régionale à déguster dans une pimpante salle à manger ou sur l'agréable terrasse jouxtant la piscine.

MARTEL *46600 Lot* 337 *F2 G. Périgord Quercy – 1 467 h alt. 225.*
Voir *Place des Consuls★ – Façade★ de l'Hotel de la Raymondie★.*
🚩 *Office de tourisme, Palais de la Raymondie* ✆ 05 65 37 43 44, Fax 05 65 37 37 27, martel2@wanadoo.fr.
Paris 510 – Brive-la-Gaillarde 33 – Cahors 79 – Figeac 59 – St-Céré 30.

🏨 **Relais Ste-Anne** ≫ sans rest, r. Pourtanel ✆ 05 65 37 40 56, relais.sainteanne@wanado
o.fr, Fax 05 65 37 42 82, ☞ – ✆ ♿, ጨ ⑩ GB. ✾
13 mars-14 nov. – ⊇ 13 – **11 ch** 51/142, 5 suites.
♦ La ville de Charles abrite cette ancienne pension de jeunes filles entourée d'un jardin fleuri. Chapelle, élégant salon et chambres douillettes : un hôtel pétri de charme.

※ **Auberge des Sept Tours** ≫ avec ch, ✆ 05 65 37 30 16, auberge7tours@wanadoo.fr,
Fax 05 65 37 41 69, 済 – 📺
fermé vacances de fév. – **Repas** *(fermé dim. soir et lundi du 12 sept. au12 juil. et sam. midi)*
12,20 (déj.)/20,80, enf. 7,30 – ⊇ 6,30 – **8 ch** 34,70/56,70 – ½ P 32/36.
♦ Pimpante salle à manger agrandie d'une véranda tournée vers la campagne. Carte traditionnelle, spécialités de canard et carte des vins axée sur la région. Chambres rustiques.

Dans ce guide

un même symbole, un même mot,
imprimé en **rouge** *ou en* **noir**, *en maigre ou en* **gras**,
n'ont pas tout à fait la même signification.
Lisez attentivement les pages explicatives.

MARTIGUES *13500 B.-du-R.* 340 *F5 G. Provence – 43 493 h alt. 1.*
Voir *Miroir aux oiseaux★ – Étang de Berre★ Z.*
Env. ≼★ *de la chapelle N.D.-des-Marins, 3,5 km* ④.
🚩 *Office de tourisme, Rond Point de l'Hotel de Ville* ✆ 04 42 42 31 10, Fax 04 42 42 31 11, ot.martigues@visitprovence.com.
Paris 769 ② *– Marseille 40* ② *– Aix-en-Provence 45* ② *– Arles 53* ④.

Plan page ci-contre

🏨 **St-Roch,** av. G. Braque ✆ 04 42 42 36 36, hotel-st-roch@wanadoo.fr, Fax 04 42 80 01 80,
⊐, ☞ – ▤ 📺 ♿ ▣ – 🔏 40. ጨ ⑩ GB   **Y** **x**
Repas 21/28 ♀ – ⊇ 10 – **63 ch** 79/83 – ½ P 97.
♦ Sur les hauteurs de la "Venise provençale" chantée par Vincent Scotto, construction moderne agrandie de nouvelles chambres fonctionnelles. La terrasse ombragée a vue sur le viaduc autoroutier de Caronte ; cuisine traditionnelle.

※※ **Bouchon à la Mer,** 19 quai L. Toulmond ✆ 04 42 49 41 41, Fax 04 42 80 80 10, 済 – ▤.
ጨ ⑩ GB   **Y** **v**
Repas 25/35 ♀.
♦ À deux pas du Miroir aux Oiseaux chéri des peintres, venez savourer une sobre cuisine classique dans cette salle provençale aux tons orangés. Terrasse au bord du canal.

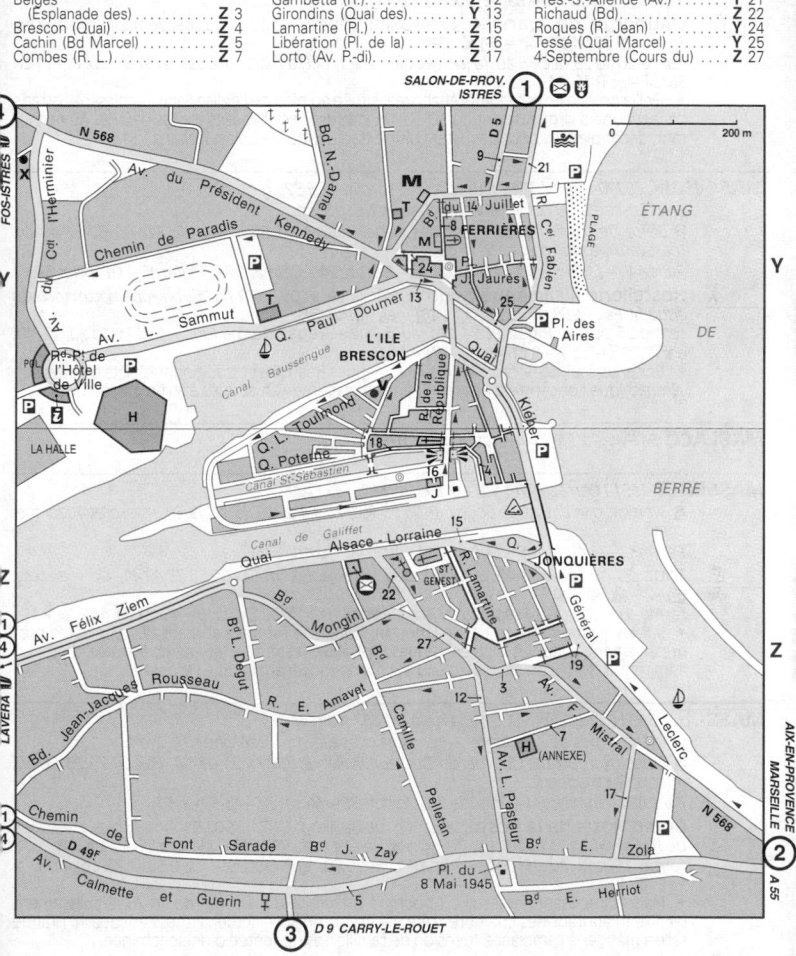

MARTIGUES

Belges
(Esplanade des) .... **Z** 3
Brescon (Quai) .... **Z** 4
Cachin (Bd Marcel) .... **Z** 5
Combes (R. L.) .... **Z** 7

Denfert (R. Colonel) .... **Y** 8
Dr-Flemming (Av. du) .... **Y** 9
Gambetta (R.) .... **Z** 12
Girondins (Quai des) .... **Y** 13
Lamartine (Pl.) .... **Z** 15
Libération (Pl. de la) .... **Z** 16
Lorto (Av. P.-di) .... **Z** 17

Marceau (Quai) .... **Z** 18
Martyrs (Pl. des) .... **Z** 19
Prés.-S.-Allende (Av.) ...... **Y** 21
Richaud (Bd) .... **Z** 22
Roques (R. Jean) .... **Y** 24
Tessé (Quai Marcel) .... **Y** 25
4-Septembre (Cours du) .... **Z** 27

Écrivez-nous...
Vos louanges comme vos critiques seront examinées avec le plus grand soin.
Nous reverrons sur place les informations que vous nous signalez.
Par avance merci !

MARTILLAC 33 Gironde **335** H6 – rattaché à Bordeaux.

La MARTRE 83240 Var **340** O3 – 133 h alt. 984.

Paris 808 – Castellane 19 – Digne-les-Bains 73 – Draguignan 50 – Grasse 50.

Château de Taulane ⊗, au golf, Nord-Est : 4 km sur N 85 ℘ 04 93 40 60 80, *chateau-d
e-taulane@wanadoo.fr*, Fax 04 93 60 37 48, ≤, ㄱ, **Ƒ6**, ⬛, ℀, **ᏥᏱ** – ⟡ **TV** ✆ & **P** – **A** 50. **ᴀᴇ**
① **GB**

1ᵉʳ avril-31 oct. – **Repas** 38 (déj.)/100 ♀ – ☷ 17 – **42 ch** 215/296, 3 suites – ½ P 162/315.
♦ Château du 18ᵉ s. entouré de quatre pigeonniers, sur un golf, dans un immense parc
de... 340 ha ! Chambres bien équipées, sans luxe ostentatoire. Le club-house abrite une
coquette salle à manger et un espace snack. Terrasse tournée vers les greens.

MARVILLE 55600 Meuse **307** D2 – 532 h alt. 216.

  Paris 302 – Metz 92 – Bar-le-Duc 96 – Longuyon 13 – Verdun 40.

🏠 **L'Auberge de Marville,** près Église ℘ 03 29 88 10 10, aubergemarville@aol.com, Fax 03 29 88 14 60, 🎐 🕭 🅶🅱

  fermé 20 au 25 déc., 5 au 18 janv. et dim. soir d'oct. à mars – **Repas** 19/37 ♀ – ☑ 8 – **11 ch** 36/54 – ½ P 36/43.

  ♦ Vieille grange entièrement réhabilitée, située au pied de l'église Saint-Nicolas (balustrade de la tribune d'orgue datant du 16ᵉ s.). Chambres fonctionnelles toutes neuves. Au restaurant, décor plaisant pour déguster cuisine traditionnelle et plats lorrains.

MASEVAUX 68290 H.-Rhin **315** F10 G. Alsace Lorraine – 3 329 h alt. 425.

  Env. Descente du col du Hundsrück ⇐⇐★★ NE : 13 km.

  🛈 Office de tourisme, 36 Fossé des Flagellants ℘ 03 89 82 41 99, Fax 03 89 82 49 44, masevaux@tourisme-alsace.info.

  Paris 440 – Mulhouse 30 – Altkirch 32 – Belfort 24 – Colmar 57 – Thann 15 – Le Thillot 38.

✗ **Hostellerie Alsacienne** avec ch, r. Mar. Foch ℘ 03 89 82 45 25, philippe.battman@wanadoo.fr, Fax 03 89 82 45 25, 🎐 – 🕭 – 🔏 12. 🅰🅴 🅶🅱

  fermé 25 oct. au 8 nov. et 24 déc. au 3 janv. – **Repas** (fermé lundi) (8,70) – 11 (déj.), 22/40, enf. 7,20 ♀ – ☑ 7 – **8 ch** 43/52 – ½ P 41.

  ♦ Boiseries sculptées, mobilier régional, nappes Beauvillé et traditionnels plats du pays : un sympathique concentré d'Alsace ! Chambres sagement rustiques et bien entretenues.

MASLACQ 64 Pyr.-Atl. **342** H4 – rattaché à Orthez.

MASSERET 19510 Corrèze **329** K2 – 608 h alt. 380.

  🛈 Syndicat d'initiative, Le Bourg ℘ 05 55 98 24 79, Fax 05 55 73 49 69, masseret@uzerche.com.

  Paris 432 – Limoges 45 – Guéret 132 – Tulle 48 – Ussel 101.

🏠 **Tour** ⊗, ℘ 05 55 73 40 12, hoteldelatour19@aol.com, Fax 05 55 73 49 41, 🎐 – ▤ rest, 🕭 🛏️ – 🔏 30. 🅶🅱

  fermé dim. soir du 14 sept. au 29 juin – **Repas** (12) - 15/50 ♀ – ☑ 6 – **15 ch** 39/44 – ½ P 39.

  ♦ Sur les hauteurs de ce bourg limousin, hôtellerie familiale abritant des chambres progressivement rajeunies et bien tenues. Spacieux restaurant actuel et terrasse d'où l'on admirera la "tour", un château d'eau qui n'a de moyenâgeux que l'aspect.

MASSIAC 15500 Cantal **330** H3 G. Auvergne – 1 857 h alt. 534.

  Voir N : Gorges de l'Alagnon★ – Site de la chapelle Ste-Madeleine★ N : 2 km.

  🛈 Office de tourisme, 24 rue du Docteur Mallet ℘ 04 71 23 07 76, Fax 04 71 23 08 50, massiac@wanadoo.fr.

  Paris 484 – Aurillac 84 – Brioude 23 – Issoire 38 – Murat 37 – St-Flour 30.

🏛 **Grand Hôtel de la Poste,** 26 av. Ch. de Gaulle ℘ 04 71 23 02 01, hotel.massiac@wanadoo.fr, Fax 04 71 23 09 23, 🛋, 🏊, 🖼 – 📲 ↻, ▤ rest, 🕭 🛏️ 🅿 – 🔏 15 à 25. 🅰🅴 🅾 🅶🅱

  fermé 15 nov. au 15 déc. – **Repas** 12,20/29,50, enf. 6,90 ♀ – ☑ 6,50 – **33 ch** 40/52 – ½ P 43/49.

  ♦ Maison imposante au seuil du bourg, à proximité de la sortie de l'A 75. Établissement bien tenu abritant des chambres rénovées dans un style actuel. Fitness et squash. Grande salle à manger à l'ambiance "pension de famille", agrémentée d'une cheminée.

🏠 **Colombière** sans rest, Nord : 1 km par D 909 ℘ 04 71 23 18 50, contact@hotel-lacolombiere.com, Fax 04 71 23 18 58, ⇐ – 🎐 🕭 🛏️ 🅿. 🅰🅴 🅾 🅶🅱

  ☑ 6 – **30 ch** 36/45.

  ♦ Construction récente située entre la rivière et la route conduisant aux gorges de l'Alagnon. Les chambres offrent toutes un aspect moderne et des aménagements pratiques.

MASSIGNAC 16310 Charente **324** N5 – 401 h alt. 240.

  🛈 Office de tourisme, Maison des Lacs ℘ 05 45 65 26 69, Fax 05 45 65 26 69, lacshautecharente@wanadoo.fr.

  Paris 445 – Angoulême 46 – Nontron 36 – Rochechouart 17 – La Rochefoucauld 24.

🏛 **Domaine des Étangs** ⊗, ℘ 05 45 61 85 00, saupiais@domainedesetangs.fr, Fax 05 45 61 85 01, 🎐, 🏊, 🔈 – cuisinette 🕭 🅿. – 🔏 30 à 60. 🅶🅱

  fermé janv. et fév. – **Repas** (fermé mardi d'oct. à mars, dim. soir et lundi) 26/46 ♀ – ☑ 12 – **29 ch** 140/350 – ½ P 120/220.

  ♦ Ce vaste domaine comprend un parc constellé d'étangs, un élevage de vaches limousines et un hameau de maisons abritant de belles chambres (pierre, bois et verre). Le restaurant, installé dans les anciennes écuries de la propriété, a beaucoup de caractère.

MASSY *91 Essonne* 312 *C3* 101 ㉕ – *voir à Paris, Environs.*

MATOUR *71520 S.-et-L.* 320 *G12* *G. Bourgogne* – *998 h alt. 500.*

🛈 *Office de tourisme, Le Bourg* ℰ *03 85 59 72 24, Fax 03 85 59 72 24, otmatour@club-internet.fr.*

Paris 405 – Mâcon 36 – Charolles 28 – Cluny 24 – Lapalisse 82 – Lyon 102 – Roanne 57.

✕✕ **Christophe Clément,** pl. Église ℰ 03 85 59 74 80, *Fax 03 85 59 75 77* – 🖃. 🆎

fermé 26 sept. au 15 oct., 23 déc. au 5 janv., dim. soir et lundi – **Repas** 11,50 (déj.), 16,60/35,90, enf. 9,20 ⅛.

♦ Avenante façade peinte sur la place de l'église. Salle à manger d'esprit rustique agrémentée d'une décoration placée sous le signe du coq. Cuisine traditionnelle.

MAUBEUGE *59600 Nord* 302 *L6* *G. Picardie Flandres Artois* – *33 546 h Agglo. 117 470 h alt. 134.*

🛈 *Office de tourisme, Site Douanier de Bettignies* ℰ *03 27 68 43 46, ot.hainaut.wallon@wanadoo.fr.*

Paris 242 ⑤ – *Mons 21* ① – *St-Quentin 114* ④ – *Valenciennes 39* ⑤.

MAUBEUGE

Albert-Ier (R.)	**B** 2	Intendance (R. de l')	**B** 10	Pont-Rouge (Av. du)	**A** 24
Concorde (Pl. de la)	**B** 4	Lurçat (Mail A.)	**AB** 12	Porte-de-Bavay (Av.)	**A** 25
Coutelle (R.)	**A** 5	Mabuse (Av. J.)	**B** 14	Provinces-Françaises (Av.)	**B** 26
France (Av. de)	**B**	Musée Henri Bœz (R. du)	**B** 18	Roosevelt (Av. Franklin)	**AB** 28
Gare (Av. de la)	**A**	Nations (R. des)	**B** 19	Sculfort (R. Gustave)	**B** 29
		Paillot (R. G.)	**B** 21	Vauban (Pl.)	**B** 30
		Pasteur (Bd)	**A** 23	145e-Régt-d'Inf. (R. du)	**B** 31

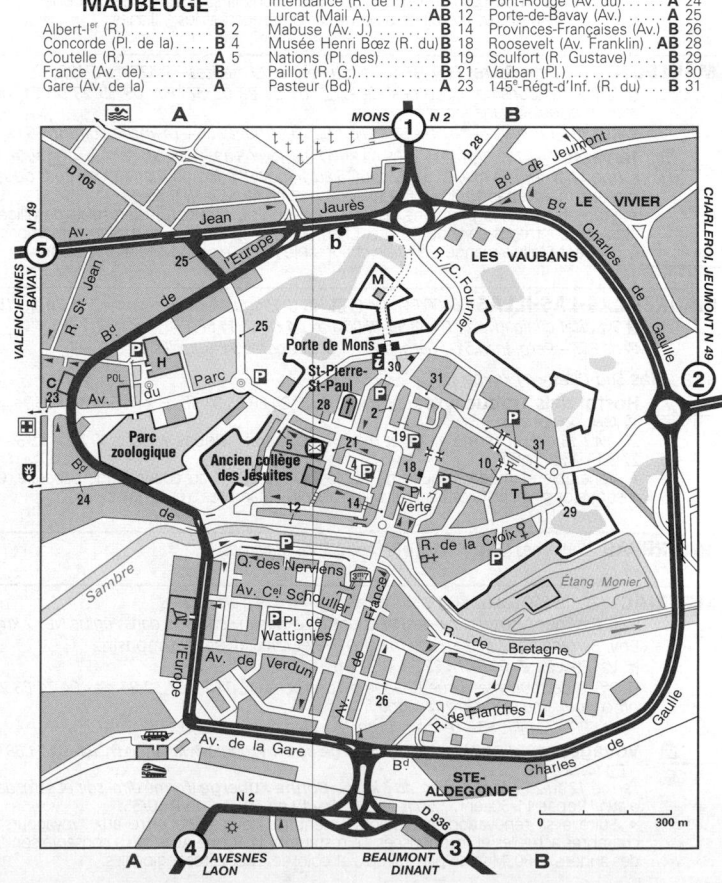

929

Campanile, av. J. Jaurès, ℰ 03 27 64 00 91, maubeuge@campanile.fr, Fax 03 27 65 34 47,
🛲, 🍴 – 🖙 📺 📞 🖳 🖳 – 🔏 25. 🝙 ⓪ 🅶🅱   **B b**
Repas (12,50) - 16,50, enf. 6 🍷 – 🖵 6,50 – **39 ch** 59.
♦ Près des remparts édifiés par Vauban, hôtel formé de deux bâtiments. Les chambres, rénovées, sont conformes aux dernières normes de la chaîne. Salle à manger néo-rustique, espace "grillades", formules buffets et plats du jour suggérés à l'ardoise.

Comfort Inn Primevère, av. J. Jaurès par ⑤ ℰ 03 27 62 15 00, hotel@confort-maube uge.com, Fax 03 27 65 64 70 – 🖙 📺 🖳 🖳 – 🔏 30. 🝙 ⓪ 🅶🅱 🅹🅲🅱
fermé dim. soir – **Repas** 12,90 bc (déj.), 14,20/18,50, enf. 7,50 🍷 – 🖵 6 – **42 ch** 53,30/61.
♦ À 20 mn de la frontière belge, établissement moderne offrant des chambres fonctionnelles. Préférer celles de l'arrière, moins soumises aux nuisances de la route. Petite salle à manger sans prétention ; cadre d'esprit campagnard et cuisine traditionnelle.

rte d'Avesnes-sur-Helpe par ④ – ⊠ 59330 Beaufort :

❌❌ **Auberge de l'Hermitage**, à 6 km sur N 2 ℰ 03 27 67 89 59, Fax 03 27 39 84 52 – 🖳. 🝙 🅶🅱
fermé 28 juil. au 14 août, dim. soir, mardi soir et lundi – **Repas** 24/65.
♦ Avenant pavillon en briques proche de la nationale, à l'orée du Parc naturel régional de l'Avesnois. Intérieur soigné et cuisine de tradition au pays des fameux maroilles.

❌❌ **Relais de Beaufort**, à 8 km sur N 2 ℰ 03 27 63 50 36, relaisdebeaufort@worldonline.fr, Fax 03 27 67 85 11, 🛲 – 🖳. 🅶🅱
fermé 16 août au 3 sept., vacances de fév., sam. midi, dim. soir et lundi – **Repas** 20/36, enf. 10 🍷.
♦ Construction de pays accostée d'une tour. Dans la salle à manger, mobilier rustique, bouquets de fleurs et cheminée où sont parfois préparées les grillades.

MAULÉON 79700 Deux-Sèvres **322** B3 G. Poitou Vendée Charentes – 7 327 h alt. 180.
🄴 Office de tourisme, place des Allées ℰ 05 59 28 02 37, Fax 05 59 28 02 21, office-tourisme.soule@wanadoo.fr.
Paris 376 – Cholet 22 – Nantes 80 – Niort 82 – Parthenay 56 – La Roche-sur-Yon 65.

Terrasse ⑳, 7 pl. Terrasse ℰ 05 49 81 47 24, Fax 05 49 81 65 04, 🛲, 🍴 – 📺 📞 🖳. 🅶🅱
fermé 14 avril au 23 mai, 15 au 22 août, 5 au 14 nov., 24 déc. au 4 janv., week-ends de sept. à mai et dim. – **Repas** 13/30, enf. 9 🍷 – 🖵 6 – **13 ch** 40/55 – ½ P 36/38.
♦ Étape bien située pour une visite au Puy-du-Fou que cet ancien relais de diligences établi en contrebas de la petite cité. Chambres fonctionnelles, partiellement lambrissées. Accueillante salle à manger familiale et agréable terrasse ombragée d'un platane.

MAUREILLAS-LAS-ILLAS 66400 Pyr.-Or. **344** H8 G. Languedoc Roussillon – 2 281 h alt. 130.
🄴 Syndicat d'initiative ℰ 04 68 83 48 00, Fax 04 68 83 14 66.
Paris 873 – Perpignan 31 – Gerona 71 – Port-Vendres 31 – Prades 69.

à Las Illas Sud-Ouest : 11 km par D 13 – ⊠ 66480 :

❌ **Hostal dels Trabucayres** ⑳ avec ch, ℰ 04 68 83 07 56, Fax 04 68 83 07 56, ≼, 🛲 –
🖳. 🅶🅱. ⌾ ch
20 avril-15 oct. et fermé mardi et merc. hors saison – **Repas** 11,50 bc/40 bc – 🖵 5 – **5 ch** 27/31 – ½ P 32,50.
♦ Vénérable et modeste auberge postée sur le GR 10 au coeur d'une suberaie. Cadre rustique originel, plats catalans et calme absolu. Chambres très simples.

MAUREPAS 78 Yvelines **311** H3 **101** ㉑ – voir à Paris, Environs.

MAURIAC ⑳ 15200 Cantal **330** B3 G. Auvergne – 4 019 h alt. 722.
Voir Basilique Notre-Dame-des-Miracles★ – Le Vigean : châsse★ dans l'église NE : 2 km.
Env. Barrage de l'Aigle★★ : 11 km par D 678 et D105, G. Berry Limousin.
🆈 Val-St-Jean ℰ 06 07 74 22 29, O : 2 km.
🄴 Office de tourisme, 1 rue Chappe d'Auteroche ℰ 04 71 67 30 26, Fax 04 71 68 25 08, office.tourisme.mauriac@wanadoo.fr.
Paris 490 – Aurillac 53 – Le Mont-Dore 77 – Clermont-Ferrand 113 – Tulle 73.

Voyageurs, ℰ 04 71 68 01 01, auberge.des.voyageurs@wanadoo.fr, Fax 04 71 68 01 56
– 📺 📞. 🝙 🅶🅱
fermé 12 au 23 juin et 19 déc. au 3 janv. – **Bonne Auberge** (fermé dim. soir et sam. de nov. à avril) **Repas** 11/30, enf. 7,50 🍴 – 🖵 6,50 – **19 ch** 30/45 – ½ P 30/35.
♦ Suite à sa rénovation, cet établissement du centre-ville offre aux "voyageurs" des chambres actuelles et insonorisées. Le restaurant la Bonne Auberge a conservé son "look" des années 1980. Mise en place simple et colorée. Spécialités régionales.

🏠 **Serre** sans rest, 4 r. du 11 Novembre 𝄢 04 71 68 19 10, *Fax 04 71 68 17 77* – 🛗 ⅛ 🖂 ■ 📺
🏚 ℃ ⇦ 🅿. GB. ⅍
fermé 1ᵉʳ au 8 mars, et 2 au 15 janv. – � 5,50 – **13** ch 35/50.
◆ Cure de jouvence pour cet hôtel proche de la basilique romane N.-D.-des-Miracles :
aménagements fonctionnels, literie neuve et mobilier de qualité. Accueil sympathique.

MAUROUX *46 Lot* 337 *C5* – *rattaché à Puy-l'Évêque.*

MAURS *15600 Cantal* 330 *B6 G. Auvergne* – *2 253 h alt. 290.*
Voir *Buste-reliquaire*★ *et statues*★ *dans l'église.*
🚺 *Office de tourisme, place de l'Europe 𝄢 04 71 46 73 72, Fax 04 71 46 74 81, office.tou
risme.maurs@wanadoo.fr.*
Paris 568 – *Aurillac 43* – *Rodez 60* – *Entraygues-sur-Truyère 50* – *Figeac 22* – *Tulle 93.*

🏠 **Châtelleraie** ॐ, à St-Étienne, Nord-Est : 1,5 km par rte Aurillac 𝄢 04 71 49 09 09, *hotel
@chatelleraie.com, Fax 04 71 49 07 07,* 🌳, ⅃, 🖼, ♨ – 📺 ℃ & 🅿 – 🛡 20. GB. ⅍ rest
3 avril-14 nov. – **Repas** *(dîner seul.)(résidents seul.)* 22 ⵁ – ⊐ 7 – **33** ch 82 – ½ P 70.
◆ Castel et dépendances du 16ᵉ s. nichés dans un parc aux portes de la "Riviera cantalienne". Cadre bucolique et reposant où domine la sensation d'espace. Accueil aimable.

MAUSSAC *19 Corrèze* 329 *N3* – *rattaché à Meymac.*

MAUSSANE-LES-ALPILLES *13520 B.-du-R.* 340 *D3* – *1 968 h alt. 32.*
🚺 *Office de tourisme, place Laugier de Monblan 𝄢 04 90 54 52 04, Fax 04 90 54 39 44,
contact@maussane.com.*
Paris 712 – *Avignon 30* – *Arles 20* – *Marseille 81* – *Martigues 44* – *St-Rémy-de-Provence 10.*

🏠 **Val Baussenc** ॐ, 122 av. Vallée des Baux 𝄢 04 90 54 38 90, *information@valbaussenc.c
om, Fax 04 90 54 33 36,* 🌳, ⅃, 🌼 – ■ ch, 📺 & 🅿. ﷼ GB. ⅍ rest
3 mars-31 oct. – **Repas** *(fermé merc.)* (dîner seul.) 30/34, enf. 12 ⵁ – ⊐ 11 – **21** ch 108 –
½ P 80/88.
◆ Maison au décor provençal utilisant avec originalité la pierre calcaire des Baux. Chambres
donnant sur la campagne ; celles du rez-de-chaussée possèdent une terrasse. Petite salle à
manger aux couleurs du Sud et plaisante terrasse dressée sous une treille.

🏠 **Pré des Baux** ॐ sans rest, r. Vieux Moulin 𝄢 04 90 54 40 40, *Fax 04 90 54 53 07,* ⅃, 🌼
– ■ 📺 🅿. ﷼ GB
26 mars-25 oct. – ⊐ 10 – **10** ch 95/110.
◆ Les chambres, réparties autour d'un jardin méridional à l'abri des regards et du bruit,
ouvrent de plain-pied sur des terrasses privatives où l'on sert le petit-déjeuner.

🏠 **Aurelia,** 124 av. Vallée des Baux 𝄢 04 90 54 22 54, *hotel.restaurant.aurelia@wanadoo.fr,
Fax 04 90 54 20 75,* 🌳, ⅃ – ■ rest, 📺 ℃ & 🅿. ﷼ ⑩ GB. ⅍
15 mars-15 nov. – **Repas** *(fermé merc.)* (dîner seul.) (résidents seul.) carte environ 30 ⵁ –
21 ch ⊐ 119/130.
◆ Pimpante décoration ensoleillée pour cet établissement récent d'allure régionale. Les
chambres, modernes et bien équipées, sont plus agréables et calmes côté piscine.

🏠 **Castillon des Baux** sans rest, av. Vallée des Baux 𝄢 04 90 54 31 93, *castillondesbaux@w
anadoo.fr, Fax 04 90 54 51 31,* ⅃, 🌼 – ■ 📺 🅿. GB
fermé 1ᵉʳ janv. au 14 fév. – ⊐ 8 – **15** ch 70/120.
◆ Bâtisse ocre, de type mas, entourée d'un délicieux jardin planté d'oliviers (belle piscine).
Chambres spacieuses et sobres, souvent dotées d'un balcon ou d'une terrasse.

✕ **Margaux,** 1 r. P. Revoil 𝄢 04 90 54 35 04, *Fax 04 90 54 35 04,* 🌳 – GB
fermé 12 nov. au 13 déc., 26 janv. au 13 mars., merc. midi et mardi – **Repas** 27,50/35,50,
enf. 12 ⵁ.
◆ Cachée derrière l'église, petite maison provençale aux volets bleus, décorée avec goût.
La courette intérieure ombragée est appréciée en été. Cuisine méridionale.

au Paradou *Ouest : 2 km par D 17, rte d'Arles* – *1 167 h. alt. 21* – ✉ *13520 :*

🏠 **Du Côté des Olives** ॐ, lieu dit de Bourgeac 𝄢 04 90 54 56 78, *Fax 04 90 54 56 79,*
⇐, 🌳, ⅃, 🌼 – ■ ch, 📺 🅿. ﷼ GB. ⅍
Repas *(fermé lundi)* (nombre de couverts limité, prévenir) carte 41 à 61 ⵁ – **10** ch ⊐ 121/
184 – ½ P 115/137.
◆ Cette reposante bâtisse contemporaine isolée au milieu des oliviers vous ouvre grand
ses portes : décor méditerranéen soigné, ambiance "guesthouse" et petits plats du marché.

✕✕ **Bistrot de la Petite France,** av. Vallée des Baux 𝄢 04 90 54 41 91, *Fax 04 90 54 52 50*
– ■ 🅿. GB
fermé 3 nov. au 4 déc., merc. et jeudi – **Repas** 25 ⵁ.
◆ Pierres et poutres, toiles contemporaines et carte régionale personnalisée : ce joli mas
des Alpilles a bien des attraits. Belle collection de Guides Michelin dans le salon.

✗ **Bistrot du Paradou,** ✆ 04 90 54 32 70, Fax 04 90 54 32 70 – 🖵 **P**. 🅶🅱
fermé 1ᵉʳ au 18 nov., vacances de fév. et dim. – **Repas** *(dîner seul. de juin à sept.)*
(prévenir)(menu unique) 36 (déj.)/43.
◆ Bistrot de caractère dans une maison provençale : pierres et poutres, tables en marbre
et large bar où sont exposées des bouteilles de bière. Menu unique présenté sur ardoise.

MAUZÉ-SUR-LE-MIGNON *79210 Deux-Sèvres* 🔟🔲🔲 *B7 – 2 385 h alt. 30.*
🔟 *Office de tourisme, place de la mairie* ✆ 05 49 26 78 33, Fax 05 49 26 71 13, tou
risme@ville-mauze-mignon.fr.
Paris 430 – La Rochelle 43 – Niort 23 – Rochefort 40.

✗ **France** avec ch, 54 Grande Rue (rte Niort) ✆ 05 49 26 30 15, hoteldefrance@club-internet
🅿 .fr, Fax 05 49 26 72 80 – 🖵 **P**. 🅶🅱. ⚘
fermé 3 au 9 mars, 26 oct. au 3 nov., sam. et dim. de fin sept. à fin mai – **Repas** (10) - 15/30,
enf. 8 – ⌷ 5,50 – **6 ch** 40/42 – ½ P 40.
◆ Aux portes du Marais poitevin, cette bâtisse ancienne vous invite à passer à table dans un
décor rustique éclairé par des lampes marines. Sans prétention.

MAYENNE 🔷 *53100 Mayenne* 🔟🔟🔟 *F5 G. Normandie Cotentin – 13 724 h alt. 124.*
Voir *Ancien château* ⩽★.
🔟 *Office de tourisme, quai de Waiblingen* ✆ 02 43 04 19 37, Fax 02 43 00 01 99, tourism-
pays-mayenne@wanadoo.fr.
Paris 283 – Alençon 61 – Flers 56 – Fougères 47 – Laval 30 – Le Mans 89.

✗✗ **Croix Couverte** avec ch, rte Alençon : 2 km sur N 12 ✆ 02 43 04 32 48, gicouge@wanad
🅶🅱 oo.fr, Fax 02 43 04 43 69, 🍽, 🌳 – 🖵 📞 **P**. 🅶🅱
fermé 1ᵉʳ au 11 janv. et dim. soir – **Repas** (13) - 15/30, enf. 7,50 ⌷ – ⌷ 6 – **11 ch** 40/52 –
½ P 42/51.
◆ Maison centenaire au bord de la nationale. La salle à manger de style "rétro" est grande
ouverte sur la terrasse et le jardin, au calme. Petites chambres rénovées.

rte de Laval *N 162 – ✉ 53100 Mayenne :*

✗✗✗ **Marjolaine** 🦢 avec ch, à 6,5 km, au domaine du Bas-Mont ✆ 02 43 00 48 42, lamarjolain
🅶🅱 e@wanadoo.fr, Fax 02 43 08 10 58, 🍽, 🔼 – 🖵 📞 **P** – 🏛 60.
fermé 3 au 9 janv., vacances de fév., lundi midi et dim. soir – **Repas** 16,50/50 et carte 40 à 53
⌷ – ⌷ 8,30 – **18 ch** 49/75 – ½ P 57/74.
◆ Dans un domaine boisé, vieille ferme restaurée et son annexe récente. Salle à manger
actuelle, terrasse face au parc et accès direct à la rivière. Cuisine au goût du jour.

✗✗ **Beau Rivage** 🦢 avec ch, à 4 km ✆ 02 43 00 49 13, hbeaurivage@9online.fr,
🅶🅱 Fax 02 43 04 43 69, ⩽, 🍽 – 🖵 📞 & **P** – 🏛 30. 🅶🅱
fermé dim. soir et lundi – **Repas** 14,50/24, enf. 7,60 ⌷ – ⌷ 6 – **8 ch** 46/58 – ½ P 45/53.
◆ Un petit air de guinguette pour ce restaurant spécialisé dans les grillades : sa belle
terrasse ombragée est aménagée sur une rive de la Mayenne. Intérieur entièrement refait.

MAYET *72360 Sarthe* 🔟🔟🔟 *K8 – 2 915 h alt. 74.*
Env. *Forêt de Bercé★ E : 6 km,* G. Châteaux de la Loire.
🔟 *Office de tourisme, place de l'hôtel de Ville* ✆ 02 43 46 33 72, Fax 02 43 46 33 72.
Paris 226 – Château-la-Vallière 26 – La Flèche 32 – Le Mans 31 – Tours 58 – Vendôme 70.

✗ **Auberge des Tilleuls,** pl. H. de Ville ✆ 02 43 46 60 12, Fax 02 43 46 60 12 – 🅶🅱
🅶🅱 *fermé 1ᵉʳ au 15 fév., dim. soir, lundi soir, mardi soir et merc.* – **Repas** 8,50/23,50 ⌷.
◆ Vénérable établissement ? Certes, mais c'est ce qui lui confère tout son charme.
Agréable salle campagnarde, dans le prolongement du café de village.

Le MAYET-DE-MONTAGNE *03250 Allier* 🔟🔟🔲 *J6 G. Auvergne – 1 598 h alt. 535.*
🔟 *Office de tourisme, rue Roger Degoulange* ✆ 04 70 59 38 40, Fax 04 70 59 37 24,
ot.mayet-montagne@wanadoo.fr.
Paris 369 – Clermont-Ferrand 81 – Lapalisse 23 – Moulins 73 – Thiers 44 – Vichy 27.

✗ **Relais du Lac** avec ch, Sud : 0,5 km sur D 7 ✆ 04 70 59 70 23, relaisdulac@aol.com,
Fax 04 70 59 79 00 – 🖵 **P**. 🅶🅱. ⚘ ch
fermé nov., lundi et mardi – **Repas** 14 (déj.), 22/38, enf. 9 ♨ – ⌷ 8 – **7 ch** 44/54 –
½ P 45/48.
◆ Au coeur de la Montagne bourbonnaise et tout près d'un lac, une adresse qui honore le
terroir : décor champêtre et spécialités de fritures. Chambres proprettes.

MAZAGRAN *57 Moselle* 🔟🔟🔟 *J4 – rattaché à Metz.*

MAZAMET *81200 Tarn* **338** *G10 G. Midi-Pyrénées – 10 544 h alt. 241.*

Env. ≤★ *des gorges de l'Arnette S : 4 km.*

🏌 *de Mazamet-la-Barouge* ✆ *05 63 61 06 72, par ① : 3 km.*

✈ *de Castres-Mazamet : ✆ 05 63 70 34 77, par ③ : 14 km.*

🏢 *Office de tourisme, rue des Casernes ✆ 05 63 61 27 07, Fax 05 63 61 31 35, officedetou
risme.mazamet@wanadoo.fr.*

Paris 739 – Toulouse 92 – Albi 64 – Carcassonne 50 – Castres 21.

🏛 **Mets et Plaisirs**, 7 av. A. Rouvière ✆ 05 63 61 56 93, Fax 05 63 61 83 38 – 🗏 rest, 📺 ⓞ
🍽 **GB JCB**. ✖
fermé 9 au 23 août et 2 au 9 janv. – Repas (fermé dim. soir et lundi) 14/21, *enf.* 10 ⓨ – ☲ 6 –
11 ch 36/55 – ½ P 46.
♦ Maison de maître du début du 20e s. située en plein centre-ville, face à la poste.
Chambres nettes et correctement équipées. La lumineuse salle de restaurant a conservé de
son passé de demeure patricienne une distinction certaine ; cuisine traditionnelle.

à Bout-du-Pont-de-Larn *Est : 2 km par N 112 et D 54 – 1 070 h. alt. 280 – ⊠ 81660 :*

🏛 **Métairie Neuve** ⚘, ✆ 05 63 97 73 50, metairieneuve@aol.com, Fax 05 63 61 94 75,
�*,* 🔄 – 📺 ✆ 🅿 – 🔬 25. ⓞ **GB**
fermé 15 déc. au 20 janv. – Repas (fermé dim. soir d'oct. à Pâques et sam. midi) 16 *(déj.),*
21/40, *enf.* 9 ⓨ – ☲ 9 – **14 ch** 59/78 – ½ P 56,50/64.
♦ Métairie du 18e s. rénovée avec goût. Cour pavée, joli salon au coin du feu et chambres
portant les noms de grands crus bordelais. Coquette salle à manger rustique et terrasse
aménagée sous une ancienne grange, face au beau jardin fleuri et à sa piscine.

rte de Brassac *Nord-Est : 5,5 km par D 109 et D 54 – ⊠ 81160 Pont-de-l'Arn :*

🏛 **Château de Montlédier** ⚘, ✆ 05 63 61 20 54, hotel-montledier@wanadoo.fr,
Fax 05 63 98 22 51, 🔄, 🌳 – 🗏 rest, ✆ 🅿 – 🔬 20. 🗛 ⓞ **GB**
fermé janv., fév. et mars – Repas 22/58 ⓨ – ☲ 13 – **20 ch** 105/190 – ½ P 97,50/130.
♦ Cette demeure fortifiée du 12e s. et son parc arboré surplombent les gorges de l'Arn.
Chambres personnalisées assez cossues et belle piscine au milieu de la verdure. En hiver,
repas servis au coin du feu dans une salle voûtée et en été, dans une véranda.

Dans ce guide

un même symbole, un même mot,

imprimé en **rouge** *ou en* **noir,** *en maigre ou en* **gras,**

n'ont pas tout à fait la même signification.

Lisez attentivement les pages explicatives.

MAZAN *84 Vaucluse* **332** *D9 – rattaché à Carpentras.*

MAZAYE *63230 P.-de-D.* **326** *E8 – 560 h alt. 760.*

Paris 441 – Clermont-Fd 23 – Le Mont-Dore 32 – Pontaumur 27 – Pontgibaud 7.

🏛 **Auberge de Mazayes** ⚘, *à Mazayes-Basses* ✆ 04 73 88 93 30, Fax 04 73 88 93 80, 🌡
🍽 – 📺 ✆ 🅿 **GB**
fermé 22 déc. au 21 janv., lundi d'oct. à mai et mardi midi – Repas 14,50/32 – ☲ 7,50 –
15 ch 44/62 – ½ P 50/53.
♦ Cette ancienne ferme constitue un pied-à-terre idéal pour la découverte de la campagne auvergnate : la beauté rustique du site n'a d'égal que celle des aménagements. Le
joli restaurant au décor champêtre occupe d'anciennes écuries ; goûteux plats régionaux.

MAZET-ST-VOY *43520 H.-Loire* **331** *H3 – 1 028 h alt. 1060.*

🏢 *Syndicat d'initiative, route du Chambon ✆ 04 71 65 07 32, Fax 04 71 65 07 38, tou-
risme@mazet-st-voy.com.*

Paris 576 – Lamastre 36 – Le Puy-en-Velay 39 – St-Étienne 64 – Yssingeaux 18.

🍽 **L'Escuelle,** ✆ 04 71 65 00 51, contact@escuelle.com, Fax 04 71 65 09 29 – **GB**
fermé 2 janv. au 6 fév., 2 au 10 nov., dim. soir et lundi – Repas 13/22, *enf.* 8 ⓨ – ☲ 6 – **12 ch**
36/40 – ½ P 33/42.
♦ Sur le circuit touristique de la vallée du Lignon, auberge d'étape toute simple, gérée par
la même famille depuis trois générations. Chambres de style rustique bien tenues.
Modeste salle à manger campagnarde où l'on sert une cuisine traditionnelle.

MÉAUDRE *38 Isère* **333** *G7 – rattaché à Autrans.*

MEAUX ◆ 77100 S.-et-M. 312 G2 G. Île de France – 49 421 h alt. 51.

Voir *Centre épiscopal*★ **ABY** : *cathédrale*★ **B**, ≼★ *de la terrasse des remparts*.

🏌 *du Lac de Germigny à Germigny-l'Évêque* ℘ 01 64 35 02 87, par ①: 10 km; 🏌 *de Meaux Boutigny à Boutigny* ℘ 01 60 25 63 98, par ③: 11km; 🏌 *de la Brie à Crécy-la-Chapelle* ℘ 01 64 75 34 44, par ③: 16 km; 🏌 *Disneyland Paris à Magny-le-Hongre* ℘ 01 60 45 68 90, S : 16 km par D5.

🖪 *Office de tourisme, 2 rue Saint-Rémy* ℘ 01 64 33 02 26, Fax 01 64 33 24 86, tou risme@ville-meaux.fr.

Paris 54 ③ – *Compiègne 68* ⑤ – *Melun 56* ③ – *Reims 98* ②.

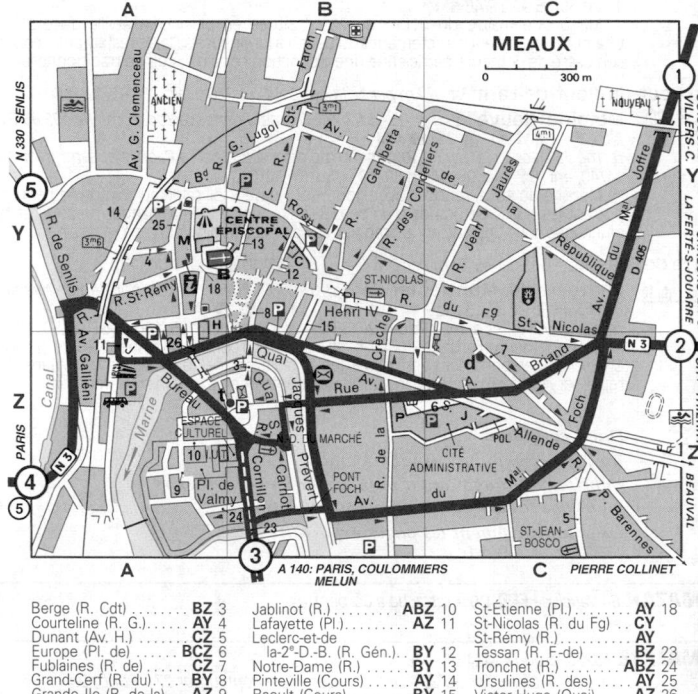

A 140 : PARIS, COULOMMIERS
MELUN   PIERRE COLLINET

Berge (R. Cdt) .... **BZ** 3	Jablinot (R.) .... **ABZ** 10	St-Étienne (Pl.) .... **AY** 18
Courteline (R. G.) .... **AY** 4	Lafayette (Pl.) .... **AZ** 11	St-Nicolas (R. du Fg) .. **CY**
Dunant (Av. H.) .... **CZ** 5	Leclerc-et-de	St-Rémy (R.) .... **AY**
Europe (Pl. de) .... **BCZ** 6	la-2e-D.-B. (R. Gén.).. **BY** 12	Tessan (R. F.-de) ..... **BZ** 23
Fublaines (R. de) ..... **CZ** 7	Notre-Dame (R.) ...... **BY** 13	Tronchet (R.) .... **ABZ** 24
Grand-Cerf (R. du) .... **BY** 8	Pinteville (Cours) ..... **AY** 14	Ursulines (R. des) ..... **AY** 25
Grande Ile (R. de la) ... **AZ** 9	Raoult (Cours) .... **BY** 15	Victor-Hugo (Quai).... **AZ** 26

XX **Marinone,** 30 pl. Marché ℘ 01 64 33 57 37, Fax 01 64 33 57 37 – 🖭 ⏾   **ABZ** t
fermé 1er au 31 août, dim. soir et lundi – **Repas** 21/43 ⌾.
◆ La façade design en verre dépoli se remarque bien dans ce quartier ancien. Salle à manger au décor contemporain, tables soigneusement dressées et carte au goût du jour.

XX **Grignotière,** 36 r. Sablonnière ℘ 01 64 34 21 48, Fax 01 64 33 93 93 – 🗏. 🖭
⏾   **CZ** d
fermé août, sam. midi, mardi soir et merc. – **Repas** 23 (déj.), 26/36 ⌾.
◆ À quelques pas du centre épiscopal, petit restaurant repérable à son enseigne en fer forgé. Intérieur d'esprit rustique et sympathique cuisine traditionnelle.

à Varreddes par ①: 6 km – 1 810 h. alt. 53 – ⊠ 77910 :

XXX **Auberge du Cheval Blanc** avec ch, 55 rue V. Clairet ℘ 01 64 33 18 03, r.cousin2@libert ysurf.fr, Fax 01 60 23 29 68, 佘, 🦌 – 📺 ⛽ 🅿 🖭 ⓪ ⏾
fermé 4 au 26 août, mardi midi, dim. soir et lundi – **Repas** 33/49 et carte 47 à 59 – 😅 9 – 8 ch 76/95.
◆ Cet ex-relais de poste dispose d'un agréable jardin arboré où l'on dresse des tables aux beaux jours. Salle à manger mi-bourgeoise, mi-campagnarde et chambres bien tenues.

☆☆ **Auberge du Petit Nain,** 7 r. Orsoy ☎ 01 64 33 18 12, *Fax 01 64 34 39 60,* 斎 , 斎 – AE
GB
fermé 18 juil. au 11 août, 17 janv. au 9 fév., dim. soir, mardi et merc. – **Repas** 23/35,
enf. 10 ♀.
♦ Point de nains dans le jardin de cette maison centenaire mais, au bar d'accueil, une
intéressante série de cartes postales anciennes sur la bataille de la Marne.

à Poincy *par* ② *et D 17ᴬ : 5 km – 694 h. alt. 53 –* ⊠ *77470 :*

☆☆☆ **Moulin de Poincy,** r du Moulin ☎ 01 60 23 06 80, *Fax 01 60 23 12 56,* 斎 – P. GB
fermé 31 août au 23 sept., 4 au 27 janv.,lundi soir, mardi et merc. – **Repas** 28/57 et carte 49
à 67 ♀ ♨.
♦ Joli moulin du 17ᵉ s. et son jardin en bord de Marne. L'intérieur a du cachet : boiseries,
poutres apparentes, meubles patinés, objets chinés et collection de cafetières.

MEGÈVE *74120 H.-Savoie* **328** *M5 G. Alpes du Nord – 4 509 h alt. 1113 – Sports d'hiver : 1 113/*
2 350 m ≤ 9 ≤ 70 ⃰ – Casino **AY.**

Voir *Mont d'Arbois★★.*

🛇 *du Mont-d'Arbois* ☎ *04 50 21 29 79,* **BZ.**

Altiport de Megève-Mont-d'Arbois ☎ *04 50 21 33 67, SE : 7 km* **BZ.**

🛈 *Office de tourisme, rue Monseigneur Conseil* ☎ *04 50 21 27 28, Fax 04 50 93 03 09,*
megeve@megeve.com.

Paris 598 ① *– Chamonix-Mont-Blanc 33* ① *– Albertville 32* ② *– Annecy 60* ②.

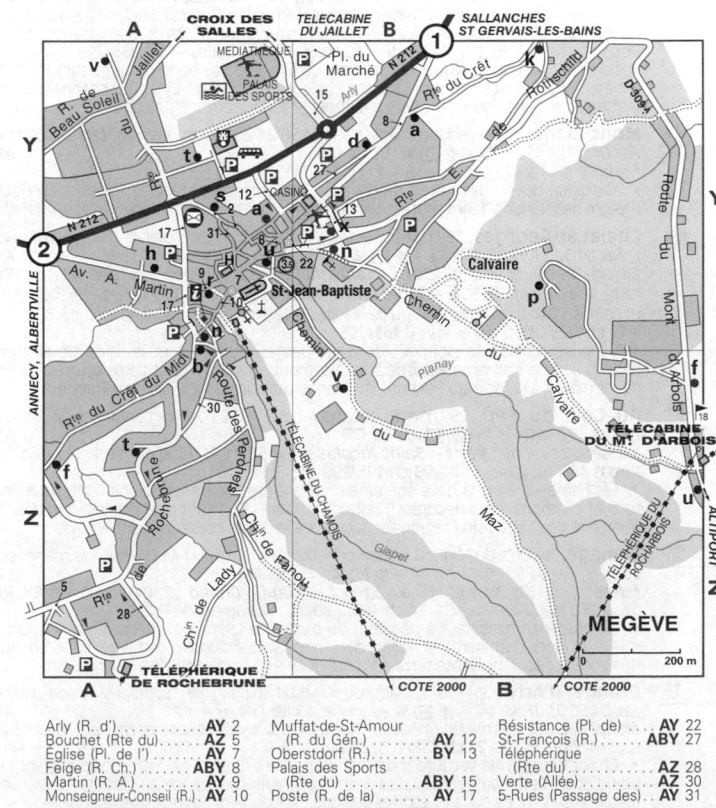

Arly (R. d')	**AY** 2	Muffat-de-St-Amour		Résistance (Pl. de)	**AY** 22
Bouchet (Rte du)	**AZ** 5	(R. du Gén.)	**AY** 12	St-François (R.)	**ABY** 27
Église (Pl. de l')	**AY** 7	Oberstdorf (R.)	**BY** 13	Téléphérique	
Feige (R. Ch.)	**ABY** 8	Palais des Sports		(Rte du)	**AZ** 28
Martin (R. A.)	**AY** 9	(Rte du)	**ABY** 15	Verte (Allée)	**AZ** 30
Monseigneur-Conseil (R.)	**AY** 10	Poste (R. de la)	**AY** 17	5-Rues (Passage des)	**AY** 31

🏨 **Les Fermes de Marie** ⚜, chemin de Riante Colline par ② ℘ 04 50 93 03 10, *contact@f ermesdemarie.com*, Fax 04 50 93 09 84, ⟨, 🍽, 🏊, ⼵, 🔲, ⼵ – ⫶ 📺 📶 ⚓ ♿ ⟸ 🅿 – ⬛ 100. 🖭 ⓪ GB, ⚡ rest

hôtel : 1ᵉʳ juin-15 oct. et 1ᵉʳ déc.-15 avril ; rest. : 30 juin-1ᵉʳ sept. et 15 déc.-31 mars – **Repas** carte 60 à 90 ♈ *- Rôtisserie* (dîner seul.) **Repas** 50 – *Restaurant à Fromages* (dîner seul) **Repas** 45bc – ⫧ 20 – **63 ch** 348/632, 5 suites, 3 duplex – ½ P 203/378.

♦ Ce hameau d'authentiques fermes savoyardes soigneusement reconstitué est un remarquable succès. Chauds salons, boiseries, meubles régionaux... Luxueux et unique. Belle salle à manger montagnarde coiffée d'une charpente apparente et cuisine au goût du jour.

🏨 **Lodge Park**, 100 r. Arly ℘ 04 50 93 05 03, *contact@lodgepark.com*, Fax 04 50 93 09 52, 🛁, 🔲, – ⫶ 📺 ⟸ 🅿 – ⬛ 60. 🖭 ⓪ GB JCB   AY s
15 déc.-30 mars – **Repas** (dîner seul.) carte 54 à 76 ♈ – ⫧ 18 – **39 ch** 290/470, 11 suites – ½ P 186,50/277.

♦ Décoration très réussie des chambres sur le thème des lacs canadiens et des chercheurs d'or, rondins, cascades, trophées de chasse... Esprit "trappeur", es-tu là ? Au restaurant, les Adirondacks revus et corrigés... à la mode mégevanne ! Cuisine inventive.

🏨 **Chalet du Mont d'Arbois** ⚜ (annexe Chalet de Noémie ⚜ ⟨ 5 appart.), 447 chemin de la Rocaille (par rte Edmond de Rothschild) ℘ 04 50 21 25 03, *montarbois@relaischateaux .fr*, Fax 04 50 21 24 79, ⟨, 🍽, 🛁, 🏊, 🔲, ⚡ – ⫶ 📺 📶 ⚓ 🅿 🖭 ⓪ GB ⚡   BY p
18 juin-26 sept. et 10 déc.-31 mars – **Repas** *(fermé le midi en semaine et lundi sauf vacances scolaires)* 56/110 🍽 – ⫧ 25 – **34 ch** 330/713, 7 suites – ½ P 273,50/526.

♦ Vue sublime sur les sommets alentour dans ces chalets isolés sur le plateau du mont d'Arbois. Chambres raffinées et délicieuse annexe abritant de beaux appartements. Élégante salle à manger, terrasse d'été prisée, cuisine soignée et superbe carte des vins.

🏨 **Fer à Cheval**, 36 rte Crêt d'Arbois ℘ 04 50 21 30 39, *fer-a-cheval@wanadoo.fr*, Fax 04 50 93 07 60, ⟨, 🍽, 🛁, 🏊, – ⫶ 📶 rest, 📺 ⚓ ⟸ 🅿 – ⬛ 70. 🖭 ⓪ GB ⚡ rest   BY a
mi-juin-mi-sept. et mi-déc.-mi-avril – **Repas** *(fermé lundi et mardi)* (dîner seul) 50, enf. 24 ♈ *- L'Alpage* (dîner seul.) *(20 déc.-2 avril et fermé lundi et mardi sauf vacances scolaires)* **Repas** carte 37 à 78, enf. 4 – ⫧ 19 – **40 ch** 308/510, 8 suites – ½ P 255/295.

♦ Le chalet bâti en 1938 par le forgeron du village a été transformé et agrandi dans les années 1960. Bel intérieur montagnard, chaleureux et "cosy". Dîner aux chandelles, près de la cheminée, dans une intime salle à manger. Plats du terroir à L'Alpage.

🏨 **Mont-Blanc** sans rest, pl. Église ℘ 04 50 21 20 02, *contact@hotelmontblanc.com*, Fax 04 50 21 45 28, 🔲, – ⫶ 📺 ⚓, 🖭 ⓪ GB   AY r
fermé 1ᵉʳ mai au 10 juin – ⫧ 15 – **40 ch** 212/576.

♦ Mythique doyen des hôtels mégévans : "21ᵉ arrondissement de Paris" selon Cocteau, théâtre des Liaisons dangereuses version Vadim... Très jolies chambres personnalisées.

🏨 **Chalet St-Georges**, 159 r. Mgr Conseil ℘ 04 50 93 07 15, *chalet-st-georges@wanadoo.f r*, Fax 04 50 21 51 18, 🍽, 🛁 – ⫶ 📺 ⚓ ⟸ – ⬛ 25. 🖭 ⓪ GB, ⚡ rest   AY n
24 juin-13 sept. et 17 déc.-15 avril – **Table du Pêcheur** (dîner seul.) *(20 déc.-31 mars)* **Repas** carte 32 à 39, enf. 13,50 ♈ – *Table du Trappeur* ℘ 04 50 21 15 73 *(26/6-19/9, 23/10-19/4 et fermé lundi, mardi et merc. du 02/11 au 15/12)* **Repas** carte 32 à 40, enf. 13,50 ♈ – ⫧ 18 – **19 ch** 165/285, 5 suites – ½ P 163/205.

♦ Véritable "chalet de poupée" dont les petites chambres et le salon douillettement habillés de bois s'agrémentent de bibelots, meubles savoyards et tissus colorés. Cuisine et décor marins à la Table du Pêcheur. Ambiance chaleureuse à la Table du Trappeur.

🏨 **Au Coin du Feu**, 252 rte Rochebrune ℘ 04 50 21 04 94, *contact@coindufeu.com*, Fax 04 50 21 20 15, ⟨ – ⫶ 📺, 🖭 ⓪ GB   AZ t
juil.-sept. et mi déc.à avril – **Saint Nicolas** ℘ 04 50 21 41 75 (dîner seul.) *(12 déc.-5 avril)* **Repas** 45, enf. 20 – ⫧ 10 – **23 ch** 195/290 – ½ P 117/169.

♦ Les flambées dans la belle cheminée ne font pas mentir l'enseigne... Intérieur chaleureux et chambres bien décorées ; celles avec coin-salon sont plus amples. Agréable cadre "pierre et bois" et cuisine régionale assortie de recettes corses au Saint-Nicolas.

🏨 **Manège**, rte Crêt du Midi, rd-pt de Rochebrune ℘ 04 50 21 41 09, *hotel.le.manege@wan adoo.fr*, Fax 04 50 21 44 76, 🍽 – ⫶ 📺 ⚓ ⟸, 🖭 GB   AYZ b
fermé 1ᵉʳ au 31 mai et 1ᵉʳ au 31 oct. – **Sapin Chaud** ℘ 04 50 91 08 88 **Repas** (20)- 26,50 (déj.)/75 – ⫧ 15 – **14 ch** 360, 7 suites, 12 duplex – ½ P 230.

♦ Un hôtel flambant neuf à deux pas du centre de la station. Intérieur "cosy" (bois, tons rouge et vert dominant) et jolies chambres avec balcons ; certaines sont en duplex. Chaleureux décor, plaisante terrasse d'été et cuisine traditionnelle au Sapin Chaud.

🏨 **Grange d'Arly** ⚜, 10 r. Allobroges ℘ 04 50 58 77 88, *contact@grange-darly.com*, Fax 04 50 93 07 13, 🍽 – ⫶ 📺 ⚓ ♿ ⟸ 🅿 🖭 ⓪ GB JCB, ⚡   AY t
fin juin-fin sept. et mi-déc.-mi-avril – **Repas** *(fin juin-début sept. et mi-déc.-mi-avril)* (dîner seul.) 17/32 – ⫧ 8 – **22 ch** 188/265, 3 suites – ½ P 114,50/164,50.

♦ Chalet entouré de verdure, non loin d'un cours d'eau. Charmant décor mêlant le bois blond et les tissus provençaux. Les chambres mansardées sont les plus agréables. Coquet restaurant - lambris clairs et étoffes aux couleurs du Midi - et recettes régionales.

Chaumine sans rest, 36 chemin des Bouleaux par chemin du Maz 04 50 21 37 05, *Fax 04 50 21 37 21,* ←, – . GB. BZ v
26 juin-31 août et 18 déc.-15 avril – 8 – **11 ch** 98.
◆ À 300 m du village et de la télécabine du Chamois, une ferme du 19e s. joliment restaurée à la mode montagnarde (lambris, mobilier en pin ou campagnard). Accueil familial.

Coeur de Megève, 44 av. Ch. Feige 04 50 21 25 30, *info@hotel-megeve.com, Fax 04 50 91 91 27,* – . AE GB AY u
Repas *(fermé sept. et oct.)* (17) - 19 (déj.), 27/31, enf. 9,50 **St-Jean** *(ouvert 20 déc. au 7 avril et fermé lundi hors vacances scolaires)* **Repas** carte environ 35 – 11,50 – **38 ch** 162/171 – ½ P 115/125,50.
◆ Élégantes chambres rénovées dans le style savoyard ; certaines ont vue sur les sommets, d'autres sur un torrent. Salon de coiffure. Restaurant traditionnel, salon de thé et terrasse estivale... au coeur de Megève. Spécialités fromagères au Saint Jean.

Ferme Hôtel Duvillard, 3048 rte Edmond de Rothschild 04 50 21 14 62, *contact@ferme-hotel.com, Fax 04 50 21 42 82,* ←, , , – . AE GB BZ u
1er juil.-20 sept. et 1er déc.-1er mai – **Repas** *(1er juil.-10 sept. et 10 déc.-1er mai)* 23 (déj.)/29, enf. 11,50 – 10 – **19 ch** 130/230 – ½ P 119/145.
◆ Ancienne ferme convertie en hôtel au pied de la télécabine du mont d'Arbois. Plaisantes chambres lambrissées, plus calmes côté vallée. Cuisine familiale d'inspiration régionale le soir, formule brasserie simplifiée à midi. Décor de taverne autrichienne.

Au Vieux Moulin , 188 r. A. Martin 04 50 21 22 29, *vieuxmoulin@compuserve.com, Fax 04 50 93 07 91,* , – – 20. AE GB. AY h
1er juin-30 sept. et 15 déc.-15 avril – **Repas** (dîner seul.) 30/35 – 13 – **39 ch** 180/230 – ½ P 130/155.
◆ Deux altiers chalets où l'on préférera les chambres tournées vers les cimes. Billard, sauna, piscine et espace beauté sont là pour agrémenter votre séjour. Les tables du restaurant entourent l'imposante cheminée où sont préparées les grillades.

Prairie sans rest, r. Ch. Feige 04 50 21 48 55, *contact@hotellaprairie.com, Fax 04 50 21 42 13,* – – 25. GB JCB BY d
10 juin-30 sept. et 10 déc.-30 avril – 8,50 – **39 ch** 140/260.
◆ À l'entrée de la station, bâtiment de type chalet datant des années 1980. Chambres pratiques souvent dotées de balcons ; elles sont plus coquettes et chaleureuses à l'annexe.

Gai Soleil, rte Crêt du Midi 04 50 21 00 70, *info@le-gai-soleil.fr, Fax 04 50 21 57 63,* ←, , – . AE GB AZ f
12 juin-12 sept. et 18 déc.-16 avril – **Repas** 18/23 – 8 – **21 ch** 87/110 – ½ P 80/90.
◆ Ce chalet des années 1920 est fréquenté par une clientèle de fidèles conquise par son cachet et les bienfaits de son minifitness. Chambres plus tranquilles sur l'arrière. Sympathique restaurant campagnard et soirée "tartiflette géante" une fois par semaine.

Terrass Park Hôtel , 377 rte d'Odier par ② *et rte secondaire* 04 50 21 04 76, *terrasspark@wanadoo.fr, Fax 04 50 58 78 78,* ←, – . GB. rest
fermé 26 avril au 4 juin et 22 sept. au 18 déc. sauf vacances de toussaint – **Repas** (dîner seul.) 23, enf. 8 – 7 – **22 ch** 63/100 – ½ P 75/82.
◆ Adresse familiale progressivement redécorée dans un esprit chalet. Les chambres, simples, adoptent un nouveau cadre (bois clair et tissus façon toile de Jouy) assez plaisant. Salle à manger joliment rénovée et terrasse face aux pistes ; cuisine traditionnelle.

L'Auguille sans rest, 71,chemin de l'Auguille 04 50 21 40 00, *Fax 04 50 21 53 20,* – . GB. AY v
1er juin-30 sept. et 15 déc.-30 avril – 6,10 – **11 ch** 65/73.
◆ Un peu à l'écart du Megève animé et noctambule, un hôtel discret et calme, aux chambres fonctionnelles demi-lambrissées. Salon convivial doté d'une cheminée.

XXXX ✿✿✿ **La Ferme de mon Père** (Veyrat) avec ch, 367 rte du Crêt 04 50 21 01 01, *reservation@marcveyrat.fr, Fax 04 50 21 43 43* – . AE GB BY k
mi-déc.-fin-avril et fermé lundi sauf hotel et le midi sauf week-ends – **Repas** 270/360 et carte 230 à 290 – 60 – **6 ch** 550/915, 3 suites.
◆ Ce hameau d'alpage reconstitué est un superbe hommage rendu à la Savoie par un chef conservateur... du patrimoine ! Hymne culinaire aux herbes alpestres et chambres sublimes.
Spéc. Soupe de courge au lard virtuel. Joue de porc aux agrumes, matafans savoyards. Bonbon de caviar, gelée de tussilage, pommes de terre râpées. **Vins** Chignin-Bergeron, Mondeuse

XX ✿ **Flocons de Sel** (Renaut), 75 r. St-François 04 50 21 49 99, *Fax 04 50 21 68 22* – GB AY a
fermé 7 au 30 juin, 7 au 30 nov. – **Repas** *(fermé lundi midi, jeudi midi, mardi et merc. hors saison, mardi midi et merc. midi en vacances scolaires)* 45/76 et carte 65 à 90 .
◆ Joli nom pour un joli cadre : dans une ferme du 19e s. au coeur de la station, deux salles rustiques plaisamment décorées d'une myriade d'objets. Cuisine créative.
Spéc. Ecrevisses du lac sur leur gelée. Jarret de boeuf Abondance servi tiède. Travers de porc fermier caramélisé. **Vins** Roussette de Savoie, Mondeuse d'Arbin.

MEGÈVE

XX **Taverne du Mont d'Arbois**, 2811 rte Edmond de Rothschild, *montarbois@relaischateaux.fr*, Fax 04 50 58 93 02, – AE GB
BZ f
fermé 2 mai au 11 juin et 2 nov. au 12 déc. – **Repas** *(fermé le midi en été, lundi midi, mardi midi, merc. midi et jeudi midi en hiver sauf vacances scolaires)* 47.
♦ Sympathique atmosphère montagnarde dans ce chalet en vogue : cadre "paysan" et recettes savoyardes dans l'assiette. Le week-end, le bar se transforme en club de jazz.

X **Puck**, 31 r. Oberstdorf, Fax 04 50 21 68 22, – GB
BY x
Repas 28 (déj) et carte environ 37, enf. 15.
♦ Un nom qui désigne le palet des hockeyeurs pour ce restaurant installé à la patinoire centrale. Décor moderne aux tons gris, terrasse bien exposée et cuisine de brasserie.

X **Vieux Megève**, 58 pl. Résistance, *vieux-megeve@py-internet.com*, Fax 04 50 93 06 69 –
BY n
10 juil.-31 août. et 15 déc.-10 avril – **Repas** (déj. seul) 21 et carte 34 à 50, enf. 13,50.
♦ Ce chalet (1880) cultive la nostalgie du Megève des origines : qualité de l'accueil, boiseries patinées, grande cheminée, linge à l'ancienne et spécialités régionales.

au sommet du Mont d'Arbois *par télécabine du Mt d'Arbois ou télécabine de la Princesse* – ⊠ 74170 St-Gervais :

Igloo ⑤, 3120 rte Crêtes, *igloo2@wanadoo.fr*, Fax 04 50 21 02 74, chaîne du Mont Blanc, – 25. AE GB JCB
20 juin-10 sept. et 18 déc.-20 avril – **Repas** 35/45 – 12 – **12 ch** (½ pens. seul.) – ½ P 118/188.
♦ Au point de rencontre de trois téléphériques, une vue exceptionnelle sur le massif du Mont-Blanc. Mobilier choisi, jacuzzi et sauna ajoutent à l'agrément du lieu. Panorama époustouflant depuis la terrasse du restaurant. Également, self-service pour skieurs.

X **Idéal**, Fax 04 50 93 02 63, de la chaîne des Aravis au Mont-Blanc, – AE GB
juil.-août et 15 déc.-15 avril – **Repas** (déj. seul.) carte 35 à 45.
♦ Une ancienne ferme d'alpage devenue le restaurant d'altitude le plus chic de la station. Paysage remarquable, vaste terrasse et plats "montagnards" sont au rendez-vous.

à la Côte 2000 *Sud-Est : 8 km par rte Edmond de Rothschild - BZ –* alt. 1450 – ⊠ 74120 Megève :

X **Côte 2000**, Fax 04 50 93 02 63, – AE GB
3 juil.-5 sept. et 11 déc.-1er mai – **Repas** (29) carte 45 à 60.
♦ Au pied des pistes, authentique chalet savoyard abritant deux chaleureuses salles à manger habillées de bois et une terrasse orientée plein Sud.

à Leutaz *Sud-Ouest : 4 km par rte du Bouchet AZ –* ⊠ 74120 Megève :

XX **La Sauvageonne-Chez Nano**, Fax 04 50 58 75 44, – GB
28 juin-16 sept. et 15 déc.-20 avril – **Repas** 30.
♦ Franc succès pour cette ferme de 1907 dont l'intérieur coquet est agrémenté de tableaux de bois sculptés représentant des paysages alpins. Clientèle tendance "showbiz".

X **Refuge**, Fax 04 50 91 99 76, – P. GB
fermé 10 juin au 10 juil. et 20 sept. au 20 oct. – **Repas** 23 (déj.) et carte 37 à 43.
♦ "Refuge" récemment ouvert sur les hauteurs de la station lancée par la baronne Noémie de Rothschild. Influences montagnardes tant pour le décor que dans l'assiette.

MEHUN-SUR-YÈVRE 18500 Cher ⓷⓶⓹ J4 G. Berry Limousin – 7 212 h alt. 130.
Voir *Spectacle★ du Pôle de la porcelaine.*
🅱 *Office de tourisme, place du 14 Juillet, Fax 02 48 57 13 40, office-tourisme-mehun@wanadoo.fr.*
Paris 222 – Bourges 19 – Cosne-sur-Loire 72 – Gien 77 – Issoudun 32 – Vierzon 16.

XXX **Les Abiès**, rte Vierzon, Fax 02 48 57 00 70, – P. AE GB
fermé 29 juil. au 6 août, 20 au 29 oct.,23 fév. au 17 mars, le soir (sauf vend. et sam.) et lundi – **Repas** 16,50/35 et carte 29 à 53.
♦ Demeure bourgeoise dans un jardin arboré. Salle à manger spacieuse, au cadre contemporain teinté de touches marines (fresque, vivier à homards). Cuisine traditionnelle.

Dans ce guide
un même symbole, un même mot,
imprimé en **rouge** *ou en* noir*, en* maigre *ou en* **gras***,*
n'ont pas tout à fait la même signification.
Lisez attentivement les pages explicatives.

MEILLARD *03500 Allier* 326 G4 – *280 h alt. 340.*

Paris 319 – Clermont-Fd 86 – Mâcon 149 – Montluçon 68 – Moulins 27 – Nevers 82.

X **Auberge Gourmande,** Le Bourg $\mathscr{C}$ 04 70 42 06 09, 斎 – **GB**
fermé 1ᵉʳ au 15 juil., vacances Toussaint, de Noël, de fév., lundi sauf été, mardi et merc. –
Repas 20/40 ♀.

♦ Cette vieille maison de pays abrite un sobre intérieur champêtre. La terrasse offre la vue sur l'insolite église du village. Petite carte au goût du jour. Aire de jeux.

MEILLONNAS *01370 Ain* 328 F3 – *1 204 h alt. 271.*

Paris 432 – Bourg-en-Bresse 12 – Mâcon 47 – Nantua 37 – Oyonnax 46.

X **Auberge Au Vieux Meillonnas,** $\mathscr{C}$ 04 74 51 34 46, Fax 04 74 51 34 46, 斎 , 霖 – **P.**
GB
fermé vacances de Toussaint, dim. soir sauf été, mardi soir et merc. – **Repas** 15/33, enf. 8.
♦ Adresse toute simple sur la traversée d'un pittoresque village bressan. Atmosphère rustique dans la salle ouverte sur la terrasse ombragée et le jardin. Plats traditionnels.

MEISENTHAL *57960 Moselle* 307 P5 – *766 h alt. 380.*

Paris 440 – Strasbourg 62 – Haguenau 47 – Sarreguemines 38 – Saverne 40.

🏠 **Auberge des Mésanges** 🦢, $\mathscr{C}$ 03 87 96 92 28, *hotel-restaurant.auberge-mesanges@*
wanadoo.fr, Fax 03 87 96 99 14, 斎 – 🖵 ✆ & **P.** – ⚙ 20. **GB**
fermé 24 au 28 déc. et 11 au 28 fév. – **Repas** *(fermé dim. soir et lundi)* 9,30 (déj.),
14,20/21,50, enf. 7,10 ♀ – ⌕ 6 – **20 ch** 38,50/51 – ½ P 42.
♦ Auberge familiale logée dans une maison centenaire située à l'orée d'une forêt, au sein du Parc naturel des Vosges du Nord. Chambres bien tenues. Vaste salle où l'on propose une cuisine traditionnelle sans prétention. Flammekueche et pizzas le week-end.

Dans ce guide

un même symbole, un même mot,
*imprimé en **rouge** ou en **noir**, en maigre ou en **gras**,*
n'ont pas tout à fait la même signification.
Lisez attentivement les pages explicatives.

MÉJANNES-LÈS-ALÈS *30 Gard* 339 J4 – *rattaché à Alès.*

MÉLISEY *70270 H.-Saône* 314 H6 *G. Jura* – *1 794 h alt. 330.*

🚊 *Office de tourisme, place de la Gare* $\mathscr{C}$ 03 84 63 22 80, Fax 03 84 63 26 94, office.tou-
risme.melisey@wanadoo.fr.
Paris 397 – Épinal 63 – Belfort 33 – Besançon 92 – Lure 13 – Luxeuil-les-Bains 22.

X **Bergeraine,** 27, rte des Vosges $\mathscr{C}$ 03 84 20 82 52, Fax 03 84 20 04 47, 斎 – ■ **P.** AE ①
GB JCB
fermé dim. soir, mardi soir et merc. sauf fériés et veilles de fêtes – **Repas** 15/65, enf. 12 ♨.
♦ En bord de route, à la sortie d'un bourg du plateau des Mille Étangs, engageante petite maison aux abords fleuris. Terrasse ombragée par des tilleuls. Plats au goût du jour.

MELLE *79500 Deux-Sèvres* 322 F7 – *3 851 h alt. 138.*

🚊 *Office de tourisme, 3 rue Emilien Traver* $\mathscr{C}$ 05 49 29 15 10, Fax 05 49 29 19 83,
tourisme.pays.mellois@wanadoo.fr.
Paris 394 – Poitiers 60 – Niort 30 – St-Jean-d'Angély 45.

🏠 **L'Argentière,** à St-Martin, sur rte Niort : 2 km $\mathscr{C}$ 05 49 29 13 74, *hotel-restaurant.largent*
iere@wanadoo.fr, Fax 05 49 29 06 63, 斎 , 霖 – cuisinette 🖵 ✆ & **P. GB**
fermé dim. soir, vend. soir d'oct. à mai et lundi – **Repas** (22) - 9 (déj.), 13/36,50 ♨ – ⌕ 6 –
18 ch 39/43 – ½ P 45.
♦ L'enseigne évoque les anciennes mines d'argent melloises. Les pavillons de plain-pied, égayés de colonnes antiquisantes, abritent de petites chambres rénovées et colorées. Salles à manger actuelles et, aux beaux jours, terrasses dressées sous des tonnelles.

XX **Les Glycines** avec ch, 5 pl. R. Groussard $\mathscr{C}$ 05 49 27 01 11, *eric.caillon@wanadoo.fr*,
Fax 05 49 27 93 45 – 🖵 AE **GB**
fermé 26 janv. au 1ᵉʳ fév., dim. soir hors saison et lundi – **Repas** 13,50/38,50, enf. 10,50 ♀ –
⌕ 6 – **7 ch** 38/52 – ½ P 47/51.
♦ Restaurant situé au centre de ce bourg autrefois réputé pour l'élevage des "baudets du Poitou". La salle à manger se pare d'un décor printanier.

MELUN P *77000 S.-et-M.* **312** E4 *G. Île de France – 35 695 h Agglo. 107 705 h alt. 43.*

Voir *Portail★ de l'église St-Aspais.*

Env. *Vaux-le-Vicomte : château★★ et jardins★★★ 6 km par ②.*

🆂 *de la Croix-des-Anges à Réau* 🎓 *01 60 60 18 76, par ⑨ : 8 km ;* 🆂 *U.C.P.A. Bois-le-Roi à Bois-le-Roi* 🎓 *01 64 81 33 31, par ⑤ : 8 km ;* 🆂 *de Greenparc à St-Pierre-du-Perray* 🎓 *01 60 75 40 60, par ⑧ : 15 km ;* 🆂 *Blue Green Golf de Villeray à St-Pierre-du-Perray* 🎓 *01 60 75 17 47, par ⑦ : 21 km.*

🅱 *Syndicat d'initiative,* 🎓 *01 64 10 03 25, Fax 01 64 10 03 25, contact@ville-melun.fr.*

Paris 47 ⑧ – Fontainebleau 18 ⑤ – Orléans 104 ⑥ – Troyes 128 ③.

Plans page ci-contre

🏨 **Bleu Marine,** av. Gén. Leclerc par ⑤ : *2,5 km rte Fontainebleau* 🎓 *01 64 39 04 40, melun @bleumarine.fr, Fax 01 64 39 94 10,* 🌡, 🆂, 🏊, 🍴, 🐾 – 📶 🔄 📺 ☎ 🅿 – 🏛 150. 🆎 ⓪ 🇬🇧

Repas *(18,50)* - 24/41, enf. 7,50 ♈ – ☕ 11 – **44 ch** 74/97, 5 suites.
♦ À l'orée de la forêt de Fontainebleau, architecture en béton des années 1970 disposant de chambres fonctionnelles. Située sur l'arrière de l'hôtel Bleu Marine, la salle à manger - classiquement aménagée - offre une jolie vue sur le parc et la forêt.

🏨 **Kyriad,** Z.A. St-Nicolas : par ②, *rte Meaux* ✉ *77950 Rubelles* 🎓 *01 64 52 41 41, kyriadmelu n@wanadoo.fr, Fax 01 64 52 26 00,* 🌡 – 📶 🔄 📺 ☎ 🅿 – 🏛 60. 🆎 🇬🇧 **X n**

Repas *(fermé sam. et dim.)* 14/21 ♈ – ☕ 6,50 – **54 ch** 57/60 – ½ P 70.
♦ À la périphérie melunaise, bâtisse contemporaine aux chambres spacieuses, pratiques et bien équipées. Salons avec billard et piano. Une fresque bucolique décore les murs de la salle de restaurant sobrement actuelle et lumineuse ; menus et carte traditionnels.

XX **Le Mariette,** 31 r. St-Ambroise 🎓 *01 64 37 06 06, Fax 01 64 37 00 47* – 📺, 🇬🇧 **AZ a**
fermé 1ᵉʳ au 29 août, 23 déc. au 1ᵉʳ janv., lundi soir, merc. soir, dim. et fériés – **Repas** 25/33.
♦ Façade, murs intérieurs et vivier à homards : le bleu domine dans l'élégant décor de ce restaurant où la cuisine traditionnelle fait la part belle aux produits de la mer.

XX **Melunoise,** 5 r. Gâtinais 🎓 *01 64 39 68 27, Fax 01 64 39 81 81* – 🇬🇧 **X b**
fermé 2 au 22 août, 22 au 28 déc., 14 au 20 fév.,dim. soir, lundi soir, mardi soir, sam. midi et merc. – **Repas** 29/50 ♈.
♦ Discrète maison en retrait de la circulation. Deux salles à manger sobrement rustiques, séparées par un petit hall égayé de murs à colombages. Registre culinaire classique.

à Crisenoy par ② : *10 km – 604 h. alt. 89 –* ✉ *77390 :*

XXX **Auberge de Crisenoy,** r. Grande 🎓 *01 64 38 83 06, Fax 01 64 38 89 06,* 🌳 – 🇬🇧
fermé 2 au 23 août, vacances de fév., dim. soir, merc. soir et lundi – **Repas** 21 (déj.), 28/44 et carte 38 à 56, enf. 15.
♦ Plaisant cadre d'auberge au coeur d'un petit village : pierre brute, poutres, cheminée et mobilier campagnard. On y sert une cuisine traditionnelle.

à Vaux-le-Pénil *Sud-Est : 3 km – 10 688 h. alt. 60 –* ✉ *77000 :*

XXX **Table St-Just,** r. Libération (près Château) 🎓 *01 64 52 09 09, Fax 01 64 52 09 09* – 🅿 🆎 🇬🇧 **X s**
fermé 1ᵉʳ au 10 mai, août, 23 déc. au 6 janv., dim., lundi et fériés – **Repas** 35/55 et carte 45 à 69 ♈.
♦ Ancienne ferme dépendant du château de Vaux-le-Pénil. C'est aujourd'hui un restaurant aménagé avec goût sous une haute charpente en chêne. Cuisine au goût du jour.

au Plessis-Picard par ⑧ : *8 km –* ✉ *77550 :*

XXX **Mare au Diable,** 🎓 *01 64 10 20 90, mareaudiable@wanadoo.fr, Fax 01 64 10 20 91,* 🌡, 🏊, 🍴, 🐾 – 🅿. 🆎 ⓪ 🇬🇧
fermé 19 juil. au 10 août, mardi soir, dim. soir et lundi – **Repas** 25/47 et carte 53 à 75, enf. 10.
♦ Cette demeure du 15ᵉ s. tapissée d'ampélopsis fut fréquentée par George Sand. L'intérieur, agrémenté de solives patinées et d'une cheminée, ne manque pas de caractère.

à Pouilly-le-Fort par ⑨ : *6 km –* ✉ *77240 :*

XXX **Pouilly,** r. Fontaine 🎓 *01 64 09 56 64, lepouilly@wanadoo.fr, Fax 01 64 09 56 64,* 🌡, 🌳 – 🅿. 🆎 ⓪ 🇬🇧
fermé 15 août au 9 sept., 22 au 28 déc., dim. soir et lundi – **Repas** (27) - 34/68 et carte 70 à 91.
♦ En cette vieille ferme briarde, pierres apparentes, tapisseries et cheminée composent un décor plein de charme, surplombé d'une mezzanine et de sa balustrade en chêne.

MELUN

Alsace-Lorr. (Q.) . . . . . **BZ** 2
Carnot (R.) . . . . **AY** 3
Chartrettes (Rte de) . . . **X** 6
Chasse (R. de la) . . . . . **X** 7
Corbeil (Av. de) . . . . . . **X** 8
Courtille (R. de la) . . . . **BZ** 9
Doumer (R. Paul) . . . . **BY** 13
Europe (Rd-Pt de l') . . . **X** 14
Galliéni (Pl.) . . . . **X** 17
Gaulle
  (R. du Gén. de) . . **BY, X** 18
Godin (Av. E.) . . . . **AZ** 19
Jaurès (Av. J.) . . . . **X** 20
Leclerc (Av. Gén.) . . . . **X** 22
Libération (Av. de la) . . **X** 23
Miroir (R. du) . . . . **AY** 25
Montagne-du-Mée
  (R. de la) . . . . **AY** 26
N.-Dame (Pl.) . . . . **BZ** 32
Pompidou (Av. G.) . . . . **X** 33
Pouteau (R. René) . . . . **BY** 34
Prés.-Despatys (R.) . . . **AY** 35
Rossignol (Q. H.) . . . . . **X** 39
St-Ambroise (R.) . . . . . **AZ**
St-Aspais (R.) . . . . **BY** 41
St-Étienne (R.) . . . . **AZ** 43
Thiers (Av.) . . . . . . **AZ, X** 46
Vaux (R. de) . . . . **X** 49
Voisenon (Rte de) . . . . **X** 53
13ᵉ-Dragons (Av.) . . . . **X** 57
31ᵉ-d'Inf. (Av. du) . . . . **X** 65

LE MÉE-SUR-SEINE

Courtilleraies (Av. des) . **X** 10
Dauvergne (Av. M.) . . . **X** 12

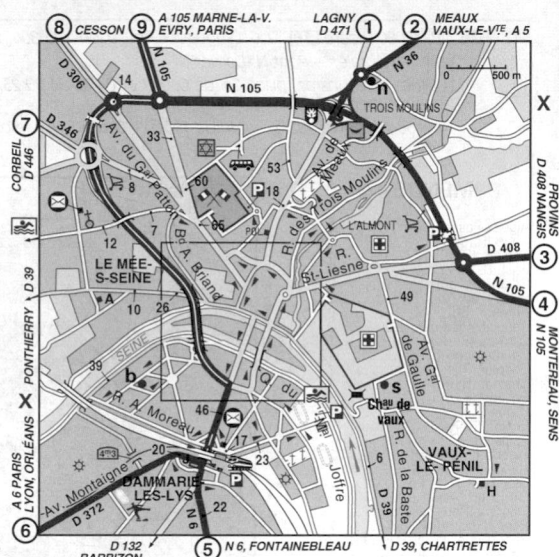

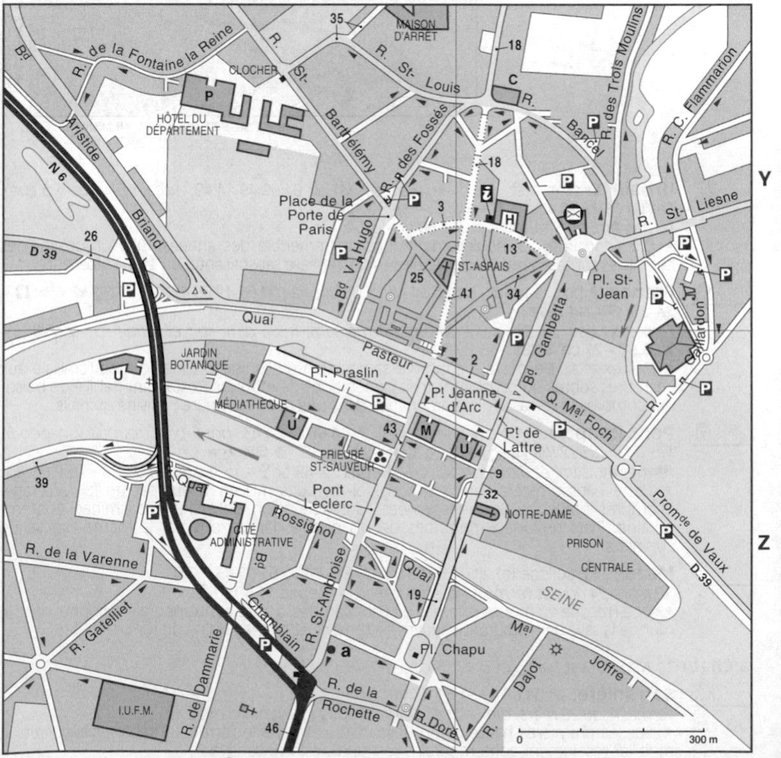

Voir *Cathédrale⋆ – Pont N.-Dame⋆.*

🛈 *Office de tourisme, place Gal de Gaulle ℘ 04 66 94 00 23, Fax 04 66 49 21 10, informa tions@ot-mende.fr.*

Paris 584 ① – Alès 102 ③ – Aurillac 150 ① – Cap 305 ② – Issoire 139 ① – Millau 96 ③.

MENDE

Aigues-Passes (R. d')	2
Ange (R. de l')	3
Angiran (R. d')	4
Arjal (R. de l')	5
Beurre (Pl. au)	6
Blé (Pl. au)	7
Britexte (Bd)	8
Capucins (Bd des)	9
Carmes (R. des)	10
Chanteronne (R. de)	12
Chaptal (R.)	13
Chastel (R. du)	14
Collège (R. du)	18
Droite (R.)	19
Écoles (R. des)	20
Épine (R. de l')	21
Estoup (Pl. René)	22
Gaulle (Pl. Ch.-de)	23
Montbel (R. du Fg)	24
Piencourt (Allée)	25
Planche (Pont de la)	26
Pont N.-Dame (R. du)	27
République (Pl. et R.)	30
Roussel (Pl. Th.)	32
Soubeyran (Bd du)	33
Soubeyran (R. du)	34
Soupirs (Allée des)	36
Urbain V (Place)	37

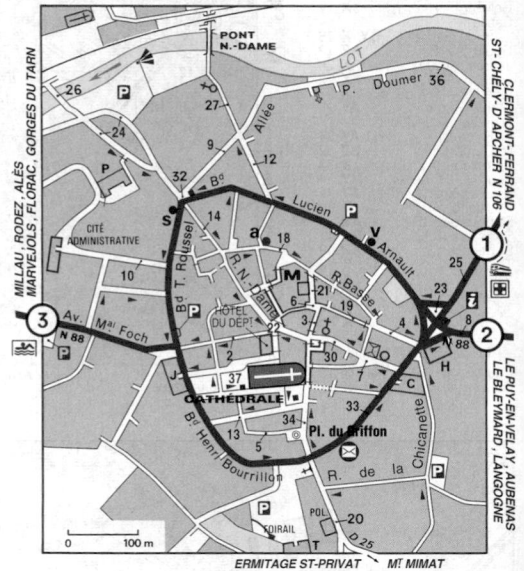

ERMITAGE ST-PRIVAT   Mᵗ MIMAT

🏨 **Urbain V** sans rest, 9 bd Th. Roussel (s) ℘ 04 66 49 14 49, *urbain-5@urbain-5.com*, Fax 04 66 49 20 42 – 🛗 🖵 🚗 🅿 – 🔬 30. ⅋ℬ
fermé dim. hors saison – 🍽 7 – **60 ch** 40/54.
  ◆ Sur l'enceinte des boulevards, imposant immeuble des années 1970 proposant des chambres toutes identiques et équipées de manière satisfaisante. Cafétéria attenante.

🏠 **France**, 9 bd L. Arnault (v) ℘ 04 66 65 00 04, Fax 04 66 49 30 47, � – 🖵 📞 🚗 🅿 – 🔬 25. ⅋ℬ ①, ⅋⅋ rest
fermé 31 déc. au 31 janv. – **Repas** *(fermé sam. midi, dim. soir et lundi)* (15) - 20/29 🍽 – 🍽 6,50 – **27 ch** 42/65 – ½ P 48.
  ◆ Cet ex-relais de poste a conservé sa vocation d'hospitalité. Une adresse familiale aux chambres sobres où cohabitent trois générations de mobilier. Restaurant habillé de boiseries sombres et terrasse d'été aménagée dans une cour intérieure ; cuisine du pays.

🏠 **Pont Roupt**, av. 11-Novembre par ③ ℘ 04 66 65 01 43, *hotel-pont-roupt@wanadoo.fr*, Fax 04 66 65 22 96, ⅃ẛ, 🔲 – 🛗 🖵 📞 🅿 – 🔬 20. ℀ℰ ① ⅋ℬ 🅹🅲🅱
fermé fév., sam. et dim. hors saison – **Repas** 22/49 bc 🍽 – 🍽 9 – **26 ch** 60/89 – ½ P 63/80.
  ◆ Cette bâtisse recèle dans son sous-sol un puits mis en valeur par un joli éclairage. Chambres pratiques de tailles variées ; agréable salon doté d'une cheminée contemporaine. Plats régionaux mitonnés depuis quatre générations par la même famille de cuisiniers.

🍴 **Mazel**, 25 r. Collège (a) ℘ 04 66 65 05 33, Fax 04 66 65 05 33 – ⅋ℬ
🐝   *16 mars-24 nov. et fermé lundi soir et mardi –* **Repas** 13,50/26 🍽.
  ◆ Une fresque en mousse d'argile de Loul Combes, artiste contemporain reconnu, orne le mur de la salle de restaurant : oeuvre de terre célébrant la cuisine du terroir.

à Chabrits *Nord-Ouest par ③ et D 42 : 5 km –* ⊠ *48000 Mende :*

🍴🍴 **Safranière**, ℘ 04 66 49 31 54 – ⅋ℬ
🐝   *fermé 1ᵉʳ au 29 mars, dim. soir et lundi –* **Repas** *(prévenir)* 18/44 🍽.
  ◆ Sur les premières hauteurs du Gévaudan, cette vieille ferme au décor intérieur et au mobilier résolument contemporains sert une cuisine inventive.

MÉNERBES _84560 Vaucluse_ **332** E11 _G. Provence_ – _995 h alt. 224._

Voir ⩽★ _de la terrasse de l'église._

Paris 713 – Avignon 40 – Aix-en-Provence 59 – Apt 23 – Carpentras 34 – Cavaillon 16.

🏛 **Bastide de Marie** ⮳, rte Bonnieux par D 103 : 3 km 🅟 04 90 72 30 20, bastidemarie@
ch-m.com, Fax 04 90 72 54 20, ⩽, 🍽, ⛲, 🐾 – 📺 📞 🅿. 🆎 ⓞ ⌷
mi-mars-mi-nov. – **Repas** (menu unique) (dîner seul.) 70 – **14 ch** (½ pens. seul.) – ½ P 218/
345.

• Superbe bastide d'où le regard s'évade vers les vignes alentour. Mélange subtil de
meubles anciens, de bois peints et de nobles tissus dans les jolies chambres. Cuisine au
goût du jour, d'inspiration provençale, servie dans une élégante salle à manger.

MÉNESQUEVILLE _27850 Eure_ **304** I5 _G. Normandie Vallée de la Seine_ – _349 h alt. 65._

Paris 100 – Rouen 29 – Les Andelys 16 – Évreux 53 – Gournay-en-Bray 33 – Lyons-la-Forêt 8.

🏡 **Relais de la Lieure** ⮳, 1 r. Gén. de Gaulle 🅟 02 32 49 06 21, Fax 02 32 49 53 87, 🍽, 🐾
⌷ – 📺 ⛱ 🅿. ⓞ ⌷
fermé 23 déc. au 20 janv., dim. soir et lundi – **Repas** 14/42, enf. 10 ⌷ – ⌷ 7,50 – **16 ch** 50/66
– ½ P 52/61.

• Halte familiale dans un hameau situé à l'orée de la magnifique forêt de Lyons. Chambres
assez grandes, meublées simplement et bien tenues. Plats traditionnels servis dans la salle
à manger campagnarde. L'été, grillades proposées sur la terrasse.

MENESTEROL _24 Dordogne_ **329** B5 – _rattaché à Montpon-Ménestérol._

MENESTREAU-EN-VILLETTE _45240 Loiret_ **318** J5 – _1 384 h alt. 122._

Paris 160 – Orléans 30 – La Ferté-St-Aubin 7 – Salbris 33 – Sully-sur-Loire 37.

🍴🍴 **Relais de Sologne,** 🅟 02 38 76 97 40, Fax 02 38 49 60 43 – 🆎 ⓞ ⌷
fermé 24 au 31 déc., 5 au 28 fév., dim. soir, mardi soir et merc. – **Repas** 15 (déj.), 30/44,50 ⌷.
• Accueillante salle à manger rustique située au centre du village. À 2 km, ne manquez pas
la visite du domaine du Ciran, conservatoire solognot de la faune sauvage.

MENETOU-SALON _18510 Cher_ **323** K3 _G. Berry Limousin_ – _1 661 h alt. 256._

🛈 _Syndicat d'initiative, 23 rue de la mairie_ 🅟 02 48 64 87 57, Fax 02 48 64 87 57.

Paris 211 – Bourges 21 – Cosne-sur-Loire 47 – Gien 61 – Orléans 108 – Vierzon 37.

🍴 **Pré des Sèves,** rte de Bourges : 2 km 🅟 02 48 64 82 98, Fax 02 48 64 18 78, 🍽, 🐾 – 🅿.
⌷ ⌷
fermé 6 au 22 oct., 5 au 21 janv., dim. soir, lundi soir et mardi – **Repas** 15/32 ⌷.
• Une halte gourmande et sympathique sur la route Jacques Coeur : cuisine du terroir et
vins de Menetou dans une coquette salle champêtre. Une spécialité : la tête de veau.

Le MÉNIL _88 Vosges_ **314** I5 – _rattaché au Thillot._

La MÉNITRÉ _49250 M.-et-L._ **317** H4 – _1 899 h alt. 21._

🛈 _Office de tourisme, place Léon Faye_ 🅟 02 41 45 67 51.

Paris 301 – Angers 27 – Baugé 23 – Saumur 26.

🍴🍴 **Auberge de l'Abbaye,** port St-Maur 🅟 02 41 45 64 67, aubergedelabbaye@hotmail.co
m, Fax 02 41 57 69 75 – 🅿. 🆎 ⓞ ⌷
fermé 16 août au 3 sept., 20 au 29 déc., 19 fév. au 2 mars, dim. soir, lundi et mardi – **Repas**
18/42, enf. 11 ⌷.
• La vue sur le fleuve et sur la campagne angevine est l'atout maître de cette maison
établie sur une levée de la Loire. Spécialités régionales.

MENS _38710 Isère_ **333** H9 – _1 175 h alt. 780._

🛈 _Office de tourisme, rue du Breuil_ 🅟 04 76 34 84 25, Fax 04 76 34 69 01, ot.mens
@wanadoo.fr.

Paris 617 – Die 63 – Gap 62 – Grenoble 55 – La Mure 16.

🏛 **Auberge de Mens** ⮳, 🅟 04 76 34 81 00, surugue.laurence@wanadoo.fr,
⌷ Fax 04 76 34 80 90, 🍽 – 📺 📞 ⩘. 🆎 ⌷
Repas (fermé fév.), (dîner seul. de nov. à mars) 15/25, enf. 7,50 ⌷ – ⌷ 5,50 – **10 ch** 37/43 –
½ P 40.

• Sur la place du village, cette grosse maison dauphinoise vous invite à prolonger l'étape
dans des chambres actuelles bien équipées. L'hiver, veillées près du poêle à bois. Sobre salle
à manger où l'on sert le menu du jour et terrasse ombragée.

MENTHON-ST-BERNARD 74290 H.-Savoie **328** K5 *G. Alpes du Nord – 1 659 h alt. 482.*

Voir *Château de Menthon*★ : ≼★ *E : 2 km.*

🅱 *Office de tourisme, Chef Lieu* ℰ 04 50 60 14 30, Fax 04 50 60 22 19, menthonstbernard tourism@wanadoo.fr.

Paris 548 – Annecy 10 – Albertville 37 – Bonneville 50 – Megève 52 – Talloires 4 – Thônes 14.

🏨 **Beau Séjour** ⤳ sans rest, allée Tennis ℰ 04 50 60 12 04, Fax 04 50 60 05 56, ☞ – 🅿
Pâques-fin sept. – ⚏ 7 – **18 ch** 63/71.
  ♦ À 100 m du lac, paisible villa entourée d'un joli jardin. Les chambres, rénovées par étapes, sont parfois dotées d'un balcon. Lumineuse salle des petits-déjeuners.

MENTON 06500 Alpes-Mar. **341** F5 *G. Côte d'Azur – 28 812 h – Casino du Soleil* **AZ.**

Voir *Site*★★ – *Vieille ville*★★ : *Parvis St-Michel*★★, *Façade*★ *de la Chapelle de la Conception* **BY B** – ≼★ *du cimetière Anglais* **BX D** – *Promenade du Soleil*★★, ≼★ *de la jetée Impératrice-Eugénie* **BV** – *Jardin de Menton*★ : *le Val Rameh*★ **BV E** – *Salle des mariages*★ *de l'hôtel de Ville* **BY H** – *Musée des Beaux-Arts*★ *(palais Carnolès)* **AX M**[1].

Env. *Jardin Hanbury*★★ *à Vintimille, O : 2 km.*

🅱 *Office de tourisme, avenue Boyer* ℰ 04 92 41 76 76, Fax 04 92 41 76 58.

Paris 956 ③ – *Monaco 11* ③ – *Cannes 63* ① – *Cuneo 102* ① – *Nice 30* ①.

Plans page ci-contre

🏨 **Ambassadeurs**, 3 rue Partouneaux ℰ 04 93 28 75 75, *ambassadeurs-menton@wanado o.fr*, Fax 04 93 35 62 32 – |✦| ⁴⁄✦, ▤ rest, 📺 ☎ ♦ – ⚿ 70. 🆎 ⓞ ☞ ᴊᴄʙ. ✦ AY k
Café Fiori *(fermé 7 nov. au 3 déc., 8 janv. au 8 fév., sam. midi, lundi midi et dim.)* **Repas** 35/50 ♈ – ⚏ 18 – **52 ch** 128/240.
  ♦ Imposante façade rose de la Belle Époque encadrée de palmiers dans le pur style Riviera. Élégant hall 1930. Préférez les chambres rénovées. Plaisante salle à manger-véranda égayée de couleurs provençales. Cuisine au goût du jour.

🏨 **Riva** sans rest, 600 prom. du Soleil ℰ 04 92 10 92 10, *contact@rivahotel.com*, Fax 04 93 28 87 87, ≼ – |✦| ⁴⁄✦ ▤ 📺 ♦. 🆎 ⓞ ☞ AZ n
⚏ 10 – **40 ch** 110.
  ♦ Sur le front de mer, hôtel balnéaire récent avec solarium, jacuzzi et restaurant d'été sur le toit. Chambres toutes rénovées ; quelques balcons face à la "grande bleue".

🏨 **Princess et Richmond** sans rest, 617 prom. du Soleil ℰ 04 93 35 80 20, *princess.hotel @wanadoo.fr*, Fax 04 93 57 40 20, ≼, ʃ♣ – |✦| 📺 ☎ 🅿. 🆎 ⓞ ☞ ᴊᴄʙ AZ s
fermé 2 nov. au 16 déc. – ⚏ 10 – **46 ch** 96,50/112.
  ♦ Immeuble moderne bordant la plage de galets. Chambres actuelles avec balcon (sauf deux), terrasse où l'on sert brunchs et petits-déjeuners, solarium et jacuzzi sur le toit.

🏨 **Aiglon**, 7 av. Madone ℰ 04 93 57 55 55, *aiglon.hotel@wanadoo.fr*, Fax 04 93 35 92 39, 🌴,
⬦, ☞ – |✦|, ▤ ch, 📺 ☎ 🅿. 🆎 ⓞ ☞ ᴊᴄʙ AZ b
fermé 28 nov. au 12 déc. – **Riaumont** *(fermé du 14 nov. au 21 déc.)* **Repas** *(17)*-29 ♈ –
⚏ 9,50 – **29 ch** 112/146 – ½ P 88/110.
  ♦ Cette belle villa de la fin du 19ᵉ s. allie au charme de son jardin l'agrément d'une terrasse avec piscine. Le salon a conservé son décor mixte de peintures et mosaïque. Quelques palmiers constituent la toile de fond du restaurant et de son agréable terrasse.

🏨 **Prince de Galles**, 4 av. Gén. de Gaulle ℰ 04 93 28 21 21, *hotel@princedegalles.com*, Fax 04 93 35 92 91, ≼, 🌴, ☞ – |✦| 📺 ☎ 🅿 – ⚿ 25. 🆎 ⓞ ☞ ᴊᴄʙ AX e
Petit Prince ℰ 04 93 41 66 05 *(fermé 22 nov. au 12 déc.)* **Repas** *(13,50)*,18,50/29 ♈ –
⚏ 10,50 – **65 ch** 93/107 – ½ P 69/80,50.
  ♦ Une collection d'affiches anciennes décore cet hôtel installé dans une caserne de carabiniers des princes de Monaco (1860). Choisir une chambre face à la mer. L'été, deux majestueux palmiers veillent sur les tables dressées dans la cour verdoyante.

🏨 **Chambord** sans rest, 6 av. Boyer ℰ 04 93 35 94 19, *hotel.chambord@wanadoo.fr*, Fax 04 93 41 30 55 – |✦| ▤ 📺 ⇆. 🆎 ⓞ ☞ AYZ a
fermé 15 nov. au 16 déc. – ⚏ 8 – **40 ch** 84/98.
  ♦ Hôtel confortable situé près du palais de l'Europe. Petits-déjeuners exclusivement servis dans les chambres. Elles sont insonorisées et presque toutes dotées d'un balcon.

🏨 **Dauphin**, 28 av. Gén. de Gaulle ℰ 04 93 35 76 37, Fax 04 93 35 31 74, ≼, 🌴, ʃ♣ – |✦|
▤ ch, 📺 ☎. 🆎 ☞ AZ y
fermé 12 nov. au 17 déc. – **Repas** *(diner seul.)* *(15)* - 18 ♈ – ⚏ 7 – **28 ch** 60/86 – ½ P 55,50/65.
  ♦ Cet immeuble idéalement situé face à la Méditerranée est équipé d'un studio de répétition bien isolé (piano). Pour la vue et la quiétude, privilégiez les chambres côté mer. Petite salle à manger moderne simplement décorée d'une fresque à thème marin.

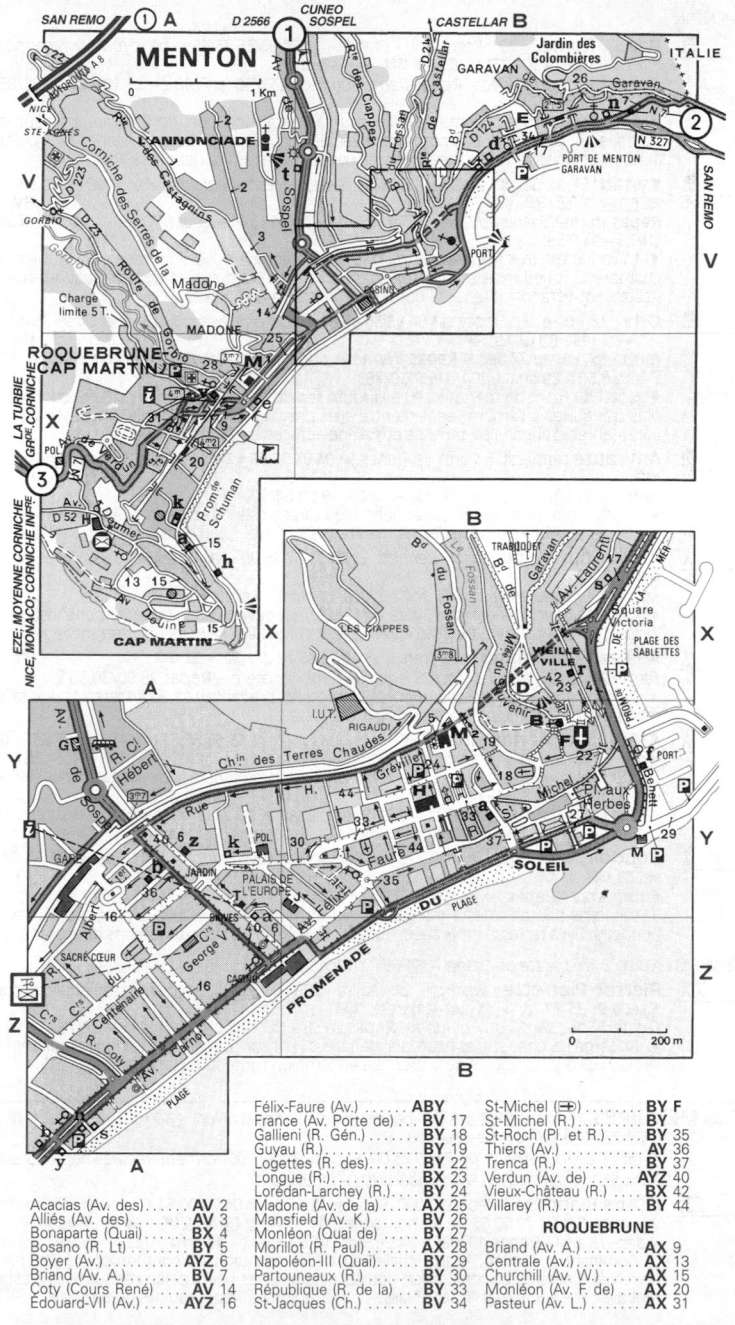

Félix-Faure (Av.)	**ABY**	St-Michel (🚶)	**BY** F
France (Av. Porte de)	**BV** 17	St-Michel (R.)	**BY**
Gallieni (R. Gén.)	**BY** 18	St-Roch (Pl. et R.)	**BY** 35
Guyau (R.)	**BY** 19	Thiers (Av.)	**AY** 36
Logettes (R. des)	**BY** 22	Trenca (R.)	**BY** 37
Longue (R.)	**BX** 23	Verdun (Av. de)	**AYZ** 40
Lorédan-Larchey (R.)	**BY** 24	Vieux-Château (R.)	**BX** 42
Madone (Av. de la)	**AX** 25	Villarey (R.)	**BY** 44
Mansfield (Av. K.)	**BY** 26		
Monléon (Quai de)	**BY** 27	**ROQUEBRUNE**	
Morillot (R. Paul)	**AX** 28		
Napoléon-III (Quai)	**BY** 29	Briand (Av. A.)	**AX** 9
Partouneaux (R.)	**BY** 30	Centrale (R.)	**AX** 13
République (R. de la)	**BY** 33	Churchill (Av. W.)	**AX** 15
St-Jacques (Ch.)	**BV** 34	Monléon (Av. F. de)	**AX** 20
		Pasteur (Av. L.)	**AX** 31

Acacias (Av. des)	**AV** 2
Alliés (Av. des)	**AV** 3
Bonaparte (Quai)	**BX** 4
Bosano (R. Lt)	**BY** 5
Boyer (Av.)	**AYZ** 6
Briand (Av. A.)	**BV** 7
Coty (Cours René)	**AV** 14
Edouard-VII (Av.)	**AYZ** 16

🏠 **Paris Rome,** 79 Porte de France   ℰ 04 93 35 73 45,   *paris-rome@wanadoo.fr*, *Fax 04 93 35 29 30* – 📺 📞 🖭 ① ⓖ🅑 ⱼ꒝🅑, ⅏ ch   **BV n**
fermé 1ᵉʳ nov. au 26 déc. – **Repas** *(fermé lundi)* (25) - 32/50, enf. 16 ⚧ – ⌷ 10 – **22 ch** 65/85 – 1/2 P 69,50/79,50.
  ◆ Sympathique petit "home" familial situé à l'entrée du port de Garavan. Intérieur mi-rustique, mi-provençal. Chambres rajeunies. Séjours à thème (culturel, pêche, etc.). Cuisine aux saveurs méditerranéennes préparée par la même famille depuis 1908.

🏠 **Kyriad,** 57 av. Sospel   ℰ 04 93 28 28 38, *hoteldufresne@aol.com, Fax 04 92 10 00 92* – 📧 📺 ᵶ 🅿 🖭 ⓖ🅑, ⅏   **ABV t**
Repas *(fermé 3 janv. au 2 fév., 17 au 23 mai et dim.)* (dîner seul.) 11/18 – ⌷ 6,50 – **40 ch** 70/75 – 1/2 P 58.
  ◆ L'avenue est très fréquentée, mais le double vitrage s'avère efficace et la plupart des chambres - fonctionnelles et assez spacieuses - donnent sur un agréable patio-terrasse. Restaurant-véranda et terrasse bordée d'essences méridionales.

🏠 **Orly,** 27 Porte de France   ℰ 04 93 35 60 81, *hotel.orly@wanadoo.fr, Fax 04 93 35 49 13*, 🕌 – 🍽 rest, 📺 🅿 🖭 ① ⓖ🅑   **BV d**
fermé 15 nov. au 27 déc. – **Repas** *(fermé le lundi midi, du lundi au jeudi en juil.-août)* 18/28 ⚧ – ⌷ 6,50 – **29 ch** 61/104 – 1/2 P 56/76.
  ◆ Hôtel du front de mer que seule la route sépare de la plage. Chambres fonctionnelles, plus tranquilles à l'arrière ; sept d'entre elles ont vue sur la baie. Salle à manger actuelle agrémentée d'aquarelles, terrasse en façade et recettes traditionnelles.

🏠 **Amirauté** sans rest, 3 Porte de France   ℰ 04 93 35 59 41, *Fax 04 93 57 74 44* – 🛗 📺, ⓖ🅑, ⅏   **BX s**
fermé 5 au 30 nov. et 7 au 19 janv. – ⌷ 6 – **18 ch** 84/97.
  ◆ Architecture et mobilier des années 1980 caractérisent cet immeuble bordant la plage des Sablettes. Cadre un peu désuet mais tenue parfaite. Salon de thé.

✕ **Au Pistou,** 9 quai Gordon Bennett   ℰ 04 93 57 45 89, *Fax 04 93 57 45 89*, 🕌 – 🍽. 🖭 ⓖ🅑   **BY f**
fermé 15 nov. au 15 déc., dim. soir en hiver et lundi – **Repas** 13,90 ⚧.
  ◆ Ce restaurant du vieux port, géré en famille, est devenu au fil du temps une institution locale. Sobre décor de type bistrot, terrasse et cuisine aux saveurs méditerranéennes.

✕ **Au Petit Gourmand,** 11 r. Trenca   ℰ 04 93 35 79 27, – 🖭 ⓖ🅑   **BY a**
fermé 25 juin au 10 juil., 10 au 25 janv., lundi midi et merc. – **Repas** 25,50/30,50 ⚧.
  ◆ Au centre-ville, cuisine traditionnelle aux accents provençaux à déguster dans une salle à manger actuelle ornée de tableaux ou en terrasse.

✕ **A Braijade Méridiounale,** 66 r. Longue   ℰ 04 93 35 65 65, *Fax 04 93 35 65 65* – ⓖ🅑 ⱼ꒝🅑   **BX r**
fermé 15 nov. au 5 déc., 6 au 12 janv., mardi et merc. de sept. à juin – **Repas** (dîner seul. en juil.-août) (25) - 29 bc/45 bc.
  ◆ Dans une jolie ruelle de la vieille ville, plaisante adresse au décor mi-rustique, mi-provençal. Miniterrasse-trottoir. Plats méridionaux et grillades préparées en salle.

✕ **Boudoir,** 14 av. Boyer   ℰ 04 93 28 28 09, *lealcunha@wanadoo.fr, Fax 04 93 28 04 74*, 🕌 – 🍽. 🖭 ⓖ🅑   **AY z**
fermé lundi – **Repas** (12,50) - 18,50/45, enf. 12,50 ⚧.
  ◆ Les jolies petites salles à manger, "cosy" et intimes, ont effectivement des allures de boudoirs. Belle terrasse ombragée. Cuisine au goût du jour et suggestions du marché.

à Monti *Nord : 5 km par rte de Sospel* – ⊠ 06500 Menton :

✕✕ **Pierrot-Pierrette** avec ch, pl. église   ℰ 04 93 35 79 76, *pierrotpierrette@aol.com*, *Fax 04 93 35 79 76*, ≼, ⌂, 🕌 – 🍽 rest,. ⓖ🅑
fermé 1ᵉʳ déc. au 15 janv. et lundi – **Repas** 27/38 – ⌷ 7 – **7 ch** 66/76 – 1/2 P 67/72.
  ◆ Auberge perchée sur les hauteurs, généreuse par son accueil, sa cuisine régionale et son jardin luxuriant. La fidélité de la clientèle en témoigne. Intérieur campagnard.

Les MENURES 73 Savoie ᴵᴵᴵ M6 *G. Alpes du Nord* – *Sports d'hiver : 1 400/3 200 m* ⭤ 8 ⭤ 36 ⭨ – ⊠ 73440 St-Martin-de-Belleville.
  🛈 Office de tourisme   ℰ 04 79 00 73 00, Fax 04 79 00 75 06, *lesmenuires@lesmenuires.com.*
Paris 632 – *Albertville 51* – *Chambéry 101* – *Moûtiers 27.*

🏠🏠 **L'Ours Blanc** ⌂, à Reberty 2000, Sud-Est : 1,5 km   ℰ 04 79 00 61 66, *info@hotel-ours-blanc.com, Fax 04 79 00 63 67,* ≼ montagnes, 🕌, 🏋 – 🛗 📺 📞 ᵶ 🅿 – 🏊 50. ⓖ🅑. ⅏
4 déc.-17 avril – **Repas** 18 (déj.), 20/28, enf. 14 ⚧ – ⌷ 12 – **49 ch** 120/122 – 1/2 P 87/90.
  ◆ Dominant la station, grand chalet au décor montagnard contemporain. Chambres claires, équipées de balcons ; salon douillet (cheminée et belles peintures sur bois). Restaurant avec vue sur le massif de la Masse ; carte régionale. Repas rapides en terrasse.

MERCATEL 62 P.-de-C. ᴵᴵᴵ J6 – *rattaché à Arras.*

MERCUÈS *46 Lot* 337 *E5 – rattaché à Cahors.*

MERCUREY *71640 S.-et-L.* 320 *I8 – 1 269 h alt. 269.*

Paris 344 – Beaune 26 – Chalon-sur-Saône 13 – Autun 39 – Chagny 11 – Mâcon 73.

🏨 **Hôtellerie du Val d'Or**, Grande-Rue 𝒫 03 85 45 13 70, *contact@le-valdor.com*,
Fax 03 85 45 18 45, 🌣 – 📼 🅿️ 🖭 GB. 🛇 ch
fermé 21 déc. au 22 janv. et lundi – **Repas** *(fermé mardi midi)* 23 bc (déj.), 38/70 et carte 51
à 69 ♀ – ☲ 10 – **12 ch** 85 – ½ P 85.
♦ Ancien relais de poste dans un village vigneron de la Côte chalonnaise. Vous y serez
hébergés dans des chambres coquettes. Jolie salle rustique avec cheminée ornée de
colonnes torses et poutres apparentes. Savoureuse cuisine traditionnelle et belle cave.
Spéc. Pressé d'anguille et silure de Saône aux girolles (mai à oct.). Filet de charolais "Maître
de chais". Soufflé glacé au marc de Bourgogne. **Vins** Mercurey, Givry.

MÉRÉVILLE *54 M.-et-M.* 307 *H7 – rattaché à Nancy.*

MÉRIBEL *73550 Savoie* 333 *M5 G. Alpes du Nord – Sports d'hiver : 1 450/2 950 m 🚡 16 🚠 45 🎿.*

Voir 🌲*** la Saulire,* 🌲** *Mont du Vallon,* 🌲** *Roc des Trois marches,* 🌲** *Tougnète.*

🏌 *Méribel 𝒫 04 79 00 52 67, NE : 4 km.*

Altiport 𝒫 04 79 08 61 33, NE.

🛈 *Office de tourisme 𝒫 04 79 08 60 01, Fax 04 79 00 59 61, info@meribel.net.*

Paris 621 ① – Albertville 41 ① – Annecy 85 ① – Chambéry 90 ① – Moûtiers 15 ①.

Plan page suivante

🏨 **Grand Coeur** 🍴, (a) 𝒫 04 79 08 60 03, *grandcoeur@relaischateaux.com*,
Fax 04 79 08 58 38, ☲, 🏖, 🎞 – 📼 🅿️ 🖭 🅰🅸 ⓞ GB. 🛇
9 déc.-12 avril – **Repas** 45 (déj.), 58/70 et carte – ☲ 17 – **35 ch** 210/430, 5 suites – ½ P 185/285.
♦ L'omniprésence du bois blond, les mignonnes petites chambres et le piano-bar "cosy"
donnent à cet hôtel - l'un des plus anciens de la station - un cachet romantique. Arcades et
boiseries claires agrémentent le chaleureux restaurant ; cuisine au goût du jour.

🏨 **Allodis** 🍴, au Belvédère (d) 𝒫 04 79 00 56 00, *allodis@wanadoo.fr*, Fax 04 79 00 59 28,
≤ montagnes, ☲, 🏖, 🏊 – 📦 📼 🆅 🔥 ☲ 🅿️ – 🅰 100. GB. 🛇
1ᵉʳ juil.-31 août et 20 déc.-20 avril – **Repas** 30/68, enf. 15 – ☲ 15 – **32 ch** (½ pens. seul.),
12duplex – ½ P 225.
♦ Ce chalet dominant la station vous attend au retour des pistes des Trois Vallées.
Chambres spacieuses et douillettes (balcons). Agréables piscine et fitness. Le soir, cuisine
traditionnelle servie dans un cadre cossu.

🏨 **Yéti** 🍴, rd-pt des Pistes (p) ✉ 73550 𝒫 04 79 00 51 15, *welcome@hotel-yeti.com*,
Fax 04 79 00 51 73, ≤, ☲, 🏊 – 📦 📼 🆅 ☲ – 🅰 25. GB. 🛇
juil.-août et 15 août et -25 avril – **Repas** 26 (déj.), 29,50/65 – ☲ 12,50 – **24 ch** 257/306, 5 suites,
3 duplex – ½ P 183.
♦ Mobilier "cosy", boiseries cirées, tapis kilims, lits à l'autrichienne, sauna, salon avec
cheminée... Abordez sans crainte ce chaleureux "home" des neiges. Terrasse face aux pistes
à l'heure du déjeuner ; tables joliment dressées en salle pour le dîner.

🏨 **Alba** 🍴, rd-pt des Pistes (f) 𝒫 04 79 08 55 55, *info@hotelalba.com*, Fax 04 79 00 55 63, ≤,
☲ – 📦 📼 🆅 ☲ – 🅰 30. GB. 🛇 rest
mi-déc.-mi-avril – **Repas** 40/45 (dîner) et carte le midi ♀ – ☲ 15 – **20 ch** (½ pens. seul.) –
½ P 136/169.
♦ "Demain, dès l'aube, à l'heure où blanchit"... la montagne, éveillez-vous dans la douceur
de cet élégant intérieur alpin. Chambres rénovées, la plupart avec balcon côté Sud. Au
restaurant, plaisant décor actuel, cuisine traditionnelle et belle carte des vins.

🏨 **Marie-Blanche** 🍴, rte Renarde (h) 𝒫 04 79 08 65 55, *info@marie-blanche.com*,
Fax 04 79 08 57 07, ≤, ☲ – 📦 🆅. GB. 🛇 rest
juil.-août et 15 déc.-25 avril – **Repas** 30 et carte le midi – ☲ 16 – **20 ch** 172/284 – ½ P 157.
♦ Ce sympathique chalet vous héberge dans de coquettes chambres savoyardes, toutes
nanties d'un balcon. Chaleureux salon-bar avec cheminée centrale et vue sur la montagne.
Petite salle à manger "cosy" éclairée de baies vitrées. Clientèle familiale.

🏨 **L'Orée du Bois** 🍴, rd-pt des Pistes (k) 𝒫 04 79 00 50 30, *contact@meribel-oree.com*,
Fax 04 79 08 57 52, ≤, ☲, 🏊 – 📦 📼. 🅰🅸 ⓞ GB 🅹🅲🅱. 🛇
juil.-août et Noël-Pâques – **Repas** 32 (déj.), 41/46, enf. 15 – ☲ 15 – **35 ch** 124/164 –
½ P 123/143.
♦ Les chambres de ce chalet familial et cossu sont lambrissées et dotées de balcons. De
belles flambées crépitent dans la cheminée du salon agrémenté de tables-échiquiers. Salle
à manger lumineuse, terrasse panoramique et plats traditionnels et régionaux.

Tremplin sans rest, (v) ℘ 04 79 08 89 17, infos@cha udanne.com, Fax 04 79 08 57 75, ⚡, ⬛ – ⬆ 📺 ⟍ ⇔ – ⚠ 30. GB

début juin-fin sept. et 1er déc.-fin avril – ⌷ 16 – **41 ch** 206/238.

♦ Cette façade en bois et pierre dissimule de plaisantes chambres de style montagnard, à choisir côté patinoire ou rue. Un bon "tremplin" pour un séjour dans les Trois-Vallées.

Chaudanne, (e) ℘ 04 79 08 61 76, infos@chaudanne. com, Fax 04 79 08 57 75, ⚡, ⬛ – ⬆ 📺 ⇔ – ⚠ 30. GB, ⋈ rest

début juin-mi-oct. et 1er déc.- fin avril – - **L'Épicuriade** (dîner seul.) **Repas** carte 34 à 60 – ⌷ 16 – **74 ch** 124/272, 5 suites – ½ P 119/193.

♦ Détente et forme dans ce complexe hôtelier situé au pied des télécabines : chambres simples et confortables, salle de squash, mur d'escalade, centre d'esthétique. Cuisine traditionnelle et salle d'esprit savoyard (pierres apparentes, boiseries, cheminée).

Adray Télébar ⋟, sur les pistes (accès piétonnier) (n) ℘ 04 79 08 60 26, adray73@ club-internet.fr, Fax 04 79 08 53 85, ≼ montagnes et pistes, ⅏ – ℡ GB

20 déc.-20 avril – **Repas** 30 – **24 ch** (½ pens. seul.) – ½ P 120/135.

♦ L'amabilité de l'accueil - on vient vous chercher en chenillette - et le site font oublier un décor intérieur un brin désuet. Chambres bien tenues. Ambiance sportive. Au restaurant, atmosphère et cuisine familiales. En terrasse, beau panorama sur la montagne.

Blanchot, rte Altiport : 3,5km ℘ 04 79 00 55 78, le-b lanchot@wanadoo.fr, Fax 04 79 00 53 20, ≼, ⅏ – 🅿. ℡ GB. ⋈ rest
18 déc.-25 avril et juil.-août – **Repas** (fermé dim. soir et lundi soir) 28 (déj.), 45/55, enf. 11 ♀.

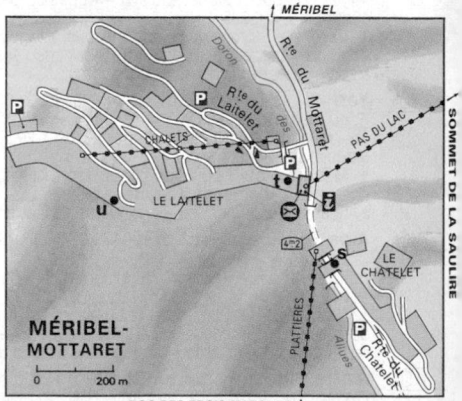

♦ Golf l'été, pistes de ski de fond l'hiver : ce chalet bien entouré offre un cadre "cosy" et une terrasse tournée vers la forêt de sapins. Plats traditionnels et savoyards.

à l'altiport Nord-Est : 4,5 km – ✉ 73550 Méribel-les-Allues :

Altiport Hôtel ⋟, ℘ 04 79 00 52 32, message@altiporthotel.com, Fax 04 79 08 57 54, ≼ montagnes, ⅏, ⚡, ⬛, ⋇ – ⬆ 📺 ⟍ – ⚠ 30. ℡ GB. ⋈ rest
mi-déc.-mi-avril – **Repas** 40 (déj.)/54 – ⌷ 17 – **41 ch** 217/315 – ½ P 200.

♦ Chalet jouxtant l'altiport (survol du mont Blanc) et le golf d'été. Chambres lambrissées bien insonorisées, plaisant salon-cheminée et galerie marchande au rez-de-chaussée. Belle salle montagnarde et terrasse ensoleillée ; table traditionnelle soignée.

à Méribel-Mottaret : *6 km – ⊠ 73550 Méribel-les-Allues* :

🏨 **Alpen Ruitor**, (t) ✆ 04 79 00 48 48, *info@alpenruitor.com, Fax 04 79 00 48 31*, ≤, 😂, *Ĵ₆* – 🖹 📺 ⟷ – 🛎 20. 🖭 ⓞ 🖼 ᴶᶜᴮ, ℅ rest
18 déc.-13 avril – **Repas** 35 (dîner) et carte le midi, enf. 20 – 🖙 20 – **44 ch** 285/360 – ½ P 185/200.
♦ Les chambres, aménagées avec soin, disposent toutes d'un balcon avec vue sur les pistes (Sud) ou la vallée (Nord). Chaleureux salon-bar d'esprit tyrolien. Accueil attentionné. Vous dînerez dans une salle joliment décorée de fresques à la tyrolienne.

🏨 **Mont Vallon**, (s) ✆ 04 79 00 44 00, *info@hotel-montvallon.com, Fax 04 79 00 46 93*, ≤, 😂, *Ĵ₆*, 🖾 – 🖹 📺 🄿 – 🛎 80. 🖭 ⓞ 🖼, ℅ rest
20 déc.-12 avril – **Chalet** (dîner seul.) **Repas** 48/52 – **Brasserie Le Schuss** : Repas 22 (déj)/50 – **86 ch**, 3 suites (½ pens. seul.) – ½ P 280/340.
♦ Chaleur du bois et couettes de lit créent une douillette atmosphère dans les chambres de ce grand chalet situé au pied des pistes. Sauna, hammam, squash. Décor tout bois au restaurant le Chalet. À la Brasserie, repas rapides à midi et plats savoyards le soir.

🏨 **Les Arolles** ⊗, (u) ✆ 04 79 00 40 40, *Fax 04 79 00 45 50*, ≤, 😂, *Ĵ₆*, 🖾 – 🖹 📺, 🖼, ℅ rest
19 déc.-24 avril – **Repas** *(18,50)* - 23 (déj.)/44,50, enf. 10 – 🖙 12 – **60 ch** 180/260 – ½ P 160/175.
♦ Accès direct aux pistes - et aux arolles (l'autre nom des pins cembro) - depuis ce grand chalet. Chambres fonctionnelles souvent avec balcon ; bon espace de jeux et loisirs. Sobre restaurant et grande terrasse au pied des pistes ; carte régionale.

aux Allues *Nord* : *7 km par D 915ᴬ – 1 869 h. alt. 1125 – ⊠ 73550* :

🏨 **Croix Jean-Claude** ⊗, ✆ 04 79 08 61 05, *Fax 04 79 00 32 72*, 😂 – 📺, 🖼
fermé 2 mai au 30 juin et 20 sept. au 28 oct. – **Repas** 20/39 – **16 ch** (½ pens. seul.) – ½ P 70/90.
♦ Cette maison de 1860 serait l'un des premiers hôtel des Trois Vallées. Douillettes chambres montagnardes, sympathique salon (étonnante collection de coqs) et bar convivial. Le restaurant offre un joli cadre savoyard. Cuisine inspirée du terroir.

Si le coût de la vie subit des variations importantes,
les prix que nous indiquons peuvent être majorés.
Lors de votre réservation à l'hôtel, faites-vous préciser le prix définitif.

MÉRIGNAC *33 Gironde* 🔳🔳🔳 *H5 – rattaché à Bordeaux.*

MERKWILLER-PECHELBRONN *67250 B.-Rhin* 🔳🔳🔳 *K3 G. Alsace Lorraine – 828 h alt. 160.*
🚹 *Syndicat d'initiative, 2 route de Woerth* ✆ 03 88 80 72 36, *Fax 03 88 80 63 33, maisonru-rale@wanadoo.fr.*
Paris 496 – Strasbourg 51 – Haguenau 17 – Wissembourg 18.

✕✕ **Auberge Baechel-Brunn**, ✆ 03 88 80 78 61, *baechel-brunn@wanadoo.fr, Fax 03 88 80 75 20*, 😂 – 🄿 – 🛎 20. 🖼 ℅
fermé 9 août au 2 sept., 13 au 28 janv., dim. soir, lundi soir et mardi – **Repas** 26/60, enf. 10 🍷.
♦ Plus de pétrole depuis 1970, mais beaucoup d'idées : cette auberge située au pays de l'or noir alsacien propose son intérieur chaleureux et sa cuisine au goût du jour.

✕ **Auberge du Puits VI**, rte Lobsann : 1,5 km ✆ 03 88 80 76 58, *Fax 03 88 80 75 91*, 😂, 🌿 – 🄿. 🖼
fermé janv., merc. midi, lundi et mardi – **Repas** 33,50/53,30, enf. 7,60 🍷.
♦ Isolée dans la forêt, la cantine du puits de pétrole VI est devenue un ravissant restaurant agrémenté de lampes de mineurs et d'une collection de toiles du patron. Vins choisis.

MERLETTE *05 H.-Alpes* 🔳🔳🔳 *F4 – rattaché à Orcières.*

MÉRU *60110 Oise* 🔳🔳🔳 *D5 G. Picardie Flandres Artois – 12 712 h alt. 110.*
🏌 *des Templiers à Ivry-le-Temple* ✆ 03 44 08 73 72, *O : 9 km par D 121 et D 105.*
Paris 60 – Compiègne 74 – Beauvais 27 – Mantes-la-Jolie 62 – Pontoise 22.

✕ **Les Trois Toques**, 21 r. P. Curie (Méru-Nord) ✆ 03 44 52 01 15, *Fax 03 44 52 01 15* – 🖼
fermé 10 août au 7 sept., dim. soir, mardi soir, merc. soir et lundi sauf fériés – **Repas** 21/30.
♦ Restaurant voisin du musée de la Nacre et de la Tabletterie. On y appréciera - à la fortune du pot - une cuisine traditionnelle dans un cadre d'inspiration rustique.

MERVILLE FRANCEVILLE-PLAGE *14180 Calvados 303 K4 – 1 521 h alt. 2.*

Office de tourisme, place de la Plage ✆ 02 31 24 23 57, Fax 02 31 24 17 49, office.tourisme.franceville@wanadoo.fr.

Paris 225 – Caen 20 – Beuvron-en-Auge 20 – Cabourg 7 – Lisieux 41.

Vauban, ✆ 02 31 24 23 37, *res-hot-le-vauban@wanadoo.fr, Fax 02 31 24 54 40* – TV P. AE GB

fermé 28 sept. au 6 oct., 16 nov. au 10 déc., lundi en juil.-août, mardi et merc. hors saison – **Repas** 12,50/41, enf. 8 ₸ – ☕ 7 – **15 ch** 45/52,50 – ½ P 46,50/49,50.

◆ Établissement familial proche de la plage et du musée des Batteries, aménagé dans un blockhaus. Chambres sobrement décorées, plus calmes sur l'arrière. Sage restaurant au cadre rustique où règne une aimable atmosphère provinciale.

Puits Gourmand, ✆ 02 31 24 07 69, *Fax 02 31 24 07 69* – AE GB

fermé 14 mars au 8 avril, 27 sept. au 14 oct., lundi, mardi et merc. – **Repas** (17) - 25/39, enf. 8 ₸.

◆ Petite auberge proposant des recettes traditionnelles enrichies de saveurs régionales. Boiseries murales claires et chaises en fer forgé agrémentent la salle à manger.

MÉRY-SUR-OISE *95 Val-d'Oise 305 E6 106 ③ – voir à Paris, Environs (Cergy-Pontoise).*

MESCHERS-SUR-GIRONDE *17132 Char.-Mar. 324 E6 G. Poitou Vendée Charentes – 2 234 h alt. 5.*

Office de tourisme, 4 place de Verdun ✆ 05 46 02 70 39, Fax 05 46 02 51 65, officedutourisme.meschers@wanadoo.fr.

Paris 511 – Blaye 78 – La Rochelle 87 – Royan 12 – Saintes 45.

Forêt, 1 bd Marais ✆ 05 46 02 79 87, *Fax 05 46 02 61 45* – P. GB

fermé 27 sept. au 14 oct., 20 déc. au 12 janv., lundi et mardi – **Repas** 19/32, enf. 9 ₸.

◆ À l'orée du bois, non loin des plages de la Gironde, vous dégusterez de frais produits de la mer - dont la mouclade, la spécialité maison - dans un décor champêtre.

Une réservation confirmée par écrit ou par fax est toujours plus sûre.

MESNIÈRES-EN-BRAY *76 S.-Mar. 304 I3 – rattaché à Neufchâtel-en-Bray.*

Le MESNIL-AMELOT *77 S.-et-M. 312 E1 – voir à Paris, Environs.*

MESNIL-ST-PÈRE *10140 Aube 313 G4 G. Champagne Ardenne – 331 h alt. 131.*

Voir *Parc naturel régional de la forêt d'Orient★★.*

Syndicat d'initiative ✆ 03 25 41 28 78, Fax 03 25 41 21 08.

Paris 200 – Troyes 22 – Bar-sur-Aube 32 – Châtillon-sur-Seine 55 – St-Dizier 74.

Auberge du Lac Au Vieux Pressoir avec ch, ✆ 03 25 41 27 16, *auberge.lac.p.gublin@wanadoo.fr, Fax 03 25 41 57 59,* – rest, TV P – 40. AE GB

fermé 7 au 23 nov., dim. soir d'oct. à mars et lundi midi – **Repas** 22 (déj.), 32/72 et carte 52 à 73 – ☕ 10,50 – **21 ch** 67/115 – ½ P 74/98.

◆ Maison à colombages typique de la Champagne humide, dans un village situé au bord du lac d'Orient. Cuisine à tendance régionale servie sous les poutres de la salle à manger.

Le MESNIL-SUR-OGER *51190 Marne 306 G9 G. Champagne Ardenne – 1 077 h alt. 119.*

Voir *Musée de la vigne et du vin (maison Launois).*

Paris 158 – Reims 43 – Châlons-en-Champagne 31 – Épernay 16 – Vertus 6.

Mesnil, 2 r. Pasteur ✆ 03 26 57 95 57, *mesnil@chez.com, Fax 03 26 57 78 57* – P. GB

fermé 16 août au 3 sept., 23 janv. au 5 fév., lundi soir, mardi soir et merc. – **Repas** 19/64 et carte 44 à 63, enf. 11 ₸.

◆ Vieille maison de caractère située au centre d'un bourg viticole. Cuisine classique servie dans une salle à manger sobrement décorée. Belle et éclectique carte des vins.

MESNIL-VAL *76 S.-Mar. 304 H1 – ✉ 76910 Criel-sur-Mer.*

Paris 184 – Amiens 96 – Dieppe 28 – Le Tréport 6.

Royal Albion sans rest, ✆ 02 35 86 21 42, *evergreen2@wanadoo.fr, Fax 02 35 86 78 51,* – TV P – 20. GB

☕ 12,40 – **20 ch** 65/117.

◆ "That's right !" : l'architecture et le décor intérieur soigné de cet établissement perché sur une falaise évoquent bien la Blanche Albion... presque voisine. Parc arboré.

🏚 **Hostellerie de la Vieille Ferme** ⚞, ℰ 02 35 86 72 18, *Fax 02 35 86 12 67*, 🍴, 🖼 –
📺 🅿 – 🛁 15. 🆎 ⓞ ⒼⒷ
fermé 8 déc. au 13 janv., dim. soir et lundi hors saison – **Repas** 17/37, enf. 13 ♈ – ☡ 8 –
33 ch 52/91 – ½ P 50,50/70,50.
♦ À 300 m de la mer, les trois pavillons nichés dans le jardin de l'hostellerie hébergent des
chambres simples. Le restaurant est aménagé dans une belle maison normande (1734) à
l'intérieur rustique. La verdoyante terrasse borde un vieux pressoir à pommes.

MESQUER 44420 Loire-Atl. 📳📙📙 B3 – *1 467 h alt. 6.*

🛈 *Office de tourisme, place du Marché ℰ 02 40 42 64 37, Fax 02 40 42 64 37, ot-
simesquer@mesquer-quimiac.com.*
Paris 460 – Nantes 86 – La Baule 16 – St-Nazaire 29 – Vannes 58.

✗✗ **Vieille Forge,** ℰ 02 40 42 62 68, *keumsun@free.fr, Fax 02 51 73 91 52*, 🍴 – 🗒. ⒼⒷ
fermé 3 au 28 janv., lundi sauf vacances scolaires, mardi et merc. – **Repas** 23/37, enf. 12 ♈.
♦ De l'ancienne forge bâtie en 1711, ce restaurant campagnard a conservé four et soufflet. Jardin-terrasse fleuri. Cuisine classique teintée d'insolites saveurs asiatiques.

MESSERY 74 📳📙📙 K2 – *1 434 h alt. 428.*

🛈 *Office de tourisme, 5 rue des Ecoles ℰ 04 50 94 75 55, Fax 04 50 94 75 55, info@pres
quile-leman.com.*
Paris 560 – Thonon-les-Bains 17 – Annecy 68 – Annemasse 23 – Cluses 52.

✗ **Atelier des Saveurs,** 7 ch. sous les Près ℰ 04 50 94 73 40, *Fax 04 50 94 73 56* – 🅿. ⒼⒷ
🍷 *fermé 6 au 16 mars, 3 au 15 juil., 23 oct. au 4 nov., dim. et lundi* – **Repas** 21/55 ⚞.
♦ Sympathique adresse associant un restaurant (décor contemporain, "terrassette")
et une vinothèque. Une belle carte des vins escorte la goûteuse cuisine traditionnelle du
chef.

Le Guide change, changez de guide tous les ans.

METZ 🅿 57000 Moselle 📳📙📙 I4 G. Alsace Lorraine – *123 776 h Agglo. 322 526 h alt. 173.*

Voir *Cathédrale St-Etienne*★★★ **CDV** – *Porte des Allemands*★ **DV** – *Esplanade*★ **CV** : église
St-Pierre-aux-Nonnains★ **CX V** – *Place St-Louis*★ **DVX** – *Église St-Maximin*★ **DVX** – *Nar-
thex*★ *de l'église St-Martin* **DX** – ≼★ *du Moyen Pont* **CV** – *Musée de la Cour d'Or*★★ *(section
archéologique*★★★*)* **M¹** – *Place du Général de Gaulle*★.

🏌 *de la Grange-aux-Ormes à Marly ℰ 03 87 63 10 62, S;* 🏌 *du Technopôle Metz ℰ 03 87 39
95 95, par ③ : 5 km;* 🏌 *de Metz Chérisey à Verny ℰ 03 87 52 70 18, par ⑤ : 14 km.*
✈ *de Metz-Nancy-Lorraine : ℰ 03 87 56 70 00, par ③ : 23 km.*
🚗 *ℰ 08 36 35 35 35.*
🛈 *Office de tourisme, place d'Armes ℰ 03 87 55 53 76, Fax 03 87 36 59 43, tou
risme@ot.mairie-metz.fr.*
Paris 330 ① – Luxembourg 62 ① – Nancy 57 ④ – Saarbrücken 69 ③ – Strasbourg 163 ②.

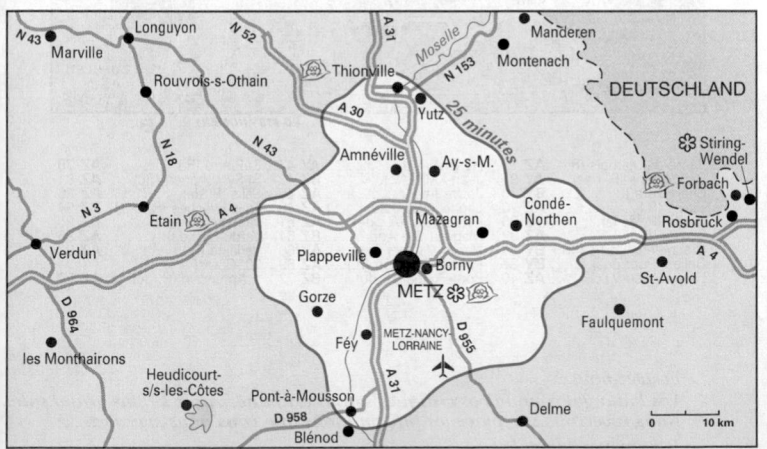

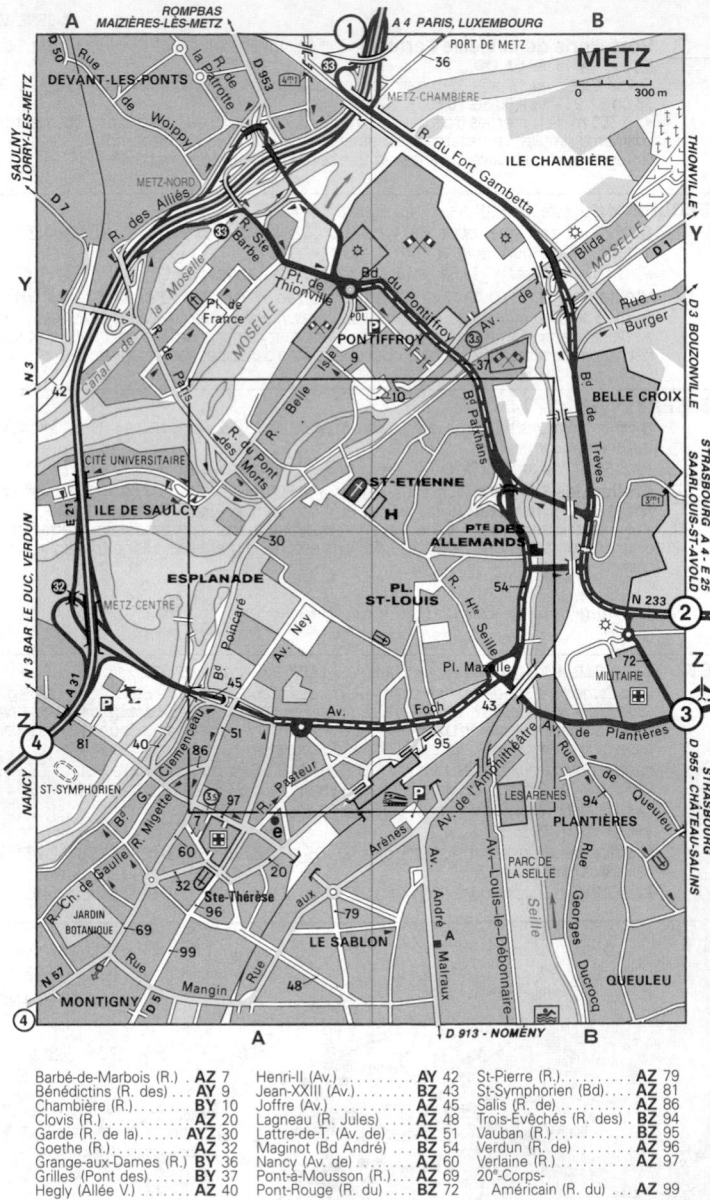

METZ

Barbé-de-Marbois (R.) .	**AZ** 7	Henri-II (Av.)	**AY** 42	St-Pierre (R.)	**AZ** 79
Bénédictins (R. des) . . .	**AY** 9	Jean-XXIII (Av.)	**BZ** 43	St-Symphorien (Bd)	**AZ** 81
Chambière (R.)	**BY** 10	Joffre (Av.)	**AZ** 45	Salis (R. de)	**AZ** 86
Clovis (R.)	**AZ** 20	Lagneau (R. Jules)	**AZ** 48	Trois-Evêchés (R. des) .	**BZ** 94
Garde (R. de la)	**AYZ** 30	Lattre-de-T. (Av. de) . .	**AZ** 51	Vauban (R.)	**BZ** 95
Goethe (R.)	**AZ** 32	Maginot (Bd André) . . .	**BZ** 54	Verdun (R. de)	**AZ** 96
Grange-aux-Dames (R.)	**BY** 36	Nancy (Av. de)	**AZ** 60	Verlaine (R.)	**AZ** 97
Grilles (Pont des)	**BY** 37	Pont-à-Mousson (R.) . .	**AZ** 69	20ᵉ-Corps-	
Hegly (Allée V.) . . . . **AZ** 40		Pont-Rouge (R. du) . . .	**BZ** 72	Américain (R. du) . . .	**AZ** 99

Ecrivez-nous...

Vos louanges comme vos critiques seront examinées avec le plus grand soin.
Nous reverrons sur place les informations que vous nous signalez.

Par avance merci !

METZ

Allemands (R. des) .... **DV** 2
Ambroise-Thomas
(R.) .... **CV** 3
Armes (Pl. d') .... **DV** 5
Augustins (R. des) .... **DX** 6
Chambière (R.) .... **DV** 10
Chambre (Pl. de) .... **CV** 12
Champé (R. du) .... **DV** 13
Chanoine-Collin (R.) ..... **DV** 15
Charlemagne (R.) .... **CX** 17
Chèvre (R. de la) .... **DX** 19
Clercs (R. des) .... **CV**
Coëtlosquet
(R. du) .... **CX** 22
Coislin (R.) .... **DX** 23
Enfer (R. d') .... **DV** 25
En Fournirue .... **DV**
Fabert (R.) .... **CV** 26

Faisan (R. du) .... **CV** 27
Fontaine (R. de la) .... **DX** 29
Gaulle
(Pl. du Gén.-de) .... **DX** 31
Gde-Armée (R. de la) .... **DV** 34
Hache (R. de la) .... **DV** 39
Jardins (R. des) .... **DV**
Juge-Pierre-Michel
(R. du) .... **CV** 46
La Fayette (R.) .... **CX** 47
Lasalle (R.) .... **CX** 49
Lattre-de-T. (Av. de) ..... **CX** 51
Leclerc-de-H. (Av.) ...... **CX** 52
Mondon (Pl. R.) .... **CX** 57
Paix (R. de la) .... **CV** 61
Palais (R. du) .... **CV** 62
Paraiges (Pl. des) .... **DV** 63
Parmentiers (R. des) ..... **DX** 64
Petit-Paris (R. du) .... **CV** 65
Pierre-Hardie
(R. de la) .... **CV** 66

Pont-Moreau
(R. du) .... **CDV** 70
Prés.-Kennedy (Av.) ..... **CX** 73
République (Pl. de la) .... **CX** 75
St-Eucaire (R.) .... **DV** 76
St-Gengoulf (R.) .... **CX** 77
St-Georges (R.) .... **CX** 78
St-Louis (Pl.) .... **DVX**
St-Simplice (Pl.) .... **DV** 80
St-Thiébault (Pl.) .... **DX** 82
Ste-Croix (Pl.) .... **DV** 83
Ste-Marie (R. de) .... **CX** 84
Salis (R. de) .... **CX** 86
Schuman (Av. R.) .... **CX**
Sérot (Bd Robert) .... **CV** 87
Serpenoise (R.) .... **CV**
Taison (R.) .... **DV** 88
Tanneurs (R. des) .... **DV** 90
Tête d'Or (R. de la) ...... **DV**
Trinitaires (R. des) ...... **DV** 93
Verlaine (R.) .... **CX** 97

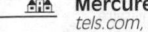

🏨🏨 **Mercure Centre St-Thiébault**, 29 pl. St-Thiébault ✆ 03 87 38 50 50, *h1233@accor-ho
tels.com, Fax 03 87 75 48 18* – 📳 ✦ ≡ 📺 ✆ 🅿 – 🔏 20 à 100. 🆎 ◑ 🅶🅱 🅹🅲🅱   DX d
Repas 18/32 bc, enf. 8 ℤ – ⊡ 12 – **112 ch** 119/132.
   ♦ Bâtiment moderne proche du centre historique et de ses rues piétonnes. Les chambres
sont régulièrement rénovées et bénéficient d'une bonne isolation phonique. Salle à manger décorée d'après les "saisons" du peintre Giuseppe Arcimboldo.

Novotel Centre, pl. Paraiges ℰ 03 87 37 38 39, *h0589@accor-hotels.com*, *Fax 03 87 36 10 00*, �____, ☒ – 🛗 📶 ▤ 📺 ☑ ᕹ ➡ – 🚗 80. 𝔸𝔼 ⓞ 🇬🇧   DV t
Repas (14) - carte 25 à 35, enf. 8 ♀ – ☲ 11,30 – **120 ch** 107/130.
♦ Voisin d'un centre commercial situé au cœur de la ville, ce Novotel des années 1970 dispose de chambres fonctionnelles et assez spacieuses. Le restaurant décline le thème "montgolfière". Petite terrasse dressée le long de la piscine.

Bleu Marine, 23 av. Foch ℰ 03 87 66 81 11, *metz@bleumarine.fr*, *Fax 03 87 56 13 16*, 🅵 – 🛗 📺 ☑ – 🚗 30. 𝔸𝔼 –   DX s
Repas *(fermé sam. midi)* (18,50) - 24 ♀ – ☲ 11 – **62 ch** 78/98.
♦ Ce bel immeuble en pierres de taille égayé d'une marquise date de 1906. Chambres spacieuses et bien insonorisées ; certaines sont meublées en style Louis-Philippe. Au restaurant, plaisant cachet "vieille France". Formules buffets.

Cathédrale sans rest, 25 pl. Chambre ℰ 03 87 75 00 02, *hotelcathedrale-metz@wanado o.fr*, *Fax 03 87 75 40 75*, ≼ – 📺 ☑. 𝔸𝔼 ⓞ 🇬🇧 ᴊᴄʙ   CV v
fermé 1ᵉʳ au 15 août – ☲ 11 – **20 ch** 75/90.
♦ Maison du 17ᵉ s. où séjournèrent, entre autres, Madame de Staël et Chateaubriand. Élégantes chambres (mobilier chiné, tissus chatoyants), souvent tournées sur la cathédrale.

Cécil sans rest, 14 r. Pasteur ℰ 03 87 66 66 13, *cecil.hotel@wanadoo.fr*, *Fax 03 87 56 96 02* – 🛗 ✚ 📺 ☑ ➡. 𝔸𝔼 ⓞ 🇬🇧 ᴊᴄʙ. ✀   CX x
fermé 26 déc. au 4 janv. – ☲ 6 – **39 ch** 51/57.
♦ L'immeuble fut construit en 1920 par des Anglais. Il abrite des chambres sagement colorées, pourvues d'un sobre mobilier et impeccablement tenues. Billard.

Ibis Cathédrale, 47 r. Chambière, quartier Pontiffroy ℰ 03 87 31 01 73, *h0621@accor-h otels.com*, *Fax 03 87 31 25 46*, �____ – 🛗 ✚ 📺 ☑ ᕹ – 🚗 20. 𝔸𝔼 ⓞ 🇬🇧 ᴊᴄʙ   DV e
Repas (12) - 15, enf. 6 ⵠ – ☲ 6 – **79 ch** 64.
♦ L'hôtel, au bord d'un bras de la Moselle, jouxte les musées de la Cour d'Or : la situation est idéale pour une étape culturelle. Chambres entièrement refaites. Salle à manger et terrasse ouvrent toutes deux côté rivière.

Métropole sans rest, 5 pl. Gén. de Gaulle ℰ 03 87 66 26 22, *contact@hotelmetropole-me tz.com*, *Fax 03 87 66 29 91* – 🛗 📺 ☑. 𝔸𝔼 🇬🇧   DX q
☲ 6 – **72 ch** 38/49.
♦ L'hôtel, installé dans un bel immeuble en pierres de taille, fait face à la gare impériale et à ses étonnants luminaires design. La majorité des chambres est rénovée.

Moderne sans rest, 1 r. La Fayette ℰ 03 87 66 57 33, *hotelmoderne@wanadoo.fr*, *Fax 03 87 55 98 59* – 🛗 📺. 𝔸𝔼 ⓞ 🇬🇧   CX m
☲ 5 – **43 ch** 47/55.
♦ Murs crépis, mobilier cérusé ou canné et efficace double vitrage caractérisent les chambres sagement contemporaines de cet établissement proche de la gare.

Au Pampre d'Or (Lamaze), 31 pl. Chambre ℰ 03 87 74 12 46, *Fax 03 87 36 96 92* – ▤. 𝔸𝔼 ⓞ 🇬🇧   CV a
𝟛
fermé dim. soir , mardi midi et lundi – **Repas** 35/60 et carte 55 à 75 ♀.
♦ L'enseigne de cet hôtel particulier du 17ᵉ s. évoque la vigne qui occupait, jadis, l'emplacement. Intérieur original égayé de couleur jaune. Cuisine classique.
Spéc. Pomponnette de choux farcis d'escargots. Croustillant de queues de langoustines. Baron d'agneau en croûte à la fleur de thym. **Vins** Gris de Toul, Pinot noir des Côtes de Toul

Maire, 1 r. Pont des Morts ℰ 03 87 32 43 12, *restaurant.maire@wanadoo.fr*, *Fax 03 87 31 16 75*, �____ – ▤. 𝔸𝔼 ⓞ 🇬🇧   CV f
fermé merc. midi et mardi – **Repas** 23 (déj.), 43/61 et carte 48 à 65 ♀.
♦ Atouts majeurs de ce restaurant : sa salle à manger surplombant la Moselle et sa terrasse au bord de l'eau offrant, toutes deux, un joli panorama sur la ville.

Chat Noir, 30 r. Pasteur ℰ 03 87 56 99 19, *Fax 03 87 66 67 64*, �____ – ▤. 𝔸𝔼 🇬🇧   AZ e
fermé 1ᵉʳ au 8 août, dim. et lundi – **Repas** 23/42 ♀.
♦ Chaises "léopard", masques africains et couleurs chaleureuses créent l'atmosphère "ethnique" de ce restaurant où l'on propose une cuisine inspirée par le marché.

A La Ville de Lyon, 7 r. Piques ℰ 03 87 36 07 01, *Fax 03 87 74 47 17* – 🅿. 𝔸𝔼 ⓞ 🇬🇧
fermé 26 juil. au 23 août, dim. soir et lundi – **Repas** 19,20/45,80, enf. 7 ♀.   DV a
♦ Salles de restaurant partagées entre dépendances de la cathédrale - une salle est aménagée dans une chapelle du 14ᵉ s. - et vieux murs d'un relais de diligences.

Cardex, 2 pl. Comédie ℰ 03 87 32 27 27, *cardex@wanadoo.fr*, *Fax 03 87 32 47 27* – 𝔸𝔼 🇬🇧   CV m
fermé dim. et lundi – **Repas** (12) - 16 (déj.), 18/32 ♀.
♦ Décor contemporain - associant ancien et design - soigné, ambiance "branchée", soirées jazz et cuisine au goût du jour : une nouvelle vie pour cet ex-pavillon militaire.

Roches, 29 r. Roches ℰ 03 87 74 06 51, *Fax 03 87 75 40 04*, �____ – 𝔸𝔼 ⓞ 🇬🇧   CV n
fermé dim. soir et lundi soir – **Repas** 26/45 ♀.
♦ Face au Théâtre, dans un immeuble ancien surplombant la Moselle, salle à manger aux murs de pierres apparentes agrémentés de tableaux. Belle terrasse à fleur d'eau.

XX **Goulue**, 24 pl. St-Simplice ℰ 03 87 75 10 69, *Fax 03 87 36 94 05*, 😋 – ⬛. ᴀᴇ ᴳᴮ   DV s
fermé dim. et lundi – **Repas** 30/45 ♈.
  ♦ Cadre Belle Époque et mobilier de style Art nouveau dans ce bistrot nostalgique de la "Goulue" et du french cancan. Terrasse d'été sur la place. Produits de la mer.

XX **L'Écluse**, 45 pl. Chambre ℰ 03 87 75 42 38, *Fax 03 87 37 30 11* – ⬛. ᴀᴇ ᴳᴮ   CV r
fermé 5 au 20 août, dim. et lundi – **Repas** 19 (déj.), 30/65 ♈.
  ♦ Laissez-vous tenter par ce restaurant récemment relooké : décor contemporain très épuré, murs égayés de tableaux modernes et tables sans nappage. Cuisine au goût du jour.

X **Thierry "Saveurs et Cuisine"**, 5 r. Piques ℰ 03 87 74 01 23, *thierrygourmet@aol.com*, *Fax 03 87 77 81 03*, 😋 – ⬛. ᴳᴮ   CV a
fermé 2 au 16 août, 14 au 28 fév., merc. soir et dim. – **Repas** (13,50) - 19,50/26,50.
  ♦ Cuisine traditionnelle assaisonnée d'un zeste de modernité, joli cadre mêlant la brique et le bois et terrasse d'été : trois atouts assurant le succès de ce bistrot chic.

X **Bistrot des Sommeliers**, 10 r. Pasteur ℰ 03 87 63 40 20, *Fax 03 87 63 54 46* – ⬛.
😋   CX a
fermé 25 au 31 déc., sam. midi, dim. et fériés – **Repas** 14 ♈ 🐟.
  ♦ Façade colorée et décor célébrant la dive bouteille pour ce bistrot proche de la gare. Belle sélection de vins au verre et suggestions du marché à découvrir sur l'ardoise.

par ① *et A 31 sortie Maizières-lès-Metz : 10 km* – ✉ 57280 Maizières-lès-Metz :

🏨 **Novotel-Hauconcourt**, ℰ 03 87 80 18 18, *h0446@accor-hotels.com*, *Fax 03 87 80 36 00*, 😋, 🏊, 🎾 – 📶 ⁂, ⬛ ch, 📺 📞 & 🅿 – 🔔 60. ᴀᴇ ⓞ ᴳᴮ
Repas (16) - 19,50, enf. 8 ♈ – 🍴 11,30 – **132 ch** 92/101.
  ♦ Trois décennies après sa construction, ce Novotel vient de bénéficier d'une rénovation totale, constituant ainsi une halte commode à proximité des autoroutes. Spacieuse salle à manger prolongée d'une terrasse au bord de la piscine.

à Mazagran *par* ② *et D 954 : 13 km* – ✉ 57530 Courcelles-Chaussy :

XX **Auberge de Mazagran**, ℰ 03 87 76 62 47, *Fax 03 87 76 79 50* – 🅿. ᴀᴇ ᴳᴮ
fermé lundi soir, lundi soir et merc. – **Repas** (14) - 33/39, enf. 14 ♈.
  ♦ Ferme bâtie au 19ᵉ s. pour l'un des soldats qui défendit en 1840 le fortin de Mazagran (Algérie). Salle à manger à l'esprit campagnard. Plats traditionnels et du terroir.

à Borny *par* ③ *et rte Strasbourg : 3 km* – ✉ 57070 Metz :

XXX **Jardin de Bellevue**, 58 r. Claude Bernard (près Technopole Metz 2000) ℰ 03 87 37 10 27, *Fax 03 87 37 15 45*, 😋 – 🅿. ᴀᴇ ᴳᴮ
fermé 26 juil. au 13 août, 21 au 28 fév., sam. midi, dim. soir et lundi – **Repas** (24 bc) - 30/38,50 et carte 50 à 67, enf. 12,50 ♈.
  ♦ Façade chic pour cette maison centenaire d'un quartier résidentiel. Tables joliment dressées dans une plaisante salle à manger jaune. Cuisine au goût du jour.

à Technopole 2000 *par* ③ *et rte de Strasbourg : 5 km* – ✉ 57070 Metz :

🏨 **Holiday Inn** ⌖, 1 r. F. Savart ℰ 03 87 39 94 50, *reception@holidayinn-metz.com*, *Fax 03 87 39 94 55*, 😋, 🏊 – 📶 ⁂ ⬛ 📺 📞 & 🅿 – 🔔 80. ᴀᴇ ⓞ ᴳᴮ ᴶᶜᴮ
Les Alizés (fermé sam. midi et dim. midi) **Repas** 25, enf. 10 ♈ – **Cos'Club** ℰ 03 87 39 94 64 (fermé mi-juil. à mi-août, vacances de Noël, sam. et dim.) **Repas** 14/19 🍴 – 🍴 11 – **90 ch** 105/125.
  ♦ Cette architecture design se situe loin des grondements de la ville, en bordure d'un parcours de golf 18 trous. Chambres pratiques équipées de meubles contemporains. Cadre élégant et cuisine traditionnelle aux Alizés. Formules buffets au Cos'Club.

à Fey *par* ④, *A 31 sortie Fey : 11 km* – 574 h. alt. 227 – ✉ 57420 :

🏨 **Tuileries** ⌖, ℰ 03 87 52 03 03, *lestuileries@wanadoo.fr*, *Fax 03 87 52 84 24*, 😋, 🎾 – 📶 ⁂, ⬛ rest, 📺 📞 & 🅿 – 🔔 80. ᴀᴇ ⓞ ᴳᴮ
Repas (fermé dim. soir) 33/67 ♈ – 🍴 10 – **41 ch** 50/58 – ½ P 54.
  ♦ Bâtisse récente proche d'un échangeur autoroutier, mais bénéficiant d'une bonne tranquillité. Chambres fonctionnelles et équipées d'un mobilier de qualité. Spacieuse salle à manger actuelle éclairée par de vastes baies.

à Plappeville *par av. Henri II* – **AY** : *7 km* – 2 341 h. alt. 280 – ✉ 57050 :

XX **Jardin d'Adam**, 50 r. Gén. de Gaulle ℰ 03 87 30 36 68, *le-jardin-d-adam@wanadoo.fr*, *Fax 03 87 30 79 01*, 😋 – ᴀᴇ ᴳᴮ
fermé mardi soir et merc. – **Repas** 25/50 ♈.
  ♦ Au coeur du village, vieille maison de vigneron abritant une plaisante salle à manger contemporaine ouverte sur la terrasse d'été. Le décor du bar revisite les années 1970.

Si le coût de la vie subit des variations importantes,
les prix que nous indiquons peuvent être majorés.
Lors de votre réservation à l'hôtel, faites-vous préciser le prix définitif.

METZERAL 68380 H.-Rhin **315** G8 – 1 065 h alt. 480.

Paris 464 – Colmar 25 – Gérardmer 39 – Guebwiller 41 – Thann 43.

Aux Deux Clefs ⬧, 12 r. Altenhof ℘ 03 89 77 61 48, clarines68@hotmail.com,
Fax 03 89 77 63 88, ⬧, – 🖵 🄿. GB
fermé 15 janv. au 1er fév. et merc. hors saison – **Repas** 12/42, enf. 8 ♀ – ⬧ 8 – **15 ch** 38/60 –
½ P 50.

• Établissement familial situé sur les hauteurs du village. Chambres sobrement aménagées ; quelques-unes profitent d'une vue le massif vosgien. Fitness flambant neuf. Salle à
manger d'inspiration bourgeoise et cuisine traditionnelle.

Pont, ℘ 03 89 77 60 84, Fax 03 89 77 63 88, 🌫 – cuisinette 🖵 🄿. GB
fermé 13 nov. au 20 déc. et lundi – **Repas** 16/55, enf. 8 ♀ – ⬧ 10 – **8 ch** 40/70, 8 studios
60/80 – ½ P 50/70.

• Cette bâtisse ancienne vient à point pour une étape sur la route touristique de la vallée
de la Grande Fecht. Chambres d'esprit rustique ; studios répartis dans deux annexes. Salle à
manger à l'ambiance "vieille Alsace" et terrasse ombragée par une tonnelle.

MEUDON 92 Hauts-de-Seine **311** J3 **101** ㉔ – voir à Paris, Environs.

MEULAN 78250 Yvelines **311** H1 – 8 394 h alt. 25.

🏌 Château de la Chouette à Gaillon-sur-Montcient ℘ 01 30 91 23 91, N : 3 km par D 913 ;
🏌 à Seraincourt ℘ 01 34 75 47 28, N : 4 km par D 913 ; 🏌 à Gadancourt ℘ 01 34 66 12 97,
N : 13 km par D 913.

Paris 44 – Beauvais 64 – Mantes-la-Jolie 20 – Pontoise 21 – Rambouillet 60 – Versailles 35.

Mercure ⬧, l'Ile Belle (dir. Mureaux) ℘ 01 34 74 63 63, h0834@accor-hotels.com,
Fax 01 34 74 00 98, ⬧, 🌫, 🔼 – 📵 🍴 🖵 �& 🄿 – 🚗 70. 🄰🄴 ⓞ GB
Repas (fermé vend. soir, sam. et dim. de janv. à mars) carte 30 à 42, enf. 10 ♀ – ⬧ 12 –
60 ch 114/125, 9 suites.

• Jouez à Robinson dans cet hôtel ancré sur une île verdoyante de la Seine ! Même la
chronologie s'y prête : la construction repose sur les communs d'un château du 18e s.
Restaurant meublé en rotin et prolongé d'une plaisante terrasse tournée vers le fleuve.

MEURSAULT 21 Côte-d'Or **320** I8 – rattaché à Beaune.

Le MEUX 60 Oise **305** H4 – rattaché à Compiègne.

MEXIMIEUX 01800 Ain **328** E5 – 6 840 h alt. 245.

🄱 Office de tourisme, 1 rue de Genève ℘ 04 74 61 11 11, Fax 04 74 61 00 50, office-de-
tourisme@wanadoo.fr.

Paris 458 – Lyon 38 – Bourg-en-Bresse 37 – Chambéry 120 – Genève 118 – Grenoble 125.

Claude Lutz avec ch, 17 r. Lyon ℘ 04 74 61 06 78, Fax 04 74 34 75 23 – 🖵 🄿 – 🚗 80. 🄰🄴
GB 🄹🄲🄱
fermé 19 au 26 juil., 18 oct. au 9 nov., 2 au 12 janv., merc. midi, dim. soir et lundi – **Repas**
(prévenir) 25 (déj.), 39/55 et carte 37 à 53 ♀ – ⬧ 6,50 – **12 ch** 45/53.

• Auberge traditionnelle au centre de la petite cité. Salle de restaurant feutrée, agrémentée d'une fresque représentant un paysage de la Dombes. Quelques chambres
rajeunies.

au Pont de Chazey-Villieu Est : 3 km sur N 84 – ⬧ 01800 Meximieux :

Mère Jacquet avec ch, ℘ 04 74 61 94 80, contact@lamèrejacquet.com,
Fax 04 74 61 92 07, 🌫, 🔼, 🌳 – 🖵 �& 🄿 GB
fermé 16 au 23 août, 20 déc au 11 janv., sam. midi, dim. soir et lundi – **Repas** 22/45 et carte
38 à 72 ♀ – ⬧ 8 – **19 ch** 46/68 – ½ P 53,50/61.

• Maison du 16e s. et extensions récentes tournent le dos à la route nationale. Salle à
manger rustique ouvrant sur un joli jardin fleuri. Carte classique. Chambres spacieuses.

MÉXY 54 M.-et-M. **307** F2 – rattaché à Longwy.

MEYLAN 38 Isère **333** H6 – rattaché à Grenoble.

MEYMAC 19250 Corrèze **329** N2 G. Berry Limousin – 2 627 h alt. 702.

Voir Vierge noire★ dans l'église abbatiale.

🄱 Office de tourisme, place de l'Hôtel de Ville ℘ 05 55 95 18 43, Fax 05 55 95 66 12,
officetourisme.meymac@wanadoo.fr.

Paris 443 – Aubusson 57 – Limoges 96 – Neuvic 30 – Tulle 49 – Ussel 17.

✕ **Chez Françoise** avec ch, 24 r. Fontaine du Rat ✆ 05 55 95 10 63, Fax 05 55 95 40 22 – 📺 💥 🖭 ⅁𝔅

fermé 21 déc. au 10 janv. et lundi – **Repas** 15 (déj.), 25/58, enf. 8 ☞ – 🖙 7,60 – **4 ch** 55/70.
• Cuisine limousine accompagnée d'un beau choix de bordeaux et proposée dans le joli cadre rustique (imposante cheminée) d'une maison du 16ᵉ s. Boutique de produits régionaux.

à Maussac Sud : 9 km par D 36 et N 89 – 385 h. alt. 615 – ⊠ 19250 :

🏨 **Europa,** sur N 89 ✆ 05 55 94 25 21, Fax 05 55 94 26 08 – ▤ rest, 📺 💥 ⅋ 🅿 – 🕿 25. 🖭 ⅁𝔅

fermé 20 déc. au 5 janv. – **Repas** (9) - 13/20,50, enf. 9,50 ⚑ – 🖙 5 – **22 ch** 38,50/45,50 – ½ P 37,50.
• Cet établissement proche de la route nationale abrite des chambres fonctionnelles, pourvues de lits "king size" ; celles sur l'arrière sont plus calmes. Cuisine traditionnelle sans prétention ; clientèle de V.R.P. essentiellement.

MEYRARGUES 13650 B.-du-R. 🔢 I4 G. Provence – 3 282 h alt. 247.
Paris 748 – Marseille 46 – Aix-en-Provence 17 – Avignon 77 – Manosque 43.

🏰 **Château de Meyrargues** ⑅, ✆ 04 42 63 49 90, chateaumeyrargues@libertysurf.fr, Fax 04 42 63 49 92, ≤, 🏶, 🔟, 🐾 – 📦, ▤ ch, 📺 🅿. 🖭 ⓞ ⅁𝔅 ⱼⱼⱼ. ⚿
fermé (fermé 1ᵉʳ nov. au 15 déc., 2 janv. au 15 mars et le midi en semaine) 39/65, enf. 23 – 🖙 18 – **8 ch** 120/200, 3 suites – ½ P 103/143.
• Ce majestueux château fort gardant la vallée est un véritable nid d'aigle. Ses chambres et sa salle à manger rivalisent d'élégance. Cuisine classique et vins provençaux à déguster dans l'un des salons raffinés ou sur la jolie terrasse aménagée dans la cour.

MEYRONNE 46200 Lot 🔢 F2 – 269 h alt. 130.
Paris 524 – Brive-la-Gaillarde 47 – Cahors 76 – Figeac 54 – Sarlat-la-Canéda 40.

🏨 **Terrasse** ⑅, ✆ 05 65 32 21 60, terrasse.liebus@wanadoo.fr, Fax 05 65 32 26 93, ≤, 🏶, 🔟, 🐾 – 📺 💥 ⅋ – 🕿 15. 🖭 ⓞ ⅁𝔅 ⱼⱼⱼ
15 mars-1ᵉʳ nov. – **Repas** (fermé mardi midi) 20 (déj.), 25/50, enf. 10 ⚑ – 🖙 10 – **16 ch** 60/125 – ½ P 56/120.
• Dominant la Dordogne, ensemble de vieilles maisons en pierres de pays dont les origines remontent au 11ᵉ s. Les chambres sont dotées de meubles anciens. Belle salle à manger d'hiver voûtée, espace plus contemporain ou agréable terrasse ombragée d'une treille.

MEYRUEIS 48150 Lozère 🔢 I9 G. Languedoc Roussillon – 851 h alt. 698.
Voir NO : Gorges de la Jonte★★.
Env. Aven Armand★★★ NO : 11 km – Grotte de Dargilan★★ NO : 8,5 km.
🄑 Office de tourisme, Tour de l'Horloge ✆ 04 66 45 60 33, Fax 04 66 45 65 27, office.tourisme.meyrueis@wanadoo.fr.
Paris 643 – Florac 36 – Mende 57 – Millau 43 – Rodez 99 – Le Vigan 56.

🏰 **Château d'Ayres** ⑅, Est : 1,5 km par D 57 ✆ 04 66 45 60 10, chateau-d-ayres@wanadoo.fr, Fax 04 66 45 62 26, ≤, 🏶, 🔟, 🐾, 🐾 – 📺 🅿. – 🕿 15 à 20. 🖭 ⓞ ⅁𝔅. ⚿ rest
15 mars-15 déc. – **Repas** 19 (déj.), 27/43, enf. 16 ⚑ – 🖙 12 – **21 ch** 111/144, 6 suites – ½ P 87/103.
• Dans un parc de 6 ha, inébranlables murs du 12ᵉ s. imprégnés de l'histoire cévenole. Chambres "châtelaines" jouissant d'une extrême quiétude. Salle à manger voûtée et agrémentée d'une cheminée, terrasse ombragée par des séquoïas et recettes régionales.

🏨 **Mont Aigoual,** 34 quai Barrière ✆ 04 66 45 65 61, hotelmontaigoual@free.fr, Fax 04 66 45 64 25, 🔟, 🐾 – 📦 💥 🅿. 🖭 ⅁𝔅. ⚿ rest
1ᵉʳ avril-3 nov. – **Repas** (fermé mardi midi en avril et oct.) 20/40, enf. 8,50 ⚑ – 🖙 7 – **30 ch** 51/73 – ½ P 48/59.
• Le village, base idéale de découverte des Grands Causses et des Cévennes, est au pied du pittoresque massif de l'Aigoual. Chambres bien tenues, à choisir côté jardin. Goûteuse cuisine traditionnelle à déguster dans une coquette salle de style provençal.

🏨 **Europe** sans rest, quai d'Orléans ✆ 04 66 45 60 05, Fax 04 66 45 65 31 – 📦 📺 🅿 – 🕿 25. ⅁𝔅
1ᵉʳ avril-5 nov. – 🖙 6 – **29 ch** 38/42.
• Cette vénérable pension de famille bénéficie d'un emplacement idéal au centre d'une région riche en curiosités naturelles (canyons, grottes...). Chambres fonctionnelles.

🏨 **Family Hôtel,** 4 r. Barrière ✆ 04 66 45 60 02, hotel.family@wanadoo.fr, Fax 04 66 45 66 54, 🔟, 🐾 – 📦 📺 🅿 – 🕿 20 à 40. ⅁𝔅
1ᵉʳ avril-3 nov. – **Repas** 12/30, enf. 8 ⚑ – 🖙 7 – **48 ch** 35/45 – ½ P 45.
• La façade blanche de cet hôtel borde le cours de la Jonte. Chambres pratiques impeccablement tenues. Piscine et jardin sur la rive, de l'autre côté de la route. Copieuse cuisine lozérienne.

957

Grand Hôtel de France, pl. J. Séguier ℰ 04 66 45 60 07, grandhoteldefrance@wanado o.fr, Fax 04 66 45 67 62, ⌧, ☞, ℀ – ⫴ 📺 🅿 – ⫴ 35. ⓪ ⌷ ℀ rest
9 avril-3 oct. – **Repas** (1ᵉʳ mai-26 sept.) (dîner seul.) 22/30 – ⌸ 6,50 – **45 ch** 42/48 – ½ P 44.
♦ Bâtisse en pierres du pays, où vous serez hébergés dans de petites chambres colorées. Sur l'arrière de l'hôtel, jardin et piscine à flanc de colline. Restaurant campagnard doté d'une cheminée et de meubles rustiques. Mise en place simple, menus traditionnels.

St-Sauveur, 2 pl. J. Séguier ℰ 04 66 45 62 12, saint-sauveur@demeures.de.lozere.com, ☞ – 📺 ℀, ⌷ ⓪ ⌷
15 mars-15 nov. – **Repas** 15/30, enf. 7 ℣ – ⌸ 6 – **10 ch** 38/43 – ½ P 41/43.
♦ Cet hôtel particulier du 18ᵉ s. est une halte de caractère à fréquenter avant ou après la découverte de l'aven Armand. Chambres pratiques dotées de meubles en bois massif. Intime restaurant bourgeois et terrasse ombragée par un sycomore plus que centenaire.

MEYZIEU 69330 Rhône 🗺 J5 – 28 009 h alt. 201.
🏌 de Lyon à Villette-d'Anthon ℰ 04 78 31 11 33, NE : 12 km par D 6.
Paris 467 – Lyon 19 – Pont-de-Chéruy 15 – St-Priest 14 – Vienne 41.

Mont Joyeux ⌂, r. V. Hugo (près lac du Gd Large) ℰ 04 78 04 21 32, monjoyeu@club.int ernet.fr, Fax 04 72 02 85 72, ☞, ⌧, ☞ – 📺 ⌷ 🅿 ⌷ ⓪ ⌷
Repas 22/44 ℣ – ⌸ 10,50 – **20 ch** 77/114 – ½ P 100,50.
♦ Les chambres de cette paisible maison sont assez soignées et dotées d'un balcon ou d'une terrasse ; toutes donnent sur le jardin (sauf une côté lac). Annexes plus spacieuses. Salle à manger feutrée et, en été, tables dressées à l'ombre d'un tilleul majestueux.

Petite Auberge du Pont d'Herbens, 32 r. V. Hugo ℰ 04 78 31 41 09, Fax 04 78 04 34 93, ☞ – 🅿. ⌷ ⓪ ⌷ ⌷
fermé mars, dim.soir et lundi sauf fériés – **Repas** 18/40, enf. 10 ℣ ⌂.
♦ Sympathique auberge séparée du lac du Grand Large par une prairie. Salle à manger cossue et rénovée, verdoyante terrasse, cuisine traditionnelle et belle carte des vins.

MÈZE 34140 Hérault 🗺 G8 G. Languedoc Roussillon – 7 630 h alt. 20.
Voir Villa gallo-romaine★ de Loupian N : 1,5 km.
🛈 Office de tourisme, rue A.-Massaloup ℰ 04 67 43 93 08.
Paris 746 – Montpellier 36 – Agde 21 – Béziers 43 – Lodève 52 – Pézenas 19 – Sète 20.

à Bouzigues Nord-Est : 4 km par N 113 et rte secondaire – 1 208 h. alt. 3 – ✉ 34140 :

Côte Bleue ⌂, ℰ 04 67 78 31 42, Fax 04 67 78 35 49, ⩽, ☞, ⌧, ☞ – 📺 ℀ ⌷ 🅿 – ⫴ 40. ⌷ ⌷. ℀
26 janv. au 25 fév. – **Repas** ℰ 04 67 78 30 87 (fermé dim. soir du 15 oct. au 31 mars, mardi soir et merc. de sept. à juin) 26/41, enf. 11,50 ℣ – ⌸ 7 – **32 ch** 54/77.
♦ L'étang de Thau, Mecque de la conchyliculture, baigne cette construction moderne aux chambres fonctionnelles dotées de balcons. Cuisine de la mer mettant à l'honneur les fameuses huîtres de Bouzigues, à déguster l'été sur la terrasse ombragée de pins.

MÉZIÈRES-EN-BRENNE 36290 Indre 🗺 D6 G. Berry Limousin – 1 160 h alt. 88.
🛈 Office de tourisme, 1 rue du Nord ℰ 02 54 38 12 24, Fax 02 54 38 13 76.
Paris 303 – Le Blanc 28 – Châteauroux 40 – Châtellerault 59 – Poitiers 96 – Tours 87.

Boeuf Couronné avec ch, ℰ 02 54 38 04 39, Fax 02 54 38 02 84 – ℀, ⌷. ℀ ch
fermé 20 nov. au 31 janv., dim. soir et lundi sauf fériés – **Repas** (13,50) - 19/40, enf. 8,50 ℣ – ⌸ 6 – **8 ch** 29/38 – ½ P 34,50.
♦ Ce relais de poste du 17ᵉ s. incite à faire étape au coeur du Parc naturel régional de la Brenne : coquette salle à manger champêtre et cuisine traditionnelle.

MIEUSSY 74440 H.-Savoie 🗺 M4 G. Alpes du Nord – 1 739 h alt. 636.
🛈 Office de tourisme, Le Pont du Diable ℰ 04 50 43 02 72, Fax 04 50 43 01 87, ot-.mieussy@wanadoo.fr.
Paris 563 – Chamonix-Mont-Blanc 59 – Thonon-les-Bains 49 – Annecy 62 – Bonneville 21.

Accueil Savoyard, ℰ 04 50 43 01 90, accueil-savoyard@wanadoo.fr, Fax 04 50 43 09 59, ☞, ⌧ – 📺 ⌷ 🅿. ⌷. ℀ rest
fermé 10 avril au 20 mai et 20 oct. au 10 nov. – **Repas** (fermé vend. soir, dim. soir et sam.) 12 (déj.), 15/24, enf. 7 – ⌸ 7,50 – **10 ch** 50 – ½ P 49.
♦ Hôtel de type "pension de famille" établi dans la verdoyante vallée du Giffre. Chambres bien tenues, parfois dotées d'un balcon ; demandez-en une avec vue sur les montagnes. Carte traditionnelle et plats savoyards servis dans une salle à manger rustique.

MILLAU 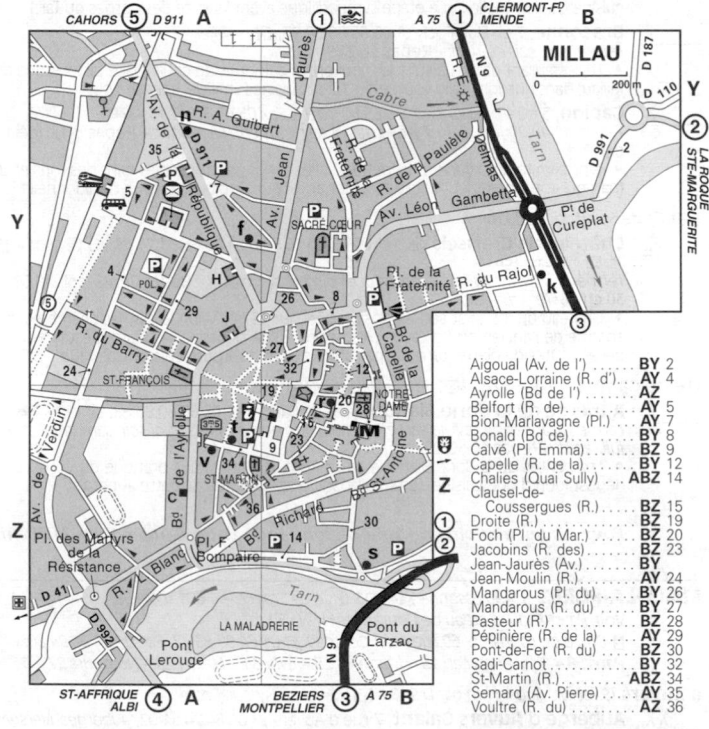 12100 Aveyron **338** K6 *G. Languedoc Roussillon* – *21 339 h alt. 372.*

Voir *Musée de Millau : poteries★, maison de la Peau et du Gant ★ (1er étage)* **M.**

Env. *Canyon de la Dourbie★★ 8 km par ②.*

🛈 *Office de tourisme, 1 avenue Alfred Merle ℰ 05 65 60 02 42, Fax 05 65 60 95 08, office.tourisme.millau@wanadoo.fr.*

Paris 636 ① – Rodez 67 ⑤ – Albi 106 ④ – Mende 95 ① – Montpellier 114 ③.

Aigoual (Av. de l')	**BY** 2
Alsace-Lorraine (R. d')	**AY** 4
Ayrolle (Bd de l')	**AZ**
Belfort (R. de)	**AY** 5
Bion-Marlavagne (Pl.)	**AY** 7
Bonald (Bd de)	**BY** 8
Calvé (Pl. Emma)	**BZ** 9
Capelle (R. de la)	**BY** 12
Chalies (Quai Sully)	**ABZ** 14
Clausel-de-Coussergues (R.)	**BZ** 15
Droite (R. de la)	**BZ** 19
Foch (Pl. du Mar.)	**BZ** 20
Jacobins (R. des)	**BZ** 23
Jean-Jaurès (Av.)	**BY**
Jean-Moulin (R.)	**AY** 24
Mandarous (Pl. du)	**BY** 26
Mandarous (R. du)	**BY** 27
Pasteur (R.)	**BZ** 28
Pépinière (R. de la)	**AY** 29
Pont-de-Fer (R. du)	**BZ** 30
Sadi-Carnot (R.)	**BY** 32
St-Martin (R.)	**ABZ** 34
Semard (Av. Pierre)	**AZ** 35
Voultre (R. du)	**AZ** 36

🏨 **Musardière**, 34 av. République ℰ 05 65 60 20 63, *hotel-lamusardiere@wanadoo.fr, Fax 05 65 59 78 13*, 🌹 – 📶, 🛏 ch, 📺 🆑 🅿. GB **AY n**
début mars-mi-nov. – **Repas** 21/41 ♀ – ☷ 12,50 – **14 ch** 85/175 – ½ P 85/107.
♦ Cette maison de maître (19ᵉ s.) fut la propriété d'un gantier millavois. Agréables chambres personnalisées ; quelques-unes avec balcon ou baignoire "balnéo". Salle à manger sobrement élégante et terrasse dressée dans le jardin arboré. Cuisine au goût du jour.

🏨 **Cévenol Hôtel**, 115 r. Rajol ℰ 05 65 60 74 44, *cevenol@wanadoo.fr, Fax 05 65 60 85 99*, 🌹, 🔟 – 🛗 📺 🆑 🅿. 🅐🅔 ⓘ GB **BY k**
18 mars-12 nov. – **Repas** *(fermé lundi midi, merc. midi et dim. hors saison, lundi midi et mardi midi du 1er juil. au 15 sept.)* 19,50/27 ♝ – ☷ 7,50 – **42 ch** 56/59 – ½ P 53/58.
♦ Bâtiment des années 1980 séparé du Tarn par la route nationale. Les chambres sont fonctionnelles et assez spacieuses. Sobre salle à manger décorée dans l'esprit rustique. L'été, on dresse les tables au bord de la piscine.

🏨 **Millau Hôtel Club**, par ④ et rte Montpellier ℰ 05 65 59 71 33, *millauhotelclub@wanado o.fr, Fax 05 65 59 71 67*, 🌹, 🔟 – 🛏 ch, 📺 🆑 🔥 🅿. 🅐🅔 ⓘ GB
mars-nov. – **Repas** *(fermé lundi midi et dim.)* 14/22, enf. 8 ♝ – ☷ 8 – **37 ch** 54 – ½ P 51.
♦ Construction contemporaine disposant de chambres pratiques et actuelles ; choisissez de préférence celles tournées vers la petite cité du gant. Sobre salle à manger en rotonde garnie d'un mobilier de jardin ; grillades et salades.

XX **Table d'Albanie,** 23 r. Pont de Fer ✆ 05 65 59 16 87, *Fax 05 65 59 44 92,* ☂ – ▤. ⓓ GB BZ s

fermé 20 au 29 oct., 5 au 25 fév., mardi soir et merc. – **Repas** 17,50/28, enf. 9,50 ♀.

◆ Deux bâtiments accolés dont une mégisserie rénovée. Le mobilier conçu par un ébéniste local, la générosité de l'accueil et les plats régionaux font l'attrait de ce restaurant.

X **Square,** 10 r. St-Martin ✆ 05 65 61 26 00, ☂ – GB AZ t

fermé 8 au 31 mars, 14 au 30 juin, mardi soir sauf juil.-août et merc. – **Repas** 15,60/28,70.

◆ Petite salle à manger au cadre contemporain assez sobre, terrasse bien protégée et cuisine traditionnelle : une étape sympathique avant la visite des gorges du Tarn.

X **Braconne,** 7 pl. Mar. Foch ✆ 05 65 60 30 93, ☂ – GB BZ r

fermé dim. soir et lundi – **Repas** 16/37.

◆ Le restaurant est situé sous le "couvert" à colonnes de cette place pittoresque du vieux Millau, dans une jolie salle voûtée du 13e s. Cuisine familiale, service itou.

X **Capion,** 3 r. J.-F. Alméras ✆ 05 65 60 00 91, *Fax 05 65 60 42 13* – GB AY f

fermé 1er au 20 juil., 2 au 7 janv., mardi soir et merc. sauf août – **Repas** 11 bc (déj.), 15/34, enf. 7.

◆ À proximité de la gare, deux petites salles à manger rafraîchies dans des tons ensoleillés, mais qui conservent leur sobre mobilier antérieur. Copieuse cuisine traditionnelle.

par ④ *rte St-Affrique : 2 km :*

Château de Creissels ⛰, ✆ 05 65 60 16 59, *Fax 05 65 61 24 63,* ←, ☂, ⛱ – TV ✆ ♿ P. AE ⓓ GB JCB

fermé 1er janv. au 28 fév., lundi midi et dim. d'oct. à avril – **Repas** 22/48, enf. 10,50 – ☕ 8 – **30 ch** 56/79 – 1/2 P 56/65.

◆ Château du 12e s. et son extension bâtie en 1971 : selon le cas, les chambres offrent le charme de l'ancien ou un cadre plus sobre. Salon bourgeois ; billard. Restaurant coiffé de belles voûtes de pierre, terrasse panoramique et goûteuse cuisine classique.

rte de Cahors *par* ⑤ *: 3 km* – ✉ *12100 Millau :*

X **Auberge de la Borie Blanque,** rte de Cahors ✆ 05 65 60 85 88, ☂ – P. GB

fermé vacances de fév., le soir en semaine de nov. à mars, lundi soir, sam. midi et dim. sauf juil.-août – **Repas** 10,50/22, enf. 6.

◆ Les pentes de la Borie Blanque se prêtent volontiers à la pratique du vol libre... et à la dégustation d'une cuisine du terroir dans la salle voûtée de cette auberge.

*Pour visiter une ville ou une région : utilisez les Guides Verts **Michelin.***

MILLY-LA-FORÊT *91490 Essonne 312 D5 G. Île de France – 4 601 h alt. 68.*

Voir *Parc★★ du chateau de Courances★★ N : 5 km.*

Office de tourisme, 60 rue Jean Cocteau ✆ 01 64 98 83 17, Fax 01 64 98 94 80.

Paris 58 – Fontainebleau 19 – Étampes 25 – Évry 31 – Melun 25 – Nemours 27.

à Auvers *(S.-et-M.) Sud : 4 km par D 948 – ✉ 77123 Noisy-sur-École :*

XX **Auberge d'Auvers Galant,** 7 rue d'Auvers ✆ 01 64 24 51 02, *aubergeauversgalant@wanadoo.fr, Fax 01 64 24 56 40,* ☂ – AE GB

fermé 23 août au 7 sept., 19 janv. au 10 fév., dim. soir, lundi et mardi – **Repas** 22/46,50 ♀.

◆ Rien à redouter de ce Galant-là : posté à l'orée de la forêt de Fontainebleau, c'est en tout bien tout honneur qu'il vous propose une halte dans un intérieur rustique.

MIMIZAN *40200 Landes 335 D9 G. Aquitaine – 6 864 h alt. 13 – Casino.*

Paris 692 – Arcachon 67 – Bayonne 109 – Bordeaux 109 – Dax 72 – Mont-de-Marsan 77.

à Mimizan-Bourg :

XXX ✿ **Au Bon Coin du Lac** (Caule) ⛰ avec ch, au lac : Nord 1,5 km ✆ 05 58 09 01 55, *Fax 05 58 09 40 84,* ←, ☂, ⛱ – ▤ rest, TV ✆. AE ⓓ GB. ✂

fermé fév., dim. soir et lundi sauf juil-août – **Repas** 28/56 et carte 61 à 80 ♀ – ☕ 10 – **4 ch** 78/99, 4 suites – 1/2 P 90/99.

◆ Atmosphère romantique dans ce pavillon entouré d'un jardin bordant le lac. Collection d'armagnacs et de bordeaux au restaurant. Belle cuisine régionale. Chambres confortables.

Spéc. Sole soufflée aux langoustines. Nem de foie de canard au jambon. Grand dessert "Folie". **Vins** Jurançon sec, Madiran.

X **Vauclin,** 2 av. Bayonne (angle r. Abbaye) ✆ 05 58 09 15 09, *restaurant.le.vauclin@wanadoo.fr, Fax 05 58 09 15 09* – AE GB

fermé 15 au 22 mars, oct., dim. soir et lundi de sept. à juin – **Repas** 11 (déj.), 15/24 ♀.

◆ L'enseigne pourrait faire penser à une adresse martiniquaise. Mais il n'en est rien : vous goûterez ici des préparations au goût du jour. Salle à manger habillée de boiseries.

Plage Sud :

🏨 **Émeraude des Bois**, 68 av. Courant ℰ 05 58 09 05 28, *emeraudedesbois@wanadoo.fr*,
Fax 05 58 09 35 73, 😚 – 📺 📞 🅿. GB. 🛇 rest
1er avril-fin sept. – **Repas** *(fin mai-mi-sept.)* (dîner seul.) 15,30/26, enf. 8,50 – ☒ 6 – **15 ch** 50/58 – ½ P 46/50.
♦ Sympathique hôtellerie à 3 mn des plages de la Côte d'Argent et de la vaste forêt de Mimizan. Chambres sobrement décorées et petites salles de bains rénovées. Salle à manger prolongée d'une véranda et agréable terrasse ombragée.

🏨 **L'Airial** sans rest, 6 r. Papeterie ℰ 05 58 09 46 54, *pascal.basset5@wanadoo.fr*,
Fax 05 58 09 32 10, 🌿 – 🅿. GB
1er mai-31 oct. – ☒ 5,50 – **16 ch** 48.
♦ Accueil chaleureux, chambres de bonne tenue meublées en pin, salons de détente, petit-déjeuner dans le jardin : voici un séjour océanique qui s'annonce bien !

MINERVE *34210 Hérault* 🟦🟦🟦 B8 *G. Languedoc Roussillon*– *111 h alt. 227.*
Voir *Site*★★.
🛈 *Syndicat d'initiative, 9 rue des Martyrs* ℰ 04 68 91 81 43.
Paris 812 – Béziers 45 – Carcassonne 44 – Narbonne 33 – St-Pons 30.

🍴 **Relais Chantovent** 🛏 avec ch, ℰ 04 68 91 14 18, Fax 04 68 91 81 99, ≼, 😚 – GB
fermé 18 déc. au 18 mars, dim. soir et lundi – **Repas** 16 (déj.), 22/38 – **10 ch** 31/48 – ½ P 50.
♦ Au coeur du village cathare, sympathique auberge familiale proposant son appétissante cuisine régionale. La terrasse offre la vue sur les gorges du Brian. Chambres simples.

Les pages explicatives de l'introduction
vous aideront à mieux profiter de votre **Guide Michelin.**

MIONNAY *01390 Ain* 🟦🟦🟦 C5 – *2 109 h alt. 276.*
🏌 *de Mionnay-la-Dombes* ℰ 04 78 91 84 84, *E : 3 km.*
Paris 457 – Lyon 23 – Bourg-en-Bresse 44 – Meximieux 26 – Villefranche-sur-Saône 33.

🏨🏨🏨🏨 **Alain Chapel** avec ch, ℰ 04 78 91 82 02, *chapel@relaischateaux.fr*, Fax 04 78 91 82 37,
😚, 🌿 – 📺 🚗 🅿. AE ⓿ GB JCB
fermé janv., vend. midi, lundi et mardi – **Repas** 60 (déj.), 96/130 et carte 87 à 150 – ☒ 17 –
12 ch 105/125.
♦ Le souvenir du maître de Mionnay est omniprésent dans cette élégante hostellerie de la Dombes, et la relève de sa cuisine pour épicuriens est assurée. Jardin fleuri.
Spéc. Salade de homard, gorges de pigeonneaux et pourpier aux truffes. Foie gras de canard poêlé en chapelure de pain d'épices (printemps-été). Poulette de Bresse en vessie, sauce légère au foie gras. **Vins** Mâcon-Clessé, Saint-Joseph

---

MIRABEL-AUX-BARONNIES *26 Drôme* 🟦🟦🟦 D8 – *rattaché à Nyons.*

MIRAMAR *06 Alpes-Mar.* 🟦🟦🟦 C7 – *rattaché à Théoule-sur-Mer.*

MIRAMBEAU *17150 Char.-Mar.* 🟦🟦🟦 G7 – *1 461 h alt. 59.*
🛈 *Office de tourisme, 90 avenue de la République* ℰ 05 46 49 62 85, Fax 05 46 49 62 85,
office-tourisme.mirambeau@wanadoo.fr.
Paris 515 – Bordeaux 72 – Angoulême 73 – Cognac 48 – Royan 52.

🏰 **Château de Mirambeau** 🛏, ℰ 05 46 04 91 20, *sas.mirambeau@tiscali.fr*,
Fax 05 46 04 26 72, ≼, 😚, 🏋, ⛱, 🛇 – 🛎 📺 📞 🅿 – 🛗 25. AE ⓿ GB JCB. 🛇 rest
mars-nov. – **Repas** *(fermé dim. soir et lundi)* 40/80 – ☒ 21 – **16 ch** 200/378, 3 suites –
½ P 170/274.
♦ Superbe château du 19e s. dans un vaste parc. Fastueux salons, meubles chinés, chambres raffinées, luxueuses salles de bains : la demeure est pétrie de charme. Trois petites salles intimes composent l'élégant restaurant. Terrasse ouverte sur la nature.

MIRANDE ⬥ *32300 Gers* 🟦🟦🟦 E8 *G. Midi-Pyrénées* – *3 568 h alt. 173.*
Voir *Musée des Beaux-Arts*★.
🏌 *du Château de Pallanne à Tillac* ℰ 05 62 70 00 06, *O : 16 km par N 21 et D 16.*
🛈 *Office de tourisme, 13 rue de l'Evêché* ℰ 05 62 66 68 10, Fax 05 62 66 87 09, *bienve nue@ot-mirande.com.*
Paris 737 – Auch 25 – Mont-de-Marsan 98 – Tarbes 49 – Toulouse 103.

🏠 **Pyrénées,** av. d'Etigny, ℰ 05 62 66 51 16, *hotel-des-pyrenees@wanadoo.fr,*
Fax 05 62 66 79 96, ⅃, ☎ – 🆃🅅 **P** – 🅰️ 30. 🆀🅱
fermé 20 au 26 déc., 13 au 27 fév., dim. soir hors saison et lundi – **Repas** 22/50, enf. 9 ♀ –
☞ 7 – **30 ch** 54/99 – ½ P 67,50/82,50.
♦ Étape bienvenue à l'entrée de la ville, sur la route des bastides gersoises. Chambres
fraîches ; préférez celles de l'annexe, plus agréables et donnant sur le jardin. Sobre salle à
manger. Cuisine dans la note régionale et petite collection d'armagnacs.

MIRANDOL-BOURGNOUNAC 81190 Tarn 🗓🗓 E6 – 1 081 h alt. 393.

🛈 *Office de tourisme, 2 place de la Liberté* ℰ 05 63 76 97 65, *Fax 05 63 76 90 11,*
otmirandol@wanadoo.fr.

Paris 653 – Rodez 51 – Albi 29 – St-Affrique 79 – Villefranche-de-Rouergue 39.

✕ **Hostellerie des Voyageurs** avec ch, ℰ 05 63 76 90 10, 🏠 – 🆀🅱
fermé vacances de printemps, 21 août au 7 sept. et le soir du 1er oct. au 15 avril – **Repas**
11,50 bc/26 ♀ – ☞ 6 – **7 ch** 31/49 – ½ P 38/40.
♦ Cette maison d'aspect traditionnel héberge également le café du village. Sobre salle à
manger campagnarde avec poutres apparentes. Généreux accueil familial.

MIREBEAU-SUR-BÈZE 21310 Côte-d'Or 🗓🗓 L5 – 1 573 h alt. 202.

🛈 *Syndicat d'initiative, rue du Moulin* ℰ 03 80 36 76 17, *Fax 03 80 36 76 83, OT.mirebeau-*
sur-beze.21@wanadoo.fr.

Paris 338 – Dijon 26 – Châtillon-sur-Seine 107 – Dole 49 – Gray 24 – Langres 67.

✕✕ **Auberge des Marronniers** avec ch, ℰ 03 80 36 71 05, *Fax 03 80 36 75 92,* 🏠 – 🆃🅅. 🅰🅴
🆀🅱
fermé 18 déc. au 4 janv., dim. soir et lundi – **Repas** 11,50 (déj.), 18,50/29 ♀ – ☞ 9 – **15 ch**
32/46 – ½ P 42,50/43,50.
♦ Tranquille auberge à l'avenante façade. Cuisine régionale servie dans la salle de restaurant ou sur la terrasse-jardin au bord de la rivière. Chambres pratiques.

à Bèze *Nord : 9 km par D 959 G. Bourgogne – 632 h. alt. 217 – ✉ 21310 :*

🛈 *Syndicat d'initiative, place de Verdun* ℰ 03 80 75 37 55, *Fax 03 80 75 30 84, maisondutou-*
rismebezes@wanadoo.fr.

🏠 **Bourguignon,** ℰ 03 80 75 34 51, *hotel-le-bourguignon@wanadoo.fr,*
Fax 03 80 75 37 06, 🏠 – 🍴 rest, 🆃🅅 📞 🅰 ☞ **P.** 🅰🅴 ⓘ 🆀🅱
Repas 15/33, enf. 9 ♀ – ☞ 6,50 – **25 ch** 47/52 – ½ P 49/52.
♦ Chambres d'esprit contemporain aménagées dans une construction récente à pans de
bois. La salle à manger rustique (poutres apparentes et cheminée) occupe un bâtiment à
façade Renaissance. À l'heure de l'apéritif, n'oubliez pas de demander un kir !

MIREBEL 39570 Jura 🗓🗓 E6 – 202 h alt. 580.

Paris 419 – Champagnole 17 – Lons-le-Saunier 17.

✕✕ **Mirabilis,** 41 Grande rue ℰ 03 84 48 24 36, *le.mirabilis@free.fr, Fax 03 84 48 22 25,* 🏠,
🌳 – **P.** 🆀🅱
fermé 2 au 10 janv., lundi, mardi et merc. midi hors saison – **Repas** 13/30, enf. 8 ♀.
♦ Cette bâtisse régionale est entourée par un jardin équipé de jeux pour les enfants et où
l'on dresse la terrasse aux beaux jours. À l'intérieur, cadre champêtre soigné.

MIRECOURT 88500 Vosges 🗓🗓 E3 G. Alsace Lorraine – 6 384 h alt. 285.

🛈 *Office de tourisme, 40 rue Général Leclerc* ℰ 03 29 37 01 01, *Fax 03 29 37 52 24,*
mairie@ville-mirecourt.fr.

Paris 364 – Épinal 34 – Luxeuil-les-Bains 74 – Nancy 49 – Neufchâteau 41 – Vittel 24.

🏨 **Luth** 🌳, rte Neufchâteau ℰ 03 29 37 12 12, *hotelleluth@leluth.fr, Fax 03 29 37 23 44,* 🌳
– 🆃🅅 📞 **P.** – 🅰️ 25. 🆀🅱
hôtel : fermé vend. et sam. hors saison – **Repas** (*fermé 1er au 29 août, 30 déc. au 6 janv.,*
dim. soir hors saison, vend. sauf saison et juil.) 13/32 ♀ – ☞ 9 – **30 ch** 39/53 – ½ P 45.
♦ L'enseigne de cet hôtel rend hommage aux artisans luthiers qui ont fait la renommée de
la petite ville. Confort actuel et chambres au calme sur l'arrière. Salle à manger feutrée
offrant un plaisant cadre contemporain. Au "piano", généreux répertoire classique.

MIREPOIX 09500 Ariège 🗓🗓 J6 G. Midi-Pyrénées – 3 061 h alt. 308.

Voir *Place principale*★★.

🛈 *Office de tourisme, place Maréchal Leclerc* ℰ 05 61 68 83 76, *Fax 05 61 68 89 48,*
contact@ot-mirepoix.fr.

Paris 753 – Carcassonne 52 – Castelnaudary 34 – Foix 37 – Limoux 33 – Pamiers 25.

Maison des Consuls sans rest, 6 pl. Mar. Leclerc *ℰ* 05 61 68 81 81, *hotel@maisondeco nsuls.com*, Fax 05 61 68 81 15 – 📺 ⟵. 🖭 ⓞ 🖼
⊆ 9 – **8 ch** 80/130.
• Cette ancienne maison de justice du 14ᵉ s. offre un hébergement privilégié, sous les fameux "couverts" de la place médiévale. Chambres personnalisées, meubles d'époque.

Les Remparts, 6 cours L. Pons Tande *ℰ* 05 61 68 12 15 – 🖭 🖼
fermé 1ᵉʳ au 15 juil. et lundi – **Repas** 15 (déj.), 21/45, enf. 10 ♀.
• Ce restaurant dispose de deux salles à manger : l'une égayée de poutres et de murs aux tons chaleureux, l'autre aménagée dans une jolie cave voûtée. Cuisine traditionnelle.

MIRMANDE 26 Drôme 332 C5 – rattaché à Saulce-sur-Rhône.

MISSILLAC 44780 Loire-Atl. 316 D3 G. Bretagne – 3 813 h alt. 44.
Voir Retable★ dans l'église – Site★ du château de la Bretesche O : 1 km.
Paris 436 – Nantes 62 – Redon 24 – St-Nazaire 37 – Vannes 55.

Bretesche ⌂, Domaine de la Bretesche, rte de la Baule *ℰ* 02 51 76 86 96, *bretesche@rel aischateaux.com*, Fax 02 40 66 99 47, ≼, 斎, 🏊, 🎾, 🐎 – 🛗 📺 📞 🔥 🖭 – 🔏 25. 🖭 ⓞ 🖼
🄹🄲🄱, 🕸 rest
fermé 14 janv. au 11 mars – **Repas** (fermé dim. soir du 15 oct. au 6 avril, lundi sauf le soir du 7 juil. au 23 août et mardi midi) 30 (déj.), 42/75 🖱 – ⊆ 16 – **29 ch** 165/320 – ½ P 140/217,50.
• Un univers de conte de fée au coeur de la Brière... Face au château crénelé entouré de ses douves, les anciennes dépendances réaménagées s'ouvrent à vous. Salle à manger raffinée et plaisante terrasse dressée dans la cour intérieure. Recettes au goût du jour.

MITTELBERGHEIM 67140 B.-Rhin 315 I6 G. Alsace Lorraine – 617 h alt. 220.
🅘 Syndicat d'initiative, 2 rue Principale *ℰ* 03 88 08 01 66, Fax 03 88 08 01 66, mittelberg heim@free.fr.
Paris 499 – Strasbourg 41 – Barr 2 – Erstein 24 – Molsheim 23 – Sélestat 21.

Winstub Gilg avec ch, 1 r. Rotland *ℰ* 03 88 08 91 37, *gilg@reperes.com*, Fax 03 88 08 45 17 – 📺 🖭 🖭 ⓞ 🖼
fermé 29 juin au 15 juil., 10 janv. au 2 fév., mardi et merc. – **Repas** 19/67, enf. 11 ♀ – ⊆ 7 – **15 ch** 40/68.
• Belle maison de style bas-rhénan (1614) au coeur du bourg. La winstub d'origine, où fut créé, dit-on, le pâté vigneron, a été transformée en restaurant au cadre alsacien.

Am Lindeplatzel, *ℰ* 03 88 08 10 69, Fax 03 88 08 45 08, 斎 – 🍽. 🖭 🖼
fermé 20 au 31 août, vacances de fév., lundi midi, merc. soir et jeudi – **Repas** 20/29,50 ♀.
• Dans le bas de ce village réputé pour ses vins, discrète maison de pays au décor sagement rustique. Adresse appréciée pour sa cuisine au goût du jour soignée.

MITTELHAUSBERGEN 67 B.-Rhin 315 K5 – rattaché à Strasbourg.

MITTELHAUSEN 67170 B.-Rhin 315 J4 – 509 h alt. 185.
Paris 478 – Strasbourg 24 – Haguenau 21 – Saverne 22.

A l'Étoile, 12 r. La Hey *ℰ* 03 88 51 28 44, *hotelrestaurant.etoile@wanadoo.fr*, Fax 03 88 51 24 79, 🎣 – 🛗, 🍽 rest, 📺 📞 🖭 – 🔏 15 à 30. 🖭 🖼
Repas (fermé 11 juil. au 4 août, 1ᵉʳ au 12 janv., dim. soir et lundi) 10/40, enf. 9 ♀ – ⊆ 6,50 – **24 ch** 39/50 – ½ P 46/48.
• Éloignée des axes fréquentés, construction récente d'aspect régional à la façade fleurie. Chambres fonctionnelles et fraîches, rénovées par étapes. Chaleureuses salles à manger décorées de boiseries anciennes.

MITTELWIHR 68630 H.-Rhin 315 H8 – 823 h alt. 210.
Paris 445 – Colmar 10 – Kaysersberg 6 – Ribeauvillé 403 – Sélestat 20.

Mandelberg sans rest, chemin du Mandelberg *ℰ* 03 89 49 09 49, *hotelmandelberg@wa nadoo.fr*, Fax 03 89 49 09 48 – 🛗 📺 📞 🔥 🖭 – 🔏 15. 🖭 🖼. 🕸
⊆ 9,50 – **18 ch** 78/103.
• Établissement actuel au coeur d'une région viticole surnommée le "Midi de l'Alsace" en raison de son microclimat. Chambres confortables et de bonne ampleur.

MITTERSHEIM 57930 Moselle 307 M5 – 571 h alt. 230.
🅘 Syndicat d'initiative, 10 Grand' rue *ℰ* 03 87 07 54 46, Fax 03 87 07 51 22, mut-che@wanadoo.fr.
Paris 413 – Nancy 67 – Metz 81 – Sarrebourg 22 – Sarre-Union 17 – Saverne 40.

✗ **L'Escale** avec ch, rte Dieuze ℰ 03 87 07 67 01, Fax 03 87 07 54 57, 🍽, 🍴 – 📺 🅿, 🆎 🔵 📵
🍴 *fermé fév.* – **Repas** 10/31 ♀ – ⬚ 6 – **13 ch** 32/45 – ½ P 48.
  ◆ Architecture caractéristique des années 1960, plantée dans un décor champêtre. Salle à
  manger donnant sur un plan d'eau, comme la plupart des chambres.

MIZOËN 38 Isère 🎵🎵🎵 J7 – *rattaché au Freney-d'Oisans.*

MOËLAN-SUR-MER 29350 Finistère 🎵🎵🎵 J8 *G. Bretagne* – 6 592 h alt. 58.
  🅱 *Office de tourisme, rue des Moulins ℰ 02 98 39 67 28, Fax 02 98 39 63 93, ot-
  si.moelan.sur.mer@wanadoo.fr.*
  Paris 523 – Quimper 50 – Carhaix-Plouguer 66 – Concarneau 27 – Lorient 27 – Quimperlé 10.

🏨 **Manoir de Kertalg** 🌿 sans rest, rte Riec-sur-Belon, Ouest : 3 km par D 24 et chemin
  privé ℰ 02 98 39 77 77, kertalg@free.fr, Fax 02 98 39 72 07, 🔧 – 📺 ✆ 🅿, 📵
  12 avril-12 nov. – ⬚ 12 – **11 ch** 90/180.
  ◆ Nichée dans un vaste domaine forestier, à côté d'un château, cette bâtisse centenaire
  attire, avec ses expositions de peintures, une clientèle éprise d'art. Chambres soignées.

🏨 **Les Moulins du Duc** 🌿, Nord-Ouest : 2 km ℰ 02 98 96 52 52, tqad29@aol.com,
  Fax 02 98 96 52 53, ⬚, 🍽, 📗, 🔧 – 📺 ✆ 🅿 – 🔺 25. 🆎 🔵 📵, 🌸
  1er mars-30 nov. – **Repas** (fermé lundi midi et mardi midi de mai au 15 sept., dim. soir et
  lundi hors saison) 22 (déj.), 32/64 ♀ – ⬚ 13 – **25 ch** 88/138 – ½ P 80/120.
  ◆ Le temps s'écoule paisiblement dans ce parc verdoyant où paressent un étang, un
  moulin du 16e s. et de jolies maisonnettes (abritant les chambres) longées par la rivière. Les
  salles à manger sont logées dans le moulin, toujours équipé de son ancien mécanisme.

MOERNACH 68 H.-Rhin 🎵🎵🎵 H11 – *rattaché à Ferrette.*

MOISSAC 82200 T.-et-G. 🎵🎵🎵 C7 *G. Midi-Pyrénées* – 12 321 h alt. 76.
  Voir Église St-Pierre★ : portail méridional★★★, cloître★★, christ★.
  Env. Boudou 🌼★ 7 km par ③.
  ⛳ d'Espalais à Valence-d'Agen ℰ 05 63 29 04 56, par ③ : 20 km.
  🅱 Office de tourisme, 6 place Durand de Bredon ℰ 05 63 04 01 85, Fax 05 63 04 27 10,
  office.moissac@wanadoo.fr.
  Paris 632 ① – Agen 57 ③ – Auch 87 ② – Cahors 63 ① – Montauban 31 ① – Toulouse 71 ②.

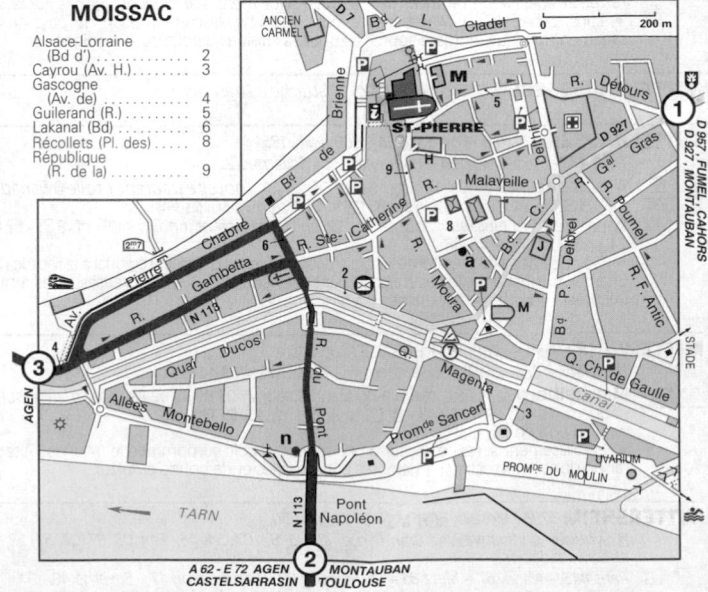

MOISSAC	
Alsace-Lorraine (Bd d')	2
Cayrou (Av. H.)	3
Gascogne (Av. de)	4
Guilerand (R.)	5
Lakanal (Bd)	6
Récollets (Pl. des)	8
République (R. de la)	9

🏠 **Chapon Fin,** pl. Récollets (a) ☎ 05 63 04 04 22, *info@lechaponfin-moissac.com,* *Fax* 05 63 04 58 44 – 🗏 rest, 📺 ⇌ – 🅰 20. ⅁🅑
Repas *(20)* - 25/60 ⬚ – ⌧ 10 – **23 ch** 50/58 – ½ P 58/62.

◆ Sur la place du marché et à deux pas de l'abbaye romane, vous serez traité ici comme des "coqs en pâte". Réservez une chambre rénovée. Accueillante salle à manger actuelle, aux tons pastel, où l'on sert une cuisine classique.

XX **Pont Napoléon** avec ch, 2 allées Montebello (n) ☎ 05 63 04 01 55, *dussau.lenapoleon@* *wanadoo.fr, Fax* 05 63 04 34 44 – 🗏 📺 📞 ⇌ – 🅰 15. 🅰🅴 ⓄD ⅁🅑. 🛇 rest
fermé 5 au 20 janv., dim. et lundi – **Repas** 22/68 ⬚ – ⌧ 8 – **12 ch** 29/54 – ½ P 47,50/57.

◆ La façade curviligne en briques roses se dresse face au pont Napoléon. Salle bourgeoise habillée de boiseries et plats classiques mitonnés avec les produits du terroir.

MOISSAC-BELLEVUE 83630 Var 🟥🟥🟥 M4 – 151 h alt. 599.

Paris 812 – Aix-en-Provence 84 – Digne-les-Bains 70 – Draguignan 35 – Manosque 54.

🏨 **Bastide du Calalou** ⬚, rte d'Aups ☎ 04 94 70 17 91, *bastide.du.calalou@wanadoo.fr,* *Fax* 04 94 70 50 11, ≤, 🎴, 🏊, 🗾, 🛝 – 📺 🅿. 🅰🅴 ⓄD ⅁🅑 🃏
1ᵉʳ avril-31 oct. – **Repas** 30,50/53,50, enf. 13 ⬚ – ⌧ 13 – **34 ch** 115/191 – ½ P 98/136.

◆ Goûtez à la douceur de vivre en Haute-Provence : trois salons pour l'agrément (piano, vidéo ou bibliothèque) et des chambres meublées avec goût pour le repos. Plaisante salle à manger rustico-provençale, terrasse fleurie et ombragée et cuisine du terroir.

MOISSIEU-SUR-DOLON 38270 Isère 🟥🟥🟥 C5 – 500 h alt. 350.

Paris 511 – Grenoble 78 – Lyon 55 – La Tour-du-Pin 53 – Vienne 25.

🏰 **Domaine de la Colombière** ⬚, ☎ 04 74 79 50 23, *Fax* 04 74 79 50 25, 🎴, 🏊, 🐾 – 🛗 🗏 📺 📞 ⅊ 🅿 – 🅰 20 à 50. ⅁🅑
fermé 11 janv. au 10 fév., 5 au 14 sept. – **Repas** *(fermé dim. soir et lundi)* *(19)* - 28/65, enf. 16 ⬚ – ⌧ 12 – **21 ch** 89/125 – ½ P 72/80.

◆ Demeure bourgeoise de 1820 entourée d'un parc de 4,5 ha. Vastes chambres bien équipées, décorées sur le thème des peintres célèbres (copies réalisées par la patronne-artiste). Restaurant installé dans une annexe moderne avec terrasse face à la nature.

Nos guides hôteliers, nos guides touristiques et nos cartes routières
sont complémentaires. Utilisez-les ensemble.

MOLINES-EN-QUEYRAS 05350 H.-Alpes 🟥🟥🟥 J4 *G. Alpes du Sud* – 322 h alt. 1750 – *Sports* *d'hiver : 1 750/2 900 m* ⚡ 15 🎿.

Env. *Château-Queyras : site*★★, *fort Queyras*★, *espace géologique*★, *NO : 8 km.*

🅱 *Office de tourisme,* ☎ 04 92 45 83 22, *Fax* 04 92 45 80 79, info@molinesenqueyras.com.
Paris 724 – Briançon 44 – Gap 87 – Guillestre 27 – St-Véran 6.

🏠 **Chamois,** ☎ 04 92 45 83 71, *hotel@lechamois.fr, Fax* 04 92 45 80 58, ≤, 🎴 – 🅿. 🅰🅴 ⓄD ⅁🅑
fermé 4 avril au 4 mai et 1ᵉʳ oct. au 20 déc. – **Repas** *(fermé dim soir, lundi et le midi du 20 déc. au 4 avril)* 18/22, enf. 8,50 – ⌧ 7,50 – **17 ch** 56 – ½ P 55.

◆ Tout évoque ici la montagne environnante : la construction, le style rustique des chambres (six avec balcon) et la chaleureuse simplicité de l'accueil. Cuisine régionale simple à déguster dans une salle à manger offrant une jolie vue sur les sommets alentour.

🏠 **L'Équipe** ⬚, rte St-Véran ☎ 04 92 45 83 20, *lequipe@infonie.fr, Fax* 04 92 45 81 85, ≤, 🎴, 🛲 – 🅿. 🅰🅴 ⓄD ⅁🅑
fermé 28 mars au 28 mai, 25 août au 10 sept. et 2 nov. au 18 déc. – **Repas** *(fermé dim.soir* *et lundi soir sauf vacances scolaires)* *(10)* - 13,50/22, enf. 7,50 ⬚ – ⌧ 6,50 – **22 ch** 50/56 – ½ P 54.

◆ Enseigne on ne peut plus sportive pour cet hôtel situé au bord des pistes de ski alpin et de fond. Chambres bien tenues, souvent avec balcon côté forêt et champs de neige. Restaurant doté d'une cheminée, soirées raclettes et fondues, formule snack en hiver.

🏠 **Cognarel** ⬚, au Coin, Est : 3 km par D 205 et rte secondaire ☎ 04 92 45 81 03, *cognarel* *@imaginet.fr, Fax* 04 92 45 81 17, ≤, 🎴, 🛲 – 🅰🅴 ⓄD ⅁🅑 🃏
1ᵉʳ juin-21 sept. et 21 déc.-14 avril – **Repas** *(fermé lundi)* (prévenir) (en été dîner seul.) 21/25 ⬚ – ⌧ 8 – **21 ch** 52/66 – ½ P 62.

◆ Hôtel composé de deux chalets récents à la sortie d'un hameau dans la montée du col Agnel. Chambres montagnardes simples. Formules d'hébergement incluant un stage sportif. Menu unique proposé dans un restaurant néo-rustique animé par la proximité du bar local.

MOLINEUF 41 L.-et-Ch. 🟥🟥🟥 E6 – *rattaché à Blois.*

MOLITG-LES-BAINS 66500 Pyr.-Or. **344** F7 G. Languedoc Roussillon – 207 h alt. 607 – Stat. therm. (début avril-fin nov.).

🛈 Syndicat d'initiative, route des Bains ℘ 04 68 05 03 28, Fax 04 68 05 02 40, si.molitg-@wanadoo.fr.

Paris 896 – Perpignan 50 – Prades 7 – Quillan 56.

🏨 **Château de Riell** ⤷, ℘ 04 68 05 04 40, riell@relaischateaux.fr, Fax 04 68 05 04 37, ≼, 🏤, ⏃ 🎾, 🔊 – ⭢ 📺 📞 ⟷ 🅿 – 🔏 15 à 120. 🆎 ⓞ 🇬🇧 🇯🇨🇧. 🕉 rest
1ᵉʳ avril-31 oct. – **Repas** (fermé le midi du lundi au vend.) 42/63 ⸸ – ⸌ 16 – **16 ch** 144/275, 3 suites – ½ P 138/198.
   ◆ D'esprit baroque, cette "folie" catalane du 19ᵉ s. érigée au sein d'un parc boisé abrite de douillettes chambres personnalisées ; sept autres occupent des maisonnettes. Petit air de bodega chic au restaurant ; terrasse entourée d'une végétation exubérante.

🏨 **Grand Hôtel Thermal** ⤷, ℘ 04 68 05 00 50, Fax 04 68 05 02 91, ≼, 🏤, 🔊, ⏃ 🎾, 🔊 – ⭢ 📞 ⟷ 🅿 – 🔏 15 à 120. 🆎 ⓞ 🇬🇧. 🕉 rest
1ᵉʳ avril-30 nov. – **Repas** 28 bc, enf. 11 – ⸌ 8 – **30 ch** 52/102, 4 suites – P 76/93.
   ◆ Dans un parc bordant un petit lac. Chambres fonctionnelles et fraîches ; les nouvelles suites sont spacieuses, contemporaines et très agréables. L'une des salles à manger occupe un ancien atelier de chocolat. Belle terrasse arborée ; carte au goût du jour.

MOLLANS-SUR-OUVÈZE 26170 Drôme **332** E8 G. Alpes du Sud – 840 h alt. 280.

Paris 676 – Carpentras 30 – Nyons 21 – Vaison-la-Romaine 13.

🏨 **St-Marc** ⤷, av. de l'Ancienne Gare ℘ 04 75 28 70 01, le-saint-marc@club-internet.fr, Fax 04 75 28 78 63, 🏤, ⏃ 🎾, 🕉 – 🇬🇧. 🕉 rest
1ᵉʳ avril-31 oct. – **Repas** (fermé le midi sauf dim.) 23/38, enf. 10 – ⸌ 7,80 – **32 ch** 53/60,50 – ½ P 57,80.
   ◆ Au pied du mont Ventoux, cette maison provençale précédée d'un jardin-terrasse vous reçoit dans des chambres aux tissus colorés. Salle à manger rustique agrémentée d'une cheminée ouverte. L'été, repas légers et grillades autour de la piscine.

Dans ce guide

un même symbole, un même mot,
imprimé en **rouge** *ou en* **noir,** *en maigre ou en* **gras,**
n'ont pas tout à fait la même signification.
Lisez attentivement les pages explicatives.

MOLLKIRCH 67190 B.-Rhin **315** I5 – 765 h alt. 320.

Paris 485 – Strasbourg 40 – Molsheim 11 – Saverne 35.

🏠 **Fischhutte** ⤷, rte Grendelbruch : 3,5 km ℘ 03 88 97 42 03, fischhutte@wanadoo.fr, Fax 03 88 97 51 85, ≼, 🏤, 🌳 – 📺 📞 🅿 – 🔏 15 à 30. 🆎 🇬🇧. 🕉
fermé 16 fév. au 25 mars – **Repas** (fermé lundi et mardi sauf fériés) 40 bc/50, enf. 9,50 ⸸ – ⸌ 10 – **16 ch** 60/72 – ½ P 62/76.
   ◆ Adresse champêtre de la vallée de la Magel. Chambres lambrissées et insonorisées, plus confortables au premier étage ; certaines offrent une vue sur la forêt vosgienne. Espace brasserie flanqué d'une coquette salle à manger. Carte régionale ; gibier en saison.

MOLSHEIM ⟨🆂🅿⟩ 67120 B.-Rhin **315** I5 G. Alsace Lorraine – 9 335 h alt. 180.

Voir La Metzig★ – Église des Jésuites★.

Env. Fresques★ de la chapelle St-Ulrich N : 3,5 km.

🛈 Office de tourisme, 19 place de l'Hôtel Ville ℘ 03 88 38 11 61, Fax 03 88 49 80 40, infos@ot-molsheim-mutzig.com.

Paris 477 – Strasbourg 32 – Lunéville 94 – St-Dié 79 – Saverne 28 – Sélestat 37.

🏨 **Diana,** pont de la Bruche ℘ 03 88 38 51 59, hotel.diana@wanadoo.fr, Fax 03 88 38 87 11, 🏤, 🔊 – ⭢ 💆 📞 🅿 – 🔏 25 à 150. 🆎 ⓞ 🇬🇧 🇯🇨🇧
Repas (fermé 21 au 31 déc. et dim. soir) 10 bc/57 bc, enf. 12 **- Taverne** (fermé 19 juil. au 15 août, 21 déc. au 2 janv.) **Repas** 10/14, enf. 9 ⸸ – ⸌ 9 – **60 ch** 76/85 – ½ P 65.
   ◆ Hôtel fonctionnel en constante évolution. Tons pastel et mobilier de style dans certaines chambres. Piscine couverte, fitness et jardin participent à votre bien-être. Carte classique et belle cave au restaurant. Décor alsacien et plats du terroir à la Taverne.

🏠 **Bugatti** sans rest, r. Commanderie ℘ 03 88 49 89 00, hotel-le-bugatti@wanadoo.fr, Fax 03 88 38 36 00 – ⭢ 📺 📞 🅿 – 🔏 40. 🆎 ⓞ 🇬🇧 🇯🇨🇧
fermé 24 déc. au 1ᵉʳ janv. – ⸌ 6 – **45 ch** 42/60.
   ◆ L'architecture contemporaine du Bugatti, proche des usines de la marque légendaire, abrite des chambres sobres et pratiques, équipées de meubles en bois stratifié.

966

Les MOLUNES *39310 Jura* 321 *F8– 124 h alt. 1274.*

Paris 485 – Genève 49 – Gex 30 – Lons-le-Saunier 74 – St-Claude 16.

🏠 **Pré Fillet** ⌂, rte Moussières ℰ 03 84 41 62 89, *leprefillet@wanadoo.fr*,
🚗 Fax 03 84 41 64 75, ≼, ℀ – ᕒ, ⊶ 🅿 – 🛁 30. GB
fermé 26 avril au 3 mai, 18 oct. au 7 déc., dim. soir et lundi – **Repas** 11,50 *(déj.),* 16,50/30,
enf. 6 ♀ – ☲ 5,50 – **15 ch** 44 – ½ P 42.

♦ "Le bonheur est dans le pré" : pour preuve, goûtez à un séjour très "nature" dans cette
hôtellerie de moyenne montagne, simple et sympathique. Copieuse cuisine de famille
servie dans une sobre salle à manger tournée vers la campagne jurassienne.

MONACO (Principauté de) 341 F5 115 ㉗ – *voir page 1799.*

MONCÉ-EN-BELIN *72230 Sarthe* 310 *K7– 2 463 h alt. 60.*

Paris 214 – La Flèche 33 – Le Grand-Lucé 23 – Le Mans 14.

✗✗ **Belinois**, bd Avocats ℰ 02 43 42 01 18, Fax 02 43 42 22 16 – 🅿. GB
fermé 15 juil. au 13 août, vacances de fév., lundi et le soir sauf vend. et sam. – **Repas** 13,80
(déj.), 16,50/35.

♦ Sympathique restaurant de campagne niché au centre du village. Plafond lambrissé et
sièges actuels en bois cérusé dans une salle à manger feutrée. Cuisine traditionnelle.

MONCEL-LÈS-LUNÉVILLE *54 M.-et-M.* 307 *K7– rattaché à Lunéville.*

MONCOUTANT *79320 Deux-Sèvres* 322 *C4– 2 985 h alt. 180.*

🛈 *Syndicat d'initiative, 18 avenue du Maréchal Juin* ℰ 05 49 72 78 83, Fax 05 49 72 84 76,
sicm@terre-de-sevre.org.
Paris 403 – Bressuire 16 – Cholet 49 – Niort 54 – La Roche-sur-Yon 79.

✗✗ **St-Pierre** avec ch, rte Niort ℰ 05 49 72 88 88, *lesaintpierre@free.fr*, Fax 05 49 72 88 89,
🌳, 🚗 – ▤ rest, 📺 📞 & 🅿. 🕮 ⓪ GB
Repas *(fermé dim. soir et sam. midi)* (12) - 21,50/50 ♀ – ☲ 6,80 – **30 ch** 42,70/49,60 –
½ P 43,10.

♦ La salle à manger de cette maison récente à façade de bois offre orientation plein Sud,
charpente apparente et vue sur le jardin (petit plan d'eau). Chambres fonctionnelles.

MONCRABEAU *47600 L.-et-G.* 336 *E5– 780 h alt. 150.*

🛈 *Syndicat d'initiative* ℰ 05 53 97 24 50, Fax 05 53 65 67 74.
Paris 715 – Agen 36 – Condom 11 – Mont-de-Marsan 86 – Nérac 14.

✗✗ **Phare** ⌂ avec ch, ℰ 05 53 65 42 08, *le.phare@worldonline.fr*, Fax 05 53 97 04 87, 🌳,
🚗 – 📺. 🕮 ⓪ GB
fermé mars, oct., dim. soir et lundi – **Repas** (20) - 26/33, enf. 7,50 – ☲ 6 – **8 ch** 38/70 –
½ P 48/58.

♦ Ce n'est pas une "menterie" - même si le village s'en est fait une spécialité - : cette
auberge à l'atmosphère familiale propose une cuisine régionale, foi de Gascon !

MONDEVILLE *14 Calvados* 303 *K5– rattaché à Caen.*

MONDOUBLEAU *41170 L.-et-Ch.* 318 *C4 G. Châteaux de la Loire– 1 608 h alt. 170.*

🛈 *Syndicat d'initiative, 2 rue de Bizieux* ℰ 02 54 80 77 08, Fax 02 54 80 77 08.
Paris 170 – Blois 62 – Chartres 74 – Châteaudun 40 – Le Mans 64 – Orléans 92.

🏠 **Grand Monarque**, pl. Marché ℰ 02 54 80 92 10, *legrandmonarque@wanadoo.fr*,
Fax 02 54 80 77 40, 🌳, ᕒ – 🅿. 🕮 GB
fermé vacances Toussaint, fév. et dim. sauf le midi de Pâques à nov. et lundi – **Repas**
16,50/37,50 ♀ – ☲ 6,90 – **12 ch** 42,70/45.

♦ À l'orée d'une région chère aux rois de France, ancien relais de poste à l'accueil…
princier ! De fraîches chambres vous y attendent. Restaurant actuel aux tables soigneusement dressées, agréable terrasse sous les glycines et cuisine traditionnelle.

MONDRAGON *84430 Vaucluse* 332 *B8– 3 363 h alt. 40.*

Paris 640 – Avignon 45 – Montélimar 40 – Nyons 41 – Orange 17.

✗✗ **Beaugravière** avec ch, N 7 ℰ 04 90 40 82 54, Fax 04 90 40 91 01, 🌳 – ▤ 📺 🅿. GB
fermé 16 au 30 sept., dim. soir et lundi – **Repas** 24/90 bc ♀ – ☲ 7 – **3 ch** 55/75.

♦ Cette maison provençale vous reçoit dans une salle rustique ou sur la terrasse ombragée. Cuisine classique, spécialités de truffes en saison et superbe carte des vins.

MONESTIER *03140 Allier* **326** F5 – *266 h alt. 323.*

Paris 362 – Bourges 132 – Clermont-Fd 67 – Montluçon 57 – Moulins 49 – Vichy 34.

✗ **Prieuré de Monestier,** ℘ 04 70 56 32 96, *prieuremonestier@wanadoo.fr,* Fax 04 70 56 69 75, ☆ – ⊖**B**
fermé 15 nov. au 2 déc. et du 16 au 24 fév., mardi soir sauf juil.-août et merc. – **Repas** 17/65, enf. 10.
♦ Vieux presbytère transformé en restaurant et seulement séparé de la jolie petite église du village par un jardin potager. Ambiance familiale et large éventail de menus.

MONESTIER-DE-CLERMONT *38650 Isère* **333** G8 *G. Alpes du Nord* – *921 h alt. 825.*

🛈 Syndicat d'initiative, Parc Municipal ℘ 04 76 34 15 99, Fax 04 76 34 06 20.
Paris 598 – Grenoble 36 – La Mure 29 – Serres 72 – Sisteron 107.

🏠 **Au Sans Souci** ⟡, à St-Paul-lès-Monestier, Nord-Ouest : 2 km sur D 8 - alt. 800
℘ 04 76 34 03 60, *au.sans.souci@wanadoo.fr,* Fax 04 76 34 17 38, ☆, ⌇, ㎡, ✗ – ⊡ **P.**
🅐🅔 ⊖**B**
fermé 20 déc. à fin janv., dim. soir et lundi – **Repas** 17/42, enf. 13 ♈ – 立 7 – **15** ch 38/59 –
½ P 52/55.
♦ Contrairement à "La passante", vous aimerez vous attarder dans cette ancienne scierie tapissée de vigne vierge. Chambres campagnardes. Les patrons, restaurateurs de père en fils depuis 1934, régalent les convives d'une goûteuse cuisine du marché.

🏠 **Piot,** ℘ 04 76 34 07 35, *hotelpiot@club-internet.fr,* Fax 04 76 34 12 74, ☆, ♨ – ⊡ **❤ P.**
⊖**B**
fermé 1ᵉʳ déc. au 1ᵉʳ fév., dim. soir, mardi midi et lundi hors saison – **Repas** 15/30, enf. 10 ♈ –
立 7 – **16** ch 45/50 – ½ P 44/53.
♦ Imposante villa bourgeoise de 1912 dans un petit parc planté de sapins centenaires. Chambres simples bien tenues et atmosphère conviviale. Spacieuse salle à manger bourgeoise un brin "rétro", agréable terrasse ombragée de conifères et cuisine traditionnelle.

Le MONETIER-LES-BAINS *05 H.-Alpes* **334** H3 – *rattaché à Serre-Chevalier.*

MONFLANQUIN *47150 L.-et-G.* **336** G2 – *2 258 h alt. 180.*

🛈 Office de tourisme, place des Arcades ℘ 05 53 36 40 19, Fax 05 53 36 42 91, *tou risme@cc-monflanquinois.fr.*
Paris 596 – Agen 48 – Bergerac 48 – Fumel 20 – Villeneuve-sur-Lot 18.

🏠 **Monform** ⟡, rte Cancon ℘ 05 53 49 85 85, Fax 05 53 36 40 29, ☆, ↳, ⌇, ㎡ – ⊡ ⅋
P – 🛎 30. ⊖**B** ✗ ch
fermé 9 au 28 fév., dim. soir et sam. d'oct. à avril – **Repas** 12,50/25 ⅃ – 立 6 – **35** ch 42/49 –
½ P 41/43.
♦ Sur une aire de loisirs (lac, parcours santé, minigolf), hôtel composé de pavillons disséminés dans un jardin. Chambres fonctionnelles rénovées. Bel espace de remise en forme. Salle de restaurant sobrement aménagée et terrasse tournée vers le plan d'eau.

La MONGIE *65 H.-Pyr.* **342** N5 *G. Midi-Pyrénées* – *Sports d'hiver : 1 800/2 500 m* ⟡ 3 ⟡ 41 ⟡ –
✉ 65200 Bagnères-de-Bigorre.

Voir *Le Taoulet* ⟰⋆⋆ N par téléphérique – Col du Tourmalet⋆⋆ O : 4 km.

Env. Pic du Midi de Bigorre⋆⋆⋆.

🛈 Office de tourisme ℘ 05 62 91 94 15, Fax 05 62 95 33 13.
Paris 853 – Bagnères-de-Bigorre 25 – Bagnères-de-Luchon 72 – Tarbes 48.

🏨 **Pourteilh,** av. Tourmalet ℘ 05 62 91 93 33, *contact@hotel-pourteilh.com,*
Fax 05 62 91 90 88, ⟰ – ♿ ⊡ ⟲, 🅐🅔 ⊖**B,** ✗ rest
début déc.-début avril – **Repas** 20/28, enf. 8 – 立 8 – **42** ch 78/90 – ½ P 62/68.
♦ Hôtel des années 1970 au pied des pistes de cette station de sports d'hiver appréciée des surfeurs des neiges. Chambres d'esprit rustique, progressivement rafraîchies. Sobre salle à manger campagnarde aménagée dans le style des pensions de famille.

MONNAIE *37380 I.-et-L.* **317** N4 – *3 302 h alt. 113.*

Paris 227 – Tours 16 – Château-Renault 15 – Vouvray 10.

✗✗ **Soleil Levant,** 53 r.Nationale ℘ 02 47 56 10 34, Fax 02 47 56 45 22 – ▤. ⊖**B**
fermé 2 au 22 août, 10 au 23 janv., jeudi soir, dim. soir et lundi – **Repas** 18/37, enf. 8,50 ♈.
♦ Dans la traversée du bourg, cette auberge vous mitonne une cuisine traditionnelle copieuse : une halte gourmande au "levant" de la Gâtine tourangelle. Cadre frais.

La-MONNERIE-LE-MONTEL *63 P.-de-D.* **326** I7 – *rattaché à Thiers.*

MONPAZIER *24540 Dordogne* **329** *G7 G. Périgord Quercy – 516 h alt. 180.*

Voir *Place des Cornières*★.

🛃 *Office de tourisme, place des Cornières 🖉 05 53 22 68 59, Fax 05 53 74 30 08, ot.mon pazier@perigord.tm.fr.*

Paris 575 – Sarlat-la-Canéda 50 – Bergerac 47 – Périgueux 75 – Villeneuve-sur-Lot 46.

🏨 **Edward 1er** ⌂, 5 rue Saint Pierre 🖉 05 53 22 44 00, *info@hoteledward1er.com*, *Fax 05 53 22 57 99*, ⟨, ⟨, ☑ ⟨ ⟨ ⟨ ⟨ ⟨ ⟨ **GB**
27 fév.-12 déc. – **Repas** (dîner seul.) 26/29 ⟨ – ⟨ 10 – **13 ch** 79/145 – ½ P 82/103.
♦ Édouard 1er fonda la fameuse bastide en 1284. Cette gentilhommière date, quant à elle, du 19e s. Tourelles, mobilier de divers styles et décor "cosy"... à l'anglaise.

MONTAGNE *33570 Gironde* **335** *K5 – 1 585 h alt. 80.*

Paris 541 – Bordeaux 41 – Agen 129 – Bergerac 61 – Libourne 11.

🍴🍴 **Le Vieux Presbytère**, pl.de l'Eglise 🖉 05 57 74 65 33, *le.vieux.presbytere@wanadoo.fr*, *Fax 05 57 74 51 04*, 🌳
fermé 28 juin au 5 juil., 15 au 29 nov., 2 au 19 janv., mardi et merc. – **Repas** 22/35 ⟨.
♦ Enseigne-vérité : ce restaurant occupe un ancien presbytère situé au pied d'une chapelle romane. Cadre rustique et belle terrasse. Cuisine traditionnelle ; vins du cru.

MONTAGNE DU SEMNOZ *74 H.-Savoie* **328** *J6 G. Alpes du Nord – ✉ 74000 Annecy.*

Voir *Crêt de Châtillon* ✸★★★ (accès par D 41 : d'Annecy 20 km ou du col de Leschaux 14 km, puis 15 mn).

Paris 552 – Annecy 17 – Aix-les-Bains 43 – Albertville 60 – Chambéry 59.

sur D 41 – ✉ *74000 Annecy :*

🏔 **Rochers Blancs** ⌂, près du sommet, alt. 1 650 🖉 04 50 01 23 60, *Fax 04 50 01 40 68*,
🍴🍴 ⟨ montagnes, 🌳 – ☑ ⟨ ⟨ ⟨ **GB**
hôtel : fermé 15 sept. au 15 déc.; rest. : fermé nov. – **Repas** 15/20, enf. 9 ⟨ – ⟨ 8 – **15 ch** 35/54 – ½ P 48/53.
♦ Superbe situation pour ce chalet érigé au beau milieu des alpages. Chambres régulièrement rafraîchies. Amateurs de quiétude, l'adresse est pour vous ! Deux salles à manger dont une décorée dans le style montagnard, terrasse panoramique et cuisine régionale.

Les prix

Pour toutes précisions sur les prix indiqués dans ce guide,
reportez-vous aux pages explicatives.

MONTAGNY *42840 Loire* **327** *E3 – 1 111 h alt. 530.*

Paris 408 – Lyon 70 – Montbrison 78 – Roanne 15 – St-Étienne 96 – Thizy 7.

🍴🍴 **Philippe Degoulange**, 🖉 04 77 66 11 31, *Fax 04 77 66 15 63* – ▤. **GB**
fermé 15 au 28 mars, 2 au 24 août, dim. soir, lundi et mardi – **Repas** 14,50/48, enf. 11 ⟨.
♦ Tons pastel, décor contemporain et tables rondes espacées dans la salle à manger de ce restaurant aménagé à l'étage d'un ancien café. Cuisine au goût du jour.

MONTAGNY-LÈS-BEAUNE *21 Côte-d'Or* **320** *J8 – rattaché à Beaune.*

MONTAIGU *85600 Vendée* **316** *I6 – 4 708 h alt. 40.*

Env. *Mémorial de vendée* ★★ : le logis de la Chabotterie★ (salles historiques★★) SO : 14 km, le chemin de la Mémoire des Lucs★ SO : 24 km G. Poitou Vendée Charentes.

🛃 *Office de tourisme, 6 rue Georges Clemenceau 🖉 02 51 06 39 17, Fax 02 51 06 39 17, office.tourisme.montaigu@wanadoo.fr.*

Paris 389 – Nantes 37 – Cholet 36 – Fontenay-le-Comte 88 – La Roche-sur-Yon 39.

au Pont de Sénard Nord : 7 km par N 137 et D 77 – ✉ 85600 St-Hilaire-de-Loulay :

🏨 **Pont de Sénard** ⌂, 🖉 02 51 46 49 50, *hotel.pont.senard@wanadoo.fr*, *Fax 02 51 94 11 11*, 🌳 – ☑ ⟨ ⟨ ⟨ ⟨ ⟨ 15 à 25. ⟨ ⟨ **GB**, ⟨ rest
fermé 26 juil. au 12 août, 26 au 3 janv. – **Repas** (fermé vend. soir en hiver et dim. soir) 15,50/46, enf. 10 ⟨ – ⟨ 7,50 – **23 ch** 43,50/60 – ½ P 52.
♦ Près du vieux pont de pierre sur la Maine, hôtel au cadre délicieusement campagnard. Les balcons des chambres ont vue sur l'eau ou sur la verdure. Salle à manger-véranda et plaisante terrasse champêtre dominant la rivière. Cuisine traditionnelle.

MONTARGIS   45200 Loiret **318** N4 *G. Bourgogne*– 15 030 h alt. 95.

Voir *Collection Girodet★ du musée* **M**[1].

de Vaugouard à Fontenay-sur-Loing *℘* 02 38 89 79 00, par ① : 9 km.

Office de tourisme, boulevard Paul Baudin *℘* 02 38 98 00 87, Fax 02 38 98 82 01, offtourisme-district.montargis@wanadoo.fr.

Paris 109 ① *– Auxerre 81* ② *– Bourges 117* ④ *– Orléans 73* ⑤ *– Sens 50* ②.

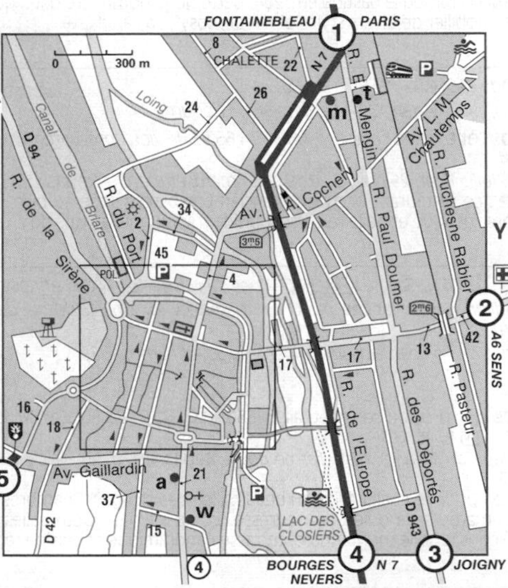

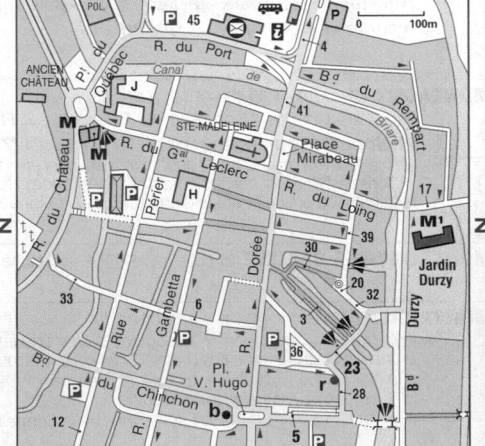

MONTARGIS

Anatole-France (Bd) . **Y** 2
Ancien-Palais (R.) . . . **Z** 3
Baudin (Bd Paul) . . . **YZ** 4
Belles-Manières (Bd) . **Z** 5
Bon-Guillaume (R. du) **Z** 6
Carnot (R. Lazare) . . . **Y** 8
Cormenin (R.) . . . . . . **Z** 12
Decourt (R. E.) . . . . . **Y** 13
Dr-Roux (R. du) . . . . . **Y** 15
Dr-Szigeti (Av. du) . . . **Y** 16
Dorée (R.) . . . . **Z**
Fg de la Chaussée
  (R. du) . . . . **YZ** 17
Fg d'Orléans
  (R. du) . . . . **YZ** 18
Ferry (Pl. Jules) . . . . . **Z** 20
Jaurès (R. Jean) . . . . . **Y** 21
Kléber (R.) . . . . **Z** 22
Laforge (R. R.) . . . . . . **Z** 23
Lamy (R. Jean) . . . . . **Y** 24
Longeard (R. du) . . . . **Y** 26
Moulin-à-Tan (R. du) . **Z** 28
Pêcherie (R. de la) . . **Z** 30
Poterne (R. de la) . . . **Z** 32
Pougin-de-la-
  Maisonneuve (R.) . **Z** 33
Prés.-Roosevelt (R.) . **Y** 34
République
  (Pl. de la) . . . . **Z** 36
Sédillot (R.) . . . . **Z** 37
Tellier (R. R.) . . . . **Z** 39
Vaublanc (R. de) . . . . **Y** 41
Verdun (Av. de) . . . . . **Y** 42
18-Juin-1940 (Pl. du) . **Z** 45

Pour visiter
la Bourgogne
utilisez
le guide vert
Michelin
**Bourgogne
Morvan**

Dorèle sans rest, 222 r. Émile Mengin *℘* 02 38 07 18 18, *les-hotels-dorele@wanadoo.fr*, Fax 02 38 07 18 19 – ❘ ⬁ 📺 ✆ ⅋ **P** – 🔔 15. ◑   **Y** t
◻ 7 – **52 ch** 50/54.
◆ Construction cubique récente dans le quartier de la gare. Les chambres, pas très spacieuses, sont très bien insonorisées et agencées. Confortable salon.

Ibis, 2 pl. V. Hugo ℰ 02 38 98 00 68, h0861@accor-hotels.com, Fax 02 38 89 14 37, 🌲 – 🔲
🍴 ☆, 🔲 ch, 🔲 ᠔, ⇔ – 🔏 25. 🔲 ⬛ 🔲 🔲 **Z b**

Brasserie de la Poste : Repas (11)-19,50/26, enf. 11 ₰ – ☐ 6 – **59 ch** 57.
   ♦ Les chambres de cet hôtel, modernes et pratiques, offrent les prestations habituelles de la chaîne. Celles du 3ᵉ étage conviendront particulièrement aux familles. Plaisant restaurant "rétro" : verrière, appliques et banquettes rouges. Plats de brasserie.

Kyriad, 1250 av. Antibes (centre commercial), Sud : 3 km par r. J. Jaurès ℰ 02 38 98 20 21, montargis-amilly@kyriad.fr, Fax 02 38 89 19 16, 🌲 – 🔲 📞 ᠔ 🅿. 🔲 🔲 🔲 🔲
Repas (11)- 15/18 🍷 – ☐ 6,50 – **40 ch** 56.
   ♦ Suite à son changement d'enseigne, ce bâtiment a été entièrement rénové. Une étape pratique à la périphérie de la "Venise du Gâtinais". Pimpante salle à manger meublée simplement. Cuisine sans autre prétention que celle de sustenter le voyageur.

XXX **Gloire** (Martin) avec ch, 74 av. Gén. de Gaulle ℰ 02 38 85 04 69, Fax 02 38 98 52 32 –
🔲 rest, 🔲 ⇔, 🔲 🔲 **Y m**
❀ fermé 16 août au 2 sept., 16 fév. au 11 mars, mardi et merc. – **Repas** 30/46 et carte 56 à 66 🍷
   – ☐ 7 – **11 ch** 50/60.
   ♦ Une "gloire" montargoise que cet établissement proche de la gare : la cuisine classique y est à l'honneur, servie dans une élégante salle à manger. Chambres confortables.
Spéc. Salade de homard. Dos de bar en écailles de pommes de terre. Pigeonneau cuit rosé, pommes de terre au lard. **Vins** Sancerre, Menetou-Salon.

XX **Le Coche de Briare** avec ch, 72 pl. République ℰ 02 38 85 30 75, Fax 02 38 93 44 68 –
🔲 rest, 🔲 📞. 🔲 **Z r**
fermé 2 au 24 août, 17 fév. au 8 mars, dim. soir, lundi et jeudi – **Repas** 16,50/35, enf. 11,50 🍷
   – ☐ 5,50 – **10 ch** 29/43.
   ♦ Les entrelacs des canaux ainsi que les 127 ponts et passerelles de la ville ne doivent pas vous faire manquer le coche pour cette vieille maison et son intérieur Louis XIII.

XX **L'Orangerie du Lac**, 57 r. J. Jaurès ℰ 02 38 93 33 83, Fax 02 38 93 33 83 – 🔲. 🔲
fermé 1ᵉʳ au 22 juil., 2 au 9 janv., lundi soir, mardi et merc. – **Repas** 17/39. **Y w**
   ♦ Deux salles fraîches et colorées complétées d'une véranda, cuisine des quatre saisons : faites une petite halte gourmande en Gâtinais, à deux pas du canal de Briare.

X **Chez Pierre**, 22 r. J. Jaurès ℰ 02 38 85 22 65, Fax 02 38 85 30 78 – 🔲 🅿. 🔲 **Y a**
fermé 30 juil. au 21 août, 1ᵉʳ au 15 janv., dim. soir, lundi et mardi – **Repas** 17/42.
   ♦ Sympathique ambiance bistrot dans la première salle ornée d'un joli comptoir en bois des années 1930 ; décor plus sobre dans l'arrière-salle aux tables bien espacées.

rte de Ferrières par ①, N 7 et rte secondaire – ✉ 45210 Fontenay-sur-Loing :

🏰 **Domaine de Vaugouard** 🦢, ℰ 02 38 89 79 00, info@vaugouard.com,
Fax 02 38 89 79 01, 🎣, 🏊, 🎾, 🔖 – 🔲 📞 🅿 – 🔏 15 à 70. 🔲 🔲 🔲 🔲 🔲 🔲 rest
fermé 22 au 30 déc. – **Repas** (fermé dim. soir et lundi en déc.) 23 (déj.), 40/60 🍷 – ☐ 15
   – **42 ch** 175/240, 4 suites – ½ P 170/245.
   ♦ Le joli château du 18ᵉ s., situé au coeur d'un parcours de golf vallonné, abrite les salles à manger. Les confortables chambres rénovées se situent à l'annexe. Petites salles à manger cossues et terrasse tournée vers les greens. Cuisine classique.

à Amilly par ③ : 5 km – 11 497 h. alt. 110 – ✉ 45200 :

🔲 **Belvédère** 🦢 sans rest, 192 r. J. Ferry ℰ 02 38 85 41 09, h.belvedere@wanadoo.fr,
Fax 02 38 98 75 63, 🌿 – 🍴 🔲 📞 🅿. 🔲
fermé 15 au 26 août et 19 déc. au 9 janv. – ☐ 8 – **24 ch** 49.
   ♦ Devancé d'un jardin fleuri, cet hôtel familial fait face à l'école du village. Grand calme et bon confort caractérisent les petites chambres fraîches et nettes.

Le MONTAT 46 Lot **337** E5 – rattaché à Cahors.

MONTAUBAN 🅿 82000 T.-et-G. **337** E7 G. Midi-Pyrénées – 51 855 h alt. 98.
Voir Le vieux Montauban★ : portail★ de l'hôtel Lefranc-de-Pompignan **Z E** – Musée Ingres★
   – Place Nationale★ – Dernier Centaure mourant★ (bronze de Bourdelle) **B.**
Env. Pente d'eau de Montech★ : 15 km par ③ et D 928.
🔖 des Aiguillons ℰ 05 63 31 35 40, N : 8 km par D 959.
🔒 Office de tourisme, 2 rue du Collège ℰ 05 63 63 60 60, Fax 05 63 63 65 12, officetou risme@montauban.com.
Paris 627 ① – Toulouse 53 ③ – Agen 86 ④ – Albi 73 ② – Auch 86 ③ – Cahors 64 ①.

Plans page suivante

🏰 **Mercure**, 12 r. Notre-Dame ℰ 05 63 63 17 23, mercure.montauban@wanadoo;fr,
Fax 05 63 66 43 66 – 🍴 🔲 🔲 ᠔, 🔲 – 🔏 15 à 30. 🔲 🔲 🔲 **Z s**
Repas 14/36, enf. 7 🍷 – ☐ 11 – **44 ch** 85/95.
   ♦ Cet hôtel particulier du 18ᵉ s. a bénéficié en 1999 d'une complète cure de jouvence. Les chambres, spacieuses et contemporaines, profitent d'une bonne isolation phonique. La salle à manger, meublée en style Louis XVI, est coiffée d'une vaste verrière.

MONTAUBAN

Abbaye (R. de l')	**Z**
Alsace-Lorraine (Bd)	**X** 3
Arago (R.)	**Z**
Banque (R. de la)	**Z**
Barbazan (R.)	**Z**
Bourdelle (Pl.)	**Z** 4
Bourjade (Pl. L.)	**Z** 6
Briand (Av. A.)	**Y** 7
Cambon (R.)	**Z** 9
Carmes (R. des)	**Z** 10
Chamier (Av.)	**Y** 12
Cladel (R. L.)	**X**
Comédie (R. de la)	**Z** 13
Consul-Dupuy (Allée du)	**Z** 14
Coq (Pl. du)	**Z** 16
Dr-Alibert (R.)	**X**
Dr-Lacaze (R. du)	**Z** 19
Doumerc (Bd B.)	**X**
Foch (Pl. du Mar.)	**Z**
Fort (R. du)	**Z**
Gambetta (Av.)	**YZ**
Garrisson (Bd G.)	**YZ**
Gaulle (Av. Ch.-de)	**Y** 25
Grand'Rue Sapiac	**Z**
Grand'Rue Villenouvelle	**X** 28
Guibert (Pl.)	**Z** 29
Herriot (Av. E.)	**Y** 30
Hôtel-de-Ville (R. de l')	**Z** 31
Ingres (R. D.)	**X**
Jourdain (R. A.)	**Z**
Lacapelle (Fg)	**YZ**
Lafon (R. Mary)	**Z** 32
Lafon (R. du Pasteur L.)	**Y** 34
Lagrange (R. L.)	**YZ** 35
Leclerc (Pl. du Gén.)	**Z**
Libération (Pl. de la)	**X**
Lycée (R. du)	**Z**
Malcousinat (R.)	**Z** 36
Mandoune (R. de la)	**Z**
Marceau-Hamecher (Av.)	**Y** 37
Marre (R. H.)	**Z**
Marty	**XY**
Martyrs (Carrefour des)	**Z** 46
Mayenne (Av.)	**Y** 50
Michelet (R.)	**Z** 51
Midi-Pyrénées (Bd)	**Z** 52
Monet (R. J.)	**Z** 53
Montauriol (Bd)	**Y**
Montmurat (Q. de)	**Z** 54
Mortarieu (Allées de)	**Z** 56
Moustier (Fg du)	**Z**
Nationale (Pl.)	**Z**
Notre-Dame (R.)	**Z** 60
Piquard (Sq. Gén.)	**Z** 62
Pouvillon (R. E.)	**Z**
Prax-Paris (Pl.)	**Z**
République (R. de la)	**Z** 63
Résistance (R. de la)	**Z** 64
Roosevelt (Pl. F.)	**Z** 66
St-Jean (R.)	**X** 67
Ste-Claire (R.)	**Z**
Sapiac (Pont de)	**YZ** 68
Sarrail (R. Gén.)	**Y** 70
Verdun (Q. de)	**Z** 71
10ᵉ-Dragons (Av. du)	**X**
IIᵉ-Rég.-d'Infanterie (Av. du)	**X** 73
19-Août-1944 (Av. du)	**X** 75
22-Septembre (Pl.du)	**Z** 76

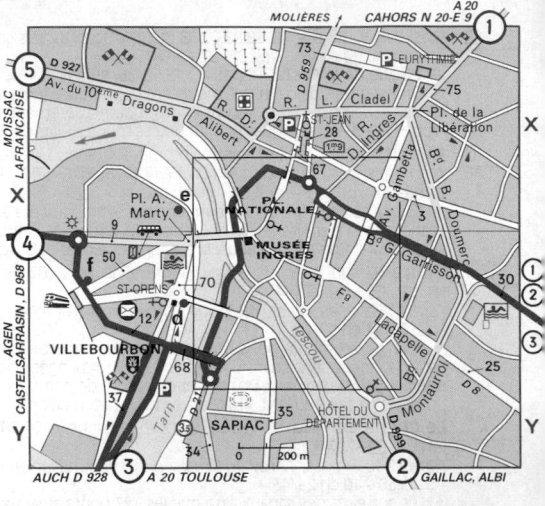

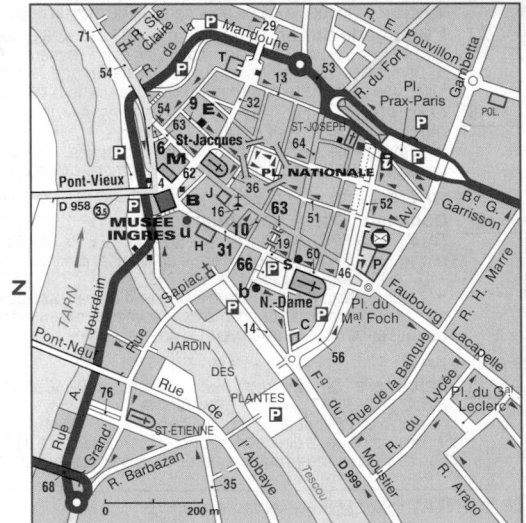

🏠 Commerce sans rest, 9 pl. Roosevelt ℘ 05 63 66 31 32 – 📱 TV ᵭ – 🔏 20. GB   **Z b**
☑ 8 – **27 ch** 44/60.
> ◆ Hôtel bâti au début du 20ᵉ s. à deux pas de la cathédrale. Hall et salon garnis de beaux meubles anciens, chambres sobres, rénovées, et salles de bains colorées.

XX Cuisine d'Alain et Hôtel Orsay avec ch, face gare ℘ 05 63 66 06 66, *cuisinedalain@ anadoo.fr*, Fax 05 63 66 19 39, � – 📱 TV ✆ ⇔ – 🔏 20. AE ① GB. ✳   **Y f**
fermé 1ᵉʳ au 15 août, 24 déc. au 7 janv., lundi midi, sam. midi, dim. et fériés – **Repas** 22 bc/52, enf. 11 ♀ – ☑ 8 – **20 ch** 47/59 – ½ P 50.
> ◆ La cuisine d'Alain est traditionnelle et agrémentée d'un grand choix de desserts. Natures mortes, faïences et compositions florales ornent la salle à manger et le salon.

XX Les Saveurs d'Ingres, 13 r. Hôtel de Ville ℘ 05 63 91 26 42, Fax 05 63 66 28 92 – 🔳. GB   **Z u**
fermé 1ᵉʳ au 23 août., 24 déc. au 2 janv., sam. midi, dim. soir et lundi – **Repas** 18 (déj.), 29/55.
> ◆ L'enseigne de ce restaurant voisin du musée Ingres rend hommage au peintre-dessinateur montalbanais. Plaisante salle voûtée. Cuisine personnalisée, inspirée du terroir.

XX **Au Fil de l'Eau**, 14 quai Dr Lafforgue ℰ 05 63 66 11 85, *aufildeleau82@wanadoo.fr*, Fax 05 63 66 11 85 – ▤. ⓪ ☒ Ʝ꜀ꞵ   X e
fermé dim. sauf le midi de sept. à juin, merc. soir en hiver et lundi – **Repas** *(15 bc)* - 24/60, enf. 9.
   ◆ Dans une rue tranquille, cette maison ancienne vous accueille sous les poutres d'une spacieuse salle à manger. Préparations classiques, bon choix de vins régionaux.

XX **Au Chapon Fin**, 1 pl. St-Orens ℰ 05 63 63 12 10, Fax 05 63 20 47 43 – ▤. ☒
fermé 1er au 29 août, dim. soir et sam. – **Repas** 16 bc/30, enf. 9,50 ♀.   Y d
   ◆ Les Montalbanais aiment à se retrouver dans ce cadre actuel et lumineux sis près du Pont-Neuf sur le Tarn. Cuisine traditionnelle. Salons intimes pour les repas commandés.

MONTAUBAN-DE-LUCHON *31 H.-Garonne* 343 *B8 – rattaché à Bagnères-de-Luchon.*

MONTAUROUX *83440 Var* 340 *P4 G. Côte d'Azur – 4 017 h alt. 364.*
   🛈 *Office de tourisme, place du Clos* ℰ *04 94 47 75 90, Fax 04 94 47 61 97, montauroux. tourisme@wanadoo.fr.*
   Paris 890 – Cannes 36 – Draguignan 37 – Fréjus 30 – Grasse 21.

rte de Grasse *Sud-Est : 3 km –* ⊠ *83340 Montauroux :*

XX **Auberge des Fontaines d'Aragon**, D 37 ℰ 04 94 47 71 65, *ericmaio@club-internet.f r*, Fax 04 94 47 71 65, � – **P**. ☒
fermé janv., lundi et mardi – **Repas** 37/90 ♀.
   ◆ Adresse gourmande sur la route du lac de St-Cassien. Cuisine au goût du jour servie dans une élégante salle à manger de style provençal ou sur la belle terrasse verdoyante.

rte de Draguignan *Sud : 3 km –* ⊠ *83440 Montauroux :*

X **Jardin de l'Espicier**, D 562 ℰ 04 94 47 75 41, Fax 04 94 39 85 42, 🌿 – ▤ **P**. ☒
fermé 15 nov. au 15 déc., mardi soir, merc. soir et jeudi soir du 15 déc. au 30 mars et lundi – **Repas** 20 *(déj.)*, 28/35, enf. 10 ♀.
   ◆ Cette villa contemporaine vous accueille très simplement dans une salle rustique avec poutres et cheminée, ou sur la terrasse en partie couverte. Cuisine traditionnelle.

Ecrivez-nous...
Vos louanges comme vos critiques seront examinées avec le plus grand soin.
Nous reverrons sur place les informations que vous nous signalez.
Par avance merci !

MONTBARD ⟨SP⟩ *21500 Côte-d'Or* 320 *G4 G. Bourgogne – 6 300 h alt. 221.*
   Voir *Parc Buffon★ .*
   Env. *Abbaye de Fontenay★★★ E : 6 km par D 905.*
   🛈 *Office de tourisme, place Henri Vincenot* ℰ *03 80 92 03 75, Fax 03 80 92 03 75, ot.montbard@wanadoo.fr.*
   Paris 240 – Dijon 81 – Autun 87 – Auxerre 81 – Troyes 100.

🏠 **L'Écu**, 7 r. A. Carré ℰ 03 80 92 11 66, *snc.coupat@wanadoo.fr*, Fax 03 80 92 14 13, 🌿 – ✷ 🖻 🛏 ☏ ☒ ⓪ ☒
fermé 6 fév. au 20 fév. – **Repas** *(fermé dim. soir et mardi midi du 10 nov. au 30 mars)* 17/50 ♀ – 🍴 9 – **23 ch** 65/82 – ½ P 64/80.
   ◆ Maison régionale ancienne au détour d'une rue calme. Ses atouts : le sens de l'hospitalité et des chambres pour la plupart rénovées. Deux salles à manger : l'une moderne - mais avec chaises Louis XIII -, l'autre voûtée. Terrasse dressée dans la cour.

🏠 **Gare** sans rest, 10 av. Mar. Foch ℰ 03 80 92 02 12, Fax 03 80 92 41 72, 🔔 – ✷ 🖻 ☏ **P**. ☒ ☒
🍴 7,50 – **34 ch** 45/59.
   ◆ À la descente du train, deux bâtiments de style classique, reliés entre eux, proposent des chambres sans artifices de diverses tailles, équipées d'un double vitrage.

à Fain-lès-Montbard *Sud-Est : 6 km par N 905 – 299 h. alt. 220 –* ⊠ *21500 :*

🏰 **Château de Malaisy** 🦌, ℰ 03 80 89 46 54, *ch-malaisy@club-internet.fr*, Fax 03 80 92 30 16, 🌿, ☀, 🔔 – 🖻 ☏ & **P**. – 🍴 25 à 150. ☒ ✷
Repas 16 bc *(déj.)*, 24/58 bc ♀ – 🍴 10 – **24 ch** 85/108 – ½ P 72/93,50.
   ◆ Gentilhommière au coeur d'un parc arboré de 15 ha. Chambres simples d'esprit rustique. Salon bourgeois égayé d'une cheminée en bois sculpté. Au choix, salle à manger aménagée à la façon d'un jardin d'hiver ou cadre plus classique.

973

MONTBAZON 37250 I.-et-L. **317** N5 G. Châteaux de la Loire – 3 434 h alt. 59.

🛈 Office de tourisme, 11 avenue de la Gare ℰ 02 47 26 97 87, Fax 02 47 26 22 42, ot-valdelindre@wanadoo.fr.

Paris 247 – Tours 15 – Châtellerault 59 – Chinon 41 – Loches 33 – Saumur 73.

🏨🏨🏨 **Château d'Artigny** ⟫, Sud-Ouest : 2 km par D 17 ℰ 02 47 34 30 30, artigny@grandese tapes.fr, Fax 02 47 34 30 39, ≼ l'Indre, 🏠, ⅃₆, ⅃, ⚒, ♨ – 🛗 📺 📺 ❤ 🅿 – 🔏 20 à 120. 📼 ① ⊝

fermé 19 déc. au 28 janv. – **Repas** 49/81 ♀ 🍴 – ⊆ 21 – **59 ch** 155/395, 4 suites – ½ P 173/275,50.

◆ Ce château dont le parc boisé et les jardins à la française surplombent l'Indre fut conçu au début du 20ᵉ s. dans le pur style classique. Faste omniprésent. Répertoire culinaire classique, somptueuse carte des vins et collection de vieux armagnacs.

Port Moulin au Fil de l'Eau, – 📺 🅿. 📼 ① ⊝
fermé 19 déc. au 28 janv. – **Repas** voir **Château d'Artigny** – ⊆ 21 – **7 ch** 190 – ½ P 173.
◆ Hébergement plus simple, mais toujours confortable, à l'annexe installée dans un joli pavillon au bord de la rivière, à 800 m du château.

🏨🏨 **Domaine de la Tortinière** ⟫, Nord : 2 km par N 10 et D 287 ℰ 02 47 34 35 00, domai ne.tortiniere@wanadoo.fr, Fax 02 47 65 95 70, ≼ vallée de l'Indre, 🏠, ⅃, ⚒, ♨ – 📺 ❤ 🅿 – 🔏 20. ⊝. ⚘
fermé 20 déc. au 1ᵉʳ mars – **Repas** (fermé dim. soir de nov. à mars) (prévenir) 39 bc (déj.), 49/69 ♀ – ⊆ 14 – **22 ch** 140/280, 5 suites – ½ P 106/164.
◆ Beaucoup de charme en cette demeure du Second Empire entourée d'un parc qui descend jusqu'à l'Indre. Chambres soignées. Délicieuse piscine. La salle à manger, panoramique et bourgeoise, est prolongée d'une plaisante terrasse. Cuisine au goût du jour.

✕✕ **Chancelière "Jeu de Cartes"**, 1 pl. Marronniers ℰ 02 47 26 00 67, lachanceliere@lach anceliere.fr, Fax 02 47 73 14 82 – 🖴. ⊝
fermé 16 au 24 août, 26 déc. au 3 janv., 6 au 22 fév., dim. et lundi sauf fériés – **Repas** 29/37.
◆ Cette vieille maison tourangelle élégamment aménagée vous propose une savoureuse cuisine empreinte de simplicité. Ici, on joue cartes sur table !
Spéc. Ravioles d'huîtres au champagne (sept. à juin). Queues de langoustines panées aux amandes. Ris de veau braisé au beurre de tilleul. **Vins** Montlouis, Chinon.

✕✕ **Auberge de la Courtille**, 13 av. Gare ℰ 02 47 26 28 26, j-mauny@club-internet.fr, Fax 02 47 26 14 34 – ⊝
fermé 15 juil. au 12 août, dim. soir, mardi soir et merc. – **Repas** 17/36 ♀.
◆ Aux portes de la localité, cette auberge présente une pimpante façade. La salle à manger, sobre et fraîche, accueille des expositions de tableaux. Cuisine familiale.

MONTBÉLIARD ⬤ 25200 Doubs **321** K1 G. Jura – 27 570 h Agglo. 113 059 h alt. 325.

Voir Le Vieux Montbéliard★ : hôtel Beurnier-Rossel★ – Sochaux : Musée de l'aventure Peugeot★.

🐴 de Pruneville à Dampierre-sur-le-Doubs ℰ 03 81 98 11 77, par ④ : 8 km.

🛈 Office de tourisme, 1 rue Henri-Mouhot ℰ 03 81 94 15 76, Fax 03 81 94 14 04, accueil@ot-pays-de-montbeliard.fr.

Paris 477 ④ – Besançon 76 ④ – Mulhouse 60 ② – Belfort 22 ② – Vesoul 60 ①.

Plans page ci-contre

🏠 **Bristol** sans rest, 2 r. Velotte ℰ 03 81 94 43 17, hotel.bristol@wanadoo.fr,
Fax 03 81 94 15 29 – 🍴 📺 ❤ 🅿 – 🔏 50. ⊝. ⚘ **Z b**
fermé 31 juil. au 22 août – ⊆ 6 – **43 ch** 43/69,50.
◆ Hôtel des années 1930 dans une rue semi-piétonne. Les chambres présentent un décor actuel ou plus ancien ; pour le calme, préférez celles situées sur l'arrière. Bar à vins.

🏠 **Balance**, 40 r. Belfort ℰ 03 81 96 77 41, hotelbalance@wanadoo.fr, Fax 03 81 91 47 16,
🏠 – 🛗 ❤ ⚒ 🅿 – 🔏 100. 📼 ① ⊝ **Z s**
Repas (fermé 24 déc. au 2 janv., sam., dim. et le midi en août) 14 (déj.), 18/22 ♀ – ⊆ 8 – **44 ch** 58/80 – ½ P 52/55.
◆ Maison du 16ᵉ s. qui hébergea le Q.G. de De Lattre de Tassigny en 1944. Bel escalier en bois sculpté menant à des chambres rénovées. Cachet Belle Époque habilement préservé dans le chaleureux restaurant habillé de boiseries claires. Cuisine traditionnelle.

🏠 **Kyriad**, 34 bis av. Mar. Joffre ℰ 03 81 94 44 64, kyriadmontbeliard@wanadoo.fr,
Fax 03 81 94 37 40 – 🛗 ⚒ ❤ ⚒ 🚗 🅿 – 🔏 20. 📼 ① ⊝ **X a**
Repas (fermé août, 24 déc. au 1ᵉʳ janv., vend., sam. et dim.) (dîner seul.) (13) · 13/15, enf. 6 ♨ – ⊆ 8 – **60 ch** 59/66.
◆ Dans un immeuble moderne proche des usines et du beau musée automobile Peugeot. Chambres confortables, rajeunies et dotées d'une bonne insonorisation. Petite restauration sans prétention proposée dans une sobre salle à manger contemporaine.

MONTBÉLIARD

Albert-Thomas (Pl.) ..... **Z** 2
Audincourt (R. d') ..... **XY** 4
Belchamp (R. de) ..... **Y** 5
Besançon (Fg de) ..... **X** 7
Blancheries (R. des) ..... **Z** 8
Chabaud-Latour (Av.) ..... **X** 9

Cuvier (R.) ..... **Z**
Denfert-Rochereau (Pl.) ..... **Z** 10
Dorian (Pl.) ..... **Z** 12
Epinal (R. d') ..... **X** 13
Febvres (R. des) ..... **Z** 14
Gambetta (Av.) ..... **X** 15
Helvétie (Av. d') ..... **XZ** 18
Jean-Jaurès (Av.) ..... **Y** 20
Joffre (Av. du Mar.) ..... **XZ** 22

Lattre-de-Tassigny
 (Av. du Mar.) ..... **Z** 23
Leclerc (R. Gén.) ..... **Z** 24
Ludwigsburg (Av. de) ..... **X** 26
Petite-Hollande (R.) ..... **XY** 28
St-Georges (Pl.) ..... **Z** 29
Schliffre (R. de) ..... **Z** 32
Toussain (R. P.) ..... **X** 36
Valentigney (R. de) ..... **Y** 40

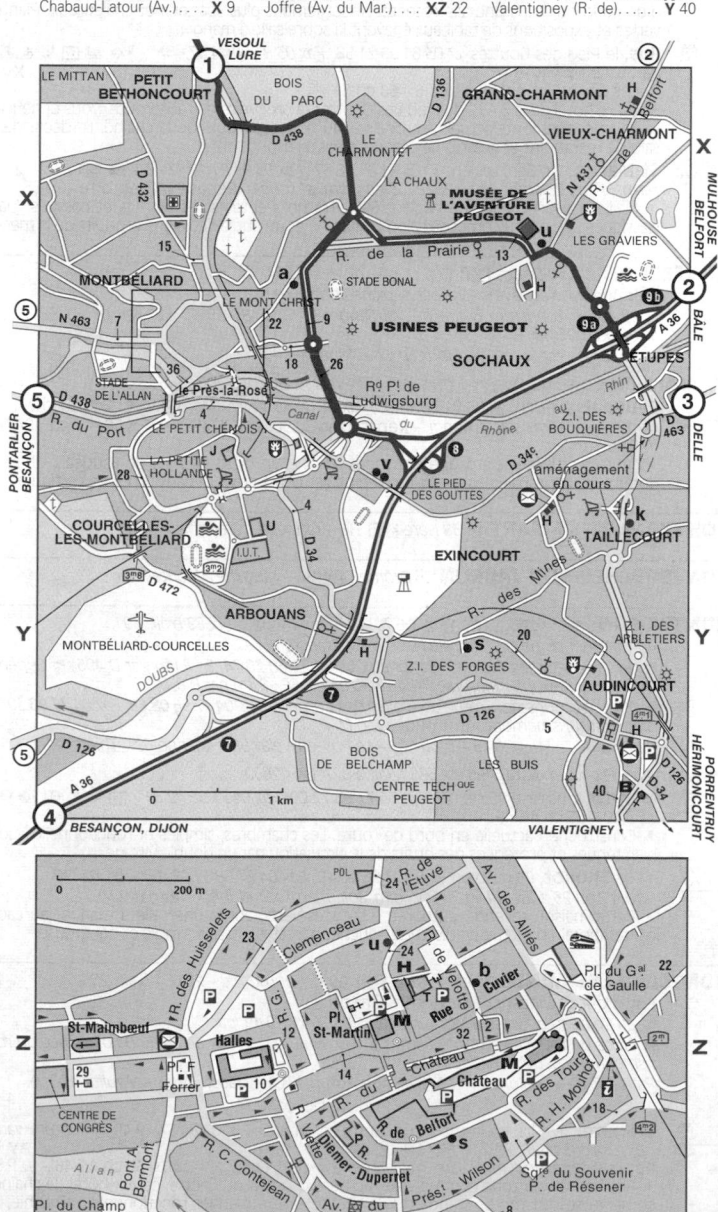

🏨 **Les Relais Verts**, le Pied des Gouttes ℰ 03 81 90 10 69, *hotelrelaisvert@wanadoo.fr*, *Fax 03 81 90 15 18*, 🌳 – 🛏 📺 📞 ♿ 🅿 – 🅰 25. 🅰🅴 ⑩ 🅶🅱 🅹🅲🅱   **X** **v**
Tire-Bouchon 03 81 90 11 56 *(fermé sam. midi et dim.)* **Repas** 15 (déj.) 24,50/60 �, 8,50 – ☕ 6 – **64 ch** 61/75 – ½ P 48/57.
  ◆ Hôtel actuel au coeur d'une Z.A.C. Petites chambres fonctionnelles distribuées autour d'un patio ou, dans une aile récente, hébergement plus spacieux et chaleureux. Plantes vertes et expositions de tableaux égayent la sobre salle à manger.

🏨 **Ibis**, le Pied des Gouttes ℰ 03 81 90 21 58, *Fax 03 81 90 44 37*, 🌳 – ✚ 🔲 📺 📞 ♿ 🅿 – 🅰 30. 🅰🅴 ⑩ 🅶🅱 🅹🅲🅱   **X** **v**
Repas (13) · 16,50, enf. 6 ♫ – ☕ 6 – **60 ch** 61.
  ◆ Autre hôtel de la Z.A.C. du Pied des Gouttes, à proximité de l'autoroute. Vous bénéficierez d'aménagements actuels, conformes au nouveau "look" de la chaîne. Le décor de la salle de restaurant et la carte ne dérogent pas à l'esprit "Ibis".

XXX **St-Martin**, 1 r. Gén. Leclerc ℰ 03 81 91 18 37, *Fax 03 81 91 18 37* – 🅰🅴 ⑩ 🅶🅱   **z** **u**
fermé 1er au 23 août, 13 au 20 fév., sam., dim. et fériés – **Repas** 29/49 et carte 40 à 55.
  ◆ Vieille maison proche de la place Saint-Martin. Petites salles intimes et cossues. Plats classiques ; un menu composé selon le marché et un autre dédié aux produits de la mer.

MONTBENOIT *25650 Doubs* 🔢 I5 *G. Jura* – 219 h alt. 804.
  Voir *Ancienne abbaye*★ : *stalles*★★, *niche abbatiale*★★.
  🅱 *Office de tourisme, 8 rue du Val Saugeais* ℰ 03 81 38 10 32, *Fax 03 81 38 12 97*, *info@otcm25.org*.
  Paris 464 – Besançon 61 – Morteau 17 – Pontarlier 15.

à Maisons-du-Bois *Sud-Ouest : 4 km sur D 437* – 494 h. alt. 810 – ✉ 25650 :

X **Saugeais** avec ch, ℰ 03 81 38 14 65, *Fax 03 81 38 11 27*, 🌳 – 📺 📞 ♿ 🅶🅱 🐾 ch
🍴 fermé janv., dim. soir et lundi – **Repas** 12,50/30,50, enf. 7,50 ♫ – ☕ 6,50 – **7 ch** 40/55 – ½ P 39,50/45.
  ◆ "Chèvre qui bêle perd une bouchée" affirme un dicton du val de Saugeais : il serait dommage de gaspiller les spécialités régionales concoctées ici dans un cadre rustique.

MONTBONNOT-ST-MARTIN *38 Isère* 🔢 H6 – *rattaché à Grenoble.*

MONTBOUCHER-SUR-JABRON *26 Drôme* 🔢 B6 – *rattaché à Montélimar.*

MONTBRISON ◁👄▷ *42600 Loire* 🔢 D6 *G. Vallée du Rhône* – 14 589 h alt. 391.
  Voir *Intérieur*★ *de la Collégiale N.-D.-d'Espérance.*
  🏌 *de Savigneux-les-Étangs à Savigneux* ℰ 04 77 58 70 74, E : 4 km par D 496 ; 🏌 *Superflu Golf Club à St-Romain-le-Puy* ℰ 04 77 76 93 41, SE : 8 km par D 8.
  🅱 *Office de tourisme, Galerie du Cloître des Cordeliers* ℰ 04 77 96 08 69, *Fax 04 77 96 20 88*, *officedutourismemontbrison@wanadoo.fr* –.
  Paris 444 – St-Étienne 45 – Lyon 103 – Le Puy-en-Velay 99 – Roanne 68 – Thiers 68.

à Savigneux *Est : 2 km par D 496* – 2 565 h. alt. 382 – ✉ 42600 :

🏨 **Marytel** sans rest, 95 rte Lyon ℰ 04 77 58 72 00, *Fax 04 77 58 42 81* – 📺 📞 🅿 🅰🅴 ⑩ 🅶🅱
☕ 6,50 – **33 ch** 44/49.
  ◆ Construction actuelle en bord de route. Les chambres, simples et fonctionnelles, sont bien tenues et protégées des bruits de la circulation par un double vitrage.

XX **Yves Thollot**, 93 rte Lyon ℰ 04 77 96 10 40, *Fax 04 77 58 31 92*, 🌳 – 🅿 🅰🅴 🅶🅱
🍴 fermé 2 au 23 août, 14 au 28 fév., dim. soir, mardi soir et lundi – **Repas** 22/52 ♫.
  ◆ Cette maison récente, entourée d'espaces verts, abrite une salle à manger au cadre contemporain ponctué de discrètes touches agrestes. Cuisine simple et généreuse.

MONTCEAU-LES-MINES *71300 S.-et-L.* 🔢 G9 *G. Bourgogne* – 20 634 h alt. 285.
  Env. *Mont-St-Vincent : tour* ☀★★ *12 km par* ②.
  🏌 *du Château d'Avoise à Montchanin* ℰ 03 85 78 19 19, par ① : 14 km.
  🅱 *Office de tourisme, 16 rue Carnot* ℰ 03 85 69 00 00, *Fax 03 85 69 00 01*, *office.du.tourisme.montceau@wanadoo.fr*.
  Paris 333 ① – Chalon-sur-Saône 46 ① – Autun 47 ① – Mâcon 69 ② – Moulins 100 ③.
        Plan page ci-contre

🏨 **Grilhôtel**, av. Mar. Leclerc (proche centre commercial) ℰ 03 85 57 49 49, *grilhotel@wanadoo.fr*, *Fax 03 85 57 72 23* – 📺 📞 ♿ 🅿 🅶🅱   **BY** **a**
🍴 **Repas** *(fermé lundi midi, sam. midi et dim.)* (11) · 14, enf. 7 ♫ – ☕ 6 – **30 ch** 43/46 – ½ P 39.
  ◆ Situé dans une zone commerciale, au bord du canal du Centre, cet ex-hôtel de chaîne a conservé ses chambres standardisées. Petite salle à manger fonctionnelle rafraîchie, où l'on propose une restauration traditionnelle.

MONTCEAU-
LES-MINES

André-Malraux (R.) .... **AY** 3
Barbès (R.) .... **ABZ**
Bel-Air (R. de) .... **BY** 4
Carnot (R.) .... **AZ** 6
Champ-du-Moulin
(R. du) .... **BYZ** 7

Chausson (R. Henri) ..... **BZ** 9
Emorine (R. Antoine) ..... **BZ** 10
Gauthey (Quai) .... **AZ** 12
Génelard (R. de) .... **BZ** 13
Guesde (Quai Jules) ..... **AY** 14
Hospice (R. de l') .... **AZ** 15
Jean-Jacques-Rousseau
(R.) .... **BZ** 16
Jean-Jaurès (R.) .... **AZ**
Lamartine (R.) .... **AZ** 19
Merzet (R. Etienne) ...... **BY** 21

Palinges (R. de) .... **BZ** 22
Paul-Bert (R.) .... **AZ** 24
Pépinière (R. de la) ...... **AY** 25
République (R. de la) ..... **AY** 26
Sablière (R. de la) .... **ABY** 27
St-Vallier (R. de) .... **BZ** 28
Semard (R. de) .... **BZ** 30
Strasbourg (R. de) .... **BZ** 31
Tournus (R. de) .... **BZ** 33
8-Mai-1945 (R. du) .... **BY** 34
11-Nov.-1918 (R. du) ..... **AY** 36

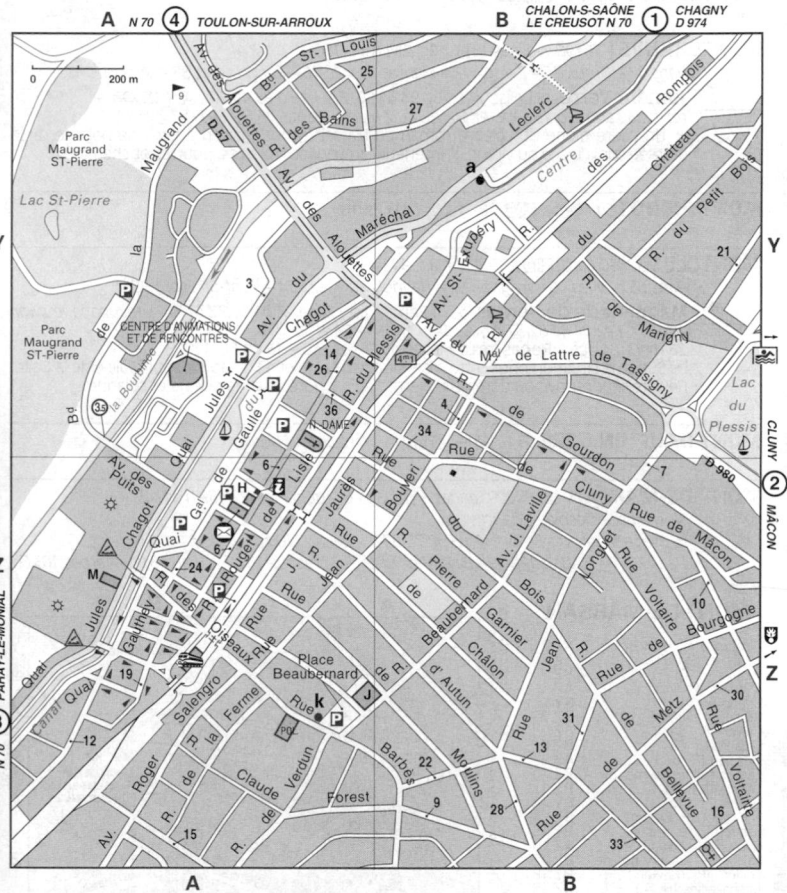

XX **France** avec ch, 7 pl. Beaubernard ✉ 03 85 67 95 30, *hotel.restaurant.lefrance@wanadoo.f
r*, *Fax 03 85 67 95 44* – ■ rest, 📺 ☎ 🌐   **AZ k**
fermé 29 juil. au 19 août et 6 au 20 janv. – **Repas** *(fermé sam. midi, dim. soir et lundi)* 18 bc/73 ⛲ –
🍵 6,10 – **10 ch** 44,30/64 – ½ P 73/80.
◆ L'établissement se trouve dans la partie haute de la ville industrielle. Cadre accueillant, à la
fois campagnard et bourgeois, avec cheminée ; préparations traditionnelles.

par ② *et D 980 : 4 km* – ✉ *71300 Gourdon :*

X **Auberge Plain-Joly** avec ch, ✉ 03 85 57 24 74, *auberge.plainjoly@wanadoo.fr,*
🍽 *Fax 03 85 58 29 34,* 🏖, 🌿, 🍽 – 📺 🅿 🌐
Repas 14/22 ⛲ – 🍵 6,50 – **8 ch** 28/46 – ½ P 35.
◆ Cette sympathique maison située en léger retrait d'une route fréquentée dispose d'un
jardin fleuri. Salle de restaurant rustique et chambres bourgeoises personnalisées.

à Galuzot *Sud-Ouest : 5 km par ③ et D 974 – ✉ 71230 St-Vallier :*

X **Moulin de Galuzot,** ✆ 03 85 57 18 85 – P. AE GB
fermé 20 juil. au 14 août, mardi soir, dim. soir et merc. – **Repas** 15/38.
◆ Restauration au fil de l'eau dans cette auberge fleurie bordant l'attrayant canal du Centre. Une salle à manger simple et rustique et une autre plus contemporaine.

MONTCENIS *71 S.-et-L.* 320 G9 – *rattaché au Creusot.*

MONTCHAUVET *78790 Yvelines* 311 F2 – *254 h alt. 100.*
Paris 67 – Dreux 33 – Évreux 47 – Mantes-la-Jolie 16 – Rambouillet 39 – Versailles 49.

X **Jument Verte,** pl.Église ✆ 01 30 93 43 60, *Fax 01 30 93 49 20,* – AE GB
fermé 30 août au 13 sept. et 14 fév. au 7 mars – **Repas** 23,80/34,50.
◆ Un cadre digne du célèbre roman de Marcel Aymé : maison à pans de bois, terrasse dressée sur la place du village et intérieur campagnard (pierres, poutres et cheminée).

MONTCHENOT *51 Marne* 306 G8 – *rattaché à Reims.*

MONTCLUS *30630 Gard* 339 L3 – *134 h alt. 94.*
Paris 657 – Alès 46 – Avignon 58 – Bagnols-sur-Cèze 24 – Pont-St-Esprit 25.

Magnanerie de Bernas, à Bernas, Est : 2 km ✆ 04 66 82 37 36, *lamagnanerie@wanadoo.fr, Fax 04 66 82 37 41,* – TV P. GB
26 mars-24 oct. – **Repas** (résidents seul.) 28 – 10 – **13 ch** 60/120.
◆ Superbe situation pour cette magnanerie des 12e et 13e s. dominant la vallée de la Cèze. Bel intérieur rénové où domine la pierre. Table d'hôte, grande piscine et solarium.

MONT-DAUPHIN GARE *05 H.-Alpes* 334 H4 – *rattaché à Guillestre.*

MONT-DE-MARSAN P *40000 Landes* 335 H11 *G. Aquitaine* – *29 489 h alt. 43.*
Voir *Musée Despiau-Wlérick*★.
Stade Montois à St-Avit ✆ *05 58 75 63 05, par ① : 10 km.*
Paris 706 ① – Agen 120 ① – Bayonne 106 ⑥ – Bordeaux 131 ① – Pau 83 ③ – Tarbes 103 ③.

MONT-DE-MARSAN

Alsace-Lorraine (R. d') ..... **AZ** 2
Auribeau (Bd d') ..... **AZ** 3
Bastiat (R. F.) ..... **ABZ**
Bosquet (R. Mar.) ..... **AZ** 4
Briand (R. A.) ..... **BY** 5
Brouchet (Allées) ..... **BZ** 6
Carnot (Av. Sadi) ..... **BZ** 7
Delamarre (Bd) ..... **BZ** 8
Despiau (R. Ch.) ..... **AZ** 9
Farbos (Allée Raymond) ..... **BZ** 10
Gambetta (R. L.) ..... **BZ** 12
Gaulle (Pl. Ch.-de) ..... **BY** 13
Gourgues (R. D.-de) ..... **BY** 14
Landes (R. L. des) ..... **BZ** 15
Lasserre (R. Gén.) ..... **AZ** 16
Lattre-de-Tassigny (Bd de) . **BY** 17
Leclerc (Pl. du Gén.) ..... **BZ** 18
Lesbazeilles (R. A.) ..... **BZ** 19
Martinon (R.) ..... **BZ** 20
Pancaut (Pl. J.) ..... **AZ** 21
Poincaré (Pl. R.) ..... **AY** 22
Président-Kennedy (Av. du) ..... **BZ** 23
Ruisseau (R. du) ..... **AZ** 24
St-Jean-d'Août (R.) ..... **AY** 25
St-Roch (Pl.) ..... **BZ** 26
Victor-Hugo (R.) ..... **BY** 27
8-Mai-1945 (R. du) ..... **BY** 28
34e-d'Inf. (Av. du) ..... **BZ** 29

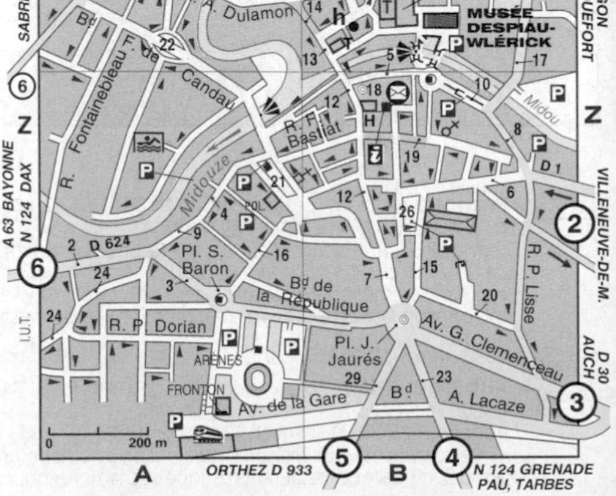

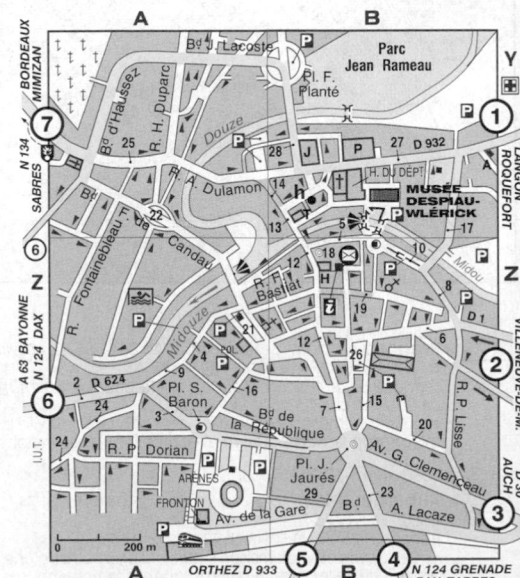

🏨 **Renaissance,** rte Villeneuve par ② : *2 km* 🖉 05 58 51 51 51, *lerenaissance@wanadoo.fr,* *Fax 05 58 75 29 07,* 🍴, 🛋, 🚗 – 🔟 ✆ & P̄ – 🔥 20 à 50. AE GB
Repas *(fermé 20 au 29 déc., sam. sauf le soir du 6 juin au 31 oct. et dim. sauf le midi du 6 juin au 31 oct.)* 23/66 bc 🍷 – 🖵 **8** – **29 ch** 59/85 – ½ P 58/76.
* Légèrement excentré, hôtel contemporain apprécié de la clientèle d'affaires. Les chambres, fonctionnelles, sont plus calmes côté jardin ; certaines offrent un décor rajeuni. Sobre et lumineuse salle à manger actuelle bénéficiant de la vue sur un espace vert.

🏨 **Abor,** rte Grenade par ④ : *3 km* ⊠ 40280 St-Pierre-du-Mont 🖉 05 58 51 58 00, *contact@a borhotel.com, Fax 05 58 75 78 78,* 🍴, 🛋 – |‡| ✻ 🖿 ✆ & P̄ – 🔥 15 à 50. AE GB
Repas *(fermé 18 déc. au 2 janv., sam. midi et dim. hors saison sauf fériés)* (12) - 17/30, enf. 9 🍷 – 🖵 9,50 – **68 ch** 70/80 – ½ P 58/60.
* Immeuble moderne à la périphérie de la "capitale" du pays de Marsan, abritant de petites chambres pratiques et insonorisées. Décor sans fioriture, mais entretien suivi. Salle à manger colorée. Recettes traditionnelles. En été, formules buffets et barbecues.

🏨 **Richelieu,** 3 r. Wlérick 🖉 05 58 06 10 20, *le.richelieu@wanadoo.fr, Fax 05 58 06 00 68* – |‡| 🔟 – 🔥 15. AE ⓪ GB JCB   BY
Repas *(fermé 1ᵉʳ au 11 janv., dim. soir et sam.)* (13,30) - 15,50/35 🍷 – 🖵 6,50 – **42 ch** 40/48 – ½ P 41/51.
* Hôtel central, voisin du musée Despiau-Wlérick (sculpture). Literie neuve, double vitrage et mobilier actuel investissent peu à peu les chambres. Salle de restaurant modulable dont l'aménagement ressemble à celui d'une brasserie. Cuisine traditionnelle.

à Uchacq-et-Parentis *par ⑦ : 7 km – 495 h. alt. 50 –* ⊠ *40090 :*

🍴🍴 **Didier   Garbage,**   N   134   🖉 05 58 75 33 66,   *didier.garbage@wanadoo.fr,* *Fax 05 58 75 22 77,* 🍴 – 🖿 P̄. ⓪ GB
fermé 27 juin au 10 juil., 6 au 13 janv., dim. soir, mardi soir et lundi – **Repas** 25/45 🍷 - **Bistrot :** Repas 11,50 bc/20 bc 🍷.
* Intérieur rustique, tables en bois ciré et bibelots anciens. Quand la pêche le permet, les habitués se bousculent pour ne pas rater les pibales ! Également table d'hôte avec guirlandes de piments suspendues au plafond ; robustes plats de bistrot.

Écrivez-nous...
Vos louanges comme vos critiques seront examinées avec le plus grand soin.
Nous reverrons sur place les informations que vous nous signalez.
Par avance merci !

MONTDIDIER ⊛ *80500 Somme* **301** I10 *G. Picardie Flandres Artois– 6 328 h alt. 82.*
🅱 *Office de tourisme, 5 place du Général de Gaulle* 🖉 *03 22 78 92 00, Fax 03 22 78 00 88, officetourismemontdidier.80@wanadoo.fr.*
Paris 108 – Compiègne 36 – Amiens 39 – Beauvais 49 – Péronne 48 – St-Quentin 65.

🏨 **Dijon,** 1 pl. 10-Août-1918 (rte de Rouen) 🖉 03 22 78 01 35, *Fax 03 22 78 27 24* – 🔟 ✆. GB
🍴 *fermé 1ᵉʳ au 22 août et dim.* – **Repas** *(fermé dim. soir et sam. du 1ᵉʳ au 22 août)* (12,50) - 15 🍷 – 🖵 6,50 – **19 ch** 38/55 – ½ P 48.
* Hôtel proche de la gare, offrant un cadre rustique simple. Ses atouts ? Accueil charmant, tenue soignée et bonne insonorisation côté façade principale. Cinq chambres refaites. Table familiale dans la ville natale de Parmentier, promoteur de la pomme de terre.

Le MONT-DORE 63240 *P.-de-D.* **326** D9 *G. Auvergne – 1 682 h alt. 1050 – Stat. therm. (début mai-fin oct.) – Sports d'hiver : 1 050/1 850 m* 🚡 2 🚠 18 🎿 – *Casino* Z.
Voir *Établissement thermal : galerie César★, salle des pas perdus ★ – Puy de Sancy* ✳✳✳ *5 km par* ② *puis 1 h. AR de téléphérique et de marche – Funiculaire du capucin★.*
Env. *Col de la Croix-St-Robert* ✳✳ *6,5 km par* ②.
🛫 du Mont-Dore 🖉 04 73 65 00 79, *par* ③ *: 2 km.*
🅱 *OMT, avenue de la Libération* 🖉 *04 73 65 20 21, Fax 04 73 65 05 71, ot.info@mont-dore.com.*
Paris 462 ① *– Clermont-Ferrand 43* ① *– Aubusson 87* ⑤ *– Issoire 49* ① *– Ussel 56* ④.

Plan page suivante

🏨 **Panorama** ⌘, av. Libération 🖉 04 73 65 11 12, *panorama@nat.fr, Fax 04 73 65 20 80,* ≤, ₤₅, 🛋, 🚗 – |‡| 🔟 P̄. GB. ⚘ rest   Z u
début mai-7 oct. et 25 déc.-15 mars – **Repas** 26/34 – 🖵 10 – **39 ch** 68,50/81 – ½ P 67,50/72.
* Façade passe-partout des années 1960 surplombant la station, au voisinage du "chemin des Artistes". Chambres lambrissées. Piscine panoramique. De la salle à manger, on embrasse d'un coup d'oeil toute la vallée. Cuisine traditionnelle.

LE MONT-DORE

Apollinaire (R. S.).....**Y** 2
Artistes (Chemin des)...**Z**
Banc (R. Jean).......**Y** 3
Belges (Av. des)......**Y**
Bertrand (Av. M.).....**Y**
Chazotte
  (R. Capitaine).....**Y** 4
Clemenceau (Av.)....**Z** 5
Clermont (Av. de)....**Y** 8
Crouzets (Av. des)...**Y**
Dr-Claude (R.).......**Y**
Duchâtel (R.).........**Z** 9
Favart (R.)..........**Y** 12
Ferry (Av. J.).......**YZ**
Gaulle (Pl. Ch.-de)..**Y** 14
Guyot-Dessaigne
  (Av.)..............**Y** 15
Lavialle (R.)........**Y**
Leclerc (Av. du Gén.).**Y**
Libération
  (Av. de la)........**YZ**
Melchi-Roze
  (Chemin)...........**Y**
Meynadier (R.)......**YZ**
Mirabeau (Bd)........**Y**
Montlosier (R.)......**Y** 19
Moulin (R. Jean).....**Y** 20
Panthéon (Pl. du)....**Y** 22
Pasteur (R.).........**Y**
Ramond (R.).........**Z** 24
République (Pl. de la).**Z** 26
Rigny (R.)...........**Z** 28
Sand (Allée G.).....**YZ** 29
Sanitas (R. F.).......**Y**
Verrier (R. P.).......**Y**
Wilson (Av.).........**Y**
19-Mars-1962 (R. du).**Y** 32

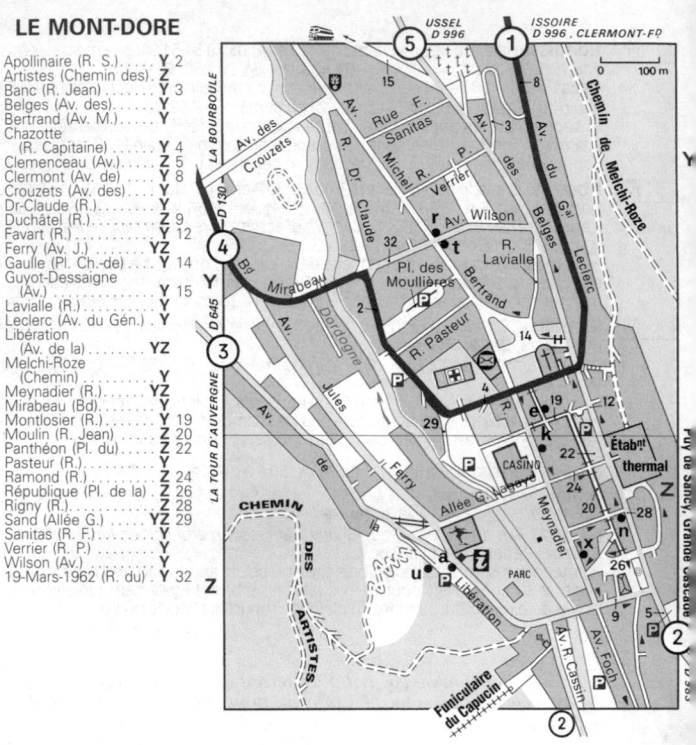

Castelet, av. M. Bertrand ℰ 04 73 65 05 29, *hotelcastelet@aol.com*, Fax 04 73 65 27 95, 🍴, 🗊, 🏊 – 📶 📺 📞 �P. 🅰🅴 ⓪ 🖻, 🛇 rest   **Y t**
18 mai-30 sept., 20 déc.-6 janv. et 23 janv.-30 mars – **Repas** 17/27, enf. 7,80 – ☲ 8,50 – **35 ch** 49/65 – ½ P 53/57.
♦ Dans un quartier résidentiel, maison des années 1920 entourée d'un agréable jardin. Chambres sobrement décorées. Le toit de la piscine s'ouvre dès les premiers beaux jours. L'une des salles à manger est dotée d'un insolite décor asiatique. Carte régionale.

Annexe Wilson sans rest, ℰ 04 73 65 00 06, Fax 04 73 65 27 95, 🏊 – 📶 cuisinette 📺 📞 🕭 �P. 🖻   **Y r**
18 mai-30 sept. et 20 déc.-30 mars – ☲ 8,50 – **4 ch** 60, 12 studios 60/78.
♦ Bâtiment des années 1930 récemment transformé en hôtel louant des studios fonctionnels aussi bien pour la nuit que pour des séjours prolongés.

Londres sans rest, r. Meynadier ⊠ 63240 ℰ 04 73 65 01 12 – 📶. 🖻   **Z x**
fermé 16 mars au 30 avril et 16 nov. au 24 déc. – ☲ 6 – **23 ch** 38/42.
♦ L'établissement fonctionne sous la même enseigne depuis 1850. Petites chambres simples mais à la tenue scrupuleuse, donnant pour la plupart sur le parc du casino.

Paix, 8 r. Rigny ℰ 04 73 65 00 17, *contact@hotel-de-la-paix.info*, Fax 04 73 65 00 31 – 📶 📺 📞 🅰🅴 🖻   **Z n**
fermé 12 nov. au 20 déc. – **Repas** 19/49 🍷 – ☲ 8,50 – **36 ch** 37/53 – ½ P 41,50/46.
♦ Hôtel de la fin du 19ᵉ s. jouxtant l'établissement thermal et, par conséquent, commode pour les curistes. Sobres chambres bien tenues. Belle hauteur sous plafond, moulures et appliques "rétro" font le cachet de la coquette salle à manger. Cuisine classique.

Parc, r. Meynadier ℰ 04 73 65 02 92, *webmaster@hotelduparc-montdore.com*, Fax 04 73 65 28 36 – 📶 📺 📞. 🖻, 🛇 rest   **Z k**
30 avril-6 oct. et 26 déc.-20 mars – **Repas** 13/16,50, enf. 6,30 🍷 – ☲ 6 – **33 ch** 40/48 – ½ P 42,50.
♦ Immeuble centenaire au centre de la célèbre station thermale où déjà, les Gaulois venaient "prendre les eaux". Chambres pratiques, rénovées dans les années 1980. Restaurant façon "pension de famille", agrémenté d'une cheminée ancienne en bois et briques.

🏠 **Mon Clocher**, r. M. Sauvagnat ℰ 04 73 65 05 41, Fax 04 73 65 03 72 – 📺 ⬛ Y e
🅖 *17 mai-4 oct. et 20 déc.-6 mars* – **Repas** 13,80/16,80 ⅃ – ⬜ 5,70 – **29 ch** 38/43 –
½ P 35,50/41,30.
   • Maison traditionnelle située dans une rue piétonne du centre-ville. Toutes les chambres
ont bénéficié d'une cure de jouvence. Salle à manger campagnarde décorée de vieux outils
agricoles et de cuivres. Plats traditionnels et spécialités régionales.

🏠 **Les Charmettes** sans rest, 30 av. G. Clemenceau par ② ℰ 04 73 65 05 49, *jeanclaudebarl
aud@yahoo.fr*, Fax 04 73 65 20 28 – 📱 ⬛ 🛏
15 mai-3 oct., vacances de Toussaint, de Noël, de fév. et week-ends en hiver – ⬜ 7 – **21 ch**
42.
   • Dans la direction du majestueux puy de Sancy. Une clientèle de randonneurs fidèle
retrouve ici des chambres simples et pratiques.

🏠 **Madalet** sans rest, av. Libération ℰ 04 73 65 03 13, *hotel.madalet@wanadoo.fr*,
Fax 04 73 65 00 93 – ⬛ ⬛ Z a
début mai-fin sept. et Noël-Pâques – ⬜ 5 – **18 ch** 27/37.
   • Construction des années 1960 face au parc du casino. Les chambres sont peu spacieuses
et modestement aménagées, mais rigoureusement tenues.

au Lac de Guéry *par* ① : *8,5 km sur D 983* G. Auvergne – ✉ 63240 Le Mont-Dore :
   Voir *Lac★*.

🍴 **Auberge du Lac de Guéry** avec ch, ℰ 04 73 65 02 76, *jean.leclerc2@wanadoo.fr*,
🅖 Fax 04 73 65 08 78, ≤, 🌳 – 📺 ⬛ 📱 ⬛ ⬛
15 janv-15 oct. – **Repas** *(fermé merc. sauf vacances scolaires)* 16/29, enf. 7 ⬜ – ⬜ 6,20 –
10 ch 43,50/50 – ½ P 52.
   • Auberge au bord d'un lac de l'enchanteur Parc régional des volcans d'Auvergne. Salle à
manger campagnarde et terrasse face au plan d'eau. Plats traditionnels.

MONTE-CARLO Principauté de Monaco 🅼🅴🅸 F5 – *voir à Monaco.*

MONTEILS 12200 Aveyron 🅸🅸🅸 D5 – *465 h alt. 240.*
   🅱 *Syndicat d'initiative* ℰ 05 65 29 63 48, *mairie-monteils@info82.com.*
   Paris 620 – *Rodez 64* – *Albi 60* – *Montauban 72* – *Villefranche-de-Rouergue 11.*

🍴 **Clos Gourmand** 🛏 avec ch, ℰ 05 65 29 63 15, Fax 05 65 29 64 98, 🌳, , 🍃 – ⬛ ⬛
🅖 🛏 rest
15 mars-15 oct. – **Repas** 13/34, enf. 8 ⅃ – ⬜ 5,50 – **4 ch** 45 – ½ P 44.
   • Dans l'ancienne étude du notaire du village - une digne maison de maître comme il se
doit -, vous recevrez l'assurance... d'une bonne cuisine régionale et de chambres "cosy".

MONTEILS 82 T.-et-G. 🅸🅸🅸 F6 – *rattaché à Caussade.*

MONTÉLIER 26120 Drôme 🅸🅸🅸 D4 – *3 120 h alt. 219.*
   Paris 567 – *Valence 12* – *Crest 27* – *Romans-sur-Isère 13.*

🏠 **Martinière,** rte Chabeuil ℰ 04 75 59 60 65, Fax 04 75 59 69 20, 🌳, 🍃 – 📺 ⬛ 📱 –
🅖 🚪 25 à 40. ⬛ ⬛
Repas 14/53 ⬜ 🛏 – ⬜ 8 – **30 ch** 35/45 – ½ P 41.
   • La belle piscine figure parmi les "plus" de cette architecture contemporaine abritant de
petites chambres fonctionnelles. Salle à manger au décor néo-provençal coloré, complétée
d'une terrasse couverte ; cuisine traditionnelle et très beau choix de bordeaux.

MONTÉLIMAR 26200 Drôme 🅸🅸🅸 B6 G. Vallée du Rhône – *31 344 h alt. 90.*
   Voir *Allées provençales★* – *Musée de la Miniature★* M.
   Env. *Site★★ du Château de Rochemaure★, 7 km par* ④.
   🏌 *de La Valdaine à Montboucher-sur-Jabron* ℰ 04 75 00 71 33, E : 4 km par D540 ; 🏌 *de la
Drôme provençale à Clansayes* ℰ 04 75 98 57 03, par ② : 21 km.
   🅱 *Office de tourisme, allée Les Allées Provençales* ℰ 04 75 01 00 20, Fax 04 75 52 33 69,
info@montelimar-tourisme.com.
   Paris 602 ① – *Valence 47* ① – *Avignon 83* ② – *Nîmes 108* ② – *Le Puy-en-Velay 132* ③.

Plan page suivante

🏨 **Sphinx** sans rest, 19 bd Desmarais ℰ 04 75 01 86 64, *reception@sphinx-hotel.fr*,
Fax 04 75 52 34 21 – 📺 ⬛ 📱 ⬛ Y b
fermé 20 déc. au 9 janv. – ⬜ 5,80 – **24 ch** 51/62.
   • La jolie cour, la chaleur des parquets et boiseries confèrent un charme indéniable à cet
hôtel particulier du 17e s. situé face aux allées provençales. Chambres assez calmes.

MONTÉLIMAR

Adhémar (R.) .... Z 2
Aygu (Av.) .... Z 4
Baudina (R.) .... Y 5
Blanc (Pl. L.) .... Z 6
Bourgneuf (R.) .... Y 8
Carmes (Pl. des) .... Y 9
Chemin-Neuf (R. du) .. Z 10
Clercs (Pl. des) .... Y 12
Corneroche (R.) .... Y 14
Cuiraterie (R.) .... Z 15
Desmarais (Bd Marre) .... Y 17
Dormoy (Pl. M.) .... Z 18
Espoulette (Av. d') .... Z 19
Europe (Pl. de l') .... Z 21
Fust (Pl. du) .... Y 23
Gaulle (Bd Gén.-de) .... Z 25
Julien (R. Pierre) .... YZ
Juiverie (R.) .... Y 28
Loubet (Pl. Émile) .... Z 29
Loubet (R. Émile) .... Z 30
Meyer (R. M.) .... Y 32
Monnaie-Vieille (R.) .... Y 34
Montant-au-Château (R.) .... Y 35
Planel (Pl. A.) .... Z 37
Poitiers (R. Diane de) .... Z 38
Porte-Neuve (R.) .... Z 39
Prado (Pl. du) .... Y 41
Puits-Neuf (R. du) .... Y 42
Rochemaure (Av. de) .... Y 47
St-Martin (Montée) .... Y 50
St-Pierre (R.) .... Y 51
Villeneuve (Av. de) .... Y 54

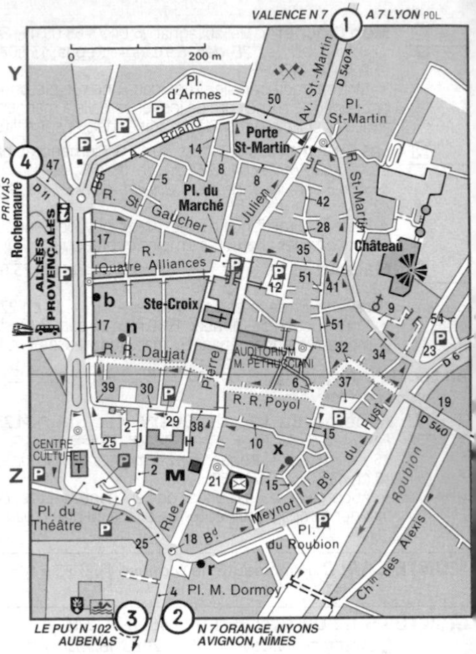

Relais de l'Empereur, pl. Marx Dormoy ✆ 04 75 01 29 00, *relais.empereur@wanadoo.fr, Fax 04 75 01 32 21,* – P. AE GB JCB Z r
fermé mi-nov. à mi-déc. – **Repas** *(fermé dim. soir)* 20/40 ♀ – ☕ 7 – **31 ch** 58/88 – ½ P 58/68.

◆ Napoléon 1er fit souvent étape dans ce relais de poste de 1758. Chambres spacieuses, meubles anciens et décoration à la gloire de l'Empereur. Salle à manger un brin désuète et cuisine classique : ce restaurant cultive son atmosphère "vieille France".

Provence sans rest, 118 av. J. Jaurès par ② ✆ 04 75 01 11 67 – P. GB
fermé 15 janv. au 15 fév. et sam. de nov. à mars – ☕ 6 – **16 ch** 30/44.

◆ Tenue irréprochable pour ce pavillon à l'ambiance familiale, personnalisé par une belle collection d'aquarelles. Chambres spacieuses et sobres. Jardinet-terrasse en façade.

"Les Senteurs de Provence", 202 rte Marseille (direction Orange par ②) ✆ 04 75 01 43 82, *Fax 04 75 51 08 47* – P. GB
fermé dim. soir, mardi soir et merc. – **Repas** 16/40, enf. 10.

◆ Nouvelle décoration provençale (tons jaune et vert, mobilier en fer forgé) pour ce restaurant proposant une cuisine traditionnelle mâtinée de saveurs méridionales.

Petite France, 34 impasse Raymond Daujat ✆ 04 75 46 07 94 – GB Y n
fermé 11 juil. au 16 août, 24 au 28 déc., dim., lundi et fériés – **Repas** *(11,50)* - 18,50/26.

◆ L'enseigne évoque un quartier du vieux Strasbourg et la fresque de la salle voûtée représente une place de village alsacien. Petits plats traditionnels soignés.

Grillon, 40 r. Cuiraterie ✆ 04 75 01 79 02, *Fax 04 75 01 79 02,* – AE GB Z x
fermé 12 juil. au 2 août, jeudi soir, dim. soir et lundi – **Repas** 12 (déj.), 14/29, enf. 8 ♀.

◆ Vous n'entendrez pas forcément les grillons, mais vous goûterez aux saveurs de la cuisine régionale dans la salle, toute simple, ou dans la courette intérieure ombragée.

à L'Homme d'Armes *Nord : 4 km par N 7 – ✉ 26740 :*

Lou Mas, ✆ 04 75 01 90 83, *Fax 04 75 01 24 56* – AE GB
fermé 18 août au 3 sept. et merc. – **Repas** *(11)* - 15/28 ♁.

◆ Cet ancien relais de diligences recèle, sous les voûtes de sa salle à manger, un puits toujours alimenté et une reproduction des peintures rupestres de la grotte Chauvet.

à **Montboucher-sur-Jabron** *Sud-Est par D 940 : 4 km – 1 424 h. alt. 124* – ⊠ *26740 :*

🏰 **Château du Monard** ⤸, au golf de la Valdaine, sortie Montélimar-Sud
𝄞 04 75 00 71 30, hotel@domainedelavaldaine.com, Fax 04 75 00 71 31, ≼, 😭, Ⅰ₆, ⅃, ※,
🌡–▯▤ ▦ TV ❤ ⇔ ▣ ▫–🎿 30. AE ⓪ ☞
Repas *(fermé dim. soir d'oct. à Pâques)* 34/45 �« ☞ - **Brasserie** *(fermé dim. soir d'oct. à Pâques)* **Repas** 15/21 ⅃ – ⌑ 13 – **35 ch** 110/150 – ½ P 108/158.
♦ Au sein du parc de la Valdaine, ensemble architectural hérité d'un château Renaissance et ordonné autour de deux cours fermées. Intérieur modernisé. Côté restaurant : cuisine classique et "menu truffe". Côté brasserie : petits plats du terroir et vins locaux.

sur N 7 par ② : *7,5 km –* ⊠ *26780 Chateauneuf-du-Rhône :*

✕✕ **Pavillon de l'Étang**, route nationale 7 𝄞 04 75 90 76 82, Fax 04 75 90 72 39, 😭, 🌼 –
▣, AE ☞
fermé 30 août au 9 sept., 2 au 13 janv., merc. soir, dim. soir et lundi – **Repas** 24/47, enf. 12 �«.
♦ Le cadre bucolique et l'amabilité de l'accueil constituent les atouts majeurs de cette maison isolée en pleine campagne et cachée sous les arbres. Menu "truffe" en saison.

par ② : *9 km par N 7 et D 844, rte Donzère –* ⊠ *26780 Malataverne :*

🏰 **Domaine du Colombier** ⤸, 𝄞 04 75 90 86 86, domainecolombier@voila.fr,
Fax 04 75 90 79 40, ≼, 😭, ⅃, 🌼 –▤ ch, TV ❤ ⇔ ▣ –🎿 25. AE ⓪ ☞
fermé 24 oct. au 8 nov., 15 fév. au 2 mars et lundi d'oct. à fév. – **Repas** 24 bc (déj.), 31/57 �« –
⌑ 13 – **22 ch** 77/140, 3 suites – ½ P 81,50/145.
♦ Le relais hébergeait jadis les pèlerins de passage. Aujourd'hui le jardin fleuri, la belle piscine et le cadre coloré attirent plutôt les candidats à la "décompression". Coquettes salles à manger voûtées décorées dans le style provençal ; jolie cour-terrasse.

MONTENACH *57 Moselle* **307** *J2 – rattaché à Sierck-les-Bains.*

MONTEUX *84 Vaucluse* **332** *C9 – rattaché à Carpentras.*

MONTFAUCON *25 Doubs* **321** *G3 – rattaché à Besançon.*

MONTFAVET *84 Vaucluse* **332** *C10 – rattaché à Avignon.*

MONTFORT-EN-CHALOSSE *40380 Landes* **335** *F12 G. Aquitaine – 1 210 h alt. 110.*
Voir *Musée de la Chalosse★*.
🄱 *Syndicat d'initiative, 25 place Foch* 𝄞 *05 58 98 58 50, Fax 05 58 98 58 01, ot.montfort. chalosse@wanadoo.fr.*
Paris 744 – Aire-sur-l'Adour 57 – Dax 19 – Hagetmau 27 – Mont-de-Marsan 43 – Orthez 29.

🏠 **Aux Tauzins** ⤸, rte Hagetmau 𝄞 05 58 98 60 22, auxtauzins@aol.com,
Fax 05 58 98 45 79, ≼, 😭, ⅃, 🌼 –✕✕ TV ▣ –🎿 25. ☞
fermé 1er au 15 oct., 15 janv. au 15 fév., dim. soir et lundi sauf juil.-août et fériés – **Repas** 19/40 �« – ⌑ 6,50 – **15** ch 42/57 – ½ P 50/57.
♦ Grande bâtisse aux chambres simples et bien tenues ; la plupart disposent d'un balcon avec vue sur les vallons de la Chalosse. Beau jardin avec minigolf. Salle à manger champêtre et panoramique, plaisante terrasse sous la glycine et spécialités régionales.

MONTFORT-L'AMAURY *78490 Yvelines* **311** *G3 G. Ile de France – 3 137 h alt. 185.*
Voir *Église★ – Ancien cimetière★ – Ruines du château ≼★*.
🄵₉ *du Domaine du Tremblay à Le Tremblay-sur-Mauldre* 𝄞 *01 34 94 25 70, E : 8 km.*
🄱 *Office de tourisme, 6 rue Amaury* 𝄞 *01 34 86 87 96, Fax 01 34 86 87 96, tourisme@ville-montfort-l-amaury.fr.*
Paris 46 – Dreux 36 – Houdan 18 – Mantes-la-Jolie 31 – Rambouillet 19 – Versailles 29.

✕✕ **Chez Nous**, 22 r. Paris 𝄞 01 34 86 01 62, Fax 01 34 86 84 87 – ☞
fermé 12 oct. au 8 nov., dim. soir et lundi sauf fériés – **Repas** 22/28.
♦ Maison à colombages située au centre de Montfort. Salle à manger de caractère avec belles poutres et jolie horloge ; cuisine traditionnelle et spécialités de poissons.

MONTGIBAUD *19240 Corrèze* **329** *J2 – 241 h alt. 460.*
Paris 434 – Limoges 47 – Arnac-Pompadour 15 – St-Yrieix-la-Perche 23 – Tulle 21 – Uzerche 25.

✕ **Tilleul de Sully**, 𝄞 05 55 98 01 96, Fax 05 55 98 01 96, 😭 – ☞
fermé vacances de fév., dim. soir et lundi – **Repas** 13/28,50, enf. 9.
♦ Auberge de campagne située près d'un vieux tilleul, point de repère des pèlerins en route pour St-Jacques. Salle rustique agrémentée d'un cantou. Cuisine traditionnelle.

MONTGRÉSIN *60 Oise* **305** *G6 – rattaché à Chantilly.*

Les MONTHAIRONS *55 Meuse* **307** *D4 – rattaché à Verdun.*

MONTHERMÉ *08800 Ardennes* **306** *K3 G. Champagne Ardenne – 2 791 h alt. 180.*

Voir *Roche aux Sept Villages* ⇐⭑⭑ *S : 3 km – Roc de la Tour* ⇐⭑⭑ *E : 3,5 km puis 20 mn – Longue Roche* ⇐⭑⭑ *NO : 2,5 km puis 30 mn – Roche à Sept Heures* ⇐⭑ *N : 2 km – Roche de Roma* ⇐⭑ *S : 4 km – Vallée de la Semoy*⭑ *: Croix d'enfer* ⇐⭑ *E.*

Env. *Roches de Laifour*⭑ *NO : 6 km.*

🅸 *Office de tourisme, place Jean-Baptiste Clément ℰ 03 24 54 46 73, Fax 03 24 54 87 88, ot.montherme@wanadoo.fr.*

Paris 247 – Charleville-Mézières 18 – Fumay 21.

🏠 **Franco-Belge,** 2 r. Pasteur *ℰ 03 24 53 01 20, le.franco.belge@wanadoo.fr,* 😗 – 🍽 rest, 📺 – 🛁 20. 🅶🅱

Repas *(fermé dim. soir, vend. soir et sam. d'oct. à fév.)* 13/22,50 ⛛ – ⛍ 6 – **15 ch** 43/53.

◆ Hôtel familial situé face à la vieille ville, sur la rive droite du célèbre méandre de la Meuse. Les modestes chambres, d'une tenue méticuleuse, sont peu à peu rénovées. Restaurant "rétro" prolongé d'une terrasse fleurie dressée sous une treille.

MONTHIEUX *01390 Ain* **328** *C5 – 578 h alt. 295.*

Paris 443 – Lyon 31 – Bourg-en-Bresse 38 – Meximieux 26 – Villefranche-sur-Saône 19.

🏨 **Gouverneur** 😗, *ℰ 04 72 26 42 00, info@golfgouverneur.fr, Fax 04 72 26 42 20,* 🍴, 🍽, 🐾 – 🍽 📺 ⛛ 🅿 – 🛁 70. 🅰🅴 ⓘ 🅶🅱

fermé 23 au 31 déc. et 13 au 27 fév. – **Repas** 32/38, enf. 13 ⛛ – ⛍ 12 – **45 ch** 85/90, 8 suites – ½ P 75/98.

◆ Ancien domaine du gouverneur de la Dombes (233 ha). Chambres fonctionnelles dans une bâtisse récente, club-house dans une aile du 14ᵉ s., golfs (9 et 18 trous), pêche... Jolie salle à manger moderne ouverte sur les greens et menus dans la note régionale.

MONTI *06 Alpes-Mar.* **341** *F5 – rattaché à Menton.*

MONTICELLO *2B H.-Corse* **345** *C4 – voir à Corse.*

MONTIGNAC *24290 Dordogne* **329** *H5 G. Périgord Quercy – 3 023 h alt. 77.*

Voir *Grottes de Lascaux*⭑⭑ *: 2 km.*

Env. *Le Thot, espace cro-magnon*⭑ *S : 7 km – Église*⭑⭑ *de St-Amand de Coly E : 7 km.*

🅸 *Office de tourisme, place Bertran-de-Born ℰ 05 53 51 82 60, Fax 05 53 50 49 72, ot.montignac@perigord.tm.fr.*

Paris 513 – Brive-la-Gaillarde 39 – Sarlat-la-Canéda 25 – Limoges 126 – Périgueux 54.

🏰 **Château de Puy Robert** 😗, Sud-Ouest : 1,5 km par D 65 *ℰ 05 53 51 92 13, puyrobert @relaischateaux.com, Fax 05 53 51 80 11,* ⇐, 😗, 🍴, 🐾 – 🍽 📺 🅵 🅰🅴 ⓘ 🅶🅱 🅹🅲🅱

début mai-mi-oct. – **Repas** *(fermé le midi sauf sam. et dim.)* 38/75 et carte 70 à 94, enf. 15 ⛛ – ⛍ 15 – **36 ch** 125/280, 4 duplex (en été : ½ pens. seul.) – ½ P 140/217,50.

◆ Élégant petit château du 19ᵉ s. isolé dans un joli parc, à 10 mn à pied de la grotte de Lascaux. Intérieur "cosy" ; chambres personnalisées, plus spacieuses à l'annexe. Cuisine raffinée et vins régionaux à déguster dans une charmante salle de restaurant.

Spéc. Escalope de foie gras de canard au suc de carottes. Tronçon de turbot rôti, pommes grenaille. Suprême de pigeon en croûte de noix. **Vins** Bergerac, Pécharmant.

🏨 **Hostellerie la Roseraie** 😗, pl. d'Armes *ℰ 05 53 50 53 92, laroseraie@fr.st, Fax 05 53 51 02 23,* 😗, 🍴, 🌳 – 📺 🅶🅱

2 avril-7 nov. – **Repas** *(fermé le midi en semaine du 15 sept. au 15 juin)* (19 bc) · 21/41, enf. 15 ⛛ – ⛍ 10 – **14 ch** 100/130 – ½ P 92/100.

◆ Au coeur du village médiéval, demeure du 19ᵉ s. sur les bords de la Vézère. Les chambres, personnalisées, sont douillettes. Ravissant jardin-roseraie. Coquette salle à manger bourgeoise, agréable terrasse ombragée et carte traditionnelle.

🏨 **Relais du Soleil d'Or** 😗, r. 4-Septembre *ℰ 05 53 51 80 22, lesoleildor@le-soleil-dor.co m, Fax 05 53 50 27 54,* 😗, 🍴, 🐾 – 📺 📺 ⛛ 🅿 – 🛁 60. 🅰🅴 ⓘ 🅶🅱 🅹🅲🅱, 😗 rest

fermé 12 janv. au 17 fév. – **Repas** *(fermé dim. soir et lundi midi de nov. à mars)* 19/49, enf. 11,50 ⛛ - ***Bistrot*** *(déj. seul.) (fermé dim. soir et lundi midi de nov. à mars)* **Repas** 11,50 ⛛ – ⛍ 10 – **32 ch** 67/135 – ½ P 65/76.

◆ Ex-relais de poste au centre de la petite cité périgourdine. Les chambres, confortables, sont sobrement contemporaines à l'annexe ; la plupart donnent sur un paisible parc. Restaurant-véranda proposant une cuisine régionale. Au Bistrot, repas simple et rapide.

MONTIGNY 76 S.-Mar. **304** F5 – rattaché à Rouen.

MONTIGNY-LA-RESLE 89230 Yonne **319** F4 – 548 h alt. 155.

Paris 170 – Auxerre 14 – St-Florentin 19 – Tonnerre 32.

🏠 **Soleil d'Or**, 🖉 03 86 41 81 21, Fax 03 86 41 86 88 – 📺 🕭 **P** – 🔏 20. 🖭 **①** **GB** **JCB**

🖼 **Repas** (12 bc) - 17/60 bc, enf. 9 🍷 – 🖵 7 – **16 ch** 50/53 – ½ P 50.

♦ Au centre du village, en bordure de route nationale. Les chambres, pratiques, sont aménagées sur l'arrière dans les ex-granges. Restaurant contemporain, mise en place soignée et cuisine traditionnelle ; une salle plus cossue est réservée aux non-fumeurs.

MONTIGNY-LE-BRETONNEUX 78 Yvelines **311** I3 **101** 22 – voir à Paris, Environs (St-Quentin-en-Yvelines).

MONTIGNY-LE-ROI 52140 H.-Marne **313** M6 – 2 211 h alt. 404.

Paris 296 – Bourbonne-les-Bains 21 – Chaumont 35 – Langres 23 – Neufchâteau 50.

🏠 **Moderne,** carrefour D74 et D417 🖉 03 25 90 30 18, hotel.moderne52@wanadoo.fr, Fax 03 25 90 71 80 – 🍽 rest, 📺 🕿 🕭 🚙 **P** – 🔏 25. 🖭 **①** **GB**

fermé dim. soir et lundi midi de nov. à fév., le midi en août sauf dim. et fériés – **Repas** 16,50/41,50, enf. 7,50 🍷 – 🖵 8,50 – **26 ch** 50/92 – ½ P 45/54.

♦ Situé sur un carrefour, bâtiment abritant des chambres bien tenues, insonorisées et équipées d'un mobilier moderne. Ambiance familiale. Salle à manger décorée dans le style des années 1980. Choix étoffé de menus et petite carte traditionnelle. Bar-P.M.U.

Si le coût de la vie subit des variations importantes,
les prix que nous indiquons peuvent être majorés.
Lors de votre réservation à l'hôtel, faites-vous préciser le prix définitif.

MONTIGNY-SUR-AVRE 28270 E.-et-L. **311** C3 – 275 h alt. 140.

Paris 111 – Alençon 85 – Argentan 86 – Chartres 52 – Dreux 35 – Verneuil-sur-Avre 9.

🏨 **Moulin des Planches** 🐾, Nord-Est : 1,5 km par D 102 🖉 02 37 48 25 97, moulin.des.planches@wanadoo.fr, Fax 02 37 48 35 63, ≼, 🎇, 🐾 – 📺 🕿 **P** – 🔏 15 à 80. **GB**. 🛇 ch

fermé janv., dim. soir et lundi – **Repas** 26/49 🍷 – 🖵 8 – **18 ch** 46/80 – ½ P 58.

♦ Autour de ce moulin posé sur l'Avre, tout n'est que campagne. Chambres garnies de meubles de style, avec vue sur la rivière ou - plus rarement - sur le parc. Restaurant au cadre champêtre : tomettes, poutres patinées et murs en brique. Recettes classiques.

MONTLIOT 21 Côte-d'Or **320** H2 – rattaché à Châtillon-sur-Seine.

MONT-LOUIS 66210 Pyr.-Or. **344** D7 G. Languedoc Roussillon – 270 h alt. 1565.

Voir Remparts★ – Lac des Bouillaises★.

🗓 Office de tourisme, rue du marché 🖉 04 68 04 21 97, syndicatmontlouis@cario.fr.

Paris 867 – Andorra-la-Vella 90 – Font-Romeu-Odeillo-Via 10 – Perpignan 81.

✕ **Taverne-Bernagie** avec ch, 10 r. V. Hugo 🖉 04 68 04 23 67, info@bernagie.fr, Fax 04 68 04 13 35 – 🖭 **GB**

fermé 21 mars au 1er avril, 14 au 28 nov., 13 au 25 déc., dim. soir et lundi hors saison – **Repas** 18 (déj.), 21/32, enf. 9,50 – 🖵 7 – **8 ch** 50/60 – ½ P 49/55.

♦ Maison ancienne de la citadelle créée par Vauban. Coquettes petites salles à manger où l'on déguste une carte traditionnelle à l'accent catalan. Chambres modestes.

à la Llagonne Nord : 3 km par D 118 – 263 h. alt. 1600 – ⌧ 66210 Mont-Louis :

🏠 **Corrieu** 🐾, 🖉 04 68 04 22 04, hotel.corrieu@wanadoo.fr, Fax 04 68 04 16 63, ≼ – **P**. 🖭 **①** **GB**. 🛇 rest

8 juin-22 sept. et 20 déc.-18 mars – **Repas** (fermé mardi midi hors saison) (13) - 19,80/32, enf. 9,50 🍷 – 🖵 7,50 – **26 ch** 29/72 – ½ P 39/59.

♦ Depuis 1882 la même famille vous accueille dans cet ex-relais de diligences. Chambres un brin désuètes ou récemment rajeunies ; agréable vue sur les Pyrénées. Le restaurant joue la carte de la simplicité pour mieux s'effacer devant le spectacle de la nature.

MONTLOUIS-SUR-LOIRE 37270 I.-et-L. **317** N4 G. Châteaux de la Loire – 9 657 h alt. 60.

🗓 Office de tourisme, place François Mitterand 🖉 02 47 45 00 16, Fax 02 47 45 10 87, tourisme-montlouis@wanadoo.fr.

Paris 235 – Tours 11 – Amboise 14 – Blois 49 – Château-Renault 32 – Loches 39.

🏠 **Ville,** pl. Mairie 𝄐 02 47 50 84 84, *Fax 02 47 45 08 43,* 🌣 – 📺 🅿 – 🛁 15. 🅶🅱
Repas *(fermé vend. soir, dim. soir et sam.)* 16/29, enf. 8 ⴲ – ⴱ 8 – **29 ch** 52/70 –
½ P 40/49.
   ♦ Étape sur la route des Vins de Loire, cet hôtel propose de petites chambres meublées
simplement, donnant parfois sur le fleuve. Sobre salle à manger de style campagnard et
terrasse ombragée ; plats traditionnels et intéressante sélection de montlouis.

🍴🍴 **Tourangelle,** 47 quai Albert Baillet 𝄐 02 47 50 97 35, *Fax 02 47 50 88 57,* 🌣 – 🅶🅱
fermé 30 juin au 7 juil., 15 au 22 nov., 7 au 14 fév. – **Repas** *(fermé lundi soir, mardi soir en
hiver, lundi midi en été et dim. soir)* 23,50/50, enf. 12 ⴲ 🗻.
   ♦ Adossée à la roche, maison en tuffeau abritant deux salles, dont une avec vue sur la
Loire. Jolie terrasse arborée. Cuisine au goût du jour et bon choix de vins de Montlouis.

MONTLUÇON ◀🆂🅿▶ *03100 Allier* 🅱🅱🅱 *C4 G. Auvergne – 41 362 h alt. 220.*

Voir *Intérieur★ de l'église St-Pierre (Sainte Madeleine★★)* **CYZ** *- Esplanade du château* ⩽★ –
Musée des musiques populaires★.

🏌 *du Val de Cher à Nassigny* 𝄐 04 70 06 71 15, *N : 20 km par N 144.*

🅱 *Office de tourisme, 5 place Piquand* 𝄐 04 70 05 11 44, *Fax 04 70 03 89 91, ot-
.vallee.montlucon@wanadoo.fr – Automobile Club 10 r. Michelet* 𝄐 04 70 64 70 38, *Fax 04
70 03 71 04.*

Paris 327 ① – *Bourges 97* ① – *Clermont-Ferrand 112* ① – *Limoges 155* ⑤ – *Moulins 82* ②.

Plans page ci-contre

🏰 **Château St-Jean** 🗻, près hippodrome par ③ 𝄐 04 70 02 71 71, *chateau.st.jean@wana
doo.fr, Fax 04 70 02 71 70,* 🌣, 🔍, 🌣 – 🛗 📺 📞 🛁 🅿 – 🛁 25 à 100. 🅰🅴 ⓞ 🅶🅱
1er au 9 janv. et dim. soir de nov. à mars – **Repas** 27 bc (déj.), 32/55, enf. 11 ⴲ 🗻 – ⴱ 10 –
20 ch 65/115, 5 suites – ½ P 77,50/82,50.
   ♦ Jouxtant un parc public, demeure du 15ᵉ s. maintes fois remaniée et agrandie.
Chambres spacieuses dotées de meubles de style ou cannés. Salon-billard. Plaisant restaurant aménagé dans une chapelle du 12ᵉ s. Cuisine au goût du jour et belle carte des vins.

🏨 **Bourbons,** 47 av. Marx Dormoy 𝄐 04 70 05 28 93, *Fax 04 70 05 16 92* – 🛗 ✨, 🍽 rest, 📺
📞 – 🛁 20. 🅰🅴 ⓞ 🅶🅱   BZ **a**
Repas *(fermé 23 juil. au 11 août, dim. soir et lundi)* 20 (déj.), 23/55, enf. 10 ⴲ **- Brasserie
Pub 47** 𝄐 04 70 05 22 79 *(fermé 20 juil. au 12 août, dim. soir et lundi)* **Repas** *(13)*-
et carte 24 à 30, enf. 10 ⴲ – ⴱ 5,50 – **44 ch** 44/52 – ½ P 43/48.
   ♦ Face à la gare, bel immeuble de la fin du 19ᵉ s. abritant des chambres toutes rénovées :
mobilier fonctionnel aux lignes sagement "rétro", salles de bains nettes et colorées. Cuisine
classique servie dans un cadre moderne. Plats simples à la Brasserie-Pub 47.

🏠🚲 **Ibis,** quai Favières 𝄐 04 70 28 48 42, *h1112@accor-hotels.com, Fax 04 70 28 58 62* – 🛗 ✨
🍽 📺 📞 🛁 🚗 – 🛁 30. 🅰🅴 ⓞ 🅶🅱   BY **b**
Repas *(12)* 15 (dîner seul.), enf. 6 🍷 – ⴱ 6 – **63 ch** 59/64.
   ♦ Situé sur une rive passante du Cher, établissement entièrement revu selon les dernières
normes de la chaîne. Chambres pratiques et modernes ; salles de bains flambant neuf. La
salle à manger, fraîche et colorée, s'agrémente de plantes vertes. Carte "Ibis".

🍴🍴🍴 **Grenier à Sel** avec ch, pl. des Toiles 𝄐 04 70 05 53 79, *info@legrenierasel.com,
Fax 04 70 05 87 91,* 🌣, 🌣 – 📺 📞 🅶🅱   CZ **n**
*fermé 27/10 au 2/11, vacances de fév., sam. midi en hiver, lundi midi en juil.-août, dim. soir
et lundi sauf fériés* – **Repas** 21/65 et carte 42 à 65 ⴲ – ⴱ 9 – **7 ch** 85/120 – ½ P 76/90.
   ♦ Restaurant installé dans un hôtel particulier du vieux Montluçon. Salle à manger décorée
de nombreux bibelots, raffinée dans ses moindres détails. Cuisine au goût du jour.

🍴 **Safran d'Or,** 12 pl. des Toiles 𝄐 04 70 05 09 18, *Fax 04 70 05 55 60,* 🌣 – 🅰🅴 🅶🅱 **CZ u**
fermé 22 au 28 mars, 16 août au 12 sept., dim. soir, mardi soir et lundi – **Repas** 19/24 ⴲ.
   ♦ Derrière une riante devanture installé le marbre, petit restaurant comprenant une salle
principale de type bistrot et au sous-sol, une pièce voûtée plus rustique.

🍴🚲 **Plaisir des Marais,** 152 av. Albert Thomas, par ⑥ : *1,5 km* 𝄐 04 70 03 49 74,
Fax 04 70 03 49 74, 🌣
fermé 16 août au 5 sept., 2 au 13 janv., dim. soir, mardi soir et lundi – **Repas** 12/22,50.
   ♦ Cuisine du marché et décor campagnard ont assuré le succès immédiat de ce restaurant
situé à la périphérie montluçonnaise, dans le quartier des Marais.

à St-Victor *par* ① *: 5 km sur N 144 – 1 957 h. alt. 212 –* ✉ *03410 :*

🏠🚲 **Comfort Inn Primevère,** 𝄐 04 70 28 88 88, *comfort.hotel.montlucon@wanadoo.fr,
Fax 04 70 28 87 73,* 🌣 – ✨ 📺 📞 🅿 – 🛁 30. 🅰🅴 ⓞ 🅶🅱 🅹🅲🅱
Repas 11 (déj.), 14/22, enf. 7 ⴲ – ⴱ 6,80 – **40 ch** 50/53.
   ♦ Proche de la sortie de l'A 71, adresse pratique pour l'étape. Les chambres, fonc-
tionnelles, sont également spacieuses et bénéficient d'une bonne isolation phonique.
Salle de restaurant toute simple où l'on propose carte traditionnelle et formules buffets.

MONTLUÇON

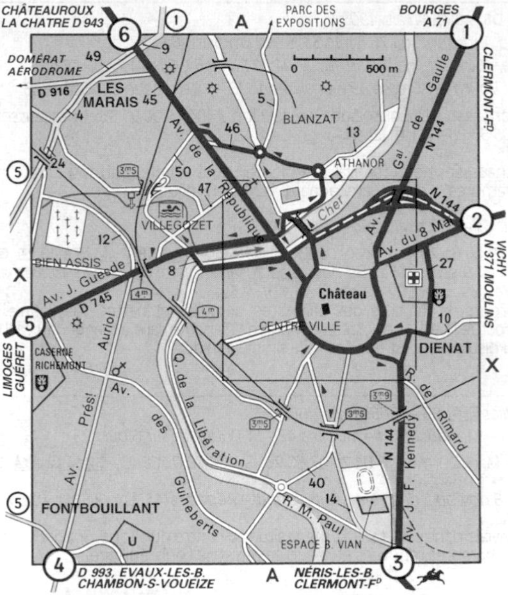

Barathon (R.) . . . . . **CZ** 2
Beaulieu (R. de) . . **AX** 4
Blanzat (R. de) . . . **AX** 5
Château (R. du) . . **CZ** 6
Châtelet
  (Pont du) . . . . . . **AX** 8
Courtais (Bd de) **BCZ**
Desmoulins (R. C.) **AX** 9
Dienat (R. du) . . . **AX** 10
Egalité (R. de l') . . **AX** 12
Einstein (R. A.) . . **AX** 13
Faucheroux (R.) . . **AX** 14
Favières (Q.) . . . . . **BY** 15
Fontaine
  (R. de la) . . . . . . **CZ** 16
Forges (R. Porte) **CZ** 17
Jaurès (Pl. Jean) . **CZ** 18
Menut (R. L.) . . . . **CY** 22
Nègre (Av. J.) . . . . **AX** 24
Notre-Dame (Pl.) . . **CZ** 25
Notre-Dame (R.) . . **CZ** 26
Pamparoux (R.) . . **AX** 27
Petit (R. P.) . . . . . . **CY** 30
Picasso (R. P.) . . . **CY** 31
Piquand (R. E.) . . . **BZ** 32
République (Av.) . . **BY**
St-Pierre (Pl.) . . . **BCZ** 35
St-Pierre (R. Fg) . . **BY** 36
St-Roch (R.) . . . . **BCZ** 38
Semard (R.) . . . . . **AX** 40
Serruriers (R.) . . . **BCZ** 42
Thomas (Av. A.) . . **AX** 45
Verrerie
  (R. et Pl. de la) . **AX** 46
Victor-Hugo (R.) . . **AX** 47
Villon (R. P.) . . . . . **AX** 49
Voltaire (R.) . . . . . . **AX** 50
5-Piliers (R. des) . . **CZ** 52

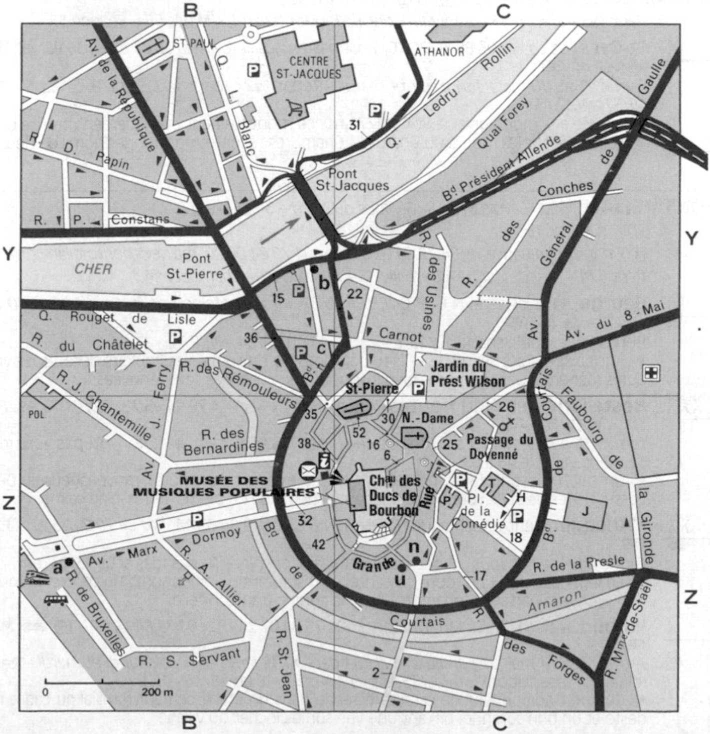

MONTLUEL 01120 Ain **328** D5 – 6 454 h alt. 190.

🚐 de Lyon à Villette-d'Anthon ℘ 04 78 31 11 33, S : 12 km par D 61.

🏢 Office de tourisme, 150 cours de la Portelle ℘ 04 72 25 78 54, Fax 04 72 25 78 54.

Paris 472 – Lyon 26 – Bourg-en-Bresse 59 – Chalamont 20 – Villefranche-sur-Saône 43.

🏨 **Petit Casset** 🦢 sans rest, à La Boisse Sud-Ouest : 2 km ℘ 04 78 06 21 33, lepetitcasset@
yahoo.fr, Fax 04 78 06 55 20 – 📺 🅿. 🖭 ⅊
⥥ 6,50 – **15 ch** 50/53.
   ◆ En retrait de la chaussée, hôtel familial à la façade toute simple. L'atmosphère y est
accueillante et les chambres, d'esprit campagnard, sont bien tenues.

à Ste-Croix Nord : 5 km par D 61 – 468 h. alt. 263 – ✉ 01120 :

🏨 **Chez Nous,** ℘ 04 78 06 61 20, Fax 04 78 06 63 26, ㅍ, ㅍ – 📺 ⅋ 🅿 – 🔬 25 à 40. 🖭 ⅊
Repas (fermé 2 août au 9 sept., 24 au 30 nov., 5 au 20 janv., mardi du 1er oct. au 31 mars,
dim. soir et lundi) 18/45 ⅊ – ⥥ 6,50 – **30 ch** 41/46 – ½ P 46.
   ◆ D'un côté de la route, la majorité des chambres, actuelles et nettes ; de l'autre, le
restaurant... Voilà effectué le tour de votre propriétaire ! Plaisante salle à manger au cachet
rustique préservé ou bistrot servant une formule simple à midi.

MONTMARAULT 03390 Allier **326** E5 – 1 663 h alt. 480.

Paris 346 – Gannat 41 – Montluçon 31 – Moulins 47 – St-Pourçain-sur-Sioule 28.

🍴🍴 **France** avec ch, 1 r. Marx Dormoy ℘ 04 70 07 60 26, Fax 04 70 07 68 45 – 📺 ⅋ 🅿 – 🔬 15.
🖭
fermé 19 au 26 avril, 8 nov. au 2 déc., dim. soir et lundi – **Repas** 16/43, enf. 9,50 ⅊ – ⥥ 7,50
– **8 ch** 41/46 – ½ P 46.
   ◆ Atmosphère conviviale dans cet établissement situé au centre du village. Spacieuse salle
à manger rafraîchie. Chambres rénovées et meublées en style Louis-Philippe.

MONTMÉLARD 71520 S.-et-L. **320** G12 – 333 h alt. 522.

Paris 393 – Mâcon 43 – Paray-le-Monial 34 – Montceau-les-Mines 56 – Roanne 53.

🍴 **St-Cyr** avec ch, ℘ 03 85 50 20 76, postmaster@lesaintcyr.fr, Fax 03 85 50 36 98, ≤, ㅍ –
▤ rest, 🅿. 🖭
fermé 1er au 10 mars, lundi soir et mardi – **Repas** 12 bc (déj.), 16/37, enf. 9 ⅊ – ⥥ 6 – **7 ch**
45/52 – ½ P 43.
   ◆ Adossé à la montagne de St-Cyr (771 m), ce modeste petit établissement profite d'une
vue étendue sur les monts du Charolais. Chambres récentes portant des noms de fleurs.

MONTMÉLIAN 73800 Savoie **333** J4 G. Alpes du Nord – 3 926 h alt. 307.

Voir ✳︎✳︎ du rocher.

🏢 Syndicat d'initiative ℘ 04 79 84 07 31, Fax 04 79 84 08 20, mairie@montmelian.com.

Paris 574 – Grenoble 49 – Albertville 35 – Allevard 22 – Chambéry 14.

🏨 **George,** 11 quai Isère, N 6 ℘ 04 79 84 05 87, infos@hotelgeorge.fr, Fax 04 79 84 40 14 –
🛏 🅿 – 🔬 35. 🖭
Repas (dîner seul.)(snack) 10/13 ⅊ – ⥥ 5 – **11 ch** 29/34 – ½ P 32.
   ◆ Ancien grenier à sel du 18e s. situé en bordure de route. Les couloirs décorés de vieux
outils mènent à des chambres bien insonorisées ; certaines sont rénovées.

🍴🍴🍴 **Hostellerie des Cinq Voûtes,** 7 quai Isère, N 6 ℘ 04 79 84 05 78, Fax 04 79 84 28 85,
ㅍ – 🅿. 🖭 🖭 🖭
fermé 13 au 19 avril, 8 au 24 août, le soir sauf vend., sam. et lundi – **Repas** 19,50 (déj.),
32/62 bc et carte 48 à 65.
   ◆ Un salon d'esprit 18e s. précède la salle à manger aux voûtes moyenâgeuses. Décor
cossu, sièges de style Louis XIV et élégante cheminée en pierre. Terrasse au calme.

🍴🍴 **L'Arlequin** (Centre technique hôtelier), N 6 ℘ 04 79 84 33 14, Fax 04 79 84 25 77 – 🅿. 🖭
🖭
fermé 4 juil. au 21 août, 23 déc. au 5 janv., sam. et soirs – **Repas** (déj. seul) 13/23, enf. 7 ⅊.
   ◆ En léger retrait d'une route passante, ce restaurant d'application d'un centre de formation vous fera partager son intérêt pour la cuisine traditionnelle.

🍴 **Viboud** avec ch, Vieux Montmélian ℘ 04 79 84 07 24, Fax 04 79 84 44 07 – 📺 🛏 🅿. 🖭
🖭
fermé 1er au 4 mai, 27 juin au 21 juil., 31 déc. au 19 janv., dim. soir, lundi et mardi – **Repas**
(dîner sur réservation) (14) - 20/25, enf. 9 ⅊ – ⥥ 7 – **8 ch** 28/38 – ½ P 40.
   ◆ Cuisine traditionnelle de caractère servie dans un établissement familial au cadre modeste et un brin suranné, offrant une vue sur le clocher du village.

MONTMERLE-SUR-SAÔNE 01090 Ain 328 B4 – 2 830 h alt. 170.

Paris 419 – Mâcon 34 – Bourg-en-Bresse 44 – Lyon 48 – Villefranche-sur-Saône 13.

🏛️ **Emile Job,** 12 rue du Pont *ℰ* 04 74 69 33 92, hotel.du.rivage@wanadoo.fr, Fax 04 74 69 49 21, 🏠 – 📺, 🅰🅴 ⓞ – 🇬🇧
fermé 1er au 15 mars, 22 oct au 14 nov., dim. soir d'oct. à mai, mardi midi de juin à sept. et lundi – **Repas** 20/50 ♀ – ☐ 6,60 – **22 ch** 50/68,50.
♦ Sur les bords de Saône, maison régionale préservant son atmosphère familiale. Chambres souvent dotées de meubles de style, plus actuelles et fonctionnelles à l'annexe. Élégant restaurant bourgeois, agréable terrasse, carte classique et spécialités locales.

MONTMIRAIL 84 Vaucluse 332 D9 – rattaché à Vacqueyras.

MONTMOREAU-ST-CYBARD 16190 Charente 324 K7 G. Poitou Vendée Charentes – 1 052 h alt. 90.

🄑 Office de tourisme, 29 avenue de l'Aquitaine *ℰ* 05 45 24 04 07, Fax 05 45 24 04 07.
Paris 477 – Angoulême 31 – Bordeaux 100 – Chalais 16 – Périgueux 67.

XX **Plaisir d'Automne,** pl. Église *ℰ* 05 45 60 39 40, Fax 05 45 60 39 40, 🏠 – 🇬🇧
fermé 25 sept. au 3 oct., 5 au 14 fév., dim. soir et lundi – **Repas** 14 (déj.), 22/29.
♦ Agréable vue sur l'église romane du 12e s. et son portail ouvragé depuis cette salle de restaurant. Sobre décor d'esprit rustique, tons lumineux et cuisine traditionnelle.

MONTMORENCY 95 Val-d'Oise 305 E7 101 ⑤ – voir Paris, Environs.

MONTMORILLON ⬗ 86500 Vienne 322 L6 G. Poitou Vendée Charentes – 6 898 h alt. 100.

Voir Église Notre-Dame : fresques★ dans la crypte Ste-Catherine.
🄑 Office de tourisme, 2 place du Maréchal Leclerc *ℰ* 05 49 91 11 96, Fax 05 49 91 11 96, officedetourisme@ville-montmorillon.fr.
Paris 354 – Poitiers 51 – Bellac 43 – Châtellerault 56 – Limoges 88 – Niort 123.

XX **Lucullus et Hôtel de France** avec ch, 4 bd Strasbourg *ℰ* 05 49 84 09 09, Fax 05 49 84 58 68 – 🛗 📺 📺 🅰 ♿ ⟵, – 🇬🇧
fermé 12 nov. au 5 déc. – **Repas** (fermé dim. soir et lundi sauf fériés) 19,50/28 ♀ - **Bistrot de Lucullus** (fermé dim. sauf le soir de mai à sept. et sam. soir) **Repas** (13lbc ⚁ – ☐ 8,10 – **10 ch** 40/53 – ½ P 50/55.
♦ Près du pont sur la Gartempe, restaurant aux tons ensoleillés servant une cuisine soignée renouvelée au fil des saisons. Chambres spacieuses, fonctionnelles et colorées. Au Bistrot de Lucullus, repas adaptés pour une clientèle pressée.

MONTNER 66720 Pyr.-Or. 344 H6 – 244 h alt. 127.

Paris 860 – Perpignan 28 – Amélie-les-Bains-Palalda 60 – Font-Romeu-Odeillo-Via 82 – Prades 37.

XX **Auberge du Cellier,** 1 r. Ste Eugénie *ℰ* 04 68 29 09 78, Fax 04 68 29 10 61 – 🇬🇧
fermé 4 au 20 nov., 7 au 21 mars, mardi et merc. sauf de mi-juil. à mi-août – **Repas** 27/60, enf. 10 ♀ 🌿.
♦ Enseigne, salle à manger aménagée dans un ancien cellier et belle carte de côtes du Roussillon : ce restaurant s'inspire du monde de la vigne. Cuisine régionale revisitée.

MONTOIRE-SUR-LE-LOIR 41800 L.-et-Ch. 318 C5 G. Châteaux de la Loire – 4 275 h alt. 65.

Voir Chapelle St-Gilles★ : fresques★★ – Pont ≤★.
🄑 Office de tourisme, 16 place Clemenceau *ℰ* 02 54 85 23 30, Fax 02 54 85 23 87, otsi@montoire-sur-le-loir.net.
Paris 186 – Blois 52 – La Flèche 81 – Le Mans 70 – Vendôme 19.

XX **Cheval Rouge** avec ch, 1 pl. Foch *ℰ* 02 54 85 07 05, Fax 02 54 85 17 42, 🏠 – 📺 📞 ⟵, 🅰🅴 🇬🇧
fermé 11 nov. au 3 déc., 18 janv. au 4 fév., merc. sauf le soir juil.-août, mardi soir sept à juin et vend. midi – **Repas** (dim. prévenir) (12,50) - 16 (déj.), 22,90/47, enf. 8,30 ♀ – ☐ 5,70 – **15 ch** 27,30/47,90 – ½ P 43,40/48,50.
♦ Le temps semble s'être arrêté dans cet ancien relais de poste situé au centre du bourg. Les salles à manger présentent un cadre patiné. Cuisine classique.

à Lavardin Sud-Est : 2 km par D 108 – 262 h. alt. 78 – ✉ 41800 :

XX **Relais d'Antan,** *ℰ* 02 54 86 61 33, Fax 02 54 85 06 46, 🏠 – 🇬🇧
fermé 27 sept. au 20 oct., 15 fév. au 8 mars, dim. soir sauf de juin à août, lundi et mardi – **Repas** 25/33 ♀.
♦ Dans un pittoresque village, auberge rustique dont l'une des salles à manger est ornée de fresques d'inspiration médiévale. Agréable terrasse bordant la rive du Loir.

MONTPELLIER 🅿 *34000 Hérault* **339** *17 G. Languedoc Roussillon – 225 392 h Agglo. 287 981 h alt. 27.*

Voir *Vieux Montpellier*★★ : *hôtel de Varennes*★ **FY M²**, *hôtel des Trésoriers de la Bourse*★ **FY Q**, *rue de l'Ancien Courrier*★ **EFY 4** – *Promenade du Peyrou*★★ : *≼*★ *de la terrasse supérieure – Quartier Antigone*★ – *Musée Fabre*★★ **FY** – *Musée Atger*★ *(dans la faculté de médecine)* **EX** – *Musée languedocien*★ *(dans l'hôtel des trésoriers de France)* **FY M¹**.

Env. *Château de Flaugergues*★ *E : 3 km – Château de la Mogère*★ *E : 5 km par D 24* **DU**.

🛫 *de Fontcaude à Juvignac* 𝄞 *04 67 45 90 10, par* ⑥ *: 8 km ;* 🛫 *de Coulondres à St-Gély-du-Fesc* 𝄞 *04 67 84 13 75, par* ⑦ *: 12 km ;* 🛫 *Montpellier Massane à Baillargues* 𝄞 *04 67 87 87 89, par* ① *: 13 km.*

✈ *de Montpellier-Méditerranée* 𝄞 *04 67 20 85 00 SE par* ③ *: 7 km.*

🛈 *Office de tourisme, 30 allée Jean de Lattre de Tassigny* 𝄞 *04 67 60 60 60, Fax 04 67 60 60 61, contact@ot-montpellier.fr.*

Paris 758 ② *– Marseille 173* ② *– Nice 330* ② *– Nîmes 55* ② *– Toulouse 242* ⑤.

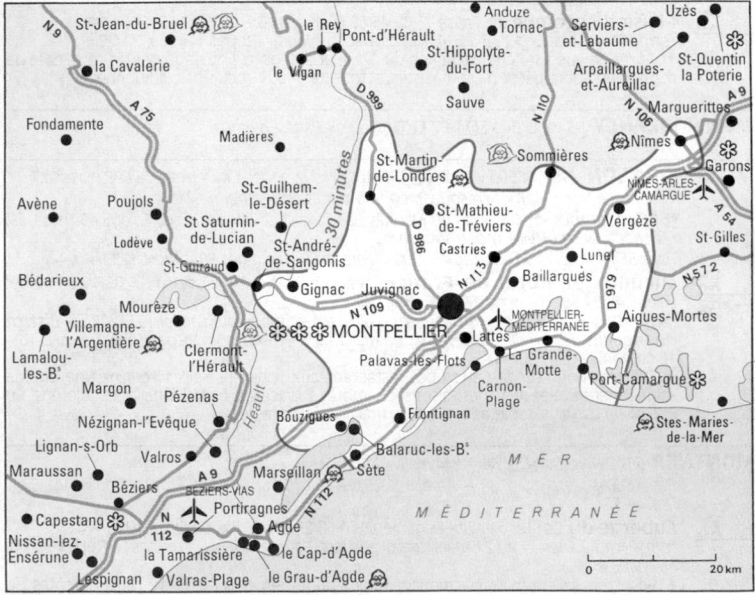

🏨 **Sofitel Antigone**, 1 r. Pertuisanes 𝄞 04 67 99 72 72, *sofitel.montpellier@wanadoo.fr*, Fax 04 67 65 17 50, 😊, 🛌, ⌧ – 📶 ⁑ ▦ 📺 ☎ & 🍴 – 🔬 30 à 90. 🄰🄴 ⓞ 🄶🄱 🄹🄲🄱   CU v
Repas 35/45 ℔ – ⊇ 19 – **89 ch** 189/229.
♦ Cure de jouvence bénéfique pour cet hôtel situé dans le quartier dessiné par Ricardo Bofill. Chambres contemporaines et "cosy". Toit-terrasse avec piscine, bar et fitness. Le restaurant occupe le 8ᵉ étage ; cuisine traditionnelle enrichie de saveurs du Sud.

🏨 **Mercure Antigone**, 285 bd aéroport international 𝄞 04 67 20 63 63, *h1544-gm@accor-hotels.com*, Fax 04 67 20 63 64 – ⁑ ☎ & ⇔ – 🔬 25 à 75. 🄰🄴 ⓞ 🄶🄱 🄹🄲🄱   DU f
Repas *(fermé dim.)* (20) - 25/35, enf. 10 ℔ – ⊇ 12 – **105 ch** 95/107, 9 suites.
♦ L'hôtel longe le quartier néo-classique Antigone. Chambres modernes, joliment refaites ; la plupart sont pourvues de lits "king size". Espace multimédia. Agencé en rotonde, le restaurant offre un plaisant décor colonial. Soirées gastronomiques thématiques.

🏨 **Mercure Centre**, 218 r. Bastien Ventadour 𝄞 04 67 99 89 89, *h3043@accor-hotels.com*, Fax 04 67 99 89 88 – 📶 ⁑ ▦ 📺 ☎ ⇔ – 🔬 25. 🄰🄴 ⓞ 🄶🄱 🄹🄲🄱   CU s
Repas *(fermé sam., dim.)* carte 27 à 32, enf. 15 – ⊇ 12 – **120 ch** 92/106.
♦ Bel intérieur résolument design, coloris "tendance", lithographies d'un artiste nîmois dans les chambres : un Mercure rénové de fond en comble ! Cadre contemporain épuré, cuisine méridionale et suggestions du marché sur ardoise. Sélection de vins du Languedoc.

Holiday Inn Métropole, 3 r. Clos René ✆ 04 67 12 32 32, himontpellier@alliance-hospitality.com, Fax 04 67 92 13 02, 🍴, 🌿 – 📶 ❄ 🖃 📺 ✆ 🔥 ⇔ 🅿 – 🛎 20 à 60. 🖭 ⓞ 🖼 🆑

FZ **a**

Repas *(fermé sam. et dim.)* (18) - 23,50, enf. 7,70 – 🍽 15 – **76 ch** 175/200, 4 suites.

◆ Cet établissement datant de 1898 aurait été la résidence de la reine Hélène d'Italie. Chambres fonctionnelles. Bar anglais. Jardin-terrasse ombragé par des palmiers. Restaurant à l'atmosphère Belle Époque. En été, tables agréablement dressées dans la verdure.

Astron Suite Hôtel sans rest, 45 av. Pirée ✆ 04 67 20 57 57, astron.hotel@wanadoo.fr, Fax 04 67 20 58 58 – 📶 ❄ 🖃 📺 ✆ 🔥 ⇔ 🅿. 🖭 ⓞ 🖼 🆑

DU **t**

🍽 13 – **23 ch** 98/118, 115 suites 145/165.

◆ Convenant particulièrement à la clientèle d'affaires, cet hôtel récent propose en majorité des "suites" avec coin travail et salon séparés de la chambre. Pratique et spacieux.

Maison Blanche, 1796 av. Pompignane ✆ 04 99 58 20 70, hotelmaisonblanche@wanadoo.fr, Fax 04 67 79 53 39, 🍴, 🏊, 🌿 – 🖃 ch, 📺 ✆ 🔥 🅿 – 🛎 15 à 25. 🖭 ⓞ 🖼 🆑, ❄ rest

DT **r**

Repas *(fermé 23 déc. au 3 janv., sam. midi et dim.)* 22/34 ⬙ – 🍽 8 – **35 ch** 56/88 – ½ P 67/72.

◆ Étonnante maison de style Louisiane nichée au coeur d'un joli jardin arboré où l'on sert le petit-déjeuner l'été. Grandes chambres, la moitié avec balcon. Clients célèbres. Salle à manger d'esprit provençal avec vaste cheminée. Cuisine au goût du jour.

Guilhem ❄ sans rest, 18 r. J.-J. Rousseau ✆ 04 67 52 90 90, hotel-le-guilhem@mnet.fr, Fax 04 67 60 67 67 – 📶 🖃 📺 ✆ 🔥. 🖭 ⓞ 🖼 🆑

EY **a**

🍽 11 – **36 ch** 82/135.

◆ Maisons des 16ᵉ et 17ᵉ s. abritant des chambres "cosy" ; celles du dernier étage offrent une vue sur la cathédrale St-Pierre. Balcon-terrasse tourné sur un jardin luxuriant.

Parc sans rest, 8 r. A. Bège ✆ 04 67 41 16 49, hotelduparc@ifrance.com, Fax 04 67 54 10 05 – 🖃 📺 🅿. 🖭 🖼 🆑

BT **k**

🍽 10 – **19 ch** 39/69.

◆ Ancienne demeure seigneuriale (18ᵉ s.) située dans une rue calme. Plaisantes chambres personnalisées ; cour-terrasse où l'on petit-déjeune l'été. Accueil aimable.

Palais sans rest, 3 r. Palais ✆ 04 67 60 47 38, Fax 04 67 60 40 23 – 📶 🖃 📺 ✆. 🖼 EY **m**

🍽 10 – **26 ch** 54/71.

◆ Bel immeuble centenaire proche du palais de justice. Les petites chambres bénéficient de délicates attentions (fleurs fraîches, chocolats, etc.). Insonorisation efficace.

Ulysse sans rest, 338 av. St-Maur ✆ 04 67 02 02 30, contact@hotelulysse.com, Fax 04 67 02 16 50 – 📺 ✆ ⇔. 🖼

CT **b**

fermé 22 déc. au 5 janv. – 🍽 7 – **23 ch** 49,50/66.

◆ De coquettes chambres meublées en fer forgé vous attendent dans cet hôtel prisé des habitués pour son atmosphère sympathique. Quartier résidentiel calme. Tenue rigoureuse.

Les Troënes sans rest, 17 av. É. Bertin-Sans par av. Bouisson-Bertrand, dir. Hôpitaux-Facultés ✉ 34090 ✆ 04 67 04 07 76, hotel-les-troenes@wanadoo.fr, Fax 04 67 61 04 43 – 📺 ✆. 🖼

🍽 7,30 – **14 ch** 44/54.

◆ Reliée au centre-ville par le tramway, modeste maison des années 1960 rénovée, où l'on se sent comme chez soi. Chambres agréables, sans équipement superflu. Clientèle fidèle.

Jardin des Sens (Jacques et Laurent Pourcel) avec ch, 11 av. St-Lazare ✆ 04 99 58 38 38, contact@jardindessens.com, Fax 04 99 58 38 39, 🏊, 🌿 – 📶 🖃 📺 ✆ 🔥 📶 ⇔ 🅿 – 🛎 25. 🖭 ⓞ 🖼

CT **e**

fermé 2 au 9 janv. – **Repas** *(fermé 2 au 16 janv., lundi sauf le soir en juil.-août, mardi midi sauf juil.-août, merc. midi et dim.)* (nombre de couverts limité, prévenir) 46 (déj.), 110/170 et carte à 148 ⬙ – 🍽 20 – **14 ch** 170/250.

◆ Magistrale salle (non-fumeur) en gradins, élégant décor design, vue sur le jardin en spirales : les cinq sens s'émerveillent tant dans l'assiette que dans le cadre. Fumoir.

Spéc. Pressé de homard et légumes au jambon de canard. Filet de loup cuit au four, vinaigrette tiède au citron confit. Filets de pigeon rôtis au cacao. **Vins** Picpoul de Pinet, Coteaux du Languedoc.

Chandelier, 39 pl. Zeus (6ᵉ étage) ✆ 04 67 15 34 38, Fax 04 67 15 34 33, ≼, 🍴 – 📶 🖃. 🖭 ⓞ 🖼 🆑

CU **s**

fermé lundi midi et dim. – **Repas** (19) - 24/63 et carte 56 à 67.

◆ Restaurant panoramique coiffé d'une coupole et perché au sommet d'un immeuble en forme d'arche du quartier Antigone. Cadre moderne et original, cuisine apprêtée.

Cellier Morel, Maison de la Lozère 27 r. Aiguillerie ✆ 04 67 66 46 36, cellier-morel@wanadoo.fr, Fax 04 67 66 23 61, 🍴 – 🖃. 🖭 ⓞ 🖼 🆑

FY **d**

fermé lundi midi, merc. midi, dim. et fériés – **Repas** (22) - 30 (déj.), 42/70 ⬙ 🍷.

◆ Joli décor design dans une salle voûtée du 13ᵉ s. et délicieuse cour-terrasse d'un hôtel particulier du 18ᵉ s. Cuisine inventive à l'accent lozérien et vins régionaux.

MONTPELLIER

Anatole-France (R.) . . . . . **BU** 3
Arceaux (Bd des) . . . . . **AU** 7
Bazille (R. F.) . . . . **BCV** 12
Blum (R. Léon) . . . . **CU** 13
Broussonnet (R. A.) . . . . . **AT** 18
Chancel (Av.) . . . . **AT** 25
Citadelle (Allée) . . . . **CU** 26
Clapiès (R.) . . . . **AU** 28
Comte (R. A.) . . . . **AU** 29
Délicieux (R. B.) . . . . **CT** 31
Etats-du-Languedoc (Av.) . . . . **CU** 35
Fabre-de-Morlhon (Bd) . . . . **BV** 36
Fg-Boutonnet (R.) . . . . . **BT** 37

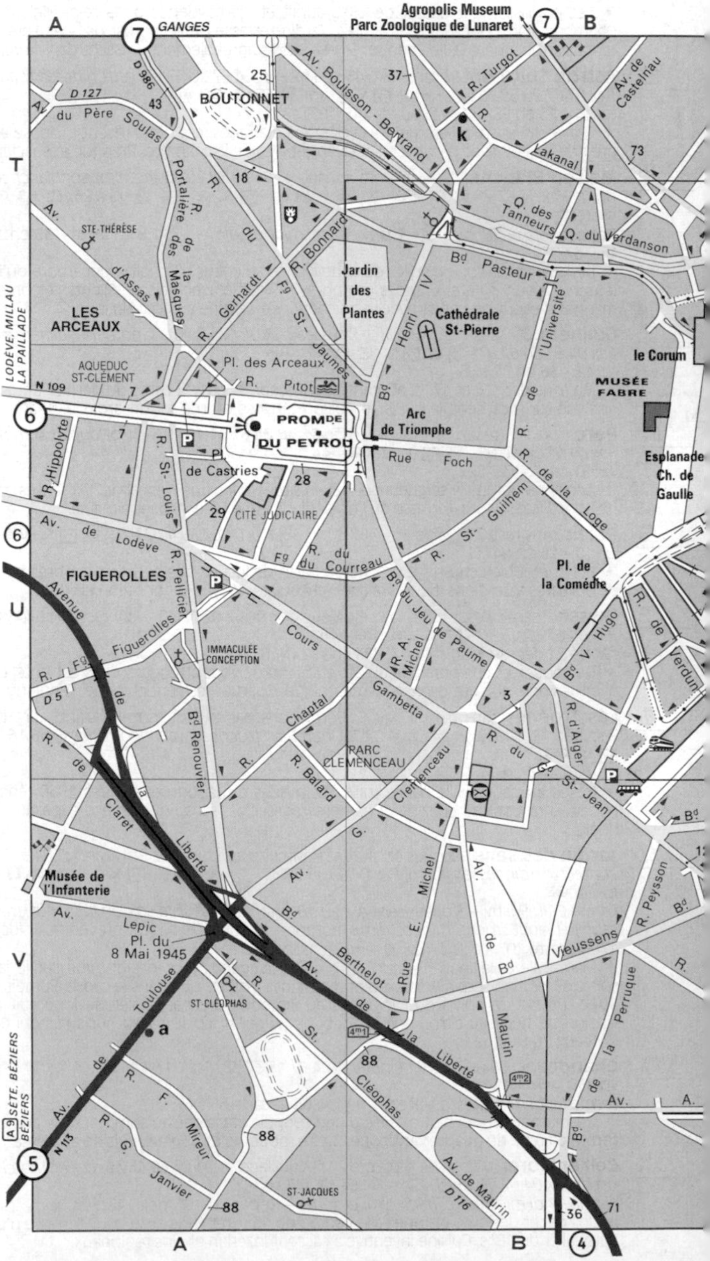

GANGES
Agropolis Museum
Parc Zoologique de Lunaret
BOUTONNET
Av. Bouisson-Bertrand
R. Turgot
Av. de Castelnau
R. Lakanal
Q. des Tanneurs
Q. du Verdanson
Bd Pasteur
STE-THÉRÈSE
Av. d'Assas
R. Portalière des Masques
R. de la Fg du St-Jaumes
R. Bonnard
R. Gerhardt
Jardin des Plantes
Bd Henri IV
Cathédrale St-Pierre
R. de l'Université
le Corum
MUSÉE FABRE
Esplanade Ch. de Gaulle
LES ARCEAUX
AQUEDUC ST-CLÉMENT
Pl. des Arceaux
R. Pitot
PROMDE DU PEYROU
Arc de Triomphe
Rue Foch
R. de la Loge
R. St-Guilhem
R. Hippolyte
R. St-Louis
Pl. de Castries
CITÉ JUDICIAIRE
LODÈVE, MILLAU
LA PAILLADE
N 109
Av. de Lodève
R. Pellicier
Fg du Courreau
R. du Courreau
Pl. de la Comédie
FIGUEROLLES
Avenue de Figuerolles
IMMACULÉE CONCEPTION
Cours Gambetta
Bd du Jeu de Paume
R. A. Michel
Bd V. Hugo
R. de Verdun
R. d'Alger
R. du Gd St-Jean
R. Chaptal
Bd Renouvier
R. de Claret
R. Balard
PARC CLEMENCEAU
Av. Clemenceau
Av. G. Clemenceau
R. Fg de la Liberté
Musée de l'Infanterie
Av. Lepic
Pl. du 8 Mai 1945
Rue E. Michel
Av. de Maurin
Bd Berthelot
Bd Vieussens
R. Peysson
R. de la Perruque
Av. de Toulouse
ST-CLÉOPHAS
R. St. Cléophas
Av. de la Liberté
R. F. Mireur
R. G. Janvier
ST-JACQUES
Av. de Maurin
D 116
SÈTE, BÉZIERS
BÉZIERS
N 113
D 986
D 127
D 5
A 9
Av. du Père Soulas
A
B
T
U
V

Fg-de-Nîmes (R.) . . . . . . **CT** 41
Flahault (Av. Ch.) . . . . . . **AT** 43
Fontaine-de-Lattes (R.) . **CU** 44
Henri-II-de-
　Montmorency (Allée) **CU** 51
Leclerc (Av. du Mar.) . . **CV** 58

Millénaire (Pl. du) . . . . . **CU** 62
Nombre-d'Or (Pl. du) . . **CU** 64
Olivier (R. A.) . . . . **CU** 66
Polygone (Le) . . . . **CU**
Pont-de-Lattes (R. du) . **CU** 69
Pont-Juvénal (Av.) . . . **CDU** 70

Près-d'Arènes (Av. des) **BV** 71
Prof. E.-Antonelli (Av.) **CDV** 72
Proudhon (R.) . . . . **BT** 73
René (R. H.) . . . . **CV** 74
Villeneuve-
　d'Angoulême (Av.) . **ABV** 88

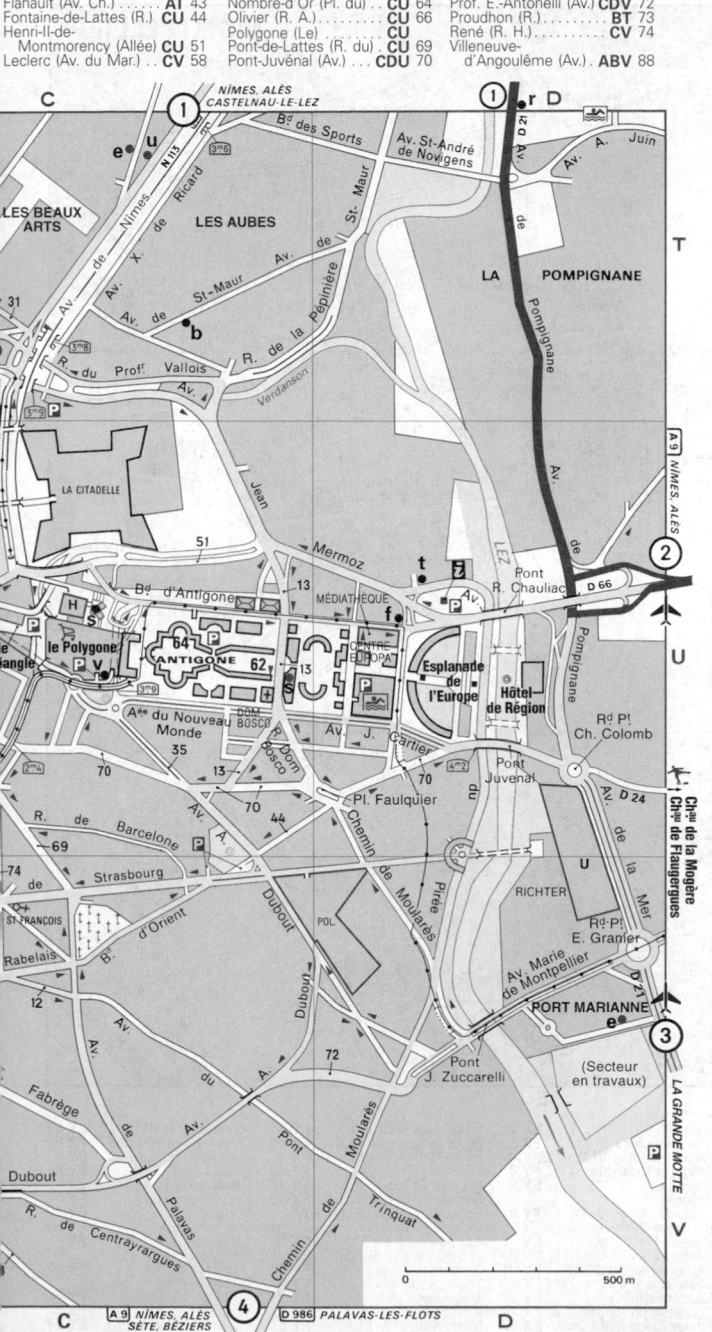

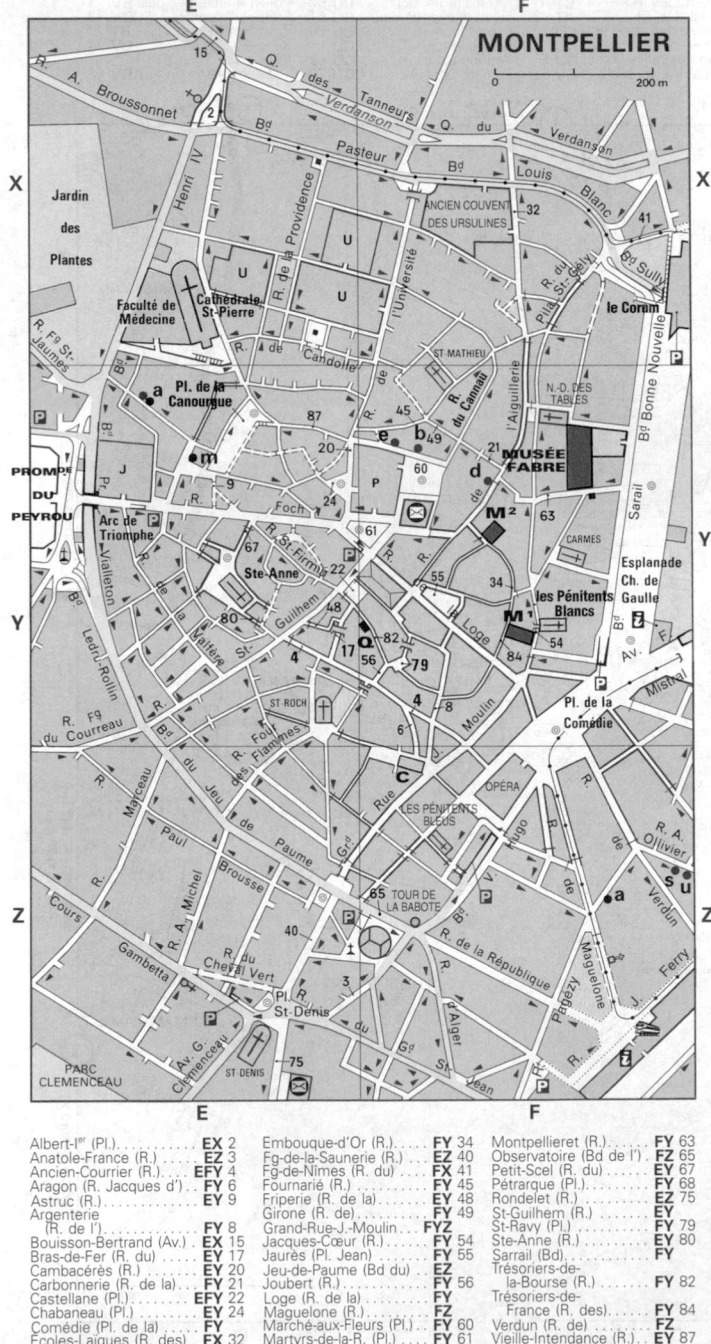

MONTPELLIER

0   200 m

Albert-Ier (Pl.)	**EX** 2	Embouque-d'Or (R.)	**FY** 34
Anatole-France (R.)	**EZ** 3	Fg-de-la-Saunerie (R.)	**EZ** 40
Ancien-Courrier (R.)	**EFY** 4	Fg-de-Nîmes (R. du)	**FX** 41
Aragon (R. Jacques d')	**FY** 6	Fournarié (R.)	**FY** 45
Astruc (R.)	**EY** 9	Friperie (R. de la)	**FY** 48
Argenterie		Girone (R. de)	**FY** 49
(R. de l')	**FY** 8	Grand-Rue-J.-Moulin	**FYZ**
Bouisson-Bertrand (Av.)	**EX** 15	Jacques-Cœur (R.)	**FY** 54
Bras-de-Fer (R. du)	**FY** 17	Jaurès (Pl. Jean)	**FY** 55
Cambacérès (R.)	**EY** 20	Jeu-de-Paume (Bd du)	**EZ**
Carbonnerie (R. de la)	**FY** 21	Joubert (R.)	**FY** 56
Castellane (Pl.)	**EFY** 22	Loge (R. de la)	**FY**
Chabaneau (Pl.)	**EY** 24	Maguelone (R.)	**FZ**
Comédie (Pl. de la)	**FY**	Marché-aux-Fleurs (Pl.)	**FY** 60
Écoles-Laiques (R. des)	**FX** 32	Martyrs-de-la-R. (Pl.)	**FY** 61
Montpellieret (R.)	**FY** 63
Observatoire (Bd de l')	**FZ** 65
Petit-Scel (R. du)	**EY** 67
Pétrarque (Pl.)	**FY** 68
Rondelet (R.)	**FZ** 75
St-Guilhem (R.)	**EY**
St-Ravy (Pl.)	**FY** 79
Ste-Anne (R.)	**EY** 80
Sarrail (Bd.)	**FY**
Trésoriers-de-	
la-Bourse (R.)	**FY** 82
Trésoriers-de-	
France (R. des)	**FY** 84
Verdun (R. de)	**FZ**
Vieille-Intendance (R.)	**EY** 87

XX **Castel Ronceray**, 130 r. Castel Ronceray par ⑤ ⊠ 34070 ℰ 04 67 42 46 30, *guiltat@leca stelronceray.fr*, Fax 04 67 27 41 96, 🍽 – **P**, 🖭 ⑩ ☸
fermé 16 août au 6 sept., 13 au 27 fév., dim. sauf d'avril à juin et lundi – **Repas** 24 (déj.), 36/45, enf. 13 ♉.
♦ Maison de maître du 19e s., inattendue derrière ce rideau d'immeubles modernes. Intérieur bourgeois avec cheminée en marbre et statues à l'antique. Recettes traditionnelles.

XX **Les Vignes**, 2 r. Bonnier d'Alco ℰ 04 67 60 48 42, Fax 04 67 60 48 42 – ▦. 🖭 ☸
☸
FY e
fermé 11 au 18 avril, 8 au 29 août, merc. soir, sam. midi et dim – **Repas** 21,50 (déj.), 34/49, enf. 11.
♦ Petite adresse discrète derrière la préfecture. Il vous faudra descendre quelques marches pour rejoindre l'élégante salle à manger voûtée. Cuisine au goût du jour.

XX **Petit Jardin**, 20 r. J.-J. Rousseau ℰ 04 67 60 78 78, *contact@petit-jardin.com*, Fax 04 67 66 16 79, 🍽 – 🖭 ☸ 🇯🇨🇧
EY a
fermé janv. et lundi – **Repas** 14 (déj.), 20/28 ♉.
♦ Au cœur du vieux Montpellier, sympathique restaurant dont les baies vitrées s'ouvrent largement sur un joyau caché : un jardin-terrasse aux essences rares. Cuisine régionale.

XX **L'Olivier** (Breton), 12 r. A. Ollivier ℰ 04 67 92 86 28, Fax 04 67 92 10 65 – ▦. 🖭 ☸, ☸
🏵
FZ u
fermé 31 juil. au 2 sept., 24 déc. au 2 janv., dim. et lundi – **Repas** (prévenir) (27) - 30/45 et carte 52 à 70.
♦ Étroite salle agrandie par un jeu de miroirs, cadre un brin "rétro" et cuisine très classique : une maison fidèle à ses convictions... pour le plus grand plaisir des habitués !
Spéc. Saint-Jacques aux cèpes (automne). Civet de homard au banyuls. Pigeon des Costières en bécassse. **Vins** Coteaux du Languedoc.

XX **Séquoïa**, à Port Marianne, 148 r. de Galata ℰ 04 67 65 07 07, Fax 04 67 64 50 23, ≤, 🍽 –
▦. 🖭 ⑩ ☸. ☸
DV e
fermé 20 déc. au 4 janv., sam. midi et dim. – **Repas** 23 bc (déj.)/35 ♉.
♦ Cadre contemporain, terrasse bordant le port de plaisance, cuisine "d'ici et d'ailleurs" : une adresse "branchée" du nouveau quartier qui se dessine sur la rive gauche du Lez.

X **La Compagnie des Comptoirs**, 51 av. Nîmes ℰ 04 99 58 39 29, *contact@jardindesse ns.com*, Fax 04 99 58 39 28, 🍽 – ▦ **P**. 🖭 ⑩ ☸
CT u
fermé dim. midi en juil.-août – **Repas** carte 36 à 60.
♦ Sobre décor s'inspirant des comptoirs français des Indes ; table d'hôte au rez-de-chaussée. La carte dévoile les saveurs de l'Orient, mais n'oublie pas celles du Sud.

X **Anis et Canisses**, 47 av. Toulouse ℰ 04 67 42 54 48, Fax 04 67 56 39 17, 🍽 – ☸
AV a
fermé 1er au 8 mai, août, 19 déc. au 3 janv., sam. midi, mardi midi, dim. et lundi –
Repas carte 27 à 35.
♦ Un havre de paix sur cette avenue très animée. Aménagement intérieur soigné et charmant patio à l'ombre d'un abricotier. La cuisine honore le Languedoc et la Catalogne.

X **Tamarillos**, 2 pl. Marché aux Fleurs ℰ 04 67 60 06 00, *fruitstamarillos@yahoo.fr*, Fax 04 67 60 06 01, 🍽 – ▦. 🖭
FY b
fermé 1er au 22 août, dim. sauf le midi hors saison et lundi – **Repas** 23/80.
♦ Les fruits et les fleurs inspirent la cuisine de cette nouvelle adresse tenue par un jeune chef, double champion de France des desserts. Minisalle à manger contemporaine.

X **Verdi**, 10 r. A. Ollivier ℰ 04 67 58 68 55, *enoteca-leverdi@wanadoo.fr*, Fax 04 67 58 28 47 –
▦. 🖭 ⑩ ☸ 🇯🇨🇧
FZ s
fermé 1er au 21 août et dim. – **Repas** 24/30 ♉.
♦ Proche de la gare, petit restaurant italien, simple et décontracté, agrémenté d'affiches sur Verdi et l'opéra. Spécialités transalpines et poissons. Boutique de vins.

rte de Nîmes *par ① etN 113 : 9,5 km* – ⊠ 34130 St-Aunès :

🏨 **Cetus**, N 113 ℰ 04 67 70 38 40, *hotelcetus@aol.com*, Fax 04 67 87 38 04, 🍽, *Fb*, ⬛ – ▮
▦ 🖭 ✆ & **P** – 🔒 35. 🖭 ⑩ ☸. ☸ rest
Repas *(fermé dim. hors saison et sam.)* (14) - 16/25, enf. 12 ♉ – ⊐ 8,50 – **50 ch** 75/84 –
½ P 70/74,50.
♦ Le jardin de cet hôtel cubique proche d'un supermarché abrite les vestiges d'une ancienne noria. Chambres amples, claires et bien insonorisées. Des toiles d'artistes locaux sont accrochées aux murs de la salle à manger ; cuisine inspirée du Languedoc.

à Baillargues – *5 842 h. alt. 23* – ⊠ 34670 :

🏨 **Golf Hôtel de Massane** ⌕, au golf de Massane Sud : 1,5 km par D 26E
ℰ 04 67 87 87 87, *contact@massane.com*, Fax 04 67 87 87 90, 🍽, *Fb*, ⬛, ☸ – ▮ ▦ 🖭 ✆
& **P** – 🔒 20 à 150. 🖭 ⑩ ☸
Repas (16,70) - 21,80/32,90, enf. 12,20 ♉ – ⊐ 10 – **32 ch** 92/122 – ½ P 87/91.
♦ Vaste complexe hôtelier doté de nombreux équipements pour les loisirs et la détente. Préférez les chambres rénovées, spacieuses et agréablement colorées. Salle à manger meublée dans le style bistrot et largement ouverte sur le golf ; cuisine au goût du jour.

près échangeur A9-Montpellier-Sud *par ④ : 2 km – ⊠ 34000 Montpellier :*

🏬 **Novotel,** 125 bis av. Palavas ✆ 04 99 52 34 34, *h0450@accor-hotels.com,* Fax 04 99 52 34 33, �, 🏊, 🐾 – 🛗 ⇔ 🛏 ⊡ 📞 ⅊ 🅿 – 🏛 30 à 130. 🆎 ⓪ ☖
Repas *(16)* - carte 29 à 37, enf. 8 ⅊ – ⌑ 11 – **162 ch** 92/110.
◆ Située à proximité d'un échangeur, cette halte autoroutière type abrite des chambres, conformes aux standards de la chaîne. Cyberespace. Salle de restaurant sobre et actuelle. À la belle saison, service en terrasse autour de la piscine.

🏨 **Ibis,** 164 av. Palavas ✆ 04 67 58 82 30, *h0624-gm@accor-hotels.com,* Fax 04 67 92 17 76, 🌧 – 🛗 ⇔ 🛏 ⊡ 📞 🅿 – 🏛 30. 🆎 ⓪ ☖
Repas *(fermé sam. midi, dim. midi et midi fériés)* *(12)* - 15/17, enf. 6 ⅊ – ⌑ 7 – **100 ch** 63.
◆ À deux pas de la médiathèque. Chambres fonctionnelles efficacement insonorisées et récemment rénovées : elles sont désormais aux dernières normes "Ibis".

à Lattes *par④ : 5 km – 13 768 h. alt. 3 – ⊠ 34970 :*

🛈 *Office de tourisme, 679 avenue de Montpellier* ✆ *04 67 22 52 91, Fax 04 67 22 52 91, tourisme@ville-lattes.fr.*

🍴🍴🍴 **Domaine de Soriech,** face Z.A.C. Soriech, près rd-pt D 189 et D 21 ✆ 04 67 15 19 15, *michel.loustau@domaine-de-soriech.fr, Fax 04 67 15 58 21,* 🌳, ⅊ – 🛏 🅿. ⅊
fermé 16 au 22 fév., dim. soir et lundi – **Repas** 29 (déj.), 40/68 et carte 55 à 71 ⅊.
◆ Belle villa des années 1970 : décor design et oeuvres contemporaines, palmiers et pins géants dans un ravissant parc, fief des écureuils. Cuisine au goût du jour.

🍴🍴🍴 **Mazerand,** rte Fréjorgues CD 172 ✆ 04 67 64 82 10, *Fax 04 67 20 10 73,* 🌳, ⅊ – 🛏 🅿. 🆎 ⓪ ☖
fermé dim. soir hors saison, sam. midi et lundi – **Repas** *(19)* - 26/52,50 et carte 43 à 61 ⅊.
◆ Dominant la plaine de Lattes, cette ex-propriété viticole réunit un mas du 19ᵉ s. restauré, une chapelle du 16ᵉ s. et de jolies terrasses étagées ombragées par des platanes.

🍴 **Bistrot d'Ariane,** à Port Ariane ✆ 04 67 20 01 27, *Fax 04 67 15 03 25,* 🌳 – 🛏. 🆎 ☖
fermé 12 au 18 avril, 18 déc. au 3 janv. et dim. – **Repas** 15,50 (déj.), 24/34, enf. 7,50 ⅊ 🌿.
◆ Cadre discrètement Art déco, beau zinc et ambiance "brasserie" séduisent la clientèle du quartier. Terrasse dressée au bord du port de plaisance. Vins régionaux à prix doux.

à Juvignac *par⑥, rte de Millau : 6 km – 5 592 h. alt. 32 – ⊠ 34990 :*

🏨 **Golf Hôtel de Fontcaude** 🏌, au golf international, Nord-Ouest : 3 km ✆ 04 67 45 90 00, *info@golfhotelmontpellier.com, Fax 04 67 45 90 20,* 🌳, 🏊 – 🛗 🛏 ⊡ 📞 ⅊ 🅿 – 🏛 30 à 60. 🆎 ⓪ ☖ 🇯🇨🇧
fermé 9 au 22 fév. – **Repas** 18/37 ⅊ – ⌑ 10 – **46 ch** 81/116 – ½ P 84/89.
◆ Mobilier actuel aux couleurs toniques garnissant des chambres récemment relookées : un hôtel estimé des golfeurs qui testent leur swing à Juvignac. Confortable salle de restaurant dont les grandes baies permettent d'admirer les greens. Formule rapide au bar.

MONTPON-MENESTEROL 24700 Dordogne **329** B5 – 5 385 h alt. 93.

🛈 *Office de tourisme, place Clemenceau* ✆ *05 53 82 23 77, Fax 05 53 81 86 74, ot.montpon@perigord.tm.fr.*
Paris 532 – Bergerac 40 – Libourne 43 – Périgueux 56 – Ste-Foy-la-Grande 23.

à Ménestérol *Nord : 1 km – ⊠ 24700 Montpon-Ménestérol :*

🍴🍴 **Auberge de l'Eclade,** rte Coutras ✆ 05 53 80 28 64, *Fax 05 53 80 28 64* – 🛏. 🆎 ☖
fermé 8 mars au 1ᵉʳ avril, mardi soir et merc. – **Repas** 13,50 (déj.), 24/43 ⅊.
◆ Le décor rustique de la salle à manger rappelle que cet établissement était autrefois une grange. Agréable terrasse d'été tournée vers la campagne et cuisine traditionnelle.

MONT-PRÈS-CHAMBORD 41250 L.-et-Ch. **318** F6 – 3 025 h alt. 108.
Paris 184 – Orléans 63 – Blois 12 – Bracieux 8 – Romorantin-Lanthenay 35.

🏨 **St-Florent,** 14 r. Chabardière ✆ 02 54 70 81 00, *Fax 02 54 70 78 53,* 🌳 – 🛏 rest, ⊡ 🚳 🍴 🅿. ☖ 🇯🇨🇧, 🐾 ch
fermé 1ᵉʳ janv. au 13 fév., dim. soir et lundi d'oct. à Pâques – **Repas** *(13,50)* - 19/42, enf. 10,50 ⅊ – ⌑ 7 – **18 ch** 62/72 – ½ P 52/61.
◆ Le village jouxte la forêt de Boulogne et le parc de Chambord. Vaste maison régionale abritant de sobres chambres claires et une fraîche salle des petits-déjeuners. Plaisante salle de restaurant d'esprit rustique. Cuisine traditionnelle.

Si le coût de la vie subit des variations importantes,
les prix que nous indiquons peuvent être majorés.
Lors de votre réservation à l'hôtel, faites-vous préciser le prix définitif.

MONTRÉAL *32250 Gers* **336** D6 *G. Midi-Pyrénées – 1 238 h alt. 131.*

🚗 *de Guinlet à Eauze* ₢ 05 62 09 80 84, S : 12 km par D 29.

🅱 *Office de tourisme, place de l'Hôtel de Ville* ₢ 05 62 29 42 85, Fax 05 62 29 42 46, otsi.montrealdugers@wanadoo.fr.

Paris 725 – Agen 57 – Auch 59 – Condom 16 – Mont-de-Marsan 65 – Nérac 27.

✂ **Chez Simone,** face église ₢ 05 62 29 44 40, Fax 05 62 29 49 94 – **AE** **GB**
fermé vacances de fév., dim. soir, lundi et mardi – **Repas** 15 (déj.), 25/45 ♀.
   ◆ Maison ancienne de la bastide aménagée en restaurant. À l'intérieur, fresques, sol carrelé et originales chaises en ferronnerie et rotin. Le bar du village est à côté.

MONTREDON *11 Aude* **344** F3 – *rattaché à Carcassonne.*

MONTREUIL ◁◈▷ *62170 P.-de-C.* **301** D5 *G. Picardie Flandres Artois – 2 428 h alt. 54.*

Voir *Site★ – Citadelle★ : ≤★★ – Remparts★ – Église St-Saulve★.*

🅱 *Office de tourisme, 21 rue Carnot* ₢ 03 21 06 04 27, Fax 03 21 06 07 85, otmontreuil-surmer@nordnet.fr.

Paris 232 – Calais 73 – Abbeville 49 – Arras 86 – Boulogne-sur-Mer 38 – Lille 116.

🏛 **Château de Montreuil** (Germain) 🍴, chaussée Capucins ₢ 03 21 81 53 04, *chateau.de*
❀ *.montreuil@wanadoo.fr, Fax 03 21 81 36 43,* 🌳, ⌧, 🏊 – 📺 ☎ 🅿️ **AE** **①** **GB** **JCB**
fermé 19 déc. au 5 fév., mardi midi sauf juil.-août, jeudi midi et lundi – **Repas** 38 (déj.), 58/75
   – ☲ **15** – **12 ch** 165/195, 4 suites – ½ P 171/201.
   ◆ Élégante demeure située à l'intérieur des remparts. Chambres raffinées, dotées de meubles de style et donnant sur un jardin à l'anglaise. Cuisine au goût du jour mâtinée de touches exotiques et méditerranéennes. Restaurant réservé aux non-fumeurs ; bar-fumoir.
   Spéc. Mi-cuit de thon rouge en croûte de pain d'épices. Grouse d'écosse rôtie aux haricots cocos et truffe d'été (20 août au 15 oct.). Huîtres tièdes dans un cappuccino de bière à l'oseille.

🏛 **Hermitage** sans rest, pl. Gambetta ₢ 03 21 06 74 74, *contact@hermitage-montreuil.co*
m, Fax 03 21 06 74 75 – 📶 ⬅ 📺 ☎ & 🅿️ – 🔔 25 à 40. **AE** **①** **GB**
   ☲ **14** – **57 ch** 115/190.
   ◆ Cette belle bâtisse, construite sous Napoléon III, a été restaurée. Bar feutré et amples chambres garnies de tissus jaunes et d'un sobre mobilier contemporain.

✂ **Darnétal** avec ch, pl. Poissonnerie ₢ 03 21 06 04 87, *Fax 03 21 86 64 67* – **AE** **GB**, ✂ ch
fermé 22 juin au 12 juil., 20 au 31 déc., lundi et mardi – **Repas** 16/30 – ☲ **5** – **4 ch** 35/70.
   ◆ Sur l'une des places de la ville haute, auberge rustique décorée d'une profusion de tableaux, bibelots anciens et cuivres. Ambiance conviviale et cuisine traditionnelle.

à La Madelaine-sous-Montreuil *Ouest : 3 km par D 139 et rte secondaire – 156 h. alt. 7 –*
✉ *62170 Madelaine-sous-Montreuil :*

🍴🍴 **Auberge La Grenouillère** 🍴 avec ch, ₢ 03 21 06 07 22, *auberge.de.la.grenouillere@*
wanadoo.fr, Fax 03 21 86 36 36, 🌳, ⌧ – 🅿️. **AE** **①** **GB**
fermé 28 juin au 7 juil., 3 au 21 déc., merc. sauf juil.-août et mardi –
Repas 30/70 – ☲ **13** – **4 ch** 75/100.
   ◆ Buffets anciens, fresques des années 1920 représentant des grenouilles à table et cuivres agrémentent cette ferme picarde nichée dans la verdure au bord de la Canche.

à Attin *Nord-Ouest : 4 km par N 39 – 682 h. alt. 11 –* ✉ *62170 :*

🍴🍴 **Auberge du Bon Accueil,** ₢ 03 21 06 04 21, *contact@attin-bonaccueil.com,*
📵 *Fax 03 21 06 04 21* – ▤. **GB**
fermé 23 août au 13 sept., 14 au 28 fév., merc. soir, dim. soir et lundi – **Repas** 14,30 bc/29, enf. 9,10 ♀.
   ◆ Accueillante auberge de bord de route abritant une grande salle à manger de style rustique. On y sert une cuisine traditionnelle simple.

au Moulinel *Ouest : 9 km par D 139 –* ✉ *62170 St-Josse :*

🍴🍴 **Auberge du Moulinel,** ₢ 03 21 94 79 03, *Fax 03 21 09 37 14* – 🅿️. **GB**
fermé 28 juin au 7 juil., 3 au 24 janv., dim. soir, lundi et mardi sauf juil.-août – **Repas** 25/51 ♀.
   ◆ Cette auberge, située à l'écart des axes fréquentés, vous invite à découvrir sa cuisine du marché dans l'une de ses deux salles à manger récemment redécorées.

à Inxent *Nord : 9 km sur D 127 – 158 h. alt. 28 –* ✉ *62170 :*

✂ **Auberge d'Inxent** avec ch, ₢ 03 21 90 71 19, *auberge.inxent@wanadoo.fr,*
📵 *Fax 03 21 86 31 67,* 🌳 – 🅿️. **GB**, ✂ ch
fermé 28 juin au 9 juil., 13 déc. au 19 janv., mardi et merc. sauf juil.-août et lundi en juil.-août – **Repas** 13/37, enf. 7 ♀ – ☲ **8** – **5 ch** 54/70 – ½ P 54/62.
   ◆ Beaux meubles et chaleureuse atmosphère familiale en ce restaurant aménagé dans un ancien presbytère. Cuisine simple, assortie de spécialités artésiennes.

MONTREUIL-BELLAY 49260 M.-et-L. **317** I6 G. Châteaux de la Loire – 4 112 h alt. 50.

Voir Château★★ – Site★.

🅱 Office de tourisme, place du Concorde ℰ 02 41 52 32 39, Fax 02 41 52 32 35, sirm@club-internet.fr.

Paris 335 – Angers 54 – Châtellerault 70 – Chinon 39 – Cholet 61 – Poitiers 80 – Saumur 16.

✕ **Hostellerie St-Jean,** 432 r. Nationale ℰ 02 41 52 30 41, Fax 02 41 52 89 02 – 🅿. ⬛
⬥ fermé vacances de fév., dim. soir et lundi – **Repas** 14/36,50 ♈.
 ◆ Au centre de la petite cité fortifiée médiévale. Amabilité et simplicité au rendez-vous, dans la salle principale, intime et champêtre, ou le salon, d'un style plus actuel.

MONTREUIL-L'ARGILLÉ 27390 Eure **304** C8 – 740 h alt. 170.

Paris 178 – L'Aigle 26 – Argentan 50 – Bernay 22 – Évreux 56 – Lisieux 33 – Vimoutiers 27.

🏨 **Courteilles** sans rest, N 138, rte d'Orbec ℰ 02 32 47 41 41, Fax 02 32 47 41 51 – cuisinette 📺 📞 ⬥ 🅿. ⬛ ⬛
 ⬡ 5,30 – **20 ch** 48,30.
 ◆ Séjour sans cérémonie dans cet hôtel récent bâti en retrait de la route. Chambres fonctionnelles équipées d'un mobilier en bois verni.

✕ **Auberge de la Truite,** 5 r. Grande ℰ 02 32 44 50 47, aubergelatruite@aol.com, Fax 02 32 44 00 66 – ⬛
 fermé 25 juin au 5 juil., 15 janv. au 15 fév., mardi soir et merc. – **Repas** 16/32, enf. 7,70.
 ◆ Authentique cadre normand au charme "rétro", belle collection d'orgues de Barbarie, ambiance joyeuse et cuisine généreuse font le succès de cette auberge familiale.

*Les principales voies commerçantes figurent en **rouge**
dans la liste des rues des plans de villes.*

MONTREVEL-EN-BRESSE 01340 Ain **328** D2 – 1 994 h alt. 215.

🅱 Office de tourisme, place de la Grenette ℰ 04 74 25 48 74, Fax 04 74 25 48 74, officetourisme.montrevelenbresse@wanadoo.fr.

Paris 395 – Mâcon 25 – Bourg-en-Bresse 18 – Pont-de-Vaux 22 – St-Amour 24 – Tournus 36.

✕✕ **Léa** (Monnier), 10 rte d'Etrez ℰ 04 74 30 80 84, lea.montrevel@free.fr, Fax 04 74 30 85 66
❀ – ⬛ ⬛ ⬛ ⬛
 fermé 24 juin au 8 juil., 23 déc. au 14 janv., dim. soir, lundi soir et merc. – **Repas** (nombre de couverts limité, prévenir) 23 (déj.), 36/60 et carte 52 à 68.
 ◆ Sous forme de bibelots ou dans l'assiette, cette pimpante auberge villageoise est tout entière vouée à la "star" locale : la fameuse volaille de Bresse !
 Spéc. Coquilles Saint-Jacques (15 oct. au 15 avril). Gratin de homard façon "Eugénie Brazier". Poulet de Bresse à la crème aux morilles. **Vins** Viré-Clessé, Seyssel.

✕ **Comptoir,** ℰ 04 74 25 45 53, lea.montrevel@free.fr, Fax 04 74 30 85 66 – ⬛. ⬛
 fermé 24 juin au 8 juil., 23 déc. au 14 janv., dim. soir de sept. à juin, merc. sauf le soir en juil.-août et mardi soir – **Repas** 16,50/28 ♈.
 ◆ Vieux zinc, banquettes, petites tables en bois... Bien que récent, ce restaurant possède l'authenticité d'un café traditionnel. Cuisine de type bistrot et plats régionaux.

rte de Bourg-en-Bresse Sud : 2 km sur D 975 – ✉ 01340 Montrevel-en-Bresse :

🏨 **Pillebois,** ℰ 04 74 25 48 44, lepillebois@wanadoo.fr, Fax 04 74 25 48 79, 🈸, 🏊, 🎾 – 📺
 📞 ⬥ 🅿. – 🔺 30. ⬛
 fermé dim. d'oct. à avril – **L'Aventure** (fermé dim. et lundi) **Repas** 16,50/45, enf. 11 ♈ –
 ⬡ 7,50 – **30 ch** 58/66 – ½ P 55/57.
 ◆ D'allure moderne et d'un charme assurément bressan, l'hôtel propose des chambres pas très grandes, mais fonctionnelles et bien tenues. Plaisant salon-cheminée. Au restaurant, décor dédié aux voyages et à l'aventure : pirogue, bibelots et meubles exotiques.

MONTRICHARD 41400 L.-et-Ch. **318** E7 G. Châteaux de la Loire – 3 624 h alt. 62.

Voir Donjon★ : ※★★.

🅱 Office de tourisme, 1 rue du Pont ℰ 02 54 32 05 10, Fax 02 54 32 28 80.

Paris 220 – Tours 43 – Blois 37 – Châteauroux 85 – Châtellerault 95 – Loches 33 – Vierzon 80.

🏨 **Château de la Menaudière** 🦢, Nord Ouest : 2,5 km par rte Amboise D 115
 ℰ 02 54 71 23 45, chat-menaudiere@wanadoo.fr, Fax 02 54 71 34 58, 🈸, 🏊, ✕, 🎾 – 📺
 📞 🅿 – 🔺 25. ⬛ ⬛ ⬛ 🄽 🈸 rest
 1er mars-14 nov. et fermé dim. soir et lundi en mars-avril et oct.-nov. sauf fériés – **Repas** 23
 (déj.), 38/53, enf. 9,50 ♈ – ⬡ 12 – **27 ch** 69/146 – ½ P 108/123.
 ◆ L'austère noblesse d'un château dont les origines remontent à 1443, égayée par des plafonds à la française et un mobilier de style Louis XV. Parc joliment boisé. Salle à manger au cadre aristocratique où vous seront proposées des recettes classiques.

Bellevue, 24 quai République ℰ 02 54 32 06 17, Fax 02 54 32 48 06, ≤ – 🛗, ▤ rest, 📺 ✆ 🚗, AE ⓞ GB

Repas (fermé 22 nov. au 12 déc. et vend. de nov. à mars) 16/52, enf. 8 – ⽴ 9 – **29 ch** 70,50/80 – ½ P 57/63.

◆ L'hôtel porte bien son nom : la plupart des chambres offrent une vue panoramique sur le Cher. Intérieur agréablement rénové. Accueil aimable. Le discret décor du restaurant s'efface devant le spectacle de la riante vallée.

 Tête Noire, 24 r. Tours ℰ 02 54 32 05 55, g-galimard@wanadoo.fr, Fax 02 54 32 78 37 – 📺 ✆ 🅿. GB

fermé 22 au 28 oct., 5 au 25 janv. – **Repas** (fermé sam. midi, dim. soir hors saison et lundi midi) 18/39,50, enf. 10 ♀ – ⽴ 6,50 – **30 ch** 39,50/61,50 – ½ P 47/55,50.

◆ Hostellerie familiale (fondée en 1812) bordant les rives du Cher, sous la surveillance du vieux donjon de Foulques Nerra (11ᵉ s.). Spacieuses chambres au confort bourgeois. Restaurant cultivant l'atmosphère des vieilles maisons provinciales.

à Chissay-en-Touraine Ouest : 4 km par D 176 – 916 h. alt. 63 – ⊠ 41400 :

🏨🏨 **Château de Chissay** ⑤, ℰ 02 54 32 32 01, chissay@leshotelsparticuliers.com, Fax 02 54 32 43 80, ≤, 🌇, 🎿, ⚗ – 🛗 ✆ 🅿 – 🔬 30 à 100. AE ⓞ GB JCB. 🞊 rest

15 mars-15 nov. – **Repas** (18) – 34/52 ♀ – ⽴ 13 – **21 ch** 145/185, 11 suites – ½ P 120/180.

◆ Chargé d'histoire, ce château du 15ᵉ s. entouré d'un parc a été restauré avec goût et originalité. La chambre troglodytique et le duplex du donjon valent le coup d'oeil. Élégante salle à manger : voûtes en ogives, boiseries et mobilier de style Louis XIII.

MONTRICOUX 82800 T.-et-G. **337** F7 – 970 h alt. 113.

Paris 618 – Cahors 51 – Gaillac 39 – Montauban 25 – Villefranche-de-Rouergue 58.

XXX **Les Gorges de l'Aveyron,** Le Bugarel ℰ 05 63 24 50 50, Fax 05 63 24 50 52, 🌇, 🞊, 🔬 – 🅿. ⓞ GB

fermé 2 nov. au 2 déc., 3 janv. au 3 fév., 1ᵉʳ au 29 mars, mardi et merc sauf du 15 juin au 15 sept. – **Repas** 23/45 et carte 50 à 70 ♀.

◆ Villa contemporaine dont une partie est aménagée en restaurant. La salle à manger, confortable et lumineuse, ouvre sur un parc surplombant l'Aveyron. Table classique.

MONTROND-LES-BAINS 42210 Loire **327** E6 G. Vallée du Rhône – 4 031 h alt. 356 – Stat. therm. (fin mars-fin nov.) – Casino.

🏌 du Forez ℰ 04 77 30 86 85, S : 12 km par N 82 et D 16.

🟦 Syndicat d'initiative, avenue des Sources ℰ 04 77 94 64 74, Fax 04 77 94 59 59, syndicat.d-initiative@wanadoo.fr.

Paris 447 – St-Étienne 31 – Lyon 69 – Montbrison 15 – Roanne 58 – Thiers 80.

🏨🏨🏨 **Hostellerie La Poularde** (Étéocle), ℰ 04 77 54 40 06, la-poularde@wanadoo.fr,
❀ Fax 04 77 54 53 14, 🎿 – 🛗 📺 🕭 ⇔ – 🔬 30. AE ⓞ GB JCB

fermé 1ᵉʳ au 17 août, 1ᵉʳ au 25 janv., dim. soir de nov. à avril, mardi midi et lundi sauf fériés – **Repas** (dim. prévenir) 50/110 et carte 90 à 130, enf. 15 ♀ ♣ – ⽴ 17 – **7 ch** 65/120, 6 suites, 3 duplex.

◆ Relais de poste de 1732 dans "la" station thermale du Forez. Chambres personnalisées, appartements orientés côté piscine et duplex. Boutique de vins. Élégante salle à manger associant décor moderne et mobilier de style Louis XV. Carte des vins exceptionnelle.

Spéc. Foie gras de canard aux deux lies. Tartelette croustillante de cabillaud et tomates confites (avr. à sept.). Pigeonneau fermier du Forez, poché (oct. à mars). **Vins** Saint-Joseph, Condrieu.

🏨 **Motel du Forez** sans rest, 37 rte Roanne ℰ 04 77 54 42 28, motelduforez@wanadoo.fr,
⌂ Fax 04 77 94 66 58 – 📺 ✆ 🕭 🅿. AE GB. 🞊

⽴ 6,50 – **18 ch** 39/47.

◆ Bâtiment des années 1950 abritant des chambres de bon confort, garnies de meubles en pin et protégées des bruits de la route. Tenue méticuleuse. Accueil familial.

XX **Vieux Logis,** 4 rte Lyon ℰ 04 77 54 42 71, Fax 04 77 54 42 71, 🌇 – GB

fermé 1ᵉʳ au 15 mars, 1ᵉʳ au 15 sept., dim. soir et lundi – **Repas** 21/34 ♀.

◆ Affaire familiale occupant un pavillon aux abords fleuris. Salle à manger en deux parties aménagées à la façon d'un jardin d'hiver et terrasse d'été. Cuisine traditionnelle.

rte de Feurs Nord : 5 km par N 82 et rte secondaire – ⊠ 42210 St-Laurent-la-Conche :

XX **Auberge Cheval Blanc,** ℰ 04 77 28 98 90, Fax 04 77 28 98 90, ≤, 🌇, 🞉 – 🅿. GB

fermé 6 au 17 oct., 2 au 14 janv., dim. soir, lundi et mardi sauf fériés – **Repas** 18/23.

◆ Cette maison particulière, située au coeur de la plaine du Forez, abrite un restaurant. Spacieux intérieur contemporain où l'on sert une cuisine régionale.

MONTROUGE 92 Hauts-de-Seine **311** J3 **101** ㉕ – voir à Paris, Environs.

MONTS 37260 I.-et-L. **317** M5 – 6 514 h alt. 50.

Paris 254 – Tours 19 – Azay-le-Rideau 13 – Chenonceaux 48 – Chinon 33.

XX **Auberge du Moulin** avec ch, Le Vieux Bourg, rte Azay-le-Rideau, ✆ 02 47 26 76 86, Fax 02 47 26 76 86 – **TV** **P**, **GB**. ✦

fermé 11 au 27 juil., 6 au 16 fév., lundi et mardi – **Repas** 16/37,50 � – ☲ 5 – **3 ch** 34 – ½ P 36.

◆ Cette avenante maison régionale située face à la rivière abrite une salle à manger égayée de tons clairs et de tables dressées avec soin. Cuisine classique. Chambres simples.

Le MONT-ST-MICHEL 50116 Manche **303** C8 *G. Normandie Cotentin, G. Bretagne* – 46 h alt. 10.

Voir Abbaye★★★ : La Merveille★★★, Cloître★★★ – Remparts★★ – Grande-Rue★ – Jardins de l'abbaye★ – Baie du Mont-St-Michel★★.

🛈 Office de tourisme, ✆ 02 33 60 14 30, Fax 02 33 60 06 75, ot.mont.saint.michel @wanadoo.fr.

Paris 359 – St-Malo 55 – Alençon 135 – Avranches 23 – Dinan 58 – Fougères 45 – Rennes 68.

🏨 **Auberge St-Pierre**, ✆ 02 33 60 14 03, aubergesaintpierre@wanadoo.fr, Fax 02 33 48 59 82, �& – **TV**, **AE** ⓪ **GB** **JCB** ✦

Repas 23/35, enf. 8 � – ☲ 10 – **21 ch** 98/125 – ½ P 90/105.

◆ La demeure à pans de bois du 15ᵉ s. abrite le restaurant et de petites chambres correctement tenues. À l'annexe, elles sont plus grandes et ménagent des échappées sur la mer. Brasserie côté rue, salle à manger à l'étage ou terrasse adossée aux remparts.

🏨 **Croix Blanche**, ✆ 02 33 60 14 04, Fax 02 33 48 59 82, �& – **TV**. **GB**. ✦

fermé 15 nov. au 20 déc., 1ᵉʳ janv. au 2 fév. – **Repas** 20/35, enf. 8 � – ☲ 10 – **9 ch** 86/125 – ½ P 90/105.

◆ Haut bâtiment renfermant des chambres petites mais bien meublées ; certaines offrent la vue sur la mer. Profitez, le soir venu, de la quiétude retrouvée du Mont-St-Michel. Au 2ᵉ étage, salle de restaurant prolongée d'une agréable terrasse ouverte sur la baie.

XX **Mère Poulard** avec ch, Gde Rue, ✆ 02 33 89 68 68, hotel.mere.poulard@wanadoo.fr, Fax 02 33 89 68 69 – **TV**. **AE** ⓪ **GB** **JCB**

Repas 35/75 – ☲ 15 – **27 ch** 95/225 – ½ P 105/185.

◆ Depuis 1888, la célébrissime omelette de la Mère Poulard est préparée dans l'imposante cheminée de cette vénérable institution. Prix à la hauteur de la légende !

à la Digue Sud : 2 km sur D 976 :

🏨 **Relais St-Michel**, ✆ 02 33 89 32 00, mere.poulard.mtst.michel@wanadoo.fr, Fax 02 33 89 32 01, ≤ Mont-St-Michel, �& – ▮ ⯑ **TV** ✆ & **P** – 🔏 30. **AE** ⓪ **GB**

Repas 24/39 � – ☲ 10 – **32 ch** 99/266, 3 suites, 4 duplex – ½ P 138/305.

◆ L'abbaye en toile de fond et l'élégant mobilier de style anglais contribuent au charme de cet établissement. Toutes les chambres, sauf deux, sont dotées d'un balcon. Restaurant au cadre actuel et terrasse ensoleillée, offrant tous deux la vue sur le Mont.

🏨 **Mercure**, ✆ 02 33 60 14 18, contact@hotelmercure-montsaintmichel.com, Fax 02 33 60 39 28, ⯑ – ⯑ **TV** & **P** – 🔏 80. **AE** ⓪ **GB**

7 fév.-11 nov. – **Pré Salé : Repas** 15,70/42,50 �, enf. 10 ⯑ – ☲ 9,20 – **100 ch** 69/102.

◆ Bordant le Couesnon à l'amorce de la digue, complexe hôtelier dont la plupart des chambres, identiques et pratiques, ont adopté le nouveau design de la chaîne. Lumineuse salle à manger rénovée. Dégustez-y le fameux agneau des prés-salés.

🏨 **Digue**, ✆ 02 33 60 14 02, hotel-de-la-digue@wanadoo.fr, Fax 02 33 60 37 59, ≤ – ▤ rest, **TV** ✆ **P**. **AE** ⓪ **GB**. ✦ ch

29 mars-3 nov. – **Repas** 17/36, enf. 9,50 – ☲ 8,70 – **36 ch** 64/82 – ½ P 62/72.

◆ La digue relie depuis 1877 le Mont-St-Michel à la terre ferme. Hôtel littoral tout en longueur, proposant des chambres fonctionnelles de tailles variées. Sobre salle à manger offrant une échappée sur le Mont. Cuisine traditionnelle, spécialités de la mer.

MONTSALVY 15120 Cantal **330** C6 *G. Auvergne* – 896 h alt. 800.

Voir Puy-de-l'Arbre ⯑ NE : 1,5 km.

🛈 Office de tourisme, rue du Tour-de-Ville ✆ 04 71 49 21 43, Fax 04 71 49 65 56, office-tourisme-montsalvy@wanadoo.fr.

Paris 586 – Aurillac 31 – Rodez 56 – Entraygues-sur-Truyère 14 – Figeac 57.

🏨 **Nord**, ✆ 04 71 49 20 03, hotel@hotel-du-nord.com, Fax 04 71 49 29 00, ⯑ – **TV** ✆ **P**. **AE** ⓪ **GB** **JCB**

8 avril-31 déc. – **Repas** 16/40, enf. 8,50 � – ☲ 7,50 – **18 ch** 48/54 – ½ P 50/56.

◆ La petite cité, anciennement fortifiée, constitue un frais séjour d'été. Maison de pays abritant des chambres pratiques et nettes, et un élégant salon-bar. Salle de restaurant actuelle où l'on sert une généreuse cuisine traditionnelle et des plats auvergnats.

XX **L'Auberge Fleurie** avec ch, ✆ 04 71 49 20 02, *info@auberge-fleurie.com, Fax 04 71 49 29 65* – TV. ◑ GB
fermé 2 janv. au 13 fév. – **Repas** *(fermé dim. soir et lundi de fin sept. à mi-mai)* 12 (déj.), 19/31, enf. 6 ₸ – ☕ 6 – **7 ch** 47/53 – ½ P 47,50/53,50.
◆ Mobilier ancien et contemporain, tableaux modernes et oeuvres d'artistes locaux : décor soigné et chaleureux en cette auberge abritant aussi de jolies chambres personnalisées.

MONTSAUCHE-LES-SETTONS *58230 Nièvre* 319 H8 *G. Bourgogne – 610 h alt. 574.*
Voir *Lac des Settons★ SE : 5 km.*
Office de tourisme, place de l'Ancienne Gare ✆ 03 86 84 55 90, Fax 03 86 84 55 90, ot.lac-des-settons@wanadoo.fr.
Paris 255 – Autun 43 – Avallon 40 – Clamecy 56 – Nevers 89 – Saulieu 25.

Idéal, ✆ 03 86 84 51 26, *Fax 03 86 84 57 46,* – P. GB
Repas 10,50 (déj.), 17/22 ₸ – ☕ 5,50 – **15 ch** 35/45.
◆ Dans la sérénité du Morvan profond, cet hôtel familial vous accueille avec simplicité. Les chambres, sobres et nettes, sont rénovées peu à peu. Bar local prolongé d'une salle à manger aménagée simplement. Cuisine traditionnelle sans prétention.

Les MONTS-DE-VAUX *39 Jura* 321 E6 – *rattaché à Poligny.*

MONTSÉGUR *09 Ariège* 343 I7 – *rattaché à Lavelanet.*

MONTSOREAU *49730 M.-et-L.* 317 J5 *G. Châteaux de la Loire – 544 h alt. 77.*
Voir ☼★★ *du belvédère.*
Env. *Candes St-Martin★ : Collégiales★.*
Office de tourisme, avenue de la Loire ✆ 02 41 51 70 22, Fax 02 41 51 75 66, montsoreau@libertysurf.fr.
Paris 292 – Angers 75 – Châtellerault 65 – Chinon 18 – Poitiers 82 – Saumur 11 – Tours 56.

Bussy sans rest, 4 r. Jehanne d'Arc ✆ 02 41 38 11 11, *hotel.lebussy@wanadoo.fr, Fax 02 41 38 18 10,* ⋠ – TV ✆ P. GB
fermé 16 janv. au 18 fév. et merc. sauf du 1er mai au 30 sept. – ☕ 7,70 – **12 ch** 54/59.
◆ La plupart des chambres de cette maison du 18e s. regardent le joli château de la Dame de Monsoreau, dont Bussy était l'amant. Salle des petits-déjeuners "troglodytique".

XX **Diane de Méridor,** 12 quai Ph. de Commines ✆ 02 41 51 71 76, *Fax 02 41 51 17 17,* ⋠ – GB
fermé mardi et merc. sauf le midi de juil. à sept. – **Repas** 18,90/41 ₸.
◆ Construction en tuffeau abritant une salle à manger campagnarde (cheminée et vieilles poutres), tournée vers la Loire. Côté cuisine, les poissons du fleuve sont à l'honneur.

MORANGIS *91 Essonne* 312 D3 101 ㉟ – *voir à Paris, Environs.*

MORET-SUR-LOING *77250 S.-et-M.* 312 F5 *G. Ile de France – 4 402 h alt. 50.*
Voir *Site★.*
18 *de la Forteresse à Thoury-Férottes ✆ 01 60 96 95 10, SO : 15 km par D 218 et D 22.*
Office de tourisme, 4bis place de Samois ✆ 01 60 70 41 66, Fax 01 60 70 82 52, office.tourisme.moret@wanadoo.fr.
Paris 74 – Fontainebleau 11 – Melun 28 – Nemours 17 – Sens 44.

Auberge de la Terrasse, 40 r. Pêcherie ✆ 01 60 70 51 03, *aubergedelaterrasse@wanadoo.fr, Fax 01 60 70 51 69,* ⋠ – TV. AE ◑ GB JCB
fermé 18 oct. au 8 nov. – **Repas** *(fermé vacances de fév., vend. soir, dim. soir et lundi sauf fériés)* 16,50/42 ₸ – ☕ 9 – **17 ch** 34,10/68 – ½ P 46,30/53,80.
◆ Bâtisse ancienne longeant le Loing. Les chambres, insonorisées, sont sobres et simplement aménagées. Salle à manger rustique et terrasse regardent la rivière plusieurs fois peinte par Alfred Sisley.

XX **Relais de Pont-Loup,** 14 r. Peintre Sisley ✆ 01 60 70 43 05, *relaispontloup@wanadoo.fr, Fax 01 60 70 22 54,* – P. AE GB
Repas *(fermé dim. soir et lundi)* (week-end, prévenir) (24) - 30 ₸.
◆ Briques, poutres, cheminée et rôtissoire composent le décor de cette salle à laquelle on accède par la cuisine. Terrasse tournée vers le jardin dégringolant jusqu'au Loing.

XX **Hostellerie du Cheval Noir** avec ch, 47 av. J. Jaurès ✆ 01 60 70 80 20, *chevalnoir@chateauxhotel.com, Fax 01 60 70 80 21,* – TV ✆. AE GB
fermé 26 juil. au 12 août et 3 au 14 janv. – **Repas** *(fermé lundi midi et mardi midi)* 20/53, enf. 16 – ☕ 10 – **10 ch** 55/110 – ½ P 80/110.
◆ Des tableaux décorent la salle à manger de ce relais de poste du 18e s. bâti face à une des portes de l'ancienne place forte. Cuisine inventive jouant du sucre et des épices.

à Veneux-les-Sablons *Ouest : 3,5 km – 4 617 h. alt. 76 –* ⊠ *77250 :*

XX **Rôtisserie du Bon Abri,** av. Fontainebleau ✆ 01 60 70 55 40, *Fax 01 64 31 12 27,* 🍽 – AE ⓞ GB

fermé 26 juil. au 13 août, 26 au 30 déc., 16 au 24 fév., mardi soir, dim. soir et lundi – **Repas** 23/50,30, enf. 12,20 ♀.

♦ Auberge située au centre du village. Une rôtissoire anime la salle à manger aménagée dans un style contemporain. En façade, formule brasserie-bistrot.

MOREY-ST-DENIS *21220 C.-d'Or* 320 *J6 – 673 h alt. 275.*
Paris 318 – Beaune 30 – Dijon 16.

🏨 **Castel de Très Girard,** 7 r. de Très Girard ✆ 03 80 34 33 09, *info@castel-tres-girard.com, Fax 03 80 51 81 92,* 🍽, ⅃ – ⊡ ❤ P. – 🛁 15. AE ⓞ GB JCB
fermé 15 fév. au 11 mars – **Repas** *(fermé sam. midi, mardi midi et lundi)* 21 (déj.), 36/63 ♀ ⅍ – ⊡ 11 – **9 ch** 120/160.

♦ Jolie maison de maître du 18ᵉ s. cernée par "l'or" de la Côte. Chambres personnalisées (lit à baldaquin, charpente apparente). Belle carte des vins et plats traditionnels à déguster dans une salle à manger relookée, mais ayant préservé son esprit rustique.

MORGAT *29 Finistère* 308 *E5 G. Bretagne –* ⊠ *29160 Crozon.*
Voir *Grandes Grottes★.*
🅘 *Office de tourisme, boulevard de la Plage* ✆ *02 98 27 29 49.*
Paris 590 – Quimper 52 – Brest 62 – Châteaulin 38 – Douarnenez 42 – Morlaix 84.

🏨 **Grand Hôtel de la Mer,** av. Plage ✆ 02 98 27 02 09, *thierry.regnier@vvf-vacances.fr, Fax 02 98 27 02 39,* ≼, 🍽, 🕳 – 📶 ⊡ ❤ & P. – 🛁 20 à 30. GB. 🍽
5 avril-12 oct. – **Repas** *(fermé lundi midi, mardi midi et sam. midi)* 18/33, enf. 12 ♀ – ⊡ 11 – **78 ch** 84/108.

♦ Le souvenir de la Belle Époque habite cet hôtel aujourd'hui géré par le groupe VVF. Chambres fonctionnelles. Deux vues possibles : le parc planté de palmiers ou l'océan. Plaisante atmosphère dans la grande salle à manger tournée vers la baie de Douarnenez.

🏠 **Julia** 🍽, ✆ 02 98 27 05 89, *Fax 02 98 27 23 10,* 🍽 – ⊡ ❤ P. AE GB. 🍽 rest
15 mars-5 nov., 20 déc.-5 janv. et fermé lundi hors saison – **Repas** *(fermé mardi midi, jeudi midi et lundi)* 16/56, enf. 8 – ⊡ 7,50 – **19 ch** 36/57 – ½ P 48/57.

♦ Dans un quartier résidentiel calme de la station balnéaire, hôtel disposant de chambres diversement meublées et bien tenues. Ambiance "pension de famille" dans la salle à manger en rotonde. Recettes régionales.

🏠 **Baie** sans rest, 46 bd Plage ✆ 02 98 27 07 51, *hotel.de.la.baie@presu'ile-crozon.com, Fax 02 98 26 29 65 –* ⊡. GB
⊡ 5,50 – **26 ch** 35/49.

♦ Petit hôtel tout simple donnant sur le port et la plage. Rénovations régulières dans les chambres (literie neuve, murs colorés et double vitrage) et les salles de bains.

MORILLON *74 H.-Savoie* 328 *N4 – rattaché à Samoëns.*

MORLAAS *64160 Pyr.-Atl.* 342 *K4 G. Aquitaine – 3 658 h alt. 287.*
Voir *Portail★ de l'église Sainte-Foy.*
🅘 *Office de tourisme, place Sainte Foy* ✆ *05 59 33 62 25, Fax 05 59 33 62 25, morlaas.tourisme@wanadoo.fr.*
Paris 767 – Pau 15 – Tarbes 37.

X **Bourgneuf** 🍽 avec ch, 3 r. Bourg Neuf ✆ 05 59 33 44 02, *Fax 05 59 33 07 74 –* ⊡ ❤ & P. GB
fermé 14 oct. au 5 nov., dim. soir et sam. – **Repas** 14bc/24 ⅍ – ⊡ 5 – **12 ch** 38/44 – ½ P 36.
♦ Cuisine régionale servie dans un décor simple d'esprit rustique ; on propose également le plat du jour au bar. Un bâtiment récent abrite des chambres avant tout pratiques.

MORLAIX ◁❄▷ *29600 Finistère* 308 *H3 G. Bretagne – 15 990 h alt. 7.*
Voir *Vieux Morlaix★ : Viaduc★ – Grand'Rue★ – Intérieur★ de la maison de "la Reine Anne" – Vierge★ dans l'église St-Mathieu – Rosace★ dans le musée des Jacobins★.*
Env. *Calvaire★★ de Plougonven★ 12 km par D 9.*
🛫 *à Carantec* ✆ *02 98 67 09 14, N : 13 km par D73.*
🅘 *Office de tourisme, place des Otages* ✆ *02 98 62 14 94, Fax 02 98 63 84 87.*
Paris 538 ② – Brest 61 ② – Quimper 78 ② – St-Brieuc 86 ②.

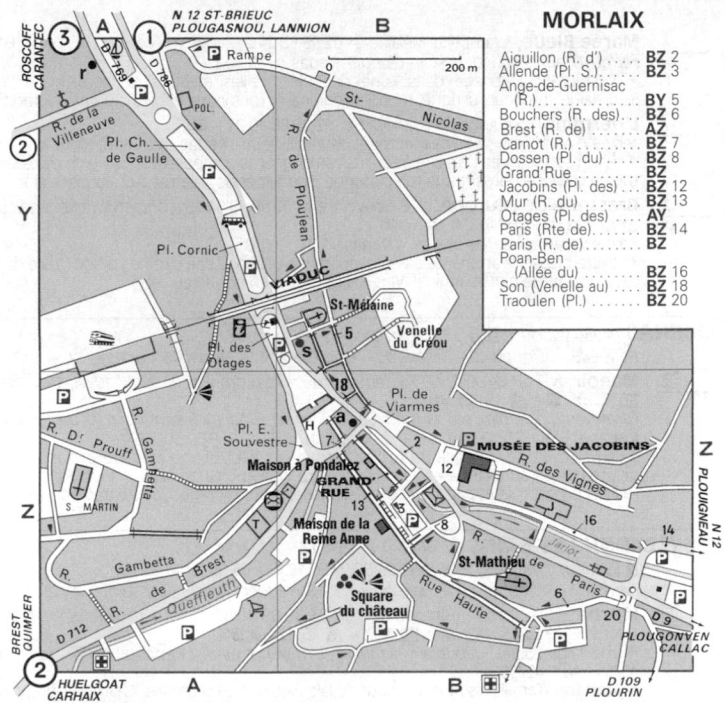

MORLAIX

Aiguillon (R. d')	**BZ** 2
Allende (Pl. S.)	**BZ** 3
Ange-de-Guernisac (R.)	**BY** 5
Bouchers (R. des)	**BZ** 6
Brest (R. de)	**AZ**
Carnot (R.)	**BZ** 7
Dossen (Pl. du)	**BZ** 8
Grand'Rue	**BZ**
Jacobins (Pl. des)	**BZ** 12
Mur (R. du)	**BZ** 13
Otages (Pl. des)	**AY**
Paris (Rte de)	**BZ** 14
Paris (Pl. de)	**BZ**
Poan-Ben (Allée du)	**BZ** 16
Son (Venelle au)	**BZ** 18
Traoulen (Pl.)	**BZ** 20

Europe sans rest, 1 r. Aiguillon ℰ 02 98 62 11 99, *reservations@hotel-europe-com.fr*, Fax 02 98 88 83 38 – 🛗 📺 📞 – 🔬 25. 🖭 ⑨ ☖
BZ a
fermé vacances de Noël – ⊒ 8 – **56 ch** 55/110.
♦ De belles boiseries sculptées du 17e s. ornent le hall et l'escalier de cet édifice bicentenaire. Les chambres sont actuelles et très diversement meublées.

Fontaine, ZA la Boissière par ① *et rte Lannion : 3 km* ℰ 02 98 62 09 55, Fax 02 98 63 82 51 – 📺 📞 🅿 – 🔬 20. 🖭 ☖. ✀
fermé 17 déc. au 9 janv. – **Repas** (fermé sam. et dim.) 11,50/28 – ⊒ 7 – **37 ch** 43/46 – ½ P 40.
♦ Commodes pour l'étape, les chambres de ce bâtiment moderne situé en léger retrait d'une route passante sont pratiques et rénovées progressivement. Bonne insonorisation. Salle à manger actuelle, agréablement lumineuse, où l'on sert des plats traditionnels.

Les Bruyères sans rest, par rte de Plouigneau Est sur D 712 : 3 km ✉ 29610 Plouigneau ℰ 02 98 88 00 68, *hotellesbruyeres@wanaddo.fr*, Fax 02 98 88 66 54, ✿ – 📺 📞 🅿 – 🔬 20. ☖
fermé mi-déc. à mi-janv. – ⊒ 6,50 – **32 ch** 39/59.
♦ Construction basse au style caractéristique des années 1970. Chambres refaites avec soin au rez-de-chaussée, plus simples et plus anciennes à l'étage, mais très bien tenues.

Port sans rest, 3 quai de Léon ℰ 02 98 88 07 54, *info@hotelduport.com*, Fax 02 98 88 43 80 – 📺 📞 🖭 ⑨ ☖. ✀
AY r
fermé 24 déc. au 4 janv. – ⊒ 7 – **25 ch** 50/68.
♦ Maison bretonne du 19e s. face au port de plaisance. Les chambres, simples, adoptent peu à peu un décor plus personnalisé ; certaines ont vue sur les quais et sur le viaduc.

Campanile, Z.A. du Launay par r. de la Villeneuve **AY** *Ouest : 3 km* ℰ 02 98 63 34 63, *morl aix.stmartin@campanile.fr*, Fax 02 98 63 35 66, 🍽 – ✀ 📺 📞 🕭 🅿 – 🔬 20. 🖭 ⑨ ☖
Repas (12,50) - 16,50/18,50, enf. 6 ⍻ – ⊒ 6,50 – **49 ch** 60.
♦ En léger retrait de la route, hôtel récent aux chambres fonctionnelles conformes aux standards de la chaîne ; elles sont rafraîchies peu à peu. Tenue rigoureuse. Avec son sage décor agreste, ce restaurant ne déroge pas aux préceptes "Campanile". La carte itou.

✗ **Marée Bleue,** 3 rampe St-Mélaine, ℰ 02 98 63 24 21 – ⟨GB⟩   BY   s
⊝⊝ *fermé 1ᵉʳ au 25 oct., dim. soir et lundi* – **Repas** 14/36,50 ⟨Y⟩.
   ◆ Restaurant aménagé dans l'une des plus vieilles maisons du secteur de l'église St-Mélaine. Intérieur rustique, mobilier régional et tons jaune et bleu. Cuisine traditionnelle.

✗ **L'Hermine,** 35 r. Ange de Guernisac, ℰ 02 98 88 10 91 – ⟨GB⟩
fermé 4 au 18 janv., dim. midi et merc. sauf juil.-août – **Repas** carte environ 16 ⟨⟩.
   ◆ Poutres, tables en bois ciré et objets campagnards composent le cadre de cette sympathique crêperie bordant une rue piétonne. Spécialités de galettes aux algues fraîches.

✗ **Brasserie de l'Europe,** pl. E. Souvestre, ℰ 02 98 88 81 15, contact@brasseriedeleurope
⊝⊝ .com, Fax 02 98 63 47 24, ⌂ – ⟨GB⟩
fermé vacances de fév. et dim. – **Repas** 11/14, enf. 8 ⟨Y⟩.
   ◆ Cette brasserie attenante à l'hôtel éponyme propose une cuisine ad hoc servie dans un cadre moderne plutôt original. Vins à la bouteille, en pot ou au verre.

MORNAS 84550 Vaucluse 𝟛𝟛𝟚 B8 G. Provence – 2 209 h alt. 37.
   Paris 646 – Avignon 40 – Bollène 12 – Montélimar 47 – Nyons 46 – Orange 12.

🏠 **Manoir,** N 7 ℰ 04 90 37 00 79, lemanoir@ifrance.com, Fax 04 90 37 10 34, ⌂ – ▤ rest,
⟨TV⟩ ⟨⟩ ⟨⟩ **P** – ⟨⟩ 15. ⟨AE⟩ ⟨GB⟩
fermé janv., fév., dim. soir et lundi de sept. à mai, lundi midi et mardi midi de juin à août –
Repas 17 (déj.), 25/43, enf. 8 ⟨Y⟩ – ⟨⟩ 7 – **25 ch** 48/55 – ½ P 53,50/57.
   ◆ Au pied d'une vertigineuse falaise portant la célèbre forteresse, belle demeure bourgeoise (18ᵉ s.) au charme et au cachet "rétro". Chambres de styles variés. Salle à manger rustico-provençale et patio-terrasse délicieusement ombragé. Cuisine traditionnelle.

MORSBRONN-LES-BAINS 67360 B.-Rhin 𝟛𝟙𝟝 K3 – 522 h alt. 200.
   🛈 Syndicat d'initiative, mairie ℰ 03 88 09 30 18, Fax 03 88 09 48 25.
   Paris 489 – Strasbourg 44 – Haguenau 11 – Sarreguemines 68 – Wissembourg 28.

🏠 **Marne,** 19 rte Haguenau ℰ 03 88 09 30 53, info@hoteldelamarne.com,
Fax 03 88 09 35 65, ⌂ , ⟨⟩ – ⟨TV⟩ ⟨⟩ **P** – ⟨⟩ 15. ⟨AE⟩ ⟨⟩ ⟨GB⟩
fermé 12 au 25 juil., début janv. à mi-fév., dim soir et lundi – **Repas** 21/55 ⟨Y⟩ – ⟨⟩ 8 – **19 ch**
40/55 – ½ P 45/55.
   ◆ Hôtellerie familiale située au coeur de la petite station thermale. Chambres progressivement rénovées dans des tons pastel. Cuisine inventive servie dans une spacieuse salle à manger.

MORTAGNE-AU-PERCHE ⟨SP⟩ 61400 Orne 𝟛𝟙𝟘 M3 G. Normandie Vallée de la Seine – 4 513 h
alt. 260.
   Voir Boiseries★ de l'église N.-Dame.
   🛈 De Bellême St-Martin à Bellême ℰ 02 33 73 12 79, S : 17 km par D 938.
   🛈 Office de tourisme, place Gal de Gaulle ℰ 02 33 85 11 18, Fax 02 33 83 76 76, office-mortagne@wanadoo.fr.
   Paris 153 – Alençon 39 – Chartres 80 – Lisieux 89 – Le Mans 73 – Verneuil-sur-Avre 40.

🏠 **Tribunal** ⟨⟩, 4 pl. Palais ℰ 02 33 25 04 77, hotel.du.tribunal@wanadoo.fr,
Fax 02 33 83 60 83, ⌂ – ⟨TV⟩ ⟨⟩. ⟨AE⟩ ⟨GB⟩. ⟨⟩ ch
Repas 17/36 ⟨Y⟩ – ⟨⟩ 8 – **21 ch** 49/98 – ½ P 50/60.
   ◆ Cette ravissante maison (13ᵉ et 18ᵉ s.) abrite des chambres calmes et colorées ; quatre d'entre elles sont particulièrement soignées. Plaisant restaurant campagnard et paisible terrasse ; on y déguste, entre autres, le boudin noir, spécialité mortagnaise.

au Pin-la-Garenne Sud : 9 km par rte Bellême sur D 938 – 639 h. alt. 158 – ✉ 61400 Mortagne-au-Perche :

✗ **Croix d'Or,** ℰ 02 33 83 80 33, restaurant-croixdor@wanadoo.fr, Fax 02 33 83 06 03 – **P**.
⊝⊝ ⟨GB⟩
fermé 11 au 17 oct., 17 au 30 janv., 14 au 27 fév., dim. soir et mardi soir de sept. à juin et merc. – **Repas** 11/40, enf. 7 ⟨Y⟩.
   ◆ Accueillante auberge bordant la traversée du village. En hiver, la cheminée réchauffe la salle à manger sobrement rustique. Cuisine simple et généreuse.

MORTAGNE-SUR-GIRONDE 17120 Char.-Mar. 𝟛𝟚𝟜 F7 G. Poitou Vendée Charentes – 967 h
alt. 51.
   Voir Chapelle★ de l'Ermitage St-Martial S : 1,5 km.
   🛈 Office de tourisme, 1 place des Halles ℰ 05 46 90 52 90, Fax 05 46 90 52 90, mortagne.
s.g.otsi@wanadoo.fr.
   Paris 509 – Blaye 59 – Jonzac 30 – Pons 26 – La Rochelle 115 – Royan 34 – Saintes 36.

Auberge de la Garenne ⍔, 3 impasse de l'Ancienne Gare ℰ 05 46 90 63 69, Fax 05 46 90 50 93, 🐣, 🏖, 🚗 – 📺 **P**. 🌐
fermé 25 sept. au 18 oct., 22 déc. au 18 janv., dim. soir et lundi du 15 sept. au 1ᵉʳ juin –
Repas 15/34, enf. 7 ♈ – ☕ 6,10 – **11 ch** 39,70/50 – ½ P 41,50/44.
   ♦ Cette auberge se tenant prudemment à l'écart de la circulation abrite des chambres refaites. Celles de l'annexe, en rez-de-jardin, sont plus spacieuses. Le restaurant de style campagnard occupe l'ancienne gare du village. Plats traditionnels et régionaux.

MORTAGNE-SUR-SÈVRE 85290 Vendée 🟥🟦🟦 K6 *G. Poitou Vendée Charentes* – 5 938 h alt. 115.
🅱 Office de tourisme, avenue de la Gare ℰ 02 51 65 11 32, Fax 02 51 65 56 68, tourisme@cc-canton-mortagne-sur-sevre.fr.
Paris 362 – Angers 74 – Bressuire 41 – Cholet 10 – Nantes 65 – La Roche-sur-Yon 61.

France, pl. Dr Pichat ℰ 02 51 65 03 37, hmortagne@aol.com, Fax 02 51 65 27 83, 🐣, 🏖, 🚗 – 📶, 🍽 rest, 📺 **P**. – 🏛 15 à 40. 🅰🅴 🌐. 🍽 rest
fermé le week-end du 15 oct. au 1ᵉʳ mai – **Taverne** *(fermé sam. midi et dim. soir d'oct. à mai)* **Repas** 27,50/49,70, enf. 10 ♈ – **Petite Auberge** *(fermé sam. midi et dim. soir d'oct. à mai)* **Repas** 13,50(déj)/17, enf. 10 ♈ – ☕ 7,50 – **23 ch** 53 – ½ P 54.
   ♦ Ce relais de poste dont l'origine remonterait au 17ᵉ s. vous convie dans des chambres garnies de meubles de style. Original décor "haute époque" et cuisine classique à la Taverne. Jolie petite salle "rétro", plat du jour et carte courte à la Petite Auberge.

MORTEAU 25500 Doubs 🟥🟦🟦 J4 *G. Jura* – 6 375 h alt. 780.
🅱 Office de tourisme, place de la Halle ℰ 03 81 67 18 53, Fax 03 81 67 62 34, ot-si.morteau@wanadoo.fr.
Paris 468 – Besançon 65 – Basel 121 – Belfort 88 – Neuchâtel 42 – Pontarlier 31.

XX **Auberge de la Roche** (Feuvrier), au Pont de la Roche Sud-Ouest : 3 km par D 437
✉ 25570 Gd Combe Chateleu ℰ 03 81 68 80 05, pfeuvrier@wanadoo.fr,
Fax 03 81 68 87 64, 🐣, 🚗 – **P**. 🌐
fermé 29 juin au 12 juil., 20 au 27 sept., 10 au 28 janv., dim. soir, mardi soir et lundi. – **Repas** 23,50/75 et carte 58 à 70 ♈.
   ♦ Accueil chaleureux et cuisine franc-comtoise actualisée ont fait la renommée de ce restaurant situé dans la verte campagne du Haut-Doubs. Apéritif et café servis en terrasse.
Spéc. Escalope de foie d'oie rôti. Tarte fine de Saint-Jacques, beurre de homard (sept. à mars). Dos de bar rôti, sabayon à l'absinthe de Pontarlier. **Vins** Côtes du Jura, Arbois.

Grand'Combe-Châteleu Sud-Ouest : 5 km par D 437 et D 47 – 1 266 h. alt. 760 – ✉ 25570 .
Voir *Fermes anciennes★*.

XX **Faivre**, ℰ 03 81 68 84 63, Fax 03 81 68 87 80 – 🌐
fermé août, dim. soir et lundi – **Repas** 17 bc (déj.), 20/60 ♈.
   ♦ Grande maison comtoise dans un hameau pittoresque aux belles fermes anciennes. Frais intérieur rustique où l'on déguste, par exemple, le célèbre "Jésus" de Morteau.

aux Combes Ouest : 7 km par D 48 et rte secondaire – 598 h. alt. 935 – ✉ 25500

Auberge de la Motte ⍔, la Motte ℰ 03 81 67 23 35, Fax 03 81 67 63 45, 🐣, 🚗 – 📺 – 🌐
fermé du 20 nov. au 10 déc. – **Repas** 14/40, enf. 6,50 ♈ – ☕ 6 – **7 ch** 36/46 – ½ P 37/46.
   ♦ Ferme de style régional bâtie en 1808 et récemment restaurée pour accueillir des chambres agrémentées de boiseries et garnies de meubles contemporains. La salle à manger rustique sert de cadre à une carte qui panache recettes du terroir et plats traditionnels.

MORTEMART 87330 H.-Vienne 🟥🟦🟦 C4 *G. Berry Limousin* – 126 h alt. 300.
🅱 Syndicat d'initiative, Château des Ducs ℰ 05 55 68 98 98.
Paris 388 – Limoges 41 – Bellac 14 – Confolens 31 – St-Junien 20.

XX **Relais** avec ch, ℰ 05 55 68 12 09, 🐣 – 📺. 🌐
fermé fév., mardi sauf 15 juil. au 31 août et merc. – **Repas** 16,30/37, enf. 9,30 ♈ – ☕ 6,90 – **5 ch** 40,20/61,80.
   ♦ Sympathique restaurant campagnard (pierres apparentes, cheminée, poutres), face aux jolies halles en bois. Goûteuse cuisine traditionnelle. Chambres simples mais coquettes.

Ecrivez-nous...

Vos louanges comme vos critiques seront examinées avec le plus grand soin.
Nous reverrons sur place les informations que vous nous signalez.
Par avance merci !

MORZINE 74110 H.-Savoie **328** N3 *G. Alpes du Nord – 2 948 h alt. 960 – Sports d'hiver : 1 000/ 2 100 m ⸦ 6 ⸦ 61 ⸦.*

Voir *le Pléney★ par téléphérique, pointe du Nyon★ par téléphérique – Télésiège de Cha-mossière★★.*

⸦ à Avoriaz ℰ 04 50 74 11 07, E : 12 km par D 338.

🏢 *Office de tourisme* ℰ 04 50 74 72 72, Fax 04 50 79 03 48, touristoffice@morzine-avoriaz.com.

Paris 586 ② – Thonon-les-Bains 31 ① – Annecy 84 ② – Cluses 26 ② – Genève 58 ②.

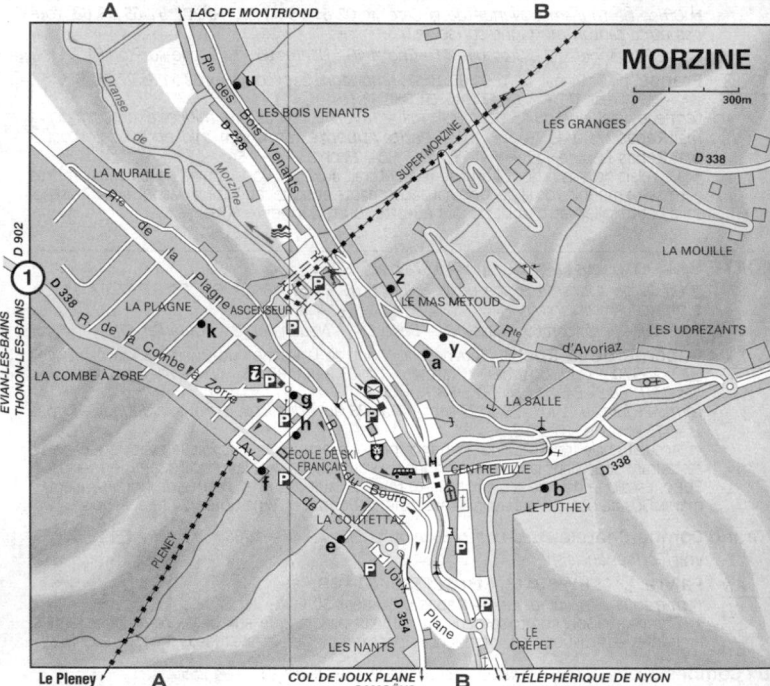

A **LAC DE MONTRIOND** B
MORZINE
0   300m

EVIAN-LES-BAINS
THONON-LES-BAINS
D 902

Le Pleney A **COL DE JOUX PLANE** B **TÉLÉPHÉRIQUE DE NYON**
SAMOËNS

🏨 **Samoyède**, ℰ 04 50 79 00 79, info@hotel-lesamoyede.com, Fax 04 50 79 07 91, ≤, 🍴
🌿 – 🛗 📺 🅿 🆎 🄾 🆑 🅹🅲🅱, ✵ rest   B
mi-juin-mi-sept. et mi-déc.-mi-avril – **Repas** *(fermé mardi sauf fériés)* 23/53, enf. 11 –
⸰ 11 – **26 ch** 65/290 – ½ P 96/143.

♦ Grand chalet à la façade ornée de fresques. Spacieuses et jolies chambres lambrissées pour la plupart orientées plein Ouest, face aux pistes de ski. Belles salles à manger e véranda ; cuisine au goût du jour et spécialités fromagères. Espace brasserie.

🏨 **Dahu** ♨, ℰ 04 50 75 92 92, info@dahu.com, Fax 04 50 75 92 50, ≤, 🍴, 🎱, ⛲, 🏊, 🍴
🛗 📺 ❤ 🅿, 🆑, ✵ rest   B
20 juin-10 sept. et 20 déc.-10 avril – **Repas** *(fermé mardi en hiver)* (dîner seul. en hiver
25/45 – ⸰ 12 – **32 ch** 110/220, 4 suites, 4 duplex – ½ P 120/140.

♦ Sur la rive droite de la Dranse, hôtel dominant la vallée. Chambres montagnardes e "cosy" (souvent avec balcons) ; salon-cheminée. Cyberespace et nombreuses activités Restaurant panoramique décoré de pierres apparentes et de bois clair.

🏨 **Champs Fleuris**, ℰ 04 50 79 14 44, info@hotel-champsfleuris.fr, Fax 04 50 79 27 75, ≤
🍴, 🎱, 🏊, ⛲, ✵ – 🛗 📺 ⟲ – 🅰 30. 🆎 🆑, ✵ rest   A
23 juin-7 sept. et 21 déc.-15 avril – **Repas** 23 (déj.), 28/80 ⸦ – ⸰ 9 – **47 ch** 130/200, 6 suite
– ½ P 102/148.

♦ Idéalement situé au pied du téléphérique du Pléney, hôtel dont les chambres, souven spacieuses, offrent différents niveaux de confort. Salon-cheminée avec vue sur les piste Cuisine traditionnelle servie dans une salle à manger aux murs lambrissés.

🏠 **Bergerie** sans rest, ℰ 04 50 79 13 69, *info@hotel-bergerie.com*, Fax 04 50 75 95 71, ≤,
Ⅰ₅, ⅃, 🞕 – 🛎 cuisinette 📺 🚗, GB   B h
26 juin-12 sept. et 15 déc.-25 avril – ⌂ 10 – **5 ch** 80/140, 22 studios 120/220.
♦ Un chalet engageant à l'ambiance jeune et familiale ; on s'y sent "comme à la maison" !
Décoration dans la meilleure tradition alpine. Piscine chauffée toute l'année.

🏠 **Chalet Philibert,** ℰ 04 50 79 25 18, *info@chalet-philibert.com*, Fax 04 50 79 25 81, ≤,
🞕, Ⅰ₅, ⅃, – 📺 📞 & 🅿. 🅰🅴 rest   B b
Restaurant du Chalet *(fermé 15 avril au 18 juin et 5 sept. au 10 déc.)* **Repas** 30 bc/48 ♀ –
⌂ 10 – **18 ch** 78/222 – ½ P 76/107.
♦ Chalet rénové dans le respect de la tradition savoyarde à partir de matériaux anciens
glanés dans les fermes voisines. Chambres confortables, souvent pourvues de balcons.
Atmosphère chaleureuse dans la salle à manger boisée. Cuisine au goût du jour.

🏠 **Clef des Champs,** av. Joux-Plane ℰ 04 50 79 10 13, *hotel@clefdeschamps.com*,
Fax 04 50 79 08 18, ≤, 🞕, Ⅰ₅, ⅃, 🞕 – 🛎 📺 & 🅿 – 🔬 20. 🛇 rest   B e
25 juin-5 sept. et 18 déc.-15 avril – **Repas** 23/25 – ⌂ 8,50 – **30 ch** 55/75 – ½ P 62/75.
♦ Au pied des pistes, chalet dont la façade est ornée de balcons en bois découpé comme
de la dentelle. Les chambres, sobres et bien tenues, sont progressivement refaites. Parquet, plafond et murs : le chêne brossé est omniprésent dans la nouvelle salle à manger.

🏠 **Hermine Blanche** 🞕, ℰ 04 50 75 76 55, *info@hermineblanche.com*,
Fax 04 50 74 72 47, ≤, 🞕, Ⅰ₅, ⅃, 🞕 – 🛎 📺 🅿. GB. 🛇 rest   B y
1er juil.-31 août et 20 déc.-24 avril – **Repas** (dîner seul.) (1/2 pens. seul.) 17 – ⌂ 7 – **25 ch**
53/75 – ½ P 60/66.
♦ Proche de la route d'Avoriaz, avenante adresse disposant de chambres simples, fraîches
et accueillantes (toutes avec balcon). Agréable piscine demi-couverte face au jardin.

🏠 **Fleur des Neiges,** ℰ 04 50 79 01 23, *fleurneige@aol.com*, Fax 04 50 75 95 75, 🞕, Ⅰ₅,
⅃, 🞕, ℀ – 🛎 📺 🅿. GB. 🛇 rest   A k
1er juil.-4 sept. et 18 déc.-10 avril – **Repas** (dîner seul. en hiver) 20/25 ♀ – ⌂ 8 – **33 ch** 56/94
– ½ P 73.
♦ Fitness, sauna, tennis, piscine : un hôtel en adéquation avec cette station mariant sport
et détente. Chambres rajeunies, "cosy" et dotées de meubles en pin. En hiver, salle à
manger lambrissée. En été, service dans le jardin. Menu unique.

🏠 **Les Côtes** 🞕, ℰ 04 50 79 09 96, *info@hotel-lescotes.com*, Fax 04 50 75 97 38, ≤, Ⅰ₅, ⅃,
🞕, ℀ – 🛎 cuisinette 📺 🚗 🅿. 🛇 rest   B a
1er juil. et 18 déc.-6 avril – **Repas** (dîner seul.) (résidents seul.) 16/20 – ⌂ 7 – **4 ch**
54/58, 19 studios 69/99 – ½ P 58/60.
♦ Ce double chalet aux balcons de bois découpé jouit d'une bonne exposition côté adret.
Chambres-studios sobres et bien tenues. Nombreux loisirs ; belle piscine sous verrière.

🏠 **Ours Blanc** 🞕, ℰ 04 50 79 04 02, Fax 04 50 75 97 82, ≤, ⅃, 🞕 – 📺 🅿. GB. 🛇 rest
28 juin-5 sept. et 18 déc.-2 avril – **Repas** (résidents seul.) 18/22 – ⌂ 8 – **22 ch** 36/60 –
½ P 52/60.   A u
♦ Chalet standard situé à l'écart du centre, face au Sud. La plupart des chambres sont
refaites dans un style alpin sobre, mais agréable ; quelques balcons. Accueil familial.

à Avoriaz *Est : 14 km par D 338* – ✉ 74110 :
🛈 Office de tourisme, place Centrale ℰ 04 50 74 02 11, Fax 04 50 74 24 29, *info@avoriaz.
com*.

🏠 **Les Dromonts** 🞕, accès piétonnier ℰ 04 50 74 08 11, *info@christophe-leroy.com*,
Fax 04 50 74 02 79, ≤ – 🛎 📺 📞. 🅰🅴 GB
15 déc.-21 avril – **Christophe Leroy** (dîner seul.) **Repas** 64, enf. 18 ♀ – **Table du Marché :**
Repas 29, enf. 15 – **31 ch** (1/2 pens. seul.) – ½ P 115/350.
♦ Chambres contemporaines et "cosy", salons intimes, bar et cheminée design : le my-
thique hôtel (1965) du "Brasilia des neiges", rénové, est de nouveau une bonne adresse !
Élégant restaurant ; plats au goût du jour. Ardoise de suggestions à la Table du Marché.

MOSNAC *17 Char.-Mar.* **324** *G6 – rattaché à Pons.*

MOTHERN *67470 B.-Rhin* **315** *M3 – 1 933 h alt. 115.*
🛈 Office de tourisme, 7 rue du Kabach ℰ 03 88 94 86 67, Fax 03 88 94 84 75, *office.tou
risme.mothern@wanadoo.fr.*
Paris 512 – Strasbourg 57 – Haguenau 33 – Karlsruhe 28 – Wissembourg 25.

🏠 **A L'Ancre,** 2 rte Lauterbourg ℰ 03 88 94 81 99, *irenepaul2@libertysurf.fr*,
Fax 03 88 54 67 74, 🞕 – 📺 📞 & 🅿. 🔬 15. GB. 🛇
fermé 1er au 15 mars et 1er au 15 nov. – **Repas** (fermé jeudi et vend.) 18/29 ♀ – ⌂ 8 – **16 ch**
37/46 – ½ P 38.
♦ Village ancien connu pour sa vocation batelière. Derrière un bâtiment à pans de bois,
une aile récente abrite les chambres, fraîches et pratiques. Pour vous restaurer : tartes
flambées à la winstub ou confortable salle à manger et recettes plus classiques.

La MOTTE-AU-BOIS 59 Nord 302 D3 – rattaché à Hazebrouck.

MOTTEVILLE 76 S.-Mar. 304 F4 – rattaché à Yvetot.

MOUANS-SARTOUX 06370 Alpes-Mar. 341 C6 – 8 889 h alt. 120.

🛈 Office de tourisme, 258 avenue de Cannes ℘ 04 93 75 75 16, Fax 04 92 92 09 16, tourisme@mouans-sartoux.com.

Paris 904 – Cannes 9 – Antibes 15 – Grasse 8 – Mougins 3 – Nice 32.

✗ **Relais de la Pinède,** rte La Roquette-sur-Siagne 1,5 km par D 409 ℘ 04 93 75 28 29, 🍴 – 🅿 GB

fermé 15 au 30 nov., 15 au 30 juin, lundi soir, mardi soir et merc. – **Repas** (prévenir) 18/26.
♦ Construction de style chalet où l'on vous servira "à la bonne franquette" une cuisine classique dans l'agreste salle des repas ou sur l'agréable terrasse à l'ombre des pins.

MOUCHARD 39330 Jura 321 E5 – 1 018 h alt. 285.

Paris 397 – Besançon 38 – Arbois 10 – Dole 35 – Lons-le-Saunier 48 – Salins-les-Bains 9.

✗✗ **Chalet Bel'Air** avec ch, ℘ 03 84 37 80 34, tourisme@waldalmour.com, Fax 03 84 73 81 18, 🍴 – 🗏 rest, 📺 🅿 🆎 ⓪ GB

fermé 23 au 30 juin, 24 nov. au 15 déc., dim. soir et merc. sauf vacances scolaires – **Repas** 41/70,50, enf. 13 ♀ **Rôtisserie :** Repas carte environ 26, enf. 13 ♀ – ⚌ 7,70 – **9 ch** 45/76 – ½ P 53/67,70.

♦ La confortable salle à manger et l'accueil attentionné font de cet établissement situé au coeur de la Franche-Comté une étape agréable. À la Rôtisserie, les viandes sont rôties sous vos yeux dans l'imposante cheminée ; terrasse en surplomb de la route.

Michelin n'accroche pas de panonceau aux hôtels et restaurants qu'il signale.

MOUDEYRES 43150 H.-Loire 331 G4 – 104 h alt. 1177.

Paris 565 – Aubenas 64 – Langogne 58 – Le Puy-en-Velay 26.

🏠 **Pré Bossu** ⌘, ℘ 04 71 05 10 70, Fax 04 71 05 10 21, 🍴 – ⌿ 🅿 GB. ✻

11 avril-31 oct. et fermé le midi sauf dim. et feriés – **Repas** 38/58 – ⚌ 15 – **6 ch** 140 – ½ P 105/130.

♦ Ravissante chaumière en pierres située à l'entrée d'un pittoresque village montagnard. Chambres personnalisées et "cosy", avec vue sur la nature. L'adresse est non-fumeurs. Joli restaurant campagnard ; plats préparés avec les produits du potager et du terroir.

MOUGINS 06250 Alpes-Mar. 341 C6 G. Côte d'Azur – 16 051 h alt. 260.

Voir Site★ – Ermitage N.-D. de Vie : site★, ⩽★ SE : 3,5 km – Musée de l'Automobiliste★ NO : 5 km.

🛈 Office de tourisme, 15 avenue Jean-Charles Mallet ℘ 04 93 75 87 67, Fax 04 92 92 04 03, dircom@mougins-coteazur.org.

Paris 902 – Cannes 8 – Antibes 13 – Grasse 12 – Nice 31 – Vallauris 8.

🏨 **Mas Candille** ⌘, bld C. Rebuffel ℘ 04 92 28 43 43, info@lemascandille.com, Fax 04 92 28 43 40, ⩽, 🍴, 🏊, Ⅰ₆, 🏊, ⩍ – 🗏 📺 ℃ & ⌿🅿 – 🔏 40. 🆎 ⓪ GB 🔠

fermé 3 au 24 janv. – **Candille** (fermé lundi midi et au déjeuner en juil.-août) **Repas** 38(déj.), 60/85 – **Pergola** (Pâques-fin sept.) (déj. seul. hors saison) **Repas** 30 – ⚌ 23 – **40 ch** 486/678.

♦ Superbe mas du 18ᵉ s. et sa bastide récente au coeur d'un ravissant parc (4 ha) aux essences méridionales. Chambres raffinées, calme garanti. Spa "japonisant". Coquet restaurant et délicieuse terrasse au Candille. Repas au bord de la piscine à La Pergola.

🏨 **Mougins** ⌘, 205 av. Golf (rte Antibes) 2,5 km ℘ 04 92 92 17 07, info@hotel-de-mougins. com, Fax 04 92 92 20 57, 🍴, 🏊, 🍴, ⩍ – ⌿🗏 📺 ℃ & 🅿 – 🔏 30. 🆎 ⓪ GB

Repas (fermé 27 nov. au 27 déc. et dim. de nov. à mars) 22 bc (déj.), 26/52 ♀ – **51 ch** ⚌ 254 – ½ P 147.

♦ Hôtel dont les chambres, spacieuses et délicieusement provençales, occupent des mas dispersés dans un jardin fleurant bon la lavande et le romarin. Plaisante salle à manger complétée aux beaux jours par sa terrasse ombragée d'un vieux frêne.

🏨 **Arc Hôtel,** rte Valbonne : 2 km ℘ 04 93 75 77 33, infos@arc-hotel.com, Fax 04 92 92 20 55, 🍴, Ⅰ₆, 🏊, ⩍, ✖ – 🅿 ℃🅿 – 🔏 40. 🆎 ⓪ GB. ✻ rest

Repas (fermé sam. et dim.) 19/32 ♀ – ⚌ 8 – **45 ch** 106/300 – ½ P 88.

♦ Hôtel des années 1980 à la tenue rigoureuse. Les chambres, fonctionnelles et dotées de balcon ou terrasse, sont plus calmes côté jardin ; certaines profitent d'une rénovation. Cuisine simple servie dans une sobre salle et en terrasse, au bord de la piscine.

ⅩⅩⅩⅩ ✿ **Moulin de Mougins** (Llorca) avec ch., à Notre-Dame-de-Vie, Sud-Est : 2,5 km par D 3 ℰ 04 93 75 78 24, *info@moulin-mougins.com*, Fax 04 93 90 18 55, 🍽, 🌳 – 🗏 TV 🖭 📞 🅿.
🌆 ⓘ GB
Repas *(fermé lundi)* 58 bc (déj.), 150 et carte 100 à 130 ♈ – 🖵 20 – **3 ch** 140/190, 4 suites 300/330.
♦ "Cuisine du soleil" à savourer dans un moulin à huile du 16ᵉ s. Le restaurant s'ouvre sur un jardin parfumé agrémenté de sculptures modernes, oeuvres d'artistes célèbres.
Spéc. Morue de Bilbao et bolognaise de piperade. Canon d'agneau rôti, fraîcheur de socca. Barre de citron vert banane en velours de chocolat blanc. **Vins** Côtes de Provence, Bellet.

ⅩⅩⅩ **Ferme de Mougins,** 10 av. St Basile ℰ 04 93 90 03 74, *accueil@lafermedemougins.fr*, Fax 04 92 92 21 48, 🍽, 🌳 – 🗏 🅿. 🌆 GB
fermé janv., dim. soir hors saison et lundi – **Repas** 30 (déj.), 45/65 et carte 66 à 88.
♦ Ancien corps de ferme entouré d'un luxuriant jardin traversé par le canal de la Siagne. Belle salle à manger rustique, véranda et agréable terrasse. Cuisine au goût du jour.

ⅩⅩ **Terrasse et Hôtel du Village** 🦌 avec ch, 31 bd Courteline ℰ 04 92 28 36 20, *laterrass eamougins@lemel.fr*, Fax 04 92 28 36 21, ≤ baie de Cannes, 🍽 – 🗏 rest, TV. 🌆 GB
Repas *(fermé janv., mardi midi, jeudi midi et lundi)* 25 (déj.), 42/59 ♈ – 🖵 15,50 – **4 ch** 85.
♦ Sur la terrasse ou près des baies de l'élégante salle provençale, vous jouirez d'une vue unique : campagne mouginoise, Cannes et Mercantour. Appétissante cuisine actuelle.

ⅩⅩ **Feu Follet,** au village, pl. Mairie ℰ 04 93 90 15 78, *battaglia@feu-follet.fr*, Fax 04 92 92 92 62, 🍽 – 🗏. 🌆 GB JCB
fermé mi-déc. à mi-janv., le midi et lundi sauf juil.-août et dim. midi – **Repas** 23 (déj.)/32 ♈.
♦ Maison avenante avec son agréable terrasse-trottoir dressée dans la rue piétonne. Plaisant décor actuel et tableaux contemporains. Quelques tables installées sur les balcons.

ⅩⅩ **Clos St-Basile,** à St-Basile (rte de Valbonne) ℰ 04 92 92 93 03, *an.muscat@wanadoo.fr*, Fax 04 92 92 19 34, 🍽 – 🅿. 🌆 GB
fermé jeudi midi et merc. sauf juil.-août – **Repas** 35/70 ♈.
♦ Pimpant cadre provençal et exposition-vente de peintures et sculptures modernes ; ce plaisant "restaurant-galerie" dispose aussi d'une belle terrasse ombragée de cyprès.

ⅩⅩ **L'Amandier de Mougins,** au village ℰ 04 93 90 00 91, *phone@ico.fr*, Fax 04 92 92 89 95, 🍽 – 🗏. 🌆 ⓘ GB
fermé 15 au 26 nov. – **Repas** 25 (déj.)/33.
♦ Pressoir du 14ᵉ s. (mécanisme) établi aux portes du vieux village cher à Picasso et Man Ray. Intérieur méridional agrémenté de mosaïques et de tableaux contemporains.

Ⅹ **Brasserie de la Méditerranée,** au village ℰ 04 93 90 03 47, Fax 04 93 75 72 83, 🍽 – 🗏. 🌆 GB
fermé 4 au 20 janv. et mardi de nov. à fin mars – **Repas** (prévenir) 22,80 (déj.), 28,90/42,30.
♦ Sur la pittoresque place centrale, sympathique restaurant au décor de style bistrot. Vous y goûterez une cuisine au goût du jour d'inspiration méditerranéenne.

Ⅹ **Bistrot de Mougins,** au village ℰ 04 93 75 78 34, Fax 04 93 75 25 52 – 🗏. 🌆 GB JCB
fermé 6 au 28 déc., sam. midi et merc. – **Repas** (prévenir)(dîner seul. en juil.-août) 19,90 (déj.), 29/41,50.
♦ Fraîche alternative aux incontournables terrasses mouginoises que ce petit restaurant-bistrot aménagé dans une agréable cave voûtée. Cuisine provençale.

MOULIN-DU-PONT 29 Finistère 🔢 G6 – *rattaché à Quimper.*

MOULINS 🅿 03000 Allier 🔢 H3 *G. Auvergne* – *21 892 h alt. 240.*

Voir Cathédrale Notre-Dame★ : triptyque★★★, vitraux★★ – Statue Jacquemart★ – Mausolée du duc de Montmorency★ *(chapelle de la visitation)* – Musée d'Art et d'Archéologie★★.
🏌 de Moulins-Les Avenelles à Toulon-sur-Allier ℰ 04 70 20 00 95, par ④ : 7 km.
🛈 Office de tourisme, 11 rue François Péron ℰ 04 70 44 14 14, Fax 04 70 34 00 21, o.t.moulins@wanadoo.fr.
Paris 294 ① – Bourges 101 ① – Clermont-Ferrand 105 ⑤ – Nevers 56 ① – Roanne 98 ④.

Plans page suivante

🏨 **Paris-Jacquemart,** 21 r. Paris ℰ 04 70 44 00 58, *hotel-de-paris.moulins@wanadoo.fr*, Fax 04 70 34 05 39, 🍽, ⚓ – 🛗, 🗏 rest, TV 📞 📞 🌆 ⓘ GB   DY p
Repas *(fermé 3 au 23 août, 2 au 17 janv., sam. midi, dim. soir et lundi)* 25 (déj.), 32,50/52 ♈ – 🖵 9 – **27 ch** 54/122 – ½ P 63,50/96,50.
♦ Non loin de la cathédrale, belle maison centenaire dont les confortables chambres adoptent progressivement mobilier moderne et couleurs "mode". Agréable jardin-piscine. Le restaurant a conservé son cachet d'antan : salon "british" et élégante salle à manger.

MOULINS

Allier (Pl. d') .... **CDZ**
Allier (R. d') .... **DYZ**
Alsace-Lorraine
  (Av. d') .... **BX** 3
Ancien-Palais (R.) .... **DY** 4
Bourgogne
  (R. de) .... **BV, DY** 6
Bréchimbault (R.) .... **DZ** 7
Cerf-Volant (R.) .... **BV** 8
Clermont-Ferrand
  (Rte de) .... **AX** 10
Desboutins (R.) .... **BX** 16
Fausses-Braies
  (R. des) .... **DY** 19
Flèche (R. de la) .... **DZ** 20
Grenier (R.) .... **DY** 25
Horloge (R. de l') .... **DZ** 26
Hôtel-de-Ville
  (Pl. de l') .... **DY** 27
Jeu-de-Paume
  (R. du) .... **BV** 28
Leclerc
  (Av. Gén.) .... **BX** 30
Libération (Av. de la) ... **AX** 31
Montilly (Rte de) .... **AX** 32
Orfèvres (R. des) .... **DY** 33
Pascal (R. Blaise-) ...... **CZ** 34
Péron (R. F.) .... **DY** 35
République (Av.) .... **BX** 36
Tanneries (R. des) .... **BV, DY** 38
Tinland (R.M.) .... **CY** 39
Vert-Galant
  (R. du) .... **CDY** 40
4-Septembre (R.) .... **DZ** 42

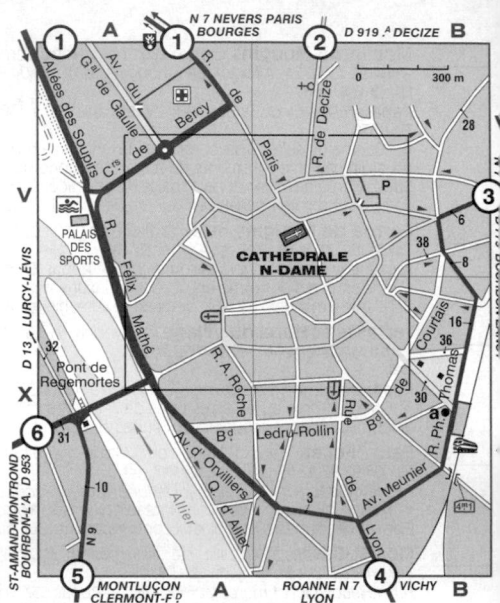

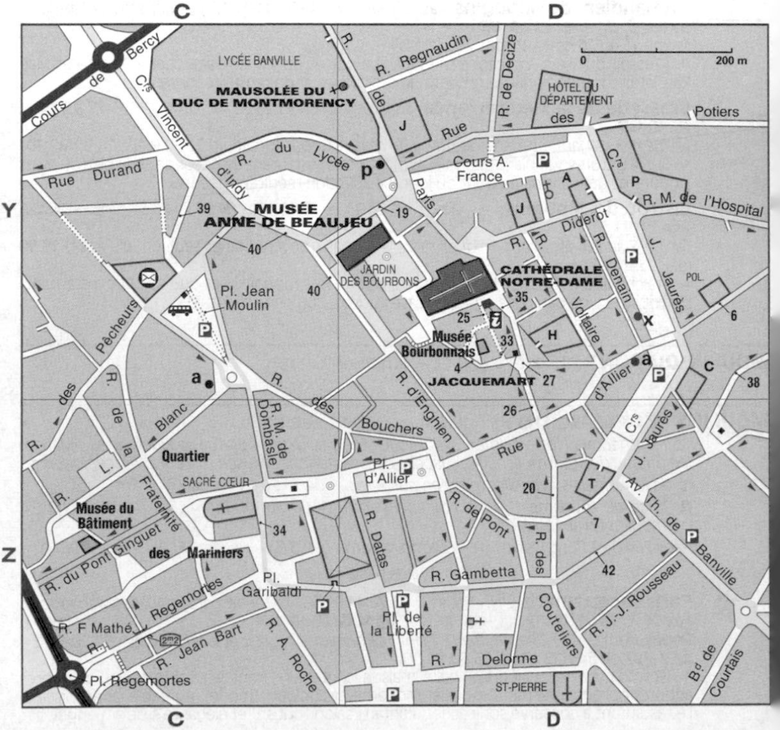

🏠 **Kyriad**, 9 pl. J. Moulin ℰ 04 70 35 50 50, *kyriad.moulins@free.fr*, Fax 04 70 35 50 60, 🐟 –
📺 🖳 🔧 🖪 – 🛗 15 à 100. 🖭 ⑩ 🖼️   **CY a**
Repas *(14)* - 16 ⵎ – ⵍ 6,50 – **42 ch** 52/60 – ½ P 42.

◆ Cet hôtel entièrement rénové propose des chambres fonctionnelles toutes semblables (meubles en bois clair et teintes chatoyantes) ; elles sont plus calmes sur l'arrière. Au restaurant, plats traditionnels et cadre joliment coloré. Sympathique petit bar à vins.

🏠 **Ibis**, rte Lyon, par ④ : *2 km* ℰ 04 70 46 71 12, *Fax 04 70 44 53 34* – ⵎ⵰ 🖳 📺 🔧 🖪 🖭 ⑩
🖼️

Repas *(diner seul.) (12)* - 15, enf. 6 ⵎ – ⵍ 6 – **43 ch** 59/64.

◆ Récente et pratique, cette adresse rendra service aux automobilistes parcourant la nationale 7. Petites chambres refaites selon les dernières normes de confort "Ibis". Salle à manger meublée sobrement. Repas sans surprise servis sous forme de buffets.

🏠 **Parc**, 31 av. Gén. Leclerc ℰ 04 70 44 12 25, *hotelrestaurant.leparc03@wanadoo.fr*,
Fax 04 70 46 79 35 – 🖳 rest, 📺 🔧 🖪 🖼️   **BX a**
fermé 9 au 25 juil. et 23 déc. au 4 janv. – **Repas** *(fermé dim. soir et sam.)* 17/37, enf. 9 🛗 –
ⵍ 7 – **28 ch** 36/60 – ½ P 44/46.

◆ À deux pas d'un parc verdoyant et de la gare, établissement où toute une famille se met en quatre pour rendre votre séjour agréable. Chambres simples et bien tenues. Salle à manger d'esprit rustique ou cadre plus actuel, égayé de chaises en bambou coloré.

XXX **Cours**, 36 cours J. Jaurès ℰ 04 70 44 25 66, *patrick.bourhy@wanadoo.fr*,
Fax 04 70 20 58 45 – 🖳. 🖼️   **DY x**
fermé 12 au 31 juil., 21 au 28 fév. et merc. – **Repas** 17/45 et carte 42 à 58, enf. 10 ⵎ.

◆ Dans le quartier des administrations, cette demeure tapissée de vigne vierge abrite deux élégantes salles à manger bourgeoises. Cuisine du terroir mise au goût du jour.

X **Toquée**, 97 r. Allier ℰ 04 70 35 01 60 – 🖳. 🖼️   **DY a**
fermé du 1er au 7 janv., sam. midi, dim. et lundi – **Repas** 21,50/24,70 ⵎ.

◆ Une adresse tout en couleurs : façade pimpante, intérieur joliment repeint, exposition de tableaux et tables rustiques sans nappage. Saveurs provençales dans l'assiette.

rte de Paris *par ① : 8 km* – ⊠ *03460 Trevol* :

🏨 **Mercure**, ℰ 04 70 46 84 84, *h0827-gm@accor-hotels.com*, Fax 04 70 46 84 80, 🐟, ⌇,
🏊 – 📺 ⵎ⵰ 📺 🖪 – 🛗 25 à 200. 🖭 ⑩ 🖼️
Repas *(fermé week-ends d'oct. à avril)* *(dîner seul.) (11,50)* - 16,50/21,50, enf. 8 ⵎ – ⵍ 9 –
41 ch 62/82,50 – ½ P 67,50.

◆ L'hôtel borde un axe passant, mais les chambres, simples et pratiques, tournent le dos à la route et sont toutes orientées vers le petit parc et la piscine. Au restaurant, décor fonctionnel et carte traditionnelle ; l'été, barbecues au bord de la piscine.

à Coulandon *par ⑥, D 945 et rte secondaire : 7 km* – *594 h. alt. 250* – ⊠ *03000* :

🏨 **Chalet** 🦌, ℰ 04 70 46 00 66, *hotel-chalet@cs3i.fr*, Fax 04 70 44 07 09, ≤, 🐟, ⌇, 🏊 – 📺
🔧 🖪 🖭 ⑩ 🖼️
fermé 1er déc. au 1er fév. – **Montégut :** Repas 18/39, enf. 10 ⵎ – ⵍ 9 – **28 ch** 65/80 –
½ P 58/64.

◆ En pleine campagne bourbonnaise, chalet entouré d'un beau parc centenaire avec étang (pêche). Les chambres, calmes et délicieusement provinciales, ne manquent pas de cachet. Sobre salle à manger actuelle. En saison, paisible terrasse ouverte sur la nature.

MOULINS-LA-MARCHE *61380 Orne* **310** *L3* – *774 h alt. 257.*
🖪 *Syndicat d'initiative, 1 Grande Rue* ℰ 02 33 34 45 98.
Paris 156 – L'Aigle 19 – Alençon 50 – Argentan 45 – Mortagne-au-Perche 17.

X **Dauphin**, ℰ 02 33 34 50 55, Fax 02 33 34 25 35, 🐟 – 🖭 🖼️ 🖼️
fermé 6 au 29 sept., 17 janv. au 2 fév., mardi soir, dim. soir et lundi – **Repas** 14 bc (déj.),
19,50/34, enf. 6,30 🛗.

◆ Le décor d'une des salles à manger et les spécialités glissées dans les menus nous entraînent vers l'Alsace : c'est la province d'origine du patron !

Le MOULLEAU *33 Gironde* **335** *D7* – *rattaché à Arcachon.*

MOURÈZE *34800 Hérault* **339** *F7* G. *Languedoc Roussillon* – *128 h alt. 200.*
Voir *Cirque*★★.
Paris 717 – Montpellier 50 – Bédarieux 22 – Clermont-l'Hérault 8.

🏠 **Navas "Les Hauts de Mourèze"** 🦌 *sans rest*, ℰ 04 67 96 04 84, Fax 04 67 96 25 85,
≤, ⌇, 🏊 – 🖪. 🖼️ 🎿
25 mars-1er nov. – ⵍ 5 – **16 ch** 45/60.

◆ Spacieuses chambres rustiques, sans téléphone ni T.V. pour plus de tranquillité, parc et le superbe cirque dolomitique à deux pas : adresse pour épris de calme et de nature.

MOURIÈS *13890 B.-du-R.* ▓▓▓ *E3 – 2 752 h alt. 13.*

🛈 *Office de tourisme, 2 rue du Temple* 𝒫 *04 90 47 56 58, Fax 04 90 47 67 33, office@mou ries.com.*

Paris 713 – Avignon 36 – Arles 29 – Marseille 75 – Martigues 38.

🏠 **Vallon du Gayet** ⌦, rte Servannes 𝒫 04 90 47 50 63, *wcarre@aol.com*, *Fax 04 90 47 64 31,* 🌣, 🦶, 🚗 – 🔲 📺 📞 & 🅿 ⓪ 🖸 . 🕸
Repas *(fermé lundi)* 25/29, enf. 11 – ☷ 10 – **20 ch** 87/99.
   ✦ Les chambres de ce mas récent niché au pied des Alpilles, à proximité du golf de Servannes, possèdent toutes une petite loggia de plain-pied avec le jardin. Grillades au feu de bois servies dans un cadre rustique. Terrasse à l'ombre d'un pin séculaire.

POINTE DE MOUSTERLIN *29 Finistère* ▓▓▓ *G7 – rattaché à Fouesnant.*

MOUSTIERS-STE-MARIE *04360 Alpes-de-H.-P.* ▓▓▓ *F9 G. Alpes du Sud – 625 h alt. 631.*
   Voir *Site*★★ – *Église*★ – *Musée de la Faïence*★.
   Excurs. *Grand Canyon du Verdon*★★★ – *Lac de Ste-Croix*★★.
   🛈 *Office de tourisme, rue de la Bourgade* 𝒫 *04 92 74 67 84, Fax 04 92 74 60 65, moustiers @wanadoo.fr.*
   Paris 783 – Aix-en-Provence 90 – Digne-les-Bains 47 – Draguignan 61 – Manosque 50.

🏰 **Bastide de Moustiers** ⌦, au sud du village, par D 952 et rte secondaire
   ❄   𝒫 04 92 70 47 47, *contact@bastide-moustiers.com*, Fax 04 92 70 47 48, ≤, 🌣, 🦶, 🐾 –
   ⬛ ch, 📺 📞 & 🅿 🖽 ⓪ 🖸 🃟 . 🕸
   Repas *(fermé mardi midi, merc. et jeudi du 1er déc. au 29 fév.)* (nombre de couverts limité, prévenir)(menu unique) 42/57 ⚟ – ☷ 17 – **12 ch** 240/290.
   ✦ Bastide (17e s.) d'un maître-faïencier convertie en auberge. Belles chambres proven-çales, équipements high-tech et vaste parc (élevage de daims et joli potager). Charme campagnard et luxe "branché" dans la salle à manger au mobilier savamment dépareillé.
   Spéc. Légumes de printemps. Petits farcis. Agneau de pays. **Vins** Coteaux varois, Coteaux d'Aix-en-Provence.

🏠 **Ferme Rose** ⌦ sans rest, au sud du village, par rte Ste-Croix-du-Verdon
   𝒫 04 92 74 69 47, Fax 04 92 74 60 76, ≤, 🚗 – 📺 🅿. 🖽 🖸
   fermé 1er nov. au 23 déc. et 5 janv. au 30 mars – ☷ 9 – **12 ch** 70/140.
   ✦ Sympathique ambiance "guesthouse" dans cette ancienne ferme bâtie au pied du village. Meubles chinés, bibelots et collections diverses en font un lieu attachant.

🏠 **Colombier** sans rest, rte Castellane : 0,5 km 𝒫 04 92 74 66 02, *infos@le-colombier.com*, Fax 04 92 74 66 70, ≤, 🚗, 🕸 – 📺 & 📞 🅿. 🖸 . 🕸
   fermé 4 nov. au 12 fév. – ☷ 8 – **22 ch** 64/68.
   ✦ Hôtel tout simple, idéalement situé à l'entrée du Grand Canyon du Verdon. Chambres au décor très sobre ; la plupart profitent d'une terrasse privative. Deux jacuzzis.

🏠 **Bonne Auberge** sans rest, 𝒫 04 92 74 66 18, Fax 04 92 74 65 11, 🦶, – 📲 📺 🚗. 🖽 🖸
   26 mars-3 nov. – ☷ 7,50 – **19 ch** 56/80.
   ✦ À deux tours de roues des gorges du Verdon, hôtel disposant de chambres claires et pratiques, rénovées par étapes, et d'une piscine à débordements.

🏠 **Clos des Iris** ⌦ sans rest, au sud du village, par D 952 et rte secondaire
   𝒫 04 92 74 63 46, *closdesiris@wanadoo.fr*, Fax 04 92 74 63 59, 🚗 – & 🅿. 🖸
   fermé 1er au 26 déc. et mardi soir du 15 nov. au 15 mars – ☷ 9 – **8 ch** 65/110.
   ✦ Coquettes chambres provençales (sans TV), terrasses privatives, agréable jardin méridio-nal, accueil charmant et convivialité : cette paisible maison ne manque pas d'atouts.

✗✗ **Les Santons**, pl. Église 𝒫 04 92 74 66 48, *restaurant.les.santons@wanadoo.fr*, Fax 04 92 74 63 67, 🌣 – 🖽 🖸
   11 fév.-11 nov., fermé lundi soir et mardi – **Repas** (nombre de couverts limité, prévenir) 41/55.
   ✦ Dominé par l'imposante falaise calcaire, ce restaurant propose une cuisine au goût du jour, une ravissante salle aux couleurs du Sud et une idyllique terrasse côté village.

✗✗ **Ferme Ste-Cécile**, rte de Castellane : 1,5 km 𝒫 04 92 74 64 18, *restaurant@ferme-ste-c ecile.com*, Fax 04 92 74 63 51, 🌣 – 🅿. 🖸
   fermé 18 nov. au 30 déc., vacances de fév., dim. soir hors saison et lundi – **Repas** 22 (déj.), 31/43 bc, enf. 12 ⚟.
   ✦ Une halte après la visite du musée de la Faïence ? Ce restaurant aménagé dans une ancienne ferme s'agrémente de deux petites terrasses ombragées ouvertes sur la nature.

✗ **Blacas**, au sud du village, par D 952 et rte secondaire, chemin de Quinson ✉ 04360
   𝒫 04 92 74 65 59, *leblacas@wanadoo.fr*, Fax 04 92 74 62 52, 🚗 – 🅿. 🖸
   fermé oct., mars, sam. midi et vend. – **Repas** 31.
   ✦ Une silhouette bien méridionale pour ce pavillon construit aux abords de Moustiers. Intérieur décoré dans le style du pays et agréable terrasse face à la campagne.

Treille Muscate, ✆ 04 92 74 64 31, *la.treille.muscate@wanadoo.fr, Fax 04 92 74 63 75,* – GB
fév.-déc. et fermé le soir du 15 au 30 nov. et en fév., merc. soir et jeudi hors saison et merc. en saison – **Repas** 24/30.
◆ Sympathique petit bistrot provençal sur la place de l'église. Une passerelle protégée par une "treille muscate" relie la salle à la jolie terrasse bordant une rue piétonne.

MOUTHIER-HAUTE-PIERRE *25920 Doubs 321 H4 G. Jura – 343 h alt. 450.*

Voir *Belvédère de Mouthier* ≤★★ *SE : 2,5 km – Gorges de Nouailles★ SE : 3,5 km – Belvédère du moine de la vallée★★.*
Paris 442 – Besançon 39 – Baume-les-Dames 55 – Pontarlier 23 – Salins-les-Bains 42.

Cascade , ✆ 03 81 60 95 30, *hotellacascade@wanadoo.fr, Fax 03 81 60 94 55,* ≤ vallée – P. AE GB.
3 mars-2 nov. – **Repas** 18,50/40 – 8 – **17 ch** 48/60 – ½ P 55/57.
◆ Hôtel tourné vers la vallée de la Loue, aux chambres actuelles et bien tenues (demandez-en une rénovée). Tout autour : cascades, gorges, sources et belvédères. Le restaurant panoramique est exclusivement réservé aux non-fumeurs ; goûteuse cuisine familiale.

MOÛTIERS *73600 Savoie 333 M5 G. Alpes du Nord – 4 151 h alt. 480.*

Office de tourisme, place Saint Pierre ✆ 04 79 24 04 23, Fax 04 79 24 56 05, Ot.Moutiers @wanadoo.fr.
Paris 607 – Albertville 26 – Chambéry 76 – St-Jean-de-Maurienne 85.

Coq Rouge, 115 pl. A. Briand ✆ 04 79 24 11 33, – GB
fermé 1er au 21 juil., 15 au 30 nov., dim. et lundi – **Repas** (11) - 24/38 ♀.
◆ Cette maison de 1735 proche des quais de l'Isère héberge une coquette salle aux tons pastel, agrémentée de tableaux et sculptures du maître des lieux. Cuisine actuelle.

Voûte, 172 Grande rue ✆ 04 79 24 23 23, *jean.edel@cario.fr, Fax 04 79 24 23 23* – . GB
fermé 1er au 15 juin, 28 sept. au 5 oct., 21 déc. au 4 janv., dim. soir, mardi soir et lundi – **Repas** 17/55 ♀.
◆ Derrière une devanture vitrée, restaurant au cadre de style rustique, s'ouvrant sur une rue piétonne à 50 m de la cathédrale St-Pierre. Recettes au goût du jour.

MOUX-EN-MORVAN *58230 Nièvre 319 H8 – 675 h alt. 502.*

Paris 263 – Autun 31 – Château-Chinon 29 – Clamecy 71 – Nevers 91 – Saulieu 16.

Beau Site, ✆ 03 86 76 11 75, *Fax 03 86 76 15 84,* , – P. GB. rest
hôtel : fermé 9 déc. au 21 fév., dim. et lundi du 12 nov. au 7 fév. – **Repas** *(fermé 20 déc. au 7 fév., dim. soir et lundi du 12 nov. au 7 fév.)* 12/26, enf. 9,50 ♀ – 6,50 – **20 ch** 26/48 – ½ P 34/42.
◆ Construction des années 1950 en bordure d'un parc. Chambres simples aménagées dans l'annexe ; préférez celles avec vue sur l'étang. Le point fort du restaurant est sa cuisine régionale, dont le choix des produits fait tout le sel. Joli cadre campagnard.

MOUZON *08210 Ardennes 306 M5 G. Champagne Ardenne – 2 616 h alt. 160.*

Voir *Église Notre-Dame★.*
Paris 261 – Carignan 8 – Charleville-Mézières 41 – Longwy 62 – Sedan 17 – Verdun 64.

Les Échevins, 33 r. Ch. de Gaulle ✆ 03 24 26 10 90, *Fax 03 24 29 05 95* – AE GB
fermé 2 au 26 août, 3 au 20 janv., sam. midi, dim. soir et lundi – **Repas** (16,50) - 23/35.
◆ Accueillante salle de restaurant au décor rustique, aménagée à l'étage d'une maison à colombages du 17e s. Ambiance décontractée et cuisine au goût du jour.

MUHLBACH-SUR-MUNSTER *68380 H.-Rhin 315 G8 G. Alsace Lorraine – 725 h alt. 460.*

Paris 462 – Colmar 24 – Gérardmer 37 – Guebwiller 45.

Perle des Vosges , ✆ 03 89 77 61 34, *perledesvoges@wanadoo.fr, Fax 03 89 77 74 40,* ≤, , – P – 100. GB. rest
fermé 4 janv. au 1er fev. – **Repas** 13/65 ♀ – 8 – **47** ch 42/110 – ½ P 66.
◆ Au pied du Hohneck, hôtel doté d'un bel espace de remise en forme. Chambres actuelles ou de style alsacien ; la plupart offrent une jolie vue sur les Vosges. Un petit air solennel flotte dans la salle à manger agrandie d'une terrasse d'été ; cuisine classique.

Si vous cherchez un hôtel tranquille,
consultez d'abord les cartes de l'introduction
ou repérez dans le texte les établissements indiqués avec le signe

MUIDES-SUR-LOIRE *41500 L.-et-Ch.* 🗐🗐🗐 *G5 – 1 157 h alt. 82.*

🗐 *Syndicat d'initiative, place de la Libération* 𝒫 *02 54 87 58 36, Fax 02 54 87 58 36.*
Paris 169 – Orléans 48 – Blois 20 – Châteauroux 109.

XX **Chanterelle,** 21 av. Loire 𝒫 *02 54 87 50 19, Fax 02 54 87 50 19,* 🍽 – ⊖⊟
fermé 26 sept. au 12 oct., 2 au 18 janv., 7 au 17 mars, dim. soir, mardi midi et lundi – **Repas**
13,50 *(déj.),* 21/33, enf. 8,50.
◆ Plaisante maison des bords de Loire à la façade tapissée de vigne vierge. Intérieur
sobrement actuel, orné d'une fresque représentant le pont de Blois. Plats de saison.

XX **Auberge du Bon Terroir,** 20 r. 8-Mai 𝒫 *02 54 87 59 24, Fax 02 54 87 59 19,* 🍽 – **🅿.**
⊖⊟
*fermé 25 nov. au 15 déc., 2 au 15 janv., dim. soir du 15 sept. au 1ᵉʳ juin, lundi et mardi sauf le
soir en juil.-août* – **Repas** 19,50/49,50 🏵.
◆ Répertoire traditionnel et spécialités du Val de Loire à savourer dans l'une des salles à
manger ou sur la terrasse à l'ombre d'un tilleul.

MULHOUSE ⬨ 68100 H.-Rhin 🗐🗐🗐 I10 *G. Alsace Lorraine – 110 359 h Agglo. 234 445 h alt. 240.*
Voir Parc zoologique et botanique★★ – Hôtel de Ville★★ **FY H¹,** musée historique★★ –
Vitraux★ du temple St-Étienne – Musée de l'automobile-collection Schlumpf★★★ **BU** –
Musée français du chemin de fer★★★ **AV** – Musée de l'Impression sur étoffes★ **FZ M⁶** –
Electropolis : musée de l'énergie électrique★ **AV M².**
Env. Musée du Papier peint★ : collection★★ à Rixheim E : 6 km **DV M⁷.**
🛬 de Bâle-Mulhouse (Euro-Airport) par ③ : 27 km, 𝒫 *03 89 90 31 11 à St-Louis et* 𝒫 *(00
41 61) 325 31 11 à Bâle (Suisse).*
🚗 𝒫 *08 36 35 35 35.*
🗐 Office de tourisme, 9 avenue du Maréchal Foch 𝒫 *03 89 35 48 48, Fax 03 89 45 66 16,
info@tourism-mulhouse.com.*
Paris 465 ⑤ – Basel 34 ③ – Belfort 43 ⑤ – Freiburg-im-Breisgau 59 ② – Strasbourg 122 ①.

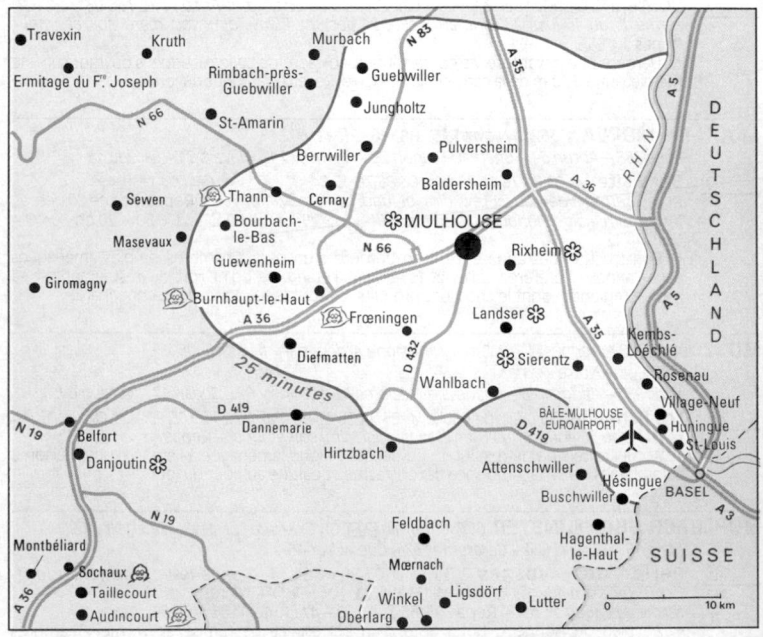

🏨 **Parc,** 26 r. Sinne 𝒫 *03 89 66 12 22,* *contact@hotelduparc-mulhouse.com,*
Fax 03 89 66 42 44 – 📳 🍽 🔳 📺 📞 ⟵ – 🔏 10 à 80. 🆎 ⓞ ⊖⊟ ⒿⒸⒷ **FZ a**
Repas *(fermé août, sam. midi et dim. soir)* 30 *(déj.)*/70 🏵 – ☲ 18 – **79 ch** 130/165.
◆ Cet ancien palace édifié par les frères Schlumpf restitue l'élégante atmosphère des
années 1930. Spacieuses chambres au mobilier Art déco et salles de bains en marbre blanc.
Bar intime et belle salle à manger agrémentée de luminaires d'esprit 1930.

🏨🏨 **Bristol** sans rest, 18 av. Colmar ✆ 03 89 42 12 31, *hbristol@club-internet.fr*, Fax *03 89 42 50 57* – 📱 ✖ 🔲 🔟 ✆ 🅿 – 🏛 15 à 50. 🆎 ⓞ 🇬🇧 🇯🇨🇧 **FY** **e**
⌑ 8,50 – **82 ch** 78/160, 7 suites, 1 duplex.
   ♦ À deux pas du centre historique. Vous logerez dans de grandes chambres au mobilier sobre et actuel, bien tenues et rafraîchies. Salon dans le style Art déco.

🏨🏨 **Mercure Centre,** 4 pl. Gén. de Gaulle ✆ 03 89 36 29 39, *h1264@accor-hotels.com*, Fax *03 89 36 29 49*, 🌳 – 📱 ✖ 🔲 🔟 ✆ 🚗 – 🏛 10 à 180. 🆎 ⓞ 🇬🇧 🇯🇨🇧 **FZ** **b**
Repas *(15)* - 19 ⚲ – ⌑ 11,90 – **96 ch** 106.
   ♦ Hôtel des années 1970 proche du musée de l'Impression sur étoffes. Préférez les chambres rênovées, pourvues de lits "king size" et de TV grand écran. Bar feutré. Carte traditionnelle complétée de suggestions du jour et de spécialités alsaciennes.

🏨 **Kyriad Mulhouse Centre** sans rest, 15 r. Lambert ✆ 03 89 66 44 77, *kyriad@hotel-mul house.com*, Fax *03 89 46 30 66*, 🛗 – 📱 🔲 🔟 ✆ 👤 – 🏛 10 à 35. 🆎 ⓞ 🇬🇧 **FY** **a**
⌑ 7 – **60 ch** 63/97.
   ♦ Idéal pour la clientèle d'affaires, l'hôtel abrite des chambres pratiques revues dans un esprit contemporain. L'été, le petit-déjeuner est à prendre en terrasse.

🏨 **Ibis Centre Filature,** 34 allée Nathan Katz ✆ 03 89 56 09 56, *H1640@accor-hotels.com*, Fax *03 89 45 53 57* – 📱 ✖ 🔲 🔟 ✆ 👤 – 🏛 10 à 25. 🆎 ⓞ 🇬🇧 **GX** **f**
Repas *(fermé sam. midi et dim. midi)* *(12,80)* - 15,80, enf. 6 ⚲ – ⌑ 6 – **70 ch** 61.
   ♦ Immeuble moderne s'abritant derrière une façade de verre. Astucieusement agencés, accueil et restaurant partagent le même espace. Chambres refaites, décoration soignée. Repas sans chichi entre l'espace culturel La Filature et le centre de conférences.

🏨 **Bâle** sans rest, 19 passage Central ✆ 03 89 46 19 87, *Fax 03 89 66 07 06* – 🔟 ⓞ 🇬🇧 **FY** **p**
⌑ 6 – **32 ch** 30/52.
   ♦ Petit hôtel d'allure modeste, idéalement situé près des rues piétonnes du centre-ville. Les chambres, d'une tenue sans reproche, bénéficient d'une bonne literie.

🍴🍴🍴 **Poste** (Kieny), 7 r. Gén. de Gaulle à Riedisheim ⌧ 68400 Riedisheim ✆ 03 89 44 07 71, *cont act@restaurant-kieny.com*, Fax *03 89 64 32 79* – 📱 🔲 🇬🇧 **CV** **d**
🌸 *fermé 1er au 22 août, vacances de fév., dim. soir, mardi midi et lundi* – **Repas** 25 (déj.), 35/79 et carte 58 à 75 ⚲ 🔅.
   ♦ Relais de diligences fondé en 1850. Depuis six générations on s'y transmet les secrets d'une cuisine classique mâtinée de tradition alsacienne. Belles salles à manger.
Spéc. Foie gras d'oie au confit de fruits secs. Cochon de lait en côtelettes, sauce aux truffes écrasées. Chocolat "dans tous ses états". **Vins** Tokay-Pinot gris, Pinot noir.

🍴🍴🍴 **Parc,** 8 r. V. Hugo à Illzach-Modenheim ⌧ 68110 Illzach ✆ 03 89 56 61 67, *parc@sehh.co m*, Fax *03 89 56 13 85*, 🌳, 🌿 – 🅿. 🆎 🇬🇧 **CU** **k**
fermé 15 au 31 août, sam. midi, dim. soir et lundi – **Repas** 33/63 et carte 54 à 73 ⚲.
   ♦ Élégant pavillon de chasse ("folie" 1850) abritant un restaurant rênové : salle à manger bourgeoise et plaisante véranda ouverte sur le jardin. Registre culinaire classique.

🍴🍴 **Auberge de la Tonnelle,** 61 r. Mar.-Joffre à Riedisheim ⌧ 68400 Riedisheim ✆ 03 89 54 25 77, Fax *03 89 64 29 85* – 🆎 🇬🇧 **CV** **u**
fermé sam. midi, dim. soir et merc. soir – **Repas** 24 (déj.), 43/48 ⚲.
   ♦ L'auberge est située dans un quartier résidentiel. Élégantes salles à manger contemporaines où l'on propose une cuisine au goût du jour sensible au rythme des saisons.

🍴🍴 **Poincaré II,** 6 porte Bâle ✆ 03 89 46 00 24, Fax *03 89 56 33 15* – 🔲 – 🏛 15. 🆎 **FY** **m**
🇬🇧
fermé 27 juil. au 8 août, sam. et dim. – **Repas** 19/25 ⚲.
   ♦ Cette salle à manger au plaisant décor moderne offre une vue sur le spectacle "bien huilé" des cuisiniers qui mitonnent une cuisine traditionnelle. Fumoir aménagé au sous-sol.

🍴 **L'Estérel,** 83 av. 1e Division Blindée ✆ 03 89 44 23 24, *esterel@euhr.com*, Fax *03 89 64 05 63*, 🌳 – 🅿. 🆎 🇬🇧 **CV** **t**
fermé 15 au 30 août, vacances de fév., merc. soir, dim. soir et lundi – **Repas** 23/45.
   ♦ À proximité du parc zoologique, confortable restaurant agrandi d'une véranda ; l'agréable terrasse ombragée est prise d'assaut à la belle saison. Carte au goût du jour.

🍴 **Michèle,** 16 rue Metz ✆ 03 89 45 37 82, *michèle.brouet@wanadoo.fr* – 🔲. 🇬🇧 **FY** **t**
fermé 1er au 15 août, 21 déc. au 4 janv., sam. midi, dim. et lundi *(15)* - 28/45.
   ♦ Michèle joue du piano debout... en cuisine bien sûr ! Son répertoire ? Plutôt classique, mais sensible aux quatre saisons. En salle, variation de tonalités chaleureuses.

au Nord-Est : Ile Napoléon - ⌧ *68110 Illzach* :

🍴🍴🍴 **Closerie,** 6 r. H. de Crousaz ✆ 03 89 61 88 00, *hubert.beyrath@wanadoo.fr*, Fax *03 89 61 95 49* – 🅿. 🇬🇧 **DU** **x**
fermé 14 juil. au 1er août, 24 déc. au 3 janv., sam. midi, lundi soir et dim. – **Repas** 40/53,50 et carte 45 à 63 ⚲.
   ♦ Il est surprenant de dénicher cette gracieuse demeure égarée au coeur d'une zone commerciale ! Cuisine classique servie avec le sourire dans trois salles raffinées.

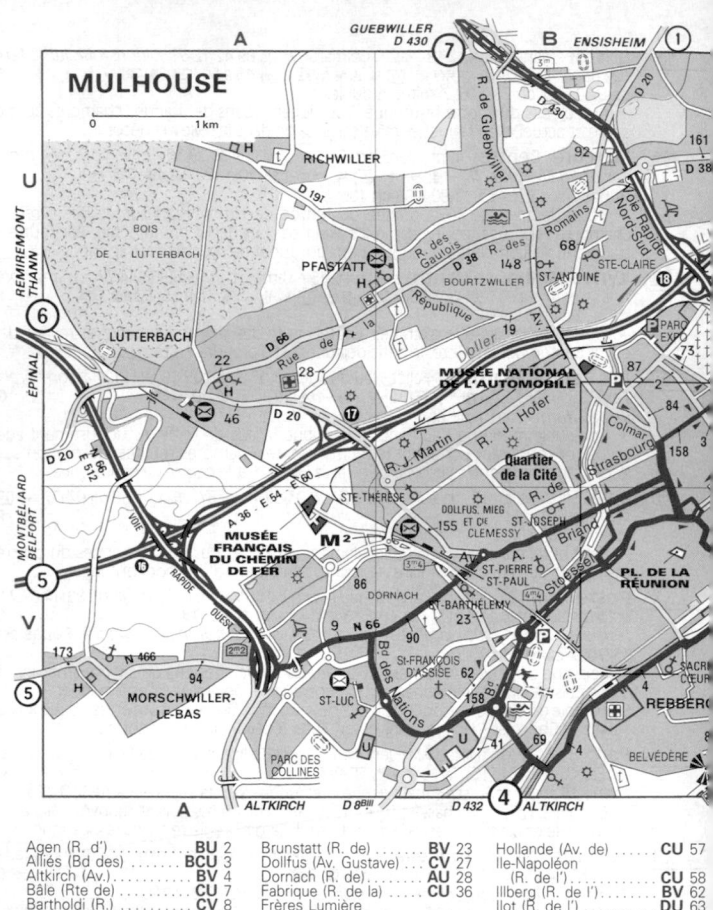

MULHOUSE

GUEBWILLER
D 430

ENSISHEIM

RICHWILLER

PFASTATT

BOURTZWILLER
ST-ANTOINE
STE-CLAIRE

LUTTERBACH

MUSÉE NATIONAL
DE L'AUTOMOBILE

Quartier
de la Cité

MUSÉE
FRANÇAIS
DU CHEMIN
DE FER

DOLLFUS MIEG
ET Cⁱᵉ
CLEMESSY

ST-JOSEPH

PL. DE LA
RÉUNION

DORNACH

ST-PIERRE
ST-PAUL

ST-BARTHÉLEMY

MORSCHWILLER-
LE-BAS

St-FRANÇOIS
D'ASSISE

ST-LUC

REBBERG

PARC
DES
COLLINES

BELVÉDÈRE

ALTKIRCH   ALTKIRCH

Agen (R. d')	**BU** 2	
Alliés (Bd des)	**BCU** 3	
Altkirch (Av.)	**BV** 4	
Bâle (Rte de)	**CU** 7	
Bartholdi (R.)	**CV** 8	
Belfort (R. de)	**AV** 9	
Belgique (Av. de)	**CU** 12	
Bourtz (R. Sébastien)	**BU** 19	
Briand (R. Aristide)	**AU** 22	
Brunstatt (R. de)	**BV** 23	
Dollfus (Av. Gustave)	**CV** 27	
Dornach (R. de)	**AU** 28	
Fabrique (R. de la)	**CU** 36	
Frères Lumière (R. des)	**BV** 41	
Gambetta (Bd Léon)	**CV** 42	
Gaulle (R. du Gén.-de)	**AU** 46	
Hardt (R. de la)	**CV** 51	
Hollande (Av. de)	**CU** 57	
Ile-Napoléon (R. de l')	**CU** 58	
Illberg (R. de l')	**BV** 62	
Ilot (R. de l')	**DU** 63	
Jardin-Zoologique (R.)	**CV** 64	
Juin (R. A.)	**CU** 66	
Katz (Allée Nathan)	**CU** 67	

au Nord-Est par D 201 – ✉ *68390 Sausheim* :

🏨 **Mercure**, N 422 ☎ 03 89 61 87 87, *h0556@accor-hotels.com*, Fax 03 89 61 88 40, 🌿, ⅃, 🐟, ※ – 👌 ≡ 📺 ☎ 🅿 – 🔬 12 à 90. 🆎 ⓪ 🔾 🔾
DU r
Repas 24, enf. 10,50 ⅋ – ⌑ 12
98 ch 98/113.
◆ Établissement voisin d'un centre commercial et d'axes routier. Les chambres, refaites, sont contemporaines et égayées d'une touche régionale. Sobre salle à manger ; terrasse au bord de la piscine. Carte traditionnelle et quelques spécialités alsaciennes.

🏨 **Novotel**, r. Ile Napoléon ☎ 03 89 61 84 84, *h0452@accor-hotels.com*, Fax 03 89 61 77 99, 🌿, ⅃, 🐟 – ※ ≡ 📺 ☎ 🅿 – 🔬 15 à 100. 🆎 ⓪ 🔾
DU s
Repas *(16)* - 21, enf. 8 ⅋ – ⌑ 11,60
77 ch 93/103.
◆ Étape intéressante par sa situation et sa vocation pratique, cet hôtel bénéficie d'efforts constants de rénovation, dans le respect des normes de la chaîne. Restaurant apprécié pour son service continu de 6 h à minuit, son cadre fonctionnel et sa terrasse.

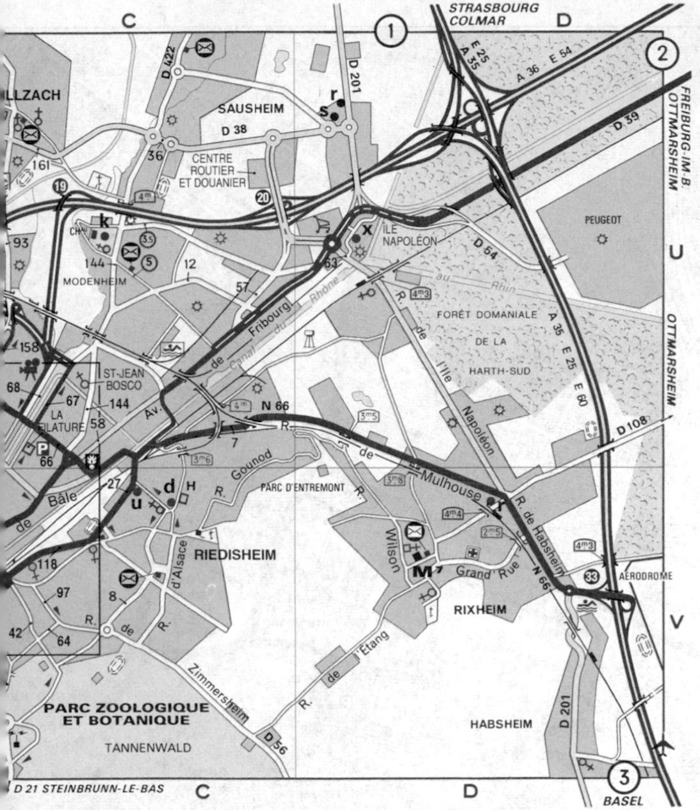

Map of Mulhouse area showing Sausheim, Modenheim, Riedisheim, Rixheim, Habsheim, Ile Napoléon, Parc Zoologique et Botanique, Tannenwald, etc.

ingersheim (R. de)	**BU** 68	Mulhouse (R. de)	
agrange (R. Léo)	**BV** 69	ILLZACH	**CU** 93
efèbvre (R.)	**BU** 73	Mulhouse (R. de)	
ustig (R. Auguste)	**BV** 81	MORSCHWILLER-	
Marseillaise (Bd de la)	**BU** 84	LE-BAS	**AV** 94
er-Rouge (R. de la)	**AV** 86	Noelting	
lertzau (R. de la)	**BU** 87	(R. Emilio)	**CV** 97
litterrand (Av. F.)	**BV** 90	Nordfeld (R. du)	**CV** 98
Mulhouse (Fg de)	**BU** 92	Riedisheim (Av. de)	**CV** 118

Sausheim (R. de)	**CU** 144
Soultz (R. de)	**BU** 148
Thann (R. de)	**BV** 155
Vauban (R.)	**BCU** 158
Vosges (R. des)	**BCU** 161
Wyler (Allée William)	**CU** 168
Iʳᵉ-Armée-Française (R.)	**AV** 173
9ᵉ-Div.-d'Infanterie	
Col. (R.)	**CV** 175

Baldersheim *par* ① : *8 km – 2 206 h. alt. 226 –* ⊠ *68390* :

Cheval Blanc, ℘ 03 89 45 45 44, *cheval-blanc@wanadoo.fr, Fax 03 89 56 28 93,* ⅃₆, ⊠ –
⧦ ⁴ˣ⁼, ▤ rest, ⓣⱽ ⅋ ⅙ ⅌ – ⅍ 15 à 30. ⒼⒷ
fermé 23 déc. au 2 janv. – **Repas** *(fermé dim. soir)* (10) - 16/45 ♈ – ⊑ 8 – **82 ch** 47,50/67 –
½ P 50/54.
  ♦ Hôtel d'allure alsacienne exploité de père en fils depuis plus d'un siècle. Les chambres,
garnies de meubles rustiques, offrent un confort homogène et de qualité. Salle à manger
accessible par le café du village. Nombreux menus et belle carte régionale.

Annexe Au Vieux Marronnier *sans rest, à 300 m.* ℘ 03 89 36 87 60, *vieux-marronnie
r@wanadoo.fr, Fax 03 89 56 28 93* – cuisinette ▤ ⓣⱽ ⅋ ⅙ ⅌. ⒼⒷ
⊑ 8 – **6 ch** 82, 6 suites, 8 studios 82.
  ♦ Construction récente abritant studios et appartements pratiques pour de longs
séjours ou des familles de passage : espace, cuisinettes bien équipées et décor contemporain.

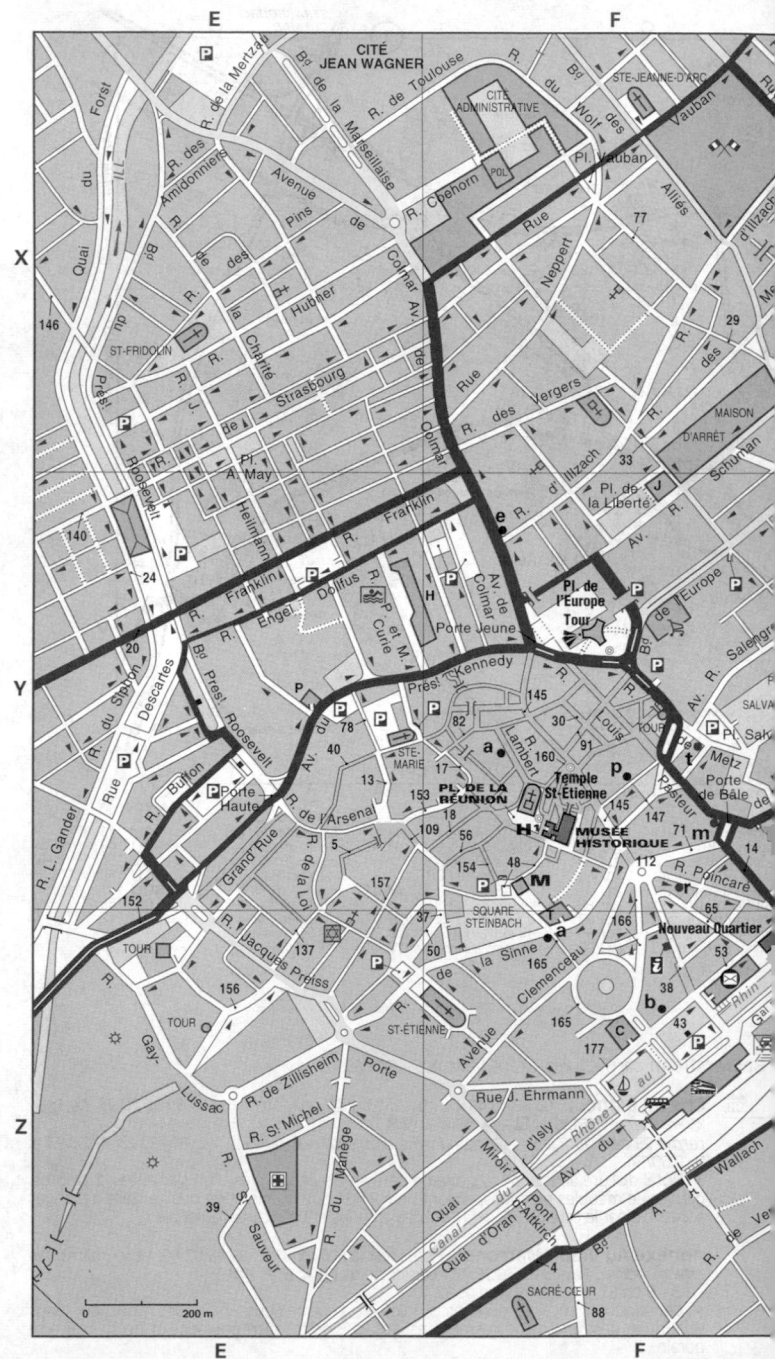

MULHOUSE

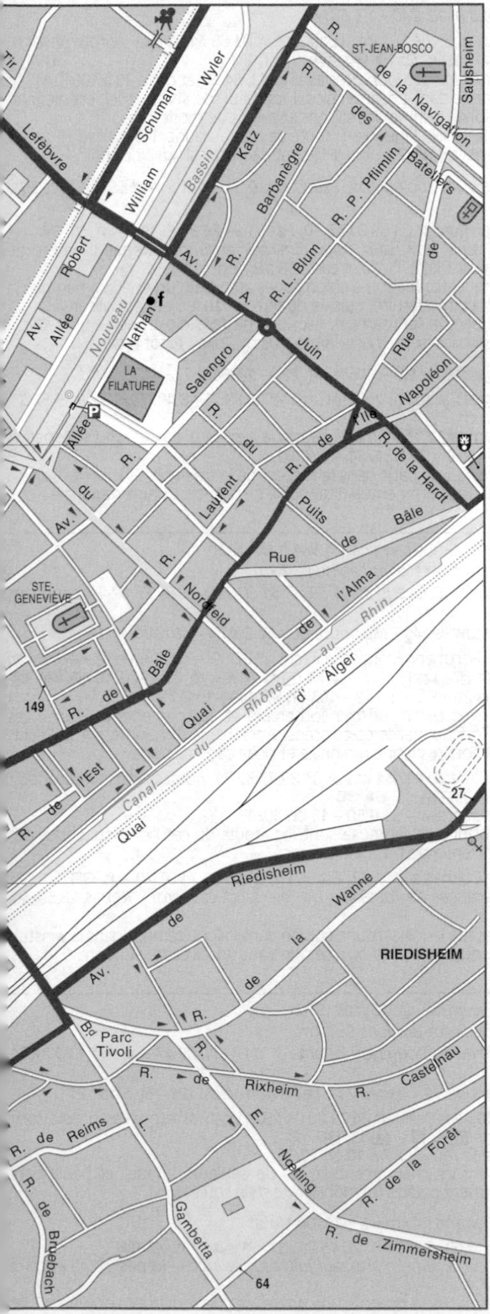

Altkirch (Av. d') . . . . **FZ** 4
Augustins
  (Passage des) . . . . **EY** 5
Bonbonnière (R.) . . . . **EY** 13
Bonnes-Gens
  (R. des) . . . . **FY** 14
Bons-Enfants
  (R. des) . . . . **FY** 17
Boulangers (R. des) . . . . . . **FY** 18
Briand (Av. Aristide) . . . . . . **EY** 20
Cloche (Quai de la) . . . . . . **EY** 24
Colmar (Av. de) . . . . . . **EXFY**
Dollfus (Av. Gustave) . . . . **GY** 27
Dreyfus (R. du Capit.) . . . . **FX** 29
Engelmann (Rue) . . . . **FY** 30
Ensisheim (R. d') . . . . **FX** 33
Fleurs (R. des) . . . . **FYZ** 37
Foch (Av. du Mar.) . . . . . . **FZ** 38
Fonderie (R. de la) . . . . . . **EZ** 39
Franciscains (R. des) . . . . **EY** 40
Gaulle (Pl. Gén.-de) . . . . **FZ** 43
Guillaume-Tell
  (Pl. et R.) . . . . **FY** 48
Halles (R. des) . . . . **FZ** 50
Henner (R. J.-J.) . . . . **FZ** 53
Henriette (R.) . . . . **FY** 56
Jardin-Zoologique
  (R. du) . . . . **GZ** 64
Joffre (Av. du Mar.) . . . . **FYZ** 65
Jura (R. du) . . . . **FZ** 67
Lambert (Rue) . . . . **FY**
Lattre-de-Tassigny
  (Av. Mar. de) . . . . **FY** 71
Loisy (R. du Lt de) . . . . . . **FX** 77
Lorraine (R. de) . . . . **EY** 78
Maréchaux (R. des) . . . . . . **FY** 82
Montagne (R. de la) . . . . . . **FZ** 88
Moselle (R. de la) . . . . **FY** 91
Président-Kennedy
  (Av. du) . . . . **EFY**
Raisin (R. du) . . . . **EFY** 109
République (Pl. de la) . . . . **FY** 112
Riedisheim (Pont de) . . . . **FZ** 119
Ste-Claire (R.) . . . . **EZ** 137
Ste-Thérèse (R.) . . . . **FY** 140
Sauvage (R. du) . . . . **FY** 145
Schœn (R. Anna) . . . . . . **EX** 146
Somme (R. de la) . . . . **FY** 147
Stalingrad (R. de) . . . . . . **FGY** 149
Stoessel (Bd Charles) . . . . **EYZ** 152
Tanneurs (R. des) . . . . . . **EFY** 153
Teutonique (Passage) . . . . **FY** 154
Tour-du-Diable
  (R.) . . . . **EZ** 156
Trois-Rois (R. des) . . . . . . **EY** 157
Victoires (Pl. des) . . . . **FY** 160
Wicky (Av. Auguste) . . . . **FY** 165
Wilson (R.) . . . . **FYZ** 166
Zuber (R.) . . . . **FY** 172
17-Novembre (R. du) . . . . **FZ** 177

à Rixheim _Sud-Est par N 66 – 12 608 h. alt. 240 –_ ⊠ _68170 :_

XXX **Manoir** (Runser), 65 av. Gén. de Gaulle ℘ 03 89 31 88 88, _info@runser.fr,_
❀ _Fax 03 89 31 88 89,_ 😃, 🍴 – ▤ **P**. 🆎 ⓞ **GB** **JCB** **DV** r
fermé 26 juil. au 9 août, dim. soir et lundi – **Repas** 36 (déj.), 54/82 et carte 75 à 100 ♀ ⅋.
♦ Belle demeure 1900 nichée dans un jardin clos. L'intérieur, de style actuel, est élégant.
Dans l'assiette, accent régional, rythme des saisons et zestes de modernité.
Spéc. Gratin de homard à la vanille. Pigeon en croûte de pain au laurier (15 avril au 15 sept.).
Soupe glacée de pêche et nectarine (20 juin au 15 sept.). **Vins** Riesling, Pinot noir.

à Landser _Sud-Est : 11 km par rte parc zoologique, Bruebach, D 21 et D 6B – 1 687 h. alt. 230 –_
⊠ _68440 :_

XXX **Hostellerie Paulus,** 4 pl. Paix ℘ 03 89 81 33 30, _Fax 03 89 26 81 85,_ 😃 – **P**. 🆎 **GB**
❀ _fermé 1er au 15 août, 1er au 9 janv., sam. midi, dim. soir et lundi –_ **Repas** (nombre de
couverts limité, prévenir) 35 bc (déj.), 45/70 et carte 68 à 84, enf. 13.
♦ Aménagée avec sobriété, cette maison à colombages assortie d'un oriel n'a rien perdu
de son charme en gagnant en modernité. Cuisine du terroir habilement actualisée.
Spéc. Salade de filets de perche (printemps). Escalope de foie d'oie poêlée (nov.-déc.).
Noisette de chevreuil aux girolles (sept. à oct.). **Vins** Muscat, Tokay-Pinot gris.

à Froeningen _Sud-Ouest : 9 km par D 8BIII –_ **BV** _– 606 h. alt. 256 –_ ⊠ _68720 :_

XX **Auberge de Froeningen** avec ch, 2 rte Illfurth ℘ 03 89 25 48 48, _Fax 03 89 25 57 33,_
🏚 😃, 🍴 – ⥋ ⚓ **P**. **GB**. ⅋ ch
fermé 17 au 30 août, 11 janv. au 1er fév., mardi de nov. à avril, dim. soir et lundi – **Repas** 13
(déj.), 25/62, enf. 10,50 ♀ – � 8 – **7** ch 55/64 – ½ P 65.
♦ Auberge contemporaine fleurie bâtie dans le respect de la tradition alsacienne. Salles à
manger de caractère, dont une agrémentée d'un poêle en faïence. Cuisine régionale.

MUNSTER _68140 H.-Rhin_ 🗐🗐🗐 _G8 G. Alsace Lorraine – 4 884 h alt. 400._
Env. _Soultzbach-les-Bains : autels★★ dans l'église E : 7 km._
🛈 _Office de tourisme, 1 rue du Couvent ℘ 03 89 77 31 80, Fax 03 89 77 07 17, tourisme._
munster@wanadoo.fr.
Paris 458 – Colmar 19 – Guebwiller 40 – Mulhouse 60 – St-Dié 54 – Strasbourg 96.

🏨 **Verte Vallée** ⌦, 10 r. A. Hartmann, parc de la Fecht ℘ 03 89 77 15 15, _verte.vallee@wan_
adoo.fr, Fax 03 89 77 17 40, 😃, 🕎, 🔟, 🍴 – 🕎 ▤ 📺 ⚓ ⅋ **P** – 🔌 25 à 120. 🆎 ⓞ **GB**. ⅋
fermé 5 au 30 janv. – **Repas** 20/48 ♀ – ⊡ 12 – **103** ch 87/110 – ½ P 75.
♦ Grand hôtel moderne avec centre de balnéothérapie et équipements de loisirs. Les
chambres rénovées sont fonctionnelles et colorées. Agréable jardin bordé par la Fecht.
Plaisant restaurant contemporain, cuisine régionale et riche carte des vins.

🏠 **Deybach** sans rest, rte Colmar, D 417 : 1 km ℘ 03 89 77 32 71, _hotel.deybach@wanadoo.f_
r, Fax 03 89 77 52 41 – 📺 ⅋ **P** – 🔌 15. ⓞ **GB**
fermé lundi hors saison et dim. soir – ⊡ 8,50 – **16** ch 40/48.
♦ Accueil souriant et ambiance chaleureuse sont les atouts de cet hôtel qui abrite des
chambres au décor déjà ancien, mais très bien tenues.

XX **Nouvelle Auberge,** rte Colmar, sur D 417, Est : 6 km ℘ 03 89 71 07 70 – **P**. **GB**
fermé 28 juin au 7 juil., vacances de Toussaint, de fév., lundi et mardi – **Repas** 28,50/50,
enf. 8 ♀.
♦ Ce relais de poste à la façade jaune sert une cuisine dans l'air du temps : dans la winstub
au rez-de-chaussée (menu du jour à midi) ou à l'étage dans un joli cadre alsacien.

MURAT _15300 Cantal_ 🗐🗐🗐 _F4 G. Auvergne – 2 153 h alt. 930._
Voir _Site★★ – Église★ d'Albepierre-Bredons S : 2 km._
🛈 _Office de tourisme, 2 rue du faubourg Notre-Dame ℘ 04 71 20 09 47, Fax 04 71 20 21 94,_
ville-de-murat@ifrance.com.
Paris 520 – Aurillac 48 – Brioude 59 – Issoire 74 – Le Puy-en-Velay 121 – St-Flour 23.

🏠 **Hostellerie Les Breuils** sans rest, ℘ 04 71 20 01 25, _info@hostellerie-les-breuils.com,_
Fax 04 71 20 33 20, 🕎, 🍴 – **P**. 15. **GB**. ⅋
10 mai-10 oct. et vacances de fév. – ⊡ 7 – **10** ch 62/78.
♦ Demeure centenaire dont les chambres, égayées de couleurs "mode" et bénéficiant
d'un confort actuel, renferment parfois un mobilier de style Louis XVI.

à l'Est _par N 122, rte de Clermont-Ferrand : 4 km –_ ⊠ _15300 Murat :_

XXX **Jarrousset,** ℘ 04 71 20 10 69, _Fax 04 71 20 15 26,_ 😃, ⌦, 🍴 – **P**. ⓞ **GB**
fermé 15 nov. au 7 déc., 3 au 26 janv., mardi sauf juil. août et lundi – **Repas** 22/45 et carte
43 à 57 ♀.
♦ Cette coquette auberge en pierre propose une goûteuse cuisine actuelle privilégiant les
produits régionaux. Cadre contemporain ou salle plus intime ouverte sur la campagne.

La MURAZ 74560 H.-Savoie 🔢🔢🔢 K4 – 700 h alt. 630.

    Paris 545 – Annecy 33 – Thonon-les-Bains 41 – Annemasse 11.

XX   **L'Angélick**, 𝓟 04 50 94 51 97, info@angelick.com, Fax 04 50 94 59 05, 🈺 – 🅿. GB. 🛇
    fermé 9 au 24 août, 20 au 30 déc., dim. soir, lundi et mardi – **Repas** 29/36 🍷.
    ◆ Chaudes couleurs, chaises en fer forgé ou en bois, tables bien dressées, terrasse égayée
    d'une insolite fontaine et cuisine inventive : une adresse presque angélique.

MURBACH 68 H.-Rhin 🔢🔢🔢 G9 – *rattaché à Guebwiller.*

MUR-DE-BARREZ 12600 Aveyron 🔢🔢🔢 H1 *G. Midi-Pyrénées* – 880 h alt. 790.

   🯄 Office de tourisme, 12 Grand' Rue 𝓟 05 65 66 10 16, Fax 05 65 66 31 90, ot-murdebar
   rez@wanadoo.fr.

    Paris 567 – Aurillac 38 – Rodez 73 – St-Flour 56.

🏨   **Auberge du Barrez** 🗬, 𝓟 05 65 66 00 76, auberge.du.barrez@wanadoo.fr,
   Fax 05 65 66 07 98, 🈺, 🏡 – 📺 🕹 🕭 🅿. 𝔸𝔼 GB
    fermé 3 janv. au 7 fév. – **Repas** *(fermé dim. soir de nov. à Pâques et lundi de sept. à Pâques*
    sauf fériés) 12/34, enf. 8 🍴 – 🖭 6,80 – **18 ch** 32/77 – ½ P 47,50/59.
    ◆ Grande maison où vous choisirez de préférence l'une des spacieuses chambres garnies
    de meubles contemporains ; les autres datent des années 1980. Agréable salle à manger au
    cadre actuel ; certaines tables ont vue sur la campagne. Cuisine traditionnelle.

MÛR-DE-BRETAGNE 22530 C.-d'Armor 🔢🔢🔢 E5 *G. Bretagne* – 2 090 h alt. 225.

    Voir *Rond-Point du lac* ≤★ – *Lac de Guerlédan*★★ *O : 2 km.*

   🯄 Office de tourisme, place de l'église 𝓟 02 96 28 51 41, Fax 02 96 28 59 44, otsi.guerledan
   @wanadoo.fr.

    Paris 457 – St-Brieuc 44 – Carhaix-Plouguer 50 – Guingamp 47 – Loudéac 20 – Pontivy 17.

XXX   **Auberge Grand'Maison** (Guillo) avec ch, 𝓟 02 96 28 51 10, grandmaison@armornet.t
   m.fr, Fax 02 96 28 52 30 – 📺. 𝔸𝔼 GB 𝙹𝙲𝙱
    fermé 2 au 15 mars, 1ᵉʳ au 25 oct., mardi sauf en juil.-août, dim. soir et lundi – **Repas**
    (nombre de couverts limité, prévenir) 27 (déj.), 37/72 et carte 58 à 85 – 🖭 19 – **9 ch** 58/110
    – ½ P 83/104.
    ◆ Murs en pierre, tentures, tableaux, bibelots, sièges de style Louis XV et nombreux
    bouquets de fleurs séchées composent le décor exubérant de cette auberge de tradition.
    Spéc. Langoustines royales rôties au kari-gosse. Profiteroles de foie gras au coulis de
    truffe. Galettes de pommes de terre et blé noir aux sardines fraîches (avril à nov.).

Les MUREAUX 78130 Yvelines 🔢🔢🔢 H2 – 31 739 h alt. 28.

    Paris 41 – Mantes-la-Jolie 19 – Pontoise 24 – Rambouillet 57 – Versailles 32.

🏠   **Chaumière,** quartier Grand Ouest (près échangeur A 13 par rte Bouafle)
   𝓟 01 34 74 72 50, comfort.lesmureaux@libertysurf.fr, Fax 01 30 99 39 04, 🈺 – 🖚 📺 🕭
   🕭 🅿. 𝔸𝔼 ⓪ GB
    Repas *(fermé 1ᵉʳ au 23 août, 25 déc. au 2 janv. et dim. soir)* 12,50/21, enf. 7 🍴 – 🖭 7 – **41 ch**
    55 – ½ P 48,30.
    ◆ Construction des années 1980 située à proximité d'un centre commercial. Chambres
    fonctionnelles, équipées de leur mobilier d'origine. Lumineuse salle de restaurant, service
    en terrasse l'été et carte traditionnelle sans prétention.

MUSSIDAN 24400 Dordogne 🔢🔢🔢 D5 *G. Périgord Quercy* – 2 843 h alt. 50.

   🯄 Syndicat d'initiative, place de la République 𝓟 05 53 81 73 87, Fax 05 53 81 73 87,
   ot.mussidan@perigord.tm.fr.

    Paris 526 – Angoulême 84 – Bergerac 26 – Libourne 59 – Périgueux 39.

🏠   **Midi** 🗬, à la gare 𝓟 05 53 81 01 77, Fax 05 53 82 90 14, 🈺, 🔟, 🏡 – 📺 🕭 🅿. GB. 🛇 ch
    fermé 24 avril au 3 mai, 22 oct. au 15 nov., dim. midi, vend. et sam. de nov. à mai – **Repas**
    (dîner seul.)(résidents seul.) 15/25 🍷 – 🖭 6,50 – **9 ch** 49/75.
    ◆ Amabilité de l'accueil et chambres simples (un brin désuètes) caractérisent ce petit hôtel
    familial situé à proximité de la gare. Jardin et piscine pour la détente.

XX   **Relais de Gabillou**, rte de Périgueux : 1,5 km 𝓟 05 53 81 01 42, Fax 05 53 81 01 42, 🈺,
   🔟 – 🅿. GB
    fermé 22 nov. au 14 déc., le soir du 4 au 31 janv. et lundi – **Repas** 15/35, enf. 8 🍷.
    ◆ Atmosphère rustique pour cette auberge de bord de route dont la salle à manger
    s'agrémente d'une vaste cheminée en pierre. Terrasse ombragée au calme. Plats
    régionaux.

à Sourzac *Est : 4 km par N 89 – 1 032 h. alt. 50 – ✉ 24400 :*

Chaufourg en Périgord, ☏ 05 53 81 01 56, *info@lechaufourg.com, Fax 05 53 82 94 87,* ≤, ☂, 🏊, 🌳 – 📺 📞 🅿. AE ⓓ GB. ✂
15 fév.-15 nov. – **Repas** (dîner seul.) (résidents seul.) carte 40 à 65 ♀ – ☕ 16 – **9 ch** 150/310.
◆ Cette demeure du 17e s. au charme follement romantique apporte un soin tout particulier à son décor. Chambres au luxe discret, ambiance "guesthouse", jardin hors du temps.

MUTZIG *67190 B.-Rhin* **315** I5 *G. Alsace Lorraine – 5 584 h alt. 190.*
Paris 479 – Strasbourg 32 – Obernai 11 – Saverne 30 – Sélestat 38.

L'Ours de Mutzig, pl. Fontaine ☏ 03 88 47 85 55, *hotel@loursdemutzig.com, Fax 03 88 47 85 56,* ☂ – 🛗 📺 📞 ♿ 🅿 – 🏛 40. GB
Repas 17/25 ♀ – ☕ 7 – **32 ch** 42/48 – ½ P 47.
◆ Cette maison à la jolie façade bleue (1900) appartenait à la brasserie de Mutzig. Chambres fonctionnelles décorées dans le style alsacien. Côté restaurant, cadre chaleureux réchauffé d'une cheminée. Et çà et là, des ours en... peluche.

Hostellerie de la Poste, pl. Fontaine ☏ 03 88 38 38 38, *hostellerie.pfeiffer@wanadoo.fr, Fax 03 88 49 82 05,* ☂ – ▤ rest, 📺 📞 🚗. GB
Repas *(fermé lundi)* 20/48 ♀ – ☕ 7 – **17 ch** 44/55 – ½ P 52/57,50.
◆ Dans une charmante petite ville de la vallée de la Bruche, hôtel de style régional abritant des chambres déjà anciennes, mais bien tenues. Recettes alsaciennes en harmonie avec le cadre de la plaisante salle à manger. Grande terrasse fleurie.

NAINTRÉ *86 Vienne* **322** I4 – *rattaché à Châtellerault.*

NAJAC *12270 Aveyron* **338** D5 *G. Midi-Pyrénées – 744 h alt. 315.*
Voir *La Forteresse★ : ≤★.*
ℹ *Office de tourisme, place du Faubourg ☏ 05 65 29 72 05, Fax 05 65 29 72 29, otsi.najac-@wanadoo.fr.*
Paris 629 – Rodez 71 – Albi 51 – Cahors 85 – Gaillac 51 – Villefranche-de-Rouergue 20.

Belle Rive 🐦, Nord-Ouest : 3 km par D 39 ☏ 05 65 29 73 90, *hotel.bellerive.najac@wanadoo.fr, Fax 05 65 29 76 88,* ≤, ☂, 🏊, 🌳, ✂ – 📺 🅿. ⓓ GB
avril-oct. et fermé dim. soir et lundi midi en oct. – **Repas** 16/45, enf. 9 ♀ – ☕ 8 – **29 ch** 50/53 – ½ P 50/53.
◆ La même famille dirige depuis cinq générations cet hôtel agréablement situé au bord de l'Aveyron. Les chambres sont régulièrement mises au goût du jour. Cuisine à l' accent régional servie au restaurant ou, aux beaux jours, sur la grande terrasse ombragée.

Oustal del Barry avec ch, ☏ 05 65 29 74 32, *oustal@caramail.com, Fax 05 65 29 75 32,* ≤, ☂, 🌳 – 🛗 📺 – 🏛 15. AE ⓓ GB
1er avril-15 nov. – **Repas** *(fermé lundi midi et mardi midi d'avril à juin et de sept. à nov.)* 18,50 (déj.), 22,50/48,50 bc et carte 46 à 60, enf. 10,50 ♀ – ☕ 8,50 – **18 ch** 43/72 – ½ P 56/64.
◆ Accueillante auberge dans un beau village perché. Confortable salle à manger au cadre rustico-bourgeois. Savoureuse cuisine au goût du jour. Préférez les chambres rénovées.

NALZEN *09 Ariège* **343** I7 – *rattaché à Lavelanet.*

NANCY 🅿 *54000 M.-et-M.* **307** I6 *G. Alsace Lorraine – 103 605 h Agglo. 331 363 h alt. 206.*
Voir *Place Stanislas★★★, Arc de Triomphe★* **BY B** – *Place de la Carrière★ et Palais du Gouverneur★* **BX R** – *Palais ducal★★ : musée historique lorrain★★★ – Église et Couvent des Cordeliers★ : gisant de Philippe de Gueldre★★ – Porte de la Craffe★ – Église N.-D.-de-Bon-Secours★* **EX** – *Façade★ de l'église St-Sébastien – Musées : Beaux-Arts★★* **BY M3**, *Ecole de Nancy★★* **DX M4**, *aquarium tropical★ du muséum-aquarium* **CY M8** – *Jardin botanique du Montet★* **DY.**
Env. *Basilique★★ de St-Nicolas-de-Port par ② : 12 km.*
⛳18 *de Nancy Pulnoy à Pulnoy ☏ 03 83 18 10 18, par ① et D 83 : 7 km ;* ⛳18 *de Nancy à Liverdun ☏ 03 83 24 53 87, par ⑥ : 17 km.*
✈ *de Metz-Nancy-Lorraine : ☏ 03 87 56 70 00, par ⑥ : 43 km.*
🚗 *☏ 08 36 35 35 35.*
ℹ *Office de tourisme, place Stanislas ☏ 03 83 35 22 41, Fax 03 83 35 90 10, tourisme@ot-nancy.fr – Automobile Club Lorrain bd. Barthou ☏ 03 83 50 12 12, Fax 03 83 50 12 19.*
Paris 314 ⑤ – Dijon 216 ⑤ – Metz 57 ⑥ – Reims 209 ⑤ – Strasbourg 154 ①.

Plans pages suivantes

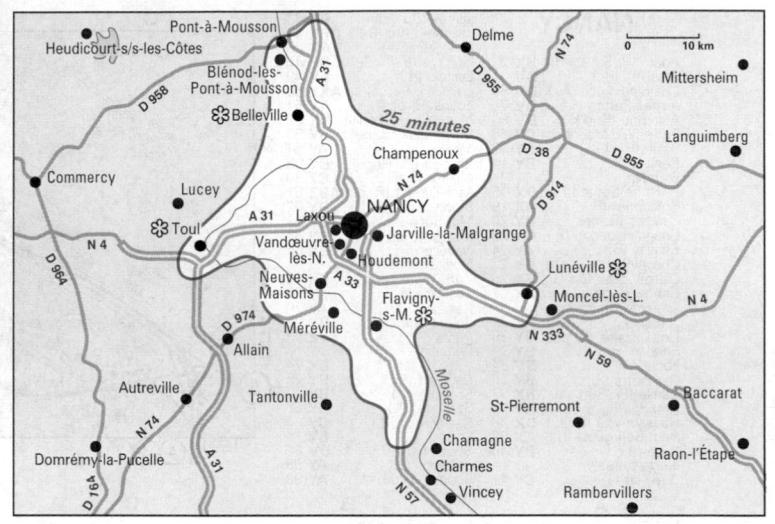

Grand Hôtel de la Reine, 2 pl. Stanislas ℰ 03 83 35 03 01, *sales-nancy@concorde-hote ls.com*, Fax 03 83 32 86 04, 😚 – 📶 ⇔ 🖿 📺 ⚓ ⅙ – 🔬 40 à 60. 🖭 ⓪ ☒ ᴊᴄв
Stanislas : Repas *(fermé dim. du 1ᵉʳ nov. au 1ᵉʳ avril, et sam. midi)* 30/43 ♀ – ⇌ 14 – **35 ch** 140/270, 7 suites.　　　　　　　　　　　　　　　　　　　　　　　　　　　　　BY **d**
♦ Marie-Antoinette logea dans ce pavillon du 18ᵉ s. abritant de belles chambres meublées en style Louis XV. Hauts plafonds, lustres en cristal de Baccarat, stucs dorés et boiseries peintes ornent le fastueux restaurant ouvert sur la célèbre place Stanislas.

Mercure Centre Thiers, 11 r. R. Poincaré ℰ 03 83 39 75 75, *H1265@accor-hotels.com*, Fax 03 83 32 78 17 – 📶 ⇔ 🖿 📺 ⚓ – 🔬 30 à 150. 🖭 ⓪ ☒ ᴊᴄв　　　　　　　　　　AY **r**
Rendez-Vous *(fermé 26 juil. au 22 août, sam. midi, dim. midi et fériés le midi)* Repas *(15)*-28 ♀ – ⇌ 11,50 – **192 ch** 93/160.
♦ Hôtel bénéficiant d'un emplacement privilégié, au coeur du quartier des affaires et à proximité immédiate du centre historique. Chambres progressivement rénovées. Salle à manger sobre et actuelle, ceinte de larges baies diffusant une douce lumière.

Mercure Centre Stanislas sans rest, 5 r. Carmes ℰ 03 83 30 92 60, *H1068@accor-hote ls.com*, Fax 03 83 30 92 92 – 📶 ⇔ 🖿 📺 ⚓ ⇌ – 🔬 18. 🖭 ⓪ ☒　　　　　　　　　BY **m**
⇌ 12 – **80 ch** 111/121.
♦ Idéalement situé dans le centre-ville commerçant, cet hôtel offre des installations complètes et très bien tenues. Chambres garnies d'un mobilier inspiré de l'Art nouveau.

Crystal sans rest, 5 r. Chanzy ℰ 03 83 17 54 00, *hotelcrystal.nancy@wanadoo.fr*, Fax 03 83 17 54 30 – 📶 ⇔ 🖿 📺 ⚓ ⅙. 🖭 ⓪ ☒ ᴊᴄв　　　　　　　　　　　　AY **a**
fermé 24 déc. au 2 janv. – ⇌ 8,50 – **58 ch** 79/95.
♦ Bâtiment entièrement rénové proposant des chambres très soignées, spacieuses et colorées, garnies d'un mobilier actuel. Salon-bar feutré.

Albert 1ᵉʳ-Astoria sans rest, 3 r. Armée Patton ℰ 03 83 40 31 24, *albert.astoria@wanado o.fr*, Fax 03 83 28 47 78 – 📶 ⇔ 📺 ⚓ 🅿 – 🔬 20. 🖭 ⓪ ☒ ᴊᴄв　　　　　　　　AY **e**
⇌ 7,50 – **83 ch** 49/69.
♦ Cet immeuble voisin de la gare dispose de chambres simples et pratiques qui, comme la salle des petits-déjeuners, donnent sur une paisible cour ombragée d'un saule pleureur.

Résidence sans rest, 30 bd J. Jaurès ℰ 03 83 40 33 56, *hotel-larésidence-nancy@wanado o.fr*, Fax 03 83 90 16 28 – 📶 ⇔ 📺 ⚓ ⇌. 🖭 ⓪ ☒ ᴊᴄв　　　　　　　　　　DE X **h**
fermé 1ᵉʳ au 15 août, 30 déc. au 2 janv. – ⇌ 7 – **22 ch** 58/66.
♦ Chambres fonctionnelles et insonorisées. Couloirs et hall sont décorés d'affiches, de publicités anciennes évoquant l'univers ferroviaire et d'images d'Épinal. Bon accueil.

St-Georges sans rest, 7 ter r. Tapis Vert ℰ 03 83 35 16 72, *hotel.saintgeorges@wanadoo.f r*, Fax 03 83 37 99 25 – cuisinette 📺 ⚓ 🅿. ☒　　　　　　　　　　　　　　　　CY **s**
fermé 9 au 15 août, 20 déc. au 2 janv. – ⇌ 7,80 – **27 ch** 45,30/56,60.
♦ En bordure d'un axe passant, adresse familiale où les chambres, sobres et de bonne ampleur, devraient prochainement bénéficier d'une rénovation.

NANCY

Adam (R. Sigisbert) . **BX** 2
Albert-Ier (Bd) . . . . **DV** 3
Anatole-France (Av.) . **DV** 6
Armée-Patton (R.) . . . . **DV** 7
Auxonne (R. d') . . . . . **DV** 8
Barrès (R. Maurice) . . **CY** 10
Bazin (R. H.) . . . . . . **CY** 13
Benit (R.) . . . . **BY** 14
Blandan
  (R. du Sergent) . . . **DX** 15
Braconnot (R.) . . . . . . **BX** 19
Carmes (R. des) . . . . **BY** 20
Chanoine-Jacob (R.) . **AX** 23
Chanzy (R.) . . . . **AY** 24
Cheval-Blanc (R. du) . **BY** 25
Clemenceau (Bd G.) . **EX** 26
Craffe (R. de la) . . . . **AX** 27
Croix de Bourgogne
  (Espl.) . . . . **AZ** 28
Dominicains (R. des) . **BY** 29
Erignac (R. C.) . . . . . . **BY** 31
Foch (Av.) . . . . **DV** 34
Gambetta (R.) . . . . . . **BY** 36
Gaulle (Pl. Gén.-de) . **BX** 37
Grande-Rue . . . . **BXY**
Haussonville (Bd d') . **DX** 38
Haut-Bourgeois (R.) . **AX** 39
Héré (R.) . . . . **BY** 40
Ile de Corse
  (R. de l') . . . . **CY** 41

Jaurès (Bd Jean) . . . . **EX** 43
Jeanne-d'Arc (R.) . . **DEX** 44
Keller (R. Ch.) . . . . . . **AX** 46
La Fayette (Pl. de) . . **BY** 47
Linnois (R.) . . . . **EX** 49
Louis (R. Baron) . . . . **AXY** 50
Loups (R. des) . . . . . . **AX** 51
Majorelle (R. Louis) . **DX** 52
Maréchaux (R. des) . **BY** 53
Mazagran (R.) . . . . . . **AY** 54
Mengin (Pl. Henri) . . **BY** 55
Molitor (R.) . . . . **CZ** 60
Mon-Désert (R. de) **ABZ** 61
Monnaie (R. de la) . . **BY** 62
Mgr-Ruch (Pl.) . . . . . . **CY** 63
Mouja (R. du Pont) . **BY** 64
Nabécor (R. de) . . . . **EX** 65
Oudinot
  (R. Maréchal) . . . . **EX** 68
Poincaré (R. H.) . . . . **AY** 69
Poincaré (R. R.) . . . . **AY** 70
Point-Central . . . . . . **BY** 72
Ponts (R. des) . . . . **BYZ** 73
Primatiale
  (R. de la) . . . . **CY** 74
Raugraff (R.) . . . . **BY** 75
St-Dizier (R.) . . . . **BY**
St-Epvre (Pl.) . . . . . . **BY** 82
St-Georges (R.) . . . . . **CY**
St-Jean (R.) . . . . **BY**
St-Lambert (R.) . . . . **DV** 84
St-Léon (R.) . . . . **AX** 85
Source (R. de la) . . . . **AY** 99

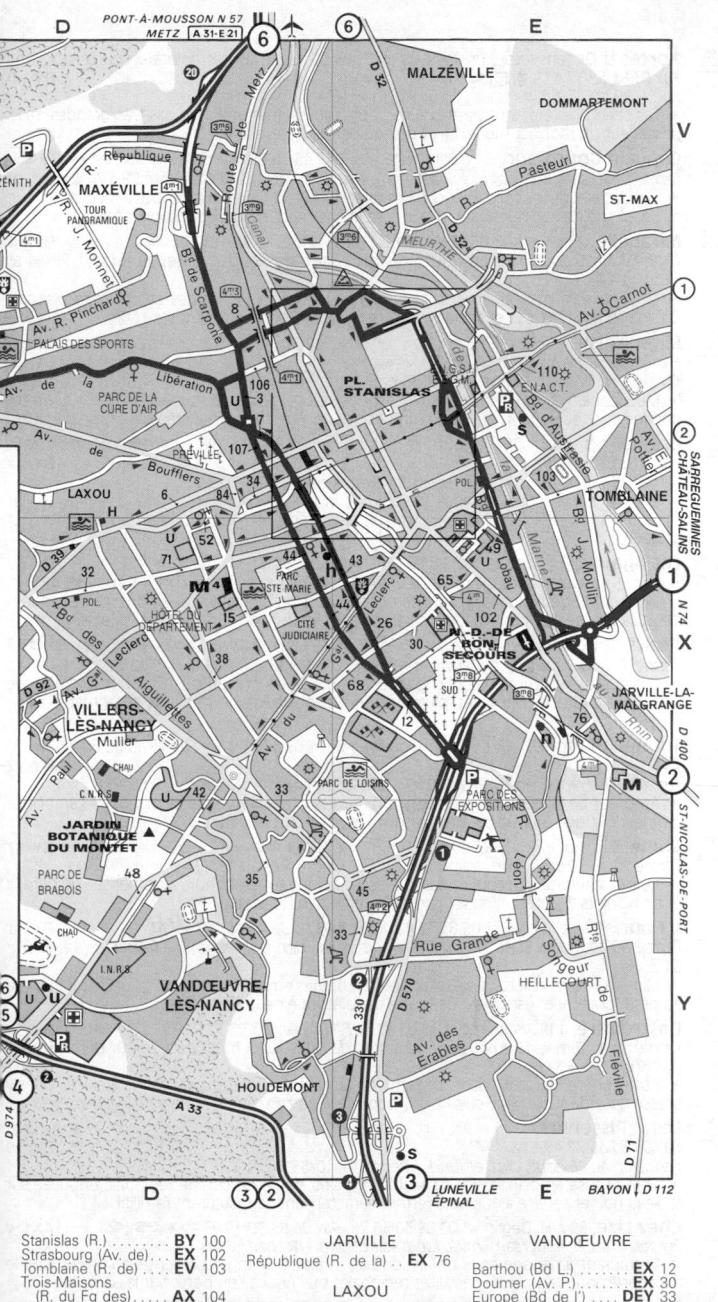

Stanislas (R.)	**BY**	100
Strasbourg (Av. de)	**EX**	102
Tomblaine (R. de)	**EV**	103
Trois-Maisons		
(R. du Fg des)	**AXY**	104
Trouillet (R.)	**AX**	105
Verdun (R. de)	**DV**	106
Victor-Hugo (R.)	**DV**	107
Visitation (R. de la)	**BY**	109
XXᵉ-Corps (Av. du)	**EV**	110

JARVILLE

République (R. de la)	**EX**	76

LAXOU

Europe (Av. de l')	**DX**	32
Poincaré (R. R.)	**DX**	71
Résistance		
(Av. de la)	**CV**	78
Rhin (Av. du)	**CV**	79

VANDŒUVRE

Barthou (Bd L.)	**EX**	12
Doumer (Av. P.)	**EX**	30
Europe (Bd de l')	**DEY**	33
Frère (R. Gén.)	**DY**	35
Jaurès		
(Av. Jean)	**DXY**	42
Jeanne-d'Arc (Av.)	**DEY**	45
Leclerc (Av. Gén.)	**DY**	48

Portes d'Or sans rest, 21 r. Stanislas ℘ 03 83 35 42 34, *contact@hotel-lesportesdor.com*, Fax 03 83 32 51 41 – 🛗 📺 📞. GB BY b
🛏 6 – **20 ch** 45/60.
♦ Les chambres aux tons pastel de ce petit établissement ne sont pas très grandes, mais possèdent un mobilier moderne et un équipement correct.

Capucin Gourmand, 31 r. Gambetta ℘ 03 83 35 26 98, Fax 03 83 35 99 29 – 🅰🅴 GB BY m
fermé août, sam. midi, dim. soir et lundi – **Repas** 22 (déj.), 31/60 et carte 58 à 74 ♀.
♦ L'audacieux décor contemporain, les expositions de tableaux et le lustre (oeuvre unique de l'école de Nancy) illuminant la salle font le charme de cette institution locale.

Mirabelle, 24 r. Héré ℘ 03 83 30 49 69, Fax 03 83 32 78 93 – ⊟. 🅰🅴 GB BY f
fermé 8 au 29 août, 13 au 20 fév., lundi midi, sam. midi et dim. – **Repas** 20 (déj.), 25/61 et carte 43 à 65 ♀ 🕮.
♦ Deux salles à manger feutrées et soignées, avec tables rondes et éclairage plaisant. Cuisine au goût du jour et séduisante carte des vins (bordeaux et côtes-rôtie).

Mignardise, 28 r. Stanislas ℘ 03 83 32 20 22, *didier.metzelard@wanadoo.fr*, Fax 03 83 32 19 20, 🛋 – GB JCB BY n
fermé 5 au 17 juil. – **Repas** (14) - 22/55 bc ♀.
♦ Murs couleur brique, sobre mobilier moderne, bel éclairage étudié : un décor contemporain épuré et élégant, réalisé par un designer nancéien. Cuisine créative à base d'épices.

Grenier à Sel, 28 r. Gustave Simon ℘ 03 83 32 31 98, *patrick.frechin@free.fr*, Fax 03 83 35 32 88 – GB BY x
fermé 23 juil. au 15 août, dim. et lundi – **Repas** 28 (déj.), 35/50 ♀.
♦ Dans une rue commerçante, restaurant installé à l'étage de l'une des plus vieilles maisons de la ville. Salle à manger rénovée dans un esprit contemporain sobre et chaleureux.

Les Agaves, 2 r. Carmes ℘ 03 83 32 14 14, Fax 03 83 37 13 31 – 🅰🅴 GB BY u
fermé 28 juil. au 11 août, 23 fév. au 2 mars, lundi soir, merc. soir et dim. – **Repas** 35/45 ♀ 🕮.
♦ Deux salles, deux "looks" : cadre actuel ou décor provençal égayé de photos des années 1950. La cuisine associe inspirations italiennes et saveurs du Sud ; vins transalpins.

Petits Gobelins, 18 r. Primatiale ℘ 03 83 35 49 03, Fax 03 83 37 41 49, 🛋 – ⊟. 🅰🅴 GB CY z
fermé 1er au 20 août, 1er au 5 janv., dim. et lundi – **Repas** 18,50/60, enf. 12 ♀.
♦ Chaleureux restaurant de poche aménagé dans une maison du 18e s. bordant une rue piétonne. Cadre moderne et plutôt soigné, expositions de tableaux et agréable salon feutré.

Toque Blanche, 1 r. Mgr Trouillet ℘ 03 83 30 17 20, Fax 03 83 32 60 24 – 🅰🅴 GB ABY z
fermé 26 juil. au 18 août, 14 au 20 fév., dim. soir et lundi – **Repas** (16) - 21,50/65 ♀.
♦ Au coeur de la vieille ville, restaurant familial abritant deux salles à manger à l'ambiance intime, dont une égayée par une fresque représentant Arlequin.

Chine, 31 r. Ponts ℘ 03 83 30 13 89, 🛋 – ⊟. 🅰🅴 ⓞ GB JCB BY r
fermé 10 au 30 août, dim. soir, mardi midi et lundi – **Repas** 23/29.
♦ Cuisine chinoise à découvrir dans une salle laquée rouge et noir, agrémentée de miroirs et de bibelots. Discrétion dans le décor comme dans l'assiette.

V Four, 10 r. St-Michel ℘ 03 83 32 49 48, Fax 03 83 32 49 48, 🛋 – GB BX r
fermé 30 août au 9 sept., 1er au 7 fév., sam. midi, dim. soir et lundi – **Repas** (15,50) - 22,50/31 ♀.
♦ Minuscule salle aux tons pastel prolongée d'une terrasse et carte au goût du jour : cette adresse "branchée" est située dans une rue piétonne de la vieille ville.

Gastrolâtre, 1 pl. Vaudémont ℘ 03 83 35 51 94, Fax 03 83 32 96 79, 🛋 – GB BY v
fermé 1er au 6 mai, 15 au 30 août, vacances de Noël, lundi midi, jeudi soir et dim. – **Repas** (18) - 30/40.
♦ Atmosphère "bistrot" dans ce petit restaurant fréquenté par les Nancéiens. On s'y presse pour déguster une cuisine qui, comme le patron, ne manque pas de caractère.

Les Pissenlits, 25 bis r. Ponts ℘ 03 83 37 43 97, *pissenlits@wanadoo.fr*, Fax 03 83 35 72 49 – ⊟. GB BY e
fermé 1er au 16 août, dim. et lundi – **Repas** 17,10/33,10 bc ♀.
♦ Chaleureuse ambiance, vieux meubles lorrains, copieuse cuisine régionale énoncée sur tableau noir et service à guichets fermés caractérisent ce restaurant familial.

Chez Lize, 52 r. H. Déglin ℘ 03 83 30 36 26, Fax 03 83 30 18 93 – GB. 🛋 AX r
fermé 1er au 22 août, sam. midi, lundi soir et dim. – **Repas** 18.
♦ Restaurant aménagé dans un ancien bar. La salle à manger présente le cadre rustique approprié pour servir des spécialités régionales où l'Alsace l'emporte sur la Lorraine.

Nouveaux Abattoirs, 4 bd Austrasie ℘ 03 83 35 46 25, Fax 03 83 35 13 64 – ⊟. GB EV s
fermé fin juil. à mi-août, sam., dim. et fériés – **Repas** 15,50/25,50 ♀.
♦ Adresse restée fidèle au charme des années 1960 dans le quartier des "anciens-nouveaux" abattoirs. Cuisine traditionnelle mettant les viandes à l'honneur.

à Jarville-la-Malgrange – 9 746 h. alt. 210 – ⊠ 54140 :

⊁ **Les Chanterelles,** 27 av. Malgrange ℰ 03 83 51 43 17, Fax 03 83 51 43 17 – ⅜ GB
EX n

fermé 15 au 31 août, dim. sauf le midi de juin à sept. et lundi – **Repas** 16/35, enf. 7,50 ♀.
♦ Établissement bâti à quelques centaines de mètres du musée de l'Histoire du fer. Une sculpture moderne égaie la petite salle à manger où l'on sert une cuisine régionale.

à Houdemont – 2 375 h. alt. 270 – ⊠ 54180 :

🏨 **Novotel Nancy Sud,** près centre commercial ℰ 03 83 56 10 25, h0408@accor-hotels.com, Fax 03 83 57 62 20, 🍽, ⅃, ⫽ – ⊨ ⅍ ▦ 🆃🆅 ✆ 🕭 🅿 – 🔏 25 à 120. ⅜ ⓘ GB
JCB
EY s

Repas (16,90) – 20 (déj.), 31/65, enf. 8 ♀ – 🕮 11,30 – **86 ch** 119/129.
♦ Situé en contrebas de l'autoroute, un Novotel de la première génération, entièrement refait dans l'esprit "dernier cri" de la chaîne. Confort, modernité et espace. Salle de restaurant actuelle prolongée d'une terrasse au bord de la piscine.

à Flavigny-sur-Moselle par ③ et A 330 : 16 km – 1 636 h. alt. 240 – ⊠ 54630 :

✗✗✗ **Prieuré** (Roy) 🦐 avec ch, ℰ 03 83 26 70 45, rjoelroy@aol.com, Fax 03 83 26 75 51, 🍽, ⫽ – 🆃🆅 ✆ ⓘ GB
❀ *fermé 23 août au 8 sept., 26 déc. au 2 janv., 16 fév. au 3 mars, dim. soir, merc. soir et lundi* –
Repas 30 (déj.), 46/79 et carte 76 à 98 – 🕮 12 – **4 ch** 117.
♦ Façade modeste dissimulant une grande salle à manger où meubles lorrains, étains et cheminée créent l'intimité. Cuisine actuelle où le poisson est roi. Chambres spacieuses.
Spéc. Tourte de grenouilles. Sandre façon "potée lorraine". Tatin de mirabelles.

à Vandoeuvre-lès-Nancy – 32 048 h. alt. 300 – ⊠ 54500 :

🏨 **Ibis Brabois,** allée de Bourgogne ℰ 03 83 44 55 77, Fax 03 83 44 21 44, 🍽 – ⊨ ⅍ 🆃🆅 ✆ 🕭 🅿 – 🔏 25 à 40. ⅜ ⓘ GB
DY u
Repas (13) - 17,50, enf. 6 ♀ – 🕮 6 – **68 ch** 61.
♦ Bordant une avenue, hôtel de chaîne entouré de grands arbres. Les chambres, toutes identiques, sont équipées d'un mobilier pratique. Carte "Ibis", formules buffets et quelques spécialités régionales servies dans un cadre pimpant et actuel.

à Méréville par ③, A 330, D 570 et D 115 : 16 km – 1 349 h. alt. 250 – ⊠ 54850 :

🏨 **Maison Carrée** 🦐 (rest. à 100 m.), ℰ 03 83 47 09 23 / rest. 03 83 47 08 02, hotel@maisoncarree.com, Fax 03 83 47 50 75 / rest. 03 83 47 66 08, ≤, 🍽, ⅃, ⫽ – 🆃🆅 ✆ ⇆ 🅿 – 🔏 25 à 80. ⅜ GB
fermé 20 déc. au 5 janv. et dim. soir de nov. à mars – **Repas** (fermé dim. soir et lundi) 25/40 ♀ – 🕮 8 – **23 ch** 55/76 – ½ P 56/58.
♦ L'hôtel (1968) abrite des chambres un tantinet "rétro", mais agréablement tournées vers la piscine, le jardin et la Moselle ; celles du 1er étage bénéficient d'un balcon. Salles à manger logées dans une ex-maison de passeur et terrasse au bord de l'eau.

à Neuves-Maisons par ④ : 14 km – 6 849 h. alt. 230 – ⊠ 54230 :

✗✗ **L'Union,** 1 impasse A. Briand ℰ 03 83 47 30 46, Fax 03 83 47 33 42 – GB
fermé 2 au 5 août, dim. soir, lundi et mardi – **Repas** (17) - 24/45 ♀.
♦ Restaurant installé dans une jolie petite maison colorée, autrefois café du village. Les deux salles à manger, dont une terrasse couverte, sont d'une agréable simplicité.

à Laxou – 15 288 h. alt. 258 – ⊠ 54520 :

🏨 **Novotel Nancy Ouest,** ℰ 03 83 93 45 45, h0407@accor-hotels.com, Fax 03 83 98 57 07, 🍽, ⅃₆, ⅃, ⫽ – ⊨ ⅍ ▦ 🆃🆅 ✆ 🕭 🅿 – 🔏 25 à 200. ⅜ ⓘ GB
JCB
CV a
Repas (16) - 21/29, enf. 8 ♀ – 🕮 11,60 – **119 ch** 105/115.
♦ Hôtel des années 1980 rénové depuis peu. Bar feutré d'inspiration Art nouveau et chambres relookées (chatoyants rideaux et couvre-lits). Espace jeu pour les enfants. Spacieux restaurant largement ouvert sur la terrasse ; tables simplement dressées.

NANS-LES-PINS 83860 Var 𝟛𝟜𝟘 J5 – 3 159 h alt. 380.

🏌 de la Ste-Baume ℰ 04 94 78 60 12, N : 4 km par D 80.

🛈 Office de tourisme, 2 cours Général de Gaulle ℰ 04 94 78 95 91, Fax 04 94 78 60 07, nanslespins-tourisme@wanadoo.fr.

Paris 794 – Aix-en-Provence 44 – Brignoles 26 – Marseille 42 – Toulon 71.

🏨 **Domaine de Châteauneuf** 🦐, Nord : 3 km sur N 560 ℰ 04 94 78 90 06, info@domaine-de-chateauneuf.com, Fax 04 94 78 63 30, ≤, 🍽, ⅃, ⅊, ⫽ – ▦ ch, 🆃🆅 ✆ 🕭 🅿 – 🔏 20 à 30. ⅜ ⓘ GB JCB, ⅍ rest
fermé 3 nov. au 27 déc. et 2 janv. au 5 mars – **Repas** (fermé le midi en semaine) 50/76 – 🕮 18 – **26 ch** 140/362, 4 suites – ½ P 150/249.
♦ Napoléon 1er aurait séjourné dans cette demeure du 18e s. entourée d'un parc situé au coeur d'un golf. Chambres de style décorées avec goût. Fresques dans l'un des salons. Élégant cadre classique dans la salle de restaurant et terrasse sous les frondaisons.

🏨 **Château de Nans,** sur N 560 à 3 km (rte d'Auriol) ℘ 04 94 78 92 06, *infos@chateau-de-nans.fr*, Fax 04 94 78 60 46, 🌼, 🛋, ☞ – 📺 🅿️ 🏧 🅶🅱️
fermé 25 au 30 nov., 17 fév. au 16 mars, lundi et mardi d'oct. à mars – **Repas** *(fermé mardi sauf juil.-août et lundi)* 38/52 ♀ – **6 ch** ☎ 122/183 – ½ P 99/129,50.
♦ Castel du 19ᵉ s. joliment restauré face au golf de la Ste-Baume. Agréables chambres personnalisées ; celles de la tour sont originales. Terrain de pétanque. Cuisine à l'accent chantant, potager aux senteurs méridionales et jolie salle à manger-véranda.

NANT *12230 Aveyron* 🮰🮰🮰 *L6* – *846 h alt. 490.*
🅱 *Syndicat d'initiative, place du Claux* ℘ 05 65 62 24 21, *Fax 05 65 62 15 22, office.tourisme-.nant@wanadoo.fr.*
Paris 669 – Albi 123 – Castres 135 – Lodève 38 – Millau 33.

à **Cantobre** *Nord : 5 km par D 991 et D 145* – ✉ *12230*

🍴 **Auberge de Cantobre,** ℘ 05 65 62 18 13, *aubergcant@wanadoo.fr,* Fax 05 65 62 11 07, 🌼
9 avril-31 oct., dim. soir et lundi – **Repas** (prévenir) 21 (déj.), 26/42 ♀.
♦ Ancienne étable située dans un pittoresque hameau dominant la vallée de la Dourbie. Salle à manger voûtée où l'on propose une carte régionale volontairement peu étoffée.

NANTERRE *92 Hauts-de-Seine* 🮰🮰🮰 *J2* 🮰🮰🮰 ⑭ – *voir Paris, Environs.*

Dans ce guide
un même symbole, un même mot,
*imprimé en **rouge** ou en **noir**, en maigre ou en **gras**,*
n'ont pas tout à fait la même signification.
Lisez attentivement les pages explicatives.

NANTES

P 44000 Loire-Atl. **316** G4 *G. Bretagne - 270 251 h. - Agglo. 544 932 h - alt. 8.*
Paris 381 ② – Angers 88 ② – Bordeaux 325 ④ – Quimper 233 ⑥ – Rennes 109 ⑦

Carte de voisinage..	p. 3
Nomenclature des hôtels et des restaurants	p. 3 et 9 à 14
Plans de Nantes	
Agglomération..	p. 4 et 5
Nantes Centre	p. 6 et 7
Répertoire des rues.......................................	p. 8 et 9

OFFICE DE TOURISME

3 Cour Olivier de Clisson, Pl. St-Pierre et Ile Feydeau ℘ 02 40 20 60 00, Fax 02 40 89 11 99,
office@nantes-tourisme.com

RENSEIGNEMENTS PRATIQUES

TRANSPORTS
Auto-train ℘ 08 36 35 35 35.

AÉROPORT
International Nantes-Atlantique ℘ 02 40 84 80 00 par D 85 : 8,5 km **BX**

QUELQUES GOLFS
de Carquefou ℘ 02 40 52 73 74, N : 9km par D337 **DV**
de Nantes ℘ 02 40 63 25 82, NO : 16km par D965 et D81
de Nantes Erdre ℘ 02 40 59 21 21, N : 6km par D69 **BV**

DÉCOUVRIR

SOUVENIRS DES DUCS DE BRETAGNE
Château★★ : tour de la Couronne d'Or★★, puits★★ **HY** *- Intérieur★★ de la cathédrale*
St-Pierre-et-St-Paul : tombeau de Francois II★★, cénotaphe de Lamoricière★ **HY**

NANTES DU 18e S.
Ancienne île Feydeau★ **GZ**

LA VILLE DU 19e S.
Passage Pommeraye★ **GZ 150** *- Quartier Graslin★* **FZ** *-Cours Cambronne★* **FZ** *- Jardin des*
Plantes★ **HY**

MUSÉES
Musée des Beaux-Arts★★ **HY** *- Muséum d'histoire naturelle★★* **FZM⁴** *- Musée Dobrée★* **FZ** *-*
Musée archéologique★ **M³** *- Musée Jules-Verne★* **BX M¹**

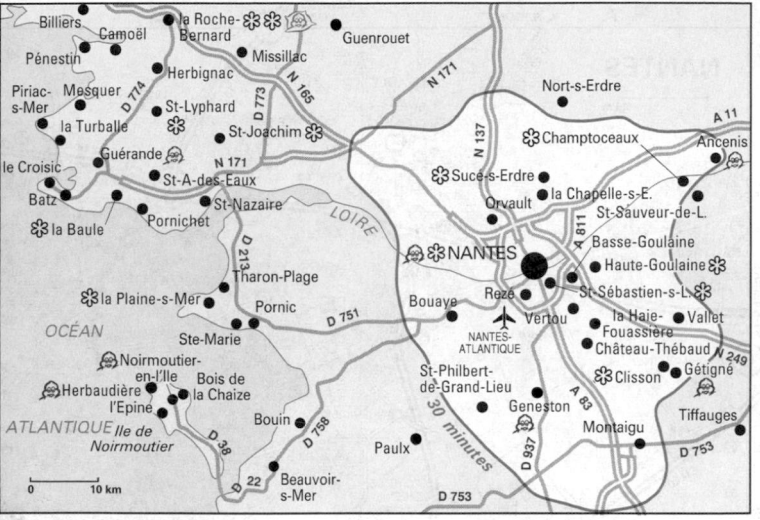

Grand Hôtel Mercure, 4 r. Couëdic 🕿 02 51 82 10 00, *h1985@accor-hotels.com*, Fax 02 51 82 10 10 – 🛗 cuisinette 🔆 ▤ 📺 ⚓ & ⟲ – 🔼 100. 🟦 ⑥ ⑤⑤   p. 7 **GZ m**
Repas (12) - carte 26 à 40 ♀ – ⊂ 13 – **152 ch** 130/140, 10 suites.
* Belle façade du 19ᵉ s., hall sous verrière, vastes chambres de style Art déco, équipements "dernier cri", insonorisation très performante et piano-bar moderne et "cosy". Cadre de théâtre dans la grande salle à manger pour soirées à thème et dîner-concert.

Holiday Inn Garden Court, 1 bd Martyrs Nantais ⊠ 44200 🕿 02 40 47 77 77, *holiday.inn.nantes@wanadoo.fr*, Fax 02 40 47 36 52, 🍽 – 🛗 🔆 ▤ rest, 📺 ⚓ & ⟲ – 🔼 45. 🟦 ⑥ ⑤⑤   p. 7 **HZ v**
Repas (15,50) - 18,50/24 ♀ – ⊂ 11 – **108 ch** 99/106.
* Hôtel récent situé sur l'île de Nantes, au pied du tramway. La moitié des chambres donne sur la Loire ; toutes sont spacieuses et disposent de lits "king size". Confortable salle à manger contemporaine. En saison, service sous l'ombrage d'une pergola.

La Pérouse sans rest, 3 allée Duquesne 🕿 02 40 89 75 00, *information@hotel-laperouse.fr*, Fax 02 40 89 76 00 – 🛗 🔆 ▤ 📺 ⚓. 🟦 ⑥ ⑤⑤ ⫟ᴄʙ   p. 7 **GY k**
⊂ 9,30 – **46 ch** 85/112.
* Architecture d'avant-garde, décor contemporain, mobilier design volontairement "minimaliste" : cet hôtel au style très épuré ne vous laissera pas indifférent.

Novotel Cité des Congrès, 3 r. Valmy 🕿 02 51 82 00 00, *h1571@accor-hotels.com*, Fax 02 51 82 07 40, 🍽 – 🛗 🔆 ▤ 📺 ⚓ & – 🔼 18. 🟦 ⑥ ⑤⑤ ⫟ᴄʙ   p. 7 **HZ t**
Repas carte 25 à 35, enf. 8 ♀ – ⊂ 11 – **105 ch** 105/155.
* L'hôtel jouxte la Cité des Congrès. Grandes chambres fonctionnelles, toutes identiques ; certaines offrent un joli coup d'oeil sur le canal St-Félix. Coin jeux pour enfants. Au restaurant, grill visible de tous, carte "Novotel" et suggestions du jour.

Mercure Ile de Nantes, 15 bd A. Millerand ⊠ 44200 🕿 02 40 95 95 95, *H0555@accor-hotels.com*, Fax 02 40 48 23 83, 🍽, 🏊 – 🛗 🔆 ▤ 📺 ⚓ & 🅿 – 🔼 50. 🟦 ⑥ ⑤⑤ ⫟ᴄʙ   p. 5 **CX a**
fermé 24 au 31 déc. – **Repas** (fermé sam., dim. et fériés) (16) - 18,50, enf. 7,50 ♀ – ⊂ 12 – **100 ch** 90/120.
* Hôtel des années 1970 dont la rénovation rend hommage à Jules Vernes. Intérieur orné de gravures illustrant ses romans. Chambres spacieuses donnant pour moitié côté Loire. Esprit "Nautilus" au restaurant et bar à vins le Nemo.

Jules Verne sans rest, 3 r. Couëdic 🕿 02 40 35 74 50, *hoteljulesverne@wanadoo.fr*, Fax 02 40 20 09 35 – 🛗 ▤ 📺 ⚓ & 🟦 ⑥ ⑤⑤ ⫟ᴄʙ   p. 7 **GZ h**
⊂ 10 – **65 ch** 70/87.
* À deux pas de la place Royale, établissement récent disposant de chambres contemporaines, sobres et soignées ; au dernier étage, elles ménagent une vue sur les toits nantais.

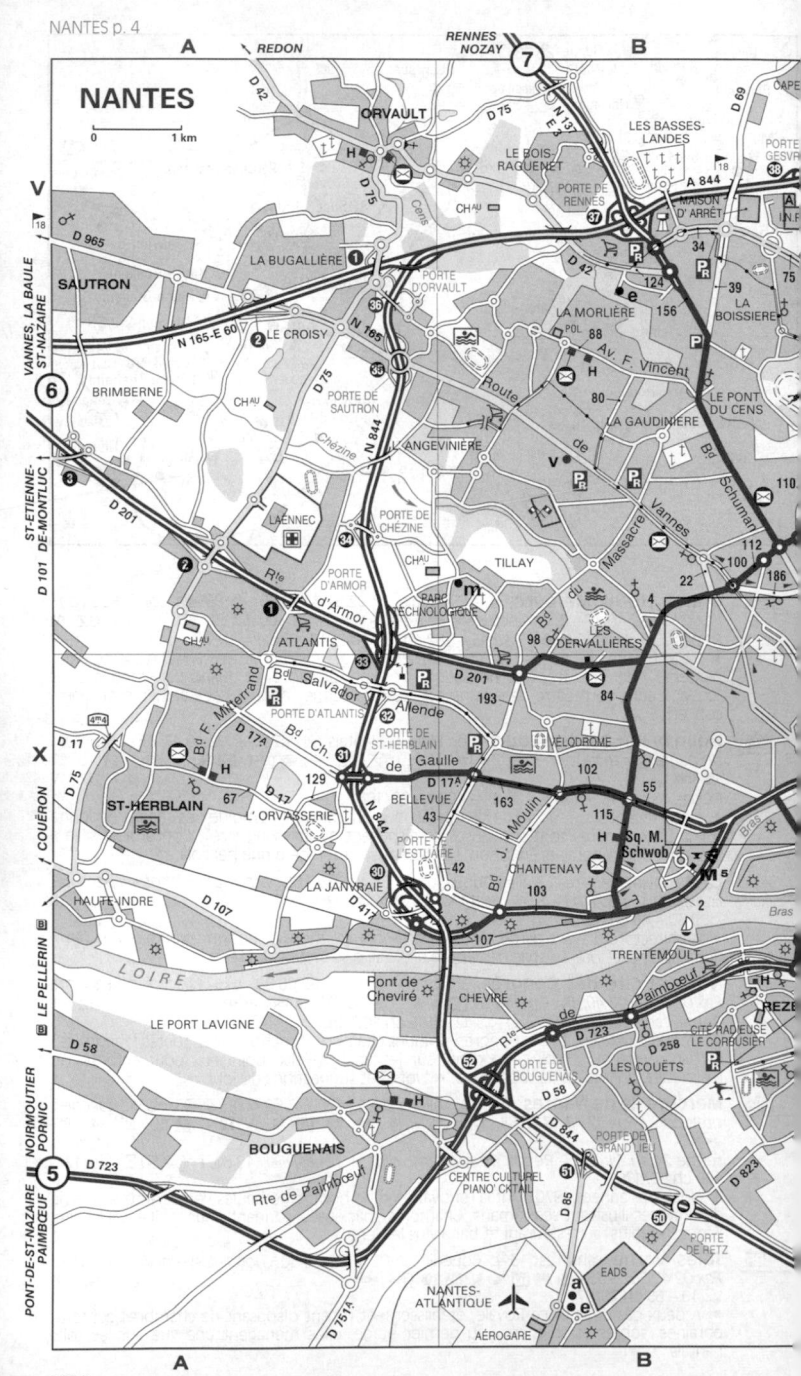

NANTES

0   1 km

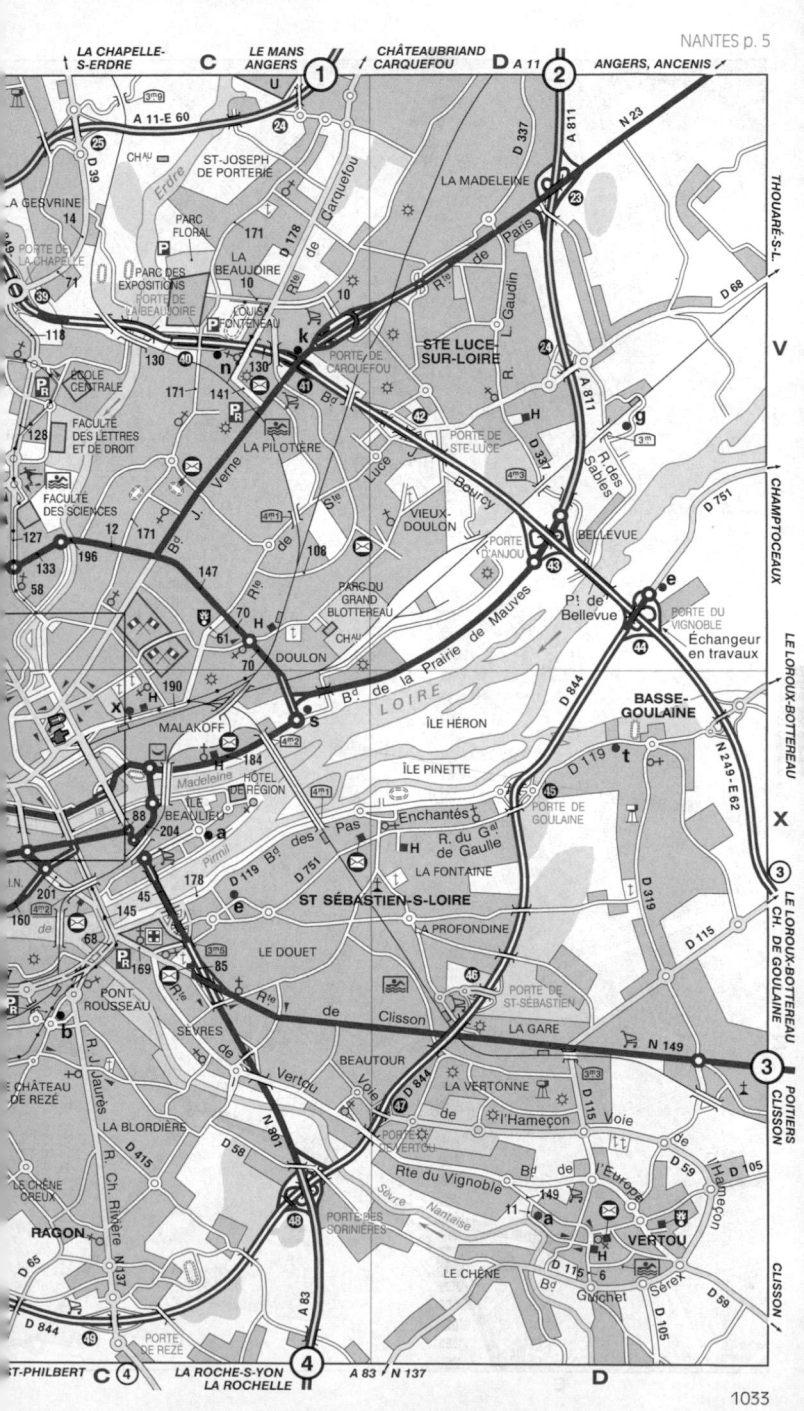

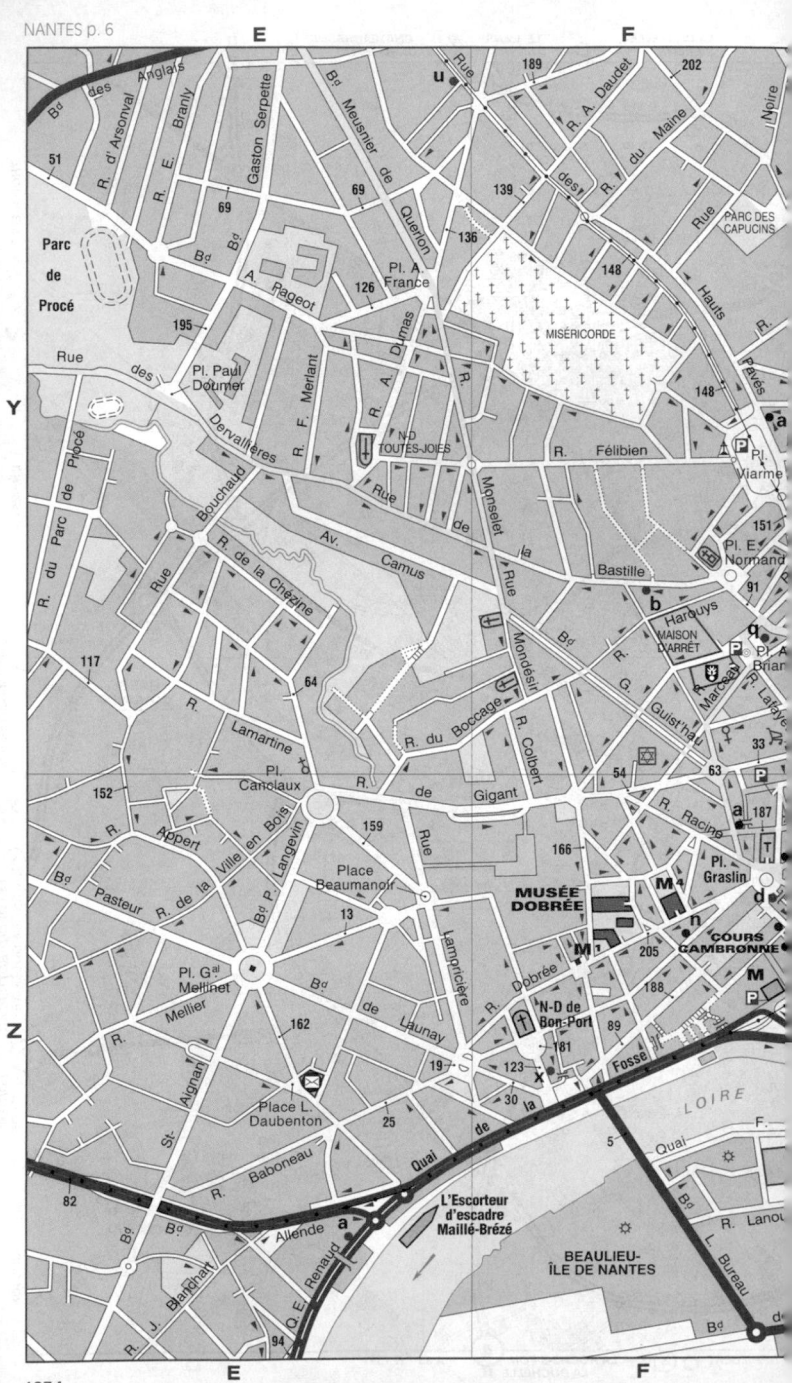

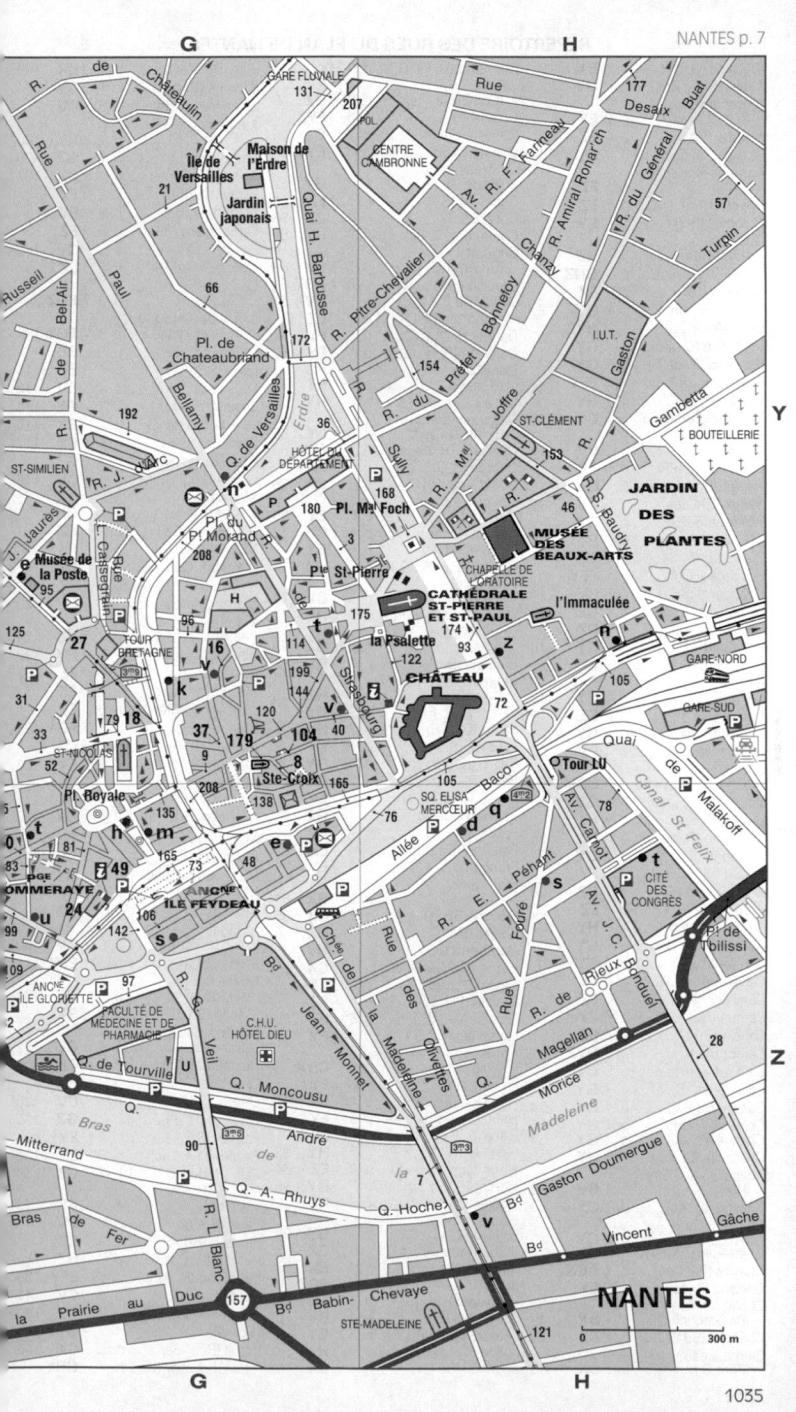

NANTES

RÉPERTOIRE DES RUES DU PLAN DE NANTES

Aiguillon (Q. d') .... p. 4 **BX** 2
Albert (R. du Roi) .. p. 7 **GY** 3
Alexandre-Dumas
(R.) .... p. 6 **EZ**
Allende (Bd S.) .... p. 6 **EZ**
Anglais (Bd des) ... p. 4 **BV** 4
Anne-Bretagne
(Pont) .... p. 6 **FZ** 5
Appert (R.) .... p. 6 **EZ**
Arsonval (R. d') .... p. 6 **EY**
Audibert
(Pont Gén.) .... p. 7 **HZ** 7
Babin-Chevaye (Bd) p. 7 **GHZ**
Baboneau (R.) ..... p. 6 **EZ**
Bâclerie (R. de la) .. p. 7 **GY** 8
Baco (Allée) .... p. 7 **HYZ**
Barbusse (Quai H.). p. 7 **GY**
Barillerie (R. de la) . p. 7 **GY** 9
Bastille (R. de la) ... p. 6 **EFY**
Baudry (R. S.) ..... p. 7 **HY**
Beaujoire (Bd de la) p. 5 **CV** 10
Beaujoire
(Pont de la) .... p. 5 **CV**
Beaumanoir (Pl.) ... p. 6 **EZ**
Bel-Air (R. de) ..... p. 6 **EZ**
Belges (Bd des) ... p. 5 **CV** 12
Bellamy (R. P.) ..... p. 7 **GY**
Belleville (R. de) .... p. 6 **EZ** 13
Blanchart (R. J.) .... p. 6 **EZ**
Boccage (R. du) .... p. 6 **EFY**
Bocquerel (Bd H.).. p. 5 **CV** 14
Boileau (R.) .... p. 7 **GY** 15
Bonduel (Av. J.C.).. p. 7 **HZ**
Bossuet (R.) .... p. 7 **GY** 16
Bouchaud (R.) ..... p. 6 **EY**
Boucherie
(R. de la) .... p. 7 **GY** 18
Bouhier (Pl. R.) .... p. 6 **EZ** 19
Bouille (R. de) ..... p. 7 **GY** 21
Boulay Paty (Bd) ... p. 4 **BV** 22
Bourcy
(Bd Joseph) .... p. 5 **CDV**
Bourse (Pl. de la) .. p. 7 **GZ** 24
Branly (R. É.) ...... p. 6 **EY**
Brasserie (R. de la). p. 6 **EZ** 25
Bretagne (Pl. de)... p. 7 **GY** 27
Briand (Pl. A.) ..... p. 6 **FY**
Briand (Pont A.) .... p. 7 **HZ** 28
Brunellière (R. Ch.). p. 6 **FZ** 30
Buat (R. du Gén.) .. p. 7 **HY**
Budapest (R. de).... p. 7 **GY** 31
Bureau (Bd L.) ..... p. 6 **FZ**
Calvaire (R. du) .... p. 6 **FY**
Cambronne (Cours) p. 6 **FY** 33
Camus (Av.) .... p. 6 **EY**
Canclaux (Pl.) ..... p. 6 **EZ**
Carnot (Av.) .... p. 7 **HYZ**
Carquefou (Rte de) . p. 5 **CV**
Cassegrain (R. L.) .. p. 7 **GY**
Cassin (Bd R.) ..... p. 4 **BV** 34
Ceineray (Quai) .... p. 7 **GY** 36
Change (Pl. du) .... p. 7 **GY** 37
Chanzy (Av.) .... p. 7 **HY**
Chapelle-sur-Erdre
(Rte) .... p. 4 **BV** 39
Château (R. du) .... p. 7 **GY** 40
Chateaubriand
(Pl. de) .... p. 7 **GY**
Châteaulin (R. de).. p. 7 **GY**
Chéviré (Pont de) .. p. 4 **ABX**
Chézine (R. de la) .. p. 6 **EY**
Cholet
(Bd Bâtonnier).. p. 4 **BX** 42
Churchill (Bd W.).. p. 4 **BX** 43
Clemenceau
(Pont G.)....... p. 5 **CX** 45

Clemenceau (R. G.) . p. 7 **HY** 46
Clisson
(Crs Olivier de) .. p. 7 **GZ** 48
Colbert (R.) .... p. 6 **FYZ**
Commerce (Pl. du) .. p. 7 **GZ** 49
Constant (Bd Clovis). p. 6 **EY** 51
Contrescarpe
(R. de la) .... p. 7 **GY** 52
Copernic (R.) .... p. 6 **FZ** 54
Coty (Bd R.) .... p. 7 **BX** 55
Coulmiers (R. de) ... p. 7 **HY** 57
Courbet
(Bd Amiral) ...... p. 5 **CV** 58
Crébillon (R.) .... p. 6, 7 **FGZ** 60
Dalby (Bd E.) .... p. 5 **CV** 61
Daubenton (Pl. L.).. p. 6 **EZ**
Daudet (R. A.) ...... p. 6 **FY**
Delorme (Pl.) .... p. 6 **FY** 63
Dervallières
(R. des) .... p. 6 **EY**
Desaix (R.) .... p. 7 **HY**
Desgrées-du-Lou
(R. du Col.) ...... p. 6 **EY** 64
Distillerie (R. de la) .. p. 7 **GY** 66
Dobrée (R.) .... p. 7 **FZ**
Dos-d'Ane (R.)...... p. 5 **CX** 68
Douet Garnier
(R. du)........... p. 6 **EY** 69
Doulon (Bd de) ..... p. 5 **CV** 70
Doumer (Pl. P.) ..... p. 6 **EY**
Doumergue (Bd G.) . p. 7 **HZ**
Dreyfus (R.
Commandant A.).. p. 5 **CV** 71
Duchesse-Anne (Pl.) p. 7 **HY** 72
Duguay-Trouin
(Allée) .... p. 7 **GZ** 73
Einstein (Bd A.) ..... p. 4 **BV** 75
Estienne-d'Orves
(Crs d') .... p. 7 **HZ** 76
Farineau (R. F.)...... p. 7 **HY**
Favre (Quai F.) ...... p. 7 **HYZ** 78
Félibien (R.) .... p. 6 **FY**
Feltre (R. de) .... p. 7 **GY** 79
Foch (Pl. Mar.) ..... p. 7 **HY**
Fosse (Quai de la) ... p. 6 **EFZ**
Fosse (R. de la) ..... p. 7 **GZ** 81
Fouré (R.) .... p. 7 **HZ**
Frachon (Bd B.) ..... p. 6 **EZ** 82
France (Pl. A.) ...... p. 7 **EY**
Fraternité
(Bd de la) .... p. 4 **BX** 84
Gabory (Bd E.) ..... p. 5 **CX** 85
Gâche (Bd V.) ...... p. 7 **HZ**
Gambetta (R.) ...... p. 7 **HY**
Gaulle (Bd Gén.-de) . p. 5 **CX** 87
Gigant (R. de) ...... p. 6 **EFZ**
Graslin (Pl.) .... p. 7 **FZ**
Guinaudeau (R.) .... p. 6 **FZ** 89
Guist'hau (Bd G.) ... p. 6 **FY**
Hameçon
(Voie de l') .... p. 5 **CDX**
Harouys (R.) .... p. 6 **FY**
Haudaudine (Pont) .. p. 7 **GZ** 90
Hauts-Pavés (R. des) p. 6 **FY**
Hélie (R. F.) .... p. 6 **FY** 91
Henri IV (R.) .... p. 7 **HY** 93
Hermitage (R. de l') . p. 7 **EZ** 94
Herriot (R. E.)....... p. 7 **GY** 95
Hoche (Q.) .... p. 7 **HZ**
Hôtel-de-Ville
(R. de l') .... p. 7 **GY** 96
Ile Gloriette (Aée de l') p. 7 **GZ** 97
Ingres (Bd J.) .... p. 4 **BX** 98
J.-J.-Rousseau (R.) .. p. 6, 7 **FGZ** 99
Jean-Jaurès (R.) . p. 6, 7 **FGY**
Jean XXIII (R.)...... p. 4 **BV** 100
Jeanne-d'Arc (R.) ... p. 7 **GY**
Joffre (R. Mar.) ..... p. 7 **HY**
Jouhaux (Bd L.) ..... p. 4 **BX** 102

Juin (Bd Mar.) ..... p. 4 **BX** 103
Juiverie (R. de la) .. p. 7 **GY** 104
Jules-Verne (Bd) ... p. 5 **CV**
Kennedy
(Cours J.-F.) .... p. 7 **HY** 105
Kervégan (R.) ..... p. 7 **GZ** 106
Koenig (Bd Gén.) .. p. 4 **BX** 107
Lafayette (R.) ..... p. 6 **FY**
Lamartine (R.) ..... p. 6 **EY**
Lamoricière (R.) ... p. 6 **EZ**
Landreau (R. du) ... p. 5 **CV** 108
Langevin (Bd P.) ... p. 6 **EZ**
Lanoue Bras-de-Fer
(R.) .... p. 6, 7 **FGZ**
Lattre-de-Tassigny
(R. Mar.-de) .. p. 6, 7 **FGZ** 109
Launay (Bd de) .... p. 7 **EZ**
Lauriol (Bd G.).... p. 4 **BV** 110
Le Lasseur (Bd) .... p. 4 **BV** 112
Leclerc (R. Mar.) ... p. 7 **GY** 114
Liberté (Bd de la) .. p. 4 **BX** 115
Littré (R.) .... p. 6 **EY** 117
Louis-Blanc (R.) .... p. 7 **GZ**
Luther-King (Bd M.) p. 5 **CV** 118
Madeleine
(Chée de la) .... p. 7 **GHZ**
Magellan (Quai) ... p. 7 **HZ**
Maine (R. du) ..... p. 6 **FY**
Malakoff (Quai de) . p. 7 **HZ**
Marceau (R.) ...... p. 7 **FY**
Marne (R. de la) ... p. 7 **GY** 120
Martyrs-Nantais-de-
la-Résist. (Bd) ... p. 7 **HZ** 121
Mathelin-Rodier (R.) p. 7 **HY** 122
Mazagran (R.) ..... p. 6 **FZ** 123
Mellier (R.)........ p. 6 **EZ**
Mellinet (Pl. Gén.) . p. 6 **EZ**
Mercœur (R.) .. p. 6, 7 **FGY** 125
Merlant (R. F.) ..... p. 6 **EY**
Merson (Bd L.-O.) . p. 6 **EY** 126
Meusnier-de-
Querlon (Bd) .... p. 6 **EY**
Michelet (Bd) ..... p. 5 **CV** 127
Mitterrand (Q. F.) . p. 6, 7 **FGZ**
Mollet (Bd G.) ..... p. 5 **CV** 128
Moncousu (Quai) .. p. 7 **GZ**
Mondésir (R.) ...... p. 6 **FY**
Monnet (Bd Jean) . p. 7 **GZ**
Monod
(Bd du Prof.-J.) .. p. 5 **CV** 130
Monselet (R. Ch.).. p. 6 **EFY**
Motte Rouge
(Q. de la) .... p. 7 **GY** 131
Moulin (Bd J.) ..... p. 4 **BX**
Nations-Unies
(Bd des) .... p. 7 **GZ** 132
Normand (Pl. E.) ... p. 6 **FY**
Olivettes (R. des) .. p. 7 **HZ**
Orieux (Bd E.) ..... p. 5 **CV** 133
Orléans (R. d') ..... p. 7 **GZ** 135
Pageot (Bd A.) ..... p. 6 **EY**
Painlevé (R. Paul) .. p. 6 **EY** 136
Paix (R. de la) ..... p. 7 **GZ** 138
Parc de Procé
(R. du) .... p. 6 **EY**
Paris (Rte de) ..... p. 5 **DV**
Pasteur (Bd) ...... p. 6 **EZ**
Péhant (R. E.) ..... p. 7 **HZ**
Pelleterie (R. de la) . p. 6 **EFY** 139
Petite Baratte (R.).. p. 5 **CV** 141
Petite-Hollande (Pl.) p. 7 **GZ** 142
Pilori (Pl. du) ...... p. 7 **GY** 144
Pirmil (Pont de) .... p. 5 **CX** 145
Pitre-Chevalier (R.). p. 7 **GHY**

Poilus (Bd des)	p. 5	**CV**	147
Poitou (R. du)	p. 6	**FY**	148
Pommeraye (Pas.)	p. 7	**GZ**	
Pont-Morand (Pl. du)	p. 7	**GY**	
Porte-Neuve (R.)	p. 6	**FGY**	151
Prairie-au-Duc (Bd)	p. 6, 7	**FGZ**	
Prairie de Mauves (Bd de la)	p. 5	**DV**	
Préfet Bonnefoy (R. du)	p. 7	**HY**	
Racine (R.)	p. 6	**FZ**	
Raspail (R.)	p. 6	**EYZ**	152
Refoulais (R. L. de la)	p. 7	**HY**	153
Reine Margot (Allée de la)	p. 7	**HY**	154
Renaud (Quai E.)	p. 6	**EZ**	
République (Pl. de la)	p. 7	**GZ**	157
Rhuys (Quai A.)	p. 7	**GZ**	
Rieux (R. de)	p. 7	**HZ**	
Riom (R. Alfred)	p. 6	**EZ**	159
Roch (Bd Gustave)	p. 5	**CX**	160
Rollin (R.)	p. 6	**EZ**	162
Romanet (Bd E.)	p. 4	**BX**	163
Ronar'ch (R. Amiral)	p. 7	**HY**	
Roosevelt (Crs F.)	p. 7	**GZ**	165
Rosière d'Artois (R.)	p. 6	**FZ**	166
Royale (Pl.)	p. 7	**GZ**	
Rue Noire (R.)	p. 6	**FY**	
Russeil (R.)	p. 6, 7	**FGY**	
St-Aignan (Bd)	p. 6	**EZ**	
St-André (Cours)	p. 7	**HY**	168
St-Jacques (R.)	p. 5	**CX**	169
St-Joseph (Rte de)	p. 5	**CV**	171
St-Mihiel (Pont)	p. 7	**GY**	172
St-Pierre (Cours)	p. 7	**HY**	174
St-Pierre (Pl.)	p. 7	**GY**	175
St-Rogatien (R.)	p. 7	**HY**	177
St-Sébastien (Côte)	p. 5	**CX**	178
Ste-Croix (R.)	p. 7	**GY**	179
Ste-Luce (Rte de)	p. 5	**CV**	
Salengro (Pl. R.)	p. 7	**GY**	180
Sanitat (Pl. du)	p. 6	**FZ**	181
Santeuil (R.)	p. 7	**GZ**	183
Sarrebrück (Bd de)	p. 5	**CX**	184
Say (R. L.)	p. 4	**BV**	186
Schuman (Bd R.)	p. 4	**BV**	
Scribe (R.)	p. 6	**FZ**	187
Serpette (Bd G.)	p. 6	**EY**	
Sibille (R. M.)	p. 6	**FZ**	188
Simon (R. Jules)	p. 6	**EY**	189
Stalingrad (Bd de)	p. 5	**CX**	190
Strasbourg (R. de)	p. 7	**GY**	
Sully (R.)	p. 7	**HY**	
Talensac (R.)	p. 7	**GY**	192
Tbilissi (Pt. de)	p. 7	**ZH**	
Tertre (Bd du)	p. 4	**BX**	193
Thomas (Bd A.)	p. 6	**EY**	195
Tortière (Pont de la)	p. 5	**CV**	196
Tourville (Quai de)	p. 7	**GZ**	
Turpin (R. Gaston)	p. 6	**HY**	
Vannes (Rte de)	p. 4	**BV**	
Veil (R. G.)	p. 7	**GZ**	
Verdun (R. de)	p. 7	**GY**	199
Versailles (Quai de)	p. 7	**GY**	
Vertou (Rte de)	p. 5	**CX**	
Viarme (Pl.)	p. 6	**FY**	
Victor-Hugo (Bd)	p. 5	**CX**	201
Ville-en-Bois (R. de la)	p. 6	**EZ**	
Villebois-Mareuil (R.)	p. 6	**FY**	202
Viviani (R. René)	p. 5	**CX**	204
Voltaire (R.)	p. 6	**FZ**	205
Waldeck-Rousseau (Pl.)	p. 7	**GHY**	207
50-Otages (Crs des)	p. 7	**GYZ**	208

BOUGUENAIS

Paimbœuf (Rte de)	p. 4	**BX**	

ORVAULT

Ferrière (Av. de la)	p. 4	**BV**	80
Goupil (Av. A.)	p. 4	**BV**	88
Mendès-France (Bd)	p. 4	**BV**	124
Rennes (Rte de)	p. 4	**BV**	156
Vannes (Rte de)	p. 4	**BV**	
Vincent (Av. F.)	p. 4	**BV**	

REZE

Gaulle (Bd Gén.-de)	p. 5	**CX**	87
J.-Jaurès (R.)	p. 5	**CX**	
Rivière (R. Ch.)	p. 5	**CX**	

ST-HERBLAIN

Allende (Bd S.)	p. 4	**ABX**	
Armor (Rte d')	p. 4	**AV**	
Dr Boubée (R. du)	p. 4	**AX**	67
Gaulle (Av. Ch. de)	p. 4	**AX**	
Massacre (Bd du)	p. 4	**BV**	
Mitterrand (Bd F.)	p. 4	**AX**	
Monnet (R. J.)	p. 4	**AX**	129

St-SÉBASTIEN-S-LOIRE

Clisson (Rte de)	p. 5	**CDX**	
Gaulle (R. du Gén.-de)	p. 5	**DX**	
Pas-Enchantés (Bd des)	p. 5	**CDX**	

STE-LUCE-S-LOIRE

Bellevue (Pont de)	p. 5	**DV**	
Gaudin (R. L.)	p. 5	**DV**	
Sables (R. des)	p. 5	**DV**	

VERTOU

Arnaud (R. A.)	p. 5	**DX**	6
Beauséjour (R.)	p. 5	**DX**	11
Europe (Bd de l')	p. 5	**DX**	
Guichet Sérex (Bd)	p. 5	**DX**	
Pont de l'Arche (R. du)	p. 5	**DX**	149
Vignoble (Rte du)	p. 5	**DX**	

France, 24 r. Crébillon ☎ 02 40 73 57 91, *hoteldefrance-nantes@wanadoo.fr, Fax 02 40 69 75 75* – |♦| TV ☎ P – 15. AE ⊙ GB JCB. rest p. 6 **FZ b**
Repas *(fermé 17 juil. au 18 août, 26 déc. au 2 janv., sam. et dim.) (14)* - 17/27, enf. 8 ♀ – ☕ 8,50 – **74 ch** 60/102.
◆ Hôtel particulier du 18ᵉ s. dont le porche est classé monument historique. Chambres de style Louis XVI ou Régence, parfois avec des commodes provenant du paquebot Pasteur. Un vaste hall sous verrière conduit à la salle à manger. Cuisine classique.

Graslin sans rest, 1 r. Piron ☎ 02 40 69 72 91, *resagraslin@ifrance.com, Fax 02 40 69 04 44* – |♦| TV ☎. AE ⊙ GB – *fermé 30 juil. au 15 août* – ☕ 7 – **47 ch** 57/70. p. 6 **FZ v**
◆ Dans le coeur animé de la ville, cet hôtel bénéficie d'une bonne insonorisation. Les chambres, au mobilier en pin, sont fonctionnelles. Formule buffet au petit-déjeuner.

L'Hôtel sans rest, 6 r. Henri IV ☎ 02 40 29 30 31, *lhotel@mageos.com, Fax 02 40 29 00 95* – |♦| TV ☎. AE GB p. 7 **HY z**
fermé 24 déc. au 5 janv. – ☕ 8 – **31 ch** 68/78.
◆ Quelques chambres offrent une vue sur le château des ducs de Bretagne. On pourra préférer celles tournées sur le jardin, plus au calme et dotées, pour certaines, de terrasses.

Kyriad Centre sans rest, 8 allée Cdt Charcot ☎ 02 40 74 14 54, *kyriad-nantescentre@wanadoo.fr, Fax 02 40 74 77 68* – |♦| TV ☎ – 15. AE ⊙ GB p. 7 **HY n**
☕ 10 – **94 ch** 62/99.
◆ En face de la gare, immeuble en angle de rue abritant un hôtel dont les chambres, chaleureuses et confortables, profitent d'une rénovation réussie.

Pommeraye sans rest, 2 r. Boileau ☎ 02 40 48 78 79, *info@hotel-pommeraye.com, Fax 02 40 47 63 75* – |♦| TV ☎ – 40. AE ⊙ GB JCB p. 7 **GZ t**
☕ 7 – **50 ch** 59/74.
◆ Bel emplacement à deux pas du célèbre passage Pommeraye et des boutiques de la rue Crébillon. Chambres agréablement refaites, colorées et dotées de meubles modernes.

Ibis Gare Sud, 3 allée Baco   ℰ 02 40 20 21 20,   *h0892@accor-hotels.com,* *Fax 02 40 48 24 64,* 🖧 – 🛗 ⇄ 🖥 📺 🛦 ⇦ – 🏄 30. 🖭 ⓞ ☗   p. 7 **HZ q**
Repas 12/18, enf. 6 ⅃ – � 6 – **104 ch** 66.
 ♦ Hôtel entièrement redécoré selon les récentes normes de la chaîne. Au dernier étage, certaines chambres offrent - au-delà de la voie ferrée - une échappée sur le château. Des reproductions de publicités anciennes habillent la salle à manger.

Amiral sans rest, 26 bis r. Scribe   ℰ 02 40 69 20 21,   *amiral@hotel-nantes.fr,* *Fax 02 40 73 98 13* – 🛗 📺 ✆ 🛦. 🖭 ⓞ ☗ ᴊᴄʙ   p. 6 **FZ a**
 ⊂ 8,50 – **49 ch** 58/68.
 ♦ Cinémas, théâtre Graslin, passage Pommeraye : aux portes de cet hôtel aux sobres chambres actuelles une suite de plans-séquences digne de Jacques Demy, l'enfant du quartier.

Ibis Tour Bretagne, 19 r. Jean Jaurès   ℰ 02 40 35 39 00, *Fax 02 40 89 07 74* – 🛗 ⇄ 📺 ✆ 🛦 ⇦ – 🏄 40. 🖭 ⓞ ☗   p. 7 **GY e**
Repas *(fermé sam. midi et dim. midi) (12)* - 16, enf. 6 ⅃ – ⊂ 6 – **140 ch** 51/60.
 ♦ Un classique de sa catégorie logé dans une construction des années 1980. Les chambres, refaites, sont bien tenues et leur aménagement judicieux compense le manque d'espace. Au restaurant, buffet de salades et différentes formules adaptées à votre faim.

Cholet sans rest, 10 r. Gresset   ℰ 02 40 73 31 04,   *hotelcholet@wanadoo.fr,* *Fax 02 40 73 78 82* – 🛗 📺. 🖭 ⓞ ☗   p. 6 **FZ n**
 ⊂ 6,30 – **38 ch** 41/60.
 ♦ Cet hôtel familial proche de la place Graslin occupe un immeuble du 18ᵉ s. Chambres rénovées par étapes ; elles sont plus au calme côté cour. Idéal pour les petits budgets.

Fourcroy sans rest, 11 r. Fourcroy   ℰ 02 40 44 68 00,   *Fax 02 40 44 68 21* – 📺.
🛇   p. 6 **FZ k**
fermé 17 déc. au 3 janv. – ⊂ 5 – **19 ch** 32.
 ♦ Adresse modeste nichée dans une petite rue. Chambres au mobilier éclectique, plus récent au dernier étage. Pour clients attentifs à l'accueil et à leurs économies.

XXX **L'Atlantide** (Guého), 16 quai E. Renaud (4ᵉ étage) ✉ 44100   ℰ 02 40 73 23 23, *jygueho@cl* *ub-intrenet.fr, Fax 02 40 73 76 46,* ⇐ – 🛗 🖥. 🖭 ☗   p. 6 **EZ x**
ⓧ *fermé 20 au 23 mai, 31 juil. au 30 août, sam. midi, dim. et fériés* – **Repas** 26 (déj.), 35/65 et carte 57 à 73 ⟨ ⅌.
 ♦ Belle vue sur le fleuve et la ville depuis ce restaurant contemporain situé au sommet d'un immeuble moderne. Cuisine inventive et attrayante carte de vins de Loire.
Spéc. Escalope de foie gras de canard (déc. à mars). Dos de bar en demi-deuil (janv. à mars). Homard cuisiné en cocotte (mai à juil.). **Vins** Muscadet, Anjou blanc.

XXX **San Francisco,** 3 chemin Bateliers ✉ 44300   ℰ 02 40 49 59 42, *informations@sanfrancis* *co.fr, Fax 02 40 68 99 16,* 🖧 – 🅿. 🖭 ☗   p. 5 **CX s**
fermé 3 au 17 août, dim. soir et lundi – **Repas** 24/50 et carte 46 à 73, enf. 13 ⅌.
 ♦ San Francisco s'éveille... sur les quais de la Loire ! Élégants salons, tableaux d'artistes locaux, agréable terrasse dominant le fleuve et carte inspirée par la région.

XX **Gavroche,** 139 r. Hauts Pavés   ℰ 02 40 76 22 49,   *Fax 02 40 76 37 80* – 🖥 🅿. 🖭   p. 6 **EY u**
fermé 31 juil. au 24 août, dim. soir et lundi – **Repas** 19,50/39,50, enf. 10.
 ♦ Dans un quartier excentré, adresse familiale au cadre bourgeois plaisant et confortable. Cuisine classique subtilement actualisée.

XX **Poissonnerie,** 8 r. Léon Maître   ℰ 02 40 47 79 50, *Fax 02 51 80 57 77* – 🖥. 🖭 ☗
fermé vacances de printemps, août, vacances de Noël, sam. midi, lundi et dim. – **Repas** *(13)* - carte 26 à 47 ⅌.   p. 7 **GZ e**
 ♦ L'enseigne annonce la couleur : ce restaurant honore l'océan tant dans le décor - tons bleus, objets marins - que pour la cuisine, vouée au poisson. Ambiance conviviale.

XX **L'Océanide,** 2 r. P. Bellamy   ℰ 02 40 20 32 28, *Fax 02 40 48 08 55* – 🖭 ☗. 🛇
fermé 28 juil. au 18 août, dim. soir et lundi – **Repas** 17,80/49 ⅌.   p. 7 **GY n**
 ♦ Joli comptoir, boiseries, banquettes, lustres à pendeloques et marines font le décor de ce restaurant où l'on propose une cuisine de la mer et un beau choix de muscadets.

XX **Cigale,** 4 pl. Graslin   ℰ 02 51 84 94 94, *lacigale@lacigale.com, Fax 02 51 84 94 95,* 🖧 – ☗   p. 6 **FZ d**
Repas 15,20/24,80, enf. 7,50 ⅌.
 ♦ Inaugurée en 1895, l'incontournable brasserie ne compte plus ses clients célèbres. Le superbe cadre (mosaïques, boiseries...) témoigne de l'ivresse ornementale du Modern Style.

XX **L'Esquinade,** 7 r. St-Denis   ℰ 02 40 48 17 22, *Fax 02 40 48 49 36* – ☗   p. 7 **GY t**
fermé août, 24 déc. au 4 janv., dim. et lundi – **Repas** 16 (déj.), 24/35 ⅌.
 ♦ Enseigne ensoleillée (esquinade est le nom provençal de l'araignée de mer) pour ce restaurant du vieux Nantes, au cadre rustique rehaussé de tons pastel.

XX **Lou Pescadou,** 8 allée Baco ☏ 02 40 35 29 50, *info@pescadou.fr*, Fax 02 51 82 46 34 –
AE ◑ GB JCB   p. 7 **HZ d**
fermé 1er au 25 août, lundi soir, sam. midi et dim. – **Repas** *(14,50)* · 19/43, enf. 11 ♀.
♦ Le quartier des anciennes biscuiteries abrite ce sympathique restaurant de poissons.
Bois, pierre, coco et bibelots marins composent un cadre chaleureux. Dîner aux chandelles.

XX **Courtine,** 15 r. Strasbourg ☏ 02 40 48 13 30, *Fax 02 40 48 13 30* – ▤. GB   p. 7 **GY v**
⊖ *fermé 2 au 8 janv., dim. soir et lundi* – **Repas** 13,80/24,50 ♀.
♦ Beige, gris, noir et blanc : ces quatre couleurs décorent cette salle à manger voisine du
château. On y propose une cuisine traditionnelle intelligemment actualisée.

X **Paludier,** 2 r. Santeuil ☏ 02 40 69 44 06, *Fax 02 40 71 76 69* – AE GB   p. 7 **GZ u**
fermé 26 juil. au 16 août, 16 au 22 fév., merc. soir, dim. et lundi – **Repas** 20/30 ♀.
♦ Derrière une discrète vitrine, salle à manger colorée de style 1930, dotée d'un mobilier
de bistrot. Au sous-sol, plaisante pièce voûtée.

X **Les Temps Changent,** 1 pl. A. Briand ☏ 02 51 72 18 01, *Fax 02 51 88 91 82*, 佘 – GB
fermé 14 au 29 août, vacances de fév., sam. et dim. – **Repas** 45 ♀.   p. 6 **FY q**
♦ Les suggestions saisonnières présentées sur l'un des menus confirment l'enseigne de
ce bistrot au décor dépouillé et un brin colonial. La carte des vins compte 200 références.

X **Christophe Bonnet,** 6 r. Mazagran ☏ 02 40 69 03 39, *info@christophebonnet.com*,
Fax 02 40 69 04 10 – GB   p. 6 **FZ x**
fermé août, 1er au 6 janv., dim. et lundi sauf fériés – **Repas** 35.
♦ À deux pas de l'église N.-D.-de-Bon-Port, petit restaurant sobre et avenant, fréquenté
par une clientèle d'habitués. À table, belle porcelaine colorée.

X **Palombière,** 13 bd Stalingrad ☏ 02 40 74 05 15, *Fax 02 40 74 05 15* – AE GB
⊖ *fermé 31 juil. au 24 août, lundi soir, dim. sauf midi d'oct. à mai et sam. midi* – **Repas** *(12)* ·
15/27.   p. 5 **CX x**
♦ Près du jardin des Plantes et de la gare, restaurant familial proposant une cuisine
traditionnelle mitonnée avec les produits de la région. Cadre rustique et simple.

X **Coin du Champ de Mars,** 11 r. Fouré ☏ 02 40 47 01 18 – GB   p. 7 **HZ s**
fermé 2 au 23 août, 24 déc. au 4 janv., sam. et dim. – **Repas** (déj. seul.) 23.
♦ Nostalgiques du petit-beurre Nantais, sachez que ce bistrot jouxte les anciennes usines
Lu. Vieilles photos du quartier, affiches "rétro" et cuisine du marché.

X **Les Capucines,** 11 bis r. Bastille ☏ 02 40 20 41 58, *Fax 02 51 72 02 96* – AE
⊖ GB   p. 6 **FY b**
fermé 30 juil. au 24 août, vacances de fév., sam. midi, lundi soir et dim. – **Repas** 10,60/30 ♀.
♦ Pimpante façade boisée pour ce restaurant de quartier. Salle à manger "rétro" et deux
salons ouverts sur un patio. La copieuse cuisine évolue au gré du marché.

X **Pressoir,** 11 quai Turenne ☏ 02 40 35 31 10 – AE GB   p. 7 **GZ s**
fermé 20 juil. au 31 août, lundi soir, sam. midi et dim. – **Repas** (nombre de couverts limité,
prévenir) carte 29 à 40 ☙.
♦ Petit bistrot tout simple dans un bel immeuble du 18e s. de l'ancienne île Feydeau. Les
suggestions du jour sont notées sur un tableau noir. Attrayante carte des vins.

Environs

au Nord

à la Chapelle-sur-Erdre *9 km par D 39* - **CV** – *16 391 h. alt. 29* – ⊠ *44240* :

🏨🏨 **Westotel,** 34 r. Vrière ☏ 02 51 81 36 36, *westotel@wanadoo.fr*, Fax 02 51 12 35 99, 佘,
🐟, 🎱, ☞ – 📳 cuisinette ▤ ℡ 🕻 & ⇔ 🅿 – 🔬 500. AE ◑ GB. ✄
Repas 20 ♀ – ⊐ 11 – **233 ch** 94/180, 16 suites, 66 duplex.
♦ Vaste complexe hôtelier incluant un centre de congrès et une salle de spectacle. La
plupart des chambres ont un balcon et dominent la piscine entourée de plantes exotiques.
Ambiance "club de vacances" au restaurant. Une partie est aménagée en serre tropicale.

à Sucé-sur-Erdre : *16 km par D 69* - **BV** – *5 868 h. alt. 14* – ⊠ *44240* :

🛈 *Office de tourisme, quai de Cricklade* ☏ *02 40 77 70 66, Fax 02 40 77 70 66, otsi-*
suce@wanadoo.fr.

XXX **Châtaigneraie** (Delphin), 156 rte Carquefou ☏ 02 40 77 90 95, *contact@delphin.fr*,
❀ *Fax 02 40 77 90 08*, ≤, 佘, 🔥 – 🅿. AE ◑ GB JCB
fermé 26 juil. au 10 août, 3 au 25 janv., dim. soir, lundi et mardi – **Repas** 29/72 et carte 58 à
85, enf. 16,50 ♀.
♦ Confrontation classique-contemporain brillamment conduite dans ce manoir du 19e s.
s'élevant dans un beau parc. Agréable terrasse au bord de l'Erdre. Cuisine au goût du jour.
Spéc. Langoustines panées et rôties au coulis de crustacés (printemps-été). Nage de
cuisses de grenouilles cressonnière (automne-hiver). Tartare de fraises à l'estragon, coulis
et sorbet (printemps-été). **Vins** Muscadet, Anjou rouge.

au Nord-Est

à La Beaujoire – ⊠ 44300 Nantes :

Brit Hôtel Amandine, 45 bd Batignolles   ℘ 02 40 50 07 07, *amandine@brithotel.fr*, Fax 02 40 49 41 40, 斎 – |劇|, ≣ rest, ⊡ ❝ & ⇔ 🄿 – 🔬 200. 🝙 ⑩ 🖙 ᴊᴄʙ, ⅏ rest
Repas *(12,50)* - 16,50/28 ♈ – ⊡ 9,50 – **60 ch** 68.   p. 5 **CV n**
   ✦ Face au stade de la Beaujoire, Chambres toutes simples, fonctionnelles et bien tenues. Pour un long séjour, préférez la formule studio (logement avec services). Lumineux restaurant décoré dans le goût des années 1980. Ambiance animée les soirs de match.

rte de Paris – ⊠ 44300 Nantes :

Ibis Beaujoire, allée Champ de Tir   ℘ 02 40 93 22 22, *h0855-gm@accor-hotels.com*, Fax 02 40 52 17 73 – |劇| ❖ ⊡ ❝ & 🄿 – 🔬 35. 🝙 ⑩ 🖙
Repas *(12)* - 15, enf. 6 ♨ – ⊡ 6 – **64 ch** 65.   p. 5 **CV k**
   ✦ À proximité du mythique stade des "canaris" et d'un carrefour fréquenté. Les chambres, récemment rénovées, sont contemporaines et pourvues d'un double vitrage efficace. Attenante au salon, salle à manger sous verrière, agencée dans la pure tradition Ibis.

par D 178 *et rte de la Chantrerie : 11 km* · **CV** :

XXX   **Manoir de la Régate**, 155 rte Gachet ⊠ 44300 Nantes   ℘ 02 40 18 02 97, *lemanoirdelaregate@free.fr*, Fax 02 40 25 23 36, 斎, 舜 – 🄿. 🝙 🖙
fermé dim. soir et lundi – **Repas** 18 (déj.), 25/66 et carte 45 à 59 ♈.
   ✦ Hall ouvrant sur une série de salles à manger au confort bourgeois, dans un beau bâtiment du 19ᵉ s. La terrasse offre une vue sur le château de la Gascherie et le parc.

XX   **Auberge du Vieux Gachet**, rte Gachet ⊠ 44470 Carquefou   ℘ 02 40 25 10 92, Fax 02 40 18 03 92, ≤, 斎 – 🄿. 🝙 🖙
fermé 9 au 30 août, dim. soir, merc. soir et lundi – **Repas** 16 (déj.), 26/43 ♈.
   ✦ Une sympathique auberge où l'on se croit à la campagne à deux pas de la ville. Vieilles poutres, cheminée et, en été, terrasse en bordure de l'Erdre.

rte d'Angers *par N 23* · **DV** – ⊠ 44470 Carquefou :

🏭   **Novotel Carquefou** ⑤, 4 allée Sapins   ℘ 02 28 09 44 44, *H0410@accor-hotels.com*, Fax 02 28 09 44 54, 斎, ⅏, 舜 – ❖ ⊡ ❝ & 🄿 – 🔬 15. 🝙 ⑩ 🖙 ᴊᴄʙ
Repas *(15)* - 19,50, enf. 8 ♈ – ⊡ 11 – **79 ch** 82/88.
   ✦ Proche des axes routiers, hôtel des années 1970 rajeuni depuis peu. Espace, couleurs gaies et mobilier contemporain. Les chambres se répartissent autour d'un petit jardin. Les cuisines sont visibles de toutes les tables.

🏭   **Belle Étoile**, à la Belle Étoile : 11,5 km   ℘ 02 40 68 01 69, *hotel.belleetoile@free.fr*, Fax 02 40 68 07 27, 舜 – ⊡ & 🄿 – 🔬 30. 🖙
fermé 1ᵉʳ au 15 août – **Repas** *(fermé 1ᵉʳ au 29 août, 25 déc. au 2 janv., samedi, dim. et fériés)* 14/27 ♈ – ⊡ 5,70 – **37 ch** 48,50/51,50 – ½ P 44.
   ✦ Dormir à la "Belle Étoile" se fait... sous un toit et dans un lit douillet ! Les chambres, sobres et bien tenues, sont plutôt calmes, malgré la proximité de la route. Salle à manger actuelle égayée de tons pastel et de plantes vertes. Cuisine classique simple.

vers ② , *sortie Bellevue puis r. des Sables : 11 km* – ⊠ 44980 Ste-Luce-sur-Loire :

XX   **Manoir du Petit Plessis**,   ℘ 02 28 01 41 38, Fax 02 28 01 41 39, 斎, ♨ – 🝙 🖙
fermé 14 au 24 août, dim. soir et lundi – **Repas** 17/37.   **DV g**
   ✦ Petite folie de 1850 et ses dépendances dans un parc agrémenté de pièces d'eau. Salles à manger à l'étonnant décor mi-baroque, mi-exotique. Cuisine classique plus sage.

à l'Est

rte des Bords de Loire *par D 751* **DV** :

XX   **Villa Mon Rêve**, à 10 km, près sortie Porte du Vignoble ⊠ 44115 Basse-Goulaine   ℘ 02 40 03 55 50, *contact@villa-mon-reve.com*, Fax 02 40 06 05 41, 斎, 舜 – 🄿. 🝙 ⑩ 🖙 ᴊᴄʙ
                                                    DV e
fermé 18 au 30 nov. et vacances de fév. – **Repas** *(21)* - 28/32, enf. 11 ♈ ⌀.
   ✦ Entre la Loire et les cultures maraîchères, maison 1900 devancée par une terrasse ombragée. Atmosphère intemporelle, cuisine du terroir et très beau choix de muscadets.

XX   **Divate**, à 11 km, à Boire-Courant ⊠ 44450 St-Julien-de-Concelles   ℘ 02 40 54 19 66, Fax 02 40 36 58 39, ≤, 斎 – 🝙 🖙
fermé 25 août au 11 sept., vacances de fév., dim. soir, lundi soir, mardi soir et merc. – **Repas** 13,50 (déj.), 19/30, enf. 8,50 ♈.
   ✦ Spécialités des bords de Loire à déguster dans cette petite maison de pays postée sur la digue du fleuve. Pierre et bois créent un joli cadre champêtre.

XX   **Auberge Nantaise**, à 13 km, au Bout des Ponts ⊠ 44450 St-Julien-de-Concelles   ℘ 02 40 54 10 73, Fax 02 40 36 83 28, ≤ – ≣. 🝙 🖙
fermé 3 au 15 sept., dim. soir et lundi – **Repas** 20/45, enf. 10.
   ✦ À l'étage, salle à manger au mobilier actuel dont les larges baies vitrées surplombent la Loire. Au rez-de-chaussée, un espace de restauration plus rustique.

XX **Pierre Percée,** à 17 km, à la Pierre Percée ⊠ 44450 La Chapelle-Basse-Mer
℘ 02 40 06 33 09, Fax 02 40 33 32 29, ≼, 🏤 – GB
fermé 2 au 21 janv., dim. soir et lundi – **Repas** 21,50/47,30.
♦ Choisissez la salle à manger du 1ᵉʳ étage qui offre l'agrément d'une jolie vue sur la Loire.
Cuisine du marché privilégiant les produits régionaux.

à Basse-Goulaine : *10 km – 7 499 h. alt. 22 –* ⊠ 44115 :

XX **Pont,** 147 r. Grignon (D 119) ℘ 02 40 03 58 62, Fax 02 40 06 20 80 – **P.** 🝗 GB   DX t
fermé 2 au 23 août, vacances de fév., dim. soir, lundi et merc. – **Repas** 14,50 (déj.), 22/35 ⅀.
♦ Dans un quartier résidentiel, ce restaurant à la façade verdoyante abrite deux salles à
manger campagnardes : l'une parée de couleurs vives, l'autre plus sobre.

au Sud-Est

à St-Sébastien-sur-Loire : *4 km – 25 223 h. alt. 24 –* ⊠ 44230 :

XXX **Manoir de la Comète** (Thomas-Trophime), 21 av. Libération ℘ 02 40 34 15 93, *manoir-*
❀ *comete@wanadoo.fr*, Fax 02 40 34 46 23 – ▤ **P.** 🝗 GB   p. 5 CX e
fermé 27 juil. au 22 août, sam. midi et dim. – **Repas** 33/70 et carte 59 à 86 ⅀.
♦ Ce manoir du 19ᵉ s. abrite une élégante salle contemporaine – façon jardin d'hiver –
coiffée d'une originale coupole en verre. Cuisine au goût du jour et vins régionaux.
Spéc. Crème mousseuse de cèpes et Saint-Jacques poêlées (oct. à mars). Civet de lamproie
à l'anjou rouge (fév.- mars). Canard sauvage aux épices douces (oct. à fév.). **Vins** Savennières, Côteaux du Layon.

à Haute-Goulaine *par ③ et D 119 : 14 km – 4 925 h. alt. 41 –* ⊠ 44115 :

XXX **Manoir de la Boulaie** (Saudeau), ℘ 02 40 06 15 91, Fax 02 40 54 56 83, ⵚ – **P.** 🝗
❀ GB
fermé 26 juil. au 19 août, 20 au 31 déc., 14 au 23 fév., dim. soir, lundi et merc. – **Repas** 22
(déj.), 33/69 et carte 61 à 75, enf. 15 ⅀.
♦ Cette demeure bourgeoise des années 1920, située au coeur du vignoble, est très prisée
des Nantais pour sa cuisine inventive et son joli cadre rénové. Bon choix de muscadets.
Spéc. Cataplana d'agneau cuisiné dans un bouquet de thym et romarin. Pot-au-feu de foie
gras de canard (automne-hiver). Nems de chocolat et bananes frécinette caramélisées
(hiver). **Vins** Anjou sec, Muscadet de Sèvre et Maine

à La Haie-Fouassière *par ③, N 149 et D 74 : 15 km – 3 337 h. alt. 25 –* ⊠ 44690 :

XX **Cep de Vigne,** à la Gare Nord : 1 km par D 74 ℘ 02 40 36 93 90, Fax 02 51 71 60 69, 🏤 –
GB
fermé 16 au 31 juil., vacances de fév., dim. soir, lundi soir, mardi soir et merc. – **Repas** 22
bc/50 ⅀.
♦ Devant la petite gare, façade agrémentée de céramiques illustrant le thème de la vigne.
Sobres et confortables salles à manger, terrasse et sélection de muscadets.

à Vertou : *10 km par D 59 – 20 268 h. alt. 32 –* ⊠ 44120 :

🯅 *Office de tourisme, place du Beau Verger ℘ 02 40 34 12 22, Fax 02 40 34 06 86,
otsivertou@oceanet.fr.*

XX **Monte-Cristo,** Chaussée des Moines ℘ 02 40 34 40 36, *restel3@wanadoo.fr*,
Fax 02 40 03 26 20, ≼, 🏤 – 🝗 ⓪ GB   p. 5 DX a
fermé 2 au 12 août, 25 oct. au 12 nov., mardi soir du 1ᵉʳ oct au 30 avril, dim. soir et lundi –
Repas 21/76,50 ⅀.
♦ Les premières lignes du Comte de Monte-Cristo ont été écrites par A. Dumas en ces
lieux. L'agréable salle à manger et la terrasse s'ouvrent largement sur la Sèvre.

au Sud

rte de La Roche-sur-Yon *par ④ et D 178 : 12 km –* ⊠ 44840 Les Sorinières :

🏛 **Abbaye de Villeneuve** ⌂, ℘ 02 40 04 40 25, *villeneuve@leshotelsparticuliers.com*,
Fax 02 40 31 28 45, 🏤, ⛲, 🌊 – ▤ ch, 🝭 **P** – 🔏 80. 🝗 ⓪ GB 🇯🇨🇧
Repas 22/74, enf. 13 ⅀ – ⲇ 12,50 – **20 ch** 80/145 – ½ P 70/125.
♦ Demeure du 18ᵉ s. née d'une abbaye médiévale. Hall dallé... de pierres tombales.
Chambres souvent meublées d'ancien, plus petites et récentes au 2ᵉ étage. Le chemin du
restaurant passe par un cloître. Salle à manger "châtelaine" ouverte sur le parc.

à Rézé : *6 km – 35 478 h. alt. 8 –* ⊠ 44400 :

🏠 **Cheval Blanc** sans rest, 50 r. Commune de 1871 ℘ 02 40 75 65 07, *hotelduchevalblanc@
wanadoo.fr*, Fax 02 40 75 92 48 – 🗝 🝭 ⅋ **P.** GB   p. 5 CX b
fermé 21 au 29 déc. – ⲇ 6 – **19 ch** 39/48.
♦ Situé dans un quartier commerçant, petit hôtel répondant aux attentes de la clientèle
d'affaires. Chambres simples, bien tenues et équipées d'un sobre mobilier actuel.

au Sud-Ouest

à l'aéroport Nantes-Atlantique – ⊠ 44340 Bouguenais :

🏨 **Océania,** ℰ 02 40 05 05 66, oceania-nantes-sofibra.com, Fax 02 40 05 12 03, 余,
⌁, ❊ – 🛗 ⇆ ▤ 🖵 ❤ & 🄿 – 🛋 100. 🄰🄴 ⚊ 🄶🄱 🄹🄲🄱   p. 4 **BX** e
Repas (fermé sam. midi et dim. midi) (16) - 18,80/25,80 ♀ – ☱ 10 – **87 ch** 90/111.
  ◆ Imposante façade contemporaine rythmée par des pilastres. Les chambres, modernes
et pratiques, sont "relookées" progressivement. Une navette relie l'hôtel à l'aéroport.
Sympathique salon avec cheminée, grande salle à manger et terrasse au bord de la piscine.

🏨 **Mascotte** sans rest, ℰ 02 40 32 14 14, mascotte-nantes@hotel-sofibra.com,
Fax 02 40 32 14 13 – 🛗 ⇆ ▤ 🖵 ❤ & 🄿 – 🛋 50. 🄰🄴 ⚊ 🄶🄱   p. 4 **BX** a
☱ 7 – **73 ch** 63/88.
  ◆ Trajet avion-hôtel en un clin d'oeil et chambres fonctionnelles rénovées et rehaussées
de chauds coloris ; quatre d'entre elles possèdent un petit salon.

à Bouaye par D 751 : 13 km – **AX** – 5 251 h. alt. 16 – ⊠ 44830 :

  � Office de tourisme, 2 place du Bois Jacques ℰ 02 40 65 53 55, Fax 02 51 70 59 84,
office-de-tourisme-du-pays-dherbauges@wanadoo.fr.

🏨 **Kyriad,** sur D 751ᴬ ℰ 02 40 65 43 50, informations@champs-d-avaux.com,
Fax 02 40 32 64 83, 余, ⌁, 斧, ❊ – ▤ rest, 🖵 ❤ & 🄿 – 🛋 80. 🄰🄴 ⚊ 🄶🄱
fermé 20 déc. au 2 janv. – **Les Champs d'Avaux** (fermé vend. soir, dim. soir et sam. midi)
Repas 19/55, enf. 11 – ☱ 9 – **44 ch** 58/85.
  ◆ Toutes les chambres de ce bâtiment moderne ont été revues dans un style actuel ;
certaines ouvrent de plain-pied sur le jardin. Pêche, boulodrome, aire de jeux pour enfants.
Agréable restaurant en rotonde ouvert sur le jardin. Plats traditionnels et régionaux.

au Nord-Ouest

rte de Vannes

🏨 **Marine** ⤸, Porte de Chézine, esplanade de la Bégraisière à St-Herblain ⊠ 44800
ℰ 02 40 95 26 66, hotelmarine@wanadoo.fr, Fax 02 40 46 85 70, 余, 斧 – 🛗 🖵 & 🄿 –
🛋 15. 🄶🄱   p.4 **BV** m
Repas (fermé dim. soir) (dîner pour résidents seul.) 11,50 (déj.), 15/30,50 – ☱ 7 – **24 ch**
45/50 – ½ P 44.
  ◆ Accueil charmant en cette ancienne maison de retraite nichée au coeur d'un grand et
paisible jardin. Les chambres, vastes et confortables, sont dotées de meubles de style. Salle
à manger-véranda donnant sur des espaces verts ; cuisine traditionnelle.

❊❊ **Les Caudalies,** 229 rte de Vannes ⊠ 44800 St-Herblain ℰ 02 40 94 35 35,
Fax 02 40 40 89 90 – 🄰🄴 🄶🄱   p. 4 **BV** v
fermé 23 juil. au 17 août, 11 au 22 fév., merc. soir, dim. soir et lundi – **Repas** 17/35 ♀.
  ◆ Au bord de la route, villa des années 1960 accueillant deux petites salles à manger
empreintes de sobriété. La cuisine du marché vagabonde à travers les régions françaises.

rte de Vannes par ⑥ et N 165 : 17 km – ⊠ 44360 Vigneux-de-Bretagne :

🏨 **Brit Hôtel Atlantel,** ℰ 02 40 57 10 80, atlantel.resa.brit-hotel@wanadoo.fr,
Fax 02 40 57 13 30, 余, ⌁, 斧, ❊ – ⇆, ▤ rest, 🖵 ❤ & 🄿 – 🛋 150. 🄰🄴 ⚊ 🄶🄱 🄹🄲🄱
Repas (fermé vend. soir, sam. et dim.) 18/39, enf. 8 ♀ – ☱ 9 – **86 ch** 71/79.
  ◆ Proche d'un axe fréquenté. Les chambres, fonctionnelles et de plain-pied avec le jardin,
sont redécorées peu à peu ; certaines ont vue sur un pré. La salle à manger, pimpante et
spacieuse, est rénovée. Terrasse tournée vers la piscine et le jardin.

à Orvault – 23 554 h. alt. 45 – ⊠ 44700 :

🏨 **Domaine d'Orvault** ⤸, porte de Rennes par N 137 et voie pavillonnaire : 6 km
ℰ 02 40 76 84 02, contact@domaine-orvault.com, Fax 02 40 76 04 21, 余, 🛁, ⌁, ❊, 🍸 –
🛗, ▤ rest, 🖵 ❤ & 🄿 – 🛋 30. 🄰🄴 ⚊ 🄶🄱 🄹🄲🄱   p. 4 **BV** e
Repas (fermé dim. soir de sept. à juin et sam. midi) (17) - 22/38, enf. 14,50 ♀ – ☱ 14 – **29 ch**
80/134 – ½ P 74/82.
  ◆ Cette villa nichée dans la verdure ne date, malgré les apparences, que des années 1970.
Grandes chambres diversement meublées, jouissant de la vue reposante sur le parc.
Restaurant ouvert sur le domaine boisé. Terrasse ombragée de tilleuls. Cuisine classique.

par ⑦, rte de Rennes sortie Ragon-Tourneuve – ⊠ 44119 Treillères :

🏨 **Mercure,** Parc d'Activité Treillères ℰ 02 40 72 87 88, h1833-gm@accor-hotels.com,
Fax 02 40 72 85 07, 余, ⌁, ❊ – ⇆ 🖵 ❤ & 🄿 – 🛋 40. 🄰🄴 ⚊ 🄶🄱 🄹🄲🄱
Repas (fermé sam., dim. et fériés) 16,50 ♀ – ☱ 8 – **48 ch** 58/67.
  ◆ En retrait de la route, hôtel pratique dont les chambres, simples et bien tenues, sont
progressivement refaites. Petit bar aux allures de patio. Jeux pour les enfants. Espace et
lumière sont les traits principaux du restaurant. Terrasse au bord de la piscine.

NANTILLY *70 H.-Saône* **314** *B8 – rattaché à Gray.*

NANTUA ⬧ *01130 Ain* **328** *G4 G. Jura – 3 902 h a...*

Voir *Église St-Michel★ : Martyre de St-Sébastie...*

Env. *La cuivrerie★ de Cerdon.* ...elacroix – Lac★.

🛈 *Office de tourisme, place de la Déportation* ...75 00 05, Fax 04 74 75 06 83, *ot@ville-nantua.com.*

Paris 476 – Aix-les-Bains 79 – Annecy 67 – Bourg-e...

🏨 **L'Embarcadère** ⬧, av. Lac ℰ 04 74 75 22 8 ... – *Genève 67 – Lyon 93.*
Fax 04 74 75 22 25, ≤ – ▤ ch, 📺 📞 🅿 – 🔬 30. ⚏ ...embarcadere@wanadoo.fr,
fermé 20 déc. au 5 janv. – **Repas** 22,50/56, enf. 12,50 ⚋ **49 ch** 52/68 – ½ P 58/66.
♦ L'hôtel, relié au restaurant par une pa...erelle co... ampleur mais parfois rénovées. Pelouse ave...aire de...brite des chambres sans panoramique sur le lac et les montagnes depuis... salle à ...ur les enfants. Belle vue ...au décor mûrissant.

à Brion *Nord-Ouest : 5 km par N 84 et D 979 – 559 h. alt. 4...– ⊠ 0...*

🍴 **Bernard Charpy,** 1 r. Croix-Chalon ℰ 04 74 76 2...5, Fax...76 22 36, 🌳 – 🅿. ⚏
fermé 18 mai au 24 mai, 7 au 30 août, 26 déc. au 3 jan... dim.,... et soirs fériés – **Repas** 18
(déj.), 22/42 ⚋.
♦ Utilement situé près de l'échangeur de l'autoroute...e resta... propose d'attrayants menus d'inspiration régionale servis dans un cadre de s...e chal...

à La Cluse *Nord-Ouest : 3,5 km par N 84 – ⊠ 01460 Montréal-la-C...se :*

🏨 **Lac Hôtel** sans rest, 22 av. Bresse ℰ 04 74 76 29..., albla...club-internet.fr,
Fax 04 74 76 13 70 – 📺 📞 🅿. ⚏ ⬧
⚋ 5 – **28 ch** 32/35.
♦ Chambres pratiques, tenue rigoureuse, prix "mini" et b...ne inson...ation sont les atouts de cet hôtel construit au voisinage d'un noeud routier. ...cès intern... disposition.

La NAPOULE *06 Alpes-Mar.* **341** *C6 – voir à Mandelieu.*

NARBONNE ⬧ *11100 Aude* **344** *J3 G. Languedoc Roussillon – 46 51... h alt. 13.*

Voir *Cathédrale St-Just-et-St-Pasteur★★ (Trésor : tapisserie représentant la Création★★) – Donjon Gilles Aycelin★ ☀★ H – Choeur★ de la basilique St-Paul – P...lais des Archevêques★* **BY** *: musée d'Art et d'Histoire★ - Musée archéologique★ – Musée lapidaire★* **BZ** *– Pont des marchands★.*

✈ ℰ 08 36 35 35 35.

🛈 *Office de tourisme, place Salengro ℰ 04 68 65 15 60, Fax 04 68 65 59 12, office-tourisme.narbonne@wanadoo.fr.*

Paris 787 ② – Perpignan 64 ③ – Béziers 28 ① – Carcassonne 61 ③ – Montpellier 96 ②.

Plan page suivante

🏨 **Novotel,** par ③, rte Perpignan : 3 km ℰ 04 68 42 72 00, H0412@accor-hotels.com,
Fax 04 68 42 72 10, 🌳, 🏊, 🌾 – ▤ ⇔ ▤ 📺 📞 🅿 – 🔬 15 à 80. ⚏ Ⓞ ⚏ JCB
Repas 21/36, enf. 8 ⚋ – ⚋ 12 – **96 ch** 89/108.
♦ Cet hôtel de chaîne, prodigue de rénovations, offre une halte pratique sur la route de l'Espagne. Nouveaux coloris dans les chambres. Restaurant de style actuel, agréable terrasse sous pergola et plaisant jardin planté d'ifs et de pins. Vins régionaux.

🏨 **Résidence** sans rest, 6 r. 1er-Mai ℰ 04 68 32 19 41, Fax 04 68 65 51 82 – 🛗 📺 ⬧. ⚏ Ⓞ
⚏ **AY r**
fermé 15 janv. au 15 fév. – ⚋ 7,50 – **25 ch** 62/96.
♦ Jean Marais, Louis de Funès, Georges Brassens, Michel Serrault : prestigieux livre d'or, gage de qualité pour cet hôtel de tradition aménagé dans une demeure du 19e s.

🏨 **France** sans rest, 6 r. Rossini ℰ 04 68 32 09 75, hotelfrance@worldonline.fr,
Fax 04 68 65 50 30 – 📺 📞. ⚏ **BZ s**
⚋ 6 – **15 ch** 28/53.
♦ Bâtiment de la fin du 19e s. situé dans une rue peu animée. Chambres sobres et entretenues. À 500 m, visitez le musée archéologique (collection de peintures romaines).

🍴 **Table St-Crescent** (Giraud), au Palais du Vin par ③ ℰ 04 68 41 37 37, saint-crescent@wa nadoo.fr, Fax 04 68 41 01 22, 🌳 – 🅿. ⚏ Ⓞ ⚏
❀ *fermé 6 au 20 sept., 21 fév. au 7 mars, sam. midi, dim. soir et lundi* – **Repas** (17) - 30/48 et carte 52 à 90 ⚋ 🌳.
♦ L'esprit de Bacchus veille sur cette salle à manger contemporaine où la carte des vins honore le Languedoc-Roussillon. Terrasse entourée de vignes. Goûteuse cuisine inventive.
Spéc. Raviole de brousse à l'olive de Lucques. Turbot aux cocos, truffes des Corbières. Cake aux olives confites, façon pain perdu. **Vins** Vin de pays de l'Aude, Corbières.

NARBONNE

Anatole France (Av.) . . . . . .
Ancien Courrier
(R. de l') . . . .
Ancienne Porte
de Béziers (R.de l') . . .
Blum (Sq. Th.-Léon) . . . .
Cabirol (R.) . . . .
Chennebier (R.) . . . .
Concorde
(Pont de la) . . . .
Condorcet (Bd.) . . . . . .
Courier (R.P.-L.) . . . . . .
Crémieux (R. B.) . . . . . .

u Lt.-Col.) . . . . **BY** 16
(R.) . . . . **BY**
te (Pont de l') . . . . . **AY** 17
(R. Gustave) . . . . **AY** 18
(Av. Mar.) . . . . . . **BY** 19
ibaldi (R.) . . . . **BY** 20
ulle (Bd. Gén.de) . . . **BY** 21
authier (R. Armand) . . **BY** 22
ôtel de Ville
(Pl. de l') . . . . . . **BYZ**
Jacobins (R. des) . . . . **AY** 23
Jaurès (R. Jean) . . . . **AY** 24
Joffre (Bd. Mar.) . . . . **AYZ** 25
Liberté (Pont de la) . . . **BZ** 27
Lion d'Or (R. du) . . . . **AY** 28

Louis-Blanc (R.) . . . . **BY** 29
Luxembourg (R.du) . . . . . **AZ** 30
Major (R. de la) . . . . **BZ** 31
Maraussan (R.) . . . . **AZ** 32
Marchands (Pont des) . . . **BZ** 36
Michelet (R.) . . . . **BY** 33
Mirabeau (Cours) . . . . . . **BZ** 35
Pyrénées (Av. des) . . . . . **AZ** 37
Pyrénées (Pl. des) . . . . . **AZ** 39
Rabelais (R.) . . . . **AZ** 40
République
(Crs de la) . . . . **BZ** 41
Salengro (Pl. R.) . . . . . . **BY** 43
Sermet (Av. E.) . . . . **AZ** 44
Toulouse (Av. de) . . . . . **AZ** 45
Voltaire (Pont) . . . . **AY** 47

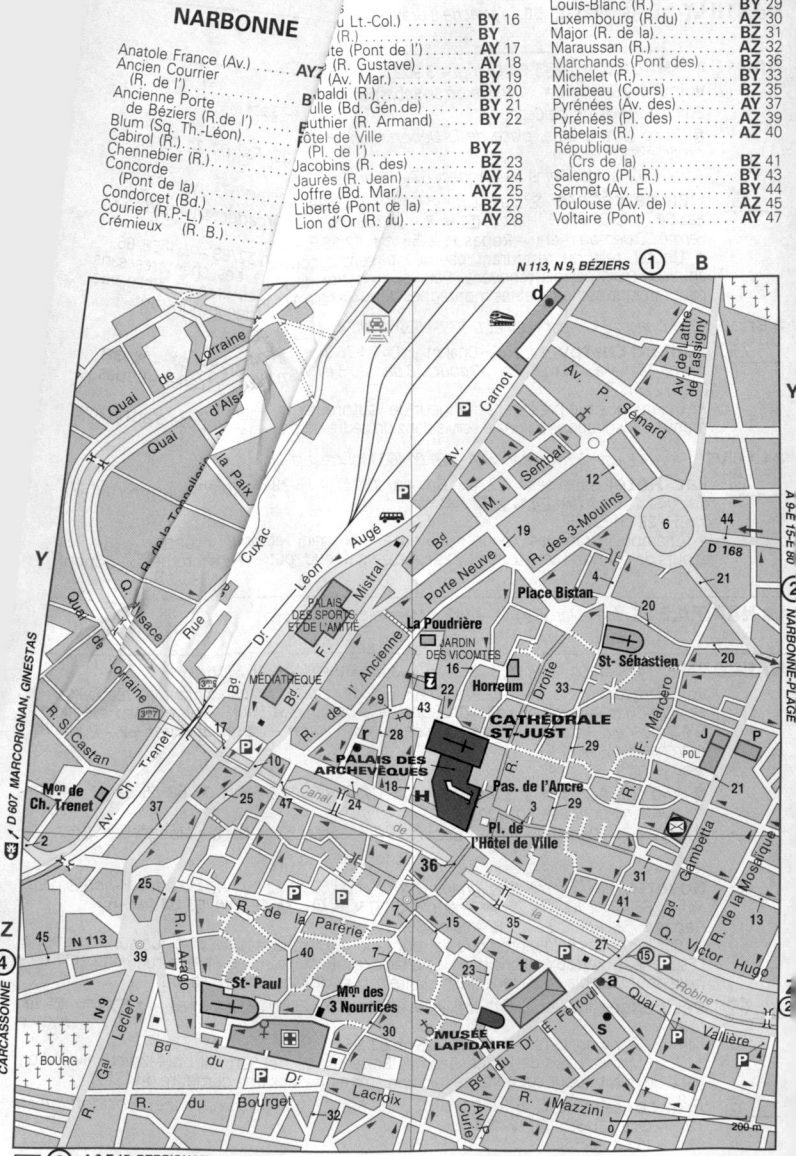

✕ **Bistrot du Chef...en gare**, 1 av. Carnot ℘ 04 68 32 14 52, *media.restauration@wanad oo.fr*, Fax 04 68 32 29 94, 🐮 – 🍽. 🖸🖪   **BY** d
fermé mardi soir et merc.
Repas 14,50/22,50 &.
◆ C'est un bistrot extraordinaire situé dans l'ex-buffet de la gare du cher pays de l'enfance de Charles Trenet. Décor et fond musical dédiés au "fou chantant". Y'a d'la joie !

✕ **L'Estagnol,** 5 bis cours Mirabeau ℰ 04 68 65 09 27, *lestagnol@net-up.com,* Fax 04 68 32 23 38, ✿ – ▤. ⒼⒷ **BZ t**
fermé lundi soir et dim. – **Repas** (9,50) - 16/20, enf. 6,50 ♀.
◆ Brasserie au décor actualisé, proposant une cuisine d'inspiration régionale. L'été, la terrasse est dressée sur une placette située à proximité du marché couvert.

✕ **Brasserie Co,** 1 bd Docteur Ferroul ℰ 04 68 32 55 25, *brasserie.co@wanadoo.fr,* Fax 04 68 32 57 74, ✿ – ⒼⒷ **BZ a**
fermé dim. soir – **Repas** 19,50/27, enf. 7 ♀.
◆ Cuisine au goût du jour, décor contemporain, mobilier design et musiques d'aujourd'hui se marient avec bonheur dans cette brasserie "tendance". Brunchs le week-end.

à Coursan *par* ① *: 7 km* – 5 241 h. alt. 6 – ✉ 11110 .

🛈 *Office de tourisme, 10 bis avenue Jean Jaurès* ℰ 04 68 33 60 86, Fax 04 68 33 60 86, *coursan@fnotsi.net.*

✕✕ **L'Os à Moelle,** rte Salles d'Aude ℰ 04 68 33 55 72, Fax 04 68 33 35 39, ✿, ⚞ – ▤ 🅿.
ⒼⒷ
fermé 25 au 31 oct., dim. soir et lundi – **Repas** 20/42 ♀.
◆ Restaurant établi dans une maison particulière bâtie au coeur d'un village traversé par l'Aude. Lumineuses salles aux teintes pastel où l'on sert une cuisine traditionnelle.

sur aire A 9 de Narbonne-Vinassan Nord *Est : 6 km par D 68* – ✉ *11110 Salles d'Aude :*

🏨 **Aude Hôtel** sans rest, ℰ 04 68 45 25 00, *aude-hotel@wanadoo.fr,* Fax 04 68 45 25 20 – 📶
▤ 📺 📞 🕭 🅿. ᴀᴇ ◍ ⒼⒷ
� 6,40 – **59 ch** 49/59.
◆ Implantée sur une aire de service de l'autoroute, cet engageant établissement bénéficie d'une excellente insonorisation. Chambres actuelles au mobilier fonctionnel.

à l'Hospitalet *par* ② *rte de Narbonne-Plage (D 168) 10 km* – ✉ 11100 :

🏨 **Château l'Hospitalet** ⚞, ℰ 04 68 45 28 50, *hospitalet@monalisa.fr,* Fax 04 68 45 28 78, ✿, 🍃, ⚞ – ▤ rest, 📺 📞 🕭 🅿 – 🔬 80. ⒼⒷ
Repas *(fermé dim. soir, mardi midi et lundi)* 45/80 ♀ **L'Olivet :** **Repas** 22,90/29,90 – � 10 – **22 ch** 93/130 – ½ P 79,50/98.
◆ Cette hôtellerie liée à un domaine vinicole comprend plusieurs musées et ateliers de métiers d'art. Belle décoration intérieure. Carte régionale et vins de la propriété servis dans l'ancienne bergerie. À L'Olivet, menus traditionnels et cru maison à volonté.

à Bages *par* ③, *N 9 et D 105 : 8 km* – 755 h. alt. 30 – ✉ 11100 :

🛈 *Syndicat d'initiative, 8 rue des Remparts* ℰ 04 68 42 81 76, Fax 04 68 42 81 76, *s.i.bages@wanadoo.fr.*

✕✕ **Portanel,** la Placette ℰ 04 68 42 81 66, Fax 04 68 41 75 93, ≤ étang de Bages – ▤. ⒼⒷ
fermé dim. soir et lundi de sept. à juin, lundi midi et mardi midi en juil.-août – **Repas** 20/35, enf. 10 ♀.
◆ Beau cadre patiné et douce atmosphère en cette ancienne maison de pêcheur dominant l'étang. Bon choix de poisson frais dont l'anguille du lac, spécialité locale.

à l'Abbaye de Fontfroide *par* ④, *14 km par N 113, D 613 et rte secondaire* – ✉ 11100 Narbonne :
Voir *Abbaye*★★.

✕ **Les Cuisiniers Vignerons,** ℰ 04 68 41 86 06, Fax 04 68 41 86 05, ✿ – ▤. ⒼⒷ
1ᵉʳ mars-30 nov. – **Repas** (déj. seul.) 13/23 ♀.
◆ La bergerie de cette ancienne abbaye cistercienne a été restaurée avec goût. Cuisine d'inspiration provençale servie dans une élégante salle à manger sous croisées d'ogives.

à Ornaisons *par* ④, *N 113 et D 24 : 14 km* – 951 h. alt. 34 – ✉ 11200 :

🏨 **Relais du Val d'Orbieu** ⚞, ℰ 04 68 27 10 27, *relais.du.val.dorbieu@wanadoo.fr,* Fax 04 68 27 52 44, ✿, 🍃, ✕ – 📺 🅿 – 🔬 15. ᴀᴇ ◍ ⒼⒷ ᴊᴄʙ
fermé 5 nov. au 5 fév. et dim. soir de nov. à mars – **Repas** (dîner seul.) 41/55, enf. 20 ♀ ⚞ –
⊞ 15 – **20 ch** 95/150 – ½ P 125/140.
◆ Au milieu du vignoble des Corbières, gage de calme absolu, ex-moulin à plâtre dont les plaisantes chambres s'ordonnent autour d'un beau patio. Équipements de loisirs. Cuisine traditionnelle et bon choix de vins régionaux servis sous une jolie pergola en été.

Dans ce guide

un même symbole, un même mot,
imprimé en **rouge** *ou en* **noir,** *en maigre ou en* **gras,**
n'ont pas tout à fait la même signification.
Lisez attentivement les pages explicatives.

NARNHAC 15230 Cantal **330** E5 – 84 h alt. 1000.

Paris 556 – Aurillac 46 – Espalion 69 – St-Flour 45.

🏚 **Auberge de Pont La Vieille,** par D 990 : 2 km ℰ 04 71 73 42 60, Fax 04 71 73 42 60,
🍴 – **P** – 🚲 40. **GB**

fermé 15 oct. au 15 déc. et lundi de sept. à avril – **Repas** 10/25, enf. 7 🍴 – ⚌ 4,60 – **8 ch**
35/38 – ½ P 32/35.

♦ Avenante auberge champêtre abritant des chambres simples et nettes. De l'autre côté
de la route, un agréable jardin descend jusqu'à la rivière. Accueil charmant. Salle à manger
campagnarde et agréablement fleurie où l'on propose une cuisine régionale.

La NARTELLE 83 Var **340** O6 – rattaché à Ste-Maxime.

NASBINALS 48260 Lozère **330** G7 G. Languedoc Roussillon – 504 h alt. 1180 – Sports d'hiver :
1 240/1 320 m ≰ 1 ≰.

🛈 Office de tourisme, village ℰ 04 66 32 55 73, ot.nasbinals@free.fr.

Paris 573 – Aurillac 105 – Rodez 64 – Aumont-Aubrac 24 – Mende 57 – St-Flour 53.

🏚 **Relais de l'Aubrac** ⌂, au Pont de Gournier (carrefour D 12 - D 112), Nord : 4 km par
D 12 ℰ 04 66 32 52 06, relais-aubrac@wanadoo.fr, Fax 04 66 32 56 58, 🍴 – 📺 🚲 **P** –
🚲 30. ⓞ **GB**

1er mars-30 nov. – **Repas** 14,50/25, enf. 7 🍴 – ⚌ 8 – **27 ch** 46/56 – ½ P 46/56.

♦ En pleine nature, grande maison estimée des randonneurs et des pêcheurs. Chambres
de tailles variées ; les plus récemment aménagées sont modernes et fonctionnelles. Restaurant rustique et charmante terrasse. Cuisine régionale et service des plus aimables.

NATZWILLER 67130 B.-Rhin **315** H6 – 624 h alt. 500.

Paris 422 – Strasbourg 59 – Barr 25 – Molsheim 31 – St-Dié 43.

XX **Auberge Metzger** avec ch, 55 rue Principale ℰ 03 88 97 02 42, auberge.metzger@wan
adoo.fr, Fax 03 88 97 93 59, 🍴, 🍴 – 📺 🚲 **P** – 🚲 15. **GB**

fermé 21 juin au 5 juil., 20 au 25 déc., 3 au 24 janv., dim. soir et lundi – **Repas** 12,50 (déj.),
17/54, enf. 7 🍴 – ⚌ 8,50 – 16 ch 49/71 – ½ P 66/76.

♦ Cette façade fleurie abrite une sympathique auberge familiale plébiscitée pour sa goûteuse cuisine régionale. Une cour pavée accueille la terrasse. Confortables chambres.

NAVARRENX 64190 Pyr.-Atl. **342** H5 – 1 133 h alt. 125.

🛈 Office de tourisme, Porte St-Antoine ℰ 05 59 66 14 93, Fax 05 59 66 54 80, otc-
.navarrenx@wanadoo.fr.

Paris 787 – Pau 43 – Mourenx 15 – Oloron-Ste-Marie 23 – Orthez 22 – Peyrehorade 44.

🏚 **Commerce,** pl. Casernes ℰ 05 59 66 50 16, hotel.du.commerce@wanadoo.fr,
Fax 05 59 66 52 67 – 📺 🚲 – 🚲 30. 🝙 **GB**

fermé janv. – **Repas** 10,50 (déj.), 16/24, enf. 7 🍴 – ⚌ 6 – **27 ch** 40/45 – ½ P 38.

♦ Demeure béarnaise située au cœur d'une bastide fondée en 1316. Chambres en majorité rénovées, agrémentées de poutres apparentes au 2e étage. Après travaux, la salle à
manger a conservé son cachet campagnard tout en se parant de couleurs vives et fraîches.

NÉANT-SUR-YVEL 56430 Morbihan **308** R6 – 851 h alt. 54.

Paris 414 – Rennes 64 – Dinan 62 – Loudéac 46 – Ploërmel 12 – Vannes 57.

🍴 **Auberge de la Table Ronde,** 7 pl. de l'Eglise ℰ 02 97 93 03 96, Fax 02 97 93 05 26 –
🍴 **GB**

fermé 12 au 22 sept., 2 janv. au 2 fév., dim. soir et lundi – **Repas** 9,50/23,50, enf. 6 🍴 – ⚌ 5
– **7 ch** 30/60 – ½ P 34.

♦ Cette modeste auberge tenue par la même famille depuis quatre générations est
voisine du site enchanteur de la forêt de Paimpont. Décor mûrissant, mais tenue sans
reproche. Le restaurant propose un décor éclectique, mais une cuisine ancrée dans la
tradition.

NEAUPHLE-LE-CHÂTEAU 78640 Yvelines **311** H3 G. Ile de France – 2 771 h alt. 185.

🛈 Syndicat d'initiative, 14 place du Marché ℰ 01 34 89 78 00, Fax 01 34 89 78 00.

Paris 38 – Dreux 42 – Mantes-la-Jolie 32 – Rambouillet 24 – Versailles 21.

🏚 **Domaine du Verbois** ⌂, 38 av. République ℰ 01 34 89 11 78, verbois@hotelverbois.c
om, Fax 01 34 89 57 33, ≼, 🍴, 🍴, 🍴 – 📺 🚲 **P** – 🚲 15 à 60. 🝙 ⓞ **GB JCB**

fermé 8 au 20 août et 23 au 30 déc. – **Repas** (fermé dim. soir) 32/45 – ⚌ 11 – **22 ch** 98/130
– ½ P 90/106.

♦ Cette demeure bourgeoise de la fin du 19e s. isolée dans un parc vous propose de
ravissantes chambres personnalisées, meublées en différents styles du 18e s. Élégante salle
à manger avec cheminée en marbre et miroirs dorés, et délicieuse terrasse ombragée.

XX **Griotte**, 58 av. République ℰ 01 34 89 19 98, Fax 01 34 89 68 86, 🌭, 🦐 – ꜰꜱ 🄶🄱
fermé 11 au 31 août, dim. et lundi – **Repas** 27 ♀.
♦ Maison ancienne et salle à manger contemporaine donnant sur un joli jardin fleuri. À la
belle saison, la pergola s'ombrage de chèvrefeuille. Menu-carte, plats traditionnels.

NEMOURS 77140 S.-et-M. 🔳🔳🔳 F6 G. Ile de France – 12 898 h alt. 60.

Voir Musée de Préhistoire de l'Ile de France★ à l'Est.

🅿 Office de tourisme, 41 quai Victor Hugo ℰ 01 64 28 03 95, Fax 01 64 45 09 67,
tourisme@nemours-saint-pierre.com.

Paris 78 – Fontainebleau 17 – Melun 34 – Montargis 36 – Orléans 91 – Sens 48.

à Glandelles au Sud : 7 km par N 7 – ✉ 77167 Bagneaux-sur-Loing :

XX **Les Marronniers**, N 7 ℰ 01 64 28 07 04, frederic.condomines@waika9.com,
Fax 01 64 29 29 91, 🌭 – ꜰꜱ 🄶🄱
fermé 20 au 26 mai, 8 août au 2 sept., lundi soir, mardi soir et merc. – **Repas** (14,20) -
17,20/31, enf. 7,70 ♀.
♦ Maison régionale en pierre. Petit hall ouvrant sur deux salles : sol carrelé, charpente
apparente et cheminée dans l'une ; cadre plus sobrement rustique dans l'autre.

Dans ce guide

un même symbole, un même mot,

*imprimé en **rouge** ou en **noir**, en maigre ou en **gras**,*

n'ont pas tout à fait la même signification.

Lisez attentivement les pages explicatives.

NÉRAC 🆂🅿 47600 L.-et-G. 🔳🔳🔳 D5 G. Aquitaine – 6 787 h alt. 65.

🔟🔠 d'Albret à Barbaste ℰ 05 53 65 53 69, NO : 8 km par D 930.

🅿 Office de tourisme, 7 avenue Mondenard ℰ 05 53 65 27 75, Fax 05 53 65 97 48,
office-tourisme-nerac@wanadoo.fr.

Paris 702 – Agen 28 – Bordeaux 127 – Condom 22 – Marmande 53.

🏠 **Château**, 7 av. Mondenard ℰ 05 53 65 09 05, Fax 05 53 65 89 78 – 📺, 🄶🄱, 🛇 rest
fermé 2 au 18 janv. – **Repas** (fermé vend. soir, sam. midi et dim. soir d'oct. à mai) 11,40 (déj.),
17/38 ⅌ – ☑ 5,40 – **16 ch** 31/39 – ½ P 34,50.
♦ Au coeur de la pimpante capitale du pays d'Albret, demeure ancienne en pierres
blanches, dont de nombreuses chambres remises à neuf. Restaurant à la mise en
place soignée où se mitonnent des petits plats fleurant bon le Sud-Ouest.

X **Aux Délices du Roy**, 7 r. Château ℰ 05 53 65 81 12, Fax 05 53 65 81 12 – 🍽, 🄾 🄶🄱
fermé merc. – **Repas** 16/60, enf. 9,20 ♀.
♦ Voisinage du château, ruelles de la vieille ville et charme rustique caractérisent ce
restaurant aux murs colorés. Cuisine traditionnelle où le poisson est roi.

NÉRIS-LES-BAINS 03310 Allier 🔳🔳🔳 C5 G. Auvergne – 2 708 h alt. 364 – Stat. therm. (avril-mi
oct.) – Casino.

🔟🔠 de Ste-Agathe ℰ 04 70 03 21 77, par ③ : 4 km.

🅿 Office de tourisme, Carrefour des Arènes ℰ 04 70 03 11 03, Fax 04 70 03 11 03,
ot.neris@wanadoo.fr.

Paris 336 ③ – Clermont-Ferrand 86 ② – Montluçon 9 ③ – Moulins 73 ①.

Plan page suivante

🏨 **Garden**, 12 av. Marx Dormoy (d) ℰ 04 70 03 21 16, hotel.le.garden@wanadoo.fr,
Fax 04 70 03 10 67, 🌭, 🦐 – 📺 🕻 🄿 – 🔬 25. ꜰꜱ 🄾 🄶🄱, 🛇 ch
fermé 26 janv. au 6 mars – **Repas** (fermé dim. soir et lundi de nov. à mars) 12,50/40, enf. 8,30
♀ – ☑ 5,40 – **19 ch** 40,50/59 – ½ P 42/47.
♦ Près du centre de la station, grande villa dans un jardin fleuri, transformée en hôtel.
Chambres contemporaines régulièrement rénovées. Cuisine simple servie dans une coquette salle à manger appréciée pour sa luminosité et sa gaieté.

🏠 **Parc des Rivalles** 🌭, r. Parmentier (k) ℰ 04 70 03 10 50, rivalles.hotel@wanadoo.fr,
Fax 04 70 03 11 05, 🦐 – 📱 📺 🄿. 🄶🄱, 🛇 rest
15 avril-30 sept. – **Repas** 14/38,20 ⅌ – ☑ 5,70 – **22 ch** 42,70/50,50 – P 46,50/48.
♦ Situé dans un jardin au sein d'un quartier calme, établissement traditionnel bien entretenu abritant des chambres assez grandes et agréablement aménagées. Trois petites salles
de restaurant au charme désuet, bien protégées des bruits de l'animation estivale.

NÉRIS-LES-BAINS

Arènes (Bd des) 2
Boisrot-Desserviers (R.) . . 3
Constans (R.) 5
Cuvier (R.) 7
Dormoy (Av. Marx) 8
Gaulle (R. du Gén.-de) 9
Kars (R. des) 10
Marceau (R.) 12
Migat (R. du Capitaine) . . . 14
Molière (R.) 15
Parmentier (R.) 18
Reignier (Av.) 19
République (Pl. de la) 21
Rieckötter (R.) 23
St-Joseph (R.) 25
Thermes (Pl. des) 27
Voltaire (R.) 29

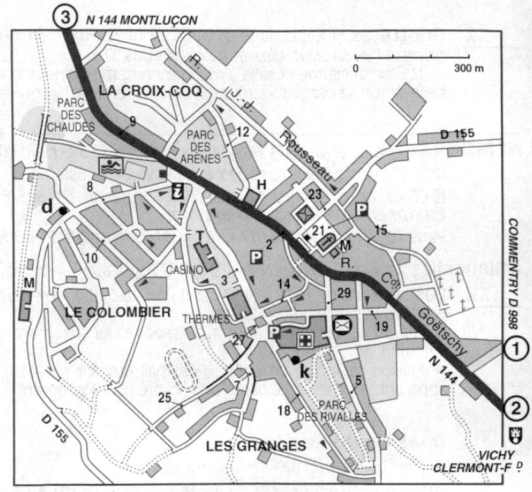

Une réservation confirmée par écrit ou par fax est toujours plus sûre.

NÉRONDES 18350 Cher 🎴 M5 – 1 618 h alt. 200.

🚆 la Vallée de Germigny à St-Hilaire-de-Gondilly 𝒫 02 48 80 23 43, NE: 9 km par D 6.
Paris 240 – Bourges 37 – Montluçon 84 – Nevers 33 – St-Amand-Montrond 44.

XX **Lion d'Or** avec ch, pl. Mairie 𝒫 02 48 74 87 81, Fax 02 48 74 92 63 – 🔲 rest, 📺 🅿. 🈸
🍽 *fermé 5 au 12 juil., 21 au 27 oct., 31 janv. au 27 fév., lundi soir et merc. sauf 07/08, dim. soir
et soirs fériés* – **Repas** 15/42, enf. 11 ♀ – ☞ 7 – **10 ch** 38/50 – ½ P 42,20/57,20.
  ◆ Au centre du bourg, cette auberge traditionnelle vous accueille dans sa coquette salle à
manger rustique ; cuisine au goût du jour. Chambres progressivement rénovées.

NESTIER 65150 H.-Pyr. 🎴 O6 – 165 h alt. 500.

Paris 789 – Auch 74 – Bagnères-de-Luchon 45 – Lannemezan 14 – St-Gaudens 24.

XX **Relais du Castéra** avec ch, 𝒫 05 62 39 77 37, Fax 05 62 39 77 29, 🏠 – 📺 – 🏛 20. ⓞ
🈸 🕸
fermé 1ᵉʳ au 8 juin, 4 au 26 janv., dim. soir, mardi soir hors saison et lundi – **Repas** 17 (déj.),
24/42, enf. 9 – ☞ 10 – **7 ch** 43/56 – ½ P 45/56.
  ◆ Auberge de style rustique où l'aménagement soigné rend l'atmosphère des plus
agréables. La cuisine, saisonnière, puise son inspiration dans le terroir. Chambres simples.

NEUF-BRISACH 68600 H.-Rhin 🎴 J8 *G. Alsace Lorraine* – 2 197 h alt. 197.

🚩 Office de tourisme, place d'Armes 𝒫 03 89 72 56 66, Fax 03 89 72 91 73.
Paris 475 – Colmar 17 – Basel 63 – Belfort 80 – Freiburg-im-Breisgau 35 – Mulhouse 40.

XX **Petite Palette**, 𝒫 03 89 72 73 50, petitepalette@wanadoo.fr, Fax 03 89 72 61 93 – 🔲.
🅰🅴 ⓞ 🈸
fermé 1ᵉʳ au 23 août, 1ᵉʳ au 11 janv., dim. soir, mardi soir et lundi – **Repas** 24/58 ♀ 🈀.
  ◆ Tons jaune, coq en faïence et exposition de tableaux égayent ce restaurant où l'on sert
les meilleurs morceaux de la boucherie familiale voisine. Belle carte de vins d'Alsace.

X **Les Remparts**, 9 r. Hôtel de Ville 𝒫 03 89 72 76 47, Fax 03 89 72 76 47 – 🈸
🍽 *fermé lundi* – **Repas** 10 (déj.), 12/27,50, enf. 8,40 ♀.
  ◆ Restaurant au cœur de la ville-forteresse construite par Vauban au 17ᵉ s. D'un côté une
petite winstub et, de l'autre, une salle à manger aux allures bourgeoises.

à Biesheim *Nord : 3 km par D 468* – 2 315 h. alt. 189 – ⊠ 68600 :

🏨 **Aux Deux Clefs**, 𝒫 03 89 72 51 20, info@deux-clefs.com, Fax 03 89 72 92 94, 🏠, 🌳 –
🔲 rest, 📺 📞 🅿 – 🏛 25. 🅰🅴 ⓞ 🈸
fermé 1ᵉʳ au 7 mars et 5 au 11 juil. – **Repas** (fermé dim. soir) 23/48, enf. 7,80 ♀ – ☞ 11 –
28 ch 55/80 – ½ P 60.
  ◆ Discrète façade de style régional qu'égaye un agréable jardin. Les chambres, agencées
avec originalité, sont équipées d'un mobilier actuel. Deux cadres pour vos repas : salle à
manger cossue avec plafond en marqueterie et fauteuils de style, ou brasserie.

à Vogelgrün *Est : 5 km par N 415 – 519 h. alt. 192 –* ⊠ *68600 .*

Voir *Bief hydro-électrique★ – ⩽★ du pont-frontière.*

🏛🏛 **L'Européen** ⬥, à la frontière, sur l'île du Rhin ℰ 03 89 72 51 57, *rene.daegele@wanado o.fr*, Fax 03 89 72 74 54, 🍽, ℐ6, ⌿, 🛥 – 📶 ✦ 📺 🅿 – 🏊 20 à 60. 🆎 ⑩ ⌾ 🇯🇨🇧

fermé 11 janv. au 9 fév. – **Repas** 20/60 ♀ – ⟳ 11 – **45 ch** 61/216 – ½ P 92/154.

♦ À deux encablures de la frontière franco-allemande, établissement situé sur une île du Rhin aménagée en parc de loisirs. Chambres spacieuses, modernes et colorées. Restaurant rustique agrémenté d'un joli poêle en faïence. Belle terrasse sous la tonnelle.

NEUFCHÂTEAU ⬠ *88300 Vosges* **314** *C2 G. Alsace Lorraine – 7 533 h alt. 300.*

Voir *Escalier★ de l'hôtel de ville* **H** *– Groupe en pierre★ dans l'église St-Nicolas* **K**.

🇧 *Office de tourisme, 3 Parking des Grandes Ecuries* ℰ *03 29 94 10 95, Fax 03 29 94 10 89, ot.neufchateau@wanadoo.fr.*

Paris 321 – Belfort 158 – Chaumont 57 – Épinal 75 – Langres 78 – Verdun 106.

🏛🏛 **L'Eden,** r. 1ere Armée Française ℰ 03 29 95 61 30, *hotel-eden@wanadoo.fr*, Fax 03 29 94 03 42 – 📶 📺 ✆ 🅿 – 🏊 25. 🆎 🇬🇧

Repas *(fermé dim. soir et lundi midi d'oct. à mai)* 22/42, enf. 10 ♀ – ⟳ 7,50 – **27 ch** 47/69 – ½ P 41/62.

♦ Construction récente proposant des chambres confortables de différentes tailles, certaines équipées de baignoires à remous. Le bar accueille aussi la clientèle locale. Salle à manger de style néo-classique à dominante de bleu et ocre ; cuisine au goût du jour.

🏛🏛 **St-Christophe,** 1 av. Grande-Fontaine ℰ 03 29 94 38 71, *saint.christophe@relais-sud-ch ampagne.com, Fax 03 29 06 02 09* – 📶 rest, 📺 🅿 – 🏊 25. 🇬🇧

Repas *(fermé dim. de nov. à fév.)* 19,10/31,30, enf. 8,90 ♀ – ⟳ 7 – **30 ch** 45/62 – ½ P 62.

♦ La bâtisse, bordée par une rivière, jouxte le centre-ville. En réservant, vous pourrez choisir votre chambre : toutes sont sobres, mais aucune n'est pareille. Au restaurant, plats régionaux, boiseries et beau plafond à la française ; brasserie plus simple.

✕✕ **Romain,** rte de Chaumont ℰ 03 29 06 18 80, Fax 03 29 06 18 80, 🍽 – 🅿 🆎 🇬🇧

fermé 23 août au 5 sept., 21 fév. au 6 mars, dim. soir et lundi – **Repas** 12,50 *(déj.)*, 20/32, enf. 7 ♀.

♦ Restaurant situé au bord de la route. Salle à manger vaste, claire et actuelle. Carte traditionnelle où se glissent quelques spécialités lyonnaises.

à Rouvres-la-Chétive *Sud-Est : 10 km par D 166 – 391 h. alt. 390 –* ⊠ *88170 :*

🏔 **Frezelle** ⬥, ℰ 03 29 94 51 51, *frezelle@wanadoo.fr, Fax 03 29 94 69 10* – 📺 ✆ 🛥. 🆎 ⑩ 🇬🇧 ✀ ch

fermé 22 déc. au 4 janv. – **Repas** *(fermé sam.)* (11) - 14 *(déj.)*, 21/46 ♀ – ⟳ 8,10 – **7 ch** 40/58 – ½ P 40/50.

♦ Pressé de quitter l'autoroute ? Pour une étape sans chichi, cet hôtel familial modeste mais bien tenu vous offre le calme de son environnement villageois. Grande salle de restaurant en partie lambrissée dont le décor, d'origine, date des années 1970.

NEUFCHÂTEL-EN-BRAY *76270 S.-Mar.* **304** *I3 G. Normandie Vallée de la Seine – 5 103 h alt. 99.*

Env. *Forêt d'Eawy★★ 10 km au SO.*

🏔₈ *à St-Saëns* ℰ *02 35 34 25 24, SO : 17 km par N 28 et D 929.*

🇧 *Office de tourisme, 6 place Notre-Dame* ℰ *02 35 93 22 96, Fax 02 35 97 00 62, otsi.neufchatel-en-bray@wanadoo.fr.*

Paris 133 – Rouen 50 – Abbeville 57 – Amiens 72 – Dieppe 40 – Gournay-en-Bray 37.

✕✕ **Les Airelles** avec ch, 2 passage Michu *(près Église)* ℰ 02 35 93 14 60, *les-airelles-sarl@wan adoo.fr, Fax 02 35 93 89 03,* 🍽 – 📺 ✆ – 🏊 20. 🆎 🇬🇧

fermé 1er au 15 oct. et dim. soir – **Repas** *(fermé dim. et lundi)* 16/32, enf. 10 ♀ – ⟳ 6 – **14 ch** 40/62 – ½ P 50,50/62.

♦ Avenante demeure tapissée de vigne vierge. Au choix : cadre moderne et chaleureux de la salle à manger ou tables dressées sous kiosque de toile, dans l'agréable petit jardin.

à Mesnières-en-Bray *Nord-Ouest : 5,5 km par D 1 – 706 h. alt. 65 –* ⊠ *76270 :*

Voir *Château★.*

✕✕ **Auberge du Bec Fin,** ℰ 02 35 94 15 15, Fax 02 35 94 42 14, 🍽 – 🇬🇧

fermé le lundi – **Repas** 12,50/42,50, enf. 12,50 ♀.

♦ Poutres, tableaux, tons ocre et tables joliment dressées composent le cadre chaleureux de ce restaurant aménagé dans une maison de pays. La carte évolue au gré des saisons.

Les pages explicatives de l'introduction
vous aideront à mieux profiter de votre **Guide Michelin.**

NEUFCHATEL-SUR-AISNE 02190 Aisne **306** G6 – 492 h alt. 59.

    🎣 à Menneville ℘ 03 23 79 79 88, SO : 3 km.

    Paris 163 – Reims 22 – Laon 46 – Rethel 33 – Soissons 60.

XX **Jardin,** 22 r. Principale ℘ 03 23 23 82 00, lejardin@wanadoo.fr, Fax 03 23 23 84 05, 佘,
    🕭 – 🗐, 匨 ① ㏄
    fermé 29 août au 7 sept., 16 janv. au 8 fév., dim. soir, lundi et mardi – **Repas** (14) · 23/46,
    enf. 11 ♀.
    ♦ Sol "gazon", murs fleuris, plantes vertes, véranda tournée vers les massifs de fleurs :
    tout ici n'est que jardin ! Menus composés selon le marché.

NEUF-MARCHÉ 76220 S.-Mar. **304** K5 – 635 h alt. 86.

    Paris 90 – Rouen 52 – Les Andelys 34 – Beauvais 32 – Gisors 18 – Gournay-en-Bray 7.

XX **Auberge du Puits de Corval,** ℘ 02 35 09 12 25, Fax 02 35 09 24 17 – ㏄
    fermé 30 août au 9 sept., 23 déc. au 2 janv., vacances de fév., merc. soir, lundi soir et mardi –
    Repas 15/31, enf. 9,20.
    ♦ Dans cette auberge de campagne, poutres, cheminée et mobilier normand composent
    le cadre de caractère d'une salle à manger où l'on sert des plats traditionnels.

X **André de Lyon,** D 915 ℘ 02 35 90 10 01, Fax 02 35 90 10 01 – 匨 ㏄
    fermé 26 juil. au 14 août, 18 fév. au 13 mars, merc. et le soir sauf vend. et sam. – **Repas**
    16,50 et carte le week-end ♀.
    ♦ André est venu en 1933 de son Lyon natal pour créer ce restaurant ; depuis, la carte est
    toujours restée fidèle aux "lyonnaiseries". Cadre rustique simple.

NEUILLÉ-LE-LIERRE 37380 I.-et-L. **317** O3 – 582 h alt. 92.

    Paris 217 – Tours 27 – Amboise 16 – Château-Renault 10 – Montrichard 34 – Reugny 5.

XX **Auberge de la Brenne** avec ch., 19 r. République ℘ 02 47 52 95 05, admin@ivo.com,
    Fax 02 47 52 29 43, 佘 – 📺 ℆ 🅿, ㏄ ㏒
    fermé 26 janv. au 2 mars – **Repas** (fermé dim. soir d'oct. à mai, mardi soir et merc.) (dim.
    prévenir) 17/41 ♀ – 🖙 10 – **5 ch** 72/75 – ½ P 63.
    ♦ Cette engageante auberge de village abrite une jolie salle à manger où l'on sert une
    cuisine traditionnelle. À 50 m, agréables chambres bourgeoises récemment aménagées.

NEUILLY-LE-RÉAL 03340 Allier **326** H4 – 1 303 h alt. 260.

    Paris 313 – Mâcon 128 – Moulins 16 – Roanne 82 – Vichy 48.

XX **Logis Henri IV,** ℘ 04 70 43 87 64 – ㏄
    fermé 15 au 28 fév., 31 août au 4 sept., dim. soir et lundi – **Repas** 17,80 (déj.), 26,70/43,80.
    ♦ Tomettes et colombages donnent du caractère à la salle à manger de cet ancien relais de
    chasse du 16ᵉ s. Cuisine traditionnelle.

NEUILLY-SUR-SEINE 92 Hauts-de-Seine **311** J2 **101** ⑮ – voir à Paris, Environs.

NEUNG-SUR-BEUVRON 41210 L.-et-Ch. **318** H6 – 1 112 h alt. 102.

    Paris 183 – Orléans 48 – Blois 39 – Bracieux 21 – Romorantin-Lanthenay 21 – Salbris 26.

X **Les Tilleuls** avec ch., 5 pl. A. Prudhomme ℘ 02 54 83 63 30, Fax 02 54 83 74 91, 佘 – ㏄
    fermé 16 janv. au 15 fév., 24 au 30 déc., mardi soir et merc. – **Repas** 12/70, enf. 9,50 ♀ –
    🖙 6,50 – **7 ch** 45,50/70.
    ♦ Poutres, mobilier de style rustique, tableaux et cuivres composent le décor de ce
    restaurant situé au coeur du bourg. Petite terrasse fleurie. Plats traditionnels.

NEUVÉGLISE 15260 Cantal **330** F5 – 1 022 h alt. 938.

    Env. Château d'Alleuze★★ : site★★ NE : 14 km, G. Auvergne.
    🖪 Office de tourisme, Le Bourg ℘ 04 71 23 85 43, Fax 04 71 23 85 43, neuveglise@wana
    doo.fr.
    Paris 528 – Aurillac 78 – Espalion 66 – St-Chély-d'Apcher 42 – St-Flour 17.

à Cordesse Est : 1,5 km sur D 921 – ✉ 15260 Neuvéglise :

XX **Relais de la Poste** avec ch., ℘ 04 71 23 82 32, relais.poste@wanadoo.fr,
    Fax 04 71 23 86 23, 佘 – 📺 ℆ 🗪 🅿, 匨 ① ㏄
    31 mars-4 nov. – **Repas** (10,50) · 13,50/36, enf. 8 ♀ – 🖙 7 – **9 ch** 46/60 – ½ P 46/54.
    ♦ Maison récente de style régional postée à un carrefour. Salle campagnarde agrémentée
    d'une cheminée et d'un pan de mur habillé de belles boiseries. Aire de jeux pour enfants.

NEUVES-MAISONS 54 M.-et-M. **307** H7 – rattaché à Nancy.

NEUVILLE-DE-POITOU 86170 Vienne ▓▓▓ H4 – 4 058 h alt. 116.

🛈 Office de tourisme, 28 place Joffre ℰ 05 49 54 47 80, Fax 05 49 54 18 66, ot.neuville @free.fr.

Paris 335 – Poitiers 16 – Châtellerault 36 – Parthenay 41 – Saumur 82 – Thouars 51.

XX **St-Fortunat**, 4 r. Bangoura-Moridé ℰ 05 49 54 56 74 – 🝐 ⓄⒷ GB
fermé 19 août au 3 sept., 5 au 27 janv., dim. soir, mardi soir et lundi – **Repas** 16/30.
◆ Ancienne ferme transformée en auberge de village, dont la salle à manger se double d'une véranda côté cour. Goûteuse cuisine traditionnelle ; formule bistrot à l'étage.

NEUVILLE-ST-AMAND 02 Aisne ▓▓▓ B4 – rattaché à St-Quentin.

NEUVILLE-SUR-SAONE 69250 Rhône ▓▓▓ I4 G. Vallée du Rhône – 7 062 h alt. 177.
Paris 445 – Lyon 16 – Bourg-en-Bresse 51 – Villefranche-sur-Saône 20.

à Albigny-sur-Saône par rive droite : 2,5 km – 2 673 h. alt. 170 – ✉ 69250 :

XXX **Cellier**, quai de Saône-14 av. H. Barbusse ℰ 04 78 98 26 16, Fax 04 72 08 90 10, 🍽 – 🅿. 🝐 GB
fermé 16 au 22 août, 2 au 15 janv., dim. soir, mardi soir et lundi – **Repas** 16 (déj.), 25/47 et carte 32 à 53.
◆ Boiseries et sièges de style agrémentent l'intérieur de ce restaurant situé dans un hameau des bords de Saône. Belle terrasse ombragée par une douzaine de platanes.

NEUZY 71 S.-et-L. ▓▓▓ E11 – rattaché à Digoin.

NÉVACHE 05100 H.-Alpes ▓▓▓ H2 – 290 h alt. 1640.

🛈 Syndicat d'initiative, ℰ 04 92 21 38 19, Fax 04 92 20 51 72, office-tourisme-valleedelacla ree@wanadoo.fr.

Paris 693 – Briançon 21 – Le Monêtier-les-Bains 35 – Montgenèvre 25.

🏠 **Chalet d'En Ho** ⌕, hameau des Chazals ℰ 04 92 20 12 29, chaletdenho@aol.com, Fax 04 92 20 59 70, <, 🍽 – ✣ 📺 ✆. GB. ✿ rest
12 juin-12 sept., 23 oct.-1er nov., 18 déc.-17 avril – **Repas** (dîner seul.) 19 – ☄ 13 – **14 ch** 69/114 – ½ P 70/82.
◆ Lambris, mobilier en mélèze et tissus provençaux créent une douillette atmosphère dans les chambres (non-fumeurs) de ce chalet entouré par une paisible et séduisante nature. Le coquet décor de la salle à manger évoque les activités montagnardes d'antan.

NEVERS 🅿 58000 Nièvre ▓▓▓ B10 G. Bourgogne – 40 932 h Agglo. 100 556 h alt. 194 Pèlerinage de Ste Bernadette d'Avril à Octobre : couvent St-Gildard.

Voir Cathédrale St-Cyr-et-Ste-Julitte★★ – Palais ducal★ – Église St-Étienne★ - Façade★ de la Chapelle Ste-Marie – Porte du Croux★ – Faïences de Nevers★ du musée municipal Frédéric Blandin M1.

Env. Circuit de Nevers-Magny-Cours : musée Ligier F1★.

🏇 du Nivernais à Magny-Cours ℰ 03 86 58 18 30, E : 2 km par D 200.

Circuit Automobile permanent à Magny-Cours par ④ : 12 km.

🛈 Office de tourisme, rue Sabatier ℰ 03 86 68 46 00, Fax 03 86 68 45 98, otnevers@hot-mail.com.

Paris 236 ① – Bourges 70 ④ – Clermont-Ferrand 161 ④ – Orléans 167 ①.

Plans page suivante

🏨 **Mercure Pont de Loire**, quai Médine ℰ 03 86 93 93 86, H3480@accor-hotel.com, Fax 03 86 59 43 29, <, – 🛏 ✣ 📺 ✆ 🕭 🅿 – 🔬 80. 🝐 ⓄⒷ GB   Z a
Repas 18/26, enf. 10 ☯ – ☄ 11 – **59 ch** 77/90.
◆ Construction cubique plaisamment située au bord de la Loire. Chambres rénovées avec soin ; certaines offrent une jolie perspective sur le fleuve. Salle à manger panoramique joliment refaite. Cuisine et carte des vins inspirées par la région.

🏨 **Kyriad**, 35 bd V. Hugo ℰ 03 86 71 95 95, kyriadnevers@wanadoo.fr, Fax 03 86 36 08 16 –
🛏 🚽 📺 ✆ 🕭 🅿 – 🔬 15 à 40. 🝐 ⓄⒷ GB JCB   V f
Repas (11,60) - 13,10/15,70, enf. 6 ☯ – ☄ 7 – **54 ch** 55.
◆ Hôtel moderne fréquenté par les pèlerins venus se recueillir auprès de la châsse de Ste-Bernadette. Chambres actuelles et fonctionnelles. Agréable salon-bar sous véranda. Cuisine traditionnelle, buffets et sélection de spécialités régionales.

🏨 **Clos Ste-Marie** sans rest, 25 r. Petit Mouësse ℰ 03 86 71 94 50, Fax 03 86 71 94 69 – 📺 ✆ 🅿. 🝐 ⓄⒷ GB. ✿
☄ 8,50 – **17 ch** 65/80.   X n
◆ Cette discrète bâtisse abritait jadis un relais de poste ; aujourd'hui, vous serez hébergés dans de vastes chambres rustiques, bien insonorisées en façade. Terrasse-jardin.

1051

NEVERS

Ardilliers (R. des) . . **Y** 2
Banlay (R. du) . . . . . **V** 3
Barre (R. de la) . . . . **Y** 4
Bourgeois
  (R. des) . . . . **V** 5
Champ-de-Foire
  (R. du) . . . . **Z** 6
Charnier (R. du) . . . . **Y** 7
Chauvelles (R. des) **V** 8
Cloître-St-Cyr
  (R. du) . . . . **Z** 9
Colbert (Av.) . . . . . . **Y** 10
Coquille (Pl. G.) . . . . **Y** 12
Docks (R. des) . . . . **V** 13
Francs-Bourgeois
  (R. des) . . . . **Y** 14
Gaulle
  (Av. Gén.-de) . . . **YZ**
Gautron-
  du-Coudray (Bd) . **Y** 15
Jacobins (R. des) . . **Y** 16
Lattre-de-Tassigny
  (Bd Mar. de) . . . **V** 17
Mantoue (Quai de) . **Z** 18
Marceau (Av.). . . . . **Y** 19
Midi (R. du) . . . . . . **Z** 20
Mitterrand (R. F.) . **YZ**
Nièvre (R. de) . . . . . **Y** 21
Ouches (R. des) . . . **Y** 22
Pelleterie (R. de la). **Y** 24
Petit-Mouësse
  (R. du) . . . . **X** 26
Préfecture
  (R. de la) . . . . **Y** 27
Remigny (R. de) . . . **Y** 28
Renardats (R. des) . **V** 30
République
  (Bd de la) . . . . . . **X** 32
République
  (Pl. de la) . . . . **Z** 34
Roy (R.C.) . . . . **Y** 36
St-Martin (R.) . . . . . **Y** 38
Tillier (R.C.) . . . . . . **Z** 40
Vaillant-Couturier
  (R. Paul) . . . . **V** 42
14-Juillet (R. du) . . . **Z** 45

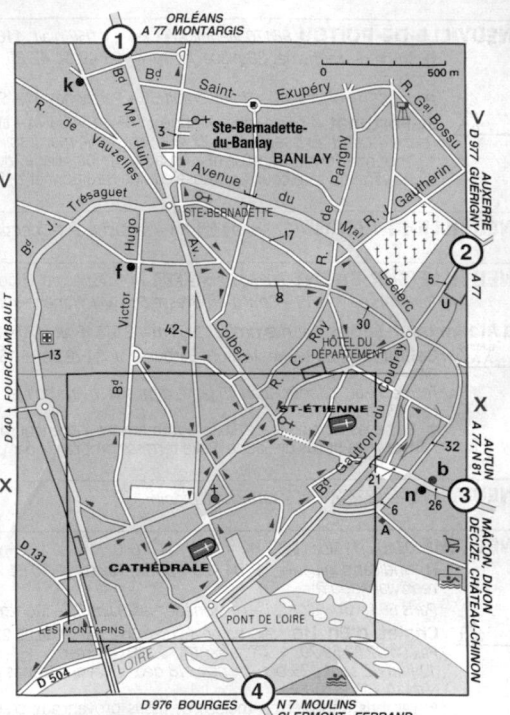

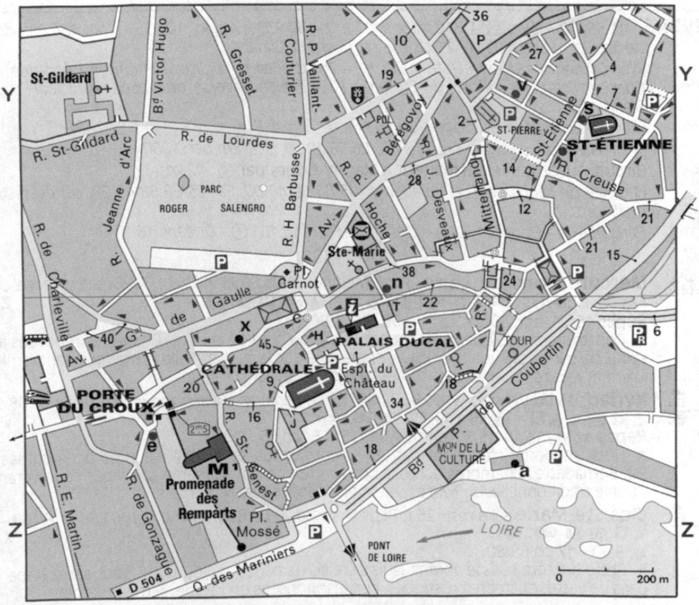

Ibis, rte de Moulins par ④ ℰ 03
☆ – ✤, ≡ ch, 🛏 ❤ & 🅿 – 🔏 2 …0, h0947@accor-hotels.com, Fax 03 86 37 64 48,
Repas (12) - 15/28, enf. 6 ♀ – ⬜ 6 – …🄍 ⑩ GB

♦ Près du pont de Loire. Les chamb…100.
parking. Les salles de bains viennent … normes de la chaîne, sont plus calmes côté
lustres en fer forgé, couleurs gaies et ex faites. Coquet restaurant : sièges en rotin,

Molière ⑊ sans rest, 25 r. Molière ℰ 03 de faïences de Nevers.
GB, ✿ …96, Fax 03 86 36 00 13 – ✤ 🛏 ❤ 🅿 ⑩
Y k
fermé 1ᵉʳ au 23 août, 19 déc. au 7 janv. – ⬜ 5,

♦ Accueil chaleureux, simplicité et propreté c ch 42/46.
résidentiel. Chambres rustiques ou contemporai…ent cet hôtel situé dans un quartier

Clèves sans rest, 8 r. St-Didier ℰ 03 86 61 15 8ˢ quiètes sur l'arrière.
GB …· 03 86 57 13 80 – 🛏 ❤ 🚗, 🅰🄴
Z x
fermé 26 déc. au 5 janv. – ⬜ 6 – **15 ch** 32/48.

♦ Pratique pour découvrir le centre historique à pied, …hôtel à la façade fraîchement
ravalée propose de petites chambres simples et bien ten…nsonorisation efficace.

Jean-Michel Couron, 21 r. St-Etienne ℰ 03 86 6…28, Fax 03 86 36 02 96 –
Y r
fermé 12/07 au 3/08, 2 au 17 janv., dim. sauf le soir de mars à a…, mardi sauf le soir d'août
à fév. et lundi – **Repas** (nombre de couverts limité, prévenir) 19.5⒜ et carte 45 à 60 ♀.

♦ Dans le vieux Nevers. L'une des trois minuscules salles à mang…r est aménagée sous les
voûtes (14ᵉ s.) d'une ancienne dépendance de l'église St-Étienne. …uisine inventive.
Spéc. Tarte de tomates au chèvre frais et jambon du Morvan. …ièce de boeuf charolais
rôtie. Soupe tiède de chocolat aux épices chaudes. **Vins** Sancerre, Pouilly-Fumé.

Cour St-Étienne, 33 r. St-Étienne ℰ 03 86 37 54 57, Fax 03 86 61 14 95, ☆ –
GB
Y s
fermé 1ᵉʳ au 24 août, 1ᵉʳ au 5 janv., 6 au 15 fév., dim. et lundi – **Repas** (nombre de couverts
limité, prévenir) 16/30 ♀.

♦ On se bouscule pour savourer une appétissante cuisine au goût du jour. L'une des
pimpantes salles à manger ainsi que la petite terrasse offrent la vue sur l'église St-Étienne.

Puits de St-Pierre, 21 r. Mirangron ℰ 03 86 59 28 88, Fax 03 86 61 29 81 – 🅰🄴
GB
Y v
fermé 16 juil. au 12 août, 17 fév. au 5 mars, mardi midi, dim. soir et lundi – **Repas** 16,50/
39 ♀.

♦ Maison ancienne abritant une coquette salle à manger et un vieux puits où, selon la
légende, les jeunes filles jettent leur obole en faisant voeu d'un mariage dans l'année.

Morvan, 28 r. Petit Mouësse ℰ 03 86 61 14 16, Fax 03 86 61 81 00 – ≡ 🅿 🅰🄴
GB
X b
fermé 19 juil. au 10 août, 23 déc. au 11 janv., sam. midi et dim. soir – **Repas** (12) - 17/38,
enf. 10 ♀.

♦ Tons verts et pastel, tableaux et fresques (paysages et maisons du Morvan), et plafond
azuré composent le décor bucolique de ce restaurant familial.

Botte de Nevers, r. Petit Château ℰ 03 86 61 16 93, labottedenevers@wanadoo.fr,
Fax 03 86 36 42 22 – 🅰🄴 GB
Y n
fermé dim. soir et lundi – **Repas** 20/45 ♀.

♦ La jolie enseigne en fer forgé, le cadre d'inspiration médiévale et les quelques épées
ornant l'escalier accentuent la référence à la célèbre estocade du duc de Nevers.

rte d'Orléans par ① – ✉ 58640 Varennes-Vauzelles :

Rocherie ⑊, à 5 km par N 7 et rte secondaire ℰ 03 86 38 07 21, Fax 03 86 38 23 01, ☆,
🌳 – 🛏 🅿 GB
fermé 2 au 19 août, sam. midi et dim. sauf fériés – **Repas** 19,50/47 ♀ – ⬜ 6,60 – **12 ch**
40/66.

♦ Élégant pavillon Napoléon III dans un parc où se dresse un cèdre du Liban séculaire. Le
cadre rustique patiné, un peu "vieille France", confère aux chambres un certain cachet.
Cuisine du marché proposée dans une salle à manger campagnarde.

Campanile, à 3 km par N 7 ℰ 03 86 93 02 58, nevers.varennesvauzelles@campanile.fr,
Fax 03 86 57 73 33, ☆ – ✤, ≡ rest, 🛏 ❤ & 🅿 – 🔏 25. 🅰🄴 ⑩ GB
Repas (12,50) - 16,50, enf. 6 ♀ – ⬜ 6,50 – **46 ch** 56.

♦ Cet hôtel de chaîne a fait peau neuve. Bien qu'il se situe un peu à l'écart de la N 7, choisir
les chambres qui lui tournent le dos. Tenue sans reproche et accueil aimable. Salle à manger
colorée et petite terrasse d'été ; cuisine traditionnelle et buffets.

Relais du Bengy, à 4,5 km sur N 7 ℰ 03 86 38 02 84, Fax 03 86 38 29 00, ☆ – GB
fermé 20 juil. au 10 août et 8 au 22 fév. – **Repas** 18/40 ♀.

♦ Ancien "routier" converti en restaurant traditionnel. Deux sobres salles à manger agrémentées de quelques tableaux et aquarelles. Terrasse d'été dans le jardin fleuri.

rte de Moulins par ④ : 3 km sur N 7 – ⋯alluy :

XX **Gabare**, ℰ 03 86 37 54 23, Fax ⋯, 15 au 22 fév., dim., lundi et fériés – **Repas** 17/40 ♀.
fermé 15 au 22 avril, 26 juil. au ⋯aurée, plusieurs salles aux murs jaunes rehaussées
◆ Dans une vieille ferme jolir⋯teurs, une table d'hôte dans la partie bar.
d'une touche rustique ; pou⋯ – 1 486 h. alt. 205 – ⊠ 58470 :

à Magny-Cours par ④ rte Moulin⋯e de Bardonnay ℰ 03 86 21 22 33, himagnycours@allianc

🏨 **Holiday Inn**, Ferme du 22 03, 佘, Is, 𝕁, ❀ – 🛗 ⋯ ▦ 🎮 ✆ & 🅿 – 🏛 20 à 110.
e-hospitality.com, Fax 0⋯
🆎 ⓞ ☒ ᴊᴄʙ
Repas 17, enf. 9 ♀ – ⋯obile et du golf. La ferme d'origine a été agrandie d'une aile
◆ À côté du circuit ⋯nt les chambres ; certaines ont vue sur la piscine ou les greens.
moderne où se répa⋯r ouvrant sur une vaste terrasse. Cuisine traditionnelle.
Lumineuse salle à ⋯   70 ch 90/110.

🏨 **Renaissance**, ⋯ village   ℰ 03 86 58 10 40,   hotel.la.renaissance@wanadoo.fr,
Fax 03 86 21 22 ⋯ – 🎮 ✆. 🆎 ☒
fermé 10 au 18 ⋯, 3 fév. au 5 mars, dim. soir et lundi – **Repas** 40 bc/60 – ☲ 12,20 – **9 ch**
77/107.
◆ Bâtisse rég⋯ale dont la blanche façade abrite de belles chambres contemporaines
dotées de sal⋯de bains fort bien équipées. Cuisine traditionnelle aux accents régionaux, à
déguster da⋯élégante salle à manger ou sur la terrasse en grès du Morvan.

NEYRAC-LES-BAIN⋯ 07380 Ardèche **331** H5.
Paris 606 – Alès 92 – Aubenas 16 – Montélimar 56 – Privas 45 – Le Puy-en-Velay 75.

🏠 **Levant** ⟨S⟩, ℰ 04 75 36 41 07, hotel.levant@wanadoo.fr, Fax 04 75 36 48 09, 佘 – 🛗 🎮
✆ 🅿 🆎 ☒
fermé 1er au 12 mars, 1er au 15 janv., 15 nov. au 7 déc., mardi de nov. à mai, merc. de nov à
mars et lundi – **Repas** (15,50 bc) - 28/55 ♀ ⌂ – ☲ 7,50 – **17 ch** 46/55 – ½ P 54/58.
◆ Proche des thermes, hôtel dirigé par la même famille depuis cinq générations.
Chambres bien rénovées (murs blancs et mobilier acajou). Lumineux restaurant et sa
terrasse ombragée où l'on sert une cuisine du marché et une belle carte des vins (250
références).

NÉZIGNAN-L'ÉVÊQUE 34 Hérault **339** F8 – rattaché à Pézenas.

Dans ce guide
un même symbole, un même mot,
imprimé en rouge ou en noir, en maigre ou en gras,
n'ont pas tout à fait la même signification.
Lisez attentivement les pages explicatives.

NICE

P 06000 Alpes-M...

342 738 h. ... 26 27 G. Côte d'Azur

Paris 933 ⑥ – Cannes 32 ⑥ – Genova 198 784 h - alt. 6.

...473 ⑥ – Marseille 190 ⑥ – Torino 211 ①

Carte de voisinage	p. 3
Nomenclature des hôtels et des restaurants	p. 3 et 8 à 12
Plans de Nice	
Agglomération	p. 4 et 5
Nice Centre	p. 6 et 7

OFFICES DE TOURIS...

5 prom. des Anglais 𝒫 08 92 70 74 07, Fax 04 93 92 82 98, info@n...
Thiers (près gare SNCF) 𝒫 08 92 70 74 07, Aéroport de Nice (T.1) 𝒫 ...urisme.com, av. de 70 74 07

RENSEIGNEMENTS PRATIQUES

TRANSPORTS

Auto-train 𝒫 08 36 35 35 35.

TRANSPORTS MARITIMES

Pour la Corse : SNCM - Ferryterranée quai du Commerce 𝒫 04 93 13 66 99, Fax 04 93 13 66 81 JZ - CORSICA FERRIES Port de Commerce 𝒫 04 92 00 42 93, Fax 04 92 00 42 94

AÉROPORT

Nice-Côte-d'Azur 𝒫 08 20 42 33 33, 7 km AU.

DÉCOUVRIR

LE FRONT DE MER ET LE VIEUX NICE

Site★★ - Promenade des Anglais★★ - ≼★★ du château - Intérieur★ de l'église St-Martin-St-Augustin **HY** - Église St Jacques★ **HZ** - Escalier monumental★ du palais Lascaris **HZ V** - Intérieur★ de la cathédrale Ste-Réparate **HZ** - Décors★ de la chapelle de l'Annonciation **HZ B** - Retables★ de la chapelle de la Miséricorde★ **HZ D**

CIMIEZ

Musée Marc-Chagall★★ **GX** - Musée Matisse★★ **HV M⁴** - Monastère franciscain★ : primitifs niçois★★ dans l'église **HV K** Site archéologique gallo-romain★

LES QUARTIERS OUEST

Musée des Beaux-Arts (Jules Chéret)★★ **DZ** - Musée d'Art naïf A. Jakovsky★ **AU M¹⁰** - Serre géante★ du Parc Phoenix★ **AU** - Musée des Arts asiatiques★★

PROMENADE DU PAILLON

Musée d'Art moderne et d'Art contemporain★★ **HY M²** - Palais des Arts, du Tourisme et des Congrès (Acropolis)★ **HJX**.

AUTRES CURIOSITÉS

Cathédrale orthodoxe russe St-Nicolas★ **EXY** - Mosaïque★ de Chagall dans la faculté de Droit **DZ U** - Musée Masséna★ **FZ M³**.

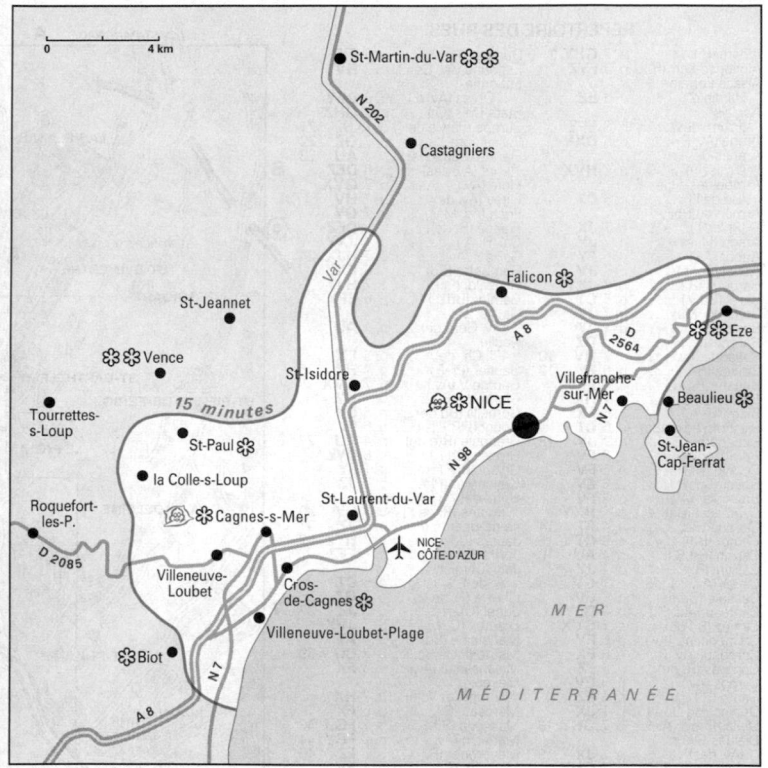

Négresco, 37 promenade des Anglais ℰ 04 93 16 64 00, *direction@hotel-negresco.com*, Fax 04 93 88 35 68, ≤, 斎, ℬ – 劇 ≣ ☞ ℭ ⌷ – 🕮 30 à 200. AE ⑩ GB JCB
p. 6 **FZ k**
voir rest. **Chantecler** ci-après - **Rotonde :** Repas 32 ⅀ – ☲ 28 – **121 ch** 280/510, 12 suites.
♦ Bâti en 1913 par Henri Negresco, fils d'aubergiste roumain, ce palace, ou plutôt cet "hôtel-musée" mythique et majestueux, regorge d'oeuvres d'art et cultive la démesure. La Rotonde : étonnante brasserie dans un décor de manège de chevaux de bois.

Palais Maeterlinck ⌂, 30 bd Maeterlinck (Basse Corniche) ⌧ 06300 ℰ 04 92 00 72 00, *info@palais-maeterlinck.com*, Fax 04 92 04 18 10, ≤ littoral, 斎, ℬ, ⌇, ▲₆, ⌆ – 劇 cuisinette ≣ ☞ ⌷ ℙ – 🕮 25 à 80. AE ⑩ GB JCB. ℀
p. 5 **CU t**
Mélisande ℰ 04 92 00 72 01 *(fermé dim. soir et lundi de nov. à fév. sauf vacances de Noël)* Repas 43/73 ⅀ – ☲ 28 – **16 ch** 300/720, 13 suites, 11 duplex.
♦ Dans l'ancienne villa du poète flamand s'unissent styles baroque et néo-classique florentin. Piscine et jardin sont agencés en balcon au-dessus de la mer. Au Mélisande, belle collection de tableaux orientalistes du 19e s. et terrasse dominant le littoral.

Méridien, 1 promenade des Anglais ℰ 04 97 03 44 44, *mail@lemeridien-nice.com*, Fax 04 97 03 44 45, ≤, ℬ, ⌇ – 劇 ⌀⌧ ≣ ☞ ℭ – 🕮 300. AE ⑩ GB JCB
p. 6 **FZ d**
Colonial Café ℰ 04 97 03 40 36 *(ouvert le soir du 1er oct. au 24 mai)* **Repas** carte 40 à 55, enf. 14 ⅀ – **Terrasse du Colonial** *(fermé le soir du 1er oct. au 24 mai)* **Repas** carte 40 à 55, enf. 14 ⅀ – ☲ 22 – **301 ch** 230/425, 17 suites.
♦ Fleuron de ce palace contemporain : la piscine sur le toit, face à la baie des Anges. Belles chambres aux couleurs du Sud, institut de beauté, salles de réunions high-tech... Décor ethnique et plats du monde au Colonial Café. Superbe vue sur mer à la Terrasse.

RÉPERTOIRE DES RUES

Alberti (R.) ...... p. 7 **GHY** 2
Alphonse-Karr (R.) .. p. 6 **FYZ**
Alsace-Lorraine (Jardin d') ...... p. 6 **EZ** 3
Anglais (Prom. des) ..... p. 6 **EFZ**
Arène (Av. P.) ..... p. 6 **DXY**
Arènes-de-Cimiez (Av.) .. p. 7 **HVX**
Armée-des-Alpes (Bd de l') ...... p. 5 **CT** 4
Armée-du-Rhin (Pl. de l') ...... p. 7 **JX** 5
Arson (Pl. et R.) .... p. 7 **JY**
Auber (Av.) ...... p. 6 **FY**
Auriol (Pont V.) .... p. 7 **JV** 7
Barberis (R.) ..... p. 7 **JXY**
Barel (Bd V.) ..... p. 5 **CT**
Barel (Pl. Max) .... p. 7 **JY**
Barla (R.) ...... p. 7 **JY**
Baumettes (Av.) .... p. 6 **DZ**
Bellanda (Av.) ..... p. 7 **HV** 10
Berlioz (R.) ...... p. 6 **FY** 12
Besset (Av. C.) .... p. 6 **EFV**
Bieckert (Av. E.) ... p. 7 **HX**
Binet (R. A.) ..... p. 7 **FX**
Bischoffsheim (Bd) .. p. 5 **CT**
Bonaparte (R.) .... p. 7 **JY** 13
Borriglione (Av.) ... p. 6 **FV**
Bounin (R. P.) .... p. 6 **FV**
Boyer (Sq. R.) .... p. 6 **EV**
Brancolar (Av.) .... p. 6 **EV**
Carabacel (Bd) .... p. 7 **HXY**
Carlone (Bd) ..... p. 4 **AT** 14
Carnot (Bd) ...... p. 5 **CT** 15
Cassin (Bd R.) .... p. 4 **AU** 16
Cassini (R.) ...... p. 7 **JY**
Cavell (Av. E.) .... p. 7 **GV**
Cessole (Bd de) .... p. 6 **EV**
Châteauneuf (R.) ... p. 6 **DEY**
Cimiez (Bd de) .... p. 7 **GVX**
Clemenceau (Av.) ... p. 6 **FY**
Comboul (Av. R.) ... p. 6 **FX**
Congrès (R. du) .... p. 6 **FZ**
Cyrnos (Av.) ..... p. 6 **EV**
Dante (R.) ...... p. 6 **EZ**
Delfino (Bd Gén.) ... p. 7 **JX**
Desambrois (Av.) ... p. 7 **GHY** 18
Diables-Bleus (Av. des) ...... p. 7 **JX** 19
Dubouchage (Bd).. p. 7 **GHY**

Durante (Av.) ..... p. 6 **FY**
Estienne (Av. Gén.) . p. 7 **HV**
Estienne-d'Orves (Av. d') . p. 6 **DEY**
États-Unis (Q.) .... p. 7 **GHZ**
Europe (Parvis de l') p. 7 **JX** 21
Félix-Faure ..... p. 7 **GZ** 22
Fleurie (Corniche) . p. 4 **AU** 23
Fleurs (Av. des) ... p. 6 **DEZ**
Flora (Av.) ...... p. 7 **GVX**
Flirey (Av. de) .... p. 7 **HV**
Foch (Av. Mar.) ... p. 7 **GY**
France (R. de) .... p. 7 **DFZ**
Gal (R. A.) ...... p. 7 **JXY**
Gallieni (Av.) ..... p. 7 **HJX** 24
Gambetta (Bd) .... p. 6 **EXZ**
Garibaldi (Pl.) .... p. 7 **HJY**
Garnier (Bd J.) .... p. 6 **EFX**
Gaulle (Av. Gén. de) .. p. 4 **AU**
Gaulle (Pl. Ch.-de) ... p. 6 **FX**
Gautier (Pl. P.) .... p. 7 **HZ** 25
George-V (Av.) .... p. 7 **GVX**
Gioffredo (R.) .... p. 7 **HY**
Gorbella (Bd de) ... p. 6 **EV**
Gounod (R.) ..... p. 6 **FY**
Grenoble (Rte de) .. p. 4 **AU** 27
Grosso (Bd F.) .... p. 6 **DYZ**
Guisol (R. F.) ..... p. 7 **JY**
Guynemer (Pl.) ... p. 7 **JZ**
Hôtel-des-Postes (R. de l') . p. 7 **HY** 30
Ile-de-Beauté (Pl.) . p. 7 **JZ** 31
Jaurès (Bd J.) .... p. 7 **HYZ** 32
Joffre (R. Mar.) ... p. 6 **EFZ**
Joly (Corniche A.-de-) .... p. 5 **CT**
Liberté (R. de la) .. p. 7 **GZ** 35
Lunel (Quai) ..... p. 7 **JZ** 37
Lyautey (Q. Mar.) . p. 7 **JVX**
Madeleine (Bd).... p. 4 **AT**
Maeterlinck (Bd) ... p. 5 **CU** 39
Malausséna (Av.) .. p. 6 **FX**
Malraux (Tunnel et Voie) . p. 7 **HX**
Marceau (R.) ..... p. 6 **FX**
Masséna (R.) ..... p. 7 **FGY** 43
Médecin (Av. J.) ... p. 7 **FGY** 44
Meyerbeer (R.) .... p. 6 **FZ** 45
Michelet (R.) ..... p. 6 **FV**

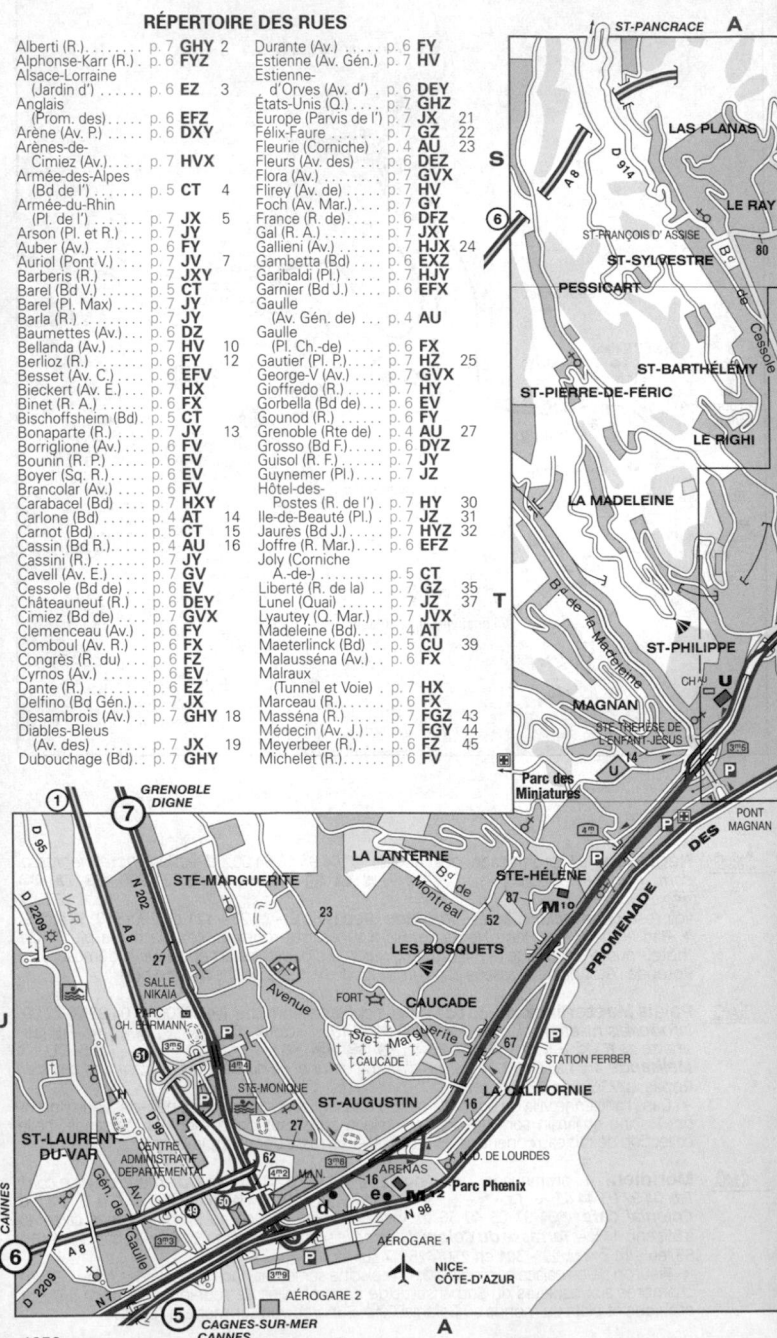

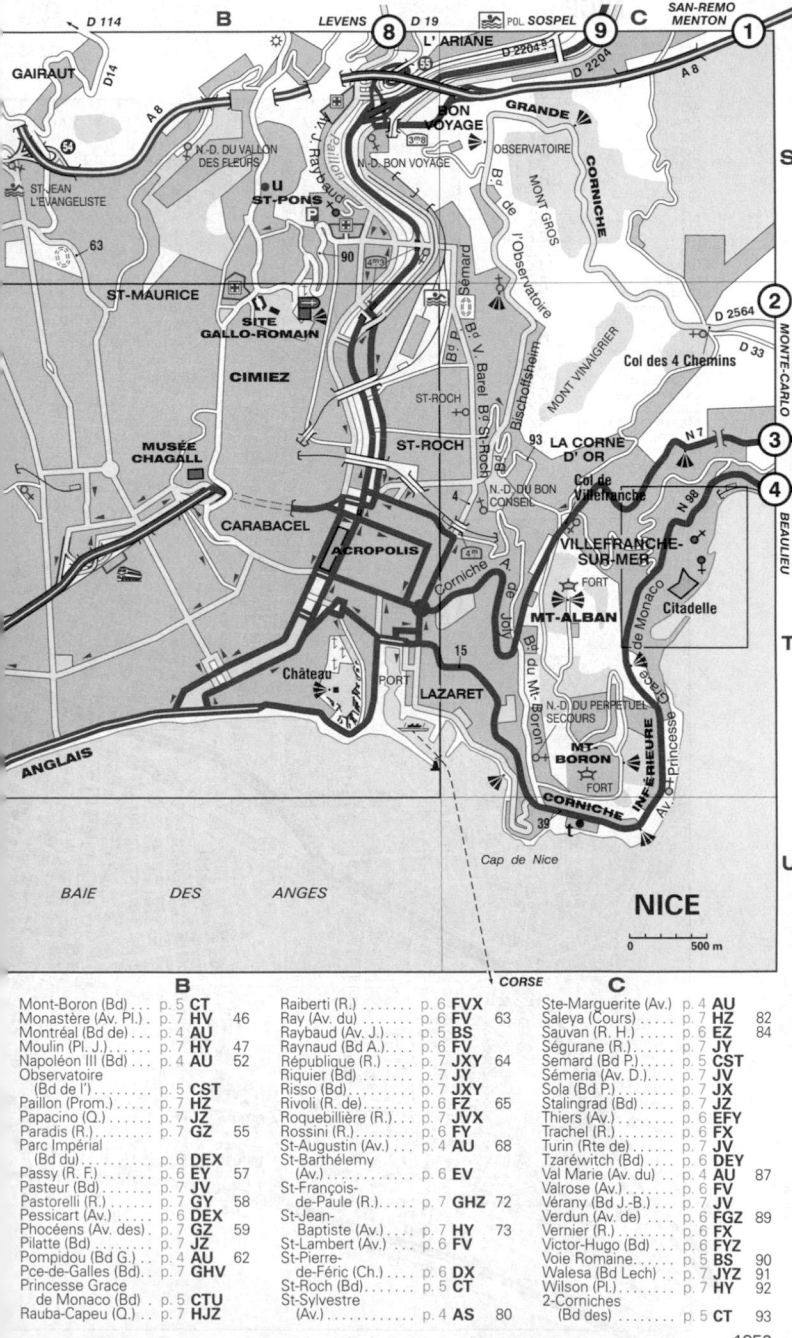

NICE

0   500 m

BAIE   DES   ANGES

CORSE

B

Mont-Boron (Bd) . . . p. 5 **CT**
Monastère (Av. Pl.). . p. 7 **HV** 46
Montréal (Bd de) . . . p. 4 **AU**
Moulin (Pl. J.) . . . p. 7 **HY** 47
Napoléon III (Bd) . . . p. 4 **AU** 52
Observatoire
  (Bd de l') . . . . p. 5 **CST**
Paillon (Prom.) . . . p. 7 **HZ**
Papacino (Q.) . . . . . p. 7 **JZ**
Paradis (R.) . . . . . . p. 7 **GZ** 55
Parc Impérial
  (Bd du) . . . . p. 6 **DEX**
Passy (R. F.) . . . . . . p. 6 **EY** 57
Pasteur (Bd) . . . . . . p. 7 **JV**
Pastorelli (R.) . . . . . p. 7 **GY** 58
Pessicart (Av.) . . . . . p. 6 **DEX**
Phocéens (Av. des) . . p. 7 **GZ** 59
Pilatte (Bd) . . . . p. 7 **JZ**
Pompidou (Bd G.) . . . p. 4 **AU** 62
Pce-de-Galles (Bd). . p. 7 **GHV**
Princesse Grace
  de Monaco (Bd) . p. 5 **CTU**
Rauba-Capeu (Q.). . p. 7 **HJZ**

Raiberti (R.) . . . . p. 6 **FVX**
Ray (Av. du) . . . . . . p. 6 **FV** 63
Raybaud (Av. J.) . . . p. 5 **BS**
Raynaud (Bd A.) . . . p. 6 **FV**
République (R.) . . . . p. 7 **JXY** 64
Riquier (Bd) . . . . . . p. 7 **JY**
Risso (Bd) . . . . p. 7 **JXY**
Rivoli (R. de) . . . . . . p. 6 **FZ** 65
Roquebillière (R.) . . . p. 7 **JVX**
Rossini (R.) . . . . p. 6 **FY**
St-Augustin (Av.) . . . p. 4 **AU** 68
St-Barthélemy
  (Av.) . . . . p. 6 **EV**
St-François-
  de-Paule (R.) . . . . p. 7 **GHZ** 72
St-Jean-
  Baptiste (Av.) . . . . p. 7 **HY** 73
St-Lambert (Av.) . . . p. 6 **FV**
St-Pierre-
  de-Féric (Ch.). . p. 6 **DX**
St-Roch (Bd) . . . . . p. 5 **CT**
St-Sylvestre
  (Av.) . . . . p. 4 **AS** 80

C

Ste-Marguerite (Av.) p. 4 **AU**
Saleya (Cours) . . . . . p. 7 **HZ** 82
Sauvan (R. H.) . . . . . p. 6 **EZ** 84
Ségurane (R.) . . . . . p. 7 **JY**
Semard (Bd P.) . . . . p. 5 **CST**
Sémeria (Av. D.) . . . p. 7 **JV**
Sola (Bd P.) . . . . p. 7 **JX**
Stalingrad (Bd) . . . . p. 7 **JZ**
Thiers (Av.) . . . . p. 6 **EFY**
Trachel (R.) . . . . p. 6 **FX**
Turin (Rte de) . . . . . . p. 7 **JV**
Tzaréwitch (Bd) . . . . p. 6 **DEY**
Val Marie (Av. du) . . . p. 4 **AU** 87
Valrose (Av.) . . . . . . p. 6 **FV**
Vérany (Bd J.-B.) . . . p. 7 **JV**
Verdun (Av. de) . . . . p. 6 **FGZ** 89
Vernier (R.) . . . . p. 6 **FX**
Victor-Hugo (Bd) . . . p. 6 **FYZ**
Voie Romaine . . . . . p. 5 **BS** 90
Walesa (Bd Lech) . . . p. 7 **JYZ** 91
Wilson (Pl.) . . . . p. 7 **HY** 92
2-Corniches
  (Bd des) . . . . p. 5 **CT** 93

NICE

Monastère
(Av. et Pl. du) . . . . **HV** 46
Moulin (Pl. J.) . . . . **HY** 47
Paradis (R.) . . . . **GZ** 55

Passy (R. F.) . . . . **EY** 57
Pastorelli (R.) . . . . **GY** 58
Phocéens
(Av. des) . . . . **GZ** 59

Alberti (R.) . . . . **GHY** 2
Alsace-Lorraine
(Jardin) . . . . **EZ** 3
Armée-du-Rhin (Pl.) . . . **JX** 5
Auriol (Pont V.) . . . . . . **JV** 7
Bellanda (Av.) . . . . **HV** 10
Berlioz (R.) . . . . **FY** 12
Bonaparte (R.) . . . . **JY** 13
Carnot (Bd) . . . . **JZ** 15
Desambrois (Av.) . . **GHX** 18
Diables-Bleus
(Av. des) . . . . **JX** 19
Europe (Parvis de l') . . **JX** 20
Félix-Faure (Av.) . . . . . **GZ** 21
France (R. de) . . . . . . **DFZ**
Gallieni (Av.) . . . . **HJX** 23
Gambetta (Bd) . . . . . . **EXZ**
Gautier (Pl. P.) . . . . **HZ** 25
Gioffredo (R.) . . . . **HY**
Hôtel-des-Postes
(R.) . . . . **HY** 30
Ile-de-Beauté
(Pl. de l') . . . . **JZ** 31
J.-Jaurès (Bd) . . . . . . **HYZ** 32
Liberté (R. de la) . . . . . **GZ** 35
Lunel (Quai) . . . . **JZ** 37
Masséna (Esp., Pl.) . . . **GZ**
Masséna (R.) . . . . **FGZ** 43
Médecin (Av. J.) . . . . . **FGY** 44
Meyerbeer (R.) . . . . **FZ** 45

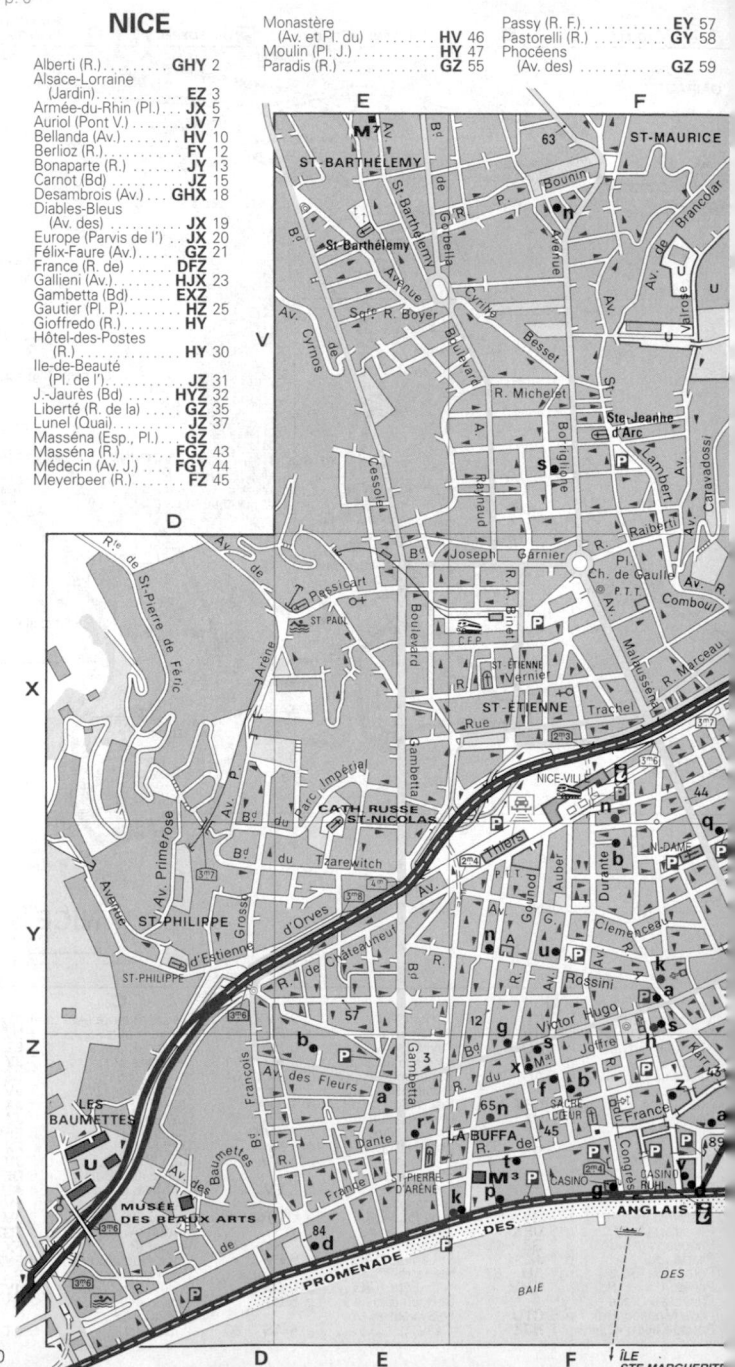

Ray (Av. du) .... **FV** 63
République
  (Av. de la) .... **JXY** 64
Rivoli (R. de) .... **FZ** 65
St-François-
  de-Paule (R.) ...... **GHZ** 72
St-Jean-Baptiste (Av.) .. **HY** 73
Saleya (Cours) .... **HZ** 82
Sauvan (R. H.) .... **EZ** 84
Verdun (Av. de) ...... **FGZ** 89
Walesa (Bd Lech) ..... **JYZ** 91
Wilson (Pl.) .... **HY** 92

Palais de la Méditerranée, 15 prom. Anglais ℰ 04 92 14 77 00, *reservation@lepalaisd elamediterranée.com*, Fax 04 92 14 77 14, ≤, ☒, ☒ – 🛌 ⇄, 🔲 ch, 📺 ✆ ৬ ⇌ –
🏊 20 à 500. 🖭 ⑩ ☒, ⅍ rest   p. 7 **FZ g**
Padouk : Repas 60, enf. 20 ☿ – *Pingala Bar :* Repas carte 18 à 30, enf. 15 ☿ – ☷ 30 –
182 ch 375/780, 6 suites.
♦ Ce légendaire bâtiment doté d'une façade Art déco classée abrite désormais un hôtel
flambant neuf doté de chambres modernes et spacieuses. Cuisine actuelle et décor chaleureux au Padouk. Recettes du monde et cadre moderne au Pingala Bar.

Élysée Palace, 59, promenade des Anglais ℰ 04 93 97 90 90, *reservation@elyseepalace. com*, Fax 04 93 44 50 40, ☒ – 🛌 ⇄ 🔲 📺 ✆ ৬ ⇌ – 🏊 70 à 100. 🖭 ⑩ ☒ 🗚
⅍ rest   p. 6 **EZ d**
Le Caprice : Repas 39/49 ☿ – ☷ 19 – **143 ch** 230/390 – ½ P 150/160.
♦ Point d'orgue de cette architecture futuriste : une immense Vénus de bronze. Cadre
d'inspiration Art déco, grand confort, insonorisation exemplaire, piscine sur le toit. Restaurant bien aménagé et terrasse d'été panoramique. Carte aux accents régionaux.

Sofitel, 2-4 parvis de l'Europe ✉ 06300 ℰ 04 92 00 80 00, *h1119@accor-hotels.com*,
Fax 04 93 26 27 00, 🈂, 🌡, ☒ – 🛌 ⇄ 🔲 📺 ✆ ৬ ⇌ – 🏊 35 à 80. 🖭 ⑩ ☒
🗚   p. 7 **JX t**
L'Oliveraie (fermé 15 juin au 30 sept.) Repas 27 ☿ – *Sundeck* (15 juin-30 sept.) Repas 27 –
☷ 23 – **146 ch** 240/260, 6 suites.
♦ Sur le site d'Acropolis, établissement repensé dans un esprit contemporain. Chambres
modernes, soignées et bien équipées ; belle piscine panoramique perchée sur le toit. Décor
provençal à l'Oliveraie. Grillades et vue sur Nice et l'arrière-pays au Sundeck.

Boscolo Hôtel Plaza, 12 av. Verdun ℰ 04 93 16 75 75, *saveurs-gourmandes@plaza-bos colo.com*, Fax 04 93 88 61 11 – 🛌 📺 ✆ ⇌ – 🏊 250 à 400. 🖭 ⑩ ☒ 🗚   p. 7 **GZ u**
Repas 32/40 ☿ – ☷ 16 – **182 ch** 401/530 – ½ P 246/330.
♦ Imposant hôtel jouxtant le jardin Albert-1er. Chambres spacieuses. Toit-terrasse offrant
une belle perspective sur la "grande bleue". Équipements complets pour séminaires. Salle à
manger aux tons chaleureux et grande terrasse panoramique embrassant la ville.

La Pérouse 🏖, 11 quai Rauba-Capéu ✉ 06300 ℰ 04 93 62 34 63, *lp@hroy.com*,
Fax 04 93 62 59 41, ≤ Nice et la Baie des Anges, 🈂, 🌡, ☒, 🌳 – 🛌, 🔲 ch, 📺 ✆ – 🏊 30.
⑩ ☒ 🗚, ⅍
Repas (mi-mai-mi-sept.) carte 32 à 51 ☿ – ☷ 17 – **58 ch** 220/405, 4 suites.   p. 7 **HZ k**
♦ Cet hôtel de caractère, arrimé au rocher du château, propose des chambres provençales
très raffinées et un coquet jardin méditerranéen. Le point de vue inspira Raoul Dufy. Au
restaurant (grill), tables dressées à l'ombre des citronniers et quiétude absolue.

Masséna sans rest, 58 r. Gioffredo ℰ 04 92 47 88 88, *info@hotel-massena-nice.com*,
Fax 04 92 47 88 89 – 🛌 ⇄ 🔲 📺 ✆ ⇌ – 🏊 20. 🖭 ⑩ ☒ 🗚   p. 7 **GZ k**
☷ 15 – **106 ch** 100/190.
♦ Situation de choix entre nouvelle et vieille ville. Façade centenaire joliment ouvragée
abritant des chambres cossues et refaites dans un esprit provençal.

Grand Hôtel Aston, 12 av. F. Faure ℰ 04 92 17 53 00, *hotel-aston@hotel-aston.com*,
Fax 04 93 80 40 02, ≤, 🈂, 🌡 – 🛌 ⇄ 🔲 📺 ✆ ৬ – 🏊 20 à 160. 🖭 ⑩ ☒
🗚   p. 7 **HZ b**
L'Horloge ℰ 04 92 17 53 09 Repas carte 30 à 42, enf. 12 ☿ – *Aqua Bar* - grillades Repas
carte 28 à 40, enf. 12 ☿ – ☷ 17 – **155 ch** 205/290 – ½ P 190.
♦ Hôtel rénové où vous attendent des chambres aux couleurs gaies, parfois décorées
dans le style Art déco. Balcons au 6e étage ; piscine et solarium sur le toit. Cuisine aux
accents méridionaux à L'Horloge. L'Aqua Bar est perché sur le toit-terrasse.

West End, 31 promenade des Anglais ℰ 04 92 14 44 00, *hotel-westend@hotel-westend. com*, Fax 04 93 88 85 07, ≤, 🈂, 🐾 – 🛌 🔲 📺 ✆ – 🏊 100. 🖭 ⑩ ☒ 🗚   p. 6 **FZ p**
Le Siècle : Repas 28/39 ☿ – ☷ 17 – **116 ch** 220/315, 10 suites – ½ P 203.
♦ Construit sous Louis-Philippe, cet hôtel, classé, est en constante évolution ; choisir les
chambres refaites dans le goût anglais ou provençal et avec vue sur la baie. Le Siècle :
brasserie chic au cadre Belle Époque et ses deux terrasses fleuries.

Holiday Inn, 20 bd V. Hugo ℰ 04 97 03 22 22, *reservations@holinice.com*,
Fax 04 97 03 22 23, 🎖 – 🛌 ⇄ 🔲 📺 ✆ ৬ – 🏊 90. 🖭 ⑩ ☒ 🗚   p. 6 **FY a**
Repas 25 ☿ – ☷ 20 – **131 ch** 250/310 – ½ P 137/152.
♦ Architecture en verre et béton, proche des rues piétonnes et commerçantes. Chambres
à thème : colonial, marin, taffetas, etc. Sur votre TV, accès Internet et "Playstation". Sympa-
thique décoration exotique au restaurant (plantes vertes et mobilier en bambou).

Boscolo Park Hôtel, 6 av. Suède ℰ 04 97 03 19 00, *reservation@park.boscolo.com*,
Fax 04 93 82 29 27, ≤ – 🛌 – 🏊 150. 🖭 ⑩ ☒ 🗚   p. 6 **FZ a**
Repas (dîner seul.) carte 39 à 64 – ☷ 15 – **100 ch** 222/270.
♦ L'hôtel dispose de chambres de style Art déco, classiques ou méridionales ; certaines
donnent sur le jardin Albert-1er et la "grande bleue". Cuisine d'inspiration asiatique servie
dans un cadre très contemporain : métal brossé, miroirs et mobilier design.

Hi Hôtel, 3 av. Fleurs ℰ 04 97 07 26 26, *hi@hi-hotel.net*, Fax 04 97 07 26 27, 斎, ⚲, –
🛗 ⚞ 🗐 📺 ✆ 🗐, 🔏 ⓪ ⊞ ᴊᴄʙ   p. 6 **EZ a**
Repas 25/30 ♈ – ⚏ 18 – **38 ch** 150/360.
* Attention les yeux ! Cet hôtel conçu par une designer est l'antithèse d'une adresse traditionnelle. Espaces, matériaux, couleurs, mobilier, équipements : tout est novateur. Bar contemporain doté d'une nacelle. Originaux plats froids proposés en libre-service.

Mercure Centre Notre Dame sans rest, 28 av. Notre-Dame ℰ 04 93 13 36 36, *h1291
@accor-hotels.com*, Fax 04 93 62 61 69, ⚓, 斎 – 🛗 ⚞ 🗐 📺 ✆ – 🔏 90. 🔏 ⓪ ⊞
ᴊᴄʙ   p. 6 **FXY q**
⚏ 14,50 – **201 ch** 140/260.
* Outre de jolies chambres actuelles, vous trouverez dans ce Mercure relooké, un jardin suspendu au 2ᵉ étage, un institut de beauté et une piscine sur le toit-terrasse.

Splendid, 50 bd V. Hugo ℰ 04 93 16 41 00, *info@splendid-nice.com*, Fax 04 93 16 42 70,
斎, 🛌, ⚓–🛗 ⚞ 🗐 📺 ✆ 🚗 – 🔏 15 à 85, 🔏 ⓪ ⊞ ᴊᴄʙ, ⚖ rest   p. 6 **FYZ g**
Repas (15) · 19/59,50 ♈ – ⚏ 16 – **113 ch** 245, 14 suites – ½ P 135/150.
* La minipiscine et le solarium perchés sur le toit de l'hôtel offrent une vue sur "Nissa la bella". Chambres de tailles diverses, souvent dotées de balcons et parfois rénovées. Restaurant redécoré ; terrasse panoramique pour les repas d'été, simples et rapides.

Beau Rivage, 24 r. St-François-de-Paule ⊠ 06300 ℰ 04 92 47 82 82, *info@nicebeaurivag
e.com*, Fax 04 92 47 82 83, 🏖–🛗 ⚞ 🗐 📺 ✆ – 🔏 50. 🔏 ⓪ ⊞   p. 7 **GZ y**
Bistrot du Rivage : **Repas** carte 30 à 45 ♈ – *Plage* (16 avril-15 oct.) **Repas** carte 30 à 45 ♈ –
⚏ 18 – **118 ch** 200/400.
* Bien situé, cet établissement bénéficie d'une plage privée et ne compte plus ses hôtes célèbres (Matisse, Nietzsche, Tchekhov, César...). Chambres spacieuses et pratiques. Cuisine régionale au Bistrot du Rivage. En été, repas servis à la Plage, face à la mer.

Grimaldi sans rest, 15 r. Grimaldi ℰ 04 93 16 00 24, *zedde@le-grimaldi.com*,
Fax 04 93 87 00 24–🛗 🗐 📺 ✆. 🔏 ⓪ ⊞   p. 6 **FY s**
⚏ 12 – **46 ch** 150/175.
* Mobilier provençal, fer forgé et beaux tissus Souléiado personnalisent joliment les chambres ; petites terrasses au dernier étage. Espace hall-bar-salon très "cosy".

Villa Victoria sans rest, 33 bd V. Hugo ℰ 04 93 88 39 60, *contact@villa-victoria.com*,
Fax 04 93 88 07 98, 斎 – 🛗 ⚞ 🗐 📺 ✆ – 🔏 15. 🔏 ⓪ ⊞ ᴊᴄʙ   p. 6 **FZ s**
fermé 21 au 28 déc. – ⚏ 11 – **38 ch** 80/150.
* Bel immeuble ancien entièrement rénové. Chaleureux décor mi-actuel, mi-méridional ; préférez les chambres avec balcon s'ouvrant sur le joli jardin méditerranéen.

Windsor, 11 r. Dalpozzo ℰ 04 93 88 59 35, *contact@hotelwindsornice.com*,
Fax 04 93 88 94 57, 斎, 🛌, ⚓, 斎 – 🛗 🗐 📺 🔏 ⊞. ⚖ rest   p. 6 **FZ f**
Repas (fermé les midis et dim.) carte environ 31 – ⚏ 8 – **57 ch** 105/155.
* Cet hôtel séduit par ses 20 "chambres d'artistes", hymne à l'art contemporain, dont une signée du peintre niçois Ben. Jardin exotique, espace de relaxation (hammam, massages). Repas servis au bar l'hiver, et parmi les palmiers, bambous et bougainvillées l'été.

Durante ⚲ sans rest, 16 av. Durante ℰ 04 93 88 84 40, *info@hotel-durante.com*,
Fax 04 93 87 77 76, 斎 – 🛗 cuisinette 🗐 📺 🅿. 🔏 ⊞   p. 6 **FY b**
⚏ 9 – **24 ch** 65/77.
* L'hôtel profite d'un récent rajeunissement et du calme de l'impasse : dormez fenêtres ouvertes dans de coquettes chambres tournées vers un jardin embaumant l'oranger.

Petit Palais ⚲ sans rest, 17 av. E. Bieckert ℰ 04 93 62 19 11, *petitpalais@provence-rivier
a.com*, Fax 04 93 62 53 60, ⩽ Nice et la mer – 🛗 ⚞ 🗐 📺 ✆. 🔏 ⓪ ⊞ ᴊᴄʙ   p. 7 **HX p**
⚏ 10 – **25 ch** 115/144.
* Sacha Guitry habita cette villa 1900 perchée sur la colline de Cimiez. La majorité des chambres offre une vue plongeante sur les toits du vieux Nice et la baie des Anges.

Brice, 44 r. Mar. Joffre ℰ 04 93 88 14 44, *info@nice-hotel-brice.com*, Fax 04 93 87 38 54,
🛌, 斎 – 🛗 🗐, 📺 ✆ – 🔏 15. 🔏 ⓪ ⊞ ⚖ rest   p. 6 **FZ x**
Repas (fermé 1ᵉʳ nov. au 14 déc.) (dîner seul.)(résidents seul.) 19 – ⚏ 9 – **58 ch** 115/135 –
½ P 86,50.
* Séparé de l'avenue par un jardin-terrasse fleuri, hôtel dont les chambres, protégées des bruits de la circulation, se dotent progressivement d'un mobilier contemporain.

Aria sans rest, 15 av. Auber ℰ 04 93 88 30 69, *reservation@aria-nice.com*,
Fax 04 93 88 11 35 – 🛗 🗐 📺 ✆ ⚲. 🔏 ⓪ ⊞ ᴊᴄʙ   p. 6 **FY u**
⚏ 9 – **26 ch** 80/110, 4 suites.
* Hôtel entièrement refait abritant des chambres de bonne ampleur, insonorisées et dotées d'un mobilier de style provençal ; certaines donnent sur un petit square.

Flore sans rest, 2 r. Maccarani ℰ 04 92 14 40 20, *info@hoteldeflore-nice.com*,
Fax 04 92 14 40 21 – 🛗 ⚞ 🗐 📺 ✆. 🔏 ⓪ ⊞ ᴊᴄʙ   p. 6 **FZ z**
⚏ 10 – **61 ch** 92/144, 3 suites.
* Meubles en fer forgé, sièges en osier et couleurs du Midi dans des chambres gaies et fonctionnelles. Patio pour prendre le petit-déjeuner dans un cadre azuréen.

Nautica, 38 r. Barbéris ⊠ 06300 ℰ 04 92 00 21 21, *reservation@hotelnautica.com*,
Fax 04 92 00 21 22, ☞ – ▮ ✼ ▤ ▥ ℂ ⅋ ☞ – ⅍ 20 à 30. ᴀᴇ ⓞ ☒ ᴊᴄʙ, ⅙ rest
Repas (dîner seul.) carte 24 à 32 ⅀ – ☑ 9 – **87 ch** 97/112 – ½ P 65.   p. 7 **JXY m**
◆ Cet établissement entièrement refait et ancré à quelques encablures du port a opté
pour un décor maritime. Chambres pratiques et bien insonorisées ; tenue sans reproche.
Pimpant cadre nautique au restaurant. Verdoyant patio-terrasse. Cuisine régionale.

Les Cigales sans rest, 16 r. Dalpozzo ℰ 04 97 03 10 70, *infos@hotel-lescigales.com*,
Fax 04 97 03 10 71 – ▮ ▤ ▥ ⅃ ⅋ ᴀᴇ ⓞ ☒ ᴊᴄʙ   p. 6 **FZ b**
☑ 10 – **19 ch** 90/180.
◆ Cet ancien hôtel particulier à la jolie façade ouvragée dispose d'un intérieur tout neuf.
Les chambres, fonctionnelles et colorées, sont mansardées au dernier étage.

Mercure Marché aux Fleurs sans rest, 91 quai des Etats-Unis ℰ 04 93 85 74 19, *H096
2@accor-hotels.com*, Fax 04 93 13 90 94 – ✼ ▥ ℂ ᴀᴇ ⓞ ☒ ᴊᴄʙ   p. 6 **HZ p**
☑ 12 – **49 ch** 100/145.
◆ Ce discret bâtiment jouxtant l'Opéra abritait jadis la préfecture. Les chambres, égayées
de couleurs apaisantes, offrent de bons équipements ; six ont vue sur la mer.

Armenonville ⌂ sans rest, 20 av. Fleurs ℰ 04 93 96 86 00, *nice@hotel-armenonville.co
m*, Fax 04 93 44 66 53, ☞ – ▥ ℙ. ᴀᴇ ⓞ ☒ ᴊᴄʙ. ⅙   p. 6 **EZ b**
☑ 8 – **13 ch** 72/94.
◆ Au bout d'une impasse de l'ex-quartier des émigrés russes, villa 1900 aux aménagements "rétro" ; quelques meubles proviennent du Négresco. Certaines chambres sont
rajeunies.

Fontaine sans rest, 49 r. France ℰ 04 93 88 30 38, *hotel-fontaine@webstore.fr*,
Fax 04 93 88 98 11 – ▮ ▤ ℂ ⅋. ᴀᴇ ☒   p. 6 **FZ t**
fermé 8 au 18 janv. – ☑ 9,50 – **29 ch** 120/135.
◆ Dans une rue commerçante, hôtel dont les chambres, assez petites, présentent un frais
décor moderne. Quelques-unes donnent sur un minipatio où murmure une fontaine.

Kyriad sans rest, 36 r. Rossini ℰ 04 93 88 85 94, *info@nice-hotel-kyriad.com*,
Fax 04 93 88 15 88 – ▮ ▤ ▥ ℂ. ☒   p. 6 **FY n**
fermé 11 au 26 déc. – ☑ 7 – **35 ch** 70/104.
◆ L'élégante façade de style Belle Époque dissimule un intérieur refait dans un esprit
actuel (coloris jaune et bleu). Chambres de taille moyenne mais bien insonorisées.

Agata sans rest, 46 bd. Carnot ⊠ 06300 ℰ 04 93 55 97 13, *info@agatahotel.com*,
Fax 04 93 55 67 38 – ▮ ▤ ▥ ℙ. ᴀᴇ ⓞ ☒ ᴊᴄʙ   p. 7 **JZ s**
☑ 8,50 – **45 ch** 75/96.
◆ Immeuble abritant des chambres insonorisées, bien tenues et régulièrement rajeunies.
Préférez celles qui tournent le dos au boulevard ou offrent une vue sur la mer.

Villa St-Hubert sans rest, 26 r. Michel-Ange ℰ 04 93 84 66 51, *hotel-villa-st-hubert@wan
adoo.fr*, Fax 04 93 84 70 96 – cuisinette ▥ ℂ. ☒. ⅙   p. 6 **FV s**
fermé 15 nov. au 15 déc. – ☑ 6 – **13 ch** 53/68.
◆ À proximité des universités, villa 1900 donnant sur une rue calme. Chambres pas très
grandes, mais bien équipées. Courette fleurie où l'on sert les petits-déjeuners.

Star Hôtel sans rest, 14 r. Biscarra ℰ 04 93 85 19 03, *star-hotel@wanadoo.fr*,
Fax 04 93 13 04 23 – ▤ ▥ ℂ. ⓞ ☒. ⅙   p. 7 **GY k**
fermé nov. – ☑ 5,50 – **24 ch** 50/65.
◆ Cet hôtel propose de petites chambres sobrement meublées et bien tenues ; certaines
ont un balcon. L'adresse est assez simple, mais bénéficie d'un emplacement central.

Buffa sans rest, 56 r. Buffa ℰ 04 93 88 77 35, *nice@hotel-buffa.com*, Fax 04 93 88 83 39 –
▤ ▥. ᴀᴇ ⓞ ☒ ᴊᴄʙ   p. 6 **EZ r**
☑ 8 – **13 ch** 66/71.
◆ Accueil chaleureux, plaisante décoration actuelle et chambres dotées d'un double vitrage sont les atouts de cet hôtel situé sur une avenue passante.

Chantecler - Hôtel Négresco, 37 promenade des Anglais ℰ 04 93 16 64 00, *direction@ho
tel-negresco.com*, Fax 04 93 88 35 68 – ▤ ⊑ ⅌. ᴀᴇ ⓞ ☒ ᴊᴄʙ   p. 6 **FZ k**
fermé 14 nov. au 21 déc. – **Repas** 45 (déj.), 90/130 et carte 95 à 140 ⅌.
◆ Somptueuses boiseries, tapisserie d'Aubusson, tableaux de maîtres et rideaux en damas
ou en lampas de soie magnifient ce décor Régence. Délicieuse cuisine personnalisée.
Spéc. Gelée tiède de coquillages, percebes, bulbe de fenouil, sorbet. Morue de Bilbao et
bolognaise de pipérade. Mousseline d'agneau en tartelette sablée. **Vins** Bellet, Côtes-de-
Provence.

L'Ane Rouge (Devillers) (réouverture prévue au printemps après travaux), 7 quai Deux-
Emmanuel ⊠ 06300 ℰ 04 93 89 49 63, *anerouge@free.fr*, Fax 04 93 89 49 63 – ▤. ᴀᴇ ⓞ
☒   p. 7 **JZ m**
fermé fév., jeudi midi et merc. – **Repas** 26 (déj.), 45/60 et carte 51 à 72 ⅌.
◆ Ce restaurant situé face au port de plaisance et au Château propose une savoureuse
cuisine "terre et mer" dans une salle à manger bourgeoise.
Spéc. Fleur de courgette "Belle Niçoise" aux langoustines. Filet de loup rôti, barigoule
d'artichaut. Tarte au chocolat. **Vins** Vin de pays de St-Jeannet, Côtes de Provence.

XXX **Don Camillo,** 5 r. Ponchettes ⊠ 06300 ℰ 04 93 85 67 95, *vianostephane@wanadoo.fr*, *Fax 04 93 13 97 43* – ■. AE ⓞ GB   p. 7 **HZ h**
fermé 19 au 27 déc., lundi midi et dim. – **Repas** 19 bc (déj.), 32/56 et carte 47 à 61 ♀.
♦ Décoration harmonieuse, doux coloris et atmosphère sympathique font l'agrément de ce restaurant situé dans une rue calme. Cuisine niçoise et italienne.

XXX **Les Viviers,** 22 r. A. Karr ℰ 04 93 16 00 48, *Fax 04 93 16 04 06* – ■. AE GB   p. 6 **FY k**
fermé août et dim. – **Repas** (15) - 29/70 et carte 35 à 50 ♀.
♦ Élégante salle aux boiseries blondes ou bistrot au cadre marin plus simple : deux décors, mais une seule cuisine proposant poissons, crustacés et suggestions du jour.

XX **L'Univers-Christian Plumail,** 54 bd J. Jaurès ⊠ 06300 ℰ 04 93 62 32 22, *plumailuniv ers@aol.com, Fax 04 93 62 55 69* – ■. AE ⓞ GB   p. 7 **HZ u**
❀ *fermé sam. midi, lundi midi et dim.* – **Repas** (prévenir) (18) - 38/65 et carte 51 à 70 ♀.
♦ Tableaux et sculptures modernes agrémentent l'intérieur de ce restaurant prisé des Niçois : on y savoure - souvent à guichets fermés - une cuisine régionale personnalisée.
Spéc. Carpaccio de poulpes, vinaigrette de pistes. Loup de ligne piqué aux poivrons. Côtelettes de porcelet à la sauce et pied de porc farci. **Vins** Vin de Pays de Saint-Jeannet, Côtes de Provence.

XX **Aphrodite,** 10 bd Dubouchage ℰ 04 93 85 63 53, *reception@restaurant-aphrodite.com, Fax 04 93 80 10 41,* 🏠 – ■. AE ⓞ GB JCB   p. 7 **HY s**
fermé dim. et lundi – **Repas** 19 (déj.), 35/65, enf. 19 ♀.
♦ C'est un dessert imaginé par le chef qui a donné son nom à ce restaurant. Intérieur aux couleurs méridionales, terrasse verdoyante et ombragée ; cuisine régionale revisitée.

XX **Boccaccio,** 7 r. Masséna ℰ 04 93 87 71 76, *infos@boccaccio-nice.com, Fax 04 93 82 09 06,* 🏠 – ■. AE ⓞ GB JCB   p. 7 **GZ f**
Repas carte 39 à 69 ♀.
♦ Rue piétonne et animée. L'étonnant décor du Boccaccio reproduit, sur plusieurs niveaux et non sans fantaisie, l'intérieur d'un navire ancien. Cuisine de la Méditerranée.

XX **Auberge de Théo,** 52 av. Cap de Croix ℰ 04 93 81 26 19, *aubergedetheo@wanadoo.fr, Fax 04 93 81 51 73* – ■. GB   p. 5 **BS u**
fermé 19 août au 11 sept., 23 déc. au 3 janv., dim. soir de sept. à avril et lundi – **Repas** 19 (déj.)/29,50 ♀.
♦ Sur les hauts de Nice, trattoria ressemblant à ces auberges du "Trastevere" à Rome. Intérieur rustique avec poutres et authentique crèche napolitaine. Plats italiens.

XX **Brasserie Flo,** 4 r. S. Guitry ℰ 04 93 13 38 38, *Fax 04 93 13 38 39* – ■. AE ⓞ GB   p. 7 **GYZ m**
Repas (19,90 bc) - 29,90 bc, enf. 12,50.
♦ Parterre de tables et troupe de serveurs fin prêts : les trois coups frappés, le rideau grenat se lève sur les cuisines de cette brasserie aménagée dans un théâtre 1930.

XX **Les Épicuriens,** 6 pl. Wilson ℰ 04 93 80 85 00, *Fax 04 93 85 65 00,* 🏠 – ■. AE GB   p. 7 **HY v**
fermé 6 août au 2 sept., sam. midi et dim. – **Repas** carte 33 à 52 ♀.
♦ Plaisante décoration de style bistrot contemporain, terrasse fleurie, cuisine "tendance" et suggestions annoncées sur ardoise attirent, entre autres, la clientèle d'affaires.

XX **Les Pêcheurs,** 18 quai des Docks ℰ 04 93 89 59 61, *jbarbate@wanadoo.fr, Fax 04 93 55 47 50,* 🏠 – ■. AE ⓞ GB   p. 7 **JZ v**
fermé nov. à mi-déc., merc. et jeudi midi de mai à oct., mardi soir et merc. de déc. à avril – **Repas** 28 ♀.
♦ Sur le port de plaisance : décor marin dans la salle à manger, mouvement des bateaux en terrasse, produits de la mer dans l'assiette... De l'Azur plein les yeux !

XX **L'Allegro,** 6 pl. Guynemer ⊠ 06300 ℰ 04 93 56 62 06, *Fax 04 93 56 38 28* – ■. AE GB   p. 7 **JZ u**
fermé août, sam. midi et dim. – **Repas** 18,30 bc/30,50 bc et dîner à la carte 28 à 39.
♦ La façade discrète cache un décor exubérant : trompe-l'œil de colonnes et de fresques représentant les personnages de la "Commedia dell'arte". Cuisine italienne.

X **Jouni,** 10 r. Lascaris ⊠ 06300 ℰ 04 97 08 14 80, *jounitormanen@hotmail.com, Fax 04 97 08 14 80*   p. 6 **JY n**
fermé 22 déc. au 12 janv. et merc. – **Repas** (prévenir) 30 (déj.), 45/60 ♀.
♦ Jouni est le prénom du patron finlandais de ce ministrestaurant aussi rustique qu'élégant. Il concocte, avec de beaux produits, une cuisine méditerranéenne goûteuse et épurée.

X **Dominiqe Nicol,** 14 r. Maccarani ℰ 04 93 82 24 12, *Fax 04 93 82 93 68* – ■. GB **FY h**
fermé août, dim. soir et lundi – **Repas** 24/48, enf. 15.
♦ Tons méditerranéens, fresque abstraite colorée et mobilier asiatique font le cachet de cette petite salle à manger. Recettes traditionnelles mâtinées d'influences provençales.

X **Chez Rolando,** 3 r. Desboutins ⊠ 06300 ℰ 04 93 85 76 79 – ■. AE GB   p. 7 **GZ n**
fermé août, le lundi en juil., dim. et fériés – **Repas** carte 37 à 48 ♀.
♦ Restaurant au cadre discrètement italien. La carte propose des spécialités de la "Botte" et quelques plats traditionnels français.

X **Bông-Laï**, 14 r. Alsace-Lorraine ℘ 04 93 88 75 36 – ▣. 🝙 ⓪ **GB**   p. 6 **FX n**
Repas carte 30 à 40.
  ◆ Longue salle à manger au décor asiatique sans surprise où règne une atmosphère intime. Cuisine vietnamienne escortée de quelques plats chinois.

X **Mireille**, 19 bd Raimbaldi ℘ 04 93 85 27 23 – ▣. 🝙 **GB**   p. 7 **GX d**
fermé 7 juin au 1er juil., 27 sept. au 6 oct., lundi et mardi – **Repas** 20/27, enf. 10.
  ◆ En plein coeur de "Nissa" l'italienne, restaurant au décor hispanique et au prénom provençal. Paella (plat unique) présentée dans une rutilante vaisselle en cuivre.

X **Casbah**, 3 r. Dr Balestre ℘ 04 93 85 58 81 – ▣. **GB**   p. 7 **GY a**
fermé 30 juin au 1er sept., dim. soir et lundi – **Repas** carte environ 28 ♨.
  ◆ Cadre style "Alger la Blanche", couscous servi en costume "de là-bas", cuisine et atmosphère nord-africaines. Pieds-noirs, vieux Niçois et touristes s'y côtoient.

X **Lou Pistou**, 4 r. Terrasse ⊠ 06300 ℘ 04 93 62 21 82 – ▣. **GB**   p. 7 **HZ a**
fermé sam. et dim. – **Repas** carte 28 à 36 ♨.
  ◆ Officiant à côté du palais de Justice, cette "cantine" des hommes de loi sert une cuisine régionale simple dans une salle à manger plutôt modeste. Accueil tout sourire.

X **Merenda**, 4 r. Terrasse ⊠ 06300 – ▣   p. 7 **HZ a**
fermé 26 avril au 2 mai, 31 juil. au 22 août, 29 nov. au 12 déc., 5 au 13 fév., sam. et dim. – **Repas** (nombre de couverts limité) carte 32 à 40 ♈.
  ◆ Tabourets inconfortables, pas de téléphone et règlement en espèces... Que dire de plus ? Que l'on fait salle comble tous les jours avec une authentique cuisine niçoise !

X **Zucca Magica**, 4bis quai Papacino ℘ 04 93 56 25 27, *rossbol@club-internet.fr*,
Fax 04 93 26 59 76 – ▣   p. 7 **JZ g**
fermé dim. et lundi – **Repas** (menu unique)(prévenir) 17/27 ♈.
  ◆ Décoré de citrouilles, ce restaurant végétarien "à l'italienne" propose un copieux menu du jour annoncé verbalement (sans choix) et préparé sous vos yeux. Accueil jovial.

à l'Aire St-Michel *Nord : 9 km par av. de Cimiez* – ⊠ 06100 Nice :

X **Au Rendez-vous des Amis**, 176 av. Rimiez ℘ 04 93 84 49 66, *Fax 04 93 52 62 09*, �ております
🐾 *fermé 19 oct. au 10 nov., vacances de fév., mardi sauf juil.-août et merc.* – **Repas** (18,50) - 21,50/24,50 ♈.
  ◆ La chaleur de l'accueil et de l'ambiance ne font pas mentir l'enseigne ! Savoureux plats méridionaux ; menu au choix volontairement restreint. Nouvel intérieur coloré.

à l'aéroport : *7 km* – ⊠ 06200 Nice :

🏨 **Novotel Arenas**, 455 promenade des Anglais ℘ 04 93 21 22 50, *h0478@accor-hotels.co m*, *Fax 04 93 21 63 50* – ▯ ☽ ▦ ৬ ⇔ – 🔬 25 à 150. 🝙 ⓪ **GB**   p. 4 **AU e**
Repas carte 23 à 35, enf. 7,70 – ⊡ 12 – **131 ch** 115/130.
  ◆ Espace, mobilier fonctionnel, bonne insonorisation et multiples salles de conférences font de ce Novotel une étape appréciée par la clientèle d'affaires. Salle de restaurant plus intime qu'à l'ordinaire et cuisine d'inspiration provençale.

🏨 **Park Inn Nice**, 179 bd René Cassin ℘ 04 93 18 34 00, *reservations.nice@residorparkinn.c om*, *Fax 04 93 71 40 63*, 🌤, ♨, 🏊 – ▮ ✳ ▦ ▦ ৬ ও ⇔ – 🔬 10 à 60. 🝙 ⓪ **GB** **JCB**
🎿   **AU d**
Repas carte 34 à 50, enf. 11 ♈ – ⊡ 15 – **151 ch** 180/200.
  ◆ Changement d'enseigne pour cet établissement situé sur la N 7, à deux pas de l'aéroport. Les chambres profitent d'une toute récente rénovation. Le restaurant, aménagé au 2e étage de l'hôtel, propose une cuisine traditionnelle dans un cadre moderne.

à Saint Isidore *par ⑦ : 13 km* – ⊠ 06200 :

🏨 **Servotel**, 30 av. A. Verola ℘ 04 93 29 99 00, *info@servotel.fr*, *Fax 04 93 29 99 01*, 🌤 – ▮
▦ ▦ ৬ ⇔ ▯ – 🔬 15 à 40. 🝙 **GB**, 🎿
Repas *(fermé dim. midi et sam.)* 17/25, enf. 9 ♈ – ⊡ 9 – **82 ch** 71/79 – ½ P 61.
  ◆ Un établissement tout neuf proche d'un centre commercial. Chambres fonctionnelles bien équipées pour la clientèle d'affaires. Salon-cheminée et équipements pour séminaires. Salle à manger contemporaine aux couleurs du Sud ; cuisine traditionnelle simple.

NIEDERBRONN-LES-BAINS *67110 B.-Rhin* **B15** J3 *G. Alsace Lorraine* – *4 319 h alt. 190* – *Stat. therm.* – *Casino.*
  🛈 *Office de tourisme, 6 place de l'Hôtel de Ville* ℘ 03 88 80 89 70, *Fax 03 88 80 37 01*, *office@niederbronn.com*.
  Paris 460 – *Strasbourg 52* – *Haguenau 23* – *Sarreguemines 55* – *Saverne 40.*

Muller, av. Libération   📞 03 88 63 38 38,   *hotel-muller@wanadoo.fr*,   Fax 03 88 63 38 39, 🍴, ⅃ₐ, ▨, 🌿 – ▮, 🍽 rest, 📺 ❤ 🔓, 🚗 📍 – 🛎 20 à 50. 🖭 🌐 🃏, ⚡ rest
fermé 6 au 31 janv. – **Repas** *(fermé lundi)* (dim. prévenir) 9,40/27,50 ₸ – ⊑ 8 – **43 ch** 46,90/69,50 – ½ P 43,80/51,30.
♦ Un esprit moderne privilégiant le bois massif et les éclairages discrets prévaut dans la partie hôtel de cet établissement bien tenu. Salle à manger plaisante ou véranda coiffée d'une coupole. Cuisine classique et quelques plats de type bistrot.

Mercure ⚲ sans rest, av. Foch   📞 03 88 80 84 48, *casino-niederbronn-OM@accor-casinos .com*, Fax 03 88 80 84 40, 🌿 – ▮ ⇌ 📺 ❤ 📍 🖭 ⓞ 🌐
⊑ 9 – **50 ch** 55/101, 9 suites.
♦ Cet établissement abrite de grandes chambres rénovées depuis peu selon les dernières normes de la chaîne. Bonne insonorisation. Agréable jardin calme et arboré.

Cully, r. République   📞 03 88 09 01 42, *hotel-cully@wanadoo.fr*, Fax 03 88 09 05 80, 🍴 – ⇌ 📺 ❤ 📍 🖭 ⓞ 🌐. ⚡ ch
fermé 20 déc. au 3 janv. et 7 au 28 fév. – **Repas** *(fermé dim. soir et lundi)* (10) - 19/39, enf. 8,50 ₸ – ⊑ 8,50 – **37 ch** 58/64 – ½ P 42/49,50.
♦ Dans une rue passagère, ensemble hôtelier composé de deux bâtiments. Préférez les chambres de l'annexe : récemment rafraîchies, elles offrent un confort plus moderne. Cuisine traditionnelle servie dans une salle de style alsacien ou sous la tonnelle en été.

Bristol, pl. H. de Ville   📞 03 88 09 61 44, *hotel.lebristol@wanadoo.fr*, Fax 03 88 09 01 20 – ▮, 🍽 rest, 📺 ❤ 📍 🖭 ⓞ 🌐, ⚡
fermé 24 janv. au 13 fév. – **Repas** *(fermé merc.)* 8 (déj.), 19/32, enf. 6,50 ₸ – ⊑ 9 – **27 ch** 43/56 – ½ P 52,50.
♦ Hôtel familial situé au centre de la station thermale. La plupart des chambres ont été rénovées (mobilier en bois et couleurs gaies) et bien insonorisées. Carte traditionnelle servie dans une salle cossue, agrandie d'une véranda utilisée les jours d'affluence.

XXX   **Parc,** pl. Thermes   📞 03 88 80 84 84,   *casino_niederbronn_FB@accor-casinos.com*, Fax 03 88 80 84 80, 🍴 – 🖭 ⓞ 🌐
fermé fév., sam. midi, dim. soir et lundi – **Repas** 24,90 (dîner)et carte 25 à 40 ₸ **- Bierstubel : Repas** carte environ 30 ₸.
♦ Dans les murs du casino, mais avec entrée séparée. Salle à manger de style ethnique, tendance "retour d'Afrique et d'Asie". Ambiance musicale le week-end. Spécialités alsaciennes et tartes flambées (seulement le soir) servies à la Bierstubel.

XX   **Les Acacias,** 35 r. Acacias   📞 03 88 09 00 47, *acacias@free.fr*, Fax 03 88 80 83 33, ≤, 🍴 – 📍 🖭 🌐
fermé 21 août au 3 sept., 27 déc. au 16 janv., dim. soir de sept. à avril, sam. midi et vend. – **Repas** 12 (déj.), 24,50/42,50, enf. 9,50 ₸.
♦ Auberge au cadre rustique perchée sur une colline. Fréquentation d'habitués, ambiance décontractée et cuisine d'inspiration régionale. Agréable terrasse entourée de verdure.

NIEDERSCHAEFFOLSHEIM 67500 B.-Rhin 📘 K4 – *1 268 h alt. 185.*
Paris 473 – Strasbourg 28 – Haguenau 7 – Saverne 35.

XXX   **Au Boeuf Rouge** avec ch,   📞 03 88 73 81 00,   *info@boeufrouge.com*, Fax 03 88 73 89 71, 🌿 – 🍽 rest, 📺 ❤ 📍 – 🛎 30. 🖭 ⓞ 🌐
fermé 13 juil. au 3 août et 7 au 22 fév. – **Repas** *(fermé dim. soir, mardi midi et lundi)* 23/63 et carte 50 à 75 ₸ – ⊑ 8 – **13 ch** 58/62 – ½ P 58.
♦ Depuis 1880, la même famille vous accueille dans cette institution alsacienne qui sait se moderniser. Grande et sobre salle à manger où l'on sert des plats fidèles au terroir.

NIEDERSTEINBACH 67510 B.-Rhin 📘 K2 *G. Alsace Lorraine* – *155 h alt. 225.*
Paris 460 – Strasbourg 66 – Bitche 24 – Haguenau 33 – Lembach 8 – Wissembourg 23.

Cheval Blanc ⚲,   📞 03 88 09 55 31, *contact@hotel-cheval-blanc.fr*, Fax 03 88 09 50 24, 🍴, ⅃, 🌿, ⚾ – 🍽 rest, 📺 ❤ 📍 – 🛎 30. 🌐. ⚡ rest
fermé 23 juin au 8 juil., 29 nov. au 9 déc. et 1ᵉʳ fév. au 11 mars – **Repas** 17/52, enf. 7,60 ₸ – ⊑ 7,60 – **25 ch** 48/66 – ½ P 47/55.
♦ Belle auberge traditionnelle abritant des chambres coquettes, d'une tenue impeccable ; préférez celles situées à l'opposé de la route. À table, vous dégusterez une généreuse cuisine régionale dans un décor rustique alsacien agrémenté de "stubes" boisées.

à Wengelsbach *Nord-Ouest : 5 km par D 190 –* ⊠ *67510 :*

X   **Au Wasigenstein,**   📞 03 88 09 50 54, Fax 03 88 09 50 54, 🍴 – 🌐
fermé mi-janv. à fin fév., lundi et mardi sauf fériés – **Repas** 12 (déj.), 20/29 ₸.
♦ Petite adresse familiale dans un paisible et charmant village. L'une des salles à manger, au cadre gentiment champêtre, s'agrémente d'un poêle en faïence.

NIEUIL *16270 Charente* **324** *N4 – 907 h alt. 150.*

Paris 434 – Angoulême 42 – Confolens 24 – Limoges 66 – Nontron 58 – Ruffec 34.

à l'Est *par D 739 et rte secondaire : 2 km*

Château de Nieuil ⌂ *sans rest,* ✆ 05 45 71 36 38, *chateaunieuilhotel@wanadoo.fr,* Fax 05 45 71 46 45, ⇐, ⌧, ✳, ⚹ – ▦ ▥ ⅏ – ⚐ 30. ⅍ ⓪ ⅏

Pâques-Toussaint – ⌧ 14 – **11 ch** 95/190, 3 suites.

♦ Ce château Renaissance, ancien rendez-vous de chasse de François Ier, se dresse fièrement dans un vaste parc. Agréables chambres garnies de boiseries et de meubles de style.

Grange aux Oies, dans le parc du château ✆ 05 45 71 81 24, Fax 05 45 71 81 25, ⌦ – ▦ ▣ ⅍ ⓪ ⅏ ⅉ⅍

fermé 28 mars au 8 avril et 1er nov. au 18 déc. – **Repas** *(fermé lundi sauf soir de Pâques à oct,mardi(sauf juil-août et soir de Pâques à oct) et dim soir de sept à juin) (22 bc)* - 35.

♦ Dans les anciennes écuries du château de Nieuil, plaisante salle à manger associant décor contemporain et éléments rustiques . Cuisine inspirée du terroir charentais.

NÎMES ℗ *30000 Gard* **339** *L5 G. Provence – 133 424 h Agglo. 148 889 h alt. 39.*

Voir Arènes★★★ – Maison Carrée★★★ – Jardin de la Fontaine★★ : Tour Magne★, ≤★ – Intérieur★ *de la chapelle des Jésuites* **DU B** – Carré d'Art★ – Musée d'Archéologie★ **M**^{1} – Musée du Vieux Nîmes **M**^{3} – Musée des Beaux-Arts★ **M**^{2}.

⛳ *de Nimes Vacquerolles* ✆ 04 66 23 33 33, *par* ⑦ *: 6 km ;* ⛳ *de Nimes Campagne* ✆ 04 66 70 17 37, *par* ⑤ *: 11 km –* ✈ *de Nîmes-Arles-Camargue :* ✆ 04 66 70 49 49, *par* ⑤ *: 8 km.*

🛈 *Office de tourisme, 6 rue Auguste* ✆ 04 66 58 38 00, *Fax 04 66 58 38 01, info@ot-nimes.fr.*

Paris 706 ② *– Montpellier 58* ⑤ *– Lyon 251* ② *– Marseille 123* ④.

NÎMES

Briçonnet (R.) .... **BY** 8	Fontaine (Q. de la) .... **AX** 20	Martyrs-de-la-R. (Pl.) ...... **AZ** 36
Cirque-Romain (R. du) ..... **AY** 13	Gambetta (Bd) .... **ABX**	Mendès-France (Av. P.).... **BZ** 39
	Gamel (Av. P.) .... **BZ** 22	République (R. de la) ..... **AYZ**
	Générac (R. de) .... **AYZ** 23	Ste-Anne (R.)............. **AY** 46
	Mallarmé (R. Steph.)...... **AX** 34	Verdun (R. de)............ **AY** 47

NÎMES

Arènes (Bd des) .... **CV** 2
Aspic (R. de l') .... **CUV**
Auguste (R.) .... **CU** 4
Bernis (R. de) .... **CV** 6
Chapitre (R. du) .... **CU** 12
Courbet (Bd Amiral) .... **DUV** 14
Crémieux (Rue) .... **DU** 16
Curaterie (R.) .... **DU** 17
Daudet (Bd A.) .... **CU** 18
Ducros (R. A.) .... **CV** 19
Fontaine (Q. de la) .... **CU** 20
Gambetta (Bd) .... **CDU**
Grand'Rue .... **DU** 24
Guizot (R.) .... **CU** 26
Halles (R. des) .... **CU** 27
Horloge (R. de l') .... **CU** 28
Libération (Bd de la) .... **DV** 30
Madeleine (R. de la) .... **CU** 32
Maison Carrée (Pl. de la) .... **CU** 33
Marchands (R. des) .... **CU** 35
Nationale (R.) .... **CDU**
Perrier (R. Gén.) .... **CU**
Prague (Bd de) .... **DV** 42
République (R. de la) .... **CV** 43
Saintenac (Bd E.) .... **DU** 45
Victor-Hugo (Bd) .... **CUV**
Violettes (R.) .... **CV** 49

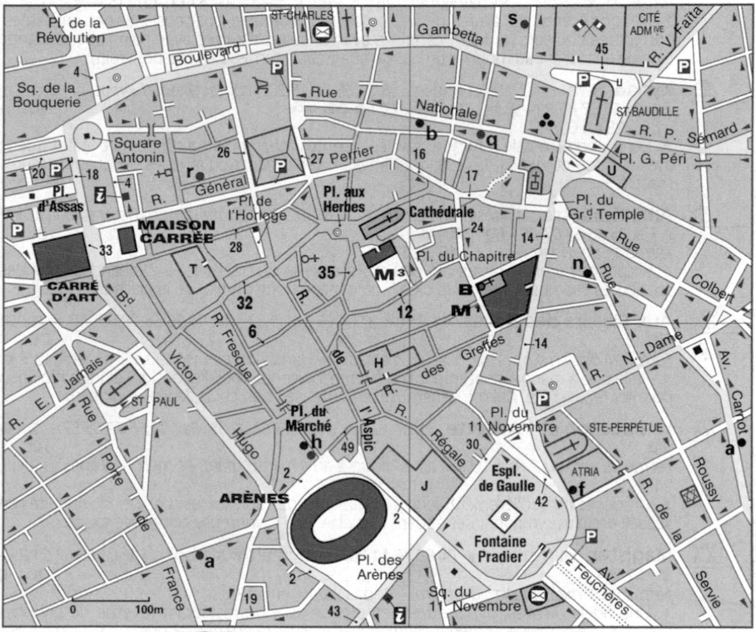

Imperator Concorde, quai de la Fontaine ✉ 30900 ☎ 04 66 21 90 30, *hotel.imperator@wanadoo.fr, Fax 04 66 67 70 25,* – 40. AE GB JCB
Repas 27/60 – ☕ 16 – **63 ch** 99/183 – ½ P 126/212. AX g
◆ Une adresse pétrie de charme : cette demeure de 1929, jadis fréquentée par Ava Gardner, Hemingway, etc. s'ouvre sur un jardin clos arboré. Chambres raffinées, meubles anciens. Élégant restaurant disposé en galerie autour d'une jolie cour. Cuisine régionale.

Novotel Atria Nîmes Centre, 5 bd Prague ☎ 04 66 76 56 56, *H0985@accor-hotels.com, Fax 04 66 76 56 59* – – 25 à 480. AE GB DV f
Repas (déj. seul.) *(15)* - 20/21, enf. 8 – ☕ 11 – **119 ch** 93/107.
◆ Adresse estimée de la clientèle d'affaires pour ses chambres fonctionnelles (jolie vue sur Nîmes au dernier étage) et son centre de congrès avec auditorium "dernier cri". Restaurant souscrivant à la philosophie de la chaîne. En été, repas servis dans la cour.

Vatel (École hôtelière), 140 r. Vatel par av. Kennedy **AY** ☎ 04 66 62 57 57, *hotel@vatel.fr, Fax 04 66 62 57 50,* – – 160. AE GB. rest
Les Palmiers (6e étage) *(fermé 20 juil. au 1er sept., dim. soir et lundi)* **Repas** 25/34, enf. 13 – ***Provençal :*** **Repas** *(16)*-18/26, enf. 7,50 – ☕ 11 – **46 ch** 112,50/121,30.
◆ Les élèves de l'École hôtelière "planchent" pour votre bien-être. Les chambres, spacieuses et confortables, sont dotées de salles de bains en marbre. Cuisine classique et vue dégagée sur la périphérie nîmoise aux Palmiers. Buffets à volonté au Provençal.

Maison de Sophie sans rest, 31 av. Carnot ☎ 04 66 70 96 10, *lamaisondesophie@wanadoo.fr, Fax 04 66 36 00 47,* – . GB
☕ 12 – **9 ch** 150/290.
◆ Agréable atmosphère de maison particulière en cette demeure bourgeoise bâtie vers 1900. Les chambres, personnalisées et bien refaites, sont respectueuses du style de l'époque.

New Hôtel la Baume sans rest, 21 r. Nationale *&* 04 66 76 28 42, *nimeslabaume@new-hotel.com*, Fax 04 66 76 28 45 – 🛗 🗐 📺 📞 ở. 🖭 ⑩ ⒼⒷ ⒿⒸⒷ   **DU** b
☲ 10 – **34 ch** 130/180.
♦ Hôtel particulier du Vieux Nîmes dont le magnifique escalier reste une curiosité souvent visitée. Dans les vastes chambres, original décor, mélange d'ancien et de design.

L'Orangerie, 755 r. Tour de l'Évêque *&* 04 66 84 50 57, *hr-orang@wanadoo.fr*, Fax 04 66 29 44 55, 佘, ♨, ⤴ – 🗐 📺 ở.🅿 – 🛎 30. 🖭 ⑩ ⒼⒷ ⒿⒸⒷ   **BZ** k
fermé 23 au 28 déc. – **Repas** 18 (déj.), 28/36, enf. 13 ☲ – ☲ 9 – **31 ch** 72/115 – ½ P 77.
♦ Maison récente aux allures de vieux mas. Les chambres, spacieuses et personnalisées, portent les couleurs du Midi ; certaines avec terrasse, d'autres avec bains bouillonnants. Salle de restaurant au mobilier provençal et agréable terrasse en rez-de-jardin.

Kyriad sans rest, 10 r. Roussy *&* 04 66 76 16 20, *contact@hotel-kyriad-nimes.com*, Fax 04 66 67 65 99 – 🛗 🗐 📺 📞 ⇦, 🖭 ⑩ ⒼⒷ ⒿⒸⒷ   **DU** n
☲ 9 – **28 ch** 60/75.
♦ Rénovation réussie : façade ravalée, petites chambres pratiques et gaies (deux avec terrasse et vue sur les toits de Nîmes), hall-bar décoré d'affiches évoquant la tauromachie.

Amphithéâtre sans rest, 4 r. Arènes *&* 04 66 67 28 51, *hotel-amphitheatre@wanadoo.fr*, Fax 04 66 67 07 79 – 📺. ⒼⒷ. ✼   **CV** h
fermé 1ᵉʳ au 31 janv. – ☲ 6 – **15 ch** 37/61.
♦ À côté des arènes, façade un peu austère vieille de trois siècles. Demandez l'une des spacieuses chambres avec coup d'oeil sur le magnifique palmier de la place du marché.

Aux Plaisirs des Halles, 4 r. Littré *&* 04 66 36 01 02, Fax 04 66 36 08 00, 佘 – 🗐. 🖭 ⒼⒷ   **CU** r
fermé 24 oct. au 9 nov., 13 fév. au 1ᵉʳ mars, dim. et lundi – **Repas** 19 (déj.), 22/45, enf. 12 ☲ ⚘.
♦ Belle salle à manger contemporaine épurée (boiseries, mobilier design) et joli patio fleuri pour les repas d'été. Cuisine généreuse et goûteuse ; bon choix de vins régionaux.

Le Bouchon et L'Assiette, 5 bis r. Sauve *&* 04 66 62 02 93, Fax 04 66 62 03 57 – 🗐. ⑩ ⒼⒷ   **AX** s
fermé 29 avril au 2 mai, 29 juil. au 23 août, 2 au 17 janv., mardi et merc. – **Repas** 15 (déj.), 24/39 ☲.
♦ Un décor particulièrement soigné agrémenté de tableaux et d'objets d'antiquité, un accueil des plus sympathiques et dans l'assiette, une savoureuse cuisine de saison.

Magister, 5 r. Nationale *&* 04 66 76 11 00, *le.magister@wanadoo.fr*, Fax 04 66 67 21 05 – 🗐. 🖭 ⒼⒷ   **DU** q
fermé sam. midi, lundi midi et dim. – **Repas** 23/40, enf. 12 ☲.
♦ Une fidèle clientèle nîmoise fréquente cette salle de restaurant revêtue de boiseries claires. Carte classique et menus thématiques variant au gré des saisons.

Lisita, 2 bd Arènes *&* 04 66 67 29 15, *Restaurant@lelisita.com*, Fax 04 66 67 25 32, 佘 – 🗐. 🖭 ⒼⒷ   **CV** h
fermé sam. midi en juil-août, dim. et lundi – **Repas** 26 (déj.), 39/55, enf. 12 ☲ ⚘.
♦ L'institution du quartier a fait peau neuve : agréable véranda face aux arènes et arrière-salle célébrant la tauromachie. Cuisine au goût du jour et belle carte des vins.

Jardin d'Hadrien, 11 r. Enclos Rey *&* 04 66 21 86 65, Fax 04 66 21 54 42, 佘 – 🖭 ⒼⒷ   **DU** s
fermé 20 août au 3 sept., vacances de Toussaint et de fév. – **Repas** *(fermé lundi midi, merc. midi et dim. en juil.-août, mardi soir, dim. soir et merc. de sept. à juin)* 18/27, enf. 11,50 ☲.
♦ À l'écart de l'animation. L'hiver, vous choisirez les poutres patinées et la chaleur de l'âtre. L'été, la véranda ou le patio ombragé d'un if majestueux.

L'Exaequo, 11 r. Bigot *&* 04 66 21 71 96, Fax 04 66 21 77 96, 佘   **BY**
fermé sam. midi et dim. – **Repas** (25) -35/62 bc, enf. 11.
♦ Murs rouge et blanc, tableaux contemporains, parquet en chêne, tables en acajou et chaises modernes font le charme de ce restaurant où l'on savoure une cuisine actuelle.

à Marguerittes *par ② et N 86 : 8 km* – 8 181 h. alt. 60 – ⊠ 30320 :

L'Hacienda ⤻, Le Mas de Brignon, Sud-Est : 2 km par rte secondaire *&* 04 66 75 02 25, *contact@hotel-hacienda-nimes.com*, Fax 04 66 75 45 58, 佘, ♨, ⚘ – 🗐 ch, 📺 🅿. ⒼⒷ. ✼ rest
15 mars-8 nov. – **Repas** (dîner seul.) 30/40, enf. 15 – ☲ 12 – **12 ch** 80/140 – ½ P 95/110.
♦ Ce mas à débusquer au terme d'un chemin de campagne offre des chambres spacieuses, meublées dans un sympathique esprit provençal. Les deux salles à manger de cette petite adresse gourmande donnent sur la piscine de l'hôtel. Cuisine traditionnelle.

à Garons *par ⑤, D 42 et D 442 : 9 km – 3 692 h. alt. 90 – ✉ 30128 :*

XXX ✿ **Alexandre** (Kayser), 2 rue X. Tronc ✆ 04 66 70 08 99, *restaurant.alexandre@wanadoo.fr, Fax 04 66 70 01 75,* ☂, 🌳 – ▤ P. AE ◑ GB JCB
fermé 16 fév. au 1er mars, merc. soir sauf en juil.-août, dim. sauf le midi de sept. à juin et lundi – **Repas** 37 bc (déj.), 52/80 et carte 70 à 90 ♀ ⚘.
◆ Cuisine provençale inventive, à déguster dans l'une des deux salles aux tons pastel ou dans la véranda ouverte sur un jardin arboré. Bon choix de vins du Languedoc-Roussillon.
Spéc. Ile flottante aux truffes de Provence (sept. à mars). Brandade de Nîmes. Calisson de pieds, langues et ris d'agneau. **Vins** Costières de Nîmes.

près échangeur A9 - A54 *parc hôtelier Ville Active par ⑤ : 3 km – ✉ 30900 Nîmes :*

Mercure Nîmes-Ouest, ✆ 04 66 70 48 00, *h0558@accor-hotels.com, Fax 04 66 70 48 01,* ☂, 🏊, ✂ – |≑| ⇔ ▤ TV ✆ ♿ P – 🏛 25 à 80. AE ◑ GB JCB
Repas 15/18,30 ♀ – ☕ 12 – **100 ch** 83/108.
◆ Optez pour les chambres rénovées de cet hôtel qui constitue une étape commode sur la route de l'Espagne. Équipements complets pour les séminaires. Bar joliment redécoré. Salle de restaurant aux gais coloris agrémentée d'une fresque sur la Provence.

Holiday Inn, ✆ 04 66 29 86 87, *contact@holidayinn-nimes.com, Fax 04 66 84 72 76,* ☂ – |≑| ⇔ ▤ TV ✆ ♿ P – 🏛 40. AE ◑ GB JCB
Repas 17/32 – ☕ 10 – **54 ch** 100/110.
◆ Au coeur d'une zone commerciale, architecture contemporaine abritant d'amples chambres tout juste refaites. Sympathique bar moderne. Spacieuse salle à manger dont les baies s'ouvrent sur une vaste terrasse dressée au bord de la piscine. Carte traditionnelle.

Nimotel, ✆ 04 66 38 13 84, *contact@nimotel.com, Fax 04 66 38 14 06,* ☂, 🏊 – |≑| ▤ TV ✆ ♿ P – 🏛 80. AE ◑ GB JCB
Repas 15,50/31, enf. 7,50 ♀ – ☕ 7,50 – **179 ch** 72.
◆ Cet hôtel composé de deux bâtiments dispose de grandes chambres fonctionnelles que l'on rajeunit progressivement. Adresse avant tout pratique pour l'affaire ou le tourisme. La salle des repas se double d'une véranda ouverte sur la piscine. Plats traditionnels.

Si le coût de la vie subit des variations importantes, les prix que nous indiquons peuvent être majorés. Lors de votre réservation à l'hôtel, faites-vous préciser le prix définitif.

NIORT

P *79000 Deux-Sèvres* **322** **D7** *G. Poitou Vendée Charentes – 56 663 h Agglo. 125 594 h alt. 24.*
Voir *Donjon★ : salle de la chamoiserie et de la ganterie★ – Le Pilori★.*
Env. *Le Marais Poitevin★★.*
⛳18 *de Niort ✆ 05 49 09 01 41, S : 3 km près de l'hippodrome.*
ℹ *Office de tourisme, place Martin Bastard ✆ 05 49 24 18 79, Fax 05 49 24 98 90, info@niortourisme.com.*
Paris 408 ② – La Rochelle 65 ⑤ – Bordeaux 184 ④ – Nantes 142 ⑥ – Poitiers 76 ②.

Plan page suivante

Mercure 🐎, 80 bis av. Paris ✆ 05 49 24 29 29, *hotel.mercure@mercure-niort.fr, Fax 05 49 28 00 90,* ☂, 🏊, 🌳 – |≑| ⇔, ▤ ch, TV ✆ ♿ P – 🏛 60. AE ◑ GB BY a
Repas (16) - 22,50/25,50, enf. 10 ♀ – ☕ 11 – **79 ch** 94/150.
◆ Architecture moderne dans un environnement verdoyant. Grandes chambres bien équipées ; celles de l'aile récente sont dotées d'un mobilier aux lignes sagement design. Pimpante salle à manger aux tables bien espacées, et service en terrasse aux beaux jours.

Grand Hôtel sans rest, 32 av. Paris ✆ 05 49 24 22 21, *Fax 05 49 24 42 41,* 🌳 – |≑| ⇔ TV ✆ 🚗 – 🏛 25. GB BY v
☕ 8 – **37 ch** 58/80.
◆ Bâtiment des années 1960 aux chambres fonctionnelles. Agréable salon ; petits-déjeuners servis dans une jolie salle façon jardin d'hiver ou sur une terrasse verdoyante.

Moulin sans rest, 27 r. Espingole ✆ 05 49 09 07 07, *Fax 05 49 09 19 40* – |≑| TV ✆ ♿ P. GB AZ a
☕ 6 – **34 ch** 44/53.
◆ Cet immeuble récent voisine avec la Sèvre et d'anciens bassins qui alimentaient jadis en eau les locomotives à vapeur. Chambres spacieuses ; plus tranquilles sur l'arrière.

Ambassadeur sans rest, 82 r. Gare ✆ 05 49 24 00 38, *hotel-ambassadeur2@wanadoo.fr, Fax 05 49 24 94 38* – |≑| ⇔ TV ✆ – 🏛 50. AE GB BZ b
fermé 23 déc. au 2 janv. – ☕ 7 – **32 ch** 39/58.
◆ Mobilier contemporain, tons chaleureux et bonne isolation phonique : les chambres de cet hôtel proche de la gare ont été rénovées. Salle des petits-déjeuners de style bistrot.

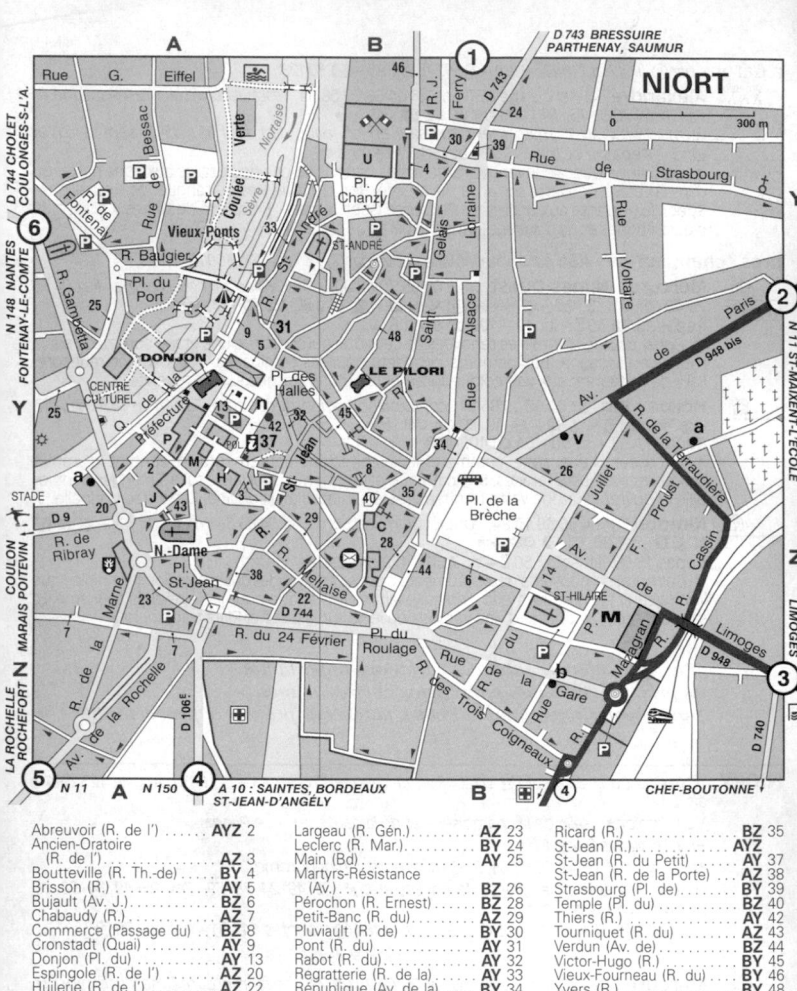

NIORT

D 743 BRESSUIRE PARTHENAY, SAUMUR

300 m

Abreuvoir (R. de l')	**AYZ** 2	Largeau (R. Gén.)	**AZ** 23	Ricard (R.)	**BZ** 35
Ancien-Oratoire (R. de l')	**AZ** 3	Leclerc (R. Mar.)	**BY** 24	St-Jean (R.)	**AYZ**
Boutteville (R. Th.-de)	**BY** 4	Main (Bd)	**AY** 25	St-Jean (R. du Petit)	**AY** 37
Brisson (R.)	**AY** 5	Martyrs-Résistance (Av.)	**BZ** 26	St-Jean (R. de la Porte)	**AZ** 38
Bujault (Av. J.)	**BZ** 6	Pérochon (R. Ernest)	**BZ** 28	Strasbourg (Pl. de)	**BY** 39
Chabaudy (R.)	**AZ** 7	Petit-Banc (R. du)	**AZ** 29	Temple (Pl. du)	**AY** 40
Commerce (Passage du)	**BZ** 8	Pluviault (R. de)	**BY** 30	Thiers (R.)	**AY** 42
Cronstadt (Quai)	**AY** 9	Pont (R. du)	**AY** 31	Tourniquet (R.)	**AZ** 43
Donjon (Pl. du)	**AY** 13	Rabot (R. du)	**AY** 32	Verdun (Av. de)	**BZ** 44
Espingole (R. de l')	**AZ** 20	Regratterie (R. de la)	**AY** 33	Victor-Hugo (R.)	**AY** 45
Huilerie (R. de l')	**AZ** 22	République (Av. de la)	**BY** 34	Vieux-Fourneau (R. du)	**BY** 46
				Yvers (R.)	**BY** 48

XXX **Belle Étoile**, 115 quai M. Métayer (près périph. ouest) -AY- *Ouest : 2,5 km*
𝄐 05 49 73 31 29, info@la-belle-etoile.fr, Fax 05 49 09 05 59, 🍽, 🐴 – **P**, 🖭 ⌷ 🖭
fermé 2 au 23 août, dim. soir et lundi – **Repas** *(20)* - 27/72 bc et carte 46 à 61, enf. 12 ♀ ♨.
♦ Au bord de la Sèvre, maison isolée du périphérique par un rideau de verdure. Élégante salle à manger décorée dans le style Directoire. En vitrine, vieilles bouteilles de vin.

X **Table des Saveurs**, 9 r. Thiers 𝄐 05 49 77 44 35, tablesaveurniort@wanadoo.fr,
Fax 05 49 16 06 29 – ▤. 🖭   **AY** n
fermé dim. sauf fêtes – **Repas** 14,50/43, enf. 8,50 ♀.
♦ Ancien magasin de tissus (19ᵉ s.) converti en restaurant : beaux volumes, décor soigné, radiateurs d'époque. À table, mention spéciale pour la carte des desserts... au chocolat.

par ② : *5 km sur N 11* – ✉ *79180 Chauray* :

🏨 **Solana** sans rest, 𝄐 05 49 33 33 33, hotel-solana@wanadoo.fr, Fax 05 49 33 33 33 – 📺 ♿
P – 🔏 20. 🖭 ⓞ 🖭
fermé 24 déc. au 2 janv. – ⎌ 7 – **50 ch** 53,50/57.
♦ En retrait de la nationale, long bâtiment proposant des chambres équipées du double vitrage ; les plus récentes offrent davantage d'espace et un mobilier moderne.

sur autoroute A 10 *aire Les Ruralies ou accès de Niort par ③ et rte secondaire : 9 km –* ⊠ *79230 Prahecq :*

🏨 **Les Ruralies,** ℰ 05 49 75 67 66, *ruralies@marcireau.fr,* Fax 05 49 75 80 29 – 📶 ▤ 📺 🅰️ 🅿️ – 🏊 25. ⅶ ⑩ ⅶ
Mijotière (rest. d'autoroute) **Repas** 16/24, enf. 8,70 ♀ – ⇩ 7,80 – **50 ch** 50/60.
♦ Commode pour l'étape autoroutière, cet hôtel met à votre disposition des chambres fonctionnelles bien insonorisées ; la moitié d'entre elles donnent sur l'arrière, plus calme. Cuisine traditionnelle sans prétention.

rte de La Rochelle *par ⑤ : 4,5 km sur N 11 –* ⊠ *79000 Niort :*

✗ **Tuilerie (Coq'corico),** ℰ 05 49 09 12 45, *tuilerie@tuilerie.com,* Fax 05 49 09 16 22, 🌱,
🍃, 🍃, ✗ – ▤ 🅿️ ⅶ ⅶ
🐌 *fermé 16 au 28 fév., dim. soir et lundi –* **Repas** *(12)* - 16/32, enf. 6 ♀.
♦ Restaurant aménagé dans une ancienne ferme où assiette et décor réservent une place de choix à la volaille. Qui a fait la poule, qui a fait l'oeuf ? Le chef, voyons !

NISSAN-LEZ-ENSÉRUNE 34440 Hérault 𝟛𝟛𝟡 D9 *G. Languedoc Roussillon* – *2 907 h alt. 21.*
Voir *Oppidum d'Ensérune*★ *: musée*★*,* ≼★ *NO : 5 km.*
🅱 *Office de tourisme, square René Dez* ℰ 04 67 37 14 12.
Paris 774 – Montpellier 82 – Béziers 12 – Capestang 9 – Narbonne 17.

🏠 **Résidence,** ℰ 04 67 37 00 63, *contact@hotel-residence.com,* Fax 04 67 37 68 63, 🌱 –
📺 ⇦, ⅶ
fermé 20 déc. au 20 janv. – **Repas** (dîner seul.) (résidents seul.) 19/29 ♀ – ⇩ 7,50 – **18 ch** 58/72 – ½ P 52,50.
♦ Cette ancienne demeure bourgeoise est une escale bienvenue après la visite de l'oppidum. Chambres bien tenues. Sympathique terrasse fleurie et ombragée de tilleuls.

Les pages explicatives de l'introduction
vous aideront à mieux profiter de votre **Guide Michelin.**

NITRY 89310 Yonne 𝟛𝟙𝟡 G5 – *371 h alt. 240.*
Paris 195 – Auxerre 36 – Avallon 23 – Vézelay 31.

🏠 **Auberge la Beursaudière** 🌱, ℰ 03 86 33 69 69, *auberge.beursaudiere@wanadoo.fr,*
Fax 03 86 33 69 60, 🌱 – 📺 ℰ 🅿️ – 🏊 20 à 30. ⅶ ⑩ ⅶ
fermé 4 au 16 janv. – **Repas** *(16,50)* - 22,50/44, enf. 8 🍴 ♨ – ⇩ 10 – **11 ch** 65/105.
♦ Chambres de caractère, salles des petits-déjeuners voûtées et pigeonnier médiéval : reconversion réussie pour cette ancienne dépendance de prieuré. Côté table, décor campagnard soigné et service en costume régional. Cuisine au goût du jour et cave fournie.

NOAILHAC 81490 Tarn 𝟛𝟛𝟠 G9 – *712 h alt. 222.*
Paris 730 – Toulouse 90 – Albi 55 – Béziers 99 – Carcassonne 61 – Castres 12.

✗ **Hostellerie d'Oc,** av. Charles Tuilhades ℰ 05 63 50 50 37, Fax 05 63 50 50 37, 🌱 – ⅶ
🐌 *fermé mi-janv. à mi-fév., 9 au 15 sept., merc. soir d'oct. à mai et lundi –* **Repas** 10/34, enf. 7
♀.
♦ Ancien relais de poste aménagé en restaurant, abritant deux salles à manger rustiques. Cuisine régionale réservant une place de choix aux produits du terroir.

NOCÉ 61 Orne 𝟛𝟙𝟘 N4 – *rattaché à Bellême.*

NOEUX-LES-MINES 62290 P.-de-C. 𝟛𝟘𝟙 I5 *G. Picardie Flandres Artois* – *11 966 h alt. 29.*
🏌 *d'Olhain à Houdain* ℰ 03 21 02 17 03, S : 11 km par D 65 et D 301.
Paris 208 – Lille 38 – Arras 28 – Béthune 5 – Bully-les-Mines 8 – Doullens 49 – Lens 17.

✗✗ **Les Tourterelles** avec ch, 374 r. Nationale ℰ 03 21 61 61 65, *les.tourterelles@wanadoo.f*
r, Fax 03 21 61 65 75, 🌱 – ▤ 📺 🅿️ 🅰️ ⅶ, ✗ ch
Repas *(fermé sam. midi, dim. soir et soirs fériés)* (20) - 32/43 ♀ – ⇩ 8 – **21 ch** 55/70 –
½ P 53/60.
♦ Demeure centenaire, jadis siège d'une entreprise. L'ancienne salle du conseil d'administration abrite un élégant restaurant : boiseries, sièges cannés de style Louis XVI.

✗✗ **Carrefour des Saveurs,** 94 rte Nationale ℰ 03 21 26 74 74, Fax 03 21 27 12 14 – 🅿️, ⅶ
fermé 2 au 26 août, 3 au 12 janv., merc. soir, dim. soir et lundi – **Repas** 19 (déj.), 25/53 ♀.
♦ Au pays des "gueules noires", sobre salle à manger aux murs en pierres et briques, et cuisine au goût du jour. Le terril-piste de ski est à deux "plantés de bâton" !

NOGARO 32110 Gers 336 B7 – 1 881 h alt. 98.

🏢 Office de tourisme, 81 rue Nationale ℰ 05 62 09 13 30, Fax 05 62 08 88 21, mairie.nogaro @wanadoo.fr.

Paris 729 – Agen 88 – Auch 63 – Mont-de-Marsan 45 – Pau 72 – Tarbes 69.

🏨 **Solenca,** rte d'Auch : 1 km ℰ 05 62 09 09 08, info@solenca.com, Fax 05 62 09 09 07, 🍴,
🕭, 🏊, 🐎, ✗ – 📺 🕿 🅿 – 🏛 50. 🖭 ⓪ 🆖
Repas 14,50/34, enf. 7 ⅃ – 🖵 7 – **48 ch** 51/56 – ½ P 48.
◆ Cet hôtel, situé en léger retrait de la route, est proche de l'aéroclub et du circuit automobile. Chambres pratiques, de taille standard. Jardin arboré avec piscine. Restaurant sous charpente apparente, terrasse face à la verdure et carte plutôt régionale.

à Manciet Nord-Est : 9 km par N 124 – 764 h. alt. 131 – ✉ 32370 :

🍴🍴 **Bonne Auberge** avec ch, ℰ 05 62 08 50 04, Fax 05 62 08 58 84, 🍴 – 📺 – 🏛 25. 🆖
✗
fermé 19 déc. au 23 janv., dim. soir et lundi sauf fériés – **Repas** 23/46 – 🖵 6 – **14 ch** 40/42 –
½ P 44.
◆ Maison centenaire avec double salle à manger agréablement feutrée, fraîche véranda et terrasse fleurie. À l'entrée, intéressante collection d'armagnacs.

à St-Martin-d'Armagnac Sud-Ouest : 8 km par D 25 et rte secondaire – 205 h. alt. 115 –
✉ 32110 :

🏨🏨 **Auberge du Bergerayre** ⬍, ℰ 05 62 09 08 72, pierrette.sarran@wanadoo.fr,
Fax 05 62 09 09 74, 🍴, 🕭, 🐎 – 📺 🅿. 🆖
fermé janv. et fév. – **Repas** (fermé jeudi soir et lundi de nov. à mars, mardi et merc.)
(nombre de couverts limité, prévenir) 20/34 ⅃ – 🖵 7 – **13 ch** 47/84 – ½ P 49/77.
◆ Engageante auberge gasconne au cœur du vignoble du bas Armagnac. Réservez en priorité l'une des belles chambres récemment aménagées. Trois chaleureuses petites salles à manger rustiques pour une copieuse cuisine régionale.

Une réservation confirmée par écrit ou par fax est toujours plus sûre.

NOGENT 52800 H.-Marne 313 M5 G. Champagne Ardenne – 4 343 h alt. 410.

Voir Musée de la coutellerie de l'espace Pelletier – Musée du patrimoine coutelier.
🏢 Syndicat d'initiative, place du Général-de-Gaulle ℰ 03 25 03 69 18, Fax 03 25 31 44 70, syndicat-d-initiative-otsi@wanadoo.fr.

Paris 289 – Bourbonne-les-Bains 35 – Chaumont 24 – Langres 25 – Neufchâteau 53.

🏨 **Commerce,** pl. Gén. de Gaulle (face Mairie) ℰ 03 25 31 81 14, relais.sud.terminus@wanad
oo.fr, Fax 03 25 31 74 00 – 📺 ⇦. 🆖
fermé 24 déc. au 2 janv. et dim. de sept. à juin – **Repas** 16/25, enf. 9,20 ⅃ – 🖵 7 – **19 ch**
50/60 – ½ P 45/50.
◆ Face à la mairie de cette petite cité réputée pour sa production coutelière. Chambres simplement et agréablement meublées. Charmante salle à manger sous plafond à la française, ornée de voilages colorés et d'une fresque en trompe-l'œil. Cuisine régionale.

NOGENT-LE-ROI 28210 E.-et-L. 311 F4 G. Ile de France – 4 142 h alt. 93.

🏌 du Château de Maintenon à Maintenon ℰ 02 37 27 18 09, SE : 8 km par D 983.
🏢 Syndicat d'initiative ℰ 02 37 51 23 20.
Paris 77 – Ablis 35 – Chartres 28 – Dreux 19 – Maintenon 10 – Rambouillet 26.

🍴🍴 **Relais des Remparts,** 2 pl. Marché aux Légumes ℰ 02 37 51 40 47, Fax 02 37 51 40 47,
🍴 – 🖭 ⓪ 🆖
fermé 5 au 27 août, vacances de fév., dim. soir, mardi soir et merc. – **Repas** 15,20/30,50 ⅃.
◆ Les clés du succès de ce restaurant ? Une cuisine simple et goûteuse, un service aimable et efficace, et une salle à manger où s'harmonisent tons jaune et meubles rustiques.

🍴 **Capucin Gourmand,** 1 r. Volaille ℰ 02 37 51 96 00, capucingourmand-nogent@wanad
oo.fr, Fax 02 37 82 67 19 – ▤. 🖭 ⓪ 🆖
fermé 23 août au 6 sept. et 10 au 17 janv – **Repas** (fermé mardi midi en juil.-août, dim. soir
de sept. à juin, jeudi soir d'oct. à avril et lundi) 15 (déj.), 24/39.
◆ Coquette salle à manger logée dans une étroite maison à colombages du 15ᵉ s. Décor en bleu et jaune, agrémenté de tableaux de peintres régionaux. Cuisine au goût du jour.

NOGENT-LE-ROTROU ⬮ 28400 E.-et-L. 311 A6 G. Normandie Vallée de la Seine – 11 524 h
alt. 116.

🏢 Office de tourisme, 44 rue Villette-Gâté ℰ 02 37 29 68 86, Fax 02 37 29 68 86, nogentlero
troutourisme@hotmail.com.

Paris 146 ① – Alençon 65 ⑤ – Chartres 54 ① – Châteaudun 55 ③ – Le Mans 76 ④.

NOGENT-LE-ROTROU

Bouchers (R. des) . . . . Z 2
Bourg-le-Comte (R.) . . . . Z 3
Bretonnerie (R.) . . . . Z
Château-St-Jean (R.) . . . . Z
Croix-la-Comtesse (R.) . . . . Y
Deschanel (R.) . . . . YZ
Dr-Desplantes (R.) . . . . Z 8
Foch (Av. Mar.) . . . . Y 9
Fuye (R. de la) . . . . YZ 10
Giroust (R.) . . . . Y 12
Gouverneur (R.) . . . . YZ 13
Marches-St-Jean (R. des) . . . . Z 14
Paty (R. du) . . . . Z 15
Poupardières (R. des) . . . . Z 16
Prés (Av. des) . . . . Y
République (Pl. de la) . . . . Z 17
Rhone (R. de) . . . . Z 18
St-Hilaire (R.) . . . . Z
St-Laurent (R.) . . . . Z 20
St-Martin (R.) . . . . Y
Sully (R. de) . . . . YZ 23
Villette-Gaté (R.) . . . . Y 25

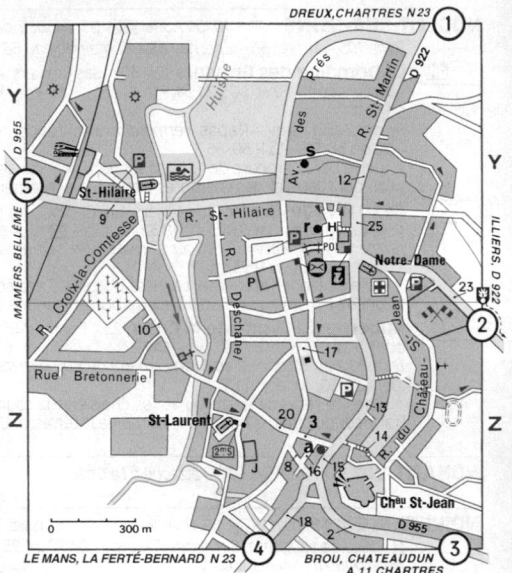

Sully sans rest, 51 rue Viennes ℘ 02 37 52 15 14, *hotel.sully@wanadoo.fr*, *Fax 02 37 52 15 20* – 🛗 📺 ❤ 🅿 – 🖀 20 à 25. 🆎 ⓞ ☒ Y s
fermé 23 déc. au 3 janv. – ☑ 7 – **42** ch 50/65.
♦ L'hôtel-Dieu abrite le cénotaphe du duc de Sully. Chambres sobres et fonctionnelles dans cette construction récente implantée dans un quartier nogentais calme.

Lion d'Or sans rest, 28 pl. St-Pol ℘ 02 37 52 01 60, *hotelauliondor@wanadoo.fr*, *Fax 02 37 52 23 82* – 📺 ❤ 🅿. ☒. ☒ Y r
fermé 26 au 30 déc. – ☑ 6 – **14** ch 46/69.
♦ Au lit, on dort… Chambres simples garnies d'un mobilier composite et bien tenues. Central : Office de tourisme, mairie et église Notre-Dame sont à deux pas.

Hostellerie de la Papotière, 3 r. Bourg le Comte ℘ 02 37 52 18 41, *Fax 02 37 52 94 71* – ☒ Z a
fermé dim. soir et lundi – **Repas** 26/35 ☒ - *Bistrot :* **Repas** 12,50, enf. 6,10.
♦ Porte en bois sculpté, pierres et poutres apparentes, cheminée : l'aménagement de la salle à manger a su préserver l'authenticité de cette maison du 16ᵉ s. Au Bistrot, cadre modeste et menu unique servi sur quatre tables en marbre dressées simplement.

à Villeray *(61 Orne)* par ① D 918 et D 10 : 11 km – ⊠ 61110 Condeau :

Moulin et Château de Villeray ⏰, ℘ 02 33 73 30 22, *moulin.de.villeray@wanadoo.fr*, *Fax 02 33 73 38 28*, ≤, 佘, 🏊, ❀, 🦌 – 📺 🅿 – 🖀 35 à 50. 🆎 ⓞ ☒ ☒
Repas 26/69 ☒ – ☑ 15 – **33** ch 130/290, 6 suites – ½ P 85/140.
♦ Charme d'un ancien moulin au bord de l'Huisne ou cadre plus solennel dans un château des 16ᵉ et 18ᵉ s. : un choix cornélien, mais un plaisir certain. Agréable parc. Belle salle à manger rustique et quiète terrasse bordant la rivière. Cuisine au goût du jour.

NOGENT-SUR-AUBE *10240 Aube* 👁👁👁 *F3 – 316 h alt. 99.*
Paris 171 – Troyes 33 – Châlons-en-Champagne 65 – Romilly-sur-Seine 48.

Assiette Champenoise ''Vallée de l'Aube'', D 441 ℘ 03 25 37 66 74, *Fax 03 25 37 51 08*, 佘, 🦌 – 🅿. ☒ ☒
fermé 13 au 19 sept., le soir en hiver sauf vend. et sam. – **Repas** (dîner sur réservation) 19/29.
♦ Belle maison à colombages du 18ᵉ s. Salle rustique et agréable terrasse dressée dans un ravissant jardin fleuri. Cuisine mitonnée avec les produits du potager et du marché.

NOGENT-SUR-MARNE *94 Val-de-Marne* 👁👁👁 *D2* 👁👁👁 ㉗ – *voir Paris, Environs.*

NOGENT-SUR-SEINE ◀▶ 10400 Aube 📖 B3 G. Champagne Ardenne – 5 963 h alt. 67.

Paris 105 – Troyes 56 – Épernay 83 – Fontainebleau 66 – Provins 19 – Sens 47.

🏨 **Le Domaine des Graviers** ⚜, 30 r .des Graviers ℘ 03 25 21 81 90, info@domaine-des
-graviers.com, Fax 03 25 21 81 91, ≼, 龠, ℀, 🏊 – ℀ 📺 ৬ 🅿 – 🕍 30 à 150. 🆎 🅶🅱,
℀ rest

fermé 2 au 17 janv. – **Repas** (fermé dim. soir) (résidents seul.)(dîner seul) (16) - 20 ♇ – 🍽 7,50
– **26 ch** 56/95 – ½ P 50/65.

◆ Cette belle demeure de 1860 et ses dépendances sises dans un parc de 17 ha abritent un
salon bourgeois et des chambres plaisantes, sobrement meublées en rotin. Minigolf.

XX **Beau Rivage** ⚜ avec ch, r. Villiers-aux-Choux, près piscine ℘ 03 25 39 84 22, aubeauriva
ge@wanadoo.fr, Fax 03 25 39 18 32, ≼, 龠 – 📺 ৬ – 🕍 25. 🅶🅱, ℀ ch

fermé 16 au 31 août, 15 fév. au 1ᵉʳ mars, dim. soir et lundi – **Repas** 19,50/36, enf. 15 – 🍽 7
– **10 ch** 46/52 – ½ P 53.

◆ Salle à manger moderne, terrasse bucolique dressée sur une berge de la Seine, cuisine
soignée et chambres refaites : quatre bonnes raisons de faire étape au Beau Rivage.

XX **Auberge du Cygne de la Croix**, 22 r. Ponts ℘ 03 25 39 91 26, cygnedelacroix@wanad
oo.fr, Fax 03 25 39 81 79, 龠 – 🅶🅱

fermé 22 au 30 déc., 2 au 6 janv., mardi de nov. à mars, dim. soir et lundi soir – **Repas** 16,50
(déj.), 21,50/40, enf. 11 ♇.

◆ Dans ce relais de poste du 16ᵉ s., choisissez le cadre chaleureux de la salle à manger, la
fraîcheur du jardin d'hiver ou le calme de la terrasse. Cuisine traditionnelle.

NOHANT-VIC 36 Indre 📖 H7 – rattaché à La Châtre.

NOIRÉTABLE 42440 Loire 📖 B5 G. Auvergne – 1 637 h alt. 720.

🛈 Office de tourisme, 8 rue des Tilleuls ℘ 04 77 24 93 04, Fax 04 77 24 94 78, noiretable.of
fice-tourisme@wanadoo.fr.

Paris 421 – Ambert 46 – Lyon 116 – Montbrison 45 – Roanne 45 – St-Étienne 90 – Thiers 25.

🏨 **Rendez-vous des Chasseurs**, Ouest : 2 km par D 53, rte Hermitage ℘ 04 77 24 72 51,
Fax 04 77 24 93 40, ≼ – 📺 🅶🅱

fermé 17 sept. au 10 oct., vacances de fév., dim. soir et lundi sauf hôtel de juil. à sept. –
Repas 10/32 🍷 – 🍽 5,50 – **10 ch** 36/44,50 – ½ P 27/36.

◆ Adresse familiale sur la route du monastère de l'Hermitage. Les chambres du bâtiment
récent sont pratiques et bien tenues ; les autres, très simples, attendent une rénovation.
Restaurant rustique offrant une jolie vue sur la vallée. Cuisine traditionnelle.

NOISY-LE-GRAND 93 Seine-St-Denis 📖 G7 📖 ⑱ – voir à Paris, Environs.

NOIZAY 37210 I.-et-L. 📖 O4 – 1 155 h alt. 56.

Paris 230 – Tours 21 – Amboise 11 – Blois 44 – Vendôme 49.

🏨 **Château de Noizay** ⚜, Rte Chançay ℘ 02 47 52 11 01, noizay@relaischateaux.com,
Fax 02 47 52 04 64, 龠, 🏊, ℀, 🏊 – 📺 ৬ 🅿 – 🕍 20. 🆎 ⓞ 🅶🅱 🅹🅲🅱

fermé 18 janv. au 12 mars – **Repas** (fermé le midi du mardi au jeudi) 34 (déj.), 45/69 – 🍽 17
– **19 ch** 135/265 – ½ P 149,50/214,50.

◆ Ce château du 16ᵉ s. niché dans un parc domine le village et son vignoble. Témoin en
1560 de la conjuration d'Amboise, il ne respire aujourd'hui qu'élégance et sérénité. Au
restaurant, charmants salons bourgeois, cuisine d'aujourd'hui et vins de Loire.

NOLAY 21340 Côte-d'Or 📖 H8 G. Bourgogne – 1 547 h alt. 299.

Voir site⋆ du Château de la Rochepot E : 5 km – Site⋆ du Cirque du Bout-du-Monde NE :
5 km.

🛈 Office de tourisme, 24 rue de la République ℘ 03 80 21 80 73, Fax 03 80 21 80 73,
ot@nolay.com.

Paris 316 – Beaune 20 – Chalon-sur-Saône 34 – Autun 30 – Dijon 64.

🏨 **Parc**, 3 pl. Hôtel-de-Ville ℘ 03 80 21 78 88, Fax 03 80 21 86 39, 龠 – 📺 ৬ 🅿. 🅶🅱, ℀ rest

hôtel : 15 mars-30 nov., rest. : 1ᵉʳ avril-30 nov. – **Repas** 15/32 ♇ – 🍽 9 – **14 ch** 55/86 –
½ P 55/70.

◆ Relais de poste du 16ᵉ s. aux petites chambres simplement meublées, fraîches et bien
insonorisées ; au deuxième étage, elles sont dotées de charpentes apparentes. Petite salle
à manger rustique agrémentée de poutres et d'une cheminée. Plaisante cour-terrasse.

🏠 **Halle** sans rest, pl. des Halles ℘ 03 80 21 76 37, la-halle@terroirs-b.com,
Fax 03 80 21 76 37 – 🅶🅱

🍽 7 – **14 ch** 39/47.

◆ Face aux halles du 14ᵉ s., deux corps de bâtiments de part et d'autre d'une cour
intérieure fleurie. Chambres assez modestes mais bien tenues, plus spacieuses sur l'arrière.

XX **Burgonde,** 35 r. République   *℘ 03 80 21 71 25, burgonde.resto@wanadoo.fr,*
Fax 03 80 21 88 06 – ▤. GB
fermé janv., fév., mardi et merc. – **Repas** 18,20/54, enf. 9,10 ♀.
◆ Restaurant aménagé dans un ancien bazar (vitrines exposant encore toutes sortes
d'objets de pacotille) ; les tables peintes par les membres d'un CAT méritent le coup d'oeil.

Les NONIÈRES 26410 Drôme ▨▨▨ G5 – alt. 282.
Paris 648 – Die 25 – Gap 84 – Grenoble 73 – Valence 91.

🏠 **Mont-Barral** ⌂, *℘ 04 75 21 12 21, mtbarral@aol.com, Fax 04 75 21 12 70,* ㏿, ▨, ▨,
▨ – **P**. GB
fermé 15 nov. au 15 fév., mardi soir et merc. sauf hôtel en saison – **Repas** 19/40, enf. 8 –
⊡ 7,50 – **20 ch** 41/50 – ½ P 43,50/50,50.
◆ Halte montagnarde fréquentée par les randonneurs de la haute Drôme. Les chambres
aménagées dans l'extension récente sont plus spacieuses. Modeste salle à manger de style
rustique. Carte traditionnelle escortée d'un menu consacré au terroir.

NONTRON ◁☜▷ 24300 Dordogne ▨▨▨ E2 *G. Berry Limousin* – 3 500 h alt. 260.
🅱 *Office de tourisme, avenue du Général Leclerc ℘ 05 53 56 25 50, Fax 05 53 60 34 13.*
Paris 454 – Angoulême 45 – Libourne 135 – Limoges 68 – Périgueux 50 – Rochechouart 42.

🏛 **Grand Hôtel,** 3 pl. A. Agard *℘ 05 53 56 11 22, grand-hotel-pelisson@wanadoo.fr,*
Fax 05 53 56 59 94, ㏿, ▨, ▨ – ▤ ♿ **P**. GB
fermé dim. soir d'oct. à mai – **Repas** 15/46 ♀ – ⊡ 6 – **23 ch** 38/53 – ½ P 49.
◆ Dans la cité connue pour son célèbre couteau en buis, ancien relais de poste à l'at-
mosphère "vieille France" ; les chambres, campagnardes, sont régulièrement entretenues.
Plats régionaux servis dans un cadre rustique ou sur une terrasse ouverte sur le jardin.

Ecrivez-nous...
Vos louanges comme vos critiques seront examinées avec le plus grand soin.
Nous reverrons sur place les informations que vous nous signalez.
Par avance merci !

NORT-SUR-ERDRE 44390 Loire-Atl. ▨▨▨ G3 – 5 885 h alt. 13.
🅱 *Office de tourisme, 12 place du Bassin ℘ 02 51 12 60 74, Fax 02 40 72 17 03, ot.nort
surerdre@free.fr.*
Paris 372 – Nantes 32 – Ancenis 27 – Châteaubriant 37 – Rennes 82 – St-Nazaire 65.

XX **Bretagne** avec ch, 41 r. A. Briand *℘ 02 40 72 21 95, hotel-de-bretagne@wanadoo.fr,*
Fax 02 40 72 25 07, ㏿, ▨ – ▣ ♿ **P** ▥ ◉ GB
fermé dim. soir et lundi – **Repas** 14,50/32, enf. 9 ♀ – ⊡ 10 – **7 ch** 35/59 – ½ P 49.
◆ Au coeur d'une bourgade du Jardin de la France, deux chaleureuses salles à manger aux
tons pastel et une terrasse fleurie. Chambres claires et sobres, au mobilier moderne.

NORVILLE 76330 S.-Mar. ▨▨▨ D5 – 807 h alt. 50.
Voir *Château d'Etelan*★ *S : 1 km,*G. Normandie Vallée de la Seine.
Paris 172 – Le Havre 47 – Rouen 47 – Bolbec 19 – Honfleur 45 – Lisieux 72.

X **Auberge de Norville** avec ch, 6 r. Ecoles *℘ 02 35 39 91 14, Fax 02 35 38 47 08* – ▣. GB
Repas *(fermé dim. soir et lundi)* 11/32 ♖ – ⊡ 4,50 – **10 ch** 34/40.
◆ Maison régionale bordant la route. Sol carrelé, poutres et cuivres composent le cadre
sagement rustique de la salle à manger. Chambres simples et nettes.

NOTRE-DAME-DE-BELLECOMBE 73590 Savoie ▨▨▨ M3 *G. Alpes du Nord* – 510 h alt. 1150 –
Sports d'hiver : 1 150/2 070 ≰ 19 ⚄.
🅱 *Office de tourisme, ℘ 04 79 31 61 40, Fax 04 79 31 67 09, info@notredamedebelle-
combe.com.*
Paris 585 – Chamonix-Mont-Blanc 43 – Albertville 25 – Annecy 54 – Chambéry 76.

X **Ferme de Victorine,** Le Planay, Est : 3 km par rte des Saisies *℘ 04 79 31 63 46,*
Fax 04 79 31 79 91, ㏿ – **P**. ▥ ◉ GB. ▨
*fermé 16 juin au 4 juil., 11 nov. au 19 déc., dim. soir et lundi du 15 avril au 15 juin et de sept.
à nov.* – **Repas** 19/37.
◆ La ferme de Victorine, la grand-mère, a été étonnamment réaménagée : bar plus vrai
que nature et, par une baie vitrée, vue directe sur l'étable et ses laitières !

NOTRE-DAME-DE-BONDEVILLE 76 S.-Mar. ▨▨▨ G5 – rattaché à Rouen.

NOTRE-DAME-DE-GRAVENCHON 76330 S.-Mar. **304** D5 _G. Normandie Vallée de la Seine –_
8 618 h alt. 35.

> _Paris 176 – Le Havre 40 – Rouen 51 – Bolbec 14 – Yvetot 25._

🏨 **Pascal Saunier,** 1 r. Amiral Grasset _☎ 02 35 38 60 67, saunierpascal@yahoo.fr,_
Fax 02 35 38 30 64, ☞ – ☎ ⊡ ☎ P̱ – ⚙ 20. ⌶ ⊞
Repas _(fermé 28 juil. au 11 août, 23 déc. au 2 janv. et les week-ends sauf fériés)_ 18/32 –
☐ 7,50 – **30 ch** 55/89 – ½ P 60.
● Entourée d'un jardin, grande demeure à colombages (1930) abritant des chambres
vastes, lumineuses et simplement meublées. Petit-déjeuner servi sous forme de buffet. Les
baies vitrées du restaurant offrent une perspective sur le complexe de Port-Jérôme.

NOTRE-DAME-DE-MONTS 85690 Vendée **316** D6 – _1 528 h alt. 6._

> Voir _La Barre-de-Monts : Centre de découverte du Marais breton-vendéen N : 6 km_
> G. Poitou Vendée Charentes.

> 🛈 _Office de tourisme, 6 rue de la Barre ☎ 02 51 58 84 97, Fax 02 51 58 15 56, office.tou_
> _risme.notredamedemonts@wanadoo.fr._

> _Paris 457 – Challans 22 – Nantes 72 – Noirmoutier-en-l'Île 26 – La Roche-sur-Yon 66._

🏠 **L'Orée du Bois** ⌂, 14 r. Frisot _☎ 02 51 58 84 04, hoteloreedubois@aol.com,_
Fax 02 51 58 81 78, ⌷ – ⊡ ☎ ⅙ P̱. ⊞
Pâques-fin sept. – **Repas** _(dîner seul.)(résidents seul.)_ 16,50 – ☐ 7 – **30 ch** 56 – ½ P 50/55.
● Réparties dans trois bâtiments d'un quartier résidentiel, chambres où règne le bois
cérusé. Celles du rez-de-chaussée possèdent une terrasse.

> _Si le coût de la vie subit des variations importantes,_
> _les prix que nous indiquons peuvent être majorés._
> _Lors de votre réservation à l'hôtel, faites-vous préciser le prix définitif._

NOTRE-DAME-DU-HAMEL 27390 Eure **304** D8 – _194 h alt. 200._

> _Paris 158 – L'Aigle 21 – Argentan 48 – Bernay 28 – Évreux 55 – Lisieux 40 – Vimoutiers 28._

XXX **Moulin de la Marigotière,** D 45 _☎ 02 32 44 58 11, Fax 02 32 44 40 12, ☞, ♨ – P̱. ⊞_
fermé 22 fév. au 5 mars, dim. soir, lundi soir sauf juil.-août, mardi soir et merc. – **Repas** 25
(déj.), 32/57 et carte 51 à 63.
● Dans les murs d'un ancien moulin, salle à manger à l'atmosphère rustico-bourgeoise.
Agréable parc bordant une rivière et belle vue sur la campagne.

NOUAN-LE-FUZELIER 41600 L.-et-Ch. **318** J6 – _2 319 h alt. 113._

> 🛈 _Office de tourisme, place de la Gare ☎ 02 54 88 76 75, Fax 02 54 88 19 91, nouan.ot-_
> _si@wanadoo.fr._

> _Paris 177 – Orléans 44 – Blois 59 – Cosne-sur-Loire 74 – Gien 56 – Lamotte-Beuvron 8._

🏠 **Les Charmilles** ⌂ sans rest, D 122-rte Pierrefitte-sur-Sauldre _☎ 02 54 88 73 55,_
Fax 02 54 88 74 55, ♨ – ⊡ P̱. ⊞. ⊁
fermé fév. – ☐ 7 – **13 ch** 38/51.
● Maison bourgeoise du début du 20ᵉ s. nichée dans un parc agrémenté d'un étang. Vous
occuperez des chambres aux tons frais, assez spacieuses et bien tenues.

XX **Dahu,** 14 r. H. Chapron _☎ 02 54 88 72 88, Fax 02 54 88 21 28, ☞, ☞ – P̱. ⊞_
fermé 7 au 13 juin, 6 janv. au 12 fév., mardi et merc. – **Repas** 21/47 ☼.
● Au milieu d'un exubérant jardin (terrasse en été), ancienne bergerie transformée en
restaurant. On se sent vraiment à la campagne dans la salle rustique à charpente apparente.

Le NOUVION-EN-THIÉRACHE 02170 Aisne **306** E2 – _2 917 h alt. 185._

> 🛈 _Syndicat d'initiative, Hôtel de Ville ☎ 03 23 97 98 06, Fax 03 23 97 98 04, si.nouvion_
> _@wanadoo.fr._

> _Paris 198 – St-Quentin 49 – Avesnes-sur-Helpe 20 – Guise 21 – Hirson 25 – Vervins 27._

🏠 **Paix,** r. J. Vimont-Vicary _☎ 03 23 97 04 55, la.paix.pierrart@wanadoo.fr,_
Fax 03 23 98 98 39, ☞ – ⊡ ☎ P̱. ⊞
fermé 16 août au 1ᵉʳ sept., 15 fév. au 2 mars et dim. soir – **Repas** _(fermé sam. midi, dim. soir_
et lundi) (11,90) - 16/35, enf. 9 ☼ – ☐ 6 – **15 ch** 46/61 – ½ P 43/58.
● Hôtel bien tenu dont les chambres sont diversement aménagées ; quelques-unes ont
été rénovées dans un style plus moderne. Accueil familial. Sympathique atmosphère provinciale dans la spacieuse salle à manger décorée de boiseries colorées.

NOUZERINES 23 Creuse **325** J2 – rattaché à Boussac.

NOUZONVILLE 08700 Ardennes 306 K4 G. Champagne Ardenne – 6 869 h alt. 120.
Paris 237 – Charleville-Mézières 8 – Givet 53 – Rocroi 26.

XX **Potinière,** Nord : 1 km rte Hautes-Rivières ♪ 03 24 53 13 88, Fax 03 24 53 36 19, 斎, 綿
– 🅿. ⅁🄱
fermé 9 au 31 août, 27 fév. au 3 mars, dim. soir et lundi – **Repas** 18 (déj.), 26/34.
♦ En pleine campagne, avenante auberge entourée d'un jardin fleuri et arboré. Salle à
manger rustique agrémentée d'une cheminée en pierre. Accueil tout sourire.

NOVALAISE 73 Savoie 333 H4 – rattaché à Aiguebelette-le-Lac.

NOVES 13550 B.-du-R. 340 E2 G. Provence – 4 440 h alt. 97.
🄳 Syndicat d'initiative, place Jean Jaurès ♪ 04 90 92 90 43, Fax 04 90 92 90 43, tourisme.
noves@wanadoo.fr.
Paris 688 – Avignon 14 – Arles 38 – Carpentras 33 – Cavaillon 17 – Marseille 86 – Orange 36.

🏨 **Auberge de Noves** ⑤, rte Châteaurenard, 2 km par D 28 ♪ 04 90 24 28 28, resa@aube
rgedenoves.com, Fax 04 90 24 28 00, ≤, 斎, ⊥, ℅, ॼ – 岗 圁 ⅏ 🅲 🅿 – 🔏 30. 🄰🄴 ⓪ ⅁🄱
❄ ᴶᶜᴮ
mi-fév.-début-nov. – **Repas** (fermé mardi midi, lundi hors saison et sam. midi) 41 (déj.),
53/96 et carte 61 à 78 ℉ – ☷ 18 – **19 ch** 199/299, 4 suites – ½ P 195/240.
♦ Séduisante alliance de l'esprit familial et du luxe en cette noble demeure nichée dans un
superbe parc. Décor soigné et meubles de style dans les chambres. Élégant restaurant et
charmante terrasse où vous dégusterez une belle cuisine provençale.
Spéc. Escargots de Provence en caillette. Tian d'agneau de sept heures. Gratin de fraises
des bois (mai à sept.). **Vins** Côtes du Lubéron, Lirac.

NOYAL-MUZILLAC 56190 Morbihan 308 Q9 – 1 920 h alt. 52.
Paris 456 – Vannes 30 – La Baule 44 – St-Nazaire 52.

🏠 **Manoir de Bodrevan** ⑤, au Nord-Est : 2 km par D 153 et rte secondaire
♪ 02 97 45 62 26, Fax 02 97 45 01 40, 綿 – 🅃 🅲 & 🅿. ℅ rest
fermé 7 janv. au 4 avril et 5 nov. au 15 déc. – **Repas** (dîner seul.)(résidents seul.)(menu
unique) 21 – ☷ 9,20 – **6 ch** 62,50/94 – ½ P 61/73,20.
♦ Accueil cordial, atmosphère décontractée et chambres personnalisées offrant confort
et raffinement font le charme de cet hôtel aménagé dans un ancien pavillon de chasse.

NOYAL-SUR-VILAINE 35 I.-et-V. 309 M6 – rattaché à Rennes.

NOYANT-DE-TOURAINE 37 I.-et-L. 317 M6 – rattaché à Ste-Maure-de-Touraine.

NOYON 60400 Oise 305 J3 G. Picardie Flandres Artois – 14 471 h alt. 52.
Voir Cathédrale Notre-Dame★★ – Abbaye d'Ourscamps★ 5 km par N 32.
🄳 Office de tourisme, place de l'Hôtel de Ville ♪ 03 44 44 21 88, Fax 03 44 93 36 39,
tourisme@noyon.com.
Paris 108 – Compiègne 29 – St-Quentin 47 – Amiens 67 – Laon 53 – Soissons 40.

🏨 **Cèdre** sans rest, 8 r. Évêché ♪ 03 44 44 23 24, reservation@hotel-lecedre.com,
Fax 03 44 09 53 79 – ⅙ 🅃 🅲 & 🅿 – 🔏 40. 🄰🄴 ⓪ ⅁🄱 ᴶᶜᴮ
☷ 6,50 – **35 ch** 57/66,50.
♦ En parfaite harmonie avec la cité, hôtel construit en briques rouges, disposant de
chambres au mobilier avant tout pratique. La plupart offrent une vue sur la cathédrale.

XX **Dame Journe,** 2 bd Mony ♪ 03 44 44 01 33, Fax 03 44 09 59 68 – ▤. ⅁🄱
fermé 16 au 24 avril, 3 au 10 janv., mardi soir, merc. soir, dim. soir et lundi – **Repas** 19/48 ℉.
♦ Fréquenté par des habitués, ce restaurant dispose d'un cadre chaleureux et soigné :
fauteuils de style Louis XVI et boiseries. Vous y savourerez une cuisine traditionnelle.

à Pont l'Évêque Sud : 3 km par N 32 et D 165 – 803 h. alt. 35 – ⊠ 60400 :

X **L'Auberge,** ♪ 03 44 44 05 17, auberge60@hotmail.com, Fax 03 44 44 39 50, 斎 – 🄰🄴 ⓪
⅁🄱
fermé 18 au 24 août, dim. soir, mardi soir et merc. – **Repas** 15 (déj.), 23/28.
♦ Située au centre du bourg, cette maison tapissée de vigne vierge abrite une salle
rustique agrémentée d'une cheminée décorative. Plats traditionnels et clins d'œil au
terroir.

NUAILLÉ 49 M.-et-L. 317 E6 – rattaché à Cholet.

NUITS-ST-GEORGES 21700 Côte-d'Or **320** J7 G. Bourgogne – 5 573 h alt. 243.

🖪 Office de tourisme, 3 rue Sonoys ℰ 03 80 62 11 17, Fax 03 80 61 30 98, ot-nuits-st-georges@wanadoo.fr.

Paris 320 – Beaune 22 – Dijon 22 – Chalon-sur-Saône 45 – Dole 67.

🏨 **Gentilhommière** ⤸, rte Meuilley, Ouest : 1,5 km ℰ 03 80 61 12 06, contact@lagentiho mmiere.fr, Fax 03 80 61 30 33, 🌧, ▨, ✸, ⚕ – ▥ ℰ 丸 ▣ – 🛆 30. ஊ ⑩ ☺
🄼🄲🄱

fermé mi-déc. à début fév. – **Chef Coq** (fermé merc. midi, sam. midi et mardi) **Repas** 18,50(déj.), 42/57,50, enf. 15 ♈ ⚗ – ⊇ 12,50 – **31 ch** 85/250.

♦ Pavillon de chasse du 16ᵉ s. coiffé d'un toit à la mode régionale. Chambres de différents standings ; certaines donnent sur le parc traversé par une rivière. Au restaurant, cuisine au goût du jour assortie d'une belle carte de bourgognes (vieux millésimes).

🏨 **Hostellerie St-Vincent**, r. Gén. de Gaulle ℰ 03 80 61 14 91, hostellerie.stvincent@wana doo.fr, Fax 03 80 61 24 65 – 🛌 ▥ ℰ 丸 ▣ – 🛆 25 à 40. ஊ ⑩ ☺
fermé 18 fév. au 3 mars – **L'Alambic** ℰ 03 80 61 35 00 (fermé 2 au 21 janv., dim. soir hors saison et lundi midi) **Repas** 20/42, enf. 8 ♈ ⚗ – ⊇ 9,50 – **24 ch** 64/70 – ½ P 62,50.

♦ Maison récente abritant des chambres pratiques et bien insonorisées. Le restaurant, où trône un superbe alambic, occupe un caveau bâti avec des pierres de l'ancienne prison de Beaune ! Très belle sélection de vins locaux.

à Curtil-Vergy Nord-Ouest : 7 km par D 25, D 35 et rte secondaire – 85 h. alt. 350 – ⊠ 21220 :

🏨 **Manassès** ⤸ sans rest, ℰ 03 80 61 43 81, hotel.manasses@freesurf.fr, Fax 03 80 61 42 79, 🌧 – ▥ ℰ ▣. ஊ ⑩ ☺. ✸
mars- nov. – ⊇ 9,50 – **12 ch** 70/95.

♦ Cette belle maison régionale renfermant une collection de meubles rustiques abrite aussi un musée de la vigne. Le prince de Galles en personne y a séjourné !

NYONS ⟨SP⟩ 26110 Drôme **332** D7 G. Provence – 6 723 h alt. 271.

Voir Vieux Nyons★ : Rue des Grands Forts★ – Pont Roman (vieux Pont)★.

🖪 Office de tourisme, place de la Libération ℰ 04 75 26 10 35, Fax 04 75 26 01 57, ot.nyons@wanadoo.fr.

Paris 653 ④ – Alès 109 ③ – Gap 106 ① – Orange 43 ③ – Sisteron 99 ① – Valence 98 ④.

NYONS

Autiero (Pl.) 2	Digue	Petits-Forts (R. des) 10
Chapelle (R. de la) 3	(Promenade de la) 4	Randonne (R.) 12
	Liberté (R. de la) 6	Résistance
	Maupas (Rue) 8	(R. de la) 14

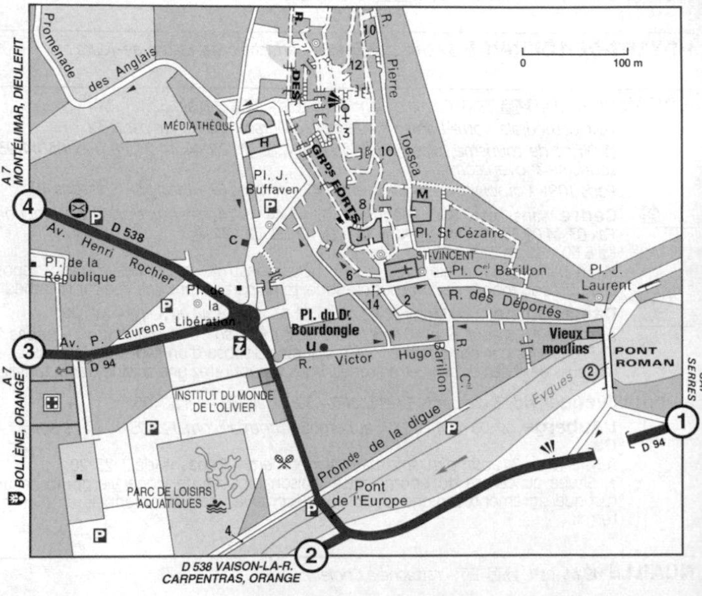

🏠 **Caravelle** ⌂ sans rest, 8 r. Antignans par prom. Digue ℘ 04 75 26 07 44, Fax 04 75 26 07 44, ☞ – ⬥ 📺 **P** ⅏ ℀
avril-oct. – ☖ 8,50 – **11 ch** 70/80.

♦ Villa 1900 d'une surprenante architecture et jardin planté de catalpas. Chambres soignées (non-fumeurs), parfois décorées de hublots provenant d'un ancien navire de guerre.

🏠 **Picholine** ⌂, prom. Perrière par prom. des Anglais, Nord : 1 km ℘ 04 75 26 06 21, picholine26@wanadoo.fr, Fax 04 75 26 40 72, ≤, 🍴, 🏊, ☞ – ■ ch, 📺 **P** – ⅏ 15. ⅏
fermé 24 oct. au 17 nov. et 7 fév. au 1ᵉʳ mars – **Repas** (fermé lundi d'oct. à avril et mardi) 22,50/39 – ☖ 7,50 – **16 ch** 55/69 – ½ P 58/65.

♦ Halte paisible sur les hauteurs de Nyons parmi les oliviers et les pavillons résidentiels. Chambres tout en couleurs, parfois dotées d'un balcon. Les larges baies vitrées du restaurant ouvrent sur le jardin et la terrasse.

✗ **Une Autre Maison** avec ch, pl. République, par ④ ℘ 04 75 26 43 09, nyons@uneautremaison.com, Fax 04 75 26 93 69, 🍴, ☞ – ■ ch, 📺 **P** ⅏ ℀ ch
fermé 4 nov. au 26 déc. et 3 janv. au 18 fév. – **Repas** (fermé dim. soir et lundi) (dîner seul. en semaine) (17) - 42 – ☖ 12 – **6 ch** 135/155 – ½ P 110.

♦ Charmante maison du 19ᵉ s. blottie au coeur du village. Joli décor d'objets chinés au restaurant, agréable terrasse et appétissantes recettes. Belles chambres colorées.

✗ **Petit Caveau**, 9 r. V. Hugo (u) ℘ 04 75 26 20 21, Fax 04 75 26 07 28 – ▤. ⅏
fermé 30 nov. au 3 janv., jeudi soir hors saison, lundi sauf fériés et dim. soir – **Repas** 29/45, enf. 18 ☙.

♦ Derrière une façade discrète, longue salle voûtée aux murs peints où règne une ambiance typiquement "haut-provençale", frugale et intimiste. Bon choix de vins au verre.

rte de Gap par ① : 7 km sur D 94 – ✉ 26110 Nyons :

✗ **Charrette Bleue**, ℘ 04 75 27 72 33, Fax 04 75 27 76 14, 🍴 – **P**. ⅏
⊕ fermé 25 oct. au 3 nov., 13 déc. au 2 fév., dim. soir de mi-sept. à mars, mardi de sept. à juin et merc. – **Repas** 17 (déj.), 23/35, enf. 9 ☙.

♦ L'enseigne de cette ancienne ferme en pierre calcaire évoque l'autobiographie de René Barjavel, l'enfant du pays. Joli cadre rustique, cuisine régionale et vins choisis.

à Mirabel-aux-Baronnies par ② et D 538 : 7 km – 1 335 h. alt. 263 – ✉ 26110 :
Voir Office de Tourisme ℘ 04 75 27 13 93, Fax 04 75 27 13 93.
🛈 Office de tourisme, avenue de la Résistance ℘ 04 75 27 13 93, Fax 04 75 27 13 93.

✗ **Coloquinte**, av. Résistance ℘ 04 75 27 19 89, Fax 04 75 27 19 99, 🍴 – ⅏
fermé merc. d'oct. à mars et lundi – **Repas** 20/35 ☙.

♦ À proximité de Nyons, ce "paradis terrestre" célébré par Giono, profitez de la douceur du climat sur la courette-terrasse fleurie et ombragée d'un tilleul. Cuisine du marché.

rte d'Orange par ③ : sur D 94 – ✉ 26110 Nyons :

🏠 **Bastide des Monges** ⌂ sans rest, à 4 km ℘ 04 75 26 99 69, lesmonges@wanadoo.fr, Fax 04 75 26 99 70, ≤, 🏊, ☞ – 📺 📞 ⇔ **P**. ⅏ ℀
10 avril-10 oct. – ☖ 11 – **9 ch** 79/108.

♦ Une importante restauration a métamorphosé cette ancienne ferme en un hôtel pétri de charme. Accueil délicieux, chambres raffinées ouvertes sur les vignes et coquet jardin.

✗✗ **Croisée des Chemins**, à 6 km ℘ 04 75 27 61 19, Fax 04 75 27 68 55, 🍴 – **P**. ⅏
fermé 21 au 30 juin, 21 au 29 sept., 24 nov. au 15 déc., 21 au 28 fév., mardi soir, dim. soir hors saison et merc. – **Repas** 18 (déj.), 25/50, enf. 10.

♦ Maison crépie surgissant du vignoble. La salle à manger au cadre rustique voisine avec une pièce plus petite, réservée aux non-fumeurs. Cuisine traditionnelle.

OBERHASLACH 67280 B.-Rhin **315** H5 G. Alsace Lorraine – 1 505 h alt. 270.
🛈 Syndicat d'initiative, 22 rue du Nideck ℘ 03 88 50 90 15, Fax 03 88 48 75 24, mairie.oberhaslach@libertysurf.fr.
Paris 482 – Strasbourg 45 – Molsheim 16 – Saverne 32 – St-Dié 57.

🏠 **Hostellerie St-Florent**, ℘ 03 88 50 94 10, hotel.stflorent@wanadoo.fr, ⅏ Fax 03 88 50 99 61 – 📶, ■ rest, 📺 ⅏ **P** – ⅏ 15. ⅏ ⅏ ⅏ ℀ ch
fermé 28 déc. au 1ᵉʳ fév. – **Repas** (fermé dim. soir et lundi) 10 (déj.), 15/45 ☙ – ☖ 8 – **24 ch** 45 – ½ P 47.

♦ Maison alsacienne proposant des chambres lumineuses au mobilier d'inspiration Louis-Philippe, mansardées au 3ᵉ étage. Élégante salle à manger de style rhénan agrémentée d'un plafond à caissons et de boiseries.

Ecrivez-nous...

*Vos louanges comme vos critiques seront examinées avec le plus grand soin.
Nous reverrons sur place les informations que vous nous signalez.*

Par avance merci !

OBERLARG 68480 H.-Rhin **315** H12 – 143 h alt. 525.

Paris 462 – Mulhouse 44 – Belfort 46 – Montbéliard 42.

✕ **Auberge de la Source de la Largue,** 19 r. Principale ℘ 03 89 40 85 10, Fax 03 89 08 19 86, ㊢, ㇛ – **P.** ☒
fermé mardi, merc. et jeudi – **Repas** (8,50) - 19,80 ♇.
◆ Maison du 18ᵉ s. tenue par la même famille depuis quatre générations. Poutres et boiseries décorent les salles à manger. À la carte, friture de carpes, tête de veau, tripes.

OBERNAI 67210 B.-Rhin **315** I6 G. Alsace Lorraine – 10 471 h alt. 185.

Voir Place du Marché★★ – Hôtel de ville★ H – Tour de la Chapelle★ L – Ancienne halle aux blés★ D – Maisons anciennes★.

🛈 Office de tourisme, place du Beffroi ℘ 03 88 95 64 13, Fax 03 88 49 90 84, otobernai@sdv.fr.

Paris 488 ① – Strasbourg 31 ① – Colmar 50 ② – Molsheim 12 ① – Sélestat 27 ②.

OBERNAI

Chamoine Gyss (R. du)	**A** 2	Dietrich (R.)	**A** 4
Chapelle (R. de la)	**A** 3	Étoile (Pl. de l')	**A** 5
		Fines Herbes (Pl. des)	**AB** 6
		Juifs (Ruelle des)	**A** 8
		Marché (R. du)	**B** 12
		Sainte-Odile (Rue)	**A** 16

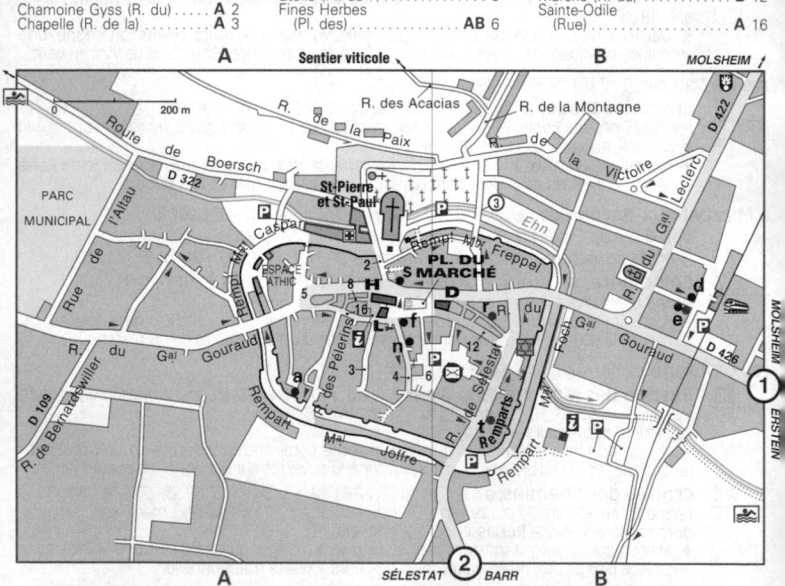

🏨 **Parc** ⬙, 169 rte Ottrott, à l'Ouest par D 426 ℘ 03 88 95 50 08, info@hotel-du-parc.com, Fax 03 88 95 37 29, ㇁, ⬭, ⬛, ㇛ – ⧉ ▤ ▥ ☎ ⬥ **P** – ⚿ 25 à 120. ⬜ ☒ ⬙ rest
fermé 27 juin au 10 juil. et 6 déc. au 9 janv. – **Repas** 40/68 - **La Table** (fermé dim. soir et lundi) **Repas** 44/70, enf. 15 – **Stub** (déj. seul.) (fermé lundi midi et dim.) **Repas** carte 29 à 38, enf. 14 ♇ – ⬚ 15 – **54 ch** 118/185, 6 suites – ½ P 150/175.
◆ Les chambres de cette grande demeure à pans de bois offrent une gamme étendue de niveaux de confort. Pour vos loisirs : belles piscines, fitness et... route des Vins. Atmosphère raffinée et cuisine au goût du jour à La Table. Spécialités alsaciennes au Stub.

🏨 **A la Cour d'Alsace** ⬙, 3 r. Gail ℘ 03 88 95 07 00, info@cour-alsace.com, Fax 03 88 95 19 21, ㊢, ㇛ – ⧉ ⅍ ㇾ ▥ ☎ ⬥ **P** – ⚿ 25 à 60. ⬜ ☒ ⬙ ☒ ⬙ A a
fermé 24 déc. au 25 janv. – **Jardin des Remparts** (fermé 29 juil. au 27 août, 24 déc. au 8 mars, jeudi midi, sam. midi, dim. soir) **Repas** 45/75 ♇ – **Caveau de Gail** (fermé 24 déc. au 25 janv. et jeudi soir) **Repas** 28,80 – ⬚ 14,50 – **43 ch** 125/149 – ½ P 111/119.
◆ Construction alsacienne typique jouxtant les remparts de la charmante cité. Confortables chambres meublées avec recherche. Au Jardin des Remparts, cadre feutré et cuisine au goût du jour sensible aux saisons. Le Caveau de Gail est une sympathique winstub.

🏛️ **Colombier** sans rest, 6 r. Dietrich ℰ 03 88 47 63 33, *hotel.colombier@wanadoo.fr*, Fax 03 88 47 63 39 – 🛗 ▦ 📺 ❤️ 🕭 ⇔ 🚗 ⬛ AE ⓞ GB   **A n**
⊊ 9 – **36 ch** 73/79, 8 suites.
◆ Derrière une façade respectueuse du style régional, se dissimule un intérieur au "look" résolument contemporain. Chambres parfois dotées de balcons ; d'autres avec colombages.

🏛️ **Les Jardins d'Adalric** 🐾 sans rest, 19 r. Mar. Koenig par ① ℰ 03 88 47 64 47, *jardins.adalric@wanadoo.fr*, Fax 03 88 49 91 80, 🛏, ☞, ❀ – 🛗 ⇆ 📺 ❤️ 🕭 🅿 – 🔬 25 à 30. AE GB
fermé dim. soir hors saison – ⊊ 9,50 – **46 ch** 72/82.
◆ Dans un quartier résidentiel, bâtiment moderne et son jardin bordé d'un ruisseau. Chambres refaites dans un style actuel plaisant et coquette salle des petits-déjeuners.

🏛️ **Diligence** sans rest, 23 pl. Mairie ℰ 03 88 95 55 69, *hotel.la.diligence@wanadoo.fr*, Fax 03 88 95 42 46 – 🛗 📺 ❤️ 🕭 🅿 AE GB JCB   **A f**
⊊ 8,90 – **25 ch** 47/72,50.
◆ L'hôtel donne sur une place fort pittoresque. Chambres insonorisées, mobilier de style ou bois cérusé. L'après-midi, la salle des petits-déjeuners accueille un salon de thé.

Annexe Résidence Bel Air 🏛️ 🐾 sans rest, à 1 km, 2 r. Haute Corniche ℰ 03 88 95 55 69, *hotel.la.diligence@wanadoo.fr*, Fax 03 88 95 42 46, ❀ – 📺 ❤️ ⇔ 🅿 AE GB JCB
⊊ 8,90 – **15 ch** 47/56.
◆ Demeure de caractère située sur la haute corniche, à l'écart de l'agitation du centre. Chambres confortables et coquettes. Petit-déjeuner servi à la Diligence.

🏛️ **Hostellerie Duc d'Alsace** sans rest, 6 r. Gare ℰ 03 88 95 55 34, *ducalsace@ducalsace.com*, Fax 03 88 95 00 92 – 📺 ❤️ – 🔬 30. GB   **B e**
⊊ 7,50 – **19 ch** 53/71.
◆ Cet établissement en constante évolution occupe deux maisons bâties au 17ᵉ s. Chambres agréablement aménagées et dotées de salles de bains lumineuses et modernes.

🏛️ **Vosges**, 5 pl. Gare ℰ 03 88 95 53 78, Fax 03 88 49 92 65, ☞ – 🛗 📺 ⬛ – 🔬 20. AE GB   **B d**
fermé 21 juin au 5 juil., 10 au 31 janv. – **Repas** *(fermé dim. soir hors saison et lundi)* 19, enf. 7,50 🍴 – ⊊ 8 – **22 ch** 46,50/57 – ½ P 52,50.
◆ Petite affaire traditionnelle cultivant avec application son atmosphère bon enfant. Chambres bien tenues, cadre gentiment rustique. Le décor du restaurant est sans artifice, mais l'accueil chaleureux. Cuisine familiale d'inspiration régionale.

🏛️ **Cloche**, 90 r. Gén. Gouraud ℰ 03 88 95 52 89, *hotel.lacloche@wanadoo.fr*, Fax 03 88 95 07 63, ☞ – ▦ rest, 📺 ❤️ – 🔬 20. GB. ❄ ch   **A s**
fermé 4 au 19 janv. – **Repas** *(fermé dim. soir et lundi)* 13,50/26,50, enf. 7,50 🍴 – ⊊ 8 – **20 ch** 39/52 – ½ P 45,50.
◆ Cadre historique d'une maison du 14ᵉ s. ayant conservé ses boiseries et vitraux et exposant des oeuvres de Spindler. Chambres pas très grandes mais confortables. Une salle à manger aux allures de taverne, l'autre égayée de fresques. Spécialités alsaciennes.

XXX **Fourchette des Ducs** (Stamm), 6 r. Gare ℰ 03 88 48 33 38, Fax 03 88 95 44 39 – AE GB   **B e**
❄
fermé 26 juil. au 26 août, 24 janv. au 4 fév., dim. soir, lundi et le midi sauf dim. – **Repas** 65/85 et carte 70 à 95.
◆ Boiseries sombres, poutres et vaisselier : cadre traditionnel rehaussé de notes contemporaines (tableaux, mise en place). Cuisine itou : alsacienne, mais au goût du jour.
Spéc. Duo de langoustines en tartare et gelée. Sandre piqué de lard fumé sur choucroute. Pigeonneau d'Alsace à la réduction de pinot noir. **Vins** Riesling, Tokay-Pinot gris.

XX **Cour des Tanneurs**, ruelle du canal de l'Ehn ℰ 03 88 95 15 70, Fax 03 88 95 43 84 – ▦. GB   **B r**
fermé 21 déc. au 3 janv., 1ᵉʳ au 14 juil., mardi et merc. – **Repas** 20/30 🍴.
◆ Faites une halte au pays des cigognes dans cette petite salle à manger agrémentée d'une fresque murale. Cuisine traditionnelle servie "à la bonne franquette".

XX **Bistro des Saveurs** (Schwartz), 35 r. Sélestat ℰ 03 88 49 90 41, Fax 03 88 49 90 51 – AE GB   **B t**
❄
fermé 26 juil. au 11 août, 18 oct. au 4 nov., 18 janv. au 5 fév., mardi midi et lundi – **Repas** 36/65 et carte environ 60 🍷.
◆ Maison du 16ᵉ s. joliment rénovée : plaisant mobilier régional, pierres et poutres d'époque. Appétissante cuisine panachant recettes d'aujourd'hui et produits du terroir.
Spéc. Artichauts poivrades et caillé de Munster. Quasi de veau de lait en cocotte. Tarte feuilletée aux mirabelles (saison)

à Ottrott *Ouest : 4 km par D 426 – 1 513 h. alt. 268 –* ⌧ *67530 .*

Voir *Couvent de Ste-Odile :* ☀★★ *de la terrasse, chapelle de la Croix★ SO : 11 km - pèlerinage 13 décembre.*

🛈 *Syndicat d'initiative, 46 rue Principale* 𝄞 *03 88 95 83 84, Fax 03 88 95 90 59, officedetourisme.ottrott@wanadoo.fr.*

Hostellerie des Châteaux ♨, Ottrott-le-Haut 𝄞 03 88 48 14 14, leschateaux@wanadoo.fr, Fax 03 88 48 14 18, ≤, ᛁ₆, ▨, ✿ – 🅿 ▤ 📺 ✆ ☕ 🅿 – 🕭 30 à 100. 🆎 ⓪ 🇬🇧
fermé fév. – **Repas** *(fermé 25 juil. au 10 août, dim. soir et lundi hors saison)* 36/80, enf. 16 ♀ – ☷ 14 – **62 ch** 110/205, 5 suites – ½ P 140/186.
◆ Cette hostellerie honore l'Alsace et son art décoratif si dévoué au bois, depuis le confort douillet des chambres jusqu'à l'atmosphère raffinée des salons. Restaurant cossu divisé en trois plaisantes salles. Cuisine classique mâtinée de saveurs régionales.

Beau Site, Ottrott-le-Haut 𝄞 03 88 48 14 30, lebeausiteott@wanadoo.fr, Fax 03 88 48 14 18, 🍽 – 🅿 📺 ✆ ☚ 🅿 🆎 ⓪ 🇬🇧
fermé 25 juil. au 10 août et fév. – **Repas** *(fermé lundi et mardi)* (14) - 21/52, enf. 10 ♀ – ☷ 11 – **18 ch** 78/160 – ½ P 68/121.
◆ Grande maison de style alsacien à oriel et colombages. Intérieur très soigné : mobilier de style partout, et trois nouvelles chambres superbes. Le lumineux restaurant vous invite à découvrir les gourmandises du terroir tout en admirant des oeuvres de Spindler.

A l'Ami Fritz ♨, Ottrott-le-Haut 𝄞 03 88 95 80 81, ami-fritz@wanadoo.fr, Fax 03 88 95 84 85, 🍽, ✿ – 🅿 📺 ✆ ☕ 🅿 – 🕭 20. 🆎 ⓪ 🇬🇧
fermé 18 janv. au 10 fév. – **Repas** *(fermé 24 juin au 8 juil., 18 janv. au 10 fév. et merc.)* 21/59, enf. 11 ♀ – ☷ 11 – **22 ch** 67/95 – ½ P 66/87.
◆ Maison régionale abritant des chambres confortables et agréablement personnalisées. L'enseigne, clin d'oeil au roman d'Ercckman-Chatrian, porte aussi le nom des propriétaires. Salle à manger décorée avec goût. Cuisine régionale arrosée du rouge d'Ottrott.

Clos des Délices, rte Klingenthal, Nord-Ouest : 1 km par D 426 𝄞 03 88 95 81 00, contact@leclosdesdelices.com, Fax 03 88 95 97 71, 🍽, ▨, 🏊 – 🅿 📺 🅿 – 🕭 15 à 35. 🆎 ⓪ 🇬🇧, ✄ rest
Repas *(fermé dim. soir sauf fériés et merc.)* 47,70 (déj.), 57,60 bc/66,50 bc – ☷ 11 – **23 ch** 81/104 – ½ P 80/122.
◆ Adossé à la forêt vosgienne, au pied du domaine skiable, un établissement dont les chambres sont plutôt bien équipées. Accueil simple et familial. Le restaurant offre un cadre élégant, feutré et agréablement fleuri. Registre culinaire classique.

Domaine Le Moulin, rte Klingenthal, Nord-Ouest : 1 km par D 426 𝄞 03 88 95 87 33, domaine.le.moulin@wanadoo.fr, Fax 03 88 95 98 03, 🍽, ✄, 🏊 – 🅿 📺 ✆ ☕ 🅿 – 🕭 15. 🇬🇧
fermé 21 déc. au 15 janv. – **Repas** *(fermé sam. midi, dim. soir et lundi midi)* 27 bc (déj.), 40/55, enf. 9 ♀ – ☷ 12 – **23 ch** 55/75, 3 duplex – ½ P 60/73.
◆ La route des Vins passe par cet hôtel derrière lequel s'étend un parc boisé de 40 ha incluant rivière et étang. Chambres joliment décorées, appartements de grand confort. Accueillant restaurant rustique. Terrasse face à la forêt. Carte d'inspiration régionale.

Aux Chants des Oiseaux ♨ sans rest, Ottrott-le-Haut 𝄞 03 88 95 87 39, ami-fritz@wanadoo.fr, Fax 03 88 95 84 85, ✿ – 📺 ✆ 🅿 🆎 ⓪ 🇬🇧
fermé 24 juin au 8 juil. et 18 janv. au 10 fév. – ☷ 11 – **16 ch** 70/80.
◆ En pleine nature, construction des années 1960 abondamment fleurie. Petites chambres meublées simplement dans un esprit campagnard. Entendrez-vous le chant des oiseaux ?

à Boersch *Ouest : 4 km par D 322 – 2 107 h. alt. 225 –* ⌧ *67530 :*

🛈 *Syndicat d'initiative, 1 place de l'Hôtel de ville* 𝄞 *03 88 95 93 41, Fax 03 88 95 93 41, tourisme@boersch.net.*

Chatelain, 𝄞 03 88 95 83 33, Fax 03 88 95 80 63, 🍽 – 🅿. 🆎 ⓪ 🇬🇧
fermé 19 janv. au 12 fév., jeudi midi, mardi midi et lundi – **Repas** 23 bc (déj.), 30/55 ♀ - **Winstub : Repas** carte environ 35 ♨.
◆ Propriété de viticulteurs convertie en restaurant au décor rustique ; cuisine au goût du jour. Dégustation de vins et petit musée du tonnelier dans les caves du 18ᵉ s. Recettes du terroir, tartes flambées et cadre particulièrement soigné à la Winstub.

Dans ce guide

un même symbole, un même mot,
imprimé en **rouge** *ou en* **noir**, *en maigre ou en* **gras**,
n'ont pas tout à fait la même signification.
Lisez attentivement les pages explicatives.

OBERSTEIGEN 67 B.-Rhin 315 H5 G. Alsace Lorraine – ⊠ 67710 Wangenbourg.

Voir Vallée de la Mossig★ E : 2 km.

Paris 466 – Strasbourg 39 – Molsheim 27 – Sarrebourg 32 – Saverne 16 – Wasselonne 13.

 Hostellerie Belle Vue ॐ, ℰ 03 88 87 32 39, hostellerie.belle-vue@wanadoo.fr, Fax 03 88 87 37 77, ≤, 黛, ℩₅, ℩, ≉ – ‖, ▤ rest, ₪ ❤ ₽ – ᴁ 20 à 40. ஊ ◐ ◷ ₃₃
℀ rest

5 avril-3 janv. et fermé dim. soir et lundi hors saison – **Repas** 23/40, enf. 12 ₽ – ☲ 8 – **25 ch** 67/75, 5 suites – ½ P 66.

♦ Cette hostellerie familiale proche de la forêt de Saverne abrite de confortables chambres. Grande salle de restaurant de style régional avec boiseries et poutres apparentes. Après le dîner, bar-club, billard et petite discothèque. Terrasse d'été bien fleurie.

OBERSTEINBACH 67510 B.-Rhin 315 K2 G. Alsace Lorraine – 184 h alt. 239.

Paris 458 – Strasbourg 68 – Bitche 22 – Haguenau 35 – Wissembourg 25.

XXX **Anthon** ॐ avec ch, 40 r. Principale ℰ 03 88 09 55 01, anthon2@wanadoo.fr, Fax 03 88 09 50 52, 黛, ≉ – ₽. ◷

fermé janv., mardi et merc. – **Repas** 24/61 et carte 45 à 63, enf. 11 ₽ – ☲ 10 – **9 ch** 48/58 – ½ P 72.

♦ Maison à colombages (1860) aux murs couleur sang-de-boeuf. Plaisante salle à manger rustique en rotonde. Deux chambres possèdent une boiserie d'alcôve intégrant les lits.

OBJAT 19130 Corrèze 329 J4 – 3 372 h alt. 131.

🛈 Office de tourisme, place Charles de Gaulle ℰ 05 55 25 96 73, Fax 05 55 25 97 45, tourisme.objat@cc-bassinobjat.com.

Paris 467 – Brive-la-Gaillarde 21 – Limoges 79 – Tulle 45 – Uzerche 30.

🏠 **France,** av. G. Clemenceau (vers la gare) ℰ 05 55 25 80 38, hoteldefrance.objat@wanadoo .fr, Fax 05 55 25 91 87 – ▤ rest, ₪ ❤ ₽. ◷

fermé 20 sept. au 5 oct. et 24 déc. au 3 janv. – **Repas** (fermé dim. soir et sam. hors saison) 12/38, enf. 8 ₽ – ☲ 6 – **27 ch** 25/36 – ½ P 33/36.

♦ Proches de la gare, deux bâtiments reliés par un patio où l'on sert les apéritifs en saison. Chambres simples et fonctionnelles ; certaines sont plus récentes. La carte du restaurant fait la part belle aux spécialités régionales.

OCHIAZ 01 Ain 328 H4 – rattaché à Bellegarde-sur-Valserine.

ODENAS 69460 Rhône 327 G3 – 735 h alt. 300.

Paris 427 – Mâcon 33 – Bourg-en-Bresse 54 – Lyon 47 – Villefranche-sur-Saône 15.

X **Christian Mabeau,** ℰ 04 74 03 41 79, christian.mabeau@france-beaujolais.com, Fax 04 74 03 49 40, 黛 – ◷

fermé 30 août au 12 sept., 2 au 12 janv., dim. soir et lundi sauf fériés – **Repas** 25,50/53,50, enf. 18.

♦ Cette façade discrète dissimule un charmant restaurant où se confrontent styles rustique et contemporain. En été, installez-vous sur la terrasse en bordure des vignes.

OEYRELUY 40 Landes 335 E12 – rattaché à Dax.

OFFRANVILLE 76 S.-Mar. 304 G2 – rattaché à Dieppe.

OGNES 02 Aisne 306 B5 – rattaché à Chauny.

L'OIE 85140 Vendée 316 J7 – 835 h alt. 102.

Paris 394 – Cholet 40 – Nantes 62 – Niort 94 – La Roche-sur-Yon 29.

🏠 **Grand Turc,** 33 rue Nationale ℰ 02 51 66 08 74, Fax 02 51 66 14 13, ℩ – ‖ ₪ ❤ ₽. ஊ ◐ ◷ ℀ ch

fermé vacances de printemps, de Noël, sam. soir et dim. hors saison – **Repas** 17/31 ₽ – ☲ 7 – **19 ch** 50/62 – ½ P 57.

♦ L'enseigne évoque le mamelouk Amakuc, chef de la garde de Napoléon Ier lors du passage de l'Empereur à l'auberge. À l'arrière, chambres fonctionnelles et bien tenues. À table : formule buffet à midi et menus traditionnels évoluant au fil des saisons le soir.

Le Guide change, changez de guide tous les ans.

OINGT 69620 Rhône **327** G4 – 523 h alt. 550.

Paris 446 – Lyon 35 – Roanne 60 – Tarare 21 – Villefranche-sur-Saône 16.

XX **Donjon,** 64 petite rue du Marché ℰ 04 74 71 20 24, Fax 04 74 71 10 91, ≤, ㎡ – **GB**
fermé vacances Toussaint, 1ᵉʳ au 15 janv., mardi et merc. – **Repas** 18,50/45 ℒ.
♦ Dans la salle à manger campagnarde ou dans l'autre plus actuelle, attablez-vous près des fenêtres pour jouir de la vue sur les monts du Lyonnais et du Beaujolais.

OIRON 79100 Deux-Sèvres **322** F3 G. Poitou Vendée Charentes – 945 h alt. 95.

Voir Château★★.

Paris 326 – Poitiers 56 – Loudun 15 – Parthenay 41 – Thouars 12.

XX **Relais du Château** avec ch, 17 pl. Marronniers ℰ 05 49 96 54 96, relaisduchateau@aol.f
r, Fax 05 49 96 54 45, ㎡ – **TV** &. **GB**
fermé 26 janv. au 9 fév., lundi (sauf hôtel), dim. soir et soirs fériés – **Repas** 12,50/35 ℒ – � 5 –
14 ch 26/36 – ½ P 32/35.
♦ Le village abrite le château de Madame de Montespan. Sur la place, salle à manger rustique assez lumineuse, ouverte sur une cour-terrasse. Cuisine traditionnelle.

OISLY 41700 L.-et-Ch. **318** F7 – 310 h alt. 120.

Paris 208 – Tours 61 – Blois 27 – Châteauroux 80 – Romorantin-Lanthenay 32.

XX **St-Vincent,** ℰ 02 54 79 50 04, Fax 02 54 79 50 04, ㎡ – **GB**
fermé mi-déc. à fin janv., mardi et merc. – **Repas** 22/48, enf. 13 ℒ.
♦ La cuisine au goût du jour, subtilement épicée, attire les gourmets en ce restaurant rustique dont l'enseigne célèbre le patron des vignerons. Dégustations de vins du pays.

OIZON 18700 Cher **323** L2 – 752 h alt. 230.

Paris 179 – Bourges 54 – Cosne-sur-Loire 35 – Gien 29 – Orléans 66 – Salbris 38 – Vierzon 50.

X **Les Rives de l'Oizenotte,** à l'étang de Nohant, Est : 1 km ℰ 02 48 58 06 20,
Fax 02 48 58 28 97, ≤, ㎡ – **P. GB**
fermé vacances Toussaint, Noël et fév., lundi soir, mardi et merc. – **Repas** (nombre de couverts limité, prévenir) 16/22,50, enf. 7,40.
♦ Ambiance bucolique dans ce sympathique restaurant installé au bord d'un étang. Amusante décoration sur le thème de la pêche. Cuisine toute simple.

OLEMPS 12 Aveyron **338** H4 – rattaché à Rodez.

OLETTE 66360 Pyr.-Or. **344** E7 – 345 h alt. 616.

🛈 Syndicat d'initiative, rue Fusterie ℰ 04 68 97 08 62, Fax 04 68 97 08 62, s.i.hautconflent-
@free.fr.

Paris 887 – Font-Romeu-Odeillo-Via 29 – Perpignan 61 – Prades 16.

🏠 **Fontaine,** ℰ 04 68 97 03 67, Fax 04 68 97 09 18, ㎡ – **TV. AE ➊ GB**
fermé janv., mardi soir et merc. – **Repas** 15/32 δ – ⊑ 7 – **6 ch** 42 – ½ P 35/39.
♦ Sur la place du village, maison du 19ᵉ s. à la pimpante façade couleur saumon. Intérieur récent, avec chambres crépies équipées de meubles en pin. Les deux salles à manger offrent un cadre coloré de style rustique. La cuisine est fidèle au terroir catalan.

OLIVET 45 Loiret **318** I4 – rattaché à Orléans.

Les OLLIÈRES-SUR-EYRIEUX 07360 Ardèche **331** J5 – 797 h alt. 200.

🛈 Office de tourisme, Grande Rue ℰ 04 75 66 30 21, Fax 04 75 66 20 31, aucoeurde-
lardeche@fnotsi.net.

Paris 593 – Valence 34 – Le Cheylard 28 – Lamastre 33 – Montélimar 53 – Privas 19.

XX **Truffolier** avec ch, D 120 ℰ 04 75 66 20 32, Fax 04 75 66 20 63 – ▦ rest, **TV P. GB.** ✼ ch
fermé 8 au 15 juin, 28 sept. au 12 oct., 18 janv. au 1ᵉʳ fév., dim. soir et lundi sauf fériés hors saison – **Repas** 17/40, enf. 10 ℒ – ⊑ 7 – **7 ch** 42/58 – ½ P 45/53.
♦ Salle à manger d'esprit rustique, cuisine traditionnelle sans prétention : cette auberge familiale de la vallée de l'Eyrieux vous accueille en toute simplicité.

OLLIOULES 83190 Var **340** K7 G. Côte d'Azur – 12 198 h alt. 52.

Voir Gorges d'Ollioules★.

🛈 Office de tourisme, 116 rue Philippe de Hauteclocque ℰ 04 94 63 11 74, Fax 04 94 63 33
72, office-tourisme@ollioules.com.

Paris 829 – Toulon 8 – Aix-en-Provence 80 – Marseille 59.

✗ **L'Assiette Gourmande,** pl. H. Duprat (parvis de l'église) ☎ 04 94 63 04 61, 🍴 – 🄶🄱. ✿

fermé mardi et merc. de sept. à juin et le midi en juil.-août – **Repas** (nombre de couverts limité, prévenir) 23/32.

♦ Vous apprécierez la cuisine de caractère de cette maison, sur la terrasse s'il fait beau, ou bien à l'intérieur : petite salle colorée de style bistrot et mezzanine.

OLMETO *2A Corse-du-Sud* 🄷🄴🄵 *C9 – voir à Corse.*

OLONNE-SUR-MER *85340 Vendée* 🄷🄸🄵 *F8 – 10 060 h alt. 40.*

🄳 *Office de tourisme, place de la mairie ☎ 02 51 90 75 45, Fax 02 51 90 77 30, office-de-tourisme.olonne@wanadoo.fr.*

Paris 454 – La Roche-sur-Yon 33 – Les Sables-d'Olonne 6 – St-Gilles-Croix-de-Vie 25.

au Nord-Ouest *sur D 80 : 7 km –* ⊠ *85340 Olonne-sur-Mer :*

✗✗ **Auberge de la Forêt,** rte Amis de la Nature ☎ 02 51 90 52 29, *mguery@aol.com,* Fax 02 51 20 11 89, 🍴 – 🄿. 🄰🄴 ⓞ 🄶🄱

fermé 14 janv. à mi-mars, lundi et mardi – **Repas** 23 bc/54, enf. 9,20 ♀.

♦ Auberge de bord de route à la lisière de la forêt d'Olonne. Deux coquettes salles, dont une terrasse-véranda, au cadre rustique soigné où dominent les tons ocre.

OLORON-STE-MARIE ⟨ⓈⓅ⟩ *64400 Pyr.-Atl.* 🄷🄸🄴 *I5 G. Aquitaine – 10 992 h alt. 224.*

Voir *Portail*★★ *de l'église Ste-Marie.*

🄳 *Office de tourisme, place de la Résistance ☎ 05 59 39 98 00, Fax 05 59 39 43 97, oloron-ste-marie@fnotsi.net.*

Paris 809 ⑤ – Pau 34 ② – Bayonne 105 ⑤ – Mont-de-Marsan 101 ①.

OLORON-STE-MARIE

Barthou (R. Louis) . . . . . . **B**
Bellevue
  (Promenade) . . . . **B** 2
Biscondau . . . . **B** 3
Bordelongue (R. A.) . . . . . **B** 4
Camou (R.) . . . . **B**
Casamayor-Dufaur (R.) . . **A** 5
Cathédrale (R.) . . . . **A** 6
Dalmais (R.) . . . . **B** 7
Derème
  (Av. Tristan) . . . . **A** 8
Despourins (R.) . . . . **A** 9
Gabe (Pl. Amédée) . . . . . **B** 10
Gambetta (Pl.) . . . . **A** 12
Jaca (Pl. de) . . . . **A** 13
Jeliotte (R.) . . . . **B** 14
Mendiondou (Pl.) . . . . **B** 15
Moureu
  (Av. Charles et Henri) . **A** 16
Oustalots (Pl. des) . . . . . . **A** 18
Pyrénées (Bd des) . . . . . . **A** 19
Résistance
  (Pl. de la) . . . . **B** 20
St-Grat (Rue) . . . . **A** 22
Tassigny
  (Av. de Lattre de) . . . . . **A** 23
Toulet (R. Paul-Jean) . . . . **A** 24
Vigny (Av. Alfred de) . . . . **A** 26
4-Septembre (Av. du) . . . **A** 28
14-Juillet (Av. du) . . . . **A** 30

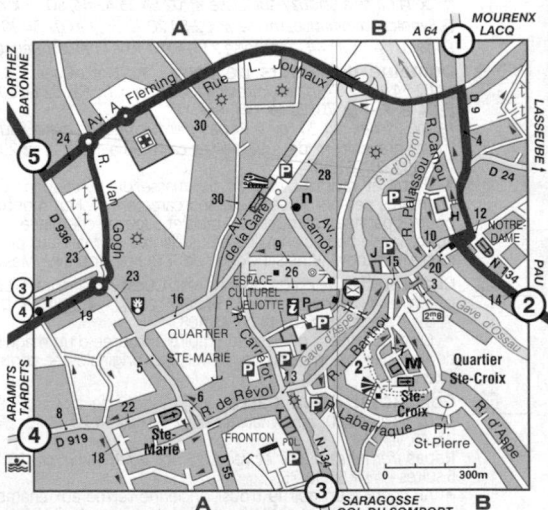

🏨🏨 **Alysson,** bd Pyrénées ☎ 05 59 39 70 70, *alysson.hotel@wanadoo.fr,* Fax 05 59 39 24 47, 🍴, 🏊, 🌳 – 📶 🔟 📺 ✆ 🖧 🄿 – 🔏 15 à 35. 🄰🄴 ⓞ 🄶🄱   A r

Repas *(fermé 26 déc. au 18 janv.)* 24,50/37 ♀ – ☲ 9,50 – **32 ch** 75/90 – ½ P 70/76.

♦ Hôtel moderne abritant des chambres spacieuses et fonctionnelles (certaines avec baignoire "balnéo") et des salles de réunions bien équipées. Boiseries blondes et mobilier contemporain caractérisent la vaste salle à manger ouverte sur le jardin.

🏠 **Paix** sans rest, 24 av. Sadi-Carnot ☎ 05 59 39 02 63, Fax 05 59 39 98 20 – 📺 ✆ 🄿. 🄶🄱.   A n

fermé 8 au 16 mars, 4 au 15 oct. et dim. du 15 sept. au 30 juin – ☲ 5 – **24 ch** 34/41.

♦ Dans le quartier de la gare, adresse familiale bénéficiant de rénovations périodiques. Les chambres, modestes, sont de bonne ampleur et fort bien tenues.

à Herrere par ② : 8 km – 369 h. alt. 283 – ⊠ 64680 :

  🏛   **Domaine de l'Aragon,** rte Pau ℰ 05 59 39 24 63, *domaine.aragon@wanadoo.fr,*
    Fax 05 59 39 24 84, ☞ – 📺 🅿. ⟱ㅂ
    Repas (dîner seul.)(résidents seul.) 23 – ☲ 8 – **9 ch** 70/80.
    ◆ Accueillante maison bourgeoise entourée d'un agréable jardin planté d'arbres cente-
    naires. Décoration soignée, meubles de style et literie neuve caractérisent les chambres.

OMONVILLE-LA-PETITE 50440 Manche 🅳🅾🅽 A1 – 132 h alt. 33.
    Paris 380 – Cherbourg 25 – Barneville-Carteret 45 – Nez de Jobourg 7 – St-Lô 101.

  🏠   **Fossardière** ⌖ sans rest, au hameau de la Fosse ℰ 02 33 52 19 83, Fax 02 33 52 73 49 –
    🅿. ⟱ㅂ
    15 mars-15 nov. – ☲ 8 – **10 ch** 40/63.
    ◆ Petites chambres bien meublées et réparties dans plusieurs maisons constituant un
    paisible hameau proche d'Omonville, le village où repose Jacques Prévert. Sauna.

OMONVILLE-LA-ROGUE 50440 Manche 🅳🅾🅽 A1 – 520 h alt. 25.
    Paris 379 – Cherbourg 24 – Caen 145 – Avranches 141 – St-Lô 100.

  XX   **Les Murets** ⌖ avec ch, Le Tourp 1,5km par D45 ℰ 02 33 01 84 60, *les-murets@wanadoo.*
    fr, Fax 02 33 01 85 92, ☞ – ⁜, ▤ rest, 📺. ⟱ㅂ. ⌖ ch
    fermé 15 janv. au 15 fév. et merc. sauf juil.-août – **Repas** (fermé le soir d'oct. à Pâques sauf
    vend. et sam.) 19,50/30,50 ♀ – ☲ 7 – **8 ch** 30/48,50 – ½ P 52/55.
    ◆ Mitoyen du Tourp (espace culturel et muséographique), ce plaisant restaurant ouvre
    sa véranda sur la campagne. Cuisine du marché. Petites chambres exclusivement
    non-fumeurs.

ONZAIN 41150 L.-et-Ch. 🅷🅸🅷 E6 – 3 141 h alt. 69.
    🆗 de la Carte à Chouzy-sur-Cisse ℰ 02 54 33 42 43, SO : 6 km par N 152.
    🅱 Syndicat d'initiative, mairie ℰ 02 54 20 72 59, Fax 02 54 20 74 34.
    Paris 201 – Tours 44 – Amboise 21 – Blois 19 – Château-Renault 24 – Montrichard 23.

  🏛🏛🏛 **Domaine des Hauts de Loire** ⌖, Nord-Ouest : 3 km par D 1 et voie privée
  ❀❀   ℰ 02 54 20 72 57, *hauts.loire@relaischateaux.fr,* Fax 02 54 20 77 32, ㈜, ⌁, ⁜, 🐾 – ▤ ch,
    📺 ⟲ 🅿 – 🅰 70. ⟱ㅌ ⓪ ⟱ㅂ 🈸
    fermé 1ᵉʳ déc. au 20 fév. – **Repas** (fermé lundi et mardi sauf fériés) (nombre de couverts
    limité, prévenir) 70 (déj.), 90/140 et carte 88 à 115 ♀ – ☲ 20 – **23 ch** 110/270, 10 suites –
    ½ P 192,50/272,50.
    ◆ Castel et ravissant pavillon de chasse du 19ᵉ s. dans un vaste parc arboré (étang).
    Chambres personnalisées de grand caractère, vol en montgolfière, pêche, etc. Tentures,
    poutres patinées, parquet ciré, tapis et superbe cheminée : le restaurant a de l'allure.
    Spéc. Salade tiède d'anguilles croustillantes. Homard aux pistaches. Paupiette de lièvre à la
    royale (oct.-nov.). **Vins** Sauvignon de Touraine, Touraine-Mesland.

  🏛   **Château des Tertres** ⌖ sans rest, Ouest : 1,5 km par D 58 ℰ 02 54 20 83 88, *chateau.d*
    es.tertres@wanadoo.fr, Fax 02 54 20 89 21, 🐾 – 📶 📺 ⟲ 🅿. ⟱ㅌ ⟱ㅂ. 🈸
    1ᵉʳ avril-18 oct. – ☲ 8 – **18 ch** 73/108.
    ◆ Gentilhommière du Second Empire entourée d'un magnifique parc de 5 ha. Chambres
    de style Napoléon III ou Louis-Philippe, originales et contemporaines dans un cottage
    attenant.

  🏛   **Golf Hôtel de la Carte** ⌖, au golf de la Carte, Sud-Est : 4,5 km sur N 152
    ℰ 02 54 20 49 00, *infos@lacarte.com,* Fax 02 54 20 43 78, ㈜, ⌁, 🐾, 🐾 – 📺 ⟲ & 🅿 –
    🅰 40. ⓪ ⟱ㅂ
    Repas (fermé sam. soir et vend. 15 oct. au 15 avril) (12) - 20, enf. 8 – ☲ 8 – **20 ch** 75/105,
    5 suites – ½ P 58,50/75.
    ◆ Au coeur d'un golf (9 trous), ancienne ferme aux chambres spacieuses et sobres. Un
    pavillon indépendant abrite les duplex. Ambiance "british" au bar.

OPIO 06650 Alpes-Mar. 🅳🅸🅸 C5 – 1 922 h alt. 300.
    🅱 Syndicat d'initiative, Espace Commercial ℰ 04 93 77 70 11, Fax 04 93 77 70 11, *opio.syn*
    dicat.initiative@wanadoo.fr.
    Paris 911 – Cannes 17 – Digne-les-Bains 125 – Draguignan 74 – Grasse 9 – Nice 31.

  XX   **Mas des Géraniums,** à San Peyre, Est : 1 km sur D 7 ℰ 04 93 77 23 23, *creusot@le_mas*
    _des_geraniums.com, Fax 04 93 77 76 05, ㈜, ☞ – 🅿. ⟱ㅌ ⟱ㅂ
    fermé 21 nov. au 7 janv., jeudi midi du 15 juin à fin août, mardi et merc. – **Repas** 25 (déj.),
    32/45, enf. 12 ♀.
    ◆ Dès l'arrivée des beaux jours, attablez-vous sur la terrasse ombragée et fleurie où vous
    bénéficierez d'une vue sur le vieux village. Intérieur rustique. Carte classique.

ORADOUR-SUR-GLANE 87520 H.-Vienne 325 D5 G. Berry Limousin – 2 025 h alt. 275.

Voir *"Village martyr" dont la population a été massacrée en juin 1944.*

🚩 *Office de tourisme, place du Champ de Foire ℘ 05 55 03 13 73, Fax 05 55 03 24 92.*

Paris 408 – Limoges 25 – Angoulême 85 – Bellac 26 – Confolens 33 – Nontron 66.

🏨 **Glane**, 8 pl. Gén. de Gaulle ℘ 05 55 03 10 43, Fax 05 55 03 15 42 – 📺 ✆ 🅿 ⊖
Repas *(fermé 15 déc. au 31 janv. et lundi)* (9) - 20, enf. 6,50 ⅃ – 🍽 5,50 – **10 ch** 40/46 –
½ P 38.
◆ Sur la place centrale animée du village reconstruit, hôtel abritant des petites chambres
modestes mais bien tenues. Restaurant rustique où l'on mange au coude à coude. Buffets
de hors-d'oeuvre et de desserts et plats principaux simples à base de grillades.

🍴 **Milord**, 10 av. du 10-Juin ℘ 05 55 03 10 35, Fax 05 55 03 21 76 – ⊖
⊜ *fermé nov., dim. soir et merc. soir* – **Repas** 12/34 ⅃.
◆ Salle à manger de type brasserie : banquettes en velours rouge, lampes "rétro", tables
simplement dressées et assez serrées. Cuisine sans fioriture mais généreuse.

ORANGE 84100 Vaucluse 332 B9 G. Provence – 27 989 h alt. 97.

Voir *Théâtre antique*★★★ – *Arc de Triomphe*★★ – *Colline St-Eutrope* ≤★.

🏌 *d'Orange ℘ 04 90 34 34 04, par ② : 4 km.*

🚩 *Office de tourisme, 5 cours Aristide Briand ℘ 04 90 34 70 88, Fax 04 90 34 99 62,
orangetourisme@hotmail.com.*

Paris 655 ⑤ – Avignon 31 ⑤ – Alès 84 ⑤ – Carpentras 24 ③ – Nîmes 56 ⑤.

ORANGE

Arc-de-Triomphe	
(Av. de l')	**AY**
Artaud (Av. A.)	**ABY**
Blanc (R. A.)	**BZ**
Briand (Crs A.)	**AYZ**
Caristie (R.)	**BY** 2
Châteauneuf (R. de)	**BZ** 3
Clemenceau (Pl. G.)	**BY** 4
Concorde (R. de la)	**BY**
Contrescarpe	
(R. de la)	**BY**
Daladier (Bd E.)	**ABY**
Fabre (R. H.)	**BY**
Frères-Mounet	
(Pl. des)	**BY** 5
Guillaume-le	
Taciturne (Av.)	**BY**
Herbes (Pl. aux)	**BY** 7
Lacour (R.)	**AY**
Leclerc (Av. Gén.)	**BZ**
Levade (R. de la)	**BY**
Mistral (Av. F.)	**BY** 9
Noble (R. du)	**ABY**
Pourtoules (Cours)	**BZ**
Pourtoules (R.)	**BZ** 12
Princes d'Orange-	
Nassau (Mtée des)	**AZ**
République (Pl. de la)	**BY** 14
République (R. de la)	**BY** 16
Roch (R. Madeleine)	**BZ** 18
St-Clement (Rue)	**AZ**
St-Florent (R.)	**BY** 20
St-Jean (Rue)	**AY**
St-Martin (R.)	**AY** 22
Tanneurs (R. des)	**AY** 24
Thermes (Av. des)	**AZ**
Tourre (R. de)	**AZ** 26
Victor-Hugo (Rue)	**AY**

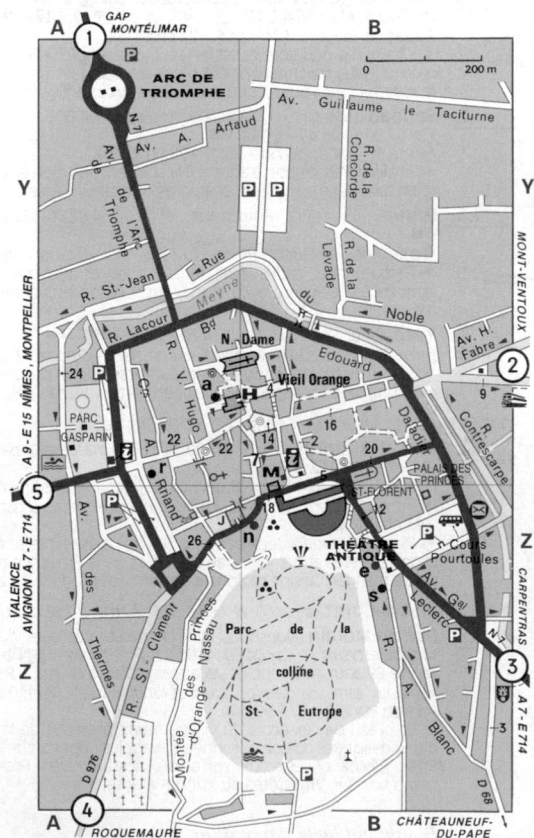

Mercure, rte Caderousse par ⑤ ✆ 04 90 34 24 10, *H1270@accor-hotels.com, Fax 04 90 34 85 48,* – 20 à 100.
Repas *(fermé sam. midi et dim. midi de nov. à fév.)* *(18)* - 25,50, enf. 10 – 10,50 – **99 ch** 95/125.
◆ Établissement proposant des chambres au décor provençal soigné. Joyeux salon et service très attentionné séduiront aussi bien la clientèle d'affaires que les touristes. Le restaurant s'ouvre sur la piscine de l'hôtel, au bord de laquelle on déjeune en été.

Arène sans rest, pl. Langes ✆ 04 90 11 40 40, *hotel-arene@wanadoo.fr, Fax 04 90 11 40 45* – AY a
fermé 8 au 30 nov. – 8 – **30 ch** 67/92.
◆ Située sur une place piétonne, à l'ombre des platanes, grande maison ancienne dont les chambres, personnalisées, renferment un mobilier de style. Réception ornée de vitraux.

Glacier sans rest, 46 cours A. Briand ✆ 04 90 34 02 01, *hotelgla@aol.com, Fax 04 90 51 13 80* – AY r
fermé 18 déc. au 3 janv., dim. du 14 nov. au 6 mars et sam. en janv. et fév. – 6 – **28 ch** 47/70.
◆ La pimpante façade rose abrite un hôtel chaleureusement tenu par la même famille depuis trois générations. Petites chambres peu à peu rénovées dans le style provençal.

Ibis Orange-Sud sans rest, à l'échangeur A 7 Orange-Sud, par ③ : *2 km* ✆ 04 90 51 40 40, *h4986gm@accor-hotels.com, Fax 04 90 51 40 44,* –
6 – **77 ch** 68.
◆ Tout nouveau, tout beau : cet Ibis constitue une étape pratique sur la route des vacances. Côté parking ou côté piscine, les chambres sont aux dernières normes de la chaîne.

Ibis Orange-Centre, rte Caderousse par ⑤ ✆ 04 90 34 35 35, *h0925@accor-hotels.com, Fax 04 90 34 96 47,* – ch, – 20.
Repas *(13)* - 15, enf. 6 – 6 – **72 ch** 61/68.
◆ Chambres peu spacieuses et équipées simplement, mais bien tenues ; celles de l'aile récente, plus fraîches, ont été rénovées selon les dernières normes de la chaîne. Salle à manger-véranda au décor d'inspiration "jardin d'hiver". Cuisine traditionnelle.

St-Jean sans rest, 1 cours Pourtoules ✆ 04 90 51 15 16, *hotel.saint-jean@wanadoo.fr, Fax 04 90 11 05 45* – BZ s
fermé 1er janv. au 15 fév. – 6 – **22 ch** 47/70.
◆ Ancien relais de poste adossé à la colline St-Eutrope et voisin du théâtre antique. Original salon taillé dans la roche et chambres d'ampleur variée, meublées diversement.

Parvis, 55 cours Pourtoules ✆ 04 90 34 82 00, *Fax 04 90 51 18 19,* – . BZ e
fermé 7 nov. au 3 déc., 16 janv. au 3 fév., dim. et lundi – **Repas** 16/41, enf. 9,50.
◆ Parquet ciré, cadre sans fausse note et tableaux contemporains confèrent une atmosphère élégante à ce restaurant. Cuisine provençale assaisonnée d'une pincée de modernité.

Yaca, 24 pl. Silvain ✆ 04 90 34 70 03, – BZ n
fermé 28 oct. au 24 nov., mardi soir et merc. – **Repas** 12/22.
◆ À côté du théâtre antique, petite adresse où l'on propose une cuisine simple et copieuse dans une salle à manger colorée et en partie voûtée : Yaca... s'attabler !

par ① *N 7 et rte secondaire : 4 km* – ✉ *84100 Orange :*

Mas des Aigras , ✆ 04 90 34 81 01, *masdesaigras@free.fr, Fax 04 90 34 05 66,* –
fermé 23 oct. au 4 nov., 18 déc. au 13 janv., mardi et merc. d'oct. à mars – **Repas** *(fermé merc. midi et sam. midi d'avril à sept., mardi et merc. d'oct. à mars)* 18 (déj.), 26/50 – 11 – **13 ch** 75/106 – 1/2 P 72/90.
◆ Plaisante étape à deux pas de la N 7 : joli mas en pierre niché au milieu des vignes et des champs. Tissus et peintures aux couleurs de la Provence habillent les chambres. Coquette salle à manger. Cuisine régionale utilisant des produits biologiques.

à Sérignan-du-Comtat *par* ①*, N 7 et D 976 : 8 km – 2 254 h. alt. 80* – ✉ *84830 :*

Pré du Moulin (Alonso) avec ch, rte Ste-Cécile les Vignes ✆ 04 90 70 14 55, *predumoulin@libertysurf.fr, Fax 04 90 70 05 62,* –
fermé 29 août au 6 sept. et vacances scolaires de fév. – **Repas** *(fermé jeudi sauf le soir en juil.-août, dim. soir de sept. à juin et lundi)* 29 (déj.), 45/110 et carte 70 à 85, enf. 15 – 15 – **11 ch** 80/200 – 1/2 P 90/144.
◆ Le préau de l'ex-école du village réunit premiers de la classe et bonnets d'âne autour d'une délicieuse cuisine mitonnée suivant les opportunités du marché. Terrasse ombragée.
Spéc. Raviole ouverte aux truffes du Tricastin (hiver). Pressé de jarret de veau. Soufflé au Grand Marnier. **Vins** Côtes du Rhône-Villages.

Pas de publicité payée dans ce guide.

ORBEC 14290 Calvados **303** O5 G. Normandie Vallée de la Seine – 2 564 h alt. 110.

Voir Vieux manoir★.

🔋 Syndicat d'initiative, 2 rue Guillonière ℘ 02 31 61 12 35, Fax 02 31 61 22 09, omact.orbec @wanadoo.fr.

Paris 173 – L'Aigle 38 – Alençon 80 – Argentan 53 – Bernay 18 – Caen 85 – Lisieux 21.

XXX **Au Caneton,** 32 r. Grande ℘ 02 31 32 73 32, Fax 02 31 62 48 91 – ΑΕ GB JCB
fermé 30 août au 20 sept., 3 au 17 janv., mardi du 12 nov. à Pâques, dim. soir et lundi sauf fériés – **Repas** (nombre de couverts limité, prévenir) 19/75 et carte 47 à 70.
◆ Au centre du village, maison du 17ᵉ s. abritant deux salles à manger feutrées, décorées de cuivres et, enseigne palmipède oblige, d'une collection de canetons en faïence.

X **L'Orbecquoise,** 60 r. Grande ℘ 02 31 62 44 99, Fax 02 31 62 44 99 – GB
fermé 30 juin au 12 juil., 9 au 19 fév., merc. sauf le midi en saison et jeudi – **Repas** 16/38, enf. 7,70.
◆ Située dans la rue où ont résonné les premières notes du Jardin sous la pluie (Claude Debussy), agreste auberge aménagée dans une demeure du 17ᵉ s.

ORBEY 68370 H.-Rhin **315** G8 G. Alsace Lorraine – 3 548 h alt. 550 – Sports d'hiver Voir "Le Bonhomme".

🔋 Office de tourisme ℘ 03 89 71 30 11, Fax 03 89 71 34 11, info@kaysersberg.com.
Paris 434 – Colmar 23 – Gérardmer 42 – Munster 21 – St-Dié 37 – Sélestat 35.

🏨 **Bois Le Sire et son Motel,** r. Ch. de Gaulle ℘ 03 89 71 25 25, boislesire@bois-le-sire.fr, Fax 03 89 71 30 75, ⊠ – TV 📞 & P – 🏋 25. ΑΕ ⓞ GB JCB
fermé 2 janv. au 5 fév., dim. soir d'oct. à avril et lundi d'oct. à mai – **Repas** 9 (déj.), 16/43 ⍭ – 🚰 8,50 – **36 ch** 64 – ½ P 51,50/57,50.
◆ Dans cet établissement composé de deux bâtiments, choisissez les chambres du motel, en retrait de la route passante ; certaines d'entre elles ont été rénovées. Sauna, jacuzzi. Boiseries et mobilier de style au restaurant, où l'on sert des plats traditionnels.

🏨 **Aux Bruyères,** r. Ch. de Gaulle ℘ 03 89 71 20 36, beaulieu@auxbruyeres.com, Fax 03 89 71 35 30, 🌳, 🌿 – 📶 TV & P – 🏋 50. ΑΕ ⓞ GB
3 avril-24 oct., 20 au 31 déc. – **Repas** (fermé merc. midi et jeudi midi) 13/26,50, enf. 8 ⍭ – 🚰 7 – **29 ch** 43/65 – ½ P 38/50.
◆ Au centre du village, maison aux chambres fonctionnelles, plus calmes et spacieuses côté jardin ; quelques-unes possèdent un balcon. Également, salon de thé. Salle à manger au décor gentiment anachronique, terrasse d'été et cuisine aux accents régionaux.

à Basses-Huttes Sud : 4 km par D 48 – ⊠ 68370 Orbey :

🏨 **Wetterer** 📎, ℘ 03 89 71 20 28, info@hotel-wetterer.com, Fax 03 89 71 36 50 – 📶 TV 📞 & P. GB
fermé 7 mars au 1ᵉʳ avril, 2 au 26 nov., lundi et mardi du 5 janv. au 8 fév. et merc. – **Repas** 15/30, enf. 7,50 ⍭ – 🚰 7 – **15 ch** 32,50/49 – ½ P 40/44.
◆ Érigé au coeur d'un superbe paysage de montagnes et de forêts, cet hôtel des années 1960 propose des chambres simples et bien tenues. Salles de bains modernes. Salle à manger rustico-bourgeoise : poutres, cheminée, chaises Louis XIII et argenterie.

à Pairis Sud-Ouest : 3 km sur D 48 – ⊠ 68370 Orbey.

Voir Lac Noir★ : ← ✦ 30 mn O : 5 km.

🏨 **Bon Repos** 📎, ℘ 03 89 71 21 92, au-bon-repos@wanadoo.fr, Fax 03 89 71 24 51, 🌿 – TV P. GB
fermé 17 oct. au 18 déc. et merc. ; ouvert : avril à oct., vacances scolaires et week-ends – **Repas** (fermé le midi sauf week-ends et fériés) 13,50/29, enf. 8 ⍭ – 🚰 7 – **17 ch** 40/44 – ½ P 43/47.
◆ Sur la route des lacs, sympathique adresse ouverte sur un paisible jardin. Préférez les chambres de l'annexe, rénovées et calmes, toutes orientées vers une forêt de sapins. Accueillante salle à manger de style rustique où vous dégusterez une cuisine régionale.

ORCHIES 59310 Nord **302** H5 – 7 472 h alt. 40.

🔋 Syndicat d'initiative, 42 rue Jules Roch ℘ 03 20 64 86 32, Fax 03 20 64 86 32, syndicat-initiative-orchies@wanadoo.fr.
Paris 219 – Lille 29 – Denain 28 – Douai 20 – Tournai 20 – Valenciennes 30.

🏨 **Manoir,** Ouest par rte Seclin ℘ 03 20 64 68 68, contact@manoir.net, Fax 03 20 64 68 69, 🌳 – 📶 TV 📞 & P – 🏋 15 à 30. ΑΕ ⓞ GB
Repas (fermé 1ᵉʳ au 23 août, 22 au 30 déc., vend. soir, sam. midi, dim. soir et soirs fériés) (16,50) - 23/52 ⍭ – 🚰 10 – **34 ch** 73/99 – ½ P 57/72.
◆ Cet établissement pris entre l'A 23 et une route passante propose des chambres actuelles bénéficiant d'une bonne insonorisation. Relié à l'hôtel par un passage couvert, le restaurant du Manoir abrite un bar feutré et trois intimes salles à manger rustiques.

XX **Chaumière,** Sud : 3 km D 957, rte Marchiennes *ℰ* 03 20 71 86 38, *Fax 03 20 61 65 91,*
☆, ☞ – **P**. AE ① GB
fermé 1ᵉʳ au 10 sept., fév., dim. soir et lundi – **Repas** 12,50 (déj.), 25/62,50 bc ♀ ⌀.
♦ Des bibelots animaliers (nombreux chevaux) agrémentent le cadre agreste de ce restaurant. Cuisine traditionnelle, beau plateau de fromages et joli choix de bordeaux.

ORCIÈRES 05170 H.-Alpes ❸❸❹ F4 *G. Alpes du Sud* – 810 h alt. 1446 – *Sports d'hiver à Orcières-Merlette* : 1 850/2 650 m ⌀ 2 ⤋ 26 ⤊.
Env. *Vallée du Drac Blanc*★★ *NO* : 14 km.
🛈 *Office de tourisme, Maison du Tourisme ℰ* 04 92 55 89 89, Fax 04 92 55 89 75, info@orcieres.com.
Paris 676 – Briançon 109 – Gap 32 – Grenoble 113 – La Mure 73.

à Merlette *Nord* : 5 km par D 76 – ✉ 05170 Orcières :

🏠 **Les Gardettes** ⤋, *ℰ* 04 92 55 71 11, *info@gardettes.com, Fax 04 92 55 77 26,* ≤ – ⊡ **TV**
P. GB. ⌀ ch
15 juin-10 sept. et 1ᵉʳ déc.-1ᵉʳ mai – **Repas** 18,50/25, enf. 8 ♣ – ⌸ 7 – **15 ch** 48/85 –
½ P 55/62.
♦ Proche des pistes, hôtel familial à l'atmosphère montagnarde. Chambres très sobrement meublées, mansardées à l'étage supérieur ; quatre avec balcon côté soleil levant. Une ancienne étable abrite le restaurant : joli décor typiquement alpin et plats régionaux.

ORCINES 63 P.-de-D. ❸❷❻ F8 – *rattaché à Clermont-Ferrand.*

Nos guides hôteliers, nos guides touristiques et nos cartes routières
sont complémentaires. Utilisez-les ensemble.

ORCIVAL 63210 P.-de-D. ❸❷❻ E8 *G. Auvergne* – 244 h alt. 840.
Voir *Basilique Notre-Dame*★★.
🛈 *Office de tourisme, Le bourg mairie ℰ* 04 73 65 89 77, Fax 04 73 65 89 78, terres-domes.sancy@wanadoo.fr.
Paris 441 – Clermont-Ferrand 27 – Aubusson 82 – Le Mont-Dore 17 – Ussel 55.

🏠 **Roche** ⤋ sans rest, *ℰ* 04 73 65 82 31, Fax 04 73 65 94 15, ☞ – ⌀. ⌀
fermé 11 nov. au 23 déc. et lundi hors saison – ⌸ 5,50 – **9 ch** 32/42.
♦ Cet établissement situé face à la basilique fait aussi bar-tabac jusqu'à 20 h. Les chambres, petites et bien tenues, sont assez simples mais progressivement rafraîchies.

⤋ **Les Bourelles** ⤋ sans rest, *ℰ* 04 73 65 82 28, Fax 04 73 65 82 28, ≤, ☞
1ᵉʳ avril-30 sept. – ⌸ 6 – **5 ch** 25/30.
♦ Accueillante maison régionale abritant des petites chambres modestement meublées, mais bien tenues. Salle des petits-déjeuners plaisante et rustique. Joli jardin fleuri.

ORGEVAL 78 Yvelines ❸❶❶ H2 ❶⓿❶ ⑪ – *voir à Paris, Environs.*

ORGNAC-L'AVEN 07150 Ardèche ❸❸❶ I8 – 341 h alt. 190.
Voir *Aven d'Orgnac*★★★ *NO* : 2 km, G. Vallée du Rhône.
Paris 655 – Alès 44 – Aubenas 49 – Pont-St-Esprit 23.

⤋ **Stalagmites,** *ℰ* 04 75 38 60 67, Fax 04 75 38 66 02, ☆ – **P**. GB
1ᵉʳ mars-15 nov. – **Repas** 13,50/24 ♀ – ⌸ 6 – **24 ch** 30/40 – ½ P 33/40.
♦ Au village, chambres modestes, plus récentes à l'annexe où certaines disposent d'une kitchenette. Accueil charmant. Stalagmites et stalactites sont à 2 kms. Sobre salle à manger et belle terrasse d'été sous la tonnelle. Cuisine simple et plats du terroir.

ORLÉANS **P** 45000 Loiret ❸❶❽ I4 *G. Châteaux de la Loire* – 113 126 h Agglo. 263 292 h alt. 100.
Voir *Cathédrale Ste-Croix*★ : *boiseries*★★ – *Maison de Jeanne d'Arc* **V** – *Quai Fort-des-Tourelles* ≤★ *EZ* **60** – *Musée des Beaux-Arts*★★ **M**¹ – *Musée Historique et Archéologique*★ **M**² – *Muséum*★.
Env. *Olivet : parc floral de la Source*★★ *SE* : 8 km **CZ.**
🏌 *de Limère à Ardon ℰ* 02 38 63 89 40, *S* : 9 km par D 326 **BZ** ; 🏌 *d'Orléans Donnery à Donnery ℰ* 02 38 59 25 15, *E* :17 km par N 460 **CY** ; 🏌 *de Marcilly à Marcilly-en-Villette ℰ* 02 38 76 11 73, *SE par D 14 et D 108* : 18 km.
🛈 *Office de tourisme, 6 rue Albert 1er ℰ* 02 38 24 05 05, Fax 02 38 54 49 84, infos@tourisme-orleans.com.
Paris 132 ⑪ – Caen 311 ⑪ – Clermont-Ferrand 295 ⑥ – Le Mans 143 ⑩ – Tours 118 ⑨.

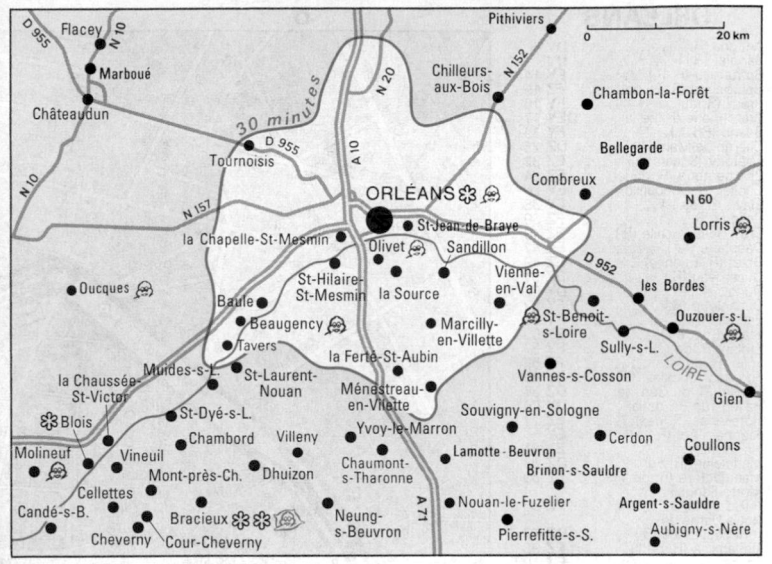

Mercure, 44 quai Barentin ℰ 02 38 62 17 39, *h0581@accor-hotels.com*, Fax 02 38 53 95 34, ≤, 🌧, 🔲 – 📶 🔄 🔲 🔲 ᶜ ᵍ 🄿 – 🔄 25 à 75. 🖭 ⓪ ⒼⒷ   **DZ t**
Repas *(fermé dim. midi et sam. de nov. à fév.)* 13,50 (déj.), 25/30, enf. 10 ♀ – ☐ 11 – **109 ch** 96/121.
♦ Vastes chambres insonorisées ; aux étages supérieurs, elles sont rénovées et offrent une vue sur la Loire. Le décor du hall-salon-bar s'inspire de la navigation fluviale. Restaurant au cadre marin et collection d'assiettes sur le thème de la batellerie.

d'Arc sans rest, 37 r. République ℰ 02 38 53 10 94, *hotel.darc@wanadoo.fr*, Fax 02 38 81 77 47 – 📶 🔲 ᶜ. 🖭 ⓪ ⒼⒷ ᴶᶜᴮ   **EY g**
☐ 8 – **35 ch** 70/90.
♦ Originale façade - et son arche inspirée du style Art Nouveau - abritant des chambres simples et bien tenues, desservies par un bel ascenseur digne de figurer dans un musée.

Terminus sans rest, 40 r. République ℰ 02 38 53 24 64, *terminus.orleans@wanadoo.fr*, Fax 02 38 53 24 18 – 📶 🔲 ᶜ – 🔄 25. 🖭 ⓪ ⒼⒷ. ⁇   **EY z**
fermé 24 déc. au 1er janv. – ☐ 7 – **47 ch** 60/75.
♦ Hôtel apprécié pour sa situation centrale. Petites chambres égayées de meubles de style et salle des petits-déjeuners claire, offrant une vue sur la place d'Arc.

Cèdres sans rest, 17 r. Mar. Foch ℰ 02 38 62 22 92, *contact@hoteldescedres.com*, Fax 02 38 81 76 46, 🌧 – 📶 🔄 🔲 ᶜ. 🖭 ⓪ ⒼⒷ ᴶᶜᴮ   **DY b**
fermé 24 déc. au 4 janv. – ☐ 5,50
34 ch 59/65.
♦ Situation paisible pour cet hôtel qui dispose de chambres plus ou moins grandes, rénovées par étapes. La véranda des petits-déjeuners ouvre sur le jardin planté de cèdres.

d'Orléans sans rest, 6 r. A. Crespin ℰ 02 38 53 53 34, *Fax 02 38 53 68 20* – 📶 🔄 🔲 ᶜ 🔲. 🖭 ⓪ ⒼⒷ   **EY t**
☐ 6,50 – **18 ch** 46/64.
♦ Deux bâtiments autour d'une cour et reliés entre eux par la salle des petits-déjeuners. Chambres de taille moyenne, sobres et pratiques. Des rafraîchissements sont en cours.

Marguerite sans rest, 14 pl. Vieux Marché ℰ 02 38 53 74 32, *hotel.marguerite@wanadoo .fr*, Fax 02 38 53 31 56 – 📶 🔲 ᶜ. ⒼⒷ. ⁇   **DZ f**
☐ 5 – **25 ch** 47/62.
♦ Entrée rénovée, couloirs refaits, insonorisation renforcée et literie neuve : cet hôtel central améliore progressivement son confort. Chambres spacieuses et simples.

ORLEANS

Antigna (R.) . . . . **DY** 4
Bannier (R.) . . . . **DY**
Bothereau (R. R.) . . . . **FY** 14
Bourgogne (R. Fg-de) . . . . . . **FZ** 15
Brésil (R. du) . . . . **FY** 16
Bretonnerie (R. de la) . . . . . **DEY** 17
Briand (Bd A.) . . . . **FY** 19
Champ-de-Mars (Av.) . . . . . . **DZ** 25
Châtelet (Square du) . . . . . . **EZ** 32
Charpenterie (R. de la) . . . . . **EZ** 34
Chollet (R. Théophile) . . . . . **EZ** 36
Claye (R. de la) . . . . **FZ** 38
Coligny (R.) . . . . **FZ** 39
Croix-de-la-Pucelle (R.) . . . . **EZ** 43
Dauphine (Av.) . . . . **EZ** 47
Dolet (R. Étienne) . . . . **EZ** 49
Ducerceau (R.) . . . . **EZ** 51
Dunois (Pl.) . . . . **DY** 52
Dupanloup (R.) . . . . **EFY** 53
Escures (R. d') . . . . **EY** 55
Étape (Pl. de l') . . . . **EY** 56
Ételon (R. de l') . . . . **FY** 57
Folie (R. de la) . . . . **FZ** 58
Fort-des-Tourelles (Q.) . . . . . **EZ** 60
Gaulle (Pl. du Gén.-de) . . . . . **DZ** 65
Hallebarde (R. de la) . . . . . . **DY** 70
Hôtelleries (R. des) . . . . **EZ** 71
Jeanne-d'Arc (R.) . . . . **EY**
Lin (R. au) . . . . **EZ** 81
Madeleine (R. Fg) . . . . **DZ** 89
Manufacture (R. de la) . . . . . **FY** 89
Motte-Sanguin
(Bd de la) . . . . **FZ** 95
Notre-Dame-de-
Recouvrance (R.) . . . . **DZ** 97
Oriflamme (R. de l') . . . . **FZ** 98
Parisie (R.) . . . . **EZ** 100
Poirier (R. du) . . . . **EZ** 106
Pte-Madeleine (R.) . . . . **EZ** 108
Pte-St-Jean (R.) . . . . **DY** 109
Pothier (R.) . . . . **EZ** 112
Prague (Quai) . . . . **DZ** 113
Pressoir (R. du) . . . . **FY** 115
Rabier (R. F.) . . . . **EY** 117
République (Pl.) . . . . **EZ** 121
République (R. de la) . . . . . . **EY**
Roquet (R.) . . . . **EZ** 124
Royale (R.) . . . . **EZ** 125
St-Euverte (Bd) . . . . **FYZ** 126
St-Euverte (R.) . . . . **FY** 127
Ste-Catherine (R.) . . . . **EZ** 135
Ste-Croix (Pl.) . . . . **EYZ** 139
Secrétain (Av. R.) . . . . **DZ** 140
Segellé (Bd P.) . . . . **FZ** 141
Tabour (R. du) . . . . **EZ** 145
Tour Neuve (R. de la) . . . . . . **FZ** 147
Verdun (Bd de) . . . . **DY** 152
Vieux-Marché (Pl.) . . . . **DZ** 159
Weiss (R. L.) . . . . **FY** 160
6-Juin-1944 (Pl. du) . . . . **FY** 162

1094

XXX
&3

Les Antiquaires (Bardau), 2 r. au Lin ℘ 02 38 53 52 35, *contact@restaurantlesantiquaires*
.com, Fax 02 38 62 06 95 – ▤. ⅋ ⅁⅌   **EZ** d
fermé dim. sauf le midi de sept. à juin et lundi – **Repas** 36 bc/58 et carte 53 à 74 ♀.
♦ Meubles rustiques, couleurs chaudes et éclairages tamisés créent le cadre harmonieux
et l'atmosphère cossue de ce restaurant situé dans une ruelle proche des quais.
Spéc. Asperges et anguille de Loire "marinée-poêlée"(avril à juin). Perdreau de chasse de
Sologne en cocotte lutée (oct. à déc.). Tapas de fruits rouges et noirs (mai à sept.). **Vins**
Sancerre, Cheverny.

XXX

Redina, 1 av. Jean Zay ℘ 02 38 77 72 51, *Fax* 02 38 81 01 14 – ⅋ ⅁⅌   **FY** b
fermé 16 au 22 août, 5 au 11 janv., dim. soir et lundi – **Repas** 25/43 et carte 50 à 68.
♦ Nombreux tableaux, tables joliment dressées : les salles à manger colorées de ce restaurant aménagé dans une belle demeure ne manquent pas de charme. Plats classiques.

1094

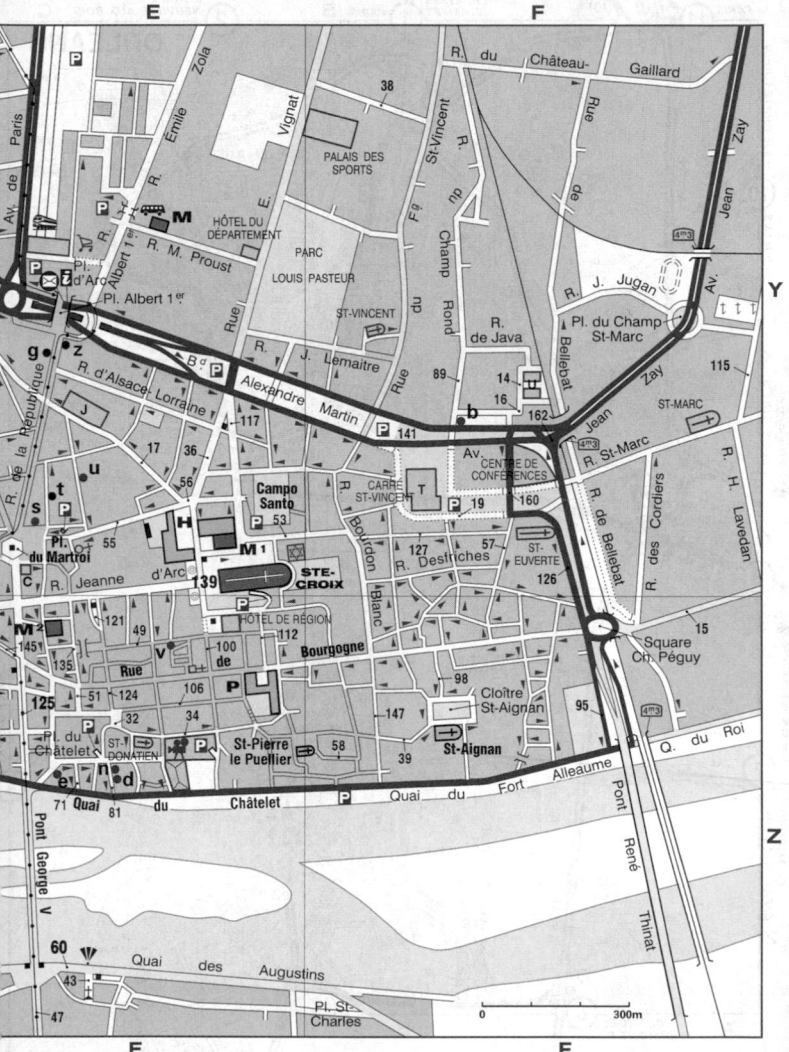

XX L'Épicurien, 54 r. Turcies ℘ 02 38 68 01 10, Fax 02 38 68 19 02 – ■. 配 GB   DZ r
fermé 9 au 29 août, dim. et lundi – **Repas** 22/47 ♀.
   • Les épicuriens se retrouvent près des quais de la Loire, dans cette maison ancienne
abritant deux salles à manger fraîches et rustiques dont une égayée de poutres
apparentes.

XX **Eugène,** 24 r. Ste-Anne ℘ 02 38 53 82 64, Fax 02 38 54 31 89 – ■. 配 ① GB   EY u
fermé 1er au 10 mai, 1er au 16 août, 26 déc. au 3 janv., sam. midi, lundi et dim. – **Repas**
21,50/52 ♀.
   • L'adresse, assez exiguë, est connue des Orléanais qui s'y pressent pour goûter une
cuisine aux saveurs méridionales. Cadre chaleureux d'esprit provençal à l'étage.

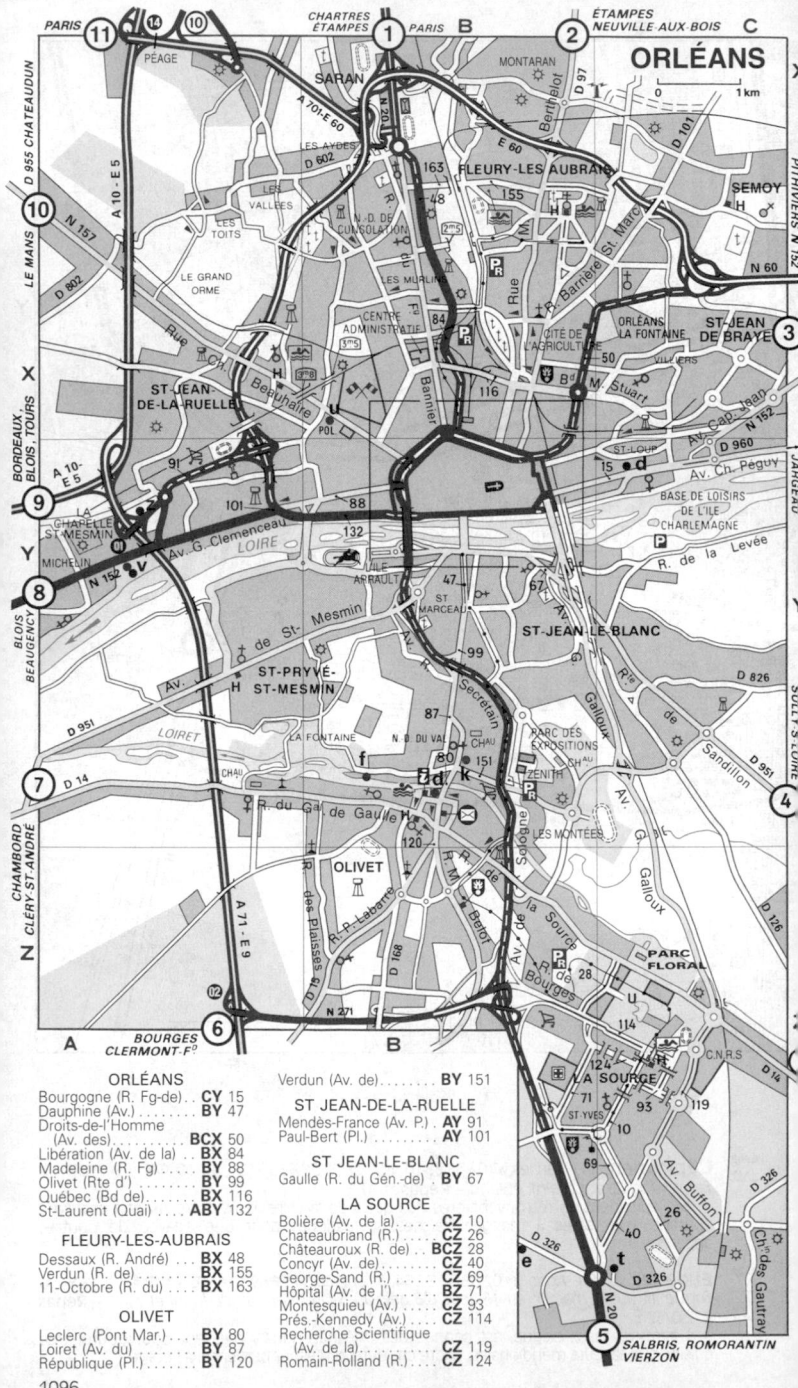

ORLÉANS

ORLÉANS

Bourgogne (R. Fg-de) . . **CY** 15
Dauphine (Av.) . . . . **BY** 47
Droits-de-l'Homme
(Av. des) . . . . **BCX** 50
Libération (Av. de la) . . **BX** 84
Madeleine (R. Fg) . . . . **BY** 88
Olivet (Rte d') . . . . . . **BY** 99
Québec (Bd de) . . . . **BX** 116
St-Laurent (Quai) . . . **ABY** 132

FLEURY-LES-AUBRAIS

Dessaux (R. André) . . **BX** 48
Verdun (R. de) . . . . . . **BX** 155
11-Octobre (R. du) . . **BX** 163

OLIVET

Leclerc (Pont Mar.) . . . . **BY** 80
Loiret (Av. du) . . . . **BY** 87
République (Pl.) . . . . . . **BY** 120

Verdun (Av. de) . . . . **BY** 151

ST JEAN-DE-LA-RUELLE

Mendès-France (Av. P.) . **AY** 91
Paul-Bert (Pl.) . . . . **AY** 101

ST JEAN-LE-BLANC

Gaulle (R. du Gén.-de) . **BY** 67

LA SOURCE

Bolière (Av. de la) . . . . **CZ** 10
Chateaubriand (R.) . . **BCZ** 26
Châteauroux (R. de) . . **CZ** 40
Concyr (Av. de) . . . . . **CZ** 69
George-Sand (R.) . . . . . **BZ** 71
Hôpital (Av. de l') . . . . **AY** 71
Montesquieu (Av.) . . . . **CZ** 93
Prés.-Kennedy (Av.) . . . **CZ** 114
Recherche Scientifique
(Av. de la) . . . . . . **CZ** 119
Romain-Rolland (R.) . . **CZ** 124

1096

XX **Auberge du Quai,** 6 r. au Lin ℰ 02 38 62 40 00, *Fax 02 38 53 41 00* – 🔲. ⚿
GB   EZ n
fermé 26 juil. au 16 août, vacances de fév.,dim. soir et lundi – **Repas** (16) - 23/45, enf. 12 ♀.
♦ Profonde salle aveugle au décor contemporain : murs clairs égayés de pilastres en bois
et petite note ibérique apportée par les chaises en laque noire à haut dossier.

XX **Promenade,** 1 r. A. Crespin (1ᵉʳ étage) ℰ 02 38 42 78 18, *Fax 02 38 42 15 01* – ⚿
GB   EY s
Repas *(fermé dim. et lundi)* (17,80) - 20,60 ♀ - **Martroi** brasserie - ℰ 02 38 42 15 00 *(fermé
dim. 1ᵉʳ sept. au 1ᵉʳ avril)* **Repas** (15,50)-21,80 bc ♀.
♦ Le Promenade a élu domicile au premier étage d'une maison du centre-ville. Cuisine
classique et cadre Art déco rehaussé de sièges écarlates. Au Martroi, carte de brasserie et
atmosphère de bistrot "rétro" dans les murs d'une ancienne banque.

XX **Mosaïque,** 109 r. Fg St-Jean ℰ 02 38 72 11 10, *mosaifissa@wanadoo.fr,
Fax 02 38 43 47 75* – GB   BX u
fermé 25 juil. au 23 août, mardi midi, dim. soir et lundi – **Repas** (13,50) - 19,30/32, enf. 8,80 ♀.
♦ Embarquement immédiat pour le Maroc : beau décor mauresque (murs en mosaïque
bleue, stucs ouvragés et lampes diffusant une lumière tamisée) et goûteuse cuisine du
Maghreb.

X **Dariole,** 25 r. Etienne Dolet ℰ 02 38 77 26 67, *Fax 02 38 77 26 67,* 🍽 – GB   EZ v
fermé 2 au 25 août, 24 au 28 déc., merc. midi, sam. et dim. – **Repas** (nombre de couverts
limité, prévenir) 18/30,50 ♀.
♦ Cuisine personnalisée servie dans la pimpante salle à manger rustique de cette maison à
colombages (15ᵉ s.) et sur la petite terrasse d'été, ouverte sur une placette.

X **Jardin de Neptune,** 6 r. Jean Hupeau ℰ 02 38 62 45 64, *Fax 02 38 52 90 96* – GB
fermé 8 au 23 août, dim. et lundi – **Repas** (8,50) - 25 bc, enf. 7.   EZ e
♦ Une carte à la gloire du divin Neptune : poissons, coquillages et crustacés y jouent les
vedettes. Décor marin ad hoc pour cette sympathique "brasserie".

à St-Jean-de-Braye *Est : 4 km* - CXY – *17 758 h. alt. 108* – ✉ 45800 :

🏛 **Novotel Orléans Charbonnière,** N 152 ℰ 02 38 84 65 65, *H1075@accor-hotels.com,
Fax 02 38 84 66 61,* 🍽, 🔲, 🛝 – ⅰ 🔚 🔲 📺 📞 🅿 – 🔔 20 à 100. ⚿ ⓞ GB
Repas carte 23 à 31, enf. 8 ♀ – 🔲 10 – **107 ch** 89/122.
♦ Grandes chambres fonctionnelles, bar contemporain et piscine entourée de verdure
(jeux d'enfants) : tels sont les atouts de cet hôtel établi en lisière de forêt. Pause repas dans
une salle à manger donnant sur la piscine de l'hôtel.

🏛 **Promotel** sans rest, 117 fg Bourgogne ℰ 02 38 53 64 09, *Fax 02 38 53 13 22,* 🍽 – ⅰ 🔚
📺 📞 ⓞ GB JCB, 🚫   CY d
fermé 1ᵉʳ au 29 août – 🔲 7 – **83 ch** 54/70.
♦ Le bâtiment le plus récent, bien insonorisé, borde un axe fréquenté ; l'autre bénéficie de
l'agrément d'un jardin ombragé. Chambres pratiques et de bonne ampleur.

à La Source *Sud-Est : 11 km carrefour N 20-D 326* – ✉ 45100 Orléans :

🏛 **Novotel Orléans La Source,** r. H. de Balzac ℰ 02 38 63 04 28, *h0419@accor-hotels.co
m, Fax 02 38 69 24 04,* 🍽, 🔲, 🛝 – 🔚 🔲 📺 📞 🅿 – 🔔 20 à 100. ⚿ ⓞ GB,
🚫 rest   CZ t
Repas carte environ 24, enf. 8 – 🔲 11 – **119 ch** 87/105.
♦ Ce Novotel proche de la N 20 a fait peau neuve : les chambres sont toujours spacieuses,
et désormais plus agréables et gaies. Forte clientèle de séminaires. Cuisine traditionnelle et
grillades préparées sous vos yeux.

au parc de Limère *Sud-Est : 13 km par N 20 et D 326* – ✉ 45160 Ardon :

🏛 **Domaine des Portes de Sologne** 🦢, 200 allée des 4 vents ℰ 02 38 49 99 99, *resa@
portes-de-sologne.com, Fax 02 38 49 99 00,* 🍽, 🌳, 🚫 – ⅰ cuisinette 📺 📞 🅿 –
🔔 20 à 220. ⚿ ⓞ GB   BZ e
Repas (17) - 23/30, enf. 9 – 🔲 10 – **117 ch** 91/120, 120 suites 150 – ½ P 84/93.
♦ En pleine campagne, complexe hôtelier voisin d'un golf et d'un centre de balnéothérapie. Chambres modernes, cottages (duplex familiaux) et bons équipements
pour séminaires. Salle à manger contemporaine prolongée par une terrasse d'été ; salons
particuliers.

à Olivet *Sud : 5 km par av. Loiret et bords du Loiret* G. *Châteaux de la Loire* – *19 195 h. alt. 100* –
✉ 45160 .
🅱 *Office de tourisme, 236 rue Paul Genain* ℰ 02 38 63 49 68, *Fax 02 38 63 50 45,
tourisme.olivet@wanadoo.fr.*

XXX **Rivage** 🦢 avec ch, 635 r. Reine Blanche ℰ 02 38 66 02 93, *hotel-le-rivage.jpb@wanadoo.
fr, Fax 02 38 56 31 11,* 🍽, 🌳, 🚫 – 🔚 ch, 📺 📞 🅿 GB   BY f
fermé 25 déc. au 22 janv. – **Repas** *(fermé dim. soir de nov. à Pâques et sam. midi)* 26/55 et
carte 42 à 68 – 🔲 12 – **17 ch** 70/83 – ½ P 85/93.
♦ Belles villas, vieux moulins : profitez pleinement du spectacle bucolique des berges du
Loiret depuis cette lumineuse salle à manger-véranda ou de la terrasse à fleur d'eau.

XX **Laurendière,** 68 av. Loiret $\mathscr{C}$ 02 38 51 06 78, *laurendiere@net-up.com*, Fax 02 38 56 36 20 – ▤, ℼ ◑ ℊℬ **BY k**
fermé 5 au 21 juil., 31 janv. au 16 fév., lundi soir, mardi soir et merc. – **Repas** 21/45, enf. 10 ♀.

♦ Cuisine traditionnelle inspirée et belle carte des vins (nombreux crus de Loire) incitent les gourmets à s'attabler dans la salle à manger colorée de cette maison régionale.

XX **L'Eldorado,** 10 r. M. Belot $\mathscr{C}$ 02 38 64 29 74, *Fax 02 38 69 14 33*, ☞, 嚣 – ℙ. ℊℬ **BY d**
fermé 9 au 24 août, vacances de fév., lundi et mardi – **Repas** (déj. seul.) 19 (déj.), 26/40 ♀.
♦ Ancienne guinguette dont le joli jardin descend jusqu'au Loiret. Les deux salles à manger sont ornées de fresques (paysages de rivières) peintes par un artiste local.

à St-Hilaire-St-Mesmin *par ⑦ : 7 km – 2 353 h. alt. 101 –* ⊠ *45160 :*

🏠 **L'Escale du Port-Arthur,** 205 r. Église $\mathscr{C}$ 02 38 76 30 36, *escaleportarthur@aol.com*, Fax 02 38 76 37 67, ≼, 嚣 – ☎ ℙ. ℼ ◑ ℊℬ ℐℂℬ
fermé 12 au 26 nov. – **Repas** *(fermé dim. soir, mardi midi et lundi)* 23/50, enf. 13,20 – ☷ 7,90 – **17 ch** 47/55 – ½ P 62/66.
♦ Le cadre bucolique est l'atout majeur de ce petit hôtel posté sur une rive du Loiret et caché dans la verdure. Chambres simples, donnant pour moitié sur la rivière. Aux beaux jours, charmante terrasse dressée au bord de l'eau. Plats traditionnels et grillades.

à la Chapelle-St-Mesmin *Ouest : 4 km -* **AY** *– 8 967 h. alt. 101 –* ⊠ *45380 :*

🏠🏠 **Orléans Parc Hôtel** ⬙ sans rest, 55 rte Orléans $\mathscr{C}$ 02 38 43 26 26, *lucmar@aol.com*, Fax 02 38 72 00 99, ≼, ᐟ⇃ – ☎ ℂ & ℙ. – ⚏ 40. ℼ ℊℬ **AY v**
fermé 20 déc. au 6 janv. et les week-ends de déc. à mars – ☷ 8 – **34 ch** 56/70.
♦ Chambres sobres et de bon confort (à choisir côté Loire), salon et salle des petits-déjeuners accueillants. Le beau parc ombragé qui longe le fleuve invite à la flânerie.

🏠 **Express by Holiday Inn,** Z. A. Les Portes de Micy $\mathscr{C}$ 02 38 22 23 24, *expressorleans@alli ance-hospitality.com, Fax 02 38 22 39 51* – 彦 ☷ ☎ ℂ & ℙ. – ⚏ 20. ℼ ◑ ℊℬ ℐℂℬ
Repas *(fermé sam., dim. et fériés)* (dîner seul.) (11) - carte 17 à 25, enf. 7 ♀ – **42 ch** ☷ 74 – ½ P 81. **AY z**
♦ Hôtel situé à proximité d'un échangeur autoroutier. L'extérieur est un peu austère, mais l'intérieur s'avère plus agréable. Chambres fonctionnelles et bien tenues. Cuisine simple servie, le soir uniquement, dans une petite salle à manger contemporaine.

XXX **Ciel de Loire,** 5 rte Orléans $\mathscr{C}$ 02 38 72 29 51, *Fax 02 38 72 29 67*, 嚣, ᐟ⇃ – ℙ. ℼ ℊℬ
fermé 2 au 26 août, sam. midi, dim. soir et lundi – **Repas** 25/50 ♀. **AY v**
♦ Maison bourgeoise du 19e s. entourée d'un parc aux cèdres bicentenaires. Plafonds peints, lustres à pendeloques et fauteuils de style Louis XVI égaient les salles à manger.

ORLY (Aéroports de Paris) 94 Val-de-Marne 💵 D3 💵 ⊘ – *voir à Paris, Environs.*

ORMOY-LA-RIVIÈRE 91 Essonne 💵 B5 – *rattaché à Étampes.*

ORNAISONS 11 Aude 💵 I3 – *rattaché à Narbonne.*

ORNANS 25290 Doubs 💵 G4 *G. Jura – 4 037 h alt. 355.*
Voir *Grand Pont* ≼★ – *O : Vallée de la Loue*★★ – *Le Château* ≼★ *N : 2,5 km – Dino-Zoo*★ *N : 12 km.*
🛈 *Office de tourisme, 7 rue Pierre Vernier* $\mathscr{C}$ *03 81 62 21 50, Fax 03 81 62 02 63, otsi.ornans@wanadoo.fr.*
Paris 428 – *Besançon 26 – Baume-les-Dames 42 – Morteau 48 – Pontarlier 37.*

🏠🏠 **France,** r. P. Vernier $\mathscr{C}$ 03 81 62 24 44, *hoteldefrance@europost.org, Fax 03 81 62 12 03*, 嚣 – ☑ ℙ. ℼ ◑ ℊℬ. ⬩⬩ rest
fermé 8 au 21 nov. et 20 déc. au 11 janv. – **Repas** *(fermé vend. soir, sam. midi, dim. soir du 22 nov. au 5 avril et lundi midi)* (14) - 22/45 ♀ – ☷ 8 – **25 ch** 55/80 – ½ P 72,50.
♦ Hôtel traditionnel au cœur de la "perle de la Loue" (vieilles maisons sur pilotis). Chambres de tailles variées, peu à peu rénovées, et parcours privé de pêche à la mouche. Face à la rivière et son Grand Pont, agréable restaurant au cadre rustico-bourgeois.

X **Courbet,** 34 r. P. Vernier $\mathscr{C}$ 03 81 62 10 15, *restaurantlecourbet@wanadoo.fr, Fax 03 81 62 13 34*, 嚣 – ℼ ℊℬ
fermé 16 fév. au 11 mars, dim. soir de nov. à mars, lundi soir sauf juil.-août et mardi – **Repas** 16/33 ♀.
♦ Tons pastel et copies de tableaux du "maître" en salle, belle terrasse bordant la Loue, cuisine selon le marché : sympathique adresse à deux pas de la maison natale de Courbet.

OROUET 85 Vendée 💵 E7 – *rattaché à St-Jean-de-Monts.*

ORPIERRE *05700 H.-Alpes* 334 C7 *G. Alpes du Sud – 256 h alt. 682.*

Office de tourisme, Le Village ☎ 04 92 66 30 45, Fax 04 92 66 32 52, ot.orpierre@wanadoo.fr.

Paris 689 – Château-Arnoux 47 – Digne-les-Bains 72 – Gap 55 – Serres 20 – Sisteron 33.

aux Bégües *Sud-Ouest : 4,5 km – ✉ 05700 Orpierre :*

Céans, rte Princes d'Orange ☎ 04 92 66 24 22, *le.ceans@infonie.fr, Fax 04 92 66 28 29,* – TV P. AE GB

15 mars-1er nov. – **Repas** *(fermé oct. et merc. du 15 mars au 15 avril)* 14/31 – 6 – **20 ch** 41/50 – ½ P 41/49.

◆ Dans une vallée connue pour ses sites d'escalade, au coeur d'un joli hameau, hôtel disposant de petites chambres progressivement rénovées. Parc tourné vers les montagnes. Agréable salle à manger aux tons ensoleillés et paisible terrasse entourée de verdure.

ORSAN *18 Cher* 323 J6 *– rattaché au Châtelet.*

ORSCHWILLER *67600 B.-Rhin* 315 I7 *– 535 h alt. 240.*

Office de tourisme, route de Sélestat ☎ 03 88 82 90 90, Fax 03 88 82 79 70.

Paris 441 – Colmar 22 – St-Dié 44 – Sélestat 7 – Strasbourg 61.

Fief du Château, ☎ 03 88 82 56 25, *fiefduchateau@evc.net, Fax 03 88 82 26 24,* – TV P – 15. GB

fermé 30 juin au 5 juil., 3 au 8 nov., 17 fév. au 3 mars et merc. – **Repas** 12 (déj.), 18/30, enf. 6,10 – 7 – **8 ch** 45 – ½ P 43.

◆ Maison régionale de la fin du 19e s. à la façade fleurie dans un village typique de la route des Vins d'Alsace. Chambres simples et nettes. Restaurant d'esprit rustique, accueil sympathique et cuisine alsacienne.

ORTHEZ *64300 Pyr.-Atl.* 342 H4 *G. Aquitaine – 10 121 h alt. 55.*

Voir *Pont Vieux★.*

à Salies-de-Béarn ☎ 05 59 38 37 59, par ④ : 17 km.

Office de tourisme, rue Bourg-Vieux ☎ 05 59 69 02 75, Fax 05 59 69 12 00, tourisme.orthez@wanadoo.fr.

Paris 765 ⑤ – Pau 47 ② – Bayonne 74 ④ – Dax 39 ⑤ – Mont-de-Marsan 57 ①.

ORTHEZ

Albret (R. Jeanne-d') .... BZ 2
Aquitaine (Av. d') .... AY 3
Argote (R. Daniel) .... AZ 4
Armes (Pl. d') .... BZ 5
Baillères (R. Paul) .... BZ 6
Bourg-Vieux (R.) .... AZ 7
Briand (R. Aristide) .... BY 8
Brossers (Pl.) .... BZ 9
Corps-Franc-Pommiès (Av. du) .... AY 12
Darget (R. Xavier) .... BZ 13
Foy (R. du Gén.) .... BY 14
Frères-Reclus (R. des) .... AZ 16
Horloge (R. de l') .... BY 21
Jacobins (R. des) .... BZ 22
Jammes (Av. Francis) .... BZ 23
Lasserre (R. Pierre) .... ABZ 26
Moncade (R.) .... BY 28
Moulin (R. du) .... BZ 29
Moutète (Pl. de la) .... AZ 30
Pont-Neuf (Av. du) .... ABZ 32
Poustelle (Pl. de la) .... BY 33
St-Gilles (R.) .... BZ
St-Pierre (Pl. et ⇒) .... AY 35
St-Pierre (R.) .... AY 36
Tilleuls (Av. des) .... BY 38
Viaduc (R. du) .... AY 40

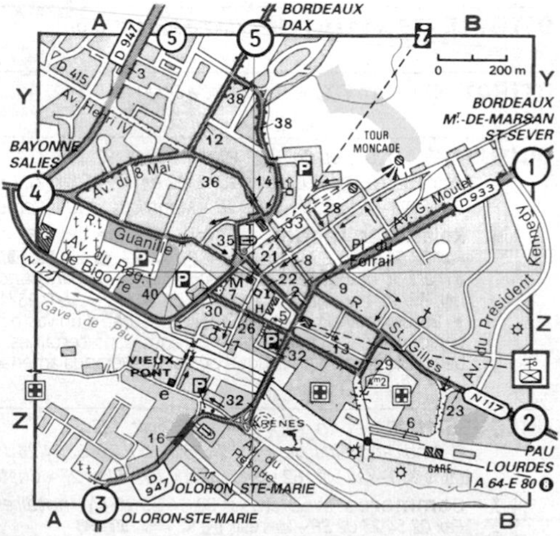

Au Temps de la Reine Jeanne, 44 r. Bourg-Vieux ☎ 05 59 67 00 76, *reine.jeanne.orthez@wanadoo.fr, Fax 05 59 69 09 63* – TV AE GB. ch BZ r

fermé 20 fév. au 6 mars – **Repas** *(fermé dim. soir d'oct. à avril)* 15/34, enf. 7 – 7,50 – **30 ch** 40/65 – ½ P 45/53,50.

◆ Demeures des 18e et 19e s. proches de la maison de Jeanne d'Albret. Petites chambres disposées autour d'un patio couvert ; certaines possèdent un mobilier de style andalou. Plaisant restaurant rustique. Recettes traditionnelles ; dîners jazz en saison.

XX **Auberge St-Loup,** 20 r. Pont Vieux ℘ 05 59 69 15 40, *contact@auberge-saint-loup.co m*, Fax 05 59 67 13 19, 🍴 – **GB**   **AZ** e
fermé dim. soir et lundi – **Repas** 15 (déj.), 21/33.
* Relais du 15ᵉ s. sur le chemin de St-Jacques-de-Compostelle. Intéressante architecture béarnaise associant la pierre apparente, la brique et le bois. Cuisine régionale.

à Maslacq *par* ② : *9 km – 727 h. alt. 74 –* ⊠ *64300 Orthez :*

🏠 **Maugouber** ⌂, ℘ 05 59 38 78 00, *christine.maugouber@wanadoo.fr*, Fax 05 59
GB 38 78 29, ⌁, 🌳 – 🗖 rest, 📺 📞 &. **GB**. ⚘ rest
fermé 20 déc. au 2 janv. – **Repas** *(fermé vend. soir, sam. et fériés d'oct. à avril)* 10/27,50, enf. 8 🍷 – ⊊ 5,50 – **22 ch** 41/60 – ½ P 38,50/41,50.
* Atmosphère rustique et conviviale en cette maison (1684) transformée en relais de campagne. Chambres pratiques et rajeunies, plus calmes à l'arrière. Agréable jardin. Salle à manger campagnarde et agréable véranda (non-fumeurs). Cuisine régionale.

ORVAULT *44 Loire-Atl.* **316** G4 – *rattaché à Nantes.*

OSNY *95 Val-d'Oise* **305** D6 **106** ⑤ **101** ② – *voir à Paris, Environs (Cergy-Pontoise).*

OSTHOUSE *67150 B.-Rhin* **315** J6 – *946 h alt. 155.*
Paris 502 – Strasbourg 32 – Obernai 17 – Offenburg 35 – Sélestat 23.

🏛 **A La Ferme** *sans rest,* 10 r. Château ℘ 03 90 29 92 50, *hotelalaferme@wanadoo.fr*, Fax 03 90 29 92 51, 🌳 – 📺 📞 &. **GB**
⊊ 13 – **7 ch** 130.
* Pimpantes chambres décorées dans le style alsacien réparties entre une ferme du 18ᵉ s. et un ancien séchoir à tabac (où elles sont plus spacieuses et lumineuses).

XX **Aigle d'Or,** ℘ 03 88 98 06 82, *Fax 03 88 98 81 75* – 🗖 📵 **AE GB**
fermé en août, vacances de noël, de fév., lundi et mardi – **Repas** 30/66, enf. 12 🍷 –
Winstub :Repas *(8,50)* et carte 30 à 45, enf. 12 🍷.
* Toute une famille se met en quatre pour vous accueillir dans ce restaurant bourgeois, élégant et chaleureux (boiseries, beau plafond à caissons peints) ; table traditionnelle. Ambiance détendue et décor assez cossu à la Winstub proposant des plats alsaciens.

OSTWALD *67 B.-Rhin* **315** K5 – *rattaché à Strasbourg.*

OTTROTT *67 B.-Rhin* **315** I6 – *rattaché à Obernai.*

OUCHAMPS *41120 L.-et-Ch.* **318** E7 – *803 h alt. 92.*
Voir *Château de Fougères-sur-Bièvre*★ *NO : 5 km,* G. Châteaux de la Loire.
Paris 199 – Tours 57 – Blois 18 – Montrichard 19 – Romorantin-Lanthenay 40.

🏨 **Relais des Landes** ⌂, *Nord : 1,5 km* ℘ 02 54 44 40 40, *info@relaisdeslandes.com,*
Fax 02 54 44 03 89, ⌁, ⚘, ♨ – 📺 📞 **P** – 🛎 25. **AE ① GB**
6 mars-30 nov. et fermé dim. soir et lundi en mars et nov. – **Repas** *(fermé le midi sauf dim.)*
(30) - 35/42, enf. 14 🍷 – ⊊ 13 – **28 ch** 84/135 – ½ P 95/122.
* Belle gentilhommière du 17ᵉ s. entourée d'un vaste parc (plan d'eau). Grandes chambres personnalisées ; charpente apparente dans certaines. Bar d'esprit anglais. Repas dans la belle salle à manger rustique ou dans la véranda aménagée en jardin d'hiver.

OUCQUES *41290 L.-et-Ch.* **318** E5 – *1 313 h alt. 127.*
🛈 *Syndicat d'initiative* ℘ 02 54 23 11 00, Fax 02 54 23 11 04.
Paris 160 – Orléans 62 – Beaugency 30 – Blois 27 – Châteaudun 30 – Vendôme 21.

XX **Commerce** *avec ch,* ℘ 02 54 23 20 41, *hotelrestaurantcommerce@wanadoo.fr,*
Fax 02 54 23 02 88 – 🗖 rest, 📺 📞 ⌂. **AE GB**
fermé 20 déc. au 15 janv., dim. soir et lundi sauf fêtes – **Repas** (dim. prévenir) 18/54, enf. 10
🍷 – ⊊ 7,50 – **11 ch** 58/62 – ½ P 55.
* La longue et sobre façade dissimule une salle à manger tendance "seventies" et des chambres plus actuelles, très colorées et toutes différentes. Cuisine traditionnelle.

Michelin n'accroche pas de panonceau aux hôtels et restaurants qu'il signale.

OUHANS 25520 Doubs **321** H5 – 334 h alt. 600.

Voir *Source de la Loue*★★★ *N : 2,5 km puis 30 mn – Belvédère du Moine de la Vallée* ❋ ★★ *NO : 5 km – Belvédère de Renédale* ≤★ *NO : 4 km puis 15 mn*, G. Jura.

Paris 450 – Besançon 48 – Pontarlier 18 – Salins-les-Bains 40.

🏠 **Sources de la Loue,** au village ℰ 03 81 69 90 06, hotel-des-sources-loue@wanadoo.fr, ⬛ Fax 03 81 69 93 17, 😤 ❤️. **GB**

fermé 20 déc. au 31 janv., sam. midi et vend. d'oct. à avril – **Repas** 11,50/33 ♀ – ☲ 7 – **15 ch** 44/50 – ½ P 48/53.

♦ Dans le centre du village, grande bâtisse carrée abritant des chambres plutôt grandes, meublées simplement, bien tenues et bénéficiant d'un double vitrage. Salle à manger néo-rustique complétée d'une terrasse en été. Cuisine franc-comtoise.

OUILLY-DU-HOULEY 14 Calvados **303** N4 – rattaché à Lisieux.

OUISTREHAM 14150 Calvados **303** K4 G. Normandie Cotentin – 8 679 h – Casino (Riva Bella).

Voir *Église St-Samson*★.

🛈 Office de tourisme, Pavillon du Tourisme ℰ 02 31 97 18 63, Fax 02 31 96 87 33, office.ouistreham@wanadoo.fr.

Paris 234 – Caen 16 – Arromanches-les-Bains 33 – Bayeux 44 – Cabourg 20.

XXX **Normandie** avec ch, 71 av. M. Cabieu, au port d'Ouistreham ℰ 02 31 97 19 57, hotel@len ormandie.com, Fax 02 31 97 20 07 – ⬛ ❤️ 🅿 AE ① GB JCB

fermé 20 déc. au 15 janv., dim. soir et lundi de nov. à mars – **Repas** 17/59 et carte 44 à 62 ♀ – ☲ 9 – **24 ch** 65/69 – ½ P 65.

♦ Restaurant installé dans une maison régionale proche du port. Choisissez votre table dans la salle à manger colorée et lumineuse ou dans l'élégante véranda.

à Riva-Bella :

🏠 **Plage** sans rest, 39 av. Pasteur ℰ 02 31 96 85 16, hoteldelaplage@aol.com, Fax 02 31 97 37 46, 🌴 – ⬛ 🅿 AE GB

1er mars-11 nov. – ☲ 7,50 – **16 ch** 63/85.

♦ Villa anglo-normande du début du 20e s. dans une rue calme proche de la plage. Chambres rénovées ; quelques-unes, plus spacieuses, accueillent les familles. Joli jardin.

X **Métropolitain,** 1 rte Lion ℰ 02 31 97 18 61, Fax 02 31 97 18 61 – AE GB

fermé lundi soir et mardi d'oct. à mai – **Repas** 11/30,50.

♦ Banquettes en bois, porte-bagages, etc. Le décor évoque un wagon du métropolitain parisien (vers 1910), mais votre "voyage immobile" sera avant tout culinaire.

à Colleville-Montgomery bourg Ouest : 3,5 km par D 35A – 1 925 h. alt. 10 – ⊠ 14880 :

🛈 Office de tourisme, avenue de Bruxelles ℰ 02 31 96 04 64, info@cotenormande.com.

XX **Ferme St-Hubert,** ℰ 02 31 96 35 41, Fax 02 31 97 45 79, 😤, 🌴 – 🅿 AE ① GB

fermé 24 déc. au 15 janv., dim. soir et lundi sauf juil.-août et fériés – **Repas** 16/42 ♀.

♦ Maison régionale dont la salle à manger est ornée de trophées de chasse. Véranda ouverte sur la campagne et parc animalier pour distraire les enfants.

Les OURSINIÈRES 83 Var **340** L7 – rattaché au Pradet.

OUST 09140 Ariège **343** F7 – 515 h alt. 500.

Paris 792 – Foix 61 – Tarascon-sur-Ariège 50 – St-Girons 18.

🏠 **Hostellerie de la Poste,** ℰ 05 61 66 86 33, Fax 05 61 66 77 08, 😤, ☒, 🌴 – 🅿. ⬛ GB

17 avril-3 nov. – **Repas** *(fermé lundi et mardi sauf août)* 19/38 ♀ – ☲ 6,50 – **23 ch** 28/60 – ½ P 50,50/56,50.

♦ Établissement familial niché au cœur d'un village ariégeois, à l'entrée de la vallée du Garbet. Choisir une chambre donnant sur le jardin. Une atmosphère "vieille France" règne en ce spacieux restaurant. Terrasse face à la piscine. Cuisine traditionnelle.

OUZOUER-SUR-LOIRE 45570 Loiret **318** L5 – 2 524 h alt. 140.

Paris 151 – Orléans 54 – Gien 16 – Montargis 45 – Pithiviers 55 – Sully-sur-Loire 9.

XX **L'Abricotier,** 106 r. Gien ℰ 02 38 35 07 11, Fax 02 38 35 63 63, 😤 – GB

fermé 16 août au 4 sept., 22 déc. au 3 janv., dim. soir, merc. soir et lundi – **Repas** *(nombre de couverts limité, prévenir)* (16) - 22/36, enf. 9 ♀.

♦ Accueil courtois, atmosphère provinciale feutrée et goûteuse cuisine traditionnelle inspirée par le marché sont les atouts de cette auberge située au centre du village.

OYE-ET-PALLET 25160 Doubs 🔢 I5 – 579 h alt. 853.

  Paris 457 – Besançon 65 – Champagnole 43 – Morez 53 – Pontarlier 7.

🏨 **Parnet,** 🐾 03 81 89 42 03, Fax 03 81 89 41 47, ≤, 🏊, 🎾, 🏓 – 📺 🏧 🅿️. 🈴. 🎾
     fermé 19 déc. au 7 fév., lundi (sauf hôtel) et dim. soir de sept. à juin – **Repas** 15,50/45 ♀ –
     ☲ 7,50 – **16 ch** 46/60 – ½ P 54/60.
     ◆ Hostellerie familiale (4ᵉ génération) située en bord de route. Chambres anciennes, mais
     d'une tenue sans défaut ; préférez celles, plus au calme, qui ouvrent sur le parc. Cuisine
     fidèle à la tradition servie dans une salle à manger mi-rustique, mi-bourgeoise.

OYONNAX 01100 Ain 🔢 G3 G. Jura – 24 162 h alt. 540.

   🛈 Office de tourisme, 1 rue Bichat 🐾 04 74 77 94 46, Fax 04 74 77 68 27, info@tourisme-
   oyonnax.com.
   Paris 484 – Bourg-en-Bresse 60 – Nantua 19.

🏨 **Grandes Roches,** à l'Ouest par sortie autoroute n° 11 : 1,5 km 🐾 04 74 77 27 60, grandes
     roches-hotel@wanadoo.fr, Fax 04 74 73 89 87, ≤, 🏤 – 🛗 📺 🅿️ – 🕍 60. 🈧 🈴
     fermé 23 juil. au 23 août et 20 déc. au 3 janv. – **Repas** (fermé vend., sam. et dim.) (dîner
     seul.) (résidents seul.) 19/21 – ☲ 8 – **36 ch** 56/74.
     ◆ Sur les hauteurs de la capitale de la "Plastics Vallée", hôtel proposant des chambres
     rénovées par étapes et adoptant un plaisant style actuel. Restaurant moderne et spacieux.

🍴🍴 **Toque Blanche,** 11 pl. Église St-Léger 🐾 04 74 73 42 63, Fax 04 74 73 76 48 – 🍽, 🈧 🈴
     fermé 26 juil. au 18 août, 2 au 10 janv., sam. midi, dim. soir et lundi – **Repas** 23/60 bc,
     enf. 11 ♀.
     ◆ Salle de restaurant au décor soigné, égayé de chaudes tonalités. Confluences géo-
     graphiques obligent, la table marie la Bresse, le Jura et le Lyonnais.

au Lac Genin Sud-Est : 10 km par D 13 – ✉ 01130 Charix.
     Voir Site★ du lac.

🍴 **Auberge du Lac Genin** 🐾 avec ch., 🐾 04 74 75 52 50, auberge@lacgenin.com,
🈴 Fax 04 74 75 51 15, ≤, 🏤 – 📺 🅿️. 🈧 🈴
     fermé 17 oct. au 3 déc., dim. soir et lundi – **Repas** 11/15,50, enf. 5,50 ♀ – ☲ 4,50 – **5 ch**
     20/40.
     ◆ Cette auberge située au bord du lac est fréquentée par les "accros" de nature et de
     calme. Grillades au feu de bois préparées sous vos yeux. Terrasse prisée aux beaux jours.

à Bellignat au Sud : 2,5 km – 3 488 h. alt. 530 – ✉ 01100 :

🏨 **Mélodie,** av. V. Hugo 🐾 04 74 73 45 26, hotel-melodie@wanadoo.fr, Fax 04 74 73 04 56,
🈴 🏤 – 📺 📞 🕍 🅿️ – 🕍 20. 🅿️ 🈴
     fermé 2 au 16 août – **Repas** (fermé sam. et dim.) (13) -15/23 ♀ – ☲ 5 – **35 ch** 37,50/44.
     ◆ Près d'un accès autoroutier, aux portes de la capitale des matières plastiques, chambres
     peu spacieuses mais pratiques et bien tenues, convenant à la clientèle d'affaires. Vaste salle
     à manger néo-rustique, un peu haute. Restauration sans prétention.

OZOIR-LA-FERRIÈRE 77 S.-et-M. 🔢 F3 🔢 ㉝ 🔢 ㉚ – voir à Paris, Environs.

PACY-SUR-EURE 27120 Eure 🔢 I7 G. Normandie Vallée de la Seine – 4 751 h alt. 40.
     🛈 Office de tourisme, place Dufay 🐾 02 32 26 18 21, Fax 02 32 36 96 67, sive.pacy@free.fr.
     Paris 81 – Rouen 62 – Dreux 38 – Évreux 20 – Louviers 33 – Mantes-la-Jolie 28 – Vernon 14.

🏨 **Altina,** rte Paris 🐾 02 32 36 13 18, altinasa@aol.com, Fax 02 32 26 05 11, 🏤 – 📺 📞 🕍 🅿️ –
🈴 🕍 25. 🈧 🈴
     Repas (fermé 31 juil. au 29 août, 25 déc. au 2 janv., sam. et dim.) 12,50/25,50 ♀ – ☲ 6,30 –
     29 ch 52 – ½ P 42.
     ◆ Construit dans une zone commerciale, cet établissement propose de grandes chambres
     sobrement actuelles. Bar-salon fleuri où murmure une fontaine. Menus simples à prix doux
     et accueil charmant vous attendent en ce restaurant modestement aménagé.

à Cocherel Nord-Ouest : 6,5 km par D 836 – ✉ 27120 Pacy-sur-Eure :

🍴🍴🍴 **Ferme de Cocherel** 🐾 avec ch., 🐾 02 32 36 68 27, Fax 02 32 26 28 18, 🏤 – 📺 🅿️. 🈧
     🈴
     fermé 30 août au 16 sept., 3 au 26 janv., mardi et merc. – **Repas** (nombre de couverts
     limité, prévenir) 36 et carte 65 à 87 ♀ – ☲ 10 – **3 ch** 98/125 – ½ P 95/108,50.
     ◆ Ancienne ferme au sein d'un hameau chéri par A. Briand. Intimité de l'âtre ou plaisante
     salle en rotonde donnant sur le jardin. Carte classique et belle sélection de fromages.

*Un automobiliste averti utilise le **Guide Michelin** de l'année.*

PADIRAC 46500 Lot 337 G2 – 168 h alt. 360.

Voir Gouffre de Padirac★★ N : 2,5 km, G. Périgord Quercy.

🛈 Office de tourisme, Le Bourg ℰ 05 65 33 47 17, Fax 05 65 33 47 18, pays-de-padirac@wa nadoo.fr.

Paris 531 – Brive-la-Gaillarde 50 – Cahors 68 – Figeac 41 – Gramat 10 – St-Céré 17.

🏠 **Padirac Hôtel**, au Gouffre : 2,5 km ℰ 05 65 33 64 23, padirac-hotel@wanadoo.fr, Fax 05 65 33 72 03, 🌣 – **P**. **GB**

1ᵉʳ avril-vacances de Toussaint – **Repas** 10,80/35, enf. 7 ♈ – ⌸ 6,40 – **22 ch** 22/43,50 – ½ P 31/43.

♦ Idéalement placé sur le site même du célèbre gouffre, hôtel aux chambres sans luxe mais bien tenues. Accueil d'une simplicité familiale. Sobre salle à manger et terrasse arborée, cuisine traditionnelle et service snack ; glacier en été.

🏠 **Auberge de Mathieu**, rte gouffre : 2 km ℰ 05 65 33 64 68, cathy.pinquie@wanadoofr, Fax 05 65 33 64 68, 🌣, 🌿 – 🔟 📞 **P**. **GB**

hôtel : 15 mars-15 nov. ; rest. : 1ᵉʳ mars-15 nov. et fermé sam. en mars et nov. – **Repas** (12) - 19/36, enf. 8 ♈ – ⌸ 5 – **6 - 7 ch** 31/50 – ½ P 45/50.

♦ À quelques centaines de mètres de l'entrée du gouffre, une auberge qui "ne se met pas Martel en tête" : service sans manières et chambres simples parfaitement tenues. Salle à manger couleur pastel et terrasse ombragée ; restauration rapide et repas régionaux.

PAILHEROLS 15800 Cantal 330 E5 – 153 h alt. 1000.

Paris 558 – Aurillac 32 – Entraygues-sur-Truyère 45 – Murat 39 – Vic-sur-Cère 14.

🏠 **Auberge des Montagnes** 🌢, ℰ 04 71 47 57 01, aubdesmont@aol.com, Fax 04 71 49 63 83, 🌊, 🔲, 🌿 – 🔟 🌣 🐾 **P**. **GB**

fermé 10 oct. au 20 déc. – **Repas** (fermé mardi hors saison) 13/28,50 ♈ – ⌸ 6,20 – **22 ch** 42/50 – ½ P 44/48.

♦ Cette ferme restaurée a gardé ses toits en lauzes, ses murs épais et sa grande cheminée. Chambres rustiques ou contemporaines à l'annexe. Convivial salon autour du "cantou". Chaleureuses salles à manger dont une en véranda, et cuisine auvergnate soignée.

PAIMPOL 22500 C.-d'Armor 309 D2 G. Bretagne – 7 932 h alt. 15.

Voir Abbaye de Beauport★ 2 km par D 786 – Tour de Kerroc'h ≼★ 3 km par D 789 puis 15 mn.

Env. Pointe de Minard★★ 11 km par D 786.

🛈 Office de tourisme, place de la République ℰ 02 96 20 83 16, Fax 02 96 55 11 12, tourisme@paimpol-goelo.com.

Paris 494 – St-Brieuc 46 – Guingamp 29 – Lannion 33.

🏠 **K'Loys** sans rest, 21 quai Morand ℰ 02 96 20 40 01, Fax 02 96 20 72 68, ≼ – 📱 🔟 📞 🕹. **GB**

⌸ 8 – **17 ch** 80/150.

♦ Face au port, demeure d'armateur dont l'intérieur est garni de mobilier de style ou breton. L'ambiance "cosy" du bar (bois sombre) évoque le Paimpol du "Pêcheur d'Islande".

🏠 **Motel Nuit et Jour** sans rest, rte de l'Île-de-Bréhat : 2 km ⊠ 22620 Ploubazlanec ℰ 02 96 20 97 97, 🌿 – cuisinette 🔟 🕹 **P**. **GB**

⌸ 7,50 – **38 ch** 55/68.

♦ Réparties dans des bungalows, chambres simples et bien tenues, accessibles 24 h sur 24 ; certaines sont plus récentes. Jeu d'échecs géant pour les amateurs.

🏠 **Paimpol-Eurotel**, rte de St-Brieuc : 1 km ℰ 02 96 20 81 85, info@paimpol-eurotel.com, Fax 02 96 20 48 24 – 🔟 🕹 **P** – 🔏 25. 🖭 **GB**. ⋘ rest

1ᵉʳ avril-1ᵉʳ oct. – **Repas** (½ pens. seul.) – ⌸ 7 – **30 ch** 48 – ½ P 43/45.

♦ Hôtel de type chaîne à la périphérie de Paimpol. Les chambres, simples et fonctionnelles, conviennent davantage pour l'étape que pour le séjour. Vente de produits locaux.

XX **Marne** avec ch, 30 r. Marne ℰ 02 96 20 82 16, hotel.marne22.restaurant@wanadoo.fr, Fax 02 96 20 92 07 – ■ rest, 🔟 **P**. 🖭 ① **GB** 🄳🄲🄱. ⋘ ch

fermé 3 au 18 oct., 15 au 27 fév., dim. soir et lundi – **Repas** 24/82 bc, enf. 13 ♈ – ⌸ 8,50 – **12 ch** 55/75 – ½ P 57/67.

♦ Ce restaurant occupe une maison en pierre proche de la gare. Jolie petite salle à manger, service attentionné et cuisine au goût du jour. Quelques chambres fonctionnelles.

XX **Vieille Tour**, 13 r. Église ℰ 02 96 20 83 18, Fax 02 96 20 90 41 – **GB**

fermé 23 juin au 1ᵉʳ juil., lundi midi en juil.-août, dim. soir et merc. hors saison – **Repas** 24/62 ♈.

♦ Au cœur de la vieille ville, auberge dont la salle à manger est joliment décorée dans les tons jaune et bleu. Cuisine traditionnelle variant au rythme des saisons.

X **Cotriade**, 16 quai Armand Dayot ℰ 02 96 20 81 08, ≼, 🌣 – 🖭 **GB**. ⋘

fermé 1ᵉʳ au 12 juil., 23 au 29 oct., 12 au 27 fév., vend. soir, sam. midi et lundi – **Repas** (18) - 20/100.

♦ Lumineuse salle à manger agrémentée de marines, terrasse dressée à même le port, accueil charmant et goûteuse cuisine de la mer mitonnée en fonction des arrivages.

à la Pointe de l'Arcouest Nord : 6 km – ⊠ 22620 Ploubazlanec.

Voir ≤★★.

🏛 **Barbu** ⟨⟩, ℰ 02 96 55 86 98, hotel.lebarbu@wanadoo.fr, Fax 02 96 55 73 87, ≤ Ile de Bréhat, 🏊, 🌿 – 📺 🖧 🅿. 🖭 ⒼⒷ
1er mars-15 nov. et fermé dim. soir et lundi en mars, oct. et nov. – **Repas** 15,30 (déj.), 25/35 – ⌷ 9,20 – **19 ch** 69/122 – ½ P 76/105.
♦ Cette imposante maison jouxte l'embarcadère pour "l'île des fleurs et des corsaires". Chambres tournées vers la mer ou en rez-de jardin. Coquillages et crustacés à déguster en admirant la vue magnifique sur la baie et Bréhat.

près du pont de Lézardrieux Ouest : 5 km par D 786 – ⊠ 22500 Paimpol :

🏛 **Relais Brenner** ⟨⟩ sans rest, r. St-Julien ℰ 02 96 22 29 95, Fax 02 96 22 22 72, ≤, 🍷 – 🛗 📺 🖧 🅿. 🖭 ⒼⒷ
1er avril-30 oct. – ⌷ 7,50 – **15 ch** 60/105, 3 duplex.
♦ Les chambres du Relais sont spacieuses et décorées avec soin ; certaines bénéficient de la vue sur l'estuaire du Trieux. Vous profiterez aussi d'un parc arboré et fleuri.

PAIRIS 68 H.-Rhin 315 G8 – rattaché à Orbey.

PALAGACCIO 2B H.-Corse 345 F3 – voir à Corse (Bastia).

LE PALAIS 56 Morbihan 308 M10 – voir à Belle-Ile-en-Mer.

PALAISEAU 91 Essonne 312 C3 101 ㉞ – voir à Paris, Environs.

PALAVAS-LES-FLOTS 34250 Hérault 339 I7 G. Languedoc Roussillon – 5 421 h alt. 1 – Casino.
Voir Ancienne cathédrale★ de Maguelone SO : 4 km.
🅱 Office de tourisme, place de la Méditerranée ℰ 04 67 07 73 34, Fax 04 67 07 73 58, Tourisme@palavaslesflots.com.
Paris 763 – Montpellier 17 – Aigues-Mortes 26 – Nîmes 60 – Sète 33.

🏛 **Amérique Hôtel** sans rest, av. F. Fabrège ℰ 04 67 68 04 39, hotel.amerique@wanadoo.fr, Fax 04 67 68 07 83, 🏊 – 🛗 ▤ 📺 🖧 🅾. 🖭 ⓞ ⒼⒷ
⌷ 7 – **49 ch** 55/65.
♦ Hôtel des années 1970 composé de deux bâtiments séparés par une avenue qui conduit à la mer. Chambres fonctionnelles conservant le style d'origine. Piscine et jacuzzi.

🏛 **Brasilia** sans rest, bd Joffre ℰ 04 67 68 00 68, hotel@brasilia-palavas.com, Fax 04 67 68 40 41, ≤ – ▤ 📺 🖧. 🖭 ⓞ ⒼⒷ ⒿⒸⒷ
⌷ 5 – **22 ch** 64/99.
♦ Cet hôtel situé sur le front de mer abrite des chambres simples que vous choisirez de préférence avec balcon donnant sur la "grande bleue" ou sur le phare.

XXX **L'Escale,** 5 bd Sarrail (rive gauche) ℰ 04 67 68 24 17, rizzotti@club-internet.fr, Fax 04 67 68 24 17 – 🖭 ⓞ ⒼⒷ
Repas 18,50 (déj.), 25/60 et carte 53 à 73 ⓨ.
♦ L'élégante salle à manger et la véranda offrent une belle perspective sur la plage et les flots. La cuisine au goût du jour est largement inspirée par la proximité de la mer.

La PALMYRE 17570 Char.-Mar. 324 C5.
🅱 Office de tourisme, avenue de Royan; les Mathes ℰ 05 46 22 41 07, Fax 05 46 22 52 69, contact@la-palmyre-les-mathes.com.
Paris 519 – La Rochelle 80 – Royan 16.

🏛 **Palmyrotel,** ℰ 05 46 23 65 65, palmyrotel.m.c.@wanadoo.fr, Fax 05 46 22 44 13, 🍴 – 🛗 📺 🖧 🅿. ⒼⒷ
hôtel : 1er avril-30 oct. ; rest. : 1er avril-15 oct. – **Repas** 22/28, enf. 10 – ⌷ 7 – **30 ch** 83/86, 16 duplex – ½ P 70.
♦ À proximité du zoo, de la forêt et des plages, complexe hôtelier proposant des chambres fonctionnelles, presque toutes dotées d'un balcon. Originale décoration balnéaire dans la salle à manger et terrasse prise à l'abordage dès les premiers beaux jours.

La PALUD-SUR-VERDON 04120 Alpes-de-H.-P. 334 G10 G. Alpes du Sud – 297 h alt. 930.
Env. Belvédères : Trescaïre★★, 5 km, l'Escalès★★★, 7 km par D952 puis D 23 – Point Sublime★★★, ≤ sur le Grand Canyon du Verdon NE : 7,5 km puis 15 mn.
🅱 Syndicat d'initiative, Le Château ℰ 04 92 77 32 02, Fax 04 92 77 32 02, syndicat-initiative.x@wanadoo.fr.
Paris 796 – Castellane 25 – Digne-les-Bains 65 – Draguignan 60 – Manosque 68.

🏨 **Gorges du Verdon** ॐ, Sud : 1 km 𝒫 04 92 77 38 26, *bog@worldonline.fr*, Fax 04 92 77 35 00, <, 🏠, ⌸, 🐾, ✗ – 📺 **P** – 🛎 25. ☞
9 avril-24 oct. – **Repas** (dîner seul.) *(22)* - 29, enf. 10 ⵏ – **27 ch** ⌷ 125/150, 3 suites.
♦ Hôtel perché sur une colline à proximité d'un village prisé des randonneurs. Les quiètes chambres crépies s'égayent de tissus colorés ; duplex familiaux et belles suites. Menu unique inspiré par la région et servi dans un cadre en harmonie avec la cuisine.

🏠 **Auberge des Crêtes**, Est : 1 km sur D 952 𝒫 04 92 77 38 47, *aubergedescretes@wanad oo.fr*, Fax 04 92 77 30 40, 🏠, – **P**. ☞
4 avril-3 oct. – **Repas** *(fermé dim. soir et lundi sauf vacances scolaires et juil.-août) (14,50)* - 18,50/24, enf. 9 ⵏ – ⌷ 7 – **12 ch** 50,50/52,50 – ½ P 49/51.
♦ Les varappeurs apprécieront cette étape où ils se remettront de leurs émotions dans des chambres simples et bien tenues, mansardées à l'étage. Salle à manger rustique, véranda ou terrasse rocailleuse et fleurie ; cuisine traditionnelle à l'accent du pays.

PAMIERS ◐ 09100 Ariège 𝟑𝟒𝟑 H6 *G. Midi-Pyrénées* – 13 417 h alt. 280.
🛈 *Office de tourisme, boulevard Delcassé 𝒫 05 61 67 52 52, Fax 05 61 67 22 40, info@pa mierstourisme.com.*
Paris 745 – Auch 147 – Carcassonne 76 – Castres 106 – Foix 20 – Toulouse 70.

🏠 **France**, 5 cours Rambaud 𝒫 05 61 60 20 88, *df0902@inter-hotel.com*, Fax 05 61 67 29 48 – 📺 ✓ ⇔ **P** – 🛎 35. ⚿ ☞ ⒿⒸⒷ
Repas *(fermé 21 déc. au 5 janv. et dim. soir sauf de juin à sept.)* 13,50 (déj.), 17/36, enf. 9 ⵏ – ⌷ 9 – **29 ch** 48/54 – ½ P 49/59.
♦ Au coeur de la ville natale du compositeur Gabriel Fauré, hôtel proposant des chambres équipées d'un mobilier de style ou dotées d'un cadre plus actuel. Simple et sympathique salle à manger avec poutres, murs blanchis et meubles rustiques. Menus traditionnels.

🏠 **Paix**, 4 pl. A. Tournier 𝒫 05 61 67 12 71, Fax 05 61 60 61 02 – ▤ rest, 📺 ✓. ⚿ ☞
Repas *(11)* - 18/30, enf. 10 ⵏ – ⌷ 7 – **14 ch** 48 – ½ P 50.
♦ Chambres rustiques, colorées et assez soignées dans cet ancien relais de poste qui bénéficie d'une cure de jouvence. Joli plafond mouluré, etc. : le décor original (1760) de la salle à manger a été élégamment mis en valeur.

PANTIN 93 Seine-St-Denis 𝟑𝟎𝟓 F7 𝟏𝟎𝟏 ⑯ – *voir à Paris, Environs.*

Le PARADOU 13 B.-du-R. 𝟑𝟒𝟎 D3 – *rattaché à Maussane-les-Alpilles.*

PARAMÉ 35 I.-et-V. 𝟓𝟗 06 – *voir à St-Malo.*

PARAY-LE-MONIAL 71600 S.-et-L. 𝟑𝟐𝟎 E11 *G. Bourgogne* – 9 191 h alt. 245.
Voir *Basilique du Sacré-Coeur*★★ – *Hôtel de ville*★ H.
🛈 *Office de tourisme, 25 avenue Jean-Paul II 𝒫 03 85 81 10 92, Fax 03 85 81 36 61, ot.paray@wanadoo.fr.*
Paris 360 ⑤ – Mâcon 67 ② – Montceau-les-Mines 37 ① – Moulins 67 ⑤ – Roanne 55 ④.

Plan page suivante

🏨 **Parada** sans rest, Z.A.C. Champ Bossu par ①, rte Montceau 𝒫 03 85 81 91 71, *leparada@ wanadoo.fr*, Fax 03 85 81 91 70 – ▤ 📺 ✓ 𝙘 **P** – 🛎 30. ☞ – ⌷ 6,40 – **30 ch** 43/64.
♦ Situé aux portes de la ville, hôtel récent entouré d'un vaste terrain clos. Chambres spacieuses et bien insonorisées, équipées de TV grand écran.

🏨 **Terminus**, 27 av. Gare (s) 𝒫 03 85 81 59 31, *terminus.paray@club-internet.fr*, Fax 03 85 81 38 31, 🏠, 🐾 – 📺 ✓ ⇔ **P**. ☞
Repas *(fermé dim.)* (dîner seul.)(résidents seul) 14/20 ⵏ – ⌷ 6,50 – **16 ch** 44/56 – ½ P 51.
♦ Une décoration de bon ton et un ameublement de style caractérisent les chambres de ce typique hôtel de gare 1900 bien rénové, dans la cité du "Coeur de Jésus".

🏠 **Trois Pigeons**, 2 r. Dargaud (v) 𝒫 03 85 81 03 77, *hotel3pigeons@wanadoo.fr*, Fax 03 85 81 58 59, 🏠 – ▯ 📺 ⅙ ⇔. ⚿ ⓪ ☞ ⒿⒸⒷ
6 mars-30 nov. – **Repas** *(12,40)* - 15/40 ⵏ – ⌷ 6,40 – **44 ch** 50,50/66 – ½ P 43,80/50,50.
♦ Depuis 1952 la même famille vous accueille dans cet établissement traditionnel situé en plein centre-ville et abritant des chambres actuelles. Une ambiance agréablement provin-ciale règne dans la salle à manger et sous la glycine de la courette-terrasse.

🏠 **Grand Hôtel de la Basilique**, 18 r. Visitation (a) 𝒫 03 85 81 11 13, *resa@hotelbasilique .com*, Fax 03 85 88 83 70 – ▯. ⚿ ⓪ ☞ ⒿⒸⒷ
20 mars-31 oct. – **Repas** 12/38, enf. 7 ⵏ – ⌷ 10 – **56 ch** 31/49 – ½ P 36/55.
♦ Cinq générations de la même famille se sont succédé à la tête de cet établissement présentant aujourd'hui des chambres simples et propres, parfois avec vue sur la basilique. Repas servis dans une salle à manger fleurie sentant bon la campagne et la tradition.

PARAY-LE-MONIAL

Alsace-Lorraine (Pl.) 2
Billet (R.) 3
Chapelains (Allée des)............ 5
Charolles (av. de)............ 6
Commerce (Quai du).................. 7
Dauphin-Louis (Bd) 8
Desrichard (R. Louis)................. 9
Deux-Ponts (R.) 12
Dr. Griveaud (R.) 13
Four (R. du) 14
Gaulle (Av. Ch.-de)............ 15
Guignault (Pl.)................ 17
Industrie (Quai de l') 18
Jaurès (Cours Jean) 20
Lamartine (Pl.) 21
Paix (R. de la)................ 23
Regnier (Bd H. de) 26
République (R.) 27
St-Vincent (R.) 28
Victor-Hugo (R.) 29
Visitation (R.) 30

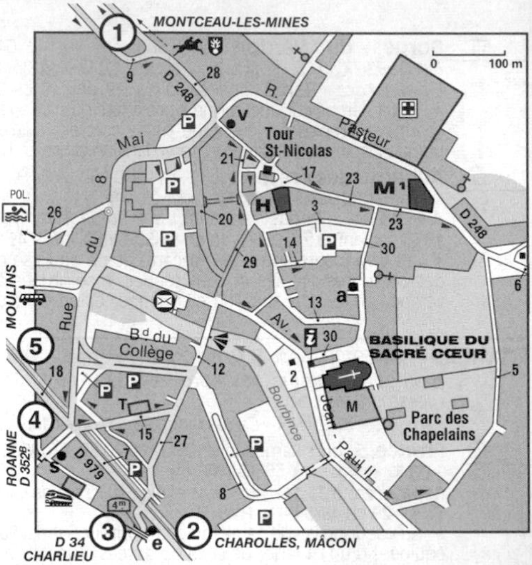

Vendanges de Bourgogne, 5 r. D. Papin **(e)** ☎ 03 85 81 13 43, *hotel.vendanges.de.bourgogne@wanadoo.fr, Fax 03 85 88 87 59,* – P. AE GB
fermé 8 au 31 janv., dim. soir et lundi sauf juil.-août – **Repas** *(fermé dim. soir et lundi sauf juil.-août)* 14/26,50 ♀ – ☕ 6,50 – **15 ch** 36,50/44,50 – ½ P 40.
◆ Hôtel bordant un axe passant. Les chambres, de tailles variées et dotées d'un mobilier fonctionnel, sont régulièrement rafraîchies et correctement insonorisées. Restaurant rustique et terrasse couverte ; viande charolaise et escargots de Bourgogne à la carte.

à Poisson *par ③ : 8 km sur D 34 – 590 h. alt. 300 – ✉ 71600 :*

Poste et Hôtel La Reconce avec ch, ☎ 03 85 81 10 72, *Fax 03 85 81 64 34,* – rest, P. AE GB JCB
fermé 3 au 19 oct., fév., lundi et mardi sauf le soir en juil.-août – **Repas** 25/76 bc ♀ – ☕ 11 – **7 ch** 53/80.
◆ Belle et confortable demeure charolaise où vous goûterez une cuisine privilégiant les produits du terroir. Dans une maison indépendante, chambres joliment aménagées.

par ⑤ *: 4 km sur N 79 – ✉ 71600 Paray-le-Monial :*

Charollais, ☎ 03 85 81 03 35, *Fax 03 85 81 50 31,* – P – 15. AE GB
Repas *(10)* - 16, enf. 5 – ☕ 8,50 – **20 ch** 41/79 – ½ P 34/38.
◆ Le bâtiment le plus près de la route abrite le restaurant ; le second, à l'arrière, offre des chambres rénovées ouvrant sur le parc et sa pelouse. Viandes charolaises et pizzas cuites au feu de bois dans la salle à manger sous charpente ; véranda et terrasse.

PARC ASTÉRIX *60 Oise* 305 G6 – *rattaché à Survilliers (95 Val-d'Oise).*

PARC du FUTUROSCOPE *86 Vienne* 322 I4 – *rattaché à Poitiers.*

PARCEY *39 Jura* 321 C4 – *rattaché à Dole.*

PARENTIS-EN-BORN *40160 Landes* 335 E8 *G. Aquitaine – 4 429 h alt. 32.*

Office de tourisme, place du Général-de-Gaulle ☎ 05 58 78 43 60, Fax 05 58 78 43 60, oft@parentis.com.
Paris 658 – Bordeaux 76 – Arcachon 43 – Mimizan 25 – Mont-de-Marsan 76.

Cousseau avec ch, r. St-Barthélemy ☎ 05 58 78 42 46, *Fax 05 58 78 42 46,* – P. GB
fermé 11 oct. au 1er nov., vend. soir et dim. soir – **Repas** 10,50/40, enf. 7,50 – ☕ 5 – **9 ch** 29/32.
◆ Cette adresse familiale toute simple située à proximité de l'église abrite une salle à manger aux tons pastel où l'on propose une cuisine landaise. Chambres bien tenues.

PARIGNÉ *35 I.-et-V.* 309 O4 – *rattaché à Fougères.*

PARIS
et
ENVIRONS

Ⓟ *75 Plans :* 🔳54 , 🔳55 , 🔳56 *et* 🔳57 *G. Paris – 2 147 857 h.*
Région d'Ile-de-France 10 952 011 h. – alt. Observatoire 60 m
Place de la Concorde 34 m.

Plan de répartition des quartiers et arrondissements	p. 2 et 3
Plan du RER et SNCF	p. 4 et 5
Plan du métro	p. 6 et 7
Offices de tourisme – Renseignements pratiques	p. 8
Practical information	p. 9
Découvrir	p. 10
Hôtels et Restaurants	
Liste alphabétique	p. 11 à 27
Les **étoiles**, le **"Bib Gourmand"**, Pour souper après le spectacle, les spécialités, les genres, restaurants "Nouveaux Concepts", menus à moins de 28 €, Plein air, restaurants avec salons particuliers et restaurants ouverts samedi et dimanche, hôtels proposant des chambres doubles à moins de 80 €	p. 28 à 49
Classement des hôtels et restaurants par arrondissements	p. 51 à 128
Localités des Environs de Paris	p. 129 à 169

ARRONDISSEMENTS

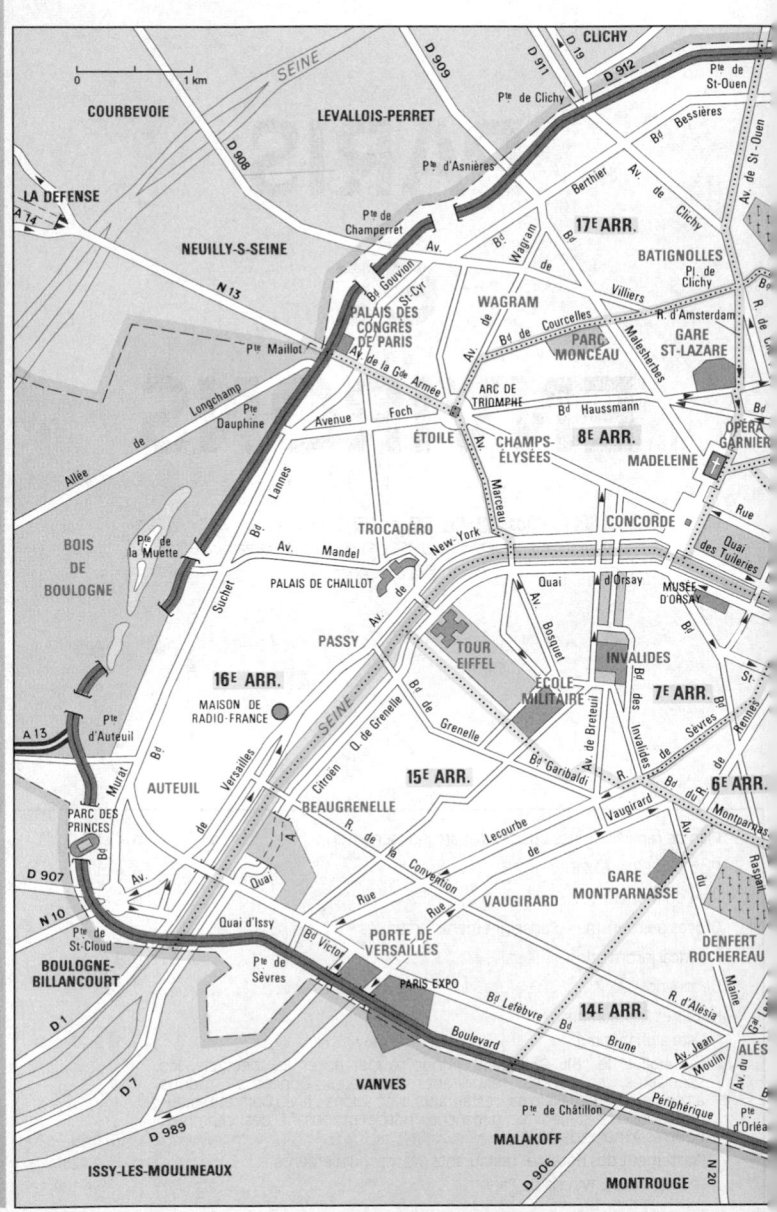

ET QUARTIERS

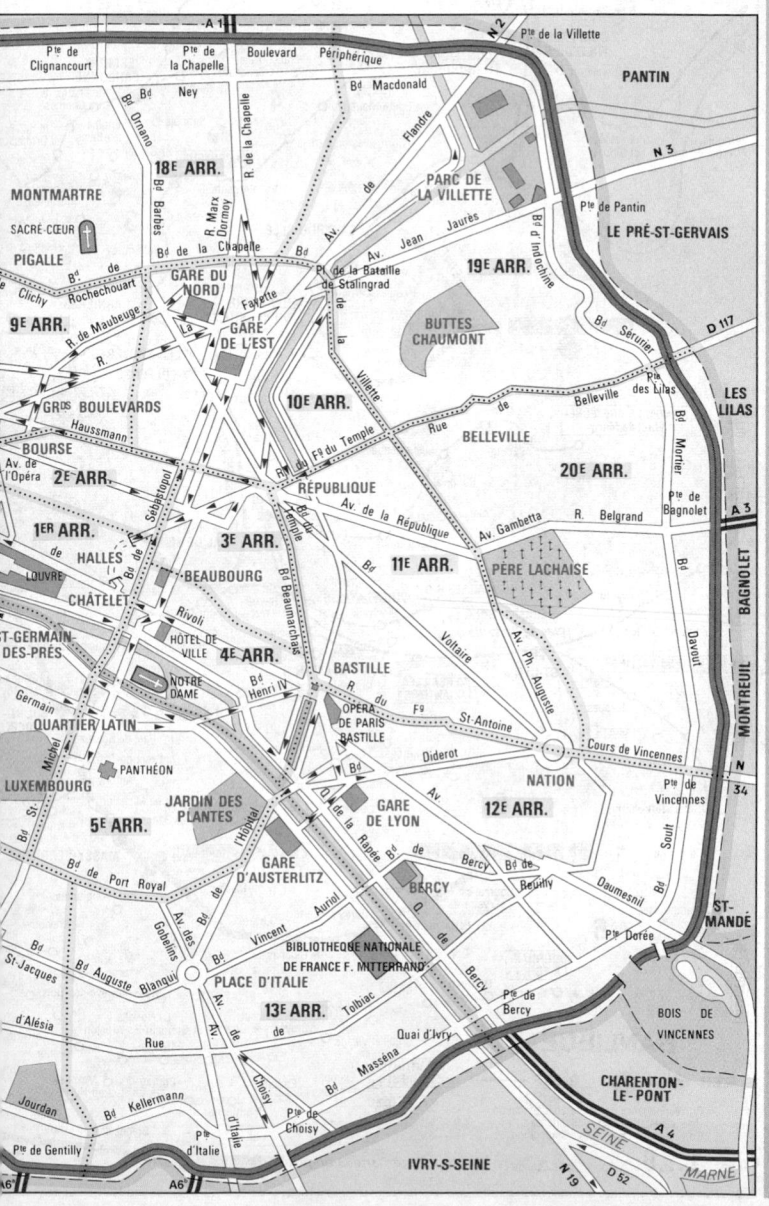

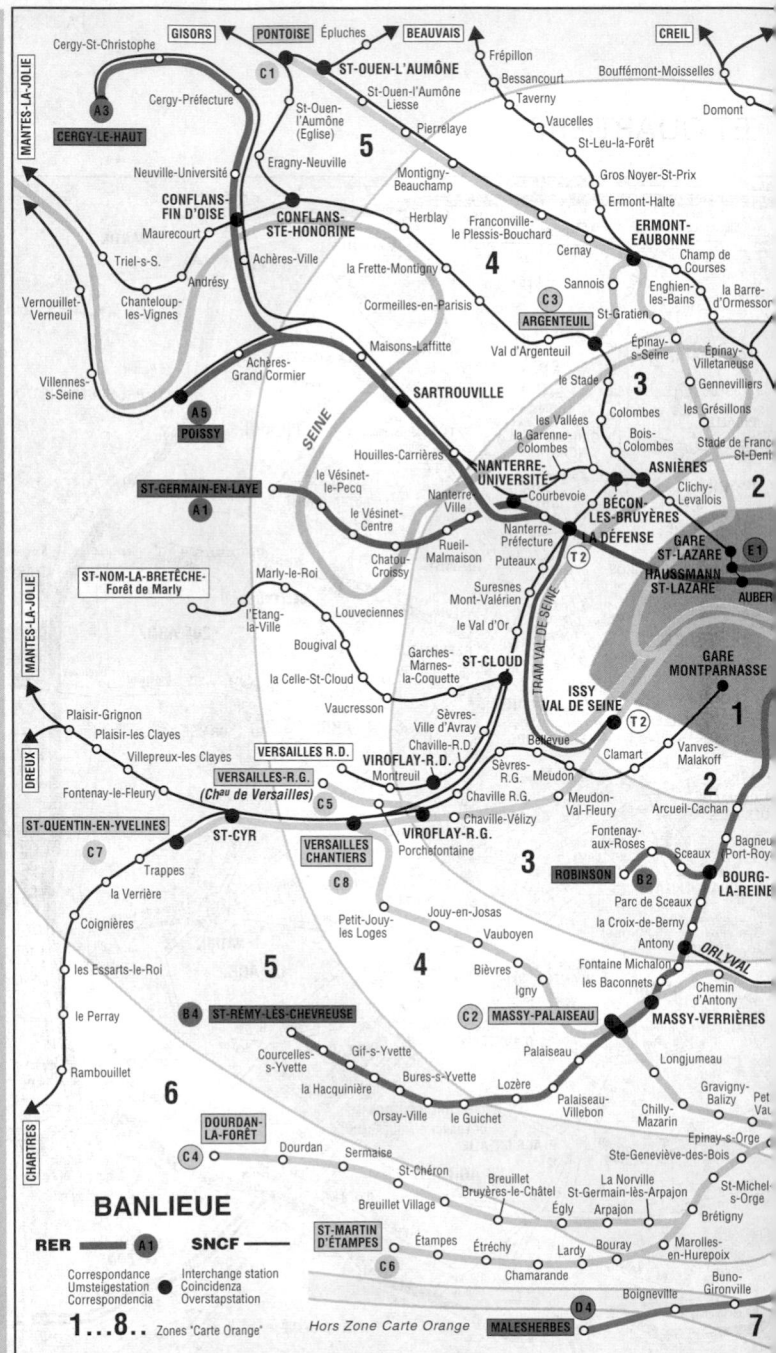

BANLIEUE

RER ▬▬▬ Ⓐ1   SNCF ▬▬▬

Correspondance   Interchange station
Umsteigestation   Coincidenza
Corrispondenza   Overstapstation

1...8.. Zones "Carte Orange"

Hors Zone Carte Orange

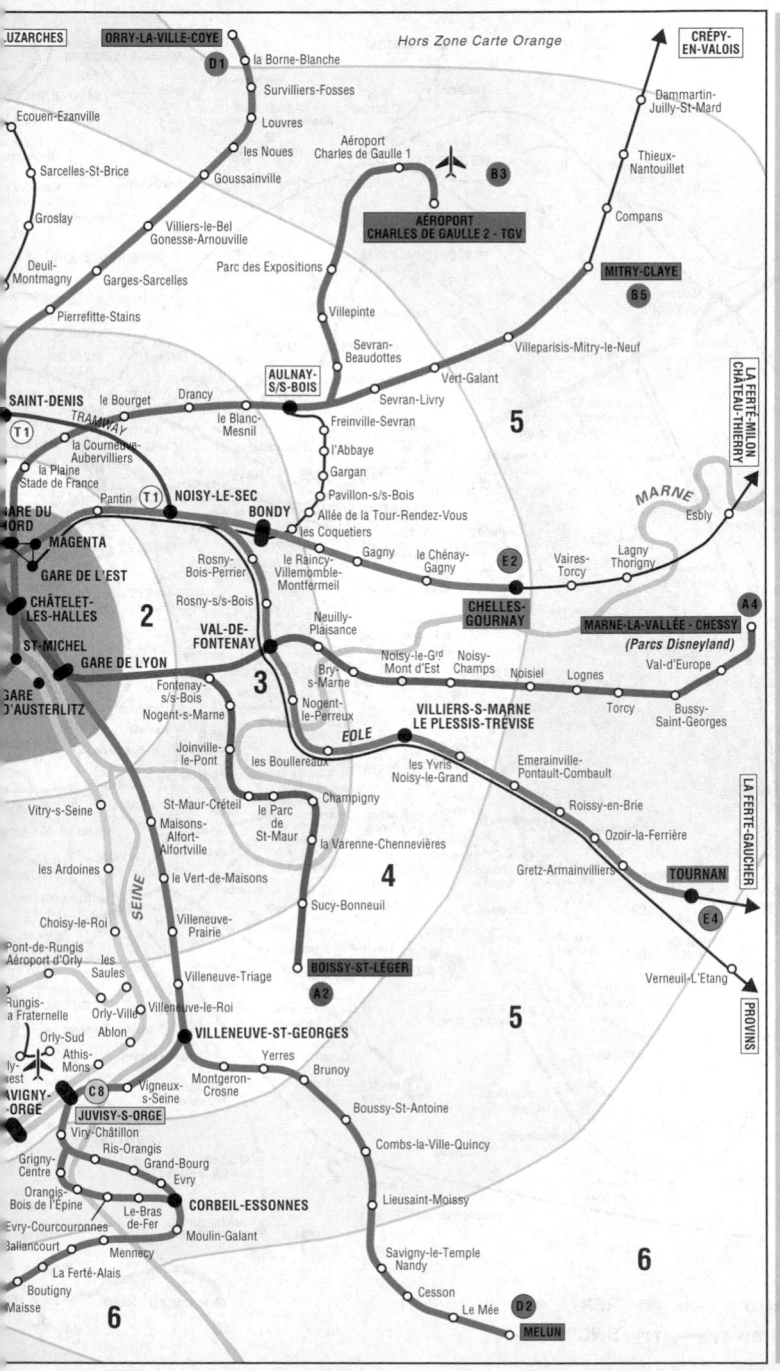

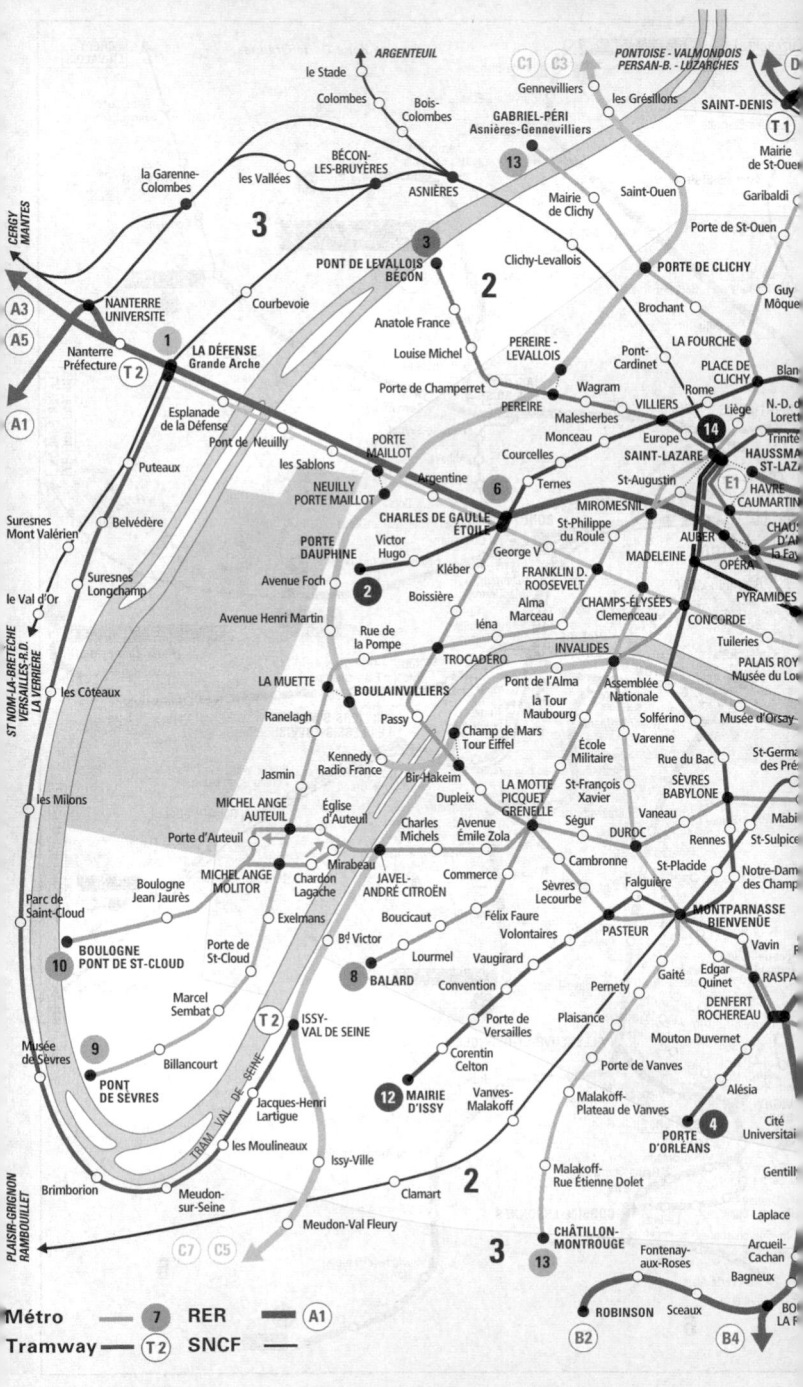

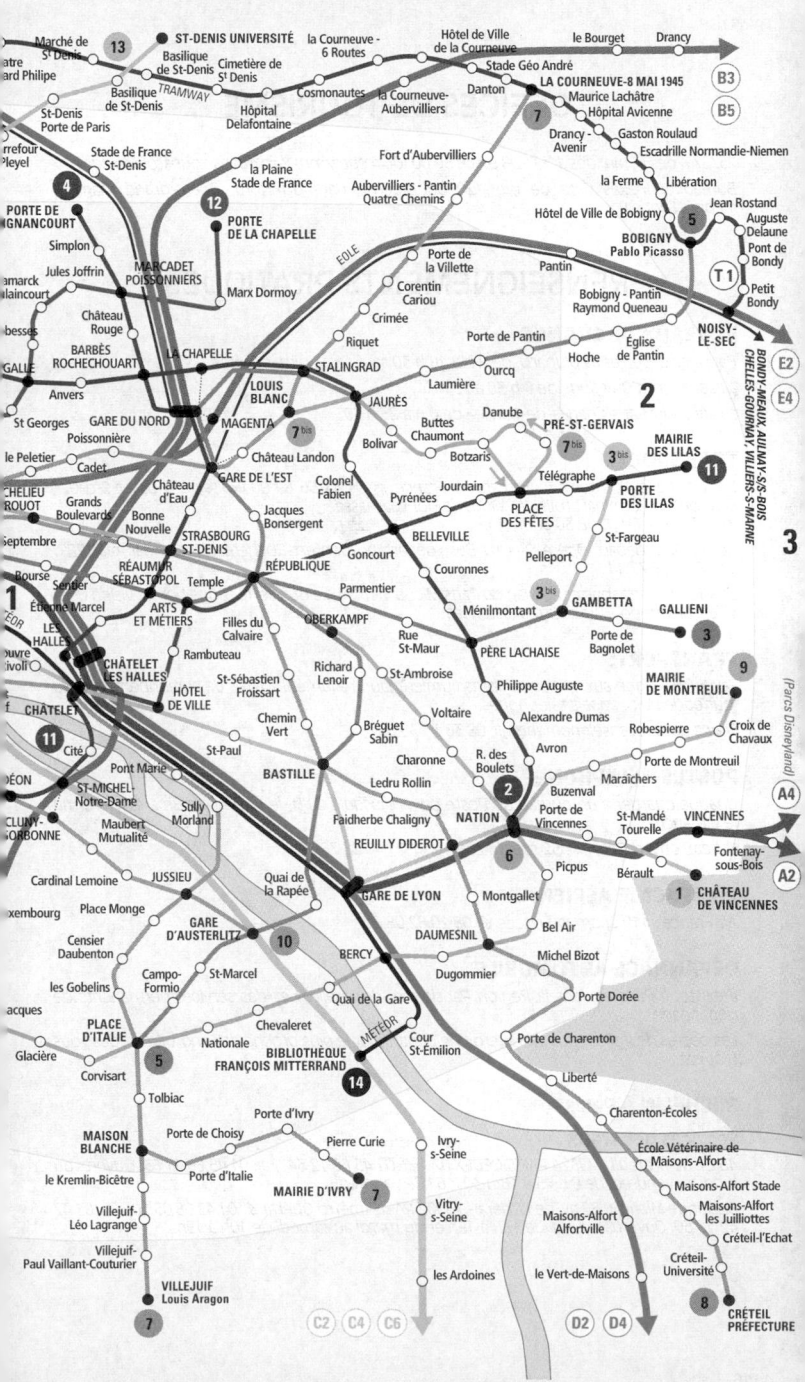

OFFICES DE TOURISME

25/27 r. des Pyramides 1er ℰ 08 92 68 30 00 (0,34 euro/mn) info@paris-touristoffice.com

Bureaux Annexes Gare de Lyon 20 bd Diderot, Gare du Nord, Opéra-grand magasin 11 bis r. Scribe 9e

RENSEIGNEMENTS PRATIQUES

BUREAUX DE CHANGE

Banques ouvertes (la plupart), de 9 h à 16 h 30 sauf sam., dim. et fêtes.

à l'aéroport d'Orly-Sud : de 6 h 30 à 23 h

à l'aéroport Paris-Charles-de-Gaulle : de 6 h à 23 h 30

TRANSPORTS

Liaisons Paris Aéroports : Info cars Air France ℰ 01 41 56 89 00 (Roissy-C-d-G1 et C-d-G2/Orly) départ Terminal Étoile, Invalides et Montparnasse.
Info Bus R.A.T.P ℰ 08 36 68 77 14.

Roissy-Bus, départ Opéra 9e Orly-Bus, départ pl. Denfert-Rochereau 14e : par rail (RER) ℰ 08 36 68 77 14

Bus-Métro : se reporter au plan de Paris Michelin no 56. Le bus permet une bonne vision de la ville, surtout pour de courtes distances.

TRANSPORTS

Taxi : faire signe aux véhicules libres (lumière jaune allumée) - Aires de stationnement - de jour et de nuit : appels téléphonés

Trains-autos : renseignements ℰ 08 36 35 35 35

POSTES-TÉLÉPHONE

Chaque quartier a un bureau de Poste ouvert jusqu'à 19 h, le samedi de 8h à 12h - fermé le dimanche

Bureau ouvert 24h/24 : 52 rue du Louvre ℰ 01 40 28 76 00

COMPAGNIE AÉRIENNE

Air France : 119 Champs-Élysées ℰ 08 20 82 08 20

DÉPANNAGE AUTOMOBILE

Il existe, à Paris et dans la Région Parisienne, des ateliers et des services permanents de dépannage.

Les postes de Police vous indiqueront le dépanneur le plus proche de l'endroit où vous vous trouvez.

MICHELIN à Paris

Services généraux

46 av. de Breteuil - 75324 PARIS CEDEX 07 - ℰ 01 45 66 12 34, Fax 01 45 66 11 63. Ouverts du lundi au vendredi de 8 h 45 à 16 h 30 (16 h le vendredi)

Boutique Michelin 32 av. de l'Opéra - 75002 PARIS (métro Opéra) ℰ 01 42 68 05 20, Fax 01 47 42 10 50. Ouverte le lundi de 13h à 19h et du mardi au samedi de 10h à 19h

PRACTICAL INFORMATION

TOURIST INFORMATION

Paris "Welcome" Office (Office de Tourisme de Paris) : 25/27, r. des Pyramides 1er ℘ 08 92 68 30 00 (0,34 euro/mn)info@paris-touristoffice.com

American Express 9 rue Auber, 9 th ℘ 01 47 77 72 00, Fax 01 42 68 17 17

FOREIGN EXCHANGE OFFICES

Banks : close at 4.30 pm and at week-end

Orly Sud Airport : daily 6.30 am to 11 pm

Charles-de-Gaulle Airport : daily 6.am to 11.30 pm

TRANSPORT

Airports-Roissy-Charles-de-Gaulle ℘ 01 48 62 12 12 - Orly Aérogare ℘ 01 49 75 15 15

Bus-Underground : for full details see the Michelin Plan de Paris n° 56. The Underground is quicker but the bus is better for sightseeing and more practical for short distances

Taxis : may be hailed in the street when showing the illuminated sign-available, day and night al taxi ranks or called by telephone

POSTAL SERVICES

Local post offices : open Mondays to Fridays 8 am to 7 pm ; Saturdays 8 am to noon

General Post Office, 52 rue du Louvre, 1st : open 24 hours, ℘ 01 40 28 76 00

AIRLINES

AMERICAN AIRLINES : 109 r. du Fg St-Honoré, 8th, ℘ 08 10 87 28 72 .

DELTA AIRLINES : 119 av. des Champs-Élysées, ℘ 08 00 35 40 80

UNITED AIRLINES : 106, bd Hausmann, 8th, ℘ 08 01 72 72 72

BRITISH AIRWAYS : 18 bd Malesherbes, 8th, ℘ 01 53 43 25 27

AIR FRANCE : 119 Champs-Élysées, 8th, ℘ 08 20 82 08 20

BREAKDOWN SERVICE

Some garages in central and outer Paris operate a 24-hour breakdown service. If you breakdown the police are usually able to help by indicating the nearest one.

TIPPING

In France, in addition to the usual people who are tipped (the barber or ladies'hairdresser, hat-check girl, taxi-driver, doorman, porter, et al.), the ushers in Paris theaters and cinemas, as well as the custodians of the "men's" and "ladies" in all kinds of establishments, expect a small gratuity.

In restaurants, the tip ("service") is always included in the bill to the tune of 15 %. However you may choose to leave in addition the small change in your plate, especially if it is a place you would like to come back to, but there is no obligation to do so.

DÉCOUVRIR

PERSPECTIVES CÉLÈBRES ET PARIS VU D'EN HAUT

≤★★★ depuis l'Obélisque de la place de la Concorde : Champs-Elysées, Arc de Triomphe, Grande Arche de la Défense. - ≤★★ depuis l'Obélisque de la place de la Concorde : La Madeleine, Assemblée nationale. - ≤★★★ depuis la terrasse du Palais de Chaillot : Tour Eiffel, Ecole Militaire, Trocadéro. - ≤★★ depuis le pont Alexandre III : Invalides, Grand et Petit Palais - Tour Eiffel★★★ - Tour Montparnasse★★★ - Tour Notre-Dame★★★ - Dôme du Sacré-Coeur★★★ - Plate-forme de l'Arc de Triomphe★★★

QUELQUES MONUMENTS HISTORIQUES

Le Louvre★★★ (cour carrée, colonnade de Perrault, la pyramide) - Tour Eiffel★★★ - Notre-Dame★★★ - Sainte-Chapelle★★★ - Arc de Triomphe★★★ - Invalides ★★★ (Tombeau de Napoléon) - Palais-Royal★★ - Opéra★★ - Conciergerie★★ - Panthéon★★ - Luxembourg ★★ (Palais et Jardins)

Églises :

Notre-Dame★★★ - La Madeleine★★ - Sacré-Coeur★★ - St-Germain-des-Prés★★ - St-Étienne-du-Mont★★ - St-Germain-l'Auxerrois★★

Dans le Marais :

Place des Vosges★★★ - Hôtel Lamoignon★★ - Hôtel Guénégaud★★ - Palais Soubise★★

QUELQUES MUSÉES

Le Louvre★★★ - Orsay★★★ (milieu du 19ᵉ s. jusqu'au début du 20ᵉ s.) - Art moderne ★★★ (au Centre Pompidou) - Armée★★★ (aux Invalides) - Arts décoratifs★★ (107, rue de Rivoli) - Musée National du Moyen Âge et Thermes de Cluny★★ - Rodin★★ (Hôtel de Biron) - Carnavalet★★ (Histoire de Paris) - Picasso★★ - Cité des Sciences et de l'Industrie★★★ (La Villette) - Marmottan★★ (collection de peintres impressionnistes) - Orangerie★★ (des Impressionnistes à 1930) - Jacquemart-André★ - Musée national des Arts asiatiques - Guimet★★★

MONUMENTS CONTEMPORAINS

La Défense★★ (C.N.I.T., la Grande Arche) - Centre Georges-Pompidou★★★ - Forum des Halles - Institut du Monde Arabe★ - Opéra-Bastille - Bercy★ (palais Omnisports, Ministère des Finances) - Bibliothèque Nationale de France - Site François-Mitterrand★

QUARTIERS PITTORESQUES

Montmartre★★★ - Le marais★★★ - Île St-Louis★★ - les Quais★★ (entre le Pont des Arts et le Pont de Sully) - St-Germain-des-Prés★★ - Quartier St-Séverin★★

LE SHOPPING

Grands magasins :

Printemps, Galeries Lafayette (boulevard Haussmann), Samaritaine, B.H.V. (rue de Rivoli), Bon Marché (rue de Sèvres)

Commerce de luxe :

Au Faubourg St-Honoré (mode), Rue de la Paix et place Vendôme (joaillerie), rue Royale (faïencerie et cristallerie), avenue Montaigne ((mode)

Occasions et antiquités :

Marché aux Puces★ (Porte de Clignancourt), Village Suisse (av. de la Motte-Picquet) - Louvre des Antiquaires.

Liste alphabétique des hôtels et restaurants

A

124 A et M Marée

119 A et M Restaurant

107 Abaca Messidor

66 Abbaye (L')

140 Abbaye des Vaux de Cernay
(Cernay-la-Ville)

147 ABC Champerret
(Levallois-Perret)

108 Aberotel

127 Abricôtel

97 Acadia

135 Acanthe
(Boulogne-Billancourt)

81 Affriolé (L')

69 Agora St-Germain

106 Aiglon (L')

62 Aiguière (L')

58 Aki

92 Al Ajami

88 Alain Ducasse au Plaza Athénée

97 Alba-Opéra

95 Albert 1er

71 Alcazar

115 Alexander

87 Alison

133 Alixia
(Antony)

136 Alixia
(Bourg-la-Reine)

107 Alizé Grenelle

73 Allard

128 Allobroges (Les)

85 Amarante Champs Élysées

62 Ambassade d'Auvergne

161 Ambassade de Pékin
(St-Mandé)

88 Ambassadeurs (Les)

94 Ambassador

62 Ambroisie (L')

98 Amiral Duperré

121 Ampère

153 Amphitryon
(Noisy-le-Grand)

123 Amphyclès

111 Amuse Bouche (L')

104 Anacréon

92 Angle du Faubourg (L')

66 Angleterre

96 Anjou-Lafayette

123 Apicius

107 Apollinaire

81 Apollon

107 Apollon Montparnasse

93 Appart' (L')

86 Arcade (L')

114 Argentine

141 Armes de France (Aux)
(Corbeil-Essonnes)

77 Arpège

103 Arts

117 Arts (Les)

63 Astier

164 Astor
(Suresnes)

83 Astor (L') (H.Sofitel Astor)

87 Astoria

95 Astra Opéra

117 Astrance

122 Astrid

58 Atelier Berger (L')

124 Atelier Gourmand (L')

72 Atelier Maître Albert

86 Atlantic

136 Auberge (L')
(Boulogne-Billancourt)

104 Auberge Aveyronnaise (L')

64 Auberge Chez Rosito

144 Auberge d'Enghien
(Enghien-les-Bains)

161 Auberge de la Passerelle
(St-Maur-des-Fossés)

164 Auberge de la Poularde
(Vaucresson)

134 Auberge des Saints Pères
(Aulnay-sous-Bois)

168 Auberge des Trois Marches
(Le Vésinet)

141 Auberge du Barrage
(Corbeil-Essonnes)

142 Auberge du Château
"Table des Blot"
(Dampierre-en-Yvelines)

139 Auberge du Cheval Blanc
(Cergy-Pontoise)

162 Auberge du Manet
(St-Quentin-en-Yvelines)

156 Auberge du Petit Caporal
(La Queue-en-Brie)

137 Auberge du Pont de Bry
(Bry-sur-Marne)

104 Auberge Etchegorry

63 Auberge Pyrénées Cévennes

134 Auberge Ravoux
(Auvers-sur-Oise)

142 Auberge St-Pierre
(Dampierre-en-Yvelines)

61 Austin's

104 Avant Goût (L')

143 Avant Seine
(H. Sofitel Grande Arche)
(La Défense)

143 Aventurine (L') (H. Grand Hôtel)
(Enghien-les-bains)

157 Aviateurs (H. Hilton)
(Roissy-en-France)

97 Axel

61 Axial Beaubourg

B

58 Baan Boran

124 Ballon des Ternes

120 Balmoral

124 Balthazar

84 Balzac

73 Balzar

121 Banville

52 Bar Vendôme (H. Ritz)

83 Baretto (H. de Vigny)

141 Barrière de Clichy
(Clichy)

63 Bascou (Au)

169 Bastide
(Villeparisis)

71 Bastide Odéon

90 Bath's

55 Baudelaire Opéra

73 Bauta

123 Béatilles (Les)

79 Beato

169 Beau Rivage
(Villeneuve-le-Roi)

61 Beaubourg

107 Beaugrenelle St-Charles

62 Beaumarchais

127 Beauvilliers

84 Bedford

66 Bel Ami St-Germain-des-Prés

140 Belle Époque
(Châteaufort)

78 Bellecour

118 Bellini

109 Benkay

63 Benoît

102 Bercy Gare de Lyon

95 Bergère Opéra

92 Berkeley

77 Bersoly's

124 Beudant

110 Beurre Noisette

104 Biche au Bois

135 Bijou Hôtel
(Boulogne-Billancourt)

110 Bistro d'Hubert

100 Bistro de Gala

92 Bistro de l'Olivier

152 Bistrot d'à Côté Neuilly
(Neuilly-sur-Seine)

119 Bistrot de l'Étoile Lauriston

73 Bistrot de la Catalogne

104 Bistrot de la Porte Dorée

93 Bistrot de Marius

80 Bistrot de Paris

125 Bistrot de Théo

128 Bistrot des Soupirs
"Chez Raymonde"

63 Bistrot du Dôme (4ᵉ)
111 Bistrot du Dôme (14ᵉ)
92 Bistrot du Sommelier
99 Bistrot Papillon
58 Bistrot St-Honoré
96 Blanche Fontaine
62 Bofinger
116 Boileau
116 Bois
79 Bon Accueil (Au)
154 Bon Vivant
(Poissy)
158 Bonheur de Chine
(Rueil-Malmaison)
146 Bonne Franquette
(Janvry)
141 Bord de l'Eau (Au)
(Conflans-Ste-Honorine)
143 Botanic (H. Sofitel Centre)
(La Défense)
91 Bouchons de François Clerc
''Étoile' (Les)
73 Bouchons de François Clerc
(Les) (5ᵉ)
92 Bouchons de François Clerc
(Les) (8ᵉ)
93 Boucoléon
72 Bouquinistes (Les)
159 Bourbon (H. Villa Henri IV)
(St-Cloud)
61 Bourg Tibourg
148 Bourgogne
(Maisons-Alfort)
75 Bourgogne et Montana
85 Bradford Élysées
123 Braisière
105 Brasserie
(H. Sofitel Porte de Sèvres)
(15ᵉ)
99 Brasserie Flo
94 Brasserie Haussmann
(H. Millennium Opéra)
53 Brasserie Le Louvre (H. Louvre)
72 Brasserie Lipp
65 Brasserie Lutétia (H. Lutétia)
69 Bréa
140 Brèche du Bois
(Clamart)
162 Bretèche
(St-Maur-des-Fossés)
61 Bretonnerie
82 Bristol
88 Bristol
54 Britannique
66 Buci
73 Buisson Ardent
118 Butte Chaillot

C

64 C'Amelot
57 Cabaret
168 Cabassud-Les Paillotes
(H. Étangs de Corot)
(Ville d'Avray)
77 Cadran
125 Café d'Angel
80 Café de l'Alma
99 Café de la Paix
168 Café des Artistes et des
Pêcheurs (H. Étangs de Corot)
(Ville d'Avray)
72 Café des Délices
57 Café Drouant
83 Café Faubourg
(H. Le Faubourg Sofitel Demeure
Hotels)
101 Café Ké
(H. Sofitel Paris Bercy)
147 Café Laurel (H. Evergreen Laurel)
(Levallois-Perret)
105 Café Lenôtre
(H. Novotel Tour Eiffel)
92 Café Lenôtre-Pavillon Elysée
83 Café M (H. Hyatt Regency) (8ᵉ)
84 Café Terminus
(H. Concorde St-Lazare)
165 Café Trianon (H. Trianon Palace)
(Versailles)
74 Cafetière
79 Caffé Minotti
86 Caffe Ristretto
(H.Monna Lisa)
124 Caïus
84 California
54 Cambon
135 Camélia
(Bougival)
122 Campanile (17ᵉ)

133	Campanile (Argenteuil)
134	Campanile (Bagnolet)
139	Campanile (Cergy-Pontoise)
145	Campanile (Issy-les-Moulineaux)
146	Campanile (Le Kremlin-Bicêtre)
149	Campanile (Marne-la-Vallée)
153	Campanile (Nogent-sur-Marne)
157	Campanile (Roissy-en-France)
98	Campanile Gare du Nord
144	Canal (Évry)
152	Canotier (Le) (H. Mercure Nogentel) (Nogent-sur-Marne)
140	Canotiers (Les) (Chatou)
78	Cantine des Gourmets
147	Canton Palace (H. Evergreen Laurel) (Levallois-Perret)
93	Cap Vernet
98	Capucines
158	Cardinal (Rueil-Malmaison)
108	Carladez Cambronne
95	Carlton's Hôtel
61	Caron de Beaumarchais
109	Caroubier
90	Carpaccio
56	Carré des Feuillants
91	Catherine (Chez)
96	Caumartin
128	Cave Gourmande
125	Caves Petrissans
161	Cazaudehore-Hôtel Forestière (St-Germain-en-Laye)
56	Céladon
96	Celte La Fayette
164	Cénacle (Tremblay-en-France)
142	Central (Courbevoie)
111	Cerisaie
78	Chamarré
115	Chambellan Morgane
86	Chambiges Élysées
77	Champ-de-Mars
121	Champerret Élysées
169	Chanteraines (Les) (Villeneuve-la-Garenne)
142	Charleston (H. Mercure La Défense) (Courbevoie)
141	Chasses (des) (Clichy)
84	Château Frontenac
112	Château Poivre
85	Chateaubriand
99	Chateaubriant (Au)
107	Châtillon Hôtel
128	Chaumière (19e)
156	Chaumière (Puteaux)
135	Chefson (Bois-Colombes)
109	Chen-Soleil d'Est
79	Chez Eux (D')
90	Chiberta
133	Chinagora (Alfortville)
139	Chiquito (Cergy-Pontoise)
108	Ciel de Paris
146	Cinépole (Joinville-le-Pont)
88	"Cinq" (Le)
116	59 Poincaré
128	Clair de la Lune (Au)
102	Claret
79	Claude Colliot
80	Clos des Gourmets
64	Clos du Vert Bois
69	Clos Médicis
110	Clos Morillons
125	Clou (Le)
89	Clovis

93	Cô Ba Saigon
73	Coco de Mer
151	Coeur de la Forêt (Au) (Montmorency)
80	Collinot (Chez)
148	Colombes de Bellejame (Les) (Marcoussis)
98	Comfort Gare du Nord
158	Comfort Inn (Rosny-sous-Bois)
87	Comfort Malesherbes
143	Communautés (Les) (H. Hilton la Défense) (La Défense)
136	Comte de Gascogne (Au) (Boulogne-Billancourt)
120	Concorde La Fayette
87	Concorde St-Augustin
84	Concorde St-Lazare
118	Conti
90	Copenhague
112	Copreaux
162	Coq de la Maison Blanche (St-Ouen)
146	Coquibus (Issy-les-Moulineaux)
87	Cordélia
97	Corona
52	Costes
113	Costes K.
127	Cottage Marcadet
157	Country Inn and Suites (Roissy-en-France)
109	Coupole (La)
138	Coupoles (Les) (Cergy-Pontoise)
82	Cour Jardin (La) (H. Plaza Athénée)
152	Courtyard (Neuilly-sur-Seine)
156	Courtyard Marriott (Roissy-en-France)
83	Crillon
127	Crimée
117	Cristal Room Baccarat
61	Croix de Malte
168	Cuisine Bourgeoise (Versailles)

D

69	d'Albe
65	d'Aubusson
76	d'Orsay
69	Dacia-Luxembourg
107	Daguerre
127	Damrémont
169	Dariole de Viry (Viry-Châtillon)
93	Daru
169	Daumesnil Vincennes (Vincennes)
59	Dauphin
70	Dauphine St-Germain
112	De Bouche à Oreille
110	De La Garde
106	Delambre
72	Délices d'Aphrodite (Les)
57	Delizie d'Uggiano
100	Dell Orto
102	Demeure
77	Derby Eiffel Hôtel
123	Dessirier
59	Dessous de la Robe (Les)
143	2 Arcs (Les) (H. Sofitel Centre) (La Défense)
100	Deux Canards (Aux)
52	234 Rivoli (H. Inter-Continental)
61	Deux Iles
93	Devez
109	Dînée (La)
125	Dolomites (Les)
109	Dôme (Le)
63	Dôme du Marais
72	Dominique
169	Donjon (Vincennes)
56	Drouant
109	Duc (Le)
75	Duc de Saint-Simon
55	Ducs de Bourgogne

E

143	Échiquier (L') (H. Hilton La Défense) (La Défense)
142	Écuries du Château (Dampierre-en-Yvelines)
53	Edouard VII
106	Eiffel Cambronne
76	Eiffel Park Hôtel
90	El Mansour
86	Élysée (L')
150	Élysée Val d'Europe (L') (Marne-la-Vallée)
89	Élysées (Les)
114	Élysées Bassano
86	Élysées Céramic
86	Élysées Mermoz
114	Élysées Régencia
115	Élysées Sablons
114	Élysées Union
77	Empereur (L')
73	Emporio Armani Caffé
64	Enoteca (L')
135	Entracte (L') (H. Golden Tulip) (Boulogne-Billancourt)
125	Entredgeu (L')
72	Épi Dupin (L')
110	Épopée (L')
110	Erawan
161	Ermitage des Loges (St-Germain-en-Laye)
157	Escale (L') (H. Sofitel) (Roissy-en-France)
134	Escargot (A l') (Aulnay-sous-Bois)
147	Espace Champerret (Levallois-Perret)
144	Espace Léonard de Vinci (Évry)
56	Espadon (L')
72	Espadon Bleu (L')
79	Esplanade (L')
118	Essaouira
168	Étangs de Corot (Les) (Ville d'Avray)
168	Étape Gourmande (Versailles)
54	États-Unis Opéra
86	Étoile Friedland
124	Étoile Niel (L')
122	Étoile Park Hôtel
115	Étoile Residence Imperiale
122	Étoile St-Ferdinand
157	Étoiles (Les) (H. Sheraton) (Roissy-en-France)
128	Etrier (L')
141	Europe (Clichy)
147	Evergreen Laurel (Levallois-Perret)
100	Excuse Mogador (L')

F

117	Fakhr el Dine
168	Falher (Le) (Versailles)
70	Familia
83	Faubourg Sofitel Demeure Hotels (Le)
123	Faucher
55	Favart
133	Ferme d'Argenteuil (Argenteuil)
136	Ferme de Boulogne (Boulogne-Billancourt)
140	Ferme des Vallées (Cernay-la-Ville)
79	Ferme St-Simon
91	Fermette Marbeuf 1900
69	Ferrandi
161	Feuillantine (St-Germain-en-Laye)
152	Feuilles Libres (Les) (Neuilly-sur-Seine)
112	Flamboyant (14e)
147	Flamboyant (Lieusaint)
122	Flaubert
87	Flèche d'or
111	Fleur de Sel
68	Fleurie
91	Flora
90	Flora Danica (R. Copenhague)
115	Floride Étoile
80	Florimond

152 Foc Ly
(Neuilly-sur-Seine)

118 Fontaine d'Auteuil

80 Fontaine de Mars

57 Fontaine Gaillon

110 Fontanarosa

161 Forestière
(St-Germain-en-Laye)

89 Fouquet's

82 Four Seasons George V

77 France

85 François 1er

96 Franklin

86 Franklin Roosevelt

103 Frégate

G

82 Galerie d'Été
(H. Four Seasons George V)

57 Gallopin

159 Garde-Manger
(St-Cloud)

114 Garden Élysée

162 Gargamelle
(St-Maur-des-Fossés)

111 Gastroquet

109 Gauloise

116 Gavarni

79 Gaya Rive Gauche

61 Général

142 George Sand
(Courbevoie)

58 Georges (Chez)

100 Georgette

56 Gérard Besson

118 Géraud (Chez)

143 Gibraltar
(Draveil)

117 Giulio Rebellato

78 Glénan (Les)

135 Golden Tulip
(Boulogne-Billancourt)

146 Golf (Lésigny)

97 Gotty

56 Goumard

104 Gourmandise

111 Gourmands (Les)

157 Gourmet (H. Hilton)
(Roissy-en-France)

161 Gourmet
(St-Maur-des-Fossés)

147 Grain de Sel
(Levallois-Perret)

123 Graindorge

58 Grand Colbert

143 Grand Hôtel Barrière
(Enghien-les-Bains)

55 Grand Hôtel de Champagne

67 Grand Hôtel de l'Univers

62 Grand Hôtel Français

96 Grand Hôtel Haussmann

68 Grand Hôtel St-Michel

62 Grand Prieuré

56 Grand Vefour

119 Grande Cascade

97 Grands Boulevards

67 Grands Hommes

136 Grange
(Boulogne-Billancourt)

154 Gueulardière
(Ozoir-la-Ferrière)

122 Guy Savoy

H - I

116 Hameau de Passy

122 Harvey

71 Hélène Darroze

158 Henri (Chez)
(Romainville)

100 Hermitage (L')

157 Hilton
(Roissy-en-France)

143 Hilton La Défense
(La Défense)

153 Hilton Orly (Orly)

62 Hiramatsu

128 Histoire de ...

59 Histoire Gourmande

60 Holiday Inn (11e)

126 Holiday Inn (19e)

135 Holiday Inn
(Bougival)

149 Holiday Inn
(Marne-la-Vallée)

150 Holiday Inn
(Marne-la-Vallée)

159 Holiday Inn
(Rungis)

165 Holiday Inn
(Vélizy-Villacoublay)

101 Holiday Inn Bastille

102 Holiday Inn
Bibliothèque de France

162 Holiday Inn Garden Court
(St-Quentin-en-Yvelines)

127 Holiday Inn Garden
Court Montmartre

106 Holiday Inn Paris Montparnasse

95 Holiday Inn Paris Opéra

54 Horset Opéra (L')

134 Hostellerie du Nord
(Auvers-sur-Oise)

66 Hôtel (L')

125 Huîtrier (L') (Rest. Presqu'île)

83 Hyatt Regency (8e)

157 Hyatt Regency
(Roissy-en-France)

99 I Golosi

148 Ibis
(Maisons-Laffitte)

157 Ibis
(Roissy-en-France)

164 Ibis
(Vanves)

165 Ibis
(Versailles)

168 Ibis
(Versailles)

144 Ibis
(Évry)

61 Ibis Bastille Faubourg St-Antoine

108 Ibis Brancion

107 Ibis Convention

98 Ibis Gare de l'Est

102 Ibis Gare de Lyon

102 Ibis Gare de Lyon Diderot

98 Ibis Lafayette

103 Ibis Place d'Italie

159 Ibis Stade de France Sud
(St-Denis)

57 Il Cortile

145 Ile (L')
(Issy-les-Moulineaux)

90 Indra

52 Inter-Continental

94 Intercontinental Le Grand Hôtel

59 Isard (L')

107 Istria

J - K

103 Jacky (Chez)

70 Jacques Cagna

116 Jamin

103 Janissaire

89 Jardin

121 Jardin d'Ampère
(H. Ampère)

52 Jardin d'Hiver (H. Meurice)

68 Jardin de Cluny

68 Jardin de l'Odéon

152 Jardin de Neuilly
(Neuilly-sur-Seine)

83 Jardin des Cygnes
(H. Prince de Galles)

94 Jardin des Muses (H. Scribe)

76 Jardins d'Eiffel (Les)

164 Jardins de Camille (Les)
(Suresnes)

67 Jardins du Luxembourg

115 Jardins du Trocadéro

113 Jardins Plein Ciel
(H. Raphaël)

99 Jean (Chez)

104 Jean-Pierre Frelet

60 Jeu de Paume

73 Joséphine "Chez Dumonet"

78 Jules Verne

99 Julien

63 Jumeaux (Les)

105 Justine
(H. Méridien Montparnasse)

75 K + K Hotel Cayré

110 Kim Anh

57 Kinugawa (1er)

92 Kinugawa (8e)

115 Kléber

127 Kyriad

153 Kyriad - Air Plus
(Orly)

146 Kyriad Prestige
(Joinville-le-Pont)

134 Kyriad Prestige
(Le Blanc-Mesnil)

136 Kyriad Prestige
(Le Bourget)

L

112 La Bonne Table (A)

152 la Coupole (A)
(Neuilly-sur-Seine)

120 La Fayette
(H. Concorde La Fayette)

136 la Grâce de Dieu (A)
(Brie-Comte-Robert)

152 la Jatte (de)
(Neuilly-sur-Seine)

59 La Vieille "Adrienne" (Chez)

144 Lac (Enghien-les-Bains)

95 Lafayette

83 Lancaster

96 Langlois

71 Lapérouse

88 Lasserre

127 Laumière

89 Laurent

154 Lauriers (Les)
(Le Perreux-sur-Marne)

86 Lavoisier

77 Le Divellec

88 Ledoyen

66 Left Bank St-Germain

106 Lenox Montparnasse

76 Lenox Saint-Germain

81 Léo Le Lion

124 Léon (Chez)

110 les Frères Gaudet (Chez)

59 Lescure

69 Levant (du)

77 Lévêque

161 Lévrier (Au)
(St-Leu-la-Forêt)

74 Lhassa

114 Libertel Auteuil

108 Lilas Blanc

156 Lisière de Sénart
(Quincy-sous-Sénart)

66 Littré

76 Londres Eiffel

116 Longchamp

53 Lotti

137 Lotus de Brou
(Brou-sur-Chantereine)

53 Louvre

55 Louvre Ste-Anne

88 Lucas Carton

91 Luna

61 Lutèce

65 Lutétia

58 Lyonnais (Aux)

M

74 Ma Cuisine

56 Macéo

87 Madeleine Haussmann

66 Madison

121 Magellan

154 Magnolias (Les)
(Le Perreux-sur-Marne)

89 Maison Blanche

109 Maison Courtine

78 Maison de l'Amérique Latine

78 Maison des Polytechniciens

72 Maître Paul (Chez)

114 Majestic

55 Malte Opéra

147 Mandalay
(Levallois-Perret)

162 Manhattan
(St-Ouen)

145 Manoir de Gressy
(Gressy)

67 Manoir St-Germain-des-Prés (Au)

54 Mansart

63 Mansouria

102 Manufacture (13ᵉ)

145 Manufacture
(Issy-les-Moulineaux)

61 Marais Bastille

90 Marcande

115 Marceau Champs Elysees

74 Marcel (Chez)

111 Marché (du)

169 Marcigny
(Viry-Châtillon)

89 Marée (La)

168 Marée de Versailles
(Versailles)

118 Marius

91 Marius et Janette

92 Market

72 Marlotte

74 Marmite et Cassolette

84 Marriott

70 Marronniers

71 Marty

80 Maupertu

71 Mavrommatis

70 Maxim

87 Mayflower

145 Médian
(Goussainville)

84 Meliá Royal Alma

53 Meliá Vendôme

59 Mellifère

163 Ménil (Au)
(Savigny-sur-Orge)

138 Mercure
(Cergy-Pontoise)

141 Mercure
(Corbeil-Essonnes)

145 Mercure
(Gentilly)

150 Mercure
(Marne-la-Vallée)

150 Mercure
(Massy)

150 Mercure
(Maurepas)

151 Mercure
(Montrouge)

153 Mercure
(Noisy-le-Grand)

153 Mercure
(Orly)

157 Mercure
(Roissy-en-France)

162 Mercure
(St-Quentin-en-Yvelines)

165 Mercure
(Versailles)

144 Mercure
(Évry)

151 Mercure Ermitage de Villebon
(Meudon)

102 Mercure Gare de Lyon

142 Mercure La Défense 5
(Courbevoie)

151 Mercure La Défense Parc
(Nanterre)

127 Mercure Montmartre

97 Mercure Monty

152 Mercure Nogentel
(Nogent-sur-Marne)

86 Mercure Opéra Garnier

107 Mercure Paris XV

102 Mercure Place d'Italie

164 Mercure Porte de la Plaine
(Vanves)

154 Mercure Porte de Pantin
(Pantin)

106 Mercure Porte de Versailles

107 Mercure Raspail Montparnasse

121 Mercure Square des Batignolles

106 Mercure Tour Eiffel

106 Mercure Tour Eiffel Suffren

121 Mercure Wagram
Arc de Triomphe

120 Méridien Étoile

105 Méridien Montparnasse

61 Meslay République

52 Meurice

56 Meurice (Le)

122 Michel Rostang

107 Midi

156 Millenium
(Roissy-en-France)

94 Millennium Opéra

67 Millésime Hôtel

69 Minerve

81 Miyako

73 Moissonnier

55 Molière

122 Monceau Élysées

86 Monna Lisa

110 Monsieur Lapin
84 Montaigne
75 Montalembert
96 Monterosa
108 Montparnasse 25
63 Mon Vieil Ami
73 Moulin à Vent (Au)
153 Moulin d'Orgeval
(Orgeval)
128 Moulin de la Galette
139 Moulin de la Renardière
(Cergy-Pontoise)
76 Muguet
112 Mûrier
144 Musardière
(Fontenay-sous-Bois)
98 Muses (Les)

N
80 Nabuchodonosor
84 Napoléon
119 Natachef
152 Neuilly Park Hôtel
(Neuilly-sur-Seine)
79 New Jawad
87 New Orient
87 Newton Opéra
62 Nice
116 Nicolo
92 Nirvana
54 Noailles
62 Nord et Est
53 Normandy
68 Notre Dame
106 Nouvel Orléans
134 Novotel
(Aulnay-sous-Bois)
138 Novotel
(Cergy-Pontoise)
142 Novotel
(Créteil)
136 Novotel
(Le Bourget)
149 Novotel
(Marne-la-Vallée)
154 Novotel
(Palaiseau)

158 Novotel
(Roissy-en-France)
159 Novotel
(Rungis)
159 Novotel
(Saclay)
162 Novotel
(St-Pierre-du-Perray)
163 Novotel
(Suresnes)
140 Novotel Atria
(Charenton-le-Pont)
153 Novotel Atria
(Noisy-le-Grand)
158 Novotel Atria
(Rueil-Malmaison)
101 Novotel Bercy
168 Novotel Château de Versailles
(Versailles)
101 Novotel Gare de Lyon
143 Novotel La Défense
(La Défense)
54 Novotel Les Halles
121 Novotel Porte d'Asnières
134 Novotel Porte de Bagnolet
(Bagnolet)
163 Novotel St-Quentin Golf National
(St-Quentin-en-Yvelines)
105 Novotel Tour Eiffel
106 Novotel Vaugirard

O
111 O à la Bouche (L')
104 Ô Rebelle
90 Obélisque (L')
69 Odéon (de l')
69 Odéon Hôtel
99 Oenothèque (L')
80 Olivades (Les)
145 Olivier (L')
(La Garenne-Colombes)
136 Olympic Hôtel
(Boulogne-Billancourt)
95 Opéra Cadet
96 Opéra d'Antin
54 Opéra Richepanse
120 Orenoc (L') (H. Méridien Étoile)

128 Oriental (L')
119 Ormes (Les)
111 Os à Moelle (L')
119 Oscar
64 Osteria (L')
103 Oulette (L')
146 Oustalou (L')
(Ivry-sur-Seine)
157 Oyster bar (H. Hilton)
(Roissy-en-France)

P

81 P'tit Troquet
108 Paix
97 Paix République
116 Palais de Chaillot
57 Palais Royal
74 Palanquin
127 Palma
63 Pamphlet
137 Panoramic de Chine
(Carrières-sur-Seine)
67 Panthéon
124 Paolo Petrini
147 Parc
(Levallois-Perret)
70 Paris (6e)
135 Paris
(Boulogne-Billancourt)
102 Paris Bastille
96 Paris-Est
152 Paris Neuilly
(Neuilly-sur-Seine)
125 Paris XVII
53 Park (Le) (H. Park Hyatt)
53 Park Hyatt
70 Pas de Calais
111 Pascal Champ
80 Pasco
117 Passiflore
115 Passy Eiffel
108 Pasteur
104 Pataquès
118 Paul Chêne
57 Pauline (Chez)

84 Pavillon (H. Marriot)
60 Pavillon de la Reine
164 Pavillon de la Tourelle
(Vanves)
95 Pavillon de Paris
150 Pavillon Européen
(Massy)
160 Pavillon Henri IV
(St-Germain-en-Laye)
55 Pavillon Louvre Rivoli
87 Pavillon Montaigne
109 Pavillon Montsouris
117 Pavillon Noura
96 Pavillon République Les Halles
57 Pays de Cocagne
63 Péché Mignon
114 Pergolèse
117 Pergolèse
80 Perron
85 Pershing Hall
161 Petit Castor
(St-Leu-la-Forêt)
53 Petit Céladon
(H. Westminster)
123 Petit Colombier
147 Petit Jardin
(Levallois-Perret)
78 Petit Laurent
103 Petit Marguery
119 Petit Pergolèse
74 Petit Pontoise
99 Petit Riche (Au)
133 Petite Auberge
(Asnières-sur-Seine)
147 Petite Marmite
(Livry-Gargan)
99 Petite Sirène de Copenhague
118 Petite Tour
111 Petites Sorcières (Les)
78 Pétrossian
123 Pétrus
97 Peyris
133 Philosophes (Les)
(Antony)
92 Pichet de Paris
57 Pied de Cochon (Au)

57	Pierre au Palais Royal
89	Pierre Gagnaire
70	Pierre Nicole
59	Pierrot
58	Pinxo
55	Place du Louvre
82	Plaza Athénée
53	Plaza Paris Vendôme
93	Poêle d'Or
75	Pont Royal
117	Port Alma
163	Port Royal (St-Quentin-en-Yvelines)
168	Potager du Roy (Versailles)
155	Pouilly Reuilly (Au) (Le Pré St-Gervais)
128	Poulbot Gourmet
85	Powers
97	Pré
100	Pré Cadet
119	Pré Catelan
74	Pré Verre
125	Presqu'île
103	Pressoir (Au)
69	Prince de Condé
68	Prince de Conti
83	Prince de Galles
62	Prince Eugène
121	Princesse Caroline
156	Princesse Isabelle (Puteaux)
96	Printania
71	Procope

Q

72	Quai V
158	Quality Hôtel (Rosny-sous-Bois)
151	Quality Inn (Nanterre)
121	Quality Pierre
86	Queen Mary
116	Queen's Hôtel
104	Quincy
159	Quorum (St-Cloud)

R

150	Radisson (Le Mesnil-Amelot)
85	Radisson SAS Champs Élysées
113	Raphaël
158	Rastignac (Rueil-Malmaison)
78	Récamier
110	Régalade
69	Régent
120	Regent's Garden
53	Regina
114	Régina de Passy
100	Relais Beaujolais
76	Relais Bosquet
65	Relais Christine
116	Relais d'Auteuil
147	Relais de Courlande (Les Loges-en-Josas)
156	Relais de Pincevent (La Queue-en-Brie)
108	Relais de Sèvres
163	Relais de Voisins (St-Quentin-en-Yvelines)
128	Relais des Buttes
54	Relais du Louvre
169	Relais du Parisis (Villeparisis)
98	Relais du Pré
164	Relais Gourmand (Tremblay-en-France)
71	Relais Louis XIII
66	Relais Médicis
91	Relais Plaza
66	Relais St-Germain
55	Relais St Honoré
68	Relais St-Jacques
68	Relais St-Sulpice
139	Relais Ste-Jeanne (Cergy-Pontoise)

74	Reminet
143	Renaissance (La Défense)
63	Repaire de Cartouche
115	Résidence Bassano
165	Résidence du Berry (Versailles)
97	Résidence du Pré
85	Résidence du Roy
141	Résidence Europe (Annexe) (Clichy)
115	Résidence Foch
67	Résidence Henri IV
85	Résidence Monceau
102	Résidence Vert Galant
152	Riad (Neuilly-sur-Seine)
98	Riboutté-Lafayette
95	Richmond Opéra
169	Rigadelle (Vincennes)
52	Ritz
52	Ritz Club (H. Ritz)
145	River Café (Issy-les-Moulineaux)
140	Rives de la Courtille (Chatou)
67	Rives de Notre-Dame
93	Rocher Gourmand
127	Roma Sacré Coeur
119	Rosimar
151	Rôtisserie (Nanterre)
73	Rôtisserie d'en Face
73	Rôtisserie du Beaujolais
72	Rotonde (6e)
133	Rotonde (Athis-Mons)
85	Royal
83	Royal Monceau
53	Royal St-Honoré
68	Royal St-Michel
90	Rue Balzac

S

151	Sabayon (Morangis)
68	Saints-Pères
157	Saisons (Les) (H.Sheraton) (Roissy-en-France)
113	Salle à Manger (H. Raphaël)
71	Salon (Rest. Hélène Darroze)
83	San Régis
155	Saphir Hôtel (Pontault-Combault)
91	Sarladais
58	Saudade
93	Saveurs et Salon
94	Scribe
117	Seize au Seize
99	16 Haussmann
69	Select
135	Sélect Hôtel (Boulogne-Billancourt)
112	Severo
70	Sèvres Azur
107	Sèvres-Montparnasse
157	Sheraton (Roissy-en-France)
93	Shin Jung
85	Signatures (Les) (H. Sofitel Champs Elysées)
118	6 New-York
157	Sofitel (Roissy-en-France)
83	Sofitel Arc de Triomphe
83	Sofitel Astor
114	Sofitel Baltimore
53	Sofitel Castille
143	Sofitel Centre (La Défense)
85	Sofitel Champs-Élysées
165	Sofitel Château de Versailles (Versailles)
143	Sofitel Grande Arche (La Défense)
113	Sofitel Le Parc
101	Sofitel Paris Bercy
105	Sofitel Porte de Sèvres
162	Soleil (St-Ouen)
123	Sormani

58	Soufflé		126	SuiteHotel Porte de Montreuil
124	Soupière		104	Sukhothaï
141	Sovereign (Clichy)		68	Sully St-Germain
76	Splendid		156	Syjac (Puteaux)
120	Splendid Étoile			
90	Spoon			**T**
114	Square		156	Table d'Alexandre (Puteaux)
146	Square Meat'R (Issy-les-Moulineaux)		163	Table d'Antan (Ste-Geneviève-des-Bois)
68	St-Christophe		91	Table d'Hédiard
148	St-Georges (Longjumeau)		74	Table de Fès
77	St-Germain		124	Table des Oliviers
68	St-Germain-des-Prés		117	Table du Baltimore
67	St-Grégoire		88	Taillevent
70	St-Jacques		124	Taïra
113	St-James Paris		79	Tan Dinh
169	St-Louis (Vincennes)		118	Tang
164	St-Martin (Triel-sur-Seine)		124	Tante Jeanne
95	St-Pétersbourg		91	Tante Louise
148	St-Pierre (Longjumeau)		79	Tante Marguerite
150	St-Rémy (Marne-la-Vallée)		144	Tardoire (Garches)
122	Star Hôtel Étoile		163	Tartarin (Sucy-en-Brie)
67	Ste-Beuve		148	Tastevin (Maisons-Laffitte)
91	Stella Maris		102	Terminus-Lyon
54	Stendhal		95	Terminus Nord
110	Stéphane Martin		99	Terminus Nord
98	Strasbourg-Mulhouse		126	Terrass'Hôtel
91	Stresa		120	Terrasse (H. Méridien Étoile)
98	Suède		126	Terrasse (H. Terrass'Hôtel)
157	Suitehotel (Roissy-en-France)		52	Terrasse Fleurie (H. Inter-Continental) (1er)
157	Suitehotel (Roissy-en-France)		163	Terrasse Fleurie (Sucy-en-Brie)
158	Suitehotel (Rueil-Malmaison)		54	Thérèse
159	SuiteHotel (St-Denis)		109	Thierry Burlot
			79	Thiou
165	Suitehotel (Vélizy-Villacoublay)		80	Thoumieux
			122	Tilsitt Étoile
			123	Timgad
			76	Timhôtel Invalides

93	Toi
161	Top Model (St-Germain-en-Laye)
70	Tour d'Argent
133	Tour de Marrakech (Antony)
67	Tour Notre-Dame
103	Touring Hôtel Magendie
76	Tourville
103	Train Bleu
106	Transatlantique (H. Novotel Vaugirard)
104	Traversière
84	Trémoille
165	Trianon Palace (Versailles)
97	Trinité Plaza
114	Trocadero Dokhan's
165	Trois Marches (Les) (Versailles)
142	Trois Marmites (Les) (Courbevoie)
96	Trois Poussins
111	Troquet
140	Trosy (Clamart)
103	Trou Gascon (Au)
124	Troyon
152	Truffe Noire (Neuilly-sur-Seine)
71	Truffière (La)
135	Tryp (Boulogne-Billancourt)
149	Tulip Inn Paris Bussy (Marne-la-Vallée)

V

108	Val Girard
168	Valmont (Versailles)
133	Van Gogh (Asnières-sur-Seine)
77	Varenne
58	Vaudeville
110	Vendanges (Les)
53	Vendôme
83	Vernet

76	Verneuil
165	Versailles (Versailles)
55	Victoires Opéra
115	Victor Hugo
65	Victoria Palace
158	Vieux Carré (H. Quality Hôtel) (Rosny-sous-Bois)
139	Vignes Rouges (Cergy-Pontoise)
86	Vignon
83	Vigny (de)
144	Vilgacy (Gagny)
66	Villa
121	Villa Alessandra
60	Villa Beaumarchais
111	Villa Corse
67	Villa des Artistes
135	Villa des Impressionnistes (Bougival)
121	Villa des Ternes
121	Villa Eugénie
159	Villa Henri IV (St-Cloud)
102	Villa Lutèce Port Royal
114	Villa Maillot
95	Villa Opéra Drouot
66	Villa Panthéon
95	Villa Royale
106	Villa Royale Montsouris
148	Village (Marly-le-Roi)
92	Village d'Ung et Li Lam
64	Villaret
58	Vin et Marée (1er)
80	Vin et Marée (7e)
63	Vin et Marée (11e)
109	Vin et Marée (14e)
79	Vin sur Vin
128	Vincent (Chez)
118	Vinci
78	Violon d'Ingres
156	Vivaldi (Puteaux)
55	Vivienne

W

89	W (Le)
115	Waldorf Trocadero
76	Walt
84	Warwick
54	Washington Opéra
87	West-End
53	Westminster
58	Willi's Wine Bar
161	Winston (St-Maur-des-Fossés)

Y - Z

72	Yen
71	Yugaraj
90	Yvan
74	Ze Kitchen Galerie
114	Zébra Square (H. Square)
71	Ziryab
93	Zo

Restaurants de Paris et environs

Les bonnes tables... à étoiles

✿✿✿

88	XXXXX	**Alain Ducasse au Plaza Athénée** - 8ᵉ
88	XXXXX	**''Cinq'' (Le)** - 8ᵉ
88	XXXXX	**Ledoyen** - 8ᵉ
88	XXXXX	**Lucas Carton** *(Senderens)* - 8ᵉ
88	XXXXX	**Taillevent** *(Vrinat)* - 8ᵉ
62	XXXX	**Ambroisie (L')** *(Pacaud)* - 4ᵉ
77	XXXX	**Arpège** *(Passard)* - 7ᵉ
56	XXXX	**Grand Vefour** - 1ᵉʳ
122	XXXX	**Guy Savoy** - 17ᵉ
89	XXXX	**Pierre Gagnaire** - 8ᵉ

✿✿

88	XXXXX	**Bristol** - 8ᵉ	122	XXXX	**Michel Rostang** - 17ᵉ
88	XXXXX	**Lasserre** - 8ᵉ	119	XXXX	**Pré Catelan** - 16ᵉ
89	XXXXX	**Laurent** - 8ᵉ	123	XXX	**Apicius** - 17ᵉ
56	XXXXX	**Meurice (Le)** - 1ᵉʳ	71	XXX	**Hélène Darroze** - 6ᵉ
70	XXXXX	**Tour d'Argent** - 5ᵉ	116	XXX	**Jamin** - 16ᵉ
56	XXXX	**Carré des Feuillants** - 1ᵉʳ	116	XXX	**Relais d'Auteuil** - 16ᵉ
89	XXXX	**Élysées (Les)** - 8ᵉ	71	XXX	**Relais Louis XIII** - 6ᵉ
77	XXXX	**Le Divellec** - 7ᵉ	139	XXX	**Relais Ste-Jeanne** Cergy-Pontoise

1136

88	XXXXX	Ambassadeurs (Les) - 8ᵉ
56	XXXXX	Espadon (L') - 1ᵉʳ
89	XXXX	Clovis - 8ᵉ
56	XXXX	Drouant - 2ᵉ
56	XXXX	Gérard Besson - 1ᵉʳ
56	XXXX	Goumard - 1ᵉʳ
119	XXXX	Grande Cascade - 16ᵉ
89	XXXX	Marée (La) - 8ᵉ
108	XXXX	Montparnasse 25 - 14ᵉ
98	XXXX	Muses (Les) - 9ᵉ
108	XXXX	Relais de Sèvres - 15ᵉ
165	XXXX	Trois Marches (Les) Versailles
141	XXX	Armes de France (Aux) Corbeil-Essonnes
134	XXX	Auberge des Saints Pères Aulnay-sous-Bois
142	XXX	Auberge du Château "Table des Blot" Dampierre-en-Yvelines
90	XXX	Bath's - 8ᵉ
56	XXX	Céladon - 2ᵉ
109	XXX	Chen-Soleil d'Est - 15ᵉ
90	XXX	Chiberta - 8ᵉ
139	XXX	Chiquito Cergy-Pontoise
136	XXX	Comte de Gascogne (Au) Boulogne-Billancourt
90	XXX	Copenhague - 8ᵉ
109	XXX	Duc (Le) - 14ᵉ
123	XXX	Faucher - 17ᵉ
62	XXX	Hiramatsu - 4ᵉ
57	XXX	Il Cortile - 1ᵉʳ
70	XXX	Jacques Cagna - 6ᵉ
89	XXX	Jardin - 8ᵉ
78	XXX	Jules Verne - 7ᵉ
154	XXX	Magnolias (Les) Le Perreux-sur-Marne
70	XXX	Paris - 6ᵉ
117	XXX	Passiflore - 16ᵉ
117	XXX	Pergolèse - 16ᵉ
78	XXX	Pétrossian - 7ᵉ
103	XXX	Pressoir (Au) - 12ᵉ
117	XXX	Seize au Seize - 16ᵉ
123	XXX	Sormani - 17ᵉ
117	XXX	Table du Baltimore - 16ᵉ
148	XXX	Tastevin Maisons-Laffitte
78	XXX	Violon d'Ingres - 7ᵉ
89	XXX	W (Le) - 8ᵉ
92	XX	Angle du Faubourg (L') - 8ᵉ
117	XX	Astrance - 16ᵉ
123	XX	Béatilles (Les) - 17ᵉ
78	XX	Bellecour - 7ᵉ
63	XX	Benoît - 4ᵉ
123	XX	Braisière - 17ᵉ
135	XX	Camélia Bougival
90	XX	Carpaccio - 8ᵉ
78	XX	Chamarré - 7ᵉ
91	XX	Luna - 8ᵉ
109	XX	Maison Courtine - 14ᵉ
91	XX	Marius et Janette - 8ᵉ
118	XX	Tang - 16ᵉ
103	XX	Trou Gascon (Au) - 12ᵉ
152	XX	Truffe Noire Neuilly-sur-Seine
79	XX	Vin sur Vin - 7ᵉ
119	X	Ormes (Les) - 16ᵉ

Le "Bib Gourmand"

2e arrondissement

57 XX Gallopin
58 X Lyonnais (Aux)
59 X Pierrot

3e arrondissement

62 XX Ambassade d'Auvergne
63 XX Pamphlet

5e arrondissement

73 X Moissonnier

6e arrondissement

72 X Épi Dupin (L')

7e arrondissement

79 X Bon Accueil (Au)
80 X Clos des Gourmets
80 X Florimond
80 X Maupertu
81 X P'tit Troquet

8e arrondissement

93 X Boucoléon

9e arrondissement

99 X Petite Sirène de Copenhague
100 X Pré Cadet

11e arrondissement

63 X Astier

12e arrondissement

104 X Biche au Bois
104 X Jean-Pierre Frelet
104 X Traversière

13e arrondissement

104 X Anacréon

14e arrondissement

110 XX Monsieur Lapin
111 X Cerisaie
110 X Régalade
112 X Severo

15e arrondissement

109 XX Caroubier
110 X Beurre Noisette
110 X les Frères Gaudet (Chez)
111 X Troquet

16e arrondissement

118 XX Géraud (Chez)

17e arrondissement

123 XX Graindorge
124 XX Léon (Chez)
125 X Caves Petrissans

19e arrondissement

128 X Cave Gourmande

20e arrondissement

128 XX Allobroges (Les)

ENVIRONS

Asnières-sur-Seine
133 ✕✕ Petite Auberge

Bois-Colombes
135 ✕ Chefson

Enghien-les-Bains
144 ✕ Auberge d'Enghien

Gagny
144 ✕✕ Vilgacy

Issy-les-Moulineaux
146 ✕ Square Meat'R

Marly-le-Roi
148 ✕✕ Village

Triel-sur-Seine
164 ✕ St-Martin

Versailles
168 ✕✕ Potager du Roy

Pour souper après le spectacle

(Nous indiquons entre parenthèses l'heure limite d'arrivée)

109	XXXX	Dôme (Le) - 14e (0 h 30)
57	XXX	Fontaine Gaillon - 2e (0 h)
89	XXX	Fouquet's - 8e (0 h 30)
71	XXX	Procope - 6e (1 h)
90	XXXX	Yvan - 8e (0 h)
71	XX	Alcazar - 6e (0 h 30)
124	XX	Ballon des Ternes - 17e (0 h)
92	XX	Berkeley - 8e (1 h)
62	XX	Bofinger - 4e (1 h)
99	XX	Brasserie Flo - 10e (1 h)
57	XX	Café Drouant - 2e (0 h)
109	XX	Coupole (La) - 14e (1 h)
79	XX	Esplanade (L') - 7e (1 h)
57	XX	Gallopin - 2e (0 h)
58	XX	Grand Colbert - 2e (1 h)
145	XX	Ile (L') Issy-les-Moulineaux (0 h)
99	XX	Julien - 10e (1 h)
71	XX	Marty - 5e (0 h)
79	XX	New Jawad - 7e (0 h)
92	XX	Nirvana - 8e (2 h)
99	XX	Petit Riche (Au) - 9e (0 h 15)
57	XX	Pied de Cochon (Au) - 1er (jour et nuit)
99	XX	Terminus Nord - 10e (1 h)
58	XX	Vaudeville - 2e (1 h)
92	XX	Village d'Ung et Li Lam - 8e (0 h 30)
73	X	Balzar - 5e (0 h)
119	X	Bistrot de l'Étoile Lauriston - 16e (0 h)
80	X	Bistrot de Paris - 7e (0 h)
72	X	Brasserie Lipp - 6e (0 h 45)
80	X	Café de l'Alma - 7e (0 h)
73	X	Coco de Mer - 5e (0 h)
100	X	Dell Orto - 9e (0 h)
93	X	Devez - 8e (0 h)
72	X	Dominique - 6e (0 h)
72	X	Rotonde - 6e (1 h)
80	X	Thoumieux - 7e (0 h)
93	X	Zo - 8e (0 h)

Le plat que vous recherchez

Une andouillette

62	XX	Ambassade d'Auvergne - 3ᵉ
109	XX	Coupole (La) - 14ᵉ
80	X	Bistrot de Paris - 7ᵉ
128	X	Bistrot des Soupirs "Chez Raymonde" - 20ᵉ
58	X	Bistrot St-Honoré - 1ᵉʳ
112	X	Château Poivre - 14ᵉ
80	X	Fontaine de Mars - 7ᵉ
58	X	Georges (Chez) - 2ᵉ
74	X	Marcel (Chez) - 6ᵉ
59	X	Mellifère - 2ᵉ
73	X	Moissonnier - 5ᵉ
99	X	Oenothèque (L') - 9ᵉ
128	X	Poulbot Gourmet - 18ᵉ
142	X	Trois Marmites (Les) à Courbevoie

Du boudin

79	XX	Chez Eux (D') - 7ᵉ
104	X	Auberge Aveyronnaise (L') - 12ᵉ
63	X	Bascou (Au) - 3ᵉ
168	X	Étape Gourmande à Versailles
80	X	Fontaine de Mars - 7ᵉ
59	X	Mellifère - 2ᵉ
73	X	Moissonnier - 5ᵉ
155	X	Pouilly Reuilly (Au) à Le Pré St-Gervais

Une bouillabaisse

56	XXXX	Goumard - 1ᵉʳ
109	XXX	Dôme (Le) - 14ᵉ
92	XX	Bistro de l'Olivier - 8ᵉ
103	XX	Frégate - 12ᵉ
118	XX	Marius - 16ᵉ

Un cassoulet

63	XX	Benoît - 4ᵉ
79	XX	Chez Eux (D') - 7ᵉ
99	XX	Julien - 10ᵉ
124	XX	Léon (Chez) - 17ᵉ
57	XX	Pays de Cocagne - 2ᵉ
91	XX	Sarladais - 8ᵉ
148	XX	St-Pierre à Longjumeau
163	XX	Table d'Antan à Ste-Geneviève-des-Bois

103	XX	Trou Gascon (Au) - 12ᵉ
73	X	Allard - 6ᵉ
63	X	Auberge Pyrénées Cévennes - 11ᵉ
59	X	Dauphin - 1ᵉʳ
111	X	Gastroquet - 15ᵉ
111	X	Marché (du) - 15ᵉ
104	X	Quincy - 12ᵉ
80	X	Thoumieux - 7ᵉ

Une choucroute

124	XX	Ballon des Ternes - 17ᵉ
62	XX	Bofinger - 4ᵉ
53	XX	Brasserie Le Louvre (H. Louvre) - 1ᵉʳ
109	XX	Coupole (La) - 14ᵉ
99	XX	Terminus Nord - 10ᵉ
73	X	Balzar - 5ᵉ
72	X	Brasserie Lipp - 6ᵉ
59	X	Mellifère - 2ᵉ

Un confit

161	XXX	Cazaudehore-Hôtel Forestière à St-Germain-en-Laye
79	XX	Chez Eux (D') - 7ᵉ
118	XX	Paul Chêne - 16ᵉ
57	XX	Pays de Cocagne - 2ᵉ
91	XX	Sarladais - 8ᵉ
148	XX	St-Pierre à Longjumeau
103	XX	Trou Gascon (Au) - 12ᵉ
63	X	Auberge Pyrénées Cévennes - 11ᵉ
63	X	Bascou (Au) - 3ᵉ
80	X	Collinot (Chez) - 7ᵉ
100	X	Deux Canards (Aux) - 10ᵉ
111	X	Gastroquet - 15ᵉ
59	X	Isard (L') - 2ᵉ
59	X	Lescure - 1ᵉʳ
111	X	Marché (du) - 15ᵉ
59	X	Pierrot - 2ᵉ

Un coq au vin

148	XX	Bourgogne à Maisons-Alfort
162	XX	Coq de la Maison Blanche à St-Ouen

104	✗	Biche au Bois - 12e
74	✗	Marcel (Chez) - 6e
63	✗	Repaire de Cartouche - 11e

Des coquillages, crustacés, poissons

56	✗✗✗✗	Goumard - 1er
77	✗✗✗✗	Le Divellec - 7e
89	✗✗✗✗	Marée (La) - 8e
109	✗✗✗	Dôme (Le) - 14e
109	✗✗✗	Duc (Le) - 14e
123	✗✗✗	Pétrus - 17e
117	✗✗✗	Port Alma - 16e
124	✗✗	Ballon des Ternes - 17e
62	✗✗	Bofinger - 4e
99	✗✗	Brasserie Flo - 10e
109	✗✗	Coupole (La) - 14e
123	✗✗	Dessirier - 17e
103	✗✗	Frégate - 12e
57	✗✗	Gallopin - 2e
79	✗✗	Gaya Rive Gauche - 7e
78	✗✗	Glénan (Les) - 7e
99	✗✗	Julien - 10e
91	✗✗	Luna - 8e
168	✗✗	Marée de Versailles à Versailles
91	✗✗	Marius et Janette - 8e
71	✗✗	Marty - 5e
57	✗✗	Pied de Cochon (Au) - 1er
91	✗✗	Stella Maris - 8e
124	✗✗	Taïra - 17e
99	✗✗	Terminus Nord - 10e
63	✗✗	Vin et Marée - 11e
93	✗	Bistrot de Marius - 8e
63	✗	Bistrot du Dôme - 4e
93	✗	Cap Vernet - 8e
72	✗	Espadon Bleu (L') - 6e
125	✗	Presqu'île - 17e
72	✗	Quai V - 5e

Des escargots

63	✗✗	Benoît - 4e
148	✗✗	Bourgogne à Maisons-Alfort
134	✗✗	Escargot (A l') à Aulnay-sous-Bois
118	✗✗	Géraud (Chez) - 16e
154	✗✗	Lauriers (Les) à Le Perreux-sur-Marne
124	✗✗	Léon (Chez) - 17e
72	✗✗	Maître Paul (Chez) - 6e
110	✗✗	Monsieur Lapin - 14e

99	✗✗	Petit Riche (Au) - 9e
144	✗	Auberge d'Enghien à Enghien-les-Bains
63	✗	Auberge Pyrénées Cévennes - 11e
104	✗	Bistrot de la Porte Dorée - 12e
58	✗	Bistrot St-Honoré - 1er
80	✗	Fontaine de Mars - 7e
74	✗	Ma Cuisine - 5e
73	✗	Moissonnier - 5e
73	✗	Moulin à Vent (Au) - 5e
104	✗	Quincy - 12e
100	✗	Relais Beaujolais - 9e

Une paëlla

92	✗✗	Bistro de l'Olivier - 8e
104	✗✗	Auberge Etchegorry - 13e
119	✗	Rosimar - 16e

Une grillade

103	✗✗✗	Train Bleu - 12e
62	✗✗	Bofinger - 4e
99	✗✗	Brasserie Flo - 10e
162	✗✗	Coq de la Maison Blanche à St-Ouen
109	✗✗	Coupole (La) - 14e
91	✗✗	Fermette Marbeuf 1900 - 8e
57	✗✗	Gallopin - 2e
99	✗✗	Julien - 10e
57	✗✗	Pied de Cochon (Au) - 1er
151	✗✗	Rôtisserie (La) à Nanterre
99	✗✗	Terminus Nord - 10e
58	✗✗	Vaudeville - 2e
104	✗	Quincy - 12e
73	✗	Rôtisserie d'en Face - 6e
73	✗	Rôtisserie du Beaujolais - 5e

De la tête de veau

123	✗✗✗	Apicius - 17e
63	✗✗	Benoît - 4e
124	✗✗	Léon (Chez) - 17e
57	✗✗	Palais Royal - 1er
57	✗✗	Pauline (Chez) - 1er
99	✗✗	Petit Riche (Au) - 9e
133	✗✗	Petite Auberge à Asnières-sur-Seine
118	✗✗	Petite Tour - 16e
63	✗	Astier - 11e
104	✗	Bistrot de la Porte Dorée - 12e

125	✗	Caves Petrissans - 17ᵉ	
93	✗	Devez - 8ᵉ	
110	✗	les Frères Gaudet (Chez) - 15ᵉ	
146	✗	Oustalou (L') à Ivry-sur-Seine	
100	✗	Pré Cadet - 9ᵉ	
80	✗	Thoumieux - 7ᵉ	

112	✗	Château Poivre - 14ᵉ
59	✗	La Vieille "Adrienne" (Chez) - 1ᵉʳ

Des tripes

57	✗✗	Pays de Cocagne - 2ᵉ
104	✗	Auberge Aveyronnaise (L') - 12ᵉ

Des fromages

108	✗✗✗✗	Montparnasse 25 - 14ᵉ
134	✗✗	Escargot (A l') à Aulnay-sous-Bois
63	✗	Astier - 11ᵉ

Des soufflés

78	✗✗	Récamier - 7ᵉ
58	✗✗	Soufflé - 1ᵉʳ

Cuisines d'Ailleurs

Antilles, Réunion, Seychelles
| 73 | X | Coco de Mer - 5e |
| 112 | X | Flamboyant - 14e |

Belge
| 123 | XX | Graindorge - 17e |

Chinoise, Thaïlandaise et Vietnamienne
109	XXX	Chen-Soleil d'Est - 15e
161	XX	Ambassade de Pékin à St-Mandé
158	XX	Bonheur de Chine à Rueil-Malmaison
110	XX	Erawan - 15e
152	XX	Foc Ly à Neuilly
137	XX	Panoramic de Chine à Carrières-sur-Seine
79	XX	Tan Dinh - 7e
118	XX	Tang - 16e
79	XX	Thiou - 7e
92	XX	Village d'Ung et Li Lam - 8e
93	X	Cô Ba Saigon - 8e
110	X	Kim Anh - 15e
137	X	Lotus de Brou à Brou-sur-Chantereine
74	X	Palanquin - 6e
104	X	Sukhothaï - 13e

Coréenne
| 93 | X | Shin Jung - 8e |

Espagnole
| 73 | X | Bistrot de la Catalogne - 6e |
| 119 | X | Rosimar - 16e |

Franco-Mauricienne
| 78 | XX | Chamarré - 7e |

Grecque
71	XX	Mavrommatis - 5e
81	X	Apollon - 7e
72	X	Délices d'Aphrodite (Les) - 5e

Indienne
90	XXX	Indra - 8e
79	XX	New Jawad - 7e
71	XX	Yugaraj - 6e

Italienne
57	XXX	Il Cortile - 1er
123	XXX	Sormani - 17e
79	XX	Beato - 7e
118	XX	Bellini - 16e
79	XX	Caffé Minotti - 7e
90	XX	Carpaccio - 8e
99	XX	Chateaubriant (Au) - 10e
118	XX	Conti - 16e
57	XX	Delizie d'Uggiano - 1er
110	XX	Fontanarosa - 15e
117	XX	Giulio Rebellato - 16e
124	XX	Paolo Petrini - 17e
91	XX	Stresa - 8e
118	XX	Vinci - 16e
73	X	Bauta - 6e
100	X	Dell Orto - 9e
73	X	Emporio Armani Caffé - 6e
64	X	Enoteca - 4e
99	X	I Golosi - 9e
64	X	Osteria (L') - 4e
80	X	Perron - 7e
128	X	Vincent (Chez) - 19e

Japonaise
109	XXX	Benkay - 15e
57	XX	Kinugawa - 1er
92	XX	Kinugawa - 8e
72	XX	Yen - 6e
58	X	Aki - 2e
81	X	Miyako - 7e

Libanaise
117	XXX	Pavillon Noura - 16e
92	XX	Al Ajami - 8e
117	XX	Fakhr el Dine - 16e

Nord-Africaine
90	XXX	El Mansour - 8e
109	XX	Caroubier - 15e
118	XX	Essaouira - 16e
63	XX	Mansouria - 11e
152	XX	Riad à Neuilly-sur-Seine
123	XX	Timgad - 17e
71	XX	Ziryab - 5e
128	X	Oriental (L') - 18e
74	X	Table de Fès - 6e
133	X	Tour de Marrakech à Antony

Portugaise
58   ✗✗   Saudade - 1er

Russe
93   ✗   Daru - 8e
72   ✗   Dominique - 6e

Scandinave
90   ✗✗✗   Copenhague - 8e
99   ✗   Petite Sirène
           de Copenhague - 9e

Tibétaine
74   ✗   Lhassa - 5e

Turque
103   ✗✗   Janissaire - 12e

Dans la tradition : bistrots et brasseries
Les bistrots

1er arrondissement
58	✗	Bistrot St-Honoré
59	✗	Dauphin
59	✗	Dessous de la Robe (Les)
59	✗	Histoire Gourmande
59	✗	Lescure

2e arrondissement
58	✗	Georges (Chez)
58	✗	Lyonnais (Aux)
59	✗	Mellifère
59	✗	Pierrot

3e arrondissement
| 63 | ✗ | Bascou (Au) |

4e arrondissement
| 63 | ✗✗ | Benoît |

5e arrondissement
73	✗	Buisson Ardent
73	✗	Moissonnier
73	✗	Moulin à Vent (Au)
74	✗	Reminet

6e arrondissement
73	✗	Allard
73	✗	Joséphine "Chez Dumonet"
74	✗	Marcel (Chez)

7e arrondissement
80	✗	Bistrot de Paris
80	✗	Fontaine de Mars
81	✗	Léo Le Lion
81	✗	P'tit Troquet

9e arrondissement
| 100 | ✗ | Georgette |
| 100 | ✗ | Relais Beaujolais |

11e arrondissement
| 63 | ✗ | Astier |
| 64 | ✗ | Villaret |

12e arrondissement
| 104 | ✗ | Bistrot de la Porte Dorée |
| 104 | ✗ | Quincy |

13e arrondissement
| 104 | ✗ | Avant Goût (L') |

14e arrondissement
| 110 | ✗ | Régalade |

15e arrondissement
| 111 | ✗ | Marché (du) |
| 111 | ✗ | Os à Moelle (L') |

16e arrondissement
| 119 | ✗ | Oscar |

17e arrondissement
124	✗✗	Léon (Chez)
125	✗	Caves Petrissans
125	✗	Clou (Le)

ENVIRONS

Bois-Colombes
| 135 | ✗ | Chefson |

Neuilly-sur-Seine
| 152 | ✗ | Bistrot d'à Côté Neuilly |

Pré St-Gervais (Le)
| 155 | ✗ | Pouilly Reuilly (Au) |

St-Cloud
| 159 | ✗ | Garde-Manger |

St-Ouen
| 162 | ✗ | Soleil |

Les brasseries

1er arrondissement
57 XX Pied de Cochon (Au)

2e arrondissement
57 XX Gallopin
58 XX Grand Colbert
58 XX Vaudeville

4e arrondissement
62 XX Bofinger

5e arrondissement
71 XX Marty
73 X Balzar

6e arrondissement
72 X Rotonde

7e arrondissement
80 X Thoumieux

10e arrondissement
99 XX Brasserie Flo
99 XX Julien
99 XX Terminus Nord

12e arrondissement
103 XXX Train Bleu

14e arrondissement
109 XXX Dôme (Le)
109 XX Coupole (La)

15e arrondissement
109 XX Gauloise

17e arrondissement
124 XX Ballon des Ternes

ENVIRONS

Issy-les-Moulineaux
146 X Coquibus

Restaurants "Nouveaux Concepts"

1er arrondissement
| 57 | XX | Cabaret |
| 58 | X | Pinxo |

6e arrondissement
71	XX	Alcazar
73	X	Emporio Armani Caffé
74	X	Ze Kitchen Galerie

7e arrondissement
| 79 | XX | Esplanade (L') |

8e arrondissement
89	XXX	Maison Blanche
92	XX	Berkeley
92	XX	Market
90	XX	Spoon
93	X	Appart' (L')
93	X	Zo

17e arrondissement
| 124 | XX | Balthazar |

ENVIRONS

Issy-les-Moulineaux
| 145 | XX | Ile (L') |
| 145 | XX | River Café |

Restaurants proposant
des menus à moins de 28 €

1er arrondissement

58	ℵ	Bistrot St-Honoré
59	ℵ	Dessous de la Robe (Les)
59	ℵ	Histoire Gourmande
59	ℵ	Lescure

2e arrondissement

57	ℵℵ	Gallopin
58	ℵℵ	Grand Colbert
57	ℵℵ	Pays de Cocagne
59	ℵ	Isard (L')
58	ℵ	Lyonnais (Aux)

3e arrondissement

| 62 | ℵℵ | Ambassade d'Auvergne |
| 64 | ℵ | Clos du Vert Bois |

5e arrondissement

71	ℵℵ	Ziryab
73	ℵ	Buisson Ardent
73	ℵ	Coco de Mer
74	ℵ	Lhassa
74	ℵ	Pré Verre

6e arrondissement

72	ℵℵ	Maître Paul (Chez)
73	ℵ	Bistrot de la Catalogne
74	ℵ	Marmite et Cassolette
74	ℵ	Palanquin

7e arrondissement

79	ℵℵ	New Jawad
81	ℵ	Apollon
80	ℵ	Collinot (Chez)
80	ℵ	Maupertu
81	ℵ	Miyako
81	ℵ	P'tit Troquet
80	ℵ	Pasco

8e arrondissement

92	ℵℵ	Al Ajami
92	ℵℵ	Village d'Ung et Li Lam
93	ℵ	Cô Ba Saigon
93	ℵ	Daru
93	ℵ	Shin Jung
93	ℵ	Zo

9e arrondissement

99	ℵℵ	Bistrot Papillon
100	ℵ	Excuse Mogador (L')
100	ℵ	Relais Beaujolais

10e arrondissement

| 99 | ℵℵ | Brasserie Flo |
| 99 | ℵℵ | Chateaubriant (Au) |

11e arrondissement

62	ℵℵ	Aiguière (L')
63	ℵ	Astier
63	ℵ	Auberge Pyrénées Cévennes
100	ℵ	L 'Hermitage
63	ℵ	Péché Mignon

12e arrondissement

103	ℵℵ	Janissaire
104	ℵ	Auberge Aveyronnaise (L')
104	ℵ	Biche au Bois
104	ℵ	Pataquès
104	ℵ	Traversière

13e arrondissement

104	ℵ	Auberge Etchegorry
104	ℵ	Avant Goût (L')
104	ℵ	Sukhothaï

14e arrondissement

111	ℵ	Cerisaie
112	ℵ	Château Poivre
112	ℵ	Flamboyant
111	ℵ	Gourmands (Les)
112	ℵ	La Bonne Table (A)
111	ℵ	Pascal Champ

15e arrondissement

109	ℵℵ	Caroubier
110	ℵℵ	Erawan
109	ℵℵ	Gauloise
109	ℵℵ	Thierry Burlot
110	ℵ	Clos Morillons
112	ℵ	Copreaux
111	ℵ	Gastroquet
111	ℵ	Marché (du)
112	ℵ	Mûrier

16e arrondissement

| 117 | XX | Fakhr el Dine |
| 119 | X | A et M Restaurant |

17e arrondissement

124	XX	Léon (Chez)
125	X	Bistrot de Théo
125	X	Dolomites (Les)
125	X	Entredgeu (L')
125	X	Paris XVII
124	X	Soupière
124	X	Table des Oliviers

18e arrondissement

| 128 | XX | Clair de la Lune (Au) |
| 127 | XX | Cottage Marcadet |

19e arrondissement

| 128 | XX | Chaumière |

20e arrondissement

| 128 | XX | Allobroges (Les) |
| 128 | X | Bistrot des Soupirs "Chez Raymonde" |

ENVIRONS

Antony

| 133 | X | Philosophes (Les) |
| 133 | X | Tour de Marrakech |

Asnières-sur-Seine

| 133 | XX | Petite Auberge |

Aulnay-sous-Bois

| 134 | XX | Escargot (A l') |

Bois-Colombes

| 135 | X | Chefson |

Boulogne-Billancourt

| 136 | XX | Auberge (L') |
| 136 | X | Grange |

Carrières-sur-Seine

| 137 | XX | Panoramic de Chine |

Cergy-Pontoise

| 138 | XX | Coupoles (Les) |

Chatou

| 140 | XX | Canotiers (Les) |

Corbeil-Essonnes

| 141 | XX | Auberge du Barrage |

Draveil

| 143 | XX | Gibraltar |

Enghien-les-Bains

| 144 | X | Auberge d'Enghien |

Évry

| 144 | XX | Canal |

Fontenay-sous-Bois

| 144 | X | Musardière |

Gagny

| 144 | XX | Vilgacy |

Garenne-Colombes (La)

| 145 | X | Olivier (L') |

Issy-les-Moulineaux

| 146 | X | Coquibus |
| 146 | X | Square Meat'R |

Levallois-Perret

| 147 | XX | Petit Jardin |

Longjumeau

| 148 | XX | St-Pierre |

Maisons-Alfort

| 148 | XX | Bourgogne |

Marcoussis

| 148 | X | Colombes de Bellejame (Les) |

Marly-le-Roi

| 148 | XX | Village |

Montmorency
151 XX Coeur de la Forêt (Au)

Noisy-le-Grand
153 XX Amphitryon

Puteaux
156 XX Table d'Alexandre

Quincy-sous-Sénart
156 X Lisière de Sénart

Romainville
158 XX Henri (Chez)

Savigny-sur-Orge
163 XX Ménil (Au)

St-Germain-en-Laye
161 X Feuillantine
161 X Top Model

St-Leu-la-Forêt
161 X Petit Castor

St-Maur-des-Fossés
162 XXX Bretèche
162 X Gargamelle

Ste-Geneviève-des-Bois
163 XX Table d'Antan

Sucy-en-Brie
163 XX Terrasse Fleurie

Triel-sur-Seine
164 X St-Martin

Versailles
168 X Falher (Le)

Villeparisis
169 XX Bastide

Vincennes
169 X Rigadelle

Viry-Châtillon
169 X Marcigny

Plein air

1er arrondissement
57 XX Palais Royal

5e arrondissement
71 XX Ziryab

7e arrondissement
78 XX Maison de l'Amérique Latine

8e arrondissement
89 XXXXX Laurent

16e arrondissement
119 XXXX Grande Cascade
119 XXXX Pré Catelan

ENVIRONS

Asnières-sur-Seine
133 XXX Van Gogh

Cergy-Pontoise
139 XX Moulin de la Renardière

Maisons-Laffitte
148 XXX Tastevin

St-Germain-en-Laye
161 XXX Cazaudehore-Hôtel Forestière

Vaucresson
164 XXX Auberge de la Poularde

Restaurants avec salons particuliers

1er arrondissement

56	XXXX	Carré des Feuillants
56	XXXX	Goumard
56	XXXX	Grand Vefour
56	XXX	Macéo
57	XX	Kinugawa
57	XX	Palais Royal
57	XX	Pauline (Chez)
57	XX	Pied de Cochon (Au)
59	X	Histoire Gourmande

2e arrondissement

56	XXXX	Drouant
56	XXX	Céladon
57	XXX	Fontaine Gaillon
57	XX	Gallopin

3e arrondissement

| 62 | XX | Ambassade d'Auvergne |

4e arrondissement

62	XXXX	Ambroisie (L')
63	XX	Benoît
62	XX	Bofinger

5e arrondissement

70	XXXXX	Tour d'Argent
71	XX	Marty
71	XX	Ziryab
73	X	Moissonnier

6e arrondissement

71	XXX	Lapérouse
71	XXX	Procope
71	XXX	Relais Louis XIII
71	XX	Alcazar
71	XX	Bastide Odéon
72	XX	Maître Paul (Chez)

7e arrondissement

77	XXXX	Arpège
78	XXX	Cantine des Gourmets
78	XXX	Maison des Polytechniciens
78	XX	Maison de l'Amérique Latine
79	XX	Tante Marguerite
80	X	Thoumieux

8e arrondissement

88	XXXXX	"Cinq"(Le)
88	XXXXX	Ambassadeurs (Les)
88	XXXXX	Lasserre
89	XXXXX	Laurent
88	XXXXX	Ledoyen
88	XXXXX	Lucas Carton
88	XXXXX	Taillevent
89	XXXX	Fouquet's
92	XX	Bistrot du Sommelier
91	XX	Marius et Janette

9e arrondissement

| 99 | XXX | Café de la Paix |
| 99 | XX | Petit Riche (Au) |

11e arrondissement

| 62 | XX | Aiguière (L') |

12e arrondissement

| 103 | XXX | Pressoir (Au) |

14e arrondissement

| 109 | XX | Coupole (La) |
| 111 | X | Pascal Champ |

15e arrondissement

109	XXX	Benkay
109	XXX	Chen-Soleil d'Est
109	XX	Gauloise
111	X	Marché (du)

16e arrondissement

119	XXXX	Grande Cascade
119	XXXX	Pré Catelan
116	XXX	Jamin

17e arrondissement

122	XXXX	Guy Savoy
122	XXXX	Michel Rostang
123	XXX	Amphyclès
123	XXX	Pétrus
123	XXX	Sormani
124	XX	Atelier Gourmand (L')
124	XX	Ballon des Ternes
124	XX	Beudant
124	XX	Léon (Chez)
123	XX	Petit Colombier
125	X	Bistrot de Théo

18e arrondissement

| 127 | XXX | Beauvilliers |

Restaurants ouverts samedi et dimanche

1er arrondissement

56	XXXXX	Espadon (L')
56	XXXX	Goumard
57	XX	Pied de Cochon (Au)
58	XX	Vin et Marée
58	X	Baan Boran
59	X	Dauphin
58	X	Pinxo

2e arrondissement

58	XX	Grand Colbert
58	XX	Vaudeville

3e arrondissement

62	XX	Ambassade d'Auvergne

4e arrondissement

63	XX	Benoît
62	XX	Bofinger
63	X	Bistrot du Dôme
64	X	Enoteca (L')
63	X	Mon Vieil Ami

5e arrondissement

70	XXXXX	Tour d'Argent
71	XX	Marty
71	XX	Mavrommatis
71	XX	Truffière (La)
73	X	Balzar
74	X	Lhassa
74	X	Ma Cuisine
74	X	Pré Verre
74	X	Reminet
73	X	Rôtisserie du Beaujolais

6e arrondissement

71	XXX	Procope
71	XX	Alcazar
71	XX	Yugaraj
72	X	Brasserie Lipp
72	X	Rotonde

7e arrondissement

78	XXX	Jules Verne
78	XXX	Cantine des Gourmets
79	XX	Esplanade (L')
79	XX	New Jawad
80	X	Café de l'Alma
80	X	Fontaine de Mars
80	X	Pasco
80	X	Thoumieux
80	X	Vin et Marée

8e arrondissement

88	XXXXX	Ambassadeurs (Les)
88	XXXXX	Bristol
88	XXXXX	"Cinq" (Le)
90	XXX	El Mansour
89	XXX	Fouquet's
90	XXX	Obélisque (L')
92	XX	Al Ajami
92	XX	Berkeley
92	XX	Bistro de l'Olivier
90	XX	Carpaccio
91	XX	Fermette Marbeuf 1900
91	XX	Marius et Janette
92	XX	Market
92	XX	Nirvana
91	XX	Relais Plaza
93	X	Appart' (L')
93	X	Bistrot de Marius
92	X	Café Lenôtre-Pavillon Elysée
93	X	Devez
93	X	Toi

9e arrondissement

99	XXX	Café de la Paix

10e arrondissement

99	XX	Brasserie Flo
99	XX	Julien
99	XX	Terminus Nord

11e arrondissement

63	XX	Vin et Marée

12e arrondissement

103	XXX	Train Bleu
104	X	Bistrot de la Porte Dorée

14e arrondissement

109	XX	Coupole (La)
110	XX	Monsieur Lapin
109	XX	Vin et Marée

15e arrondissement

109	XXX	Benkay
108	XXX	Ciel de Paris
109	XX	Caroubier
110	XX	Fontanarosa
109	XX	Gauloise
110	X	Kim Anh

16e arrondissement

119	XXXX	Grande Cascade
117	XXX	Pavillon Noura
117	XX	Fakhr el Dine
117	XX	Giulio Rebellato
118	XX	Petite Tour

17e arrondissement

123	XXXX	Pétrus
124	XX	Ballon des Ternes
124	XX	Balthazar
123	XX	Timgad

ENVIRONS

Antony
| 133 | X | Tour de Marrakech |

Brou-sur-Chantereine
| 137 | X | Lotus de Brou |

Carrières-sur-Seine
| 137 | XX | Panoramic de Chine |

Cergy-Pontoise
| 138 | XX | Coupoles (Les) |

Issy-les-Moulineaux
| 145 | XX | Ile (L') |

Maisons-Laffitte
| 148 | XXX | Tastevin |

Neuilly-sur-Seine
| 152 | XX | Foc Ly |
| 152 | XX | Riad |

Rueil-Malmaison
| 158 | XX | Bonheur de Chine |

St-Germain-en-Laye
| 161 | X | Feuillantine |

St-Mandé
| 161 | XX | Ambassade de Pékin |

Savigny-sur-Orge
| 163 | XX | Ménil (Au) |

Hôtels proposant
des chambres doubles
à moins de 80 €

7e arrondissement
| 77 | 🏠 | Champ-de-Mars |

9e arrondissement
| 98 | 🏠 | Riboutté-Lafayette |

10e arrondissement
| 98 | 🏠 | Ibis Gare de l'Est |

11e arrondissement
62	🏠	Grand Prieuré
62	🏠	Nord et Est
62	🏠	Prince Eugène

13e arrondissement
| 103 | 🏠 | Arts |
| 103 | 🏠 | Touring Hôtel Magendie |

15e arrondissement
| 108 | 🏠 | Carladez Cambronne |
| 108 | 🏠 | Lilas Blanc |

19e arrondissement
127	🏠	Abricôtel
127	🏠	Crimée
127	🏠	Laumière

20e arrondissement
| 127 | 🏠 | Palma |

ENVIRONS

Athis-Mons
| 133 | 🏠 | Rotonde |

Bagnolet
| 134 | 🏠 | Campanile |

Boulogne-Billancourt
135	🏠	Bijou Hôtel
136	🏠	Olympic Hôtel
135	🏠	Paris

Brie-Comte-Robert
| 136 | 🏠🏠 | la Grâce de Dieu (A) |

Cergy-Pontoise
| 139 | 🏠 | Campanile |

Clamart
| 140 | 🏠 | Brèche du Bois |
| 140 | 🏠 | Trosy |

Clichy
| 141 | 🏠 | Chasses (des) |

Courbevoie
| 142 | 🏠 | Central |

Évry
| 144 | 🏠 | Ibis |

Joinville-le-Pont
| 146 | 🏠 | Cinépole |

Kremlin-Bicêtre (Le)
| 146 | 🏠 | Campanile |

Levallois-Perret
| 147 | 🏠🏠 | Espace Champerret |
| 147 | 🏠 | ABC Champerret |

Lieusaint
| 147 | 🏠🏠 | Flamboyant |

Longjumeau
| 148 | 🏠🏠 | St-Georges |

Maisons-Laffitte
148   Ibis

Marne-la-Vallée
150   St-Rémy
149   Campanile

Nogent-sur-Marne
153   Campanile

Orly (Aéroports de Paris)
153   Kyriad - Air Plus

Queue-en-Brie (La)
156   Relais de Pincevent

St-Maur-des-Fossés
161   Winston

St-Quentin-en-Yvelines
163   Port Royal
163   Relais de Voisins

Sucy-en-Brie
163   Tartarin

Suresnes
164   Astor

Vanves
164   Ibis

Versailles
168   Ibis

Villeparisis
169   Relais du Parisis

Vincennes
169   Donjon

Au delà du pneu...

... nous vous guidons dans tous vos voyages

Depuis plus de 100 ans, notre mission est de
rendre votre mobilité toujours meilleure :
plus sûre, plus efficace, plus libre
et encore plus agréable.

PARIS

Hôtels - Restaurants

par arrondissements

(Liste alphabétique des Hôtels et Restaurants, voir p. 11 à 27)

G 12 : Ces lettres et chiffres correspondent au carroyage du **plan Michelin Paris** n° 🅵🅸, **Paris avec répertoire** n° 🅵🅵, **Paris du Nord au Sud** n° 🅵🅶, et **Paris par Arrondissement** n° 🅵🅷.

En consultant ces quatre publications vous trouverez également les parkings les plus proches des établissements cités.

Opéra - Palais-Royal
Halles - Bourse

1er et 2e arrondissements

1er : ✉ 75001 – 2e : ✉ 75002

Ritz, 15 pl. Vendôme (1er) ⓜ *Opéra* ℰ 01 43 16 30 30, *resa@ritzparis.com,* Fax 01 43 16 36 68, ⌂, ⓝ, Ꮭ, ◳ – ▯ ▤ ⓣⓥ ✆ ら – ᐃ 30 à 80. ஊ ⓪ ⒼⒷ ⒿⒸⒷ. ⅍ **G 12** voir rest. *L'Espadon* ci-après **- Ritz Club** (dîner seul.) *(fermé 26 juil. au 31 août, dim. et lundi)* **Repas** carte 80 à 120 **– Bar Vendôme** (déj. seul.) **Repas** carte 80 à 100 ♀ – ⊐ 62 – **107 ch** 640/750, 55 suites.
  ◆ César Ritz inaugura en 1898 "l'hôtel parfait" dont il rêvait. R. Valentino, Proust, Hemingway, Coco Chanel en furent les hôtes. Raffinement incomparable. Le Ritz Club est le rendez-vous incontournable des "beautiful people". Délicieuse terrasse au Bar Vendôme.

Meurice, 228 r. Rivoli (1er) ⓜ *Tuileries* ℰ 01 44 58 10 10, *reservations@meuricehotel.com,* Fax 01 44 58 10 15, ⓝ, Ꮭ – ▯ ⅏ ▤ ⓣⓥ ✆ ら – ᐃ 40 à 70. ஊ ⓪ ⒼⒷ ⒿⒸⒷ. ⅍ rest **G 12** voir rest. *Le Meurice* ci-après **- Jardin d'Hiver** ℰ01 44 58 10 44 **Repas** (40)-50 ♀ – ⊐ 45 – **121 ch** 650/800, 39 suites.
  ◆ L'un des premiers hôtels de luxe, né en 1817 et transformé en palace en 1907. Somptueuses chambres et superbe suite au dernier étage avec un panorama époustouflant sur Paris. Très belle verrière Art nouveau et soixante-dix plantes exotiques au Jardin d'Hiver.

Inter-Continental, 3 r. Castiglione (1er) ⓜ *Tuileries* ℰ 01 44 77 11 11, *paris@interconti.com, Fax 01 44 77 14 60,* ⌂, Ꮭ – ▯ ⅏ ▤ ⓣⓥ ✆ ら – ᐃ 15 à 350. ஊ ⓪ ⒼⒷ ⒿⒸⒷ. ⅍ rest **G 12**
234 Rivoli ℰ 01 44 77 10 40 **Repas** 35, enf. 23 ♀ **– Terrasse Fleurie** ℰ01 44 77 10 40 *(mai-sept.)* **Repas** 35, enf. 23 ♀ – ⊐ 31 – **405 ch** 450/760, 33 suites.
  ◆ Glorieux hôtel édifié en 1878. Le décor des chambres décline les styles du 19e s. ; certaines ont vue sur les Tuileries. Fastueux salons Napoléon III. Ambiance chic et conviviale au 234 Rivoli. La Terrasse Fleurie, côté cour, est isolée du tumulte parisien.

Costes, 239 r. St-Honoré (1er) ⓜ *Concorde* ℰ 01 42 44 50 00, Fax 01 42 44 50 01, ⌂, Ꮭ, ◳ – ▯ ▤ ⓣⓥ ら. ஊ ⓪ ⒼⒷ ⒿⒸⒷ **G 12**
Repas carte 45 à 80 – ⊐ 30 – **76 ch** 350/700, 3 suites, 3 duplex.
  ◆ Style Napoléon III revisité dans des chambres pourpre et or, ravissante cour à l'italienne et bel espace de remise en forme : un palace extravagant, adulé par la "jet-set". Le restaurant de l'hôtel Costes est le temple de la tendance "branchée Lounge".

Vendôme sans rest, 1 pl. Vendôme (1er) ⓜ *Opéra* ℘ 01 55 04 55 00, *reservations@hotelde vendome.com*, Fax 01 49 27 97 89 – 📶 🛗 ■ TV 🤳 📞 🕭 . 🖭 ⓞ ☎ 🃏 . ⚡   **G 12**
☲ 35 – **19 ch** 460/580, 10 suites.
◆ La place Vendôme forme le superbe écrin de ce bel hôtel particulier du 18e s. devenu palace. Meubles anciens, marbre et équipements "dernier cri".

Park Hyatt, 5 r. Paix (2e) ⓜ *Opéra* ℘ 01 58 71 12 34, *vendome@paris.hyatt.com*, Fax 01 58 71 12 35, ☕ , ☻ – 📶 ✦ ■ TV 🤳 📞 🕭 ≪ – 🔺 15 à 50. 🖭 ⓞ ☎ 🃏. ⚡   **G 12**
Le Park ℘ 01 58 71 10 60 *(fermé sam. midi, dim. et fériés)* **Repas** Carte 68 à 90 – ☲ 42 – **177 ch** 580/770, 10 suites.
◆ Décor contemporain signé Ed Tuttle, collection d'art moderne et équipements high-tech : une nouvelle vie pour ces cinq immeubles haussmanniens transformés en palace "design". Cuisine au goût du jour et cadre raffiné, sobre et original, au restaurant Le Park.

Plaza Paris Vendôme, 4 r. Mont-Thabor (1er) ⓜ *Tuileries* ℘ 01 40 20 20 00, *reservations @plazaparisvendome.com*, Fax 01 40 20 20 01, 🛁 , ⛲ – 📶 🛗 ■ TV 🤳 📞 🕭 . 🖭 ⓞ ☎
🃏   **G 12**
voir rest. **Pinxo** ci-après – ☲ 26 – **85 ch** 460/560, 12 suites.
◆ Immeuble du 19e s. métamorphosé en un hôtel contemporain chic et raffiné. Bois, tons beige et chocolat, équipements high-tech dans les chambres. Beau bar chinois.

Sofitel Castille, 33 r. Cambon (1er) ⓜ *Madeleine* ℘ 01 44 58 44 58, *reservations@castille.c om*, Fax 01 44 58 44 00 – 📶 ✦ ■ TV 🤳 – 🔺 30. 🖭 ⓞ ☎ 🃏   **G 12**
voir rest. **Il Cortile** ci-après – ☲ 28 – **86 ch** 415/545, 7 suites, 14 duplex.
◆ Côté "Opéra", chaleureux décor inspiré de l'Italie et de la Renaissance ; côté "Rivoli", cadre chic et sobre à la française, agrémenté de photos du Paris de Doisneau.

Louvre, pl. A. Malraux (1er) ⓜ *Palais Royal* ℘ 01 44 58 38 38, *hoteldulouvre@hoteldulouvre .com*, Fax 01 44 58 38 01, ☕ – 📶 ✦ ■ TV 🤳 📞 🕭 . – 🔺 20 à 80. 🖭 ⓞ ☎ 🃏. ⚡   **H 13**
Brasserie Le Louvre ℘ 01 42 96 27 98 **Repas** *(26)* 31, enf. 12 ⓨ – ☲ 21 – **170 ch** 450/700, 7 suites.
◆ Un des premiers grands hôtels parisiens, où logea le peintre Pissarro. Certaines chambres jouissent d'une perspective unique sur l'avenue de l'Opéra et le palais Garnier. La brasserie le Louvre joue la tradition tant dans le décor "1900" que dans l'assiette.

Westminster, 13 r. Paix (2e) ⓜ *Opéra* ℘ 01 42 61 57 46, *resa.westminster@warwickhotels .com*, Fax 01 42 60 30 66, 🛁 – 📶 ✦ ■ TV 🤳 📞 🕭 – 🔺 15 à 40. 🖭 ⓞ ☎ 🃏   **G 12**
voir rest. **Céladon** ci-après **- Petit Céladon** (week-end seul.) *(fermé août)* **Repas** 45 bc – ☲ 28 – **80 ch** 420/570, 22 suites.
◆ C'est en 1846 que cet hôtel, jadis couvent puis relais de poste, adopta le nom de son plus fidèle client, le duc de Westminster. Chambres cossues, appartements luxueux. Le Céladon devient Petit Céladon le week-end : menu-carte simplifié et service décontracté.

Lotti, 7 r. Castiglione (1er) ⓜ *Tuileries* ℘ 01 42 60 37 34, *lotti.fr@jollyhotels.com*, Fax 01 40 15 93 56 – 📶 ✦ ■ TV 🤳 📞 . 🖭 ⓞ ☎ 🃏   **G 12**
Repas carte 35 à 50 – ☲ 23 – **164 ch** 399/590, 5 suites.
◆ Non loin des joailliers de la place Vendôme, un petit "bijou" de l'hôtellerie : chambres douillettes ornées de meubles de divers styles, confortable salon sous verrière. Cuisine italienne servie dans une élégante salle à manger (fresques et tableaux colorés).

Royal St-Honoré sans rest, 221 r. St-Honoré (1er) ⓜ *Tuileries* ℘ 01 42 60 32 79, *rsh@hroy .com*, Fax 01 42 60 47 44 – 📶 ■ TV 🤳 📞 🕭 – 🔺 15. 🖭 ⓞ ☎ 🃏. ⚡   **G 12**
☲ 20 – **67 ch** 290/360, 5 suites.
◆ Immeuble bâti au 19e s. sur l'emplacement de l'ancien hôtel de Noailles. Chambres personnalisées, très raffinées. Décor Louis XVI dans la salle des petits-déjeuners.

Meliá Vendôme sans rest, 8 r. Cambon (1er) ⓜ *Concorde* ℘ 01 44 77 54 00, *melia.vendo me@solmelia.com*, Fax 01 44 77 54 01 – 📶 ■ TV 🤳 – 🔺 20. 🖭 ⓞ ☎ 🃏. ⚡   **G 12**
☲ 24 – **83 ch** 320/442.
◆ Décoration cossue et soignée, mobilier de style et atmosphère feutrée dans les chambres, récemment refaites. Élégant salon coiffé d'une verrière Belle Époque.

Edouard VII sans rest, 39 av. Opéra (2e) ⓜ *Pyramides* ℘ 01 42 61 56 90, *info@edouard7ho tel.com*, Fax 01 42 61 47 73 – 📶 ■ TV 🤳 – 🔺 15 à 25. 🖭 ⓞ ☎ 🃏   **G 13**
☲ 20 – **65 ch** 309/418, 4 suites.
◆ Le prince de Galles Édouard VII aimait séjourner ici lors de ses passages à Paris. Chambres spacieuses et feutrées. Boiseries sombres et vitraux décorent le bar.

Normandy sans rest, 7 r. Échelle (1er) ⓜ *Palais Royal* ℘ 01 42 60 30 21, Fax 01 42 60 45 81 – 📶 TV 🤳 – 🔺 15 à 30. 🖭 ⓞ ☎ 🃏 – ☲ 20 – **111 ch** 280/423, 4 suites.   **H 13**
◆ À deux pas du Louvre, le Normandy ouvrit ses portes en 1877 et accueillit aussitôt une forte clientèle anglaise. Amples chambres "rétro", souvent dotées de meubles de style.

Regina, 2 pl. Pyramides (1er) ⓜ *Tuileries* ℘ 01 42 60 31 10, *reservation@regina-hotel.com*, Fax 01 40 15 95 16, ☕ – 📶 ■ TV 🤳 📞 🕭 – 🔺 20 à 60. 🖭 ⓞ ☎ 🃏   **H 13**
Repas *(fermé août, sam., dim. et fériés) (25)* · 31 et carte 55 à 70 ⓨ – ☲ 26 – **120 ch** 323/535, 20 suites.
◆ De sa création en 1900, cet hôtel a conservé son superbe hall Art nouveau. Chambres riches en mobilier ancien, plus calmes côté patio ; certaines ont vue sur la tour Eiffel. Salle à manger avec jolie cheminée "Majorelle" et cour-terrasse très prisée en été.

🏛️ **Washington Opéra** sans rest, 50 r. Richelieu (1er) ⓜ *Palais Royal* 𝒸 01 42 96 68 06, *hotel @washingtonopera.com, Fax 01 40 15 01 12* – 🛗 ⇖ ≡ 🆅 📞 🕭. 🄰🄴 ⓞ 🄶🄱 🄹🄲🄱. ⚮%   **G 13**
➡ – **36 ch** 215/275.
◆ Ancien hôtel particulier de la marquise de Pompadour. Chambres de style Directoire ou gustavien. La terrasse du 6e étage offre une belle vue sur le jardin du Palais-Royal.

🏛️ **Opéra Richepanse** sans rest, 14 r. Chevalier de St-George (1er) ⓜ *Concorde* 𝒸 01 42 60 36 00, *richepanseotel@wanadoo.fr, Fax 01 42 60 13 03* – 🛗 ≡ 🆅 📞. 🄰🄴 ⓞ 🄶🄱 🄹🄲🄱   **G 12**
➡ 19 – **35 ch** 230/350, 3 suites.
◆ Hôtel entièrement rénové et meublé dans le style Art déco. Chambres aux tons jaune et bleu, parfois avec poutres apparentes. Au sous-sol, sauna et salle des petits-déjeuners.

🏛️ **Cambon** sans rest, 3 r. Cambon (1er) ⓜ *Concorde* 𝒸 01 44 58 93 93, *cambon@cybercable. fr, Fax 01 42 60 30 59* – 🛗 ≡ 🆅 📞. 🄰🄴 ⓞ 🄶🄱 🄹🄲🄱. ⚮%   **G 12**
➡ 14 – **43 ch** 256/315.
◆ Entre jardin des Tuileries et rue St-Honoré, plaisantes chambres où cohabitent mobilier contemporain, jolies gravures et tableaux anciens. Clientèle fidèle.

🏛️ **Stendhal** sans rest, 22 r. D. Casanova (2e) ⓜ *Opéra* 𝒸 01 44 58 52 52, *h1610@accor-hotels. com, Fax 01 44 58 52 00* – 🛗 ≡ 🆅 📞. 🄰🄴 ⓞ 🄶🄱 🄹🄲🄱. ⚮%   **G 12**
➡ 17 – **20 ch** 271/340.
◆ Sur les traces du célèbre écrivain, séjournez dans la suite "Rouge et Noir" de cette demeure de caractère. Les chambres, raffinées, se déclinent toutes en deux couleurs.

🏛️ **Mansart** sans rest, 5 r. Capucines (1er) ⓜ *Opéra* 𝒸 01 42 61 50 28, *hotel.mansart@esprit-d e-france.com, Fax 01 49 27 97 44* – 🛗 🆅 📞. 🄰🄴 ⓞ 🄶🄱 🄹🄲🄱. ⚮%   **G 12**
➡ 10 – **57 ch** 108/295.
◆ Hôtel dont la rénovation rend hommage à Mansart, architecte de Louis XIV. Dans le hall, fresques inspirées des jardins de Le Nôtre. Chambres personnalisées.

🏛️ **L'Horset Opéra** sans rest, 18 r. d'Antin (2e) ⓜ *Opéra* 𝒸 01 44 71 87 00, *lopera@paris-hote ls-charm.com, Fax 01 42 66 55 54* – 🛗 ⇖ ≡ 🆅 📞. 🄰🄴 ⓞ 🄶🄱 🄹🄲🄱   **G 13**
54 ch ➡ 230/260.
◆ Tons chauds, mobilier en bois teinté et espace caractérisent les chambres de cet hôtel de tradition situé à deux pas du palais Garnier. Atmosphère "cosy" au salon.

🏛️ **Novotel Les Halles**, 8 pl. M.-de-Navarre (1er) ⓜ *Châtelet* 𝒸 01 42 21 31 31, *h0785@accor -hotels.com, Fax 01 40 26 05 79* – 🛗 ⇖ ≡ 🆅 & – 🕍 15 à 20. 🄰🄴 ⓞ 🄶🄱 🄹🄲🄱   **H 14**
Repas carte 28 à 36, enf. 9,20 ♀ – ➡ 14,50 – **285 ch** 276/465.
◆ Près du Forum des Halles, hôtel bien insonorisé, conforme aux normes de la chaîne. Certaines chambres sont rénovées ; quelques-unes ont vue sur l'église St-Eustache. Des palmiers apportent une touche exotique au restaurant, aménagé sous une vaste verrière.

🏛️ **États-Unis Opéra** sans rest, 16 r. d'Antin (2e) ⓜ *Opéra* 𝒸 01 42 65 05 05, *us-opera@wana doo.fr, Fax 01 42 65 93 70* – 🛗 ≡ 🆅 📞 – 🕍 25. 🄰🄴 ⓞ 🄶🄱 🄹🄲🄱. ⚮%   **G 13**
➡ 10 – **45 ch** 125/195.
◆ Cet immeuble des années 1930 propose des chambres rénovées, confortables et actuelles ; quelques-unes sont dotées d'un mobilier de style.

🏛️ **Noailles** sans rest, 9 r. Michodière (2e) ⓜ *4 Septembre* 𝒸 01 47 42 92 90, *goldentulip.deno ailles@wanadoo.fr, Fax 01 49 24 92 71,* 🐚 – 🛗 ⇖ ≡ 🆅 📞 & – 🕍 20. 🄰🄴 ⓞ 🄶🄱 🄹🄲🄱   **G 13**
➡ 15 – **61 ch** 250/270.
◆ Élégance résolument contemporaine derrière une sobre façade ancienne. Décor japonisant dans des chambres de bonne ampleur ; la plupart donnent sur un agréable patio.

🏛️ **Britannique** sans rest, 20 av. Victoria (1er) ⓜ *Châtelet* 𝒸 01 42 33 74 59, *mailbox@hotel-b ritannique.fr, Fax 01 42 33 82 65* – 🛗 🆅 📞. 🄰🄴 ⓞ 🄶🄱 🄹🄲🄱. ⚮%   **J 14**
➡ 12 – **39 ch** 130/180.
◆ Créée au 19e s. par une famille anglaise, cette adresse a conservé sa douce atmosphère "british". Chambres contemporaines. Çà et là, des reproductions de W. Turner.

🏛️ **Relais du Louvre** sans rest, 19 r. Prêtres-St-Germain-L'Auxerrois (1er) ⓜ *Louvre Rivoli* 𝒸 01 40 41 96 42, *contact@relaisdulouvre.com, Fax 01 40 41 96 44* – 🛗 ≡ 🆅 📞. 🄰🄴 ⓞ 🄶🄱 🄹🄲🄱   **H 14**
➡ 10 – **21 ch** 99/180.
◆ Étroite façade du 18e s. abritant un hôtel de caractère. Mobilier de style, couleurs gaies et accessoires de la vie moderne dans des chambres douillettes et raffinées.

🏛️ **Thérèse** sans rest, 5-7 r. Thérèse (1er) ⓜ *Pyramides* 𝒸 01 42 96 10 01, *hoteltherese@wana doo.fr, Fax 01 42 96 15 22* – 🛗 🆅 📞. 🄰🄴 ⓞ 🄶🄱 🄹🄲🄱. ⚮%   **G 13**
➡ 12 – **43 ch** 130/250.
◆ Décoration contemporaine sobre et raffinée, rehaussée de touches d'exotisme dans cet hôtel entièrement rénové. Chambres de caractère et salle des petits-déjeuners voûtée.

Relais St Honoré sans rest, 308 r. St Honoré (1er) ◎ *Tuileries* ℰ 01 42 96 06 06, *relaissaint honore@wanadoo.fr*, Fax 01 42 96 17 50 – 🛗 ▤ TV ☎ 📶 AE ① GB JCB   G 12
⊑ 12 – **15 ch** 190.
♦ Cet immeuble du 17e s. entouré de boutiques chic héberge des chambres soignées, joliment colorées, dotées de poutres apparentes (sauf au 1er étage) et bien insonorisées.

Place du Louvre sans rest, 21 r. Prêtres-St-Germain-L'Auxerrois (1er) ◎ Pont-Neuf ℰ 01 42 33 78 68, *hotel.place.louvre@esprit-de-france.com*, Fax 01 42 33 09 95 – 🛗 TV. AE ① GB JCB   H 14
⊑ 10 – **20 ch** 95/153.
♦ Plaisantes petites chambres modernes ; certaines bénéficient d'une vue sur le Louvre et St-Germain-l'Auxerrois. Jolie voûte du 14e s. dans la salle des petits-déjeuners.

Victoires Opéra sans rest, 56 r. Montorgueil (2e) ◎ Etienne Marcel ℰ 01 42 36 41 08, *hot el@victoiresopera.com*, Fax 01 45 08 08 79 – 🛗 ▤ TV ☎ 🕭 AE ① GB JCB. ⚘   G 14
⊑ 15 – **24 ch** 220/275.
♦ Dans une rue piétonne, commerçante et souvent animée. L'établissement vient de bénéficier d'une rénovation de qualité. Chambres contemporaines et salles de bains en marbre.

Grand Hôtel de Champagne sans rest, 17 r. J.-Lantier (1er) ◎ Châtelet ℰ 01 42 36 60 00, *champaigne@hotelchampaigneparis.com*, Fax 01 45 08 43 33 – 🛗 ⇄ ▤ TV ☎ AE ① GB JCB   J 14
⊑ 13,50 – **42 ch** 172/231.
♦ Dans les murs du plus vieil immeuble (édifié en 1562) de la rue J.-Lantier, chambres personnalisées et bien équipées, souvent avec pierres et poutres apparentes.

Malte Opéra sans rest, 63 r. Richelieu (2e) ◎ 4 Septembre ℰ 01 44 58 94 94, *hotel.malte@ astotel.com*, Fax 01 42 86 88 19 – 🛗 ▤ TV ☎ AE ① GB JCB   G 13
⊑ 15 – **64 ch** 165/195, 5 duplex.
♦ Face à la Bibliothèque nationale, belle façade ouvragée abritant des chambres de tailles variées, meublées dans le style Louis XV. Salon cossu prolongé d'une verrière.

Molière sans rest, 21 r. Molière (1er) ◎ Palais Royal ℰ 01 42 96 22 01, *info@hotel-moliere.f r*, Fax 01 42 60 48 68 – 🛗 TV ☎ 🕭 AE ① GB JCB. ⚘   G 13
⊑ 12 – **32 ch** 135/175.
♦ L'enseigne rend hommage au célèbre auteur de théâtre qui serait né dans cette rue en 1622. Mobilier de style et charme "provincial" dans des chambres assez spacieuses.

Favart sans rest, 5 r. Marivaux (2e) ◎ Richelieu Drouot ℰ 01 42 97 59 83, *favart.hotel@wan adoo.fr*, Fax 01 40 15 95 58 – 🛗 TV ☎ AE ① GB JCB   F 13
⊑ 3 – **37 ch** 85/108.
♦ Le peintre Goya séjourna dans ce charmant hôtel. Les chambres de la façade principale, tournées vers l'Opéra-Comique (autrefois salle Favart) sont les plus agréables.

Pavillon Louvre Rivoli sans rest, 20 r. Molière (1er) ◎ Pyramides ℰ 01 42 60 31 20, *louvr e@leshotelsdeparis.com*, Fax 01 42 60 32 06 – 🛗 ▤ TV ☎ 🕭 AE ① GB JCB   G 13
⊑ 15 – **29 ch** 190/230.
♦ Bien situé entre quartier de l'Opéra et musée du Louvre, cet hôtel entièrement rénové séduira amateurs d'art et de shopping. Chambres menues, mais fraîches et colorées.

Ducs de Bourgogne sans rest, 19 r. Pont-Neuf (1er) ◎ Châtelet ℰ 01 42 33 95 64, *mail@ hotel-paris-bourgogne.com*, Fax 01 40 39 01 25 – 🛗 ▤ TV ☎ – 🔼 15. AE ① GB JCB H 14
⊑ 12 – **50 ch** 98/195.
♦ Immeuble du 19e s. dont les chambres, refaites, sont presque toutes garnies de meubles de style. Hall et salon au cadre bourgeois. Salle des petits-déjeuners rustique.

Baudelaire Opéra sans rest, 61 r. Ste Anne (2e) ◎ 4 Septembre ℰ 01 42 97 50 62, *hotel @noos.fr*, Fax 01 42 86 85 85 – 🛗 TV ☎ AE ① GB JCB. ⚘   G 13
⊑ 8 – **24 ch** 115/150, 5 suites.
♦ Cet établissement situé dans la "rue japonaise" de Paris dispose de chambres rénovées, de bons équipements et d'une insonorisation efficace.

Louvre Ste-Anne sans rest, 32 r. Ste-Anne (1er) ◎ 4 Septembre ℰ 01 40 20 02 35, *contac t@louvre-ste-anne.fr*, Fax 01 40 15 91 13 – 🛗 ▤ TV ☎ 🕭 AE ① GB JCB   G 13
⊑ 10 – **20 ch** 122/184.
♦ Chambres un peu petites, mais bien agencées et plaisamment décorées dans des tons pastel. Petits-déjeuners sous forme de buffet, servis dans une jolie salle voûtée.

Vivienne sans rest, 40 r. Vivienne (2e) ◎ Grands Boulevards ℰ 01 42 33 13 26, *paris@hotel -vivienne.com*, Fax 01 40 41 98 19 – 🛗 TV ☎ GB   F 14
⊑ 6 – **45 ch** 80/92.
♦ Les chambres, de bonne ampleur, dotées d'un mobilier de style ou simplement pra- tique, sont mansardées au dernier étage ; quelques-unes possèdent un balcon.

XXXXX ✿✿ **L'Espadon** - Hôtel Ritz, 15 pl. Vendôme (1er) Ⓜ *Opéra* ℰ 01 43 16 30 80, *food-bev@ritzpar is.com*, Fax 01 43 16 33 75, 🍴 – 🗏 🆒 🛜. ⯅ ⦿ GB JCB. ⅏   G 12
Repas 68 (déj.)/160 (dîner) et carte 125 à 170.

✦ Salle submergée d'ors et de drapés, décor éblouissant conservant le souvenir de ses célèbres convives, et plaisante terrasse dans un jardin fleuri. Tellement "ritzy" !
Spéc. Homard bleu aux légumes, julienne de céleri en rémoulade truffée. Rosettes d'agneau sablées aux truffes. Millefeuille.

XXXXX ✿✿ **Le Meurice** - Hôtel Meurice, 228 r. Rivoli (1er) Ⓜ *Tuileries* ℰ 01 44 58 10 55, *restauration@ meuricehotel.com*, Fax 01 44 58 10 15 – 🗏 🆒 🛜. ⯅ ⦿ GB JCB. ⅏   G 12
fermé 1er au 29 août, sam. midi et dim. – **Repas** 60 (déj.)/150 et carte 110 à 170 ♈ ☙.

✦ Salle à manger de style Grand Siècle, directement inspirée des Grands Appartements du château de Versailles, et talentueuse cuisine au goût du jour : un palace pour gourmets !
Spéc. Dos de saumon légèrement fumé en croûte de pommes de terre. Gibier (oct. à déc.). Dacquoise et ganache tendre au chocolat guanaja.

XXXXX ✿✿✿ **Grand Vefour**, 17 r. Beaujolais (1er) Ⓜ *Palais Royal* ℰ 01 42 96 56 27, *grand.vefour@wana doo.fr*, Fax 01 42 86 80 71 – 🗏 🆒 🛜. ⯅ ⦿ GB JCB. ⅏   G 13
fermé 12 au 18 avril, 1er au 30 août, 23 déc. au 2 janv., vend. soir, sam. et dim. – **Repas** 75 (déj.)/240 et carte 150 à 220 ☙.

✦ Dans les jardins du Palais-Royal, somptueux salons Directoire décorés de splendides "fixés sous verre". La cuisine, inspirée et inventive, est digne de ce monument historique.
Spéc. Ravioles de foie gras à l'émulsion de crème truffée. Pigeon Prince Rainier III. Palet noisette et chocolat au lait.

XXXX ✿✿ **Carré des Feuillants** (Dutournier), 14 r. Castiglione (1er) Ⓜ *Tuileries* ℰ 01 42 86 82 82, *ca rre.des.feuillants@wanadoo.fr*, Fax 01 42 86 07 71 – 🗏 🆒 🛜. ⯅ ⦿ GB JCB   G 12
fermé août, sam. et dim. – **Repas** 58 (déj.)/138 et carte 115 à 145 ☙.

✦ Nouveau cadre résolument contemporain pour ce restaurant qui occupe le site de l'ancien couvent des Feuillants. Cuisine inventive à l'accent gascon et superbe carte des vins.
Spéc. Huîtres de Marennes, caviar d'Aquitaine et algues marines (nov. à avril). Filets de perdreau gris poudrés de noisettes (oct.-nov.). Biscuit chaud fourré à la marmelade de mandarines (hiver).

XXXX ✿ **Drouant** voir aussi rest. *Café Drouant*, pl. Gaillon (2e) Ⓜ *4 Septembre* ℰ 01 42 65 15 16, *d rouantrv@elior.com*, Fax 01 42 65 19 84 – 🗏 🆒 🛜. ⯅ ⦿ GB JCB   G 13
fermé août, sam. et dim. – **Repas** 56 (déj.)/104 (dîner) et carte 120 à 160 ♈ ☙.

✦ Petites salles Art déco groupées autour d'un majestueux escalier signé Ruhlmann. Le salon Louis XVI, à l'étage, accueille le jury du "Goncourt" depuis le 31 octobre 1914.
Spéc. Saint-Jacques aux truffes (saison). Pigeon de Vendée rôti en feuilles de vigne. Feuilles de chocolat "hommage aux Goncourt".

XXXX ✿ **Gérard Besson**, 5 r. Coq Héron (1er) Ⓜ *Louvre-Rivoli* ℰ 01 42 33 14 74, *gerard.besson4@li bertysurf.fr*, Fax 01 42 33 85 71 – 🗏 🆒 🛜. ⯅ ⦿ GB JCB   H 14
fermé 2 au 24 août, lundi midi sauf juil.-août, sam. sauf le soir de sept à juin et dim. – **Repas** (40) - 48 (déj.)/100 (dîner) et carte 90 à 120 ♈.

✦ À deux pas des Halles, restaurant au cadre feutré et élégant, agrémenté de collections d'aiguières anciennes et de coqs. Cuisine classique subtilement revisitée.
Spéc. Homard. Volaille de Bresse. Gibier (saison).

XXXX ✿ **Goumard**, 9 r. Duphot (1er) Ⓜ *Madeleine* ℰ 01 42 60 36 07, *goumard.philippe@wanadoo.f r*, Fax 01 42 60 04 54 – 🍴 🗏 🆒 🛜. ⯅ ⦿ GB JCB   G 12
Repas 40 et carte 80 à 120 ♈.

✦ Petites salles à manger intimes au cadre Art déco rehaussé de marines. Les toilettes, vestige de l'ancien décor signé Majorelle, méritent la visite. Belle cuisine de la mer.
Spéc. Homard bleu, palmiste de l'île Maurice, curry et coriandre. Tronçon de gros turbot rôti, blettes et coques, jus iodé. Reine des reinettes mi-confite façon tatin, arlette aux épices.

XXX ✿ **Céladon** - Hôtel Westminster, 15 r. Daunou (2e) Ⓜ *Opéra* ℰ 01 47 03 40 42, *christophemo sand@leceladon.com*, Fax 01 42 61 33 78 – 🗏 🆒 🛜. ⯅ ⦿ GB JCB   G 12
fermé août, sam., dim. et fériés – **Repas** 48 bc (déj.)/62 (dîner) et carte 80 à 110.

✦ Ravissantes salles à manger où mobilier de style Régence, murs vert "céladon" et collection de porcelaines chinoises composent un décor de qualité. Cuisine au goût du jour.
Spéc. Pâté de lapin de garenne (oct. à fév.). Saint-Pierre rôti à la crème d'andouille. Soufflé williamine, sorbet poire.

XXX **Macéo**, 15 r. Petits-Champs (1er) Ⓜ *Bourse* ℰ 01 42 97 53 85, *info@maceorestaurant.com*, Fax 01 47 03 36 93 – 🗏. GB. ⅏   G 13
fermé 9 au 22 août, sam. midi et dim. – **Repas** 29,50 (déj.)/36 et carte 36 à 62 ♈.

✦ Étonnant mariage d'un décor Second Empire et d'un mobilier contemporain. Cuisine inventive, quelques plats végétariens et une carte de vins du monde. Salon-bar convivial.

XXX **Il Cortile** - Hôtel Sofitel Castille, 37 r. Cambon (1er) ⓜ *Madeleine* ✆ 01 44 58 45 67, ilcortile
@castille.com, Fax 01 44 58 45 69, ☆ – ▤ ◫, ⚏ ⓞ ⚏ ⚏   G 12
fermé sam., dim. et fériés – **Repas** 85/120 bc et carte 65 à 85 ⚘.
♦ La salle façon "villa d'Este", l'activité fébrile de la brigade au "piano", le très beau
patio-terrasse en azulejos : un joli cadre pour une cuisine italienne raffinée.
Spéc. Vitello tonnato. Osso buco gremolata, gnocchi "di patate" et cébettes. Tiramisu.

XXX **Fontaine Gaillon,** pl. Gaillon (2e) ⓜ *4 Septembre* ✆ 01 47 42 63 22, Fax 01 47 42 82 84,
☆ – ▤ ◫, ⚏ ⓞ ⚏   G 13
fermé sam. et dim. – **Repas** 36 et carte 45 à 65.
♦ C. Bouquet et G. Depardieu orchestrent depuis peu cet élégant restaurant aménagé
dans un hôtel particulier du 17e s. : joli coup de projecteur pour une cuisine très iodée !

XX **Pierre au Palais Royal,** 10 r. Richelieu (1er) ⓜ *Palais Royal* ✆ 01 42 96 09 17, pierreaupal
aisroyal@wanadoo.fr, Fax 01 42 96 26 40 – ▤. ⚏ ⓞ ⚏   H 13
fermé 8 au 23 août, sam. midi et dim. – **Repas** (28)-35 et carte 35 à 45.
♦ Tons aubergine, gravures (évoquant le Palais-Royal voisin), tables très joliment dressées :
un nouveau décor "tendance" et réussi pour une cuisine évoluant au gré du marché.

XX **Palais Royal,** 110 Galerie de Valois - Jardin du Palais Royal (1er) ⓜ *Bourse*
✆ 01 40 20 00 27, palaisrest@aol.com, Fax 01 40 20 00 82, ☆ – ▤ ◫   G 13
fermé 15 déc. au 30 janv., sam. d'oct. à mai et dim. – **Repas** carte 43 à 60 ♈.
♦ Sous les fenêtres de l'appartement de Colette, salle de restaurant inspirée du style Art
déco et son idyllique terrasse "grande ouverte" sur le jardin du Palais-Royal.

XX **Chez Pauline,** 5 r. Villédo (1er) ⓜ *Pyramides* ✆ 01 42 96 20 70, chezpauline@wanadoo.fr,
Fax 01 49 27 99 89 – ▤. ⚏ ⓞ   G 13
fermé sam. sauf le soir en hiver et dim. – **Repas** (30)-35 (déj.)/40 et carte 57 à 78 ♈.
♦ Dans une petite rue tranquille, adresse feutrée aménagée à la façon d'un bistrot du
début du 20e s. La salle du premier étage est plus intime. Cuisine classique.

XX **Café Drouant,** pl. Gaillon (2e) ⓜ *4 Septembre* ✆ 01 42 65 15 16, Fax 01 49 24 02 15, ☆ –
▤ ◫. ⚏ ⓞ ⚏ ⚏   G 13
fermé août, sam. et dim. – **Repas** (30)-38 et carte 42 à 63 ♈.
♦ Le "petit frère" du restaurant Drouant propose fruits de mer et plats "canailles" sous un
original plafond en staff argenté orné de poissons, coquillages et crustacés.

XX **Cabaret,** 2 pl. Palais Royal (1er) ⓜ *Palais Royal* ✆ 01 58 62 56 25, Fax 01 58 62 56 40 – ▤. ⚏
⚏. ⚘   H 13
fermé 1er au 22 août, dim. – **Repas** 68/78 et carte 40 à 60 ♈.
♦ La salle au sous-sol offre un insolite décor (voilages indiens, bar africain). À minuit et
demi, le restaurant se transforme en club, les convives en... "beautiful people" !

XX **Au Pied de Cochon** (ouvert jour et nuit), 6 r. Coquillière (1er) ⓜ *Châtelet-Les Halles*
✆ 01 40 13 77 00, de.pied-de-cochon@blanc.net, Fax 01 40 13 77 09, ☆ – 🛗 ▤. ⚏ ⓞ
⚏   H 14
Repas 29 bc (déj.), 32 bc/72 bc et carte 37 à 61.
♦ Le pied de cochon a fait la célébrité de cette brasserie qui, depuis son ouverture en
1946, régale aussi les noctambules. Fresques originales et lustres à motifs fruitiers.

XX **Pays de Cocagne,** -Espace Tarn- 111 r. Réaumur (2e) ⓜ *Bourse* ✆ 01 40 13 81 81,
Fax 01 40 13 87 70 – ▤. ⚏ ⓞ ⚏   G 14
fermé 2 au 24 août, sam., dim. et fériés – **Repas** (22,50)-27,50 bc/29,90 et carte 36 à 50 ♈.
♦ Situé à l'étage de la maison du Tarn, restaurant au cadre contemporain rehaussé de
tableaux d'artistes régionaux. Cuisine du Sud-Ouest et vins de Gaillac exclusivement.

XX **Kinugawa,** 9 r. Mont Thabor (1er) ⓜ *Tuileries* ✆ 01 42 60 65 07, Fax 01 42 60 45 21 – ▤. ⚏
ⓞ ⚏ ⚏. ⚘   G 12
fermé 24 déc. au 6 janv. et dim. – **Repas** (30)-54 (déj.), 72/108 et carte 40 à 71 ♈.
♦ À l'étage, cuisine japonaise servie dans une salle à manger contemporaine très "nippone" : tableaux, lignes épurées et sobres tonalités. Bar à sushis au rez-de-chaussée.

XX **Gallopin,** 40 r. N.-D.-des-Victoires (2e) ⓜ *Bourse* ✆ 01 42 36 45 38, administration@brasse
riegallopin.com, Fax 01 42 36 10 32 – ▤. ⚏ ⓞ ⚏   G 14
fermé dim. – **Repas** (19,50)-28/33 bc et carte 30 à 50 ♈.
♦ Arletty, Raimu et le précieux décor victorien ont fait la renommée de cette brasserie
située face au palais Brongniart. Belle verrière dans l'arrière-salle.

XX **Delizie d'Uggiano,** 18 r. Duphot (1er) ⓜ *Madeleine* ✆ 01 40 15 06 69, losapiog@wanadoo
.fr, Fax 01 40 15 03 90 – ⚏ ⓞ ⚏ ⚏   G 12
fermé sam. midi et dim. – **Repas** 49,50/59 et carte 54 à 73 ♈.
♦ À l'étage, salle à manger principale et son joli décor inspiré de la Toscane. Au rez-de-
chaussée, bar à vins et épicerie fine. Le tout voué à une cuisine "italianissime".

XX **Grand Colbert**, 2 r. Vivienne (2e) ◎ *Bourse* 𝒫 01 42 86 87 88, *le.grand.colbert@wanadoo. fr*, Fax 01 42 86 82 65 – ▤. ℡ ⓪ ⌷⊟ ᴊᴄʙ   **G 13**
Repas *(17,50)* - 26 et carte 37 à 50 ♀.
◆ Belle brasserie parisienne du 19e s. qui, après restauration, a retrouvé son faste d'antan : mosaïques, fresques, lustres, miroirs et cuivres brillent de mille feux !

XX **Saudade**, 34 r. Bourdonnais (1er) ◎ *Pont Neuf* 𝒫 01 42 36 30 71, Fax 01 42 36 27 77 – ▤. ℡ ⌷⊟. ⁒   **H 14**
fermé dim. – Repas 20 (déj.)/40 bc (déj.)et carte 28 à 41.
◆ Pour un repas au Portugal... en plein Paris, rendez-vous dans cette salle de restaurant décorée d'azulejos. Plats typiques et vins lusitaniens à déguster au son du fado.

XX **Soufflé**, 36 r. Mont-Thabor (1er) ◎ *Tuileries* 𝒫 01 42 60 27 19, *c_rigaud@club-internet.fr*, Fax 01 42 60 54 98 – ▤. ℡ ⌷⊟   **G 12**
fermé 8 au 20 août, 15 au 29 fév., dim. et fériés – Repas *(22)* - 29/32 et carte 31 à 54 ♀.
◆ À deux pas des Tuileries, cet accueillant petit restaurant est pour ainsi dire une institution en matière de... "soufflé" : un menu lui est entièrement dédié !

XX **Vin et Marée**, 165 r. St-Honoré (1er) ◎ *Palais Royal* 𝒫 01 42 86 06 96, *vin.marée@wanado o.fr*, Fax 01 42 86 06 97 – ℡ ⌷⊟   **H 13**
Repas carte 40 à 50 ♀.
◆ Deux salles de restaurant aux tons bleu et blanc ; la plus grande, située à l'étage, ménage une vue sur le Palais-Royal. Produits de la mer présentés chaque jour sur ardoise.

XX **Vaudeville**, 29 r. Vivienne (2e) ◎ *Bourse* 𝒫 01 40 20 04 62, Fax 01 49 27 08 78 – ℡ ⓪ ⌷⊟ ᴊᴄʙ   **G 14**
Repas *(22,90 bc)* - 32,90 bc et carte 33 à 51, enf. 13,50.
◆ Cette grande brasserie au rutilant cadre Art déco est devenue la "cantine" de nombreux journalistes et s'anime particulièrement à la sortie des théâtres.

X **Chez Georges**, 1 r. Mail (2e) ◎ *Bourse* 𝒫 01 42 60 07 11 – ℡ ⌷⊟   **G 14**
fermé 29 juil. au 25 août, dim. et fériés – Repas carte 40 à 61.
◆ L'institution du Sentier. Ce bistrot parisien typique a conservé son décor d'origine : zinc, banquettes, stucs et miroirs ; on s'immerge dans le Paris des années 1900.

X **Pinxo** - Hôtel Plaza Paris Vendôme, 9 r. Alger (1er) ◎ *Tuileries* 𝒫 01 40 20 72 00, Fax 01 40 20 72 02 – ▤ ⌷⬝. ℡ ⌷⊟   **G 12**
fermé août – Repas carte 35 à 60.
◆ Mobilier épuré, tons noir et blanc, cuisine à la vue de tous : un décor sobre et chic pour "pinxer" (prendre avec les doigts) d'excellents petits plats à la mode Dutournier !

X **Willi's Wine Bar**, 13 r. Petits-Champs (1er) ◎ *Bourse* 𝒫 01 42 61 05 09, *info@williswinebar .com*, Fax 01 47 03 36 93 – ⌷⊟   **G 13**
fermé 8 au 22 août et dim. – Repas 25 (déj.)/et carte 32 à 45 ♀.
◆ Bar à vins convivial composé d'un long comptoir en chêne et d'une petite salle agrémentée de poutres et d'affiches. Cuisine simple et nombreux crus attentivement sélectionnés.

X **L'Atelier Berger**, 49 r. Berger (1er) ◎ *Louvre Rivoli* 𝒫 01 40 28 00 00, *atelierberger@word online.fr*, Fax 01 40 28 10 65 – ℡ ⌷⊟   **H 14**
fermé sam. midi et dim. – Repas 25 bc (déj.), 34/55 ♀ ⬝.
◆ Face au jardin des Halles, sobre salle à manger moderne (à l'étage) où la clientèle du quartier apprécie un menu-carte au goût du jour. Bar et fumoir au rez-de-chaussée.

X **Aux Lyonnais**, 32 r. St-Marc (2e) ◎ *Richelieu-Drouot* 𝒫 01 42 96 65 04, *auxlyonnais@onlin e.fr*, Fax 01 42 97 42 95 – ℡ ⌷⊟   **F 13**
fermé 25 juil. au 23 août, 24 déc. au 3 janv., sam. midi, dim. et lundi – Repas (prévenir) 28 et carte 38 à 52.
◆ Ce bistrot fondé en 1890 propose de savoureuses recettes lyonnaises intelligemment réactualisées. Cadre délicieusement "rétro" : zinc, banquettes, miroirs biseautés, moulures.

X **Bistrot St-Honoré**, 10 r. Gomboust (1er) ◎ *Pyramides* 𝒫 01 42 61 77 78, Fax 01 42 61 74 10 – ℡ ⌷⊟ ᴊᴄʙ   **G 13**
fermé 1er au 16 août, 24 déc. au 2 janv., sam. et dim. – Repas 23/25 et carte 35 à 60.
◆ Atmosphère vivante et décontractée dans ce petit bistrot fleurant bon la Bourgogne : fresques en façade, cuisine et vins rendent hommage à la "patrie" du maître des lieux.

X **Aki**, 2 bis r. Daunou (2e) ◎ *Opéra* 𝒫 01 42 61 48 38, Fax 01 47 03 37 52 – ℡ ⌷⊟ ᴊᴄʙ. ⁒
fermé 9 au 29 août, vacances de fév., sam. midi et dim. – Repas *(23,50)* - 43/68 et carte 45 à 59.   **G 13**
◆ Murs couverts d'un entrelacs de lettres reproduisant l'enseigne, mobilier design et plats japonais (sashimis, sushis, tempuras) : ce restaurant a acquis une jolie réputation.

X **Baan Boran**, 43 r. Montpensier (1er) ◎ *Palais Royal* 𝒫 01 40 15 90 45, Fax 01 40 15 90 45 – ℡ ⌷⊟   **G 13**
Repas *(12,50)* - carte environ 35.
◆ Escale asiatique face au théâtre du Palais-Royal : spécialités thaïlandaises préparées au "wok" et servies dans un cadre actuel égayé par de nombreuses orchidées.

✗ **Histoire Gourmande,** 46 r. Croix des Petits Champs (1er) ◎ *Palais Royal*
    𝒫 01 42 60 25 54, Fax 01 42 96 82 41   **G 14**
fermé 1er au 22 août, lundi soir, sam. midi et dim. – **Repas** *(18,50)* - 22/29.
  • On ne vous racontera pas d'histoires en vous indiquant que le chef de ce bistrot au
cadre actuel et coloré mitonne une cuisine au goût du jour. Foi de gourmand !

✗ **Pierrot,** 18 r. Étienne Marcel (2e) ◎ *Etienne Marcel* 𝒫 01 45 08 00 10 – 🍽. ᴀᴇ 🅶🅱   **H 15**
🅐 *fermé août, 1er au 7 janv. et dim.* – **Repas** carte 27 à 50 🍷.
  • Dans l'animation du Sentier, ce bistrot chaleureux vous fait découvrir toutes les saveurs
et les produits de l'Aveyron. Petite terrasse d'été sur le trottoir.

✗ **Mellifère,** 8 r. Monsigny (2e) ◎ *4 Septembre* 𝒫 01 42 61 21 71, Fax 01 42 61 31 71 – ᴀᴇ
🅶🅱   **G 13**
fermé sam. midi et dim. – **Repas** *(23)* - 28 (déj.)/32 et carte 36 à 44 🍷.
  • Une colonie d'abeilles fréquente avec assiduité cette ruche aussi animée que le théâtre
des Bouffes Parisiens voisin. Cuisine "bistrotière" sans esbroufe et plats basques.

✗ **Les Dessous de la Robe,** 4 r. B. Poirée (1er) ◎ *Châtelet* 𝒫 01 40 26 68 18,
    Fax 01 40 26 68 15 – ᴀᴇ ⓘ 🅶🅱   **J 14**
fermé 9 au 15 août, 24 au 31 déc., sam. midi, dim. et lundi – **Repas** *(17)* - 23 🍷.
  • L'ambiance est chaleureuse dans ce restaurant mi-rustique, mi-bistrot rehaussé d'un
éclairage design. Plats traditionnels et courte carte des vins présentée sur ardoise.

✗ **Chez La Vieille "Adrienne",** 1 r. Bailleul (1er) ◎ *Louvre Rivoli* 𝒫 01 42 60 15 78,
    Fax 01 42 33 85 71 – ᴀᴇ 🅶🅱 🅹🅲🅱   **H 14**
fermé août, sam., dim. et le soir sauf jeudi – **Repas** (prévenir) 26 (déj) et carte 40 à 61.
  • Maison du 16e s. abritant un bistrot patiné : zinc, poutres et vieilles photos. Généreuse
carte traditionnelle, spécialités de rognons et foies de veau. Ambiance bon enfant.

✗ **L'Isard,** 15 r. Saint Augustin (2e) ◎ *4 Septembre* 𝒫 01 42 96 00 26, Fax 01 42 96 10 06 – 🍽.
    ᴀᴇ 🅶🅱 🅹🅲🅱   **G 11**
fermé 20 juil. au 31 août, 24 déc. au 2 janv., sam. midi, dim. et lundi – **Repas** *(23)* - 27/32 et
carte 32 à 40.
  • Ce restaurant situé sous la Maison des Pyrénées (salle à manger voûtée) emprunte son
nom à la variété pyrénéenne du chamois. Cuisine élargie aux spécialités du Sud-Ouest.

✗ **Lescure,** 7 r. Mondovi (1er) ◎ *Concorde* 𝒫 01 42 60 18 91 – 🍽. 🅶🅱   **G 11**
fermé 1er au 30 août, 23 déc. au 1er janv., sam. et dim. – **Repas** 21 et carte 30 à 35.
  • Auberge rustique voisine de la place de la Concorde. On y déguste au coude à coude, à la
table commune, une cuisine "bistrotière" et de copieuses spécialités limousines.

✗ **Dauphin,** 167 r. St-Honoré (1er) ◎ *Palais Royal* 𝒫 01 42 60 40 11, Fax 01 42 60 01 18 – ᴀᴇ
    ⓘ 🅶🅱 🅹🅲🅱   **H 13**
Repas 24 (déj.)/35.
  • Cuisine du Sud-Ouest mise au goût du jour, avec des spécialités préparées "à la plancha" :
levez le rideau sur ce bistrot parisien "pur jus" voisin de la Comédie-Française.

Bastille - République
Hôtel de Ville

3e, 4e et 11e arrondissements

3e : ⊠ 75003 - 4e : ⊠ 75004 - 11e : ⊠ 75011

Pavillon de la Reine ⤸ sans rest, 28 pl. Vosges (3e) ⓜ *Bastille* ℰ 01 40 29 19 19, *contac t@pavillon-de-la-reine.com, Fax 01 40 29 19 20* – 🛗 ▤ 📺 ✆ 🚗 – 🕍 25. 🖭 ⓞ ☺ JCB
J17
☲ 25 – 31 ch 385/410, 15 suites, 10 duplex.
◆ Derrière l'un des 36 pavillons en brique de la place des Vosges, deux bâtisses, dont une du 17e s., abritant des chambres raffinées côté cour ou jardin (privé).

Holiday Inn, 10 pl. République (11e) ⓜ *République* ℰ 01 43 14 43 50, *holiday.inn.paris.re publique@wanadoo.fr, Fax 01 47 00 32 34*, 🍃 – 🛗 ⁑ ▤ 📺 ✆ & – 🕍 25 à 150. 🖭 ⓞ ☺ JCB. ✾ rest
G 17
Repas *(17)* - 30 ♀ – ☲ 22 – **318 ch** 285/345.
◆ Dans cet édifice du 19e s., un bel escalier en fer forgé (classé) mène aux chambres fonctionnelles ; réservez-en une donnant sur la cour intérieure de style Napoléon III. Restaurant de style Belle Époque prolongé d'une véranda-terrasse. Atmosphère conviviale.

Villa Beaumarchais ⤸ sans rest, 5 r. Arquebusiers (3e) ⓜ *Chemin Vert* ℰ 01 40 29 14 00, *beaumarchais@leshotelsdeparis.com, Fax 01 40 29 14 01* – 🛗 ⁑ ▤ 📺 ✆ & – 🕍 15. 🖭 ⓞ ☺ JCB
H 17
☲ 26 – **30 ch** 480/880.
◆ En retrait de l'animation du boulevard Beaumarchais. Chambres raffinées, garnies de meubles dorés à la feuille d'or ; toutes donnent sur un joli jardin d'hiver.

Jeu de Paume ⤸ sans rest, 54 r. St-Louis-en-l'Île (4e) ⓜ *Pont Marie* ℰ 01 43 26 14 18, *inf o@jeudepaumehotel.com, Fax 01 40 46 02 76* – 🛗 📺 ✆ – 🕍 25. 🖭 ⓞ ☺ JCB
K 16
☲ 15 – **30 ch** 157/285.
◆ Au cœur de l'île St-Louis, cette halle du 17e s., jadis vouée au jeu de paume, est devenue un hôtel de caractère utilisant malicieusement les volumes. Original.

🏠 **Bourg Tibourg** sans rest, 19 r. Bourg Tibourg (4e) Ⓜ *Hôtel de Ville* 𝒫 01 42 78 47 39, *hote l.du.bourg.tibourg@wanadoo.fr*, Fax 01 40 29 07 00 – 🛗 ▤ 📺 📶 🚫 🔒 ⚙. ⒜⒠ ⓪ ⒼⒷ ⒿⒸⒷ ✂
J 16

🍽 12 – **31 ch** 150/250.

♦ Ce charmant hôtel propose d'agréables chambres rénovées et personnalisées par différents styles : néogothique, baroque ou orientaliste. Une petite perle au coeur du Marais.

🏠 **Général** sans rest, 5 r. Rampon (11e) Ⓜ *République* 𝒫 01 47 00 41 57, *info@legeneralhotel .com*, Fax 01 47 00 21 56, 𝕗🔒 – 🛗, ▤ ch, 📺 📶 🚫 ⒜⒠ ⓪ ⒼⒷ ⒿⒸⒷ
G 17

🍽 12 – **47 ch** 140/250.

♦ Élégant décor et mobilier design qualifient ce séduisant hôtel situé à proximité de la place de la République. Connexion wi-fi, petit "business center" et agréable fitness.

🏠 **Axial Beaubourg** sans rest, 11 r. Temple (4e) Ⓜ *Hôtel de ville* 𝒫 01 42 72 72 22, *axial@axi albeaubourg.com*, Fax 01 42 72 03 53 – 🛗 ▤ 📺 📶 ⒜⒠ ⓪ ⒼⒷ ⒿⒸⒷ. ✂
J 15

🍽 10 – **39 ch** 105/200.

♦ Près de l'hôtel de ville et de son célèbre Bazar. Hall contemporain, jolies chambres neuves aux tons beige, ocre et aubergine. Petit-déjeuner servi dans un caveau du 15e s.

🏠 **Bretonnerie** sans rest, 22 r. Ste-Croix-de-la-Bretonnerie (4e) Ⓜ *Hôtel de Ville* 𝒫 01 48 87 77 63, *hotel@bretonnerie.com*, Fax 01 42 77 26 78 – 🛗 📺 📶 ⒼⒷ. ✂
J 16

🍽 9,50 – **22 ch** 110/145, 4 suites, 3 duplex.

♦ Quelques chambres de cet élégant hôtel particulier du Marais (17e s.) sont dotées de lits à baldaquin et de poutres apparentes. Salle des petits-déjeuners voûtée.

🏠 **Caron de Beaumarchais** sans rest, 12 r. Vieille-du-Temple (4e) Ⓜ *Hôtel de Ville* 𝒫 01 42 72 34 12, *hotel@carondebeaumarchais.com*, Fax 01 42 72 34 63 – 🛗 ▤ 📺 📶 ⒜⒠ ⓪ ⒼⒷ. ✂
J 16

🍽 9,80 – **19 ch** 137/152.

♦ Le père de Figaro vécut dans cette rue du Marais historique ; la décoration bourgeoise de ce charmant établissement lui rend un hommage fidèle. Petites chambres douillettes.

🏠 **Austin's** sans rest, 6 r. Montgolfier (3e) Ⓜ *Arts et Métiers* 𝒫 01 42 77 17 61, *austins.amhot el@wanadoo.fr*, Fax 01 42 77 55 43 – 🛗. ⒜⒠ ⓪ ⒼⒷ ⒿⒸⒷ. ✂
G 16

🍽 7 – **29 ch** 92/120.

♦ Dans une rue bien calme, face au musée des Arts et Métiers. Les chambres, toutes rénovées, sont chaleureuses et gaies ; certaines ont conservé leurs poutres apparentes d'origine.

🏠 **Marais Bastille** sans rest, 36 bd Richard Lenoir (11e) Ⓜ *Bréguet Sabin* 𝒫 01 48 05 75 00, *maraisbastille@wanadoo.fr*, Fax 01 43 57 42 85 – 🛗 📺 📶 ⒜⒠ ⓪ ⒼⒷ ⒿⒸⒷ
J 18

🍽 10 – **36 ch** 130.

♦ L'hôtel longe le boulevard (squares) qui couvre le canal St-Martin depuis 1860. Intérieur rénové : hall-salon avec fauteuils de cuir et meubles en chêne dans les chambres.

🏠 **Beaubourg** sans rest, 11 r. S. Le Franc (4e) Ⓜ *Rambuteau* 𝒫 01 42 74 34 24, *htlbeaubourg @hotellerie.net*, Fax 01 42 78 68 11 – 🛗 ▤ 📺 📶 ⒜⒠ ⓪ ⒼⒷ ⒿⒸⒷ
H 15

🍽 7 – **28 ch** 109/122.

♦ Dans une ruelle nichée derrière le Centre Georges-Pompidou. Les chambres, accueillantes et bien insonorisées, sont parfois assorties de poutres et de pierres apparentes.

🏠 **Meslay République** sans rest, 3 r. Meslay (3e) Ⓜ *République* 𝒫 01 42 72 79 79, *hotel.me slay@wanadoo.fr*, Fax 01 42 72 76 94 – 🛗 📺 📶 ⒜⒠ ⓪ ⒼⒷ ⒿⒸⒷ. ✂
G 16

🍽 7,30 – **39 ch** 116/135.

♦ À deux pas de la place de la République, belle façade ouvragée et classée (1840) abritant des chambres actuelles et bien insonorisées. Cave voûtée pour les petits-déjeuners.

🏠 **Lutèce** sans rest, 65 r. St-Louis-en-l'Ile (4e) Ⓜ *Pont Marie* 𝒫 01 43 26 23 52, *hotel.lutece@fr ee.fr*, Fax 01 43 29 60 25 – 🛗 ▤ 📺 📶 ⒜⒠ ⒼⒷ. ✂
K 16

🍽 11 – **23 ch** 158.

♦ La clientèle américaine apprécie le charme rustique de cette hostellerie ancrée sur l'île St-Louis. Chambres plaisantes et assez calmes. Belles boiseries anciennes au salon.

🏠 **Deux Iles** sans rest, 59 r. St-Louis-en-l'Ile (4e) Ⓜ *Pont Marie* 𝒫 01 43 26 13 35, Fax 01 43 29 60 25 – 🛗 ▤ 📺 📶 ⒜⒠ ⒼⒷ. ✂
K 16

🍽 12 – **17 ch** 135/155.

♦ À quelques pas du glacier le plus couru de la capitale, chambres meublées en rotin, confortables et plutôt paisibles ; salons "cosy" (dont un voûté et doté d'une cheminée).

🏠 **Croix de Malte** sans rest, 5 r. Malte (11e) Ⓜ *Oberkampf* 𝒫 01 48 05 09 36, *h2752-gm@acc or-hotels.com*, Fax 01 42 09 48 12 – 🛗 🔄 📺 ⒜⒠ ⓪ ⒼⒷ ⒿⒸⒷ
H 17

🍽 10 – **29 ch** 105/115.

♦ Ambiance tropicale dans cet établissement au nom chevaleresque : mobilier coloré, (faux) perroquet et salle des petits-déjeuners conçue comme un jardin d'hiver.

🏠 **Ibis Bastille Faubourg St-Antoine** sans rest, 13 r. Trousseau (11e) Ⓜ *Ledru Rollin* 𝒫 01 48 05 55 55, *h3577@accor-hotels.com*, Fax 01 48 05 83 97 – 🛗 🔄 ▤ 📺 📶 🔒 ⒜⒠ ⓪ ⒼⒷ
K 19

🍽 6 – **66 ch** 93/113, 5 duplex.

♦ Coup de jeune pour cet hôtel situé à proximité du quartier animé de la Bastille. La moitié des chambres donnent sur un jardin, mais toutes profitent du nouveau "look" Ibis.

🏠 **Grand Hôtel Français** sans rest, 223 bd Voltaire (11ᵉ) ⓜ *Nation* ℰ 01 43 71 27 57, *grand -hotel-francais@wanadoo.fr, Fax 01 43 48 40 05* – |≣| 📺 📞, 🅰🅴 ⓞ 🇬🇧 🇯🇨🇧   K 20
🖙 10 – **36 ch** 95/120.
♦ Immeuble d'angle de style haussmannien dans un quartier populaire typiquement parisien. Chambres fonctionnelles, sans fioriture, mais récemment rénovées. Bonne insonorisation.

🏠 **Beaumarchais** sans rest, 3 r. Oberkampf (11ᵉ) ⓜ *Oberkampf* ℰ 01 53 36 86 86, *reservati on@hotelbeaumarchais.com, Fax 01 43 38 32 86* – |≣| 📺. 🅰🅴 🇬🇧 🇯🇨🇧   H 17
🖙 9 – **31 ch** 69/99.
♦ Les petites chambres, peintes dans des couleurs éclatantes et dotées de meubles contemporains, ne manquent pas de charme. Verdoyante courette intérieure, bienvenue l'été.

🏠 **Prince Eugène** sans rest, 247 bd Voltaire (11ᵉ) ⓜ *Nation* ℰ 01 43 71 22 81, *hotelprinceeu gene@wanadoo.fr, Fax 01 43 71 24 71* – |≣| 📺 📞, 🅰🅴 ⓞ 🇬🇧 🇯🇨🇧   K 21
🖙 6,10 – **35 ch** 61,30/72,50.
♦ L'enseigne rend honneur au fils adoptif de Napoléon Iᵉʳ. Chambres actuelles, munies d'un double vitrage efficace ; celles du 6ᵉ étage, mansardées, sont plus grandes.

🏠 **Nord et Est** sans rest, 49 r. Malte (11ᵉ) ⓜ *Oberkampf* ℰ 01 47 00 71 70, *info@hotel-nord-est.com, Fax 01 43 57 51 16* – |≣| 📺. 🇬🇧. ⚹⚹   G 17
🖙 6 – **45 ch** 65/80.
♦ La chaleureuse ambiance familiale a su fidéliser les clients de cet hôtel proche de la République. Les chambres déjà rénovées sont plaisantes ; les autres restent bien tenues.

🏠 **Grand Prieuré** sans rest, 20 r. Grand Prieuré (11ᵉ) ⓜ *Oberkampf* ℰ 01 47 00 74 14, *Fax 01 49 23 06 64* – |≣| 📺. 🅰🅴 ⓞ 🇬🇧 🇯🇨🇧. ⚹⚹   G 17
🖙 5,40 – **32 ch** 56/67.
♦ Vous passerez des nuits sans histoire dans cette rue tranquille proche du canal St-Martin. Accueil aimable et chambres un brin démodées, mais assez spacieuses et bien tenues.

🏠 **Nice** sans rest, 42 bis r. Rivoli (4ᵉ) ⓜ *Hôtel de Ville* ℰ 01 42 78 55 29, *contact@hoteldenice.c om, Fax 01 42 78 36 07* – |≣| 📺 📞. 🇬🇧   J 16
🖙 6 – **23 ch** 70/105.
♦ Bibelots, gravures, tapis kilims et meubles anciens tant dans les chambres que dans les salons : une atmosphère particulière pour compenser les nuisances sonores de la rue.

XXXX ❀❀❀ **L'Ambroisie** (Pacaud), 9 pl. des Vosges (4ᵉ) ⓜ *St-Paul* ℰ 01 42 78 51 45 – ▤ 📅📮. 🅰🅴 🇬🇧. ⚹⚹   J 17
fermé août, vacances de fév., dim. et lundi – **Repas** carte 181 à 246.
♦ Sous les arcades de la place des Vosges, un décor royal et une cuisine subtile touchant à la perfection : l'ambroisie n'est-elle pas la nourriture des dieux de l'Olympe ?
Spéc. Feuillantine de langoustines aux graines de sésame. Foie gras de canard poêlé à l'aigre-doux, chutney de légumes. Tarte fine sablée au chocolat.

XXX ❀ **Hiramatsu**, 7 quai Bourbon (4ᵉ) ⓜ *Pont Marie* ℰ 01 56 81 08 80, *paris@hiramatsu.co.jp, Fax 01 56 81 08 81* – ▤ 📅📮 (soir). 🅰🅴 ⓞ 🇬🇧. ⚹⚹   K 16
fermé 1ᵉʳ au 8 août, 23 déc. au 3 janv., dim. et lundi – **Repas** (nombre de couverts limité, prévenir) 95/130 et carte 105 à 130 📅.
♦ Raffinement à la japonaise au service d'une talentueuse cuisine française. Élégante minisalle mariant poutres, pierres et mobilier contemporain. Superbe carte des vins.
Spéc. Foie gras de canard aux choux frisés, sauce aux truffes. Pigeon rôti au miel, sauce vin rouge. Variation autour du chocolat.

XX 🕮 **Ambassade d'Auvergne,** 22 r. Grenier St-Lazare (3ᵉ) ⓜ *Rambuteau* ℰ 01 42 72 31 22, *i nfo@ambassade-auvergne.com, Fax 01 42 78 85 47* – ▤. 🇬🇧 🇯🇨🇧   H 15
Repas 27 et carte 32 à 52 ☿.
♦ De vrais ambassadeurs d'une province riche de traditions et de saveurs : cadre et meubles auvergnats, produits, recettes et vins du "pays", fouchtra !

XX **Bofinger,** 5 r. Bastille (4ᵉ) ⓜ *Bastille* ℰ 01 42 72 87 82, *Fax 01 42 72 97 68* – ▤. 🅰🅴 ⓞ 🇬🇧 🇯🇨🇧   J 17
Repas 31,50 bc et carte 30 à 50.
♦ Illustres clients et remarquable décor font de cette brasserie créée en 1864 un lieu de mémoire consacré. Coupole délicatement ouvragée et, à l'étage, salle décorée par Hansi.

XX **L'Aiguière,** 37 bis r. Montreuil (11ᵉ) ⓜ *Faidherbe Chaligny* ℰ 01 43 72 42 32, *patrick-masb atin1@libertysurf.com, Fax 01 43 72 96 36* – ▤. 🅰🅴 ⓞ 🇬🇧 🇯🇨🇧   K 20
fermé sam. midi et dim. – **Repas** 24 bc/50 bc et carte 48 à 74 📅.
♦ Camaïeu de jaune et tissus chatoyants composent un joli cadre d'inspiration gustavienne. Collection d'aiguières. Cuisine évoluant au gré des saisons et belle carte des vins.

XX **Benoît,** 20 r. St-Martin (4e) Ⓜ *Châtelet* 𝄢 01 42 72 25 76, *Fax 01 42 72 45 68* – ▣. ▲ᴇ **J 15**
✿ *fermé août* – **Repas** 38 (déj.)et carte 55 à 81 ♈.
   ♦ Fi des fast-foods du quartier ! Poussez la porte de ce bistrot chic et animé, tenu par la
   même famille depuis 1912, pour savourer une cuisine "à l'ancienne" soignée.
   Spéc. Cassoulet aux cocos de Paimpol. Saint-Jacques au naturel (saison). Tête de veau
   sauce ravigote.

XX **Pamphlet,** 38 r. Debelleyme (3e) Ⓜ *Filles du Calvaire* 𝄢 01 42 72 39 24, *Fax 01 42 72 12 53*
🍷 – ▣. ⒼⒷ **H 17**
   fermé 8 au 27 août, 1er au 15 janv., sam. midi, lundi midi et dim. – **Repas** 30/45 ♈.
   ♦ Séduisante adresse en plein Marais : décor rustique rajeuni par de jolies couleurs,
   affiches tauromachiques, cuisine traditionnelle soignée et quelques plats du Sud-Ouest.

XX **Vin et Marée,** 276 bd Voltaire (11e) Ⓜ *Nation* 𝄢 01 43 72 31 23, vin.maree@wanadoo.fr,
   Fax 01 40 24 00 23 – ▣ ⌷🍴. ▲ᴇ ⒼⒷ **K 21**
   Repas carte 33 à 52 ♈.
   ♦ Comme pour les autres "Vin et Marée", les produits de la mer sont proposés chaque jour
   à l'ardoise. L'arrière-salle au décor marin offre une échappée sur les cuisines.

XX **Dôme du Marais,** 53 bis r. Francs-Bourgeois (4e) Ⓜ *Rambuteau* 𝄢 01 42 74 54 17,
   Fax 01 42 77 78 17 – ▲ᴇ ⒼⒷ **H16 J16**
   fermé 8 au 30 août, dim. et lundi – **Repas** 23 (déj.) et carte 32 à 61 ♈.
   ♦ On dresse les tables sous le joli dôme de l'ancienne salle des ventes du Crédit municipal
   et dans une seconde salle d'esprit jardin d'hiver. Cuisine au goût du jour.

XX **Mansouria,** 11 r. Faidherbe (11e) Ⓜ *Faidherbe Chaligny* 𝄢 01 43 71 00 16,
   Fax 01 40 24 21 97 – ▣. ⒼⒷ. � **K 19**
   fermé 9 au 15 août, lundi midi, mardi midi et dim. – **Repas** 29/44 bc et carte 31 à 43.
   ♦ Tenu par une ancienne ethnologue, figure parisienne de la cuisine marocaine. Fins et
   parfumés, les plats sont préparés par des femmes et servis dans un décor mauresque.

XX **Les Jumeaux,** 73 r. Amelot (11e) Ⓜ *Chemin Vert* 𝄢 01 43 14 27 00, *Fax 01 43 14 27 00* –
   ⒼⒷ **H 17**
   fermé en août, sam. midi, dim. et lundi – **Repas** 32 ♈.
   ♦ Jumeaux et flamands, les patrons de ce restaurant proche du Cirque d'Hiver concoctent
   une cuisine du marché. La salle à manger est égayée de tableaux contemporains.

X **Bistrot du Dôme,** 2 r. Bastille (4e) Ⓜ *Bastille* 𝄢 01 48 04 88 44, *Fax 01 48 04 00 59* – ▣.
   ▲ᴇ ⒼⒷ **J 17**
   fermé 4 au 24 août – **Repas** carte 34 à 45.
   ♦ Décor de Slavik et rez-de-chaussée éclairé par les grappes de raisin d'une simili-treille, ce
   restaurant met à l'honneur les produits de la mer.

X **Mon Vieil Ami,** 69 r. St-Louis-en-l'Ile (4e) Ⓜ *Pont Marie* 𝄢 01 40 46 01 35, mon.vieil.ami@
   wanadoo.fr, *Fax 01 40 46 01 35* – ▲ᴇ ⓞ ⒼⒷ ⒿⒸⒷ. � **K 16-15**
   fermé 1er au 15 août, 1er au 15 janv., mardi midi et lundi – **Repas** (28)-38.
   ♦ Décor rajeuni et goûteuse cuisine classique mâtinée de modernité et de clins d'œil à
   l'Alsace pour cette nouvelle adresse sise dans une vieille maison de l'île St-Louis.

X **Repaire de Cartouche,** 99 r. Amelot (11e) Ⓜ *Sébastien Froissard* 𝄢 01 47 00 25 86,
   Fax 01 43 38 85 91 – ⒼⒷ **H 17**
   fermé août, dim. et lundi – **Repas** 23 (déj.)et carte 31 à 42 ☙.
   ♦ Cartouche, l'impétueux bandit d'honneur, se réfugia près d'ici entre deux mauvais
   coups : les fresques du restaurant retracent son épopée. Séduisante carte des vins.

X **Péché Mignon,** 5 r. Guillaume Bertrand (11e) Ⓜ *St-Maur* 𝄢 01 43 57 68 68,
   Fax 01 49 83 91 62 – **H 19**
   fermé août, dim. soir, mardi midi et lundi – **Repas** 26.
   ♦ L'adresse aurait pu s'appeler "Aux Deux Frères" : l'un mitonne une cuisine au goût du
   jour et des plats façon "grand-mère", l'autre vous reçoit dans une sobre salle à manger.

X **Auberge Pyrénées Cévennes,** 106 r. Folie-Méricourt (11e) Ⓜ *République*
   𝄢 01 43 57 33 78 – ▣. ▲ᴇ ⒼⒷ **G 17**
   fermé 29 juil. au 22 août, 1er au 7 janv., sam. midi et dim. – **Repas** 26,50 et carte 27,90 à
   53,50 ♈.
   ♦ Files de jambons et saucissons suspendus, nappes à petits carreaux, tables accolées,
   cuisine "canaille" et "lyonnaiseries", ambiance chaleureuse : pisse-vinaigre s'abstenir !

X **Au Bascou,** 38 r. Réaumur (3e) Ⓜ *Arts et Métiers* 𝄢 01 42 72 69 25, *Fax 01 42 72 69 25* –
   ▲ᴇ ⒼⒷ **G 16**
   fermé 1er au 29 août, 24 déc. au 2 janv., sam. et dim. – **Repas** carte 31,50 à 38 ♈.
   ♦ Venez découvrir dans ce bistrot aux murs joliment patinés les chauds accents de la
   cuisine basque. Produits du terroir reçus en direct du pays, accueil enthousiaste.

X **Astier,** 44 r. J.-P. Timbaud (11e) Ⓜ *Parmentier* 𝄢 01 43 57 16 35 – ⒼⒷ **G 18**
🍷 *fermé 17 au 25 avril, août, 24 déc. au 3 janv., sam. et dim.* – **Repas** (prévenir) 21 (déj.)/26 ☙.
   ♦ Une sympathique ambiance règne dans ce typique bistrot. Tables en formica, service
   débordé et atmosphère bruyante. Cuisine du marché, richissime carte des vins.

※ **Auberge Chez Rosito,** 4 r. Pas de la Mule (3ᵉ) Ⓜ *Bastille* ℘ 01 42 76 04 44, *Fax 01 42 76 04 44* – ⅁ℬ   **J 17**
fermé 14 au 22 août, 20 au 26 déc. et dim. – **Repas** carte 30 à 40 ♀.
  ♦ Cette discrète façade abrite un restaurant aux allures d'auberge campagnarde simple et chaleureuse. Vins corses, à l'instar de la cuisine axée sur les plats de cochon.

※ **Villaret,** 13 r. Ternaux (11ᵉ) Ⓜ *Parmentier* ℘ 01 43 57 75 56 – ⅁ℬ. ⬚   **H 18**
fermé 1ᵉʳ au 10 mai, 1ᵉʳ au 30 août, 23 déc. au 3 janv., sam. midi et dim. – **Repas** (20) - 25 (déj.)/46 et carte 29 à 51 ♀ ♨.
  ♦ Ambiance conviviale, carte composée de plats "canailles", beau choix de bourgognes et de côtes-du-rhône : ce bistrot au cadre sans prétention a tout pour séduire !

※ **L'Osteria,** 10 r. Sévigné (4ᵉ) Ⓜ *St Paul* ℘ 01 42 71 37 08, *osteria@noos.fr* – ⅁ℬ   **J 16**
fermé 1ᵉʳ au 11 mai, août, sam., dim. et lundi midi – **Repas** (prévenir) carte 31 à 55.
  ♦ Ni enseigne, ni menu sur la façade de ce restaurant italien apprécié par une clientèle fidèle... et "people" à en juger par les autographes et dessins accrochés aux murs !

※ **C'Amelot,** 50 r. Amelot (11ᵉ) Ⓜ *Chemin Vert* ℘ 01 43 55 54 04, *Fax 01 43 14 77 05* – ⅍ℰ ⅁ℬ   **H 17**
fermé août, sam. midi, lundi midi et dim. – **Repas** 26 (déj.)/32.
  ♦ Un bistrot de quartier plébiscité par les habitués pour ses petits plats (menu unique), son décor d'objets chinés çà et là, sa grande table d'hôte et son ambiance bon enfant.

※ **L'Enoteca,** 25 r. Charles V (4ᵉ) Ⓜ *St Paul* ℘ 01 42 78 91 44, *Fax 01 44 59 31 72* – ⅁ℬ **J 16**
fermé 13 au 18 août et le midi en août – **Repas** (Prévenir) (13) · carte 27 à 40 ♀ ♨.
  ♦ L'atout de ce restaurant logé dans des murs du 16ᵉ s. est sa superbe carte des vins : environ 500 références uniquement transalpines. Plats italiens et ambiance très animée.

※ **Clos du Vert Bois,** 13 r. Vert Bois (3ᵉ) Ⓜ *Temple* ℘ 01 42 77 14 85 – ⅍ℰ ⅁ℬ ⌧⌧ᴮ   **G 16**
fermé 24 juil. au 19 août, sam. midi et lundi – **Repas** (19) · 22,90/42 bc.
  ♦ Discrète adresse située derrière le conservatoire des Arts et Métiers, dans l'ancien clos du Temple. Cadre sans fioriture mais intime et plats traditionnels à prix doux.

Quartier Latin - Luxembourg St-Germain-des-Prés

5e et 6e arrondissements

5e : ✉ 75005 - 6e : ✉ 75006

Lutétia, 45 bd Raspail (6e) Ⓜ *Sèvres Babylone* ☎ 01 49 54 46 46, *lutetia-paris@lutetia-paris.com, Fax 01 49 54 46 00* – 300. AE GB JCB K 12
voir rest. ***Paris*** ci-après - ***Brasserie Lutétia*** ☎ 01 49 54 46 76 **Repas** 34 – 29 – **212 ch** 400/750, 26 suites.
◆ Édifié en 1907, ce célèbre palace de la rive gauche n'a rien perdu de son éclat : raffinement "rétro", lustres Lalique, sculptures de César, Arman, etc. Chambres rénovées. Rendez-vous du "Tout-Paris", la Brasserie Lutétia sert une belle carte de fruits de mer.

Victoria Palace sans rest, 6 r. Blaise-Desgoffe (6e) Ⓜ *St Placide* ☎ 01 45 49 70 00, *info@victoriapalace.com, Fax 01 45 49 23 75* – 20. AE GB JCB L 11
16 – **62 ch** 285/385.
◆ Petit palace au charme indéniable : tissus choisis, mobilier de style et salles de bains en marbre dans les chambres, tableaux, velours rouge et porcelaines dans les salons.

d'Aubusson sans rest, 33 r. Dauphine (6e) Ⓜ *Odéon* ☎ 01 43 29 43 43, *reservationmichael@hoteldaubusson.com, Fax 01 43 29 12 62* – . AE GB JCB J 13
23 – **50 ch** 260/410, 3 studios.
◆ Hôtel particulier du 17e s. rénové : chambres personnalisées, parquets Versailles, tapisseries d'Aubusson... et premier café littéraire de Paris, converti en bar.

Relais Christine sans rest, 3 r. Christine (6e) Ⓜ *St Michel* ☎ 01 40 51 60 80, *contact@relais-christine.com, Fax 01 40 51 60 81* – 20. AE GB JCB J 14
25 – **35 ch** 335/430, 16 duplex.
◆ Bel hôtel particulier bâti sur le site d'un couvent du 13e s. (la salle des petits-déjeuners occupe l'ancienne cuisine voûtée). Jolies chambres personnalisées et soignées.

🏠🏠🏠 **Bel Ami St-Germain-des-Prés** sans rest, 7 r. St-Benoit (6e) Ⓜ *St Germain des Prés* 𝄞 01 42 61 53 53, *contact@hotel-bel-ami.com*, Fax 01 49 27 09 33 – 📶 ▤ 📺 ✆ ₰, ஊ ⓞ
GB ᴊᴄʙ, ✑   **J 13**
⚏ 20 – **115 ch** 290/410.
♦ Bel immeuble du 19e s. voisin des cafés de Flore et des Deux Magots. Aménagement résolument contemporain à tendance "zen" et équipements high-tech : design et très "in".

🏠🏠🏠 **Buci** sans rest, 22 r. Buci (6e) Ⓜ *Mabillon* 𝄞 01 55 42 74 74, *hotelbuci@wanadoo.fr*, Fax 01 55 42 74 44 – 📶 ▤ 📺 ✆ ₰, ஊ ⓞ GB ᴊᴄʙ, ✑   **J 13**
⚏ 17 – **24 ch** 267/350.
♦ L'hôtel a vue sur le marché animé de cette rue pittoresque. Ciels de lit, meubles de style anglais... Des chambres rénovées et parfaitement insonorisées. Piano-bar.

🏠🏠🏠 **L'Abbaye** ⌇ sans rest, 10 r. Cassette (6e) Ⓜ *St Sulpice* 𝄞 01 45 44 38 11, *hotel.abbaye@w anadoo.fr*, Fax 01 45 48 07 86 – 📶 ▤ 📺 ✆, ஊ GB, ✑   **K 12**
40 ch ⚏ 206/305, 4 duplex.
♦ Le charme d'hier, le confort d'aujourd'hui : installées dans un ancien couvent du 18e s., coquettes chambres tournées ou non vers le patio. Les duplex possèdent une terrasse.

🏠🏠🏠 **Littré** sans rest, 9 r. Littré (6e) Ⓜ *Montparnasse Bienvenüe* 𝄞 01 53 63 07 07, *hotellittre@h otellitreparis.com*, Fax 01 45 44 88 13 – 📶 ⥻ ▤ 📺 ✆ – ▲ 20. ஊ ⓞ GB ᴊᴄʙ, ✑   **L 11**
⚏ 15 – **79 ch** 240/350, 11 suites.
♦ À mi-chemin de Saint-Germain-des-Prés et de Montparnasse, immeuble classique dont les chambres, assez spacieuses, sont toutes élégamment rénovées. Confortable bar anglais.

🏠🏠🏠 **L'Hôtel,** 13 r. Beaux Arts (6e) Ⓜ *St Germain des Prés* 𝄞 01 44 41 99 00, *reservation@l-hotel. com*, Fax 01 43 25 64 81, 🔲 – 📶 ▤ 📺 ✆ ஊ ⓞ GB ᴊᴄʙ, ✑   **J 13**
Repas *(fermé août, dim. et lundi)* *(24,50)* - carte 50 à 68 ♀ – ⚏ 16,80 – **16 ch** 272/625, 4 suites.
♦ Vertigineux "puits de lumière", décor exubérant - entre baroque et Empire - signé Garcia : l'Hôtel, unique, cultive la nostalgie avec bonheur. Oscar Wilde s'y éteignit. Tons or et vert et lanternes anciennes au restaurant.

🏠🏠🏠 **Relais St-Germain** sans rest, 9 carrefour de l'Odéon (6e) Ⓜ *Odéon* 𝄞 01 43 29 12 05, *hot elrsg@wanadoo.fr*, Fax 01 46 33 45 30 – 📶 cuisinette ▤ 📺 ✆, ஊ ⓞ GB ᴊᴄʙ   **K 13**
22 ch ⚏ 210/275.
♦ Trois immeubles du 17e s. abritent cet hôtel raffiné où poutres patinées, étoffes chatoyantes et meubles anciens participent au plaisant cachet des chambres.

🏠🏠🏠 **Madison** sans rest, 143 bd St-Germain (6e) Ⓜ *St Germain des Prés* 𝄞 01 40 51 60 00, *resa@ hotel-madison.com*, Fax 01 40 51 60 01 – 📶 ▤ 📺. ஊ ⓞ GB ᴊᴄʙ   **J 13**
54 ch ⚏ 195/320.
♦ Camus aimait fréquenter cet établissement dont la moitié des chambres offrent une perspective sur l'église St-Germain-des-Prés. Élégant salon Louis-Philippe.

🏠🏠🏠 **Relais Médicis** sans rest, 23 r. Racine (6e) Ⓜ *Odéon* 𝄞 01 43 26 00 60, *reservation@relais medicis.com*, Fax 01 40 46 83 39 – 📶 ▤ 📺 ✆, ஊ ⓞ GB ᴊᴄʙ, ✑   **K 13**
16 ch ⚏ 168/245.
♦ Une touche provençale égaye les chambres de cet hôtel proche du théâtre de l'Odéon ; celles donnant sur le patio sont plus au calme. Meubles chinés chez les antiquaires.

🏠🏠🏠 **Villa Panthéon** sans rest, 41 r. Écoles (5e) Ⓜ *Maubert Mutualité* 𝄞 01 53 10 95 95, *panthe on@leshotelsdeparis.com*, Fax 01 53 10 95 96 – ⥻ ▤ 📺 ✆ ₰, ஊ ⓞ GB ᴊᴄʙ   **K 14**
⚏ 25 – **59 ch** 280/496.
♦ Parquet, tentures colorées, mobilier en bois exotique et lampes d'inspiration Liberty : réception, chambres et bar (bon choix de whiskys) sont décorés dans l'esprit "british".

🏠🏠🏠 **Left Bank St-Germain** sans rest, 9 r. Ancienne Comédie (6e) Ⓜ *Odéon* 𝄞 01 43 54 01 70, *lb@paris-hotels-charm.com*, Fax 01 43 26 17 14 – 📶 ▤ 📺, ஊ ⓞ GB ᴊᴄʙ   **K 13**
31 ch ⚏ 200/240.
♦ Damas, toile de Jouy, meubles de style Louis XIII et colombages président au décor de cet immeuble du 17e s. Quelques chambres offrent une échappée sur Notre-Dame.

🏠🏠🏠 **Angleterre** sans rest, 44 r. Jacob (6e) Ⓜ *St Germain des Prés* 𝄞 01 42 60 34 72, *anglotel@ wanadoo.fr*, Fax 01 42 60 16 93 – 📶 📺 ✆, ஊ ⓞ GB ᴊᴄʙ, ✑   **J 13**
⚏ 10 – **24 ch** 130/230, 3 suites.
♦ Hemingway fut séduit par cet hôtel aménagé dans l'ancienne ambassade d'Angleterre (18e s.). Chambres au charme désuet ; petits-déjeuners servis dans un patio fleuri.

🏠🏠🏠 **Villa** sans rest, 29 r. Jacob (6e) Ⓜ *St Germain des Prés* 𝄞 01 43 26 60 00, *hotel@villa-saintger main.com*, Fax 01 46 34 63 63 – 📶 ⥻ ▤ 📺 ✆, ஊ ⓞ GB ᴊᴄʙ   **J 13**
⚏ 14 – **31 ch** 240/335.
♦ Les murs datent du 19e s., mais l'intérieur est résolument contemporain : meubles design, couleurs vives ou tons pastel plus reposants. Original.

🏨🏨🏨 **St-Grégoire** sans rest, 43 r. Abbé Grégoire (6e) 🚇 St Placide ℰ 01 45 48 23 23, hotel@saint
gregoire.com, Fax 01 45 48 33 95 – 📶 🖃 📺 📞, 🖭 ⓞ 🖸 🖽. 🛠   **L 12**
🖴 12 – **20 ch** 175/248.
• Cet établissement vaut pour son accueillant décor bourgeois. Deux chambres bénéficient d'une petite terrasse verdoyante. Sympathique salle des petits-déjeuners voûtée.

🏨🏨🏨 **Millésime Hôtel** ⊗ sans rest, 15 r. Jacob (6e) 🚇 St Germain des Prés ℰ 01 44 07 97 97, re
servation@millesimehotel.com, Fax 01 46 34 55 97 – 📶 🖃 📺 📞, 🖭 ⓞ 🖸 🖽.   **J 13**
🖴 15 – **22 ch** 175/190.
• Tons ensoleillés, mobilier et tissus choisis apportent une note chaleureuse aux ravissantes chambres de cet hôtel rénové. Bel escalier du 17e s.

🏨🏨 **Résidence Henri IV** sans rest, 50 r. Bernardins (5e) 🚇 Maubert-Mutualité
ℰ 01 44 41 31 81, reservation@residencehenri4.com, Fax 01 46 33 93 22 – 📶 cuisinette 📺
📞, 🖭 ⓞ 🖸 🖽   **K 15**
🖴 9 – **8 ch** 155, 5 suites.
• Immeuble de 1879 dont les chambres, refaites, conservent leur charme d'antan : mou-
lures, frises et cheminées en marbre. Toutes donnent sur un square ombragé.

🏨🏨 **Rives de Notre-Dame** sans rest, 15 quai St-Michel (5e) 🚇 St Michel ℰ 01 43 54 81 16, ho
tel@rivesdenotredame.com, Fax 01 43 26 27 09, ≤ – 📶 🖃 📺 📞, 🖭 ⓞ 🖸 🖽   **J 14**
🖴 13,70 – **10 ch** 213/550.
• Maison du 16e s. superbement conservée, dont les spacieuses chambres de style provençal s'ouvrent toutes sur la Seine et Notre-Dame. "Penthouse" au dernier étage.

🏨🏨 **Au Manoir St-Germain-des-Prés** sans rest, 153 bd St-Germain (6e) 🚇 St Germain des
Prés ℰ 01 42 22 21 65, msg@paris-hotels-charm.com, Fax 01 45 48 22 25 – 📶 🖃 📺 📞, 🖭
ⓞ 🖸 🖽   **J 12**
32 ch 🖴 168/240.
• Chambres bourgeoises habillées de toile de Jouy et de boiseries peintes. Au pied de
l'hôtel : le Flore et les Deux Magots, les deux célèbres cafés germanopratins.

🏨🏨 **Ste-Beuve** sans rest, 9 r. Ste-Beuve (6e) 🚇 Notre Dame des Champs ℰ 01 45 48 20 07, sai
ntebeuve@wanadoo.fr, Fax 01 45 48 67 52 – 📶 🖃 📺 📞, 🖭 ⓞ 🖸 🖽   **L 12**
🖴 14 – **22 ch** 130/272.
• L'endroit ressemble à une maison particulière : ambiance intime, sofas moelleux, flambées dans la cheminée... Les chambres mêlent avec goût l'ancien et le contemporain.

🏨🏨 **Panthéon** sans rest, 19 pl. Panthéon (5e) 🚇 Luxembourg ℰ 01 43 54 32 95, reservation@
hoteldupantheon.com, Fax 01 43 26 64 65, ≤ – 📶 🖃 📺 📞, 🖭 ⓞ 🖸 🖽   **L 14**
🖴 10 – **36 ch** 168/244.
• Chambres de style "cosy" ou d'inspiration Louis XVI avec vue sur le dôme du "temple de
la Renommée". Plaisant salon et salle de petits-déjeuners voûtée.

🏨🏨 **Grands Hommes** sans rest, 17 pl. Panthéon (5e) 🚇 Luxembourg ℰ 01 46 34 19 60, reser
vation@hoteldesgrandshommes.com, Fax 01 43 26 67 32, ≤ – 📶 🖃 📺 📞 – 🏧 20. 🖭 ⓞ
🖸 🖽   **L 14**
🖴 10 – **31 ch** 168/244.
• Posté face au Panthéon, plaisant hôtel rénové dans le style Directoire (meubles chinés).
Plus de la moitié des chambres a vue sur la dernière demeure des "grands hommes".

🏨🏨 **Jardins du Luxembourg** ⊗ sans rest, 5 imp. Royer-Collard (5e) 🚇 Luxembourg
ℰ 01 40 46 08 88, jardinslux@wanadoo.fr, Fax 01 40 46 02 28 – 📶 🖃 📺. 🖭 ⓞ 🖸 🖽.
🛠   **L 14**
🖴 10 – **26 ch** 140/150.
• Sigmund Freud séjourna dans cet hôtel situé dans une impasse voisine du Luxembourg.
Élégantes chambres contemporaines. Un comptoir de brasserie 1900 décore la réception.

🏨🏨 **Tour Notre-Dame** sans rest, 20 r. Sommerard (5e) 🚇 Cluny la Sorbonne
ℰ 01 43 54 47 60, tour-notre-dame@magic.fr, Fax 01 43 26 42 34 – 📶 🖃 📺 📞, 🖭 ⓞ 🖸
🖽   **K 14**
🖴 12 – **48 ch** 155/229.
• Très bel emplacement pour cet hôtel quasiment accolé au musée de Cluny. Chambres
refaites, habillées de toiles de Jouy. Préférez celles donnant sur l'arrière, plus calmes.

🏨🏨 **Grand Hôtel de l'Univers** sans rest, 6 r. Grégoire-de-Tours (6e) 🚇 Odéon
ℰ 01 43 29 37 00, grandhotelunivers@wanadoo.fr, Fax 01 40 51 06 45 – 📶 🖃 📺 📞, 🖭
ⓞ 🖸 🖽. 🛠   **J 13**
33 ch 🖴 130/200.
• Avenant hall d'accueil, salle des petits-déjeuners dressée dans une cave voûtée et
petites chambres coquettes égayées de toile de Jouy caractérisent cet hôtel.

🏨🏨 **Villa des Artistes** ⊗ sans rest, 9 r. Grande Chaumière (6e) 🚇 Vavin ℰ 01 43 26 60 86, hot
el@villa-artistes.com, Fax 01 43 54 73 70 – 📶 🖃 📺 📞, 🖭 ⓞ 🖸 🖽. 🛠   **L 12**
🖴 12 – **59 ch** 173.
• L'enseigne rend hommage aux artistes qui ont fait l'histoire du quartier Montparnasse.
Chambres agréables, donnant souvent sur la cour. Verrière pour les petits-déjeuners.

🏠 **Relais St-Sulpice** 🦢 sans rest, 3 r. Garancière (6ᵉ) Ⓜ *St Sulpice* 🅿 01 46 33 99 00, *relaisst sulpice@wanadoo.fr, Fax* 01 46 33 00 10 – 🛗 ↔ 🔳 📺 🕭. 🖭 ⓘ 🆚 🎴. ✁   **K 13**
⚏ 12 – 26 ch 165/200.
◆ Tendance "ethnique" d'une décoration très actuelle mêlant esprit africain et asiatique : ce séduisant hôtel dont la façade date du 19ᵉ s. penche résolument pour l'exotisme.

🏠 **Grand Hôtel St-Michel** sans rest, 19 r. Cujas (5ᵉ) Ⓜ *Luxembourg* 🅿 01 46 33 33 02, *gran d.hotel.st.michel@wanadoo.fr, Fax* 01 40 46 96 33 – 🛗 🔳 📺 🕭. 🖭 ⓘ 🆚 🎴. ✁   **K 14**
⚏ 12 – 40 ch 150/220, 5 suites.
◆ Cet immeuble haussmannien rénové abrite des chambres feutrées, garnies de meubles peints. Salon de style Napoléon III ; salle voûtée pour les petits-déjeuners.

🏠 **Fleurie** sans rest, 32 r. Grégoire de Tours (6ᵉ) Ⓜ *Odéon* 🅿 01 53 73 70 00, *bonjour@hotel-d e-fleurie.tm.fr, Fax* 01 53 73 70 20 – 🛗 🔳 📺 🕻. 🖭 ⓘ 🆚. ✁   **K 13**
⚏ 10 – 29 ch 145/265.
◆ Pimpante façade du 18ᵉ s. agrémentée de "statues nichées". Chambres bourgeoises aux tonalités douces, agrémentées de quelques boiseries. Sympathique accueil familial.

🏠 **St-Germain-des-Prés** sans rest, 36 r. Bonaparte (6ᵉ) Ⓜ *St Germain des Prés* 🅿 01 43 26 00 19, *hotel-saint-germain-des-pres@wanadoo.fr, Fax* 01 40 46 83 63 – 🛗 ↔ 🔳 📺 🕻. 🖭 🆚   **J 13**
⚏ 8 – 30 ch 160/255.
◆ Tissus à motif floral et poutres apparentes égayent la plupart des chambres, plus au calme côté cour. La salle des petits-déjeuners s'ouvre sur un petit massif de fleurs.

🏠 **Saints-Pères** sans rest, 65 r. des Sts-Pères (6ᵉ) Ⓜ *St Germain des Prés* 🅿 01 45 44 50 00, *h otel-saints-.peres@esprit-de-france.com, Fax* 01 45 44 90 83 – 🛗 🔳 📺. 🖭 🆚. ✁   **J 12**
⚏ 12 – 36 ch 150/195, 3 suites.
◆ Hôtel particulier édifié au temps de Louis XIV et bâtisses du 19ᵉ s. autour d'une ver-doyante cour intérieure. Le joyau caché : la "chambre à la fresque" (1658).

🏠 **Royal St-Michel** sans rest, 3 bd St-Michel (5ᵉ) Ⓜ *St Michel* 🅿 01 44 07 06 06, *hotel.royal.s t.michel@wanadoo.fr, Fax* 01 44 07 36 25 – 🛗 ↔ 🔳 📺 🕻. 🖭 ⓘ 🆚 🎴.   **K 14**
⚏ 15 – 39 ch 200/230.
◆ Sur le "Boul' Mich", face à la fontaine Saint-Michel, c'est toute l'ambiance du Quartier latin que l'on découvre aux portes de cet hôtel rénovant progressivement ses chambres.

🏠 **Notre Dame** sans rest, 1 quai St-Michel (5ᵉ) Ⓜ *St Michel* 🅿 01 43 54 20 43, *hotel.lenotred ame@libertysurf.fr, Fax* 01 43 26 61 75, ← – 🛗 ↔ 🔳 📺 🕻. 🖭 ⓘ 🆚. ✁   **K 14**
⚏ 7 – 22 ch 150/244, 4 duplex.
◆ Les douillettes petites chambres de cet hôtel sont toutes refaites, climatisées et bien équipées ; la majorité bénéficie d'une vue sur la cathédrale Notre-Dame.

🏠 **Relais St-Jacques** sans rest, 3 r. Abbé de l'Épée (5ᵉ) Ⓜ *Luxembourg* 🅿 01 53 73 26 00, *n evers.luxembourg@wanadoo.fr, Fax* 01 43 26 17 81 – 🛗 🔳 📺 🕭. 🔬 20. 🖭 ⓘ 🆚 🎴. ✁   **L 14**
⚏ 14 – 23 ch 255/280.
◆ Chambres de style Directoire ou d'inspiration lusitanienne, salle des petits-déjeuners sous verrière, salon Louis XV et bar 1925... Un inventaire (chic) à la Prévert !

🏠 **St-Christophe** sans rest, 17 r. Lacépède (5ᵉ) Ⓜ *Place Monge* 🅿 01 43 31 81 54, *saintchrist ophe@wanadoo.fr, Fax* 01 43 31 12 54 – 🛗 📺. 🖭 ⓘ 🆚   **L 15**
⚏ 8 – 31 ch 113/125.
◆ Le naturaliste Lacépède a donné son nom à la rue, rappelant la proximité du Jardin des Plantes. Petites chambres d'esprit rustique ; toutes sont non-fumeurs.

🏠 **Sully St-Germain** sans rest, 31 r. Écoles (5ᵉ) Ⓜ *Maubert Mutualité* 🅿 01 43 26 56 02, *sully @sequanahotels.com, Fax* 01 43 29 74 42, 🎛 – 🛗 📺. 🖭 ⓘ 🆚 🎴. ✁   **K 15**
⚏ 12 – 61 ch 140/240.
◆ Est-ce le voisinage du musée du Moyen Âge ? Toujours est-il que l'établissement pré-sente un décor d'inspiration médiévale. Salon sous verrière.

🏠 **Jardin de Cluny** sans rest, 9 r. Sommerard (5ᵉ) Ⓜ *Maubert Mutualité* 🅿 01 43 54 22 66, *h otel.decluny@wanadoo.fr, Fax* 01 40 51 03 36 – 🛗 🔳 📺 🕻. 🖭 ⓘ 🆚 🎴. ✁   **K 14**
⚏ 12 – 40 ch 135/190.
◆ Chambres fonctionnelles, garnies de meubles en rotin. Salle des petits-déjeuners voû-tée, agrémentée d'une "Dame à la Licorne" (l'originale est à deux pas, au musée de Cluny).

🏠 **Jardin de l'Odéon** sans rest, 7 r. Casimir Delavigne (6ᵉ) Ⓜ *Odéon* 🅿 01 53 10 28 50, *hotel @jardindelodeon.com, Fax* 01 43 25 28 12 – 🛗 📺 🕭. 🖭 🆚. ✁   **K 13**
⚏ 10 – 41 ch 135/300.
◆ En façade, les chambres offrent une échappée sur le théâtre de l'Odéon ; cinq sont dotées d'une terrasse. Petits-déjeuners servis dans le patio en été. Joli salon Art déco.

🏠 **Prince de Conti** sans rest, 8 r. Guénégaud (6ᵉ) Ⓜ *Odéon* 🅿 01 44 07 30 40, *princedeconti @wanadoo.fr, Fax* 01 44 07 36 34 – 🛗 ↔ 🔳 📺 🕭. 🖭 ⓘ 🆚 🎴. ✁   **J 13**
⚏ 13 – 26 ch 170/200.
◆ Immeuble du 18ᵉ s. jouxtant l'hôtel de la Monnaie : un emplacement idéal pour courir les fameuses galeries d'art germanopratines. Chambres et salons décorés à l'anglaise.

Clos Médicis sans rest, 56 r. Monsieur Le Prince (6e) Ⓜ *Odéon* 𝒫 01 43 29 10 80, *message @closmedicis.com*, Fax 01 43 54 26 90 – 🛗 🖪 📺 📞 ⚅. 🆎 ⓪ 🆖 🇯🇨🇧. ⚹   **K 14**
⛶ 12 – **38 ch** 220/300.
◆ L'hôtel est entouré par les magnifiques demeures de cette rue "princière". Son intérieur aux couleurs vives ne laisse guère supposer que les murs datent de 1773.

Odéon Hôtel sans rest, 3 r. Odéon (6e) Ⓜ *Odéon* 𝒫 01 43 25 90 67, *odeon@odeonhotel.fr*, Fax 01 43 25 55 98 – 🛗 ⇥ 🖪 📺 📞 🆎 ⓪ 🆖 🇯🇨🇧. ⚹   **K 13**
⛶ 10 – **33 ch** 130/270.
◆ La façade ainsi que les poutres et murs en pierres apparentes des chambres témoignent de l'ancienneté de la maison (17e s.). Salles de bains égayées d'azulejos.

de l'Odéon sans rest, 13 r. St-Sulpice (6e) Ⓜ *Odéon* 𝒫 01 43 25 70 11, *hotelodeon@wanad oo.fr*, Fax 01 43 29 97 34 – 🛗 🖪 📺 📞. 🆎 ⓪ 🆖 🇯🇨🇧   **K 13**
⛶ 11 – **29 ch** 145/237.
◆ L'intérieur de cette maison du 16e s. est pour le moins éclectique : lits anciens en cuivre ou à baldaquin, bibelots chinés dans les brocantes, etc. Minijardin luxuriant.

Prince de Condé sans rest, 39 r. Seine (6e) Ⓜ *Mabillon* 𝒫 01 43 26 71 56, *princedeconde @wanadoo.fr*, Fax 01 46 34 27 95 – 🛗 ⇥ 📺. 🆎 ⓪ 🆖 🇯🇨🇧. ⚹   **J 13**
⛶ 13 – **12 ch** 200/310.
◆ Chambres "cosy" récemment rajeunies et cave-salon voûtée élégamment décorée. Les esthètes apprécieront les nombreuses galeries de peintures installées dans la rue.

Régent sans rest, 61 r. Dauphine (6e) Ⓜ *Odéon* 𝒫 01 46 34 59 80, *hotel.leregent@wanado o.fr*, Fax 01 40 51 05 07 – 🛗 🖪 📺. 🆎 ⓪ 🆖 🇯🇨🇧. ⚹   **J 13**
⛶ 12 – **25 ch** 140/210.
◆ Façade longiligne datant de 1769. Les chambres sont feutrées et bien équipées. Salle des petits-déjeuners en sous-sol, avec murs en pierres apparentes.

Minerve sans rest, 13 r. des Ecoles (6e) Ⓜ *Maubert-Mutualité* 𝒫 01 43 26 26 04, *minerve@ hotellerie.net*, Fax 01 44 07 01 96 – 🛗 📺 📞. 🆎 ⓪ 🆖 🇯🇨🇧. ⚹   **L 15**
⛶ 8 – **54 ch** 109/125.
◆ Cet immeuble bâti en 1864 propose son plaisant salon d'accueil (pierres apparentes et mobilier de style) et ses petites chambres de caractère fort bien tenues.

Select sans rest, 1 pl. Sorbonne (5e) Ⓜ *Cluny la Sorbonne* 𝒫 01 46 34 14 80, *info@selectho tel.fr*, Fax 01 46 34 51 79 – 🛗 🖪 📺 📞. 🆎 ⓪ 🆖 🇯🇨🇧   **K 14**
68 ch ⛶ 139/165.
◆ Hôtel résolument contemporain au cœur du Paris estudiantin. Salon aménagé autour d'un verdoyant patio sous verrière. Quelques vues sur les toits depuis certaines chambres.

du Levant sans rest, 18 r. Harpe (5e) Ⓜ *St Michel* 𝒫 01 46 34 11 00, *hlevant@club-internet. fr*, Fax 01 46 34 25 87 – 🛗 🖪 📺. 🆎 ⓪ 🆖 🇯🇨🇧   **K 14**
⛶ 8 – **47 ch** 95/150.
◆ Photos anciennes et fresque dans la salle des petits-déjeuners, chambres peu à peu refaites : l'hôtel, bâti en 1875 au cœur du Quartier latin, poursuit sa rénovation.

d'Albe sans rest, 1 r. Harpe (5e) Ⓜ *St Michel* 𝒫 01 46 34 09 70, *albehotel@wanadoo.fr*, Fax 01 40 46 85 70 – 🛗 ⇥ 🖪 📺 📞. 🆎 ⓪ 🆖 🇯🇨🇧. ⚹   **K 14**
⛶ 11 – **45 ch** 115/160.
◆ Plaisante décoration moderne dans cet hôtel proposant des chambres un peu petites, mais bien agencées et gaies. Quartier latin, île de la Cité... Paris est à vos pieds !

Agora St-Germain sans rest, 42 r. Bernardins (5e) Ⓜ *Maubert Mutualité* 𝒫 01 46 34 13 00, *agorastg@club-internet.fr*, Fax 01 46 34 75 05 – 🛗 🖪 📺 📞. 🆎 ⓪ 🆖 🇯🇨🇧. ⚹   **K 15**
⛶ 10 – **38 ch** 112/150.
◆ Le décor de cet hôtel voisin de l'église St-Nicolas-du-Chardonnet date des années 1980. Chambres plus calmes côté cour. Salle des petits-déjeuners de style Louis XIII.

Bréa sans rest, 14 r. Bréa (6e) Ⓜ *Vavin* 𝒫 01 43 25 44 41, *brea.hotel@wanadoo.fr*, Fax 01 44 07 19 25 – 🛗 🖪 📺 📞. 🆎 ⓪ 🆖. ⚹   **L 12**
⛶ 14 – **23 ch** 140/160.
◆ Deux bâtiments reliés par une verrière aménagée en un plaisant salon-jardin d'hiver. Ambiance méditerranéenne dans les chambres, plutôt spacieuses et bien équipées.

Ferrandi sans rest, 92 r. Cherche-Midi (6e) Ⓜ *Vaneau* 𝒫 01 42 22 97 40, *hotel.ferrandi@wa nadoo.fr*, Fax 01 45 44 89 97 – 🛗 🖪 📺 📞. 🆎 ⓪ 🆖 🇯🇨🇧   **L 11**
⛶ 11 – **42 ch** 105/220.
◆ Face au charmant musée Hébert, demeure cossue du 19e s. abritant des chambres bourgeoises décorées et bien insonorisées. Salons de style Restauration.

Dacia-Luxembourg sans rest, 41 bd St-Michel (5e) Ⓜ *Cluny la Sorbonne* 𝒫 01 53 10 27 77, *info@hoteldacia.com*, Fax 01 44 07 10 33 – 🛗 🖪 📺 📞. 🆎 ⓪ 🆖 🇯🇨🇧. ⚹   **K 14**
⛶ 9 – **38 ch** 120/140.
◆ Nombreuses rénovations dans cet établissement chaleureux du Quartier latin. Beaux jetés de lit en piqué blanc dans des chambres bien équipées (deux avec baldaquin).

🏨 **Marronniers** ⟂ sans rest, 21 r. Jacob (6ᵉ) Ⓜ *St Germain des Prés* ℰ 01 43 25 30 60,
Fax 01 40 46 83 56 – 🛗 ▦ 📺 📞 ⊙ ⅀. ✦
J 13
🛏 12 – **37 ch** 155/210.

◆ Tapi au fond d'une verdoyante cour de la belle rue Jacob, l'hôtel abrite de ravissantes petites chambres. Salle des petits-déjeuners en rez-de-jardin, sous une véranda.

🏨 **Pas de Calais** sans rest, 59 r. des Saints-Pères (6ᵉ) Ⓜ *St Germain des Prés*
ℰ 01 45 48 78 74, *infos@hotelpasdecalais.com, Fax 01 45 44 94 57* – ▦ 📺 📞. ⅀ ⊙ ⊙
JCB
J 12
🛏 9 – **37 ch** 130/183.

◆ Ce discret hôtel situé sur une rue passante est régulièrement entretenu : chambres et salles de bains rajeunies, couloirs refaits et accueillante salle des petits-déjeuners.

🏨 **Pierre Nicole** ⟂ sans rest, 39 r. Pierre Nicole (5ᵉ) Ⓜ *Port Royal* ℰ 01 43 54 76 86, *hotelpi erre-nicole@voila.fr, Fax 01 43 54 22 45* – 🛗 📺 ⅀ ⊙ ⅀. ✦
M 13
🛏 6 – **33 ch** 65/85.

◆ L'enseigne rend hommage au moraliste de Port-Royal. Chambres pratiques, plus ou moins spacieuses. Vous pourriez jogger dans les jardins de l'Observatoire, tout proches.

🏨 **St-Jacques** sans rest, 35 r. Écoles (5ᵉ) Ⓜ *Maubert Mutualité* ℰ 01 44 07 45 45, *hotelsaintja cques@wanadoo.fr, Fax 01 43 25 65 50* – 🛗 📺 📞. ⅀ ⊙ ⅀ JCB. ✦
K 15
🛏 7,50 – **35 ch** 85/112.

◆ La rénovation progressive des chambres préserve le cachet ancien de l'établissement : moulures, cheminées et meubles de style. Salle des petits-déjeuners ornée d'une fresque.

🏨 **Maxim** sans rest, 28 r. Censier (5ᵉ) Ⓜ *Censier Daubenton* ℰ 01 43 31 16 15, *h2810-gm@ac cor-hotels.com, Fax 01 43 31 93 87* – 🛗 ✦ 📺. ⅀ ⊙ ⅀ JCB
M 15
🛏 10 – **36 ch** 103/113.

◆ La Mosquée, le Jardin des Plantes, le marché de la "Mouffe" : un Paris insolite s'offre à vous à deux pas de ces petites bonbonnières tapissées de toile de Jouy.

🏨 **Familia** sans rest, 11 r. Écoles (5ᵉ) Ⓜ *Cardinal Lemoine* ℰ 01 43 54 55 27, *familia.hotel@libe rtysurf.fr, Fax 01 43 29 61 77* – 🛗 📺. ⅀ ⊙ ⅀ JCB. ✦
L-K 15
🛏 6 – **30 ch** 71/112.

◆ Des "sépias" représentant des monuments de Paris ornent les petites chambres. Salle des petits-déjeuners familiale, agrémentée d'une bibliothèque d'ouvrages anciens.

🏨 **Dauphine St-Germain** sans rest, 36 r. Dauphine (6ᵉ) Ⓜ *Odéon* ℰ 01 43 26 74 34, *hotel@ dauphine-st-germain.com, Fax 01 43 26 49 09* – 🛗 ✦ ▦ 📞. ⅀ ⊙ ⅀ JCB
J 13
🛏 14 – **30 ch** 184/260.

◆ Les grands couturiers tiennent boutique dans le lacis de ruelles voisinant cet immeuble du 17ᵉ s. Atmosphère d'autrefois, mais confort actuel. Salles de bains en marbre.

🏨 **Sèvres Azur** sans rest, 22 r. Abbé-Grégoire (6ᵉ) Ⓜ *St Placide* ℰ 01 45 48 84 07, *sevres.azur @wanadoo.fr, Fax 01 42 84 01 55* – 🛗 📺. ⅀ ⊙ ⅀ JCB
K 11-12
🛏 8 – **31 ch** 78/88.

◆ Près du Bon Marché, hôtel aux chambres colorées, parfois pourvues de lits en cuivre. Rue calme et insonorisation efficace : Morphée vous tend les bras !

XXXXX **Tour d'Argent** (Terrail), 15 quai Tournelle (5ᵉ) Ⓜ *Maubert Mutualité* ℰ 01 43 54 23 31,
⊰⊰ *Fax 01 44 07 12 04,* ≼ Notre-Dame – ▦ 🍽 ⅀ ⊙ ⅀ JCB
K 16
fermé 2 au 23 août, mardi midi et lundi – **Repas** 70 (déj.), 150/200 dîner et carte 150 à 220 ⊗.

◆ La salle à manger "en plein ciel" offre une vue somptueuse sur Notre-Dame. Cave exceptionnelle, fameux canards de Challans et clients célèbres depuis le 16ᵉ s. Mythique.
Spéc. Quenelles de brochet "André Terrail". Canard "Tour d'Argent". Poire "Vie parisienne".

XXX **Jacques Cagna,** 14 r. Grands Augustins (6ᵉ) Ⓜ *St Michel* ℰ 01 43 26 49 39, *jacquescagna @hotmail.com, Fax 01 43 54 54 48* – ▦. ⅀ ⊙ ⅀ JCB
⊰
J 14
fermé 31 juil. au 25 août, sam. midi, lundi midi et dim. – **Repas** 39 (déj.)/85 et carte 85 à 135.

◆ Dans l'une des plus anciennes maisons du vieux Paris, confortable salle à manger ornée de poutres massives, boiseries du 16ᵉ s. et tableaux flamands. Cuisine raffinée.
Spéc. Foie gras poêlé aux fruits de saison caramélisés. Noix de ris de veau en croûte de sel. Gibier (saison).

XXX **Paris** - Hôtel Lutétia, 45 bd Raspail (6ᵉ) Ⓜ *Sèvres Babylone* ℰ 01 49 54 46 90, *lutetia-paris@. utetia-paris.com, Fax 01 49 54 46 00* – 🛗 🍽. ⅀ ⊙ ⅀ JCB
⊰
K 12
fermé août, sam., dim. et fériés – **Repas** 37 (déj.), 60/120 dîner et carte 75 à 100.

◆ Fidèle au style de l'hôtel, la salle de restaurant Art déco, signée Sonia Rykiel, reproduit l'un des salons du paquebot Normandie. Talentueuse cuisine au goût du jour.
Spéc. Cannelloni de foie gras à la truffe. Turbot cuit sur sel de Guérande. Le "tout chocolat".

XXXX   **Relais Louis XIII** (Martinez), 8 r. Grands Augustins (6e) Ⓜ *Odéon* ✆ 01 43 26 75 96, *rl13@fr*
ⓈⓈ   *ee.fr*, Fax 01 44 07 07 80 – 🍽 ☕️ soir. ⒶⒺ ⒼⒷ ⒿⒸⒷ. 🍴   **J 14**
fermé 8 au 31 août, dim. et lundi – **Repas** 45 (déj.), 68/89 et carte 105 à 135 🍷.
◆ Dans une maison du 16e s., trois intimes salles à manger de style Louis XIII où règnent
balustres, tissus à rayures et pierres apparentes. Subtile cuisine au goût du jour.
Spéc. Ravioli de homard, foie gras et crème de cèpes. Caneton challandais rôti aux épices,
pommes de terre soufflées. Millefeuille à la vanille

XXX   **Hélène Darroze**, 4 r. d'Assas (6e) Ⓜ *Sèvres Babylone* ✆ 01 42 22 00 11, *helene.darroze@*
ⓈⓈ   *wanadoo.fr*, Fax 01 42 22 25 40 – 🍽 ☕️. ⒶⒺ ⒼⒷ   **K 12**
fermé lundi sauf le soir de mi-juil. à fin août, mardi midi et dim. – **Repas** *(dîner seul. du
17 juil. au 31 août)* 61 (déj.), 205 bc et carte 100 à 150 🍷 **- Salon** *(fermé 17 juil. au 23 août,
dim. et lundi)* **Repas** *(29)bc*-33(déj)bc/95bc.
◆ Près du Bon Marché, décor contemporain haut en couleur où l'on se régale d'une délicieuse cuisine et de vins du Sud-Ouest. Au rez-de-chaussée du restaurant, Hélène Darroze
tient Salon et propose tapas et petits plats au rustique accent des Landes.
Spéc. Huîtres en gelée de pomme verte et caviar, crème glacée au foie gras (nov. à avril).
Oeuf coque, asperges, mousserons, foie gras, mouillettes à la truffe (printemps). Baba au
vieil armagnac.

XXX   **Procope**, 13 r. Ancienne Comédie (6e) Ⓜ *Odéon* ✆ 01 40 46 79 00, *procope@blanc.net*,
Fax 01 40 46 79 09 – 🍽. ⒶⒺ ⓪ ⒼⒷ   **K 13**
Repas *(18,50)* - 30 et carte 40 à 60 🍷.
◆ Un monument historique ! Le plus vieux café littéraire de Paris accueille toujours, dans
ses salons de caractère, gens de théâtre, artistes et touristes. Plats traditionnels.

XXX   **Lapérouse**, 51 quai Grands Augustins (6e) Ⓜ *St Michel* ✆ 01 43 26 68 04, *restaurantlapero*
use@wanadoo.fr, Fax 01 43 26 99 39 – 🍽 ☕️. ⒶⒺ ⓪ ⒼⒷ   **J 14**
fermé 25 juil. au 20 août, sam. midi et dim. – **Repas** 30 (déj.)/85 et carte 65 à 94.
◆ Fondé en 1766, rendez-vous du Tout-Paris dès la fin du 19e s. et réputé pour ses petits
salons discrets : l'esprit de cet élégant restaurant est entretenu avec passion.

XX   **Mavrommatis**, 42 r. Daubenton (5e) Ⓜ *Censier Daubenton* ✆ 01 43 31 17 17, *andreas@*
mavrommatis.fr, Fax 01 43 36 13 08 – 🍽. ⒶⒺ ⓪ ⒼⒷ ⒿⒸⒷ. 🍴   **M 15**
fermé lundi – **Repas** *(20)* - 29,80 et carte 40 à 55 🍷.
◆ L'ambassade de la cuisine grecque à Paris. Pas de folklore mais un cadre sobre, élégant
et confortable rehaussé par un éclairage soigné. Accueil attentionné. Terrasse d'été.

XX   **La Truffière**, 4 rue Blainville (5e) Ⓜ *Place Monge* ✆ 01 46 33 29 82, *restaurant.latruffiere@*
wanadoo.fr, Fax 01 46 33 64 74 – 🍽. ⒶⒺ ⓪ ⒼⒷ   **L 15**
fermé lundi – **Repas** 17 (déj)et carte 62 à 87 🍷 🍷.
◆ Cette maison du 17e s. abrite deux salles à manger : l'une rustique (poutres) et l'autre
voûtée. Cuisine traditionnelle inspirée par le Sud-Ouest ; belle carte des vins.

XX   **Marty**, 20 av. Gobelins (5e) Ⓜ *Les Gobelins* ✆ 01 43 31 39 51, *restaurant.marty@wanadoo.f*
r, Fax 01 43 37 63 70 – 🍽. ⒶⒺ ⓪ ⒼⒷ ⒿⒸⒷ   **M 15**
Repas 36 et carte 38 à 62, enf. 13,50 🍷.
◆ Cette grande brasserie au plaisant cadre des années 1930 est, à midi, la "cantine" des
journalistes du Monde, venus en voisin. La carte met à l'honneur les produits de la mer.

XX   **Ziryab**, à l'Institut du Monde Arabe, 1 r. Fossés-St-Bernard (5e) Ⓜ *Jussieu*
✆ 01 53 10 10 19, *ima@sodexho-prestige.fr*, Fax 01 44 07 30 98, ⩽ Paris, 🍸 – 🍽. ⒶⒺ ⓪
ⒼⒷ ⒿⒸⒷ. 🍴   **K 16**
fermé dim. soir et lundi – **Repas** 26/34 et carte 40 à 50 🍷.
◆ Situé au dernier étage de l'IMA, ce lumineux restaurant au cadre design et sa terrasse
panoramique offrent une superbe vue sur Notre-Dame et la Seine. Cuisine orientale.

XX   **Bastide Odéon**, 7 r. Corneille (6e) Ⓜ *Odéon* ✆ 01 43 26 03 65, *bastide.odeon@wanadoo.f*
r, Fax 01 44 07 28 93 – 🍽. ⒶⒺ ⓪ ⒼⒷ ⒿⒸⒷ   **K 13**
fermé 5 au 30 août, 30 déc. au 7 janv., dim. et lundi – **Repas** carte 36 à 42 🍷.
◆ Proche du Luxembourg, agréable et confortable salle de restaurant dont le décor
rappelle l'intérieur d'une bastide provençale. Spécialités méditerranéennes.

XX   **Yugaraj**, 14 r. Dauphine (6e) Ⓜ *Odéon* ✆ 01 43 26 44 91, *contact@yugaraj.com*,
Fax 01 46 33 50 77 – 🍽. ⒶⒺ ⓪ ⒼⒷ ⒿⒸⒷ   **J 14**
fermé août, jeudi midi et lundi – **Repas** 31/39 et carte 50 à 65.
◆ Boiseries, panneaux décoratifs, soieries et objets d'art anciens donnent à ce haut lieu de
la gastronomie indienne des airs de musée. Carte très bien renseignée.

XX   **Alcazar**, 62 r. Mazarine (6e) Ⓜ *Odéon* ✆ 01 53 10 19 99, *contact@alcazar.fr*,
Fax 01 53 10 23 23 – 🍽. ⒶⒺ ⓪ ⒼⒷ ⒿⒸⒷ   **J 13**
Repas *(16)* - 26 bc (déj.)et carte 38 à 60, enf. 13.
◆ Le cabaret froufroutant de J.-M. Rivière s'est converti en vaste restaurant "branché" au
cadre design. Tables avec vue sur les fourneaux, cuisine au goût du jour.

XX **Chez Maître Paul,** 12 r. Monsieur-le-Prince (6ᵉ) Ⓜ *Odéon* ℘ 01 43 54 74 59, *chezmaitrep
aul@aol.com*, Fax 01 43 54 43 74 – ▤. ⒶⒺ ⓪ ⒼⒷ   **K 13**
fermé dim. et lundi en juil.-août – **Repas** 28/33 bc et carte 34 à 60 ℤ.
♦ Façade anodine et salle à manger d'une grande sobriété décorative, dans une rue où
souffle l'esprit du Quartier latin. Recettes et vins du Jura.

XX **Yen,** 22 r. St-Benoît (6ᵉ) Ⓜ *St Germain des Prés* ℘ 01 45 44 11 18, *restau-yen@wanadoo.fr*,
Fax 01 45 44 19 48 – ▤. ⒶⒺ ⓪ ⒼⒷ ⒿⒸⒷ   **J 13**
fermé 1ᵉʳ au 15 août et dim. midi – **Repas** *(18,50)* - 40 et carte 36 à 54 ℤ.
♦ Deux salles à manger au décor japonais très épuré, un peu plus chaleureux à l'étage. La
carte fait la part belle à la spécialité du chef : le soba (nouilles de sarrasin).

X **Atelier Maître Albert,** 1 r. Maître Albert (5ᵉ) Ⓜ *Maubert Mutualité* ℘ 01 56 81 30 01, *ateli
ermaitrealbert@guysavoy.com, Fax 01 53 10 83 23* – ▤. ⒶⒺ ⓪ ⒼⒷ ⒿⒸⒷ   **K 15**
fermé dim. – **Repas** (dîner seul.) carte 40 à 55.
♦ Une nouvelle équipe est venu réveiller cette institution : cheminée médiévale et poutres
apparentes côtoient désormais un cadre design. Viandes à la broche et plats mitonnés.

X **Rotonde,** 105 bd Montparnasse (6ᵉ) Ⓜ *Vavin* ℘ 01 43 26 68 84, *Fax 01 46 34 52 40* – ▤. ⒶⒺ
ⒼⒷ ⒿⒸⒷ   **L 12**
Repas 33 et carte 37 à 49 ℤ.
♦ Pour souper après le spectacle (les théâtres de la rue de la Gaîté sont à deux pas) : cette
typique brasserie parisienne du début du 20ᵉ s. vous recevra même après minuit !

X **Café des Délices,** 87 r. Assas (6ᵉ) Ⓜ *Port Royal* ℘ 01 43 54 70 00, *Fax 01 43 26 42 05* – ▤.
ⒶⒺ ⓪ ⒼⒷ ⒿⒸⒷ   **LM 13**
fermé 26 juil. au 17 août, sam. et dim. – **Repas** carte 31 à 42.
♦ Ce "café" là n'est pas sur le port de Tunis, mais sa cuisine marie tout de même parfums
et épices. Tissus, couleurs et bois décorent ce lieu que l'on fréquente avec délice.

X **Quai V,** 25 quai Tournelle (5ᵉ) Ⓜ *Maubert Mutualité* ℘ 01 43 54 05 17, *contact@aol.com*,
Fax 01 43 29 74 93 – ▤. ⒶⒺ ⓪ ⒼⒷ   **K 15**
fermé sam. midi, lundi midi et dim. – **Repas** *(17 bc)* - 22 bc (déj.), 28,50/37,50 et carte 42
à 56 ℤ.
♦ Sur les quais de Seine, ce petit restaurant aux couleurs ensoleillées propose une cuisine
provençale accompagnée d'une belle sélection de vins méridionaux au verre.

X **Marlotte,** 55 r. Cherche-Midi (6ᵉ) Ⓜ *St Placide* ℘ 01 45 48 86 79, *infos@lamarlotte,
Fax 01 45 44 34 80* – ▤. ⒶⒺ ⓪ ⒼⒷ ⒿⒸⒷ   **K 12**
fermé 3 au 25 août et dim. – **Repas** carte 30 à 40.
♦ Près du Bon Marché, sympathique adresse de quartier où l'on croise éditeurs et politi-
ciens. Salle des repas tout en longueur, décor rustique et cuisine traditionnelle.

X **L'Épi Dupin,** 11 r. Dupin (6ᵉ) Ⓜ *Sèvres Babylone* ℘ 01 42 22 64 56, *lepidupin@wanadoo.fr*,
Fax 01 42 22 30 42, 🌳 – ⒼⒷ   **K 12**
fermé 31 juil. au 26 août, lundi midi, sam. et dim. – **Repas** (nombre de couverts limité,
prévenir) *(20)* - 30.
♦ Poutres et pierres pour le caractère, tables serrées pour la convivialité et délicieuse
cuisine pour se régaler : ce restaurant de poche a conquis le quartier du Bon Marché.

X **Dominique,** 19 r. Bréa (6ᵉ) Ⓜ *Vavin* ℘ 01 43 27 08 80, *restaurant.dominique@mageos.co
m, Fax 01 43 27 03 76* – ▤. ⒶⒺ ⓪ ⒼⒷ ⒿⒸⒷ   **L 12**
fermé 25 juil. au 24 août, dim. et lundi – **Repas** (dîner seul.) 40/98 et carte 43 à 70.
♦ À la fois bar à vodkas, épicerie et restaurant : un haut lieu de la cuisine russe à Paris.
Dégustations de zakouskis côté bistrot, dîner aux chandelles dans la salle du fond.

X **Brasserie Lipp,** 151 bd St-Germain (6ᵉ) Ⓜ *St-Germain-des-Prés* ℘ 01 45 48 53 91, *lipp@m
agic.fr, Fax 01 45 44 33 20* – ▤. ⒶⒺ ⓪ ⒼⒷ   **J 13**
Repas carte 33 à 52.
♦ Fondée en 1880, cette brasserie est une institution germanopratine. Choisissez la salle
du rez-de-chaussée pour admirer céramiques, plafonds peint et... célébrités !

X **Les Bouquinistes,** 53 quai Grands Augustins (6ᵉ) Ⓜ *St Michel* ℘ 01 43 25 45 94, *bouquini
stes@guysavoy.com, Fax 01 43 25 23 07* – ▤. ⒶⒺ ⓪ ⒼⒷ ⒿⒸⒷ   **J 14**
fermé sam. midi et dim. – **Repas** *(24)* - 27 (déj.), 35/45 (déj.) et carte 50 à 60.
♦ Face aux bouquinistes des quais, une cuisine originale dans un cadre moderniste créé
par le jazzman D. Humair : mobilier design, lampes colorées et peintures abstraites.

X **L'Espadon Bleu,** 25 r. Grands Augustins (6ᵉ) Ⓜ *St Michel* ℘ 01 46 33 00 85, *jacquescagna
@hotmail.com, Fax 01 43 54 54 48* – ▤. ⒶⒺ ⓪ ⒼⒷ ⒿⒸⒷ   **J 14**
fermé août, dim. et lundi – **Repas** *(24)* - 28 (déj.)/41.
♦ Sympathique maison spécialisée dans les produits de la mer. Les espadons, bien sûr de la
fête, ornent les murs de pierres apparentes et les tables en mosaïque.

X **Les Délices d'Aphrodite,** 4 r. Candolle (5ᵉ) Ⓜ *Censier Daubenton* ℘ 01 43 31 40 39, *and
reas@mavrommatis.fr, Fax 01 43 36 13 08* – ▤. ⒶⒺ ⒼⒷ ⒿⒸⒷ. ✄   **M 15**
fermé dim. – **Repas** *(18,50)* - carte 31 à 45.
♦ Bistrot de poche à l'atmosphère "vacances" : photos de paysages helléniques, plafond
tapissé de lierre et cuisine grecque embaumant l'huile d'olive.

✗ **Emporio Armani Caffé,** 149 bd St-Germain (6e) Ⓜ *St Germain des Prés*
𝒫 01 45 48 62 15, Fax 01 45 48 53 17 – 🗏. 🖭 ⓞ ⒼⒷ ⒿⒸⒷ   **J 13**
fermé dim. – **Repas** carte 30 à 55.
♦ Au premier étage de la boutique du grand couturier, un "caffé" chic à l'italienne, sobre et confortable, à la clientèle très "rive gauche". Cuisine transalpine.

✗ **Joséphine "Chez Dumonet",** 117 r. Cherche-Midi (6e) Ⓜ *Duroc* 𝒫 01 45 48 52 40,
Fax 01 42 84 06 83 – 🖭 ⒼⒷ   **L 11**
fermé en août, sam. et dim. – **Repas** carte 46 à 77 ♠.
♦ Authentique représentant des années folles avec zinc, banquettes et décor de bistrot patiné. On y propose une belle carte des vins et une cuisine traditionnelle.

✗ **Moissonnier,** 28 r. Fossés-St-Bernard (5e) Ⓜ *Jussieu* 𝒫 01 43 29 87 65, Fax 01 43 29 87 65
– ⒼⒷ   **K 15**
fermé août, dim. et lundi – **Repas** 23 (déj.)et carte 31 à 45 ⒴.
♦ Le décor typique de ce bistrot n'a pas changé depuis des lustres : zinc rutilant, murs patinés, banquettes... Cuisine d'ascendance lyonnaise et "pots" de beaujolais.

✗ **Allard,** 1 r.de l'Eperon (6e) Ⓜ *St Michel* 𝒫 01 43 26 48 23, Fax 01 46 33 04 02 – 🗏. 🖭 ⓞ
ⒼⒷ ⒿⒸⒷ   **J 14**
fermé 1er au 23 août et dim. – **Repas** (22,90) - 30,50 et carte 43 à 75.
♦ Recettes façon grand-mère, atmosphère conviviale, zinc d'époque, gravures et tableaux illustrant des scènes de la vie bourguignonne font le charme de ce bistrot 1900.

✗ **Bistrot de la Catalogne,** 4 cour du Commerce St-André (6e) Ⓜ *Odéon*
𝒫 01 55 42 16 19, *tourisme@maisondelacatalogne.com*, Fax 01 55 42 16 33 – 🖭 ⓞ ⒼⒷ.
⋙   **K 13**
fermé août, dim. et lundi – **Repas** 12 (déj.), 15/19 et carte 32 à 48.
♦ La Maison de la Catalogne occupe cette bâtisse du 18e s. nichée dans une ruelle pavée. Ambiance très décontractée, formules tapas et autres spécialités de la province.

✗ **Bauta,** 129 bd Montparnasse (6e) Ⓜ *Vavin* 𝒫 01 43 22 52 35, Fax 01 43 22 10 99 – 🖭 ⓞ
ⒼⒷ ⒿⒸⒷ   **M 12**
fermé août, sam. midi et dim. – **Repas** (16,90 bc) - 23,20 (déj.)et carte 44 à 61 ⒴.
♦ Décoration foisonnante à base de "bautas" (masques), gravures et bibelots évoquant la Cité des Doges et son célèbre carnaval. Cuisine "cent pour cent" vénitienne.

✗ **Coco de Mer,** 34 bd St-Marcel (5e) Ⓜ *St Marcel* 𝒫 01 47 07 06 64, *frichot@seychelles-save
urs.com* – 🖭 ⒼⒷ   **M 16**
fermé août, lundi midi et dim. – **Repas** 23/30.
♦ Mare de la grisaille ? Direction les Seychelles : ti-punch pieds nus dans le sable fin de la véranda et recettes des îles d'où l'on fait arriver le poisson chaque semaine.

✗ **Au Moulin à Vent,** 20 r. Fossés-St-Bernard (5e) Ⓜ *Jussieu* 𝒫 01 43 54 99 37,
Fax 01 40 46 92 23 – ⓞ ⒼⒷ. ⋙   **K 15**
fermé 1er au 23 août, 24 déc. au 3 janv., sam. midi, dim. et lundi – **Repas** carte 38 à 50.
♦ Depuis 1948, rien n'a changé dans ce décor de bistrot parisien ; le joli décor "rétro" s'est patiné avec les ans et la cuisine traditionnelle s'est enrichie de spécialités de viandes.

✗ **Rôtisserie d'en Face,** 2 r. Christine (6e) Ⓜ *Odéon* 𝒫 01 43 26 40 98, *rotisface@aol.com*,
Fax 01 43 54 22 71 – 🗏. 🖭 ⓞ ⒼⒷ ⒿⒸⒷ   **J 14**
fermé sam. midi et dim. – **Repas** (24) - 27 (déj.), 39/56 et carte 39 à 65.
♦ En face de quoi ? Du restaurant de Jacques Cagna qui a créé ici un sympathique "bistrot de chef". Cadre aux tons ocre, sobrement élégant. Ambiance décontractée.

✗ **Les Bouchons de François Clerc,** 12 r. Hôtel Colbert (5e) Ⓜ *Maubert Mutualité*
𝒫 01 43 54 15 34, Fax 01 46 34 68 07 – 🖭 ⒼⒷ ⒿⒸⒷ   **K 15**
fermé sam. midi et dim. – **Repas** (30) - 41 ♠.
♦ Peu d'espace dans cette maison du vieux Paris (17e s.), mais quel charme ! La salle à manger principale est ornée d'un tournebroche. Belle carte des vins à prix sages.

✗ **Rôtisserie du Beaujolais,** 19 quai Tournelle (5e) Ⓜ *Maubert Mutualité*
𝒫 01 43 54 17 47, Fax 01 56 24 43 71 – 🗏. ⒼⒷ   **K 15**
fermé lundi – **Repas** carte 34 à 55 ⒴.
♦ Cette rôtisserie au décor de bistrot offre un plaisant coup d'oeil sur les quais de la Seine. Plats traditionnels, quelquefois lyonnais, et belle sélection de beaujolais.

✗ **Buisson Ardent,** 25 r. Jussieu (5e) Ⓜ *Jussieu* 𝒫 01 43 54 93 02, Fax 01 46 33 34 77, 斎 –
🖭 ⓞ ⒼⒷ   **L 15**
fermé août, sam. et dim. – **Repas** 15 (déj.), 28/35 bc et carte 30 à 41 ⒴.
♦ Ambiance bon enfant en ce petit restaurant de quartier fréquenté à midi par les universitaires de Jussieu. Fresques originales datant de 1923. Plats traditionnels.

✗ **Balzar,** 49 r. Écoles (5e) Ⓜ *Cluny la Sorbonne* 𝒫 01 43 54 13 67, Fax 01 44 07 14 91 – 🗏. 🖭
ⒼⒷ ⒿⒸⒷ   **K 14**
Repas carte 35 à 38.
♦ Une "institution" à deux pas de la Sorbonne : cette brasserie est devenue, avec son immuable cadre 1930, la "cantine" des universitaires et intellectuels du Quartier latin.

✕ **Cafetière**, 21 r. Mazarine (6ᵉ) Ⓜ *Odéon* ℰ 01 46 33 76 90, *Fax 01 43 25 76 90* – ▣. ᴬᴱ ⓞ
ⒼⒷ, ✺   **J 13**
fermé août, vacances de Noël, dim. et lundi – **Repas** 20 (déj.) et carte 35 à 50.
♦ Cadre de bistrot égayé d'une originale collection de vieilles cafetières émaillées. La salle est
située à l'étage est plus grande et plus calme. Cuisine à dominante corse.

✕ **Ma Cuisine**, 26 bd St-Germain (5ᵉ) Ⓜ *Maubert - Mutualité* ℰ 01 40 51 08 27,
Fax 01 40 51 08 52 – ⒼⒷ   **K 15**
fermé 10 au 20 août – **Repas** 32 bc et carte 36 à 54.
♦ L'enseigne revendique une cuisine traditionnelle maison, mitonnée par le patron. Salle à
manger fraîchement égayée de tons pastel et d'un mobilier bistrot.

✕ **Marmite et Cassolette**, 157 bd Montparnasse (6ᵉ) Ⓜ *Port Royal* ℰ 01 43 26 26 53,
Fax 01 43 26 43 40 – ⒼⒷ   **M 13**
fermé 15 au 31 août, sam. midi et dim. – **Repas** (15,50) - 19,50 et carte 25 à 48.
♦ Restaurant familial situé entre l'Observatoire et le jardin du Luxembourg. Mobilier bistrot, lambris, tons ensoleillés et véranda. Plats traditionnels et du Sud-Ouest.

✕ **Reminet**, 3 r. Grands Degrés (5ᵉ) Ⓜ *Maubert Mutualité* ℰ 01 44 07 04 24 – ⒼⒷ   **K 15**
fermé 9 au 29 août, 15 au 28 fév., mardi et merc. – **Repas** 17 (sauf week-end) et carte 32 à
50.
♦ À deux pas des quais et de Notre-Dame, salle de restaurant tout en longueur, dont le
cadre bistrot s'égaye de jeux de lumière créés par lustres, bougies et miroirs.

✕ **Chez Marcel**, 7 r. Stanislas (6ᵉ) Ⓜ *Notre Dame des Champs* ℰ 01 45 48 29 94 – ⒼⒷ   **L12**
fermé août, sam. et dim. – **Repas** (14) - carte 27 à 37 ⓨ.
♦ Une vraie adresse de quartier avec son décor patiné par le temps (banquettes, cuivres,
vieux bibelots) et son esprit "bouchon". Généreuse cuisine aux accents lyonnais.

✕ **Ze Kitchen Galerie**, 4 r. Grands Augustins (6ᵉ) Ⓜ *St Michel* ℰ 01 44 32 00 32, *zekitchen.g
alerie@wanadoo.fr, Fax 01 44 32 00 33* – ▣. ᴬᴱ ⓞ ⒼⒷ ᴶᶜᴮ   **J 14**
fermé sam. midi et dim. – **Repas** (21) - 32 (déj.) et carte 43 à 55.
♦ Ze Kitchen est "Ze" adresse "tendance" des quais rive gauche : cadre épuré égayé
d'oeuvres d'artistes contemporains, mobilier design et cuisine "mode" élaborée sous vos
yeux.

✕ **Palanquin**, 12 r. Princesse (6ᵉ) Ⓜ *Mabillon* ℰ 01 43 29 77 66, *info@lepalanquin.com* – ▣.
ⒼⒷ   **K 13**
fermé 9 au 22 août, lundi midi et dim. – **Repas** 12,50 (déj.), 20,70/26,90 et carte 26 à 33.
♦ Point de "palanquin", mais quelques notes orientales rappelant que dans ce cadre
rustique aux pierres et poutres apparentes, on savoure une cuisine vietnamienne.

✕ **Table de Fès**, 5 r. Ste-Beuve (6ᵉ) Ⓜ *Notre Dame des Champs* ℰ 01 45 48 07 22 – ▣.
ⒼⒷ   **L 12**
fermé 25 juil. au 29 août et dim. – **Repas** (dîner seul.) carte 44 à 55.
♦ Derrière la discrète devanture, deux petites salles de restaurant au cadre soigné, agrémenté d'objets provenant du Maroc. Authentique cuisine du pays.

✕ **Pré Verre**, 8 r. Thénard (5ᵉ) Ⓜ *Maubert-Mutualité* ℰ 01 43 54 59 47 – ▣. ⒼⒷ   **K 14**
Repas (12) - 25 ⓨ.
♦ Plats actuels sagement épicés, vins sélectionnés, décor de bistrot moderne, ambiance
animée et prix très sages : l'inventaire à la Pré Verre justifie que l'on s'y précipite !

✕ **Petit Pontoise**, 9 r. Pontoise (5ᵉ) Ⓜ *Maubert Mutualité* ℰ 01 43 29 25 20,
Fax 01 43 25 35 93 – ▣. ᴬᴱ ⒼⒷ   **K 15**
fermé dim. et lundi en juil.-août – **Repas** carte 30 à 45 ⓨ.
♦ À deux pas des quais de la Seine et de Notre-Dame, bistrot de quartier décoré dans le
style des années 1950. Plats présentés sur ardoise. Clientèle d'habitués.

✕ **Lhassa**, 13 r. Montagne Ste-Geneviève (5ᵉ) Ⓜ *Maubert Mutualité* ℰ 01 43 26 22 19,
ⓔⓢ *Fax 01 42 17 00 08* – ⒼⒷ   **K 15**
fermé lundi – **Repas** 11 (déj.), 13/21 et carte 18 à 30 ⓨ.
♦ Comme son nom le laisse deviner, petit restaurant entièrement dédié au Tibet : tissus
colorés, objets artisanaux, photos du dalaï-lama et plats typiques du pays.

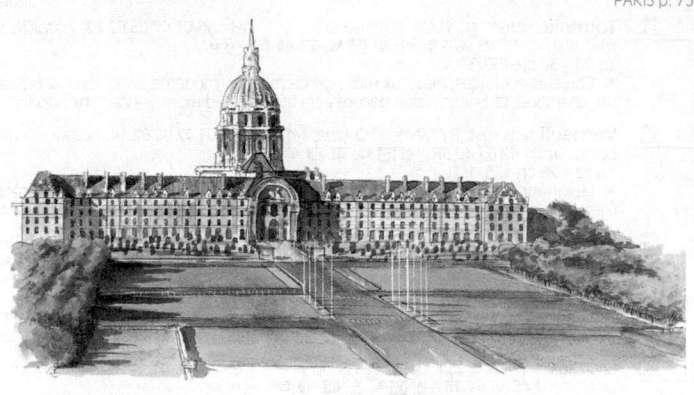

Faubourg St-Germain
Invalides - École Militaire

7ᵉ arrondissement

7ᵉ : ✉ 75007

Pont Royal sans rest, 7 r. Montalembert ⓤ *Rue du Bac* ℘ 01 42 84 70 00, *hpr@hotel-pon t-royal.com*, Fax 01 42 84 71 00, – ≡ – 35. ⓞ **J 12**
☐ 26 – **64 ch** 370/420, 11 suites.
◆ Tons audacieux et boiseries en acajou dans les chambres : on peut vouloir vivre la bohème germanopratine tout en appréciant le confort d'un "hôtel littéraire" raffiné !

Duc de Saint-Simon ⨷ sans rest, 14 r. St-Simon ⓤ *Rue du Bac* ℘ 01 44 39 20 20, *duc.d e.saint.simon@wanadoo.fr*, Fax 01 45 48 68 25 – ⓞ . **J 11**
☐ 15 – **29 ch** 245/280, 5 suites.
◆ Couleurs gaies, boiseries, objets et meubles anciens : l'atmosphère est celle d'une belle demeure d'autrefois. Accueil courtois et quiétude ajoutent à la qualité du lieu.

Montalembert, 3 r. Montalembert ⓤ *Rue du Bac* ℘ 01 45 49 68 68, *welcome@montale mbert.com*, Fax 01 45 49 69 49, – ≡ – 20. ⓞ **J 12**
Repas carte 50 à 69 – ☐ 20 – **48 ch** 340/430, 8 suites.
◆ Bois sombres, cuirs, verre, acier, coloris tabac, prune, lilas, etc. : les chambres réunissent tous les ingrédients de la contemporanéité. Salle à manger au cadre design, terrasse protégée par un rideau de buis et cuisine "en deux tailles"... selon l'appétit !

K + K Hotel Cayré sans rest, 4 bd Raspail ⓤ *Rue du Bac* ℘ 01 45 44 38 88, *reservations@ kkhotels.fr*, Fax 01 45 44 98 13 – ≡ . ⓞ . **J 12**
☐ 20 – **125 ch** 330/388.
◆ Espace, bonne insonorisation et équipements complets sont les atouts de cet hôtel situé sur une avenue passante. Confortable salon garni de profonds fauteuils grèges.

Bourgogne et Montana sans rest, 3 r. Bourgogne ⓤ *Assemblée Nationale* ℘ 01 45 51 20 22, *bmontana@bourgogne-montana.com*, Fax 01 45 56 11 98 – ≡ . ⓞ **H 11**
28 ch ☐ 165/305, 4 suites.
◆ Raffinement et esthétisme imprègnent chaque pièce de ce discret hôtel daté du 18ᵉ s. Les chambres du dernier étage ménagent une superbe perspective sur le Palais-Bourbon.

🏠 **Tourville** sans rest, 16 av. Tourville ◎ *Ecole Militaire* ℰ 01 47 05 62 62, *hotel@tourville.co m*, Fax 01 47 05 43 90 – |‡| 🔆 ▤ 📺 ℃, 🖭 ◑ ⊖⊟ ᴊᴄʙ   **J 9**
⬜ 20 – **30 ch** 150/310.
♦ Couleurs acidulées, heureux mélange de mobilier moderne et de style et tableaux dans des chambres raffinées. Salon décoré par l'atelier David Hicks. Service attentionné.

🏠 **Verneuil** sans rest, 8 r. Verneuil ◎ *Musée d'Orsay* ℰ 01 42 60 82 14, *hotelverneuil@wanad oo.fr*, Fax 01 42 61 40 38 – |‡| 📺 ℃, 🖭 ◑ ⊖⊟, ⌖   **J 12**
⬜ 12 – **26 ch** 125/190.
♦ Vieil immeuble du "carré rive gauche" aménagé dans l'esprit d'une maison particulière. Élégantes chambres (gravures). Au n° 5 bis, un mur tagué signale la maison de Gainsbourg.

🏠 **Lenox Saint-Germain** sans rest, 9 r. Université ◎ *St-Germain des Prés* ℰ 01 42 96 10 95, *hotel@lenoxsaintgermain.com*, Fax 01 42 61 52 83 – |‡| ▤ 📺 ℃, 🖭 ◑ ⊖⊟ ᴊᴄʙ, ⌖   **J 12**
⬜ 12,50 – **29 ch** 120/160, 5 suites.
♦ Un luxe discret s'est glissé dans ces chambres, pas très grandes mais joliment aménagées. Fresques "égyptiennes" dans la salle des petits-déjeuners. Bar de style Art déco.

🏠 **d'Orsay** sans rest, 93 r. Lille ◎ *Solférino* ℰ 01 47 05 85 54, *hotel.orsay@esprit-de-france.c om*, Fax 01 45 55 51 16 – |‡| 📺 ℃, &, 🖭 ◑ ⊖⊟ ᴊᴄʙ, ⌖   **H 11**
⬜ 9 – **41 ch** 118/165.
♦ L'hôtel occupe deux beaux immeubles de la fin du 18e s. récemment rénovés. Jolies chambres personnalisées et chaleureux salon avec vue sur un charmant et verdoyant patio.

🏠 **Eiffel Park Hôtel** sans rest, 17 bis r. Amélie ◎ *Latour Maubourg* ℰ 01 45 55 10 01, *reserv ation@eiffelpark.com*, Fax 01 47 05 28 68 – |‡| 📺 ℃, 🖭 ◑ ⊖⊟, ⌖   **J 9**
⬜ 12 – **36 ch** 155/185.
♦ Les meubles peints "à l'ancienne" et les objets chinois et indiens vous plongeront dans une atmosphère exotique. Terrasse au dernier étage, très agréable l'été.

🏠 **Walt**, 37 av. de La Motte Picquet ◎ *Ecole Militaire* ℰ 01 45 51 55 83, *lewalt@inwoodhotel.c om*, Fax 01 47 05 77 59, 😤 – |‡| 🔆 ▤ 📺 ℃ &, 🖭 ◑ ⊖⊟ ᴊᴄʙ, ⌖   **J 9**
Repas (24) - 28 ♀ – ⬜ 18 – **25 ch** 240/310.
♦ Un imposant portrait façon Renaissance à la tête du lit et des meubles contemporains font toute l'originalité des chambres de ce nouvel hôtel voisin de l'École militaire. Cadre moderne et coloré ou petite terrasse tranquille pour une cuisine au goût du jour.

🏠 **Les Jardins d'Eiffel** sans rest, 8 r. Amélie ◎ *Latour Maubourg* ℰ 01 47 05 46 21, *paris@h oteljardinseiffel.com*, Fax 01 45 55 28 08 – |‡| 🔆 ▤ 📺 ℃ 🚗, 🖭 ◑ ⊖⊟ ᴊᴄʙ, ⌖   **H 9**
⬜ 14 – **80 ch** 133/161.
♦ Dans une rue calme, établissement récemment agrandi où l'on choisira plutôt les chambres de l'annexe, gaiement colorées et donnant parfois sur le jardin intérieur.

🏠 **Relais Bosquet** sans rest, 19 r. Champ-de-Mars ◎ *Ecole Militaire* ℰ 01 47 05 25 45, *hotel @relaisbosquet.com*, Fax 01 45 55 08 24 – |‡| ▤ 📺 ℃, 🖭 ◑ ⊖⊟ ᴊᴄʙ   **J 9**
⬜ 10,50 – **40 ch** 130/165.
♦ Cet hôtel discret dissimule un intérieur joliment meublé dans le style Directoire. Chambres rénovées, toutes décorées avec le même souci du détail, et délicates attentions.

🏠 **Timhôtel Invalides** sans rest, 35 bd La Tour Maubourg ◎ *Latour Maubourg* ℰ 01 45 56 10 78, *invalides@timhotel.fr*, Fax 01 47 05 65 08 – |‡| 🔆 ▤ 📺 ℃, 🖭 ◑ ⊖⊟ ᴊᴄʙ   **H 10**
⬜ 10 – **30 ch** 185/265.
♦ Dominante de rouge brique et de blanc, meubles de style Louis XVI et reproductions de tableaux impressionnistes caractérisent les chambres de cet immeuble du 19e s.

🏠 **Muguet** sans rest, 11 r. Chevert ◎ *Ecole Militaire* ℰ 01 47 05 05 93, *muguet@wanadoo.fr*, Fax 01 45 50 25 37 – |‡| 🔆 ▤ 📺 ℃, 🖭 ⊖⊟, ⌖   **J 9**
⬜ 8 – **48 ch** 97/105.
♦ Adresse nichée dans une rue tranquille. Hall contemporain et chambres dotées d'un mobilier de style Louis-Philippe (trois ont vue sur la tour Eiffel ou les Invalides).

🏠 **Splendid** sans rest, 29 av. Tourville ◎ *Ecole Militaire* ℰ 01 45 51 29 29, *splendid@club-inte rnet.fr*, Fax 01 44 18 94 60 – |‡| 📺 ℃ &, 🖭 ◑ ⊖⊟ ᴊᴄʙ   **J 9**
⬜ 12 – **48 ch** 140/180.
♦ Immeuble haussmannien abritant d'élégantes chambres garnies d'un sobre mobilier contemporain. Aux derniers étages, certaines ont vue sur la tour Eiffel.

🏠 **Londres Eiffel** sans rest, 1 r. Augereau ◎ *Ecole Militaire* ℰ 01 45 51 63 02, *info@londres-eiffel.com*, Fax 01 47 05 28 96 – |‡| 📺 ℃, 🖭 ◑ ⊖⊟ ᴊᴄʙ, ⌖   **J 8**
⬜ 10 – **30 ch** 99/140.
♦ Près des allées du Champ-de-Mars, hôtel aux couleurs ensoleillées et à l'ambiance "cosy". Le second bâtiment, accessible par une courette, dispose de chambres plus calmes.

🏨 **Cadran** sans rest, 10 r. Champ-de-Mars Ⓜ *Ecole Militaire* ℰ 01 40 62 67 00, *info@cadranho tel.com, Fax 01 40 62 67 13* – 📶 ✳ ≣ 📺 📞, 🆎 ⓪ 🅶🅱, ⅏   **J 9**
🛏 10 – **42 ch** 152/165.
* À deux pas du marché animé de la rue Clerc. Chambres modernes rehaussées de quelques touches d'inspiration Louis XVI. Salon en cuir agrémenté d'une cheminée du 17e s.

🏨 **St-Germain** sans rest, 88 r. Bac Ⓜ *Rue du Bac* ℰ 01 49 54 70 00, *info@hotel-saint-germai n.fr, Fax 01 45 48 26 89* – 📶 ≣ 📺 📞, 🆎 🅶🅱, ⅏   **J 11**
🛏 12 – **29 ch** 180/200.
* Empire, Louis-Philippe, design, objets anciens, peintures contemporaines : le charme de la diversité. Confortable bibliothèque, patio agréable en été.

🏨 **Derby Eiffel Hôtel** sans rest, 5 av. Duquesne Ⓜ *Ecole Militaire* ℰ 01 47 05 12 05, *info@d erbyeiffelhotel.com, Fax 01 47 05 43 43* – 📶 ✳ ≣ 📺, 🆎 ⓪ 🅶🅱   **J 9**
🛏 12 – **43 ch** 160/196.
* L'enseigne et le décor soigné évoquent le cheval : le matin vous verrez, côté place, les cavaliers s'entraîner dans la somptueuse cour d'honneur de l'École militaire.

🏨 **Varenne** sans rest, 44 r. Bourgogne Ⓜ *Varenne* ℰ 01 45 51 45 55, *info@hoteldevarennec om, Fax 01 45 51 86 63* – 📶 ≣ 📺 📞, 🆎 🅶🅱   **J 10**
🛏 9 – **24 ch** 117/147.
* Situation plutôt calme pour cet hôtel entièrement rénové garni de meubles de style Empire ou Louis XVI. En été, petits-déjeuners servis dans une courette verdoyante.

🏨 **France** sans rest, 102 bd La Tour Maubourg Ⓜ *Ecole Militaire* ℰ 01 47 05 40 49, *hoteldefra nce@wanadoo.fr, Fax 01 45 56 96 78* – 📶 📺 📞, 🆎 ⓪ 🅶🅱 🅹🅲🅱, ⅏   **J 9**
🛏 8 – **60 ch** 72/92.
* Établissement composé de deux bâtiments abritant des chambres bien tenues et pro-gressivement revues. Côté rue, elles donnent sur l'Hôtel des Invalides.

🏨 **Champ-de-Mars** sans rest, 7 r. Champ-de-Mars Ⓜ *Ecole Militaire* ℰ 01 45 51 52 30, *stg@ club-internet.fr, Fax 01 45 51 64 36* – 📶 📺 📞, 🅶🅱, ⅏   **J 9**
🛏 6,50 – **25 ch** 69/80.
* Entre Champ-de-Mars et Invalides, petite adresse à l'atmosphère anglaise : façade vert sapin, chambres "cosy", décoration soignée style "Liberty". Un véritable "cocoon" !

🏨 **Bersoly's** sans rest, 28 r. Lille Ⓜ *Musée d'Orsay* ℰ 01 42 60 73 79, *bersolys@wanadoo.fr, Fax 01 49 27 05 55* – 📶 ≣ 📺 📞, 🆎 ⓪ 🅶🅱   **J 13**
fermé août – 🛏 10 – **16 ch** 100/130.
* Nuits impressionnistes dans un immeuble du 17e s. : chaque chambre rend hommage à un peintre dont les oeuvres sont exposées au musée d'Orsay voisin (Renoir, Gauguin...).

🏨 **L'Empereur** sans rest, 2 r. Chevert Ⓜ *Latour Maubourg* ℰ 01 45 55 88 02, *contact@hotel empereur.com, Fax 01 45 51 88 54*, ← – 📶 📞, 🆎 ⓪ 🅶🅱 🅹🅲🅱   **J 9**
🛏 8 – **38 ch** 80/100.
* Oublié, Waterloo ! La postérité a choisi : face au Dôme des Invalides qui abrite le tombeau de Napoléon, chambres rénovées dans le style Empire.

🏨 **Lévêque** sans rest, 29 r. Clerc Ⓜ *Ecole Militaire* ℰ 01 47 05 49 15, *info@hotel-leveque.co m, Fax 01 45 50 49 36* – 📶 ≣ 📺 📞, 🆎 🅶🅱, ⅏   **J 9**
🛏 7 – **50 ch** 56/106.
* Dans une pittoresque rue piétonne, petite adresse aux chambres pratiques et claires, idéale pour découvrir le Paris traditionnel. Salle des petits-déjeuners de style bistrot.

XXXX **Arpège** (Passard), 84 r. Varenne Ⓜ *Varenne* ℰ 01 45 51 47 33, *arpege.passard@wanadoo.f
🕸🕸🕸 r, Fax 01 44 18 98 39* – ≣, 🆎 ⓪ 🅶🅱   **J 10**
fermé sam. et dim. – **Repas** 300 et carte 170 à 230.
* Élégance contemporaine : bois précieux et décor de verre signé Lalique, assortie à l'éblouissante cuisine "légumière" d'un chef poète du terroir. Le triomphe du potager !
Spéc. "Collection légumière". Dragée de pigeonneau à l'hydromel. Tomate confite farcie aux douze saveurs (dessert).

XXXX **Le Divellec**, 107 r. Université Ⓜ *Invalides* ℰ 01 45 51 91 96, *ledivellec@noos.fr,
🕸🕸 Fax 01 45 51 31 75* – ≣ 🍽🎸, 🆎 ⓪ 🅶🅱 🅹🅲🅱   **H 10**
fermé 20 juil. au 20 août, sam. et dim. – **Repas** 55 (déj.)/70 (déj.) et carte 115 à 200.
* Cadre nautique chic : décor d'ondes sur verre dépoli, vivier à homards, tonalité bleu-blanc. Belle cuisine de la mer à base de produits venus directement de l'Atlantique.
Spéc. Huîtres spéciales à la laitue de mer. Homard bleu à la presse avec son corail. Turbot rôti à l'arête.

XXX
🕄 **Jules Verne**, 2ᵉ étage Tour Eiffel, ascenseur privé pilier sud Ⓜ *Bir Hakeim*
𝄞 01 45 55 61 44, *Fax 01 47 05 29 41*, ≤ Paris – 🍴 AE ⓪ GB JCB ⚬   **J 7**
Repas 53 (déj.)/120 et carte 100 à 130.
◆ Le décor de Slavik s'efface humblement devant le spectacle de la Ville lumière. Pour que le voyage soit vraiment extraordinaire, réservez une table près des baies.
Spéc. Persillé de langoustines, truffes et poireaux, foie gras. Saint-Jacques et fricassée de pigeon. Soufflé au praliné.

XXX
🕄 **Violon d'Ingres** (Constant), 135 r. St-Dominique Ⓜ *Ecole Militaire* 𝄞 01 45 55 15 05, *violondingres@wanadoo.fr, Fax 01 45 55 48 42* – 🍴 AE GB JCB   **J 8**
fermé 31 juil. au 23 août, dim. et lundi – **Repas** 39 (déj.), 80/110 et carte 80 à 100.
◆ Des boiseries réchauffent l'atmosphère de cette salle devenue le rendez-vous élégant de gourmets attirés par la cuisine très personnelle du virtuose qui officie au "piano".
Spéc. Foie gras de canard poêlé au pain d'épices. Suprême de bar croustillant aux amandes. Tatin de pied de porc caramélisée.

XXX
🕄 **Pétrossian**, 144 r. Université Ⓜ *Invalides* 𝄞 01 44 11 32 32, *Fax 01 44 11 32 35* – 🍴 AE ⓪ GB JCB   **H 10**
fermé 8 au 30 août, dim. et lundi – **Repas** 38 (déj.), 48/150 et carte 90 à 140 ♨.
◆ Les Pétrossian régalent les Parisiens du caviar de la Caspienne depuis 1920. À l'étage de la boutique, élégante salle de restaurant et cuisine inventive.
Spéc. Les ''Coupes du Tsar''. Tronçon de turbot, jus à l'arabica. Kyscielli (dessert).

XXX
Cantine des Gourmets, 113 av. La Bourdonnais Ⓜ *Ecole Militaire* 𝄞 01 47 05 47 96, *la.cantine@le-bourdonnais.com, Fax 01 45 51 09 29* – 🍴 AE GB JCB   **J 9**
Repas 40 (déj.), 52/80 et carte 80 à 110.
◆ Tons paille, fleurs blanches et jeux de miroirs : décor cossu et ambiance feutrée dans deux agréables salles à manger. Accueil charmant. Cuisine au goût du jour.

XXX
Maison des Polytechniciens, 12 r. Poitiers Ⓜ *Solférino* 𝄞 01 49 54 74 54, *info@maisondesx.com, Fax 01 49 54 74 84* – AE ⓪ GB JCB   **H 12**
fermé 25 juil. au 24 août, 23 déc. au 4 janv., sam., dim. et fériés – **Repas** 34/70 et carte 56 à 69.
◆ Même si les "corpsards" l'apprécient, nul besoin de sortir de la botte pour fréquenter la salle à manger du bel hôtel de Poulpry (1703), à deux pas du musée d'Orsay.

XXX
Petit Laurent, 38 r. Varenne Ⓜ *Rue du Bac* 𝄞 01 45 48 79 64, *Fax 01 45 44 15 95* – AE GB   **J 11**
fermé août, lundi midi, sam. midi et dim. – **Repas** 29 bc (déj.)/35 et carte 45 à 70 ♨.
◆ Ce restaurant feutré et discret est situé dans une rue bordée de magnifiques hôtels particuliers abritant ministères et ambassades. Cuisine au goût du jour.

XX
🕄 **Chamarré**, 13 bd La Tour-Maubourg Ⓜ *Invalides* 𝄞 01 47 05 50 18, *chantallaval@wanadoo.fr, Fax 01 47 05 91 21* – 🍴 AE GB JCB   **H 10**
fermé 9 au 22 août, sam. midi et dim. – **Repas** 40 (déj.), 80/100 et carte 70 à 100.
◆ Décor contemporain chic (boiseries exotiques), accueil aimable et cuisine associant avec brio saveurs françaises et mauriciennes (l'un des chefs est originaire de l'île).
Spéc. Bar en carpaccio, condiments mauriciens. Cochon de lait lardé au bois d'Inde, mousseline de banane plantain. Bringelles caramélisées au sucre "dark muscovado" de l'île Maurice.

XX
🕄 **Bellecour** (Goutagny), 22 r. Surcouf Ⓜ *Latour Maubourg* 𝄞 01 45 51 46 93, *Fax 01 45 50 30 11* – 🍴 AE ⓪ GB   **H 9**
fermé sam. midi et dim. – **Repas** 44.
◆ On se croirait presque place Bellecour avec les "lyonnaiseries" revisitées d'une carte par ailleurs très au goût du jour. Décor sobre mais élégant ; tables un peu serrées.
Spéc. Quenelle de brochet au coulis de langoustines. Truffière de Saint-Jacques (15 déc. au 15 avril). Lièvre à la cuillère (15 oct. au 15 déc.).

XX
Les Glénan, 54 r. Bourgogne Ⓜ *Varenne* 𝄞 01 45 51 61 09, *les-glenan@voila.fr, Fax 01 45 51 27 34* – 🍴 ⓪ GB JCB   **J 10**
fermé 23 au 28 déc., sam. et dim. – **Repas** (26) - 32/80 et carte 53 à 73 ♨.
◆ L'enseigne rend hommage à l'archipel breton et à sa fameuse école de voile. La cuisine opte pour les saveurs marines tandis que le décor fait un clin d'oeil au monde du vin.

XX
Récamier, 4 r. Récamier Ⓜ *Sèvres Babylone* 𝄞 01 45 48 87 87, *Fax 01 45 48 87 87*, 🌳 – 🍴 AE GB   **K 12**
fermé dim. – **Repas** carte 30 à 45 ♨.
◆ Grand choix de soufflés salés et sucrés en cette adresse "littéraire" où se retrouvent auteurs et éditeurs. La terrasse, au calme sans voitures, est agréable.

XX
Maison de l'Amérique Latine, 217 bd St-Germain Ⓜ *Solférino* 𝄞 01 49 54 75 10, *commercial@mal217.org, Fax 01 40 49 03 94*, 🌳, 🌴 – AE GB ⚬   **J 11**
fermé août, 23 déc. au 5 janv., sam., dim. et le soir d'oct. à avril – **Repas** 37/50.
◆ Cet hôtel particulier du 18ᵉ s. est réputé pour son idyllique terrasse ouverte sur un beau jardin. Cuisine au goût du jour et petit choix de vins sud-américains.

XXX ⍟ **Vin sur Vin**, 20 r.de Monttessuy ◎ *Ecole Militaire* ℰ 01 47 05 14 20 – ▤, **GB**　　H 8
fermé 1 au 26/08, 21/12 au 6/01, lundi sauf le soir de sept. à Pâques, sam.midi et dim. –
Repas (nombre de couverts limité, prévenir) carte 55 à 70 ⌖.
◆ Accueil aimable, élégant décor, délicieuse cuisine traditionnelle et carte des vins étoffée
(600 appellations) : vingt sur vingt pour ce restaurant proche de la tour Eiffel !
Spéc. Galette de pieds de cochon. Agneau de Lozère. Millefeuille au chocolat.

XX **Tante Marguerite**, 5 r. Bourgogne ◎ *Assemblée Nationale* ℰ 01 45 51 79 42, *tante.mar
guerite@wanadoo.fr, Fax 01 47 53 79 56* – ▤, **AE ① GB**　　　　　　　　　H 11
fermé août, sam. et dim. – **Repas** 34 (déj.), 40/58 et carte 49 à 68 ⌖.
◆ Cadre élégant et feutré, cuisine bourgeoise et beaucoup de succès pour ce restaurant
dont l'enseigne célèbre Marguerite de Bourgogne, fondatrice de l'hôtel Dieu de Tonnerre.

XX **Ferme St-Simon**, 6 r. St-Simon ◎ *Rue du Bac* ℰ 01 45 48 35 74, *fermestsimon@wanado
o.fr, Fax 01 40 49 07 31* – ▤, **AE ① GB**　　　　　　　　　　　　　　　　J 11
fermé 2 au 16 août, sam. midi et dim. – **Repas** 29 (déj.)/32 et carte 45 à 58 ⌖.
◆ Poutres, boiseries, chaleureuses tentures murales et mobilier de type bistrot
composent le cadre rajeuni de ce restaurant où l'on propose une cuisine au goût du jour.

XX **Claude Colliot**, 15 r. Babylone ◎ *Sèvres-Babylone* ℰ 01 45 49 14 40, *ccolliot@club-intern
et.fr, Fax 01 45 49 14 44* – ▤, **GB**, ⌖　　　　　　　　　　　　　　　　　K 11
fermé 10 au 20 août, 20 au 29 déc., sam. et dim. – **Repas** (28) - 35 bc/59 et carte 50 à 75,
enf. 13.
◆ Plaisante adresse à deux pas du Bon Marché. Le sobre décor contemporain des salles à
manger contraste avec la créativité de la cuisine du chef. Service attentif.

XX **New Jawad**, 12 av. Rapp ◎ *Ecole Militaire* ℰ 01 47 05 91 37, Fax 01 45 50 31 27 – ▤, **AE
① GB**　　　　　　　　　　　　　　　　　　　　　　　　　　　　　　　　H 8
Repas 16/23 et carte 27 à 43 ⌖.
◆ Spécialités culinaires pakistanaises et indiennes, service soigné et cadre cossu caractérisent ce restaurant situé à proximité du pont de l'Alma.

XX **Beato**, 8 r. Malar ◎ *Invalides* ℰ 01 47 05 94 27, *beato.rest@wanadoo.fr*, Fax 01 45 55 64 41
– ▤ ⌖, **AE GB JCB**　　　　　　　　　　　　　　　　　　　　　　　　H 9
fermé 18 juil. au 15 août, 24 déc. au 2 janv., sam. midi et dim. – **Repas** (21) - 25 (déj.) et carte
40 à 65 ⌖.
◆ Fresques, colonnes pompéiennes et sièges néo-classiques : décor italien version bourgeoise pour un restaurant chic. Plats de Milan, de Rome et d'ailleurs.

XX **Thiou**, 49 quai d'Orsay ◎ *Invalides* ℰ 01 40 62 96 50 – ▤ ⌖, **AE GB**　　　　H 9
fermé août, sam. midi et dim. – **Repas** carte 48 à 60 ⌖.
◆ Thiou est le surnom de la médiatique cuisinière de ce restaurant fréquenté par des
célébrités. Recettes thaïlandaises servies dans une confortable salle sagement exotique.

XX **Caffé Minotti**, 33 r. Verneuil ◎ *Rue du Bac* ℰ 01 42 60 04 04, *caffeminotti@wanadoo.fr*,
Fax 01 42 60 04 05 – ⌖ (soir). **AE ① GB**　　　　　　　　　　　　　　　J 12
fermé août, dim. et lundi – **Repas** carte 45 à 70.
◆ Toutes les saveurs et le soleil de l'Italie dans les recettes et la sélection des vins de ce
restaurant dont le décor opte pour le style contemporain minimaliste.

XX **Gaya Rive Gauche**, 44 r. Bac ◎ *Rue du Bac* ℰ 01 45 44 73 73, Fax 01 45 44 73 73 – **AE
GB**　　　　　　　　　　　　　　　　　　　　　　　　　　　　　　　　J 12
fermé 24 juil. au 24 août, dim. et lundi – **Repas** (31) - carte 58 à 82 ⌖.
◆ Une clientèle très "rive gauche" fréquente ce restaurant de frais produits de la mer.
Décoration marine de bon ton et sur la table, vaisselle signée Jean Cocteau.

XX **D'Chez Eux**, 2 av. Lowendal ◎ *Ecole Militaire* ℰ 01 47 05 52 55, Fax 01 45 55 60 74 – ▤.
AE ① GB　　　　　　　　　　　　　　　　　　　　　　　　　　　　　J 9
fermé 1ᵉʳ au 27 août et dim. – **Repas** (31) - 36 (déj.)et carte 48 à 64.
◆ Copieuses assiettes inspirées de l'Auvergne et du Sud-Ouest, ambiance "auberge provinciale" et serveurs en blouse : la recette séduit depuis plus de 40 ans !

XX **L'Esplanade**, 52 r. Fabert ◎ *Latour Maubourg* ℰ 01 47 05 38 80, Fax 01 47 05 23 75 – ▤
⌖. **AE GB**　　　　　　　　　　　　　　　　　　　　　　　　　　　　J 9
Repas carte 37 à 60 ⌖.
◆ Belle situation face aux Invalides pour l'une des adresses des frères Costes. Chaudes
tonalités et décor de boulets et canons inspiré par l'illustre voisinage.

XX **Tan Dinh**, 60 r. Verneuil ◎ *Musée d'Orsay* ℰ 01 45 44 04 84, Fax 01 45 44 36 93 – ▤　J 12
fermé 1ᵉʳ août au 1ᵉʳ sept. et dim. – **Repas** carte 42 à 51 ⌖.
◆ Rencontre surprenante à deux pas du musée d'Orsay : une cuisine vietnamienne au
goût du jour alliée à une riche carte de vins français. Hommage à Marguerite Duras ?

X ⍟ **Au Bon Accueil**, 14 r. Monttessuy ◎ *Alma Marceau* ℰ 01 47 05 46 11 – ▤, **GB**　　H 8
fermé sam. et dim. – **Repas** 27 (déj.)/31 (dîner)et carte 45 à 62.
◆ À l'ombre de la tour Eiffel, salle à manger de style actuel et petit salon attenant où l'on
sert une appétissante cuisine au goût du jour, sensible au rythme des saisons.

✗ **Nabuchodonosor,** 6 av. Bosquet ⓜ *Alma-Marceau* ℘ 01 45 56 97 26, *Fax 01 45 56 98 44*
– ▤, 🄰🄴 🄶🄱   H 9
fermé 3 au 24 août, sam. midi, dim. et fériés – **Repas** 26 (déj.)/29 et carte 32 à 47 ₤.
✦ L'enseigne célèbre la plus grosse bouteille de champagne existante. Murs terre de
Sienne, panneaux de chêne et nabuchodonosors à titre de décor. Cuisine du marché.

✗ **Bistrot de Paris,** 33 r. Lille ⓜ *Musée d'Orsay* ℘ 01 42 61 16 83, *Fax 01 49 27 06 09* –
⊡🅟 (soir). 🄰🄴 🄶🄱   J 12
fermé 15 juil. au 15 août, 24 déc. au 1ᵉʳ janv., sam. midi, lundi soir et dim. – **Repas** carte 29 à
54 ₤.
✦ Cet ancien "bouillon" eut André Gide pour pensionnaire. Le décor 1900 revu par Slavik
scintille de cuivres et miroirs. Tables serrées, cuisine "bistrotière".

✗ **Vin et Marée,** 71 av. Suffren ⓜ *La Motte Picquet Grenelle* ℘ 01 47 83 27 12, *vin.maree@w
anadoo.fr, Fax 01 43 06 62 35* – 🄰🄴 🄶🄱   K 8
Repas carte 34 à 50.
✦ Cadre moderne d'inspiration brasserie (banquettes, miroirs et cuivres) aux couleurs
marines. La carte, présentée sur ardoise, propose uniquement des produits de la mer.

✗ **Les Olivades,** 41 av. Ségur ⓜ *Ségur* ℘ 01 47 83 70 09, *Fax 01 42 73 04 75* – ▤. 🄰🄴 🄶🄱
🄹🄲🄱   K 9
fermé 4 au 27 août, sam. midi, lundi midi et dim. – **Repas** *(27)* - 32/55 et carte 51 à 65.
✦ Un lieu qui fleure bon l'huile d'olive, avec son appétissante cuisine d'inspiration méridionale. La salle à manger, fraîche, est ensoleillée de motifs provençaux.

✗ **Thoumieux** avec ch, 79 r. St-Dominique ⓜ *Latour-Maubourg* ℘ 01 47 05 49 75, *bthoumi
eux@aol.com, Fax 01 47 05 36 96* – ▤ rest, 📺 📞 ⊡🅟. 🄰🄴 🄶🄱   H 9
Repas 32 bc et carte 35 à 55 – ☲ 15 – **10 ch** 115/125.
✦ Authentique brasserie parisienne : vaste salle à manger aux tables alignées, avec banquettes rouges et miroirs. Côté cuisine, les préparations "en pincent" pour le Sud-Ouest.

✗ **Clos des Gourmets,** 16 av. Rapp ⓜ *Alma Marceau* ℘ 01 45 51 75 61, *Fax 01 47 05 74 20*
⊛ – 🄶🄱   H 8
fermé 10 au 25 août, dim. et lundi – **Repas** *(23)* - 27 (déj.)/32.
✦ Nombre d'habitués apprécient cette adresse discrète, tout juste redécorée dans des
tons ensoleillés. La carte, appétissante, varie en fonction du marché.

✗ **Maupertu,** 94 bd La Tour Maubourg ⓜ *Ecole Militaire* ℘ 01 45 51 37 96, *info@restaurant-
⊛ maupertu-paris.com, Fax 01 53 59 94 83* – 🄶🄱   J 10
fermé dim. soir – **Repas** *(21)* - 28 ₤.
✦ On vous installera face aux Invalides, dans une salle-véranda aux murs ensoleillés ou à
l'une des tables disposées sur le trottoir. Cuisine d'inspiration provençale.

✗ **Perron,** 6 r. Perronet ⓜ *St-Germain des Prés* ℘ 01 45 44 71 51, *Fax 01 45 44 71 51* – 🄰🄴
🄶🄱   J 12
fermé 4 au 24 août et dim. – **Repas** carte 36 à 48.
✦ Discrète trattoria au coeur de Saint-Germain-des-Prés. Cadre rustique avec pierres et
poutres apparentes. Cuisine italienne à dominante sarde et vénitienne.

✗ **Florimond,** 19 av. La Motte-Picquet ⓜ *Ecole Militaire* ℘ 01 45 55 40 38,
⊛ *Fax 01 45 55 40 38* – 🄶🄱   J 9
fermé 31 juil. au 22 août, 24 déc. au 4 janv., sam. midi et dim. – **Repas** 18,50 (déj.)/31,50 et
carte 38 à 51.
✦ Couleurs ensoleillées et boiseries décorent ce coquet restaurant de poche (non-
fumeurs) qui emprunte son nom au jardinier de Monet à Giverny. Goûteuse cuisine du
marché.

✗ **Pasco,** 74 bd La Tour Maubourg ⓜ *Latour-Maubourg* ℘ 01 44 18 33 26, *restaurant.pasco@
wanadoo.fr, Fax 01 44 18 34 06,* 🌫 – ▤ ⊡🅟. 🄰🄴 🄶🄱   J 9
Repas *(19)* - 24 et carte 34 à 50 ₤.
✦ Murs de briques, tons ocres et atmosphère décontractée au service d'une cuisine du
marché qui puise ses fondamentaux dans les recettes du répertoire méditerranéen.

✗ **Chez Collinot,** 1 r. P. Leroux ⓜ *Vaneau* ℘ 01 45 67 66 42 – 🄶🄱   K 11
fermé août, sam. et dim. – **Repas** *(19)* - 23.
✦ Accueil tout sourire et atmosphère conviviale en cette petite adresse à allure de bistrot,
où vous attend une cuisine de ménage "bien de chez nous".

✗ **Fontaine de Mars,** 129 r. St-Dominique ⓜ *Ecole Militaire* ℘ 01 47 05 46 44, *cafedelalma
@wanadoo.fr, Fax 01 47 05 11 13,* 🌫 – 🄰🄴 🄾 🄶🄱   J 9
Repas carte 34 à 66.
✦ L'enseigne de ce plaisant bistrot des années 1930 évoque la jolie fontaine voisine dédiée
au dieu guerrier. Terrasse sous les arcades ; cuisine traditionnelle et du Sud-Ouest.

✗ **Café de l'Alma,** 5 av. Rapp ⓜ *Alma Marceau* ℘ 01 45 51 56 74, *cafedelalma@wanadoo.fr,
Fax 01 45 51 10 08,* 🌫 – ▤. 🄰🄴 🄾 🄶🄱   H 8
Repas carte 36 à 63.
✦ Salle à manger chic et résolument contemporaine signée François Champsaur, la nou-
velle coqueluche de la décoration intérieure. Recettes au goût du jour et bourgeoises.

✗ **P'tit Troquet**, 28 r. Exposition Ⓜ *Ecole Militaire* ℘ 01 47 05 80 39, *Fax 01 47 05 80 39 –*
🍴 ⒼⒷ. ❄
                                                                                                   J 9
fermé 1ᵉʳ au 23 août, sam. midi, lundi midi et dim. – **Repas** (nombre de couverts limité,
prévenir) *(19,50)* - 28 ⓨ.
  ♦ Pour sûr, il est p'tit, ce bistrot ! Mais que d'atouts il renferme : cadre coquet agrémenté
de vieilles "réclames", ambiance sympathique, goûteuse cuisine du marché.

✗ **Miyako**, 121 r. Université Ⓜ *Invalides* ℘ 01 47 05 41 83, *Fax 01 45 55 13 18 –* 🍽. ⒶⒺ
🍴 ⒼⒷ
                                                                                                   H 9
fermé 1ᵉʳ au 23 août, sam.midi et dim. – **Repas** 12,20 (déj.), 14/25 bc et carte 36 à 50 ⓨ.
  ♦ Dans le quartier du Gros-Caillou, un petit voyage culinaire au pays du Soleil Levant, avec
des brochettes au charbon de bois et les inévitables - et très prisés - sushis.

✗ **L'Affriolé**, 17 r. Malar Ⓜ *Invalides* ℘ 01 44 18 31 33, *Fax 01 44 18 91 12 –* ⒼⒷ   **H 9**
fermé août, vacances de Noël, dim. et lundi – **Repas** *(20 bc)* - 29 (déj.)/32.
  ♦ Des suggestions annoncées sur l'ardoise du jour et un menu-carte qui change tous les
mois : le chef de ce bistrot suit de près les arrivages du marché... et les saisons !

✗ **Léo Le Lion**, 23 r. Duvivier Ⓜ *Ecole Militaire* ℘ 01 45 51 41 77 – ⒼⒷ   **J 9**
fermé août, 25 déc. au 1ᵉʳ janv., dim. et lundi – **Repas** carte 29 à 45.
  ♦ Bistrot des années 1930 et son gril à feu de bois. Dans l'assiette, le poisson se taille la part
du lion toute l'année et, en saison, le gibier invite à rugir de plaisir !

✗ **Apollon**, 24 r. J. Nicot Ⓜ *Latour Maubourg* ℘ 01 45 55 68 47, *Fax 01 47 05 13 60*   **H 9**
fermé 20 déc. au 10 janv et dim. – **Repas** *(17)* - 27 et carte 35 à 40.
  ♦ L'enseigne ne vous convainc pas de l'hellénisme de ce restaurant ? Voyez la salle à
manger, sobrement décorée dans les tons bleus, et goûtez donc à sa cuisine si typique !

Champs-Élysées
St-Lazare - Madeleine

8ᵉ arrondissement

8ᵉ : ✉ 75008

Plaza Athénée, 25 av. Montaigne Ⓜ *Alma Marceau* ℰ 01 53 67 66 65, *reservation@plaza-athenee-paris.com*, Fax 01 53 67 66 66, 🌳, ₣₅ – 📶 ✦ ▤ 🆃🆅 ✆ – 🔏 20 à 60. 🅰🅴 ⓪ ☖
🥢
G 9
voir rest. *Alain Ducasse au Plaza Athénée* et *Relais Plaza* ci-après *La Cour Jardin*
(terrasse) ℰ 01 53 67 66 02 *(mi-mai-mi-sept.)* **Repas** carte 70 à 95 – 😄 45 – **145 ch**
680/1010, 43 suites.
◆ Styles classique ou Art déco dans les chambres luxueusement rénovées, thés "musicaux" à la galerie des Gobelins, étonnant bar design : le palace parisien par excellence ! À la belle saison, on ouvre la charmante et verdoyante terrasse de la Cour Jardin.

Four Seasons George V, 31 av. George V Ⓜ *George V* ℰ 01 49 52 70 00, *par.lecinq@fc*
urseasons.com, Fax 01 49 52 70 10, 😄, ₣₅, 🔲 – 📶 ✦ ▤ 🆃🆅 ✆ ₺ – 🔏 30 à 240. 🅰🅴 ⓪ ☖
🥢
F 8
voir rest. *Le Cinq* ci-après- **- Galerie d'Été** ℰ01 49 52 70 06 **Repas** carte 100 à 120 ☿ –
😄 30 – **184 ch** 565/890, 61 suites.
◆ Entièrement refait dans le style du 18ᵉ s., le "V" dispose de chambres luxueuses et immenses (pour Paris s'entend), de belles collections d'oeuvres d'art et d'un spa superbe. Les tables de La Galerie d'Été sont dressées dans la ravissante cour intérieure.

Bristol, 112 r. Fg St-Honoré Ⓜ *Miromesnil* ℰ 01 53 43 43 00, *resa@lebristolparis.com*,
Fax 01 53 43 43 01, 😄, ₣₅, 🔲, 🌳 – 📶, ▤ ch, 🆃🆅 ✆ 🚗 – 🔏 30 à 100. 🅰🅴 ⓪ ☖ 🥢
🏊
F 10
voir rest. *Bristol* ci-après – 😄 46 – **143 ch** 620/730, 32 suites.
◆ Palace de 1925 agencé autour d'un magnifique jardin. Luxueuses chambres, principalement de style Louis XV ou Louis XVI, et exceptionnelle piscine "bateau" au dernier étage.

Crillon, 10 pl. Concorde ⓦ *Concorde* ℰ 01 44 71 15 00, *crillon@crillon.com*, Fax 01 44 71 15 02, *Ⅰ₅* – ▯ ≡ ⚄ 🖃 TV 📞 – ▦ 30 à 60. 🖭 ⓪ GB JCB   **G 11**
voir rest. *Les Ambassadeurs* et *L'Obélisque* ci-après – ☲ 45 – **103 ch** 665/865, 44 suites.
◆ Les salons de cet hôtel particulier du 18e s. ont conservé leur fastueuse ornementation. Les chambres, habillées de boiseries, sont magnifiques. Le palace à la française !

Prince de Galles, 33 av. George-V ⓦ *George V* ℰ 01 53 23 77 77, *hotel_prince_de_galles @sheraton.com*, Fax 01 53 23 78 78, 🍽 – ▯ ≡ ⚄ 🖃 TV 📞 – ▦ 25 à 100. 🖭 ⓪ GB JCB, ✹ rest   **G 8**
Jardin des Cygnes ℰ 01 53 23 78 50 **Repas** 47/66 ♈, enf. 7 ♈ – ☲ 33 – **138 ch** 590/740, 30 suites.
◆ C'est à l'intérieur que ce luxueux hôtel de l'entre-deux-guerres dévoile son style Art déco, à l'image du patio en mosaïque. Chambres décorées avec un goût sûr. Au Jardin des Cygnes, salle (jolie fontaine) à l'atmosphère aristocratique et belle cour-terrasse.

Royal Monceau, 37 av. Hoche ⓦ *Ch. de Gaulle-Etoile* ℰ 01 42 99 88 00, *reservations@ro yalmonceau.com*, Fax 01 42 99 89 90, ⓦ, *Ⅰ₅*, ⚄ – ▯ ≡ ⚄ 🖃 TV 📞 – ▦ 25 à 100. 🖭 ⓪ GB JCB, ✹   **E 8**
voir rest. *Le Jardin* et *Carpaccio* ci-après – ☲ 40 – **155 ch** 430/480, 47 suites.
◆ Marbre, cristal, escalier monumental... Le spacieux hall-salon est le joyau de ce palace des années 1920. Chambres raffinées. Centre de remise en forme complet. Squash.

Lancaster, 7 r. Berri ⓦ *George V* ℰ 01 40 76 40 76, *reservations@hotel-lancaster.fr*, Fax 01 40 76 40 00, 🍽, *Ⅰ₅*, – ▯ ≡ ⚄ 🖃 TV 📞 ✹ ✹   **F 9**
Repas (résidents seul.) carte 55 à 80 – ☲ 28 – **45 ch** 470/520, 11 suites.
◆ B. Pastoukhoff payait ses séjours en peignant des tableaux, contribuant à enrichir l'élégant décor de cet ancien hôtel particulier qu'appréciait aussi Marlène Dietrich.

Vernet, 25 r. Vernet ⓦ *Ch. de Gaulle-Etoile* ℰ 01 44 31 98 00, *reservation@hotelvernet.co m*, Fax 01 44 31 85 69 – ▯ ≡ ⚄ 🖃 📞 🖭 ⓪ GB JCB. ✹ rest   **F 8**
voir rest. *Les Élysées* ci-après – ☲ 35 – **42 ch** 420/1200, 9 suites.
◆ Belle façade en pierres de taille, agrémentée de balcons en fer forgé, d'un immeuble des années folles. Chambres de style Empire ou Louis XVI. Grill-bar "branché".

Sofitel Astor, 11 r. d'Astorg ⓦ *Saint-Augustin* ℰ 01 53 05 05 05, Fax 01 53 05 05 30, *Ⅰ₅* – ▯ 🍽, ≡ ch, 🖃 TV 📞 &. 🖭 ⓪ GB JCB. ✹ rest   **F 11**
L'Astor ℰ 01 53 05 05 20 (*fermé 31 juil. au 29 août, sam., dim. et fériés*) **Repas** 55/98, enf. 25 ♈ – ☲ 25 – **130 ch** 370/737, 4 suites.
◆ Styles Regency et Art déco revisités : un mariage pour le meilleur seulement, qui a donné naissance à un hôtel "cosy" apprécié d'une clientèle sélecte. Élégante salle à manger ovale aux tons clairs garnie de meubles en bois foncé de style Directoire.

San Régis, 12 r. J. Goujon ⓦ *Champs-Elysées-Clemenceau* ℰ 01 44 95 16 16, *message@h otel-sanregis.fr*, Fax 01 45 61 05 48 – ▯ ≡ 🖃 TV 📞. 🖭 ⓪ GB JCB. ✹   **G 9**
Repas (*fermé août*) carte 48 à 70 ♈ – ☲ 20 – **33 ch** 300/540, 11 suites.
◆ Hôtel particulier de 1857 fraîchement remanié : ravissantes chambres garnies de meubles chinés ici et là. Boutiques de haute couture à deux pas. Le restaurant du San Régis - une véritable bonbonnière - occupe un luxueux salon-bibliothèque feutré et confidentiel.

Le Faubourg Sofitel Demeure Hôtels, 15 r. Boissy d'Anglas ⓦ *Concorde* ℰ 01 44 94 14 14, *h1295@accor-hotels.com*, Fax 01 44 94 14 28, *Ⅰ₅* – ▯ 🍽 ≡ 🖃 TV 📞 &. 🚗, 🖭 ⓪ GB JCB.   **G 11**
Café Faubourg ℰ 01 44 94 14 24 (*fermé 1er au 15 août, dim. midi et sam.*) **Repas** carte 60 à 75 – ☲ 27 – **174 ch** 525/600.
◆ Ce Sofitel du "faubourg" est aménagé dans deux demeures des 18e et 19e s. Chambres équipées "high-tech", bar dans l'esprit des années 1930 et salon sous verrière. Décoration "tendance", reposant jardin intérieur et cuisine traditionnelle au Café Faubourg.

Sofitel Arc de Triomphe, 14 r. Beaujon ⓦ *Ch. de Gaulle-Etoile* ℰ 01 53 89 50 50, *h1296 @accor-hotels.com*, Fax 01 53 89 50 51 – ▯ ≡ 🖃 TV 📞 &. – ▦ 40. 🖭 ⓪ GB JCB   **F 8**
voir rest. *Clovis* ci-après – ☲ 27 – **134 ch** 550/885.
◆ L'immeuble est haussmannien, la décoration s'inspire du 18e s. et les aménagements sont du 21e s. Chambres élégantes ; tentez de réserver l'étonnante "concept room".

Hyatt Regency, 24 bd Malhesherbes ⓦ *Madeleine* ℰ 01 55 27 12 34, *madeleine@paris.h yatt.com*, Fax 01 55 27 12 35, *Ⅰ₅* – ▯ 🍽 ≡ 🖃 TV 📞 &. – ▦ 20. 🖭 ⓪ GB JCB. ✹ rest **F 11**
Café M (*fermé dim. midi et sam.*) **Repas** carte 45 à 65 – ☲ 28 – **81 ch** 515/575, 4 suites.
◆ Près de la Madeleine, façade discrète dissimulant un intérieur résolument contemporain, à la fois sobre et chaleureux. Café "M" comme : mobilier moderne, moquettes moelleuses, boiseries miel, multiples matériaux et plats mitonnés aux mille saveurs !

de Vigny, 9 r. Balzac ⓦ *Ch. de Gaulle-Etoile* ℰ 01 42 99 80 80, *reservation@hoteldevigny.c om*, Fax 01 42 99 80 40 – ▯ ≡ ch, 🖃 TV 📞 &. 🖭 ⓪ GB JCB   **F 8**
Baretto : **Repas** carte 47 à 66 ♈ – ☲ 25 – **26 ch** 395/540, 11 suites.
◆ Cet hôtel discret et raffiné, situé près des Champs-Élysées, propose des chambres "cosy" personnalisées. Salon élégant et cossu où crépitent, l'hiver, de belles flambées. Ambiance chic et feutrée, cadre d'esprit Art déco et cuisine traditionnelle au Baretto.

Concorde St-Lazare, 108 r. St-Lazare ◎ *St Lazare* ℰ 01 40 08 44 44, stlazare@concorde
stlazare-paris.com, Fax 01 42 93 01 20 – 📶 ✸≡ 📺 – 🛝 250. 🝙 ⓞ 🆎 🆓   E 12
Café Terminus ℰ 01 40 08 43 30 Repas 33/47bc, enf. 12,50 ↓ – ☲ 24 – **254 ch** 360/450,
12 suites.
  ◆ Ce "palace ferroviaire" (il jouxte la gare St-Lazare) inauguré en 1889 a fait peau neuve.
Son hall majestueux - un joyau de l'école Eiffel - est joliment relooké. Décor d'esprit
brasserie au charme "rétro", et attrayante cuisine de bistrot au Café Terminus.

Marriott, 70 av. Champs-Élysées ◎ *Franklin-D.-Roosevelt* ℰ 01 53 93 55 00, mhrs.pardt.a
ys@marriotthotels.com, Fax 01 53 93 55 01, 🏦, 🎿 – 📶 ✸≡ 📺 📞 🛦 ⟲ – 🛝 15 à 165.
🝙 ⓞ 🆎 🆓 🛇   F 9
Pavillon ℰ 01 53 93 55 00 *(fermé sam.)* Repas 38 ⅋ – ☲ 29 – **174 ch** 540/815, 18 suites.
  ◆ Un Américain à Paris : efficacité d'outre-Atlantique et confort ouaté de chambres donnant pour partie sur les Champs. Traversez l'impressionnant atrium et vous voici au Pavillon
dont le décor (réverbères, fresques) évoque un vieux Paris façon Oncle Sam !

Balzac, 6 r. Balzac ◎ *George V* ℰ 01 44 35 18 00, reservation@hotelbalzac.com,
Fax 01 44 35 18 05 – 📶, ≡ ch, 📺 📞. 🝙 ⓞ 🆎 🆓   F 8
voir rest. *Pierre Gagnaire* ci-après – ☲ 25 – **56 ch** 330/460, 14 suites.
  ◆ L'écrivain s'éteignit au n° 22 de la rue. Élégantes chambres, salon sous verrière. Posez
vos valises et, comme Eugène de Rastignac, partez à la conquête de Paris !

Warwick, 5 r. Berri ◎ *George V* ℰ 01 45 63 14 11, resa.whparis@warwickhotels.com,
Fax 01 43 59 00 98 – 📶 ✸≡ 📺 📞 – 🛝 30 à 110. 🝙 ⓞ 🆎 🆓 🛇 rest   F 9
voir rest. *Le W* ci-après – ☲ 28 – **149 ch** 280/650.
  ◆ Chaleureuses étoffes, mobilier contemporain et murs garnis de tissus tendus participent à la récente métamorphose de cet hôtel qui a ouvert ses portes en 1981.

Napoléon, 40 av. Friedland ◎ *Ch. de Gaulle-Etoile* ℰ 01 56 68 43 21, napoleon@hotelnap
oleonparis.com, Fax 01 56 68 44 40 – 📶 ✸≡ 📺 📞 – 🛝 15 à 80. 🝙 ⓞ 🆎 🆓   F 8
Repas *(fermé août, le soir et week-end)* carte 40 à 57 ⅋ – ☲ 26 – **75 ch** 250/580, 26 suites.
  ◆ À deux pas de l'Étoile chère à l'Empereur, autographes, figurines et tableaux évoquent
sans fausse note l'épopée napoléonienne. Chambres de style Directoire ou Empire. Carte
traditionnelle servie dans le cadre feutré et "cosy" (belles boiseries) du restaurant.

California, 16 r. Berri ◎ *George V* ℰ 01 43 59 93 00, cal@hroy.com, Fax 01 45 61 03 62,
🏦 – 📶 ✸≡ 📺 📞 – 🛝 20 à 100. 🝙 ⓞ 🆎 🆓 🛇 rest   F 9
Repas *(fermé août, sam. et dim.)* (déj. seul.) 35/43 ⅋ – ☲ 25 – **158 ch** 380/430, 16 duplex.
  ◆ Les esthètes seront comblés : plusieurs milliers de tableaux ornent les murs de cet
ancien palace des années 1920. Autre collection : les 200 whiskies du piano-bar ! Un ravissant patio-terrasse (fontaine, mosaïques, verdure) prolonge la salle de restaurant.

Trémoille, 14 r. Trémoille ◎ *Alma Marceau* ℰ 01 56 52 14 00, reservation@hotel-tremoille
.com, Fax 01 40 70 01 08, 🎿, ☰ – ✸≡ 📺 📞 🛦 – 🛝 15. 🝙 ⓞ 🆎 🆓   G 9
Repas *(fermé dim.)* (29) - 36 (déj.)/55 ⅋ – ☲ 22 – **88 ch** 399/570, 5 suites.
  ◆ L'hôtel a fait peau neuve et arbore un décor contemporain - associant ancien et design -
réussi. Équipements de pointe et salles de bains en marbre et céramiques du Portugal.
Élégante salle à manger à l'atmosphère feutrée ; cuisine au goût du jour.

Château Frontenac sans rest, 54 r. P. Charron ◎ *George V* ℰ 01 53 23 13 13, hotel@hfr
ontenac.com, Fax 01 53 23 13 01 – 📶 ≡ 📺 📞 – 🛝 25. 🝙 ⓞ 🆎   G 9
☲ 22 – **92 ch** 255/285, 12 suites.
  ◆ Bel immeuble au cœur du Triangle d'Or. Chambres de style Louis XV, salles de bains en
marbre ou en travertin. Salle des petits-déjeuners revêtue de boiseries claires.

Meliá Royal Alma, 35 r. J. Goujon ◎ *Alma Marceau* ℰ 01 53 93 63 00, melia.royal.alma@s
olmelia.com, Fax 01 53 93 63 01 – 📶 ✸≡ 📺 📞 – 🛝 15. 🝙 ⓞ 🆎 🆓   G 9
Repas *(fermé août, sam., dim. et fériés)* (déj.seul) (20) - carte 29 à 51 ⅋ – ☲ 24 – **64 ch**
320/503.
  ◆ Décoration raffinée et mobilier ancien - avec une prédilection pour le style Empire - dans
les chambres récemment refaites. Suites avec terrasse panoramique au dernier étage.
Restauration simple et brunchs servis dans une véranda ouverte sur un joli jardinet.

Bedford, 17 r. de l'Arcade ◎ *Madeleine* ℰ 01 44 94 77 77, contact@hotel-bedford.com,
Fax 01 44 94 77 97 – 📶 ≡ 📺 📞 – 🛝 15 à 50. 🝙 ⓞ 🆎 🆓 🛇 rest   F 11
Repas *(fermé 2 au 29 août, sam. et dim.)* (déj. seul.) (29) - 37/39 ⅋ – ☲ 13 – **136 ch** 174/224,
10 suites.
  ◆ L'hôtel, construit en 1860 dans l'élégant quartier de la Madeleine, dispose de chambres
spacieuses, fonctionnelles et rénovées. Cadre 1900 avec profusion de motifs décoratifs en
stuc et belle coupole : la salle de restaurant est le vrai joyau du Bedford.

Montaigne sans rest, 6 av. Montaigne ◎ *Alma Marceau* ℰ 01 47 20 30 50, contact@hotel
-montaigne.com, Fax 01 47 20 94 12 – 📶 ≡ 📺 📞 🛦. 🝙 ⓞ 🆎 🆓   G 9
☲ 19 – **29 ch** 340/430.
  ◆ Grilles en fer forgé, belle façade fleurie et gracieux décor "cosy" font la séduction de cet
hôtel. L'avenue est conquise par les boutiques des grands couturiers.

Amarante Champs Élysées sans rest, 19 r. Vernet ⓦ *George V* 𝄐 01 47 20 41 73, *amarante-champs-elysees@jjwhotels.com*, Fax 01 47 23 32 15 – 🛗 ↦ 🔲 TV ✆ – 🔬 30. 🝰 ⓞ GB JCB
F 8

⌑ 25 – 42 ch 300/360.

◆ Une jolie marquise agrémente la pimpante façade de cet édifice en angle de rue. Meubles de style dans les chambres. Salon feutré, avec piano-bar et cheminée d'ambiance.

François 1er sans rest, 7 r. Magellan ⓦ *George V* 𝄐 01 47 23 44 04, *hotel@hotel-francois1er.fr*, Fax 01 47 23 93 43 – 🛗 ↦ 🔲 TV ✆ – 🔬 15. 🝰 ⓞ GB JCB
F 8

⌑ 21 – 40 ch 290/460.

◆ Marbre mexicain, moulures, bibelots chinés, meubles anciens et tableaux à foison : un décor luxueux et très réussi signé Pierre-Yves Rochon. Copieux petit-déjeuner (buffet).

Bradford Élysées sans rest, 10 r. St-Philippe-du-Roule ⓦ *St-Philippe du Roule* 𝄐 01 45 63 20 20, *hotel.bradford@astotel.com*, Fax 01 45 63 20 07 – 🛗 ↦ 🔲 TV. 🝰 ⓞ GB JCB. ✾
F 9

⌑ 21 – 50 ch 258/304.

◆ Cheminées en marbre, moulures, lits en laiton, décor "rétro" et cage d'ascenseur centenaire mariant acajou et fer forgé : un conservatoire de l'irrésistible charme parisien.

Royal sans rest, 33 av. Friedland ⓦ *Ch. de Gaulle-Etoile* 𝄐 01 43 59 08 14, *rh@royal-hotel.com*, Fax 01 45 63 69 92 – 🛗 🔲 TV ✆. 🝰 ⓞ GB JCB
F 8

⌑ 20 – 60 ch 270/470.

◆ Les chambres bénéficient d'une excellente insonorisation et d'un décor personnalisé (meubles de style, tissus choisis) ; certaines ménagent une échappée sur l'Arc de Triomphe.

Sofitel Champs-Élysées, 8 r. J. Goujon ⓦ *Champs Elysées Clemenceau* 𝄐 01 40 74 64 64, *h1184-re@accor-hotels.com*, Fax 01 40 74 79 66, 🍴 – 🛗 ↦ 🔲 TV ✆ ⟵ – 🔬 15 à 150. 🝰 ⓞ GB JCB
G 9

Les Signatures 𝄐 01 40 74 64 94 (déj. seul.)(fermé 23/07 au 22/08, 24/12 au 03/01, sam. et dim.). **Repas** (33)-45 ⌇ – ⌑ 24 – 40 ch 350/550.

◆ Hôtel particulier Second Empire partagé avec la Maison des Centraliens. Chambres revues dans le style contemporain ; équipées "dernier cri". Centre d'affaires. Cadre épuré et jolie terrasse au restaurant Les Signatures, fréquenté par le monde de la presse.

Radisson SAS Champs Élysées, 78 av. Marceau ⓦ *Ch. de Gaulle-Etoile* 𝄐 01 53 23 43 43, *reservations.paris@radissonsas.com*, Fax 01 53 23 43 44, 🍴 – 🛗 ↦ 🔲 TV ✆ 🚭 ⟵. 🝰 ⓞ GB. ✾
F 8

Repas (fermé sam., dim. et fériés) carte 59 à 77 ⌇ – ⌑ 27 – 46 ch 315.

◆ Un hôtel neuf aménagé dans un immeuble ayant appartenu à Louis Vuitton. Chambres contemporaines, équipements high-tech (TV à écran plasma) et insonorisation performante. On s'attable côté bar ou sur la terrasse d'été ; petite carte d'esprit provençal.

Powers sans rest, 52 r. François 1er ⓦ *George V* 𝄐 01 47 23 91 05, *contact@hotel-powers.com*, Fax 01 49 52 04 63 – 🛗 🔲 TV ✆. 🝰 ⓞ GB JCB
G 9

⌑ 20 – 55 ch 125/340.

◆ Les chambres, de différents standings, ont l'âme bourgeoise : moulures, cheminées, horloges en bronze, lustres à pendeloques, etc. Salons "cosy" et bar façon club anglais.

Résidence du Roy sans rest, 8 r. François 1er ⓦ *Franklin D. Roosevelt* 𝄐 01 42 89 59 59, *rdr@residence-du-roy.com*, Fax 01 40 74 07 92 – 🛗 cuisinette 🔲 TV ✆ & 🚭 – 🔬 25. 🝰 ⓞ GB JCB
G 9

⌑ 19 – 12 ch 290/330, 27 suites 650.

◆ Toutes les chambres, actuelles et plutôt spacieuses, sont équipées de cuisinettes permettant de séjourner à Paris tout en continuant à faire "comme à la maison".

Chateaubriand sans rest, 6 r. Chateaubriand ⓦ *George V* 𝄐 01 40 76 00 50, *chateaubriand@hotelswaldorfparis.com*, Fax 01 40 76 09 22 – 🛗 🔲 TV ✆. 🝰 ⓞ GB JCB
F 9

⌑ 18 – 28 ch 344/374.

◆ Près des Champs-Élysées, à deux pas du Lido, cet hôtel abrite des chambres au décor feutré, dotées de salles de bains en marbre. "Tea time" vers 17 heures.

Résidence Monceau sans rest, 85 r. Rocher ⓦ *Villiers* 𝄐 01 45 22 75 11, *residencemonceau@wanadoo.fr*, Fax 01 45 22 30 88 – 🛗 🔲 &. 🝰 ⓞ GB JCB. ✾
E 11

⌑ 10 – 51 ch 130.

◆ Entre parc Monceau et gare St-Lazare, établissement moderne aux chambres peu spacieuses mais fonctionnelles. Bar design ouvrant sur un agréable petit patio.

Pershing Hall, 49 r. P. Charon ⓦ *George V* 𝄐 01 58 36 58 00, *info@pershinghall.com*, Fax 01 58 36 58 01 – 🛗 🔲 TV ✆. 🝰 ⓞ GB JCB
G 9

Repas (fermé dim.) carte 40 à 82 – ⌑ 34 – 20 ch 390/720, 6 suites.

◆ Demeure du général Pershing, club de vétérans et enfin hôtel de charme imaginé par Andrée Putman. Intérieur chic, insolite et ravissant jardin vertical. Derrière le rideau de perles de verre, cadre tendance et carte très au goût du jour ; soirées "lounge".

🏛 **Chambiges Élysées** sans rest, 8 r. Chambiges Ⓜ *Alma-Marceau* ℘ 01 44 31 83 83, *chamb@paris-hotels-charm.com*, Fax 01 40 70 95 51 – |☰| ⁜ ▤ ⊡ ℃ ᵴ, ⚏ ⚏ ⑩ ⚏ ⚏, ⅏
26 ch ☲ 245/330, 8 suites.   **G 9**
   ♦ Boiseries, tentures et tissus choisis, meubles de style : atmosphère romantique et "cosy" dans cet hôtel entièrement rénové. Chambres douillettes et joli jardinet intérieur.

🏛 **L'Arcade** sans rest, 7 et 9 r. de l'Arcade Ⓜ *Madeleine* ℘ 01 53 30 60 00, *reservation@hotel-arcade.com*, Fax 01 40 07 03 07 – |☰| ▤ ⊡ ℃ – ⚏ 25. ⚏ ⚏ ⚏
☲ 9 – **37 ch** 140/215, 4 duplex.   **F 11**
   ♦ Marbre et boiseries dans le hall et les salons, coloris tendres et mobilier choisi dans les chambres font le charme de cet hôtel élégant et discret, proche de la Madeleine.

🏛 **Monna Lisa**, 97 r. La Boétie Ⓜ *St-Philippe du Roule* ℘ 01 56 43 38 38, *contact@hotelmonnalisa.com*, Fax 01 45 62 39 90 – |☰| ▤ ⊡ ℃, ⚏ ⚏ ⑩ ⚏ ⚏, ⅏   **F 9**
Caffe Ristretto - cuisine italienne *(fermé sam. et dim.)* **Repas** carte 36 à 56 – ☲ 22 – **22 ch** 220/265.
   ♦ Ce bel hôtel aménagé dans un immeuble de 1860 constitue une véritable vitrine de l'audacieux design transalpin. Voyage gourmand à travers les spécialités de la péninsule italienne, dans le cadre délicieusement contemporain du Caffe Ristretto.

🏛 **Lavoisier** sans rest, 21 r. Lavoisier Ⓜ *St-Augustin* ℘ 01 53 30 06 06, *info@hotellavoisier.com*, Fax 01 53 30 23 00 – |☰| ▤ ⊡ ℃ ᵴ, ⚏ ⚏ ⑩ ⚏ ⚏, ⅏   **F 11**
☲ 12 – **26 ch** 230/305, 4 suites.
   ♦ Chambres contemporaines, petit salon-bibliothèque "cosy" faisant office de bar et salle voûtée pour les petits-déjeuners caractérisent cet hôtel du quartier St-Augustin.

🏛 **Élysées Mermoz** sans rest, 30 r. J. Mermoz Ⓜ *Franklin D. Roosevelt* ℘ 01 42 25 75 30, *resa@hotel-elyseesmermoz.com*, Fax 01 45 62 87 10 – |☰| ▤ ⊡ ℃ ᵴ – ⚏ 15. ⚏ ⚏ ⑩ ⚏
⚏   **F 10**
☲ 10 – **22 ch** 137/169, 5 suites.
   ♦ Couleurs ensoleillées ou camaïeu de gris dans les chambres, boiseries sombres et lave bleue dans les salles de bains, salon en rotin sous verrière : un hôtel "cosy".

🏛 **Franklin Roosevelt** sans rest, 18 r. Clément-Marot Ⓜ *Franklin D. Roosevelt*
℘ 01 53 57 49 50, *hotel@hroosevelt.com*, Fax 01 53 57 49 59 – |☰| ⊡ ℃ ᵴ, ⚏ ⚏   **G 9**
☲ 22 – **45 ch** 255/285, 3 suites.
   ♦ Bois précieux et marbre utilisés à profusion pour les rénovations des chambres des 5ᵉ et 6ᵉ étages et des espaces communs : un hôtel au charme victorien. Agréable bar.

🏛 **Queen Mary** sans rest, 9 r. Greffulhe Ⓜ *Madeleine* ℘ 01 42 66 40 50, *hotelqueenmary@wanadoo.fr*, Fax 01 42 66 94 92 – |☰| ▤ ⊡ ⚏ ⚏ ⑩ ⚏ ⚏   **F 12**
☲ 16 – **36 ch** 135/189.
   ♦ Agréable patio, coquette salle des petits-déjeuners, chambres feutrées et carafe de Xérès en cadeau de bienvenue vous attendent dans cet hôtel raffiné à l'esprit "british".

🏛 **Vignon** sans rest, 23 r. Vignon Ⓜ *Madeleine* ℘ 01 47 42 93 00, *reservation@hotelvignon.com*, Fax 01 47 42 04 60 – |☰| ▤ ⊡ ℃ ᵴ, ⚏ ⑩ ⚏, ⅏   **F 12**
☲ 15 – **30 ch** 275/340.
   ♦ Chambres actuelles et feutrées à deux pas de la place de la Madeleine ; celles du dernier étage sont lumineuses et flambant neuves. Élégante salle des petits-déjeuners.

🏛 **Mercure Opéra Garnier** sans rest, 4 r. de l'Isly Ⓜ *St Lazare* ℘ 01 43 87 35 50, *h1913@accor-hotels.com*, Fax 01 43 87 03 29 – |☰| ⁜ ▤ ⊡ ℃ ⚏ ⑩ ⚏ ⚏   **F 12**
☲ 14 – **140 ch** 195/235.
   ♦ Hôtel de chaîne pratique situé entre la gare St-Lazare et les grands magasins. Chambres fonctionnelles et petits-déjeuners sous forme de buffet. Jardinet intérieur.

🏛 **Étoile Friedland** sans rest, 177 r. Fg St-Honoré Ⓜ *Ch. de Gaulle-Etoile* ℘ 01 45 63 64 65, *friedlan@paris-honotel.com*, Fax 01 45 63 88 96 – |☰| ⁜ ▤ ⊡ ℃ ᵴ, ⚏ ⑩ ⚏ ⚏   **F 9**
☲ 20 – **40 ch** 229/319.
   ♦ Près de la salle Pleyel, petites chambres bourgeoises et correctement insonorisées, dotées de lits en laiton et de salles de bains en marbre ; hall et salon vivement colorés.

🏛 **Élysées Céramic** sans rest, 34 av. Wagram Ⓜ *Ternes* ℘ 01 42 27 20 30, *cerotel@aol.com*, Fax 01 46 22 95 83 – |☰| ⊡ ℃, ⚏ ⑩ ⚏ ⚏   **E 8**
☲ 9,50 – **57 ch** 180/223.
   ♦ La façade Art nouveau en grès cérame (1904) est une merveille d'architecture. L'intérieur n'est pas en reste, avec des meubles et un décor inspirés du même style.

🏛 **Atlantic** sans rest, 44 r. Londres Ⓜ *Liège* ℘ 01 43 87 45 40, *reserv@atlantic-hotel.fr*, Fax 01 42 93 06 26 – |☰| ⁜ ▤ ⊡ ℃, ⚏ ⑩ ⚏ ⚏, ⅏   **E 12**
☲ 12 – **82 ch** 140/168.
   ♦ Ondulations, tableaux et maquettes de bateaux... Quelques discrètes touches marines animent le décor contemporain de cet hôtel. Salon et bar sous une vaste verrière.

🏛 **L'Élysée** sans rest, 12 r. Saussaies Ⓜ *Miromesnil* ℘ 01 42 65 29 25, *hotel-de-l-elysee@wanadoo.fr*, Fax 01 42 65 64 28 – |☰| ▤ ⊡ ℃, ⚏ ⑩ ⚏ ⚏, ⅏   **F 11**
☲ 12 – **29 ch** 110/225, 3 suites.
   ♦ La décoration de cet établissement qui jouxte le ministère de l'Intérieur décline toute une gamme de styles des 18ᵉ et 19ᵉ s. Chambres bien tenues.

Astoria sans rest, 42 r. Moscou ◎ *Rome* 𝒫 01 42 93 63 53, *hotel.astoria@astotel.com*, Fax 01 42 93 30 30 – 🛗 ⇔ 🔲 📺 ⓐ ⊙ GB JCB. ⟨⟨
D 11
☑ 14 – **86 ch** 151/166.
◆ Cet hôtel du quartier de l'Europe semble plaire à la clientèle d'affaires. Salon agrémenté de tableaux modernes. Salle des petits-déjeuners sous verrière.

Flèche d'or sans rest, 29 rue d'Amsterdam ◎ *St Lazare* 𝒫 01 48 74 06 86, *hotel-de-la-fle che-dor@wanadoo.fr*, Fax 01 48 74 06 04 – 🛗 📺 📞 ⓐ ⊙ GB
E 12
☑ 11 – **61 ch** 140/150.
◆ L'enseigne de cet hôtel proche de la gare St-Lazare évoque un célèbre train de luxe. Chambres bien tenues et salon aussi confortable qu'une voiture Pullman de la Flèche d'Or !

Mayflower sans rest, 3 r. Chateaubriand ◎ *George V* 𝒫 01 45 62 57 46, *mayflower@esca pade-paris.com*, Fax 01 42 56 32 38 – 🛗 📺. ⓐ GB
F 9
☑ 10 – **24 ch** 126/172.
◆ Chambres aux harmonieux tons pastel et salles de bains en marbre. Petits-déjeuners proposés dans un espace égayé d'une fresque évoquant la destinée des Pilgrim Fathers.

West-End sans rest, 7 r. Clément-Marot ◎ *Alma Marceau* 𝒫 01 47 20 30 78, *contact@hot el-west-end.com*, Fax 01 47 20 34 42 – 🛗 ▤ 📺 📞 ⓐ ⊙ GB JCB. ⟨⟨
G 9
☑ 18 – **49 ch** 175/280.
◆ Au cœur du Triangle d'Or, hôtel garni en partie de meubles provenant d'un palace de la capitale. Quelques chambres offrent une échappée sur la tour Eiffel ; salon "cosy".

Cordélia sans rest, 11 r. Greffulhe ◎ *Madeleine* 𝒫 01 42 65 42 40, *hotelcordelia@wanadoo .fr*, Fax 01 42 65 11 81 – 🛗 📺 📞 ⓐ ⊙ GB. ⟨⟨
F 12
☑ 12 – **30 ch** 150/190.
◆ Les petites chambres de cet hôtel proche de la Madeleine ont été refaites dans des tons chaleureux (rouge et jaune). Salon intime avec cheminée et boiseries.

Concorde St-Augustin sans rest, 9 r. Roy ◎ *St Augustin* 𝒫 01 42 93 32 17, *hotel.staug ustin@wanadoo.fr*, Fax 01 42 93 19 34 – 🛗 📺 📞 ⓐ ⊙ GB JCB. ⟨⟨
F 11
☑ 12 – **62 ch** 200/250.
◆ Cet immeuble haussmannien est situé à proximité de l'église St-Augustin. Les chambres, pratiques, sont peu à peu rénovées. Lumineuse salle des petits-déjeuners.

Pavillon Montaigne sans rest, 34 r. J. Mermoz ◎ *Franklin D. Roosevelt* 𝒫 01 53 89 95 00, *hotelpavillonmontaigne@wanadoo.fr*, Fax 01 42 89 33 00 – 🛗 ▤ 📺 📞 ⓐ ⊙ GB JCB. ⟨⟨
F 10
☑ 8,50 – **18 ch** 135/175.
◆ Deux immeubles reliés entre eux par la salle des petits-déjeuners coiffée d'une verrière. Mobilier ancien ou actuel dans les chambres souvent ornées de poutres apparentes.

New Orient sans rest, 16 r. Constantinople ◎ *Villiers* 𝒫 01 45 22 21 64, *new.orient.hotel @wanadoo.fr*, Fax 01 42 93 83 23 – 🛗 ⇔ 📺 📞 ⓐ ⊙ GB. ⟨⟨
E 11
☑ 9 – **30 ch** 75/115.
◆ Façade fleurie, meubles chinés, décor "cosy" des petites chambres et charmant accueil franco-allemand font l'attrait de cette délicieuse maison de poupée.

Alison sans rest, 21 r. de Surène ◎ *Madeleine* 𝒫 01 42 65 54 00, *hotel.alison@wanadoo.fr*, Fax 01 42 65 08 17 – 🛗 📺 📞 ⓐ ⊙ GB JCB. ⟨⟨
F 11
☑ 8 – **35 ch** 78/140.
◆ Hôtel familial dans une rue calme proche du théâtre de la Madeleine. Hall agrémenté de tableaux contemporains et chambres fonctionnelles tapissées de papier japonais.

Newton Opéra sans rest, 11 bis r. de l'Arcade ◎ *Madeleine* 𝒫 01 42 65 32 13, *newtonop era@easynet.fr*, Fax 01 42 65 30 90 – 🛗 ▤ 📺 📞 ⓐ ⊙ GB. ⟨⟨
F 11
☑ 15 – **31 ch** 150/200.
◆ Plaisantes petites chambres égayées de tons vifs, coquet salon de lecture et accueil personnalisé (une carafe de Mandarine impériale vous attend en cadeau de bienvenue).

Madeleine Haussmann sans rest, 10 r. Pasquier ◎ *Madeleine* 𝒫 01 42 65 90 11, *contac t@madeleine-paris-hotel.com*, Fax 01 42 68 07 93 – 🛗 ▤ 📺 📞 ⓐ ⊙ GB JCB
F 11
☑ 7 – **35 ch** 130/180.
◆ Chambres pas très spacieuses, mais bien tenues et garnies d'un mobilier de bonne facture. Salle des petits-déjeuners voûtée et salon "cosy" avec accès Internet à disposition.

Comfort Malesherbes sans rest, 11 pl. St-Augustin ◎ *St-Augustin* 𝒫 01 42 93 27 66, *h otelmalesherbes@wanadoo.fr*, Fax 01 42 93 27 51 – 🛗 ⇔ ▤ 📺 📞 ⓐ ⊙ GB JCB. ⟨⟨
F 11
☑ 12 – **24 ch** 135/230.
◆ Chambres douillettes aux tons jaune et bleu ou jaune et rouille, pour la plupart tournées vers le dôme de l'église St-Augustin construite par Victor Baltard.

XXXXX
ⁿⁿⁿ **Le "Cinq"** - Hôtel Four Seasons George V, 31 av. George V Ⓜ *George V* ℘ 01 49 52 71 54, *p ar.lecinq@fourseasons.com*, Fax 01 49 52 71 81, 🍽 – ▤ 🍴. AE ⓞ GB JCB. ⌖   **F 8**
Repas 80 (déj.), 120/200 et carte 120 à 200 🖇.
◆ Superbe salle de restaurant - majestueuse évocation du Grand Trianon - ouverte sur un ravissant jardin intérieur. Ambiance raffinée et talentueuse cuisine classique.
Spéc. Poireau cuit à la ficelle aux saveurs d'automne et à la truffe (oct. à fév.). Homard en coque, fumé et rôti aux châtaignes (oct. à fév.). Fricassée de langoustines à la coriandre.

XXXXX
ⁿ **Les Ambassadeurs** - Hôtel Crillon, 10 pl. Concorde Ⓜ *Concorde* ℘ 01 44 71 16 16, *resta urants@crillon.com*, Fax 01 44 71 15 02 – ▤ 🍴. AE ⓞ GB JCB. ⌖   **G 11**
Repas 62 (déj.)/135 et carte 140 à 180.
◆ Cette splendide salle à manger dont les ors et les marbres se reflètent dans d'immenses glaces est l'ancienne salle de bal d'un hôtel particulier du 18e s. Cuisine raffinée.
Spéc. Endives de pleine terre, jambon, comté, truffe noire (janv. à avril). Caviar osciètre royal, réduction corsée, langoustines. Pigeonneau désossé, farci de foie gras, jus à l'olive.

XXXXX
ⁿⁿⁿ **Ledoyen,** carré Champs-Élysées (1er étage) Ⓜ *Champs Elysées Clemenceau* ℘ 01 53 05 10 01, *ledoyen@ledoyen.com*, Fax 01 47 42 55 01 – ▤ 🍴 🅿. AE GB. ⌖   **G 10**
fermé 31 juil. au 29 août, lundi midi, sam., dim. et fériés – **Repas** 73 (déj.), 168/244 bc et carte 135 à 180 🖇.
◆ Pavillon néo-classique édifié en 1848 à la place d'une guinguette des Champs. Décor Napoléon III, vue sur les jardins dessinés par Hittorff et belle cuisine "terre et mer".
Spéc. Langoustines croustillantes, émulsion d'agrumes à l'huile d'olive. Blanc de turbot, pommes rattes truffées écrasées à la fourchette. Noix de ris de veau en brochette de bois de citronnelle.

XXXXX
ⁿⁿⁿ **Alain Ducasse au Plaza Athénée** - Hôtel Plaza Athénée, 25 av. Montaigne Ⓜ *Alma Marceau* ℘ 01 53 67 65 00, *adpa@alain-ducasse.com*, Fax 01 53 67 65 12 – ▤ 🍴. AE ⓞ GB JCB. ⌖   **G 9**
fermé 16 juil. au 23 août, 17 au 30 déc., lundi midi, mardi midi, merc. midi, sam., dim. –
Repas 190/280 et carte 200 à 275 🖇.
◆ Somptueux décor Régence relooké dans un esprit "design et organza", plats inventifs d'une équipe talentueuse "coachée" par A. Ducasse et 1001 vins choisis : la vie de palace !
Spéc. Langoustines rafraîchies, nage réduite, caviar osciètre royal. Volaille de Bresse, sauce albuféra aux truffes d'Alba (15 oct. au 31 déc.). Coupe glacée de saison.

XXXXX
ⁿⁿ **Bristol** - Hôtel Bristol, 112 r. Fg St-Honoré Ⓜ *Miromesnil* ℘ 01 53 43 43 40, *resa@lebristolp aris.com*, Fax 01 53 43 43 01, 🍽 – ▤ 🍴. AE ⓞ GB JCB. ⌖   **F 10**
Repas 70/150 et carte 125 à 175 🖇.
◆ Avec sa forme ovale et ses splendides boiseries, la salle à manger d'hiver ressemble à un petit théâtre. Celle d'été s'ouvre largement sur le magnifique jardin de l'hôtel.
Spéc. Macaroni truffés farcis d'artichaut et foie gras de canard. Poularde de Bresse au château-chalon, cuite en vessie. Sabayon au chocolat noir.

XXXXX
ⁿⁿⁿ **Taillevent,** 15 r. Lamennais Ⓜ *Ch. de Gaulle-Etoile* ℘ 01 44 95 15 01, *mail@taillevent.com*, Fax 01 42 25 95 18 – ▤ 🍴. AE ⓞ GB JCB. ⌖   **F 9**
fermé 24 juil. au 23 août, sam., dim. et fériés – **Repas** (nombre de couverts limité, prévenir) 70 (déj.), 130/180 et carte 110 à 140 🍷 🖇.
◆ Le célèbre maître queux médiéval a prêté son nom à ce restaurant sis dans l'hôtel particulier du duc de Morny. Boiseries, oeuvres d'art, cuisine exquise et cave somptueuse.
Spéc. Epeautre en risotto truffé. Fricassée de ris et rognon de veau. Beignet au chocolat et à la liqueur de mandarine.

XXXXX
ⁿⁿⁿ **Lucas Carton** (Senderens), 9 pl. Madeleine Ⓜ *Madeleine* ℘ 01 42 65 22 90, *lucas.carton@l ucascarton.com*, Fax 01 42 65 06 23 – ▤ 🍴. AE ⓞ GB JCB. ⌖   **G 11**
fermé 1er au 24 août, 19 au 27 fév., lundi midi, sam. midi et dim. – **Repas** 76 (déj.)/300 et carte 150 à 230 🖇.
◆ Sycomore, érable, citronnier : les magnifiques boiseries Art nouveau signées Majorelle s'ornent de miroirs et d'appliques à motif végétal. Association mets et vins sublimée.
Spéc. Entrée de homard et sa polenta crémeuse au corail. Bar de ligne au thym-citron. Canard croisé étouffé, rougail de poireaux, mangue et gingembre mariné au vieux xérès.

XXXXX
ⁿⁿ **Lasserre,** 17 av. F.-D.-Roosevelt Ⓜ *Franklin D. Roosevelt* ℘ 01 43 59 51 43, *lasserre@lasser re.fr*, Fax 01 45 63 72 23 – ▤ 🍴. AE ⓞ GB JCB. ⌖   **G 10**
fermé août, sam. midi, lundi midi, mardi midi, merc. midi et dim. – **Repas** 110 (déj.)/185 et carte 120 à 170 🖇.
◆ L'adresse est une institution du Paris gourmand. Dans la salle à manger néo-classique, étonnant toit ouvrant décoré d'une sarabande de danseuses. Superbe carte des vins.
Spéc. Macaroni aux truffes et foie gras en léger gratin. Dos de bar de ligne clouté de citron confit, cuit en vapeur d'algues. Noix de ris de veau de lait en fine croûte blonde acidulée.

XXXXX **Laurent**, 41 av. Gabriel ◎ *Champs Elysées-Clemenceau* ℘ 01 42 25 00 39, *info@le-laurent.*
❀❀ *com*, Fax 01 45 62 45 21, 斎 – ⌓. AE ◉ GB JCB. ❄   **G 10**
fermé sam. midi, dim. et fériés – **Repas** 65/140 et carte 120 à 185 ⅋.
 ◆ Le pavillon à l'antique bâti par Hittorff, d'élégantes terrasses ombragées et une cuisine
de grande tradition : un petit coin de paradis dans les Jardins des Champs-Élysées.
Spéc. Araignée de mer dans ses sucs en gelée, crème de fenouil. Grosses langoustines
"tandoori" poêlées, copeaux d'avocat à l'huile d'amandes. Foie gras de canard poêlé,
mangue rôtie au gingembre et citron vert.

XXXX **Les Élysées** - Hôtel Vernet, 25 r. Vernet ◎ *Ch. de Gaulle-Etoile* ℘ 01 44 31 98 98, *elysees@*
❀❀ *hotelvernet.com*, Fax 01 44 31 85 69 – ☰ ⌓. AE ◉ GB JCB. ❄   **F 8**
fermé 24 juil. au 23 août, 18 au 26 déc., lundi midi, sam. et dim. – **Repas** 48 (déj.)/130 (dîner)
et carte 105 à 145.
 ◆ Cuisine inventive et maîtrisée, aux saveurs subtiles, à déguster sous la splendide verrière
Belle Époque signée Eiffel, qui baigne la salle à manger d'une douce lumière.
Spéc. Pied de cochon en tartine, marinade acidulée aux raisins et champignons. Pithiviers
de perdrix, poule faisane et grouse au genièvre, jus de presse (oct. à déc.). Citron de
Menton confit en biscuit moelleux à la mélisse.

XXXX **Pierre Gagnaire** - Hôtel Balzac, 6 r. Balzac ◎ *George V* ℘ 01 58 36 12 50, *p.gagnaire@wa*
❀❀❀ *nadoo.fr*, Fax 01 58 36 12 51 – ☰ ⌓. AE ◉ GB   **F 8**
fermé 10 au 18 avril, 15 au 31 juil., 23 oct. au 2 nov., 19 au 27 fév., le midi en août, dim. midi,
sam. et fériés – **Repas** 90 (déj.), 195/260 et carte 200 à 290.
 ◆ Le sobre et chic décor contemporain (boiseries blondes, oeuvres d'art moderne) s'efface devant la partition débridée jouée par un chef-jazzman envoûtant. Musique, maestro !
Spéc. Déclinaison de langoustines sur différentes cuissons. Bar de ligne cuit entier en
papillote, pâte de piment nora. Canard rôti entier à la cannelle, peau laquée et cuisse
confite.

XXXX **La Marée**, 1 r. Daru ◎ *Ternes* ℘ 01 43 80 20 00, *lamaree@wanadoo.fr*, Fax 01 48 88 04 04
❀ – ☰ ⌓. AE ◉ GB   **E 8**
fermé août, sam. midi et dim. – **Repas** carte 75 à 125 ⅋ ⅋.
 ◆ Jolie façade à colombages, vitraux, tableaux flamands et boiseries chaleureuses
composent le décor raffiné de ce restaurant où l'on sert une belle cuisine de la mer.
Spéc. Pressé de jarret de veau aux langoustines. Fricassée de homard aux aromates.
Millefeuille chaud caramélisé aux amandes.

XXXX **Clovis** - Hôtel Sofitel Arc de Triomphe, 14 r. Beaujon ◎ *Ch. de Gaulle-Etoile*
❀ ℘ 01 53 89 50 53, *h1296@accor-hotels.com*, Fax 01 53 89 50 51 – ☰ ⌓. AE ◉ GB
JCB   **F 8**
fermé 24 juil. au 24 août, 24 déc. au 2 janv., sam., dim. et fériés – **Repas** 49/98 et carte 70 à
90 ⅋.
 ◆ Esprit classique revisité (tons beige et brun) pour le décor, service attentif et souriant,
cuisine raffinée : les gourmets du quartier en ont fait leur "cantine".
Spéc. Duo de foie gras aux figues vigneronnes. Dos de bar rôti, coeur de fenouil fondant.
Carré de veau à la mitonnée de girolles (automne-hiver).

XXX **Maison Blanche**, 15 av. Montaigne (6ᵉ étage) ◎ *Alma Marceau* ℘ 01 47 23 55 99, *margot*
-maisonblanche@wanadoo.fr, Fax 01 47 20 09 56, ≤, ⌓ – 📶 ☰ ⌓. AE GB JCB   **G 9**
fermé sam. midi et dim. midi – **Repas** *(40)* - 75 (déj.) et carte 85 à 118 ⅋.
 ◆ Sur le toit du théâtre des Champs-Élysées, loft-duplex design dont l'immense verrière
est tournée sur le dôme doré des Invalides. Le Languedoc influence la cuisine.

XXX **Jardin** - Hôtel Royal Monceau, 37 av. Hoche ◎ *Ch. de Gaulle-Etoile* ℘ 01 42 99 98 70,
❀ Fax 01 42 99 89 94, 斎 – ☰ ⌓. AE ◉ GB JCB. ❄   **E 8**
fermé août, lundi midi, sam. et dim. – **Repas** 49 (déj.)/99 (dîner)et carte 90 à 130.
 ◆ Entourée d'un joli jardin fleuri, la moderne coupole de verre abrite une élégante salle à
manger où l'on déguste une subtile cuisine méditerranéenne.
Spéc. Sandwich de foie gras de canard confit (automne). Sole de petite pêche laquée, jus
au pimento de la Vera (été). Ris de veau de lait caramélisé aux fruits de la passion (été).

XXX **Fouquet's**, 99 av. Champs Elysées ◎ *George V* ℘ 01 47 23 50 00, *fouquets@lucienbarrier*
e.com, Fax 01 47 23 50 55, 斎 – ⌓. AE ◉ GB JCB   **F 8**
Repas *(39)* - 54 (déj.)/78 et carte 75 à 104.
 ◆ Salle à manger classée revue et corrigée par J. Garcia, terrasse très prisée été comme
hiver et cuisine de brasserie : Le Fouquet's régale depuis 1899 sa clientèle sélecte.

XXX **Le W** - Hôtel Warwick, 5 r. Berri ◎ *George V* ℘ 01 45 61 82 08, *lerestaurantw@warwickhotel*
❀ *s.com*, Fax 01 43 59 00 98 – ☰ ⌓. AE ◉ GB JCB. ❄   **G 9**
fermé août, 27 déc. au 3 janv., sam. et dim. – **Repas** 40 (déj.)/65 (dîner) et carte 70 à 95.
 ◆ "W" pour Warwick : dans le chaleureux décor contemporain du restaurant, discrètement
installé au sein de l'hôtel, vous dégusterez une belle cuisine ensoleillée.
Spéc. Persillé de sardines aux poireaux et tomates confites (été). Carpaccio de paleron aux
truffes (hiver). Merlan argenté au beurre salé, pommes fondantes et girolles (automne).

XXX ✿ **Chiberta,** 3 r. Arsène-Houssaye Ⓜ *Ch. de Gaulle-Etoile* ☎ 01 53 53 42 00, *info@lechiberta.com, Fax 01 45 62 85 08* – ▤ ⇨ℹ. AE ⓓ GB F 8
fermé août, sam. midi et dim. – **Repas** 45 (déj.), 100/155 et carte 80 à 125.
◆ L'esprit des années 1970, conservé, a été rajeuni par un décor japonisant préservant l'intimité : le restaurant idéal pour un repas d'affaires. Cuisine au goût du jour.
Spéc. Truffe noire de Provence cuite au champagne (15 nov. au 15 fév.). Canette rôtie à la fleur de rose, sauce aigre-douce. Pavé de bar cuit à l'unilatéral, fumet truffé, purée de céleri.

XXX **L'Obélisque** - Hôtel Crillon, 6 r. Boissy d'Anglas Ⓜ *Concorde* ☎ 01 44 71 15 15, *restaurants@crillon.com, Fax 01 44 71 15 02* – ▤. AE ⓓ GB JCB G 11
fermé 24 juil. au 22 août et fériés – **Repas** 48 ♀.
◆ Salle agrémentée de boiseries, glaces et verre gravé, où les mètres carrés seraient presque moins nombreux que les convives : normal, la cuisine est goûteuse et soignée !

XXX **Marcande,** 52 r. Miromesnil Ⓜ *Miromesnil* ☎ 01 42 65 19 14, *info@marcande.com, Fax 01 42 65 76 85,* 㑳 – ⇨ℹ. AE GB F 10
fermé 9 au 22 août, 24 déc. au 3 janv., sam. et dim. – **Repas** 42/90 bc et carte 55 à 83.
◆ Discret restaurant fréquenté par une clientèle d'affaires. Salle à manger contemporaine tournée vers l'agréable patio-terrasse, qui marche fort aux beaux jours.

XXX ✿ **Copenhague,** 142 av. Champs-Élysées (1er étage) Ⓜ *George V* ☎ 01 44 13 86 26, *floricadanica@wanadoo.fr, Fax 01 44 13 89 44,* 㑳 – ▤ ⇨ℹ. AE ⓓ GB JCB F 8
fermé 1er au 23 août, sam., dim. et fêtes – **Repas** 50 (déj.), 68/100 et carte 80 à 103 - ***Flora Danica :*** Repas 32 et carte 43 à 62 ♀.
◆ Cuisine scandinave, élégant design danois, vue sur les Champs-Élysées et terrasse tournée vers un ravissant jardin pour ce restaurant installé dans la Maison du Danemark. Au Flora Danica, les produits de la boutique et la carte mettent le saumon à l'honneur.
Spéc. Blinis de saumon fumé sauvage de la Baltique (oct. à juin). Tartare de Saint-Jacques au caviar osciètre (1er oct. au 15 avril). Noisettes de renne, jus acidulé aux cerises.

XXX **El Mansour,** 7 r. Trémoille Ⓜ *Alma Marceau* ☎ 01 47 23 88 18, *Fax 01 40 70 13 53* – ▤. AE ⓓ GB G 9
Repas *(29)* - 35 (déj.), 78 bc/98 bc et carte 55 à 80 ♀.
◆ Salle à manger revêtue de chaleureuses boiseries et égayée de petites notes orientales : un restaurant marocain feutré au coeur du Triangle d'Or.

XXX **Yvan,** 1bis r. J. Mermoz Ⓜ *Franklin D. Roosevelt* ☎ 01 43 59 18 40, *rest.coma@free.fr, Fax 01 42 89 30 95* – ▤ ⇨ℹ (soir). AE ⓓ GB JCB F-G 10
fermé sam. midi et dim. – **Repas** *(23)* - 30,50/37 ♀.
◆ Cadre raffiné égayé de belles compositions florales, lumière tamisée et clientèle "B.C.B.G." : un restaurant très "in" à côté du Rond-Point des Champs-Élysées.

XXX ✿ **Bath's,** 9 r. La Trémoille Ⓜ *Alma Marceau* ☎ 01 40 70 01 09, *contact@baths.fr, Fax 01 40 70 01 22* – ▤ ⇨ℹ (soir). AE GB G 9
fermé août, 24 au 27 déc., sam., dim. et fériés – **Repas** 30 (déj.)/70 (dîner)et carte 70 à 95 ♀ 🍇.
◆ Atmosphère chic et feutrée en ce restaurant décoré de sculptures et de peintures réalisées par le patron-artiste. Cuisine aux accents auvergnats et belle carte des vins.
Spéc. Tarte tiède de homard et légumes. Pigeon rôti, purée de pois. "Biscotin" à la vanille, glace basilic.

XXX **Indra,** 10 r. Cdt-Rivière Ⓜ *St-Philippe du Roule* ☎ 01 43 59 46 40, *Fax 01 42 25 00 32* – ▤. AE ⓓ GB F 9
fermé sam. midi et dim. – **Repas** 34 (déj.), 38/58 et carte 37 à 54.
◆ Murs en patchwork, boiseries finement ouvragées, belle mise en place... Un lieu ravissant et une carte explorant le patrimoine culinaire de l'Union indienne.

XX **Spoon,** 14 r. Marignan Ⓜ *Franklin D. Roosevelt* ☎ 01 40 76 34 44, *spoonfood@aol.com, Fax 01 40 76 34 37* – ▤ ⇨ℹ. AE ⓓ GB JCB. ✂ G 9
fermé 24 juil. au 24 août, 24 déc. au 5 janv., sam. et dim. – **Repas** 37 (déj.)et carte 53 à 80 ♀ 🍇.
◆ Mobilier design, bois exotique et cuisine ouverte sur la salle : un décor contemporain "zen" pour découvrir une carte modulable et une cave empruntant aux cinq continents.

XX **Rue Balzac,** 3 r. Balzac Ⓜ *George V* ☎ 01 53 89 90 91, *bistrotrostang@wanadoo.fr, Fax 01 53 89 90 94* – ▤ ⇨ℹ. AE GB F 8
fermé 15 au 22 août, sam. midi et dim. midi – **Repas** carte 53 à 66.
◆ Le décor de cette immense salle de style appartement bourgeois s'inspirerait du Cirque 2000 de New-York. L'adresse est "tendance" puisque promue par Johnny "himself".

XX ✿ **Carpaccio** - Hôtel Royal Monceau, 37 av. Hoche Ⓜ *Ch. de Gaulle-Etoile* ☎ 01 42 99 98 90, *reception@royalmonceau.com, Fax 01 42 99 89 94* – ⇨ℹ. AE ⓓ GB JCB E 8
fermé 12 au 18 avril, 26 juil. au 23 août, 24 au 31 déc., 16 au 22 fév. – **Repas** carte 68 à 80.
◆ Franchissez le hall de l'hôtel Royal Monceau pour vous attabler dans un plaisant décor évoquant la "Sérénissime". Lustres en verre de Murano. Goûteuse cuisine italienne.
Spéc. Filet de bar poêlé au fenouil. Spaghettis au homard. Carré de veau rôti aux légumes cuisinés à la méditerranéenne.

Luna, 69 r. Rocher ⚇ *Villiers* ℘ 01 42 93 77 61, *mchoisnluna@noos.fr*, Fax 01 40 08 02 44 –
🍽, 🆎 🇬🇧   E 11
fermé 4 au 25 août et dim. – **Repas** carte 60 à 80 ♀.
◆ Sobre cadre Art déco et fine cuisine aux saveurs iodées, nourries des arrivages quoti-
diens de belles marées du littoral atlantique. Le baba ? Il vous laissera... "baba" !
Spéc. Salade de homard à l'huile de pistache. Daurade royale au gingembre en feuille de
bananier. Baba au rhum de Zanzibar.

Relais Plaza - Hôtel Plaza Athénée, 25 av. Montaigne ⚇ *Alma Marceau* ℘ 01 53 67 64 00,
reservation@plaza-athenee-paris.com, Fax 01 53 67 66 66 – 🖥, 🆎 ⓞ 🇬🇧 🇯🇨🇧, ❄   G 9
fermé 25 juil. au 30 août – **Repas** 43 et carte 58 à 92.
◆ La "cantine" chic et intime des maisons de couture voisines. Une rénovation subtile a
redonné tout son lustre au cadre Art déco originel. Cuisine classique épurée.

Tante Louise, 41 r. Boissy-d'Anglas ⚇ *Madeleine* ℘ 01 42 65 06 85, *tante.louise@wanado*
o.fr, Fax 01 42 65 28 19 – 🍽, 🆎 ⓞ 🇬🇧 🇯🇨🇧   F 11
fermé août, sam., dim. et fériés – **Repas** 34 (déj.)/40 et carte 48 à 69 ♀.
◆ L'enseigne évoque la "Mère" parisienne qui tenait naguère ce restaurant au discret cadre
Art déco. Carte traditionnelle agrémentée de spécialités bourguignonnes.

Flora, 36 av. George V ⚇ *George V* ℘ 01 40 70 10 49, Fax 01 47 20 52 87 – 🍽, 🆎 🇬🇧 G 8
fermé 10 au 24 août, sam. midi et dim. *(26)* – **Repas** carte 46 à 65 ♀.
◆ Flora, la maîtresse de maison de ce restaurant chic et feutré, mitonne une cuisine qui
fleure bon les saveurs méditerranéennes : huile d'olive, citron confit, parmesan, etc.

Chez Catherine, 3 r. Berryer ⚇ *George V* ℘ 01 40 76 01 40, Fax 01 40 76 03 96 – 🍽, 🆎
ⓞ 🇯🇨🇧   F 9
fermé 1ᵉʳ au 10 mai, 4 août au 1ᵉʳ sept., 1ᵉʳ au 12 janv., sam, dim. et fériés – **Repas** 39 (déj.)et
carte 50 à 75 ♀.
◆ Élégante salle contemporaine ouverte sur les cuisines et en partie coiffée d'une verrière : une adresse chic et feutrée où déguster des recettes ancrées dans la tradition.

Table d'Hédiard, 21 pl. Madeleine ⚇ *Madeleine* ℘ 01 43 12 88 99, *restaurant@hediard.fr*,
Fax 01 43 12 88 98 – 🍽 🖥, 🆎 ⓞ 🇬🇧, ❄   F 11
fermé 1ᵉʳ au 15 août et dim. – **Repas** 60/80 bc et carte 42 à 63 ♀.
◆ Décor au brin exotique et cuisine aux mille épices : vous êtes conviés à un "safari"
culinaire... après avoir parcouru les appétissants rayons de la célèbre épicerie de luxe.

Sarladais, 2 r. Vienne ⚇ *St-Augustin* ℘ 01 45 22 23 62, Fax 01 45 22 23 62 – 🍽, 🆎 ⓞ 🇬🇧
🇯🇨🇧   E 11
fermé 1ᵉʳ au 9 mai, août, sam. sauf le soir du 25 sept. au 31 avril, dim. et fériés – **Repas** 29
(dîner)/35 et carte 54 à 80.
◆ La façade en partie lambrissée dissimule une salle à manger rafraîchie mais ayant
conservé sa sympathique ambiance provinciale. Solides spécialités périgourdines.

Fermette Marbeuf 1900, 5 r. Marbeuf ⚇ *Alma Marceau* ℘ 01 53 23 08 00, *fermetema*
rbeuf@blanc.net, Fax 01 53 23 08 09 – 🍽, 🆎 ⓞ 🇬🇧   G 9
Repas *(25 bc)* - 30 et carte 39 à 70 ♀.
◆ Le décor Art nouveau de la salle à manger-verrière, où vous réserverez votre table, date
de 1898 et a été retrouvé par hasard lors de travaux de rénovation. Plats classiques.

Marius et Janette, 4 av. George-V ⚇ *Alma Marceau* ℘ 01 47 23 41 88,
Fax 01 47 23 07 19, 🌸 – 🍽, 🆎 ⓞ 🇬🇧   G 8
Repas 60 bc (déj.)et carte 75 à 100.
◆ L'enseigne évoque l'Estaque et les films de Robert Guédiguian. Élégant décor façon
"yacht", agréable terrasse sur l'avenue, et la "grande bleue" dans vos assiettes.
Spéc. Carpaccio de thon (saison). Petite friture. Loup grillé à l'écaille.

Stella Maris, 4 r. Arsène Houssaye ⚇ *Ch. de Gaulle-Etoile* ℘ 01 42 89 16 22, *stella.maris.p*
aris@wanadoo.fr, Fax 01 42 89 16 01 – 🍽, 🆎 ⓞ 🇬🇧 🇯🇨🇧, ❄   F 8
fermé le midi en août, sam. midi, lundi midi et dim. – **Repas** 43 (déj.), 75/110 et carte 70 à
97.
◆ Un plaisant restaurant près de l'Arc de Triomphe : cuisine française au goût du jour
joliment troussée par un habile chef japonais, décor épuré et accueil charmant.

Les Bouchons de François Clerc "Étoile", 6 r. Arsène Houssaye ⚇ *Ch. de Gaulle-*
Etoile ℘ 01 42 89 15 51, *siegebouchons@wanadoo.fr*, Fax 01 42 89 28 67 – 🍽, 🆎 🇬🇧 🇯🇨🇧
❄   F 8
fermé sam. midi et dim. – **Repas** 40 et carte environ 55 🦞.
◆ Ce "bouchon" de François Clerc met en vedette les produits de la mer, servis dans un
décor évoquant le monde marin, ainsi qu'un excellent choix de vins à prix coûtant.

Stresa, 7 r. Chambiges ⚇ *Alma Marceau* ℘ 01 47 23 51 62 – 🍽, 🆎 ⓞ 🇬🇧, ❄   G 9
fermé août, 20 déc. au 3 janv., sam. et dim. – **Repas** (prévenir) carte 80 à 110.
◆ Trattoria du Triangle d'Or fréquentée par une clientèle très "jet-set". Tableaux de Buffet,
compressions de César... les artistes aussi apprécient cette cuisine italienne.

XX **Berkeley,** 7 av. Matignon ⓞ *Franklin D. Roosevelt* ℘ 01 42 25 72 25, *Fax* 01 45 63 30 06,
☆ – 🍽 ➄. 🖭 ⓞ ⓖⓑ ⓙⓒⓑ   **G 10**
Repas *(23)* - 29 et carte 36 à 56 ♈.
♦ L'incontournable J. Garcia a métamorphosé cette vénérable brasserie en une adresse
"mode" : décor de salle des ventes - Christie's est à deux pas - et de bibliothèque feutrée.

XX **Bistrot du Sommelier,** 97 bd Haussmann ⓞ *St-Augustin* ℘ 01 42 65 24 85, *bistrot-du-*
sommelier@noos.fr, Fax 01 53 75 23 23 – 🍽. 🖭 ⓖⓑ   **F 11**
fermé 11 juil. au 22 août, 24 déc. au 2 janv., sam. et dim. – **Repas** 39 (déj.), 60 bc/100 bc et
carte 49 à 69, enf. 14 ♈ ☙.
♦ Le bistrot de Philippe Faure-Brac, honoré du titre de meilleur sommelier du monde en
1992, compose un hymne à Bacchus, nourri du feu roulant de dives bouteilles.

XX **Kinugawa,** 4 r. St-Philippe du Roule ⓞ *St-Philippe du Roule* ℘ 01 45 63 08 07,
Fax 01 42 60 45 21 – 🍽. 🖭 ⓞ ⓖⓑ ⓙⓒⓑ. ♈%   **F 9**
fermé 24 déc. au 6 janv. et dim. – **Repas** *(30)* - 54 (déj.), 72/108 et carte 40 à 71 ♈.
♦ Cette discrète façade proche de l'église St-Philippe-du-Roule dissimule un intérieur
japonisant où l'on vous soumettra une longue carte de spécialités nipponnes.

XX **L'Angle du Faubourg,** 195 r. Fg St-Honoré ⓞ *Ternes* ℘ 01 40 74 20 20, *angledufaubou*
⃟ *rg@cavestaillevent.com, Fax* 01 40 74 20 21 – 🍽. 🖭 ⓞ ⓖⓑ ⓙⓒⓑ   **E 9**
fermé 24 juil. au 23 août, sam., dim. et fériés – **Repas** 35/60 et carte 48 à 64 ♈ ☙.
♦ À l'angle des rues du Faubourg-St-Honoré et Balzac. Ce "bistrot" moderne, qui n'a pas
l'âme faubourienne, propose une cuisine classique habilement actualisée. Cadre épuré.
Spéc. Ravioles de champignons de Paris, sauce fleurette. Pigeonneau rôti pommes fondantes, sauce rouennaise. Savarin à l'ananas épicé.

XX **Les Bouchons de François Clerc,** 7 r. Boccador ⓞ *Alma Marceau* ℘ 01 47 23 57 80, *jp*
h21@wanadoo.fr, Fax 01 47 23 74 54 – 🖭 ⓖⓑ ⓙⓒⓑ   **G 9**
fermé sam. midi et dim. – **Repas** 41 ♈ ☙.
♦ Le succès de ces fameux "bouchons" ? Les vins à prix coûtant, permettant d'accompagner son repas de grands crus sans trop bourse délier. Bistrot chic d'esprit Belle Époque.

XX **Al Ajami,** 58 r. François 1ᵉʳ ⓞ *George V* ℘ 01 42 25 38 44, *ajami@free.fr,*
Fax 01 42 25 38 39 – 🍽 ➄. 🖭 ⓞ ⓖⓑ ⓙⓒⓑ. ♈%   **G 9**
Repas 22/37 et carte 30 à 45 ♈.
♦ L'ambassade de la cuisine traditionnelle libanaise. Plats mitonnés de père en fils depuis
1920. Décor orientalisant, ambiance familiale et clientèle d'habitués.

XX **Village d'Ung et Li Lam,** 10 r. J. Mermoz ⓞ *Franklin D. Roosevelt* ℘ 01 42 25 99 79,
Fax 01 42 25 12 06 – 🍽 ➄ (soir). 🖭 ⓞ ⓖⓑ ⓙⓒⓑ   **F 10**
fermé sam. midi et dim. midi – **Repas** 19/29 et carte 36 à 43, enf. 12 ♈.
♦ Ung et Li vous accueillent dans un cadre asiatique original : aquariums suspendus et sol
en pâte de verre avec inclusions de sable. Cuisine sino-thaïlandaise.

XX **Pichet de Paris,** 68 r. P. Charron ⓞ *Franklin D. Roosevelt* ℘ 01 43 59 50 34,
Fax 01 42 89 68 91 – 🍽. 🖭 ⓞ ⓖⓑ   **G 9-F 9**
fermé sam. sauf le soir de sept. à avril et dim. – **Repas** carte 51 à 88.
♦ Hommes politiques et vedettes du spectacle se retrouvent dans l'arrière-salle de cette
pseudo-brasserie où poissons, coquillages et crustacés se taillent la part du lion.

XX **Bistro de l'Olivier,** 13 r. Quentin Bauchart ⓞ *George V* ℘ 01 47 20 78 63,
Fax 01 47 20 74 58 – 🍽. 🖭 ⓞ ⓖⓑ   **G 8**
Repas (nombre de couverts limité, prévenir) *(25,50)* - 33,50 et carte 67 à 83 ♈.
♦ Carrés provençaux et vieilles affiches évoquant le Sud égayent la salle à manger très
actuelle de ce restaurant situé près de l'avenue George V. Cuisine méditerranéenne.

XX **Market,** 15 r. Matignon ⓞ *Franklin-D.-Roosevelt* ℘ 01 56 43 40 90, *prmarketsa@aol.com,*
Fax 01 43 59 10 87 – 🍽 ➄. 🖭 ⓖⓑ   **F 10**
Repas 32 (déj.)/40 (déj.)et carte 50 à 75.
♦ Emplacement prestigieux, décor de bois et de pierre, masques africains logés dans des
niches et cuisine métissée (française, italienne et asiatique) : une adresse "trendy".

XX **Nirvana,** 3 av. Matignon ⓞ *Franklin-D.-Roosevelt* ℘ 01 53 89 18 91, *nirvana-resa@noos.fr,*
Fax 01 42 89 64 74 – 🍽 ➄ (soir). 🖭 ⓖⓑ   **G 10**
Repas *(25)* - carte 53 à 70.
♦ Kitsch, néo-indien, psychédélique, pailleté... Atteindrez-vous le nirvana dans ce temple
culinaro-musical branché et voluptueux où l'on régale de saveurs franco-orientales ?

X **Café Lenôtre-Pavillon Elysée,** 10 Champs-Elysées ⓞ *Champs-Elysées-Clemenceau*
℘ 01 42 65 85 10, *Fax* 01 42 65 76 23, ☆ – 🍽 ➄ 🅿 – 🔏 40. 🖭 ⓞ ⓖⓑ ⓙⓒⓑ. ♈%   **G 10**
Repas carte 40 à 70.
♦ Cet élégant pavillon bâti pour l'Exposition universelle de 1900 a fait peau neuve et abrite,
outre une boutique et une école de cuisine, un restaurant résolument contemporain.

ⵣ **Cap Vernet**, 82 av. Marceau Ⓜ *Ch. de Gaulle-Etoile* ℘ 01 47 20 20 40, *capvernet@guysavo y.com*, Fax 01 47 20 95 36, 🍽 – 📋. ⒶⒺ ⓪ ⒼⒷ ⒿⒸⒷ
F 8
fermé sam. midi et dim. – **Repas** 45 et carte 42 à 55.
◆ Salle à manger "transatlantique" en bleu-blanc-chrome, parcourue de coursives et bastingages, et ambiance feutrée autour d'une cuisine tournée vers l'océan.

ⵣ **L'Appart'**, 9 r. Colisée Ⓜ *Franklin D. Roosevelt* ℘ 01 53 75 42 00, *restapart@aol.com*, Fax 01 53 75 42 09 – 📋. ⒶⒺ ⒼⒷ ⒿⒸⒷ
F 9
Repas 30 et carte 42 à 58, enf. 23.
◆ Salon, bibliothèque ou cuisine ? Choisissez une des pièces de cet "appartement" reconstitué pour déguster une cuisine au goût du jour. Brunch dominical et accueil charmant.

ⵣ **Toi**, 27 r. du Colisée Ⓜ *Franklin-D.-Roosevelt* ℘ 01 42 56 56 58, *restaurant.toi@wanadoo.fr*, Fax 01 42 56 09 60 – 📋 🍽. ⒶⒺ ⒼⒷ
F 9
Repas (20) - 27 (déj.)et carte 41 à 67.
◆ Couleurs vives (rouges, orange) et mobilier design : décor d'esprit "seventies" pour ce restaurant-bar "tendance" et chaleureux proposant une cuisine actuelle et créative.

ⵣ **Devez**, 5 pl.de l'Alma Ⓜ *Alma Marceau* ℘ 01 53 67 97 53, Fax 01 47 23 09 48 – 📋. ⒶⒺ ⒼⒷ
G 8
Repas carte 35 à 65, enf. 10.
◆ Amoureux de sa terre d'origine, le patron - également éleveur - propose une cuisine au goût du jour axée sur la viande d'Aubrac. Bel intérieur contemporain et table d'hôte.

ⵣ **Saveurs et Salon**, 3 r. Castellane Ⓜ *Madeleine* ℘ 01 40 06 97 97, Fax 01 40 06 98 06 – 📋. ⒶⒺ ⒼⒷ ⒿⒸⒷ
F 12
fermé sam. midi et dim. – **Repas** (20) - 33 ⵛ.
◆ Les recettes concoctées selon les arrivages du marché sont à déguster dans une minisalle au cadre contemporain ou au sous-sol, dans un caveau en pierres apparentes.

ⵣ **Poêle d'Or**, 37 r.de Miromesnil Ⓜ *Miromesnil* ℘ 01 42 65 78 60, *lapoeledor@aol.fr*, Fax 01 49 24 96 17 – ⒶⒺ ⒼⒷ ⒿⒸⒷ
F 10
fermé août, vacances de Noël, sam. et dim. – **Repas** carte 42 à 64.
◆ Des fresques murales (évoquant les saisons et les produits du terroir) participent à l'élégance de la salle à manger lumineuse et contemporaine. Cuisine au goût du jour.

ⵣ **Cô Ba Saigon**, 181 r. Fg St-Honoré Ⓜ *Ch. de Gaulle-Etoile* ℘ 01 45 63 70 37, *cobasaïgon@ wanadoo.fr*, Fax 01 60 05 10 93 – 📋. ⒶⒺ ⒼⒷ
F 9
fermé au 22 août et dim. – **Repas** 17,50 (déj.)/25 et carte 25 à 30.
◆ La belle Cô Ba fut représentée sur un timbre-poste émis en Indochine coloniale. Intérieur en noir et rouge agrémenté de photos du pays et cuisine vietnamienne.

ⵣ **Zo**, 13 r. Montalivet Ⓜ *Miromesnil* ℘ 01 42 65 18 18, *micael@restaurantzo.com*, Fax 01 42 65 10 91 – 📋 🍽 (soir). ⒶⒺ ⒼⒷ ⒿⒸⒷ
F 11
fermé 13 au 18 août, sam. midi et dim. – **Repas** 27,50/41 et carte 32 à 50.
◆ Zoom sur ce Zo pour drôles de zèbres : décor entre le zist et le zest, carte zappant d'une cuisine à l'autre et clientèle de zouaves certainement pas zombies. Et zou !

ⵣ **Bistrot de Marius**, 6 av. George V Ⓜ *Alma Marceau* ℘ 01 40 70 11 76, Fax 01 40 70 17 08, 🍽 – ⒶⒺ ⓪ ⒼⒷ ⒿⒸⒷ
G 8
Repas (24) - carte 40 à 55.
◆ Cette sympathique "annexe" de "Marius et Janette" offre un cadre provençal vivement coloré. Petites tables serrées, dressées simplement. Cuisine de la mer.

ⵣ **Rocher Gourmand**, 89 r. Rocher Ⓜ *Villiers* ℘ 01 40 08 00 36, Fax 01 40 08 05 29 – ⒼⒷ
E 10
fermé 24 juil. au 24 août, sam., dim. et fériés – **Repas** (30) - 35 et carte 42 à 58.
◆ Rendez-vous des gourmands de la rue du Rocher, ce sympathique petit restaurant au cadre pimpant propose une cuisine au goût du jour relevée de mille épices.

ⵣ **Daru**, 19 r. Daru Ⓜ *Courcelles* ℘ 01 42 27 23 60, Fax 01 47 54 08 14 – 📋. ⒶⒺ ⒼⒷ
E 9
fermé août, sam. midi, dim. et fériés – **Repas** 25 (déj.)/35 et carte 42 à 64.
◆ Fondée en 1918, la maison Daru fut la première épicerie russe de Paris. Elle continue de régaler ses hôtes de zakouskis, blinis et caviars, dans un décor en rouge et noir.

ⵣ **Boucoléon**, 10 r. Constantinople Ⓜ *Europe* ℘ 01 42 93 73 33, Fax 01 42 93 17 44 – ⒼⒷ
E 11
fermé 6 au 30 août, sam. midi, dim. et fériés – **Repas** (nombre de couverts limité, prévenir) carte 27 à 40 ⵛ.
◆ Ce plaisant petit bistrot de quartier connaît un franc succès grâce à une cuisine du marché bien troussée et à prix doux. C'est l'ardoise qui annonce les festivités.

ⵣ **Shin Jung**, 7 r. Clapeyron Ⓜ *Rome* ℘ 01 45 22 21 06
D 11
fermé dim. midi et midis fériés – **Repas** 27,50/35,10 et carte 22 à 28 ⵛ.
◆ Salle de restaurant un rien "zen", dont les murs sont agrémentés de calligraphies. Cuisine sud-coréenne et spécialités de poissons crus. Accueil sympathique.

Opéra - Gare du Nord
Gare de l'Est - Grands Boulevards

9e et 10e arrondissements

9e : ✉ 75009 - 10e : ✉ 75010

Intercontinental Le Grand Hôtel, 2 r. Scribe (9ᵉ) Ⓜ *Opéra* 🕿 01 40 07 32 32, *legrand @interconti.com,* Fax 01 42 66 12 51, ⅙ – 🛗 ⁕⟷ ▤ 📺 📞 ♿ ⟷ 🅿 – 🔏 20 à 120. 🆎 ⓪ ☒ ɹᴄʙ. ⅜
F 12
voir rest. *Café de la Paix* ci-après – ⊊ 31 – **450 ch** 740/850, 28 suites.
◆ Le célèbre palace, inauguré en 1862, vient de rouvrir ses portes après 18 mois de travaux. Esprit Second Empire judicieusement préservé et confort d'aujourd'hui.

Scribe, 1 r. Scribe (9ᵉ) Ⓜ *Opéra* 🕿 01 44 71 24 24, *h0663-re@accor-hotels.com,* Fax 01 42 65 39 97 – 🛗 ⁕⟷ ▤ 📺 📞 ♿ – 🔏 50. 🆎 ⓪ ☒ ɹᴄʙ
F 12
voir rest. *Les Muses* ci-après **- Jardin des Muses** 🕿 01 44 71 24 19 **Repas** (25) 31, enf. 13 – ⊊ 27 – **206 ch** 440/600, 5 suites, 6 duplex.
◆ Cet immeuble haussmannien abrite un hôtel apprécié pour son luxe discret. En 1895, le public y découvrait en première mondiale le cinématographe des Frères Lumière. Décor de style anglais et carte de brasserie au Jardin des Muses, situé au sous-sol du Scribe.

Millennium Opéra, 12 bd Haussmann (9ᵉ) Ⓜ *Richelieu Drouot* 🕿 01 49 49 16 00, *opera@ mill-cop.com,* Fax 01 49 49 17 00, 😗 – 🛗 ⁕⟷ ▤ 📺 📞 ♿ – 🔏 80. 🆎 ⓪ ☒ ɹᴄʙ
Brasserie Haussmann 🕿 01 49 49 16 64 **Repas** 26/36, enf. 12,50 ⅒ – ⊊ 25 – **150 ch** 400/700, 13 suites.
F 13
◆ Cet hôtel de 1927 n'a rien perdu de son lustre des années folles. Chambres garnies de meubles Art déco et aménagées avec un goût sûr. Équipements modernes. Cadre judicieusement revisité et actualisé, et plats typiques du genre à la Brasserie Haussmann.

Ambassador, 16 bd Haussmann (9ᵉ) Ⓜ *Richelieu Drouot* 🕿 01 44 83 40 40, *ambass@con corde-hotels.com,* Fax 01 42 46 19 84 – 🛗 ⁕⟷ ▤ 📺 📞 – 🔏 110. 🆎 ⓪ ☒ ɹᴄʙ
F 13
voir rest. *16 Haussmann* ci-après – ⊊ 22 – **292 ch** 360/495, 4 suites.
◆ Panneaux de bois peint, lustres en cristal, meubles et objets anciens décorent cet élégant hôtel des années 1920. Les chambres offrent espace et confort.

🏨 **Villa Opéra Drouot** sans rest, 2 r. Geoffroy Marie (9ᵉ) Ⓜ *Grands Boulevards* 𝒫 01 48 00 08 08, drouot@leshotelsdeparis.com, Fax 01 48 00 80 60 – 📳 🔲 📺 ✆ ♿. ⒶⒺ ⓞ
ⒼⒷ ⒿⒸⒷ   F 14
🔲 20 – **29 ch** 217/298, 3 duplex.
♦ Laissez-vous surprendre par le subtil mélange d'un décor baroque et du confort "dernière tendance" en ces chambres agrémentées de tentures, velours, soieries et boiseries.

🏨 **Terminus Nord** sans rest, 12 bd Denain (10ᵉ) Ⓜ *Gare du Nord* 𝒫 01 42 80 20 00, h2761@accor-hotels.com, Fax 01 42 80 63 89 – 📳 ⇔ 📺 ✆ ♿ – 🔏 70. ⒶⒺ ⓞ ⒼⒷ ⒿⒸⒷ   E 16
🔲 14 – **236 ch** 217/275.
♦ Rénové depuis peu, cet hôtel de 1865 a retrouvé son éclat d'antan. Vitraux Art nouveau, décor "british" et atmosphère "cosy" lui donnent un air de belle demeure victorienne.

🏨 **Holiday Inn Paris Opéra**, 38 r. Échiquier (10ᵉ) Ⓜ *Bonne Nouvelle* 𝒫 01 42 46 92 75, information@hi-parisopera.com, Fax 01 42 47 03 97 – 📳 ⇔ 🔲 📺 ✆ ♿ – 🔏 45. ⒶⒺ ⓞ ⒼⒷ ⒿⒸⒷ
Repas *(23)* - 35 bc, enf. 10 – 🔲 19 – **92 ch** 273/278.   F 15
♦ À deux pas des Grands Boulevards et de sa kyrielle de théâtres et brasseries, hôtel abritant de vastes chambres décorées dans l'esprit de la Belle Époque. La salle à manger est un petit joyau 1900 : mosaïques, verrière, boiseries et beau mobilier Art nouveau.

🏨 **Pavillon de Paris** sans rest, 7 r. Parme (9ᵉ) Ⓜ *Liège* 𝒫 01 55 31 60 00, mail@pavillondeparis.com, Fax 01 55 31 60 01 – 📳 🔲 📺 ✆ ♿. ⒶⒺ ⓞ ⒼⒷ ⒿⒸⒷ   D 12
🔲 15 – **30 ch** 230/285.
♦ Décor contemporain d'esprit "zen" et technologie de pointe (accès à Internet par la TV, fax et boîte vocale) caractérisent les chambres de cet hôtel sobrement luxueux.

🏨 **Lafayette** sans rest, 49 r. Lafayette (9ᵉ) Ⓜ *Le Peletier* 𝒫 01 42 85 05 44, h2802-gm@accor-hotels.com, Fax 01 49 95 06 60 – 📳 cuisinette ⇔ 📺 ✆ ♿. ⒶⒺ ⓞ ⒼⒷ ⒿⒸⒷ   F 14
🔲 14 – **96 ch** 209/269, 7 suites.
♦ Élégance du beige et du bois dans le hall, esprit "rustique 18ᵉ s." dans les chambres tendues de toile de Jouy, cadre de jardin d'hiver pour les petits-déjeuners.

🏨 **St-Pétersbourg** sans rest, 33 r. Caumartin (9ᵉ) Ⓜ *Havre Caumartin* 𝒫 01 42 66 60 38, hotel.st-petersbourg@wanadoo.fr, Fax 01 42 66 53 54 – 📳 🔲 📺 ✆ – 🔏 25. ⒶⒺ ⓞ ⒼⒷ ⒿⒸⒷ
100 ch 🔲 165/206.   F 12
♦ Les chambres, meublées dans le style Louis XVI, sont souvent spacieuses et orientées côté cour. Salon assez cossu, éclairé par une verrière colorée.

🏨 **Astra Opéra** sans rest, 29 r. Caumartin (9ᵉ) Ⓜ *Havre Caumartin* 𝒫 01 42 66 15 15, hotel.astra@astotel.com, Fax 01 42 66 98 05 – 📳 ⇔ 🔲 📺 ✆. ⒶⒺ ⓞ ⒼⒷ ⒿⒸⒷ. ⚸   F 12
🔲 21 – **82 ch** 303/364.
♦ Immeuble haussmannien abritant des chambres assez amples et confortables. Le joli salon sous verrière reçoit régulièrement des expositions d'art contemporain.

🏨 **Richmond Opéra** sans rest, 11 r. Helder (9ᵉ) Ⓜ *Chaussée d'Antin* 𝒫 01 47 70 53 20, paris@richmond-hotel.com, Fax 01 48 00 02 10 – 📳 🔲 📺 ✆. ⒶⒺ ⓞ ⒼⒷ ⒿⒸⒷ. ⚸   F 13
🔲 11 – **59 ch** 167.
♦ Les chambres, spacieuses et élégantes, donnent presque toutes sur la cour. Le salon est bourgeoisement décoré dans le style Empire.

🏨 **Carlton's Hôtel** sans rest, 55 bd Rochechouart (9ᵉ) Ⓜ *Anvers* 𝒫 01 42 81 91 00, carltons@club-internet.fr, Fax 01 42 81 97 04 – 📳 📺 ✆. ⒶⒺ ⓞ ⒼⒷ ⒿⒸⒷ   D 14
🔲 9 – **108 ch** 130/138.
♦ Le point fort de cet établissement est sa position dominante offrant un panorama sur tout Paris. Chambres confortables, bien insonorisées côté boulevard.

🏨 **Villa Royale** sans rest, 2 r. Duperré (9ᵉ) Ⓜ *Pigalle* 𝒫 01 55 31 78 78, royale@leshotelsdeparis.com, Fax 01 55 31 78 70 – 📳 ⇔ 📺 ✆. ⒶⒺ ⓞ ⒼⒷ ⒿⒸⒷ   D 13
🔲 20 – **31 ch** 250/410.
♦ Mobilier ancien et design, profusion de couleurs chatoyantes et de bibelots : nouveau décor - baroque et "tendance" - et équipements raffinés pri pour cet hôtel-bonbonnière.

🏨 **Albert 1ᵉʳ** sans rest, 162 r. Lafayette (10ᵉ) Ⓜ *Gare du Nord* 𝒫 01 40 36 82 40, paris@albert1erhotel.com, Fax 01 40 35 72 52 – 📳 🔲 📺 ✆. ⒶⒺ ⓞ ⒼⒷ ⒿⒸⒷ. ⚸   E 16
🔲 11 – **55 ch** 97/113.
♦ Hôtel dont les chambres, modernes et bien aménagées, sont équipées d'un double vitrage et bénéficient d'efforts constants de rénovation. Atmosphère conviviale.

🏨 **Opéra Cadet** sans rest, 24 r. Cadet (9ᵉ) Ⓜ *Cadet* 𝒫 01 53 34 50 50, infos@hotel-opera-cadet.fr, Fax 01 53 34 50 60 – 📳 🔲 📺 ✆ ⇔ – 🔏 50. ⒶⒺ ⓞ ⒼⒷ ⒿⒸⒷ   F 14
🔲 12 – **82 ch** 172/190, 3 suites.
♦ Laissez votre voiture dans le garage, installez-vous dans cet hôtel contemporain et vivez la capitale à pied. Pour plus de tranquillité, préférez les chambres côté jardin.

🏨 **Bergère Opéra** sans rest, 34 r. Bergère (9ᵉ) Ⓜ *Grands Boulevards* 𝒫 01 47 70 34 34, hotel.bergere@astotel.com, Fax 01 47 70 36 36 – 📳 🔲 📺 – 🔏 40. ⒶⒺ ⓞ ⒼⒷ ⒿⒸⒷ   F 14
🔲 14 – **134 ch** 167/182.
♦ Immeuble du 19ᵉ s. doté depuis peu d'un ascenseur panoramique. Les chambres, rénovées par étapes, adoptent un décor plaisant ; certaines donnent sur une cour-jardin.

🏠 **Franklin** sans rest, 19 r. Buffault (9e) Ⓜ *Cadet* 𝄐 01 42 80 27 27, h2779@accor-hotels.com,
Fax 01 48 78 13 04 – 📶 ⁂ 🔟 📞. 🅰🅴 ⓞ 🅶🅱 🅹🅲🅱. ⋙   **E 14**
🛗 13 – **68 ch** 145/168.
◆ Dans une rue paisible, chambres garnies d'un élégant mobilier inspiré des campagnes
militaires de l'époque napoléonienne. Insolite trompe-l'œil naïf à l'accueil.

🏠 **Caumartin** sans rest, 27 r. Caumartin (9e) Ⓜ *Havre Caumartin* 𝄐 01 47 42 95 95, h2811@a
ccor-hotels.com, Fax 01 47 42 88 19 – 📶 ⁂ 🔳 🔟 📞. 🅰🅴 ⓞ 🅶🅱 🅹🅲🅱   **F 12**
🛗 14 – **40 ch** 171/181.
◆ Chambres contemporaines meublées en bois blond et joliment décorées. Agréable salle
des petits-déjeuners ornée de peintures hautes en couleur.

🏠 **Grand Hôtel Haussmann** sans rest, 6 r. Helder (9e) Ⓜ *Opéra* 𝄐 01 48 24 76 10, ghh@clu
b-internet.fr, Fax 01 48 00 97 18 – 📶 🔳 🔟 📞. 🅰🅴 ⓞ 🅶🅱 🅹🅲🅱. ⋙   **F 13**
🛗 10,20 – **59 ch** 123/160.
◆ Cette discrète façade dissimule des chambres de tailles variées, douillettes, personnalisées et rénovées par étapes. Presque toutes donnent sur l'arrière.

🏠 **Blanche Fontaine** ⤬ sans rest, 34 r. Fontaine (9e) Ⓜ *Blanche* 𝄐 01 44 63 54 95, tryp.bla
nchefontaine@solmelia.com, Fax 01 42 81 05 52 – 📶 ⁂ 🔟 📞 🚗. 🅰🅴 ⓞ 🅶🅱 🅹🅲🅱   **D 13**
🛗 15 – **66 ch** 169/190, 4 suites.
◆ À l'écart de l'animation citadine, hôtel dont les chambres, spacieuses, sont régulièrement rafraîchies. Agréable salle des petits-déjeuners.

🏠 **Anjou-Lafayette** sans rest, 4 r. Riboutté (9e) Ⓜ *Cadet* 𝄐 01 42 46 83 44, hotel.anjou.lafa
yette@wanadoo.fr, Fax 01 48 00 08 97 – 📶 🔟 📞. 🅰🅴 ⓞ 🅶🅱 🅹🅲🅱   **E 14**
🛗 11 – **39 ch** 120/155.
◆ Près du verdoyant square Montholon orné de grilles du Second Empire, chambres de
bon confort, insonorisées et entièrement rénovées dans un style contemporain.

🏠 **Paris-Est** sans rest, 4 r. 8 Mai 1945 (cour d'Honneur gare de l'Est)(10e) Ⓜ *Gare de l'Est*
𝄐 01 44 89 27 00, hotelparisest-bestwestern@autogrill.fr, Fax 01 44 89 27 49 – 📶 🔳 🔟. 🅰🅴
ⓞ 🅶🅱   **E 16**
🛗 10 – **45 ch** 111/182.
◆ Bien que jouxtant la gare, cet établissement propose des chambres calmes, car tournées vers une arrière-cour ; elles sont refaites et insonorisées.

🏠 **Trois Poussins** sans rest, 15 r. Clauzel (9e) Ⓜ *St-Georges* 𝄐 01 53 32 81 81, h3p@les3pous
sins.com, Fax 01 53 32 81 82 – 📶 cuisinette ⁂ 🔳 🔟 📞 ♿. 🅰🅴 ⓞ 🅶🅱 🅹🅲🅱   **E 13**
🛗 10 – **40 ch** 130/180.
◆ Élégantes chambres offrant plusieurs niveaux de confort. Vue sur Paris depuis les
derniers étages. Salle des petits-déjeuners joliment voûtée. Petite cour-terrasse.

🏠 **Opéra d'Antin** sans rest, 75 r. Provence (9e) Ⓜ *Chaussée d'Antin* 𝄐 01 48 74 12 99, reserv
ation@hoteloperadantin.com, Fax 01 48 74 16 14 – ⁂ 🔳 🔟 📞. 🅰🅴 ⓞ 🅶🅱 🅹🅲🅱. ⋙   **F 12**
🛗 9 – **29 ch** 145.
◆ Hôtel restauré proche des célèbres Galeries Lafayette. Salle des petits-déjeuners aménagée sous une verrière et plaisantes chambres optant pour le style Art déco.

🏠 **Celte La Fayette** sans rest, 25 r. Buffault (9e) Ⓜ *Cadet* 𝄐 01 49 95 09 49, reservation@par
ishotelcelte.com, Fax 01 49 95 01 88 – 📶 🔟 📞. 🅰🅴 ⓞ 🅶🅱 🅹🅲🅱   **E 14**
🛗 12 – **50 ch** 120/180.
◆ Dans une rue calme, au cœur du quartier des banques et des assurances. Les chambres,
régulièrement rénovées, sobres et modernes, donnent presque toutes sur une cour.

🏠 **Langlois** sans rest, 63 r. St-Lazare (9e) Ⓜ *Trinité* 𝄐 01 48 74 78 24, info@hotel-langlois.com,
Fax 01 49 95 04 43 – 📶 🔟 📞. 🅰🅴 ⓞ 🅶🅱 🅹🅲🅱   **E 12**
🛗 7,80 – **27 ch** 89/99, 3 suites.
◆ Bâti en 1870, l'immeuble abrita d'abord une banque puis un hôtel à partir de 1896. Art
nouveau, Art déco ou années 1950, toutes les chambres ont un caractère bien marqué.

🏠 **Printania** sans rest, 19 r. Château d'Eau (10e) Ⓜ *République* 𝄐 01 42 01 84 20, printania@
hotelprintania.fr, Fax 01 42 39 55 12 – 📶 🔟 📞. 🅰🅴 ⓞ 🅶🅱 🅹🅲🅱. ⋙   **F 16**
🛗 10 – **51 ch** 97/133.
◆ Hôtel situé dans une rue commerçante. La plupart des chambres, pas très grandes mais
confortables, s'ouvrent sur un patio ; quelques terrasses au dernier étage.

🏠 **Pavillon République Les Halles** sans rest, 9 r. Pierre Chausson (10e) Ⓜ *Jacques
Bonsergent* 𝄐 01 40 18 11 00, republique@leshotelsdeparis.com, Fax 01 40 18 11 06 – ⁂
🔟 📞 ♿. 🅰🅴 ⓞ 🅶🅱 🅹🅲🅱   **F 16**
🛗 11 – **58 ch** 140/160.
◆ Au gré de vos envies, choisissez les chambres de style Art déco ou celles offrant une
ambiance romantique ; elles sont très souvent orientées sur une arrière-cour.

🏠 **Monterosa** sans rest, 30 r. La Bruyère (9e) Ⓜ *St Georges* 𝄐 01 48 74 87 90,
Fax 01 42 81 01 12 – 📶 🔟. 🅰🅴 🅶🅱   **E 13**
🛗 8 – **36 ch** 85/105.
◆ Dans une rue paisible de la Nouvelle Athènes, chambres de différentes tailles, fonctionnelles et bien insonorisées ; la majorité d'entre elles vient d'être rénovée.

🏨 **Mercure Monty** sans rest, 5 r. Montyon (9e) Ⓜ *Grands Boulevards* ℘ 01 47 70 26 10, *hotel@mercuremonty.com*, Fax 01 42 46 55 10 – 📶 ✿ 🔲 📺 🔊 – 🔬 50. 🖭 ⓪ ◉ 𝐽𝐶𝐁 **F 14**
🛏 12 – **70 ch** 164.
◆ Belle façade des années 1930, cadre Art déco à l'accueil et équipements standard de la chaîne caractérisent ce Mercure situé dans la perspective des Folies Bergère.

🏨 **Pré** sans rest, 10 r. P. Sémard (9e) Ⓜ *Poissonnière* ℘ 01 42 81 37 11, *hoteldupre@wanadoo.fr*, Fax 01 40 23 98 28 – 📶 📺 🔊. 🖭 ⓪ ◉ 𝐽𝐶𝐁 **E 15**
🛏 10 – **41 ch** 88/125.
◆ Chambres modernes joliment colorées, salon garni de canapés Chesterfield, salle des petits-déjeuners et bar de style bistrot.

🏨 **Résidence du Pré** sans rest, 15 r. P. Sémard (9e) Ⓜ *Poissonnière* ℘ 01 48 78 26 72, *residencedupre@wanadoo.fr*, Fax 01 42 80 64 83 – 📶 ✿ 📺 🔊. 🖭 ⓪ ◉ 𝐽𝐶𝐁. ✀ **E 15**
🛏 10 – **40 ch** 80/95.
◆ Non loin de son frère jumeau, cet hôtel propose des chambres de même confort que celui-ci. Salon, salle des petits-déjeuners et coin bar au cadre contemporain.

🏨 **Grands Boulevards** sans rest, 42 r. Petites-Écuries (10e) Ⓜ *Bonne Nouvelle* ℘ 01 42 46 91 86, *reservation@parishôtelopera.com*, Fax 01 40 22 90 85 – 📶 🔲 📺 ♿. 🖭 ⓪ ◉ 𝐽𝐶𝐁 **F 15**
🛏 12 – **49 ch** 150/175.
◆ Comme l'indique l'enseigne, les Grands Boulevards sont proches, mais la plupart des chambres donnent sur une cour. Joli mobilier et tonalités harmonieuses.

🏨 **Gotty** sans rest, 11 r. Trévise (9e) Ⓜ *Cadet* ℘ 01 47 70 12 90, *Gotty@hotels-paris-opera.com*, Fax 01 47 70 21 26 – 📶 📺 🔊. 🖭 ⓪ ◉ 𝐽𝐶𝐁 **F 14**
🛏 8,50 – **44 ch** 116/136.
◆ Chambres de style rustique, insonorisées ; quelques-unes sont tournées côté cour. Tons chauds et poutres dans la salle des petits-déjeuners.

🏨 **Acadia** sans rest, 4 r. Geoffroy Marie (9e) Ⓜ *Grands Boulevards* ℘ 01 40 22 99 99, *astotel@astotel.com*, Fax 01 40 22 01 82 – 📶 🔲 📺 🔊 ♿. 🖭 ⓪ ◉ 𝐽𝐶𝐁. ✀ **F 14**
🛏 14 – **36 ch** 167/182.
◆ Dans un quartier animé - de nuit comme de jour - ce petit immeuble abrite des chambres bien équipées et bénéficiant d'un double vitrage. Tenue sans reproche.

🏨 **Axel** sans rest, 15 r. Montyon (9e) Ⓜ *Grands Boulevards* ℘ 01 47 70 92 70, *axelopera@paris-honotel.com*, Fax 01 47 70 43 37 – 📶 ✿ 🔲 📺. 🖭 ⓪ ◉ 𝐽𝐶𝐁. ✀ **F 14**
🛏 13 – **40 ch** 165/210.
◆ Dans cet hôtel situé au coeur d'un quartier très animé le soir, choisir une chambre donnant côté cour ; elles sont toutes rénovées dans un sobre style contemporain (couettes).

🏨 **Paix République** sans rest, 2 bis bd St-Martin (10e) Ⓜ *République* ℘ 01 42 08 96 95, *hotelpaix@wanadoo.fr*, Fax 01 42 06 36 30 – 📶 📺. 🖭 ⓪ ◉ 𝐽𝐶𝐁. ✀ **G 16**
🛏 7,50 – **45 ch** 108/197.
◆ Plus calmes côté rue que côté boulevard, chambres aux tons pastel garnies de meubles rustiques ou en bois stratifié. Profonds sièges en cuir dans le coin salon.

🏨 **Trinité Plaza** sans rest, 41 r. Pigalle (9e) Ⓜ *Pigalle* ℘ 01 42 85 57 00, *trinite.plaza@wanadoo.fr*, Fax 01 45 26 41 20 – 📶 📺 🔊. 🖭 ⓪ ◉ 𝐽𝐶𝐁 **E 13**
🛏 7 – **42 ch** 136.
◆ À l'angle d'une voie privée (où vécut Van Gogh) et de la rue Pigalle. Les chambres, sobrement décorées dans un style actuel, sont insonorisées.

🏨 **Corona** ⌖ sans rest, 8 cité Bergère (9e) Ⓜ *Grands Boulevards* ℘ 01 47 70 52 96, *hotelcoronaopera@regetel.com*, Fax 01 42 46 83 49 – 📶 📺 🔊 ♿. 🖭 ⓪ ◉ 𝐽𝐶𝐁 **F 14**
🛏 12 – **56 ch** 150/196, 4 suites.
◆ Dans un calme et pittoresque passage percé en 1825, petit immeuble à la façade ornée d'une élégante marquise. Chambres dotées d'un mobilier en loupe d'orme. Accueillant salon.

🏨 **Alba-Opéra** ⌖ sans rest, 34 ter r. La Tour d'Auvergne (9e) Ⓜ *Pigalle* ℘ 01 48 78 80 22, *hotel-albaopera-residence@wanadoo.fr*, Fax 01 42 85 23 13 – 📶 cuisinette 📺 🔊. ⓪ ◉ 𝐽𝐶𝐁. ✀ **E 14**
🛏 7 – **24 ch** 90/125.
◆ Au cours des années 1930, le trompettiste Louis Armstrong séjourna dans cet hôtel situé au fond d'une impasse. Chambres offrant plusieurs niveaux de confort.

🏨 **Peyris** sans rest, 10 r. Conservatoire (9e) Ⓜ *Poissonnière* ℘ 01 47 70 50 83, *peyris@club-internet.fr*, Fax 01 40 22 95 91 – 📶 🔲 📺. 🖭 ⓪ ◉ 𝐽𝐶𝐁 **F 14**
🛏 12 – **50 ch** 120/130.
◆ Les chambres se dotent peu à peu d'aménagements fonctionnels et de décors aux tons jaune et bleu. Salon garni d'un mobilier Napoléon III. Accueil aimable.

🏨 **Comfort Gare du Nord** sans rest, 33 r. St-Quentin (10ᵉ) Ⓜ *Gare du Nord* ℰ 01 48 78 02 92, hgd-nordotel@wanadoo.fr, Fax 01 45 26 88 31 – 🛗 📺 📞. 🆎 ⓪ 🅶🅱.
⌂ 12 – **47 ch** 115/160.   E 16
◆ Établissement proposant des chambres meublées simplement mais spacieuses, très bien tenues et insonorisées. Agréables salles de bains. Coquette salle des petits-déjeuners.

🏨 **Amiral Duperré** sans rest, 32 r. Duperré (9ᵉ) Ⓜ *Blanche* ℰ 01 42 81 55 33, h2756@accor-hotels.com, Fax 01 44 63 04 73 – 🛗 📺 📞. 🆎 ⓪ 🅶🅱 🅹🅲🅱
⌂ 10 – **52 ch** 97/107.   D 13
◆ Batailles navales peintes en trompe-l'oeil et reproductions de gravures marines dans le hall. Mobilier de style Art déco dans des chambres pas très grandes.

🏨 **Riboutté-Lafayette** sans rest, 5 r. Riboutté (9ᵉ) Ⓜ *Cadet* ℰ 01 47 70 62 36, Fax 01 48 00 91 50 – 🛗 📺 📞. 🆎 ⓪ 🅶🅱 🅹🅲🅱
⌂ 6 – **24 ch** 78.   E 14
◆ Il règne une atmosphère provinciale dans ces salons décorés de bibelots, de plantes vertes et de fleurs. Chambres simples, agrémentées de meubles chinés dans les brocantes.

🏨 **Relais du Pré** sans rest, 16 r. P. Sémard (9ᵉ) Ⓜ *Poissonnière* ℰ 01 42 85 19 59, relaisdupre@wanadoo.fr, Fax 01 42 85 70 59 – 🛗 📺 📞. 🆎 ⓪ 🅶🅱
⌂ 10 – **34 ch** 82/102.   E 15
◆ Proche de ses deux grands frères, cet hôtel propose les mêmes chambres - modernes et pimpantes - que ses aînés. Bar et salon contemporains, assez "cosy".

🏨 **Ibis Gare de l'Est**, 197 r. Lafayette (10ᵉ) Ⓜ *Château Landon* ℰ 01 44 65 70 00, Fax 01 44 65 70 07 – 🛗 📞, ☰ ch, 📺 📞 🔥 ⟨⟨. 🆎 ⓪ 🅶🅱
Repas (dîner seul.) *(12)* · carte 17 à 20, enf. 6 🍸 – ⌂ 6 – **165 ch** 74.   E 17
◆ Espace et équipements modernes sont les atouts de cet hôtel de chaîne. Les chambres du dernier étage, côté rue, offrent une vue sur le Sacré-Coeur. Le décor du restaurant s'inspire des cafés populaires d'antan ; petits plats façon bistrot.

🏨 **Strasbourg-Mulhouse** sans rest, 87 bd Strasbourg (10ᵉ) Ⓜ *Gare de l'Est* ℰ 01 42 09 12 28, h2753-gm@accor-hotels.com, Fax 01 42 09 48 12 – 🛗 📺 📺. 🆎 ⓪ 🅶🅱
🅹🅲🅱
⌂ 10 – **32 ch** 113.   E 15
◆ Cet hôtel joliment meublé offre peu d'espace, mais bénéficie d'agencements astucieux. Les chambres, à l'atmosphère "cosy", sont plus calmes sur l'arrière.

🏨 **Ibis Lafayette** sans rest, 122 r. Lafayette (10ᵉ) Ⓜ *Gare du Nord* ℰ 01 45 23 27 27, Fax 01 42 46 73 79 – 🛗 📺 📺 📞 🔥. 🆎 ⓪ 🅶🅱
⌂ 6 – **70 ch** 92.   E 16
◆ Établissement où vous séjournerez dans des chambres refaites et correctement insonorisées ; les plus plaisantes ouvrent sur un petit jardin.

🏨 **Campanile Gare du Nord** sans rest, 232 r. Fg St-Martin (10ᵉ) Ⓜ *Louis Blanc* ℰ 01 40 34 38 38, paris.garedunord@campanile.fr, Fax 01 40 34 38 50 – 🛗 📺 📞. 🆎 ⓪ 🅶🅱
🅶🅱   DE 17
⌂ 7 – **91 ch** 85/90.
◆ Immeuble moderne abritant des chambres fonctionnelles pourvues d'un double vitrage. Cour verdoyante où l'on sert les petits-déjeuners à la belle saison. Agréable coin bar.

🏨 **Suède** sans rest, 106 bd Magenta (10ᵉ) Ⓜ *Gare du Nord* ℰ 01 40 36 10 12, h2743-gm@accor-hotels.com, Fax 01 40 36 11 98 – 🛗 📺 📞. 🆎 ⓪ 🅶🅱 🅹🅲🅱
⌂ 10 – **52 ch** 102/113.   E 15-16
◆ Sur un boulevard à forte circulation, hôtel dont les petites chambres aux tons pastel, égayées d'un mobilier peint, bénéficient d'une isolation phonique satisfaisante.

🏨 **Capucines** sans rest, 6 r. Godot de Mauroy (9ᵉ) Ⓜ *Madeleine* ℰ 01 47 42 25 05, info@hotel capucinesparis.com, Fax 01 42 68 05 05 – 🛗 📺. 🆎 ⓪ 🅶🅱 🅹🅲🅱.
⌂ 10 – **45 ch** 110/137.   F 12
◆ Ambiance Art déco dans le hall. Chambres joliment colorées, offrant différents niveaux de confort ; la moitié d'entre elles donnent sur une cour. Accueil aimable.

🗙🗙🗙🗙 **Les Muses** - Hôtel Scribe, 1 r. Scribe (9ᵉ) Ⓜ *Opéra* ℰ 01 44 71 24 26, h0663-re@accor-hotels.com, Fax 01 44 71 24 64 – ☰ ⌂. 🆎 ⓪ 🅶🅱 🅹🅲🅱
✿   F 12
fermé août, 24 déc. au 2 janv., sam., dim. et fériés – **Repas** 45 (déj.)/110 et carte 90 à 120 🍸.
◆ Au sous-sol de l'hôtel, salle de restaurant agrémentée d'une fresque et de quelques toiles évoquant le quartier de l'Opéra au 19ᵉ s. Séduisante table traditionnelle.
Spéc. Crème brûlée au foie gras, melba, fleur de sel et pralin. Turbot aux algues et consommé de crevettes grises à la citronnelle. Lièvre à la royale (saison).

XXX **Café de la Paix** -Intercontinental Le Grand Hôtel, 12 bd Capucines (9e) ◎ *Opéra*
🕿 01 40 07 36 36, *Fax 01 40 07 36 33* – 🗏 ⊡ 🔋 AE ⓪ GB JCB 🕸
Repas (29) - 39 et carte 45 à 70, enf. 18. **F 12**
◆ Belles fresques, lambris dorés et mobilier inspiré du style Second Empire : cette
luxueuse et célèbre brasserie, ouverte de 7 h à minuit, a bénéficié d'une habile rénovation.

XX **Au Chateaubriant**, 23 r. Chabrol (10e) ◎ *Gare de l'Est* 🕿 01 48 24 58 94,
Fax 01 42 47 09 75 – 🗏. AE GB JCB **E 15**
fermé août, dim. et lundi – **Repas** (21) - 28 et carte 36 à 65 🛇.
◆ Ambiance feutrée, tables joliment dressées, collection de tableaux contemporains et
cuisine d'inspiration italienne font la personnalité de ce restaurant.

XX **16 Haussmann** - Hôtel Ambassador, 16 bd Haussmann (9e) ◎ *Chaussée d'Antin*
🕿 01 44 83 40 40, *16haussmann@concorde-hotels.com, Fax 01 44 83 40 57* – 🗏 ⊡ 🔋 AE ⓪
GB **F 13**
fermé sam. midi et dim. – **Repas** (30) - 37 bc et carte 37 à 55.
◆ Bleu "parisien", jaune doré, bois blond-roux, sièges rouges signés Starck et larges baies
vitrées donnant sur le boulevard, dont l'animation fait partie du décor.

XX **Au Petit Riche**, 25 r. Le Peletier (9e) ◎ *Richelieu Drouot* 🕿 01 47 70 68 68, *aupetitriche@*
wanadoo.fr, Fax 01 48 24 10 79 – 🗏 ⊡ 🔋 AE ⓪ GB JCB **F 13**
fermé dim. – **Repas** (22,50) - 25,50 (déj.)/28,50 et carte 31 à 52, enf. 11 🛇.
◆ Gracieux salons-salles à manger de la fin du 19e s., agrémentés de miroirs et chapelières.
Peut-être serez-vous assis à la place favorite de Chevalier ou de Mistinguett ?

XX **Bistrot Papillon**, 6 r. Papillon (9e) ◎ *Cadet* 🕿 01 47 70 90 03, *Fax 01 48 24 05 59* – 🗏. AE
⓪ GB JCB **E 15**
fermé 1er au 11 mai, 5 au 26 août, sam. soir de mai à sept., dim. et fériés – **Repas** 27 et carte
38 à 55 🛇.
◆ Il règne une atmosphère provinciale dans ce restaurant aux murs habillés de boiseries
ou tendus de tissu. Carte classique complétée de plats choisis selon le marché.

XX **Julien**, 16 r. Fg St-Denis (10e) ◎ *Strasbourg St Denis* 🕿 01 47 70 12 06, *Fax 01 42 47 00 65* –
🗏 ⊡ 🔋 (soir). AE ⓪ GB **F 15**
Repas (23 bc) - 33 et carte 35 à 45, enf. 13,50 🛇.
◆ Cet ancien "bouillon" datant de 1903 présente un éblouissant décor Art nouveau associant courbes, contre-courbes, motifs floraux et figures allégoriques en pâte de verre.

XX **Brasserie Flo**, 7 cour Petites-Écuries (10e) ◎ *Château d'Eau* 🕿 01 47 70 13 59,
Fax 01 42 47 00 80 – 🗏 ⊡ 🔋 AE ⓪ GB JCB **F 15**
Repas 22,90 bc/32,90 bc et carte 30 à 50, enf. 13,50.
◆ Au sein de la pittoresque cour des Petites-Écuries. Le beau décor de boiseries sombres,
vitres colorées et panneaux peints évoquant l'Alsace, date du début du 20e s.

XX **Chez Jean**, 8 r. St-Lazare (9e) ◎ *Notre Dame de Lorette* 🕿 01 48 78 62 73,
Fax 01 48 78 66 04 – 🗏 AE ⓪ GB **E 12**
fermé 10 au 18 avril, 26 juil. au 22 août, sam. et dim. – **Repas** 33 et carte 46 à 62 🛇.
◆ Porte-"revolver" d'origine, lambris, comptoir, banquettes et cuivres : ce vaste restaurant
a conservé son élégant et chaleureux cadre de brasserie. Cuisine au goût du jour.

XX **Terminus Nord**, 23 r. Dunkerque (10e) ◎ *Gare du Nord* 🕿 01 42 85 05 15,
Fax 01 40 16 13 98 – 🗏. AE ⓪ GB JCB **E 16**
Repas (22,90 bc) - 32,90 bc et carte 32 à 50, enf. 13,50.
◆ Haut plafond, fresques, affiches et sculptures se reflètent dans les miroirs de cette
brasserie où Art déco et Art nouveau s'unissent pour le meilleur. Clientèle cosmopolite.

X **Petite Sirène de Copenhague**, 47 r. N.-D. de Lorette (9e) ◎ *St Georges*
🕿 01 45 26 66 66 – GB **E 13**
fermé août, 23 déc. au 2 janv., sam. midi, dim., lundi et fériés – **Repas** (prévenir) 24
(déj.)/29 et carte 50 à 60.
◆ Une sobre salle à manger - murs chaulés, éclairage tamisé à la mode danoise - pour des
recettes originaires de la patrie d'Andersen. Accueil aux petits soins.

X **L'Oenothèque**, 20 r. St-Lazare (9e) ◎ *Notre Dame de Lorette* 🕿 01 48 78 08 76, *loenothe*
que2@wanadoo.fr, Fax 01 40 16 10 27 – 🗏. AE ⓪ GB JCB **E 13**
fermé 1er au 11 mai, 9 au 31 août, sam. et dim. – **Repas** 30 et carte 33 à 60 🕸.
◆ Adresse de quartier associant un restaurant simple et une boutique de vins. Bon choix
de bouteilles pour accompagner la cuisine du marché que l'on découvre sur l'ardoise.

X **I Golosi**, 6 r. Grange Batelière (9e) ◎ *Richelieu Drouot* 🕿 01 48 24 18 63, *i.golosi@wanadoo.*
fr, Fax 01 45 23 18 96 – 🗏. GB **F 14**
fermé 9 au 23 août, sam. soir et dim. – **Repas** carte 28 à 47 🛇.
◆ Au 1er étage, design italien dont le "minimalisme" est compensé par la jovialité du
service. Au rez-de-chaussée, café, boutique et coin dégustation. Cuisine transalpine.

X   **Pré Cadet,** 10 r. Saulnier (9e) ❶ *Cadet* ℰ 01 48 24 99 64, *Fax 01 47 70 55 96* – 🖪. ᴀᴇ ⓞ
⚐   **GB** **JCB**   **F 14**
fermé 1er au 8 mai, 4 au 24 août, Noël au Jour de l'An, sam. midi et dim. – **Repas** (nombre
de couverts limité, prévenir) 30/50 et carte 38 à 52.
   ♦ Sympathie, convivialité et plats "canailles" dont la tête de veau, orgueil de la maison, font
le succès de cette petite adresse voisine des "Folies". Belle carte de cafés.

X   **Bistro de Gala,** 45 r. Fg Montmartre (9e) ❶ *Le Pelletier* ℰ 01 40 22 90 50,
Fax 01 40 22 98 30 – 🖪. ᴀᴇ ⓞ **GB**   **F 14**
fermé sam. midi et dim. – **Repas** (26) - 30/45.
   ♦ Fou de "cinoche", le patron a décoré sa salle d'affiches de films sur le thème de la
"bouffe". La cuisine, qui tient le premier rôle, varie au gré du marché.

X   **Aux Deux Canards,** 8 r. Fg Poissonnière (10e) ❶ *Bonne Nouvelle* ℰ 01 47 70 03 23,
Fax 01 47 70 18 85 – 🖪. ᴀᴇ ⓞ **GB**   **F 15**
fermé 26 juil. au 26 août, sam. midi, lundi midi et dim. – **Repas** 20 (déj.)et carte 31 à 47 ♉.
   ♦ Il faut sonner pour entrer dans ce "resto" qui cultive le style bistrot. La cuisine suit les
caprices du marché, mais le canard à l'orange est toujours de la partie.

X   **Dell Orto,** 45 r. St-Georges (9e) ❶ *St Georges* ℰ 01 48 78 40 30 – ᴀᴇ ⓞ **GB**, ✑   **E 13**
fermé août, dim. et lundi – **Repas** (dîner seul.) carte 43 à 68.
   ♦ Agréable décor façon trattoria chic, ambiance chaleureuse, et aux fourneaux, un chef
italien qui rehausse délicatement la cuisine de son pays de saveurs venues d'ailleurs.

X   **Relais Beaujolais,** 3 r. Milton (9e) ❶ *Notre Dame de Lorette* ℰ 01 48 78 77 91 – **GB** **E 14**
fermé août, sam., dim. et fériés – **Repas** 25,50 et carte 30 à 43.
   ♦ Cet authentique bistrot propose spécialités lyonnaises et vins choisis du Beaujolais dans
une atmosphère conviviale. Rue Milton, le Paradis perdu... retrouvé.

X   **L 'Hermitage,** 5 bd de Denain (10e) ❶ *Gare du Nord* ℰ 01 48 78 77 09, *restaurantlhermita*
ge@wanadoo.fr, Fax 01 42 85 17 27 – 🖪. ᴀᴇ ⓞ **GB**   **E 15**
fermé 8 au 22 août, lundi midi, sam. midi, dim. et fériés – **Repas** 23 ♉.
   ♦ L'enseigne évoque le célèbre vignoble de la vallée du Rhône, région d'origine des
patrons. Intérieur aux tons rouge et orangé ; cuisine traditionnelle inspirée par le marché.

X   **Georgette,** 29 r. St-Georges (9e) ❶ *Notre Dame de Lorette* ℰ 01 42 80 39 13 – ᴀᴇ ⓞ **GB**
    JCB   **E 13**
fermé août, sam., dim. et fériés – **Repas** carte 28 à 42.
   ♦ Avec ses tables multicolores en formica et ses chaises en skaï, ce restaurant a un petit
cachet "rétro" des plus sympathiques. Accueil familial et cuisine de bistrot.

X   **L'Excuse Mogador,** 21 r. Joubert (9e) ❶ *Havre Caumartin* ℰ 01 42 81 98 19 – **GB**   **F 12**
fermé août, sam. et dim. – **Repas** (déj. seul.) 16 et carte 21 à 29 ♉.
   ♦ Le shopping boulevard Haussmann, ça creuse ! Les plats traditionnels servis dans cette
salle à manger agrémentée d'un zinc du 19e s. sauront vous requinquer.

Bastille - Gare de Lyon
Place d'Italie - Bois de Vincennes

12ᵉ et 13ᵉ arrondissements

12ᵉ : ✉ *75012 -* *13ᵉ :* ✉ *75013*

 Sofitel Paris Bercy, 1 r. Libourne (12ᵉ) Ⓜ *Cour St-Emilion* ℰ 01 44 67 34 00, *h2192@acc or-hotels.com*, Fax 01 44 67 34 01, 佘 , 🛁 – 🛊 ⇔ 🖵 📺 & ⊒¶ – 🛆 250. 🖭 ⓪ ⒼⒷ ᴊⒸᴮ
Café Ké ℰ 01 44 67 34 71 *(fermé 31 juil. au 23 août, sam., dim. et fériés)* **Repas** *(23)*- 31/49 ♈
– ☲ 24 – **376 ch** 365, 10 suites, 10 studios.   **NP 20**
♦ Belle façade en verre, intérieur contemporain dans les tons brun, beige et bleu, équipements "dernier cri" et quelques chambres offrant une vue sur Paris. L'élégant Café Ké
constitue une halte sympathique au cœur du "village" de Bercy ; carte au goût du jour.

 Novotel Gare de Lyon, 2 r. Hector Malot (12ᵉ) Ⓜ *Gare de Lyon* ℰ 01 44 67 60 00, *h1735
@accor-hotels.com*, Fax 01 44 67 60 60, 佘 , 🖵 – 🛊 ⇔ 🖵 📺 & ⇔ – 🛆 75. 🖭 ⓪ ⒼⒷ
ᴊⒸᴮ   **L 18**
Repas carte 22 à 35, enf. 8 ♈ – ☲ 13 – **253 ch** 180/201.
♦ Bâtiment récent donnant sur une place calme. Les chambres, fonctionnelles, ont une
terrasse au 6ᵉ étage. Piscine ouverte 24 h sur 24 et espace enfant bien aménagé. Restaurant de style brasserie (cadre actuel, banquettes, larges baies) et carte traditionnelle.

 Holiday Inn Bastille sans rest, 11 r. Lyon (12ᵉ) Ⓜ *Gare de Lyon* ℰ 01 53 02 20 00, *resa.hin n@guichard.fr*, Fax 01 53 02 20 01 – 🛊 ⇔ 🖵 📺 & – 🛆 75. 🖭 ⓪ ⒼⒷ ᴊⒸᴮ   **L 18**
☲ 14 – **125 ch** 198/229.
♦ La façade de l'hôtel date de 1913. Dans les chambres habillées de boiseries et de belles
tentures cohabitent meubles de style et modernes. Joli salon d'inspiration baroque.

 Novotel Bercy (réouverture prévue mi-mars après travaux), 85 r. Bercy (12ᵉ) Ⓜ *Bercy*
ℰ 01 43 42 30 00, *h0935@accor-hotels.com*, Fax 01 43 45 30 60, 佘 – 🛊 ⇔ 🖵 📺 & –
🛆 80. 🖭 ⓪ ⒼⒷ ᴊⒸᴮ   **M 19**
Repas *(19)* - 22 et carte le week-end 22 à 34, enf. 8 ♈ – ☲ 13,50 – **129 ch** 110/240.
♦ Les chambres de ce Novotel ont adopté depuis peu les nouvelles normes de la chaîne. À
vos pieds : le parc de Bercy qui a succédé à l'ancienne "petite ville pinardière". Salle à
manger-véranda et terrasse prise d'assaut à la belle saison.

Mercure Gare de Lyon sans rest, 2 pl. Louis Armand (12e) Ⓜ *Gare de Lyon* ✆ 01 43 44 84 84, *h2217@accor-hotels.com, Fax 01 43 47 41 94* – 15 à 90. AE GB JCB L 18
13,50 – **315 ch** 170/180.
◆ Cet hôtel récent est veillé par le beffroi de la gare de Lyon, construite en 1899. Chambres rénovées, meublées en bois cérusé et bien insonorisées. Également, bar à vins.

Mercure Place d'Italie sans rest, 25 bd Blanqui (13e) Ⓜ *Place d'Italie* ✆ 01 45 80 82 23, *h1191@accor-hotels.com, Fax 01 45 81 45 84* – 20. AE GB JCB
11 – **50 ch** 160/180. P 15
◆ À proximité de la Manufacture des Gobelins, cet établissement propose des chambres régulièrement rajeunies, fonctionnelles, chaleureuses et bien insonorisées.

Holiday Inn Bibliothèque de France sans rest, 21 r. Tolbiac (13e) Ⓜ *Bibliothèque F. Mitterand* ✆ 01 45 84 61 61, *tolbiac@club-internet.com, Fax 01 45 84 43 38* – 25. AE GB JCB P 18
13 – **71 ch** 160/190.
◆ Dans une rue passante, à 20 m de la station de métro, immeuble abritant des chambres confortables, équipées d'un double vitrage et bien tenues. Restauration d'appoint le soir.

Villa Lutèce Port Royal sans rest, 52 r. Jenner (13e) Ⓜ *Campo-Formio* ✆ 01 53 61 90 90, *lutece@leshotelsdeparis.com, Fax 01 53 61 90 91* – AE GB JCB – 20 – **39 ch** 310/480, 6 duplex. N 16
◆ Élégante décoration sur le thème de la littérature, mobilier contemporain, couleurs chaudes et atmosphère très "cosy" : mariage réussi de la modernité et de l'intimité.

Paris Bastille sans rest, 67 r. Lyon (12e) Ⓜ *Bastille* ✆ 01 40 01 07 17, *infos@hotelparisbastille.com, Fax 01 40 01 07 27* – 25. AE GB JCB K 18
12 – **37 ch** 142/215.
◆ Confort moderne, mobilier actuel et teintes choisies caractérisent les chambres de cet hôtel rajeuni, situé face à l'Opéra. Vous dormirez plus tranquille côté cour.

Demeure sans rest, 51 bd St-Marcel (13e) Ⓜ *Les Gobelins* ✆ 01 43 37 81 25, *la_demeure@netcourrier.com, Fax 01 45 87 05 03* – AE GB JCB. M 16
12 – **37 ch** 115/135, 6 suites.
◆ Immeuble ancien situé sur un boulevard passant entre la gare d'Austerlitz et la Manufacture des Gobelins. Le hall et les chambres ont bénéficié d'une récente rénovation.

Claret, 44 bd Bercy (12e) Ⓜ *Bercy* ✆ 01 46 28 41 31, *resa@hotel-claret.com, Fax 01 49 28 09 29* – 20. AE GB M 19
Repas *(fermé sam. et dim.) (11,50)* - 26 – 10 – **52 ch** 115/135.
◆ Cet ex-relais de poste est l'un des derniers vestiges du Bercy d'antan. L'hôtel, refait de la cave au grenier, abrite des chambres "cosy". Plats de bistrot et recettes lyonnaises servis dans une salle à manger égayée de jolies couleurs ocre et terre.

Résidence Vert Galant sans rest, 43 r. Croulebarbe (13e) Ⓜ *Les Gobelins* ✆ 01 44 08 83 50, *Fax 01 44 08 83 69* – AE GB JCB. N 15
7 – **15 ch** 87/90.
◆ Dans un environnement calme, accueillante résidence aux chambres coquettes, donnant toutes sur un jardin bordé de ceps de vignes où l'on petit-déjeune en été.

Terminus-Lyon sans rest, 19 bd Diderot (12e) Ⓜ *Gare de Lyon* ✆ 01 56 95 00 00, *info@hotelterminuslyon.com, Fax 01 43 44 09 00* – AE GB JCB. L 18
8 – **60 ch** 96/102.
◆ Face à la gare de Lyon, hôtel bien tenu aux chambres sobrement meublées, mais chaleureusement colorées et dotées d'un double vitrage ; elles sont plus grandes côté boulevard.

Manufacture sans rest, 8 r. Philippe de Champagne (13e) Ⓜ *Place d'Italie* ✆ 01 45 35 45 25, *lamanufacture.paris@wanadoo.fr, Fax 01 45 35 45 40* – AE GB JCB – 7,50 – **57 ch** 139/239. N 16
◆ Accueil cordial, élégant décor et bonne tenue sont les atouts de cet hôtel dont les chambres manquent d'ampleur. Ambiance provençale dans la salle des petits-déjeuners.

Ibis Gare de Lyon Diderot sans rest, 31 bis bd Diderot (12e) Ⓜ *Gare de Lyon* ✆ 01 43 46 12 72, *h3211@accor-hotels.com, Fax 01 43 41 68 01* – 25. AE GB – 6 – **89 ch** 93. L 18
◆ Aménagements flambant neufs et bonne isolation phonique caractérisent cet hôtel situé face au viaduc des Arts (ateliers-boutiques d'artisans) et à la promenade plantée.

Bercy Gare de Lyon sans rest, 209 r. Charenton (12e) Ⓜ *Dugommier* ✆ 01 43 40 80 30, *bercy@leshotelsdeparis.com, Fax 01 43 40 81 30* – 20. AE GB M 20
12 – **48 ch** 160/175.
◆ Cet immeuble d'angle construit en 1997 se trouve au pied du métro et à deux pas de la mairie du 12e arrondissement. Petites chambres fonctionnelles et bien tenues.

Ibis Gare de Lyon sans rest, 43 av. Ledru-Rollin (12e) Ⓜ *Gare de Lyon* ✆ 01 53 02 30 30, *h1937@accor-hotels.com, Fax 01 53 02 30 31* – 25. AE GB
6 – **119 ch** 93. L 18
◆ Ibis disposant de chambres de bonne taille, meublées dans le dernier style de la chaîne ; dix d'entre elles sont de plain-pied avec un jardinet où l'on petit-déjeune en été.

🏠 **Touring Hôtel Magendie** sans rest, 6 r. Corvisart (13e) Ⓜ *Corvisart* ℰ 01 43 36 13 61, *m agendie@vvf-vacances.fr, Fax 01 43 36 47 48* – 🛗 📺 ⚊ – 🅰 30. 🆖   N 14
➢ 6,30 – **112 ch** 60/70.
◆ Dans une rue tranquille, hôtel aux petites chambres meublées en bois stratifié, bien insonorisées. Un effort particulier est fait pour les personnes à mobilité réduite.

🏠 **Ibis Place d'Italie** sans rest, 25 av. Stephen Pichon (13e) Ⓜ *Place d'Italie* ℰ 01 44 24 94 85, *h1803-gm@accor-hotels.com, Fax 01 44 24 20 70* – 🛗 ⚊ 📺 ⚊ ⚊. 🆎 ⓪ 🆖   N 16
➢ 6 – **58 ch** 84.
◆ Dans une rue assez calme, hôtel dont les chambres, fonctionnelles et insonorisées, adoptent peu à peu le dernier look de la chaîne. Tenue sans reproche.

🏠 **Arts** sans rest, 8 r. Coypel (13e) Ⓜ *Place d'Italie* ℰ 01 47 07 76 32, *arts@escapade-paris.com, Fax 01 43 31 18 09* – 🛗 📺. 🆎 ⓪ 🆖. ⚊   N 16
➢ 6 – **37 ch** 51/65.
◆ Cet hôtel fréquenté par une clientèle d'habitués est à deux pas de la place d'Italie. Préférez une chambre rénovée ; les autres sont assez modestes. Prix sages... pour Paris !

XXX **Au Pressoir** (Seguin), 257 av. Daumesnil (12e) Ⓜ *Michel Bizot* ℰ 01 43 44 38 21, Fax 01 43 43 81 77 – ⚊ ⚊. 🆖   M 22
£3
fermé 1er au 29 août, sam. et dim. – **Repas** 72 et carte 72 à 100 ♀.
◆ Ambiance feutrée, service ouaté et cuisine classique : une adresse séduisante pour les nostalgiques des restaurants cossus de province. Terrasse vitrée, agréable à midi.
Spéc. Crème de chou-fleur à l'émincé de truffes blanches (oct.-nov.). Assiette de fruits de mer tiède (oct. à mai). Lièvre à la royale (oct.-nov.)

XXX **Train Bleu**, Gare de Lyon (12e) Ⓜ *Gare de Lyon* ℰ 01 43 43 09 06, *isabelle.car@compass-group.fr, Fax 01 43 43 97 96* – 🆎 ⓪ 🆖 ⌨   L 18
Repas (1er étage) 42,50 et carte 49 à 80, enf. 15 ♀.
◆ Superbe et exceptionnel buffet de gare inauguré en 1901 : profusion de dorures, stucs et fresques évoquant la mythique ligne PLM. Recettes classiques et plats de brasserie.

XXX **L'Oulette**, 15 pl. Lachambeaudie (12e) Ⓜ *Cour St-Emilion* ℰ 01 40 02 02 12, *info@l-oulette.com, Fax 01 40 02 04 77* – ⚊ 🆎 ⓪ 🆖 ⌨   N 20
fermé sam. et dim. – **Repas** 28 (déj.), 46 bc/80 et carte 49 à 77.
◆ Dans le quartier du nouveau Bercy, ce restaurant résolument contemporain propose une cuisine inventive aux accents du Sud-Ouest. Terrasse abritée derrière des thuyas.

XX **Au Trou Gascon**, 40 r. Taine (12e) Ⓜ *Daumesnil* ℰ 01 43 44 34 26, Fax 01 43 07 80 55 – ⚊. 🆎 ⓪ 🆖 ⌨   M 21
£3
fermé août, 25 déc. au 2 janv., sam. et dim. – **Repas** 36 (déj.)et carte 60 à 78 ⚓.
◆ Le décor de cet ancien bistrot 1900 marie moulures d'époque, mobilier design et tons gris. À la carte, produits des Landes, de la Chalosse et de l'océan ; vins du Sud-Ouest.
Spéc. Émincé de Saint-Jacques crues en galette de piquillos (oct. à avril). Lièvre à la mode d'Aquitaine au fumet de madiran (nov.-déc.). Fraises des bois en feuilles croustillantes.

XX **Petit Marguery**, 9 bd Port-Royal (13e) Ⓜ *Gobelins* ℰ 01 43 31 58 59, Fax 01 43 36 73 34 – 🆎 🆖   M 15
fermé août, dim. et lundi – **Repas** (22,20) - 25,20 (déj.)/33,60 ♀.
◆ Sympathiques salles à manger "rétro" pour ce restaurant où règne une aimable convivialité. Les plats "bistrotiers" typiques sont appréciés par de nombreux fidèles.

XX **Janissaire**, 22 allée Vivaldi (12e) Ⓜ *Daumesnil* ℰ 01 43 40 37 37, Fax 01 43 40 38 39, ⚊ – 🆎 ⓪ 🆖   M 20
fermé sam. midi et dim. – **Repas** 13 (déj.)/23 et carte 24 à 44 ♀.
◆ Ambiance et cuisine placées sous le signe de la Turquie, comme l'indique l'enseigne désignant un soldat d'élite de l'infanterie ottomane. Franchissez la Sublime Porte !

XX **Chez Jacky**, 109 r. du Dessous-des-Berges (13e) Ⓜ *Bibliothèque F. Mitterrand* ℰ 01 45 83 71 55, Fax 01 45 86 57 73 – ⚊. 🆖   P 18
fermé 25 juil. au 22 août, 19 au 26 déc., sam. et dim. – **Repas** 30 et carte 44 à 55.
◆ Proche de la Bibliothèque F. Mitterrand, ce restaurant affirme son statut d'auberge provinciale bien française. Cuisine traditionnelle servie avec une grande gentillesse.

XX **Frégate**, 30 av. Ledru-Rollin (12e) Ⓜ *Gare de Lyon* ℰ 01 43 43 90 32, Fax 01 43 43 90 32 – ⚊. 🆎 🆖   L 18
fermé 1er au 25 août, sam. et dim. – **Repas** 33 ♀.
◆ Ce restaurant vous accueille dans une élégante salle à manger contemporaine réchauffée de belles boiseries blondes. Cuisine vouée aux produits de la mer.

1213

XX **Gourmandise,** 271 av. Daumesnil (12ᵉ) Ⓜ *Porte Dorée* ℰ 01 43 43 94 41,
Fax 01 43 45 59 78 – ▤, ⁇ ⁇ ⁇
             M 22
fermé 1ᵉʳ au 24 août, dim. soir et lundi – **Repas** *(25 bc)* - 30/36 et carte 40 à 52.
♦ Murs "blanc cassé", rideaux saumon, lustres d'inspiration Art déco et sièges Restauration : décor apprêté en ce restaurant où le service est d'une rare gentillesse.

X **Ô Rebelle,** 24 r. Traversière (12ᵉ) Ⓜ *Gare de Lyon* ℰ 01 43 40 88 98, info@o-rebelle.fr,
Fax 01 43 40 88 99 – ▤. ⁇
             L 18
fermé 1ᵉʳ au 15 sept, sam. midi et dim. – **Repas** *(27)* - 33.
♦ Cuisine inventive proposant d'originales associations de saveurs, carte des vins tentant
le tour du monde et cadre "australien" coloré : plus globe-trotter que rebelle !

X **Traversière,** 40 r. Traversière (12ᵉ) Ⓜ *Ledru Rollin* ℰ 01 43 44 02 10, Fax 01 43 44 64 20 –
⁇ ⁇ ⁇ ⁇ ⁇
             K 18
fermé 1ᵉʳ au 20 août, dim. soir et lundi – **Repas** 18 (déj.), 28/38,50 et carte 28 à 45, enf. 13 ⁇.
♦ Ce restaurant a conservé son esprit d'auberge provinciale (façade, poutres) mais est
meublé dans un esprit contemporain. Cuisine traditionnelle ; gibier en saison.

X **Jean-Pierre Frelet,** 25 r. Montgallet (12ᵉ) Ⓜ *Montgallet* ℰ 01 43 43 76 65, marie_rene.
frelet@club-internet.fr – ▤. ⁇
             L 20
fermé août, vacances de fév., sam. midi et dim. – **Repas** *(17)* - 25 (dîner)et carte 34 à 44 ⁇.
♦ Un décor volontairement dépouillé, des tables serrées invitant à la convivialité et une
généreuse cuisine du marché font le charme de ce restaurant de quartier.

X **Pataquès,** 40 bd Bercy (12ᵉ) Ⓜ *Bercy* ℰ 01 43 07 37 75, Fax 01 43 07 36 64 – ⁇ ⁇ M 19
fermé dim. – **Repas** *(20,50 bc)* - 28/32 et carte 31 à 43 ⁇.
♦ Ce bistrot est la "cantine" du ministère de l'Économie et des Finances. Plats méridionaux
et cadre coloré font vite oublier le pataquès des énièmes réformes de la fiscalité...

X **Anacréon,** 53 bd St-Marcel (13ᵉ) Ⓜ *Les Gobelins* ℰ 01 43 31 71 18, Fax 01 43 31 94 94 –
▤. ⁇ ⁇ ⁇ ⁇
             M 16
fermé 1ᵉʳ au 10 mai, août, merc. midi, dim. et lundi – **Repas** 20 (déj.)/32.
♦ Enseigne à la gloire du poète bachique grec. Salle à manger-véranda (expositions de
tableaux), service bon enfant et cuisine traditionnelle où pointe une touche d'originalité.

X **Bistrot de la Porte Dorée,** 5 bd Soult (12ᵉ) Ⓜ *Porte Dorée* ℰ 01 43 43 80 07,
Fax 01 43 43 80 07 – ▤. ⁇
             N 22
Repas 33 bc.
♦ Les murs de ce restaurant spacieux et chaleureux sont ornés, çà et là, de trombines de
vedettes du showbiz. Cuisine traditionnelle et spécialités : rognons et tête de veau.

X **Quincy,** 28 av. Ledru-Rollin (12ᵉ) Ⓜ *Gare de Lyon* ℰ 01 46 28 46 76, Fax 01 46 28 46 76 – ▤
fermé 10 août au 10 sept., sam., dim. et lundi – **Repas** carte 42 à 70.   L 17
♦ Une ambiance chaleureuse règne dans ce bistrot rustique où vous est servie une cuisine
roborative qui, comme "Bobosse", le jovial patron, ne manque pas de caractère.

X **Biche au Bois,** 45 av. Ledru-Rollin (12ᵉ) Ⓜ *Gare de Lyon* ℰ 01 43 43 34 38 – ⁇ ⁇
⁇
             K 18
fermé 24 déc. au 5 janv. et lundi midi – **Repas** 22,30 et carte 22 à 35 ⁇.
♦ Salle de restaurant au décor simple et à l'atmosphère bruyante et enfumée, mais service
attentionné et copieuse cuisine traditionnelle privilégiant le gibier en saison.

X **L'Avant Goût,** 26 r. Bobillot (13ᵉ) Ⓜ *Place d'Italie* ℰ 01 53 80 24 00, Fax 01 53 80 00 77 –
▤. ⁇. ⁇
             P 15
fermé 1ᵉʳ au 10 mai, 14 août au 6 sept., 1ᵉʳ au 12 janv., sam., dim. et lundi – **Repas** (nombre
de couverts limité, prévenir) 27 ⁇ ⁇.
♦ Ce bistrot moderne est souvent bondé. Les raisons du succès ? La cuisine du marché, le
bon choix de vins au verre et l'ambiance décontractée vous en donnent un avant-goût.

X **L'Auberge Aveyronnaise,** 40 r. Lamé (12ᵉ) Ⓜ *Cour St-Emilion* ℰ 01 43 40 12 24,
Fax 01 43 40 12 15 – ⁇ ⁇ ⁇
             N 20
fermé 14 juil. au 15 août, dim. soir et lundi – **Repas** *(17,40)* - 22,60/27,10.
♦ Nappes à carreaux rouges et blancs et tables dressées sans chichi dans ce bistrot-
brasserie moderne. Comme l'indique l'enseigne, on y sert des spécialités aveyronnaises.

X **Auberge Etchegorry,** 41 r. Croulebarbe (13ᵉ) Ⓜ *Les Gobelins* ℰ 01 44 08 83 51,
Fax 01 44 08 83 69 – ⁇ ⁇ ⁇ ⁇
             N 15
fermé 9 au 24 août , dim. et lundi – **Repas** 24/30 et carte 35 à 47 ⁇.
♦ Une brochure vous contera l'histoire du quartier et de ce restaurant basque. Accrochés
au plafond, saucissons, jambons, piments d'Espelette et ails donnent le la.

X **Sukhothaï,** 12 r. Père Guérin (13ᵉ) Ⓜ *Place d'Italie* ℰ 01 45 81 55 88 – ⁇   P 15
fermé 2 au 22 août et dim. – **Repas** 11,50 (déj.), 16/19 et carte 22 à 28 ⁇.
♦ L'enseigne évoque l'ancienne capitale d'un royaume thaïlandais (13 et 14ᵉ s.). Cuisine
chinoise et thaï servie sous l'œil bienveillant de Bouddha (sculptures artisanales).

Vaugirard - Gare Montparnasse
Grenelle - Denfert-Rochereau

14ᵉ et 15ᵉ arrondissements

14ᵉ : ⊠ 75014 - 15ᵉ : ⊠ 75015

 Méridien Montparnasse, 19 r. Cdt Mouchotte (14ᵉ) Ⓜ Montparnasse Bienvenüe
🕿 01 44 36 44 36, meridien.montparnasse@lemeridien.com, Fax 01 44 36 49 00, ≤, 🍴 –
🛗 ⇄ ≡ 📺 📞 ⅀ – ⚐ 25 à 2 000. ΑΕ ⓪ ⅁Β JCB, ⅍ rest   **M 11**
voir rest. **Montparnasse 25** ci-après - **Justine** 🕿 01 44 36 44 00 **Repas** carte 33 à 45,
enf. 18 ⅀ – ⅃ 23 – **918 ch** 410/460, 35 suites.
♦ La plupart des chambres de ce building en verre et béton ont été relookées ; elles sont
spacieuses et très modernes. Belle vue sur la capitale depuis les derniers étages. À la table
de Justine, décor façon jardin d'hiver, terrasse verdoyante, formules buffets.

 Sofitel Porte de Sèvres, 8 r. L. Armand (15ᵉ) Ⓜ Balard 🕿 01 40 60 30 30, h0572@accor-
hotels.com, Fax 01 45 57 04 22, ≤, Ⅰ♨, ⅃ – 🛗 ⇄, ≡ rest, 📺 📞 ⅀ ⟷ – ⚐ 450. ΑΕ ⓪
⅁Β JCB   **N 5**
voir rest. **Relais de Sèvres** ci-après - **Brasserie** 🕿 01 40 60 33 77 (fermé sam. midi et dim.
midi) **Repas** (20,50)- carte environ 40, enf. 10 – ⅃ 22,50 – **620 ch** 360/405, 13 suites.
♦ Face à l'héliport, hôtel proposant des chambres insonorisées, en partie refaites dans un
élégant style contemporain. Joli panorama sur l'Ouest parisien aux derniers étages. Brasserie au cadre évoquant les années folles : mosaïques, coupole, banquettes, etc.

 Novotel Tour Eiffel, 61 quai de Grenelle (15ᵉ) Ⓜ Charles Michels 🕿 01 40 58 20 00, h354
6@accor-hotels.com, Fax 01 40 58 24 44, ≤, Ⅰ♨, ⅃ – 🛗 ⇄ ≡ 📺 ⅀ ⟷ – ⚐ 500. ΑΕ ⓪
⅁Β JCB   **K 6**
Café Lenôtre 🕿 01 40 58 20 75 **Repas** carte 42 à 58 ⅀ – ⅃ 20 – **752 ch** 350/440, 12 suites.
♦ L'hôtel, entièrement rénové, dispose de confortables chambres contemporaines (bois,
teintes claires), majoritairement tournées vers la Seine. Centre de conférences high-tech.
Plaisant décor épuré, carte au goût du jour et espace épicerie fine au Café Lenôtre.

🏨 **Mercure Tour Eiffel Suffren**, 20 r. Jean Rey (15ᵉ) Ⓜ *Bir Hakeim* 𝄢 01 45 78 50 00, *h217 5@accor-hotels.com*, Fax 01 45 78 91 42, 🍽, *I₆* – 🛗 🗏 📺 📞 **P** – 🏛 30 à 100. 🆑 ⓪ ☎ 🄹🄲🄱
J 7

Repas 35 ♉ – ⊑ 20 – **394 ch** 215/265, 11 suites.
◆ Rénovation complète et soignée, et nouvelle décoration sur le thème "nature et jardin" pour cet hôtel parfaitement insonorisé. Certaines chambres regardent la tour Eiffel. Salle à manger ouverte sur l'agréable terrasse entourée d'arbres et de verdure.

🏨 **Novotel Vaugirard**, 257 r. Vaugirard (15ᵉ) Ⓜ *Vaugirard* 𝄢 01 40 45 10 00, *h1978@accor-hotels.com*, Fax 01 40 45 10 10, 🍽, *I₆* – 🛗 🗏 📺 📞 🕭 🚗 – 🏛 25 à 300. 🆑 ⓪
☎ M 9

Transatlantique : Repas 35/40, enf. 8 ♨ – ⊑ 13 – **187 ch** 215/230.
◆ Au coeur du 15ᵉ arrondissement, ce vaste établissement propose de grandes chambres modernes, équipées d'un double vitrage. Sobre évocation des paquebots (maquette et tableaux) dans la salle du Transatlantique, et terrasse d'été entourée de verdure.

🏨 **L'Aiglon** sans rest, 232 bd Raspail (14ᵉ) Ⓜ *Raspail* 𝄢 01 43 20 82 42, *hotelaiglon@wanadoo.fr*, Fax 01 43 20 98 72 – 🛗 🗏 📺 📞 🆑 ⓪ ☎ 🄹🄲🄱
M 12
⊑ 8 – **38 ch** 129/146, 8 suites.
◆ La façade discrète cache un bel intérieur de style Empire. Les chambres, plaisantes et pourvues d'un double vitrage efficace, sont parfois assez petites.

🏨 **Mercure Tour Eiffel** sans rest, 64 bd Grenelle (15ᵉ) Ⓜ *Dupleix* 𝄢 01 45 78 90 90, *hotel@mercuretoureiffel.com*, Fax 01 45 78 95 55, *I₆* – 🛗 🙌 🗏 📺 📞 🕭 🚗 – 🏛 25 à 40. 🆑 ⓪
☎ 🄹🄲🄱
K 7
⊑ 17 – **76 ch** 210/300.
◆ Le bâtiment principal abrite des chambres aménagées selon les standards de la chaîne ; dans l'aile récente, elles offrent un confort supérieur et de nombreux petits "plus".

🏨 **Mercure Porte de Versailles** sans rest, 69 bd Victor (15ᵉ) Ⓜ *Porte de Versailles* 𝄢 01 44 19 03 03, *h1131@accor-hotels.com*, Fax 01 48 28 22 11 – 🛗 🙌 🗏 📺 📞 🚗 –
🏛 50 à 250. 🆑 ⓪ ☎ 🄹🄲🄱
N 7
⊑ 14,50 – **91 ch** 250/295.
◆ Face au parc des Expositions, immeuble des années 1970 où vous choisirez de préférence l'une des chambres rénovées ; les autres sont sobrement fonctionnelles.

🏨 **Villa Royale Montsouris** sans rest, 144 r. Tombe-Issoire (14ᵉ) Ⓜ *Porte d'Orléans* 𝄢 01 56 53 89 89, *montsouris@leshotelsdeparis.com*, Fax 01 56 53 89 80 – 🛗 🙌 🗏 📺 📞
♨. 🆑 ⓪ ☎ 🄹🄲🄱
R 12
⊑ 20 – **36 ch** 110/160.
◆ Dépaysement garanti dans ce bel hôtel savamment décoré dans les styles andalou et mauresque. Chambres un peu petites, mais très "cosy", baptisées de noms de villes marocaines.

🏨 **Holiday Inn Paris Montparnasse** sans rest, 10 r. Gager Gabillot (15ᵉ) Ⓜ *Vaugirard* 𝄢 01 44 19 29 29, *reservations@hiparis-montparnasse.com*, Fax 01 44 19 29 39 – 🛗 🗏 📺
📞 🚗 – 🏛 30. 🆑 ⓪ ☎ 🄹🄲🄱. ♨
M 9
fermé 23 au 28 déc. – ⊑ 13 – **60 ch** 165/175.
◆ Bâtisse moderne située dans une rue calme. Hall refait et salon contemporain sous une pyramide de verre. Préférez les chambres refaites, joliment décorées.

🏨 **Lenox Montparnasse** sans rest, 15 r. Delambre (14ᵉ) Ⓜ *Vavin* 𝄢 01 43 35 34 50, *hotel@lenoxmontparnasse.com*, Fax 01 43 20 46 64 – 🛗 📺 📞 🆑 ⓪ ☎ 🄹🄲🄱. ♨
M 12
⊑ 12 – **52 ch** 125/150.
◆ Établissement fréquenté par le milieu de la mode et de l'élégance. Chambres de style, mignonnes salles de bains, agréables suites au 6ᵉ étage. Bar et salons plaisants.

🏨 **Eiffel Cambronne** sans rest, 46 r. Croix-Nivert (15ᵉ) Ⓜ *Av. Émile Zola* 𝄢 01 56 58 56 78, *hotel@eiffelcambronne.com*, Fax 01 56 58 56 79 – 🙌 🗏 📺 📞 🆑 ⓪ ☎ 🄹🄲🄱
L 8
⊑ 12,20 – **31 ch** 136/166.
◆ Coloris ensoleillés et fauteuils moelleux au salon, literie neuve et couettes immaculées dans les chambres. On sert le petit-déjeuner dans un patio coiffé d'une verrière.

🏨 **Nouvel Orléans** sans rest, 25 av. Gén. Leclerc (14ᵉ) Ⓜ *Mouton Duvernet* 𝄢 01 43 27 80 20, *nouvelorleans@aol.com*, Fax 01 43 35 36 57 – 🛗 🙌 🗏 📺 📞 🆑 ⓪ ☎
🄹🄲🄱. ♨
P 12
⊑ 10 – **46 ch** 110/165.
◆ Décryptage de l'enseigne : hôtel entièrement rénové et situé à 800 m de la porte d'Orléans. Mobilier contemporain et chaleureux tissus colorés décorent les chambres.

🏨 **Delambre** sans rest, 35 r. Delambre (14ᵉ) Ⓜ *Edgar Quinet* 𝄢 01 43 20 66 31, *delambre@club-internet.fr*, Fax 01 45 38 91 76 – 🛗 📺 📞 ♨. 🆑 ☎. ♨
M 12
⊑ 8 – **30 ch** 95.
◆ André Breton séjourna dans cet hôtel situé dans une rue tranquille proche de la gare Montparnasse. Décor d'esprit contemporain ; chambres sobres et gaies, souvent spacieuses.

Mercure Raspail Montparnasse sans rest, 207 bd Raspail (14ᵉ) Ⓜ *Vavin* ☏ 01 43 20 62 94, h0351@accor-hotels.com, Fax 01 43 27 39 69 – 🛗 ⇔ 🖭 📺 📞 ₺ 🔥 🅰🅴 ⓪ ☖   **M 12**

⚏ 12,80 – **63 ch** 145/175.

◆ Faites étape dans cet immeuble haussmannien proche des célèbres brasseries du quartier Montparnasse. Chambres actuelles garnies de meubles modernes en bois clair.

Apollinaire sans rest, 39 r. Delambre (14ᵉ) Ⓜ *Edgar Quinet* ☏ 01 43 35 18 40, infos@hotel.apollinaire.com, Fax 01 43 35 30 71 – 🛗 🖭 📺 📞 🅰🅴 ⓪ ☖   **M 12**

⚏ 7 – **36 ch** 107/130.

◆ L'enseigne rend hommage au poète qui fréquentait écrivains et artistes à Montparnasse. Les chambres, colorées, sont fonctionnelles et bien tenues. Confortable salon.

Mercure Paris XV sans rest, 6 r. St-Lambert (15ᵉ) Ⓜ *Boucicaut* ☏ 01 45 58 61 00, h0903@accor-hotels.com, Fax 01 45 54 10 43 – 🛗 ⇔ 🖭 📺 📞 ₺ 🚗 – 🔏 30. 🅰🅴 ⓪ ☖   **M 7**

⚏ 11 – **56 ch** 133/139.

◆ Adresse située à 800 m de la porte de Versailles. Accueil et salons sont aménagés dans le style contemporain, de même que les chambres, confortables et bien tenues.

Alizé Grenelle sans rest, 87 av. É. Zola (15ᵉ) Ⓜ *Charles Michels* ☏ 01 45 78 08 22, alizegre@micronet.fr, Fax 01 40 59 03 06 – 🛗 🖭 📺 📞 🅰🅴 ⓪ ☖ ☖   **L 7**

⚏ 10 – **50 ch** 98,20/105,30.

◆ Cette façade en briques des années 1930 abrite des chambres fonctionnelles et pourvues d'une insonorisation efficace. Salon équipé d'un accès Internet haut débit.

Midi sans rest, 4 av. René Coty (14ᵉ) Ⓜ *Denfert Rochereau* ☏ 01 43 27 23 25, info@midi-hotel-paris.com, Fax 01 43 21 24 58 – 🛗 🖭 📺 📞 🚗 🅰🅴 ☖ ☖   **M 11**

⚏ 8 – **46 ch** 78/108.

◆ Proximité de la place Denfert-Rochereau, chambres refaites, insonorisées et parfois dotées de baignoires hydromassantes : ne cherchez plus Midi... à quatorze heures !

Beaugrenelle St-Charles sans rest, 82 r. St-Charles (15ᵉ) Ⓜ *Charles Michels* ☏ 01 45 78 61 63, beaugre@francenet.fr, Fax 01 45 79 04 38 – 🛗 📺 📞 🅰🅴 ⓪ ☖ ☖ **K 7**

⚏ 10 – **49 ch** 89,20/101,30.

◆ Une rénovation complète est venue réveiller cet hôtel situé au pied du métro St-Charles, à deux pas du centre Beaugrenelle. Chambres fraîches et insonorisées.

Châtillon Hôtel sans rest, 11 square Châtillon (14ᵉ) Ⓜ *Porte d'Orléans* ☏ 01 45 42 31 17, chatillon.hotel@wanadoo.fr, Fax 01 45 42 72 09 – 🛗 📺 📞 ☖ ☖   **P 11**

⚏ 7 – **31 ch** 63/99.

◆ Adresse fréquentée par des habitués, sensibles au calme du lieu : les chambres, assez spacieuses et bien tenues, donnent sur un square au bout d'une impasse. Accueil familial.

Istria sans rest, 29 r. Campagne Première (14ᵉ) Ⓜ *Raspail* ☏ 01 43 20 91 82, hotelistria@wanadoo.fr, Fax 01 43 22 48 45 – 🛗 📺 📞 🅰🅴 ☖ ☖   **M 12**

⚏ 9 – **26 ch** 100/110.

◆ Aragon immortalisa cet hôtel dans "Il ne m'est Paris que d'Elsa". Petites chambres simples, agréable salon, salle des petits-déjeuners dans une jolie cave voûtée.

Abaca Messidor sans rest, 330 r. Vaugirard (15ᵉ) Ⓜ *Convention* ☏ 01 48 28 03 74, info@abacahotel.com, Fax 01 48 28 75 17, 🌿 – 🛗 ⇔ 🖭 📺 📞 – 🔏 20. 🅰🅴 ⓪ ☖   **M 8**

⚏ 12 – **72 ch** 125/173.

◆ Dans la rue la plus longue de Paris ! Les chambres les plus agréables sont dans l'annexe ; certaines donnent sur le jardin. Côté rue, elles sont simples et insonorisées.

Daguerre sans rest, 94 r. Daguerre (14ᵉ) Ⓜ *Gaîté* ☏ 01 43 22 43 54, hoteldaguerre@wanadoo.fr, Fax 01 43 20 66 84 – 🛗 📺 📞 ₺ 🅰🅴 ⓪ ☖ ☖ ☖   **N 11**

⚏ 11 – **30 ch** 75/110.

◆ Immeuble du début du 20ᵉ s. abritant des chambres un peu menues, mais bien meublées. Plaisante salle des petits-déjeuners dressée dans l'ancienne cave (pierres apparentes).

Apollon Montparnasse sans rest, 91 r. Ouest (14ᵉ) Ⓜ *Pernety* ☏ 01 43 95 62 00, apollonm@wanadoo.fr, Fax 01 43 95 62 10 – 🛗 🖭 📺 📞 🅰🅴 ⓪ ☖ ☖   **N 10-11**

⚏ 7 – **33 ch** 73/89.

◆ Proximité de la gare Montparnasse et des navettes Air France, accueil courtois et chambres coquettes sont les atouts de cet hôtel bordant une rue assez calme.

Sèvres-Montparnasse sans rest, 153 r. Vaugirard (15ᵉ) Ⓜ *Pasteur* ☏ 01 47 34 56 75, hotel.sevresmontparnasse@wanadoo.fr, Fax 01 40 65 01 86 – 🛗 📺 📞 🅰🅴 ☖ ☖ ☖ ☖   **L 10**

⚏ 7 – **35 ch** 94/114.

◆ Cet immeuble, situé face à l'hôpital Necker-Enfants Malades, dispose de chambres sobrement aménagées. Coin salon et salle des petits-déjeuners partagent le même espace.

Ibis Convention sans rest, 5 r. E. Gibez (15ᵉ) Ⓜ *Convention* ☏ 01 48 28 63 14, h3267@accor-hotels.com, Fax 01 45 33 45 50 – 🛗 🖭 📺 📞 🅰🅴 ⓪ ☖ ☖   **N 8**

⚏ 6 – **48 ch** 89.

◆ Immeuble abritant de petites chambres pimpantes et insonorisées. Salles de bains étroites mais bien agencées. Minicour intérieure où l'on sert les petits-déjeuners en été.

🏠 **Ibis Brancion** sans rest, 105 r. Brancion (15ᵉ) Ⓜ️ *Pte de Vanves* 𝒫 01 56 56 62 30, *Fax 01 56 56 62 31* – 📱 🌐 📺 📞 & . 🆎 ⓞ 🅶🅱 　　　　　　　　　　　　　　　P 8-9
☎ 6 – **71 ch** 82.
♦ Ibis voisin du parc Georges-Brassens : le poète-chanteur avait sa maison à deux pas de là, rue Santos-Dumont. Amusant hall décoré sur le thème du cirque. Chambres actuelles.

🏠 **Carladez Cambronne** sans rest, 3 pl. Gén. Beuret (15ᵉ) Ⓜ️ *Vaugirard* 𝒫 01 47 34 07 12, *c arladez@club-internet.fr, Fax 01 40 65 95 68* – 📱 📺 📞 . 🆎 ⓞ 🅶🅱 🅹🅲🅱 　　　　　　　M 9
☎ 7 – **28 ch** 75/79.
♦ L'hôtel a pris des couleurs depuis sa rénovation : bleu, saumon ou vert dans les petites chambres fraîches et bien tenues. Le sourire est compris dans l'addition.

🏠 **Val Girard** sans rest, 14 r. Pétel (15ᵉ) Ⓜ️ *Vaugirard* 𝒫 01 48 28 53 96, *valgirar@club-internet .fr, Fax 01 48 28 69 94* – 📱 📺 . 🆎 🅶🅱 🅹🅲🅱 　　　　　　　　　　　　M 8
☎ 9 – **39 ch** 92/100.
♦ Hôtel familial proche de la mairie d'arrondissement. Chambres rajeunies, simplement aménagées et parfois dotées de meubles en rotin. Petit-déjeuner servi en véranda.

🏠 **Aberotel** sans rest, 24 r. Blomet (15ᵉ) Ⓜ️ *Volontaires* 𝒫 01 40 61 70 50, *aberotel@wanadoo .fr, Fax 01 40 61 08 31* – 📱 🌐 📺 📞 & . 🆎 ⓞ 🅶🅱 　　　　　　　　　　　L 9
☎ 8 – **28 ch** 97/124.
♦ Une adresse prisée : plaisant salon orné de peintures sur bois évoquant les cartes à jouer, coquettes chambres rénovées et cour intérieure où l'on petit-déjeune en été.

🏠 **Paix** sans rest, 225 bd Raspail (14ᵉ) Ⓜ️ *Raspail* 𝒫 01 43 20 35 82, *resa@hoteldelapaix.com, Fax 01 43 35 32 63* – 📱 📺 📞 . 🆎 🅶🅱 . 🏊 　　　　　　　　　　M 12
☎ 6,50 – **39 ch** 73/102.
♦ Hôtel meublé dans le goût des années 1970, où vous trouverez des chambres fonctionnelles et bien tenues, progressivement redécorées dans un style actuel. Accueil charmant.

🏠 **Lilas Blanc** sans rest, 5 r. Avre (15ᵉ) Ⓜ️ *La Motte Picquet Grenelle* 𝒫 01 45 75 30 07, *hotellil asblanc@minitel.net, Fax 01 45 78 66 65* – 📱 📺 📞 . 🆎 ⓞ 🅶🅱 　　　　　　K 8
fermé 25 juil. au 25 août et 19 au 25 déc. – ☎ 6 – **32 ch** 61/73.
♦ Dans une rue calme le soir, hôtel proposant des petites chambres colorées, sobrement meublées en stratifié ; celles du rez-de-chaussée sont moins lumineuses.

🏠 **Pasteur** sans rest, 33 r. Dr Roux (15ᵉ) Ⓜ️ *Volontaires* 𝒫 01 47 83 53 17, *hotelpasteur@noos. fr, Fax 01 45 66 62 39* – 📱 📺 📞 . 🆎 🅶🅱 　　　　　　　　　　　　M 10
fermé 31 juil. au 29 août – ☎ 6,50 – **19 ch** 59/89.
♦ Les habitués qui fréquentent cet hôtel apprécient la simplicité des petites chambres, l'accueil familial et les petits-déjeuners servis dans l'agréable cour intérieure.

✗✗✗✗ **Montparnasse 25** - Hôtel Méridien Montparnasse, 19 r. Cdt Mouchotte (14ᵉ) Ⓜ️ *Mont-*
❀ *parnasse Bienvenüe* 𝒫 01 44 36 44 25, *meridien.montparnasse@lemeridien.com, Fax 01 44 36 49 03* – 📺 📘 . 🆎 ⓞ 🅶🅱 🅹🅲🅱 . 🏊 　　　　　　　　　M 25
fermé 10 au 23 mai, 12 juil. au 29 août, 20 déc. au 2 janv., sam., dim. et fériés – **Repas** 49 (déj.)/105 et carte 80 à 120 ☟ 🍷.
♦ Le cadre contemporain sur fond de laque noire peut surprendre, mais ce restaurant s'avère confortable et chaleureux. Cuisine au goût du jour, superbes chariots de fromages.
Spéc. Compression de poulet de Bresse. Saint-Pierre piqué aux anchois. Noix de ris de veau de lait rôtie.

✗✗✗✗ **Relais de Sèvres** - Hôtel Sofitel Porte de Sèvres, 8 r. L. Armand (15ᵉ) Ⓜ️ *Balard*
❀ 𝒫 01 40 60 33 66, *h0572@accor-hotels.com, Fax 01 40 60 30 00* – 📺 📘 📘 . 🆎 ⓞ 🅶🅱
🅹🅲🅱 　　　　　　　　　　　　　　　　　　　　　　　　　　　　N 5
fermé 17 juil. au 23 août, 18 déc. au 3 janv., vend. soir, sam., dim. et fériés – **Repas** 55/70 bc et carte 75 à 100 🍷.
♦ Cuisine classique, belle carte des vins et élégant décor bourgeois valorisant le bleu de Sèvres : un restaurant bien séduisant, pour clientèle d'affaires et gourmands.
Spéc. Emietté de tourteau au crémeux de fenouil. Râble de lièvre aux deux pommes (saison). Assiette de chocolats grands crus.

✗✗✗ **Ciel de Paris**, Tour Maine Montparnasse, au 56ᵉ étage (15ᵉ) Ⓜ️ *Montparnasse Bienvenüe* 𝒫 01 40 64 77 64, *ciel-de-paris.rv@elior.com, Fax 01 43 21 48 37*, < Paris – 📱 📺 . 🆎 ⓞ 🅶🅱 🅹🅲🅱 . 🏊 　　　　　　　　　　　　　　　　　　　　　　M 11
Repas 32 (déj.)/52 et carte 54 à 82 🍷.
♦ Pour un repas en plein "ciel de Paris". Agréable salle à manger contemporaine tournée vers les Invalides et la tour Eiffel : vue inoubliable par temps clair !

XXX   **Le Duc,** 243 bd Raspail (14e) ⓜ *Raspail* ✆ 01 43 20 96 30, *Fax 01 43 20 46 73* – 🖃 ⌂📶 🅰🅔 ⓪
⊗   🅖🅑 🅙🅒🅑   **M 12**
fermé 31 juil. au 23 août, 24 déc. au 4 janv., sam. midi, dim. et lundi – **Repas** 46 (déj.)et carte
60 à 90.
  ◆ Cuisine de la mer alliant qualité et simplicité servie dans un décor de confortable cabine
de yacht avec lambris d'acajou, appliques à thème marin et cuivres rutilants.
Spéc. Tartare de bar et saumon. Saint-Pierre au beurre de vodka. Langoustines rôties au
gingembre.

XXX   **Benkay,** 61 quai Grenelle (4e étage)(15e) ⓜ *Bir-Hakeim* ✆ 01 40 58 21 26, *h3546@accor-ho
tels.com, Fax 01 40 58 21 30,* ≤ – 🖃 🅿. 🅰🅔 ⓪ 🅖🅑 🅙🅒🅑. ⌗   **K 6**
Repas 26 (déj.), 60/125 et carte 70 à 130.
  ◆ Au dernier étage d'un petit immeuble, restaurant ménageant une belle vue sur la Seine.
Décor emprunt d'une grande sobriété (marbre et bois), comptoir à sushis et teppanyakis.

XXX   **Le Dôme,** 108 bd Montparnasse (14e) ⓜ *Vavin* ✆ 01 43 35 25 81, *Fax 01 42 79 01 19* – 🖃.
🅰🅔 ⓪ 🅖🅑 🅙🅒🅑   **LM 12**
fermé dim et lundi en août – **Repas** carte 56 à 84.
  ◆ L'un des temples de la bohème littéraire et artistique des années folles, devenu un
restaurant chic tendance "rive gauche", au cadre Art déco préservé. Produits de la mer.

XXX   **Chen-Soleil d'Est,** 15 r. Théâtre (15e) ⓜ *Charles Michels* ✆ 01 45 79 34 34,
⊗   *Fax 01 45 79 07 53* – 🖃. 🅰🅔 🅖🅑 🅙🅒🅑 – **Repas** 40 (déj.)/75 et carte 80 à 100.   **K 6**
fermé août et dim.
  ◆ Glissez-vous sous les immeubles du front de Seine pour y découvrir un authentique
petit coin d'Asie : cuisine au "wok" et à la vapeur, meubles et boiseries importés de Chine.
Spéc. Fleurs de courgette au corps de tourteau. Demi-canard pékinois en trois services.
Cocotte de chevreau au ginseng.

XX   **Maison Courtine** (Charles), 157 av. Maine (14e) ⓜ *Mouton Duvernet* ✆ 01 45 43 08 04,
⊗   *Fax 01 45 45 91 35* – 🖃. 🅰🅔 🅖🅑. ⌗   **N 11**
fermé 4 au 31 août, 25 déc. au 4 janv., sam. midi, lundi midi et dim. – **Repas** 35 ♀.
  ◆ Tour de France des terroirs côté cuisine, intérieur contemporain aux couleurs vives et
mobilier de style Louis-Philippe côté décor : la maison compte nombre de fidèles.
Spéc. Petites escalopes de foie gras poêlées aux raisins. Magret de canard cuit sur peau au
sel de Guérande. Colvert rôti au miel du maquis (saison).

XX   **Pavillon Montsouris,** 20 r. Gazan (14e) ⓜ *Cité Universitaire* ✆ 01 43 13 29 00,
Fax 01 43 13 29 02, ⌖ – ⌂📶. 🅰🅔 🅖🅑   **R 14**
fermé 15 fév. au 2 mars – **Repas** (45) - 49 ♀.
  ◆ Ce pavillon créé à la Belle Epoque dans le parc Montsouris offre le calme de la campagne
en plein Paris. Jolie verrière, décor d'esprit colonial et terrasse face à la verdure.

XX   **La Dînée,** 85 r. Leblanc (15e) ⓜ *Balard* ✆ 01 45 54 20 49, *Fax 01 40 60 73 76* – 🅰🅔 🅖🅑
🅙🅒🅑   **M 5**
fermé sam. et dim. – **Repas** (27) - 30.
  ◆ Cette salle de restaurant actuelle agrémentée de tableaux contemporains propose des
recettes au goût du jour soignées. Cuisine "à la plancha" servie dans le bistrot attenant.

XX   **La Coupole,** 102 bd Montparnasse (14e) ⓜ *Vavin* ✆ 01 43 20 14 20, *cmonteiro@groupeflo
.fr, Fax 01 43 35 46 14* – 🖃. 🅰🅔 ⓪ 🅖🅑   **L 12**
Repas (22,90) - 32,90 bc et carte 34 à 62, enf. 13,50.
  ◆ Le coeur de Montparnasse bat encore dans cette immense brasserie Art déco inaugurée
en 1927. Les 32 piliers sont décorés d'oeuvres d'artistes de l'époque. Ambiance animée.

XX   **Gauloise,** 59 av. La Motte-Picquet (15e) ⓜ *La Motte Picquet Grenelle* ✆ 01 47 34 11 64,
Fax 01 40 61 09 70, ⌖ – 🅰🅔 🅖🅑   **K 8**
Repas (21) - 26,50 et carte 35 à 60, enf. 12 ♀.
  ◆ Cette brasserie des années 1900 a dû voir passer bon nombre de personnalités, à en
juger par les photos dédicacées tapissant les murs. Plaisante terrasse sur le trottoir.

XX   **Thierry Burlot,** 8 r. Nicolas Charlet (15e) ⓜ *Pasteur* ✆ 01 42 19 08 59, *Fax 01 45 67 09 13*
– 🖃. 🅰🅔 ⓪ 🅖🅑   **L 10**
fermé sam. midi et dim. – **Repas** 26 et carte 37 à 49 ♀.
  ◆ Atmosphère paisible et feutrée dans un cadre assez sobre, ponctué de photos de galets
réalisées par le maître des lieux. La cuisine, au goût du jour, suit le fil des saisons.

XX   **Vin et Marée,** 108 av. Maine (14e) ⓜ *Gaité* ✆ 01 43 20 29 50, *vin.maree@wanadoo.fr,
Fax 01 43 27 84 11* – 🖃 ⌂📶. 🅰🅔 🅖🅑 🅙🅒🅑   **N 11**
Repas carte 35 à 57 ♀.
  ◆ Les produits de la mer, spécialités de la maison, sont dévoilés chaque jour sur l'ardoise,
selon le bon plaisir de Neptune. Salles à manger décorées dans le style marin.

XX   **Caroubier,** 82 bd Lefebvre (15e) ⓜ *Porte de Vanves* ✆ 01 40 43 16 12, *Fax 01 40 43 16 12*
⊛   – 🖃. 🅰🅔 🅖🅑   **P 8**
fermé 15 juil. au 15 août et lundi – **Repas** 15/25 et carte 28 à 36, enf. 9 ♀.
  ◆ Décor contemporain rehaussé de touches orientales, chaleureuse ambiance familiale et
accueil prévenant au service d'une cuisine marocaine généreuse et gorgée de soleil.

XX **Fontanarosa**, 28 bd Garibaldi (15e) Ⓜ *Cambronne* 𝄢 01 45 66 97 84, *Fax 01 47 83 96 30*, ☎ – 圁. ᴀᴇ ᴳᴮ ᴶᴄᴮ   L 9

Repas *(13,60)* - 18,30 (déj.)et carte 46 à 80 ♈ ♨.

♦ Oublié le métro aérien et l'agitation parisienne ! Cette trattoria dissimule un vrai petit coin de Sardaigne : délicieux patio-terrasse, plats et bon choix de vins de là-bas.

XX **L'Épopée**, 89 av. É. Zola (15e) Ⓜ *Charles Michels* 𝄢 01 45 77 71 37, *Fax 01 45 77 71 37* – ᴀᴇ ⓞ ᴳᴮ ᴶᴄᴮ   L 7

fermé 28 juil. au 28 août, 24 déc. au 2 janv., sam. midi et dim. – **Repas** *(27)* - 32 ♈ ♨.

♦ Loin de prétendre à des développements épiques, ce petit restaurant favorise la convivialité. Les habitués reviennent pour sa belle carte des vins et ses plats traditionnels.

XX **Erawan**, 76 r. Fédération (15e) Ⓜ *La Motte Picquet Grenelle* 𝄢 01 47 83 55 67, *Fax 01 47 34 85 98* – 圁. ᴀᴇ ᴳᴮ. ⌀   K 8

fermé 3 au 20 août et dim. – **Repas** *(12,50)* - 19,50 (déj.), 23,50/38 et carte 34 à 45.

♦ Bois sculptés, tons pastel et objets asiatiques composent le cadre feutré de ce restaurant. Goûteux plats thaïlandais, service assuré en costume du pays et accueil charmant.

XX **Monsieur Lapin**, 11 r. R. Losserand (14e) Ⓜ *Gaîté* 𝄢 01 43 20 21 39, *Fax 01 43 21 84 86* – 圁. ᴳᴮ   N 11

fermé août, lundi et mardi – **Repas** (nombre de couverts limité, prévenir) 30/47 et carte 47 à 66 ♈.

♦ Tel le personnage d'Alice au pays des merveilles, Monsieur Lapin est partout : dans la décoration de la salle à manger comme sur la carte qui l'accommode à moult sauces.

XX **Les Vendanges**, 40 r. Friant (14e) Ⓜ *Porte d'Orléans* 𝄢 01 45 39 59 98, 𝄢 01 45 39 74 13 – ᴀᴇ ⓞ ᴳᴮ ᴶᴄᴮ   R 11

fermé 29 août, 24 déc. au 2 janv., sam. sauf nov. et déc., dim. – **Repas** *(25)* - 35 ♈ ♨.

♦ La façade ornée de grappes de raisins annonce la couleur : un très beau livre de cave (bon choix de vins de propriétaires) accompagne la cuisine classique, orientée Sud-Ouest.

X **Chez les Frères Gaudet**, 19 r. Duranton (15e) Ⓜ *Boucicaut* 𝄢 01 45 58 43 17, *ff-gaudet @club-internet.fr, Fax 01 45 58 42 65* – ᴀᴇ ⓞ ᴳᴮ ᴶᴄᴮ   M 6

fermé 1er au 10 mai, 1er au 29 août, lundi midi, sam. midi et dim. – **Repas** *(21)* - 29/38.

♦ Stores, beaux luminaires en cuivre et pâte de verre, banquettes en similicuir : l'ambiance 1950 - plutôt chic - est digne d'un roman de Simenon ! Plats traditionnels.

X **Stéphane Martin**, 67 r. Entrepreneurs (15e) Ⓜ *Charles Michels* 𝄢 01 45 79 03 31, *resto.st ephanemartin@free.fr, Fax 01 45 79 44 69* – 圁. ᴀᴇ ᴳᴮ. ⌀   L 7

fermé 1er au 23 août, dim. et lundi – **Repas** 25 bc (déj.), 32/40 et carte 34 à 42.

♦ Chaleureux restaurant décoré dans l'esprit d'une bibliothèque (fresque figurant des rayonnages de livres), où l'on propose une cuisine au goût du jour inspirée par le marché.

X **Kim Anh**, 51 av. Emile Zola (15e) Ⓜ *Charles Michels* 𝄢 01 45 79 40 96, *Fax 01 40 59 49 78* – 圁. ᴀᴇ ᴳᴮ   L 7

fermé vacances de printemps, août et lundi – **Repas** (dîner seul.) 34 et carte 38 à 58.

♦ Un rideau d'arbustes protège le restaurant des rumeurs de l'avenue. Son cadre ne paie pas de mine, mais vous serez séduits par sa cuisine vietnamienne, alléchante et parfumée.

X **Bistro d'Hubert**, 41 bd Pasteur (15e) Ⓜ *Pasteur* 𝄢 01 47 34 15 50, *message@bistrodhub ert.com, Fax 01 45 67 03 09* – ᴀᴇ ⓞ ᴳᴮ ᴶᴄᴮ   L 10

fermé sam. midi – **Repas** *(30)* - 41 et carte 46 à 55 ♈.

♦ Bocaux et bonnes bouteilles sur les étagères, nappes à carreaux, vue directe sur les fourneaux et les cuivres rutilants : le décor de ce bistrot évoque une ferme landaise.

X **Beurre Noisette**, 68 r. Vasco de Gama (15e) Ⓜ *Lourmel* 𝄢 01 48 56 82 49, *Fax 01 48 56 82 49* – ᴀᴇ ᴳᴮ   N 6

fermé 1er au 25 août, dim. et lundi – **Repas** 20 (déj.)/29 ♈.

♦ Cuisine au goût du jour mitonnée avec soin et suggestions, au gré du marché, à découvrir sur ardoise. Bon choix de vins au verre. Deux salles contemporaines aux tons chauds.

X **De La Garde**, 83 av. Ségur (15e) Ⓜ *Ségur* 𝄢 01 40 65 99 10, *Fax 01 40 65 99 10* – ᴀᴇ ⓞ ᴳᴮ   L 9

fermé 1er au 23 août, 24 déc. au 1er janv., sam. midi, lundi midi et dim. – **Repas** 29 (déj.)/35 et carte 35 à 45.

♦ Façade et décor intérieur d'une élégante sobriété, tables joliment dressées et agréable terrasse (fer forgé). La cuisine, au goût du jour et soignée, évolue au gré du marché.

X **Régalade**, 49 av. J. Moulin (14e) Ⓜ *Porte d'Orléans* 𝄢 01 45 45 68 58, *Fax 01 45 40 96 74* – 圁. ᴳᴮ   R 11

fermé août, lundi midi, sam. et dim. – **Repas** (prévenir) 30 ♨.

♦ Un accueil tout sourire, une savoureuse cuisine du terroir, un cadre sobre : voici les atouts de ce petit bistrot voisin de la porte de Châtillon. Tout le monde y court !

X **Clos Morillons**, 50 r. Morillons (15e) Ⓜ *Convention* 𝄢 01 48 28 04 37, *Fax 01 48 28 70 77* – ᴀᴇ ᴳᴮ   N 8

fermé 1er au 22 août, sam. midi, lundi midi et dim. – **Repas** *(22)* - 28.

♦ Murs jaune pâle, mobilier en rotin et bambou, et tables simplement dressées (plaque de verre et argenterie) en ce restaurant proposant une cuisine au goût du jour.

X · ✨ **Troquet,** 21 r. F. Bonvin (15e) ⓜ *Cambronne* 𝄞 01 45 66 89 00, *Fax 01 45 66 89 83* – ⒼⒷ,
⚶   L 9
fermé août, 24 déc. au 2 janv., dim. et lundi – **Repas** 24 (déj.), 29/31 ♀.
♦ Authentique "troquet" parisien : menu unique proposé sur ardoise, salle à manger de
style "rétro" et goûteuse cuisine du marché. Pour les titis... et les autres !

X **L'Os à Moelle,** 3 r. Vasco de Gama (15e) ⓜ *Lourmel* 𝄞 01 45 57 27 27, *Fax 01 45 57 27 27* –
ⒼⒷ   M 6
fermé 3 au 25 août, dim. et lundi – **Repas** (27) - 32.
♦ Murs aux tons ensoleillés et savoureux menu du marché côté bistrot, ou casse-croûte
autour d'une table d'hôte conviviale dans le cadre campagnard de la "Cave" située en face.

X **Gastroquet,** 10 r. Desnouettes (15e) ⓜ *Convention* 𝄞 01 48 28 60 91, *Fax 01 45 33 23 70*
– ⒶⒺ ⒼⒷ   N 7
fermé 10 au 25 août, sam. midi et dim. – **Repas** (21) - 27 et carte 44 à 60.
♦ La cuisine traditionnelle mijotée avec soin séduit gourmands du quartier et visiteurs du
parc des Expositions de la porte de Versailles. Bistrot familial sobrement aménagé.

X **L'O à la Bouche,** 124 bd Montparnasse (14e) ⓜ *Vavin* 𝄞 01 56 54 01 55,
Fax 01 43 21 07 87 – ▤. ⒶⒺ ⒼⒷ ⒿⒸⒷ   M 12
fermé 11 au 19 avril, 1er au 23 août, 2 au 10 janv., dim. et lundi – **Repas** 19 (déj.)/31 et carte
48 à 61.
♦ Il règne un esprit "bistrot" et une sympathique ambiance dans ce restaurant au décor
discrètement méditerranéen. La lecture de la carte vous mettra... l'eau à la bouche !

X **Villa Corse,** 164 bd Grenelle (15e) ⓜ *La Motte Picquet Grenelle* 𝄞 01 53 86 70 81,
Fax 01 53 86 90 73 – ▤. ⒶⒺ ⒼⒷ. ⚶   K 8
fermé dim. – **Repas** (20) - carte 45 à 60.
♦ Chacune des trois charmantes salles de ce restaurant corse offre une atmosphère
différente : bibliothèque, bar-salon et "terrasse". Savoureuse cuisine et vins insulaires.

X **Pascal Champ,** 5 r. Mouton-Duvernet (14e) ⓜ *Mouton Duvernet* 𝄞 01 45 39 39 61,
Fax 01 45 39 39 61 – ▤. ⒼⒷ   N 12
fermé dim. et lundi – **Repas** (16) - 19 (déj.), 22/28 et carte 30 à 42 ♀.
♦ Rue commerçante animée où vous apprécierez l'intimité d'un dîner aux chandelles dans
une salle à manger aux murs en pierres de taille. Cuisine au goût du jour.

X **Les Gourmands,** 101 r. Ouest (14e) ⓜ *Pernety* 𝄞 01 45 41 40 70, *Fax 01 45 41 17 66* – ⒶⒺ
ⒼⒷ   N 10
fermé mi-juil. à mi-août, sam. midi, dim. et lundi – **Repas** (18) - 24 et carte 24 à 30.
♦ Salle décorée d'outils agricoles et cuisine catalane de caractère : les gourmands ne
seront pas déçus par ce restaurant qui est aussi le siège des Catalans de Paris.

X **Les Petites Sorcières,** 12 r. Liancourt (14e) ⓜ *Denfert Rochereau* 𝄞 01 43 21 95 68,
Fax 01 43 21 95 68 –   N 12
fermé 18 juil. au 16 août, lundi midi, sam. midi et dim. – **Repas** (22) - 30 et carte 31 à 38.
♦ C'est, dit-on, le rendez-vous des sorcières parisiennes : elles s'y retrouvent lors de
sabbats gourmands, laissent de nombreux bibelots et repartent en enfourchant leur balai.

X **du Marché,** 59 r. Dantzig (15e) ⓜ *Porte de Versailles* 𝄞 01 48 28 31 55, *restaurant.du.mar
che@wanadoo.fr, Fax 01 48 28 18 31* – ⒼⒷ ⒿⒸⒷ. ⚶   N 8
fermé sam. et 30 août, sam. midi, lundi midi et dim. – **Repas** 23 et carte 30 à 42.
♦ Près du parc Georges-Brassens, ce sympathique bistrot dont le cadre évoque les années
1950 propose ses bons petits plats du Sud-Ouest servis "à la bonne franquette".

X · ✨ **Cerisaie,** 70 bd Edgar Quinet (14e) ⓜ *Edgar Quinet* 𝄞 01 43 20 98 98, *Fax 01 43 20 98 98* –
                                                                                                        N 13
fermé 1er au 25 août, 19 déc. au 2 janv., sam. midi et fériés – **Repas** (prévenir)
27,50/32,50.
♦ Restaurant de poche situé en plein quartier "breton". Le patron écrit sur l'ardoise,
chaque jour et à la craie, les plats du Sud-Ouest qu'il a consciencieusement mitonnés.

X **Fleur de Sel,** 32 bd Montparnasse (15e) ⓜ *Falguière* 𝄞 01 45 48 52 03, *Fax 01 45 48 52 17*
– ⒶⒺ ⒼⒷ ⒿⒸⒷ   L 11
fermé sam. midi et dim. – **Repas** (25) - 30 (déj) 40.
♦ Ce bistrot sert une cuisine du marché assortie de plats du Sud-Ouest et de suggestions
du jour inscrites sur tableau noir. Aux murs, vieilles affiches publicitaires et photos.

X **L'Amuse Bouche,** 186 r. Château (14e) ⓜ *Mouton Duvernet* 𝄞 01 43 35 31 61,
Fax 01 45 38 96 60 – ⒼⒷ   N 11
fermé 1er au 7 mars, août, dim. et lundi – **Repas** (24) - 29,50.
♦ Atmosphère conviviale et animée dans ce restaurant redécoré (murs oranges et verts,
mobilier rustique), où l'on prépare une cuisine au goût du jour inspirée par le marché.

X **Bistrot du Dôme,** 1 r. Delambre (14e) ⓜ *Vavin* 𝄞 01 43 35 32 00 – ▤. ⒶⒺ ⒼⒷ   M 12
fermé dim. et lundi en août – **Repas** carte 31 à 45.
♦ "L'annexe" du Dôme, spécialisée elle aussi dans les produits de la mer. Ambiance
décontractée dans la grande salle à manger au plafond orné de feuilles de vignes.

✗ **A La Bonne Table,** 42 r. Friant (14ᵉ) 🚇 *Porte d'Orléans* 📞 01 45 39 74 91,
Fax 01 45 43 66 92 – 🆎 🔘 ☑️ 🇯🇨🇧   **R 11**
fermé 11 juil. au 1ᵉʳ août, 25 déc. au 2 janv., sam. midi et dim. – **Repas** 25 et carte 34 à 55.
◆ Le chef, d'origine japonaise, prépare une cuisine française traditionnelle relevée de son savoir-faire nippon. Confortable salle à manger en longueur, d'esprit "rétro".

✗ **De Bouche à Oreille,** 34 r. Gassendi (14ᵉ) 🚇 *Denfert Rochereau* 📞 01 43 27 73 14,
Fax 01 43 27 73 14 – ☑️   **N 12**
fermé 7 au 23 août, sam. midi et dim. – **Repas** carte environ 32 ♀.
◆ Ambiance simple et conviviale, cadre d'esprit bistrot, goûteux plats traditionnels inscrits sur tableau noir : une sympathique petite adresse de quartier qui mérite le détour.

✗ **Copreaux,** 15 r. Copreaux (15ᵉ) 🚇 *Volontaires* 📞 01 43 06 83 35 – 🍽️. ☑️   **M 9**
fermé août, dim. et lundi – **Repas** *(14,50)* - 23,50 bc.
◆ Petite adresse à la charmante atmosphère provinciale, servant une cuisine familiale dans un cadre rustique et chaleureux. Exposition de tableaux et lithographies.

✗ **Mûrier,** 42 r. Olivier de Serres (15ᵉ) 🚇 *Convention* 📞 01 45 32 81 88, *lepimpecmartin@yaho o.fr* – ☑️. ✂️   **N 8**
fermé 1ᵉʳ au 22 août, sam. midi, lundi midi et dim. – **Repas** *(18)* - 20/24 et carte 25 à 35 ♀.
◆ À deux pas des boutiques de la rue de la Convention, ce sympathique restaurant propose une cuisine traditionnelle servie dans une salle à manger ornée de vieilles affiches.

✗ **Flamboyant,** 11 r. Boyer-Barret (14ᵉ) 🚇 *Pernety* 📞 01 45 41 00 22 – 🆎 ☑️   **N 11**
fermé août, dim. soir, mardi midi et lundi – **Repas** 13,50 bc (déj.), 24/36,50 bc et carte 26 à 44 🍸.
◆ Cette modeste mais non moins agréable adresse de quartier sert une cuisine antillaise dans une minisalle garnie de nappes de madras. Bon accueil et convivialité assurée.

✗ **Château Poivre,** 145 r. Château (14ᵉ) 🚇 *Pernety* 📞 01 43 22 03 68, *chateaupoivre@noos. fr* – 🆎 🔘 ☑️   **N 11**
fermé 7 au 24 août, 23 déc. au 2 janv., dim. et fériés – **Repas** 15 et carte 27 à 50 ♀.
◆ Luminaire design et chaudes teintes jaune ou orangée rajeunissent cette salle à manger de style "rétro". Copieuse cuisine d'esprit méridional à prix doux et vins du Languedoc.

✗ **Severo,** 8 r. Plantes (14ᵉ) 🚇 *Mouton Duvernet* 📞 01 45 40 40 91 – ☑️   **N 11**
fermé 24 juil au 23 août, 19 déc. au 3 janv., sam. soir, et dim. – **Repas** carte 26 à 40 ♀ 🍷.
◆ Les produits d'Auvergne (viandes, charcuteries) jouent les vedettes sur l'ardoise du jour de ce chaleureux bistrot. Quant à la carte des vins, elle fait preuve d'éclectisme.

Passy - Auteuil - Chaillot
Bois de Boulogne

16ᵉ arrondissement

16ᵉ : ⊠ 75016 ou 75116

Raphaël, 17 av. Kléber ⊠ 75116 Ⓜ *Kléber* ℘ 01 53 64 32 00, *management@raphael-hotel .com*, Fax 01 53 64 32 01, 🍽, 🛁 – 🛗 ⇔ ≡ 📺 ✆ – 🛗 50. 🆎 ⓪ 🆖 🦴   **F 7**
Jardins Plein Ciel ℘ 01 53 64 32 30 (7ᵉ étage)-buffet *(mai-oct.)* **Repas** 65 (déj.)/80 ♈ – **Salle à Manger** ℘ 01 53 64 32 11 *(fermé août, sam. et dim.)* **Repas** 50 bc (déj.) et carte 60 à 80 ♈ – ⊊ 34 – **44 ch** 321/530, 25 suites.
• Superbe galerie habillée de boiseries, chambres raffinées, toit-terrasse panoramique et bar anglais "mondain" sont les trésors du Raphaël, construit en 1925. Vue à 360 degrés sur Paris depuis les Jardins Plein Ciel. Belle Salle à Manger d'esprit "palace".

St-James Paris 🏡, 43 av. Bugeaud ⊠ 75116 Ⓜ *Porte Dauphine* ℘ 01 44 05 81 81, *contact@saint-james-paris.com*, Fax 01 44 05 81 82, 🍽, 🛁, 🌿 – 🛗 ≡ 📺 ✆ 🅿 – 🛗 25. 🆎 ⓪ 🆖   **F 5**
Repas *(fermé week-ends et fériés)* (résidents seul.) 47 – ⊊ 25 – **20 ch** 345/480, 28 suites 580/730, 8 duplex.
• Bel hôtel particulier élevé en 1892 par Mme Thiers au sein d'un jardin arboré. Escalier majestueux, chambres spacieuses et bar-bibliothèque à l'atmosphère de club anglais.

Costes K. sans rest, 81 av. Kléber ⊠ 75116 Ⓜ *Trocadéro* ℘ 01 44 05 75 75, *costes.k@wanadoo.fr*, Fax 01 44 05 74 74, 🛁 – 🛗 ⇔ ≡ 📺 ✆ 🕭 ⇔. 🆎 ⓪ 🆖 🦴   **G 7**
⊊ 20 – **83 ch** 300/550.
• Signé Ricardo Bofill, cet hôtel ultra-moderne est une invite discrète à la sérénité avec ses vastes chambres aux lignes épurées ordonnées autour d'un joli patio japonisant.

Sofitel Le Parc 🏡, 55 av. R. Poincaré ⊠ 75116 Ⓜ *Victor Hugo* ℘ 01 44 05 66 66, *h2797 @accor-hotels.com*, Fax 01 44 05 66 00, 🍽, 🛁 – 🛗 ⇔ ≡ 📺 ✆ – 🛗 40 à 250. 🆎 ⓪ 🆖 🦴   **G 6**
Repas voir rest. **59 Poincaré** ci-après – ⊊ 26 – **95 ch** 410/590, 21 suites, 3 duplex.
• Les chambres, élégantes et délicieusement "british", sont également bien équipées (système wi-fi) et réparties autour d'une terrasse-jardin. Décor du bar en partie signé Arman.

Sofitel Baltimore, 88 bis av. Kléber ⊠ 75116 ⓜ *Boissière* ℰ 01 44 34 54 54, *welcome@h otelblatimore.com*, Fax 01 44 34 54 44, 𝄃𝄃 – 🛗 ⊁= ☰ 🔲 ✆ – 🏧 50, ᴀᴇ ⓞ ɢʙ ᴊᴄʙ   **G 7**
Repas voir rest *Table du Baltimore* ci-après ♀ – ☲ 26 – **103 ch** 580/750.
♦ Mobilier épuré, tissus "tendance", photos anciennes de la ville de Baltimore : le décor contemporain des chambres contraste avec l'architecture de cet immeuble du 19ᵉ s.

Square, 3 r. Boulainvilliers ⊠ 75016 ⓜ *Mirabeau* ℰ 01 44 14 91 90, *hotel.square@wanado o.fr*, Fax 01 44 14 91 99 – 🛗 ☰ 🔲 ✆ ₭ 🚗 – 🏧 20, ᴀᴇ ⓞ ɢʙ ᴊᴄʙ, ⅗   **K 5**
Zébra Square ℰ 01 44 14 91 91 **Repas** *(22)* carte 38/60 ♀ – ☲ 20 – **20 ch** 255/330.
♦ Fleuron de l'architecture contemporaine face à la Maison de la Radio. Courbes, couleurs, équipements high-tech et toiles abstraites : un hymne à l'art moderne ! Décor zébré design et carte dans l'air du temps pour le restaurant branché de l'hôtel.

Trocadero Dokhan's sans rest, 117 r. Lauriston ⊠ 75116 ⓜ *Trocadéro* ℰ 01 53 65 66 99, *welcome@dokhans.com*, Fax 01 53 65 66 88 – 🛗 ⊁= ☰ 🔲 ✆, ᴀᴇ ⓞ ɢʙ ᴊᴄʙ, ⅗   **G 6**
☲ 26 – **41 ch** 440/540, 4 suites.
♦ On ne peut qu'être séduit par ce bel hôtel particulier (1910) à l'architecture palladienne et au décor intérieur néoclassique. Boiseries céladon du 18ᵉ s. au salon.

Villa Maillot sans rest, 143 av. Malakoff ⊠ 75116 ⓜ *Porte Maillot* ℰ 01 53 64 52 52, *resa@ lavillamaillot.fr*, Fax 01 45 00 60 61 – 🛗 ⊁= ☰ 🔲 ✆ ₭ – 🏧 25, ᴀᴇ ⓞ ɢʙ ᴊᴄʙ   **F 6**
☲ 23 – **39 ch** 315/365, 3 suites.
♦ À deux pas de la porte Maillot. Couleurs douces, grand confort et bonne isolation phonique pour les chambres. Verrière ouverte sur la verdure pour les petits-déjeuners.

Élysées Régencia sans rest, 41 av. Marceau ⊠ 75116 ⓜ *George V* ℰ 01 47 20 42 65, *inf o@regencia.com*, Fax 01 49 52 03 42 – 🛗 ⊁= ☰ 🔲 ✆ – 🏧 20, ᴀᴇ ⓞ ɢʙ ᴊᴄʙ, ⅗   **G 8**
☲ 18 – **41 ch** 195/310.
♦ Trois styles de chambres sont proposés derrière cette gracieuse façade : Louis XVI, Empire "retour d'Égypte" et contemporain. Élégants salon, bar et bibliothèque.

Libertel Auteuil sans rest, 8 r. F. David ⊠ 75016 ⓜ *Mirabeau* ℰ 01 40 50 57 57, *h2777@a ccor.hotels.com*, Fax 01 40 50 57 60 – 🛗 ⊁= ☰ 🔲 ✆ 🚗 – 🏧 35, ᴀᴇ ⓞ ɢʙ   **K 5**
☲ 14 – **94 ch** 175/255.
♦ La clientèle d'affaires apprécie ce bâtiment récent proche de la Maison de la Radio. Camaïeu de beige dans les chambres et piano dans le salon moderne meublé de rotin.

Pergolèse sans rest, 3 r. Pergolèse ⊠ 75116 ⓜ *Argentine* ℰ 01 53 64 04 04, *hotel@perg olese.com*, Fax 01 53 64 04 40 – 🛗 ⊁= ☰ 🔲 ✆, ᴀᴇ ⓞ ɢʙ ᴊᴄʙ   **E 6**
☲ 18 – **40 ch** 230/380.
♦ Une sage façade du "beau 16ᵉ", mais une insolite porte bleue qui donne le ton : l'intérieur design marie avec bonheur acajou, briques de verre, chromes et couleurs vives.

Argentine sans rest, 1 r. Argentine ⊠ 75116 ⓜ *Argentine* ℰ 01 45 02 76 76, *h2757@acco r-hotels.com*, Fax 01 45 02 76 00 – 🛗 ⊁= 🔲 ✆ ₭, ᴀᴇ ⓞ ɢʙ ᴊᴄʙ   **F 7**
☲ 14 – **40 ch** 280/300.
♦ Dans une rue tranquille, immeuble bourgeois orné d'un bas-relief offert par l'ambassa-deur d'Argentine. Chambres coquettes et feutrées. Ambiance "cosy" au salon-bar.

Majestic sans rest, 29 r. Dumont d'Urville ⊠ 75116 ⓜ *Kléber* ℰ 01 45 00 83 70, *managem ent@majestic-hotel.com*, Fax 01 45 00 29 48 – 🛗 ⊁= ☰ 🔲 ✆, ᴀᴇ ⓞ ɢʙ ᴊᴄʙ   **F 7**
☲ 15 – **27 ch** 240/335, 3 suites.
♦ À deux pas des Champs-Élysées, cette discrète façade des années 1960 abrite des chambres calmes, au confort bourgeois, bien dimensionnées et impeccablement tenues.

Régina de Passy sans rest, 6 r. Tour ⊠ 75116 ⓜ *Passy* ℰ 01 55 74 75 75, *regina@goforn et.com*, Fax 01 45 25 23 78 – 🛗 ✆, ᴀᴇ ⓞ ɢʙ ᴊᴄʙ   **H-J 6**
☲ 13,90 – **64 ch** 93/147.
♦ Immeuble des années 1930 à deux pas des boutiques de la rue de Passy. Chambres de style Art déco ou contemporaines ; certaines offrent une échappée sur la tour Eiffel.

Garden Élysée 🐾 sans rest, 12 r. St-Didier ⊠ 75116 ⓜ *Boissière* ℰ 01 47 55 01 11, *gard en.elysee@wanadoo.fr*, Fax 01 47 27 79 24, 𝄃𝄃 – 🛗 ⊁= ☰ 🔲 ✆ ₭, ᴀᴇ ⓞ ɢʙ ᴊᴄʙ, ⅗   **G 7**
☲ 19 – **48 ch** 320/375.
♦ En retrait de la rue, au calme d'une verdoyante cour intérieure où l'on sert le petit-déjeuner en été, chambres actuelles et joli salon habillé de boiseries.

Élysées Union sans rest, 44 r. Hamelin ⊠ 75116 ⓜ *Boissière* ℰ 01 45 53 14 95, *unioneto il@aol.com*, Fax 01 47 55 94 79 – 🛗 cuisinette 🔲 ✆ ₭, ᴀᴇ ⓞ ɢʙ, ⅗   **G 7**
☲ 9,50 – **50 ch** 115/145, 10 suites.
♦ Le 18 novembre 1922, Marcel Proust s'éteignit au 5ᵉ étage de cet immeuble. Chambres de style Directoire ou appartements pratiques pour longs séjours. Courette verdoyante.

Élysées Bassano sans rest, 24 r. Bassano ⊠ 75116 ⓜ *George V* ℰ 01 47 20 49 03, *h2815 -gm@accor-hotels.com*, Fax 01 47 23 06 72 – 🛗 ⊁= ☰ 🔲 ✆, ᴀᴇ ⓞ ɢʙ ᴊᴄʙ   **G 8**
☲ 14 – **40 ch** 245/300.
♦ Beaux tissus imprimés, gravures anciennes et meubles couleur acajou habillent les chambres "cosy". Toiles modernes dans la salle des petits-déjeuners.

Waldorf Trocadero sans rest, 97 r. Lauriston ⓜ *Boissière* ℰ 01 45 53 83 30, trocadero@
hotelswaldorfparis.com, Fax 01 47 55 92 52 – ⇥ ≡ 📺 ⅙. ⅍ ⓞ ⅏ ⌾   **G 7**
⚏ 18 – **44 ch** 305/366.
◆ Cet ancien hôtel particulier situé entre l'Arc de Triomphe et le Trocadéro offre des
aménagements flambant neufs et un joli décor contemporain. Chambres d'ampleurs
variées.

Alexander sans rest, 102 av. V. Hugo ⊠ 75116 ⓜ *Victor Hugo* ℰ 01 56 90 61 00, melia.ale
xander@solmelia.com, Fax 01 56 90 61 01 – ▯ ⇥ ≡ 📺. ⅍ ⓞ ⅏ ⌾. ⅗   **G 6**
⚏ 24 – **62 ch** 320/442.
◆ Immeuble bourgeois sur une avenue chic. Bonne ampleur, intérieurs cossus et récent
rafraîchissement caractérisent les chambres ; celles sur l'arrière sont plus calmes.

Résidence Bassano sans rest, 15 r. Bassano ⊠ 75116 ⓜ *George V* ℰ 01 47 23 78 23, inf
o@hotel-bassano.com, Fax 01 47 20 41 22 – ▯ ⇥ ≡ 📺 ⅋. ⅍ ⓞ ⅏ ⌾. ⅗   **G 8**
⚏ 18 – **28 ch** 195/310, 3 suites.
◆ Ambiance douillette, mobilier en fer forgé, tissus ensoleillés : cette "maison d'ami"
évoque la Provence alors que les Champs-Élysées sont à quelques centaines de mètres.

Victor Hugo sans rest, 19 r. Copernic ⊠ 75116 ⓜ *Victor Hugo* ℰ 01 45 53 76 01, resa@h
otel-victor-hugo.com, Fax 01 45 53 69 93 – ▯ ⇥ ≡ 📺 ⅋. ⅍ ⓞ ⅏ ⌾   **G 7**
⚏ 13 – **75 ch** 144/229.
◆ Face aux réservoirs de Passy, hôtel ayant bien évolué : chambres refaites, mobilier de
style, salles de bains neuves et, aux derniers étages, balcons offrant une vue dégagée.

Étoile Residence Imperiale sans rest, 155 av. de Malakoff ⊠ 75116 ⓜ *Porte Maillot*
ℰ 01 45 00 23 45, res.imperiale@wanadoo.fr, Fax 01 45 01 88 82 – ▯ ⇥ ≡ 📺 ⅋ ⅙. ⅍ ⓞ
⅏ ⌾   **E 6**
⚏ 12 – **37 ch** 140/200.
◆ Nombreuses rénovations dans ce bâtiment ancien voisin de la porte Maillot. Chambres
insonorisées et bien agencées ; celles du dernier étage sont avec poutres apparentes.

Passy Eiffel sans rest, 10 r. Passy ⊠ 75016 ⓜ *Passy* ℰ 01 45 25 55 66, passyeiffel@wanad
oo.fr, Fax 01 42 88 89 88 – ▯ 📺 ⅋. ⅍ ⓞ ⅏ ⌾   **J 6**
⚏ 10 – **49 ch** 128/150.
◆ Dans une rue animée, hôtel familial disposant de chambres pratiques et bien tenues
donnant sur la rue (certaines regardent la tour Eiffel) ou sur un joli patio fleuri.

Élysées Sablons sans rest, 32 r. Greuze ⊠ 75116 ⓜ *Trocadéro* ℰ 01 47 27 10 00, h2778-
gm@accor-hotels.com, Fax 01 47 27 47 10 – ▯ ⇥ 📺 ⅙. ⅍ ⓞ ⅏ ⌾   **G 6**
⚏ 14 – **41 ch** 240/250.
◆ Établissement récent où les chambres adoptent toutes le style Art déco ; quelques-unes
ont un minibalcon. Amusante salle des petits-déjeuners façon cabine de bateau.

Chambellan Morgane sans rest, 6 r. Keppler ⊠ 75116 ⓜ *George V* ℰ 01 47 20 35 72, c
hambellan-morgane@wanadoo.fr, Fax 01 47 20 95 69 – ▯ ≡ 📺 ⅋ – ⅍ 20. ⅍ ⓞ ⅏
⌾   **GF 8**
⚏ 12 – **20 ch** 150/165.
◆ Petit hôtel de caractère dont les chambres portent les couleurs de la Provence et
profitent toutes du calme ambiant. Agréable salon Louis XVI décoré de boiseries peintes.

Floride Étoile sans rest, 14 r. St-Didier ⊠ 75116 ⓜ *Boissière* ℰ 01 47 27 23 36, floride.et
oile@wanadoo.fr, Fax 01 47 27 82 87 – ▯ ≡ 📺 ⅋ – ⅍ 30. ⅍ ⓞ ⅏ ⌾. ⅗   **G 7**
⚏ 11,50 – **63 ch** 140/205.
◆ À quelques pas du Trocadéro. Chambres fonctionnelles rénovées ; celles côté cour sont
plus petites mais aussi plus tranquilles. Salon fleuri, meublé avec goût.

Marceau Champs Elysees sans rest, 37 av. Marceau ⊠ 75016 ⓜ *George V*
ℰ 01 47 20 43 37, hotel-marceau@wanadoo.fr, Fax 01 47 20 14 76 – ▯ ≡ 📺 ⅋. ⅍ ⓞ ⅏
⌾   **G 8**
⚏ 13 – **30 ch** 168/176.
◆ Sur une avenue passante, façade classique abritant des chambres actuelles, équipées de
salles de bains en marbre. Espace salon-petits-déjeuners au 1ᵉʳ étage.

Kléber sans rest, 7 r. Belloy ⊠ 75116 ⓜ *Boissière* ℰ 01 47 23 80 22, kleberhotel@aol.com,
Fax 01 49 52 07 20 – ▯ ≡ 📺 ⅋ – ⅍ 20. ⅍ ⓞ ⅏ ⌾   **G 7**
⚏ 13 – **22 ch** 215/245.
◆ Les salons de cet hôtel construit en 1853 abritent meubles de style Louis XV, fresques
originales et toiles anciennes. Murs de pierres apparentes et parquet dans les chambres.

Jardins du Trocadéro sans rest, 35 r. Franklin ⊠ 75116 ⓜ *Trocadéro* ℰ 01 53 70 17 70,
jardintroc@aol.com, Fax 01 53 70 17 80 – ▯ 📺 ⅋. ⅍ ⓞ ⅏ ⌾. ⅗   **H 6**
⚏ 18 – **22 ch** 179/499.
◆ Cet édifice bâti sous Napoléon III offre un intérieur de caractère. "Turqueries" sur les
portes, tissus choisis et meubles de style compensent la petite taille des chambres.

Résidence Foch sans rest, 10 r. Marbeau ⊠ 75116 ⓜ *Porte Maillot* ℰ 01 45 00 46 50, res
idence@foch.com, Fax 01 45 01 98 68 – ▯ 📺 ⅋. ⅍ ⓞ ⅏ ⌾. ⅗   **F 6**
⚏ 11 – **25 ch** 150/220.
◆ Voisin de l'aristocratique avenue Foch, ce petit hôtel familial héberge une agréable salle
de petits-déjeuners et des chambres fonctionnelles, régulièrement entretenues.

🏠 **Hameau de Passy** ॐ sans rest, 48 r. Passy ⊠ 75016 ⓜ *La Muette* ℘ 01 42 88 47 55, *hameau.passy@wanadoo.fr*, Fax 01 42 30 83 72 – |≵| 📺 🅰🆔 ⓞ 🆖🅱 🃏   **J 5-6**
32 ch ⊊ 103/118.
   ◆ Une impasse mène à ce discret hameau et à sa charmante cour intérieure envahie de verdure. Nuits calmes assurées dans des chambres petites, mais actuelles et bien tenues.

🏠 **Boileau** sans rest, 81 r. Boileau ⊠ 75016 ⓜ *Exelmans* ℘ 01 42 88 83 74, *boileau@noos.fr*, Fax 01 45 27 62 98 – 📺 ✴ – 🏖 15. 🅰🆔 ⓞ 🆖🅱 🃏   **M 3**
⊊ 7 – 30 ch 69/88.
   ◆ Toiles et bibelots chinés contant Bretagne et Maghreb, minipatio fleuri et meubles rustiques : une adresse sympathique aux chambres discrètement personnalisées.

🏠 **Bois** sans rest, 11 r. Dôme ⊠ 75116 ⓜ *Kléber* ℘ 01 45 00 31 96, *hoteldubois@wanadoo.fr*, Fax 01 45 00 90 05 – 📺. 🅰🆔 ⓞ 🆖🅱 🃏   **F 7**
⊊ 12 – 41 ch 120/165.
   ◆ Cet hôtel "cosy" a élu domicile dans la rue la plus montmartroise du 16ᵉ. où Baudelaire rendit son dernier soupir. Chambres coquettes et claires, salon de style géorgien.

🏠 **Queen's Hôtel** sans rest, 4 r. Bastien Lepage ⊠ 75016 ⓜ *Michel Ange Auteuil* ℘ 01 42 88 89 85, *contact@queens-hotel.fr*, Fax 01 40 50 67 52 – |≵| ✴ 📺 ✴. 🅰🆔 ⓞ 🆖🅱 🃏   **K 4**
⊊ 9 – 22 ch 79/118.
   ◆ Des tableaux d'artistes contemporains égayent le joli hall ainsi que la plupart des chambres ; leur coquet aménagement fait vite oublier la petitesse de leurs surfaces.

🏠 **Nicolo** ॐ sans rest, 3 r. Nicolo ⊠ 75116 ⓜ *Passy* ℘ 01 42 88 83 40, *hotel.nicolo@wanadoo.fr*, Fax 01 42 24 45 41 – |≵| 📺 ✴. 🅰🆔 ⓞ 🆖🅱   **J 6**
⊊ 6,50 – 28 ch 93,80/145,40.
   ◆ On accède à ce vénérable hôtel par une paisible arrière-cour. Meubles indonésiens ou d'antiquaires et bibelots asiatiques agrémentent les chambres, pour la plupart rénovées.

🏠 **Palais de Chaillot** sans rest, 35 av. R. Poincaré ⊠ 75116 ⓜ *Trocadéro* ℘ 01 53 70 09 09, *palaisdechaillot-hotel@magic.fr*, Fax 01 53 70 09 08 – |≵| 📺 ✴. 🅰🆔 ⓞ 🆖🅱 🃏. ✴   **G 6**
⊊ 8,50 – 28 ch 105/135.
   ◆ Bel emplacement près du Trocadéro pour cet hôtel aux couleurs du Sud. Petites chambres fraîches et fonctionnelles. Salle des petits-déjeuners garnie de meubles en rotin.

🏠 **Gavarni** sans rest, 5 r. Gavarni ⊠ 75116 ⓜ *Passy* ℘ 01 45 24 52 82, *reservation@gavarni.com*, Fax 01 40 50 16 95 – |≵| 📺 ✴. 🅰🆔 ⓞ 🆖🅱 🃏. ✴   **J 6**
⊊ 12,50 – 25 ch 99/200.
   ◆ Cet immeuble de briques rouges vous propose des chambres certes petites mais coquettes et bien équipées ; celles des deux derniers étages sont plus cossues.

🏠 **Longchamp** sans rest, 68 r. Longchamp ⊠ 75116 ⓜ *Trocadéro* ℘ 01 44 34 24 14, *hotelonch@wanadoo.fr*, Fax 01 44 34 24 24 – |≵| ✴ 📺 ✴. 🅰🆔 ⓞ 🆖🅱   **G 6**
⊊ 10 – 23 ch 105/145.
   ◆ Dans une rue animée, façade ravalée et intérieur refait. Les chambres, qui manquent parfois d'ampleur, sont insonorisées. Salle des petits-déjeuners façon jardin d'hiver.

XXX **59 Poincaré** - Hôtel Sofitel Le Parc, 59 av. R. Poincaré ⊠ 75116 ⓜ *Victor Hugo* ℘ 01 47 27 59 59, *le59poincare@tiscali.fr*, Fax 01 47 27 59 00 – 🍽 🖶. 🅰🆔 ⓞ 🆖🅱 🃏. ✴
fermé 24 déc. au 31 janv., sam. midi, dim. et lundi d'oct. à avril – **Repas** 49 (déj.), 90//115 et carte 65 à 90 🖫.   **G 6**
   ◆ Séduisant hôtel particulier de la Belle Époque. Au rez-de-chaussée, touches design signées P. Jouin. Légumes, homard, boeuf et fruits : une carte thématique à quatre temps.

XXX **Jamin** (Guichard), 32 r. Longchamp ⊠ 75116 ⓜ *Iéna* ℘ 01 45 53 00 07, *reservation@jamin.fr*, Fax 01 45 53 00 15 – 🖶. 🅰🆔 ⓞ 🆖🅱. ✴   **G 7**
❀❀ *fermé 17 au 23 mai, 30 juil. au 23 août, 27 fév. au 6 mars, sam. et dim.* – **Repas** 53 (déj.), 95/130 et carte 110 à 140.
   ◆ Derrière la façade délicatement colorée, sobre et élégante salle à manger servant de cadre à une savoureuse cuisine personnalisée attentive à la qualité des produits.
Spéc. Cèpes grillés à la fleur de thym (automne). Fricassée de gros homard, jus relevé. Volaille de Bresse aux morilles (printemps).

XXX **Relais d'Auteuil** (Pignol), 31 bd. Murat ⊠ 75016 ⓜ *Michel Ange Molitor* ℘ 01 46 51 09 54, *pignol-p@wanadoo.fr*, Fax 01 40 71 05 03 – 🖶 🖶. 🅰🆔 ⓞ 🆖🅱 🃏   **L 3**
❀❀ *fermé 31 juil. au 24 août, lundi midi, sam. midi et dim.* – **Repas** 48 (déj.), 105//135 et carte 100 à 135 🖫.
   ◆ Plaisant cadre associant touches modernes et mobilier de style. En cuisine, le raffinement le dispute à la virtuosité. Le superbe livre de cave mérite aussi le détour.
Spéc. Petits chaussons de céleri-rave et truffes (nov. à fév.). Langoustines et topinambours infusés au bâton de citronnelle et marjolaine. Pigeon de Touraine désossé à la compotée de choux.

Seize au Seize, 16 av. Bugeaud ⊠ 75116 **◎** *Victor Hugo* ✆ 01 56 28 16 16, *Fax* 01 56 28 16 78 – ▤ ☑️. 🖭 **◑** **GB** **JCB**　　　　　　　　　　　　　　F 6
fermé août, dim. et lundi – **Repas** carte 55 à 73 ⵏ ஃ.
◆ L'enseigne ? Un bon moyen mnémotechnique pour se souvenir qu'il y a là un excellent restaurant ! Élégant décor, cuisine thématique inventive et très belle carte des vins.
Spéc. Pressé de foie gras. Côte de veau caramélisée. Soufflé chaud au baileys.

Pergolèse (Corre), 40 r. Pergolèse ⊠ 75116 **◎** *Porte Maillot* ✆ 01 45 00 21 40, *le-pergole se@wanadoo.fr, Fax* 01 45 00 81 31 – ▤ ☑️. 🖭 **GB** **JCB**　　　　　　　　　F 6
fermé 2 au 30 août, sam. et dim. – **Repas** 38/75 et carte 56 à 80 ⵏ.
◆ Tentures jaunes, boiseries claires et sculptures insolites jouent avec les miroirs et forment un décor élégant à deux pas de la sélecte avenue Foch. Cuisine classique soignée.
Spéc. Ravioli de langoustines à la duxelles de champignons. Saint-Jacques rôties en robe des champs (oct. à avril). Légumière truffée de volaille en vinaigrette.

Table du Baltimore - Hôtel Sofitel Baltimore, 1 r. Léo Delibes ⊠ 75016 **◎** *Boissière* ✆ 01 44 34 54 34 – ▤ ☑️. 🖭 **◑** **GB** **JCB**. ✖	　　　　　　　　　　　G 7
fermé 30 juil. au 30 août, sam., dim. et fériés – **Repas** 45 bc/75 bc et carte 52 à 75.
◆ Le cadre du restaurant associe subtilement boiseries anciennes, mobilier contemporain, couleurs chaleureuses et collection de dessins. Belle cuisine au goût du jour.
Spéc. Tourteau cuit dans une nage épicée. Pigeonneau rôti en casserole. Ananas en ravioli au pafum de passion.

Pavillon Noura, 21 av. Marceau ⊠ 75116 **◎** *Alma Marceau* ✆ 01 47 20 33 33, *noura@no ura.fr, Fax* 01 47 20 60 31 – ▤. 🖭 **◑** **GB**. ✖	　　　　　　　　　　　　　　G 8
Repas 34 (déj.), 52/58 et carte 48 à 60 ⵏ.
◆ Jolie salle aux murs ornés de fresques levantines. Le Liban se laisse découvrir à travers ses mezzés, ses petits plats chauds ou froids et ses traditionnels verres d'arack.

Les Arts, 9 bis av. Iéna ⊠ 75116 **◎** *Iéna* ✆ 01 40 69 27 53, *maison.des.am@sodexho.presti ge.fr, Fax* 01 40 69 27 08, ஃ – 🖭 **◑** **GB**　　　　　　　　　　　　　　　G 7
fermé 24 déc. au 2 janv., sam. et dim. – **Repas** 36 et carte 50 à 70.
◆ Hôtel particulier bâti en 1892 devenu maison des "gadzarts" depuis 1925. Salle à manger (colonnades, moulures, tableaux) et jardin-terrasse sont désormais ouverts au public.

Passiflore (Durand), 33 r. Longchamp ⊠ 75016 **◎** *Trocadéro* ✆ 01 47 04 96 81, *passiflore @club-internet.fr, Fax* 01 47 04 32 27 – ▤. 🖭 **GB** **JCB**　　　　　　　　G 7
fermé 1er au 23 août, sam. midi et dim. – **Repas** 35 (déj.), 54/85 et carte 75 à 95.
◆ Sobre et élégant décor d'inspiration ethnique (camaïeu de jaune et boiseries), cuisine classique personnalisée : ce "comptoir" du beau Paris fait voyager les papilles.
Spéc. Ravioli de homard en mulligatony. Tournedos de pied de cochon. Les quatre sorbets verts pimentés.

Port Alma, 10 av. New York ⊠ 75116 **◎** *Alma Marceau* ✆ 01 47 23 75 11, *Fax* 01 47 20 42 92 – ▤. 🖭 **◑** **GB** **JCB**　　　　　　　　　　　　　　　H 8
fermé août, 24 déc. au 2 janv., dim. et lundi – **Repas** carte 54 à 70 ⵏ.
◆ Sur les quais de Seine, salle à manger-véranda aux poutres bleues, faisant la part belle aux saveurs de la mer. Fraîcheur des produits et accueil souriant.

Cristal Room Baccarat, 11 pl. États Unis ⊠ 75116 **◎** *Boissière* ✆ 01 40 22 11 10, *cristal room@baccarat.fr, Fax* 01 40 22 11 99 – ▤. 🖭 **◑** **GB**　　　　　　　　　　G 7-8
fermé dim. – **Repas** carte 51 à 76 ⵏ.
◆ M.-L. de Noailles tenait salon dans cet hôtel particulier investi par la maison Baccarat. Décor "starckien", plats actuels et prix V.I.P. : la beauté n'est pas raisonnable !

Astrance (Barbot), 4 r. Beethoven ⊠ 75016 **◎** *Passy* ✆ 01 40 50 84 40 – 🖭 **◑** **GB**. ✖
fermé 1er au 7 mai, 24 juil. au 24 août, 6 au 14 nov., vacances de fév., sam. et dim. – **Repas** (nombre de couverts limité, prévenir) 35 (déj.), 90/115 et carte 80 à 105 ஃ.　　　J 7
◆ La cuisine inventive de l'Astrance (une fleur, du latin aster, étoile...), ses vins choisis et son décor contemporain ont conquis les Parisiens, bien au-delà du Trocadéro.
Spéc. Chair de crabe à l'huile d'amande douce, fines lamelles d'avocat. Selle d'agneau grillée, aubergine laquée au miso. Café en granité, mousseux au lait.

Giulio Rebellato, 136 r. Pompe ⊠ 75116 **◎** *Victor Hugo* ✆ 01 47 27 50 26 – ▤. 🖭 **GB**. ✖	　　　　　　　　　　　　　　　　　　　　　　　　　　　G 6
fermé août – **Repas** 35/60 et carte 38 à 50 ⵏ.
◆ Beaux tissus, gravures anciennes et scintillements des miroirs président à un chaleureux intérieur d'inspiration vénitienne signé Garcia. Cuisine italienne.

Fakhr el Dine, 30 r. Longchamp ⊠ 75016 **◎** *Trocadéro* ✆ 01 47 27 90 00, *resa@fakhreldi ne.com, Fax* 01 53 70 01 81 – ▤ ☑️. 🖭 **◑** **GB**. ✖	　　　　　　　　　G 7
Repas 23/26 et carte 30 à 40.
◆ Mezzé, kafta, grillades au feu de bois... Ce restaurant au cadre raffiné vous convie à un voyage culinaire digne de Fakhr el Dine, l'un des plus grands princes libanais.

XX **Tang,** 125 r. de la Tour ⊠ 75116 ◎ *Rue de la Pompe* ℘ 01 45 04 35 35, *Fax 01 45 04 58 19*
☸ – ☰. ◮ GB. ✖   H 5
fermé 1ᵉʳ au 23 août, 25 déc. au 2 janv., dim. et lundi – **Repas** 39 (déj.), 65/98 et carte 60 à
110.
♦ Derrière les larges baies vitrées, une salle haute sous plafond, dont le décor classique est
rehaussé de touches asiatiques. Spécialités chinoises et thaïlandaises.
Spéc. Salade d'hiver d'Enoki, soja, queues de langoustines et pâtes fraîches basmati aux
truffes (nov. à fév.). Croustillants de langoustines en sauce caramélisée. Pigeonneau laqué
épice aux cinq parfums.

XX **Paul Chêne,** 123 r. Lauriston ⊠ 75116 ◎ *Trocadéro* ℘ 01 47 27 63 17, *Fax 01 47 27 53 18*
– ☰ ◻?. ◮ ◉ GB. ✖   G 6
fermé août, 23 déc. au 1ᵉʳ janv., sam. midi et dim. – **Repas** 38/48 et carte 51 à 88.
♦ Cette adresse a gardé son âme des années 1950 : vieux zinc, confortables banquettes,
tables serrées... et ambiance animée. Plats traditionnels dont le fameux merlan en colère.

XX **Conti,** 72 r. Lauriston ⊠ 75116 ◎ *Boissière* ℘ 01 47 27 74 67, *Fax 01 47 27 37 66* – ☰. ◮
◉ GB   G 7
fermé 2 au 22 août, 24 déc. au 2 janv., sam., dim. et fériés – **Repas** 30 (déj.) et carte 50 à
70 ♈ ⌂.
♦ Les deux couleurs fétiches de Stendhal se retrouvent dans le décor de ce restaurant où
brillent miroirs et lustres de cristal. Cuisine italienne et belle carte des vins.

XX **Bellini,** 28 r. Lesueur ⊠ 75116 ◎ *Argentine* ℘ 01 45 00 54 20, *Fax 01 45 00 11 74* – ☰. ◮
GB   F 7
fermé août, sam. et dim. – **Repas** (25) - carte 35 à 53 ♈.
♦ Dans le "beau" 16e, cette discrète façade abrite un restaurant italien égayé de chatoyantes couleurs méditerranéennes. Dans l'assiette, recettes transalpines.

XX **Vinci,** 23 r. P. Valéry ⊠ 75116 ◎ *Victor Hugo* ℘ 01 45 01 68 18, *levinci@wanadoo.fr*,
Fax 01 45 01 60 37 – ☰. ◮ GB   F 7
fermé 1ᵉʳ au 22 août, sam. et dim. – **Repas** 31 et carte 45 à 64 ♈.
♦ Goûteuse cuisine italienne, sympathique intérieur coloré et service aimable : un petit
établissement très prisé à deux pas de la commerçante et huppée avenue Victor-Hugo.

XX **Marius,** 82 bd Murat ⊠ 75016 ◎ *Porte de St Cloud* ℘ 01 46 51 67 80, *Fax 01 40 71 83 75*,
⌂ – ◮ GB   M 2
fermé 2 au 25 août, sam. midi et dim. – **Repas** carte 42 à 53 ♈.
♦ Chaises de velours jaune, murs clairs, stores en tissus et grands miroirs caractérisent la
salle à manger de ce restaurant dédié aux produits de la mer. Vins choisis.

XX **Essaouira,** 135 r. Ranelagh ⊠ 75016 ◎ *Ranelagh* ℘ 01 45 27 99 93, *Fax 01 45 27 56 36* –
GB   J 4
fermé août, lundi midi et dim. – **Repas** carte 39 à 57, enf. 17,50 ♈.
♦ L'ancienne Modagor a prêté son nom à ce restaurant marocain décoré d'une fontaine
en mosaïque, de tapis et d'objets artisanaux. Couscous, tajines et méchoui comme là-bas !

XX **Chez Géraud,** 31 r. Vital ⊠ 75016 ◎ *La Muette* ℘ 01 45 20 33 00, *Fax 01 45 20 46 60* –
⌂ GB   H 5
fermé 31 juil. au 31 août, sam. et dim. – **Repas** 30 et carte 55 à 65.
♦ La façade, puis la fresque intérieure, toutes deux en faïence de Longwy, attirent l'oeil.
Cadre de bistrot chic assorti à une cuisine privilégiant le gibier en saison.

XX **Fontaine d'Auteuil,** 35bis r. La Fontaine ⊠ 75016 ◎ *Jasmin* ℘ 01 42 88 04 47,
Fax 01 42 88 95 12 – ☰. ◮ ◉ GB   K 5
fermé 1ᵉʳ au 29 août, sam. midi, lundi midi et dim. – **Repas** 28,50 ♈.
♦ L'enseigne évoque la source thermale d'Auteuil. Habillage de boiseries sombres, murs
patinés et plafonds discrètement nervurés : un intérieur victorien, distingué et austère.

XX **Petite Tour,** 11 r. de la Tour ⊠ 75116 ◎ *Passy* ℘ 01 45 20 09 31, *Fax 01 45 20 09 31* – ◮
◉ GB JCB   H 6
fermé août – **Repas** 35 et carte 45 à 90 ♈.
♦ Adresse discrète à allure d'auberge. Salle à manger tout en longueur, garnie de banquettes ou fauteuils en velours rouge, et tables bien espacées. Carte classique.

XX **Butte Chaillot,** 110 bis av. Kléber ⊠ 75116 ◎ *Trocadéro* ℘ 01 47 27 88 88, *buttechaillot*
@guysavoy.com, Fax 01 47 27 41 46 – ☰. ◮ ◉ GB JCB   G 7
fermé sam. midi – **Repas** 32 et carte 42 à 56, enf. 12 ♈.
♦ Près du palais de Chaillot, restaurant de type bistrot version 21e s. : décor contemporain
couleur cuivre, mobilier moderne et cuisine au goût du jour.

XX **6 New-York,** 6 av. New-York ⊠ 75016 ◎ *Alma Marceau* ℘ 01 40 70 03 30,
Fax 01 40 70 04 77 – ☰ ◻?. ◮ ◉ GB JCB   H 8
fermé du 2 au 23 août, sam. midi et dim. – **Repas** 35 et carte 48 à 60 ♈.
♦ Si l'enseigne vous renseigne sur l'adresse, elle ne vous dit pas que ce bistrot chic
concocte une cuisine en parfaite harmonie avec le cadre : résolument moderne et épurée.

X **Les Ormes** (Molé), 8 r. Chapu ✉ 75016 Ⓜ *Exelmans* ☎ 01 46 47 83 98, *Fax 01 46 47 83 98* – ▤. AE GB **M 4**
✿ *fermé 1er au 21 août, 3 au 10 janv., dim. et lundi* – **Repas** (nombre de couverts limité, prévenir) *(27)* - 32 (déj.)/40,50 et carte 48 à 56.
◆ Cette façade au vitrage coloré abrite une salle à manger refaite, sobre et de petite taille, à l'atmosphère chaleureuse. Cuisine au goût du jour.
Spéc. Coquilles Saint-Jacques (oct. à mars). Lièvre à la royale (15 oct. au 30 nov.). Foie gras de canard aux épices douces (oct. à avril).

X **Natachef,** 9 r. Duban ✉ 75016 Ⓜ *La Muette* ☎ 01 42 88 10 15, *natachef@clubinternet.fr, Fax 01 45 25 74 71* – AE ⓓ GB **J 5**
fermé août, sam. et dim. – **Repas** *(25)* - 35 (déj.), 40/60 et carte 40 à 52.
◆ Vous avez "flashé" sur un verre, une serviette ou une assiette ? Tout l'art de la table est à vendre dans ce bistrot "tendance" du Passy chic ! Minicarte et cours de cuisine.

X **A et M Restaurant,** 136 bd Murat ✉ 75016 Ⓜ *Porte de St Cloud* ☎ 01 45 27 39 60, *am-bistrot-16@wanadoo.fr, Fax 01 45 27 69 71,* ☂ – ☞. AE ⓓ GB JCB **M 3**
fermé 1er au 20 août, sam. midi et dim. – **Repas** 23/30 et carte 34 à 53.
◆ Restaurant contemporain "tendance", situé à deux pas de la Seine : sobriété du décor aux tons crème et havane, éclairage design et cuisine au goût du jour soignée.

X **Bistrot de l'Étoile Lauriston,** 19 r. Lauriston ✉ 75116 Ⓜ *Kléber* ☎ 01 40 67 11 16, *Fax 01 45 00 99 87* – ▤. AE ⓓ GB JCB **F 7**
fermé sam. midi et dim. midi – **Repas** *(21)* - 26 (déj.), 35/47 et carte 39 à 42 ♀.
◆ Ambiance décontractée près de la place de l'Étoile. La cuisine, inventive, servie dans un cadre contemporain un brin spartiate, attire une clientèle d'inconditionnels.

X **Petit Pergolèse,** 38 r. Pergolèse Ⓜ *Porte Maillot* ☎ 01 45 00 23 66, *Fax 01 45 00 44 03* – ☞. GB **F 6**
fermé 2 au 30 août, sam. et dim. – **Repas** carte 35 à 50.
◆ Comme l'enseigne le laisse deviner, ce bistrot est l'annexe chic du restaurant Le Pergolèse. On y mange au coude à coude une sage cuisine dans l'air du temps.

X **Rosimar,** 26 r. Poussin ✉ 75016 Ⓜ *Michel Ange Auteuil* ☎ 01 45 27 74 91, *Fax 01 45 20 75 05* – ▤. AE GB **K 3**
fermé 2 août au 1er sept., 23 au 27 déc., sam., dim. et fériés – **Repas** 32 et carte 32 à 50 ♀.
◆ Cette salle à manger agrandie de miroirs contient toutes les saveurs de l'Espagne traditionnelle. "Hombre" ! Une sympathique petite affaire familiale !

X **Oscar,** 6 r. Chaillot ✉ 75016 Ⓜ *Iéna* ☎ 01 47 20 26 92, *Fax 01 47 20 27 93* – AE ⓓ GB. ✗
fermé 5 au 26 août, sam. midi, dim. et fériés – **Repas** *(18,90)* - carte 32 à 46 ♀. **G 8**
◆ Discrète façade, tables serrées, ardoise de suggestions du jour : le degré zéro du marketing et pourtant le "coeur de cible" d'Oscar s'étend bien au-delà du quartier !

au Bois de Boulogne :

XXXX **Pré Catelan,** rte Suresnes ✉ 75016 Ⓜ *Porte Dauphine* ☎ 01 44 14 41 14, *Fax 01 45 24 43 25,* ☂, ⛟ – ▤ ☞ P. AE ⓓ GB JCB **H 2**
✿✿ *fermé 23 oct. au 2 nov., 13 fév. au 7 mars, dim. sauf le midi en saison et lundi* – **Repas** 60 (déj.), 120/150 et carte 115 à 160 ☸.
◆ Élégant pavillon de style Napoléon III au coeur du bois, près de l'insolite théâtre Shakespeare. Décor signé Caran d'Ache, délicieuse terrasse et cuisine inventive.
Spéc. Navet confit en croûte de sucre candi, sirop d'érable acidulé. Saint-Pierre cuit au plat, sauce mousseline aux zestes d'orange. Perdreau de chasse cuit à la broche, macaroni gratinés (automne).

XXXX **Grande Cascade,** allée de Longchamp (face hippodrome) ✉ 75016 Ⓜ *Porte d'Auteuil*
✿ ☎ 01 45 27 33 51, *grandecascade@wanadoo.fr, Fax 01 42 88 99 06,* ☂ – ☞ P. AE ⓓ GB JCB
fermé 18 déc. au 2 janv. et 19 fév. au 5 mars – **Repas** 59 (déj.)/165 et carte 130 à 165.
◆ Un des paradis de la capitale, au pied de la Grande Cascade (10 m !) du bois de Boulogne. Cuisine raffinée, servie dans le beau pavillon 1850 ou sur l'exquise terrasse.
Spéc. Langoustines en beignets et chair de tourteau. Sole poêlée et beurre noisette aux artichauts poivrades. Porcelet en deux cuissons et lard paysan, crépine à la sarriette.

Batignolles - Ternes Wagram

17ᵉ arrondissement

17ᵉ : ✉ 75017

Méridien Étoile, 81 bd Gouvion St-Cyr ⓜ Neuilly-Porte Maillot 𝒫 01 40 68 34 34, *guest.e toile@lemeridien.com*, Fax 01 40 68 31 31 – 🛗 ⤢, 🍴 rest, 📺 ✆ 🕭 – 🔔 50 à 1 200. 🝙 ⓞ
🆖 🆑. 🕮
E 6
L'Orenoc 𝒫 01 40 68 30 40 *(fermé 25 juil. au 25 août, vacances de Noël, dim. et lundi)*
Repas 33/42 et carte 60/78 ♈ – **Terrasse** 𝒫 01 40 68 30 85 *(fermé sam.)* **Repas** *(38)*-
et carte 40 à 63 ♈ – ⌸ 24 – **1 008 ch** 540, 17 suites.
◆ Face au palais des congrès, ce gigantesque hôtel intégrant club de jazz, bar et boutiques
est entièrement rénové. Granit noir et camaïeu de beige dans les chambres. Boiseries
tropicales et bibelots des cinq continents à l'Orenoc. Carte simple à la Terrasse.

Concorde La Fayette, 3 pl. Gén. Koenig ⓜ Porte Maillot 𝒫 01 40 68 50 68, *info@concor de-lafayette.com*, Fax 01 40 68 50 43, ← – 🛗 ⤢ 🍴 📺 ✆ 🕭 🖙 – 🔔 40 à 2 000. 🝙 ⓞ 🆖
🆑
E 6
La Fayette 𝒫 01 40 68 51 19 **Repas** *(26)*- 32 ♈ – ⌸ 22 – **917 ch** 290/490, 32 suites.
◆ Intégrée au palais des congrès, cette tour de 33 étages offre une vue imprenable sur
Paris depuis la plupart des chambres, peu à peu refaites, et le bar panoramique. Repas
servis sous forme de buffets et décor de vitraux colorés au restaurant La Fayette.

Splendid Étoile sans rest, 1 bis av. Carnot ⓜ Charles de Gaulle-Etoile 𝒫 01 45 72 72 00, *h otel@hsplendid.com*, Fax 01 45 72 72 01 – 🛗 📺 ✆ – 🔔 18. 🝙 ⓞ 🆖
F 7
⌸ 22 – **57 ch** 255/285.
◆ Belle façade d'immeuble classique agrémentée de balcons ouvragés. Chambres spacieuses et de caractère, meublées Louis XV ; certaines s'ouvrent sur l'Arc de Triomphe.

Regent's Garden sans rest, 6 r. P. Demours ⓜ Ternes 𝒫 01 45 74 07 30, *hotel.regents.g arden@wanadoo.fr*, Fax 01 40 55 01 42, 🌳 – 🛗 ⤢ 🍴 📺 ✆ 🝙 ⓞ 🆖 🆑. 🕮
E 7
⌸ 11 – **39 ch** 163/276.
◆ Hôtel particulier, commande de Napoléon III pour son médecin, séduisant par son
raffinement. Vastes chambres de style, donnant parfois sur le jardin, très agréable l'été.

Balmoral sans rest, 6 r. Gén. Lanrezac ⓜ Charles de Gaulle-Etoile 𝒫 01 43 80 30 50, *balmo ral@wanadoo.fr*, Fax 01 43 80 51 56 – 🛗 📺 ✆. 🝙 ⓞ 🆖
⌸ 10 – **57 ch** 110/165.
◆ Accueil personnalisé et calme ambiant caractérisent cet hôtel ancien (1911) situé à deux
pas de l'Étoile. Chambres aux couleurs vives ; belles boiseries dans le salon.

Ampère, 102 av. Villiers Ⓜ Pereire ℰ 01 44 29 17 17, resa@hotelampere.com, Fax 01 44 29 16 50, 🍴 – 🛗 🚪 📺 📞 🕭 ⇔ – 🔄 40 à 100. 🆎 ⓞ ₲ᴮ **D 8**
Jardin d'Ampère ℰ01 44 29 16 54 *(fermé 2 au 22 août et dim. soir)* **Repas** (27)- 31 et carte 40 à 65, enf. 10 ♀ – ☲ 15 – **100 ch** 190/315.
♦ Hall modernisé, élégant piano-bar, connexion Internet sans fil, douillettes chambres contemporaines donnant parfois sur la cour intérieure : un hôtel en perpétuelle évolution. Décor soigné et jolie terrasse au Jardin d'Ampère (dîners-concerts aux beaux jours).

Novotel Porte d'Asnières, 34 av. Porte d'Asnières Ⓜ Pereire ℰ 01 44 40 52 52, h4987 @accorhotels.com, Fax 01 44 40 44 23 – 🛗 🚪 ☰ 📺 📞 – 🔄 250. 🆎 ⓞ ₲ᴮ 🇯🇨ᴮ **C 9**
Repas (15) - 25 ♀ – ☲ 13 – **138 ch** 175/185.
♦ Architecture moderne proche du périphérique, mais très bien insonorisée. À partir du 7e étage, les chambres, toutes neuves, profitent d'une vue agréable. Salle de restaurant au décor contemporain où l'on propose des recettes de type brasserie.

Banville sans rest, 166 bd Berthier Ⓜ Porte de Champerret ℰ 01 42 67 70 16, hotelbanvill e@wanadoo.fr, Fax 01 44 40 42 77 – 🛗 ☰ 📺 📞. 🆎 ⓞ ₲ᴮ 🇯🇨ᴮ **D 8**
☲ 13 – **38 ch** 140/200.
♦ Immeuble de 1926 aménagé avec beaucoup de goût. Le charme agit dès l'entrée grâce aux élégants salons, puis dans les chambres, personnalisées et particulièrement raffinées.

Quality Pierre sans rest, 25 r. Th.-de-Banville Ⓜ Pereire ℰ 01 47 63 76 69, hotel@quality pierre.com, Fax 01 43 80 63 96 – 🛗 🚪 ☰ 📺 📞 🕭 – 🔄 30. 🆎 ⓞ ₲ᴮ 🇯🇨ᴮ **D 8**
☲ 20 – **50 ch** 190/280.
♦ Cet hôtel récent vous accueille dans des chambres de style Directoire refaites et plébisci- tées par la clientèle d'affaires ; certaines s'ouvrent sur le patio.

Villa Alessandra ⌘ sans rest, 9 pl. Boulnois Ⓜ Ternes ℰ 01 56 33 24 24, alessandra@les hoteldeparis.com, Fax 01 56 33 24 30 – 🛗 ☰ 📺 📞. 🆎 ⓞ ₲ᴮ 🇯🇨ᴮ **E 8**
☲ 20 – **49 ch** 274/291.
♦ Cet hôtel des Ternes bordant une ravissante placette retirée est apprécié pour sa tranquillité. Chambres aux couleurs du Sud, avec lits en fer forgé et meubles en bois peint.

Villa Eugénie sans rest, 167 r. Rome Ⓜ Rome ℰ 01 44 29 06 06, eugenie@leshotelsdepar is.com, Fax 01 44 29 06 07 – 🛗 🚪 ☰ 📺 📞 🕭 – 🔄 20. 🆎 ⓞ ₲ᴮ 🇯🇨ᴮ **C 10**
☲ 20 – **41 ch** 242/299.
♦ Salon chaleureux et coquettes chambres garnies de meubles de style Empire, de papiers peints et de tissus façon toile de Jouy composent l'atmosphère romantique de cet hôtel.

Princesse Caroline sans rest, 1 bis r. Troyon Ⓜ Charles de Gaulle-Etoile ℰ 01 58 05 30 00, contact@hotelprincessecaroline.fr, Fax 01 42 27 49 53 – 🛗 ☰ 📺 📞. 🆎 ⓞ ₲ᴮ **E 8**
☲ 12 – **53 ch** 156/211.
♦ Dans une petite rue à deux pas de l'Étoile, cet hôtel entièrement refait propose des chambres bourgeoises, lumineuses et "cosy" ; elles sont très calmes côté cour intérieure.

Champerret Élysées sans rest, 129 av. Villiers Ⓜ Porte de Champerret ℰ 01 47 64 44 00, reservation@champerret-elysees.fr, Fax 01 47 63 10 58 – 🛗 🚪 ☰ 📺 📞. 🆎 ⓞ ₲ᴮ 🇯🇨ᴮ. ✂ **D 7**
☲ 11 – **45 ch** 90/138.
♦ Les internautes apprécieront les chambres (plus tranquilles sur cour) de ce "cyberhôtel" : Internet ADSL, système wi-fi, double ligne téléphonique privée et fax à disposition.

Mercure Wagram Arc de Triomphe sans rest, 3 r. Brey Ⓜ Charles de Gaulle-Etoile ℰ 01 56 68 00 01, h2053@accor-hotels.com, Fax 01 56 68 00 02 – 🛗 🚪 ☰ 📺 📞 🕭. 🆎 ⓞ ₲ᴮ 🇯🇨ᴮ. ✂ **E 8**
☲ 14 – **43 ch** 205/215.
♦ Entre l'Étoile et les Ternes, chaleureuse réception et petites chambres douillettes habil- lées de tissus chatoyants et de boiseries claires évoquant l'univers marin.

Mercure Square des Batignolles sans rest, 165 r. Rome Ⓜ Malesherbes ℰ 01 56 79 29 29, h3381@accor-hotels.com, Fax 01 56 79 29 20 – ☰ 📺 📞 🕭. 🆎 ⓞ ₲ᴮ **C 10**
☲ 13 – **44 ch** 159/169.
♦ Immeuble parisien traditionnel à deux pas du square des Batignolles. Intérieur entière- ment rénové abritant des petites chambres fonctionnelles et bien insonorisées.

Villa des Ternes sans rest, 97 av. Ternes Ⓜ Neuilly-Porte Maillot ℰ 01 53 81 94 94, hotel @hotelternes.com, Fax 01 53 81 94 95 – 🛗 ☰ 📺 📞 🕭. 🆎 ⓞ ₲ᴮ 🇯🇨ᴮ **E 6**
☲ 12 – **39 ch** 190/260.
♦ À côté du Palais des Congrès, hôtel récent convenant parfaitement à la clientèle d'affaires. Tons chaleureux dans les chambres, équipées de salles de bains modernes.

Magellan ⌘ sans rest, 17 r. J.B.-Dumas Ⓜ Porte de Champerret ℰ 01 45 72 44 51, paris @hotelmagellan.com, Fax 01 40 68 90 36, 🍴 – 🛗 📺 📞. 🆎 ⓞ ₲ᴮ. ✂ **D 7**
☲ 12 – **72 ch** 142.
♦ Chambres fonctionnelles et spacieuses, aménagées dans un bel immeuble 1900 complété par un petit pavillon situé au fond du jardinet. Salon de style Art déco.

🏛 **Tilsitt Étoile** sans rest, 23 r. Brey ⓜ *Charles de Gaulle-Etoile* ℘ 01 43 80 39 71, *info@tilsitt.com*, Fax 01 47 66 37 63 – 🛗 ▤ 📺 ✆ – 🛦 20. 🆎 ⓞ 🇬🇧 ᴊᴄʙ ⛝   E 8
⌷ 12 – **38 ch** 125/182.
  • L'hôtel est situé dans une discrète rue du quartier de l'Étoile. Petites chambres "cosy" (tissus colorés et tons pastel) ; celles du rez-de-chaussée disposent de terrassettes.

🏛 **Étoile St-Ferdinand** sans rest, 36 r. St-Ferdinand ⓜ *Porte Maillot* ℘ 01 45 72 66 66, *ferdinand@paris-honotel.com*, Fax 01 45 74 12 92 – 🛗 ▤ 📺 ✆. 🆎 ⓞ 🇬🇧 ᴊᴄʙ   E 6-7
⌷ 13 – **42 ch** 149/225.
  • Près de la porte Maillot, immeuble classique donnant sur deux rues relativement calmes. Chambres régulièrement entretenues et égayées de coloris vifs.

🏛 **Étoile Park Hôtel** sans rest, 10 av. Mac Mahon ⓜ *Charles de Gaulle-Etoile* ℘ 01 42 67 69 63, *ephot@easynet.fr*, Fax 01 43 80 18 99 – 🛗 ▤ 📺 ✆ 🆎 ⓞ 🇬🇧 ᴊᴄʙ E 8
⌷ 12 – **28 ch** 95/150.
  • Bel emplacement à deux pas de l'Étoile pour cet édifice en pierres de taille. Intérieur joliment rénové dans un style contemporain. Agréable salle des petits-déjeuners.

🏛 **Harvey** sans rest, 7 bis r. Débarcadère ⓜ *Neuilly-Porte Maillot* ℘ 01 55 37 20 00, *info@hotel-harvey.com*, Fax 01 40 68 03 56 – 🛗 ▤ 📺 ✆. 🆎 ⓞ 🇬🇧 ᴊᴄʙ   E 6
⌷ 8 – **32 ch** 110/135.
  • Cet établissement familial datant de 1880 abrite des chambres d'esprit rustique ; côté cour, elles sont petites mais aussi plus tranquilles. Salon de lecture pour la détente.

🏛 **Star Hôtel Étoile** sans rest, 18 r. Arc de Triomphe ⓜ *Charles de Gaulle-Etoile* ℘ 01 43 80 27 69, *star.etoile.hotel@wanadoo.fr*, Fax 01 40 54 94 84 – 🛗 ▤ 📺 ✆ – 🛦 18. 🆎 ⓞ 🇬🇧 ᴊᴄʙ   E 7
⌷ 12 – **62 ch** 145/150.
  • Un décor récent d'inspiration médiévale habille la réception, le salon et la salle des petits-déjeuners. Chambres peu spacieuses mais claires, gaies et assez calmes.

🏛 **Monceau Élysées** sans rest, 108 r. Courcelles ⓜ *Courcelles* ℘ 01 47 63 33 08, *monceau.elysees@wanadoo.fr*, Fax 01 46 22 87 39 – 🛗 🛗 📺 ✆ ♿. 🆎 ⓞ 🇬🇧   E 9
⌷ 10 – **29 ch** 120/138.
  • Près de l'élégant parc Monceau, ce petit hôtel entièrement rénové propose des chambres couleur saumon, égayées de tissus imprimés. Salle des petits-déjeuners voûtée.

🏛 **Astrid** sans rest, 27 av. Carnot ⓜ *Charles de Gaulle-Etoile* ℘ 01 44 09 26 00, *paris@hotel-astrid.com*, Fax 01 44 09 26 01 – 🛗 📺 ✆. 🆎 ⓞ 🇬🇧 ᴊᴄʙ   E 7
⌷ 10 – **41 ch** 125/137.
  • À 100 m de l'Arc de Triomphe, un hôtel tenu par la même famille depuis 1936, où chaque chambre adopte un style différent : Directoire, tyrolien, provençal...

🏛 **Flaubert** sans rest, 19 r. Rennequin ⓜ *Ternes* ℘ 01 46 22 44 35, *paris@hotelflaubert.com*, Fax 01 43 80 32 34 – 🛗 📺 ✆ ♿. 🆎 ⓞ 🇬🇧   D 8
⌷ 8 – **41 ch** 94/109.
  • L'atout maître de cet hôtel est son paisible patio verdoyant sur lequel donnent certaines chambres. Décor clair et rajeuni ; salle des petits-déjeuners façon jardin d'hiver.

🏛 **Campanile**, 4 bd Berthier ⓜ *Porte de Clichy* ℘ 01 46 27 10 00, *resaind@campanile-berthier.com*, Fax 01 46 27 00 57, 🌤 – 🛗 🛗 ▤ 📺 ✆ ♿ 🚗 – 🛦 15 à 80. 🆎 ⓞ 🇬🇧   B 10
Repas 16,50/18,50 ♈ – ⌷ 7 – **246 ch** 88.
  • Près de la porte de Clichy, établissement fonctionnel de forte capacité dont les chambres se conforment aux standards de la chaîne. Les formules buffets signées "Campanile" sont ici proposées dans un cadre sobre et en terrasse l'été.

XXXX **Guy Savoy**, 18 r. Troyon ⓜ *Charles de Gaulle-Etoile* ℘ 01 43 80 40 61, *reserv@guysavoy.com*, Fax 01 46 22 43 09 – ▤ 🆎 ⓞ 🇬🇧 ᴊᴄʙ   E 8
✿✿✿ fermé août, 23 déc. au 3 janv., sam. midi, dim. et lundi – **Repas** 200/245 et carte 160 à 210 ♠.
  • Verre, cuir et wengé, oeuvres signées des grands noms de l'art contemporain, sculptures africaines, cuisine raffinée et inventive : "l'auberge du 21e s." par excellence.
Spéc. Soupe d'artichaut à la truffe noire et brioche feuilletée aux champignons. Bar en écailles grillées aux épices douces. Agneau de lait "dans tous ses états".

XXXX **Michel Rostang**, 20 r. Rennequin ⓜ *Ternes* ℘ 01 47 63 40 77, *rostang@relaischateaux.fr*, Fax 01 47 63 82 75 – ▤ ⌁. 🆎 ⓞ 🇬🇧 ᴊᴄʙ   D 8
✿✿ fermé 1er au 15 août, lundi midi, sam. midi et dim. – **Repas** 65 (déj.), 175/230 et carte 130 à 180 ♠.
  • Boiseries, figurines de Robj, oeuvres de Lalique et vitrail Art déco composent ce décor à la fois luxueux et insolite. Belle cuisine maîtrisée et magnifique carte des vins.
Spéc. "Menu truffe" (15 déc. au 15 mars). Quenelle de brochet soufflée à la crème de homard. Foie chaud de canard rôti au sésame grillé.

XXX **Apicius** (Vigato), 122 av. Villiers ◎ *Porte de Champerret* ℘ 01 43 80 19 66,
✿✿ *Fax 01 44 40 09 57* – 🔲 ◻🍴. 🆑 ⓞ 🆖 🆓   **D 8**
fermé août, sam. et dim. – **Repas** 110 et carte 90 à 130.
◆ Murs gris perle, boiseries sombres et tableaux caractérisent le cadre raffiné de ce
restaurant. Cuisine inventive que n'aurait pas renié Apicius, "le" gastronome romain.
Spéc. Foie gras de canard aux radis noirs confits. Milieu de très gros turbot rôti . Soufflé au
chocolat.

XXX **Faucher,** 123 av. Wagram ◎ *Wagram* ℘ 01 42 27 61 50, *Fax 01 46 22 25 72*, 🌤 – 🔲 ◻🍴.
✿ 🆑 🆖   **D 8**
fermé sam. et dim. – **Repas** 50 (déj.)/95 et carte 70 à 100.
◆ Cuisine de saison personnalisée à déguster dans une salle à manger sobre et lumineuse,
rehaussée de tableaux modernes. Les tables côté rotonde sont très agréables.
Spéc. Oeuf au plat, foie gras chaud et coppa grillée. Montgolfière de Saint-Jacques au
velouté de cèpes (oct. à mars). Ris de veau croustillants.

XXX **Sormani** (Fayet), 4 r. Gén. Lanrezac ◎ *Charles de Gaulle-Etoile* ℘ 01 43 80 13 91,
✿ *Fax 01 40 55 07 37* – 🔲 ◻🍴. 🆖   **E 7**
fermé 1ᵉʳ au 24 août, 23 déc. au 4 janv., sam., dim. et fériés – **Repas** 44 (déj.)et carte 55 à
125 ⓐ.
◆ Charme latin dans ce restaurant proche de la place de l'Étoile : nouveau décor (couleurs
rouges, boiseries et miroirs), ambiance "dolce vita" et cuisine italienne élaborée.
Spéc. Chaud-froid de pâte à pain, artichaut et mozzarella à la truffe blanche (oct. à déc.).
Ravioli de tourteau et palourdes. Jarret de veau et gratin de macaroni au lard

XXX **Pétrus,** 12 pl. Mar. Juin ◎ *Pereire* ℘ 01 43 80 15 95, *Fax 01 47 66 49 86* – 🔲. 🆑 ⓞ 🆖
🆓   **D 8**
fermé 10 au 25 août – **Repas** 42 et carte 45 à 65 ⓨ.
◆ Dans un plaisant cadre marin, produits de la mer à profusion : véritable pêche miraculeuse qui, venant de l'apôtre Pierre, n'est pas pour surprendre !

XXX **Amphyclès,** 78 av. Ternes ◎ *Porte Maillot* ℘ 01 40 68 01 01, *amphycles@aol.com*,
Fax 01 40 68 91 88 – 🔲 ◻🍴. 🆑 ⓞ 🆖 🆓   **E 7**
fermé 1ᵉʳ au 31 août, sam. midi et dim. – **Repas** 37/113 bc et carte 73 à 98 ⓨ.
◆ Élégante salle à manger de style néo-classique : chaises Louis XVI, treillages, miroirs et
gravures anciennes. Service attentif et cuisine au goût du jour.

XX **Petit Colombier,** 42 r. Acacias ◎ *Argentine* ℘ 01 43 80 28 54, *le.petit.colombier@wanad*
oo.fr, Fax 01 44 40 04 29 – 🔲. 🆑 🆖   **E 7**
fermé 31 juil. au 30 août, sam. midi et dim. – **Repas** 35 et carte 55 à 77.
◆ Boiseries patinées, horloges anciennes et chaises Louis XV donnent un charme bien
provincial à ce restaurant qui conserve le souvenir du passage de grands hommes d'État.

XX **Les Béatilles** (Bochaton), 11 bis r. Villebois-Mareuil ◎ *Ternes* ℘ 01 45 74 43 80,
✿ *Fax 01 45 74 43 81* – 🔲. 🆖   **E 7**
fermé août, vacances de Noël, sam. et dim. – **Repas** 40 (déj.), 45/70 et carte 68 à 92.
◆ Accueil attentionné, cuisine bien ficelée et volontairement épurée, sobre et contemporaine salle à manger : décidément, cette enseigne flirte avec une douce béatitude !
Spéc. Nems d'escargots et champignons des bois. Pastilla de pigeon et foie gras aux
épices. La "Saint-Cochon" (nov. à mars).

XX **Dessirier,** 9 pl. Mar. Juin ◎ *Pereire* ℘ 01 42 27 82 14, *dessirier@michelrostang.com*,
Fax 01 47 66 82 07 – 🔲 ◻🍴. 🆑 ⓞ 🆖 🆓   **D 8**
fermé 11 au 17 août, sam. et dim. en juil.-août – **Repas** 45 et carte 51 à 83 ⓨ.
◆ Établissement plein de vie, dont le style "brasserie", les fauteuils et banquettes capitonnés et la carte de produits de la mer génèrent une bonne humeur communicative.

XX **Timgad,** 21 r. Brunel ◎ *Argentine* ℘ 01 45 74 23 70, *Fax 01 40 68 76 46* – 🔲 ◻🍴. 🆑 ⓞ
🆖. 🍽   **E 7**
Repas carte 40 à 60.
◆ Retrouvez un peu de la splendeur passée de la cité de Timgad : le décor mauresque
raffiné des salles fut réalisé par des stucateurs marocains. Cuisine parfumée du Maghreb.

XX **Graindorge,** 15 r. Arc de Triomphe ◎ *Charles de Gaulle-Etoile* ℘ 01 47 54 00 28,
ⓐ *Fax 01 47 54 00 28* – 🆑 🆖   **E 7**
fermé sam. midi et dim. – **Repas** (24) · 28 (déj.)/32 et carte 42 à 64 ⓨ.
◆ L'orge sert à fabriquer les bières qui accompagnent - outre les vins - cette généreuse
cuisine flamande. Toutes les saveurs du Nord à découvrir dans un joli cadre Art déco.

XX **Braisière** (Faussat), 54 r. Cardinet ◎ *Malesherbes* ℘ 01 47 63 40 37, *labraisiere@free.fr*,
✿ *Fax 01 47 63 04 76* – 🆑 ⓞ 🆖   **D 9**
fermé août, sam. midi et dim. – **Repas** 30 (déj.) et carte 43 à 59 ⓨ.
◆ Confortable restaurant aux apaisantes couleurs pastel. La carte a la jolie pointe d'accent
du Sud-Ouest, même si elle évolue au gré du marché et selon l'inspiration du chef.
Spéc. Terrine de lapin à la bohémienne. Pièce de boeuf "blonde d'Aquitaine". Cassonade
crémeuse de noix.

XX **Tante Jeanne,** 116 bd Pereire ◎ *Pereire* ℘ 01 43 80 88 68, *tantejeanne@bernard.loiseau .com*, Fax 01 47 66 53 02 – ▤ ⏴⏵. ₳ℰ ◎ ₲ℬ
D 8
fermé août, sam. et dim. – **Repas** 36/43 et carte 60 à 82.
♦ Le nom du restaurant évoque l'épouse d'Alexandre Dumaine, le célèbre chef bourguignon. Cuisine traditionnelle servie dans une salle à manger élégante et "cosy".

XX **Balthazar,** 73 av. Niel ◎ *Pereire* ℘ 01 44 40 28 15, Fax 01 44 40 28 30 – ▤ ₳ℰ ◎ ₲ℬ
Repas carte 33 à 54 ℤ.
D 8
♦ Cadre sagement design, atmosphère conviviale favorisée par la proximité des tables, personnel jeune et plats au goût du jour : quarté gagnant pour ce restaurant "tendance" !

XX **L'Atelier Gourmand,** 20 r. Tocqueville ◎ *Villiers* ℘ 01 42 27 03 71, Fax 01 42 27 03 71 –
₳ℰ ₲ℬ ⱼⒸᵇ
D 10
fermé 25 au 31 mai, 5 au 26 août, sam. sauf le soir du 15 sept. au 15 juin, lundi soir et dim. –
Repas *(19)* - 35 ℤ.
♦ Cet atelier de peintre du 19e s. accueille désormais les amateurs d'art classique... culinaire, dans une salle à manger pimpante et colorée, complétée d'un salon-mezzanine.

XX **Beudant,** 97 r. des Dames ◎ *Rome* ℘ 01 43 87 11 20, *lebeudant@wanadoo.fr,*
Fax 01 43 87 27 35 – ▤. ₲ℬ. ⌇⌇
D 11
fermé 31 juil. au 30 août, dim. et lundi – **Repas** *(20)* - 25 (déj.)/32 et carte 47 à 70.
♦ Cette maison Second Empire voisine de la rue Beudant vous accueille dans deux chaleureuses salles à manger habillées de boiseries claires. La carte a l'accent marin.

XX **Paolo Petrini,** 6 r. Débarcadère ◎ *Porte Maillot* ℘ 01 45 74 25 95, *paolo.petrini@wanado o.fr,* Fax 01 45 74 12 95 – ▤. ₳ℰ ◎ ₲ℬ ⱼⒸᵇ. ⌇⌇
E 6
fermé 1er au 21 août, sam. midi et dim. – **Repas** 30/35 bc et carte 55 à 65 ℤ.
♦ Fi de pizzas, gondoles et macaroni ! À deux pas de la porte Maillot, ce restaurant au sobre décor attire une clientèle avertie, férue d'une cuisine italienne raffinée.

XX **Ballon des Ternes,** 103 av. Ternes ◎ *Porte Maillot* ℘ 01 45 74 17 98, *leballondesternes@ wanadoo.fr,* Fax 01 45 72 18 84 – ₳ℰ ₲ℬ ⱼⒸᵇ
E 6
fermé 28 juil. au 26 août – **Repas** carte 36 à 67 ℤ.
♦ Non, vous n'avez pas trop bu de "ballons" ! La table dressée à l'envers au plafond fait partie du plaisant décor 1900 de cette brasserie voisine du Palais des Congrès.

XX **Taïra,** 10 r. Acacias ◎ *Argentine* ℘ 01 47 66 74 14, Fax 01 47 66 74 14 – ▤. ₳ℰ ◎ ₲ℬ   E 7
fermé 15 au 31 août, sam. midi et dim. – **Repas** *(30)* - 34/64 et carte 44 à 66.
♦ Le chef, d'origine nippone et prénommé Taïra, prépare les produits de la mer avec finesse et simplicité : double héritage culinaire franco-japonais.

XX **Chez Léon,** 32 r. Legendre ◎ *Villiers* ℘ 01 42 27 06 82, Fax 01 46 22 63 67 – ₳ℰ ₲ℬ   D 10
🐾 *fermé août, vacances de Noël, sam., dim. et fériés* – **Repas** *(18)* - 24 bc et carte 33 à 43.
♦ "Le" bistrot des Batignolles, plébiscité depuis nombre d'années par une cohorte de fidèles. Cuisine traditionnelle soignée servie dans trois salles, dont une située à l'étage.

X **Caïus,** 6 r. Armaillé ◎ *Charles de Gaulle-Etoile* ℘ 01 42 27 19 20, Fax 01 40 55 00 93 – ▤. ₳ℰ
◎ ₲ℬ ⱼⒸᵇ
E 7
fermé 6 au 19 août, sam. midi et dim. – **Repas** *(23)* - carte 38 à 50 ℤ.
♦ Boiseries chaudes, banquettes et tableaux animaliers : le décor de bistrot chic n'a pas changé mais la carte a pris un sérieux coup de jeune avec la nouvelle équipe.

X **Soupière,** 154 av. Wagram ◎ *Wagram* ℘ 01 42 27 00 73, Fax 01 46 22 27 09 – ▤. ₳ℰ ₲ℬ
fermé 4 au 24 août, sam. midi et dim. – **Repas** 25/55 et carte 36 à 59.
D 9
♦ L'accueil attentionné et la carte classique - avec menus "champignons" en saison - sur fond de trompe-l'oeil font de cette Soupière une aimable petite adresse de quartier.

X **Table des Oliviers,** 38 r. Laugier ◎ *Pereire* ℘ 01 47 63 85 51, Fax 01 47 63 85 81 – ▤. ₳ℰ
₲ℬ
D 7-8
fermé 9 au 30 août, sam. midi, dim. et lundi – **Repas** *(20)* - 26 et carte 43 à 58.
♦ Enseigne explicite : la cuisine provençale de ce restaurant a le goût de l'huile d'olive, du thym et du basilic... Peuchère, il ne manque plus que le chant des cigales !

X **A et M Marée,** 105 r. Prony ◎ *Pereire* ℘ 01 44 40 05 88, *AM.Bistrot.17eme@wanadoo.fr,*
Fax 01 44 40 05 89, ⏚ – ▤ ⏴⏵. ₳ℰ ◎ ₲ℬ
D 8
fermé août, sam. midi et dim. – **Repas** 30 et carte 38 à 55.
♦ Espace bistrot ou grande salle sous coupole de verre dans un camaïeu de gris et mauve très "tendance". Le petit frère de l'A et M du 16e propose aussi une cuisine soignée.

X **Troyon,** 4 r. Troyon ◎ *Charles de Gaulle-Etoile* ℘ 01 40 68 99 40, Fax 01 40 68 99 57 – ₳ℰ
₲ℬ. ⌇⌇
E 8
fermé 31 juil. au 22 août, sam. et dim. – **Repas** (prévenir) 33/42 ℤ.
♦ Ambiance conviviale et plaisante cuisine du marché à découvrir sur l'ardoise du jour : deux bonnes raisons pour fréquenter ce discret établissement des abords de l'Étoile.

X **L'Étoile Niel,** 75 av. Niel ◎ *Pereire* ℘ 01 42 27 88 44, *gendarmesb@aol.com,*
Fax 01 42 27 32 12 – ⏴⏵. ₳ℰ ◎ ₲ℬ
D 8
fermé sam. midi, dim. et fériés – **Repas** *(25)* - 29 (déj.)/38.
♦ La cuisine mitonnée dans cette sympathique maison panache influences bourgeoises, touches modernes et pincées d'épices. Le décor, façon bistrot, est convivial et chaleureux.

X **Les Dolomites,** 38 r. Poncelet ◎ *Ternes* ℘ 01 47 66 38 54, *thierry@les-dolomites.com,*
Fax 01 42 27 39 57 – AE GB JCB   E 8
fermé 12 au 18 août, sam. midi et dim. – **Repas** *(20)* - 26/35 et carte environ 40.
♦ Boiseries, banquettes en velours rose et chaises bistrot : le cadre, inchangé depuis les
années 1950, offre un délicieux charme provincial. Registre culinaire traditionnel.

X **Café d'Angel,** 16 r. Brey ◎ *Charles de Gaulle-Etoile* ℘ 01 47 54 03 33, *Fax 01 47 54 03 33*
– GB   E 8
fermé 31 juil. au 22 août, 20 déc. au 4 janv., sam., dim. et fériés – **Repas** *(19)* - 22 (déj.)/38 ♈.
♦ Cette petite adresse a la nostalgie des bistrots parisiens d'antan : intérieur "rétro" avec
banquettes en skaï, faïences aux murs et plats traditionnels énoncés sur ardoise.

X **Caves Petrissans,** 30 bis av. Niel ◎ *Pereire* ℘ 01 42 27 52 03, *cavespetrissans@noos.fr,*
⌖ *Fax 01 40 54 87 56,* ⌂ – AE GB   D 8
fermé 23 juil. au 22 août, sam. et dim. – **Repas** (prévenir) 33 et carte 38 à 70 ⬧.
♦ Céline, Abel Gance, Roland Dorgelès aimaient fréquenter ces caves plus que centenaires,
à la fois boutique de vins et restaurant. Cuisine "bistrotière" bien ficelée.

X **Presqu'île,** 14 r. Saussier-Leroy ◎ *Ternes* ℘ 01 47 66 56 74, *Fax 01 40 54 83 86* – ▤. AE
GB JCB   E 8
fermé août, lundi midi, sam. midi et dim. – **Repas** *(25)* - 31 (déj.) et carte 40 à 60 - *L'Huîtrier*
℘01 40 54 83 44 *(fermé juil., août, dim. en mai-juin et lundi de sept. à avril)* **Repas**
carte 31 à 73 ♈.
♦ L'atout maître du restaurant La Presqu'île, décoré de boiseries et de marines, est sans
conteste sa carte de poissons. On y mange au coude à coude. Pour déguster huîtres et
fruits de mer dans une atmosphère de bistrot, rendez-vous à l'Huîtrier.

X **Le Clou,** 132 r. Cardinet ◎ *Malesherbes* ℘ 01 42 27 36 78, *le.clou@wanadoo.fr,*
Fax 01 42 27 89 96 – AE ◑ GB JCB   C 10
fermé 8 au 22 août, 25 déc. au 2 janv., sam. midi et dim. – **Repas** 20 (déj.)/30 (dîner) et carte
29 à 48.
♦ Les amateurs de viandes trouveront leur bonheur dans ce convivial bistrot de quartier.
Tables simplement dressées. Produits du terroir et suggestions du marché.

X **Bistrot de Théo,** 90 r. Dames ◎ *Rome* ℘ 01 43 87 08 08, *Fax 01 43 87 06 15* – GB.
⌖   D 11
fermé 8 au 30 août, 26 déc. au 3 janv., dim. et fériés – **Repas** *(13)* - 24 et carte 29 à 40 ♈.
♦ Avec ses murs en pierre, ses poutres patinées et sa collection d'ustensiles de cuisine,
cette charmante adresse a séduit la clientèle du quartier. Spécialités de foie gras.

X **L'Entredgeu,** 83 r.Laugier ◎ *Porte de Champerret* ℘ 01 40 54 97 24, *Fax 01 40 54 96 62*
fermé vacances de Noël, 2 au 22 août, dim. et lundi – **Repas** *(20)* - 28 ♈.   D 7
♦ Accueil souriant, mobilier bistrot, menu annoncé sur l'ardoise, cuisine élaborée au gré
du marché : entraînez-vous à prononcer le nom de ce restaurant, il en vaut la peine !

X **Paris XVII,** 41 r. Guersant ◎ *Porte Maillot* ℘ 01 45 74 75 27 – GB   D 7
fermé 2 au 28 août, 24 déc. au 3 janv., vacances scolaires de fév., dim. et lundi – **Repas** *(18)* -
23 ♈.
♦ La cuisine "bistrotière" du chef, mitonnée en fonction du marché, est suggérée sur
ardoise. Un modeste restaurant familial fort éloigné de la "branchitude" parisienne...

Montmartre
La Villette - Belleville

18ᵉ, 19ᵉ et 20ᵉ arrondissements

18ᵉ : ✉ *75018 - 19ᵉ :* ✉ *75019 - 20ᵉ :* ✉ *75020*

Terrass'Hôtel, 12 r. J. de Maistre (18ᵉ) Ⓜ Place de Clichy ✆ 01 46 06 72 85, *reservation@t errass-hotel.com, Fax* 01 42 52 29 11, 斎 – 崗 ⅷ ⊟ 🆃🆅 ✆ – 🏛 25 à 100. ᴁᴇ ⓞ ᴳᴮ 🇯🇨🇧
              C 13
Terrasse ✆ 01 44 92 34 00 **Repas** 21,50bc/28 et carte 32 à 50 ⅄ – 🖙 14 – **87 ch** 204/270, 13 suites.
◆ Au pied du Sacré-Coeur. Vue imprenable sur Paris depuis les chambres des étages supérieurs, côté rue. Intérieur soigné et chaleureux ; salon doté d'une belle cheminée. Coquette salle à manger provençale et sa "Terrasse" sur le toit, surplombant la capitale.

Holiday Inn, 216 av. J. Jaurès (19ᵉ) Ⓜ Porte de Pantin ✆ 01 44 84 18 18, *hilavillette@allian ce-hospitality.com, Fax* 01 44 84 18 20, 斎, 🎛 – 崗 ⅷ ⊟ 🆃🆅 ✆ ₺ 🄿 – 🏛 15 à 140. ᴁᴇ ⓞ ᴳᴮ
              C 21
Repas *(fermé sam. et dim.)* (20) - 28/58, enf. 6,90 ⅄ – 🖙 15 – **182 ch** 270/345.
◆ Construction moderne face à la Cité de la Musique. Les chambres, spacieuses et insono-risées, offrent un confort actuel. Station de métro à quelques mètres. Sobre salle à manger de style brasserie et petite terrasse isolée de la rue par un rideau de verdure.

SuiteHotel Porte de Montreuil sans rest, 22 av. Pr. A. Lemierre (20ᵉ) Ⓜ Porte de Montreuil ✆ 01 49 93 88 88, *h3239@accor-hotels.com, Fax* 01 49 93 88 99, 🎛 – ⅷ ⊟ 🆃🆅 ✆ ₺ ⇦. ᴁᴇ ⓞ ᴳᴮ
              DZ 7
🖙 12 – **166 ch** 92.
◆ Bâtiment moderne au pied du périphérique et du marché aux puces de Montreuil. Espace (30 mètres carrés), salon-bureau et chambres cloisonnables caractérisent ces "suites".

Mercure Montmartre sans rest, 3 r. Caulaincourt (18ᵉ) ⓜ *Place de Clichy* 𝄞 01 44 69 70 70, h0373@accor-hotels.com, Fax 01 44 69 70 71 – 📶 ⁑ ▤ 📺 � & – 🛗 20 à 70. 🅰🅴 ⓞ ☒
D 12
⊑ 13 – **305 ch** 174/184.
♦ Hôtel à deux pas du célèbre bal du Moulin-Rouge. Préférez l'une des chambres logées aux trois derniers étages de l'hôtel pour profiter de la vue sur les toits de "paname".

Holiday Inn Garden Court Montmartre sans rest, 23 r. Damrémont (18ᵉ) ⓜ *Lamarck Caulaincourt* 𝄞 01 44 92 33 40, hiparmm@aol.com, Fax 01 44 92 09 30 – 📶 ⁑ ▤ 📺 ↄ & – 🛗 20. 🅰🅴 ⓞ ☒ ᴊᴄʙ
C 13
⊑ 54 **ch** 145/170.
♦ Dans une rue montmartroise pentue, bâtiment récent abritant des chambres fraîches et fonctionnelles. Salle des petits-déjeuners ornée d'un joli trompe-l'œil.

Kyriad, 147 av. Flandre (19ᵉ) ⓜ *Crimée* 𝄞 01 44 72 46 46, paris.lavillette@kyriad.fr, Fax 01 44 72 46 47 – 📶 ⁑, ▤ ☒ ↄ ⇄ ⇄ – 🛗 70. 🅰🅴 ⓞ ☒ ᴊᴄʙ
B 19
Repas (10) - 12/17, enf. 6 ♀ – ⊑ 7 – **207 ch** 82.
♦ Cet hôtel moderne proche de la Cité des Sciences semble un peu excentré, mais s'avère très bien desservi (métro, bus et boulevard périphérique). Petites chambres pratiques. Restauration simple (salades, grillades) proposée dans un cadre un brin "rétro".

Roma Sacré Cœur sans rest, 101 r. Caulaincourt (18ᵉ) ⓜ *Lamarck Caulaincourt* 𝄞 01 42 62 02 02, hotel.roma@wanadoo.fr, Fax 01 42 54 34 92 – 📶 📺. 🅰🅴 ⓞ ☒ ᴊᴄʙ
C 14
⊑ 7 – **57 ch** 85/160.
♦ Tout le charme de Montmartre : un jardin sur le devant, des escaliers sur le côté et le Sacré-Cœur au-dessus ! Des couleurs vives égaient les chambres tout juste rajeunies.

Laumière sans rest, 4 r. Petit (19ᵉ) ⓜ *Laumière* 𝄞 01 42 06 10 77, le-laumiere@wanadoo.fr, Fax 01 42 06 72 50 – 📶 📺 ↄ. ☒
D 19
⊑ 7 – **54 ch** 49/65.
♦ En manque d'espaces verts ? Cet hôtel qui a bénéficié d'une cure de jouvence, vous invite à profiter de son riant jardinet et du parc des Buttes-Chaumont tout proche.

Damrémont sans rest, 110 r. Damrémont (18ᵉ) ⓜ *Jules Joffrin* 𝄞 01 42 64 25 75, hotel.da mremont@wanadoo.fr, Fax 01 46 06 74 64 – 📶 ⁑ 📺 ↄ. ⓞ ☒ ᴊᴄʙ. ⌦
B 13
⊑ 7 – **35 ch** 75/100.
♦ Près de Montmartre, chambres actuelles plus calmes côté cour, pas très spacieuses, mais régulièrement entretenues et équipées d'un plaisant mobilier couleur acajou.

Abricôtel sans rest, 15 r. Lally Tollendal (19ᵉ) ⓜ *Jaurès* 𝄞 01 42 08 34 49, abricotel@wanad oo.fr, Fax 01 42 40 83 95 – 📶 📺 ↄ &. 🅰🅴 ⓞ ☒. ⌦
D 18
⊑ 6 – **39 ch** 59/62.
♦ Cette petite affaire familiale donnant sur une rue animée abrite des chambres simples et de faible ampleur, mais fonctionnelles et à prix sages.

Palma sans rest, 77 av. Gambetta (20ᵉ) ⓜ *Gambetta* 𝄞 01 46 36 13 65, hotel.palma@wanad oo.fr, Fax 01 46 36 03 27 – 📶 📺 ↄ. 🅰🅴 ⓞ ☒ ᴊᴄʙ
G 21
⊑ 6 – **32 ch** 59/74.
♦ Cet hôtel jouxte la place Gambetta et le célèbre cimetière du Père-Lachaise. Les chambres, petites et un brin désuètes, conservent leur style des années 1970.

Crimée sans rest, 188 r. Crimée (19ᵉ) ⓜ *Crimée* 𝄞 01 40 36 75 29, hotelcrimee19@wanado o.fr, Fax 01 40 36 29 57 – 📶 ▤ 📺 ↄ. 🅰🅴 ⓞ ☒ ᴊᴄʙ
C 18
⊑ 6 – **31 ch** 57/65.
♦ Adresse située à 300 m du canal de l'Ourcq. Les chambres, bien insonorisées et équipées d'un mobilier fonctionnel, sont parfois tournées sur un jardinet.

XXX **Beauvilliers**, 52 r. Lamarck (18ᵉ) ⓜ *Lamarck Caulaincourt* 𝄞 01 42 54 54 42, beauvilliers@c lub-internet.fr, Fax 01 42 62 70 30, 😋 – ▤. 🅰🅴 ☒ ᴊᴄʙ
C 14
fermé lundi midi, dim. et fériés – **Repas** 30 (déj.), 45 bc/61 bc et carte 65 à 100.
♦ Sur la Butte, ancienne boulangerie convertie en restaurant-bonbonnière. Délicieux décor Second Empire rehaussé de tableaux et de belles compositions florales. Carte classique.

XX **Cottage Marcadet**, 151 bis r. Marcadet (18ᵉ) ⓜ *Lamarck Caulaincourt* 𝄞 01 42 57 71 22, Fax 01 42 57 71 22 – ▤. ☒. ⌦
C 13
fermé vacances de Pâques, 31 juil. au 30 août et dim. – **Repas** (20,50) - 27/36,50 bc et carte 31 à 56.
♦ Une ambiance intime vous attend dans cette salle à manger classique dotée d'un confortable mobilier Louis XVI. Cuisine traditionnelle soignée.

XX **Les Allobroges,** 71 r. Grands-Champs (20e) © *Maraîchers* ℰ 01 43 73 40 00,
🕭 Fax 01 40 09 23 22 – ﹏ GB   **K 22**
fermé 18 au 26 avril, août, 24 déc. au 5 janv., dim., lundi et jours fériés – **Repas** 20/33 et
carte 34 à 48.
* Sortez des "quartiers battus" pour découvrir ce sympathique restaurant proche de la
porte de Montreuil. Décor à la fois sobre et coquet ; délicieuses recettes au goût du jour.

XX **Relais des Buttes,** 86 r. Compans (19e) © *Botzaris* ℰ 01 42 08 24 70, Fax 01 42 03 20 44,
🕭 – GB   **E 20**
fermé août, 26 déc. au 2 janv., sam. midi et dim. – **Repas** 31 et carte 40 à 58 ♀.
* À deux pas du parc des Buttes-Chaumont. L'hiver, on apprécie la cheminée de la salle
contemporaine, l'été, la paisible cour-terrasse et, toute l'année, les plats classiques.

XX **Chaumière,** 46 av. Secrétan (19e) © *Bolivar* ℰ 01 42 06 54 69, lachaumiere3@wanadoo.fr,
Fax 01 42 06 28 12 – ▤ – 🄐 12. ﹏ ⓪ GB   **E 18**
fermé 24 août, sam. midi, et dim. soir – **Repas** 22/29 et carte 40 à 65 ♀.
* Pour déguster cette cuisine traditionnelle, deux salles à manger au choix : l'une classique, agrémentée de grands miroirs ; l'autre d'allure rustique.

XX **Moulin de la Galette,** 83 r. Lepic (18e) © *Abbesses* ℰ 01 46 06 84 77, Fax 01 46 06 84 78,
🕭 – ﹏ GB ᴶᶜᴮ   **C 13**
fermé dim. soir et lundi – **Repas** *(19 bc)* - 45 ♀.
* Moulin dès 1622, puis bal populaire peint par Renoir et Toulouse-Lautrec, chanté par
Lucienne Delyle, c'est aujourd'hui un plaisant restaurant doté d'une charmante terrasse.

XX **Au Clair de la Lune,** 9 r. Poulbot (18e) © *Abbesses* ℰ 01 42 58 97 03, Fax 01 42 55 64 74
– ﹏ GB ᴶᶜᴮ   **D 14**
fermé 20 août au 15 sept., lundi midi et dim. – **Repas** 28 et carte 35 à 65.
* L'ami Pierrot vous ouvre la porte de son auberge située juste derrière la place du Tertre.
Ambiance conviviale sur fond de fresques représentant le vieux Montmartre.

X **Poulbot Gourmet,** 39 r. Lamarck (18e) © *Lamarck Caulaincourt* ℰ 01 46 06 86 00,
Fax 01 46 06 86 00 – GB   **C 14**
fermé 15 au 30 août et dim. sauf le midi d'oct. à mai – **Repas** *(18 bc)* - 34 et carte 35 à 55.
* De l'époque des poulbots qui peuplaient la Butte, demeure le style bistrot de cette salle
à manger. Cuisine classique apte à réjouir les gourmets... quels qu'ils soient.

X **L'Oriental,** 76 r. Martyrs (18e) © *Pigalle* ℰ 01 42 64 39 80, Fax 01 42 64 39 80 – ﹏ GB. ⚞
fermé 22 juil. au 28 août, dim. et lundi – **Repas** *(13,50)* - 39 bc et carte 28 à 43.   **D 13-D4**
* Accueil tout sourire et joli cadre orientalisant (tables garnies de zelliges et moucharat-
biehs) en ce restaurant nord-africain au cœur de l'animation cosmopolite de Pigalle.

X **Cave Gourmande,** 10 r. Gén. Brunet (19e) © *Botzaris* ℰ 01 40 40 03 30, la-cave-gourma
🕭 nde@wanadoo.fr, Fax 01 40 40 03 30 – ▤. GB   **E 20**
fermé août, vacances de fév., sam. et dim. – **Repas** 32 et carte 32 à 38.
* Ambiance conviviale, décor de casiers à bouteilles, tables en bois et plats du marché font
bon ménage dans ce sympathique bistrot voisin du parc des Buttes-Chaumont.

X **Histoire de ...,** 14 r. Ferdinand Flocon (18e) © *Jules Joffrin* ℰ 01 42 52 24 60 – ﹏ ⓪ GB
fermé 13 au 17 avril, 13 au 21 juil., 10 au 25 août, dim. et lundi – **Repas** *(28)* - 33.   **C 14**
* Petit restaurant de quartier situé derrière la mairie du 18e, où l'accueil est roi et la cuisine
bien façonnée et personnalisée. Histoire de... passer un bon moment !

X **Bistrot des Soupirs "Chez Raymonde",** 49 r. Chine (20e) © *Gambetta*
🕭 ℰ 01 44 62 93 31, Fax 01 44 62 77 83 – GB   **G 21**
fermé 15 au 30 août, dim. et lundi – **Repas** *(13,50)* - 15 et carte 32 à 50, enf. 7 ৬.
* Jouxtant le pittoresque passage des Soupirs, cette petite auberge met à l'honneur les
plats auvergnats et lyonnais dans un cadre agreste. Bonne humeur garantie.

X **Chez Vincent,** 5 r. Tunnel (19e) © *Buttes Chaumont* ℰ 01 42 02 22 45, Fax 01 40 18 95 83
– ▤. ﹏ GB   **E 20**
fermé sam. et dim. – **Repas** (prévenir) 35/40 et carte 60 à 80.
* Bistrot au cadre rustique simple, mais authentique cuisine italienne et ambiance conviviale assurée ; certains soirs le patron vient en salle pousser la chansonnette !

X **L' Etrier,** 154 r. Lamarck (18e) © *Guy Môquet* ℰ 01 42 29 14 01, Fax 01 46 27 19 15 – ▤. ⓪
GB ᴶᶜᴮ   **C 12**
fermé août, dim. et lundi – **Repas** *(15)* - 18 (déj.), 25 bc/30 dîner.
* Atmosphère de bistrot (comptoir, tables proches) dans ce restaurant de poche où les
patrons renouvellent régulièrement les plats, traditionnels et inscrits sur une ardoise.

ENVIRONS
Hôtels - Restaurants
40 km environ autour de Paris

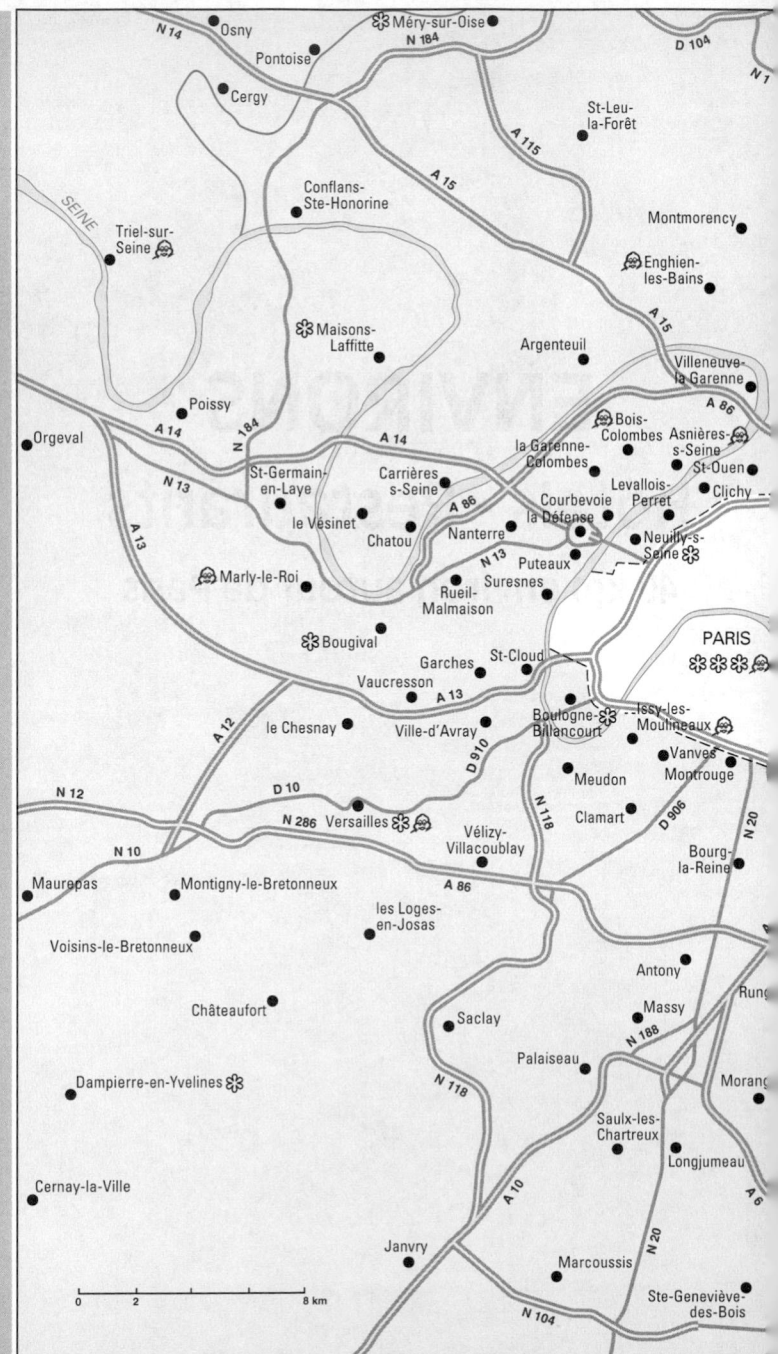

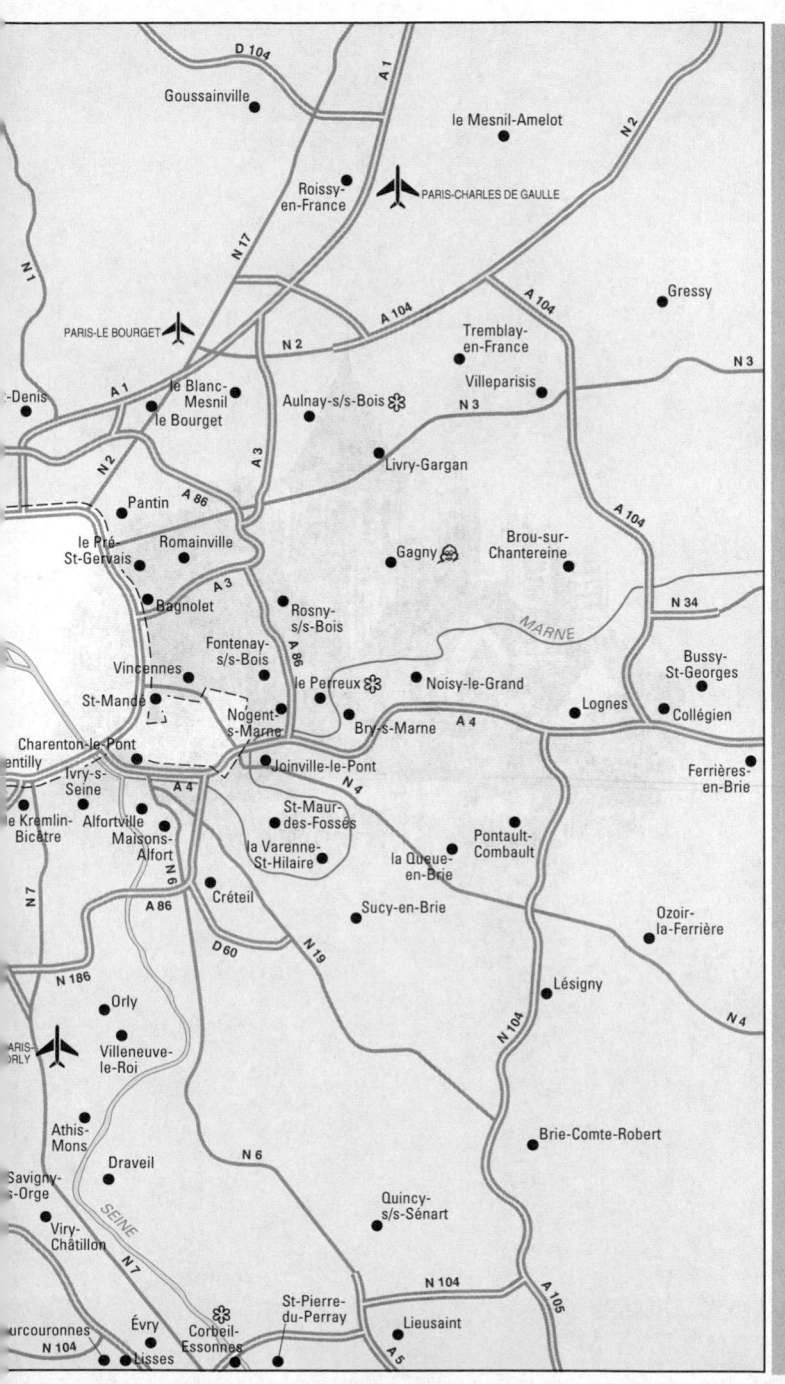

Alfortville 94140 Val-de-Marne 312 D3 101 ㉗ – 36 232 h alt. 32.
Paris 9 – Créteil 6 – Maisons-Alfort 2 – Melun 40.

🏠 **Chinagora** sans rest, 1 Pl. du Confluent France-Chine *𝒫* 01 43 53 58 88, *hotel@chinagor a.fr*, Fax 01 49 77 57 17, ☞ – 🛗 ⁕≿ 🗏 🔟 🕭 ⟺ – 🔬 15 à 200. 🖭 ⓞ GB. 🛠
⟐ 9 – **187 ch** 84/165, 4 suites.
♦ Où confluent la Chine et la France : complexe d'architecture "mandchoue" et chambres de style occidental, ouvrant presque toutes sur un jardin exotique.

Antony 🐌 92160 Hauts-de-Seine 311 J3 101 ㉕ – 59 855 h alt. 80.
Voir *Sceaux : parc*★★ *et musée de l'Île-de-France*★ N : 4 km – *Châtenay-Malabry : église St-Germain-l'Auxerrois*★, *Maison de Chateaubriand*★ NO : 4 km, G. Île de France.
🛈 *Syndicat d'initiative, place Auguste Mounié 𝒫 01 42 37 57 77, Fax 01 46 66 30 80.*
Paris 13 – Bagneux 6 – Corbeil-Essonnes 28 – Nanterre 23 – Versailles 16.

🏨 **Alixia** sans rest, 1 r. Providence *𝒫* 01 46 74 92 92, *hotel.alixia@wanadoo.fr*, Fax 01 46 74 50 55 – 🛗 🔟 🕭 🕭 🅿 – 🔬 20. 🖭 ⓞ GB
⟐ 9 – **40 ch** 81/107.
♦ Hôtel récent situé dans une rue tranquille. Les chambres sur l'arrière sont très calmes et bénéficient de la climatisation ; toutes sont aménagées avec soin.

🍴 **Les Philosophes**, 53 av. Division Leclerc *𝒫* 01 42 37 23 22 – 🗏. 🖭 GB
fermé août, sam. midi, dim. soir et lundi – **Repas** *(17)* - 23 ⟂.
♦ Ce restaurant bordant la nationale propose une cuisine au goût du jour et, de temps à autre, des dîners-débats philosophiques dans un cadre contemporain coloré.

🍴 **Tour de Marrakech**, 72 av. Division Leclerc *𝒫* 01 46 66 00 54, Fax 01 46 66 12 99 – 🗏. 🖭 GB. 🛠
fermé août et lundi – **Repas** 22 et carte 29 à 40, enf. 8,50.
♦ Décor mauresque et plats nord-africains pour retrouver la magie du Maroc... au bord de la N 20 ! Restaurant sur deux étages ; la salle à manger du premier est plus claire.

Argenteuil 🐌 95100 Val-d'Oise 305 E7 101 ⑭ *G. Ile de France* – 93 961 h alt. 33.
Paris 16 – Chantilly 38 – Pontoise 20 – St-Germain-en-Laye 19.

🏨 **Campanile**, 1 r. Ary Scheffer *𝒫* 01 39 61 34 34, *argenteuil@campanile.fr*, Fax 01 39 61 44 20, 🍽 – 🛗 ⁕≿, 🗏 ch, 🔟 🕭 🕭 🅿 – 🔬 20. 🖭 ⓞ GB
Repas *(12,50)* - 14,50/18,50, enf. 6 ⟂ – ⟐ 6,50 – **98 ch** 77/92,50.
♦ Construction moderne située en léger retrait de la N 311. Les chambres, équipées selon les normes de la chaîne, sont bien tenues et correctement insonorisées. Quatre formules composées autour de buffets à volonté vous attendent dans la salle à manger-véranda.

🍴🍴🍴 **Ferme d'Argenteuil**, 2 bis r. Verte *𝒫* 01 39 61 00 62, *lafermedargenteuil@wanadoo.fr*, Fax 01 30 76 32 31 – 🖭 GB 🆑
fermé août, lundi soir et dim. – **Repas** 30 et carte 45 à 65 ⟂.
♦ Le vin d'Argenteuil, le "picolo", a eu ses heures de gloire. Il souffle encore aujourd'hui un petit air de campagne dans ce restaurant. Accueil aimable, cuisine de tradition.

Asnières-sur-Seine 92600 Hauts-de-Seine 311 J2 101 ⑮ *G. Ile de France* – 75 837 h alt. 37.
Paris 10 – Argenteuil 6 – Nanterre 8 – Pontoise 26 – St-Denis 8 – St-Germain-en-Laye 20.

🍴🍴🍴 **Van Gogh**, 2 quai Aulagnier (accès par Cimetière des Chiens) *𝒫* 01 47 91 05 10, *accueil@le vangogh.com*, Fax 01 47 93 00 93, 🍽 – 🗏 🅿. 🖭 ⓞ GB. 🛠
fermé 9 au 31 août, 23 déc. au 4 janv., sam. et dim. – **Repas** carte 54 à 70 ⟂.
♦ En ce lieu où Van Gogh immortalisa la guinguette La Sirène, restaurant disposant d'une jolie terrasse sur la Seine. Le poisson arrive en direct de l'Atlantique.

🍴🍴 **Petite Auberge**, 118 r. Colombes *𝒫* 01 47 93 33 94, Fax 01 47 93 33 94 – GB
fermé 2 au 24 août, merc. soir, dim. soir et lundi – **Repas** 27,80.
♦ Petite auberge de bord de route à l'ambiance sympathique. Objets anciens, tableaux et collection d'assiettes décorent la salle à manger rustique. Cuisine traditionnelle.

Athis-Mons 91200 Essonne 312 D3 101 ㊱ – 29 427 h alt. 85.
Paris 18 – Créteil 16 – Évry 12 – Fontainebleau 48.

🏨 **Rotonde** sans rest, 25 bis r. H. Pinson *𝒫* 01 69 38 97 78, *citotel-la-rotonde@wanadoo.fr*, Fax 01 69 38 48 02 – 🔟 🕭 🅿. GB. 🛠
⟐ 5 – **22 ch** 54/60.
♦ Dans un quartier résidentiel, pavillon des années 1960 abritant des chambres petites et meublées simplement, mais bien tenues. Navettes gratuites pour l'aéroport d'Orly.

Nos guides hôteliers, nos guides touristiques et nos cartes routières
sont complémentaires. Utilisez-les ensemble.

Aulnay-sous-Bois 93600 Seine-St-Denis **305** F7 **101** ⑱ – 80 021 h alt. 46.

Paris 19 – Bobigny 9 – Lagny-sur-Marne 23 – Meaux 30 – St-Denis 16 – Senlis 38.

Novotel, carrefour de l'Europe N 370 $\mathscr{P}$ 01 58 03 90 90, h0387@accor-hotels.com, Fax 01 58 03 90 99, 🏤 , 🏊 , 🐎 – 🛊 🎄 ☰ 🅿 📺 ✦ 🐦 🅿 – 🏖 200. 🖭 ① 🖼 🕮

Repas (fermé sam. midi) (17,60) -21,90, enf. 8 ♀ – ☷ 12 – **139 ch** 92/100.

♦ Hôtel dont les chambres spacieuses ont adopté depuis peu les nouvelles harmonies de la chaîne. Pour garder le contact : "cyberterrasse" et branchement Internet. Salle de restaurant moderne ; aux beaux jours, les tables sont dressées côté piscine et jardin.

Auberge des Saints Pères (Cahagnet), 212 av. Nonneville $\mathscr{P}$ 01 48 66 62 11, info@auberge-des-saints-peres.com, Fax 01 48 66 67 44 – ☰. 🖭 🖼

fermé 9 au 29 août, 3 au 9 janv., merc. soir, sam. et dim. – **Repas** 35/55 et carte 50 à 65 ♀ ⭑.

♦ Maison massive au coeur d'un quartier résidentiel. Intérieur cossu et très feutré, doté de beaux meubles de style ; belle cuisine au goût du jour et carte des vins étoffée.

Spéc. Cannelloni de langoustines en pipérade. Poitrine de canard sauvageon, moutarde violette et coing confit. Tatin de mangue au pain d'épices.

A l'Escargot, 40 rte Bondy $\mathscr{P}$ 01 48 66 88 88, alescargot@wanadoo.fr, Fax 01 48 68 26 91, 🏤 – 🖭 ①

fermé 1er août au 3 sept., 1er au 11 janv. et le soir sauf vend. et sam. – **Repas** (dîner, prévenir) 28, enf. 19 ♀.

♦ Cadre d'inspiration rustique où bibelots et poèmes célèbrent l'escargot. Terrasse verdoyante. À table, variations sur les thèmes de la Corse, du fromage et de la tradition.

Auvers-sur-Oise 95430 Val-d'Oise **305** E6 **106** ⑥ **101** ③ G. Ile de France – 6 820 h alt. 30.

Voir Maison de Van Gogh★ – Parcours-spectacle "voyage au temps des Impressionnistes"★ au château de Léry.

🄳 Office de tourisme, rue de la Sansonne $\mathscr{P}$ 01 30 36 10 06, Fax 01 34 48 08 47, otsi.auvers-@wanadoo.fr.

Paris 36 – Compiègne 84 – Beauvais 52 – Chantilly 35 – L'Isle-Adam 7 – Pontoise 10.

Hostellerie du Nord avec ch, r. Gén. de Gaulle $\mathscr{P}$ 01 30 36 70 74, contact@hostellleriedunord.fr, Fax 01 30 36 72 75, 🏤 – 🖭 📺 ✦ 🅿. – 🏖 25. 🖭 🖼 🕮

hôtel : fermé dim. – **Repas** (fermé 16 août au 2 sept., vacances de printemps, sam. midi, dim. soir et lundi) 40 (déj.), 49/59 ♀ – ☷ 12 – **8 ch** 95/185 – 1/2 P 110/145.

♦ L'église a inspiré nombre d'impressionnistes. À deux pas, ce relais de poste (17e s.) a reçu Daubigny, Cézanne et bien d'autres virtuoses du pinceau. Chambres personnalisées.

Auberge Ravoux, face Mairie $\mathscr{P}$ 01 30 36 60 60, aubergeravoux@maison-de-van-gogh.com, Fax 01 30 36 60 61 – 🖭 ① 🖼 🕮

fermé 10 nov. au 10 mars, lundi et le soir sauf vend. et sam. – **Repas** (nombre de couverts limité, prévenir) (26) - 33.

♦ Atmosphère chaleureuse et cuisine simple des cafés d'artistes du 19e s. dans l'auberge où Van Gogh logea au crépuscule de sa vie. Visitez la petite chambre du peintre.

Bagnolet 93170 Seine-St-Denis **305** F7 **101** ⑰ – 32 511 h alt. 96.

Paris 8 – Bobigny 6 – Lagny-sur-Marne 32 – Meaux 39.

Novotel Porte de Bagnolet, av. République, échangeur porte de Bagnolet $\mathscr{P}$ 01 49 93 63 00, h0380@accor-hotels.com, Fax 01 43 60 83 95, 🏊 – 🛊 🎄 ☰ 📺 ✦ 🐦 ⇨ – 🏖 500. 🖭 ① 🖼 🕮

Repas (16) -21,40, enf. 8 ♀ – ☷ 13 – **611 ch** 136/230.

♦ À proximité de l'échangeur de l'autoroute, construction moderne abritant des chambres fonctionnelles efficacement insonorisées. Piano-bar. Hommes d'affaires, groupes et touristes du monde entier se croisent au restaurant, ouvert assez tard le soir.

Campanile, 30 av. Gén. de Gaulle, échangeur Porte de Bagnolet $\mathscr{P}$ 01 48 97 36 00, bagnolet@campanile.fr, Fax 01 48 97 95 60 – 🛊 ☰ 📺 ✦ 🐦 🅿. 🏖 15 à 200. 🖭 ① 🖼

Repas 16,50/18,50 ♀ – ☷ 6,50 – **274 ch** 73.

♦ Immeuble moderne en verre construit au-dessus d'un important centre commercial. Entièrement rénové, cet hôtel abrite des chambres pratiques, actuelles et bien insonorisées. Vaste restaurant redécoré dans un esprit contemporain ; formules buffets.

Le Blanc-Mesnil 93150 Seine-St-Denis **305** F7 **101** ⑰ – 46 936 h alt. 48.

Paris 20 – Bobigny 6 – Lagny-sur-Marne 30 – St-Denis 10 – Senlis 37.

Kyriad Prestige, 219 av. Descartes $\mathscr{P}$ 01 48 65 52 18, blancmesnil@kyriadprestige.fr, Fax 01 45 91 07 75, 🏤 – 🎄 ☰ 📺 ✦ 🐦 🅿 – 🏖 45 à 110. 🖭 ① 🖼 🕮 . ⭑ rest

Repas (20) - 31/63, enf. 7,50 ♀ – ☷ 12 – **126 ch** 140 – 1/2 P 110,50.

♦ À quelques minutes de l'aéroport Charles-de-Gaulle, cet hôtel dispose de grandes chambres joliment meublées et bien insonorisées. Clientèle d'affaires. La carte du restaurant décline ses menus sous des noms évocateurs : tramontane, sirocco, mistral, Éole...

voir aussi **Le Bourget**

Bois-Colombes 92270 Hauts-de-Seine **311** J2 **101** ⑮ – 23 885 h alt. 40.

Paris 12 – Nanterre 6 – Pontoise 25 – St-Denis 11 – St-Germain-en-Laye 19.

Chefson, 17 r. Ch. Chefson *℘* 01 42 42 12 05, Fax 01 47 80 51 68 – **GB**
fermé août, vacances de fév., lundi soir, mardi soir, sam. et dim. – **Repas** (nombre de couverts limité, prévenir) (14) - 20/28, enf. 10 ♀.
♦ On se bouscule parfois dans ce restaurant dont la salle à manger, il est vrai, est de petite capacité. Ambiance "bistrot" et cuisine traditionnelle simple et copieuse.

Bougival 78380 Yvelines **311** I2 **101** ⑬ *G. Île de France – 8 432 h alt. 40.*

🖪 Syndicat d'initiative, 7 rue du Général Leclerc *℘* 01 39 69 21 23, Fax 01 39 69 37 65, syndicat-initiative.bougival@wanadoo.fr.

Paris 21 – Rueil-Malmaison 5 – St-Germain-en-Laye 6 – Versailles 8 – Le Vésinet 5.

Holiday Inn, 10-12 r. Y. Tourgueneff (N 13) *℘* 01 30 08 18 28, holidayinn.parvb@hotels-res.com, Fax 01 30 08 18 38, 🏤 – 📳 ⁴⁄⁴ ≡ 📺 ♦ 🔥 ⇔ – 🛗 15 à 200. 🜂 ⓞ **GB**
Repas (16 bc) - carte 27 à 40, enf. 9 ♀ – 🖙 13 – **181 ch** 165/175.
♦ Hôtel des années 1970 longeant la N 13. Chambres contemporaines ; celles sur l'arrière sont plus calmes, mais perdent la vue sur la Seine. Décor ensoleillé dans un vaste restaurant en partie coiffé d'une verrière. Cuisine au goût du jour aux accents du Sud.

Villa des Impressionnistes sans rest, 15 quai Rennequin Sualem (N 13) *℘* 01 30 08 40 00, villa.impression@wanadoo.fr, Fax 01 39 18 58 89, 🔥 – ⁴⁄⁴ 📺 ♦ 🔥 ⇔ – 🛗 25 à 50. 🜂 **GB**
fermé 24 juil. au 15 août – 🖙 10,50 – **50 ch** 118/303, 3 duplex.
♦ Bibelots et mobilier choisis, couleurs vives et reproductions de toiles : le charmant décor de cet hôtel récent évoque le passé impressionniste des quais bougivalais.

Camélia (Conte), 7 quai G. Clemenceau *℘* 01 39 18 36 06, Fax 01 39 18 00 25 – ≡. 🜂 ⓞ **GB**
fermé août, dim. et lundi – **Repas** 38/68 et carte 76 à 91.
♦ Pimpante façade proche de la datcha-musée d'Ivan Tourgueniev. La salle, spacieuse et confortable, présente un cadre coloré et sagement contemporain. Cuisine classique.
Spéc. Chou farci au homard. Gigotin d'agneau du Limousin, beurre d'ail doux et noisettes. Millefeuille chaud aux fruits de saison.

Boulogne-Billancourt 🏦 92100 Hauts-de-Seine **311** J2 **101** ㉔ *G. Île de France – 106 360 h alt. 35.*

Voir Musée départemental Albert-Kahn★ : jardins★ – Musée Paul Landowski★.
Paris 10 – Nanterre 9 – Versailles 11.

Golden Tulip, 37 pl. René Clair *℘* 01 49 10 49 10, info@goldentulip-parispscld.com, Fax 01 46 08 27 09, 🏤 – 📳 ⁴⁄⁴ ≡ 📺 ♦ 🔥 – 🛗 150. 🜂 ⓞ **GB** **JCB**
L'Entracte *℘* 01 49 10 49 50 (fermé sam. et dim.) **Repas** 27,50/45 – 🖙 18 – **180 ch** 231/315.
♦ Immeuble moderne abritant un centre d'affaires (grand auditorium et nombreuses salles de séminaires) et des chambres de belle facture. Salon-bar cossu. La salle de restaurant est ornée d'une grande fresque représentant 400 personnalités du 7ᵉ art.

Acanthe sans rest, 9 rd-pt Rhin et Danube *℘* 01 46 99 10 40, hotel-acanthe@akamail.com, Fax 01 46 99 00 05 – 📳 ⁴⁄⁴ ≡ 📺 ♦ 🔥 – 🛗 15 à 30. 🜂 ⓞ **GB** **JCB**
🖙 14 – **69 ch** 170/195.
♦ Voisin des studios de Boulogne et des insolites jardins du musée Albert-Kahn, hôtel insonorisé disposant de jolies chambres contemporaines. Agréable patio fleuri. Billard.

Tryp, 20 r. Abondances *℘* 01 48 25 80 80, tryp.paris.boulogne@solmelia.com, Fax 01 48 25 33 13, 🏤 – 📳 ⁴⁄⁴ ≡ 📺 ♦ 🔥 ⇔ – 🛗 20 à 80. 🜂 ⓞ **GB** **JCB**
Repas (fermé 4 au 24 août, sam. et dim.) (20,50) - 27,50 ♀ – 🖙 14 – **75 ch** 162/167.
♦ Dans un quartier calme de la ville qui faillit devenir le XXIᵉ arrondissement de Paris, hôtel proposant des chambres actuelles, souvent dotées de balcons. Coin salon-bar. Restaurant lumineux et contemporain agrémenté de tableaux ; cuisine traditionnelle.

Sélect Hôtel sans rest, 66 av. Gén.-Leclerc *℘* 01 46 04 70 47, select-hotel@wanadoo.fr, Fax 01 46 04 07 77 – 📳 ≡ 📺 ♦ 🄿 – 🛗 15. 🜂 ⓞ **GB** **JCB**
🖙 8 – **62 ch** 91/110.
♦ Sur la nationale conduisant de Paris à Versailles, établissement bien insonorisé dont les sobres chambres adoptent un mobilier et un décor d'inspiration Art nouveau.

Paris sans rest, 104 bis r. Paris *℘* 01 46 05 13 82, contact@hotel-paris-boulogne.com, Fax 01 48 25 10 43 – 📳 ≡ 📺 ♦. 🜂 ⓞ **GB**
🖙 7 – **31 ch** 69.
♦ Situé à un angle de rue, immeuble ancien en briques abritant de petites chambres avant tout pratiques et bien insonorisées. Accueil familial aimable et tenue méticuleuse.

Bijou Hôtel sans rest, 15 r. V. Griffuelhes, pl. Marché *℘* 01 46 21 24 98, Fax 01 46 21 12 98 – 📳 📺 🜂 ⓞ **GB** **JCB**
🖙 7 – **50 ch** 55,50/64.
♦ Ne désespérons pas Billancourt en boudant ce petit "Bijou" à l'ambiance agréablement provinciale : les chambres, rustiques ou plus actuelles, sont propres et bien équipées.

Olympic Hôtel sans rest, 69 av. V. Hugo *ℰ* 01 46 05 20 69, *olympic.hotel@free.fr*, Fax 01 46 04 04 07 – 🛗 📺 🐾. 🖭 GB
fermé 23 juil. au 16 août – 😅 6 – **36 ch** 58/73.
◆ Immeuble du début du 20ᵉ s. proche de l'intéressant musée des Années 30. Chambres peu spacieuses mais fonctionnelles. Petit-déjeuner servi dans une courette l'été.

XXX **Au Comte de Gascogne** (Charvet), 89 av. J.-B. Clément *ℰ* 01 46 03 47 27, *aucomtedeg*
😣 *asc@aol.com*, Fax 01 46 04 55 70 – 🗐 🗃️. 🖭 ◑ GB
fermé 2 au 16 août, lundi soir, sam. midi et dim. – **Repas** 52 (déj.)/92 et carte 90 à 120.
◆ Décorée dans le style des jardins d'hiver, cette salle envahie de plantes exotiques luxuriantes est une oasis de fraîcheur qu'appréciait Lino Ventura. Cuisine au goût du jour.
Spéc. Grande assiette de foies gras. Ragoût de homard aux pommes de terre safranées, pinces grillées. Pigeon désossé farci et confit (oct. à avril).

XX **L'Auberge**, 86 av. J.-B. Clément *ℰ* 01 46 05 67 19, Fax 01 46 05 14 24 – 🗐. GB
fermé sam. midi et dim. soir – **Repas** 27/30 ₤.
◆ Maquettes de voiliers, d'automobiles anciennes et hélices d'avions : un concentré de l'histoire boulonnaise et des passions de David Martin, chef de cette coquette auberge.

XX **Ferme de Boulogne**, 1 r. Billancourt *ℰ* 01 46 03 61 69, *aucomtedegasc@aol.com*, Fax 01 46 04 55 70 – 🗃️. 🖭 GB
fermé 2 au 23 août, sam. midi, lundi soir et dim. – **Repas** (25) - 30 (dîner) et carte 40 à 46 ₤.
◆ Le superbe Parcours des Années 30 du Boulogne résidentiel vous a ouvert l'appétit ? La cuisine bourgeoise de ce petit restaurant n'attend que votre joli coup de fourchette.

X **Grange**, 34 quai Le Gallo *ℰ* 01 46 05 22 38, Fax 01 48 25 19 66 – 🗐. 🖭 GB
fermé 9 au 15 août, sam. et dim. – **Repas** (24) - 26 🍴.
◆ Voisin d'un centre équestre, ce restaurant n'est pas à cheval sur le service et préfère cultiver son ambiance "bonne franquette". Le ticket gagnant ? La belle carte des vins !

Le Bourget 93350 Seine-St-Denis 305 F7 101 ⑰ G. Ile de France – 12 110 h alt. 47.

Voir *Musée de l'Air et de l'Espace*★★.

Paris 13 – Bobigny 6 – Chantilly 38 – Meaux 41 – St-Denis 8 – Senlis 38.

🏨 **Kyriad Prestige**, aéroport du Bourget - Zone aviation d'affaires *ℰ* 01 49 34 10 38, *lebou rget@kyriadprestige.fr*, Fax 01 49 34 10 35, 🎐 – 🛗 🗳️ 🗐 📺 🐾 🕭 🖪 – 🔬 15 à 60. 🖭 GB
Repas (16) - 25,50, enf. 7,50 ₤ – 😅 12 – **86 ch** 130.
◆ Fréquenté par le personnel des compagnies aériennes, hôtel dont les chambres sont joliment meublées et équipées du double vitrage. Au restaurant, cadre moderne et feutré, tables suffisamment espacées et formules buffets à volonté.

🏨 **Novotel**, 2 r. Perrin, ZA pont Yblon au Blanc-Mesnil ✉ 93150 *ℰ* 01 48 67 48 88, *h0388@ac cor-hotels.com*, Fax 01 45 91 08 27, 🌧️, 🔟 – 🛗 🗳️ 🗐 📺 🐾 🕭 🖪 – 🔬 200. 🖭 ◑ GB 🗾
Repas 23, enf. 8 ₤ – 😅 12 – **143 ch** 115/123.
◆ Construction moderne située dans une zone industrielle proche de l'aéroport. Les chambres, fonctionnelles, sont spacieuses et bien insonorisées. Restaurant à clientèle d'affaires où l'on prépare sous vos yeux salades, grillades et grandes assiettes.

Bourg-la-Reine 92340 Hauts-de-Seine 311 J3 101 ㉕ – 18 251 h alt. 56.

Voir *L'Hay-les-Roses : roseraie*★★ E : 1,5 km, G. Île de France.

🖪 Office de tourisme, 1 boulevard Carnot *ℰ* 01 46 61 36 41, Fax 01 46 61 61 08, *officetou risme.blr@9online.fr*.

Paris 10 – Boulogne-Billancourt 12 – Évry 24 – Versailles 18.

🏨 **Alixia** sans rest, 82 av. Gén. Leclerc *ℰ* 01 46 60 56 56, *alixia-bourglareine@wanadoo.fr*, Fax 01 46 60 57 34 – 🛗 cuisinette 🗳️ 📺 🐾 🖘 – 🔬 15. 🖭 ◑ GB
😅 9 – **40 ch** 88.
◆ Façade avenante sur la N 20, à deux pas du ravissant parc de Sceaux. Chambres contemporaines, bien équipées et insonorisées. Plateaux-repas sur demande.

Brie-Comte-Robert 77170 S.-et-M. 312 E3 101 ㊴ G. Ile de France – 13 397 h alt. 90.

Voir *Verrière*★ du chevet de l'église.

🏌️ Clément Ader à Gretz-Armainvilliers *ℰ* 01 64 07 34 10, NE : 12 km par D 216 ; 🏌️ de Marolles en Brie à Marolles-en-Brie *ℰ* 01 45 95 18 18, NO : 6 km ; 🏌️ ASPTT Paris Golf des Corbuches à Lésigny *ℰ* 01 60 02 07 26, N : 6 km par N 104 ; 🏌️ du Réveillon à Lésigny *ℰ* 01 60 02 17 33, N : 6 km par N 104.

🖪 Syndicat d'initiative, place Jeanne d'Evreux *ℰ* 01 64 05 30 09, Fax 01 64 05 68 18, *mairie@brie-comte-robert.fr*.

Paris 30 – Brunoy 10 – Évry 20 – Melun 18 – Provins 63.

🏨 **A la Grâce de Dieu**, 79 r. Gén. Leclerc (N 19) *ℰ* 01 64 05 00 76, *gracedie@wanadoo.fr*, Fax 01 64 05 60 57 – 📺 🐾 🖪. ◑ GB
Repas (fermé dim. soir) 18,50/40 ₤ – 😅 10,50 – **17 ch** 36/45 – ½ P 40.
◆ Au 17ᵉ s., ce relais de poste était l'ultime halte avant de possibles rencontres avec les bandits de grands chemins. Enseigne restée certes, fataliste, mais confort actuel. Restaurant aux allures d'auberge provinciale (mobilier de style Louis XIII, fresque).

Brou-sur-Chantereine 77177 S.-et-M. **312** E2 **101** ⑲ – 4 280 h alt. 120.

Paris 35 – Coulommiers 44 – Meaux 26 – Melun 48.

X **Lotus de Brou,** 2 ter r. Carnot ℘ 01 64 21 01 44 – **GB**. ⚘

fermé 20 juil. au 25 août et lundi – **Repas** carte 54 à 61.

◆ En léger retrait de la route, restaurant au décor extrême-oriental sobre et élégant. Cuisine chinoise et thaï, simple mais authentique, servie avec amabilité.

Bry-sur-Marne 94360 Val-de-Marne **312** E2 **101** ⑱ – 15 000 h alt. 40.

🛈 *Office de tourisme, 2 Grande Rue ℘ 01 48 82 30 30, Fax 01 45 16 90 02, otsibry@free.fr.*

Paris 16 – Créteil 12 – Joinville-le-Pont 5 – Nogent-sur-Marne 3 – Vincennes 9.

XX **Auberge du Pont de Bry,** 3 av. Gén. Leclerc ℘ 01 48 82 27 70 – **GB**

fermé août, 10 au 15 janv., merc. soir, dim. soir et lundi – **Repas** 30.

◆ Discrète auberge située sur un rond-point, face au pont de Bry. La salle à manger, au cadre moderne, est prolongée d'une véranda.

Carrières-sur-Seine 78420 Yvelines **311** J2 **101** ⑭ – 12 050 h alt. 52.

Paris 19 – Argenteuil 8 – Nanterre 7 – Pontoise 28 – St-Germain-en-Laye 7.

XX **Panoramic de Chine,** 1 r. Fermettes ℘ 01 39 57 64 58, *Fax 01 39 15 17 68,* ☆ – **P.** **AE** **GB**

fermé août et 20 au 27 fév. – **Repas** 12 (déj.), 18/40 ♀.

◆ Les anciennes carrières servent aujourd'hui de champignonnières. L'entrée "en pagode" de cette maison (1920) invite à goûter sa copieuse cuisine asiatique ; agréable terrasse.

Cergy-Pontoise **P** 95 Val-d'Oise **305** D6 **106** ⑤ **101** ② *G. Ile de France.*

🛫 *de Cergy-Pontoise à Vauréal ℘ 01 34 21 03 48, O : 7 km par D 922;* 🛫 *à Ableiges ℘ 01 30 27 97 00, par③ : 14 km;* 🛫 *à Gadancourt ℘ 01 34 66 12 97, par④ : 20 km.*

Paris 35 ② – Mantes-la-Jolie 40 ④ – Pontoise 3 – Rambouillet 60 ④ – Versailles 33 ③.

CERGY-PONTOISE

Bougara (Av. Redouane)	**BV** 4	Delarue (Av. du Gén.-G.) .. **BV** 15
Bouticourt (R. Ch.)	**BV** 6	Genottes (Av. des) .... **AV** 28
Constellation (Av. de la) ... **AV** 13		Lavoye (R. Pierre) .... **BV** 40
		Mendès-France (Mail) .... **AX** 44
		Mitterrand (Av. Fr.) ...... **BVX** 45

Moulin-à-Vent (Bd du) .... **AV** 47
Petit-Albi (R. du) .... **AV** 55
Verdun (Av. de) .... **BX** 76
Viosne (Bd de la) .... **BVX** 83

Cergy – 54 781 h. alt. 30 – ⊠ 95000 :

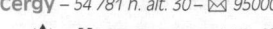

🏨 **Mercure** sans rest, 3 r. Chênes Émeraude par bd Oise 🖋 01 34 24 94 94, *h3452@accor-hotels.com*, Fax 01 34 24 95 15 – 🛗 ⤫ ☰ 📺 ♨ ⇔ – 🛄 40. 🆀 ⓞ ☜ Y a
🍽 12 – **51 ch** 112/138, 5 suites.
◆ Construction récente abritant de vastes chambres très bien équipées et dotées d'un mobilier de style à dominante Directoire ; certaines sont refaites. Bonne insonorisation.

🏨 **Novotel**, 3 av. Parc, près préfecture 🖋 01 30 30 39 47, *h0381@accor-hotels.com*, Fax 01 30 30 90 46, 🍽, ☂, 🍃 – 🛗 ⤫ 📺 ♨ 🅿 – 🛄 100. 🆀 ⓞ ☜ Z g
Repas 26,50 (snack week-ends et fériés), enf. 8 ⅞ – 🍽 12 – **191 ch** 109/119.
◆ Immeuble des années 1980 situé près du centre administratif et à la lisière du parc. Chambres confortables et tranquilles ; la plupart sont rénovées. La salle à manger moderne s'ouvre sur la terrasse et la piscine ; carte Novotel et menu "saveurs".

✗✗ **Les Coupoles**, 1 r. Chênes Emeraude par bd Oise 🖋 01 30 73 13 30, Fax 01 30 73 46 90, 🍽 – ⏢ (midi). 🆀 ⓞ ☜ Y n
Repas 28 ⅞.
◆ Murs habillés de boiseries, lumineuse verrière colorée, mobilier contemporain et petites touches Belle Époque président au cadre de ce restaurant. Cuisine traditionnelle.

CERGY-PRÉFECTURE

Arts (Pl. des) .... **Z** 2
Boucle (R. de la) .... **Y** 3
Bourgognes (R. des)........ **Z** 5
Chênes-Emeraudes (R. des). **Y** 13
Colombia (Square) .... **Y** 14
Diapason (Square du)....... **Y** 17
Écureuil (R. de l') .... **Y** 19

Étoile (Allée de l') .... **Y** 21
Galeries (R. des) .... **Y** 24
Gare (R. de la) .... **Z** 25
Grouettes (Av. des)........ **Z** 33
Herbes (R. aux) .... **Y** 34
Italiens (R. des) .... **Y** 39
Marché-Neuf (R. du)....... **Y** 43
Pays-de-France (R. des) .... **Y** 52
Pergola (Pl. de la) .... **Z** 53

Platanes (Allée des) .... **Z** 59
Préfecture
  (Parvis de la) .... **Z** 63
Préfecture (R. de la) .... **Z** 64
Prieuré (R. du) .... **Z** 66
Théâtre (Allée du) .... **Z** 71
Traversière (R.) .... **Y** 74
Vergers (R. des)........... **Z** 77
Villarceaux (R. de) .... **Y** 81

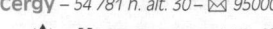

Cormeilles-en-Vexin *par* ① *: 10 km – 863 h. alt. 111 –* ⊠ *95830 :*

XXX **Relais Ste-Jeanne** (Cagna), sur ancienne D 915 ℰ 01 34 66 61 56, *saintejeanne@hotmail*
❀❀ *.com, Fax 01 34 66 40 31,* 🌳 – **P**, **AE** **①** **GB**
fermé 28 juil. au 26 août, 22 au 29 déc., dim. soir, lundi et mardi – **Repas** 60 bc/110 bc et
carte 90 à 112.
♦ Coquet salon et sa cheminée, décor sagement campagnard, agréable jardin accueillant
la terrasse, cuisine raffinée : le bonheur existe, il habite cette jolie maison du Vexin.
Spéc. Escalopes de ris de veau poêlées, crème de volaille. Blanc de turbot rôti à l'huile
d'olive, mirepoix de légumes. Adagio chocolat-pistache.

Hérouville *au Nord-Est par D 927 : 8 km – 598 h. alt. 120 –* ⊠ *95300 :*

XX **Les Vignes Rouges,** pl. Église ℰ 01 34 66 54 73, Fax 01 34 66 20 88, 🌴 – ▤. **GB**
fermé 1er au 10 mai, 1er au 28 août, 1er au 15 janv., dim. soir, lundi et mardi – **Repas** 38.
♦ L'enseigne de cette maison francilienne évoque une oeuvre de Van Gogh. Terrasse
tournée vers l'église, exposition de tableaux d'un peintre local et plats traditionnels.

Méry-sur-Oise *– 8 929 h. alt. 29 –* ⊠ *95540 .*

🛈 *Syndicat d'initiative, 30 avenue Marcel Perrin* ℰ 01 34 64 85 15, si.mery@wanadoo.fr.

XXX **Chiquito** (Mihura), rte Pontoise 1,5 km par D922 ℰ 01 30 36 40 23, *lechiquito@free.fr*,
❀ *Fax 01 30 36 42 22,* 🌳 – ▤ **P**, **AE** **①** **GB**
fermé 2 au 9 janv., sam. midi, dim. soir et lundi – **Repas** (prévenir) carte environ 75.
♦ Respect de la tradition - dans l'hospitalité comme dans le confort - et cuisine au goût du
jour font le succès de cette adresse : il n'est pas rare qu'on affiche complet !
Spéc. Escalopes de foie gras poêlées, coing glacé et confiture de citron (sept. à mars). Bar
rôti, mitonnée de fenouil à l'anis vert. Paris-Brest, sauce chicorée.

Osny *– 14 309 h. alt. 37 –* ⊠ *95520 :*

XX **Moulin de la Renardière,** r. Gd Moulin ℰ 01 30 30 21 13, *contact@moulinrenardiere.fr*,
Fax 01 34 25 04 98, 🌴, 🔔 – **P**. **AE** **①** **GB** **JCB**   AV f
fermé dim. soir, mardi midi et lundi – **Repas** 30.
♦ Ancien moulin niché dans un parc. Attablez-vous dans la salle à grains égayée d'une belle
cheminée ou sur la terrasse ombragée, au bord de la rivière.

Pontoise ℙ *– 27 494 h. alt. 48 –* ⊠ *95300 –* 🛈 *Office de tourisme, 6 place du Petit Martroy*
ℰ 01 30 38 24 45, Fax 01 30 73 54 84, otpontoise@freesurf.fr.

🏨 **Campanile,** r. P. de Coubertin ℰ 01 30 38 55 44, *campanile.pontoise@free.fr*,
Fax 01 30 30 48 87, 🌴 – 🔑 ✆ & **P** – 🔏 25. **AE** **①** **GB**, 🚫 rest   BVX e
Repas *(12,50)* -18,50, enf. 6 ♇ – ⊆ 6,80 – **81 ch** 61.
♦ Situé dans une ZAC, ce Campanile offre des prestations conformes aux dernières
normes de la chaîne : chambres fonctionnelles et bien tenues. Formules buffets à décou-
vrir dans une salle à manger néo-rustique.

XX **Auberge du Cheval Blanc,** 47 r. Gisors ℰ 01 30 32 25 05, *aubergeduchevalblanc95@w*
anadoo.fr, Fax 01 34 24 12 34 – **AE** **GB**   BV t
fermé 28 juil. au 20 août, sam. midi, dim. et lundi – **Repas** 33 bc/35 ♇.
♦ Cet ancien relais de poste du Vexin français abrite un restaurant au cadre sagement
contemporain où sont exposées les peintures d'artistes régionaux. Cuisine traditionnelle.

PONTOISE

Bretonnerie (R. de la) . . . . . **D** 7
Butin (R. P.) . . . . **DE** 8
Canrobert
   (Av. du Mar.) . . . . **D** 10
Château (R. du) . . . . **E** 12
Écluse (Quai de l') . . . . . . **E** 18
Flamel (Pl. N.) . . . . **E** 22
Gisors (R.) . . . . **D** 30
Grand-Martroy
   (Pl. du) . . . . **D** 32
Hôtel-de-Ville
   (R.de l') . . . . **E** 36
Hôtel-Dieu (R. de l') . . . . . **E** 37
Lavoye (R. Pierre) . . . . **D** 40
Leclerc (R. du Gén.) . . . . . . **E** 41
Lecomte (R. A.) . . . . **E** 42
Parc-aux-Charrettes
   (Pl. du) . . . . **D** 50
Petit-Martroy
   (Pl. du) . . . . **D** 56
Pierre-aux-Poissons
   (R.) . . . . **D** 57
Pothuis (Quai de) . . . . **E** 62
Roche (R. de la) . . . . **E** 67
Rouen (R. de) . . . . **D** 69
Souvenir (Pl. du) . . . . **D** 70
Thiers (R.) . . . . **D** 72
Vert-Buisson
   (R. du) . . . . **E** 80

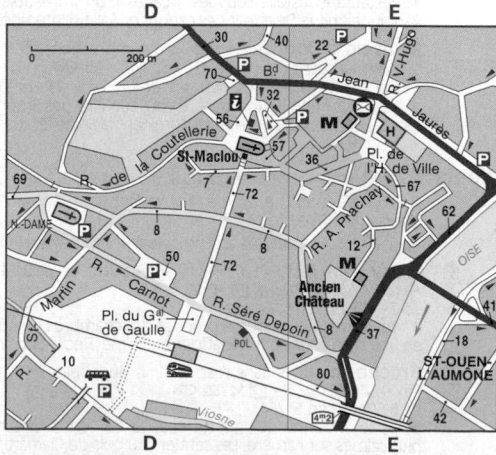

Cernay-la-Ville *78720 Yvelines* **311** H3 **106** ㉙ **101** ㉛ *– 1 727 h alt. 170.*

Voir Abbaye* des Vaux-de-Cernay O : 2 km, G. Île de France.

Paris 45 – Chartres 52 – Longjumeau 31 – Rambouillet 12 – Versailles 25.

🏰 **Abbaye des Vaux de Cernay** ॐ, Ouest : 2,5 km par D 24 ✆ 01 34 85 23 00, *cernay@l eshotelsparticuliers.com*, Fax 01 34 85 11 60, ≤, 斎, ユ, ※ – 翰 ₺ **P.** – ☎ 25 à 200. **AE ①** **GB** **JCB**
Repas 28 (déj.), 44/85 – ☲ 14 – **57 ch** 96/260, 3 suites – ½ P 103/350.
♦ Abbaye cistercienne du 12ᵉ s. restaurée au 19ᵉ s. par la famille Rothschild. Vastes chambres, vestiges gothiques et promenades méditatives dans le parc. Ambiance feutrée dans la salle de restaurant coiffée de superbes voûtes.

🏠 **Ferme des Vallées** ॐ sans rest, Ouest : 3,5 km par D24 ✆ 01 30 46 32 42, *vallee@lesho telsparticuliers.com*, Fax 01 30 46 32 23, 舜 – **P.** **AE ①** **GB** **JCB**
☲ 12 – **30 ch** 65/244.
♦ Cette ancienne ferme nichée sur le domaine de l'abbaye des Vaux de Cernay abrite désormais des chambres mansardées et diversement meublées (rustique et rotin).

Charenton-le-Pont *94220 Val-de-Marne* **312** D3 **101** ㉖ *– 26 582 h alt. 45.*

Paris 8 – Alfortville 3 – Ivry-sur-Seine 4.

🏰 **Novotel Atria**, 5 pl. Marseillais (r. Paris) ✆ 01 46 76 60 60, *h1549@accor-hotels.com*, Fax 01 49 77 68 00, 斎 – 翰 淡 **ⅣV** ₺ ₺ ⇔ – ☎ 15 à 180. **AE ①** **GB**
Repas 20,60 et carte le week-end, enf. 8 ⵛ – ☲ 13 – **133 ch** 142/175.
♦ L'enseigne fait allusion à la cour intérieure coiffée d'une coupole translucide. Chambres conformes au dernier style de la chaîne et équipements complets pour réunions. Salle de restaurant rénovée, carte sans chichi, menu du jour et service efficace.

Châteaufort *78117 Yvelines* **311** I3 **101** ㉒ *– 1 453 h alt. 153.*

🏌 National à Guyancourt ✆ 01 30 43 36 00, NO : 7 km par D 36.

Paris 28 – Arpajon 28 – Chartres 75 – Versailles 15.

XXX **Belle Époque**, 10 pl. Mairie ✆ 01 39 56 95 48, Fax 01 39 56 99 93, 斎 – **AE** **GB** **JCB**
fermé 1ᵉʳ au 23 août, 19 au 27 déc., 27 fév. au 7 mars, dim. et lundi – **Repas** 32/45.
♦ Recettes originales, joli cadre rustique, terrasse ombragée de vieux tilleuls, vue sur la vallée de Chevreuse et ambiance Belle Époque qualifient cette auberge de village.

Chatou *78400 Yvelines* **311** I2 **101** ⑬ *G. Île de France – 28 588 h alt. 30.*

🚉 Office de tourisme, place de la Gare ✆ 01 30 71 30 89.

Paris 17 – Maisons-Laffitte 8 – Pontoise 31 – St-Germain-en-Laye 6 – Versailles 13.

XX **Les Canotiers**, 16 av. Mar. Foch ✆ 01 30 71 58 69, *didier.focus@wanadoo.fr*, Fax 01 47 51 70 09 – ▤. **AE** **GB** **JCB**
fermé août, vacances de fév., sam. midi, dim. soir et lundi – **Repas** 18/25.
♦ Restaurant installé sous les arcades d'un immeuble récent, près de l'île sur laquelle Renoir peignit le Déjeuner des canotiers. Salle contemporaine. Plats traditionnels.

X **Rives de la Courtille**, r. Bac, Ile des Impressionnistes ✆ 01 34 80 92 62, *lesrivesdelacour tille@wanadoo.fr*, Fax 01 34 80 91 53, 斎 – **AE GB**
fermé 22 fév. au 1ᵉʳ mars, dim. soir et lundi soir – **Repas** 31/36, enf. 10 ⵛ.
♦ Reconstitution d'une gare d'eau sur l'île des Impressionnistes. Intérieur de bistrot contemporain, belles terrasses dominant la Seine, accueil charmant ; brunch dominical.

Clamart *92140 Hauts-de-Seine* **311** J3 **101** ㉕ *– 48 572 h alt. 102.*

🚉 Office de tourisme, 22 rue Paul Vaillant Couturier ✆ 01 46 42 17 95, Fax 01 46 42 44 30, *otsi.clamart@free.fr*.

Paris 10 – Boulogne-Billancourt 7 – Issy-les-Moulineaux 4 – Nanterre 15 – Versailles 13.

🏠 **Trosy** sans rest, 41 r. P. Vaillant-Couturier ✆ 01 47 36 37 37, *hoteltrosy@aol.com*, Fax 01 47 36 88 38 – 翰 **ⅣV** ₺. **AE GB**
☲ 7 – **40 ch** 51/66, 4 suites.
♦ Cet immeuble moderne propose des chambres fonctionnelles bien tenues ; demandez-en une côté cour pour bénéficier du calme. Réception courtoise et ambiance familiale.

🏠 **Brèche du Bois** sans rest, 7 pl. J. Hunebelle ✆ 01 46 42 29 06, *brechebois@aol.com*, Fax 01 46 42 00 05 – **ⅣV** ₺. **AE GB**
☲ 5,50 – **30 ch** 51/64.
♦ Cette ancienne guinguette proche du centre-ville héberge des chambres pratiques, plus calmes sur l'arrière. Les sentiers du bois de Clamart sont aux portes de l'hôtel.

Clichy *92110 Hauts-de-Seine* **311** J2 **101** ⑮ – *50 179 h alt. 30.*

🄸 *Office de tourisme, 61 rue Martre* 𝄐 *01 47 15 31 61, Fax 01 47 15 30 45, office-tourisme.clichy@libertysurf.fr.*

Paris 9 – Argenteuil 8 – Nanterre 9 – Pontoise 26 – St-Germain-en-Laye 21.

🏨 **Sovereign** sans rest, 14 r. Dagobert 𝄐 01 47 37 54 24, *sovereign.clichy@wanadoo.fr,* Fax 01 47 30 05 80 – 🛗 📺 ✦ 🚗. 🖭 ⓞ 🇬🇧
   ☲ 8 – **42 ch** 88/95.
   ◆ Accueil charmant, bar-salon-billard de style anglais, chambres bien équipées et salles de bains rénovées comptent parmi les atouts de cet hôtel.

🏨 **des Chasses** sans rest, 49 r. Pierre Bérégovoy 𝄐 01 47 37 01 73, *hotel-des-chasses@wanadoo.fr,* Fax 01 47 31 40 98 – 🛗 📺 ✦. 🖭 ⓞ 🇬🇧
   ☲ 7 – **35 ch** 70.
   ◆ Cet hôtel qui donne dans une rue calme dispose de chambres sobres, pas très grandes mais rajeunies. Plaisante salle des petits-déjeuners.

🏨 **Europe** sans rest, 52 bd Gén. Leclerc 𝄐 01 47 37 13 10, *europe.hotel@wanadoo.fr,* Fax 01 40 87 11 06, ₁₆, ⟦ – 🛗 📺 ✦ 🅿. 🖭 ⓞ 🇬🇧
   ☲ 9 – **82 ch** 82/99.
   ◆ Immeuble en briques (1920) situé à un angle de rue. Les chambres, fonctionnelles et colorées, sont bien insonorisées ; préférez cependant celles qui donnent sur l'arrière.

Annexe Résidence Europe 🏨 sans rest, 15 r. P. Curie 𝄐 01 47 37 12 13, *europe.hotel@wanadoo.fr* – 🛗 📺 ✦. 🖭 ⓞ 🇬🇧
   ☲ 9 – **28 ch** 82.
   ◆ Dans une rue tranquille, établissement proposant des chambres rénovées et meublées en bois cérusé. Salles des petits-déjeuners au décor "marin".

🍽🍽 **Barrière de Clichy**, 1 r. Paris 𝄐 01 47 37 05 18, Fax 01 47 37 77 05 – 🗏. 🖭 ⓞ 🇬🇧
   fermé 16 au 29 août, sam., dim. et fériés – **Repas** 29/38 ♀.
   ◆ La "barrière" fut héroïquement défendue en 1814 contre les cosaques... Ce plaisant restaurant est fréquenté par une clientèle fidèle. Cadre soigné, plats au goût du jour.

Conflans-Ste-Honorine *78700 Yvelines* **311** I2 **101** ③ *G. Île de France* – *33 327 h alt. 25 Pardon national de la Batellerie (fin juin).*

Voir ⩽★ *de la terrasse du parc du château – Musée de la Batellerie.*

🄸 *Office de tourisme, 1 rue René Albert* 𝄐 *01 34 90 99 09, Fax 01 39 19 80 77, office.tourisme.conflans@wanadoo.fr.*

Paris 38 – Mantes-la-Jolie 39 – Poissy 10 – Pontoise 8 – Versailles 27.

🍽 **Au Bord de l'Eau**, 15 quai Martyrs-de-la-Résistance 𝄐 01 39 72 86 51 – 🗏. 🇬🇧
   fermé 9 au 27 août, 24 déc. au 3 janv., le soir (sauf sam.) et lundi sauf fériés – **Repas** 28 (déj.), 39/53.
   ◆ Plaques d'identité de bateaux et appareils de navigation : l'intérieur de ce restaurant familial posté sur les quais de Seine rend hommage à la batellerie conflanaise.

Corbeil-Essonnes *91100 Essonne* **312** D4 **101** ㊲ – *39 378 h alt. 37.*

🏌 *Blue Green Golf de Villeray à St-Pierre-du-Perray* 𝄐 *01 60 75 17 47, E : 6 km;* 🏌 *de Greenparc à St-Pierre-du-Perray* 𝄐 *01 60 75 40 60, NE : 6 km par D 947.*

🄸 *Office de tourisme, 4 place P.V. Couturier* 𝄐 *01 64 96 23 97, Fax 01 60 88 05 37, otourisme.corbeil@wanadoo.fr.*

Paris 536 – Fontainebleau 37 – Créteil 27 – Évry 6 – Melun 24.

🍽🍽🍽 **Aux Armes de France** (Pecheisa), 1 bd J. Jaurès sur N 7 𝄐 01 64 96 24 04, *auxarmesderance@wanadoo.fr, Fax 01 60 88 04 00* – 🗏 🅿. 🖭 ⓞ 🇬🇧 🇯🇨🇧
   ❀ *fermé sam. midi et dim.* – **Repas** 34/76 bc et carte 70 à 90 ♀.
   ◆ Bouquets de fleurs, sièges de style Directoire, trophées de chasse et argenterie composent le plaisant décor de cet ancien relais de poste. Brillante cuisine au goût du jour. **Spéc.** Oeuf mollet en croûte de cèpes. Pigeonneau rôti en croûte de sel. Coupe cristalline glacée au chocolat.

au Coudray-Montceaux *Sud-Est : 6 km par N 7* – *2 800 h. alt. 81* – ✉ *91830 :*

🏨 **Mercure** ⑬, rte Milly-la-Forêt 𝄐 01 64 99 00 00, *h0977@accor-hotels.com,* Fax 01 64 93 95 55, 🌣, ⟦, 🎾, 🏊 – 🛗 ✦, 🗏 ch, 📺 ✦ ₆ 🅿 – 🔬 15 à 200. 🖭 ⓞ 🇬🇧 🇯🇨🇧
   Repas *(fermé vend. midi, dim. midi et sam. d'oct. à fév.)* (10) - 22,10, enf. 9,20 ♀ – ☲ 12 – **125 ch** 114/122.
   ◆ À l'écart de la circulation, hôtel aux chambres spacieuses et contemporaines. Pour les clients attentifs à leur forme : vaste parc et nombreux aménagements sportifs. Salle à manger-véranda moderne prolongée d'une terrasse ouvrant sur la forêt et la campagne.

🍽🍽 **Auberge du Barrage**, par bord de Seine, 40 ch. de Halage 𝄐 01 64 93 81 16, Fax 01 69 90 41 32, ⩽, 🌣 – 🖭 ⓞ 🇬🇧 🇯🇨🇧
   fermé mi-oct. à mi-nov., dim. soir et lundi – **Repas** 24/43 ♀.
   ◆ Profitez du ballet des péniches navigant sur la Seine depuis l'agréable terrasse de cette ancienne guinguette. Sympathique petite salle à manger. Plats classiques et poissons.

Courbevoie *92400 Hauts-de-Seine* **311** J2 **101** ⑮ *G. Île de France* – *69 694 h alt. 28.*

Paris 10 – Asnières-sur-Seine 4 – Levallois-Perret 4 – Nanterre 5 – St-Germain-en-Laye 17.

George Sand sans rest, 18 av. Marceau ℘ 01 43 33 57 04, *george-sand@wanadoo.fr*, Fax 01 47 88 59 38 – 📶 📺 📞. 🅰🅴 ⓪ 🆖 🆑. ⋘

⫴ 9 – **31 ch** 130.

◆ L'hôtel se distingue par son mobilier du 19e s. et son décor raffiné et "cosy" évoquant l'univers de George Sand. Rêverie dans le salon, accompagnée par la musique de Chopin.

Central sans rest, 99 r. Cap. Guynemer ℘ 01 47 89 25 25, Fax 01 46 67 02 21 – 📶 📺 🅿. 🅰🅴 ⓪ 🆖

⫴ 5 – **55 ch** 55/65.

◆ Près de la Défense, hôtel disposant de chambres rénovées ; toutes sont insonorisées, mais celles côté rue sont plus calmes que celles donnant sur la voie ferrée.

Quartier Charras :

Mercure La Défense 5, 18 r. Baudin ℘ 01 49 04 75 00, *h1546@accor-hotels.com*, Fax 01 47 68 83 32 – 📶 ⋙ 🍴 📺 📞 🕭, 🚗 – 🔏 150. 🅰🅴 ⓪ 🆖 🆑

Charleston Brasserie ℘ 01 49 04 75 85 *(fermé 26 juil. au 22 août, sam. et dim.)* **Repas** 30/40, enf. 9,50 – ⫴ 14 – **509 ch** 206/229, 6 suites.

◆ Imposante architecture en arc de cercle abritant des chambres fonctionnelles et bien équipées ; à partir du 8e étage, certaines offrent une vue sur Paris ou la Défense. Ambiance chaleureuse et cuisine selon le marché vous attendent à la brasserie Charleston.

au Parc de Bécon :

Les Trois Marmites, 215 bd St-Denis ℘ 01 43 33 25 35, Fax 01 43 33 25 35 – ▤. 🅰🅴 ⓪ 🆖

fermé 2 au 23 août, sam., dim. et fériés – **Repas** (déj. seul.) *(29)* - 34.

◆ La clientèle d'affaires apprécie ce petit restaurant de quartier proche des quais, face au parc de Bécon et au musée Roybet-Fould (oeuvres de Carpeaux). Carte traditionnelle.

Créteil 🅿 *94000 Val-de-Marne* **312** D3 **101** ㉗ *G. Île de France* – *82 154 h alt. 48.*

Voir *Hôtel de ville* : *parvis* .

🏌 à Marolles-en-Brie ℘ 01 45 95 18 18, SE : 10 km ; 🏌 d'Ormesson à Ormesson-sur-Marne ℘ 01 45 76 20 71, E : 15 km.

🛈 *Office de tourisme, 1 rue François-Mauriac ℘ 01 48 98 58 18, Fax 01 42 07 09 65.*

Paris 14 – Bobigny 22 – Évry 32 – Lagny-sur-Marne 29 – Melun 35.

Novotel ⋙, au lac ℘ 01 56 72 56 72, *h0382@accor-hotels.com*, Fax 01 56 72 56 73, 🌁 🍸 – 📶 ⋙ ▤ 📺 📞 🅿 – 🔏 80. 🅰🅴 ⓪ 🆖

Repas *(17)* - 22,60, enf. 8 ⫴ – ⫴ 12 – **110 ch** 117/170, 5 suites.

◆ L'atout majeur de ce Novotel est son emplacement face au lac (base de loisirs et parcours de jogging). Les chambres, rénovées, donnent pour moitié sur le plan d'eau. Au restaurant, cadre et ambiance conformes au concept de la chaîne.

Dampierre-en-Yvelines *78720 Yvelines* **311** H3 **101** ㉛ – *1 051 h alt. 100.*

Voir *Château de Dampierre* , G. Île de France.

🏌 à Forges-les-Bains ℘ 01 64 91 48 18, SE : 14 km.

🛈 *Office de tourisme, 9 Grande Rue ℘ 01 30 52 57 30, Fax 01 30 52 52 43.*

Paris 38 – Chartres 57 – Longjumeau 32 – Rambouillet 16 – Versailles 21.

Auberge du Château "Table des Blot" avec ch, 1 Grande rue ℘ 01 30 47 56 56 Fax 01 30 47 51 75 – 📺. 🆖. ⋘ ch

fermé 25 août au 5 sept., 22 au 30 déc., 16 fév. au 2 mars, dim. soir, lundi et mardi – **Repas** 30/45 et carte 45 à 58 – ⫴ 8 – **10 ch** 65/105.

◆ Auberge du 17e s. où meubles anciens, objets chinés et sièges de style recouverts de tissus modernes s'harmonisent parfaitement. Cuisine traditionnelle personnalisée.

Spéc. Tête de veau pressée au gingembre, sauce ravigote. Escalopines de rognons de veau pommes macaire. Savarin tiède au chocolat.

Écuries du Château, au château ℘ 01 30 52 52 99, *chateau.dampierre@worldonline.fr* Fax 01 30 52 59 90 – 📳. 🅰🅴 ⓪ 🆖

fermé 1er au 25 août, 15 fév. au 3 mars, mardi, merc. et le soir sauf vend. et sam. – **Repas** *(26)* - 38/50, enf. 19 ♑.

◆ Ces anciennes écuries transformées en restaurant bénéficient du prestigieux voisinage du château de Dampierre. Plaisante salle à manger ; cuisine des plus traditionnelles.

Auberge St-Pierre, 1 r. Chevreuse ℘ 01 30 52 53 53, Fax 01 30 52 58 57 – 🆖

fermé dim. soir, mardi soir et lundi – **Repas** *(25)* - 30 ♑.

◆ Maison à colombages située presque en face du château. Salon agrémenté d'un vieux piano mécanique et salle à manger gentiment campagnarde réchauffée par une cheminée.

La Défense *92 Hauts-de-Seine* 👪👪👪 *J2* 👪👪👪 ⑭ *G. Paris –* ⊠ *92400 Courbevoie.*

Voir *Quartier*★★ : *perspective*★ *du parvis.*

Paris 10 – Courbevoie 1 – Nanterre 4 – Puteaux 2.

Sofitel Grande Arche, 11 av. Arche, sortie Défense 6 ⊠ 92081 ℘ 01 47 17 50 00, *h301 3@accor-hotels.com,* Fax 01 47 17 55 66, 🍴, *Ⅰ₆* – 📳 ⇔ ☰ 📺 ✆ ♿ ⇔ – 🛗 100. ಎ ⓪ ☑ ☑ ☑ ⅏ rest

Avant Seine ℘01 47 17 59 99 *(fermé 11 au 24 août, vend. soir, sam. et dim.)* Repas *(28)*- et carte 45 à 50 – ⊑ 23 – **368 ch** 395/445, 16 suites.

◆ Belle architecture en proue de navire, toute de verre et de pierre ocre. Chambres spacieuses et élégantes, salons et auditorium très bien équipés (avec cabines de traduction). Décor design de qualité et cuisine à la broche au restaurant l'Avant Seine.

Renaissance, 60 Jardin de Valmy, par bd circulaire, sortie La Défense 7 ⊠ 92918 Puteaux ℘ 01 41 97 50 50, *reservations@renaissancehotels.com,* Fax 01 41 97 51 51, *Ⅰ₆* – 📳 ⇔ ☰ 📺 ✆ ♿ ⇔ – 🛗 160. ಎ ⓪ ☑ ☑. ⅏

Repas *(fermé dim. midi et sam.)* 26 ♈ – ⊑ 23 – **324 ch** 239/540, 3 suites.

◆ Au pied de la Grande Arche en marbre de Carrare, construction contemporaine abritant des chambres bien équipées et décorées avec raffinement. Fitness complet. Côté restaurant, cadre tout bois, atmosphère de brasserie "rétro" et vue sur les jardins de Valmy.

Hilton La Défense, 2 pl. Défense ⊠ 92053 ℘ 01 46 92 10 10, *parlhicb@hilton.com,* Fax 01 46 92 10 50, 🍴 – 📳 ⇔ ☰ 📺 ✆ ♿ ⇔ 🖬 – 🛗 5 à 60. ಎ ⓪ ☑ ☑

Les Communautés ℘01 46 92 10 30 (déj. seul.) *(fermé sam. et dim.)* Repas 56/100, enf. 12 ♈ – *L'Échiquier* ℘01 46 92 10 35 Repas carte 35 à 45 – ⊑ 28 – **148 ch** 270/500, 6 suites.

◆ Hôtel entièrement rénové, situé dans l'enceinte du CNIT. Certaines chambres, design et chaleureuses, ont été pensées pour le bien-être de la clientèle d'affaire. Cuisine au goût du jour et et jolie vue aux Communautés. Carte traditionnelle à l'Échiquier.

Sofitel Centre, 34 cours Michelet, par bd circulaire sortie La Défense 4 ⊠ 92060 Puteaux ℘ 01 47 76 44 43, *h0912@accor-hotels.com,* Fax 01 47 76 72 10, 🍴 – 📳 ⇔ ☰ 📺 ✆ ♿ 🖬 ⇔ – 🛗 100. ಎ ⓪ ☑. ⅏ rest

Les 2 Arcs ℘ 01 47 76 72 30 *(fermé 30 juil. au 17 août, vend. soir, sam., dim. et fériés)* Repas 49/55, enf. 23 – *Botanic* ℘ 01 47 76 72 40 Repas carte environ 40, enf. 23 ♈ – ⊑ 24 – **151 ch** 395/445.

◆ Architecture en arc de cercle nichée parmi les tours de la Défense. Chambres spacieuses et bien équipées, rénovées par étapes. Bar "british" et salons feutrés. Cadre actuel et cuisine au goût du jour aux 2 Arcs. Ambiance mi-bar, mi-brasserie au Botanic.

Novotel La Défense, 2 bd Neuilly, sortie Défense 1 ℘ 01 41 45 23 23, *h0747@accor-hot els.com,* Fax 01 41 45 23 24 – 📳 ⇔ ☰ 📺 ✆ ♿ ⇔ – 🛗 130. ಎ ⓪ ☑ ☑

Repas *(fermé dim. midi et sam. midi)* (17,60) - 21,90, enf. 8 ♈ – ⊑ 13 – **280 ch** 220/275.

◆ Sculpture et architecture : la Défense, vrai musée de plein air, est aux pieds de cet hôtel. Chambres pratiques ; certaines regardent Paris. Agréable bar façon pub anglais. Nouveau décor contemporain "tendance" dans la salle à manger dotée d'un espace buffet.

Draveil *91210 Essonne* 👪👪👪 *D3* 👪👪👪 ㊱ *– 28 093 h alt. 55.*

🄱 *Office de tourisme, place de la République* ℘ *01 69 03 09 39,* Fax 01 69 42 50 02, *Office-Tourisme-Draveil@wanadoo.fr.*

Paris 23 – Corbeil Essonnes 11 – Créteil 14 – Versailles 30.

Gibraltar, 61 av. Libert ℘ 01 69 42 32 05, *legibraltar@wanadoo.fr,* Fax 01 69 52 06 82, 🍴 – 🅿. ☑

fermé 26 juil. au 8 août, dim. soir et lundi – Repas 27/46 ♈.

◆ Cap sur Gibraltar... au bord de la Seine ! L'été, agréable terrasse face au fleuve, et l'hiver, salle agrémentée d'un vivier et d'une fresque évoquant une cabine de bateau.

Enghien-les-Bains *95880 Val-d'Oise* 👪👪👪 *E7* 👪👪👪 ⑤ *G. Île de France – 10 368 h alt. 45 – Stat. therm. (mi mars-fin oct.) – Casino.*

Voir *Lac*★ – *Deuil-la-Barre : chapiteaux historiés*★ *de l'église Notre-Dame NE : 2 km.*

🄱₈ *de Domont Montmorency à Domont* ℘ *01 39 91 07 50, N : 8 km.*

🄱 *Office de tourisme, 81 rue du Général de Gaulle* ℘ *01 34 12 41 15,* Fax 01 39 34 05 76, *OT.enghienlesbains@wanadoo.fr.*

Paris 17 – Argenteuil 7 – Chantilly 34 – Pontoise 22 – St-Denis 7 – St-Germain-en-Laye 25.

Grand Hôtel Barrière ⑤, 85 r. Gén. de Gaulle ℘ 01 39 34 10 00, *grandhotelenghien@l ucienbarriere.com,* Fax 01 39 34 10 01, ≤, 🍴, 🌳 – 📳 ⇔, ☰ ch, 📺 ✆ 🅿. ಎ ⓪ ☑ ☑

L'Aventurine Repas *(fermé dim. soir et lundi)* 45 (déj.), 70/95 ♈ – ⊑ 18 – **36 ch** 205, 7 suites.

◆ Cet établissement sort d'une cure de jouvence, mais garde son âme de grand hôtel de ville thermale. Hall feutré, bar "cosy" et chambres élégantes. Agréable restaurant avec boiseries, tentures soyeuses et fauteuils de style Louis-Philippe. Terrasse verdoyante.

🏰🏰 **Lac** 🐾, 89 r . Gén. de Gaulle 🕿 01 39 34 11 00, *hoteldulac@lucienbarriere.com*,
Fax 01 39 34 11 01, ≼, ≼ – 🛗 ♀≒ ▤ 🆀 ℃ 🕹 🛦, ⟶ – 🚗 120. 🖭 🝙 🖙 🄼🄲🄱, 🛰 rest
Repas *(fermé sam. midi)* carte 35 à 52 ♀ – 🖵 14 – **109 ch** 175/215, 3 suites.
 ◆ Cet hôtel récent propose de confortables chambres modernes ; côté lac, elles bénéfi-
cient d'une agréable vue, côté jardin, elles sont plus au calme. Chaleureuse salle à manger
dont le décor rappelle les brasseries 1930 ; plaisante terrasse face au plan d'eau.

✗ **Auberge d'Enghien**, 32 bd d'Ormesson 🕿 01 34 12 78 36, Fax 01 34 12 78 36 – ▤. 🖭
🙈 🖙
fermé août, dim. soir et lundi – **Repas** *(21)* - 26.
 ◆ Ce restaurant situé au centre-ville est apprécié principalement pour sa cuisine au goût
du jour mitonnée avec soin. Le décor est sagement rustique. Accueil souriant.

Évry 🅿 *91000 Essonne* 🄓🄒🄥 D4 🄘🄞🄘 ㊲ *G. Ile de France*.
Voir *Cathédrale de la Résurrection* ★ – *5 mai-janv. Epiphanies (Exposition)*.
Paris 32 – Fontainebleau 36 – Chartres 80 – Créteil 30 – Étampes 36 – Melun 23.

🏰🏰 **Mercure**, 52 bd Coquibus *(face cathédrale)* 🕿 01 69 47 30 00, *h1986@accor-hotels.com*,
Fax 01 69 47 30 10, 🍴 – 🛗 ♀≒ ▤ 🆀 🕹 🛦, ⟶ – 🚗 15 à 100. 🖭 🝙 🖙
Repas *(fermé fériés le midi, sam. et dim.)* *(18)* - 22,50, enf. 9,20 🍷 – 🖵 12 – **114 ch** 106/116.
 ◆ Sur un boulevard passant, face à l'étonnante cathédrale de la Résurrection, hôtel dont
les chambres, bien insonorisées, sont équipées d'un mobilier design confortable. Am-
biance "paquebot" dans la moderne salle à manger aux lignes courbes.

🏠 **Ibis**, Z.I. Évry, quartier Bois Briard, 1 av. Lac 🕿 01 60 77 74 75, *h0752@accor-hotels.com*,
Fax 01 60 78 06 03, 🍴 – 🛗 ♀≒ 🆀 🕹 🛦 – 🚗 60. 🖭 🝙 🖙
Repas *(12)* - 18, enf. 6 ♀ – 🖵 6 – **90 ch** 69.
 ◆ À l'écart de l'agitation citadine, immeuble contemporain dont les chambres fonc-
tionnelles et bien insonorisées répondent aux dernières normes Ibis. Décor design au bar.
Le restaurant propose une carte traditionnelle sans prétention.

à Courcouronnes – *13 954 h. alt. 80* – ✉ *91080 Évry-Courcouronnes :*

✗✗ **Canal**, 31 r. Pont Amar *(près hôpital)* 🕿 01 60 78 34 72, Fax 01 60 79 22 70 – ⊡🕏. 🖭 🖙
fermé août, sam. et dim. – **Repas** *(15)* - 19/29 ♀.
 ◆ À dénicher dans le tissu distendu de la ville nouvelle, un restaurant de cuisine traditionnelle mettant à l'honneur le pied de cochon.

à Lisses – *7 206 h. alt. 86* – ✉ *91090 :*

🏠🏠 **Espace Léonard de Vinci**, av. Parcs 🕿 01 64 97 66 77, *contact@leonard-de-vinci.com*,
Fax 01 64 97 59 21, 🍴, 🎣, ⊠, 🔍, 🎾 – 🛗, ▤ rest, 🆀 ℃ 🕹 🅿 – 🚗 100. 🖭 🝙 🖙
Repas *(20)* - 23/26 bc, enf. 10 ♀ – 🖵 10 – **74 ch** 95/105 – ½ P 75.
 ◆ À la campagne mais à deux pas d'une zone d'activités, ce complexe hôtelier vous ouvre
les portes de son centre de balnéothérapie et de ses chambres pratiques. Espace brasserie
ou restaurant classique plus cossu animé par un piano.

Fontenay-sous-Bois *94120 Val-de-Marne* 🄓🄒🄥 D2 🄘🄞🄘 ⑰ – *50 921 h alt. 70.*
🄱 *Office de tourisme, 4 bis avenue Charles Garcia 🕿 01 43 94 33 48, Fax 01 43 94 02 93,*
otsi.fontenay@free.fr.
Paris 17 – Créteil 13 – Lagny-sur-Marne 24 – Villemomble 6 – Vincennes 4.

✗ **Musardière**, 61 av. Mar. Joffre 🕿 01 48 73 96 13, Fax 01 48 73 96 13 – ▤. 🖭 🖙
fermé 1er au 23 août, sam., dim. et fériés – **Repas** 26.
 ◆ Ce restaurant qui partage ses murs avec une brasserie sert une cuisine traditionnelle et
multiplie les suggestions. Cadre déjà ancien, mais propre.

Gagny *93220 Seine-St-Denis* 🄓🄠🄢 G7 🄘🄞🄘 ⑱ – *36 715 h alt. 70.*
Paris 17 – Bobigny 11 – Raincy 3 – St-Denis 18.

✗✗ **Vilgacy**, 45 av. H. Barbusse 🕿 01 43 81 23 33, *Vilgacy@wanadoo.fr*, Fax 01 43 81 23 33
🍴 – 🖙
fermé 26 juil. au 18 août, 21 au 27 fév., dim. soir, mardi soir et lundi – **Repas** *(18,30)* - 22,60/30
 ◆ Vous serez accueilli dans l'agréable décor contemporain des deux salles (tableaux et
exposition-vente) ou dans le jardin-terrasse en été. Goûteuse cuisine traditionnelle.

Garches *92380 Hauts-de-Seine* 🄓🄒🄒 J2 🄘🄞🄘 ⑭ – *18 036 h alt. 114.*
Paris 15 – Courbevoie 9 – Nanterre 7 – St-Germain-en-Laye 11 – Versailles 9.

✗ **Tardoire**, 136 Grande Rue 🕿 01 47 41 41 59 – 🖙
fermé vacances de printemps, 7 au 31 août, dim. soir, lundi et mardi soir – **Repa**
17 *(déj.)*/30.
 ◆ La salle à manger de ce restaurant établi dans une petite rue de la cité résidentielle est
décorée d'une kyrielle d'objets paysans. Cuisine traditionnelle sans prétention.

La Garenne-Colombes 92250 Hauts-de-Seine 🗺🗺🗺 J2 🗺🗺🗺 ⑭ – 24 067 h alt. 40.

🛈 Syndicat d'initiative, 24 rue d'Estienne-d'Orves 𝄞 01 47 85 09 90, Fax 01 42 42 07 17, syndicat.initiative@lagarennecolombes.fr.

Paris 13 – Argenteuil 7 – Asnières-sur-Seine 5 – Courbevoie 2 – Nanterre 4 – Pontoise 27.

✗ **L'Olivier,** 18 av. Gén. de Gaulle 𝄞 01 47 85 81 48, Fax 01 46 52 15 41 – ▣. ⚏
fermé août, sam. midi, dim. soir et lundi – **Repas** 21/29,30.
♦ Décor provençal, miniterrasse couverte et cuisine, aux accents méridionaux, vagabondant chaque mois à travers les régions françaises : un séduisant restaurant de poche !

Gentilly 94250 Val-de-Marne 🗺🗺🗺 D3 🗺🗺🗺 ㉖ G. Île de France – 16 118 h alt. 46.

Paris 6 – Créteil 14.

🏨 **Mercure,** 51 av. Raspail 𝄞 01 47 40 87 87, h1651@accor-hotels.com, Fax 01 47 40 15 88, 🖥 – 📱 ✿ ▥ 🕭 ⟺ – 🔏 40. ⚎ ◑ ⚏
Repas (fermé 30 juil. au 22 août, 24 déc. au 2 janv., vend. soir, sam., dim. et fériés) (16) ·
21,70/32, enf. 7,70 ♀ – ⌐ 12 – **88 ch** 118/140.
♦ À deux pas de la Maison Robert-Doisneau, immeuble moderne abritant des chambres fonctionnelles et bien insonorisées, plus petites et mansardées au dernier étage. Cuisine traditionnelle servie dans une salle à manger actuelle égayée de touches colorées.

Goussainville 95190 Val-d'Oise 🗺🗺🗺 F6 🗺🗺🗺 ⑦ – 27 356 h alt. 95.

🛪 à Gonesse 𝄞 01 39 87 02 70, S : 8 km par D 47 ; 🛧 de Plessis Bellefontaine à Bellefontaine 𝄞 01 34 71 05 02, N : 11km.

Paris 29 – Chantilly 24 – Pontoise 34 – Senlis 33.

🏨 **Médian,** 2 av. F. de Lesseps (par D 47) 𝄞 01 39 88 93 93, goussainville@medianhotels.com, Fax 01 39 88 75 65, 🖥 – 📱 ▥ 🕭 ⟺ 🅿 – 🔏 30. ⚎ ◑ ⚏ 🇯🇨🇧
Repas (fermé août, sam., dim. et fêtes) (20) · 25 ♂ – ⌐ 11 – **49 ch** 100/110, 6 suites – ½ P 124.
♦ Sur un rond-point au trafic soutenu et à proximité de l'aéroport de Roissy, hôtel bénéficiant d'une bonne isolation phonique. Chambres pratiques bien tenues. Le restaurant vous accueille dans un cadre actuel, autour d'un bon choix de plats traditionnels.

Gressy 77410 S.-et-M. 🗺🗺🗺 F2 🗺🗺🗺 ⑩ – 813 h alt. 98.

Paris 32 – Meaux 20 – Melun 56 – Senlis 35.

🏰 **Manoir de Gressy** ⟩, 𝄞 01 60 26 68 00, information@manoirdegressy.com, Fax 01 60 26 45 46, 🖥, ⌇, ⟿ – 📱 ✿ ▤ rest, ▥ 🕭 ⟺ 🅿 – 🔏 100. ⚎ ◑ ⚏ 🇯🇨🇧
fermé vacances de Noël – **Repas** 46 et carte 48 à 65, enf. 14 ♀ – ⌐ 15 – **85 ch** 200/260.
♦ Ce manoir construit à la fin du 20ᵉ s. marie les styles avec bonheur. Chaque chambre possède son propre décor ; toutes s'ouvrent sur le jardin intérieur. Murs patinés, parquets et mobilier d'inspiration provençale dans la salle à manger.

Issy-les-Moulineaux 92130 Hauts-de-Seine 🗺🗺🗺 J3 🗺🗺🗺 ㉕ G. Île de France – 52 647 h alt. 37.

Voir Musée de la Carte à jouer★.

🛈 Office de tourisme, esplanade de l'Hôtel de Ville 𝄞 01 41 23 87 00, Fax 01 41 23 87 07, touristoffice@ville-issy.fr.

Paris 8 – Boulogne-Billancourt 3 – Clamart 4 – Nanterre 11 – Versailles 14.

🏨 **Campanile,** 213 r. J.-J. Rousseau 𝄞 01 47 36 42 00, issylesmoulineaux@groupe-envergur e.fr, Fax 01 47 36 88 93 – 📱 ✿ ▥ 🕭 ⟺ 🅿 – 🔏 15 à 40. ⚎ ◑ ⚏
Repas (12,50) - 16,50/18,60, enf. 6 ♀ – ⌐ 6,50 – **164 ch** 89.
♦ Façade vitrée moderne proche du tramway Val-de-Seine (la Défense en 22 mn !). Chambres conformes aux standards de la chaîne, rénovées et climatisées. La salle à manger a des allures d'auberge provinciale avec son décor rustique et ses tissus vichy.

✗✗ **River Café,** Pont d'Issy, 146 quai Stalingrad 𝄞 01 40 93 50 20, Fax 01 41 46 19 45, 🖥 – □♿. ⚎ ◑ ⚏
fermé sam. midi – **Repas** 31 ♀.
♦ Insolite restaurant aménagé dans une ex-barge pétrolière amarrée face à l'île St-Germain. Intérieur colonial, terrasse sur la berge, voiturier... À l'abordage, mille sabords !

✗✗ **L'Île,** Parc Ile St-Germain, 170 quai Stalingrad 𝄞 01 41 09 99 99, n.senecal@restaurant-lile.c om, Fax 01 41 09 99 19, 🖥 – ▣ 🅿. ⚎ ◑ ⚏ 🇯🇨🇧
Repas 38 bc/51 bc, enf. 13.
♦ C'est la fleur au fusil que l'on rejoint cette caserne postée sur une île de la Seine : un restaurant "tendance" a élu domicile, aussitôt investi par une armée de Robinson.

✗✗ **Manufacture,** 20 espl. Manufacture (face au 30 r. E. Renan) 𝄞 01 40 93 08 98, Fax 01 40 93 57 22, 🖥 – ▣. ⚎ ⚏
fermé 1ᵉʳ au 15 août, sam. midi et dim. – **Repas** (25) - 30 ♀.
♦ Reconversion réussie pour l'ancienne manufacture de tabac (1904) qui abrite désormais logements, boutiques et ce restaurant design complété d'une belle terrasse.

X **Coquibus**, 16 av. République   ✆ 01 46 38 75 80,   *coquibus2@wanadoo.fr*, Fax 01 41 08 95 80 – ▣ ⊞
fermé 30 juil. au 24 août, sam. et dim. – **Repas** *(20,50)* - 27/43 ♀.
♦ Boiseries, tableaux colorés et coqs en terre cuite donnent des airs de brasserie des années 1930 à ce restaurant du centre-ville. Cuisine traditionnelle et fruits de mer.

X **Square Meat'R**, 13 allée G. Eiffel   ✆ 01 58 88 24 50,   *squaremeatr@wanadoo.fr*, ⊕ Fax 01 58 88 24 52, 龠 – ▤. ▣ ⊞
fermé lundi soir, mardi soir, sam. midi et dim. – **Repas** *(15)* - 24 bc (déj.)/27 ♀.
♦ Le concept de cette nouvelle adresse ? Un décor contemporain, une cuisine et sa rôtissoire visibles de la salle et des recettes actuelles souvent présentées en brochettes.

Ivry-sur-Seine 94200 Val-de-Marne ▨▨▨ D3 ▮▨▮ ㉖ – 50 972 h alt. 60.
Paris 6 – Créteil 10 – Lagny-sur-Marne 29.

X **L'Oustalou**, 9 bd Brandebourg   ✆ 01 46 72 24 71, Fax 01 46 70 36 86 – ▣ ⊞
fermé 30 juil. au 23 août, 24 déc. au 1ᵉʳ janv., sam. et dim. – **Repas** *(19,50)* - 29 ♀.
♦ La cuisine à l'accent chantant du Sud-Ouest et le cadre gentiment campagnard font le charme de ce modeste restaurant situé dans le quartier du port.

Janvry 91640 Essonne ▨▨▨ B4 ▮▨▮ ㉝ – 530 h alt. 160.
Paris 35 – Briis s/s Forges 4 – Dourdan 20 – Palaiseau 19.

X **Bonne Franquette**, 1 rue du Marchais   ✆ 01 64 90 72 06,   *info@bonnefranquette.fr*, Fax 01 64 90 53 63 – ▣ ⊞
fermé 17 au 23 mai, 16 août au 12 sept., 20 déc. au 1ᵉʳ janv. sam. midi, dim. soir et lundi – **Repas** 30.
♦ Ex-relais de poste situé face au château (17ᵉ s.) d'un joli village francilien. Deux grandes ardoises annoncent la cuisine du jour servie dans un chaleureux décor rustique.

Joinville-le-Pont 94340 Val-de-Marne ▨▨▨ D3 ▮▨▮ ㉗ – 17 117 h alt. 49.
🛈 *Syndicat d'initiative, 23 rue de Paris   ✆ 01 42 83 41 16, Fax 01 49 76 92 98, OTSI.joinville-le-pont@wanadoo.fr.*
Paris 12 – Créteil 7 – Lagny-sur-Marne 22 – Maisons-Alfort 5 – Vincennes 6.

🏨 **Kyriad Prestige**, 16 av. Gén. Galliéni   ✆ 01 48 83 11 99, *joinvillelepont@kyriadprestige.fr*, Fax 01 48 89 51 58, ⌨ – ▤ ⇔ ▤ ▦ ✆ & ⚞ – ⌂ 80. ▣ ⊙ ⊞
Repas *(16)* - 25,50, enf. 7,50 ♀ – � 10 – **91 ch** 110.
♦ Architecture contemporaine abritant des chambres spacieuses et insonorisées, agencées pour les loisirs (coin salon) ou pour le travail (bureau et fauteuil idoine). Agréable salle à manger moderne et repas proposés sous forme de buffets.

🏨 **Cinépole** ⊗ sans rest, 8 av. Platanes   ✆ 01 48 89 99 77, Fax 01 48 89 43 92 – ▤ ▦ & ⚞.
▣ ⊞
� 6 – **34 ch** 52.
♦ L'enseigne de l'hôtel évoque les anciens studios de cinéma de Joinville. Chambres pratiques et bien tenues. Minipatio où l'on sert les petits-déjeuners en été.

Le Kremlin-Bicêtre 94270 Val-de-Marne ▨▨▨ D3 ▮▨▮ ㉖ – 23 724 h alt. 60.
Paris 5 – Boulogne-Billancourt 11 – Évry 28 – Versailles 23.

🏨 **Campanile**, bd Gén. de Gaulle (pte d'Italie)   ✆ 01 46 70 11 86, *parispoi@campanile.fr*, Fax 01 46 70 64 47, 龠 – ▤ ⇔ ▦ & ⚞ – ⌂ 100. ▣ ⊙ ⊞
Repas 16,50, enf. 6 ♀ – � 6,50 – **151 ch** 70.
♦ La plupart des chambres ont été rénovées dans le style actualisé de la chaîne. Elles sont bien insonorisées ; préférez néanmoins celles tournant le dos au "périph". Pour une pause-repas à deux pas de la porte d'Italie, pensez aux formules buffets du Campanile.

Lésigny 77150 S.-et-M. ▨▨▨ E3 ▮▨▮ ㉙ – 7 647 h alt. 95.
🛇₁₈ *du Réveillon   ✆ 01 60 02 17 33, S : 2 km ;* 🛇 *ASPTT Paris Golf des Corbuches   ✆ 01 60 02 07 26, S : 2 km.*
Paris 33 – Brie-Comte-Robert 9 – Évry 29 – Melun 27 – Provins 65.

au golf *par rte secondaire, Sud : 2 km ou par Francilienne : sortie nº 19 –* ✉ *77150 Lésigny :*

🏨 **Golf**, ferme des Hyverneaux   ✆ 01 60 02 25 26, *reception@hotel-reveillon.com*, Fax 01 60 02 03 84 – ▤ ▦ ₱ & – ⌂ 80. ▣ ⊞
Repas *(fermé 20 déc. au 4 janv.)* 24 ♀ – � 10 – **48 ch** 95/105.
♦ Dans les murs d'une abbaye du 12ᵉ s., gâtés par une construction moderne. Chambres actuelles, gaiement colorées et tenues à l'écart des bruits de la route par un golf. Charpente massive, pierres apparentes et mobilier moderne composent le cadre du restaurant.

Levallois-Perret 92300 Hauts-de-Seine 311 J2 101 ⑮ – 54 700 h alt. 30.

Paris 9 – Argenteuil 8 – Nanterre 8 – Pontoise 27 – St-Germain-en-Laye 20.

🏨 **Evergreen Laurel**, 8 pl. G. Pompidou ℰ 01 47 58 88 99, parsls@evergreen.com.tw, Fax 01 47 58 88 88, ₰ – 🛗 ✳ 🖭 🖵 📞 🕭 🚗 – 🏛 150. 🖭 ⓞ 🖼 🄫 🛠
Canton Palace (fermé dim.) **Repas** 28 et carte 40 à 60 – **Café Laurel** (dej. seul. sauf week-end) **Repas** 30 – 🖵 19 – **338 ch** 340.
♦ Luxe, élégance et luminosité : un hôtel tout neuf pensé pour la clientèle d'affaires. Les chambres, dotées d'un plaisant mobilier en bois de rose, sont spacieuses. Cuisine asiatique au Canton Palace. Plats traditionnels sous l'immense verrière du Café Laurel.

🏨 **Espace Champerret** sans rest, 26 r. Louise Michel ℰ 01 47 57 20 71, espace.champerret.hotel@wanadoo.fr, Fax 01 47 57 31 39 – 🛗 🖭 📞 🕭. 🖭 ⓞ 🖼 🄫
🖵 7 – 39 ch 68/75.
♦ Une cour, où l'on sert le petit-déjeuner en été, sépare les deux bâtiments de cet hôtel ; celui sur l'arrière est plus calme. Chambres rénovées, insonorisées et bien tenues.

🏨 **Parc** sans rest, 18 r. Baudin ℰ 01 47 58 61 60, Fax 01 47 48 07 92 – 🛗 🖭 📞. 🖭 🖼
🖵 52 – 30 ch 90/98.
♦ Établissement abritant des chambres au mobilier fonctionnel ou de style ; trois d'entre elles sont de plain-pied avec une cour intérieure. Entretien suivi et accueil charmant.

🏨 **ABC Champerret** sans rest, 63 r. Danton ℰ 01 47 57 01 55, Fax 01 47 57 54 23 – 🛗 🖭 🕭. 🖭 ⓞ 🖼
39 ch 🖵 56/66.
♦ Pratique pour la clientèle d'affaires, hôtel disposant de chambres nettes, garnies de meubles façon "bambou". L'été, le petit-déjeuner est servi dans le patio fleuri.

🍴🍴 **Petit Jardin**, 58 r. Kléber ℰ 01 47 48 10 91, lepetitjardin@aol-com, Fax 01 47 48 11 28 – 🖭 🖼
fermé 17 au 23 mai, 2 au 22 août, 23 au 29 fév., sam. et dim. – **Repas** (16 bc) - 19,90 bc.
♦ Ancien garage converti en restaurant. La salle, moderne et verdoyante, est éclairée par une verrière - ouverte aux beaux jours - et équipée d'un mobilier de style "jardin".

🍴 **Grain de Sel**, 46 r. Villiers ℰ 01 40 89 09 21 – 🖼
fermé 1er au 15 août, sam. midi et dim. – **Repas** 32.
♦ Ce petit restaurant au sobre décor propose une cuisine ensoleillée d'inspiration provençale. Sur les tables, fioles d'huile d'olive de la propriété familiale.

🍴 **Mandalay**, 35 r. Carnot ℰ 01 47 57 68 69 – 🖭 🖼
fermé août, 19 au 27 déc., dim. et lundi – **Repas** (24) - 30.
♦ Subtile inspiration ethnique tant dans le décor que dans l'assiette : la cuisine, inventive, emprunte parfums et épices aux cinq continents. Ambiance animée et conviviale.

Lieusaint 77127 S.-et-M. 312 E4 101 ㊳ – 6 365 h alt. 89.

Paris 44 – Brie-Comte-Robert 11 – Évry 13 – Melun 17.

🏨 **Flamboyant**, 98 r. Paris (près N 6) ℰ 01 60 60 05 60, le-flamboyant2@wanadoo.fr, Fax 01 60 60 05 32, 😋, ⛲, ⚜ – 🛗, 🖭 rest, 🖵 🕭 🅿 – 🏛 45. 🖭 ⓞ 🖼
Repas (fermé dim. soir) (12,20) - 15,50/33,50 🖵 – 🖵 6,50 – 72 ch 51/61.
♦ Construction cubique située en bordure de route. Les chambres, aménagées simplement (murs crépis et mobilier en bois stratifié), sont équipées d'un double vitrage. Sages recettes traditionnelles servies dans une salle à manger au sobre décor actuel.

Livry-Gargan 93190 Seine-St-Denis 305 G7 101 ⑱ – 37 288 h alt. 60.

🛈 Office de tourisme, 5 place François Mitterrand ℰ 01 43 30 61 60, Fax 01 43 30 48 41, otsilivrygargan@nerim.net.

Paris 19 – Aubervilliers 14 – Aulnay-sous-Bois 4 – Bobigny 8 – Meaux 26 – Senlis 42.

🍴🍴 **Petite Marmite**, 8 bd République ℰ 01 43 81 29 15, Fax 01 43 02 69 59, 😋 – 🗏. 🖼
fermé 3 août au 1er sept., dim. soir et merc. – **Repas** 30, enf. 16 🖵.
♦ Ce restaurant sert une cuisine traditionnelle généreuse dans un cadre gentiment rustique. La terrasse installée dans la cour intérieure est prise d'assaut en été.

Les Loges-en-Josas 78350 Yvelines 311 I3 101 ㉓ – 1 451 h alt. 160.

🎾 de St-Marc à Jouy-en-Josas ℰ 01 30 97 25 25, E par D120 et N 446 : 6 km.

Paris 21 – Bièvres 7 – Chevreuse 13 – Palaiseau 12 – Versailles 6.

🏨 **Relais de Courlande** ⚘, 23 av. Div. Leclerc ℰ 01 30 83 84 00, relais.de.courlande@wanadoo.fr, Fax 01 39 56 06 72, 😋, ₰, ⚘ ✳ 🖭 🕭 🅿 – 🏛 100. 🖭 ⓞ 🖼 🄫
Repas (fermé dim. soir hors saison) 33/58 🖵 – 🖵 10 – 53 ch 99/145 – ½ P 86,50/103.
♦ Ancienne ferme du 17e s. et tour de garde postée dans le jardin jouxtent un bâtiment plus récent qui abrite des chambres fonctionnelles ou rajeunies. Poutres, cheminée et mobilier Louis XIII agrémentent la salle à manger installée dans une étable restaurée.

Longjumeau *91160 Essonne* ⒊⒈⒉ C3 ⓵⓪⓵ ㉟ – *19 957 h alt. 78.*

Paris 20 – Chartres 70 – Dreux 84 – Évry 15 – Melun 41 – Orléans 113 – Versailles 27.

XX **St-Pierre,** 42 r. F. Mitterrand ℰ 01 64 48 81 99, *saint-pierre@wanadoo.fr,* Fax 01 69 34 25 53 – 🍽. 🆎 ⓪ 🆖 🆑

fermé 11 au 18 avril, 25 juil. au 17 août, lundi soir, merc. soir, sam. midi et dim. – **Repas** 28/36, enf. 16 ♇.

◆ Ce restaurant mitonne une cuisine nourrie des saveurs du Sud-Ouest, utilisant des produits en arrivage direct du Gers. Coquette salle à manger rustique.

à Saulx-les-Chartreux *Sud-Ouest par D 118 – 4 952 h. alt. 75 –* ✉ *91160 :*

🏨 **St-Georges** 🌿, rte de Montlhéry : 1 km ℰ 01 64 48 36 40, *ducdidier@wanadoo.fr,* Fax 01 64 48 89 48, ≼, 🌴, ✎, ❄, – 🛗 📺 🅿 – 🔬 150. 🆎 🆖

fermé mi-juil. à mi-août et dim. soir – **Repas** 26/42 – ♇ 7 – **39 ch** 52/66.

◆ Ambiance champêtre à seulement 20 km de Paris, dans cette imposante bâtisse moderne dont les chambres donnent toutes sur le parc et la forêt. Au restaurant, cuisine traditionnelle et sobre décor rustique ; grande et agréable terrasse dressée face à la nature.

Maisons-Alfort *94700 Val-de-Marne* ⒊⒈⒉ D3 ⓵⓪⓵ ㉗ *G. Ile de France – 51 103 h alt. 37.*

Paris 10 – Créteil 4 – Évry 34 – Melun 39.

XX **Bourgogne,** 164 r. J. Jaurès ℰ 01 43 75 12 75, Fax 01 43 68 05 86 – 🍽. 🆎 🆖

fermé 4 au 25 août, sam. et dim. – **Repas** 28.

◆ Atmosphère d'auberge provinciale et solide cuisine traditionnelle sont les atouts de ce restaurant qui sert, comme le précise l'enseigne, des spécialités bourguignonnes.

Maisons-Laffitte *78600 Yvelines* ⒊⒈⒈ I2 ⓵⓪⓵ ⑬ *G. Île de France – 21 856 h alt. 38.*

Voir *Château★*.

🄳 *Office de tourisme, 41 avenue de Longueil* ℰ *01 39 62 63 64, Fax 01 39 12 02 89, tourisme.maisons-laffitte@wanadoo.fr.*

Paris 21 – Mantes-la-Jolie 38 – Poissy 9 – Pontoise 17 – St-Germain-en-Laye 8 – Versailles 19.

🏨 **Ibis,** 2 r. Paris (accès par av. Verdun) ℰ 01 39 12 20 20, *h3437@accor-hotels.com,* Fax 01 39 62 45 54, 🌴, 🌳 – ↔ 📺 ✓ & 🅿. – 🔬 25. 🆎 ⓪ 🆖

Repas *(14)* - 17 ♇ – ♇ 6 – **68 ch** 71.

◆ À proximité du château et du champ de courses, hôtel aux chambres entièrement rénovées, éclairées par des lucarnes au dernier étage. Salon équipé d'un billard. Les atouts du restaurant : buffets à volonté, terrasse entourée de verdure, simplicité et prix doux.

XXX **Tastevin** (Blanchet), 9 av. Eglé ℰ 01 39 62 11 67, Fax 01 39 62 73 09, 🌴, 🌳 – 🅿. 🆎 ⓪
🆖 🆑

❀ *fermé 2 au 25 août, 20 fév. au 8 mars, lundi et mardi* – **Repas** 40 (déj.)/66 et carte 60 à 80 🕮.

◆ Accueillante maison de maître du "lotissement Laffitte". Service attentionné, cuisine classique et belle carte des vins : "tastez" donc ce restaurant mansonnin.

Spéc. Escalope de foie gras chaud au vinaigre de cidre et pommes confites. Saint-Jacques aux chicons et coulis de truffe (nov. à fév.). Sanciaux aux pommes (automne-hiver).

Marcoussis *91460 Essonne* ⒊⒈⒉ C4 ⓵⓪⓵ ㉞ *G. Île de France – 7 226 h alt. 79.*

🄳 *Syndicat d'initiative, 13 rue Alfred-Dubois* ℰ *01 69 01 76 50, Fax 01 69 01 18 54, si.Marcoussis@wanadoo.fr.*

Paris 29 – Arpajon 9 – Évry 18.

X **Les Colombes de Bellejame,** 97 r. A. Dubois ℰ 01 69 80 66 47, *les.colombes.bellejam e@wanadoo.fr,* Fax 01 64 49 91 65 – 🆖

fermé 10 au 30 juil., dim. soir, mardi soir et merc. – **Repas** *(14,50)* - 23/32 ♇.

◆ Après avoir parcouru la vallée maraîchère de la Salmouille, faites halte dans ce petit restaurant au cadre rustique pour vous attabler autour d'une cuisine traditionnelle.

Marly-le-Roi *78160 Yvelines* ⒊⒈⒉ B2 ⓵⓪⓵ ⑫ – *16 759 h alt. 90.*

🄳 *Office de tourisme, 2 avenue des Combattants* ℰ *01 30 61 61 35, Fax 01 39 16 16 01, officedetourisme@club-internet.fr.*

Paris 24 – Bougival 5 – St-Germain-en-Laye 5 – Versailles 9.

XX **Village,** 3 Grande Rue ℰ 01 39 16 28 14, *Tomohirouido@aol.com,* Fax 01 39 58 62 60 – 🍽.
🌐 🆎 ⓪ 🆖 🆑

fermé 8 au 31 août, sam. midi, dim. soir et lundi – **Repas** 28/60.

◆ Cette façade pimpante au coeur du vieux Marly abrite une sobre salle à manger où l'on propose une cuisine inventive qui panache recettes françaises et influences japonaises.

Marne-la-Vallée *77206 S.-et-M.* ⒊⒈⒉ E2 ⓵⓪⓵ ⑲ *G. Ile de France.*

🚄 *à Bussy-St-Georges* ℰ *01 64 66 00 00 ;* 🚉 *Disneyland Paris à Magny-le-Hongre* ℰ *01 60 45 68 90.*

🄳 *Office de tourisme, place à Disneyland-Paris* ℰ *01 60 43 33 33, Fax 01 60 43 74 95.*

Paris 27 – Meaux 29 – Melun 40.

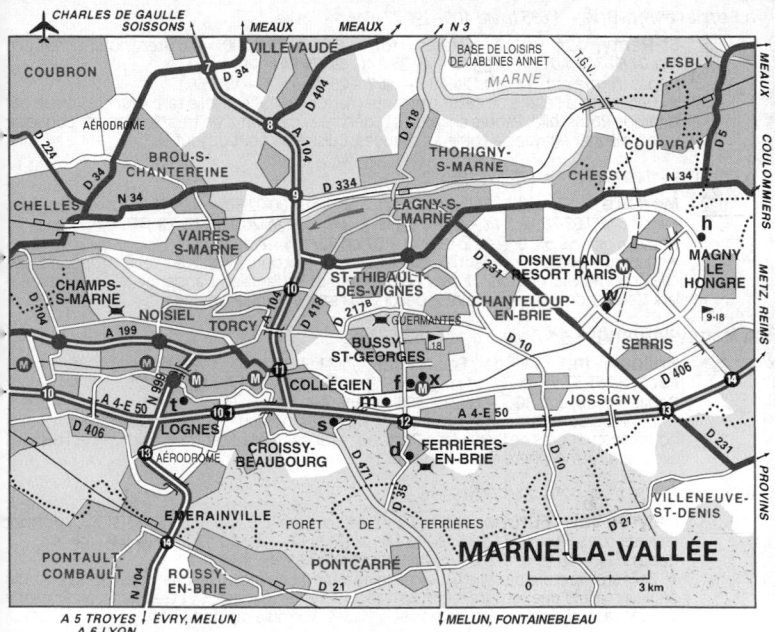

à Bussy-St-Georges – *9 194 h. alt. 105* – ✉ *77600* :

🏨 **Holiday Inn**, 39 bd Lagny **(f)** ✆ 01 64 66 35 65, *reception@hibussy.com*, Fax 01 64 66 03 10, 斎, ⅃, ▨ ✦⇆ ▤ 📺 📞 ⚐ ⚌ – ﯼ 30 à 150. 🜲 ⓪ ☲
Repas *(15)* - 27 – ☷ 13 – **120 ch** 173/250.
♦ En bordure d'une large avenue, chambres spacieuses à la tenue sans défaut, équipées d'un double vitrage. Agréable bar. La sobre salle à manger au cadre contemporain est prolongée d'une terrasse dressée autour de la piscine.

🏨 **Tulip Inn Paris Bussy**, 44 bd A. Giroust **(x)** ✆ 01 64 66 11 11, *tulipreservations@wanado o.fr*, Fax 01 64 66 29 05 – ﯼ ▤ 📺 📞 ⚐ ⚌ – ﯼ 20 à 40. 🜲 ⓪ ☲. ✎
Repas *(fermé sam. midi et dim.)* *(11)* - 15/18, enf. 10 ☷ – ☷ 10 – **87 ch** 99/129.
♦ Intégré à un grand ensemble immobilier, face à la station RER, hôtel aux chambres fonctionnelles et bien insonorisées. Bar décoré dans l'esprit "Louisiane". Salle à manger décorée de fresques évoquant l'Italie. Sur la carte, pâtes et pizzas.

🏨 **Campanile**, 8 av. M. Curie ✆ 01 64 66 62 62, *Fax 01 64 66 62 63*, 斎 – ﯼ ✦⇆, ▤ ch, 📺 📞 ⚐ 🅿 – ﯼ 7 à 60. 🜲 ⓪ ☲
Repas *(12,50)* - 16,50/18,50, enf. 6 – ☷ 6,50 – **97 ch** 69.
♦ Nouvelle unité de la chaîne Campanile située à proximité de l'A 4. Clientèle d'affaires et touristes désireux de rendre visite à Mickey et à ses amis y trouveront leur compte. Formules buffets.

à Collégien – *2 983 h. alt. 105* – ✉ *77615* :

🏨 **Novotel**, **(s)** ✆ 01 64 80 53 53, *h0385@accor-hotels.com*, Fax 01 64 80 48 37, 斎, ⅃, ✎ – ﯼ ✦⇆ ▤ 📺 📞 ⚐ 🅿 – ﯼ 30 à 250. 🜲 ⓪ ☲
Repas 20,50 ☷ – ☷ 12 – **197 ch** 94/107.
♦ Ce Novotel accueille visiteurs du parc Disneyland et hommes d'affaires en séminaire. Les prestations hébergement sont sans surprise : chambres fonctionnelles et bien tenues. Le restaurant ne déroge pas aux normes de la chaîne, mais son décor a été relooké.

à Disneyland Resort Paris *accès par autoroute A 4 et bretelle Disneyland.*

Voir Disneyland Paris ★★★ *(voir Guide Vert Disneyland Resort Paris)-Centrale de réservations hôtels :* ✆ *(00 33)01 60 30 60 30, Fax (00 33)01 64 74 57 50 – Les hôtels du Parc Disneyland Resort Paris pratiquent des forfaits journaliers comprenant le prix de la chambre et l'entrée aux parcs à thèmes – Ces prix varient selon la saison, nous vous suggérons de prendre contact avec la centrale de réservation.*

à Ferrières-en-Brie – *1 655 h. alt. 108* – ⊠ *77164 :*

🏠 **St-Rémy,** 24 r. J. Jaurès **(d)**   𝒫 01 64 76 74 00, *rkhater@hotel-st-remy.fr*,
Fax 01 64 76 74 01, 🌂 – 📺 📞 – 🛃 25 à 40. 🆎 ⓞ ☖ 🛬
Repas *(fermé sam. et dim.)* 24,40 ⵀ – ⵤ 7 – **25 ch** 61/75 – ½ P 56.
✦ Découvrez à l'étage de cette pimpante maison du 19ᵉ s. la jolie salle des fêtes créée par
la famille Rothschild. Petites chambres redécorées dans un style très "tendance". Coquette
salle à manger égayée de couleurs chaudes. Cuisine au goût du jour.

à Lognes – *14 215 h. alt. 97* – ⊠ *77185 :*

🏠 **Mercure,** 55 bd Mandinet **(t)**   𝒫 01 64 80 02 50, *h2210@accor-hotels.com*,
Fax 01 64 80 02 70, 🌂 , 🎿 – 📶 ⵗ 📺 📞 🔌 🚗 🅿 – 🛃 20 à 60. 🆎 ⓞ ☖ 🛬
Repas -19,50, enf. 10 ⵀ – ⵤ 11 – **57 ch** 86/184, 28 duplex.
✦ Dans un quartier résidentiel, établissement fonctionnel et bien tenu proposant des
chambres au cadre actuel. Duplex pratiques pour les familles. L'ancienne usine des choco-
lats Meunier de Noisiel a inspiré le décor de la salle à manger-véranda.

à Magny-le-Hongre – *1 791 h. alt. 117* – ⊠ *77700*

🏯 **Holiday Inn** Val de France **(h)**   𝒫 01 64 63 37 37, *valdefrance@holiday-inn.fr*,
Fax 01 64 63 37 38 🌂, 🌂 , 🎿, 🏊, 🌳 – 📶 ⵗ 📺 📞 🔌 🅿 – 🛃 30 à 125
Repas *(18)* - 25, enf. 10 ⵀ – ⵤ 21 – **396 ch** 268/308.
✦ L'univers du cirque compose le thème du décor intérieur haut en couleurs de ce nouvel
hôtel construit près de Disneyland Paris. Au restaurant, piste centrale, colonnes et fresques
évoquent l'atmosphère d'un chapiteau.

à Serris – *2 320 h. alt. 129* – ⊠ *77700 Serris :*

🏠 **L'Élysée Val d'Europe,** 7 cours Danube (face gare RER) **(w)**   𝒫 01 64 63 33 33, *info@hot
elelysee.com*, Fax 01 64 63 33 30 – 📶 ⵗ ▤ 📺 📞 🅿 – 🛃 30 à 120. 🆎 ⓞ ☖ 🛬 🛬
Repas *(14,90)* - 18,90, enf. 6 ⵀ – ⵤ 14,50 – **148 ch** 165, 4 suites.
✦ Belle architecture de style haussmannien dans un nouveau quartier. Salon cossu et jardin
original coiffé d'une verrière façon Baltard. Chambres spacieuses et bien pensées. Brasserie
au cadre actuel servant plats ad hoc et grillades. Formule rapide au bar.

Massy 91300 Essonne 🖸🖸🖸 C3 🔟🔟 ㉕ – *37 712 h alt. 78.*
Paris 19 – Arpajon 19 – Évry 20 – Palaiseau 4 – Rambouillet 45.

🏠 **Mercure,** 21 av. Carnot (Gare T. G. V.)   𝒫 01 69 32 80 20, *h1176@accor-hotels.com*,
Fax 01 69 32 80 25, 🌂 – 📶 ⵗ ▤ 🔌 🚗 – 🛃 100. 🆎 ⓞ ☖
Repas *(20)* - 24 ⵀ – ⵤ 12 – **116 ch** 116/126.
✦ Situation commode entre gares TGV et RER pour cet hôtel résolument contemporain.
Chambres fonctionnelles bénéficiant d'une bonne isolation phonique. Salle à manger
moderne et cuisine traditionnelle sensible au rythme des saisons.

✕✕ **Pavillon Européen,** 5 av. Gén. de Gaulle   𝒫 01 60 11 17 17, *Fax 01 69 20 05 60* – ▤. 🆎
☖
fermé dim. soir – **Repas** 29/40.
✦ La salle à manger et les petits salons de ce restaurant au plaisant décor actuel disposent
de baies vitrées largement ouvertes sur le lac. Cuisine dans l'air du temps.

Maurepas 78310 Yvelines 🖸🖸🖸 H3 🔟🔟 ㉑ – *19 586 h alt. 165.*
Voir *France Miniature★ NE : 3km,* G. Île de France.
Paris 40 – Houdan 29 – Palaiseau 35 – Rambouillet 17 – Versailles 21.

🏠 **Mercure,** N 10   𝒫 01 30 51 57 27, *h0378@accor-hotels.com*, Fax 01 30 66 70 14, 🌂 – 📶
ⵗ 📺 📞 🔌 🅿 – 🛃 25 à 80. 🆎 ⓞ ☖ 🛬
Repas *(16,50)* - 22 bc/30 ⵀ – ⵤ 12 – **91 ch** 97/107.
✦ La petite route qui part de la N 10 vous conduira jusqu'à cet hôtel dont les chambres,
spacieuses et bien insonorisées, sont peu à peu rénovées. Salle à manger sobrement
aménagée et terrasse où la carte "Mercure" est également proposée aux beaux jours.

Le Mesnil-Amelot 77990 S.-et-M. 🖸🖸🖸 E1 🔟🔟 ⑨ – *565 h alt. 80.*
Paris 34 – Bobigny 25 – Goussainville 15 – Meaux 28 – Melun 67.

🏯 **Radisson,** rte Villeneuve   𝒫 01 60 03 63 00, *radisson.sas@hotels-res.com*,
Fax 01 60 03 74 40, 🌂 , 🎿, 🏊, 🌳 – 📶 ⵗ ▤ 📺 📞 🔌 🚗 🅿 – 🛃 25 à 250. 🆎 ⓞ ☖
Repas *(19)* - carte 35 à 42, enf. 12 ⵀ – ⵤ 18 – **240 ch** 185/290.
✦ Escale pratique à proximité de l'aéroport de Roissy : nombreux équipements de loisirs et
de séminaires, vaste hall, salon-bar et chambres actuelles. Ambiance animée dans la grande
brasserie au décor moderne ; les entrées y sont servies sous forme de buffets.

Meudon 92190 Hauts-de-Seine **311** J3 **101** ㉔ *G. Île de France* – *43 663 h alt. 100.*

Voir *Terrasse*★ : ※★ – *Forêt de Meudon*★.

Paris 11 – Boulogne-Billancourt 4 – Clamart 4 – Nanterre 12 – Versailles 10.

au sud à *Meudon-la-Forêt* – ⊠ *92360* :

🏨 **Mercure Ermitage de Villebon,** rte Col. Moraine ✆ 01 46 01 46 86, *mercure.meudo n@wanadoo.fr*, Fax 01 46 01 46 99, 🛳 – ⁅, ▤ ch, 🛒 ✆ ⴄ 🅿 – 🏦 15 à 90. 🕮
Repas *(fermé 11 au 17 août)* 35 (déj.), 40 bc/45 bc ♀ – 🖵 11,50 – **56 ch** 119/145.
◆ À l'orée de la forêt de Meudon et au bord de la voie rapide, hôtel bien insonorisé dont les chambres sont décorées dans un esprit Directoire. Salle à manger bourgeoise d'une maison de la fin du 19e s. et plaisante terrasse entourée d'un rideau de verdure.

Montmorency ◁◇▷ 95160 Val-d'Oise **305** E7 **101** ⑤ *G. Île de France* – *20 599 h alt. 82.*

Voir *Collégiale St-Martin*★.

Env. *Château d'Écouen*★★ : *musée de la Renaissance*★★ (tenture de David et de Beth-sabée★★★) à 3 km.

🛈 Office de tourisme, 1 avenue Foch ✆ 01 39 64 42 94, Fax 01 34 12 18 65, *otsimcy@club-internet.fr.*

Paris 19 – Enghien-les-Bains 4 – Pontoise 24 – St-Denis 9.

❌❌ **Au Coeur de la Forêt,** av. Repos de Diane et accès par chemin forestier ✆ 01 39 64 99 19, Fax 01 34 28 17 52, 🛳, 🌲 – 🅿. 🕮 🕮
fermé 5 au 29 août, jeudi soir, dim. soir et lundi – **Repas** 24,50/31.
◆ La romantique avenue du Repos de Diane vous conduira "Au Coeur de la Forêt", restaurant au cadre soigné aménagé dans une maison récente. Cuisine traditionnelle simple.

Montrouge 92120 Hauts-de-Seine **311** J3 **101** ㉕ – *37 733 h alt. 75.*

Paris 5 – Boulogne-Billancourt 8 – Longjumeau 18 – Nanterre 16 – Versailles 16.

🏨 **Mercure,** 13 r. F.-Ory ✆ 01 58 07 11 11, *h0374@accor-hotels.com*, Fax 01 58 07 11 21 – ⁅ ❄, ▤ rest, 🛒 ✆ ⴄ 🅿 – 🏦 15 à 100. 🕮 🕦 🕮
Repas *(fermé dim. midi et sam.)* (23) - 27,50 bc/31 bc – 🖵 13 – **181 ch** 190/200, 6 suites.
◆ En léger retrait du périphérique, vaste construction abritant des chambres fonction-nelles et bien insonorisées. La plupart, rénovées, présentent une décoration colorée. Salle à manger actuelle dont le décor évoque le passé maraîcher de la ville de Montrouge.

Morangis 91420 Essonne **312** D3 **101** ㉟ – *10 611 h alt. 85.*

Paris 21 – Évry 14 – Longjumeau 5 – Versailles 23.

❌❌❌ **Sabayon,** 15 r. Lavoisier ✆ 01 69 09 43 80, Fax 01 64 48 27 28 – ▤. 🕮 🕮
fermé 30 juil. au 30 août., sam. midi, lundi soir, mardi soir, merc. soir et dim. – **Repas** 32/70 et carte 40 à 53, enf. 20.
◆ Restaurant à dénicher dans une ZI. Dans la salle à manger aux couleurs "mode", oeuvres contemporaines, nombreuses plantes vertes et sièges de style Louis XVI.

Nanterre 🅿 92000 Hauts-de-Seine **311** J2 **101** ⑭ – *84 281 h alt. 35.*

🛈 Office de tourisme, 4 rue du Marché ✆ 01 47 21 58 02, Fax 01 47 25 99 02, *info@ot-nanterre.fr.*

Paris 13 – Beauvais 81 – Rouen 124 – Versailles 15.

🏨 **Mercure La Défense Parc,** r. des 3 Fontanot ✆ 01 46 69 68 00, *h1982@accor-hotels.c om*, Fax 01 47 25 46 24 – ⁅ ❄ ▤ 🛒 ✆ ⴄ ⇔ – 🏦 130. 🕮 🕦 🕮 🕮
Repas *(fermé le soir du 23 juil. au 22 août et du 24 déc. au 2 janv., dim. midi, vend. soir, sam. et fériés)* 28 (déj.), 32/35, enf. 13,50 ♀ – 🖵 14 – **160 ch** 110/230, 25 suites.
◆ Immeuble moderne et son annexe situés à côté du parc André Malraux. Mobilier design, équipement complet : demandez une chambre rénovée. Cuisine du monde à déguster dans une chaleureuse et confortable salle à manger dotée d'une ligne de mobilier contemporain.

🏨 **Quality Inn,** 2 av. B. Frachon ✆ 01 46 95 08 08, *quality.nanterre@wanadoo.fr*, Fax 01 46 95 01 24 – ⁅ ❄ ▤ 🛒 ⴄ ⇔ – 🏦 30. 🕮 🕦 🕮 🕦 ❄
Repas *(fermé août, vend. soir, sam. et dim.)* 25 ♀ – 🖵 12 – **83 ch** 180/190.
◆ Construction de 1992 dont les chambres, plus ou moins spacieuses, sont joliment meublées et bénéficient d'un double vitrage. Chaleureuse et lumineuse salle de restaurant d'esprit colonial. Chaises cannées, tables rondes et cuisine traditionnelle.

❌❌ **Rôtisserie,** 180 av. G. Clemenceau ✆ 01 46 97 12 11, 🛳 – 🕮 🕮
fermé sam. et dim. – **Repas** 29 ♀.
◆ Restaurant au cadre soigné coordonant tons ocre et mobilier contemporain. Terrasse agréable et calme sur l'arrière. Cuisine traditionnelle et viandes rôties à la broche.

Neuilly-sur-Seine *92200 Hauts-de-Seine* 311 J2 101 ⑮ *G. Île de France – 59 848 h alt. 34.*
Paris 9 – Argenteuil 10 – Nanterre 6 – Pontoise 29 – St-Germain-en-Laye 18 – Versailles 17.

Courtyard, 58 bd V. Hugo ✆ 01 55 63 64 65, *cy.parcy.dom@courtyard.com, Fax 01 55 63 64 66,* – – 140. AE GB JCB. ch
Repas 30 – 18 – **173 ch** 200/310, 69 suites.
◆ Près de l'hôpital américain, établissement des années 1970 dont les chambres, joliment meublées, répondent aux exigences du confort moderne. Salons confortables et bar "cosy". Restaurant façon bistrot luxueux et convivial ; cuisine classique et repas à thème.

Paris Neuilly sans rest, 1 av. Madrid ✆ 01 47 47 14 67, *h0883@accor-hotels.com, Fax 01 47 47 97 42* – . AE GB
14 – **74 ch** 180/230, 6 suites.
◆ Hôtel aux chambres diversement décorées. Petits-déjeuners servis dans le patio couvert orné d'une fresque représentant le château de Madrid bâti par François 1er en 1528.

Jardin de Neuilly sans rest, 5 r. P. Déroulède ✆ 01 46 24 51 62, *hotel.jardin.de.neuilly@wanadoo.fr, Fax 01 46 37 14 60,* – . AE GB
18 – **22 ch** 150/220, 8 suites.
◆ Hôtel particulier du 19e s. à 50 m du bois de Boulogne. Chambres personnalisées, dotées d'un mobilier chiné. Certaines donnent côté jardin : la campagne aux portes de Paris !

de la Jatte sans rest, 4 bd Parc ✆ 01 46 24 32 62, *paris@hoteldelajatte.com, Fax 01 46 40 77 31* – . AE GB – 10 – **68 ch** 106/166, 3 suites.
◆ Sur l'île de la Jatte, autrefois plébiscitée par les peintres, aujourd'hui lieu de résidence "branché". Décor design (couleurs "tendance", bois sombre), plaisante véranda.

Neuilly Park Hôtel sans rest, 23 r. M. Michelis ✆ 01 46 40 11 15, *hotel@neuillypark.com, Fax 01 46 40 14 78* – . AE GB JCB – 11 – **30 ch** 100/133.
◆ Cet hôtel du quartier des Sablons affiche peu à peu un nouveau visage : meubles de style Art nouveau et tissus tendus personnalisent les menues chambres. Accueil charmant.

XX **Truffe Noire** (Jacquet), 2 pl. Parmentier ✆ 01 46 24 94 14, *Fax 01 46 24 94 60* – AE GB
✿ *fermé 5 au 12 mai, 1er août au 2 sept., sam. et dim.* – **Repas** 36 et carte 55 à 94 ♀.
◆ Sablonneuses terres, Parmentier... Les premières pommes de terre françaises furent cultivées ici, mais la maison s'est, elle, prise de passion pour un tubercule plus rare !
Spéc. Foie gras de canard mariné au coteaux du Layon. Mousseline de brochet au beurre blanc. Beuchelle tourangelle aux champignons des bois (15 sept. au 15 déc.).

XX **Riad,** 42 av. Ch. de Gaulle ✆ 01 46 24 42 61, *Fax 01 46 40 19 91* – . AE GB
Repas 30 (déj.) et carte 48 à 60.
◆ Discret décor mauresque, fresques murales représentant la ville de Fès et cuisine marocaine (beau choix de tajines) offrent une suave échappée vers "L'île du Couchant".

XX **Foc Ly,** 79 av. Ch. de Gaulle ✆ 01 46 24 43 36, *Fax 01 46 24 48 46* – . AE GB
fermé août – **Repas** (16) - carte 31 à 49, enf. 12,20 ♀.
◆ Deux lions encadrent l'entrée de ce restaurant qui déploie en façade sa "terrasse-pagode". Intérieur sobrement aménagé, salle plus intime à l'étage. Cuisines thaï et chinoise.

X **Les Feuilles Libres,** 34 r. Perronet ✆ 01 46 24 41 41, *restaurant@feuilles-libres.com, Fax 01 46 40 77 61,* – . AE GB
fermé 10 au 17 août, sam. midi et dim. – **Repas** 27 (déj.)/39.
◆ Ici, tout est mini : terrasse-trottoir, salle principale et salon-bibliothèque (réunions mensuelles d'un cercle littéraire). Décor sobre et chic ; carte au goût du jour.

X **Bistrot d'à Côté Neuilly,** 4 r. Boutard ✆ 01 47 45 34 55, *bistrot@michelrostang.com, Fax 01 47 45 15 08* – AE GB
fermé 11 au 17 août, sam. midi et dim. – **Repas** 23 (déj.)/35.
◆ Service décontracté, boiseries, collection de moulins à café, ardoises de suggestions du jour et vin servi "à la ficelle" (on paie ce que l'on boit) : un "vrai-faux bistrot".

X **A la Coupole,** 3 r. Chartres ✆ 01 46 24 82 90 – AE GB
fermé août, dim. sam. et fériés – **Repas** 25 bc/35 bc (dîner)et carte 28 à 43.
◆ Voitures et camions miniatures réalisés à Madagascar à partir de métal de récupération décorent la sobre salle à manger de ce restaurant familial. Cuisine traditionnelle.

Nogent-sur-Marne SP *94130 Val-de-Marne* 312 D2 101 ㉗ *G. Île de France – 28 191 h alt. 59.*
Office de tourisme, 5 avenue de Joinville ✆ 01 48 73 73 97, Fax 01 48 73 75 90, OTnogent@free.fr.
Paris 14 – Créteil 10 – Montreuil 6 – Vincennes 6.

Mercure Nogentel, 8 r. Port ✆ 01 48 72 70 00, *h1710@accor-hotels.com, Fax 01 48 72 86 19,* – , ch, – 15 à 200. AE GB
Le Canotier *(fermé 15 juil. au 15 août, dim. soir et lundi)* **Repas** (30)- 35 – 12 – **60 ch** 98/115.
◆ Hôtel des bords de Marne proposant des chambres actuelles. L'esprit de Nogent flotte encore sur la berge, le long de la promenade fleurie. La spacieuse salle à manger du Canotier (décor marin) ouvre sur le port de plaisance ; table traditionnelle.

🏠 **Campanile,** quai du port (Pt de Nogent) ℰ 01 48 72 51 98, Fax 01 48 72 05 09, 😚 – 📱 ✂️, ☰ ch, 📺 ➿ 👌 🚗 – 🏧 40. 🖭 ◉ GB
Repas (12,50) - 16,50, enf. 6 – 🖵 8 – **84 ch** 69.
♦ Immeuble moderne situé sur un quai animé. La moitié des chambres, équipées selon les standards de la chaîne et insonorisées, donnent sur la Marne. Restaurant néo-rustique fidèle au style "Campanile" et repas sous forme de buffets ; petite terrasse fleurie.

Noisy-le-Grand 93160 Seine-St-Denis 📖 G7 🔟 ⑱ G. Île de France – 58 217 h alt. 82.
🛈 Office de tourisme, 167 rue Pierre Brossolette ℰ 01 43 04 51 55, Fax 01 43 03 79 48, office.tourisme.nlg@wanadoo.fr – Paris 19 – Bobigny 17 – Lagny-sur-Marne 14 – Meaux 38.

🏨 **Novotel Atria,** 2 allée Bienvenüe-quartier Horizon ℰ 01 48 15 60 60, h1536@accor-hotel s.com, Fax 01 43 04 78 83, 😚, 🏊, ☰ – 📱 ✂️ ☰ 📺 ➿ 👌 🚗 📖 – 🏧 400. 🖭 ◉ GB JCB
Repas (15) - carte 25 à 37, enf. 10 🖵 – 🖵 12 – **144 ch** 105/115.
♦ Architecture contemporaine à deux pas de la station RER. Chambres bien agencées et équipements complets séduiront familles et clientèle d'affaires. Cuisines visibles depuis la spacieuse salle à manger que prolonge une terrasse dressée autour de la piscine.

🏨 **Mercure,** 2 bd Levant ℰ 01 45 92 47 47, h1984@accor-hotels.com, Fax 01 45 92 47 10, 🎿 – 📱 ✂️ ☰ 📺 ➿ 👌 🚗 – 🏧 250. 🖭 ◉ GB
Repas (fermé sam. midi et dim. midi) 16,90/21,40 – 🖵 12 – **192 ch** 102/112.
♦ Immeuble moderne dont la façade vitrée permet de suivre le ballet des ascenseurs panoramiques. Chambres spacieuses et fonctionnelles, garnies de meubles en bois clair.

🍴 **Amphitryon,** 56 av. A. Briand ℰ 01 43 04 68 00, Fax 01 43 04 68 10, 😚 – ☰. 🖭 GB
fermé 5 au 28 août, sam. midi et dim. soir – **Repas** 22/38.
♦ Murs framboise et vaisselle multicolore donnent le ton de cette élégante salle de restaurant. La cuisine, traditionnelle, est servie rapidement et avec le sourire.

Orgeval 78630 Yvelines 📖 H2 🔟 ⑪ – 4 801 h alt. 100.
⛳ de Villennes à Villennes-sur-Seine ℰ 01 39 08 18 18, N : 2 km.
Paris 32 – Mantes-la-Jolie 28 – Pontoise 22 – St-Germain-en-Laye 11 – Versailles 22.

🏨 **Moulin d'Orgeval** ⬏, r. Abbaye, Sud : 1,5 km ℰ 01 39 75 85 74, moulin.orgeval@wanad oo.fr, Fax 01 39 75 48 52, 😚, 🏊, 🎣 – ☰ rest, 📺 ➿ 📖 – 🏧 30. 🖭 ◉ GB
Repas (fermé 19 déc. au 3 janv. et dim. soir) (30) - 39 🖵 – 🖵 14 – **14 ch** 119/140.
♦ Calme et détente dans ce vieux moulin entouré d'un parc arboré (5 ha) baigné par un étang. Chambres personnalisées (parfois meublées d'ancien) ; bar de style anglais. Salle de restaurant rustique et agréable terrasse au bord de l'eau ; recettes classiques.

Orly (Aéroports de Paris) 94310 Val-de-Marne 📖 D3 🔟 ㉖ – 21 646 h alt. 89.
✈ ℰ 01 49 75 15 15.
Paris 16 – Corbeil-Essonnes 24 – Créteil 14 – Longjumeau 15 – Villeneuve-St-Georges 9.

🏨 **Hilton Orly,** près aérogare, Orly Sud ✉ 94544 ℰ 01 45 12 45 12, oryhitwrm@hilton.com, Fax 01 45 12 45 00, 🎿 ✂️ ☰ 📺 ➿ 📖 – 🏧 280. 🖭 ◉ GB JCB. ❄
Repas (26) - 34 🖵 – 🖵 19 – **352 ch** 115/160.
♦ Cet hôtel des années 1960 abritant des chambres sobres et élégantes, dispose d'équipements de pointe pour les réunions et de services adaptés à la clientèle d'affaires. Décor actuel, plats de brasserie, formule buffet ou carte gastronomique au restaurant.

🏨 **Mercure,** N 7, Z.I. Nord, Orlytech ✉ 94547 ℰ 01 49 75 15 50, h1246@accor-hotels.com, Fax 01 49 75 15 51 – 📱 ✂️ ☰ 📺 👌 📖 – 🏧 40. 🖭 ◉ GB JCB
Repas (fermé dim. midi et sam.) (19) - 23,50, enf. 9,50 – 🖵 12 – **192 ch** 128/152.
♦ Adresse convenant particulièrement à la clientèle aéroportuaire qui trouve là un ensemble de services très pratiques entre deux avions. Chambres bien tenues. Cadre tendance bistrot, plats de brasserie et carte des vins "Mercure" dans ce restaurant de chaîne.

Orly ville : – 20 470 h. alt. 71.

🏨 **Kyriad - Air Plus,** 58 voie Nouvelle (près Parc G. Méliès) ℰ 01 41 80 75 75, airplus@club-i nternet.fr, Fax 01 41 80 12 12, 😚 – 📱 ✂️ ☰ 📺 👌 📖 🖭 ◉ GB
Repas (fermé sam., dim. et fériés) 14,80/24,40, enf. 10,50 – 🖵 6,80 – **72 ch** 68.
♦ Non loin de l'aéroport, un hôtel pensé pour votre bien-être. Ambiance "aéronautique" au pub anglais et allées du parc Méliès accueillantes aux adeptes du jogging. Le décor du restaurant est dévolu à l'avion. Les équipages entre deux vols apprécient l'adresse.

Voir aussi à **Rungis**

Ozoir-la-Ferrière 77330 S.-et-M. **312** F3 **106** ㉝ **101** ㉚ – 20 707 h alt. 110.

> 🛈 Syndicat d'initiative, 43 avenue du Gal de Gaulle 🖉 01 64 40 10 20, Fax 01 64 40 09 91.
>
> Paris 34 – Coulommiers 42 – Lagny-sur-Marne 22 – Melun 29 – Sézanne 84.

XXX **Gueulardière**, 66 av. Gén. de Gaulle 🖉 01 60 02 94 56, Fax 01 60 02 98 51, 🍴 **P** – **AE GB**
fermé 16 août au 6 sept., sam. midi, dim. soir et lundi – **Repas** (30) - 38/68 et carte 74 à 90,
enf. 16.
◆ Cette auberge du centre-ville sert une cuisine classique dans deux élégantes salles à
manger ou sur la terrasse d'été, dressée sous une pergola.

Palaiseau ⟨SP⟩ 91120 Essonne **312** C3 **101** ㉞ – 28 965 h alt. 101.

> ⛳ de Gif-Chevry à Gif-sur-Yvette 🖉 01 60 12 40 33, S : 15 km par D 188.
>
> 🛈 Syndicat d'initiative, 5 place de la Victoire 🖉 01 69 31 02 67, syndicinitiative.palaiseau-@wanadoo.fr.
>
> Paris 22 – Arpajon 20 – Chartres 69 – Évry 21 – Rambouillet 44.

🏨 **Novotel**, 18 r. E. Baudot (Z.I. Massy) 🖉 01 64 53 90 00, h0386@accor-hotels.com,
Fax 01 64 47 17 80, 🍴, 🏊, 🎾 – 🛗 ⌀ 🕺 📺 🗜 👤 **P** – 🛎 15 à 180. **AE ⓞ GB JCB**
Repas (18) - carte 23 à 30, enf. 8 🍴 – 🖵 12 – **147 ch** 110/120.
◆ Ce Novotel proche d'un nœud autoroutier dispose de chambres actuelles et confor-
tables. Nombreux équipements pour les séminaires. Spacieuse salle à manger actuelle
ouverte sur la terrasse d'été installée au bord de la piscine. Carte de la chaîne.

Pantin 93500 Seine-St-Denis **305** F7 **101** ⑯ – 49 919 h alt. 26.

> Voir Centre international de l'Automobile★, G. Île de France.
>
> 🛈 Office de tourisme, 81 avenue Jean Lolive 🖉 01 48 44 93 72, Fax 01 48 44 18 51,
> officedetourismedepantin@wanadoo.fr.
>
> Paris 9 – Bobigny 5 – Montreuil 7 – St-Denis 8.

🏨 **Mercure Porte de Pantin**, 25 r. Scandicci 🖉 01 49 42 85 85, h0680@accor-hotels.com,
Fax 01 48 46 07 90 – 🛗 ⌀ 📺 📶 🗜 👤 ⟷ – 🛎 25 à 100. **AE ⓞ GB JCB**
Repas (fermé dim. midi, sam. et fériés) (20,20) - 25,20, enf. 9,20 🍴 – 🖵 13 – **138 ch** 134/164.
◆ Hôtel dont les chambres s'équipent peu à peu d'un mobilier cossu. Les unes sont
agencées pour recevoir des familles, les autres sont adaptées à la clientèle d'affaires. La
salle de restaurant, plutôt chic, est aménagée à la façon d'une brasserie.

Le Perreux-sur-Marne 94170 Val-de-Marne **312** E2 **101** ⑱ – 30 080 h alt. 50.

> 🛈 Office de tourisme, 75 avenue Ledru Rollin 🖉 01 43 24 26 58, Fax 01 43 24 02 10,
> otourisme.leperreux@wanadoo.fr.
>
> Paris 16 – Créteil 12 – Lagny-sur-Marne 23 – Villemomble 6 – Vincennes 7.

XXX **Les Magnolias** (Chauvel), 48 av. Bry 🖉 01 48 72 47 43, Fax 01 48 72 22 28 – 🍴. **AE ⓞ GB**
 ✿ fermé août, 2 au 10 janv., lundi midi, sam. midi et dim. – **Repas** (34) - 45/70.
◆ Cadre résolument moderne agrémenté de spots, boiseries et tentures rouges, abrité
des regards de la rue par des stores vénitiens. Cuisine au goût du jour recherchée.
Spéc. Diablotin de bœuf au parfum de banane. Sorcellerie de frites de sandre cuites au
four. "Temps et vitesse" de caramel au beurre salé.

XX **Les Lauriers**, 5 av. Neuilly-Plaisance 🖉 01 48 72 45 75, 🍴 – **AE GB**
fermé 10 au 20 août, sam. midi, dim. soir et lundi – **Repas** (21) - 32 bc.
◆ Ce restaurant occupe un pavillon dans un quartier résidentiel. Décor contemporain
assez clair et tables joliment dressées où l'on sert une cuisine traditionnelle.

Poissy 78300 Yvelines **311** I2 **101** ⑫ ⓖ G. Île de France – 35 841 h alt. 27.

> Voir Collégiale Notre-Dame★ – Villa Savoye★.
>
> ⛳ Bethemont Chisan Country Club 🖉 01 39 75 51 13, par ④ : 5 km; ⛳ de Villennes à
> Villennes-sur-Seine 🖉 01 39 08 18 18, par ⑤ : 6 km; ⛳ à Feucherolles 🖉 01 30 54 94 94, pa
> ④ : 13 km.
>
> 🛈 Office de tourisme, 132 rue du Général de Gaulle 🖉 01 30 74 60 65, Fax 01 39 65 07 00
> webmaster.poissy@laposte.net.
>
> Paris 32 ③ – Mantes-la-Jolie 29 ④ – Pontoise 16 ② – St-Germain-en-Laye 6 ③.

Plan page ci-contre

XX **Bon Vivant**, 30 av. É. Zola (e) 🖉 01 39 65 02 14, Fax 01 39 65 28 05, ≤, 🍴 – **AE GB**
fermé août, 23 fév. au 1er mars, dim. soir et lundi – **Repas** 35/60 bc.
◆ De la guinguette 1900, ce restaurant a conservé l'ambiance conviviale et la terrasse en
bord de Seine. Cadre rustique et repas traditionnels.

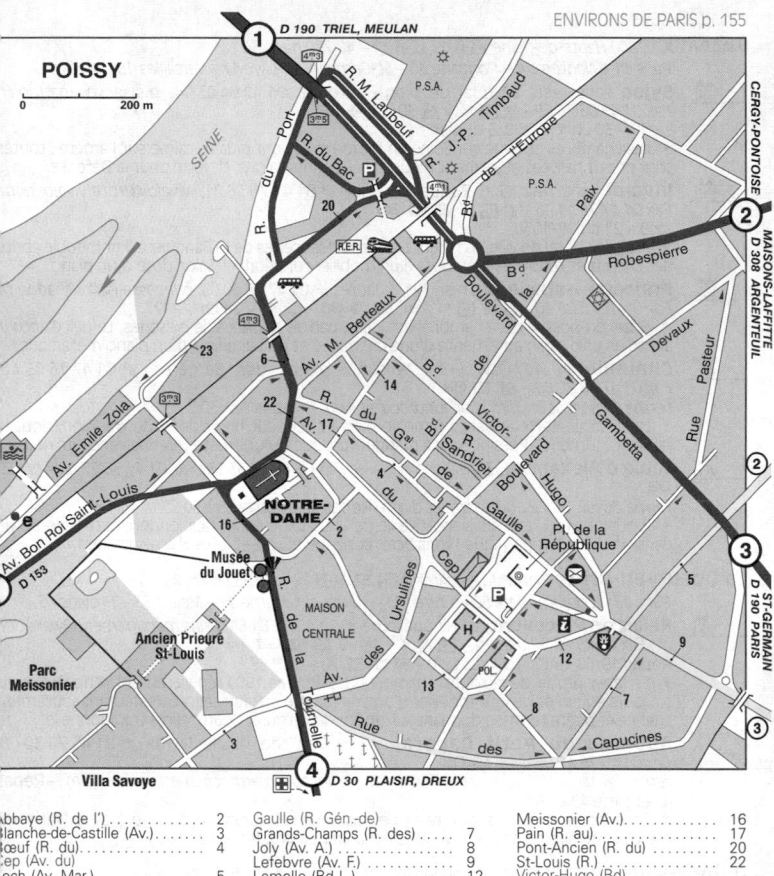

POISSY

Abbaye (R. de l')		2
Blanche-de-Castille (Av.)		3
Bœuf (R. du)		4
Cep (Av. du)		
Foch (Av. Mar.)		5
Gambetta (Bd)		
Gare (R. de la)		6
Gaulle (R. Gén.-de)		
Grands-Champs (R. des)		7
Joly (Av. A.)		8
Lefebvre (Av. F.)		9
Lemelle (Bd L.)		12
Libération (R. de la)		13
Mary (R. J.-Cl.)		14
Meissonier (Av.)		16
Pain (R. au)		17
Pont-Ancien (R. du)		20
St-Louis (R.)		22
Victor-Hugo (Bd)		
14-Juillet (Cours du)		23

Une réservation confirmée par écrit ou par fax est toujours plus sûre.

Pontault-Combault 77340 S.-et-M. 312 E3 101 ㉙ – 32 886 h alt. 94.

🏌 de La Marsaudière à Chevry-Cossigny ℰ 01 64 07 87 51, SE par N 4 : 11 km.

🛈 Office de tourisme, 16 rue de Bellevue ℰ 01 70 05 49 71, Fax 01 70 05 49 48, tourisme@mairie-pontault-clt.fr.

Paris 29 – Créteil 25 – Lagny-sur-Marne 17 – Melun 32.

Saphir Hôtel, aire des Berchères sur N 104 ℰ 01 64 43 45 47, saphirhotel@wanadoo.fr, Fax 01 64 40 52 43, 🏦, 🛋, 🔲, 🎾 – 🛗 🗏 📺 ✆ 🕭 ☎ 🅿 – 🔏 20 à 180. 🆎 ⓞ ☏
Repas (14) - 20, enf. 8,40 🍷 – ☲ 10,50 – **158 ch** 84/93, 21 suites.
• Architecture contemporaine au bord de la Francilienne. Les chambres, fonctionnelles et bien tenues, bénéficient d'une insonorisation parfaite. Deux salles à manger : l'une, d'esprit jardin d'hiver, l'autre, au cadre "rétro", réservée aux repas commandés.

Le Pré St-Gervais 93310 Seine-St-Denis 305 F7 101 ⑯ – 16 377 h alt. 82.

Paris 8 – Bobigny 6 – Lagny-sur-Marne 33 – Meaux 38 – Senlis 47.

Au Pouilly Reuilly, 68 r. A. Joineau ℰ 01 48 45 14 59 – 🆎 ☏
fermé sam. midi et dim. – **Repas** carte 32 à 56.
• Décor de bistrot d'avant-guerre, joyeuse ambiance et cuisine roborative où les abats sont à l'honneur. Une adresse où se retrouve le "Tout-Paris".

Puteaux 92800 Hauts-de-Seine **311** J2 **101** ⑭ – 40 780 h alt. 36.

Paris 11 – Nanterre 4 – Pontoise 30 – St-Germain-en-Laye 17 – Versailles 15.

🏨 **Syjac** sans rest, 20 quai de Dion-Bouton ✆ 01 42 04 03 04, *h.syjac@wanadoo.fr*, Fax 01 45 06 78 69 – 🔄 🔟 📞 – 🔬 30. 🖭 ⓘ 🌅
≈ 10 – **30 ch** 115/150, 3 duplex.
❖ Les chambres ont vue sur Seine en façade mais sont plus au calme sur l'arrière ; toutes sont personnalisées et joliment meublées. Élégants salons. Navette pour la Défense.

🏨 **Vivaldi** sans rest, 5 r. Roque de Fillol ✆ 01 47 76 36 01, *vivaldi@hotelvivaldi.com*, Fax 01 47 76 11 45 – 🔄 🔟 📞. 🖭 ⓘ 🌅
≈ 9 – **27 ch** 99/105.
❖ Près de l'hôtel de ville où furent tournées des scènes de La Banquière, l'immeuble abrite des chambres rénovées, équipées d'un mobilier fonctionnel. Salon doté d'un piano.

🏨 **Princesse Isabelle** sans rest, 72 r. J. Jaurès ✆ 01 47 78 80 06, *princesse.isa@wanadoo.fr*, Fax 01 47 75 25 20 – 🔄 🔄 🔟 📞 🚗. 🖭 ⓘ 🌅 – ≈ 10 – **29 ch** 88/127.
❖ Hôtel proposant des chambres actuelles, parfois habillées de boiseries. Le hall d'accueil abrite un coin salon agrémenté d'une cheminée et un bar animé d'un piano mécanique.

🍴🍴 **Chaumière,** 127 av. Prés. Wilson - rd-pt des Bergères ✆ 01 47 75 05 46, Fax 01 47 78 85 69 – 🔳. 🖭 🌅
fermé 6 au 28 août, dim. soir, lundi soir et sam. – **Repas** *(25)* - 30 ♀.
❖ La carte de cette auberge familiale met à l'honneur une cuisine de tradition, dont le fameux tournedos Rossini. Salle à manger rustique qu'une vaste véranda rend lumineuse.

🍴🍴 **Table d'Alexandre,** 7 bd Richard Wallace ✆ 01 45 06 33 63, Fax 01 41 38 27 42 – 🔳. 🖭 🌅
fermé 30 juil. au 22 août, sam. et dim. – **Repas** 22 et carte 35 à 50 ♀.
❖ À quelques foulées de la sportive île de Puteaux, cuisine traditionnelle actualisée servie dans un cadre sympathique : tons ocre, éclairage étudié et jolies chaises paillées.

La Queue-en-Brie 94510 Val-de-Marne **312** E3 **101** ㉙ – 10 852 h alt. 95.

Paris 22 – Coulommiers 50 – Créteil 11 – Lagny-sur-Marne 21 – Melun 33 – Provins 66.

🏨 **Relais de Pincevent,** av. Hippodrome ✆ 01 45 94 61 61, *osiris.management@wanadoo .fr*, Fax 01 45 93 32 69, 🍴 – 🔟 ⅙ 🅿 – 🔬 60. 🖭 ⓘ 🌅 🗾
Repas 19/56, enf. 11 ♀ – ≈ 6,10 – **57 ch** 55/70 – ½ P 58.
❖ En léger retrait de la route, chambres des années 1980 régulièrement rénovées, mais toujours équipées de leur mobilier d'origine. Bonne insonorisation. Restaurant sobrement agencé et petite terrasse donnant sur un îlot de verdure. Courte carte traditionnelle.

🍴🍴🍴 **Auberge du Petit Caporal,** 42 r. Gén. de Gaulle (N 4) ✆ 01 45 76 30 06, Fax 01 45 76 30 06 – 🔳. 🖭 🌅
fermé 28 juil. au 24 août, vacances de fév., lundi soir, mardi soir, merc. soir et dim. – **Repas** 42 et carte 42 à 56 ♀.
❖ Dans les murs d'un ancien relais de poste, ce restaurant vous invite à découvrir l'ambiance conviviale de ses petites salles à manger et sa cuisine classique.

Quincy-sous-Sénart 91480 Essonne **312** E3 **101** ㊳ – 7 426 h alt. 76.

Paris 32 – Brie-Comte-Robert 7 – Évry 12 – Melun 23.

🍴 **Lisière de Sénart,** 33 r. Libération ✆ 01 69 00 87 15, 🍴 – 🌅
fermé 15 au 30 août, vacances de fév, dim. soir, mardi soir et merc. – **Repas** 25/52.
❖ Restaurant aménagé dans une discrète maison de banlieue qui abritait jadis une épicerie-buvette. Le décor, récemment rajeuni, est empreint de sobriété. Terrasse au calme.

Roissy-en-France (Aéroports de Paris) 95700 Val-d'Oise **305** G6 **101** ⑧ – 2 367 h alt. 85 – ✈ Charles-de-Gaulle ✆ 01 48 62 22 80.
🅱 Office de tourisme, 40 avenue Charles de Gaulle ✆ 01 34 29 43 14, Fax 01 34 29 43 33 *office-tourisme@ville-roissy95.fr*.
Paris 26 – Chantilly 28 – Meaux 38 – Pontoise 39 – Senlis 28.

à Roissy-ville :

🏨 **Millenium,** allée du Verger ✆ 01 34 29 33 33, *resa.cdg@mill-cop.com* Fax 01 34 29 03 05, 🍴, 🏋️, 🏊 – 🔄 🔄 🔳 🔟 📞 ⅙ 🚗 – 🔬 150. 🖭 ⓘ 🌅 🗾
Repas 28 bc/40 bc, enf. 10 – ≈ 19 – **239 ch** 250/310.
❖ Bar, pub irlandais, fitness, belle piscine, salles de séminaires, chambres spacieuses et un étage spécialement aménagé pour la clientèle d'affaires : un hôtel bien équipé. Cuisine internationale et buffets à la brasserie, ou plats rapides servis côté bar.

🏨 **Courtyard Marriott,** allée du Verger ✆ 01 34 38 53 53, Fax 01 34 38 53 54, 🍴, 🏋️ – 🔄 🔳 🔟 ⅙ 🚗 🅿 – 🔬 500. 🖭 ⓘ 🌅 🗾
Repas *(21)* - 26 et carte 36 à 55 ♀ – ≈ 17 – **296 ch** 169/300, 4 suites.
❖ L'un des derniers nés du parc hôtelier de Roissy, cet établissement offre des équipements modernes parfaitement adaptés à une clientèle d'affaires transitant par Paris. Cuisine classique servie dans un décor inspiré des brasseries de la Ville lumière.

🏨 **Country Inn and Suites,** allée du Verger ☎ 01 30 18 21 00, *Fax 01 30 18 20 18*, 🌳, 𝄽 – 🛗 ⁑ ▤ 📺 📞 ⅄ ⇔ 🅿 – 🏋 15 à 95. 🖭 ⓞ 🅶🅱 🃏
Repas *(fermé sam. midi, dim. midi et midi fériés)* *(14)* - 27, enf. 13 ♈ – ⟐ 11 – **174 ch** 195, 6 suites.

♦ Ce sobre bâtiment récent de forme hexagonale propose des chambres de tailles diverses mais plutôt spacieuses et dotées d'un plaisant décor actuel. Bar de style anglais. Cuisine française et plats d'outre-Atlantique font bon ménage sur la carte du restaurant.

🏨 **Mercure,** allée des Vergers ☎ 01 34 29 40 00, *h1245@accor-hotels.com*, *Fax 01 34 29 00 18*, 𝄽 – 🛗 ⁑ ▤ 📺 📞 ⅄ 🅿 – 🏋 90. 🖭 ⓞ 🅶🅱
Repas *(18,50)* - 23, enf. 10 ♈ – ⟐ 12 – **203 ch** 180/252.

♦ Cet hôtel a fait peau neuve : cadre provençal dans le hall, zinc à l'ancienne au bar et spacieuses chambres rénovées et bien insonorisées. La salle à manger de ce Mercure a été entièrement relookée : elle offre un amusant décor de boulangerie reconstituée.

🏨 **Suitehotel** sans rest, 7 allée Vergers ☎ 01 34 38 54 54, *h3336@accor-hotels.com*, *Fax 01 34 38 54 44*, 🛗 – 🛗 ⁑ ▤ 📺 📞 ⅄ ⇔ 🅿 🖭 ⓞ 🅶🅱 🃏
⟐ 12 – **148 ch** 95.

♦ Adresse pratique : accueil non-stop, espace business (Internet gratuit), distributeur de plats cuisinés, grande chambre moderne avec bar aménagé et salon-bureau indépendant.

🏨 **Campanile,** Z.A. parc de Roissy ☎ 01 34 29 80 40, *campanile-roissy@wanadoo.fr*, *Fax 01 34 29 80 39*, 𝄽 – 🛗 ⁑ ▤ 📺 📞 ⅄ ⇔ 🅿 – 🏋 100. 🖭 ⓞ 🅶🅱
Repas 12,50/18,50, enf. 6 ♈ – ⟐ 6,50 – **268 ch** 120.

♦ L'aéroport est tout près, de l'autre côté de l'A 1. Hôtel dont les chambres, conformes aux normes de la chaîne, sont bien tenues et bénéficient d'un double vitrage. Grande salle à manger dressée autour de buffets ; également, repas express servis au bar.

🏨 **Ibis,** av. Raperie ☎ 01 34 29 34 34, *h0815@accor-hotels.com*, *Fax 01 34 29 34 19* – 🛗 ⁑ ▤ 📺 📞 ⅄ ⇔ 🅿 – 🏋 70. 🖭 ⓞ 🅶🅱
Repas *(12)* - 15 ♈ – ⟐ 8 – **304 ch** 70/125.

♦ Cet établissement voisin de l'aéroport conviendra pour une escale : chambres agencées suivant le nouveau concept Ibis et isolation phonique correcte. Immense salle à manger meublée dans l'esprit bistrot et prolongée d'une terrasse aménagée autour d'un patio.

Z. I. Paris Nord II – ⊠ *95912* :

🏨 **Hyatt Regency** ⚓, 351 av. Bois de la Pie ☎ 01 48 17 12 34, *cdg@paris.hyatt.com*, *Fax 01 48 17 17 17*, 🖾, ⟦⟧, ⅏ – 🛗 ⁑ ▤ 📺 📞 ⅄ 🅿 – 🏋 300. 🖭 ⓞ 🅶🅱. ⅏ rest
Repas *(21)* - 53/81 ♈ – ⟐ 22 – **383 ch** 385/460, 5 suites.

♦ Spectaculaire architecture contemporaine érigée à l'entrée de la zone aéroportuaire : un vaste atrium relie les deux ailes qui abritent de grandes chambres feutrées. L'espace restauration du Hyatt Regency est coiffé d'une verrière : buffets ou carte classique.

🏨 **Suitehotel** sans rest, 335 r. Belle Etoile ☎ 01 48 63 88 88, *h3324@accor-hotels.com*, *Fax 01 48 63 86 87*, 🛗 – 🛗 ⁑ ▤ 📺 📞 ⅄ ⇔ 🅿 🖭 ⓞ 🅶🅱 🃏
⟐ 12 – **174 ch** 95.

♦ Les avions passent au-dessus de l'hôtel mais l'insonorisation parfaite garantit une nuit paisible. Suites spacieuses et fort bien équipées.

à l'aérogare n° 2 :

🏨 **Sheraton** ⚓, ☎ 01 49 19 70 70, *Fax 01 49 19 70 71*, ⩽, 🛗 – 🛗 ⁑ ▤ 📺 📞 ⅄ 🅿 – 🏋 110. 🖭 ⓞ 🅶🅱 🃏
Les Étoiles *(fermé 31 juil. au 29 août, 20 déc. au 3 janv., sam., dim. et fériés)* **Repas** 48,50(déj.)/55,50 – **Les Saisons :** **Repas** carte environ 42, enf. 27 – ⟐ 25,50 – **254 ch** 395/650, 12 suites.

♦ Descendez de l'avion ou du TGV et montez dans ce "paquebot" à l'architecture futuriste. Décor d'Andrée Putman, vue sur le tarmac, calme absolu et chambres raffinées. Carte au goût du jour et beau cadre contemporain aux Étoiles. Plats de brasserie aux Saisons.

à Roissypole :

🏨 **Hilton** ⚓, ☎ 01 49 19 77 77, *CDGHITWSAL@hilton.com*, *Fax 01 49 19 77 78*, 🛗, ⟦⟧ – 🛗 ⁑ ▤ 📺 📞 ⅄ ⇔ – 🏋 500. 🖭 ⓞ 🅶🅱 🃏. ⅏ rest
Gourmet *(fermé juil. - août, sam. et dim.)* **Repas** 39/42 ♈ – **Aviateurs** - brasserie **Repas** 34 ♈ – **Oyster bar** - produits de la mer *(fermé juil.-août, sam. et dim.)* **Repas** 38/55 – ⟐ 24 – **379 ch** 495/564, 4 suites.

♦ Architecture audacieuse, espace et lumière sont les traits principaux de cet hôtel. Ses équipements de pointe en font un lieu propice au travail comme à la détente. Le Gourmet est la table gastronomique du Hilton. Côté Aviateurs, petite carte de brasserie.

🏨 **Sofitel,** Zone centrale Ouest ☎ 01 49 19 29 29, *h0577@accor-hotels.com*, *Fax 01 49 19 29 00*, ⅏ – 🛗 ⁑ ▤ 📺 📞 ⅄ 🅿 – 🏋 60. 🖭 ⓞ 🅶🅱 🃏. ⅏ rest
L'Escale -produits de la mer **Repas** carte 40 à 50 ♈ – ⟐ 20 – **342 ch** 370/551, 6 suites.

♦ Accueil personnalisé, atmosphère feutrée, salles de séminaires, bar élégant et chambres soignées sont les atouts de cet hôtel bâti entre les deux aérogares. Restaurant au cadre nautique et cuisine de la mer : une plaisante "Escale" entièrement vouée à Neptune.

🏨 **Novotel**, ✆ 01 49 19 27 27, h1014@accor-hotels.com, Fax 01 49 19 27 99 – 📱 ✙ 🖵 📺 📞 🖧 🖵 – 🛗 60. 🆎 ⓘ ⑱ 🅹🅲🅱
Repas *(16,10)* - 23 (dîner), 26/55, enf. 8 🍴 – 🖵 12 – **201 ch** 150.
   ♦ Face aux pistes de l'aéroport, Novotel dont la majorité des chambres, bien tenues et équipées d'un double vitrage, a adopté le nouveau style de la chaîne. Sobre salle à manger conçue dans l'esprit brasserie, avec mobilier moderne et mise en place simplifiée.

Romainville 93230 Seine-St-Denis 🅃🄾🄵 F7 🄑🄑🄑 ⑰ – 23 779 h alt. 110.

Paris 11 – Bobigny 4 – St-Denis 12 – Vincennes 6.

🍴🍴 **Chez Henri**, 72 rte Noisy ✆ 01 48 45 26 65, Fax 01 48 91 16 74 – 🖳. 🆎 ⑱
fermé août, dim., lundi et fériés – **Repas** *(20)* - 28 🍴 🖧.
   ♦ Mobilier de style Louis XVI et salle joliment dressée, dans une auberge égarée au milieu des usines. Cuisine classique, carte des vins étoffée (vieux millésimes).

Rosny-sous-Bois 93110 Seine-St-Denis 🅃🄾🄵 F7 🄑🄑🄑 ⑰ – 39 105 h alt. 80.

🏌 AS Golf de Rosny-sous-Bois ✆ 01 48 94 01 81.
Paris 14 – Bobigny 8 – Le Perreux-sur-Marne 5 – St-Denis 16.

🏨 **Quality Hôtel**, 4 r. Rome ✆ 01 48 94 33 08, qualityhotel.rosny@wanadoo.fr, Fax 01 48 94 30 05, ☕ – 📱 ✙ 📺 📞 🖧 🖧 🖵 – 🛗 15 à 100. 🆎 ⓘ ⑱ 🅹🅲🅱
Vieux Carré *(fermé août, 24 déc. au 4 janv., vend. soir, sam., dim. et fériés)* **Repas** *(18)*-24, enf. 10 – 🖵 11,50 – **97 ch** 130/160.
   ♦ Adossé au golf, hôtel dont l'architecture et la décoration intérieure s'inspirent de la Louisiane. Chambres spacieuses et confortables. L'enseigne et le mobilier du restaurant le Vieux Carré sont des clins d'oeil à la Nouvelle-Orléans ; terrasse côté greens.

🏨 **Comfort Inn**, 1 r. Lisbonne ✆ 01 48 12 30 30, confort.rosny@wanadoo.fr, Fax 01 45 28 83 69 – 📱, 🖳 rest, 📺 📞 🖧 🖧 🖵 – 🛗 30 à 70. 🆎 ⓘ ⑱. 🕱 rest
Repas *(fermé 30 juil. au 29 août, 24 déc. au 3 janv., vend. soir, sam. et dim.)* *(13,50)* - 21/25 🍴 – 🖵 9 – **100 ch** 90/100.
   ♦ Dans une zone commerciale, petites chambres au mobilier contemporain, régulièrement rafraîchies. Insonorisation satisfaisante. Ambiance feutrée au bar. Salle à manger fonctionnelle ouverte sur un espace verdoyant ; cuisine traditionnelle sans prétention.

Rueil-Malmaison 92500 Hauts-de-Seine 🅃🄸🄸 J2 🄑🄑🄑 ⑭ G. Ile de France – 73 469 h alt. 40.

Voir Château de Bois-Préau★ – Buffet d'orgues★ de l'église – Malmaison : musée★★ du château.

🏌 de Rueil-Malmaison ✆ 01 47 49 64 67.

🅸 Office de tourisme, 160 avenue Paul Doumer ✆ 01 47 32 35 75, Fax 01 47 14 04 48, rueil-tourisme@easynet.fr.
Paris 16 – Argenteuil 12 – Nanterre 3 – St-Germain-en-Laye 9 – Versailles 12.

🏨 **Novotel Atria**, 21 av. Ed. Belin ✆ 01 47 16 60 60, h1609@accor-hotels.com, Fax 01 47 51 09 29 – 📱 ✙ 🖳 rest, 📺 📞 🖧 🖧 – 🛗 20 à 180. 🆎 ⓘ ⑱ 🅹🅲🅱
Repas *(fermé dim. midi et sam.)* *(16)* - 21, enf. 8 🍴 – 🖵 13 – **118 ch** 175/200.
   ♦ Imposant immeuble moderne du quartier d'affaires Rueil 2000, à deux pas de la gare RER. Chambres fonctionnelles. Centre de conférences. Le plaisant décor contemporain de la salle de restaurant évoque l'univers pictural de Matisse. Cuisine traditionnelle.

🏨 **Suitehotel** sans rest, 17 r. F. Jacob ✆ 01 47 52 22 62, h3326-gm@accor-hotels.com, Fax 01 47 52 22 60 – 📱 cuisinette ✙ 🖳 📺 📞 🖧 🖧. 🆎 ⑱ 🅹🅲🅱
🖵 8 – **101 ch** 97/107.
   ♦ Hôtel moderne proche du quartier d'affaires de Rueil. Chaque suite comprend une chambre cloisonnable, un espace à vivre (salon-bureau-bar) et une salle de bains bien équipée.

🏨 **Cardinal** sans rest, 1 pl. Richelieu ✆ 01 47 08 20 20, hotelcardinal@wanadoo.fr, Fax 01 47 08 35 84 – 📱 ✙ 📺 📞 🖧 🖵 – 🛗 15. 🆎 ⓘ ⑱
🖵 12 – **64 ch** 185/210.
   ♦ Construction récente située à proximité des châteaux et parcs. Chambres actuelles ou de style rustique, certaines avec mezzanine pour les familles. Salon-bar confortable.

🍴🍴 **Rastignac**, 1 pl. Europe ✆ 01 47 32 92 29, Fax 01 47 32 93 35 – 🖳. 🆎 ⑱
fermé 30 juil. au 26 août, sam. et dim. – **Repas** 30/35 🍴.
   ♦ Au sein du nouveau quartier d'affaires, ce restaurant propose une cuisine au goût du jour dans une élégante salle à manger évoquant l'univers balzacien du Père Goriot.

🍴🍴 **Bonheur de Chine**, 6 allée A. Maillol (face 35 av. J. Jaurès) ✆ 01 47 49 88 88, Fax 01 47 49 48 68 – 🖳. 🆎 ⓘ ⑱
fermé lundi – **Repas** 18 (déj.), 30/43.
   ♦ Mobilier et autres éléments de décor en provenance d'Extrême-Orient composent le cadre authentique de ce restaurant où confluent toutes les saveurs de la cuisine chinoise.

Rungis 94150 Val-de-Marne **312** D3 **101** ㉖ – 5 424 h alt. 80 Marché d'Intérêt National.

Paris 14 – Antony 5 – Corbeil-Essonnes 30 – Créteil 13 – Longjumeau 12.

à Pondorly : accès : de Paris, A6 et bretelle d'Orly ; de province, A6 et sortie Rungis

🏨 **Holiday Inn,** 4 av. Ch. Lindbergh ✆ 01 49 78 42 00, hiorly.manager@alliance-hospitality.c
om, Fax 01 45 60 91 25 – 📱 ⚶ ≡ 🅃🝣 Ᏽ 🄿 – 🄰 15 à 150. 🄰🄴 ⓞ 🌐 🄹🄲🄱. ⚆ rest
Repas (19,70) - 25,70, enf. 11 ♀ – ☲ 15 – **168 ch** 160/191.
   ◆ Au bord de l'autoroute, établissement de grand confort dont les chambres, équipées
du double vitrage, sont spacieuses et modernes. La salle à manger présente un cadre
contemporain rehaussé de discrètes touches Art déco ; plats traditionnels.

🏨 **Novotel,** Zone du Delta, 1 r. Pont des Halles ✆ 01 45 12 44 12, h1628@accor-hotels.com,
Fax 01 45 12 44 13, ☲ – 📱 ⚶ ≡ 🅃🝣 Ᏽ 🄿 – 🄰 15 à 150. 🄰🄴 ⓞ 🌐 🄹🄲🄱
Repas (16) - carte 22 à 29, enf. 8 ♀ – ☲ 12 – **181 ch** 137/159.
   ◆ Les chambres de ce Novotel sont aménagées selon les normes de la chaîne et équipées
d'un double vitrage. Bar décoré sur le thème de la B. D. Le cadre de la spacieuse salle de
restaurant évoque le "ventre de Paris" et les halles plus contemporaines de Rungis.

Saclay 91400 Essonne **312** C3 **101** ㉔ – 2 883 h alt. 147.

Paris 27 – Antony 14 – Chevreuse 13 – Montlhéry 16 – Versailles 12.

🏨 **Novotel,** r. Charles Thomassin ✆ 01 69 35 66 00, h0392@accor-hotels.com,
Fax 01 69 41 01 77, ☆, ☲, ⚗, ⚘ – 📱 ⚶ ≡ 🅃🝣 Ᏽ 🄿 – 🄰 160. 🄰🄴 ⓞ 🌐 🄹🄲🄱
Repas (17) - carte 24 à 33, enf. 8 ♀ – ☲ 12 – **136 ch** 109/118.
   ◆ Cour pavée, maison bourgeoise du 19ᵉ s. et ancien corps de ferme : vous êtes au
Novotel Saclay ! Les chambres occupent une aile récente, conforme aux standards de
la chaîne. Bar réchauffé par une vieille cheminée et restaurant ouvert sur un espace
verdoyant.

St-Cloud 92210 Hauts-de-Seine **311** J2 **101** ⑭ G. Île de France – 28 157 h alt. 63.

Voir Parc★★ (Grandes Eaux★★) – Église Stella Matutina★ .

🏌 du Paris Country Club ✆ 01 47 71 39 22, (Hippodrome).

Paris 12 – Nanterre 7 – Rueil-Malmaison 6 – St-Germain 16 – Versailles 10.

🏨 **Villa Henri IV,** 43 bd République ✆ 01 46 02 59 30, villa-henri-4@wanadoo.fr,
Fax 01 49 11 11 02 – 📱 🅃🝣 🄿 – 🄰 25. 🄰🄴 ⓞ 🌐
Bourbon (fermé 22 juil. au 22 août et dim. soir) **Repas** (14)-19/31 ♀ – ☲ 7 – **36 ch** 78/99.
   ◆ Le charme de l'ancien dans cette villa clodoaldienne aux chambres garnies de meubles
de style ; toutes sont bien insonorisées. Une atmosphère d'auberge provinciale cossue
émane de ce restaurant dont l'enseigne fait référence au riche passé de St-Cloud.

🏨 **Quorum,** 2 bd République ✆ 01 47 71 22 33, quorum@multi-micro.com,
Fax 01 46 02 75 64 – 📱, ≡ rest, 🅃🝣 Ᏽ ⚶ 🄿. 🄰🄴 ⓞ 🌐
Repas (fermé août, sam. et dim.) (16) - carte 24 à 43 ♀ – ☲ 7 – **58 ch** 80/100.
   ◆ Le beau parc de Saint-Cloud (450 ha) est à deux pas de ce bâtiment récent qui abrite des
chambres rénovées, fonctionnelles et équipées d'un double vitrage. Salle à manger ac-
tuelle dotée de meubles en bambou et cuisine traditionnelle sans prétention.

🍴 **Garde-Manger,** 21 r. Orléans ✆ 01 46 02 03 66, Fax 01 46 02 11 55 – 🌐
fermé dim. – **Repas** carte 26 à 36 ♀.
   ◆ Accueil souriant, service décontracté mais efficace et cuisine généreuse sont les atouts
de ce petit bistrot de quartier. On y mange au coude à coude.

St-Denis ⬧ 93200 Seine-St-Denis **305** F7 **101** ⑯ G. Île de France – 85 832 h alt. 33.

Voir Basilique★★★ – Stade de France★ .

🛈 Office de tourisme, 1 rue de la République ✆ 01 55 87 08 70, Fax 01 48 20 24 11,
infos@stdenis-tourisme.com.

Paris 11 – Argenteuil 12 – Beauvais 70 – Bobigny 11 – Chantilly 31 – Pontoise 27 – Senlis 44.

🏨 **Suitehotel** sans rest, 31 r. Jules Rimet ✆ 01 49 46 54 54, h3325@accor-hotels.com,
Fax 01 49 46 54 55, 🛌 – 📱 ⚶ ≡ 🅃🝣 Ᏽ ⚶. 🄰🄴 ⓞ 🌐 🄹🄲🄱
☲ 12 – **101 ch** 92.
   ◆ Votre suite à proximité du célèbre stade de France ? Un salon-bureau avec coin bar et,
cloisonnable, une chambre habilement agencée ; le tout sur 30 mètres carrés.

🏨 **Ibis Stade de France Sud** sans rest, r. Coquerie ✆ 01 55 93 36 00, Fax 01 55 93 36 36 –
📱 ⚶ ≡ 🅃🝣 Ᏽ 🄿 🄰🄴 ⓞ 🌐 🄹🄲🄱
☲ 6 – **95 ch** 62/105.
   ◆ Ibis récent proposant des chambres meublées dans le nouveau style de la chaîne, toutes
bien insonorisées et équipées de doubles fenêtres côté boulevard.

St-Germain-en-Laye

St-Germain-en-Laye ⊗ 78100 Yvelines **311** I2 **101** ⑬ G. Île de France – 38 423 h alt. 78.

Voir *Terrasse*★★ – *Jardin anglais*★ – *Château* : *musée des Antiquités nationales*★★ – *Musée Maurice Denis*★.

🖾 de Joyenval à Chambourcy ℰ 01 39 22 27 50, par ④ : 6 km par D 160.

🛈 Office de tourisme, 38 rue au Pain ℰ 01 34 51 05 12, Fax 01 34 51 36 01, saint-.germain.en.laye.tourisme@wanadoo.fr.

Paris 25 ③ – Beauvais 81 ① – Dreux 66 ③ – Mantes-la-Jolie 36 ④ – Versailles 13 ③.

ST-GERMAIN-EN-LAYE

Bonnenfant (R.A.)	**AZ** 3	Detaille (Pl.)	**AY** 6	Paris (R. de)	**AZ**
Coches (R. des)	**AZ** 4	Giraud-Teulon (R.)	**BZ** 9	Poissy (R. de)	**AZ** 22
Denis (R. M.)	**AZ** 5	Gde-Fontaine (R.)	**AZ** 10	Pologne (R. de)	**AY** 23
		Loges (Av. des)	**AY** 14	Surintendance (R. de la)	**AY** 28
		Malraux (Pl. A.)	**BZ** 16	Victoire (Pl. de la)	**AY** 30
		Marché-Neuf (Pl. du)	**AZ**	Vieil-Abreuvoir (R. du)	**AZ** 32
		Mareil (Pl.)	**AZ** 19	Vieux-Marché	
		Pain (R. au)	**AZ** 20	(R. du)	**AZ** 33

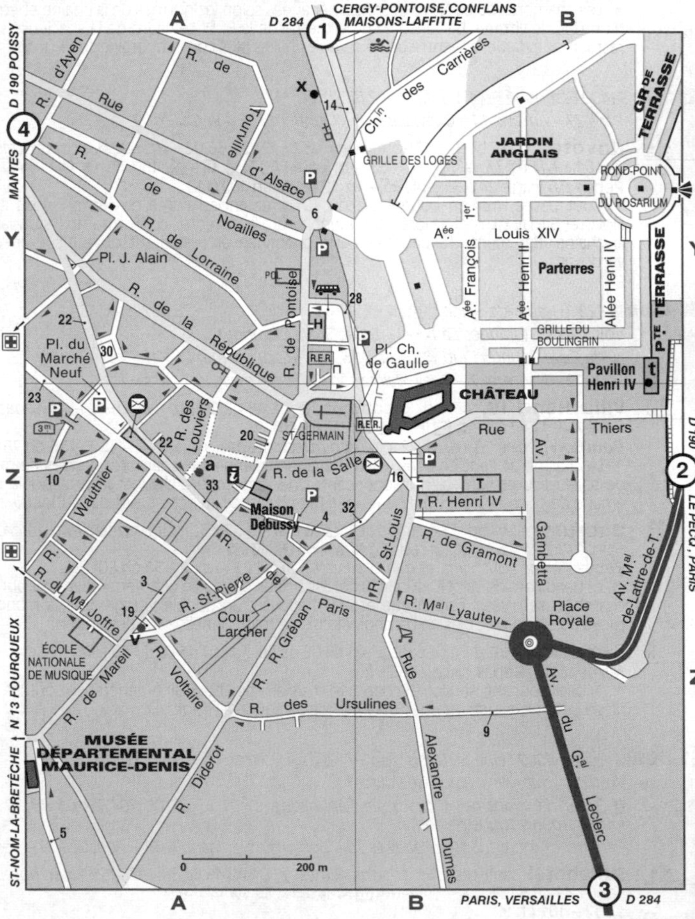

Pavillon Henri IV ⊗, 21 r. Thiers ℰ 01 39 10 15 15, pavillonhenri4@wanadoo.fr, Fax 01 39 73 93 73, ≤, 佘 – 劇 TV 📞 🅿 – 🕍 30 à 120. 🕰 ⓞ Ⓖ. 쏬 rest **BYZ** t
Repas (fermé dim. soir, mardi et merc.) (39) - 49/59 ♀ – ☲ 12 – **42 ch** 110/220 – ½ P 140/170.

◆ Achevée en 1604 sous l'impulsion d'Henri IV, cette belle bâtisse vit naître le futur roi Louis XIV. Atmosphère bourgeoise et meubles de style dans les salons et les chambres. La salle à manger offre un superbe panorama sur la vallée de la Seine et Paris.

🏨 **Ermitage des Loges**, 11 av. Loges 🖉 01 39 21 50 90, *hotel@ermitagedesloges.com*, Fax 01 39 21 50 91, 😤, 🚗 – 📳 🔟 📞 �P – 🔬 30 à 150. 🖭 ⓞ 🖼 🛠 rest **AY x** **Repas** 19 bc (déj.)/29, enf. 12 ♀ – ☑ 13 – **56 ch** 119/150.

♦ Hôtel situé à proximité du château de Saint-Germain. Chambres fonctionnelles réparties dans deux bâtiments ; l'annexe, plus récente, bénéficie du calme du jardin. Salle de restaurant d'esprit bistrot dont le décor actuel évoque l'épopée de l'aéronautique.

✗ **Top Model**, 24 r. St-Pierre 🖉 01 34 51 77 78, Fax 01 39 76 62 50 – 🖭 🖼, 🛠 *fermé 3 au 23 août, 3 au 10 janv., dim. et lundi* – **Repas** (nombre de couverts limité, prévenir) 12 (déj.), 23/27 ♀. **AZ v**

♦ Murs, housses des chaises et nappage : tout est blanc dans ce minirestaurant au cadre contemporain. Cuisine élaborée et carte de caviar... pour top models ?

✗ **Feuillantine**, 10 r. Louviers 🖉 01 34 51 04 24, Fax 01 34 51 49 03 – 🖼 **AZ a** **Repas** 27.

♦ Restaurant dans une rue piétonne commerçante. En salle, poutres anciennes, banquettes et ambiance "bonne franquette" ; on y mange au coude à coude.

par ① et D 284 : 2,5 km – ☒ 78100 St-Germain-en-Laye :

🏨 **Forestière** ॐ, 1 av. Prés. Kennedy 🖉 01 39 10 38 38, *cazaudehore@relaischateaux.com*, Fax 01 39 73 73 88, 🔔 – 📳, 🗏 rest, 🔟 🕭 �P – 🔬 30. 🖭 ⓞ 🖼 🃏 voir rest. ***Cazaudehore*** ci-après – ☑ 15 – **25 ch** 160/200, 5 suites.

♦ Séduisante maison entourée d'un jardin en lisière de forêt. Le choix des coloris et un mobilier de belle facture personnalisent les chambres, toutes "cosy". Soirées jazz.

✗✗✗ **Cazaudehore**–Hôtel Forestière, 1 av. Prés. Kennedy 🖉 01 30 61 64 64, *cazaudehore@rel aischateaux.com*, Fax 01 39 73 73 88, 😤, 🚗 – 🗏 P. 🖭 ⓞ 🖼 🃏 *fermé lundi sauf fériés et dim. soir de nov. à fév.* – **Repas** (40 bc) - 50 bc (déj.)/65 bc et carte 53 à 135, enf. 22 🕭.

♦ Les Cazaudehore reçoivent en cette grande demeure depuis 1928. Élégante et chaleureuse salle à manger ; délicieuse terrasse ombragée par des acacias. Carte des vins étoffée.

St-Leu-la-Forêt 95320 Val d'Oise 🗾 E6 🔟 ④ – 15 127 h alt. 120.

🯄 Office de tourisme, 1 rue Barrelier 🖉 02 62 34 63 30, Fax 02 62 34 96 45, info@stleu-tourisme.com.

Paris 27 – Nanterre 22 – Beauvais 59 – Chantilly 31 – L'Isle-Adam 15 – Pontoise 20.

✗✗ **Au Lévrier**, 36 bis r. Paris 🖉 01 39 60 00 38, Fax 01 39 60 08 51 – 🖼, 🖭 🖼 *fermé 10 au 25 août, 26 déc. au 5 janv., sam. midi et dim. sauf fériés* – **Repas** (22) - 30/47, enf. 15 ♀.

♦ Salles à manger fraîches, aux tons pastel, garnies de chaises drapées ; l'une d'elles est agrémentée d'une petite verrière. Cuisine au goût du jour.

✗ **Petit Castor**, 68 r. Paris 🖉 01 39 32 94 13, Fax 01 30 40 85 52 – 🖼. 🖭 🖼 *fermé août, dim. soir, lundi soir et merc.* – **Repas** 16/39 ♀.

♦ Proche du centre, restaurant proposant une cuisine traditionnelle. Murs crépis, poutres apparentes et cheminée président au décor rustique de la salle à manger.

St-Mandé 94160 Val-de-Marne 🗾 D2 🔟 ㉗ – 19 697 h alt. 50.

Paris 7 – Créteil 10 – Lagny-sur-Marne 29 – Maisons-Alfort 6 – Vincennes 2.

✗✗ **Ambassade de Pékin**, 6 av. Joffre 🖉 01 43 98 13 82, Fax 01 43 28 31 93 – 🖼. 🖭 🖼 **Repas** 12 (déj.) et carte 20 à 30 🕭.

♦ Adresse appréciée avant tout pour l'originalité de sa cuisine vietnamienne et thaïlandaise, servie avec courtoisie et efficacité dans un sobre cadre actuel.

St-Maur-des-Fossés 94100 Val-de-Marne 🗾 D3 🔟 ㉗ – 73 069 h alt. 38.

🯄 Office de tourisme, 70 avenue de la République 🖉 01 42 83 84 74, Fax 01 42 83 84 74. Paris 12 – Créteil 6 – Nogent-sur-Marne 6.

✗✗ **Auberge de la Passerelle**, 37 quai de la Pie 🖉 01 48 83 59 65, Fax 01 48 89 91 24 – 🖼. 🖭 🖼 – *fermé dim. soir, mardi soir et merc.* – **Repas** 24 (déj.), 29/39,90, enf. 15.

♦ Salle à manger aménagée dans une véranda flanquant un pavillon des bords de Marne. Décor simple et cuisine traditionnelle privilégiant poissons et crustacés.

✗✗ **Gourmet**, 150 bd Gén. Giraud (quartier de la Pie) 🖉 01 48 86 86 96, Fax 01 48 86 86 96, 😤 – 🖼 – *fermé 16 août au 7 sept., 3 au 10 janv., dim. soir et lundi* – **Repas** (20) - 30/45 ♀.

♦ Petite atmosphère Belle Époque en ce restaurant où le chef concocte une cuisine gorgée de soleil. L'été, la terrasse fleurie est très demandée.

à La Varenne-St-Hilaire – ☒ 94210 :

🏨 **Winston** sans rest, 119 quai W. Churchill 🖉 01 48 85 00 46, *winston.hotel@online.fr*, Fax 01 48 89 98 89 – 🔟 P. 🖭 ⓞ 🖼 🃏 ☑ 6,50 – **23 ch** 55/80.

♦ Dans un secteur résidentiel, grande chaumière moderne abritant des chambres meublées en bois cérusé, bien tenues et régulièrement rafraîchies.

XXX **Bretèche,** 171 quai Bonneuil ✆ 01 48 83 38 73, *labreteche@cyber-club.org,* Fax 01 42 83 63 19, � – ▤. 🅰🅴 ⅁🅱

fermé vacances de fév., dim. soir et lundi – **Repas** 27 et carte 46 à 59 ♀.

◆ Adresse estimée pour son décor élégant et sa cuisine au goût du jour. La terrasse en bord de Marne devient agréable aux heures où les RER se raréfient.

X **Gargamelle,** 23 av. Ch. Péguy ✆ 01 48 86 04 40, *sarl.la.deviniere@wanadoo.fr,* � – 🅰🅴 ⓞ ⅁🅱

fermé 16 août au 1ᵉʳ sept., dim. soir et lundi – **Repas** 26/45 ♀.

◆ Cuisine simple et goûteuse, service tout sourire et plaisante terrasse fleurie sont les atouts de ce restaurant par ailleurs modeste : on s'y bouscule !

St-Ouen 93400 Seine-St-Denis 305 F7 101 ⑯ – 39 722 h alt. 36.

🇧 *Office de tourisme, place de la République* ✆ 01 40 11 77 36, Fax 01 40 11 01 70, *ot-saint-ouen@wanadoo.fr.*

Paris 9 – Bobigny 12 – Chantilly 46 – Meaux 49 – Pontoise 26 – St-Denis 5.

🏠 **Manhattan,** 115 av. G. Péri ✆ 01 41 66 40 00, *reservation@hotel-le-manhattan,* Fax 01 41 66 40 66 – 📶 🍴 ▤ 🆃🆅 📞 & 🖙 🅿. 🅰🅴 ⓞ ⅁🅱 🅹🅲🅱

Repas *(fermé 30 juil. au 23 août, sam. dim. et jours fériés)* (19) - 21/23 ♀ – 🍴 12 – **126 ch** 175.

◆ Architecture de verre et de béton de taille bien plus modeste que les tours de Manhattan. Les chambres, claires et pratiques, bénéficient d'une bonne insonorisation. Salle de restaurant-véranda perchée au 8ᵉ étage de l'hôtel ; carte traditionnelle.

XX **Coq de la Maison Blanche,** 37 bd J. Jaurès ✆ 01 40 11 01 23, Fax 01 40 11 67 68, � – ▤ 📑🍴 midi. 🅰🅴 ⓞ ⅁🅱 🅹🅲🅱

fermé week-ends du 14 juil. au 15 août et dim. – **Repas** 30.

◆ Allure de brasserie cossue et cuisine traditionnelle sont les traits principaux de ce restaurant aménagé dans un ancien relais de poste. Service décontracté et efficace.

X **Soleil,** 109 av. Michelet ✆ 01 40 10 08 08, *lesoleil2@wanadoo.fr,* Fax 01 40 10 16 85 – 🅰🅴 ⅁🅱

fermé soirs de dim. à merc. – **Repas** carte 38 à 48.

◆ Sympathique bistrot dont l'amusant décor éclectique (meubles et bibelots chinés) rappelle la proximité du Marché aux Puces. Table généreuse, répertoire traditionnel.

St-Pierre-du-Perray 91280 Essonne 312 D4 101 ㉘ – 5 801 h alt. 88.

Paris 39 – Brie-Comte-Robert 16 – Évry 7 – Melun 20.

🏠 **Novotel,** golf de Greenparc ✆ 01 69 89 75 75, *h1783@accor-hotels.com,* Fax 01 69 89 75 50, � , 🎷, 🔄 – 📶 🍴 ▤ 🆃🆅 📞 & 🅿 – 🔏 120. 🅰🅴 ⓞ ⅁🅱 🅹🅲🅱

Repas *(17,50)* - 30 bc, enf. 8 – 🍴 12 – **78 ch** 100/115.

◆ Cet hôtel dispose de chambres du modèle "dernière génération" de la chaîne. La moitié d'entre elles offrent une vue sur le golf ; certaines disposent même d'un balcon. Sobre salle à manger contemporaine où l'on propose la carte "Novotel" traditionnelle.

St-Quentin-en-Yvelines 78 Yvelines 311 H3 101 ㉑ G. Île de France.

🔟6 *Blue Green Golf St-Quentin-en-Yvelines à Trappes* ✆ 01 30 50 86 40; 🔟5 *National à Guyancourt* ✆ 01 30 43 36 00.

Paris 33 – Houdan 33 – Palaiseau 28 – Rambouillet 21 – Versailles 14.

Montigny-le-Bretonneux – 35 216 h. alt. 162 – ⊠ 78180 :

🏠 **Mercure,** 9 pl. Choiseul ✆ 01 39 30 18 00, *h1983@accor-hotels.com,* Fax 01 30 57 15 22, � – 📶 🍴 ▤ 🆃🆅 📞 & 🖙 – 🔏 20 à 70. 🅰🅴 ⓞ ⅁🅱

Repas *(fermé vend. soir, dim. midi et sam.)* *(17,50)* - 25/45 et carte 30 à 35, enf. 10 – 🍴 12 – **74 ch** 116/126.

◆ Intégré à un ensemble immobilier, hôtel dont les chambres sont d'une discrète élégance : sobriété du cadre et harmonie des couleurs. Salon-bar feutré. Le restaurant est décoré sur le thème aéronautique (photos anciennes, fresque et maquettes).

🏠 **Auberge du Manet** 🍴, 61 av. Manet ✆ 01 30 64 89 00, *mail@aubergedumanet.com,* Fax 01 30 64 55 10, � – 🖙 🆃🆅 & 🅿. 🅰🅴 ⓞ ⅁🅱 🅹🅲🅱

Repas 30/37 ♀ – 🍴 10 – **31 ch** 80/120, duplex.

◆ Propriété de l'abbaye de Port-Royal-des-Champs au 17ᵉ s., domaine agricole sous la Révolution, et aujourd'hui auberge à l'atmosphère chaleureuse. Chambres confortables. Salle à manger-véranda et plaisante terrasse champêtre au bord d'une mare aux canards.

🏠 **Holiday Inn Garden Court,** r. J.-P. Timbaud (rte Bois d'Arcy sur D 127) ✆ 01 30 14 42 00, *higcsaintquentin@alliance-hospitality.com,* Fax 01 30 14 42 42, � – 📶 🖙 🆃🆅 📞 & 🅿 – 🔏 20 à 60. 🅰🅴 ⓞ ⅁🅱 🅹🅲🅱

Repas *(fermé vend. soir, dim. midi et sam.)* *(18,50)* - 25,50/33 ♀ – 🍴 10 – **81 ch** 135.

◆ Dans le quartier du Pas-du-Lac, établissement moderne dont les chambres, plutôt petites et de style actuel (avec couettes de lit), sont régulièrement rafraîchies. Salle à manger-véranda agréablement rénovée, terrasse d'été et plats traditionnels.

Voisins-le-Bretonneux – 12 153 h. alt. 163 – ⊠ 78960 .

Voir *Vestiges de l'abbaye Port-Royal des Champs★ SO : 4 km.*

🏨 **Novotel St-Quentin Golf National** ♨, au Golf National, Est : 2 km par D 36 ⊠ 78114 Magny-lès-Hameaux 𝒫 01 30 57 65 65, *h1139@accor-hotels.com*, Fax 01 30 57 65 00, ≤, 🏊, 𝕃ᵈ, 🐾, 🎾, ⚓ – 🛗 ⑩ 🖭 🔟 📶 ㄹ 🔥 🖪 – 🔬 15 à 180. 🖭 ⑩ 🖭
Repas 27/73,40, enf. 8 ♀ – ㅍ 12 – **131 ch** 110/120.
♦ Environnement calme du golf, chambres modernes parfois dotées d'un balcon et nombreux équipements destinés à la clientèle d'affaires caractérisent cet hôtel. Lumineuse salle à manger et terrasse d'été ; espace restauration plus simple côté club-house.

🏨 **Relais de Voisins** ♨, av. Grand-Pré 𝒫 01 30 44 11 55, Fax 01 30 44 02 04, 🍴 – 🔟 🔥 🖪 📶 – 🔬 40.
fermé 18 juil. au 16 août – **Repas** *(fermé dim. soir)* 13,50/25 – ㅍ 6 – **54 ch** 59/69.
♦ Dans un secteur résidentiel et juste à côté du jardin botanique, adresse proposant des chambres très simplement meublées. Restaurant fonctionnel, sobre et coloré, où l'on sert une cuisine traditionnelle.

🏨 **Port Royal** ♨ sans rest, 20 r. H. Boucher 𝒫 01 30 44 16 27, Fax 01 30 57 52 11, 🍴 – ✀ 🔟 🔥 🖪 📶 🖭
fermé 7 au 19 août et 27 déc. au 2 janv. – ㅍ 6,50 – **40 ch** 58/62.
♦ Accueil familial et nuits paisibles en cet hôtel qui abrite des chambres régulièrement entretenues, sobrement meublées et agréablement lambrissées.

Ste-Geneviève-des-Bois 91700 Essonne **312** C4 **101** ㉟ *G. Île de France* – 32 125 h alt. 78.
🛈 Office de tourisme, 8 avenue du Château 𝒫 01 60 16 29 33, Fax 01 60 15 56 78.
Paris 27 – Arpajon 10 – Corbeil-Essonnes 18 – Étampes 30 – Évry 10 – Longjumeau 9.

XX **Table d'Antan**, 38 av. Gde Charmille du Parc, près H. de Ville 𝒫 01 60 15 71 53, *table-anta n@wanadoo.fr*, Fax 01 60 15 71 53 – 🖹. 🖭 🖭. 🛠
fermé 3 au 31 août, mardi soir, merc. soir, dim. soir et lundi – **Repas** 26/46 ♀.
♦ Atmosphère chaleureuse dans cet aimable restaurant égaré dans un ensemble résiden-tiel. Cuisine classique et spécialités du Sud-Ouest. Carte de whiskies et cave à cigares.

Savigny-sur-Orge 91600 Essonne **312** D3 **101** ㊱ – 36 258 h alt. 81.
🛈 Office de tourisme, place Davout 𝒫 01 69 24 17 52, Fax 01 69 05 58 28, otsi.savigny-@free.fr.
Paris 22 – Arpajon 20 – Corbeil-Essonnes 17 – Évry 11 – Longjumeau 6.

XX **Au Ménil**, 24 bd A. Briand 𝒫 01 69 05 47 48, Fax 01 69 44 09 44 – 🖹. 🖭 🖭
fermé 4 au 20 août, 20 au 27 janv. – **Repas** 27/44 ♀.
♦ Cadre agréable, mise en place soignée, bon accueil, service attentionné et copieuse cuisine classique caractérisent ce restaurant. Il n'est pas rare qu'on s'y bouscule !

Sucy-en-Brie 94370 Val-de-Marne **312** E3 **101** ㉘ – 24 812 h alt. 96.
Voir *Château de Gros Bois★ : mobilier★★ S : 5 km, G. Ile de France.*
Paris 21 – Créteil 6 – Chennevières-sur-Marne 4.

quartier les Bruyères *Sud-Est : 3 km :*

🏨 **Tartarin** ♨, carrefour de la Patte d'Oie 𝒫 01 45 90 42 61, *tartarin@9online.fr*, Fax 01 45 90 52 55, 🍴 – 🔟 🔥 – 🔬 30. 🖭
fermé août – **Repas** *(fermé mardi soir , merc. soir , jeudi soir et lundi)* 19,50/45 – ㅍ 6 – **12 ch** 48/53.
♦ Depuis trois générations, la même famille vous reçoit dans cet ancien rendez-vous de chasse posté à l'orée de la forêt. Il y règne une chaleureuse atmosphère campagnarde. La salle à manger a un petit air provincial et la terrasse ouvre côté centre hippique.

XX **Terrasse Fleurie**, 1 r. Marolles 𝒫 01 45 90 40 07, Fax 01 45 90 40 07, 🍴 – 🖪. 🖭
fermé 2 au 26 août, le soir (sauf vend. et sam.) et merc. – **Repas** 24/36, enf. 12.
♦ Aménagé dans un pavillon, restaurant dont la cuisine, simple et généreuse, se savoure dans la salle à manger rustique ou sur l'agréable terrasse fleurie.

Suresnes 92150 Hauts-de-Seine **311** J2 **101** ⑭ *G. Ile de France* – 39 706 h alt. 42.
Voir *Fort du Mont Valérien (Mémorial National de la France combattante).*
🛈 Office de tourisme, 50 boulevard Henri Sellier 𝒫 01 41 18 18 76, Fax 01 41 18 18 78, MCAMUS-OTSI@wanadoo.fr.
Paris 12 – Nanterre 4 – Pontoise 32 – St-Germain-en-Laye 13 – Versailles 14.

🏨 **Novotel** ♨, 7 r. Port aux Vins 𝒫 01 40 99 00 00, *h1143@accor-hotels.com*, Fax 01 45 06 60 06 – 🛗 ⑩ 🖭 🔟 🔥 🖪 🍴 ㄹ – 🔬 25 à 100. 🖭 ⑩ 🖭
Repas *(13,50)* - 15/17 ♀ – ㅍ 14 – **107 ch** 180/195, 3 suites.
♦ Hôtel construit en 1990 dans une rue calme proche des quais. Chambres fonctionnelles insonorisées et bien tenues. Salon-bar lumineux agrémenté de plantes vertes. Petit "plus" du restaurant : la cuisine se démarque des prestations habituelles "Novotel".

Astor sans rest, 19 bis r. Mt Valérien ℰ 01 45 06 15 52, *info@hotelastor.fr*, Fax 01 42 04 65 29 – 🛗 📺 📞. 🗚🗚 ⬜
⊇ 7 – **50 ch** 70.
* À 200 m du Mont Valérien - lieu de mémoire de la Résistance - établissement familial aux petites chambres sans luxe, propres et équipées d'un double vitrage efficace.

XX **Les Jardins de Camille**, 70 av. Franklin Roosevelt ℰ 01 45 06 22 66, *les-jardins-de-cami lle@wanadoo.fr*, Fax 01 47 72 42 25, ≼, 🏤 – 🗚🗚 ⬜ 🗚🗚
fermé dim. soir – **Repas** 32,50 ⛊ 🗚.
* Magnifique vue sur Paris et la Défense depuis la salle et l'une des terrasses de cette ancienne ferme transformée en restaurant. Belle carte de vins bourguignons.

Tremblay-en-France 93290 Seine-St-Denis 𝟯𝟬𝟱 G7 𝟭𝟬𝟭 ⑱ – 33 885 h alt. 60.
Paris 24 – Aulnay-sous-Bois 7 – Bobigny 13 – Villepinte 4.

XXX **Relais Gourmand**, 2 rte Petits Ponts ℰ 01 48 60 87 34, *relais9@club-internet.fr*, Fax 01 49 63 85 47 – 🟫. 🗚🗚 ⬜
fermé sam. midi, dim. soir et lundi – **Repas** 34/65 et carte 50 à 65 ⛊.
* À 10 mn de l'aéroport de Roissy, dégustez une cuisine classique renouvelée chaque saison dans cette salle d'esprit années 1980. Bon choix de gibier en automne.

au Tremblay-Vieux-Pays :

XX **Cénacle**, 1 r. Mairie ⊠ 93290 ℰ 01 48 61 32 91, Fax 01 48 60 43 89 – 🟫. 🗚🗚 ⬜
fermé août, sam et dim. – **Repas** 38/61, enf. 19 ⛊.
* La façade, pimpante avec ses stores rouges, abrite une petite salle à manger élégante et cossue : poutres peintes, tons ocre, tableaux, sièges cannés et vivier à crustacés.

Triel-sur-Seine 78510 Yvelines 𝟯𝟭𝟭 I2 𝟭𝟬𝟭 ⑩ G. Île de France – 11 097 h alt. 20.
Voir Église St-Martin★.
Paris 39 – Mantes-la-Jolie 27 – Pontoise 18 – Rambouillet 55 – St-Germain-en-Laye 12.

X **St-Martin**, 2 r. Galande (face Poste) ℰ 01 39 70 32 00 – ⬜
fermé 5 au 29 août, 23 déc. au 2 janv., merc. et dim. – **Repas** (nombre de couverts limité, prévenir) 21/38 ⛊.
* À côté d'une jolie église gothique du 13ᵉ s., restaurant proposant une cuisine traditionnelle actualisée dans un coquet décor d'inspiration rustique.

Vanves 92170 Hauts-de-Seine 𝟯𝟭𝟭 J3 𝟭𝟬𝟭 ㉕ – 25 414 h alt. 61.
🅱 Syndicat d'initiative, 2 rue Louis Blanc ℰ 01 47 36 03 26, Fax 01 47 36 06 63, *siaw-@wanadoo.fr*.
Paris 7 – Boulogne-Billancourt 5 – Nanterre 13.

🏨 **Mercure Porte de la Plaine**, 36-38 r. Moulin ℰ 01 46 48 55 55, *h0375@accor-hotels.c om*, Fax 01 46 48 56 56 – 🛗 ⟡ 🟫 📺 📞 👥 ⬅️ – 🔏 20 à 180. 🗚🗚 ⓪ ⬜ 🗚🗚
Repas ⑲ - 23, enf. 10 ⛊ – ⊇ 14 – **384 ch** 200/210, 4 suites.
* Face au parc des expositions, bâtiment des années 1980 abritant des chambres bien insonorisées. Peu à peu rénovées, elles adoptent un décor actuel. Restaurant-atrium fonctionnel, idéal pour un repas rapide (carte "Mercure" traditionnelle et banc d'écailler).

🏨 **Ibis** sans rest, 43 r. J. Bleuzen ℰ 01 40 95 80 00, *h1827@accor-hotels.com*, Fax 01 40 95 96 99 – 🛗 ⟡ 📺 📞 👥 ⬅️. 🗚🗚 ⓪ ⬜
⊇ 6 – **71 ch** 79.
* Près de la station de métro Malakoff-Plateau de Vanves. L'hôtel est tranquille, les chambres sont pratiques et bien tenues. Préférez celles donnant sur l'arrière.

XXX **Pavillon de la Tourelle**, 10 r. Larmeroux ℰ 01 46 42 15 59, *pavillontourelle@wanadoo.f r*, Fax 01 46 42 06 27, 🏤, 🏤 – 🅿. 🗚🗚 ⓪ 🗚🗚
fermé 26 juil. au 23 août, 21 au 28 fév., dim. soir et lundi – **Repas** (28,50) - 34/82 bc et carte 51 à 76, enf. 23.
* Bordant le parc municipal, ce pavillon surmonté d'une tourelle abrite un élégant restaurant : tons pastel, sièges de style Louis XVI et bouquets de fleurs fraîches.

Vaucresson 92420 Hauts-de-Seine 𝟯𝟭𝟭 I2 𝟭𝟬𝟭 ㉓ – 8 141 h alt. 160.
Voir Etang de St-Cucufa★ NE : 2,5 km – Institut Pasteur - Musée des Applications de la Recherche★ à Marnes-la-Coquette SO : 4 km, G. Ile de France.
🏌 Stade Francais ℰ 01 47 01 15 04, N : 2 km.
Paris 18 – Mantes-la-Jolie 44 – Nanterre 11 – St-Germain-en-Laye 11 – Versailles 5.
Plans voir plan de Versailles.

XXX **Auberge de la Poularde**, 36 bd Jardy (près autoroute) D 182 ℰ 01 47 41 13 47, Fax 01 47 41 13 47, 🏤 – 🅿. 🗚🗚 ⬜ 🗚🗚   **U   a**
fermé août, vacances de fév., dim. soir, mardi soir et merc. – **Repas** 30 et carte 32 à 52.
* Accueil aimable et service impeccable distinguent cette auberge à la charmante atmosphère provinciale. La carte, classique, met la poularde de Bresse à l'honneur.

Vélizy-Villacoublay 78140 Yvelines **311** J3 **101** ㉔ – 20 342 h alt. 164.
Paris 19 – Antony 12 – Chartres 81 – Meudon 8 – Versailles 6.

Holiday Inn, av. Europe, près centre commercial Vélizy II ✆ 01 39 46 96 98, hivelizy@allia nce-hospitality.com, Fax 01 34 65 95 21, *I₆*, ⬚, – 🛗 ✦ ☰ 📺 ✆ & 🅿 – 🏊 170. 🖭 ⓞ ☞. ❀ rest
Repas *(30)* - 33/38 – 🖵 15 – **182 ch** 248/283.
◆ Les chambres de cet hôtel sont confortables et régulièrement rajeunies ; le sixième étage attend une rénovation. Préférez celles tournant le dos à l'autoroute. Des poutres apparentes coiffent la confortable salle à manger de l'Holiday Inn.

Suitehotel sans rest, 1ter r. du Petit Clamart ✆ 01 40 83 75 15, Fax 01 40 83 75 16, *I₆* – 🛗 ✦ ☰ 📺 ✆ 🅿. 🖭 ⓞ ☞ 🇯🇨🇧
🖵 12 – **125 ch** 75/92.
◆ Cet hôtel flambant neuf est d'accès un peu difficile. L'espace et les équipements disponibles dans ses "suites" de 30 mètres carrés remportent en revanche tous les suffrages.

Versailles 🅿 78000 Yvelines **311** I3 **101** ㉓ G. Île de France – 85 726 h alt. 130.

Voir Château*** – Jardins*** *(Grandes Eaux*** et fêtes de nuit*** en été)* – Ecuries Royales* – Trianon** – Musée Lambinet* **Y M**.

Env. Jouy-en-Josas : la "Diège" (statue) dans l'église, 7 km par* ③.

I₆ du Stade Français à Vaucresson ✆ 01 47 01 15 04, par ⑩ : 7 km ; *I₆ à St-Aubin ✆ 01 69 41 25 19, par* ④ : 17 km ; *I₆ à Feucherolles ✆ 01 30 54 94 94, par* ⑦ : 17 km.
🛈 *Office de tourisme, 2 bis avenue de Paris ✆ 01 39 24 88 88, Fax 01 39 24 88 89, tourisme@ot-versailles.fr.*

Paris 22 ① *– Beauvais 94* ⑨ *– Dreux 59* ⑥ *– Évreux 90* ⑧ *– Melun 65* ④ *– Orléans 129* ④.

Plans pages suivantes

Trianon Palace ⌖, 1 bd Reine ✆ 01 30 84 50 00, trian@westin.com, Fax 01 30 84 50 01, ≼, ⬚, 🏊, 🐾 – 🛗 ✦ ☰ ch, 📺 ✆ ⬅ 🅿 – 🏊 15 à 200. 🖭 ⓞ ☞ 🇯🇨🇧
voir rest. **Les Trois Marches** ci-après **- Café Trianon :** **Repas** carte 52 à 70, enf. 15 🍼 – 🖵 30 – **166 ch** 286/616, 26 suites. **X r**
◆ L'architecture classique de ce luxueux hôtel situé en lisière du parc du château s'accorde avec un élégant décor du début du 20ᵉ s. Bel espace de remise en forme. Le Café Trianon séduit les Versaillais par sa cuisine au goût du jour et sa jolie verrière.

Sofitel Château de Versailles, 2 bis av. Paris ✆ 01 39 07 46 46, h1300@accor-hotels.c om, Fax 01 39 07 46 47, ⌖, *I₆* – 🛗 ✦ ☰ ch, 📺 ✆ & ⬅ – 🏊 120. 🖭 ⓞ ☞ 🇯🇨🇧
Repas *(fermé 23 juil. au 23 août, vend. et sam.)* 30/50 bc, enf. 15 🍼 – 🖵 20 – **146 ch** 380, 6 suites. **Y a**
◆ Des anciens manèges d'artillerie, il n'a été conservé que le portail. Vastes chambres rénovées, agrémentées de meubles de style et de lithographies. Salle à manger moderne ornée de lambrequins en toile de Jouy et cuisine associant saveurs d'ici et d'ailleurs.

Versailles ⌖ sans rest, 7 r. Ste-Anne ✆ 01 39 50 64 65, info@hotel-le-versailles.fr, Fax 01 39 02 37 85 – 🛗 📺 ✆ & 🅿 – 🏊 25. 🖭 ⓞ ☞ 🇯🇨🇧 **Y p**
🖵 11 – **46 ch** 86/115.
◆ Chambres spacieuses, mobilier d'inspiration Art déco, calme, jolie terrasse et accueil attentif : autant de raisons expliquant le succès de ce plaisant hôtel. Clients fidèles.

Résidence du Berry sans rest, 14 r. Anjou ✆ 01 39 49 07 07, resa@hotel-berry.com, Fax 01 39 50 59 40 – 🛗 ✦ 📺 ✆ &. 🖭 ⓞ ☞ 🇯🇨🇧 **Z s**
🖵 12 – **39 ch** 115/140.
◆ Entre carrés St-Louis et potager du Roi, ce bel immeuble du 18ᵉ s. abrite des petites chambres intimes et joliment personnalisées. Espace bar-billard élégant et "cosy".

Mercure sans rest, 19 r. Ph. de Dangeau ✆ 01 39 50 44 10, hotel@mercure-versailles.com, Fax 01 39 50 65 11 – 🛗 📺 ✆ ⬅ – 🏊 35. 🖭 ⓞ ☞ 🇯🇨🇧 – 🖵 8 – **60 ch** 91/99. **Y n**
◆ Dans un quartier calme, établissement dont les chambres sont avant tout pratiques. Hall d'accueil bien meublé, ouvrant sur une agréable salle des petits-déjeuners.

Ibis sans rest, 4 av. Gén. de Gaulle ✆ 01 39 53 03 30, Fax 01 39 50 06 31 – 🛗 ✦ 📺 ✆ & ⬅. 🖭 ⓞ ☞ – 🖵 6 – **85 ch** 82. **Y u**
◆ L'hôtel partage les murs de cet immeuble avec le Sofitel. Aucune chambre ne donne directement sur l'avenue ; réservez-en une relookée dans le nouvel esprit de la chaîne.

ЖЖЖЖ **Les Trois Marches** - Hôtel Trianon Palace, 1 bd Reine ✆ 01 39 50 13 21, gerard.vie@west
❀ in.com, Fax 01 30 21 01 25, ≼, – ☰ 🅿. 🖭 ⓞ ☞ **X r**
fermé août, dim. et lundi – **Repas** 58 (déj.), 145/200 🍼 ⭐.
◆ Cuisine raffinée, riche carte des vins, élégante salle à manger s'ouvrant sur le parc et le jardin à la française : ah, si Sacha Guitry nous contait Versailles aujourd'hui !
Spéc. Foie gras de canard dans son consommé de cuisson en gelée. Saint-Pierre au lard caramélisé. Fondant de boeuf à la Rossini.

VERSAILLES

Bellevue (Av. de) .... **U** 2
Coste (R.) .... **V** 9
Dr-Schweitzer (Av. du) .. **U** 12
Franchet-d'Esperey
  (Av. du Mar.) .... **U** 15
Glatigny (Bd de) .... **U** 19
Leclerc (Av. du Gén.) ... **V** 22
Marly-le-Roi (R. de) .... **U** 26
Mermoz (R. Jean) .... **U** 27
Moxouris (R.) .... **U** 29
Napoléon-III (Rte) ...... **U** 30
Pelin (R. L.) .... **U** 32
Porchefontaine
  (Av. de) .... **V** 33
Pottier (R.) .... **U** 35
Rocquencourt (Av. de) .. **U** 39
St-Antoine (Allée) ...... **U** 40
Sports (R. des) .... **U** 43
Vauban (R.) .... **V** 45

Si le coût de la vie subit des variations importantes,
les prix que nous indiquons peuvent être majorés.
Lors de votre réservation à l'hôtel, faites-vous préciser le prix définitif.

VERSAILLES

États-Généraux (R. des) . **Z**
Europe (Av. de l') . . . . . . **Y** 14
Foch (R. du Mar.) . . . . . **XY**
Gambetta (Pl.) . . . . **Y** 17
Gaulle (Av. Gén.-de) . . . **YZ** 18
Hoche (R.) . . . . **Y**
Indép. Américaine
  (R. de l') . . . . **Y** 20
Leclerc (R. du Gén.) . . . **Z** 24

Carnot (R.) . . . . **Y**
Chancellerie (R. de la) . . **Y** 3
Clemenceau
  (R. Georges) . . . . **Y** 7
Cotte (R. Robert-de) . . . **Y** 10

Mermoz (R. Jean) . . . . **Z** 27
Nolhac (R. Pierre-de) . . . . **Y** 31
Orangerie (R. de l') . . . . . **YZ**
Paroisse (R. de la) . . . . . . **Y**
Porte de Buc (R. de la) . . **Z** 34
Rockefeller (Av.) . . . . **Z** 37
Royale (R.) . . . . **Z**
Satory (R. de) . . . . **YZ** 42
Vieux-Versailles (R. du) . . **YZ** 47

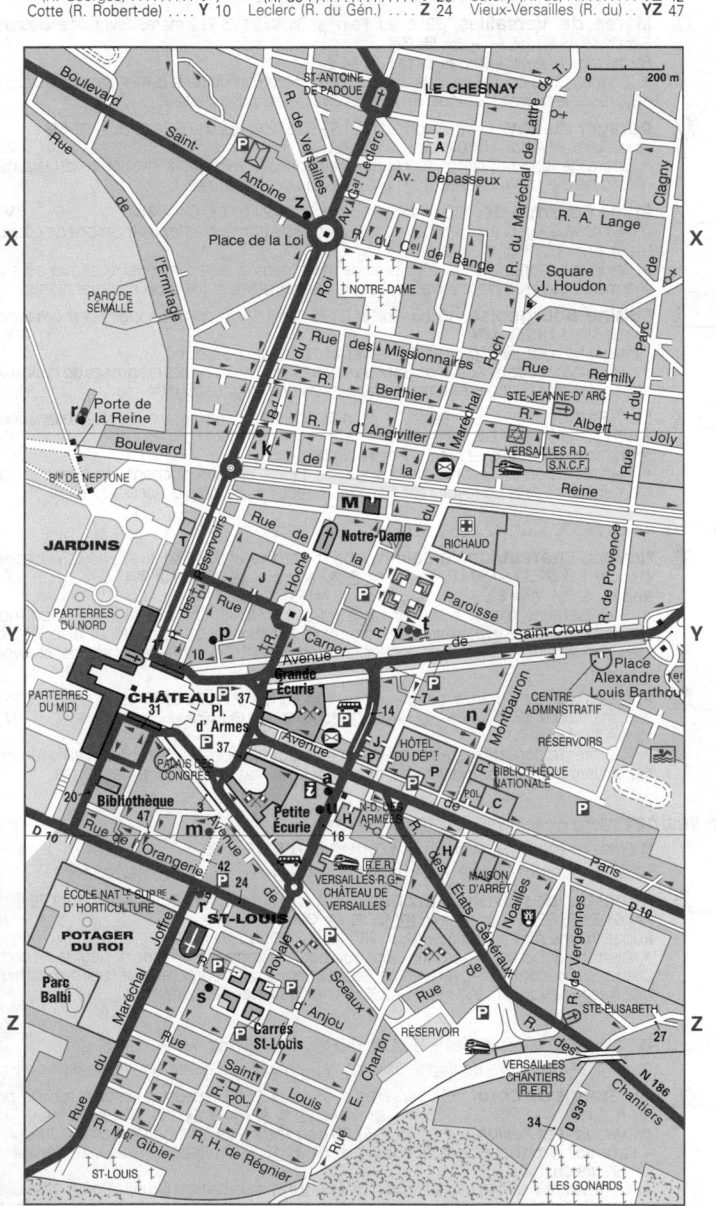

XX **Valmont**, 20 r. au Pain ✆ 01 39 51 39 00, *levalmont@wanadoo.fr*, Fax 01 39 49 98 29, 🌤
– 🍴, AE ⑩ GB JCB   Y v
fermé lun. soir et lundi – **Repas** *(19,50)* - 29,50 ♀.
❖ Façade engageante, sièges de style Louis XVI, peintures de paysages franciliens : une
sympathique adresse où vous savourerez une cuisine personnalisée.

XX **Marée de Versailles**, 22 r. au Pain ✆ 01 30 21 73 73, *mareedeversailles@tiscali.fr*,
Fax 01 39 49 98 29, 🌤 – 🍴, GB   Y t
fermé dim. et lundi – **Repas** carte 38 à 54 ♀.
❖ On mange au coude à coude une cuisine orientée produits de la mer dans ce restaurant
décoré sur le thème nautique. En été, la terrasse est prise d'assaut.

XX **Potager du Roy**, 1 r. Mar.-Joffre ✆ 01 39 50 35 34, Fax 01 30 21 69 30 – AE GB
🚗   Z r
❖ Cadre gentiment "rétro" et cuisine traditionnelle mettant à l'honneur les légumes :
l'enseigne elle-même insiste sur la proximité du potager du Roi !

X **Étape Gourmande**, 125 r. Yves Le Coz ✆ 01 30 21 01 63, 🌤 – GB   V n
fermé août, 29 déc. au 5 janv., dim. soir, mardi soir et merc. – **Repas** (nombre de couverts
limité, prévenir) 39 ♀ 🐾.
❖ Selon la saison, attablez-vous près de l'âtre dans la salle à manger rustique ou sur la
charmante et verdoyante terrasse. Cuisine personnalisée et joli choix de savennières.

Cuisine Bourgeoise, 10 bd Roi ✆ 01 39 53 11 38, *la.cuisine.bougeoise@wanadoo.fr*,
Fax 01 39 53 25 26 – GB   XY k
fermé lundi midi, sam. midi et dim. – **Repas** 29,50 (déj.), 50/90 bc.
❖ Un joli décor actuel égaye ce restaurant versaillais : murs blancs rehaussés de tableaux et
boiseries, tissus orangés et chaises drapées. Cuisine au goût du jour.

X **Le Falher**, 22 r. Satory ✆ 01 39 50 57 43, *restaurant-le-falher@wanadoo.fr*,
Fax 01 39 49 04 66 – GB, 🐾   Y m
fermé sam. midi, dim. et lundi – **Repas** 28/38.
❖ Nappes colorées, petites lampes sur les tables et reproductions de tableaux agrémentent cette salle de restaurant au cadre rustique assez simple. Accueil familial.

au Chesnay – *28 530 h. alt. 120* – ✉ *78150 :*

🏨 **Novotel Château de Versailles**, 4 bd St-Antoine ✆ 01 39 54 96 96, *h1022@accor-hot*
els.com, Fax 01 39 54 94 40 – 📶 ❄ 🍴 TV 📞 👤 🚗 – 🔔 90. AE ⑩ GB   X z
Repas (16) - 21, enf. 8 ♀ – 🍴 12 – **105 ch** 109/133.
❖ Établissement récent situé sur un rond-point. Un atrium aménagé en salon (nombreuses plantes vertes) dessert des chambres fonctionnelles, rajeunies et bien insonorisées. Au restaurant, intérieur moderne de style bistrot, carte de la chaîne et service
non-stop.

🏨 **Ibis** sans rest, av. Dutartre, centre commercial Parly II ✆ 01 39 63 37 93, *h0939@accor-hot*
els.com, Fax 01 39 55 18 66 – 📶 ❄ TV 📞 👤, AE ⑩ GB JCB   U n
🍴 6 – **72 ch** 49/75.
❖ Ibis intégré dans un vaste centre commercial. Deux types de chambres : celles rénovées
bénéficient d'un décor "new look" ; moquettes murales et crépis pour les autres.

Le Vésinet *78110 Yvelines* 📶 12 📶 ⑬ – *15 921 h alt. 44.*
🚩 *Office de tourisme, 60 boulevard Carnot* ✆ 01 30 15 47 00.
Paris 19 – Maisons-Laffitte 9 – Pontoise 23 – St-Germain-en-Laye 4 – Versailles 12.

🏨 **Auberge des Trois Marches**, 15 r. J. Laurent (pl. Église) ✆ 01 39 76 10 30,
Fax 01 39 76 62 58 – 📶, 🍴 rest, TV 📞 AE ⑩ GB
Repas *(fermé dim. soir et lundi)* (23) - 28 – 🍴 8 – **15 ch** 75/110.
❖ Discrète auberge située dans un quartier à l'ambiance villageoise (église, marché).
Chambres fonctionnelles, refaites par étapes. Tenue sans reproche et accueil sympathique.
Une fresque évoquant les années 1930 décore la salle de restaurant.

Ville d'Avray *92410 Hauts-de-Seine* 📶 J3 📶 ㉔ – *11 415 h alt. 130.*
Paris 14 – Antony 16 – Boulogne-Billancourt 5 – Neuilly-sur-Seine 10 – Versailles 6.

🏨 **Les Étangs de Corot**, 53 r. Versailles ✆ 01 41 15 37 00, *reception.corot@sodexho-prest*
ige.fr, Fax 01 41 15 37 99, 🌤, 🌳 – 📶 ❄ TV 📞 👤 🚗 – 🔔 110. AE ⑩ GB JCB
Cabassud- Les Paillotes ✆ 01 41 15 37 80 *(fermé dim. soir et lundi)* **Repas** (29) - 35, enf. 6 ♀
– **Café des Artistes et des Pêcheurs** ✆ 01 41 15 37 90 **Repas** 24 (déj.), 29/44, enf. 6 –
🍴 19 – **49 ch** 160/240.
❖ Ce ravissant hameau bâti au bord d'un étang inspira le peintre Camille Corot. Restauré et
agrandi, il abrite aujourd'hui un bel hôtel et une galerie d'art. Carte au goût du jour et
élégant décor au Cabassud. Esprit bistrot au Café des Artistes et des Pêcheurs.

Villeneuve-la-Garenne *92390 Hauts-de-Seine* **311** J2 **101** ⑮ – *22 349 h alt. 30.*

    Paris 13 – Nanterre 14 – Pontoise 23 – St-Denis 3 – St-Germain-en-Laye 24.

XX **Les Chanteraines**, av. 8 Mai 1945 ℘ 01 47 99 31 31, Fax 01 41 21 31 17, ≤, 🌤 – 🅿. 🆎 🇬🇧

    fermé 6 au 27 août, sam. et dim. – **Repas** 29 ♀.

    ◆ Comptoir en marqueterie chiné aux "puces", collection de grenouilles (clin d'oeil à l'enseigne) et vue sur le parc (70 ha) et le plan d'eau font le charme de ce restaurant.

Villeneuve-le-Roi *94290 Val-de-Marne* **312** D3 **101** ㉖ – *18 292 h alt. 100.*

    Paris 20 – Créteil 9 – Arpajon 29 – Corbeil-Essonnes 21 – Évry 16.

XX **Beau Rivage**, 17 quai de Halage ℘ 01 45 97 16 17, ariana@ariana-hotel.fr, Fax 01 49 61 02 60, ≤ – 🆎 ⓞ 🇬🇧

    fermé 13 au 31 août, merc. soir, mardi soir, dim. soir et lundi – **Repas** 32.

    ◆ Comme son nom l'indique, le Beau Rivage borde la rivière ; attablez-vous près des baies vitrées pour jouir de la vue sur la Seine. Cadre moderne et cuisine traditionnelle.

Villeparisis *77270 S.-et-M.* **312** E2 **101** ⑲ – *21 296 h alt. 72.*

    Paris 26 – Bobigny 15 – Chelles 10 – Tremblay-en-France 5.

🏠 **Relais du Parisis** sans rest, 2 av. Jean Monnet ℘ 01 64 27 83 83, parisis@chez.com, Fax 01 64 27 94 49 – 📺 📞 🅿. 🇬🇧

    fermé 1er au 7 janv. et dim. soir – 🍽 7 – **44 ch** 52.

    ◆ Situé dans un quartier affairé proche d'une rocade, hôtel hébergeant de petites chambres fonctionnelles et meublées simplement.

XX **Bastide**, 15 av. J. Jaurès ℘ 01 60 21 08 99, Fax 01 60 21 08 99 – 🇬🇧

    fermé 4 au 26 août, sam. midi, dim. soir et lundi soir – **Repas** (dim. prévenir) *(17)* - 21/36, enf. 12 ⅋.

    ◆ Il règne en ce discret restaurant du centre-ville une sympathique ambiance d'auberge provinciale. Cadre rustique avec poutres et cheminée. Cuisine traditionnelle.

Vincennes *94300 Val-de-Marne* **312** D2 **101** ⑰ – *43 595 h alt. 51.*

    Voir *Château*★★ – *Bois de Vincennes*★★ : *Zoo*★★, *Parc floral de Paris*★★, *Musée des Arts d'Afrique et d'Océanie*★, G. Paris.

    🛈 *Office de tourisme, 11 avenue de Nogent* ℘ 01 48 08 13 00, Fax 01 43 74 81 01, otsivincennes@free.fr.

    Paris 7 – Créteil 11 – Lagny-sur-Marne 26 – Meaux 47 – Melun 45 – Senlis 48.

🏨🏨 **St-Louis** sans rest, 2 bis r. R. Giraudineau ℘ 01 43 74 16 78, mail@hotel-paris-saintlouis.com, Fax 01 43 74 16 49 – 📶 📺 📞 ⅋ – 🔬 25. 🆎 ⓞ 🇬🇧 🇯🇨🇧

    🍽 12 – **25ch** 101/233.

    ◆ À deux pas du château, immeuble abritant de plaisantes chambres modernes. Quelques-unes, de plain-pied avec le jardinet, ont leur salle de bains en sous-sol.

🏨🏨 **Daumesnil Vincennes** sans rest, 50 av. Paris ℘ 01 48 08 44 10, info@hotel-daumesnil.com, Fax 01 43 65 10 94 – 📶 📺 📞. 🆎 ⓞ 🇬🇧 🇯🇨🇧

    🍽 10 – **50 ch** 86/160.

    ◆ Une jolie décoration d'inspiration provençale égaye cet hôtel situé sur une avenue passante. Salle des petits-déjeuners aménagée dans une véranda ouverte sur un minipatio.

🏠 **Donjon** sans rest, 22 r. Donjon ℘ 01 43 28 19 17, Fax 01 49 57 02 04 – 📶 📺. 🇬🇧

    fermé 21 juil. au 24 août – 🍽 6 – **25 ch** 50/68.

    ◆ Établissement du centre-ville proposant des chambres assez exiguës, mais proprettes. Salle des petits-déjeuners et salon agréablement meublés.

X **Rigadelle**, 26 r. Montreuil ℘ 01 43 28 04 23, Fax 01 43 28 04 23 – 🆎 ⓞ 🇬🇧

    fermé août, dim. et lundi – **Repas** (nombre de couverts limité, prévenir) *(19,50)* - 27.

    ◆ La salle de restaurant, coquette, est minuscule mais judicieusement agrandie par des miroirs. Vous y découvrirez une cuisine au goût du jour privilégiant les poissons.

Viry-Châtillon *91170 Essonne* **312** D3 **101** ㊱ – *30 257 h alt. 34.*

    Paris 26 – Corbeil-Essonnes 15 – Évry 8 – Longjumeau 10 – Versailles 29.

XXX **Dariole de Viry**, 21 r. Pasteur ℘ 01 69 44 22 40, Fax 01 69 96 88 87 – ▤. 🇬🇧

    fermé sam. midi et dim. – **Repas** 40.

    ◆ Dans une rue commerçante, discrète façade dissimulant une salle à manger contemporaine dont les tables s'agrémentent de nappes en dentelle. Cuisine classique.

X **Marcigny**, 27 r. D. Casanova ℘ 01 69 44 04 09 – ▤. 🇬🇧

    fermé 1er au 15 août, sam. midi, dim. soir et lundi – **Repas** 18 (déj.)/28, enf. 13.

    ◆ L'enseigne évoque un petit village bourguignon et la cuisine traditionnelle est escortée de spécialités charolaises. Ambiance conviviale et service attentionné.

PARTHENAY ⟨SP⟩ *79200 Deux-Sèvres* 322 E5 *G. Poitou Vendée Charentes – 10 466 h* alt. 175.

Voir ≤★ du Pont-Neuf - ≤★ de la terrasse de l'hôtel de ville – Pont et porte St-Jacques★ **Y B** – Rue de la Vau-St-Jacques★ **Y** – Église St-Pierre★ de Parthenay-le-Vieux par ④ : 1,5 km.

🞑 Château des Forges à Les Forges ℘ 05 49 69 91 77, par ③ et D 59 : 23 km.

Paris 377 ② – Poitiers 50 ② – Bressuire 32 ① – Niort 42 ④ – Thouars 41 ①.

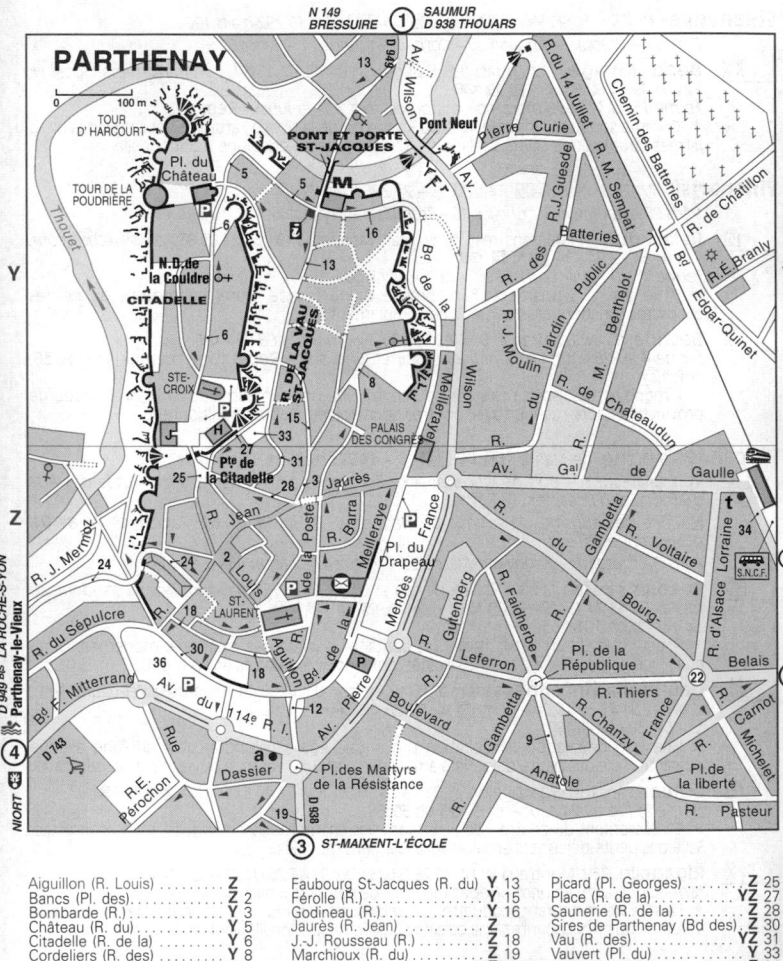

Aiguillon (R. Louis) .... **Z** 2	Faubourg St-Jacques (R. du) .. **Y** 13	Picard (Pl. Georges) .... **Z** 25
Bancs (Pl. des) .... **Z** 2	Férolle (R.) .... **Y** 15	Place (R. de la) .... **YZ** 27
Bombarde (R.) .... **Y** 3	Godineau (R.) .... **Y** 16	Saunerie (R. de la) .... **Z** 28
Château (R. du) .... **Y** 5	Jaurès (R. Jean) .... **Z**	Sires de Parthenay (Bd des) . **Z** 30
Citadelle (R. de la) .... **Y** 6	J.-J. Rousseau (R.) .... **Z** 18	Vau (R. des) .... **YZ** 31
Cordeliers (R. des) .... **Y** 8	Marchioux (R. du) .... **Z** 19	Vauvert (Pl. de) .... **Y** 33
Denfert-Rochereau (R.) .... **Z** 9	Michelet (Pl.) .... **Z** 22	Victor-Hugo (R.) .... **Z** 34
Donjon (Pl. du) .... **Z** 12	Niquet (R. Gaston) .... **Z** 24	11 Novembre (Pl. du) ...... **Z** 36

🏠 **St-Jacques** sans rest, 13 av. 114ᵉ R.I. ℘ 05 49 64 33 33, *hotel-st-jacques@cc-parthenay.f r*, Fax 05 49 94 00 69 – 🛏 📺 📶 & 🅿 – 🔬 25. 🆎 ⊖🅱 🄹🄲🄱 **Z a** fermé vend. du 15 nov. au 15 mars – 🍽 7,20

46 ch 35/60.

◆ En contrebas de la citadelle, ancienne étape des pèlerins de Saint-Jacques-de-Compostelle. Chambres des années 1970 ; celles sur l'arrière sont plus calmes.

※※ **Nord** avec ch, 86 av. Gén. de Gaulle ℰ 05 49 94 29 11, *hoteldunord@worldonline.fr*,
  Fax 05 49 64 11 72 – ▤ rest, 📺 ❖, 🄰🄴 ⓞ ⒼⒷ   **Z t**
  fermé 20 déc. au 4 janv. – **Repas** *(fermé dim. soir et sam.)* 19,50/40, enf. 8,30 ♣ – 🖵 6,30 –
  10 ch 47/52 – ½ P 46.
  ◆ Bâtiment d'angle situé en face de la gare. Salle de restaurant à la mode "seventies" et
  grand bar à clientèle locale où sont servis les petits-déjeuners. Chambres simples.

PARVILLE *27 Eure* 🄳🄾🄴 G7 – *rattaché à Évreux.*

PASSENANS *39 Jura* 🄳🄺🄻 D6 – *rattaché à Poligny.*

PATRIMONIO *2B H.-Corse* 🄳🄺🄴 F3 – *voir à Corse.*

PAU ℗ *64000 Pyr.-Atl.* 🄳🄺🄺 J5 *G. Aquitaine* – *78 732 h Agglo. 181 413 h alt. 207* – *Casino.*
  Voir *Boulevard des Pyrénées* ❋ ★★★ **DEZ** – *Château*★★ : *tapisseries*★★★ – *Musée des*
  Beaux-Arts★ **EZ M.**
  🏌 *Pau Golf Club à Billère* ℰ 05 59 13 18 56, **AVX** ; 🏌 *de Pau-Artiguelouve à Artiguelouve*
  ℰ 05 59 83 09 29, par ④ : 11 km.
  Circuit automobile urbain.
  ✈ *de Pau-Pyrénées* : ℰ 05 59 33 33 00, par ① : 12 km.
  🄸 *OMT, place Royale* ℰ 05 59 27 27 08, *Fax 05 59 27 03 21, omt@ville-pau.fr.*
  Paris 773 ① – *Bayonne 112* ⑥ – *Bordeaux 198* ① – *Toulouse 198* ② – *Zaragoza 236* ⑤.

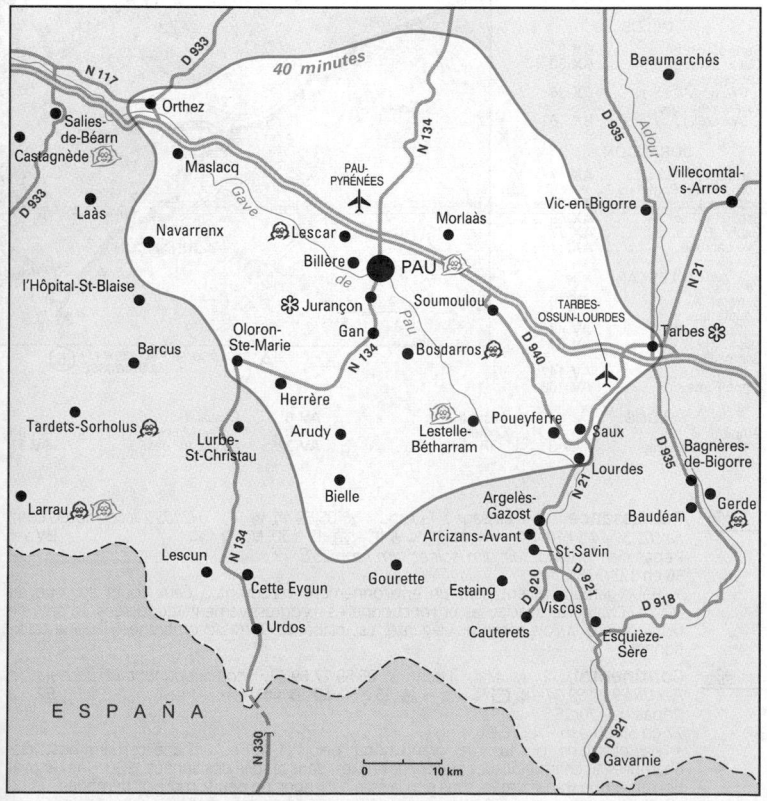

PAU

Bérard (Cours Léon)	**BV**	12
Condorcet (Allée)	**BV**	31
Corps Franc Pommiès et du 49° R.I. (Bd)	**CX**	37
Dufau (Av.)	**BVX**	50
Gaulle (Av. Gén. de)	**BV**	75
Lyautey (Cours)	**BVX**	101
14 Juillet (R. du)	**BX**	170

BILLERE

Baron Séguier (Av. du)	**AX**	7
Château d'Este (Av. du)	**AX**	23
Claverie (R.)	**AX**	24
Entrepreneurs (R. des)	**AX**	57
Galas (R. de)	**BV**	70
Golf (R. du)	**AX**	81
Lalanne (Av.)	**AVX**	91
Lavoir (R. du)	**AX**	95
Lons (Av. de)	**ABV**	100
Piedmont (R.)	**AX**	129
Pilar (R.)	**BV**	130
Plaine (R. de la)	**AX**	131
Rousseau (R. J.J.)	**AX**	145

BIZANOS

Albert 1er (Av.)	**BCX**	2
Clemenceau (R. G.)	**BX**	27
Foch (R. Maréchal)	**BX**	64
Larribau (Chemin)	**CX**	93
Pic du Midi (R. du)	**CX**	127
République (Av. de la)	**CX**	138

GELOS

Barthou (R. L.)	**BX**	9
Gélos (Av. de)	**BX**	80
Leclerc (Av. du Maréchal)	**BX**	96
Vallée Heureuse (Av. de la)	**BX**	162

JURANÇON

Cambot (Av. G.)	**AX**	17
Corps Franc Pommiès (Av. du)	**AX**	36
Espagne (Pont d')	**AX**	58
Gaulle (R. Ch. de)	**AX**	77
Ollé-Laprune	**AX**	115

LESCAR

Carrérot (Av.)	**AV**	19
Coustettes (Chemin des)	**AV**	42
Lacau (R.)	**AV**	89
Santos-Dumont (Av.)	**AV**	147
Vigné (Côte du)	**AV**	168

LONS

Ampère (Av. André-Marie)	**AV**	3

Ariste (R.)	**AV**	6
Château (R. du)	**AV**	22

Dassault (Av. Marcel)	**AX**	45
Ecoles (R. des)	**AV**	51

Renaissance, 1 passage Europe ℰ 05 59 14 14 14, *H2103@accor-hotels.com,* Fax 05 59 14 14 10, 霏 – 💺 🖭 📺 📞 ⅃ 🚗 – 🔼 15 à 50. 🜇 ⓞ ⬛ **BV f**
Repas *(fermé vend. soir, dim. soir et sam.)* *(22)* - 25 ♈ – 🍽 14
36 ch 123/235.
♦ Hébergement récent dans un environnement verdoyant à deux tours du roue du Zénith. Chambres spacieuses et fonctionnelles, progressivement redécorées. La salle de restaurant, à la fois sobre et élégante, est plaisante. Terrasse ombragée. Cuisine traditionnelle.

Continental, 2 r. Mar. Foch ℰ 05 59 27 69 31, *hotel.continental@libertysurf.fr,* Fax 05 59 27 99 84 – 📶 📺 📞 🚗 – 🔼 15 à 30. 🜇 ⓞ ⬛ 🆊 🕊 rest **EZ a**
Repas *(14)* - 20/25 ♈ – 🍽 9,20
77 ch 55/95 – ½ P 49,50/66.
♦ Hall et salons "pur jus" : le "grand hôtel" palois (1912) cultive une certaine nostalgie. Chambres au charme désuet ou fonctionnelles, dans le style des années 1980. Une rénovation attendue transformera sous peu la salle à manger, un peu sombre et démodée.

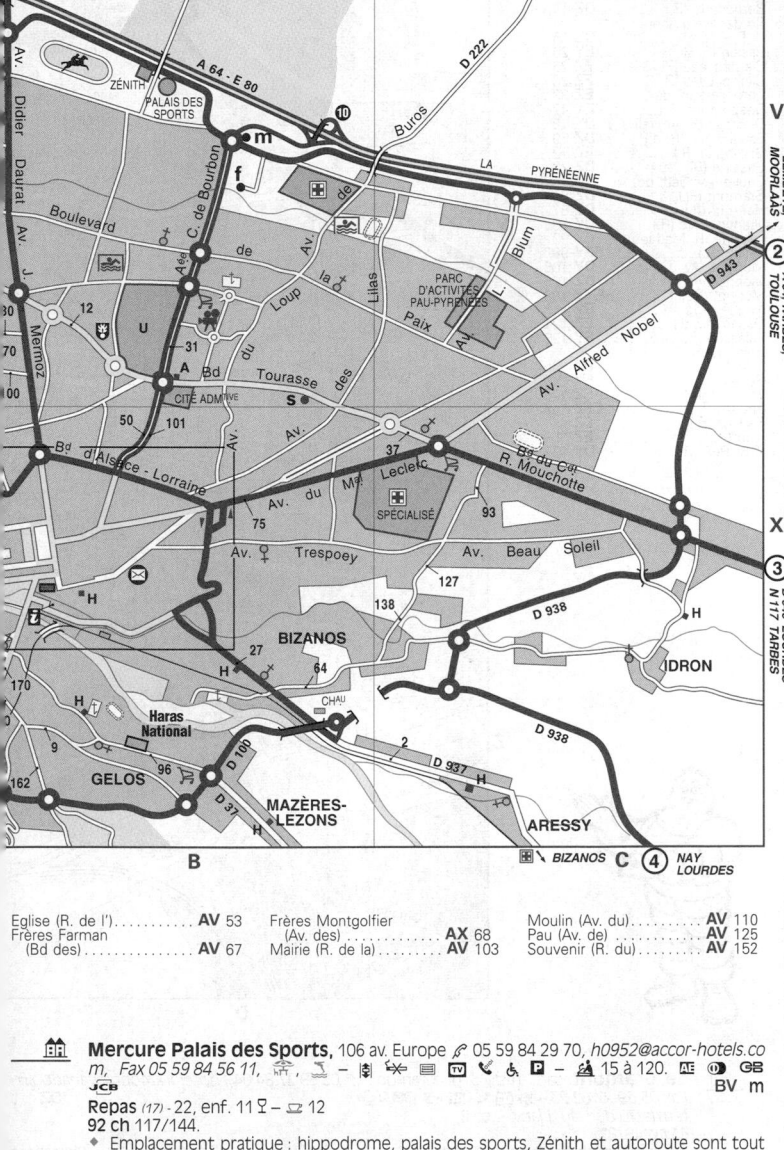

Eglise (R. de l')............ **AV** 53	Frères Montgolfier	Moulin (Av. du)........... **AV** 110
Frères Farman	(Av. des) .... **AX** 68	Pau (Av. de) .... **AV** 125
(Bd des) .... **AV** 67	Mairie (R. de la)........ **AV** 103	Souvenir (R. du)........ **AV** 152

Mercure Palais des Sports, 106 av. Europe ℰ 05 59 84 29 70, *h0952@accor-hotels.co m*, Fax 05 59 84 56 11, 😤, ☒ – ⧉ ⅏ ▤ 🆅 🆗 ⓟ – 🔏 15 à 120. 🆎 ⓞ 🆖 🆓

BV **m**

Repas (17) - 22, enf. 11 🍴 – 😞 12
92 ch 117/144.

♦ Emplacement pratique : hippodrome, palais des sports, Zénith et autoroute sont tout proches. Les chambres, pas très grandes, ont adopté le look "dernière génération". Restaurant contemporain (cuisine traditionnelle et régionale) et espace bar-brasserie.

Kyriad Centre 😞 sans rest, 80 r. E. Garet ℰ 05 59 82 58 00, *kyriad.pau-centre@wanado o.fr*, Fax 05 59 27 30 20 – ⧉ ▤ 🆅 ⓟ – 🔏 15 à 30. 🆎 ⓞ 🆖 🆓

EY **n**

😞 7,50 – **70 ch** 80/90.

♦ En centre-ville, hôtel familial dont les chambres, de taille moyenne, fonctionnelles et disposant d'une petite entrée, donnent toutes sur la cour intérieure. Billard.

PAU

Barthou (R. Louis) . . . . . **EFZ**
Bernadotte (R.) . . . . **DZ** 14
Bordenave-d'Abère
 (R.) . . . . **DZ** 15
Cassin (R. René) . . . . **EY** 20
Clemenceau (Pl. G.) . . . . **EZ** 25
Clemenceau (R. G.) . . . . . **FZ** 28
Cordeliers (R. des) . . . . . . **EZ** 33
Despourrins (R.) . . . . **EY** 47
Ducasse (R. Amiral) . . . . **DY** 48
Espalungue (R. d') . . . . . . **DZ** 59
Gambetta (R.) . . . . **EZ** 72
Gassion (R.) . . . . **DZ** 73
Gaulle (Av. Gén. de) . . . . **BV** 75
Gramont (Pl.) . . . . **DZ** 84
Henri IV (R.) . . . . **DZ** 87
Jeanne-d'Arc (R.) . . . . . . **DY** 88
Lalanne (R. Mathieu) . . . **EZ** 92
Lespy (R.) . . . . **EFY** 98
Mermoz (Av. J.) . . . . **DY** 105
Monnaie (Pl. de la) . . . . . **DZ** 106
Monnet (R. J.) . . . . **EYZ** 108
Nogue (R.) . . . . **EY** 113
Ossau (Av. d') . . . . **EY** 121
Palassou (R.) . . . . **EY** 123
Reine Marguerite
 (Pl.) . . . . **EZ** 135
Réveil (R. J.) . . . . **EY** 140
St-Louis (R.) . . . . **EZ** 146
Say (Av. L.) . . . . **EFZ** 149
Serviez (R.) . . . . **EZ**
Tran (R.) . . . . **EZ** 158
218e R. I. (R. du) . . . . **DY** 172

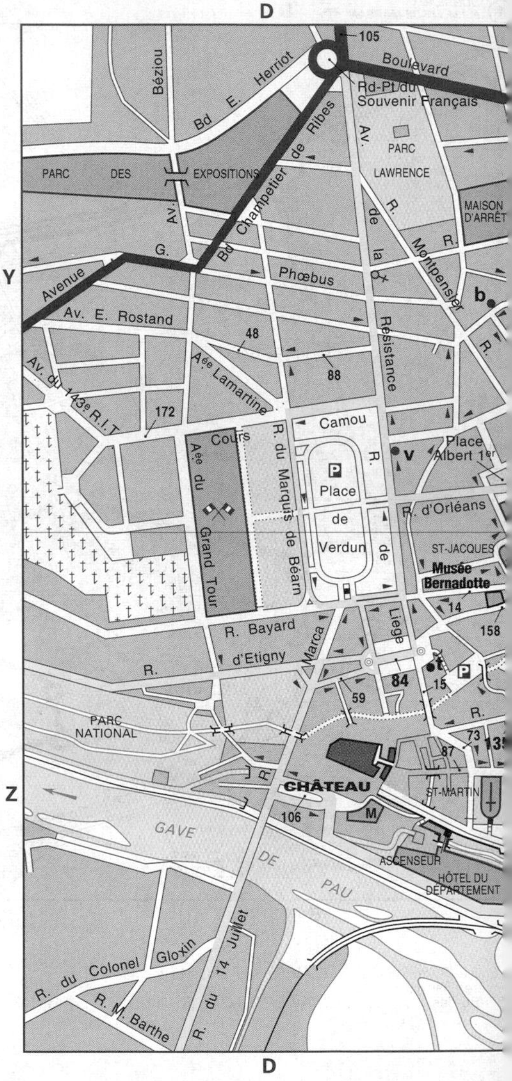

🏨 **de Gramont** sans rest, 3 pl. Gramont 𝒫 05 59 27 84 04, *hotelgramont@wanadoo.fr,*
Fax 05 59 27 62 23 – 📶 📺 📞 🅰🅴 ⓪ 🆇🅱 🇯🇨🇧   **DZ** t
fermé 20 déc. au 4 janv. – 😐 8
34 ch 48/82.
  ♦ Ce relais de poste daterait du 17e s. et serait le plus vieil hôtel de Pau. Chambres
personnalisées par des meubles chinés ici et là, plus petites au dernier étage.

🏨 **Central** sans rest, 15 r. L. Daran 𝒫 05 59 27 72 75, *contact@hotelcentralpau.com,*
Fax 05 59 27 33 28 – 🔆 📺 📞 🅰🅴 ⓪ 🆇🅱   **EZ** t
fermé 20 au 26 déc. – 😐 6
28 ch 30,80/56,20.
  ♦ "Central", cet hôtel l'est en effet ! Ampleurs et décors varient suivant les chambres, mais
toutes sont bien tenues ; certaines bénéficient d'une connexion Internet sans fil.

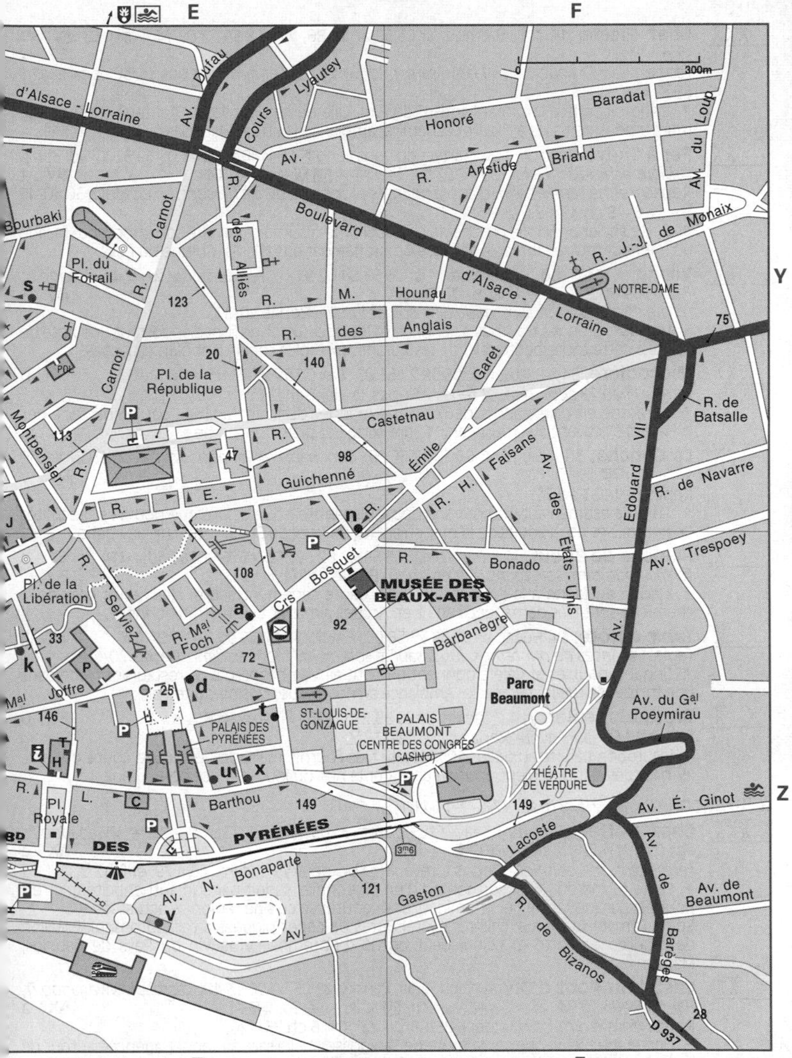

Bourbon sans rest, 12 pl. Clemenceau ✆ 05 59 27 53 12, *le.bourbon@wanadoo.fr, Fax 05 59 82 90 99* – |♦| TV. AE GB — EZ d

☕ 6 – **33 ch** 46,80/54,60.

◆ L'intérêt principal de cet établissement réside dans sa situation : le quartier est animé par de nombreux cafés. Chambres de taille moyenne, avant tout pratiques.

Au Fin Gourmet, 24 av. G. Lacoste (face gare) ✆ 05 59 27 47 71, *au.fin.gourmet@wanadoo.fr, Fax 05 59 82 96 77,* – ▤. AE ⓓ GB — EZ v

fermé 26 juil. au 9 août, vacances de fév., dim. soir, merc. midi et lundi – **Repas** 16 (déj.), 26/46 et carte 50 à 64 ♀.

◆ Un lieu très agréable au pied du funiculaire : pavillon sous verrière évoquant un kiosque à musique et salle plus ancienne revue dans le même esprit. Cuisine au goût du jour.

XXX **Chez Pierre**, 16 r. L. Barthou ✆ 05 59 27 76 86, *Fax 05 59 27 08 14* – ▤. AE ❶ GB
JCB
EZ x
fermé 1ᵉʳ au 17 août, 2 au 11 janv., sam. midi, lundi midi et dim. – **Repas** 34/36 et carte 42 à
66 ♀.
   ◆ L'endroit reflète le climat "british" de Pau, ville de cure au 19ᵉ s. : fauteuils club au bar,
murs tendus de tissus à motifs cachemire, ambiance feutrée. Plats classiques.

XX **Fer à Cheval** avec ch, 1 av. Martyrs du Pont Long ⊠ 64140 Lons ✆ 05 59 32 17 40, *conta
ct@leferacheval.fr, Fax 05 59 72 97 53*, 佘, ☞ – ▥ 𝐏 – 🅰 15. GB
BV t
Repas *(fermé sam. et dim. d'oct. à fin mars et merc. d'avril à fin sept.)* 21 bc (déj.), 30,50/40
♀ – ▭ 6 – **8 ch** 39/48 – ½ P 58.
   ◆ Cette ancienne ferme proche de l'hippodrome dissimule derrière son imposante façade
un intérieur feutré. Agréable terrasse ombragée par des tilleuls. Cuisine du pays.

XX **Viking**, 33 bd Tourasse ✆ 05 59 84 02 91, *restaurant.le.viking@wanadoo.fr,
Fax 05 59 80 21 05*, 佘 – ▤ 𝐏. AE ❶ GB
BV s
fermé 1ᵉʳ au 15 août, sam. midi, dim. soir et lundi – **Repas** 20/37.
   ◆ Les murs orangés travaillés à l'éponge et les rideaux rouge foncé apportent une note de
gaieté à cette toute petite salle de restaurant aux tables cependant bien espacées.

XX **Michodière**, 34 r. Pasteur ✆ 05 59 27 53 85, *Fax 05 59 27 53 85* – GB
DY b
fermé 1ᵉʳ au 22 août, dim. et fériés – **Repas** 12 (déj.), 14/24 ♀.
   ◆ La façade en galets abrite deux salles à manger dont une animée par le spectacle des
cuisiniers s'activant aux fourneaux. Cadre actuel et plats du marché.

X **La Concha**, 36 r. Liège ✆ 05 59 27 55 09, *conchabiak@wanadoo.fr, Fax 05 59 27 11 76*,
佘 – ▤. GB
DY v
Repas carte 33 à 53 ♀.
   ◆ Adresse estimée autant pour son décor hispano-basque coloré que pour ses spécialités
de grillades et de produits de la mer en arrivage direct de St-Jean-de-Luz. Joli patio.

X **Planche de Boeuf**, 30 r. Pasteur ✆ 05 59 27 62 60, *Fax 05 59 27 62 60* – GB
EY s
fermé août, dim. soir, merc. soir et lundi – **Repas** 11 (déj.), 18/30 ♀.
   ◆ Maison ancienne à la pimpante façade. Cadre sagement actuel ; les tables près de la
cheminée sont très demandées en hiver. Accueil aimable, cuisine traditionnelle.

X **Table d'Hôte**, 1 r. Hédas ✆ 05 59 27 56 06, *Fax 05 59 27 56 06*, 佘 – AE GB
EZ k
fermé vacances de printemps, lundi sauf le soir en juil.-août et dim – **Repas** 20/26.
   ◆ Briques, poutres et galets donnent un petit air campagnard à ce restaurant niché dans
une tortueuse ruelle médiévale. Ambiance sympathique, cuisine du terroir.

X **Brasserie Le Berry**, 4 r. Gachet ✆ 05 59 27 42 95, 佘 – ▤. GB
EZ u
fermé 17 fév. au 3 avril – **Repas** carte 13 à 38 ♀.
   ◆ Institution paloise au décor 1950. Carte très fournie mais, dès les douze coups de midi,
les habitués se bousculent pour ne pas rater le plat du jour ! Service bon enfant.

à Jurançon : *2 km – 7 378 h. alt. 177 – ⊠ 64110 :*

XXX **Chez Ruffet** (Carrade), 3 av. Ch. Touzet ✆ 05 59 06 25 13, *chez.ruffet@wanadoo.fr,
Fax 05 59 06 52 18*, 佘 – ❶ GB
AX e
❀
fermé dim. soir et lundi – **Repas** (prévenir) 22 bc (déj.)/53 et carte 63 à 79, enf. 12 ♀.
   ◆ Cette ferme du 18ᵉ s. surmontée d'un pigeonnier séduit par son authenticité (pierres,
parquet ancien et cheminée) et sa goûteuse cuisine régionale actualisée.
Spéc. Tomate farcie aux chipirons (été). Têtes de cèpes piquées à l'ail (automne). Bouillon
de morilles au porto et céleri, oeuf poché (printemps). **Vins** Vin du Pays de Cabidos,
Madiran.

XX **Castel du Pont d'Oly** avec ch, 2 av. Rausky ✆ 05 59 06 13 40, *castel.oly@wanadoo.fr,
Fax 05 59 06 10 53*, 佘, ⌇, ☞ – ▤ ch, ☎ 𝐏 – 🅰 20. GB
AX a
Repas *(fermé dim. soir)* 19 (déj.), 28/56 ♀ – ▭ 10 – **6 ch** 75/126.
   ◆ Une étape bienvenue sur la route de Saragosse : belle salle à manger agencée autour de
la cheminée et chambres originales aménagées dans les écuries d'une maison du 19ᵉ s.

à Billère *par ⑥, rte de Bayonne (N 117) puis dir. Golf : 4 km – 13 398 h. alt. 170 – ⊠ 64140 :*

XX **Au Bord de l'Eau**, r. Gravière ✆ 05 59 62 15 62, *Fax 05 59 62 50 02*, ≤, 佘, ☞ – ▤ 𝐏.
GB
AX v
fermé 20 déc. au 5 janv. et dim. – **Repas** carte 40 à 50.
   ◆ Un oeil sur les cuisines, l'autre sur le gave de Pau, et des guirlandes de piments
d'Espelette en guise de décor : ce joli pavillon vitré propose grillades et cuisine basque.

rte de Bayonne *par ⑥ et N 117 : 6 km – ⊠ 64230 Lescar :*

🏨 **Novotel**, centre commercial ✆ 05 59 13 04 04, *h0421@accor-hotels.com,
Fax 05 59 13 04 13*, ⌇, ☞ – ↺ ▤ ▥ 🅱 ዄ 𝐏 – 🅰 40. AE ❶ GB JCB
Repas carte 30 à 40, enf. 8 ♀ – ▭ 11 – **89 ch** 87/98.
   ◆ Étape sans surprise où vous trouverez des chambres en accord avec l'esprit de la chaîne.
Salles de séminaires refaites et bien équipées. En prime, les Pyrénées en vis à vis. Lumi-
neuse salle à manger grande ouverte sur la terrasse, la piscine et le jardin.

à Lescar *au Nord-Ouest : 7,5 km par N 117 et D 601 – 8 191 h. alt. 179 –* ⊠ *64230 :*

🛈 *Office de tourisme, place Royale* ℘ *05 59 81 15 98, Fax 05 59 81 12 54, ot.lescar-@wanadoo.fr.*

🏛 **Terrasse,** 1 r. Maubec ℘ 05 59 81 02 34, *Fax 05 59 81 08 77,* 🍴 *–* 📺 ✆ 📞 *–* 🏊 20. ⚱ ⓪
♨ GB   AV   b
fermé 1ᵉʳ au 22 août et 22 déc. au 5 janv. – **Repas** *(fermé sam. midi, dim. et fériés)* 23 ♈ *–*
♐ **7 – 22 ch** 46/50.
  ♦ Petite halte sympathique installée dans une discrète ruelle de l'ancienne capitale du Béarn. Les chambres jouent la carte de la simplicité (solide mobilier en bois brut). Au restaurant, expositions de tableaux régulièrement renouvelées et carte traditionnelle.

PAUILLAC *33250 Gironde* 🗺 *G3 G. Aquitaine – 5 175 h alt. 20.*

Voir *château Mouton Rothschild★ : musée★★ NO : 2 km.*

🛈 *Office de tourisme, La Verrerie* ℘ *05 56 59 03 08, Fax 05 56 59 23 38, mtvp@wanadoo.fr.*
Paris 625 – Bordeaux 54 – Arcachon 113 – Blaye 16 – Lesparre-Médoc 23.

🏰 **Château Cordeillan Bages** ⏣, *Sud : 1 km par D 2* ℘ 05 56 59 24 24, *cordeillan@relais*
❄❄ *chateaux.fr, Fax 05 56 59 01 89,* ◄, ♨ *–* ⏣ ❄ *– §* 📺 ✆ 🅿 ⚱ ⓪ GB ⌨ ✍ *rest*
fermé 10 déc. au 15 fév. – **Repas** *(fermé sam. midi, mardi midi et lundi)* 55 (déj.)/95 et carte 75 à 95 ♐ *–* ♐ 22 *–* **25 ch** 178/275, 4 suites *– ½ P* 155,50/306,50.
  ♦ Cette belle chartreuse du 17ᵉ s. alanguie au cœur du vignoble est également le siège de l'école du bordeaux. Chambres "cosy" et raffinées ouvrant côté cour. Élégant restaurant (non-fumeurs) et terrasse face aux vignes ; brillante cuisine inventive.
Spéc. Pressé d'anguille fumée "terre et estuaire". Tomate mi-cuite, caviar et huîtres prises dans leur jus. Agneau de lait en trois façons, légumes préparés en cocotte. **Vins** Moulis, Saint-Julien.

🏛 **France et Angleterre,** 3 quai A. Pichon ℘ 05 56 59 01 20, *hotel-de-france-et-angleter re@wanadoo.fr, Fax 05 56 59 02 31,* 🍴 *– §* 📺 ✆ *–* 🏊 25. ⚱ ⓪ GB ⌨ ✍ *rest*
fermé 19 déc. au 15 janv. – **Repas** 15 (déj.), 18/37 ♈ *–* ♐ 9 *–* **29 ch** 56/83 *– ½ P* 62.
  ♦ Bâtisse du 19ᵉ s. située sur les quais. Chambres pratiques bien rénovées ; en façade, elles offrent une jolie vue sur la Gironde. Salle à manger actuelle et véranda ; cuisine traditionnelle et plats du terroir, dont l'agneau de Pauillac.

Annexe Vignoble 🏠 ⏣ *sans rest,* 3, quai Albert Pichon, *hotel-de-france-et-angleterr e@wanadoo.fr –* 📺 ✆ ⚭ 🅿 *–* 🏊 20 à 60. ⚱ ⓪ GB ⌨
fermé 19 déc. au 15 janv. – ♐ 9 *–* **20 ch** 95.
  ♦ Cette annexe moderne abrite des chambres fonctionnelles, décorées sur le thème du vignoble. Balcon ou terrasse de plain-pied avec un coin de verdure. Espace séminaire complet.

PAULX *44270 Loire-Atl.* 🗺 *F6 – 1 354 h alt. 15.*
Paris 418 – Nantes 40 – Challans 19 – La Roche-sur-Yon 49 – St-Nazaire 62.

✕✕ **Les Voyageurs,** pl. Église ℘ 02 40 26 02 76, *rest.les-voyageurs@wanadoo.fr,*
♨ *Fax 02 40 26 02 77 –* ▤ ⚱ ⓪ GB ⌨
fermé 1ᵉʳ au 14 mars, 1ᵉʳ au 19 sept., lundi et mardi sauf fériés – **Repas** 14,50/46, enf. 14 ♈.
  ♦ Salle à manger tout juste rénovée, accueil si charmant qu'il invite à sympathiser et cuisine du terroir composée selon les arrivages du marché : voyagez en classe gourmande !

PAVILLY *76570 S.-Mar.* 🗺 *F4 – 6 140 h alt. 84.*
Paris 152 – Rouen 21 – Duclair 14 – Neufchâtel-en-Bray 50 – Yvetot 18.

✕✕ **Croix d'Or,** face au Château ℘ 02 35 91 20 09, *Fax 02 35 92 24 43 –* ⚱
fermé 1ᵉʳ au 15 août, merc. soir, dim. soir et lundi – **Repas** 18 (déj.), 28/42 ♈.
  ♦ Le restaurant, aménagé dans un vieux relais de poste, est situé face au château d'Esneval. La salle principale, réchauffée par une cheminée, offre un décor actuel et lumineux.

PAYRAC *46350 Lot* 🗺 *E3 – 564 h alt. 320.*

🛈 *Office de tourisme, Maison des Associations* ℘ *05 65 37 94 27, Fax 05 65 37 94 27, payrac@wanadoo.fr.*
Paris 530 – Sarlat-la-Canéda 32 – Brive-la-Gaillarde 53 – Cahors 48 – Figeac 60.

🏛 **Hostellerie de la Paix,** ℘ 05 65 37 95 15, *host.la.paix@escalotel.com,*
♨ *Fax 05 65 37 90 37,* ♨ *–* 📺 ✆ ⚭ 🅿 *–* 🏊 20. ⚱ ⓪ GB
fermé 2 janv. au 15 fév. – **Repas** 14/28, enf. 7,50 ♈ *–* ♐ 7 *–* **51 ch** 53/60 *– ½ P* 55.
  ♦ Attrayante façade de pierre pour cet ancien relais de poste dont les chambres, rénovées, tournent presque toutes le dos à la route. Piscine sur l'arrière. Salle de restaurant et véranda où l'on propose des recettes du Quercy (poulet au verjus, tourin, etc.).

PÉAULE *56130 Morbihan* 🔢🔢🔢 *Q9 – 2 206 h alt. 82.*
Paris 436 – Vannes 37 – Ploërmel 44 – Redon 26 – La Roche-Bernard 11.

🏠 **Auberge Armor Vilaine,** pl. Ste-Anne (près église) 📞 02 97 42 91 03,
📠 *Fax 02 97 42 82 27 –* 📺 🎮 🅲. *GB.*
fermé 22 au 29 oct., 13 au 28 déc., 14 au 22 fév., dim. soir et lundi – **Repas** 11/38,20,
enf. 8,40 ⵚ – ⵉ 6,10 – **17 ch** 33/39,50 – ½ P 37,40.
♦ Maison de style breton située au centre du village. Les petites chambres, meublées
simplement, sont bien tenues. Hall agrémenté d'une imposante cheminée en granit.
Faïences et cuivres ornent le restaurant où l'on sert essentiellement des produits du terroir.

PÉGOMAS *06580 Alpes-Mar.* 🔢🔢🔢 *C6 – 5 794 h alt. 18.*
🅱 *Office de tourisme, 287 avenue de Grasse 📞 04 93 42 85 17, Fax 04 93 42 85 17,*
officedetourisme@pegomas.com.
Paris 896 – Cannes 12 – Draguignan 59 – Grasse 9 – Nice 41 – St-Raphaël 38.

🏠 **Bosquet** 🦢 sans rest, chemin des Périssols - rte Mouans-Sartoux 📞 04 92 60 21 20, *hote*
🏡 *l.lebosquet@wanadoo.fr, Fax 04 92 60 21 49,* ⛱, ⁇, 🅰 – cuisinette 📺 🅲 🅿. 🆎 *GB.* 🛇
ⵉ 6,50 – **16 ch** 55/58, 7 studios.
♦ Accueil empressé, atmosphère paisible du parc arboré, tenue méticuleuse et confitures
maison : un petit hôtel où l'on se sent bien. Chambres rénovées par étapes.

✕ **L'Écluse,** au bord de la Siagne - Ouest : 1,5 km par rte secondaire 📞 04 93 42 22 55,
Fax 04 93 40 72 65, �しゃ – 🌂 🅿. 🆎 *GB.*
fermé nov., en semaine du 30 sept. au 15 avril et lundi du 16 avril au 30 sept. – **Repas** 15
(déj.), 21/28, enf. 9.
♦ Restaurant apprécié pour sa simplicité, son ambiance décontractée et sa grande terrasse au bord de l'eau qui lui donne un petit air de guinguette. Cuisine traditionnelle.

à St-Jean *Sud-Est : 2 km par D 9 –* ✉ *06550 La Roquette-sur-Siagne :*

🏠 **Chasseurs** sans rest, 📞 04 92 19 18 00, *Fax 04 92 19 19 61* – cuisinette 📺 🅲 🚗 🅿. *GB.* 🛇
fermé 14 oct. au 14 nov. – ⵉ 6 – **17 ch** 31/40, 3 studios.
♦ Chambres simples, déjà anciennes, mais d'une tenue sans défaut ; celles sur l'arrière
sont plus calmes. Une étape à prix doux... à deux tours de roue de Cannes !

PEILLON *06440 Alpes-Mar.* 🔢🔢🔢 *F5 G. Côte d'Azur – 1 227 h alt. 200.*
Voir Village★ – Fresques★ dans la chapelle des Pénitents Blancs.
🅱 *Syndicat d'initiative 📞 04 93 79 91 04, Fax 04 93 79 87 65, si–peillon@yahoo.fr.*
Paris 947 – Monaco 29 – Contes 14 – L'Escarène 14 – Menton 38 – Nice 20 – Sospel 34.

🏠🏠 **Auberge de la Madone** (Millo) 🦢, 📞 04 93 79 91 17, *madone@chateauxhotels.com,*
🌸 *Fax 04 93 79 99 36,* ≤, 🌂, ⛳, ⁇ – 📺 🅲 🅿. *GB.* 🛇 ch
fermé 20 oct. au 20 déc., 7 au 31 janv. et merc. – **Repas** 45/75 et carte 60 à 95 ⵚ – ⵉ 16 –
17 ch 95/240 – ½ P 130/160.
♦ Cette auberge de caractère entourée d'un jardin fleuri abrite des chambres soignées et
calmes. Belle cuisine régionale servie dans une coquette salle à manger provençale ou sur la
jolie terrasse tournée vers le délicieux village perché sur son piton rocheux.
Spéc. Gratin de macaroni au foie gras et truffes. Carré d'agneau rôti à la fleur de thym.
Millefeuille d'aubergines, crème mascarpone, glace niçoise

Annexe Lou Pourtail 🏠 🦢„ ≤, 🌂 – *GB*
fermé 20 oct. au 20 déc. – **Repas** *(juin-sept. et fermé mardi)* (15) · 23 – ⵉ 11 – **6 ch** 38/65.
♦ Le charme d'une maison ancienne - murs chaulés, voûtes ou hauts plafonds, mobilier
campagnard - à l'entrée du village-crèche. Chambres simples, sans TV. Petite salle à manger
rustique et, à la belle saison, tables dressées dans le jardin. Produits du terroir.

PEISEY-NANCROIX *73210 Savoie* 🔢🔢🔢 *N4 G. Alpes du Nord – 614 h alt. 1320.*
🅱 *Office de tourisme, Chalet d'accueil 📞 04 79 07 94 28, Fax 04 79 07 95 34, info@peisey-*
vallandry.com.
Paris 635 – Albertville 55 – Bourg-St-Maurice 13.

🏠 **Vanoise** 🦢, à Plan Peisey : 4 km ✉ 73210 📞 04 79 07 92 19, *hotel-la-vanoise@wanadoo.*
fr, Fax 04 79 07 97 48, ≤, 🌂, ⛱ – 📺 🅿. *GB.* 🛇
28 juin-1er sept. et 20 déc.-18 avril – **Repas** 18/26, enf. 9,50 ⵚ – ⵉ 10 – **34 ch** 70/85 –
½ P 65/76.
♦ Grâce à sa position dominante, ce bâtiment offre une jolie vue sur le dôme de Bellecôte.
Les chambres orientées au Sud ont un balcon. L'été, VTT à disposition. Chaleureux lambris,
recettes savoyardes et belle flambée : pas de doute, vous êtes à la montagne !

✕ **L'Armoise,** à Plan-Peisey, Ouest : 4,5 km 📞 04 79 07 94 24, *Fax 04 79 07 94 24,* 🌂 – *GB*
fermé le soir hors saison et dim. sauf midi en été – **Repas** 17 (déj.), 20/31, enf. 8,50 ⵚ.
♦ Adresse simple et sans prétention en plein coeur de la petite station. Un menu traditionnel et le plat du jour à midi ; beau choix de spécialités savoyardes le soir.

PÉLUSSIN *42410 Loire* 327 H7 *G. Vallée du Rhône – 3 356 h alt. 420.*

🛈 *Office de tourisme, Moulin de Virieu* ℰ 04 74 87 52 00, Fax 04 74 87 52 02, info.tou risme@parc-naturel-pilat.fr.

Paris 509 – St-Étienne 40 – Annonay 30 – Tournon-sur-Rhône 60 – Vienne 24.

XX **Guy Chenavier** avec ch, 3 pl. du 8 Mai 1945 ℰ 04 74 87 61 51, *restaurant-chenavier@fr.s t*, Fax 04 74 87 63 96, 🈭 – ▤ rest, 🆃🆅 ⏴ 🅿, 🆗🅱, ⚥ rest
fermé 10 au 17 juil., 1ᵉʳ au 14 déc., dim. soir et soirs fériés – **Repas** 19/48, enf. 10 – ☲ 6,10 – **7 ch** 35/57,70 – ½ P 41,20.
♦ Maison de village abritant une salle à manger aux tons saumon, agrémentée de sièges de style Louis XVI. L'été, pergola ombragée de vigne vierge. Chambres modestes.

PELVOUX (Commune de) *05340 H.-Alpes* 334 G3 *G. Alpes du Sud – 404 h alt. 1260 – Sports d'hiver : 1 250/2 300 m ⚡7 ⚟.*

Voir *Route des Choulières :* ≤★★ *E.*

Paris 702 – Briançon 22 – L'Argentière-la-Bessée 11 – Gap 84 – Guillestre 32.

🏠 **Belvédère** ⏳, ℰ 04 92 23 56 63, belvedere.f@wanadoo.fr, Fax 04 92 23 21 00, 🈭 – 🆃🆅 ⏴ 🅿, 🆗🅱
fermé 23 oct. au 15 déc. – **Repas** 12 (déj.), 14/23 ⏴ – ☲ 6 – **27 ch** 45 – ½ P 46.
♦ Ce grand chalet des années 1950 abrite des chambres soigneusement rénovées (toutes avec balcon ou terrasse) ; en façade, elles offrent une très belle vue sur le mont Pelvoux. Agréable salle à manger où l'on sert une cuisine régionale et un menu végétarien.

Le Sarret :

🏠 **Condamine** ⏳ sans rest, ℰ 04 92 23 35 48, *lacondamine@wanadoo.fr*, Fax 04 92 23 49 71, ≤, 🚳 – 🆃🆅 🅿, 🅰🅴 🆗🅱
☲ 8 – **19 ch** 36/55.
♦ Face au massif du Pelvoux, chalet-hôtel proposant des chambres simples et calmes ; elles sont souvent aménagées pour recevoir les familles.

Ailefroide – *alt. 1510.*

Voir *Pré de Madame Carle : paysage★★ NO : 6 km.*

🏠 **Chalet Hôtel d'Ailefroide** ⏳, ℰ 04 92 23 32 01, *contact@chalethotel-ailefroide.com*, Fax 04 92 23 49 97, ≤, 🈭, 🚳 – 🅿, 🆗🅱
12 juin-12 sept. – **Repas** 13,50 (déj.), 16,80/22,50 ⏴ – ☲ 6,50 – **24 ch** 43/60 – ½ P 43/46.
♦ Petite adresse bien connue des randonneurs. Vous serez hébergé dans des chambres simples et pas très grandes ; certaines sont relookées à la mode montagnarde. Sauna, jacuzzi. Près de la cheminée l'hiver ou dans le jardin en été, table conviviale et roborative.

PÉNESTIN *56760 Morbihan* 308 Q10 – *1 527 h alt. 20.*

Voir *Pointe du Bile* ≤★ *S : 5 km*, G. Bretagne.

🛈 *Office de tourisme, allée du Grand Pré* ℰ 02 99 90 37 74, Fax 02 99 90 47 08, information-@penestin.com.

Paris 458 – Nantes 84 – Vannes 48 – La Baule 29 – La Roche-Bernard 18 – St-Nazaire 43.

🏠 **Loscolo** ⏳, Pointe de Loscolo Sud-Ouest : 4 km ℰ 02 99 90 31 90, Fax 02 99 90 32 14, ≤, 🈭, 🚳 – 🆃🆅 🅿, 🆗🅱
10 avril-1ᵉʳ nov. – **Repas** (fermé merc.) (dîner seul.) (23) - 32, enf. 22 ⏴ – ☲ 12 – **15 ch** 83/104 – ½ P 73/94.
♦ Vous êtes chez l'inventeur de la machine à ouvrir les huîtres. Séjour calme et iodé dans des chambres sobrement aménagées, presque toutes tournées vers le large. Salle à manger aux douces tonalités et cuisine aux saveurs océanes.

PENHORS *29 Finistère* 308 E7 – *rattaché à Pouldreuzic.*

PENNEDEPIE *14 Calvados* 303 N3 – *rattaché à Honfleur.*

PENVÉNAN *22710 C.-d'Armor* 309 C2 – *2 434 h alt. 70.*

🛈 *Syndicat d'initiative, place de l'Eglise* ℰ 02 96 92 81 09, penvenan.syndicat@wanadoo.fr.

Paris 521 – St-Brieuc 70 – Guingamp 34 – Lannion 16 – Tréguier 8.

X **Crustacé**, 2, r de la poste ℰ 02 96 92 67 46 – 🆗🅱
fermé 10 nov. au 1ᵉʳ déc., 1ᵉʳ au 15 janv., lundi en juil.-août, dim. soir, mardi soir et merc. de sept à juin – **Repas** 13,60/30,50, enf. 9.
♦ Restaurant voisin de l'église, préparant une cuisine simple à base de produits de la mer, servie dans une salle à manger au cadre rustique.

PENVINS 56 Morbihan **308** O9 – rattaché à Sarzeau.

PERI 2A Corse-du-Sud **345** C7 – voir à Corse.

PÉRIGNAC 17 Char.-Mar. **324** H6 – rattaché à Pons.

PÉRIGNAT-LÈS-SARLIÈVE 63 P.-de-D. **326** F8 – rattaché à Clermont-Ferrand.

PÉRIGNY 86 Vienne **322** H5 – rattaché à Poitiers.

Nos guides hôteliers, nos guides touristiques et nos cartes routières sont complémentaires. Utilisez-les ensemble.

PÉRIGUEUX

Abreuvoir (R. de l') ..... **CY** 2
Amphithéâtre
  (R. de l') .... **AZ** 3
Arènes (Bd des)........ **AZ** 6
Aubergerie (R.) .... **BZ** 9
Barbecane (R.) .... **CY** 12
Barbusse
  (Av. Henri) .... **AY** 13
Bride (R. de la) .... **BZ** 15
Bugeaud (Pl.) .... **BZ**
Calvaire (R. du)........ **BZ** 16
Cavaignac (Av.)........ **AZ** 18
Cité (R. de la) .... **ABZ** 23
Clarté (R. de la) .... **BZ** 24
Clautre (Pl. de la)...... **BZ** 26
Clos-Chassaing....... **BY** 27
Coderc (Pl. du) .... **BYZ** 28
Condé (R.)............ **BZ** 29
Constitution
  (R. de la) .... **CY** 30
Daumesnil (Galerie) ... **BYZ** 31
Daumesnil
  (Av. et Pl.).......... **BCZ** 32
Durand
  (Rd Pt Charles.) ..... **AZ** 34
Eguillerie (R.) .... **BY** 35
Fénelon (Cours)....... **BCZ**
Goudeau (Pl. Emile) .... **CY** 36
Hôtel de Ville
  (Pl. de l') .... **BZ** 37
Lanmary (R.).......... **BY** 38
Limogeanne (R.) .... **BY**
Marché au bois
  (Pl. du) .... **BCY** 63
Maurois (Pl. André.) .... **BY** 39
Miséricorde
  (R. de la) .... **BY** 40
Mobiles-de-Coulmiers
  (R.) .... **AY** 41
Montaigne
  (Bd, Cours et Pl.)..... **BY**
Notre-Dame (R.)....... **AY** 42
Port (Allée du) .... **AY** 43
Port-de-Graule
  (R. du) .... **CYZ** 44
Président. Wilson
  (R.) .... **AY**
République
  (R. de la) .... **BYZ** 45
Sagesse (R. de la)...... **BY** 46
St-Pierre-ès-Liens
  (R.) .... **ABZ** 47
St-Roch (R.).......... **BZ** 48
St-Silain (Pl.) .... **BY** 49
Ste-Marthe (R.) .... **CZ** 50
Sully (R. de) .... **BZ** 53
Taillefer (R.).......... **BZ**
Talleyrand-Périgord
  (R.) .... **CZ** 54
Théâtre (Espl. du) ..... **BY** 55
Tourville (R. de) .... **CZ** 56
Turenne (R. de) .... **AZ** 60
15e Régt de Tirailleurs
  Algériens (R. du) ..... **AZ** 61
50e Régt d'Infanterie
  (Av. du) .... **AZ** 62

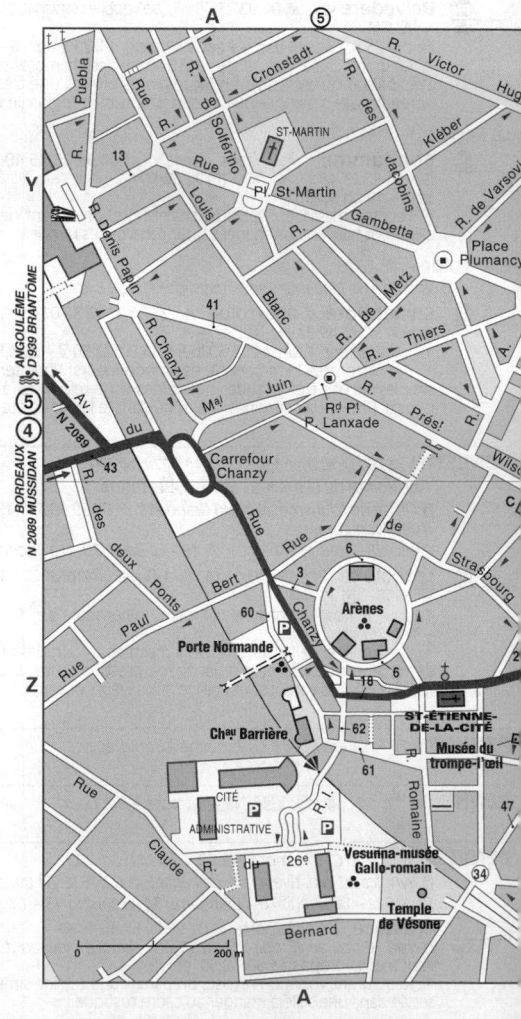

PÉRIGUEUX P 24000 Dordogne 329 F4 G. Périgord Quercy – 30 193 h alt. 86.

Voir *Cathédrale St-Front*★★ , *église Saint-Étienne de la Cité*★ – *Quartier St-Front*★★ : *rue Limogeanne*★ **BY** , *escalier*★ *Renaissance de l'hôtel de Lestrade (rue de la sagesse* **BY** – *Galerie Daumesnil*★ face au n° 3 de la rue Limogeanne – *Musée du Périgord*★ **CY M²**.

🏌 de Périgueux à Marsac-sur-l'Isle ℘ 05 53 53 02 35, par ⑤ : 5 km.

✈ de Périgueux-Bassillac ℘ 05 53 02 79 795 par ② : 8 km.

🖪 Office de tourisme, 26 place Francheville ℘ 05 53 53 10 63, Fax 05 53 09 02 50, tourisme.perigueux@perigord.tm.fr.

Paris 482 ① – Agen 138 ③ – Bordeaux 128 ④ – Limoges 96 ① – Poitiers 198 ⑤.

🏨 **Bristol** sans rest, 37 r. A. Gadaud ℘ 05 53 08 75 90, *bristol.hotel@wanadoo.fr,*
Fax 05 53 07 00 49 – 🛗 ⇄ 🗉 �📺 📞 🅿 🕮 🇬🇧   **BY** u
fermé vacances de Noël – ⊐ 8 – **29 ch** 51/68.

◆ Proche du centre-ville, bâtiment abritant des chambres assez spacieuses et plutôt bien insonorisées. Salle des petits-déjeuners vaste et fraîche.

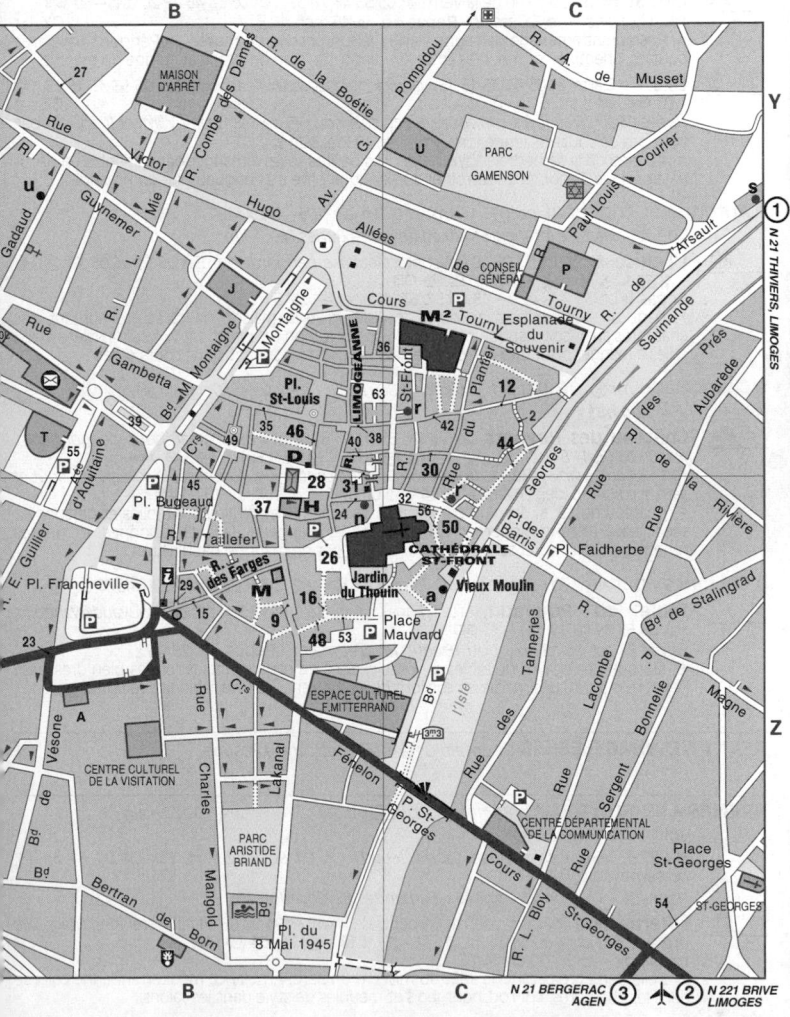

🏠 **Ibis**, 8 bd G. Saumande, ☎ 05 53 53 64 58, h0636@accor-hotels.com, Fax 05 53 07 51 79,
🏮 – 📶 🖥 ✆ – 🏛 30. 🆎 ⓞ 😅
Repas (dîner seul.) 10/15, enf. 6 ♀ – 🖵 6 – **89 ch** 52/60.

CZ a

◆ Immeuble des années 1970 face à l'Isle. Choisissez de préférence une chambre rénovée. Côté boulevard, intéressant coup d'œil sur le "grenier du chapitre". Sobre et lumineuse salle à manger prolongée d'une terrasse. Carte étayée de suggestions sur ardoise.

XX **Hercule Poireau**, 2 r. Nation ☎ 05 53 08 90 76 – 🔲, 🆎 ⓞ 😅. ⭑
fermé 24 au 27 déc., 31 déc. au 3 janv., sam. et dim. – **Repas** (18) - 35/45 ♀.

CZ r

◆ La salle à manger, en partie voûtée, de ce restaurant date du 16ᵉ s. Sympathique cadre rustique avec pierres apparentes et poutres. Cuisine régionale.

XX **Rocher de l'Arsault**, 15 r. L'Arsault ☎ 05 53 53 54 06, Fax 05 53 08 32 32 – 🔲 🅿, 🆎 ⓞ
😅 🃏
fermé 5 juil. au 1ᵉʳ août – **Repas** (20) - 25/72, enf. 10 ♀.

CY s

◆ Longue bâtisse adossée au rocher. Plaisantes salles à manger dont un des murs laisse apparaître la pierre. Tables rondes, chaises de style Louis XIII et cuisine du terroir.

XX **Clos St-Front**, 5,7 rue de la Vertu ☎ 05 53 46 78 58, Fax 05 53 46 78 20, 🏮 – 🆎 😅
fermé vacances de Toussaint – **Repas** (15) - 19/45, enf. 10 ♀.

CY r

◆ Restaurant aménagé dans une vieille maison proche du musée du Périgord. Salle avec poutres, cheminée et meubles Louis XVI, jardin-terrasse ombragé et cuisine du marché.

X **Le 8**, 8 r. Clarté ☎ 05 53 35 15 15, yannick.guichaoua@wanadoo.fr, Fax 05 53 35 15 15, 🏮
– 🆎 😅. ⭑
fermé 13 au 20 avril, 2 au 10 août, 26 oct. au 3 nov., 25 déc. au 3 janv., dim. et lundi – **Repas**
(nombre de couverts limité, prévenir) (15) - 18 (déj.)/24 ♀.

BZ n

◆ Au pied de la cathédrale "byzantine". Les petites salles à manger bénéficient d'un décor gai et soigné. Produits du terroir et authentique pâté de Périgueux sur commande.

à Antonne-et-Trigonant par ① : 11 km – 1 079 h. alt. 106 – ⊠ 24420 .

Voir *Architecture intérieure★* du château des Bories NE : 2 km.

🏨 **L'Écluse** ⭑, ☎ 05 53 06 00 04, contact@ecluse-perigord.com, Fax 05 53 06 06 39, 🏮, 🏊
– 📶 🖥 ✆ & 🅿 – 🏛 15 à 120. 🆎 ⓞ 😅
Repas 19 bc/31 ♂ – 🖵 9 – **43 ch** 57/63, 4 suites – ½ P 51/55.

◆ Dans un paisible parc au bord de l'Isle, grande maison de caractère abritant des chambres au décor rustique ; certaines disposent d'un balcon et ont vue sur la rivière. Deux salles à manger dont une agréable terrasse couverte donnant sur le cours d'eau.

à Chancelade par ⑤, D 710 et D 1 : 5,5 km – 3 865 h. alt. 88 – ⊠ 24650 .

Voir *Abbaye★*.

🏨 **Château des Reynats** ⭑, ☎ 05 53 03 53 59, reynats@chateau-hotel-perigord.com,
Fax 05 53 03 44 84, 🏮, 🌲, ⚒, 🏊 – 📶 🖥 ✆ 🅿 – 🏛 15 à 60. 🆎 ⓞ 😅 🃏
fermé 4 au 26 janv. – **Repas** (fermé dim. soir de sept. à juin, lundi sauf le soir en juil.-août et
sam. midi) 28 bc (déj.), 42/62 – 🖵 14 – **32 ch** 87/250, 4 suites – ½ P 94/175.

◆ Château du 19ᵉ s. dans un parc arboré. Les chambres refaites sont jolies et personnalisées ; elles restent modernes dans l'ancienne orangerie. Lustres, colonnes, immenses fenêtres châtelaines et tableaux : la salle à manger ne manque pas d'allure.

à Champcevinel au Nord : 5 km par av. G. Pompidou CY – 2 335 h. alt. 210 – ⊠ 24570 :

XX **Table du Pouyaud**, rte Paris ☎ 05 53 09 53 32, tabledupouyaud@yahoo.fr,
Fax 05 53 09 50 48, 🏮 – 🅿. 😅
fermé 27 oct. au 12 nov., 6 au 18 août, lundi et mardi – **Repas** (17) - 28/46 ♀.

◆ Murs jaunes égayés de tableaux, jolies chaises en rotin et tables rondes bien dressées : l'ex-ferme abrite désormais un confortable restaurant. Cuisine régionale revisitée.

PERNAND-VERGELESSES 21 Côte-d'Or 𝟑𝟐𝟎 J7 – rattaché à Beaune.

PERNES-LES-FONTAINES 84210 Vaucluse 𝟑𝟑𝟐 D10 G. Provence – 10 170 h alt. 75.

Voir *Porte Notre-Dame★*.

🛈 Office de tourisme, place Gabriel Moutte ☎ 04 90 61 31 04, Fax 04 90 61 33 23,
ot-pernes@axit.fr.

Paris 685 – Avignon 23 – Apt 43 – Carpentras 6 – Cavaillon 20.

🏨 **L'Hermitage** ⭑ sans rest, rte Carpentras : 2 km ☎ 04 90 66 51 41, hotel.lhermitage@lib
ertysurf.fr, Fax 04 90 61 36 41, 🌲, 🏊 – 🖥 ✆ 🅿 – 🏛 25. 🆎 ⓞ 😅
mars-nov. – 🖵 9 – **20 ch** 74/85.

◆ Belle demeure datant de 1890 au milieu d'un parc. Ambiance méditerranéenne colorée dans les chambres, confort bourgeois et meubles de style dans les salons.

✗ **Au Fil du Temps** (Robert), pl. L. Giraud (face centre culturel) ℘ 04 90 66 48 61, *fildutemp*
⚙ *@wanadoo.fr*, Fax 04 90 66 48 61 – ▤. **GB**. ✖
*fermé 26/10 au 3/11, 20/12 au 5/01, 15 au 23 fév., mardi d'oct..à juin, sam. midi de juil. à
sept. et merc.* – **Repas** *(nombre de couverts limité, prévenir)* ⟨28⟩ - 43/63.
  ◆ Cette auberge toute simple située au coeur de la "perle du Comtat" abrite une salle à
manger sagement provençale. Vous y savourerez une cuisine du Sud actualisée.
Spéc. Tarte tiède à la tomate et au chèvre frais (juil.-août). Millefeuille de boeuf et foie gras
(hiver). Crème brûlée au thym (été). **Vins** Vacqueyras, Châteauneuf-du-Pape.

au Nord-Est : *4 km par D 1 et rte secondaire* – ✉ *84210 Pernes-les-Fontaines* :

✗ **Mas La Bonoty** ⚘ *avec ch*, chemin de la Bonoty ℘ 04 90 61 61 09, *bonoty@aol.com*,
Fax 04 90 61 35 14, 余, 飞, 需 – 🅣🅥 🅿. **GB**
fermé 7 nov. au 10 déc. et 2 au 7 janv. – **Repas** *(fermé mardi sauf d'avril à sept. et lundi)*
32/45 – **8 ch** ☡ 70/85 – ½ P 60/70.
  ◆ Près du village aux 36 fontaines, bergerie du 17ᵉ s. au charme préservé : pierres et
poutres dans la salle à manger, sol en tomettes et mobilier campagnard dans les chambres.

PÉRONNAS *01 Ain* 🎟🎟🎟 *E3 – rattaché à Bourg-en-Bresse.*

PÉRONNE 🚳 *80200 Somme* 🎟🎟🎟 *K8 G. Picardie Flandres Artois – 8 380 h alt. 52.*
Voir *Historial de la Grande Guerre*★★.
🇧 *Office de tourisme, 1 rue Louis XI* ℘ 03 22 84 42 38, Fax 03 22 84 51 25, accueil@ot-
peronne.fr.
Paris 141 ② *– St-Quentin 30* ① *– Amiens 58* ② *– Arras 48* ① *– Doullens 54* ③.

PÉRONNE

Ancien Collège (R. de l') . . 2
Anglais (Bd des) . . . .
Audinot (Pl. A.) 3
Béranger (R.) . . . .
Bouchers (R. des) 4
Boulanger (Av. Ch.) . . . . . .
Caisse-d'Épargne
  (R. de la) 5
Chanoines (R. des) 7
Clemenceau (R. G.) . . . . . .
Danicourt (Av.) . . . .
Daudré (Pl. du Cdt) 9
Gare (Av. de la) . . . .
Gladimont (R. du) 12
Hugo (R. V.) . . . .
Mermoz (R. J.) . . . .
Noir-Lion (R. du) 14
Pasteur (R.) 17
Poilu (Bd du) . . . .
République (Av. de la) . . . .
St-Fursy (R.) . . . .
St-Jean (R.) 18
St-Quentin-
  Capelle (R.) 21
St-Sauveur (R.) 22
Tourelles (R. des) . . . .
Verne (R. J.) . . . .

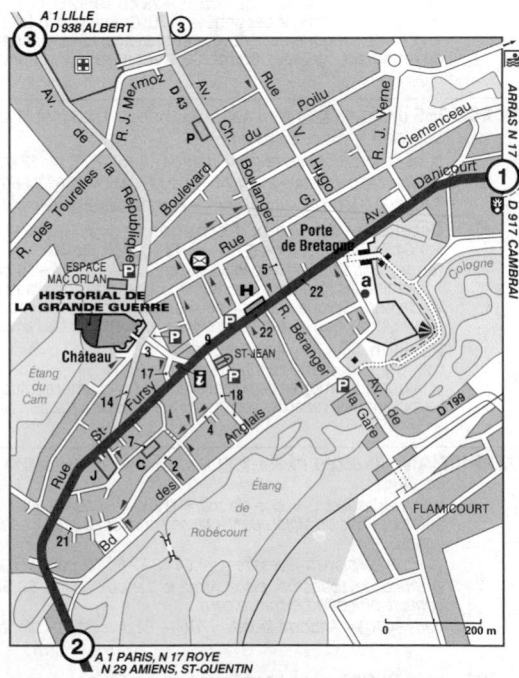

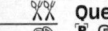

✗✗ **Quenouille,** 4 av. Australiens, N 17 par ① ℘ 03 22 84 00 62, Fax 03 22 84 67 50, 余, 需 –
⚙ 🅿. **GB**
fermé 16 au 30 août, 10 au 17 janv., dim. soir et lundi – **Repas** (11,50) - 15/38, enf. 10 ♀.
  ◆ Il règne une charmante atmosphère "vieille France" en ce restaurant aménagé dans une
maison du début du 20ᵉ s. Terrasse en façade et agréable jardin sur l'arrière.

XX **Hostellerie des Remparts** avec ch, 23 r. Beaubois (a) 🕾 03 22 84 01 22, Fax 03 22 84 31 96 – 📺 🖀. ⅍ ⑩ ⅁ℬ 🗂
Repas (11 bc) · 18/45, enf. 13 ⅌ – 🖵 6,50 – **16 ch** 40/77 – ½ P 50/65.
♦ Cette grande bâtisse régionale adossée aux remparts propose ses deux salles à manger au décor délicieusement suranné. Nouvelle aile de chambres en cours d'achèvement.

à Rancourt par ① et N 17 : 10 km – 144 h. alt. 143 – ⊠ 80360 :

🏠 **Prieuré,** 🕾 03 22 85 04 43, leprieure@nordnet.fr, Fax 03 22 85 06 69, ⅍ – 📺 ⅋ 🅿 – 🔏 50. ⅍ ⅁ℬ
Repas 27/40, enf. 8 ⅌ – 🖵 7,50 – **27 ch** 62/71 – ½ P 60.
♦ Architecture d'inspiration mauresque abritant des chambres personnalisées, plus spacieuses sur l'arrière. Au détour d'une arche, découvrez le bar écossais. La brique et la pierre blanche des murs ajoutent à l'élégance du restaurant garni de sièges Louis XVI.

rte de Paris par ② : 3 km – ⊠ 80200 Péronne :

🏠 **Campanile,** 🕾 03 22 84 22 22, Fax 03 22 84 16 86, ⅍ – 🆇 📺 ⅋ ₺ 🅿 – 🔏 25. ⅍ ⑩ ⅁ℬ
Repas 12,50/21,30, enf. 6 ⅌ – 🖵 6,50 – **39 ch** 55.
♦ Utile pour l'étape, construction récente située en bordure de route. Chambres meublées en bois cérusé, bien tenues et équipées du double vitrage. Au restaurant, buffets de hors-d'oeuvre et de desserts, belles flambées dans la cheminée et cadre néo-rustique.

Aire d'Assevillers sur A 1 par ②, rte d'Amiens (N 29) et rte secondaire : 15 km – ⊠ 80200 Péronne :

🏠 **Mercure,** 🕾 03 22 85 78 30, mercureperonne@wanadoo.fr, Fax 03 22 85 78 31 – ▤ 🆇 🔲 📺 ₺ 🅿 – 🔏 60. ⅍ ⑩ ⅁ℬ
Repas 20,50/22,50, enf. 7 ⅌ – 🖵 11 – **79 ch** 79/92.
♦ Imposant bâtiment des années 1970. Grandes chambres fonctionnelles, meublées dans le goût de l'époque ou rénovées et bien agencées. Bonne insonorisation. Au programme du restaurant : grillades, buffet d'entrées et service continu de 11 à 23 heures.

PÉROUGES 01800 Ain 🔢 E5 G. Vallée du Rhône – 1 103 h alt. 290.
Voir Cité★★ : place de la Halle★★★.
🏌 de la Sorelle à Villette-sur-Ain 🕾 04 74 35 47 27, N : 12 km par D 984.
🛈 Syndicat d'initiative 🕾 04 74 61 01 14, Fax 04 72 61 84 60, info@perouges.org.
Paris 460 – Lyon 37 – Bourg-en-Bresse 39 – Villefranche-sur-Saône 58.

🏠 **Ostellerie du Vieux Pérouges** ⅍, 🕾 04 74 61 00 88, thibaut@ostellerie.com, Fax 04 74 34 77 90, ⅍ – 📺 ⅋ 🖀 🅿 – 🔏 30. ⅍ ⅁ℬ
fermé 14 au 20 fév. – **Repas** 30/75, enf. 17 ⅌ – 🖵 13 – **15 ch** 115/235.
♦ Admirables façades, l'une du 13ᵉ s. à pans de bois, l'autre d'époque Renaissance. Du sol au plafond, typique intérieur vieux bressan. Joli restaurant moyenâgeux et plats du terroir : volaille, morilles à la crème, écrevisses, brochet... et la fameuse galette.

Pavillon 🏠 ⅍, – 📺 ⅋. ⅍ ⅁ℬ
voir rest. ci-dessus – 🖵 13 – **13 ch** 70/120.
♦ À quelques mètres de l'Ostellerie, petites chambres plus simplement meublées et avant tout pratiques, réparties dans deux maisons de caractère.

PERPIGNAN 🅿 66000 Pyr.-Or. 🔢 I6 G. Languedoc Roussillon – 105 115 h Agglo. 162 678 h alt. 60.
Voir Le Castillet★ – Loge de mer★ BY K – Hôtel de ville★ BY H – Cathédrale St-Jean★ – Palais des rois de Majorque★ – Musée numismatique Joseph-Puig★ – Place Arago : maison Julia★.
✈ de Perpignan-Rivesaltes : 🕾 04 68 52 60 70, par ① : 6 km.
🛈 Office de tourisme, place Armand Lanoux 🕾 04 68 66 30 30, Fax 04 68 66 30 26, contact-office@little-france.com.
Paris 848 ① – Andorra-la-Vella 170 ⑥ – Béziers 94 ① – Montpellier 156 ① – Toulouse 204 ①.

Plan page ci-contre

🏠 **Villa Duflot,** rd-pt Albert Donnezan, par ④, dir.autoroute : 3 km 🕾 04 68 56 67 67, contact@villa-duflot.com, Fax 04 68 56 54 05, ⅍, ⅃, ⅀ – ▤ 📺 ⅋ ₺ 🅿 – 🔏 15 à 80. ⅍ ⑩ ⅁ℬ 🗂
Repas 31 bc (déj.)/39 bc ⅌ – 🖵 15 – **24 ch** 105/135 – ½ P 93,50/108,50.
♦ Spacieuses chambres au mobilier Art déco donnant soit sur le parc méditerranéen, soit sur le joli patio : un hôtel atypique... dans une zone commerciale ! Esprit méridional au restaurant et verrière ouverte sur la verdure et la piscine ; recettes catalanes.

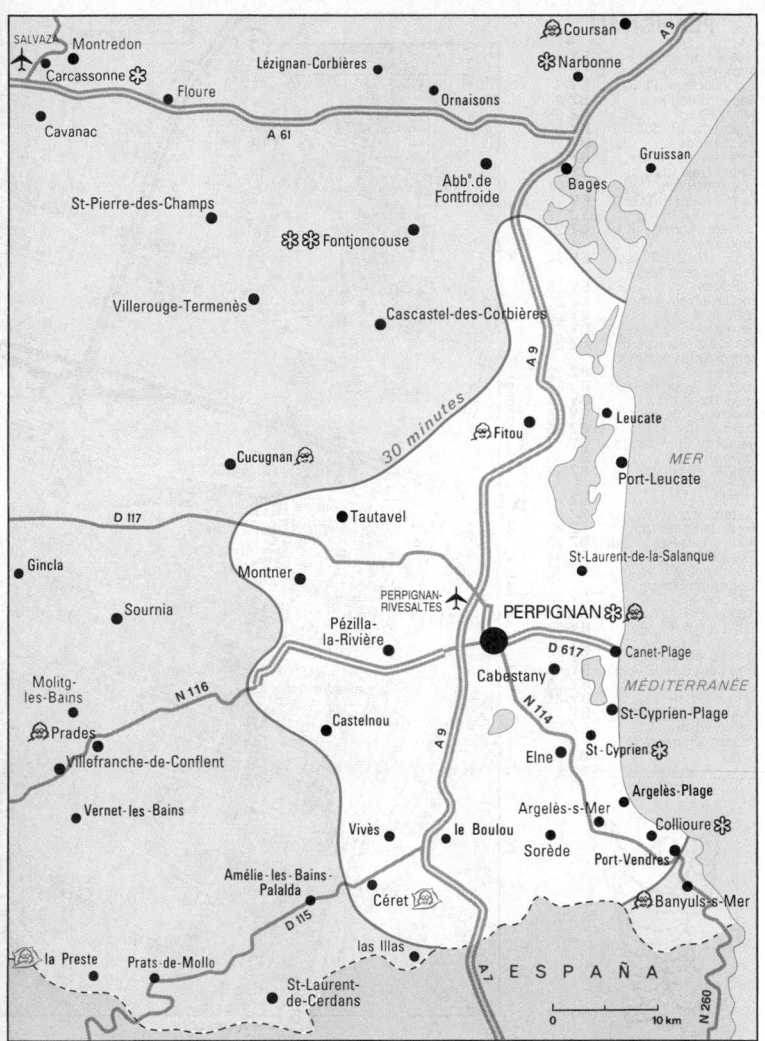

Park Hôtel, 18 bd J. Bourrat, *04 68 35 14 14, accueil@parkhotel-fr.com,* Fax 04 68 35 48 18 – 🔌 🖥 📺 📞 ⚙ 🚗 – 🛎 50. AE ⓘ GB JCB   **CY y**
Chapon Fin (fermé 14 au 30 août, 1er au 17 janv. et dim.) **Repas** 25 (déj), 50bc/100 et carte 65 à 90 ⊽ – � 9 – **67 ch** 60/95.

• Face au square Bir Hakeim, pimpantes chambres au décor coloré d'inspiration espagnole. Agréable coin bar design. Belles boiseries et faïences assistent quotidiennement aux repas gourmets du Chapon Fin, réalisés avec les meilleurs produits du terroir catalan.
Spéc. Civet de homard au vieux grenache. Poularde en vessie, sauce velours. Délices aromatiques du potager (dessert). **Vins** Collioure, Côtes du Roussillon.

Mas des Arcades, par ④ : 2 km sur N 9 ⊠ 66100 *04 68 85 11 11, contact@hotel-mas-des-arcades.fr,* Fax 04 68 85 21 41, ☲, ⊼, ✸ – 🔌 🖥 📺 📞 ⚙ 🚗 🅿 – 🛎 100. GB. ✸
Repas (fermé 1er au 29 août) (20) - 26/48, enf. 12 – � 9 – **102 ch** 68/110, 3 suites.

• Bâtiments encadrant une piscine sur laquelle ouvrent une partie des chambres, équipées de balcons et bien insonorisées. Espace séminaire prisé. Restaurant et sa terrasse sous verrière ; plats traditionnels et grillades proposées en plein air les soirs d'été.

Alsace-Lorraine (R.)	**BY** 2
Anciens-Combattants-d'Indochine (Pl. des)	**BY** 3
Ange (R. de l')	**BZ** 4
Arago (Pl.)	**BZ** 5
Argenterie (R. de l')	**BY** 6
Barre (R. de la)	**BY** 7
Bartissol (R. E.)	**BY** 8
Batllo (Quai F.)	**BY** 9
Castillet (R. du)	**BY** 21
Clemenceau (Bd G.)	**BY**
Cloche-d'Or (R. de la)	**BYZ** 22
Côte-des-Carmes (R.)	**CZ** 23
Fabriques d'En Nabot (R. des)	**BY** 24
Fabrique d'en Nadal (R. des)	**BY** 25
Fontaine-Neuve (R.)	**CZ** 26
Fontfroide (R.)	**BY** 27
Gambetta (Pl.)	**BY** 28
Grande-la-Monnaie (R.)	**BZ** 31
Lattre-de-Tassigny (Quai de)	**BZ** 32
Loge (R. et pl. de la)	**BY** 33
Louis-Blanc (R.)	**BY** 34
Marchands (R. des)	**BY** 35
Mermoz (Av. J.)	**CZ** 36
Mirabeau (R.)	**BY** 37
Payra (R. J.)	**BY** 38
Péri (Pl. Gabriel)	**BZ** 39
Petite-la-Monnaie (R.)	**BZ** 40
Porte-d'Assaut (R.)	**BZ** 41
Porte-de-Canet (R.)	**CZ** 42
Remparts-la-Réal (R. des)	**BZ** 43
République (Pl. de la)	**BZ** 44
Résistance (Pl. de la)	**BY** 45
Révolution-Française (R. de la)	**CY** 46
Rigaud (Pl.)	**BZ** 47
Sadi-Carnot (Quai)	**BY** 50
St-Jean (R.)	**BY** 52
Théâtre (R. du)	**BZ** 55
Trois-Journées (R. des)	**BY** 58
Vauban (Quai)	**BY** 60
Verdun (Pl. de)	**BY** 64
Victoire (Pl. de la)	**BY** 67
Vielledent (R. J.)	**CZ** 69
Waldeck-Rousseau (R.)	**CZ** 72

🏨 **New Christina,** 51 cours Lassus, ℘ 04 68 35 12 21, *info@hotel-newchristina.com*, Fax 04 68 35 67 01 – 🛗 🗏 📺 💪 🕭 🖚. 📭   **CY w**
Repas *(fermé sam. et dim.)* 19 ⅃ – ⇌ 8,50
25 ch 62/77 – ½ P 57/61,50.
  ◆ Cet établissement dispose de chambres assez grandes, équipées sobrement en mobilier cérusé. Pour la détente : petite piscine sur le toit, jacuzzi, hammam et bar. Restaurant façon "bistrot moderne", courte carte, menu et suggestions du jour écrites sur ardoise.

🏨 **Mercure** sans rest, 5 cours Palmarole ℘ 04 68 35 67 66, *h1160@accor-hotels.com*, Fax 04 68 35 58 13, 🗚 – 🛗 ⃤ 🗏 📺 💪 💪 – 🔏 40 à 80. 📭 ⓪ 📭 🃏   **BY b**
⇌ 10 – **55 ch** 88, 5 duplex.
  ◆ Hôtel récent proposant des chambres pratiques et actuelles. Un bel escalier - d'esprit "paquebot" - mène au bar et à la salle des petits-déjeuners.

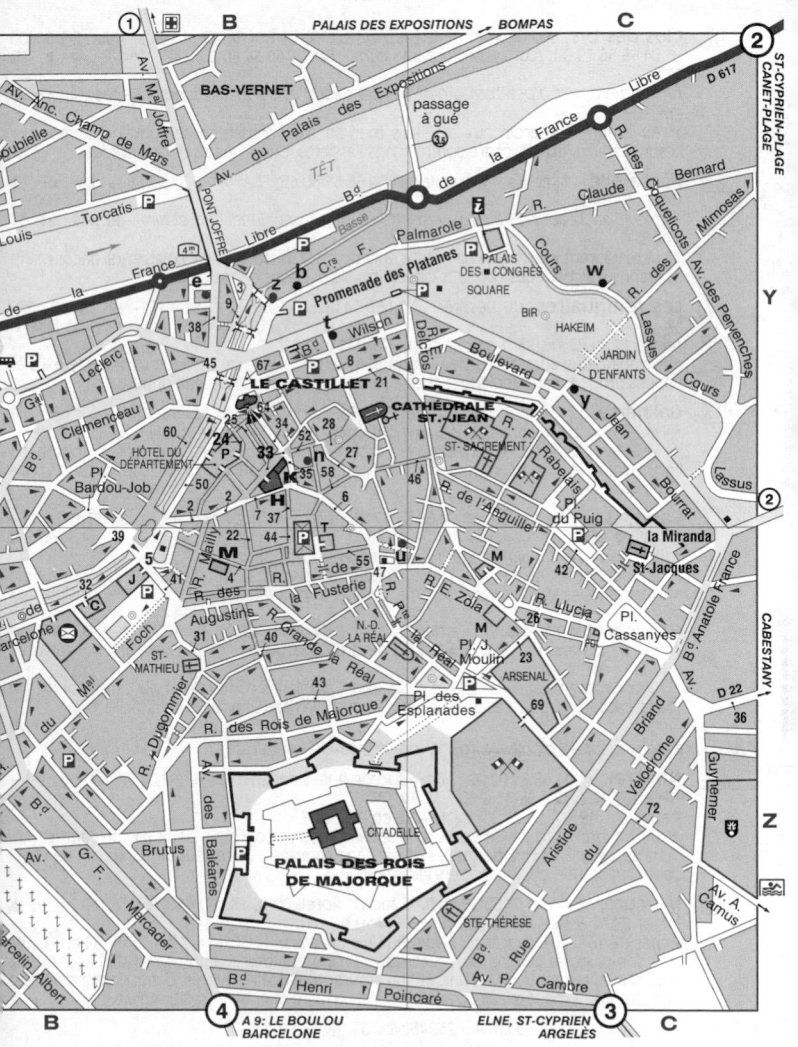

PALAIS DES EXPOSITIONS   BOMPAS

Ibis, 16 cours Lazare Escarguel ℰ 04 68 35 62 62, *h1045-gm@accor-hotels.com,*
Fax 04 68 35 13 38 – 🛗 ≣ 📺 ✆ 🚿 🅿 – 🔼 100. 🅰🅴 ⓞ 🆖   AY a
Repas *(12)* - 15, enf. 6 ♧ – ⊇ 6 – **100 ch** 62/77.
◆ Entre vieille ville et "centre du monde" (selon Salvador Dali). Les chambres rénovées de
cet immeuble moderne sont bien tenues et insonorisées. Salon-bar assez cossu. Salle de
restaurant fraîche et colorée et cuisine dans le style de la chaîne Ibis.

L'Éolienne, 170 av. Guynemer par ③ ℰ 04 68 66 00 00, *Fax 04 68 66 02 02* – 🛗 ✄,
≣ rest, 📺 ✆ 🚿 ⇔ 🅿 – 🔼 20 à 50. 🅰🅴 🆖
Repas 16/20 ⅀ – ⊇ 6 – **88 ch** 56 – ½ P 50/80.
◆ À la sortie de Perpignan et en direction des plages qui se trouvent à 20 mn environ,
vaste construction moderne abritant des chambres fonctionnelles. Repas servis à la carte
ou sous forme de buffets, à consommer dans une salle spacieuse et lumineuse.

1297

XX **Clos des Lys**, 660 chemin de la Fauceille par ④ et N 114, dir. Argelès : 4 km ⊠ 66100
🖉 04 68 56 79 00, *contact@closdeslys.com*, Fax 04 68 54 60 60, �, 🚗 – ▤ 🅿. ㎒
🅶🅱

fermé merc. soir d'oct. à mai, dim. sauf le midi d'oct. à mai et lundi – **Repas** (14) - 17/58,
enf. 9,50 ♀.
♦ Au coeur d'un jardin aux essences méridionales, bâtisse contemporaine animée par
l'esprit catalan, dans le cadre comme dans l'assiette. Cheminée pour les grillades.

XX **Passerelle**, 1 cours Palmarole 🖉 04 68 51 30 65, Fax 04 68 51 90 58 – ▤. ㎒ ⓞ
🅶🅱   BY z
fermé 15 au 22 août, 25 avril au 2 mai, 19 déc. au 2 janv., lundi midi et dim. – **Repas** carte 31
à 49 ♀.
♦ Le restaurant jouxte une passerelle enjambant la Basse. Service aimable, joli décor marin
et grande fraîcheur des produits (spécialités de poissons et crustacés).

XX **Les Antiquaires**, pl. Desprès 🖉 04 68 34 06 58, Fax 04 68 35 04 47 – ▤. ㎒ ⓞ 🅶🅱.
🞣   BZ u
fermé 1er au 23 juil., dim. soir et lundi – **Repas** 21/38 ♀.
♦ Sympathique adresse du vieux Perpignan offrant un cadre rustique soigné. Meubles et
nappes brodées sont dénichées chez... les antiquaires. Cuisine traditionnelle.

XX **Galinette**, 23 r. Jean Payra 🖉 04 68 35 00 90, Fax 04 68 35 15 20 – ▤. 🅶🅱   BY e
fermé 26 juil. au 16 août, 23 déc. au 4 janv., dim. et lundi – **Repas** 12 (déj.), 26/35 ♀ ⌂.
♦ Mobilier contemporain, moulures, tables joliment dressées : un décor soigné où
l'on savoure des plats méridionaux préparés au gré du marché. Beau choix de vins
régionaux.

XX **Carlit**, 63 av. Gén. Leclerc 🖉 04 68 51 17 86, *restcarlit@hotmail.com*, Fax 04 68 35 36 48 –
▤. ㎒ ⓞ 🅶🅱   AY u
fermé 3 au 24 août, dim. soir et lundi – **Repas** 14 (déj.), 28/41 ♀.
♦ En périphérie de la ville chère à Dali, ce discret petit restaurant dispose d'une
sympathique salle à manger décorée dans le style méditerranéen. Cuisine sensible aux
saisons.

X **Banyols et Banyols**, 7 r. Cardeurs 🖉 04 68 34 48 40, Fax 04 68 51 25 99 – 🅶🅱 BY n
🞣
fermé dim., lundi et fériés – **Repas** (nombre de couverts limité, prévenir) (14) - carte 26
à 37 ♀.
♦ Décor contemporain simple et chaleureux, ambiance conviviale et goûteuse cuisine du
marché assurent le succès de ce restaurant installé dans une ruelle de la vieille ville.

par ① *près échangeur Perpignan-Nord : 10 km* – ⊠ 66600 Rivesaltes :

🏨 **Novotel**, 🖉 04 68 64 02 22, *h0424@accor-hotels.com*, Fax 04 68 64 24 27, 🌫, ⊿, 🚗 –
⥥▤ ▥ ⓚ ♿ 🅿 – 🔏 15 à 100. ㎒ ⓞ 🅶🅱
Repas (14) - 19,50, enf. 8 ♀ – ⊇ 10 – **86 ch** 85/125.
♦ Ce Novotel entouré de verdure propose repos et confort à deux pas de l'autoroute.
Grandes chambres fonctionnelles et bar "à la catalane". Le restaurant, coiffé d'une char-
pente apparente, est tourné vers la piscine.

🏨 **Mercure**, 🖉 04 68 38 55 38, *h3042@accor-hotels.com*, Fax 04 68 38 55 66, 🌫, ⊿ – 🛗
⥥▤ ▥ ⓚ ♿ 🅿 – 🔏 15 à 60. ㎒ ⓞ 🅶🅱 🅹🅲🅱
Repas (fermé sam. midi et dim. soir sauf juil.-août) (13) - 16/30, enf. 7 ♀ – ⊇ 8 – **64 ch** 76/80.
♦ Étape pratique proche de l'autoroute, proposant des chambres pas très spacieuses,
mais toutes rénovées. La piscine et son amusante cascade raviront petits et grands. Vaste
et sobre salle à manger aux tons ensoleillés, terrasse et cuisine traditionnelle.

à Cabestany *par* ③ *et D22ᵉ : 5 km* – 8 259 h. alt. 35 – ⊠ 66330 :

🏨 **Les Deux Mas**, face Médipôle 🖉 04 68 50 08 08, *contact@hotel-les-2-mas.com*,
Fax 04 68 62 32 54, 🌫 – ▤ ▥ ⓚ ♿ 🅿 – 🔏 20. ㎒ 🅶🅱
Repas (11) - 16 bc (déj.)/22, enf. 10 ♀ – ⊇ 7,50 – **30 ch** 59/78 – ½ P 52/64,50.
♦ Hôtel flambant neuf aménagé autour d'un patio. De larges coursives desservent des
chambres fonctionnelles égayées de petites touches méditerranéennes. Salle à manger
aux couleurs ensoleillées où l'on propose une cuisine tradtionnelle sans prétention.

Dans ce guide
un même symbole, un même mot,
imprimé en **rouge** *ou en* **noir**, *en maigre ou en* **gras**,
n'ont pas tout à fait la même signification.
Lisez attentivement les pages explicatives.

Le PERRAY-EN-YVELINES 78610 Yvelines **311** H3 – 5 828 h alt. 180.

🛈 Syndicat d'initiative, 2 rue de l'Eglise ℘ 01 34 84 99 05.

Paris 47 – Arpajon 37 – Chartres 47 – Mantes-la-Jolie 43 – Rambouillet 6 – Versailles 28.

XXX **Auberge des Bréviaires,** aux Bréviaires Ouest : 3,5 km par D 61 ℘ 01 34 84 98 47, Fax 01 34 84 65 88, 🏡 – ℻ ⒼⒷ

fermé 2 au 24 août, 21 fév. au 8 mars, dim. soir, lundi et mardi – **Repas** 30/42 et carte 43 à 75 ♀.

♦ Accueillante auberge située à l'orée de la forêt de Rambouillet. Cuisine classique servie dans trois salles à manger d'esprit rustique où règne une atmosphère provinciale.

Le PERREUX-SUR-MARNE 94 Val-de-Marne **312** E2 **106** ⑳ **101** ⑱ – voir à Paris, Environs.

PERRIER 63 P.-de-D. **326** G9 – rattaché à Issoire.

Le PERRIER 85 Vendée **316** E6 – rattaché à Challans.

PERROS-GUIREC 22700 C.-d'Armor **309** B2 G. Bretagne – 7 614 h alt. 60 – Casino **A**.

Voir Nef romane★ de l'église **B** – Pointe du château ⩽★ – Table d'orientation ⩽★ **B E** – Sentier des douaniers★★ – Chapelle N.-D. de la Clarté★ 3 km par ② – Sémaphore ⩽★ 3,5 km par ②.

Env. Ploumanach★★ : parc municipal★★, rochers★★ – Sentier des Douaniers★★.

🛈 Office de tourisme, 21 place de l'Hôtel de Ville ℘ 02 96 23 21 15, Fax 02 96 23 04 72, infos@perros-guirec.com.

Paris 527 ① – St-Brieuc 76 ① – Lannion 12 ① – Tréguier 19 ①.

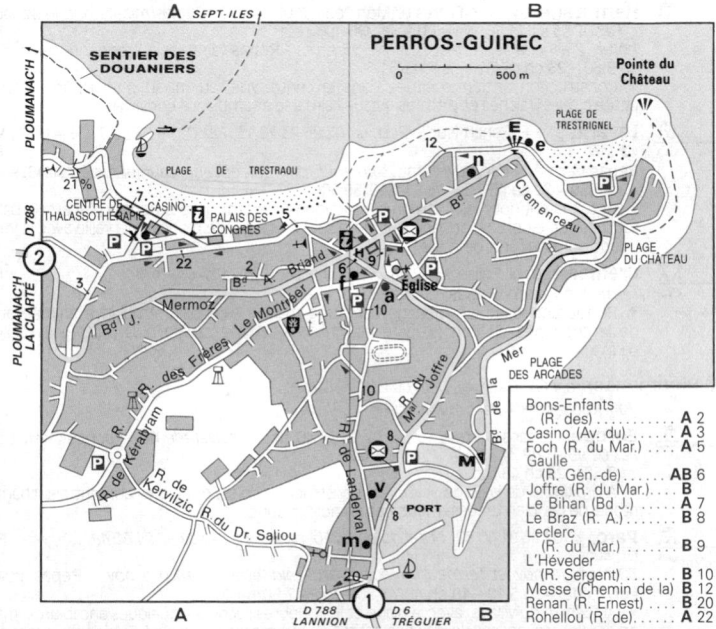

Bons-Enfants
(R. des) . . . . **A** 2
Casino (Av. du) . . . . . . **A** 3
Foch (R. du Mar.) . . . . **A** 5
Gaulle
(R. Gén.-de) . . . . . . **AB** 6
Joffre (R. du Mar.) . . . . **B**
Le Bihan (Bd J.) . . . . . **A** 7
Le Braz (R. A.) . . . . **B** 8
Leclerc
(R. du Mar.) . . . . . . **B** 9
L'Héveder
(R. Sergent) . . . . . . **B** 10
Messe (Chemin de la) **B** 12
Renan (R. Ernest) . . . . **B** 20
Rohellou (R. de) . . . . . . **A** 22

🏠 **Manoir du Sphinx** ⚓, 67 chemin de la Messe ℘ 02 96 23 25 42, lemanoirdusphinx@wanadoo.fr, Fax 02 96 91 26 13, ⩽ mer et les îles, 🦐 – ⬛ 🆃🆅 ✆ ⚬ ℗. ℻ ⒼⒷ, 🛇
fermé 3 janv. au 20 fév. – **Repas** (fermé dim. soir d'oct. à mars, lundi midi et vend. midi sauf fériés) 21 (déj.), 29/50, enf. 12,50 ♀ – 🗗 9 – **20 ch** 103,50/117,50 – ½ P 101,50/115.
♦ Cette ravissante villa du début du 20ᵉ s. surplombe la mer. Ses jolies chambres contemplent à loisir la baie et les îles. Son charmant jardin dégringole jusqu'aux rochers. Salle à manger-véranda panoramique ; cuisine tournée vers l'océan.

🏠🏠 **Les Feux des Iles** 🐟, 53 bd Clemenceau ✆ 02 96 23 22 94, *feuxdesiles2@wanadoo.fr*, Fax 02 96 91 07 30, ≤, 🚗, ✵ – 📺 📞 & 🅿️. ᴁᴇ ◑ ᴳᴮ ᴶᴄʙ. ✵   B n
fermé 26 sept. au 12 oct. et 20 déc. au 10 janv. – **Repas** *(fermé le midi en semaine, dim. soir et lundi d'oct. à avril et sam. midi)* 26/60, enf. 13 ♀ – ♉ 9 – **18 ch** 50/115 – ½ P 80/100.
✦ La maison en pierre, côté mer, abrite le salon, le restaurant et des chambres "cosy" ; d'autres, plus modernes, occupent l'aile récente. Poissons, coquillages et crustacés garnissent les tables... tournées vers les feux îliens !

🏠🏠 **Au Bon Accueil,** 11 r. Landerval ✆ 02 96 23 25 77, *au-bon-accueil@wanadoo.fr*, Fax 02 96 23 12 66, 🚗 – 📺 📞 🅿️. ᴁᴇ ᴳᴮ   B v
fermé 24 déc. au 5 janv. (fermé dim. soir sauf juil.-août et vend.) 18,30/39 ♀ – ♉ 6,40 – **21 ch** 54/64 – ½ P 55.
✦ À deux pas du port, le bâtiment principal de cet établissement propose des chambres très bien équipées. Tenue impeccable et accueil tout sourire. Le restaurant est situé face à l'hôtel ; le chef y concocte une cuisine traditionnelle soignée.

🏠🏠 **Mercure** sans rest, 100 av. Casino ✆ 02 96 91 22 11, *relaismercureperrosguirec@wanadoo.fr*, Fax 02 96 91 24 78 – 📳 📺 & – 🛗 20. ᴁᴇ ◑ ᴳᴮ ᴶᴄʙ   A x
♉ 8,50 – **49 ch** 78/88.
✦ Cet hôtel est situé à deux pas de la plage. Les chambres, aménagées selon les normes de la chaîne, changent de couleur à chaque étage ; quelques-unes sont dotées de balcon.

🏠 **Sternes** sans rest, rd-pt Perros-Louannec par ① ✆ 02 96 91 03 38, Fax 02 96 23 13 01, 🏊 – 📺 📞 & 🅿️. ᴳᴮ. ✵
fermé 24 déc. au 2 janv. – ♉ 6 – **20 ch** 45/50.
✦ Chambres simples (non-fumeurs) mais spacieuses et bien tenues ; deux d'entre elles, équipées pour les personnes handicapées, occupent une maison de pêcheur. Accueil cordial.

🏠 **Hermitage** 🐟, 20 r. Frères Le Montréer ✆ 02 96 23 21 22, *hermitage.hotel@wanadoo.fr*, Fax 02 96 91 16 56, 🚗 – 📺 📞 🅿️. ᴳᴮ. ✵ rest   B f
hôtel : 2 avril-28 sept.; rest : 15 mai-15 sept. – **Repas** (dîner seul.)(résidents seul.) 20 ♨ – ♉ 5,60 – **23 ch** 48/52 – ½ P 48/51.
✦ Construction ancienne située dans le centre-ville, au milieu d'un jardin. Chambres petites, mais fraîches et propres. Accueil aimable et ambiance conviviale.

🏠 **Levant,** 91 r. E. Renan (sur le Port) ✆ 02 96 23 20 15, Fax 02 96 23 36 31, ≤ – 📳 📺 📞. ᴁᴇ
◑ ᴳᴮ   B m
Repas *(fermé 21 déc. au 14 janv., sam. midi, dim. soir et vend. sauf juil.-août)* 14/48, enf. 8 ♀ – ♉ 6,50 – **22 ch** 45/55 – ½ P 51,50/56,50.
✦ Hôtel récent dont les chambres, fonctionnelles, sont dotées pour la plupart de balcons tournés sur le port. Le décor marin de la salle à manger se marie à merveille avec la vue, au levant, sur une forêt de mâts.

✕✕ **Crémaillère,** pl. Église ✆ 02 96 23 22 08, Fax 02 96 23 22 08 – ᴳᴮ   B a
fermé lundi midi – **Repas** *(13)* · 15/35 ♀.
✦ Restaurant rustique aménagé dans une maison régionale. Ambiance animée autour de la cheminée où l'on prépare les grillades, et mezzanine plus feutrée avec sièges Louis XIII.

à Ploumanach *par ② : 6 km –* ☒ *22700 Perros-Guirec.*
Voir *Rochers*★★ – *Parc municipal*★★.

🏠 **Europe** sans rest, ✆ 02 96 91 40 76, *societe-leurope-perros@wanadoo.fr*, Fax 02 96 91 49 74 – 📺 & 🅿️. ᴁᴇ ◑ ᴳᴮ
♉ 7,50 – **23 ch** 48/62.
✦ À proximité de la plage St-Guirec, construction de style régional abritant des chambres modernes et bien tenues, meublées en bois stratifié.

🏠 **Parc,** ✆ 02 96 91 40 80, *hotel.du.parc@libertysurf.fr*, Fax 02 96 91 60 48, 🍽, 🚗 – 📺 🅿️. ᴁᴇ ᴳᴮ
30 mars-11 nov. et fermé dim. soir, mardi midi et lundi en oct.-nov. – **Repas** 12,50/33, enf. 7,40 ♀ – ♉ 5,10 – **10 ch** 40/43,50 – ½ P 47,50/49,30.
✦ Au centre du village, avec la plage et les célèbres rochers à quelques encablures, maison en granit rose logeant de fraîches petites chambres bien équipées. Cuisine de la mer servie en terrasse ou dans la coquette salle à manger.

PERTUIS 84120 Vaucluse ᴲᴲᴲ G11 *G. Provence* – *17 833 h alt. 246.*
🛈 *Office de tourisme, place Mirabeau* ✆ 04 90 79 15 56, Fax 04 90 09 59 06, *tourisme.pertuis@wanadoo.fr*.
Paris 747 – Aix-en-Provence 23 – Apt 36 – Avignon 76 – Digne-les-Bains 97 – Manosque 36.

Sevan, rte Manosque Est : 1,5 km ✆ 04 90 79 19 30, *hotel-sevan@wanadoo.fr, Fax 04 90 79 35 77,* ←, 🛎, 🏊, 🌳, ✂ – 🛗 📺 📞 🅿 – 🏛 80. AE ⓞ GB
L'Olivier ✆ 04 90 79 08 19 *(fermé dim. soir et lundi sauf juil.-août)* **Repas** (18)-25/32, enf. 15 🍷 – ☕ 11 – **46 ch** 96,50/152 – ½ P 85/105,50.
◆ Complexe hôtelier des années 1970 au pied du Luberon. Préférez les chambres rénovées dans un lumineux style provençal ou celles donnant sur le parc. Salle à manger coiffée d'une charpente apparente et terrasse au bord de la piscine.

Boulevard, 50 bd Pecout ✆ 04 90 09 69 31, *Fax 04 90 09 09 48* – ▤. GB
fermé 1er au 11 juil., vacances de fév., dim. soir, mardi soir et merc. – **Repas** (nombre de couverts limité, prévenir) 17/35, enf. 10.
◆ Restaurant du centre-ville aménagé à l'étage d'une jolie maison ancienne aux volets bleus. Salle à manger discrètement rustique et tables soigneusement dressées.

PESMES *70140 H.-Saône* 314 B9 *G. Jura – 1 057 h alt. 205.*

Office de tourisme, chemin des Tuileries ✆ 03 84 31 23 37, Fax 03 84 31 23 37, otsi.pesmes@wanadoo.fr.
Paris 362 – Besançon 40 – Dijon 51 – Dole 26 – Gray 20.

France, ✆ 03 84 31 20 05, *hoteldefrance70@aol.com, Fax 03 84 31 29 85,* 🌳 – 📺 🅿. GB
fermé 22 oct. au 4 nov. – **Repas** *(fermé dim. soir du 7 nov. au 11 avril)* (12,20) - 16,80/25 🍷 – ☕ 10 – **10 ch** 37/42 – ½ P 39,50.
◆ Vieille auberge familiale postée sur une rive de l'Ognon. Les chambres, modestes mais très bien tenues, sont installées dans une annexe distante de 200 m. Le restaurant, décoré de multiples bibelots, tourne ses baies vers la rivière. Table simple et copieuse.

PESSAC *33 Gironde* 335 H6 – *rattaché à Bordeaux.*

La PETITE-FOSSE *88490 Vosges* 314 K3 – *59 h alt. 490.*

Paris 405 – Strasbourg 90 – Épinal 65 – St-Dié-des-Vosges 13 – Ste-Marie-aux-Mines 18.

Auberge du Spitzemberg 🌿, Ouest : 4 km par D 45 et voie forestière ✆ 03 29 51 20 46, *Fax 03 29 51 10 12,* ←, 🌳 – 📺 🚗 🅿. GB
fermé janv. et lundi – **Repas** 18/25, enf. 7,50 🍷 – ☕ 7 – **10 ch** 48/54 – ½ P 45,50.
◆ Auberge dissimulée dans la forêt vosgienne, proche de nombreux sentiers balisés : une étape idéale pour les randonneurs. Chambres bien tenues. Minigolf. Vaste cheminée, mobilier régional et objets paysans : la salle à manger a conservé son cachet campagnard.

La PETITE-PIERRE *67290 B.-Rhin* 315 H3 *G. Alsace Lorraine – 612 h alt. 340.*

Office de tourisme, 2a rue du Château ✆ 03 88 70 42 30, Fax 03 88 70 41 08, tourisme.pays-lapetitepierre@wanadoo.fr.
Paris 433 – Strasbourg 57 – Haguenau 41 – Sarreguemines 48 – Sarre-Union 24.

Clairière 🌿, 63 rte d'Ingwiller (D 7) : 1,5 km ✆ 03 88 71 75 00, *info@la-clairiere.com, Fax 03 88 70 41 05,* 🛎, 🏋, 🏊 – 🛗, ▤ rest, 📺 📞 ♿ 🅿 – 🏛 70. AE ⓞ GB
Repas 20/44 🍷 – ☕ 10 – **50 ch** 88/126 – ½ P 70/91.
◆ Au coeur de la forêt, chambres claires et spacieuses, meublées en bois blond. Espace remise en forme. "Parcours challenge" pour les clients en séminaires. Gibier (en saison) et spécialités alsaciennes figurent au menu de ce restaurant d'hôtel au cadre actuel.

Aux Trois Roses 🌿, 19 r. Principale ✆ 03 88 89 89 00, *hotel.3roses@wanadoo.fr, Fax 03 88 70 41 28,* ←, 🛎, 🏊, 🌳, ✂ – 🛗 📺 – 🏛 30. AE GB
fermé 6 au 17 janv. – **Repas** *(fermé dim. soir et lundi soir)* 16/45, enf. 9 🍷 – ☕ 11 – **40 ch** 46/104 – ½ P 60/82.
◆ Cette belle façade (18e s.) située au centre du village abrite des chambres confortables, parfois dotées de balcons. Salon de détente agrémenté d'une cheminée. Salles à manger actuelle, alsacienne ou revêtue de boiseries et cuisine vosgienne.

Des Vosges, 30 r. Principale ✆ 03 88 70 45 05, *hotel-des-vosges@wanadoo.fr, Fax 03 88 70 41 13,* ←, 🛎, 🏋, 🌳 – 🛗, ▤ rest, 📺 📞 ♿ 🅿 – 🏛 20. AE GB JCB
fermé 19 juil. au 30 juil. et 16 fév. au 12 mars – **Repas** *(fermé mardi)* 20,50/53, enf. 10 🍷 – ☕ 9,50 – **30 ch** 52/76 – ½ P 59/67.
◆ Hôtel proposant des chambres personnalisées ; certaines sont décorées et meublées dans un style sagement alsacien. Au restaurant (non-fumeurs), plats traditionnels et cadre rustique offrant une vue sur la forêt. Pour profiter de la winstub, pensez à réserver.

Lion d'Or, ✆ 03 88 01 47 57, *phil.lion@liondor.com, Fax 03 88 01 47 50,* ←, 🛎, 🏊, 🌳, ✂ – 🛗, ▤ rest, 📺 📞 🅿 – 🏛 20 à 50. AE GB
fermé 28 juin au 8 juil. et 4 janv. au 4 fév. – **Repas** 19/71, enf. 10 🍷 – ☕ 10 – **40 ch** 58/84 – ½ P 66,50/73.
◆ L'adresse est dans la ville ancienne. Les chambres, équipées d'un mobilier varié, sont progressivement rénovées. Centre d'arbrothérapie (soins à base de produits naturels). La salle à manger, habillée de boiseries, offre la vue sur la cité ; cuisine régionale.

à l'Étang d'Imsthal *Sud-Est : 3,5 km par D 178* – ⊠ *67290 La Petite-Pierre :*

🏠 **Auberge d'Imsthal** ॐ, 𝒫 03 88 01 49 00, *auberge.imsthal@wanadoo.fr,* Fax 03 88 70 40 26, 🏠, 🍴, 🚶 – ⬛ 📺 💷 🅿 – 🛏 15 à 30. ⚑ ⓞ ⬛ 🅹🅲🅱. 🛏 rest
fermé 30 août au 9 sept. et 15 nov. au 16 déc. – **Repas** *(fermé mardi)* 17 (déj.), 22/45, enf. 6,50 🖺 – 🖭 9 – **23 ch** 40/108 – ½ P 55/85.
♦ Cette maison à colombages entourée par la forêt et postée au bord d'un étang conviendra à ceux qui recherchent calme et dépaysement. Chambres simples mais confortables. Sympathique salle rustique (boiseries, cheminée) et recettes dans la note régionale.

à Graufthal *Sud-Ouest : 11 km par D 178 et D 122* – ⊠ *67320 :*

🛏 **Au Vieux Moulin** ॐ, 𝒫 03 88 70 17 28, *kavi.moulin@wanadoo.fr,* Fax 03 88 70 11 25,
📷 ⩽, 🏠, 🚶 – 📺 ♿ 🅿. ⬛
fermé 28 juin au 8 juil. et 25 janv. au 12 fév. – **Repas** *(fermé mardi soir)* 8,50 (déj.), 13/32, enf. 6,50 🖺 – 🖭 6,50 – **14 ch** 38,50/67 – ½ P 44/55.
♦ Dans ce hameau dont Erkmann et Chatrian ont vanté la sérénité, petit hôtel proposant des chambres simples aux couleurs ensoleillées. Plan d'eau privé (pêche). Une cuisine familiale à l'accent alsacien vous attend dans la salle à manger entièrement redécorée.

XX **Cheval Blanc**, 19 r. Principale 𝒫 03 88 70 17 11, *gilles.stutzmann@worldonline.fr,* Fax 03 88 70 12 37, 🏠 – 🅿. ⬛ 🛏
fermé 6 au 23 sept., 3 au 25 janv., lundi soir, merc. soir et mardi – **Repas** 20/52 🖺.
♦ Cette engageante auberge décorée dans un esprit rustique concocte des recettes au goût du jour. Joli poêle en faïence dans l'une des salles de restaurant.

Le PETIT-PRESSIGNY *37350 I.-et-L.* 🛈🛈 O7 – *366 h alt. 80.*
Paris 290 – *Poitiers 73* – *Le Blanc 38* – *Châtellerault 36* – *Châteauroux 68* – *Tours 61.*

XXX **Promenade** (Ballais), 𝒫 02 47 94 93 52, Fax 02 47 91 06 03 – ▤. ⬛
🌸 *fermé 20 sept. au 6 oct., 3 janv. au 2 fév., dim. soir, lundi et mardi sauf fériés.* – **Repas** 37/73 et carte 71 🖺 🏠.
♦ Auberge de village au surprenant décor contemporain agrémenté d'oeuvres d'art. Savoureuse cuisine actuelle aux accents tourangeaux et carte des vins étoffée.
Spéc. Bouillon de carottes aux fèves, sarriette et lard. Sanguette aux pois gourmands et géline de Touraine au jus de truffe. Canette persillée rôtie aux oignons blancs et foie gras.
Vins Touraine, Touraine-Mesland.

Le PETIT QUEVILLY *76 S.-Mar.* 🔢🔢🔢 G5 – *rattaché à Rouen.*

PETRETO-BICCHISANO *2A Corse-du-Sud* 🔢🔢🔢 C9 – *voir à Corse.*

PEYRAT-LE-CHÂTEAU *87470 H.-Vienne* 🔢🔢🔢 H6 *G. Berry Limousin* – *1 081 h alt. 426.*
🛈 *Office de tourisme, 1 rue du Lac 𝒫 05 55 69 48 75, Fax 05 55 69 47 82, peyrat-tourisme@wanadoo.fr.*
Paris 409 – *Limoges 53* – *Aubusson 45* – *Guéret 52* – *Tulle 81* – *Ussel 79* – *Uzerche 58.*

🛏 **Voyageurs**, 𝒫 05 55 69 40 02, Fax 05 55 69 49 69 – ♿ ⇔ 🅿. ⬛ 🛏
1er mars-30 sept. – **Repas** *(fermé jeudi soir)* 13/25, enf. 6,50 🖺 – 🖭 5,90 – **11 ch** 31/48 – ½ P 33/36,50.
♦ Cette longue et belle façade en pierres du pays abritait au 18e s. une abbaye. Le souvenir de cette époque subsiste dans l'aménagement des chambres, assez monacal. Salle de restaurant campagnarde où l'on propose des recettes traditionnelles.

au Lac de Vassivière – ⊠ *87470 Peyrat-le-Château.*
Voir Centre d'art contemporain de l'île de Vassivière★★ – *Centre d'art contemporain de l'île de Vassivière*★★.

🏠 **Golf du Limousin** ॐ, 𝒫 05 55 69 41 34, Fax 05 55 69 49 16, ⩽, 🏠, 🚶 – 📺 🅿. ⬛
🛏 rest
4 avril-30 oct. – **Repas** *(10)* - 20/24, enf. 9 🖺 – 🖭 6 – **18 ch** 41/48 – ½ P 42,50/47,50.
♦ Perché à 650 m d'altitude, cet hôtel offre une vue sur le lac au travers d'un rideau d'arbres. Chambres simples et bien tenues. Pour amateurs de calme et de balades. Cuisine traditionnelle servie dans une agréable salle à manger ou sur la terrasse d'été.

Si vous cherchez un hôtel tranquille,
consultez d'abord les cartes de l'introduction
ou repérez dans le texte les établissements indiqués avec le signe ॐ

PÉZENAS 34120 Hérault 339 F8 *G. Languedoc Roussillon – 7 443 h alt. 15.*

Voir *Vieux Pézenas★★ : Hôtels de Lacoste★, d'Alfonce★, de Malibran★.*

🚩 *Office de tourisme, place Gambetta ℘ 04 67 98 36 40, Fax 04 67 98 96 80, officedetourisme@paysdepezenas.net.*

Paris 734 – Montpellier 55 – Agde 22 – Béziers 24 – Lodève 39 – Sète 38.

  ✗ **Pré Saint Jean**, 18 av. Mar. Leclerc ℘ 04 67 98 15 31, Fax 04 67 98 89 23, 🈂 – 🍴. 🆎 ⓪ 🆖
    fermé vacances de Toussaint et de fév., jeudi soir, dim. soir et lundi – **Repas** 20/45, enf. 10.
    ♦ Cette discrète façade située en bordure d'une route passante dissimule une accueillante salle à manger de style jardin d'hiver. On y sert une cuisine régionale actualisée.

à Nézignan-l'Évêque *Sud : 5 km par N 9 et D 13 – 960 h. alt. 40 –* ✉ 34120 Pézenas :

  🏠 **Hostellerie de St-Alban** ⑤, 31 rte Agde ℘ 04 67 98 11 38, *info@saintalban.com,*
    Fax 04 67 98 91 63, 🈂, 🏊, 🍃, 🍴 – 📺 ❧ ⟵. 🅿 – 🚗 50. 🆎 ⓪ 🆖. 🍴 rest
    fermé 15 nov. au 15 fév.– **Repas** *(fermé jeudi midi et merc. hors saison)* 22 *(déj.)*, 25/28 ♀ – 🖵 12
    – 13 ch 77/110 – ½ P 85/95.
    ♦ Jolie maison de maître du 19ᵉ s. nichée dans un coquet jardin fleuri. Espace, couleur et mobilier en fer forgé : réservez une chambre rénovée. Le restaurant, au décor immaculé (murs, nappes et chaises blanches), propose une cuisine où pointe l'accent du Midi.

PÉZILLA-LA-RIVIÈRE 66370 Pyr.-Or. 344 H6 – *2 754 h alt. 75.*

Paris 857 – Perpignan 12 – Argelès-sur-Mer 35 – Le Boulou 25 – Prades 35.

  ✗ **L'Aramon**, rte Baho, D 614 ℘ 04 68 92 43 59, *laramon.restaurant@wanadoo.fr,*
    Fax 04 68 92 39 88, 🈂 – 🍴. ⓪ 🆖
    fermé 25 août au 8 sept., 2 au 16 janv., mardi soir et merc. – **Repas** *(14)* - 18 *(déj.)*, 24/36 ♀.
    ♦ Guère engageante, la façade ne laisse en rien présager une aussi charmante salle. Belle harmonie de couleurs ocre et jaune. Cuisine classique et accueil aimable.

PEZOU 41100 L.-et-Ch. 318 D4 – *938 h alt. 84.*

Paris 158 – Blois 43 – Chartres 72 – Le Mans 78 – Orléans 67 – Tours 67.

à Fontaine *Nord-Est : 4 km par N 10 –* ✉ 41100 Pezou :

  ✗✗ **Auberge de la Sellerie**,   ℘ 02 54 23 41 43,   *aubergesellerie@aol.com,*
  🆖 *Fax 02 54 23 48 00*, 🈂, 🍃 – 🆖
    fermé 5 au 26 janv., merc. soir , dim. soir et lundi – **Repas** 14,20/44 ♀.
    ♦ Selles, joug, étrier... le décor champêtre de cette petite auberge de campagne célèbre le monde du cheval. Agréable terrasse dressée dans le jardin. Plats traditionnels.

PFAFFENHOFFEN 67350 B.-Rhin 315 J3 *G. Alsace Lorraine – 2 468 h alt. 170.*

Voir *Musée de l'Imagerie peinte et populaire alsacienne★.*

Paris 457 – Strasbourg 37 – Haguenau 16 – Sarrebourg 55 – Sarre-Union 50 – Saverne 30.

  ✗✗ **De l'Agneau** avec ch, ℘ 03 88 07 72 38, *gisele.ernwein@wanadoo.fr, Fax 03 88 72 20 24,*
    🈂 – 📺 🍃 – 🚗 15. 🆖. 🍴 ch
    fermé 24 août au 8 sept., dim. soir de sept.à juin, mardi en juil.-août et lundi – **Repas** 12
    (déj.), 22/56 ♀ – 🖵 10 **– 12 ch** 54/68 – ½ P 43/52.
    ♦ De cette bergerie du 18ᵉ s., le restaurant a gardé les épais murs. Salle à manger sagement rustique et petite pièce attenante où l'on sert les tartes flambées.

PFULGRIESHEIM 67 B.-Rhin 315 K5 – *rattaché à Strasbourg.*

PHALSBOURG 57370 Moselle 307 O6 *G. Alsace Lorraine – 4 499 h alt. 365.*

🚩 *Office de tourisme, 30 place d'armes ℘ 03 87 24 42 42, Fax 03 87 24 42 87, tourisme. phalsbourg@libertysurf.fr.*

Paris 435 – Strasbourg 59 – Metz 110 – Sarrebourg 17 – Sarreguemines 50.

  🏠 **Erckmann-Chatrian**, pl. d'Armes ℘ 03 87 24 31 33, Fax 03 87 24 27 81, 🈂 – 📶 📺
  🚗 ❧ ⟵ – 🚗 25. 🆖
    Repas *(fermé mardi midi et lundi)* 20,60/42, enf. 9 🍴 – 🖵 10 **– 16 ch** 55/62.
    ♦ Hôtel à l'enseigne littéraire occupant une maison de ville à la façade fleurie. Chambres joliment rénovées, dotées de meubles de style ; certaines disposent d'un coin salon. Deux salles à manger : l'une habillée de boiseries brunes, l'autre façon brasserie.

  ✗✗✗ **Au Soldat de l'An II** (Schmitt) (chambres prévues), 1 rte Saverne ℘ 03 87 24 16 16, *info*
  ❀ *@an2.com, Fax 03 87 24 18 18*, 🈂 – 🆖
    fermé 26 oct. au 8 nov., 4 au 20 janv., mardi midi, dim. soir et lundi – **Repas** 34 bc *(déj.)*,
    67,50/129 et carte 67 à 90, enf. 23 ♀.
    ♦ Les objets militaires et le soldat de pierre gardant l'entrée de cette ancienne grange évoquent l'épopée des patriotes au pantalon tricolore. Cuisine au goût du jour.
    Spéc. Foie gras d'Alsace à la cuiller. Homard aux truffes et gnocchi. Royale de poularde de Bresse. **Vins** Muscat, Gewürztraminer.

à Bonne-Fontaine *Est : 4 km par N 4 et rte secondaire –* ⊠ *57370 Phalsbourg :*

🏨 **Notre-Dame de Bonne Fontaine** ⚘, 212 rte Bonne Fontaine ℘ 03 87 24 34 33, *not redamebonnefontaine@aol.com, Fax 03 87 24 24 64,* 🌧, ▣ – 🛗 TV ⚓ & **P.** – 🛎 40. AE ⓞ GB JCB

fermé 10 au 29 janv. et 20 au 27 fév. – **Repas** 15,50/40 bc, enf. 9,50 ⚑ – ☑ 8 – **34 ch** 45/73 – ½ P 50/61.

◆ Situé à l'orée de la forêt, cet établissement propose des chambres sobrement meublées. Malgré la présence du double vitrage, préférez celles tournant le dos à l'autoroute. Recettes de l'Est et produits du terroir sont servis dans deux salles à manger-vérandas.

PHILIPPSBOURG *57230 Moselle* 🗺️ *Q5 – 531 h alt. 215.*

🛈 *Office de tourisme, 186 rue de Baerenthal* ℘ *03 87 06 56 12, Fax 03 87 06 51 48, office-tourisme@ot-philippsbourg.fr.*

Paris 450 – Strasbourg 58 – Haguenau 29 – Wissembourg 42.

✗✗ **Tilleul,** 117, rte de Niederbronn ℘ 03 87 06 50 10, *Fax 03 87 06 58 89,* 🌧 – **P.** GB
fermé janv., lundi soir, mardi soir et merc. – **Repas** 11 (déj.), 16/46, enf. 7,70 ⚑.
◆ L'entrée de cette auberge familiale abrite un bar qui sert les plats du jour, tandis que l'agréable salle à manger de style rustique propose une cuisine traditionnelle.

à l'étang de Hanau *Nord-Ouest : 5 km par N 62 et rte secondaire –* ⊠ *57230 Philippsbourg.*
Voir *Étang★,* G. Alsace Lorraine.

🏨 **Beau Rivage** ⚘ sans rest, ℘ 03 87 06 50 32, Fax 03 87 06 57 46, ≤, ▣ – TV **P.** – 🛎 25. GB
fermé fév. et nov. – ☑ 7 – **23 ch** 40/82.
◆ Isolé en pleine campagne, hôtel dont les chambres, bien tenues, donnent sur l'étang ou la forêt. Certaines sont plus typiquement alsaciennes (meubles en bois peint).

PIANA *2A Corse-du-Sud* 🗺️ *A6 – voir à Corse.*

PICHERANDE *63113 P.-de-D.* 🗺️ *D10 – 422 h alt. 1116.*

🛈 *Syndicat d'initiative, Le Bourg* ℘ *04 73 22 30 83, Fax 04 73 22 33 31, si.picherande@wanadoo.fr.*

Paris 478 – Clermont-Ferrand 63 – Issoire 47 – Le Mont-Dore 30.

⛲ **Central Hôtel,** ℘ 04 73 22 30 79, *Fax 04 73 22 37 02,* ≤ – GB
fermé 30 sept. au 1ᵉʳ déc. – **Repas** (résidents seul.) 11 (déj.), 13,30/23 ⚑ – ☑ 5 – **16 ch** 15/30.
◆ Le nom l'indique, l'hôtel est situé au centre du village. Chambres très simples, mais d'une tenue exemplaire ; certaines ont vue sur les monts du Cantal. Ambiance familiale.

PIEDICROCE *2B H.-Corse* 🗺️ *F5 – voir à Corse.*

PIERRE-BUFFIÈRE *87260 H.-Vienne* 🗺️ *F6 – 1 106 h alt. 330.*

🛈 *Office de tourisme, place du 8 Mai 1945* ℘ *05 55 00 94 33, Fax 05 55 00 94 33, ot.briance.roselle.pierre.buffiere@wanadoo.fr.*

Paris 415 – Limoges 22 – Brantôme 84 – Guéret 107 – Tulle 67.

🏨 **Providence,** pl. Adeline ℘ 05 55 00 60 16, *Fax 05 55 00 98 69,* 🌧 – TV ⬢. GB
fermé 6 janv. au 7 fév., dim. soir et lundi midi du 15 nov. au 15 mars – **Repas** 17/58 ⚑ – ☑ 8 – **14 ch** 49,50/90 – ½ P 48/110.
◆ Cet établissement familial borde la place centrale d'un village limousin. Les chambres, confortables et actuelles, sont tenues avec soin. Le restaurant propose une cuisine traditionnelle sans prétention dans une salle à manger garnie de meubles rustiques.

PIERRE-DE-BRESSE *71270 S.-et-L.* 🗺️ *L8 G. Bourgogne – 1 991 h alt. 202.*
Voir *Écomusée de la Bresse bourguignonne★.*
🛈 *Office de tourisme, place du Château* ℘ *03 85 76 24 95.*
Paris 354 – Beaune 47 – Chalon-sur-Saône 42 – Dole 36 – Lons-le-Saunier 37.

à Charette-Varennes *Nord-Ouest : 6,5 km par D 73 – 354 h. alt. 182 –* ⊠ *71270 :*

🏨 **Doubs Rivage** ⚘, ℘ 03 85 76 23 45, *hoteldoubsrivage@aol.com, Fax 03 85 76 89 29,* 🌧, 🌧 – TV ⚓ **P.** GB. ✗ rest
fermé 7 au 17 oct., 18 déc. au 1ᵉʳ mars, dim. soir sauf juil.-août et lundi – **Repas** 14,50/40, enf. 9 ⚑ – ☑ 7 – **10 ch** 33/45 – ½ P 43/48.
◆ Cette maison de style bressan bâtie sur les rives du Doubs s'adresse aux visiteurs avides de nature et de silence. Confort simple, ambiance familiale et champêtre. Recettes bourguignonnes à découvrir dans la salle à manger rustique ou sur la terrasse en été.

PIERREFITTE-EN-AUGE *14 Calvados* 303 *N4 – rattaché à Pont-L'Évêque.*

PIERREFITTE-SUR-SAULDRE *41300 L.-et-Ch.* 318 *J6 – 851 h alt. 125.*

🛈 *Syndicat d'initiative, 10 place de l'Eglise* ✆ *02 54 88 67 15, Fax 02 54 88 67 15.*

Paris 185 – Orléans 52 – Aubigny-sur-Nère 23 – Blois 73 – Bourges 55 – Salbris 13.

XX **Lion d'Or**, 1 pl. Eglise ✆ *02 54 88 62 14, Fax 02 54 88 62 14,* 斧, 栗 – GB
fermé 30 août au 22 sept., 3 au 19 janv., merc. soir et jeudi soir en hiver, lundi et mardi sauf fériés – **Repas** 28/36.
   ❖ Murs à pans de bois, poutres et collection de faïences anciennes composent l'authentique cadre rustique de cette maison solognote. Jolie terrasse-jardin. Carte traditionnelle.

PIERREFONDS *60350 Oise* 305 *I4 G. Picardie Flandres Artois – 1 945 h alt. 81.*

Voir Château★★ *– St-Jean-aux-Bois : église*★ *O : 6 km.*

🛈 *Office de tourisme, place de l'Hôtel de Ville* ✆ *03 44 42 81 44, Fax 03 44 42 37 73, ot.pierrefonds@wanadoo.fr.*

Paris 82 – Compiègne 15 – Beauvais 78 – Soissons 31 – Villers-Cotterêts 18.

X **Blés d'Or** avec ch, 8 r. J. Michelet ✆ *03 44 42 85 91, Fax 03 44 42 98 94,* 斧 – 📺 📞 AE GB
fermé 29 nov. au 12 déc., 3 au 16 janv., et 19 au 27 fév. – **Repas** *(fermé mardi et merc.)* 16,70/33,50 – �😊 7 – **6 ch** 43/61 – ½ P 50.
   ❖ Cet ancien moulin, dont les belles poutres soulignent l'authenticité, est situé entre le lac et le superbe château. Salle à manger néo-rustique. Accueil prévenant.

à Chelles *Est : 4,5 km par D 85 – 384 h. alt. 75 –* ✉ *60350 :*

XX **Relais Brunehaut** ♨ avec ch, ✆ *03 44 42 85 05, Fax 03 44 42 83 30,* 斧, 栗 – cuisinette 📺 📞 🅿. GB. 🎀 rest
Repas *(fermé lundi au jeudi de nov. à avril, mardi midi et lundi d'avril au 15 nov.)* 27/45 bc 🍷 – ☕ 7,50 – **7 ch** 42/57 – ½ P 58,50/61.
   ❖ Le moulin, avec sa roue à aubes, et l'auberge s'ordonnent autour d'une belle cour. Le premier abrite d'agréables chambres, la seconde accueille une salle à manger rustique.

à St-Jean-aux-Bois *: 6 km par D 85 – 349 h. alt. 71 –* ✉ *60350 :*

XXX **Auberge A la Bonne Idée** ♨ avec ch, 3 r. Meuniers ✆ *03 44 42 84 09, a-la-bonne-ide e-auberge@wanadoo.fr, Fax 03 44 42 80 45,* 斧 – ▤ rest, 📺 📞 🅿. – 🏛 20. AE GB
fermé mi-janv. à mi-fév – **Repas** 29/65 et carte 57 à 65 – ☕ 8,50 – **23 ch** 69/73 – ½ P 85.
   ❖ Restaurant situé au centre d'un charmant village rebaptisé "La Solitude" en 1794. Longue salle à manger au cadre campagnard et petit parc animalier.

PIERREFORT *15230 Cantal* 330 *F5 – 1 002 h alt. 950.*

🛈 *Office de tourisme, 29 avenue Georges Pompidou* ✆ *04 71 23 38 04, Fax 04 71 23 94 55, ot-pierrefort@wanadoo.fr.*

Paris 540 – Aurillac 64 – Entraygues-sur-Truyère 55 – Espalion 62 – St-Flour 29.

🏠 **Midi**, 5 av. G. Pompidou ✆ *04 71 23 30 20, Fax 04 71 23 39 34 –* 📺 📞 ➾. GB
fermé 19 déc. au 2 janv. – **Repas** 13/30 🍷 – ☕ 6 – **13 ch** 45/46 – ½ P 42/45.
   ❖ Vous habiterez, au centre du bourg, de petites chambres printanières aux salles de bains bien équipées. Ensemble "nickel" et ambiance sympathique. Le restaurant occupe deux coquettes salles à manger voûtées et une ancienne étable ; cuisine régionale simple.

PIERRELATTE *26700 Drôme* 332 *B7 G. Vallée du Rhône – 11 943 h alt. 50.*

Voir Ferme aux crocodiles★, *S : 4 km par N 7 jusqu'à l'échangeur avec la D 59.*

🛈 *Office de tourisme, place du Champs de Mars* ✆ *04 75 04 07 98, Fax 04 75 98 40 65, ot.pierrelatte@wanadoo.fr.*

Paris 624 – Bollène 17 – Montélimar 23 – Nyons 45 – Orange 33 – Pont-St-Esprit 17.

🏠 **Tricastin** sans rest, r. Caprais-Favier ✆ *04 75 04 05 82, hoteltriscastin@wanadoo.fr, Fax 04 75 04 19 36 –* 📺 ➾ 🅿. GB
☕ 7 – **13 ch** 38/40.
   ❖ Dans une rue calme proche du centre-ville, pimpante façade abritant des chambres correctement équipées. Tenue irréprochable et service attentionné.

🏠 **Centre** sans rest, 6 pl. Église ✆ *04 75 04 28 59, info@hotelducentre26.com, Fax 04 75 96 97 97 –* 📶 📺 📞. GB
fermé 23 déc. au 2 janv. – ☕ 8,50 – **27 ch** 37/51.
   ❖ Toutes simples mais de bonne taille, les chambres de cette ancienne abbaye sont progressivement rénovées. Accueillante salle des petits-déjeuners.

XX **Gourmand-Gourmet,** 6 pl. Église   04 75 96 83 10, *fredericdumoulin@wanadoo.fr,* Fax 04 75 96 46 18 – 🔲 🄿 🄰🄴 🄾 🄶🄱
fermé 16 au 22 août, 14 au 20 fév., sam. et dim. – **Repas** 20/53 ♀.
  ◆ Ce restaurant occupe lui aussi les murs de l'abbaye. Plafond mouluré et tons jaunes dans la salle à manger, fraîchement réaménagée et modernisée.

PIERRE-PERTHUIS *89 Yonne* 319 *F7 – rattaché à Vézelay.*

PIETRANERA *2B H.-Corse* 345 *F3 – voir à Corse (Bastia).*

PIGNA *2b H.-Corse* 345 *C4 – voir à Corse (Ile-Rousse).*

PILAT-PLAGE *33 Gironde* 335 *D7 – voir à Pyla-sur-Mer.*

PINEY *10220 Aube* 313 *F3 – 1 226 h alt. 116.*
  🄙 *Office de tourisme, maison du Parc*   *03 25 43 38 88, info@pnrfo.org.*
  Paris 192 – Troyes 22 – St-Dizier 149 – Sézanne 80.

🏠 **Le Tadorne,** 1 pl.de la Halle   03 25 46 30 35, *le.tadorne@wanadoo.fr,* Fax 03 25 46 36 49, 🌧, 🔄 – ⁴🖳 🄿 🖳 ♿ – 🄰 25. 🄰🄴 🄶🄱
fermé 30 déc. au 4 janv., 5 au 20 fév. et dim. du 12 nov. au 31 mars – **Repas** 16,50/45 ♀ – 🖵 8 – **27 ch** 43/62 – ½ P 55/65.
  ◆ Ces jolies maisons à pans de bois jouxtent une pittoresque halle du 16ᵉ s. située au centre du bourg. Chambres garnies de mobilier cérusé ; certaines sont climatisées. Colombages, poutres, mezzanine et meubles : le bois domine dans la salle à manger.

Le PIN-LA-GARENNE *61 Orne* 310 *M4 – rattaché à Mortagne-au-Perche.*

PINSOT *38 Isère* 333 *J5 – rattaché à Allevard.*

PIOGGIOLA *2B H.-Corse* 345 *C4 – voir à Corse.*

PIRIAC-SUR-MER *44420 Loire-Atl.* 316 *A3 G. Bretagne – 1 898 h alt. 7.*
  Voir *Pointe du Castelli* ≤⋆ *SO : 1 km.*
  🄙 *Office de tourisme, 7 rue des Cap-Horniers*   *02 40 23 51 42, Fax 02 40 23 51 19, otsi@piriac.net.*
  Paris 462 – Nantes 88 – La Baule 17 – La Roche-Bernard 33 – St-Nazaire 31.

🏠 **Poste,** 26 r. Plage   02 40 23 50 90, *hoteldelaposte.piriac@wanadoo.fr,* Fax 02 40 23 68 96 – 🖳 🄰🄴 🄶🄱
avril-oct. – **Repas** *(fermé le midi sauf juil.-août et lundi)* 17,50/25,30, enf. 6,70 ♀ – 🖵 8,50 – **15 ch** 39/59 – ½ P 43,50/53,50.
  ◆ Au centre d'un petit port de pêche, pittoresque avec ses belles maisons du 17ᵉ s. Les chambres, spacieuses et fonctionnelles, sont scrupuleusement tenues. Cuisine de la mer à déguster dans la salle à manger récemment redécorée ou sur la terrasse en été.

PISCIATELLO *2A Corse-du-Sud* 345 *C8 – voir à Corse (Ajaccio).*

PISSOS *40410 Landes* 335 *G9 G. Aquitaine – 1 097 h alt. 46.*
  Paris 657 – Biscarrosse 34 – Bordeaux 75 – Castets 67 – Mimizan 49 – Mont-de-Marsan 55.

X **Café de Pissos** avec ch,   05 58 08 90 16, Fax 05 58 08 96 89, 🌧, 🌳 – 🖳 🄿 🄶🄱
fermé 12 nov. au 6 déc., 20 au 27 janv., dim. soir, mardi soir et merc. sauf juil-août – **Repas** 12,20 (déj.), 17/38 ♀ – 🖵 5,50 – **5 ch** 35/50 – ½ P 34/42.
  ◆ Attablez-vous sur la terrasse ombragée de platanes centenaires s'il fait beau, ou dans la salle à manger campagnarde de cette auberge de village. Vraie cuisine du terroir.

Si vous êtes retardé sur la route, dès 18 h,
confirmez votre réservation par téléphone,
c'est plus sûr... et c'est l'usage.

PITHIVIERS ◆ 45300 Loiret **818** K2 G. Châteaux de la Loire – 9 242 h alt. 115.

🏢 Office de tourisme, Mail-Ouest 𝒫 02 38 30 50 02, Fax 02 38 30 55 00, pithiviers-tourisme@wanadoo.fr.

Paris 82 – Fontainebleau 46 – Orléans 44 – Chartres 74 – Montargis 46.

🏠 **Relais St-Georges**, av. du 8 Mai 𝒫 02 38 30 40 25, relais.saint-georges@wanadoo.fr, Fax 02 38 30 09 05, 🔌 – ☒ TV 🔧 ⅙ 🅿 – 🔬 20. 🅰🅴 ⓞ 🇬🇧

Repas (fermé dim. et soirs fériés) 14/35, enf. 8 ⚇ – ☡ 6,50 – **42 ch** 49/60 – ½ P 45/50,50.

♦ L'aile récente renferme des chambres soignées, joliment meublées ; celles du bâtiment principal sont plus fonctionnelles. La salle à manger-véranda s'ouvre sur le parc arboré ; cuisine traditionnelle et spécialités du Gâtinais.

PIZAY 69 Rhône **827** H3 – rattaché à Belleville.

Le PLA-D'ADET 65 H.-Pyr. **842** N8 – rattaché à St-Lary-Soulan.

PLAGE DE CALALONGA 2A Corse-du-Sud **845** E11 – voir à Corse (Bonifacio).

PLAGE DE LA FAVIÈRE 83 Var **840** N7 – rattaché au Lavandou.

PLAILLY 60128 Oise **305** G6 – 1 580 h alt. 100.

Paris 40 – Compiègne 46 – Beauvais 69 – Chantilly 16 – Meaux 36 – Pontoise 48 – Senlis 16.

XX **Gentilhommière**, 25 r. G. Bouchard (derrière église) 𝒫 03 44 54 30 20, Fax 03 44 54 31 27, ☞ – 🇬🇧

fermé 2 au 23 août, 7 au 21 fév., sam. midi, dim. soir et lundi – **Repas** 19 (déj.), 27,50/37,50 ⚇.

♦ Restaurant aménagé dans une maison ancienne voisine de l'église. Cheminée, poutres et cuivres soulignent le caractère rustique de la salle à manger. Plaisante terrasse d'été.

La PLAINE-SUR-MER 44770 Loire-Atl. **816** C5 – 2 517 h alt. 26.

Voir Pointe de St-Gildas★ O : 5 km, G. Poitou Vendée Charentes.

🏢 Office de tourisme, place du Fort Gentil 𝒫 02 40 21 50 14, Fax 02 40 21 05 15, officetourisme.laplainesurmer@wanadoo.fr.

Paris 438 – Nantes 58 – Pornic 9 – St-Michel-Chef-Chef 7 – St-Nazaire 28.

🏨 **Anne de Bretagne** (Vételé) ⑤, au Port de Gravette Nord-Ouest : 3 km 𝒫 02 40 21 54 72, bienvenue@annedebretagne.com, Fax 02 40 21 02 33, ≤, ☞, ☒, ☞, ☜ – TV 🔧 ⅙ 🅿 – 🔬 15 à 30. 🅰🅴 🇬🇧 🇯🇨🇧

fermé janv. à mi-fév. – **Repas** (fermé mardi sauf le soir en saison et lundi) (20) - 23/85, enf. 15 ☝ – ☡ 13 – **22 ch** 90/152 – ½ P 105/136.

♦ Vaste maison blanche tournée vers les flots. Beau décor marin au bar, au salon et dans les chambres (vue sur mer à l'avant et terrasses côté piscine). À table, recettes au goût du jour... et du large : le port de pêche est en face. Riche carte des vins.

Spéc. Déclinaison d'huîtres de pleine mer (15 sept. au 15 avril). Dos de bar de ligne en parure d'algues (sept. à mai). Pigeonneau du pays de Retz cuit à l'unilatéral. **Vins** Muscadet, Fiefs Vendéens.

PLAISIANS 26170 Drôme **882** E8 – 175 h alt. 612.

Paris 690 – Carpentras 44 – Nyons 33 – Vaison-la-Romaine 27.

X **Auberge de la Clue**, pl. Église 𝒫 04 75 28 01 17, Fax 04 75 28 29 17, ≤, ☞ – ▤ 🅿

avril-sept., week-ends de nov. à mars et fermé lundi – **Repas** 23/28,50.

♦ Les adeptes de cette sympathique adresse viennent parfois de loin y savourer une cuisine du terroir concoctée par la même famille depuis 1882. Salle sagement champêtre.

PLANCOËT 22130 C.-d'Armor **809** I3 – 2 589 h alt. 41.

🏢 Office de tourisme, 1 rue des Venelles 𝒫 02 96 84 00 57, Fax 02 96 84 18 01, info@ot-plancoet.fr.

Paris 417 – St-Malo 26 – Dinan 17 – Dinard 20 – St-Brieuc 46.

XXX **Jean-Pierre Crouzil et H. L'Ecrin** avec ch, 𝒫 02 96 84 10 24, jean-pierre.crouzil@wanadoo.fr, Fax 02 96 84 01 93, ☞ – ▤ rest, TV 🔧 🅿 🅰🅴 🇬🇧

Repas (fermé dim. soir, mardi midi sauf juil.-août et lundi) (week-ends prévenir) 60 bc (déj.), 70/110 et carte 75 à 115 – ☡ 25 – **7 ch** 130/165 – ½ P 132/147.

♦ Plancoët, son eau minérale et son hostellerie du siècle dernier abritant une élégante salle où l'on régale d'une talentueuse cuisine "terre-mer". Chambres personnalisées.

Spéc. Saint-Jacques poêlées au verjus de tokay. Homard rôti, brûlé au lambic. Tronçon de turbot rôti, beurre blanc.

PLAN-D'AUPS 83640 Var **340** J6 G. Provence – 764 h alt. 670.

🚹 Office de tourisme, place de la mairie ℘ 04 42 62 57 57, Fax 04 42 62 57 57, tourisme-ste–baume@libertysurf.fr.

Paris 795 – Marseille 44 – Aix-en-Provence 46 – Brignoles 37 – Toulon 72.

XX **Lou Pebre d'Aï** 🐾 avec ch, ℘ 04 42 04 50 42, lou.pebre.dai@wanadoo.fr, Fax 04 42 04 50 71, 🏠, 🍽, 🕹 ♿ 🅿, 🖭 ⓞ 🔄
fermé 5 au 31 janv., vacances de fév., mardi soir et merc. sauf du 15 avril au 15 sept. –
Repas 20/40, enf. 10 ♈ – ☑ 6 – **12 ch** 45/65 – ½ P 48/58.
♦ Dans un village dominé par l'escarpement de la Ste-Baume. Plaisant décor campagnard au restaurant et terrasse prolongée par un jardin. Cuisine aux parfums du terroir.

PLAN-DE-CUQUES 13 B.-du-R. **340** H5 – rattaché à Marseille.

PLAN-DE-LA-TOUR 83120 Var **340** O5 – 2 380 h alt. 69.

Paris 859 – Fréjus 28 – Cannes 68 – Draguignan 36 – St-Tropez 24 – Ste-Maxime 10.

🏠 **Mas des Brugassières** 🐾 sans rest, Sud : 1,5 km par rte Grimaud ℘ 04 94 55 50 55, mas.brugassieres@free.fr, Fax 04 94 55 50 51, 🏊, 🌳, 🍽 – ⇆ 🅿, 🔄
20 mars-10 oct. – ☑ 8 – **14 ch** 91.
♦ Joli mas au coeur des Maures. Chambres garnies d'un mobilier en rotin ou rustique d'inspiration provençale ; terrasses privatives. Murs tendus de tissu pour les non-fumeurs.

à Courruero Sud : 3,5 km par rte Grimaud – ✉ 83120 Plan de la Tour :

🏠 **Parasolis** 🐾 sans rest, ℘ 04 94 43 76 05, Fax 04 94 43 77 09, ≤, 🏊, 🌳 – cuisinette 🅿.
🍽
25 mars-30 sept. – ☑ 8 – **9 ch** 87, 3 studios.
♦ En pleine nature, constructions récentes de style provençal. Les chambres, toutes en rez-de-jardin, sont sobrement meublées. Bar-salon sagement rustique.

Les pages explicatives de l'introduction
vous aideront à mieux profiter de votre **Guide Michelin.**

PLAN-DU-VAR 06 Alpes-Mar. **341** E4 – ✉ 06670 Levens.

Voir Gorges de la Vésubie★★★ NE – Défilé du Chaudan★★ N : 2 km.

Env. Bonson : site★, ≤★★ de la terrasse de l'église, G Côte d'Azur.

Paris 941 – Antibes 38 – Cannes 48 – Nice 32 – Puget-Théniers 35 – Vence 26.

XX **Cassini,** 231 av. Porte des Alpes, N 202 ℘ 04 93 08 91 03, hotel.restaurant.cassini@wanad
oo.fr, Fax 04 93 08 45 48, 🏠 – 🖭 🔄
fermé 10 au 23 nov., vacances de fév., dim. soir sauf juil.-août et lundi – **Repas** 23/35,
enf. 10.
♦ Cette auberge située sur l'axe qui traverse le village est tenue par la même famille depuis 1927. Salle gentiment "rétro" et terrasse sous une tonnelle en bord de route.

PLANPRAZ 74 H.-Savoie **328** O5 – rattaché à Chamonix-Mont-Blanc.

PLAPPEVILLE 57 Moselle **307** H4 – rattaché à Metz.

PLASCASSIER 06 Alpes-Mar. **341** C6 – rattaché à Valbonne.

PLATEAU D'ASSY 74480 H.-Savoie **328** N5 G. Alpes du Nord.

Voir ✳️★★★ – Église★ : décoration★★ – Pavillon de Charousse ✳️★★ O : 2,5 km puis 30 mn –
Lac Vert★ NE : 5 km – Plaine-Joux ≤★★ NE : 5,5 km.

🚹 Office de tourisme, rue Jean-Arnaud ℘ 04 50 58 80 52, Fax 04 50 93 83 74, info@ot-passy.com.

Paris 597 – Chamonix-Mont-Blanc 23 – Annecy 83 – Bonneville 41 – Megève 20.

⛰ **Tourisme** sans rest, 6 r. d'Anterne ℘ 04 50 58 80 54, hotel.le.tourisme@wanadoo.fr,
Fax 04 50 93 82 11, ≤, 🌳 – 🅿, 🔄
fermé 14 au 30 juin, 12 au 31 oct. et lundi – ☑ 5,40 – **15 ch** 19,90/38,50.
♦ Cet hôtel-bar-P.M.U. propose des chambres simples et bien tenues, dont la moitié ouvre sur le mont Blanc. Plaisante terrasse panoramique où l'on petit-déjeune l'été.

PLÉNEUF-VAL-ANDRÉ 22370 C.-d'Armor **309** G3 – 3 680 h alt. 52 – Casino au Val-André.

🏌 de Pleneuf-Val-André ℘ 02 96 63 01 12, E : 1 km par D 515.

🖪 Office de tourisme, 1 cours Winston Churchill ℘ 02 96 72 20 55, Fax 02 96 63 00 34, pleneuf@club-internet.fr.

Paris 446 – St-Brieuc 28 – Dinan 43 – Erquy 9 – Lamballe 16 – St-Cast 30 – St-Malo 51.

au Val-André Ouest : 2 km, G. Bretagne – ✉ 22370 Pléneuf-Val-André.

Voir Pointe de Pléneuf★ N 15 mn – Le tour de la Pointe de Pléneuf ≤★★ N 30 mn.

🏨 **Georges** sans rest, 131 r. Clemenceau ℘ 02 96 72 23 70, hotel-georges@casino-val-andre .com, Fax 02 96 72 23 72 – 📳 📺 📞 &, 🖭 ① 🖭
fermé mi-nov. à mi-fév. – � 9 – **24 ch** 69/85.
♦ Cet hôtel situé au centre de la station balnéaire a été entièrement rénové dans un esprit contemporain chic : boiseries foncées, tons crème et mobilier design.

🏨 **Grand Hôtel du Val André** ⚲, 80 r. Amiral Charner ℘ 02 96 72 20 56, accueil@grand-hotel-val-andre.fr, Fax 02 96 63 00 24, ≤, 🛱 – 📳 📺 &, 🖪 – 🔬 30. 🖭 🖭. 🛠 rest
fermé 2 janv. au 13 fév. – **Repas** (fermé dim. soir, mardi midi et lundi sauf juil.août) 23/46, enf. 13 – ☑ 8,70 – **39 ch** 83,60 – ½ P 76,70/87,50.
♦ Hôtel bâti en 1895 en bord de plage. Les chambres, rénovées peu à peu, s'égayent de tissus chatoyants ; celles de la façade offrent une vue sur la mer. Cuisine au goût du jour soignée à déguster dans la salle à manger panoramique et sur la terrasse l'été.

🏨 **Mer,** r. Amiral Charner ℘ 02 96 72 20 44, hdlm@wanadoo.fr, Fax 02 96 72 85 72, 🛱 – 📺. 🖭 🖭
fermé 11 nov. au 15 déc., 7 janv. au 8 fév. – **Repas** (fermé vend. midi et jeudi) 23/46, enf. 11 ♀ – ☑ 6,50 – **13 ch** 38/63 – ½ P 52/66.
♦ À deux pas de l'une des belles plages de la côte Nord de la Bretagne, hôtel proposant des chambres fonctionnelles ; certaines, plus spacieuses, accueillent les familles. Le restaurant vous reçoit dans l'intimité de sa petite salle à manger.

Annexe Nuit et Jour 🏨 sans rest, – cuisinette 📺. 🖭
☑ 6,50 – **8 ch** 59.
♦ À 400 m de l'hôtel, deux bungalows abritent de menues chambres au cadre monacal, possédant parfois une mezzanine.

🍴🍴 **Au Biniou,** 121 r. Clemenceau ℘ 02 96 72 24 35, Fax 02 96 63 03 23 – 🖭. 🛠
fermé fév., mardi soir et merc. sauf juil.-août – **Repas** (16,50) - 23,50/28,50, enf. 11,50 ♀.
♦ Façade contemporaine flambant neuve, bel intérieur d'esprit marin mariant boiseries et tissus bleu clair, cuisine créative d'inspiration régionale : ce Biniou-là sonne juste !

PLESSIS-PICARD 77 S.-et-M. **312** E4 – rattaché à Melun.

PLESTIN-LES-GRÈVES 22310 C.-d'Armor **309** A3 G. Bretagne – 3 415 h alt. 45.

Voir Lieue de Grève★ – Corniche de l'Armorique★ N : 2 km.

🖪 Office de tourisme, place de la mairie ℘ 02 96 35 61 93, Fax 02 96 54 12 54, officetou rismeplestin@wanadoo.fr.

Paris 528 – Brest 79 – Guingamp 46 – Lannion 18 – Morlaix 24 – St-Brieuc 77.

🏨 **Les Panoramas** ⚲ sans rest, rte Corniche Nord : 5,5 km par D 42 ℘ 02 96 35 63 76, les panoramas@free.fr, Fax 02 96 35 09 10, ≤ – 📺 📞 &, 🖪. 🖭
Pâques-Toussaint et fermé lundi en oct.-nov. – ☑ 6,40 – **13 ch** 38,50/58.
♦ Grand bâtiment rénové abritant des chambres fonctionnelles ; celles en façade ouvrent sur la baie. À proximité, plage de St-Efflam et sentiers de la côte des Bruyères.

PLEURS 51230 Marne **306** F10 – 714 h alt. 90.

Paris 129 – Troyes 55 – Châlons-en-Champagne 50 – Épernay 52 – Sézanne 15.

🍴🍴 **Paix** avec ch, ℘ 03 26 80 10 14, restaurant-de-la-paix-champy-jp@wanadoo.fr, Fax 03 26 80 12 69 – 🍽 rest, 📺 📞 🖪. – 🔬 20 à 30. 🖭
fermé 13 juil. au 3 août, 26 déc. au 12 janv., vend. soir, dim. soir et lundi – **Repas** 12/44, enf. 8 🕭 – ☑ 5,50 – **7 ch** 38 – ½ P 39.
♦ Élégante salle à manger, petit salon intime réchauffé par une cheminée et cuisine traditionnelle dans ce restaurant où règne une ambiance familiale. Chambres simples.

PLÉVEN 22130 C.-d'Armor **309** I4 – 565 h alt. 80.

Voir Ruines du château de la Hunaudaie★ SO : 4 km, G. Bretagne.

Paris 431 – St-Malo 34 – Dinan 24 – Dinard 28 – St-Brieuc 38.

🏨 **Manoir de Vaumadeuc** ⚲ sans rest, ℘ 02 96 84 46 17, manoir@vaumadeuc.com, Fax 02 96 84 40 16, 🖪 – 🖪. 🖭 ① 🖭
10 avril-2 nov. – ☑ 10 – **13 ch** 95/195.
♦ Manoir du 15e s. niché dans un parc. Boiseries, cheminée et meubles de style composent un majestueux décor de caractère ; les chambres du 2e étage sont "cosy" et mansardées.

PLEYBER-CHRIST *29410 Finistère* 308 H3 *G. Bretagne – 2 790 h alt. 131.*
Paris 548 – Brest 55 – Châteaulin 47 – Morlaix 12 – Quimper 67 – St-Pol-de-Léon 26.

🏠 **Gare,** 2 rue Parmentier *ℰ 02 98 78 43 76, hotelgare@wanadoo.fr, Fax 02 98 78 49 78,* 🐎
– 📺 ⚫ 🖭 ⬠
fermé 20 déc. au 10 janv., sam. midi et dim. soir – **Repas** 11,50 (déj.), 17/31, enf. 9 ♀ – ⚌ 6 –
8 ch 45/47 – ½ P 44.
  ♦ Étape familiale pratique située face à la gare et à un petit enclos paroissial. Chambres
  meublées dans un style actuel, peu spacieuses mais très bien tenues. Cuisine traditionnelle
  à prix doux.

PLOEMEUR *56270 Morbihan* 308 K8 *– 18 304 h alt. 45.*
  📷 *de Ploemeur-Océan ℰ 02 97 32 81 82, O : 8 km par D 162.*
  Paris 509 – Vannes 65 – Concarneau 51 – Lorient 6 – Quimper 68.

à **Lomener** *Sud : 4 km par D 163 –* ✉ *56270 Ploemeur :*

🏠🏠 **Vivier** ⤫, *ℰ 02 97 82 99 60, levivier.lomener@wanadoo.fr, Fax 02 97 82 88 89,* ≼ *île de*
🐎 Groix – 📺 ⚫ 🚗 🖭 🖭 ⬠
fermé 25 déc. au 10 janv.et 1ᵉʳ au 11 oct. – **Repas** *(fermé dim. soir sauf juil.-août)* 20/60 ♀ –
⚌ 7,50 – **14 ch** 62/90 – ½ P 75/84.
  ♦ Cette maison ancrée sur un rocher semble vouée à Neptune : superbe vue sur l'océan et
  l'île de Groix depuis les chambres modernes et accueillantes (deux avec terrasse). Le
  restaurant, qui a presque "les pieds dans l'eau", privilégie les produits de la pêche.

*Un automobiliste averti utilise le **Guide Michelin** de l'année.*

PLOËRMEL *56800 Morbihan* 308 Q7 *– 7 525 h alt. 93.*
  📷 *du Lac-au-Duc ℰ 02 97 73 64 64, N : 2 km par D 8.*
  🅱 *Office de tourisme, 5 rue du Val ℰ 02 97 74 02 70, Fax 02 97 73 31 82, ot.ploermel-*
  @wanadoo.fr.
  Paris 417 – Vannes 46 – Lorient 88 – Loudéac 47 – Rennes 68.

🏠🏠🏠 **Roi Arthur** ⤫, au lac au Duc : 1,5 km par D 8 *ℰ 02 97 73 64 64, info@hotelroiarthur.co*
m, Fax 02 97 73 64 50, ≼, 🐾, 🖭, ⬜, 🏊 – 🛗 cuisinette, 🖥 rest, 📺 ⚫ 🖭 – 🏧 20 à 100. 🖭
⬡ ⬠ 🇯🇨🇧
fermé 7 au 22 fév. – **Repas** 26 (déj.), 31/43 ♀ – ⚌ 13 – **46 ch** 78/121, 12 duplex – ½ P 83/93.
  ♦ En quête du Graal ? Il se cache peut-être ici, dans ce parc agrémenté d'un lac et d'un
  golf. Confortables chambres actuelles et bar "pub". Clin d'oeil à la légende : prenez place
  autour d'une table ronde pour déguster une cuisine qui n'a rien d'anachronique.

🏠🏠 **Lancelot** ⤫ sans rest, au lac au Duc : 1,5 km par D 8 *ℰ 02 97 73 58 58,*
Fax 02 97 73 58 59 – 🖥 📺 ⚫ ⬠ 🖭 – 🏧 70 à 150. 🖭 ⬠ 🇯🇨🇧
⚌ 9 – **28 ch** 63/82.
  ♦ Chambres récentes et bien équipées dans un cadre enchanteur, à une chevauchée de la
  forêt de Brocéliande. Golf, plan d'eau et parcours botanique (beaux massifs d'hortensias).

🏠 **Thy** sans rest, 19 r. Gare *ℰ 02 97 74 05 21, info@le-thy.com, Fax 02 97 74 02 97* – 📺 ⚫
⬠ ⬡
⚌ 5 – **7 ch** 55/60.
  ♦ Cette adresse atypique abrite un café, un petit cabaret et des chambres originales
  honorant différents artistes : Van Gogh, Bonnard, Klimt, Hooper, Tàpies, etc.

PLOGOFF *29770 Finistère* 308 D6 *– 1 563 h alt. 70.*
  Paris 610 – Quimper 48 – Audierne 11 – Douarnenez 32 – Pont-l'Abbé 43.

🏠 **Ker-Moor,** rte Audierne : 2,5 km *ℰ 02 98 70 62 06, kermoor.h.rest@wanadoo.fr,*
🐎 *Fax 02 98 70 32 69,* ≼ – 📺 ⚫ 🖭 ⬠
fermé 8 janv. au 4 fév. – **Repas** *(fermé dim. soir et lundi du 15 sept. au 15 mars)* 13/60,
enf. 8 ♀ – ⚌ 7,50 – **16 ch** 65/75 – ½ P 43/61.
  ♦ Seule la route sépare cette maison néo-bretonne de l'océan. Le mobilier et la vue varient
  selon les chambres ; certaines ont même une terrasse orientée vers les flots. Goûtez le
  ragoût de homard au cidre, spécialité maison, tout en admirant la baie d'Audierne.

PLOMBIÈRES-LES-BAINS *88370 Vosges* 314 G5 *G. Alsace Lorraine – 1 906 h alt. 429 – Stat.*
therm. (début avril-fin déc.).
  Voir *La Feuillée Nouvelle* ≼⋆ *5 km par* ② *– Vallée de la Semouse⋆.*
  🅱 *Office de tourisme, 1 place Maurice Janot ℰ 03 29 66 01 30, Fax 03 29 66 01 94,*
  officedutourisme@vosgesmeridionales.com.
  Paris 378 ④ *– Épinal 38* ④ *– Belfort 79* ② *– Gérardmer 43* ① *– Vesoul 54* ② *– Vittel 61* ④*.*

PLOMBIÈRES-LES-BAINS

Église (Pl. de l') 3
Français (Av. Louis) 4
Franche-Comté (Av. de) . . 5
Gaulle (Av. du Gén.-de) . . 8
Hôtel-de-Ville (Rue de l') . 9
Léopold (Av. du Duc) 10
Liétard (R.) 13
Parc (Av. du) 14
Stanislas (R.) 16
Sybilles (R. des) 18

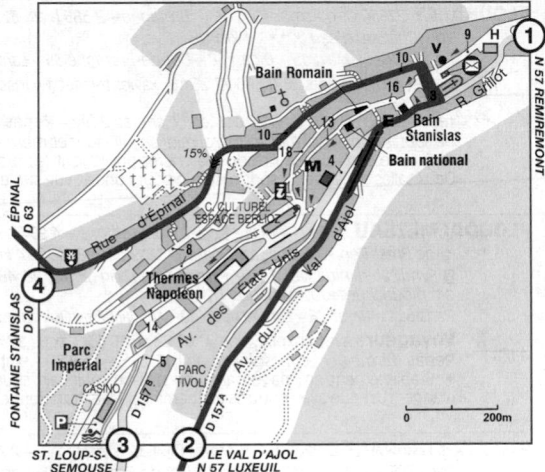

Commerce, 16 r. Hôtel de Ville **(v)** ☏ 03 29 66 00 47, *pratosarl@free.fr*, Fax 03 29 30 01 18, ⚖, ▨ – ▥. ☒
1ᵉʳ avril - 30 sept. – **Repas** *(12)* - 15/30, enf. 9 ♀ – ☷ 7,50 – **22 ch** 45/53 – ½ P 41/45.
◆ Dans une rue devenant piétonne en été, hôtel offrant des chambres sans prétention, plus simples encore dans l'annexe. Piscine-solarium. Tenue sans reproche. Plantes vertes et pots de fleurs donnent à la longue salle à manger un air de maison de campagne.

près de la Fontaine Stanislas *par ④ et D 20 : 4 km* – *alt. 600* – ✉ 88370 Plombières-les-B. :

Fontaine Stanislas ⚘, 1 Fontaine Stanislas ☏ 03 29 66 01 53, *hotel.fontaine.stanislas @wanadoo.fr*, Fax 03 29 30 04 31, ≤, 🍴 – ▥ ☎ ⟨⟩ ▤, ℁ rest
1ᵉʳ avril-15 oct. – **Repas** 16/38, enf. 9,50 ♟ – ☷ 6,40 – **16 ch** 29/46 – ½ P 39/46.
◆ La source jaillit d'un rocher couvert d'inscriptions (18ᵉ s.). Agréable jardin, belle vue sur la vallée et magnifique forêt de hêtres compensent les aménagements surannés. Le décor désuet du restaurant s'oublie vite lorsque l'on goûte aux spécialités locales.

PLOMEUR 29120 Finistère ⬛⬛⬛ F7 *G. Bretagne* – *3 203 h alt. 33.*
Paris 579 – Quimper 26 – Douarnenez 39 – Pont-l'Abbé 6.

Ferme du Relais Bigouden ⚘ sans rest, à Pendreff, rte Guilvinec : 2,5 km ☏ 02 98 58 01 32, Fax 02 98 82 09 62, 🍴 – ▥ ▣. ☒
fermé en fév. et les week-ends de nov. à mars – ☷ 6,50 – **16 ch** 46/52.
◆ Ancienne ferme du pays bigouden abritant des chambres sobres et confortables, toutes tournées vers le jardin. La salle des petits-déjeuners a conservé son cachet d'origine.

PLOMODIERN 29550 Finistère ⬛⬛⬛ F5 – *2 076 h alt. 60.*
Voir *Retables★ de la chapelle Ste-Marie-du-Ménez-Hom N : 3,5 km – Charpente★ de la chapelle St-Côme NO : 4,5 km.*
Env. *Ménez-Hom* ⁂★★★ *N : 7 km par D 47,* G. Bretagne.
🅱 Syndicat d'initiative, place de l'Eglise ☏ 02 98 81 27 37, *offices@tourisme-porzay.com.*
Paris 559 – Quimper 28 – Brest 60 – Châteaulin 12 – Crozon 25 – Douarnenez 18.

Porz-Morvan ⚘, Est : 3 km par rte secondaire ☏ 02 98 81 53 23, *hotel-porsmorvan@w anadoo.fr*, Fax 02 98 81 28 61, 🍴, 🍴 – ▥ ▣. ☒
1ᵉʳ avril-30 sept., week-ends (sauf en janv.-fév.) et vacances scolaires – **Repas** (crêperie) carte environ 13 – ☷ 5,80 – **12 ch** 46/49.
◆ Les amoureux de la nature apprécieront cette ferme du 19ᵉ s. Les chambres, petites et actuelles, profitent du calme campagnard ; certaines sont égayées de poutres apparentes. Crêperie dans le cadre rustique d'une ancienne grange et joli jardin avec étang.

Auberge des Glazicks, 7 r. de la Plage ☏ 02 98 81 52 32, Fax 02 98 81 57 18 – ☒
fermé mars, 1ᵉʳ au 31 oct., lundi et mardi – **Repas** 38/90.
◆ Auberge villageoise à deux tours de roue du belvédère du Ménez-Hom. Cuisine personnalisée servie dans une coquette salle à manger égayée par de nombreux tableaux.

PLOUBALAY 22650 C.-d'Armor 309 J3 *G. Bretagne* – *2 385 h alt. 32.*

Voir *Château d'eau* ❋❋ : *1 km NE.*

Paris 412 – *St-Malo 15* – *Dinan 18* – *Dol-de-Bretagne 35* – *Lamballe 36* – *St-Brieuc 56.*

XX **Gare**, 4 r. Ormelets ℰ 02 96 27 25 16, xavier.termet@wanadoo.fr, Fax 02 96 82 63 22, 斧
– ⅋ – GB. ℅

fermé 20 au 30 juin, 3 au 20 oct. et 17 janv. au 2 fév. – **Repas** *(fermé lundi soir et mardi soir
de sept. à juin, lundi midi et mardi midi en juil.-août et merc.)* 20/40, enf. 13 ⅋.
♦ Cuisine évoluant au gré du marché et privilégiant les produits bretons (terre et mer).
Deux salles à manger : esprit rustique pour l'une et vue sur le jardinet pour l'autre.

PLOUDALMÉZEAU 29830 Finistère 308 D3 *G. Bretagne* – *4 994 h alt. 57.*

☞ de Brest Pen-Ar-Bed à Lanrivoaré ℰ 02 98 84 98 92, S : 4 km par D 168.

🛈 Syndicat d'initiative, 1 rue François Squiban ℰ 02 98 48 12 88, Fax 02 98 48 11 88,
oct.ploudalmezeau@wanadoo.fr.

Paris 611 – *Brest 26* – *Landerneau 40* – *Morlaix 75* – *Quimper 95.*

X **Voyageurs** avec ch, pl. Église ℰ 02 98 48 10 13, Fax 02 98 48 19 92 – 📺. GB
Repas *(fermé oct., dim. soir et lundi)* 16/26 ⅋ – 🍽 8,30 – **9 ch** 32/42 – ½ P 40/50.
♦ Établissement aménagé dans une maison régionale située sur un rond-point. Salle à
manger rustique avec poutres et cheminée. Plats traditionnels. Chambres simples.

PLOUER-SUR-RANCE 22490 C.-d'Armor 309 J3 *G. Bretagne* – *2 723 h alt. 62.*

Paris 397 – *St-Malo 23* – *Dinan 13* – *Dol-de-Bretagne 20* – *Lamballe 53* – *St-Brieuc 70.*

🏠 **Manoir de Rigourdaine** ঌ sans rest, rte de Langrolay puis rte secondaire : 3 km
ℰ 02 96 86 89 96, hotel.rigourdaine@wanadoo.fr, Fax 02 96 86 92 46, ≼, 🏠 – 📺 ❤ 👍 🅿. 🅰🅴
GB. ℅

2 avril-14 nov. – 🍽 7 – **14 ch** 68/76, 5 duplex.
♦ Dominant l'estuaire de la Rance, ancienne ferme joliment restaurée où poutres ances-
trales, cheminée et mobilier campagnard composent un décor de caractère. Calme
garanti !

Les plans de villes sont orientés le Nord en haut.

PLOUESCAT 29430 Finistère 308 F3 *G. Bretagne* – *3 660 h alt. 30* – *Casino.*

🛈 Office de tourisme, 8 rue de la mairie ℰ 02 98 69 62 18, Fax 02 98 61 98 92, office.de.tou
risme.plouescat@wanadoo.fr.

Paris 570 – *Brest 49* – *Brignogan-Plages 16* – *Morlaix 34* – *Quimper 93* – *St-Pol-de-Léon 16.*

X **L'Azou**, r. Gén. Leclerc ℰ 02 98 69 60 16, restau.lazou.@wanadoo.fr, Fax 02 98 61 91 26 –
⅋ 🅰🅴 ⓞ GB

fermé 23 au 31 mars, 27 sept. au 20 oct. et 3 au 12 janv. – **Repas** *(fermé mardi sauf le soir
en juil.-août, sam. midi de sept. au 15 juil. et merc. midi)* (10,80) - 13,60/50, enf. 8 ⅋.
♦ Sur la traversée d'un village recélant une belle halle du 17ᵉ s., vaste salle de restaurant
sobrement aménagée dans un esprit champêtre. Cuisine d'inspiration régionale.

PLOUFRAGAN 22 C.-d'Armor 309 F4 – *rattaché à St-Brieuc.*

PLOUGASTEL-DAOULAS 29470 Finistère 308 E4 *G. Bretagne* – *12 248 h alt. 113.*

Voir *Calvaire*★★ – *Site*★ *de la chapelle St-Jean NE : 5 km* – *Kernisi* ❋★ *SO : 4,5 km.*

Env. *Pointe de Kerdéniel* ❋★★ *SO : 8,5 km puis 15 mn.*

🛈 Office de tourisme, 4 bis place du Calvaire ℰ 02 98 40 34 98, Fax 02 98 40 68 85,
ot.plougastel-daoulas@wanadoo.fr.

Paris 596 – *Brest 12* – *Morlaix 60* – *Quimper 64.*

🏨 **Kastel Roc'h**, à l'échangeur de la D 33ᴬ ℰ 02 98 40 32 00, kastel-roch@wanadoo.fr,
⅋ Fax 02 98 04 25 40, 斧 – 📶 📺 ❤ 🅿 – 🔬 20 à 80. 🅰🅴 ⓞ GB
fermé 1ᵉʳ au 20 janv. et dim. soir d'oct. à mai – **Repas** 12,50/30, enf. 9 🍽 – 🍽 7,50 – **45 ch** 73
– ½ P 62.
♦ Hôtel dont les chambres, un rien "rétro" mais propres, sont bien insonorisées côté
carrefour et tranquilles côté campagne. Salle de restaurant en rotonde avec imposante
cheminée et bibelots rustiques. Plats traditionnels.

X **Chevalier de l'Auberlac'h**, 5 r. Mathurin Thomas ℰ 02 98 40 54 56,
Fax 02 98 40 65 16, 斧 – 🅰🅴 ⓞ GB
fermé au 16 janv., lundi sauf juil.-août et dim. soir – **Repas** 13 (déj.), 23/31.
♦ Fenêtres agrémentées de vitraux, poutres, cheminée d'ambiance, lustre en fer forgé et
armure soulignent l'orientation "médiévale" du décor de la salle à manger.

PLOUGUERNEAU 29880 Finistère 🔢 D3 G. Bretagne – 5 628 h alt. 60.

Env. Les Abers★★.

🔰 Office de tourisme, place de l'Europe ℰ 02 98 04 70 93, Fax 02 98 04 58 75, ot-.plouguerneau@wanadoo.fr.

Paris 604 – Brest 27 – Landerneau 33 – Morlaix 68 – Quimper 93.

à la Plage de Lilia Nord-Ouest : 5 km par D 71 :

🏨 **Castel Ac'h,** ℰ 02 98 37 16 16, ≤ – 📺 🅿. ⓖⒷ
fermé 2 au 24 janv. et merc. – **Repas** 20 (déj.), 35/55 ♈ – ☎ 9 – **18 ch** 60 – ½ P 90.
♦ Établissement dont les chambres, de taille moyenne, rénovées par étapes, adoptent un style moderne et fonctionnel. Certaines bénéficient de la vue sur la mer. Cuisine iodée servie dans une salle à manger ouverte sur la Manche.

PLOUHINEC 56680 Morbihan 🔢 L8 – 4 143 h alt. 10.

Paris 503 – Vannes 42 – Lorient 18 – Pontivy 62 – Quiberon 30.

🏨 **Kerlon** ♨, Nord-Est : 1,5 km par D 158 et rte secondaire ℰ 02 97 36 77 03, hotel-de-kerl on@wanadoo.fr, Fax 02 97 85 81 14, 🌳 – 📺 ❤ 🅿. ⓖⒷ. ❀
hôtel : 27 mars-4 nov. – **Repas** (dîner seul.) 15,20/24,50, enf. 8,40 – ☎ 7,70 – **16 ch** 43,50/57 – ½ P 49/53,50.
♦ Mer ou campagne ? la proximité de l'océan et le calme du ravissant jardin réconcilieront les indécis ! Ferme du 19ᵉ s. bien restaurée aux chambres simples et bien tenues. Salle à manger rustique ; cuisine de la mer et de l'élevage maison (volailles, agneaux).

Utilisez le guide de l'année.

PLOUIDER 29260 Finistère 🔢 F3 – 1 751 h alt. 74.

Paris 582 – Brest 36 – Landerneau 21 – Morlaix 46 – St Pol de Léon 28.

🏨 **La Butte,** 10 rue de la Mer ℰ 02 98 25 40 54, labutte@club-internet.fr, Fax 02 98 25 44 17, 🌳 – 🛗 ❋ 📺 🕹 🅿. – 🕍 20. ⓖⒷ. ❀ rest
fermé 26 déc. au 16 janv. – **Repas** (fermé dim. soir et lundi) 20/57, enf. 9,50 🎐 – ☎ 8 – **24 ch** 58/72 – ½ P 64/69.
♦ Cette construction récente abrite des chambres de bonne ampleur, fonctionnelles et bien tenues. Celles situées sur l'arrière profitent de la vue sur un plaisant jardin. Spacieuse salle à manger contemporaine ouvrant sur la verdure ; cuisine traditionnelle.

PLOUMANACH 22 C.-d'Armor 🔢 B2 – rattaché à Perros-Guirec.

PLUGUFFAN 29 Finistère 🔢 F7 – rattaché à Quimper.

Le POËT-LAVAL 26 Drôme 🔢 D6 – rattaché à Dieulefit.

Le POINÇONNET 36 Indre 🔢 G6 – rattaché à Châteauroux.

POINCY 77 S.-et-M. 🔢 G2 – rattaché à Meaux.

POINTE DE L'ARCOUEST 22 C.-d'Armor 🔢 D2 – rattaché à Paimpol.

POINTE DE ST-MATHIEU 29 Finistère 🔢 C5 – rattaché au Conquet.

POINTE DU GROUIN 35 I.-et-V. 🔢 K2 – rattaché à Cancale.

POINTE DU RAZ ★★★ 29 Finistère 🔢 C6 G. Bretagne.

Voir ☀★★.

Paris 614 – Quimper 53 – Douarnenez 37 – Pont-l'Abbé 48.

à La Baie des Trépassés par D 784 et rte secondaire : 3,5 km :

🏨 **Relais de la Pointe du Van** ♨ sans rest, ☒ 29770 Cléden-Cap-Sizun ℰ 02 98 70 62 79, pointeduvan@free.fr, Fax 02 98 70 35 20, ≤ – 🛗 ❤ 🕹 🅿. – 🕍 15 à 90. ⓖⒷ
10 avril-30 sept. – ☎ 7 – **25 ch** 44/62.
♦ Emplacement privilégié face à la plage de la pittoresque baie des Trépassés. Les chambres, modernes et simples, offrent parfois une vue sur le "spectacle" de l'océan.

Baie des Trépassés ⚑, ⊠ 29770 Plogoff, ℰ 02 98 70 61 34, *hoteldelabaie@aol.com*, Fax 02 98 70 35 20, ⇐ − ▤ rest, 📺 🅿. GB

9 fév.-14 nov. et fermé le lundi hors vacances scolaires – **Repas** *(14,50)* - 19/52, enf. 8,50 ♀ – ☲ 7 – **27 ch** 51/61 – ½ P 47/62,50.

♦ Site très fréquenté le jour par les touristes, mais calme le soir. Chambres un brin mûrissantes ; choisissez celles qui bénéficient de la vue sur le large. Le restaurant regarde la pointe du Raz et propose une cuisine traditionnelle inspirée de la mer.

POINT-SUBLIME 04 Alpes-de-H.-P. 🈲 G10 G. Alpes du Sud – ⊠ 04120 Castellane.

Voir ⇐★★★ sur Grand Canyon du Verdon 15 mn – Couloir Samson★★ S : 1,5 km – Rougon ⇐★ N : 2,5 km – Clue de Carejuan★ E : 4 km.

Env. Belvédères SO : de l'Escalès★★★ 9 km, de Trescaïre★★ 8 km, du Tilleul★★ 10 km, des Glacières★★ 11 km, de l'Imbut★★ 13 km.

Paris 803 – Castellane 18 – Digne-les-Bains 71 – Draguignan 53 – Manosque 76.

Auberge du Point Sublime avec ch, ℰ 04 92 83 60 35, *point.sublime@wanadoo.fr*, Fax 04 92 83 74 31, ⇐, 😊 – 📺 🅿. GB

15 avril-15 oct. et fermé jeudi midi et merc. – **Repas** *(13,50)* - 20,50/38,50, enf. 10 ♀ – ☲ 7,30 – **14 ch** 48/54 – ½ P 47,50/51,50.

♦ À proximité du belvédère, sympathique auberge familiale où vous prendrez vos repas (cuisine régionale) dans un cadre rustique ou sur la terrasse ombragée. Chambres simples.

POISSON 71 S.-et-L. 🈲 E11 – rattaché à Paray-le-Monial.

Michelin n'accroche pas de panonceau aux hôtels et restaurants qu'il signale.

POISSY 78 Yvelines 🈲 I2 🈲 ⑰ 🈲 ⑫ – voir à Paris, Environs.

POITIERS ℗ 86000 Vienne 🈲 H5 G. Poitou Vendée Charentes – 83 448 h Agglo. 119 371 h alt. 116.

Voir Église N.-D.-la-Grande★★ : façade★★★ – Église St-Hilaire-le-Grand★★ – Cathédrale St-Pierre★ – Église Ste-Radegonde★ D – Baptistère St-Jean★ – Grande salle★ du Palais de Justice J – Boulevard Coligny ⇐★ – Musée Ste-Croix★★ – Statue N-D-des-Dunes : ⇐★.

Env. Parc du Futuroscope★★★ : 12 km par ①.

🝙 de Poitiers à Mignaloux-Beauvoir ℰ 05 49 55 10 50, par③ : 8 km; 🝙 du Haut-Poitou à St-Cyr ℰ 05 49 62 53 62, par ① : 22 km.

✈ de Poitiers-Biard-Futuroscope : ℰ 05 49 30 04 40 AV.

🛈 Office de tourisme, 45 place Charles-de-Gaulle ℰ 05 49 41 21 24, Fax 05 49 88 65 84, *accueil@ot-poitiers.fr*.

Paris 335 ① – Angers 134 ⑥ – Limoges 126 ③ – Nantes 215 ⑥ – Niort 76 ⑤ – Tours 102 ①.

Plans pages suivantes

Grand Hôtel ⚑ sans rest, 28 r. Carnot ℰ 05 49 60 90 60, *grandhotelpoitiers@wanadoo.fr*, Fax 05 49 62 81 89 – 📳 📺 📞 ♿, ⟺ – 🈴 20 à 50. ㏂ ◑ GB JCB   CZ k
☲ 9 – **41 ch** 65,50/80,50, 6 suites.

♦ Central mais bénéficiant du calme d'une cour, l'hôtel présente un chaleureux cadre d'esprit Art déco. Chambres confortables et grande terrasse où l'on petit-déjeune l'été.

Europe sans rest, 39 r. Carnot ℰ 05 49 88 12 00, *info@hoteldeleuropepoitiers.com*, Fax 05 49 88 97 30, ☞ – 📳 📺 📞 ♿, ⟺ 🅿. – 🈴 15. ㏂ ◑ GB JCB   CZ n
☲ 6,80 – **88 ch** 48/76,50.

♦ Trois bâtiments répartis autour d'une cour intérieure, à proximité des restaurants et des rues piétonnes. Chambres de divers styles : contemporain, Louis-Philippe, etc.

Ibis Beaulieu, 1 r. Bois-Dousset, quartier Beaulieu ℰ 05 49 61 11 02, *ibis.beaulieu@wanadoo.fr*, Fax 05 49 01 72 76 – 🙌 ▤ 📺 📞 ♿ 🅿 – 🈴 15 à 30. ㏂ ◑ GB   BX t
Repas *(fermé sam. midi et dim. sauf le soir d'avril à sept.)* *(12,50)* - 15, enf. 6,50 ♀ – ☲ 6 – **47 ch** 56.

♦ Sur un rond-point au trafic soutenu, bâtisse récente abritant de petites chambres bien insonorisées ; demandez-en une rénovée, plus actuelle et colorée. Le restaurant de cet Ibis se distingue par son sage décor contemporain et ses tables agréablement dressées.

Come Inn, 13 r. Albin Haller, Z.I. République 2 ℰ 05 49 88 42 42, *info@hotelcomeinn.com*, Fax 05 49 88 42 44, 😊, ☕ – 📞 ♿ 🅿 – 🈴 15 à 30. GB   AV d
Repas *(fermé sam. et dim.)* 13/25, enf. 7,50 ♀ – ☲ 6,50 – **43 ch** 42/48 – ½ P 46/50.

♦ Architecture de béton dans la zone industrielle... Avant tout, un établissement propre abritant des chambres correctement équipées. Restaurant en deux parties, sobre et contemporain ; plats traditionnels et formule brasserie rapide (omelettes, salades, etc.).

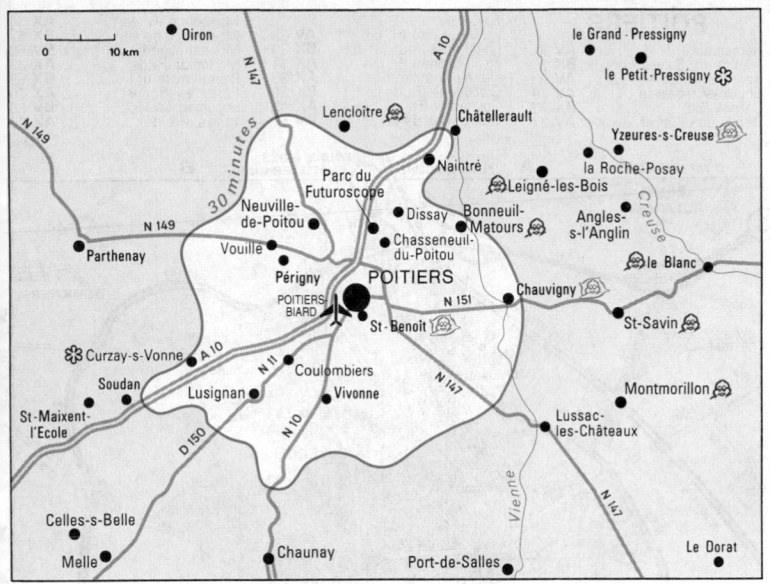

Gibautel sans rest, rte Nouaillé ℰ 05 49 46 16 16, *hotel.gibautel@wanadoo.fr*, Fax 05 49 46 85 97 – 📺 📞 ₺ 🅿 – 🔬 25. 🖭 ◍ ☞ ☷ BX b
⛾ 6 – **36 ch** 45/50.
♦ Chambres simples, formules buffets pour les petits-déjeuners et prix serrés : une étape utile dans un quartier excentré comptant plusieurs établissements hospitaliers.

Maxime, 4 r. St-Nicolas ℰ 05 49 41 09 55, *maxime-86@tiscali.fr*, Fax 05 49 41 09 55 – ▤.
🖭 ◍ ☞ ☷ DZ u
fermé 13 juil. au 18 août, sam. sauf le soir de nov. à fév. et dim. – **Repas** 19/68 bc et carte 47 à 62 ⛾.
♦ Dans une rue proche du musée de Chièvres, restaurant tout en couleurs : façade vert pâle, intérieur où dominent le jaune et le rouge, exposition de tableaux. Carte classique.

Poitevin, 76 r. Carnot ℰ 05 49 88 35 04, Fax 05 49 52 88 05 – ▤. 🖭 ◍ ☞ CZ r
fermé 19 avril au 2 mai, 11 juil. au 3 août, 23 déc. au 3 janv. et dim. – **Repas** (10) - 18/28 ⛾.
♦ Dans une rue jalonnée par de nombreux commerces, restaurant composé de petites salles récemment redécorées dans un esprit contemporain. Plats traditionnels et régionaux.

à Chasseneuil-du-Poitou par ① : 9 km – 3 845 h. alt. 75 – ⊠ 86360.

🖪 *Office de tourisme, place du Centre* ℰ 05 49 52 83 64, Fax 05 49 52 59 31, ot@crm-chasseneuil.com.

Château Clos de la Ribaudière 📎, 10 pl. Champ de Foire, au village ℰ 05 49 52 86 66, *ribaudiere@ribaudiere.com*, Fax 05 49 52 86 32, 🌧, 🏊, 📎 – 📶, ▤ rest, 📺 📞 ₺ 🅿 – 🔬 20 à 100. 🖭 ◍ ☞ ☷
Repas 22 (déj.), 28/47 ⛾ – ⛾ 11 – **41 ch** 72/139 – ½ P 82/93.
♦ Demeure du 19ᵉ s. et son parc au bord du Clain. Chambres spacieuses et bourgeoises côté "château", plus classiques dans les pavillons annexes. L'agréable salle à manger-véranda et la terrasse donnent sur le jardin incluant un bassin. Cuisine au goût du jour.

Mercure Alisée 📎 sans rest, N 10 ℰ 05 49 52 90 41, *mercure@cyberscope.fr*, Fax 05 49 52 51 72, 🏊, 🌧 – 📶 ⇄ ▤ 📺 📞 ₺ 🅿 – 🔬 20 à 100. 🖭 ◍ ☞ ☷
⛾ 8,50 – **80 ch** 75/90.
♦ Dans la tranquillité d'un grand jardin, bâtiment de la fin des années 1970 offrant des chambres de taille moyenne, bien insonorisées, équipées d'un mobilier moderne.

POITIERS

Aérospatiale (R. de l') .... **AV** 3
Allende (R. Salvador) .... **BX** 7
Blaiserie (R. de la) .... **AV** 9
Ceuille-Mirebalaise (R.) .... **AV** 19
Coligny (Bd) .... **BX** 23
Demi-Lune (Carref. de la) .. **AV** 27

Fg-Ceuille-
 Mirebalaise (R. du) .... **AV** 29
Fg-du-Pont-Neuf (R. du) .. **BX** 30
Fg-St-Cyprien (R. du) .... **AX** 31
Fief-de-Grimoire (R.) .... **AX** 33
Gibauderie (R. de la) .... **BX** 39
Guynemer (R.) .... **AV** 43
Liberté (Av. de la) .... **BV** 51

Maillochon (R. de) .... **AX** 54
Miletrie (R. de la) .... **BX** 57
Montbernage (R. de) .... **BV** 58
Montmidi (R. de) .... **BX** 62
Pierre-Levée (R.) .... **BX** 69
Rataudes (R. des) .... **AX** 70
Schuman (Av. R.) .... **BV** 88
Vasles (Rte de) .... **AX** 93

Parc du Futuroscope *par* ① : *12 km –* ✉ *86360 Chasseneuil-du-Poitou* :

🏨🏨 **Clarion** ॐ, Téléport 1 ℰ 05 49 49 07 07, *reservation@clarion-futuroscope.com*, Fax 05 49 49 55 49, Ⓕ, ▨ – 🛗 🌿 ☰ 🖵 ☏ & 🅿 – 🕿 20 à 160. ◪ ⑩ ◫
Repas *(27)* - 34, enf. 12 ♀ – 🖵 17 – **279 ch** 135/150, 4 suites.
◆ Le décor du hall évoque l'univers des trains de luxe. Chambres contemporaines parfaitement calmes et centre de remise en forme. Salle de restaurant "post-moderne" agrémentée de colonnes en fer vieilli réalisées par un élève de César. Cuisine traditionnelle.

🏨🏨 **Novotel Futuroscope**, Téléport 4 ℰ 05 49 49 91 91, *contact@novotel-futuroscope.fr*, Fax 05 49 49 91 90, ⇞, ﹍, 🛗 🌿 ☰ 🖵 ☏ & 🅿 – 🕿 25 à 200. ◪ ⑩ ◫ ⌨
Repas *(16)* - 22, enf. 7,80 ♀ – 🖵 10,50 – **110 ch** 95/114.
◆ Cette élégante construction en verre et acier est en parfaite symbiose avec l'environnement futuriste du parc. Chambres actuelles et fonctionnelles. La grande salle de restaurant ouverte sur la piscine et le piano-bar présentent un décor évoquant le cinéma.

1316

POITIERS

Abbé-Frémont (Bd) . . . . **DY** 2
Alexandre (R. J.) . . . . **DZ** 4
Blossac (R. de) . . . . **CZ** 10
Boncenne (R.) . . . . **CDY** 12
Bouchet (R. Jean) . . . . **DY** 14
Bretonnerie (R. de la) . . . . . **DY** 16
Carnot (R.) . . . . **CZ** 17
Chaine (Rue de la) . . . . **DY** 20
Champagne (R. de) . . . . **DY** 21
Clos-des-Carmes (Pl. du) . . **DY** 22
Coligny (Bd) . . . . **DZ** 23
Cordeliers (R. des) . . . . **DY** 25

Descartes (R. René) . . . . . . **DY** 28
Fg-du-Pont-Neuf . . . . **DZ** 30
Gabillet (R. H.) . . . . **DY** 34
Gambetta (R.) . . . . **DY** 35
Gaulle (Pl. Ch. de) . . . . **DY** 36
Grand-Rue . . . . **DY**
Grignon de Montfort (R.) . . **DY** 40
Hôtel-Dieu (R. de l') . . . . . . **DY** 45
Intendant-le-Nain (R. de l') . **DY** 46
Jean-de-Berry (Pl.) . . . . **DY** 47
Jeanne-d'Arc (Bd) . . . . **DY** 48
Leclerc (Pl. du Mar.) . . . . . . **DZ** 49
Libération (Av. de la) . . . . . **CZ** 50
Liberté (Pl. de la) . . . . **DY** 52
Macé (R. Jean) . . . . **DY** 53

Marché-N.-Dame (R. du) . **DYZ** 55
Marne (R. de la) . . . . **CY** 56
Mouton (R. du) . . . . **DY** 63
Oudin (R. H.) . . . . **DY** 67
Puygarreau (R. du) . . . . **DZ** 70
Rat (R. Pierre) . . . . **DY** 71
Riffault (R.) . . . . **DY** 74
St-Cyprien (R.) . . . . **DZ** 76
St-Germain (R.) . . . . **DY** 77
Solférino (Bd) . . . . **CY** 89
Thezard (R. Léopold) . . . . . **CZ** 90
Tison (Bd de) . . . . **CZ** 92
Verdun (Bd de) . . . . **CY** 94
3 Rois (R. des) . . . . **DY** 95
125e-R.-I. (R. du) . . . . **CZ** 97

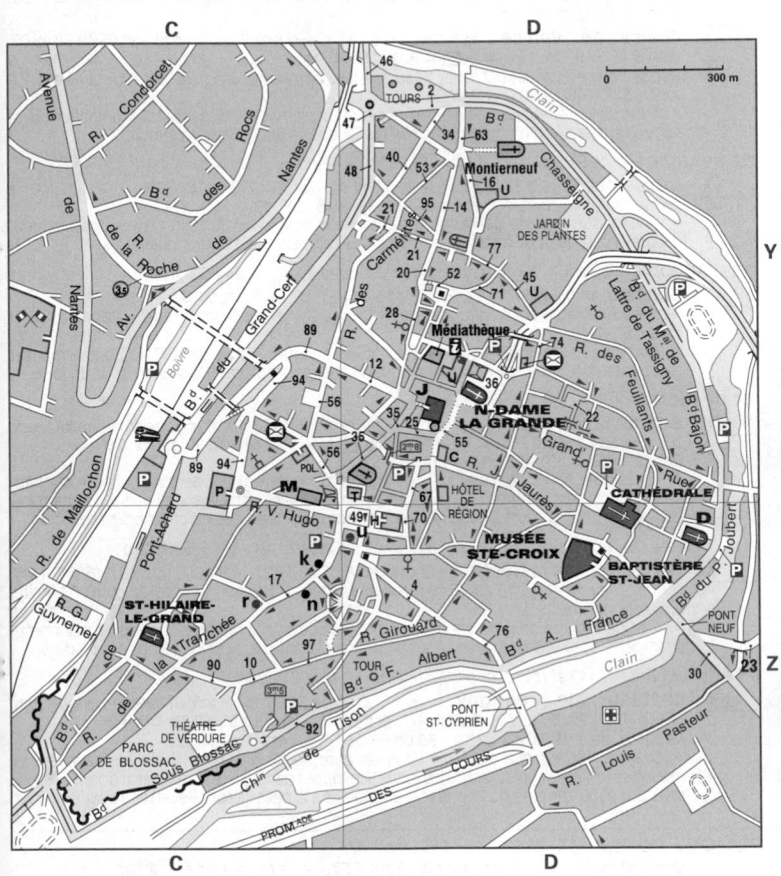

Mercure Aquatis Futuroscope, av. Jean Monnet Téléport 3 ✆ 05 49 49 55 00, Fax 05 49 49 55 01 – |≋| ✻ ▥ 🆃🆅 ✆ & P – ⚿ 30 à 150. 🆎 ⓞ ☖☗
Repas (fermé dim. midi) (12) - 15 (déj.), 15,90/21,50, enf. 7,50 ⚖ – ☲ 9,50 – **140 ch** 66/71.
◆ Une silhouette épurée contrastant avec les singulières architectures du Futuroscope. Chambres pratiques, plus spacieuses dans l'aile récente. Vaste restaurant avec colonnes, arcades et statues ; plats traditionnels et petite carte "assiettes et rôtisserie".

Ibis Futuroscope, av. Thomas Edison ✆ 05 49 49 90 00, H1193@accor-hotels.com, Fax 05 49 49 90 09, 🍴, ⌟ – |≋| ✻ ▥ 🆅 & P – ⚿ 50. 🆎 ⓞ ☖☗
Repas (12) - 16, enf. 6,50 – ☲ 6 – **140 ch** 59.
◆ Chambres pratiques, bar-salon confortable, salles de conférences... Cet Ibis séduira autant la clientèle d'affaires que les amoureux de la quatrième dimension. Côté table, décor de style "bateau" et repas sous forme de buffets privilégiant les fruits de mer.

rte de Limoges *par ③, N 147 et rte secondaire : 10 km –* ⊠ *86550 Mignaloux :*

🏨 **Manoir de Beauvoir** ⌖, 635 rte de Beauvoir *ℰ 05 49 55 47 47, info@manoirdebeauvo*
ir.com, Fax 05 49 55 31 95, <, 🌲, ⬛, 🏊 – ▯ cuisinette, ▤ ch, 📺 📶 🅿 – 🖭 20 à 75. 🆎
ⓘ 🔵 ⒼⒷ Ⓙ🅲🅱

Repas *(15)* - 19,50/33, enf. 8,50 ⵙ – ⯐ 12 – **41 ch** 80/127, 4 suites – ½ P 75/105,50.
 ◆ Les chambres sont dans la maison datant du 19ᵉ s., les appartements avec kitchenette dans la "résidence". Parc de 90 ha et golf de 18 trous. La table du Manoir vous donne le choix entre la salle habillée de boiseries et celle plus "british" du club-house.

à St-Benoît *Sud du plan par D 88 : 4 km – 7 008 h. alt. 77 –* ⊠ *86280 :*

🅸 *Office de tourisme, 18 rue Paul Gauvin ℰ 05 49 88 42 12, Fax 05 49 56 08 82, tou-*
risme@ville-saint-benoit.fr.

XXX **Chalet de Venise** ⌖ *avec ch, 6 r. Square, au village ℰ 05 49 88 45 07,*
🆘 *Fax 05 49 52 95 44, 🌲, 🐎 – 📺 📶 🅿. 🆎 ⒼⒷ Ⓙ🅲🅱* **BX v**
Repas *(fermé 23 août au 2 sept., 1ᵉʳ au 10 mars, dim. soir et lundi (19)* -32 et carte 41 à 50 ⵙ –
⯐ 7 – **12 ch** 46/53,40 – ½ P 57,20.
 ◆ C'est de l'intérieur que se dévoile ce bel établissement : l'élégante salle à manger ouvre sur un ravissant jardin bordant une rivière. Terrasse à fleur d'eau en saison.

rte de Ligugé *(D 4), Sud du plan : 4 km –* ⊠ *86280 St-Benoît :*

XX **L'Orée des Bois**, r. Naintré *ℰ 05 49 57 11 44, Fax 05 49 43 21 40 –* ⒼⒷ **AX s**
🆘 *fermé sam. midi, dim. soir et lundi –* **Repas** 15/43, enf. 10 🍴.
 ◆ Une maison tapissée de vigne vierge au coeur de la vallée du Clain. Deux salles à manger décorées dans le goût rustique, où l'on déguste une cuisine traditionnelle.

rte d'Angoulême *par ⑤ : 6 km, sortie Hauts-de-Croutelle –* ⊠ *86240 Croutelle :*

XXX **Chênaie**, *ℰ 05 49 57 11 52, Fax 05 49 57 11 51, 🌲, 🐎 – 🅿. 🆎 ⒼⒷ*
fermé 26 juil. au 8 août, vacances de fév., dim. soir et lundi sauf fériés – **Repas** 20/38 et
carte 38 à 48 ⵙ.
 ◆ Ancienne ferme joliment restaurée, située en léger retrait de la N 10. Salle à manger assez cossue ouvrant sur un jardin planté de chênes séculaires. Cuisine au goût du jour.

rte de Niort *par ⑤ : 7 km –* ⊠ *86240 Ligugé :*

🏨 **Bois de la Marche**, intersection N 10-N 11 *ℰ 05 49 53 10 10, boisdelamarche@wanado*
o.fr, Fax 05 49 55 32 25, 🌲, ⬛, ⭙, 🏊 – ▯ 📺 📶 🅿 – 🖭 20 à 90. 🆎 ⓘ ⒼⒷ Ⓙ🅲🅱
Repas 18/39 – ⯐ 9 – **53 ch** 56/89 – ½ P 57/71.
 ◆ À quelques tours de roue du "plus ancien monastère d'Occident" (Ligugé), vaste bâti-ment et son parc arboré. Chambres souvent meublées dans le style Louis XV. Plats tradi-tionnels et périgourdins à déguster sur l'immense terrasse dès les premiers beaux jours.

aux Grottes de la Norée *Ouest : 3 km par rte de la Cassette AX –* ⊠ *86580 Biard :*

X **Les Saisons de la Norée,** 4 r. Ermitage *ℰ 05 49 37 27 16, Fax 05 49 37 27 16, 🌲 – ⒼⒷ*
🆘 *fermé 15 au 30 août, 15 au 28 fév., mardi et merc. –* **Repas** (nombre de couverts limité,
prévenir) *(12)* - 15/25 ⵙ. **AX d**
 ◆ À peine séparée de la Boivre par une petite route de campagne, coquette maisonnette champêtre et sa terrasse ouverte sur la nature. Cuisine dans l'air du temps et prix doux.

à Périgny *par ⑥, N 149 et rte secondaire : 17 km –* ⊠ *86190 Vouillé :*

🏨 **Château de Périgny** ⌖, *ℰ 05 49 51 80 43, info@chateau-perigny.com,*
Fax 05 49 51 90 09, <, 🌲, ⬛, ⭙, 🏊 – ▯ 📺 📶 🅿 – 🖭 15 à 80. 🆎 ⓘ ⒼⒷ Ⓙ🅲🅱
Repas 23 (déj.), 29/50 ⵙ – ⯐ 12 – **39 ch** 68/137, 5 suites – ½ P 84/121.
 ◆ Château Renaissance s'élevant dans un parc de 35 ha. Jolies chambres rénovées et meublées d'ancien, plus actuelles dans les dépendances. Le restaurant donne sur un ravissant patio-terrasse où l'on dresse des tables à la belle saison. Recettes au goût du jour.

POLIGNY 39800 Jura 🎳🎳🎳 E5 *G. Jura – 4 511 h alt. 373.*
 Voir *Collégiale★ – Culée de Vaux★ S : 2 km – Cirque de Ladoye* ⩵★★ *S : 2 km.*
 🅸 *Office de tourisme, rue Victor Hugo ℰ 03 84 37 24 21, Fax 03 84 37 22 37, tourisme.po*
ligny@wanadoo.fr.
 Paris 397 – Besançon 57 – Dole 45 – Lons-le-Saunier 30 – Pontarlier 63.

aux Monts de Vaux *Sud-Est : 4,5 km par rte de Genève –* ⊠ *39800 Poligny.*
 Voir ⩵★.

🏨 **Hostellerie des Monts de Vaux** ⌖, *ℰ 03 84 37 12 50, mtsvaux@hostellerie.com,*
Fax 03 84 37 09 07, <, 🌲, ⭙, 🏊 – ▯ 📺 📶 🅿 – 🖭 15. 🆎 ⓘ ⒼⒷ Ⓙ🅲🅱
fermé fin oct. au 28 déc., mardi sauf le soir en juil.-août et merc. midi – **Repas** 28 (déj.)/66 ⵙ
– ⯐ 13 – **10 ch** 115/180 – ½ P 135/150.
 ◆ Hôtellerie à l'âme d'antan, jadis ferme, puis relais de poste, isolée dans un parc dominant la "reculée" de Vaux. Chambres au confort bourgeois, dotées d'un mobilier ancien. Les deux salles à manger sont décorées avec goût ; cuisine classique.

à Passenans *Sud-Ouest : 11 km par N 83 et D 57 – 296 h. alt. 320 –* ⊠ *39230 :*

🏦 **Revermont** ♨, 𝓟 03 84 44 61 02, schmit-revermont@wanadoo.fr, Fax 03 84 44 64 83, ≼, ㄹ, ♨, ♨, ♨, ♨, ᚦ – 🛗 🅣🆅 📞 ⇌ 🅟 – 🔬 25. 🆎 ⑩ 🆊
fermé janv. et fév. – **Repas** 18,50/46 ♀ – ☲ 9,50 – **28 ch** 79/86 – ½ P 60/70.
◆ Construction des années 1970 bâtie à flanc de colline, entre vignes et pâturages. Grandes chambres ouvrant sur le parc. Salle à manger modulable avec poutres, pierres apparentes, cheminée et chatoyant décor aux tons abricot et orange. Cuisine franc-comtoise.

POLLIAT *01310 Ain* 🔢 *D3 – 2 019 h alt. 260.*

Paris 415 – Mâcon 26 – Bourg-en-Bresse 12 – Lyon 74 – Villefranche-sur-Saône 53.

🍴 **Place** avec ch, 𝓟 04 74 30 40 19, Fax 04 74 30 42 34 – 🅣🆅. 🆊
fermé 1ᵉʳ au 19 juil., 2 au 17 janv., dim. soir et lundi – **Repas** 16/50, enf. 10 ♀ – ☲ 6 – **8 ch** 29/50 – ½ P 42/46,50.
◆ Jouxtant le bar du village, sobre salle à manger prolongée par une terrasse sous auvent. On y sert, avec le sourire, des plats bressans. Chambres simples et bien tenues.

Dans ce guide
un même symbole, un même mot,
imprimé en **rouge** *ou en* **noir**, *en maigre ou en* **gras**,
n'ont pas tout à fait la même signification.
Lisez attentivement les pages explicatives.

POLMINHAC *15800 Cantal* 🔢 *D5 – 1 156 h alt. 650.*

🄱 *Syndicat d'initiative, rue de la Gare* 𝓟 04 71 47 48 36, Fax 04 71 47 48 36, sipolminhac @wanadoo.fr.
Paris 553 – Aurillac 15 – Murat 34 – Vic-sur-Cère 5.

🏦 **Bon Accueil,** 𝓟 04 71 47 40 21, info@hotel-bon-accueil.com, Fax 04 71 47 40 13, ≼, ㄹ, ♨ – 🗐 rest, 📞 🅟. 🆊, ♨
fermé 15 oct. au 1ᵉʳ déc., dim. soir et lundi sauf vacances scolaires – **Repas** 10/24, enf. 6,10 ♨ – ☲ 6 – **23 ch** 43,50/50,30 – ½ P 41,80/44,10.
◆ L'adresse mérite bien son nom : sourire et amabilité sont au rendez-vous. Chambres nettes, avant tout pratiques, et bar à clientèle locale. Le restaurant, redécoré, s'ouvre sur la riante vallée de la Cère et son cadre montagneux ; goûteuse cuisine régionale.

La POMARÈDE *11400 Aude* 🔢 *C2 – 158 h alt. 304.*

Paris 728 – Toulouse 57 – Auterive 49 – Carcassonne 49 – Castres 38 – Gaillac 72.

🍴🍴 **Hostellerie du Château de la Pomarède** (Garcia) ♨ avec ch, 𝓟 04 68 60 49 69, ✿ Fax 04 68 60 49 71, 🏝 – 🅣🆅 📞 🅟. – 🔬 15. 🆎 ⑩ 🆊
fermé 10 au 26 mars, 12 nov. au 4 déc., dim. soir de déc. à avril, lundi et mardi – **Repas** 16 (déj.), 23/90 bc et carte 59 à 75 ♀ ♨ – ☲ 12 – **7 ch** 80/115 – ½ P 87/127.
◆ Restaurant de caractère et belles chambres modernes dans la cour d'un château "cathare" du 11ᵉ s. joliment restauré. Savoureuse cuisine au goût du jour et vins régionaux.
Spéc. Dos de bar aux girolles. Fraîcheur de homard et purée d'artichaut. Nougat glacé aux olives de Lucques. **Vins** Corbières blanc, Minervois.

PONS *17800 Char.-Mar.* 🔢 *G6 G. Poitou Vendée Charentes – 4 427 h alt. 39.*

Voir Donjon★ de l'ancien château – Hospice des Pèlerins★ SO par D 732 – Boiseries★ du château d'Usson 1 km par D 249.
🄱 *Syndicat d'initiative, place de la République* 𝓟 05 46 96 13 31, Fax 05 46 96 34 52, syndicat-initiative.pons@wanadoo.fr.
Paris 493 – Blaye 64 – Bordeaux 97 – Cognac 24 – La Rochelle 99 – Royan 43 – Saintes 22.

🏦 **Bordeaux,** 1 av. Gambetta 𝓟 05 46 91 31 12, hotel-de-bx@hotel-de-bordeaux.com, ✿ Fax 05 46 91 22 25, 🏝 – 🅣🆅 📞 ⇌. 🆎 🆊
fermé dim. soir d'oct. à Pâques – **Repas** *(fermé sam. midi, dim. soir et lundi d'oct. à Pâques)* 15/42 ♨ – ☲ 6,50 – **15 ch** 46/54 – ½ P 53.
◆ Dans une rue du centre-ville, hôtel centenaire remis au goût du jour et proposant des chambres coquettes et sobrement meublées. Le décor du restaurant, ouvert sur un charmant patio-terrasse, s'accorde avec la créativité de la cuisine. Vaste choix de cognacs.

XXX **Auberge Pontoise** avec ch, 23 av. Gambetta $\mathscr{O}$ 05 46 94 00 99, *auberge-pontoise@wan adoo.fr*, Fax 05 46 91 33 40, 🍴 – 📺 🚗, **GB**

Repas *(fermé dim. soir du 15 sept. au 15 mai)* 12/29 et carte 29 à 37 ♀ – 🍽 6,50 – **22 ch** 39/61 – ½ P 40/54.

◆ Cette ex-biscuiterie abrite une salle à manger redécorée où l'on travaille les produits du terroir comme autrefois. Bar-fumoir (cave à cigares) et chambres récemment rénovées.

à Pérignac *Nord-Est : 8 km par rte de Cognac* – *966 h. alt. 41* – ✉ *17800 :*

XX **Gourmandière**, 42 av. de Cognac $\mathscr{O}$ 05 46 96 36 01, Fax 05 46 95 50 71, 🍴, 🐎 – ⓪ **GB**

fermé 24 oct. au 4 nov., 15 au 24 fév., dim. soir, mardi soir et merc. hors saison – **Repas** 17/38.

◆ Engageante maison située sur l'axe principal de la petite cité. Salle à manger en deux parties, aménagée dans un esprit moderne. Répertoire traditionnel.

à Mosnac *Sud : 11 km par rte de Bordeaux et D 134* – *448 h. alt. 23* – ✉ *17240 :*

🏛 **Moulin du Val de Seugne** ⚓, $\mathscr{O}$ 05 46 70 46 16, *moulin@valdeseugne.com*, Fax 05 46 70 48 14, 🔄, 🐎 – 🍽 ch, 📺 **P** – 🛡 25. 🅰🅴 ⓪ **GB**

fermé 19 janv. au 19 mars, mardi midi et lundi – **Repas** 15 bc (déj.), 19/65, enf. 10 ♀ – 🍽 10 – **10 ch** 90/110 – ½ P 70/100.

◆ Au bord de la Seugne, élégante hostellerie proposant de vastes chambres raffinées, garnies de beaux meubles anciens et dotées de luxueuses salles de bains. Plaisante salle à manger tournée vers la rivière où s'ébattent oies et canards.

Donnez-nous votre avis sur les tables que nous recommandons,
sur leurs spécialités et leurs vins de pays.

PONTAILLAC *17 Char.-mar.* **324** *D6 – rattaché à Royan.*

PONT-A-MOUSSON *54700 M.-et-M.* **307** *H5 G. Alsace Lorraine* – *14 592 h alt. 180.*

Voir *Place Duroc★ - Anc. abbaye des Prémontrés★.*

🎏 *Office de tourisme, 52 place Duroc* $\mathscr{O}$ 03 83 81 06 90, Fax 03 83 82 45 84.

Paris 325 – Metz 31 – Nancy 30 – Toul 48 – Verdun 66.

🏨 **Bagatelle** sans rest, 47 r. Gambetta $\mathscr{O}$ 03 83 81 03 64, *bagatelle.hotel@wanadoo.fr*, Fax 03 83 81 12 63 – 📺 📶 **P** **GB** **JCB**

fermé 24 déc. au 2 janv. – 🍽 7,50 – **18 ch** 43/56.

◆ Les chambres, meublées dans le goût des années 1980, sont moins sonores côté cour. La silhouette de la célèbre abbaye des Prémontrés se profile au-dessus du jardin.

X **Fourneau d'Alain**, 64 pl. Duroc (1er étage) $\mathscr{O}$ 03 83 82 95 09, Fax 03 83 82 95 09 – 📧 ⓪ **GB**

fermé 1er au 16 août, 6 au 19 janv., dim. soir, merc. soir et lundi – **Repas** 23/43 ♀.

◆ Restaurant sagement contemporain installé sur la place principale, à l'étage d'une des maisons à arcades du 16e s. Tables bien dressées et service sans tralala.

à Blénod-lès-Pont-à-Mousson *Sud : 2 km par N 57* – *4 899 h. alt. 189* – ✉ *54700 :*

X **Auberge des Thomas,** 100 av. V. Claude (N 57) $\mathscr{O}$ 03 83 81 07 72, Fax 03 83 82 34 94, 🍴 – 🅰🅴 **GB**

fermé 1er au 26 août, vacances de fév., merc. soir, dim. soir et lundi – **Repas** (nombre de couverts limité, prévenir) 19/43.

◆ Occupant une maison tapissée de lierre, auberge de bord de route au décor exubérant et coloré. Terrasse dans une petite cour-jardin. Accueil convivial et atmosphère détendue.

PONTARLIER 🚅 *25300 Doubs* **321** *I5 G. Jura* – *18 360 h alt. 838.*

Voir *Portail★ de l'ancienne chapelle des Annonciades.*

Env. *Grand Taureau* ✳★★ *par* ② *: 11 km.*

🏌 *Pontarlier Les Étraches* $\mathscr{O}$ 03 81 39 14 44, E : 8 km par D 47.

🎏 *Office de tourisme, 14 rue de la Gare* $\mathscr{O}$ 03 81 46 48 33, Fax 03 81 46 83 32, office.de.pon tarlier@wanadoo.fr.

Paris 462 ③ – *Besançon 60* ④ – *Dole 88* ③ – *Lausanne 67* ② – *Lons-le-Saunier 82* ③.

PONTARLIER

Arçon (Pl. d') . . . . **A** 2
Augustins (R. des) . . . . . **B** 3
Bernardines
  (Pl. des) . . . . **AB** 4
Capucins (R. des) . . . . . . **A** 7
Crétin (Pl.) . . . . **B** 8
Ecorces (R. des) . . . . **A** 12

Gambetta (R.) . . . . **B** 13
Halle (R. de la) . . . . **A** 15
Industrie (R. de l') . . . . . **B** 16
Lattre-de-Tassigny
  (Pl. Mar.-de) . . . . **B** 19
Mathez (R. Jules) . . . . . . **B** 26
Mirabeau (R.) . . . . **B** 27
Moulin Parnet
  (R. du) . . . . **A** 29
Pagnier (Pl. J.) . . . . **B** 30

République (R. de la) . . **AB**
St-Etienne (R. du Fg) . . . **B**
St-Pierre (Pl.) . . . . **A**
Ste-Anne (R.) . . . . **AB** 35
Salengro (Pl. R.) . . . . **A** 36
Tissot (R.) . . . . **AB** 37
Vannolles (R. de) . . . . . . **A** 38
Vieux-Château (R. du) . . **A** 39
Villingen-
  Schwenningen (Pl. de) **A** 40

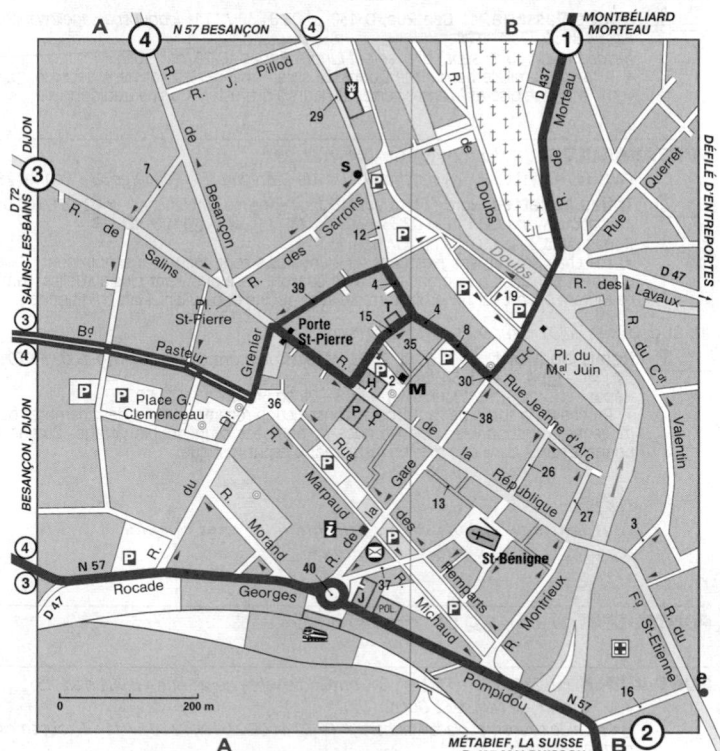

🏠 **Villages Hôtel**, 68 r. Salins par ③ : *1 km* ☎ 03 81 46 71 78, *village-hotel@wanadoo.fr*,
Fax 03 81 46 67 37 – 📺 📞 Ꮶ 🅿 – 🔬 40. 🄰🄴 🄶🄱
Repas 15/39, enf. 7 – ⌂ 7 – **53** ch 45/49 – ½ P 45/50.
♦ Étape pratique avant d'atteindre le paradis du ski de fond, cet hôtel refait de pied en cap
propose des chambres pimpantes, meublées dans un esprit "montagne". Découvrez au
restaurant les "roëstis" et la "pontaliflette", spécialités suisses et jurassiennes.

🏠 **Parc** sans rest, 1 r. Moulin Parnet ☎ 03 81 46 85 92, *Fax 03 81 46 36 15* – 🛗 📺 📞 🚗 🅿.
🄰🄴 🄾 🄶🄱   A s
fermé 1ᵉʳ au 14 janv. et dim. soir de nov. à mars – ⌂ 6 – **18** ch 42/60.
♦ Construction des années 1980 proche du centre-ville. Récent coup de jeune dans
ses petites chambres bien équipées ; celles sur l'arrière garantissent des nuits plus
calmes.

🏠 **Campanile**, par ③ : *1 km* ☎ 03 81 46 66 66, *pontarlier@campanile.fr*, *Fax 03 81 39 51 56*,
🌫 – 🍴 📺 📞 Ꮶ 🅿 – 🔬 20. 🄰🄴 🄾 🄶🄱
Repas 16,50/18,50, enf. 6 ⥾ – ⌂ 6,50 – **46** ch 60.
♦ Face à un petit aérodrome et près de l'Espera-Sbarro (école de design automobile),
ce Campanile abrite des chambres fonctionnelles toutes récemment rénovées. Restaurant fidèle aux concepts de la chaîne : choix de menus, "buffets à volonté" et formules
enfants.

XX **L'Alchimie**, 1 av. Armée de l'Est ℰ 03 81 46 65 89, *restau-lalchimie@wanadoo.fr*, Fax 03 81 39 08 75 – **GB**   **B e**
fermé 19 au 25 avril, 1ᵉʳ au 15 juil. et merc. – **Repas** 19,50 (déj.), 34/42, enf. 13 ♀.
♦ L'élégante salle à manger de ce restaurant légèrement excentré présente un cadre coloré. La cuisine traditionnelle proposée prend parfois des accents régionaux. Bon accueil.

à Doubs *par ④ : 2 km – 2 266 h. alt. 813 –* ⊠ *25300 :*

X **Doubs Passage**, 11 Gde Rue, D 130 ℰ 03 81 39 72 71, *ledoubspassage@wanadoo.fr*, Fax 03 81 39 72 71 – **GB**
fermé 21 août au 1ᵉʳ sept., dim. soir et lundi – **Repas** 16/29, enf. 10 ♀.
♦ Auberge familiale bordant le Doubs. La salle à manger est joliment décorée : parquet verni, éclairage discret, plantes vertes et fleurs à profusion. Cuisine traditionnelle.

PONTAUBAULT *50220 Manche* **303** *D8 – 445 h alt. 25.*
Paris 345 – St-Malo 60 – Avranches 9 – Dol-de-Bretagne 35 – Fougères 38 – Rennes 78.

▥ **Treize Assiettes**, Nord : 1 km sur D 43ᴱ (ancienne rte d'Avranches) ℰ 02 33 89 03 03, *reg ine.baudu@wanadoo.fr*, Fax 02 33 89 03 06, ㈘, ⬓, 🐾 – 📺 ℰ 🅿. ⛬ **GB**
Repas 17/63 ♀ – ⊊ 9 – **39 ch** 63/115 – ½ P 57.
♦ Les chambres aménagées dans les bungalows sont meublées simplement. Celles du bâtiment principal, plus grandes et d'un confort identique, sont plus actuelles. Lumineux restaurant ouvert sur un jardin-terrasse avec piscine et palmiers. Plats traditionnels.

au Sud-Ouest *: 2,5 km sur D 43 –* ⊠ *50220 Céaux :*

▥ **Relais du Mont**, ℰ 02 33 70 92 55, *le.relais.du.mont.@wanadoo.fr*, Fax 02 33 70 94 57, ㈘, 🐾 – 📺 ℰ 🅿 – ⛉ 50. ⛬ ⓪ **GB**
Repas 16 bc (déj.), 18/29, enf. 7 ♀ – ⊊ 8 – **28 ch** 64/72 – ½ P 57,50.
♦ Proche de la sortie de l'autoroute, construction récente abritant des chambres de taille moyenne, fonctionnelles, bien tenues et équipées d'un double vitrage. Cuisine traditionnelle servie dans une salle de restaurant d'esprit rustique.

Les prix
Pour toutes précisions sur les prix indiqués dans ce guide,
reportez-vous aux pages explicatives.

PONTAUBERT *89 Yonne* **319** *G7 – rattaché à Avallon.*

PONT-AUDEMER *27500 Eure* **304** *D5 G. Normandie Vallée de la Seine – 8 981 h alt. 15.*
Voir *Vitraux★ de l'église St-Ouen.*
🛈 *Office de tourisme, place Maubert* ℰ *02 32 41 08 21, Fax 02 32 57 11 12, tourisme@ville-pont-audemer.fr.*
Paris 164 ① – Le Havre 44 ① – Rouen 52 ① – Caen 74 ⑤ – Évreux 68 ② – Lisieux 36 ④.

Plan page ci-contre

▦ **Belle Isle sur Risle** ⧀, 112 rte de Rouen, par ② ℰ 02 32 56 96 22, *hotel@bellile.com*, Fax 02 32 42 88 96, ㈘, Ⅰ₄, ⬓, ⬓, 🏊 – ⫸⇥ 📺 🅿. ⛬ ⓪ **GB**
fermé 14 nov. au 28 déc., 2 janv. au 14 mars – **Repas** *(fermé merc. midi et mardi)* 29 (déj.), 36/59 – ⊊ 13 – **20 ch** 110/217 – ½ P 125/178,50.
♦ Séduisante maison de maître bâtie en 1856 sur un îlot de la Risle. Superbe parc ; pêche fluviale. Les chambres, d'ampleurs variées, sont joliment personnalisées. Vue plaisante sur des arbres centenaires depuis le restaurant et sa paisible terrasse.

XX **Erawan**, 4 r. Seûle (a) ℰ 02 32 41 12 03, ㈘ – **GB**. ⧀
fermé 14 juil. au 14 août et merc. – **Repas** 19,80/37.
♦ Carte "cent pour cent" thaïlandaise et cadre aux trois quarts normand : étonnant contraste, et mariage des cultures réussi en ce charmant restaurant des bords de la Risle.

à Campigny *par ③ et D 29 : 6 km – 803 h. alt. 121 –* ⊠ *27500 :*

XXX **Le Petit Coq aux Champs** ⧀ avec ch, ℰ 02 32 41 04 19, *le.petit.coq.aux.champs@wa nadoo.fr*, Fax 02 32 56 06 25, ㈘, ⬓, 🏊 – 📺 ℰ 🅿 ⛬ ⓪ **GB**
fermé 2 au 23 janv., dim. soir et lundi de nov. à mars – **Repas** 39/64 et carte 46 à 68 ♀ ⧀ – ⊊ 10 – **13 ch** 110/141 – ½ P 113/122.
♦ Accueil chaleureux et joli décor rustique en cette chaumière normande. Belle terrasse face au parc fleuri. Cuisine classique et carte des vins étoffée. Chambres confortables.

PONT-AUDEMER

Canel (R. Alfred) 2
Carmélites (R. des) 3
Clemencin (R. Paul) 5
Cordeliers (R. des) 6
Delaquaize (R. S.) 7
Déportés (R. des) 8
Épée (R. de l') 9
Félix-Faure (Quai)
Ferry (R. Jules)
Gambetta (R.) 13
Gaulle (Pl. Général de) 14
Gillain (Pl. Louis) 16
Goulley (Pl. J.)
Jaurès (R. Jean) 18
Joffre (R. Mar.) 19
Kennedy (Pl.)
Leblanc (Quai R.) 20
Maquis-Surcouf (R.) 21
Maubert (Pl.) 22
Mitterrand (Quai François) ... 23
N.-D.-du-Pré (R.)
Pasteur (Bd)
Place-de-la-Ville (R.) 24
Pot-d'Étain (Pl. du) 25
Président-Coty (R. du) 26
Président-Pompidou (Av. du)
République (R. de la) 27
Sadi-Carnot (R.)
St-Ouen (Impasse) 29
Seule (Rue de la) 30
Thiers (R.) 32
Verdun (Pl. de) 34
Victor-Hugo (Pl.) 35

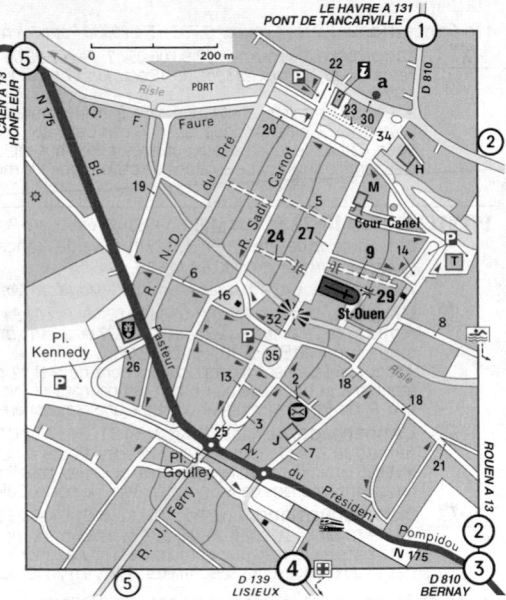

*Un automobiliste averti utilise le **Guide Michelin** de l'année.*

PONTAULT-COMBAULT 77 S.-et-M. **312** E3 **101** ㉙ – voir à Paris, Environs.

PONTAUMUR 63380 P.-de-D. **326** D7 – 769 h alt. 535.

> **🚺** Syndicat d'initiative, avenue du Pont ℰ 04 73 79 79 73 42, Fax 04 73 79 73 36, ot-.pontaumur@auvergne.net.
>
> Paris 398 – Clermont-Ferrand 42 – Aubusson 49 – Le Mont-Dore 49 – Montluçon 68.

🏠 **Poste,** av. du marronnier ℰ 04 73 79 90 15, hotel-poste2@wanadoo.fr, Fax 04 73 79 73 17
– 🖥 rest, 📺 ⇔ – 🔬 25. **GB**
fermé 18 au 24 oct., 15 déc. au 1ᵉʳ fév., dim. soir et lundi sauf juil.-août – **Repas** 15/42,
enf. 7,50 ♀ – ☲ 6,50 – **15 ch** 38/46 – ½ P 40.

◆ Au centre du bourg, bâtiment des années 1970 dont les chambres, fonctionnelles, ont conservé leur mobilier d'origine. Préférez celles de l'arrière, plus au calme. Restaurant rustique où dominent le bois et la pierre. Cuisine faite avec les produits d'Auvergne.

PONT-AVEN 29930 Finistère **308** I7 G. Bretagne – 2 960 h alt. 18.

> Voir Promenade au Bois d'Amour★.
>
> **🚺** Office de tourisme, 5 place de l'Hôtel de Ville ℰ 02 98 06 04 70, Fax 02 98 06 17 25, ot.pontaven@wanadoo.fr.
>
> Paris 536 – Quimper 36 – Carhaix-Plouguer 65 – Concarneau 15 – Quimperlé 20.

🏠 **Les Ajoncs d'Or,** 1 pl. Hôtel de Ville ℰ 02 98 06 02 06, Fax 02 98 06 18 91, 🏡 – 📺 **GB**
fermé janv., 17 au 26 oct., dim. soir et lundi hors saison – **Repas** 18/38, enf. 8 ♀ – ☲ 6,50 –
20 ch 48/65 – ½ P 47/49.

◆ Gauguin aurait logé dans cette maison bretonne (1892) lors de son dernier séjour à Pont-Aven. Coquettes chambres insonorisées portant des noms de peintres ; accueil charmant. Mignonne salle à manger colorée, terrasse d'été et cuisine traditionnelle.

XXX **Moulin de Rosmadec** (Sebilleau) ⟋ avec ch, près pont centre ville ℰ 02 98 06 00 22,
⟨ Fax 02 98 06 18 00, ⟨ – 📺 ✆. **GB**
fermé 11 au 29 oct. et vacances de fév. – **Repas** (fermé dim. soir hors saison et merc.)
28/70 et carte 58 à 72 ♀ – ☲ 9 – **5 ch** 80/110.

◆ Cuivres, faïence et mobilier bretons décorent cet étonnant moulin en pierre et en bois datant du 15ᵉ s. Cuisine "terre et mer" et apaisant murmure de l'Aven.
Spéc. Homard grillé et ses deux beurres. Saint-Pierre grillé aux artichauts et tomates confites. Crêpes soufflées au citron.

rte Concarneau *Ouest : 4 km par D 783* – ⊠ *29930 Pont-Aven :*

XXX **Taupinière** (Guilloux), ℘ 02 98 06 03 12, *Fax 02 98 06 16 46*, ☂ – ▤ **P.** Æ **GB**
※ *fermé 14 au 23 mars, 22 sept. au 15 oct., lundi et mardi* – **Repas** (prévenir) 42/75 et carte 60 à 80 ♣.

♦ Cette chaumière abrite une salle à manger élégante, animée par le spectacle des fourneaux. Cuisine classique faisant la part belle aux produits de la mer ; joli choix de vins. **Spéc.** Gâteau de tourteau aux agrumes (printemps-été). Brochette de thon blanc à la purée d'aubergine (juil. à oct.). Escalope de bar de ligne à la rhubarbe (mai à oct.).

PONTCHARTRAIN 78 *Yvelines* **311** H3 – ⊠ *78760 Jouars-Pontchartrain.*
Env. *Domaine de Thoiry★★ NO : 12 km*, G. Ile de France.
🏌 *Isabella à Plaisir* ℘ 01 30 54 10 62, *E : 3 km.*
Paris 37 – Dreux 42 – Mantes-la-Jolie 32 – Montfort-l'Amaury 10 – Versailles 20.

🏨 **L'Arpège**, 41 rte de Paris ℘ 01 34 89 02 45, *Fax 01 34 89 58 24* – **TV** ☏ ⋅ Æ **①** **GB**
fermé 18 au 26 avril, 8 au 23 août, 19 au 27 déc., sam. midi, dim. et lundi – **Repas** 27 (déj.) et carte environ 40 ♀ – ⊡ 10 – **11 ch** 65/80.
♦ Cet établissement récent situé au bord de la N 12 propose deux types de chambres : modernes et pratiques ou un brin campagnardes. Salon feutré ; piano-bar jazzy le week-end. Plaisante salle à manger où règne une atmosphère feutrée ; carte au goût du jour.

XX **L'Aubergade**, rte Nationale ℘ 01 34 89 02 63, *Fax 01 34 89 85 72*, 斎, ☂ – **P.** **GB**
fermé 9 au 27 août, dim. soir et lundi soir – **Repas** 34/42 ♀.
♦ Beau jardin fleuri, volière, poutres, boiseries, cheminée et cuivres font le charme de ce restaurant aménagé dans un ancien relais de poste. Cuisine traditionnelle.

XX **Bistro Gourmand**, 7 rte Pontel N 12 ℘ 01 34 89 25 36, *Fax 01 34 89 48 31*, 斎 – **GB**
fermé 30 juil. au 20 août, 25 fév. au 3 mars, dim. soir et lundi – **Repas** 25/30 ♀.
♦ La carte de ce restaurant proche de la route nationale fait la part belle aux produits de la mer et aux suggestions saisonnières. Salles à manger sobrement décorées.

à Ste-Apolline *Est : 3 km par N 12 et D 134* – ⊠ *78370 Plaisir :*

XXX **Maison des Bois**, ℘ 01 30 54 23 17, *Fax 01 30 68 92 26*, 斎, ☂ – **P.** Æ **GB**
fermé dim. soir et jeudi – **Repas** 34,30 (sauf dim.)et carte 50 à 58.
♦ Aménagées dans une demeure rustique, deux salles à manger cossues ; la plus vaste, au caractère campagnard un peu moins affirmé, s'ouvre sur le jardin. Carte traditionnelle.

PONT-DE-BRAYE 72310 *Sarthe* **310** N8.
Paris 206 – La Ferté-Bernard 52 – Le Mans 57 – Tours 48 – Vendôme 32.

XX **Petite Auberge**, ℘ 02 43 44 45 08, *Fax 02 43 44 18 57* – **GB**
🐄 *fermé vacances de fév., mardi soir et merc.* – **Repas** 12/34.
♦ Cette maison basse tapissée de vigne vierge borde la rue principale du village. Décor rustique agrémenté de fresques figurant des moines "ripailleurs". Ambiance conviviale.

PONT-DE-BRIQUES 62 *P.-de-C.* **301** C3 – *rattaché à Boulogne-sur-Mer.*

PONT-DE-CHAZEY-VILLIEU 01 *Ain* **328** E5 – *rattaché à Meximieux.*

PONT-DE-CHERUY 38230 *Isère* **333** E3 – 4 540 h alt. 220.
Paris 486 – Lyon 35 – Belley 57 – Bourgoin-Jallieu 22 – Grenoble 89 – Meximieux 22.

🏠 **Bergeron** sans rest, près Église ℘ 04 78 32 10 08, *hotel.bergeron@wanadoo.fr*, *Fax 04 78 32 11 70* – **TV** **GB**
⊡ 6 – **17 ch** 23/60.
♦ Adresse modeste mais bien tenue. Les chambres, d'esprit rustique, sont plus spacieuses dans la maison principale. Annexe, plus simple, située à environ 100 m.

PONT-DE-CLAIX 38 *Isère* **333** H7 – *rattaché à Grenoble.*

PONT-DE-DORE 63 *P.-de-D.* **326** H7 – *rattaché à Thiers.*

PONT-DE-FILLINGES 74 *H.-Savoie* **328** L4 – *rattaché à Bonne.*

---

*Pour visiter une ville ou une région : utilisez les Guides Verts **Michelin**.*

PONT-DE-L'ARCHE 27340 Eure 304 G6 G. Normandie Vallée de la Seine – 3 499 h alt. 20.
Paris 114 – Rouen 19 – Les Andelys 30 – Elbeuf 15 – Évreux 36 – Louviers 12.

🏨 **Tour** sans rest, 41 quai Foch 𝒫 02 35 23 00 99, hotel-de-la-tour@wanadoo.fr, Fax 02 35 23 46 22, ஜ – ﹟ 🺀 🔟 📞 🖭 ⓪ ⚌ ⚄
🖵 6 – **18** ch 57.
♦ Deux pimpantes maisons mitoyennes adossées aux remparts. Dans les chambres personnalisées, couleurs vives, mobilier de style et tenue sans reproche. Accueil familial.

XX **Pomme,** aux Damps 1,5 km au bord de l'Eure 𝒫 02 35 23 00 46, Fax 02 35 23 52 09, ஜ, ஜ – 🅿. ⚌
fermé 1ᵉʳ au 21 août, 23 déc. au 2 janv., dim. soir, mardi soir et merc. – **Repas** 23/58 ⚏.
♦ Aménagée dans une chaumière normande, salle de restaurant au cadre gentiment champêtre. Adresse fréquentée par la clientèle d'affaires locale.

PONT-DE-L'ISÈRE 26 Drôme 332 C3 – rattaché à Valence.

Le PONT-DE-PACÉ 35 I.-et-V. 309 L6 – rattaché à Rennes.

PONT-DE-PANY 21410 Côte d'Or 320 I6.
Paris 291 – Dijon 22 – Avallon 87 – Beaune 42 – Saulieu 53.

🏰 **Château La Chassagne** ⚘, au Nord par D 33 et rte secondaire : 2 km 𝒫 03 80 49 76 00, info@chateau-chassagne.com, Fax 03 80 49 76 19, ஜ, ஐ, ⛋, ஜ, ஜ – 🄗 🔟 📞 🅿 – 🔬 25. 🖭 ⚌ ⓙⓒⒷ. ⚘ rest
18 mai-10 oct. – **Repas** (fermé lundi et mardi midi) 35 – 🖵 20 – **7** ch 150/215, 4 suites – ½ P 132,50/212,50.
♦ Entouré d'un parc, château du 19ᵉ s. dont l'aménagement intérieur résolument moderne présente toutes les garanties de confort. Ambiance chinoise dans quelques chambres. Lustres à pendeloques, tons pastel et tissus printaniers caractérisent le restaurant.

Lisez attentivement l'introduction : c'est la clé du guide.

PONT-DE-POITTE 39130 Jura 321 E7 G. Jura – 582 h alt. 450.
Paris 423 – Champagnole 34 – Genève 92 – Lons-le-Saunier 17.

XX **Ain** avec ch, 18 pl. Fontaine 𝒫 03 84 48 30 16, Fax 03 84 48 36 95, ஜ – 🍴 rest, 🔟 🖭 ⚌
⚌ fermé 5 janv. au 2 fév., vend. soir et dim. soir hors saison – **Repas** 11 (déj.), 15/40, enf. 8 ⚏ – 🖵 6,50 – **9** ch 35/42 – ½ P 42.
♦ Belle maison bâtie sur une petite place d'un village baigné par l'Ain et situé en amont du lac de Vouglans. Salle à manger au cadre rustique. Chambres simples mais rénovées.

PONT-DE-ROIDE 25150 Doubs 321 K2 G. Jura – 4 781 h alt. 351.
Paris 478 – Besançon 77 – Belfort 36 – La Chaux-de-Fonds 55 – Porrentruy 29.

🏠 **Voyageurs** sans rest, 15 pl. Gén. de Gaulle 𝒫 03 81 96 92 07, Fax 03 81 92 27 80 – 🔟 📞 🅿. ⓪ ⚌
fermé dim. soir – 🖵 5 – **16** ch 25/41.
♦ Accueil souriant au bar de cet hôtel situé au coeur du village. Les chambres, refaites peu à peu, adoptent un style actuel. Préférez celles, plus calmes, donnant côté cour.

X **Tannerie,** 1 pl. Gén. de Gaulle 𝒫 03 81 92 48 21, Fax 03 81 92 47 79, ஜ – ⓪ ⚌
⚌ fermé 21 déc. au 4 janv., dim. soir et merc. – **Repas** 9,20 (déj.), 14,50/24,40 ⚏.
♦ Ce restaurant abrite deux salles à manger joliment campagnardes. Petite terrasse surplombant la rivière et le vieux pont en pierre. Plats traditionnels et truites du vivier.

PONT-DE-SALARS 12290 Aveyron 338 I5 – 1 414 h alt. 700.
🄱 Office de tourisme, 34 avenue de Rodez 𝒫 05 65 46 89 90, Fax 05 65 46 81 16, tourisme-levezou@wanadoo.fr.
Paris 651 – Rodez 25 – Albi 86 – Millau 47 – St-Affrique 56 – Villefranche-de-Rouergue 71.

🏠 **Voyageurs,** 𝒫 05 65 46 82 08, hotel-des-voyageurs@wanadoo.fr, Fax 05 65 46 89 99 – 🍴 rest, 🔟 📞 🅿. ⚌
fermé 24 oct. au 9 nov., 22 janv. au 26 fév., le soir de nov. à fév., dim. soir et lundi d'oct. à juin – **Repas** (10,80 bc) - 13,80 bc/32,50 ⚏ – 🖵 6,40 – **27** ch 37,50/48,50 – ½ P 38/44.
♦ Établissement bien tenu, abritant des chambres en partie rénovées ; les autres conservent un décor des années 1970. Deux salles à manger : l'une rustique avec boiseries et cheminée, l'autre actuelle et lumineuse ; l'on y déguste une cuisine du terroir.

PONT-DE-VAUX *01190 Ain* **328** *C2 – 2 004 h alt. 177.*

🛈 *Office de tourisme, 2 rue de Lattre de Tassigny* ☎ *03 85 30 30 02, Fax 03 85 30 68 69, Pont.de.Vaux.Tourisme@wanadoo.fr.*

Paris 380 – Mâcon 24 – Bourg-en-Bresse 40 – Lons-le-Saunier 69.

XXX ⦿ **Raisin** avec ch, ☎ 03 85 30 30 97, hotel.leraisin@wanadoo.fr, Fax 03 85 30 67 89 – 📺 ❤ ⓑ 🅿 AE ⓞ ⓒⒷ

fermé 6 janv. au 6 fév., dim. soir sauf juil.-août, mardi midi et lundi – **Repas** 20,50/55 et carte 45 à 67, enf. 12 ♀ – � 8 – **18 ch** 52/56.

◆ Maison traditionnelle de la Bresse savoyarde abritant une élégante salle à manger rustique. Goûteuse cuisine régionale. Chambres spacieuses et calmes sur l'arrière.

X ⦿ **Les Platanes** avec ch, ☎ 03 85 30 32 84, hotel-des-platanes@wanadoo.fr, Fax 03 85 30 32 15, 🌤, 🍃 – 📺 🅿 ⒸⒷ

fermé 15 fév. au 15 mars, merc. soir de nov. à mi-avril, vend. midi et jeudi – **Repas** 12,50/45, enf. 10 – ⊟ 6,50 – **7 ch** 40/45 – ½ P 42/45.

◆ Salle à manger au cadre rustique, belle terrasse sous les platanes, cuisine bressane généreuse et chambres rénovées font de cette auberge une sympathique étape.

à St-Bénigne *Nord-Est : 2 km sur D 2 – 817 h. alt. 208 – ⊠ 01190 Pont-de-Vaux :*

X **St-Bénigne,** ☎ 03 85 30 96 48, Fax 03 85 30 96 48, 🌤 – 🅿. ⒸⒷ

fermé 13 déc. au 3 janv., 14 au 28 fév., le soir sauf sam. et lundi – **Repas** 11 (déj.)/30, enf. 9 ♀.

◆ Auberge abritant un café et deux salles à manger : l'une rustique, l'autre plus coquette. Les habitués goûtent sa cuisine régionale et la spécialité maison : les grenouilles.

Dans ce guide

un même symbole, un même mot,

*imprimé en **rouge** ou en **noir**, en maigre ou en **gras**,*

n'ont pas tout à fait la même signification.

Lisez attentivement les pages explicatives.

PONT-D'HÉRAULT *30 Gard* **339** *H5 – rattaché au Vigan.*

PONT-D'OUILLY *14690 Calvados* **303** *J6 G. Normandie Cotentin – 1 050 h alt. 65.*

Voir Roche d'Oëtre★★ S : 6,5 km.

🛈 *Syndicat d'initiative, boulevard de la Noë* ☎ *02 31 69 29 86.*

Paris 230 – Caen 41 – Briouze 24 – Falaise 20 – Flers 21 – Villers-Bocage 37 – Vire 39.

🏠 ⦿ **Commerce,** ☎ 02 31 69 80 16, Fax 02 31 69 78 08, 🌤, 🍃 – 📺 ❤. AE ⒸⒷ

fermé 5 au 28 janv. et 1er au 7 oct. – **Repas** (fermé dim. soir et lundi) 13/32 ♀ – ⊟ 6 – **16 ch** 25/40 – ½ P 36/39.

◆ Idéalement située au carrefour de routes touristiques et séduisante pour les minibudgets, cette adresse familiale propose de petites chambres simples. Tableaux représentant des chevaux de courses et tissus fleuris égayent la salle à manger.

à St-Christophe *Nord : 2 km par D 23 – ⊠ 14690 Pont d'Ouilly :*

XX **Auberge St-Christophe** 🐾 avec ch, ☎ 02 31 69 81 23, Fax 02 31 69 26 58, ≼, 🌤, 🍃 – 📺 🅿. AE ⒸⒷ, ❤

fermé 16 au 31 août, 7 au 28 fév., dim. soir et lundi – **Repas** 20/47, enf. 10 ♀ – ⊟ 8 – **7 ch** 46 – ½ P 50.

◆ Plaisante maison tapissée de vigne vierge, bénéficiant du calme de la campagne. Salle à manger champêtre (collection de balances), cuisine traditionnelle et accueil familial.

PONT-DU-BOUCHET *63 P.-de-D.* **326** *D7 – ⊠ 63380 Pontaumur.*

Env. Méandre de Queuille★★ NE : 11,5 km puis 15 mn, G. Auvergne.

Paris 390 – Clermont-Ferrand 39 – Pontaumur 13 – Riom 36 – St-Gervais-d'Auvergne 18.

🏠 ⦿ **Crémaillère** 🐾, ☎ 04 73 86 80 07, Fax 04 73 86 93 17, ≼, 🌤, 🍃 – 📺 ❤ 🅿. ⒸⒷ, ❤

fermé 17 déc. au 20 janv., vend. soir et sam. hors saison – **Repas** 12/35,20, enf. 7,30 ♀ – ⊟ 5,50 – **16 ch** 41/54 – ½ P 39,50/42,50.

◆ Bâtisse isolée dans un agréable jardin sur la rive du plan d'eau des Fades-Besserve. Chambres meublées simplement ; celles de la façade principale donnent côté lac. Salle à manger campagnarde et cuisine régionale utilisant les produits de la ferme familiale.

PONT-DU-CHAMBON *19 Corrèze* **329** *N4 – rattaché à Marcillac-la-Croisille.*

PONT-DU-CHÂTEAU 63430 P.-de-D. **326** G8 G. Auvergne – 8 874 h alt. 365.

🅱 Syndicat d'initiative, rond-point de Montboissier ℘ 04 73 83 37 42, Fax 04 73 83 75 75.
Paris 418 – Clermont-Ferrand 16 – Billom 13 – Riom 21 – Thiers 37.

🏨 **L'Estredelle**, 24 r. Pont ℘ 04 73 83 28 18, estredelle@wanadoo.fr, Fax 04 73 83 55 23,
🍴 – 🗺 ✆ 🅰 🅿 – 🔏 30 à 50. **GB**
fermé 20 déc. au 9 janv., dim. soir et soirs fériés – **Repas** 12,50/26,50, enf. 8 ♀ – ☐ 5,50 –
44 ch 37/40 – ½ P 37.
♦ Hôtel récent dans l'ancien quartier de la batellerie. Chambres fonctionnelles, réparties dans trois pavillons ; huit d'entre elles (à réserver en priorité) dominent l'Allier. Le restaurant et la terrasse offrent un joli coup d'oeil sur un pont du 18ᵉ s.

🍴 **Pierre Villeneuve**, r. Poste ℘ 04 73 83 50 03, Fax 04 73 83 59 36 – 🗔. 🅰🅴 **GB**
fermé 1ᵉʳ au 25 août, 1ᵉʳ au 18 janv., dim. et lundi sauf fériés – **Repas** 16 (déj.), 25/38 ♀.
♦ Cette ancienne maison de marchand de vins abrite un restaurant contemporain prolongé d'une salle d'esprit "jardin d'hiver". Collection d'antiques moulins à café.

PONT-DU-GARD 30 Gard **339** M5 G. Provence – ✉ 30210 Remoulins.

Voir Pont-aqueduc romain★★★.
Paris 688 – Avignon 26 – Alès 48 – Arles 40 – Nîmes 25 – Orange 38 – Pont-St-Esprit 41.

🏨 **Colombier** ⌖, Est : 1 km par D 981 (rive droite) ℘ 04 66 37 05 28, hotelresto.colombier
@free.fr, Fax 04 66 37 35 75, 🍴, 🐾 – 🗺 🚗 🅿. 🅰🅴 ⓪ **GB**
Repas 11,50 bc (déj.), 16,50/26,50 ♀ – ☐ 6,50 – **18 ch** 35,50/46,50 – ½ P 42.
♦ Maison centenaire et sa jolie galerie-terrasse où l'on sert les petits-déjeuners. Les chambres, ouvertes sur le jardin, sont un brin mûrissantes. Le restaurant, en cours de rénovation, devrait retrouver son décor rustique provençal tout ragaillardi.

au Nord-Ouest : 4 km sur D 981 – ✉ 30210 Vers-Pont-du-Gard :

🏰 **Bégude St-Pierre**, ℘ 04 66 63 63 63, begudesaintpierre@wanadoo.fr, Fax 04 66
22 73 73, 🍴, 🏊, 🐾 – 🗔 🗺 ✆ 🅿 – 🔏 30. 🅰🅴 ⓪ **GB** **JCB**
fermé dim. soir et lundi de nov. à mars – **Repas** 29/52 ♀ – ☐ 15 – **23 ch** 85/250 –
½ P 86,50/124.
♦ Proche du pont du Gard, cette "bégude" (buvette) du 17ᵉ s. jouxte un vaste domaine terrien. À l'intérieur, délicieux décor provençal. Belle salle à manger (tons verts, mobilier de caractère, cheminée en pierre), agréable patio-terrasse et cuisine ensoleillée.

à Castillon-du-Gard Nord-Est : 4 km par D 19 et D 228 – 943 h. alt. 90 – ✉ 30210 :

🏰 **Vieux Castillon** ⌖, ℘ 04 66 37 61 61, vieux.castillon@wanadoo.fr, Fax 04 66 37 28 17,
🍴, 🏊 – 🛗 🗔 🗺 ✆ 🅿 – 🔏 30 à 60. 🅰🅴 ⓪ **GB** **JCB**
❀ fermé 2 janv. à fin fév. – **Repas** (fermé lundi midi et mardi midi) 47 (déj.), 77/102 et carte 76 à
101 – ☐ 16 – **33 ch** 205/289 – ½ P 192,50/262.
♦ Patios et terrasses étagées font le charme de cet hôtel situé au coeur d'un village médiéval perché. Meubles anciens dans les chambres. Poutres apparentes et couleurs provençales dans une salle à manger où l'on propose une goûteuse cuisine gorgée de soleil.
Spéc. Langoustines en croûte de pomme de terre. Rouget barbet rôti sur peau, légumes acidulés au basilic. Carré d'agneau "Comte de Provence". **Vins** Minervois blanc, Lirac.

🍴🍴 **L'Amphitryon**, pl. 8 Mai 1945 ℘ 04 66 37 05 04, 🍴 – **GB**
fermé 15 au 30 nov., 15 au 28 fév., mardi et merc. hors saison – **Repas** 35 ♀.
♦ Voûtes et pierre brute pour ces salles à manger aménagées dans une ancienne bergerie. Joli patio pour les repas d'été. Cuisine régionale actualisée et ambiance conviviale.

à Collias Ouest : 7 km par D 981, D 112 et D 3 – 829 h. alt. 45 – ✉ 30210 Remoulins :

🏰 **Hostellerie Le Castellas** ⌖, Grand'rue ℘ 04 66 22 88 88, lecastellas@wanadoo.fr,
Fax 04 66 22 84 28, 🍴, 🏊, 🐾 – 🗔 ch, 🗺 ✆ 🅿. 🅰🅴 ⓪ **GB**
fermé à début janv. à début mars – **Repas** (fermé lundi midi, mardi midi et merc.) 43/100 –
☐ 15 – **18 ch** 93/140 – ½ P 125/148.
♦ Maisons gardoises en pierres de taille réparties autour d'un patio où Art déco, rustique provençal, galets, ocres et sépias composent un hymne à l'imagination. Belles salles voûtées ouvertes sur le jardin ; cuisine inventive aux parfums de la garrigue.

PONTEMPEYRAT 43 H.-Loire **331** F1 – ✉ 43500 Craponne-sur-Arzon.

Paris 478 – Ambert 41 – Montbrison 49 – Le Puy-en-Velay 45 – St-Étienne 54.

🏰 **Mistou** ⌖, ℘ 04 77 50 62 46, moulin.mistou@wanadoo.fr, Fax 04 77 50 66 70, 🐾, 🏊,
🐾 – 🦙 🗺 ✆ 🅿 – 🔏 20. 🅰🅴 **GB** **JCB**. ✖ rest
fin avril-fin oct. – **Repas** (fermé le midi sauf dim. et fériés) 30/55, enf. 12 – ☐ 12 – **14 ch**
85/119 – ½ P 89/104.
♦ Édifié au bord de l'Ance vers 1720, cet ancien moulin abrite aujourd'hui des chambres raffinées ; les plus agréables, de plain-pied avec le parc, ont vue sur la rivière. Élégante salle de restaurant offrant un superbe coup d'oeil sur la nature environnante.

Le PONTET 84 Vaucluse **332** C10 – rattaché à Avignon.

PONT-ÉVÊQUE *38 Isère* **333** *C4 – rattaché à Vienne.*

PONTGIBAUD *63230 P.-de-D.* **326** *E8 G. Auvergne – 776 h alt. 735.*

🛈 *Office de tourisme, rue du Commerce ℘ 04 73 88 90 99, Fax 04 73 88 90 09, o-t-pontgibaud@wanadoo.fr.*

Paris 432 – Clermont-Ferrand 23 – Aubusson 68 – Le Mont-Dore 37 – Riom 26 – Ussel 68.

XX **Poste** avec ch, place de la République ℘ 04 73 88 70 02, Fax 04 73 88 79 74 – 🖩 rest, 📶 🖂. 🕮 GB. 🛇 ch

fermé 1ᵉʳ au 15 oct., janv., dim. soir, mardi midi et lundi sauf de mai à août – **Repas** (10) - 21/44, enf. 8 ♀ – ☲ 6 – **9 ch** 38/45 – ½ P 40.

♦ Maison régionale séculaire située au coeur d'un bourg tranquille. Parquet bien ciré et chaises de style bistrot dans la salle à manger délicieusement désuète.

à La Courteix *Est : 4 km sur D 941ᴮ* – ⊠ *63230 St-Ours :*

XXX **L'Ours des Roches,** ℘ 04 73 88 92 80, Fax 04 73 88 75 07 – 🅿. 🕮 ⓪ GB JCB

fermé 5 au 23 janv., mardi (sauf fériés) d'oct. à mars, dim. soir et lundi sauf fériés – **Repas** 22/58 et carte 38 à 58 ♀.

♦ Restaurant aménagé sous les voûtes d'une ancienne bergerie. Décor original né de l'insolite mélange du rustique et du contemporain.

PONTHIERRY *77 S.-et-M.* **312** *E4 – ⊠ 77310 St-Fargeau-Ponthierry.*

Paris 44 – Fontainebleau 20 – Corbeil-Essonnes 12 – Étampes 35 – Melun 12.

XX **Auberge du Bas Pringy,** à Pringy - N 7 ℘ 01 60 65 57 75, Fax 01 60 65 48 57, 🌬 – 🅿. 🕮 ⓪ GB

fermé août, 16 au 24 fév., lundi soir et mardi sauf fériés – **Repas** 22/46, enf. 11 ♀.

♦ Auberge de bord de route abritant une salle à manger campagnarde. Aux beaux jours, la terrasse est dressée dans un cadre fleuri et verdoyant. Cuisine traditionnelle.

Pour visiter une ville ou une région : utilisez les Guides Verts Michelin.

PONTIVY

Anne-de-Bretagne
(Pl.) . . . . **Y** 2
Caïnain (R.) . . . . **Z** 3
Couvent (Q. du) . . . . **Y** 4
Dr-Guépin (R. du) . . . . **Y** 5
Fil (R. du) . . . . **Y** 6
Friedland (R. de) . . . . **Y** 8
Gaulle (R. du Gén.-de) . . . . . **Y** 9
Jaurès (R. Jean) . . . . **Z** 10
Lamennais
(R. J.-M.-de) . . . . **Z** 13
Le Goff (R.) . . . . **Z** 16
Lorois (R.) . . . . **Y** 17
Marengo (R.) . . . . **Z** 19
Martray (Pl. du) . . . . **Y** 20
Mitterrand (R. François) . . . . . **Z** 24
Nationale (R.) . . . . **YZ**
Niémen (Q.) . . . . **Y** 27
Plessis (Q. du) . . . . **YZ** 29
Pont (R. du) . . . . **Y** 28
Presbourg (R.) . . . . **Y** 32
Récollets (Q. des) . . . . **Y** 33
Viollard (Bd) . . . . **Z** 38

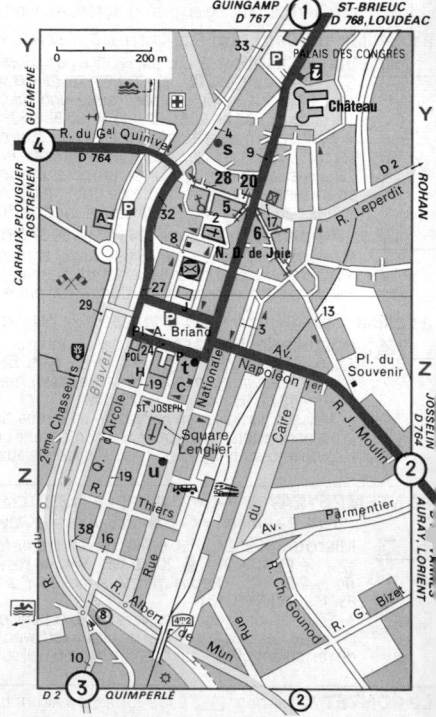

PONTIVY 56300 Morbihan **303** N6 *G. Bretagne* – *13 508 h alt. 99.*

Voir *Maisons anciennes*★.

de Rimaison à Bieuzy ℘ 02 97 27 74 03, S : 15 km par D 768.

B Office de tourisme, 61 rue du Gal de Gaulle ℘ 02 97 25 04 10, Fax 02 97 27 87 09.

Paris 460 ① – *Vannes 53* ② – *Lorient 59* ② – *Rennes 110* ① – *St-Brieuc 58* ①.

Plan page ci-contre

L'Europe, 12 r. F. Mitterrand ℘ 02 97 25 11 14, *Fax 02 97 25 48 04,* 📠 – 🛗 📺 📶 🅿.
GB   Z t

fermé 24 déc. au 1er janv. – **Repas** *(fermé vend. soir et sam. hors saison et dim.)* (dîner seul.)
16/27 ♀ – ⊆ 9 – **20 ch** 65/72 – ½ P 58/61.

◆ Avenante maison bourgeoise située au coeur de la ville géométrique tirée au cordeau
sous Napoléon. Chambres au mobilier de style ou plus moderne au dernier étage. Haut
plafond, moulures, boiseries, cheminée en marbre et parquet font le cachet du restaurant.

Rohan sans rest, 90 r. Nationale ℘ 02 97 25 02 01, *Fax 02 97 25 02 85* – 🛗 📺 📶 ♿ 🅿 –
🔔 40. 🖭 **GB**   Z u

fermé 18 au 26 déc. – ⊆ 7,50 – **16 ch** 50/74.

◆ Belle demeure de la fin du 19e s. sur la rue principale de "Napoléonville". Nouveau décor
intérieur actuel et gai ; jolie cour arborée où l'on sert le petit-déjeuner en été.

Pommeraie, 17 quai Couvent ℘ 02 97 25 60 09, *restaurant.lapommeraie@wanadoo.fr,*
Fax 02 97 25 75 93 – **GB**   Y s

fermé 22 août au 6 sept., 24 au 30 déc., dim. *et* lundi – **Repas** 18 (déj.), 23/52.

◆ Façade jaune, tons chaleureux dans la pimpante salle et courette fleurie : ce restaurant
longeant le Blavet est une vraie symphonie de couleurs. Plats au goût du jour.

à Quelven par ③, D 2 et rte de Guern (D 2²) : 10 km – ✉ 56310 Guern :

Auberge de Quelven ❀, à la Chapelle ℘ 02 97 27 77 50, Fax 02 97 27 77 50 – 📺 📶 🅿.
GB

fermé merc. – **Repas** carte 10 à 17 – ⊆ 5,40 – **7 ch** 42,70/47,30.

◆ Dans un paisible hameau, face à une chapelle de la fin du 15e s., longue maison en granit
hébergeant des chambres plaisantes et bien tenues. Restaurant-crêperie : petite salle
mi-rustique, mi-actuelle et carte entièrement dédiée à la fameuse galette bretonne.

PONT-L'ABBÉ 29120 Finistère **303** F7 *G. Bretagne* – *7 849 h alt. 5.*

Env. *Manoir de Kerazan*★ 3 km par ② – *Calvaire*★★ *de la chapelle N.-D.-de-Tronoën O : 8 km.*

B Office de tourisme, 10 place de la République ℘ 02 98 82 37 99, Fax 02 98 66 10 82,
otsi.pontlabbe@altica.com.

Paris 573 ① – *Quimper 20* ① – *Douarnenez 33* ④.

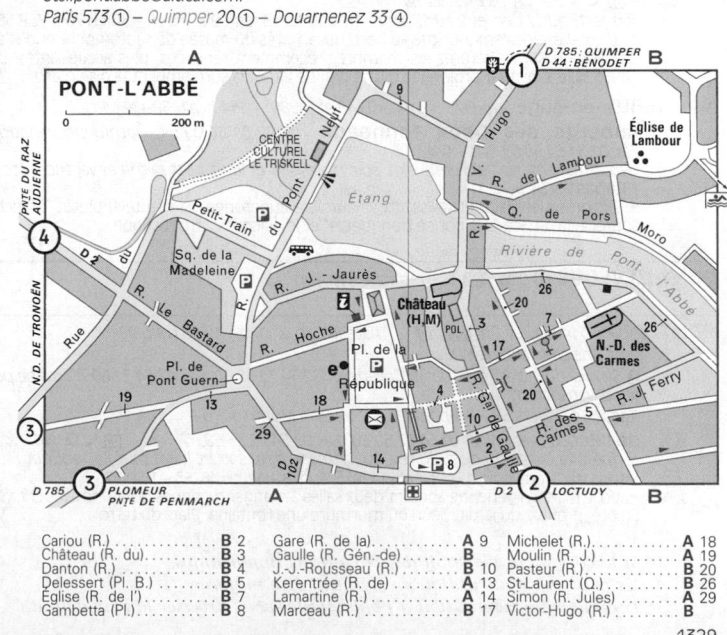

Cariou (R.)	**B** 2	Gare (R. de la)	**A** 9	Michelet (R.)	**A** 18
Château (R. du)	**B** 3	Gaulle (R. Gén.-de)	**B**	Moulin (R. J.)	**A** 19
Danton (R.)	**B** 4	J.-J.-Rousseau (R.)	**B** 10	Pasteur (R.)	**B** 20
Delessert (Pl. B.)	**B** 5	Kerentrée (R. de)	**A** 13	St-Laurent (Q.)	**A** 26
Église (R. de l')	**B** 7	Lamartine (R.)	**A** 14	Simon (R. Jules)	**A** 29
Gambetta (Pl.)	**B** 8	Marceau (R.)	**B** 17	Victor-Hugo (R.)	**B**

🏛 **Bretagne,** 24 pl. République 𝒫 02 98 87 17 22, Fax 02 98 82 39 31, 🍴 – 📺, ⅋ 🇬🇧.
✣ ch   A e
fermé 15 janv. au 15 fév., lundi (sauf hôtel) et dim. soir hors saison – **Repas** 14 (déj.), 24/43 ⅋
– ☑ 7,50 – **18 ch** 57/63,50 – ½ P 57/63.
   ◆ Cet établissement du centre-ville propose des chambres petites (parfois plus grandes en
façade), fraîches et meublées simplement. Tables fleuries et luminaires originaux égayent le
restaurant rustique ; cuisine de la mer, servie l'été dans la cour intérieure.

🍴 **Relais de Ty-Boutic,** par ③ : 3 km 𝒫 02 98 87 03 90, info@restaurant-ty-boutic.com,
Fax 02 98 87 30 63, 🍴, 🌳 – 🅿. 🇬🇧
fermé 10 au 17 sept., 18 fév. au 25 mars, dim. soir et lundi – **Repas** (11) - 13 (déj.), 20/46 ⅋.
   ◆ Restaurant en bord de route, où l'on vous servira des repas "à la bonne franquette" dans
une ambiance chaleureuse. Une salle très sobre, l'autre au cadre plus recherché.

PONT-LES-MOULINS 25 Doubs 🔢 I3 – *rattaché à Baume-les-Dames.*

PONT-L'ÉVÊQUE 14130 Calvados 🔢 N4 G. Normandie Vallée de la Seine – 4 133 h alt. 12.
   Voir *La belle époque de l'automobile★ au Sud par D 48.*
   ⛳ de St-Julien 𝒫 02 31 64 30 30, SE : 3 km par D 579.
   🅱 *Office de tourisme, 16 bis rue St-Michel 𝒫 02 31 64 12 77, Fax 02 31 64 76 96,*
   pontleveque-tourisme@wanadoo.fr.
   Paris 190 – Caen 49 – Le Havre 43 – Rouen 78 – Trouville-sur-Mer 12.

XXX **Auberge de l'Aigle d'Or,** 68 r. Vaucelles 𝒫 02 31 65 05 25, thierryduhamel@wanadoo.f
r, Fax 02 31 65 12 03 – 🅿. 🇬🇧
fermé 27 juin au 4 juil., vacances de fév., dim. soir de nov. à Pâques et merc. – **Repas**
26/46 et carte 44 à 68.
   ◆ Ancien relais de poste du 16ᵉ s. hébergeant trois petites salles à manger où poutres et
cheminée créent une atmosphère "cosy". La cuisine est sensible au rythme des saisons.

XX **Auberge de la Touques,** pl. Église 𝒫 02 31 64 01 69, Fax 02 31 64 89 40, 🍴 – ⅋ 🇬🇧
fermé 6 déc. au 23 janv., dim. soir hors saison, lundi soir et mardi – **Repas** 22/33,50.
   ◆ Depuis plusieurs générations, la même famille tient cette grande auberge à colombages. Salle à manger rustique, cuisine du terroir et ambiance conviviale.

à la base de loisirs Sud-Est : 2 km par D 48 – ✉ 14130 Pont-l'Évêque :

🏛 **Eden Park,** 𝒫 02 31 64 64 00, info@edenparkhotel.com, Fax 02 31 64 12 28, ≤, 🍴, 🌳,
⅋ 20 à 45. ⅋ ⓞ 🇬🇧 🇯🇨🇧
fermé 13 au 27 déc. et 2 au 17 janv. – **Repas** 15/25, enf. 9 ⅋ – ☑ 6 – **50 ch** 70 – ½ P 55.
   ◆ L'hôtel est idéalement situé au bord du lac, près du musée de l'automobile et de l'école
de pilotage BMW. Préférez les chambres récemment rénovées, plus accueillantes. Lumineuse salle à manger prolongée d'une grande véranda surplombant le plan d'eau.

à Pierrefitte-en-Auge Sud-Est : 5 km par D 48 et D 280ᴬ – 114 h. alt. 59 – ✉ 14130 :

X **Auberge des Deux Tonneaux,** 𝒫 02 31 64 09 31, jathimel@wanadoo.fr,
Fax 02 31 64 69 69, 🍴 – 🇬🇧
début mars-mi-nov. et fermé dim. soir, mardi soir et lundi hors saison et vacances scolaires
– **Repas** 20/36.
   ◆ Pittoresque village et ravissante chaumière augeronne. La clientèle, plutôt "branchée",
apprécie le service "à la bonne franquette" et le plaisant cadre rustique.

PONT-L'ÉVÊQUE 60 Oise 🔢 I3 – *rattaché à Noyon.*

PONTLEVOY 41400 L.-et-Ch. 🔢 E7 G. Châteaux de la Loire – 1 460 h alt. 99.
   Voir *Ancienne abbaye★.*
   🅱 *Syndicat d'initiative, 5 rue du Collège 𝒫 02 54 32 60 80, Fax 02 54 71 60 71, mairie.pontle*
   voy@wanadoo.fr.
   Paris 211 – Tours 52 – Amboise 25 – Blois 27 – Montrichard 9.

XX **de l'École** avec ch, 𝒫 02 54 32 50 30, Fax 02 54 32 33 58, 🍴, 🌳 – 📺 ⅋ 🅿. 🇬🇧. ✣
⅋ *fermé 14 nov. au 15 déc., 20 fév. au 17 mars, dim. soir et lundi sauf juil.-août et fériés* –
Repas (dim. prévenir) 17/48, enf. 11,50 ⅋ – ☑ 8 – **11** ch 48/65 – ½ P 57.
   ◆ Jolie maison ligérienne abritant deux salles à manger rustiques dont une avec cheminée.
En été, profitez du jardin fleuri où murmure une fontaine. Plats du terroir.

Si le coût de la vie subit des variations importantes,
les prix que nous indiquons peuvent être majorés.
Lors de votre réservation à l'hôtel, faites-vous préciser le prix définitif.

PONTMAIN 53220 Mayenne 𝟛𝟙𝟘 C4 – 893 h alt. 164.

🛈 Office de tourisme, 5 rue de la Grange ℰ 02 43 05 07 74.

Paris 324 – Domfront 41 – Fougères 18 – Laval 51 – Mayenne 46.

🏛 🍽 **Auberge de l'Espérance** (Centre d'Aide par le Travail), 9 r. Grange ℰ 02 43 05 08 10, pontmain@ladapt.org, Fax 02 43 05 03 19, 🏤 – 📲 📺 ᴋ. 🅶🅱

fermé 23 déc. au 2 janv. – **Repas** 9/14,70 ♀ – ♣ 4,70 – **11 ch** 32/35 – ½ P 38.

• Au centre du village, établissement proposant des chambres fonctionnelles et bien tenues. Efforts particuliers en faveur des personnes handicapées. En choisissant ce restaurant, joignez l'agrément d'une étape pratique à l'utilité d'un geste de solidarité.

PONTOISE 95 Val-d'Oise 𝟛𝟘𝟝 D6 𝟙𝟘𝟞 ⑤ 𝟙𝟘𝟙 ③ – *voir à Paris, Environs (Cergy-Pontoise).*

PONT-RÉAN 35170 I.-et-V. 𝟛𝟘𝟡 L6.

Paris 361 – Rennes 16 – Châteaubriant 57 – Fougères 67 – Nozay 60 – Vitré 56.

🍴🍴 **Auberge de Réan** avec ch, ℰ 02 99 42 24 80, auberge.de.rean@wanadoo.fr, Fax 02 99 42 28 66, 🏤 – 📺 📞 ᴋ. 🅶🅱

fermé vacances de fév., dim. soir et lundi – **Repas** 16/40, enf. 8 ♀ – ♣ 7,50 – **9 ch** 35/50 – ½ P 56.

• Maison bretonne postée sur une berge de la Vilaine, face au pont de pierre (18ᵉ s.). Sobres salles à manger dont une toute neuve construite sur l'arrière de la bâtisse.

PONT-ST-PIERRE 27360 Eure 𝟛𝟘𝟦 H5 G. Normandie Vallée de la Seine – 935 h alt. 15.

Voir Boiseries★ de l'église – Côte des Deux-Amants ≼★★ SO : 4,5 km puis 15 mn – Ruines de l'abbaye de Fontaine-Guérard★ NE : 3 km.

Paris 106 – Rouen 22 – Les Andelys 20 – Évreux 47 – Louviers 23 – Pont-de-l'Arche 12.

🍴🍴 **Bonne Marmite** avec ch, ℰ 02 32 49 70 24, la.bonne.marmite@wanadoo.fr, Fax 02 32 48 12 41 – 📺 📞 – 🛤 ♨ 30. 🅰🅴 ◎ 🅶🅱, 🅴 ch

fermé 27 juil. au 12 août, 22 fév. au 25 mars, dim. soir, mardi midi et lundi – **Repas** (16,50) – 23,70/78 bc ♀ ♣ – ♣ 7,80 – **9 ch** 60/90 – ½ P 62/76,50.

• Ex-relais de poste converti en hostellerie où plafond à caissons et tapisseries agrémentent la salle à manger. Belle carte des vins (vieux bordeaux). Chambres anciennes.

🍴 **Auberge de l'Andelle,** ℰ 02 32 49 70 18, Fax 02 32 49 59 43 – 🅰🅴 🅶🅱

fermé 21 déc. au 3 janv. – **Repas** (15) - 20/50, enf. 12.

• La pimpante façade, le cadre rustique égayé d'une cheminée en pierre et l'exiguïté des lieux recélant de multiples recoins font le charme et l'intimité de cette auberge.

PONT-STE-MARIE 10 Aube 𝟛𝟙𝟛 E4 – *rattaché à Troyes.*

Les PONTS-NEUFS 22 C.-d'Armor 𝟛𝟘𝟡 G3 – ✉ 22120 Hillion.

Paris 441 – St-Brieuc 15 – Dinan 51 – Dinard 52 – Lamballe 9 – St-Malo 58.

🍴 **Cascade,** sur D 786 ℰ 02 96 32 82 20, la.cascade.jamme@wanadoo.fr, Fax 02 96 32 82 20, ≼ – 🅿. 🅰🅴 🅶🅱

fermé dim. soir, mardi soir et lundi – **Repas** 14,50 (déj.), 23/35.

• Les tables dressées près des fenêtres de cet accueillant restaurant bénéficient d'une vue sur l'étang. Cuisine traditionnelle servie dans un cadre coloré égayé d'aquarelles.

PONT SUR SAMBRE 59138 Nord 𝟛𝟘𝟚 L6 – 2 564 h alt. 140.

Paris 228 – Lille 88 – Arras 98 – Maubeuge 14 – St Quentin 68.

🍴 🍽 **Aux Berges de Sambre** avec ch, 117 Grand' Rue ℰ 03 27 39 05 76, auxbergesdesambr e@wanadoo.fr, Fax 03 27 39 17 53, 🏤, ♨ – 📺 🅿. 🅶🅱

fermé 16 août au 6 sept., 20 au 26 déc., dim. soir et lundi – **Repas** (fermé sam. midi, dim. soir et lundi) 15/48, enf. 6 ♣ – **5 ch** 50/60 – ½ P 36.

• Une fresque originale égaie l'une des salles à manger de cette ancienne brasserie ; véranda tournée vers un parc. Cuisine actuelle aux accents du terroir. Chambres coquettes.

Le PORGE 33680 Gironde 𝟛𝟛𝟝 E5 – 1 507 h alt. 8.

🛈 Office de tourisme, 3 place Saint-Seurin ℰ 05 56 26 54 34, Fax 05 56 26 59 48, leporge-@wanadoo.fr.

Paris 624 – Bordeaux 47 – Andernos-les-Bains 18 – Lacanau-Océan 21 – Lesparre-Médoc 54.

🍴🍴 **Vieille Auberge,** 15 av. Bordeaux ℰ 05 56 26 50 40, Fax 05 57 70 91 76, 🏤, ♣ – 🅿. 🅶🅱 ♨

1ᵉʳ avril-5 nov. et fermé mardi et merc. – **Repas** 23.

• Plaisantes salles rustiques - dont une avec cheminée - égayées de marines ; terrasse dressée dans le joli jardin ombragé. Goûteuse cuisine traditionnelle et régionale.

PORNIC 44210 Loire-Atl. **315** D5 *G. Poitou Vendée Charentes* – 11 903 h alt. 20 – Casino le Môle.
🏌️₁₈ de Pornic 🕿 02 51 74 08 97, O : 1km.
🛈 *Office de tourisme, place de la Gare 🕿 02 40 82 04 40, Fax 02 40 82 90 12, contact@ot-pornic.fr.*

Paris 429 – Nantes 49 – La Roche-s-Yon 89 – Les Sables-d'Olonne 93 – St-Nazaire 30.

🏨🏨 **Alliance** ⌕, plage de la Source, Sud : 1 km 🕿 02 40 82 21 21, *info.resa@thalassopornic.com, Fax 02 40 82 80 89*, ⌕, 🛁, 🍽 – 🛌 ⌇, 🗏 rest, 📺 ⅙ 🅟 – 🏊 70. 🖭 ◑ 🖪 🥢. ⌕
Repas 27 🍷 – ⌸ 13 – **90 ch** 209/251 – ½ P 127,50/165,50.
♦ Complexe moderne dont les chambres, grandes et bien équipées, sont dotées de terrasses avec transats ; certaines surplombent la mer. Centre de thalassothérapie. La salle à manger en rotonde offre une vue unique sur l'océan ; cuisine classique et diététique.

🏨 **Relais St-Gilles** ⌕ sans rest, 7 r. F. de Mun 🕿 02 40 82 02 25 – 📺. 🖪
1er avril-30 sept. – ⌸ 6,50 – **25 ch** 57/66.
♦ Relais de poste (1850) proche du château pornicais, une des propriétés du sanguinaire Gilles de Rais. Chambres peu à peu rénovées ; certaines sont dotées de meubles de style.

🏨 **Beau Soleil** sans rest, 70 quai Leray 🕿 02 40 82 34 58, *Fax 02 40 82 43 00*, ⌕ – 📺 ⌇. 🖪
⌸ 7 – **18 ch** 69/85.
♦ Bâtisse moderne face au port. Chambres peu spacieuses, mais fonctionnelles et bien tenues. Petits-déjeuners servis dans la vaisselle de la faïencerie de Pornic.

🏨 **Alizés** sans rest, 44 r. Gén. de Gaulle 🕿 02 40 82 00 51, *Fax 02 40 82 87 32* – 📺 ⅙ 🅟. 🖭 🖪
⌸ 7,70 – **29 ch** 51/60.
♦ Dans une rue passante, construction récente abritant des chambres fonctionnelles et nettes. Préférez celles donnant sur l'arrière, plus au calme.

🍴🍴 **Beau Rivage,** plage Birochère, Sud-Est : 2,5 km 🕿 02 40 82 03 08, *info@restaurant-beau rivage.com, Fax 02 51 74 04 24*, ⌕ – 🗏. 🖭 🖪
fermé 15 déc. au 31 janv., merc. soir, dim. soir et lundi – **Repas** 23/64, enf. 13 🍷.
♦ Maquettes de bateaux, engins et articles de pêche président au décor de ce restaurant ouvert sur l'océan. À l'entrée, petite salle réservée à des repas de type bistrot.

à Ste-Marie *Ouest : 3 km* – ✉ *44210 Pornic :*

🏨 **Les Sablons** ⌕, 🕿 02 40 82 09 14, *noblet.jean-yves@wanadoo.fr, Fax 02 40 82 04 26*, 🏡, 🌳, 🍽 – 📺 🅟. 🖪. ⌕
Repas *(fermé dim. soir, mardi midi et lundi du 19 sept. au 7 juin)* 17/39, enf. 8 – ⌸ 7,50 – **27 ch** 71/77 – ½ P 61/66.
♦ Construction des années 1970 à mi-chemin du village et de la plage. Chambres rénovées ; celles du 1er étage sont plus spacieuses et bénéficient de terrasses. Salle à manger judicieusement compartimentée par de petits claustras fleuris ; produits de la mer.

Si vous êtes retardé sur la route, dès 18 h,
confirmez votre réservation par téléphone,
c'est plus sûr... et c'est l'usage.

PORNICHET 44380 Loire-Atl. **315** B4 *G. Bretagne* – 9 668 h alt. 12 – Casino.
🛈 *Office de tourisme, 3 boulevard de la République 🕿 02 40 61 33 33, Fax 02 40 11 60 88, officedutourisme@pornichet.fr.*
Paris 444 – Nantes 70 – La Baule 6 – St-Nazaire 11.

🏨🏨 **Sud Bretagne,** 42 bd République 🕿 02 40 11 65 00, *sud-bretagne@wanadoo.fr, Fax 02 40 61 73 70*, 🏡, 🏊, 🖼, 🌳 – 🛌 📺 ⌇ 🅟 – 🏊 20 à 40. 🖭 ◑ 🖪
Repas 40/46 – ⌸ 12 – **26 ch** 100/180, 4 suites – ½ P 120/160.
♦ Hôtel géré par la même famille depuis 1912. Chaque chambre est joliment décorée selon un thème précis auquel se réfèrent tissus, meubles et objets. Belles piscines. Salle à manger soignée, coquette terrasse, faïence bretonne et cuisine iodée.

🏨🏨 **Villa Flornoy** ⌕, 7 av. Flornoy (près Hôtel de Ville) ✉ 44380 🕿 02 40 11 60 00, *hotflorno y@aol.com, Fax 02 40 61 86 47*, 🌳 – 🛌 📺 ⌇ ⅙ – 🏊 20. 🖪. ⌕ rest
hôtel : vacances de fév.-vacances de Toussaint ; rest. : 5 mai-fin sept. et fermé lundi hors saison – **Repas** *(dîner seul.)(résidents seul.)* 20 🍷 – ⌸ 8 – **30 ch** 80/94 – ½ P 66/73.
♦ Dans un quartier résidentiel, grande villa aménagée dans un esprit "cottage" : tons pastel, mobilier de style, porcelaine anglaise. Chambres personnalisées. Joli jardin.

🏨 **Ibis,** 66 bd Océanides 🕿 02 51 73 13 13, *H1171@accor-hotels.com, Fax 02 40 61 74 74*, 🏡 – 🛌 ⌇ ⅙ ⌕ – 🏊 35. 🖭 ◑ 🖪
Repas *(15,50)* - 18,50/21,50, enf. 9 🍷 – ⌸ 8 – **88 ch** 104/134 – ½ P 76/91.
♦ Cet Ibis dont les chambres sont presque toutes rénovées offre plus d'espace qu'à l'habitude et un accès direct au centre de thalassothérapie. Le restaurant propose aux curistes des menus élaborés par une diététicienne. Également, carte traditionnelle.

Régent, 150 bd Océanides, ℰ 02 40 61 05 68, hotel@le-regent.fr, Fax 02 40 61 25 53, ≤,
架 – ▤ rest, ℡, 延 ① ⓖⓑ
fermé 15 nov. au 1er fév. – **Repas** (fermé dim. soir et lundi sauf juil.-août) 26/32, enf. 7,50 ♈
– ⌻ 8 – **22 ch** 83/90 – ½ P 66/70.
♦ Maison du début du 20e s. ayant l'Atlantique pour horizon. Chambres régulièrement
refaites et agréables salles de bains au décor marin. Deux salles à manger : l'une avec
échappée sur la mer, l'autre dotée de boiseries et d'une cheminée. Produits bretons.

PORT-BRILLET 53410 Mayenne ❸❶⓿ D6 – 1 814 h alt. 122.
Paris 296 – Fougères 37 – Laval 20 – Mayenne 47 – Rennes 61.

Brillet-Pontin avec ch, r. Forges ℰ 02 43 01 28 00, Fax 02 43 01 28 01, 架, 龠 – ℡ ℂ
延 ⓖⓑ, ℅ ch
fermé 8 au 24 août, 20 déc. au 5 janv., dim. soir, lundi et fériés – **Repas** 10,50 (déj.), 15/23,
enf. 10 – ⌻ 6,90 – **4 ch** 35 – ½ P 45.
♦ Aménagé avec goût dans le style contemporain, cet ancien presbytère n'a rien perdu de
son charme en accédant à la modernité. Accueil aimable. Cuisine traditionnelle.

PORT-CAMARGUE 30 Gard ❸❸❾ J7 – rattaché au Grau-du-Roi.

PORT-DE-CARHAIX 29 Finistère ❸⓿❽ J5 – rattaché à Carhaix.

PORT-DE-GAGNAC 46 Lot ❸❸❼ H2 – rattaché à Bretenoux.

PORT-DE-LA-MEULE 85 Vendée ❸❶❻ B7 – voir à Île d'Yeu.

PORT-DE-LANNE 40300 Landes ❸❸❺ D13 – 700 h alt. 28.
Paris 747 – Biarritz 37 – Bayonne 29 – Dax 23 – Mont-de-Marsan 77 – Peyrehorade 7.

Vieille Auberge ⌂ sans rest, ℰ 05 58 89 16 29, Fax 05 58 89 12 89, ☄, 龠 – ℡ ℙ
juin-sept. – ⌻ 7 – **10 ch** 61/69.
♦ Ravissante auberge rustique à l'ambiance familiale. Chambres aménagées dans des
cottages disséminés dans le jardin fleuri. Petit musée des traditions locales.

PORT-DE-SALLES 86 Vienne ❸❷❷ J7 – rattaché à l'Isle-Jourdain.

PORT-DES-BARQUES 17750 Char.-Mar. ❸❷❹ D4 – 1 534 h alt. 3.
🛈 Syndicat d'initiative, 5 avenue Gal. De Gaulle ℰ 05 46 84 47 87, Fax 05 46 83 47 01.
Paris 494 – La Rochelle 52 – Rochefort 16 – Royan 46 – Saintes 45.

Auberge du Labrador, 49 av. l'Île Madame ℰ 05 46 83 92 60, auberge-du-labrador@w
anadoo.fr, Fax 05 46 84 43 18, ≤, 龠 – ℡ ℂ, ⓖⓑ
1er avril-1er oct. – **Repas** (fermé lundi soir et le midi sauf week-end et fériés) 18, enf. 8 ♈ –
⌻ 8 – **10 ch** 45/75 – ½ P 45/60.
♦ Sur le front de mer, bâtiment des années 1950 entièrement rénové. Chambres fonctionnelles offrant une vue sur le large et les îles ou sur le jardin. Sobre salle à manger
agrandie d'une véranda en façade ; cuisine traditionnelle et de l'océan.

PORT-EN-BESSIN 14 Calvados ❸⓿❸ H3 G. Normandie Cotentin – 2 139 h alt. 10 – ⌧ 14520 Port-
en-Bessin-Huppain.
🛈 Office de tourisme, 40 quai Baron Gérard ℰ 02 31 22 45 80, Fax 02 31 51 28 29.
Paris 275 – Caen 41 – Bayeux 10 – Cherbourg 92 – St-Lô 43.

Chenevière ⌂, Sud : 1,5 km par D 6 ℰ 02 31 51 25 25, la.cheneviere@wanadoo.fr,
Fax 02 31 51 25 20, 架, ☄, ⚘ – ▥ ℡ ℂ ℙ – 益 40. 延 ① ⓖⓑ ❍ⒸⒷ
Repas (fermé mardi midi et lundi) 43,50/75, enf. 13 – ⌻ 19 – **22 ch** 250/350 – ½ P 185,50/
235,50.
♦ Noble demeure du 19e s. et sa dépendance entourées d'un beau parc. Chambres
décorées sur le thème des fleurs ; suites plus contemporaines. La salle à manger bourgeoise possède l'âme de ces belles maisons qui savent recevoir. Menus "poisson" et
"végétarien".

Mercure ⌂, sur le Golf, Ouest : 2 km par D 514 ℰ 02 31 22 44 44, h1215@accorhotels.co
m, Fax 02 31 22 36 77, 架, ⛱, ☄, 龠, ℅ – ▤ ❄ ℡ ℂ ⚘ ℙ – 益 80. 延 ⓖⓑ
fermé 22 déc. au 12 janv. – **Repas** 22/32, enf. 10,50 ♈ – ⌻ 10 – **70 ch** 78/118.
♦ Complexe hôtelier idéalement situé à l'orée du golf. Nuits calmes dans des chambres
rénovées, pratiques et actuelles. Salle à manger-véranda proposant une cuisine traditionnelle et club-house où l'on sert une petite carte de type brasserie.

Les PORTES-EN-RÉ 17 Char.-Mar. 324 B2 – voir à Ile de Ré.

PORTET-SUR-GARONNE 31 H.-Gar. 343 G3 – rattaché à Toulouse.

PORT-GOULPHAR 56 Morbihan 308 L11 – voir à Belle-Ile-en-Mer.

PORT-GRIMAUD 83 Var 340 O6 G. Côte d'Azur – ⊠ 83310 Cogolin.

Voir ⩽★ de la tour de l'Église oecuménique.

Paris 867 – Fréjus 27 – Brignoles 63 – Hyères 47 – St-Tropez 9 – Ste-Maxime 8 – Toulon 66.

🏨 **Giraglia** ⟍, sur la plage ☎ 04 94 56 31 33, message@hotelgiraglia.com, Fax 04 94 56 33 77, ⩽ golfe, 🌡, ⟰, ⟰ – ⧗ ≡ 📺 ⟰🅿 – 🔺 25. ⅋ⅇ ⓞ ⅁ℬ
14 mai-4 oct. – **Repas** 48 (dîner) et carte 50 à 60 – 🖙 17 – **49 ch** 275/375 – ½ P 199,50/249,50.
◆ Côté golfe ou côté marina, chambres provençales ou meublées en rotin, souvent dotées de balcons. En saison, coches d'eau pour se déplacer dans la station. Le restaurant et ses terrasses fleuries ouvrent plein cadre sur la "grande bleue" ; cuisine "mer et Sud".

🏨 **Suffren** sans rest, 16 pl. Marché ☎ 04 94 55 15 05, lesuffren@hotelleriedusoleil.com, Fax 04 94 55 15 06 – ⧗ ≡ 📺 ⟍ 🅿. ⅋ⅇ ⓞ ⅁ℬ
fermé 4 janv. au 26 mars et 18 oct. au 17 déc. – 🖙 10 – **19 ch** 140/220.
◆ La majorité des chambres de cet hôtel entièrement refait donne sur le port de la cité lacustre. Plaisant intérieur sagement égayé de couleurs méditerranéennes ; balcons.

Si vous êtes retardé sur la route, dès 18 h,
confirmez votre réservation par téléphone,
c'est plus sûr... et c'est l'usage.

PORTICCIO 2A Corse-du-Sud 345 B8 – voir à Corse.

PORTIRAGNES 34420 Hérault 339 F9 – 2 278 h alt. 10.

🅑 Office de tourisme, avenue Jean Moulin ☎ 04 67 90 84 31, Fax 04 67 90 88 07, tourisme@ville-portiragnes.fr.

Paris 762 – Montpellier 72 – Agde 13 – Béziers 13 – Narbonne 51.

🏠 **Mirador**, à Portiragnes-Plage, 4 bd Front de Mer ☎ 04 67 90 91 33, hotel_le_mirador@hotmail.com, Fax 04 67 90 88 80 – ≡ 📺 ⟍. ⅋ⅇ ⅁ℬ
fermé 8 nov. au 3 fév. – **Saveurs du Sud** ☎ 04 67 90 97 67 (fermé merc. midi, jeudi midi en juil.-août, lundi midi et mardi midi) **Repas** 18/69 bc, enf. 10 ♈ – 🖙 7 – **16 ch** 68/105 – ½ P 57/75,50.
◆ Hôtel familial proposant des chambres fonctionnelles dans une construction basse proche de la mer. Préférez celles dotées de terrasses orientées sur les flots. Cuisine traditionnelle aux accents du Sud servie dans une salle à manger-véranda contemporaine.

PORTIVY 56 Morbihan 308 M9 – rattaché à Quiberon.

PORT-JOINVILLE 85 Vendée 316 B7 – voir à Île d'Yeu.

PORT-LESNEY 39600 Jura 321 E4 G. Jura – 414 h alt. 251.

🅑 Syndicat d'initiative, 59 Grande Rue à Chamblay ☎ 03 84 37 74 70, Fax 03 84 37 74 79, tourisme@valdamour.com.

Paris 401 – Besançon 36 – Arbois 12 – Dole 39 – Lons-le-Saunier 51 – Salins-les-Bains 10.

🏨 **Château de Germigney** ⟍, ☎ 03 84 73 85 85, chateaudegermigney@wanadoo.fr, ❄ Fax 03 84 73 88 88, 🌇, 🌡 – ⧗ 📺 ⟍ ⟰ 🅿. – 🔺 25. ⅋ⅇ ⓞ ⅁ℬ
fermé janv. – **Repas** (fermé mardi) (16) - 25 (déj.), 35/80 et carte 52 à 80 ♈ – 🖙 20 – **20 ch** 125/245 – ½ P 132,50/192,50.
◆ Dans un superbe parc englobant une île privée, noble demeure aux aménagements intérieurs raffinés. Spacieuses chambres personnalisées. Cuisine unissant pour le meilleur la Provence au Jura, servie dans une salle voûtée, à l'orangerie ou sur la terrasse.
Spéc. Grenouilles en jambonnettes, risotto au citron. Volaille cuite en terrine lutée. Moelleux au chocolat praliné. **Vins** Côtes du Jura, Arbois-Chardonnay.

PORT-LEUCATE 11 Aude 344 J5 – rattaché à Leucate.

1334

PORT-MANECH *29 Finistère* 308 I8 *G. Bretagne* – ✉ 29920 Névez.

Paris 545 – Quimper 44 – Carhaix-Plouguer 73 – Concarneau 18 – Quimperlé 29.

Port, 30 r. Aven ☎ 02 98 06 82 17, *hotel.du.port@wanadoo.fr, Fax 02 98 06 62 70,* – GB

Pâques-fin sept. – **Repas** *(fermé le midi sauf dim. et lundi soir)* 20/48 ♀ – ☕ 6,50 – **30 ch** 35/61 – ½ P 41/54.

◆ Là où se rejoignent les estuaires de l'Aven et du Belon : plus breton que ça... Les chambres, toutes meublées simplement, sont plus grandes à l'annexe. Cuisine familiale proposée dans une salle à manger-véranda offrant une vue sur la mer et le petit port.

PORT-MORT *27940 Eure* 304 I6 – *820 h alt. 19.*

Paris 89 – Rouen 55 – Les Andelys 11 – Évreux 33 – Vernon-sur-Eure 12.

XX **Auberge des Pêcheurs,** ☎ 02 32 52 60 43, *Fax 02 32 52 07 62,* – GB JCB

fermé 1er au 22 août, 15 au 30 janv., dim. soir, lundi soir et mardi – **Repas** 19,80/27,20, enf. 11,50 ♀.

◆ La Seine méandre à quelques encablures de cette auberge. Grande salle à manger agréablement rénovée et prolongée par une véranda tournée sur le jardin.

PORT NAVALO *56 Morbihan* 308 N9 – *rattaché à Arzon.*

PORTO *2A Corse-du-Sud* 345 B6 – *voir à Corse.*

PORTO-POLLO *2A Corse-du-Sud* 345 B9 – *voir à Corse.*

PORTO-VECCHIO *2A Corse-du-Sud* 345 E10 – *voir à Corse.*

PORT-SUR-SAÔNE *70170 H.-Saône* 314 E6 – *2 773 h alt. 228.*

Office de tourisme, Kiosque du Moulin ☎ 03 84 78 10 66, Fax 03 84 78 18 09, tourisme-.portsursaone@wanadoo.fr.

Paris 347 – Besançon 61 – Bourbonne-les-Bains 46 – Épinal 75 – Gray 51 – Vesoul 13.

à Vauchoux *Sud : 3 km par D 6 – 115 h. alt. 210 –* ✉ *70170 :*

XXX ✿ **Château de Vauchoux** (Turin), Rte de la vallée de la Saône ☎ 03 84 91 53 55, *Fax 03 84 91 65 38,* – P. GB

fermé 16 au 25 fév., lundi et mardi – **Repas** (prévenir) 50/80 et carte 71 à 95.

◆ Cet ex-pavillon de chasse abrite une belle salle de style Louis XV, dont une partie voûtée d'ogives. Joli parc agrémenté de massifs d'hortensias. Cuisine classique maîtrisée.

Spéc. Sandre rôti au lard fumé. Fricassée de pigeonneau "Edwige Feuillère". Miroir chocolat-praliné-menthe. **Vins** Charcenne, Champlitte

PORT-VENDRES *66660 Pyr.-Or.* 344 J7 *G. Languedoc Roussillon* – *5 881 h alt. 3.*

Env. *Tour Madeloc* ✳★★ *SO : 8 km puis 15 mn.*

Office de tourisme, 3 quai Pierre Forgas ☎ 04 68 82 07 54, Fax 04 68 82 53 48, ot.portvendres@wanadoo.fr.

Paris 881 – Perpignan 32.

Cèdre, 29 rte Banyuls ☎ 04 68 82 01 05, *contact@hotel-le-cedre.com, Fax 04 68 82 22 13,* ≤ port et mer, – ch, TV P. AE GB. ch

fermé 14 nov. au 5 fév. – **Repas** *(fermé le midi sauf sam. et dim.)* 26 – ☕ 9,50 – **19 ch** 68/92 (½ pens. seul. en été) – ½ P 70/80.

◆ Vue étendue sur le port et la mer, palmiers et vieux cèdre du Liban, jolie piscine : le jardin de cet hôtel est très séduisant. Chambres modernes et agréablement colorées. Coquet restaurant et charmante terrasse ; menu unique composé de plats traditionnels.

XX **Côte Vermeille,** quai Fanal, direction la criée ☎ 04 68 82 05 71, *Fax 04 68 82 05 71,* ≤ – . AE GB

fermé 5 janv. au 5 fév., dim. et lundi – **Repas** 25 (déj.), 34/60 ♀.

◆ Plaisant restaurant ancré sur le port de pêche, à proximité de la criée. Décor marin, vue sur l'animation portuaire et, dans l'assiette, produits de la mer bien sûr !

La POSTE-DE-BOISSEAUX *28 E.-et-L.* 311 H6 – *rattaché à Angerville (91 Essonne).*

La POTERIE *22 Côtes d'Armor* 309 H4 – *rattaché à Lamballe.*

POUEYFERRÉ *65 H.-Pyr.* 342 L6 – *rattaché à Lourdes.*

POUGUES-LES-EAUX 58320 Nièvre **319** B9 G. Bourgogne – 2 493 h alt. 198 – Casino.

🛈 Syndicat d'initiative 🕿 03 86 58 75 69, si.pouguesleseaux@wanado o.fr.

Paris 225 – Auxerre 123 – Bourges 65 – Nevers 12.

🏠 **Sources** 🌳 sans rest, r. Mignarderie 🕿 03 86 90 11 90, hoteldessources@hotmail.com, Fax 03 86 90 11 91, ☞ – 📺 ⚹ 🄿. 🇬🇧
☲ 10 – **29 ch** 52/68.
◆ Cet hôtel bénéficie d'un environnement calme dans un quartier résidentiel situé à deux pas du casino. Chambres spacieuses et bien rénovées. Accueil convivial.

POUILLON 40350 Landes **335** F13 – 2 685 h alt. 28.

🛈 Syndicat d'initiative, 🕿 05 58 98 38 93, Fax 05 58 98 38 93.

Paris 742 – Dax 16 – Mont-de-Marsan 69 – Orthez 28 – Peyrehorade 15.

✕ **L'Auberge du Pas de Vent,** 🕿 05 58 98 34 65, fredericdubern@libertysurf.fr, Fax 05 58 98 34 65, 🍽 – 🄿. 🇬🇧
fermé vacances de Toussaint, Noël, 2 au 14 janv., dim. soir, merc. soir et lundi sauf juil.-août – **Repas** 10,50 bc (déj.), 19/31,50, enf. 7,50 🅈.
◆ Les amateurs de "quilles de Neuf" (sport pratiqué dans le Sud-Ouest) s'exerceront sur le terrain attenant à cette sympathique auberge champêtre servant une cuisine régionale.

POUILLY-EN-AUXOIS 21320 Côte-d'Or **320** H6 G. Bourgogne – 1 502 h alt. 390.

🛈 du Château de Chailly 🕿 03 80 90 30 40, O : 6 km par D 977.

🛈 Office de tourisme, Le Colombier 🕿 03 80 90 74 24, Fax 03 80 90 74 24, ot.pouilly. en.auxois@wanadoo.fr.

Paris 270 – Dijon 44 – Avallon 66 – Beaune 42 – Montbard 59.

🏠 **Poste,** pl. Libération 🕿 03 80 90 86 44, Fax 03 80 90 75 99 – 📺. 🇬🇧
☲ fermé 14 au 29 nov., dim. soir du 1ᵉʳ sept. au 30 juin et lundi – **Repas** 11,50/32 🅈 – ☲ 6 – **7 ch** 46/53 – ½ P 50.
◆ Au coeur du bourg, massive maison en pierre abritant des chambres spacieuses, récemment rénovées dans l'esprit rustique. La salle à manger-véranda a conservé son style "seventies" mais devrait être prochainement refaite. Cuisine traditionnelle et régionale.

à **Chailly-sur-Armançon** Ouest : 6,5 km par D 977ᵇⁱˢ – 201 h. alt. 387 – ⊠ 21320 Pouilly-en-Auxois :

🏰 **Château de Chailly** 🌳, 🕿 03 80 90 30 30, reservation@chailly.com, Fax 03 80 90 30 00, ☒, ☞, ✕ – 🍴 📺 📞 ⚹ 🄿 – 🛎 40 à 80. 🄰🄴 ① 🇬🇧 🄹🄲🄱. 🍴
fermé 1ᵉʳ au 5 mars et 12 déc. au 14 janv. – **Armançon** (fermé nov. à mars, le midi et lundi) **Repas** 60/100, enf. 6 🅈 – **Rubillon** buffet (fermé en semaine de nov. à avril et le soir sauf lundi) **Repas** 30/50, enf. 6 – ☲ 20 – **37 ch** 265/340, 8 suites.
◆ Une façade Renaissance richement ornée, une autre rappelant son rôle de forteresse médiévale : ce château jouxtant un superbe golf offre à ses hôtes un cadre prestigieux. Produits et vins de Bourgogne à l'Armançon. Buffets et plats traditionnels au Rubillon.

à **Ste-Sabine** Sud-Est : 8 km par N 81, D 977bis et D 970 – 172 h. alt. 365 – ⊠ 21320 Pouilly-en-Auxois :

🏰 **Hostellerie du Château Ste-Sabine** 🌳, 🕿 03 80 49 22 01, chateau-ste-sabine@wa nadoo.fr, Fax 03 80 49 20 01, ≤, ☒, 🛝 – 🍴 📺 📞 🄿 – 🛎 40. 🍴
fermé 3 janv. au 25 fév. – **Repas** 16 bc (déj.), 24/58 bc – ☲ 12,30 – **30 ch** 186 – ½ P 62,30/ 123.
◆ Élégant château dont la silhouette se mire dans l'étang d'un parc où folâtrent des animaux. La charpente apparente agrémente le décor de certaines chambres. Tables dressées dans une salle donnant sur le plan d'eau ou sous les voûtes d'un ancien cloître.

POUILLY-LE-FORT 77 S.-et-M. **312** E4 – rattaché à Melun.

POUILLY-SOUS-CHARLIEU 42720 Loire **327** D3 – 2 720 h alt. 264.

Paris 393 – Charlieu 5 – Digoin 43 – Roanne 15 – Vichy 75.

✕✕✕ **Loire,** 🕿 04 77 60 81 36, restoloire@wanadoo.fr, Fax 04 77 60 76 06, 🍽, ☞ – 🄿. 🄰🄴 🇬🇧
fermé vacances de fév., mardi sauf le soir d'avril à oct., dim. soir et lundi – **Repas** 18,50/58 et carte 45 à 55, enf. 11 🅈.
◆ Cette auberge servait jadis fritures et grenouilles ; c'est aujourd'hui un élégant restaurant dotée d'une terrasse tournée vers le jardin. Cuisine au goût du jour.

POUILLY-SUR-LOIRE 58150 Nièvre **319** A8 G. Bourgogne – 1 718 h alt. 168.

🛈 Office de tourisme, 61 rue Waldeck-Rousseau 🕿 03 86 39 03 75, Fax 03 86 39 18 30, pouillysurloire@aol.com.

Paris 200 – Bourges 58 – Clamecy 54 – Cosne-sur-Loire 18 – Nevers 38 – Vierzon 80.

🏠 **Relais de Pouilly,** rte Mesves-sur-Loire, Sud : 3 km par D 28ᴬ 🖉 03 86 39 03 00, *sarl.relais
-de-pouilly@wanadoo.fr,* Fax 03 86 39 07 47, 😊, 🌳 – ▤ ch, 📺 📞 ♿ 🅿 ⚌ ⑩ 🇬🇧
Repas *(13,50)* -17/35, enf. 8,50 ♀ – ⌷ 8,50 – **24 ch** 45/68 – ½ P 58/62.
   ◆ Adresse incitant à une escale dans la cité viticole : chambres actuelles et insonorisées
donnant sur la Loire, aire de jeux, VTT. Accès piétonnier depuis l'aire d'autoroute. Restaurant ouvert sur le jardin, carte traditionnelle et petite sélection de pouilly.

🍴🍴 **Coq Hardi-Relais Fleuri** avec ch, 42 av. Tuilerie 🖉 03 86 39 12 99, *le-relais-fleuri-sarl@w
anadoo.fr,* Fax 03 86 39 14 15, ≼, 😊, 🌳 – 📺 📞 ♿ ⇔ 🅿 ⚌ ⑩ 🇬🇧
fermé mi-déc. à mi-janv., mardi et merc. d'oct. à avril – **Repas** 20/60 et carte 58 à 79 ♀ –
⌷ 9,50 – **11 ch** 46/78.
   ◆ Hostellerie dont le charmant jardin s'étend jusqu'à la Loire. Lumineuse véranda et belle
terrasse ombragée ; vins locaux et bourgognes. Chambres plus actuelles à l'annexe.

🍴🍴 **L'Espérance** avec ch, 17 r. R. Couard 🖉 03 86 39 07 69, *hotel.restaurant.lesperance@wa
nadoo.fr,* Fax 03 86 39 09 78, 😊 – 📺 🅿 ⚌ 🇬🇧
fermé 3 au 15 janv., dim. soir et lundi d'oct. à Pâques – **Repas** 15/43 ♀ 🍴 – ⌷ 10 – **3 ch**
45/58.
   ◆ Auberge de bord de route, avec les vignes en arrière-plan. Tables dressées avec soin
dans une salle habillée de tissus colorés. Cuisine au goût du jour et crus régionaux.

POUJOLS *34 Hérault* 🗺️**339** E6 – *rattaché à Lodève.*

POULDREUZIC *29710 Finistère* 🗺️**308** E7 – *1 814 h alt. 51.*
   🛈 *Office de tourisme, le Per Jakez Hélias* 🖉 *02 98 54 49 90, Fax 02 98 54 36 81, tourisme-
@pouldreuzic.org.*
   Paris 587 – Quimper 25 – Audierne 17 – Douarnenez 17 – Pont-l'Abbé 15.

🏠 **Ker Ansquer** 🦌, à Lababan, Nord-Ouest : 2 km par D 2 🖉 02 98 54 41 83, *françoise.ansq
uer@wanadoo.fr,* Fax 02 98 54 32 24, 🌳 – cuisinette 📺 🅿 🇬🇧
hôtel : 1ᵉʳ mai-1ᵉʳ oct. ; rest. : ouvert les week-ends au déj., le soir de mai à sept. – **Repas**
(sur réservation seul.) 18,50 (déj.), 20/53 ♀ – ⌷ 6,50 – **11 ch** 62, 3 suites – ½ P 58/61.
   ◆ Cette maison en granit du pays du Cheval d'orgueil abrite sculptures régionales, mobilier breton et chambres campagnardes. Ambiance "guesthouse". Le restaurant a beaucoup
de cachet : cheminée, tables en bois brut et meubles peints de scènes religieuses naïves.

à Penhors *Ouest: 4 km par D 40 –* ✉ *29710 Plogastel-St-Germain :*

🏠 **Breiz Armor** 🦌, à la plage 🖉 02 98 51 52 53, *breiz-armor@wanadoo.fr,*
Fax 02 98 51 52 30, ≼, 😊, 🛵, 🌳 – 📺 📞 ♿ 🅿 – 🔏 20 à 50. 🇬🇧
3 avril-3 oct. et vacances de Noël – **Repas** *(fermé vacances de Toussaint, 2 janv. au 20 mars,
et lundi sauf du 9 juil. au 25 août)* 13,20 (déj.), 17,90/45,30, enf. 4,30 ♀ – ⌷ 7,20 – **26 ch** 72,
6 studios – ½ P 67/69,80.
   ◆ Ce bâtiment moderne situé face à l'océan abrite des chambres spacieuses et pratiques.
Nombreux petits "plus" : billard, solarium, fitness, vélos, buanderie, etc. Le restaurant offre
une belle vue sur le large. Recettes du pays bigouden et produits de la mer.

Le POULDU *29 Finistère* 🗺️**308** J8 *G. Bretagne –* ✉ *29360 Clohars-Carnoët.*
   Env. St-Maurice : site★ et ≼★ du pont NE : 7 km.
   Paris 521 – Quimper 61 – Concarneau 37 – Lorient 25 – Moëlan-sur-Mer 10 – Quimperlé 14.

🏠 **Panoramique** 🦌, sans rest, au Kérou-plage 🖉 02 98 39 93 49, *poulduramique@wanadoo.f
r,* Fax 02 98 96 90 16 – 📺 ♿ 🇬🇧
3 avril-2 nov. – ⌷ 6,50 – **25 ch** 46/55.
   ◆ Cet hôtel propose des chambres nettes, avant tout pratiques. Salon de lecture d'où
vous contemplerez la mer, et salon de détente avec bar et télévision.

POULIGNY-NOTRE-DAME *36 Indre* 🗺️**323** I8 – *rattaché à La Châtre.*

POURVILLE-SUR-MER *76 S.-Mar.* 🗺️**304** G2 – *rattaché à Dieppe.*

POUZAY *37 I.-et-L.* 🗺️**317** M6 – *rattaché à Ste-Maure-de-Touraine.*

PRADES ◀🆂🅿▶ *66500 Pyr.-Or.* 🗺️**344** F7 *G. Languedoc Roussillon – 5 800 h alt. 360.*
   Voir Abbaye St-Michel-de-Cuxa★★ S : 3 km – Village d'Eus★ NE : 7 km.
   🛏 *de Marcevol à Arboussols* 🖉 *04 68 96 18 08, NE : 10 km par D 35.*
   🛈 *Office de tourisme, 4 rue Victor Hugo* 🖉 *04 68 05 41 02, Fax 04 68 05 21 79, in
fos@prades-tourisme.com.*
   Paris 892 – Perpignan 46 – Mont-Louis 36 – Olette 16 – Vernet-les-Bains 11.

Pradotel sans rest, av. Festival, sur la rocade   04 68 05 22 66, *Fax* 04 68 05 23 22, ⌧, ✿ – ⊡ ⴵ 🄿 – 🏛 25. ⴳⴱ
⌕ 6,50 – **39 ch** 65/70.
* Construction contemporaine composée de deux ailes symétriques offrant des chambres fonctionnelles avec balcon ; celles côté piscine offrent une vue dégagée sur le Canigou.

Hexagone sans rest, rd-pt de Molitg, sur la rocade   04 68 05 31 31, hh6604@inter-hotel.com, *Fax* 04 68 05 24 89 – ⊡ ⴵ ⴵ 🄿. ⴿ ⓘ ⴳⴱ 🄹🄲🄱
⌕ 6,60 – **30 ch** 64/70.
* Une adresse pratique pour l'étape dans la petite cité courue pour son festival de musique. Chambres simples et confitures maison à l'heure du petit-déjeuner.

Les Glycines, 129 av. Gén. de Gaulle   04 68 96 51 65, les-glycines2@wanadoo.fr, *Fax* 04 68 96 45 57 – ⊡ ⴵⴵ. ⓘ ⴳⴱ
fermé 6 oct. au 16 nov. – **Repas** *(fermé sam. midi, dim. soir et vend.)* 13 bc (déj.), 17,50/27, enf. 8,50 ⵎ – ⌕ 5,30 – **19 ch** 37,50/45,50 – ½ P 37,50.
* Cet établissement fleuri situé au centre de la petite ville dominée par le Canigou abrite des chambres modestes, mais bien tenues. Ample salle de restaurant rehaussée de tons ensoleillés. Carte courte et service "à la bonne franquette".

Jardin d'Aymeric, 3 av. Gén. de Gaulle   04 68 96 53 38, jardin.aymeric@wanadoo.fr, *Fax* 04 68 96 08 72 – ▤. ⓘ ⴳⴱ
fermé 25 juin au 8 juil., vacances de fév., merc. soir du 15 oct. au 15 avril, dim. soir et lundi – **Repas** (9) - 18/40, enf. 9 ⵎ.
* Une sympathique adresse que ce petit restaurant à l'ambiance animée. Décor actuel, exposition de tableaux et compositions florales. Cuisine soignée, fleurant bon le terroir.

Le PRADET 83220 Var **340** L7 G. Côte d'Azur – 10 975 h alt. 1.
Voir *Musée de la mine de Cap Garonne : grande salle★, 3 km au Sud par D 86.*
🄱 *Office de tourisme, place Général-de-Gaulle   04 94 21 71 69, Fax 04 94 08 56 96, offtourismelepradet@yahoo.fr.*
Paris 842 – Toulon 10 – Draguignan 76 – Hyères 11.

Azur ◔ sans rest, 163 av. Raimu   04 94 21 68 50, azur-hotel@wanadoo.fr, *Fax* 04 94 08 27 00, ⌧, ✿ – ▤ ⊡ 🄿 – 🏛 30. ⴿ ⴳⴱ
⌕ 10 – **20 ch** 66/95.
* Trois pavillons - dont un de 1930 - entourés de jardins hébergent des chambres assez spacieuses et presque toutes dotées d'un balcon. Atmosphère familiale.

aux Oursinières Sud : 3 km par D 86 – ⊠ 83220 Le Pradet :

L'Escapade ◔ sans rest,   04 94 08 39 39, info@hotel-escapade.com, *Fax* 04 94 08 31 30, ⌧, ✿ – ⊡ ⴵ. ⴿ ⴳⴱ 🄹🄲🄱. ✿
3 avril-10 oct. – ⌕ 13 – **14 ch** 115/215.
* À 100 m de la mer, petites maisons nichées dans un beau jardin. La jolie salle des petits-déjeuners borde la piscine. Chambres décorées "à la tyrolienne". Bon accueil.

Chanterelle,   04 94 08 52 60, 🌫, ✿ – ⴳⴱ
fermé 8 au 26 nov., janv., fév. et lundi. de sept. à mai – **Repas** 32/42.
* Un plafond en bois sculpté agrémente la salle à manger ; aux murs, vitraux colorés représentent des natures mortes. Plaisant jardin fleuri. Cuisine régionale actualisée.

PRALOGNAN-LA-VANOISE 73710 Savoie **333** N5 G. Alpes du Nord – 756 h alt. 1425 – Sports d'hiver : 1 410/2 360 m ⵛ 1 ⵛ 13 ⴵ.
Voir *Site★ – Parc national de la Vanoise★★ – La Chollière★ SO : 1,5 km puis 30 mn – Mont Bochor ⵛ★ par téléphérique.*
🄱 *Office de tourisme   04 79 08 79 08, Fax 04 79 08 76 74, info@pralognan.com.*
Paris 634 – Albertville 53 – Chambéry 103 – Moûtiers 28.

Les Airelles ◔, les Darbelays, Nord : 1 km   04 79 08 70 32, hotellesairelles@free.fr, *Fax* 04 79 08 73 51, ⵛ, 🌫, ⌧, ✿. ✿ rest
1er juin-25 sept. et 18 déc.-mi-avril – **Repas** 19/24 – ⌕ 8 – **22 ch** 75/85 – ½ P 56/68.
* Avenant chalet récent situé à la lisière de la forêt des Granges. Chambres lambrissées, dotées de balcons offrant une belle vue sur les massifs montagneux. Chaleureux restaurant et recettes régionales (tartiflettes, fondues, gratins, etc.).

Grand Bec,   04 79 08 71 10, grand_bec@wanadoo.fr, *Fax* 04 79 08 72 22, ⵛ, 🌫, 🛁, ⌧, ✿ – ▮🄿 ⴵ ▤. ⴳⴱ. ✿ rest
1er juin-15 sept. et 20 déc.-20 avril – **Repas** 20/34, enf. 8,50 ⵎ – ⌕ 10 – **39 ch** 80/92 – ½ P 70.
* À l'entrée de la station dominée, entre autres, par le Grand Bec, maison régionale proposant des chambres au décor savoyard conçu par la maîtresse des lieux. Balcons. Restaurant rustique et terrasse tournée vers le village et les sommets. Produits locaux.

🏨 **Vanoise** ⟨⟩, 𝒫 04 79 08 70 34, hotel@la-vanoise.com, Fax 04 79 08 75 79, ≤, 🍴 – 📺 ⟨⟩, 🅿 – 🛁 30. 🆎 ⓞ 🅶🅱
10 juin-15 sept. et 18 déc.-20 avril – **Repas** 16 (déj.), 19/27, enf. 8 ⟨⟩ – ⟨⟩ 9 – **29 ch** 86/118, 3 duplex – ½ P 97/100.
♦ Sympathique hôtel familial proche des remontées mécaniques. Chambres lambrissées avec balcon ; celles avec couette et meubles peints sont plus chaleureuses. Plats traditionnels ou savoyards et menu végétarien servis dans un cadre rustique (boiseries blondes).

PRA-LOUP 04 Alpes-de-H.-P. 🟥🟥🟥 H6 – rattaché à Barcelonnette.

Le PRARION 74 H.-Savoie 🟥🟥🟥 N5 – rattaché aux Houches.

PRATS-DE-MOLLO-LA-PRESTE 66230 Pyr.-Or. 🟥🟥🟥 F8 G. Languedoc Roussillon – 1 080 h alt. 740.
　　Voir Ville haute★.
　　🅸 Office de tourisme, Le Foiral 𝒫 04 68 39 70 83, Fax 04 68 39 74 51, ot.pratsdemollo-lapreste@wanadoo.fr.
　　Paris 905 – Perpignan 64 – Céret 32.

🏨 **Bellevue**, 𝒫 04 68 39 72 48, lebellevue@fr.st, Fax 04 68 39 78 04, 🌳 – ▦ rest, 📺 🅿. 🅶🅱
fermé 30 nov. au 15 fév., merc. du 30 oct. au 30 mars et mardi – **Repas** (fermé mardi et merc. hors saison) 18/40 – ⟨⟩ 7 – **18 ch** 43/49 – ½ P 32/44.
♦ Sur la place du foirail, bâtisse régionale offrant des chambres peu à peu rajeunies ; à l'arrière, elles donnent sur la montagne. La carte propose d'appétissantes recettes catalanes actualisées. Salle à manger d'où l'on profite de l'animation de la place.

🏨 **Touristes**, 𝒫 04 68 39 72 12, hotel.lestouristes@free.fr, Fax 04 68 39 79 22, 🌳 – 🅿. ⓞ 🅶🅱
1er avril-31 oct. – **Repas** (16) - 23/30, enf. 9 ⟨⟩ – ⟨⟩ 8 – **27 ch** 28/48 – ½ P 44/48,50.
♦ À l'entrée de la ville basse, imposante maison abritant des chambres un brin désuètes, mais bien tenues et garnies d'un mobilier de style catalan ou breton. Grande salle à manger avec poutres apparentes, cheminée et portraits de gens du pays. Carte régionale.

à La Preste : 8 km – Stat. therm. (début avril-début nov.) – ✉ 66230 Prats-de-Mollo-La-Preste :

🏨 **Ribes** ⟨⟩, 𝒫 04 68 39 71 04, hotel.ribes@free.fr, Fax 04 68 39 78 02, ≤ vallée du Tech – 🅿. ⓞ 🅶🅱, 🌸 rest
1er avril-23 oct. – **Repas** (9,50) -13,50/25, enf. 6,90 ⟨⟩ – ⟨⟩ 7 – **24 ch** 26/53 – ½ P 35,50/39,50.
♦ La ferme, isolée dans les prés, est devenue une sympathique hôtellerie familiale. Chambres refaites par étapes ; elles sont plus modestes à l'annexe. Restaurant tourné vers la vallée. Cuisine régionale parfois élaborée avec des produits d'élevage maison.

🏨 **Val du Tech**, 𝒫 04 68 39 71 12, val-du-tech@wanadoo.fr, Fax 04 68 39 78 07 – |📶| 📺. ⓞ 🅶🅱
1er avril-30 oct. – **Repas** 15/21 ⟨⟩ – ⟨⟩ 5,70 – **32 ch** 24/44 – ½ P 36,50/43.
♦ Curistes et randonneurs apprécient ce petit hôtel situé à flanc de colline et à deux pas des thermes. Mobilier catalan dans les chambres, progressivement améliorées. Cuisine traditionnelle servie dans une grande salle à manger au cadre sobrement rustique.

Le PRAZ 73 Savoie 🟥🟥🟥 M5 – rattaché à Courchevel.

Les PRAZ-DE-CHAMONIX 74 H.-Savoie 🟥🟥🟥 O5 – rattaché à Chamonix.

PRAZ-SUR-ARLY 74120 H.-Savoie 🟥🟥🟥 M5 – 1 081 h alt. 1036 – Sports d'hiver : 1 036/2 070 m ⟨⟩ 12 ⟨⟩.
　　🅸 Office de tourisme 𝒫 04 50 21 90 57, Fax 04 50 21 98 08, info@prazsurarly.com.
　　Paris 602 – Chamonix-Mont-Blanc 37 – Albertville 28 – Chambéry 79 – Megève 5.

🏨 **Griyotire** ⟨⟩, rte La Tonnaz 𝒫 04 50 21 86 36, hotel@griyotire.com, Fax 04 50 21 86 34, ≤, 🛁 – 📺 ⟨⟩, 🅶🅱
19 juin-5 sept. et 17 déc.-9 avril – **Repas** (dîner seul.) 27 ⟨⟩ – ⟨⟩ 9 – **16 ch** 90/160 – ½ P 80.
♦ Élégant chalet savoyard placé sous le signe de la tradition, comme l'indique son enseigne désignant les grelots portés autrefois par les chevaux. Intérieur très "cosy". Sauna. Au restaurant, plaisant cadre montagnard, plats régionaux et spécialités fromagères.

Pour les grands voyages d'affaires ou de tourisme,
Guide MICHELIN : EUROPE.

PRÉCY-SOUS-THIL 21390 Côte-d'Or 320 F5 G. Bourgogne – 708 h alt. 323.

🏊 du Pré-Lamy ℘ 03 80 97 30 50, S : 3 km par D 36.

🖪 Syndicat d'initiative, Salle Sainte-Auxile ℘ 03 80 64 40 97, Fax 03 80 64 43 37, si-precy21@wanadoo.fr.

Paris 246 – Dijon 65 – Auxerre 86 – Avallon 41 – Beaune 77 – Montbard 33 – Saulieu 16.

🏠 **Loriot**, 6 r. de l'Eglise ℘ 03 80 64 56 33, Fax 03 80 64 47 50, 🈂, 🚗 – 📺 📞 🅿. GB
⊛ fermé 13 au 21 nov., 5 au 27 janv., dim. soir et lundi midi hors saison sauf fériés – **Repas** 15/35, enf. 8 ⌿ – 🍽 6,20 – **11 ch** 47,50/57 – ½ P 40.
♦ Des chambres rustiques pas très grandes mais bien tenues attendent votre visite au centre de ce village que domine une collégiale du 14ᵉ s. La salle à manger, sobrement agencée, est prolongée d'une véranda. L'été, service en terrasse face à un jardin fleuri.

PRÉCY-SUR-OISE 60460 Oise 305 F5 – 3 120 h alt. 33.

Voir Église★ de St-Leu-d'Esserent NE : 3,5 km.

Paris 56 – Compiègne 47 – Beauvais 36 – Chantilly 10 – Creil 12 – Pontoise 37 – Senlis 18.

XX **Condor**, 14 r. Wateau (D 92) ℘ 03 44 27 60 77, Fax 03 44 27 62 18 – 🍽, ⯐ GB
fermé 1ᵉʳ au 22 août, 7 fév. au 20 mars, mardi et merc. – **Repas** 17/32, enf. 12 ⌿.
♦ Élégante auberge dont la salle à manger, agencée autour d'un petit patio, favorise l'intimité. Les draperies du plafond s'intègrent bien au décor d'inspiration Empire.

PRÉ-EN-PAIL 53140 Mayenne 310 H4 – 2 138 h alt. 230.

🖪 Office de tourisme, 79 rue Aristide Briand ℘ 02 43 03 06 10, Fax 02 43 03 06 10.

Paris 213 – Alençon 24 – Argentan 39 – Domfront 38 – Laval 66 – Mayenne 37.

🏠 **Bretagne**, r. A. Briand (N 12) ℘ 02 43 03 13 00, Fax 02 43 03 16 71 – 📺 🅿. GB
⊛ fermé 20 déc. au 20 janv., dim. soir et lundi – **Repas** 15/30 ⌿ – 🍽 5,50 – **16 ch** 31/44 – ½ P 49,50.
♦ Près du mont des Avaloirs (417 m, point culminant de la France de l'Ouest), cet hôtel propose des chambres modestes mais bien tenues, plus calmes sur l'arrière. Cuisine traditionnelle à découvrir dans la salle à manger de cet établissement plus que centenaire.

PREIGNAC 33 Gironde 335 J7 – rattaché à Langon.

PRENOIS 21 Côte-d'Or 320 J5 – rattaché à Dijon.

Le PRÉ-ST-GERVAIS 93 Seine-St-Denis 305 F7 101 ⑯ – voir à Paris, Environs.

La PRESTE 66 Pyr.-Or. 344 F8 – rattaché à Prats-de-Mollo.

PRIAY 01160 Ain 328 E4 – 1 152 h alt. 300.

🏊 de la Sorelle à Villette-sur-Ain ℘ 04 74 35 47 27, O : 3 km par D 93.

Paris 454 – Lyon 57 – Bourg-en-Bresse 30 – Nantua 42.

XX **Mère Bourgeois**, ℘ 04 74 35 61 81, Fax 04 74 35 43 49, 🈂 – 🚗. ⯐ GB
fermé 9 août au 2 sept., Noël au jour de l'An, merc. sauf juil.-août, dim. soir et lundi – **Repas** 25/69, enf. 12 ⌿.
♦ Les plats qui ont fait la gloire de la maison dans les années 1950 sont encore servis, mais décor et carte sont bien au goût du jour. De Gaulle séjourna ici en novembre 1944.

PRIVAS 🅿 07000 Ardèche 331 J5 G. Vallée du Rhône – 9 170 h alt. 300.

Voir Site★.

🖪 Office de tourisme, 3 place du Général-de-Gaulle ℘ 04 75 64 33 35, Fax 04 75 64 73 95, vacances@tourisme-privas.com.

Paris 596 ② – Valence 41 ② – Montélimar 34 ③ – Le Puy-en-Velay 91 ④.

Plan page ci-contre

🏨 **Chaumette**, av. Vanel ℘ 04 75 64 30 66, hotelchaumette@wanadoo.fr, Fax 04 75 64 88 25, 🈂, 🏊 – 🛗 📺 📞 🅿. – 🚗 45. ⯐ ⓞ GB JCB   B e
Repas (fermé sam. midi) 16,50 (déj.), 22,50/43 ⌿ – 🍽 9,40 – **36 ch** 65/76 – ½ P 61/65.
♦ Dans un quartier calme, hôtel en restructuration où l'on optera pour une chambre rénovée, joliment colorée (provençale ou africaine). Mobilier contemporain et chaleureuses boiseries composent le cadre du restaurant. Plaisante terrasse.

Bacconnier (R. L.)....... **B** 2
Bœufs (Pl. aux)......... **A** 3
Champ-de-Mars (Pl. du) . **B** 5
Coux (Av. de)........... **B** 7
Durand (R. H.).......... **B** 10

Esplanade (Cours de l').. **B** 9
Faugier (Av. C.)......... **A** 12
Filliat (R. P.)........... **B** 14
Foiral (Pl. du)........... **A** 16
Gaulle
(Pl. Ch.-de)........ **B** 17
Hôtel-de-Ville
(Pl. de l')........ **B** 18

Mobiles (Bd des) .... **B** 20
Ouvèze (Chemin de la).. **B** 22
Petit-Tournon
(Av. du)............. **B** 24
République
(R. de la) .... **B** 26
St-Louis (Cours) .... **B** 28
Vanel (Av. de) .... **B** 30

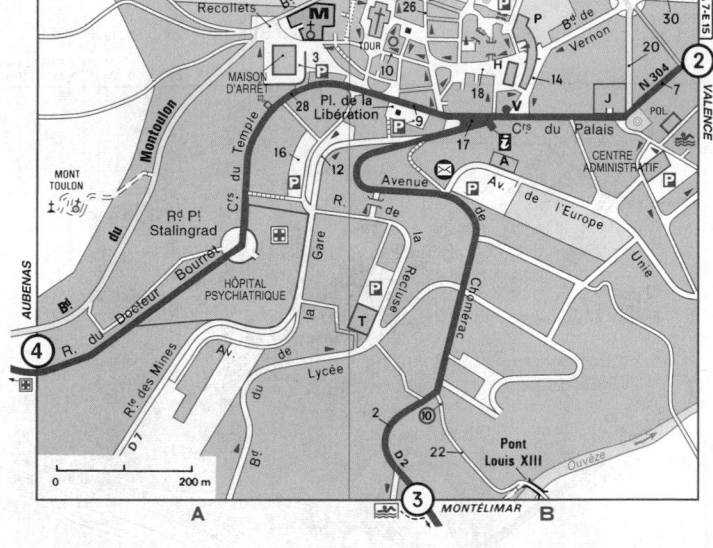

XX
⊖
Gourmandin, angle r. P. Filliat ℰ 04 75 64 51 52, Fax 04 75 64 77 83, ⌂ – ▤. **AE**
GB   **B** V
fermé 16 août au 2 sept., dim. soir et lundi – **Repas** *(11,50)* - 15/36,50, enf. 8 ⅋.
♦ Salle contemporaine aux couleurs ensoleillées, fréquentée à midi par la clientèle
d'affaires, davantage par les touristes le soir. On y sert une cuisine à l'accent régional.

PROPRIANO *2A Corse-du-Sud* 345 C9 – *voir à Corse.*

PROVINS ◁▷ *77160 S.-et-M.* 312 I4 *G. Champagne Ardenne* – 11 667 h alt. 91.

Voir *Ville Haute*★★ AV : *remparts*★★ AY, *Tour César*★★ : ≤★ , *Grange aux Dîmes*★ AV E -
Place du Chatel★ – *Portail central*★ *et groupe de statues*★★ *dans l'église St-Ayoul* BV –
Chœur★ *de la collégiale St-Quiriace* AV – *Musée de Povins et du Provinois : collections de
sculptures et de céramiques*★ M.

Env. *St-Loup-de-Naud : portail*★★ *de l'église*★ *7 km par* ④.

🛈 *Office de tourisme, chemin de Villecran* ℰ *01 64 60 26 26, Fax 01 64 60 11 97, info@pro-
vins.net.*

Paris 88 ⑤ – *Fontainebleau 55* ④ – *Châlons-en-Champagne 98* ② – *Sens 47* ④.

Plan page suivante

🏠 **Aux Vieux Remparts** ♨, 3 r. Couverte - Ville Haute ℰ 01 64 08 94 00, *vieux-remparts
@wanadoo.fr, Fax 01 60 67 77 22,* ⌂ – 🛏 📺 📞 🅿... – 🛦 25. **AE** ⓞ **GB**   AV b
fermé 20 déc. au 2 janv. – **Repas** 25/65 – ⇌ 12 – **32 ch** 95/280 – ½ P 115/150.
♦ Situé au cœur de la ville haute, cet établissement propose un hébergement
fonctionnel ; les sept chambres récemment créées dans une maison ancienne ont plus de
caractère. Deux salles à manger : l'une d'inspiration "moyenâgeuse", l'autre sobrement
rustique.

PROVINS

Alips (R. Guy) . . . . **AX**
Anatole-France (Av.). . . . . . **AV** 2
Arnoul (R. Victor) . . . . **BX** 3
Balzac (Pl. Honoré de). . . **BVX** 4
Bellevue (Rampe de). . . . . . **BX**
Bordes (R. des) . . . . **BX** 7
Bourquelot (R. Félix) . . . . . **BV** 8
Bray (Route de) . . . . **AX**
Briand (R. Aristide) . . . . . . **BX**
Canal (R. du). . . . . **AX**
Carnot (Bd) . . . . **BX**
Champbenoist (Rte de). . **BX** 13
Changis (R.) . . . . **BX** 14
Châtel (Pl. du) . . . . **AV** 18
Chomton (Bd Gilbert) . . . **AX** 19
Collège (R. du) . . . . **ABV** 23

Cordonnerie (R. de la) . . . . **BV** 24
Courloison (R.) . . . . **AV** 27
Couverte (R.) . . . . **AV** 28
Desmarets (R. Jean) . . . . **AV** 29
Dromigny (R. Georges). . . **AX**
Esternay (R. d') . . . . **BX**
Ferté (Av. de la) . . . . **BX** 33
Fourtier-Masson (R.) . . . . **BX** 35
Friperie (R. de la) . . . . . . **BX** 37
Garnier (R. Victor) . . . . . . **BX** 39
Gd-Quartier-Gén. (Bd du) . **BX** 42
Hugues le Grand (R.) . . . **BX** 43
Jacobins (R. des) . . . . . . **BX** 44
Jean-Jaurès (Av.) . . . . . . **BX**
Leclerc (Pl. du Mar.) . . . . **BX** 47
Malraux (Av André). . . . . **AVX**
Michelin (R. Maximilien). . **AX**
Nanteuil (Route de) . . . . . **BV**
Nocard (R. Edmond) . . . **BVX** 54

Opoix (R. Christophe) . . . **BV** 57
Palais (R. du). . . . . **AV** 59
Pasteur (Bd) . . . . **BV**
Plessier
(Bd du Gén.) . . . . **BVX** 64
Pompidou (Av. G.). . . . . **BVX** 67
Pont-Pigy (R. du) . . . . **BV** 68
Prés (R. des) . . . . **BV** 69
Rebais (R.) . . . . **BV**
Remparts (Allée des). . . . **AV** 72
St-Ayoul (Pl.) . . . . **BV** 73
St-Jean (R.) . . . . **AX**
St-Quiriace (Pl.). . . . . **AV** 77
St-Syllas (Rampe). . . . . . **BV**
Ste-Croix (R.) . . . . **BV**
Souvenir (Av. du) . . . . **BV** 78
Val (R. du) . . . . **BV** 79
Verdun (Av. de) . . . . **BV** 82
29e-Dragons (Pl. du) . . . . **BV** 84

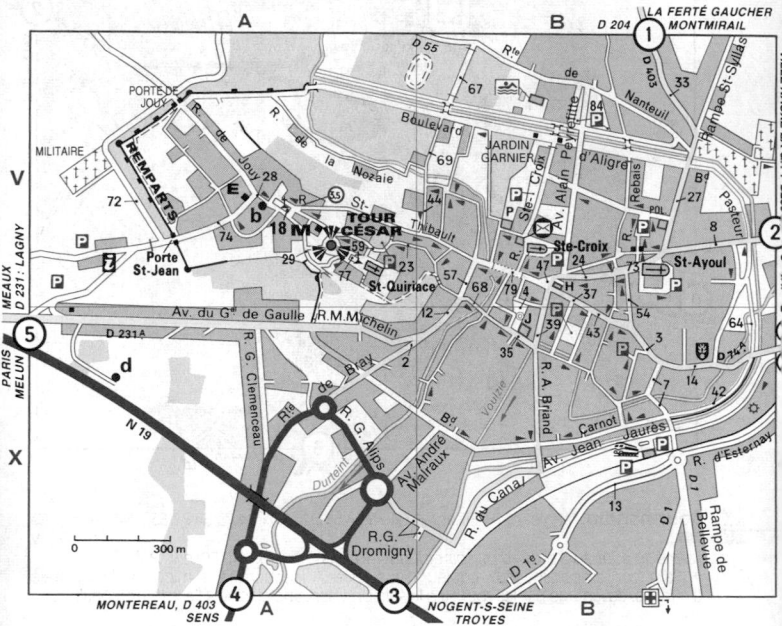

🏨 **Ibis,** 77 av. du Général de Gaulle ☎ 01 60 67 66 67, *h0856@accor-hotels.com,*
Fax 01 60 67 86 67, 🍽, 🌿 – 🛏 📺 📞 & 🅿 – 🕍 25. 🆎 ⓘ 🇬🇧   **AX d**
Repas *(12)* - 15, enf. 6 🍷 – 🍴 6 – **51 ch** 54.
❖ Dans un quartier calme, architecture évoquant le style médiéval de la ville haute.
Chambres rénovées peu à peu dans l'esprit "dernière tendance" Ibis. Au restaurant, décor
néo-rustique et cuisine traditionnelle ne dérogent pas aux coutumes de la chaîne.

PUGIEU *01 Ain* 328 *G6 – rattaché à Belley.*

PUILLY-ET-CHARBEAUX *08370 Ardennes* 306 *N5 – 244 h alt. 274.*
Paris 273 – Carignan 9 – Charleville-Mézières 52 – Sedan 28 – Verdun 70.

🍴 **Auberge de Puilly,** à Puilly ☎ 03 24 22 09 58, *Fax 03 24 22 09 58*
fermé août, dim. soir et merc. – **Repas** 8,50/33.
❖ Au coeur d'un tranquille village, auberge rustique dont la plaisante salle à manger,
aménagée sous charpente, est ornée d'outils de boulanger et d'animaux naturalisés.

PUJAUDRAN *32 Gers* 336 *I8 – rattaché à L'Isle-Jourdain.*

PUJOLS 47 L.-et-G. 336 G3 – rattaché à Villeneuve-sur-Lot.

PULIGNY-MONTRACHET 21 Côte-d'Or 320 I8 – rattaché à Beaune.

PULVERSHEIM 68840 H.-Rhin 315 H9 – 2 266 h alt. 235.

Paris 473 – Mulhouse 11 – Belfort 51 – Colmar 34 – Guebwiller 13 – Thann 18.

à l'Écomusée Nord-Ouest : 2,5 km – ⊠ 68190 Ungersheim :

🏨 **Loges de l'Écomusée,** ✆ 03 89 74 44 95, hotel.loges@ecoparcs.com, Fax 03 89 74 44 68, 😚 , 🛒 – cuisinette 📺 ✆ 🅿 – 🔏 250. 🖭 ☻☻
fermé 3 janv. au 20 fév. – **Taverne** ✆ 03 89 74 44 49, (déj. seul. du 5 janv. au 3 fév.) **Repas** 16/32, enf. 8,20 ⅃ – ⊆ 7 – **30 ch** 76/93, 10 studios.
♦ Reconstitution d'un village local traditionnel aux portes de l'Écomusée : les chambres, modernes, sont réparties dans des maisons à colombages décorées à l'alsacienne. Esprit mi-brasserie, mi-winstub et cuisine régionale au restaurant La Taverne.

PUTANGES-PONT-ECREPIN 61210 Orne 310 H2 G. Normandie Cotentin – 1 013 h alt. 230.
🅱 Office de tourisme, place de la mairie ✆ 02 33 35 86 57, Fax 02 33 35 86 57, ot-.putanges@libertysurf.fr.
Paris 210 – Alençon 57 – Argentan 20 – Briouze 15 – Falaise 17 – La Ferté-Macé 25 – Flers 31.

🏨 **Lion Verd,** ✆ 02 33 35 01 86, hotel.lionverd@wanadoo.fr, Fax 02 33 39 53 32 – 📺 🅿. ☻☻
😚 fermé 19 déc. au 2 fév., dim. soir, vend. soir et lundi (sauf août) – **Repas** 11,50/35, enf. 8,50
⍮ – ⊆ 4 – **18 ch** 28/52 – ½ P 26/37.
♦ Avant ou après la découverte des gorges de St-Aubert, une étape agréablement située au bord de l'Orne. Chambres plus spacieuses et mieux meublées au 1ᵉʳ étage. Repas classiques servis dans une vaste salle à manger largement éclairée et tournée vers le fleuve.

PUTEAUX 92 Hauts-de-Seine 311 J2 101 ⑭ – voir à Paris, Environs.

PUYCELCI 81140 Tarn 338 C7 – 495 h alt. 258.
🅱 Office de tourisme, Chapelle Saint-Roch ✆ 05 63 33 19 25, Fax 05 63 33 19 25, office-de-tourisme-de-puycelsi@wanadoo.fr.
Paris 637 – Toulouse 62 – Albi 44 – Gaillac 25 – Montauban 40 – Rodez 107.

🏨 **L'Ancienne Auberge** 😙, ✆ 05 63 33 65 90, caddack@aol.com, Fax 05 63 33 21 12, 😚
– ☰ ch, 📺 ✆ – 🔏 25. ⍟ ☻☻
fermé 5 janv. au 6 fév. – **Repas** (fermé dim. soir et lundi) 18/45 ⍮ – ⊆ 13 – **8 ch** 65/120 –
½ P 58.
♦ Auberge de caractère installée dans les murs d'une demeure du 13ᵉ s., au coeur d'un vieux village fortifié. Chambres personnalisées. Magnifique cheminée dans le salon. Des arcades en pierre divisent l'espace du restaurant, par ailleurs décoré de vitraux.

Le PUY-DE-DÔME 63 P-de-D 326 E8 – voir à Clermont-Ferrand.

Le PUY-EN-VELAY 🅿 43000 H.-Loire 331 F3 G. Vallée du Rhône – 20 490 h alt. 629 Pèlerinage (15 août).

Voir Site★★★ – L'Île au trésors★★★ BY : cathédrale Notre-Dame★★★, cloître★★ - Trésor d'Art religieux★★ dans la salle des États du Velay – St-Michel d'Aiguilhe★★ AY - Peinture des arts libéraux★ de la chapelle des Reliques – Ancienne cité★ – Rocher Corneille ⩽★ – Musée Crozatier : collection lapidaire★, dentelles★.
Env. Polignac★ : ※★ 5 km par ③.
🇫 du Puy-en-Velay à Ceyssac ✆ 04 71 09 17 77, O : 7 km par D 590.
🅱 Office de tourisme, place du Breuil ✆ 04 71 09 38 41, Fax 04 71 05 22 62, info@ot-lepuyenvelay.fr.
Paris 539 ③ – Clermont-Ferrand 129 ③ – Mende 87 ② – St-Étienne 76 ①.

Plan page suivante

🏨 **Parc,** 4 av. C. Charbonnier ✆ 04 71 02 40 40, francoisgagnaire@wanadoo.fr, Fax 04 71 02 18 72 – 🛗 📺 ✆ 🚗 – 🔏 15. ⍟ ☻☻ AZ s
fermé 1ᵉʳ au 12 janv. voir rest. **François Gagnaire** ci-après – ⊆ 6,50 – **22 ch** 54/69.
♦ Cure de jouvence pour cet hôtel situé près du jardin Vinay : salon "cosy" avec espace bar doté d'une cave à cigares et chambres spacieuses bénéficiant d'équipements neufs.

LE PUY-EN-VELAY

Aiguières (R. Porte) ... **AZ** 2
Becdelièvre (R.) ...... **AY** 3
Bouillon (R. du) ...... **BY** 5
Card.-de-Polignac (R.) .. **BY** 8
Chamarlenc (R. du) .... **AY** 10
Charbonnier (Av. C.) ... **AZ** 12
Chaussade (R.) .... **BZ**
Chênebouterie (R.) .... **AY** 13
Clair (Bd A.) .... **AZ** 14
Collège (R. du) .... **BZ** 17
Consulat (R. du) ...... **AY** 19

Courrerie (R.) .... **AZ** 20
Crozatier (R.) .... **BZ** 23
Dr-Chantemesse (Bd) .. **AY** 24
Fayolle (Bd Mar.) ..... **BZ**
Foch (Av. Mar.) ...... **BZ**
For (Pl. du) .... **BY** 27
Gambetta (Bd) .... **AY** 29
Gaulle (Av. Gén.-de) . **ABZ** 30
Gouteyron (R.) .... **AY** 31
Grangevieille (R.) ..... **AY** 32
Martouret (Pl. du) ... **ABZ** 34
Monteil (R. A. de) .... **AY** 35
Pannessac (R.) .... **AY**
Philibert (R.) .... **AY** 36
Pierret (R.) .... **BZ** 37
Plot (Pl. du) .... **AZ** 38

Raphaël (R.) .... **AY** 39
République
  (Bd. de la) .... **BY** 40
Roche-Taillade (R.) ... **AY** 42
St-François Régis (R.) . **BY** 43
St-Georges (R.) ...... **BY** 45
St-Gilles (R.) .... **AZ**
St-Jean (R. du Fg) .... **BY** 46
St-Louis (Bd) .... **AZ**
St-Maurice (Pl.) ...... **AY** 47
Séguret (R.) .... **AY** 48
Tables (Pl. des) ...... **AY** 49
Tables (R. des) ...... **AY** 52
Vallès (R. J.) .... **BY** 54
Vaneau (R.) .... **BY** 55
Verdun (R.) .... **BY** 58

Les principales voies commerçantes figurent en **rouge** *dans la liste des rues des plans de villes.*

Brivas, 2 av. Charles Massot à Vals-près-du-Puy par D 31 AZ ⊠ 43750 ℘ 04 71 05 68 66, *b rivas@wanadoo.fr*, Fax 04 71 05 65 88, 佘, *➤* – ㋲ ✦ TV ✆ & P – 益 15 à 40. AE GB

fermé 26 déc. au 14 janv. – **Repas** *(fermé dim. soir, vend. soir du 15 oct. au 15 avril et sam. midi)* 14 (déj.), 17/33, enf. 10 ⅃ – ☑ 8 – **48 ch** 78 – ½ P 51/63.

♦ Bâtiment moderne dans une banlieue résidentielle au Sud du Puy. Aménagements fonctionnels dans le style des chaînes hôtelières. Jardin-terrasse au bord d'une rivière. Lumineux restaurant où l'on sert une cuisine traditionnelle utilisant les produits régionaux.

Val Vert, 6 av. Baptiste Marcet, rte Mende par ② : *1,5 km sur N 88* ℘ 04 71 09 09 30, *info@ hotelvalvert.com*, Fax 04 71 09 36 49 – ✦ TV & P – 益 20. AE GB JCB. ⁓

fermé 21 au 29 déc. – **Repas** *(fermé sam. midi d'oct. à mai)* (14) - 18/38, enf. 10 ⅄ – ☑ 8 – **23 ch** 44/68 – ½ P 48/49.

♦ La route qui conduit à Mende est effectivement verdoyante. Pimpantes chambres colorées ; quelques-unes viennent d'être coquettement rénovées à la mode italienne. De grandes baies vitrées tournées vers le village éclairent la salle à manger un brin désuète.

Dyke Hôtel sans rest, 37 bd Mar. Fayolle ℘ 04 71 09 05 30, Fax 04 71 02 58 66 – TV ✆ ⟷. GB   BZ   r

fermé Noël au Jour de l'An – ☑ 5,50 – **15 ch** 39/48.

♦ La ville est veillée par ses fameux dykes basaltiques. Chambres simples, repeintes en jaune bouton-d'or ; préférez celles tournant le dos à l'avenue. Accueil cordial.

XXX **François Gagnaire**, 4 av. C. Charbonnier ℘ 04 71 02 75 55, *francoisgagnaire@wanadoo .fr*, Fax 04 71 02 18 72 – ㋲ ▤ ⟷. AE GB   AZ   a

fermé 1ᵉʳ au 17 nov., 1ᵉʳ au 12 janv., mardi midi, dim. et lundi en juil.-août – **Repas** (22) - 27/70 et carte 45 à 65, enf. 15 ⅄.

♦ Tout le monde en parle ! Ce restaurant au cadre moderne, égayé de lithographies de Raoul Dufy, propose une séduisante cuisine, personnalisée et inspirée par le terroir.

XXX **Tournayre**, 12 r. Chênebouterie ℘ 04 71 09 58 94, *info@restaurant-tournayre.com*, Fax 04 71 02 68 38 – AE GB   AY   f

fermé 21 janv., 1ᵉʳ au 8 sept., dim. soir, merc. soir et lundi – **Repas** 19/65 et carte 40 à 80 ⅄.

♦ Croisées d'ogives, pierres apparentes, boiseries et fresques composent le décor de cette salle du 16ᵉ s. (ancienne chapelle). On y goûte une cuisine auvergnate généreuse.

XX **L'Olympe**, 8 r. Collège ℘ 04 71 05 90 59, Fax 04 71 05 90 59 – GB   BZ   x

fermé 1ᵉʳ au 15 mars, 30 août au 5 sept., 15 au 28 nov., sam. midi, dim. soir et lundi – **Repas** (15) - 20/37 ⅄.

♦ Coquet petit restaurant dans une ruelle pavée et pentue typique de la pittoresque vieille ville. Les deux salles, dont une à l'étage, sont claires et confortables.

X **Poivrier**, 69 r. Pannessac ℘ 04 71 02 41 30, Fax 04 71 02 59 25 – ▤. GB   AY   v

fermé vacances de fév., dim. et lundi sauf juil.-août – **Repas** 15/31.

♦ Dans une rue bordée de belles demeures des 16ᵉ et 17ᵉ s., sympathique restaurant à l'ambiance bistrot. Spécialités maison, viandes de Salers et du Charolais.

X **Bateau Ivre**, 5 r. Portail d'Avignon ℘ 04 71 09 67 20, Fax 04 71 09 67 20 – GB   BZ   k

fermé 22 au 26 juin, 9 au 20 nov., dim. et lundi – **Repas** 18/29.

♦ Abat-jour, sets et serviettes en dentelle du Puy, tables en chêne massif : un intérieur rustique pour une carte traditionnelle enrichie de quelques recettes régionales.

X **Lapierre**, 6 r. Capucins ℘ 04 71 09 08 44 – GB   AZ   u

fermé déc., janv., sam. et dim. sauf fériés – **Repas** 22/35.

♦ Mobilier bistrot, lambris peints et tissus tendus dans les tons gris côté décor, produits "bio" et inévitables lentilles du Puy côté cuisine : une étape gourmande prisée.

à Espaly-St-Marcel par ③ : *3 km – 3 552 h. alt. 650* – ⊠ *43000 Le Puy-en-Velay* :

L'Ermitage, 73 av. Ermitage, rte Clermont-Ferrand ℘ 04 71 07 05 05, *hotel.ermitage@fr ee.fr*, Fax 04 71 07 05 00, 佘 – TV ✆ & P – 益 25. GB

fermé janv. et fév. – **Repas** *(fermé sam. midi, dim. soir et lundi)* 20/35 – ☑ 8 – **21 ch** 50/65.

♦ Vue sur le joli site du Puy de la terrasse de l'hôtel. Les chambres fonctionnelles sont, quant à elles, tournées vers la campagne. Vieilles poutres et cheminée donnent un petit air rustique à la salle de restaurant. Carte traditionnelle.

PUY-GUILLAUME 63290 P.-de-D. 326 H7 – *2 624 h alt. 285*.

Paris 374 – Clermont-Ferrand 53 – Lezoux 27 – Riom 35 – Thiers 15 – Vichy 21.

Relais Hôtel de Marie, av. E. Vaillant ℘ 04 73 94 18 88, Fax 04 73 94 73 98, 佘 – ㋲ TV ✆ & P. GB

fermé 23 fév. au 30 mars, dim. soir et lundi – **Repas** 10 bc (déj.), 13,80/29 ⅄ – ☑ 7 – **15 ch** 41/45 – ½ P 42.

♦ Pratique pour l'étape, immeuble récemment ravalé et modernisé, abritant des petites chambres actuelles et fonctionnelles, plus calmes côté parking. Salle de restaurant simple et fraîche où l'on sert des plats traditionnels et régionaux.

PUY-L'ÉVÊQUE 46700 Lot **337** C4 *G. Périgord Quercy* – *2 159 h alt. 130.*

    🛈 *Office de tourisme, place de la Truffière 𝄐 05 65 21 37 63, Fax 05 65 21 37 63, office.de.tourisme@puy-leveque.fr.*

    Paris 601 – Agen 71 – Cahors 31 – Gourdon 41 – Sarlat-la-Canéda 52 – Villeneuve-sur-Lot 43.

🏨 **Bellevue,** 𝄐 05 65 36 06 60, Fax 05 65 36 06 61, ≤ – 🛗 🗔 📺 📞 🕭 &. **GB**
    fermé 15 au 30 nov. et 15 janv. au 15 fév. – **Côté Lot** *(fermé dim. et lundi)* **Repas** 33/60 –
    L'Aganit - brasserie *(fermé dim. et lundi)* **Repas** 13(déj.) et carte environ 25 – 🖂 8 – **11 ch**
    68/85 – ½ P 64,40/75.
    ♦ L'hôtel, bâti sur un éperon dominant le Lot, mérite bien son nom. Les chambres,
    spacieuses, sont contemporaines et personnalisées. Cuisine inventive et vue étendue sur la
    vallée au restaurant Côté Lot. Véranda en verre et métal et plats du terroir à l'Aganit.

à Touzac *Ouest : 8 km par D 8 – 341 h. alt. 75 –* ✉ *46700 :*

    Env. *Château de Bonaguil*★★ *N : 10,5 km.*

🏨 **Source Bleue** ⚭, 𝄐 05 65 36 52 01, *sourcebleue@wanadoo.fr, Fax 05 65 24 65 69*, 🍽,
    🔥, ⚒, ⚙ – 📺 & 🅿 – 🔏 25. 🖭 ⑩ **GB** **JCB**
    10 avril-15 nov. – **Repas** *(fermé jeudi midi et merc.)* 20/27 (déj.-buffet en juil.août) ⬭ – 🖂 7 –
    17 ch 65/89 – ½ P 72/77.
    ♦ Dans une jolie bambouseraie au bord du Lot, ex-moulins convertis en hôtel où vous
    séjournerez dans d'élégantes chambres rustiques et personnalisées. Une dépendance du
    17ᵉ s. abrite le restaurant : belle charpente et murs en pierre, carte classique.

à Mauroux *Sud-Ouest : 12 km par D 8 et D 5 – 417 h. alt. 213 –* ✉ *46700 :*

    🛈 *Office de tourisme, Le Bourg 𝄐 05 65 30 66 70, Fax 05 65 36 49 64, o.t.de.mauroux-@wanadoo.fr.*

XX **Hostellerie le Vert** ⚭ avec ch, 𝄐 05 65 36 51 36, *hotellevert@aol.com*,
    Fax 05 65 36 56 84, ≤, 🍽, ⚒, 🌿 – 🗔 ch, 📺 🅿. 🖭 ⑩ **GB**. ⚒ ch
    14 fév.-11 nov. – **Repas** *(fermé jeudi)* (dîner seul. sauf dim.) 40, enf. 10 ⬭ – 🖂 7 – **7 ch** 55/90
    – ½ P 61,50/79.
    ♦ En pleine nature, ferme quercynoise abritant une salle à manger de caractère, coiffée
    d'un beau plafond à la française. Les chambres mêlent mobilier de style et campagnard.

Une réservation confirmée par écrit ou par fax est toujours plus sûre.

PUYMIROL 47270 L.-et-G. **336** G4 *G. Aquitaine* – *864 h alt. 153.*

    🛈 *Syndicat d'initiative, 7 place Maréchal Leclerc 𝄐 05 53 67 80 40, Fax 05 53 95 32 38.*

    Paris 649 – Agen 17 – Moissac 35 – Villeneuve-sur-Lot 30.

🏨🏨 **Les Loges de l'Aubergade** (Trama) ⚭, 52 r. Royale 𝄐 05 53 95 31 46, *trama@auberga*
❀❀❀ *de.com, Fax 05 53 95 33 80*, 🍽, ⚒ – 🗔 📺 – 🔏 25. 🖭 ⑩ **GB** **JCB**
    fermé vacances de fév., lundi sauf le soir en saison, dim. soir, mardi midi et lundi hors saison
    – **Repas** 56 (déj.), 66/130 et carte 90 à 140 – 🖂 20 – **11 ch** 168/267 – ½ P 230.
    ♦ Belles maisons du 13ᵉ (ex-résidence des comtes de Toulouse) et 17ᵉ s. à l'intérieur
    contemporain. Insolite "mur des senteurs", étonnante salle baroque signée Garcia, ter-
    rasse-cloître, cave à cigares étoffée et délicieuse cuisine inventive : sensoriel !
    Spéc. Papillote de pomme de terre en habit vert à la truffe. Hamburger de foie gras chaud
    aux cèpes, jus de canard corsé. Assiette des cinq sens. **Vins** Côtes de Duras, Buzet.

PUY-ST-VINCENT 05290 H.-Alpes **334** G4 *G. Alpes du Sud* – *267 h alt. 1325 – Sports d'hiver :*
    1 400/2 700 m ⚡ 16 🎿.

    Voir *Les Prés* ≤★ *SE : 2 km – Église*★ *de Vallouise N : 4 km.*

    🛈 *Office de tourisme, Chapelle St-Jacques; Les Alberts 𝄐 04 92 23 35 80, Fax 04 92 23 45 23, courrier@puysaintvincent.net.*

    Paris 700 – Briançon 21 – L'Argentière-la-Bessée 10 – Gap 83 – Guillestre 30.

🏠 **Saint-Roch** ⚭, aux Prés, Est : 1 km par D 404 𝄐 04 92 23 32 79, *info@hotel-st-roch.co*
    m, Fax 04 92 23 45 11, ≤ vallée et montagnes, 🍽, ⚒ – 🗔 📺 🅿. **GB**. ⚒
    20 juin-31 août et 20 déc.-1ᵉʳ avril – **Repas** 23/44 – 🖂 9 – **15 ch** 72 – ½ P 76.
    ♦ Construction des années 1970 idéalement située au pied des pistes de cette station de la
    Vallouise. Grandes chambres simplement meublées, parfois dotées d'une terrasse au Sud.
    Beau panorama sur la vallée et les sommets depuis le restaurant et la terrasse.

🏠 **Pendine** ⚭, aux Prés, Est : 1 km par D 404 𝄐 04 92 23 32 62, *lapendine@yahoo.fr*,
    Fax 04 92 23 46 63, ≤, 🍽, ⚒ – 📺 📺 🅿. **GB**. ⚒
    18 juin-4 sept. et 15 déc.-10 avril – **Repas** 13,80 (déj.), 18,50/30, enf. 8,60 ⚱ – 🖂 7,30 – **26 ch**
    47,30/63 – ½ P 55,40/57.
    ♦ Cet hôtel perché sur les hauteurs du village dispose de chambres lambrissées sobre-
    ment décorées ; celles avec balcon profitent d'une récente rénovation. Plats traditionnels
    et spécialités alpines à déguster au restaurant ou en terrasse l'été.

PYLA-SUR-MER *33115 Gironde* **335** D7 *G. Aquitaine.*

Voir *Dune du Pilat*★★.

🛈 *Syndicat d'initiative, Rond-point du Figuier* ℘ *05 56 54 02 22, Fax 05 56 22 58 84, pyla002@attglobal.net.*

Paris 648 – Bordeaux 66 – Arcachon 8 – Biscarrosse 34.

Voir plan d'Arcachon agglomération.

🏡 **Maminotte** ⚘ sans rest, allée Acacias ℘ 05 57 72 05 05, *Fax 05 57 72 06 06* – **GB**
   ⬜ 7,50 – **12 ch** 69/85.   **AY** **n**
   ♦ Dans un quartier résidentiel proche de la plage, villa abritant des chambres simples et sobrement meublées ; certaines ont un balcon donnant sur la pinède.

✕✕ **Gérard Tissier**, bd Océan ℘ 05 56 54 07 94, *Fax 05 56 83 20 98,* 🌤 – ▪. **AE** **GB**   **AY** **e**
   fermé 17 nov. au 5 déc., 12 janv. au 5 fév., lundi et mardi sauf le soir en juil.-août – **Repas** (19)
   - 29/49, enf. 11 ♀.
   ♦ Façade avenante, agréable terrasse, tables dressées avec soin, tableaux et discrète thématique marine : ce restaurant propose une carte traditionnelle tournée vers l'océan.

✕✕ **Côte du Sud** avec ch, 4 av. Figuier ℘ 05 56 83 25 00, *cote.du.sud@wanadoo.fr,*
   Fax 05 56 83 24 13, 🌤 – ▪ ch, **TV** 📞. **AE** ➊ **GB**   **AY** **s**
   1ᵉʳ fév.-30 nov. – **Repas** 21,50/28, enf. 12 ♀ – ⬜ 6,50 – **8 ch** 90/115.
   ♦ Restaurant apprécié pour sa jolie décoration à tendance "ethnique", sa vaste terrasse installée presque sur la plage et sa cuisine iodée. Quelques chambres au cadre exotique.

QUARRÉ-LES-TOMBES *89630 Yonne* **319** G7 *G. Bourgogne – 723 h alt. 457.*

🛈 *Syndicat d'initiative* ℘ *03 86 32 23 38, Fax 03 86 32 23 43.*

Paris 233 – Auxerre 73 – Avallon 18 – Château-Chinon 49 – Clamecy 49 – Dijon 118.

🏡 **Nord**, 25 pl. Eglise ℘ 03 86 32 29 30, *Fax 03 86 32 29 31,* 🌤 – cuisinette, ▪ rest, **TV** &. –
   ♨ 25 à 70. **AE** ➊ **GB** **JCB**
   fermé 15 au 30 mars, 1ᵉʳ au 15 sept. et 1ᵉʳ au 15 déc. – **St-Georges** (*fermé merc. soir et jeudi*) **Repas** 18,50/28,50 ♨ – ⬜ 7,80 – **10 ch** 55/75 – ½ P 65.
   ♦ Cette hôtellerie postée face à l'église bénéficie d'une rénovation récente. Les chambres sont petites, mais coquettes et garnies de jolis meubles anciens. Au St-Georges, décor et atmosphère de bistrot "rétro", cuisine traditionnelle et produits du terroir.

✕✕ **Morvan** avec ch, 6 rue des Ecoles ℘ 03 86 32 29 29, *Fax 03 86 32 29 28,* 🚗 – **TV** 📞 & 📶.
   AE ➊ **GB**
   fermé 4 au 12 oct.(sauf hôtel) et 22 déc. au 24 fév. – **Repas** (*fermé lundi et mardi*) 19/44,
   enf. 10,50 – ⬜ 8 – **8 ch** 43/69 – ½ P 51/58.
   ♦ Cette modeste façade dissimule une sympathique auberge où l'on déguste une cuisine soignée dans le cadre plaisant d'une salle sous poutres apparentes. Chambres confortables.

aux Lavaults *Sud-Est : 5 km par D 10* – ⊠ *89630 Quarré-les-Tombes :*

✕✕✕ **Auberge de l'Âtre** (Salamolard) ⚘ avec ch, ℘ 03 86 32 20 79, *laubergedelatr@free.fr,*
   Fax 03 86 32 28 25, 🌤, 🚗 – **TV** 📞 & 📶 – ♨ 30. **AE** ➊ **GB** **JCB**
   fermé 20 juin au 7 juil., 1ᵉʳ fév. au 3 mars, mardi et merc. – **Repas** (prévenir) 24,50 (déj.),
   39,50/49,50 et carte 40 à 68, enf. 11 ♀ – ⬜ 8,50 – **7 ch** 58/91.
   ♦ Ferme morvandelle en pleine campagne. Attablez-vous près de l'âtre dans un joli cadre rustique ou sur la terrasse-véranda donnant sur le jardin fleuri. Plats classiques.
   Spéc. Cocktail de champignons des bois. Eventail d'esturgeon aux champignons. **Vins** Bourgogne-Vézelay blanc, Coulanges-la-Vineuse.

aux Brizards *Sud-Est : 8 km par D 55 et D 355* – ⊠ *89630 :*

🏡 **Auberge des Brizards** ⚘, ℘ 03 86 32 20 12, *lesbrizards@free.fr, Fax 03 86 32 27 40,*
   🌤, 🚗, ✕, ♨ – **TV** 📞 & 📶 – ♨ 50. **AE** ➊ **GB**
   fermé 6 janv. au 14 fév., lundi et mardi – **Repas** 23 bc/45,80 – ⬜ 9 – **16 ch** 38/85, 4 suites –
   ½ P 65/80.
   ♦ Paisible hameau occupé en partie par les différentes maisons de cette charmante auberge rustique. Chambres douillettes, plus simples à l'annexe. Parc, étangs et jardin fleuri. Agréable et lumineux restaurant (meubles anciens, poutres et grande cheminée).

Dans ce guide
un même symbole, un même mot,
imprimé en **rouge** *ou en* **noir**, *en maigre ou en* **gras**,
n'ont pas tout à fait la même signification.
Lisez attentivement les pages explicatives.

QUATRE-ROUTES-D'ALBUSSAC 19 Corrèze **329** L5 – alt. 600 – ⊠ 19380 Albussac.
Voir Roche de Vic ✳ ★ S : 2 km puis 15 mn, G. Berry Limousin.
Paris 492 – Brive-la-Gaillarde 27 – Aurillac 72 – Mauriac 67 – St-Céré 36 – Tulle 18.

Roche de Vic, ℰ 05 55 28 15 87, roche.vic@wanadoo.fr, Fax 05 55 28 01 09, 佘, ⅃, ⌀ – ⊤⊽ ℗. ⒼⒷ
fermé 1er au 7 oct., 2 janv. au 15 mars, dim. soir d'oct. à déc. et lundi sauf juil.-août et fériés – **Repas** (12) - 15/35, enf. 8 ⒴ – ⌿ 6,50 – **11 ch** 38/45 – ½ P 45.
♦ Maison de pays du début du 20e s. Chambres proprettes sobrement meublées dans le goût des années 1950 ; l'orientation côté jardin est plus séduisante. Petits plats régionaux à déguster avant ou après la découverte du panorama à la Roche de Vic.

QUÉDILLAC 35290 I.-et-V. **309** J5 – 966 h alt. 85.
Paris 389 – Rennes 39 – Dinan 30 – Lamballe 45 – Loudéac 57 – Ploërmel 46.

XXX **Relais de la Rance** avec ch, 6 r. de Rennes ℰ 02 99 06 20 20, relaisdelarance@21s.fr, Fax 02 99 06 24 01 – ⊤⊽ ℃ ℗. ⒶⒺ ⓪ ⒼⒷ
fermé 20 déc. au 20 janv., vend. soir et dim. soir – **Repas** (14) - 19/65 et carte 38 à 50, enf. 11 ⒴ – ⌿ 8 – **13 ch** 44/59 – ½ P 46/70.
♦ Maison villageoise en granit abritant une élégante salle à manger avec fresques, mobilier de style et tables soignées. Cuisine traditionnelle et un menu dédié au terroir.

Les QUELLES 67 B.-Rhin **315** G6 – rattaché à Schirmeck.

QUELVEN 56 Morbihan **308** M6 – rattaché à Pontivy.

QUENZA 2A Corse-du-Sud **345** D9 – voir à Corse.

QUESTEMBERT 56230 Morbihan **308** Q9 G. Bretagne – 5 727 h alt. 100.
🅱 Office de tourisme, Hôtel Belmont ℰ 02 97 26 56 00, Fax 02 97 26 54 55.
Paris 445 – Vannes 29 – Ploërmel 32 – Redon 34 – Rennes 96 – La Roche-Bernard 23.

XXX **Bretagne** (Paineau) avec ch, r. St-Michel ℰ 02 97 26 11 12, lebretagne@wanadoo.fr, Fax 02 97 26 12 37, 佘, ⌀ – ⊤⊽ ℃ ℗. ⒶⒺ ⒼⒷ
fermé 8 au 31 janv., lundi (sauf le soir en août), mardi midi et merc. midi – **Repas** (prévenir) 37/135 et carte 87 à 125 – ⌿ 16,80 – **9 ch** 120/150 – ½ P 175.
♦ Ce restaurant vous reçoit dans son élégante salle habillée de boiseries ou dans son exubérant jardin d'hiver ; cuisine inventive. Chambres très confortables dans l'annexe.
Spéc. Huîtres en paquets. Langoustines royales rôties. Ragoût de homard aux truffes. **Vins** Muscadet sur lie.

QUETTEHOU 50630 Manche **303** E2 G. Normandie Cotentin – 1 475 h alt. 14.
🅱 Office de tourisme, place de la mairie ℰ 02 33 43 63 21, Fax 02 33 43 63 21, bureau@val-de-saire.com.
Paris 345 – Cherbourg 29 – Barfleur 10 – St-Lô 66 – Valognes 16.

Demeure du Perron ⌱, ℰ 02 33 54 56 09, demeureduperron@wanadoo.fr, Fax 02 33 43 69 28, 佘, ⌀ – ⊤⊽ ⅘ ℗. ⒼⒷ
fermé 25 fév. au 20 mars – **Repas** (fermé vend. midi et dim. soir du 1er au 30 juin et lundi midi) 14,50/21,50 ⒴ – ⌿ 7 – **20 ch** 44/58 – ½ P 44/48.
♦ En retrait de la route, pavillons disséminés dans un agréable jardin clos. Trois d'entre eux abritent des chambres nettes et fonctionnelles. Décor marin dans la salle à manger, poissons et fruits de mer dans l'assiette.

X **Auberge de Ket Hou,** 17 r de Gaulle ℰ 02 33 54 40 23, aubergedekethou@wanadoo.fr, Fax 02 33 54 02 11 – ⒶⒺ ⒼⒷ
fermé dim. soir et lundi sauf fériés – **Repas** 13,80 (déj.), 17,30/36,50 ⒴.
♦ Cette auberge située au bord de la route départementale propose une cuisine tradi-tionnelle dans un cadre rustique rénové où dominent les vieilles pierres et le bois.

La QUEUE-EN-BRIE 94 Val-de-Marne **312** E3 **101** ㉙ – voir à Paris, Environs.

QUIBERON 56170 Morbihan **308** M10 G. Bretagne – 5 073 h alt. 10 – Casino.
Voir Côte sauvage★★ NO : 2,5 km.
🅱 Office de tourisme, 14 rue de Verdun ℰ 02 97 50 07 84, Fax 02 97 30 58 22, quiberon-@quiberon.com.
Paris 505 ① – Vannes 47 ① – Auray 28 ① – Concarneau 98 ① – Lorient 47 ①.

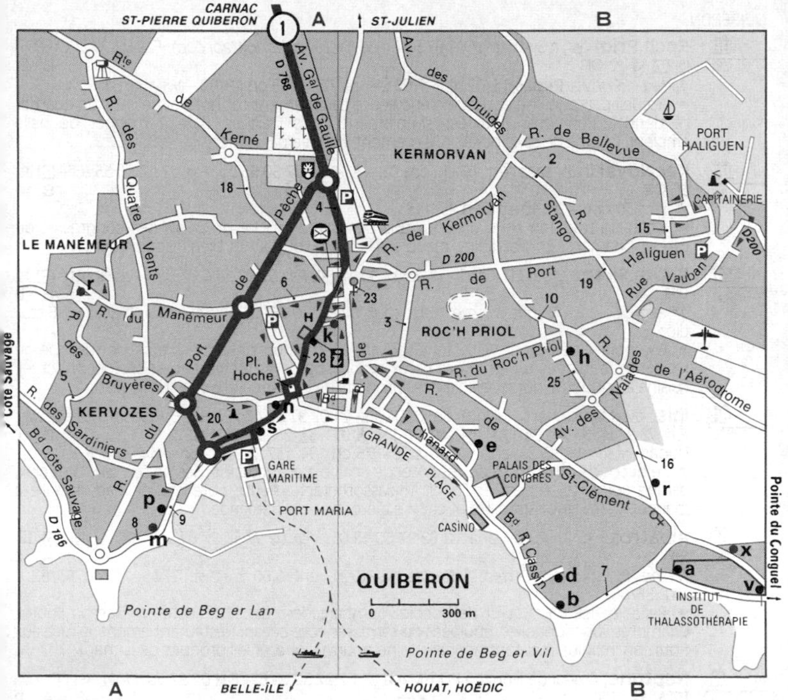

KERMORVAN

LE MANÉMEUR

KERVOZES

ROC'H PRIOL

QUIBERON

PORT HALIGUEN

CAPITAINERIE

GARE MARITIME

PORT MARIA

CASINO

PALAIS DES CONGRÈS · St-Clément

INSTITUT DE THALASSOTHÉRAPIE

Pointe du Conguel

Pointe de Beg er Lan

Pointe de Beg er Vil

BELLE-ÎLE ↙   HOUAT, HOËDIC ↓

0 — 300 m

A **B**

Corsaires (R. des)	**B** 2	Hoëdic (Bd d')	**A** 8	Petit-Pont-d'Eau (R. du)	**A** 18
France (Bd A.)	**B** 3	Houat (Quai de)	**A** 9	Peupliers (R. des)	**B** 19
Gare (R. de la)	**AB** 4	Korrigans (R. des)	**B** 10	Port-Maria (R. de)	**A** 20
Genêts (R. des)	**A** 5	Mané (R. du)	**B** 15	Repos (Pl. du)	**B** 23
Golvan (R. V.)	**A** 6	Marronniers		Sirènes (R. des)	**B** 25
Goviro (Bd du)	**B** 7	(Av. des)	**B** 16	Verdun (R. de)	**A** 28

Sofitel Thalassa ⊗, pointe de Goulvars ℘ 02 97 50 20 00, h0557@accor-hotels.com, Fax 02 97 50 46 32, ≤, 🌭, Ⅰ₆, 🔲, 🐾, ℀ – 🛗 ⇆ 📺 📞 ₺ 🅿 – 🔏 25. 𝔸𝔼 ⓞ 𝔾𝔹. ℀ rest   **B a**

fermé 5 janv. au 2 fév. – **Repas** 48 ♀ – ⊑ 19 – **116 ch** 172/401, 17 suites – ½ P 157/228.
♦ Séjour iodé dans ce complexe hôtelier agréablement situé face à la plage et directement relié à l'institut de thalassothérapie. Chambres plus spacieuses côté océan. Classique et diététique, la cuisine de cet établissement répond à l'appel du grand large.

Sofitel Diététique ⊗, pointe de Goulvars ℘ 02 97 30 20 00, h0562@accor-hotels.com, Fax 02 97 30 47 63, ≤, 🌭, Ⅰ₆, 🔲, 🐾, ℀ – 🛗 ⇆ 📺 📞 ₺ 🅿. 𝔸𝔼 ⓞ 𝔾𝔹. ℀ rest   **B v**

30 nov-8 fév. – **Repas** (résidents seul.) 50 – ⊑ 19 – **74 ch** (pension seul.) – P 246/348.
♦ Cet hôtel, entièrement rénové, accueille les curistes de l'institut de thalassothérapie (accès direct). Chambres tournées vers le large. Chambres diététiques.

Europa ⊗, à Port-Haliguen, Est : 2 km par D 200 ℘ 02 97 50 25 00, europa.hotel@wanadoo.fr, Fax 02 97 50 39 30, ≤, Ⅰ₆, 🔲, 🐾 – 🛗 📺 🅿 – 🔏 20. 𝔾𝔹. ℀ rest

1er avril-2 nov. – **Repas** (fermé 29 sept. au 24 oct et 2 nov. au 1er avril) 22/58, enf. 11,50 ♀ – ⊑ 11 – **53 ch** 96/128 – ½ P 81/97.
♦ Plage à 50 m, vaste jardin, fitness, piscine intérieure, chambres équipées de balcons et pour moitié tournées vers la baie de Quiberon : cet hôtel a de sérieux atouts. Salle à manger et terrasse tournées vers l'océan. Cuisine régionale et produits de la mer.

Bellevue ⊗, r. Tiviec ℘ 02 97 50 16 28, bienvenue@bellevuequiberon.com, Fax 02 97 30 44 34, 🔲 – 📺 🅿. 𝔸𝔼 𝔾𝔹. ℀ rest   **B d**

avril-sept. – **Repas** (dîner seul.) 15,50/23 ♀ – ⊑ 9,50 – **38 ch** 71/114 – ½ P 66/87.
♦ Architecture passe-partout, mais intérieur printanier : gamme étendue de couleurs dans des chambres équipées de terrasses ; certaines offrent une échappée sur l'océan. Menu du jour et petite carte au registre classique servis dans un cadre frais et lumineux.

Roch Priol ⍾, r. Sirènes ℰ 02 97 50 04 86, *hotelrochpriol@aol.com, Fax 02 97 30 50 09* –
📺 🅲 🅿. 🅶🅱   **B h**
15 fév.-15 nov. – **Repas** 13/32, enf. 7,50 ♀ – ☲ 7,50 – **45 ch** 69/89 – ½ P 58/64.
◆ Accueil personnalisé et tenue méticuleuse caractérisent cet hôtel situé dans un quartier
résidentiel. Chambres équipées simplement, mais fraîches. Salle à manger de belle
ampleur. Cuisine de style pension, largement inspirée par la mer.

Ker Noyal II ⍾ sans rest, 43 ch. des Dunes ℰ 02 97 50 55 75, *Fax 02 97 50 55 93* – 📺 🅿.
🅰🅴   **B e**
1er fév.-30 nov. – ☲ 10 – **14 ch** 95/115.
◆ Hôtel de tradition situé dans un quartier calme proche du palais des congrès et du
casino. Chambres confortables, meublées en style Louis XVI et bien insonorisées.

Petite Sirène, 15 bd R. Cassin ℰ 02 97 50 17 34, *Fax 02 97 50 03 73,* ≤ – cuisinette 📺 🅿.
🅶🅱. ✥   **B b**
1er avril-15 oct. – **Repas** *(fermé merc. sauf juil.-août)* 25/52 – ☲ 10 – **18 ch** 60/75, 15 studios.
◆ À la pointe de Beg er Vil, hôtel disposant de chambres meublées en style rustique ou
moderne, équipées d'une loggia côté "grand large". Au restaurant, sobre décor actuel,
cuisine au goût du jour privilégiant les produits de la mer et jolie vue sur l'océan.

Ibis, av. Marronniers, pointe de Goulvars ℰ 02 97 30 47 72, *H0909@accor-hotels.com,
Fax 02 97 30 55 78,* 😄, 🛋, 🔌, 🌡 – 📺 🅲 & 🅿. – 🕸 25. 🅰🅴 ⓞ 🅶🅱   **B r**
Repas *(15,50)* · 18,50/22, enf. 10 ⅋ – ☲ 8 – **75 ch** 104/137, 20 duplex – ½ P 72/79.
◆ Le décor des chambres de cet hôtel de chaîne a été actualisé. Ses petits "plus" : duplex,
piscine couverte, fitness et forfait thalassothérapie. Petite note marine dans la salle à
manger. Carte assez travaillée et cuisine diététique sur demande.

Albatros, 19 r. Port-Maria ℰ 02 97 50 15 05, *Fax 02 97 50 27 61,* ≤, 😄 – 🛗 📺 🅿.
🅶🅱   **A s**
fermé 15 nov. au 10 déc. – **Repas** 12,80/21, enf. 6,60 ♀ – ☲ 7,70 – **35 ch** 63/82 –
½ P 56/66.
◆ Belle-Île, îles d'Houat et de Hoedic : l'embarcadère est situé juste en face de l'hôtel.
Chambres fonctionnelles, équipées de terrasses côté océan. Restaurant aménagé face aux
flots : on imagine mal comment la cuisine pourrait ignorer les produits de la mer !

Neptune, 4 quai de Houat à Port Maria ℰ 02 97 50 09 62, *Fax 02 97 50 41 44,* ≤, 😄 – 🛗
📺 🅿. 🅶🅱   **A p**
fermé 10 janv. au 10 fév. et mardi hors saison – **Repas** 16/29, enf. 7,60 ♀ – ☲ 6,80 – **21 ch**
51/75 – ½ P 61/67,50.
◆ Hôtel familial situé face à la criée. Chambres meublées en style rustique, régulièrement
rajeunies. Celles qui ne donnent pas sur la rue sont plus calmes. La salle à manger est
colorée et la cuisine, sans prétention, rend un hommage appuyé à Neptune.

Druides, 6 r. Port Maria ℰ 02 97 50 14 74, *contact@hotel-des-druides.com,
Fax 02 97 50 35 72* – 🛗 📺 🅲. 🅰🅴 🅶🅱   **A n**
hôtel : mars-oct. ; rest. : avril-sept. – **Repas** 16,50/28, enf. 8 ♀ – ☲ 8,50 – **31 ch** 68/105 –
½ P 65/75.
◆ Petit hôtel au décor bleu comme la mer. Les deuxième et troisième étages, dominant la
plage, ont été refaits ; aménagements sobres et frais. Les plat de fruits de mer et de
poissons préparés ici valent bien toutes les potions magiques druidiques !

Baie ⍾ sans rest, à St-Julien, Nord : 2 km ℰ 02 97 50 08 20, *Fax 02 97 50 41 51* – 🅿. 🅰🅴
🅶🅱
1er avril-15 nov. – ☲ 6,50 – **19 ch** 38/53.
◆ Accueil tout sourire et tenue impeccable valorisent cette maison des années 1930 où
vous trouverez des chambres simples, au décor un brin suranné. Collection de 6000 pin's.

Jules Verne, 1 bd d'Hoëdic à Port-Maria ℰ 02 97 30 55 55, *Fax 02 97 30 55 55,* ≤, 😄 –
🅶🅱   **A m**
fermé 1er au 17 déc., 20 janv. au 4 fév., mardi et merc. – **Repas** 24 ♀.
◆ Produits de la pêche locale recueillis à 20000 lieues sous les mers par un Nautilus
quiberonnais et vue sur Port-Maria et les îles : un voyage extraordinaire, assurément !

Verger de la Mer, bd Goulvars ℰ 02 97 50 29 12, *vergerdelamer@wanadoo.fr,
Fax 02 97 50 29 06* – 🅰🅴 🅶🅱   **B x**
fermé 8 janv. au 28 fév., dim. soir de nov. à avril, mardi soir et merc. – **Repas** 18/34 ♀.
◆ Tout proche de l'institut de thalassothérapie, restaurant au cadre un peu sombre,
sobrement aménagé dans un style actuel. Agréable petit salon où l'on sert l'apéritif.

Chaumine, à Manémeur ℰ 02 97 50 17 67, *Fax 02 97 50 17 67* – 🅶🅱   **A r**
fermé 10 au 31 mars, 3 nov. au 16 déc., dim. soir et lundi – **Repas** 13 (déj.), 22,50/45,
enf. 8,50 ♀.
◆ Adorable chaumière où l'on savoure au coude à coude des plats régionaux dans une
sympathique ambiance propre au quartier des pêcheurs.

à St-Pierre-Quiberon *Nord : 5 km par D 768 – 2 165 h. alt. 12 –* ⊠ *56510 .*

Voir *Pointe du Percho* ⩽ ★ *au NO : 2,5 km.*

🏠 **Plage,** *ℰ 02 97 30 92 10, bienvenue@hotel-la-plage.com, Fax 02 97 30 99 61,* ⩽, 🏤 – |🛗|
cuisinette ⥄ 📺 **P** – ♨ 25. 🆎 ⓪ 🔿. 🎆 rest
début avril-fin sept. – **Repas** (dîner seul.) 22/28, enf. 9 ♀ – ⊆ 9 – **43 ch** 72/105 – ½ P 65/82.
♦ Hôtel tenu par la même famille depuis trois générations. Chambres équipées de mobilier standard ; celles qui disposent d'un balcon se colorent du bleu ou du vert de l'océan. Belle vue sur l'Atlantique depuis le restaurant panoramique. Repas traditionnel.

à Portivy *Nord : 6 km par D 768 et rte secondaire –* ⊠ *56510 :*

🍴 **Taverne** avec ch, *ℰ 02 97 30 91 61, Fax 02 97 30 72 52,* ⩽ – 🔿. 🎆 rest
fév.-Toussaint et fermé lundi soir hors saison et mardi – **Repas** 16 (déj.), 21/58, enf. 7,50 ♀ –
⊆ 6 – **8 ch** 44 – ½ P 44.
♦ Cuisine du bord de mer proposée dans une salle à manger bénéficiant d'une vue sur un pittoresque port de pêche. Joli mobilier breton. Accueil attentionné.

QUIÉVRECHAIN *59 Nord* 302 *K5 – rattaché à Valenciennes.*

QUILLAN *11500 Aude* 344 *E5 G. Languedoc Roussillon – 3 542 h alt. 291.*

Voir *Défilé de Pierre Lys★ S : 5 km.*

🚩 *Office de tourisme, square André Tricoire ℰ 04 68 20 07 78, Fax 04 68 20 04 91, tourisme.Quillan@wanadoo.fr.*
Paris 797 – Andorra la Vella 113 – Carcassonne 52 – Foix 64 – Limoux 28 – Perpignan 76.

🏠 **Chaumière,** 25 bd Ch. de Gaulle *ℰ 04 68 20 17 90, Fax 04 68 20 13 55,* 🏤 – 📺 🔿 🥤 🚗.
🔿
1er avril-1er nov. – **Repas** *(fermé dim. soir et lundi du 1er avril au 15 mai)* 15/31, enf. 8 – ⊆ 7 –
17 ch 48/60 – ½ P 55.
♦ La région de Quillan attire les sportifs : randonnées, canoë-kayak, rafting, VTT... Cette vaste bâtisse en rotonde abrite des chambres spacieuses, diversement meublées. Salle de restaurant où bois et fer forgé entretiennent une atmosphère campagnarde.

🏠 **Cartier,** 31 bd Ch. de Gaulle *ℰ 04 68 20 05 14, hotel.cartier@wanadoo.com,*
Fax 04 68 20 22 57 – |🛗|, 🍴 rest, 📺 🥤. 🔿
Repas *(15 mars-15 déc. et fermé sam. midi en mars-avril et d'oct à déc.)* (20) - 15/26, enf. 8
♨ – ⊆ 7,50 – **28 ch** 32/56 – ½ P 48/55.
♦ Immeuble du début du 20e s. situé sur un boulevard passant. Les chambres, bien insonorisées, offrent un confort complet et un sobre décor. Salle de restaurant rustique dotée d'une cheminée ; spécialités audoises : lapin à l'ail, cassoulet, rouzolle.

🏠 **Canal,** 36 bd Ch. de Gaulle *ℰ 04 68 20 08 62, Fax 04 68 20 27 96* – 📺 🚗. 🔿. 🎆
fermé 1er au 15 nov., 2 au 15 janv., dim. soir et lundi hors saison – **Repas** 11,50/28, enf. 7,50
♨ – ⊆ 5,80 – **14 ch** 35/43 – ½ P 40/44.
♦ Construction d'allure régionale bordant l'artère principale de la ville. Chambres rustiques ou récemment refaites dans un esprit fonctionnel. Sobre salle à manger où l'on déguste sans cérémonie une cuisine traditionnelle et locale.

🏠 **Pierre Lys,** av. François Mitterrand *ℰ 04 68 20 08 65, Fax 04 68 20 81 97,* 🌳 – 📺 **P**. 🔿
fermé mi-nov. à mi-déc. – **Repas** 13/43, enf. 9 ♨ – ⊆ 6 – **16 ch** 32/48 – ½ P 38/43.
♦ Établissement des années 1960 dont les chambres, plus amples et calmes côté jardin, conservent leur aménagement initial. La cuisine familiale que l'on déguste au restaurant compense un décor plus tout à fait dans le vent.

QUIMPER **P** *29000 Finistère* 308 *G7 G. Bretagne – 63 238 h Agglo. 120 441 h alt. 41.*

Voir *Cathédrale St-Corentin★★ – Le vieux Quimper★ : Rue Kéréon★ ABY – Jardin de l'Évêché ⩽★ BZ K – Mont-Frugy ⩽★ ABZ – Musée des Beaux-Arts★★ BY M¹ – Musée départemental breton★ BZ M² – Musée de la faïence★ AX M³ – Descente de l'Odet★★ en bateau 1 h 30 – Festival de Cornouaille★ (fin juillet).*

✈ *de Quimper-Cornouaille ℰ 02 98 94 30 30, par D 40 : 8 km* **AX.**
🚩 *Office de tourisme, place de la Résistance ℰ 02 98 53 04 05, Fax 02 98 53 31 33, contact@quimper-tourisme.com.*
Paris 564 ③ *– Brest 73* ① *– Lorient 67* ③ *– Rennes 215* ③ *– St-Brieuc 130* ①.

Plans pages suivantes

🏠 **Gradlon** sans rest, 30 r. Brest *ℰ 02 98 95 04 39, hotel-gradlon@wanadoo.fr,*
Fax 02 98 95 61 25 – 📺 🥤. 🆎 ⓪ 🔿   **BY a**
fermé 20 déc. au 20 janv. – ⊆ 10,50 – **22 ch** 82/99.
♦ Chambres rajeunies par étapes, donnant pour la plupart sur une jolie courette fleurie, tout comme la véranda où l'on sert les petits-déjeuners. Accueil familial attentionné.

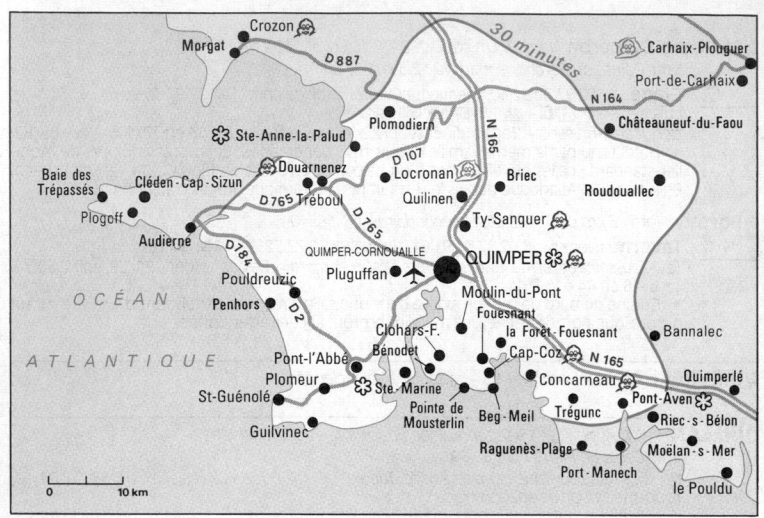

🏨 **Mascotte**, 6 r. Th. Le Hars   ℘ 02 98 53 37 37, *mascotte-quimper@hotel-sofibra.com*,
Fax 02 98 90 31 51 – 📶 ⇆ 📺 📞 🔥   – 🏊 25. 🖭 ⓪ ☒   **BZ d**
Repas *(fermé sam. et dim. d'oct. à juin)* (dîner seul.) (13) - carte 23 à 33, enf. 7 ♀ – ☐ 7 –
63 ch 78 – ½ P 56.
  ♦ Cet établissement proche du centre-ville dispose de chambres pratiques au cadre
quelque peu désuet ; elles sont plus petites, mais plus calmes sur l'arrière. Salle à manger,
salon et bar sont d'un seul tenant et sobrement fonctionnels. Cuisine traditionnelle.

🏨 **Mercure** sans rest, 21 bis av. Gare   ℘ 02 98 90 31 71, *h1421@accor-hotels.com*,
Fax 02 98 53 09 81 – 📶 📺 📞 🔥   ⇔ 📭 – 🏊 30. 🖭 ☒   **BX a**
☐ 9 – **61 ch** 65/99.
  ♦ Aux portes du vieux Quimper, hôtel traditionnel entièrement rénové ; les chambres,
actuelles, ont adopté les dernières normes de la chaîne Mercure. Bons petits-déjeuners.

🏨 **Ibis**, r. G. Eiffel - Z.I. Hippodrome   ℘ 02 98 90 53 80, *h0637@accor-hotels.com*,
Fax 02 98 52 18 41 – ⇆ 📺 📞 🔥 📭 – 🏊 30. 🖭 ⓪ ☒   **BV f**
Repas 15/18,50 bc ♀ – ☐ 6 – **72 ch** 65/75.
  ♦ Plus personnalisé qu'à l'accoutumée, cet Ibis offre un cadre moderne et soigné :
chambres pratiques et colorées, et salon revêtu de boiseries. Salle de restaurant agréable-
ment lumineuse, lambrissée et meublée dans un sobre style actuel. Plats traditionnels.

XXX **Acacias**, 85 bd Creac'h Gwen   ℘ 02 98 52 15 20, *acacias-qper@wanadoo.fr*,
Fax 02 98 10 11 48, 🌳 – 📭. ☒   **BX b**
fermé 1ᵉʳ au 11 mai, 16 au 31 août, sam. midi, dim. soir et lundi soir – **Repas** 17/42 et carte
25 à 50 🌿.
  ♦ Restaurant aménagé dans une engageante maison moderne. À l'intérieur, nouveau
décor contemporain, de bon goût et chaleureux. Cuisine classique et belle carte
des vins.

XX **L'Ambroisie**, 49 r. Elie Fréron   ℘ 02 98 95 00 02, *gilbert.guyon@wanadoo.fr*,
Fax 02 98 95 88 06 – 🖭 ☒ 🃏 🌿   **BY u**
fermé 28 juin au 9 juil., vacances de fév., dim. soir sauf en été et lundi – **Repas** 22 (déj.),
31/64.
  ♦ Élégante salle à manger contemporaine ornée d'originales peintures sur bois ; on y
savoure une sobre cuisine régionale sensible au rythme des saisons.

XX **Jardin de l'Odet**, 39 bd Kerguelen   ℘ 02 98 95 76 76, Fax 02 98 64 21 35, 🌆 –
☒   **BZ n**
fermé dim. – **Repas** 19 (déj.), 27/35 ♀.
  ♦ Bâtisse des années 1930 située sur la rive droite de l'Odet. Salle à manger aux tons ocre,
décorée de peintures modernes et largement ouverte sur une agréable cour-terrasse.

XX **Fleur de Sel**, 1 quai Neuf   ℘ 02 98 55 04 71, Fax 02 98 55 04 71 – ☒ 🌿   **AX v**
fermé 29 avril au 13 mai, 23 déc. au 6 janv., sam. midi et dim. – **Repas** 20/35 ♀.
  ♦ Dans un quartier pittoresque, cette adresse (réservée aux non-fumeurs) vous invite à
découvrir le Yémen à travers les oeuvres d'une artiste locale. Cuisine régionale soignée.

QUIMPER

Astor (R.) .... **AYZ** 2
Bécharles (Av. de) ... **BV** 3
Beurre (Pl. au) ...... **BY** 4
Boucheries (R. des) .. **BY** 6
Chapeau-Rouge (R.) .. **AY** 9
Concarneau (R. de) .. **BX** 10
Creac'h Gwen (Bd.) .. **BX** 12
Gare (Av. de la) ..... **BX** 15
Guéodet (R. du) ..... **BY** 16
Gutenberg (Bd) ..... **BX** 17
Jacob (Pont Max) .... **AZ** 18
Kéréon (R.) .... **AY**
Kerguélen
  (Bd Amiral de) .... **BZ** 23
Le Hars (R. Th.) ..... **BZ** 24
Libération (Av. de la) . **BX** 25
Locmaria (Allées) .... **AZ** 26
Luzel (R.) .... **BY** 28
Mairie (R. de la) ..... **BY** 29

Moulin-Vert (R. du) ... **AV** 30
Parc (R. du) .... **ABZ** 34
Pont-l'Abbé (R. de) ... **AX** 35
Potiers (Ch. des) ..... **BX** 37
Poulguinan (Bd de) ... **AX** 38
Résistance-et-du-Gén.
  de-Gaulle (Pl. de la) . **AZ** 40
Ronarc'h (R. Amiral) .. **AZ** 42
St-Corentin (Pl.) ..... **BZ** 43

St-François (R.) ...... **BZ** 45
St-Mathieu (R.) ...... **AZ** 47
Ste-Catherine (R.) .... **BZ** 48
Ste-Thérèse (R.) ..... **BZ** 50
Sallé (R. du) .... **BY** 52
Steir (Q. du) .... **AZ** 53
Terre-au-Duc (Pl.) .... **AY** 54
Tour-d'Auvergne (R.) .. **BX** 58
Ty-Nay (Rte de) ...... **BV** 60

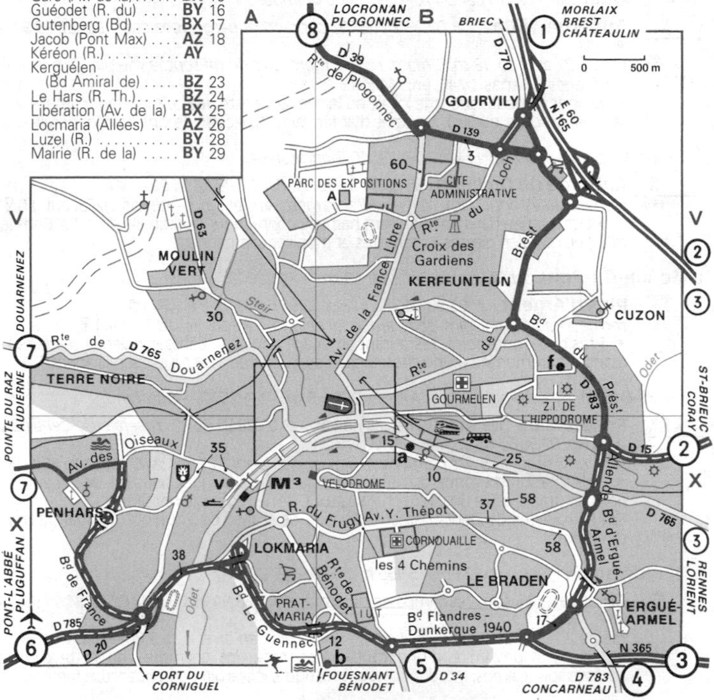

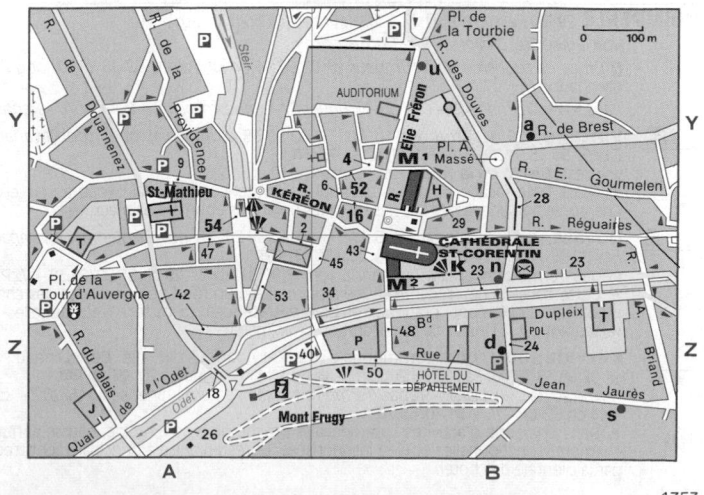

※ **L'Assiette,** 5 bis r. J. Jaurès ✆ 02 98 53 03 65 – ⊖B. ⋨⋨   **BZ s**
ⓔ *fermé 2 au 23 août, merc. soir, jeudi soir et dim. – Repas (11,20) - 13,70 (déj.), 15/20 ⚏.*
  ♦ Sympathique adresse familiale entre gare et centre-ville. Décor de bistrot avec banquettes, sol carrelé, chaises en bois et tables joliment dressées. Recettes traditionnelles.

à Ty-Sanquer *Nord : 7 km par D 770* – ⊠ *29000 Quimper :*

※※ **Auberge Ti-Coz,** ✆ 02 98 94 50 02, *contact@aubergetycoz.com, Fax 02 98 94 56 37* – ⓟ. ⊖B
ⓐ *fermé 27 avril au 18 mai, mardi soir et merc. soir de mi-sept. à mi-juin, dim. soir et lundi sauf fériés – Repas 17/46, enf. 11 ⚏ ⟊.*
  ♦ Mignonne petite auberge locale où le chef concocte une cuisine traditionnelle actualisée (épices, produits du Sud, légumes d'antan, etc.). Sélection de vins de propriétaires.

à Quilinen *par ① et D 770: 11 km* – ⊠ *29510 Landrevarzec :*

※ **Auberge de Quilinen,** ✆ 02 98 57 93 63, *Fax 02 98 57 54 99* – ⊖B
ⓔ *fermé 2 au 29 août, dim. soir, mardi soir, merc. soir et lundi – Repas 15/33, enf. 10 ⚏.*
  ♦ Maison située dans un charmant hameau connu pour sa chapelle du 15ᵉ s. Dans la salle à manger, murs en pierres apparentes et mobilier campagnard.

à Moulin-du-Pont *par ⑤, rte de Bénodet : 9 km* – ⊠ *29000 Quimper :*

※※ **Pins d'Argent,** ✆ 02 98 54 74 24, *Fax 02 98 51 71 47* – ⓟ. ⊖B. ⋨⋨
  fermé 1ᵉʳ au 15 mai, dim. soir, sam. midi et lundi – Repas 16 (déj.), 23/41 ⚏.
  ♦ Près d'un rond-point, restaurant aménagé dans une bâtisse ancienne restaurée. Salle à manger agrémentée d'une cheminée et agréable terrasse où est servi l'apéritif.

au Sud-Ouest *par bd Poulguinan - AX - et D 20 : 5 km* – ⊠ *29700 Pluguffan :*

※※※ **Roseraie de Bel Air** (Cornec et Henaff), ✆ 02 98 53 50 80, *roseraie-de-bel-air@wanado*
❀ *o.fr, Fax 02 98 53 43 65,* ⌇ – ⓟ. 🆎 ⊖B
  fermé 12 sept. au 5 oct., sam. midi, dim. soir et lundi – Repas 25/63 et carte 55 à 73 ⚏.
  ♦ Belle maison bretonne du 19ᵉ s. La longue salle à manger, avec ses deux hautes cheminées en granit, offre un cadre chaleureux. Cuisine régionale revisitée.
  Spéc. Poissons de petits bâteaux. Agneau de "l'anse de Pouldon". Fraises de pays (printemps-été).

à Pluguffan *par ⑥ et D 40 : 7 km – 3 155 h. alt. 90* – ⊠ *29700 :*

🏠 **Coudraie** ⋙ *sans rest,* impasse du Stade ✆ 02 98 94 03 69, *Fax 02 98 94 03 69,* ⌇ – 📺
  ☇ ⓟ. ⊖B
  fermé 23 sept. au 7 oct., vacances de fév. et dim. en hiver – ⌸ 5,80 – **11 ch** 40/55.
  ♦ Malgré la proximité d'une route fréquentée, les chambres de cette sympathique adresse sont calmes. Intérieur d'esprit rustique, joli jardin fleuri et accueil familial.

QUIMPERLÉ *29300 Finistère* ▓▓▓ *J7 G. Bretagne – 10 850 h alt. 30.*

  Voir *Église Ste-Croix*★★ *– Rue Dom-Morice*★.

  🛈 *Office de tourisme, Le Bourgneuf* ✆ *02 98 96 04 32, Fax 02 98 96 16 12, ot.quimperle*
  @wanadoo.fr.

  Paris 517 – Quimper 49 – Carhaix-Plouguer 57 – Concarneau 32 – Pontivy 76 – Rennes 169.

🏨 **Vintage,** 20 r. Bremond d'Ars ✆ 02 98 35 09 10, *bistrodelatour@wanadoo.fr,*
  Fax 02 98 35 09 29, ⌇ – ⋊ 📺 ☇ & 🆎 ⊖B
  voir rest. ***Bistro de la Tour*** ci-après – ⌸ 9 – **10 ch** 77/107.
  ♦ Cette belle façade du 19ᵉ s. dissimule un hôtel contemporain voué au culte du vin. Chambres personnalisées par des fresques originales et un mobilier actuel.

🏠 **Novalis,** rte Concarneau : 2,5 km ✆ 02 98 39 24 00, *novalis.quimperle@wanadoo.fr,*
ⓔ *Fax 02 98 39 12 10* – 📺 & ⓟ – ▟ 25 à 50. 🆎 ⊖B
  Repas *(fermé sam. et dim.)* (11) - 14/25, enf. 7,80 ⚏ – ⌸ 7 – **25 ch** 55,50/60,50 – ½ P 49.
  ♦ Cette construction récente située à proximité d'un rond-point propose des chambres meublées simplement, pratiques et bien entretenues. La carte - traditionnelle - de ce restaurant est, à l'instar de sa décoration, "minimaliste".

🏠 **Kervidanou,** zone commerciale de Kervidanou par rte Concarneau : 4 km
  ✆ 02 98 39 18 00, *Fax 02 98 96 35 11* – ⋈ 📺 ☇ & ⓟ – ▟ 15 à 20. 🆎 ① ⊖B
  fermé 20 déc. au 4 janv. – Repas (fermé vend., sam. et dim.) (dîner seul.) 16/20 ⚏ – ⌸ 10,70
  – **44 ch** 52/64 – ½ P 51,70/55,70.
  ♦ Dans une zone d'activités commerciales proche de la voie rapide, bâtisse abritant des chambres fonctionnelles et bien insonorisées. Le restaurant est principalement fréquenté par la clientèle de l'hôtel.

XX **Bistro de la Tour,** 2 r. Dom Morice ✆ 02 98 39 29 58, *bistrodelatour@wanadoo.fr,* Fax 02 98 39 21 77 – ⊞

fermé dim. soir sauf août et sam. midi – **Repas** 19/53 bc ♀ ⅌.
♦ Bistrot situé dans une jolie ruelle bordée de vieilles demeures. Plaisant décor "rétro", nombreux bibelots, goûteuse cuisine d'inspiration régionale et belle carte des vins.

QUINCIÉ-EN-BEAUJOLAIS 69430 Rhône ₃₂₇ G3 – 1 121 h alt. 325.
Paris 428 – Mâcon 33 – Beaujeu 6 – Bourg-en-Bresse 55 – Lyon 57 – Roanne 66.

🏠 **Mont-Brouilly,** Le Pont des Samsons, Est : 2,5 km par D 37 ✆ 04 74 04 33 73, *contact@h otelbrouilly.com,* Fax 04 74 04 30 10, ㊌, ✵ – ▤ rest, 📺 ⅏ & 🅿 – ♨ 25. ㏃ ⊞
fermé 22 au 30 déc., fév., dim. soir et lundi d'oct. à mai – **Repas** *(fermé lundi midi de juin à sept.)* 16 (déj.), 19,50/55, enf. 12 ♀ – ☲ 7 – **29 ch** 55/65 – ½ P 54/56.
♦ Au pied du mont Brouilly, établissement récent entouré de vignes. Les petites chambres, fonctionnelles et insonorisées, ont été redécorées dans les tons jaunes. Vaste salle à manger offrant une vue sympathique sur le jardin ; à table, recettes traditionnelles.

QUINCY-SOUS-SÉNART 91 Essonne ₃₁₂ E3 ₁₀₁ ㊳ – voir Paris, Environs.

QUINÉVILLE 50310 Manche ₃₀₃ E2 G. Normandie Cotentin – 292 h alt. 29.
🛈 Syndicat d'initiative, 17 avenue de la Plage ✆ 02 33 21 40 29.
Paris 338 – Cherbourg 37 – Barfleur 21 – Carentan 31 – St-Lô 59.

🏠 **Château de Quinéville** ♠, ✆ 02 33 21 42 67, Fax 02 33 21 05 79, ㊌, ⅏ – 📺 ⅏ & 🅿 ㏃ ⊞
1ᵉʳ avril au 31 oct. – **Repas** (dîner seul.) 29 – ☲ 8 – **24 ch** 88/120.
♦ Les chambres, sises dans le château du 18ᵉ s. et les ex-écuries, sont sobres en regard d'un tel cadre. Dans le parc : vestiges romains, tour du 14ᵉ s., serres et étang. Salle à manger de caractère tournée vers un bel écrin de verdure. Cuisine traditionnelle.

QUINGEY 25440 Doubs ₃₂₁ F4 – 1 049 h alt. 275.
Paris 397 – Besançon 23 – Dijon 84 – Dole 36 – Gray 54.

X **Truite de la Loue** avec ch, ✆ 03 81 63 60 14, Fax 03 81 63 84 77 – 📺. ⊞
fermé 6 au 26 janv. et 17 au 23 fév., mardi soir et merc. – **Repas** 14/40, enf. 8 ♨ – ☲ 7 – **10 ch** 35/47 – ½ P 43.
♦ Petite salle de restaurant campagnarde dont les fenêtres ouvrent sur la Loue. Cuisine régionale et spécialités de truites directement capturées dans le vivier de la maison.

QUINSON 04500 Alpes-de-H.-P. ₃₃₄ E10 – 350 h alt. 370.
🛈 Syndicat d'initiative, place de la mairie ✆ 04 92 74 01 12, Fax 04 92 74 00 03, ot-@quinson.fr.
Paris 804 – Aix-en-Provence 76 – Brignoles 44 – Castellane 72 – Digne-les-Bains 62.

🏠 **Relais Notre-Dame,** ✆ 04 92 74 40 01, Fax 04 92 74 02 10, ㊌, ㊌, ✵ – 🅿. ⊞. ✵ ch
hôtel : avril-oct. ; rest. : fév.-15 déc. et fermé lundi soir et mardi, et le soir de nov. à mars –
Repas 13,50 (déj.), 14,50/38, enf. 7,70 ♀ – ☲ 6,50 – **14 ch** 42/55 – ½ P 41/49.
♦ Sur la route des gorges du Verdon, hôtel familial voisin du musée de la Préhistoire. Joli jardin sur l'arrière. Chambres meublées en style rustico-provençal. Salle à manger campagnarde égayée de murs jaunes et verdoyante terrasse au calme ; cuisine régionale.

QUINTIN 22800 C.-d'Armor ₃₀₉ E4 G. Bretagne – 2 611 h alt. 180.
🛈 Office de tourisme, place 1830 ✆ 02 96 74 01 51, Fax 02 96 74 06 82, otsi.pays-de-quintin@wanadoo.fr.
Paris 463 – St-Brieuc 18 – Lamballe 35 – Loudéac 31.

🏠 **Commerce,** 2 r. Rochonen ✆ 02 96 74 94 67, Fax 02 96 74 00 94 – 📺. ⊞
fermé 23 au 30 août, 24 déc. au 5 janv., vend. soir, dim. soir et lundi – **Repas** 14/39 ♨ – ☲ 6,50 – **11 ch** 47/62 – ½ P 54/59.
♦ Au cœur de la petite cité médiévale, maison du 18ᵉ s. tapissée de vigne vierge. Chambres soigneusement refaites (mobilier actuel, tons pastel) et salles de bains neuves. Plaisante salle à manger rustique ; belle cheminée ornée des armes des ducs de Bretagne.

Si le coût de la vie subit des variations importantes,
les prix que nous indiquons peuvent être majorés.
Lors de votre réservation à l'hôtel, faites-vous préciser le prix définitif.

RAGUENÈS-PLAGE *29 Finistère* 🔲🔲🔲 18 *G. Bretagne* – ✉ *29920 Névez.*

Paris 545 – Quimper 38 – Carhaix-Plouguer 73 – Concarneau 17 – Pont-Aven 12.

🏠 **Chez Pierre** ⌖, 27 r. des Iles *𝒫 02 98 06 81 06, hotelchezpierre@wanadoo.fr,*
Fax 02 98 06 62 09, 🏛, 🌲 – ⌖ ⅊ 🄿, GB, ✵ rest
7 mai-22 sept. – **Repas** *(fermé le midi en semaine)* 19/29, enf. 12,30 – 🍴 6,70 – **30 ch**
45/75 – ½ P 46/65.
♦ Le bâtiment principal regroupe l'accueil et quelques chambres ; celles de l'annexe sont
plus confortables. Agréable jardin. Le ragoût de homard et le turbot au champagne
figurent parmi les spécialités servies au restaurant.

RAISMES *59 Nord* 🔲🔲🔲 I5 – *rattaché à Valenciennes.*

RAMATUELLE *83350 Var* 🔲🔲🔲 O6 *G. Côte d'Azur* – *2 131 h alt. 136.*

Voir *Col de Collebasse* ⇐★ *S : 4 km.*

🖪 *Office de tourisme, place de l'Ormeau 𝒫 04 98 12 64 00, Fax 04 94 79 12 66, ot.rama
tuelle@worldonline.fr.*

Paris 873 – Fréjus 35 – Le Lavandou 34 – St-Tropez 10 – Ste-Maxime 15 – Toulon 70.

🏛🏛🏛 **Baou** ⌖, Avenue Gustave Etienne *𝒫 04 98 12 94 20, hostellerie.lebaou@wanadoo.fr,*
Fax 04 98 12 94 21, ⇐ village, 🏛, 🍴, ▤ ch, 📺, ✆ – ▮⅃, ▤ ch, 📺 ✆ ☁ 🄿, AE ① GB
14 mai-4 oct. – **Terrasse** *(dîner seul.)* Repas 48/74 – 🍴 17 – **39 ch** 230/340, 8 duplex –
½ P 154,50/247.
♦ Le Baou (sommet, en provençal) porte bien son nom : il domine l'anse de Pampelonne.
Chambres spacieuses et contemporaines ; toutes possèdent un balcon et profitent de la
vue. Élégante salle à manger et terrasse panoramique tournée vers le village et la mer.

🏠🏠 **Ferme d'Hermès** ⌖ sans rest, Sud-Est : 2,5 km par rte l'Escalet et chemin privé
𝒫 04 94 79 27 80, lafermedhermes@aol.com, Fax 04 94 79 26 86, 🍴, 🌲 – cuisinette 📺 ✆
🄿, GB
1ᵉʳ avril-1ᵉʳ nov. et 27 déc.-10 janv. – 🍴 13 – **9 ch** 120/150.
♦ Grand mas isolé au cœur du vignoble. Tomettes, poutres et jardin planté d'oliviers, de
lauriers roses et de lavande : un vrai concentré de Provence ! Délicieux accueil.

🏠🏠 **Vigne de Ramatuelle** ⌖ sans rest, rte La Croix-Valmer : 3 km *𝒫 04 94 79 12 50, vigner
amatuelle@aol.com, Fax 04 94 79 13 20,* 🍴, 🌲 – ▤ 📺 ✆ 🄿, AE ① GB 🄹🄲🄱
1ᵉʳ avril-18 oct. – 🍴 13,50 – **14 ch** 229/249.
♦ Au milieu des vignes, villa aux murs ocre conciliant charme, tranquillité et atmosphère
de maison privée. Meubles chinés, bibelots et vieux livres personnalisent les chambres.

✕✕ **Forge**, r. Victor Léon *𝒫 04 94 79 25 56 – 🗐, GB*
15 mars-15 nov. et fermé le midi en juil.-août et merc. – **Repas** 35, enf. 13 ⅄.
♦ L'ancienne forge (témoins : le soufflet et l'enclume) abrite désormais deux salles de
restaurant, dont une à l'étage. Cadre méridional soigné et ambiance conviviale.

✕ **L'Ecurie et H. Lou Castellas** avec ch, rte Moulins de Paillas *𝒫 04 94 79 20 67, hotel.lou
castellas@free.fr, Fax 04 94 79 20 67,* ⇐ campagne de Ramatuelle, 🏛 – 📺 🄿, GB
fermé 15 nov. au 24 déc. – **Repas** 31/42 ⅄ – **11 ch** 76/116 – ½ P 63/83.
♦ Votre regard se focalisera-t-il sur la charmante salle à manger provençale, sur la vue
étendue (campagne et mer) ou sur l'appétissante cuisine régionale ? Les trois, pardi !

par rte de St Tropez : *4 km* – ✉ *83350 Ramatuelle :*

🏛🏛🏛🏛 **Villa Marie** ⌖, chemin Val Rian *𝒫 04 94 97 40 22, contact@villamarie.fr,*
Fax 04 94 97 37 55, ⇐, 🏊, 🌲 – 📺 🄿, AE GB, ✵ rest
10 avril-10 oct. – **Repas** carte 67 à 98 ⅄ – 🍴 25 – **43 ch** 610/670.
♦ Raffinement, luxe et charme réunis sous le même toit en cette villa enchanteresse
nichée dans une pinède dominant la baie de Pampelonne. Séduisant restaurant : camaïeu
de beige, mobilier original, terrasse ombragée, vue sur le littoral et cuisine ensoleillée.

à la Bonne Terrasse *Est : 5 km par D 93 et rte de Camarat* – ✉ *83350 Ramatuelle :*

✕ **Chez Camille,** *𝒫 04 98 12 68 98,* ⇐, 🏛 – 🄿, GB
*3 avril-3 oct. et fermé lundi midi, jeudi midi, vend. midi, mardi en saison et lundi soir en
avril-mai* – **Repas** *(week-end et saison, prévenir)* 31/56.
♦ Depuis 1913, pères et fils se succèdent en cuisine dans ce restaurant agréablement situé
"les pieds dans l'eau". On y vient pour la bouillabaisse et les poissons grillés.

Ecrivez-nous...
Vos louanges comme vos critiques seront examinées avec le plus grand soin.
Nous reverrons sur place les informations que vous nous signalez.
Par avance merci !

RAMBERVILLERS 88700 Vosges **314** H2 – 5 999 h alt. 287.

　　　🛈 *Syndicat d'initiative, 2 place du 30 Septembre* 🖋 *03 29 65 49 10, Fax 03 29 65 25 20.*
　　　Paris 407 – Épinal 27 – Nancy 68 – Lunéville 36 – St-Dié-des-Vosges 29.

✗✗　**Mirabelle**, 6 r. Église 🖋 03 29 65 37 37 – **GB**
　　　fermé 16 août au 15 sept., 10 janv. au 7 fév., dim. soir, lundi soir, mardi soir et merc. – **Repas**
　　　(12) - 17/40, enf. 8,50 Ⓨ.
　　　◆ Tête de veau et desserts à la mirabelle figurent parmi les spécialités de ce restaurant
　　　aménagé dans une ancienne maison bourgeoise. Élégantes salles à manger.

RAMBOUILLET ◁▷ 78120 Yvelines **311** G4 *G. Île de France* – 24 758 h alt. 160.

　　　Voir *Boiseries*★ *du château – Parc*★★ *: laiterie de la Reine*★ **Z B** – *Bergerie nationale*★ **Z** –
　　　Forêt de Rambouillet★.

　　　🛈₁₈ à Forges-les-Bains 🖋 01 64 91 48 18, par ② : 22 km.

　　　🛈 *Office de tourisme, place de la Libération* 🖋 *01 34 83 21 21, Fax 01 34 83 21 31,*
　　　rambouillet.tourisme@wanadoo.fr.
　　　Paris 53 ① *– Chartres 42* ③ *– Mantes-la-Jolie 50* ① *– Orléans 93* ③ *– Versailles 35* ①.

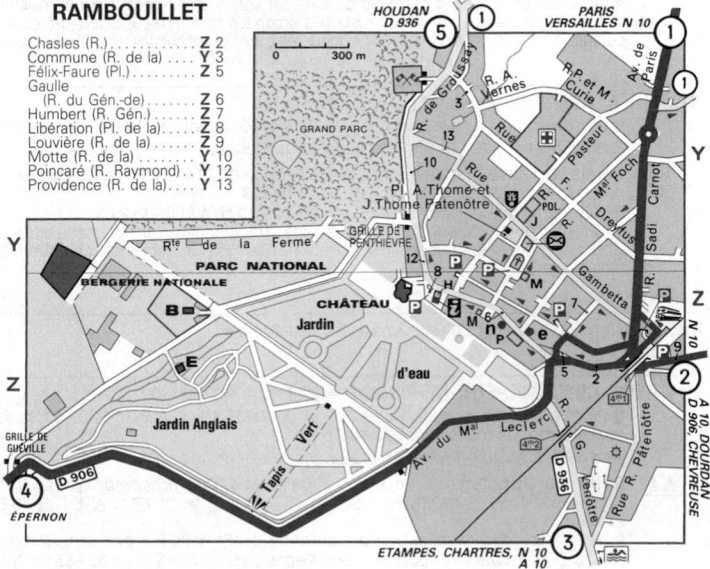

RAMBOUILLET

Chasles (R.)	**Z** 2
Commune (R. de la)	**Y** 3
Félix-Faure (Pl.)	**Z** 5
Gaulle (R. du Gén.-de)	**Z** 6
Humbert (R. Gén.)	**Z** 7
Libération (Pl. de la)	**Z** 8
Louvière (R. de la)	**Z** 9
Motte (R. de la)	**Y** 10
Poincaré (R. Raymond)	**Y** 12
Providence (R. de la)	**Y** 13

✗✗　**Cheval Rouge**, 78 r. Gén. de Gaulle 🖋 01 30 88 80 61, *cpommier@aol.com,*
　　　Fax 01 34 83 91 60 – 🝙. **AE** **GB**　　　　　　　　　　　　　　　　　　　　**Z** n
　　　fermé mardi soir et merc. – **Repas** *(16)* - 21/29 Ⓨ.
　　　◆ Adresse appréciée pour son cadre d'inspiration provençale et sa cuisine traditionnelle. À
　　　midi en semaine, la salle à manger-véranda propose une formule de type brasserie.

✗　　**Poste**, 101 r. Gén. de Gaulle 🖋 01 34 83 03 01, *Fax 01 34 83 03 01* – **AE** **GB**　　**Z** e
　　　fermé 1ᵉʳ au 7 janv., jeudi soir, dim. soir et lundi – **Repas** 20,90/32,20, enf. 12,30 Ⓨ.
　　　◆ Tables serrées favorisant la convivialité, cadre campagnard et cuisine traditionnelle
　　　simple caractérisent ce petit restaurant situé au centre-ville.

RANCÉ 01390 Ain **328** C5 – 498 h alt. 282.
　　　Paris 437 – Lyon 32 – Bourg-en-Bresse 44 – Villefranche-sur-Saône 13.

✗　　**Rancé**, 🖋 04 74 00 81 83, *Fax 04 74 00 87 08* – 🝙. **GB**
🕿₈　*fermé 3 au 22 janv., dim. soir, mardi soir et lundi* – **Repas** 14/50 Ⓨ.
　　　◆ Dans un hameau situé à proximité de la route des étangs. Vaste salle à manger rustique
　　　insensible aux phénomènes de modes où l'on propose une cuisine dombiste.

RANCOURT 80 Somme **301** K7 – rattaché à Péronne.

RANDAN *63310 P.-de-D.* **326** *H6 G. Auvergne – 1 360 h alt. 407.*

Voir *Villeneuve-les-Cerfs : pigeonnier* O : 2 km.*

🇧 *Syndicat d'initiative, 11 place de la mairie 𝒫 04 70 41 50 02, Fax 04 70 56 14 79.*

Paris 367 – Clermont-Ferrand 41 – Gannat 22 – Riom 26 – Thiers 32 – Vichy 15.

XX **Centre** avec ch, pl. Halle 𝒫 04 70 41 50 23, Fax 04 70 56 14 78 – 🆅 ℃. 🆖
🍴 *fermé 20 oct. au 10 déc., dim. soir, mardi soir et merc. sauf juil.-août* – **Repas** 10/36,
enf. 7,50 ♀ – ☷ 6,50 – **8 ch** 38/45 – ½ P 29/35.
♦ Belle façade en briques et salles à manger agrestes : poutres, cheminée et joli parquet
chez l'une, touche campagnarde moins appuyée chez l'autre. Chambres actuelles.

RÂNES *61150 Orne* **310** *H3 G. Normandie Cotentin – 964 h alt. 237.*

🇧 *Syndicat d'initiative, 𝒫 02 33 39 73 87, Fax 02 33 39 79 77.*

Paris 212 – Alençon 40 – Argentan 20 – Bagnoles-de-l'Orne 20 – Falaise 34.

🏠 **St-Pierre,** 𝒫 02 33 39 75 14, info@hotelsaintpierre.com, Fax 02 33 35 49 23, 🏤 – 🆅 ℃.
🍴 🖭 ① 🆖 🃏
🏠 **Repas** *(fermé vend. soir)* 13/33, enf. 8 ♀ – ☷ 7,50 – **12 ch** 40/55 – ½ P 50.
♦ Au coeur de ce bourg normand dominé par son château-gendarmerie, maison régionale dont les petites chambres rustiques soignées sont chaleureusement colorées. La
cuisine, inspirée du terroir, met à l'honneur les tripes et les cuisses de grenouilles.

RAON-L'ÉTAPE *88110 Vosges* **314** *J2 – 6 749 h alt. 284.*

🇧 *Office de tourisme, rue Jules Ferry 𝒫 03 29 41 83 25, Fax 03 29 41 83 25, ot-raon@fr.st.*

Paris 380 – Épinal 45 – Nancy 70 – Neufchâteau 115 – St-Dié 19 – Sarrebourg 59.

XX **Relais Lorraine Alsace** avec ch, 31 r. J. Ferry 𝒫 03 29 41 61 93, relaislorrainealsace@wa
🍴 nadoo.fr, Fax 03 29 41 93 09, 🏤 – 🆅 ℃. 🖭 ① 🆖
Repas *(fermé nov. et lundi)* 13,50/29 ♀ – ☷ 5,80 – **10 ch** 49/56 – ½ P 45.
♦ Salle à manger cossue dévolue aux repas traditionnels, café-brasserie et, à l'étage,
ambiance orientale et spécialités marocaines (en fin de semaine). Chambres confortables.

RASTEAU *84 Vaucluse* **332** *C8 – rattaché à Vaison-la-Romaine.*

Le RAYOL-CANADEL-SUR-MER *83820 Var* **340** *N7 – 700 h alt. 100.*

🇧 *Office de tourisme, place Michel Goy 𝒫 04 94 05 65 69, Fax 04 94 05 51 80, le.rayol-
canadel.office.de.tourisme@libertysurf.fr.*

Paris 886 – Fréjus 49 – Hyères 35 – Le Lavandou 13 – St-Tropez 27.

🏛 **Bailli de Suffren** 🐌, Le Rayol 𝒫 04 98 04 47 00, infos@lebaillydesuffren.com,
Fax 04 98 04 47 99, ≤ Îles d'Hyères, 🏤, 🛁, 🗻, ⚓ – 📶, 🍽 ch, 🆅 ℃ & 🅿 – 🛄 15 à 30. 🖭
① 🆖
9 avril-10 oct. – **Praya** *(mi-avril-mi oct. et fermé le midi de mi-juin à mi-sept.)* **Repas** 47/60,
enf. 20 ♀ – **L'Escale** *(déj. seul.) mai-sept.* **Repas** carte 30 à 45 ♀ – ☷ 20 – **53 ch** 283/332 –
½ P 209,50/234.
♦ La vue sur les îles d'Hyères est à couper le souffle depuis ce bel hôtel dominant sa plage
privée. Coloris doux, joli mobilier et tomettes composent un cadre élégant. Restaurant
feutré et terrasse panoramique à La Praya. Déjeuner au bord de la mer à l'Escale.

RÉALMONT *81120 Tarn* **338** *F8 – 2 850 h alt. 212.*

🇧 *Office de tourisme, 8 place de la république 𝒫 05 63 79 05 45, Fax 05 63 79 05 36,
office-tourisme-realmont@wanadoo.fr.*

Paris 704 – Toulouse 78 – Albi 21 – Castres 24 – Graulhet 18 – Lacaune 57 – St-Affrique 84.

XX **Les Secrets Gourmands,** 72 av. Gén. de Gaulle (N 112) 𝒫 05 63 79 07 67, les-secrets-go
urmands@wanadoo.fr, Fax 05 63 79 07 69, 🏤 – 🅿. 🖭 ① 🆖
fermé 23 au 30 août, 10 au 30 janv., dim. soir et mardi – **Repas** 17/44 ♀.
♦ Trois lumineuses petites salles à manger : murs pastel travaillés à l'éponge, parquet et
meubles de style rustique. Agréable terrasse sur l'arrière. Cuisine au goût du jour.

Si vous cherchez un hôtel tranquille,
consultez d'abord les cartes de l'introduction
ou repérez dans le texte les établissements indiqués avec le signe 🐌

REDON ⏺ 35600 I.-et-V. **309** J9 G. Bretagne – 9 499 h alt. 10.

Voir Tour★ de l'église St-Sauveur.

🛈 Office de tourisme, place de la République ℘ 02 99 71 06 04, Fax 02 99 71 01 59, tourisme.redon@wanadoo.fr.

Paris 410 ① – Nantes 78 ② – Rennes 65 ① – St-Nazaire 53 ② – Vannes 59 ③.

REDON

Bonne-Nouvelle (Bd)	**Y** 2
Bretagne (Pl. de)	**Y** 3
Desmars (R. Joseph)	**Y** 5
Douves (Pont des)	**Z** 6
Douves (R. des)	**YZ**
Duchesse-Anne (Pl.)	**Y** 7
Duguay-Trouin (Quai)	**Z** 8
Duguesclin (R.)	**YZ** 9
Enfer (R. d')	**Z** 13
États (R. des)	**Y** 14
Foch (R. du Mar.)	**Y** 16
Gare (Av. de la)	**Y** 17
Gascon (Av. E.)	**Y** 19
Grande-Rue	**Z** 23
Jeanne-d'Arc (R.)	**Z** 25
Jeu-de-Paume (R. du)	**Z** 26
Liberté (Bd de la)	**Y** 30
Martin (R. du Capit.)	**Y** 31
Notre-Dame (R.)	**Y** 32
Parlement (Pl. du)	**Y** 33
Plessis (R. du)	**Z** 34
Port (R. du)	**Z** 36
Poulard (R. Lucien)	**Z** 37
Richelieu (R.)	**Y** 39
St-Nicolas (Pont)	**Z** 43
Victor-Hugo (R.)	**Y** 50

🏠 **Bel Hôtel** sans rest, 42 av. J. Burel à St-Nicolas-de-Redon par ② ✉ 44460 St-Nicolas-de-Redon ℘ 02 99 71 10 10, belhotel@wanadoo.fr, Fax 02 99 72 33 03 – 📺 📞 ⅋ 🄿 🅶🅱 **Z** fermé 28 déc. au 1ᵉʳ janv. – ☑ 6 – **33 ch** 38,50/49,50.
 ♦ Ce bâtiment récent situé dans une zone commerciale dispose de chambres fonctionnelles, parfois agrémentées d'un mobilier de style. Petit-déjeuner sous forme de buffet.

🍴🍴🍴 **Jean-Marc Chandouineau** avec ch, 10 av. Gare ℘ 02 99 71 02 04, Fax 02 99 71 08 81 – 📺 🄿 🄰🄴 ⓞ 🅶🅱 **Y** s
 fermé 28 avril au 4 mai, 18 au 24 août , 19 fév. au 6 mars – **Repas** (fermé vend. soir de janv. à juin, sam. et dim.) 21/57 et carte 42 à 63 ☡ – ☑ 10 – **7 ch** 62/74.
 ♦ Meubles de style, boiseries et cheminée en pierre côté cadre, plats traditionnels escortés de spécialités régionales côté cuisine. Chambres soignées.

🍴🍴 **Bogue**, 3 r. des Etats ℘ 02 99 71 12 95, Fax 02 99 71 12 95 – 🄰🄴 🅶🅱 **Y** r
 fermé 29 août au 6 sept., 20 au 27 fév., dim. soir, jeudi de nov. à mars et mardi de mars à nov. – **Repas** 16/54 ☡.
 ♦ Face aux halles, cette maison des 16ᵉ et 17ᵉ s. abrita un temps les réunions des États de Bretagne. Chaleureux intérieur rustique ; cuisine traditionnelle et de la mer.

rte de La Gacilly par ① et D 873 : 3 km – ✉ 35600 Redon :

🍴🍴🍴 **Moulin de Via**, ℘ 02 99 71 05 16, Fax 02 99 71 08 36, 🏵, 🌳 – 🄿 🅶🅱
 fermé 17 au 21 mars, 5 au 21 janv., mardi soir, dim. soir et lundi – **Repas** 25/58, enf. 13 ☡.
 ♦ Mobilier champêtre, poutres et cheminée participent au charme campagnard de cet ancien moulin à eau blotti dans la verdure. Terrasse ombragée grande ouverte sur le jardin.

REICHSTETT 67 B.-Rhin **315** K5 – rattaché à Strasbourg.

REILHAC 43 H.-Loire **331** C3 – rattaché à Langeac.

Michelin n'accroche pas de panonceau aux hôtels et restaurants qu'il signale.

Voir *Cathédrale Notre-Dame*★★★ – *Basilique St-Rémi*★★ : *intérieur*★★★ – *Palais du Tau*★★
BY V – *Caves de Champagne*★★ **BCX, CZ** – *Place Royale*★ – *Porte Mars*★ – *Hôtel de la
Salle*★ **BY** R – *Chapelle Foujita*★ – *Bibliothèque*★ *de l'ancien Collège des Jésuites* **BZ** C –
Musée St-Rémi★★ **CZ** M⁴ – *Musée-hôtel Le Vergeur*★ **BX** M³ – *Musée des Beaux-Arts*★ **BY**
M².

Env. *Fort de la Pompelle (casques allemands*★) *9 km par* ③.

⛳ *de Reims-Champagne à Gueux* ℘ *03 26 05 46 10, par* ⑦ : *9 km.*

✈ *Reims-Champagne* ℘ *03 26 07 15 15, par* ⑩ : 6 *km.*

🛈 *Office de tourisme, 12 boulevard Gal Leclerc* ℘ *03 26 77 45 00, Fax 03 26 77 45 19,
TourismReims@netvia.com.*

Paris 144 ⑦ – *Bruxelles 218* ⑩ – *Châlons-en-Champagne 48* ④ – *Lille 208* ⑨.

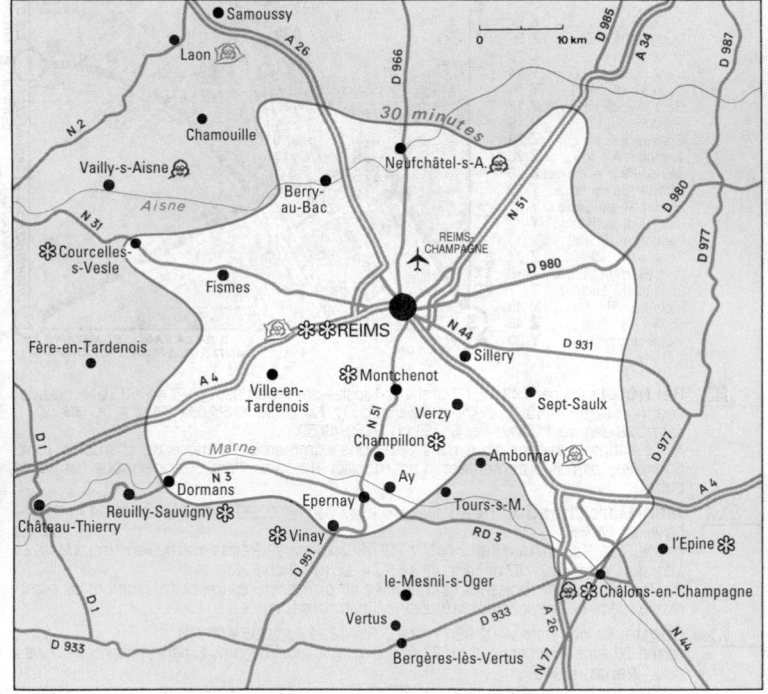

🏨 **Les Crayères** ♨, 64 bd Vasnier ℘ 03 26 82 80 80, *crayeres@relaischateaux.com,*
❀❀ *Fax 03 26 82 65 52,* ≼, 🌲, ※, ♨ – ⛊ ▤ 🆅 📞 🅿 🄰🄴 ⑩ 🖭 🄹🄲🄱 **CZ a**
fermé 20 déc. au 11 janv. – **Repas** *(fermé lundi et mardi)* (nombre de couverts limité,
prévenir) 185 bc/215 bc et carte 115 à 145 ₰ – ⬢ 25 – **16 ch** 265/460, 3 suites.
♦ Ravissante demeure patricienne entourée d'un parc à l'anglaise et voisine des
"crayères" gallo-romaines des célèbres maisons de champagne. Chambres luxueuses.
Somptueux décor classique en salle, terrasse dressée dans la cour d'honneur et cuisine
"grand style".
Spéc. Ile Flottante à la truffe noire. Agneau de lait poêlé, enrubanné de pommes
de terre croustillantes. Macaron, mousse de mascaponne, glace à l'huile d'olives. **Vins**
Champagne.

🏨 **Grand Hôtel des Templiers** ♨ *sans rest,* 22 r. Templiers ℘ 03 26 88 55 08, *hotel.tem
pliers@wanadoo.fr, Fax 03 26 47 80 60,* 🔲 – ⛊ ▤ 🆅 ఉ 🅿 🄰🄴 ⑩ 🖭 **BX a**
⬢ 23 – **18 ch** 160/250.
♦ Luxe et raffinement sont au rendez-vous dans cette belle demeure du 19ᵉ s. : mobilier
de style, opulence des tissus, salon-bar bourgeois et chambres feutrées.

REIMS

Berthelot (Bd M.)	**U** 5	
Brébant (Av.)	**U** 8	
Brimontel (R. de)	**U** 10	
Carré (R. du Gén.)	**UV** 20	

Champagne (Av. de)	**V** 22	
Cognacq-Jay (R.)	**V** 25	
Danton (R.)	**V** 30	
Dr-Lemoine (R.)	**V** 35	
Europe (Av. de l')	**V** 42	
Farman (Av. Henri)	**V** 43	
Maison-Blanche (R.)	**V** 64	

Paris (Av. de)	**V** 69	
Pompidou (Av. G.)	**V** 71	
Robespierre (Bd)	**V** 74	
Tinqueux (R. de)	**V** 87	
Vaillant-Couturier (Av.)	**V** 89	
Witry (Route de)	**U** 91	
Zola (R. Emile)	**U** 92	

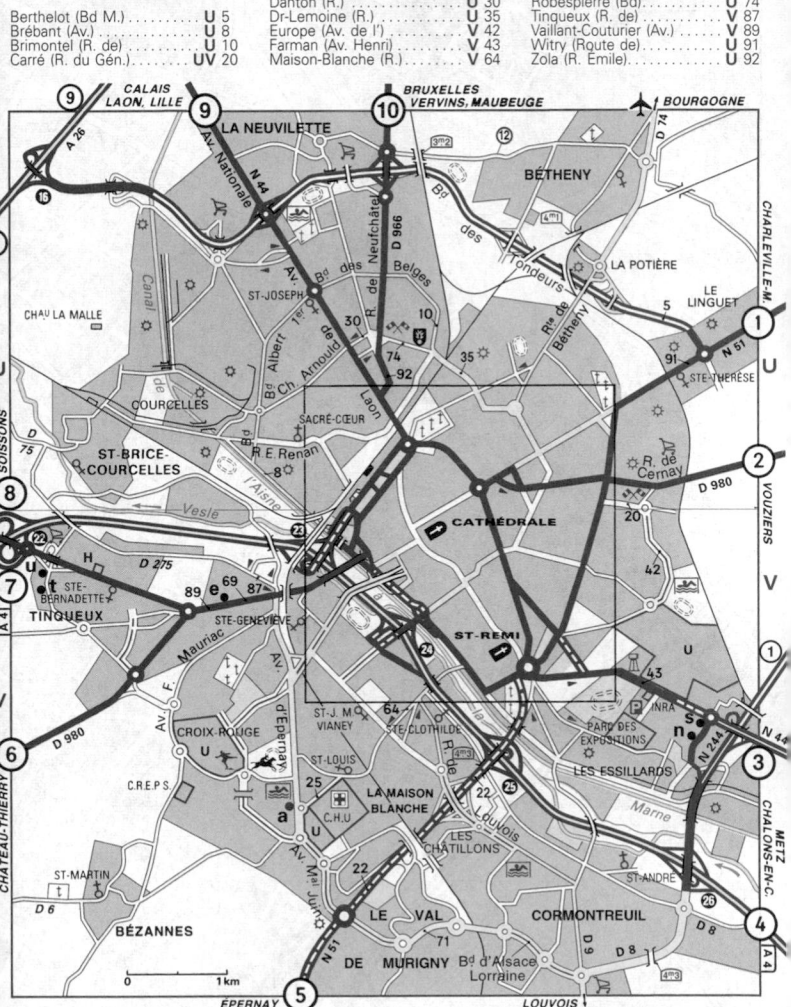

Assiette Champenoise (Lallement) 🐦, à Tinqueux, 40 av. Paul Vaillant-Couturier ✉ 51430 ☎ 03 26 84 64 64, *assiette.champenoise@wanadoo.fr, Fax 03 26 04 15 69*, 🔲, 🛎 – 📶 �'s, 📺 📞 ⚓ 🅿 – 🔏 25. 🆎 🅾 ⑩ ⒼⒷ ⒿⒸⒷ. 🚿 rest 〈 e
Repas *(fermé merc. midi et mardi)* 55/84 et carte 72 à 98 – 🍽 14 – **55 ch** 125/245 – ½ P 142,50/202,50.

◆ Dans un parc fleuri, élégante maison de maître prolongée d'une aile récente abritant de plaisantes chambres rénovées ; certaines bénéficient d'un salon. La grande salle à manger ponctuée de colonnes sert d'écrin à une belle cuisine classique et personnalisée.
Spéc. Saint-Jacques de Bretagne et gnocchis aux truffes (janv.-fév.). Pigeon fermier en tourte de foie gras et épinards. Assiette des trois chocolats. **Vins** Champagne, Bouzy.

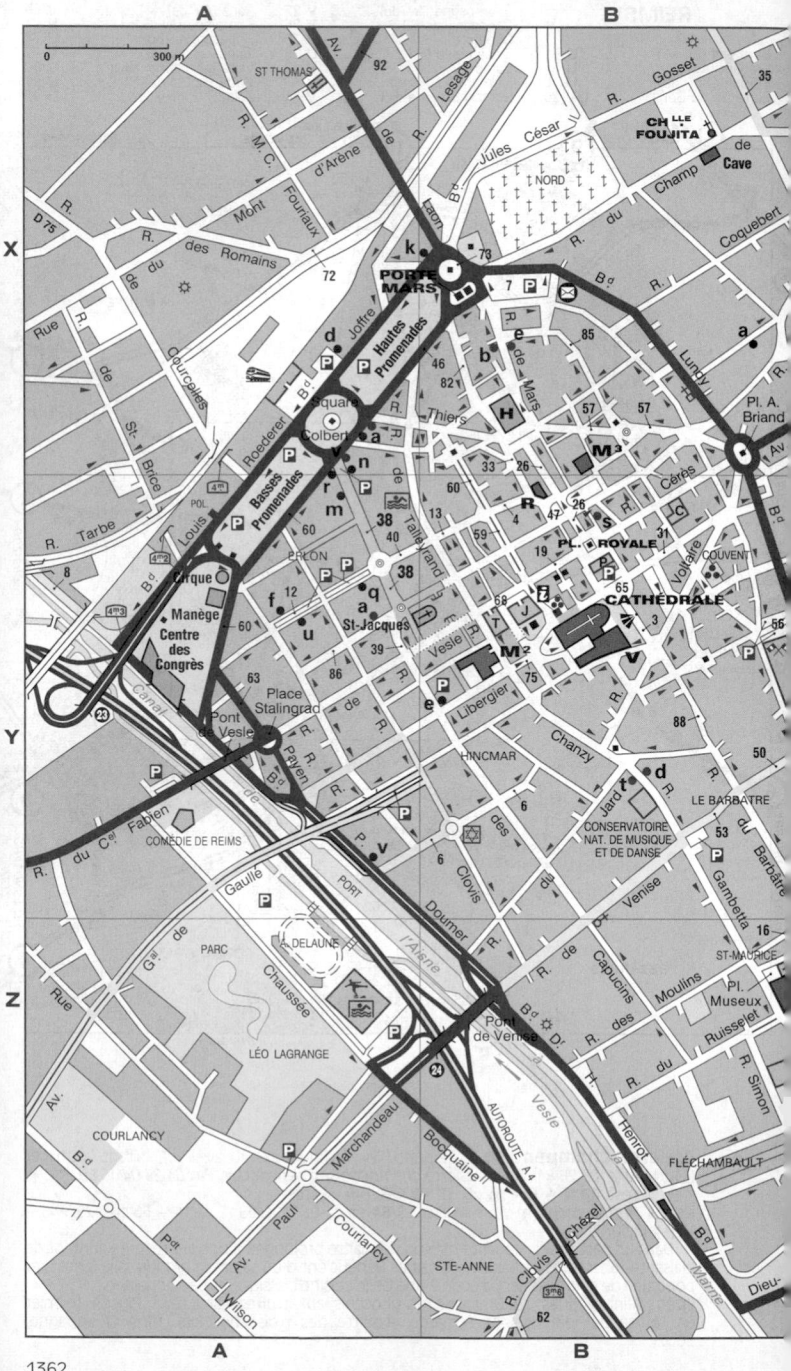

REIMS

Alsace-Lorraine (R. d') . **CX** 2
Anatole-France
  (Cours). . . . . **BY** 3
Arbalète (R. de l') . . . . . . **BY** 4
Boulard (R.) . . . . **BY** 6
Boulingrin (Pl. du) . . . . **BX** 7
Brébant (Av.). . . . . **AY** 8
Buirette (R.) . . . . **AY** 12
Cadran St-Pierre (R.). . . . **BY** 13
Carmes (R. des) . . . . . . **BZ** 16
Carnégie (Pl.) . . . . **BY** 17
Carnot (R.) . . . . **BY** 19
Champagne (Av. de) . . **CZ** 22
Chemin Vert (R. du) . . . **CZ** 23
Colbert (R.) . . . . **BXY** 26
Desteuque (R. E.). . . . . . **BY** 31
Dieu-Lumière (R.) . . . . . **CZ** 32
Dr-Jacquin (R.) . . . . . . **BXY** 33
Dr-Knoéri (Pl. du) . . . . **CX** 34
Dr-Lemoine (R.). . . . . . . **BX** 35
Droits-de-l'Homme
  (Pl. des). . . . . **CZ** 37
Drouet d'Erlon (Pl.) . . . . **AY** 38
Dubois (R. Th.) . . . . **AY** 39
Étape (R. de l') . . . . **AY** 40
Farman (Av. H.) . . . . . . **CZ** 43
Foch (Bd) . . . . **ABX** 46
Forum (Pl.) . . . . **BY** 47
Gerbert (R.) . . . . **BCY** 50
Gouraud (Pl. Gén.) . . . . **CZ** 51
Grand-Cerf (R. du) . . . . . **CZ** 52
Herduin (R. Lt). . . . . . . **BY** 53
Houzeau Muiron (R.) . . . **CY** 54
Jamot (R. Paul) . . . . **BY** 56
J.-J.-Rousseau (R.) . . . . **BX** 57
Jean-Jaurès (Av.) . . . . . **BCX**
Lambert (Bd Victor) . . . **CZ** 58
Langlet (Crs J.-B.) . . . . . **BY** 59
Laon (Av. de). . . . . **ABX**
Leclerc (Bd Général) . . . **AY** 60
Lefèbvre (R. E.). . . . . . . **CX** 61
Louvois (R. de) . . . . **BZ** 62
Magdeleine (R.) . . . . **AY** 63
Martyrs-de-la-
  Résistance (Pl. des) . **BY** 65
Montlaurent (R.) . . . . . . **CY** 67
Myron-Herrick (Pl.) . . . . **BY** 68
Philipe (R. Gérard). . . . . **CZ** 70
Prés.-F.-Roosevelt (R.) . **AX** 72
République (Pl. de la). . **BX** 73
Rockefeller (R.) . . . . **BY** 75
St-Nicaise (Pl.) . . . . **CZ** 78
Salines (R. des) . . . . . . **CZ** 80
Sarrail (R. Gén.) . . . . . . **BX** 82
Strasbourg (R. de) . . . . **CX** 84
Talleyrand (R. de) . . . . . **ABY**
Temple (R. du) . . . . **BX** 85
Thillois (R. de) . . . . **AY** 86
Université (R. de l'). . . . **BY** 88
Vesle (R. de) . . . . **ABY**
Victor-Hugo (Bd) . . . . . **CZ** 90
Zola (R. Émile). . . . . **AX** 92
16ᵉ-et-22ᵉ-Dragons (R. des) **CY** 94

Mercure-Cathédrale, 31 bd P. Doumer *& 03 26 84 49 49, h1248@accor-hotels.com,*
Fax 03 26 84 49 84 – |‡| ⅍ ▤ ▨ 📞 ⇔ – ⚬ 15 à 80. ஜ ⑩ ⅏ ⁊⅗ AY v
Repas *(fermé sam. midi, dim. midi et le midi du 19 juil. au 20 août et du 24 au 31 déc.)* carte
27,50 à 36,50, enf. 8,50 ⅄ – ⅏ 11 – **126 ch** 98/140.
♦ Grand bâtiment posté au bord du canal longeant le canal. Hall décoré à la gloire du
champagne. Chambres spacieuses, bien équipées et insonorisées. Le restaurant, situé à
l'étage, profite de la vue sur les péniches amarrées.

Paix, 9 r. Buirette *& 03 26 40 04 08, reservation@hotel-lapaix.fr, Fax 03 26 47 75 04,* 🍽️ –
|‡| ⅍ ▤ ▨ 📞 ⇔ – ⚬ 60. ஜ ⑩ ⅏ ⁊⅗ AY q
Repas *(12,20)* · carte 23 à 37 ⅄ – ⅏ 11 – **99 ch** 80/115.
♦ Hôtel proposant des chambres agréablement meublées dans des tons de bois clairs et
mises à l'abri de l'animation citadine par un double vitrage. Restaurant d'esprit taverne et
carte de brasserie où choucroute et fruits de mer tiennent le haut de l'affiche.

Holiday Inn Garden Court, 46 r. Buirette *& 03 26 78 99 99, higcreims@alliance-hospit*
ality.com, Fax 03 26 78 99 90, |‡| ⅍ ▤ ▨ 📞 ⇔ – ⚬ 30. ஜ ⑩ ⅏ ⁊⅗ AY f
Repas *(fermé sam. midi, lundi midi, dim. et le midi du 1er au 22 août)* 15, enf. 9 ⅄ – ⅏ 10 –
82 ch 95.
♦ Situation pratique entre le centre des congrès et la pétillante place Drouet-d'Erlon
(cafés, restaurants, cinémas). Chambres actuelles et bien isolées. Un ascenseur vitré mène
au restaurant panoramique situé au 7e étage de l'Holiday Inn.

Univers, 41 bd Foch *& 03 26 88 68 08, hotel-univers@ebc.net, Fax 03 26 40 95 61* – |‡|,
▤ rest, ▨ 📞 – ⚬ 100. ஜ ⑩ ⅏ AX a
Repas *(fermé dim. soir)* 15/28, enf. 8,50 ⅄ – ⅏ 9,50 – **42 ch** 74/80.
♦ Bordant un boulevard arboré, établissement au cadre d'inspiration Art déco. Chambres
confortables, équipées du double vitrage et d'un système wi-fi. Salon-bar "cosy". Le restaurant, rénové, est habillé d'élégantes boiseries sombres.

Continental sans rest, 93 pl. Drouet-d'Erlon *& 03 26 40 39 35, grand-hotel-continental*
@wanadoo.fr, Fax 03 26 47 51 12 – |‡| ▨ 📞. ஜ ⑩ ⅏ ⁊⅗ AXY r
fermé 17 déc. au 3 janv. – ⅏ 10,50 – **50 ch** 55/150.
♦ Belle façade de la fin du 19e s. abritant un plaisant salon bourgeois sous un haut plafond
mouluré et des chambres de divers styles, desservies par un magnifique escalier.

Porte Mars sans rest, 2 pl. République *& 03 26 40 28 35, hotel.porte-mars@wanadoo.fr,*
Fax 03 26 88 92 12 – |‡| ▨ 📞. ஜ ⑩ ⅏ AX k
⅏ 9 – **24 ch** 65/96.
♦ Les chambres, habillées de boiseries, sont parfaitement insonorisées. Salon "cosy" où le
feu crépite dans la cheminée. Petit-déjeuner gourmand servi sous une verrière.

Crystal sans rest, 86 pl. Drouet-d'Erlon *& 03 26 88 44 44, hotelcrystal@wanadoo.fr,*
Fax 03 26 47 49 28, 🍽️ – |‡| ▨ 📞. ஜ ⑩ ⅏ AXY n
fermé du 24 déc. au 3 janv. – ⅏ 7,50 – **31 ch** 50/67.
♦ Sympathique maison blottie dans un jardin fleuri où l'on sert le petit-déjeuner dès
l'arrivée des beaux jours. Petites chambres rajeunies et bien tenues.

Grand Hôtel du Nord sans rest, 75 pl. Drouet-d'Erlon *& 03 26 47 39 03, grandhoteldu*
nord-reims@wanadoo.fr, Fax 03 26 40 92 26 – |‡| ⅍ ▨. ஜ ⑩ ⅏ AY m
fermé vacances de Noël – ⅏ 6 – **50 ch** 49/59.
♦ Fière façade érigée sur une place animée. Chambres en majorité rénovées ; malgré la
situation en zone piétonne, optez pour celles donnant sur l'arrière du bâtiment.

Ibis Centre sans rest, 28 bd Joffre *& 03 26 40 03 24, Fax 03 26 88 33 19* – |‡| ⅍ ▤ ▨ 📞
⅊. ஜ ⑩ ⅏ AX d
⅏ 6,20 – **92 ch** 58/78.
♦ Adresse pratique à la sortie de la gare et à deux pas du centre-ville. Les chambres sont
petites, meublées simplement, mais bien insonorisées et régulièrement entretenues.

Cathédrale sans rest, 20 r. Libergier *& 03 26 47 28 46, Fax 03 26 88 65 81* – ▨ 📞. ஜ ⑩
⅏ ⁊⅗ BY e
⅏ 6,50 – **17 ch** 49,50/62.
♦ Immeuble d'angle abritant des chambres de dimensions modestes, mais confortables.
Tenue sans défaut. Au bout de la rue apparaît, majestueuse, la cathédrale Notre-Dame.

Foch (Louazé), 37 bd Foch *& 03 26 47 48 22, mjackylouazé@aol.com, Fax 03 26 88 78 22* –
ஜ ⑩ ⅏ ⁊⅗ AX x
fermé 26 juil. au 23 août, 16 fév. au 1er mars, sam. midi, dim. soir et lundi – **Repas** 29/38 et
carte 54 à 72.
♦ Le restaurant borde les Promenades, ces cours ombragés dessinés au 18e s. Chaleureuse
salle à manger habillée de boiseries et salon intime. Cuisine au goût du jour.
Spéc. Huîtres "Marennes-Oléron" et tourteau, granité concombre (sept. à avril). Bar de
ligne cuit entier en terre d'argile de Vallauris. Gigot d'agneau de lait des Pyrénées rôti (déc.
à mars). **Vins** Champagne, Coteaux champenois.

XXX **Millénaire**, 4 r. Bertin ℰ 03 26 08 26 62, *contact@lemillenaire.com*, Fax 03 26 84 24 13, ⌂ – AE Ⓞ GB
BY s
fermé sam. midi et dim. sauf fériés – **Repas** 25/66 et carte 60 à 80, enf. 16 ♀.
◆ Cadre contemporain, expositions de tableaux et mezzanine aménagée en salons caractérisent ce restaurant voisin de la place Royale. Cuisine dans l'air du temps.

XXX **Chardonnay**, 184 av. Épernay ℰ 03 26 06 08 60, *restaurant.lechardonnay@wanadoo.fr*, Fax 03 26 05 81 56 – AE GB
V a
fermé 12 juil. au 9 août, 3 au 11 janv., sam. midi, dim. soir et lundi – **Repas** 25/64 et carte 47 à 65 ♀ 🖧.
◆ Maison traditionnelle bordant un axe fréquenté. La salle à manger dispose d'un décor bourgeois un brin suranné. Cuisine classique et judicieuse sélection de champagnes.

XX **Vigneraie**, 14 r. Thillois ℰ 03 26 88 67 27, *lavigneraie@francegourmande.fr*, Fax 03 26 40 26 67 – AE GB
AY a
fermé 26 juil. au 23 août, 7 au 21 fév., dim. soir, merc. midi et lundi – **Repas** (nombre de couverts limité, prévenir) 16 (déj.), 23/49 ♀ 🖧.
◆ Restaurant dont la façade vitrée dissimule une coquette salle à manger de style contemporain aux murs ensoleillés. Cuisine au goût du jour et belle carte des vins.

XX **Au Petit Comptoir**, 17 r. Mars ℰ 03 26 40 58 58, *aupetitcomptoir@wanadoo.fr*, Fax 03 26 47 26 19, ⌂ – AE GB
BX b
fermé 1er au 7 mars, 1er au 15 août, 24 déc. au 2 janv., 21 au 27 fév., sam. midi, lundi midi et dim. – **Repas** (20) - 26/39 bc ♀ 🖧.
◆ Sobre intérieur actuel pour ce restaurant décoré sur le thème du champagne. Généreuse cuisine de bistrot mise au goût du jour, plats à la broche, vins d'ici et du monde.

XX **Flo**, 96 pl. Drouet d'Erlon ℰ 03 26 91 40 50, *ljugaud@groupeflo.fr*, Fax 03 26 91 40 54, ⌂ – ▤. AE Ⓞ GB JCB
AX v
Repas 29,90 bc, enf. 12,50.
◆ Grande maison ancienne, ex-cercle militaire, et sa terrasse en rotonde prise d'assaut aux beaux jours. Joli cadre d'inspiration Art déco et nombreux havres d'intimité.

XX **Continental**, 95 pl. Drouet d'Erlon ℰ 03 26 47 01 47, *lecontinental-restaurant@wanado o.fr*, Fax 03 26 40 95 60, ⌂ – ▤. AE Ⓞ GB
AXY r
Repas (17,50) - 20,40/50,50 ♀.
◆ Bordant une longue place piétonne, ce restaurant aux salles à manger habillées de boiseries est une institution de la "cité des sacres". Cuisine traditionnelle.

XX **Vonelly-Gambetta**, 13 r. Gambetta ℰ 03 26 47 22 00, *Fax 03 26 47 22 43*, ⌂ GB
BY d
fermé 1er au 20 août, sam. midi, dim. soir et lundi – **Repas** 18/45 ♀.
◆ Confortable salle à manger aménagée dans le goût des années 1970 : grands miroirs et petits panneaux de bois ajourés. Terrasse d'été située à l'arrière de la bâtisse.

X **Brasserie Le Boulingrin**, 48 r. Mars ℰ 03 26 40 96 22, *boulingrin@wanadoo.fr*, Fax 03 26 40 03 92, ⌂ – ▤. AE GB
BX e
fermé dim. – **Repas** 16 bc/23 ♀.
◆ Cette brasserie de 1925 a préservé son plaisant cadre Art déco, notamment ses jolies fresques bachiques. C'est l'un des lieux de rendez-vous des Rémois.

X **Jamin**, 18 bd Jamin ℰ 03 26 07 37 30, *eurl-jamin@wanadoo.fr*, Fax 03 26 02 09 64 – AE GB
CX n
fermé 16 au 31 août, 19 au 26 janv., dim. soir et lundi – **Repas** (12 bc) - 18 bc/27,50, enf. 8,20.
◆ Petit restaurant de quartier où vous prendrez vos repas dans un sage décor actuel. Les suggestions du jour sont indiquées sur l'ardoise ; cuisine traditionnelle.

X **Les Charmes**, 11 r. Brûlart ℰ 03 26 85 37 63, *lescharmes@netcourrier.com*, Fax 03 26 36 21 00 – AE GB
CZ v
fermé 25 avril au 2 mai, 31 juil. au 23 août, sam. midi, dim. et fériés – **Repas** 14,50 (déj.), 28/35,50, enf. 8,40 ♀.
◆ Proche des grandes caves de champagne et de la basilique St-Remi, sympathique salle de restaurant familiale agrémentée de peintures sur bois. Bon choix de whiskies.

X **Table Anna**, 6 r. Gambetta ℰ 03 26 89 12 12, *latableanna@wanadoo.fr*, Fax 03 26 89 12 12 – ▤. AE GB
BY t
fermé 27 juil. au 10 août, dim soir et lundi – **Repas** 12 bc (déj.), 19/32.
◆ Le "chef-artiste-étalagiste" est l'auteur de certains tableaux accrochés aux murs et compose lui-même ses vitrines. Confort simple et atmosphère familiale. Menus attrayants.

rte de Châlons-en-Champagne *vers ③ : 3 km* – ✉ 51100 Reims :

🏨 **Mercure Parc des Expositions**, ℰ 03 26 05 00 08, *h0363@accor-hotels.com*, Fax 03 26 85 64 72, ⌂, ⅃ – ▤ ⇄ ✂ ☎ TV ⌂ & P – 🔬 25 à 100. AE Ⓞ GB
V s
Repas (fermé sam. midi, dim. midi et midi fériés) (16,50) - 23, enf. 9,50 – ⚬ 11 – **101 ch** 90/98.
◆ Construction des années 1970 abritant deux types de chambres : "Automne", refaites et dotées d'une literie récente, ou "Azur", fonctionnelles et moins chères. Le restaurant, éclairé par une véranda, est égayé par une fresque sur le vignoble champenois.

🏛 **Reflets Bleus,** 12 r. G. Voisin ℰ 03 26 82 59 79, *info@lesrefletsbleus.com,*
Fax 03 26 82 53 92, 🅫 – TV 📞 & P. – 🔏 25. ℀ GB V n
fermé 18 au 25 avril, 9 au 22 août – **Repas** *(fermé vend. soir, dim. soir et sam.)* (14) - 19/26 ♀
– ♀ 7 – **41 ch** 47/52 – ½ P 54.
  * Plusieurs pavillons, en grande majorité éloignés de la route, proposent de petites chambres en rez-de-jardin ; certaines sont rénovées. La cuisine servie dans ce restaurant coiffé d'une charpente apparente s'inscrit dans le registre traditionnel.

à Sillery *par* ③ *et D 8ᴱ : 11 km – 1 655 h. alt. 90 –* ✉ 51500 :

XX **Relais de Sillery,** ℰ 03 26 49 10 11, Fax 03 26 49 12 07, 😊, 🌳 – GB
fermé 16 août au 5 sept., vacances de fév., 2 au 12 janv., dim. soir, mardi soir et lundi –
Repas 19,50/45 ♀.
  * La salle à manger dispose d'un sobre cadre contemporain tandis que la plaisante véranda offre la vue sur un coquet jardin longé par une rivière. Appétissants plats classiques.

à Montchenot *par* ⑤ *: 11 km –* ✉ *51500 Rilly-la-Montagne :*

XXX **Grand Cerf** (Giraudeau et Champion), N 51 ℰ 03 26 97 60 07, Fax 03 26 97 64 24, 😊, 🌳
❀ – P. ℀ GB
fermé 4 au 25 août, 23 fév. au 8 mars, dim. soir, mardi soir et merc. – **Repas** 34 (déj.),
54/84 et carte 69 à 91 ♀ 😊.
  * L'auberge, située au pied de la Montagne de Reims, héberge deux élégantes salles habillées de boiseries, dont une en véranda ouverte sur le jardin. Belle cuisine classique.
Spéc. Homard ''melon'' (avril à sept.) ou homard ''poire'' (oct. à mars). Ris de veau aux châtaignes, sauce truffes (sept. à mai). Pamplemousse caramélisé, glace miel (oct. à juin).
Vins Champagne, Bouzy.

par ⑦ , *autoroute A 4 sortie Tinqueux : 6 km –* ✉ *51430 Tinqueux :*

🏨 **Novotel,** ℰ 03 26 08 11 61, h0428@accor-hotels.com, Fax 03 26 08 72 05, 😊, ⏇ – ✳
▤ TV 📞 & P. – 🔏 30 à 150. ℀ ⓞ GB V u
Repas 25,50, enf. 9 ♀ – ♀ 12 – **127 ch** 91/106.
  * Deux styles de chambres à proximité de l'échangeur autoroutier : actuelles et égayées de tissus colorés ou entièrement refaites selon les nouvelles normes de la chaîne. L'agréable terrasse d'été du restaurant, dressée face à la piscine, est fort prisée.

🏛 **Tip Top Hôtel** sans rest, 1 av. A.FN ℰ 03 26 83 84 85, *hotel.tiptop@wanadoo.fr,*
Fax 03 26 49 58 25 – 🛗 TV 📞 & P. GB. 🎨 V t
♀ 6 – **66 ch** 49.
  * Hôtel flambant neuf proche de l'autoroute. Concept à la fois fonctionnel et chaleureux utilisant des matériaux de qualité pour voyageurs à la recherche d'une étape "tip-top".

🏛 **Ibis,** ℰ 03 26 04 60 70, h0811@accor-hotels.com, Fax 03 26 84 24 40 – ✳, ▤ ch, TV 📞 &
P. ℀ ⓞ GB V u
Repas (11,30) -14,60, enf. 6,60 ♀ – ♀ 6 – **75 ch** 55/61.
  * Adresse avant tout pratique proposant des chambres bien insonorisées et rénovées dans l'esprit "dernière tendance" de la chaîne. Vaste salle à manger rustique réchauffée par une grande cheminée où l'on prépare les grillades.

REIPERTSWILLER 67340 B.-Rhin 𝟛𝟙𝟝 I3 *G. Alsace Lorraine – 933 h alt. 230.*
Paris 450 – Strasbourg 54 – Bitche 19 – Haguenau 33 – Sarreguemines 48 – Saverne 32.

🏨 **Couronne,** 13 r. Wimmenau ℰ 03 88 89 96 21, *sb.kuhm@wanadoo.fr,*
📞 Fax 03 88 89 98 22, 🌳 – TV P. – 🔏 25. GB
fermé 15 nov. au 3 déc. et 16 fév. au 5 mars – **Repas** *(fermé merc. soir d'oct. à mars, merc. et jeudi en janv.-fév., lundi et mardi)* 16,50 (déj.), 27/47 ♀ – ♀ 10 – **16 ch** 54/58 – ½ P 53/58.
  * Derrière les murs de cette maison assez anodine se cache un intérieur moderne décoré avec soin. Chambres fonctionnelles ouvertes sur la nature. Goûteuse cuisine classique servie dans pas moins de quatre salles à manger situées au rez-de-chaussée de l'hôtel.

La REMIGEASSE 17 Char.-Mar. 𝟛𝟚𝟜 C4 – *voir à Ile d'Oléron.*

REMIREMONT 88200 Vosges 𝟛𝟙𝟜 H4 *G. Alsace Lorraine – 8 538 h alt. 400.*
Voir *Rue Ch.-de-Gaulle*★ – *Crypte*★ *de l'abbatiale St-Pierre.*
🄱 *Office de tourisme, 2 rue Charles-de-Gaulle* ℰ 03 29 62 23 70, Fax 03 29 23 96 79,
tourisme.remiremont@wanadoo.fr.
Paris 413 ⑤ – Épinal 28 ⑤ – Belfort 70 ② – Colmar 80 ① – Mulhouse 81 ② – Vesoul 66 ④.

REMIREMONT

Abbaye (Pl. de l') . . . . A 2
Calvaire (Av. du) . . . . A 3
Courtine (R. de la) . . . . A
Écoles (R. des) . . . . A 5
États-Unis (R. des) . . . . A 6
Franche-Pierre (R.) . . . . A 7
Gaulle (R. Ch.-de) . . . . . . AB
Prêtres (R. des) . . . . B 14
Utard (Pl. H.) . . . . A 15
Xavée (R. de la) . . . . A 16
5e-et-15e-B.C.P. (R. des) . . . . B 18

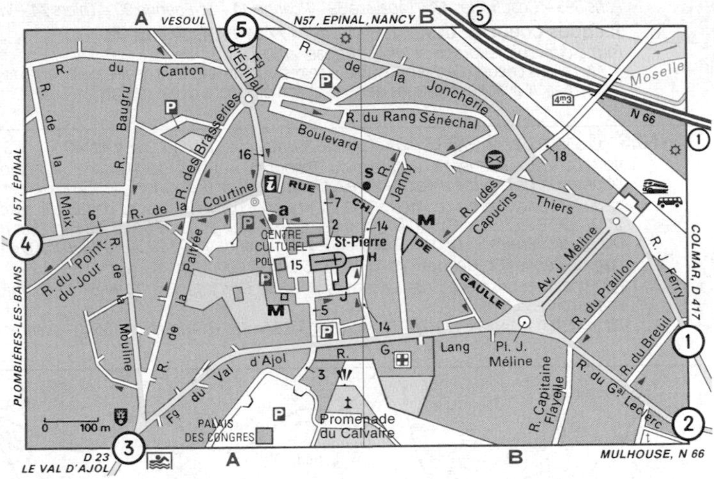

Cheval de Bronze sans rest, 59 r. Ch. de Gaulle ✆ 03 29 62 52 24, *hotel-du-cheval-de-bronze@wanadoo.fr, Fax 03 29 62 34 90* – TV. AE GB — B s
fermé nov. – ☕ 6,50 – **35 ch** 28/57.
◆ Hôtel aménagé dans un ancien relais de poste installé sous les pittoresques arcades du centre-ville. Chambres modestes mais bien tenues ; certaines ont été rénovées.

Clos Heurtebise, 13 chemin des Capucins par r. Capit. Flayelle **B** ✆ 03 29 62 08 04, *Fax 03 29 62 38 80*, – P. GB.
fermé 14 au 27 janv., 5 au 14 mai, dim. soir, lundi et mardi – **Repas** 16,50/42,50 ♀.
◆ Aux portes de la cité des chanoinesses, restaurant au cadre rustique, devancé d'une terrasse tournée vers la forêt. Préparations de poissons de mer.

Quarterelle, 3 r. de la Carterelle ✆ 03 29 23 98 69, *Fax 03 29 23 98 69* – GB — A a
fermé 5 au 23 janv., 10 au 25 juin, dim. soir, mardi soir et lundi – **Repas** (20) - 28/38 ♀.
◆ Cette ancienne boucherie accueille aujourd'hui les convives désireux de s'attabler dans une petite salle à manger colorée autour d'une appétissante cuisine traditionnelle.

à St-Étienne-lès-Remiremont *par ① : 2 km – 4 057 h. alt. 400 – ✉ 88200 :*

Chalet Blanc avec ch, 34 r. Pêcheurs (face centre commercial) ✆ 03 29 26 11 80, *lechaletblanc@hotmail.com, Fax 03 29 26 11 81*, – TV ♿ P – 30. GB.
fermé 1er au 20 août et vacances de fév. – **Repas** *(fermé sam. midi, dim. soir et lundi)* 19/59, enf. 13 ♀ – ☕ 7 – **7 ch** 47/68 – ½ P 56/60.
◆ Accueil chaleureux, agréable salle lambrissée et cuisine au goût du jour : cette villa située dans une zone commerciale mérite le détour. Chambres modernes d'esprit colonial.

REMOULINS *30210 Gard* 339 M5 *G. Provence – 1 996 h alt. 27.*

Office de tourisme, place des Grands Jours ✆ 04 66 37 22 34, Fax 04 66 37 22 34, ot.remoulins@free.fr.

Paris 685 – Avignon 23 – Alès 50 – Arles 37 – Nîmes 23 – Orange 34 – Pont-St-Esprit 40.

à St-Hilaire-d'Ozilhan *Nord-Est : 4,5 km par D792 – 640 h. alt. 55 – ✉ 30210 :*

L'Arceau , ✆ 04 66 37 34 45, *patricia.brunel2@wanadoo.fr, Fax 04 66 37 33 90*, – TV P. AE GB
fermé 30 nov. au 14 fév., dim. soir, mardi midi et lundi hors saison – **Repas** 20/60 ♀ – ☕ 8,50 – **25 ch** 54/58 – ½ P 52.
◆ Demeure du 18e s. à belle façade en pierre dans un village entouré par la garrigue. Les chambres, simples et assez grandes, sont bien tenues. Salle à manger néo-rustique égayée de tons provençaux, terrasse ombragée et cuisine mi-traditionnelle, mi-régionale.

Voir *Bourg*★ *de St-Haon-le-Châtel N : 2 km* – *Barrage de la Tache : rocher-belvédère*★ *O : 5 km.*

🛈 *Syndicat d'initiative, la Côte Roannaise* ℘ 04 77 62 17 07.

Paris 385 – *Chauffailles 43* – *Lapalisse 39* – *Roanne 11* – *St-Étienne 90* – *Thiers 74* – *Vichy 56.*

XX **Jacques Coeur,** ℘ 04 77 64 25 34, Fax 04 77 64 43 88, 霜 – 匨 ⌾▤
fermé dim. soir, jeudi soir et lundi – **Repas** 16/50 ♈.
  ◆ "À vaillans coeurs, riens impossible" : ce restaurant illustre la devise du célèbre argentier de Charles VII avec ses fresques de 1946 et son étonnant décor design.

RENNES 🄿 *35000 I.-et-V.* **309** L6 *G. Bretagne* – *206 229 h Agglo. 272 263 h alt. 40.*

Voir *Le Vieux Rennes*★★ – *Jardin du Thabor*★★ – *Palais de justice*★★ – *Retable*★★ à l'intérieur★ de la cathédrale St-Pierre **AY** – *Musées : de Bretagne*★, *des Beaux-Arts*★ **BY** M.
🛇₁₈ *de la Freslonnière à Le Rheu* ℘ 02 99 14 84 09, *par* ⑧ : 7 km ; 🛇₁₈ *de Cicé Blossac à Bruz* ℘ 02 99 52 79 79, *par* ⑦ : 10 km ; 🛇₉ *à Cesson-Sévigné* ℘ 02 99 83 26 74, *E* : 11 km *par D 96* **DU** ; 🛇₂₇ *de Rennes St-Jacques à St-Jacques-de-la-Lande* ℘ 02 99 30 18 18, *par* ⑦ : 11 km.
✈ *de Rennes-St-Jacques* : ℘ 02 99 29 60 00, *par* ⑦ : 7 km.

🛈 *Office de tourisme, 11 rue Saint-Yves* ℘ 02 99 67 11 11, Fax 02 99 67 11 00, infos@tourisme-rennes.com.

Paris 349 ③ – *Angers 129* ④ – *Brest 246* ⑨ – *Caen 185* ② – *Le Mans 155* ③ – *Nantes 108* ⑥.

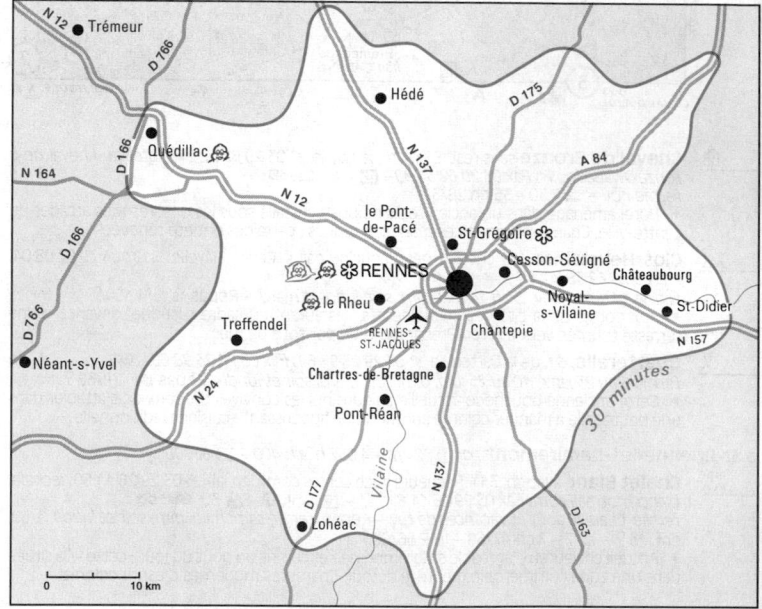

🏨 **Novotel,** av. Canada, près centre commercial Alma ✉ 35200 ℘ 02 99 86 14 14, *H0430-accor-hotels.com,* Fax 02 99 86 14 15, 霜, 🏊, 帚 – ✳ ▤ 📺 ☏ & 🅿 – 🔏 15 à 90. 🝆 ⑩ ⌾▤
CV **e**

Repas carte 25 à 35, enf. 8 ♈ – ⊡ 11 – **100 ch** 92,50/108.
  ◆ "Relooké" selon les normes de la dernière génération de la chaîne, ce Novotel séduit : espace, mobilier contemporain et cadre chaleureux. Restaurant ouvert sur le jardin ; tons plaisants et aménagements pratiques. Terrasse dressée autour de la piscine.

🏨 **Mercure Colombier,** 1 r. Cap. Maignan ℘ 02 99 29 73 73, *h1249@accor-hotels.com,* Fax 02 99 29 54 00 – ▤ ✳ 📺 ☏ & – 🔏 15 à 150. 🝆 ⑩ ⌾▤
ABZ **m**

Repas *(fermé sam. midi et dim. midi* (18) – carte 20 à 26 ♈ – ⊡ 11,50 – **140 ch** 95/120.
  ◆ Chambres fonctionnelles et décor (dans le hall) évoquant les chevaliers de la Table ronde et la forêt de Brocéliande : un - récent - coup de baguette magique ? Salle à manger claire et actuelle. Registre culinaire traditionnel et carte des vins intéressante.

RENNES

Duchesse Anne
  (Bd de la) .... **DU** 15
Guilloux (R. L.) .... **CU** 23
Laennec (Bd) .... **DU** 31
Leroux (Bd Oscar) ... **DV** 36
Lorient (R. de) .... **DU** 38
Maginot (Av. du Sergent) **DU** 39
Pompidou (Bd G.) .... **CV** 55

Bourgeois (Bd L.) .... **DV** 3
Canada (Av. du) ...... **CV** 6
Churchill
  (Av. Sir W.) .... **CU** 13
Combes (Bd E.) ...... **DV** 14

St-Brieuc (R. du) ..... **CU** 64
St-Jean-Baptiste
  de la Salle (Bd) ... **CU** 70
Strasbourg (Bd de) ... **DU** 83
Ukraine (Allée d') .... **CV** 84
Vitré (Bd de) .... **DU** 87
Yser (Bd de l') .... **CV** 88
3-Croix (R. des) ...... **CU** 89

Mercure Pré Botté sans rest, r. Paul Louis Courier ℰ 02 99 78 82 20, h1056@accor-hote ls.com, Fax 02 99 78 82 21 – 🛗 ⚡ 🗏 📺 📞 🐎 – 🕍 20. 🅰🅴 ⓸ ☎️ 🇬🇧   **BZ** t
☎ 11,50 – **104 ch** 96/120.
• La décoration intérieure sur le thème de la presse rappelle que cet immeuble héber-geait autrefois l'imprimerie du journal Ouest-France. Les chambres sont grandes et pratiques.

Lecoq-Gadby, 156 r. Antrain ℰ 02 99 38 05 55, lecoq-gadby@wanadoo.fr, Fax 02 99 38 53 40, ℻, 🐎 – 🛗 📺 📞 🐎 🅿 – 🕍 150. 🅰🅴 ⓸ ☎️ 🇬🇧 🇯🇨🇧   **DU** x
Repas (fermé 1er au 8 août et dim.) 29 (déj.), 40/60 ♀ ♨ – ☎ 18 – **10 ch** 145/165 – ½ P 113/123.
• Outre ses luxueux salons de réception qui ont fait sa réputation, cette vénérable demeure abrite de jolies chambres raffinées et personnalisées. Les dreyfusards firent du restaurant leur "cantine" en 1899. Aujourd'hui, on y sert une cuisine traditionnelle.

Anne de Bretagne sans rest, 12 r. Tronjolly ℰ 02 99 31 49 49, hotelannedebretagne@w anadoo.fr, Fax 02 99 30 53 48 – 🛗 ⚡ 🗏 📺 📞 🐎 – 🕍 20. 🅰🅴 ⓸ ☎️ 🇬🇧 🇯🇨🇧   **AZ** q
fermé vacances de Noël – ☎ 9,50 – **42 ch** 78/92.
• Construction des années 1970 abritant des chambres bien aménagées, au décor récent ; certaines sont équipées de baignoires à remous. Garage très pratique.

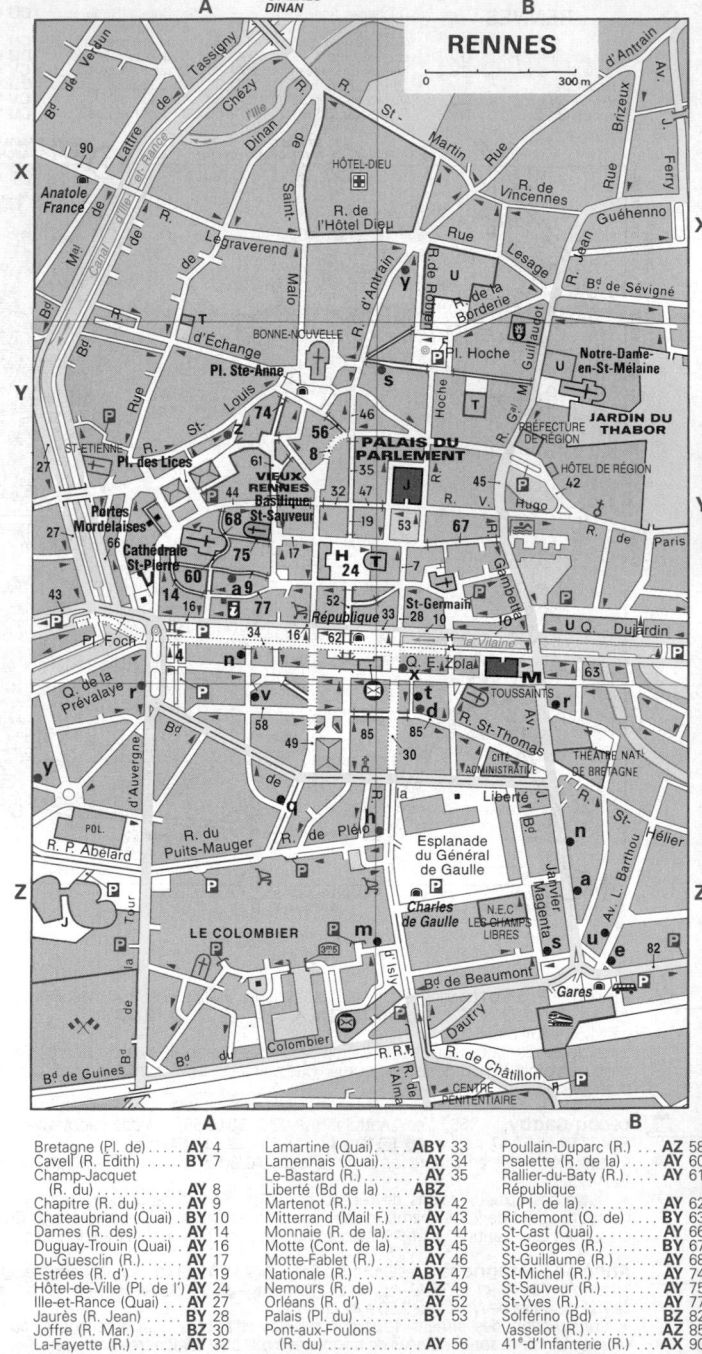

RENNES

0   300 m

Bretagne (Pl. de)	**AY** 4	Lamartine (Quai)	**ABY** 33
Cavell (R. Edith)	**BY** 7	Lamennais (Quai)	**AY** 34
Champ-Jacquet		Le-Bastard (R.)	**AY** 35
(R. du)	**AY** 8	Liberté (Bd de la)	**ABZ**
Chapitre (R. du)	**AY** 9	Martenot (R.)	**BY** 42
Chateaubriand (Quai)	**BY** 10	Mitterrand (Mail F.)	**AY** 43
Dames (R. des)	**AY** 14	Monnaie (R. de la)	**AY** 44
Duguay-Trouin (Quai)	**AY** 16	Motte (Cont. de la)	**BY** 45
Du-Guesclin (R.)	**AY** 17	Motte-Fablet (R.)	**AY** 46
Estrées (R. d')	**AY** 19	Nationale (R.)	**ABY** 47
Hôtel-de-Ville (Pl. de l')	**AY** 24	Nemours (R. de)	**AZ** 49
Ille-et-Rance (Quai)	**AY** 27	Orléans (R. d')	**AY** 52
Jaurès (R. Jean)	**BY** 28	Palais (Pl. du)	**BY** 53
Joffre (R. Mar.)	**BZ** 30	Pont-aux-Foulons	
La-Fayette (R.)	**AY** 32	(R. du)	**AY** 56
		Poullain-Duparc (R.)	**AZ** 58
		Psalette (R. de la)	**AY** 60
		Rallier-du-Baty (R.)	**AY** 61
		République	
		(Pl. de la)	**AY** 62
		Richemont (Q. de)	**BY** 63
		St-Cast (Quai)	**AY** 66
		St-Georges (R.)	**BY** 67
		St-Guillaume (R.)	**AY** 68
		St-Michel (R.)	**AY** 74
		St-Sauveur (R.)	**AY** 75
		St-Yves (R.)	**AY** 77
		Solférino (Bd)	**BZ** 82
		Vasselot (R.)	**AZ** 85
		41e-d'Infanterie (R.)	**AX** 90

🏛 **Mercure Place de Bretagne** sans rest, 6 r. Lanjuinais   🕿 02 99 79 12 36, *mercure.renn es@tiscali.fr*, Fax 02 99 79 65 76 – 📳 ✿ 🗏 📺 📞 & ⇔. 🖭 ⅁ⅉ   AY **n**
    ☲ 10 – **48 ch** 84/128.

    ♦ Hôtel de conception contemporaine derrière une façade du début du 20ᵉ s. Bois blond et chaleureux tissus coordonnés dans les chambres. Salles de bains gaies et modernes.

🏛 **Président** sans rest, 27 av. Janvier   🕿 02 99 65 42 22, *hotelpresident@wanadoo.fr*, Fax 02 99 65 49 77 – 📳 📺 📞 ⇔. 🖭 ⅁ⅉ   BZ **n**
    fermé 23 juil. au 9 août et 18 déc. au 3 janv. – ☲ 8 – **34 ch** 59/71.

    ♦ Chambres confortables, bourgeoisement meublées et insonorisées. Petit-déjeuner servi dans un cadre éclectique : chaises en skaï rouge, éclairage design et peintures exotiques.

🏠 **Kyriad** sans rest, 6 av. Gare   🕿 02 99 30 25 80, *kyriad-rennes@wanadoo.fr*, Fax 02 99 31 84 88 – 📳 ✿ 🗏 📺 📞 &. 🖭 ① ⅁ⅉ   BZ **s**
    ☲ 8,50 – **47 ch** 60/95.

    ♦ Établissement récent disposant de plusieurs atouts : proximité immédiate de la gare, accueil 24 h sur 24 et chambres à la page agréablement décorées et climatisées.

🏠 **Sévigné** sans rest, 47 av. Janvier   🕿 02 99 67 27 55, *hotellesevigne@free.fr*, Fax 02 99 30 66 10 – 📳 📺 📞 &. 🖭 ① ⅁ⅉ   BZ **a**
    ☲ 7 – **44 ch** 50/76.

    ♦ Hôtel entièrement rénové dans un esprit actuel. Les chambres, claires et sobres, sont égayées de tissus choisis. Pimpante salle des petits-déjeuners façon bistrot.

🏠 **Astrid** sans rest, 32 av. L. Barthou   🕿 02 99 30 82 38, *hotelastrid@wanadoo.fr*, Fax 02 99 31 88 55 – 📳 📺 📞. 🖭 ① ⅁ⅉ ⅉⅭⅬ   BZ **u**
    fermé 28 déc. au 4 janv. – ☲ 6,50 – **30 ch** 52,60/68.

    ♦ Chambres fonctionnelles et fraîches ; certaines possèdent un "espace bureau" adapté à la clientèle d'affaires. Coin petit-déjeuner donnant sur une courette verdoyante.

🏠 **Brest** sans rest, 15 pl. Gare   🕿 02 99 30 35 83, *hotel.de.brest@wanadoo.fr*, Fax 02 99 30 08 60 – 📳 📺 📞 – ⇰ 15. ⅁ⅉ ⅉⅭⅬ. ✻   BZ **e**
    fermé 25 déc. au 6 janv. – ☲ 7 – **48 ch** 48,50/53.

    ♦ Ce bâtiment ancien perpétue la tradition des hôtels de gare en proposant des chambres aménagées de manière pratique, bien tenues et à prix doux.

🏠 **Lanjuinais** sans rest, 11 r. Lanjuinais   🕿 02 99 79 02 03, *hotel.laujuinais@wanadoo.fr*, Fax 02 99 79 03 97 – 📳 📺 📞. 🖭 ① ⅁ⅉ ⅉⅭⅬ   AZ **v**
    ☲ 7 – **33 ch** 39/59.

    ♦ Dans une rue plutôt calme, adresse familiale où vous trouverez des chambres bien équipées. Les "singles" sont agréables et gaies : de quoi balayer un éventuel "coup de blues".

🏠 **Garden Hôtel** sans rest, 3 r. Duhamel   🕿 02 99 65 45 06, *gardenhotel@wanadoo.fr*, Fax 02 99 65 02 62 – 📳 📺 📞 &. 🖭 ⅁ⅉ   BZ **r**
    ☲ 7,20 – **26 ch** 43,50/58.

    ♦ Les chambres de cet hôtel sont souvent assez simples ; quatre, rénovées et coquettes, ouvrent de plain-pied sur le patio où l'on sert le petit-déjeuner à la belle saison.

χχχ **Fontaine aux Perles** (Gesbert), quartier de la Poterie par ④, 96 r. Poterie ✉ 35200 ✿   🕿 02 99 53 90 90, *lafontaineauxperles@dial.oleane.com*, Fax 02 99 53 47 77, ㈘, ☞ – 🄿. 🖭 ① ⅁ⅉ ⅉⅭⅬ
    fermé dim. sauf le midi de sept. à juil. et lundi – **Repas** 25 (déj.), 32/68 et carte 63 à 74 ⅀.

    ♦ Ce manoir ancien, aux intérieurs raffinés, est prolongé de bungalows modernes plus simplement agencés. Délicieuse terrasse dans un jardin arboré. Cuisine personnalisée.
    Spéc. Salade gourmande des trois crustacés. Galette de blanc de barbue à l'andouille. Feuilleté de fourme d'Ambert aux poires.

χχχ **Escu de Runfao**, 11 r. Chapître   🕿 02 99 79 13 10, *escuderunfao@wanadoo.fr*, Fax 02 99 79 43 80, ㈘ – 🖭 ⅁ⅉ   AY **a**
    fermé 7 au 26 août, 19 au 27 fév., sam. midi et dim. soir – **Repas** 28 (déj.), 38/51 et carte 63 à 87 ⅀ ㊟.

    ♦ Dans une rue pittoresque du vieux Rennes, maison à colombages du 17ᵉ s. avec hauts plafonds, poutres et cheminées. Cuisine actuelle et attrayante sélection de bordeaux.

χχχ **L'Ouvrée**, 18 pl. Lices   🕿 02 99 30 16 38, *louvree@dial.oleane.com*, Fax 02 99 30 16 38 – ⅁ⅉ 🖭 ① ⅁ⅉ ⅉⅭⅬ   AY **z**
    fermé 9 au 20 avril, 26 juil. au 18 août, sam. midi, dim. soir et lundi. – **Repas** 14,50/32 et carte 35 à 47 ⅀.

    ♦ Bâtie en 1659, cette maison coiffée d'un toit en carène fut miraculeusement épargnée par le grand incendie du 22 décembre 1720. Confortable salle à manger colorée.

χχχ **Corsaire**, 52 r. Antrain ✉ 35700   🕿 02 99 36 33 69, *Fax 02 99 36 33 69* – 🖭 ① ⅁ⅉ   BX **y**
    fermé merc., dim. sauf le midi de sept. à juin et lundi en juil.-août – **Repas** (20,50) - 25,50/32 et carte 42 à 61 ⅀.

    ♦ Cadre bourgeois joliment relooké pour ce restaurant qui draine une clientèle de fidèles : murs beiges, miroirs "à carreaux", banquettes rouges et chaises de style Louis XV.

XX **Puits des Saveurs,** 262 r. Chateaugiron par ④ ✆ 02 99 53 18 14, *Fax 02 99 53 16 45* – P. AE GB
fermé 30 juil. au 25 août, dim. soir, sam. midi et lundi – **Repas** *(14)* - 18 (déj.), 27/49 ♀.
◆ Bien qu'excentré, ce restaurant attire la clientèle du centre-ville grâce à son pimpant décor contemporain et à sa cuisine personnalisée.

XX **Four à Ban,** 4 r. St-Mélaine ✆ 02 99 38 72 85, *fouraban@wanadoo.fr, Fax 02 99 38 72 85* – ▤. AE GB BY s
fermé 11 juil. au 3 août, lundi soir, sam. midi et dim. – **Repas** 16,50 (déj.), 25,50/45 ♀.
◆ Cette maison du 17e s. abritait un four public. C'est aujourd'hui un restaurant prisé : coquette salle à manger au rez-de-chaussée (poutres et cheminée) et cuisine soignée.

XX **Florian,** 11 r. A. Rébillon ✆ 02 99 14 25 14, *Fax 02 99 14 26 00,* 🏖 – AE GB CU b
fermé 7 au 31 août, 24 déc. au 4 janv., sam. midi, dim. et lundi – **Repas** *(15)* - 18 (déj.), 26/48 ♀.
◆ Bâtisse contemporaine dont les larges baies s'ouvrent sur les berges du canal d'Ille et Rance. En été, agréable terrasse au bord de l'eau. Recettes au goût du jour.

XX **Chouin,** 12 r. Isly ✆ 02 99 30 87 86, *Fax 02 99 31 39 72* – GB BZ h
fermé 29 juil. au 15 août, dim. et lundi – **Repas** *(13 bc)* - 16/21 ♀.
◆ Murs lambrissés blancs, mobilier bleu, hublots en cuivre, filets de pêche et aquarium composent un décor propice à la dégustation de poissons et fruits de mer.

X **Gourmandin,** 4 pl. Bretagne ✆ 02 99 30 42 01, *Fax 02 99 30 42 01* – ▤. AE ⓓ GB AYZ r
fermé 2 au 24 août, 21 fév. au 1er mars, lundi midi, sam. midi et dim. – **Repas** (nombre de couverts limité, prévenir) *(12,20)* - 14,50/26,50 ♀.
◆ Restaurant convivial où l'on mange souvent "à guichets fermés" dans deux petites salles à manger voûtées. Cuisine traditionnelle soignée à prix doux.

X **Léon le Cochon,** 1 r. Mar. Joffre ✆ 02 99 79 37 54, *Fax 02 99 79 07 35* – ▤. AE ⓓ GB JCB BY x
fermé dim. en juil.-août – **Repas** *(11,50 bc)* - 21,50/36,50 ♀.
◆ Il fait un temps de cochon ? Entrez chez Léon : ce n'est pas une tête de lard et il prépare de belles cochonnailles pour des repas entre copains... comme cochons !

X **Petit Sabayon,** 16 r. des Trente ✆ 02 99 35 02 04, *petit-sabayon@wanadoo.fr* – GB AZ y
fermé 7 au 24 août, sam. midi, dim. et lundi – **Repas** (nombre de couverts limité, prévenir) *(12)* - 15 (déj.), 19/27,50 ♀.
◆ Adresse presque confidentielle à dénicher dans un quartier calme. Petite salle à manger fraîche et simple où se retrouve une clientèle d'habitués. Cuisine traditionnelle.

X **Tête de Lard,** 37 r. Vasselot ✆ 02 99 79 05 91, *Fax 01 99 79 05 91* – GB BZ d
fermé 3 au 26 août, vacances de fév., dim. et lundi – **Repas** *(10,30)* - 12,70 (déj.)/19,70 ♀.
◆ Les mets embrochés qui rôtissent doucement sous vos yeux assurent le spectacle dans cette petite salle à manger rustique. Le week-end, au dîner, on fait la fête au cochon.

à St-Grégoire *au Nord par D82 : 3 km – 7 644 h. alt. 45 – ✉ 35760 :*

XXX **Le Saison** (Etcheverry), impasse Vieux Bourg (près de l'église) ✆ 02 99 68 79 35, *Fax 02 99 68 92 71,* 🏖 – P. AE GB
fermé 2 au 23 août, dim. soir et lundi – **Repas** *(18)* - 30/55 et carte 50 à 65, enf. 11 ♀.
◆ Dans le bourg, grande maison rénovée entourée d'un jardin. Vous dégusterez une belle cuisine au goût du jour dans un intérieur lumineux ou sur l'agréable terrasse en teck.
Spéc. Foie gras rôti au sureau. Pigeonneau en robe de choux. Soufflé au chocolat guayaquil.

à Cesson-Sévigné *par ③ : 6 km – 14 344 h. alt. 28 – ✉ 35510 :*

Germinal 🐎, 9 cours de la Vilaine, au bourg ✆ 02 99 83 11 01, *le-germinal@wanadoo.fr, Fax 02 99 83 45 16,* ←, 🏖 – |‡| ▭ 📞 – 🏠 20. AE GB. ✂ rest
fermé vacances de Noël et dim. – **Repas** 17 (déj.), 25/43 ♀ – ☕ 9,50 – **20 ch** 60/78.
◆ Hôtel aménagé dans un ancien moulin posé sur un bras de la Vilaine. Chambres progressivement rénovées ; certaines sont agrémentées de lits à baldaquin. La salle de restaurant et la terrasse dominent la rivière. Cuisine variant au rythme des saisons.

à Noyal-sur-Vilaine *par ③ : 12 km – 4 698 h. alt. 75 – ✉ 35530 :*

XXX **Auberge du Pont d'Acigné,** rte d'Acigné : 3 km ✆ 02 99 62 52 55, *Fax 02 99 62 21 70,* 🏖 – P. AE GB
fermé 2 au 24 août, 2 au 9 janv., sam. midi, dim. soir et lundi – **Repas** 16 (déj.), 27/40 et carte 49 à 72 ♀.
◆ Cuisine au goût du jour à déguster dans la sobre salle à manger de cette belle maison de pays, ou sur la terrasse dressée au bord de la Vilaine. Accueil prévenant.

XX **Hostellerie Les Forges** avec ch, *ℰ* 02 99 00 51 08, Fax 02 99 00 62 02 – ▥ 🅿 – 🛜 30.
🖭 🆖 . ❊ ch
fermé 2 au 23 août, 21 au 28 fév., vend. soir , dim. soir et soirs fériés – **Repas** 17/31 – ☲ 6 –
12 ch 38/45 – ½ P 40/46.
   ◆ Aux portes du village, engageante auberge de bord de route dont la salle à manger
rustique s'agrémente d'une jolie cheminée en pierre. Chambres simples, mais rajeunies.

Z.I. Sud-Est de Chantepie *par* ④ : *5 km – 6 793 h. alt. 40 – ⊠ 35135 :*

🏠 **Kyriad** sans rest, r. Bignon *ℰ* 02 99 32 34 34, *kyriad.rennessud@wanadoo.fr,*
Fax 02 99 53 57 26 – ▥ ❖ 🅿 – 🛜 30. 🖭 ⓪ 🆖
☲ 6 – **50 ch** 52/62.
   ◆ Emplacement pratique près de la rocade, petites chambres sobrement aménagées
(parfois avec mezzanine) et entretien régulier : une adresse utile de la périphérie rennaise.

à Chartres-de-Bretagne *par* ⑥ : *10 km – 6 467 h. alt. 37 – ⊠ 35131 :*

🏛 **Chaussaire** sans rest, sur ancienne rte de Nantes *ℰ* 02 99 41 14 14, *interhoteldelachaus
sairie@wanadoo.fr, Fax 02 99 41 33 44* – ❖ ▥ ❖ ♿ 🅿 – 🛜 15 à 30. 🖭 🆖 . ❊
fermé 26 déc. au 2 janv. – ☲ 7,50 – **36 ch** 46/58.
   ◆ Commode pour l'étape, petite structure de type motel disposant de chambres fonctionnelles de taille moyenne ; préférez celles situées à l'opposé de la route.

XX **Braise**, 2 av. de la Chaussairie *ℰ* 02 99 41 21 29, Fax 02 99 41 33 80, 🕾 – 🅿. 🖭 🆖
fermé 3 au 25 août, 14 au 24 fév., sam. midi, dim. soir et lundi – **Repas** (16) - 20 (déj.), 25/50 ⅀.
   ◆ Salles à manger campagnardes aménagées dans une maison de style régional ; plaisante
terrasse. Cuisine traditionnelle et grillades cuites sur les braises de la cheminée.

Le Rheu *par* ⑧ *et D 224 : 8 km – 5 733 h. alt. 30 – ⊠ 35650 :*

XX **La Muse Bouche et Relais Fleuri** avec ch, Les Landes d'Apigné *ℰ* 02 99 14 60 14, *soi
zic.marechal@laposte.fr, Fax 02 99 14 60 03*, 🕾 – ▥ ❖ 🅿. 🖭 🆖
🏠 *fermé 1er au 15 août* – **Repas** *(fermé dim.)* 24/48, enf. 10 ⅀ – ☲ 7 – **22 ch** 41/47 –
½ P 35/55.
   ◆ C'est sur des tables en bois et dans un cadre frais que vous apprécierez une cuisine
soignée et "cent pour cent maison". Formule plus simple au bar. Chambres pratiques.

rte de Lorient *par* ⑧, *N 24 : 6 km – ⊠ 35650 Le Rheu :*

XXX **Manoir du Plessis** avec ch, *ℰ* 02 99 14 79 79, *info@manoirduplessis.fr,*
Fax 02 99 14 69 60, 🕾, ♨ – ▥ ❖ 🅿. 🖭 🆖. ❊ ch
fermé 9 au 17 août, 27 déc. au 3 janv. et 15 au 28 fév. – **Repas** *(fermé sam. midi, dim. soir et
lundi)* 16 (déj.), 22/37 et carte 45 à 52 – ☲ 9 – **5 ch** 90/95.
   ◆ Maison de maître entourée d'un parc. Parquets, boiseries, cheminées, sièges de style
Louis XVI et belle terrasse créent les meilleures conditions pour apprécier votre repas.

au Pont-de-Pacé *par* ⑨ : *10 km – ⊠ 35740 Pacé :*

XXX **Griotte**, r. Dr Léon *ℰ* 02 99 60 15 15, *restolagriotte@wanadoo.fr, Fax 02 99 60 26 84*, 🕾,
🌳 – 🅿. 🖭 ⓪ 🆖
fermé 25 juil. au 29 août, 15 fév. au 15 mars, dim. soir, mardi et merc. – **Repas** (16) - 19/58 et
carte 27 à 55, enf. 10 ⅀ 🌳.
   ◆ Réparti en plusieurs salons ouverts sur le jardin, le restaurant est installé dans une
demeure du 19e s. située en léger retrait d'un axe passant. Belle carte des vins.

rte de St-Malo *par* ⑩ - *sortie St-Grégoire : 6,5 km – ⊠ 35760 St-Grégoire :*

🏛 **Oceania**, Espace Performance Alphasis *ℰ* 02 99 23 78 78, *oceania-rennes@hotel-sofibra.
com, Fax 02 99 23 78 33*, 🕾 – ⊯ ❖, ▤ rest, ▥ ❖ 🚗 🅿 – 🛜 20 à 60. 🖭 ⓪ 🆖
Repas *(fermé vend. soir, sam. et dim.)* (14,50) - 17,50/24, enf. 8 – ☲ 8 – **70 ch** 86/96.
   ◆ Dans un quartier affairé, bâtiment aux lignes épurées proposant des chambres de
conception moderne, bien équipées. Billard dans le hall ; espace forme à proximité. Salle à
manger contemporaine, cuisine traditionnelle.

La RÉOLE 33190 Gironde 📖 K7 – 4 187 h alt. 44.
   Paris 649 – Bordeaux 74 – Casteljaloux 42 – Duras 25 – Libourne 45 – Marmande 33.

XX **Les Fontaines**, 8 r. Verdun *ℰ* 05 56 61 15 25, Fax 05 56 61 15 25, 🕾, 🌳 – 🖭 🆖
🏠 *fermé mi-nov. au 1er déc., 23 fév. au 1er mars, merc. soir hors saison, dim. soir et lundi* –
Repas *(nombre de couverts limité, prévenir)* 15/42,70, enf. 7,70 ⅀.
   ◆ Grande demeure du centre-ville abritant un restaurant où vous apprécierez une goûteuse cuisine traditionnelle. La terrasse dressée dans le jardin arboré est très agréable.

RETHONDES 60 Oise 📖 I4 – *rattaché à Compiègne.*

REUGNY *03190 Allier* 326 C4 – *272 h alt. 204.*

Paris 312 – Bourbon-l'Archambault 43 – Montluçon 15 – Montmarault 45 – Moulins 64.

XX **Table de Reugny,** *℘* 04 70 06 70 06, *p.sanguillon@wanadoo.fr, Fax 04 70 06 70 06,* ☆, ☞ – ▤. ☒
fermé 16 août au 7 sept., 20 déc. au 1er janv.,dim. soir, lundi et mardi – **Repas** (14,50) - 19,50/43.
♦ Altière façade en bordure de route. Confortable salle de restaurant contemporaine et terrasse tournée vers le jardin. Tables dressées avec soin et cuisine généreuse.

REUILLY-SAUVIGNY *02850 Aisne* 306 D8 – *213 h alt. 78.*

Paris 109 – Reims 50 – Épernay 34 – Château-Thierry 16 – Soissons 46 – Troyes 116.

XXX **Auberge Le Relais** (Berthuit) avec ch, 2 rue de Paris *℘* 03 23 70 35 36, *auberge.relais.de*
☼ *.reuilly@wanadoo.fr, Fax 03 23 70 27 76,* ☞ – ▤ ▥ ▣ ☒ ❶ ☒ ☆ ch
fermé 15 août au 2 sept., 31 janv. au 3 mars, mardi et merc. – **Repas** 28/72 et carte 71 à 92 –
☲ 12 – **7 ch** 68/86.
♦ Coquette auberge dans un village bordé par le vignoble de la vallée de la Marne. Plaisante salle feutrée et belle véranda. Cuisine mariant habilement tradition et modernité.
Spéc. Langoustines rôties, crème de petits pois glacée. Noix de Saint-Jacques (15 oct. au 15 avril). Pigeon en filets, cuisses farcies aux navets et foie gras. **Vins** Cumières.

REVEL *31250 H.-Gar.* 343 K4 *G. Midi-Pyrénées* – *7 985 h alt. 210.*

☒ *Office de tourisme, place Philippe VI de Valois* *℘* 05 34 66 67 68, *Fax 05 34 66 67 67, tourisme-revel@revel-lauragais.com.*
Paris 727 – Toulouse 54 – Carcassonne 46 – Castelnaudary 21 – Castres 28 – Gaillac 62.

🏠 **Midi,** 34 bd Gambetta *℘* 05 61 83 50 50, *contact@hotelrestaurantdumidi.com, Fax 05 61 83 34 74,* ☆ – ▥. ❶ ☒
Repas *(fermé 12 nov. au 6 déc., dim. soir et lundi midi d'oct. à juin)* 19/45 bc, enf. 9,20 ☲ – ☲ 7 – **17 ch** 38/61 – ½ P 32/36.
♦ Situé sur un boulevard fréquenté, ce relais de poste du 19e s. propose des chambres diversement meublées, plus calmes sur l'arrière. Lumineuse salle à manger où l'on propose une table alliant terroir et tradition.

au Nord *par rte de Castres : 3 km –* ☒ *31250 Revel :*

XX **Auberge des Mazies** ☞ avec ch, rte de Castres *℘* 05 61 27 69 70, *bienvenue@mazies. com, Fax 05 62 18 06 37,* ☆, ☞ – ▥ ❤ ▣ ☒ ❶ ☒ ☒ ☆
fermé 25 oct. au 12 nov. et 26 déc. au 25 janv. – **Repas** *(fermé dim. soir et lundi)* 13 (déj.), 16/45 ☲ – ☲ 7 – **7 ch** 50/54 – ½ P 46.
♦ Jadis ferme, aujourd'hui sympathique auberge au milieu des champs. Salle à manger campagnarde agrémentée d'une cheminée où l'on prépare les grillades. Chambres sobres.

à St-Ferréol *Sud-Est : 3 km par D 629 –* ☒ *31250 .*

Voir Bassin de St-Ferréol★.

🏠 **Hôtellerie du Lac** ☞, av. Paul Riquet *℘* 05 62 18 70 80, *contact@hotellerie-du-lac.com,*
☒ *Fax 05 62 18 71 13,* ≤, ☆, ☵, ☞ – cuisinette ▥ ❤ ᾱ ▣ – ☒ 50. ☒ ☆ ch
Repas *(fermé 20 déc. au 11 janv. et dim. soir sauf juil.-août)* 14/34, enf. 10 ᾱ – ☲ 7 – **25 ch** 55/60 – ½ P 52.
♦ Entourée de verdure, maison de maître entièrement revue dans un plaisant style moderne. La plupart des chambres profitent de la vue sur le lac. Sauna et minifitness. Salle de restaurant soigneusement décorée. Au "piano", répertoire traditionnel.

REVENTIN-VAUGRIS *38 Isère* 333 C5 – *rattaché à Vienne.*

REVIGNY-SUR-ORNAIN *55800 Meuse* 307 A6 – *3 660 h alt. 144.*

☒ *Office de tourisme, rue du Stade* *℘* 03 29 78 73 34, *Fax 03 29 78 73 34, contact@ot-revigny-ornain.fr.*
Paris 239 – Bar-le-Duc 18 – St-Dizier 30 – Vitry-le-François 36.

XX **Maison Forte et Rest. Les Agapes** ☞ avec ch, pl. Henriot du Coudray
℘ 03 29 70 56 00, *lamaisonfortelesagapes@minitel.net, Fax 03 29 70 59 30,* ☆, ☞ – ▥ ❤
ᾱ ▣ – ᾱ 15. ☒ ❶ ☒
fermé 24 juil. au 24 août, 25 déc. au 11 fév., sam. midi, dim. soir et lundi – **Repas** 34 – ☲ 10 – **7 ch** 59/76.
♦ Le bâtiment principal de cette maison forte du 17e s. abrite des salles à manger joliment décorées dans le style médiéval. Cuisine du terroir revisitée. Chambres élégantes.

Le Guide change, changez de guide tous les ans.

RÉVILLE 50760 Manche ⃞303 E2 – 1 168 h alt. 12.

Voir *La Pernelle* ✵✳︎✳︎ *du blockhaus O : 3 km* – *Pointe de Saire : blockhaus* ⩽✳︎ *SE : 2,5 km*, G. Normandie Cotentin.

Paris 351 – *Cherbourg 30* – *Carentan 44* – *St-Lô 72* – *Valognes 22.*

🏨 **Villa Gervaiserie** ⌖ *sans rest*, ✆ 02 33 54 54 64, *la.gervaiserie@wanadoo.fr*, Fax 02 33 54 73 00, ⩽ – 📺 ⅋ ♿ 🅿 ⒶⒺ ⒼⒷ
17 mars-15 nov. – ⌑ 7 – **10 ch** 85/109.
♦ Les chambres de cet hôtel situé face à la plage possèdent un balcon ou une terrasse avec vue sur la mer et l'île de Tatihou. Plaisant décor actuel et accueil aux petits soins.

XX **Au Moyne de Saire** *avec ch*, ✆ 02 33 54 46 06, *au.moyne.de.saire@wanadoo.fr*, ⌯ Fax 02 33 54 14 99 – 📺 🅿 ⒶⒺ ⒼⒷ
fermé fév. et merc. d'oct. à Pâques – **Repas** 14/40 ⅄ – ⌑ 6 – **12 ch** 46/55 – ½ P 40/50.
♦ Auberge familiale au coeur d'un village proche de la pointe de Saire. Mobilier rustique et cuisine normande au restaurant. Petites chambres proprettes.

REY 30 Gard ⃞339 G4 – *rattaché au Vigan.*

REZÉ 44 Loire-Atl. ⃞316 G4 – *rattaché à Nantes.*

Le RHEU 35 I.-et-V. ⃞309 L6 – *rattaché à Rennes.*

Le RHIEN 70 H.-Saône ⃞314 H6 – *rattaché à Ronchamp.*

Donnez-nous votre avis sur les tables que nous recommandons,
sur leurs spécialités et leurs vins de pays.

RHINAU 67860 B.-Rhin ⃞315 K7 – 2 348 h alt. 158.

🛈 Office de tourisme, 35 rue du Rhin ✆ 03 88 74 68 96, Fax 03 88 74 83 28, *rhinau@ tourisme-alsace.info.*
Paris 525 – *Strasbourg 39* – *Marckolsheim 26* – *Molsheim 38* – *Obernai 28* – *Sélestat 28.*

XXX **Au Vieux Couvent** (Albrecht), ✆ 03 88 74 61 15, Fax 03 88 74 89 19 – ⒶⒺ ⓞ ⒼⒷ ⌘ *fermé 28 juin au 16 juil., 18 au 27 oct., 23 fév. au 12 mars, mardi et merc.* – **Repas** 28/79 et carte 65 à 90 ⅄.
♦ L'enseigne de ce restaurant familial invite au recueillement, le cadre y contribue. Cuisine traditionnelle personnalisée utilisant légumes du potager et herbes aromatiques.
Spéc. Fines rouelles d'anguille du Rhin. Pigeon désossé et farci au ris de veau. Le grand dessert. **Vins** Riesling, Pinot noir.

RIANS 83560 Var ⃞340 J4 – 3 628 h alt. 406.

🛈 Office de tourisme, Le Grenier ✆ 04 94 80 33 37, Fax 04 94 80 33 37, *ot.rians.var@free.fr.*
Paris 770 – *Marseille 69* – *Aix-en-Provence 40* – *Avignon 100* – *Manosque 33* – *Toulon 77.*

XX **Roquette**, rte Manosque : 1 km ✆ 04 94 80 32 58, Fax 04 94 80 32 58, ⌇ – 🅿 ⒼⒷ ⌯ *fermé 2 janv. au 1er fév., dim. soir, mardi soir, merc. et le soir en hiver sauf vend. et sam.* – **Repas** 23/42, enf. 9 ⅄.
♦ Demeure familiale convertie en restaurant. Trois salles à manger discrètement provençales disposées en enfilade. Répertoire traditionnel, variant au rythme des saisons.

RIBEAUVILLÉ ⬠ 68150 H.-Rhin ⃞315 H7 G. Alsace Lorraine – 4 929 h alt. 240.

Voir *Grand'Rue*✳︎✳︎ : *tour des Bouchers*✳︎.

Env. *Riquewihr*✳︎✳︎✳︎ – *Château du Haut-Ribeaupierre :* ✵✳︎✳︎ – *Château de St-Ullrich*✳︎ : ✵✳︎✳︎.

🛈 Office de tourisme, 1 Grand' Rue ✆ 03 89 73 62 22, Fax 03 89 73 23 62, *info@ribeauville-riquewihr.com.*
Paris 439 ⑤ – *Colmar 16* ③ – *Mulhouse 60* ④ – *St-Dié 42* ⑤ – *Sélestat 14* ②.

Plan page suivante

🏨 **Clos St-Vincent** ⌖, Nord-Est : 1,5 km par rte secondaire ✆ 03 89 73 67 65, *clovincent@ aol.com*, Fax 03 89 73 32 20, ⩽ la plaine d'Alsace, ⌇, ⬚, ☞ – ⚑ 📺 ⅋ ♿ 🅿 ⒶⒺ ⒼⒷ
B u
1er avril-20 déc. – **Repas** (*fermé le mardi et les midis*) (35) · 45 ⅄ – ⌑ 14 – **20 ch** 153/215, 4 suites.
♦ Maison des années 1960 cernée par les vignes. Vastes chambres confortables et personnalisées. Quiétude du site et superbe vue sur la plaine d'Alsace. Cuisine classique servie dans la salle à manger ou sur la terrasse, offrant toutes deux un beau panorama.

RIBEAUVILLÉ

Abbé Kremp
(R. de l') . . . . **A** 2
Château (R. du) . . . . **A** 3

Flesch (R.) . . . . **B** 5
Fontaine (R. de la) . . . . . . **A** 6
Frères-Mertian (R. des) . . . **A** 7
Gaulle (Av. du Gén.-de) . . **B** 9
Gouraud (Pl.) . . . . **B** 10
Grand'Rue . . . . **AB**

Halle-aux-Blés (R.) . . . . . . **B** 12
Mairie (Pl. de la) . . . . **A** 13
Sainte-Marie-
aux-Mines (Rte) . . . . . . **A** 15
Sinne (Pl. de la) . . . . **A** 16
Tanneurs (R. des) . . . . . . **B** 18

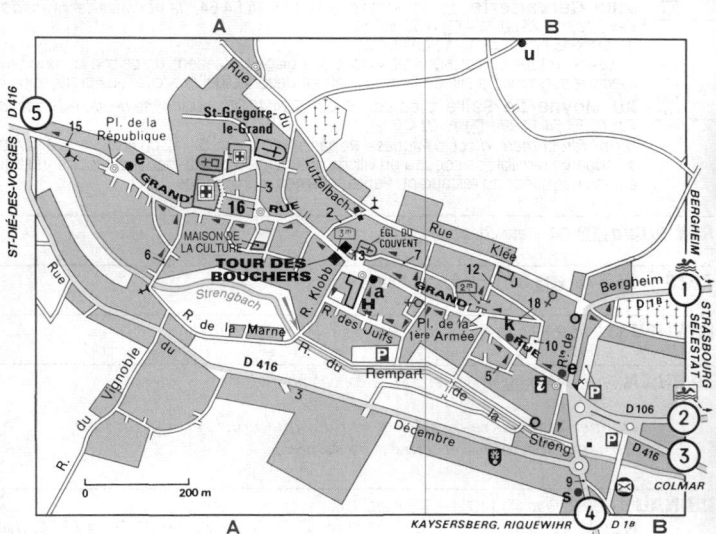

🏨 **Ménestrel** sans rest, 27 av. Gén. de Gaulle par ④ ℰ 03 89 73 80 52, *menestrel2@wanadoo
.fr*, Fax 03 89 73 32 39, 🛏, 🚗 – 📳 🎞 TV 📞 ᴹ 🅿. ᴀᴇ ●ᴮ
🖵 13 – **29 ch** 63/104.
  ◆ Chambres actuelles, avec balcons au 1ᵉʳ étage. Le bâtiment étant disposé perpendi-
culairement à la route, elles ne sont pas directement exposées au bruit. Salon de thé.

🏨 **Tour** 🦌 sans rest, 1 r. Mairie ℰ 03 89 73 72 73, *hoteldelatour@aol.com*,
Fax 03 89 73 38 74, 🛏 – 📳 TV 📞 🅿 ᴀᴇ ① ●ᴮ ᴊᴄᴮ   A a
mi-mars-fin déc. – 🖵 7 – **33 ch** 53/76.
  ◆ Ancienne exploitation viticole convertie en hôtel. Les chambres rénovées sont pratiques
et gaies ; celles donnant sur la jolie cour intérieure (colombages) sont très calmes.

🏨 **Cheval Blanc,** 122 Grand Rue ℰ 03 89 73 61 38, *cheval-blanc-ribeauville@wanadoo.fr*,
Fax 03 89 73 37 03, 🚗 – TV 📞 ① ●ᴮ   A e
fermé 15 nov. au 3 déc. et 20 déc. au 1ᵉʳ fév. – **Repas** *(fermé mardi midi et merc.)*
15,50/36,50 – 🖵 7 – **25 ch** 47/54 – ½ P 49.
  ◆ La façade de cette bâtisse alsacienne se couvre de fleurs en saison. Intérieur d'esprit
rustique. Chambres modestes, plus tranquilles sur l'arrière ; salon-cheminée. Sobre salle de
restaurant actuelle et cuisine traditionnelle.

🍴🍴 **Haut Ribeaupierre** (Frenot), 1 rte Bergheim ℰ 03 89 73 87 63, Fax 03 89 73 88 15 –
❀ ●ᴮ, ⚘   B e
fermé 29 juin au 9 juil., 8 au 28 fév., mardi et merc. – **Repas** 29 (déj.), 44/72 et carte 56 à
76 ♈.
  ◆ Cette jolie maison à colombages porte le nom du château voisin. Chaleureuse winstub
ou deux salles plus cossues habillées de boiseries. Cuisine régionale actualisée.
  Spéc. Foie gras d'oie poêlé au confit de melon épicé (15 juin au 15 sept.). Sandre à la bière
(15 sept. à fin mars). Gibier d'Alsace (15 sept. à fin déc.). **Vins** Riesling, Pinot noir

🍴🍴 **Relais des Ménétriers,** 10 av. Gén. de Gaulle ℰ 03 89 73 64 52, Fax 03 89 73 69 94 –
●ᴮ   B s
🍴 fermé 29 juin au 17 juil., 23 déc. au 2 janv., jeudi soir, dim. soir et lundi – **Repas** 11 (déj.),
22/32 ♈.
  ◆ Les ménétriers sont unis à l'histoire de la ville depuis le Moyen Âge. Dégustez-ici une
vraie cuisine du pays dans une sympathique salle à manger campagnarde.

🍴 **Wistub Zum Pfifferhüs,** 14 Grand rue ℰ 03 89 73 62 28 – ●ᴮ   B k
fermé 23 juin au 15 juil., 5 janv. au 3 fév., merc. et jeudi – **Repas** (prévenir) carte 27 à 42 ♈.
  ◆ Maison du 14ᵉ s. au cadre alsacien typique. Spécialités locales et ambiance conviviale
assurée, en particulier lors du Pfifferdaj (jour des fifres). Réservé aux non-fumeurs.

rte de Ste-Marie-aux-Mines *par ⑤ sur D 416 : 4 km –* ✉ *68150 :*

XXX **Au Valet de Coeur et Hostel de la Pépinière** *avec ch,* 🕾 03 89 73 64 14, *reception*
☆ @valetdecoeur.fr, *Fax 03 89 73 88 78,* �⻍ – ⫴🪑 📺 📞 ⭤ 🅿 – 🔳 20. 🆎 ⓪ 🆖
Repas *(fermé dim. soir, mardi midi et lundi)* 33,50/90 et carte 62 à 82 🍷 🌺 – ⟷ 8,50 – **18 ch**
42/80 – ½ P 73/91.
♦ En lisière de forêt, imposante maison de style régional où l'on cultive le sens de l'accueil.
Salle à manger-véranda ; belle cuisine au goût du jour et spécialités du terroir.
Spéc. Dégustation de foie gras. Homard en trois façons (sept. à janv.). Filet de chevreuil aux
baies roses. **Vins** Riesling, Pinot noir.

RIBÉRAC 24600 *Dordogne* **329** D4 *G. Périgord Quercy – 4 000 h alt. 68.*

🏌 *de la Lande à Servanches* 🕾 05 53 80 45 32, *SO : 22 km par D 708 et D44.*
🛈 *Office de tourisme, place Charles-de-Gaulle* 🕾 05 53 90 03 10, *Fax 05 53 91 35 13,*
ot.riberac@perigord.tm.fr.

Paris 505 – Angoulême 58 – Barbezieux 58 – Bergerac 52 – Libourne 65 – Périgueux 39.

🏨 **France,** 3 rue Marc Dufraisse 🕾 05 53 90 00 61, *info@hoteldefranceriberac.com,*
Fax 05 53 91 06 05, � – 📺 📞. 🆖
fermé 10 nov. au 15 déc., 6 au 31 janv., sam. midi, mardi midi et lundi – **Repas** 15 (déj.),
23/41 🍷 – ⟷ 8 – **12 ch** 38/55 – ½ P 60/75.
♦ Colombages, pierres apparentes et cheminées : l'authenticité d'un relais de poste du
17ᵉ s. au cachet rustique préservé. Chambres rajeunies par étape. Agréable cour-terrasse.
Le bois règne en maître au restaurant ; carte traditionnelle dans la note régionale.

🏨 **Rêv'Hôtel** *sans rest, rte de Périgueux : 1,5 km* 🕾 05 53 91 62 62, *rev.hotel@wanadoo.fr,*
Fax 05 53 91 48 96 – 📺 📞 ♿ 🅿 – 🔳 25. 🆖
⟷ 6 – **17 ch** 35/39.
♦ Construction récente implantée dans une petite Z.A.C. Les chambres, fonctionnelles et
bien tenues, sont toutes en rez-de-chaussée.

Les pages explicatives de l'introduction
vous aideront à mieux profiter de votre **Guide Michelin.**

Les RICEYS 10340 *Aube* **313** G6 *G. Champagne Ardenne – 1 376 h alt. 180.*

🛈 *Office de tourisme, 3 place des Héros de la Résistance* 🕾 03 25 29 15 38, *Fax 03 25 29 15
38,* ot.lesriceys@wanadoo.fr.
Paris 210 – Troyes 46 – Bar-sur-Aube 48 – St-Florentin 58 – Tonnerre 37.

XX **Magny** 🅂 *avec ch, D 452* 🕾 03 25 29 38 39, *Fax 03 25 29 11 72,* 🌮, 🏊, – 📺 📞 ♿ 🅿. 🆖
🐜 *1ᵉʳ mai-30 sept., 1ᵉʳ oct.-30 avril, fermé dim. soir, mardi soir hors saison et merc. –* **Repas**
🐌 12/39, enf. 7 🍷 – ⟷ 8 – **12** ch 55/64 – ½ P 56/61.
♦ Dans le fief du célèbre vin rosé, restaurant campagnard aménagé dans une maison en
pierre restaurée avec soin. Accueil aimable. Carte traditionnelle. Chambres confortables.

RIEC-SUR-BELON 29340 *Finistère* **308** I7 – *4 008 h alt. 65.*

🛈 *Office de tourisme, 2 rue des Gentilshommes* 🕾 02 98 06 97 65, *Fax 02 98 06 93 73,*
ot.riec.sur.belon@wanadoo.fr.
Paris 529 – Quimper 43 – Carhaix-Plouguer 61 – Concarneau 20 – Quimperlé 13.

au Port de Belon *Sud : 4 km par C 3 et C 5 –* ✉ *29340 Riec-sur-Belon :*

X **Chez Jacky,** 🕾 02 98 06 90 32, *chez.jacky@wanadoo.fr, Fax 02 98 06 49 72,* ⟨ – 🆖
3 avril-3 oct. et fermé dim. soir hors saison et lundi sauf fériés – **Repas** (en saison, prévenir)
17 (déj.), 32/76, enf. 8 🍷.
♦ Avenante maison d'ostréiculteur au bord du Belon. Tables et bancs en bois massif dans
la salle à manger. On ne sert que des produits de la mer. Bassin d'affinage d'huîtres.

RIEUMES 31370 *H.-Gar.* **343** E4 – *2 601 h alt. 270.*
Paris 712 – Toulouse 39 – Auch 56 – Foix 75.

🏨 **Auberge les Palmiers** 🅂, 13 pl. Foirail 🕾 05 61 91 81 01, *infos@auberge-lespalmiers.*
🐌 com, *Fax 05 61 91 56 36,* 🌮, 🌺 – 📺 ch, 📺 📞 ♿. 🆖
fermé 15 août au 6 sept. et 19 au 26 déc. – **Repas** (sam. midi, dim. midi et lundi) (10) -
13 (déj.), 19/35, enf. 8 🍷 – ⟷ 14 – **7 ch** 50/56 – ½ P 54.
♦ Cette accueillante maison du 19ᵉ s. et son aile récente abritent des chambres plaisantes
et spacieuses où se marient meubles rustiques et touches contemporaines. Coquettes
salles à manger. Carte traditionnelle enrichie de quelques plats régionaux.

RIEUPEYROUX 12240 Aveyron 338 F5 – 2 157 h alt. 750.

🛈 Syndicat d'initiative, 3 place du Gitat ℘ 05 65 65 60 00, Fax 05 65 65 62 42.

Paris 632 – Rodez 36 – Albi 54 – Carmaux 38 – Millau 94 – Villefranche-de-Rouergue 24.

Commerce, ℘ 05 65 65 53 06, hotel.j.b.delmas@wanadoo.fr, Fax 05 65 65 56 58, 🍽, 🍴 – 📶 📺 📞 🛜 📭 – 🏅 30. 🆎 ⓪ ☒
fermé 18 déc. au 21 janv., dim. soir et lundi sauf juil.-août – **Repas** (fermé vend. soir du 1er sept. au 31 mai) 15/30, enf. 8 🍷 – ☕ 7 – **22 ch** 40/60 – ½ P 46.
◆ Hôtel familial proposant des chambres sobrement meublées et bien tenues ; celles qui s'ouvrent sur le jardin et l'agréable piscine sont plus calmes. Au restaurant, dégustez le tripoux du Ségala, le veau de lait de l'Aveyron ou le confit de canard à la tripade.

RIGNAC 12390 Aveyron 338 F4 – 1 658 h alt. 500.

🛈 Office de tourisme, place du Portail Haut ℘ 05 65 80 26 04, Fax 05 65 64 45 45, ot-pays-rignacois@wanadoo.fr.

Paris 618 – Rodez 27 – Aurillac 86 – Figeac 40 – Villefranche-de-Rouergue 30.

Delhon, rte Belcastel ℘ 05 65 64 50 27 – ☒
fermé dim. soir et sam. d'oct. à juin – **Repas** 10 bc/19 🍷 – ☕ 4,80 – **18 ch** 24/39,50 – ½ P 33,50.
◆ Ce petit hôtel sans chichi où règne une atmosphère familiale propose des chambres très simples, désuètes, mais propres. Au restaurant, authentique décor des années 1960 et cuisine de ménage mitonnée sur un vieux fourneaux à charbon.

RIGNY 70 H.-Saône 314 B8 – rattaché à Gray.

RILLIEUX-LA-PAPE 69 Rhône 327 I5 – rattaché à Lyon.

RIMBACH-PRÈS-GUEBWILLER 68 H.-Rhin 315 G9 – rattaché à Guebwiller.

RIMONT 09420 Ariège 343 F7 – 501 h alt. 525.

Paris 765 – Auch 136 – Foix 32 – St-Gaudens 56 – St-Girons 14 – Toulouse 92.

Poste, pl. 8-Mai ℘ 05 61 96 33 23, Fax 05 61 96 33 23, 🍽 – ☒
fermé 18 au 29 oct., 7 au 28 fév., lundi soir, mardi soir et merc. soir sauf juil.-août – **Repas** 11/25, enf. 7 ⅌.
◆ Établissement des années 1950 dont la salle à manger cohabite avec un café-bar, rendez-vous des habitants du village. Ambiance agréablement provinciale.

RIMPLAS 06420 Alpes-Mar. 341 D3 – 108 h alt. 1000.

Paris 828 – Nice 67 – St-Étienne de Tinée 41 – St Martin Vésubie 19.

Hostellerie de Rimplas 🍽, 1 chemin des Cavaliers ℘ 04 93 02 86 80, Fax 04 93 02 84 31, ← – 📺
Repas 23,60 🍷 – ☕ 13 – **9 ch** 34,40/63,70 – ½ P 47,90/51,20.
◆ Cette grosse maison en pierres du pays est située dans un charmant village perché bâti au 11e s. Chambres fonctionnelles dotées d'une literie neuve. Sobre salle à manger contemporaine où l'on présente un menu unique composé de plats régionaux.

RIOM ◈ 63200 P.-de-D. 326 F7 G. Auvergne – 18 548 h alt. 363.

Voir Église N.-D.-du-Marthuret★ : Vierge à l'Oiseau★★★ – Maison des Consuls★ K – Cour★ de l'hôtel Guimoneau B – Ste-Chapelle★ du palais de justice N – Cour★ de l'hôtel de ville H – Tour de l'Horloge★ R – Musées : Régional d'Auvergne★ M¹, Mandet★ M².

Env. Mozac : chapiteaux★★, trésor★★ de l'église 2 km par ④ – Marsat : Vierge noire★★ dans l'église SO : 3 km par D 83.

🛈 Office de tourisme, 16 rue du Commerce ℘ 04 73 38 59 45, Fax 04 73 38 25 15, ot-riom@micro-assist.fr.

Paris 407 ① – Clermont-Ferrand 15 ③ – Montluçon 102 ① – Thiers 45 ② – Vichy 39 ①.

Plan page ci-contre

Flamboyant, 21 bis r. Horloge (a) ℘ 04 73 63 07 97, restaurant.leflamboyant@wanadoo.fr, Fax 04 73 63 07 97, 🍽 – 🆎 ⓪ ☒ 🅹🅲🅱
fermé 6 au 22 sept., dim. soir en hiver, mardi midi en été et lundi – **Repas** 15 (déj.), 24,50/40.
◆ Admirez les cours intérieures des hôtels particuliers qui bordent la rue avant de pénétrer dans ce restaurant sobrement décoré où l'on propose une cuisine au goût du jour.

Magnolia, 11 av. Cdt Madeline (v) ℘ 04 73 38 08 25, magnolia-gastronomie@wanadoo.fr, Fax 04 73 38 08 25 – ▤. ☒
fermé 26 juil. au 11 août, 21 fév. au 5 mars, dim. soir, sam. midi et lundi – **Repas** 18/38.
◆ Salle à manger simplement agencée dans une maison récente aux portes de la vieille ville. La proximité des tables incite à la convivialité. Cuisine au goût du jour.

RIOM

Bade (Fg de la)................ 2
Chabrol (R.)................... 3
Châtelguyon (Av. de)........... 4
Commerce (R. du)..............
Croisier (R.)................... 6
Daurat (R.)................... 7
Delille (R.)................... 8
Fédération (Pl. de la)......... 9
Hellénie (R.)................. 10
Horloge (R. du)...............
Hôtel-des-Monnaies
   (R. de l')................. 12
Hôtel-de-Ville (R. de l')..... 13
Laurent (R. J.-B.)............ 14
Layat (Fg).................... 15
Libération (Av. de la)........ 16
Madeline (Av. du Cdt)......... 17
Marthuret (R. du)............. 18
Martyrs-de-la-Résistance
   (Pl. des)................. 19
Menut (Pl. Marinette)......... 20
Pré-Madame
   (Promenade du)............ 21
République (Bd de la)......... 22
Reynouard (Av. J.)............ 23
Romme (R. G.)................ 26
St-Amable (R.)................ 27
St-Louis (R.)................. 29
Soanen (Pl. Jean)............. 32
Soubrany (R.)................. 34
Taules (Carrefour des)........ 36

par ② *dir. A 71 et Aigueperse : 2 km –* ⊠ *63200 Riom :*

Anémotel, Z.A.C. Les Portes de Riom ℰ 04 73 33 71 00, *anemotel.rion@wanadoo.fr*, Fax 04 73 64 00 60, 😀, 🐕 – ⌷ ☰ 📺 📞 ☕ 🅿 – 🔬 30. 🖭 🖼 🍴
Repas *(fermé 23 déc. au 2 janv.)* (12) - 17/30, enf. 7,50 🍷 – 😋 8 – **43 ch** 54 – ½ P 47.
◆ Pratique pour l'étape, établissement récent disposant de chambres spacieuses et bien équipées ; mobilier en bois clair, avec vaste plan de travail. Lumineuse salle à manger généreusement ouverte sur la terrasse et le jardin ; cuisine traditionnelle.

RIOM-ÈS-MONTAGNES 15400 Cantal 🖳 D3 – 2 842 h alt. 840.

🛈 *Office de tourisme, place Charles-de-Gaulle* ℰ 04 71 78 07 37, Fax 04 71 78 16 87, *ot.riom-es-montagnes@wanadoo.fr.*
Paris 506 – *Aurillac 80 –* Clermont-Ferrand 91 – Ussel 46.

St-Georges, 5 r. Cap. Chevalier ℰ 04 71 78 00 15, *hotel.saint-georges@wanadoo.fr,* Fax 04 71 78 24 37 – ⌷ 📺 📞 ☕ 🖭 🖼 🍴
fermé 2 nov. au 2 déc. et dim. soir – **Repas** 11,50/27, enf. 6,90 🍷 – 😋 7 – **14 ch** 33/52 – ½ P 42.
◆ Au centre du village, maison en pierre de la fin du 19e s. disposant de petites chambres fonctionnelles, joliment colorées et fort bien tenues. Accueil courtois. Pimpantes salles à manger actuelles. Carte mettant à l'honneur les spécialités cantaliennes.

RIORGES 42 Loire 🖳 D3 – *rattaché à Roanne.*

RIOZ 70190 H.-Saône 🖳 E8 – 1 134 h alt. 267.

🛈 *Office de tourisme, place du souvenir français* ℰ 03 84 91 84 98, Fax 03 84 91 88 34, *otpays.7rivieres@tiscali.fr.*
Paris 386 – *Besançon 24 –* Gray 48 – Vesoul 24.

Logis Comtois avec ch, 111 r. Charles de Gaulle ℰ 03 84 91 83 83, *Fax 03 84 91 83 83 –* 🅿 🖼
fermé 20 déc. au 31 janv., lundi midi et dim. soir – **Repas** 12/26, enf. 7,50 🍷 – 😋 6,20 – **27 ch** 25/40 – ½ P 30,50/38.
◆ Auberge campagnarde toute simple abritant une salle à manger lambrissée ; plats traditionnels. Petites chambres démodées mais bien tenues dans l'annexe située à 150 m.

RIQUEWIHR 68340 H.-Rhin 🖳 H8 *G. Alsace Lorraine – 1 212 h alt. 300.*

Voir *Village★★★.*

🛈 *Office de tourisme* ℰ 08 20 36 09 22, Fax 03 89 49 08 49, *info@ribeauville-riquewihr.com.*
Paris 442 – *Colmar 15 –* Gérardmer 52 – Ribeauvillé 5 – St-Dié 46 – Sélestat 19.

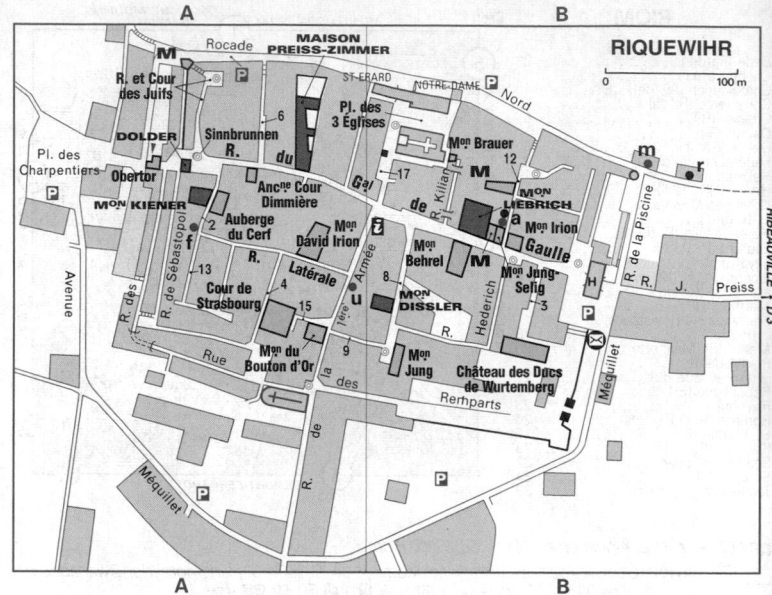

Cerf (R. du)	**A** 2	Cordiers (R. des)	**A** 6	St-Nicolas (R.)	**A** 13
Château		Couronne (R. de la)	**B** 8	Strasbourg	
(Cour du)	**B** 3	Dinzheim (R. de)	**A** 9	(Cour de)	**A** 15
Cheval (R. du)	**A** 4	Ecuries (R. des)	**B** 12	3-Églises (R. des)	**B** 17

Hôtel Le Schoenenbourg ⬙ sans rest, r. Schoenenbourg ℰ 03 89 49 01 11, *schoene nbourg@calixo.net*, Fax 03 89 47 95 88, ⅙, ⬛, ☞ – ⮾ ↭ ⅏ ⅏ ⅏ ⅏ ⅏ 🅿 – 🄰 20. ⅏ ⅏
☱ 9,50 – **58 ch** 80/112.   **B** r

◆ Adossé au vignoble, constructions des années 1980 abritant des chambres confortables
dont le décor vient d'être refait. Agréable piscine située au calme.

Riquewihr sans rest, rte Ribeauvillé ℰ 03 89 86 03 00, *reservation@hotel-riquewihr.fr*,
Fax 03 89 47 99 76, ⬉, ⅙, ⬛ – ⮾ ⅏ ⅏ ⅏ 🅿 – 🄰 15. ⅏ ⅏ ⅏
fermé janv. et fév. – ☱ 9 – **50 ch** 65/110.

◆ Grande maison de style néo-alsacien au bord d'une route traversant les vignes. Accueillantes chambres rénovées dans un esprit contemporain. Beau fitness.

L'Oriel ⬙ sans rest, 3 r. Ecuries Seigneuriales ℰ 03 89 49 03 13, *info.hotel-oriel.com*,
Fax 03 89 47 92 87 – ⮾ ⅏. ⅏ ⅏ ⅏ ⅏   **B** a
☱ 9,50 – **19 ch** 65/90, 3 duplex.

◆ Dans une ruelle tranquille, cette belle façade agrémentée d'un oriel dissimule un hébergement de style rustique. À l'annexe, trois nouvelles chambres plus récentes et cossues.

Table du Gourmet (Brendel), 5 r. 1ᵉ Armée ℰ 03 89 49 09 09, *table-du-gourmet@wana*
doo.fr, Fax 03 89 49 04 56 – ⬛. ⅏ ⅏. ⅏   **A** u
fermé 5 janv. au 13 fév., merc. sauf le soir d'avril à mi-oct., jeudi midi et mardi – **Repas**
38/89 et carte 68 à 88, enf. 19 ☢.

◆ L'alliance des vieilles boiseries et d'un décor récent en rouge et noir fait l'originalité et le
charme de cette belle maison vigneronne du 16ᵉ s. Cuisine inventive.
Spéc. Jambonnettes de grenouilles en beignet (printemps). Turbot à la verveine (été). Faon
de daim de l'Illwald (automne). **Vins** Muscat, Riesling.

Auberge du Schoenenbourg (Kiener), r. Piscine ℰ 03 89 47 92 28, Fax 03 89
47 89 84, ⭲ – ⬛ 🅿. ⅏ ⅏ ⅏   **B** m
fermé 3 janv. au 4 fév., merc. soir de nov. à mars et le midi sauf dim. – **Repas** 32/75 et carte
58 à 79 ☢.

◆ Architecture contemporaine, ambiance conviviale, décor raffiné et terrasse superbement ouverte sur le vignoble et les remparts. Cuisine actuelle ; jardin d'herbes aromatiques.
Spéc. Duo de foie gras d'oie et de canard. Quasi de veau rôti, girolles et oignons nouveaux
(printemps-été). Trilogie de soufflés. **Vins** Riesling, Pinot noir.

XX **Sarment d'Or** ⊗ avec ch, 4 r. Cerf ℘ 03 89 86 02 86, info@riquewihr-sarment-dor.com, Fax 03 89 47 99 23 – TV, GB, ⅏ ch   **A f**
fermé 28 juin au 6 juil., 5 janv. au 11 fév. – **Repas** *(fermé dim. soir, mardi midi et lundi)* 20/52, enf. 9,50 ⵀ – ⵱ 8 – **9 ch** 56/76 – 1/2 P 65/76.
◆ Dans cette demeure du 17ᵉ s., bois blond, poutres apparentes, cheminée et mobilier choisi composent le plaisant et chaleureux décor des salles à manger. Chambres douillettes.

X **Grappe d'Or,** 1 r. Ecuries Seigneuriales ℘ 03 89 47 89 52, rest.grappe.or@wanadoo.fr, Fax 03 89 47 89 52 – ⵱, ⵔ, GB   **B a**
fermé janv., 25 juin au 10 juil., jeudi sauf le soir de mai à oct. et merc. – **Repas** 16,90/33.
◆ Cette accueillante maison de 1554 héberge deux salles à manger aux murs patinés, l'une agrémentée d'outils agrestes et l'autre d'un joli poêle en faïence. Plats du terroir.

à Zellenberg *Est : 1 km par D 3 – 391 h. alt. 300 – ⵧ 68340 :*

🏠 **Au Riesling,** ℘ 03 89 47 85 85, auriesling@wanadoo.fr, Fax 03 89 47 92 08, ⩽ – TV ⅙ P. GB
fermé 1ᵉʳ janv. au 1ᵉʳ mars – **Repas** *(fermé dim. soir, mardi midi et lundi)* 17/26, enf. 8 ⵀ – ⵱ 8 – **36 ch** 50/70 – 1/2 P 55/60.
◆ Au coeur du vignoble, hôtel arborant fièrement le nom de celui qu'on nomme ici le "Roi des Vins". La longue bâtisse abrite des chambres sobres, pour moitié rajeunies. Le restaurant, de style rustique, offre une jolie vue sur les vignes. Carte traditionnelle.

XXX **Maximilien** (Eblin), 19a rte Ostheim ℘ 03 89 47 99 69, Fax 03 89 47 99 85, ⩽ – ⵱ P. AE ⵔ GB, ⅏
❄
fermé 17 au 30 août, 24 fév. au 8 mars, vend. midi, dim. soir et lundi – **Repas** 31 (déj.), 41/76 et carte 71 à 88, enf. 21 ⵀ ⅌.
◆ Villa de style alsacien ancrée à flanc de coteau. L'élégante salle à manger ménage de belles échappées sur les vignes et le village en arrière-plan. Cuisine au goût du jour.
Spéc. Goujonnettes de grenouilles en tempura. Noisettes de chevreuil en croûte de cèpes (sept. à janv.). Soupe de pêche au poivre de Sechouan (juil. à oct.). **Vins** Riesling, Pinot noir.

X **Auberge du Froehn,** 5 rte Ostheim ℘ 03 89 47 81 57, Fax 03 89 47 80 28 – ⵱, GB
fermé 1ᵉʳ au 16 juil., 9 fév. au 5 mars, mardi et merc. – **Repas** 21/35, enf. 8 ⵀ.
◆ Avenante maison à la façade fleurie sise dans un village juché sur une colline. Salle à manger au décor rustique soigné, atmosphère conviviale et cuisine régionale.

RISCLE *32400 Gers* ⬛336 *B8 – 1 675 h alt. 105.*
🛈 *Office de tourisme, 6 place du foirail ℘ 05 62 69 74 01, Fax 05 62 69 86 07, canton.riscle @wanadoo.fr.*
Paris 739 – Aire-sur-l'Adour 17 – Auch 71 – Mont-de-Marsan 49 – Pau 59 – Tarbes 55.

XX **Pigeonneau,** 36 av. Adour ℘ 05 62 69 85 64, Fax 05 62 69 85 64 – GB
fermé 29 juin au 7 juil., 29 nov. au 8 déc., 24 au 31 janv., dim. soir, mardi soir et lundi – **Repas** 16 (déj.), 25/35, enf. 10 ⵀ.
◆ Sol carrelé à l'ancienne et tons ocre renforcent le côté chaleureux de ce restaurant (non-fumeurs) de la vallée de l'Adour. Tables bien dressées et sièges de style Louis XIII.

X **Relais du Pont d'Arcole** avec ch, rte Bordeaux : 1,5 km ℘ 05 62 69 71 40, ⵔ Fax 05 62 69 84 36, ⵜ, ⵛ – TV P. GB
fermé 8 au 28 janv., 13 au 27 oct., vend. soir et dim. soir – **Repas** 11,50/30 ⵊ – ⵱ 6 – **11 ch** 25/37.
◆ Restaurant aménagé dans une villa agrémentée d'un jardin. Salle à manger sobrement campagnarde. Quelques chambres claires et nettes.

RISOUL *05600 H.-Alpes* ⬛334 *H5 – 622 h alt. 1117.*
Env. Belvédère de l'Homme de Pierre ⵝ⋆⋆ *S : 15 km G. Alpes du sud.*
🛈 *Office de tourisme, Station Risoul 1850 ℘ 04 96 46 02 60, Fax 04 92 46 01 23, risoul.ot- @minitel.net.*
Paris 716 – Briançon 37 – Gap 61 – Guillestre 4 – St-Véran 35.

🏠 **Bonne Auberge** ⊗, au village ℘ 04 92 45 02 40, bonneauberge@yahoo.fr, ⵔ Fax 04 92 45 13 12, ⩽ Massif du Pelvoux, ⵛ, ⵜ – ⵱ rest, P. GB, ⅏ rest
1ᵉʳ juin-15 sept. et 27 déc.-31 mars et fermé en semaine en janv. – **Repas** *(fermé le midi sauf week-end et fériés)* 15/22 – ⵱ 6,50 – **25 ch** 52/56,50 – 1/2 P 49,50.
◆ Grand chalet en léger retrait du village. Des vastes chambres, jolie perspective sur la place forte de Mont-Dauphin, créée par Vauban. Décor assez sobre et ambiance pension de famille dans la salle de restaurant offrant un beau panorama sur le Guillestrois.

RIVA-BELLA *14 Calvados* ⬛303 *K4 – voir à Ouistreham-Riva-Bella.*

RIVE-DE-GIER 42800 Loire **327** G6 *G. Vallée du Rhône* – 14 383 h alt. 225.

Paris 494 – Lyon 38 – St-Étienne 23 – Montbrison 65 – Roanne 105 – Thiers 128 – Vienne 27.

XXX **Hostellerie La Renaissance** avec ch, 41 r. A. Marrel *ℰ* 04 77 75 04 31,
Fax 04 77 83 68 58, 🌧, 🍽 – **P**. AE GB
fermé dim. soir, merc. soir, lundi et soirs fériés – **Repas** *(16)* - 26/77 et carte 47 à 76 🕯 – ☲ 9
– 4 ch 46.
♦ Meubles rustiques choisis, objets contemporains et tableaux colorés composent le
décor de cette salle à manger tournée vers le jardin-terrasse. Belle carte des vins.

à Ste-Croix-en-Jarez *Sud-Est : 10 km par D 30* – 351 h. alt. 450 – ✉ 42800 :

X **Prieuré** 🦢 avec ch, *ℰ* 04 77 20 20 09, Fax 04 77 20 20 80, 🌧 – 🍽 rest, TV AE GB, 🍴
fermé 2 janv. au 13 fév. et lundi – **Repas** 12 (déj.), 19/38 ♀ – ☲ 7,50 – 4 ch 50/54 –
½ P 52/55.
♦ Restaurant situé à l'entrée de cet insolite village qui occupe les bâtiments d'une ancienne chartreuse. Salle à manger champêtre. Cuisine régionale et charcuteries maison.

RIVEDOUX-PLAGE 17 Char.-Mar. **324** C3 – *voir à Île de Ré.*

La-RIVIÈRE-ST-SAUVEUR 14 Calvados **303** N3 – *rattaché à Honfleur.*

RIVIÈRE-SUR-TARN 12640 Aveyron **338** K5 – 961 h alt. 380.

🛈 *Office de tourisme, route des Gorges du Tarn ℰ 05 65 59 74 28, Fax 05 65 59 74 28,*
ot-gorgesdutarn@wanadoo.fr.

Paris 627 – Mende 70 – Millau 14 – Rodez 65 – Sévérac-le-Château 24.

♨ **Clos d'Is,** *ℰ* 05 65 59 81 40, Fax 05 65 59 84 03, 🌧, 🍽 – TV **P**. AE GB
🍽 *fermé 5 au 25 janv. et dim. soir d'oct. à mars* – **Repas** 12/22, enf. 7 ♀ – ☲ 6 – 20 ch 26/45 –
½ P 34/42.
♦ Au coeur du Parc régional des Grands Causses, hôtel proposant de petites chambres
propres, progressivement rénovées ; la moitié d'entre elles donnent sur un agréable jardin.
Le restaurant permet d'apprécier, en toute simplicité, la cuisine aveyronnaise.

La RIVIÈRE-THIBOUVILLE 27 Eure **304** E7 – alt. 72 – ✉ 27550 Nassandres.

Paris 140 – Rouen 51 – Bernay 15 – Évreux 34 – Lisieux 39 – Pont-Audemer 34.

XX **Soleil d'Or** avec ch, *ℰ* 02 32 45 00 08, Fax 02 32 46 89 68, 🍀 – TV **P**. – 🅰 30. AE ① GB
JCB
Repas *(fermé 26 juil. au 8 août, 20 au 26 déc., 1ᵉʳ au 15 janv., sam. midi, dim. soir et lundi)*
22/47 ♀ 🕯 – ☲ 8 – 12 ch 52/90 – ½ P 48/67,50.
♦ Enlacée par les paisibles bras de la Risle, grande maison où grimpe la vigne vierge. Salle à
manger au décor renouvelé et chambres confortables. Belle carte des vins.

RIXHEIM 68 H.-Rhin **315** I10 – *rattaché à Mulhouse.*

ROAIX 84 Vaucluse **332** D8 – *rattaché à Vaison-la-Romaine.*

ROANNE ◁▷ 42300 Loire **327** D3 *G. Vallée du Rhône* – 38 896 h Agglo. 104 892 h alt. 265.

Voir *Musée Joseph-Déchelette : Faïences révolutionnaires*★.

Env. *Belvédère de Commelle-Vernay ≤*★ *: 7 km au S par quai Sémard* **BV.**

🏌 *du Roannais à Villerest ℰ 04 77 69 70 60, par* ③ *: 7 km.*

✈ *Roanne-Renaison : ℰ 04 77 66 83 55, par D 9* **AV** *: 5 km.*

🛈 *Office de tourisme, 1 cours de la République ℰ 04 77 71 51 77, Fax 04 77 71 07 11,*
ot@leroannais.com.

Paris 395 ④ *– Clermont-Ferrand 115* ③ *– Lyon 84* ② *– St-Étienne 85* ②.

Plans page ci-contre

🏨 **Troisgros,** pl. Gare *ℰ* 04 77 71 66 97, troisgros@avo.fr, Fax 04 77 70 39 77, 🍀 – 📶 🍽 TV
🕸🕸🕸 📞 ✍, AE ① GB JCB   CX r
fermé 3 au 18 août, 15 fév. au 2 mars, mardi et merc. – **Repas** *(nombre de couverts limité,*
prévenir) 140/170 et carte 130 à 170, enf. 40 ♀ 🕯 – ☲ 24 – 13 ch 160/290, 5 suites.
♦ Un hôtel de charme... façon 21ᵉ s. : superbes chambres design, bibliothèque gourmande et
collections de toiles contemporaines. Au restaurant Troisgros, trois étoiles depuis 1968,
excellence d'une cuisine classique subtilement revisitée et belle carte des vins.
Spéc. Salade de noix de veau et caviar osciètre. Satay de cuisses de grenouilles. Soufflé aux
groseilles aigrelettes (printemps-été). **Vins** Saint-Joseph blanc, Côte Rôtie.

ROANNE

Alsace-Lor. (R.) .... **CY** 2
Anatole-France (R.) . **CY** 3
Benoît (Bd C.) ..... **AV** 5
Cadore (R. de) .... **CX** 7
Carnot (R.) .... **BV** 8
Clemenceau (Pl. G.) **DX** 10
Clermont (R. de) .. **CY** 12
Dourdein (R. A.) ... **AV** 14
Edgar-Quinet (Bd) . **BV** 15
Foch (R. Mar.) .... **CDY**
Gaulle (Av. Ch.-de) . **AV** 16
Gaulle (Bd Ch.-de) . **BV** 17
Gaulle (R. Ch.-de) .. **CY** 18
Hoche (R.) .... **AV** 19
Hôtel-de-Ville (Pl.). **DY** 20
Jaurès (R. Jean).. **CDY**
Joffre (Bd Mar.) ... **BV** 21
Lattre-de-T. (Pl. de) **CX** 22
Libération
  (Av. de la) ...... **DY** 23
Loire (Levée de la) . **DY** 24
Marne (Av. de la) . **BV** 26
Renaison (Levée du) **DY** 28
République
  (Crs de la) .... **CXY** 32
Roche (R. A.) ..... **DX** 34
Semard (Q. P.) .... **BV** 35
Thiers (Bd de) .... **AV** 36
Thomas (Bd A.) ... **AV** 38
Vachet (R. J.) ..... **AV** 40
Villemontais (R. de) **AV** 42

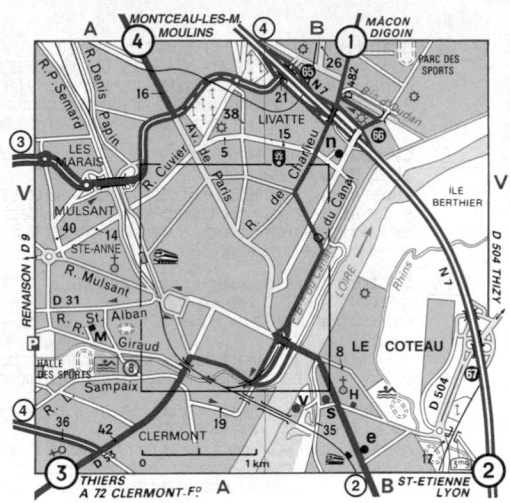

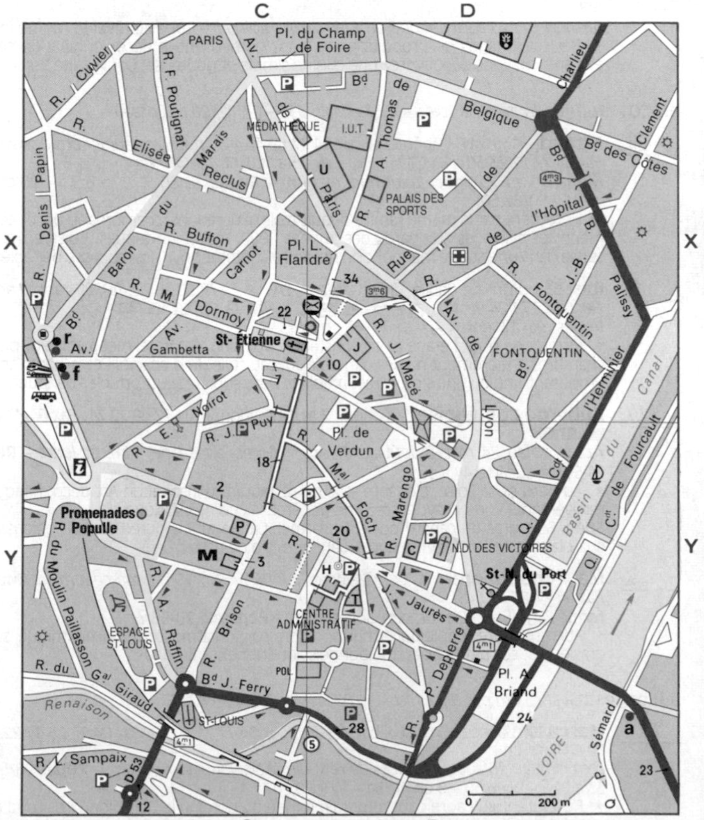

Grand Hôtel sans rest, 18 cours République (face gare) ℰ 04 77 71 48 82, *granotel@wan adoo.fr*, Fax 04 77 70 42 40 – 📳 ▤ 📺 📞 🅿 – 🔏 60. 🖭 ⓞ ☒ ☒   **CX f**
fermé 30 juil. au 22 août et 24 déc. au 2 janv. – ☲ 9,50 – **31 ch** 51/82.
♦ Ce bâtiment du début du 20ᵉ s. abrite des chambres plaisantes, soigneusement rénovées (mobilier actuel, fer forgé, rotin, couleurs ensoleillées), et un salon-bar feutré.

Campanile, 38 r. Mâtel ℰ 04 77 72 72 73, Fax 04 77 72 77 61, 🏤 – 🍴 📺 📞 ♿ 🅿 –
🔏 25. 🖭 ⓞ ☒, 🍴 rest   **BV n**
Repas *(12,50)* - 16,50/18,50, enf. 6 ☿ – ☲ 6,50 – **46 ch** 56.
♦ Cet hôtel propose des chambres claires, meublées en bois stratifié. La moitié d'entre
elles, équipées d'un double vitrage, donnent sur la rocade. Salle à manger néo-rustique ;
buffets, courte carte et grillades.

L'Astrée, 17 bis cours République (face gare) ℰ 04 77 72 74 22, *astree42@club-internet.f
r*, Fax 04 77 72 72 23 – ▤. ⓞ ☒   **CX f**
fermé 26 juil. au 18 août, 12 au 27 fév., sam. et dim. – **Repas** *(18)* - 26/48 et carte 43 à 70,
enf. 18 ☿.
♦ Confortable et plaisant décor contemporain avec boiseries et oeuvres de peintres de la
région, cuisine personnalisée : Astrées et Céladons adorent !

Relais Fleuri, Allée Claude Barge ℰ 04 77 67 18 52, *relaisfleuri@wanadoo.fr*,
Fax 04 77 67 72 07, 🌿 – ▤ 🅿. ☒   **BV v**
fermé fév., dim. soir, mardi soir et merc. – **Repas** 19/42 ☿.
♦ L'une des salles à manger de ce coquet restaurant est dressée sous un plaisant dôme
vitré ; l'été, il s'ouvre largement sur le jardin. Cuisine au goût du jour.

Central, 20 cours République (face gare) ℰ 04 77 67 72 72, Fax 04 77 72 57 67 – ▤.
☒   **CX r**
fermé 1ᵉʳ au 23 août, 24 déc. au 3 janv., dim. et lundi – **Repas** (prévenir) *(17)* - 12 (déj.)/26.
♦ Des rayonnages de produits gourmands composent le décor original de ce "bistrot-
épicerie" où vous découvrirez une cuisine simple et goûteuse. Convivialité assurée !

au Coteau *(rive droite de la Loire)* – 7 375 h. alt. 350 – ✉ 42120 Le Coteau :

Artaud, 133 av. Libération ℰ 04 77 68 46 44, *hotel.restaurant.artaud@wanadoo.fr*,
Fax 04 77 72 23 50 – ▤ 📺 📞 🚗 – 🔏 15 à 100. 🖭 ⓞ ☒ ☒   **BV e**
fermé 1ᵉʳ au 23 août, lundi midi et dim. – **Repas** 18/50 ☿ – ☲ 8,50 – **25 ch** 59/78 –
½ P 52,50/62,50.
♦ Hôtel géré par la même famille depuis trois générations. chambres au décor actualisé ou
meublées selon les standards des années 1980, mais bien tenues. Cuisine traditionnelle
servie dans une salle à manger dont le cadre contemporain est rehaussé de tableaux.

Ibis, 53 bd Ch. de Gaulle, ZI Le Coteau - **BV** ℰ 04 77 68 36 22, *h0708@accor-hotels.com*,
Fax 04 77 71 24 99, 🏤 – 🍴 📺 📞 ♿ 🅿 – 🔏 60. 🖭 ⓞ ☒
Repas *(15)* - 17, enf. 7 🍴 – ☲ 7 – **67 ch** 57.
♦ Commode pour l'étape et en constante évolution, cet hôtel met à votre disposition des
chambres entièrement revues dans le nouveau style de la chaîne. Restaurant sans surprise
proposant une cuisine simple façon "Ibis". Cadre sobre et confortables banquettes.

Auberge Costelloise (Souchon), 2 av. Libération ℰ 04 77 68 12 71, Fax 04 77 72 26 78 –
▤. 🖭 ☒   **DY a**
fermé 18 au 24 mai, 8 août au 6 sept., 26 déc. au 3 janv., dim. et lundi – **Repas** *(15)* -
21,50/60 et carte 44 à 65 ☿.
♦ Au bord de la Loire, élégante salle de restaurant d'inspiration Art déco, flanquée d'une
minivéranda. Vous y savourerez une généreuse cuisine classique.
Spéc. Foie gras de canard poêlé au carmel. Cabillaud à la purée de pois chiches. Pavé de
charolais sauce Porto. **Vins** Côte Roannaise, Vin de pays d'Urfé.

Ma Chaumière, 3 r. St-Marc ℰ 04 77 67 25 93, *ma-chaumiere@wanadoo.fr*,
Fax 04 77 23 35 94 – ☒   **BV s**
fermé 29 juil. au 22 août, dim. soir et lundi – **Repas** 18,20/38 ☿.
♦ Adresse toute simple qui justifie son nom par son atmosphère sympathique, son accueil
gracieux et ses petits plats traditionnels adroitement mitonnés.

à Riorges *Ouest : 3 km par D 31* - **AV** – 10 074 h. alt. 295 – ✉ 42153 :

Marcassin avec ch, rte St-Alban-les-Eaux ℰ 04 77 71 30 18, Fax 04 77 23 11 22, 🏤 – 📺.
🖭 ☒, 🍴 ch
fermé 1ᵉʳ au 26 août, vacances de fév., dim. soir, vend. soir et sam. – **Repas** 25/55 et carte
33 à 51 ☿ – ☲ 6,50 – **9 ch** 46/54 – ½ P 59,50.
♦ Restaurant au cadre contemporain raffiné où domine le bois blond : plafond à caissons
et murs habillés de lambris. Vitrines décorées d'arbres nains. Cuisine soignée.

à Villerest par ③ : 6 km – 4 243 h. alt. 363 – ⊠ 42300 :

🏠 **Domaine de Champlong** ॐ sans rest, ℘ 04 77 69 78 78, hotel.champlong@wanado
o.fr, Fax 04 77 69 35 45, ☒, ※ – 📺 📞 🅿. 😂, ※
fermé 20 déc. au 2 janv., fév. et dim. hors saison – 🖙 7,30 – **23 ch** 55/75.
   ◆ Bâtiment récent bénéficiant du calme de la campagne, à deux pas d'un golf. Les chambres, spacieuses et actuelles, disposent de balcons ou de terrasses privatives.

XXX **Château de Champlong**, près golf ℘ 04 77 69 69 69, chateauchamplong@wanadoo.f
r, Fax 04 77 69 71 08, 😊, 🍷 – 🅿. 😂
fermé 15 nov. au 3 déc., 7 fév. au 2 mars, dim. soir, lundi et mardi – **Repas** 19/55 et carte 44 à 57 ♀.
   ◆ Belle demeure du 18ᵉ s. au sein d'un parc. La "salle des peintures" vaut le coup d'oeil : tableaux d'époque, joli parquet et imposante cheminée. Élégants salons.

ROCAMADOUR 46500 Lot 337 F3 G. Périgord Quercy – 614 h alt. 279.

   Voir Site★★★ – Remparts ※★★★ : dans l'hôtel de ville – Vierge noire★ dans la chapelle Notre-Dame – Musée d'Art sacré★ M¹ – **Musée du Jouet ancien automobile : voitures à pédales★** – L'Hospitalet※★★ : Féerie du rail : maquette★ par ②.

   🅱 Office de tourisme, Maison du Tourisme ℘ 05 65 33 22 00, Fax 05 65 33 22 01, rocamadour@wanadoo.fr.

   Paris 531 ① – Brive-la-Gaillarde 54 ① – Cahors 60 ③ – Figeac 47 ② – St-Céré 31 ①.

Plans page suivante

au château :

🏰 **Château** ॐ, ℘ 05 65 33 62 22, hotelduchateau@gofornet.com, Fax 05 65 33 69 00, ≤,
😊, ☒, ☞, ※ – ▤ ch, 📺 📞 🅿 – 🛎 50. 🔠 ⓪ 😂   AZ r
22 mars-7 nov. – **Repas** (14,50) - 19,50/42, enf. 9,50 ♀ – 🖙 8,50 – **59 ch** 65/88 – ½ P 68/78.
   ◆ Loin de l'agitation touristique, hôtel contemporain aux chambres spacieuses et fonctionnelles. Calme ambiant, piscine, tennis et jardin sont fort appréciés. Le restaurant, à 50 m, sert des plats régionaux ; décor actuel et terrasse sous les chênes truffiers.

Relais Amadourien 🏠 ॐ, ℘ 05 65 33 62 22, hotelduchateau@gofornet.com,
Fax 05 65 33 69 00 – 📺 🅿. 🔠 😂   AZ r
22 mars-7 nov. – **Repas** voir **H. du Château** – 🖙 6,50 – **20 ch** 45/48,50 – ½ P 52/54.
   ◆ L'annexe de l'hôtel du Château, de style motel à la toiture pentue, accueille en saison principalement les groupes. Chambres simples, bien tenues.

dans la cité :

🏠 **Beau Site** ॐ, ℘ 05 65 33 63 08, hotel@bw-beausite.com, Fax 05 65 33 65 23, ≤, 😊 – ▮
📺 🅿. 🔠 ⓪ 😂 🈂   BZ a
8 fév.-15 nov. – **Jehan de Valon :** Repas 15,50 (déj.), 22,50/49,50, enf. 9,50 ♀ 🈂 – 🖙 10 –
40 ch 86/93 – ½ P 69.
   ◆ Au coeur de la cité, maison du 15ᵉ s. hébergeant un joli hall d'inspiration médiévale et des chambres de caractère. À l'annexe, le décor est plus actuel. Au restaurant, plats traditionnels, vins du Sud-Ouest et du monde, et belle vue sur la vallée de l'Alzou.

🏠 **Terminus des Pèlerins** ॐ, ℘ 05 65 33 62 14, hotelterm.pelerinsroc@wanadoo.fr,
Fax 05 65 33 72 10, 😊 – 📺 📞. 🔠 ⓪ 😂   BZ e
3 avril-1ᵉʳ nov. – **Repas** (fermé jeudi soir et vend. hors saison) 17/22, enf. 8 ♀ – 🖙 6,50 –
12 ch 40/57 – ½ P 49/56.
   ◆ Au pied de la falaise escarpée, petit hôtel familial à l'accueil chaleureux. Chambres nettes, bien équipées. De la terrasse, profitez du "spectacle" de la vallée. La salle à manger, aérée, invite à s'attabler autour de consistants plats du terroir.

à l'Hospitalet :

🏠 **Belvédère,** ℘ 05 65 33 63 25, le.belvere@wanadoo.fr, Fax 05 65 33 69 25, ≤ site de Rocamadour, 😊 – 📺 📞 🅿. 🔠 😂   BY n
1ᵉʳ avril-3 nov. et fermé vend. midi et dim. soir hors saison – **Repas** (15,50) - 18,50/26, enf. 9 ♀
– 🖙 6,50 – **18 ch** 45/62 – ½ P 48/52.
   ◆ Ambiance familiale dans une maison au confort simple, mais bien tenue. Splendide vue panoramique offerte par la grande majorité des chambres. Restaurant gastronomique, snack ou bar-glacier : à vous de choisir. Terrasse permettant de contempler le site.

🏠 **Panoramic,** ℘ 05 65 33 63 06, hotelpanoramic@wanadoo.fr, Fax 05 65 33 69 26, ≤, 😊,
☒, ☞ – 📺 📞 🅿. 🔠 😂   BY z
17 fév.-5 nov. et fermé vend. sauf juil.-août – **Repas** (dîner seul.)(résidents seul.) 17/35,
enf. 8,50 ♀ – 🖙 7 – **18 ch** 47/54 – ½ P 52,50/56.
   ◆ Jolie perspective sur Rocamadour depuis cet hôtel perché sur une falaise. Chambres fonctionnelles, agréable espace jardin-piscine, bar ouvert à la clientèle de passage.

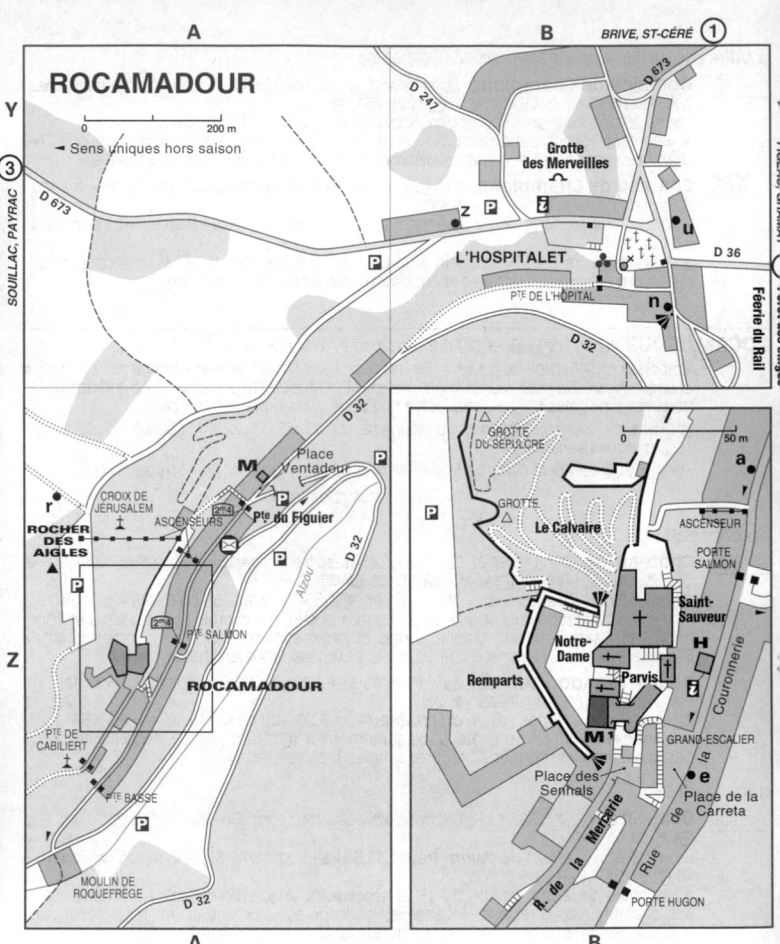

BRIVE, ST-CÉRÉ ①

D 673

D 247

Grotte
des Merveilles

Y

③

D 673

SOUILLAC, PAYRAC

z

P

Z

u

L'HOSPITALET

D 36

PTE DE L'HÔPITAL

n

D 32

Féerie du Rail

D 32

P

Place
Ventadour

P

M

CROIX DE
JÉRUSALEM

r

P

ASCENSEURS

Pte du Figuier

D 32

ROCHER
DES
AIGLES

PTE SALMON

Alzou

Z

ROCAMADOUR

PTE DE
CABILIERT

PTE BASSE

P

MOULIN DE
ROQUEFREGE

D 32

A

0   200 m

◄ Sens uniques hors saison

GROTTE
DU SÉPULCRE

a

P

GROTTE

Le Calvaire

ASCENSEUR

PORTE
SALMON

Saint-
Sauveur

Notre-
Dame

H

Remparts

Parvis

Z

M

GRAND-ESCALIER

Place des
Senhals

R. de la Mercerie

Place de la
Carreta

e

de la Couronnerie

Rue

PORTE HUGON

0   50 m

B

🏠 **Comp'Hostel** sans rest, ℰ 05 65 33 73 50, Fax 05 65 10 68 21, 🛉 – 📺 📞 ⅙ 🅿 ☗ GB
1ᵉʳ avril-1ᵉʳ oct. – ☕ 6,50 – **15 ch** 47.   BY u
   ♦ Construction récente proche des ruines de l'hôpital qui soignait les pèlerins de
   Compostelle. Petites chambres pratiques. Piscine commune à l'hôtel et au camping
   attenant.

rte de Brive par ① : 2,5 km par D 673 – ⊠ 46500 Rocamadour :

🏠 **Troubadour** ⚶, ℰ 05 65 33 70 27, troubadour@rocamadour.com, Fax 05 65 33 71 99,
   ≼, 🍴, 🛉, 🌭 – 🍽 rest, 📺 📞 🅿 ﹫ ⓪ GB JCB
   hôtel : 15 fév.-15 nov. ; rest. : 15 fév.-30 avril et 1ᵉʳ oct.-15 nov. – **Repas** (dîner seul.)
   (résidents seul.) 23/28 – ☕ 8,50 – **10 ch** 75/85.
   ♦ Le mobilier rustique, spécialement conçu par un ébéniste local, et le jardin ouvert sur la
   nature font le charme de cette vieille ferme restaurée et située au grand calme.

✕ **Roc du Berger,** ℰ 05 65 33 19 99, berger@crdi.fr, Fax 05 65 33 72 46, 🌭 – 🅿 GB
   fin mars-fin sept. et week-ends en oct. – **Repas** 16/25, enf. 6.
   ♦ Terrasse sous les chênes truffiers, ambiance animée, service à la bonne franquette
   et, sur la table, des produits fermiers exclusivement régionaux et préparés au feu de
   bois.

à la Rhue *par ① et rte de Brive : 6 km par D 673, N 140 et rte secondaire –* ⊠ *46500 Rocamadour :*

🏨 **Domaine de la Rhue** 🦢 *sans rest,* ℰ 05 65 33 71 50, *domainedelarhue@wanadoo.fr,*
Fax 05 65 33 72 48, ≼, 🛋, 🕸 – 🅿, 🖭. ⚌ ⚌
2 avril-17 oct. – ⚌ 7 – **14 ch** 71/125.
• Grandes chambres personnalisées aménagées dans d'élégantes écuries anciennes
(19ᵉ s.). Sentier balisé menant à Rocamadour. Possibilité de vols en montgolfière.

rte de Payrac *par ③ : 4 km par D 673 et rte secondaire –* ⊠ *46500 Rocamadour :*

🏨 **Les Vieilles Tours** 🦢, ℰ 05 65 33 68 01, *les.vieillestours@wanadoo.fr,* Fax 05 65
33 68 59, ≼, 🕸, 🛋, 🕸 – 🖭 🖞 🅿 – ⚌ 15. ⚌ ⚌ ⚌
27 mars-15 nov. – **Repas** *(fermé le midi)* 23/58 ⚌ – ⚌ 10 – **16 ch** 56/90 – ½ P 73/97.
• En pleine campagne, ferme rénovée flanquée d'un fauconnier du 13ᵉ s. abritant la plus
belle chambre. Intérieur campagnard, jardin avec vue sur la vallée. Deux salles à manger
dont une plus rustique. Plaisante cuisine fleurant bon le Quercy.

La ROCHE-BERNARD *56130 Morbihan* 🔢 *R9 G. Bretagne – 796 h alt. 38.*

Voir *Pont du Morbihan★*.

🏌 *de la Bretesche à Missillac* ℰ 02 51 76 86 86, *SE : 11 km.*

🅱 *Syndicat d'initiative, 14 rue du Docteur-Cornudet* ℰ 02 99 90 67 98, Fax 02 99 90 67 99.
Paris 444 – Nantes 70 – Vannes 42 – Ploërmel 55 – Redon 28 – St-Nazaire 37.

🏨 **Manoir du Rodoir** 🦢, *rte Nantes* ℰ 02 99 90 82 68, *manoir.rodoir@wanadoo.fr,*
Fax 02 99 90 76 22, 🕸, 🛋, 🥂 – 🍽 rest, 🖭 🖞 🅿 – ⚌ 80. ⚌ ⚌ ⚌ rest
fermé 20 déc. au 11 janv. – **Repas** *(fermé dim. soir et lundi sauf juil-août)* 27/45 – ⚌ 11 –
26 ch 90 – ½ P 75.
• Un parc de deux hectares entoure cette ancienne fonderie entièrement restaurée.
Chambres spacieuses et confortables, mansardées au 2ᵉ étage. Coquette salle à manger
aux murs immaculés. Cuisine traditionnelle sensible aux influences de l'océan.

🏨 **Auberge des Deux Magots,** *pl. Bouffay* ℰ 02 99 90 60 75, *aubergelesdeuxmagots.ro*
🍴 *che-bernard@wanadoo.fr,* Fax 02 99 90 87 87 – 🖭 🖞. ⚌ ⚌
fermé 21 juin au 2 juil., 10 au 21 oct., 20 déc. au 15 janv. – **Repas** *(fermé dim. soir, mardi
midi et lundi)* 13/70 ⚌ – ⚌ 6,10 – **15 ch** 43/75.
• Trois maisons régionales composent cette jolie auberge villageoise à la façade fleurie.
Charme désuet dans des chambres au décor classique ou rustique. Petites salles à manger
recelant une collection de mignonnettes. Dans l'assiette, poissons et fruits de mer.

🏨 **Colibri** *sans rest, r. Four* ℰ 02 99 90 66 01, *colibri56130@aol.com,* Fax 02 99 90 75 94 – ✦
🖭 🖞 🖞. ⚌ ⚌
fermé 1ᵉʳ au 22 fév. – ⚌ 6 – **11 ch** 34/50.
• Dans une rue assez calme. Chambres actuelles égayées de tissus fleuris, tenue méticuleuse, accueil souriant et prix sages : un petit nid douillet bien sympathique !

🍴🍴🍴 **Auberge Bretonne** *(Thorel) avec ch, pl. Duguesclin* ℰ 02 99 90 60 28, *jacques.thorel@*
❀❀ *wanadoo.fr,* Fax 02 99 90 85 00 – 🖞 🖭 🖞 ⚌ – ⚌ 15. ⚌ ⚌ ⚌ ⚌
fermé 14 nov. au 15 janv. – **Repas** *(fermé lundi midi, mardi midi, vend. midi et jeudi)*
90/137 et carte 105 à 130 – ⚌ 16 – **8 ch** 180/235 – ½ P 215/245.
• Derrière les façades fleuries de trois maisons bretonnes, lumineux restaurant originalement aménagé dans une galerie entourant un potager. Cuisine créative "terre et mer".
Spéc. Les légumes de notre jardin (juin à sept.). Léger bouillon d'asperges et truffe de
Saint-Jacques en surprise (nov. à fév.). Homard rôti au jus, coffre traité comme un
parmentier.

La ROCHE-CHALAIS *24490 Dordogne* 🔢 *B5 – 2 801 h alt. 60.*

🅱 *Syndicat d'initiative, 9 place du Puits qui Chante* ℰ 05 53 90 18 95.
Paris 510 – Bergerac 62 – Blaye 67 – Bordeaux 68 – Périgueux 70.

🏨 **Soleil d'Or,** *14 r. Apre Côte* ℰ 05 53 90 86 71, Fax 05 53 90 28 21, 🕸 – 🖭 🖞 🖞 🅿. ⚌
🍴 **Repas** *(fermé dim. soir et lundi midi)* 10,50 (déj.), 15/38, enf. 8,50 ⚌ – ⚌ 8 – **15 ch** 45/55 –
½ P 40.
• Cet hôtel du centre de la bourgade propose des chambres d'ampleur diverse, fonctionnelles et bien tenues. Belle vue sur la vallée de la Dronne. Salle à manger éclairée de
fenêtres "façon vitrail", terrasse panoramique et cuisine traditionnelle.

ROCHECORBON *37 I.-et-L.* 🔢 *N4 – rattaché à Tours.*

*Si le coût de la vie subit des variations importantes,
les prix que nous indiquons peuvent être majorés.
Lors de votre réservation à l'hôtel, faites-vous préciser le prix définitif.*

ROCHEFORT

Audry-de-Puyravault
(R.) . . . . **ABZ**
Courbet (R. Amiral) . . . . . **BZ** 2

Fosse-aux-Mâts (Av. de la) . . **BZ** 8
Galliéni (R.) . . . . **BY** 9
Gaulle (Av. Ch. de) . . . . . . **ABZ**
Grimaux (R. Edouard) . . . . . **ABZ** 10
Laborit (R. Henri) . . . . **AY** 15
La-Fayette (Av.) . . . . **ABZ**

Lesson (R.) . . . . **BZ** 18
République (R. de la) . . . . . **ABZ**
Résistance (Bd de la) . . . . . **AZ**
Rochambeau (Av.) . . . . **AZ** 23
11-Novembre-1918 (Av. du) . **BZ** 28
14-Juillet (R. du) . . . . **AZ** 29

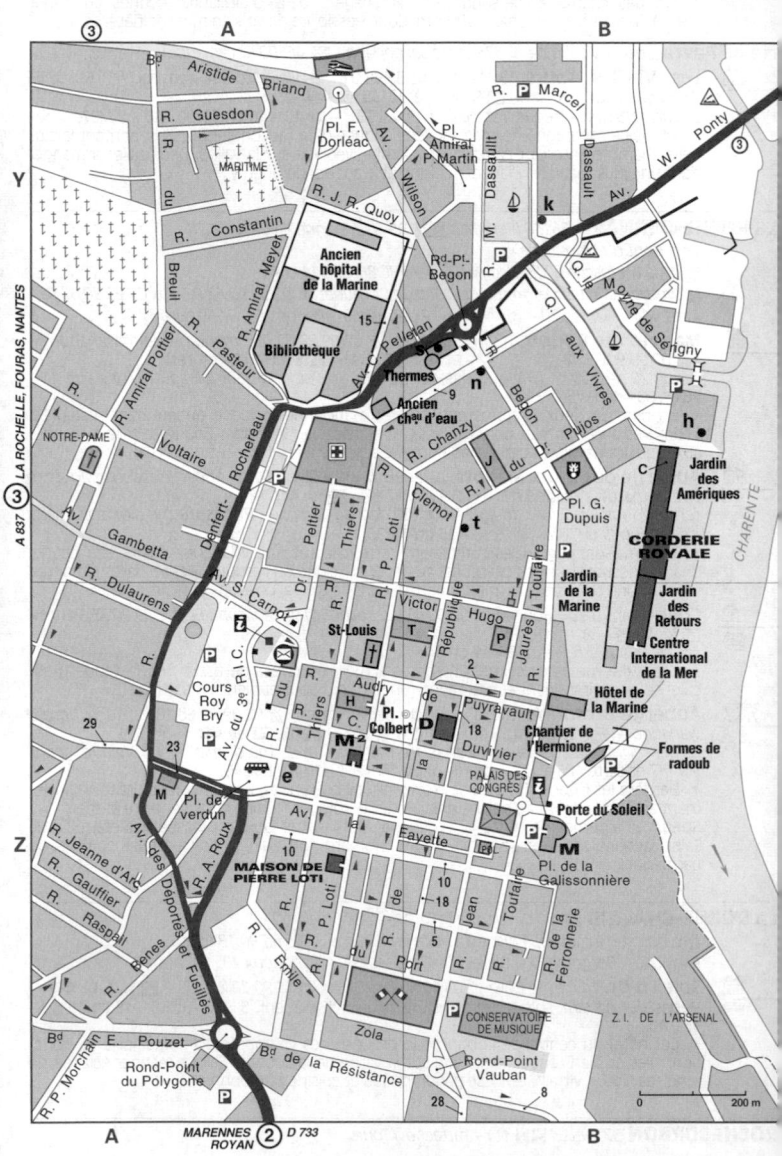

Donnez-nous votre avis sur les tables que nous recommandons,
sur leurs spécialités et leurs vins de pays.

　◁ⓈⓅ▷ *17300 Char.-Mar.* **324** *E4 G. Poitou Vendée Charentes – 25 797 h alt. 12 – Stat. therm. (début fév.-mi déc.).*

Voir *Quartier de l'Arsenal★ – Corderie royale★★ – Maison de Pierre Loti★ AZ M² – Musée d'Art et d'Histoire★ AZ M² – Les Métiers de Mercure★ (musée)BZ D.*

Accès Pont de Martrou. Gratuit.

🛈 *Office de tourisme, avenue Sadi-Carnot ℰ 05 46 99 08 60, Fax 05 46 99 52 64, rochefort. tourisme@wanadoo.fr.*

Paris 475① – La Rochelle 38③ – Limoges 221① – Niort 62① – Royan 40② – Saintes 44③.

Plan page ci-contre

🏛 **Corderie Royale** ⊗, r. Audebert (près Corderie Royale) ℰ 05 46 99 35 35, *info@corderi eroyale-hotel.com*, Fax 05 46 99 78 72, ≤, 斎, 14, ⏚, 舞 – 鄭, 屬 rest, 🖂 ℰ & 🄿 –
🔉 40 à 150. 🄰🄴 ⊙ 🄶🄱 🄹🄲🄱　　　　　　　　　　　　　　　　　　　　　BY　h
fermé 1er fév. au 6 mars, dim. soir et lundi de nov. à Pâques – **Repas** 25 (déj.), 34/44 ♀ –
🖙 9,50 – **45 ch** 79/156, 3 suites – ½ P 86.
♦ Une étape chargée d'histoire, dans les murs de l'ancienne artillerie royale, au bord de la Charente et du port. Chambres spacieuses et de bon confort. Cuisine classique tout droit sortie de l'océan servie dans une salle à manger-véranda tournée vers le jardin.

🏢 **Les Remparts,** 43 r. C. Pelletan (aux Thermes) ℰ 05 46 87 12 44, *hotel.remparts.rochefo rt@eurothermes.com*, Fax 05 46 83 92 62, 斎 – 鄭 🖂 ℰ – 🔉 30. 🄰🄴 ⊙ 🄶🄱　　　BY　s
Repas 18/23, enf. 5,80 ♀ – 🖙 8 – **73 ch** 65 – ½ P 55.
♦ Cette construction des années 1980 régulièrement rafraîchie bénéficie d'un accès direct aux thermes et à la source de l'Empereur. Les chambres sont grandes et fonctionnelles. Vaste salle de restaurant rénovée, dont une partie est réservée aux curistes.

🏠 **Roca Fortis** sans rest, 14 r. République ℰ 05 46 99 26 32, *hotel-rocafortis@wanadoo.fr*,
🏚 Fax 05 46 99 26 62, 舞 – 🖂 ℰ. 🄶🄱　　　　　　　　　　　　　　　　　　　BY　t
fermé Noël-Jour de l'An – 🖙 5,50 – **16 ch** 39/55.
♦ Deux maisons régionales autour d'une cour-terrasse où l'on petit-déjeune en été. Intérieur joliment rénové (mobilier chiné, tons actuels) ; chambres très calmes sur l'arrière.

🏠 **Ibis,** 1 r. Bégon ℰ 05 46 99 31 31, *h1423@accor.hotels.com*, Fax 05 46 87 24 09 – 鄭 ⥼ 屬
🄶🄱 🖂 ℰ &. 🄰🄴 ⊙ 🄶🄱 🄹🄲🄱. ⋘ rest　　　　　　　　　　　　　　　　　BY　n
Repas 15, enf. 6 – 🖙 6 – **44 ch** 60.
♦ Installé dans une vieille maison à la façade crépie, établissement moderne dont la plupart des chambres ont été redécorées de bois et de tissus aux couleurs plaisantes. Salle à manger au cadre contemporain. Éventail de formules buffets et carte succinte.

XXX **L'Escale de Bougainville,** quai Louisiane (port de plaisance) ℰ 05 46 99 54 99,
Fax 05 46 99 54 99, ≤, 斎 – 屬.　　　　　　　　　　　　　　　　　　　　　BY　k
fermé 10 au 31 janv., dim. soir et lundi – **Repas** (16) - 26/37 bc et carte 54 à 75.
♦ Au rez-de-chaussée d'une résidence récente, salle au cadre moderne raffiné. Terrasse tournée vers le port. Cuisine actuelle, produits de la mer et bon choix de bordeaux.

XX **Tourne-Broche,** 56 av. Ch. de Gaulle ℰ 05 46 99 20 19, *letournebroche@free.fr*,
Fax 05 46 99 72 06 – 🄴🄴 🄶🄱 🄹🄲🄱. ⋘　　　　　　　　　　　　　　　　　AZ　e
fermé 20 juin au 3 juil., 20 déc. au 3 janv., dim. soir, lundi et mardi – **Repas** 26/40.
♦ Au sein d'une maison édifiée pour les officiers de Colbert, restaurant sachant tirer profit de son cadre authentique : cheminée, tournebroche, et vues du Luxembourg.

par ② : 3 km rte de Royan avant pont de Martrou – ✉ *17300 Rochefort :*

🏢 **Belle Poule,** ℰ 05 46 99 71 87, *belle-poule@wanadoo.fr*, Fax 05 46 83 99 77, 斎, 舞 –
🖂 ℰ 🄿. 🄰🄴 ⊙ 🄶🄱
fermé 8 au 29 nov., dim. soir et vend. hors saison – **Repas** 19/36, enf. 7,50 – 🖙 6 – **20 ch**
45/50 – ½ P 47.
♦ À proximité du pont transbordeur de Martrou, bâtisse des années 1980 entourée d'un jardin. Confortables chambres progressivement personnalisées. Les flambées dans la cheminée rendent encore plus chaleureux le cadre lambrissé du restaurant. Cuisine du large.

Dans ce guide
un même symbole, un même mot,
*imprimé en **rouge** ou en **noir,** en maigre ou en **gras,***
n'ont pas tout à fait la même signification.
Lisez attentivement les pages explicatives.

ROCHEFORT-EN-TERRE 56220 Morbihan **308** Q8 *G. Bretagne* – *693 h alt. 40.*

Voir *Site★* – *Maisons anciennes★*.

🛈 *Office de tourisme, place des Halles* ℘ *02 97 43 33 57, Fax 02 97 43 33 57, ot.roche fortenterre@wanadoo.fr.*

Paris 431 – Ploërmel 34 – Redon 26 – Rennes 82 – La Roche-Bernard 27 – Vannes 36.

🏠 **Pélican,** pl. Halles ℘ 02 97 43 38 48, *Fax 02 97 43 42 01* – 📺 ⓞ 🏧
fermé 18 janv. au 12 fév., dim. soir (sauf hôtel) et lundi – **Repas** 12 (déj.), 16/33 ♀ – ⌑ 7 –
7 ch 40/48 – ½ P 38/44.
  ◆ Demeure des 16ᵉ et 18ᵉ s. dans un ravissant bourg breton, chéri des peintres. Chambres
récentes et fonctionnelles ; celle avec lit et armoire anciens a plus de cachet. Agréable
restaurant (cheminée, meubles de style rustique) et plats aux accents du terroir.

✕ **Auberge du Vieux Logis,** ℘ 02 97 43 31 71, *Fax 02 97 43 31 62* – 🏧
⊜ *fermé 17 au 30 nov., janv., mardi soir et merc.* – **Repas** 14/40.
  ◆ Avenante maison bretonne du 16ᵉ s. cultivant l'authenticité : poutres massives, parquet
ciré, meubles anciens, cheminée... jusqu'aux plats du terroir mijotés en cocottes !

ROCHEFORT-EN-YVELINES 78730 Yvelines **311** H4 *G. Ile de France* – *774 h alt. 140.*

Voir *Site★* – *Vaisseau★ de l'église de St-Arnoult-en-Yvelines SO : 3,5 km.*

Paris 50 – Chartres 43 – Dourdan 9 – Étampes 26 – Rambouillet 15 – Versailles 47.

✕✕ **Escu de Rohan,** 15 r. Guy le Rouge ℘ 01 30 41 31 33, *Fax 01 30 41 47 52* – 🏧
fermé 15 juil. au 15 août, vacances de fév., dim. soir, lundi et soirs fériés – **Repas** (23,50) - 30.
  ◆ Dans les murs d'un relais de poste du 16ᵉ s., charmant restaurant d'esprit campagnard couronné d'une jolie galerie en mezzanine. Cuisine traditionnelle et gibier en
saison.

ROCHEFORT-SUR-NENON 39 Jura **321** D4 – *rattaché à Dôle.*

La ROCHEFOUCAULD 16110 Charente **324** M5 *G. Poitou Vendée Charentes* – *3 228 h alt. 75.*

Voir *Château★★*.

🛈 *Office de tourisme, 1 rue des Tanneurs* ℘ *05 45 63 07 45, Fax 05 45 63 08 54, office-de
tourisme-la-rochefoucauld@wanadoo.fr.*

Paris 446 – Angoulême 23 – Confolens 44 – Limoges 83 – Nontron 38 – Ruffec 40.

🏠 **Vieille Auberge de la Carpe d'Or,** 1 r. Vitrac ℘ 05 45 62 02 72, *Fax 05 45 63 01 88* –
⊜ 📺 📞 ໓ 🅿 – 🅰 20 à 80. 🆎 🏧
Repas 9/32 ♀ – ⌑ 5,50 – **25 ch** 35/47 – ½ P 34/40.
  ◆ Au pays de la charentaise, déjà produite sous Louis XIV, relais de poste du 16ᵉ s. dont la
façade est agrémentée d'une tourelle. Chambres peu à peu refaites. Salle à manger au
cadre rustique prononcé. Carte traditionnelle émaillée de spécialités régionales.

🍽 **L'Auberivières,** rte Mansle ℘ 05 45 63 10 10, *auberivieres@wanadoo.fr*
⊜ *Fax 05 45 63 02 60* – ▤ rest, 📺 📞 🅿. 🏧. ⌘ ch
fermé 1ᵉʳ au 15 août, 25 déc. au 1ᵉʳ janv. et dim. – **Repas** 11,30/26 – ⌑ 4,60 – **10 ch**
30/50/38,90 – ½ P 27,90/30,10.
  ◆ Gentille petite structure familiale aux portes du bourg dominé par le noble château des
La Rochefoucauld. Chambres sans fioriture, peu spacieuses mais propres. Cuisine traditionnelle préparée exclusivement avec des produits maison.

ROCHEGUDE 26790 Drôme **332** B8 – *1 236 h alt. 121.*

Paris 641 – Avignon 46 – Bollène 8 – Carpentras 34 – Nyons 31 – Orange 17.

🏰 **Château de Rochegude** ⌘, ℘ 04 75 97 21 10, *rochegude@relaischateaux.com*
Fax 04 75 04 89 87, ≤, 🏘, ⊒, ✕, ᐁ, – ᐃ ▤ 📺 📞 🅿 – 🅰 25. 🆎 ⓞ 🏧 🃏
fermé nov., mardi midi, dim. soir et lundi – **Repas** 35/90 ♀ ᐁ – ⌑ 20 – **22 ch** 255/355,
3 suites.
  ◆ Cette forteresse du 12ᵉ s., remaniée au 18ᵉ s., domine les vignobles des Côtes du Rhône.
Élégantes chambres personnalisées (meubles de style, tissus provençaux) et parc. Belle
salle à manger aux tons ensoleillés et agréable terrasse ; carte des vins étoffée.

La ROCHE-L'ABEILLE 87 H.-Vienne **325** E7 – *rattaché à St-Yrieix-la-Perche.*

ROCHE-LEZ-BEAUPRÉ 25 Doubs **321** G3 – *rattaché à Besançon.*

La ROCHELLE 🅿 *17000 Char.-Mar.* **324** *D3* *G. Poitou Vendée Charentes – 76 584 h Agglo. 116 157 h alt. 1 – Casino* **AX.**

Voir Vieux Port★★ : *tour St-Nicolas*★, ✱★★ *de la tour de la Lanterne*★ – *Le quartier ancien*★★ : *hôtel de ville*★ **Z H**, *Hôtel de la Bourse*★ **Z C**, *Porte de la Grosse Horloge*★ **Z N**, *Grande-rue des Merciers*★ – *Maison Henry II*★, *arcades*★ *de la rue du Minage, rue Chaudrier*★, *rue du Palais*★, *rue de l'Escale*★ – *Aquarium*★★ **CDZ** – *Musées : Nouveau Monde*★ **CDYM**[7], *Beaux-Arts*★ *P35CDY* **M**[2] – *d'Orbigny-Bernon*★ *(histoire rochelaise et céramique)* **Y M**[8], *Automates*★ *(place de Montmartre*★★*)* **Z M**[1], *maritime*★ : *Neptunéa* **C M**[5] – *Muséum d'Histoire naturelle*★★ **Y.**

🏌 *de La Prée La Rochelle à Marsilly* 𝄞 *05 46 01 24 42, N : 11 km par D 105.*

Accès à l'Ile de Ré *par le pont par* ③.**Péage** *en 2003 : auto (AR) 16,50 (saison) 9,00 (hors saison), auto et caravane 27,00 (saison), 15,00 (hors saison), camion 18,00 à 45,00, moto 2,00, gratuit pour piétons et vélos..*

Renseignements par Régie d'Exploitation des Ponts : 𝄞 *05 46 00 51 10, Fax 05 46 43 04 71.*
✈ *de la Rochelle-Ile-de-Ré :* 𝄞 *05 46 42 30 26, NO : 4,5 km* **V.**

🛈 *Office de tourisme, place de la Petite Sirène* 𝄞 *05 46 41 14 68, Fax 05 46 41 99 85, accueil@larochelle-tourisme.com.*

Paris 472 ① *– Angoulême 150* ② *– Bordeaux 183* ② *– Nantes 141* ① *– Niort 65* ①*.*

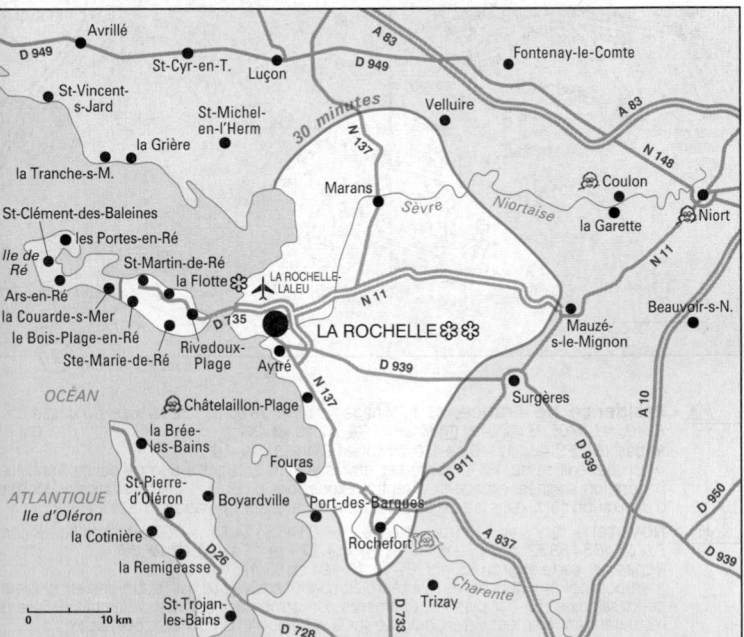

🏨 **France-Angleterre et Champlain** *sans rest*, 20 r. Rambaud 𝄞 05 46 41 23 99, *hotel @france-champlain.com, Fax 05 46 41 15 19,* 🌳 *–* 📶 ▤ 📺 ☏ 🚗 *–* 🔏 20 à 35. 🆎 ⓪ 🇬🇧
🛏 12 – **36 ch** 60/105, 4 suites. **CY b**
◆ Cet ancien hôtel particulier est doté d'un bien agréable et romantique jardin. Bel escalier central menant à des chambres spacieuses et superbement meublées.

🏨 **Monnaie** ⚓ *sans rest,* 3 r. Monnaie 𝄞 05 46 50 65 65, *info@hotel-monnaie.com, Fax 05 46 50 63 19 –* 📶 📺 ☏ & 🚗 *–* 🔏 15. 🆎 ⓪ 🇬🇧
🛏 10 – **31 ch** 80/108, 4 suites. **CZ z**
◆ Près de la tour de la Lanterne, hôtel particulier du 17ᵉ s. où l'on frappait la monnaie. Grandes chambres contemporaines tournées vers la jolie cour intérieure pavée.

🏨 **Les Brises** ⚓ *sans rest,* chemin digue Richelieu (r. P. Vincent) 𝄞 05 46 43 89 37, *Fax 05 46 43 27 97,* ≤ *les îles –* 📶 📺 ☏ 🚗 🅿. 🆎 ⓪ 🇬🇧 **AX q**
🛏 10 – **46 ch** 75/111.
◆ Bâtiment cubique dont la terrasse au bord de mer et la vue sur les îles valent, à elles seules, une visite. Les chambres, rénovées avec soin, possèdent parfois un balcon.

LA ROCHELLE

Briand (Av. Aristide) . . . . **AV** 13
Cognehors (Bd de) . . . . **BV** 23
Coligny (Av.) . . . . **AVX** 25
Crépeau (Av. Michel) . . . . **ABX** 29
Denfert-Rochereau (Av.) . . . **AV** 33
Fétilly (Av. de) . . . . **BV** 47
Joffre (Bd du Mar.) . . . . **BV** 61
Juin (Av. Mar.) . . . . **AV** 62
Lysiack (Av. Cdt) . . . . **BX** 63
Mail (Allées du) . . . . **AX** 64
Marillac (Av.) . . . . **AX** 65
Missy (R. de) . . . . **AV** 72
Moulin (Av. Jean) . . . . **BX** 74
République (Bd de la) . . . . **BX** 90
Robinet (Av. L.) . . . . **BV** 92
Saintonge (R. A.-de) . . . . . **AV** 103
Salengro (Av. Roger) . . . . . **BX** 106
Sartre (Av. Jean-Paul) . . . . **BX** 109
8-Mai-1945 (Av. du) . . . . . . **BV** 118
11-Novembre-1918 (Av. du) . . . . **BV** 121

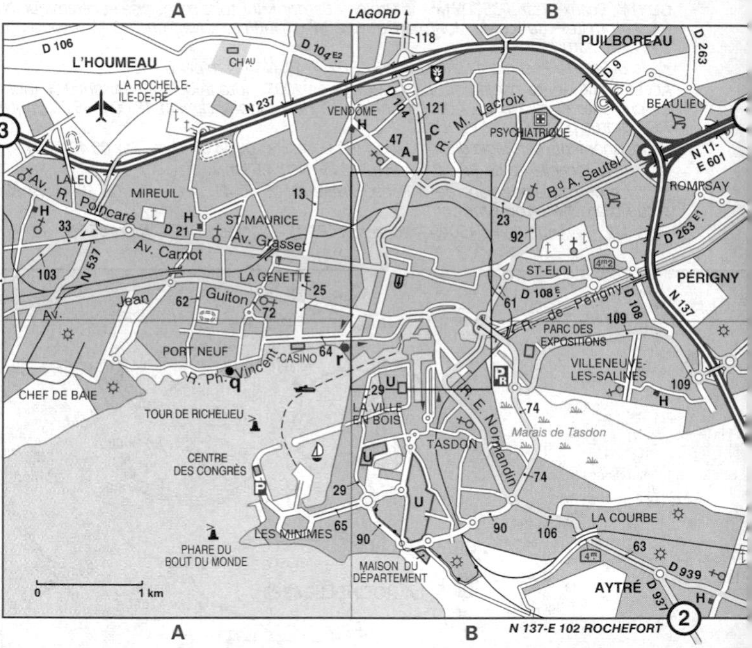

Résidence de France, 43 r. Minage ✆ 05 46 28 06 00, *info@hotel-larochelle.com*, *Fax 05 46 28 06 03*, – 🅰 50. AE GB DY

Repas 16/22 ₸ – 12 – **5 ch** 130, 11 suites 170/250 – ½ P 91.

◆ Un bel édifice du 16e s. abrite cet établissement (intégré à une résidence hôtelière). Décoration soignée, espace et sérénité. Expositions d'oeuvres d'artistes locaux. Mobilier d'inspiration 18e s. dans la salle de restaurant ouverte sur un patio-terrasse.

Novotel, av. Porte Neuve ✆ 05 46 34 24 24, *h0965@accor-hotels.com*, *Fax 05 46 34 58 32*, – – 15 à 120. AE GB CY

Repas *(15)* - carte environ 35, enf. 8 – 10 – **94 ch** 95/115.

◆ Imposant immeuble de verre intégré au parc Charruyer. Le hall feutré dessert plusieurs petits salons et un bar plaisant. Chambres conformes aux normes de la chaîne. Salle de restaurant entièrement vitrée, ouverte sur la végétation : la Rochelle côté nature !

Yachtman Mercure, 23 quai Valin ✆ 05 46 41 20 68, *Fax 05 46 41 81 24*, – ch, – 80. AE GB JCB DZ

Repas *(fermé 20 au 30 déc. et dim.)* 15 (déj.) et carte le soir ₸ – 10 – **44 ch** 87/156.

◆ Face aux tours du vieux port, confortable adresse bénéficiant d'un petit "plus" : sa sympathique piscine sise dans le patio. Chambres refaites dans l'esprit marin. Le restaurant affirme clairement sa vocation océane : mobilier, bibelots et cuisine de la mer.

Mercure Océanide, quai L. Prunier ✆ 05 46 50 61 50, *h0569@accor-hotels.com*, *Fax 05 46 41 24 31*, ← – ch, – 15 à 120. AE GB JCB DZ

Repas *(13)* - 17/22, enf. 6,50 – 9 – **123 ch** 78/96.

◆ Originale façade mariant bois, verre et acier située à une encablure de l'Aquarium et du musée maritime Neptunéa. Le cadre des chambres évoque les cabines de bateaux. Vous apercevrez au loin, depuis la salle à manger, les trois tours de la cité rochelaise.

Comfort Hôtel St-Nicolas sans rest, 13 r. Sardinerie ✆ 05 46 41 71 55, *comfort.larochelle@wanadoo.fr*, *Fax 05 46 41 70 46* – – 25. AE GB DZ

8 – **79 ch** 82/85.

◆ Au coeur d'un vieux quartier de pêcheurs, chambres fonctionnelles, mansardées à partir du 3e étage. Étonnant salon sous verrière où poussent des bananiers !

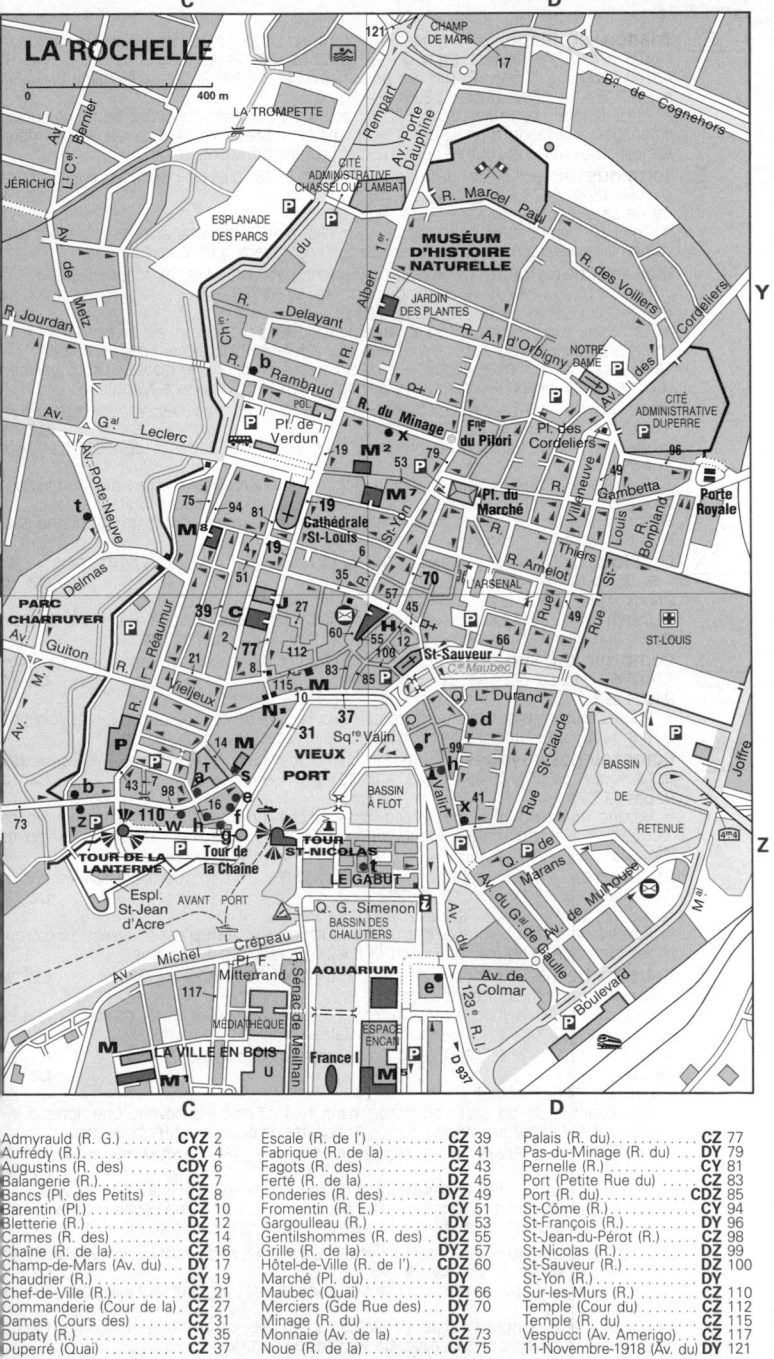

LA ROCHELLE

Admyrauld (R. G.)	CYZ	2
Aufrédy (R.)	CY	4
Augustins (R. des)	CDY	6
Balangerie (R.)	CZ	7
Bancs (Pl. des Petits)	CZ	8
Barentin (Pl.)	CZ	10
Bletterie (R.)	DZ	12
Carmes (R. des)	CZ	14
Chaîne (R. de la)	CZ	16
Champ-de-Mars (Av. du)	DY	17
Chaudrier (R.)	CY	19
Chef-de-Ville (R.)	CZ	21
Commanderie (Cour de la)	CZ	27
Dames (Cours des)	CZ	31
Dupaty (R.)	CZ	35
Duperré (Quai)	CZ	37

Escale (R. de l')	CZ	39
Fabrique (R. de la)	DZ	41
Fagots (R. des)	CZ	43
Ferté (R. de la)	CZ	45
Fonderies (R. des)	DYZ	49
Fromentin (R. E.)	CY	51
Gargoulleau (R.)	DY	53
Gentilshommes (R. des)	CDZ	55
Grille (R. de la)	DYZ	57
Hôtel-de-Ville (R. de l')	CDZ	60
Marché (Pl. du)	DY	
Maubec (Quai)	DZ	66
Merciers (Gde Rue des)	DY	70
Minage (R. du)	DY	
Monnaie (Av. de la)	CZ	73
Noue (R. de la)	CY	75

Palais (R. du)	CZ	77
Pas-du-Minage (R. du)	DY	79
Pernelle (R.)	CY	81
Port (Petite Rue du)	CZ	83
Port (R. du)	CDZ	85
St-Côme (R.)	CY	94
St-François (R.)	DY	96
St-Jean-du-Pérot (R.)	CZ	98
St-Nicolas (R.)	DZ	99
St-Sauveur (R.)	DZ	100
St-Yon (R.)	DY	
Sur-les-Murs (R.)	CZ	110
Temple (Cour du)	CZ	112
Temple (R. du)	CZ	115
Vespucci (Av. Amerigo)	CZ	117
11-Novembre-1918 (Av. du)	DY	121

Trianon et Plage, 6 r. Monnaie ☎ 05 46 41 21 35, *trianonlarochelle@wanadoo.fr*, Fax 05 46 41 95 78 – 🖵 rest, 📺 ☎ 🅿 – 🔒 20. 🖭 ⓞ ☲ – 🍽 rest   CZ b
fermé 22 déc. au 1ᵉʳ fév. – **Repas** *(fermé sam. midi et dim. du 15 oct. au 15 mars)* 16/31,50, enf. 9,20 ☲ – ☲ 7,60 – **25 ch** 67/82 – ½ P 67/74.
♦ Ancien hôtel particulier du 19ᵉ s. au confort bourgeois. Salle des petits-déjeuners aménagée à la façon d'un jardin d'hiver. Les chambres sont plus calmes sur l'arrière. Atmosphère cossue et feutrée au restaurant ; cuisine traditionnelle.

Terminus sans rest, pl. Cdt de la Motte Rouge ☎ 05 46 50 69 69, *claude.lecorvic@wanadoo.fr*, Fax 05 46 41 73 12 – 📺 – 🔒 25. ☲   DZ x
fermé 12 déc. au 11 janv. – ☲ 6 – **33 ch** 56/64.
♦ Point de départ idéal pour découvrir la ville, deux bâtiments anciens reliés par une verrière aménagée en salon. Préférez les chambres récemment rénovées.

Richard Coutanceau, plage de la Concurrence ☎ 05 46 41 48 19, *rcoutanceau@a2i-micro.fr*, Fax 05 46 41 99 45, ≤ entrée du port – 🖵. 🖭 ⓞ ☲ 🗲   AX r
fermé dim. – **Repas** 40/80 et carte 68 à 90 ☲.
♦ Cette salle à manger en rotonde, largement ouverte sur l'océan, est un écrin raffiné où l'on apprécie une savoureuse cuisine de la mer privilégiant la fraîcheur des produits.
Spéc. Langoustines rôties, légumes et lard paysans en barigoule glacée. Turbot grillé en cocotte, sauce choron. Homard rôti à la broche. **Vins** Fiefs Vendéens, Mareuil

Chez Serge, 46 cours des Dames ☎ 05 46 50 25 25, *sarl.chez.serge@libertysurf.fr*, Fax 05 46 50 25 34, 🌤 – 🖵. ☲   CZ s
fermé 2 au 15 janv., dim. soir et lundi du 15 sept. au 15 mai – **Repas** 26 (déj.), 35/70 et carte 55 à 85.
♦ Séduisante cuisine au goût du jour et élégante salle à manger : cette vieille "institution" rochelaise, récemment reprise par une nouvelle équipe, a tout pour séduire.
Spéc. Ravioles de mangue et chair de tourteau. Saint-Pierre en acidulé de pamplemousse. Mi baba-mi clafouti, ananas, glace girofle.

Les Flots, 1 r. Chaîne ☎ 05 46 41 32 51, *contact@les-flots.com*, Fax 05 46 41 90 80, ≤, 🌤 – 🖵. 🖭 ⓞ ☲ 🗲   CZ g
Repas 22 (déj.), 30/75 ☲ 🗲.
♦ Estaminet du 18ᵉ s. au pied de la tour de la Chaîne. Cadre rustique modernisé dans un style marin soigné et beau mobilier "bateau" en bois. Cuisine personnalisée.

Comptoir du Sud, 4 pl. Chaîne ☎ 05 46 41 06 08, *contact@lecomptoirdusud.com*, Fax 05 46 41 90 80, 🌤 – 🖵. 🖭 ⓞ ☲ 🗲   CZ e
Repas 23 ☲.
♦ Petites touches basques dans le décor et sur la carte de ce plaisant restaurant voisin de la tour de la Chaîne (une chaîne interdisait la nuit l'accès au vieux port).

Comptoir des Voyages, 22 r. St-Jean-du-Pérot ☎ 05 46 50 62 60, *contact@lecomptoirdesvoyages.com*, Fax 05 46 41 90 80 – 🖵. 🖭 ⓞ ☲ 🗲   CZ a
Repas 23 ☲ 🗲.
♦ Voyage immobile mais gourmand dans le chaleureux cadre contemporain de ce "comptoir" : vins du monde et cuisine mijotée avec les épices rapportées de terres lointaines.

Guilbrette, 16 r. Chaîne ☎ 05 46 41 57 05, *lasserre.dominique@wanadoo.fr*, Fax 05 46 41 20 39, 🌤 – 🖵. 🖭 ⓞ ☲   CZ h
fermé dim. sauf juil.-août – **Repas** (17) - 22/23,50 ☲.
♦ Adresse sympathique que ce bistrot aux couleurs vives, rempli des souvenirs du patron, ancien compagnon du Tour de France. La cuisine varie au gré des saisons.

Petit Rochelais, 25 r. St-Jean-du-Pérot ☎ 05 46 41 28 43, 🌤 – 🖵. ☲   CZ w
fermé dim. sauf fériés – **Repas** carte 24 à 28 ☲.
♦ Ce bistrot convivial joue la carte "terroir" : toiles cirées sur les tables, chaises paillées et collection de bibelots, affiches et cartes postales à la gloire de la vache.

André, pl. Chaîne ☎ 05 46 41 28 24, *barandre@wanadoo.fr*, Fax 05 46 41 64 22, 🌤 – 🖭 ⓞ ☲   CZ f
Repas 19,20/34 bc, enf. 8 ☲.
♦ Ce labyrinthe de dix salles au décor marin très affirmé est devenu une adresse incontournable. Nombreux objets insolites. Spécialités de poissons et fruits de mer.

A Côté de chez Fred, 30 r. St-Nicolas ☎ 05 46 41 65 76, *chezfred@rivages.net*, 🌤 – ☲   DZ v
fermé dim. d'oct. à mars – **Repas** (nombre de couverts limité, prévenir) 17 (déj.), 20/40.
♦ Ambiance décontractée dans ce restaurant tenu par un ex-marin pêcheur. Deux salles : l'une rustique, l'autre vouée à la mer. La cuisine dépend de la marée du jour.

Mistral, au Gabut, 10 pl. Coureauleurs ☎ 05 46 41 24 42, *restaurant.lemistral@wanadoo.fr*, Fax 05 46 41 76 14, ≤, 🌤 – 🖵. ⓞ ☲   CDZ t
fermé 23 oct. au 4 nov., 23 fév. au 8 mars et le soir du dim. au jeudi sauf juil.-août – **Repas** 10/24,40, enf. 7 🗲.
♦ Grande salle à manger de style "paquebot" au premier étage d'une maison revêtue de bois. Terrasse au même niveau, avec vue sur l'ancien port de pêche.

à Aytré par ② : 5 km – 7 725 h. – ⊠ 17440 :

XXX **Maison des Mouettes**, bd Plage (1ᵉʳ étage) ℘ 05 46 44 29 12, *mouettes@clarnet.fr*, Fax 05 46 34 66 01, ≼, 🏤 – 📳 📄 🅿. 🝙 ⓪ 🇬🇧
fermé dim. soir et lundi d'oct. à mai – **Repas** 32/75 et carte 53 à 69, enf. 16 ♀ **Version Original** (*fermé dim.*) **Repas** 21,40 ♀.
◆ Cette grande villa de bord de mer abrite au 1ᵉʳ étage une salle à manger d'inspiration Art déco offrant un superbe panorama. Formule plus simple au rez-de-chaussée.

La ROCHE-POSAY 86270 Vienne 🖩🖩🖩 K4 G. Poitou Vendée Charentes – 1 445 h alt. 112 – Stat. therm. – Casino.
🝙 du Connétable ℘ 05 49 86 25 10, S : 2 km par D 3.
🝙 Office de tourisme, 14 boulevard Victor Hugo ℘ 05 49 19 13 00, Fax 05 49 86 27 94.
Paris 325 – Poitiers 61 – Le Blanc 29 – Châteauroux 76 – Loches 49 – Tours 92.

🝙🝙🝙 **Les Loges du Parc** sans rest, 10 pl. République ℘ 05 49 19 40 50, *loges@larocheposay-s hrp.com*, Fax 05 49 19 40 51, 🏋, 🦋, 🏊 – 📳 cuisinette 📺 📳 📠. 🝙 🇬🇧
21 mars-31 oct. – 🍽 8 – **11 ch** 88/197, 33 suites 107/156.
◆ Jadis fréquenté par nombre d'écrivains et d'artistes, ce grand hôtel 1900 a rouvert ses portes après une totale rénovation : confort actuel, piscine d'eau thermale et parc.

🝙🝙 **St-Roch**, ℘ 05 49 19 49 00, *info@larocheposay-shrp.com*, Fax 05 49 19 49 40, 🎋 – 📳, 📄 ch, 📺 📳 📳 🅿. 🝙 🇬🇧
fermé 20 déc. au 23 janv. – **Repas** (15,50) - 20, enf. 8,50 – 🍽 7,50 – **36 ch** 55/79 – ½ P 59/62,50.
◆ Au cœur du village, hôtel moderne directement relié aux thermes Saint-Roch. Chambres de tailles diverses, parmi lesquelles huit "prestige" ouvrant côté jardin. Menu unique renouvelé chaque jour et proposé dans une salle sobrement décorée.

🝙 **Europe** sans rest, ℘ 05 49 86 21 81, *hotel-de-europe@wanadoo.fr*, Fax 05 49 86 66 28 – 📳 📺 🅿. 🇬🇧, 🦋
1ᵉʳ avril-15 oct. – 🍽 5 – **31 ch** 32,50/36,20.
◆ Bâtisse régionale d'allure simple mais engageante, avec petit jardin sur l'arrière. On y vient surtout pour l'ambiance très conviviale, entretenue par les curistes.

Si vous cherchez un hôtel tranquille,
consultez d'abord les cartes de l'introduction
ou repérez dans le texte les établissements indiqués avec le signe 🏖

Le ROCHER 07 Ardèche 🖩🖩🖩 H6 – rattaché à Largentière.

La ROCHE-SUR-FORON 74800 H.-Savoie 🖩🖩🖩 K4 G. Alpes du Nord – 8 538 h alt. 548.
Voir Vieille ville★★.
🝙 Office de tourisme, place Andrevetan ℘ 04 50 03 36 68, Fax 04 50 03 31 38, *info@la rochesurforon.com*.
Paris 553 – Annecy 34 – Thonon-les-Bains 42 – Bonneville 8 – Genève 26.

🝙 **Foron** sans rest, Z.I. du Dragiez, N 203 ℘ 04 50 25 82 76, *if7405@inter-hotel.com*, Fax 04 50 25 81 54, 🏊 – 📄 📺 📳 📳 🅿. 🝙 ⓪ 🇬🇧
fermé 24 déc. au 10 janv. – 🍽 6,50 – **22 ch** 47,30/65.
◆ Hôtel situé à la périphérie de la Roche-sur-Foron, première cité européenne équipée de l'éclairage électrique public (1885). Chambres fonctionnelles et insonorisées.

🝙 **Les Afforets** sans rest, 101 r. Egalité ℘ 04 50 03 35 01, Fax 04 50 25 82 47 – 📳 📺. 🇬🇧, 🦋
🍽 6 – **27 ch** 42,50/52,20.
◆ Légèrement excentré, dans un quartier calme, cet établissement des années 1980 dispose de chambres avant tout pratiques. Aménagements datés, mais tenue sans reproche.

XXX **Marie-Jean**, rte Bonneville : 2 km ℘ 04 50 03 33 30, Fax 04 50 25 99 98 – 🅿. 🝙 ⓪ 🇬🇧
fermé 28 juil. au 27 août, 2 au 11 janv., dim. soir, lundi et mardi – **Repas** 38,50/52 et carte 56 à 80.
◆ Cette maison bourgeoise bâtie en 1890 bénéficie d'un décor contemporain soigné : joli plafond à caissons, murs égayés de tableaux et élégant sol en pierre. Cuisine actuelle.

à Arenthon Nord-Est : 6 km par N 503 et D 19ᵇ – 1 144 h. alt. 439 – ⊠ 74800 :

X **Patrick Chautant**, 61 rte Reignier ℘ 04 50 25 57 16, Fax 04 50 25 57 16, 🏤 – 🇬🇧
fermé 1ᵉʳ au 26 août, 20 au 29 déc., 14 au 23 fév., dim. soir, lundi et mardi – **Repas** (15) - 32 ♀.
◆ Ce restaurant rustique propose sa cuisine au goût du jour mais aussi quelques mets cuits à la broche dans une rôtissoire visible des clients.

La ROCHE-SUR-YON

La ROCHE-SUR-YON 🅿 85000 Vendée 📖 H7 *G. Poitou Vendée Charentes* – 49 262 h alt. 75.

🏌 de La Domangère à Nesmy *𝒫 02 51 07 60 15*, par ③ et D 85 : 8 km.

🅱 Office de tourisme, rue Clemenceau *𝒫 02 51 36 00 85*, Fax 02 51 36 90 27, info@ot-roche-sur-yon.fr.

Paris 418 ② – Cholet 69 ② – Nantes 68 ① – Niort 91 ③ – La Rochelle 77 ③.

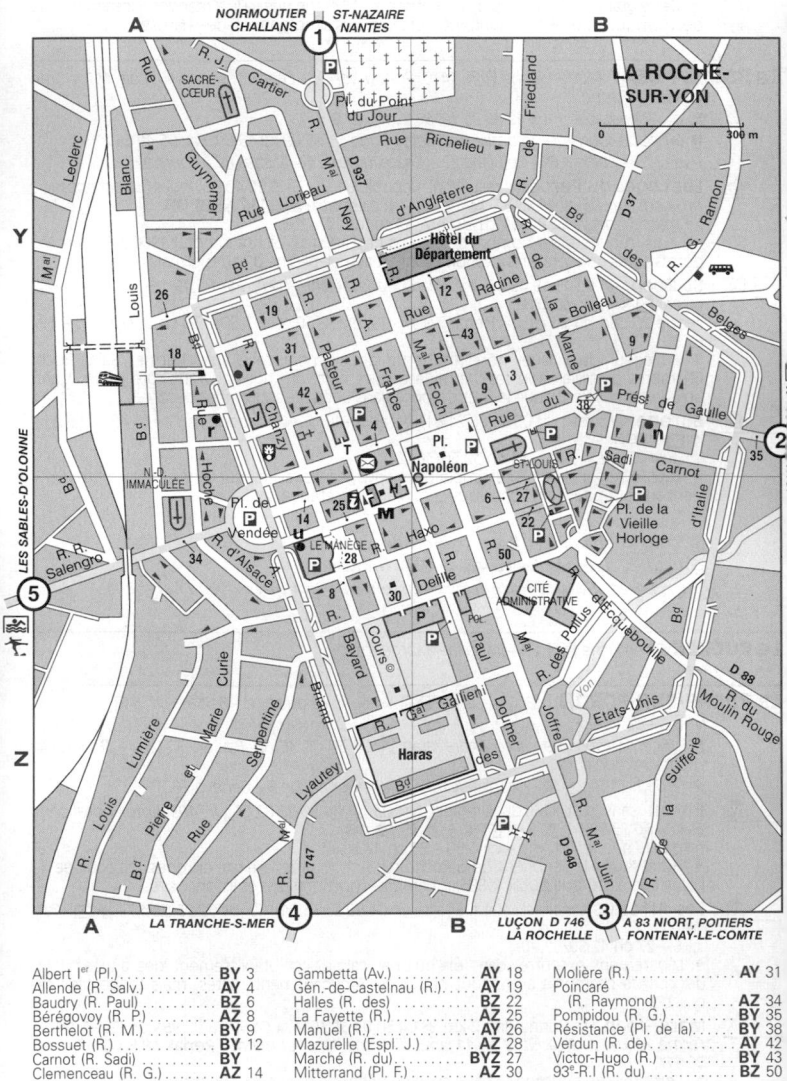

Albert Ier (Pl.)	**BY** 3	Gambetta (Av.)	**AY** 18	Molière (R.)	**AY** 31
Allende (R. Salv.)	**AY** 4	Gén.-de-Castelnau (R.)	**AY** 19	Poincaré	
Baudry (R. Paul)	**BZ** 6	Halles (R. des)	**BZ** 22	(R. Raymond)	**AZ** 34
Bérégovoy (R. P.)	**AZ** 8	La Fayette (R.)	**AZ** 25	Pompidou (R. G.)	**BY** 35
Berthelot (R. M.)	**BY** 9	Manuel (R.)	**AY** 26	Résistance (Pl. de la)	**BY** 38
Bossuet (R.)	**BY** 12	Mazurelle (Espl. J.)	**AZ** 28	Verdun (R. de)	**AY** 42
Carnot (R. Sadi)	**BY**	Marché (R. du)	**BYZ** 27	Victor-Hugo (R.)	**AY** 43
Clemenceau (R. G.)	**AZ** 14	Mitterrand (Pl. F.)	**AZ** 30	93e-R.I (R. du)	**BZ** 50

🏨 **Mercure,** 117 bd A. Briand *𝒫 02 51 46 28 00*, *mercure.lafayette@wanadoo.fr*, Fax 02 51 46 28 98, 😋, 🔲 – 📱 ✻ 🔟 📺 ℃ ᴧ, – 🔬 15 à 100. 🖭 ⑩ ☞   AZ u
Repas *(fermé dim. soir)* *(15)* - 17,90/24,50, enf. 8,40 ⏇ – ⏆ 10,50 – **67 ch** 78/98.
   ◆ À mi-chemin entre gare et place Napoléon, hôtel récent abritant des chambres spacieuses, conformes aux standards de la chaîne. Salle des petits-déjeuners sous verrière. Décor et mobilier de bistrot au restaurant. Recettes traditionnelles simples.

Napoléon sans rest, 50 bd A. Briand ☎ 02 51 05 33 56, *hotel-map@wanadoo.fr, Fax 02 51 62 01 69* – ⊠ 40. AE ⓓ GB AY r
fermé 19 déc. au 2 janv. – ☐ 7,50 – **29 ch** 55/76.
◆ La proximité d'un boulevard animé ne gêne en rien la tranquillité des chambres, amples et rénovées. Copieux petits-déjeuners servis dans un cadre de style Empire.

Pavillon Gourmand, 86 r. Prés.de Gaulle ☎ 02 51 07 08 09, *pierron-serge@wanadoo.com, Fax 02 51 37 66 90* – 25. GB BY n
fermé 20 déc. au 6 janv., sam., dim. et fériés – **Repas** 25/45.
◆ Derrière la discrète façade, deux petites salles à manger, l'une classique, l'autre rustique, et un salon pour les repas commandés. Cuisine traditionnelle.

Rivoli, 31 bd A. Briand ☎ 02 51 37 43 41, *rivoli4@wanadoo.fr, Fax 02 51 46 20 92,* – AE GB AY v
fermé 2 au 22 août, sam. midi, lundi soir et dim. – **Repas** 18/35, enf. 8 ♀.
◆ Couleurs vives, banquette zébrée, chaises bistrot et nappes aux motifs psychédéliques : le décor joue la carte de l'originalité. La cuisine, traditionnelle, est plus sage.

par ⑤ *et ancienne rte des Sables-d'Olonne : 4 km –* ✉ *85000 La Roche-sur-Yon :*

Auberge de la Borderie, Le Petit Bois Massuyeau N 2160 ☎ 02 51 08 95 95, *Fax 02 51 62 25 78,* – P. AE GB
fermé 1er au 7 mars, dim. soir, merc. soir et lundi – **Repas** 14/33 ♀.
◆ Deux salles à manger récemment redécorées et une terrasse ensoleillée vous attendent dans cette auberge champêtre située en bordure de route. Cuisine traditionnelle.

ROCHETAILLÉE *42 Loire* 327 F7 – *rattaché à St-Étienne.*

ROCHETAILLEE-SUR-SAONE *69270 Rhône* 327 I4 *G. Vallée du Rhône – 1 134 h alt. 170.*
Paris 449 – Lyon 13 – Bourg-en-Bresse 55 – Mâcon 64 – Villefranche-sur-Saône 24.

Paris, face église ☎ 04 78 22 33 62, *contact@hotel-restaurant-de-paris.com, Fax 04 72 42 20 13,* – AE ⓓ GB
1er avril-20 oct.et fermé mardi soir et merc. – **Repas** (12) - 16 (déj.), 25/48 ♀.
◆ Accueillant restaurant proche du musée de l'Automobile Henri Malatre. Élégant fumoir et coquette salle à manger (poutres et mobilier en fer forgé). Cuisine classique.

La ROCHETTE *73110 Savoie* 333 J5 *G. Alpes du Nord – 3 098 h alt. 360.*
Voir *Vallée des Huiles★ NE.*
Office de tourisme, Maison des Carmes ☎ 04 79 25 53 12, Fax 04 79 25 53 12, office-savoie-larochette@wanadoo.fr.
Paris 588 – Grenoble 47 – Albertville 41 – Allevard 9 – Chambéry 28.

Parc, ☎ 04 79 25 53 37, *Fax 04 79 65 07 60,* – P. AE ⓓ GB JCB.
fermé dim. soir – **Repas** 15 (déj.), 23/35 – ☐ 7 – **10 ch** 54/68 – 1/2 P 59.
◆ Au débouché de la vallée des Huiles, accueillante petite affaire familiale où l'on dispose de chambres agréablement rénovées. Cuisine traditionnelle servie dans une salle à manger un tantinet "vieille France" et, à la belle saison, sur une terrasse verdoyante.

RODEMACK *57570 Moselle* 307 I2 – *804 h alt. 190.*
Office de tourisme, place des Baillis ☎ 03 82 51 25 50, Fax 03 82 51 29 85, tourisme@rodemack.com.
Paris 358 – Longwy 44 – Luxembourg 20 – Metz 49 – Thionville 17.

Petite Carcassonne, 12 pl. Porte de Sierck ☎ 03 82 51 26 22, *Fax 03 82 51 26 44,* – GB
fermé 12 au 16 juil., 16 août au 5 sept., 1er au 5 nov., vacances de fév., dim. soir de nov. à mars, mardi et merc. – **Repas** 22 (déj.), 37/50 ♀.
◆ Voisine des fortifications, auberge abritant aussi le café du village. Le décor moderne assez inattendu de la salle à manger prend place dans une grange séculaire.

RODEZ P *12000 Aveyron* 338 H4 *G. Midi-Pyrénées – 23 707 h alt. 635.*
Voir *Clocher★★★ de la cathédrale N.-Dame★★ – Musée Fenaille★★* **BZ M¹** *– Tribunes en bois★ de la chapelle des Jésuites.*
18 du Grand Rodez à Onet-le-Château ☎ 05 65 78 38 00, N : 4 km par D 901.
de Rodez-Marcillac : ☎ 05 65 76 02 00, par ③ : 10 km.
Office de tourisme, place Foch ☎ 05 65 75 76 77, Fax 05 65 68 78 15, officetourisme-rodez@wanadoo.fr.
Paris 623 ① – Albi 76 ② – Aurillac 87 ① – Clermont-Ferrand 213 ①.

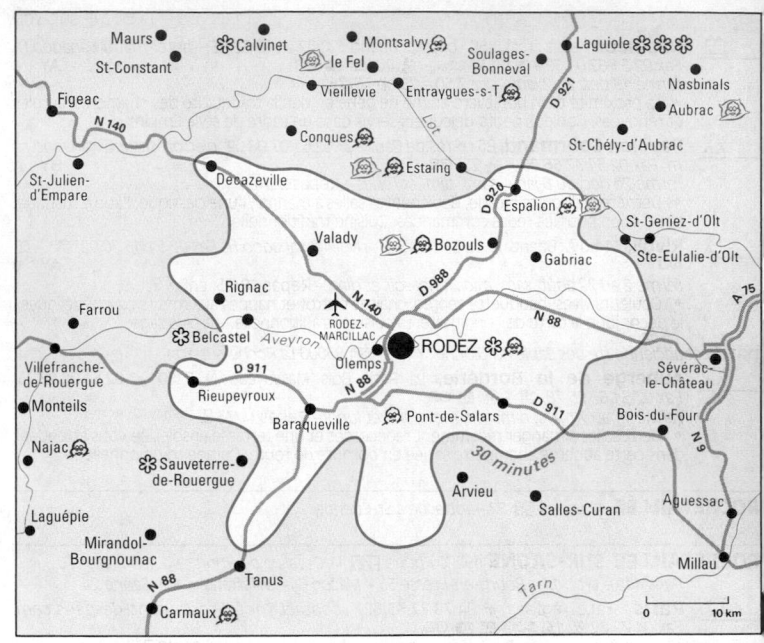

🏠 **Biney** sans rest, r. Victoire-Massol ℰ 05 65 68 01 24, *hotel.biney@wanadoo.fr*, Fax 05 65 75 22 98 – 📶 📺 📞 – 🏛 15. 🆎 ⓞ ◉ ⬛ **BY** k
⌂ 13 – **29 ch** 49/135.
◆ Rénovation réussie pour cet hôtel du centre-ville : chambres pimpantes (bois peint, jolis tissus actuels), coquet salon bourgeois, salle des petits-déjeuners colorée et gaie.

🏠 **Tour Maje** sans rest, bd Gally ℰ 05 65 68 34 68, *delassaux.bernard@wanadoo.fr*, Fax 05 65 68 27 56 – 📶 📺 📞 – 🏛 15. 🆎 ⓞ ◉ ⬛ **BZ** s
⌂ 7 – **40 ch** 53/80, 3 suites.
◆ Hôtel des années 1980 adossé à une tour du 14ᵉ s. dans laquelle sont aménagées les suites. Chambres sobres ; au 5ᵉ étage, décor rajeuni dans un esprit provençal. Billard.

🏠 **Ibis**, 46 r. St-Cyrice ℰ 05 65 76 10 30, *h2748gm@accor-hotels.com*, Fax 05 65 76 10 33, 🌿 – 📶 ✳ 🍴 📞 ⅙ – 🏛 15. 🆎 ⓞ ◉ ⬛ JCB **BX** a
Repas 15, enf. 6 – ⌂ 6 – **41 ch** 60/65.
◆ Au cœur d'un quartier totalement restauré, hôtel de chaîne récent, aux chambres fonctionnelles et bien insonorisées ; certaines d'entre elles sont dotées d'un balcon. Salle à manger au cadre actuel ; petit choix de plats traditionnels.

🏠 **Kyriad**, face gare (Nord par D 901 **AX**) ℰ 05 65 87 11 00, *hotelkyriadrodez@wanadoo.fr*, Fax 05 65 87 11 01 – 📶 📺 📞 – 🏛 20. 🆎 ⓞ ◉ ⬛. ⅙ rest
fermé 23 déc. au 9 janv. – **Repas** (fermé sam., dim. et fériés) (11) · 16, enf. 7 – ⌂ 9 – **42 ch** 55/61.
◆ Construction en pierre, commode pour ceux qui voyagent en train. Aménagements contemporains pratiques ; bonne isolation phonique. Sobre salle à manger dressée façon "bistrot". Cuisine simple au menu, à la carte ou sous forme de buffets.

🏠 **Midi**, 1 r. Béteille ℰ 05 65 68 02 07, *hotel.du.midi@wanadoo.fr*, Fax 05 65 68 66 93 – 📶 ▤ rest, 📺 📞. 🆎 ⓞ ◉ ⬛ **ABY** v
fermé 20 déc. au 6 janv. – **Repas** (fermé dim. midi) 10 (déj.), 14/24 ⬆ – ⌂ 7 – **34 ch** 38/48 – ½ P 44/46.
◆ À deux pas de la cathédrale, adresse bien située pour découvrir la ville à pied. Les chambres, simples et fonctionnelles, sont plus calmes sur l'arrière. Côté table, deux salles à manger sobrement meublées où l'on propose une cuisine plutôt traditionnelle.

RODEO

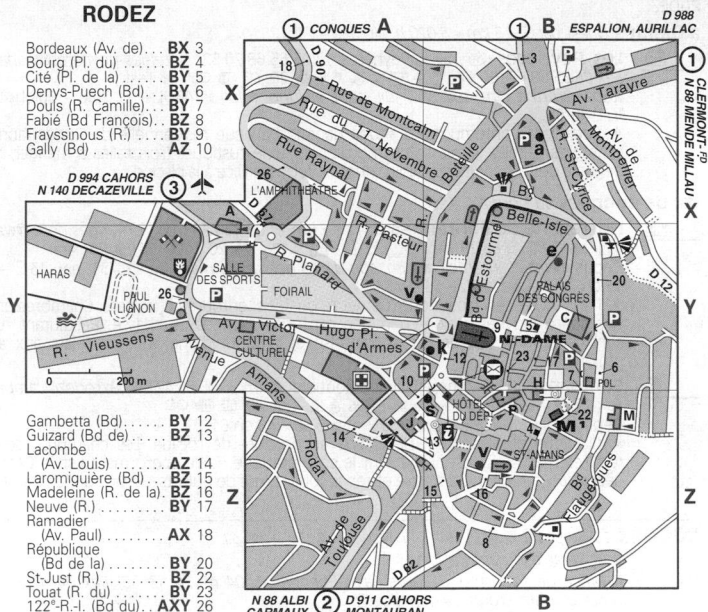

Bordeaux (Av. de)...... **BX** 3
Bourg (Pl. du) .... **BZ** 4
Cité (Pl. de la) .... **BY** 5
Denys-Puech (Bd)..... **BY** 6
Douls (R. Camille)..... **BY** 7
Fabié (Bd François).... **BY** 8
Frayssinous (R.) ...... **BY** 9
Gally (Bd) .... **AZ** 10

Gambetta (Bd)...... **BY** 12
Guizard (Bd de) ..... **BZ** 13
Lacombe
  (Av. Louis) .... **AZ** 14
Laromiguière (Bd) ... **BZ** 15
Madeleine (R. de la). **BZ** 16
Neuve (R.) .... **BY** 17
Ramadier
  (Av. Paul) .... **AX** 18
République
  (Bd de la) .... **BY** 20
St-Just (R.)......... **BZ** 22
Touat (R. du) ...... **BZ** 23
122ᵉ-R.-I. (Bd du).. **AXY** 26

XX **Les Jardins de l'Acropolis,** r. Athènes à Bourran, par ③ : 1,5 km ℰ 05 65 68 40 07, acr opolys@wanadoo.fr, Fax 05 65 68 40 67 – ▤. **GB**

ⓐ *fermé 2 au 16 août, dim. soir et lundi –* **Repas** 15 (déj.), 19/46 ₤.
♦ Dans un quartier d'affaires récent, deux élégantes salles contemporaines revêtues de boiseries et séparées par un bar. Tables bien dressées. Cuisine au goût du jour.

XX **Goûts et Couleurs** (Fau), 38 r. Bonald ℰ 05 65 42 75 00, jean-luc.fau@wanadoo.fr, Fax 05 65 42 75 10, ☞ – 座 **GB** **BY** e

✿ *fermé 25 avril au 10 mai, 5 au 23 sept., 9 janv. au 3 fév., dim et lundi –* **Repas** 28/62 et carte 42 à 56, enf. 11 ₤.
♦ Restaurant au décor original où l'esprit créatif règne dans les assiettes comme sur les murs ornés de tableaux maison. Agréable terrasse d'été.
Spéc. Foie gras de canard poêlé, carpaccio de betterave rouge. Filet de veau rôti au jambon de pays. Pastilla de fraises à la mousseline de fleurs de sureau (juin à oct.). **Vins** Marcillac, Gaillac.

XX **St-Amans,** 12 r. Madeleine ℰ 05 65 68 03 18 – ▤. **GB** **BZ** v

ⓐ *fermé 5 mars au 6 avril, dim. soir et lundi –* **Repas** 18 (déj.)/26.
♦ Laque noire et grands miroirs sur les murs, chaises en cuir, lumière diffuse et tables espacées composent le cadre "japonisant" de ce restaurant. Goûteuse cuisine actuelle.

rte d'Espalion par ① et D 988 :

🏨 **Causse Comtal** 📶, à 12 km ℰ 05 65 74 90 98, contact@caussecomtal.com, Fax 05 65 46 92 69, ☞, Ɫ₆, ⬚, ☞, ✕ – 🔟 **📺 📞 ℙ** – 🔏 20 à 80. 座 ◑ **GB JCB**
Repas 22/36, enf. 8,50 ₤ – ☲ 14 – **117 ch** 105, 3 suites – ½ P 72/144.
♦ Isolée en plein causse, construction moderne agrémentée d'une grosse tour en pierre, intéressante pour ses nombreux équipements de loisirs. Chambres pratiques et colorées. Salle de restaurant fraîche et gaie (ton jaune dominant) et recettes traditionnelles.

🏨 **Bastide,** rd-pt St-Marc, à 3 km ℰ 05 65 67 08 15, hotel.bastide@wanadoo.fr, Fax 05 65 67 43 32 – 📶 📺 📞 👴 **ℙ** – 🔏 20 à 100. 座 ◑ **GB**
Repas 15/30, enf. 8 ₤ – ☲ 6 – **39 ch** 55/65 – ½ P 60.
♦ Proche de la rocade, hôtel fonctionnel relié par une galerie à un bowling incluant le restaurant. Chambres bien tenues ; espace séminaires. Aligot, tripoux, estofinade et autres plats aveyronnais servis dans une salle façon brasserie ou sur la terrasse d'été.

à Olemps *Ouest par ② : 3 km – 3 020 h. alt. 580 – ⊠ 12510 :*

🏠 **Les Peyrières** ⬧, 22 r. Peyrières *ℰ* 05 65 68 20 52, *hotel-les-peyrieres@wanadoo.fr*,
Fax 05 65 68 47 88, 😚, ⏁, – 📺 ✆ & 🅿 – 🔏 20. 🖭 ◑ ☑, ⬚ rest
Repas *(fermé dim. soir sauf juil.-août et lundi midi)* 18/46 🍴 – ⵊ 7,50 – **50 ch** 46/70 –
½ P 46/55.
♦ Cette villa contemporaine située dans la banlieue résidentielle de Rodez, abrite des
chambres calmes garnies d'un mobilier de style rustique. Trois salles à manger, où l'on
déguste des préparations traditionnelles. Terrasse face à la piscine.

rte de Conques *au Nord* **AX** *D 901 :*

🏠 **Hostellerie de Fontanges** ⬧, à 3,5 km *ℰ* 05 65 77 76 00, *fontanges.hotel@wanadoo*
.fr, Fax 05 65 42 82 29, 😚, ⏁, ⬚, ♨– 📺 ✆ 🅿 – 🔏 20 à 100. 🖭 ◑ ☑ ☒
Repas *(fermé sam. midi et dim. soir du 15 oct. au 31 mars)* (20) – 23/53, enf. 13 🍴 – ⵊ 9 –
43 ch 78, 5 suites – ½ P 63,50/73.
♦ Dans un cadre authentique, demeure du 16ᵉ s. entourée d'un parc. Chambres progressivement rénovées ; salon-cheminée orné de trophées de chasse. Restaurant rustique
agrémenté d'un plafond à la française et agrandi d'une véranda. Plats aux accents
régionaux.

🏠 **Campanile**, Parc commercial des Moutiers : 2 km *ℰ* 05 65 42 97 08, *rodez@campanile.fr*,
Fax 05 65 42 66 69, 😚 – ⵈ≡ 📺 ✆ & 🅿 – 🔏 20. 🖭 ◑ ☑
Repas *(12,50)* - 16,50/18,50, enf. 6 🍴 – ⵊ 6,50 – **46 ch** 61.
♦ Classique établissement de chaîne en bordure de rocade. Les chambres, sobres et
régulièrement refaites, privilégient le côté pratique. Table conforme au style Campanile :
décor néo-campagnard simple et repas sous forme de buffets. Service en terrasse l'été.

ROGNES *13840 B.-du-R.* **340** *H4 G. Provence – 4 194 h alt. 311.*
Voir *Retables★ dans l'église.*
🛈 *Office de tourisme, 5 cours Saint-Etienne ℰ 04 42 50 13 36, Fax 04 42 50 13 36,
office.tourisme.rognes@wanadoo.fr.*
Paris 734 – Marseille 48 – Aix-en-Provence 19 – Cavaillon 41 – Manosque 54.

✗✗ **Les Olivarelles**, Nord-Ouest : 6 km par D 66 et rte secondaire *ℰ* 04 42 50 24 27,
Fax 04 42 50 17 99, 😚, 🌳 – 🅿. ☑
*fermé 1ᵉʳ au 9 sept., 5 au 11 nov., 1ᵉʳ au 6 janv., mardi, merc. et jeudi d'oct. à avril, dim. soir
et lundi –* **Repas** (prévenir) 32/55, enf. 15 🍴.
♦ En pleine garrigue, bâtisse de style mas prolongée d'une agréable terrasse sous la
tonnelle. En été, on y déguste une cuisine classique, bercé par le chant des cigales.

ROHAN *56580 Morbihan* **308** *O6 G. Bretagne – 1 521 h alt. 55.*
Paris 451 – Vannes 53 – Lorient 72 – Pontivy 17 – Quimperlé 86.

✗ **L'Eau d'Oust**, 6 r. du lac, rte Loudéac *ℰ* 02 97 38 91 86, *didier.ramaekers2@libertysurf.fr*,
⬢ Fax 02 97 38 91 86, 😚 – ☑
fermé 22 au 29 mars, 6 au 13 sept., mardi de juin à sept., dim. soir et lundi – **Repas** (en
hiver, dîner sur réservation) 14/41.
♦ Dans une ancienne grange, sobre salle à manger égayée de tons vert et blanc, de
tableaux contemporains et d'une cheminée d'ambiance. Cuisine traditionnelle soignée.

ROISEY *42520 Loire* **327** *H7 – 698 h alt. 510.*
Paris 512 – St-Étienne 46 – Annonay 26 – Tournon-sur-Rhône 57 – Vienne 28.

✗✗ **Chanterelle**, Sagnemorte *ℰ* 04 74 87 47 27, *lachanterelle.augereau@wanadoo.fr*,
Fax 04 74 48 37 44, ≼ chaîne montagneuse, 😚, ♨– 🅿. ☑ ☒
fermé 16 au 26 nov., 2 janv. au 7 fév., lundi et mardi sauf juil.-août – **Repas** (nombre de
couverts limité, prévenir) 35/45, enf. 10,50 🍴.
♦ Dans un parc boisé aménagé, cet accueillant chalet offre un superbe panorama sur
la vallée du Rhône. Cadre actuel ; cuisine traditionnelle évoluant au fil des saisons.

ROISSY-EN-FRANCE *95 Val-d'Oise* **305** *G6* **101** *⑧ – voir à Paris, Environs.*

*Dans ce guide
un même symbole, un même mot,
imprimé en **rouge** ou en **noir**, en maigre ou en **gras**,
n'ont pas tout à fait la même signification.
Lisez attentivement les pages explicatives.*

ROLLEBOISE 78270 Yvelines F1 – 401 h alt. 20.

Paris 65 – Rouen 72 – Dreux 45 – Mantes-la-Jolie 9 – Vernon 15 – Versailles 56.

Château de la Corniche 🐾, ℰ 01 30 93 20 00, corniche@wanadoo.fr, Fax 01 30 42 27 44, ≤ vallée de la Seine, 🍴, ⊿, ℀ – 📶 🏧 📺 ✆ 🅿 – 🔥 30. 🖭 ⑩ 🕮 🕮 JCB

fermé 21 déc. au 6 janv., lundi sauf le soir d'avril à oct. et dim. soir de sept. à juin – **Repas** (18 bc) - 29/55 ♈ 🐾 – 🖃 9,50 – **35 ch** 100/168 – ½ P 74/120.

♦ Dominant les méandres de la Seine, une "folie" de Léopold II de Belgique pour son dernier amour. Optez sans hésitation pour les chambres rénovées. Piscine d'été panoramique. Restaurant et terrasse offrent une jolie vue sur le fleuve. Carte des vins étoffée.

ROMAGNIEU 38480 Isère G4 – 1 235 h alt. 298.

Paris 539 – Grenoble 57 – Chambéry 35 – Lyon 109.

Auberge les Forges de la Massotte 🐾 avec ch, ouest 2 km, sortie ⑩ sur l'A 3 ℰ 04 76 31 53 00, lesforgesdelamassotte@wanadoo.fr, Fax 04 76 31 53 02, 🍴, 🌼 – 📺 🚗 🅿. 🕮. ℀ ch

fermé dim. soir et merc. – **Repas** (nombre de couverts limité, prévenir) 23/33 – 🖃 8 – **5 ch** 48/63 – ½ P 59.

♦ Cette accueillante auberge occupe les murs d'une ancienne forge. On y propose des chambres coquettes et un menu du marché servi dans une jolie salle rustique. Centre équestre.

ROMAINVILLE 93 Seine-St-Denis F7 **101** ⑰ – voir à Paris, Environs.

Ecrivez-nous...

Vos louanges comme vos critiques seront examinées avec le plus grand soin. Nous reverrons sur place les informations que vous nous signalez.

Par avance merci !

ROMANÈCHE-THORINS 71570 S.-et-L. I12 G. Vallée du Rhône – 1 717 h alt. 187.

Voir "Le Hameau du vin" ★ – Parc zoologique et d'attractions Touroparc★.

Paris 406 – Mâcon 17 – Chauffailles 46 – Lyon 55 – Villefranche-sur-Saône 24.

Les Maritonnes, près gare ℰ 03 85 35 51 70, contact@maritonnes.com, Fax 03 85 35 58 14, 🍴, ⊿, 🎋 – ⬛ ch, 📺 🅿 – 🔥 30. 🖭 ⑩ 🕮 JCB

fermé 22 déc. au 20 janv. – **Repas** 23/70, enf. 20 ♈ **L'Espace Bistrot** (déj. seul.) (fermé dim. et fériés) **Repas** 23 – 🖃 10 – **20 ch** 90/130 – ½ P 110.

♦ Belle demeure tapissée de vigne vierge et nichée dans un joli parc fleuri ; vous logerez dans des chambres fraîches et spacieuses. Au restaurant, plats traditionnels arrosés du célèbre cru local : le moulin-à-vent. Formule plus simple à l'Espace Bistrot.

ROMANS-SUR-ISÈRE 26100 Drôme 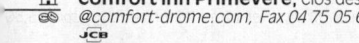 D3 G. Vallée du Rhône – 32 667 h alt. 162.

Voir Tentures★★ de la collégiale St-Barnard – Collection de chaussures★ du musée international de la chaussure – Musée diocésain d'Art sacré★ à Mours-St-Eusèbe, 4 km par ①.

🏌 de Valence St-Didier à St-Didier-de-Charpey ℰ 04 75 59 67 01, par ④ : 15 km.

🅱 Office de tourisme, place Jean Jaurès ℰ 04 75 02 28 72, Fax 04 75 05 91 62, romanstourisme@wanadoo.fr.

Paris 558 ⑤ – Valence 20 ④ – Die 78 ④ – Grenoble 81 ② – St-Étienne 121 ⑤ – Vienne 73 ⑤.

Plans page suivante

L'Orée du Parc sans rest, 6 av.Gambetta par ② ℰ 04 75 70 26 12, hotoree-parc@wanadoo.fr, Fax 04 75 05 08 23, ⊿, 🌼 – ⬛ 📺 ✆ 🅿. 🕮

🖃 7 – **10 ch** 77/111.

♦ Cette belle maison bourgeoise des années 1920 abrite de jolies chambres personnalisées, sobrement contemporaines. Petit-déjeuner servi dans la véranda ou au jardin (piscine).

Comfort Inn Primevère, Clos des Tanneurs, av. Adolf Figuet ℰ 04 75 05 10 20, romans @comfort-drome.com, Fax 04 75 05 67 67, 🍴, ⊿, – ⬛ 📺 ✆ 🅰 🅿 – 🔥 30. 🖭 ⑩ 🕮 JCB

AZ n

Repas (12) - 15/27, enf. 7 ♈ – 🖃 7 – **32 ch** 55/58 – ½ P 48.

♦ Hôtel de chaîne aux chambres fonctionnelles, insonorisées et revues périodiquement. Hall-salon-bar tout neuf. Au restaurant, chacun trouvera chaussure à son pied - juniors compris - parmi les plats proposés sous forme de buffets, en salle ou en terrasse.

ROMANS-
SUR-ISÈRE

BOURG-
DE-PÉAGE

Clerc (R. des) .... **CY** 4
Cordeliers
(Côtes des) .... **CY**
Ecosserie
(R. de l') ...... **BY** 8
Faure (Pl. M.) .... **BY**
Fontaine-des-
Cordeliers (R.). . **CY** 10
Gailly (Pl. E.) ..... **BY**
Guillaume (R.).... **AZ** 12
Herbes (Pl. aux) . **BY** 14
Jacquemart
(Côte) .... **BY** 15
Jacquemart (R.). . **AZ** 16
Massenet (Pl.) ... **CY** 17
Mathieu-de-
la-Drôme (R.). . **CY** 18
Merlin (R.) ...... **CY** 20
Mouton (R. du).. **BY** 22
Palestro (R.) ..... **AZ** 24
Perrot-de-
Verdun (Pl.) ... **BY** 26
Sabaton (R.) .... **CY** 28
Ste-Marie (R.).... **CY** 29
Semard (R. P.)... **AZ** 30
Trois-Carreaux
(R.) .... **CY** 32
Victor-Hugo ..... **AZ** 34

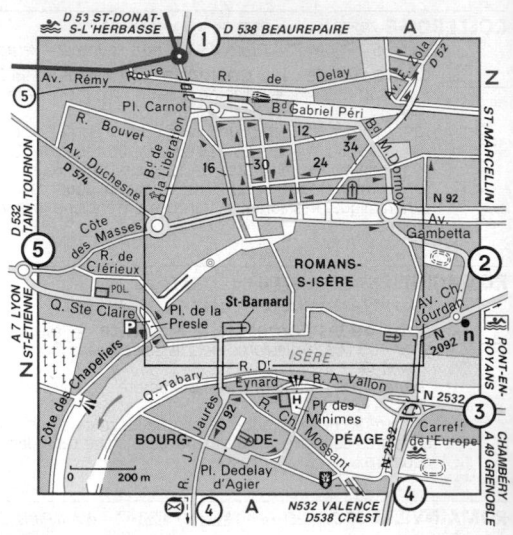

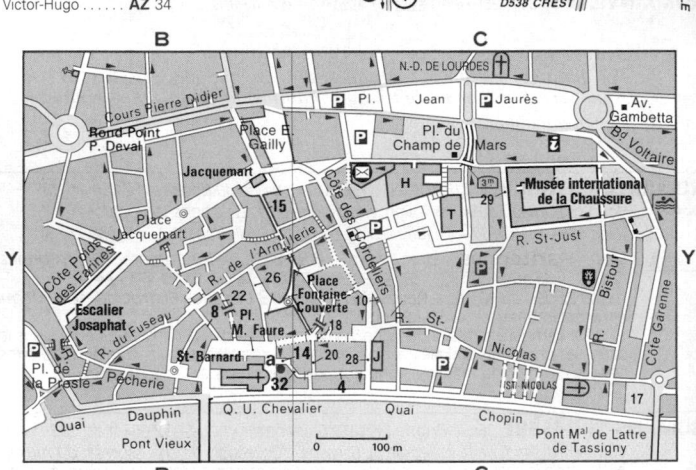

✂ **Chevet de St-Barnard**, 1 pl. aux Herbes ℘ 04 75 05 04 78, Fax 04 75 05 04 78, 綿 –
❀ CB   **BY a**
fermé 14 juil. au 4 août, dim. soir, mardi soir et merc.
Repas 14/37 ⅋.
♦ Au chevet de la collégiale, cette maison du 14ᵉ s. en pierre servit jadis de palais épiscopal.
On y déguste une cuisine du terroir dans un décor rustique simple.

à l'Est : par ② et N 92 : 4 km – ⊠ 26750 St-Paul-lès-Romans :

🏠 **Karene Hôtel**, ℘ 04 75 05 12 50, hotel.karene@libertysurf.fr, Fax 04 75 05 25 17, ⊐, 綿
– 🔟 ✆ 🅿 – 🔏 15 à 30. 🅰🎫 ⓘ CB 🇯🇨🇧
fermé 20 déc au 6 janv. – **Repas** (fermé vend., sam. et dim.) (dîner seul.) (17,50) - 23,50
enf. 8,50 ♀ – 🖵 9,50
23 ch 53,50/65,50 – ½ P 57,50/59.
♦ Situé en retrait de la route, cet ancien siège d'entreprise reconverti en hôtel dispose
d'un bel aménagement fonctionnel. Accueil aimable et plats traditionnels dans une salle à
manger aux couleurs vives et contrastées.

à Granges-lès-Beaumont *par ⑤ : 6 km – 948 h. alt. 155 – ⌧ 26600 :*

XXXX   **Les Cèdres** (Bertrand), ℘ 04 75 71 50 67, Fax 04 75 71 64 39, 佘, 屛 – 圁 ℙ, GB
ॐ   *fermé 14 au 22 avril, 18 août au 2 sept., 24 déc. au 2 janv., lundi et mardi* – **Repas** (nombre
de couverts limité, prévenir) 32 (déj.), 48/80 ♀ ॐ.
◆ Plaisirs de la table, belle carte de côtes-du-rhône, décor contemporain épuré et service
attentif sont réunis dans cette plaisante "auberge de village". Accès par le jardin.
Spéc. Brochette de Saint-Jacques (automne-hiver). Carré d'agneau rôti à la fleur de thym.
Petit amandier tiède aux abricots de la Drôme (été). **Vins** Crozes-Hermitage rouge, Hermitage blanc.

à St-Paul-lès-Romans *par ② : 8 km – 1 502 h. alt. 171 – ⌧ 26750 :*

XXX   **Malle Poste**, ℘ 04 75 45 35 43, Fax 04 75 71 40 48 – 圁 ℙ, AE ⓪ GB
fermé 8 au 24 août, 2 au 19 janv., dim. soir et lundi – **Repas** (15) - 29,50/56 et carte 31 à 48 ॐ.
◆ Ici, on fait régulièrement le marché-gare à Lyon. Résultat : une cuisine au goût du jour
originale, à arroser d'un vin choisi parmi plus de 350 références.

ROMANSWILLER 67 B.-Rhin **315** I5 – *rattaché à Wasselonne.*

ROMILLY-SUR-SEINE 10100 Aube **313** C2 – 14 616 h alt. 76.
🛈 Office de tourisme, 27 Grande rue Saint-Laurent, ℘ 03 25 39 42 07, Fax 03 25 39 88 03.
Paris 124 – Troyes 39 – Châlons-en-Champagne 76 – Nogent-sur-Seine 18 – Sens 65.

🏦   **Auberge de Nicey**, 24 r. Carnot ℘ 03 25 24 10 07, denicey@club-internet.fr,
Fax 03 25 24 47 01, ◨ – ⧩ 🖳 ℡ & ℙ – ⚖ 30. AE ⓪ GB
Repas (fermé dim. soir hors saison, lundi midi et sam. midi) 19/43 ♀ – ⌷ 9,80 – **24 ch** 64/76
– ½ P 70/80.
◆ À deux pas de la gare, établissement de bon confort abritant des chambres fonctionnelles et bien insonorisées ; celles de l'annexe sont plus grandes. Deux salles de
restaurant en enfilade, dont une lambrissée. Répertoire culinaire traditionnel.

*Les principales voies commerçantes figurent en **rouge***
dans la liste des rues des plans de villes.

ROMORANTIN-LANTHENAY ◉ 41200 L.-et-Ch. **318** H7 G. Châteaux de la Loire – 18 350 h
alt. 93.
Voir Maisons anciennes★ B – Vues des ponts★ – Musée de Sologne★ M².
🛈 Office de tourisme, place de la Paix ℘ 02 54 76 43 89, Fax 02 54 76 96 24, romorantin-
lanthenay@fnotsi.net.
Paris 202 ① – Blois 42 ⑤ – Bourges 74 ③ – Orléans 67 ① – Tours 95 ④ – Vierzon 38 ③.

ROMORANTIN-
LANTHENAY

Brault (R. Porte)	2
Capucins (R. des)	4
Clemenceau (R. Georges)	6
Four-à-Chaux (R. du)	8
Gaulle (Pl. Gén. de)	10
Ile-Marin (Quai de l')	13
Jouanettes (R. des)	14
Lattre de Tassigny (Av. du Mar. de)	15
Limousins (R. des)	17
Mail de l'Hôtel-Dieu	18
Milieu (R. du)	20
Orléans (Fg d')	22
Paix (Pl. de la)	23
Pierre (R. de la)	24
Prés.-Wilson (R. du)	26
Résistance (R. de la)	28
St-Roch (Fg)	30
Sirène (R. de la)	33
Tour (R. de la)	34
Trois-Rois (R. des)	36
Verdun (R. de)	37

Grand Hôtel du Lion d'Or (Clément), 69 r. Clemenceau **(a)** ✆ 02 54 94 15 15, *liondor@relaischateaux.com, Fax 02 54 88 24 87,* – ||| – 40. AE ⓓ GB
fermé mi-fév. à fin mars et 15 au 26 nov. – **Repas** *(fermé mardi midi)* (nombre de couverts limité, prévenir) 82/125 et carte 105 à 135 – 20 – **13 ch** 160/380, 3 suites.
◆ Décor soigné, mêlant moderne et ancien, et patio fleuri figurent parmi les trésors de cet hôtel particulier d'époque Renaissance, bâti par un ami de François Ier. Subtile cuisine classique rehaussée de saveurs solognotes servie dans une élégante salle.
Spéc. Langoustines rôties à la graine de paradis. Cuisse de lièvre en civet au cacao (oct. à déc.). Brioche caramélisée, sorbet angélique. **Vins** Pouilly Fumé, Bourgueil.

Lanthenay avec ch, 9 rue Notre Dame du Lieu, par ① *et D 922 : 2,5 km* ✆ 02 54 76 09 19, *Fax 02 54 76 72 91,* – . AE GB
fermé 14 au 28 juin, 22 déc. au 5 janv., dim. et lundi – **Repas** (nombre de couverts limité, prévenir) 21/50 – 7,30 – **10 ch** 42/50 – 1/2 P 47/50.
◆ Dans un hameau pittoresque, étape sympathique où les plaisirs de la table s'associent à l'agréable quiétude des lieux. La salle à manger est plus intime que la véranda.

Cabrière, 30 av. Villefranche par ③ ✆ 02 54 76 38 94, *Fax 02 54 76 38 94* – . GB
fermé 25 août au 8 sept., 21 au 29 déc., dim. soir, merc. soir et lundi – **Repas** 15/32, enf. 8.
◆ Choisissez votre cadre pour manger : la véranda, lumineuse, au décor sobre, ou la salle rustique avec ses poutres et sa cheminée, un peu sombre mais ayant plus de cachet.

RONCE-LES-BAINS *17 Char.-Mar.* 324 D5 *G. Poitou Vendée Charentes* – ✉ *17390 La Tremblade.*

Office de tourisme, place Brochard ✆ *05 46 36 06 02, Fax 05 46 36 38 17, ot@ronce-les-bains.com.*
Paris 505 – Marennes 9 – Rochefort 31 – La Rochelle 68 – Royan 27.

Grand Chalet, 2 av. La Cèpe ✆ 05 46 36 06 41, *frederic.moinardeau@wanadoo.fr, Fax 05 46 36 38 87,* ≤ île d'Oléron, – AE ⓓ GB
fermé 11 nov. au 8 fév. – **Repas** *(fermé dim. soir et lundi d'oct. à mars, lundi midi sauf juil.-août et mardi) (13)* - 16 (déj.), 21/41 – 8 – **26 ch** 49/65 – 1/2 P 50/57,50.
◆ Hôtel de 1850 surplombant la mer ; accès direct à la plage. Chambres meublées simplement, à choisir avec vue panoramique sur l'île d'Oléron ou tournées sur le jardin. Au restaurant, quelques tables offrent une belle échappée sur le large. Carte traditionnelle.

RONCHAMP *70250 H.-Saône* 314 H6 *G. Jura* – *2 965 h alt. 380.*

Voir *Chapelle Notre-Dame-du-Haut★★.*
Office de tourisme, 14 place du 14 Juillet ✆ *03 84 63 50 82, Fax 03 84 63 50 82, officetourisme.ronchamp@wanadoo.fr.*
Paris 399 – Besançon 88 – Belfort 22 – Lure 12 – Luxeuil-les-Bains 31 – Vesoul 42.

au Rhien *Nord : 3 km* – ✉ *70250 Ronchamp :*

Rhien Carrer , ✆ 03 84 20 62 32, *carrer@ronchamp.com, Fax 03 84 63 57 08,* , , – – 30. GB
Repas *(fermé dim. soir de nov. à fév.)* 10,50/38, enf. 7 – 7 – **21 ch** 35/40 – 1/2 P 36.
◆ Hostellerie familiale d'un hameau proche de la chapelle N.-D.-du-Haut, chef-d'oeuvre de Le Corbusier. Les chambres non-fumeurs profitent d'une rénovation. La carte du restaurant honore la région à travers quelques spécialités. Terrasse d'été.

à Champagney *Est : 4,5 km par D 4 – 3 310 h. alt. 370 –* ✉ *70290 :*

Pré Serroux, 4 av. Gén. Brosset ✆ 03 84 23 13 24, *hotel-du-commerce@essor-info.fr, Fax 03 84 23 24 33,* , , – – 15 à 30. GB
fermé 20 déc. au 9 janv. et 1er au 15 août – **Repas** 16/42, enf. 8 – 7 – **25 ch** 48/55 – 1/2 P 44.
◆ L'hôtel, qui a subi une réfection totale, voisine avec la maison de la Négritude. Les chambres de bon confort, l'agréable jardin et le fitness invitent à la détente. La salle à manger a conservé un petit air "rétro". Terrasse ombragée. Cuisine traditionnelle.

RONCQ *59 Nord* 302 G3 – *rattaché à Lille.*

Le ROND-D'ORLÉANS *02 Aisne* 306 B5 – *rattaché à Chauny.*

ROOST-WARENDIN *59 Nord* 302 G5 – *rattaché à Douai.*

Un automobiliste averti utilise le ***Guide Michelin*** *de l'année.*

ROPPENHEIM 67480 B.-Rhin **315** M3 – 942 h alt. 117.

Paris 503 – Strasbourg 48 – Haguenau 25 – Karlsruhe 41 – Wissembourg 35.

X **A l'Agneau,** ℰ 03 88 86 40 08, 🏤 – ⊖B
fermé 6 juil. au 2 août, 19 déc. au 4 janv., dim., lundi et le midi sauf sam. – **Repas** 24/50 ⌾.
❖ Maison alsacienne typique où l'on vient pour la table généreuse (cuisine traditionnelle et grillades) et aussi pour l'ambiance très joviale. Vitrine de produits régionaux.

ROQUEBRUNE-CAP-MARTIN 06190 Alpes-Mar. **341** F5 G. Côte d'Azur – 11 692 h alt. 70.

Voir Village perché★★ : rue Moncollet★, ❋★★ du donjon★ – Cap Martin ⩽★★ X – ⩽★★ du belvédère du Vistaëro SO : 4 km.

Env. Site★ de Gorbio N : 8 km par D 50.

🖪 Office de tourisme, 218 avenue Aristide Briand ℰ 04 93 35 62 87, Fax 04 93 28 57 00, office-du-tourisme.rcm@wanadoo.fr.

Paris 953 – Monaco 9 – Menton 3 – Monte-Carlo 7 – Nice 26.

Plans : voir à Menton.

🏨 **Vista Palace,** Grande Corniche par ③ rte La Turbie D 2564 : 4 km ℰ 04 92 10 40 00, info@vistapalace.com, Fax 04 93 35 18 94, ⩽ Monaco et la côte, 🏤, ℐ₆, ⌷, ♨ – 🛗 ⬛ 📺 ⌕ & 🄿 – 🔏 80. 🝙 ⑩ ⊖B ⒿⒸⒷ
fermé 30 janv. au 8 mars – **Vistaero** (fermé 30 janv. au 8 mars et le midi de juin à sept.) **Repas** 60/95, enf. 25 – **Corniche** (1ᵉʳ juin-1ᵉʳ oct. et fermé le soir) **Repas** carte environ 60, enf. 25 – ⌷ 25 – **65 ch** 275/389, 3 suites – ½ P 235/260.
❖ En surplomb de la Riviera, hôtel ultra-moderne à l'architecture audacieuse et au luxueux décor. Centre de beauté, piscine panoramique, parc botanique en terrasses. Au Vistaero, cuisine au goût du jour et vue à couper le souffle. Recettes du Sud à la Corniche.

🏨 **Victoria** sans rest, 7 prom. Cap-Martin ℰ 04 93 35 65 90, Fax 04 93 28 27 02, ⩽ – ⬛ 📺 ⌕, 🝙 ⑩ ⊖B AX k
fermé 8 janv. au 8 fév. – ⌷ 9 – **32 ch** 86/102.
❖ Hôtel intégré à un immeuble résidentiel. Chambres souvent meublées en rotin et bambou, avec balcon côté mer. Salon-bar décoré dans le style colonial. Accueil charmant.

🏨 **Alexandra** sans rest, 93 av. W. Churchill ℰ 04 93 35 65 45, accueil@hotel-alexandra.net, Fax 04 93 57 96 51, ⩽ – 🛗 ⬛ 📺 🄿. 🝙 ⊖B ⒿⒸⒷ AX a
fermé 5 nov. au 5 déc. – ⌷ 10 – **40 ch** 72/168.
❖ Dans cette construction balnéaire à balcons, typique des années 1960-70, demandez les chambres avec vue sur la mer (derniers étages) ; certaines ont été rafraîchies.

🏨 **Westminster** sans rest, 14 av. L. Laurens par ③ et N 98, rte de Monaco par basse corniche ℰ 04 93 35 00 68, hotel@westminster06.com, Fax 04 93 28 88 50, ⩽, � – ⬛ 📺 ⌕ 🄿. 🝙 ⑩ ⊖B ⒿⒸⒷ. ❋
7 fév.-21 nov. – ⌷ 6 – **28 ch** 59/87.
❖ Hôtel familial à flanc de rocher et ses spectaculaires jardins suspendus au-dessus des flots. Chambres pratiques, à choisir côté Méditerranée. Bonne insonorisation.

XX **Les Deux Frères** avec ch, pl. Deux Frères, au village par ③ : 3,5 km ℰ 04 93 28 99 00, info@lesdeuxfreres.com, Fax 04 93 28 99 10, ⩽, 🏤 – 📺. 🝙 ⑩ ⊖B
Repas (fermé 10 au 17 mars et 11 nov. au 11 déc.) 20 bc (déj.)/45 ⌾ – ⌷ 9 – **10 ch** 65/101 – ½ P 91.
❖ Restaurant aménagé dans l'ex-école communale, sur une placette-belvédère dominant la mer ; plats au goût du jour. Jolies chambres thématiques ("Afrique", "mariage", etc.).

XX **Hippocampe,** 44 av. W. Churchill ℰ 04 93 35 81 91, Fax 04 93 35 81 91, ⩽ baie et littoral, 🏤 – ⬛ 🝙 ⑩ ⊖B AX h
fermé 25 oct. au 15 janv., les soirs d'oct. à mai et lundi – **Repas** (prévenir) 30/40.
❖ Cet établissement familial "les pieds dans l'eau" réserve, à midi, l'une de ses terrasses aux baigneurs. Spécialités de bouillabaisse et coq au vin sur commande.

XX **Au Grand Inquisiteur,** 18 r. Château (accès piétonnier) au vieux village par ③ : 3,5 km ℰ 04 93 35 05 37, Fax 04 93 35 05 37 – ⬛. ⊖B. ❋
fermé 28 juin au 5 juil., 8 nov. au 10 déc., mardi sauf juil.-août et lundi – **Repas** (nombre de couverts limité, prévenir) 24,50/36 ⌾.
❖ Coquette salle voûtée dans une maison du 14ᵉ s., cuisine traditionnelle à l'accent régional, bon choix de bordeaux : voilà qui mérite une visite inquisitoriale approfondie !

X **Les Tables du Berger,** 4 r. V. Hugo, quartier Carnolès ℰ 04 93 57 40 60, Fax 04 93 57 40 60 – ⬛. ⊖B AX v
fermé 15 juil. au 30 août, dim. soir et lundi – **Repas** 23 (déj.), 33/40 ⌾.
❖ Sympathique restaurant aménagé dans une ancienne fromagerie proche du marché. Salles à manger sobrement décorées (murs crépis, chaises actuelles) et carte traditionnelle.

à Monte-Carlo-Beach par ③ et N 98 (basse corniche) : 7 km – ⊠ 06190 :

Monte-Carlo Beach Hôtel ⯃, av. Princesse Grace ℰ 04 93 28 66 66, bh@sbm.mc
Fax 04 93 78 14 18, ≤ mer et Monaco, 佘, ⬭, ⯈ఄ, ⚒ – ᕤ ☰ ◫ ⯙ ᖱ 🅿 – ≙ 30. ﾑ ⓞ
ǴᏴ ᴊᴄᴮ. ⅍ rest
1ᵉʳ mars-13 nov. – **Salle à Manger :** Repas carte 58 à 95 – **Potinière** ℰ 04 93 28 66 43 (déj
seul.) *(5 juin-5 sept.)* Repas carte 60 à 80 – **Vigie** ℰ 04 93 28 66 44 *(26 juin-29 août)* Repas
49(déj.)/58 – **Rivage** ℰ 04 93 28 66 42 (déj. seul.) *(10 avril-10 oct.)* Repas carte 40 à 60 -
⌸ 32 – **44 ch** 600, 3 suites.
♦ Créé en 1929, ce beau complexe de loisirs balnéaires à l'âme monégasque accueilli
Nijinski, Cocteau, Morand, etc. Chambres à l'italienne donnant sur le Rocher et le large
Coquette petite Salle à Manger décorée de fresques. La Vigie domine la "grande bleue".

La ROQUEBRUSSANNE 83136 Var ﹛340﹜ K5 – 1 672 h alt. 365.
Paris 810 – Toulon 35 – Aix-en-Provence 61 – Aubagne 48 – Brignoles 15.

Auberge de la Loube, ℰ 04 94 86 81 36, Fax 04 94 86 86 79, 佘 – ◫. ﾑ ǴᏴ
Repas *(fermé déc., lundi soir et mardi)* 24,50/34 – ⌸ 6 – **8 ch** 69.
♦ Devant l'église, bâtisse ancienne aux couleurs ensoleillées, aménagée dans le style
provençal. Chambres nettes et gentiment décorées. Salle à manger fraîche et sympa
thique, agrémentée de meubles en bois peint, de tableaux et d'objets chinés.

Les pages explicatives de l'introduction
*vous aideront à mieux profiter de votre **Guide Michelin**.*

La ROQUE-D'ANTHÉRON 13640 B.-du-R. ﹛340﹜ G3 *G. Provence* – 4 446 h alt. 183.
Voir Abbaye de Silvacane★★ E : 2 km.
🮠 *Office de tourisme, 3 cours Foch ℰ 04 42 50 70 74, Fax 04 42 50 70 76, omt@ville-la
roque-d-antheron.fr.*
Paris 726 – Aix-en-Provence 29 – Cavaillon 34 – Manosque 60 – Marseille 58.

Mas de Jossyl, ℰ 04 42 50 71 00, jossyl.mas@wanadoo.fr, Fax 04 42 50 75 94, 佘, ⬭
🗌 rest, ◫ ᖱ 🅿 – ≙ 25. ⓞ ǴᏴ
Repas *(fermé 2 au 16 janv., dim. soir et lundi hors saison)* 15 (déj.), 18/32, enf. 10 ⅌ – ⌸ 6 –
23 ch 85/95 – ½ P 67.
♦ Face au parc du château de Florans (17ᵉ s.), construction récente de style régiona
abritant des chambres spacieuses, fonctionnelles et insonorisées. Accueil familial. Les an
nées 1980 inspirent le décor de cette salle de restaurant environnée de verdure.

ROQUEFORT-LES-PINS 06330 Alpes-Mar. ﹛341﹜ D6 – 5 239 h alt. 184.
🮠 *Syndicat d'initiative, place Mougins ℰ 04 93 09 67 54, Fa.*
Paris 912 – Nice 25 – Cannes 18 – Grasse 14.

Auberge du Colombier, au Colombier, rte de Nice, sur D 2085 ℰ 04 92 60 33 00, info@
auberge-du-colombier.com, Fax 04 93 77 07 03, 佘, ⬭, ⚒, ⯐ – ◫ 🅿 – ≙ 25. ﾑ ⓞ ǴᏴ
ᴊᴄᴮ
fermé 5 au 30 janv. – **Repas** *(fermé mardi d'oct. à mars)* (27) - 39/60, enf. 14 ⅌ – ⌸ 8 – **19 ch**
64/104 – ½ P 88/113.
♦ Maison nichée dans un parc arboré dominant la vallée. Les chambres, progressivemen
refaites, sont garnies de meubles en bois patiné. La salle à manger rustique et l'agréable
terrasse tournée vers la végétation servent de cadre à une cuisine traditionnelle.

La ROQUE-GAGEAC 24250 Dordogne ﹛329﹜ I7 *G. Périgord Quercy* – 449 h alt. 85.
Voir Site★★.
🮠 *Syndicat d'initiative, Le Bourg ℰ 05 53 29 17 01, Fax 05 53 31 24 48, contact@la-roque
gageac.com.*
Paris 535 – Brive-la-Gaillarde 71 – Sarlat-la-Canéda 9 – Cahors 53 – Périgueux 71.

Belle Étoile, ℰ 05 53 29 51 44, hotel.belle-etoile@wanadoo.fr, Fax 05 53 29 45 63, ≤
佘 – ☰ rest, ◫ ⯙ ﾑ ⓞ ǴᏴ. ⅍ ch
début avril-Toussaint – **Repas** *(fermé merc. midi et lundi)* 22/35 ⅌ – ⌸ 8 – **15 ch** 53/73
½ P 61/71.
♦ Dormir à la Belle Étoile, à La Roque-Gageac, c'est s'installer confortablement dans cett
vieille maison familiale bâtie face à la Dordogne. Chambres de style ou plus sobres. Cuisin
périgourdine à savourer à l'intérieur ou sous la treille de la terrasse.

Gardette, ℰ 05 53 29 51 58, egardette@aol.com, Fax 05 53 31 19 32, �--- 🏡. ᏀᏴ
4 avril-3 nov. – **Repas** *(fermé merc.)* 21/30 ⋤ – ⋤ 7 – **12 ch** 30/60 – ½ P 60.
   ♦ Hôtel simple aux chambres bien tenues, adossé au rocher à l'entrée du pitto-resque bourg considéré comme l'un des plus beaux villages de France. Restaurant rus-tique dont quelques tables ont vue sur la Dordogne. Belle terrasse ombragée. Cuisine régionale.

✗✗ **Auberge La Plume d'Oie** avec ch, ℰ 05 53 29 57 05, walker.marc@wanadoo.fr,
Fax 05 53 31 04 81, ≤ – ⋤ 🔟 ᏀᏴ
fermé fin nov. au 20 déc., 10 janv. à fin fév., mardi midi et lundi hors saison et le midi en août et sept. – **Repas** (nombre de couverts limité, prévenir) 38/60 ⋤ – ⋤ 12 – **4 ch** 76/80.
   ♦ Cette demeure ancienne bien restaurée abrite un coquet restaurant (non-fumeurs) : pierres, poutres et vue sur le trafic des gabares ; cuisine au goût du jour. Fumoir.

rte de Vitrac *Sud-Est par D 703* – ⊠ 24250 La Roque Gageac:

Périgord, à 3 km ℰ 05 53 28 36 55, hotelleperigord@wanadoo.fr, Fax 05 53 28 38 73,
🌯, 🔟, 🌣, ✗✗ – 🔟 rest, 🔟 ᏛᏛ 🅿. 🅰🅴 ᏀᏴ
1ᵉʳ mars-30 nov. et fermé dim. soir et lundi en nov. et mars – **Repas** 18/38, enf. 10 – ⋤ 7 – **40 ch** 47/59 – ½ P 49/55.
   ♦ Au pied de la bastide de Domme qualifiée d'"acropole du Périgord", bâtisse entourée d'un grand jardin, abritant des chambres bien tenues. La table honore l'enseigne : le confit de canard est ici à l'honneur ! Salle sobre, véranda et agréable terrasse.

✗✗ **Les Prés Gaillardou**, à 4 km ℰ 05 53 59 67 89, Fax 05 53 31 07 37, 🌯, 🌣 – 🅿. ᏀᏴ
fermé 3 janv. au 1ᵉʳ mars, lundi sauf le soir en juil.-août et mardi – **Repas** (12,50) - 19,80/39,60 ⋤.
   ♦ Ferme convertie en restaurant : murs en pierres et poutres dans les trois petites salles, jardin clos à l'arrière (idéal pour les enfants) et cuisine du terroir.

ROQUEMAURE *30150 Gard* ᏆᏆ **N4** *G. Provence* – *4 848 h alt. 19.*
   🏛 *Office de tourisme, place de la mairie* ℰ 04 66 90 21 01, Fax 04 66 90 21 01, contact@la-cote-du-rhone.com.
   Paris 665 – Avignon 18 – Alès 76 – Nîmes 47 – Orange 12 – Pont-St-Esprit 32.

Clément V, 6 r. P. Semard, rte Nîmes ℰ 04 66 82 67 58, hotel.clementv@wanadoo.fr,
Fax 04 66 82 84 66, 🌯, 🔟 – ⋤ 🔟 Ꮮ 🚐 🅿. ᏀᏴ
15 mars-25 oct. et fermé les week-ends hors saison – **Repas** (dîner seul.) (résidents seul.) 18 ⋤ – ⋤ 7 – **19 ch** 56/64 – ½ P 49/56.
   ♦ Le château de Roquemaure fut la dernière demeure du pape Clément V. Construction des années 1970 colorée. À l'arrière, les chambres sont spacieuses mais sans balcon.

Ecrivez-nous...
Vos louanges comme vos critiques seront examinées avec le plus grand soin.
Nous reverrons sur place les informations que vous nous signalez.
Par avance merci !

ROSAY *78 Yvelines* ᏆᏆᏆ **G2** – *rattaché à Mantes-la-Jolie.*

ROSBRUCK *57 Moselle* ᏆᏆᏃ **M4** – *rattaché à Forbach.*

ROSCOFF *29680 Finistère* ᏆᏆᏴ **H2** *G. Bretagne* – *3 550 h alt. 7 – Casino.*
   Voir *Église N.-D.-de-Croaz-Batz★ – Aquarium Ch. Pérez★ – Jardin exotique★.*
   🏛 *Office de tourisme, 46 rue Gambetta* ℰ 02 98 61 12 13, Fax 02 98 69 75 75, tourisme.roscoff@wanadoo.fr.
   Paris 563 ① – Brest 66 ① – Landivisiau 27 ① – Morlaix 27 ① – Quimper 100 ①.

Plan page suivante

Brittany 🌣, bd Ste Barbe ℰ 02 98 69 70 78, hotel.brittany@wanadoo.fr,
Fax 02 98 61 13 29, ≤, 🌯, 🔟 – ⋤ 🔟 Ꮒ 🅿 – 🔟 30. 🅰🅴 ᏀᏴ ᎫᏟᏴ. ✗ rest   **Z a**
25 mars-21 oct. – **Repas** (dîner seul.) 26/53 ⋤ – ⋤ 12 – **25 ch** 113/155 – ½ P 121/135.
   ♦ Cet ancien manoir, élégamment aménagé, profite de belles échappées sur l'île de Batz. Meubles anciens et décor raffiné dans les chambres. Pierres et poutres apparentes, chemi-née monumentale et lustres en fer forgé agrémentent la salle à manger.

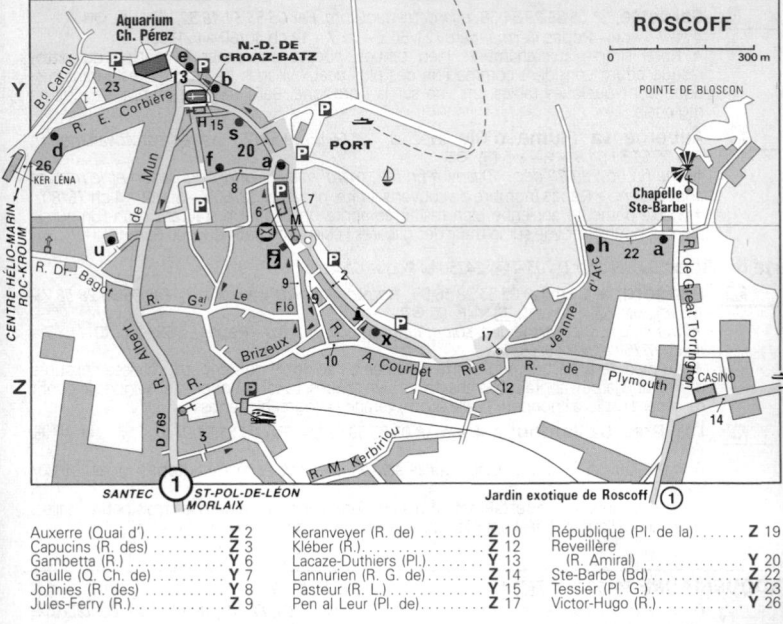

ROSCOFF

ÎLE DE BATZ

Aquarium
Ch. Pérez

N.-D. DE
CROAZ-BATZ

POINTE DE BLOSCON

PORT

Chapelle
Ste-Barbe

CASINO

SANTEC ① ST-POL-DE-LÉON
MORLAIX

Jardin exotique de Roscoff ①

Auxerre (Quai d')	Z 2	Keranveyer (R. de) ... Z 10	République (Pl. de la) ... Z 19
Capucins (R. des) ... Z 3	Kléber (R.) ... Z 12	Reveillère
Gambetta (R.) ... Y 6	Lacaze-Duthiers (Pl.) ... Y 13	(R. Amiral) ... Y 20
Gaulle (Q. Ch. de) ... Y 7	Lannurien (R. G. de) ... Z 14	Ste-Barbe (Bd) ... Y 22
Johnies (R. des) ... Y 8	Pasteur (R. L.) ... Y 15	Tessier (Pl. G.) ... Y 23
Jules-Ferry (R.) ... Z 9	Pen al Leur (Pl. de) ... Z 17	Victor-Hugo (R.) ... Y 26

Gulf Stream ⌖, r. Marquise de Kergariou par r. E. Corbière, Ouest : 1 km
☎ 02 98 69 73 19, creach.jacques@wanadoo.fr, Fax 02 98 61 11 89, ≤, ⌿, ⌿ – ⫞ 🖵 ☎ 🅿 –
⛟ 40. 🆎 ⑬. ⌿ rest
20 mars-15 oct. – **Repas** (fermé dim. soir et lundi midi) 20/62 – ⌷ 10 – **34 ch** 115/122 –
½ P 77/95.
♦ Ce grand pavillon blanc a subi une cure de jouvence : les chambres, rénovées, sont
fraîches et bien équipées. Le jardin avec piscine s'étend jusqu'à la baie du Laber. Salle à
manger baignée de lumière ; recettes sous l'emprise de la marée.

Talabardon, pl. Église ☎ 02 98 61 24 95, hotel.talabardon@wanadoo.fr,
Fax 02 98 61 10 54, ≤ – ⫞ 🖵 ☎ 🅿 – ⛟ 40. 🆎 ⑬ ⑬. ⌿ rest   Y b
1er mars-26 oct. – **Repas** (fermé jeudi sauf le soir en juil.-août et dim. soir) (19,50) - 25/45,
enf. 12 – ⌷ 10 – **37 ch** 78,50/141,50 – ½ P 87/115.
♦ Depuis 1890, c'est la même famille qui tient cet hôtel situé entre la jolie église N.-D. de
Croaz-Batz et la Manche. Les chambres sont claires et confortables. Plaisante salle à manger
contemporaine tournée vers la mer. Cuisine traditionnelle et poissons.

Thalasstonic, r. V. Hugo (Y) ☎ 02 98 29 20 20, ic@thalasso.com, Fax 02 98 29 20 19, ≤,
🛋, 🔲 – ⫞ 🖵 ☎ ⅙ 🅿. 🆎 ⑬. ⌿ rest
fermé 5 au 26 déc. – **Repas** 21/36 ⅞ – ⌷ 8 – **70 ch** 76/126 – ½ P 78/96.
♦ Relié au centre de thalassothérapie, établissement moderne intégrant de nombreux
services. Les chambres avec bain ouvrent sur le large. Du restaurant, vous admirerez le
coucher du soleil sur l'île de Batz ; menu de type pension et formule diététique.

Armen Le Triton ⌖ sans rest, r. Dr Bagot ☎ 02 98 61 24 44, resa@hotel-letriton.com,
Fax 02 98 69 77 97, ⌿ – ⫞ 🖵 ☎ 🅿. 🆎 ⑬   Z u
15 fév.-15 nov. – ⌷ 6 – **45 ch** 47/59.
♦ Cette bâtisse bretonne promet un séjour au calme. Les chambres donnant sur le court
de tennis sont plus spacieuses. Salle des petits-déjeuners ouverte sur le jardin.

Résidence sans rest, r. des Johnies ☎ 02 98 69 74 85, Fax 02 98 69 78 63, ⌿ – ⫞ 🖵.
⑬   Y f
13 fév.-3 nov. – ⌷ 7 – **31 ch** 48/75.
♦ Entre le port et l'église, longue construction de style régional progressivement rénovée.
Les chambres exposées au Sud sont pourvues de balcons. Grand salon avec cheminée.

H. Centre et chez Janie, le Port ℘ 02 98 61 24 25, *Fax 02 98 61 15 43*, 畲 – ▥ ℰ. GB
Y a
15 mars-15 nov. – **Repas** *(fermé dim. soir et mardi hors saison)* *(10 bc)* - carte environ 25 ♀ –
⇌ 7 – **16 ch** 69/95.
♦ Cet hôtel voisin de la poste n'est qu'à une encablure du port. Chambres récemment refaites : décor épuré, mobilier sobre et murs gris égayés d'extraits de poèmes. Fruits de mer, moules et salades composent la carte de ce bar-restaurant tourné vers la mer.

Ibis sans rest, pl. Église ℘ 02 98 61 22 61, *H1109@accor-hotels.com, Fax 02 98 61 11 94* –
▨ ⇆ ▥ ℰ ₰. ▵ ① GB
Y e
⇌ 6 – **40 ch** 77.
♦ Logées dans une maison traditionnelle, les chambres ont été relookées aux normes de la chaîne ; certaines donnent sur la Manche. Accès direct au restaurant Le Temps de Vivre.

Bellevue sans rest, r. Jeanne d'Arc ℘ 02 98 61 23 38, *hotelbellevue.roscoff@wanadoo.fr, Fax 02 98 61 11 80*, ← – ▥. GB
Z h
fermé 15 nov. au 23 déc. et 4 janv. au 15 mars – ⇌ 6,50 – **18 ch** 52/67.
♦ Comme son nom l'indique, cette adresse jouit d'une échappée imprenable sur la mer. Chambres un peu exiguës, mais claires et bien insonorisées. Petit patio verdoyant.

Aux Tamaris sans rest, r. É. Corbière ℘ 02 98 61 22 99, *auxtamaris@dial.oleane.com, Fax 02 98 69 74 36*, ← – ▨ ▥ ℰ. GB
Y d
31 mars-15 nov. – ⇌ 6,50 – **27 ch** 45/60.
♦ Bien située sur le front de mer, maison bretonne ancienne abritant des chambres sobrement meublées ; celles de l'aile arrière sont plus calmes, mais sans vue.

XXX ✿ **Temps de Vivre** (Crenn), pl. Église ℘ 02 98 61 27 28, *contact@letempsdevivre.net, Fax 02 98 61 19 46*, ← – ▵ GB
Y e
fermé 7 au 26 avril, 2 au 12 janv., dim. soir sauf juil.-août, mardi midi et lundi – **Repas** 35/75 et carte 56 à 80 ♀ ☙.
♦ La Manche en toile de fond, un cadre élégant, la cuisine inventive à base de produits du terroir et une belle carte des vins : quatre raisons de prendre le temps de vivre !
Spéc. Choux farcis au tourteau et aux oignons rosés de Roscoff. Langoustines tièdes au jus de citron confit (printemps-été). Filet de bar et artichaut en trois textures (sauf hiver).

Annexe Temps de Vivre ⌂ sans rest, pl. Église ℘ 02 98 19 33 19, *contact@letempsdevivre.net, Fax 02 98 19 33 00* – ▵ GB
⇌ 13 – **15 ch** 136/250.
♦ Chambres spacieuses, au style très épuré, logées dans des maisons de corsaires réparties autour d'un patio fleuri. Certaines regardent la mer, le salon sous la tonnelle aussi.

XX ☙ **L'Écume des Jours**, quai d'Auxerre ℘ 02 98 61 22 83, *michel.quere2@wanadoo.fr, Fax 02 98 61 22 83*, ☆ – GB
Z x
fermé 1er déc. au 1er fév., mardi sauf juil.-août et merc. – **Repas** 18/43 ♀.
♦ Près du phare, vieille bâtisse bretonne abritant deux salles : l'une a vue sur le port, l'autre offre un cadre rustique avec poutres et pierres apparentes. Cuisine régionale.

X ⌂ **Surcouf**, r. Amiral Réveillère ℘ 02 98 69 71 89, *surcouf@jolima.fr, Fax 02 98 61 10 19* –
Y s
fermé 3 au 10 oct., 15 nov. au 6 déc., 4 janv. au 6 fév., mardi et merc. de sept. à juin – **Repas** *(9,50)* - 14,50/22, enf. 6,70 ♀.
♦ Près de l'église, restaurant de type brasserie agrémenté d'un vivier à homards. Cuisine régionale simple ; bon choix de menus axés sur les produits de la mer.

ROSENAU 68128 H.-Rhin ⬛⬛⬛ J11 – 1 840 h alt. 230.
Paris 492 – Mulhouse 24 – Altkirch 25 – Basel 15 – Belfort 70 – Colmar 59.

XX **Lion d'Or**, 5 r. Village Neuf ℘ 03 89 68 21 97, *baumlin@auliondor-rosenau.com, Fax 03 89 70 68 05*, 畲 – ▤ ▣. ₰ 25. ▵ GB
fermé 5 au 29 juil., 15 au 28 fév., lundi et mardi sauf fériés – **Repas** 13 (déj.), 22/27,90, enf. 11 ♀.
♦ Pimpante façade ornée d'une jolie enseigne en fer forgé, chaleureux intérieur et agréable terrasse : cette sympathique auberge est tenue par la même famille depuis 1928.

ROSHEIM 67560 B.-Rhin ⬛⬛⬛ I6 *G. Alsace Lorraine* – 4 548 h alt. 190.
Voir *Église St-Pierre et St-Paul★*.
🛈 *Office de tourisme, 94 rue du Général-de-Gaulle ℘ 03 88 50 75 38, Fax 03 88 50 45 49, accueil@rosheim.com.*
Paris 485 – Strasbourg 31 – Erstein 20 – Molsheim 9 – Obernai 6 – Sélestat 33.

Hostellerie du Rosenmeer, Nord-Est : 2 km sur D 35 ✆ 03 88 50 43 29, *info@le-rosenmer.com, Fax 03 88 49 20 57,* – ⎮≑⎮, ▤ rest, TV ✆ P – 15 à 25. AE GB
fermé 21 juil. au 2 août et 16 fév. au 8 mars – **Repas** *(fermé dim. soir, merc. soir et lundi)* 32 (déj.), 44/110 bc ♀ - ***Winstub d'Rosemer*** *(fermé dim. et lundi)* **Repas** carte 28 à 45 ♀ – ☕ 9 – **20 ch** 50/90 – ½ P 70/75.
♦ Au bord du ruisseau qui lui a donné son nom, hôtel récent d'inspiration alsacienne. Intérieur chaleureux où lambris et boiseries sont omniprésents. Appétissante cuisine concoctée par un chef vedette de l'écran alsacien. Plats régionaux à la Winstub d'Rosemer.

Auberge du Cerf, 120 r. Gén. de Gaulle ✆ 03 88 50 40 14, *Fax 03 88 50 40 14* – GB
fermé 21 juin au 7 juil., 7 au 18 janv., dim. soir et lundi – **Repas** 11 (déj.), 14/35 ♀.
♦ Au centre de la cité vigneronne, cette auberge fleurie abrite deux petites salles à manger assez plaisantes. Cuisine classique et régionale.

Petite Auberge avec ch, 41 r. Gén. de Gaulle ✆ 03 88 50 40 60, *Fax 03 88 50 40 60,* – cuisinette, ▤ rest, TV ✆ P. GB
fermé du 30 juin au 12 juil., du 19 au 26 nov. et du 16 au 28 fév. – **Repas** *(fermé jeudi sauf le soir de mi-juil. au 31 oct. et merc.)* 21/46 ♀ – ☕ 6 – **9 ch** 43/84 – ½ P 43.
♦ Dans la rue principale, maisonnette alsacienne typique abritant un restaurant de style rustique. À 50 m, l'hôtel (les Lys) propose des chambres bien équipées (lave-vaisselle).

La ROSIÈRE *14 Calvados* 303 I4 – *rattaché à Arromanches-les-Bains.*

La ROSIÈRE 1850 *73 Savoie* 333 O4 *G. Alpes du Nord – Sports d'hiver : 1 100/2 600 m* ⛷ *20* – ✉ *73700 Bourg-St-Maurice.*

Altiport ✆ **04 79 06 83 40.**

Office de tourisme, ✆ *04 79 06 80 51, Fax 04 79 06 83 20, info@larosiere.net.*

Paris 657 – Albertville 76 – Bourg-St-Maurice 22 – Chambéry 125.

Relais du Petit St-Bernard ⛰, ✆ 04 79 06 80 48, *info@petit-saint-bernard.com, Fax 04 79 06 83 40,* ≤ montagnes, – TV. GB
26 juin-5 sept. et 18 déc.-24 avril – **Repas** 13,50/36, enf. 7 ♀ – ☕ 6,50 – **20 ch** 38/60,50 – ½ P 60/67.
♦ Au ras des pistes, ce gros chalet est à la fois bar local, magasin de souvenirs, snack et pension de famille. Chambres décorées dans un style montagnard tout simple. Vaste restaurant généreusement lambrissé, avec les sommets enneigés pour toile de fond.

Les ROSIERS-SUR-LOIRE *49350 M.-et-L.* 317 H4 *G. Châteaux de la Loire – 2 242 h alt. 22.*

Office de tourisme, place du Mail ✆ *02 41 51 90 22, Fax 02 41 51 90 22, tourisme.les-rosiers-sur-loire@wanadoo.fr.*

Paris 304 – Angers 32 – Baugé 27 – Bressuire 66 – Cholet 80 – La Flèche 45 – Saumur 18.

Jeanne de Laval, rte Nationale ✆ 02 41 51 80 17, *Fax 02 41 38 04 18,* – ▤ P. AE GB
fermé lundi sauf le soir en saison – **Repas** 30/74 et carte 42 à 69 ♀.
♦ Au centre du village, tapissée de lierre, belle demeure bourgeoise au cadre soigné. Les tables de la véranda offrent une vue plongeante sur le grand jardin fleuri.

Toque Blanche, rte Angers ✆ 02 41 51 80 75, *Fax 02 41 38 06 38* – ▤ P. GB
fermé 25 au 30 sept., 15 au 30 nov., 15 au 31 janv., dim. soir, mardi soir et merc. – **Repas** 20 bc/43 ♀.
♦ Sur la levée de la Loire, restaurant aux larges fenêtres en ogive, sobrement décoré et meublé en style Régence. Salle complémentaire au rez-de-chaussée.

Val de Loire avec ch, pl. Église ✆ 02 41 51 80 30, *Fax 02 41 51 95 00* – TV ✆. GB
fermé 15 fév. au 15 mars, dim. soir et lundi hors saison – **Repas** 12,50/33 ♀ – ☕ 7 – **9 ch** 40/47 – ½ P 54/60.
♦ Face à l'église, hostellerie familiale au cadre et au confort actuels. Salle à manger principale rénovée. Chambres insonorisées ; préférez celles du premier étage.

ROSNY-SOUS-BOIS *93 Seine-St-Denis* 305 F7 101 ⑰ – *voir à Paris, Environs.*

ROSOY *89 Yonne* 319 C3 – *rattaché à Sens.*

Donnez-nous votre avis sur les tables que nous recommandons, sur leurs spécialités et leurs vins de pays.

ROSTRENEN 22 Côtes d'Armor **309** C5 – 3 616 h alt. 216.

🛈 Office de tourisme, 4 place de la République ✆ 02 96 29 02 72, Fax 02 96 29 02 72, tourismekb@wanadoo.fr.

Paris 485 – St-Brieuc 58 – Quimper 71 – Carhaix-Plouguer 22 – Pontivy 38.

✗ **L'Eventail des Saveurs**, 3 pl. Bourg Coz ✆ 02 96 29 10 71, leventail-des-saveurs@wan 🏵 adoo.fr, Fax 02 96 29 34 75 – **GB**

fermé vacances de fév., 24 juin au 9 juil. et 1 semaine en nov. – **Repas** (fermé mardi soir de sept. à avril, dim. soir, merc. soir et lundi) 19/27, enf. 7 ⅞.

● Un bel éventail de savoureuses recettes régionales actualisées et, côté décor, une palette de couleurs vives assurent le succès de ce restaurant réservé aux non-fumeurs.

ROTHENEUF 35 I.-et-V. **309** K2 – rattaché à St-Malo.

La ROTHIÈRE 10500 Aube **313** H3 – 125 h alt. 137.

Paris 210 – Bar-sur-Aube 18 – Chaumont 59 – Troyes 40.

🏠 **Auberge de la Plaine**, D 396 ✆ 03 25 92 21 79, aubergedelaplaine@wanadoo.fr, 🐕 Fax 03 25 92 26 16, 😭 , 🎴 – 📺 🅿. 🔏 20. 🖭 **GB**

fermé 17 au 26 déc. – **Repas** 12/31, enf. 7,40 ⅞ – ☵ 6,40 – **15 ch** 32/42 – ½ P 33,40/36,20.

● Chaleureuse petite auberge de bord de route, à l'orée du Parc régional de la Forêt d'Orient. Chambres d'esprit campagnard. Salle à manger meublée simplement et décorée d'objets paysans. La cuisine honore le terroir.

Ecrivez-nous...

Vos louanges comme vos critiques seront examinées avec le plus grand soin. Nous reverrons sur place les informations que vous nous signalez.

Par avance merci !

ROUBAIX 59100 Nord **302** H3 G. Picardie Flandres Artois – 96 984 h alt. 27.

Voir Centre des archives du monde du travail **BX M¹** – La Piscine, Musée d'Art et d'Industrie★★ – Chapelle d'Hem★ (murs-vitraux★★ de Manessier) 5 km, voir plan de Lille **JS B**.

🛵₁₈ du Sart à Villeneuve-d'Ascq ✆ 03 20 72 02 51, par ⑦ : 5 km ; 🛵₁₈ de Brigode à Villeneuve-d'Ascq ✆ 03 20 91 17 86, par ⑦ : 6 km ; 🛵₃₆ à Bondues ✆ 03 20 23 20 62, par D 9 : 8 km **AX**.

🛈 Office de tourisme, 10 rue de la Tuilerie ✆ 03 20 65 31 90, Fax 03 20 65 31 83, tourisme.roubaix@wanadoo.fr.

Paris 232 ⑩ – Lille 15 ⑩ – Kortrijk 23 ④ – Tournai 20 ⑦.

Accès et sorties : voir plan de Lille.

🏨 **Grand Hôtel Mercure**, 22 av. J. Lebas ✆ 03 20 73 40 00, h1250@accor-hotels.com, Fax 03 20 73 22 42 – 📳 📺 ✆ – 🔏 60. 🖭 ⓪ **GB JCB** **BX** r

Repas (fermé août, vend., sam. et fériés) (dîner seul.) (15) - 20 ⅞ – ☵ 12 – **93 ch** 92/120.

● Cet hôtel à la superbe architecture du 19ᵉ s. borde une avenue passante. Décoration soignée, agrémentée de moulures et colonnes. Chambres rénovées. Une grande verrière éclaire la salle à manger de style Belle Époque. Répertoire culinaire traditionnel.

✗ **Chez Charly**, 127 r. J. Lebas (près gare) ✆ 03 20 70 78 58, chezcharly@voila.fr – **GB**. 🏵 **AX** a

fermé 29 juil. au 24 août, 8 au 16 janv. et dim. – **Repas** (déj. seul.) 19/30.

● Derrière une façade vitrée, sous un haut plafond à poutres apparentes, salle à manger décorée de belles boiseries en acajou datant de 1922. Cuisine classique.

✗ **Auberge de Beaumont**, 143 r. Beaumont ✆ 03 20 75 43 28, Fax 03 20 75 43 28, 😭 – ⓪ **GB** **BY** r

fermé 28 juil. au 18 août, 26 au 31 déc., 23 au 29 fév., dim. soir, lundi soir, mardi soir, merc. et soirs fériés – **Repas** (10,60) - 15,30 (déj.), 29,50/47 ⅞.

● Aimable auberge familiale située dans un quartier résidentiel. Salles chaleureuses et sobrement rustiques où l'on sert une cuisine actuelle et, en saison, du gibier.

à Lys-lez-Lannoy Sud-Est : 5 km par D 206 – 13 018 h. alt. 28 – ⊠ 59390 :

🛈 Syndicat d'initiative, 199 avenue Paul Bert ✆ 03 20 82 30 90, Fax 03 20 82 30 90, Philip59si@club-internet.fr.

✗✗ **Auberge de la Marmotte**, 5 r. J.-B. Lebas ✆ 03 20 75 30 95, Fax 03 20 81 16 34 – 🅿. 🖭 **GB** plan de Lille **JS** f

fermé août, vacances de fév., dim. soir, mardi soir, merc. soir et lundi – **Repas** (12,50 bc) - 16,50/46 ♀.

● Dans un quartier calme et excentré, maison en briques abritant deux grandes salles à manger au charme "vieille France" et un petit salon intime. Cuisine classique.

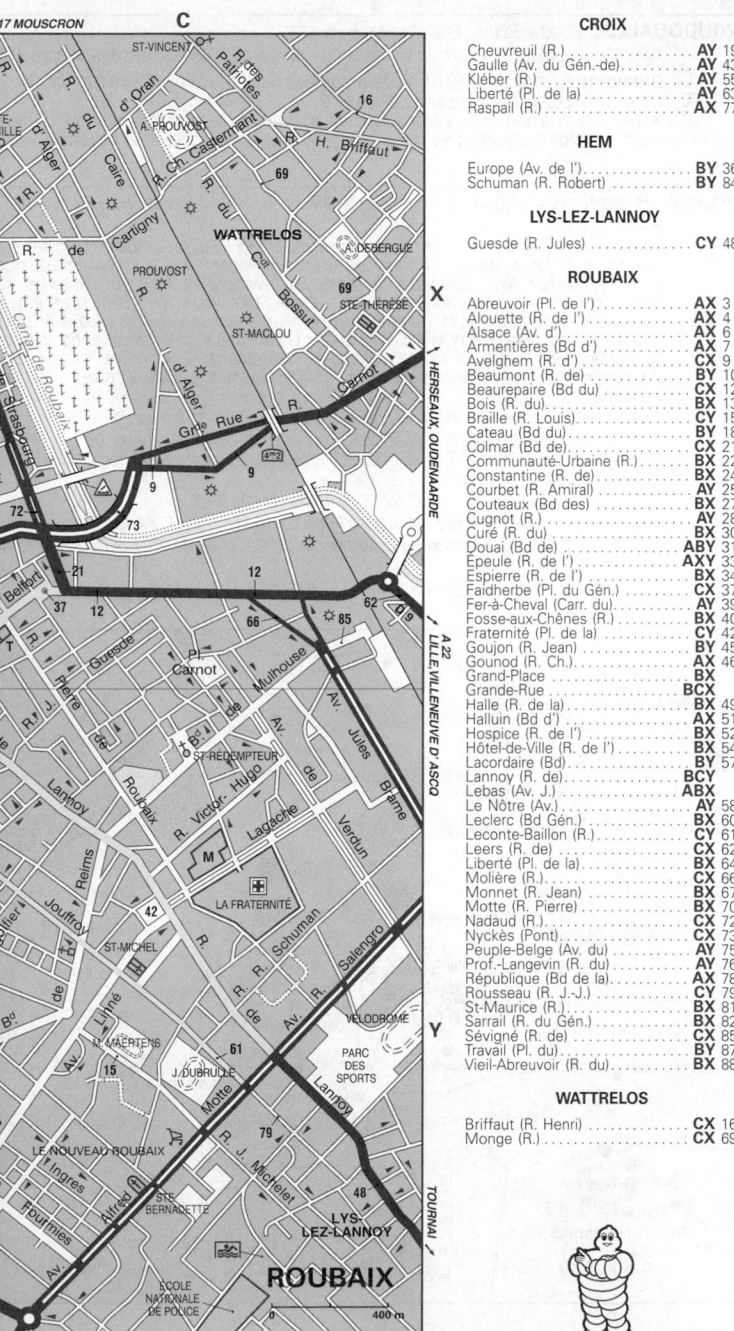

CROIX

Cheuvreuil (R.)	**AY**	19
Gaulle (Av. du Gén.-de)	**AY**	43
Kléber (R.)	**AY**	55
Liberté (Pl. de la)	**AY**	63
Raspail (R.)	**AX**	77

HEM

Europe (Av. de l')	**BY**	36
Schuman (R. Robert)	**BY**	84

LYS-LEZ-LANNOY

Guesde (R. Jules)	**CY**	48

ROUBAIX

Abreuvoir (Pl. de l')	**AX**	3
Alouette (R. de l')	**AX**	4
Alsace (Av. d')	**AX**	6
Armentières (Bd d')	**AX**	7
Avelghem (R. d')	**CX**	9
Beaumont (R. de)	**BY**	10
Beaurepaire (Bd du)	**CX**	12
Bois (R. du)	**BX**	13
Braille (R. Louis)	**CY**	15
Cateau (Bd du)	**BY**	18
Colmar (Bd de)	**CX**	21
Communauté-Urbaine (R.)	**BX**	22
Constantine (R. de)	**BX**	24
Courbet (R. Amiral)	**AY**	25
Couteaux (Bd des)	**BX**	27
Cugnot (R.)	**AY**	28
Curé (R. du)	**BX**	30
Douai (Bd de)	**ABY**	31
Épeule (R. de l')	**AXY**	33
Espierre (R. de l')	**BX**	34
Faidherbe (Pl. du Gén.)	**CX**	37
Fer-à-Cheval (Carr. du)	**AY**	39
Fosse-aux-Chênes (R.)	**BX**	40
Fraternité (Pl. de la)	**CY**	42
Goujon (R. Jean)	**BY**	45
Gounod (R. Ch.)	**AX**	46
Grand-Place	**BX**	
Grande-Rue	**BCX**	
Halle (R. de la)	**BX**	49
Halluin (Bd d')	**AX**	51
Hospice (R. de l')	**BX**	52
Hôtel-de-Ville (R. de l')	**BX**	54
Lacordaire (Bd)	**BY**	57
Lannoy (R. de)	**BCY**	
Lebas (Av. J.)	**ABX**	
Le Nôtre (Av.)	**AY**	58
Leclerc (Bd Gén.)	**BX**	60
Leconte-Baillon (R.)	**CY**	61
Leers (R. de)	**CX**	62
Liberté (Pl. de la)	**BX**	64
Molière (R.)	**CX**	66
Monnet (R. Jean)	**BX**	67
Motte (R. Pierre)	**BX**	70
Nadaud (R.)	**CX**	72
Nyckès (Pont)	**CX**	73
Peuple-Belge (Av. du)	**AY**	75
Prof.-Langevin (R. du)	**AY**	76
République (Bd de la)	**AX**	78
Rousseau (R. J.-J.)	**CY**	79
St-Maurice (R.)	**BX**	81
Sarrail (R. du Gén.)	**BX**	82
Sévigné (R. de)	**BX**	85
Travail (Pl. du)	**BY**	87
Vieil-Abreuvoir (R. du)	**BX**	88

WATTRELOS

Briffaut (R. Henri)	**CX**	16
Monge (R.)	**CX**	69

ROUDOUALLEC 56110 Morbihan **308** I6 – 700 h alt. 167.

Paris 520 – Quimper 35 – Carhaix-Plouguer 29 – Concarneau 38 – Lorient 64 – Vannes 113.

✗ **Bienvenue**, ℰ 02 97 34 50 01, lebienvenue@wanadoo.fr, Fax 02 97 34 54 90 – **P**. **GB**
fermé vacances de fév. – **Repas** 12,80/39,80 ♀.

  ♦ Des massifs d'hortensias s'épanouissent aux abords de ce restaurant situé sur la traversée d'un village des Montagnes Noires. Au menu : généreuses spécialités du terroir.

ROUEN **P** 76000 S.-Mar. **304** G5 G. Normandie Vallée de la Seine – 106 592 h Agglo. 389 862 h alt. 12.

Voir Cathédrale Notre-Dame★★★ – Le Vieux Rouen★★★ : Église St-Ouen★★, Église★★ et Aître★★ St-Maclou, palais de justice★★, rue du Gros-Horloge★★, rue St-Romain★★ **BZ**, place du Vieux-Marché★ **AY**, – Verrière★★ de l'église Ste-Jeanne-d'Arc **AY D**, rue Ganterie★, rue Damiette★ **CZ** - 35, rue Martainville★ **CZ** – Église St-Godard★ **BY** – Demeure★ (musée national de l'Éducation) **CZ M^{1}5** - Vitraux★ de l'église St-Patrice – Musées : Beaux-Arts★★★, Le Secq des Tournelles★★ **BY M^{1}3**, Céramique★★ **BY M^3**, départemental des Antiquités de la Seine-Maritime★★ **CY M^1** – Musée national de l'Éducation★ – Jardin des Plantes★ **EX** – Corniche★★★ de la Côte Ste-Catherine★★★ – Bonsecours★★ **FX**, 3 km – Centre Universitaire ☀★★ **EV**.

Env. St-Martin de Boscherville : anc. abbatiale St-Georges★★, 11 km par ⑦.

🚣 de Rouen Mont-St-Aignan à Mont-St-Aignan ℰ 02 35 76 38 65, EV ; 🚣 De Léry Poses à Poses ℰ 02 32 59 47 42, EV ; 🚣 de la Forêt-Verte à Bosc-Guérard-St-Adrien ℰ 02 35 33 62 94, N : 15 km par D 121 et D 3.

✈ de Rouen-Vallée de Seine : ℰ 02 35 79 41 00, par ③ : 9 km.

Bac: de Dieppedalle ℰ 02 35 36 20 81 ; du Petit-Couronne ℰ 02 35 32 40 21.

🛈 Office de tourisme, 25 place de la Cathédrale ℰ 02 32 08 32 40, Fax 02 32 08 32 44, tourisme@rouen.fr.

Paris 134 ⑥ – Amiens 122 ① – Caen 124 ⑥ – Le Havre 87 ⑧ – Le Mans 204 ⑥.

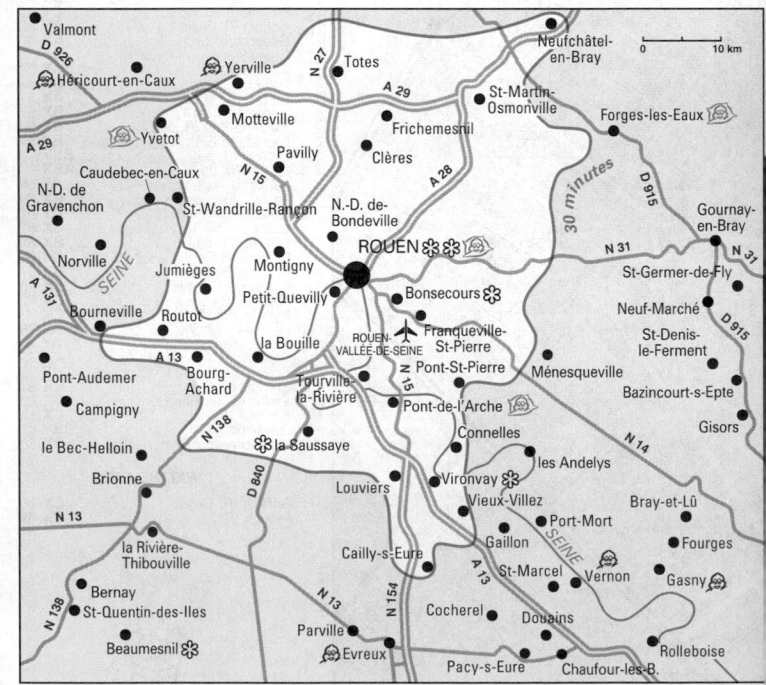

Une réservation confirmée par écrit ou par fax est toujours plus sûre.

Mercure Champ de Mars, 12 av. A. Briand, *02 35 52 42 32, h1273@accor-hotels.com*, Fax 02 35 08 15 06 – 🛗 ❄ 🔲 rest, 🔲 📞 ℅ ⟷ 🅿 – 🔏 100. ⅋ ⓪ ☒ ☒ **CZ j**
Repas *(fermé dim. midi, sam. midi et le midi du 14 juil. au 25 août)* (17) - 22/27, enf. 7 –
⌷ 10,50 – **137 ch** 96/120.
◆ Sur un boulevard passager longeant la Seine, hôtel proposant, notamment à la clientèle d'affaires, des chambres très confortables peu à peu rénovées. Restaurant contemporain tourné vers le Champ-de-Mars. Cuisine traditionnelle. Le vendredi, soirée jazz au bar.

Mercure Centre sans rest, 7 r. Croix de Fer, *02 35 52 69 52, h1301@accor-hotels.com*, Fax 02 35 89 41 46 – 🛗 ❄ 🔲 🔲 ⟷. ⅋ ⓪ ☒ ☒ **BZ f**
⌷ 11 – **122 ch** 100/106, 3 suites.
◆ Atout majeur de l'hôtel : sa situation au coeur du vieux Rouen. Les chambres profitent d'une récente cure de jouvence ; certaines jouissent d'une échappée sur la cathédrale.

Vieux Marché ⌂ sans rest, 15 r. Pie, *02 35 71 00 88, hotelduvieuxmarche@wanadoo.fr*, Fax 02 35 70 75 94 – 🛗 🔲 📞 ℅ ⟷ 🅿. ⅋ ⓪ ☒ **AY h**
⌷ 10 – **48 ch** 104.
◆ Joliment restauré en 2001, cet ensemble de maisons propose des équipements très complets et des chambres - aucune ne donne sur la rue - au décor d'esprit "british".

Dandy sans rest, 93 bis r. Cauchoise, *02 35 07 32 00, contact@hotels-rouen.net*, Fax 02 35 15 48 82 – 🛗 🔲 📞 ⟷. ⅋ ⓪ ☒ **AY p**
fermé 26 déc. au 2 janv. – ⌷ 8 – **18 ch** 84/97.
◆ Dans une rue piétonne, chambres "cosy" meublées en style Louis XV ; elles sont plus calmes sur l'arrière. Salon de thé ouvert à tous mais piano-bar réservé aux résidents.

Dieppe, pl. B. Tissot (face gare SNCF), *02 35 71 96 00, hotel.dieppe@wanadoo.fr*, Fax 02 35 89 65 21 – 🛗 ❄ 🔲 rest, 🔲 📞. ⅋ ⓪ ☒ ☒ **BY z**
Quatre Saisons *(fermé sam. midi)* **Repas** 19/35 🍷 – ⌷ 9 – **41 ch** 77,50/102,50 – ½ P 62.
◆ Depuis 1880, c'est la même famille qui accueille le voyageur et lui propose ses chambres soignées au décor personnalisé. Le canard rouennais étant la spécialité du restaurant, dessins et objets figurant au palmipède personnalisent son élégant décor.

Vieux Carré sans rest, 34 r. Ganterie, *02 35 71 67 70, vieux-carre@mcom.fr*, Fax 02 35 71 19 17 – 🔲 📞 ℅. ⅋ ⓪ ☒ **BY t**
⌷ 6,50 – **12 ch** 58.
◆ Délicieuse atmosphère de maison d'hôte dans cette demeure à colombages (1715) située au coeur de la vieille ville. Hall "cosy", petit salon de thé et chambres coquettes.

Notre Dame sans rest, 4 r. Savonnerie, *02 35 71 87 73, hotel-notredame@wanadoo.fr*, Fax 02 35 89 31 52 – 🔲 📞. ⅋ ☒ **BZ b**
⌷ 7 – **30 ch** 60/69.
◆ L'évêque Cauchon, instigateur du procès de Jeanne d'Arc, résida ici jusqu'à sa mort. Lumineuses chambres rénovées et bien insonorisées ; certaines ont vue sur la cathédrale.

Versan sans rest, 3 r. J. Lecanuet, *02 35 07 77 07, hotel.versanrouen@aol.com*, Fax 02 35 70 04 67 – 🛗 🔲 📞 ℅. ⅋ ⓪ ☒ ☒ **BCY a**
⌷ 8 – **34 ch** 47,30/64,30.
◆ Immeuble proche de l'hôtel de ville. Les chambres, refaites et colorées, bénéficient d'un double vitrage efficace mais restent plus calmes sur l'arrière.

Ibis Rive Droite, 56 quai Gaston Boulet, *02 35 70 48 18, h0821@accor-hotels.com*, Fax 02 35 71 68 95, ☼ – 🛗 ❄ 🔲 📞 ℅ 🅿 – 🔏 25. ⅋ ⓪ ☒ **EV a**
Repas - carte 18 à 25, enf. 6 – ⌷ 6 – **88 ch** 55/63.
◆ Cet établissement voisin du port autonome constitue une étape avant tout pratique : chambres conformes aux nouvelles normes de la chaîne et bonne isolation phonique. Au restaurant : décor refait, cuisine visible de tous et formules buffets.

Cardinal sans rest, 1 pl. Cathédrale, *02 35 70 24 42, hotelcardinal.rouen@wanadoo.fr*, Fax 02 35 89 75 14 – 🛗 ❄ 🔲. ☒ **BZ r**
fermé 18 déc. au 9 janv. – ⌷ 7 – **18 ch** 44/69.
◆ Voisin de la cathédrale Notre-Dame, chef d'oeuvre de l'art gothique, hôtel familial proposant de petites chambres peu à peu rénovées. L'été, petit-déjeuner en terrasse.

Ibis Rive Gauche sans rest, 44 r. Amiral Cécille ✉ 76100, *02 35 63 27 27, h1107@accor-hotels.com, Fax 02 35 63 27 11 –* 🛗 ❄ 🔲 📞 ℅ ⟷. ⅋ ⓪ ☒ **AZ m**
⌷ 6 – **80 ch** 55.
◆ Laissez votre véhicule au garage souterrain gratuit de l'hôtel et gagnez le centre-ville avec le tramway. La moitié des chambres a été revue dans un style contemporain.

Gill (Tournadre), 9 quai Bourse, *02 35 71 16 14, gill@relaischateaux.com*, Fax 02 35 71 96 91 – ▤. ⅋ ⓪ ☒ **BZ a**
fermé 18 avril au 3 mai, 1er au 25 août – **Repas** *(fermé dim. et lundi)* 36 (déj.), 42/80 et carte 68 à 86, enf. 19 🍷.
◆ Sur les quais de la Seine, élégante salle en rouge et or s'effaçant volontiers devant la cuisine : inventive, celle-ci met au goût du jour les produits du terroir normand.
Spéc. Salade de queues de langoustines poêlées. Pigeon à la rouennaise et ravioli de foie gras. Millefeuille chocolat (hiver).

ROUEN

Alliés (Av. des) .... **DX** 4
Ango (R. Jean) .... **EV** 7
Béthencourt (Quai de) ...... **EV** 14
Bicheray (Av. du Commandant) **DV** 15
Bois-des-Dames (Av. du)..... **EV** 17
Boisguilbert (Quai de) ...... **EV** 18
Bonsecours (Rte de) .... **EV** 21
Briand (R. Aristide)......... **DX** 33
Brossolette (Bd) .... **DX** 34
Bruyères (Rond-Point des) .. **EX** 36
Caen (Av. de)............. **EV** 37
Canteleu (Route de)........ **DV** 39
Carnot (Av.) .... **DV** 40
Chasselièvre (R.).......... **EV** 52
Clères (Chemin de) .... **EV** 54
Coquelicots (R. des) ...... **EX** 55
Corneille (R. Pierre) ...... **EX** 58
Corniche (Route de la)...... **FV** 60
Darnétal (Route de) .... **FV** 64
Duclair (R. de)............ **DV** 69
Elbeuf (R. d') .... **EX** 75
Europe (Av. de l') .... **EX** 78
Europe (Bd de l') .... **EVX** 79
Felling (Av. de).......... **EX** 82
Fond du Val (Allée du) ..... **EV** 85
France (Quai de)......... **DV** 87
Gaulle (Bd Charles-de)...... **DX** 88
Grand-Cours (Av. du) ..... **EX** 91
Grand'Mare (Av. de la)..... **FV** 92
Jean-Jaurès (Av.) .... **DX** 97
Jean-Jaurès (Bd)......... **DV** 99
La Fayette (R.)............ **EV** 103
Leclerc (Av. Général) ...... **DV** 105
Leclerc-de-Hauteclocque
 (Av. du Gén.)............ **DX** 106
Lesseps (Bd Ferdinand-de) .. **EV** 107
Maréchal-Juin (Av. du) ..... **FV** 109
Martyrs-de-la-Résistance
 (R. des)................ **DV** 110
Mont-Riboudet (Av. du) .... **EV** 112
Nansen (R.) .... **DV** 114
Pène (R. Annie de)........ **FV** 118
Quatre-Mares (Grande R. de) **EX** 122
Renard (R. du)........... **FV** 125
République (R. de la) ...... **FV** 126
Rondeaux (Av. Jean) ...... **EV** 131
Roosevelt (Bd Franklin) .... **EV** 132
Ste-Lucie (Rond-Point)...... **DX** 135
Siegfried (Bd André)........ **EV** 142
Sotteville (R. de) .... **EV** 145
Verdun (Bd de) .... **EV** 150
11-Novembre (Bd du) ...... **EX** 157
 AMFREVILLE...............
Paris (Route de) .... **FX** 158
 BONSECOURS ....
République (R. de la) .... **EX** 160
 GRAND-QUEVILLY...........
Verdun (Bd de) .... **DX** 165

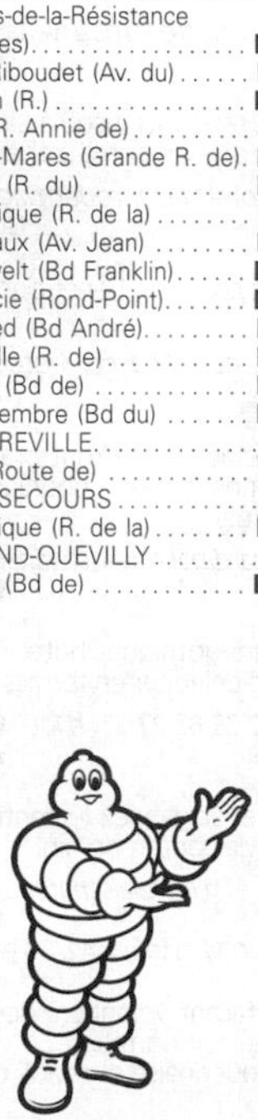

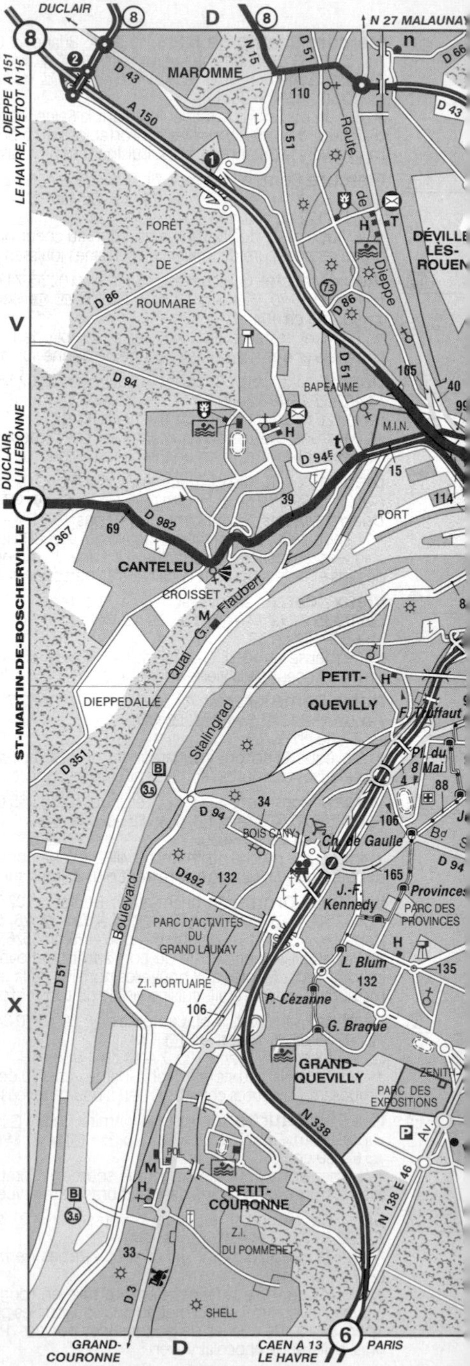

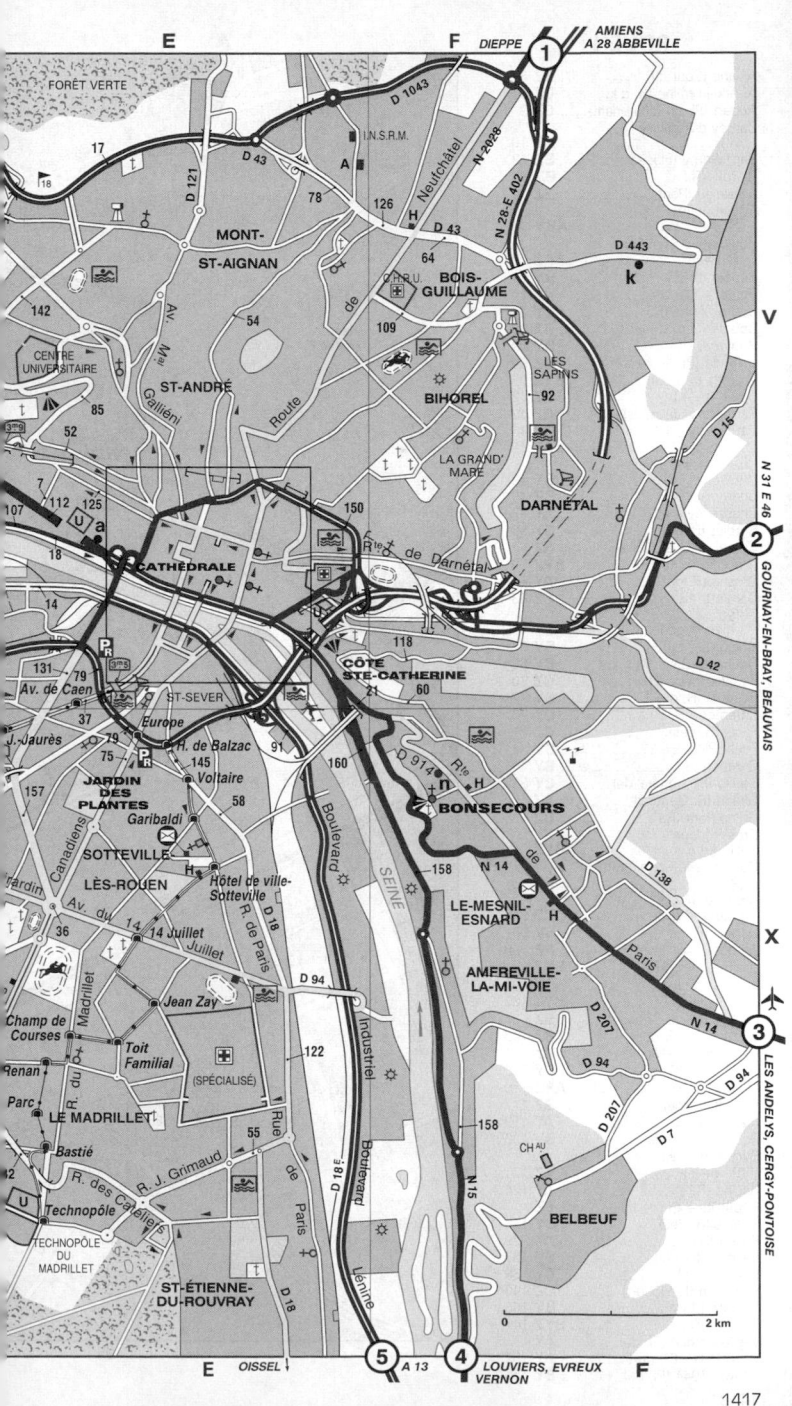

ROUEN

Albane (Cour d') . . . . **BZ** 3
Alsace-Lorraine (R. d') . . . . . . **CZ** 6
Aubert (Pl. du Lieutenant) . . . . **CZ** 9
Barbey d'Aurevilly
  (R.) . . . . **AZ** 10
Barthélemy (Pl.) . . . . **BZ** 12
Belfroy (R.) . . . . **BY** 13
Boieldieu (Pont) . . . . **BZ** 16
Bons-Enfants
  (R. des) . . . . **ABY** 19
Boucheries-Saint-Ouen
  (R. des) . . . . **CZ** 22
Boudin (R. E.) . . . . **BY** 24
Boulet (Quai G.) . . . . **AY** 25
Bourg-l'Abbé (R.) . . . . **CY** 27
Bourse (Quai de la) . . . . **BZ** 28
Bouvreuil (R.) . . . . **BY** 30
Calende (Pl. de la) . . . . **BZ** 35
Carmes (R. des) . . . . **BYZ**
Carrel (R. A.) . . . . **CZ** 42
Cartier (Av. Jacques) . . . . **AZ** 43
Cathédrale (Pl. de la) . . . . **BZ** 45
Cauchoise (R.) . . . . **AY** 46
Champ-des-Oiseaux
  (R. du) . . . . **BY** 48
Champlain (Av.) . . . . **BZ** 49
Chasselièvre (R.) . . . . **AY** 52
Cordier (R. du) . . . . **BY** 56
Corneille (Quai Pierre) . . . . **BZ** 57
Croix-de-Fer (R.) . . . . **BYZ** 59
Crosne (R. de) . . . . **AY** 61
Damiette (R.) . . . . **CZ** 63
Delacroix
  (Allée Eugène) . . . . **BY** 66
Donjon (R. du) . . . . **BY** 67
Duchamp (Espl. M.) . . . . **BY** 68
Eau-de-Robec (R.) . . . . **CZ** 70
Écureuil (R. de l') . . . . **BY** 72
Ernemont (R. d') . . . . **CY** 76
Faulx (R. des) . . . . **CZ** 81
Foch (Pl.) . . . . **BY** 84
Ganterie (R.) . . . . **BY**
Gaulle (Pl. Général-de) . . . . . . **CY** 89
Giraud (R. Général) . . . . **AZ**
Grand-Pont (R.) . . . . **BZ**
Gros-Horloge
  (R. du) . . . . **ABYZ**
Guillaume-le-Conquérant
  (Pont) . . . . **AZ** 93
Hauts-Mariages
  (impasse des) . . . . **CZ** 94
Hôpital (R. de l') . . . . **BY** 96
Jeanne-d'Arc (Pont) . . . . **AZ** 100
Jeanne-d'Arc (R.) . . . . **BYZ**
Joyeuse (R.) . . . . **CY** 101
Juifs (R. aux) . . . . **BYZ** 102
Leclerc (R. du Gén.) . . . . **BZ**
Libraires (Cour des) . . . . **BZ** 108
Mesnager (R. Nicolas) . . . . . . **AY** 111
Neufchatel (Route de) . . . . **CY** 115
Ours (R. aux) . . . . **ABZ** 116
Paris (Quai de) . . . . **BZ** 117
Pie (R. de la) . . . . **AY** 119
Poterne (R. de la) . . . . **BY** 120
Pucelle-d'Orléans
  (Pl. de la) . . . . **AZ** 121
Racine (R.) . . . . **AY** 124
République (R. de la) . . . . **BZ**
Requis (R. des) . . . . **CY** 128
Rollon (R.) . . . . **AY** 129
Saint-Godard (Pl.) . . . . **BY** 137
St-Marie (R.) . . . . **CY** 138
Schuman (R. Robert) . . . . **CZ** 140
Socrate (R.) . . . . **BZ** 143
Thouret (R.) . . . . **BYZ** 147
Vieux-Marché (Pl. du) . . . . **AY**
Vieux-Palais (R. du) . . . . **AY** 152
19-Avril-1944 (Pl. du) . . . . **BY** 155

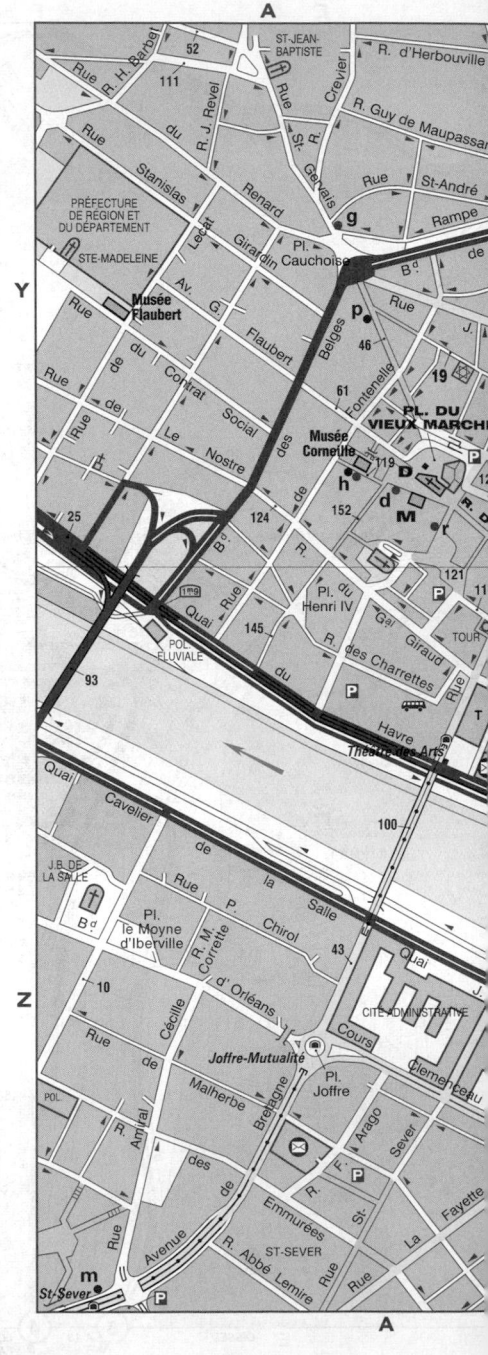

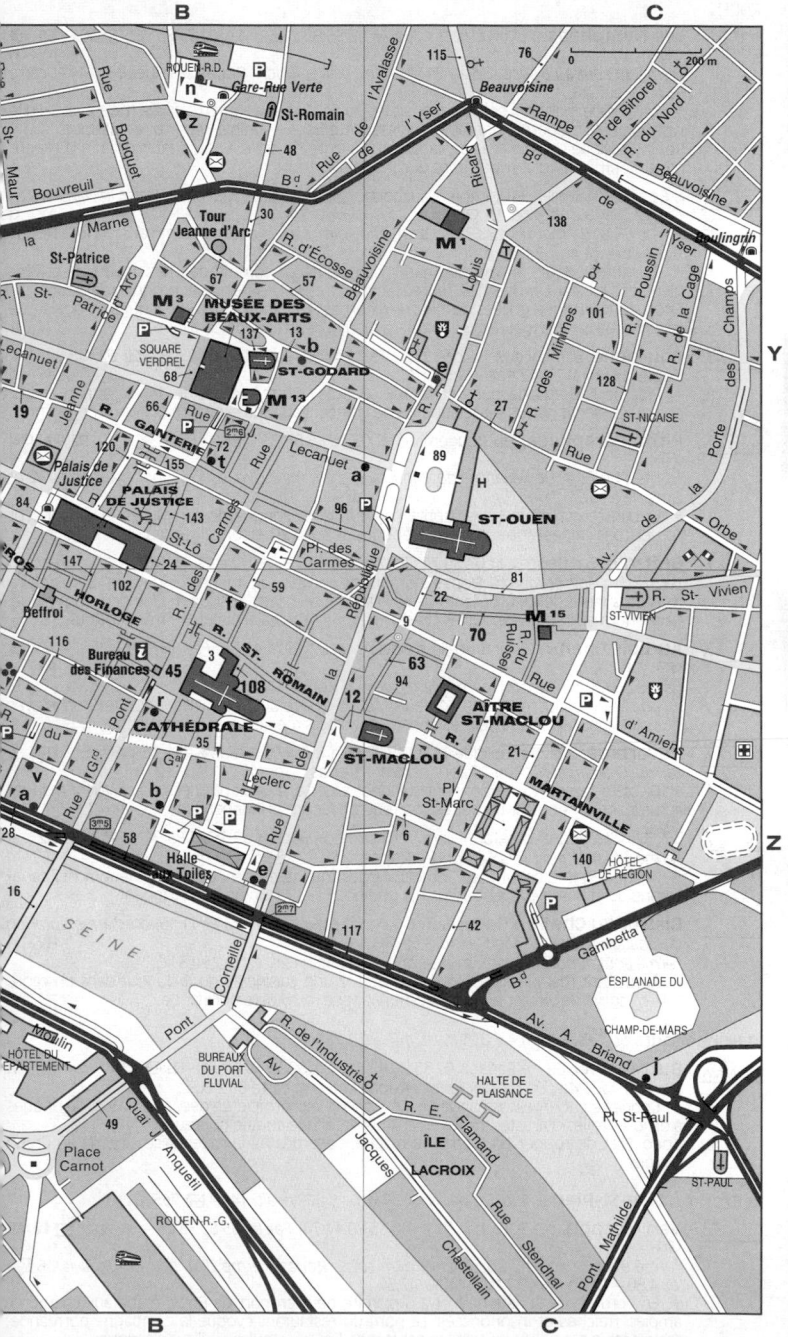

XXX **Les Nymphéas** (Kukurudz), 9 r. Pie ☎ 02 35 89 26 69, *Fax 02 35 70 98 81,* 🌳 – AE ⑩
☺ GB   AY h
fermé 15 août au 6 sept., 13 au 21 fév., dim. soir et lundi – **Repas** 27,50 (déj.), 34/44 et carte
55 à 80, enf. 18.

♦ Cette belle maison à colombages située au fond d'une courette pavée mêle avec soin le
rustique et le moderne. Agréable terrasse d'été fleurie. À table, répertoire classique.
Spéc. Escalope de foie gras de canard au vinaigre de cidre. Canard sauvageon à la rouennaise. Soufflé chaud aux pommes et calvados.

XXX **L'Écaille** (Tellier), 26 rampe Cauchoise ☎ 02 35 70 95 52, *marc.Tellier3@wanadoo.fr,*
☺ *Fax 02 35 70 83 49* – 🍽. AE GB   AY g
fermé 18 au 24 mai, 13 au 19 juil., sam. midi, dim. sauf le midi d'oct. à mai et lundi – **Repas**
29/69 et carte 48 à 84 ☒.

♦ Restaurant dédié au monde marin, dans le décor comme dans les assiettes ; teintes
bleu-vert, tableaux modernes, fauteuils cannés, cuisine classique et produits de la mer.
Spéc. Langoustines grillées au beurre d'herbes. Marinade de Saint-Jacques et poêlée de
foie gras de canard (oct. à avril). Homard bleu grillé, crème de corail.

XXX **Couronne,** 31 pl. Vieux Marché ☎ 02 35 71 40 90, *Fax 02 35 71 05 78* – AE ⑩ GB
Repas 23 (déj.), 27/42 et carte 52 à 74.   AY d

♦ Plus de 650 ans de bons et loyaux services ! Cette maison du 14ᵉ s., superbement
préservée, serait la plus vieille auberge de France. Cadre de caractère et livre d'or fourni.

XXX **P'tits Parapluies,** pl. Rougemare ☎ 02 35 88 55 26, *Fax 02 35 70 24 31* – AE ⑩ GB
JCB   CY e
fermé 3 au 23 août, vacances de Printemps, sam. midi, dim. soir et lundi – **Repas** 24/42 et
carte 46 à 63 ☒.

♦ La bâtisse est du 16ᵉ s. et abrita naguère une fabrique de parapluies. Plaisant décor
actuel (tons jaunes), jolies pointes d'époque et cuisine personnalisée, au goût du jour.

XX **Beffroy,** 15 r. Beffroy ☎ 02 35 71 55 27, *Fax 02 35 89 66 12* – AE ⑩ GB   BY b
fermé dim. soir et mardi – **Repas** (nombre de couverts limité, prévenir) (15,50) - 30,50/42 ☒.

♦ Atmosphère délicieusement "vieille France" dans cette maison à pans de bois typique.
Cadre normand soigné (poutres cirées, imagerie régionale) et cuisine très classique.

XX **Au Bois Chenu,** 23 pl. Pucelle d'Orléans ☎ 02 35 71 19 54, *Fax 02 35 89 49 83* – AE
GB   AY r
fermé 26 fév. au 4 mars, mardi soir et merc. – **Repas** 18/27 ☒.

♦ Au rez-de-chaussée d'une demeure du 17ᵉ s. à colombages. Décor contemporain avec
murs lumineux, poutres peintes et escalier en bois menant à un salon rustique.

XX **Reverbère,** 5 pl. République ☎ 02 35 07 03 14, *Fax 02 35 89 77 93* – AE GB   BZ e
fermé 12 au 18 avril, 2 au 23 août et dim. – **Repas** 32 bc/46.

♦ Discrète façade vitrée donnant sur une placette, à deux pas des quais. Salle à manger
actuelle, prolongée par un petit salon feutré avec accès indépendant.

X **37,** 37 r. St-Étienne-des-Tonneliers ☎ 02 35 70 56 65, *Fax 02 35 71 96 91* – GB   BZ v
fermé 1ᵉʳ au 10 janv., dim. et lundi – **Repas** carte 32 à 35 ☒.

♦ Décor design d'esprit "zen", ambiance décontractée et, au piano, une jeune chef cana-
dienne qui n'hésite pas à bousculer la tradition : le 37 ? Un numéro gagnant !

X **Bistrot du Chef en Gare,** Buffet-Gare (1ᵉʳ étage) ☎ 02 35 71 41 15, *media-restauration*
@wanadoo.fr, Fax 02 35 15 14 43 – AE GB   BY n
fermé août, lundi soir, sam. midi et dim. – **Repas** (14,50) - carte 23 à 31 ☒.

♦ Accueillant restaurant où vous dégusterez une cuisine au goût du jour dans un cadre
"rétro" égayé de vieux objets retraçant l'épopée ferroviaire normande.

à Bonsecours *Sud-Est : 4 km – 6 853 h. alt. 144 –* ✉ *76240 :*

XXX **Butte** (Hervé), 69 rte Paris ☎ 02 35 80 43 11, *Fax 02 35 80 69 74* – AE ⑩ GB   FX n
☺ *fermé 1ᵉʳ au 24 août, dim. et lundi* – **Repas** 44/60 et carte 60 à 80 ☒.

♦ Coquette auberge normande du 17ᵉ s. alliant le charme d'un décor de bois et de briques
à de jolies toiles d'artistes locaux et aux plaisirs d'une cuisine goûteuse.
Spéc. Filet de rouget en crème de mâche. Canardeau à la rouennaise. Soufflé au Grand
Marnier.

à Franqueville-St-Pierre *Sud-Est par N 14 : 9 km – 5 099 h. alt. 140 –* ✉ *76520 :*

🏠 **Vert Bocage,** rte Paris par ③ ☎ 02 35 80 14 74, *Fax 02 35 80 55 73* – 🍽 rest, 📺 P. AE
GB
fermé 9 au 22 août, 2 au 20 janv., dim. soir – **Repas** (fermé dim. soir et lundi) 18/36 ☒ –
⊑ 4,80 – **19 ch** 41/48 – ½ P 44,50/47,50.

♦ En bordure de la nationale et à proximité de l'aéroport de Boos, étape aux chambres
amples, fraîches et insonorisées. Le nom du restaurant évoque la campagne normande,
mais la table est plutôt influencée par la mer. Deux formules : grill ou classique.

au Parc des Expositions *Sud par N 138 : 6 km –* ⊠ *76800 St-Étienne-du-Rouvray :*

Novotel, ℰ 02 32 91 76 76, h0432@accor-hotels.com, Fax 02 32 91 76 86, 佘, ⌂, ☆, ♨
– 劇 ❄ 🗏 ⊡ ❤ ➏ ₽ – 🛆 150. ᴀᴇ ⓞ ɢʙ ᴊᴄʙ   **DX** y
Repas *(17,60)* - 21,90/32, enf. 8 ♀ – ⊒ 11 – **134 ch** 84/140.
◆ Hôtel de bon confort, agréablement posté en lisière de forêt. Chambres peu à peu
réactualisées ; double vitrage efficace. Parcours de santé dans le parc boisé. Salle à manger
ample et lumineuse. L'été, terrasse dressée au bord de la piscine.

au Petit Quevilly *Sud-Ouest : 3 km –* 22 332 h. alt. 5 – ⊠ *76140 :*

XXX **Les Capucines,** 16 r. J. Macé ℰ 02 35 72 62 34, capucines@lerapporteur.fr,
Fax 02 35 03 23 84, 佘 – 🗏. ᴀᴇ ɢʙ   **DX** s
fermé 3 semaines en août, sam. midi, dim. soir et lundi – **Repas** 26/49 et carte 36 à 62.
◆ Derrière la façade pimpante, grande salle de restaurant colorée et soignée, agrémentée
de tableaux. Les quatre petits salons sont réservés aux repas d'affaires.

à Montigny *par* ⑦, *D 94ᵉ et D 86 : 10 km –* 1 114 h. alt. 110 – ⊠ *76380 :*

🏠 **Relais de Montigny,** r. Lieutenant Aubert ℰ 02 35 36 05 97, info@le-relais-de-montign
y.com, Fax 02 35 36 19 60, 佘, ✿ – ⊡ ❤ ₽ – 🛆 25. ᴀᴇ ⓞ ɢʙ ᴊᴄʙ. ❄ ch
fermé 17 déc. au 4 janv. – **Repas** *(fermé sam. midi)* 20 (déj.), 25/36, enf. 15 ♀ – ⊒ 9,50 –
21 ch 52/83 – ½ P 70.
◆ Sur les hauteurs, bâtiment des années 1960 dont les chambres donnant sur le jardin
arboré et fleuri sont à réserver en priorité (grandes, calmes et dotées de balcon). Pause
repas dans une lumineuse salle à manger complétée d'une terrasse verdoyante.

à Notre-Dame-de-Bondeville *Nord-Ouest : 8 km –* 7 652 h. alt. 25 – ⊠ *76960 :*

X **Les Elfes** avec ch, ℰ 02 35 74 36 21, Fax 02 35 75 27 09 – ⊡ ₽. ɢʙ   **DV** n
fermé 20 juil. au 20 août, dim. soir et merc. – **Repas** *(13,60)* - 20,50/36,60, enf. 8,50 – ⊒ 7,50
– **6 ch** 41,50/50 – ½ P 85.
◆ Des carreaux de couleur égayent le cadre néo-campagnard de cette auberge régionale
située en contrebas d'une ligne de chemin de fer. Chambres au mobilier éclectique.

ROUFFACH 68250 H.-Rhin **315** H9 *G. Alsace Lorraine –* 4 187 h alt. 204.

🏌 *Alsace Golf Club* ℰ 03 89 78 52 12, E : 2 km par D 8.

🗓 *Office de tourisme, place de la République* ℰ 03 89 78 53 15, Fax 03 89 49 75 30,
info@ot-rouffach.com.
Paris 479 – Colmar 16 – Basel 61 – Belfort 57 – Guebwiller 10 – Mulhouse 28 – Thann 26.

🏰 **Château d'Isenbourg** ⚓, ℰ 03 89 78 58 50, isenbourg@grandesetapes.fr,
Fax 03 89 78 53 70, ≤, 佘, ƒᴈ, ⌂, ▨, ✿, ☆ – 劇, 🗏 rest, ⊡ ₽ – 🛆 25. ᴀᴇ ⓞ ɢʙ ᴊᴄʙ
fermé 11 janv. au 27 fév. – **Repas** *(fermé merc. midi et sam. midi)* 48/85 ♀ – ⊒ 22 – **41 ch**
135/350 – ½ P 146/253.
◆ Château du 18ᵉ s. dominant la petite cité chère au maréchal Lefebvre, époux de la
remuante Madame Sans-Gêne. Chambres cossues, agréables salons, fitness, tennis et
jardin. Restaurant au cadre classique ou atmosphère médiévale dans une cave voûtée du
14ᵉ s.

🏠 **A la Ville de Lyon** sans rest, r. Poincaré ℰ 03 89 49 65 51, villedelyon@infonie.fr,
Fax 03 89 49 76 67, ƒᴈ, ▨ – 劇 ❄ ⊡ ❤ ₽ – 🛆 30. ᴀᴇ ⓞ ɢʙ
fermé 15 au 29 mars – ⊒ 9 – **47 ch** 46/115.
◆ Jolie façade refaite dans l'esprit de la Renaissance. Chambres de styles Louis XV, Louis XVI
ou contemporain. Celles rénovées sont très coquettes. Piscine et jacuzzi.

XXX **Philippe Bohrer,** r. Poincaré ℰ 03 89 49 62 49, villedelyon@infonie.fr,
❀ Fax 03 89 49 76 67 – 🗏 ₽. 🛆 25. ᴀᴇ ⓞ ɢʙ
fermé 15 au 29 mars, merc. midi, dim. soir et lundi – **Repas** 25/75 et carte 55 à 69, enf. 17 ♀
- Brasserie Chez Julien ℰ 03 89 49 69 80 *(fermé 23 au 26 déc.)* **Repas** 9/21 🍺.
◆ Dans un beau décor de bois blond, trois salles à manger chaleureuses et cossues,
joliment meublées. Cuisine au goût du jour, original plateau de fromages, cave à vins
fournie. La conviviale brasserie Chez Julien est aménagée dans un ancien cinéma.
Spéc. Escargots petits gris en fleischmaka. Raviole ouverte de homard à l'artichaut. Millefeuille craquelin, mousse praliné-chicorée. **Vins** Riesling, Pinot noir.

à Bollenberg *Sud-Ouest : 6 km par N 83 et rte secondaire –* ⊠ *68250 Rouffach :*

XX **Auberge au Vieux Pressoir,** ⊠ 68250 ℰ 03 89 49 60 04, info@bollenberg.com,
Fax 03 89 49 76 16, 佘 – ₽. ᴀᴇ ⓞ ɢʙ
fermé 23 au 26 déc., 17 janv. au 6 fév., dim. soir de nov. à mars et lundi – **Repas** 23/71 ♀.
◆ Belles armoires et collection d'armes anciennes président au décor alsacien de cette
maison de vignerons. Cuisine régionale soignée et dégustations de vins de la propriété.

ROUFFIAC-TOLOSAN 31 H.-Gar. **343** H3 *– rattaché à Toulouse.*

Le ROUGET 15290 Cantal 330 B5 – 901 h alt. 614.

Paris 549 – Aurillac 25 – Figeac 41 – Laroquebrou 15 – St-Céré 37 – Tulle 74.

Voyageurs, 🖉 04 71 46 10 14, info@hotel-des-voyageurs.com, Fax 04 71 46 93 89, ☆, – 🔟 ✆ ⇐ 🅿 GB

fermé 19 au 27 déc., 13 fév. au 7 mars et dim. soir d'oct. à mai – **Repas** 11/27, enf. 7,50 ♀ – ☲ 6 – **24 ch** 36/54 – ½ P 41.

◆ Bâtisse en pierre dont la présence anime ce village cantalien. La vue depuis les chambres, sagement meublées, comblera les amoureux de la nature. Salle à manger actuelle, belle terrasse d'été et carte mi-terroir, mi-traditionnelle.

ROUGIVILLE 88 Vosges 314 J3 – rattaché à St-Dié-des-Vosges.

ROULLET 16 Charente 324 K6 – rattaché à Angoulême.

Le ROURET 07 Ardèche 331 H7 – rattaché à Ruoms.

Le ROURET 06650 Alpes-Mar. 341 D5 – 3 428 h alt. 350.

Paris 913 – Cannes 19 – Grasse 10 – Nice 28 – Toulon, 136.

XX **Clos St-Pierre** (Ettlinger), pl.Église 🖉 04 93 77 39 18, ettlingercath@aol.com, ✿ Fax 04 93 77 39 90, ☆ – 🖭 GB

fermé 20 au 30 déc., 20 janv. au 24 fév., mardi et merc. – **Repas** (nombre de couverts limité, prévenir) 28 (déj.), 40/48 ♀.

◆ Restaurant situé au cœur de ce village où l'on cultive des plantes à parfum pour les distilleries de Grasse. Plaisant décor provençal ; goûteuse cuisine méditerranéenne.
Spéc. Artichauts violets et brouillade d'œufs au parmesan. Risotto piémontais, poêlée de girolles et jus corsé. Figues pochées au vin rouge et porto

---

Les ROUSSES 39220 Jura 321 G8 G. Jura – 2 927 h alt. 1110 – Sports d'hiver : 1 100/1 680 m ⚡ 40 ⚡.

Voir Gorges de la Bienne★ O : 3 km.

🏌₁₈ des Rousses 🖉 03 84 60 06 25, E : 1 km par D 29 ; 🏌₁₅ du Mont St-Jean 🖉 03 84 60 09 71, E : 1 km par D 29.

🄱 Office de tourisme, rue Pasteur 🖉 03 84 60 02 55, Fax 03 84 60 52 03, infos@les-rousses.com.

Paris 461 – Genève 45 – Gex 29 – Lons-le-Saunier 64 – Nyon 25 – St-Claude 31.

🏨 **Lodge,** 309 r. Pasteur 🖉 03 84 60 50 64, lelodge@wanadoo.fr, Fax 03 84 60 04 58 – ✺⛄ 🔟 ✆. GB. ✻ ch

fermé 1er au 17 juin et 2 au 25 nov. – **Repas** (fermé dim. soir, lundi et mardi hors saison) carte 20 à 25 ♀ – ☲ 9,50 – **12 ch** 72/125.

◆ De l'extérieur, rien ne laisse présager un cadre aussi douillet : hall et salon montagnards avec bois brut et pierre ; coquettes chambres décorées façon "chalet". Pub "cosy" entièrement boisé et prolongé par une petite salle à manger rustique.

🏨 **France,** 323 r. Pasteur 🖉 03 84 60 01 45, Fax 03 84 60 04 63, ☆ – 🔟 – 🔏 25. 🖭 ◑ GB

fermé 18 avril au 8 mai, 18 nov. au 18 déc., dim. soir, lundi midi hors saison sauf fériés – **Repas** (16) - 23,50/75, enf. 10 ♀ ✂ – ☲ 11,50 – **30 ch** 66/110 – ½ P 83/91.

◆ Vaste bâtisse de conception régionale aux intérieurs lambrissés. Décor des années 1980 dans les chambres ; certaines possèdent une miniterrasse. Salle à manger néo-rustique. Appétissante cuisine classique et beau choix de vins du Jura.

🏨 **Chamois** 🍽, 230 montée du Noirmont 🖉 03 84 60 01 48, lechamois@wanadoo.fr, Fax 03 84 60 39 38 – 🖭 ◑ GB

Repas 17/50, enf. 10 ♀ – ☲ 9,50 – **12 ch** 57/75 – ½ P 57.

◆ Chalet isolé au-dessus de la station des Rousses. Calme et confort dans de petites chambres rajeunies, mais au cachet montagnard préservé. Salle à manger de style régional rehaussé de touches contemporaines ; cuisine traditionnelle aux accents du terroir.

🏨 **Redoute,** 357 rte Blanche 🖉 03 84 60 00 40, hotel.de.la.redoute@wanadoo.fr, Fax 03 84 60 04 59 – 🔟 🅿. GB

fermé 5 nov. au 15 déc. – **Repas** 15,50/30, enf. 7 – ☲ 6,50 – **25 ch** 62/65 – ½ P 62.

◆ Situation intéressante, malgré la proximité de la route, pour cet établissement aux chambres sans fioriture, mais rénovées et insonorisées. Grande salle à manger au cadre résolument rustique avec poutres apparentes et lustres en fer forgé.

🏨 **Village** sans rest, 344 r. Pasteur 🖉 03 84 34 12 75, Fax 03 84 34 12 76 – 🔟 ⇐. GB

fermé 1er au 15 juin, 1er au 15 déc. et dim. de sept à nov. – ☲ 6,50 – **10 ch** 48/56.

◆ Au centre de la station, sympathique petit hôtel entièrement relooké. Chambres colorées, décorées avec goût. La salle des petits-déjeuners fait aussi office de salon.

à la Cure *Sud-Est : 2,5 km par N 5, rte de Genève – alt. 1155 –* ⊠ *39220 Les Rousses :*

XX **Arbez Franco-Suisse** avec ch., ℰ 03 84 60 02 20, *hotelarbez@netgdi.com,* Fax 03 84 60 08 59, 🚗 – 📺 📞, 🔾, ✎ rest

fermé nov., lundi et mardi hors saison – **Repas** 25, enf. 5,50 ♀ **Brasserie :** **Repas** (13)- carte environ 25, enf. 5,50 ♀ – 🖵 6,50 – **10 ch** 49/55 – ½ P 54.

◆ Dans certaines chambres de cette auberge frontalière, on dort la tête en Suisse et les pieds en France… Au restaurant, cadre boisé et cuisine traditionnelle. Petits plats régionaux à la Brasserie de cet établissement familial.

à Bois-d'Amont *Nord : 8 km par D 29ᴱ et D 415 – 1 517 h. alt. 1050 –* ⊠ *39220 :*

X **L'Atelier,** ℰ 03 84 60 94 15, *restolatelier@wanadoo.fr* – 📞 ☷

fermé vacances de printemps, 12 au 28 juil. et vacances de Toussaint – **Repas** *(fermé dim. soir, merc. midi, lundi et mardi)* 13 (déj.), 27/42, enf. 10,50 ♀.

◆ Ce restaurant de type chalet aménagé dans une ancienne menuiserie propose habi- tuellement une cuisine classique, mais le mercredi c'est "soirée pizzas" ! Accueil aimable.

par D 25 *Sud-Ouest : 5 km – 2 840 h. alt. 1110 –* ⊠ *39220 Prémanon :*

🏠 **Darbella** ⟋, 551 rte Darbella ℰ 03 84 60 78 30, *hotelladanbella@wanadoo.fr,* Fax 03 84 60 76 01 – 📺 📞 ☷

fermé 3 mai au 1ᵉʳ juin, 8 nov. au 3 déc. et lundi soir hors saison – **Repas** 11,50 bc (déj.), 15,50/26,50 ♀ – **17 ch** 49/65 – ½ P 55.

◆ Une nouvelle équipe vient de redonner vie à cet hôtel niché dans une clairière. Les chambres, simples mais rénovées, conviendront aux skieurs et randonneurs. Petite salle à manger d'inspiration rustique où l'on sert un appétissante cuisine régionale.

Les pages explicatives de l'introduction
vous aideront à mieux profiter de votre **Guide Michelin.**

ROUSSILLON *84220 Vaucluse* 332 *E10 G. Provence – 1 161 h alt. 360.*

Voir *Site*★★.

🅭 *Office de tourisme, place de la poste* ℰ *04 90 05 60 25, Fax 04 90 05 63 31, ot- roussillon@axit.fr.*

Paris 720 – Apt 11 – Avignon 46 – Bonnieux 12 – Carpentras 41 – Cavaillon 27 – Sault 31.

🏨 **Les Sables d'Ocre** ⟋ sans rest, rte d'Apt ℰ 04 90 05 55 55, *sablesdocre@free.fr,* Fax 04 90 05 55 50, 🏊, 🌳 – 🗏 🔾 📞 ☷

fermé 15 nov. au 15 mars – 🖵 10 – **22 ch** 62/75.

◆ Au cœur du pays de l'ocre, ce mas récent à l'aspect engageant allie confort moderne et décoration provençale. Le mobilier en métal peint apporte une note gaie à l'ensemble.

X **Piquebaure,** quartier les Estrayas, rte Gordes ⊠ 84220 ℰ 04 90 05 79 65, 🚗 – 📞 ☷

fermé 15 nov. au 26 déc., sam. midi, mardi et merc. sauf le soir en saison – **Repas** 29/44.

◆ Ce restaurant emprunte son nom à l'un des rochers qui jalonnent le circuit de l'Ocre. Poutres peintes en bleu, murs chaulés et agrémentés de tableaux. Cuisine du marché.

X **David,** pl. Poste ℰ 04 90 05 60 13, *restaurant.david@wanadoo.fr,* Fax 04 90 05 75 80, ≤ falaises et vallée, 🚗 – 🗏. ☷

16 fév. au 1ᵉʳ janv. et fermé dim. soir et merc. sauf fériés – **Repas** (week-ends et fêtes prévenir) 30 bc/50.

◆ Dans le village perché, au-dessus de la Chaussée des géants. Enivré des senteurs de glycine, vous goûterez des plats traditionnels dans une sympathique ambiance familiale.

ROUSSILLON *38150 Isère* 333 *B5 – 7 437 h alt. 200.*

🅭 *Office de tourisme, place de l'Edit* ℰ *04 74 86 72 07, Fax 04 74 29 74 76, ot.p.i.roussil- @wanadoo.fr.*

Paris 505 – Annonay 24 – Grenoble 92 – St-Étienne 68 – Tournon-sur-Rhône 44 – Vienne 19.

🏨 **Médicis** sans rest, r. Fernand Léger ℰ 04 74 86 22 47, *info@hotelmedicis.fr,* Fax 04 74 86 48 05 – 📺 📞 🔾 ⟷ 🗏 – 🏧 20. 🖭 ☷

🖵 7 – **15 ch** 47/70.

◆ Dans un quartier pavillonnaire paisible, hôtel récent aux chambres spacieuses et fonc- tionnelles ; sol carrelé, mais bonne isolation phonique. Salon équipé d'une TV grand écran.

🏠 **Europa,** rte Valence ℰ 04 74 11 10 80, *eth-resa@hotmail.com,* Fax 04 74 86 15 11 – 📳, 🗏 rest, 📺 📞 📞 🖭 ☷

L'Émeraude ℰ 04 74 86 46 69 *(fermé sam. midi et dim. soir)* **Repas** 16/36, enf. 9 ♀ – 🖵 6 – **26 ch** 33/47 – ½ P 40.

◆ La partie hôtel de cet établissement des années 1970 est progressivement rénovée. Préférez les chambres en façade, insonorisées et climatisées. Le restaurant, au cadre simple, semble avoir fait fi du temps et de la mode. Dans l'assiette, cuisine du marché.

ROUTOT *27350 Eure* **304** E5 *G. Normandie Vallée de la Seine – 1 115 h alt. 140.*
Voir *La Haye-de-Routot : ifs millénaires★ N : 4 km.*
Paris 148 – Le Havre 57 – Rouen 36 – Bernay 45 – Évreux 68 – Pont-Audemer 19.

XX **L'Écurie,** Pl. de la Mairie ☎ 02 32 57 30 30, *resto.ecurie@wanadoo.fr, Fax 02 32 57 30 30* – GB
fermé 1er au 8 août, 6 au 20 fév., merc. soir, dim. soir et lundi – **Repas** (14) - 27/38 ♀.
◆ Cet ancien relais de poste situé face aux halles abrite un salon réchauffé par une belle cheminée en pierre et une salle à manger rustique. Plats originaux à base d'orties.

ROUVRES-EN-XAINTOIS *88500 Vosges* **314** E3 – *299 h alt. 330.*
Paris 357 – Épinal 42 – Lunéville 58 – Mirecourt 9 – Nancy 51 – Neufchâteau 34 – Vittel 19.

XX **Burnel** avec ch (Annexe 17 ch), au village ☎ 03 29 65 64 10, *hotelburnel@burnel.fr, Fax 03 29 65 68 88,* – GB
fermé 14 au 31 déc., dim. soir et sam. midi hors saison – **Repas** 14/25 ♀ – 10 – **24 ch** 34/68 – 1/2 P 35/47.
◆ Coquette salle à manger et cuisine classique variant selon le marché ; quelques tables sont tournées sur un jardinet fleuri. Chambres spacieuses et rénovées à l'annexe.

ROUVRES-LA-CHÉTIVE *88 Vosges* **314** C3 – *rattaché à Neufchâteau.*

ROUVROIS-SUR-OTHAIN *55 Meuse* **307** E2 – *rattaché à Longuyon (M.-et-M.).*

Dans ce guide
un même symbole, un même mot,
imprimé en ***rouge*** *ou en* ***noir****, en maigre ou en* ***gras****,*
n'ont pas tout à fait la même signification.
Lisez attentivement les pages explicatives.

ROYAN

Alsace-Lorraine (R.) ...... **B** 3
Briand (Bd A.) .... **B** 5
Conche-du-Chay (Av. de la)............ **A** 6
Desplats (R. du Colonel) .... **B** 7
Dr. Audouin (Bd du) ...... **B** 8
Dr. Gantier (Pl. du) .... **C** 9
Dugua (R. P.)............ **B** 10
Europe (Cours de l')........ **C**
Façade de Foncillon....... **B** 12
Foch (Pl. Mar.) .... **C** 15
Foncillon (R. de) .... **B** 16
Font-de-Cherves (R.) ..... **B** 17
Gambetta (R.) .... **B**
Gaulle (Pl. Ch.-de) .... **B** 19
Germaine-de-la-Falaise (Bd) .... **AB** 20
Grandière (Bd de la)....... **C** 21
Leclerc (Av. Mar.) .... **C** 26
Libération (Av. de la) ..... **C** 28
Loti (R. Pierre)........... **B**
Notre-Dame (R.) .... **B** 32
Parc (Av. du) .... **C** 35
République (Bd de la) ..... **B** 40
Rochefort (Av. de) .... **B** 42
Schuman (Pl. R.).......... **B** 45
Semis (Av. des)........... **C** 46
Thibeaudeau (Rd-Pt. du Cdt.)........ **B** 48
5-Janvier-1945 (Bd du) ... **B** 52

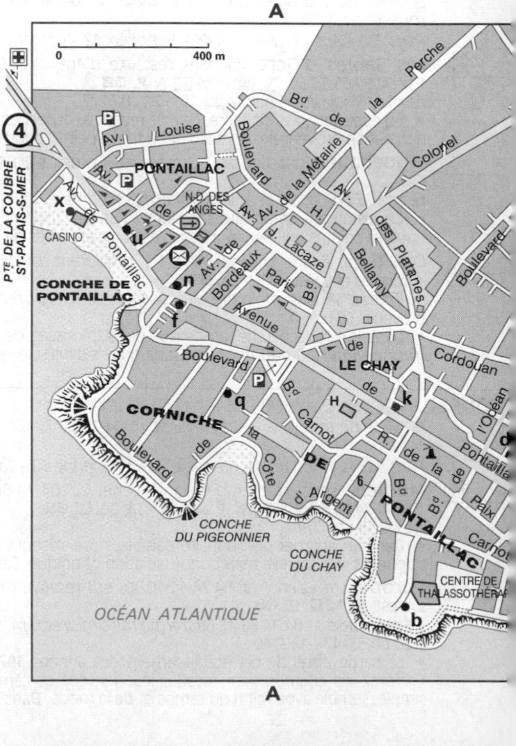

ROYAN 17200 Char.-Mar. **324** D6 *G. Poitou Vendée Charentes* – *17 102 h alt. 20* – *Casino Royan Pontaillac* **A.**

Voir *Front de mer★* – *Église Notre-Dame★* **E** – *Corniche★ et Conche★ de Pontaillac.*

🏌 de Royan à St-Palais-sur-Mer 𝒫 05 46 23 16 24, par ④ : 7 km.

Bac: *pour le Verdon-s-Mer* 𝒫 05 46 38 35 15.

🛈 *Office de tourisme, rond-point de la Poste* 𝒫 05 46 23 00 00, Fax 05 46 38 52 01, info@royan-tourisme.com.

Paris 504 ① – *Bordeaux 121* ② – *Périgueux 183* ② – *Rochefort 40* ⑤ – *Saintes 38* ①.

🏨🏨🏨 **Novotel** ❦, bd Carnot - Conche du Chay 𝒫 05 46 39 46 39, H1173@accor-hotels.com, Fax 05 46 39 46 46, ≤ mer, 🍴, ⊿ – 🛗 ⇆ 🗏 📺 📞 ♿ 🚗 ℙ – 🛗 15 à 130. 🖭 ⓪ 🅶🅱 🅹🅲🅱
                                                     A b

Repas (18) -21/24,20, enf. 12 ♀ – � 13 – **83 ch** 147 – ½ P 112,50.

◆ Cet hôtel fonctionnel, attenant à un centre de thalassothérapie, jouit d'une belle situation en surplomb de la plage. Confortable salon coloré. Chambres avec balcon. Salle à manger et terrasse tournées vers l'océan. La cuisine répond à l'appel du large.

🏨🏨 **Family Golf Hôtel** sans rest, 28 bd Garnier 𝒫 05 46 05 14 66, Fax 05 46 06 52 56, ≤ – 🛗
 📺 ℙ 🖭 ⓪ 🅶🅱   **c m**

15 mars-30 nov. – �

9 – **33 ch** 77/100.

◆ Bâtiment des années 1960 longeant la plage de la Grande Conche. La moitié des chambres, assez amples, est tournée vers l'océan. En été, petits-déjeuners servis en terrasse.

🏨🏨 **France** sans rest, 𝒫 05 46 05 02 29, Fax 05 46 38 84 82 – 📺. 🅶🅱   **B t**

fermé Noël au 1ᵉʳ fév. – ⊿ 7 – **35 ch** 45/75.

◆ L'hôtel est situé dans le coeur battant de la station balnéaire. Optez pour les chambres orientées sur le port, plus grandes et lumineuses. Sobre cadre actuel.

🏨 **Beau Rivage** sans rest, 9 façade Foncillon 𝒫 05 46 39 43 10, hotel.beaurivage@wanadoo
.fr, Fax 05 46 38 22 50, ≤ – 🛗 ⇆ 📺 📞. 🖭 ⓪ 🅶🅱   **B z**
⊿ 6,10 – **22 ch** 62/83.

◆ Construction des années 1960 sur un axe passant proche du palais des congrès. Chambres petites et insonorisées, pour la plupart rénovées et tournées vers la mer.

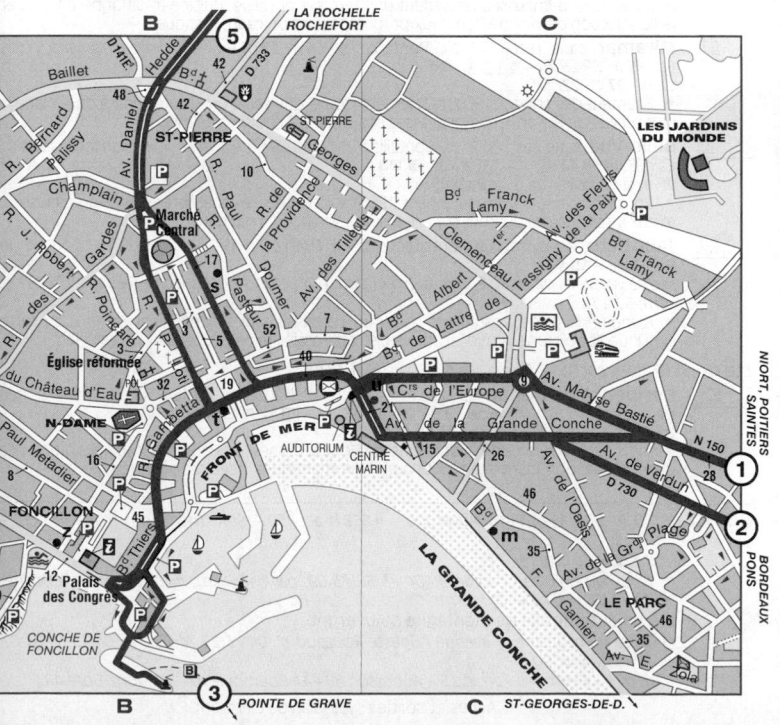

🏠 **Corinna** ॐ sans rest, 5 r. Amazones ℰ 05 46 39 82 53 – 🄵, GB, ℅   A d
Pâques-fin sept. – ⊊ 5,50 – **14 ch** 43/49.

    ♦ À 200 m de la plage, dans un quartier résidentiel calme, maison traditionnelle à l'ambiance familiale. Chambres modestement aménagées, mais bien entretenues.

🏖 **Pasteur** sans rest, 40 r. Pasteur ℰ 05 46 05 14 34, *hotel-le-pasteur.sarl@wanadoo.fr*,
Fax 05 46 05 90 60 – 📺, GB   B s
fermé dim. d'oct. à mars sauf vacances scolaires – ⊊ 4,60 – **15 ch** 30/48.

    ♦ Cet établissement, bien que central et proche du marché, convient à ceux qui appréhendent l'animation touristique. Les chambres de l'annexe sont plus spacieuses.

XX **Chalet**, 6 bd La Grandière ℰ 05 46 05 04 90, Fax 05 46 22 31 84 – 🍽, AE ◑ GB   C u
fermé 22 nov. au 5 déc., mardi soir et merc. du 15 sept. au 15 juin – **Repas** 15 (déj.), 20/56,
enf. 10 ⌾.

    ♦ Larges poutres, murs crépis et banquettes confortables composent le cadre rustique soigné de ces deux salles à manger séparées par une cloison vitrée. Riche carte des vins.

XX **Relais de la Mairie**, 1 r. Chay ℰ 05 46 39 03 15, *Alain.gedoux@wanadoo.fr*,
🐀 Fax 05 46 39 13 32 – 🍽, AE ◑ GB   A k
fermé 15 nov. au 7 déc., 15 au 31 mars, jeudi soir, dim. soir et lundi hors saison – **Repas**
(11,50) - 15/31,50, enf. 7,40 ⓑ.

    ♦ Cette adresse plutôt confidentielle dispose d'une salle à manger colorée et lumineuse, aux tables agréablement dressées. Cuisine traditionnelle et service familial.

à Pontaillac

🏨 **Grand Hôtel de Pontaillac** sans rest, 195 av. Pontaillac ℰ 05 46 39 00 44,
Fax 05 46 39 04 05, ≤ – 📱📺 ⇔, AE ◑ GB   A u
10 avril-30 sept. – ⊊ 9 – **41 ch** 110.

    ♦ Cet hôtel récemment rénové domine la plage de Pontaillac. La salle des petits-déjeuners et environ la moitié des chambres ménagent une jolie vue sur l'océan Atlantique.

🏨 **Pavillon Bleu et Résidence de Saintonge** ॐ, 12 allée des Algues
🐀 ℰ 05 46 39 00 00, *le.pavillon.bleu@wanadoo.fr*, Fax 05 46 39 07 00 – 📺 🄵, GB   A q
3 avril-30 sept. – **Repas** 14,50/27,50 ⌾ ♨ – ⊊ 6 – **40 ch** 36/54 – ½ P 55.

    ♦ Les chambres, réparties dans quatre bâtiments, offrent un décor des années 1980 ; celles du rez-de-chaussée possèdent une terrasse privative. Cuisine traditionnelle iodée et belle sélection de vins de Bordeaux proposées dans un cadre rustique.

🏨 **Miramar** sans rest, 173 av. Pontaillac ℰ 05 46 39 03 64, *miramaroyan@wanadoo.fr*,
Fax 05 46 39 23 75 – 📱📺 &, GB   A n
⊊ 9 – **27 ch** 72/120.

    ♦ Bâtiment des années 1950 fraîchement ravalé, que seule une route sépare de la plage la plus en vue de Royan. Chambres assez spacieuses, à choisir côté mer.

🏠 **Belle-Vue** sans rest, 122 av. Pontaillac ℰ 05 46 39 06 75, *belle-vueroyan@wanadoo.fr*,
Fax 05 46 39 44 92, ≤ – 📺 🄵, AE ◑ GB   A f
1ᵉʳ avril-1ᵉʳ nov. – ⊊ 6 – **18 ch** 45/65.

    ♦ Bordant l'avenue, villa des années 1950 modernisée. Les chambres en rez-de-chaussée, mieux insonorisées, ouvrent sur un jardinet. Minigolf à proximité.

XXX **Jabotière**, esplanade de Pontaillac ℰ 05 46 39 91 29, Fax 05 46 38 39 93, ≤ Conche de
Pontaillac – AE GB   A x
fermé vacances de Noël, 2 janv. au 2 fév., dim. soir et lundi hors saison – **Repas** 24,70/50 et
carte 52 à 70 ⌾.

    ♦ À même la plage, restaurant cossu où certaines tables bénéficient de la vue ; carte classique et poissons. À midi, formule bistrot. Possibilité de pêche dans un carrelet.

rte de St-Palais *par ④ : 3,5 km* – ✉ 17640 Vaux-sur-Mer :

🏨 **Résidence de Rohan** ॐ sans rest, Conche de Nauzan ℰ 05 46 39 00 75, *info@residen*
ce-rohan.com, Fax 05 46 38 29 99, ≤, ⊒, ℅, ♨ – 📺 ♦ 🄵, AE GB
25 mars-11 nov. – ⊊ 10,50 – **43 ch** 114/123.

    ♦ Jadis salon littéraire de la duchesse de Rohan, demeure du 19ᵉ s. complétée d'une villa dans un parc dominant la plage. Chambres romantiques, beau mobilier de style.

ROYAT 63130 P.-de-D. 🎯🎯🎯 F8 G. Auvergne – 4 658 h alt. 450 – Stat. therm. (fin mars-fin oct.) – Casino **B**.

Voir Église St-Léger★.

  🏌 Nouveau Golf de Charade ℰ 04 73 35 73 09, par ② : 6 km ; 🏌 des Volcans à Orcines
ℰ 04 73 62 15 51, par ③ : 9 km.

Circuit automobile de montagne d'Auvergne.

🄱 Office de tourisme, 1 avenue Auguste Rouzaud ℰ 04 73 29 74 70, Fax 04 73 35 81 07,
ot.royat@wanadoo.fr.

Paris 423 – Clermont-Ferrand 5 – Aubusson 89 – La Bourboule 47 – Le Mont-Dore 40.

Accès et sorties : voir plan de Clermont-F.

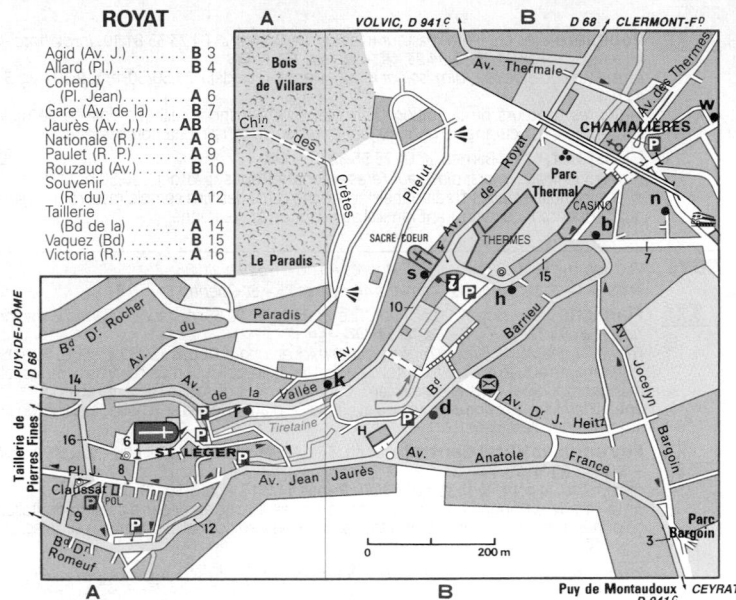

ROYAT

Agid (Av. J.) . . . . **B** 3
Allard (Pl.) . . . . **B** 4
Cohendy
  (Pl. Jean) . . . . **A** 6
Gare (Av. de la) . . . . . **B** 7
Jaurès (Av. J.) . . . . . **AB**
Nationale (R.) . . . . . . **A** 8
Paulet (R. P.) . . . . . . **A** 9
Rouzaud (Av.) . . . . . . **B** 10
Souvenir
  (R. du) . . . . **A** 12
Taillerie
  (Bd de la) . . . . **A** 14
Vaquez (Bd) . . . . **B** 15
Victoria (R.) . . . . **A** 16

🏨🏨 **Métropole,** bd Vaquez ℘ 04 73 35 80 18, *contact@metropole-hotel.com, Fax 04 73 35 66 67* – 📶 📺 📞. ⓪ 🍽 **B h**
hôtel : 2 mai-9 oct. et rest. : 2 mai-25 sept. – **Repas** 26/28 – ☷ 9 – **62 ch** 55/103, 4 suites – P 80/100.
♦ Face aux sources, ex-palace de la fin du 19ᵉ s. au charme "rétro". Chambres spacieuses, hautes sous plafond, dotées d'un mobilier de style. Superbe salon sous coupole. Une discrète atmosphère 1900 règne au restaurant. Carte inscrite dans la tradition.

🏨🏨 **Royal St-Mart,** av. Gare ℘ 04 73 35 80 01, *contact@hotel-auvergne.com, Fax 04 73 35 75 92,* 🌳, 🌲 – 📶 📺 📮 – 🏧 25. 🜇 ⓪ 🍽 **B n**
hôtel : 30 avril-24 oct. et rest. : 2 mai-3 oct. – **Repas** 22/32 – ☷ 7,50 – **50 ch** 45/85 – P 45/86.
♦ Depuis 1853, c'est la même famille qui vous accueille dans cette demeure ombragée de cèdres. Chambres diversement aménagées ; préférez celles côté jardin. Salon bourgeois. Salle à manger-véranda orientée vers la pelouse-terrasse. Registre culinaire classique.

🏨 **Castel Hôtel,** pl. Dr Landouzy ℘ 04 73 35 80 14, *castel.hotel@wanadoo.fr, Fax 04 73 35 80 49,* ← – 📶 📺 📞. 🍽 🅙🅒🅑. ⌗ ch **B b**
1ᵉʳ mars-15 nov. – **Repas** 18/30, enf. 7 – ☷ 8 – **31 ch** 60/95 – P 55/80.
♦ Dominant le parc thermal, élégant bâtiment de 1880 à allure de castel. Nombreuses chambres avec vue étendue ; celles sises dans les tourelles sont les plus agréables. Salle à manger bourgeoise empreinte de sobriété où l'on sert une cuisine traditionnelle.

🏨 **Chatel,** 20 av. Vallée ℘ 04 73 29 53 00, *info@hotel-le-chatel.com, Fax 04 73 29 53 29,* 🌳 – 📶, 🍴 rest, 📺 📞 📮. 🜇 🍽 **B k**
hôtel : fermé les week-ends de nov. à mars ; rest. : ouvert d'avril à oct. – **Repas** 15/33 🍷 – ☷ 7 – **24 ch** 48/65, 4 suites – P 53,50/55.
♦ Face au parc qui mène aux thermes, bâtisse ancienne abritant des chambres biens rénovées. Certaines, plus amples, occupent une maison voisine. Plaisante salle à manger. Cuisine traditionnelle et régionale accompagnée de formules diététiques.

XX **Belle Meunière** avec ch, av. Vallée ℘ 04 73 35 80 17, *la-belle-meuniere@wanadoo.fr, Fax 04 73 29 53 29,* 🌳 – 📺 🍽 🍽 **A r**
fermé 26 oct. au 25 nov., 15 fév. au 3 mars, dim. soir, sam. midi, merc. soir et lundi – **Repas** 26/65 🍷 – ☷ 7 – **7 ch** 48/56 – P 66/70.
♦ Le portrait de la Belle Meunière orne la salle à manger d'inspiration Second Empire de cette maison surplombant la Tiretaine. Grandes chambres garnies de meubles anciens.

XX **Pépinière** avec ch, 11 av. Pasteur (rte Puy-de-Dôme) ℘ 04 73 35 81 19, *info@hotel-la-pe piniere.com*, Fax 04 73 35 94 23, ☆ – ≡ rest, ⊡ ℗. ⊖
fermé vacances de fév., dim. soir et lundi – **Repas** 11,50 (déj.), 21,50/50, enf. 9,50 – ☲ 5,90 –
4 ch 40.
◆ Sur les hauteurs de la station thermale. Salle à manger rustique égayée de tableaux
contemporains ; cuisine au goût du jour et menu du terroir. Chambres refaites.

X **L'Hostalet,** 47 bd Barrieu ℘ 04 73 35 82 67 – ⊖   B d
fermé 3 janv. au 5 mars, dim. sauf fêtes et lundi – **Repas** 12,80 (déj.), 20,50 bc/29 � ☆.
◆ Les immuables plats traditionnels et la riche carte des vins semble rassurer les habitués
qui fréquentent ce restaurant familial au décor un brin suranné.

ROYE 80700 Somme ⊞⊞⊞ J9 G. Picardie Flandres Artois – 6 529 h alt. 88.
Paris 113 – Compiègne 42 – Amiens 44 – Arras 75 – St-Quentin 61.

XXX **Flamiche** (Mme Klopp), 20 pl. H. de Ville ℘ 03 22 87 00 56, *restaurant.flamiche@worldonli
⊞ ne.fr*, Fax 03 22 78 46 77 – ≡. ⊠ ⊕ ⊖ ⊟
fermé 21 déc. au 10 janv., dim. soir, mardi midi et lundi – **Repas** 32/122 et carte 70 à 95 ☆.
◆ Pimpante auberge face à l'hôtel de ville. Une belle collection de canards orne les salles à
manger meublées dans le style picard. Cuisine au goût du jour à l'accent régional.
Spéc. Flamiche aux poireaux (oct. à avril). Gelée d'anguille à la seychelloise. Caneton croisé
aux senteurs d'absinthe.

XX **Florentin et Hôtel Central** avec ch, 36 r. Amiens ℘ 03 22 87 11 05, Fax 03 22 87 42 74
⊖ – ≡ rest, ⊡ ⊠ ⊖
fermé 9 au 24 août, dim. soir et lundi – **Repas** 14/34 ☆ – ☲ 5,50 – **8** ch 38/52.
◆ La façade en briques rouges dissimule un restaurant au décor d'inspiration italienne :
colonnes, moulures, marbres et fresques. Cuisine traditionnelle. Chambres simples.

Une réservation confirmée par écrit ou par fax est toujours plus sûre.

ROYE 70 H.-Saône ⊞⊞⊞ H6 – rattaché à Lure.

Le ROZIER 48150 Lozère ⊞⊞⊞ H9 G. Languedoc Roussillon – 153 h alt. 400.
Voir *Terrasses du Truel* ⩽★ E : 3,5 km – Gorges du Tarn★★★.
Env. Chaos de Montpellier-le-Vieux★★★ S : 11,5 km – Corniche du Causse Noir ⩽★★ SE :
13 km puis 15 mn.
Paris 632 – Florac 57 – Mende 63 – Millau 23 – Sévérac-le-Château 23 – Le Vigan 72.

⌂ **Doussière** sans rest, ℘ 05 65 62 60 25, Fax 05 65 62 65 48, ➹ – ⊡ ℗. – ☖ 15. ⊖
Pâques-11 nov. – ☲ 6 – **20** ch 40/51.
◆ Dans le village, deux bâtiments situés de part et d'autre de la Jonte. Les chambres
rénovées sont mieux insonorisées. La salle des petits-déjeuners offre une plaisante vue.

RUE 80120 Somme ⊞⊞⊞ D6 G. Picardie Flandres Artois – 3 075 h alt. 9.
Voir Chapelle du St-Esprit★ : intérieur★★.
⊠ Office de tourisme, 54 rue Porte de Bécray ℘ 03 22 25 69 94, Fax 03 22 25 76 26,
officedutourisme.rue80@wanadoo.fr.
Paris 212 – Abbeville 28 – Amiens 77 – Berck-Plage 22 – Le Crotoy 8.

⌂ **Lion d'Or**, r. Barrière ℘ 03 22 25 74 18, *leliondorrue@wanadoo.fr*, Fax 03 22 25 66 63 –
⊖ ⊡. ⊖ ⊟ . ⌖ ch
Repas (fermé dim. soir et lundi d'oct. à mars) (11) · 14/36, enf. 10 ☆ – ☲ 7 – **16** ch 40/77 –
½ P 41,50/45,50.
◆ Maison à pans de bois au centre de la petite capitale du Marquenterre. Les chambres
sont pratiques et toutes identiques ; préférez celles sur l'arrière, plus calmes. Convivialité,
confort et cuisine classique vous donnent rendez-vous au restaurant.

à St-Firmin Ouest : 3 km par D 4 – ⊠ 80550 Le Crotoy :

⌂ **Auberge de la Dune** ⌂, ℘ 03 22 25 01 88, Fax 03 22 25 66 74, ☆ – ⊡ ⅋ ℗. ⊖.
⌖ ch
1er avril-11 nov. et fermé mardi soir et merc. sauf vacances scolaires – **Repas** 20/30, enf. 8 ☆
– ☲ 8 – **11** ch 54 – ½ P 54.
◆ Cette petite auberge, isolée au milieu des champs, se trouve à deux tours de roue du
parc ornithologique. Sobres chambres actuelles et pratiques ; tenue méticuleuse. Salle à
manger campagnarde. Cuisine traditionnelle et quelques spécialités picardes.

RUEIL-MALMAISON 92 Hauts-de-Seine ⊞⊞⊞ J2 ⊞⊞⊞ ⑭ – voir à Paris, Environs.

RULLY *71150 S.-et-L.* 320 I8 – *1 463 h alt. 220.*

Paris 332 – Beaune 20 – Chalon-sur-Saône 16 – Autun 43 – Le Creusot 32.

XX **Vendangerot** avec ch, 6 pl. Ste-Marie ℰ 03 85 87 20 09, Fax 03 85 91 27 18, ☆ – 📺 ℰ **P**, **GB**

fermé 2 au 15 janv., 15 fév. au 10 mars, merc. sauf le soir en juil.-août et mardi – **Repas** 17/42, enf. 9 ♀ – ☷ 7 – **13 ch** 47.

◆ Face à un jardin public ombragé, auberge de village à la façade fleurie. Salle à manger décorée de vieilles photos sur la viticulture. Spécialités régionales.

RUMILLY *74150 H.-Savoie* 328 I5 *G. Alpes du Nord* – *11 230 h alt. 334.*

🛈 *Office de tourisme, 4 place de l'hôtel de ville ℰ 04 50 64 58 32, Fax 04 50 01 03 53, albanais@ot-albanais74.fr.*

Paris 530 – Annecy 19 – Aix-les-Bains 21 – Bellegarde-sur-Valserine 37 – Genève 64.

X **Boîte à Sel**, 27 r. Pont-Neuf ℰ 04 50 01 02 52, Fax 04 50 01 42 11 – **GB**
fermé août, dim. soir et lundi – **Repas** 11,50 (déj.), 15/25, enf. 7,50 ♂.

◆ Ce restaurant de la petite capitale de l'Albanais propose un décor volontairement épuré et une cuisine traditionnelle. Accueil aimable.

RUNGIS *94 Val-de-Marne* 312 D3 101 ㉖ – *voir à Paris, Environs.*

RUOMS *07120 Ardèche* 331 I7 *G. Vallée du Rhône* – *2 132 h alt. 121.*

Voir Labeaume★ O : 4 km – Défilé de Ruoms★.

🛈 *Office de tourisme, ℰ 04 75 93 91 90, Fax 04 75 39 78 71, ot.ruoms@bigfoot.com.*

Paris 651 – Alès 54 – Aubenas 24 – Pont-St-Esprit 49.

rte des Vans *Sud-Ouest : 3,5 km par D 111 –* ✉ *07120 Ruoms :*

🏠 **Chapoulière**, ℰ 04 75 39 65 43, Fax 04 75 39 75 82, ☆, 🌳 – 📺 **P**, **GB**
20 fév.-15 nov. et fermé lundi et mardi sauf juil.-août – **Repas** 16,50/45, enf. 8,50 – ☷ 7 – **11 ch** 42/60 – ½ P 50/55.

◆ Sur un axe passant, longue bâtisse et son parc fleuri équipé de jeux pour les enfants. Évitez, si possible, les chambres de la façade principale. Le vivier qui trône dans la salle à manger annonce la couleur : ici, on propose une cuisine de la mer.

domaine du Rouret *près Grospierres, Sud-Ouest : 11 km par D 111 –* ✉ *07120 Grospierres :*

🏛 **Maéva Le Rouret** ⌕, ℰ 04 75 35 77 00, sud.ardeche@maeva.fr, Fax 04 75 93 97 46, ≤, ☆, 🐟, ⛴, 🔲, ✕, 🎱 – 📱 📺 ℰ 🔥 **P** – 🕌 600. **AE** ➊ **GB**, ✄ rest
3 avril-16 oct. – **Repas** 18 – ☷ 7 – **113 ch** 77/139 – ½ P 75.

◆ Vaste complexe hôtelier et de loisirs au milieu d'un parc ombragé. Chambres d'ampleur satisfaisante, avec balcon et vue sur la garrigue. Forte clientèle de séminaires. Restaurant agrandi d'une vaste terrasse donnant sur une pièce d'eau. Cuisine simple.

RUPT-SUR-MOSELLE *88360 Vosges* 314 H5 – *3 637 h alt. 424.*

🛈 *Syndicat d'initiative, 6 rue d'Alsace ℰ 03 29 24 32 78.*

Paris 423 – Épinal 38 – Belfort 58 – Colmar 80 – Mulhouse 68 – St-Dié 63 – Vesoul 61.

🏠 **Relais Benelux-Bâle**, 69 r. Lorraine ℰ 03 29 24 35 40, benelux-bale@wanadoo.fr, Fax 03 29 24 40 47, ☆, 🌳 – 📺 ℰ ☜ **P**, **AE** **GB**
fermé 28 avril au 5 mai, 19 déc. au 5 janv. et dim. soir de sept. à juin – **Repas** (9) - 12 (déj.), 16/33, enf. 8 ♀ – ☷ 7 – **10 ch** 40/56 – ½ P 34/40.

◆ En bordure de route, chalet assez avenant, entièrement rénové et insonorisé. Chambres sobres, actuelles et bien équipées. Le restaurant, tenu depuis 1921 par la même famille, propose une cuisine traditionnelle et régionale. Agréable terrasse.

🏠 **Centre**, r. Église ℰ 03 29 24 34 73, hotelcentreperry@wanadoo.fr, Fax 03 29 24 45 26 – 📺 ℰ ☜ **P** – 🕌 20. **AE** ➊ **GB** **JCB**
fermé 5 au 14 juin, 2 au 11 oct., 20 déc. au 3 janv., dim. soir, lundi sauf juil.-août, fériés et sam. midi – **Repas** 12 (déj.), 21/58, enf. 10 ♀ – ☷ 8,50 – **9 ch** 28/54 – ½ P 38/49.

◆ À côté de l'église, maison mosellane très sobrement aménagée mettant à votre disposition des chambres simples et nettes. Atmosphère familiale. La rôtissoire installée dans la sobre salle à manger n'a plus qu'un rôle décoratif. Cuisine traditionnelle.

RUYNES-EN-MARGERIDE *15320 Cantal* 330 H4 – *648 h alt. 920.*

🛈 *Syndicat d'initiative, Le Bourg ℰ 04 71 23 43 32, Fax 04 71 23 45 80, ot-ruynes-margeride@wanadoo.fr.*

Paris 521 – Aurillac 85 – Le Puy-en-Velay 81 – St-Chély-d'Apcher 33 – St-Flour 15.

🏠 **Moderne,** ℰ 04 71 23 41 17, *hotel-moderne15@wanadoo.fr*, Fax 04 71 23 49 82, 🚗 –
🔳 ❤ 🅿 ⚙ AE GB

7 mars-mi-oct. – **Repas** 12/30, enf. 7,50 ♀ – � 6 – **20 ch** 32/42 – ½ P 39/43.
♦ Hostellerie traditionnelle tenue par la même famille depuis 1912. Les chambres, spacieuses et fonctionnelles, ont été rafraîchies. La salle de restaurant, bien que rajeunie, a conservé un petit côté "seventies" qui ne fait en rien obstacle à sa convivialité.

Les SABLES-D'OLONNE 🐌 *85100 Vendée* 🔢 *F8 G. Poitou Vendée Charentes – 15 532 h
alt. 4 – Casinos des Pins* **CY**, *Casino des Atlantes* **AZ.**

Voir *Le Remblai⋆*.

🏌 *des Olonnes à Olonne-sur-Mer* ℰ 02 53 33 16 16, *par* ② : *6 km* ; 🏌 *de Port-Bourgenay à
Talmont-St-Hilaire* ℰ 02 51 23 35 45, *par* ④ : *17 km.*

🛈 *Office de tourisme, 1 Promenade Joffre* ℰ 02 51 96 85 85, *Fax 02 51 96 85 71,
info@ot-lessablesdolonne.fr.*

Paris 456 ② – *Cholet 107* ② – *Nantes 102* ② – *Niort 115* ④ – *La Roche-sur-Yon 36* ②.

Plans page ci-contre

🏨 **Mercure** 🌊, au Lac de Tanchet par la corniche : 2,5 km ℰ 02 51 21 77 77, H1078@accor-
hotels.com, Fax 02 51 21 77 80, ≤, 😀, ⊘, 🛁, 🔲 – 🛗 ✦, ◼ ch, 🔳 ❤ ⚙ 🅿 – 🔬 30 à 120.
AE ① GB JCB. ✦ rest   CY f

fermé 11 au 24 janv. – **Repas** 25, enf. 10,70 ♀ – ⊏ 11 – **100 ch** 122/140 – ½ P 92/102.
♦ À quelques encablures du rivage, bâtiment moderne intégré au centre de thalassothérapie. Chambres actuelles ouvertes sur l'océan ou sur la pinède. Vue cent pour cent
grand large depuis le restaurant et la terrasse. Cuisine traditionnelle littorale.

🏨 **Atlantic Hôtel,** 5 prom. Godet ℰ 02 51 95 37 71, *info@atlantichotel.fr,*
Fax 02 51 95 37 30, ≤, 🔲 – 🛗 ◼ 🔳 ❤ – 🔬 15 à 20. AE ① GB   BY e
Sloop *(fermé déc., vend., dim. et midi d'oct. à mars)* **Repas** 19/45, enf. 10 – ⊏ 10 – **30 ch**
74/126 – ½ P 80/98.
♦ Entre sable et rochers, hôtel des années 1970 aux chambres rénovées ; certaines ont
une loggia. Salon aménagé autour de la piscine couverte d'un toit vitré en partie amovible.
Au restaurant, belle échappée sur l'océan et décor inspiré d'une cabine de bateau.

🏨 **Arundel** sans rest, 8 bd F. Roosevelt ℰ 02 51 32 03 77, *hotelarundel@wanadoo.fr,*
Fax 02 51 32 86 28 – 🛗 ✦ ◼ 🔳 ❤. AE ① GB   AZ k
fermé 18 déc. au 4 janv. – ⊏ 12 – **42 ch** 90/118.
♦ Belle situation face au casino pour cet établissement dont le nom évoque celui d'un
donjon devenu phare. Hall design décoré sur le thème marin. Chambres refaites.

🏨 **Roches Noires** sans rest, 12 prom. G. Clemenceau ℰ 02 51 32 01 71, *info@bw-lesroches
noires.com, Fax 02 51 21 61 00,* ≤ – 🛗 ◼ 🔳 ❤ ⚙. AE ① GB   BY s
⊏ 8,50 – **37 ch** 67/114.
♦ En bout de plage, près de la Corniche, chambres claires de bon confort ; choisissez
celles avec balcon. La salle des petits-déjeuners offre un joli panorama matinal.

🏨 **Admiral's** sans rest, pl. Jean-David Nau à Port Olona ℰ 02 51 21 41 41, *hotel.admiral@wa
nadoo.fr, Fax 02 51 32 71 23 –* 🛗 ✦ 🔳 ❤ ⚙ 🅿 – 🔬 25. AE ① GB JCB   AY q
⊏ 6,20 – **33 ch** 61/71.
♦ Construction récente proche des salines. Chambres spacieuses et calmes, dotées de
loggias ; certaines ont vue sur le port de plaisance d'où s'élance le Vendée Globe.

🏨 **Hirondelles** sans rest, 44 r. Corderies ℰ 02 51 95 10 50, *leshirondelles@wanadoo.fr,*
Fax 02 51 32 31 01 – 🛗 🔳 ⚙ 🅿 – 🔬 30. GB   BZ r
1ᵉʳ avril-30 sept. – ⊏ 8 – **31 ch** 61/65.
♦ Hôtel implanté à deux pas du Remblai au pied duquel se trouve la longue plage de sable
fin. Chambres rénovées dans des tons bleu et jaune.

🏠 **Calme des Pins,** 43 av. A. Briand ℰ 02 51 21 03 18, *calmedespins@wanadoo.fr,*
Fax 02 51 21 59 85 – 🛗 ✦ 🔳 ❤ ⚙ 🅿 – 🔬 30. GB. ✦ rest   CY v
15 mars-15 nov. – **Repas** (dîner seul.)(résidents seul.) 13/46, enf. 9,20 ♀ – ⊏ 8 – **46 ch**
68/85 – ½ P 58/60.
♦ Dans un secteur résidentiel, deux bâtisses encadrant une villa 1900. Chambres pratiques
aux couleurs pastel ; certaines sont dotées d'un balcon. Coquet salon sous verrière.

🏠 **Antoine,** 60 r. Napoléon ℰ 02 51 95 08 36, *antoinehotel@club-internet.fr,*
Fax 02 51 23 92 78 – 🔳 🚗. GB. ✦   AZ a
mi-mars-8 nov – **Repas** (dîner seul.)(résidents seul.) 20 – ⊏ 6,50 – **20 ch** 60 – ½ P 50.
♦ Ancienne demeure d'armateur (18ᵉ s.) située à mi-chemin du port et de la plage.
Chambres refaites dans les tons pastel et patio sommairement aménagé. Atmosphère
familiale.

🏠 **Ibis** sans rest, 44 av. Gén. de Gaulle ℰ 02 51 21 91 30, *Fax 02 51 21 91 31 –* 🛗 ✦ 🔳 ❤ ⚙.
AE ① GB JCB   BZ v
⊏ 6 – **61 ch** 79.
♦ Devant la gare, proche du centre-ville et de la plage : emplacement pratique pour cet
hôtel tout neuf. Les chambres répondent aux dernières normes - confort et décor - Ibis.

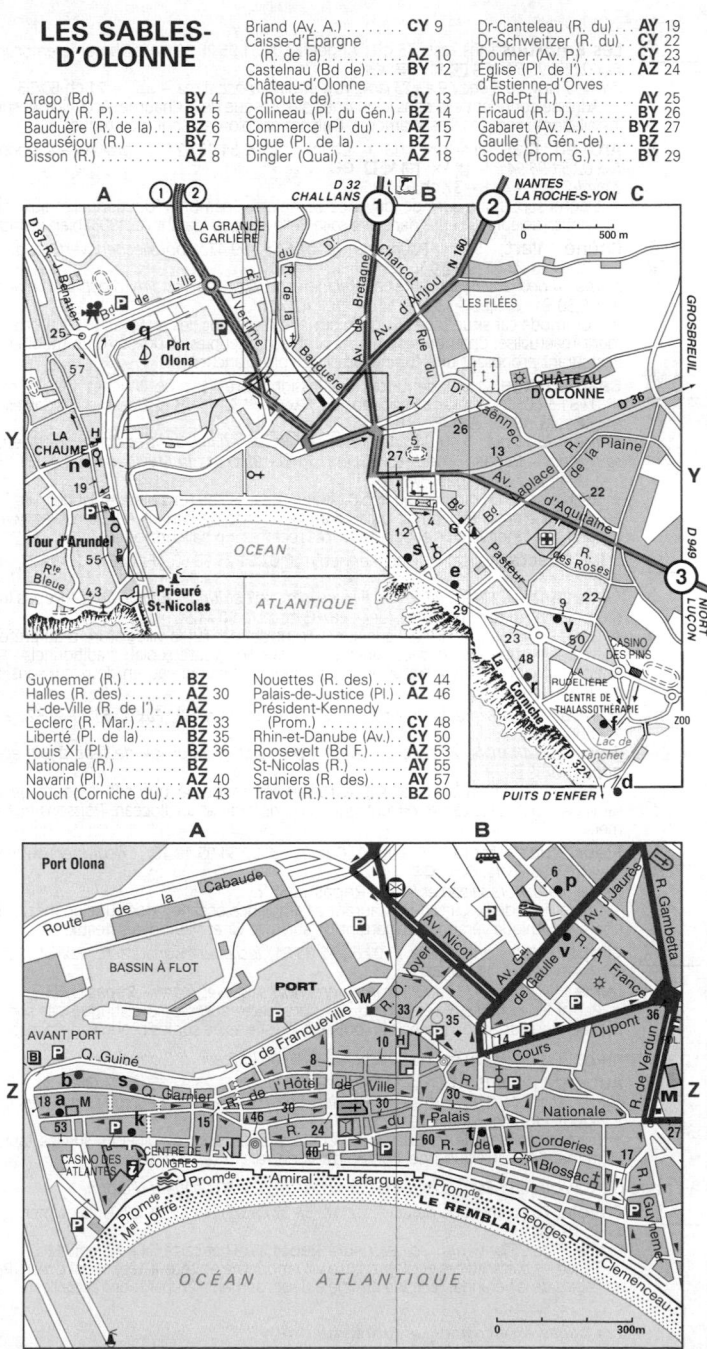

LES SABLES-D'OLONNE

Arago (Bd) .... **BY** 4
Baudry (R. P.) .... **BY** 5
Bauduère (R. de la) ... **BZ** 6
Beauséjour (R.) ...... **BY** 7
Bisson (R.) .... **AZ** 8

Briand (Av. A.) .... **CY** 9
Caisse-d'Epargne
  (R. de la) .... **AZ** 10
Castelnau (Bd de) .... **BY** 12
Château-d'Olonne
  (Route de) .... **CY** 13
Collineau (Pl. du Gén.) **BZ** 14
Commerce (Pl. du) .... **AZ** 15
Digue (Pl. de la) ..... **BZ** 17
Dingler (Quai) .... **AZ** 18

Dr-Canteleau (R. du) .. **AY** 19
Dr-Schweitzer (R. du) . **CY** 22
Doumer (Av. P.) ...... **CY** 23
Eglise (Pl. de l') ..... **AZ** 24
d'Estienne-d'Orves
  (Rd-Pt H.) .... **AY** 25
Fricaud (R. D.) ...... **BY** 26
Gabaret (Av. A.) ..... **BYZ** 27
Gaulle (R. Gén.-de) .. **BZ**
Godet (Prom. G.) .... **BY** 29

Guynemer (R.) .... **BZ**
Halles (R. des) .... **AZ** 30
H.-de-Ville (R. de l') .. **AZ**
Leclerc (R. Mar.) ..... **ABZ** 33
Liberté (Pl. de la) .... **BZ** 35
Louis XI (Pl.) .... **BZ** 36
Nationale (R.) .... **BZ**
Navarin (Pl.) .... **AZ** 40
Nouch (Corniche du) .. **AY** 43

Nouettes (R. des) .... **CY** 44
Palais-de-Justice (Pl.) . **AZ** 46
Président-Kennedy
  (Prom.) .... **CY** 48
Rhin-et-Danube (Av.) . **CY** 50
Roosevelt (Bd F.) .... **AZ** 53
St-Nicolas (R.) ...... **AY** 55
Sauniers (R. des) .... **AY** 57
Travot (R.) .... **BZ** 60

🏠 **Les Embruns** sans rest, 33 r. Lt Anger ℰ 02 51 95 25 99, *info@hotel-lesembruns.com*, Fax 02 51 95 84 48 – 📺 📞 GB. ✖ AY **n**
fermé 7 nov. au 5 déc., 9 au 23 janv., fév. et dim. d'oct. à mai – 🖙 7 – **21 ch** 50/55.
♦ Adresse confidentielle dans le quartier pittoresque de la Chaume. Accueil tout sourire et installations rénovées. Les chambres, fraîches et colorées, sont bien tenues.

🏠 **Arc en Ciel** sans rest, 13 r. Chanzy ℰ 02 51 96 92 50, *info@arcencielhotel.com*, Fax 02 51 96 94 87 – 📶 ✜ 📺 📞 🅿. GB BZ **t**
3 avril-7 nov. – 🖙 8 – **37 ch** 62/69,50.
♦ L'hôtel sort d'une cure de jouvence complète. Chambres fonctionnelles aux tons pastel ; petits-déjeuners servis dans une salle Belle Époque (datant de 1903) bien restaurée.

🏠 **Chêne Vert**, 5 r. Bauduère ℰ 02 51 32 09 47, *hotellechenevert@hotmail.com*, Fax 02 51 21 29 65 – 📶 📺 📞. 🆎 GB. ✖ BZ **p**
fermé 24 déc. au 15 janv. – **Repas** *(fermé vend. soir, sam. et dim. d'oct. à fin mai)* 9,50/20, enf. 6,50 🍴 – 🖙 5,80 – **33 ch** 47/52 – ½ P 42/47.
♦ Commode car situé face à la gare, cet établissement des années 1970 est progressivement réactualisé. Chambres de bonne ampleur, rajeunies et dotées d'un mobilier ancien. Restaurant proposant une cuisine familiale à prix plancher.

XXX **Beau Rivage**, 1 bd de Lattre de Tassigny, près Lac de Tanchet (par la corniche) ℰ 02 51 32 03 01, *b.rivage@wanadoo.fr*, Fax 02 51 32 46 48, ≤ Océan et les Sables – 📶 ▤ ⇦ 🅿 – 🔏 10. 🆎 ⓞ GB JCB CY **d**
fermé 4 au 18 oct., 3 au 24 janv., lundi sauf le soir en juil.-août et dim. soir de sept. à juin sauf fériés – **Repas** 41 (déj.), 65/83, enf. 21 🍴 - *Bistrot ''la Mytiliade''* ℰ 02 51 95 47 47 (rez-de-chaussée) **Repas** 21/36 🍴.
♦ Restaurant panoramique au ''look'' design rehaussé de tons bleus et jaunes. Les fumeurs ne s'adonneront à leur plaisir qu'au fumoir. Cuisine de la mer. Au Bistrot ''la Mytiliade'', décor contemporain chic et appétissantes recettes aux saveurs iodées.

XX **Villa Dilecta** (Vallée), 15 bd Kennedy ℰ 02 51 23 85 68, Fax 02 51 23 89 53, ≤ – 🆎 GB CY **r**
❀
fermé 29 nov au 6 déc., 23 fév. au 8 mars, dim. soir et lundi sauf juil.-août – **Repas** (nombre de couverts limité, prévenir) 20 (déj.), 28/85 et carte 50 à 65 🍴.
♦ Cette élégante villa (1920) bâtie sur le front de mer fut la villégiature d'un préfet. Belle cheminée et meubles Art déco agrémentent la salle ; goûteux plats traditionnels.
Spéc. Huîtres pochées à l'infusion de citron vert. Pigeonneau en deux cuissons. Soufflé glacé à la nougatine.

XX **Loulou**, 19 rte Bleue, la Chaume : 4 km ℰ 02 51 21 32 32, Fax 02 51 21 32 32, ≤ Mer et Rochers – GB
fermé 7 au 18 mars, 27 sept. au 18 oct., dim. soir et jeudi soir de sept. à juin et lundi – **Repas** 20/58 🍴.
♦ Superbe situation pour ce sobre restaurant moderne bordant la route de la côte sauvage : toutes les tables offrent une vue imprenable sur l'océan. Poissons et fruits de mer.

XX **Fleur des Mers**, 5 quai Guiné ℰ 02 51 95 18 10, *fleur.mers@wanadoo.fr*, Fax 02 51 96 96 10, ☼ – GB AZ **s**
fermé mardi hors saison et lundi – **Repas** 12/35 🍴.
♦ Sur le port, deux salles de restaurant à l'ambiance océane - dont une en mezzanine - et une sympathique véranda permettant de suivre le va-et-vient des bateaux.

XX **Clipper**, 19 bis quai Guiné ℰ 02 51 32 03 61, *leclipper@wanadoo.fr*, Fax 02 51 95 21 28, ☼ – 🔏 15. 🆎 ⓞ GB AZ **b**
fermé 1er au 13 déc., 17 au 28 mars, merc. hors saison et mardi – **Repas** 17/35 🍴.
♦ Parmi les nombreux restaurants du port, cette adresse se distingue par son décor : parquet couleur acajou et chaises Louis XVI. Cuisine axée sur les produits de la mer.

La Pironnière *Sud-Est : 4 km par la corniche* – ✉ 85100 Château-d'Olonne :

XX **Auberge Robinson**, 51 r. du Puits d'Enfer ℰ 02 51 23 92 65, ☼ – GB
fermé 20 oct. au 4 nov., 10 au 25 fév., dim. soir, mardi soir et merc. de sept. à juin, mardi en juil.-août – **Repas** 19 (déj.), 27/55 🍴.
♦ Façade tapissée de verdure, intérieur rustique cossu et bibelots sur les tables font l'agrément de cette auberge. Cuisine traditionnelle et terrasse d'été.

à l'anse de Cayola *Sud-Est : 7 km par la Corniche* – ✉ 85180 Château-d'Olonne :

XXX **Cayola**, 76 promenade de Cayola ℰ 02 51 22 01 01, Fax 02 51 22 08 28, ≤ mer, ☐, ☀ – ▤ 🅿. 🆎 GB
fermé 1er au 25 janv., dim. soir et lundi – **Repas** 25/87 et carte 51 à 72, enf. 12 🍴.
♦ De larges baies vitrées éclairent cette villa moderne en tête-à-tête avec l'océan. Préférez les tables de la véranda, face à la piscine à débordement. Préparations actuelles.

Les pages explicatives de l'introduction
vous aideront à mieux profiter de votre **Guide Michelin.**

SABLES-D'OR-LES-PINS 22 C.-d'Armor **309** H3 G. Bretagne – ⊠ 22240 Fréhel.

🏌 des Sables-d'Or à Fréhel 𝄞 02 96 41 42 57, S : 1 km.

🚩 Office de tourisme, Le bourg 𝄞 02 96 41 53 81, Fax 02 96 41 59 46, otfrehel@wanadoo.fr.

Paris 437 – St-Brieuc 39 – St-Malo 40 – Dinan 42 – Dol-de-Bretagne 60 – Lamballe 26.

🏠🏠 **Manoir St-Michel** 🈯 sans rest, Est : 1,5 km par D 34 𝄞 02 96 41 48 87, *manoir-st-mich el@fournel.de*, Fax 02 96 41 41 55, 🚗 – 📺 🅿 ☺
3 avril-27 sept. – ☲ 7 – **17 ch** 43/106, 3 duplex.

◆ Dominant la plage, beau manoir du 16ᵉ s. entouré d'un vaste parc avec plan d'eau (pêche autorisée). Les chambres, spacieuses et douillettes, gardent leur charme d'antan.

🏠🏠 **Voile d'Or – La Lagune** (Hellio), 𝄞 02 96 41 42 49, *la-voile-dor@wanadoo.fr*, Fax 02 96 41 55 45, ≤ – 📺 🍴 ᚖ 🅿 ⬚ ☺
🟦 15 mars-15 nov. – **Repas** (fermé lundi sauf le soir du 10 juil. au 6 sept., mardi midi et merc midi hors saison) 32 (déj.), 44/90 ☲ – ☲ 17 – **22 ch** 97/213 – ½ P 99/158.

◆ Aux portes de la station, chambres sobrement décorées ou rénovées dans un plaisant style contemporain ; certaines regardent l'aber. Beau restaurant design tourné d'un côté sur la lagune, de l'autre sur le spectacle des cuisines. Goûteuses recettes régionales.
Spéc. Huîtres chaudes au pommeau. Homard breton cuit au beurre salé. Soufflé aux fruits de saison.

🏠🏠 **Diane,** 𝄞 02 96 41 42 07, *hoteldiane@wanadoo.fr*, Fax 02 96 41 41 42 67, ⌂, ⅃ᓂ, 🚗 – 🛗 📺 ᚖ 🅿 ⬚ ☺
1ᵉʳ avril-2 nov. – **Repas** (fermé merc. midi et mardi hors saison) 26/41 ☲ – ☲ 9 – **27 ch** 72/90 – ½ P 66/75.

◆ Sur l'axe principal de la localité, grande bâtisse dans le style du pays abritant des chambres fonctionnelles. Jardin fleuri complété de plantes aromatiques. Menus tradition-nels et produits de la mer servis dans une salle à manger rustique et sous une véranda.

🏠🏠 **Manoir de la Salle** 🈯 sans rest, r. Lac - Sud-Ouest : 1 km par D 34 ⊠ 22240 Plurien 𝄞 02 96 72 38 29, *christian.labruyere@manoir-de-la-salle.com*, Fax 02 96 72 00 57, 🚗 – 📺 🍴 🅿 ☺
1ᵉʳ avril-30 sept. – ☲ 6,80 – **14 ch** 48/120.

◆ En léger retrait de la route, noble demeure du 16ᵉ s. et ses petites dépendances. Salle des petits-déjeuners au caractère préservé ; chambres modernes, sobrement décorées.

🏠 **Morgane** sans rest, 𝄞 02 96 41 46 90, Fax 02 96 41 57 85, 🚗 – 📺 🅿 ☺
1ᵉʳ mai-30 sept. – ☲ 9 – **19 ch** 65/78.

◆ Cet hôtel familial possède un agréable jardin ombragé de pins. Chambres déjà anciennes, mais de bon confort. Salon aménagé dans la véranda.

🈯 **Pins,** 𝄞 02 96 41 42 20, Fax 02 96 41 59 02, 🚗 – 🆎 ☺, ⌦ rest
3 avril-30 sept. – **Repas** 15,50/33,50, enf. 8 – ☲ 8 – **22 ch** 40/56 – ½ P 48/54.

◆ Proximité de la plage, accueil sympathique, grand jardin avec balançoire et modestes chambres bien tenues définissent cette pension où règne une ambiance très familiale. Au restaurant : coquillages, crustacés et poissons fraîchement pêchés. Cadre tout simple.

SABLÉ-SUR-SARTHE 72300 Sarthe **310** G7 G. Châteaux de la Loire – 12 716 h alt. 29.

🏌 de Sablé Solesmes 𝄞 02 43 95 28 78, S : 6 km par D 159.

🚩 Office de tourisme, rue Raphaël-Elizé 𝄞 02 43 95 00 60, Fax 02 43 92 60 77, office.tou risme@sable-sur-sarthe.com.

Paris 252 – Angers 64 – La Flèche 27 – Laval 44 – Le Mans 61 – Mayenne 60.

✕✕ **Hostellerie St-Martin,** 3 r. Haute St-Martin 𝄞 02 43 95 00 03, *st-martin4@wanadoo.fr*, ☺ ⌂ – 🆎 ⓞ ☺ 🈀 ⌦
fermé 19 juil. au 1ᵉʳ août, dim. soir, merc. soir et lundi – **Repas** 15/31.

◆ Les murs d'un prieuré sabolien du 18ᵉ s. qui serait, dit-on, relié au château par un souterrain... Terrasse ombragée. Cuisine traditionnelle.

à Solesmes Nord-Est : 3 km par D 22 – 1 384 h. alt. 28 – ⊠ 72300 .

Voir Statues des "Saints de Solesmes"★★ dans l'église abbatiale★ (chant grégorien) – Pont ≤★.

🏠🏠 **Grand Hôtel,** 16 Pl., Dom Guéranger 𝄞 02 43 95 45 10, Fax 02 43 95 22 26, ⅃ᓂ – 🛗 📺 🅿 – 🕸 50. 🆎 ⓞ ☺
Repas (fermé dim. soir de nov. à mars) 40/68 ☲ – ☲ 11 – **34 ch** 78/110 – ½ P 85/90.

◆ Face à l'abbaye St-Pierre où vous pourrez entendre des chants grégoriens, confortable hôtel aux chambres spacieuses et colorées, parfois dotées d'un balcon. Décor actuel, cuisine classique actualisée et desserts gourmands vous attendent au restaurant.

au Golf Sud-Ouest : 5 km par rte de Pincé (D 159) et rte secondaire – ⊠ 72300 Sablé-sur-Sarthe :

✕✕ **Martin Pêcheur,** 𝄞 02 43 95 97 55, Fax 02 43 92 37 10, ≤, ⌂ – 🗔 🅿 ☺
fermé vacances de fév., dim. soir, mardi soir et lundi – **Repas** 20/45 ☲.

◆ Entre forêt et rivière, grande bâtisse moderne bordant le parcours d'un golf 27 trous. Plusieurs espaces de restauration : traditionnelle, club-house et salons-bar.

SABRES *40630 Landes* **335** G10 *G. Aquitaine – 1 107 h alt. 78.*

Voir *Ecomusée★ de la grande Lande NO : 4 km.*

Paris 676 – Arcachon 92 – Bayonne 111 – Bordeaux 94 – Mimizan 41 – Mont-de-Marsan 36.

🏥 **Auberge des Pins** ⌂,, *ℰ* 05 58 08 30 00, *aubergedespins@wanadoo.fr,* Fax 05 58 07 56 74, 🈂, 🈸 – ⅙ 📺 📞 📭 – 🏛 25. 🆎 🆖, 🌮 ch
fermé 4 au 24 janv., lundi midi sauf fériés, dim. soir et lundi soir sauf juil.-août – **Repas** 19 (déj.), 22/62 ♈ – ♋ 12 – **25 ch** 60/120 – ½ P 59/82.

♦ Grande maison landaise à colombages dans un beau parc arboré. Jolies chambres rénovées et personnalisées ; celles de l'annexe sont plus simples. Salon "cosy". Boiseries et mobilier régional ancien font le cachet du restaurant. Cuisine du pays.

SACHÉ *37 I.-et-L.* **317** M5 – *rattaché à Azay-le-Rideau.*

SACLAY *91 Essonne* **312** C3 **101** ㉔ – *Voir à Paris, Environs.*

SAIGNON *84 Vaucluse* **332** F10 – *rattaché à Apt.*

SAILLAGOUSE *66800 Pyr.-Or.* **344** D8 *G. Languedoc Roussillon – 820 h alt. 1309.*

Voir *Gorges du Sègre★ E : 2 km.*

🛈 *Office de tourisme, ℰ* 04 68 04 72 89, *Fax* 04 68 04 05 57, *mairie-saillagouse@wana doo.fr.*

Paris 855 – Bourg-Madame 10 – Font-Romeu-Odeillo-Via 12 – Mont-Louis 12 – Perpignan 93.

🏥 **Planes** *(La Vieille Maison Cerdane), ℰ* 04 68 04 72 08, *hotelplanes@wanadoo.fr,* 🏘 Fax 04 68 04 75 93 – 🛗 📺 📞 🆎 ⓞ 🆖
fermé 15 mars au 2 avril et 4 nov. au 17 déc. – **Repas** 21/40, enf. 8 – ♋ 8 – **19 ch** 41/52 – ½ P 54/56.

♦ Cet ancien relais de diligences situé au coeur du village est une véritable institution. Chambres de style catalan. Généreuse cuisine du pays servie dans l'agréable décor régional du restaurant. Bar-brasserie : plats de comptoir et spécialités maison.

Annexe Planotel ⌂,, ≼, 📠, 🔲, 🈂 – 📺 📭 🆎 ⓞ 🆖
juin-fin sept. et vacances de Noël et fév. – **Repas** voir *H. Planes* – ♋ 9 – **20 ch** 51/58 – ½ P 55/59.

♦ Bâtisse des années 1970, idéale pour se détendre au calme. Toutes les chambres bénéficient d'une récente rénovation et de balcons (sauf deux). Piscine avec toit coulissant.

à Llo *Est : 3 km par D 33 – 133 h. alt. 1424 –* ✉ *66800 .*

Voir *Site★.*

🏥 **L'Atalaya** ⌂,, *ℰ* 04 68 04 70 04, *atalaya66@aol.com, Fax* 04 68 04 01 29, ≼, 🈂, 🔲 – 📺 📭 🆖, 🌮 rest
14 avril-2 nov., vacances de Noël et fév. – **Repas** *(fermé le midi en semaine)* 29/50 – ♋ 12 – **13 ch** 90/140 – ½ P 88/110.

♦ Accrochée à la montagne cerdane, jolie auberge où règne une plaisante atmosphère de maison d'hôte. Chambres raffinées et personnalisées ; beau mobilier. Piscine panoramique. Chatoyante salle à manger campagnarde. Carte classique et saveurs du terroir.

SAILLÉ *44 Loire-Atl.* **316** B4 – *rattaché à Guérande.*

ST-AFFRIQUE *12400 Aveyron* **338** J7 *G. Languedoc Roussillon – 7 507 h alt. 325.*

Env. *Roquefort-sur-Soulzon : caves de Roquefort★, rocher St-Pierre ≼★.*

🛈 *Office de tourisme, boulevard de Verdun ℰ* 05 65 98 12 40, *Fax* 05 65 98 12 41, *info.st-affrique@roquefort.com.*

Paris 662 – Albi 81 – Castres 92 – Lodève 66 – Millau 25 – Rodez 80.

🏨 **Moderne,** 54 av. A. Pezet *ℰ* 05 65 49 20 44, *hotel-restaurant-le-moderne@wanadoo.fr,* Fax 05 65 49 36 55, 🈂 – 📺 ⓞ 🆖
fermé 20 déc. au 18 janv. – **Repas** (13) · 16/48, enf. 9 ♈ – ♋ 7 – **28 ch** 35/68,50 – ½ P 45/55.
♦ Cet hôtel familial voisin de l'ancienne gare dispose de chambres sobrement fonctionnelles et bien tenues. Expositions de peintures. Cuisine régionale et plateau de fromages composé d'un grand choix de roqueforts issus de différentes caves.

Si le coût de la vie subit des variations importantes,
les prix que nous indiquons peuvent être majorés.
Lors de votre réservation à l'hôtel, faites-vous préciser le prix définitif.

ST-AFFRIQUE-LES-MONTAGNES 81290 Tarn 𝟯𝟯𝟴 F9 – 600 h alt. 244.

Paris 741 – Toulouse 75 – Albi 55 – Carcassonne 53 – Castres 12.

🏠 **Domaine de Rasigous** ⌘, Sud : 2 km par D 85 ℰ 05 63 73 30 50, info@domainederasi
gous.com, Fax 05 63 73 30 51, ㍿, ⌇, ⌘– 📺 ⅋ ⅌, 🅖🅑. ✎
15 mars-15 nov. – **Repas** (fermé merc.) (1/2 pens. seul.) – ⌇ 10 – **8 ch** 75/120 – ½ P 72,50/
80.
 ♦ Le cadre isolé verdoyant et le nombre restreint des chambres font de cette demeure du
19ᵉ s. un havre de sérénité. Intérieur décoré avec recherche, ambiance "guesthouse".

ST-AGNAN 58230 Nièvre 𝟯𝟭𝟵 H8 – 163 h alt. 525.

Paris 242 – Autun 53 – Avallon 33 – Clamecy 63 – Nevers 98 – Saulieu 15.

🏠 **Vieille Auberge,** ℰ 03 86 78 71 36, lavieiileaubergehotelre@minitel.net,
Fax 03 86 78 71 57 – 📺 ⅋ ⅌. 🅖🅑
fermé 25 nov. au 26 déc., 10 janv. au 10 fév., lundi sauf le midi en juil.-août et mardi – **Repas**
17/35, enf. 9 ⅌ – ⌇ 7,50 – **8 ch** 42/44 – ½ P 45.
 ♦ Près d'un lac, ancien café-épicerie converti en auberge familiale. Pimpantes chambres
rénovées, au confort toutefois simple. Salle à manger rustique agrémentée d'une cheminée en pierre. Service aux petits soins et cuisine authentiquement régionale.

ST-AGRÈVE 07320 Ardèche 𝟯𝟯𝟭 I3 G. Vallée du Rhône – 2 688 h alt. 1050.

Voir Mont Chiniac ⇐⋆⋆.

🄳 Office de tourisme, Hôtel de ville ℰ 04 75 30 15 06, Fax 04 75 30 60 93, ot-stagr@info-
routes-ardeche.fr.

Paris 582 – Aubenas 68 – Lamastre 21 – Privas 64 – Le Puy-en-Velay 51 – St-Étienne 69.

❀❀ **Domaine de Rilhac** (Sinz) ⌘ avec ch, Sud-Est : 2 km par D 120, D 21 et rte secondaire
❀ ℰ 04 75 30 20 20, hotel_rilhac@yahoo.fr, Fax 04 75 30 20 00, ⇐, ㍿ – 📺 ⅋ ⅌. 🅐🅔 🅞 🅖🅑
fermé 20 déc. au 10 mars, mardi soir, jeudi midi et merc. – **Repas** 23 (déj.), 36/68 et carte 41
à 64, enf. 15 ⅌ – ⌇ 14 – **7 ch** 94/109 – ½ P 111/117.
 ♦ Repos assuré dans cette ancienne ferme ardéchoise perdue dans la campagne.
Coquettes chambres provençales. Cuisine au goût du jour à savourer face au Gerbier-
de-Jonc.
 Spéc. Salade de truite fario marinée aux petits légumes (printemps-été). Carpaccio de
boeuf au vin de Cornas. Nougat glacé aux marrons confits. **Vins** Viognier de l'Ardèche,
Cornas.

❀ **Cévennes** avec ch, 10 pl. République ℰ 04 75 30 10 22, Fax 07 75 30 10 22 – 📺 ⅌. 🅖🅑.
✎ rest
fermé 1ᵉʳ au 15 mars, 22 au 30 sept. et 3 au 20 nov. – **Repas** (fermé lundi soir et mardi) (11) -
14 (déj.), 16/33 ⅌ – ⌇ 8 – **6 ch** 46/58 – ½ P 52.
 ♦ Maison familiale modeste mais bien tenue située au centre du village. Plats du terroir
dans la salle "tout bois" ou repas rapides au café. Chambres neuves.

ST-AIGNAN 41110 L.-et-Ch. 𝟯𝟭𝟴 F8 G. Châteaux de la Loire – 3 542 h alt. 115.

Voir Crypte⋆⋆ de l'église⋆ – Zoo Parc de Beauval⋆ S : 4 km.

🄳 Office de tourisme, place Wilson ℰ 02 54 75 22 85, Fax 02 54 75 50 26, ot.st-aignan@wa
nadoo.fr.

Paris 221 – Tours 62 – Blois 41 – Châteauroux 65 – Romorantin-Lanthenay 36 – Vierzon 70.

🏠 **Hostellerie Le Clos du Cher,** Nord : 1 km par D 675 ✉ 41140 Noyers-sur-Cher
ℰ 02 54 75 00 03, accueil@closducher.com, Fax 02 54 75 03 79, ㍿, ⌘ – 📺 ⅋ ⅌. 🅐🅔 🅖🅑
fermé 5 janv. au 1ᵉʳ fév. – **Repas** (fermé jeudi du 15 oct. au 15 mars) 16 (déj.), 25/40, enf. 10 –
⌇ 9,20 – **10 ch** 60/89 – ½ P 61/74.
 ♦ Maison de maître datant du 19ᵉ s. entourée d'un parc arboré. Les chambres portent des
noms de châteaux ; elles sont un peu désuètes mais bien tenues. La salle de restaurant,
aménagée dans les anciens communs, a été redécorée dans des tons ensoleillés.

🏠 **Grand Hôtel,** 7-9 quai J.-J Delorme ℰ 02 54 75 18 04, grand.hotel.st.aignan@wanadoo.f
⊜ r, Fax 02 54 75 12 59, ⇐ – ⌘ – ⍓ 25. 🅐🅔 🅞 🅖🅑
fermé 15 au 29 nov., 13 au 28 fév., dim. soir, lundi et mardi midi de nov. à fin mars – **Repas**
(12) - 15/34 ⅌ – ⌇ 7,50 – **20 ch** 24/59 – ½ P 34/54.
 ♦ En bordure du Cher, mais aussi de la route, grande demeure à la façade tapissée de
vigne vierge. Chambres simples, souvent avec vue sur la rivière. Plaisante salle à manger :
sage décor rustique, lustres en roue de charrette et cheminée. Carte traditionnelle.

Écrivez-nous...
Vos louanges comme vos critiques seront examinées avec le plus grand soin.
Nous reverrons sur place les informations que vous nous signalez.
Par avance merci !

ST-ALBAN-LES-EAUX 42370 Loire 327 C3 – 953 h alt. 410.

Paris 390 – Lapalisse 45 – Montbrison 56 – Roanne 12 – St-Étienne 86 – Thiers 56 – Vichy 61.

XX **Petit Prince,** ℘ 04 77 65 87 13, Fax 04 77 65 96 88, 🍴 – 🖭 ⴳⴲ
fermé 23 au 31 août, 4 au 26 oct., 21 fév. au 2 mars, mardi de sept. à mars, dim. soir et lundi
– **Repas** 20/33 ♈.
◆ L'histoire de cette maison de vignerons bâtie en 1534 vous est contée sur la carte du
restaurant. Cuisine au goût du jour, arrosée d'un cru de la Côte Roannaise.

ST-ALBAN-SUR-LIMAGNOLE 48120 Lozère 330 I6 – 1 598 h alt. 950.

🖪 Office de tourisme, le château route de l'horloge ℘ 04 66 31 57 01, Fax 04 66 31 58 70,
office-de-tourisme-st-alban@wanadoo.fr.
Paris 552 – Espalion 72 – Mende 40 – Le Puy-en-Velay 75 – St-Chély-d'Apcher 12.

🏠 **Relais St-Roch** ⴳ, Château de la Chastre ℘ 04 66 31 55 48, rsr@relais-saint-roch.fr,
Fax 04 66 31 53 26, 🛆, 🌳 – 🖭 ⴳ ✕ 🅿 – 🅰 15. 🖭 ⓞ ⴳⴲ 🄹🄲🄱
8 avril-3 oct. voir rest. **Petite Maison** ci-après – ⴲ 12 – **9 ch** 120/180.
◆ Cette gentilhommière du 19ᵉ s. en granit rose vous accueille dans de ravissantes
chambres personnalisées offrant la vue sur les collines. Confortable salon.

X **Petite Maison,** av. Mende ℘ 04 66 31 56 00, rsr@relais-saint-roch.fr, Fax 04 66 31 53 26
– 🍽, 🖭 ⓞ ⴳⴲ 🄹🄲🄱
8 avril-3 oct. et fermé merc. midi en été, lundi sauf le soir en juil.-août et mardi midi –
Repas (20) - 28/68, enf. 26 ♐.
◆ Cuisine régionale et spécialités de viande de bison servies dans le cadre chaleureux
d'une "Petite Maison" villageoise. Vins du Languedoc-Roussillon ; belle cave à whiskies.

ST-AMANDIN 15190 Cantal 330 E2 – 245 h alt. 840.

Paris 495 – Aurillac 85 – Clermont-Ferrand 80 – Ussel 53.

X **L'Amandine,** ℘ 04 71 78 02 83, Fax 04 71 78 02 83, 🍴 – 🅿. ⴳⴲ
🍴 fermé 11 au 30 nov., 20 janv. au 5 fév. et lundi – **Repas** 9,90/30 ♈.
◆ Dans l'enceinte d'un camping, mais nullement gêné par la proximité des tentes, restaurant clair et coloré, sous charpente. Cuisine du terroir mettant à l'honneur la gentiane.

ST-AMAND-MONTROND ⴲ 18200 Cher 323 L6 G. Berry Limousin – 11 447 h alt. 160.

Voir Abbaye de Noirlac★★ 4 km par ⑥.
Env. Château de Meillant★★ 8 km par ①.
🖪 Office de tourisme, place de la République ℘ 02 48 96 16 86, Fax 02 48 96 46 64,
O.T.Stamand.Orval@wanadoo.fr.
Paris 282 ⑤ – Bourges 52 ⑤ – Châteauroux 65 ⑤ – Montluçon 56 ④ – Nevers 70 ③.

Plan page ci-contre

🏨 **Noirlac,** rte Bourges par ⑥ : 2 km ℘ 02 48 82 22 00, lenoirlac@worldonline.fr,
🍴 Fax 02 48 82 22 01, 🍴, 🛆, 🌳, ✕ – 🍽 rest, 🖭 ⴳ 🅿 – 🅰 30. 🖭 ⴳⴲ
fermé 24 déc. au 9 janv. – **Repas** (fermé vend. soir, sam. midi et dim. soir de mi-nov. à
Pâques) (13) - 16,50/25,50, enf. 7 ♈ – ⴲ 6,50 – **43 ch** 57/63 – ½ P 51.
◆ Chambres fonctionnelles colorées, salon redécoré dans un bel esprit design (sculptures
et peintures contemporaines), équipements complets pour séminaires, practice de golf...
Le restaurant affiche un goût prononcé pour l'art moderne. Cuisine traditionnelle.

🏨 **Mercure L'Amandois,** 7 r. H. Barbusse ℘ 02 48 63 72 00, H1890@accor-hotels.com,
🍴 Fax 02 48 96 77 11 – 📳, 🍽 rest, 🖭 ⴳ 🅿 – 🅰 30. 🖭 ⓞ ⴳⴲ B r
Repas (10) - 15/30, enf. 8 ♈ – ⴲ 7,50 – **43 ch** 61/69.
◆ Petit relais de chaîne à l'esprit familial, idéalement situé, surtout fréquenté par la
clientèle d'affaires. Chambres actuelles et bien équipées. Tenue sans reproche. Salle à
manger relookée. À table, prestations Mercure habituelles, avec le sourire.

XX **St-Jean,** 1 r. Hôtel-Dieu ℘ 02 48 96 39 82, lesaintjean@wanadoo.fr, Fax 02 48 60 52 70 –
🍴 ⴳⴲ B f
fermé 20 sept. au 6 oct., 7 au 16 fév., dim. soir, lundi, mardi, merc. et jeudi – **Repas** 17/25,
enf. 10 ♈.
◆ Engageante maison régionale, accueil attentif, coquette salle avec poutres et tissus
tendus, cuisine inventive soignée : autant de bonnes raisons de s'y attabler !

XX **Poste Le Relais** avec ch, 9 r. Dr Vallet ℘ 02 48 96 27 14, Fax 02 48 96 97 74 – 🖭 🅿. 🖭
B d
fermé 1ᵉʳ au 15 janv., dim. soir et lundi de mi-sept. à fin juin, lundi midi et vend. midi de juin
à mi-sept. – **Repas** 23/27 ♈ – ⴲ 7 – **16 ch** 45/55 – ½ P 68.
◆ Cet ancien relais de poste daterait de 1584. La salle à manger, égayée d'une fresque
évoquant la campagne berrichonne, a conservé ses jolis colombages. Cuisine traditionnelle.

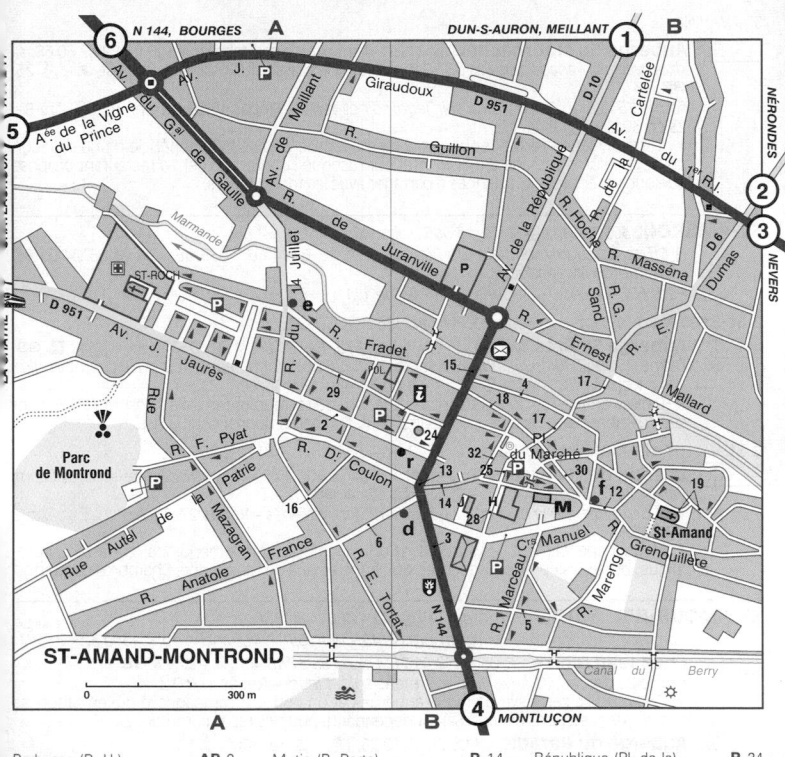

ST-AMAND-MONTROND

Barbusse (R. H.)	**AB** 2	Mutin (R. Porte)	**B** 14	République (Pl. de la)	**B** 24
Constant (R. B.)	**B** 3	Nationale (R.)	**B** 15	Rochette (R.)	**B** 25
Contrescarpe (R.)	**B** 4	Petit-Vougan (R. du)	**A** 16	Valette (R. J.)	**B** 28
Desaix (R.)	**B** 5	Pont-Pasquet		Victoires (R. des)	**AB** 29
Dr-Vallet (R. du)	**A** 6	(R. du)	**B** 17	Vieilles-Prisons	
Hôtel-Dieu (R. de l')	**B** 12	Porte-de-Bourges (R.)	**B** 18	(R. des)	**B** 30
Mutin (Pl.)	**B** 13	Porte-Verte (R.)	**B** 19	Zola (R. Emile)	**B** 32

XX **Croix d'Or** avec ch, 28 r. 14-Juillet ℘ 02 48 96 09 41, Fax 02 48 96 72 89 – 📺. ⅁⅄
fermé vend. soir et sam. midi de nov. à mars sauf fériés – **Repas** 20/53 – ☲ 6,50 – **11 ch**
30/54. A e
♦ Cuisine traditionnelle proposée dans une sobre salle à manger ou dans des salons
particuliers (sur demande). Chambres simples, correctement équipées.

à Noirlac par ⑥ et D 35 : 4 km – ⊠ 18200 St-Amand-Montrond :

X **Auberge de l'Abbaye de Noirlac,** ℘ 02 48 96 22 58, auberge-abbaye-de-noirlac@w
anadoo.fr, Fax 02 48 96 86 63, ⇆ – ⅁⅄
19 fév.-15 nov. et fermé mardi soir et merc. sauf juil.-août – **Repas** 17/28 ♈.
♦ Petite auberge sise dans une chapelle des voyageurs du 12ᵉ s. Salle à manger avec
poutres et tomettes ; terrasse tournée vers l'abbaye cistercienne. Cuisine du terroir.

à Bruère-Allichamps par ⑥ : 8,5 km – 573 h. alt. 170 – ⊠ 18200 :

🏠 **Les Tilleuls,** rte Noirlac ℘ 02 48 61 02 75, Fax 02 48 61 08 41, ⇆ – 📺 ✆ 🅟. ⅁⅄. ✄ ch
fermé 21/06 au 30/06, 12 au 20/10, 21 au 31/12, 19/01 au 6/03, vend. soir et dim. soir hors
sais. et lundi – **Repas** 21/35, enf. 10 ♈ – ☲ 6,50 – **11 ch** 45/48 – ½ P 46,50/48,50.
♦ Sur la route touristique longeant le Cher, bâtisse située au calme, face à la campagne.
Chambres bien entretenues. En vous attablant aux Tilleuls, vous vous offrirez une halte
gourmande à un prix très digeste. Terrasse dans le jardin.

ST-AMARIN 68550 H.-Rhin ❸❶❺ G9 – 2 440 h. alt. 410.
🛈 Office de tourisme, 81 rue Charles-de-Gaulle ℘ 03 89 82 13 90, Fax 03 89 82 76 44,
contact@ot-saint-amarin.com.
Paris 461 – Mulhouse 30 – Belfort 52 – Colmar 53 – Épinal 76 – Gérardmer 40.

🏠 **Auberge du Mehrbächel** ⊗, à l'Est, 4 km par rte du Mehrbächel ℘ 03 89 82 60 68, *sa rlkornacker@wanadoo.fr*, Fax 03 89 82 66 05, ⩽ le massif du Rossberg – ▤ rest, **P** – 🛦 25. **GB**. ⊗
fermé 25 oct. au 2 nov., lundi soir, jeudi soir et vend. – **Repas** 15,50/35, enf. 8,50 ⵙ – ⊆ 8 – **23 ch** 36/55 – ½ P 44/47.
◆ Cette ancienne ferme tenue par la même famille depuis 1886 bénéficie d'une situation privilégiée sur le passage d'un GR. Intérieur rustique ; confort actuel. Le restaurant propose quelques spécialités alsaciennes à partager avec les randonneurs.

ST-AMBROIX 30500 Gard **339** K3 – *3 365 h alt. 142.*

🛈 *Office de tourisme, place de l'Ancien Temple* ℘ 04 66 24 33 36, Fax 04 66 24 05 83, *ot.stambroix@wanadoo.fr.*
Paris 686 – Alès 20 – Aubenas 56 – Mende 111.

à St-Brès *Nord : 1,5 km par D 904 – 533 h. alt. 156 –* ⊠ *30500 :*

🍴 **Auberge St-Brès** avec ch, ℘ 04 66 24 10 79, Fax 04 66 24 38 30, 😤, 🌣 – 📺 ⛄ **P**. **GB**
⊛ *fermé 25 au 30 juin, 26 août au 2 sept., 16 au 26 nov., lundi sauf le soir en juil.-août et dim. soir* – **Repas** 15/45, enf. 8 ⵙ – ⊆ 7 – **5 ch** 48/65 – ½ P 53/68.
◆ Bâtisse en pierres du pays abritant une salle de restaurant familiale, d'esprit rustique, et des chambres assez spacieuses ; évitez toutefois celles donnant sur la rue.

à St-Victor-de-Malcap *Sud-Est par D 51 : 2 km – 538 h. alt. 140 –* ⊠ *30500 :*

🍴🍴 **Bastide des Senteurs** ⊗ avec ch, ℘ 04 66 60 24 45, *subileau@bastide-senteurs.com*, Fax 04 66 60 26 10, 😤, ⟍ – 📺 ⛄ & **P**. 🔵 **GB**
avril-oct. et fermé le midi en juil.-août sauf dim. et feriés – **Repas** 27/73, enf. 14 ⵙ ⊛ – ⊆ 8 – **9 ch** 70 – ½ P 70.
◆ Magnanerie joliment restaurée dans un village isolé. Cadre méridional, terrasse panoramique, belle cuisine inventive, côtes-du-rhône et vins du Languedoc. Chambres coquettes.

ST-AMOUR-BELLEVUE 71570 S.-et-L. **320** I12 – *460 h alt. 306.*

Paris 402 – Mâcon 13 – Bourg-en-Bresse 48 – Lyon 63 – Villefranche-sur-Saône 32.

🍴🍴 **Chez Jean Pierre,** ℘ 03 85 37 41 26, Fax 03 85 37 18 40, 😤 – 🖃 🔵 **GB**
fermé 22 déc. au 10 janv., dim. soir, merc. soir et jeudi – **Repas** 17/40 ⵙ.
◆ On accède à cette sympathique auberge par un petit bar campagnard où, en saison, se font les dégustations de vins. Salle indépendante pour les repas commandés.

🍴 **Auberge du Paradis,** ℘ 03 85 37 10 26, 😤 – 🖃 🔵 **GB**
fermé 31 déc. au 1er fév., lundi et mardi – **Repas** 18 (déj.), 26/29 ⵙ.
◆ Des objets des années 1950 décorent joliment ce restaurant installé sur la place centrale d'un petit village viticole. Carte inventive, régulièrement renouvelée.

ST-ANDIOL 13670 B.-du-R. **340** E3 – *2 605 h alt. 55.*

🛈 *Syndicat d'initiative, 18 rue Maréchal Leclerc* ℘ 04 90 95 48 95, Fax 04 90 95 48 88, *saint-andiol-tourisme@wanadoo.fr.*
Paris 692 – Avignon 19 – Aix-en-Provence 63 – Arles 36 – Marseille 80.

🏠 **Berger des Abeilles** ⊗, Nord : 2 km par N 7 et D 74E (rte Cabanes) ℘ 04 90 95 01 91, *a beilles13@aol.com*, Fax 04 90 95 48 26, 😤, 🌣 – 📺 **P**. 🖃 **GB**
1er avril-31 oct – **Repas** *(fermé lundi midi, mardi midi et merc. midi)* 22/49, enf. 12 – ⊆ 12 – **8 ch** 72/92 – ½ P 71/81.
◆ Isolé en pleine campagne, petit mas provençal abritant des chambres bien tenues ; trois d'entre elles ouvrent de plain-pied sur le paisible jardin. Salle à manger égayée de tons ensoleillés. Terrasse ombragée par un majestueux platane. Cuisine régionale.

ST-ANDRÉ-DE-SANGONIS 34725 Hérault **339** G7 – *3 782 h alt. 65.*

Paris 715 – Montpellier 34 – Clermont-L'Hérault 8 – Lodève 21 – Pézenas 30.

🍴 **Diligence,** 2 av. Lodève ℘ 04 67 57 21 77, Fax 04 67 57 21 77 – **GB**. ⊗
fermé 15 au 30 nov., jeudi soir, sam. midi et dim. soir – **Repas** 15 (déj.), 24/32 ⬩.
◆ La façade assez discrète dissimule une sobre salle à manger rustique décorée sur le thème de la diligence (roues, harnais, photographies). Cuisine traditionnelle.

ST-ANDRÉ-DES-EAUX 44 Loire-Atl. **316** C4 – *rattaché à La Baule.*

ST-ANDRÉ-DE-VALBORGNE 30940 Gard **339** H4 – *368 h alt. 450.*

🛈 *Office de tourisme, quai village ouest* ℘ 04 66 60 32 11, Fax 04 66 60 33 26, *vallee. borgne@wanadoo.fr.*
Paris 653 – Alès 53 – Mende 69 – Millau 81.

✗ **Bourgade** ॐ avec ch, ℰ 04 66 60 30 72, *picoboo@compuserve.com*, Fax 04 66
60 35 56, 斎 – 📺, GB
15 mars-fin déc. et fermé du lundi au jeudi sauf juil.-août, vacances scolaires et fériés – **Repas** 31/39 ℤ – ☲ 8 – **10 ch** 39/50 – ½ P 52.
◆ Poussez l'originale porte en bois de ce relais de diligences du 17e s. : intérieur contemporain des plus soignés ; dans l'assiette, plaisante cuisine au goût du jour.

ST-ANDRÉ-LES-VERGERS 10 Aube **313** E4 – *rattaché à Troyes*.

ST-ANTHÈME 63660 P.-de-D. **326** K9 – 809 h alt. 950.
🖪 *Office de tourisme, place de l'Aubépin ℰ 04 73 95 47 06, Fax 04 73 95 41 06, saint-antheme.tourisme@wanadoo.fr.*
Paris 461 – *St-Étienne 57* – Ambert 23 – Clermont-Ferrand 100 – Feurs 50 – Montbrison 24.

à Raffiny Sud : 5 km par D 261 – ⊠ 63660 St-Anthème :
🏠 **Pont de Raffiny,** ℰ 04 73 95 49 10, *hotel.pont.raffiny@wanadoo.fr*, Fax 04 73 95 80 21,
📨 ← – ✆ 🖭, GB
fermé mars sauf week-ends, 3 janv. au 20 fév., dim. soir et lundi sauf juil.-août – **Repas** (10) -
15/32, enf. 7,50 ⅃ – ☲ 6,50 – **11 ch** 31/43 – ½ P 38.
◆ Dans la traversée du hameau, auberge campagnarde en pierre hébergeant des chambres au décor actuel, en partie lambrissées. À 50 m, deux chalets avec jardinets privatifs. L'ancien café local accueille désormais la salle des repas. Recettes régionales.

ST-ANTOINE-L'ABBAYE 38160 Isère **333** E6 *G. Vallée du Rhône* – 910 h alt. 339.
Voir *Abbatiale★*.
🖪 *Syndicat d'initiative, place Ferdinand Gilibert ℰ 04 76 36 44 46, Fax 04 76 36 40 49, stantoine.tourisme@wanadoo.fr.*
Paris 553 – *Valence 49* – Grenoble 66 – Romans-sur-Isère 26 – St-Marcellin 12.

✗✗ **Auberge de l'Abbaye,** Mail de l'Abbaye ℰ 04 76 36 42 83, *Fax 04 76 36 46 13,* 斎 – 📭
🟠 GB
fermé 4 au 30 janv. et mardi d'oct. à mai – **Repas** 18,50/50, enf. 10 ℤ.
◆ Jolie maison (14e s.) au coeur du village médiéval. Chaleureux intérieur de style Louis XIII et terrasse donnant sur l'abbatiale pour déguster une cuisine classique.

ST-ARCONS-D'ALLIER 43300 H.-Loire **331** D3 – 164 h alt. 560.
Paris 515 – Brioude 37 – Mende 87 – Le Puy-en-Velay 34 – St-Flour 60.

🏠 **Les Deux Abbesses** ॐ, ℰ 04 71 74 03 08, *direction@lesdeuxabbesses.com,*
Fax 04 71 74 05 30, ←, ⊥, – ✆ – 🛦 10. 📭 GB 🅹🅲🅱, ≪
9 avril-3 nov. et fermé lundi et mardi sauf juil.-août – **Repas** *(fermé merc. sauf juil.-août)*
(dîner seul.)(résidents seul.) 45 – ☲ 25 – **12 ch** 200/300 – ½ P 140/210.
◆ Séduisant "hôtel éclaté" dont les ravissantes chambres sont éparpillées parmi les maisons de ce magnifique village perché, naguère voué à l'abandon. Insolite et charmant !

ST-AUBAN 04 Alpes-de-H.-P. **334** D8 – *rattaché à Château-Arnoux*.

ST-AUBIN-DE-MÉDOC 33160 Gironde **335** G5 – 4 990 h alt. 29.
Paris 592 – *Bordeaux 19* – Angoulème 132 – Bayonne 193 – Toulouse 261.

🏠 **Pavillon de St-Aubin** ॐ, rte Lacanau ℰ 05 56 95 98 68, Fax 05 56 05 96 65, 斎 – 📺
🅿, 📭 🟠 GB
Repas *(fermé sam. midi, dim. soir et lundi)* 22/50 – ☲ 8 – **16 ch** 65/70.
◆ Cet hôtel moderne d'inspiration coloniale constitue une sympathique étape avant un périple en haut Médoc. Chambres fonctionnelles et joliment colorées. Plaisant restaurant : tons ensoleillés, cheminée, bibelots et tables bien dressées. Cuisine traditionnelle.

ST-AUBIN-SUR-MER 14750 Calvados **303** J4 *G. Normandie Cotentin* – 1 810 h – Casino.
🖪 *Office de tourisme, rue Pasteur et Digue Favreau ℰ 02 31 97 30 41, Fax 02 31 96 18 92, tourisme-st-aubin-smer-14@wanadoo.fr.*
Paris 252 – *Caen 20* – Arromanches-les-Bains 19 – Bayeux 29 – Cabourg 32.

🏠 **Clos Normand** ॐ, Digue Guynemer ℰ 02 31 97 30 47, *closnormand@compuserve.co
m*, Fax 02 31 96 46 23, ←, 斎 – 📺 🅿, 📭 GB
20 mars-3 nov. – **Repas** *(fermé mardi midi, merc. midi et jeudi midi du 22 mars au 8 avril et
du 5 au 21 oct.)* 21/59, enf. 10 ℤ – ☲ 8 – **29 ch** 94/150 – ½ P 65/75.
◆ Grande bâtisse idéalement située face à la Manche. Les chambres, majoritairement orientées côté mer, offrent un décor d'inspiration marine. Salle à manger (non-fumeur) au cadre rustique et agréable terrasse abritée, tournée vers la plage. Carte de poissons.

🏠 **St-Aubin,** 🖉 02 31 97 30 39, hotelsaintaubin@wanadoo.fr, Fax 02 31 97 41 56, ≤, 斎 –
📺 🅿 – 🏥 25. 🝿 🌐
fermé 24 au 30 nov. et 2 janv. au 7 fév. – **Repas** 16 (déj.), 23/50 ♀ – ☲ 9,50 – **24 ch** 59/67 –
½ P 55/70.
♦ Belle situation pour cet hôtel séparé de la plage par une route. La plupart des chambres,
refaites, ont vue sur la Manche. Au restaurant, camaïeu de bleu, baies vitrées tournées vers
le large et dans l'assiette, ronde de produits de la mer.

ST-AUVENT 87310 H.-Vienne 325 C6 – 837 h alt. 300.
Paris 422 – Limoges 34 – Chalûs 19 – Rochechouart 11 – St-Junien 13.

✗ **Auberge de la Vallée de la Gorre,** 🖉 05 55 00 01 27, Fax 05 55 00 01 27 – 🌐
🍽 fermé 1ᵉʳ au 10 janv., dim. soir et lundi soir – **Repas** 12/34 ♀.
♦ Mignonne auberge en pierre située devant l'église. Gentille salle à manger rustique à
l'étage. Petit salon en complément pour les repas commandés.

ST-AVÉ 56 Morbihan 308 O8 – rattaché à Vannes.

ST-AVOLD 57500 Moselle 307 L4 G. Alsace Lorraine – 16 922 h alt. 260.
Voir Groupe sculpté★ dans l'église St-Nabor.
Env. Mine-image★ de Freyming-Merlebach NE : 10 km.
🏌 à Faulquemont 🖉 03 87 00 49 49, SO : 16 km par D 20.
🚩 Office de tourisme, 28 rue des Américains 🖉 03 87 91 30 19, Fax 03 87 92 98 02,
otsi.sta@wanadoo.fr.
Paris 372 – Metz 46 – Saarbrücken 33 – Sarreguemines 29 – Strasbourg 127.

🏠 **Europe,** 7 r. Altmayer 🖉 03 87 92 00 33, sodextel@wanadoo.fr, Fax 03 87 92 01 23 – 📳,
☰ rest, 📺 📞 ⇔ 🅿 – 🏥 25. 🝿 🌐
fermé du 26 juil au 15 août – **Repas** (fermé sam. midi, dim. soir et lundi) 23 (déj.), 27/55 ♀ 🐟
– ☲ 12 – **34 ch** 65/70 – ½ P 48.
♦ Près du centre-ville, hostellerie familiale proposant des chambres bien aménagées, en
majorité spacieuses. À l'étage, le chaleureux restaurant se pare de tons jaune et orangé.
Cuisine traditionnelle concoctée selon le marché et belle carte des vins.

✗✗ **Neptune,** à la piscine 🖉 03 87 92 27 90, courrier@pauly-gastronomie.fr,
Fax 03 87 92 38 10 – 🝿 🌐. 🍴
fermé juil., août, lundi et le soir sauf sam. – **Repas** 31/62.
♦ Emplacement peu commun pour cet établissement situé au 2ᵉ étage de la piscine
municipale. Les tables près des baies vitrées ont vue sur les évolutions des nageurs.

au Nord 2,5 km sur N 33 (près échangeur A 4) – ⊠ 57500 St-Avold :
🏨 **Novotel,** 🖉 03 87 92 25 93, h0433@accor-hotels.com, Fax 03 87 92 02 47, 斎, ⚊, 🌳 –
🔆☰ 📺 📞 ⅙ 🅿 – 🏥 25 à 150. 🝿 🌐 🌐 🔂
Repas (15) - 19/25, enf. 8 ♀ – ☲ 11,30 – **61 ch** 92/112.
♦ À l'orée de la forêt, Novotel disposant de grandes chambres régulièrement rafraîchies ;
les meilleures et les plus calmes - donnent sur la piscine. Parcours de santé. Côté
restaurant, l'étape est sans surprise. Terrasse d'été face aux arbres.

au Nord-Ouest par D 72 et D 25ᴰ : 5 km – ⊠ 57740 Longeville-lès-St-Avold :
✗✗ **Moulin d'Ambach,** 🖉 03 87 92 18 40, Fax 03 87 29 08 68, 斎 – 🅿. 🝿 🌐
fermé 12 au 25 juil., 25 au 31 oct., 10 au 27 fév., dim. soir, merc. soir et lundi – **Repas** 26/
63 ♀.
♦ Dans un cadre verdoyant, auberge appréciée des randonneurs (sentiers à proximité).
Salle à manger sous charpente. En hiver, le poêle en faïence réchauffera les frileux.

ST-AYGULF 83370 Var 340 P5 G. Côte d'Azur.
🚩 Office de tourisme, place de la Poste 🖉 04 94 81 22 09, Fax 04 94 81 23 04.
Paris 872 – Fréjus 6 – Brignoles 69 – Draguignan 35 – St-Raphaël 9 – Ste-Maxime 14.

🏠 **Catalogne** sans rest, 290 av. Corniche d'Azur 🖉 04 94 81 01 44, hotel.catalogne@wanad
o.fr, Fax 04 94 81 32 42, ⚊, 🌳 – 📞 📺 📞 🅿. 🝿 🌐 🌐 🔂. 🍴
1ᵉʳ avril-20 oct. – ☲ 9,50 – **32 ch** 68/115.
♦ Cet hôtel construit en 1969 à 100 m de la calanque des Corailleurs dispose de chambres
assez spacieuses et confortables ; certaines ont une terrasse côté jardin.

✗ **Glycine,** 400 bd H. de Balzac 🖉 04 94 81 30 23, Fax 04 94 81 30 23, 斎 – ☰. 🌐
fermé déc., janv., vend. midi en saison et mardi sauf le soir en été – **Repas** 16 (déj.), 24/35,
enf. 10.
♦ Au cœur de St-Aygulf, petit restaurant et sa terrasse ombragée par une belle et
vénérable glycine. Intérieur simple, d'esprit provençal, et recettes traditionnelles.

ST-BEAUZEIL 82150 T.-et-G. 337 B5 – 132 h alt. 181.

Paris 631 – Agen 32 – Cahors 55 – Montauban 64 – Villeneuve-sur-Lot 23.

🏠 **Château de l'Hoste** ৯, rte Agen (D 656) ℘ 05 63 95 25 61, mail@chateaudelhoste.com, Fax 05 63 95 25 50, 佘, 🎂, 🔎 – 🔟 ✇ 🅿 – 🛦 50. 🖭 🖭 🎋
Repas (19) - 28/34 ♀ – ☲ 10 – **32 ch** 75/150 – ½ P 70,50/98.
◆ Jolie gentilhommière du 18e s. perdue dans la campagne quercynoise. Chambres plaisantes et confortables, mansardées au 2e étage ; petit parc boisé. La salle à manger associe ambiances champêtre et aristocratique ; terrasse dressée dans la cour intérieure.

ST-BÉNIGNE 01 Ain 328 C2 – rattaché à Pont-de-Vaux.

ST-BENOIT 86 Vienne 322 I5 – rattaché à Poitiers.

ST-BENOIT-SUR-LOIRE 45730 Loiret 318 K5 G. Châteaux de la Loire – 1 876 h alt. 126.

Voir Basilique★★.

Env. Germigny-des-Prés : mosaïque★★ de l'église★ NO : 6 km.

🛈 Office de tourisme, 44 rue Orléanaise ℘ 02 38 35 79 00, Fax 02 38 35 79 00, otstbenoit surloire-maisonmaxjacob@wanadoo.fr.

Paris 166 – Orléans 42 – Bourges 92 – Châteauneuf-sur-Loire 10 – Gien 32 – Montargis 43.

🏠 **Labrador** ৯ sans rest, ℘ 02 38 35 74 38, hoteldulabrador@wanadoo.fr, Fax 02 38 35 72 99, 舜 – 🔟 ✇ ዿ 🅿 – 🛦 30 à 50. 🖭 🖭
fermé 1er au 23 janv. – ☲ 7 – **40 ch** 58,40/60,60.
◆ Face à la basilique romane, hôtel composé de plusieurs bâtiments de style régional. Les chambres de l'aile la plus récente bénéficient de la tranquillité du jardin. Salon de thé.

💥💥 **Grand St-Benoit**, 7 pl. St-André ℘ 02 38 35 11 92, hoteldulabrador@wanadoo.fr, Fax 02 38 35 13 79, 佘 – ▤. 🖭
🅰 fermé 28 août au 7 sept., 19 déc. au 11 janv., sam. midi, dim. soir et lundi – **Repas** 16/44 ♀.
◆ Poutres apparentes et meubles contemporains en salle et terrasse dressée sur une place piétonne du village où repose le poète Max Jacob. Cuisine au goût du jour soignée.

ST-BERTRAND-DE-COMMINGES 31510 H.-Gar. 343 B6 G. Midi-Pyrénées – 237 h alt. 581.

Voir Site★★ – Cathédrale Ste-Marie-de-Comminges★ : cloître★★, boiseries★★ et trésor★ – Basilique Saint-Just★ de Valcabrère (chevet★) NE : 2 km.

🏌 du Comminges à Montréjeau ℘ 05 61 95 90 20, N : 9 km par N125.

🛈 Syndicat d'initiative, ℘ 05 61 88 37 07, Fax 05 61 95 56 16.

Paris 783 – Bagnères-de-Luchon 33 – Lannemezan 23 – St-Gaudens 17 – Tarbes 68.

🏠 **Comminges** ৯ sans rest, face Cathédrale ℘ 05 61 88 31 43, Fax 05 61 94 98 22 – ✇. 🖭 🎋
1er avril-31 oct. – ☲ 6,50 – **14 ch** 29,50/50.
◆ Sur le parvis de la magnifique cathédrale, maison de caractère aménagée en partie dans un ex-couvent. Grandes chambres meublées d'ancien et ravissante terrasse sous tonnelle.

à Valcabrère Est : 2 km par D 26 – 139 h. alt. 460 – ⊠ 31510 :

💥💥 **Lugdunum**, Sud sur N 125 : 1 km ℘ 05 61 94 52 05, Fax 05 61 94 52 06, ≤, 佘 – 🅿. ⓞ 🖭 🎋
en période scolaire fermé lundi au jeudi et dim. soir; pendant vacances scolaires fermé lundi soir et mardi soir – **Repas** (prévenir) 30 ♀.
◆ Insolite voyage culinaire dans la Rome antique grâce à des recettes retrouvées en partenariat avec une archéologue. La carte fait oeuvre de pédagogie. Terrasse panoramique.

ST-BOIL 71390 S.-et-L. 320 I10 – 406 h alt. 240.

Paris 357 – Chalon-sur-Saône 23 – Cluny 27 – Montceau-les-Mines 37 – Mâcon 50.

💥💥 **Auberge du Cheval Blanc** avec ch, ℘ 03 85 44 03 16, Fax 03 85 44 07 25, 佘, 🎂, 舜 – 🔟 ✇ ዿ 🅿. 🖭 🎋
fermé 5 fév. au 15 mars et merc. – **Repas** (dîner seul.) 35/39 – ☲ 10,50 – **11 ch** 65/90 – ½ P 75.
◆ Deux bâtiments séparés par la route : d'un côté, maison bourgeoise (1870) aux chambres fraîches et de l'autre, auberge familiale servant une cuisine classique et régionale.

ST-BONNET-EN-CHAMPSAUR 05500 H.-Alpes 334 E4 G. Alpes du Sud – 1 466 h alt. 1025.

🛈 Office de tourisme, place Grenette ℘ 04 92 50 02 57, info@saint-bonnet-en-champ saur.net.

Paris 652 – Gap 16 – Grenoble 90 – La Mure 50.

Crémaillère ☜, 4 rte de la Motte, 📞 04 92 50 00 60, *dechevin@wanadoo.fr*, Fax 04 92 50 01 57, ≤, 🖭, ☞ – 🖵 🅿. 🖼. ✂
fermé 1ᵉʳ au 31 mars et 1ᵉʳ nov. au 31 janv. – **Repas** 19,50/26, enf. 9 🍷 – ☲ 7,50 – **21 ch** 51/56 – ½ P 52,50/55.
♦ À l'orée du Parc national des Écrins, hôtel-pension à l'allure de chalet dont le jardin arboré assure une agréable quiétude. Chambres simples, souvent orientées au Sud. Claire salle à manger mêlant meubles anciens et modernes. Cuisine sans prétention.

ST-BONNET-LE-CHÂTEAU 42380 Loire **327** D7 G. Vallée du Rhône – 1 562 h alt. 870.

Voir Chevet de la collégiale ≤★ – Chemin des Murailles★.

🛈 Syndicat d'initiative, 7 place de la République 📞 04 77 50 52 48, Fax 04 77 50 13 46, *tourisme.pays-st-bonnet-le-chateau@wanadoo.fr*.

Paris 484 – St-Étienne 34 – Ambert 48 – Montbrison 31 – Le Puy-en-Velay 66.

Béfranc ☜, 7 rte d'Augel 📞 04 77 50 54 54, Fax 04 77 50 73 17 – 🖵 📞 🕭 🅿. 🖼
fermé 5 janv. au 3 fév., dim. soir et lundi de sept. à juin – **Repas** 12 bc (déj.), 16/32, enf. 7 🍷 –
☲ 5 – **17 ch** 33/44 – ½ P 37.
♦ Aux portes d'une localité surnommée "la perle du Forez", hébergement des plus "honnêtes", mettant à profit les anciens locaux de la gendarmerie ! Chambres proprettes. À l'heure de passer à table, choix de préparations traditionnelles.

✕ **Calèche**, 2 pl. Cdt Marey 📞 04 77 50 15 58, Fax 04 77 50 15 58 – 🖼
fermé vacances de Toussaint, de fév., 2 au 6 janv., dim. soir, mardi soir et merc. – **Repas** 15,50/40.
♦ Cheminée en marbre, bibelots et fleurs décorent coquettement les deux salles à manger de cette petite maison bourgeoise. Cuisine actuelle personnalisée.

ST-BONNET-LE-FROID 43290 H.-Loire **331** I3 – 194 h alt. 1126.

🛈 Syndicat d'initiative, Le Bourg 📞 04 71 65 64 41, Fax 04 71 65 64 41, *contact@saint bonnetlefroid.com*.

Paris 555 – Valence 68 – Annonay 27 – Le Puy-en-Velay 58 – St-Étienne 51 – Yssingeaux 31.

Fort du Pré ☜, 📞 04 71 59 91 83, *info@le-fort-du-pre.fr*, Fax 04 71 59 91 84, 🖭, 🏋,
🌂, ☞ – cuisinette 🖵 🕭 🅿 – 🏛 30 à 60. 🖼 🖼. ✂ rest
fermé 27 août au 2 sept., 15 déc. au 15 fév., dim. soir et lundi sauf juil.-août – **Repas** 17/50, enf. 11 🍷 – ☲ 8 – **34 ch** 56/76 – ½ P 53/57.
♦ En pleine nature, ferme restaurée intéressante pour ses activités de loisirs (piscine couverte, fitness) et ses chambres pratiques et colorées. Jolie salle à manger-véranda ouvrant sur une verdoyante terrasse et sur la nature. Repas valorisant le terroir.

XXX **Auberge et Clos des Cimes** (Marcon) ☜ avec ch, 📞 04 71 59 93 72, *contact@regisma rcon.fr*, Fax 04 71 59 93 40, ≤, 🖭, 🗏 rest, 🖵 📞 🕭 🅿 🖼 🖼
 జ్ఞ జ్ఞ fermé 19 déc. au 19 mars, lundi soir sauf de juin à oct., mardi et merc. – **Repas** 80/130 et carte 86 à 108 – ☲ 17 – **12 ch** 155/215.
♦ Ravissant restaurant et cuisine subtile faisant parler la terre auvergnate : cette auberge est devenue une étape indispensable de la France gourmande. Délicieuses chambres.
Spéc. Menu "champignons" (printemps et automne). Omble chevalier à l'huile de champignons grillés. Sandre piqué au saucisson de pays. **Vins** Saint-Joseph, Viognier de l'Ardèche.

XX **André Chatelard,** 📞 04 71 59 96 09, *restaurant-chatelard@wanadoo.fr*, Fax 04 71 59 98 75, ☞ – 🖼
fermé 4 janv. au 4 mars, mardi soir, merc. soir, jeudi soir d'oct. à mai, dim. soir et lundi – **Repas** 19/67, enf. 10 🍷.
♦ Dans un coquet village entre Velay et Vivarais. Restaurant d'esprit rustique où l'on sert une cuisine régionale goûteuse et soignée. À noter, la nurserie pour les tout-petits.

ST-BRÈS 30 Gard **339** K3 – rattaché à St-Ambroix.

ST-BRIAC-SUR-MER 35800 I.-et-V **309** J3 – 2 054 h alt. 30.

🛈 Office de tourisme, 49 Grande Rue 📞 02 99 88 32 47, *ot.saint-briac@wanadoo.fr*.
Paris 411 – St-Malo 13 – Dinan 24 – Dol-de-Bretagne 34 – Lamballe 41 – St-Brieuc 62.

à Lancieux Sud-Ouest : 2 km par D 786 – 1 220 h. alt. 24 – ✉ 22770 :

🛈 Office de tourisme, square Jean Conan 📞 02 96 86 25 37, Fax 02 96 86 29 81, *lancieux-.tourisme@wanadoo.fr*.

Bains sans rest, 20 r. Poncel 📞 02 96 86 31 33, *bertrand.mehouas@wanadoo.fr*, Fax 02 96 86 22 85, ☞ – cuisinette 🖵 🕭 🅿. 🖼 🖭 🖼
fermé dim. de nov. à fév. – ☲ 7,50 – **12 ch** 65/90.
♦ Cet hôtel familial proche du rivage a été fondé en 1894. Chambres fonctionnelles ; certaines sont dotées de cuisinettes. Petits-déjeuners servis sous une véranda récente.

ST-BRICE-EN-COGLÈS *35460 I.-et-V.* **309** *N4 – 2 395 h alt. 105.*

Paris 343 – St-Malo 65 – Avranches 34 – Fougères 17 – Rennes 57.

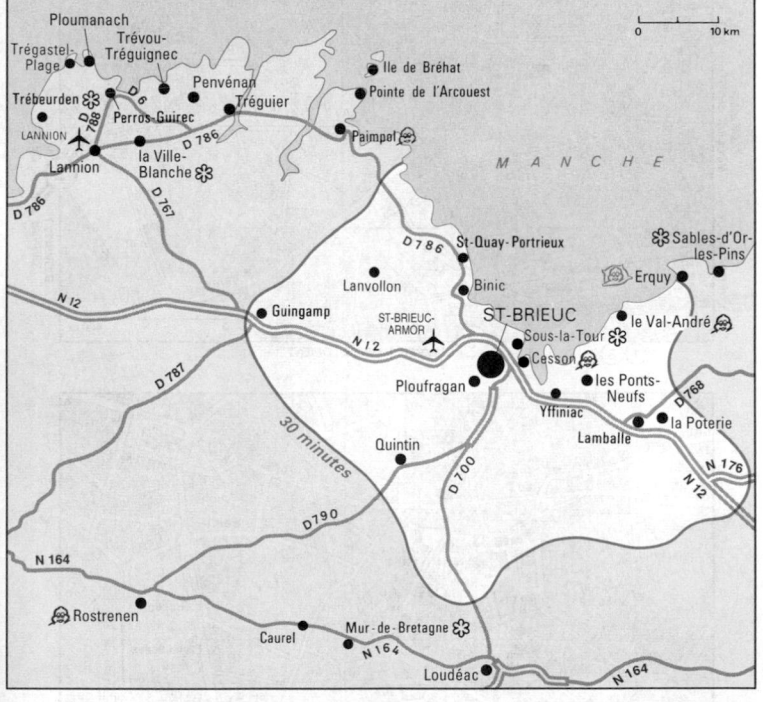

Lion d'Or, r. Chateaubriant *℘ 02 99 98 61 44, le-lion-dor3@wanadoo.fr, Fax 02 99 97 85 66,* ⌨, ☆ – ☆, ▤ rest, ☑ ✆ ⅃ ₽ – ☒ 40. ⅄ⅇ ⓪ ☒☒

Repas *(fermé dim. soir sauf juil.-août)* 10 (déj.), 18/40, enf. 8 ♀ – ☲ 7 – **36 ch** 36/58 – 1/2 P 60/80.

◆ Sympathique maison régionale agrandie d'une bâtisse et de bungalows abritant de nouvelles chambres. Choisissez-en une sur l'arrière, côté jardin, pour une nuit paisible. Deux salles à manger bien aménagées et une brasserie pour le déjeuner. Carte orientée mer.

ST-BRIEUC **P** *22000 C.-d'Armor* **309** *F3 G. Bretagne – 46 087 h Agglo. 121 237 h alt. 78.*

Voir *Cathédrale St-Étienne*★ – *Tertre Aubé* ⇐★ **BV.**

🏌 *Club la Crinière à Lamballe ℘ 02 96 32 72 60, par* ② *: 15 km.*

✈ *de St-Brieuc-Armor : ℘ 02 96 94 95 00, 10 km par* ①.

🛈 *Office de tourisme, 7 rue St-Gouéno ℘ 02 96 33 32 50, Fax 02 96 61 42 16, info @baiedesaintbrieuc.com.*

Paris 451 ② *– Brest 144* ① *– Quimper 127* ③ *– Rennes 101* ② *– St-Malo 71* ②.

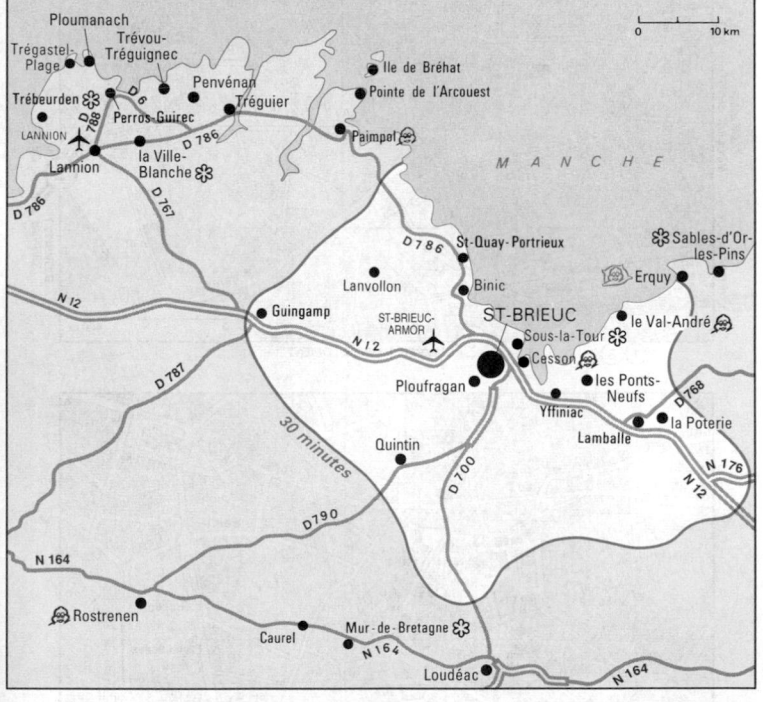

🏨 **Clisson** ⌂ sans rest, 36 r. Gouët *℘ 02 96 62 19 29, hotel.clisson@free.fr, Fax 02 96 61 06 95* – ▥ ☑ ✆ ⅃ ₽. ⅄ⅇ ⓪ ☒☒ **AY e**
fermé du 24 déc. au 3 janv. – ☲ 8,50 – **24 ch** 49/80.

◆ À l'écart du centre animé, bâtisse blanche possédant un joli jardin (bassin et cascade). Chambres diversement meublées ; celles avec baignoire "balnéo" sont plus spacieuses.

🏨 **Champ de Mars** sans rest, 13 r. Gén. Leclerc *℘ 02 96 33 60 99, hoteldemars@wanadoo.f r, Fax 02 96 33 60 05* – ▥ ☑ ✆ ⅃. ☒☒ **BZ s**
fermé 17 déc. au 2 janv. – ☲ 6,50 – **21 ch** 47/50.

◆ Fonctionnalité et bonne insonorisation sont les atouts de cet hôtel proche d'un parking public très pratique. Chocolats et cadeaux d'accueil dans toutes les chambres.

ST-BRIEUC

Abbé-Garnier (R.)	**AX** 2	
Armor (Av. d')	**BZ** 3	
Chapitre (R. du)	**AZ** 4	
Charbonnerie (R.)	**AY** 5	
Corderie (R. de la)	**AX** 13	
Ferry (R. Jules)	**AX** 16	

Gambetta (Bd)	**AV** 17
Gaulle (Pl. Gén.-de)	**AY** 18
Glais-Bizoin (R.)	**ABY** 20
Hérault (Bd)	**AV** 23
Jouallan (R.)	**AY** 26
Le Gorrec (R.P.)	**AZ** 28
Libération (Av. de la)	**BZ** 29
Lycéens-Martyrs (R.)	**AZ** 32
Martray (Pl. du)	**AY** 33

Quinquaine (R.)	**AY** 38
Résistance (Pl. de la)	**AY** 39
Rohan (R. de)	**AYZ** 40
St-Gilles (R.)	**AY** 43
St-Gouéno (R.)	**AY** 44
St-Guillaume (R.)	**BZ** 46
Victor-Hugo (R.)	**BX** 50
3-Frères-Le Goff (R.)	**AY** 52
3-Frères-Merlin (R.)	**AY** 53

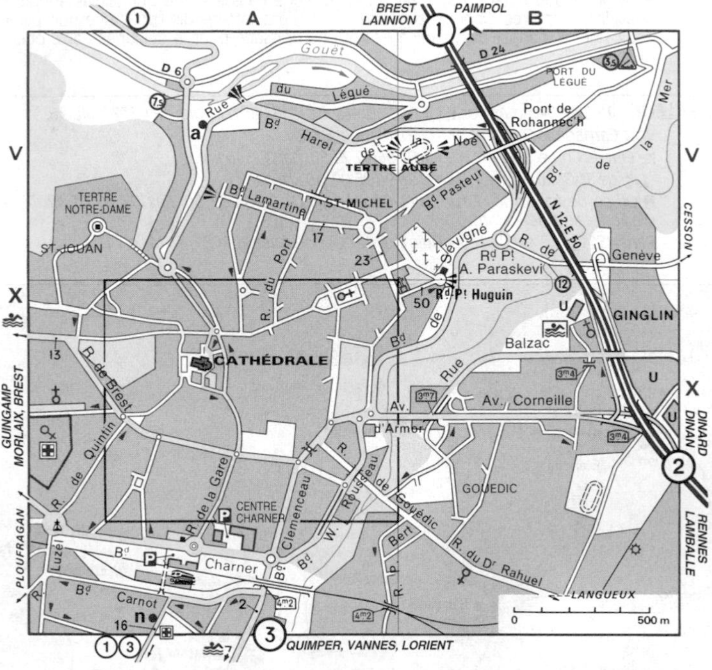

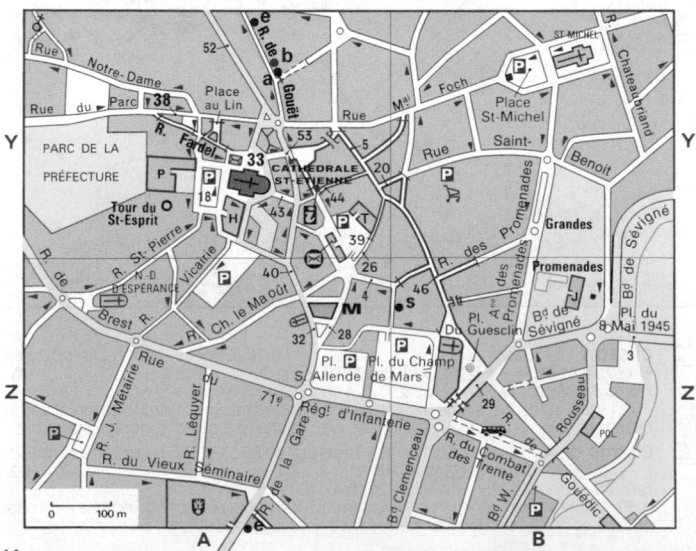

Quai des Etoiles sans rest, 51 r. Gare ℘ 02 96 78 69 96, *quaidesetoiles@libertysurf.fr*, Fax 02 96 78 69 90 – 🛗 📺 ✆ 🕭 🖭, 🖭 ⓪ ⭗   **AZ** e
fermé 20 déc. au 5 janv. – ⊈ 7 – **41 ch** 43/54.
   ◆ Près de la gare, immeuble récent dont la décoration intérieure, harmonie de bleu, ocre et gris, rappelle les couleurs du littoral. Préférez les chambres avec bains.

Ker Izel sans rest, 20 r. Gouët ℘ 02 96 33 46 29, Fax 02 96 61 86 12, 🌦 – 📺 ✆. ⭗. 🐾   **AY** a
⊈ 6 – **22 ch** 35/51.
   ◆ Cette maison bretonne serait le plus vieil hôtel de St-Brieuc. Chambres simples (mobilier "seventies" un peu désuet), rajeunies peu à peu, jardin calme et accueil familial.

XXX **Aux Pesked**, 59 r. Légué ℘ 02 96 33 34 65, *sarl-aumont@wanadoo.fr*, Fax 02 96 33 65 38, ≤, 🍃 – 🗏 🖭, 🖭 ⓪ ⭗   **AV** a
fermé 26 avril au 3 mai, 30 août au 13 sept., 2 au 12 janv., sam.. midi, dim. soir et lundi – **Repas** 19 (déj.), 33/85 bc et carte 48 à 62, enf. 17 ♀ ⅀.
   ◆ Ce restaurant moderne et coloré, dont les baies vitrées s'ouvrent sur un petit vallon, a pour spécialités les poissons (pesked en breton) et fruits de mer. Riche cave à vins.

XX **Amadeus**, 22 r. Gouët ℘ 02 96 33 92 44, Fax 02 96 61 42 05 – ⭗   **AY** b
fermé 1er au 16 août, 14 au 21 fév., sam. midi, lundi midi et dim. – **Repas** 20 (déj.), 33/40 ⅀.
   ◆ Bien située, adresse familiale dont la coquette salle est coiffée d'un beau plafond à solives. Cuisine au goût du jour à l'accent méridional et... Amadeus en fond musical !

X **Au Petit Bouchon Briochin**, 10 r. J. Ferry ℘ 02 96 94 05 34, *auxp'titsbouchons-brioc hin@wanadoo.fr*, Fax 02 96 75 23 69 –   **AX** n
fermé 1er au 20 août, sam. midi et dim. – **Repas** (10,60) - 15/25 bc, enf. 8,50 ⅀.
   ◆ Cochonnailles et plats du terroir sont généreusement servis dans ce petit restaurant décoré de vieilles cartes postales régionales et d'objets agrestes. Ambiance bon enfant.

à Sous-la-Tour *Nord-Est : 3 km par Port Légué et D 24* **BV** – ✉ 22190 Plérin :

XX **Vieille Tour** (Adam), 75 r. de la Tour ℘ 02 96 33 10 30, *ugho777@aol.com*, Fax 02 96 33 38 76 – 🗏. 🖭 ⭗
ॐ   *fermé 16 au 31 août, 14 au 28 fév., sam. midi, dim. soir et lundi* – **Repas** (nombre de couverts limité, prévenir) 22/65 et carte 55 à 70 ⅀ ⅀.
   ◆ Discrète maison postée face au chenal et à la tour ruinée qui a inspiré son nom. Intérieur orné de tableaux et de sculptures modernes. Cuisine inventive, axée sur la mer.
   Spéc. Saint-Jacques au bouillon d'artichaut au foie gras (nov. à avril). Turbot sauvage au thym et laurier. Croustillant de fraises au balsamique et basilic (juin à août).

à Cesson *Est : 3 km par r. Genève* **BV** – ✉ 22000 :

XXX **Croix Blanche**, 61 r. Genève ℘ 02 96 33 16 97, Fax 02 96 62 03 50, 🌦 – ⭗
ॐ   *fermé 2 au 23 août, dim. soir et lundi* – **Repas** 17/76 bc et carte 39 à 50.
   ◆ Dans un quartier résidentiel, trois salles à manger confortables aux tables bien espacées et un salon pour les repas commandés, ouvrant sur le jardin. Cuisine au goût du jour.

XX **Manoir le Quatre Saisons**, 61 chemin Courses ℘ 02 96 33 20 38, *manoirlequatresaiso ns@hotmail.com*, Fax 02 96 33 77 38, 🍃, 🌦 – 🖭 ⭗
fermé 7 au 22 mars, 7 au 23 nov., mardi soir, dim. soir et lundi – **Repas** 25/75 ⅀.
   ◆ Auberge de pays tapie dans un vallon rejoignant la mer. Cuisine du terroir servie dans l'une des deux salles à manger ou sur la terrasse bordant un jardin fleuri.

à Yffiniac *par ② : 8 km – 3 842 h. alt. 10* – ✉ 22120 :

Ibis, aire de repos N 12 ℘ 02 96 72 64 10, *h1755@accor-hotels.com*, Fax 02 96 72 71 55 – 🛗 ✍ 📺 ✆ 🕭 🖭 – 🔏 50. 🖭 ⭗. 🐾 rest
Repas (12) - 15, enf. 6 ⅄ – ⊈ 6 – **40 ch** 62.
   ◆ Ce bâtiment récent aux murs revêtus d'ardoises a réactualisé toutes ses chambres dans un style contemporain avant tout pratique. Vaste salle de restaurant lambrissée ; cuisine traditionnelle et formules buffets typiques de la chaîne.

à Ploufragan *Sud-Ouest : 5 km par rte de Quintin et zoopôle Beaucemaine – 10 579 h. alt. 139* – ✉ 22440 :

Relais Beaucemaine 🐾, 33 r. de Beaucemaine ℘ 02 96 78 05 60, *info@hotel-beauce maine.com*, Fax 02 96 78 08 33 – 📺 🖭. ⭗. 🐾 rest
fermé 20 déc. au 9 janv. – **Repas** (fermé dim.) (dîner seul.)(résidents seul.) 10 ⅄ – ⊈ 5 – **25 ch** 26/45 – ½ P 27,50/35,50.
   ◆ À l'écart du village, hébergement à bon prix dans une ancienne ferme disposée autour d'une cour carrée. Chambres simples et nettes, parfois dotées d'une terrasse privative.

ST-CALAIS 72120 Sarthe 🗺 N7 *G. Châteaux de la Loire – 3 785 h alt. 155.*
   Voir *Façade★ de l'église Notre-Dame.*
   🛈 Office de tourisme, place de l'Hôtel de Ville ℘ 02 43 35 82 95, Fax 02 43 35 15 13, *payscalaisien@wanadoo.fr.*
   Paris 188 – La Ferté-Bernard 33 – Le Mans 47 – Tours 66 – Vendôme 32.

✗ **St-Antoine**, pl. St-Antoine ✆ 02 43 35 01 56, Fax 02 43 35 00 01 – **GB**
⌖ *fermé 24 fév. au 3 mars, dim. soir, merc. soir et lundi* – **Repas** 12 (déj.), 16/39, enf. 7 ♀.
   ◆ Installée dans l'ancien café du village, tout près de l'église, petite salle à manger rénovée simplement et meublée dans le style bistrot. Goûteuse cuisine traditionnelle.

ST-CANNAT 13760 B.-du-R. **340** G4 *G. Provence* – 4 634 h alt. 216.

🛈 *Syndicat d'initiative, Espace Suffren ✆ 04 42 57 34 65, Fax 04 42 50 82 01, mairie@ville-saint-cannat.fr.*

Paris 731 – *Marseille 46* – Aix-en-Provence 17 – Cavaillon 39 – Manosque 65.

au Sud *par rte d'Éguilles et rte secondaire : 2 km* – ⌧ *13760 St-Cannat :*

✗✗ **Mas de Fauchon** ⌂ *avec ch, chemin de Berre ✆ 04 42 50 61 77, mas-de-fauchon@wanadoo.fr, Fax 04 42 57 22 56,* 佘, ⅃, ⌖ – 🗐 ch, 📺 ⅍ **P.** **AE** **GB**
Repas 27 (déj.), 38/52 – ⌧ 12 – 9 ch 140/160 – ½ P 120/125.
   ◆ En pleine campagne, bergerie du 17e s. restaurée avec goût. Cadre rustique très affirmé dans la jolie petite salle à manger. Chambres provençales avec terrasse privative.

ST-CAPRAISE-DE-LALINDE 24 Dordogne **329** E6 – *rattaché à Lalinde.*

ST-CAST-LE-GUILDO 22380 C.-d'Armor **309** I3 *G. Bretagne* – 3 187 h alt. 52.

Voir *Pointe de St-Cast* ≼★★ – *Pointe de la Garde* ≼★★ – *Pointe de Bay* ≼★ *S : 5 km.*

🏌 *de St-Cast Pen-Guen ✆ 02 96 41 91 20, S : 4 km.*

🛈 *Office de tourisme, place Charles-de-Gaulle ✆ 02 96 41 81 52, Fax 02 96 41 76 19, saint.cast.le.guildo@wanadoo.fr.*

Paris 427 – *St-Malo 31* – Avranches 91 – Dinan 32 – St-Brieuc 50.

🏨 **Les Arcades**, 15 r. Duc d'Aiguillon (rue piétonne) ✆ 02 96 41 80 50, hotel.arcades@wanadoo.fr, Fax 02 96 41 77 34, 佘 – 🗐 📺 ⅍. **AE** **①** **GB**. ✗
Pâques-toussaint – **Repas** *(fermé dim. soir et lundi sauf juil.-août)* 13,50/21, enf. 7 ⅍ – ⌧ 9 – 32 ch 56/86 – ½ P 49/64.
   ◆ Dans une rue piétonne parallèle à la plage, chambres fonctionnelles, plus spacieuses sur l'avant et avec vue sur mer aux 3e et 4e étages ; balcons sur l'arrière. Carte très éclectique : plats traditionnels, snack, crêpes et pizzas. Plafond décoré de vitraux.

✗ **Ker Flore**, pl. Église ✆ 02 96 81 03 79 – **GB**
fermé 16 juin au 7 juil., janv., sam. midi, lundi soir et vend. – **Repas** *(11,50)* - 17/23, enf. 9.
   ◆ L'ardoise du jour annonce les plats, traditionnels, réalisés en fonction du marché. Ils se dégustent dans un cadre champêtre égayé de murs ensoleillés et d'objets chinés.

ST-CÉRÉ 46400 Lot **337** H2 *G. Périgord Quercy* – 3 515 h alt. 152.

Voir *Site★* – *Tapisseries de Jean Lurçat★ au casino* – *Atelier-musée Jean Lurçat★* – *Château de Montal★★ O : 3 km.*

Env. *Cirque d'Autoire★ : ≼★★ par Autoire (site★) O : 8 km.*

🏌 *de Montal à St-Jean-Lespinasse ✆ 05 65 10 83 09, O : 3 km par D 807.*

🛈 *Office de tourisme, place de la République ✆ 05 65 38 11 85, Fax 05 65 38 38 71, saint-cere@wanadoo.fr.*

Paris 531 – *Brive-la-Gaillarde 51* – Aurillac 62 – Cahors 80 – Figeac 44 – Tulle 54.

🏨 **Trois Soleils de Montal** (Bizat) ⌂, rte de Gramat, 2 km par D 673 ✆ 05 65 10 16 16, *lestroissoleils@wanadoo.fr, Fax 05 65 38 30 66,* ≼, 佘, ⅃, ✗, ♤ – 🗐 📺, 🗐 rest, 📺 ⅍ **P.** – ♨ 50. **GB**. ✗ rest
1er fév.-9 nov. – **Repas** *(fermé les midis de lundi, mardi et vend. d'avril à sept., dim. soir, mardi midi et lundi hors saison)* 28 (déj.), 36/68 et carte 52 à 70 - **Les Prés de Montal** - grill *(1er mai-30 sept.) (déj. seul.)* **Repas** 19,50/24,5 – ⌧ 14,40 – **22 ch** 103, 4 suites – ½ P 103.
   ◆ Des tapisseries de Lurçat et des toiles du 19e s. habillent les murs de ce complexe hôtelier proche du château de Montal. Chambres feutrées. Savoureuse cuisine servie dans une élégante salle à manger. Aux Prés de Montal, restauration simple, façon grill.
Spéc. Soupe froide à la tomate, aux herbes et aux écrevisses (mai à sept.). Pigeonneau de grain rôti, jus d'ail doux. Carpaccio de mangue, glace au nougat. **Vins** Cahors, Pécharmant.

🏨 **France**, rte d'Aurillac ✆ 05 65 38 02 16, lefrance-hotel@wanadoo.fr, Fax 05 65 38 02 98, 佘, ⅃, ♤ – 📺 ⅍ ⌂ **P.** **GB**
fermé vacances de Noël à fin janv. – **Repas** *(fermé vend. soir hors saison)* (dîner seul. sauf dim. et fériés) 21 ⅍ – ⌧ 6,10 – **18 ch** 42,20/52,90 – ½ P 50/52,40.
   ◆ Proche de la galerie du "Casino" (œuvres de J. Lurçat). Sobres chambres d'esprit rustique ; préférer celles donnant sur le jardin. Restaurant aménagé à la façon d'un salon de maison particulière. Terrasse ombragée. Plats traditionnels et saveurs du Quercy.

Coq Arlequin sans rest, av. Dr Roux ✆ 05 65 38 02 13, *Fax 05 65 38 37 27* – TV. GB
fermé 8 au 25 mars et 1er au 28 oct. – ☕ 9 – **16 ch** 49/77.
◆ Meubles anciens, tableaux de Lurçat et une originale collection de coqs cohabitent dans la salle des petits-déjeuners. Chambres un brin désuètes, avec balcon.

Touring sans rest, pl. République ✆ 05 65 38 30 08, *domaine.granval@libertysurf.fr, Fax 05 65 38 18 67* – TV. GB
☕ 7,50 – **28 ch** 39/45.
◆ Bien situé, cet imposant hôtel familial au sage décor eut pour hôte Pierre Benoit qui y écrivit quelques romans dans les années 1920-1930. Réception au premier étage.

Villa Ric avec ch, rte Leyme par D 48 : 2,5 km ✆ 05 65 38 04 08, *hotel.jpric@libertysurf.fr, Fax 05 65 38 00 14*, ≤ plateau du Quercy, – ch, TV P. GB.
9 avril-14 nov. – **Repas** *(dîner seul.)* (nombre de couverts limité, prévenir) 35/55 – ☕ 9 – **5 ch** 79/105 – ½ P 79/105.
◆ Villa aux couleurs pastel nichée à flanc de colline, dans un cadre reposant. Cuisine au goût du jour servie dans une plaisante salle à manger rénovée. Chambres coquettes.

ST-CERGUES *74140 H.-Savoie* 328 K3 – *2 513 h alt. 615.*

Paris 547 – Thonon-les-Bains 21 – Annecy 54 – Annemasse 9 – Bonneville 25 – Genève 19.

France avec ch, 1044 r. Allobroges ✆ 04 50 43 50 32, *hoteldefrance74@wanadoo.fr, Fax 04 50 94 66 45*, – TV P – 25. GB
fermé 2 au 19 avril, 20 août au 6 sept., dim. soir et lundi sauf juil.-août – **Repas** 15/43, enf. 10 – ☕ 8,50 – **18 ch** 41/53 – ½ P 50/55.
◆ Cette maison tenue par la même famille depuis quatre générations soigne son décor, son accueil et sa cuisine. Élégant restaurant, joli jardin-terrasse et chambres actuelles.

ST-CÉZAIRE-SUR-SIAGNE *06780 Alpes-Mar.* 341 B6 *G. Côte d'Azur – 2 840 h alt. 475.*

Voir *Site★ – Point de vue★ – Grottes de St-Cézaire★ NE : 4 km.*

Office de tourisme, 3 rue de la République ✆ 04 93 60 84 30, Fax 04 93 60 84 40.

Paris 901 – Cannes 28 – Castellane 63 – Draguignan 51 – Grasse 16 – Nice 51.

Auberge du Puits d'Amon, r. Arnaud ✆ 04 93 60 28 50 – . GB
fermé 23 oct. au 29 oct, 16 fév. au 7 mars, dim. soir sauf de juin à sept. et merc. – **Repas** (14) - 18/40, enf. 10.
◆ Riche de curiosités naturelles (gorges de la Siagne et grottes), le village abrite aussi cette auberge au cadre rustique, décorée d'objets anciens. Cuisine traditionnelle.

ST-CHAMAS *13250 B.-du-R.* 340 F4 *G. Provence – 6 595 h alt. 15.*

Office de tourisme, Montée des Pénitents ✆ 04 90 50 90 54, Fax 04 90 50 90 10.

Paris 738 – Marseille 50 – Arles 43 – Martigues 26 – Salon-de-Provence 16.

Rabelais, 10 r. A. Fabre (centre ville) ✆ 04 90 50 84 40, *le.rabelais@wanadoo.fr, Fax 04 90 50 84 40*, – . AE GB.
fermé 23 août au 1er sept., vacances de fév., dim. soir et lundi – **Repas** 25 (déj.)/35.
◆ Près de l'ancienne fabrique de poudre, restaurant installé dans la jolie salle voûtée du 17e s. d'un vieux moulin à blé. Agréable terrasse fleurie. Cuisine traditionnelle.

ST-CHAMASSY *24 Dordogne* 329 G6 – *443 h alt. 185 – ✉ 24260 Le Bugue.*

Paris 529 – Sarlat-la-Canéda 33 – Bergerac 42 – Brive-la-Gaillarde 77 – Périgueux 49.

Auberge La Vieille Cure, ✆ 05 53 07 24 24, *Fax 05 53 54 39 44*, – GB
mars-nov. et fermé dim. soir sauf du 1er juil. au 15 sept. et lundi – **Repas** 19,80/43, enf. 9.
◆ Ancien presbytère d'un paisible village périgourdin. Cadre plaisant : vieilles pierres, horloge et cheminée. Côté cuisine : plats régionaux et grillades aux sarments.

ST-CHAMOND *42400 Loire* 327 G7 *G. Vallée du Rhône – 37 378 h alt. 388.*

Office de tourisme, 23 avenue de la Libération ✆ 04 77 31 04 41, Fax 04 77 22 04 34, tourisme@ville-st-chamond.fr.

Paris 505 ① – St-Étienne 11 ③ – Feurs 55 ③ – Lyon 50 ① – Montbrison 53 ③ – Vienne 38 ①.

Plan page suivante

Ambassadeurs, 28 av. Libération ✆ 04 77 22 85 80, *pierrelecroisey@aol.com, Fax 04 77 31 96 95* – rest, TV. AE GB. rest **BZ a**
fermé 6 au 22 août et 28 janv. au 1er fév. – **Repas** *(fermé 28 au 31 mai, 30 juil. au 22 août, 28 au 31 janv., sam. midi, dim. soir et vend.)* (14) - 16/65 – ☕ 8,50 – **16 ch** 45/58 – ½ P 41/46.
◆ A. Pinay et A. Prost figurent parmi les plus illustres "ambassadeurs" de la ville. Les chambres de cet hôtel installé dans un immeuble des années 1970 sont un brin désuètes. Salle à manger redécorée dans un esprit actuel sobre et plaisant ; cuisine classique.

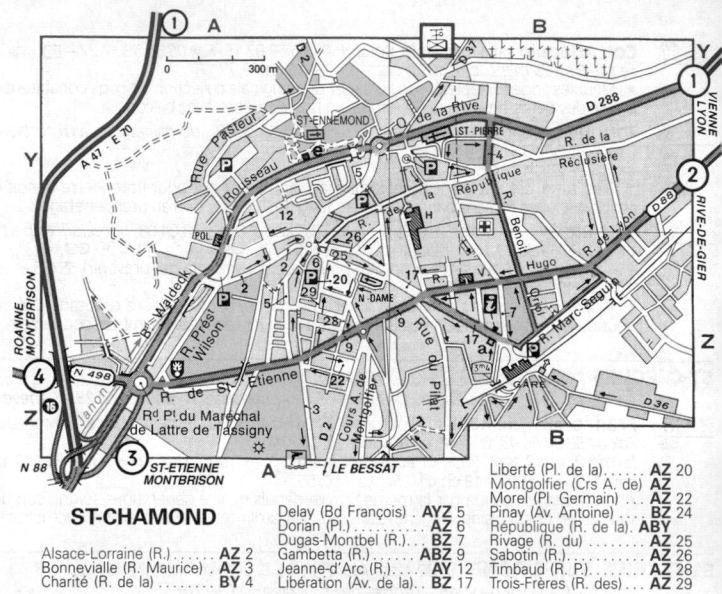

ST-CHAMOND

Alsace-Lorraine (R.) ...... **AZ** 2
Bonneviale (R. Maurice) . **AZ** 3
Charité (R. de la) .... **BY** 4
Delay (Bd François) . **AYZ** 5
Dorian (Pl.) .... **AZ** 6
Dugas-Montbel (R.) .. **BZ** 7
Gambetta (R.) .... **ABZ** 9
Jeanne-d'Arc (R.) .... **AY** 12
Libération (Av. de la) . **BZ** 17
Liberté (Pl. de la) ...... **AZ** 20
Montgolfier (Crs A. de) **AZ**
Morel (Pl. Germain) ... **AZ** 22
Pinay (Av. Antoine) .... **BZ** 24
République (R. de la). **ABY**
Rivage (R. du) .... **AZ** 25
Sabotin (R.) .... **AZ** 26
Timbaud (R. P.) .... **AZ** 28
Trois-Frères (R. des) ... **AZ** 29

XXX **Maison des Chanoines,** 52 bd Waldeck Rousseau ✆ 04 77 29 33 25, *contact@leschano ines.com, Fax 04 77 29 33 29, 🍴 – ⒶⒺ ☒* YA e
fermé dim. soir et lundi – **Repas** 28/86 et carte 50 à 70 ♀.
♦ Élégante maison du 16ᵉ s. agrémentée de toits en tuile et de colonnades. À l'intérieur, décor contemporain, couleurs vives et oeuvres d'art. Cuisine au goût du jour.

à l'Horme *par ② : 3 km – 4 639 h. alt. 320 – ⊠ 42152 :*

🏠 **Vulcain** sans rest, ✆ 04 77 22 17 11, *hvln@voila.fr, Fax 04 77 29 07 95, 🌳 – |≡| 📺 ☎ 🚗 🅿 – 🔏 20. ⒶⒺ ☒*
☐ 6,50 – **30 ch** 38/60.
♦ L'enseigne rend hommage aux forges et aciéries de St-Chamond. Chambres fonctionnelles bien tenues et 7 000 m² d'espaces verts compensent la proximité de la voie ferrée.

ST-CHARTIER *36 Indre* 📖 *H7 – rattaché à La Châtre.*

ST-CHÉLY-D'APCHER *48200 Lozère* 📖 *H6 – 4 316 h alt. 1000.*

🛈 *Office de tourisme, place du 19 Mars 1962 ✆ 04 66 31 03 67, Fax 04 66 31 30 30.*
Paris 540 – Aurillac 106 – Mende 45 – Le Puy-en-Velay 85 – Rodez 114 – St-Flour 36.

🏠 **Les Portes d'Apcher,** Nord : 1,5 km sur N 9 ✆ 04 66 31 00 46, *Fax 04 66 31 28 85, ≼, 🍴, 🌳 – 📺 ☎ 🔥 🚗 🅿 – 🔏 100. ☒ 🌸*
fermé 21 déc. au 31 janv. – **Repas** *(fermé vend. soir d'oct. au 15 avril)* 13,80/43,50, enf. 8 ♀ –
☐ 6 – **16 ch** 44 – ½ P 42,50.
♦ Proximité de l'autoroute, vue étendue sur l'Aubrac et la Margeride : voici au moins deux bonnes raisons pour faire étape dans cet hôtel simple et actuel. Saveurs du terroir à déguster dans une salle à manger en rotonde, coiffée d'une charpente apparente.

à La Garde *Nord : 9 km par N 9 – ⊠ 48200 Albaret-Ste-Marie :*

🏠 **Château d'Orfeuillette** 🌳, à l'échangeur A 75, sortie 32, sur N 9, suivre la Garde ✆ 04 66 42 65 65, *orfeuillette48@aol.com, Fax 04 66 42 65 66, 🔥, 🏊 – |≡| 📺 🅿 – 🔏 30. ⒶⒺ ⓪ ☒ 🆑*
fermé 1ᵉʳ fév. au 7 mars – **Repas** *(fermé sam. midi, dim. soir et lundi)* 21 (déj.), 27/38 ♀ –
☐ 15,30 – **19 ch** 75/110 – ½ P 73,50/91.
♦ Sur des fondations du 16ᵉ s., ce château fut achevé à la fin du 19ᵉ s. Parc de 12 ha. Chambres confortables réparties dans la bâtisse principale et à l'orangerie. Au restaurant, murs séculaires mais décor moderne, en phase avec une cuisine au goût du jour.

🏠 **Rocher Blanc,** ℰ 04 66 31 90 09, hotel@lerocherblanc.com, Fax 04 66 31 93 67, 🌊, 🌳, 🍴 – 🗖 rest, 🗖 🅿. 🖼
Pâques-1er nov. et fermé dim. soir et lundi sauf juil.-août et vacances scolaires – **Repas** 16,40/34,60 ♀ – ☲ 7,20 – **21 ch** 49 – ½ P 50/53.
♦ Étape pratique pour s'échapper de l'A 75. Tout incite à la détente : jardin, terrasse, piscine et tennis. Chambres d'inspiration rustique. Lumineuse salle à manger affichant un décor récent. Bon choix de plats à tendance régionale.

ST-CHÉLY-D'AUBRAC 12470 Aveyron 🔢 J3 – 532 h alt. 700 – Sports d'hiver à Brameloup : 1 200/1 390 m ⚡9 🎿.
🖪 Syndicat d'initiative, route d'Espalion ℰ 05 65 44 21 15, Fax 05 65 44 20 01, tourisme.st-chelydaubrac@wanadoo.fr.
Paris 589 – Rodez 50 – Espalion 20 – Mende 74 – St-Flour 70 – Sévérac-le-Château 60.

🏠 **Voyageurs,** av. Aubrac ℰ 05 65 44 27 05, Fax 05 65 44 21 67 – 📞. 🖼. ✂ ch
4 avril-20 juin et 26 juin-30 sept. et fermé merc. sauf juil.-août – **Repas** 15/25, enf. 10 ♀ – ☲ 6 – 7 **ch** 30/46 – ½ P 43/46.
♦ Les villages perdus dans la campagne réservent de belles surprises ! Petit hôtel familial dont les chambres, refaites, sont correctement équipées. Sobre salle à manger dotée d'un parquet ancien. Cuisine aveyronnaise. Conserverie artisanale.

ST-CHÉRON 91530 Essonne 🔢 B4 – 4 444 h alt. 100.
🖪 Syndicat d'initiative, mairie ℰ 01 69 14 13 00.
Paris 42 – Fontainebleau 58 – Chartres 54 – Dourdan 10 – Étampes 21 – Orléans 91.

à St-Évroult Sud : 1,5 km par V 6 – ☒ 91530 St-Chéron :
🍴🍴 **Auberge de la Cressonnière,** ℰ 01 64 56 60 55, Fax 01 64 56 56 37, 🌳, 🌳 – 🖼 🖼
fermé 23 fév. au 8 mars, 23 août au 13 sept., jeudi soir, dim. soir et lundi sauf fériés – **Repas** 19/38 ♀.
♦ Au bord de l'Orge, auberge au cadre rustique, mitonnant des petits plats inspirés par la région aveyronnaise. Un superbe tracteur à vapeur trône dans le jardin fleuri.

Donnez-nous votre avis sur les tables que nous recommandons, sur leurs spécialités et leurs vins de pays.

ST-CIERS-DE-CANESSE 33710 Gironde 🔢 H4 – 718 h alt. 40.
Env. Citadelle de Blaye★ NO : 8 km, G. Pyrénées Aquitaine.
Paris 548 – Bordeaux 45 – Blaye 10 – Jonzac 54 – Libourne 41.

🏠 **Closerie des Vignes** ✂, Village Arnauds, Nord : 2 km par D 250 et D 135 ℰ 05 57 64 81 90, la-closerie-des-vignes@wanadoo.fr, Fax 05 57 64 94 44, ≼, 🌊, 🌳 – 🗖 📞 ⚡ 🅿. 🖼. ✂
avril-oct. – **Repas** (dîner seul.) 21/31, enf. 13,80 ♀ – ☲ 8,50 – **9 ch** 76/80 – ½ P 70.
♦ Pavillon récent cerné par les vignes de Blaye. Chambres de bonne ampleur, dotées d'un mobilier moderne aux lignes épurées. Salle à manger aux murs lambrissés de lattes claires ouvrant sur les ceps et le jardin. La cuisine, traditionnelle, joue la simplicité.

ST-CIRQ-LAPOPIE 46330 Lot 🔢 G5 G. Périgord Quercy – 207 h alt. 320.
Voir Site★★ – Vestiges de l'ancien château ≼★★ – Le Bancourel ≼★ – Bouziès : chemin de halage du Lot★ NO : 6,5 km.
🖪 Office de tourisme, place du Sombral ℰ 05 65 31 29 06, Fax 05 65 31 29 06, saint-cirq.lapopie@wanadoo.fr.
Paris 574 – Cahors 26 – Figeac 44 – Villefranche-de-Rouergue 37.

🏠 **Auberge du Sombral "Aux Bonnes Choses"** ✂ sans rest, ℰ 05 65 31 26 08, Fax 05 65 30 26 37 – 🖼
1er avril-11 nov. et fermé merc. de sept. à juin – ☲ 7,50 – **8 ch** 65/72.
♦ Cette maison ancienne joliment restaurée borde une placette animée de ce ravissant village médiéval qui surplombe le Lot. Les chambres, plutôt petites, sont plaisantes.

à Tour-de-Faure Est : 2 km par D 8 – 350 h. alt. 137 – ☒ 46330 :
🏠 **Les Gabarres** sans rest, ℰ 05 65 30 24 57, Fax 05 65 30 25 85, 🌊, 🌳 – 📞 ⚡ 🅿. 🖼
10 avril-30 oct. – ☲ 7,60 – **28 ch** 49/81.
♦ Au pied du village perché, sur les bords du Lot, construction pavillonnaire récente dont l'enseigne évoque l'activité batelière d'autrefois. Chambres un peu impersonnelles.

ST-CLAIR 83 Var 🔢 N7 – rattaché au Lavandou.

ST-CLAUDE 🚲 *39200 Jura* **321** *F8 G. Jura – 12 303 h alt. 450.*

Voir Site★★ – Cathédrale St-Pierre★ : stalles★★ Z – Exposition de pipes, de diamants et de pierres fines **Z E**.

Env. Georges du Flumen★ par ② – Route de Morez ⩽★★ *7 km par ①.*

🏌 *de St-Claude à Villard-St-Sauveur* 🖉 *03 84 41 05 14, par ② : 5 km ;* 🏌 *de la Valserine à Mijoux* 🖉 *04 50 41 31 56, par ② : 24 km.*

🛈 *Office de tourisme, 19 rue du Marché* 🖉 *03 84 45 34 24, Fax 03 84 41 02 72, ot.saint-claude@wanadoo.fr – Automobile Club St-Blaise r. St-Blaise* 🖉 *03 84 45 67 57.*

Paris 465 ③ – Annecy 88 ② – Genève 60 ② – Lons-le-Saunier 59 ③.

ST-CLAUDE

Abbaye (Pl. de l')	**Z** 2
Belfort (Av. de)	**Y** 3
Christin (Pl.)	**Y** 5
Gambetta (R.)	**Z** 6
Janvier (R. A.)	**Z** 7
Lacuzon (R.)	**Y** 8
Lamartine (R.)	**Y** 9
Louis-XI (Pl.)	**Z** 12
Marché (R. du)	**Z** 20
Pré (R. du)	**YZ**
République (Bd de la)	**Z** 23
Rosset (R.)	**Z** 24
Victor-Hugo (R.)	**Y** 25
Voltaire (Pl.)	**Y** 26
9-Avril-1944 (Pl. du)	**Y** 27

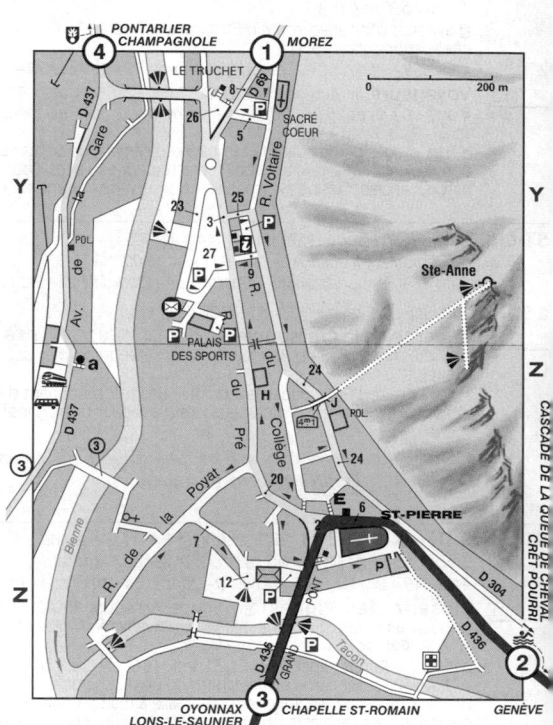

🏨 **Jura**, 40 av. Gare 🖉 *03 84 45 24 04, jura.hotel@wanadoo.fr, Fax 03 84 45 58 10 –* 📺 📞 ♿
🚗 ⓪ 🇬🇧   **Z a**

Repas *(fermé sam.)* 11 (déj.), 16/26 ⅃ – 🖾 6,50 – **35 ch** 41/68 – ½ P 69/88.
♦ Dans la capitale de la pipe, construction surplombant la rivière. Préférez les grandes chambres récentes, certaines avec miniterrasse, procurant une vue sur les montagnes. Les baies vitrées du restaurant offrent un large travelling sur la ville et la Bienne.

ST-CLÉMENT-DES-BALEINES *17 Char.-Mar.* **324** *A2 – voir à Île de Ré.*

ST-CLOUD *92 Hauts-de-Seine* **311** *J2* **101** ⑭ *– voir à Paris, Environs.*

> *Dans ce guide*
> *un même symbole, un même mot,*
> *imprimé en* **rouge** *ou en* **noir***, en* maigre *ou en* **gras***,*
> *n'ont pas tout à fait la même signification.*
> *Lisez attentivement les pages explicatives.*

ST-CONSTANT 15600 Cantal **330** B6 – 553 h alt. 260.

Voir *Église de Maurs : statues* et buste-reliquaire** NO : 4,5 km, G. Auvergne.

Paris 573 – Aurillac 48 – Rodez 55 – Decazeville 17 – Figeac 23 – Tulle 98.

Auberge des Feuillardiers avec ch, 𝄞 04 71 49 10 06, Fax 04 71 49 11 43, ☞ – **℃. ⓞ** **GB**

fermé 25/08 au 8/09, vacances de fév., mardi (sauf rest.) et merc. sauf juil.-août – **Repas** (nombre de couverts limté, prévenir) 14/43 – ☲ 6,50 – **12 ch** 32/42 – ½ P 35.

♦ À l'écart de la rumeur de la nationale, restaurant au cadre campagnard, dont la présence anime le hameau. La cuisine met à l'honneur les produits du terroir. Chambres simples.

ST-CYPRIEN 24220 Dordogne **329** H6 G. Périgord Quercy – 1 522 h alt. 80.

🏌 de Lolivarie à Siorac-en-Périgord 𝄞 05 53 30 22 69, O : 13 km par D 703.

🛈 Syndicat d'initiative, place Charles-de-Gaulle 𝄞 05 53 30 36 09, Fax 05 53 28 55 05, contact@stcyprien-perigord.com.

Paris 540 – Sarlat-la-Canéda 22 – Bergerac 53 – Cahors 68 – Fumel 51 – Périgueux 57.

L'Abbaye ॐ sans rest, r. Abbaye des Augustins 𝄞 05 53 29 20 48, hotel@abbaye-dordogne.com, Fax 05 53 29 15 85, ☲, ☞ – **ⓣⱽ ℃ ᵉ. ℞ GB**

15 avril-20 oct. – ☲ 12 – **23 ch** 80/138.

♦ Trois bâtiments de caractère sur les hauteurs du village. Meubles massifs ou de style dans les chambres. Salon aménagé dans une cuisine de 1545. Jardins fleuris en terrasses.

rte de Sarlat Est : 2,5 km par D 703 – ⊠ 24200 St-Cyprien :

Jardin d'Épicure, sur D 703 𝄞 05 53 30 40 95, Fax 05 53 30 40 96, ☜, ☞ – **ℙ. GB. ℁**

fermé 15 nov. au 15 déc., jeudi midi, sam. midi et merc. – **Repas** 29/62, enf. 12 ♀.

♦ Ancienne métairie transformée en salle de restaurant claire, ouverte sur une terrasse fleurie, où l'on déguste une cuisine personnalisée d'inspiration régionale.

à Allas-les-Mines Sud-Ouest : 5 km par D 703 et C 204 – 224 h. alt. 85 – ⊠ 24220 :

Gabarrier, 𝄞 05 53 29 22 51, Fax 05 53 29 47 12, ☜, ☞ – **ℙ. GB. ℁**

fermé 15 nov. au 14 fév. et merc., d'oct. à avril – **Repas** (nombre de couverts limité, prévenir) 25/48.

♦ Maison de pays proche du pont enjambant la Dordogne. Cuisine du terroir servie l'été dans la véranda au bord de la rivière, l'hiver dans la salle de style rustique.

ST-CYPRIEN 66750 Pyr.-Or. **344** J7 G. Languedoc Roussillon – 8 573 h alt. 5 – Casino.

🏌 de St-Cyprien à St-Cyprien-Plage 𝄞 04 68 37 63 63, N : 1 km.

🛈 Office de tourisme, quai A. Rimbaud 𝄞 04 68 21 01 33, Fax 04 68 21 98 33, tourisme@saint-cyprien.com.

Paris 859 – Perpignan 17 – Céret 31 – Port-Vendres 20.

à St-Cyprien-Plage Nord-Est : 3 km par D 22 – ⊠ 66750 St-Cyprien :

Mas d'Huston ॐ, au golf 𝄞 04 68 37 63 63, masdhustonhotel@opengolfclub.com, Fax 04 68 37 64 64, ☜, ☜, ☲, ℁, ♨ – ▥ ▦ ⓣⱽ ℃ & ℙ – ⌂ 15 à 60. ℀ⅇ ⓞ GB. ℁ rest fermé 3 janv. au 4 fév. – **Le Mas : Repas** 18 (déj)/38 bc – **Les Parasols** (buffets) (déj. seul.) **Repas** 24 ♀ – ☲ 11 – **50 ch** 90/134 – ½ P 87.

♦ Entre mer et étangs, dans le parc du golf, bâtiment de style méditerranéen attenant à un complexe résidentiel. Chambres personnalisées avec balcon ou terrasse. Cuisine classique et saveurs régionales au Mas. Repas servis sous forme de buffets au Parasols.

à St-Cyprien-Sud : 3 km – ⊠ 66750 St-Cyprien :

L'Ile de la Lagune ॐ, 𝄞 04 68 21 01 02, contact@hotel-ile-lagune.com, Fax 04 68 21 06 28, ☜, ☜, ☲, ☜ – ▥ ▦ ⓣⱽ & ☜ ℙ – ⌂ 30. ℀ⅇ ⓞ GB

fermé 14 fév. au 1ᵉʳ mars – **L'Almandin** (fermé lundi et mardi d'oct. à avril) **Repas** 26 (déj.) 43/85 et carte 60 à 80, enf. 5 – ☲ 13 – **18 ch** 141/188, 4 suites – ½ P 133/143.

♦ Architecture récente de style hispano-mauresque sur un îlot-marina. Chambres modernes avec balcon. En été, vedette gratuite pour la plage. Belle salle à manger complétée par une terrasse-véranda. La cuisine, au goût du jour, revisite à sa manière le terroir.

Spéc. Blinis de pomme de terre aux anchois. Filets de rouget en escalivada. Suquet de baudroie, gambas, pommes confites dans un jus de poisson. **Vins** Côtes du Roussillon-Villages.

Lagune ॐ, 𝄞 04 68 21 24 24, contact@hotel-lalagune.com, Fax 04 68 37 00 00, ☜, ☜, ☲, ℁ – cuisinette ⓣⱽ ℃ & ℙ. GB

8 mai-30 sept. – **Repas** (16) · 24/29, enf. 10,50 ♀ – ☲ 8 – **36 ch** 67/91, 14 studios – ½ P 69/75.

♦ Directement sur la plage, hôtel inséré dans un complexe résidentiel conçu pour une clientèle "club". Chambres fonctionnelles avec vue sur la piscine ou la lagune. Billard. En saison, animations musicales et repas servis en terrasse. Cuisine simple.

ST-CYR-EN-TALMONDAIS 85540 Vendée **316** H9 – 301 h alt. 31.

🛈 Syndicat d'initiative ℰ 02 51 30 82 82, Fax 02 51 30 88 29.

Paris 444 – La Rochelle 57 – Luçon 14 – La Roche-sur-Yon 30 – Les Sables-d'Olonne 38.

✕ **Auberge de la Court d'Aron,** ℰ 02 51 30 81 80, dominique.orizet@wanadoo.fr, Fax 02 51 30 89 50, 🏤 – **P**. **GB**. ✺

fermé 5 au 11 nov., 1ᵉʳ au 9 déc., vacances de fév., dim. soir et merc. de sept. à juin – **Repas** (12) - 18,50/41 ℒ.

♦ Auberge installée dans les anciennes écuries du château de la Court d'Aron. Intérieur rustique avec poutres et pierres apparentes. Terrasse couverte.

ST-CYR-SUR-MER 83270 Var **340** J6 G. Côte d'Azur – 8 898 h alt. 10.

🛈₈ de Frégate ℰ 04 94 29 38 00, S : 3 km par D 559.

🛈 Office de tourisme, place de l'Appel du 18 Juin ℰ 04 94 26 73 73, Fax 04 94 26 73 74, tourisme.st.cyr@wanadoo.fr.

Paris 810 – Marseille 40 – Toulon 23 – Bandol 8 – Le Beausset 10 – Brignoles 70.

Les Lecques – ⊠ 83270 St-Cyr-sur-Mer :

🏨 **Grand Hôtel des Lecques** ⊗, 24 av. Port ℰ 04 94 26 23 01, info@lecques-hotel.com, Fax 04 94 26 10 22, ≤, 🏤, ♨, ✻, 🦺 – 📶 **TV** 📞 **P**. **AE** **①** **GB** **JCB**

23 mars-15 nov. – **Repas** (25) - 28,50/34, enf. 12 ℒ – ⊏ 14 – **60 ch** 127/157 – ½ P 84/119.

♦ Dans un luxuriant parc fleuri, élégante demeure "Belle Époque" gaiement rénovée. Préférez les chambres aux tons ensoleillés des derniers étages, côté façade. Au restaurant, décor de jardin d'hiver, saveurs provençales d'herbes, d'épices et de fruits mûrs.

🏨 **Chanteplage,** ℰ 04 94 26 16 55, Fax 04 94 26 25 71, ≤, 🏤 – **TV** **P**. **GB**

1ᵉʳ avril-30 sept. – **Repas** 18/28, enf. 8,50 – ⊏ 7 – **18 ch** 58/95.

♦ Au bord de mer, hôtel aux chambres fonctionnelles et fraîches, avec balcon. Celles du 3ᵉ étage, prévues pour les familles, possèdent une grande terrasse. Petite salle à manger rustique et restaurant d'été offrent une jolie vue sur les flots. Cuisine simple.

🏨 **Petit Nice** ⊗, ℰ 04 94 32 00 64, petitnice@lcm.fr, Fax 04 94 32 00 99, ♨, 🦺 – **TV** **P**. **AE** **GB**. ✺ rest

hôtel : fermé janv., rest. ouvert : 20 mars-15 oct. – **Repas** (1/2 pens.seul.) – ⊏ 8,50 – **31 ch** 48,50/61 – ½ P 50/61.

♦ Le calme du beau jardin arboré fait l'attrait de cette avenante pension. Petites chambres au décor actuel ; celles de l'annexe sont plus simples mais plus spacieuses. Les baies du restaurant , en partie sous charpente, s'ouvrent sur la piscine et la verdure.

rte de Bandol par D 559 : 4 km – ⊠ 83270 St-Cyr-sur-Mer :

🏨 **Dolce Frégate** ⊗, ℰ 04 94 29 39 39, hotel-fregate@wanadoo.fr, Fax 04 94 29 39 40, ≤ littoral, 🏤, ♨, Iₛ, ♨, 🔲, ✻, 🦺 – 📶 ✺ ☰ **TV** 📞 🦺 ⇔ **P** – 🛗 20 à 180. **AE** **①** **GB**

- Mas des Vignes ℰ 04 94 29 39 47 (dîner seul.) **Repas** 37/48 – **Restanque** (déj. seul.) **Repas** 25,50bc ℒ – ⊏ 18 – **100 ch** 235/555, 33 suites – ½ P 172/227.

♦ Au milieu des vignes, domaine abritant hôtel, golf 18 trous, complexe de loisirs et centre de conférences. Calme, raffinement et décoration provençale partout. Couleurs ensoleillées et terrasse panoramique au Mas des Vignes. Repas décontracté à la Restanque.

ST-DALMAS-DE-TENDE 06 Alpes-Mar. **341** G3 – rattaché à Tende.

ST-DALMAS-VALDEBLORE 06 Alpes-Mar. **341** E3 – voir à Valdeblore.

ST-DENIS 93 Seine-St-Denis **305** F7 **101** ⑯ – voir à Paris, Environs.

ST-DENIS-D'ORQUES 72350 Sarthe **310** H6 – 815 h alt. 120.

🛈 Syndicat d'initiative ℰ 02 43 88 43 14.

Paris 238 – Alençon 86 – Laval 39 – Le Mans 45 – Mayenne 47 – Sablé-sur-Sarthe 26.

✕✕ **Auberge de la Grande Charnie,** av. Libération ℰ 02 43 88 43 12, Fax 02 43 88 61 08 – **GB**. ✺

fermé vacances de fév., lundi et le soir sauf sam. – **Repas** 18 (déj.), 24,50/40 ℒ.

♦ Poutres, tentures murales, assiettes et mobilier anciens décorent cette auberge rustique dont la présence anime un tout petit village. Cuisine classique.

ST-DENIS-LE-FERMENT 27 Eure **304** K6 – rattaché à Gisors.

Le Guide change, changez de guide tous les ans.

ST-DENIS-SUR-SARTHON 61420 Orne **310** I4 – 1 062 h alt. 193.

Paris 200 – Alençon 12 – Argentan 40 – Domfront 50 – Falaise 63 – Flers 61 – Mayenne 49.

Faïencerie sans rest, rte d'Alençon (N 12) ℘ 02 33 27 30 16, la-faiencerie@wanadoo.fr, Fax 02 33 27 17 56, ♨ – **P.** GB
15 mai-15 oct. – 立 7 – **15 ch** 55/65.
◆ Un vaste parc entoure cette belle demeure bourgeoise qui abritait jadis une faïencerie. Chambres rajeunies. Petits-déjeuners servis dans une grande salle rustique.

ST-DIDIER 35 I.-et-V. **309** N6 – rattaché à Chateaubourg.

ST-DIDIER 84 Vaucluse **332** D9 – rattaché à Carpentras.

ST-DIDIER-DE-LA-TOUR 38 Isère **333** F4 – rattaché à La Tour-du-Pin.

ST-DIDIER-EN-VELAY 43140 H.-Loire **331** H2 – 2 891 h alt. 830.

☐ Office de tourisme, 5 rue de la république ℘ 04 71 66 25 72, Fax 04 71 61 25 83, office.tourisme.vallee.de.la.semene@wanadoo.fr.
Paris 538 – Le Puy-en-Velay 55 – St-Étienne 25 – St-Agrève 45.

Auberge du Velay, Grand'place ℘ 04 71 61 01 54, Fax 04 71 61 15 80 – ☆ 10. GB
fermé 16 au 31 août, vacances de fév., dim. soir, lundi et mardi – **Repas** 18 (déj.), 25/55.
◆ Auberge de pays où l'on sert depuis trois siècles une cuisine du terroir. Dans l'un des salons, exposition de registres, menus et livres de comptes plus que centenaires.

ST-DIÉ-DES-VOSGES ⬟ 88100 Vosges **314** J3 G. Alsace Lorraine – 22 569 h alt. 350.

Voir Cathédrale St-Dié★ – Cloître gothique★.

☐ Office de tourisme, 8 quai du Maréchal de Lattre de Tassigny ℘ 03 29 42 22 22, Fax 03 29 42 22 23, tourisme@ville-saintdie.fr.
Paris 397 ③ – Colmar 53 ① – Épinal 53 ② – Mulhouse 108 ① – Strasbourg 97 ①.

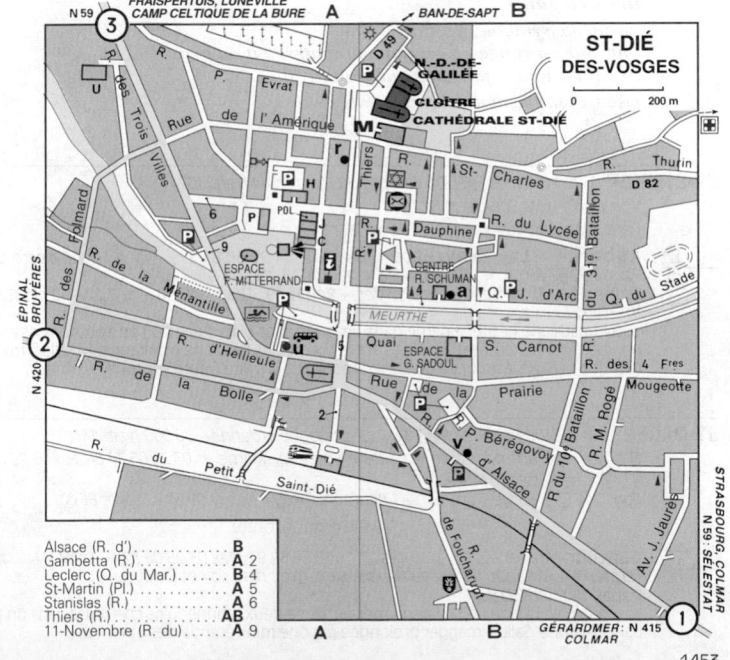

Alsace (R. d')	**B** 2
Gambetta (R.)	**A**
Leclerc (Q. du Mar.)	**B** 4
St-Martin (Pl.)	**A** 5
Stanislas (R.)	**A** 6
Thiers (R.)	**AB**
11-Novembre (R. du)	**A** 9

🏠 **Ibis,** 5 quai Jeanne d'Arc 𝒫 03 29 42 24 22, *h1102@accor-hotels.com, Fax 03 29 55 02 14 –*
📶 ✦ ▤ ⊡ ℃ ♿ – ♨ 30. ⟨Æ ⓞ⟩ ⟨⟩   B a
Repas (dîner seul.) (10) - 16, enf. 9 ♀ – ⊡ 6 – **58 ch** 54, 3 suites.
♦ Sur les berges de la Meurthe, classique hôtel de chaîne dont les chambres, d'ampleur
limitée, sont peu à peu rénovées ; préférez celles avec vue sur la rivière. Repas simples
servis sous forme de buffets ; carte complétée de quelques plats régionaux.

🏠 **Moderne,** 64 r. Alsace 𝒫 03 29 56 11 71, *Fax 03 29 56 45 06,* 🍴 – ⊡ ℃ 🅿. ⟨⟩.
✦ ch   B v
fermé 16 au 31 août, 20 déc. au 9 janv., vend. soir et sam. – **Repas** 17/22 ♂ – ⊡ 6,50 –
10 ch 42,50/61,50 – ½ P 43/45.
♦ L'avenue commerçante ne dérange nullement la tranquillité des chambres, un peu
petites mais actuelles et équipées d'une bonne literie. Deux menues salles à manger ; celle
réservée aux non-fumeurs est plus coquette. Goûtez, entre autres, la choucroute.

🏠 **Vosges** sans rest, 57 r. Thiers 𝒫 03 29 56 16 21, *Fax 03 29 55 48 71 –* ⊡ ℃ 🚗. ⟨Æ ⓞ⟩
⟨⟩   A r
⊡ 5,40 – **17 ch** 26/46.
♦ La façade de cet hôtel date de la reconstruction de la ville détruite en 1944. Chambres
modestes mais propres pour une étape au cœur de la "marraine de l'Amérique".

✕✕ **Voyageurs,** 22 r. Hellieule 𝒫 03 29 56 21 56, *Fax 03 29 56 60 80 –* ⟨Æ⟩ ⟨⟩   A u
fermé 21 juil. au 4 août, vacances de Noël, de printemps, dim. soir et lundi – **Repas** (13,50) -
17/25 ♀ ♨.
♦ Proche de l'étonnante tour de la Liberté, trois salles à manger fraîchement décorées
(tons pastel) et lumineuses. Cuisine traditionnelle et bon choix de vins au verre.

à Rougiville *Ouest : 6 km par* ② *–* ✉ *88100 St-Dié :*

🏠 **Haut Fer** ♨, 𝒫 03 29 55 03 48, *le.haut.fer@wanadoo.fr, Fax 03 29 55 23 40,* ≤, ⎯, 🍴,
♨ – ⊡ ℃ 🅿. ⟨Æ⟩ ⟨⟩
fermé 1er au 8 janv., dim. sauf juil.-août et fériés – **Repas** *(fermé dim. soir et lundi sauf
juil.-août et fériés)* (10) - 16/23, enf. 9 ♀ – ⊡ 8 – **16 ch** 48/68 – ½ P 43/53.
♦ Cet établissement installé dans une ancienne scierie tient son nom de la lame qui
débitait les troncs d'arbres. Chambres côté Sud avec balcon et vue sur la campagne. Esprit
jardin d'hiver au restaurant. Carte classique étoffée de produits de la mer.

Dans ce guide

un même symbole, un même mot,
imprimé en **rouge** *ou en* **noir,** *en maigre ou en* **gras,**
n'ont pas tout à fait la même signification.
Lisez attentivement les pages explicatives.

ST-DISDIER 05250 H.-Alpes ⟨334⟩ D4 G. Alpes du Nord – 141 h alt. 1024.
Voir *Défilé de la Souloise★ N.*
Paris 643 – Gap 46 – Grenoble 81 – La Mure 41.

🏠 **Auberge La Neyrette** ♨, 𝒫 04 92 58 81 17, *info@la-neyrette.com,*
♨ *Fax 04 92 58 89 95,* ≤, 🍴, ⎯ – ⊡ ℃ 🅿 – ♨ 15. ⟨Æ⟩ ⟨⟩
fermé 13 au 30 avril et 8 nov au 17 déc. – **Repas** 19,50/38, enf. 10 – ⊡ 7,20 – **12 ch** 48/67 –
½ P 53/57.
♦ Sympathique petite auberge dans un jardin avec plan d'eau où l'on peut ferrer sa truite
pour le dîner ! Chambres décorées sur le thème des fleurs de montagne. La salle à manger
rustique occupe les murs d'un ancien moulin et la truite figure sur tous les menus.

ST-DIZIER ⟨SP⟩ 52100 H.-Marne ⟨313⟩ J2 G. Champagne Ardenne – 30 900 h alt. 147.
🛈 *Office de tourisme, 4 avenue de Belle-Forêt-sur-Marne 𝒫 03 25 05 31 84, Fax 03 25 06 95
51, otsi.saintdizier@wanadoo.fr.*
Paris 212 ⑤ *– Bar-le-Duc 26* ① *– Chaumont 74* ③ *– Nancy 99* ② *– Troyes 86* ④.

Plan page ci-contre

✕✕ **Gentilhommière,** 29 r. J. Jaurès 𝒫 03 29 56 32 97, *Fax 03 25 06 32 66 –* ⟨⟩   A u
fermé 1er au 23 août, 28 fév. au 8 mars, sam. midi, dim. soir et lundi
Repas 19,50/28,50 ♀.
♦ L'originale façade de la maison met en scène deux mannequins costumés dans un petit
balcon-vitrine. Salle à manger prolongée par une minivéranda très lumineuse.

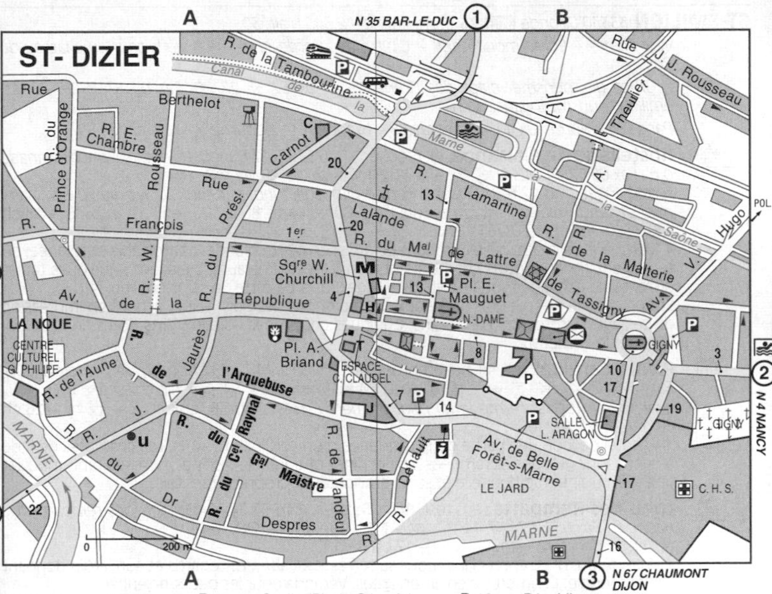

Alsace-Lorraine (Av. d') ..... **B** 3
Cartier (Av. M.) .... **A** 4
Commune-de-Paris (R. de la) .... **AB** 7
Gambetta (R.) .... **B** 8
Gaulle (Pl. du Gén.-de)...... **B** 10
Giros (R. E.) .... **B** 13
Liberté (Pl. de la) .... **B** 14
Paul Bert (R.)............... **B** 16
Pasteur (Av.)................ **B** 17
République (Av. de la)............... **A**
Tanneurs (R. des) .... **B** 19
Verdun (Av. de) .... **A** 20
Vergy (R. de) .... **A** 22

*Un automobiliste averti utilise le **Guide Michelin** de l'année.*

ST-DONAT-SUR-L'HERBASSE *26260 Drôme* 332 C3 *G. Vallée du Rhône – 3 132 h alt. 202.*

Office de tourisme, 32 avenue Georges Bert ☎ 04 75 45 15 32, Fax 04 75 45 20 42.

Paris 545 – Valence 27 – Grenoble 92 – Hauterives 20 – Romans-sur-Isère 13.

XXX **Chartron** avec ch, av. Gambetta ☎ 04 75 45 11 82, *restaurantchartron@wanadoo.fr, Fax 04 75 45 01 36,* – ▤ TV. GB
fermé 26 avril au 6 mai, 23 août au 10 sept., 2 au 13 janv., mardi et merc. – **Repas** (dîner seul. en juil.-août) 28/38 et carte 50 à 60, enf. 12 ♀ – ☕ 8,50 – **7 ch** 55/70 – ½ P 62.
◆ Grande maison en pierre agrandie d'une rotonde vitrée. Vaste salle à manger contemporaine, parquetée et climatisée ; cuisine au goût du jour. Chambres au décor moderne.

X **Mousse de Brochet,** ☎ 04 75 45 10 47, *Fax 04 75 45 10 47* – ▤. GB
fermé 21 juin au 13 juil., 20 janv. au 11 fév., les soirs de semaine d'oct. à mai, dim. soir et lundi – **Repas** 14,70/48 ♀.
◆ Après avoir admiré les orgues de la collégiale, faites halte dans cet ancien café pour y déguster la mousse de brochet, spécialité de la maison.

ST-DOULCHARD *18 Cher* 323 K4 – *rattaché à Bourges.*

ST-DYÉ-SUR-LOIRE *41500 L.-et-Ch.* 318 F6 *G. Châteaux de la Loire – 945 h alt. 96.*

Office de tourisme, 73 rue Nationale ☎ 02 54 81 65 45, Fax 02 54 81 68 07.

Paris 173 – Orléans 52 – Beaugency 21 – Blois 17 – Romorantin-Lanthenay 45.

Manoir Bel Air ♨, 1 rte d'Orléans ☎ 02 54 81 60 10, *manoirbelair@free.fr, Fax 02 54 81 65 34,* ←, – TV P – 15 à 80. GB JCB. ✻ rest
fermé 18 janv. au 9 fév. et 16 fév. au 1er mars – **Repas** 22/43 ♀ – ☕ 7 – **43 ch** 69/75 – ½ P 75.
◆ Cette demeure bourgeoise du 17e s. fut la propriété d'un courtier en vins, puis d'un gouverneur de la Guadeloupe. Chambres spacieuses et jardin dominent la Loire. Grande salle à manger panoramique tournée vers le fleuve. Décor d'inspiration bourgeoise.

SAINTE voir après la nomenclature des Saints.

ST-ÉMILION 33330 Gironde ▓▓▓ K5 G. Aquitaine – 2 345 h alt. 30.

Voir Site★★ – Église monolithe★ – Cloître des Cordeliers★ – ≼★ de la tour du château du Roi.

🅱 Office de tourisme, place des Créneaux ℘ 05 57 55 28 28, Fax 05 57 55 28 29, st-emilion.tourisme@wanadoo.fr.

Paris 584 – Bordeaux 40 – Bergerac 58 – Langon 49 – Libourne 9 – Marmande 59.

🏯 **Hostellerie de Plaisance,** pl. Clocher ℘ 05 57 55 07 55, hostellerie.plaisance@wanado
o.fr, Fax 05 57 74 41 11, ≼, 😤 – ⧇ ☰ 📺 ◕ – 🄰 40. 🄰 ⓞ ⒢Ⓑ ⒿⒸⒷ ॐ ch
fermé 1ᵉʳ janv. au 12 fév. – Repas (fermé dim. soir, lundi soir sauf 20 avril au 20 oct., sam.
midi et lundi midi en saison) 38 (déj.), 45/80 et carte 80 à 100, enf. 17 – ⌷ 15 – **18 ch**
120/336 – ½ P 121,70/261,70.
♦ Au coeur de la cité, belle demeure du 14ᵉ s. en pierre blonde, confortable et soignée, où
se nichent de douillettes chambres personnalisées. Restaurant élégant ; quelques tables
offrent une échappée sur les toits du village. Superbe carte de saint-émilion.
Spéc. Lasagne de foie gras poêlé aux champignons des bois. Saint-Jacques en impression
de cerfeuil. Perdreau poêlé, salsifis, quelques châtaignes (saison). **Vins** Côtes de Castillon,
Lalande de Pomerol.

🏯 **Palais Cardinal,** pl. 11-novembre-1918 ℘ 05 57 24 72 39, hotel@palais-cardinal.com,
Fax 05 57 74 47 54, ⽊, 🌳 – ⧇, ☰ rest, 📺 ◕ ⅍ ◒ – 🄰 30. ⒢Ⓑ ॐ ch
avril-nov. – Repas (fermé jeudi midi et merc.) (14) - 22,50/36, enf. 10 Ⓨ – ⌷ 11 – **26 ch**
60/146 – ½ P 67/105.
♦ L'hôtel occupe une partie de la résidence d'un cardinal du 14ᵉ s. Les chambres de l'aile
récente sont grandes et raffinées. Joli jardinet et agréable piscine. Au restaurant, mobilier
de style, cuisine traditionnelle et saint-émilion de la propriété familiale.

🏨 **Logis des Remparts** sans rest, 18 r., Guadet ℘ 05 57 24 70 43, logis-des-remparts@wa
nadoo.fr, Fax 05 57 74 47 44, ⽊, 🌳 – 📺 ◕ ⅌ – 🄰 12. ⒢Ⓑ ॐ
fermé 15 déc. au 31 janv. – ⌷ 12 – **17 ch** 85/150.
♦ Maison du 17ᵉ s. appréciable pour sa terrasse à l'abri des regards et son jardin donnant
sur le vignoble. Chambres bien aménagées. Véranda pour les petits-déjeuners.

🏛 **Auberge de la Commanderie** sans rest, r. Cordeliers ℘ 05 57 24 70 19, contact@aub
ergedelacommanderie.com, Fax 05 57 74 44 53 – ⧇ 📺 ⅌ ◕. ⒢Ⓑ ॐ
fermé janv. – ⌷ 9 – **18 ch** 60/90.
♦ Dans les murs d'une ancienne commanderie du 17ᵉ s. Petites chambres rénovées
disposant d'un décor contemporain ; celles de l'annexe, plus grandes, conviendront aux
familles.

☓☓ **Clos du Roy,** 12 r. Petite Fontaine ℘ 05 57 74 41 55, Fax 05 57 74 41 55 – ☰. ⒢Ⓑ
fermé 24 août au 2 sept., 26 oct. au 3 nov., 20 fév. au 10 mars, mardi et merc. – Repas 20
(déj.), 26/42, enf. 11 Ⓨ.
♦ Maison en pierre blonde située à l'écart du circuit touristique. Plaisantes salles à manger
où se marient le rustique et le contemporain. Appétissante cuisine au goût du jour.

☓☓ **Tertre,** r. Tertre de la Tente ℘ 05 57 74 46 33, Fax 05 57 74 49 87 – ☰. 🄰 ⓞ ⒢Ⓑ
ⒿⒸⒷ
fermé 15 nov. au 4 fév., lundi de fév. à mars et mardi – Repas 18 (déj.), 24/65 Ⓨ ॐ.
♦ Accolé à l'église, restaurant champêtre agrémenté d'un vivier à crustacés et, au fond,
d'un petit caveau creusé dans la roche. Recettes traditionnelles et vins de Bordeaux.

☓ **Auberge du Château Cros Figeac,** 3 km à l'Ouest sur D 243 ℘ 05 57 24 76 32, auber
ge.cros.figeac@wanadoo.fr, Fax 05 57 24 76 32, 😤 – ◕ ⒢Ⓑ
fermé 9 au 22 août, 20 fév. au 6 mars, dim. soir, mardi soir et lundi – Repas 15/30, enf. 6 Ⓨ.
♦ Dans un ancien chai du château Cros Figeac, vaste salle coiffée d'une charpente
apparente, cheminée pour les grillades sur sarments et belle terrasse tournée vers les
vignes.

rte de Libourne : 4 km par D 243 – ✉ 33330 St-Émilion :

🏯 **Château Grand Barrail** ॐ, ℘ 05 57 55 37 00, welcome@grand-barrail.com,
Fax 05 57 55 37 49, ≼, 😤, ⽊, 🎾 – ⧇, ☰ rest, 📺 ◕ ⅍ ◕ – 🄰 20. 🄰 ⓞ ⒢Ⓑ
ⒿⒸⒷ ॐ rest
fermé vacances de fév. et 21 nov. au 13 déc. – Repas (fermé dim. soir, mardi midi et lundi
de nov. à mars) 40/61 Ⓨ ॐ – ⌷ 20 – **38 ch** 280/305, 4 duplex.
♦ Belle situation au milieu des vignes et d'un parc bordé d'un étang pour ce château du
19ᵉ s. restauré avec goût. Chambres raffinées. L'une des trois splendides salles à manger
profite d'un décor mauresque. Cuisine dans l'air du temps ; riche carte des vins.

Écrivez-nous...

Vos louanges comme vos critiques seront examinées avec le plus grand soin.
Nous reverrons sur place les informations que vous nous signalez.

Par avance merci !

🅿 *42000 Loire* 🔢 *F7 G. Vallée du Rhône – 180 210 h Agglo. 287 981 h alt. 520.*

Voir *Le Vieux St-Étienne★ – Musée d'Art moderne★★* **T M²** *– Puits Couriot, musée de la mine★* **AY** *– Musée d'Art et d'Industrie★★ – Site de la Manufacture des Armes et Cycles de St-Étienne : planétarium★.*

🏌 *de St-Étienne ℘ 04 77 32 14 63, par ② et D 501 : 18 km.*

✈ *de St-Étienne-Bouthéon : ℘ 04 77 55 71 71, Fax 04 77 55 71 79, par ⑤ : 15 km.*

🛈 *Office de tourisme, 16 avenue de la Libération ℘ 04 77 49 39 00, Fax 04 77 49 39 03, information@tourisme-st-etienne.com.*

Paris 517 ① – Clermont-Ferrand 147 ④ – Grenoble 154 ① – Lyon 61 ① – Valence 122 ②.

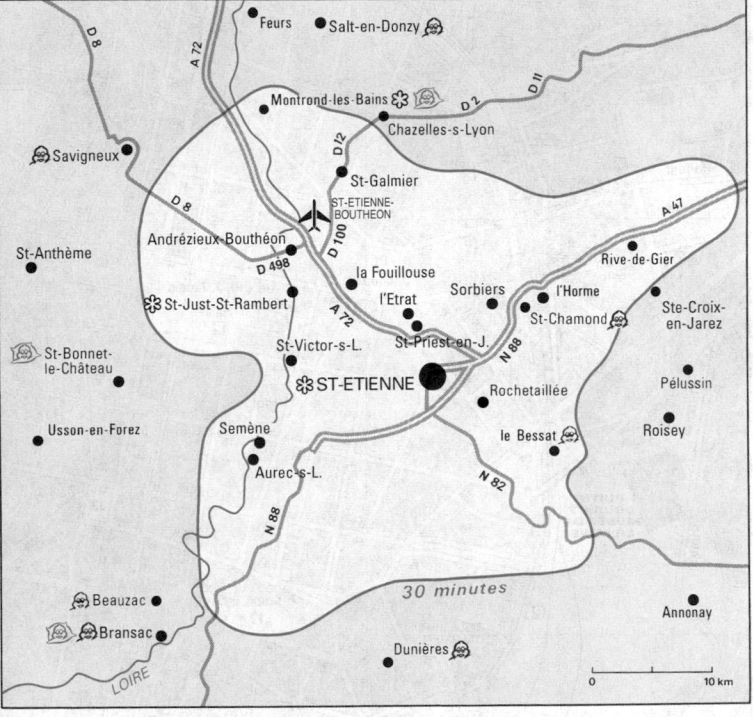

🏨 **Mercure Parc de l'Europe,** r. Wuppertal, Sud-Est du plan, par cours Fauriel ✉ 42100 ℘ 04 77 42 81 81, h1252@accor-hotels.com, Fax 04 77 42 81 89 – 🛗 ✸ 🍴 📺 📞 🚗 **🅿** – 🔺 25 à 120. AE ➀ GB JCB V a
Ribandière (fermé 31 juil. au 23 août, 23 déc. au 3 janv., sam., dim. et fériés) **Repas** *(21)* - 27/35, 🍷, enf. 11 – 🖵 12 – **120 ch** 82/120.
♦ Cure de jouvence réussie pour cet hôtel des années 1970 : chambres rénovées joliment personnalisées, salles de bains neuves, salon habillé de boiseries anciennes, bar feutré. Le restaurant met en valeur les produits du Forez et les vins des côtes du Rhône.

🏨 **Midi** sans rest, 19 bd Pasteur ✉ 42100 ℘ 04 77 57 32 55, *contact@hotelmidi.fr,* Fax 04 77 57 28 00 – 🛗 ✸ 📺 📞 🚗 AE ➀ GB V e
fermé août et 29 déc. au 4 janv. – 🖵 7,90 – **33 ch** 65/73.
♦ Deux bâtiments reliés entre eux par un agréable salon où sont régulièrement exposés des tableaux. Chambres un peu petites, mais pratiques et insonorisées. Tenue sans reproche.

🏨 **Albatros,** face au golf par r. Revollier **T** ℘ 04 77 41 41 00, *hotel.albatros.42@wanadoo.fr,* Fax 04 77 38 28 16, ≼, 🌳, 🏊 – 🛗 📺 📞 🚗 **🅿** – 🔺 20 à 60. AE GB
fermé 9 au 22 août, 20 déc. au 2 janv. et week-ends de nov. à avril – **Repas** *(17)* - 20/24, enf. 10 🍷 – 🖵 10 – **44 ch** 72/79, 3 suites – ½ P 58,50.
♦ Hôtel récent, bien situé sur une colline face au golf municipal et à la plaine du Forez. Meubles en rotin et rideaux fleuris dans les chambres. Bar côté piscine. La salle à manger moderne en rotonde domine les greens. Cuisine traditionnelle.

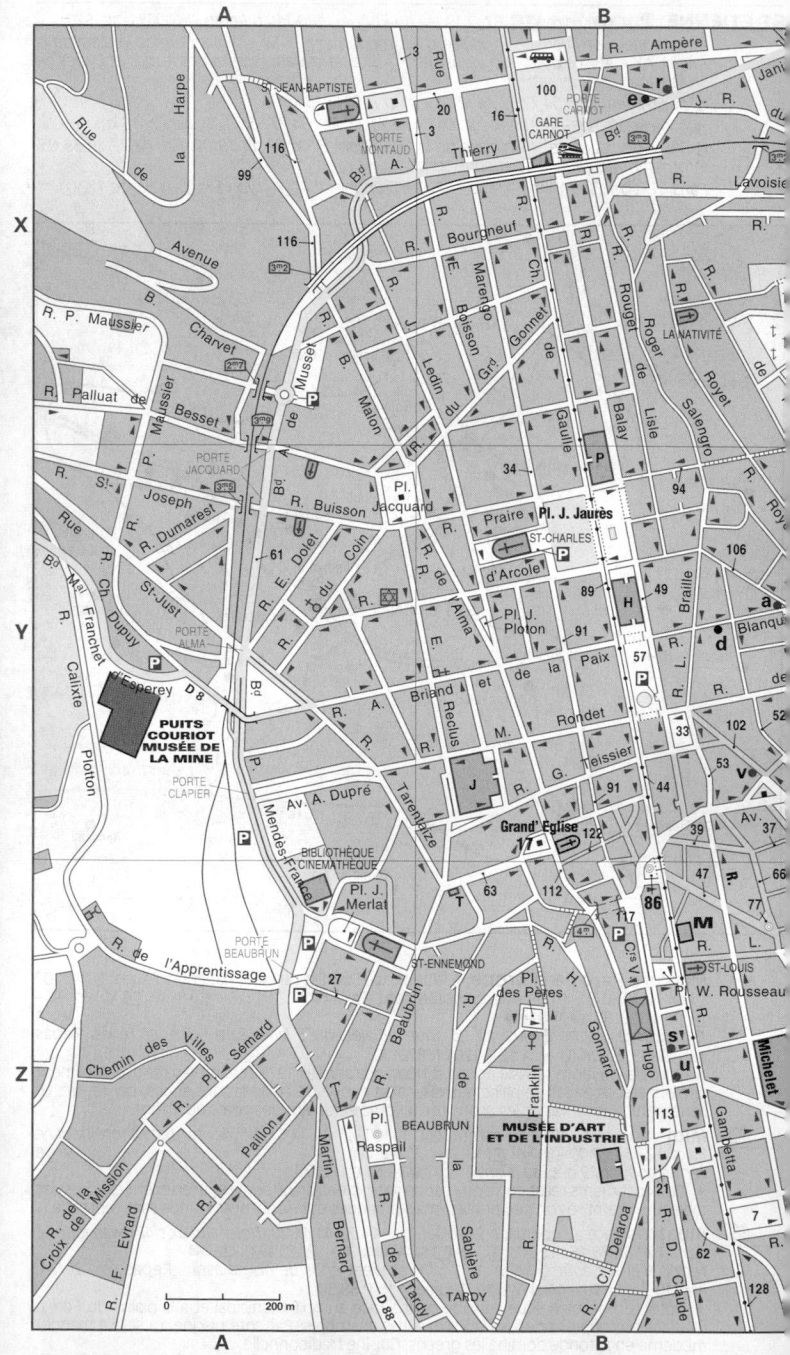

ST-ÉTIENNE

Albert-Ier (Bd)	**ABX**	3
Anatole-France (Pl.)	**BZ**	7
Badouillère (R. de la)	**CZ**	9
Barbusse (R. H.)	**CZ**	12
Bérard (R. P.)	**BCY**	14
Bergson (R.)	**BX**	16
Boivin (Pl.)	**BY**	17
Chavanelle (Pl.)	**CZ**	18
Clovis-Hugues (R.)	**BX**	20
Comte (Pl. Louis)	**BZ**	21
Denfert-Rochereau (Av.)	**CY**	26
Descours (R.)	**AZ**	27
Dorian (Pl.)	**BY**	33
Dormoy (R. M.)	**BXY**	34
Dupré (R. G.)	**BY**	37
Durafour (R. A.)	**CZ**	38
Escoffier (R. D.)	**BY**	39
Fougerolle (R.)	**CZ**	41
Fourneyron (Pl.)	**CY**	42
Foy (R. Gén.)	**BY**	44
Frappa (R. J.)	**BZ**	47
Gambetta (R.)	**BZ**	
Gaulle (R. Ch.-de)	**BXY**	
Gérentet (R.)	**BY**	49
Gervais (R. E.)	**CY**	50
Gillet (R. F.)	**BY**	52
Grand-Moulin (R. du)	**BY**	53
Guesde (Pl. J.)	**BY**	56
Hôtel-de-Ville (Pl. de l')	**BY**	57
Jacob (R.)	**CX**	58
Krumnow (Bd F.)	**AY**	61
Leclerc (R. du Gén.)	**BZ**	62
Libération (Av. de la)	**BCY**	
Loubet (Av. du Président E.)	**BZ**	63
Martyrs-de-Vingré (R. des)	**BYZ**	66
Michelet (R.)	**BYZ**	
Moine (Pl. Antonin)	**CYZ**	68
Moulin (Pl. J.)	**CY**	72
Mulatière (R. de la)	**CZ**	75
Neuve (Pl.)	**BZ**	77
Peuple (Pl. du)	**BZ**	86
Pointe-Cadet (R.)	**BCZ**	87
Président-Wilson (R.)	**BY**	89
République (R. de la)	**BCY**	
Résistance (R. de la)	**BY**	91
Rivière (R. du Sergent)	**CX**	93
Robert (R.)	**BY**	94
Ruel (R. A.)	**AX**	99
Sadi-Carnot (Pl.)	**BX**	100
St-Jean (R.)	**BY**	102
Sauzéa (Cours H.)	**CY**	103
Servet (R. M.)	**BY**	106
Stalingrad (Square de)	**CX**	109
Théâtre (R. du)	**BYZ**	112
Thomas (Pl. A.)	**BZ**	113
Tilleuls (R. des)	**AX**	116
Ursules (Pl. des)	**BZ**	117
Valbenoite (Bd)	**CZ**	119
Ville (R. de la)	**BY**	122
Villebœuf (Pl.)	**CZ**	123
11-Novembre (R. du)	**BZ**	128

ST-ÉTIENNE

Aciéries (R. des)	**T** 2	
Barrouin (R.)	**T** 13	
Crozet-Boussingault (R.)	**V** 22	
Daguerre (Bd)	**UV** 24	
Déchaud (R.)	**V** 25	
Dr-Duval (Bd du)	**V** 29	
Dr-F. Merlin (R. du)	**T** 30	
Drs-Charcot (R. des)	**V** 31	
Drs-H. et B. Muller (R. des)	**T** 32	
Dunkerque (R. de)	**V** 36
Fraissinette (Bd A.-de)	**V** 45
Franchet-d'Esperey (Bd Mar.)	**U** 46
Gauthier-Dumont (R.)	**U** 48
Grignard (R. V.)	**T** 55
Marx (Bd Karl)	**UV** 67
Oddé (R. C.)	**T** 78
Ogier (R. J. B.)	**T** 79
Paré (R. A.)	**V** 131
Passementiers (R. des)	**V** 82
Pasteur (Bd)	**V** 83
Péri (R. G.)	**V** 84
Pompidou (Bd G.)	**T** 88
Revollier (R. J.-F.)	**T** 92
Robespierre (R.)	**V** 95
Rochetaillée (Av. de)	**V** 98
Scheurer-Kestner (R.)	**T** 104
Terrenoire (R. de)	**T** 110
Valbenoîte (Bd)	**UV** 119
Verdun (Av. de)	**T** 120
Vivaraize (R. de la)	**V** 125
8-Mai-1945 (Bd du)	**T** 127
11-Novembre (R. du)	**V** 128
38e-R.-I. (Bd du)	**U** 130

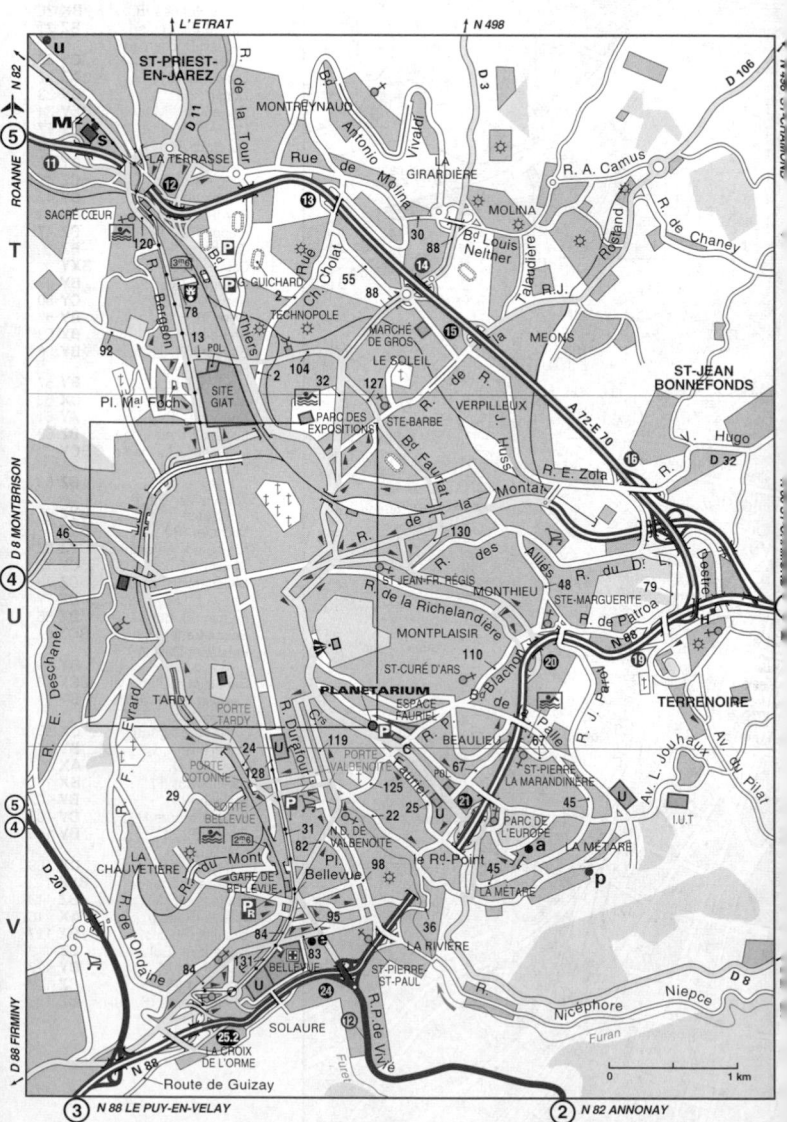

Pour visiter une ville ou une région : utilisez les Guides Verts Michelin.

1460

Terminus du Forez, 31 av. Denfert-Rochereau ℰ 04 77 32 48 47, hotel.forez@wanado o.fr, Fax 04 77 34 03 30 – |🛗| ⇔, ▤ rest, ⊡ ✆ 🅟 – 🚲 30. 🆎 ⓞ 🆖 🃏 CY h
fermé 25 juil. au 22 août et 19 au 26 déc. – **Repas** (fermé sam. midi, lundi midi et dim.) (12) -
15/29, enf. 8 ♀ – ⊡ 8 – **66 ch** 60/67.
◆ Cet hôtel aime le mélange des genres : chambres égyptiennes, Art déco ou néoclas-
siques, salons à thème et fumoir. Escalier-promenade pour découvrir le Forez. Le bistrot
soigne son cachet "rétro" : cadre de style victorien, boiseries et sol en ardoise.

Ténor sans rest, 12 r. Blanqui ℰ 04 77 33 79 88, hoteltenor@mageos.com,
Fax 04 77 41 69 82 – |🛗| ⊡ ⇔. 🆖 BY d
⊡ 7 – **64 ch** 48/56.
◆ Cet immeuble moderne bâti au-dessus du centre commercial Dorian abrite des
chambres un peu exiguës mais fonctionnelles. Jardinet-terrasse où l'on sert le petit-
déjeuner en été.

Carnot sans rest, 11 bd J. Janin ℰ 04 77 74 27 16, Fax 04 77 74 25 79 – |🛗| ⊡ ✆.
🆖 BX e
fermé 6 au 30 août – ⊡ 7 – **24 ch** 29,50/42.
◆ Coin lecture "jardin d'hiver", salon-cheminée, coquette salle des petits-déjeuners, accueil tout sourire et délicates attentions compensent le cadre un brin désuet des
chambres.

Clos des Lilas, 28 r. Virgile, Sud-Est du plan par cours Fauriel ✉ 42100 ℰ 04 77 25 28 13,
Fax 04 77 41 58 91, 🌧 – ▤. 🆖 V p
fermé août, vacances de fév., dim. soir, mardi soir et lundi – **Repas** 30,50/67 et carte 48
à 62 ♀.
◆ Cette grande maison est située sur une colline surplombant "Sainté". Tableaux et plantes
vertes décorent la salle ; terrasse panoramique. Cave de whiskies et armagnacs.

André Barcet, 19 bis cours V. Hugo ℰ 04 77 32 43 63, Fax 04 77 32 23 93 – ▤. 🆎
BZ u
fermé 11 juil. au 1er août et dim. soir – **Repas** 20/70 et carte 52 à 70, enf. 10.
◆ Élégante façade proche des halles. Un salon cossu de style anglais devance une salle à
manger soignée, agrémentée de bouquets de fleurs, où l'on propose une carte classique.

Chantecler, 5 cours Fauriel ✉ 42100 ℰ 04 77 25 48 55, Fax 04 77 37 62 75 – ▤. 🆎
CZ q
fermé 7 au 22 août, sam. midi et dim. soir – **Repas** 22,50/45 et carte 30 à 52 ♀.
◆ Face au conservatoire Massenet, célèbre compositeur stéphanois, ce "coq" chante un
répertoire classique au "piano" et offre un décor bourgeois avec fresque ou murs rouges.

Nouvelle (Laurier), 30 r. St-Jean ℰ 04 77 32 32 60, Fax 04 77 41 77 00 – ▤. 🆎 ⓞ
BY v
fermé dim. et lundi – **Repas** 27 (déj.), 40/65 et carte 52 à 80, enf. 20 ♀ 🌧.
◆ Meubles contemporains, tons gris et marron, verrière et tableaux anciens : c'est dans ce
cadre à la fois "zen" et chaleureux que l'on déguste une séduisante carte inventive.
Spéc. Huîtres en nage fumée (hiver). Foie gras de canard au melon et concombre (été).
Tarte au chocolat "Acarigua".

Régency, 17 bd J. Janin ℰ 04 77 74 27 06, Fax 04 77 74 98 24 – ▤. 🆎 🆖 BX r
fermé août, lundi soir d'oct. à avril, sam. sauf le soir d'oct. à avril et dim. – **Repas** 25/41.
◆ Pimpante façade dissimulant une salle colorée : tons acidulés jaune et orangé, belles
voûtes en briques rouges. Le marché et la saison influencent la composition de la carte.

Evohé, 10 pl. Villeboeuf ℰ 04 77 32 70 22, Fax 04 77 32 91 52 – 🆎 🆖 CZ n
fermé 30 juil. au 31 août, 1er au 9 janv., lundi soir, sam. midi et dim. – **Repas** 17 (déj.), 24/
35 ♀.
◆ Face à un carré de verdure, à deux pas de la maison de la Culture. Les murs colorés sont
agrémentés de belles photos et la disposition des tables préserve l'intimité.

Corne d'Aurochs, 18 r. Michel Servet ℰ 04 77 32 27 27, Fax 04 77 32 72 56 –
🆖 BY a
fermé 1er au 8 mai, 24 juil. au 30 août, lundi midi, sam. midi et dim. – **Repas** 15,50 (déj.),
18,50/35.
◆ Ce bistrot à la devanture en bois, offre un intérieur original avec collection de fouets à
pâtisserie et lithographies de la fête du livre. "Lyonnaiseries" côté cuisine.

L'Escargot d'Or, 5 cours V. Hugo ℰ 04 77 41 24 04, Fax 04 77 37 27 79 – 🆎 ⓞ
🆖 BZ s
fermé 26 juil. au 22 août, 14 au 22 fév., dim. soir et lundi – **Repas** 14/33 ♀.
◆ Au premier étage d'un bar, petit restaurant décoré dans un esprit "jardin" avec plantes
vertes et chaises en rotin. Cuisine traditionnelle joliment présentée.

à l'Étrat *Nord : 5 km par D 11 – 2 519 h. alt. 460 – ⊠ 42580 :*

XX **Yves Pouchain**, rte St-Héand ℘ 04 77 93 46 31, *Fax 04 77 93 90 71*, 🌿 – ⊖B
fermé 16 au 30 août, 8 au 22 janv., merc. soir, dim. soir et lundi – **Repas** 16,50/44,50 ♀.
❖ Dans cette ferme datant de 1879, collection de poupées anciennes, vieux fourneau, fresque, lustres en bois, pierres et poutres constituent un décor de caractère.

à Rochetaillée *Sud-Est : 8 km par D 8 – ⊠ 42100 :*

XX **Yves Genaille**, ℘ 04 77 32 88 48, *restaurant-genaille@wanadoo.fr, Fax 04 77 46 06 41*,
⇐ – Æ ◑ ⊖B JCB
fermé 17 au 23 mai, août, vacances de Noël, mardi soir, dim. soir et sam. – **Repas** (prévenir)
19 (déj.), 25/44, enf. 9 ♀.
❖ Des citations à thème culinaire ornent un mur de la salle joliment aménagée dans un style contemporain. Vue plongeante sur le Gouffre d'Enfer. Cuisine régionale et actuelle.

à St-Victor-sur-Loire *Ouest : 10 km par ④ et D 25 (vers Firminy) – ⊠ 42230 :*

XX **Auberge La Grange d'Ant'**, lieu-dit Bécizieux ℘ 04 77 90 45 36, *Fax 04 77 90 45 36* –
🄿, ⊖B, ❀
fermé 3 au 27 janv., dim. soir et merc. 26 sept. au 27 mars – **Repas** (nombre de couverts limté, prévenir) *(11)* · 17/75 ♀.
❖ À 15 mn du centre-ville, cette ancienne grange restaurée conserve une agréable rusticité (pierres, poutres et cheminée). Cuisine personnalisée ; important choix de menus.

à St-Priest-en-Jarez *Nord-Ouest : 4 km -T - 5 812 h. alt. 605 – ⊠ 42270 :*

XX **Clos Fleuri**, 76 av. Albert Raimond ℘ 04 77 74 63 24, *Fax 04 77 79 06 70*, 🌿 – 🄿, Æ
⊖B   T U
fermé 8 au 15 août, 2 au 15 janv., dim. soir et sam. – **Repas** 19 (déj.), 26/61, enf. 8 ♀.
❖ Cette grande villa fleurie vous accueille dans une élégante salle à manger meublée en rotin ou sur ses terrasses ombragées. Registre culinaire traditionnel.

X **du Musée**, Musée d'Art Moderne-la Terrasse ℘ 04 77 79 24 52, *Fax 04 77 79 92 07*, 🌿 –
🄿, Æ ◑ ⊖B   T s
fermé 8 au 23 août, 1ᵉʳ au 9 janv., dim. soir, merc. soir et lundi – **Repas** 15 (déj.)/23 ♀.
❖ Nourritures de l'esprit puis gastronomiques... ou vice-versa selon l'appétit : le bistrot du musée d'Art moderne sert son menu du marché dans un décor résolument contemporain.

à La Fouillouse *Nord-Ouest : 8,5 km par N 82 – 4 234 h. alt. 438 – ⊠ 42480 :*

X **Route Bleue**, Le Vernay ℘ 04 77 30 12 09, *Fax 04 77 30 27 16*, 🌿 – 🄿, Æ ⊖B
fermé 15 juil. au 15 août, vacances de fév. et sam. – **Repas** (déj. seul. sauf vend.) 14/29 ♀.
❖ La façade couverte de vigne vierge abrite un restaurant familial, surtout fréquenté par une clientèle d'habitués. Cuisine traditionnelle servie dans un cadre sans chichi.

ST-ÉTIENNE-DE-BAÏGORRY 64430 Pyr.-Atl. 🖪🗗🖪 D5 *G. Aquitaine – 1 525 h alt. 163.*

Voir *Église St-Etienne★*.

🅑 *Office de tourisme, place de l'église ℘ 05 59 37 47 28, Fax 05 59 37 49 58.*
Paris 813 – Biarritz 51 – Cambo-les-Bains 31 – Pau 116 – St-Jean-Pied-de-Port 11.

🏨 **Arcé** ⟆, rte col d'Ispéguy ℘ 05 59 37 40 14, *hotel-arce@wanadoo.fr, Fax 05 59 37 40 27*,
⇐, 🌿, 🏊, ☞, ❀ – 🆃🆅 🄿, ◑ ⊖B, ❀
mi-mars-mi-nov. – **Repas** *(fermé merc. midi et lundi midi du 15 sept. au 15 juil. sauf fériés.)*
(dim. prévenir) 23/35, enf. 11 ♀ – ☲ 9 – **21 ch** 130, 3 suites – ½ P 95/104.
❖ Coquette auberge basque de la vallée des Aldudes. Chambres rajeunies et joliment meublées. Une passerelle conduit à la piscine, sur l'autre rive. La salle à manger occupe un ancien trinquet. Belle terrasse ombragée dressée au bord de la rivière.

ST-ÉTIENNE-DE-FURSAC 23 Creuse 🖪🖪🖪 G4 – *rattaché à La Souterraine.*

ST-ÉTIENNE-LÈS-REMIREMONT 88 Vosges 🖪🖪🖪 H4 – *rattaché à Remiremont.*

ST-FARGEAU 89170 Yonne 🖪🖪🖪 B6 *G. Bourgogne – 1 814 h alt. 175.*

Voir *Château★★*.

🅑 *Office de tourisme, 3 place de la République ℘ 03 86 74 10 07, Fax 03 86 74 10 07,*
Puisaye-fargeaulaise@wanadoo.fr.
Paris 180 – Auxerre 45 – Clamecy 48 – Gien 41.

XX **Demoiselle**, 2-4 pl. République 03 86 74 10 58, *f-dupuy@wanadoo.fr*, *Fax 03 86 74 10 58*, – GB
fermé 23 déc. au 31 janv., merc. soir et lundi sauf du 14 juil. au 31 août et dim. soir – **Repas** 16/36 .
♦ Face au château, bâtisse du 19ᵉ s. rénovée, conservant de belles poutres et une cheminée en briques. Sous un éclairage tamisé, vous apprécierez sa cuisine régionale.

ST-FARGEAU-PONTHIERRY 77310 S.-et-M. 312 E4 – 11 224 h alt. 51.

 de Chevannes Mennecy à Chevannes 01 64 99 88 74, O : 9 km par D 141.
Paris 44 – Fontainebleau 23 – Créteil 45 – Étampes 35 – Melun 14 – Versailles 47.

🏨 **Apollonia**, N 7, rte de Fontainebleau 01 60 65 65 35, *infos@bw-apollonia.com*, *Fax 01 64 38 10 41*, – 🍴 ☼ 📺 📞 👶 **P.** – 🔏 100. AE ⓘ GB JCB
Repas *(fermé 1ᵉʳ au 22 août et dim. soir)* 15,90/30,70 – 9 – **48 ch** 88/101 – ½ P 66,90/75,40.
♦ En bordure de nationale mais doté du double-vitrage, hôtel au cadre et au confort actuels, abritant des chambres fonctionnelles meublées en rotin et un sympathique piano-bar. Salle à manger contemporaine agrandie d'une terrasse fleurie ; carte traditionnelle.

ST-FÉLIX-LAURAGAIS 31540 H.-Gar. 343 J4 G. Midi-Pyrénées – 1 301 h alt. 332.

Voir Site★.
🛈 Syndicat d'initiative, place Guillaume de Nogaret 05 62 18 96 99, Fax 05 61 83 09 20.
Paris 716 – Toulouse 43 – Auterive 46 – Carcassonne 58 – Castres 38 – Gaillac 71.

🏨 **Auberge du Poids Public** (Taffarelo), 05 62 18 85 00, *poidspublic@wanadoo.fr*,
❀ *Fax 05 62 18 85 05*, – 📺 – **P.** GB
🏡 *fermé 25 oct. au 1ᵉʳ nov., janv., dim. soir sauf hôtel en juil.-août* – **Repas** 25/62 et carte 53 à 74 – 11 – **10 ch** 60/92 – ½ P 63,50/82.
♦ Maison de pays postée devant l'ancienne bascule publique du village. Préférez les chambres avec vue sur la plaine du Lauragais. Boutique de produits régionaux. La salle à manger rustique abrite une collection de guides Michelin. Belle cuisine classique.
Spéc. Foie gras de canard cuit au torchon. Gigotin d'agneau de lait des Pyrénées. Beignets au chocolat. **Vins** Cabardès, Minervois.

ST-FERRÉOL 31 H.-Gar. 343 K4 – rattaché à Revel.

ST-FIRMIN 05800 H.-Alpes 334 E4 G. Alpes du Nord – 438 h alt. 901.

Paris 636 – Corps 10 – Gap 31 – Grenoble 74 – La Mure 34 – St-Bonnet-en-Champsaur 18.

au Séchier Est : 4 km – ✉ 05800 St-Firmin :

🏔 **Coin Tranquille Hôtel Loubet** , 04 92 55 21 12, *hotel.loubet@wanadoo.fr*,
🍽 *Fax 04 92 55 32 72*, , , – **P.** GB
20 juin-20 sept. – **Repas** 13 bc/30, enf. 7 – 5,50 – **23 ch** 46/48,50 – ½ P 48/52.
♦ Entre bois et prairies, au pied des hauts sommets, sympathique petite adresse de montagne dotée de chambres simples au décor suranné. Salle à manger rustique où l'on sert "à la bonne franquette" une cuisine faisant la part belle aux spécialités du terroir.

ST-FIRMIN 80 Somme 301 C6 – rattaché à Rue.

ST-FLORENT 2B H.-Corse 345 E3 – voir à Corse.

ST-FLORENTIN 89600 Yonne 319 F3 G. Bourgogne – 5 748 h alt. 120.

Voir Vitraux★ de l'église **E**.
🛈 Office de tourisme, 10 rue de la Terrasse 03 86 35 11 86, Fax 03 86 35 11 86, *ot.saint-florentin@wanadoo.fr*.
Paris 169 – Auxerre 32 – Troyes 51 – Chaumont 145 – Dijon 172 – Sens 45.

🏨 **Tilleuls** , 3 r. Decourtive 03 86 35 09 09, *alliances.tilleuls@wanadoo.fr*,
🍴 *Fax 03 86 35 36 90*, , 🌿 – 📺 **P.** GB, 🐾 ch
🏡 *fermé 27/12 au 10/01, 14/02 au 14/03, lundi sauf le soir de juin et dim. soir de sept. à mai* – **Repas** 15 (déj.), 18/42, enf. 13 – 8 – **9 ch** 42/58.
♦ Hôtel familial aménagé dans les murs d'un couvent des Capucins datant de 1635. Confortables chambres donnant parfois sur le jardin ombragé de tilleuls. Agréable restaurant agrémenté de poutres colorées ; verdoyante terrasse. Cuisine traditionnelle.

XXX **Grande Chaumière** (Bonvalot) ⚜ avec ch, 3 r. Capucins ✆ 03 86 35 15 12, *lagrandecha umière@wanadoo.fr*, Fax 03 86 35 33 14, 🍽, ♨ – 📺 📞 🅿. 🆎 ⑩ ⒼⒷ 🅙🅒🅑. ⚘ ch
fermé 1ᵉʳ au 8 sept., 18 déc. au 18 janv., jeudi midi et merc. – **Repas** 27 (déj.), 37/88 et carte 60 à 80 – ☕ 11 – **10 ch** 55/130 – ½ P 89.
♦ Élégante demeure de pays dont la décoration mêle avec goût le moderne et les matériaux anciens (superbe sol dallé). Chambres confortables. Belle terrasse face au jardin. **Spéc.** Soufflé de brochet au chablis. Rouget barbet poêlé au jus de veau. Ris de veau au velouté de foie gras. **Vins** Chablis, Rosé des Riceys.

aux Pommerats *Nord : 4 km par rte de Venizy et D 129* – ✉ *89210 Venizy* :

🏠 **Moulin des Pommerats** ⚜, ✆ 03 86 35 08 04, *les.pommerats@wanadoo.fr*, Fax 03 86 43 47 88, 🍽, 🏊, ♨ – 📺 📞 🅿 – 🔬 30. ⒼⒷ
fermé dim. soir de sept. à août, mardi midi d'avril à août et lundi – **Repas** 16 (déj.), 27/41, enf. 15 – ☕ 10 – **18 ch** 55/72 – ½ P 62,50/71.
♦ Maisons régionales isolées dans la campagne, embellies d'un jardin arboré et fleuri, que rafraîchit un ruisseau. Amples chambres au décor rustique ; salles de bains refaites. Cuisine actuelle à goûter dans un intérieur élégant ou sur la terrasse ombragée.

ST-FLORENT-LE-VIEIL *49410 M.-et-L.* 📖 C4 *G. Châteaux de la Loire* – *2 623 h alt. 45.*
Voir *Tombeau*★ *dans l'église* – *Esplanade* ⇔★.
🛈 *Office de tourisme, rue de Réneville* ✆ 02 41 72 62 32, Fax 02 41 72 62 95, *off.tour.floren tlevieil49@wanadoo.fr.*
Paris 336 – *Angers 43* – *Ancenis 16* – *Châteaubriant 68* – *Château-Gontier 63* – *Cholet 39.*

🏠 **Hostellerie de la Gabelle**, ✆ 02 41 72 50 19, Fax 02 41 72 54 38, ≼, 🍽 – 📺 📞 🆎 ⑩ ⒼⒷ
fermé 24 déc. au 1ᵉʳ janv., dim. soir et lundi midi du 1ᵉʳ oct. au 1ᵉʳ juin – **Repas** 12,20/37,40 ☕ – ☕ 6,10 – **19 ch** 30,50/44,30 – ½ P 34.
♦ Grande bâtisse régionale posée sur une rive de la Loire. Les chambres sont rajeunies et décorées de frises ou d'originaux trompe-l'oeil figurant des ciels étoilés. Deux salles à manger : cadre campagnard ou vue sur le fleuve. Plats traditionnels et régionaux.

ST-FLOUR ◁ℙ▷ *15100 Cantal* 📖 G4 *G. Auvergne* – *6 625 h alt. 783.*
Voir *Site*★★ – *Cathédrale*★ – *Brassard*★ *dans le musée de la Haute Auvergne* H.
🛈 *Office de tourisme, 17bis place d'Armes* ✆ 04 71 60 22 50, Fax 04 71 60 05 14, *info@saint-flour.com.*
Paris 513 ① – *Aurillac 70* ④ – *Issoire 67* ① – *Le Puy-en-Velay 94* ① – *Rodez 111* ③.

Plan page ci-contre

Ville basse :

🏠 **Grand Hôtel de l'Étape**, 18 av. République par ② ✆ 04 71 60 13 03, *info@hotel-etape. com*, Fax 04 71 60 48 05 – 📶 📺 📞 ➡ – 🔬 15 à 150. 🆎 ⑩ ⒼⒷ 🅙🅒🅑
fermé dim. soir de sept. à juin – **Repas** *(fermé janv., dim. soir et lundi sauf juil.-août) (13,30)* - 17,80/41, enf. 8,80 ☕ – ☕ 8,50 – **23 ch** 45/77 – ½ P 50/61.
♦ Immeuble des années 1970 au fonctionnement familial. Chambres assez grandes et pratiques ; préférez celles avec vue sur la montagne. L'allure "seventies" de la salle cache une authentique table régionale où la majorité des légumes viennent du potager maison.

🏠 **St-Jacques**, 8 pl. Liberté ✆ 04 71 60 09 20, *info@hotelsaintjacques.com*, Fax 04 71 60 33 81, 🏊 – 📶 📞 ➡. 🆎 ⑩ ⒼⒷ 🅙🅒🅑 **B s**
fermé 15 nov. au 5 janv., vend. soir et sam. de nov. à Pâques et sam. midi sauf juil.-août – **Repas** 14/35 - ***Grill*** *(fermé vend. soir et sam. midi de janv. à Pâques)* **Repas** carte 18 à 23 🍴 – ☕ 6,50 – **28 ch** 43/65 – ½ P 42/47.
♦ Bordant une placette, ancien relais sur la route de Compostelle. Chambres anciennes dotées de salles de bains neuves. La piscine offre une jolie vue sur la ville haute. Restaurant rustique et cuisine auvergnate. Esprit bistrot et plats traditionnels au Grill.

🏠 **Auberge de La Providence**, 1 r. Château d'Alleuze par D 40 (sud du plan) ✆ 04 71 60 12 05, *info@auberge-providence.com*, Fax 04 71 60 33 94 – 📺 📞 🅿. ⒼⒷ
fermé 15 nov., vend., sam., et dim. du 15 oct. au 15 avril – **Repas** *(fermé le midi sauf dim., fériés et lundi en saison)* 20/28 ☕ – ☕ 8 – **12 ch** 45/60 – ½ P 45/60. **B t**
♦ Légèrement excentrée, avenante auberge familiale abritant des chambres actuelles, bien tenues et insonorisées. Le grand buffet en bois patiné donne un certain cachet à la salle de restaurant campagnarde ; recettes simples d'inspiration régionale.

Ville haute :

🏠 **Grand H. de l'Europe**, 12 cours Spy des Ternes ✆ 04 71 60 03 64, *hoteleurope.stflour@ wanadoo.fr*, Fax 04 71 60 03 45, ≼ vallée – 📶 📺 📞 🆎 ⑩ ⒼⒷ 🅙🅒🅑 **A a**
Repas 15/52, enf. 10 ☕ – ☕ 8 – **44 ch** 44/63 – ½ P 36/52.
♦ L'atout de cet établissement un brin mûrissant est sa vue panoramique, offerte par environ la moitié des chambres ; six d'entre elles ont une grande terrasse. Les tables de la salle de restaurant ménagent une plongée saisissante sur la vallée de l'Ander.

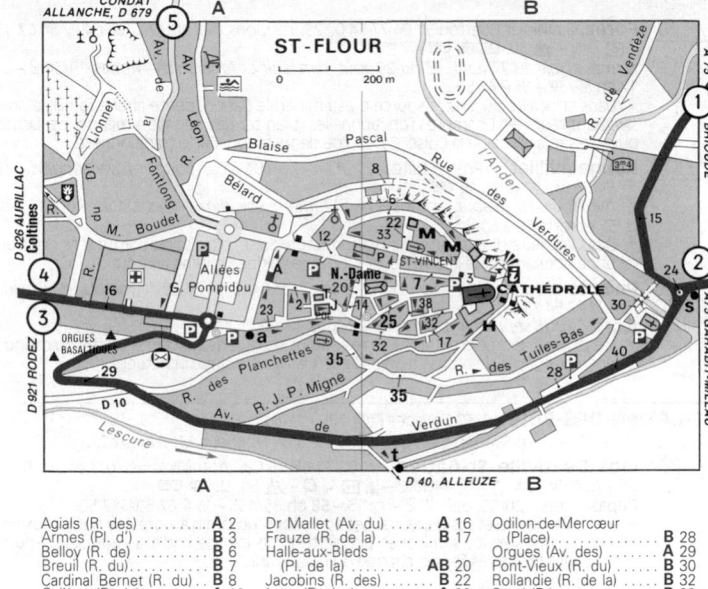

ST-FLOUR

CONDAT
ALLANCHE, D 679

CLERMONT-F⁴
BRIOUDE

D 990 LE PUY
A75 GARABIT-MILLAU

D 926 AURILLAC
Coltines

D 921 RODEZ

D 40, ALLEUZE

Agials (R. des) . . . . **A** 2	Dr Mallet (Av. du) . . . . **A** 16	Odilon-de-Merceur
Armes (Pl. d') . . . . **B** 3	Frauze (R. de la) . . . . **B** 17	(Place) . . . . **B** 28
Belloy (R. de) . . . . **B** 6	Halle-aux-Bleds	Orgues (Av. des) . . . . . . **A** 29
Breuil (R. du) . . . . **B** 7	(Pl. de la) . . . . **AB** 20	Pont-Vieux (R. du) . . . . . **B** 30
Cardinal Bernet (R. du) . . **B** 8	Jacobins (R. des) . . . . **B** 22	Rollandie (R. de la) . . . . **B** 32
Collège (R. du) . . . . **A** 12	Lacs (R. des) . . . . **A** 23	Sorel (R.) . . . . **B** 33
Collégiale (R. de la) . . . . **A** 14	Liberté	Tuiles-Haut (R. des) . . . **AB** 35
Delorme	(Pl. de la) . . . . **B** 24	Traversière (R.) . . . . **B** 38
(Av. du Cdt) . . . . **B** 15	Marchande (R.) . . . . **B** 25	11-Novembre (Av. du) . . . **B** 40

à St-Georges *par* ②, *N 9 et rte secondaire : 5 km – 939 h. alt. 860 –* ⊠ *15100 :*

Château de Varillettes ⚐, ℰ 04 71 60 45 05, *varillettes@leshotelsparticuliers.com,*
Fax 04 71 60 34 27, ≼, ℀, ⚐ – ☏ ᚼ 🅿 AE ⓪ ⓖⓑ ᴊᴄʙ
1ᵉʳ avril-3 nov. – **Repas** *(fermé dim. soir et lundi sauf vacances scolaires)* 21/42 ♀ – ⌷ 12 –
12 ch 78/200 – ½ P 99,50/138.

♦ Ce petit château du 15ᵉ s. fut une résidence d'été des évêques de St-Flour. Décoration
soignée et mobilier ancien préservent l'authenticité du lieu. Parc et jardin médiéval. La salle
de restaurant, voûtée et dotée d'une vénérable cheminée, a du caractère.

ST-FORGEUX *69490 Rhône* 327 F4 *– 1 353 h alt. 350.*
Paris 460 – Lyon 40 – Roanne 47 – St-Étienne 79 – Villefranche-sur-Saône 30.

Taverne du Chasseur, *pl. Albon* ℰ 04 74 05 60 15, *lataverneduchasseur@wanadoo.fr,*
Fax 04 74 05 90 40, ㊟ – AE ⓖⓑ
fermé mi-août à fin août, mi-fév. à fin fév., merc. soir, dim. soir et lundi – **Repas** 12/40 ♀.
♦ Sympathique taverne villageoise abritant une boutique de produits du terroir, un bar
et une salle à manger rustique (tableaux en expo-vente) où l'on régale de plats
régionaux.

ST-GALMIER *42330 Loire* 327 E6 *G. Vallée du Rhône – 5 293 h alt. 400 – Casino.*
Voir Vierge du Pilier★ et triptyque★ dans l'église.
🛈 *Office de tourisme, boulevard du Sud* ℰ 04 77 54 06 08, *Fax 04 77 54 06 07, contact@ot-stgalmier.fr.*
Paris 457 – St-Étienne 24 – Lyon 82 – Montbrison 25 – Montrond-les-Bains 11 – Roanne 68.

Charpinière ⚐, ℰ 04 77 52 75 00, *charpiniere.hot.rest@wanadoo.fr, Fax 04 77
54 18 79,* ㊟, ℔, ⚎, ℀, ⚐ – 📺 🅿 – 🏛 15 à 50. AE ⓪ ⓖⓑ ᴊᴄʙ. ℀ rest
Closerie de la Tour *(fermé dim. soir de nov. à mars)* **Repas** 20,60/43 ♀ – ⌷ 9,20 – **46 ch**
77/97,80, 3 suites – ½ P 66/72.
♦ Un agréable parc entoure cette gentilhommière tapissée de vigne vierge, intéressante
pour ses équipements de loisirs. Chambres avant tout pratiques. Restaurant de style jardin
d'hiver et véranda-terrasse face à la verdoyante nature. Cuisine classique.

🏛 **Forez**, 6 r. Didier Guetton ℘ 04 77 54 00 23, *relations.@leforez.fr*, Fax 04 77 54 07 49, 🌤
– 📺 ⇔ – 🛁 30. 🆎 ⓞ ☞
fermé 30 juil. au 1ᵉʳ août, 23 au 29 août, dim. soir et lundi midi – **Repas** 19/36 ♀ – ⌆ 9 –
17 ch 39/59 – ½ P 42,50.
  ◆ Dans la localité où jaillit la source d'eau minérale Badoit, petite affaire familiale progressivement rénovée. Chambres fonctionnelles, bien tenues. La salle à manger est largement ouverte sur la vallée de la Coise. Caveau de dégustation. Carte traditionnelle.

 XXX **Bougainvillier**, Pré Château ℘ 04 77 54 03 31, *bougain@wanadoo.fr*, Fax 04
77 94 95 93, 🌤 – 🗐. 🆎 ☞
fermé 26 juil. au 23 août., vacances de fév., merc. soir, dim. soir et lundi – **Repas** (prévenir)
25/52 et carte 50 à 60 ♀.
  ◆ Dans les murs d'une ancienne maison bourgeoise, trois salles parquetées dont une en rotonde donnant sur le jardin. Décor moderne soigné ; cuisine au goût du jour.

XX **Paillote**, au casino le Lion Blanc ℘ 04 77 54 01 99, *lion.blanc@wanadoo.fr*,
Fax 04 77 54 18 57, 🌤 – 🗐
fermé 7 au 18 sept., mardi et merc. – **Repas** 20/52.
  ◆ Les joueurs apprécieront aussi ce restaurant situé dans l'enceinte même du casino. Salle lumineuse, égayée de tissus colorés. Carte à la fois classique et actuelle.

ST-GATIEN-DES-BOIS 14130 Calvados **303** N3 – 1 163 h alt. 149.
  Paris 195 – Caen 58 – Le Havre 36 – Deauville 10 – Honfleur 13 – Lisieux 27.

🏰 **Clos Deauville St-Gatien**, ℘ 02 31 65 16 08, *hotel@clos-st-gatien.fr*, Fax 02 31
65 10 27, 🌤, ⅃₅, ⌁, 🖳, ⋈, ✗ – 🛗 📺 ☎ 🅿 – 🛁 50. 🆎 ⓞ ☞
Repas 18 (déj.), 26/65, enf. 12 ♀ – ⌆ 13 – **58 ch** 65/155 – ½ P 67,50/112,50.
  ◆ Ancienne ferme et ses dépendances au cœur d'un jardin arboré. Les nombreux équipements de loisirs et de séminaires permettent de joindre l'utile à l'agréable. Poutres et colombages préservés font le charme du restaurant.

ST-GAUDENS ⟨ℙ⟩ 31800 H.-Gar. **343** C6 G. Midi-Pyrénées – 10 845 h alt. 405.
  Voir *Boulevards des Pyrénées* ≼★ – *Belvédères★*.
  🛈 *Office de tourisme, 2 rue Thiers ℘ 05 61 94 77 61, Fax 05 61 94 77 50, tourisme@st-gaudens.com.*
  Paris 766 ② – Bagnères-de-Luchon 48 ③ – Tarbes 68 ④ – Toulouse 94 ②.

ST-GAUDENS

Boulogne (Av. de)........ **Y** 2
Compagnons-du-Tour
  de-France (R. des) ..... **Y** 3
Foch (Av. Mar.) .... **Z** 4
Isle (Av. de l') .... **Y** 5
Jaurès (Pl. Jean) .... **YZ** 6
Joffre (Av. Mar.) .... **Z** 7
Leclerc (Av. Gén.)....... **Y** 8
Mathe (R.) .... **Y** 9
Mitterrand (Av. F.)...... **Y** 12
Palais (Pl. du) .... **Y** 13
Pasteur (Bd)............ **Y** 14
Pyrénées (Bd des) ...... **Z** 16
République (R. de la).... **Y** 17
Thiers (R.) .... **Y** 18
Victor-Hugo (R.)......... **Z**

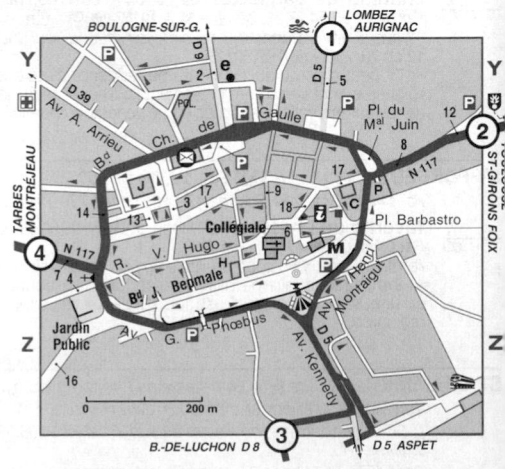

🏰 **Commerce**, av. Boulogne ℘ 05 62 00 97 00, *hotel.commerce@wanadoo.fr*,
Fax 05 62 00 97 01 – 🛗 🗐 📺 ☎ & ⇔ – 🛁 20. 🆎 ⓞ ☞. ✗ ch   **Y** e
fermé 17 déc. au 10 janv. – **Repas** (14,50) · 16,50/32, enf. 9 ♀ – ⌆ 8 – **48 ch** 49/63 –
½ P 40/47.
  ◆ Étape idéale pour le voyageur de... commerce. Chambres de tailles variées, mais presque toutes rajeunies et climatisées. Au restaurant, couleurs ensoleillées, heureux mariage d'ancien et de moderne et cuisine où le cassoulet figure en bonne place.

Beaurivage, par av. Mar. Foch : 2 km ✆ 05 61 94 76 70, *lebeaurivage@yahoo.fr, Fax 05 61 94 76 79,* – – 50. AE GB JCB.
fermé dim. soir et lundi midi – **Repas** 22 (déj.), 30/100 carte le dim. 32 à 55 – 15 – **10 ch** 70/200 – ½ P 85/100.
◆ Maison ancienne (18e s.) proche d'un rond-point. Les chambres, assez grandes et joliment meublées en Louis-Philippe, bénéficient d'une bonne insonorisation. Agréable salle à manger champêtre. Au déjeuner, un seul menu, composé selon le marché.

à Valentine *par av. Mar. Foch : 4 km – 894 h. alt. 370 – ✉ 31800 St-Gaudens :*

Connivence, rte d'Encausse-les-Thermes (D 39) ✆ 05 61 95 29 31, *Fax 05 61 88 36 42,* – P. AE GB
fermé sam. midi, dim. soir et lundi du 15 sept. au 15 juin – **Repas** 19 (déj.), 22/34.
◆ Le piano occupe une place de choix dans la jolie salle rustique de cette auberge campagnarde. Carte traditionnelle. Soirées musicales en fin de semaine. Terrasse verdoyante.

à Villeneuve-de-Rivière *par ④ : 5 km – 1 360 h. alt. 386 – ✉ 31800 :*

Hostellerie des Cèdres ✆ 05 61 89 36 00, *information@hotel-descedres.com, Fax 05 61 88 31 04,* – P – 20. AE GB
Repas *(fermé dim. soir hors saison, mardi midi en juil.-août et lundi midi)* 21,50/51 – 9 – **22 ch** 50/80 – ½ P 63/78.
◆ Ce manoir du 17e s. conserve le souvenir des Montespan. Chambres anciennes ; préférer celles aménagées dans l'annexe. Parc ombragé de cèdres centenaires. La cuisine classique est servie dans une élégante salle à manger.

ST-GENIEZ-D'OLT *12130 Aveyron 338 J4 G. Midi-Pyrénées – 1 841 h alt. 410.*

Office de tourisme, 4 rue du Cours ✆ 05 65 70 43 42, Fax 05 65 70 47 05, office.tourisme.saintgeniez@wanadoo.fr.
Paris 612 – Rodez 46 – Espalion 28 – Florac 80 – Mende 68 – Sévérac-le-Château 25.

Poste ✆ 05 65 47 43 30, *hotel@hoteldelaposte12.com, Fax 05 65 47 42 75,* – P. GB
avril à nov. – **Repas** (14) - 16 (déj.), 21/48, enf. 12 – 7 – **50 ch** 30/48 – ½ P 43/48.
◆ D'importants travaux ont donné une seconde jeunesse à cet hôtel central. Chambres bien refaites à l'annexe, rafraîchies mais un peu plus désuètes dans le bâtiment principal.

France, ✆ 05 65 70 42 20, *hoteldefrance@free.fr, Fax 05 65 47 41 38* – GB
31 mars-30 oct. – **Repas** (11 bc) - 14,50/29 – 5,70 – **48 ch** 45/52 – ½ P 44/48.
◆ Cet hôtel progressivement relooké s'avère commode pour rayonner dans le Nord de l'Aveyron. Chambres fonctionnelles ; celles sur l'arrière sont plus calmes. À table, aligot, tripoux et fraises - grandes spécialités locales - tiennent souvent la vedette.

ST-GENIS-POUILLY *01630 Ain 328 J3 – 6 383 h alt. 445.*

9 des Serves ✆ 04 50 42 16 48, E : 2 km par D 984.
Paris 524 – Bellegarde-sur-Valserine 28 – Bourg-en-Bresse 100 – Genève 12 – Gex 10.

L'Amphitryon, Nord : 2 km sur D 984c et rte de Crozet ✆ 04 50 20 64 64, *Fax 04 50 42 06 98,* – P. GB
fermé 1er au 15 août, 26 déc. au 10 janv., dim. soir, mardi soir et lundi – **Repas** 15 (déj.), 26/48.
◆ Derrière la sage façade de ce pavillon récent se cache une surprenante salle à manger où murs en pierres, fresques et colonnades forment un chatoyant décor. Cave fournie.

ST-GÉNIX-SUR-GUIERS *73240 Savoie 333 G4 – 1 817 h alt. 235.*

Office de tourisme, rue du Faubourg ✆ 04 76 31 63 16, Fax 04 76 31 71 30, valguiers.tourisme@wanadoo.fr.
Paris 513 – Grenoble 58 – Belley 22 – Chambéry 34 – Lyon 74.

à Champagneux *Nord-Ouest : 4 km par N 516 – 379 h. alt. 214 – ✉ 73240 :*

Bergeronnettes près église ✆ 04 76 31 50 30, *gourjux@aol.com, Fax 04 76 31 61 29,* – cuisinette P. GB
fermé 26 déc. au 31 janv. – **Repas** 12,50/35, enf. 7 – 10 – **18 ch** 101 – ½ P 50/71.
◆ Hôtel de campagne alangui dans un cadre verdoyant. Une aile récente regroupe les spacieuses chambres. Petits-déjeuners sous forme de buffet. Restaurant (non-fumeur) au cadre actuel. Cuisine régionale simple ; terrasse dressée sous un chapiteau.

ST-GEORGES *15 Cantal 330 G4 – rattaché à St-Flour.*

ST-GEORGES-DE-DIDONNE 17110 Char.-Mar. **324** D6 G. Poitou Vendée Charentes – 5 034 h alt. 7.

Voir Pointe de Vallières★ – Pointe de Suzac★ S : 3 km.

🛈 Office de tourisme, 7 boulevard Michelet ℘ 05 46 05 09 73, Fax 05 46 06 36 99 info@saintgeorgesdedidonne.com.

Paris 505 – Blaye 84 – Bordeaux 117 – Jonzac 56 – La Rochelle 80 – Royan 4.

🏠 **Colinette et Costabela**, 16 av. Gde Plage ℘ 05 46 05 15 75, infos@colinette.net Fax 05 46 06 54 17, 🍽 – **TV**. **GB**
Repas (fermé 1er déc. au 1er fév., dim. midi hors saison) (dîner pour résidents seul.) (13) 16/23 🖢 – 🛏 7 – **21 ch** 60/90 – ½ P 49/55.
◆ Entre pins et plage, villa des années 1930 proposant des chambres refaites, lumineuses et confortables ; l'annexe dispose d'équipements plus anciens. Salle à manger aux tendres couleurs pastel prolongée par une petite terrassse ombragée.

ST-GEORGES-DE-RENEINS 69830 Rhône **327** H3 – 3 832 h alt. 209.

Paris 421 – Mâcon 36 – Bourg-en-Bresse 49 – Lyon 41 – Villefranche-sur-Saône 9.

✗ **Hostellerie St-Georges**, N 6 ℘ 04 74 67 62 78, Fax 04 74 67 62 78 – **GB**
fermé 1er au 24 août, 1er au 18 janv., merc. et le soir sauf sam. – **Repas** 13 (déj.), 20/42,50.
◆ En bordure de nationale, maison régionale abritant une salle à manger rustique assez simple, complétée d'un petit salon privé pour les repas commandés. Cuisine traditionnelle.

ST-GEORGES-D'ESPÉRANCHE 38790 Isère **333** D4 – 2 840 h alt. 400.

Paris 496 – Lyon 40 – Bourgoin-Jallieu 25 – Grenoble 92 – Vienne 22.

✗✗ **Castel d'Espéranche**, 9 r. Mezet ℘ 04 74 59 18 45, info@castel-esperanche.com Fax 04 74 59 04 40, 🍽, 🍷, 🚗 – **P**. **AE** **GB**
fermé en nov., en mars, lundi, mardi et merc. – **Repas** 23/51.
◆ Restaurant installé en partie dans une tour de garde du 13e s. dont quelques ves tiges agrémentent les salles à manger. Le menu "du Moyen-Âge" est servi en costume d'époque.

ST-GEORGES-SUR-LOIRE 49170 M.-et-L. **317** E4 G. Châteaux de la Loire – 3 011 h alt. 50.

Voir Château de Serrant★★★ NE : 2 km.

Paris 311 – Angers 19 – Ancenis 35 – Châteaubriant 64 – Château-Gontier 57 – Cholet 50.

✗✗ **Relais d'Anjou**, r. Nationale ℘ 02 41 39 13 38, relais-anjou@wanadoo.fr Fax 02 41 39 13 69, 🍽 – **GB**
fermé 1er au 15 juil., 1er au 15 janv., mardi soir, dim. soir et lundi – **Repas** 29/58, enf. 13 🖢.
◆ Un salon dessert la salle principale située à l'arrière. Murs crépis à demi lambrissés nombreuses bouteilles et diplômes du patron exposés à titre de décor.

✗ **Tête Noire**, r. Nationale ℘ 02 41 39 13 12 – **GB**. ✿
fermé 3 au 24 août, 1er au 14 fév., dim. soir et sam. – **Repas** 12 (déj.), 19/66,50.
◆ Dans une dépendance de l'abbaye, petit restaurant familial au gentil décor rustique. Les fresques illustrent le thème de la chasse à courre. Grande tradition dans l'assiette.

ST-GEORGES-SUR-MOULON 18110 Cher **323** K3 – 667 h alt. 181.

Paris 213 – Bourges 15 – Cosne-sur-Loire 51 – Gien 63 – Orléans 106 – Vierzon 32.

✗ **St-Georges**, rte Bourges (D 940) ℘ 02 48 64 50 14, st-georges@pme-fr.com Fax 02 48 64 13 67 – **P**. **AE** **①** **GB**
fermé mi-fév. à mi-mars, dim. soir et lundi hors saison – **Repas** 13/34 🖢.
◆ Sur la route Jacques-Coeur, maison traditionnelle à la façade fraîchement toilettée. Ur bar, où l'on vous réserve un accueil familial, précède la salle à manger colorée.

ST-GERMAIN-DE-JOUX 01130 Ain **328** H3 – 476 h alt. 507.

Paris 487 – Bellegarde-sur-Valserine 13 – Belley 61 – Bourg-en-Bresse 63 – Nantua 13.

✗✗ **Reygrobellet** avec ch, N 84 ℘ 04 50 59 81 13, Fax 04 50 59 83 74 – **TV** 🚗 **P**. **①** **GB**
fermé 7 mars au 17 avril, – **Repas** 18/48 🖢 – 🛏 6,50 – **10 ch** 39,50/48 – ½ P 46.
◆ Cette maison familiale proche d'un axe assez passant propose une restauration tradi tionnelle dans une salle à manger campagnarde. Chambres simples, mais bien tenues.

ST-GERMAIN-DE-LA-RIVIÈRE *33240 Gironde* ▓▓▓ I5 – *339 h alt. 62.*

🛈 *Syndicat d'initiative, Maison du Pays Fronsadais* ☎ *05 57 84 86 86, Fax 05 57 84 86 86, maisondupaysfronsadais@wanadoo.fr.*

Paris 566 – Bordeaux 33 – Libourne 10 – St-André-de-Cubzac 12.

XX **Méhul Gourmand,** ☎ *05 57 84 44 50, Fax 05 57 84 44 50 –* **P.** **AE** **GB** **JCB**
fermé dim. soir et lundi – **Repas** 17/31 ♈.
♦ Restaurant installé dans les murs de la Maison du Pays Fronsadais (expo-vente de quelques vins locaux). Intérieur contemporain, vue sur un étang et cuisine traditionnelle.

ST-GERMAIN-DES-VAUX *50440 Manche* ▓▓▓ A1 – *457 h alt. 59.*

Voir *Baie d'Ecalgrain*★★ *S : 3 km – Port de Goury*★ *NO : 2 km.*

Env. *Nez de Jobourg*★★ *S : 7,5 km puis 30 mn –* ≤★★ *sur anse de Vauville SE : 9,5 km par Herqueville,* G. *Normandie Cotentin.*

Paris 383 – Cherbourg 28 – Barneville-Carteret 48 – Nez de Jobourg 7 – St-Lô 104.

XX **Moulin à Vent,** *Est : 1,5 km sur D 45* ☎ *02 33 52 75 20, Fax 02 33 52 22 57,* ≤, 🍽, 🌳 –
🏚 **P.** **AE** **GB**
fermé déc. et janv., dim. soir et lundi sauf juil. à oct. – **Repas** (prévenir) 25 ♈.
♦ Auberge de granit pimpante et fleurie, isolée au bout de la presqu'île du Cotentin. Jolie vue littorale depuis les tables proches des fenêtres. Carte composée selon la pêche.

ST-GERMAIN-DE-TALLEVENDE *14 Calvados* ▓▓▓ G7 – *rattaché à Vire.*

ST-GERMAIN-DU-BOIS *71330 S.-et-L.* ▓▓▓ L9 G. *Bourgogne – 1 765 h alt. 210.*

Paris 367 – Chalon-sur-Saône 33 – Dole 58 – Lons-le-Saunier 29 – Mâcon 75 – Tournus 40.

X **Hostellerie Bressane** avec ch, *2 rte Sens* ☎ *03 85 72 04 69, la.terrinee4@wanadoo.fr,*
🍴 *Fax 03 85 72 07 75 –* 📞 **P.** **GB**
fermé 20 au 27 déc., dim. soir et lundi – **Repas** 11/35, enf. 6,50 🦪 – ☲ 7,50 – **8 ch** 16,50/48,50 – ½ P 46.
♦ Intérieur régional pittoresque d'un hôtel particulier du 18ᵉ s. De belles fresques 1900 égaient l'une des salles. Grande cheminée en pierre dans le hall, avec coin salon.

ST-GERMAIN-EN-LAYE *78 Yvelines* ▓▓▓ I2 ▓▓▓ ⑬ – *voir à Paris, Environs.*

ST-GERMAIN-LES-ARLAY *39210 Jura* ▓▓▓ D6 – *503 h alt. 255.*

Paris 398 – Chalon-sur-Saône 58 – Besançon 74 – Dole 46 – Lons-le-Saunier 11.

XX **Hostellerie St-Germain** avec ch, ☎ *03 84 44 60 91, Fax 03 84 44 63 64,* 🍽 – 📺 **P.** **GB**
fermé 15 au 30 nov. – **Repas** 18/33 ♈ – ☲ 5,50 – **8 ch** 50/70 – ½ P 50.
♦ Salles à manger d'esprit "rustique-bourgeois" aménagées dans un relais de poste du 17ᵉ s. et terrasse dressée à l'ombre des platanes. Chambres anciennes mais bien tenues.

ST-GERMAIN-L'HERM *63630 P.-de-D.* ▓▓▓ I10 – *515 h alt. 1050.*

🛈 *Office de tourisme, route de la Chaise-Dieu* ☎ *04 73 72 05 95, Fax 04 73 72 05 95, officedetourisme@minitel.net.*

Paris 476 – Clermont-Ferrand 66 – Ambert 27 – Brioude 33 – St-Étienne 107.

🏠 **France,** ☎ *04 73 72 00 27, Fax 04 73 72 02 33,* 🌳 – 📞 🚗. **GB**
🍴 *fermé nov., janv. et merc. sauf vacances scolaires –* **Repas** 12/25 ♈ – ☲ 6,10 – **20 ch** 28/52 – ½ P 35/41.
♦ Cette belle maison en pierre abritait autrefois un relais de diligences. Chambres plus actuelles au second étage. Bar à clientèle locale. L'une des salles à manger offre une vue sur le village. Au menu, potée auvergnate, charcuteries et poissons de rivière.

ST-GERMER-DE-FLY *60850 Oise* ▓▓▓ B4 G. *Picardie Flandres Artois – 1 761 h alt. 105.*

Voir *Église*★ – ≤★ *de la D 129 SE : 4 km.*

🛈 *Office de tourisme, 11 place de Verdun* ☎ *03 44 82 62 74, Fax 03 44 82 23 56, otsi.pays-de-bray-oise@wanadoo.fr.*

Paris 92 – Rouen 58 – Les Andelys 40 – Beauvais 26 – Gisors 21 – Gournay-en-Bray 8.

X **Auberge de l'Abbaye,** ☎ *03 44 82 50 73, Fax 03 44 82 64 54 –* **GB**
fermé août, dim. soir, mardi soir et merc. – **Repas** 13,50 (déj.), 20,40/33,60, enf. 9 ♈.
♦ Face à l'abbaye, façade tapissée de vigne vierge. Grande salle à manger avec poutres apparentes. Cuisine traditionnelle et régionale. Salon de thé.

ST-GERVAIS-D'AUVERGNE 63390 P.-de-D. **326** D6 G. Auvergne – 1 272 h alt. 725.

🖪 Office de tourisme, rue E. Maison ℘ 04 73 85 80 94, ot-coeurdecombrailles@wanadoo.fr.
Paris 377 – Clermont-Ferrand 55 – Aubusson 72 – Gannat 41 – Montluçon 47 – Riom 39.

🏨 **Castel Hôtel 1904** ⟡, ℘ 04 73 85 70 42, Fax 04 73 85 84 39, ☞ – 📺 🅿️, 🅶🅱️, ⚜️
Pâques-Toussaint – **Repas** (fermé lundi, mardi et merc.) 34/55, enf. 15 ♀ **Comptoir à Moustaches :** Repas 13/30 ♀ – ☱ 7,50 – **17** ch 57/70 – ½ P 50.
♦ Demeure du 17ᵉ s. transformée en relais hôtelier en 1904. Quelques pièces ont été conservées telles qu'à l'origine. Mobilier de style dans les chambres. Salle à manger au délicieux charme suranné ; cuisine classique. Petits plats régionaux au Comptoir.

🏠 **Relais d'Auvergne**, rte Châteauneuf ℘ 04 73 85 70 10, relais.auvergne.hotel@wanado
o.fr, Fax 04 73 85 85 66 – 📺 📞 🅿️, 🄰🄴 ⓞ 🅶🅱️
fermé 25 déc. au 1ᵉʳ mars, dim. soir et lundi du 1ᵉʳ oct. au 1ᵉʳ avril – **Repas** 13 (déj.), 16/28 ♀ –
☱ 6 – **12** ch 38/55 – ½ P 40/45.
♦ Adresse idéale pour partir à la découverte de la vallée de la Sioule. Chambres étroites, mais actuelles et gaiement colorées. La salle à manger, rénovée, a conservé son cachet rustique d'origine. Recettes traditionnelles et spécialités régionales.

ST-GERVAIS-EN-VALLIÈRE 71350 S.-et-L. **320** J8 – 305 h alt. 203.
Paris 324 – Beaune 16 – Chalon-sur-Saône 24 – Dijon 57 – Mâcon 84 – Nevers 164.

à Chaublanc Nord-Est : 3 km par D 94 et D 183 – ⊠ 71350 Verdun-sur-le-Doubs :

🏨 **Moulin d'Hauterive** ⟡, ℘ 03 85 91 55 56, info@lemoulinhauterive.com,
Fax 03 85 91 89 65, 屏, ℔, ⌇, ⚒️, ♨️ – 📺 📞 🅿️ – 🅰 20. 🄰🄴 ⓞ 🅶🅱️ 🄹🄲🄱, ⚜️ rest
fermé janv. au 14 fév. – **Repas**
(fermé dim. soir sauf juin à sept., lundi sauf soir juil.-août, mardi midi juil.-août, ouvert week-end en déc.) 25 (déj.), 37/62, enf. 15 – ☱ 13 – **10** ch 100/125, 6 suites, 5 duplex – ½ P 100/110.
♦ Isolé en pleine nature, ce vieux moulin à farine bordant la Dheune fut bâti au 12ᵉ s. par les moines de l'abbaye de Cîteaux. Chambres personnalisées ; beaux meubles anciens. Deux salles à manger cossues et jolie terrasse au bord de l'eau ; boutique de vins.

ST-GERVAIS-LES-BAINS 74170 H.-Savoie **328** N5 G. Alpes du Nord – 5 276 h alt. 820 – Stat. therm. – Sports d'hiver : 1 400/2 000 m ⚡ 2 ⚡ 25 ⚡.
Env. Route du Bettex★★★ 8 km par ③ puis D 43.
🚠 ℘ 08 36 35 35 35.
🖪 Office de tourisme, 115 avenue du Mt Paccard ℘ 04 50 47 76 08, Fax 04 50 47 75 69, welcome@st-gervais.net.
Paris 597 ⑤ – Chamonix-Mont-Blanc 25 ① – Annecy 84 ⑤ – Bonneville 42 ⑤ – Megève 12 ③.

🏠 **Val d'Este** sans rest, pl. Église (b) ℘ 04 50 93 65 91, ho
telvaldeste@voila.fr, Fax 04 50 47 76 29, ← – 📺, 🄰🄴 ⓞ 🅶🅱️
fermé 10 au 17 mai et 8 nov. au 18 déc. – ☱ 6,60 – **14** ch 42/67.
♦ Au coeur de la station, bordant une ravine, hôtel dont la façade pimpante abrite des chambres bien insonorisées et progressivement rénovées.

ST-GERVAIS-	Comtesse (R.)	2
LES-BAINS	Gontard (Av.)	4
	Miage (Av. de)	5
LE FAYET	Mont-Blanc (R. et jardin du)	6
	Mont-Lachat (R. du)	7

au Bettex *Sud-Ouest : 8 km par D 43 ou par télécabine, station intermédiaire –* ⊠ *74170 St-Gervais-les-Bains :*

🏠 **Arbois-Bettex** ⊗, 𝒫 04 50 93 12 22, *arboisbettex@wanadoo.fr*, Fax 04 50 93 14 42, ≼ Massif Mont-Blanc, 🌡, 🔭, 🔟 – 📺 📞 🅿. 🕮, ⚡ rest
1er juil.-31 août et 20 déc.-15 avril – **Repas** 28/38 (en été seul.) – 🍽 10 – **33 ch** 75/140, (en hiver : ½ pens. seul.) – ½ P 110/140.
◆ Superbe vue sur le massif du Mont-Blanc depuis ce chalet situé au bord des pistes, à côté des télécabines. Chambres fonctionnelles. Salon décoré à l'autrichienne. Grillades et rôtis à midi ; plats savoyards au dîner. Terrasse exposée plein Sud.

autres ressources hôtelières voir : **Les Houches** *(au Prarion) et* **Megève** *(sommet du Mont d'Arbois)*

Le Fayet 74190.

🏠 **Deux Gares,** près Gare **(s)** 𝒫 04 50 78 24 75, *hotel.2gares@wanadoo.fr*, Fax 04 50 78 15 47, 🔲 – 🛗 cuisinette 📺 🍽. 🕮. ⚡
fermé 25 avril au 1er mai, 26 sept. au 2 oct. et 30 oct. au 18 déc. – **Repas** (dîner seul.) (résidents seul.) 13,50 ♈ – 🍽 6 – **28 ch** 37/47 – ½ P 41.
◆ Face à la gare de départ du fameux tramway du Mont-Blanc. Petites chambres sobres ; celles de l'annexe sont joliment ornées de boiseries sculptées. Belle piscine couverte.

ST-GILLES *30800 Gard* **339** *L6 G. Provence – 11 626 h alt. 10.*

Voir *Façade*★★ *et crypte*★ *de l'église – Vis de St-Gilles*★.

🛈 *Office de tourisme, 1 place Frédéric Mistral* 𝒫 04 66 87 33 75, Fax 04 66 87 16 28, *contact@ot-saint-gilles.fr.*

Paris 724 – Montpellier 64 – Arles 18 – Beaucaire 27 – Lunel 31 – Nîmes 20.

🏠 **Cours,** 10 av. F. Griffeuille 𝒫 04 66 87 31 93, *hotel-le-cours@wanadoo.fr*, Fax 04 66 87 31 83, 🌡 – 🛗, 🍽 rest, 📺. 🕮 ⓪ 🕮 ᴊᴄʙ
fermé 10 déc. au 1er mars – **Repas** (9,80) - 11,50/28,50, enf. 7,80 ♈ – 🍽 6,50 – **33 ch** 52/68 – ½ P 48/54.
◆ Le 3e week-end d'août : lâcher de taureaux et corrida ! À l'ombre des platanes d'une avenue habituellement calme, hôtel familial proposant des chambres pratiques rénovées. Aux beaux jours, fi de la salle à manger-véranda, attablez-vous sur la jolie terrasse.

rte d'Arles *Est : 3,5 km –* ⊠ *13200 Arles :*

🏠 **Les Cabanettes,** route nationale 572 𝒫 04 66 87 31 53, *bw.hotel.lescabanettes@wanad oo.fr*, Fax 04 66 87 35 39, 🌡, 🔟, 🛀 – 🗐 📺 📞 ⇔ 🅿. – 🏰 25. 🕮 ⓪ 🕮
fermé 25 janv. au 28 fév. – **Repas** 22/33 – 🍽 9,50 – **29 ch** 78,50 – ½ P 63.
◆ Dans la Camargue gardoise, hôtel en briques roses originalement construit en arc de cercle, où les chambres, spacieuses, disposent toutes d'une petite terrasse. Repas tout simples, mais gorgés de soleil. Lumineux restaurant et terrasse face à la piscine.

ST-GILLES-CROIX-DE-VIE *85800 Vendée* **316** *E7 G. Poitou Vendée Charentes – 6 797 h alt. 12 – Casino "Le Royal Concorde".*

🛈₁₈ *des Fontenelles à L'Aiguillon-sur-Vie* 𝒫 02 51 54 13 94, E : 11 km par D 6.

🛈 *Office de tourisme, boulevard de l'Egalité* 𝒫 02 51 55 03 66, Fax 02 51 55 69 60, *ot@stgillescroixdevie.com.*

Paris 462 – Cholet 112 – Nantes 79 – La Roche-sur-Yon 44 – Les Sables-d'Olonne 29.

🍴 **Boisvinet,** 2 r. Louis Cristau 𝒫 02 51 55 51 77, Fax 02 51 55 51 77 – 🗐. 🕮
fermé 9 au 27 oct., vacances de fév., lundi du 10 juil. au 31 août, dim. soir, mardi soir et merc. hors saison – **Repas** 16/38, enf. 9.
◆ Face à la plage de Boisvinet, coquette auberge rustique proposant une carte classique et des spécialités de poissons. Salle à l'étage pour les repas commandés.

à Sion-sur-l'Océan *Ouest : 5 km par la Corniche Vendéenne –* ⊠ *85800 :*

🏠 **Frédéric** sans rest, 25 r. Estivants 𝒫 02 51 54 30 20, *info@hotel-frederic.com*, Fax 02 51 54 11 68, ≼ – 📺 🅿. 🕮 🕮
🍽 9,70 – **13 ch** 80/101.
◆ Jolie villa des années 1930 d'une station balnéaire du Marais breton-vendéen. Rénovation bénéfique, mais charme préservé : choisissez une chambre "rétro" avec vue sur l'océan.

Ecrivez-nous...
Vos louanges comme vos critiques seront examinées avec le plus grand soin.
Nous reverrons sur place les informations que vous nous signalez.
Par avance merci !

ST-GINGOLPH 74500 H.-Savoie 🔢🔢🔢 N2 G. Alpes du Nord – 565 h alt. 385.

🔹 Syndicat d'initiative, 𝒫 04 50 76 72 28, Fax 04 50 76 74 17.

Paris 560 – Thonon-les-Bains 28 – Annecy 102 – Évian-les-Bains 19 – Montreux 21.

🏛 **National**, 20 rte Nationale 𝒫 04 50 76 72 97, hotel.lenational@wanadoo.fr,
Fax 04 50 76 71 93, ≤ – 📺 🅿. 🈸. ✻
fermé 25 oct. au 29 nov., mardi et merc. – **Repas** 15/33, enf. 10 ♈ – ⍁ 6 – **13 ch** 39/60 –
½ P 39/50.
◆ À 50 m du poste de douane franco-suisse, dans une rue animée, chambres amples,
rénovées au dernier étage. Les rives du Léman offrent un joli panorama. À table, poissons
fraîchement pêchés, et leur lac pour toile de fond.

XXX **Aux Ducs de Savoie**, r. 23 Juillet 44 𝒫 04 50 76 73 09, abare@wanadoo.fr,
Fax 04 50 76 74 31, ≤, 🍽 – 🅿. 🆎 🈸
fermé 5 au 20 janv., lundi et mardi hors saison – **Repas** 27/60 et carte 43 à 65, enf. 17.
◆ En aplomb du village, pimpant chalet entouré de platanes. Salle très spacieuse et
bourgeoise, terrasse avec vue sur le lac, cuisine traditionnelle et spécialités régionales.

ST-GIRONS 🔹 09200 Ariège 🔢🔢🔢 E7 G. Midi-Pyrénées – 6 254 h alt. 398.

🔹 Office de tourisme, place Alphonse Sentein 𝒫 05 61 96 26 60, Fax 05 61 96 26 69,
otcouserans@wanadoo.fr.

Paris 774 – Auch 123 – Foix 45 – St-Gaudens 43 – Toulouse 101.

🏨 **Eychenne**, 8 av. P. Laffont 𝒫 05 61 04 04 50, eychen@club-internet.fr,
Fax 05 61 96 07 20, 🍽, ⍰, ☞ – 🗐 rest, 📺 🅿. 🆎 🈸
fermé déc., janv., dim. soir et lundi de nov. à fin mars – **Repas** 24/39 ♈ – ⍁ 8,50 – **36 ch**
63/156 – ½ P 59/106,50.
◆ Ex-relais de poste où règne une plaisante atmosphère bourgeoise. Décor soigné et
meubles anciens dans les chambres ; certaines ont vue sur les Pyrénées. Accueil personnalisé. Restaurant un brin "vieille France" et belle terrasse au coeur d'un ravissant jardin.

🏛 **Clairière et Château de Beauregard** 🍽, av. Résistance 𝒫 05 61 66 66 66, contact@
domainedebeauregard.com, Fax 05 34 14 30 30, 🍽, ⍰, ☞, 🐾 – 🗐 rest, 📺 🅿. 🆎 ⓪ 🈸
fermé nov. – **Repas** (fermé vend. soir, dim. soir et lundi) 19 (déj.), 25/64 bc, enf. 10 ♈ 🌿
Auberge d'Antan 𝒫 05 61 66 66 64 (fermé mars, mardi et merc.) **Repas** (dîner seul.) 35 –
⍁ 8 – **27 ch** 55/85 – ½ P 55/75.
◆ La Clairière est une maison moderne abritant des chambres actuelles tandis que le
Château de Beauregard (19ᵉ s.) accueille un hôtel joliment "rétro". Au restaurant, décor
"évolutif" et carte traditionnelle. À l'Auberge, charme rustique et plats du terroir.

ST-GRÉGOIRE 35 I.-et-V. 🔢🔢🔢 L6 – rattaché à Rennes.

ST-GROUX 16 Charente 🔢🔢🔢 L4 – rattaché à Mansle.

ST-GUÉNOLÉ 29 Finistère 🔢🔢🔢 E8 G. Bretagne – ✉ 29760 Penmarch.

Voir Musée préhistorique★ – ≤★★ du phare d'Eckmühl★ S : 2,5 km – Église★ de Penmarch
SE : 3 km – Pointe de la Torche ≤★ NE : 4 km.

🔹 Office de tourisme, place du Mar.-Davout 𝒫 02 98 58 81 44, Fax 02 98 58 86 62,
office-tourisme@penmarch.fr.

Paris 587 – Quimper 34 – Douarnenez 47 – Guilvinec 8 – Pont-l'Abbé 14.

🏨 **Sterenn** 🍽, rte phare d'Eckmühl 𝒫 02 98 58 60 36, Fax 02 98 58 71 28, ≤ pointe de
Penmarch – 🗐 rest, 📺 📞 🈸
15 mai-30 sept. et 23 oct.-3 nov. – **Repas** (résid. seul.) 18/58 ♈ – ⍁ 10 – **16 ch** 65/88 –
½ P 70/85.
◆ Face à la plage, grande bâtisse récente coiffée d'un toit d'ardoise. Chambres sobres et
nettes, et la nature préservée de la Côte sauvage pour écrin.

🏛 **Les Ondines** 🍽, Rue Pasteur rte phare d'Eckmühl 𝒫 02 98 58 74 95, hotel@lesondines.c
om, Fax 02 98 58 73 99 – 📺 📞 ⅙. 🈸
8 avril-31 déc. et fermé mardi sauf juil.-août et merc. d'oct. – **Repas** 13/36, enf. 9 – ⍁ 7 –
14 ch 55 – ½ P 55.
◆ Une impasse mène à cette construction bretonne située à deux pas de la mer, à
l'extrême pointe du pays bigouden. Plaisantes chambres décorées sur le thème marin.
L'océan règne sur les repas : même la choucroute n'y échappe pas ! Salle à manger-
véranda.

XX **Mer** avec ch, 184 r. F. Péron 𝒫 02 98 58 62 22, Fax 02 98 58 53 86 – 📺. 🈸
fermé 12 au 30 nov., 20 janv. au 10 fév., dim. soir, mardi soir hors saison et lundi sauf hôte.
en saison – **Repas** 18/49 ♈ – ⍁ 7,20 – **10 ch** 47/54 – ½ P 62/66.
◆ Ce restaurant situé au 1ᵉʳ étage d'une maison de pays offre une jolie vue sur la baie. Les
recettes régionales mettent à l'honneur la bonne pêche locale. Chambres modestes.

SAINT GUILHEM LE DESERT 34 Hérault 👥👥👥 G6 – 245 h alt. 89.

🅱 Office de tourisme, 2 rue de la Font du Portal ℘ 04 67 57 44 33, Fax 04 67 57 44 33, ot-st-guilhem@wanadoo.fr.

Paris 726 – Montpellier 41 – Lodève 31 – Millau 90.

✕ **L'Auberge Sur le Chemin,** 38 r. Font du Portal ℘ 04 67 57 75 05 – 🗐. 🆑🅱
fermé dim. soir, jeudi soir et vend. midi – **Repas** 20 (déj.), 25/70.
◆ Vieille maison dont les murs en pierres couverts de vigne vierge abritent une belle salle voûtée des 11ᵉ et 12ᵉ s. Cuisine traditionnelle et petite cave régionale.

ST-GUIRAUD 34 Hérault 👥👥👥 F6 – rattaché à Clermont-l'Hérault.

ST-HAON 43340 H.-Loire 👥👥👥 E4 G. Auvergne – 370 h alt. 1000.

Paris 559 – Langogne 25 – Mende 68 – Le Puy-en-Velay 29.

🏠 **Auberge de la Vallée** 🌿, ℘ 04 71 08 20 73, aubergevallée43@aol.com,
🆑 Fax 04 71 08 29 21, ≤, 🍽 – 🅰🅴 🆑🅱
fermé 1ᵉʳ janv. au 15 mars, dim. soir et lundi d'oct. à avril – **Repas** 14/33, enf. 9 ♈ – 🖵 6,50 –
10 ch 31/42 – ½ P 42.
◆ Cette modeste auberge perchée à 1 000 m d'altitude, pas loin des gorges de l'Allier, est un point de chute valable pour les amoureux de la nature. Chambres proprettes. Grande salle à manger sobrement contemporaine et terrasse abritée. Cuisine traditionnelle.

ST-HILAIRE-DE-BRETHMAS 30 Gard 👥👥👥 J4 – rattaché à Alès.

ST-HILAIRE-D'OZILHAN 30 Gard 👥👥👥 M5 – rattaché à Remoulins.

Si vous cherchez un hôtel tranquille,
consultez d'abord les cartes de l'introduction
ou repérez dans le texte les établissements indiqués avec le signe 🌿

ST-HILAIRE-DU-HARCOUËT 50600 Manche 👥👥👥 F8 G. Normandie Cotentin – 4 368 h alt. 70.

Voir Centre d'Art Sacré★.

🅱 Office de tourisme, place du Bassin ℘ 02 33 79 38 88, Fax 02 33 79 38 89.

Paris 339 – Alençon 100 – Avranches 27 – Caen 102 – Fougères 29 – Laval 66 – St-Lô 69.

🏨 **Cygne et Résidence,** rte Fougères ℘ 02 33 49 11 84, hotel-le-cygne@wanadoo.fr,
🆑 Fax 02 33 49 53 70, 🍽, 🏊, 🖤 – 🛏 📺 🅿 ⚓ 🅰🅴 ⓞ 🆑🅱
📷 fermé 3 au 17 janv., dim. soir et vend. d'oct. à Pâques – **Repas** (10) - 15/70 bc, enf. 9 ♈ –
🖵 7,50 – **30 ch** 42/65 – ½ P 55/62.
◆ Hébergement familial partagé entre une plaisante résidence bourgeoise et une construction récente. Hall et chambres - plus calmes sur l'arrière - ont été rénovés. À table, produits de la mer, recettes normandes et belle carte des vins. Terrasse côté jardin.

ST-HILAIRE-DU-ROSIER 38840 Isère 👥👥👥 E7 – 1 760 h alt. 240.

Paris 575 – Valence 39 – Grenoble 62 – Romans-sur-Isère 18 – St-Marcellin 10.

✕✕✕ **Bouvarel** avec ch, à St-Hilaire-gare, Sud : 4 km ℘ 04 76 64 50 87, bouvarel.hotel@worldo
🆑 nline.fr, Fax 04 76 64 58 47, 🍽, 🏊, 🖤 – 📺 ⚓ 🅿. 🅰🅴 ⓞ 🆑🅱
fermé 27 sept. au 12 oct., 3 au 26 janv., dim. soir, mardi midi et lundi sauf fériés – **Repas**
42/103 et carte 60 à 88, enf. 18 ♈ 🍽 – 🖵 12,50 – **11 ch** 58,50/140 – ½ P 95/135.
◆ À la belle saison, attablez-vous dans le jardin fleuri de cet ancien relais de poste cossu qui, depuis 1886, propose une cuisine classique et un bon choix de côtes-du-rhône.
Spéc. Ravioles à l'émincé de homard. Cassolette d'écrevisses aux mousserons du Vercors (mai à oct.). Soufflé flambé au Grand Marnier. **Vins** Saint-Joseph blanc, Crozes-Hermitage.

ST-HILAIRE-PETITVILLE 50 Manche 👥👥👥 E4 – rattaché à Carentan.

ST-HILAIRE-ST-FLORENT 49 M.-et-L. 👥👥👥 I5 – rattaché à Saumur.

ST-HILAIRE-ST-MESMIN 45 Loiret 👥👥👥 H4 – rattaché à Orléans.

ST-HIPPOLYTE 25190 Doubs **321** K3 *G. Jura – 1 045 h alt. 380.*

Voir *Site* ★ – *Vallée du Dessoubre* ★ S.

🛈 *Syndicat d'initiative, place de l'Hôtel de Ville* ☎ *03 81 96 58 00, Fax 03 81 96 59 37, tourisme@ville-saint-hippolyte.fr.*

Paris 490 – Besançon 89 – Basel 93 – Belfort 48 – Montbéliard 32 – Pontarlier 71.

Bellevue, rte Maîche ☎ 03 81 96 51 53, *hotel.bellevue@free.fr, Fax 03 81 96 52 40,* 😤 – ⬧ 🖭 ℭ 🖛 🖫 – 🛦 20. 🔾🖪
fermé 20 déc. au 4 janv., lundi (sauf hôtel), dim. soir et vend. soir – **Repas** 11 (déj.), 22/38, enf. 9,50 ♀ – ➡ 7,50 – **16 ch** 43/52 – ½ P 46/52.
♦ Hostellerie ancienne au bord du Dessoubre. La plupart des chambres, rénovées, offrent un coup d'oeil sur la montagne et la forêt. Selon la saison, poisson de rivière ou gibier à déguster dans une charmante salle à manger ou sur une terrasse panoramique.

ST-HIPPOLYTE 68590 H.-Rhin **315** I7 *G. Alsace Lorraine – 1 060 h alt. 234.*

Env. *Château du Haut-Koenigsbourg* ★★ : ✳ ★★ *NO : 8 km.*

Paris 439 – Colmar 21 – Ribeauvillé 8 – St-Dié 42 – Sélestat 10 – Villé 18.

Parc ⬧, 6 r parc ☎ 03 89 73 00 06, *hotel-le-parc@wanadoo.fr, Fax 03 89 73 04 30,* 😤, 👪, ⬧ – ⬧, ▤ rest, 🖭 ℭ & 🖫 – 🛦 15 à 80. 🔾 ① 🖪
fermé 28 juin au 8 juil.et 10 janv. au 4 fév. – **Repas** (fermé lundi et mardi midi) 30/55, enf. 10 ♀ - **Winstub Rabseppi-Stebel :** Repas 20 ♀ – ➡ 12 – **25 ch** 65/125, 6 duplex – ½ P 75/110.
♦ Profusion de couleurs, à l'intérieur comme à l'extérieur, dans cet hôtel situé face à un parc. Jolies chambres personnalisées et équipements de loisirs. Cuisine au goût du jour dans l'élégant restaurant. Spécialités et vins du cru à la Winstub.

Hostellerie Munsch Aux Ducs de Lorraine, ☎ 03 89 73 00 09, *hotel.munsch@wan adoo.fr, Fax 03 89 73 05 46,* ⬧, ⬧ – ⬧, ▤ rest, 🖭 ℭ 🖫 – 🛦 30. 🖪. ⬧ ch
fermé 26 juil. au 5 août, 8 au 25 nov. et 5 janv. au 12 fév. – **Repas** (fermé mardi midi de nov. à mi-mai, vend. midi, dim. soir et lundi) 16 (déj.), 22/55 ♀ – ➡ 11,50 – **42 ch** 68/119 – ½ P 100.
♦ Imposante auberge de style alsacien cernée par les vignes. Chambres personnalisées dans l'aile neuve ; certaines offrent une échappée sur le château du Haut-Koenigsbourg. Boiseries sculptées au restaurant ouvert sur une terrasse fleurie ; carte traditionnelle.

A la Vignette, ☎ 03 89 73 00 17, *restaurant.la-vignette@wanadoo.fr, Fax 03 89 73 05 69* – ⬧ 🖭 & – 🛦 40. 🖪. ⬧ rest
fermé 28 juin au 10 juil., 20 déc. au 20 janv., 5 au 14 fév., merc. et jeudi de nov. à avril – **Repas** 15/27 ♀ – ➡ 7 – **26 ch** 51/63 – ½ P 49,50/55,50.
♦ Aux portes du pittoresque village, belle maison à colombages dont les chambres ont été entièrement rénovées ; pour plus de calme, préférez celles donnant sur la cour. Restaurant au cadre rustique préservé, où l'on sert des petits plats d'Alsace et de Lorraine.

ST-HIPPOLYTE-DU-FORT 30170 Gard **339** I5 *G. Gorges du Tarn – 3 391 h alt. 165.*

🛈 *Office de tourisme, Les Casernes* ☎ *04 66 77 91 65, Fax 04 66 77 25 36, cigalois.ot @wanadoo.fr.*

Paris 703 – Montpellier 50 – Alès 35 – Florac 82 – Nîmes 48.

par rte de Lasalle *(D 39), Nord : 7 km –* ✉ *30170 Monoblet :*

Auberge de Valestalière, ☎ 04 66 85 45 79, *info@cevennescotessoleil.com, Fax 04 66 85 45 79,* ⬧, 😤 – 🖫 ① 🖪
fermé 22 déc. au 8 fév., dim. soir, lundi et mardi – **Repas** 17,60/25,20 ♀.
♦ Dans un village perpétuant la tradition séricicole, ancienne école transformée en restaurant chaleureux et coquet. Terrasse panoramique. Appétissante cuisine régionale.

ST-HONORE 38350 Isère **333** H8 – *779 h alt. 1025.*

🛈 *Office de tourisme* ☎ *04 76 81 06 11, Fax 04 76 81 61 30.*

Paris 0 – Grenoble 0 – Corps 0 – Deux-Alpes 0 – Romans-sur-Isère 0.

L'Oreille du Loup, à Fuguières Nord-Ouest : 2,5 km par D 115 ☎ 04 76 81 66 12, Fax 04 76 81 66 12 – 🖭 🖪
fermé dim. soir, lundi et mardi – **Repas** (16) · 25/60, enf. 11 ♀.
♦ Dans un hameau en retrait de la Route Napoléon, cuisine appétissante et originale servie dans une salle récente garnie de lambris, de meubles rustiques et de couleurs chaudes.

Les plans de villes sont orientés le Nord en haut.

ST-HONORÉ-LES-BAINS 58360 Nièvre **319** G10 G. Bourgogne – 763 h alt. 300 – Stat. therm. (2 avril-13 oct.) – Casino.

🖪 Office de tourisme, 13 rue Henri Renaud 🕿 03 86 30 71 70, Fax 03 86 30 71 70, tourisme.sthonore@wanadoo.fr.

Paris 303 – Château-Chinon 28 – Luzy 22 – Moulins 69 – Nevers 67 – St-Pierre-le-Moutier 68.

🏠 **Lanoiselée,** 4, av. J. Mermoz 🕿 03 86 30 75 44, sylvainboizot@wanadoo.fr, Fax 03 86 30 75 66, 🏤 – 📺 🅿. ⅏ GB. ⅏ rest
4 avril-30 sept. – **Repas** 15/35, enf. 7,50 ⅍ – ☲ 6,10 – **18 ch** 38/75 – ½ P 48/55.
♦ Sur l'avenue menant aux thermes, imposante bâtisse blanche à l'ambiance "pension de famille". Les chambres, fonctionnelles, portent des noms d'opéras. Une atmosphère un brin nostalgique des meilleures heures du thermalisme règne au restaurant.

XX **Auberge du Pré Fleuri** avec ch, 🕿 03 86 30 74 96, Fax 03 86 30 64 61, 🏤, �, – 📺 ⅏
🅿. 🅰🅴 GB
fermé janv., fév., dim. soir et lundi d'oct. à mars – **Repas** 15/32,50, enf. 9,20 – ☲ 7,10 –
9 ch 45,80/52 – ½ P 49,50.
♦ Ce restaurant du quartier thermal est aménagé dans une verrière en rotonde tournée sur le jardin ; cuisine traditionnelle. Chambres au décor déjà ancien, mais confortables.

SAINT-ISIDORE 06 Alpes-Mar. **341** E5 – rattaché à Nice.

ST-JACQUES-DES-BLATS 15800 Cantal **330** E4 – 325 h alt. 990.
Paris 536 – Aurillac 32 – Brioude 76 – Issoire 91 – St-Flour 39.

🏠 **Griou,** 🕿 04 71 47 06 25, hotel.griou@wanadoo.fr, Fax 04 71 47 00 16, ≤, 🏤, �, – 📺 ⅏
⅍ 🅿 – 🎿 30. GB
fermé 15 oct. au 22 déc. – **Repas** 13/30, enf. 7,50 ⅌ – ☲ 6 – **16 ch** 47 – ½ P 38/42.
♦ Coquette pension dont le jardin, surplombant la rivière, se fond dans la nature environnante. Certaines chambres bénéficient d'une belle échappée sur les monts du Cantal. Salle à manger donnant sur la campagne. Pountis et potées auvergnates à l'honneur.

🏠 **Brunet** 🌭, 🕿 04 71 47 05 86, hotel.brunet@wanadoo.fr, Fax 04 71 47 04 27, ≤, 🏤, 🌛, –
⅏ 🅿. GB. ⅏ rest
1er mai-10 oct. et 20 déc.-30 avril – **Repas** 14, enf. 7,50 – ☲ 5,60 – **15 ch** 39/48,50 –
½ P 36,80/43.
♦ En contrebas du village, bâtiments récents construits dans le style du pays. Chambres bien agencées, souvent dotées de balcons tournés vers la vallée de la Cère. Spécialités auvergnates servies dans un cadre sobre ou sur la terrasse d'été dressée face au pré.

🏡 **L'Escoundillou** 🌭, 🕿 04 71 47 06 42, hotel.escoundillou@cantal.com, Fax 04 71
47 00 97, ≤, 🌛 – 📺 ⅏ ⅍ 🅿. GB
fermé 6 au 23 janv., 18 nov. au 25 déc., vend. soir et sam. midi d'oct. à déc. – **Repas**
11,50/19, enf. 7,50 ⅌ – ☲ 6 – **12 ch** 38/46 – ½ P 42/45.
♦ Au bord d'une pittoresque route de campagne, petite cachette ("escoundillou" en patois) idéale pour ceux qui aiment la verdure. Chambres fraîches, décorées avec goût. Lumineuse salle à manger actuelle où vous dégusterez des produits du terroir.

ST-JAMES 50240 Manche **303** E8 G. Normandie Cotentin – 2 917 h alt. 100.
Voir Cimetière américain.

🖪 Office de tourisme, 21 rue de la Libération 🕿 02 33 89 62 12, Fax 02 33 89 62 11, officedetourisme.saint-james@wanadoo.fr.

Paris 357 – St-Malo 61 – Avranches 21 – Fougères 29 – Rennes 69 – St-Lô 78.

🏠 **Normandie,** 2 pl. Bagot 🕿 02 33 48 31 45, Fax 02 33 48 31 37 – 📺. GB
fermé 22 déc. au 5 janv. – **Repas** (fermé dim. soir) 12,50 (déj.), 19/33 ⅌ – ☲ 6,50 – **13 ch**
32/49.
♦ Auberge de village située aux confins de la Bretagne et de la Normandie. Les chambres, sobrement meublées, sont plus grandes au 1er étage. Restaurant au cadre rustique dont la carte privilégie les fruits de mer. À midi, plats du jour servis au bar animé.

ST-JEAN 06 Alpes-Mar. **341** C6 – rattaché à Pégomas.

ST-JEAN-AUX-AMOGNES 58270 Nièvre **319** D9 – 466 h alt. 230.
Paris 252 – Bourges 81 – Château-Chinon 51 – Clamecy 61 – Nevers 16.

X **Relais de Bourgogne,** 🕿 03 86 58 61 44, Fax 03 86 58 61 44, 🏤, 🌛 – GB
fermé 15 au 30 nov., dim. soir et merc. – **Repas** 17/35.
♦ La façade austère de cette maison d'un village des Amognes contraste avec le chaleureux intérieur campagnard. Sympathique jardin-terrasse. Plats traditionnels.

ST-JEAN-AUX-BOIS 60 Oise **305** I4 – rattaché à Pierrefonds.

Voir *Site de la Villa ephrussi-de-Rothschild*★★ **M** : *musée Île de France*★★, *jardins*★★ – *Phare*
★★ – *Pointe de St-Hospice* : ≤★ *de la chapelle, sentier*★ – *Promenade Maurice-Rouvier*★.

B *Office de tourisme, 59 avenue Denis Semeria* ℰ 04 93 76 08 90, Fax 04 93 76 16 67.

Paris 935 ④ – *Nice 8* ④ – *Menton 25* ③.

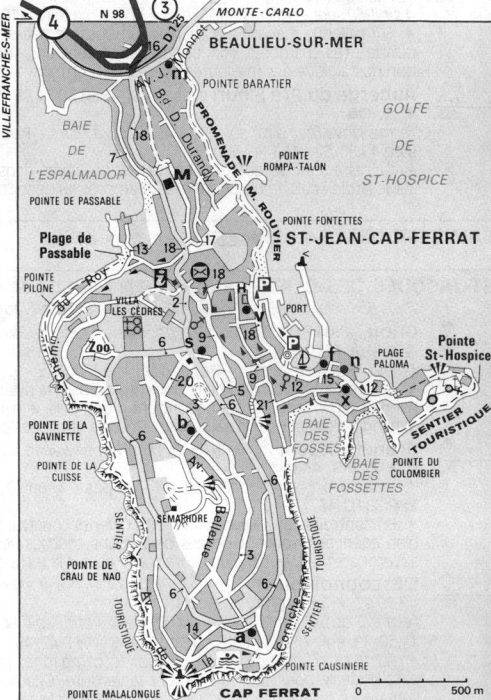

ST-JEAN-CAP-FERRAT

Les flèches noires
indiquent les sens
uniques supplémen-
taires l'été

Albert-Iᵉʳ (Av.)	2
Centrale (Av.)	3
États-Unis (Av. des)	5
Gaulle (Bd Gén. de)	6
Grasseuil (Av.)	7
Libération (Bd)	9
Mermoz (Av. J.)	12
Passable (Ch. de)	13
Phare (Av. du)	14
Puncia (Av. de la)	15
St-Jean (Pont)	16
Sauvan (Bd H.)	17
Semeria (Av. D.)	18
Verdun (Av. de)	20
Vignon (Av. C.)	21

Promeneurs,
campeurs,
fumeurs

ATTENTION AU FEU

**soyez
prudents !**
**Le feu est le plus
terrible ennemi
de la forêt**

Grand Hôtel du Cap Ferrat ⌂, bd Gén. de Gaulle au Cap-Ferrat **(a)** ℰ 04 93 76 50 50,
marketin@grand-hotel-cap-ferrat.com, Fax 04 93 76 04 52, ≤ mer, 佘, ⅃, ℀, ℁ – ▮ ⇆
▤ ⓣⱽ ⓒ **P** – ⚲ 15. ⅄ⅇ ⓞ ☷ ☷ ⅃. ℀
1ᵉʳ mai-1ᵉʳ oct. – **Repas** 73 (déj.)/90 - *Club Dauphin* à la piscine (déj. seul.) **Repas** 58 ⵛ –
⌂ 23 – **44 ch** 505/1100, 9 suites.
◆ Ce palace (1908) occupe un site remarquable dominant la mer. Chambres luxueuses,
superbe parc, bassin à débordement et funiculaire privé : un vrai bonheur ! Restaurant
raffiné, sublime terrasse et cuisine classique. Repas face à la piscine au Club Dauphin.

Royal Riviera, av. J. Monnet **(m)** ℰ 04 93 76 31 00, *resa@royal-riviera.com*,
Fax 04 93 01 23 07, ≤, 佘, ℗, ℣␢, ⅃, ℁⁀, ℀ – ▮ ▤ ⓣⱽ ⓒ ⅃ **P** – ⚲ 35 à 100. ⅄ⅇ ⓞ ☷
☷ ☷. ℀ rest
fermé 1ᵉʳ déc. au 15 janv. – *Panorama* (dîner seul. en juil.-août) **Repas** 48 et carte 63 à 96 –
Pergola buffet grill à la piscine (déj. seul.) *(juil.-août)* **Repas** 48 – ⌂ 29 – **90 ch** 240/665, 3
suites – 1/2 P 312,50/575.
◆ Palace du début du 20ᵉ s. et son beau jardin au bord de l'eau. Chambres joliment
rénovées, tournées pour la plupart vers le large ; plage privée. Au Panorama, élégantes
salles à manger feutrées. Plaisante Pergola placée entre mer et palmiers centenaires.

Voile d'Or ⌂, au port **(f)** ℰ 04 93 01 13 13, *reservation@lavoiledor.fr*,
Fax 04 93 76 11 17, ≤ port et golfe, 佘, ℣␢, ⅃, ℁⁀, ℀ – ▮ ▤ ⓣⱽ ⓒ ⓞ ☷
2 avril-mi-oct. – **Repas** 45 (déj.), 70/90 ⵛ ▱ – ⌂ 25 – **45 ch** 400/815 – 1/2 P 252,50/460.
◆ Idéalement situé face au port de plaisance, avec piscines en bord de mer et décor
soigné : l'hôtel, ancré sur un rocher, est la promesse d'un plaisant séjour. Vue panoramique, belle terrasse d'été et table classique rendent attrayant le restaurant.

Brise Marine ⊗ sans rest, av. J. Mermoz **(x)** ☎ 04 93 76 04 36, *info@hotel-brisemarine.c om*, Fax 04 93 76 11 49, ≤ Cap et golfe, �іⁿ – 🔲 📺 ✆, 🄰🄴 ⓞ 🇬🇧. ❄
fév.-oct. – � 11 – **16 ch** 130/145.
◆ En surplomb d'une rue calme, villa de 1878 agrémentée de jolis balustres. Chambres élégantes. L'été, la terrasse des petits-déjeuners domine le jardin en espaliers.

Panoramic ⊗ sans rest, av. Albert 1ᵉʳ **(s)** ☎ 04 93 76 00 37, *info@hotel-lepanoramic.co m*, Fax 04 93 76 15 78, ≤ Cap et golfe – 📺 ✆ 🄿, 🄰🄴 ⓞ 🇬🇧. ❄
fermé 15 nov. au 26 déc. – ☐ 11 – **20 ch** 105/140.
◆ Enseigne-vérité pour cet hôtel des années 1950 : vue exceptionnelle sur le golfe, le Cap et la ville. Chambres sobrement aménagées, mais dotées de balcons.

Clair Logis ⊗ sans rest, av. Centrale **(b)** ☎ 04 93 76 51 81, *clairlogishotel@minitel.net*, Fax 04 93 76 51 82, ♨ – 📺 ✆ 🄿, 🄰🄴 🇬🇧
fermé 14 nov. au 17 déc. et 9 au 28 janv. – ☐ 12 – **18 ch** 85/170.
◆ Le général de Gaulle fut l'un des célèbres hôtes de cette villa provençale nichée dans un agréable parc. Chambres de caractère ou confort plus modeste à l'annexe.

Frégate, **(v)** ☎ 04 93 76 04 51, Fax 04 93 76 14 93, ≤ – 🔲 rest, 📺. 🇬🇧
fermé 15 déc. au 3 janv. – **Repas** (résidents seul.) – ☐ 6,50 – **10 ch** 45/75 – ½ P 43/58.
◆ Petit hôtel tout simple dans une rue commerçante proche du port. Certaines chambres sont dotées d'un balcon. Accueil familial.

Capitaine Cook, 11 av. J. Mermoz **(n)** ☎ 04 93 76 02 66, Fax 04 93 76 02 66, 🌼 – 🇬🇧
fermé 8 nov. au 26 déc., jeudi midi et merc. – **Repas** 22/28 ⬚.
◆ Occupant un recoin discret du Cap, restaurant propret où l'on mange au coude à coude. Cuisine traditionnelle orientée vers les produits de la mer.

*Pour visiter une ville ou une région : utilisez les Guides Verts **Michelin**.*

ST-JEAN-D'ANGÉLY

Abbaye (R. de l')	**A** 2	Grosse-Horloge (R.)	**B** 12	Remparts (R. des)	**B** 28
Aguesseau (R. d')	**A** 3	Gymnase (R. du)	**B** 13	Rose (R.)	**B** 29
Bancs (R. des)	**A** 4	Hôtel-de-Ville (Pl. de l')	**B** 14	Taillebourg (Fg)	**A**
Bourcy (R. Pascal)	**B** 6	Jacobins (R. des)	**B** 16	Texier (R. Michel)	**A** 31
Cumont (Bd P. de)	**B** 8	Libération (Sq. de la)	**B** 17	Tourneur (R. L.)	**B** 32
Dubreuil (R. L. A.)	**A** 10	Maréchal-Leclerc (Av. du)	**B** 19	Tour-Ronde (R.)	**B** 33
Gambetta (R.)	**A**	Maréchaux (R. des)	**AB** 20	Verdun (R. de)	**A** 35
		Porte de Niort (R. de la)	**B** 24	3-Frères-Gautreau (R. des)	**A** 37
		Port-Mahon (Av. du)	**AB** 25	4-Septembre (R. du)	**B** 39
		Regnaud (R.)	**A** 27	11-Novembre (R. du)	**AB** 40

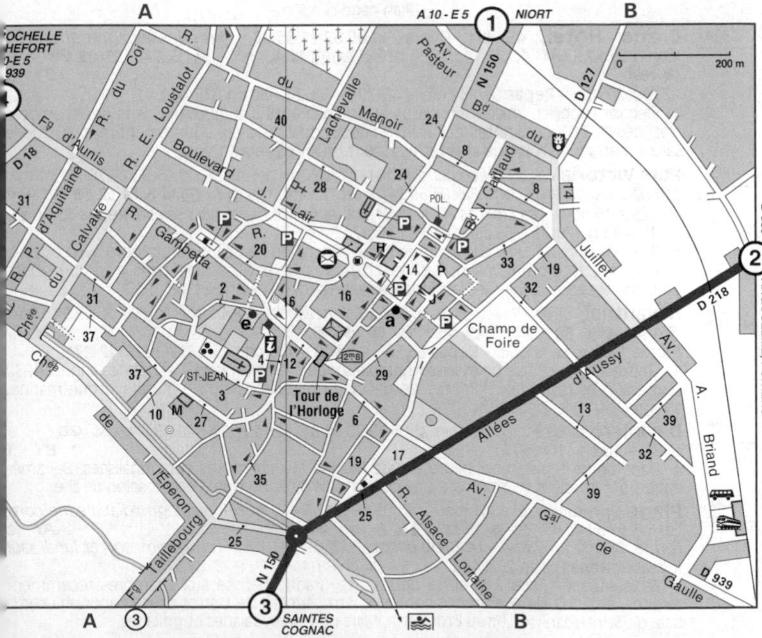

ST-JEAN-D'ANGÉLY 🚲 17400 Char.-Mar. **324** G4 *G. Poitou Vendée Charentes* – *7 681 h alt. 25.*

🛈 *Office de tourisme, 8 rue du Grosse Horloge* ℘ 05 46 32 04 72, Fax 05 46 32 20 80, *office.tourisme@angely.net.*

Paris 444 ② – *La Rochelle 72* ④ – *Niort 48* ① – *Royan 69* ③ – *Saintes 36* ④.

Plan page précédente

🏛 **Place,** pl. Hôtel de Ville ℘ 05 46 32 69 11, *infobox@hoteldelaplace.net*, Fax 05 46 32 08 44,
  🍴 – 🖥 TV 📞. ☜. GB. 🐾 ch   **B a**
fermé 1er au 15 janv. – **Repas** 13/24 ♀ – � 6 – **10 ch** 42/52 – ½ P 39/42.
  ♦ Au coeur de la ville et proche du centre historique, établissement ancien rénové, aux chambres simples, colorées et bien insonorisées. La cuisine, au goût du jour, vous sera servie dans une sobre salle de restaurant au décor actuel.

XX **Scorlion,** 5 r. Abbaye ℘ 05 46 32 52 61, Fax 05 46 59 99 90, 🍴 – 🖥. GB   **A e**
fermé 4 au 10 mai, 16 au 29 nov., 25 janv. au 7 fév., dim. soir et lundi – **Repas** 15 (déj.), 26/
36 ♀.
  ♦ Dans les murs de l'ex-abbaye royale, restaurant sympathique et confortable, mariant avec bonheur l'ancien et le contemporain. Répertoire au goût du jour.

ST-JEAN-DE-BLAIGNAC 33420 Gironde **335** K6 – *401 h alt. 50.*

Paris 592 – *Bordeaux 40* – *Bergerac 56* – *Libourne 17* – *La Réole 29.*

XX **Auberge St-Jean,** ℘ 05 57 74 95 50, Fax 05 57 84 51 57 – 🖥. AE GB
fermé 15 au 22 nov., 17 au 25 fév., mardi soir et merc. – **Repas** 50/90 ♀.
  ♦ Les tables installées dans la véranda de cet ex-relais de poste offrent une jolie vue sur la Dordogne. Belle salle à manger rajeunie et agrémentée de poutres colorées.

ST-JEAN-DE-BRAYE 45 Loiret **318** I4 – *rattaché à Orléans.*

ST-JEAN-DE-LUZ 64500 Pyr.-Atl. **342** C4 *G. Aquitaine* – *13 247 h alt. 3* – *Casino* **ABY.**

Voir *Port* ⋆ – *Église St-Jean-Baptiste* ⋆⋆ – *Maison Louis-XIV* ⋆ **N** – *Corniche basque* ⋆⋆ *par* ④
– *Sémaphore de Socoa* ≼ ⋆⋆ *5 km par* ④ – 🏌 *de Chantaco* ℘ 05 59 26 14 22, *par* ② : *2 km;*
🏌 *de la Nivelle à Ciboure* ℘ 05 59 47 18 99, *S : 3 km par D 704* – 🛈 *OMT, place du Maréchal Foch* ℘ 05 59 26 03 16, Fax 05 59 26 21 47, *infos.tourisme@saint-jean-de-luz.com.*

Paris 785 ① – *Biarritz 18* ① – *Bayonne 24* ① – *Pau 129* ① – *San Sebastián 31* ③.

Plan page ci-contre

🏨 **Grand Hôtel,** 43 bd Thiers ℘ 05 59 26 35 36, *direction@luzgrandhotel.fr,*
  Fax 05 59 51 99 84, ≼, 🍴, ↨, 🖥 – 🛗 ❄ 🖥 TV 📞 & ⇔ – 🛗 15 à 45. AE ◎ GB JCB
  🐾 rest   **BY d**
27 fév.-20 nov. – **Repas** (27) - 32 (déj.), 48/70 ♀ – � 24 – **50 ch** 275/410.
  ♦ Élégant mobilier, chaleureux tissus et équipements d'aujourd'hui dans des chambres très "cosy" : ce "grand hôtel" balnéaire du début du 20e s. a été entièrement rénové. La jolie salle à manger en rotonde et la terrasse sont tournées vers l'océan.

🏨 **Parc Victoria** 🌿, 5 r. Cépé par bd Thiers et rte Quartier du Lac ℘ 05 59 26 78 78, *parcvic toria@relaischateaux.com,* Fax 05 59 26 78 08, 🍴, ☒, 🏓 – 🛗 🖥 TV 📞 & 🅿. AE ◎ GB JCB
15 mars-15 nov. – **Les Lierres** (1er avril-31 oct. et fermé mardi hors saison) **Repas** 36/70 ♀ –
� 15 – **9 ch** 179/257, 8 suites – ½ P 135/174.
  ♦ Belle villa fin 19e s. et ses annexes nichées dans un ravissant parc arboré avec piscine. Mobilier Art déco omniprésent dans les chambres. Un pavillon noyé dans la verdure abrite deux petites salles à manger-véranda (cadre de jardin d'hiver ou style 1930).

🏨 **Hélianthal,** pl. M. Ravel ℘ 05 59 51 51 51, *helianthal@helianthal.fr,* Fax 05 59 51 51 54,
  🍴, ⊘ – 🛗 🖥 TV 📞 ⇔ – 🛗 15 à 200. AE ◎ GB. 🐾 rest   **BY v**
fermé 20 nov. au 12 déc. – **Repas** 36,50 ♀ – � 13 – **100 ch** 145/252 – ½ P 122/171.
  ♦ L'hôtel et son centre de thalassothérapie sont à même la plage. L'esprit des années 1930 règne sur les récentes chambres. Le décor du restaurant, égayé d'une fresque marine, s'inspire du style "paquebot".

🏨 **Devinière** sans rest, 5 r. Loquin ℘ 05 59 26 05 51, Fax 05 59 51 26 38, 🌿 – 📞. GB
  � 10 – **10 ch** 110/150.   **BY f**
  ♦ Dans une rue piétonne, haute bâtisse basque aux chambres personnalisées. Bel aménagement intérieur comprenant une confortable bibliothèque. Coquet salon de thé.

🏨 **Plage,** promenade J. Thibaud ℘ 05 59 51 03 44, *hoteldelaplage@dial.oleane.com,*
  Fax 05 59 51 03 48, ≼ – 🛗, 🖥 ch, TV 📞 & ⇔. GB. 🐾   **AY a**
fermé 11 nov. au 5 fév. – **Le Brouillarta** (*fermé dim. soir et lundi sauf juil.-août*) **Repas** carte 26 à 43 ♀ – � 9 – **24 ch** 88/115 – ½ P 73/87.
  ♦ Belle situation face à la plage pour cette grande bâtisse aux chambres récemment refaites, à choisir de préférence côté mer. Atmosphère de bistrot et joli panorama sur la baie de Saint-Jean-de-Luz au Brouillarta. Plats du terroir, salades et grillades.

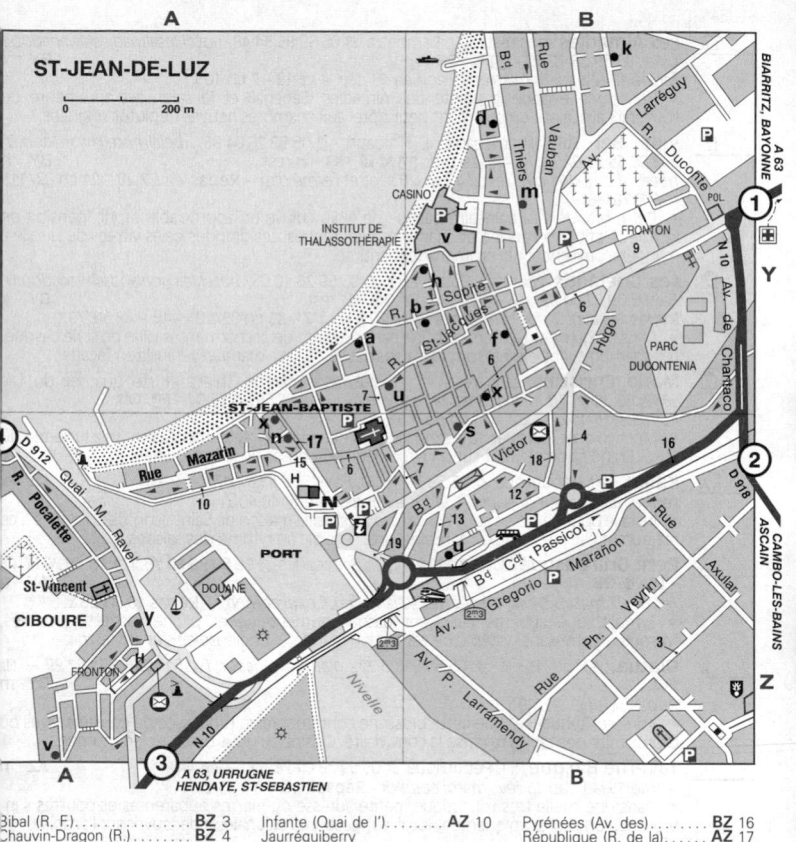

ST-JEAN-DE-LUZ

0   200 m

Bibal (R. F.)	**BZ** 3	Infante (Quai de l')	**AZ** 10	Pyrénées (Av. des)	**BZ** 16
Chauvin-Dragon (R.)	**BZ** 4	Jaurréguiberry		République (R. de la)	**AZ** 17
Gambetta (R.)	**AZ, BY** 6	(Av.)	**BZ** 12	Salagoity (R. de)	**BZ** 18
Garat (R.)	**AYZ** 7	Labrouche (Av.)	**BZ** 13	Verdun (Av. de)	**AZ** 19
Grandes Allées	**BY** 9	Louis-XIV (Pl.)	**AZ** 15	Victor-Hugo (Bd)	**BYZ**

La Marisa sans rest, 16 r. Sopite ℰ 05 59 26 95 46, *info@la-marisa.com*, Fax 05 59 51 17 06 – 🛗 📺 ℰ ❤ ⇔ . 🕮 . ✵   BY **b**
☲ 10 – **15 ch** 90/120.
♦ Cette maison de pays voisine de la plage abrite des chambres pimpantes et bien insonorisées, au décor soigné. Patio agréable aux beaux jours. Accueil charmant.

Central sans rest, 3 bd Cdt Passicot ℰ 05 59 26 31 99, *hotelcentralsaintjeandeluz@wanad oo.fr*, Fax 05 59 51 05 61 – 🛗 📺 🕮 🕮 ✵   BZ **u**
fermé 15 nov. au 27 déc., mardi et merc. – ☲ 9,50 – **34 ch** 96/98.
♦ D'importants travaux ont donné une seconde jeunesse à cet hôtel proche de la gare. Chambres sobrement décorées mais confortables. Petit-déjeuner servi sous forme de buffet.

Réserve ⬙, rd-pt Ste-Barbe, Nord : 2 km par bd Thiers ℰ 05 59 51 32 00, *lareserve@wan adoo.fr*, Fax 05 59 51 32 01, ≤, 🖾, 🏊, 🌾, ℀ – cuisinette 📺 ❤ ♿ ⇔ 🅿 – 🔬 15 à 50. 🕮 ① 🕮
Repas (fermé 12 nov. au 18 déc., dim. soir et lundi hors saison et vacances scolaires) 35/55 🍷 – ☲ 12 – **40 ch** 150/170, 36 studios – ½ P 120/130.
♦ Au sommet des falaises, vaste domaine avec jardin et piscine dominant la mer. Chambres de deux générations ; préférez les plus récentes. Studios équipés de balcons. Décoration balnéaire au restaurant et belle terrasse offrant une vue sur les greens et la côte.

🏛 **Les Almadies** sans rest, 58 r. Gambetta ℰ 05 59 85 34 48, *hotel.lesalmadies@wanadoo.f
r, Fax 05 59 26 12 42* – 📺 📞. ᴳᴮ. ⚹⚹ BY x
fermé 12 fév. au 1ᵉʳ mars et 15 nov. au 1ᵉʳ déc. – 🖙 10 – **7 ch** 105.
♦ L'enseigne évoque la pointe des Almadies (Sénégal) et le salon est agrémenté de
souvenirs africains : un charmant petit hôtel aux chambres neuves et plutôt soignées.

🏛 **Villa Bel Air,** Promenade J. Thibaud ℰ 05 59 26 04 86, *belairhotel@wanadoo.fr,
Fax 05 59 26 62 34,* ≼ – 📦, 🍴 rest, 📺 📞 🅿 ᴳᴮ. ⚹⚹ rest BY h
hôtel : 4 avril-16 nov. ; rest. : 4 juin-28 sept.et fermé dim. – **Repas** – 🖙 7,20 – **21 ch** 87/113
– ½ P 76/88.
♦ Cette grande villa balnéaire basque de 1850 cultive un appréciable esprit "pension de
famille". Petit salon ancien et chambres bien tenues. Les grandes baies vitrées de la salle à
manger s'ouvrent sur la promenade maritime.

🏛 **Les Goëlands** ⚘, 4 av. Etcheverry ℰ 05 59 26 10 05, *hotel.les.goelands@wanadoo.fr,
Fax 05 59 51 04 02,* ⚘ – 📺 🅿. 🇦🇪 ⓞ ᴳᴮ. ⚹⚹ rest BY k
Repas *(15 avril-2 nov.)* (résidents seul.) 20 👶 – 🖙 7 – **35 ch** 89/103 – ½ P 68,50/79.
♦ Dans un quartier résidentiel, hôtel partagé entre deux charmantes villas de style basque.
Les chambres, anciennes, sont assez spacieuses. Salle à manger-véranda en façade.

🏛 **Maria Christina** sans rest, 13 r. Paul Gélos par bd Thiers et rte quartier du Lac
ℰ 05 59 26 81 70, *mariachristina@wanadoo.fr, Fax 05 59 26 36 04* – 📺. ᴳᴮ
15 mars-15 nov. – 🖙 7 – **11 ch** 60/120.
♦ Murs colorés, parquets cirés et boiseries décorent agréablement cette villa luzienne du
19ᵉ s. Grand salon ouvrant sur un patio fleuri où pousse un joli citronnier.

✕✕ **Kaïku,** 17 r. République ℰ 05 59 26 13 20, *Fax 05 59 51 07 47,* 🌣 – ᴳᴮ AZ x
fermé mardi et merc. sauf juil.-août – **Repas** 34, enf. 10,40 👶.
♦ Installé pour partie en sous-sol dans la plus vieille maison de Saint-Jean-de-Luz (16ᵉ s.), ce
restaurant est une institution locale. Carte sensible au rythme des saisons.

✕ **Petit Grill Basque "Chez Maya",** 2 r. St-Jacques ℰ 05 59 26 80 76, *Fax 05 59 26 80 76*
– 🇦🇪 ⓞ ᴳᴮ. ⚹⚹ AY u
fermé 27 mai au 3 juin, 20 déc. au 20 janv., jeudi midi et merc. – **Repas** 18,50/26 👶.
♦ Sympathique auberge au décor basque authentique et patiné : assiettes, cuivres,
fresques et amusant système de ventilation manuelle. Copieuse cuisine du terroir.

✕ **Olatua,** 30 bd Thiers ℰ 05 59 51 05 22, *olatua@wanadoo.fr, Fax 05 59 51 32 99* – 🇦🇪
ᴳᴮ BY m
Repas 14 (déj.), 22/49 👶.
♦ Adresse "tendance" que cette brasserie contemporaine rehaussée de couleurs vives où
la proximité des tables favorise la convivialité. Cuisine au goût du jour bien tournée.

✕ **Taverne Basque,** 5 r. République ℰ 05 59 26 01 26, 🌣 – ⓞ ᴳᴮ AZ n
fermé 15 janv. au 15 fév, mardi et lundi – **Repas** carte 25 à 35 👶.
♦ Dans une ruelle très touristique, petite adresse où pierres apparentes et poutres s'intègrent à un cadre typiquement local. Suggestions régionales à découvrir sur l'ardoise.

✕ **Potina,** r. d'Elassagaray ℰ 05 59 26 02 76, *Fax 05 59 26 02 76,* 🌣 – ᴳᴮ BZ s
fermé 11 nov. au 18 déc., 6 janv. au 10 fév, lundi soir, mardi hors saison et lundi midi –
Repas 24 👶.
♦ L'enseigne de ce bistrot évoque une petite embarcation de pays destinée à la pêche
Salle à manger-véranda et cuisine visible de tous où l'on prépare des plats du terroir.

à Urrugne *par* ③ *: 4 km – 7 043 h. alt. 34 –* ✉ *64122 :*
🅱 *Office de tourisme, place René Soubelet* ℰ *05 59 54 60 80, Fax 05 59 54 63 49*
info@urrugne.com.

🏛 **Château d'Urtubie** sans rest, ℰ 05 59 54 31 15, *chateaudurtubie@wanadoo.fr
Fax 05 59 54 62 51,* 🌿 – 🍴 📺 🅿. 🇦🇪 ᴳᴮ. ⚹⚹
15 mars-15 nov. – 🖙 10 – **10 ch** 100/130.
♦ Sur la route de l'Espagne, château fort du 14ᵉ s. remanié au fil du temps. Aujourd'hu
musée et hostellerie, il abrite des chambres de caractère garnies de meubles de style.

✕ **Auberge Chez Maïté,** 1 rue Clement Laurencena, près église ℰ 05 59 54 30 27
Fax 05 59 54 30 27 – 🇦🇪 ᴳᴮ. ⚹⚹
fermé dim. soir, mardi soir, merc. de sept. à juin et lundi en juil.-août – **Repas** 20/28,50
enf. 11.
♦ Sur la place de la mairie, petite salle de restaurant décorée dans le style basque, où l'or
mange au coude à coude une cuisine traditionnelle du Sud-Ouest.

par ④ *et rte de la Corniche : 4,5 km –* ✉ *64122 Urrugne :*

✕✕ **Auberge de la Corniche,** ℰ 05 59 47 30 23, *Fax 05 59 47 30 23,* ≼ la côte basque, ⚘
– 🅿. ⓞ ᴳᴮ
fermé janv, dim. soir, mardi soir et lundi hors saison – **Repas** 27/30.
♦ Belle villa juchée sur une colline dominant le littoral. En été, profitez de la véranda et de
son beau panorama ; hors saison, attablez-vous dans un cadre régional.

Ciboure AZ du plan – 6 283 h alt. 3 – ⊠ 64500.

Voir *Chapelle N.-D. de Socorri : site★ 5 km par ③.*

🛈 *Office de tourisme, 4 place du Fronton ℘ 05 59 47 64 56, Fax 05 59 47 64 55, ciboure. tourisme@etxe.fr.*

🏨 **Lehen Tokia** ⬧ sans rest, chemin Achotarreta, par ④ ℘ 05 59 47 18 16, *info@lehen-toki a.com, Fax 05 59 47 38 04,* ⬉, 🏊, �─ 🌺 📺 📞, ⚏ 🐼. 🎿
fermé 12 nov. au 21 déc. et 6 au 20 janv. – ⌷ 10 – **7 ch** 95/145.
  ◆ Belle villa basque entourée d'un jardin dominant la baie luzienne. Meubles et vitraux de style Art déco agrémentent les salons et l'une des chambres. Atmosphère "cosy".

✕✕ **Chez Dominique,** 15 quai M. Ravel ℘ 05 59 47 29 16, Fax 05 59 47 29 16, 🌡 – ▣. ⚏ ⑩ 🐼
  AZ y
fermé 15 fév. au 15 mars, dim. soir et lundi sauf 10 juil. au 31 août et fériés – **Repas** (déj. seul.) 26 ⌷.
  ◆ Le quai abrite la maison natale de Maurice Ravel (n° 27) et cet accueillant restaurant. Cadre marin soigné éclairé de lamparos. Produits de l'océan et vns d'Irouléguy.

✕✕ **Pantxua,** au port de Soccoa, par ④ : 4 km ℘ 05 59 47 13 73, 🌡 – 🐼
fermé 11 nov. au 1er fév., lundi hors saison et mardi – **Repas** carte 32 à 52.
  ◆ De nombreuses toiles de peintres basques ornent les murs de la salle à manger. Quant à la véranda et la terrasse, elles s'ouvrent sur le vivant tableau offert par la baie.

✕ **Chez Mattin,** 63 r. E. Baignol ℘ 05 59 47 19 52, Fax 05 59 47 05 57 – ⚏ 🐼
fermé 10 janv. au 20 fév., dim. soir hors saison et lundi – **Repas** carte 30 à 43.　　　　**AZ**　v
  ◆ Aménagé dans une vieille maison de pays, restaurant de quartier à l'ambiance familiale et conviviale. Cuisine du terroir et quelques spécialités de poissons.

ST-JEAN-DE-MAURIENNE ⬧ 73300 Savoie 🎲🎲🎲 L6 *G. Alpes du Nord* – 8 902 h alt. 556.

Voir *Ciborium★ et stalles★★* de la cathédrale St-Jean-Baptiste.

🛈 *Office de tourisme, place de la Cathédrale ℘ 04 79 83 51 51, Fax 04 79 83 42 10, info@saintjeandemaurienne.com.*

Paris 635 – Albertville 62 – Chambéry 75 – Grenoble 105.

🏨 **Nord,** pl. Champ de Foire ℘ 04 79 64 02 08, *info@hoteldunord.net, Fax 04 79 59 91 31 –* 📺 📞 📵. ⚏ ⑩ 🐼. 🎿 rest
fermé 6 au 19 avril et vacances de Toussaint – **Repas** *(fermé dim. soir sauf juil.-août et lundi midi)* 14,50/36 ⌷ – ⌷ 6,50 – **19 ch** 33/46 – ½ P 37.
  ◆ Ancien relais de poste situé à deux pas de la cathédrale St-Jean-Baptiste et du musée Opinel. Chambres spacieuses, progressivement refaites. Le restaurant s'est attribué les murs et les voûtes de pierre de l'écurie ; cuisine régionale.

🏨 **Dorhotel** sans rest, r. L. Sibué ℘ 04 79 83 23 83, *info@dorhotel.com, Fax 04 79 83 23 00 –* 🗐 📺 🚭 📵 – 🛗 40. ⚏ 🐼 🍜
⌷ 7,10 – **40 ch** 36,40/44.
  ◆ À 500 m de la gare, hôtel pratique aux chambres fonctionnelles. Formule buffet pour le petit-déjeuner, servi dans une salle assez vaste et actuelle.

🏨 **Europe,** 15 av. Mt-Cenis ℘ 04 79 64 06 33, *heurope@icor.fr, Fax 04 79 64 05 71 –* 🗐, ▤ rest, 📺 📞 📵 ⑩ 🐼
fermé 28 déc. au 18 janv. et dim. sauf le soir en saison – **Repas** 12/30 ⌷ – ⌷ 6 – **27 ch** 26/60 – ½ P 33,60/41,20.
  ◆ Près du centre et de sa belle cathédrale, établissement rénové aux chambres simples et spacieuses garnies de meubles en noyer ou en acajou. Cuisine traditionnelle servie avec le sourire dans un sobre cadre rustique.

ST-JEAN-DE-MOIRANS 38430 Isère 🎲🎲🎲 G5 – 2 680 h alt. 226.

Paris 547 – Grenoble 24 – Chambéry 46 – Lyon 87 – Valence 84.

✕✕✕ **Beauséjour** avec ch, Sud-Ouest : 2 km sur N 85, direction Grenoble ℘ 04 76 35 30 38, *res taurant-beausejour@libertysurf.fr, Fax 04 76 35 59 80,* 🌡 – 📺 📵. ⚏ ⑩ 🐼
fermé 26 avril au 5 mai, 2 au 25 août, 3 au 12 janv., dim. soir, lundi et mardi – **Repas** 23/65 et carte 45 à 57 – ⌷ 6 – **7 ch** 45/65.
  ◆ Cette grande maison régionale était autrefois un relais de chevaux. Plats traditionnels proposés dans deux confortables salles à manger ou en terrasse, à l'ombre d'un platane.

Ecrivez-nous...

Vos louanges comme vos critiques seront examinées avec le plus grand soin. Nous reverrons sur place les informations que vous nous signalez.

Par avance merci !

ST-JEAN-DE-MONTS 85160 Vendée **316** D7 G. Poitou Vendée Charentes – 6 886 h alt. 16 – Casino La Pastourelle.

🏌 de St-Jean-de-Monts 🏌 02 51 58 82 73, O : 2 km.

🛈 Office de tourisme, 67 esplanade de la Mer 🏌 02 51 59 60 61, Fax 02 51 59 87 87.

Paris 451 – Cholet 123 – Nantes 73 – La Roche-sur-Yon 61 – Les Sables-d'Olonne 47.

🏩 **Mercure** ⌂, 16 av. Pays de Monts 🏌 02 51 59 15 15, Fax 02 51 59 91 03, 😤, 🐾, 🛴, 🚗 –
🛗 🖎 📺 📞 ♿ 🅿 – 🔏 10 à 30. 🆎 ⓪ 🇬🇧
2 fév.-16 nov. – **Repas** 22,80/25,60, enf. 10 ♈ – �)) 10,10 – **44 ch** 125/142 – ½ P 95,50/
104,50.
  ♦ Entre golf et pinède, bâtiment récent disposant d'un accès direct au centre de thalassothérapie. Chambres de bon confort, toutes avec balcon. Au choix, cuisine classique ou
diététique. La vue sur les pins est comprise dans l'addition !

🏨 **L'Espadon**, 8 av. Forêt 🏌 02 51 58 03 18, info@hotel-espadon.com, Fax 02 51 59 16 11 –
🛗 📺 📞 ♿ 🅿 – 🔏 15 à 50. 🆎 ⓪ 🇬🇧
Repas (début fév.-mi-nov. et fermé dim. soir et lundi du 15 oct. à Pâques) 15,40/26,40 –
�)) 7 – **25 ch** 52,50/66,50 – ½ P 59/65.
  ♦ Sur une large avenue de la station menant à la plage, construction des années 1970
abritant des chambres de bonne ampleur. Cuisine iodée proposée dans trois salles à
manger claires et égayées de plantes vertes.

Annexe Les Dunes 🏨 ⌂ sans rest, 1 allée d'Alsace 🏌 02 51 58 10 32, info@hotel-leso
unes.com, Fax 02 51 59 16 11 – 📺 ♿ 🅿. 🆎 ⓪ 🇬🇧
1ᵉʳ avril-30 sept. – �)) 7 – **41 ch** 63.
  ♦ Distante de 800 m, l'annexe Les Dunes dispose de chambres assez confortables, calmes
et équipées de balcons avec vue sur la forêt.

🏨 **Robinson** (annexe 🏩 🛗 ▤, 30 ch), 28 bd Gén. Leclerc 🏌 02 51 59 20 20, infos@hotel-ler
obinson.com, Fax 02 51 58 88 03, 🛴 – ▤ rest, 📺 📞 ♿ – 🔏 20. 🆎 🇬🇧
fermé 1ᵉʳ déc. au 30 janv. – **Repas** 13,40/39, enf. 9,20 ♈ – �)) 6,70 – **73 ch** 45/75 – ½ P 46/56.
  ♦ Plusieurs pavillons répartis autour d'un patio. Chambres de différents niveaux de
confort ; préférez l'annexe. La salle des petits-déjeuners met à l'honneur Tintin. Pas moins
de trois salles à manger accueillent les convives autour d'une cuisine de la mer.

🏨 **Cloche d'Or** ⌂, 26 av. Tilleuls 🏌 02 51 58 00 58, lacloche@club-internet.fr,
Fax 02 51 58 82 85, 😤 – 📺 📞. 🇬🇧. 🍽 rest
1ᵉʳ fév.-24 oct. et 8 nov.-19 déc. – **Repas** (fermé dim. soir, mardi midi et lundi en fév., mars,
oct., nov., déc.) 12/31, enf. 8 ♈ – �)) 7 – **25 ch** 52/67 – ½ P 51/58,50.
  ♦ À mi-chemin du centre-ville et de la plage, ressource familiale bénéficiant du calme de la
forêt avoisinante. Chambres pratiques, toutes rénovées. Lumineuse salle de restaurant
sobrement meublée dans le style rustique ; cuisine classique et fruits de mer.

🍴🍴 **Petit St-Jean**, 128 rte Notre-Dame de Monts 🏌 02 51 59 78 50 – ▤ 🅿. 🇬🇧
fermé 15 déc. au 5 janv., dim. soir et lundi – **Repas** 19,80/35.
  ♦ Pierres, bibelots, meubles anciens et fleurs fraîches décorent cette petite auberge
champêtre où l'on propose plats du terroir et spécialités de la mer.

🍴🍴 **Richelieu** avec ch, 8 av. Oeillets 🏌 02 51 58 06 78, Fax 02 51 59 74 45, 😤 – 📺. 🇬🇧.
🍽 ch
fermé janv., mardi et merc. du 15 sept. au 10 avril – **Repas** 16,90/58, enf. 8 – ☺ 6,50 – **8 ch**
60/72 – ½ P 57.
  ♦ Un grand vivier accueillant homards, bars et anguilles trône au centre de cette sobre
salle à manger garnie d'un mobilier campagnard. Chambres traditionnelles.

🍴 **Quich'Notte**, 200 rte Notre-Dame-de-Monts 🏌 02 51 58 62 64 – 🅿. 🆎 🇬🇧
fin mars-mi-sept. et fermé mardi midi, sam. midi et lundi hors saison – **Repas** 20/35 ♈.
  ♦ Cuisine du terroir servie dans le cadre rustique et chaleureux d'une bourrine vendéenne
datant du 19ᵉ s. La rotonde vitrée est utilisée les jours d'affluence.

à Orouet Sud-Est : 7 km sur D 38 – ✉ 85160 St-Jean-de-Monts :

🏨 **Auberge de la Chaumière**, 103 av. Orouët 🏌 02 51 58 67 44, chaumiere-sarl@wanado
o.fr, Fax 02 51 58 98 12, 🛴, 🚗, 🍽 – cuisinette, ▤ rest, ♿ 🅿 – 🔏 20. 🆎 🇬🇧
19 mars-4 nov. – **Repas** (fermé dim. soir et lundi sauf juil.-août) 18/45, enf. 12 ♈ – ☺ 7 –
33 ch 47/71 – ½ P 55/63.
  ♦ Longue bâtisse récente aux auvents couverts de chaume, appréciable pour son grand
jardin et son plan d'eau. Nombreuses chambres rénovées. Piscine découvrable. Salles à
manger néo-rustiques agrémentées de charpentes apparentes. Cuisine traditionnelle.

Si le coût de la vie subit des variations importantes,
les prix que nous indiquons peuvent être majorés.
Lors de votre réservation à l'hôtel, faites-vous préciser le prix définitif.

ST-JEAN-DE-SIXT 74450 H.-Savoie 328 L5 *G. Alpes du Nord* – *1 005 h alt. 963.*

Voir *Défilé des Étroits★ NO : 3 km.*

🛈 *Office de tourisme, Maison des Aravis ℘ 04 50 02 70 14, Fax 04 50 02 78 78, infos@saint-jeandesixt.com.*

Paris 561 – Annecy 28 – Chamonix-Mont-Blanc 76 – Bonneville 22 – La Clusaz 4 – Genève 48.

Beau Site ⍩, ℘ 04 50 02 24 04, hotelbeausite@hotmail.com, Fax 04 50 02 35 82, ≤, ⍟, 🍽 – ⎸ 📺 ⌚ P – 🔏 15. GB, 🍴 rest
11 juin-15 sept. et 16 déc.-Pâques – **Repas** 14/22, enf. 9 ♀ – ☲ 6,50 – **15 ch** 65/70 – ½ P 55/57.
♦ Cet hôtel-pension propose deux styles de chambres : savoyard avec lambris et tissus chaleureux, ou moderne et avant tout fonctionnel. Dans tous les cas, calme assuré. Les baies vitrées du restaurant dévoilent un joli panorama sur le village. Cuisine familiale.

ST-JEAN-DU-BRUEL 12230 Aveyron 338 M6 *G. Languedoc Roussillon* – *642 h alt. 520.*

Env. *Gorges de la Dourbie★★ NE : 10 km.*

🛈 *Syndicat d'initiative, 32 Grand' Rue ℘ 05 65 62 23 64, Fax 05 65 62 24 92, ot-stjeandu bruel@wanadoo.fr.*

Paris 676 – Montpellier 97 – Lodève 43 – Millau 40 – Rodez 108 – Le Vigan 36.

Midi-Papillon ⍩, ℘ 05 65 62 26 04, Fax 05 65 62 12 97, ⍟, 🍽 – P. GB
3 avril-11 nov. – **Repas** 12,70/35,10 ♀ – ☲ 4,60 – **18 ch** 34,40 – ½ P 38,30.
♦ Au bord de la Dourbie, maison ancienne romantique et douillette, alliant le charme du bien recevoir au confort de chambres joliment personnalisées. Pour les papilles, savoureuse cuisine du terroir ; pour l'oeil, belle vue sur la rivière et le pont médiéval.

ST-JEAN-EN-ROYANS 26190 Drôme 332 E3 *G. Alpes du Nord* – *2 895 h alt. 250.*

🛈 *Office de tourisme, place de l'Eglise ℘ 04 75 48 61 39, Fax 04 75 47 54 44, ot.royans-@wanadoo.fr.*

Paris 584 – Valence 44 – Die 62 – Romans-sur-Isère 28 – Grenoble 71 – St-Marcellin 20.

au col de la Machine Sud-Est : 11 km par D 76 – alt. 1011.

Voir *Combe Laval★★★.*

Col de la Machine ⍩, ℘ 04 75 48 26 36, Jfaravello@aol.com, Fax 04 75 48 29 12, ≤, 🍽, ⍟, 🍽 – cuisinette 📺 ⌚ ⍩ P. AE GB. 🍴 rest
fermé 11 au 17 mars, 12 nov. au 25 déc., dim soir et lundi hors saison sauf vacances scolaires – **Repas** (dîner seul. en hiver) (15) - 22, enf. 9,50 – ☲ 7,80 – **13 ch** 47,50/50,50 – ½ P 50/50.
♦ Au début de l'héroïque parcours de Combe Laval, bâtisse régionale tenue par la même famille depuis 1848 et entourée d'un jardin en lisière de forêt. Chambres actuelles. Salle à manger campagnarde où l'on cultive simplicité, bon accueil et service soigné.

ST-JEAN-LE-THOMAS 50530 Manche 303 C7 – *395 h alt. 20.*

🛈 *Syndicat d'initiative, 21 place Pierre le Jaudet ℘ 02 33 70 90 71, Fax 02 33 70 90 71.*

Paris 350 – St-Malo 82 – Avranches 16 – Granville 18 – St-Lô 71 – Villedieu-les-Poêles 37.

Bains, ℘ 02 33 48 84 20, hdesbains@aol.com, Fax 02 33 48 66 42, ⍟, 🍽 – P. AE ⓞ GB
1ᵉʳ avril-1ᵉʳ nov., fermé merc. sauf soir hors saison, mardi en oct. et jeudi midi – **Repas** 15/30, enf. 8 ♀ – ☲ 6,50 – **30 ch** 50/63 – ½ P 39,50/55.
♦ Depuis 1912, c'est la même famille qui vous accueille dans cet ensemble de maisons villageoises. Chambres déjà anciennes, simplement meublées. Grande salle rustique généreusement fleurie et dotée d'un joli comptoir. Cuisine "mer et bocage".

ST-JEANNET 06640 Alpes-Mar. 341 D5 *G. Côte d'Azur* – *3 594 h alt. 400.*

Voir *Site★ – ☀★★ Baou de St-Jeannet.*

🛈 *Syndicat d'initiative, rue de la Soucare ℘ 04 93 24 73 83, Fax 04 93 59 49 41, si@saint-jeannet.com.*

Paris 929 – Nice 22 – Grenoble 323 – Torino 232 – Toulon 151.

L'Indicible ⍩ sans rest, r. Saumalier ℘ 04 92 11 01 08, hotellindicible@wanadoo.fr, Fax 04 92 11 02 06, ≤ – 📺 ⌚. AE GB
fermé 15 janv. au 15 fév. – ☲ 6 – **8 ch** 50/62.
♦ ... et pourtant il faut bien qu'on le dise que cette avenante maison est située au coeur d'un charmant village dominé par son baou (400 m). Petites chambres fraîches.

ST-JEAN-PIED-DE-PORT 64220 Pyr.-Atl. 👁️👁️👁️ E6 *G. Aquitaine* – *1 417 h alt. 159.*

Voir *Trajet des pèlerins*★ *de St-Jacques.*

🎫 *Office de tourisme, place Charles de Gaulle* 🖉 05 59 37 03 57, Fax 05 59 37 34 91, *saint.jean.pied.de.port@wanadoo.fr.*

Paris 817 ③ – *Biarritz 55* ③ – *Bayonne 54* ③ – *Pau 106* ① – *San Sebastián 96* ③.

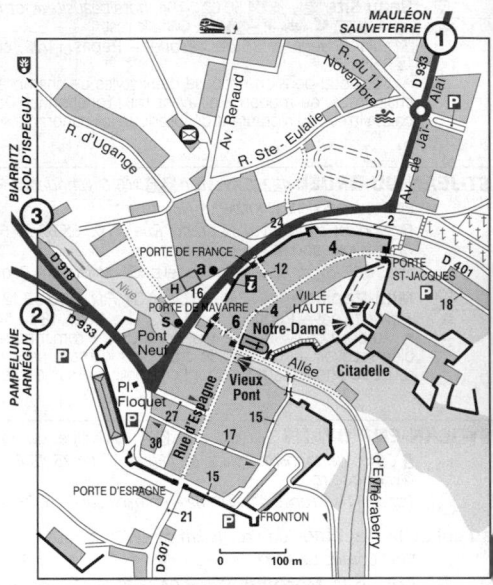

ST-JEAN-PIED-DE-PORT

Çaro (Rte de)	2
Citadelle (R. de la)	4
Église (R. de l')	6
Espagne (R. d')	
France (R.)	12
Fronton (Av. du)	15
Gaulle (Pl. Ch.-de)	16
Liberté (R. de la)	17
St-Jacques (Ch. de)	18
St-Michel (Rte de)	21
Trinquet (Pl. du)	24
Uhart (R. d')	27
Zuharpeta (R.)	30

🏛️ **Les Pyrénées** (Arrambide), pl. Ch. de Gaulle **(a)** 🖉 05 59 37 01 01, *pyrenees@relaischatea* ❀ *ux.fr,* Fax 05 59 37 18 97, 🏊 – 🛗 🗒️ 📺 🚗 – 🅿️ 20. 🖭 ⓪ 🍴 🏧 ⚡️ *fermé 20 nov. au 22 déc., 5 au 28 janv., lundi soir de nov. à mars et mardi du 20 sept. au 30 juin* – **Repas** (dim. et saison - prévenir) 42/88 et carte 64 à 95 – 🖙 15 – **18 ch** 95/230, 3 suites – ½ P 128.

♦ Cet ex-relais de diligences est évoqué par David Lodge dans son roman "Thérapie". Chambres vastes et actuelles, plus claires et personnalisées côté cour. Cuisine basque gourmande à déguster dans une salle à manger contemporaine prolongée par une véranda.

Spéc. Saumon de l'Adour grillé béarnaise (mars à juil.). Ravioli de langoustines au caviar d'Aquitaine. Poêlée de ris d'agneau de lait aux cèpes du pays. **Vins** Jurançon, Irouléguy.

🏠 **Central,** pl. Ch. de Gaulle **(s)** 🖉 05 59 37 00 22, *Fax 05 59 37 27 79,* 🌇 – 📺. 🖭 ⓪ 🍴, ⚡️ *fermé 15 déc. au 1ᵉʳ mars, lundi soir et mardi de mars à juin* – **Repas** 18/42 ⚡ – 🖙 8 – **12 ch** 56/77 – ½ P 62/65.

♦ Comme son nom l'indique, un hôtel bien situé, en plein quartier animé. Un escalier bicentenaire conduit à des chambres anciennes mais insonorisées. Rénovation réussie dans la sympathique salle à manger-véranda qui, comme la petite terrasse, surplombe la Nive.

à Aincille *par* ① *et D 18 : 7 km* – *103 h. alt. 253* – ⊠ *64220 :*

🍴 **Pecoïtz** ⚡ avec ch, rte d'Iraty 🖉 05 59 37 11 88, *Fax 05 59 37 35 42,* ⩽, 🌇 – 🅿️. 🍴 ❀ *fermé 1ᵉʳ janv. au 1ᵉʳ avril et vend. d'oct. à juin* – **Repas** 15/30, enf. 8 – 🖙 5 – **16 ch** 31/40 – ½ P 40.

♦ Cuisine familiale soignée, dans la note régionale, servie dans deux salles à manger dont une panoramique, ouverte sur la campagne. Chambres simples mais bien tenues.

à Estérençuby *Sud : 8 km par D 301* – *382 h. alt. 229* – ⊠ *64220 :*

🏠 **Les Sources de la Nive** ⚡, à Béherobie, Sud : 4 km par rte secondaire ❀ 🖉 05 59 37 10 57, *Fax 05 59 37 39 06,* ⩽, 🏊, 🌇 – 📺 🅿️. 🍴 *fermé janv. et mardi du 15 nov. au 1ᵉʳ mars* – **Repas** 12/27, enf. 6 ⚡ – 🖙 5 – **26 ch** 34 – ½ P 38.

♦ Ce petit établissement isolé, situé au bord de la Nive, séduira les amoureux de nature et de calme. Chambres de confort modeste ; préférez celles de l'annexe. Les tables dressées le long des fenêtres bénéficient d'une vue bucolique sur la rivière.

ST-JEAN-SAVERNE 67 B.-Rhin 📗🏛🏛 I4 – rattaché à Saverne.

ST-JEAN-SUR-VEYLE 01290 Ain 📗🏛🏛 C3 – 958 h alt. 200.
Paris 402 – Mâcon 12 – Bourg-en-Bresse 32 – Villefranche-sur-Saône 45.

✗ **Petite Auberge**, ℰ 03 85 31 53 92, Fax 03 85 31 69 34 – ⊞
fermé 28 juin au 9 juil., vacances de fév., dim. soir, mardi soir et lundi – **Repas** 17 bc (déj.),
22/38.
♦ Sur une placette, sympathique maison bressane fleurie où, dans une salle rénovée, vous
seront servies des spécialités régionales. Exposition de tableaux d'artistes locaux.

ST-JOACHIM 44720 Loire-Atl. 📗🏛🏛 C3 *G. Bretagne* – 3 772 h alt. 5.
Voir *Tour de l'île de Fédrun*★ *O : 4,5 km* – *Promenade en chaland*★★.
Paris 435 – Nantes 61 – Redon 40 – St-Nazaire 14 – Vannes 64.

✗✗ **Mare aux Oiseaux** (Guérin) 🍴 avec ch, Ile de Fedrun ℰ 02 40 88 53 01, aubergeduparc
❀ @aol.com, Fax 02 40 91 67 44, 🍴, ☀ – **P**. ⊞ ⊞
fermé dim. soir et lundi du 15 nov. à janv. et lundi midi – **Repas** 33/70 et carte 50 à 60, enf. 12 ♈
☀ – ⊟ 9 – **12 ch** 90/150 – ½ P 90/125.
♦ Chaumière typique et son jardin fleuri sur une île au milieu des marais de Brière. Bel
intérieur rustique et décor "ornithologique" ; cuisine inventive. Chambres coquettes.
Spéc. Croquant de grenouilles aux algues bretonnes. Saint-Jacques à l'infusion d'ananas et
badiane (oct. à fév.). Pigeon aux grenouilles, vinaigrette à la menthe du marais. **Vins**
Muscadet, Anjou.

ST-JULIA 31540 H.-Gar. 📗🏛🏛 J4 *G. Midi-Pyrénées* – 333 h alt. 302.
Paris 715 – Toulouse 42 – Auterive 50 – Carcassonne 61 – Castres 38 – Gaillac 64.

✗ **Auberge des Remparts**, ℰ 05 61 83 04 79, 🍴 – ⊞ ⊞ ⊞
fermé dim. soir, mardi soir et lundi – **Repas** 10,50 bc (déj.), 17/23 ♦.
♦ Proche des remparts, une gentille auberge au charme agreste. Cuisine évoluant au gré
des saisons à déguster dans une salle aux tons pastel ou sur la terrasse ombragée.

ST-JULIEN-AUX-BOIS 19220 Corrèze 📗🏛🏛 N5 – 501 h alt. 594.
Paris 524 – Aurillac 53 – Brive-la-Gaillarde 66 – Mauriac 29 – St-Céré 60 – Tulle 50 – Ussel 63.

✗ **Auberge de St-Julien-aux-Bois** avec ch, ℰ 05 55 28 41 94, auberge_st_julien@hotm
❀ ail.com, Fax 05 55 28 37 85, 🍴, ☀ – 📺 ❤ **P**. ⊞ ⊞
fermé vacances fév. – **Repas** (fermé merc. midi en juil.-août, mardi soir et merc. hors
saison) (11) - 13/39 ♈ – ⊟ 8 – **7 ch** 27/53 – ½ P 32/45.
♦ Cette maison villageoise propose cuisine traditionnelle, produits biologiques et desserts
à la mode allemande dans un cadre champêtre rajeuni. Chambres refaites par étapes.

ST-JULIEN-BEYCHEVELLE 33250 Gironde 📗🏛🏛 G4 – 798 h alt. 16.
Paris 622 – Bordeaux 45 – Arcachon 110 – Blaye 12 – Lesparre-Médoc 28.

✗✗ **St-Julien**, 11 rue de St Julien ℰ 05 56 59 63 87, Fax 05 56 59 63 89, 🍴 – ▦. ⊞ ⊞. ✂
Repas 16 (déj.), 28/61 ♈.
♦ L'ancienne boulangerie du village, datant de 1850, s'est transformée en un plaisant
restaurant au décor de pierres et poutres apparentes. Cuisine traditionnelle revisitée.

ST-JULIEN-CHAPTEUIL 43260 H.-Loire 📗🏛🏛 G3 *G. Vallée du Rhône* – 1 804 h alt. 815.
Voir *Site*★ – *Montagne du Meygal*★ : *Grand Testavoyre* 🌲★★ *NE : 14 km puis 30 mn.*
🚗 Office de tourisme, place St Robert ℰ 04 71 08 77 70, Fax 04 71 08 42 20, ot.stjulien-
chapteuil@wanadoo.fr.
Paris 559 – Lamastre 52 – Privas 88 – Le Puy-en-Velay 20 – St-Agrève 32 – Yssingeaux 17.

✗✗✗ **Vidal**, 18 pl. Marché ℰ 04 71 08 70 50, restaurantvidal@aol.com, Fax 04 71 08 40 14 – ⊞
❀ ⊞
fermé 11 janv. au 28 fév., dim. soir, lundi soir et mardi sauf juil.-août – **Repas** 19/60 et carte
41 à 60, enf. 11 ♈.
♦ Fresques représentant la région, sets en dentelle, meubles en bois blond et portes
anciennes agrémentent le décor de ce restaurant rustique du terroir vellave.

ST-JULIEN-DE-CREMPSE 24 Dordogne 📗🏛🏛 E6 – rattaché à Bergerac.

ST-JULIEN-DE-JONZY 71110 S.-et-L. 320 E12 G. Bourgogne – 299 h alt. 508.

Voir *Portail*★ *de l'église* – *Église*★ *de Semur-en-Brionnais NO : 6 km.*

Paris 369 – Charolles 33 – Lapalisse 46 – Mâcon 74 – Moulins 90 – Roanne 30.

Pont avec ch., ℘ 03 85 84 01 95, *Fax 03 85 84 14 61*, 🏤, ⌼ – 📺 🅿. ⊞
fermé vacances de fév. – **Repas** *(fermé dim. soir et lundi soir)* 10 (déj.), 15/29,50, enf. 9 ▵ –
⊠ 6 – **7 ch** 34/47 – ½ P 42/52.
◆ Au coeur du Brionnais, auberge de campagne abritant une chaleureuse salle à manger
habillée de boiseries et quelques plaisantes chambres. Cuisine du terroir.

ST-JULIEN-D'EMPARE 12 Aveyron 338 E3 – rattaché à Capdenac-Gare.

ST-JULIEN-EN-CHAMPSAUR 05500 H.-Alpes 334 E5 – 275 h alt. 1050.

Paris 658 – Gap 17 – Grenoble 95 – La Mure 55 – Orcières 21.

Les Chenets, ℘ 04 92 50 03 15, *Fax 04 92 50 73 06*, 🏤 – ⇔. ⊞
fermé avril, 12 nov. au 27 déc., dim. soir et merc. hors saison – **Repas** 17/33, enf. 8 – ⊠ 6 –
18 ch 27/41,50 – ½ P 42,50.
◆ Cette modeste adresse est à retenir pour ses petits-déjeuners servis, en hiver, au coin du
feu et pour ses chambres de l'annexe. Au restaurant, décor soigné - couleurs plaisantes et
sièges "bridge" bien confortables - et appétissante cuisine traditionnelle.

ST-JULIEN-EN-GENEVOIS ◉ 74160 H.-Savoie 328 J4 – 9 140 h alt. 460.

🏢 *Syndicat d'initiative, place de la Libération* ℘ 04 50 35 13 78, *Fax 04 50 49 23 03.*
Paris 525 – Annecy 35 – Thonon-les-Bains 47 – Bonneville 36 – Genève 11 – Nantua 56.

Savoie Hôtel sans rest, av. L. Armand ℘ 04 50 49 03 55, *info@savoie-hotel.com*,
Fax 04 50 49 06 23 – 📶 📺 ℣ 🅿. ⅍ ⊙ ⊞
⊠ 6 – **20 ch** 38/50.
◆ Cet hôtel proche de la gare a entièrement fait peau neuve : les chambres sont actuelles,
fraîches et bien insonorisées. Salle des petits-déjeuners agrandie d'une véranda.

à Archamps *Est :5 km par A40 sortie 13.1 – 1 235 h. alt. 535 – ⊠ 74160 :*

Porte Sud de Genève, Parc d'affaire international ℘ 04 50 31 16 06, *hotel-portesudgr*
a@site-archamps.com, *Fax 04 50 31 29 71*, 🏤, ⌼ – 📶 ⅍, 🍴 rest, 📺 ℣ 🅿 –
🛎 20 à 300. ⅍ ⊙ ⊞ ᴊᴄʙ
Repas 19/35 – ⊠ 11 – **90 ch** 90/103 – ½ P 75/80.
◆ Hôtel moderne installé au coeur d'une technopole franco-suisse. Les chambres,
contemporaines, sont à la fois reposantes et idéalement pensées pour la clientèle d'affaires. Salle à manger lumineuse, terrasse dressée dans le jardin et recettes traditionnelles.

à Viry *Sud-Ouest : 5 km par N 206 – 3 032 h. alt. 504 – ⊠ 74580 :*

Viry sans rest, ℘ 04 50 04 82 68, *hotel.de.viry@wanadoo.fr*, *Fax 04 50 04 82 38* – 📶 📺 ℣
⇔ 🅿. ⊞. ⅍
fermé vacances Noël – ⊠ 6 – **22 ch** 42/48.
◆ Hôtel récent au milieu d'un complexe résidentiel. Chambres spacieuses, aux couleurs
actuelles, dotées d'un mobilier fonctionnel ; deux sont agencées en duplex.

à Bossey *Est : 7 km par N 206 – 545 h. alt. 438 – ⊠ 74160 :*

Ferme de l'Hospital (Noguier), ℘ 04 50 43 61 43, *Fax 04 50 95 31 53*, 🏤 – ▤ 🅿. ⅍ ⊙
⊞
fermé 27 juil. au 13 août, 1er au 15 fév., dim. et lundi – **Repas** *(prévenir)* 36/58 et carte 52 à
70 🍷.
◆ Cette ferme du 17e s. fut propriété de l'hôpital de Genève. Intérieur de caractère et
agréable terrasse. Belle cuisine au goût du jour et vins judicieusement sélectionnés.
Spéc. Raviole de champignons sauvages. Meunière de féra du lac Léman. Suprême de
pigeon fermier, compotée de légumes d'hiver aux truffes (nov. à fév.). **Vins** Chignin-
Bergeron, Mondeuse d'Arbin.

Clos, chemin des Bornants ℘ 04 50 43 60 76, *Fax 04 50 82 05 01*, ≤, 🏤 – ⊞
fermé le midi sauf dim. – **Repas** *(nombre de couverts limité, prévenir)* 31/61 🍷.
◆ Intérieur coquet et ambiance conviviale dans cette maison de village (1921) où l'on
régale d'une cuisine au goût du jour. Petite terrasse avec échappée sur Genève et le Léman.

rte d'Annecy *Sud : 9,5 km par N 201 – ⊠ 74350 Cruseilles :*

Rey sans rest, au Col du Mont Sion ℘ 04 50 44 13 29, *resa@hotelrey.com*,
Fax 04 50 44 05 48, 🏤, 🍴, ℅ – 📶 📺 🅿. ⅍ ⊙ ⊞
fermé 17 au 26 déc. – ⊠ 6,50 – **30 ch** 51/140.
◆ Séparé de la route par un environnement verdoyant, l'hôtel abrite des chambres
actuelles, plus calmes sur l'arrière. Petit-déjeuner servi dans la véranda donnant côté jardin.

XX **Clef des Champs,** au Col du Mont Sion ✆ 04 50 44 13 11, *Fax 04 50 32 12 45,* – P. GB
fermé 12 au 22 avril, 27 juin au 8 juil., 24 oct. au 4 nov., 2 au 18 janv., mardi midi, dim. soir et lundi – **Repas** 19 (déj.), 28/35, enf. 11 ♀.
◆ L'élégant décor de la salle à manger (boiseries, poutres) est rehaussé de gravures de peintres animaliers. Cuisine classique, gibier en saison et très belle carte des vins.

ST-JULIEN-LE-FAUCON *14140 Calvados 303 M5 – 582 h alt. 40.*

Paris 192 – Caen 41 – Falaise 32 – Lisieux 14.

X **Auberge de la Levrette,** 48 r. Lisieux ✆ 02 31 63 81 20, *Fax 02 31 63 97 05* – GB
fermé 12 nov. au 2 déc., lundi et mardi sauf fériés – **Repas** 20/28, enf. 10,50.
◆ Jadis important relais de poste, maison à colombages au cadre typiquement normand datant de 1550. Salle à manger égayée d'une cheminée d'époque. Tables bien espacées.

ST-JULIEN-SUR-CHER *41320 L.-et-Ch. 318 H8 – 663 h alt. 110.*

Paris 227 – Blois 51 – Bourges 66 – Châteauroux 62 – Vierzon 25.

X **Les Deux Pierrots,** ✆ 02 54 96 40 07 – GB
fermé 4 août au 1er sept., lundi et mardi – **Repas** 24/36.
◆ Cette auberge villageoise fait aussi office de bar à clientèle locale. Salle d'hiver de style rustique avec poutrage apparent, et salle d'été ouverte sur le jardin potager.

ST-JUNIEN *87200 H.-Vienne 325 C5 G. Berry Limousin – 10 666 h alt. 240.*

Voir *Collégiale*★ B.
18 *de St-Junien ✆ 05 55 02 96 96,.*
Office de tourisme, place du Champ de Foire ✆ 05 55 02 17 93, Fax 05 55 02 94 31, saint-junien.tourisme@wanadoo.fr.
Paris 416 – Limoges 32 – Angoulême 73 – Bellac 34 – Confolens 27.

Relais de Comodoliac, 22 av. Sadi-Carnot ✆ 05 55 02 27 26, *comodoliac@wanadoo.fr, Fax 05 55 02 68 79,* – TV P – 30. AE GB JCB
Repas *(fermé dim. soir de nov. à fév.)* 14/35, enf. 8,50 ♀ – 6,50 – **29 ch** 45/58 – ½ P 45/49.
◆ À l'entrée Ouest de la ville, construction horizontale datant des années 1970, séparée de la route par un joli jardin. Chambres fonctionnelles, régulièrement rafraîchies. Salle à manger-véranda ouverte sur une petite terrasse verdoyante. Carte traditionnelle.

au Sud : *2 km par rte de Rochechouart, D 675 et rte secondaire – ✉ 87200 St-Junien :*

XXX **Lauryvan,** ✆ 05 55 02 26 04, *lauryvan@nomade.fr, Fax 05 55 02 25 29,* – P. GB
fermé 27 sept. au 11 oct., 2 au 9 janv., 15 fév. au 7 mars, dim. soir et lundi – **Repas** 29,50/48 et carte 35 à 58 ♀ ***L'Auberge*** *(fermé dim. et lundi)* **Repas** carte 18 à 27.
◆ Pavillon moderne alangui dans un sous-bois, près d'un étang. Salle non-fumeur bordée de baies donnant sur la charmante terrasse et le jardin. Cuisine classique. Plats du terroir (terrine, blanquette, daube) à redécouvrir dans le cadre rustique de l'Auberge.

ST-JUST-EN-CHEVALET *42430 Loire 327 C4 – 1 281 h alt. 647.*

Syndicat d'initiative, place du Chêne ✆ 04 77 65 05 33, Fax 04 77 65 05 33.
Paris 400 – Montbrison 48 – Roanne 29 – St-Étienne 84 – Thiers 35 – Vichy 51.

X **Londres** avec ch, ✆ 04 77 65 02 42, *Fax 04 77 65 11 71* – TV. GB
fermé vend. soir et sam. d'oct. à avril – **Repas** 14 (déj.), 18/35,90 ♀ – 6 – **7 ch** 36/45 – ½ P 48.
◆ Petite ressource villageoise hébergeant une salle à manger champêtre où l'on propose une cuisine traditionnelle influencée par le terroir. Chambres rénovées et insonorisées.

ST-JUSTIN *40240 Landes 335 J11 – 888 h alt. 90.*

Office de tourisme, place des Tilleuls ✆ 05 58 44 86 06, Fax 05 58 44 86 06, saint-justin@aol.com.
Paris 694 – Aire-sur-l'Adour 38 – Casteljaloux 49 – Dax 84 – Mont-de-Marsan 25 – Pau 89.

X **France** avec ch, pl. Tilleuls ✆ 05 58 44 83 61, *Fax 05 58 44 83 89,* – TV. GB
fermé 12 au 19 avril, 18 oct. au 16 nov., jeudi soir, dim. soir et lundi – **Repas** 22/46 - ***Bistrot*** *(fermé jeudi soir, dim. soir et lundi)* **Repas** 12 ♀ – 6 – **8 ch** 39/48.
◆ Bâtisse du pays s'ouvrant sous les arcades de la place médiévale où l'on dresse la terrasse en saison. Copieuse cuisine traditionnelle. Confitures maison au petit-déjeuner. Au Bistrot, ambiance de café villageois et menu inscrit sur l'ardoise du jour.

ST-JUST-ST-RAMBERT 42170 Loire **327** E7 – 13 192 h alt. 380.

🛈 Office de tourisme, 7 place de la Paix ℰ 04 77 52 05 14, Fax 04 77 52 15 91, tourisme.forez-sud@wanadoo.fr.

Paris 542 – St Etienne 17 – Lyon 81 – Montbrison 18 – Roanne 74.

XX **Neuvième Art** (Roure), pl. 19 Mars 1962 ℰ 04 77 55 87 15, le.neuvieme.art@wanadoo.fr, Fax 04 77 55 80 77 – 🕮 **P.** 🖼

❀ fermé 1ᵉʳ au 23 août, vacances scolaires de fév., dim. soir, mardi soir et lundi – **Repas** (nombre de couverts limité, prévenir) 35/62 ♈.

◆ Le hall de cette ancienne gare n'est pas perdu pour tout le monde : les gourmets s'y régalent désormais d'une cuisine inventive servie dans un cadre original et contemporain.
Spéc. Foie gras mi-cuit, tartine de confiture de poires du Pilat. Selle d'agneau de pays, polenta aux épines d'épicéa. Palet velours au chocolat.

ST-LARY 09800 Ariège **343** D7 – 136 h alt. 692.

Paris 786 – Bagnères-de-Luchon 48 – St-Gaudens 36 – St-Girons 24 – Salies-du-Salat 197.

🏠 **Auberge de L'isard**, ℰ 05 61 96 72 83, aubergeisard@aol.com, Fax 05 61 96 73 71, 🌫
🍴 – 🕮 **AE** ◑ 🖼 **JCB**
🛏 fermé janv. et lundi hors saison – **Repas** 15/25 ♈ – 🖵 6 – **7** ch 41/55 – ½ P 42,50/57,50.

◆ Répartie dans deux bâtiments séparés par un torrent, sympathique auberge abritant le bar du village, une boutique de produits du terroir, un restaurant et des chambres neuves. Dans l'assiette, cuisine traditionnelle enrichie de quelques recettes régionales.

ST-LARY-SOULAN 65170 H.-Pyr. **342** N8 G. Midi-Pyrénées – 1 024 h alt. 820 – Stat. therm. (début avril-début nov.) – Sports d'hiver : 1 680/2 450 m ⚡ 2 ≰ 30 ⚡.

🛈 Office de tourisme, 37 rue Vincent Mir ℰ 05 62 39 50 81, Fax 05 62 39 50 06, st-lary@wanadoo.fr.

Paris 830 – Arreau 12 – Auch 103 – Bagnères-de-Luchon 44 – St-Gaudens 66 – Tarbes 74.

🏛 **Pergola** 🐾, 25 r. V. Mir ℰ 05 62 39 40 46, jean-pierre.mir@wanadoo.fr, Fax 05 62 40 06 55, ≼, 🌫, 🌳, 🍴 – 🕮 **P.** ⚌ 55. **AE** ◑ 🖼 **JCB**, 🦞 ch
fermé 10 au 19 mai et 4 nov. au 17 déc. – **Repas** (fermé mardi midi et lundi) 13 (déj.), 21/38, enf. 9 ♈ - **L'Enclos des Saveurs** (diner seul.) (fermé en été) **Repas** 25/46, enf. 9 ♈ – 🖵 8 – **20** ch 58/80 – ½ P 59/67.

◆ Paisible maison ceinte d'un jardin arboré. Chambres amples et bien équipées, avec vue sur les cimes (quelques balcons). Accueil aux petits soins. Plaisant restaurant d'hôtel et quiète terrasse. Décoration "mode" et carte au goût du jour à l'Enclos des Saveurs.

🏠 **Les Arches** sans rest, 15 av. Thermes ℰ 05 62 49 10 10, contact@hotel-les-arches.com, Fax 05 62 49 10 15, 🏊, – 🕮 🖵 📺 ⚌ 15. ◑ 🖼
🖵 7 – **30** ch 53/58.

◆ Cette construction récente dispose de chambres fonctionnelles au décor simple mais soigné. Salle des petits-déjeuners conviviale ; joli sol en grès rouge dans le hall.

🏠 **Aurélia** 🐾, à Vieille-Aure, au Nord : 1,5 km sur D 19 ℰ 05 62 39 56 90, contact@hotel-aurelia.com, Fax 05 62 39 43 75, 🌫, 🏊, 🌳, 🍴 – 🕮 📺 **P.** – ⚌ 20. 🖼 🦞 ch
fermé 25 sept. au 15 déc. – **Repas** (1/2 pens. seul.) – 🖵 6,80 – **20** ch 40/48,50 – ½ P 48,50.
◆ À 600 m du centre de remise en forme, hôtel à l'ambiance familiale, intéressant pour ses activités de loisirs. Chambres bien tenues, mansardées au 3ᵉ étage ; deux duplex.

🏠 **Pons ''Le Dahu''** 🐾, 4 r. Coudères ℰ 05 62 39 43 66, contact@hotelpons.com, 🍴 Fax 05 62 40 00 86, 🌳 – 📺 **P.** – ⚌ 30. 🖼 🦞 rest
Repas 8,50/16,50, enf. 6,50 ♈ – 🖵 6,50 – **39** ch 46/55 – ½ P 42/48.
◆ Près du téléphérique et du centre, deux bâtiments séparés par quelques mètres. Les chambres, toutes rénovées, sont plus grandes à l'annexe et parfois équipées de balcons. Aimable atmosphère de pension au restaurant. Le menu du jour est dans le même registre.

XX **Grange,** ℰ 05 62 40 07 14, 🌫 – **P.** 🖼 🦞
fermé 12 avril au 6 mai, 12 nov. au 17 déc., mardi soir et merc. hors saison – **Repas** 18/37 ♈.
◆ Cette ancienne grange s'est transformée en un confortable et coquet restaurant au chaleureux décor de bois. En hiver, belles flambées dans la cheminée. Menus régionaux.

à Pla d'Adet Ouest : 11 km par D 123 – ✉ 65170 :

🏠 **Christiania** 🐾, à la gare du téléphérique ℰ 05 62 98 40 62, isa.sun@wanadoo.fr, Fax 05 62 98 40 63, ≼ vallée et montagnes – 🌐 📺, 🖼, 🦞 ch
1ᵉʳ déc.-21 avril et 14 juil.-15 août – **Repas** 17/38 ♈ – 🖵 7 – **27** ch 60/66 – ½ P 59.
◆ Atouts majeurs de cet hôtel entièrement relooké : sa situation au pied des pistes et la belle vue sur la vallée d'Aure. Chambres fonctionnelles. Restaurant panoramique incluant un salon-cheminée ; sobre cadre contemporain et plats traditionnels simples.

Si le coût de la vie subit des variations importantes,
les prix que nous indiquons peuvent être majorés.
Lors de votre réservation à l'hôtel, faites-vous préciser le prix définitif.

ST-LATTIER 38840 Isère **333** E7 – *1 031 h alt. 170.*

Paris 571 – Valence 34 – Grenoble 67 – Romans-sur-Isère 13 – St-Marcellin 15.

XX **Auberge du Viaduc** avec ch, N 92 (hameau de la rivière) 𝒫 04 76 64 51 65, Fax 04 76 64 30 93, 龠, ⅃, 屛 – 𝐓𝐕 ⅋ 🄿 ⅏
Repas *(fermé déc., dim. soir du 1er nov. au 15 avril, lundi et mardi)* (nombre de couverts limité, prévenir) 28/48 – ⯐ 10 – **7 ch** 75/110 – ½ P 75/100.
◆ Demeure familiale ancienne, ouverte sur un agréable jardin. Salles à manger intimes, avec une véranda et un feu de bois en hiver. Joli mobilier régional dans les chambres.

X **Brun** avec ch, Les Fauries, N 92 𝒫 04 76 64 54 76, *restaurantbrun@wanadoo.fr,* Fax 04 76 64 31 78, 龠 – 𝐓𝐕 🄿, 🄰🄴 ⅏
fermé 14 au 27 oct., vacances de fév. et dim. soir – **Repas** 12,50 (déj.), 21,50/32, enf. 8,50 – ⯐ 5,50 – **10 ch** 32/38 – ½ P 34.
◆ On accède au restaurant champêtre par le bar-tabac. À l'arrière, belle terrasse sous les tilleuls, au bord de l'Isère. Les chambres sont dans un bâtiment distant de 400 m.

ST-LAURENT-DE-CERDANS 66260 Pyr.-Or. **344** G8 *G. Languedoc Roussillon – 1 218 h alt. 675.*

🄱 Syndicat d'initiative, 7 rue Joseph Nivert 𝒫 04 68 39 55 75, Fax 04 68 39 59 59.
Paris 901 – Perpignan 60 – Céret 28.

au Sud-Ouest *par D 3 et rte secondaire : 6,5 km –* ⊠ *66260 St-Laurent-de-Cerdans :*

🏨 **Domaine de Falgos** ⬗, 𝒫 04 68 39 51 42, *contact@falgos.com,* Fax 04 68 39 52 30, ≤, 龠, 𝐼𝐬, ⅃, 🞉, 𝍐 – cuisinette 𝐓𝐕 ⅋ 🄿 – 🄰 60. 🄰🄴 ⓞ ⅏
fermé 29 nov. au 27 fév. – **Repas** 32, enf. 9 ⯐ – ⯐ 15 – **20 ch** 184, 7 suites, 5 duplex.
◆ Isolée sur la frontière espagnole, ancienne ferme d'altitude reconvertie en complexe hôtelier : spacieuses chambres "cosy", parcours de golf et espace remise en forme. Restaurant aménagé dans l'ex-étable. En terrasse, bouffée d'air pur face aux greens.

ST-LAURENT-DE-LA-SALANQUE 66250 Pyr.-Or. **344** I6 – *7 932 h alt. 2.*

Env. *Fort de Salses*★★ *NO : 9 km, G. Languedoc Roussillon.*
🄱 Syndicat d'initiative, place Gambetta 𝒫 04 68 28 31 03, Fax 04 68 28 31 03, ot.st.laurent@libertysurf.fr.
Paris 845 – Perpignan 19 – Elne 26 – Narbonne 62 – Quillan 80 – Rivesaltes 12.

XX **Commerce** avec ch, 2 bd Révolution 𝒫 04 68 28 02 21, Fax 04 68 28 39 86 – ▤ rest, 𝐓𝐕 ⤸ – 🄰 25. ⅏, 🞉
fermé 1er au 23 mars, 1er au 23 nov., dim. soir et lundi sauf 15 juil.-15 sept. – **Repas** 16/36 – ⯐ 7,50 – **12 ch** 38/52 – ½ P 42,50/49,50.
◆ Au centre de la localité, cuisine du terroir servie avec le sourire dans une salle rustique rajeunie par des tons jaunes. Petites chambres garnies d'un mobilier catalan.

ST-LAURENT-DE-MURE 69720 Rhône **327** J5 – *4 694 h alt. 252.*

Paris 478 – Lyon 19 – Pont-de-Chéruy 16 – La Tour-du-Pin 38 – Vienne 38.

🏨 **Hostellerie St-Laurent,** 𝒫 04 78 40 91 44, *le-stlaurent@wanadoo.fr,* Fax 04 78 40 45 41, 龠, 𝍐 – ⥊ 𝐓𝐕 ⅋ 🄿 🄰🄴 ⅏, 🞉
fermé 1er au 22 août, 26 déc. au 2 janv., vend. soir, dim. soir et sam. – **Repas** 20/56, enf. 9 ⯐ – ⯐ 6,50 – **30 ch** 55/110.
◆ Belle demeure dauphinoise du 18e s. au cœur d'un parc fleuri invitant à la flânerie. Les chambres, de bon confort, sont plus petites mais plus récentes à l'annexe. En été, la cuisine régionale est servie sur la terrasse ombragée par un tilleul tricentenaire.

ST-LAURENT-DES-ARBRES 30126 Gard **339** N4 – *1 743 h alt. 60.*

🄱 Office de tourisme, Tour de Ribas 𝒫 04 66 50 10 10, Fax 04 66 50 10 10, otstlaurent-desar@aol.com.
Paris 673 – Avignon 20 – Alès 70 – Nîmes 47 – Orange 22.

🏨 **Galinette** ⬗, sans rest, pl. de l'Arbre 𝒫 04 66 50 14 14, *infos@lagalinette.com,* Fax 04 66 50 46 30, ⅃ – 𝐓𝐕 ⅋ ⅋ 🄿, 🄰🄴 ⓞ ⅏, 🞉
fermé 20 nov. au 11 déc. et 10 janv. au 11 fév. – ⯐ 12,50 – **13 ch** 87/195.
◆ Une ancienne cave viticole en pierre, joliment restaurée, fait le charme de cet hôtel discret. Le bel aménagement du salon et des chambres invite à la paresse.

ST-LAURENT-DU-PONT 38380 Isère **333** H5 *G. Alpes du Nord – 4 222 h alt. 410.*

Voir *Gorges du Guiers Mort*★★ *SE : 2 km – Site*★ *de la Chartreuse de Curière SE : 4 km.*
🄱 Syndicat d'initiative, place de la mairie 𝒫 04 76 06 22 55, Fax 04 76 06 21 21, tourisme.st-laurent-du-pont@wanadoo.fr.
Paris 560 – Grenoble 34 – Chambéry 29 – La Tour-du-Pin 42 – Voiron 15.

Hôtel des Voyageurs, 16 r. Pasteur ℰ 04 76 55 21 05, Fax 04 76 55 12 68 – 📺 ⇔. 🅰🅴 🅶🅱 🅹🅲🅱

fermé 1er au 10 mai et dim. soir sauf juil.-août – **Repas** 15/38, enf. 8 – ⚌ 6,50 – **14 ch** 33/55 – ½ P 36/43.

◆ Le hall-salon de cette grosse maison familiale est récent. Aux étages, chambres très propres et bien insonorisées. Celles du premier sont plus actuelles. Sobre restaurant et bar-brasserie-salon de thé. Accueil prévenant et cuisine traditionnelle.

La Blache, av. Gare ℰ 04 76 55 29 57, 🍽 – 🅶🅱

fermé 18 août au 15 sept., dim. soir, lundi et mardi – **Repas** 20/48.

◆ Mobilier original et décor contemporain dans cette ancienne gare située à proximité des gorges du Guiers Mort. La carte est renouvelée au gré des saisons.

ST-LAURENT-DU-VAR 06700 Alpes-Mar. 🎴🎴🎴 E5 G. Côte d'Azur – 27 141 h alt. 18.

Voir *Corniche du Var★* N.

🅱 *Office de tourisme, 1 promenade des Flots Bleus ℰ 04 93 31 31 21, Fax 04 93 14 92 83, st-laurent@franceplus.com.*

Paris 919 – Nice 10 – Antibes 16 – Cagnes-sur-Mer 5 – Cannes 26 – Grasse 31 – Vence 16.

Voir plan de NICE Agglomération.

au Cap 3000 :

Novotel, 40 av. Verdun ℰ 04 93 19 55 55, h0414@accor-hotels.com, Fax 04 93 19 55 59, 🏊, ⌁, 🍽 – 📶 🕸 📺 📞 🅿 – 🔏 150. 🅰🅴 ⓪ 🅶🅱

Repas 16,20, enf. 8 ⚌ – ⚌ 12 – **103 ch** 130/195.

◆ Proche de l'aéroport de Nice-Côte-d'Azur, dans une zone commerciale satellite, établissement hôtelier moderne habilement actualisé. À table : havre de verdure côté terrasse, ou fraîcheur de la salle à manger climatisée fort appréciée les jours de "cagnard".

au Port St-Laurent :

Holiday Inn Resort, prom. Flots Bleus ℰ 04 93 14 80 00, resort@wanadoo.fr, Fax 04 93 07 21 24, ≤, 🍽, 🅵🅰, 🏊, ⚞ – 📶 🕸 📺 📞 🅿 – 🔏 300. 🅰🅴 ⓪ 🅶🅱 🅹🅲🅱

Calypso : **Repas** 17(déj)/31, enf. 11,50 ⚌ – ⚌ 20 – **124 ch** 230/290.

◆ Directement sur la plage, hôtel de standing international au modernisme soigné. Les chambres, spacieuses et bien équipées, ont vue sur la large ou sur l'arrière-pays. Ambiance balnéaire, cuisine traditionnelle et viandes à la broche au Calypso.

Aigue Marine, prom. Flots Bleus ℰ 04 93 07 84 55, marine.aigue@libertysurf.fr, Fax 04 93 07 88 66, ≤, 🍽 – 🖥. 🅰🅴 ⓪ 🅶🅱

fermé dim. soir du 16 sept. au 14 mai et sam. midi du 15 mai au 15 sept. – **Repas** 21/27,50.

◆ Près de la mer et de l'aéroport de Nice, ce restaurant au décor contemporain bénéficie du double spectacle de la navigation aérienne et maritime. Plaisante terrasse.

Mousson, prom. Flots Bleus ℰ 04 93 31 13 30, eric.barthelemi@wanadoo.fr, Fax 04 93 07 27 49, 🍽 – 🖥. 🅶🅱

fermé 21 déc. au 10 janv., dim., lundi de sept. à juin et le midi en juil.-août – **Repas** 19 (déj.)/34.

◆ Saveurs thaïlandaises et épices exotiques vous transportent au royaume de Siam le temps d'un repas, agréablement installé dans ce restaurant situé sur le front de mer.

ST-LAURENT-DU-VERDON 04500 Alpes-de-H.-P. 🎴🎴🎴 E10 – 74 h alt. 468.

Paris 806 – Brignoles 49 – Castellane 70 – Digne-les-Bains 59 – Manosque 37.

Moulin du Château 🍃, ℰ 04 92 74 02 47, info@moulin-du-chateau.com, Fax 04 92 74 02 97, 🍽, 🏞 – 📺 🅳. 🅶🅱, 🍴 rest

1er mars-3 nov. – **Repas** *(fermé lundi et jeudi)* (dîner seul.)(résidents seul.) 30 ⚌ – ⚌ 8 – **10 ch** 76/98 – ½ P 71/85.

◆ Contournez le château pour dénicher ce charmant moulin (17e s.) transformé en hôtel. Salon aménagé face à la meule. Chambres spacieuses et actuelles. Ambiance conviviale.

ST-LAURENT-EN-GRANDVAUX 39150 Jura 🎴🎴🎴 F7 G. Jura – 1 767 h alt. 904.

🅱 *Office de tourisme, 7 place Charles Thévenin ℰ 03 84 60 15 25, Fax 03 84 60 15 25, otgrandvaux@club-internet.fr.*

Paris 442 – Champagnole 22 – Lons-le-Saunier 45 – Morez 11 – Pontarlier 57 – St-Claude 31.

Poste, ℰ 03 84 60 15 39, Fax 03 84 60 89 03 – 📞 ⇔. 🅰🅴 🅶🅱

fermé nov. et lundi – **Repas** 13,50/19 ⚌ – ⚌ 10 – **8 ch** 44/50 – ½ P 45.

◆ Sur le haut plateau de Grandvaux, derrière l'église du village, accueillante ressource familiale disposant de chambres modestes, mais régulièrement entretenues. Cuisine traditionnelle et menu franc-comtois servis dans une salle des repas lambrissée.

ST-LAURENT-NOUAN *41220 L.-et-Ch.* **318** *G5 – 3 686 h alt. 84.*

🛈 *Office de tourisme, 58 route Nationale ℘ 02 54 87 01 31, Fax 02 54 87 01 31, tou risme41sln@wanadoo.fr.*

Paris 161 – Orléans 40 – Beaugency 9 – Blois 28 – Romorantin-Lanthenay 44.

🏯 **Les Bordes** ॐ, Nord-Est : 6 km par D 925 et rte secondaire ℘ 02 54 87 72 13, *golf.les.bo rdes@wanadoo.fr, Fax 02 54 87 78 61,* ≤, 🍴, 🏂 – 📺 📞 🅿 – 🔏 30. 🖭 🖸
fermé lundi au jeudi du 10 nov. au 14 mars – **Repas** *(22)* - 32 (déj.)/60 – 🖙 15 – **40 ch**
195/215 – ½ P 150.
◆ Ce domaine estimé des golfeurs jouit d'une situation idyllique au milieu de 600 ha de bois et étangs. Jolies chambres, simples et à nuances, réparties dans neuf cottages. Repas servis sous une belle charpente ou, en été, sur la terrasse parmi la verdure.

🏠 **Verger** ॐ sans rest, rte de Blois ℘ 02 54 87 22 22, *hotel.le.verger@wanadoo.fr, Fax 02 54 87 22 82,* 🍴 – ❦ 📺 🅿. 🖭 🖸 🆑
🖙 7 – **15 ch** 45/55.
◆ Sur la route des châteaux, maison du 19ᵉ s. et sa cour intérieure où coule une fontaine. Chambres et studios au calme, assez spacieux et équipés d'une bonne literie.

ST-LAURENT-SUR SAÔNE *01 Ain* **328** *C3 – rattaché à Mâcon.*

ST-LAURENT-SUR-SÈVRE *85290 Vendée* **316** *K6 G. Poitou Vendée Charentes – 3 307 h alt. 121.*

Paris 365 – Angers 76 – Bressuire 36 – Cholet 14 – Nantes 69 – La Roche-sur-Yon 63.

🍴🍴 **Chaumière** avec ch, 15 Route de Poitiers La Trique-N 149 ℘ 02 51 67 88 12, *Fax 02 51 67 82 87,* 🍴, 🏊, 🍴 – 📺 📞 🅿 – 🔏 15. 🖭 🖸 🖸
fermé 20 sept. au 3 oct. et 20 au 30 déc. – **Repas** *(fermé dim. soir et lundi midi d'oct. à mars)* 18 (déj.), 25/59, enf. 12 ♀ – 🖙 11 – **20 ch** 60/125 – ½ P 70/105.
◆ Auberge rustique en contrebas de la route. Le décor de la salle à manger est à la gloire de la Vendée militaire. Chambres un brin désuètes, tournées vers le jardin.

ST-LÉGER-EN-YVELINES *78610 Yvelines* **311** *G3 – 1 322 h alt. 150.*

Paris 54 – Chartres 54 – Dreux 37 – Mantes-la-Jolie 39 – Rambouillet 12 – Versailles 37.

🏠 **Chêne Pendragon** sans rest, 17 r. Croix Blanche ℘ 01 34 86 30 11, *Fax 01 34 86 35 08,*
🍴 – 📺 📞 🅿 – 🔏 20. 🖭 🖸
🖙 8 – **17 ch** 73/90.
◆ Cette hostellerie du 18ᵉ s. propose des chambres confortables et personnalisées par des meubles chinés. Petit-déjeuner servi dans le jardin l'été, au coin du feu l'hiver.

ST-LÉONARD-DE-NOBLAT *87400 H.-Vienne* **325** *F5 G. Berry Limousin – 4 764 h alt. 347.*

Voir *Église*★ *: clocher*★★.

🛈 *Office de tourisme, place du Champ de Mars ℘ 05 55 56 25 06, Fax 05 55 56 36 97, otsi.stleo@wanadoo.fr.*

Paris 407 – Limoges 21 – Aubusson 68 – Brive-la-Gaillarde 99 – Guéret 62.

🏊 **Relais St-Jacques,** 6 bd A. Pressemane ℘ 05 55 56 00 25, *Fax 05 55 56 19 87* – 📺 📞.
🖸
fermé 4 au 11 oct., 20 déc. au 3 janv., 7 au 21 fév., dim. soir et lundi d'oct. à mai – **Repas** *(9)* -
11 (déj.), 15/26, enf. 8 ♀ – 🖙 6 – **7 ch** 45/49 – ½ P 45/49.
◆ Bâtisse traditionnelle sur le boulevard contournant le centre. Petites chambres fraîches, modestement meublées et bien entretenues. Salle à manger simple où l'on sert une cuisine classique et des plats du terroir. Accueil charmant.

🍴🍴 **Grand St-Léonard** avec ch, 23 av. Champs de Mars ℘ 05 55 56 18 18, *grandsaintleonard @wanadoo.fr, Fax 05 55 56 98 32* – 📺 🚗 – 🔏 15. 🖭 🖸 🖸
fermé 19 déc. au 19 janv., lundi sauf le soir du 15 juin au 15 sept. et mardi midi – **Repas**
24/58 – 🖙 9,50 – **14 ch** 53/58 – ½ P 77.
◆ Ex-relais de poste préservant jalousement son atmosphère provinciale. Cuisine classique proposée dans un cadre d'esprit rustique ; tables dressées avec soin. Chambres sobres.

🍴 **Gay Lussac,** 18 r. Egalité ℘ 05 55 56 98 45, 🍴 – 🖸. 🛠
fermé Noël au jour de l'an, dim. soir, mardi soir et lundi sauf 14 juil. au 15 août – **Repas** 10,50
bc (déj.), 16/30,50 ♀.
◆ L'enseigne rend hommage au célèbre physicien et chimiste, enfant du pays. L'une des salles à manger offre un plaisant cadre coloré. Carte appétissante axée sur les viandes.

ST-LEU-LA-FORÊT *95 Val d'Oise* **305** *E6* **101** ④ *– voir à Paris, Environs.*

ST-LÔ

ST-LÔ ℙ 50000 Manche **303** F5 G. Normandie Cotentin – 20 090 h alt. 20.

Voir Haras national★ – Tenture des Amours de Gombaut et Macée du musée des Beaux-Arts.

ⓗ₉ Centre Manche à St-Martin-d'Aubigny ℰ 02 33 45 24 52, par D900 : 20 km.

🏢 Office de tourisme, place Général de Gaulle ℰ 02 33 77 60 35, Fax 02 33 77 60 36.

Paris 296 ② – Caen 62 ② – Cherbourg 80 ⑦ – Laval 154 ⑤ – Rennes 141 ⑤.

ST-LÔ

Alsace-Lorraine (R.) . . . . . . **A** 2	Gaulle (Pl. Gén.-de) . . . . . **A** 13	Notre-Dame (Parvis) . . . . **A** 24
Baltimore (R. de) . . . . **A** 3	Gerhardt (R. Gén.) . . . . . . **B** 14	Noyers (R. des) . . . . **A** 27
Beaucoudray (R. de) . . . . **A** 5	Grimouville (R. de) . . . . . . **A** 16	Poterne (R. de la) . . . . . . **A** 28
Belle (R. du) . . . . **A** 7	Havin (R.) . . . . **A** 17	Ste-Croix (Pl.) . . . . **B** 30
Briovère (Av. de) . . . . **A** 8	Houssin-Dumanoir	St-Thomas (R.) . . . . **A**
Champ-de-Mars (Pl.) . . . . **B** 9	(R.) . . . . **A** 18	Torteron (R.) . . . . **A**
Feuillet (R. Octave) . . . . . **A** 12	Lattre-de-T. (R. Mar.-de) . **B** 19	Vieillard
	Leclerc (R. Mar.) . . . . **A**	de Boismartin (R.) . . . . **B** 31
	Mesnilcroc (R. du) . . . . . . **B** 22	80ᵉ-et-136ᵉ Territorial
	Neufbourg (R. du) . . . . . . **B** 23	(R. des) . . . . **A** 33

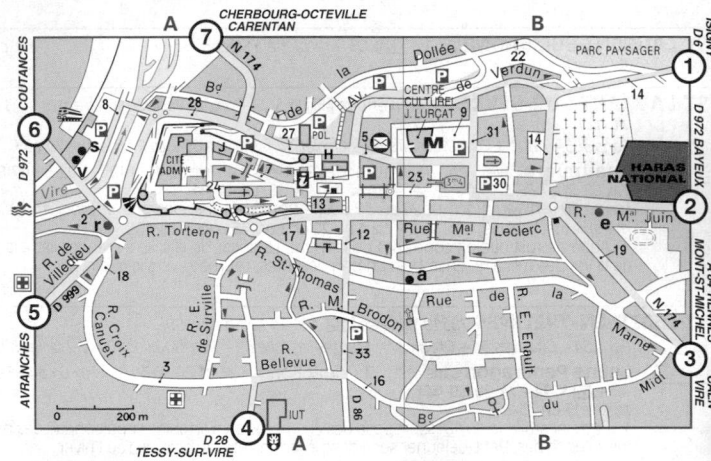

🏨 **Voyageurs,** 5 av. Briovère ℰ 02 33 05 08 63, Fax 02 33 05 14 34, 🍴 – 📶 ⤢ 📺 📞 🖧 –
🔏 50. 🆎 ⓞ ⅢⅢ   A s
fermé 15 déc. au 10 janv. – **Tocqueville** ℰ02 33 05 15 15 *(fermé vend. soir, sam. midi et
dim. soir)* **Repas** 18,50/41, enf. 9 – 🍷 7,50 – **31 ch** 56/90 – ½ P 54.
  ◆ Près de la gare et face aux remparts, établissement au confort actuel. Chambres
rénovées dans un esprit fonctionnel. Salon-bar moderne et coloré. Pour restaurer les
voyageurs, pause gourmande dans un cadre feutré. Cuisine traditionnelle à l'accent
régional.

🏨 **Mercure** sans rest, 1 av. Briovère ℰ 02 33 05 10 84, h1072@accor-hotels.com
Fax 02 33 56 46 92 – 📶 ⤢ 📺 📞 🖧 – 🔏 80. 🆎 ⓞ ⅢⅢ ᴊᴄʙ   A v
🍷 7,50 – **35 ch** 56/65.
  ◆ La décoration du hall-réception de cet hôtel de chaîne récemment rajeuni puise dans le
thème marin. Chambres au mobilier contemporain.

🏨 **Ibis,** Z.I. La Chevalerie, par ③ : *1,5 km* ℰ 02 33 57 78 38, h0930@accor-hotels.com
Fax 02 33 55 27 67, 🍴 – ⤢ 📺 📞 🖧 🅿 – 🔏 20 à 60. 🆎 ⓞ ⅢⅢ
Repas 15, enf. 6,50 ♀ – 🍷 6 – **48 ch** 59.
  ◆ Cure de jouvence réussie pour cet hôtel jouxtant la rocade Sud : les chambres sont bien
agencées, l'insonorisation efficace et le bar agréablement feutré. Sobre salle à manger et
terrasse installée au bord de la piscine. Cuisine traditionnelle.

🏨 **Armoric** sans rest, 15 r. Marne ℰ 02 33 05 61 32, Fax 02 33 05 12 68 – 📺 📞, 🆎 ⅢⅢ
🍷 6 – **20 ch** 35/51.   B a
  ◆ Derrière une façade anodine, découvrez un hôtel coquet aux chambres personnalisées
et bien tenues. Celles de l'étage sont mieux équipées.

ⅩⅩⅩ **Gonivière,** rd-pt 6 Juin (1ᵉʳ étage) ℰ 02 33 05 15 36, Fax 02 33 05 01 72 – 🆎 ⅢⅢ   A
fermé dim. – **Repas** 18/49 et carte 37 à 53 ♀.
  ◆ Restaurant clair et accueillant situé au-dessus d'un bar-brasserie. Tons pastel, tableaux
contemporains et meubles cérusés composent son cadre. Cuisine traditionnelle.

XX **Péché Mignon,** 84 r. Mar. Juin *02 33 72 23 77, restaurant-le-peche-mignon@wanado
o.fr, Fax 02 33 72 27 58 – ㎒ ⓞ* 	B e
fermé 20 juil. au 10 août, 25 fév. au 6 mars, sam. midi, dim. soir et lundi – **Repas** (10,60) -
14,50/29, enf. 6,50 ♀.
◆ Au rez-de-chaussée d'un immeuble proche du haras national, deux petites salles à
manger rajeunies ; salon confortable. Cuisine traditionnelle mâtinée de modernité.

au Calvaire par ② et D 972 : 7 km – ⌧ 50810 St-Pierre-de-Semilly :

XXX **Les Glycines,** *02 33 05 02 40, lesglycines@club-internet.fr, Fax 02 33 56 29 32,* 🍽 –
P. – ♨
fermé 15 au 31 juil., 1ᵉʳ au 15 janv., sam. midi, dim. soir et lundi – **Repas** 15/70 et carte 50 à
65, enf. 11.
◆ En bordure d'une route passante, ancienne ferme du Bocage abritant deux salles au
cadre frais, dont une en mezzanine, et un petit salon intime avec bar et cheminée.

ST-LOUBÈS 33450 Gironde ⬛⬛⬛ I5 – 7 090 h alt. 28.
Paris 568 – Bordeaux 18 – Créon 20 – Libourne 18 – St-André-de-Cubzac 15.

X **Coq Sauvage** ⬟ avec ch, à Cavernes, Nord-Ouest : 4 km *05 56 20 41 04, coq.sauvage
@wanadoo.fr, Fax 05 56 20 44 76,* 🍽 – ㎔ – ♨ 20. ㎾ ch
fermé 1ᵉʳ au 29 août, 24 déc. au 9 janv., sam. et dim – **Repas** (17) - carte 29 à 45 ♀ – ⊑ 5 –
6 ch 46 – ½ P 48.
◆ La Dordogne passe devant cette maison de village aux intérieurs joliment agrestes. Plats
régionaux servis dans le patio en été. Chambres au calme.

ST-LOUIS 68300 H.-Rhin ⬛⬛⬛ J11 – 19 961 h alt. 250.
Paris 498 – Mulhouse 30 – Altkirch 29 – Basel 5 – Belfort 76 – Colmar 65 – Ferrette 24.

🏠 **Berlioz** sans rest, r. Henner (près gare) *03 89 69 74 44, info@hotelberlioz.com,
Fax 03 89 70 19 17 –* ㎔ ⬟ **P.** ㎒. ㎾
fermé 22 déc. au 6 janv. – ⊑ 7 – **23 ch** 49/75.
◆ Cet immeuble des années 1930 a fait peau neuve : façade ravalée, chambres relookées
(certaines dans un esprit bateau), bien équipées et insonorisées. Copieux petit-déjeuners.

XXX **Trianon,** 46 r. Mulhouse *03 89 67 03 03, Fax 03 89 69 15 94 –* ▤ – ♨ 15. ㎒ ㎨
fermé 19 juil. au 13 août, 3 au 21 janv., dim. soir, lundi et mardi – **Repas** 22,50 (déj.),
49,50/56,50 et carte 43 à 73 ♀ ♨.
◆ Face à une placette, un ancien centre des impôts devenu restaurant. Tables soigneusement dressées, cuisine classique et belle carte des vins.

à Huningue Est : 2 km par D 469 – 6 097 h. alt. 245 – ⌧ 68330 :

🏠 **Tivoli,** 15 av. Bâle *03 89 69 73 05, info@tivoli.fr, Fax 03 89 67 82 44,* 🍽 – 📶 ㎄ ▤ ㎔ ❤
♨ **P.** – ♨ 30. ㎒ ㎒
Philippe Schneider (fermé 23/7 au 15/8, 23/12 au 6/1, sam. et dim.) **Repas** 24/45,
enf. 9,50 ♨ – ⊑ 9,90 – **41 ch** 75/90 – ½ P 70.
◆ L'hôtel est situé à deux pas des frontières suisse et allemande. Les chambres côté façade
sortent d'une rénovation complète, mais les autres restent actuelles et bien tenues.
Restaurant au décor "paquebot des années 1930" ou espace brasserie (plats du jour).

à Village-Neuf Nord-Est : 3 km par N 66 et D 21 – 3 108 h. alt. 240 – ⌧ 68128 .
🅱 Office de tourisme, 81 rue Vauban *03 89 70 04 49, Fax 03 89 69 30 80, alsace-
cotesud@wanadoo.fr.*

X **Au Cerf,** 72 r. Gén. de Gaulle *03 89 67 12 89, Fax 03 89 69 85 57,* 🍽 – ㎒
fermé 14 juil. au 15 août, 24 déc. au 1ᵉʳ janv., jeudi soir, dim. soir de juin à mars et lundi –
Repas 9,50 (déj.), 22/40 ♨.
◆ Près de la Petite Camargue alsacienne, engageante auberge familiale abritant deux salles
rajeunies. Cuisine traditionnelle et, en saison, spécialités d'asperges et de gibier.

X **Potager,** 94 r. Gén. de Gaulle *03 89 69 88 05, restaurant@lepotager.fr,
Fax 03 89 69 25 67,* 🍽 – ㎒
fermé 19 au 25 avril, 16 au 29 août, vacances de fév., sam. midi et lundi – **Repas** 8,90 (déj.),
24,50/36, enf. 6,40 ♀.
◆ La façade jaune de cette bâtisse attire l'oeil. Intérieur rustique et cuisine panachant
recettes traditionnelles, produits régionaux, herbes et légumes du potager.

à Hésingue Ouest : 4 km par D 419 – 1 921 h. alt. 290 – ⌧ 68220 :
XXX **Au Boeuf Noir,** *03 89 69 76 40, Fax 03 89 67 77 29 –* ▤. ㎒ ㎒
fermé 15 août au 5 sept., 1ᵉʳ au 15 janv., sam. midi, dim. et lundi – **Repas** 45/60 et carte 50 à
60 ♀.
◆ À proximité d'un carrefour animé, accueillante salle de restaurant agrémentée de
tableaux contemporains réalisés par le patron-artiste. Cuisine au goût du jour soignée.

XX **Au Cheval Blanc,** 4 r. Gén. de Gaulle ℰ 03 89 69 70 73, *Fax 03 89 69 70 73* – 🍽. **GB**
fermé août, dim. soir, mardi soir et merc. – **Repas** 15 (déj.), 34/60 bc ♨.
♦ Au coeur du village, jolie maison à colombages plaisamment restaurée, abritant une grande salle à manger à l'ambiance feutrée. Carte classique et belle sélection de vins.

ST-LOUP-DE-VARENNES *71 S.-et-L.* **320** *J9* – rattaché à Chalon-sur-Saône.

ST-LOUP-SUR-SEMOUSE *70800 H.-Saône* **314** *F5* – 4 291 h alt. 247.

🛈 Syndicat d'initiative, place Léon Jacquet ℰ 03 84 49 02 92, *Fax 03 84 49 02 92.*
Paris 361 – Épinal 42 – Bourbonne-les-Bains 48 – Gray 81 – Remiremont 34 – Vesoul 35.

🏠 **Trianon,** pl. J.-Jaurès ℰ 03 84 49 00 45, *Fax 03 84 94 22 34,* ☞ – 📺, **AE GB**
🍴 **Repas** *(fermé vend. soir et dim. soir du 1ᵉʳ oct. au 30 avril et sam. midi)* 13/39, enf. 7 ♨ – ☲ 7 – **13 ch** 43/45 – ½ P 41.
♦ Au bord de la Semouse, bâtisse blanche et fleurie disposant de chambres assez spacieuses et bien tenues. Bar avec cheminée. Salle à manger mi-rustique, mi-bourgeoise où l'on propose une table traditionnelle.

ST-LUNAIRE *35 I.-et-V.* **309** *J3* – rattaché à Dinard.

ST-LYPHARD *44410 Loire-Atl.* **316** *C3* G. Bretagne – 3 178 h alt. 12.

Voir *Clocher de l'église* ✳ ★★.
🛈 Office de tourisme, place de l'Eglise ℰ 02 40 91 41 34, *Fax 02 40 91 34 96, st-lyphard@tis cali.fr.*
Paris 447 – Nantes 73 – La Baule 17 – Redon 43 – St-Nazaire 22.

🏨 **Les Chaumières du Lac et Auberge Les Typhas,** rte Herbignac ℰ 02 40 91 32 32, *jclogodin@leschaumieresdulac.com, Fax 02 40 91 30 33,* ☞ , ☞ – 📺 📞 ♨ 🅿 – 🛎 30. **AE GB**
fermé 15 déc. au 15 janv. – **Repas** *(fermé mardi sauf le soir du 15 juin au 15 sept. et merc. midi)* 18,60 (déj.), 22/46, enf. 9 – ☲ 9 – **20 ch** 65/90 – ½ P 65.
♦ Hameau de chaumières récentes inscrit dans le Parc naturel régional de Brière. Vastes chambres dotées de ciels de lit. Plaisante salle à manger rénovée, en jaune et blanc. Cuisine classique personnalisée.

rte de St-Nazaire *Sud : 3 km par D 47* – ✉ *44410 St-Lyphard :*

XX **Auberge le Nézil,** ℰ 02 40 91 41 41, *Fax 02 40 91 45 39,* ☞ , ☞ – 🅿. **AE GB**
fermé 4 au 11 oct., 20 déc. au 18 janv., merc. soir d'oct. à mai, dim. soir et lundi – **Repas** 22 (déj.), 26/45, enf. 10.
♦ Pimpante chaumière à la lisière des marais de Grande Brière. Intérieur rustique rénové. Goûteuse cuisine classique servie, l'été, sur l'agréable terrasse-jardin.

à Bréca *Sud : 6 km par D 47 et rte secondaire* – ✉ *44410 St-Lyphard :*

XX **Auberge de Bréca,** ℰ 02 40 91 41 42, *aubergedebreca@wanadoo.fr, Fax 02 40 91 37 41,* ☞ , ☞ – **AE GB**
fermé 19 déc. au 3 janv., mardi soir de nov. à mars, dim. soir et jeudi sauf juil.-août – **Repas** 22,50/45, enf. 12 ♨.
♦ Cette chaumière briéronne (1903) abrite aujourd'hui un restaurant chaleureux agrandi d'une belle véranda. En saison, jardin fleuri et terrasse tournée vers les marais.

à Kerbourg *Sud-Ouest : 6 km par D 51 (rte de Guérande)* – ✉ *44410 St-Lyphard :*

XX **Auberge de Kerbourg** (Jeanson), ℰ 02 40 61 95 15, *Fax 02 40 61 98 64,* ☞ , ☞ – **GB**
✿ *fermé mi-déc. à mi-fév., mardi midi, vend. midi, sam. midi, dim. soir et lundi* – **Repas** (en saison, prévenir) 35 (déj.), 52/70 et carte 55 à 69.
♦ Belle maison de 1753 coiffée d'un toit de chaume fleuri en saison. Charmant accueil, intérieur campagnard soigné et originale cuisine au goût du jour incitent à s'attarder.
Spéc. Alose de Loire grillée (avril-mai). Baliste de nos côtes (juin à sept.). Gros turbot sauvage du Croisic. **Vins** Muscadet de Sèvre et Maine, Chinon.

ST-MACAIRE *33 Gironde* **335** *J7* – rattaché à Langon.

ST-MAIXENT-L'ÉCOLE *79400 Deux-Sèvres* **322** *E6* G. Poitou Vendée Charentes – 6 602 h alt. 85.

Voir *Église abbatiale★ – Musée militaire (série d'uniformes★).*
⛳ du Petit Chêne à Mazières-en-Gâtine ℰ 05 49 63 20 95, O : 20 km par D 6.
🛈 Office de tourisme, Port Châlon ℰ 05 49 05 54 05, *Fax 05 49 05 76 25, otsi.hvs@ot-valsevre.fr.*
Paris 383 – Poitiers 52 – Angoulême 106 – Niort 24 – Parthenay 30.

Logis St-Martin ⚹, chemin Pissot ☎ 05 49 05 58 68, *courrier@logis-saint-martin.com*, Fax 05 49 76 19 93, ≤, 🍴, ♨ – 📺 ⚓ 🅿️ 🆎 ⓞ 🆖 🆑 ⚸ ch
fermé 17 janv. au 7 fév., mardi midi, sam. midi et lundi – **Repas** 30 (déj.), 42/88 bc ♀ ♨ – ☲ 14 – **11 ch** 95/125 – ½ P 110/130.
◆ Cette noble gentilhommière du 17e s. restaurée avec goût est nichée dans un parc bordé par la Sèvre niortaise. Douillettes chambres personnalisées. Au restaurant, cadre raffiné, plats classiques préparés devant le client et bon choix de vins, même au verre.

à Soudan *Est : 7,5 km par N 11 – 379 h. alt. 155 – ✉ 79800 .*

Voir *Musée des Tumulus de Bougon★★.*

XX **L'Orangerie** avec ch, ☎ 05 49 06 56 06, Fax 05 49 06 56 10, 🍴, ≉ – 📺 ⚓ 🅿️ 🆎 🆖
⚸ *fermé 15 nov. au 6 déc., dim. soir et merc.* – **Repas** (10,50) - 15/41, enf. 7,50 ♀ – ☲ 6,50 – **7 ch** 28/55 – ½ P 40.
◆ Cuisine classique servie dans un restaurant ouvert sur le jardin. Un ancien atelier de ferronnerie abrite des chambres modestes. Salle des petits-déjeuner sous verrière.

ST-MALO ⚸ 35400 I.-et-V. 🔟 J3 *G. Bretagne* – 50 675 h alt. 5 – Casino **AXY**.

Voir *Remparts★★★ – Château★★ : musée d'Histoire de la ville et d'Ethnographie du pays malouin★ M², tour Quic-enroigne★ DZ E – Fort national★ : ≤★★ 15 mn – Vitraux★ de la cathédrale St-Vincent – Mystères de la mer★★ (aquarium) par ③ – Rothéneuf : musée-manoir Jacques-Cartier★, 3 km par ① – St Servan sur Mer : corniche d'Aleth≤★, tour Solidor★, échappées du parc des Corbières★, belvédère du Rosais★.*

✈ *de Dinard-Pleurtuit-St-Malo : ☎ 02 99 46 18 46, par ③ : 14 km.*

🏢 *Office de tourisme, esplanade St-Vincent ☎ 02 99 56 64 48, Fax 02 99 56 67 00, office.de.tourisme.saint-malo@wanadoo.fr.*

Paris 404 ③ – Avranches 68 ③ – Dinan 32 ③ – Rennes 70 ③ – St-Brieuc 71 ③.

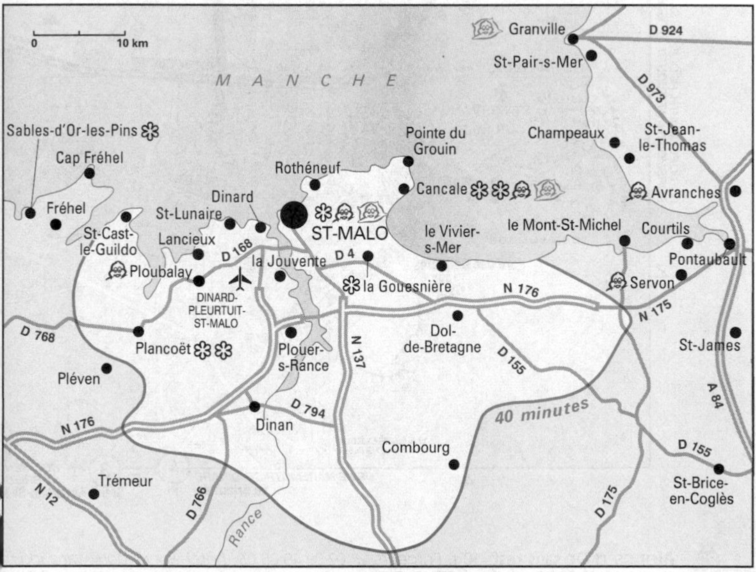

Intra muros :

 Central, 6 Gde rue ☎ 02 99 40 87 70, *centralbw@wanadoo.fr*, Fax 02 99 40 47 57 – ⧉ ⚐
📺 – 🍴 50. 🆎 ⓞ 🆖 🆑   **DZ n**
Pêcherie : Repas 22/30, enf. 12 – ☲ 11 – **50 ch** 120/159.
◆ Afin de goûter pleinement le charme de St-Malo intra-muros, installez-vous au cœur de la cité corsaire, dans l'une des chambres fonctionnelles refaites du Central. Au restaurant : produits de la mer et murs décorés de matériel de pêche.

ST-MALO
PARAMÉ-ST-SERVAN

Ajoncs d'Or sans rest, 10 r. Forgeurs *ℰ* 02 99 40 85 03, *hotel-ajoncs-dor@wanadoo.fr,*
Fax 02 99 40 80 70 – |‡| TV 📞 AE ① GB JCB. ⅍   DZ **a**
fermé déc. et janv. – ⌓ 10 – **22 ch** 75/125.
 ◆ Dans une rue relativement tranquille, chambres bien équipées, entièrement rénovées et
plaisamment personnalisées. Salle des petits-déjeuners au décor marin.

Cité sans rest, 26 r. Ste-Barbe *ℰ* 02 99 40 55 40, *hoteldelacite@wanadoo.fr,*
Fax 02 99 40 10 04 – |‡| 🖥 TV 📞 🚗 AE ① GB JCB   DZ **v**
⌓ 9,50 – **41 ch** 69,80/107.
 ◆ Ce bel immeuble jouxtant les remparts abrite des chambres nettes et insonorisées ;
certaines offrent une échappée sur la mer, d'autres, spacieuses, accueillent les familles.

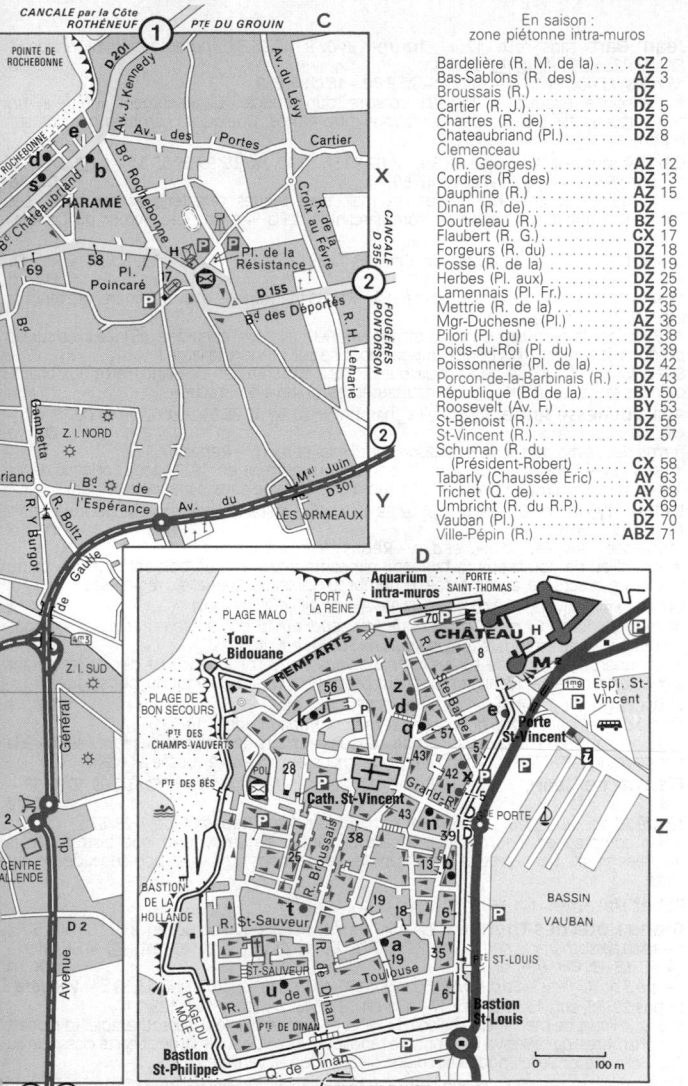

En saison :
zone piétonne intra-muros

Bardelière (R. M. de la) ..... **CZ** 2
Bas-Sablons (R. des) ...... **AZ** 3
Broussais (R.) .... **DZ**
Cartier (R. J.) .... **DZ** 5
Chartres (R. de) .... **DZ** 6
Chateaubriand (Pl.) .... **DZ** 8
Clemenceau
  (R. Georges) .... **AZ** 12
Cordiers (R. des) .... **DZ** 13
Dauphine (R.) .... **AZ** 15
Dinan (R. de) .... **DZ**
Doutreleau (R.) .... **BZ** 16
Flaubert (R. G.) .... **CX** 17
Forgeurs (R. du) .... **DZ** 18
Fosse (R. de la) .... **DZ** 19
Herbes (Pl. aux) .... **DZ** 25
Lamennais (Pl. Fr.) ...... **DZ** 28
Mettrie (R. de la) .... **DZ** 35
Mgr-Duchesne (Pl.) .... **AZ** 36
Pilori (Pl. du) .... **DZ** 38
Poids-du-Roi (R.) .... **DZ** 39
Poissonnerie (Pl. de la) .. **DZ** 42
Porcon-de-la-Barbinais (R.) . **DZ** 43
République (Bd de la) ..... **BY** 50
Roosevelt (Av. F.) .... **BY** 53
St-Benoist (R.) .... **DZ** 56
St-Vincent (R.) .... **DZ** 57
Schuman (R. du
  (Président-Robert) ..... **CX** 58
Tabarly (Chaussée Éric) ... **AY** 63
Trichet (Q. de) .... **AY** 68
Umbricht (R. du R.P.) ..... **CX** 69
Vauban (Pl.) .... **DZ** 70
Ville-Pépin (R.) .... **ABZ** 71

🏨 **Quic en Groigne** ⬥ sans rest, 8 r. d'Estrées 🕾 02 99 20 22 20, *rozenn.roualec@wanado*
o.fr, Fax 02 99 20 22 30 – 📺 🖘, 💳 🌐 💳. ⬥
fermé 9 au 16 janv. – ⌧ 6,50 – **15** ch 48/62.   **DZ u**
  ◆ Cet hôtel aménagé dans une vieille maison malouine a pris le joli nom de la tour accolée
au château. Chambres actuelles et véranda ou jardinet pour les petits-déjeuners.

🏨 **Palais** sans rest, 8 r. Toullier 🕾 02 99 40 07 30, *hotel-du-palais@wanadoo.fr*,
Fax 02 99 40 29 53 – 📲 📺 📞 🏧 💳 🌐 💳. ⬥   **DZ k**
fermé 20 au 27 déc. et 4 au 13 janv. – ⌧ 6 – **17** ch 48/55.
  ◆ Dans le prolongement du palais de justice, chambres régulièrement actualisées ; celles
du dernier étage, plus amples et mansardées, sont éclairées par de grands Velux.

Jean Bart sans rest, 12 r. Chartres ℰ 02 99 40 33 88, *hoteljeanbart@wanadoo.fr*, *Fax 02 99 56 98 89* – 🛗 📺. 🖭 ⅁⅊ DZ **b**
15 mars-15 nov. et 26 déc.-4 janv. – 🖵 6,70 – **18 ch** 46/59.
♦ L'enseigne évoque le fameux corsaire dunkerquois. L'agencement intérieur un peu tortueux est typique des habitations intra-muros. Quelques chambres ont vue sur le port.

Cartier sans rest, 1 r. Corne de Cerf ℰ 02 99 56 30 00, *Fax 02 99 56 55 54* – 🛗 📺. ⅁⅊. ⋙ *1ᵉʳ avril-15 nov.* – 🖵 5,50 – **22 ch** 47/69.
♦ Tranquillité et chambres modestes mais bien tenues caractérisent cet hôtel. Les fenêtres donnent sur deux rues commerçantes de la ville du "découvreur du Canada" (Cartier).

Chalut (Foucat), 8 r. Corne de Cerf ℰ 02 99 56 71 58, *Fax 02 99 56 71 58* – 🍽. 🖭 ⅁⅊ DZ **d**
fermé mardi sauf le soir en saison et lundi – **Repas** (nombre de couverts limité, prévenir) 21 (déj.), 32/48 et carte 47 à 60 🍷.
♦ Belle façade évoquant la vie des marins, intérieur convivial et cuisine raffinée axée sur les produits de la mer : trois bonnes raisons pour ne pas prendre le large !
Spéc. Vinaigrette tiède de Saint-Jacques (oct. à avril). Etuvée de Saint-Pierre aux champignons sauvages. Poires pochées au sauternes, gratin à la pistache.

A la Duchesse Anne, 5 pl. Guy La Chambre ℰ 02 99 40 85 33, *Fax 02 99 40 00 28*, 🌿 – ⅁⅊. 🖭 ⅁⅊ DZ **e**
fermé déc., janv., dim. soir hors saison, lundi midi et merc. – **Repas** 67.
♦ Imbriquée dans le rempart, institution malouine créée en 1922, dont l'original décor "rétro" mérite le coup d'oeil (joli sol en mosaïque). Cuisine dans la grande tradition.

Delaunay, 6 r. Ste-Barbe ℰ 02 99 40 92 46, *restaurant.delaunay@club-internet.fr*, *Fax 02 99 56 88 91* – ⅁⅊ DZ **x**
fermé déc., janv., fév., le midi et dim. – **Repas** carte 36 à 55.
♦ Au milieu de nombreux restaurants, pimpante devanture en bois abritant une petite salle claire et actuelle, agrémentée de nombreux tableaux. Spécialités régionales.

Gilles, 2 r. Pie qui boit ℰ 02 99 40 97 25, *Fax 02 99 40 97 25* – ⅁⅊ DZ **t**
fermé 19 nov. au 13 déc., vacances de fév., jeudi du 15 oct. à Pâques et merc. – **Repas** (nombre de couverts limité, prévenir) *(13,80)* - 17/32, enf. 10 🍷.
♦ La superbe promenade sur les remparts vous a ouvert l'appétit ? Ce discret restaurant aux vitres garnies de rideaux brodés vous propose sa cuisine au goût du jour soignée.

L'Ancrage, 7 r. J. Cartier ℰ 02 99 40 15 97, 🌿 – ⅁⅊ DZ **r**
fermé déc. et janv., mardi hors saison et merc. – **Repas** 15 (déj.), 18/32.
♦ Adossé aux remparts, restaurant de poissons et fruits de mer où vous serez servis "à la bonne franquette" ! Décor marin au rez-de-chaussée ; jolie salle voûtée à l'étage.

Bistrot de Jean, 6 r.de la Corne de Cerf ℰ 02 99 40 98 68, *Fax 02 99 40 98 68* – ⅁⅊ DZ **z**
fermé 23 déc. au 23 janv., merc. midi, sam. midi et dim. – **Repas** 14 (déj.), 28/37 🍷.
♦ Un comptoir en zinc devance la salle à manger de ce sympathique bistrot. Tables dressées simplement, ardoise annonçant les suggestions du jour et bon choix de vins au verre.

St-Malo Est et Paramé – ✉ 35400 St-Malo :

Grand Hôtel des Thermes ⋙, aux Thermes marins, 100 bd Hébert ℰ 02 99 40 75 75, *resa@thalassotherapie.com*, *Fax 02 99 40 76 00*, ≤, 🛁, 🏊 – 🛗, 🍽 rest, 📺 📞 & 🚗 – 🔔 50. 🖭 ⓞ ⅁⅊ 🍴Ⅽ🅱. ⋙ rest BX **n**
fermé 5 au 18 janv. – **Cap Horn** ℰ 02 99 40 75 40 **Repas** 25,50/67, enf. 13,50 🍷 – **Verrière : Repas** 29/38, enf. 13,50 🍷 – 🖵 17 – **171 ch** 181/345, 7 suites – ½ P 125/217.
♦ Sur le front de mer, ancien palace du 19ᵉ s. et son centre de thalassothérapie. La plupart des chambres, de tailles variées, ont été rénovées. Jolie vue sur le large et carte classique au Cap Horn. Décor Belle Époque et cuisine diététique à La Verrière.

Océania sans rest, 2 r. Joseph Loth ℰ 02 99 56 84 84, *oceania-st-malo@hotel-sofibra.com*, *Fax 02 99 56 45 73*, ≤ – 🛗 ⋙ 📺 📞 & 🚗. 🖭 ⓞ ⅁⅊ AY **d**
🖵 11 – **70 ch** 110/155.
♦ Façade récente en verre étirée sur la chaussée du Sillon, à proximité des remparts et du casino. Chambres bien équipées et refaites.

Villefromoy sans rest, 7 bd Hébert ℰ 02 99 40 92 20, *villefromoy.hotel@wanadoo.fr*, *Fax 02 99 56 79 49* – 🛗 📺 📞 & 🖭. 🖭 ⓞ ⅁⅊ 🍴Ⅽ🅱 CX **s**
fermé 14 nov. au 27 déc. et 3 janv. au 10 fév. – 🖵 10,50 – **21 ch** 105/132.
♦ Dans un quartier résidentiel, deux villas du Second Empire reliées par un sas vitré ; préférez celle côté mer. Maquettes de bateaux et soldats de plomb décorent le salon.

Mercure sans rest, 36 chaussée Sillon ℰ 02 23 18 47 47, *h3225@accor-hotels.com*, *Fax 02 23 18 47 48* – 🛗 ⋙ 📺 &. 🖭 ⓞ ⅁⅊ AY **z**
🖵 12 – **51 ch** 101/170.
♦ Un nouveau Mercure posté sur le Sillon, face à la mer. Aménagements fonctionnels et décoration actuelle. Formule buffet au petit-déjeuner. Accueil 24 h sur 24.

Grand Hôtel Courtoisville ⚜, 69 bd Hébert ℘ 02 99 40 83 83, hotel@courtoisville.com, Fax 02 99 40 57 83, ▨, ☞ – ▤ ⇄ ▥ ℃ ⇔ ℙ. GB. ✲ rest   **BX a**
mi-fév.-mi-nov. et vacances de Noël – **Repas** (mi-fév.-mi-nov.) 24/31, enf. 12 ♀ – ⌷ 11 – **44 ch** 131/154 – ½ P 87,60/97.
◆ Non loin des thermes marins, pension familiale du début du 20ᵉ s. entourée d'un jardin très agréable en été. Chambres spacieuses et tranquilles. Plaisant salon. Salle à manger bourgeoise tournée vers la verdure. Plats traditionnels et produits de l'océan.

Brocéliande sans rest, 43 chaussée Sillon ℘ 02 99 20 62 62, logis.broc0eliande@wanadoo.fr, Fax 02 99 40 42 47 – ▥ ℙ. ℀ ⓞ GB. ✲   **BX v**
fermé janv. – ⌷ 10 – **9 ch** 125/155.
◆ Ancienne demeure bourgeoise tenue comme une maison d'hôte. Chaque chambre, décorée de tapisseries Laura Ashley, porte le nom d'un des héros de Brocéliande.

Alba sans rest, 17 r. des Dunes ℘ 02 99 40 37 18, info@hotelalba.com, Fax 02 99 40 96 40, ⇐ – ▥ ℃. ℀ GB. ✲   **BX z**
fermé janv. – ⌷ 12 – **22 ch** 130/140.
◆ Cette villa entièrement rénovée bénéficie d'un bel emplacement face à la plage. Les petites chambres offrent toutes un cadre contemporain et la moitié une vue sur la mer.

Les Acacias ⚜ sans rest, 8 bd Hébert ℘ 02 99 56 01 19, hotel.acacias@wanadoo.fr, Fax 02 99 56 17 81, ⇐ – ▥. GB   **CX d**
fermé 15 nov. au 20 déc. et 3 au 30 janv. – ⌷ 6,20 – **23 ch** 55/78.
◆ Villa classique de bord de mer appréciée pour sa grande terrasse panoramique. Chambres nettes, dotées d'un mobilier "minimaliste" ; quelques-unes ont été refaites.

Ibis Plage sans rest, 58 chaussée Sillon ℘ 02 99 40 57 77, h1105@accor-hotels.com, Fax 02 99 40 57 78 – ▤ ⇄ ▥ ℃ & ℙ. ℀ ⓞ GB   **BXY t**
⌷ 7 – **60 ch** 100/115.
◆ Entre route et Grande Plage, chambres bien insonorisées et peu à peu réactualisées ; certaines ont vue sur le large. Ambiance marine dans la salle des petits-déjeuners.

Eden sans rest, 1 r. Étang ℘ 02 99 40 23 48, hotelterminuseden@wanadoo.fr, Fax 02 99 40 55 86 – ⇄ ▥. ℀ GB   **CX b**
fermé 15 janv. au 15 mars – ⌷ 7,50 – **26 ch** 49/62.
◆ À l'écart du centre-ville, pimpante façade abritant des chambres de diverses tailles, d'une tenue impeccable. Salle des petits-déjeuners meublée en rotin coloré.

Fleur de Sel, 93 bd Rochebonne ℘ 02 99 40 09 93, Fax 02 99 40 09 93 – GB   **CX e**
fermé 10 au 23 nov., 8 au 15 mars, sam. midi, dim. soir et lundi – **Repas** (20) - 26/36, enf. 10 ♀.
◆ À deux pas de la grande plage et de la digue de Rochebonne, petite pause gourmande dans une salle à manger décorée d'une fresque originale d'inspiration marine.

à St-Servan-sur-Mer – ✉ 35400 St-Malo :

Manoir du Cunningham sans rest, 9 pl. Mgr Duchesne ℘ 02 99 21 33 33, cunningham@wanadoo.fr, Fax 02 99 21 33 34, ⇐ – ▥ ℃ & ℙ. ℀ GB   **AZ a**
15 mars-15 nov. – ⌷ 9 – **13 ch** 110/180.
◆ Avenante bâtisse aux allures de manoir face à l'anse des Sablons. Les chambres, baptisées de noms d'îles, sont plaisantes et bien meublées ; la plupart s'ouvrent sur la mer.

Valmarin ⚜ sans rest, 7 r. Jean XXIII ℘ 02 99 81 94 76, levalmarin@wanadoo.fr, Fax 02 99 81 30 03, ⚘ – ▥ ℙ. ℀ GB   **AZ n**
fermé 15 au 30 janv. – ⌷ 10 – **12 ch** 95/135.
◆ Élégante malouinière du 18ᵉ s. dans un beau parc arboré. Les grandes chambres personnalisées (mansardées au 2ᵉ étage) portent le nom d'hommes célèbres natifs de la région.

Rance sans rest, 15 quai Sébastopol (port Solidor) ℘ 02 99 81 78 63, hotel-la-rance@wanadoo.fr, Fax 02 99 81 44 80, ⇐ – ▥ ℃. ℀ GB ℉㏄. ✲   **AZ k**
⌷ 8 – **11 ch** 81.
◆ Petit établissement au confort moderne, où vous serez reçu comme chez des amis. Chambres dotées de beaux meubles anciens. Salon décoré sur le thème de la marine à voiles.

Korrigane sans rest, 39 r. Le Pomellec ℘ 02 99 81 65 85, la.korrigane.st.malo@wanadoo.fr, Fax 02 99 82 23 89, ⚘ – ▥. ℀ ⓞ GB ℉㏄   **BZ b**
⌷ 12 – **12 ch** 120/150.
◆ Cet ex-hôtel particulier au nom de fée dégage un charme suranné. Chambres personnalisées ; deux ont été rénovées. Salons aménagés avec goût ; l'un d'eux est dédié aux livres.

Ascott ⚜ sans rest, 35 r. Chapitre ℘ 02 99 81 89 93, informations@ascotthotel.com, Fax 02 99 81 77 40, ⚘ – ▥ ℃. ℀ GB   **BZ s**
fermé 17 janv. au 21 fév. – ⌷ 10 – **10 ch** 90/145.
◆ Le mariage est heureux entre le décor contemporain (meubles design) et les attributs anciens (lustres à pendeloques et tableaux) de cette coquette demeure bourgeoise.

XX **St-Placide,** 6 pl. Poncel ℰ 02 99 81 70 73, *saint-placide@wanadoo.fr*, Fax 02 99 81 89 49
– ☒ ☒ BZ a
fermé 15 au 24 nov., 14 au 23 fév., mardi hors saison et merc. – **Repas** (14) - 23/45, enf. 12 ♀.
◆ Dans un quartier résidentiel, construction régionale (1907) flanquée d'une véranda. La
salle à manger, fraîche et intime, vous convie à goûter une cuisine du terroir.

X **L'Atre,** 7 espl. Cdt Menguy (port Solidor) ℰ 02 99 81 68 39, Fax 02 99 81 56 18, ≤ – ☒ ☒
fermé mi-déc. à fin janv., dim. soir et mardi soir de sept. à juin et merc. – **Repas** (13) - 19/34,
enf. 10. AZ v
◆ Tout près de la tour Solidor (musée des Cap-Horniers), salle à manger rustique dotée
d'une cheminée-gril. Les tables de la véranda profitent de la vue sur le port.

à Rothéneuf par ① : 3 km – ☒ 35400 St-Malo :

XX **Benetin,** aux Rochers Sculptés ℰ 02 99 56 97 64, Fax 02 99 56 97 64, ≤ rochers sculptés
– ☒ ☒
fermé 18 oct. au 5 nov., 24 janv. au 4 fév., mardi hors saison et merc. – **Repas** (19) - 25/35 ♀.
◆ Atmosphère de bistrot, appétissante cuisine au goût du jour et carte volontairement
courte caractérisent ce restaurant niché à proximité des rochers sculptés par l'abbé Fouré.

rte de Rennes par ③ et av. Gén. de Gaulle : 3 km – ☒ 35400 St-Malo :

🏨 **Brit Hôtel Transat,** ℰ 02 99 19 79 79, *transat@brithotel.fr*, Fax 02 99 19 79 50 – 🖥 ⇔
☰ 📺 ⅏ ᵶ ⇔ 🅿 – 🛗 20 à 80. ☒ ☒
Repas *(fermé dim. midi et sam. du 31 oct. au 1er avril)* (15) - 17/23, enf. 9 ♀ – ☲ 8 – **39 ch** 85
– ½ P 65,50.
◆ Architecture contemporaine voisine de l'aquarium des Mystères de la Mer. Décoration
intérieure d'inspiration marine. Chambres spacieuses, bien insonorisées. Salle à manger au
cadre de brasserie moderne. Au choix, menus traditionnels ou formules buffets.

🏨 **La Grassinais,** 12 allée Grassinais ℰ 02 99 81 33 00, Fax 02 99 81 60 90, 🍴 – ⇔, ☰ rest,
📺 ⅏ ᵶ 🅿 – 🛗 20. ☒ ☒ ✄ ch
fermé 20 déc. au 30 janv., dim. soir, sam. midi et lundi hors saison – **Repas** 20 (déj.), 24/54,
enf. 10 ♀ – ☲ 8 – **29 ch** 69/80 – ½ P 72.
◆ En périphérie de St-Malo, ancienne ferme rattrapée par l'urbanisation et joliment restaurée. Elle abrite des chambres actuelles, confortables et rajeunies. Chaleureuse salle à
manger rustique. À table, recettes traditionnelles mitonnées avec soin.

🏨 **Ibis,** centre commercial La Madeleine ℰ 02 99 82 10 10, *H0728-gm@accor-hotels.com*,
Fax 02 99 82 35 74 – ⇔ 📺 ⅏ ᵶ 🅿 – 🛗 30. ☒ ⓞ ☒
Repas (12) - 15, enf. 7 ♀ – ☲ 6 – **73 ch** 83.
◆ Aux portes de la cité corsaire, longue et pimpante bâtisse à la façade colorée, dont la
plupart des chambres, tranquilles, ont été rénovées. Petit coin salon. Halte repas sans
prétention permettant à chacun de "recharger les accus".

ST-MANDÉ 94 Val-de-Marne 312 D2 101 ㉗ – *voir à Paris, Environs.*

ST-MARC-A-LOUBAUD 23460 Creuse 325 I5 – 122 h alt. 705.
Paris 411 – Limoges 78 – Aubusson 24 – Guéret 54 – Tulle 87 – Ussel 57.

X **Les Mille Sources,** ℰ 05 55 66 03 69, Fax 05 55 66 03 69, 🍴, 🌲 – 🅿. ☒
fermé 1er déc. au 31 janv., dim. soir et lundi hors saison – **Repas** (prévenir) 27/42.
◆ On se sent un peu comme chez des amis dans cette ex-ferme habilement réaménagée.
Décor rustique très soigné, petits plats maison et viandes rôties à la ficelle.

ST-MARCEL 36 Indre 323 F7 – *rattaché à Argenton-sur-Creuse.*

ST-MARCEL 71 S.-et-L. 320 J9 – *rattaché à Chalon-sur-Saône.*

ST-MARCEL 27 Eure 304 I7 – *rattaché à Vernon.*

ST-MARCEL-EN-DOMBES 01390 Ain 328 C5 – 1 059 h alt. 265.
Paris 440 – Lyon 30 – Bourg-en-Bresse 36 – Meximieux 21 – Villefranche-sur-Saône 26.

X **Colonne,** ℰ 04 72 26 11 06, Fax 04 72 08 59 24, 🍴 – ☒
fermé 23 déc. au 23 janv., lundi soir et mardi – **Repas** 15,50 (déj.), 19,50/32, enf. 10.
◆ La salle à manger de cette maison dombiste ancienne dégage un indéniable charme
provincial. Cuisine régionale. Petit jardin-terrasse à l'arrière.

ST-MARCELLIN *38160 Isère* 333 *E7 G. Vallée du Rhône – 6 955 h alt. 282.*

🛈 *Office de tourisme, 2 avenue du Collège ℰ 04 76 38 53 85, Fax 04 76 38 17 32, tourisme-saint-marcellin@wanadoo.fr.*

Paris 570 – Grenoble 55 – Valence 46 – Die 76 – Vienne 71 – Voiron 47.

XX **Tivollière,** Château du Mollard ℰ 04 76 38 21 17, Fax 04 76 64 02 99, ≤, 舘 – 🅿. GB
fermé 1ᵉʳ au 8 août, 1ᵉʳ au 17 janv., merc. soir en saison, vend. soir hors saison, dim. soir et lundi – **Repas** 15,50/39.
♦ Restaurant au décor moderne assez inattendu, aménagé dans un château du 15ᵉ s. dominant la ville. La terrasse ombragée offre une petite échappée sur le Vercors.

ST-MARTIN-BELLEVUE *74370 H.-Savoie* 328 *J5 – 1 739 h alt. 732.*
Paris 538 – Annecy 10 – Aix-les-Bains 43 – La Clusaz 34 – Genève 37 – Rumilly 34.

🏠 **Beau Séjour** ⌖, à la gare : 1 km ℰ 04 50 60 30 32, hotelbs@aol.com, Fax 04 50 60 38 44, 舘, ☞ – ⫟ 🔟 🅿. GB. ⚞ rest
1ᵉʳ fév.-15 déc. – **Repas** *(fermé dim. soir et lundi sauf août)* 18/30 ⌇ – ⌑ 7 – **15 ch** 42/60 – ½ P 51,50/56,50.
♦ Grand bâtiment situé à côté de la gare. Chambres assez simples ; certaines offrent une vue sur la vallée et le massif du Parmelan. Salle à manger agrémentée de jolies boiseries et de fresques évoquant les saisons à la Belle Époque. Recettes traditionnelles.

ST-MARTIN-D'ARMAGNAC *32 Gers* 336 *B7 – rattaché à Nogaro.*

Dans ce guide
un même symbole, un même mot,
imprimé en **rouge** *ou en* **noir**, *en maigre ou en* **gras**,
n'ont pas tout à fait la même signification.
Lisez attentivement les pages explicatives.

ST-MARTIN-DE-BELLEVILLE *73440 Savoie* 333 *M5 G. Alpes du Nord – 2 532 h alt. 1450 – Sports d'hiver : 1 450/2 850 m ⏏ 9 ⌇ 37 ⌗.*

🛈 *Office de tourisme, ℰ 04 79 00 73 00, Fax 04 79 00 75 06, lesmenuires@lesmenuires. com.*

Paris 624 – Albertville 44 – Chambéry 93 – Moûtiers 20.

🏨 **St-Martin** ⌖, ℰ 04 79 00 88 00, hotelstmartin@wanadoo.fr, Fax 04 79 00 88 39, ≤, 舘, 🝔 – ⫟, ≣ ch, 🔟 ✆ & ⇔ – 🔬 30. 🖭 ⓪ GB. ⚞ rest
13 déc.-17 avril – **Grenier** *16 déc.-13 avril* **Repas** 30/50 – ⌑ 15 – **19 ch** 200/380, 8 duplex – ½ P 120/160.
♦ Ce coquet chalet à toiture de lauzes respire le bon goût. Chaleureux décor de bois et équipements modernes dans les chambres, souvent dotées de balcons. Cuisine du terroir et suggestions du jour annoncées sur de grandes ardoises du pays ; cadre savoyard.

🏠 **Edelweiss** sans rest, ℰ 04 79 08 96 67, hoteledelweiss@wanadoo.fr, Fax 04 79 08 90 40 – 🔟, ⓪ GB. ⚞
début juil.-10 sept. et 20 déc.-fin avril – ⌑ 10 – **16 ch** 73/115.
♦ L'esprit montagnard fleurit à l'Edelweiss où la plupart des chambres, très bien tenues, ont été rénovées lors des Jeux olympiques d'hiver de 1992. Sauna apprécié des skieurs.

XX **Bouitte** (Meilleur) ⌖ avec ch, à St-Marcel, Sud-Est : 2 km ℰ 04 79 08 96 77, info@la-bouit
⅏ te.com, Fax 04 79 08 96 03, ≤, 舘 – 🅿. 🖭 GB 🇯🇨🇧
1ᵉʳ juil.-31 août et 15 déc.-1ᵉʳ mai – **Repas** *(fermé lundi en été)* 38/115 et carte 76 à 95, enf. 18 – **5 ch** ⌑ 121/186.
♦ Joli décor de vieux chalet, cuisine "salée-sucrée" inventive et utilisant les herbes alpestres, chambres douillettes : cette "bouitte" offre un délicieux concentré de Savoie !
Spéc. Escalope de foie gras de canard au miel d'acacia. Foie de veau rosé, émincé, tatin d'échalotes confites, bouquet de figues (déc. à avril). Ris de veau doré en cocotte, bouillon de pot au feu (juil.-août). **Vins** Chignin-Bergeron, Mondeuse d'Arbin.

X **Étoile des Neiges,** ℰ 04 79 08 92 80, hoteledelweiss@wanadoo.fr, Fax 04 79 08 90 40, 舘 – ⓪ GB
20 déc.-fin avril – **Repas** 14 (déj.), 27/48.
♦ L'atout principal de ce restaurant est sa terrasse, très agréable aux beaux jours. Cadre rustique et tables agencées autour de la cheminée centrale. Cuisine traditionnelle.

% **Montagnard,** ℘ 04 79 01 08 40, *lemontagnard@wanadoo.fr* – ⊖⊟
2 juil.-29 août et 15 déc.-2 mai – **Repas** (dîner seul. en été sauf week-ends d'août) carte 28 à 40, enf. 10 ⍩.
♦ Décor montagnard (bois brut, murs chaulés, meubles massifs, vieux outils), plats du terroir et ambiance animée : simplicité et générosité règnent dans cette écurie du 19ᵉ s.

ST-MARTIN-DE-LONDRES *34380 Hérault* ⬛⬛⬛ *H6 G. Languedoc Roussillon – 1 894 h alt. 194.*
🛈 *Office de tourisme, place de la mairie ℘ 04 67 55 09 59, Fax 04 67 55 96 27, contact@tourismed.com.*
Paris 744 – Montpellier 25 – Le Vigan 37.

XXX **Les Muscardins,** 19 rte Cévennes ℘ 04 67 55 75 90, *trousset@les-muscardins.fr*, Fax 04 67 55 70 28 – ▤ 🅿 🄰🄴 ⓞ ⊖⊟ 🄹🄲🄱
fermé 16 fév. au 8 mars, lundi et mardi – **Repas** 29 (déj.), 39,50/64 et carte 53 à 70, enf. 12 ⍩.
♦ La salle à manger et son petit salon d'attente ont été entièrement redécorés dans des tons chaleureux ; tableaux colorés aux murs. Cuisine au goût du jour. Service traiteur.

XX **Pastourelle,** chemin de la Prairie ℘ 04 67 55 72 78, Fax 04 67 55 72 78, 🌤, 🎋 – 🅿 🄰🄴 ⓞ ⊖⊟
fermé 15 au 30 sept., vacances de fév., dim. soir, lundi soir, mardi soir en hiver, jeudi midi en saison et merc. – **Repas** 19/45, enf. 9,50 ⍩.
♦ Salle à manger égayée d'aquarelles, oeuvres d'un peintre local ; tables soigneusement dressées. Agréable jardin-terrasse. Plats traditionnels et cave fournie.

au Sud : 12 km par D 32, D 127 et D 127ᴱ⁶ – ✉ 34380 Argelliers :

XX **Auberge de Saugras** 🦢 avec ch, ℘ 04 67 55 08 71, *auberge.saugras@wanadoo.fr*, Fax 04 67 55 04 65, 🌤, 🛋 – 🍴 🅿 🄰🄴 ⓞ ⊖⊟
fermé 9 au 25 août, 20 déc. au 20 janv., lundi midi en juil.-août, mardi sauf le soir en juil.-août et merc. – **Repas** (prévenir) 17/50, enf. 12 – 🛏 7 – **7 ch** 49/80 – ½ P 53/75.
♦ Difficile d'accès car isolé dans la nature, ce mas du 12ᵉ s. aux murs de pierres brutes offre une généreuse cuisine du terroir. Plaisante terrasse. Chambres rénovées.

ST-MARTIN-D'ENTRAUNES *06470 Alpes-Mar.* ⬛⬛⬛ *B3 – 88 h alt. 1050.*
🛈 *Syndicat d'initiative, mairie ℘ 04 93 05 51 04, Fax 04 93 05 57 55.*
Paris 778 – Barcelonnette 50 – Castellane 60 – Digne-les-Bains 104 – Nice 108.

🏠 **Hostellerie de la Vallière,** ℘ 04 93 05 59 59, Fax 04 93 05 59 60, 🌤 – 🅿 ⊖⊟
1ᵉʳ mai-15 oct. – **Repas** 17,50/22,90 ⅛ – 🛏 7,10 – **10 ch** 45,50/54,90 – ½ P 45,50/52,50.
♦ Longue bâtisse à la façade colorée tournée vers le massif du Mercantour. Vous séjournerez dans des chambres assez simples. Grande salle où l'on vient faire des repas traditionnels. Bon choix de poissons. Terrasse pour les journées ensoleillées.

ST-MARTIN-DE-RÉ *17 Char.-Mar.* ⬛⬛⬛ *B2 – voir à Île de Ré.*

ST-MARTIN-DU-FAULT *87 H.-Vienne* ⬛⬛⬛ *E5 – rattaché à Limoges.*

ST-MARTIN-DU-TOUCH *31 H.-Gar.* ⬛⬛⬛ *G3 – rattaché à Toulouse.*

ST-MARTIN-DU-VAR *06670 Alpes-Mar.* ⬛⬛⬛ *E5 – 2 197 h alt. 110.*
Paris 938 – Nice 28 – Antibes 34 – Cannes 44 – Puget-Théniers 40 – Vence 22.

XXXX **Jean-François Issautier,** rte de Nice (N 202) : 3 km ℘ 04 93 08 10 65, *jf.issautier@wanadoo.fr*, Fax 04 93 29 19 73 – ▤ 🅿 🄰🄴 ⓞ ⊖⊟
🕸🕸
fermé 4 au 13 oct., 3 janv. au 3 fév., dim. soir, lundi et mardi – **Repas** 47 bc/92 et carte 85 à 115.
♦ Ce discret restaurant, bien connu des gourmets, est isolé de la route par une haie de conifères. Beau répertoire classique et régional servi dans un cadre bourgeois.
Spéc. Grosses crevettes poêlées en robe de pomme de terre. Pied de cochon croustillant. Cul d'agneau rôti rosé au jus de menthe. **Vins** Bellet, Côtes de Provence.

Écrivez-nous...
Vos louanges comme vos critiques seront examinées avec le plus grand soin.
Nous reverrons sur place les informations que vous nous signalez.
Par avance merci !

ST-MARTIN-EN-BRESSE *71620 S.-et-L.* **320** *K9 – 1 639 h alt. 192.*

Paris 353 – Beaune 48 – Chalon-sur-Saône 18 – Dijon 86 – Dôle 56 – Lons-le-Saunier 48.

Au Puits Enchanté, 1 pl. René Cassin *&* 03 85 47 71 96, *Chateau.Jacky@wanadoo.fr*, Fax 03 85 47 74 58 – 📺 📞 **P**. **GB**

fermé 8 au 16 mars, 23 au 30 sept., 6 au 29 janv., lundi sauf le soir de mars à oct., dim. soir et mardi – **Repas** 17/40, enf. 9,50 – ♀ 7 – **13 ch** 41/52 – ½ P 43,50/50.

♦ Cet hôtel familial situé au centre d'un bourg de la Bresse bourguignonne propose des chambres un peu exiguës, mais bien tenues. Petits-déjeuners servis sous la véranda. Au restaurant, la Bourgogne inspire le chef tant au niveau de l'assiette que du verre.

ST-MARTIN-LA-GARENNE *78 Yvelines* **311** *G1 – rattaché à Mantes.*

ST-MARTIN-LA-MÉANNE *19320 Corrèze* **329** *M4 – 365 h alt. 500.*

Voir *Barrage du Chastang★ SE : 5 km*, G. Berry Limousin.

Paris 510 – Brive-la-Gaillarde 54 – Aurillac 67 – Mauriac 48 – St-Céré 53 – Tulle 32 – Ussel 65.

Voyageurs avec ch, *&* 05 55 29 11 53, *info@hotellesvoyageurs.com*, Fax 05 55 29 27 70, 🍽, 🌳 – 📺 📞 🚗 **P**. **GB**

début mars-3 nov. et fermé dim. soir et lundi hors saison – **Repas** (11) - 15/33, enf. 7,50 ♀ – ♀ 5,50 – **8 ch** 39/50 – ½ P 40/42,50.

♦ Cette auberge en pierre joliment restaurée sert une cuisine du terroir dans une salle au cadre campagnard authentique. Jardin prolongé d'un étang (carpes, brochets).

ST-MARTIN-LE-BEAU *37270 I.-et-L.* **317** *O4* G. Châteaux de la Loire – *2 481 h alt. 55.*

Paris 231 – Tours 20 – Amboise 9 – Blois 45 – Loches 34.

Auberge de la Treille avec ch, 2 rue d'Amboise *&* 02 47 50 67 17, *auberge-de-la-treille @wanadoo.fr*, Fax 02 47 50 20 14 – 🍽 📺 🚗. **GB**

fermé 12 janv. au 5 fév., dim. soir et merc. hors saison – **Repas** 12 (déj.), 15/40, enf. 7,80 ♀ – ♀ 7 – **9 ch** 43/54 – ½ P 40/45.

♦ À deux tours de roue de l'Aquarium de Touraine (38 bassins à ciel ouvert). Trois accueil-lantes petites pièces séparées par de beaux murs à colombages. Chambres simples.

Pour les grands voyages d'affaires ou de tourisme,
Guide MICHELIN : EUROPE.

ST-MARTIN-LE-GAILLARD *76260 S.-Mar.* **304** *I2* G. Normandie Vallée de la Seine – *315 h alt. 60.*

Paris 168 – Amiens 99 – Dieppe 27 – Eu 12 – Neufchâtel-en-Bray 34 – Rouen 87.

Moulin du Becquerel, Nord-Ouest : 1,5 km sur D 16 *&* 02 35 86 74 94, *moulindubecqu erel@free.fr*, Fax 02 35 86 99 78, 🍽, 🌳 – **P**. **GB**

fermé 20 janv. au 10 mars, dim. soir au merc. d'oct à mars, dim. soir et lundi d'avril à sept. sauf fériés – **Repas** 27,90/37,40, enf. 8.

♦ Gentille maison normande bercée par le murmure de la rivière coulant à ses pieds. Repas servis au coin du feu l'hiver, sur la terrasse ensoleillée l'été.

ST-MARTIN-LE-VINOUX *38 Isère* **333** *H6 – rattaché à Grenoble.*

ST-MARTIN-OSMONVILLE *76680 S.-Mar.* **304** *H4 – 824 h alt. 160.*

Paris 162 – Rouen 32 – Amiens 89 – Dieppe 46 – Neufchâtel-en-Bray 18.

Auberge de la Varenne, *&* 02 35 34 13 80, Fax 02 35 34 59 82, 🍽 – **GB**

fermé dim. soir, merc. soir et lundi – **Repas** 16,10/26,70, enf. 9,20.

♦ Murs colorés et meubles de style rustique caractérisent ces trois petites salles à manger ; l'une d'elles accueille un salon aménagé auprès d'une cheminée en pierre.

ST-MARTIN-VÉSUBIE *06450 Alpes-Mar.* **341** *E3* G. Côte d'Azur – *1 098 h alt. 1000.*

Voir *Venanson : ≤★, fresques★ de la chapelle St-Sébastien S : 4,5 km.*

Env. *Le Boréon★★ (cascade★) N : 8 km – Cirque★★ du vallon de la Madone de Fenestre NE : 12 km.*

🄱 Syndicat d'initiative, place Félix Faure *&* 04 93 03 21 28, Fax 04 93 03 21 28, *o-t-hautevesubie@wanadoo.fr.*

Paris 845 – Antibes 73 – Barcelonnette 111 – Cannes 83 – Menton 88 – Nice 66.

🏠 **Châtaigneraie** ☜, ℰ 04 93 03 21 22, hotel-lachataigneraie@raiberti.com, Fax 04 93 03 33 99, 斎, ☒, ♨ – 🄿 🆎 🇬🇧 🅹🅲🅱 ⚘
1er juin-30 sept. – **Repas** 18,50 – ☷ 5 – **38 ch** 64,50/69 – ½ P 50,50.
♦ Au coeur de la petite capitale de la "Suisse niçoise", chambres spacieuses et de bon confort dans une bâtisse du 19e s. et une quiète annexe. Parc arboré. Vaste salle à manger simple et rustique où l'on sert un menu unique renouvelé chaque jour.

ST-MATHIEU-DE-TRÉVIERS 34270 Hérault 📙📙📙 I6 – 3 713 h alt. 81.
Paris 761 – Montpellier 22 – Marseille 176 – Nice 334 – Nîmes 53 – Toulouse 261.

🍴🍴 **Cour,** D 17 ℰ 04 67 55 37 97, lacourtapie@aol.com, Fax 04 67 55 24 51, 斎 – 🗏. 🇬🇧 ⚘
fermé vacances de Toussaint, fév., dim. soir, mardi soir et lundi – **Repas** 23 (déj.), 38/47 ☶ ♨.
♦ Sympathique auberge au cadre méridional établie à un saut du pic St-Loup qui donne son nom au vin local. Agréable et calme terrasse couverte à l'arrière. Cuisine du moment.

ST-MATHURIN-SUR-LOIRE 49250 M.-et-L. 📗📗📗 H4 – 2 228 h alt. 25.
🅱 Office de tourisme, place Charles Sigogne ℰ 02 41 57 01 82, Fax 02 41 57 08 02, ot.stmathurinsurloire@wanadoo.fr.
Paris 296 – Angers 22 – Baugé 28 – La Flèche 47 – Saumur 29.

🍴🍴 **Promenade,** rte Saumur : 1,5 km sur D 952 ℰ 02 41 57 01 50, Fax 02 41 57 07 11 – 🄿. 🇬🇧
fermé 10 au 24 janv., dim. soir, mardi soir, jeudi soir et merc.. – **Repas** (15) - 18 (déj.), 22,50/39,50, enf. 10.
♦ Cette maison angevine joliment fleurie se trouve sur la levée de la Loire, seulement séparée du fleuve par un rideau d'arbres. Cuisine régionale.

ST-MAUR-DES-FOSSÉS 94 Val-de-Marne 📗📗📗 D3 📕📕📕 ㉗ – voir à Paris, Environs.

ST-MAURICE-DE-BEYNOST 01 Ain 📗📗📗 C6 – rattaché à Lyon.

ST-MAXIMIN-LA-STE-BAUME 83470 Var 📙📙📙 K5 G. Provence – 12 402 h alt. 289.
🅱 Office de tourisme, Hôtel de Ville ℰ 04 94 59 84 59, Fax 04 94 59 82 92, office.tourisme.stmaximin@wanadoo.fr.
Paris 793 – Aix-en-Provence 44 – Marseille 51 – Toulon 55.

🏩 **Couvent Royal,** ℰ 04 94 86 55 66, contact@hotelfp-saintmaximin.com, Fax 04 94 59 82 82, 斎, 𝌆 – 📱 ⬄ 🕭 🄿 – 🔬 15 à 120. 🆎 🇬🇧
Repas (23) - 30/44 – ☷ 12 – **67 ch** 75/100 – ½ P 85.
♦ Hôtellerie accolée à une basilique fondée en 1295. Certaines chambres, à la sobriété monacale, occupent les cellules de l'ancien couvent ; une aile moderne abrite les autres. Les repas sont servis dans la belle salle capitulaire ou dans le joli cloître.

ST-MÉDARD 46150 Lot 📗📗📗 D4 – 153 h alt. 170.
Paris 571 – Cahors 17 – Gourdon 34 – Villeneuve-sur-Lot 59.

🍴🍴🍴 **Gindreau** (Pelissou) ℰ 05 65 36 22 27, le.gindreau@wanadoo.fr, Fax 05 65 36 24 54, ≤,
❀ 斎 – 🗏. ❶ 🇬🇧
fermé 1er au 17 mars, 18 oct. au 18 nov., lundi et mardi – **Repas** (dim. et fêtes prévenir) 32/85 et carte 59 à 87, enf. 13,50 ☶.
♦ Ancienne école de village élégamment recomposée en deux salles aux couleurs chatoyantes. Des marronniers ombragent la terrasse, située face à la vallée du Vert.
Spéc. Oeuf en baluchon truffé aux asperges vertes (20 mars à fin mai). Agneau du Quercy rôti, pomme au rocamadour. Escalopes de foie gras de canard (déc. à mars). **Vins** Cahors.

ST-MÉDARD-EN-JALLES 33160 Gironde 📙📙📙 G5 – 25 566 h alt. 22.
Paris 591 – Bordeaux 18 – Blaye 62 – Jonzac 97 – Libourne 48 – Saintes 129.

🍴 **Tournebride,** à Hastignan, Ouest : 2 km sur D 107 ℰ 05 56 05 09 08, Fax 05 56 05 09 08 –
🗏 🄿. 🆎 ❶ 🇬🇧
fermé 7 au 29 août, dim. soir et lundi – **Repas** (11,50) - 16/34 ☶.
♦ Salle à manger rajeunie et joliment égayée d'une fresque représentant le bassin d'Arcachon. Le décor de la seconde décline une thématique sur la vigne. Spécialités régionales.

ST-MICHEL-EN-L'HERM 85580 Vendée **316** I9 – 1 931 h alt. 9.

🛈 Office de tourisme, 5 place de l'Abbaye ℰ 02 51 30 21 89, Fax 02 51 30 21 89.

Paris 453 – La Rochelle 46 – Luçon 15 – La Roche sur Yon 47 – Les Sables-d'Olonne 54.

XX **Rose Trémière,** 4 r. Église ℰ 02 51 30 25 69, rose.tremiere@wanadoo.fr, Fax 02 51 97 63 25 – ▤. **GB**

fermé 11 au 24 oct., 14 fév. au 2 mars, dim. soir, mardi soir et merc. – **Repas** 11 (déj.), 20/38.

◆ Non loin de l'ancienne abbaye bénédictine, restaurant au cadre rustique avec pierres, poutres et grande cheminée centrale. Tables bien espacées.

ST-MICHEL-MONT-MERCURE 85700 Vendée **316** K7 G. Poitou Vendée Charentes – 1 729 h alt. 284.

Voir ☀ ★★ du clocher de l'église.

Paris 383 – Bressuire 36 – Cholet 35 – Nantes 85 – Pouzauges 7 – La Roche-sur-Yon 52.

XX **Auberge du Mont Mercure,** près église ℰ 02 51 57 20 26, contact@aubergemontme rcure.com, Fax 02 51 57 78 67 – **P** – ▲ 25. **GB**

fermé vacances de toussaint, de fév., lundi soir de sept. à juin, mardi soir et merc. – **Repas** 13/28,50, enf. 8,30 ⅃.

◆ Perchée au sommet de la colline, cette auberge bénéficie d'un large panorama sur le bocage vendéen. Salle de jeux aménagée pour les enfants. Adresse familiale.

ST-MIHIEL 55300 Meuse **307** E5 G. Alsace Lorraine – 5 260 h alt. 228.

Voir Sépulcre★★ dans l'église St-Étienne – Pâmoison de la Vierge★ dans l'église St-Michel.

🏌 de Madine à Nonsard ℰ 03 29 89 56 00, NE : 25 km par D 901 et D 179.

🛈 Office de tourisme, rue du Palais Abbatial ℰ 03 29 89 06 47, Fax 03 29 89 06 47, otsi@saint-mihiel.net.

Paris 287 – Metz 63 – Nancy 66 – Bar-le-Duc 35 – Toul 52 – Verdun 36.

à Heudicourt-sous-les-Côtes Nord-Est : 15 km par D 901 et D 133 – 188 h. alt. 240 – ✉ 55210 .

Voir Butte de Montsec : ☀ ★★, monument★ S : 13 km.

🏠 **Lac de Madine** (annexe ⌂ 🚗), ℰ 03 29 89 34 80, hotel-lac-madine@wanadoo.fr, Fax 03 29 89 39 20, 佘 – ✕ 🖭 ✆ & 🅿 – ▲ 40 à 60. **Œ GB**

fermé 20 au 28 déc., 2 janv. au 28 fév., dim. soir du 15 oct. au 15 avril et lundi sauf le soir en juil.-août – **Repas** 22/65, enf. 10 ☿ – ⌑ 8 – **45 ch** 48/85 – ½ P 60/85.

◆ Au cœur du Parc naturel régional de Lorraine, maison construite en 1733 et annexe récente située à 300 m. Les chambres du bâtiment principal sont rénovées et contemporaines. Charpente apparente et cheminée font le cachet du restaurant ; terrasse ombragée.

ST-NAZAIRE ◁◇▷ 44600 Loire-Atl. **316** C4 G. Bretagne – 65 874 h Agglo. 136 886 h alt. 4.

Voir Base de sous-marins★ – Forme-écluse "Louis-Joubert"★ – Terrasse panoramique★ B – Pont routier de St-Nazaire-St-Brévin★ par ①.

🏌 à Savenay ℰ 02 40 56 88 05, par ① : 27km.

Accès Pont de Saint-Nazaire : gratuit.

🛈 Office de tourisme, boulevard de la Légion d'Honneur ℰ 08 20 01 40 15, Fax 02 40 22 19 80, contact@saint-nazaire-tourisme.com.

Paris 435 ① – Nantes 61 ① – La Baule 19 ② – Vannes 79 ③.

Plan page suivante

🏨 **Berry,** 1 pl. Gare ℰ 02 40 22 42 61, berry.hotel@wanadoo.fr, Fax 02 40 22 45 34 – ▯▯ 🖭 ✆
Œ ⓪ GB JCB   AY r

Repas (fermé dim. midi et sam.) 15/39 ☿ – ⌑ 10 – **27 ch** 75/140 – ½ P 66/100.

◆ Pratique pour ceux qui voyagent en train : l'établissement est construit face à la gare. Chambres rénovées : style "cabine de bateau" ou festival de couleurs. Les tables du restaurant sont disposées autour d'un aquarium ; plats traditionnels.

🏨 **Au Bon Accueil,** 39 r. Marceau ℰ 02 40 22 07 05, au-bon-accueil44@wanadoo.fr, Fax 02 40 19 01 58 – cuisinette 🖭 ✆ – ▲ 10 à 30. **Œ ⓪ GB**   AZ n

fermé 19 juil. au 8 août – **Repas** (fermé dim. soir) 19,80/49 ☿ – ⌑ 8,60 – **12 ch** 73,20, 5 duplex – ½ P 69.

◆ Chambres rajeunies dans une engageante bâtisse réchappée de la Seconde Guerre mondiale ; duplex neufs dotés de cuisinettes dans une construction plus récente. Accueil conforme à l'enseigne et cuisine traditionnelle dans la confortable et sobre salle à manger.

🏠 **Touraine** sans rest, 4 av. République ℰ 02 40 22 47 56, hoteltourraine@free.fr, Fax 02 40 22 55 05, 佘 – 🖭 **Œ ⓪ GB JCB**   AZ a

fermé 19 déc. au 5 janv. – ⌑ 5,40 – **18 ch** 24/38.

◆ En plein centre-ville, chambres nettes et meublées simplement ; vous dormirez plus tranquille dans celles donnant sur la cour. L'été, petits-déjeuners dans le jardin.

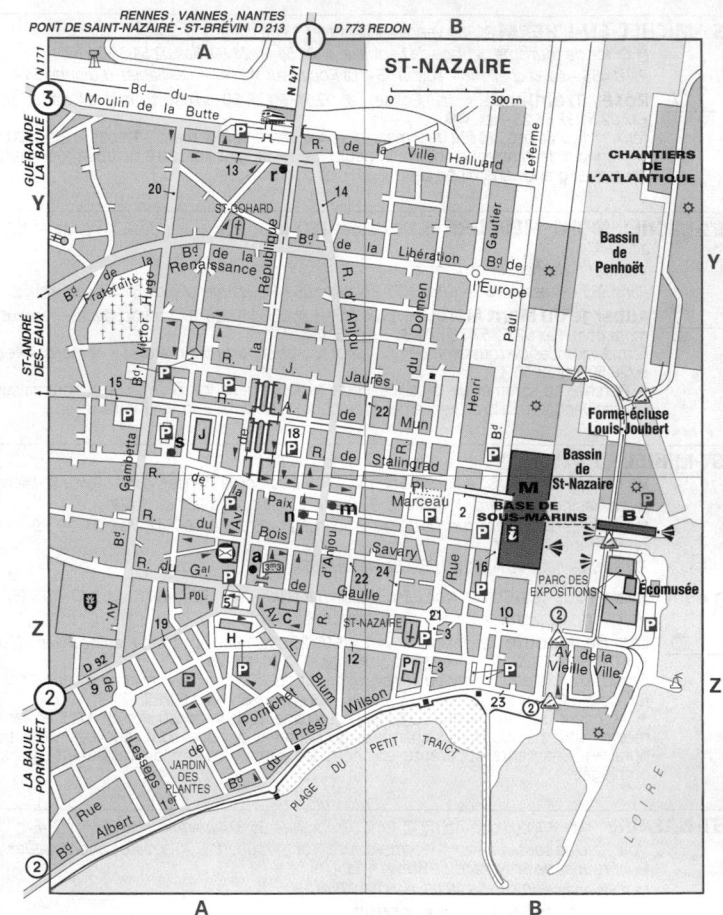

ST-NAZAIRE

Amérique Latine (Pl. de l') **BZ** 2
Auriol (R. Vincent) . . . . . **BZ** 3
Blancho (Pl. F.) . . . . **AZ** 5
Chêneveaux (R.) . . . . **AZ** 9
Coty (Bd René) . . . . **AZ** 10
Croisic (R. du) . . . . **AZ** 12
Herminier (Av. Cdt-l') . **AY** 13
Ile-de-France (R. de l') . **AY** 14

Jaurès (R. Jean) . . . . . **ABY**
Lechat (R. A.B.) . . . . **AY** 15
Légion-d'honneur
  (Bd de la) . . . . **BZ** 16
Martyrs-de-la-
  Résistance (Pl. des) . **AY** 18
Mendès-France (R.) . . . **AZ** 19
Paix (R. de la) . . . . **AYZ**

Perrin (Bd P.) . . . . **AY** 20
Quatre Z'Horloges
  (Pl. des) . . . . **BZ** 21
République
  (Av. de la) . . . . **AYZ**
Salengro (R. R.) . . . . . **AYZ** 22
Verdun (Bd de) . . . . **BZ** 23
28-Février-1943 (R. du). **BZ** 24

XX **Table d'Harmonie**, 60 r. Paix ℘ 02 51 76 04 10, Fax 02 40 19 14 64 – ⒼⒷ   **AY** s
🍴 *fermé 9 au 25 mars, 2 au 16 juil., dim. soir, mardi soir et merc.* – **Repas** *(11,50)* - 15/34 ♀.
◆ Ancré dans la ville chère aux "Tintinophiles" (relisez Les 7 boules de cristal), ce restaurant
propose crustacés et poissons dans une salle égayée de marines... ad hoc !

X **Moderne**, 46 r. Anjou ℘ 02 40 22 55 88, Fax 02 40 22 55 88 – ⒼⒷ   **AZ** m
fermé 13 juil. au 6 août, merc. soir, dim. soir et lundi – **Repas** 15,30/27 ♀.
◆ Tons contrastés jaune et noir et tables séparées par des petits claustras président au
cadre de ce restaurant familial situé à deux pas du centre animé.

Si vous cherchez un hôtel tranquille,
consultez d'abord les cartes de l'introduction
ou repérez dans le texte les établissements indiqués avec le signe ॐ

ST-NAZAIRE-EN-ROYANS 26190 Drôme **332** E3 *G. Alpes du Nord* – 498 h alt. 172.

Paris 576 – Valence 35 – Grenoble 69 – Pont-en-Royans 9 – Romans-sur-Isère 19.

☆ **Rome,** ℰ 04 75 48 40 69, *Fax 04 75 48 31 17*, ≤, 佘 – |終|, 🔲 rest, 🔲 ❤ ⇌ 🄿 – 🛦 25, ⓪ GB

fermé 13 au 21 juin, 1ᵉʳ au 15 nov., 12 au 27 déc., lundi et dim. soir sauf juil.-août – **Repas** 16/45 – ⊡ 6,50 – **13 ch** 33/51 – ½ P 48.
  ♦ Pimpante maison abritant des chambres fraîches et insonorisées, certaines avec vue sur l'imposant aqueduc et la retenue d'eau. La raviole, bien connue des gourmets, compte parmi les spécialités de cette sympathique table drômoise vouée à une cuisine régionale.

✗ **Muraz ''du Royans''**, ℰ 04 75 48 40 84, *restaurantmuraz@tiscali.fr, Fax 04 75 48 47 06* – 🔲. GB

fermé 7 au 15 juin, 27 sept. au 26 oct., lundi soir sauf juil.-août et mardi – **Repas** 15/40, enf. 7 ♀.
  ♦ Ce petit restaurant familial dispose d'une salle à manger colorée, agrémentée d'expositions de tableaux. Cuisine traditionnelle et régionale.

ST-NECTAIRE 63710 P.-de-D. **326** E9 *G. Auvergne* – 675 h alt. 700 – Stat. therm. (mi avril-mi oct.) – Casino.

Voir *Église*★★ : *trésor*★★ – *Puy de Mazeyres* ⁂★ *E : 3 km puis 30 mn.*

🅱 *Office de tourisme, Les Grands Thermes* ℰ 04 73 88 50 86, *Fax 04 73 88 40 48, ot-saint-nectaire@wanadoo.fr.*

Paris 453 – Clermont-Ferrand 43 – Issoire 27 – Le Mont-Dore 24.

🏨 **Mercure,** Les Bains Romains ℰ 04 73 88 57 00, *h1814-gm@accor-hotels.com, Fax 04 73 88 57 02*, 🛪, 🔧, 舞 – |終| 🔲 & – 🛦 30, 🔼 ⓪ GB

fermé 3 nov. au 15 déc. et 5 au 31 janv. – **Repas** 24, enf. 9 ♀ – ⊡ 9 – **71 ch** 65/85.
  ♦ Cet imposant édifice, vieux de 200 ans, a été joliment rajeuni. Chambres actuelles. Jardin agrémenté d'un bel arboretum. Haut plafond, colonnes, moulures, parquet à chevrons et mobilier contemporain : la salle de restaurant ne manque pas d'allure.

☆ **Régina,** ℰ 04 73 88 54 55, *regina.st-nectaire@wanadoo.fr, Fax 04 73 88 50 56*, 🔧 – 🔲 🄿. GB

Pâques-toussaint – **Repas** 15/22 ♀ – ⊡ 5,50 – **17 ch** 44/53,50 – ½ P 40,20/47,50.
  ♦ Bâtiment de 1904 accosté d'une tourelle lui donnant des airs de petit château. Chambres fraîches et bien tenues. Belle piscine. Le cadre rustique simple du restaurant s'agrémente de quelques références à l'Art nouveau, clin d'oeil au style d'origine des lieux.

ST-NICOLAS-LA-CHAPELLE 73 Savoie **333** L3 – *rattaché à Flumet.*

ST-OMER ◁ⓈⓅ▷ 62500 P.-de-C. **301** G3 *G. Picardie Flandres Artois* – 15 747 h alt. 23.

Voir *Quartier de la cathédrale*★★ : *cathédrale Notre-Dame*★★ – *Hôtel Sandelin et musée*★ **AZ** – *Anc. chapelle des Jésuites*★ **AZ B** – *Jardin public*★ **AZ** – *Musée Henri-Dupuis : collection de coquillages*★ **M**.

Env. *Ascenseur à bateaux des Fontinettes*★ *SE : 5,5 km – Coupole d'Helfaut-Wizernes*★★, *S : 5 km.*

🇳 *St-Omer Golf Club à Acquin* ℰ 03 21 38 59 90, par ④ et N 42 : 15 km.

🅱 *Office de tourisme, 4 rue du Lion d'Or* ℰ 03 21 98 08 51, *Fax 03 21 98 08 07, contact@tourisme-saintomer.com.*

Paris 257 ④ – Calais 34 ④ – Arras 77 ④ – Boulogne-sur-Mer 52 ④ – Ieper 57 ② – Lille 65 ②.

Plan page suivante

☆ **St-Louis,** 25 r. Arras ℰ 03 21 38 35 21, *contact@hotel-saintlouis.com, Fax 03 21 38 57 26*, 佘 – 🔲 rest, 🔲 ❤ 🄿, 🔼 GB, ⁂ rest **BZ s**

fermé 21 déc. au 2 janv. – **Repas** *(fermé sam. midi et dim. midi)* 12,80/26, enf. 8,50 ♀ – ⊡ 7 – **30 ch** 41/62 – ½ P 51.
  ♦ Cet hôtel établi dans un ancien relais de poste officie à proximité du quartier de la cathédrale. Chambres assez grandes, en partie refaites ; cadre plus classique à l'annexe. Salle des repas agencée dans l'esprit "brasserie moderne" ; carte traditionnelle.

☆ **Ibis,** 2 r. H. Dupuis ℰ 03 21 93 11 11, *h0723@accor-hotels.com, Fax 03 21 88 80 20* – |終| ⁂ 🔲 ❤ & 🄿 – 🛦 25, 🔼 ⓪ GB, ⁂ rest **AZ v**

Repas *(fermé sam. midi, dim. et fériés)* 15 ♀ – ⊡ 6 – **65 ch** 62.
  ♦ Cet hôtel, installé dans un immeuble ancien, est idéalement situé : cathédrale et musées sont à deux pas. Les chambres bénéficient d'une récente rénovation. Restaurant sans prétention, inscrit dans la droite lignée du concept Ibis. Bar et billard.

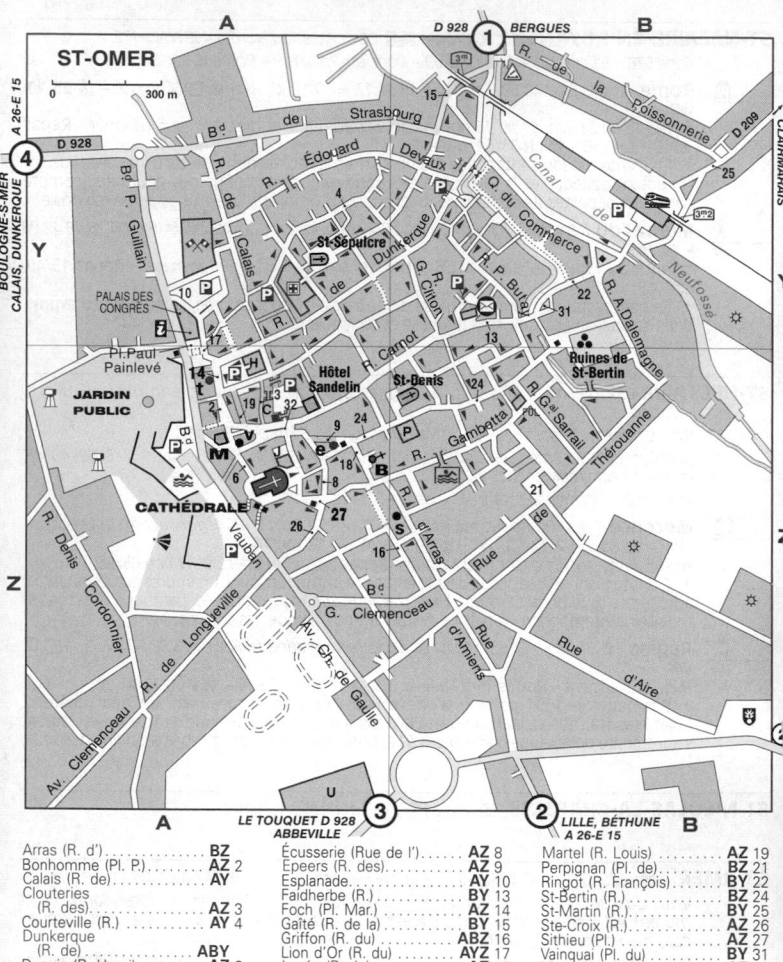

ST-OMER

BERGUES

BOULOGNE-S-MER
CALAIS, DUNKERQUE

CLAIRMARAIS

LE TOUQUET D 928
ABBEVILLE

LILLE, BÉTHUNE
A 26-E 15

Arras (R. d')	**BZ**
Bonhomme (Pl. P.)	**AZ** 2
Calais (R. de)	**AY**
Clouteries (R. des)	**AZ** 3
Courteville (R.)	**AY** 4
Dunkerque (R. de)	**ABY**
Dupuis (R. Henri)	**AZ** 6
Écusserie (Rue de l')	**AZ** 8
Epeers (R. des)	**AZ** 9
Esplanade	**AY** 10
Faidherbe (R.)	**BY** 13
Foch (Pl. Mar.)	**AZ** 14
Gaîté (R. de la)	**BY** 15
Griffon (R. du)	**ABZ** 16
Lion d'Or (R. du)	**AYZ** 17
Lycée (R. du)	**AZ** 18
Martel (R. Louis)	**AZ** 19
Perpignan (Pl. de)	**BZ** 21
Ringot (R. François)	**BY** 22
St-Bertin (R.)	**BZ** 24
St-Martin (R.)	**BY** 25
Ste-Croix (R.)	**AZ** 26
Sithieu (Pl.)	**AZ** 27
Vainquai (Pl. du)	**BY** 31
Victor-Hugo (Pl.)	**AZ** 32

🍴🍴🍴 **Cygne,** 8 r. Caventou ℘ 03 21 98 20 52, Fax 03 21 95 57 12 – 🍽. 🆚   AZ e
fermé 10 au 30 août, 15 au 28 fév., dim. soir et lundi sauf fériés – **Repas** 13/42 et carte 32 à 51 ⅞.
• Lumineuse salle à manger bourgeoise rajeunie, précédée d'un salon d'accueil agrémenté d'une cheminée. Caveau pour les repas commandés. Plats traditionnels.

🍴 **Charette,** 32 pl. Foch ℘ 03 21 98 28 29, Fax 03 21 38 17 91 – 🆚   AZ t
fermé 26 juil. au 17 août, 20 déc. au 3 janv. et le soir sauf vend. – **Repas** 10/16 ⅞.
• Bel hôtel du Bailliage au n° 42 bis de la place. Cadre campagnard, atmosphère bon enfant et cuisine traditionnelle à prix doux sont les atouts de ce sympathique restaurant.

à Hallines *par ③ et D 211 : 6 km – 1 396 h. alt. 36 –* ⊠ 62570 :

🍴🍴🍴 **Hostellerie St-Hubert** ⑤ avec ch, 1 rue du Moulin ℘ 03 21 39 77 77, Fax 03 21 93 00 86, 🎐 – 📺 📞 🚗 🅿. 🆚
fermé dim. soir, mardi midi et lundi – **Repas** 25/54 et carte 45 à 62 – 🖵 10 – **8 ch** 61/122.
• Belle demeure du 19e s. nichée dans un parc traversé par une rivière. Un majestueux escalier en marbre dessert salles à manger aux superbes boiseries et vastes chambres.

à Tilques *par ④, N 43 et rte secondaire : 6 km – 947 h. alt. 27 – ✉ 62500 :*

Château Tilques , ✆ 03 21 88 99 99, *chateau-tilques.hotel@najeti.com, Fax 03 21 38 34 23,* – – – 25 à 100. AE GB.
Repas 24 (déj.), 30/65 ♀ – ☕ 16 – **53 ch** 135/235 – ½ P 159/182.
◆ Un parc à la française entoure ce château en briques bâti en 1891. Dans les chambres, vous aurez le choix entre un mobilier de style ou un décor plus actuel à l'annexe. Le restaurant, cossu, occupe les anciennes écuries ; on y sert une cuisine classique.

ST-OUEN *93 Seine-St-Denis* 305 F7 101 ⑯ *– voir à Paris, Environs.*

ST-OUEN *41 L.-et-Ch.* 318 D5 *– rattaché à Vendôme.*

ST-OUEN-LES-VIGNES *37 I.-et-L.* 317 O4 *– rattaché à Amboise.*

ST-OUTRILLE *18310 Cher* 323 H4 *– 203 h alt. 108.*
Paris 233 – Blois 71 – Bourges 46 – Châteaudun 39 – Romorantin-Lanthenay 30.

Grange aux Dîmes, ✉ 18310 St-Outrille ✆ 02 48 51 12 13, *Fax 02 48 51 12 13,* – GB
fermé 1er au 18 juil., vacances de fév., mardi soir, dim. soir et merc. – **Repas** 11 bc (déj.), 16/32.
◆ Sur la place de la collégiale, ancienne grange transformée en un plaisant restaurant décoré avec goût et meublé dans le style rustique. Carte traditionnelle.

*Pour visiter une ville ou une région : utilisez les Guides Verts **Michelin**.*

ST-PAIR-SUR-MER *50 Manche* 303 C7 *– rattaché à Granville.*

ST-PALAIS *64120 Pyr.-Atl.* 342 F5 *G. Aquitaine – 1 701 h alt. 50.*
Office de tourisme, place Charles de Gaulle ✆ 05 59 65 71 78, Fax 05 59 65 69 15, office.tourisme.stpalais@wanadoo.fr.
Paris 788 – Biarritz 63 – Bayonne 52 – Dax 60 – Pau 74 – St-Jean-Pied-de-Port 32.

Paix, ✆ 05 59 65 73 15, *Fax 05 59 65 63 83,* – . AE GB
fermé 28 juin au 6 juil., janv., vend. soir et sam. midi et dim. soir – **Repas** 10,80/24,50 ♀ – ☕ 5,80 – **27 ch** 46/48 – ½ P 42/48.
◆ Loggias en bois et parement de briquettes ornent la façade peu commune de cet hôtel situé sur la place du marché. Chambres au mobilier actuel, plus tranquilles côté jardinet. Restaurant au décor d'inspiration basque et plaisante terrasse ombragée.

Trinquet avec ch, ✆ 05 59 65 73 13, *Fax 05 59 65 83 84,* – rest, . GB
fermé 26 avril au 17 mai, 20 sept. au 11 oct., dim. soir et lundi – **Repas** 11/26, enf. 7 – ☕ 5 – **11 ch** 43 – ½ P 40.
◆ Sur la place centrale, maison au charme "rétro" où subsiste un trinquet de 1891. Sympathique salle à manger rustique et appétissante cuisine régionale. Chambres anciennes.

ST-PALAIS-SUR-MER *17420 Char.-Mar.* 324 D6 *G. Poitou Vendée Charentes – 3 343 h alt. 5.*
Voir *La Grande Côte★★ NO : 3 km – Zoo de la Palmyre★★ NO : 10 km.*
Office de tourisme, 1 avenue de la République ✆ 05 46 23 22 58, Fax 05 46 23 36 73, info@saint-palais-sur-mer.com.
Paris 512 – La Rochelle 82 – Royan 6.

Primavera , 12 r. Brick, par av. Gde Côte ✆ 05 46 23 20 35, *contact@hotel-primavera.com, Fax 05 46 23 28 78,* , , , – . AE GB. ch
fermé 15 nov. au 15 déc. et vacances de fév. – **Repas** *(fermé mardi midi, merc. midi et lundi)* 22/42 – ☕ 13 – **45 ch** 95/135.
◆ Élégante "folie" 1900 dont l'architecture s'inspire du style roman et ses deux annexes superbement situées dans un paisible parc surplombant la mer. Plaisant cadre bourgeois au restaurant, en partie panoramique. Cuisine traditionnelle inspirée par l'océan.

Les Agapes, 8 r. M. Vallet ✆ 05 46 23 10 23, *Fax 05 46 23 09 23,* – GB
fermé janv., mardi et merc. de nov. à mars, dim. soir et lundi – **Repas** 24/44, enf. 9,50.
◆ Décor actuel soigné pour ce restaurant proche du marché. La carte, volontairement peu étoffée afin de garantir la bonne fraîcheur des produits, fait la part belle au poisson.

ST-PARDOUX 63440 P.-de-D. **326** F6 – 369 h alt. 615.

Paris 391 – Clermont-Ferrand 43 – Aubusson 94 – Montluçon 52 – Vichy 37.

sur autoroute A 71 aire des Volcans ou accès de St-Pardoux Est par N 144 et D 12 : 8 km – ✉ 63440 Champs :

🏨 **des Volcans,** 𝒸 04 73 33 71 50, volcans@autogrill.net, Fax 04 73 33 03 78, ≤, 佘, 庑 – ⌷ ⅋⅋ 🕻 🕭 ₽ – 🕭 20. 🕮 ⑩ 🗺
Repas 19,50 ♀ – ⌷ 6 – **45 ch** 54,50/70,30.
♦ Construction en arc de cercle signée Ricardo Bofill. Chambres bien insonorisées et fonctionnelles ; la moitié offre un joli panorama sur la chaîne des Puys. Salle à manger et terrasse profitent d'une vue sur les volcans endormis. À table, plats traditionnels.

ST-PARDOUX-LA-CROISILLE 19320 Corrèze **329** M4 – 157 h alt. 410.

Paris 497 – Brive-la-Gaillarde 49 – Aurillac 79 – Mauriac 47 – St-Céré 65 – Tulle 23 – Ussel 56.

🏨 **Beau Site** ⑤, 𝒸 05 55 27 79 44, contact@hotel-lebeausite-correze.com, Fax 05 55 27 69 52, ≤, 佘, 🏊, 🐾, 🐎 – ⑬ ₽ – 🕭 40. ⑩ 🗺. 🛇 rest
28 avril-3 oct. – **Repas** (fermé le mardi midi et le merc.) 14 (déj.), 25/42, enf. 9 – ⌷ 6,90 – **28 ch** 54/65 – ½ P 55/62.
♦ Face à la forêt, bâtisse régionale (1935) dotée de bons équipements de loisirs disséminés dans un parc nanti d'un étang. Chambres au décor actuel coloré ou plus modestes. Salles à manger tournées sur la nature. Cuisine traditionnelle et du terroir.

ST-PATRICE 37 I.-et-L. **317** K5 – rattaché à Langeais.

ST-PAUL 06570 Alpes-Mar. **341** D5 G. Côte d'Azur – 2 847 h alt. 125.

Voir Site★ – Remparts★ – Fondation Maeght★★.

Paris 922 – Nice 21 – Antibes 18 – Cagnes-sur-Mer 7 – Cannes 28 – Grasse 22 – Vence 4.

🏨 **Saint-Paul** ⑤, 86 r. Grande, au village 𝒸 04 93 32 65 25, stpaul@relaischateaux.com, ❀ Fax 04 93 32 52 94, ≤, 佘 – ⌷ 📶 ⑬ 🕻, 🕮 ⑩ 🗺. 🛇
Repas (fermé mardi midi, merc. midi et jeudi midi de nov. à mars) 45 (déj.), 65/82 et carte 80 à 99 – ⌷ **15 ch** 230/310, 4 suites – ½ P 200/240.
♦ Dans le village perché, belles pierres, fresques, fontaine et meubles colorés composent le décor raffiné de cette demeure provençale du 16ᵉ s. Cuisine actuelle soignée à savourer sous les voûtes de la salle à manger ou sur la verdoyante terrasse.
Spéc. Cannelloni de homard au poivron rouge. Loupe en croûte d'argile, fricassée de légumes à l'huile d'olive. Suprême de pigeon rôti au baton de réglisse. **Vins** Bellet, Côtes de Provence.

🏨 **Colombe d'Or,** pl. Ch.-de-Gaulle 𝒸 04 93 32 80 02, contact@la-colombe-dor.com, 佘 Fax 04 93 32 77 78, 佘, 🏊, 庑 – ⌷ ch, 🕻 ₽. 🕮 ⑩ 🗺 🗷
fermé 28 oct. au 20 déc. et 10 au 20 janv. – **Repas** carte 49 à 65 ♀ – ⌷ 10 – **15 ch** 200/260, 10 suites – ½ P 170.
♦ Prisé des artistes et des célébrités, cet hôtel-musée abrite une superbe collection de peintures et sculptures modernes. Cadre "vieille Provence" et chambres personnalisées. Terrasse délicieusement ombragée et confortable restaurant décoré avec un goût sûr.

par rte de La Colle-sur-Loup :

🏨 **Mas d'Artigny** ⑤, rte des Hauts de St-Paul : 3 km 𝒸 04 93 32 84 54, mas@grandesetap es.fr, Fax 04 93 32 95 36, ≤, 佘, 🍔, 🏊, 🐾, 🐎 – ⌷ ch, ⑬ ₽. 🕭 130. 🕮 ⑩ 🗺 🗷
Repas 45 (déj.), 58/75 ♀ – ⌷ 25 – **55 ch** 109/450, 30 suites – ½ P 159/309.
♦ Dans un parc, audacieux complexe hôtelier de style mi-classique, mi-provençal, dont la vue s'étend jusqu'à la baie des Anges. Somptueux appartements avec piscines privées. Salle à manger et terrasse panoramiques. Registre culinaire à dominante littorale.

🏨 **Grande Bastide** sans rest, 2 km 𝒸 04 93 32 50 30, stpaullgb@voila.fr, Fax 04 93 32 50 59, ≤, 🏊, 庑 – 🕻 ₽. 🕮 ⑩ 🗺 🗷
fermé 26 nov. au 25 déc. et 15 janv. au 15 fév. – ⌷ 16 – **14 ch** 180/290.
♦ Ce mas du 18ᵉ s. a le village des artistes pour toile de fond. Accueil tout sourire, salon de style méridional, jolies chambres avec balcon et copieux petits-déjeuners.

🏨 **Les Vergers de St Paul** ⑤ sans rest, 940 rte de la Colle 𝒸 04 93 32 94 24, h.vergers@w anadoo.fr, Fax 04 93 32 91 07, ≤, 🏊, 庑 – ⑬ 🕻 ₽. 🕮 🗺
⌷ – **17 ch** 135/175.
♦ Hôtel récent niché dans un jardin offrant une vue sur St-Paul. Les chambres, avec terrasse ou balcon donnant sur la piscine, bénéficient toutes d'une belle rénovation.

🏨 **Hameau** sans rest, 1 km 𝒸 04 93 32 80 24, lehameau@wanadoo.fr, Fax 04 93 32 55 75, 🏊, 庑 – cuisinette ⑬ 🕻 ₽.
mi-fév. à mi-nov. – ⌷ 12,50 – **14 ch** 118/159, 3 suites.
♦ Cadre rustique, jardins en terrasses et petites chambres joliment meublées font le charme de cette ancienne ferme provençale entourée de coquettes maisonnettes blanches.

🏠 **Hostellerie des Messugues** ⸎ sans rest, quartier Gardettes par rte Fondation Maeght : 2 km ℰ 04 93 32 53 32, Fax 04 93 32 94 15, ⌧, 屢 – |♯| 🗲 **P**, 🗚 ⓪ ☗ 🗹 *1er avril-31 oct.* – ☲ 10 – **15 ch** 85/130.

◆ Au calme d'une pinède, villa méditerranéenne et son originale piscine. Petite curiosité dans les couloirs : les portes des chambres proviennent d'une prison du 19e s. !

au Sud : *4 km par D 2 et rte secondaire* :

🏠 **Les Bastides de St-Paul** sans rest, 880 chemin Blaquières (D 336 - axe Cagnes-Vence) ℰ 04 92 02 08 07, *bastides@fr.fm*, Fax 04 93 20 50 41, ⌧, 屢 – ▤ 📺 🗲 🕭 **P**, 🗚 ⓪ ☗ 🗹 ☲ 10 – **20 ch** 85/125.

◆ En léger retrait d'une route passante, demeure colorée abritant des chambres spacieuses, fonctionnelles et bien insonorisées. Piscine en forme de trèfle.

ST-PAUL-DES-LANDES 15250 Cantal 🗺️ B5 – *1 100 h alt. 554.*
Paris 544 – Aurillac 13 – Figeac 59 – St-Céré 49.

✗ **Voyageurs,** ℰ 04 71 46 38 43, *restvoyageurs@aol.com*, Fax 04 71 46 38 08, 屢 – ☗
🚗 *fermé 24 déc. au 2 janv., 14 au 22 fév., sam. de sept. à mai et lundi soir* – **Repas** 9,50 bc (déj.), 13/25,90, enf. 7 ♀.

◆ Cette auberge oeuvrant dans la traversée du bourg entretient une atmosphère conviviale. Préparations "cent pour cent maison" à goûter dans une salle rustique.

ST-PAULIEN 43350 H.-Loire 🗺️ E3 *G. Vallée du Rhône* – *1 912 h alt. 795.*
Voir *Intérieur★ de l'église.*
🚺 *Office de tourisme, place St Georges* ℰ 04 71 00 50 01, *otourisme@es-conseil.com.*
Paris 529 – La Chaise-Dieu 28 – Le Puy-en-Velay 14 – St-Étienne 89 – Saugues 44.

🏠 **Voyageurs,** 9 av. Rochelambert (près église) ℰ 04 71 00 40 47, Fax 04 71 00 51 05 – 📺 🗲
🚗 ☗
Repas *(fermé dim. soir)* (8) - 11/26, enf. 6,50 ♱ – ☲ 5,50 – **15 ch** 32/40 – 1/2 P 35/37.

◆ Cette hostellerie familiale assurant l'accueil au bar anime la place d'un village vellave voisin des gorges de la Loire. Chambres sobres et actuelles. Petite salle à manger parquetée que viennent égayer du nappes colorées. Cuisine traditionnelle.

ST-PAUL-LE-JEUNE 07460 Ardèche 🗺️ G7 – *762 h alt. 255.*
Voir *Banne : ruines de la citadelle* ⩽★ *N : 5 km, G. Provence.*
Paris 674 – Alès 31 – Aubenas 46 – Pont-St-Esprit 53 – Vallon-Pont-d'Arc 29 – Villefort 38.

✗ **Moderne** avec ch, ℰ 04 75 39 82 75, Fax 04 75 39 82 75 – ☗
🚗 *fermé janv., fév., dim. soir et lundi* – **Repas** 14/28, enf. 8 – ☲ 5,50 – **9 ch** 33/40 – 1/2 P 36.

◆ Aux confins du Gard et de la Basse-Ardèche, établissement au confort modeste et à la tenue impeccable. Chambres équipées du double vitrage. Miniterrasse sur le trottoir.

ST-PAUL-LÈS-DAX 40 Landes 🗺️ E12 – *rattaché à Dax.*

ST-PAUL-LÈS-ROMANS 26 Drôme 🗺️ D3 – *rattaché à Romans-sur-Isère.*

ST-PAUL-TROIS-CHATEAUX 26130 Drôme 🗺️ B7 *G. Vallée du Rhône* – *7 277 h alt. 90.*
Voir *Cathédrale St-Paul★ – Barry* ⩽★★ *S : 8 km.*
🚺 *Office de tourisme, place Chausy* ℰ 04 75 96 59 60, Fax 04 75 96 90 20, *st.paul3chxot@wanadoo.fr.*
Paris 628 – Montélimar 28 – Nyons 39 – Orange 33 – Vaison-la-Romaine 34 – Valence 73.

🏠 **L'Esplan,** pl. l'Esplan ℰ 04 75 96 64 64, *saintpaul@esplan-provence.com*, Fax 04 75 04 92 36, 屢 – |♯| ▤ 📺 🗲 – 🛦 15. 🗚 ⓪ ☗ 🗹 ✹ rest
fermé 15 déc. au 15 janv. – **Repas** *(fermé dim. soir du 30 sept. au 30 avril et les midis)* 20/42, enf. 12 ♀ – ☲ 9,50 – **36 ch** 84/102,50 – 1/2 P 69/79,40.

◆ Hôtel particulier du 16e s. à dénicher au coeur du bourg. Intérieur contemporain produisant son effet et chambres soignées aux couleurs ensoleillées. Salle à manger dans les tons pastel. L'été, un brumisateur rafraîchit la terrasse. Recettes d'aujourd'hui.

✗✗ **Vieille France-Jardin des Saveurs,** 1,2 km rte La Garde Adhémar ℰ 04 75 96 70 47, Fax 04 75 96 70 47, ⩽, 屢 – ▤ **P**, ☗
fermé 5 au 18 avril, 15 nov. au 8 déc., merc. midi en juil.-août, mardi sauf le soir en juil.-août et lundi – **Repas** *(nombre de couverts limité, prévenir)* (25) - 29/55, enf. 12 ♣.

◆ Mas provençal dans la campagne du Tricastin. Sobre décor contemporain, plaisante terrasse ombragée, goûteuse cuisine méridionale et séduisante carte de côtes-du-rhône.

※ **Chapelle,** impasse L. de Bimard, ℰ 04 75 96 60 88, Fax 04 75 96 60 88, 斎 – 歴 GB
fermé 15 au 30/06, 20 sept. au 10 oct., dim. soir et mardi soir de sept. à juin, mardi midi en juil.-août et lundi – **Repas** 23 (déj.), 30/65.
♦ Agréable terrasse fleurie dressée parmi les ruines de l'ancienne chapelle de l'évêché. Petite salle voûtée. Le délicat "diamant noir" et la raviole se disputent la carte.

ST-PÉE-SUR-NIVELLE 64310 Pyr.-Atl. 342 C4 – 4 331 h alt. 30.
🖪 Office de tourisme, Près de la Poste ℰ 05 59 54 11 69, Fax 05 59 54 17 81, office.de.tourisme@saint-pee-sur-nivelle.com.
Paris 785 – Biarritz 17 – Bayonne 22 – Cambo-les-Bains 17 – Pau 129 – St-Jean-de-Luz 14.

à Ibarron rte de St-Jean-de-Luz : 1,5 km – ⊠ 64310 St-Pée-sur-Nivelle :

※※ **Fronton,** ℰ 05 59 54 10 12, jean-batiste.Daguerre@wanadoo.fr, Fax 05 59 54 18 09, 斎 – 歴 ① GB
fermé 15 fév. au 15 mars, lundi sauf août., dim. soir et mardi d'oct. à avril – **Repas** 21/39.
♦ La salle à manger de cette maison basque de tradition est aménagée à la façon d'un jardin d'hiver. Vous y goûterez une copieuse cuisine traditionnelle et régionale.

ST-PÉRAY 07130 Ardèche 331 L4 – 6 502 h alt. 124.
Voir Ruines du château de Crussol : site★★★ et ≤★★ SE : 2 km.
Env. Saint-Romain-de-Lerps ※★★★ NO : 9,5 km par D 287, G. Vallée du Rhône.
🖪 Office de tourisme, 45 rue de la République ℰ 04 75 40 46 75, Fax 04 75 40 55 72, st-peray@fnotsi.net.
Paris 562 – Valence 4 – Lamastre 35 – Privas 39 – Tournon-sur-Rhône 15.

à Soyons Sud : 7 km par N 86 – 1 721 h. alt. 106 – ⊠ 07130 :

🏰 **Domaine de la Musardière,** N 86, 670 rte de Nîmes ℰ 04 75 60 83 55, info@ledomainedesoyons.fr, Fax 04 75 60 85 21, 斎, 丞, ☒, 繁, 朲 – 圉 圓 囝 – 益 30. 歴 ① GB
Repas 23 (déj.), 31/56, enf. 12 – ☲ 16 – **12 ch** 144/189 – ½ P 129/140.
♦ Belle demeure du 19ᵉ s. entourée d'un parc verdoyant. Chambres pastel garnies de commodes et coiffeuses Empire. Véranda pour le petit-déjeuner. Aux premiers frimas, la cheminée répand sa chaleur "communicative" dans l'agréable salle à manger cossue.
La Châtaigneraie 🏰,, 丞, 繁, 朲 – cuisinette, 圓 ch, 圓 圓. 歴 ① GB
Repas voir **Domaine de la Musardière** – ☲ 16 – **16 ch** 104/149 – ½ P 112.
♦ Dans une dépendance du Domaine, grandes chambres de style rustique, égayées de tissus provençaux ; certaines sont dotées de lits à baldaquin.

ST-PÈRE 89 Yonne 319 F7 – rattaché à Vézelay.

ST-PÉREUSE 58110 Nièvre 319 F9 – 286 h alt. 355.
Paris 289 – Autun 54 – Château-Chinon 15 – Clamecy 57 – Nevers 53.

※※ **Auberge de la Madonette,** ℰ 03 86 84 45 37, Fax 03 86 84 46 69, 斎, 朲 – GB
fermé 15 déc. au 1ᵉʳ fév., mardi soir et merc. – **Repas** 11 (déj.), 16/42.
♦ L'entrée de cette sympathique auberge est décorée de costumes et objets locaux. La salle à manger, joliment rustique, donne sur un beau jardin fleuri. Cuisine du terroir.

ST-PHILBERT-DE-GRAND-LIEU 44310 Loire-Atl. 316 G5 G. Poitou Vendée Charentes – 6 253 h alt. 10.
🖪 Office de tourisme, place de l'Abbatiale ℰ 02 40 78 73 88, Fax 02 40 78 83 42, otsi.st-philbert@wanadoo.fr.
Paris 405 – Nantes 27 – Niort 150 – Rennes 138 – La Roche-sur-Yon 50 – Tours 218.

🏠 **La Bosselle,** ℰ 02 40 78 73 47, Fax 02 40 78 01 85, 斎 – 圓 ⅋ 圓 – 益 20. GB. ⅋ ch
Repas 10,50 (déj.), 17/27, enf. 7 ⅋ – ☲ 7 – **15 ch** 48/71 – ½ P 45.
♦ Accueil tout sourire en cet établissement familial situé au coeur du village. Les chambres, récemment créées, sont neuves, simples mais bien agencées. Au restaurant, produits du terroir et spécialités de poissons du lac pêchés aux bosselles (nasses).

ST-PIERRE-DE-CHARTREUSE 38380 Isère 333 H5 G. Alpes du Nord – 770 h alt. 885 – Sports d'hiver : 900/1 800 m ⅋ 1 ⅋ 13 ⅋.
Voir Terrasse de la Mairie ≤★ – Prairie de Valombré ≤★ 0 : 4 km – Site★ de Perquelin E : 3 km – La Correrie : musée Cartusien★ du couvent de la Grande Chartreuse NO : 3,5 km – Décoration★ de l'église de St-Hugues-de-Chartreuse S : 4 km.
🖪 Office de tourisme, place de la mairie ℰ 04 76 88 62 08, Fax 04 76 88 68 78, ot@st-pierre-chartreuse.com.
Paris 571 – Grenoble 28 – Belley 62 – Chambéry 39 – La Tour-du-Pin 52 – Voiron 25.

Beau Site, ℰ 04 76 88 61 34, *hotel.beausite@libertysurf.fr*, Fax 04 76 88 64 69, ≤, 斧, ⅃ – ☲ TV ℃ – ⅍ 25. ❶ GB
fermé 3 au 25 avril, 18 oct. au 19 déc. – **Repas** *(fermé 8 mars au 2 avril, 5 janv. au 7 fév. sauf résidents, dim. soir, mardi midi et lundi)* 15/32 ♀ – ⱅ 9,50 – **26 ch** 58/65 – ½ P 57/61.
◆ Les chambres de cette grande maison centenaire, sobres mais confortables, sont toutes rénovées. Piscine ménageant une jolie perspective sur la vallée. Salle de restaurant spacieuse et aérée et terrasse panoramique, où sont servis des plats traditionnels.

Auberge de l'Atre Fleuri ᗡ avec ch, Sud : 3 km sur D 512 ℰ 04 76 88 60 21, *bruvedb @aol.com*, Fax 04 76 88 64 97, 斧 – TV ꟼ. GB
fermé mi-nov. au 26 déc. – **Repas** *(fermé mardi hors saison, dim. soir et lundi) (12,50)* - 15/24, enf. 8 ♀ – ⱅ 6,10 – **7 ch** 38 – ½ P 39.
◆ Auberge campagnarde voisine d'un camping et d'un ruisseau. Salle à manger d'esprit rustique et terrasse d'été abondamment fleurie. Chambres simples, sauna et minifitness.

du Temps de Vivre avec ch, La Diat, Sud-Ouest : 1 km ℰ 04 76 88 67 75, *dutdevivre@aol .com*, Fax 04 76 88 65 07, 斧 – ꟼ. GB, ⅏ ch
fermé 15 nov. au 28 déc. – **Repas** 12,50 (déj.), 15,50/32 ♀ – ⱅ 7,60 – **8 ch** 40/56 – ½ P 46.
◆ Intérieur champêtre, terrasse aménagée au bord d'un torrent et petites chambres nettes : une sympathique étape au "royaume" de la randonnée (270 km de sentiers balisés).

au col du Cucheron *Nord : 3,5 km par D 512 – alt. 1139 – Sports d'hiver au Planolet : 1 050/ 1 500 m ⰽ 6 – ⌧ 38380 St-Pierre-de-Chartreuse :*

Chalet Hôtel Le Cucheron ᗡ, ℰ 04 76 88 62 06, *aubergeducucheron@wanadoo.fr*, Fax 04 76 88 65 43, ≤, 斧, ⅌ – ꟼ. GB, ⅏ rest
fermé 15 oct. au 15 nov., dim. soir et merc. sauf vacances scolaires – **Repas** 11 (déj.), 16,50/28, enf. 9 ♀ – ⱅ 5,50 – **6 ch** 37/39 – ½ P 36/39.
◆ Dissimulée dans les sapins, cette bâtisse à allure de chalet abrite des chambres modestes, un restaurant et un vaste salon TV avec bibliothèque. Le décor de la salle à manger, "fin René Coty-début Charles de Gaulle", n'a pas pris une ride… Table familiale.

Ecrivez-nous…
Vos louanges comme vos critiques seront examinées avec le plus grand soin. Nous reverrons sur place les informations que vous nous signalez.
Par avance merci !

ST-PIERRE-D'ENTREMONT 73670 Savoie ᭝᭝᭝ I5 *G. Alpes du Nord* – 372 h alt. 640.
Voir *Cirque de St-Même*★★ *SE : 4,5 km – Gorges du Guiers Vif*★★ *et Pas du Frou*★★ *O : 5 km – Château du Gouvernement*★ *: ≤* ★ *SO : 3 km.*
🛈 *Office de tourisme, maison communale* ℰ 04 79 65 81 90, Fax 04 79 65 88 78, *ot.entre monts@wanadoo.fr.*
Paris 564 – Grenoble 38 – Belley 63 – Chambéry 26 – Les Echelles 12 – Lyon 104.

Château de Montbel, ℰ 04 79 65 81 65, Fax 04 79 65 89 49 – ☲ ⌦. GB. ⅏
fermé 13 au 26 avril, 23 oct. au 18 déc., dim. soir et lundi soir sauf vacances scolaires et lundi midi – **Repas** *(12,20)* - 15,20/31, enf. 9,50 ♀ – ⱅ 6 – **13 ch** 35/44 – ½ P 44,50.
◆ Hôtel à l'atmosphère chaleureuse dans un petit village de montagne situé aux confins du Dauphiné et de la Savoie. Chambres simples et bien entretenues. Meubles rustiques, cadre lambrissé et cheminée font le cachet du restaurant. Cuisine traditionnelle.

ST-PIERRE-DES-CHAMPS 11220 Aude ᭝᭝᭝ G4 – 127 h alt. 146.
Paris 808 – Perpignan 84 – Carcassonne 41 – Narbonne 41.

Fargo ᗡ, ℰ 04 68 43 12 78, *lafargo@club-internet.fr*, Fax 04 68 43 29 20, 斧, ⅌ – TV ᪐ ꟼ. GB, ⅏ ch
27 mars-15 nov. – **Repas** *(fermé lundi sauf juil.-août)* *(la semaine hors saison dîner seul. pour résidents)* 20/29,50 ♀ – ⱅ 6 – **6 ch** 64/71.
◆ Cette ancienne forge isolée dans le vignoble des Corbières est idéale pour un séjour reposant. Les chambres, agréables et contemporaines, sont égayées de meubles indonésiens. Plaisante terrasse ombragée et salle à manger d'inspiration rustique.

ST-PIERRE-DES-CORPS 37 I.-et-L. ᭝᭝᭝ N4 – *rattaché à Tours.*

ST-PIERRE-D'OLÉRON 17 Char.-Mar. ᭝᭝᭝ C4 – *voir à Île d'Oléron.*

ST-PIERRE-DU-PERRAY 91 Essonne ᭝᭝᭝ D4 ᭝᭝᭝ ㊳ – *voir à Paris, Environs.*

ST-PIERRE-LAFEUILLE 46090 Lot **337** E4 – 292 h alt. 350.

Paris 566 – Cahors 10 – Figeac 62 – Payrac 39 – Puy-l'Évêque 31 – Rocamadour 52.

XX **Bergerie** avec ch, N 20 *℘* 05 65 36 82 82, *hotel.bergerie@wanadoo.fr*,
Fax 05 65 36 82 40, 🌤, 🏊, 🔟 ⚓ & 🅿. 🆎 ⑩ GB
fermé 4 au 13 oct., 10 janv. au 3 fév., dim. soir et lundi soir sauf juil.-août, lundi midi et
mardi midi – **Repas** 24/59 bc, enf. 10 ♀ 🌤 – ⌷ 8,50 – **10 ch** 63/83 – ½ P 56/63.
   ◆ Poutres, pierres apparentes et cheminée forment le cadre chaleureux de cette ancienne
bergerie. Cuisine traditionnelle et bon choix de cahors. Spacieuses chambres actuelles.

ST-PIERRE-LE-MOUTIER 58240 Nièvre **319** B11 *G. Bourgogne* – 2 029 h alt. 214.

🛈 Syndicat d'initiative, 11 place de l'Eglise *℘* 03 86 37 21 15, Fax 03 86 90 80 69, *si.payse lanb@wanadoo.fr*.

Paris 264 – Bourges 71 – Château-Chinon 85 – Montluçon 81 – Moulins 32 – Nevers 26.

XX **Vigne** avec ch, rte Decize *℘* 03 86 37 41 66, *hotel-restaurant-la-vigne@wanadoo.fr*,
Fax 03 86 37 28 90, 🌤, 🕭 – 🔟 ⚓ & 🅿. GB
fermé 14 nov. au 6 déc., 14 au 28 fév., lundi sauf hôtel et dim. soir – **Repas** (dim. et fêtes
prévenir) (13,50) - 17/36 ♀ 🌤 – ⌷ 6 – **12 ch** 47/58 – ½ P 50/55.
   ◆ Jolie maison nivernaise et son parc agrémenté d'une pièce d'eau. Plats régionaux servis
dans la salle campagnarde ou sur la terrasse, à l'ombre des tilleuls. Accueil charmant.

ST-PIERRE-LÈS-AUBAGNE 13 B.-du-R. **340** I6 – rattaché à Aubagne.

ST-PIERREMONT 88700 Vosges **314** H2 – 162 h alt. 251.

Paris 366 – Nancy 56 – Lunéville 24 – St-Dié 43.

🏨 **Relais Vosgien**, *℘* 03 29 65 02 46, *relais.vosgien@wanadoo.fr*, Fax 03 29 65 02 83, 🌤,
🐎 – 🗫, 🍽 rest, 🔟 ⚓ & 🕭 🅿. 🛦 20 à 30. 🆎 GB
fermé du 6 au 18 janv. et vend. soir hors saison – **Repas** 19,70/68, enf. 11 ♀ – ⌷ 8 – **20 ch**
35/78 – ½ P 38/83.
   ◆ À la campagne, près d'un étang, ancienne ferme rénovée où règne une ambiance
familiale. La maison fait aussi station-service et bar-tabac. Chambres plus récentes côté
jardin. Plats d'obédience classique servis dans une salle à manger rustique ou en terrasse.

ST-PIERRE-QUIBERON 56 Morbihan **308** M9 – rattaché à Quiberon.

ST-POL-DE-LÉON 29250 Finistère **308** H2 *G. Bretagne* – 7 121 h alt. 60.

Voir Clocher★★ de la chapelle du Kreisker★ : ✳★★ de la tour – Ancienne cathédrale★ –
Rocher Ste-Anne : ≼★ dans la descente.

🏌 à Carantec *℘* 02 98 67 09 14, S : 10 km par D 58.

🛈 Office de tourisme, place de l'Evêché *℘* 02 98 69 05 69, Fax 02 98 69 01 20, *tourisme.st. pol.de.leon@wanadoo.fr*.

Paris 557 – Brest 62 – Brignogan-Plages 31 – Morlaix 21 – Roscoff 6.

🏠 **France** sans rest, 29 r. Minimes *℘* 02 98 29 14 14, *hotel.de.france.finistere@wanadoo.fr*,
Fax 02 98 29 10 57, 🐎 – 🔟 ⚓ 🅿. GB
⌷ 9 – **22 ch** 42/48.
   ◆ Dans une rue assez tranquille, pimpante demeure régionale peu à peu rénovée.
Chambres fraîches et fonctionnelles ; optez pour celles donnant sur le jardin.

XX **Auberge Pomme d'Api**, 49 r. Verderel *℘* 02 98 69 04 36, *perochonsjeanmarc@wanad oo.fr*, Fax 02 98 29 18 23 – 🆎 GB
fermé 15 nov. au 1er déc., 7 fév. au 2 mars, mardi soir hors saison, mardi midi en saison, dim.
soir et lundi – **Repas** 22 (déj.), 35/54, enf. 12 ♀.
   ◆ Poutres, pierres et cheminée monumentale en granit président au cadre rustique de
cette maison bretonne du 16e s. Cuisine personnalisée ; produits du terroir.

ST-PONS 07580 Ardèche **331** J6 – 203 h alt. 350.

Paris 621 – Valence 66 – Aubenas 24 – Montélimar 21 – Privas 24.

🏠 **Hostellerie Gourmande "Mère Biquette"** 🐾, Nord : 4 km par rte secondaire
℘ 04 75 36 72 61, *merebiquette@wanadoo.fr*, Fax 04 75 36 76 25, ≼, 🌤, 🏊, 🐎, ✗ – 🔟
⚓ 🅿. 🆎 GB
fermé 14 nov. au 12 fév., dim. soir d'oct. à mars – **Repas** (fermé lundi midi sauf fériés, mardi
midi et vend. midi d'oct. à avril) 17,50/35, enf. 9,50 ♀ – ⌷ 8 – **9 ch** 54/75 – ½ P 57,50/
67,50.
   ◆ Les amoureux de nature et de grand calme apprécient cette ferme ardéchoise nichée
entre vignes et châtaigniers. Chambres spacieuses et rustiques. Au restaurant, le chef met
un point d'honneur à servir aux convives une vraie cuisine régionale.

ST-PONS-DE-THOMIÈRES *34220 Hérault* **339** *B8 G. Languedoc Roussillon – 2 287 h alt. 301.*

Voir *Grotte de la Devèze★ SO : 5 km.*

🛈 *Office de tourisme, place du Foirail* ℰ *04 67 97 06 65, Fax 04 67 97 39 30, st-pons-de-thomieres@wanadoo.fr.*

Paris 750 – Béziers 54 – Carcassonne 64 – Castres 54 – Lodève 73 – Narbonne 53.

XX **Les Bergeries de Pondérach** 🕭 *avec ch, rte Narbonne : 1 km* ℰ *04 67 97 02 57, bergeries.ponderach@wanadoo.fr, Fax 04 67 97 29 75,* 🌣 , 🐴 – 🆅 💽 🅿. 🖭 ⓞ ⅭⒷ Ⓙ🅲🅱
19 mars-12 nov. – **Repas** *27/36* 🍷 – 🖵 *11* – **7 ch** *95/100* – ½ P *75/85.*
♦ *Bergerie du 17ᵉ s. - ex-dépendance d'une maison de maître - dont les chambres s'ouvrent sur la campagne. Sympathique restaurant rustique. Terrasse dans la cour intérieure.*

X **Route du Sel,** *15 Grand'Rue* ℰ *04 67 97 05 14, laroute@aol.com* – 🖳. ⅭⒷ
fermé 13 au 20 avril, 8 au 16 sept., 3 au 24 janv., dim. soir et merc. – **Repas** *16/32, enf. 11* 🍷.
♦ *Au coeur de la petite capitale du Parc régional du Haut Languedoc. Salle à manger voûtée, égayée de tableaux. Cuisine du terroir. Boutique de produits maison.*

ST-POURÇAIN-SUR-SIOULE *03500 Allier* **326** *G5 G. Auvergne – 5 266 h alt. 234.*

Voir *Église Ste-Croix★ – Musée de la Vigne et du Vin★.*

🐴 *de Briailles* ℰ *04 70 45 49 49, E : 3 km.*

🛈 *Office de tourisme, 13 place Maréchal Foch* ℰ *04 70 45 32 73, Fax 04 70 45 60 27, ot.stpourcain@wanadoo.fr.*

Paris 325 – Montluçon 66 – Moulins 33 – Riom 61 – Roanne 79 – Vichy 28.

🏨 **Chêne Vert,** *bd Ledru-Rollin* ℰ *04 70 47 77 00, hotel.chenevert@wanadoo.fr, Fax 04 70 47 77 39,* 🌣 – 🆅 💽 🅿 – 🔏 *40.* 🖭 ⓞ ⅭⒷ
hôtel : fermé 4 au 18 janv. et dim.soir sauf juil.-août – **Repas** *(fermé 5 janv. au 2 fév., vend. midi, dim. soir et lundi sauf juil.-août)* *17/42* 🍷 – 🖵 *7* – **29 ch** *40,50/54.*
♦ *Deux types de chambres : contemporaines ou plus anciennes - style années 1970 - en attente d'une prochaine rénovation. Une petite galerie expose des produits régionaux. Pimpante salle à manger et agréable terrasse. Cuisine traditionnelle et vins du pays.*

ST-PRIEST-BRAMEFANT *63310 P.-de-D.* **326** *H6 – 647 h alt. 290.*

Paris 365 – Clermont-Ferrand 49 – Riom 34 – Thiers 20 – Vichy 13.

🏯 **Château de Maulmont** 🕭 *, Sud : 1,5 km sur D 59* ℰ *04 70 59 03 45, info@chateau-maulmont.com, Fax 04 70 59 11 88,* 🌣 , 🏊 , 🎣 , 🐴 – 🆅 💽 🅿 – 🔏 *40.* 🖭 ⓞ ⅭⒷ Ⓙ🅲🅱
fermé 1ᵉʳ janv. au 13 fév. – **Repas** *(fermé lundi sauf le soir en saison, dim. du 14 fév. au 31 mai et mardi midi)* *18/49* 🍷 – 🖵 *12* – **21 ch** *115/170* – ½ P *70/112.*
♦ *Ce joli château fut remanié au 19ᵉ s. par Madame Adélaïde, soeur de Louis-Philippe. Meubles d'époque, boiseries sculptées, jardin à la française, etc. : tout y est ! Le restaurant, lambrissé de chêne, a fière allure ; belle terrasse et parc de 9 ha.*

ST-PRIEST-EN-JAREZ *42 Loire* **327** *F7 – rattaché à St-Étienne.*

ST-PRIEST-TAURION *87480 H.-Vienne* **325** *F5 G. Berry Limousin – 2 613 h alt. 255.*

Env. *≼★ du parc de Montméry N : 9 km par D 44.*

Paris 387 – Limoges 15 – Bellac 47 – Bourganeuf 33 – La Souterraine 53.

🏨 **Relais du Taurion,** ℰ *05 55 39 70 14, Fax 05 55 39 67 63,* 🌣 , 🐴 – 🆅 🅿. ⅭⒷ
fermé 19 au 27 sept., 20 déc. au 15 janv., dim. soir et lundi – **Repas** *18/34, enf. 9* – 🖵 *7,50* – **8 ch** *45/54* – ½ P *52/56.*
♦ *Un agréable jardin entoure cette grande maison bourgeoise. Petites chambres rustiques. Salon doté de meubles de style. Salle de restaurant décorée simplement, mais égayée de poutres apparentes. Pour les beaux jours, terrasse ombragée. Carte traditionnelle.*

ST-QUAY-PORTRIEUX *22410 C.-d'Armor* **309** *F3 G. Bretagne – 3 114 h alt. 25 – Casino.*

🐴 *des Ajoncs d'Or* ℰ *02 96 71 90 74, O : 7 km.*

🛈 *Office de tourisme, 17 bis rue Jeanne d'Arc* ℰ *02 96 70 40 64, Fax 02 96 70 39 99, saintquayportrieux@wanadoo.fr.*

Paris 470 – St-Brieuc 22 – Étables-sur-Mer 3 – Guingamp 29 – Lannion 54 – Paimpol 26.

🏯 **Ker Moor** 🕭 *sans rest, 13 r. Pres. Le Sénécal* ℰ *02 96 70 52 22, ker.moor@wanadoo.fr, Fax 02 96 50 49,* ≼ *côte et mer,* 🐴 – 🆅 💽 💽 🅿. 🔏 *20.* 🖭 ⓞ ⅭⒷ Ⓙ🅲🅱
fermé 21 déc. au 7 janv. – 🖵 *12* – **29 ch** *70/110.*
♦ *Cette villa centenaire d'inspiration mauresque est perchée au sommet d'une petite falaise. Les chambres disposent de balcons et d'une jolie vue sur le large.*

Gerbot d'Avoine, bd Littoral ☎ 02 96 70 40 09, *gerbotdavoine@net-up.com, Fax 02 96 70 34 06*, – rest, TV P. AE GB
fermé 12 nov. au 15 déc. et 3 janv. au 7 fév. – **Repas** *(fermé dim. soir, mardi midi et lundi hors saison)* 17/33 – 7 – **20 ch** 43/56 – ½ P 49,50/56.
◆ Dans la station balnéaire, pimpante maison bretonne aux chambres refaites et donnant en partie sur la Manche. Deux salles à manger dont une profitant d'une échappée sur la mer... Là où, précisément, la cuisine du chef puise son inspiration.

ST-QUENTIN SP 02100 *Aisne* 306 B3 *G. Picardie Flandres Artois – 59 066 h Agglo. 103 781 h alt. 74.*

Voir *Basilique★ – Hôtel de ville★ – Collection de portraits de Maurice Quentin de La Tour★★ au musée Antoine-Lécuyer.*

de St-Quentin-Mesnil à Mesnil-St-Laurent ☎ 03 23 68 19 48, par ③ : 10 km par D 12.

Office de tourisme, 27 rue Victor Basch ☎ 03 23 67 05 00, Fax 03 23 67 78 71, saint-quentin.haute.picardie@wanadoo.fr.

Paris 165 ⑤ – Amiens 81 ⑥ – Charleroi 161 ③ – Lille 113 ⑥ – Reims 99 ③.

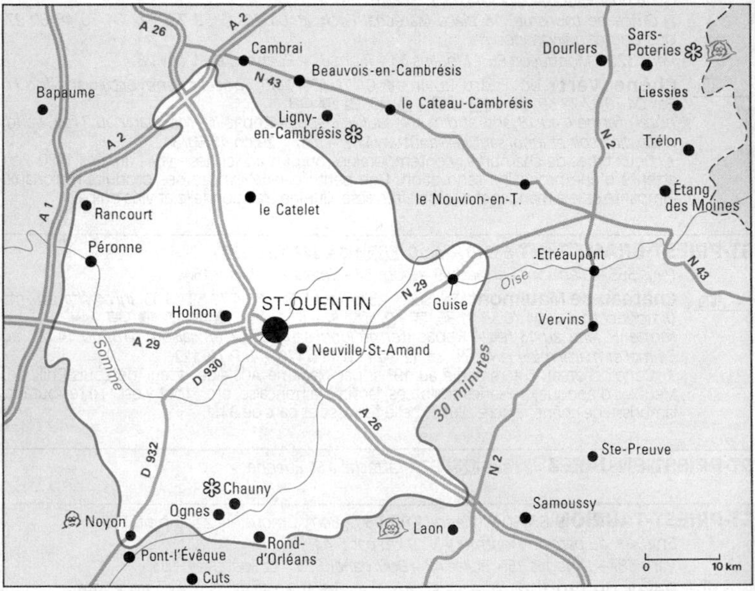

Grand Hôtel sans rest, 6 r. Dachery ☎ 03 23 62 69 77, *Fax 03 23 62 53 52* – TV P – 45. AE GB JCB BZ n
8 – **24 ch** 90/99.
◆ Cette grande bâtisse construite au pied de la colline propose des chambres spacieuses et fonctionnelles desservies par un ascenseur panoramique.

Canonniers sans rest, 15 r. Canonniers ☎ 03 23 62 87 87, *Fax 03 23 62 87 86*, – cuisinette TV P – 20. AE GB AZ m
fermé 2 au 16 août et dim. soir – 10 – **7 ch** 50/95.
◆ Cette demeure bourgeoise de 1754 est située dans une rue bordée d'anciens hôtels particuliers. Grandes chambres personnalisées. Belle série de salons habillés de boiseries.

Ibis, 14 pl. Basilique ☎ 03 23 67 40 40, *H1641@accor-hotels.com, Fax 03 23 67 84 90* – , rest, TV AE GB ABZ r
Repas *(fermé dim. soir et lundi midi)* 16/26, enf. 8 – 6 – **76 ch** 45/55.
◆ Cet hôtel bénéficie d'un emplacement idéal au coeur même de la ville, à deux pas de tous les sites touristiques. Chambres rénovées. Plaisant restaurant installé dans un ancien piano-bar. Carte traditionnelle se conformant aux standards de la chaîne.

ST-QUENTIN

Aumale (R. d') . . . . **AZ** 2
Basch (R. Victor) . . . . . . **AYZ** 3
Basilique (Pl. de la) . . . . **ABY** 4
Campions (Pl. des) . . . . . **AZ** 5
Croix-Belle-Porte (R.) . . . . **AY** 6
Dufour-Denelle (Pl.) . . . . **AZ** 7
Etats-Généraux (R. des) . . **AY** 8
Foy (R. du Gén.) . . . . . . **AZ** 10
Gaulle (Av. Gén.-de) . . . . **BZ** 13
Gouvernement (R. du) . . . **BY** 15

Héros-du-
2-Septembre-1945
(Pl. des) . . . . **BZ** 16
Herriot (R. Édouard) . . . . **BZ** 17
Hôtel-de-Ville (Pl. de l') . . . **AZ** 18
Isle (R. d') . . . . **BZ**
Leclerc (R. Gén.) . . . . . . **BZ** 21
Le Sérurier (R.) . . . . **AY** 23
Lyon (R. de) . . . . **BZ** 24
Marché-Franc (Pl. du) . . . . **BZ**
Mulhouse (Pl.) . . . . **BY** 25
Ovres (R. E.) . . . . **BY** 26
Paringault (R.) . . . . **ABY** 27

Pompidou (R. G.) . . . . **AY** 28
Prés.-J.-F.-Kennedy (R. du) . **AY** 29
Raspail (R.) . . . . **AY**
Rémicourt (Av. de) . . . . . **BY** 31
St-André (R.) . . . . **AZ** 32
Sellerie (R. de la) . . . . . . **BZ** 33
Sous-Préfecture
(R. de la) . . . . **BZ** 34
Thomas (R. A.) . . . . **AY** 36
Toiles (R. des) . . . . **BZ** 37
Verdun (Bd) . . . . **AZ** 38
Zola (R. Émile) . . . . **AZ**
8-Octobre (Pl. du) . . . . . **BZ** 41

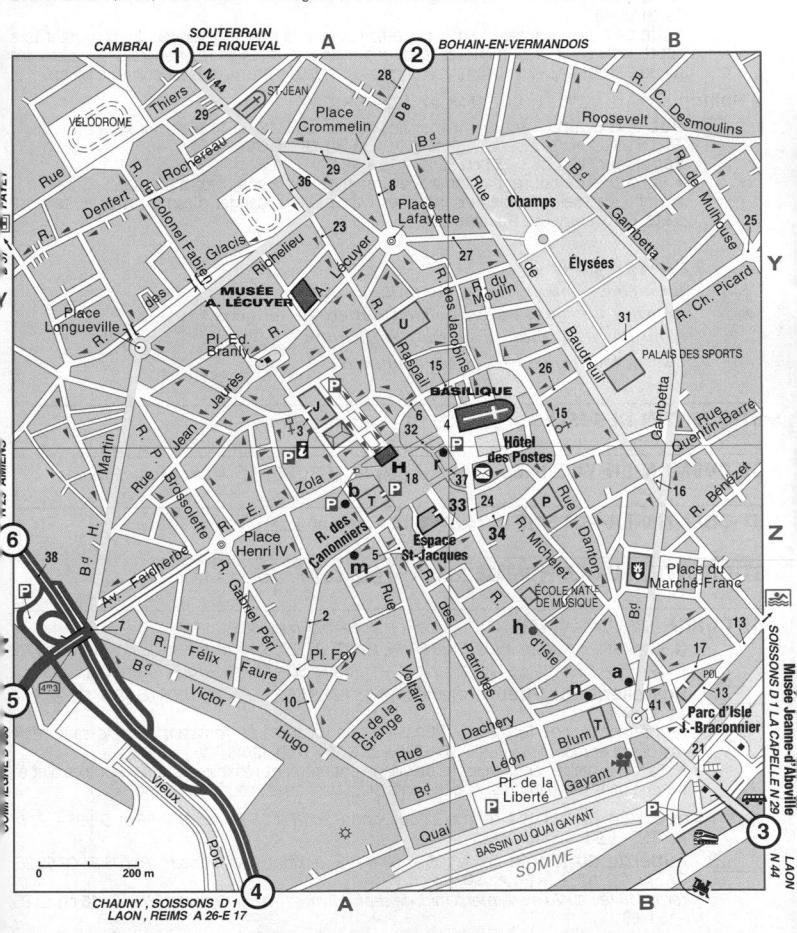

🏨 **Paix et Albert 1er**, 3 pl. 8-Octobre ℰ 03 23 62 77 62, *hoteldelapaix@worldonline.fr*,
Fax 03 23 62 66 03 – |§|, ▤ rest, 📺 ☎ 🄿 – 🛦 30. 🄰🄴 ① 🄶🄱   BZ **a**
Brésilien brasserie *(fermé dim.)* **Repas** *(12,50)*15,50 ☍ – **Carnotzet** *(fermé 26 juin au 1er oct.
et dim.) (dîner seul.)* **Repas** *(12,50)*☍ – ☍ 6,50 – **52 ch** 48/52,50.
   ♦ Grand immeuble en briques proche de la gare, mettant à votre disposition des
chambres simples, parfois refaites, que l'on choisira plutôt au 3e étage. Au Brésilien, notes
exotiques mais plats français et italiens. Ambiance et cuisine savoyardes au Carnotzet.

🏨 **Mémorial** sans rest, 8 r. Comédie ℰ 03 23 67 90 09, *memorial.hotel@wanadoo.fr*,
Fax 03 23 62 34 96 – 📺 ☎ 🄿. 🄰🄴 ① 🄶🄱 – ☍ 9,50 – **18 ch** 55/80.   AZ **b**
   ♦ Bien située, construction régionale ancienne tournée sur une grande cour intérieure.
Vous dormirez mieux dans les chambres de l'annexe. Salon au confort bourgeois.

※ **Vert Gouteille**, 80 r. d'Isle ℰ 03 23 05 13 25, *Fax 03 23 05 13 27*, 斎 – ⅍ ⅏ **BZ h**
fermé 1er au 29 août, sam. midi et dim. – **Repas** carte 28 à 38, enf. 8,50 ⅌.
♦ Tout près du centre-ville, deux salles à manger de style bistrot séparées par les cuisines.
Terrasse d'été agrémentée d'un trompe-l'oeil. Plats bourguignons et lyonnais.

à Neuville-St-Amand par ③ et D 12 : 3 km – 908 h. alt. 82 – ⊠ 02100 :

🏠 **Château** 🦢, ℰ 03 23 68 41 82, *chateaudeneuville.st.amand@wanadoo.fr*, Fax 03 23
68 46 02, 斎, 🎐 – 📺 ℰ 🅿 – 🅰 25. ⅍ ⅏ � ch
fermé 2 au 24 août, 23 déc. au 7 janv., sam. midi, dim. soir et lundi – **Repas** 23/57 ⅌ – ⊑ 8 –
15 ch 58/68.
♦ Un parc bien entretenu entoure cette maison de maître restaurée, lui procurant une
appréciable quiétude. Chambres rénovées ; préférez celles en rez-de-jardin. Le restaurant
meublé en style Louis XIII domine, comme la terrasse d'été, l'agréable domaine arboré.

à Holnon par ⑥ et N 29 : 6 km – 1 334 h. alt. 102 – ⊠ 02760 :

🏠 **Pot d'Étain**, route nationale 29 ℰ 03 23 09 34 35, *info@lepotdetain.fr*,
Fax 03 23 09 34 39, 斎, 🛒 – 📺 ℰ 🅿 – 🅰 30. ⅍ ⓪ ⅏
Repas 20 bc/40 – ⊑ 8 – **32 ch** 52/83 – ½ P 48,50.
♦ À l'entrée du bourg, pavillon aux allures d'hacienda complété d'un motel abritant des
chambres actuelles et bien insonorisées. Vaste salle à manger d'esprit rustique ; terrasse
d'été. Carte et menus traditionnels.

Dans ce guide

un même symbole, un même mot,
imprimé en **rouge** *ou en* **noir***, en maigre ou en* **gras***,*
n'ont pas tout à fait la même signification.
Lisez attentivement les pages explicatives.

ST-QUENTIN-DES-ISLES 27 Eure 🗺304 D7 – rattaché à Bernay.

ST-QUENTIN-EN-YVELINES 78 Yvelines 🗺311 H3 🗺106 ㉙ 🗺101 ㉑ – voir à Paris, Environs.

ST-QUENTIN-LA-POTERIE 30 Gard 🗺339 L4 – rattaché à Uzès.

ST-QUENTIN-SUR-LE-HOMME 50 Manche 🗺303 E8 – rattaché à Avranches.

ST-QUIRIN 57560 Moselle 🗺307 N7 G. Alsace Lorraine – 873 h alt. 305.
🛈 Syndicat d'initiative, ℰ 03 87 08 60 34, Fax 03 87 08 66 44, mairie-st-quirin@wanadoo.fr.
Paris 433 – Strasbourg 91 – Baccarat 40 – Lunéville 56 – Phalsbourg 34 – Sarrebourg 19.

※※ **Hostellerie du Prieuré** avec ch, ℰ 03 87 08 66 52, Fax 03 87 08 66 49 – 📺 ℰ 🅿 –
🅰 30. ⅏
fermé vacances de Toussaint – **Repas** (fermé vacances de Toussaint, de fév., sam. midi,
mardi soir et merc.) 10,50 (déj.), 20/55 ⅌ – ⊑ 6,50 – **8 ch** 40/45 – ½ P 36,50.
♦ Face à la mairie, deux maisons de village entièrement réhabilitées. Jolis meubles d'ébé-
nisterie dans les chambres. Appétissants plats classiques ; cours de cuisine.

vers Turquestein-Blancrupt rte du Col du Donon, Sud-Est : 5,5 km par D 96 et D 993 – 21 h.
alt. 365 – ⊠ 57560 Turquestein :

🏠 **Auberge du Kiboki** 🦢, ℰ 03 87 08 60 65, *le-kiboki@wanadoo.fr*, Fax 03 87 08 65 26,
斎, 🛌, 🏊, 🛒 – 📺 🅿 � ch
fermé 16 fév. au 20 mars, merc. midi de sept. à avril et mardi – **Repas** 15/48 ⅌ – **16 ch** ⊑ 85
– ½ P 69.
♦ Escale on ne peut plus nature dans cette auberge rustique perdue au fin fond de la
vallée de la Sarre Blanche. Les chambres, douillettes, bénéficient du silence du parc. Deux
chaleureuses salles à manger : l'une décorée à l'alsacienne, l'autre à la lorraine.

ST-RAPHAËL 83700 Var 🗺340 P5 G. Côte d'Azur – 30 671 h – Casino **Z**.
Voir Collection d'amphores★ dans le musée archéologique **M**.
🏌 Esterel Latitudes ℰ 04 94 52 68 30, E : 5 km.
🛈 Office de tourisme, rue Waldeck Rousseau ℰ 04 94 19 52 52, Fax 04 94 83 85 40,
saint-raphael.information@wanadoo.fr.
Paris 870 ③ – Fréjus 4 ③ – Aix-en-Provence 121 ③ – Cannes 42 ④ – Toulon 93 ③.

Accès et sorties : voir plan de Fréjus.

ST-RAPHAËL

Aicard (R. J.) . . . . **Z** 2
Albert-Iᵉʳ (Quai) . . . . **Z** 3
Allongue (R. Marius) . . . **Y** 5
Barbier (R. J.) . . . . **Z** 6
Basso (R. Léon) . . . . **Y** 7

Baux (R. Amiral) . . . . **Y** 9
Carnot (Pl.) . . . . **Y** 10
Coty (Promenade
    René) . . . . **Z** 13
Doumer (Av. Paul) . . . . **Z** 14
Gambetta (R.) . . . . **Y** 15
Gounod (R. Ch.) . . . . . . **Z** 17
Guilbaud (Cours Cdt) . . **Y** 18

Karr (R. A.) . . . . **Y** 21
Libération (Bd de la) . . . **Z** 22
Liberté (R. de la) . . . . . . **Y** 23
Martin (Bd Félix) . . . . . **YZ** 24
Péri (Pl. Gabriel) . . . . . . **Y** 26
Remparts (R. des) . . . . **Y** 28
Rousseau (R. W.) . . . . . **Y** 30
Vadon (R. H.) . . . . **Z** 31

Voir plan de Fréjus — **Valescure** — D 37

Voir plan de Fréjus — N 98

Sta-Lucia

0   200 m

N 98 — ① — CORNICHE DE L'ESTEREL

Continental sans rest, 100 prom. René Coty ℰ 04 94 83 87 87, *info@hotels-continental. com*, Fax 04 94 19 20 24, ≤, ← – 🛗 ✻ 🗏 🗹 ℭ 🌭 – 🕿 ☝ **Z e**
fermé 2 nov. au 12 déc. – ☒ 11 – **44 ch** 96/200, 4 suites.
◆ Face à la plage et au cœur de l'animation, l'hôtel occupe le premier étage d'une vaste résidence blanche. Chambres confortables et claires, à choisir côté "grande bleue".

Excelsior, 193 bd F. Martin (prom. R.Coty) ℰ 04 94 95 02 42, *info@excelsior-hotel.com*, Fax 04 94 95 33 82, ≤, 🌤 – 🛗 🗏 🗹, 🕮 ⓞ 🖼 **Z h**
Repas 27,50/61,60 ♀ – ☒ 8 – **33 ch** 73/162 – ½ P 90,50/106.
◆ Sur le front de mer, à deux pas du grand casino, beau bâtiment du début du 20ᵉ s. abritant des chambres bien équipées. Restaurant façon brasserie, terrasse face à la "grande bleue" et pub aux murs décorés de plaques de navires de l'US Navy.

Marina, port Santa-Lucia par ① ℰ 04 94 95 31 31, *lamarina@lamarina-sr.fr,* Fax 04 94 82 21 46, 🌤, Ḷᴗ, ⅃ – 🛗 🗏 🗹 ℭ 🌭 – 🕿 15 à 80. 🕮 ⓞ 🖼
Repas 18,30 (déj.), 20/30, enf. 10 ♀ – ☒ 11 – **100 ch** 120/145 – ½ P 93/105,50.
◆ Hôtel excentré, aménagé autour d'une piscine et jouissant de la vue sur le port de plaisance. Chambres pratiques souvent dotées de balcons. Spacieuse salle à manger et terrasse au bord du quai. Carte traditionnelle.

Provençal sans rest, 195 r. Garonne ℰ 04 98 11 80 00, *reception@hotel-provencal.com*, Fax 04 98 11 80 13 – 🛗 🗏 🗹 ℭ 🌭. 🕮 🖼 **Y b**
☒ 6,50 – **24 ch** 75.
◆ En retrait du port et de son animation, établissement entièrement rénové abritant des chambres actuelles et fonctionnelles, dotées d'une bonne isolation phonique.

XXX **L'Arbousier,** 6 av. Valescure ℰ 04 94 95 25 00, Fax 04 94 83 81 04, 🍴 – 🍽. AE ⑩
GB Y r
fermé 22 déc. au 10 janv., dim. soir hors saison, mardi midi et lundi – **Repas** 26 (déj.),
34/55 et carte 57 à 74.
♦ Salle à manger aux tons ensoleillés, belle terrasse d'été dans une cour ombragée et
cuisine d'inspiration régionale font l'attrait de cette maison de la vieille ville.

X **Sémillon,** 12 r. Republique ℰ 04 94 40 56 77, Fax 04 94 83 13 71, 🍴 – 🍽. GB Y n
fermé 20 déc. au 6 janv., 1ᵉʳ au 4 nov., dim. et lundi – **Repas** 15,50 (déj.), 24/34 ♉.
♦ Minuscule mais sympathique adresse aménagée à la façon d'un bistrot ; on y mange au
coude à coude. Plats et suggestions du marché écrits sur ardoise. Terrasse-trottoir.

à Valescure Nord-Est : 5 km – ✉ 83700 :

🏨 **Golf de Valescure** 🏊, au golf ℰ 04 94 52 85 00, info@valescure.com,
Fax 04 94 82 41 88, 🍴, ⛱, 🎾, ♣ – 📶 ▤ 📺 📞 & 🅿 – 🔬 15 à 25. AE ⑩ GB. 🍴 rest
fermé 11 nov. au 21 déc. et 7 au 31 janv. (dîner seul.) **Repas** 30/34 –
Club House (déj. seul.) (fermé merc. de nov. à janv.) Repas 18/23 ♉ – **40 ch** ⛛ 114/170 –
½ P 98/109.
♦ Construction récente entourée de pins parasols. Confortables chambres rénovées, avec
terrasses ouvrant sur la pinède ou le golf. Cuisine à l'accent provençal aux Pins Parasols. Le
Club House occupe le Pavillon de la Norvège de l'Exposition universelle de 1900.

🏨 **San Pedro,** ℰ 04 94 19 90 20, info@hotelsanpedro.fr, Fax 04 94 19 90 21, 🍴, ⛱, 🌳 –
📶, ▤ ch, 📺 📞 🅿, AE ⑩ GB 🇯
fermé 10 au 30 nov. – **Repas** (fermé mardi midi et merc. midi de nov. à mars) (19) - 27,50
(dîner), 29/50, enf. 10 ♉ – ⛛ 12 – **28 ch** 130/160 – ½ P 102.
♦ Bastide provençale en pierres sèches élevée au milieu d'une pinède. Chambres garnies
de meubles en bois sculpté et, parfois, de lits à baldaquin. Salle à manger sous croisées
d'ogives et terrasse dressée au bord de la piscine.

XX **Jardin de Sébastien,** rte du golf ℰ 04 94 44 66 56, Fax 04 94 44 66 56, 🍴 – 🍽 🅿. AE
⑩ GB. 🍴
fermé 16 au 20 juin, 17 au 27 nov., vacances de fév., dim. soir hors saison et lundi – **Repas**
22/45.
♦ Près du golf, maison particulière récente, calme et agréable. Terrasse aménagée dans un
joli petit jardin avec fontaine. Cuisine au goût du jour, d'inspiration régionale.

au Dramont par ① : 6 km – ✉ 83530 Agay :

🏨 **Sol e Mar,** rte Corniche d'Or ℰ 04 94 95 25 60, hotelsolemar@club-internet.fr,
Fax 04 94 83 83 61, ≤ Ile d'Or et cap du Dramont, 🍴, ⛱ – 📶, ▤ ch, 📺 & 🅿. AE ⑩
GB
Repas 28/35 – ⛛ 10 – **45 ch** 95/137, 5 suites – ½ P 85,50/107.
♦ Cet hôtel "les pieds dans l'eau" a fait peau neuve. La plupart des chambres ouvrent sur
les îles d'Or. Originale piscine creusée dans la roche. Salle à manger panoramique coiffée
d'un toit ouvrant et terrasse surplombant la "grande bleue".

à Boulouris par ① : 4 km – ✉ 83700 :

🏨 **Potinière** 🏊, 169 av. Gare ℰ 04 94 19 81 71, hotel@la-potiniere.com, Fax 04 94 19 81 72,
🍴, ♣, – 📺 🅿. AE ⑩ GB
fermé 7 au 30 janv. – **Repas** (fermé le midi de sept. à juin sauf dim.) 25/42 – ⛛ 11 – **30 ch**
86/158 – ½ P 75/111.
♦ Au cœur d'une pinède, établissement disposant de chambres fonctionnelles, toutes
pourvues d'un balcon ou d'une terrasse. Solarium, sauna, boulodrome, VTT. L'été, on
dresse les tables sous les arbres, près de la piscine, le temps d'un "snack".

ST-RÉMY 71 S.-et-L. **320** J9 – rattaché à Chalon-sur-Saône.

ST-RÉMY-DE-PROVENCE 13210 B.-du-R. **340** D3 G. Provence – 9 806 h alt. 59.

Voir Le plateau des Antiques★★ : Mausolée★★, Arc municipal★, Glanum★ 1km par ③ –
Cloître★ de l'ancien monastère de St-Paul-de-Mausole par ③ – Hôtel de Sade : dépôt
lapidaire★ L – Donation Mario Prassinos★ S.

Env. ❄★★ de la Caume 7 km par ③.

🏌 de Servanes à Mouriès ℰ 04 90 47 59 95, par ③ : 17 km.

🛈 Office de tourisme, place Jean Jaurès ℰ 04 90 92 05 22, Fax 04 90 92 38 52, tou
risme.st.remy@wanadoo.fr.

Paris 702 ① – Avignon 20 ① – Arles 25 ④ – Marseille 89 ② – Nîmes 45 ④.

Commune (R.) . . . . Z 2
Estrine (R.) . . . . YZ 3
Hoche (R.) . . . . Z 4
Lafayette (R.) . . . . Z 6
Libération (Av. de la) . . . . . Y 7
Mauron (Av. Ch.) . . . . Y 8
Mirabeau (Bd) . . . . YZ 9
Nostradamus (R.) . . . . Y 10
Parage (R.) . . . . Y 12
Pelletan (R. C.) . . . . YZ 14
Résistance (Av.) . . . . Z 15
Roux (R.) . . . . Z 16
Salengro (R. R.) . . . . Y 18
8-Mai-1945 (R. du) . . . . . . Z 20

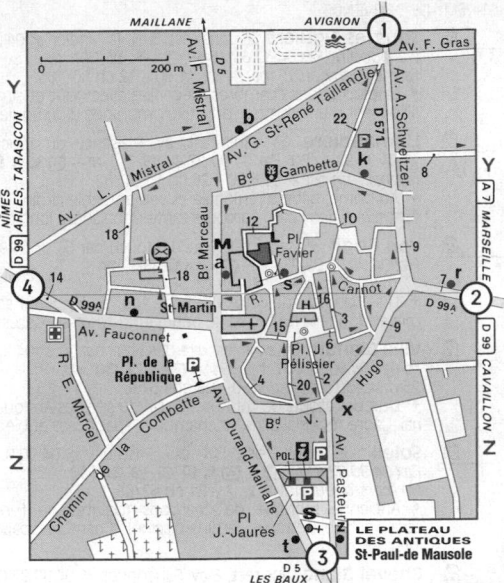

Hostellerie du Vallon de Valrugues �, chemin Canto Cigalo par ② : *1 km* ℰ 04 90 92 04 40, *vallon.valrugues@wanadoo.fr*, Fax 04 90 92 44 01, ≼, 😤, ₤₅, ⌁, 🐴, ✖ – 📳 🔲 📺 ℙ – ⚿ 30. ⯊ ⑨ ☒ 🔤 🔤 rest
fermé 25 janv. au 21 fév. – **Repas** 53/88, enf. 20 – ☲ 23 – **37 ch** 200/260, 16 suites – ½ P 165/220.
* Dans un quartier résidentiel, grande villa azuréenne entourée d'un beau jardin arboré. Somptueux décor, chambres aux couleurs provençales et équipements de loisirs complets. Luxe et charme qualifient le restaurant. Ravissante terrasse fleurie et ombragée.

Château des Alpilles �, Ouest : 2 km par D 31 ℰ 04 90 92 03 33, *chateau.alpilles@wanadoo.fr*, Fax 04 90 92 45 17, 😤, ⌁, ✖, ⚐ – 📳, 🔲 ch, 📺 ⅋ ℙ – ⚿ 20. ⯊ ⑨ ☒ 🔤 ⅏ rest
fermé 16 nov. au 23 déc. et 5 janv. au 19 fév. – **Repas** *(fermé le midi du 15 sept. au 1ᵉʳ juin et merc.)* (résidents seul.) 32 (déj.), 36/42 déj. piscine carte environ 32 ⅋ – ☲ 17 – **15 ch** 180/380, 4 suites.
* Stucs, moulures, miroirs d'époque, meubles anciens et design composent le décor très soigné de cette imposante demeure du 19ᵉ s. sise dans un parc aux arbres centenaires.

Les Ateliers de l'Image �, 36 bd V. Hugo ℰ 04 90 92 51 50, *info@hotelphoto.com*, Fax 04 90 92 43 52, 😤, ⌁, 🐴 – 📳, 🔲 ch, 📺 ⅋ ⅆ ℙ ⯊ ⑨ ☒ 🔤 ⅏   Z x
fermé janv. et fév. – **Repas** carte 45 à 76 ⅋ – **28 ch** ☲ 140/380, 4 duplex.
* La photographie est reine dans cet "hôtel-atelier" occupant un ancien music-hall : expositions dans les chambres, galerie, labo photo, boutique... Bel intérieur contemporain. Salle de restaurant moderne. Cuisine japonaise et quelques plats d'ici.

Mas des Carassins ⚑location, 1 chemin Gaulois par ③ : *1 km* ℰ 04 90 92 15 48, *info@hoteldescarassins.com*, Fax 04 90 92 63 47, ≼, ⌁, 🐴 – 📳, 🔲 ch, 📺 ℙ ☒
fermé 5 janv. au 11 mars – **Repas** (dîner seul.) (résidents seul.) 21/26 – ☲ 12 – **12 ch** 95/125 – ½ P 79/106,50.
* Au milieu des champs de lavande et d'oliviers, petit mas du 19ᵉ s. aménagé avec goût. Jolies chambres provençales, jardin fleuri, agréable piscine, accueil aux petits soins.

Castelet des Alpilles sans rest, 6 pl. Mireille ℰ 04 90 92 07 21, *hotel.castel.alpilles@wanadoo.fr*, Fax 04 90 92 52 03, 🐴 – 📺 ℙ. ⯊ ☒ 🔤   Z t
1ᵉʳ avril-3 nov. – ☲ 8,50 – **19 ch** 72/87.
* Maison bourgeoise du début du 20ᵉ s. et son aile récente. Les chambres du 2ᵉ étage regardent les Alpilles. Petit-déjeuner servi l'été dans le joli jardin arboré.

Canto Cigalo ⚑location sans rest, 8 chemin Canto Cigalo par ② : *1 km* ℰ 04 90 92 14 28, *hotel.cantocigalo@wanadoo.fr*, Fax 04 90 92 24 48, 🐴 – ℙ ⯊ 🔤
6 mars-14 nov. et 18 déc.-4 janv. – ☲ 7 – **20 ch** 53/63.
* Les chambres, simples mais spacieuses, ont vue sur le jardin ou le village. En été, petits-déjeuners servis à l'ombre des mûriers. Tenue exemplaire et ambiance chaleureuse.

Sous les Figuiers ⊚ sans rest, 3 av. Taillandier ℰ 04 32 60 15 40, *hotel.souslesfiguiers@ wanadoo.fr*, Fax 04 32 60 15 39, 🔧 – 📞 🅿, ☎, ✂   Y b
fermé 4 janv. au 15 mars – 🍽 11,50 – **12 ch** 50/105.
◆ La plupart des chambres, décorées avec goût et simplicité (objets et meubles chinés), disposent d'une terrasse privative ombragée d'un figuier centenaire. Atelier de peinture.

L'Amandière ⊚ sans rest, av. Plaisance du Touch par ① *puis rte Noves : 1 km* ℰ 04 90 92 41 00, Fax 04 90 92 48 38, 🔧, 🌳 – 📺 📞 🅿, ☎, ✂
fin mars-fin oct. – 🍽 6,80 – **26 ch** 51,50/62.
◆ Au calme, bâtisse régionale et son agréable jardin. Chambres rustiques avec balcon ou terrasse. À deux pas : parcours santé et balade le long du canal des Alpilles.

Van Gogh ⊚ sans rest, 1 av. J. Moulin par ② ℰ 04 90 92 14 02, *vangoghhot@aol.com*, Fax 04 90 92 09 05, 🔧 – 📺 🚗 🅿, ☎, ✂
1er mars-15 nov. – 🍽 7 – **21 ch** 58/75.
◆ Les chambres de cette villa bâtie tout en longueur sont décorées dans la note proven- çale et donnent toutes sur le petit jardin-terrasse. Celles du 1er étage sont mansardées.

Villa Glanum ⊚ sans rest, rte des Baux par ③ ℰ 04 90 92 03 59, *villa.glanum@wanadoo. fr*, Fax 04 90 92 00 08, 🔧, 🌳 – 📺 🅿, ☎
25 mars-30 oct. – 🍽 7,50 – **28 ch** 65/80.
◆ L'un des atouts de cet hôtel voisin du site des Antiques est son luxuriant jardin méridio- nal. Cadre régional dans les chambres, spacieuses et bien tenues. Accueil attentionné.

Soleil ⊚ sans rest, 35 av. Pasteur ℰ 04 90 92 00 63, *contact@hotelsoleil.com*, Fax 04 90 92 61 07, 🔧 – 📺 📞 🅿, 🅰🅴 ① ☎, ✂   Z z
fin mars-début nov. – 🍽 7 – **21 ch** 52/68.
◆ Ancienne fabrique de chardons (pointes de fer) ordonnée autour d'une vaste cour fermée (terrasse, jardin, piscine). Chambres paisibles, meublées en rotin. Espace Internet.

Cheval Blanc sans rest, 6 av. Fauconnet ℰ 04 90 92 09 28, Fax 04 90 92 69 05 – 📺 🚗 🅿,   Z n
début mars-début nov. – 🍽 6 – **22 ch** 45/60.
◆ Chambres rustiques régulièrement rafraîchies, véranda pour le petit-déjeuner et prix doux font l'attrait de cette maison familiale à la fois calme et proche du vieux St-Rémy.

Accent du Sud, rte Maillane : 1 km par av. F. Mistral ℰ 04 90 92 13 43, *accent.du.sud@wa nadoo.fr*, Fax 04 90 92 64 01, 🏠, 🔧, 🌳 – 📺 🅿, ☎
Repas *(fermé dim. soir)* (dîner seul.) 19 🍷 – 🍽 6,50 – **13 ch** 47/83 – ½ P 45/49.
◆ Des chambres simples et bien tenues (à choisir côté jardin) vous attendent dans cette petite pension prisée des habitués pour son atmosphère familiale. Modeste restaurant complété d'une invitante terrasse ombragée tournée vers le jardin.

Maison Jaune, 15 r. Carnot ℰ 04 90 92 56 14, *lamaisonjaune@wanadoo.fr*, Fax 04 90 92 56 32, 🏠 – ☎   Y s
fermé 8 janv. au 8 mars, dim. soir en hiver, mardi midi de juin à sept. et lundi – **Repas** (nombre de couverts limités, prévenir) 30/55 🍷.
◆ Le joyau de cette belle demeure du 16e s. ? La grande terrasse ombragée de l'étage, meublée en teck et dominant la vieille ville. Cuisine provençale au goût du jour.

Alain Assaud, 13 bd Marceau ℰ 04 90 92 37 11 – ▤, 🅰🅴 ① ☎   Y a
15 mars-15 nov. et fermé jeudi midi, sam. midi et merc. – **Repas** 24/37.
◆ Plaisante salle au restaurant rustique - avec pierres et poutres apparentes - où l'on sert une cuisine traditionnelle à l'accent du Sud. Il n'est pas rare qu'on s'y bouscule !

Source, 13 av. Libération ℰ 04 90 92 44 71, Fax 04 90 92 44 71, 🏠 – ▤, ☎   Y r
avril-nov. et fermé merc. – **Repas** (21) - 30/40.
◆ L'atout maître de ce restaurant, élégant et feutré, est sans conteste sa délicieuse terrasse donnant sur un jardin sorti des ruines d'un couvent (bel éclairage le soir).

Jardin de Frédéric, 8 bd Gambetta ℰ 04 90 92 27 76, Fax 04 90 92 27 76 – ▤, 🅰🅴 ☎   Y k
fermé mi-janv. à mi-fév., lundi midi et dim. sauf fériés – **Repas** (16) - 24,50/28,50, enf. 10.
◆ Sur le boulevard de ceinture, sympathique petite salle aux murs ornés de tableaux peints par la patronne-artiste. Cuisine dans la note provençale ; suggestions à l'ardoise.

au Domaine de Bournissac *par ②, D 30 et D 29 : 11 km* – ✉ 13550 Paluds-de-Noves :

La Maison ⊚, ℰ 04 90 90 25 25, *annie@lamaison-a-bournissac.com*, Fax 04 90 90 25 26, ⟪, 🏠, 🔧, 🌳 – ▤ 📺 📞 🅿, – 🅰 30. 🅰🅴 ☎
15 nov.-7 fév. – **Repas** *(fermé mardi midi et lundi)* 40 – 🍽 13 – **13 ch** 175/230 – ½ P 180/ 280.
◆ Sur une colline, parmi les vignes et les oliviers, beau mas dominant Lubéron, Alpilles et Ventoux. Chambres soigneusement agencées. Boutique de produits locaux. À table, choix régional selon le marché. Ravissant patio-terrasse installé sous un figuier.

à Verquières *par ②, D 30 et D 29 : 11 km – 801 h. alt. 48 – ✉ 13670 :*

XX **Croque Chou** (Ravoux), pl. Église ☎ 04 90 95 18 55, *Fax 04 32 61 15 05* – ⊁
✿ *fermé 1er déc. au 1er mars, dim. soir d'oct. à avril, lundi et mardi* – **Repas** (prévenir) 32/36 ♀.
◆ Sur la place du village, bergerie (18e s.) tapissée de lierre, où le charme d'un décor de pierres et de bois rivalise avec les plaisirs de la table. Réservé aux non-fumeurs.
Spéc. Galantine de gigot d'agneau. Dorade rôtie au vin rouge. Filet mignon de lapin à l'infusion de sauge. **Vins** Coteaux des Baux, Cairanne.

par ④ *et rte des Baux D 27 : 4,5 km – ✉ 13210 St-Rémy-de-Provence :*

Domaine de Valmouriane ⟡, ☎ 04 90 92 44 62, *info@valmouriane.com, Fax 04 90 92 37 32*, ←, 🏖, 🏊, 🎾, ⚓ – |‡| ▤ **P**. AE ⓞ GB. ⊁
Repas *(fermé 14 au 26 nov. et 16 au 28 janv.)* 27 (déj.), 37/65 ♀ – ☕ 15 – **11 ch** 160/305 – ½ P 135/185.
◆ Entre pins, vignes et oliviers, bergerie du 18e s. dont les chambres, spacieuses et personnalisées, ont vue sur les Alpilles. Bar à l'anglaise avec piano et cheminée. Salle de restaurant voûtée, un brin monacale, et jolie terrasse ombragée, très tranquille.

à Maillane *Nord-Ouest : 7 km par D 5 – 1 880 h. alt. 14 – ✉ 13910 :*

XX **L'Oustalet Maïanen**, ☎ 04 90 95 74 60, *oustaletmaianen@wanadoo.fr, Fax 04 90 95 76 17*, 🏖 – ▤. AE GB
fermé déc., janv. et 28 juin au 4 juil. – **Repas** *(fermé mardi et merc. d'oct. à mars, mardi midi et sam. midi d'avril à sept., dim. soir sauf juil.-août et lundi)* 20 (déj.), 35/45, enf. 13 ♀.
◆ Une adresse sympathique que ce restaurant situé face à la maison du poète Mistral. Chaleureux et sobre décor rustique, terrasse sous la treille et goûteuse cuisine régionale.

Si le coût de la vie subit des variations importantes,
les prix que nous indiquons peuvent être majorés.
Lors de votre réservation à l'hôtel, faites-vous préciser le prix définitif.

ST-RIQUIER *80 Somme* 301 E7 – *rattaché à Abbeville.*

ST-ROMAIN-SUR-CHER *41140 L.-et-Ch.* 318 F8 – *1 289 h alt. 130.*
Paris 215 – Tours 62 – Blois 34 – Montrichard 21 – Romorantin-Lanthenay 37.

XX **St-Romain** avec ch, ☎ 02 54 71 71 10, *Fax 02 54 71 72 89* – TV **P**. GB
fermé 20 sept. au 11 oct., 2 au 14 janv., dim. soir et lundi sauf fériés – **Repas** 14,70/42 ♀ – ☕ 5,40 – **5 ch** 28,20/42 – ½ P 35,10.
◆ Poutres, cheminée, cuivres accrochés aux murs et meubles rustiques donnent un petit air campagnard à ce restaurant situé au coeur du bourg. Quelques chambres toutes simples.

ST-SAMSON-DE-LA-ROQUE *27680 Eure* 304 C5 – *283 h alt. 80.*
Voir *Phare de la Roque* ✲★ *N : 2 km*, G. **Normandie Vallée de la Seine.**
Paris 177 – Le Havre 38 – Beuzeville 13 – Bolbec 24 – Évreux 97 – Honfleur 23.

XXX **Relais du Phare**, ☎ 02 32 57 61 59, *Fax 02 32 57 61 68*, 🏖, 🌳 – GB
fermé vacances de fév., dim. soir, lundi et mardi – **Repas** 35/45 et carte 40 à 60.
◆ Proche du marais Vernier et de la pointe de la Roque, confortable auberge normande au cadre champêtre soigné. Salon intime. Spécialités de poissons.

ST-SATURNIN-DE-LUCIAN *34 Hérault* 339 F6 – *rattaché à Clermont-l'Hérault.*

ST-SAUD-LACOUSSIÈRE *24470 Dordogne* 329 F2 – *868 h alt. 370.*
Paris 443 – Limoges 57 – Brive-la-Gaillarde 105 – Châlus 23 – Nontron 16 – Périgueux 62.

Hostellerie St-Jacques ⟡, ☎ 05 53 56 97 21, *hostellerie.st.jacques@wanadoo.fr, Fax 05 53 56 91 33*, 🏖, 🏊, 🌳, 🎾 – TV 📞 **P**. AE GB
mars-mi-nov. – **Repas** *(fermé dim. soir, lundi et mardi de mi-sept. à mi-juin, lundi midi, mardi midi et merc. midi de mi-juin à mi- sept.)* 19,50/56, enf. 13 ♀ – ☕ 8,50 – **15 ch** 50/85 – ½ P 55/76.
◆ Enseigne sans ambiguïté : l'hostellerie est une ancienne halte des pèlerins de Compostelle. Chambres douillettes. Beau jardin fleuri. Salle à manger aux tons ensoleillés, prolongée d'une agréable terrasse ombragée. Repas traditionnel.

ST-SAUVES-D'AUVERGNE 63 P.-de-D. **326** D9 – rattaché à La Bourboule.

ST-SAUVEUR-DE-LANDEMONT 49270 M.-et-L. **317** B5 – 653 h alt. 65.

Paris 364 – Nantes 31 – Ancenis 16 – Cholet 51 – Clisson 26.

Château de la Colaissière ⌂, ℘ 02 40 98 75 04, info@colaissiere.com, Fax 02 40 98 74 15, 余, ⊼, ℀, ⅏ – ⊡ ℃ ₺ ◻ – 盎 50. ஊ ஊ 迀
fermé 2 au 27 janv. – Repas (fermé dim. et lundi du 1er oct. au 14 mai) 26 (déj.), 37/75, enf. 20 ⚕ – ⚌ 15 – **16 ch** 220/400 – ½ P 132/237.
♦ Ce fier château Renaissance, entouré de douves et d'un parc, allie le charme d'antan au confort actuel. Chambres de style et superbe série de salons avec cheminées. Restaurant sobre et élégant. Terrasse dans la cour intérieure. Carte au goût du jour.

ST-SAUVEUR-DE-MONTAGUT 07190 Ardèche **331** J5 – 1 248 h alt. 218.

🛈 Syndicat d'initiative, Quartier de la tour ℘ 04 75 65 43 13, Fax 04 75 65 43 13, st-sauveur-de-montagut@fnotsi.net.
Paris 597 – Valence 38 – Le Cheylard 24 – Lamastre 29 – Privas 24.

Montagut avec ch, pl. Église ℘ 04 75 65 40 31, Fax 04 75 65 41 86, 余 – ⊡. ஊ ஊ
fermé 22 au 28 mars, 9 au 16 juin, 15 au 30 sept., 5 au 13 janv. – Repas (fermé lundi et mardi sauf juil.-août) 13 bc/40, enf. 7 ⚕ – ⚌ 5,50 – **4 ch** 33 – ½ P 40.
♦ Auberge familiale oeuvrant dans un village ardéchois. Une carte régionale vous sera soumise dans la salle à manger ; repas plus simples au bar. Vaste terrasse ombragée.

ST-SAVIN 65 H.-Pyr. **342** L7 – rattaché à Argelès-Gazost.

ST-SAVIN 86310 Vienne **322** L5 G. Poitou Vendée Charentes – 1 009 h alt. 76.

Voir Peintures murales★★★ de l'Abbaye★★.

🛈 Office de tourisme, 20 place de la Libération ℘ 05 49 48 11 00, Fax 05 49 48 11 00, otsi.st-savin@worldonline.fr.
Paris 344 – Poitiers 44 – Belac 62 – Châtellerault 48 – Montmorillon 19.

France, pl. République ℘ 05 49 48 19 03, hotel-saint-savin@wanadoo.fr, Fax 05 49 48 97 07 – ⊡ ℃ ₺ ◻ ஊ ◉ ஊ. ℀ rest
fermé 1er janv. au 29 fév. et dim. soir sauf juin à août – Repas 12/30, enf. 8 ⚕ – ⚌ 6 – **15 ch** 52 – ½ P 44/48.
♦ L'hôtel, entièrement rénové, occupe une maison ancienne de pays située sur la place du village. Chambres souvent spacieuses et sobrement décorées. Au restaurant, heureux mariage de tons ensoleillés et de parquet. Cuisine traditionnelle et plats régionaux.

Christophe Cadieu, 46 pl. Libération ℘ 05 49 48 17 69, Fax 05 49 48 17 69 – ஊ. ℀
fermé 25 juin au 12 juil., 2 janv. au 13 fév., dim. soir, lundi et jeudi – Repas (nombre de couverts limité, prévenir) 13 (déj.), 18/26.
♦ Au centre du bourg, à l'ombre de la célèbre abbaye, sympathique restaurant rustique avec pierres et poutres apparentes et cheminée à feu de bois. Cuisine au goût du jour.

ST-SÉBASTIEN-SUR-LOIRE 44 Loire-Atl. **316** G4 – rattaché à Nantes.

ST SEINE L'ABBAYE 21440 Côte-d'Or **320** I5 G. Bourgogne – 355 h alt. 451.

🖍 Dolce Chantilly à Salives ℘ 03 80 75 68 54, N : 32 km par D 16.
🛈 Office de tourisme, Parvis de l'Abbatiale ℘ 03 80 35 07 63, Fax 03 80 35 07 63, Infotourismeot.stseine-abbaye@wanadoo.fr.
Paris 289 – Dijon 28 – Autun 78 – Châtillon-sur-Seine 57 – Montbard 48.

Poste, ℘ 03 80 35 00 35, Fax 03 80 35 07 64, 余, 靀 – ⊡ ⇦ ◻. ஊ
fermé 23 déc. au 8 janv., fév., merc. soir du 15 nov. à Pâques, merc. midi du 1er au 15 nov. et mardi – Repas 11,50 bc (déj.), 14/42, enf. 9 ⚕ – ⚌ 7,50 – **15 ch** 38/57 – ½ P 57/60.
♦ Louis XIV aurait séjourné dans cet ancien relais de poste apprécié pour le calme de son jardin ombragé. Les chambres, au décor un peu mûri, sont progressivement rafraîchies. Le restaurant a conservé toute sa rusticité. Cuisine traditionnelle et régionale.

Si vous êtes retardé sur la route, dès 18 h,
confirmez votre réservation par téléphone,
c'est plus sûr... et c'est l'usage.

ST-SERNIN-SUR-RANCE *12380 Aveyron* ▨▨▨ *H7 G. Languedoc Roussillon – 530 h alt. 300.*

🛈 *Syndicat d'initiative, route d'Albi ☎ 05 65 97 60 19, Fax 05 65 97 60 77, info.st-sernin@ro quefort.com*

Paris 694 – Albi 50 – Castres 69 – Lacaune 29 – Rodez 83 – St-Affrique 32.

Carayon ⚶, ☎ 05 65 98 19 19, carayon.hotel@wanadoo.fr, Fax 05 65 99 69 26, ≤, 斧, ₺₅, ⌂, ▦, ✖, ♨ – ▯ ⓣ ⒱ ⅋ ⟵ ▣ – ⚄ 30. ㏐ ⓞ ㏉

fermé dim. soir, mardi midi et lundi sauf fériés – **Repas** (9) - 14/54, enf. 9 ♈ – ⌂ 8 – **60 ch** 40/88 – ½ P 50/67.

◆ Face à la vallée, hôtel intéressant pour ses activités de loisirs. Chambres au cadre actuel ; certaines occupent des maisonnettes disséminées dans le parc. Spacieuse salle à manger prolongée d'une terrasse tournée vers la campagne. Cuisine du terroir.

ST-SERVAN-SUR-MER *35 I.-et-V.* ▨▨▨ *K3 – rattaché à St-Malo.*

ST-SEVER *40500 Landes* ▨▨▨ *H12 G. Aquitaine – 4 455 h alt. 102.*

Voir Chapiteaux★ de l'église.

🛈 *Office de tourisme, place du Tour du Sol ☎ 05 58 76 34 64, Fax 05 58 76 43 55, ot.saint-sever@libertysurf.fr.*

Paris 726 – Aire-sur-l'Adour 31 – Dax 50 – Mont-de-Marsan 18 – Orthez 39 – Pau 70.

Relais du Pavillon avec ch, au Nord : 2 km carrefour D 933 et D 924 ☎ 05 58 76 20 22, r elaispavillon@club-internet.fr, Fax 05 58 76 25 81, 斧, ⌂, ⚘ – ⓣ ▣. ㏐ ⓞ ㏉

fermé 3 au 17 janv., sam. midi, dim. soir et lundi – **Repas** 24/40 et carte 41 à 54 ♈ – ⌂ 7 – **12 ch** 39/47 – ½ P 45/50.

◆ Près d'un carrefour fréquenté, cette construction cubique (1960) dispose d'une élégante salle à manger vitrée tournée, à l'instar des chambres, vers la piscine et le jardin.

à Bas-Mauco *Nord : 5 km par rte de Mont-de-Marsan – 277 h. alt. 37 – ⊠ 40500 :*

Alios, ☎ 05 58 76 44 00, hotel.alios@club-internet.fr, Fax 05 58 76 35 38, 斧 – ⓣ ⒱ ⅋ ▣ – ⚄ 25. ㏉. ✖ ch

fermé 2 au 22 août – **Repas** (fermé vend. soir et dim.) 13,50/22,50 – ⌂ 5 – **10 ch** 38/52 – ½ P 44.

◆ Hôtel commode pour l'étape, implanté dans un village de création récente. Petites chambres actuelles au mobilier avant tout pratique. Tenue sans reproche. Spacieuse salle des repas, véranda et terrasse d'été. Carte traditionnelle et menu du jour.

ST-SIMON *31 H.-Gar.* ▨▨▨ *G3 – rattaché à Toulouse.*

ST-SORLIN-D'ARVES *73530 Savoie* ▨▨▨ *K6 G. Alpes du Nord – 325 h alt. 1550.*

Voir Site★ de l'église de St-Jean-d'Arves SE : 2,5 km.

Env. Col de la Croix de Fer ☀★★ O : 7,5 km puis 15 mn – Col du Glandon ≤★ puis Combe d'Olle★★ O : 10 km.

🛈 *Office de tourisme, Champrond ☎ 04 79 59 71 77, Fax 04 79 59 75 50, info@saint-sorlindarves.com.*

Paris 657 – Albertville 84 – Le Bourg-d'Oisans 50 – Chambéry 97 – St-Jean-de-Maurienne 22.

Beausoleil ⚶, ☎ 04 79 59 71 42, info@hotel-beausoleil.com, Fax 04 79 59 75 25, ≤, 斧, ⚘ – ⓣ ▣. ㏐ ㏉. ✖ rest

1er juil.-30 août et 15 déc.-20 avril – **Repas** (12,50) - 16/22, enf. 7 ♈ – ⌂ 8,50 – **23 ch** 52/64 – ½ P 74.

◆ Isolé à flanc de montagne, mais néanmoins proche du bourg, ce chalet aux chambres fraîches et fonctionnelles est un véritable havre de paix. Salle à manger au cadre moderne, terrasse panoramique et cuisine savoyarde.

ST-SULPICE *81370 Tarn* ▨▨▨ *C8 – 4 801 h alt. 112.*

🛈 de Palmola à Buzet-sur-Tarn ☎ 05 61 84 20 50, O : 9km par N 88.

🛈 *Office de tourisme, Parc Georges Spenale ☎ 05 63 41 89 50, Fax 05 63 40 23 30, office.de.tourisme.stsulpice@wanadoo.fr.*

Paris 666 – Toulouse 32 – Albi 46 – Castres 54 – Montauban 44.

Auberge de la Pointe, D 988 ☎ 05 63 41 80 14, jrchelot@wanadoo.fr, Fax 05 63 41 90 24, 斧 – ▣. ㏐ ⓞ ㏉

fermé 12 au 29 nov., mardi soir et merc. de sept. à mai – **Repas** (10) - 18/31 bc, enf. 7,50 ♈.

◆ Ancien relais de poste à la façade rosée et au bel intérieur rustique agrémenté de sculptures et de tableaux. La terrasse dominant le Tarn vaut qu'on s'y attarde !

ST-SULPICE-SUR-LÈZE 31410 H.-Gar. 343 F5 – 1 639 h alt. 200.

Paris 709 – Toulouse 36 – Auterive 14 – Foix 53 – St-Gaudens 66.

XX **Commanderie,** ℰ 05 61 97 33 61, la-commanderie2@wanadoo.fr, Fax 05 61 97 32 60, – GB

fermé début nov. à mi-nov., vacances de fév., mardi et merc. – **Repas** 17 (déj.), 28,50/35 ♀.
• Sur la place centrale, ce restaurant occupe en partie une ancienne commanderie du 13ᵉ s. Salle plaisante avec cheminée en pierre. Accès par une cour intérieure fleurie.

ST-SYLVESTRE-SUR-LOT 47140 L.-et-G. 336 G3 – 2 060 h alt. 65.

Paris 614 – Agen 36 – Cahors 62 – Villeneuve-sur-Lot 8.

🏯 **Château Lalande** ⬲, ℰ 05 53 36 15 15, chateau.lalande@wanadoo.fr, Fax 05 53 36 15 16, 🕭, Ⅰᵴ, ⴷ, ﹐, ❀, ▥ – ⊞ 🕅 ↻ ⬧ 🄿 – 🖾 15 à 30. 🖾 ⓞ GB
Repas (fermé le midi du 1ᵉʳ nov. au 31 mars) 37/99 – ⊇ 15 – **22 ch** 160/310 – ½ P 120/195.
• Dressé dans un vaste parc, ce château des 13ᵉ et 18ᵉ s., très bien restauré, propose à sa clientèle un cocktail attrayant : raffinement, intimité et tranquillité. Héliport. Salle à manger bourgeoise, véranda et terrasse d'été. Cuisine au goût du jour.

ST-THÉGONNEC 29410 Finistère 308 H3 G. Bretagne – 2 267 h alt. 83.

Voir Enclos paroissial★★ – Guimiliau : Enclos paroissial★★, SO : 7,5 km.
Paris 549 – Brest 50 – Châteaulin 50 – Morlaix 13 – Quimper 70 – St-Pol-de-Léon 28.

🏠 **Auberge St-Thégonnec,** ℰ 02 98 79 61 18, auberge@wanadoo.fr, Fax 02 98 62 71 10,
🏠, ☞ – ✗▥ 🕅 ↻ ⬧ 🄿. 🖾 GB. ❀ rest
fermé 20 déc. au 20 janv. – **Repas** (fermé dim. sauf juil.-août, lundi midi et sam. midi) 25/46
♀ – ⊇ 12 – **19 ch** 75/90 – ½ P 85/90.
• Maison bretonne face à l'église et son célèbre enclos. Chambres contemporaines ouvrant, pour la plupart, sur le jardin. Sympathique bar. La salle à manger marie meubles régionaux et de style tandis que la cuisine, classique, a l'accent bigouden.

ST-THIBAULT 18 Cher 323 N2 – rattaché à Sancerre.

ST-TROJAN-LES-BAINS 17 Char.-mar. 324 C4 – voir à Île d'Oléron.

ST-TROPEZ 83990 Var 340 O6 G. Côte d'Azur – 5 444 h alt. 4.

Voir Port★★ – Musée de l'Annonciade★★ – Môle Jean Réveille ≼★ – Citadelle★ : ≼★ des remparts, ✳★★ du musée naval – Chapelle Ste-Anne ≼★ S : 1 km par av. P. Roussel.
🏌 à Ste-Maxime ℰ 04 94 55 02 02, par ① : 16 km.
🛈 Office de tourisme, quai Jean Jaurès ℰ 04 94 97 45 21, Fax 04 94 97 82 66, tou rism@saint-tropez.st.
Paris 872 – Fréjus 34 – Aix-en-Provence 123 – Cannes 73 – Draguignan 47 – Toulon 69.

Plan page ci-contre

🏨🏨 **Byblos** ⬲, av. P. Signac ℰ 04 94 56 68 00, saint-tropez@byblos.com, Fax 04 94 56 68 01, 🏠, Ⅰᵴ, ⴷ, ☞ – 🛗 ▤ ▥ 🕅 ↻ ⬳ 🄿 – 🖾 80. 🖾 ⓞ GB. ❀ rest   Z d
mi-avril-12 oct. – **Bayader** (dîner seul.) **Repas** 44/80 – - **Spoon Byblos** ℰ 04 94 56 68 20
(dîner seul.) **Repas** carte 73 à 85 – ⊇ 32 – **59 ch** 370/740, 38 suites.
• Un hameau de maisons colorées coupé de jardins et de patios : cette luxueuse crèche provençale compte parmi les lieux exclusifs de St-Tropez. Cocktails de couleurs et saveurs du Sud au Bayader. Cuisine créative, vins du monde et cadre design au Spoon Byblos.

🏨🏨 **Résidence de la Pinède** ⬲, à la plage de la Bouillabaisse par ① : 1 km
ℰ 04 94 55 91 00, residence.pinede@wanadoo.fr, Fax 04 94 97 73 64, ≼ golfe de St-Tropez, 🏠, ⴷ, 🕭₀, ☞ – 🛗 ▤ 🕅 ↻ ⬧ 🄿. 🖾 ⓞ GB
8 avril-17 oct. – **Repas** (dîner seul au 1ᵉʳ juin au 17 sept.) 60 (déj.), 115/145 et carte 110 à 168
– ⊇ 23 – **35 ch** 910, 4 suites.
• Cette élégante demeure postée au bord de la mer allie luxe et bien-être. Chambres cossues et personnalisées. Plage privée avec ponton. Salle à manger raffinée, habillée de boiseries, et agréable terrasse dressée sous les pins et tournée vers la "grande bleue".
Spéc. Ravioles d'herbes fraîches, petits gris du Var, jambonnettes de grenouilles en chantilly (juil. à sept). Rouget du golfe de Saint-Tropez "comme on aime en Provence". Carré d'agneau de Sisteron rôti à l'ail. **Vins** Côtes de Provence.

🏨🏨 **Bastide de St-Tropez** ⬲, rte Carles : 1 km par av. P. Roussel - Z ℰ 04 94 55 82 55, bst @wanadoo.fr, Fax 04 94 97 21 71, 🏠, ⴷ, ☞ – 📧 ch, ▥ 🕅 🄿 – 🖾 15. 🖾 ⓞ GB
fermé 4 janv. au 14 fév. – **Repas** (fermé lundi et mardi d'oct. à mi-avril) 45 – ⊇ 20 – **18 ch** 410/490, 8 suites.
• Belle décoration intérieure, grandes chambres pourvues de terrasses ou balcons et piscine entourée d'un luxuriant jardin contribuent au charme de ces cinq mas provençaux. Petite salle à manger et véranda coquettement décorées. Terrasse ouverte sur la verdure.

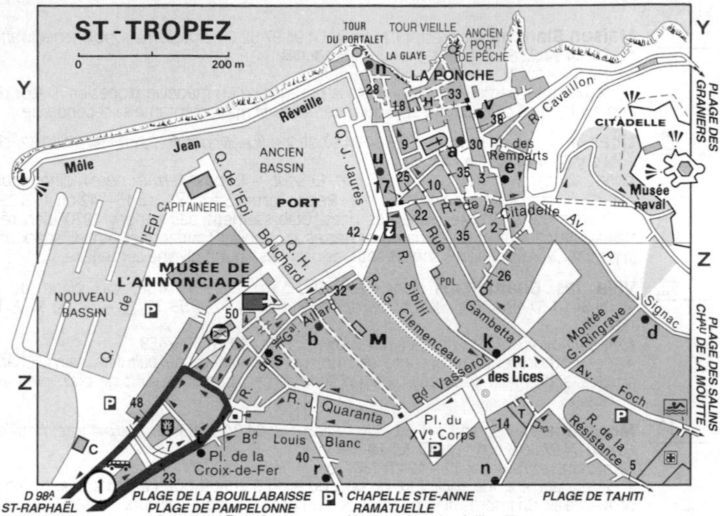

Domaine de l'Astragale ⚸, par ① : 1,5 km, chemin de la Gassine 𝒫 04 94 97 48 98, message@lastragale.com, Fax 04 94 97 16 01, 🌫, 🏊, ✿, ✵ – 🗏 📺 📞 ⚃ 🅿 – 🛎 25. 🆎 ⓞ 🅶🅱

14 mai-4 oct. – **Repas** 48 (dîner) – 🖵 17 – **34 ch** 375/415 – ½ P 249,50/269,50.
◆ Villa agrandie de bâtiments colorés agencés autour de la piscine. Spacieuses chambres avec balcon ou terrasse. Les repas sont servis l'hiver dans une petite salle à manger bourgeoise, et, l'été, sous un pavillon de plein air.

Yaca, 1 bd Aumale 𝒫 04 94 55 81 00, hotel-le-yaca@wanadoo.fr, Fax 04 94 97 58 50, 🌫, 🏊, 📺 📞 🆎 ⓞ 🅶🅱
Y e
7 avril-17 oct. – **Repas** (fermé lundi de mars à juin et 1er au 27 sept.) carte 60 à 85 – 🖵 22 – **28 ch** 385/525.
◆ Trois belles maisons mitoyennes (18e s.) tapissées de lierre qu'appréciait De Funès, Tropézien de comédie... Luxueuses chambres dotées de meubles anciens. Salle à manger "cosy" où l'on sert une appétissante cuisine italienne.

Mandarine ⚸, Sud : 0,5 km par av. P. Roussel, rte Tahiti 𝒫 04 94 79 06 66, message@hot ellamandarine.com, Fax 04 94 97 33 67, 🌫, 🏊, ✿ – 🗏 ch, 📺 📞 🅿 – 🛎 50. 🆎 ⓞ 🅶🅱

14 mai-4 oct. – **Repas** 48 (dîner) et carte 56 à 70 – 🖵 17 – **40 ch** 240/380, 4 duplex – ½ P 182/252.
◆ Conception originale pour cet hôtel composé de maisonnettes entourant un vénérable olivier. Demandez une chambre rénovée. Agréable piano-bar. Petite salle à manger-véranda égayée d'une fresque ; formule simplifiée le midi, menu-carte en soirée.

Ponche, pl. Révelin 𝒫 04 94 97 02 53, hotel@laponche.com, Fax 04 94 97 78 61, 🌫 – 🛗 🗏 📺 🖙 🆎 🅶🅱
Y v
14 fév.-31 oct. – **Repas** 23 (déj.), 35/43 ⌸ – 🖵 19 – **18 ch** 250/375.
◆ Romy Schneider et bien d'autres célébrités ont séjourné dans ce charmant hôtel composé d'anciennes maisons de pêcheurs colorées du pittoresque quartier de la Ponche. L'esprit provençal s'épanouit dans le décor et dans l'assiette de ce restaurant tropézien.

La Mistralée ⚸ sans rest, 1 av. Gén. Leclerc 𝒫 04 98 12 91 12, contact@hotel-mistralee. com, Fax 04 94 43 48 43, 🏊, ✿ – 📺 📞 🅿. 🆎 🅶🅱
Z t
🖵 25 – **9 ch** 490/590.
◆ Ex-pied-à-terre d'Alexandre de Paris, cette villa (1870) entourée d'un jardin a gardé l'empreinte décorative, d'esprit baroque, du coiffeur des stars. Chambres personnalisées.

🏨 **Maison Blanche** sans rest, pl. Lices ℰ 04 94 97 52 66, *hotellamaisonblanche@wanadoo.fr*, Fax 04 94 97 89 23 – 🗗 📺 🐾 ⇔, 🝙 ⓞ 🝚   **Z k**
fermé fév. – 🖃 27 – **9 ch** 221/374.
   ◆ Ce bel hôtel particulier fut naguère la propriété d'un médecin tropézien. Décor design immaculé, bar à champagne et exquise terrasse : la maison entame sa seconde vie.

🏨 **Lices**, av. Augustin Grangeon ℰ 04 94 97 28 28, *lices@nova.fr*, Fax 04 94 97 59 52, 😄, 🍴 – 🗗 ch, 📺 🐾 **P**. 🝙 ⓞ 🝚 🇯🇨🇧   **Z n**
hôtel : 28 mars-11 nov. ; rest. : 15 juin-15 sept. – **Repas** *(fermé merc.)* (dîner seul.) 35, enf. 12 ♀ **- snack de piscine** (déj. seul.) **Repas** carte 25 à 35 ♀ – 🖃 15 – **42 ch** 152/258.
   ◆ Proche de la célèbre place des Lices, établissement des années 1970 bien rénové. Hall-salon spacieux et clair. Chambres nettes au mobilier fonctionnel. À midi, snack près de la piscine ; le soir, grillades servies sous les palmiers et une glycine centenaire.

🏨 **Villa les Chamerops** sans rest, Sud : rte Belle Isnarde, dir. plage de Tahiti ℰ 04 94 97 57 18, *info@villa-chamerops.com*, Fax 04 94 97 58 30, 🍴 – 🗗 📺 🐾 ⅋ **P**. 🝙 🝚. 🎭
fermé 4 nov. au 16 déc. et 6 janv. au 5 fév. – 🖃 19 – **10 ch** 305/458.
   ◆ Cet hôtel récent a emprunté son nom à une variété de palmiers nains. Chambres amples, sobrement décorées dans un style actuel ; certaines sont de plain-pied avec la piscine.

🏨 **Mouillage** sans rest, Port du Pilon ℰ 04 94 97 53 19, *info@hotelmouillage.fr*, Fax 04 94 97 50 31, 🍴 – 🗗 **P**. 🝙 ⓞ 🝚
fermé janv. et fév. – 🖃 12 – **12 ch** 160/200.
   ◆ Jetez l'ancre à une encablure du port du Pilon dans cet hôtel aux chatoyantes couleurs provençales. Chambres neuves, garnies d'un mobilier venu d'ailleurs : Maroc, Asie, etc.

🏠 **Playa** sans rest, 57 r. Allard ℰ 04 98 12 94 44, *playahotel@aol.com*, Fax 04 98 12 94 45 – 🗗 📺 🐾. 🝙 🝚. 🎭   **Z s**
🖃 10 – **16 ch** 121/230.
   ◆ Au pied de l'établissement, boutiques et restaurants à volonté ! Chambres décorées avec une sobriété de bon aloi. Vous petit-déjeunerez dans le patio coiffé d'une verrière.

🏠 **Lou Cagnard** sans rest, av. P. Roussel ℰ 04 94 97 04 24, *Fax 04 94 97 09 44* – 📺 **P**. 🝚. 🎭   **Z r**
fermé 3 nov. au 27 déc. – 🖃 8 – **19 ch** 53/100.
   ◆ Cette vieille maison tropézienne refait progressivement ses chambres, simplement meublées. En été, les petits-déjeuners se prennent à l'ombre des mûriers.

XXX **Leï Mouscardins** (Tarredec), au port (Tour du Portalet) ℰ 04 94 97 29 00, *info@lei-mousc ardins.com*, Fax 04 94 97 76 39, ≼ golfe de St-Tropez – 🗐. 🝙 ⓞ 🝚 🇯🇨🇧
✿✿ *fermé 14 nov. au 17 déc., 9 janv. au 4 fév. et le mardi hors saison* – **Repas** 70/90, enf. 30 🍴.
   ◆ Superbe emplacement pour ce restaurant relié par une passerelle à la tour du Portalet. Salles à manger contemporaines panoramiques. Cuisine méditerranéenne innovante.
Spéc. Tomate grappe-mozzarella, ceviche de thon à l'avocat. Tronçon de Saint-Pierre grillé, bolognaise de maquereau. Carré de cochon fermier "pom-pom". **Vins** Coteaux Varois

XX **Girelier**, quai Jean Jaurès ℰ 04 94 97 03 87, *Fax 04 94 97 43 86*, 😄 – 🝙 ⓞ 🝚 🇯🇨🇧   **Y u**
16 fév.-31 oct. et fermé le midi en juil.-août et lundi de sept. à juin – **Repas** 36, enf. 17 ♀.
   ◆ Le va-et-vient des yachts sert de toile de fond à ce restaurant spécialisé dans les produits de la mer. Décoration de style bistrot, personnalisée par des objets marins.

X **Banh Hoï**, 12 r. Petit St-Jean ℰ 04 94 97 36 29, *banh-hoi@wanadoo.fr*, Fax 04 98 12 91 47, 😄 – 🝙 🝚   **Y a**
1er avril-9 oct. – **Repas** (dîner seul.) carte 42 à 54.
   ◆ Lumière tamisée, murs et plafonds laqués de noir et objets décoratifs asiatiques composent le cadre de cette maison où l'on propose une cuisine vietnamienne et thaïlandaise.

X **Petit Charron**, 6 r. Charrons ℰ 04 94 97 73 78, Fax 04 94 56 55 78 – 🝙 🝚 🇯🇨🇧   **Z b**
fermé 27 juil. au 10 août, 14 nov. au 1er déc., 26 janv. au 9 fév., dim. et lundi – **Repas** (nombre de couverts limité, prévenir) 36/42.
   ◆ La simplicité caractérise ce tout petit restaurant familial : décor "bistrot", fanions et affiches de la Nioulargue, banquettes et tables alignées. Goûteuse cuisine régionale.

au Sud-Est : *par av. Foch* - **Z** – ⌧ 83990 St-Tropez :

🏨 **Bastide Rouge** 🎭 sans rest, à 1,5 km ℰ 04 94 97 41 24, *labastiderouge@wanadoo.fr*, Fax 04 94 97 73 40, 🍴, 🎭 – 🗗 📺 🐾 ⇔ **P**. 🝙 ⓞ 🝚
1er avril-3 oct., 27 déc.-4 janv. – 🖃 15 – **22 ch** 280/296.
   ◆ Murs blancs, tomettes, rideaux en lin, mobilier actuel, salles de bains en faïence de Salernes caractérisent le décor des chambres de ces maisons nichées dans un joli jardin.

🏠 **Bastide des Salins** ⚭ sans rest, à 4 km 🖉 04 94 97 24 57, *info@labastidedessalins.com*, Fax 04 94 54 89 03, 🔟, 🔲 – 🔲 ▥ 📞 🅿. 🅰🅴 🇬🇧
1ᵉʳ avril-5 oct. – 🖭 13 – **14 ch** 295.
◆ Ancienne bastide isolée dans un grand jardin arboré et fleuri, impeccablement tenu. Chambres spacieuses, plaisantes dans leur sobriété. Salon de caractère. Belle piscine.

🏠 **Pré de la Mer** ⚭ sans rest, à 2,5 km 🖉 04 94 97 12 23, Fax 04 94 97 43 91, 🐎 – cuisinette ▥ 🅿. 🅰🅴 🇬🇧
Pâques-30 sept. – 🖭 12 – **12 ch** 160/210.
◆ Maison basse et blanche aux volets couleur lavande, noyée sous les lauriers roses et les bougainvillées. Les chambres, en rez-de-jardin, disposent d'une terrasse privative.

🏠 **Levant** ⚭ sans rest, à 2,5 km 🖉 04 94 97 33 33, *lelevant@hotelleriedusoleil.com*, Fax 04 94 97 76 13, 🔟, 🐎 – ▥ 🅿. 🅰🅴 Ⓞ 🇬🇧
10 avril-10 oct. – 🖭 12 – **28 ch** 110/150.
◆ Les chambres, réparties dans des bungalows et régulièrement entretenues, sont toutes de plain-pied avec le luxuriant jardin ou la piscine en mosaïque colorée. Salon cossu.

au Sud-Est par av. Paul Roussel et rte de Tahiti :

🏠🏠🏠 **Château de la Messardière** ⚭, à 2 km ⊠ 83990 St-Tropez 🖉 04 94 56 76 00, *hotel@ messardiere.com*, Fax 04 94 56 76 01, 🖼, 🎿, 🔟, 🔲 – 🔁 ▥ 📞 🕭 🛗 ⇔ 🅿 – 🛗 80. 🅰🅴 Ⓞ 🇬🇧. 🎿 rest
19 mars-17 oct. – **Repas** (dîner seul.) 55/85 ♀ 😊 – 🖭 27 – **76 ch** 450/620, 39 suites – ½ P 295/380.
◆ Dans une pinède de 10 ha dominant la baie, château du 19ᵉ s. et luxueuses villas groupés autour d'un patio. Festival de couleurs ocres et de touches orientales. Élégante salle à manger provençale et terrasse fleurie offrant un magnifique panorama sur la mer.

🏠🏠 **Ferme d'Augustin** ⚭ sans rest, à 4 km ⊠ 83350 Ramatuelle 🖉 04 94 55 97 00, *vallet.f erme.augustin@wanadoo.fr*, Fax 04 94 97 40 30, 🔟, 🐎 – 🔁 ▥ 📞 🅿. 🅰🅴 🇬🇧
20 mars-20 oct. – 🖭 12 – **46 ch** 135/200.
◆ À 100 m de la plage de Tahiti, bâtiments entourés par la verdure et les fleurs. Préférez les jolies chambres rénovées. Salon décoré de bibelots. Accueil familial attentionné.

🏠 **St-Vincent** ⚭, à 4 km ⊠ 83350 Ramatuelle 🖉 04 94 97 36 90, *hotelsaintvincent@wanad oo.fr*, Fax 04 94 54 80 37, 🖼, 🔟, – 🔲 ch, ▥ 🕭 🅿. 🅰🅴 🇬🇧
18 mars-10 oct. – **Repas** (3 avril-3 oct.) carte 32 à 49 – 🖭 14 – **15 ch** 198/225, 5 duplex.
◆ Dans la quiétude d'un vignoble, quatre maisons provençales égayées de lauriers-roses. Chambres spacieuses, pourvues parfois de terrasses. Beau jardin. Restauration de dépannage (grillades, salades, etc.) servie autour de la piscine.

🏠 **Mas Bellevue** ⚭, à 2 km ⊠ 83990 St-Tropez 🖉 04 94 97 07 21, Fax 04 94 97 61 07, 🖼, 🔟, 🎿, 🅴 – 🔲 ch, ▥ 📞 🅿. 🅰🅴 Ⓞ 🇬🇧 🇯🇨🇧. 🎿 rest
1ᵉʳ avril-7 nov. – **Repas** 32 (déj.)/60 ♀ – **42 ch** 🖭 130/270 – ½ P 95/165.
◆ Accessible par un chemin, mas provençal escorté de bungalows nichés dans un joli parc. Grandes chambres avec balcon. Piscines panoramiques. Salle à manger rustique et terrasse où l'on sert une minicarte à midi et un choix plus étoffé au dîner.

🏠 **Figuière** ⚭, à 4 km ⊠ 83350 Ramatuelle 🖉 04 94 97 18 21, Fax 04 94 97 68 48, 🖼, 🔟, 🎿 – 🔲 ch, ▥ 📞 🅿. 🅰🅴 🇬🇧. 🎿 rest
1ᵉʳ avril-10 oct. – **Repas** carte 32 à 45 – 🖭 11 – **37 ch** 130/200, 3 duplex.
◆ Au milieu des vignes, ferme restaurée aux chambres personnalisées sobrement décorées et dotées de meubles anciens ; celles en duplex sont plus récentes. Au bord de la piscine, terrasse dressée à l'ombre des mûriers avec cuisine-gril visible de tous.

rte de Ramatuelle par ① et D 93le – ⊠ 83350 Ramatuelle :

🏠🏠 **Romarine** ⚭, sur rte secondaire, à 3 km 🖉 04 94 97 32 26, *hromarine@aol.com*, Fax 04 94 97 44 45, ≤, 🖼, 🔟, 🎿, 🅴 – cuisinette, 🔲 ch, ▥ 📞 🅿. 🅰🅴 🇬🇧. 🎿 rest
1ᵉʳ avril-31 oct. – **· grill de piscine** (juil.-août) **Repas** carte environ 40 – 🖭 12 – **18 ch** 214/321, 9 suites.
◆ Dans un parc conçu pour la détente et les loisirs, hôtel-village composé de chambres spacieuses et de villas particulièrement bien équipées pour les familles. Repas simples servis sous les parasols de la terrasse, face à la piscine.

🏠 **Les Bouis** ⚭, sur rte secondaire, à 6 km 🖉 04 94 79 87 61, *hotellesbouis@aol.com*, Fax 04 94 79 85 20, ≤ mer, 🖼, 🔟, – 🔲 ch, ▥ 📞 🅿. 🅰🅴 🇬🇧 🇯🇨🇧. 🎿 rest
hôtel : 25 mars-25 oct. ; rest. : 1ᵉʳ avril-30 sept. – **Repas** (déj. seul.) carte 15 à 25 ♀ – 🖭 13 – **23 ch** 192/212.
◆ Belle situation sur les hauteurs de l'arrière-pays tropézien pour cet hôtel entouré de pins parasols. Chambres nettes et fraîches. Sympathique patio. Plats familiaux et grillades sont proposés sur la terrasse bordant la piscine.

🏠 **Deï Marres** ⚭ sans rest, sur rte secondaire, à 3 km 🖉 04 94 97 26 68, *hoteldeimarres@in fonie.fr*, Fax 04 94 97 62 76, 🔟, 🐎, 🎿 – 🔲 ▥ 📞 🅿. 🅰🅴 🇬🇧. 🎿
15 mars-15 oct. – 🖭 10 – **24 ch** 135/185.
◆ Avis aux amateurs : cet hôtel familial au cadre verdoyant dispose de quatre courts de tennis. Pour plus d'espace et de confort, réservez de préférence une chambre à l'annexe.

XX **Auberge de l'Oumède,** sur rte secondaire, à 7 km ℰ 04 94 79 81 24,
Fax 04 94 79 93 63, ☆ – **P.** GB
Pâques-mi-oct. – **Repas** (dîner seul.) carte 60 à 83 ♀.
♦ Au bord d'un chemin entouré de vignes, accueillante salle à manger prolongée par une
véranda et une jolie terrasse dressée sous les mûriers. Cuisine au goût du jour.

par ① et rte secondaire – ⊠ 83580 Gassin :

🏨 **Villa Belrose** ≫, bd Crêtes, à 3 km ℰ 04 94 55 97 97, info@villa.belrose.com,
❀ Fax 04 94 55 97 98, ≼ golfe de St-Tropez, ☆, ♣₆, ⌱, ☞ – ⧘ 🝔 TV ☏ ₆ ⇔ **P.** AE ① GB
% rest
2 avril-30 oct. – **Repas** (fermé le midi en juil.-août) 70/95 et carte 85 à 110 ♀ – ☲ 28 – **38 ch**
560/690 – ½ P 375/440.
♦ Emplacement exceptionnel pour cet hôtel-villa flambant neuf formant trois terrasses
face à la mer. Intérieur cossu et chambres de grand confort. Élégant restaurant décoré
dans l'esprit florentin et plaisante terrasse offrant un joli point de vue sur le golfe.
Spéc. Langoustes et ris de veau aux aubergines confites. Saint-Pierre rôti entier en feuilles
de blettes. Lapin façon "porchetta", socca, artichauts violets et supions. **Vins** Côtes de
Provence.

🏨 **Les Capucines** ≫ sans rest, à 2 km ℰ 04 94 97 70 05, hotel.les.capucines@wanadoo.fr,
Fax 04 94 97 55 85, ⌱, ☞ – 🝔 TV **P.** AE ① GB JCB
15 avril-15 oct. – ☲ 12 – **24 ch** 140/290.
♦ Sur une colline dominant le golfe, ensemble de petites maisons disséminées dans une
pinède. Chambres fraîches, assez simples. Jolie vue sur la baie depuis la belle piscine.

Les pages explicatives de l'introduction
vous aideront à mieux profiter de votre **Guide Michelin.**

ST-VAAST-LA-HOUGUE 50550 Manche 🔢 E2 G. Normandie Cotentin – 2 097 h alt. 4.

🛈 Office de tourisme, 1 place Gal de Gaulle ℰ 02 33 23 19 32, Fax 02 33 54 41 37,
office-de-tourisme@saint-vaast-reville.com.
Paris 347 – Cherbourg 31 – Carentan 41 – St-Lô 68 – Valognes 19.

🏨 **Granitière** sans rest, 74 r. Mar. Foch ℰ 02 33 54 58 99, granihot@club-internet.fr,
Fax 02 33 20 34 91, ☞ – **P.** AE ① GB
fermé mardi de nov. à mars – ☲ 8 – **9 ch** 87/94.
♦ Station balnéaire et port de pêche, "St-Va" abrite cette belle demeure ancienne en granit
gris, où l'on se sent comme chez des amis. Chambres personnalisées et salon "cosy".

🏨 **France et Fuchsias,** 20 r. maréchal Foch ℰ 02 33 54 42 26, france-fuchsias@wanadoo.f
r, Fax 02 33 43 46 79, ☆, ☞ – 🝔 rest, TV, 🈺 25. AE ① GB. % ch
fermé 3 janv. au 1er mars., lundi, mardi en mars, nov., déc. et mardi midi d'avril à oct. sauf
juil.-août – **Repas** (17) - 24/45, enf. 10,50 ♀ – ☲ 8,50 – **35 ch** 58/96 – ½ P 43/76.
♦ Plaisante hostellerie où abondent les fuchsias, agrémentée d'un étonnant jardin de
palmiers, mimosas et eucalyptus. Chambres plus amples dans l'annexe. Restaurant rustique, véranda face au jardin et jolie terrasse. Cuisine traditionnelle orientée "terroir".

X **Chasse-Marée,** ℰ 02 33 23 14 08, ☆ – GB. %
fermé 15 au 30 nov., 5 au 27 janv., lundi midi en juil.-août, dim. soir et lundi de sept. à juin –
Repas 15 (déj.), 18/25.
♦ Photos de bateaux et fanions laissés par les clients navigateurs décorent ce sympathique petit restaurant installé sur le port. À table, produits de la pêche locale.

ST-VALÉRIEN 89150 Yonne 🔢 B2 – 1 540 h alt. 165.

Paris 109 – Fontainebleau 49 – Auxerre 67 – Nemours 33 – Sens 16.

XX **Gâtinais,** 22 r. de la République ℰ 03 86 88 62 78, Fax 03 86 88 62 78 – GB
fermé janv. et le soir du dim. au jeudi – **Repas** 16,50 (déj.), 26/48.
♦ Entre la mairie et l'église, façade avenante abritant une plaisante salle, dont la décoration
mêle avec réussite le rustique et le moderne. Registre culinaire traditionnel.

ST-VALÉRY-EN-CAUX 76460 S.-Mar. 🔢 E2 G. Normandie Vallée de la Seine – 4 782 h alt. 5 –
Casino.

Voir Falaise d'Aval ≼★ O : 15 mn.
🛈 Office de tourisme, quai d'Aval ℰ 02 35 97 00 63, Fax 02 35 97 32 65, otsi.st.valery.en-
.caux@wanadoo.fr.
Paris 190 – Le Havre 80 – Bolbec 46 – Dieppe 35 – Fécamp 33 – Rouen 59 – Yvetot 31.

XX **Port,** quai d'Amont ℰ 02 35 97 08 93, Fax 02 35 97 28 32, ≼ – GB
fermé dim. soir, jeudi soir sauf juil.-août et lundi – **Repas** 19/35.
♦ Derrière la façade engageante, deux petites salles de restaurant d'où l'on peut admirer
le spectacle des bateaux franchissant le goulet du port. Produits de la mer.

par rte de Fécamp *vers le Bourg-Ingouville par D 925 et D 68 : 3 km – ✉ 76460 St-Valéry-en-Caux :*

Les Hêtres avec ch, ☎ 02 35 57 09 30, *leshetres@wanadoo.fr, Fax 02 35 57 09 31*, – TV P. GB
ferme 27 sept. au 7 oct., 10 janv. au 10 fév., lundi, mardi et merc. midi hors saison – **Repas** 36/76 et carte 60 à 79 – 15 – **5 ch** 105/145.
◆ Belle chaumière du 17e s. entourée d'un agréable jardin paysagé et fleuri. Meubles anciens, poutres apparentes et superbe cheminée en pierre agrémentent la salle à manger.

ST-VALÉRY-SUR-SOMME *80230 Somme 301 C6 G. Picardie Flandres Artois – 2 686 h alt. 27.*

Voir *Digue-promenade★ – Chapelle des Marins ←★ – Ecomusée Picarvie★ – La baie de Somme★★.*

Office de tourisme, 2 place Guillaume Le Conquérant ☎ 03 22 60 93 50, Fax 03 22 60 80 34, officetourismestvalery.80@wanadoo.fr.

Paris 206 – Abbeville 18 – Amiens 71 – Blangy-sur-Bresle 45 – Le Tréport 25.

Picardia sans rest, 41 quai Romerel ☎ 03 22 60 32 30, *contact@picardia.fr, Fax 03 22 60 76 69* – TV – 15. GB
fermé 4 au 23 janv. – 8,50 – **18 ch** 70.
◆ Cette maison de pays transformée en hôtel jouxte la petite cité médiévale. Intérieur chaleureux et actuel. Les chambres avec mezzanine accueillent les familles.

Port et des Bains, 1 quai Balvet ☎ 03 22 60 80 09, *hotel.hpb@wanadoo.fr, Fax 03 22 60 77 90,* ← – rest, TV. AE GB. ch
fermé 2 au 20 janv. – **Repas** 15/35, enf. 9 – 9 – **16 ch** 60/75 – ½ P 55/84.
◆ Bien situé près du port, cet hôtel offre une jolie perspective sur la baie. Coloris vifs et meubles en rotin : les chambres viennent d'être rénovées. Des peintures évoquant St-Valery au début du 20e s. ornent le restaurant. Plats traditionnels et de la mer.

Relais Guillaume de Normandy, quai Romerel ☎ 03 22 60 82 36, *relais-guillaume@wanadoo.fr, Fax 03 22 60 81 82,* ←, – rest, TV P. AE GB.
fermé 19 déc. au 12 janv. et mardi – **Repas** 16/40, enf. 10 – 8 – **14 ch** 45/65 – ½ P 55/63.
◆ Guillaume partit du port valéricain conquérir l'Angleterre. Ce joli manoir en briques face à la baie de Somme abrite des chambres pratiques, parfois refaites. La salle à manger panoramique offre une agréable vue sur la mer ; terrasse d'été et carte classique.

Le Nicol's, 15 r. La Ferté ☎ 03 22 26 82 96, *alleduc@wanadoo.fr, Fax 03 22 26 10 07* – . AE GB
fermé 12 au 29 nov., 6 janv. au 6 fév., lundi soir, jeudi soir et merc. d'oct. à mars hors vacances scolaires – **Repas** 14/29.
◆ Dans une rue commerçante du centre, derrière une belle façade régionale, salle rustique et chaleureuse où l'on fait des repas connotés " terroir" ou "iode" (fruits de mer).

ST-VALLIER *26240 Drôme 332 B2 G. Vallée du Rhône – 4 154 h alt. 135.*

18 d'Albon à St-Rambert-d'Albon ☎ 04 75 03 03 90, N : 9 km par N 7 et D 122.

Office de tourisme, avenue Désiré Valette ☎ 04 75 23 45 33, Fax 04 75 23 44 19, officetourisme@saintvallier.com.

Paris 526 – Valence 35 – Annonay 21 – St-Étienne 61 – Tournon-sur-Rhône 16 – Vienne 41.

Bistrot d'Albert et Hôtel Terminus avec ch, 116 av. J. Jaurès, rte Lyon ☎ 04 75 23 01 12, *bistrot.albert@wanadoo.fr, Fax 04 75 23 38 82* – TV P. GB
fermé 15 au 25 août, vacances de fév. – **Repas** 14/25 – 5,50 – **10 ch** 42/58 – ½ P 50.
◆ Belle hauteur sous plafond, lumineuse véranda et goûteuse cuisine du marché : ambiance conviviale assurée dans ce bistrot voisin de la gare. Petites chambres pratiques.

au Nord-Est *par N 7, D 122 et D 132 : 8 km – ✉ 26140 Albon :*

Domaine des Buis sans rest, rte de St-Martin-des-Rosiers ☎ 04 75 03 14 14, *info@domaine-des-buis.com, Fax 04 75 03 14 14,* ←, – TV P. GB.
1er mars-15 nov. – 10 – **8 ch** 89/138.
◆ Dans un parc entouré de collines, demeure du 18e s. aux senteurs de cèdre et de magnolia. Chambres spacieuses, garnies de mobilier anglais. Atmosphère "guesthouse".

ST-VALLIER-DE-THIEY *06460 Alpes-Mar. 341 C5 G. Côte d'Azur – 2 261 h alt. 730.*

Voir *Pas de la Faye ←★★ NO : 5 km – Grotte de Beaume Obscure★ S : 2 km – Col de la Lèque ←★ SO : 5 km.*

Office de tourisme, 10 place du Tour ☎ 04 93 42 78 00, Fax 04 93 42 78 00, tourisme@saintvallierdethiey.com.

Paris 907 – Cannes 29 – Castellane 52 – Draguignan 57 – Grasse 12 – Nice 47.

Relais Impérial, 🌲 04 92 60 36 36, *info@relaisimperial.com, Fax 04 92 60 36 39,* 🍴 – 📶
☀ 📺 📞 – 🚗 40. 🆎 ⓪ 🆒 🔝
Repas *(13)* - 15/35, enf. 9 ♀ **· Grill du Relais** (Pizzeria) **Repas** *(12)*-18, enf. 9 ♀ – 🍷 9 – **29 ch**
45/70 – ½ P 49/56.
   ◆ Ce relais séculaire posté sur la route Napoléon (l'Empereur s'est arrêté ici le 2 mars 1815)
dispose de petites chambres rustiques. Cuisine traditionnelle servie dans un cadre de style
Louis XIII ou côté véranda. Pizzas et plats simples au Grill du Relais.

Hostellerie le Préjoly avec ch, 🌲 04 93 42 60 86, *leprejoly@wanadoo.fr,*
Fax 04 93 42 67 80, 🍴 – 📺. 🆎 ⓪ 🆒
fermé 30 nov. au 1ᵉʳ fév. – **Repas** *(fermé dim. soir et lundi sauf juil.-août)* 16/26, enf. 10 –
🍷 7,50 – **17 ch** 43/75 – ½ P 56/68.
   ◆ Atout majeur de l'établissement : la terrasse ouverte sur un "joli pré". Salle à manger
campagnarde et véranda côté rue ; cuisine du terroir. Chambres refaites par étapes.

ST-VÉRAN 05350 H.-Alpes 334 J4 *G. Alpes du Sud – 267 h alt. 2042 la plus haute commune d'Europe – Sports d'hiver : 1 750/3 000 m ⛷ 15 🎿.*
   Voir *Vieux village*★★ – *Musée du Soum*★.
   🛈 *Office de tourisme* 🌲 04 92 45 82 21, Fax 04 92 45 84 52, *office@saintveran.com.*
   Paris 729 – Briançon 49 – Guillestre 32.

Astragale 🌿, 🌲 04 92 45 87 00, *astragale@queyras.com, Fax 04 92 45 87 10,* ≤, 🔲 – 📶
📺 ✔ 🍴 📞 – 🚗 20. 🆒 🦺 rest
18 juin-30 août et 17 déc.-2 avril – **Repas** 21 (dîner) et carte le midi ♀ – 🍷 12 – **21 ch**
111/184 – ½ P 75/120.
   ◆ Intérieur douillet, cadre d'esprit montagnard, grandes chambres confortables (toutes
dotées d'un magnétoscope), vue sur les sommets : ce chalet récent ne manque pas de
charme. Décor tout bois et cheminée dans la salle à manger très chaleureuse ; salon de thé.

Beauregard 🌿, 🌲 04 92 45 86 86, *info@hotelbeauregard.fr, Fax 04 92 45 86 87,* ≤, 🍴,
📞, 🦺 – 🆒
6 juin-21 sept. et 18 déc.-Pâques – **Repas** *(fermé le lundi)* *(13)* - 15/55, enf. 9 ♀ – 🍷 8 – **23 ch**
49/73, 6 suites – ½ P 51/64.
   ◆ Sympathique hôtel familial situé au départ des pistes de ski. Couette et lambris dans les
chambres, presque toutes orientées au Sud. Salon-cheminée "cosy". Mobilier campagnard
et objets paysans locaux composent le cadre alpin du restaurant.

ST-VÉRAND 71570 S.-et-L. 320 I12 – *182 h alt. 300.*
   Paris 401 – Mâcon 14 – Bourg-en-Bresse 49 – Lyon 66 – Villefranche-sur-Saône 35.

Auberge du St-Véran, 🌲 03 85 23 90 90, *direction@auberge-saint-veran.com,*
Fax 03 85 23 90 91, 🍴, 🚗, – 📺 ✔ 📞. 🆒
fermé 2 au 23 janv. – **Repas** 19/35,50, enf. 9 ♀ 🦺 – 🍷 8,50 – **11 ch** 45/68 – ½ P 54/65.
   ◆ Au bord d'une rivière, ancien moulin au charme très campagnard. Les chambres,
confortables, ont été rénovées. Restaurant au décor d'esprit rustique, prolongé d'une
terrasse ombragée. Cuisine traditionnelle ; belle sélection de mâcons et de beaujolais.

ST-VICTOR-DE-MALCAP 30 Gard 339 K3 – *rattaché à St-Ambroix.*

ST-VICTOR-SUR-LOIRE 42 Loire 327 E7 – *rattaché à St-Étienne.*

ST-VINCENT 43800 H.-Loire 331 F3 – *831 h alt. 605.*
   Paris 543 – La Chaise-Dieu 37 – Le Puy-en-Velay 18 – St-Étienne 76.

Renouée, à Cheyrac, Nord par D 103 🌲 04 71 08 55 94, *Fax 04 71 08 15 89* – 📠. 🆒
fermé vacances de Toussaint, janv., fév., dim. soir et lundi – **Repas** *(fermé le soir le mardi,
merc. et jeudi du 1ᵉʳ mars au 1ᵉʳ avril et du 12 nov. au 31 déc.)* 18,50/35, enf. 10,50 ♀.
   ◆ Devancée d'un jardinet, maison centenaire aménagée en deux salles à manger rajeunies ; préférez celle avec cheminée. Vous y dégusterez des petits plats du terroir.

ST-VINCENT-SUR-JARD 85520 Vendée 316 G9 *G. Poitou Vendée Charentes – 871 h alt. 10.*
   🛈 *Office de tourisme, place de l'Eglise* 🌲 02 51 33 62 06, Fax 02 51 33 01 23, *officedetourisme.stvincentsurjard@wanadoo.fr.*
   Paris 454 – La Rochelle 70 – Luçon 34 – La Roche-sur-Yon 35 – Les Sables-d'Olonne 23.

🏠 **Océan** ⬤, Sud : 1 km (près maison de Clemenceau) 🕿 02 51 33 40 45, *hotel.locean@wan adoo.fr*, Fax 02 51 33 98 15, �& , 🔲 , 🍽 – ≡ rest, 📺 & 🄿 . 🆖
28 fév.-14 nov. et fermé merc. sauf d'avril à sept. – **Repas** 19/40, enf. 10 ♀ – ≈ 7 – **37 ch** 55/71 – ½ P 55,50/64.
♦ Derrière un écran de pins maritimes, pension tenue par la même famille depuis quatre générations. Chambres assez actuelles, certaines avec balcon. Au restaurant, carte classique valorisant les produits de l'océan ; décor "sixties" propret.

✗ **Chalet St-Hubert** avec ch, rte de Jard 🕿 02 51 33 40 33, *cholet.hubert@wanadoo.fr*, Fax 02 51 33 41 94, 🍴 – 📺 🄿 . 🆖
Repas 14,50/32 ♀ – ≈ 6,50 – **11 ch** 38/48 – ½ P 53/68.
♦ Maison ancienne agrandie d'une salle à manger récente éclairée par de grandes baies vitrées. Les chambres en rez-de-jardin sont plus spacieuses. Ambiance familiale.

ST-WANDRILLE-RANÇON 76490 S.-Mar. 304 E4 G. Normandie Vallée de la Seine – 1 172 h alt. 16.

Voir Abbaye★ (chant grégorien).

Paris 162 – Le Havre 57 – Rouen 34 – Barentin 16 – Duclair 13 – Lillebonne 21 – Yvetot 14.

✗✗ **Auberge des Deux Couronnes**, Pl. de l'Eglise 🕿 02 35 96 11 44, *fgrangier@wanadoo .fr*, Fax 02 35 56 56 23 – 🆎 🆖
fermé vacances de fév., 28 juin au 11 juil., dim. soir et lundi – **Repas** (16) - 23/35, enf. 10 ♀.
♦ Près de l'abbaye, bâtisse normande du 17e s. dont le nom évoque la munificence de deux rois de France. Cadre rustique avec poutres et grande cheminée centrale en pierre.

ST-YBARD 19 Corrèze 329 K3 – rattaché à Uzerche.

ST-YORRE 03 Allier 326 H6 – rattaché à Vichy.

ST-YRIEIX-LA-PERCHE 87500 H.-Vienne 325 E7 G. Berry Limousin – 7 251 h alt. 360.

Voir Collégiale du Moûtier★ .

🄱 Office de tourisme, 58 boulevard de l'Hôtel de Ville 🕿 05 55 08 20 72, Fax 05 55 08 10 05, *officetourisme.saint-yrieix@wanadoo.fr*.

Paris 430 – Limoges 40 – Brive-la-Gaillarde 63 – Périgueux 63 – Rochechouart 52 – Tulle 76.

à la Roche l'Abeille Nord-Est : 12 km par D 704 et 17ᴬ – 561 h. alt. 400 – ✉ 87800 :

✗✗✗ **Moulin de la Gorce** (Bertranet) ⬤ avec ch, Sud : 2 km par D 17 🕿 05 55 00 70 66, *moulingorce@relaischateaux.fr*, Fax 05 55 00 76 57, ≼, ⬤ – 📺 🄿 . 🆎 ① 🆖
❀ *3 avril-29 nov.* – **Repas** (fermé le midi sauf week-ends et fériés) (47) - 58/75, enf. 23 ♨ – ≈ 14 – **10 ch** 130/150 – ½ P 117/147.
♦ Joli moulin du 16e s. et ses dépendances en bordure d'étang, dans un agréable parc champêtre. Intérieur de caractère et belle cuisine classique. Chambres personnalisées.
Spéc. Carpaccio de grosses langoustines. Dos de sandre en croûte d'argile. Soufflé glacé au Grand Marnier. **Vins** Bergerac.

ST-ZACHARIE 83640 Var 340 J5 – 4 184 h alt. 265.

🄱 Syndicat d'initiative, square Reda Caire 🕿 04 42 32 63 28, Fax 04 42 32 63 28, *saint-zacharie.tourisme@wanadoo.fr*.

Paris 786 – Marseille 34 – Aix-en-Provence 37 – Brignoles 31 – Rians 40 – Toulon 63.

✗ **Urbain Dubois**, rte St-Maximin sur N 560 : 1 km 🕿 04 42 72 94 28, *urbain-dubois@wana doo.fr*, Fax 04 42 72 94 28, 🍴 – ≡ 🄿 . 🆖
fermé dim. soir au mardi soir sauf fériés – **Repas** 20 (déj.), 36/67, enf. 12.
♦ Maison provençale du massif de la Sainte-Baume. La salle de restaurant, rajeunie et soignée, offre un plaisant style rustique. Jolie terrasse. Spécialités régionales.

SAINTA-MARIA-SICCHÉ 2A Corse-du-Sud 345 C8 – voir à Corse.

STE-ANNE-D'AURAY 56400 Morbihan 308 N8 G. Bretagne – 1 844 h alt. 42.

Voir Trésor★ de la basilique – Pardon (26 juil.).

🄱 Office de tourisme, 1 rue de Vannes 🕿 02 97 57 69 16, Fax 02 97 57 79 22, *tourisme. steanne@wanadoo.fr*.

Paris 475 – Vannes 16 – Auray 7 – Hennebont 33 – Locminé 27 – Lorient 44 – Quimperlé 58.

🏠 **Myriam** ⬤ sans rest, 35 bis r. Parc 🕿 02 97 57 70 44, Fax 02 97 57 67 94 – 📶 ᚫ 📺 🄿 . 🆖 , ✿
2 mai-30 sept. – ≈ 6,50 – **30 ch** 50.
♦ Dans un paisible quartier résidentiel, construction des années 1970. Salon et salle des petits-déjeuners égayés par des bibelots marins ; chambres refaites.

🏠 **Moderne**, 8 r. Vannes ℰ 02 97 57 66 55, *hotellemoderne@aol.com, Fax 02 97 57 67 94* – 📺 📮 ⚌ 🇬🇧
fermé 24 déc. au 16 janv. et sam. d'oct. à mars – **Repas** 17/30, enf. 7 ♀ – � 6,50 – **34 ch** 50 – ½ P 46.
* Pèlerins et touristes apprécient la situation de cet hôtel qui fait face à la basilique. Les chambres sont simples mais rénovées. Spacieuse salle à manger pouvant accueillir des groupes ; intérieur actuel sans chichi. Cuisine traditionnelle simple.

XXX **L'Auberge** avec ch, ℰ 02 97 57 61 55, *auberge-jl-larvoir@wanadoo.fr, Fax 02 97 57 69 10* – ▤ rest, 📺 📮 ⚍ 🇬🇧
fermé 8 nov. au 1ᵉʳ déc., 14 fév. au 2 mars, merc., lundi et mardi sauf le soir en juil.-août – **Repas** 20/65 et carte 31 à 49, enf. 10 ♀ – ⊑ 7 – **6 ch** 40/47 – ½ P 52/55.
* Cette élégante auberge à la façade abondamment fleurie possède de beaux meubles bretons. Cuisine personnalisée et produits du terroir. Chambres actuelles et douillettes.

STE-ANNE-DU-CASTELLET 83 Var 𝟯𝟰𝟬 J6 – *rattaché au Castellet.*

STE-ANNE-LA-PALUD (Chapelle de) 29550 Finistère 𝟯𝟬𝟴 F6 *G. Bretagne* – *alt. 65.*
Voir *Pardon (fin août).*
Paris 584 – Quimper 24 – Brest 68 – Châteaulin 20 – Crozon 27 – Douarnenez 12.

🏛 **Plage** ⌂, à la plage ℰ 02 98 92 50 12, *laplage@relaischateaux.com, Fax 02 98 92 56 54,* ⊰, 🎾, ☆, ⚒, ▤ rest, 📺 ⚘ 📮 ⚍ 🇬🇧
✿ *3 avril-4 nov.* – **Repas** *(fermé mardi midi, merc. midi et vend. midi hors saison)* 47/85 et carte 65 à 88 – ⊑ 15 – **26 ch** 205/280, 4 suites – ½ P 164/201.
* Une institution ! Isolée sur la grève (les férus de longues balades sur le sable seront aux anges), demeure blanche s'ouvrant sur la baie de Douarnenez. Chambres cossues. Belles salles de restaurant où toutes les tables bénéficient de la vue sur la plage.
Spéc. Croustille de blé noir, tourteau à la graine de moutarde, sauce à l'estragon. Turbot "cuit à l'os", mousseline d'artichaut et truffe. Homard rôti, rouelles d'andouille au beurre demi-sel.

STE-CÉCILE 71134 S.-et-L. 𝟯𝟮𝟬 H11 – *251 h alt. 250.*
Paris 391 – Mâcon 22 – Charolles 35 – Cluny 8 – Roanne 73.

X **L'Embellie**, ℰ 03 85 50 81 81, *Fax 03 85 50 81 81,* 🍽 – 📮 🇬🇧
⊛ *fermé mi-oct. à mi-nov, dim. soir, lundi soir et mardi* – **Repas** (11) · 14/35, enf. 8,50.
* Vieille étable ayant gardé tout son caractère : pierres apparentes, poutres, cheminée et, aux beaux jours, agréable terrasse ombragée. Cuisine classique.

STE-CÉCILE-LES-VIGNES 84290 Vaucluse 𝟯𝟯𝟮 C8 – *2 100 h alt. 108.*
Paris 646 – Avignon 47 – Bollène 13 – Nyons 26 – Orange 17 – Vaison-la-Romaine 19.

🏠 **Farigoule**, ℰ 04 90 30 89 89, *farigoule.raphaël@wanadoo.fr, Fax 04 90 30 78 00* – 📺 🇬🇧
fermé 15 mars au 5 avril, 15 au 29 nov., dim. soir et lundi sauf juil.-août – **Repas** 17/30, enf. 10 ♀ – ⊑ 6 – **9 ch** 43/55 – ½ P 42,50/48.
* Maison ancienne rénovée située au centre de cette bourgade entourée par le vignoble des Côtes du Rhône. Chambres pratiques. Pimpant cadre rustique et tonnelle en fer forgé pour les repas d'été. Dans l'assiette, saveurs du Midi.

STE-COLOMBE 84 Vaucluse 𝟯𝟯𝟮 E9 – *rattaché à Bédoin.*

STE-CROIX 01 Ain 𝟯𝟮𝟴 D5 – *rattaché à Montluel.*

STE-CROIX-DE-VERDON 04500 Alpes-de-H.P. 𝟯𝟯𝟰 E10 *G. Alpes du Sud* – *102 h alt. 530.*
🛈 Syndicat d'initiative, mairie ℰ 04 92 77 85 29, Fax 04 92 77 76 23.
Paris 780 – Brignoles 59 – Castellane 59 – Digne-les-Bains 51 – Manosque 44 – Salernes 35.

X **L'Olivier**, ℰ 04 92 77 87 95, *Fax 04 92 77 87 95,* ⊰ – 🇬🇧
Pâques-1ᵉʳ nov. et fermé merc. et le soir en oct. – **Repas** 20/65, enf. 12.
* Dans ce village adossé à la falaise, le restaurant invite les voyageurs à s'attabler sur la terrasse-véranda offrant une splendide vue plongeante sur le lac de Ste-Croix.

STE-CROIX-EN-JAREZ 42 Loire 𝟯𝟮𝟳 G7 – *rattaché à Rive-de-Gier.*

STE-CROIX-EN-PLAINE 68 H.-Rhin 𝟯𝟭𝟱 I8 – *rattaché à Colmar.*

STE-ÉNIMIE 48210 Lozère 🖪🖪🖪 18 G. Languedoc Roussillon – 509 h alt. 470.

Env. ≤** sur le canyon du Tarn S : 6,5 km par D 986.

🔳 Office de tourisme, ℘ 04 66 48 53 44, Fax 04 66 48 47 70, otsi-gorgesdutarn@wana doo.fr.

Paris 612 – Florac 27 – Mende 28 – Meyrueis 30 – Millau 57 – Sévérac-le-Château 49.

Auberge du Moulin, r. de la Combe ℘ 04 66 48 53 08, Fax 04 66 48 58 16, 🎬 – 🔳. GB, ❄ ch

fin mars-mi-nov. et fermé dim. soir et lundi midi sauf juil.-août et fériés – **Repas** (11,50) - 14,50/30 – 🖙 6,50 – **10 ch** 53,50 – ½ P 46/49.

♦ Village très touristique inscrit dans un site extraordinaire. La moitié des chambres de cette maison de caractère sont tournées vers le Tarn. Pour vous restaurer en saison, optez pour la paisible terrasse dominant la rivière. Intérieur, sobre ; plats régionaux.

à Caussignac par D 987 : 7 km – ⊠ 48210 Ste-Énimie :

Aires de la Carline 🦫, ℘ 04 66 48 54 79, lesairesdelacarline@wanadoo.fr, Fax 04 66 48 57 59, 🎬, 🌲 – 🔳 ❄ 🕭 🅿 – 🛦 15. 🆎 ⑩ GB. ❄ rest

avril-nov. et fermé mardi midi et jeudi midi d'avril à oct. sauf juil.-août – **Repas** 16 (déj.), 25/35, enf. 10 🖢 – 🖙 8,50 – **12 ch** 50/54 – ½ P 50/54.

♦ Cet établissement isolé sur le causse Méjean tombe à point pour les voyageurs en quête d'étape. Le plaisant décor des chambres associe la pierre, le bois et des tons bleus. Repas traditionnel dans une salle à manger au cadre néo-rustique.

Donnez-nous votre avis sur les tables que nous recommandons, sur leurs spécialités et leurs vins de pays.

STE-EULALIE 07510 Ardèche 🖪🖪🖪 H5 – 253 h alt. 1233.

🔳 Syndicat d'initiative, ℘ 04 75 38 89 78, Fax 04 75 38 87 37, karine@mairie-ste-eulalie-olt.fr.

Paris 587 – Aubenas 47 – Langogne 47 – Privas 51 – Le Puy-en-Velay 48 – Thueyts 36.

Nord, ℘ 04 75 38 80 09, Fax 04 75 38 85 50 – ❄ 🕭 🅿. GB

1ᵉʳ mars-11 nov. et fermé mardi soir et merc. sauf juil.-août – **Repas** 18/38, enf. 9 🖢 – 🖙 6,50 – **15 ch** 45/50 – ½ P 47.

♦ Sympathique hostellerie familiale appréciée des pêcheurs qui viennent ferrer le poisson dans la Loire toute proche. Intérieurs confortables, régulièrement rénovés. Cuisine traditionnelle, ambiance familiale et cadre néo-rustique caractérisent le restaurant.

STE-EULALIE-D'OLT 12130 Aveyron 🖪🖪🖪 J4 – 327 h alt. 425.

Paris 615 – Rodez 45 – Espalion 25 – Sévérac-le-Château 28.

Au Moulin d'Alexandre 🦫, ℘ 05 65 47 45 85, Fax 05 65 52 73 78, 🎬, 🌲

fermé 1ᵉʳ au 16 mai, 25 sept. au 17 oct., 27 déc. au 2 janv. et dim. soir hors saison – **Repas** 11 (déj.), 20/27 🖢 – 🖙 7 – **9 ch** 42/48 – ½ P 45.

♦ Ce moulin du 16ᵉ s. participe à l'animation de ce charmant village aveyronnais : bar-tabac, hôtel et restaurant. Les chambres offrent un confort plutôt modeste. La salle des repas conserve une agréable rusticité : cheminée, poutres et pierres.

STE-EUPHÉMIE 01600 Ain 🖪🖪🖪 B5 – 1 118 h alt. 247.

Paris 435 – Lyon 36 – Bourg-en-Bresse 49 – Dijon 168.

Au Petit Moulin, ℘ 04 74 00 60 10, Fax 04 74 00 60 10, 🎬 – 🆎 GB

fermé fév., merc. en hiver, lundi (sauf le midi en hiver), dim. soir et mardi – **Repas** 17/26 🖢.

♦ Sur la carte de cette modeste auberge de campagne voisine de la Dombes : grenouilles, poissons d'eau douce et volailles, soigneusement mitonnés et généreusement servis.

STE-FEYRE 23 Creuse 🖪🖪🖪 I4 – rattaché à Guéret.

STE-FLORINE 43250 H.-Loire 🖪🖪🖪 B1 – 3 002 h alt. 440.

Paris 465 – Clermont-Fd 55 – Brioude 16 – Issoire 19 – Murat 60 – Le Puy-en-Velay 77.

Florina avec ch, ℘ 04 73 54 04 45, Fax 04 73 54 02 62, 🎬 – 🔳 ❄ 🕭. GB

fermé 18 déc. au 9 janv. – **Repas** (fermé dim. soir) (9) - 13,50/25 🖢 – 🖙 6,10 – **14 ch** 38,20/55,50 – ½ P 38/48.

♦ Ce bâtiment récent abrite un sobre restaurant proposant une cuisine régionale. Chambres fonctionnelles ou, à réserver en priorité, plus colorées et personnalisées.

[18] *Chateau des Vigiers Golf Club à Monestier & 05 53 61 50 33, SE : 9 km par D 18.*

[i] *Office de tourisme, 102 rue de la République & 05 57 46 03 00, Fax 05 57 46 16 62, contact@paysfoyen.com.*

Paris 555 ⑤ – Bordeaux 71 ⑤ – Langon 59 ④ – Marmande 44 ③ – Périgueux 67 ①.

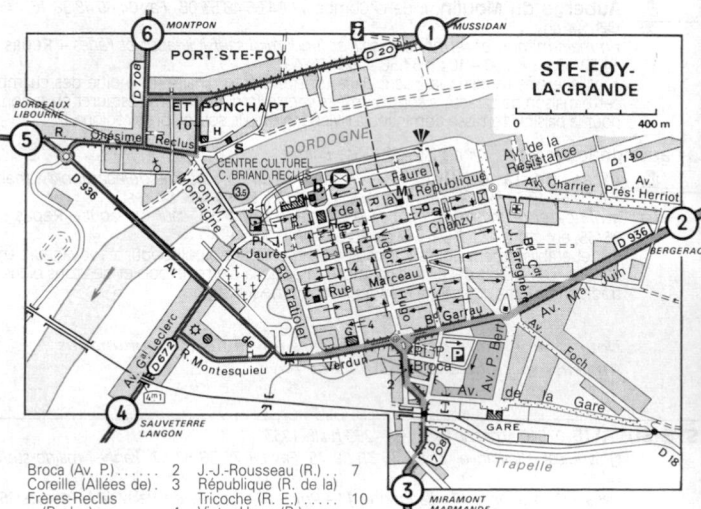

Broca (Av. P.)	2	J.-J.-Rousseau (R.) . .	7
Coreille (Allées de).	3	République (R. de la)	
Frères-Reclus		Tricoche (R. E.)	10
(R. des)	4	Victor-Hugo (R.)	

Grand Hôtel, r. République (a) *& 05 57 46 00 08, Fax 05 57 46 50 70,* 🍴 – 📺 ☎ 🚗, 🅰🅴 ⓪ 🇬🇧
fermé 23 oct. au 3 nov. et 15 fév. au 1ᵉʳ mars – **Repas** *(fermé sam. midi et merc.)* 11 (déj.), 15/35, enf. 7,60 ℤ – ⊇ 6,80 – **15 ch** 46/49 – ½ P 43,50.
♦ Au centre-ville, bâtisse de 1905 agrémentée d'un patio ombragé. Les chambres, sobrement aménagées, donnent parfois côté jardin. Spacieuse salle à manger d'esprit rustique dotée d'une belle cheminée en pierre. Grande terrasse à l'abri des bruits de la rue.

Au Fil de l'Eau, à Port-Ste-Foy (s) ✉ 33220 Port-Ste-Foy *& 05 53 24 72 60, Fax 05 53 24 94 97,* 🍴 – 🅰🅴 🇬🇧
fermé 7 au 22 mars, 7 au 23 nov., dim. soir sauf juil.-août et lundi – **Repas** 14 (déj.), 19/40, enf. 10 ℤ.
♦ La maison est d'allure un peu banale, certes, mais il fait bon s'y attabler, notamment en été, sur la sémillante terrasse dominant la Dordogne. Cuisine régionale actualisée.

Côté Bastide, 8 r. Marceau (t) *& 05 57 46 14 02, cotebastide@aol.com, Fax 05 57 46 14 02,* 🍴 – ▪, 🇬🇧, ⚘
fermé début mai à mi-mai, mi-sept. à fin sept., mardi soir, dim. et lundi sauf fériés – **Repas** (nombre de couverts limité, prévenir) (15) -21/26 ℤ.
♦ Remise d'un ébéniste transformée en restaurant. Les cuisines et la rôtisserie sont visibles de la salle, actuelle et intime ; terrasse pavée. Plats élaborés selon le marché.

Vieille Auberge avec ch, 10 r. L. Pasteur (b) *& 05 57 41 95 96, Fax 05 57 41 95 97,* 🍴 – 📺, 🇬🇧
fermé 16 au 29 fév., 2 au 14 nov. – **Repas** *(fermé dim.soir et lundi du 15 sept.au 15 mai* (14,50) -21/45 ℤ – ⊇ 6,80 – **5 ch** 30/50 – ½ P 40/45.
♦ Cette maison à colombages proche de la Dordogne abrite deux salles à manger campagnardes et des chambres simples, mais rénovées. Cuisine d'inspiration régionale.

au Sud-Est : *8 km sur D 18 –* ✉ *24240 Monestier :*

Château des Vigiers ⑤, au golf des Vigiers *& 05 53 61 50 00, reserve@vigiers.com, Fax 05 53 61 50 20,* ≤, 🍴, 🅿, I₄, 🏊, ☆, 🌳 – 🛗 📺 ☎ & 🅿 – 🔔 25 à 50. 🅰🅴 ⓪ 🇬🇧, ⚘
fermé 1ᵉʳ au 20 déc. et janv. – **Les Fresques** *& 05 53 61 50 39 (fermé 14 nov. au 16 mars, mardi, dim. et le midi)* Repas 40/75 ℤ – **Brasserie Le Chai** *& 05 53 61 50 39* Repas 18,50 (déj.) 27/35 ℤ – ⊇ 20 – **36 ch** 175/345, 11 duplex – ½ P 159/262.
♦ Ce château du 16ᵉ s. et ses dépendances s'inscrivent dans un parc aménagé en golf. Chambres spacieuses et personnalisées. Élégant décor, cuisine au goût du jour et vins de la propriété au restaurant Les Fresques. La Brasserie met à profit un ancien chai.

par ⑤ et rte secondaire – ⊠ 33220 Port-Ste-Foy :

🏠 **Escapade** ⏚, rte Chaumes 𝄞 05 53 24 22 79, *info@escapade-dordogne.com*, Fax 05 53 57 45 05, 🏠, ৳৯, ☌ – 📺 🅿. 🆔 ☞. ⚓
fermé 20 oct. au 1ᵉʳ fév., dim. soir et vend. d'oct. à mai – **Repas** (prévenir) (dîner seul.) 16,90/25,50 ☖ – ☎ 7 – **12 ch** 45/52 – ½ P 52.
♦ À côté d'un centre équestre, ancienne ferme à tabac (17ᵉ s.) dotée d'un équipement de loisirs complet. Les chambres, de style rustique, bénéficient du silence de la campagne. Salle à manger champêtre et terrasse dressée face à la nature. Produits régionaux.

STE-FOY-TARENTAISE 73640 Savoie 🎯🎯🎯 O4 G. Alpes du Nord – 681 h alt. 1050.

🇧 Office de tourisme, Chef-Lieu 𝄞 04 79 06 96 01, Fax 04 79 06 95 09, *stefoy@wanadoo.fr*.
Paris 647 – Albertville 66 – Chambéry 116 – Moûtiers 40 – Val-d'Isère 20.

🏠 **Monal,** 𝄞 04 79 06 90 07, *le.monal@wanadoo.fr*, Fax 04 79 06 94 72, ⟨ – 🛗 📺 ☞. 🆔 ☞
fermé week-ends du 10 oct. au 15 nov. – **Repas** (fermé du 10 oct. au 15 nov.) 15 (déj.), 20/30, enf. 8 ☖ – ☎ 6 – **24 ch** 27/59 – ½ P 53/56.
♦ Cette construction des années 1960 proche de grandes stations de ski dispose de chambres souvent dotées de petits balcons et d'une salle de jeux avec billard. Toutes les tables du restaurant profitent de la vue sur les montagnes ; spécialités savoyardes.

STE-GEMME-MORONVAL 28 E.-et-L. 🎯🎯🎯 E3 – rattaché à Dreux.

STE-GENEVIÈVE-DES-BOIS 91 Essonne 🎯🎯🎯 C4 🎯🎯🎯 ⑤ – voir à Paris, Environs.

STE-GENEVIÈVE-SUR-ARGENCE 12420 Aveyron 🎯🎯🎯 I2 – 1 027 h alt. 800.

Env. Barrage de Sarrans★ N : 8 km, G. Midi-Pyrénées.
🇧 Syndicat d'initiative 𝄞 05 65 66 41 46, Fax 05 65 66 29 28, *stegenevieve@wanadoo.fr*.
Paris 571 – Aurillac 56 – Chaudes-Aigues 34 – Espalion 40.

🏠 **Voyageurs,** 𝄞 05 65 66 41 03, Fax 05 65 66 10 94, ☞ – 📺 ☞ ☞. ☞
fermé 20 sept. au 15 oct. et sam. d'oct. à juin – **Repas** 9,50/25 ☖ – ☎ 5 – **14 ch** 33 – ½ P 36/40.
♦ La tradition d'accueil du voyageur se perpétue depuis 1872 dans cet ancien relais de diligences. L'auberge d'aujourd'hui abrite des chambres simples et pratiques. Salle à manger campagnarde dressée dans le prolongement du café de village. Carte régionale.

STE-LUCIE-DE-TALLANO 2A Corse-du-Sud 🎯🎯🎯 D9 – voir à Corse.

STE-MAGNANCE 89420 Yonne 🎯🎯🎯 H7 G. Bourgogne – 353 h alt. 310.

Voir Tombeau★ dans l'église.
Paris 224 – Auxerre 65 – Avallon 15 – Dijon 68 – Saulieu 24.

✗✗ **Auberge des Cordois,** N 6 𝄞 03 86 33 11 79 – ☞
fermé 22 au 30 juin, 16 au 24 nov., 3 au 27 janv., lundi soir, mardi et merc. – **Repas** 20 bc (déj.), 24/35 ☖.
♦ Près du hameau du même nom, demeure bicentenaire dont les deux petites salles rustiques sentent bon la cire. Plats et vins locaux.

STE-MARIE 44 Loire-Atl. 🎯🎯🎯 D5 – rattaché à Pornic.

Dans ce guide
un même symbole, un même mot,
*imprimé en rouge ou en **noir**, en maigre ou en **gras**,*
n'ont pas tout à fait la même signification.
Lisez attentivement les pages explicatives.

STE-MARIE-AUX-MINES *68160 H.-Rhin* **315** *H7 G. Alsace Lorraine – 5 816 h alt. 350.*

Tunnel de Ste-Marie-aux-Mines. Péage en 2003 : autos 6, auto et caravane 10, camions 25 à 40 (interdit à tous véhicules > 3,5t) - Renseignements par S.A.P.R.R. ℘ 03 29 53 75 00.
🛈 *Office de tourisme, 86 rue Wilson ℘ 03 89 58 80 50, Fax 03 89 58 67 92, ot.valargent @calixo.net.*
Paris 422 – Colmar 43 – St-Dié 25 – Sélestat 23.

  Aux Mines d'Argent *avec ch, 8 r. Dr Weisgerber (près H. de Ville) ℘ 03 89 58 55 75, Fax 03 89 58 65 49, 🍽 – 📺. GB*
Repas 14/27, enf. 7 ♀ – 😕 10 – **9 ch** 45/55 – ½ P 45.
  ♦ Lambris, mobilier alsacien, gravures sur bois (scènes de la vie minière) : une authentique winstub aménagée dans une maison du 16ᵉ s. Agréable terrasse au bord d'un ruisseau.

STE-MARIE-DE-RÉ *17 Char.-Mar.* **324** *C3 – voir à Île de Ré.*

STE-MARIE-DE-VARS *05 H.-Alpes* **334** *I5 – rattaché à Vars.*

STES-MARIES-DE-LA-MER *– voir après Saintes.*

STE-MARINE *29 Finistère* **308** *G7 – rattaché à Bénodet.*

STE-MAURE *10 Aube* **313** *E3 – rattaché à Troyes.*

STE-MAURE-DE-TOURAINE *37800 I.-et-L.* **317** *M6 G. Châteaux de la Loire – 3 909 h alt. 85.*
🛈 *Office de tourisme, rue du Château ℘ 02 47 65 66 20, Fax 02 47 65 61 16.*
Paris 273 – Tours 40 – Le Blanc 71 – Châtellerault 39 – Chinon 32 – Loches 31 – Thouars 73.

  Hostellerie des Hauts de Ste-Maure, *av. Gén. de Gaulle ℘ 02 47 65 50 65, hauts-de-ste-maure@wanadoo.fr, Fax 02 47 65 60 24, 🍽, 🏊, 🌳 – 🛗 🙌 📺 ❤ 🅿 – 🔔 10 à 20. 🆎 ⓪ GB 🇯🇨🇧*
*fermé janv. – **Poste** ℘02 47 65 51 18 (fermé dim. d'oct. à avril et lundi midi)* **Repas** *(22)*-35/58, enf. 11 ♀ 🖎 – 😕 12 – **29 ch** 66/135 – ½ P 76/97.
  ♦ Ancien relais de poste où vous serez hébergés dans des chambres traditionnelles. Une longère regroupe les plus neuves, amples et coquettes. Potager et mini musée de voitures. Mets classiques, belle carte de chinons et élégant cadre rustique au restaurant.

rte de Chinon *Ouest : 2,5 km par D 760 – ✉ 37800 Noyant-de-Touraine :*

  Ciboulette, *face échangeur A 10, sortie nº 25 ℘ 02 47 65 84 64, Fax 02 47 65 89 29, 🍽 – 🅿. GB*
fermé lundi soir, mardi soir et dim. soir du 31 oct. au 30 mars sauf vacances scolaires et fériés – **Repas** *(13)* - 15,50/24,40, enf. 7,80 ♀.
  ♦ Pratique pour l'étape. En hiver, s'attabler près de la cheminée de la salle à manger claire et sobrement décorée ; en été, choisir la terrasse face à une petite vigne.

à Noyant-de-Touraine *Ouest : 5 km – 646 h. alt. 92 – ✉ 37800 :*

  Château de Brou 🌿 *sans rest, au Nord : 2 km par rte secondaire ℘ 02 47 65 80 80, info@chateau-de-brou.fr, Fax 02 47 65 82 92, ≼, 🐎 – 🙌 📺 ❤ 🅿 – 🔔 15. 🆎 ⓪ GB. 🛇*
fermé 4 janv. au 4 mars – 😕 15 – **12 ch** 115/160.
  ♦ Beau château du 15ᵉ s. isolé dans un vaste parc. Remarquable décor historique au service d'un très grand confort. Ravissant pigeonnier aménagé en suite. Chapelle du 19ᵉ s.

à Pouzay *Sud-Ouest : 8 km – 755 h. alt. 51 – ✉ 37800 :*

  Gardon Frit, *℘ 02 47 65 21 81, Fax 02 47 65 21 81, 🍽 – GB*
fermé 24 fév. au 3 mars,14 au 29 sept., 11 au 26 janv., mardi et merc. sauf fériés – **Repas** *(9,20)* - 12,50 *(déj.)*, 20,50/36,50, enf. 7,50 ♀.
  ♦ À un saut du pont sur la Vienne, table champêtre doublée d'un bar-tabac. Belle terrasse dans la cour. Point de "gardon frit" à la carte, mais spécialités de la mer.

STE-MAXIME *83120 Var* **340** *O6 G. Côte d'Azur – 11 785 h alt. 10.*
🏌 *de Ste-Maxime ℘ 04 94 55 02 02, N : 2 km ; 🏌 de Beauvallon ℘ 04 94 96 16 98, par ③ : 4 km.*
🛈 *Office de tourisme, Promenade Simon-Lorière ℘ 04 94 55 75 55, Fax 04 94 55 75 56, office@sainte-maxime.com.*
Paris 872 ① – Fréjus 20 ② – Cannes 59 ② – Draguignan 34 ① – Toulon 72 ③.

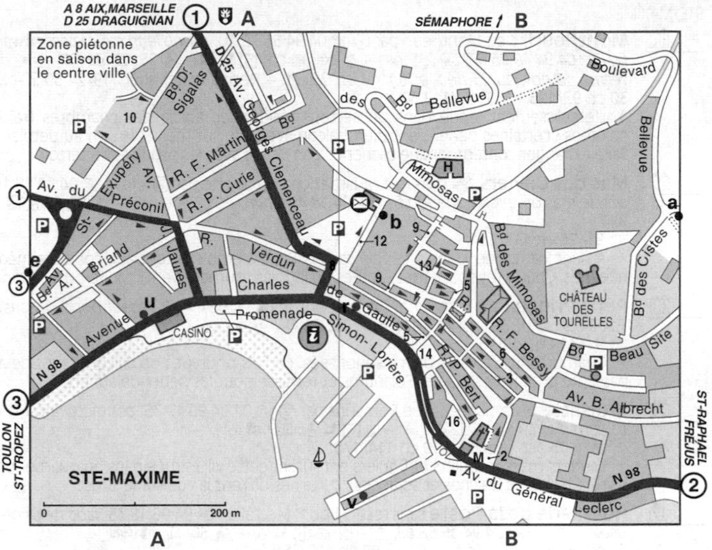

Zone piétonne
en saison dans
le centre ville

CHÂTEAU
DES
TOURELLES

STE-MAXIME

0   200 m

A   B

Alizier (Pl. des)	**B** 2	Louis-Blanc (Pl.)	**A** 8	Pasteur (Pl.)	**B** 13
Alsace (R.)	**B** 3	Maures (R. des)	**B** 9	Victor-Hugo (Pl.)	**B** 14
Courbet (R.)	**B** 5	Mermoz (Pl. J.)	**A** 10	15-Août-1944	
Hoche (R.)	**B** 6	Mistral (Bd F.)	**B** 12	(Pl. du)	**B** 16

 Le Beauvallon ⑤, rte de St-Tropez par ③ : *5 km* 𝒫 04 94 55 78 88, *inforeservation@leb eauvallon.com*, *Fax 04 94 55 78 78*, ≤ Golfe de St-Tropez, 𝄜, 𝟙₅, ᚷ, ᚷ₀, ᚷ₀ – |≡| ▦ TV ✆ 𝗣 – 🏌 15 à 150. ᴀᴇ ⓞ ɢв ᴊᴄʙ

1ᵉʳ avril-30 oct. – **Les Colonnades** (dîner seul.) **Repas** carte 60 à 75 ⌾ – **Beauvallon Beach** *(fermé le soir d'avril à juin, en sept., oct. et lundi soir)* **Repas** carte 45 à 60, enf. 15 – ⌷ 25 – **65 ch** 335/540, 5 suites.

◆ Luxueux hôtel de 1913 paressant au milieu d'un parc de 4 ha (pins parasols et palmiers) face au rivage. Chambres élégantes et spacieuses. Salle de style Art déco, belle terrasse et cuisine du moment aux Colonnades. Jolie vue littorale au Beauvallon Beach.

Villa Grimaldi ⑤ sans rest, 44 bd Cistes 𝒫 04 98 12 93 79, *info@villa-grimaldi.com*, *Fax 04 98 12 93 89*, ≤ baie, ᚷ, 𝄜 – ≡ TV 𝗣 ᴀᴇ ⓞ ɢв. ⌾ **B a**
1ᵉʳ avril-15 oct. – ⌷ 15 – **3 ch** 504/556, 3 suites 478/556.

◆ Dans un jardin dominant la baie, belle villa des années 1920 construite pour la famille Grimaldi. Espace, calme, décor soigné et original, oeuvres d'art moderne et antiquités.

Hostellerie la Belle Aurore, 5 bd Jean Moulin par ③ 𝒫 04 94 96 02 45, *info@belleauro re.com*, *Fax 04 94 96 63 87*, ≤ golfe de St-Tropez, 𝄜, ᚷ, 𝄜₀ – ≡ TV ✆ 𝗣. ᴀᴇ ⓞ ɢв

27 mars-17 oct. – **Repas** *(fermé merc. sauf du 30 juin au 1ᵉʳ sept.)* 35/76 – ⌷ 15 – **17 ch** 214/404 – ½ P 157/252.

◆ "Les pieds dans l'eau", construction en pierre à allure de bastide provençale, disposant de chambres joliment rénovées, avec terrasse ou balcon. La salle à manger, construite en rotonde au-dessus des flots, offre une vue imprenable sur le golfe de St-Tropez.

Villa les Rosiers sans rest, rte St Tropez par ③ : *4,5 km* 𝒫 04 94 55 55 20, *villa.lesrosiers @mailbox.as*, *Fax 04 94 55 55 33*, ≤, ᚷ, 𝄜 – ≡ TV ✆ & 𝗣. ᴀᴇ ɢв
16 fév.-15 janv. – ⌷ 20 – **11 ch** 220/320.

◆ Cette récente villa méditerranéenne agrémentée d'un jardin et d'une belle piscine s'ouvre sur la mer. Chambres décorées avec élégance et sobriété ; certaines ont une terrasse.

 Les Santolines sans rest, La Croisette par ③ 𝒫 04 94 96 31 34, *hotel.les.santolines@wan adoo.fr*, *Fax 04 94 49 22 12*, ᚷ, 𝄜 – ≡ TV ✆ 𝗣. ᴀᴇ ɢв
⌷ 11 – **13 ch** 131/140.

◆ Des effluves de santolines parfument ce sympathique hôtel entouré d'un jardinet fleuri, face à la "grande bleue". Ses coquettes chambres provençales sont bien insonorisées.

🏠 **Montfleuri**, 3 av. Montfleuri par ② ℘ 04 94 55 75 10, *montfleuri.ste.maxime@wanadoo.* *fr*, Fax 04 94 49 25 07, 🍴, 🔄, 🌿 – 📶 🔌, ▤ ch, 📺 📞 🅿 – 🏊 25. 🆎 ⓿ 🆖 🆑
fermé 16 nov. au 25 déc. et 6 janv. au 28 fév. – **Repas** (dîner seul.) 19/24,50 🏷 – ☕ 10 –
30 ch 95/195 – ½ P 82/119,50.
  ◆ L'établissement, situé dans un secteur résidentiel, abrite des chambres fraîches et colorées ; certaines bénéficient d'un balcon avec vue sur mer. Solarium au dernier étage. Salle à manger contemporaine et menus composés avec les produits du terroir.

🏠 **Mas des Oliviers** 🔄 sans rest, quartier de la Croisette par ③ : *1 km* ℘ 04 94 96 13 31, *h otel.le.mas.oliviers@wanadoo.fr*, Fax 04 94 49 01 46, ≤, 🔄, 🌿, 🍴 – ▤ 📺 📞 🅰 🅿. 🆎 🆖
🆖
  ☕ **9 – 20** ch 116/134.
  ◆ À flanc de colline, dans une voie sans issue, ensemble récent aux couleurs méditerranéennes. Chambres spacieuses, dotées de loggias tournées vers le golfe ou le jardin.

🏠 **Petit Prince** sans rest, 11 av. St-Exupéry ℘ 04 94 96 44 47, *lepetit.prince@wanadoo.fr*, Fax 04 94 49 03 38 – 📶 ▤ 📺 📞 🅰 🅿. 🆎 ⓿ 🆖 🆑   A e
  ☕ **9 – 31** ch 74/115.
  ◆ Chambres actuelles et bien insonorisées, parfois pourvues de balcons, sur une avenue passante proche des plages. Solariums et terrasse pour les petits-déjeuners.

🏠 **Croisette** 🔄 sans rest, 2 bd Romarins par ③ ℘ 04 94 96 17 75, *contact@hotel-la-croiset te.com*, Fax 04 94 96 52 40, 🌿 – ▤ 📺 📞 🅿. 🆎 🆖
  1er avril-15 oct. – ☕ **11 – 19** ch 114/170.
  ◆ Lauriers roses, palmiers et figuiers entourent cette villa située dans un quartier pavillonnaire. Chambres fraîches et soignées ; certaines offrent la vue sur le large.

🏠 **Hotellerie de la Poste** sans rest, 11 bd F. Mistral ℘ 04 94 96 18 33, *laposte@hotelleried usoleil.com*, Fax 04 94 55 58 63, 🔄 – 📶 ▤ 📺 📞 🅰 – 🏊 30. 🆎 ⓿ 🆖   B b
  fermé 5 janv. au 1er fév. – ☕ 10 – **28** ch 105/180.
  ◆ Devant la poste, construction de 1932 disposant d'un vaste espace d'accueil avec salon, bar et salle des petits-déjeuners. Chambres rajeunies, plus calmes côté piscine.

🍴 **L'Amiral**, galerie marchande du port (1er étage) ℘ 04 94 43 99 36, *Fax 04 94 43 99 36*, ≤ port et golfe, 🍴 – 🆎 🆖   B v
  fermé 15 nov. au 15 déc. dim. soir, jeudi midi et lundi – **Repas** 29/48 🏷.
  ◆ Bel emplacement sur le môle pour ce restaurant au décor moderne, équipé d'un toit ouvrant et de grandes baies vitrées. Cuisine régionale ; poissons grillés.

🍴 **Gruppi**, av. Ch. de Gaulle ℘ 04 94 96 03 61, *lagruppi@lagruppi.com*, Fax 04 94 49 16 86 –
🆎 ⓿ 🆖 🆑   B r
  fermé déc., merc. sauf le soir en saison, lundi midi en saison et mardi soir hors saison –
Repas 23/32.
  ◆ Attablez-vous sur la terrasse couverte ou dans la pimpante salle à manger de l'étage pour y déguster des spécialités de la mer à la mode provençale.

🍴 **Dauphin**, 16 av. Ch. de Gaulle ℘ 04 94 96 31 56, *Fax 04 94 96 52 61* – ▤. 🆖   A u
  fermé 20 nov. au 20 janv., mardi sauf le soir juil.-sept. et merc – **Repas** 17 (déj.), 29/37,50.
  ◆ Face à la plage, derrière le casino, minuscule adresse familiale à l'accueil sympathique. Décor simple et frais, tables bien alignées, cuisine traditionnelle.

au Nord-Est *par av. Clemenceau et rte du Débarquement* – ✉ *83120 Ste-Maxime* :

🏨 **Golf Plaza** 🔄, au Golf, 5,5 km ℘ 04 94 56 66 66, *reservation@golf-plaza.fr*, Fax 04 94 56 66 00, ≤ baie et golf, 🍴, 🏛, 🎣, 🔄, 🔲, 🍴 – 📶 🔌 ▤ 📺 📞 🅰 ⟺ –
🏊 25 à 80. 🆎 ⓿ 🆖
  fermé fév. – **Relais Provence** (dîner seul.) **Repas** 37 – **St-Andrews** (club house) **Repas** (17)-20,50(déj.)/24,50(dîner), enf.10 – ☕ 16 – **93** ch 230/309, 13 suites 499/565.
  ◆ Hôtel-palace perché sur une colline. Chambres douillettes et modernes, avec balcon et vue marine. Beaux équipements de détente. Superbe panorama sur le golfe au Relais Provence. Ambiance club-house au St-Andrews.

🏠 **Jas Neuf** sans rest, 112 av. Débarquement ℘ 04 94 55 07 30, *info@hotel-jasneuf.com*, Fax 04 94 49 09 71, 🔄, 🌿 – 📺 🅿. 🆖
  13 mars-23 oct. – ☕ **9 – 24** ch 140/172.
  ◆ Maison de style régional proche de la belle plage de la Nartelle où les troupes alliées débarquèrent en 1944. Chambres coquettes, pour la plupart dotées de terrasses.

à La Nartelle *par ② : 4 km* – ✉ *83120 Ste-Maxime* :

🏠 **Hostellerie de la Vierge Noire** sans rest, 4 av. Pins ℘ 04 94 96 33 11, Fax 04 94 49 28 90, 🔄, 🌿 – 📺 🅿. 🆖
  ☕ **8 – 11** ch 100/113.
  ◆ Séparée de la plage par la nationale, longue bâtisse où grimpe la vigne vierge. Chambres bien tenues et salle des petits-déjeuners de style campagnard.

🏠 **Host. Nartelle** sans rest, 48 av. Général Touzet du Vigier ℘ 04 94 96 73 10, *hostel.nartelle @wanadoo.fr*, Fax 04 94 96 64 79, ⛱, � – 🖪 📺 📞 🅿. GB
25 mars-2 nov. – ⛲ 8 – **18 ch** 94/112.
♦ Vous choisirez de préférence les chambres du 1ᵉʳ étage pour profiter au mieux de la vue sur la plage depuis votre grand balcon. Hôtel sobrement décoré.

à Val d'Esquières *Nord-Ouest : 6 km par rte des Issambres* – ⊠ 83120 Ste-Maxime :

🏠 **Villa,** à la Garonnette ℘ 04 94 49 40 90, *la.villa@worldonline.fr*, Fax 04 94 49 40 85, 🏠 – 🖪 📺 🅿. ፴ ⓞ GB. ⋘ ch
fermé 7 au 24 nov. et 9 janv. au 2 fév. – **La Table** *(fermé dim. et lundi de nov. à mars)* Repas 34/45 (dîner seul.) ⛱ – ⛲ 8 – **11 ch** 84/150 – ½ P 76/84.
♦ Près des plages, hôtel rénové abritant de petites chambres sobres, fraîches et bien tenues ; certaines disposent d'une vue sur mer. Tons chaleureux et fauteuils en rotin composent le plaisant cadre du restaurant. Cuisine provençale mitonnée avec soin.

STE-MENÉHOULD ◆ 51800 Marne 📶 L8 *G. Champagne Ardenne* – 4 979 h alt. 137.
Voir ≼★ *de la butte appelée "Le château"* – *Château de Braux-Ste-Cohière★ O : 5,5 km.*
🏢 Office de tourisme, 5 place du Général Leclerc ℘ 03 26 60 85 83, Fax 03 26 60 27 22, *office.tourisme.stemenehould@wanadoo.fr.*
Paris 221 – Bar-le-Duc 50 – Châlons-en-Champagne 48 – Reims 80 – Verdun 48.

🏠 **Cheval Rouge,** 1 r. Chanzy ℘ 03 26 60 81 04, *rouge.cheval@wanadoo.fr*, Fax 03 26 60 93 11 – 📺 📞 – 🏄 30. ፴ ⓞ GB JCB
fermé 15 nov. au 6 déc. et lundi du 11 nov. au 1ᵉʳ avril – Repas 17 ⛱ – ⛲ 8 – **20 ch** 40/50 – ½ P 50.
♦ Bâtiment de 1873 proche de l'hôtel de ville (c'est devant l'actuelle gendarmerie, alors relais de poste, que Louis XVI en fuite fut reconnu). Chambres rajeunies. Au choix : salle de restaurant agrémentée d'une imposante cheminée ou espace brasserie.

à Futeau *Est : 13 km par N 3 et D 2* – 154 h. alt. 190 – ⊠ 55120 :

XXX **L'Orée du Bois** ⌘ avec ch, Sud : 1 km ℘ 03 29 88 28 41, *oreedubois@free.fr*, Fax 03 29 88 24 52, ≼, � – 📺 ⛾ 🅿. GB
fermé 22 nov. au 25 janv., lundi midi, mardi midi du 15 avril au 30 sept., dim. soir, lundi et mardi sauf vacances scolaires – Repas 20/63 et carte 48 à 70 ⛱ – ⛲ 11 – **14 ch** 70/130 – ½ P 85/110.
♦ En lisière de la forêt d'Argonne, engageante auberge abritant deux salles à manger tournées vers la campagne. Chambres amples et confortables (réservez-en une récente).

STE-MÈRE-ÉGLISE 50480 Manche 📶 E3 *G. Normandie Cotentin* – 1 585 h alt. 28.
🏢 Office de tourisme, 6 rue Eisenhower ℘ 02 33 21 00 33, Fax 02 33 21 53 91, *bienve nue@sainte-mere-eglise.info.*
Paris 321 – Cherbourg 39 – Bayeux 57 – St-Lô 42.

🏛 **Sainte-Mère,** rte Caen ℘ 02 33 21 00 30, *hotel-le-ste-mere@wanadoo.fr*, Fax 02 33 41 38 40 – 🛗 📺 ⅙ 🅿 – 🏄 70. ፴ GB
Repas *(fermé vend. soir, sam. midi et dim. soir hors saison)* (8,70) - 10,60 (déj.), 13,80/21,20 ⛱ – ⛲ 7,50 – **41 ch** 51 – ½ P 46.
♦ Architecture moderne imposante proche de la borne 0 de la voie de la Liberté. Chambres toutes identiques, bien insonorisées. Salon avec TV grand écran et billard. Un copieux buffet et des grillades préparées en salle s'emploient à calmer votre appétit.

STE-PREUVE 02350 Aisne 📶 F5 – 85 h alt. 115.
Paris 321 – St-Quentin 69 – Laon 23 – Reims 49 – Soissons 58.

🏰 **Château de Barive** ⌘, Sud-Ouest : 32 km ℘ 03 23 22 15 15, *contact@lesepicuriens.co m*, Fax 03 23 22 08 39, 🏠, 🌿, ⛱, 🌿, 🎾, 🔥 – cuisinette 📺 🅿 – 🏄 15 à 100. ፴ ⓞ GB
Les Epicuriens : Repas 30/85 ⛱ – ⛲ 15 – **12 ch** 130/170.
♦ Ce bel édifice du 19ᵉ s. niché dans un vaste parc profite du calme de la campagne picarde. Chambres "cosy" ; celles du 2ᵉ étage sont mansardées (charpente apparente). Salle à manger bourgeoise et véranda façon jardin d'hiver. Cuisine classique.

SAINTES ◆ 17100 Char.-Mar. 📶 G5 *G. Poitou Vendée Charentes* – 25 595 h alt. 15.
Voir *Abbaye aux Dames : église abbatiale★ – Vieille ville★ – Arc de Germanicus★ B – Église St-Eutrope : église inférieure★ E – Arènes★ – Musée des Beaux-Arts★ : Présidial M⁵ – Musée Archéologique : char de parade★.*
🏌 de Saintonge ℘ 05 46 74 27 61, par ① : 5 km.
🏢 Office de tourisme, 62 cours National ℘ 05 46 74 23 82, Fax 05 46 92 17 01, *saintonge-tour@wanadoo.fr.*
Paris 469 ⑥ – Bordeaux 117 ④ – Poitiers 138 ⑥ – Rochefort 42 ⑦ – Royan 38 ⑤.

SAINTES

Allende
(Av. Salvador) .... **Y** 2
Alsace-Lorraine (R.) .... **AZ** 3
Arc de
Triomphe (R.) .... **BZ** 4
Bassompierre (Pl.) .... **BZ** 5
Berthonnière (R.) .... **AZ** 7
Blair (Pl.) .... **AZ** 9
Bois d'Amour (R.) .... **AZ** 10
Bourignon (R.) .... **Y** 12
Brunaud (R. A.) .... **AZ** 13
Clemenceau (R.) .... **AZ** 15
Denfert-
Rochereau (R.) .... **BZ** 16
Dufaure (Av. J.) .... **Y** 18
Foch (Pl. Mar.) .... **AZ** 20
Gambetta (Av.) .... **BZ**
Jacobins
(R. des) .... **AZ** 25
Jean (R. du Doc.) .... **Y** 27
Kennedy (Av. J.-F.) .... **Y** 31
Lacurie (R.) .... **Y** 33
Leclerc (Crs Mar.) .... **Y** 34
Lemercier (Cours) .... **AZ** 35
Marne (Av. de la) .... **BZ** 37
Mestreau (R. F.) .... **BZ** 38
Monconseil (R.) .... **AZ** 39
National (Cours) .... **AZ**
République (Quai) .... **AZ** 41

St-Eutrope (R.) .... **AZ** 42
St-François (R.) .... **AZ** 43
St-Macoult (R.) .... **AZ** 45
St-Pierre (R.) .... **AZ** 46
St-Vivien (Pl.) .... **AZ** 47
Victor-Hugo (R.) .... **AZ** 49

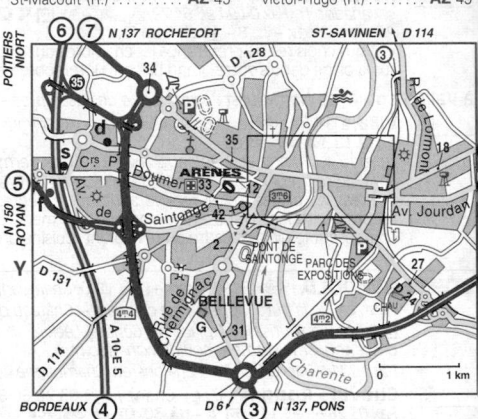

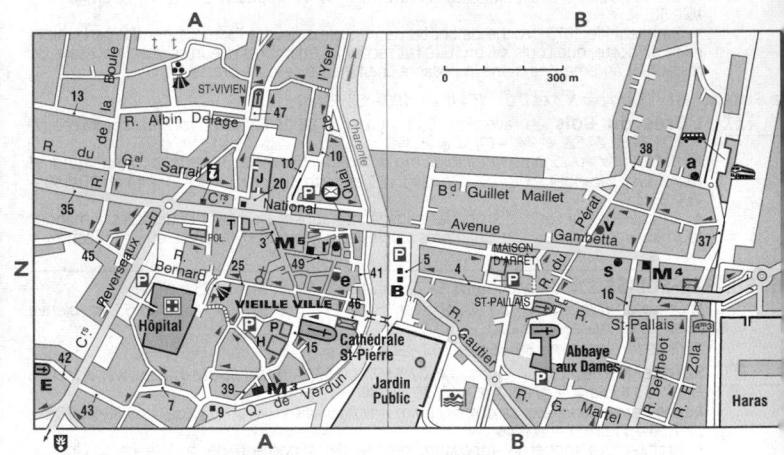

Relais du Bois St-Georges ⌂, r. Royan (D 137) ℘ 05 46 93 50 99, *info@relaisdubois.c om*, Fax 05 46 93 34 93, ≼, 斎, ▨, ♨ – ❄ ᴛᴠ ❤ ₺ ⇔ 🅿 – ♨ 50. ᴀᴇ ⓞ ☇ ᴊᴄʙ
Y d

Repas 38 bc/112 bc - *Table du Bois :* Repas *(18,50 bc)* - 24 bc ⚏ – ⚌ 18 – **27 ch** 78/200, 3 duplex.
♦ Sur les vestiges d'une ferme du 11e s., dans un parc avec étang, belles chambres au décor personnalisé : le capitaine Nêmo, Tombouctou, Monte Cristo... Les fenêtres de la salle à manger rustique ouvrent sur le parc. Ambiance bistrot à la Table du Bois.

Messageries ⌂ sans rest, r. Messageries ℘ 05 46 93 64 99, *info@hotel-des-messagerie s.com*, Fax 05 46 92 14 34 – ᴛᴠ ❤ ⇔. ᴀᴇ ☇ᴮ
AZ r
fermé 19 déc. au 7 janv. – ⚏ 7 – **33 ch** 52/80.
♦ Proche du quartier historique, ancien relais de diligences datant de 1792. Les chambres, tournées sur la cour intérieure, bénéficient du calme. Intérieur rustique.

Avenue sans rest, 114 av. Gambetta ℘ 05 46 74 05 91, *contact@hoteldelavenue.com*, Fax 05 46 74 32 16 – ᴛᴠ ❤ 🅿. ☇ᴮ
BZ s
fermé 24 déc. au 3 janv. – ⚏ 6,30 – **15 ch** 34/50.
♦ Hôtel aménagé dans un immeuble des années 1970, au bord d'un axe passant. Chambres donnant sur l'arrière, progressivement refaites. Salle des petits-déjeuners personnalisée.

🏠 **Ibis,** r. Royan ℰ 05 46 74 36 34, *ibisaintes@wanadoo.fr*, Fax 05 46 93 33 39, �terrace, 🍽 – 🔇 🖳
📺 📞 ᴫ ❧, 🅿 – 🏊 50. ᴀᴇ ◑ ☖ ᴊᴄʙ   **Y s**
Repas *(fermé sam. midi et dim. midi)* 10/16, enf. 6 ♇ – ➞ 6,10 – **71 ch** 60,50.
   ◆ Mobilier moderne et couleurs chaleureuses agrémentent les chambres de cet établissement de chaîne situé dans une zone commerciale, à proximité de l'autoroute. Salle à manger compartimentée par des claustras et garnie de plantes vertes.

🏠 **Terminus** sans rest, 2 r. J. Moulin ℰ 05 46 74 35 03, *hotelauterminus@wanadoo.fr*, Fax 05 46 97 24 47 – 📺 📞 ⇦. ◑ ☖   **BZ a**
➞ 7 – **28 ch** 35/62.
   ◆ Cet hôtel ouvert en 1924 avec l'essor de la gare conserve un charme désuet. Une belle cage d'escalier en bois sculpté conduit aux chambres de style "rétro".

🍴🍴🍴 **Saintonge,** complexe Saintes-Végas, rte Royan ℰ 05 46 97 00 00, *le-saintonge@yahoo.fr*, Fax 05 46 97 21 46 – 🔇 🅿 ᴀᴇ ☖   **Y f**
fermé dim. soir et lundi soir – **Repas** *(17,20)* - 21/41 et carte 48 à 60.
   ◆ Dans le complexe de "Saintes-Vegas" (amphithéâtre, salons et discothèques), lumineuse salle de restaurant en rotonde offrant un cadre plutôt élégant. Cuisine classique.

🍴🍴 **Ciboulette,** 36 r. Pérat ℰ 05 46 74 07 36, *jeanyves@la-ciboulette.fr*, Fax 05 46 94 14 54 – 🔇. ☖. 🌿   **BZ v**
fermé sam. midi et dim. – **Repas** 19/63 bc, enf. 12 ♇.
   ◆ Restaurant de quartier bien situé à deux pas de l'avenue principale. Intérieur coloré rehaussé de nombreux tableaux. Cuisine du terroir ; vins régionaux.

🍴🍴 **Bistrot Galant,** 28 r. St-Michel ℰ 05 46 93 08 51, *bistrot.galant@club-internet.fr*, Fax 05 46 90 95 58 – ☖   **AZ e**
fermé dim. sauf le midi les jours fériés et lundi – **Repas** *(12,10)* - 15,10 bc/30,50 ♇.
   ◆ Dans une rue calme, derrière une devanture vitrée, deux petites salles redécorées dans des tons assez gais ; confortables chaises capitonnées. Cuisine au goût du jour.

à Courcoury *Sud-Est : 9 km par D 128 – 571 h. alt. 13 –* ⊠ *17100 :*

🍴 **Amaryllis de Courcoury,** ℰ 05 46 74 09 91, *amaryllisdecourcoury@wanadoo.fr*, 🍽 Fax 05 46 93 76 30, 🌿 – ☖
fermé 15 au 23 fév., 30 sept. au 15 oct., mardi soir, sam. midi et merc. – **Repas** 12/22,50, enf. 8 🍷.
   ◆ Maison de pays veillée par l'église romane d'un village proche de la Charente. Le décor de la salle panache style rustique et touches méridionales. Carte traditionnelle.

STE-SABINE *21 Côte-d'Or* **320** *H6 – rattaché à Pouilly-en-Auxois.*

STE-SAVINE *10 Aube* **313** *E4 – rattaché à Troyes.*

STES-MARIES-DE-LA-MER *13460 B.-du-R.* **340** *B5 G. Provence – 2 478 h alt. 1 Pèlerinage des Gitans★★ (24 et 25 mai).*
   Voir Église★.
   🚹 *Office de tourisme, 5 avenue Van Gogh ℰ 04 90 97 82 55, Fax 04 90 97 71 15, info@saintesmaries.com.*
   Paris 761 ①– Montpellier 67 ①– Arles 40 ①– Marseille 131 ①– Nîmes 55 ①.

Plan page suivante

🏠🏠 **Galoubet** sans rest, rte Cacharel ℰ 04 90 97 82 17, *info@hotelgaloubet.com*, Fax 04 90 97 71 20, 🏊 – 🔇 📺 🅿. ☖. 🌿   **B s**
fermé 20 au 26 déc., 5 janv. au 13 fév., 🏊 – ➞ 5,50 – **20 ch** 52/70.
   ◆ Ce sympathique hôtel familial abrite des chambres rustico-provençales ; au 1er étage, quatre ont un balcon avec vue dégagée sur la Réserve des Impériaux. Tenue méticuleuse.

🏠🏠 **Mas des Rièges** ⬥ sans rest, par rte Cacharel et rte secondaire : 1 km ℰ 04 90 97 85 07, *hoteldesrieges@wanadoo.fr*, Fax 04 90 97 72 26, ⬉, 🏊, 🎾 – 📺 🅿. ᴀᴇ ☖
fermé 15 nov. au 15 déc. et 5 janv. au 5 fév. – ➞ 7,50 – **20 ch** 61/85.
   ◆ Architecture typiquement camarguaise entourée de marais, chambres (sauf une) avec terrasse privative, ravissant jardin méridional, centre équestre et institut de beauté.

🏠 **Pont Blanc** ⬥ sans rest, chemin du Pont Blanc par rte Arles ℰ 04 90 97 89 11, *hotel.du.pont.blanc@wanadoo.fr*, Fax 04 90 97 87 00, 🏊 – 📺 📞 🅿. ☖   **A z**
fermé 5 au 31 janv. – ➞ 5 – **15 ch** 52/60.
   ◆ Au calme, bâtisse blanche où chaque chambre possède un jardinet donnant sur la piscine, excepté trois d'entre elles (dont deux duplex) aménagées dans une cabane de gardian.

STES-MARIES
DE-LA-MER

Aubanel (R. Théodore)...... **A** 2
Bizet (R. Georges) .... **A** 6
Carrière (R. Marcel) .... **B** 8
Châteaubriand (R.) .... **A** 10

Château-d'Eau
  (R. du)............... **A** 12
Crin-Blanc (R.) .... **A** 15
Église (Pl. de l') .... **A** 17
Espelly (R.)............... **A** 18
Étang (R. de l') .... **A** 20
Ferrade (R. de la) .... **B** 22
Fouque (R. du Capitaine) .. **A** 23

Gambetta (Av. Léon) ...... **AB** 25
Lamartine (Pl.)............ **A** 27
Marquis-de-Baroncelli (Pl.) .. **A** 28
Médina (R. François) ...... **B** 29
Pénitents-Blancs
  (R. des)............... **A** 30
Portalet (Pl.)............. **A** 32
Razeteurs (R. des) .... **A** 34

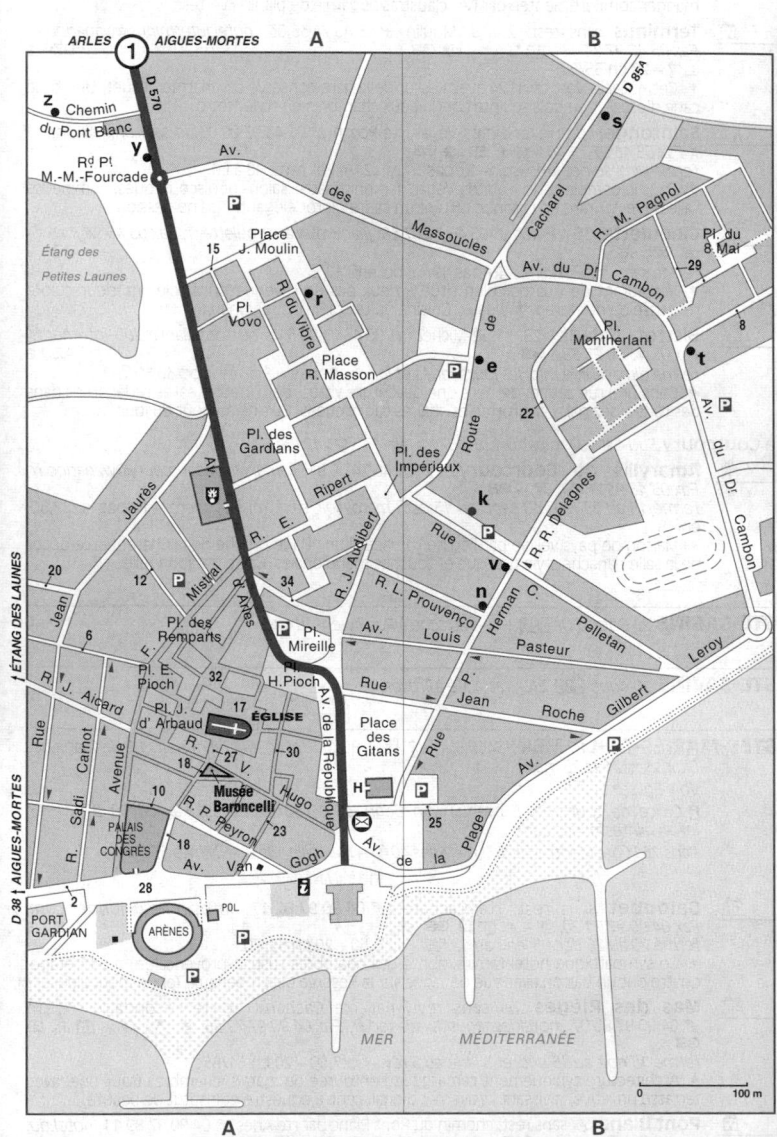

*Les principales voies commerçantes figurent en **rouge**
dans la liste des rues des plans de villes.*

Fangassier sans rest, rte Cacharel   04 90 97 85 02, *fangassier@camargue.fr,*
Fax 04 90 97 76 05 – 📺 GB   B e
fermé 15 nov. au 15 déc. et 8 janv. au 8 fév. – ⊇ 5,50 – **23 ch** 48/54.
◆ Préférez les chambres de l'arrière, dotées d'une petite terrasse au rez-de-chaussée, ou
celles du dernier étage, mansardées et plus douillettes. Décor rustique sobre et frais.

Les Arcades sans rest, r. P. Herman   04 90 97 73 10, *contact@hotel-lesarcades.fr,*
Fax 04 90 97 75 23 – 📺 &. 📭 GB   B n
7 fév.-2 nov. – ⊇ 7 – **18 ch** 54.
◆ Bâtiment neuf en angle de rue, à quelques pas du centre-ville. Les chambres des étages
sont plus grandes. Décor actuel coloré, bonne insonorisation et tenue sans reproche.

Lou Marquès ⊗ sans rest, r. Vibre   04 90 97 82 89, *info@loumarques.com,*
Fax 04 90 97 72 24 – 📺 GB   A r
fermé 12 nov. au 15 déc. et 5 janv. au 5 fév. – ⊇ 5,50 – **14 ch** 46/49.
◆ L'enseigne de cette construction moderne rend hommage au fameux poète camarguais. Chambres identiques meublées sobrement, dont trois avec terrasse au 1er étage.

Bleu Marine sans rest, av. Dr Cambon   04 90 97 77 00, *hbleumar@aol.com,*
Fax 04 90 97 76 00, 🔌 – 📺 ✔ &. GB   B t
2 avril-2 nov. – ⊇ 5 – **26 ch** 56/63.
◆ Murs crépis, tomettes et meubles en pin composent le décor des chambres (six avec
balcon ou terrasse) de cet hôtel fonctionnel proche d'un camping. Insonorisation efficace.

Mas des Salicornes, rte d'Arles   04 90 97 83 41, *info@hotel-salicornes.com,*
Fax 04 90 97 85 70, 😀, 🔌 – 🍴 rest, 📺 &. 📭. GB   A y
29 mars-11 nov. – **Repas** (dîner seul.) 10 (déj.), 20/22 ⅊ – ⊇ 8 – **16 ch** 60/95.
◆ Constructions de plain-pied, dans le style régional. Chambres simples, bien tenues et
dotées de terrasses privatives. L'hôtel propose de nombreuses activités de loisirs. Restaurant au cadre rustique. Menu du jour à découvrir sur l'ardoise.

Mirage sans rest, r. C. Pelletan   04 90 97 80 43, *lemirage@camargue.fr,*
Fax 04 90 97 72 22 – GB. 🌣   B v
3 avril-15 oct. – ⊇ 6 – **27 ch** 55/59.
◆ Hôtel familial simple installé dans les murs d'un ancien cinéma des années 1960. La
moitié des chambres a été rajeunie ; celles du rez-de-chaussée donnent sur la rue.

XX **L'Hippocampe** avec ch, r. C. Pelletan   04 90 97 80 91, Fax 04 90 97 73 05 – GB   B k
28 mars-1er nov. et fermé mardi sauf du 14 juil. au 14 sept. – **Repas** 21,90/35 – ⊇ 6 – **4 ch**
54.
◆ Deux salles à manger spacieuses et claires, sobrement décorées, donnant sur un patio.
Spécialités de poissons. Chambres d'appoint fraîches et bien aménagées.

rte du Bac du Sauvage *Nord-Ouest : 4 km par D 38* – ⊠ *13460 Les Stes-Maries-de-la-Mer :*

Mas de la Fouque ⊗,   04 90 97 81 02, *info@masdelafouque.com,*
Fax 04 90 97 96 84, ≤, 🔌, 😀, 🌣 – 🍴 rest, 📺 &. 📭. 📭 ① GB ᴶᶜᴮ
20 mars-11 nov. et 19 déc.-5 janv. – **Repas** 48/62 – ⊇ 19 – **17 ch** 220/354 – ½ P 177/209.
◆ Situation privilégiée et isolée dans la Camargue pour cet élégant mas entouré d'étangs.
Chambres spacieuses et décorées avec goût. Héliport. Très agréable salle à manger ouverte
sur le parc du domaine hôtelier. Recettes essentiellement régionales.

L'Estelle ⊗,   04 90 97 89 01, *reception@hotelestelle.com, Fax 04 90 97 80 36,* ≤, 😀,
🔌, 🌾, 🌣 – 🍴 📺 &. 📭. 📭 ① GB ᴶᶜᴮ. 🌣 rest
fermé 28 nov. au 17 déc. et 2 janv. au 26 mars – **Repas** *(fermé lundi midi et mardi midi)*
35/75 ⅊ – ⊇ 12 – **20 ch** 180/320 – ½ P 145/195.
◆ Au coeur des marais et au bord du Petit-Rhône, jolies chambres provençales ouvertes
sur la piscine ou les étangs. Beau jardin méditerranéen et soirées jazz. Le restaurant est
complété d'une agréable terrasse ombragée ; cuisine au goût du jour ou de bistrot.

rte d'Arles *Nord-Ouest par D 570* – ⊠ *13460 Les Stes-Maries-de-la-Mer :*

Pont des Bannes, à 1 km   04 90 97 81 09, *le.pont.des.bannes@wanadoo.fr,*
Fax 04 90 97 89 28, 😀, 🔌, 🌾 – 📺 &. 📭 – 🐴 30. 📭 ① GB. 🌣
Repas *(fermé dim. soir, mardi midi et lundi hors saison)* 23/38, enf. 13 ⅊ – **27 ch** ⊇ 162 –
½ P 116.
◆ Établissement de caractère dont les chambres, d'esprit rustique, sont logées dans des
cabanes de gardians au milieu des marais. Centre équestre. Tomettes, poutres, cheminée
et larges baies vitrées ouvertes sur la piscine composent le cadre du restaurant.

Annexe Mas Ste-Hélène 🏠 ⊗ sans rest, à 800 m.   04 90 97 83 29, *sahoteline@wa*
nadoo.fr, Fax 04 90 97 89 28, ≤ *étang* – 📺 📭. 📭 ① GB. 🌣
13 ch ⊇ 162.
◆ L'annexe Mas Ste-Hélène, située à 500 m sur une presqu'île de l'étang des Launes, abrite
des chambres avec terrasse idéale pour admirer la faune et la flore camarguaise.

Mangio Fango ⊗, à 1 km ℰ 04 90 97 80 56, *mangio.fango@wanadoo.fr*, Fax 04 90 97 83 60, ⌂, ☌, ⌱ – ▤ rest, ⊡ ⅛ 🅿 ⒜ ⓞ ⒢ ⒿⒸⒷ
fermé 4 janv. au 10 fév. – **Repas** *(fermé merc. midi hors saison et lundi)* (dîner seul. sauf dim. et fériés) 31/43, enf. 19 ♉ – ⌷ 9,50 – **20 ch** 84/110 – ½ P 82,50/95,50.
   ◆ Jolie vue sur les marais ou l'étang des Launes depuis certaines chambres de ce bel hôtel moderne niché dans un jardin luxuriant. Boutique d'artisanat d'art. Nombreux loisirs. Bibelots, oeuvres d'art et fauteuils en osier tressé décorent le restaurant.

Mas des Roseaux ⊗ sans rest, à 1 km ℰ 04 90 97 86 12, *mas_des_roseaux@camargue .fr*, Fax 04 90 97 70 84, ⩤, ☌ – ⊡ 🅿 ⒜ ⓞ ⒢, ⌗
1ᵉʳ mars-15 nov. – ⌷ 7,50 – **15 ch** 102.
   ◆ Chaque chambre, spacieuse et décorée dans le style local, possède une terrasse priva-tive donnant sur le jardin ou l'étang des Launes. VTT.

L'Étrier Camarguais ⊗, à 1,5 km ℰ 04 90 97 81 14, *info@letrier.com*, Fax 04 90 97 88 11, ⌂, ☌, ⌱ – ▤ ch, ⊡ 🅿 – ⅍ 60. ⒜ ⓞ ⒢
1ᵉʳ avril-31 oct. – **Repas** *(fermé lundi sauf vacances scolaires et fériés)* 28 ♉ – ⌷ 10 – **28 ch** 105/115 – ½ P 85,50.
   ◆ Dans la nature, plusieurs bâtiments entourés de jardins. Chambres personnalisées et salon décoré sur le thème équestre (collection de selles et étriers). Vaste restaurant de style rustique ; une partie est aménagée en véranda. Terrasse d'été face à la piscine.

Boumian ⊗, à 2 km ℰ 04 90 97 81 15, *leboumian@camargue.fr*, Fax 04 90 97 89 94, ⌂, ☌ – ⊡ 🅿 – ⅍ 80. ⒜ ⒢
Repas 20/32 – **28 ch** ⌷ 95/115 – ½ P 77/115.
   ◆ Loin de la foule, construction d'allure camarguaise abritant des chambres d'esprit régional, bien tenues et disposées autour d'une piscine. Le restaurant, agrémenté d'une collection de photos sur la tauromachie, occupe une cabane de gardian. Cuisine régionale.

Les Rizières ⊗ sans rest, à 2,5 km ℰ 04 90 97 91 91, *rizieres@wanadoo.fr*, Fax 04 90 97 70 77, ☌ – ⊡ 🅿 ⒢
⌷ 8 – **27 ch** 82/92.
   ◆ Le bâtiment principal abrite la réception, la salle des petits-déjeuners et un agréable salon. Chambres réparties autour d'un joli patio fleuri. Accès par chemin privé.

Hostellerie du Pont de Gau avec ch, à 5 km ℰ 04 90 97 81 53, *hotellerie-du-pont-de-gau@wanadoo.fr*, Fax 04 90 97 98 54 – ▤ ch, ⊡ 🅿 ⒜ ⒢ ⒿⒸⒷ
fermé 3 janv. au 12 fév. et merc. du 17 nov. à Pâques sauf vacances scolaires – **Repas** 18/50 – ⌷ 7 – **9 ch** 50 – ½ P 61.
   ◆ À côté du Parc ornithologique, salle de restaurant avec poutres au plafond, cheminée et trompe-l'oeil, et agréable véranda aux tons bleu et blanc. Goûteux plats du terroir.

Les SAISIES 73620 Savoie ⒊⒊⒊ M3 – *Sports d'hiver : 1 600/1 870 m* ⌖ 24.
   🅱 *Office de tourisme, avenue des Jeux Olympiques* ℰ 04 79 38 90 30, Fax 04 79 38 96 29, *info@Lessaisies.com*.
   Paris 597 – Albertville 29 – Annecy 61 – Bourg-St-Maurice 53 – Chamonix-Mont-Blanc 55 – Megève 23.

Calgary ⊗, ℰ 04 79 38 98 38, *calgary@wanadoo.fr*, Fax 04 79 38 98 00, ⩤, ⌂, ⌱, ⌇ – ⌸ ⊡ ⚲ ⅛ ⟷. ⒜ ⓞ ⒢, ⌗ rest
fermé 24 avril au 21 juin et 4 sept. au 11 déc. – **Repas** 23/45 ♉ – ⌷ 10 – **36 ch** 50/170, 4 duplex – ½ P 105/115.
   ◆ L'enseigne de ce chalet à la "tyrolienne" rend hommage aux victoires remportées par l'enfant du pays, Franck Piccard, lors des JO de 1988. Chambres spacieuses et confortables. Cuisine classique enrichie de spécialités savoyardes, servie dans un cadre sobre.

SALBRIS 41300 L.-et-Ch. ⒊⒈⒏ J7 G. Châteaux de la Loire – 6 029 h alt. 104.
   🅱 *Office de tourisme, rue du Général Girault* ℰ 02 54 97 22 27, Fax 02 54 97 22 27.
   Paris 187 – Blois 65 – Bourges 62 – Montargis 102 – Orléans 64 – Vierzon 24.

Domaine de Valaudran ⊗, Sud-Ouest : 1,5 km par rte Romorantin ℰ 02 54 97 20 00, *info@hotelvalaudran.com*, Fax 02 54 97 12 22, ⌂, ☌, ⌤ – ⊡ ⚲ ⅛ 🅿 – ⅍ 15 à 60. ⒜ ⒢
Repas *(fermé dim. soir du 1ᵉʳ nov. au 31 mars)* 30/45, enf. 12 ♉ – ⌷ 13 – **32 ch** 69/106 – ½ P 75/101.
   ◆ Au coeur d'un parc arboré, gentilhommière du 19ᵉ s. en brique et tuffeau. Les chambres refaites bénéficient d'un décor sagement moderne ; certaines sont mansardées. Cuisine au goût du jour utilisant les produits du potager. Cadre élégant ou style bistrot.

Parc, 8 av. Orléans ℰ 02 54 97 18 53, *reservation@leparcsalbris.com*, Fax 02 54 97 24 34, ⌂, ⌤ – ⊡ ⟷ 🅿 – ⅍ 15. ⒢
fermé 18 déc. au 6 janv. – **Repas** *(fermé dim. soir, mardi midi et lundi de nov. à mars)* (prévenir) 24/45,80, enf. 8 ♉ – ⌷ 8,60 – **23 ch** 62/91 – ½ P 56/63.
   ◆ Demeure bourgeoise agrémentée d'un joli parc avec potager. Chambres progressive-ment rénovées et salons bien agencés. Au restaurant, ambiance rustique, flambées hiver-nales dans la cheminée et cuisine classique volontiers potagère à la belle saison.

🏠 **Sauldraie,** 81 av. Orléans ℰ 02 54 97 17 76, *lasauldraie@wanadoo.fr*, Fax 02 54 97 29 67, 😴, ♨ – ▤ rest, 📺 🅿. ⌷
hôtel : fermé 14 au 22 mars – **Repas** *(fermé 14 au 22 mars, 12 au 27 sept., 26 au 31 déc., lundi sauf le soir en été et dim. soir)* 20/50 Ⓨ – ⌷ 9 – **11 ch** 44/57.
✦ Un parc et un petit bois entourent cette grande maison familiale. Les chambres, de styles variés, sont plus simples dans l'annexe. Plaisante salle à manger et véranda très "campagne" tournée vers le parc. La Sologne, de bois et d'eau, inspire les menus.

SALERS 15140 Cantal 🗓🗓🗓 C4 *G. Auvergne* – 401 h alt. 950.
Voir *Grande-Place*★★ – *Église*★ – *Esplanade de Barrouze* ≤★.
🛈 *Office de tourisme, place Tyssandier d'Escous* ℰ 04 71 40 70 68, Fax 04 71 40 70 94, *salers@wanadoo.fr*.
Paris 509 – *Aurillac* 43 – *Brive-la-Gaillarde* 100 – *Mauriac* 20 – *Murat* 43.

🏠🏠 **Bailliage,** r. Notre-Dame ℰ 04 71 40 71 95, *info@salers-hotel-bailliage.com*, Fax 04 71 40 74 90, 😴, ⊿, ☞ – 📺 📞 ☜ 🅿 – 🔓 15. ⌷ ⓞ ⌷
fermé 15 nov. au 1ᵉʳ fév. – **Repas** 14/35, enf. 8 Ⓨ – ⌷ 8 – **27 ch** 56/78 – ½ P 54/62.
✦ Cette construction à allure de cottage propose des chambres spacieuses et confortables ; certaines ont vue sur la campagne. Chaleureuse salle de restaurant (couleurs ensoleillées, sièges en rotin, meubles campagnards) et jolie terrasse ; cuisine auvergnate.

🏠🏠 **Gerfaut** ⧈ sans rest, rte Puy Mary, Nord Est : 1 km par D 680 ℰ 04 71 40 75 75, *info@sale rs-hotel-gerfaut.com*, Fax 04 71 40 73 45, ≤, ⊿, ☞ – 🛗 cuisinette 📺 📞 ⓗ 🅿 – 🔓 25. ⌷ ⓞ ⌷
Pâques-Toussaint – ⌷ 7 – **25 ch** 55/69.
✦ Sur les hauteurs du bourg, bâtiment moderne en arc de cercle où vous dormirez paisiblement. Les chambres, dotées de balcons ou de terrasses, sont tournées vers la vallée.

🏠 **Les Remparts** ⧈, esplanade Barrouze ℰ 04 71 40 70 33, *hotel.remparts@wanadoo.fr*, Fax 04 71 40 75 32, ≤ Monts du Cantal, 😴, ☞ – 📺. ⌷
fermé 10 oct. au 20 déc. – **Repas** 13/29,50, enf. 7,50 Ⓨ – ⌷ 7 – **18 ch** 50,50 – ½ P 50,50.
✦ Très bel emplacement pour cette maison sagranière où presque toutes les chambres profitent du panorama. Salon de style auvergnat. Immense salle à manger un peu impersonnelle et terrasse dallée ; les deux ménagent une perspective sur les monts du Cantal.

à Fontanges *Sud : 5 km par D 35 –* 241 h. alt. 692 – ✉ 15140 Salers :

🏠 **Auberge de l'Aspre** ⧈, ℰ 04 71 40 75 76, *auberge.aspre@worldonline.fr*, Fax 04 71 40 75 27, ≤, 😴, ⊿, ☞ – 📺 📞 🅿. ⓞ ⌷
fermé 17 nov. au 31 janv., dim. soir, merc. soir et lundi d'oct. à mai – **Repas** 16/32, enf. 8,50 Ⓨ – ⌷ 8 – **8 ch** 48 – ½ P 51.
✦ En pleine nature, ancienne ferme dont les chambres, actuelles et colorées, possèdent d'originales salles de bains en mezzanine. Salle à manger rustique complétée d'une véranda ouverte sur le jardin et d'une terrasse abritée ; appétissante carte régionale.

au Theil *Sud-Ouest : 6 km par D 35 et D 37 –* ✉ 15140 St-Martin-Valmeroux :

🏠🏠 **Hostellerie de la Maronne** ⧈, ℰ 04 71 69 20 33, *maronne@maronne.com*, Fax 04 71 69 28 22, ≤, ⊿, ☞ – ▤ rest, 📺 📞 ⓗ ⌷ ⓞ ⌷ ⌷ ✂ rest
4 avril-4 nov. – **Repas** (dîner seul.) 25/70 Ⓨ – ⌷ 11 – **21 ch** 95/125, 4 suites – ½ P 90/103.
✦ En pleine campagne, maison auvergnate de la fin du 19ᵉ s. entourée d'un jardin fleuri. Chambres spacieuses et fraîches, et salon-bibliothèque. La salle à manger bénéficie d'une vue bucolique sur les prés et les collines alentour ; décor sobrement élégant.

SALIES-DE-BÉARN 64270 Pyr.-Atl. 🗓🗓🗓 G4 *G. Aquitaine* – 4 759 h alt. 50. Stat. therm. – Casino.
Env. *Sauveterre-de-Béarn : site★, ≤★★ du vieux pont, S :* 10 km.
🛈 *Office de tourisme, rue des Bains* ℰ 05 59 38 00 33, Fax 05 59 38 02 95, *salies-de-bearn.tourisme@wanadoo.fr*.
Paris 762 – *Pau* 64 – *Bayonne* 60 – *Dax* 36 – *Orthez* 17 – *Peyrehorade* 26.

🏠🏠 **Golf,** rte Orthez : 1 km ℰ 05 59 65 02 10, *hgolf@thermes-de-salies.com*, Fax 05 59 38 16 41, 😴, ⊿, ☞ – 🛗 📺 ⓗ 🅿. ⌷
fermé janv. – **Repas** (vend. sauf juil.-août) (12) · 15/23, enf. 6 🍴 – ⌷ 9 – **29 ch** 55/65 – ½ P 56.
✦ Situation plaisante face au golf, en léger retrait de la route. Préférez les grandes chambres fonctionnelles dotées de balcons et tournées vers les greens. Jolie piscine. Le restaurant, clair et actuel, propose des menus simples et offre la vue sur le parc.

à Castagnède Sud-Ouest : 8 km par D 17, D 27 et D 384 – 211 h. alt. 38 – ⊠ 64270 :

Belle Auberge ⑤ avec ch, ℘ 05 59 38 15 28, Fax 05 59 65 03 57, 佘 , ⊿ , 痲 – ⊡ ℃ ℙ. ⑤⑤

fermé 1ᵉʳ au 15 juin et 20 déc. à fin janv. – **Repas** (fermé dim. soir et lundi soir) 12/22, enf. 7,70 – � 5,50 – **14** ch 37/50 – ½ P 40.

◆ Ce paisible bourg du Béarn abrite une sympathique auberge au cadre campagnard où l'on sert une cuisine du terroir. Chambres simples. Belle piscine dans un jardin fleuri.

SALIES-DU-SALAT 31260 H.-Gar. 343 D6 G. Midi-Pyrénées – 1 943 h alt. 300 – Stat. therm. (début avril-fin oct.) – Casino.

🅑 Office de tourisme, boulevard Jean-Jaurès ℘ 05 61 90 53 93, Fax 05 61 90 49 39, oftour@free.fr.

Paris 751 – Bagnères-de-Luchon 73 – St-Gaudens 27 – Toulouse 79.

Parc sans rest, 6 r. d'Austerlitz ℘ 05 61 90 51 99, Fax 05 61 90 43 07 – 🛗 ⊡ ℃ ఉ ℙ. ⑤⑤ ⊆ 5,30 – **23** ch 30/45.

◆ Dans le parc du casino, hôtel des années 1920 entièrement rénové. Chambres assez grandes et insonorisées. Formule buffet pour le petit-déjeuner, service en terrasse l'été.

SALIGNAC-EYVIGUES 24590 Dordogne 329 I6 G. Périgord Quercy – 1 008 h alt. 297.

🅑 Syndicat d'initiative, place du 19 Mars 1962 ℘ 05 53 28 81 93, Fax 05 53 28 81 93, ot.salignac@perigord.tm.fr.

Paris 509 – Brive-la-Gaillarde 34 – Sarlat-la-Canéda 18 – Cahors 84 – Périgueux 70.

Terrasse sans rest (annexe à 1,5 km ⑤, 3 ch, 3 studios ⊿ 痲), ℘ 05 53 28 80 38, jean-pa ul.bregegere@wanadoo.fr, Fax 05 53 28 99 67 – cuisinette ℃. ⑤⑤

Pâques-15 oct. – ⊆ 8,20 – **9** ch 49/59.

◆ Construction régionale en pierre, datant du 19ᵉ s., sur la place centrale du village. Choisir les chambres de l'annexe, plus vastes et en pleine nature.

au Nord-Ouest : 3 km par D 62ᴮ et rte secondaire – ⊠ 24590 Salignac-Eyvigues :

Meynardie, ℘ 05 53 28 85 98, lameynardie24@wanadoo.fr, Fax 05 53 28 82 79, 佘 , 痲 – ℙ. ⑤⑤

fermé fin nov. à mi-fév., mardi sauf juil.-août et merc. – **Repas** 19,10/49 ℤ.

◆ Poutres, pierres, sol en galets et cheminée datée de 1603 composent le cadre rustique d'origine de cette ferme périgourdine isolée dans la campagne. Terrasse sous la treille.

à Laval Nord : 7 km rte de Brive-la-Gaillarde – ⊠ 24590 Salignac-Eyvigues :

Coulier, sur D 60 ℘ 05 53 28 86 46, hotel.coulier@wanadoo.fr, Fax 05 53 28 26 33, 佘 , ⊿ – ⊡ ℃ ఉ ℙ. ⒜⒠ ⑤⑤. ℅ ch

fermé 11 nov. au 23 fév., vend. soir et sam. hors saison – **Repas** 16/40 ℤ – ⊆ 6,60 – **15** ch 45/54 – ½ P 52.

◆ Maison rurale traditionnelle bien restaurée et gentiment aménagée. Les petites chambres, bien tenues, bénéficient du double vitrage. Salle à manger où se marient couleurs acidulées et décor rustique. Agréable terrasse. Cuisine classique et régionale.

Si vous cherchez un hôtel tranquille,
consultez d'abord les cartes de l'introduction
ou repérez dans le texte les établissements indiqués avec le signe ⑤

SALINS-LES-BAINS 39110 Jura 321 F5 G. Jura – 3 333 h alt. 340 – Stat. therm. (début mars-fin oct.) – Casino.

Voir Site★ – Fort Belin★.

🅑 Office de tourisme, place des Salines ℘ 03 84 73 01 34, Fax 03 84 37 92 85, contact@sa lins-les-bains.com.

Paris 419 – Besançon 41 – Dole 43 – Lons-le-Saunier 52 – Poligny 24 – Pontarlier 46.

Grand Hôtel des Bains sans rest, pl. Alliés ℘ 03 84 37 90 50, hotel.bains@wanadoo.fr, Fax 03 84 37 96 80, 🎜, ⊿ – 🛗 ⊡ ℃ ℙ. – 🏋 25. ⑤⑤

fermé 2 au 23 janv. – ⊆ 7,50 – **31** ch 54/73.

◆ Sur un axe fréquenté du centre, établissement de 1860 avec accès direct au fitness et à la piscine d'eau salée des thermes. Chambres fonctionnelles.

Rest. des Bains, pl. des Alliés ℘ 03 84 73 07 54, restaurant-des-bains@wanadoo.fr, Fax 03 84 37 99 43 – ⊡ ⑤⑤

fermé 1ᵉʳ au 16 janv., mardi midi, dim. soir et lundi – **Repas** 17/47,40, enf. 8,50 ℤ.

◆ Restaurant au plaisant cadre rustique agrémenté d'un plafond à solives. Cuisine classique sensible aux influences régionales. Espace brasserie séparé pour repas plus simples.

rte de Champagnole Sud : 5 km par D 467 – ⊠ 39110 Salins-les-Bains :

XX **Relais de Pont d'Héry,** ℰ 03 84 73 06 54, Fax 03 84 73 19 00, 佘, 屛 – GB
fermé 18 oct. au 4 nov., 15 fév. au 3 mars, mardi de sept. à mai et lundi – **Repas** 17/38,
enf. 8 ♀.
◆ Petite maison isolée en bordure de route. Derrière la façade récente, deux salles à
manger parquetées, claires et actuelles. À l'arrière, agréable jardin fleuri.

SALLANCHES 74700 H.-Savoie 328 M5 *G. Alpes du Nord* – 14 383 h alt. 550.

Voir ⁂ ★★ sur le Mt-Blanc – Chapelle de Médonnet : ⁂ ★★ – Cascade d'Arpenaz★ N : 5 km.
🛈 Office de tourisme, quai de l'Hôtel de Ville ℰ 04 50 58 04 25, Fax 04 50 58 38 47,
tourisme@sallanches.com.
Paris 585 – Chamonix-Mont-Blanc 28 – Annecy 72 – Bonneville 29 – Megève 14.

🏛 **Auberge de l'Orangerie,** carrefour de la Charlotte, par rte Passy (D 13) : 2,5 km
ℰ 04 50 58 49 16, auberge-orange@wanadoo.fr, Fax 04 50 58 54 63, ≤, 佘, 屛 – TV ℰ P.
GB
fermé 7 au 21 juin et 3 au 17 janv. – **Repas** *(fermé dim. soir, mardi midi, merc. midi, jeudi
midi et lundi)* carte 37 à 55, enf. 9,50 – ⌑ 7,50 – **7** ch 40/55.
◆ Cette maison régionale abrite des chambres refaites, lambrissées et parfaitement insonorisées ; certaines bénéficient d'un balcon. Accueil charmant. Cuisine traditionnelle et
spécialités locales sont proposées dans un cadre rustique. Table prisée.

🏛 **Les Sorbiers,** 17 r. Dr Bonnefoy ℰ 04 50 58 01 22, info@hotel-sorbiers.com,
Fax 04 50 58 39 55, 佘, 屛 – 🌉 TV P – 🔼 20. AE GB
fermé 25 avril au 2 mai, 24 oct. au 3 nov. et 2 au 11 janv. – **Repas** *(fermé dim. sauf juil.-août
et fév.-mars)* 15 (déj.)/25 ♀ – ⌑ 6,50 – **23** ch 56/68 – ½ P 53,50/56,50.
◆ Accueil familial en ce chalet situé à l'écart du centre-ville. Petites chambres dotées de
balcons ; certaines ménagent une perspective sur le massif du Mont-Blanc. Plats traditionnels servis dans la salle lambrissée, la véranda ou sur la terrasse panoramique.

🏔 **Mont-Blanc** sans rest, 83 r. Chenal ℰ 04 50 58 12 47, hmontblanc@yahoo.fr,
Fax 04 50 47 87 68 – TV. GB. ✀
⌑ 5,50 – **23** ch 37/47.
◆ La pimpante façade évoque une auberge tyrolienne. Chambres sans ampleur, mais
parfois rénovées et plus calmes sur l'arrière. En été, petit-déjeuner servi dans une courette.

XX **Chaumière,** 73 ancienne rte Combloux ℰ 04 50 58 00 59, Fax 04 50 58 00 59 – P. AE ①
GB
fermé 28 juin au 11 juil., 23 août au 1er sept., mardi midi, dim. soir et lundi – **Repas** (20) -
25/35, enf. 11 ♀.
◆ Ferme (1850), relais de poste et enfin auberge bordant la route de Sallanches à Cordon.
Intérieur rustique coloré, agrémenté de meubles savoyards. Cuisine traditionnelle.

X **St-Julien,** 53 r. Chenal ℰ 04 50 58 02 24 – GB
fermé 19 juin au 9 juil., 3 au 17 janv., merc. soir, dim. soir et lundi – **Repas** (15) - 17,50/32,50,
enf. 9.
◆ Avenante façade fleurie en été. Salle à manger joliment rénovée et entièrement lambrissée d'épicéa, où l'on sert une cuisine au goût du jour et quelques spécialités régionales.

SALLEBOEUF 33370 Gironde 335 I5 – 1 926 h alt. 46.
Paris 579 – Bordeaux 17 – Créon 10 – Libourne 18 – St-André-de-Cubzac 26.

XX **Auberge la Forêt,** Sud-Est : 1,5 km par D 13E2 et rte secondaire ℰ 05 56 21 25 49, p.lafu
ge@aol.com, Fax 05 56 21 25 49, 佘, 屛 – P. GB
fermé 15 au 30 oct., dim. soir et lundi – **Repas** 19/34 ♀.
◆ Pavillon récent dans un beau jardin où sont installées les terrasses et une tonnelle. Salle à
manger rustique, colorée et égayée d'une collection de cafetières. Véranda.

SALLES-CURAN 12410 Aveyron 338 I5 – 1 088 h alt. 887.
🛈 Office de tourisme, place de la Vierge ℰ 05 65 46 31 73, Fax 05 65 46 31 73.
Paris 650 – Rodez 40 – Albi 77 – Millau 39 – St-Affrique 41.

XX **Hostellerie du Lévézou** 🌫 avec ch, ℰ 05 65 46 34 16, info@hostellerieldulevezou.co
m, Fax 05 65 46 01 19, 佘, 屛 – TV. AE ① GB JCB
1er mai-30 sept., et fermé dim. soir, mardi midi et lundi sauf juil.-août – **Repas** 22/40 ♀ –
⌑ 7 – **18** ch 38/54 – ½ P 47/55.
◆ Demeure du 14e s., jadis résidence d'été des évêques de Rodez. Plaisante et confortable
salle voûtée agrémentée d'une belle cheminée pour les grillades. Chambres rustiques.

Une réservation confirmée par écrit ou par fax est toujours plus sûre.

Les SALLES-SUR-VERDON 83630 Var **340** M3 *G. Alpes du Sud* – 186 h alt. 440.

Voir *Lac de Ste-Croix*★★.

🛈 *Office de tourisme, place Font Freye 𝒫 04 94 70 21 84, Fax 04 94 84 22 57, verdon83@club-internet.fr.*

Paris 790 – Brignoles 57 – Draguignan 49 – Digne-les-Bains 60 – Manosque 62.

🏠 **Auberge des Salles** ⌂, 𝒫 04 94 70 20 04, *auberge.des.salles@wanadoo.fr*, Fax 04 94 70 21 78, ≤, 🏠, 🏢 – |≡| 📺 & 🚗 📵 ⃝
1ᵉʳ avril-1ᵉʳ nov. et fermé lundi soir et mardi hors saison – **Repas** 15/35 ♀ – � 7 – **30 ch** 61/72 – ½ P 52/58.

♦ Les amateurs de sports nautiques apprécient cet hôtel situé sur les rives du lac de Ste-Croix. Mobilier rustique dans les chambres. Spacieuse salle à manger-véranda et terrasse surplombant les eaux émeraude du lac. Menus variés et service pizzeria.

SALON-DE-PROVENCE 13300 B.-du-R. **340** F4 *G. Provence* – 37 129 h alt. 80.

Voir *Musée de l'Empéri*★★.

🛈 *à Miramas 𝒫 04 90 58 56 55, SO : 10 km ; 🛈 Pont Royal Country Club à Mallemort 𝒫 04 90 57 40 79, NE : 16 km par N 538 et D 17.*

🛈 *Office de tourisme, 56 cours Gimon 𝒫 04 90 56 27 60, Fax 04 90 56 77 09, ot.salon @wanadoo.fr.*

Paris 720 ① – Marseille 54 ② – Aix-en-Provence 37 ② – Arles 46 ③ – Avignon 50 ①.

SALON-DE-PROVENCE

Ancienne Halle (Pl.) . . . . **BY** 2
Capucins
   (Bd des) . . . . **BZ** 3
Carnot (Cours) . . . . **AY** 4
Centuries (Pl. des) . . . . **BY** 6
Clemenceau
   (Bd Georges) . . . . **AY** 7
Coren
   (Bd Léopold) . . . . **AY** 8
Craponne
   (Allées de) . . . . **BZ** 10
Crousillat (Pl.) . . . . **BY** 12
Farreyroux (Pl.) . . . . **BZ** 13
Ferrage (Pl.) . . . . **BZ** 14
Fileuses-de-Soie
   (R. des) . . . . **AY** 15
Frères J. et R.-Kennedy
   (R. des) . . . . **AY**
Gambetta (Pl.) . . . . **BZ** 18
Gimon (Cours) . . . . **BZ**
Horloge (R. de l') . . . . **BY** 20
Ledru-Rollin (Bd) . . . . **AY** 22
Massenet (R.) . . . . **AY** 23
Médicis (Pl. C. de) . . . . **BZ** 24
Mistral
   (Bd Frédéric) . . . . **BY** 26
Moulin d'Isnard
   (R.) . . . . **BY** 27
Nostradamus (Bd) . . . . **AY** 28
Pasquet (Bd) . . . . **BZ** 30
Pelletan
   (Cours Camille) . . . . **AY** 32
République
   (Bd de la) . . . . **AY** 33
Raynaud-d'Ursule
   (R.) . . . . **BZ** 34
St-Laurent (Square) . . . . **BY** 35
Victor-Hugo (Cours) . . . . **BY** 38

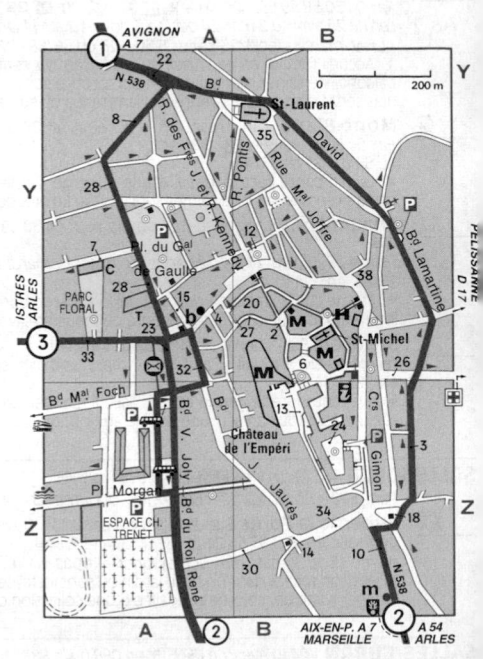

🏠 **Angleterre** sans rest, 98 cours Carnot 𝒫 04 90 56 01 10, *sabine.ferrandino@wanadoo.fr*, Fax 04 90 56 71 75 – 📺 📞. 🜂 ⃝ ⃝ AY **b**
fermé 20 déc. au 6 janv. – ⊒ 6 – **25 ch** 38/50.

♦ Cet hôtel voisin des musées était autrefois un couvent. Chambres régulièrement rénovées ; certaines sont climatisées. Salle des petits-déjeuners sous coupole vitrée.

🏠 **Midi** sans rest, 518 allées Craponne par ② 𝒫 04 90 53 34 67, *hotel-du-midi2@wanadoo.fr*, Fax 04 90 53 37 41 – |≡| 📺 📵 ⃝ ✺
⊒ 6,50 – **26 ch** 42/62.

♦ Bâtiment des années 1970 dont les chambres, de style rustique et égayées de tissus provençaux, sont climatisées côté cour. L'été, petit-déjeuner servi sur la terrasse.

XXX **Mas du Soleil** ◎ avec ch, 38 chemin St-Côme (Est - **BY** - *par D 17*) ℰ 04 90 56 06 53, *le. mas.du.soleil.@wanadoo.fr*, Fax 04 90 56 21 52, 🌇, 🔆, 🛖 – 🗐 📺 📞 ⅋ 🅿 🕮 🆎 ⓪ ☖ 🚾
Repas *(fermé dim. soir et lundi)* 30/87 et carte 37 à 81 – 🖃 13 – **10 ch** 155/280 – ½ P 120/190.

♦ Villa méridionale dans un secteur résidentiel. Cadre lumineux et sobre aménagement intérieur dans les salles à manger qui, comme les chambres, ouvrent sur le jardin.

XX **Craponne,** 146 allées Craponne ℰ 04 90 53 23 92, Fax 04 90 53 23 86, 🌇 – ☖
fermé 8 au 31 août, 24 déc. au 5 janv., merc. soir, – **Repas** 21/34.   **BZ m**

♦ L'enseigne évoque le bienfaiteur de la Crau. Boiseries sombres et mobilier campagnard. À la belle saison, repas dans une sympathique courette fleurie. Accueil familial.

au Nord-Est : *5 km par D 17* **BY** *puis D 16* – ✉ *13300 Salon-de-Provence* :

🏛 **Abbaye de Sainte-Croix** ◎, ℰ 04 90 56 24 55, *saintecroix@relaischateaux.com*,
🌸   Fax 04 90 56 31 12, ≤, 🌇, 🔆, 🐾 – 🗐 ch, 📺 ⅋ 🅿 – 🕮 100. 🕮 ⓪ ☖ 🚾. 🎠 rest
19 mars-31 oct. – **Repas** *(fermé le midi en semaine hors saison)* 62 (déj.), 78/108 – 🖃 30 – **21 ch** 211/294, 4 suites – ½ P 200/241,50.

♦ Sur le site d'un parc isolé dans la garrigue, abbaye du 12ᵉ s. dominant Salon. Chambres actuelles ou ex-cellules d'esprit rustique. Salle à manger sobrement provençale et terrasse ombragée procurant une belle vue sur la ville. Fine cuisine au goût du jour.
Spéc. Pavé de foie gras poêlé, lardons et croûtons frits à l'huile de sésame (printemps). Médaillon de lotte pané en chapelure d'épices et olives noires. Mignon d'agneau rôti au poivre concassé. **Vins** Coteaux d'Aix en Provence, les Baux-de-Provence.

à la Barben *Sud-Est : 8 km par* ②, *D 572 et D 22E* – *555 h. alt. 105* – ✉ *13330* :

XX **Touloubre** avec ch, 23 chemin Salatier ℰ 04 90 55 16 85, Fax 04 90 55 17 99, 🌇 – 📺 🅿 –
🏛 40. ☖
fermé 18 oct. au 3 nov., 7 au 28 fév., dim. soir, mardi soir et lundi – **Repas** 16,50/38,50 🎠 –
🖃 5,50 – **7 ch** 44.

♦ Des platanes ombragent la vaste terrasse de cette auberge de village située au bord d'une route tranquille. Grande salle à manger de style campagnard. Chambres actuelles.

au Sud par ②, *N 538, N 113 et D 19 (direction Grans) : 5 km* – ✉ *13250 Cornillon* :

🏛 **Devem de Mirapier** ◎ sans rest, rte Lançon, D 19 ℰ 04 90 55 99 22, *pecoul@mirapier. com*, Fax 04 90 55 86 14, ≤, 🌇, 🔆, 🐾 – 🗐 🅿 – 🏛 15 à 30. 🕮 ☖
fermé 15 déc. au 20 janv. et week-ends d'oct. à avril – 🖃 10 – **12 ch** 90/130, 3 suites.

♦ Un chemin cahoteux conduit à cette hostellerie nichée dans la garrigue, au coeur d'une belle pinède. Chambres fonctionnelles en rez-de-jardin (trois accueillent les familles).

SALT-EN-DONZY *42 Loire* ፫፪፯ *E5 – rattaché à Feurs.*

SALVAGNY *74 H.-Savoie* ፫፪፰ *N4 – rattaché à Samoëns.*

SAMATAN *32130 Gers* ፫፪፮ *H9 – 1 832 h alt. 170.*
🛈 *Office de tourisme, 3 rue du chamoine Dieuzaide* ℰ 05 62 62 55 40, Fax 05 62 62 50 26, *ot.samatan@wanadoo.fr.*
Paris 703 – Auch 37 – Gimont 18 – L'Isle-Jourdain 21 – Rieumes 206.

X **Au Canard Gourmand,** La Rente, sur D 632 ℰ 05 62 62 49 81, *canard@canard-au-soula n.com* – 🅿. ☖
fermé 15 au 15 juin, 5 au 15 oct., 11 au 21 janv., lundi soir et mardi – **Repas** *(23)* - 12 (déj.), 23/34, enf. 11 🎠.

♦ Appétissante enseigne et bibelots à la gloire du canard : ce restaurant original, décoré façon jardin d'hiver, rend un juste hommage au palmipède. Cuisine au goût du jour.

Le SAMBUC *13200 B.-du-R.* ፫፬፬ *D4.*
Paris 742 – Arles 25 – Marseille 117 – Stes-Marie-de-la-Mer 50 – Salon-de-Provence 68.

🏛 **Mas de Peint** ◎, *2,5 km par rte Salins* ℰ 04 90 97 20 62, *hotel@masdepeint.net*,
Fax 04 90 97 22 20, 🌇, 🔆, 🐾 – 🗐 📺 🅿 🕮 ⓪ ☖ 🚾
fermé 15 nov. au 23 déc. et 9 janv. au 17 mars – **Repas** *(fermé mardi midi, jeudi midi et merc.)* *(nombre de couverts limité, prévenir)* 34/43 🎠 – 🖃 19 – **11 ch** 197/254 – ½ P 155/ 245.

♦ Taureaux, chevaux blancs et gardians parcourent le domaine de 500 ha où se niche cette ravissante demeure du 17ᵉ s. à l'ambiance "guesthouse" : un concentré de Camargue ! Le chef prépare devant vous son menu du jour composé selon la cueillette du potager.

Donnez-nous votre avis sur les tables que nous recommandons,
sur leurs spécialités et leurs vins de pays.

SAMOËNS 74340 H.-Savoie **328** N4 *G. Alpes du Nord* – *2 323 h alt. 710* – *Sports d'hiver : 720/2 480 m* –ᐸ 8 ⚡ 70 ⚞.

Voir *Place du Gros Tilleul*★ – *Jardin alpin Jaÿsinia*★.

Env. *La Rosière* ⪕★★ *N : 6 km* – *Cascade du Rouget*★★ *S : 10 km* – *Cirque du Fer à Cheval*★★ *E : 13 km.*

🛈 *Office de tourisme, place de l'autogare* ℰ 04 50 34 40 28, Fax 04 50 34 95 82, info@samoens.com.

Paris 581 – *Chamonix-Mont-Blanc 60* – *Thonon-les-Bains 56* – *Annecy 75* – *Genève 53.*

🏨 **Neige et Roc,** ℰ 04 50 34 40 72, resa@neigeetroc.com, Fax 04 50 34 14 48, ⪕, �̃, 🛁, ⬛, 🐎, 🏹 – 🛗 cuisinette 📺 📞 🅿 – 🏋 40. ⓖⓑ. ❀ rest
29 mai-15 sept et 18 déc-15 avril – **Repas** 22 (déj.), 26/46, enf. 10 ♀ – ⍾ 10 – **32 ch** 120, 18 studios – ½ P 87.
✦ Grand chalet abritant des chambres douillettes souvent dotées de balcons. Un autre bâtiment héberge de jolis studios avec cuisinette. Piscines d'été et d'hiver ; jacuzzi. Poutres et lustres en fer forgé égaient le restaurant. Carte traditionnelle et régionale.

🏨 **Les Glaciers,** ℰ 04 50 34 40 06, contact@hotel_les_glaciers.com, Fax 04 50 34 16 75, 🌃, 🖼, 🛁, ⬛, 🐎, 🏹 – 🛗 📺 🅿 – 🏋 15. ⒶⒺ ⓞ ⓖⓑ. ❀
19 juin-4 sept. et 18 déc.-2 avril – **Repas** (15) – 22/32, enf. 10 ♀ – ⍾ 10 – **46 ch** 110 – ½ P 91/107.
✦ Imposante bâtisse située au centre de la station. Boiseries claires et meubles en pin dans les chambres ; équipements de loisirs complets. Lac privé à 4 km : pêche et jet-ski. Ample restaurant à l'ambiance "pension de famille". Cuisine d'inspiration régionale.

🏨 **Edelweiss** 🐾, Nord-Ouest : 1,5 km par rte Plampraz ℰ 04 50 34 41 32, hotel-edelweiss@wanadoo.fr, Fax 04 50 34 18 75, ⪕ montagnes, 🌃 – 📺 🅿. ⓖⓑ ᴊᴄʙ
30 mai-19 sept. et 19 déc.-17 avril – **Repas** (fermé le midi en hiver sauf vacances scolaires) 16/32, enf. 8,50 ♀ – ⍾ 7 – **20 ch** 60/70 – ½ P 58.
✦ L'edelweiss figure parmi les 5000 espèces du jardin alpin créé par Mme Cognacq-Jay et situé à proximité de ce chalet-hôtel simple et confortable. Salle à manger orientée plein Sud et prolongée d'une terrasse. Les "must" : reblochon et vins de Savoie.

🏨 **Gai Soleil,** ℰ 04 50 34 40 74, hotel.gai-soleil@wanadoo.fr, Fax 04 50 34 10 78, ⪕, 🌃, �̃, 🛁 – 🛗 cuisinette, 🍴 rest, 📺 📞 🅿, ☑ rest
12 juin-12 sept. et 18 déc.-15 avril – **Repas** (dîner seul.) 15/33, enf. 11 ♀ – ⍾ 7,70 – **24 ch** 73.
✦ À l'entrée du village, construction plagiant le style "chalet" et abritant des chambres sobres, ouvrant sur un grand balcon. Décor savoyard dans certaines d'entre elles. Restaurant sagement montagnard. Cuisine du terroir ; soirées fondue ou tartiflette.

à Morillon Ouest : 4,5 km – 498 h. alt. 687 – Sports d'hiver : 700/2 200 m –ᐸ 5 ⚡ 74 ⚞ – ✉ 74440 .
🛈 *Office de tourisme, Chef Lieu* ℰ 04 50 90 15 76, Fax 04 50 90 11 47, info@ot-morillon.fr.

🏨 **Morillon,** ℰ 04 50 90 10 32, infos@hotelemorillon.com, Fax 04 50 90 70 08, ⪕, 🛁, 🐎 – 🛗 🅿. ⓖⓑ. ❀ rest
15 juin-15 sept. et 21 déc.-12 avril – **Repas** (fermé le midi) 18/25 ♀ – ⍾ 8 – **25 ch** 68 – ½ P 70.
✦ Boiseries sculptées, meubles régionaux et fauteuils au coin du feu illustrent l'esprit "montagne" de ce plaisant chalet. Chambres pour la plupart pourvues de larges balcons. Spécialités des alpages à déguster dans une sympathique ambiance et un cadre ad hoc.

à Salvagny Sud-Est : 9 km par D 907 et D 29 – ✉ 74740 Sixt-Fer-à-Cheval :

🏨 **Petit Tetras** 🐾, ℰ 04 50 34 42 51, ptitetra@club-internet.fr, Fax 04 50 34 12 02, ⪕, 🌃, 🛁, 🐎 – 🅿. ⒶⒺ ⓞ ⓖⓑ. ❀ rest
29 mai-18 sept. et 18 déc.-31 mars – **Repas** (fermé dim. soir et mardi) (dîner seul. en été) 17/25 ♀ – ⍾ 7,50 – **30 ch** 52/56 – ½ P 55/60.
✦ Les sportifs apprécieront cette pension postée au pied des pistes de ski, point de départ de l'étape GR 5 Sixt-Chamonix. Chambres boisées. Patron organisateur de randonnées. Salle à manger en partie lambrissée ou terrasse face à la nature. Soirées savoyardes.

SAMOREAU 77210 S.-et-M. **312** F5 – *2 157 h alt. 55.*

Paris 70 – *Fontainebleau 6* – *Melun 18* – *Montereau-Faut-Yonne 19* – *Nemours 23.*

🍴🍴 **Auberge de la Treille,** 5 r. Grande ℰ 01 64 23 71 22, Fax 01 64 23 71 22, 🌃, 🐎 – ⓖⓑ
fermé 11 au 25 avril, 12 août au 3 sept., 27 fév. au 6 mars, jeudi soir, lundi soir et dim. – **Repas** 24/34.
✦ La façade de cette auberge champêtre est tapissée de vigne vierge. Salle à manger prolongée par un jardin-terrasse et plats traditionnels proposés sous forme de menu-carte.

SAMOUSSY 02 Aisne **306** E5 – *rattaché à Laon.*

SANARY-SUR-MER 83110 Var **340** J7 *G. Côte d'Azur* – 16 995 h alt. 1.

Voir *Chapelle N.-D.-de-Pitié* ≤★.

🛈 *Office de tourisme, Jardins de la Ville* 𝒫 04 94 74 01 04.

Paris 824 ① – *Toulon 13* ② – *Aix-en-Provence 75* ① – *La Ciotat 23* ① – *Marseille 55* ①.

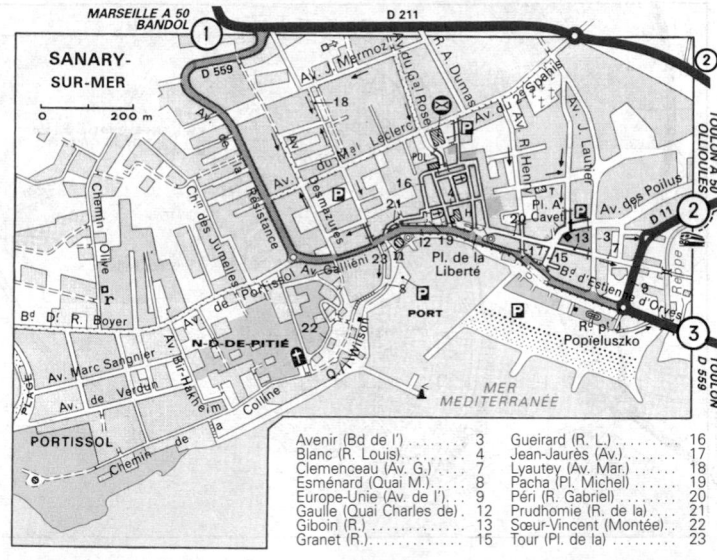

Avenir (Bd de l') 3
Blanc (R. Louis). 4
Clemenceau (Av. G.) 7
Esménard (Quai M.). 8
Europe-Unie (Av. de l') . . 9
Gaulle (Quai Charles de) . 12
Giboin (R.) 13
Granet (R.). 15
Gueirard (R. L.) 16
Jean-Jaurès (Av.) 17
Lyautey (Av. Mar.) 18
Pacha (Pl. Michel) 19
Péri (R. Gabriel) 20
Prudhomie (R. de la) 21
Sœur-Vincent (Montée). . 22
Tour (Pl. de la) 23

🏛 **Tour,** quai Gén. de Gaulle (n) 𝒫 04 94 74 10 10, *La.Tour.Sanary@wanadoo.fr,* Fax 04 94 74 69 49, ≤, 🏠 – 🗏 ch, 📺 ⇔. 🖭 ⓞ 🖽
Repas *(fermé 1ᵉʳ déc. au 10 janv., mardi sauf juil.-août et merc.)* 20 (déj.), 30/45 ♈ – 🕸 7 – **24 ch** 58/106 – ½ P 66/90.

♦ Accolée à une tour de guet datant du 11ᵉ s., construction ancienne dont la plupart des chambres jouissent de la vue sur le port. Salle à manger au cadre contemporain ou terrasse d'où l'on guette l'arrivée des pêcheurs. Sur la table, fruits de mer et poissons.

🏡 **Synaya** 🦢, 92 chemin Olive (r) ⊠ 83110 𝒫 04 94 74 10 50, 🚗 – 🄿. 🖽. 🛇 rest
1ᵉʳ avril-1ᵉʳ nov. – **Repas** (dîner seul.) (résidents seul.) 14 – 🕸 5,80 – **11 ch** 36/42 – ½ P 40/46.

♦ Loin de l'agitation estivale du centre-ville, petit hôtel à l'ambiance familiale, agrémenté d'un jardin où poussent palmiers et citronniers. Chambres très simples.

🍴 **San Lazzaro,** 10 pl. Albert Cavet (t) 𝒫 04 94 88 41 60, Fax 04 94 88 41 60 – 🖭 🖽. 🛇
fermé janv., mardi midi, dim. soir et lundi en hiver – **Repas** (dîner seul. 1ᵉʳ juin au 15 sept. sauf dim.) 28/48.

♦ Situé sur une charmante place de village, un petit restaurant familial bien sympathique avec ses nappes rouges et jaunes et ses menus fleurant bon l'Italie et la Provence.

SANCERRE 18300 Cher **323** M3 *G. Berry Limousin* – 1 799 h alt. 342.

Voir *Esplanade de la porte César* ≤★ – *Carrefour D 923 et D 7* ≤★★ *O : 4 km par D955.*

⛳ *du Sancerrois* 𝒫 02 48 54 11 22, par ② : 6 km par D 9 et D4.

🛈 *Office de tourisme, rue de la croix de bois* 𝒫 02 48 54 08 21, Fax 02 48 78 03 58, *officedetourisme@ville-sancerre.fr.*

Paris 198 ① – *Bourges 46* ③ – *La Charité-sur-Loire 30* ② – *Salbris 69* ③ – *Vierzon 68* ③.

Plan page suivante

🏛 **Panoramic,** rempart des Augustins (a) 𝒫 02 48 54 22 44, *panoramicotel@wanadoo.fr,* Fax 02 48 54 39 55, ≤, 🏠, 🌊 – 📱 ⇔ 📺 📞 – 🛆 50. 🖭 🖽
Tasse d'Argent : 𝒫 02 48 54 01 44 *(fermé janv. et merc. de nov. à mars)* **Repas** 16,50/50 ♈ – 🕸 8 – **57 ch** 78/98 – ½ P 58/68.

♦ Cet établissement bâti à flanc de colline offre un panorama "grand écran" sur le vignoble sancerrois. Chambres spacieuses et bien équipées ; préférez celles avec vue. Au restaurant, la tasse est d'argent, mais la vue vaut de l'or. Cuisine traditionnelle.

SANCERRE

Abreuvoirs (Rempart des) 2
Fangeuse (R.) 3
Marché-aux-Porcs (R. du)...... 5
Nouvelle Place 6
Paix (R. de la)................ 8
Paneterie (R. de la) 9
Pavé-Noir (R. du) 12
Porte-César (R.) 13
Porte-Serrure (R.) 15
Puits-des-Fins (R. du) 16
St-André (R.)................. 18
St-Jean (R.).................. 20
St-Père (R.).................. 22
Trois-Piliers (R. des) 23

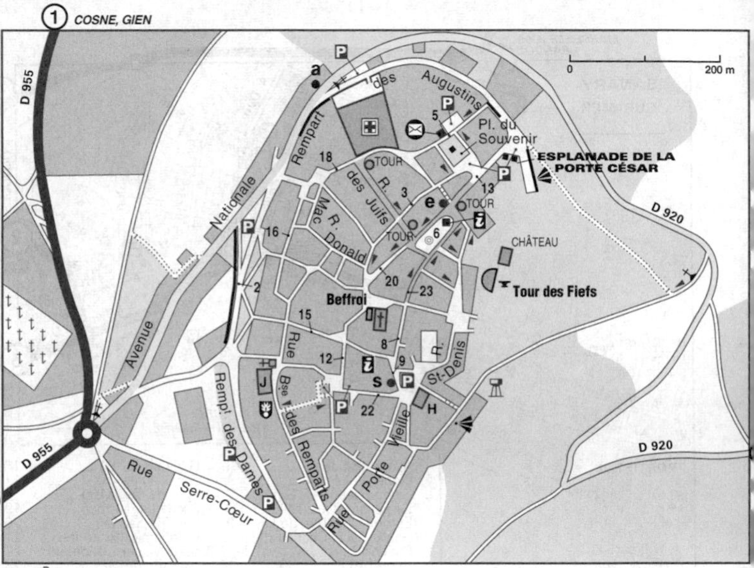

XXX **Tour,** Nouvelle Place **(e)** ✆ 02 48 54 00 81, *info@la-tour-sancerre.fr, Fax 02 48 78 01 54* – AE GB
fermé 19 déc. au 13 janv. – **Repas** *(17,30)* - 20,90/47,90 et carte 39 à 56, enf. 14,80.
◆ Surmonté d'une tour du 14e s., le restaurant dispose de deux salles : élégant cadre rustique ou, à l'étage, décor moderne et vue sur les vignes. Belle carte de sancerres.

X **Pomme d'Or,** pl. Mairie **(s)** ✆ 02 48 54 13 30, *Fax 02 48 54 19 22* – GB
fermé vacances de Toussaint, 25 fév. au 5 mars, mardi soir et merc. – **Repas** (nombre de couverts limité, prévenir) *(15)* - 23/42.
◆ Ce restaurant très prisé est situé à deux pas de la mairie. Une jolie fresque évoquant les collines du Sancerrois égaie la petite salle. Goûteuse cuisine traditionnelle.

à Chavignol *par ① et D 183 : 4 km – ✉ 18300 :*

XX **Côte des Monts Damnés,** ✆ 02 48 54 01 72, *restaurantcmd@wanadoo.fr, Fax 02 48 54 14 24,* – . GB
fermé 22 au 30 juin, fév., mardi soir, dim. soir et merc. – **Repas** (prévenir) 25/44.
◆ Dans la montée du village vinicole, pimpante auberge campagnarde réputée pour sa cuisine régionale et sa riche cave de sancerres. Dégustez-y le fameux crottin de Chavignol !

à St-Thibault *par ① et D 4 : 4 km – ✉ 18300 :*

de la Loire sans rest, 2 quai Loire ✆ 02 48 78 22 22, *hotel_de_la_loire@hotmail.com, Fax 02 48 78 22 29,* ← – TV P. GB
fermé 21 déc. au 7 janv. – 9 – **10 ch** 65/85.
◆ Agréables chambres à thème : "provençale", "africaine"... et "Georges Simenon", puisque l'auteur des Maigrets écrivit deux romans dans cet hôtel des bords de Loire.

SANCY-LÈS-MEAUX *77580 S.-et-M.* 312 *G2 – 306 h alt. 142.*
Paris 55 – Château-Thierry 48 – Coulommiers 14 – Meaux 13 – Melun 50.

Château de Sancy , 1 pl. Église ✆ 01 60 25 77 77, *infos@chateaudesancy.com, Fax 01 60 25 60 55,* , , , – TV P – 20 à 50. AE GB JCB
Repas 32/65, enf. 14 – 12 – **21 ch** 134/216 – ½ P 112/153.
◆ Les nombreux équipements de loisirs proposés sur le domaine de cette gentilhommière du 18e s. invitent à la détente. Chambres douillettes, plus fonctionnelles au pavillon. Salle à manger bourgeoise à l'atmosphère intime pour une cuisine sensible aux saisons.

SAND 67230 B.-Rhin **315** J6 – *1 073 h alt. 159.*

Paris 501 – *Strasbourg 34* – Barr 15 – Erstein 7 – Molsheim 26 – Obernai 16 – Sélestat 22.

🏨 **Hostellerie de la Charrue** ⚭, 🕮 03 88 74 42 66, Fax 03 88 74 12 02 – 🍽 rest, 📺 ⚓ 🅿.
⊖ ✿

fermé 22 déc. au 13 janv. – **Repas** *(fermé 6 au 9 août, 19 déc. au 3 janv., lundi et le midi sauf
dim.)* 20/31, enf. 8 ♀ – 🖵 6 – **24 ch** 52/62 – ½ P 52.

♦ Ancien relais de charretiers aux chambres fraîches et bien équipées ; la majorité d'entre
elles sont décorées dans le style alsacien. Plaisant salon aménagé sous les combles. Boiseries et couleurs chatoyantes composent le chaleureux cadre de la salle à manger.

SANDARVILLE 28120 E.-et-L. **311** E5 – *342 h alt. 171.*

Paris 105 – Brou 23 – Chartres 16 – Châteaudun 36 – Le Mans 109 – Nogent-le-Rotrou 47.

XXX **Auberge de Sandarville,** près Église 🕮 02 37 25 33 18, Fax 02 37 25 35 18, ╤, ╤ –
⊖

fermé 16 au 31 août, 21 janv. au 10 fév., mardi soir en hiver, dim. soir et lundi – **Repas** 23
(déj.), 30/54 et carte 47 à 74, enf. 14 ♀.

♦ Dans une ferme beauceronne de 1850, trois charmantes salles campagnardes avec
poutres, cheminée, tomettes, meubles et bibelots chinés. Jolie terrasse dans le jardin
fleuri.

SANDILLON 45640 Loiret **318** J4 – *3 405 h alt. 101.*

Paris 148 – *Orléans 13* – Châteaudun 65 – Châteauneuf-sur-Loire 16 – Montargis 60.

🏨 **Au Lion d'Or,** 2 r. F. Baubault 🕮 02 38 41 00 22, Fax 02 38 41 07 74 – 📺 ⚓ 🅿, 🆎 ⊖
Repas *(fermé 16 au 22 août et dim. soir)* 20/40 ♀ – 🖵 8 – **17 ch** 44/58 – ½ P 56.

♦ Cette hostellerie familiale bénéficie d'une récente rénovation. Dans les chambres,
moquettes neuves et papiers peints refaits côtoient des meubles anciens. Esprit
rustique préservé dans la plaisante salle à manger, réchauffée l'hiver par une grande
cheminée.

Les principales voies commerçantes figurent en **rouge**
dans la liste des rues des plans de villes.

SANILHAC 07110 Ardèche **331** H6 – *346 h alt. 420.*

Paris 651 – Largentière 9 – Alès 64 – Aubenas 24.

🏨 **Auberge de la Tour de Brison,** à la Chapelette 🕮 04 75 39 29 00, belinc@wanadoo.fr,
Fax 04 75 39 19 56, ⌫, ✻ – ▯ 📺 ⚓ ⅋ 🅿. ⊖
1ᵉʳ nov.-1ᵉʳ avril, et fermé merc. sauf juil.-août – **Repas** (menu unique)(prévenir) 25 ♨ –
🖵 7,50 – **14 ch** 55/66 – ½ P 57/63.

♦ Cette accueillante auberge bâtie à flanc de colline jouit d'une jolie vue sur la vallée et sur
le plateau du Coiron. Chambres actuelles. Chaque jour, le patron s'attèle à une page
d'écriture sur papier kraft pour présenter l'unique menu. Véranda panoramique.

SAN-MARTINO-DI-LOTA 2B H.-Corse **345** F3 – *voir à Corse (Bastia).*

SAN-PEIRE-SUR-MER 83 Var **340** P5 – *rattaché aux Issambres.*

SANTENAY 21590 Côte-d'Or **320** I8 *G. Bourgogne* – *904 h alt. 225* – *Casino.*

🛈 Office de tourisme, Gare SNCF 🕮 03 80 20 63 15, Fax 03 80 20 65 98, office.tourisme.
santenay@wanadoo.fr.

Paris 330 – *Beaune 18* – *Chalon-sur-Saône 25* – Autun 39 – Le Creusot 29 – Dijon 63.

XX **Terroir,** pl. Jet d'Eau 🕮 03 80 20 63 47, Restaurant.le.Terroir@wanadoo.fr,
Fax 03 80 20 66 45 – ⊖
*fermé 9 déc. au 9 janv., merc. soir de nov. à mars, dim. soir et jeudi sauf du 20 juil. au
20 août* – **Repas** 19/38, enf. 9 ♀ ✿.

♦ Maison bourguignonne abritant deux salles aux tons ensoleillés ; la plus petite est
agrémentée d'une copie d'une tapisserie d'Aubusson. Plats du terroir et vins régionaux.

Le SAPPEY-EN-CHARTREUSE 38700 Isère **333** H6 *G. Alpes du Nord* – *942 h alt. 1014* – *Sports
d'hiver au Sappey et au Col de Porte : 1 000/1 700 m ⚡ 11 ⚡.*

Env. *Charmant Som* ✻✻✻ *NO : 9 km puis 1 h.*

🛈 Syndicat d'initiative, Le Bourg 🕮 04 76 88 84 05, Fax 04 76 88 87 16, si.sappey@wana
doo.fr.

Paris 577 – *Grenoble 14* – Chambéry 61 – St-Pierre-de-Chartreuse 14 – Voiron 37.

🏠 **Les Skieurs** ⑤, 𝒫 04 76 88 82 76, hotelskieurs@wanadoo.fr, Fax 04 76 88 85 76, ≤, 🌿, ♨️, 🍴 – ▥ ⌨ ₱ – 🛗 30. ㏂ ㏄. ✸
1ᵉʳ mai-30 oct., 31 déc.-30 mars et fermé dim. soir et lundi – **Repas** 24/38 – ☲ 10 – **18 ch** 60.

• Intérieur chaleureux où le bois s'impose partout, petites chambres pratiques (parfois avec balcon), accueil attentionné et environnement calme. Cet hôtel a tout pour séduire. Charmante salle à manger lambrissée ; belle terrasse. Goûteuse cuisine régionale.

✕✕ **Pudding,** Pl. Eglise 𝒫 04 76 88 80 26, Fax 04 76 88 84 66, 🌿 – ㏂ ㏄. ✸
fermé 3 au 28 sept., 2 au 12 janv., dim. soir, mardi midi et lundi – **Repas** 25/48, enf. 12 ☲.
• Copieuse cuisine traditionnelle servie dans une salle à manger campagnarde ou, dès l'arrivée des beaux jours, sur l'agréable terrasse abritée et fleurie.

SARCEY *69490 Rhône* ㉗ *G4 – 784 h alt. 380.*
Paris 452 – Lyon 32 – Roanne 51 – Tarare 12 – Villefranche-sur-Saône 22.

🏨 **Chatard** ⑤, 𝒫 04 74 26 85 85, le-chatard@wanadoo.fr, Fax 04 74 26 89 99, 🍴, ✕ – 📶 ✥ ▥ 📞 ⅃ ₱ – 🛗 40. ㏂ ㏄
fermé 2 au 18 janv. – **Repas** *(fermé lundi et mardi du 1ᵉʳ oct. au 31 mai, dim. soir et soirs fériés)* 20/39, enf. 10 ☲ – ☲ 7,50 – **30 ch** 45/59 – ½ P 48.
• Au pied des monts de Tarare, deux bâtiments séparés par la route : l'un, moderne, abrite des chambres pratiques ; l'autre héberge restaurant et salon (cheminée, billard). Salle à manger campagnarde garnie de meubles de famille patinés ; plats traditionnels.

Si le coût de la vie subit des variations importantes,
les prix que nous indiquons peuvent être majorés.
Lors de votre réservation à l'hôtel, faites-vous préciser le prix définitif.

SARE *64310 Pyr.-Atl.* ㉞ *C5 G. Aquitaine – 2 184 h alt. 70.*
🛈 *Office de tourisme 𝒫 05 59 54 20 14, Fax 05 59 54 29 15, otsi.sare@wanadoo.fr.*
Paris 794 – Biarritz 26 – Cambo-les-Bains 19 – Pau 138 – St-Jean-de-Luz 14.

🏨 **Arraya,** 𝒫 05 59 54 20 46, hotel@arraya.com, Fax 05 59 54 27 04, 🌿, ✕ – ▥ ₱. ㏂ ㏄. ✸ ch
26 mars-2 nov. – **Repas** *(fermé dim. soir et lundi midi sauf du 2 juil. au 15 sept.)* 21/31 ☲ – ☲ 9 – **23 ch** 69/120 – ½ P 68/95.
• Sur la place du village, ancien relais de Compostelle à l'architecture typique du pays. Bel intérieur champêtre et coquettes chambres basques. Le décor régional du restaurant a du caractère ; terrasse ombragée, plats du terroir et boutique de produits locaux.

🏠 **Pikassaria** ⑤, au Sud par VO : 2km 𝒫 05 59 54 21 51, Fax 05 59 54 27 40, 🌿, ✕ – 🍴 rest, ▥ 🕭 ₱. ㏄. ✸ rest
3 avril-11 nov., et fermé merc. sauf de juil. à sept. – **Repas** *(fermé le midi sauf dim. et fériés)* 20/27, enf. 9 – ☲ 6,50 – **18 ch** 42/46 – ½ P 46.
• Deux bâtisses de conception locale dans un plaisant environnement champêtre, au pied du col de Saint-Ignace. Chambres au confort variable, certaines avec vue sur la Rhune. La table du Pikassaria défend hardiment les couleurs de la cuisine euzkadienne.

🏠 **Baratxartea** (annexe 🏠 8 ch), quartier Ihalar, à l'Est : 2 km 𝒫 05 59 54 20 48, contact@hotel-baratxartea.com, Fax 05 59 47 50 84, ≤, 🌿 – ▥ 🕭 ₱. ㏄. ✸ rest
fermé mi-déc. à mi-mars – **Repas** *(fermé dim. soir et lundi)* 14,50/20,50 ☲ – ☲ 6 – **22 ch** 40,70/51,50 – ½ P 40,40/48.
• À l'écart du bourg, maison familiale dont le nom basque signifie "entre les jardins". Les chambres de l'annexe, rénovées, sont fraîches et spacieuses. Restaurant au cadre campagnard agrandi d'une lumineuse véranda (espace non-fumeurs) ; cuisine régionale.

✕ **Lastiry,** 𝒫 05 59 54 20 07, Fax 05 59 47 50 82, 🌿 – ㏄
fermé 5 au 13 juil., 20 au 27 sept., 2 au 9 nov., janv., lundi sauf le midi en juil.-août et mardi – **Repas** 17/28 ☲.
• Les hôtes de cette auberge sont conquis par son cachet (poutres apparentes, meubles anciens, nappes basques, petite terrasse ombragée) et par sa généreuse cuisine du terroir.

SARLAT-LA-CANÉDA ◈ *24200 Dordogne* ㉝ *I6 G. Périgord Quercy – 9 707 h alt. 145.*
Voir *Vieux Sarlat*★★★ : *place du marché aux trois Oies*★ Y *, hôtel Plamon*★ Y *, hôtel de Maleville*★ Y *– Maison de La Boétie*★ Z *– Quartier Ouest*★.
Env. *Décor*★ *et mobilier*★ *du château de Puymartin NO : 7 km par* ④.
🏌 *du Domaine de Rochebois 𝒫 05 53 31 52 52, par* ② *: 8 km.*
🛈 *Office de tourisme, rue Tourny 𝒫 05 53 31 45 45, Fax 05 53 59 19 44, info@ot-sarlat-perigord.fr.*
Paris 526 ① *– Brive-la-Gaillarde 52* ① *– Bergerac 74* ② *– Cahors 60* ② *– Périgueux 77* ①.

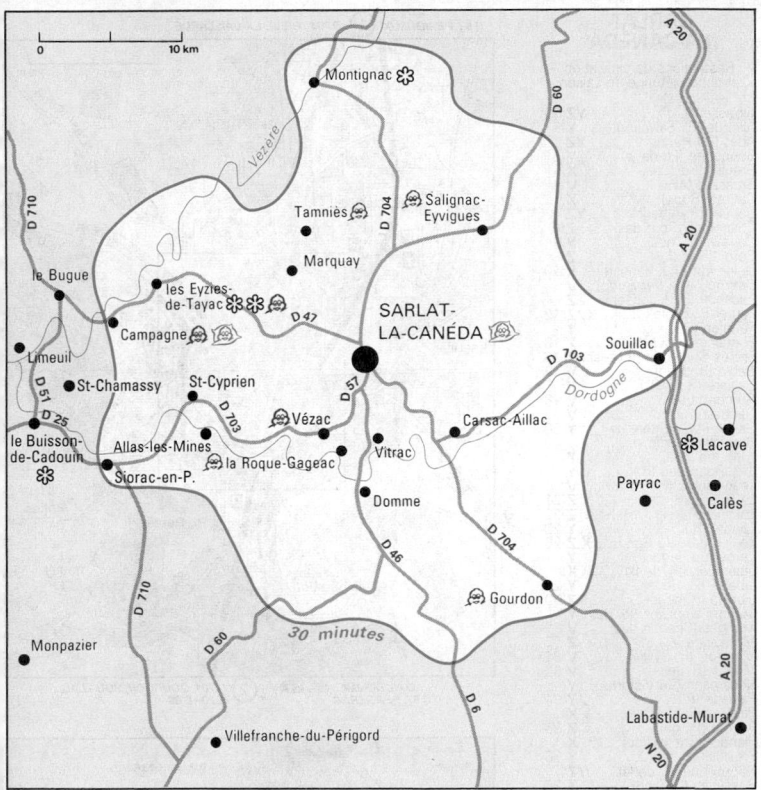

1557

SARLAT-LA-CANÉDA

Restrictions de circulation
et zone piétonne en saison

Albusse (R. d') .... **YZ** 2
Allende (Pl. Salvador)..... **Y** 3
Arlet (Bd Henri) .... **YZ**
Bouquerie (Pl. de la) ..... **Y**
Breuil (R. du)............ **X**
Brossard (Av.) .... **V** 4
Cahors (R. de)........... **X**
Cahuet (R. Alberic) ...... **YZ**
Chanoines (Cour des) .... **Z** 6
Consuls (R. des) .... **Y** 7
Cordil (R. du) .... **Z** 8
Delpeyrat (R.J.-Baptiste).. **X** 10
Desmouret (Chemin de) .. **V**
Escande (R. J.-Joseph) ... **Z**
Faure (R. Emile) ..... **X, Z** 12
Fénelon (R.)............. **Y**
Fontaines (Cour des) ..... **Z** 13
Frères Chambon (R. des) . **Z** 16
Gabin (R. Jean)......... **V** 17
Gallière (R.)............. **X**
Gambetta (Av.) .... **V** 18
Gaubert (R.) .... **V**
Gaulle (Av. du gén. de) ... **Y** 20
Grande-Rigaudie
   (Pl. de la) .... **Z**
J.-J.-Rousseau (R.) ...... **Y**
Jean-Jaurès (R.) .... **V**
La Boétie (R. de) .... **Z** 21
Lakanal (R.) .... **Z** 22
Landry (R.).............. **Y** 25
Leclerc (Av. du Gen.).... **X,Z** 26
Leroy (Bd Eugène)....... **Y**
Libération (Pl. de la)...... **X**
Liberté (Pl. de la) .... **Y** 27
Liberté (R. de la) .... **YZ** 30
Marché aux Oies (Pl. du) **Y**
Monges (Chemin des) ... **Z**
Montaigne (R.) .... **Z**
Montfort (R. Sylvia) ..... **V** 31
Moulin (R. Jean)........ **V** 32
Nessmann (Bd Victor) ... **Y**
Papucie (R.)............. **Y** 34
Pasteur (Pl.)............. **X**
Peyrou (Pl. du) .... **Z** 35
Plantier (Chemin du) ..... **X**
Présidial (R. du) .... **Y** 36
République (R. de la) .... **YZ**
Rossignol (R. Pierre) .... **X** 38
Rousset (R.)............. **Y** 39
Salamandre (R. de la) ... **Y** 40
Ségogne (Pass. Henri de) . **Z** 42
Selves (Av. de) .... **V** 43
Siège (R. du) .... **Z**
Thiers (Av.) .... **X**
Tourny (R.) .... **Z** 44
Trappe (R. de la) .... **X** 46
Trois-Conils (R. des) .... **Z** 47
Troubadour Cayrels
   (R. du)............... **V** 48
Tunnel (R. du) .... **X** 50
Turenne (R. de) .... **Z** 51
Victor-Hugo (R.) .... **Y** 52
Voltaire (Bd)........... **X,Z**
8 Mai 1945 (Square du) .. **Y**
11 Novembre (Pl. du) .... **Y**
14 Juillet (Pl. du) ....
19 Mars 1962 (Pl. du).... **V** 54
26 Juin 1944 (R. du) ..... **V** 55

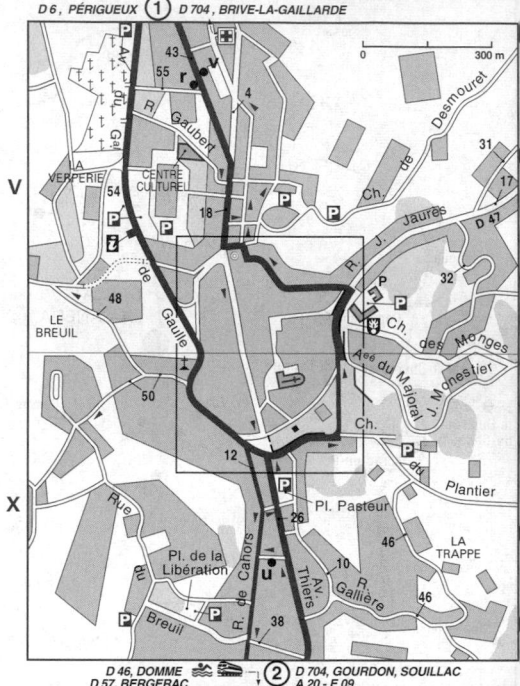

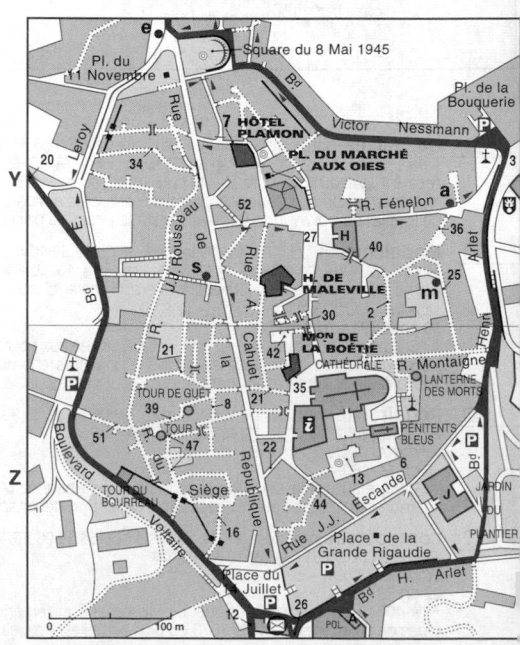

🏠 **Mas del Pechs** ॐ sans rest, à l'Est, par chemin des Monges -**VX**- : 1,5 km
⌀ 05 53 31 12 11, *hotel.masdelpechs@wanadoo.fr*, Fax 05 53 31 16 99, 🏊, 🎋 – 🔊 📺 📶
ᕁ 🅿. 🈁. 🛠
1er mars-15 nov. – ☲ 6 – **18 ch** 48/63.
♦ Dans un quartier résidentiel situé sur les hauteurs de Sarlat, bâtiment de style motel : les chambres, fonctionnelles et fraîches, sont toutes de plain-pied avec le jardin.

🍴🍴 **Quatre Saisons**, 2 Côte de Toulouse ⌀ 05 53 29 48 59, Fax 05 53 59 59 53 74, 🎋, 🅰 ⓐ
🈁 🃏   Y s
fermé 7 au 18 mars, jeudi midi et merc. hors saison – **Repas** 26/39.
♦ Ce sympathique petit restaurant se trouve à deux pas du bel hôtel de Maleville (16e s.). Intérieur contemporain aux tons gris et orangé, terrasses ; cuisine du terroir.

🍴🍴 **Présidial**, 6 r. Landry ⌀ 05 53 28 92 47, Fax 05 53 59 43 84, 🎋, 🅰 – 🈁   Y m
15 mars-15 nov. et fermé lundi midi et dim. – **Repas** 19 (déj.), 25/38.
♦ Demeure historique de caractère (jadis présidial de Sarlat), ce restaurant est composé de deux salons au décor bourgeois et d'une terrasse ombragée à l'écart du bruit.

🍴 **Rossignol**, 15 r. Fénelon ⌀ 05 53 31 02 30, Fax 05 53 31 02 30 – 🈁   Y a
🍽 *fermé jeudi* – **Repas** 15/48,50, enf. 10 🍷.
♦ La salle à manger, bien que rénovée, conserve un petit air rustique avec son mobilier en bois et ses cuivres accrochés aux murs. Cuisine familiale et régionale.

par ②, *rte de Gourdon puis rte de la Canéda et rte secondaire : 5 km –* ⊠ *24200 Sarlat-la-Canéda :*

🏠🏠 **Hoirie** ॐ, r. M. Cerdan ⌀ 05 53 59 05 62, *lahoirie@club-internet.fr*, Fax 05 53 31 13 90,
🎋, 🏊, 🅰 – ⊜ ch, 📺 📶 🅿. 🈁
15 mars-15 nov. – **Repas** (*1er avril-31 oct. et fermé mardi*) (dîner seul.) 22/45 🍷 – ☲ 10,70 –
19 ch 60/110 – ½ P 67/90.
♦ Élégant pavillon de chasse (13e s.) du Périgord noir, niché dans un beau parc arboré. Meubles anciens dans les chambres. Murs de pierre, poutres apparentes et grande cheminée font le cachet du restaurant. On y sert une appétissante cuisine du pays.

🏠 **Mas de Castel** ॐ sans rest, ⌀ 05 53 59 02 59, *castalian@wanadoo.fr*,
🖼 Fax 05 53 28 25 62, 🏊, 🅰 – 📺 ᕁ 🅿. 🈁
4 avril-14 nov. – ☲ 6,50 – **13 ch** 53/71.
♦ À la campagne, ex-corps de ferme aménagé en sympathique hostellerie. Chambres au cadre rustique (six en rez-de-jardin). Le réveil ? Avec le chant du coq ! Le bonheur, quoi...

par ②, *rte de Bergerac et rte secondaire : 3 km –* ⊠ *24200 Sarlat-la-Canéda :*

🏠🏠🏠 **Relais de Moussidière** ॐ sans rest, ⌀ 05 53 28 28 74, *contact@moussidiere.com*,
Fax 05 53 28 25 11, ≤, 🏊, 🦯 – 🕌 📺 🈁 ᕁ 🅿. 🈁 🈁
Pâques-1er nov. – ☲ 10 – **35 ch** 85/140.
♦ Jouxtant une chartreuse, maison de caractère bâtie à flanc de rocher et dotée d'un parc avec étang. Chambres méditerranéennes ou classiques. Terrasses en gradins.

par ①, *rte des Eyzies et rte secondaire : 3 km :* ⊠ *24200 Sarlat-la-Canéda :*

🏠🏠 **Hostellerie Meysset** ॐ, ⌀ 05 53 59 08 29, Fax 05 53 28 47 61, ≤, 🎋, 🦯 – 📺 🅿. 🈁
ⓐ 🈁
18 avril-30 oct. et fermé merc. midi et lundi midi – **Repas** 20/45 🍷 – ☲ 10 – **24 ch** 56/80 –
½ P 62,50/69,50.
♦ Sur les hauteurs, construction périgourdine offrant une jolie vue sur la vallée. Chambres au calme, campagnardes et dotées de terrasses privées au rez-de-chaussée. Salle à manger de caractère et, pour les beaux jours, terrasse panoramique. Cuisine du Périgord.

SARLIAC-SUR-L'ISLE 24420 Dordogne 📖📖📖 G4 – 885 h alt. 102.
Paris 473 – Brive-la-Gaillarde 65 – Limoges 86 – Périgueux 15.

♦ **Chabrol**, ⌀ 05 53 07 83 39, Fax 05 53 07 86 53, 🎋 – 🈁. 🛠
🍽 *fermé 7 sept. au 5 oct., dim. sauf le midi du 12 avril au 30 nov. et lundi* – **Repas** 12/40,
enf. 7,70 🍷 – ☲ 4,60 – **10 ch** 23/30,50.
♦ Modeste auberge familiale composée de deux bâtiments anciens. Chambres simples d'une tenue méticuleuse ; préférez celles de l'annexe, rajeunies. Bar à l'ambiance toute locale. Plats régionaux mitonnés par la patronne et servis dans une salle rustique refaite.

SARPOIL 63 P.-de-D. 📖📖📖 H10 – *rattaché à Issoire.*

Dans ce guide
un même symbole, un même mot,
imprimé en **rouge** *ou en* noir, *en maigre ou en* **gras**,
n'ont pas tout à fait la même signification.
Lisez attentivement les pages explicatives.

SARRAS 07370 Ardèche **331** K2 – 1 829 h alt. 133.

Voir *De la D 506 coup d'oeil★★ sur le défilé de St-Vallier★* S : 5 km, G. Vallée du Rhône.

Paris 527 – *Valence 36* – Annonay 20 – Lyon 72 – St-Étienne 60 – Tournon-sur-Rhône 18.

✗✗ **Vivarais** avec ch, ℘ 04 75 23 01 88, le vivarais@free.fr, Fax 04 75 23 49 73, ☎ – 📺 ✆ 🅿.
🗚 🖼

fermé 4 au 20 août, 25 fév. au 12 mars, dim. soir, lundi soir, mardi et soirs fériés – **Repas**
16/50 ✷ – ☷ 6 – **7 ch** 43/49.

◆ Cette hostellerie traditionnelle abrite une salle à manger au confort bourgeois et des
chambres récemment refaites, pratiques pour une étape sur la route du soleil.

✗ **Commerce,** av. du Vivarais ℘ 04 75 23 03 88, Fax 04 75 23 30 38 – 🖼
🖼 *fermé 8 au 16 août, 19 déc. au 2 janv., lundi et le soir sauf vend. et sam.* – **Repas** 11 (déj.),
13/28, enf. 7 ✷.

◆ Nappes à carreaux tricolores, plats traditionnels, service sans façon : ce petit restaurant
situé au centre du village est tenu par la même famille depuis près de 100 ans.

*Michelin n'accroche pas de panonceau aux hôtels et restaurants
qu'il signale.*

SARREBOURG ◁◈▷ 57400 Moselle **307** N6 G. Alsace Lorraine – 13 330 h alt. 282.

Voir *Vitrail★ dans la chapelle des Cordeliers* B.

🏌 du Pays de Sarrebourg ℘ 03 87 23 01 02, par ④ : 2 km.

🄱 *Office de tourisme, place des Cordeliers ℘ 03 87 03 11 82, Fax 03 87 07 13 93,
tourismesarrebourg@wanadoo.fr.*

Paris 426 ④ – *Strasbourg 73* ② – Épinal 86 ④ – Lunéville 59 ④ – Metz 95 ④ – St-Dié 72 ④.

SARREBOURG

Erckmann-Chatrian (R.)	7
Fayolle (Av. Gén.)	8
Foch (R. Mar.)	10
France (Av. de)	12
Gare (R. de la)	13
Grand'Rue	
Jardins (R. des)	15
Jean-XXIII (Quai)	16
Lebrun (Quai)	18
Marché (Pl. du)	19
Napoléon (R.)	20
Poincaré (Av.)	21
Président-Schuman (R.)	22
St-Pierre (R.)	24

Berrichons et Nivernais
(R. des) 2
Bossuet (R.) 3
Cordeliers (Pl. des) 5

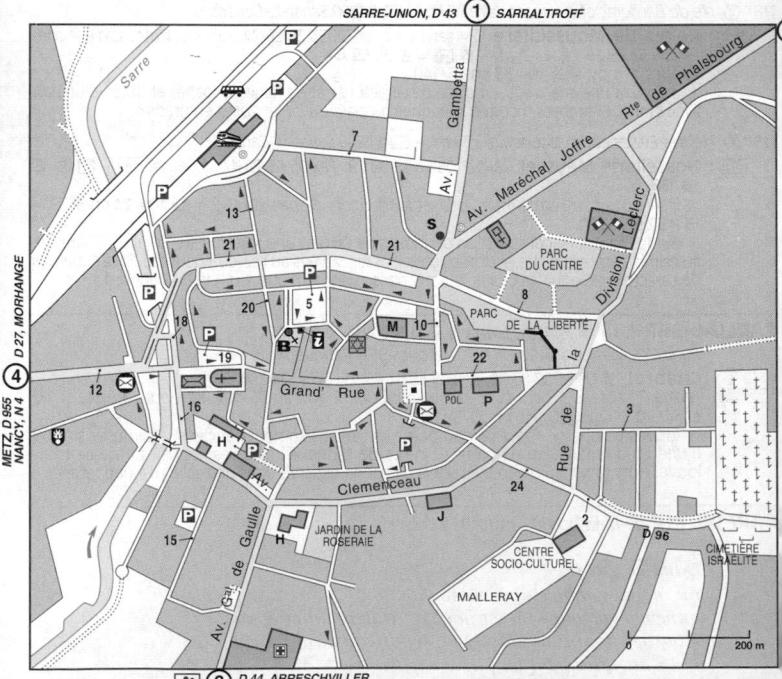

SARRE-UNION, D 43 ① SARRALTROFF

Les Cèdres 🍴, Zone de loisirs par ③ *et chemin d'Imling : 3 km* 🏠 03 87 03 55 55, *info@h
otel-lescedres.fr*, Fax 03 87 03 66 33, 🌳 – ⫴ 🔌 📺 📞 🔧 Ⓟ – 🎏 15 à 60. 🖭 ⍟
fermé 22 déc. au 4 janv. – **Repas** *(fermé sam. midi et dim. soir)* 10,70/34,10 ♀ – � 6,60 –
44 ch 53,50/85 – ½ P 38,90.
* Étape tranquille au coeur d'une zone de loisirs, près d'une forêt et d'un étang, dans cet
hôtel récent aux chambres claires et fonctionnelles. Salle à manger moderne et spacieuse,
largement ouverte sur la nature environnante et servant une cuisine classique.

Mathis, 7 r. Gambetta (s) 🏠 03 87 03 21 67, Fax 03 87 23 00 64 – 🖳. ⍟. ⍟
fermé 12 au 23 juil., 30 août au 5 sept., 2 au 14 janv., dim. soir, mardi soir et lundi – **Repas**
29,50/63 et carte 45 à 75 ♀.
* Décor de table soigné, comme il se doit au pays du cristal et de la faïence, accueil
chaleureux et plaisirs d'une assiette inventive : un restaurant aux multiples atouts.
Spéc. Dos de bar de ligne rôti. Canon d'agneau en tapenade, rôti rosé. Grillade de foie gras
de mulard. **Vins** Gewürztraminer, Muscat.

SARREGUEMINES 🔹 57200 Moselle **307** N4 G. Alsace Lorraine – 23 202 h alt. 210.
Voir *Musée : jardin d'hiver*★★, *collection de céramiques*★ BZ M.
Env. *Parc archéologique européen de Bliesbruck-Reinheim : thermes*★, 9,5 km par ①.
🏌 de Sarreguemines 🏠 03 87 27 22 60, par ③ : 3 km.
🅱 *Office de tourisme, 11 rue du Maire Massing* 🏠 03 87 98 80 81, Fax 03 87 98 25 77,
otsgs@wanadoo.fr.
Paris 396 ③ – *Strasbourg 106* ② – *Metz 70* ② – *Nancy 96* ② – *Saarbrücken 18* ③.

Plan page suivante

Amadeus sans rest, 7 av. Gare 🏠 03 87 98 55 46, *amadeushotel@aol.com*,
Fax 03 87 98 66 92 – ⫴ 📺 📞 🔧. 🖭 ⓞ ⍟   BZ   r
fermé 20 déc. au 3 janv. – ⊠ 6,10 – **39** ch 45/57.
* Cure de jouvence réussie pour cet immeuble des années 1930 situé à côté de la gare.
Chambres de tailles diverses, repensées dans un esprit contemporain coloré.

Union, 28 r. Geiger 🏠 03 87 95 28 42, *hotelunion@free.fr*, Fax 03 87 98 25 21 – 🖳 rest, 📺
Ⓟ. 🖭 ⓞ ⍟   BY   a
Repas *(fermé 15 au 31 août, 23 déc. au 1er janv.)* 12,30/28, enf. 6,50 ♀ – ⊠ 6 –
28 ch 44/60 – ½ P 36,50/41.
* Union : un nom précurseur dans cette ville frontalière. Chambres fonctionnelles ; cer-
taines sont équipées de meubles conçus par un ébéniste alsacien. Boiseries et faïences - de
Sarreguemines - décorent la salle de restaurant. Cuisine traditionnelle.

Auberge St-Walfrid (Schneider) avec ch, par ③ *et rte Grosbliederstroff : 2 km*
🏠 03 87 98 43 75, *stwalfrid@free.fr*, Fax 03 87 95 76 75, 🌳, 🌿 – ⫴ 📺 📞 🔧 Ⓟ – 🎏 22. 🖭
⍟. ⍟ ch
fermé 25 juil. au 1er août et 2 au 9 janv. – **Repas** *(fermé 25 juil. au 8 août, 2 au 17 janv., lundi
midi, sam. midi et dim.)* 20/65 et carte 55 à 85 ♀ – ⊠ 12 – **11** ch 92/153 – ½ P 78/154.
* Belle maison en pierre où, depuis cinq générations, la même famille cultive
l'art de recevoir. Le décor associe plaisamment rustique et contemporain. Chambres
soignées.
Spéc. Escalope de foie gras de canard aux épices et vin de noix. Filet de sandre façon potée
lorraine. Gibier (saison). **Vins** Côtes de Toul blanc et gris.

Auberge Le Vieux Moulin (Breininger), 135 r. France par ③ : 1,5 km 🏠 03 87 98 22 59,
Fax 03 87 28 12 63 – Ⓟ. ⍟
fermé 17 juil. au 6 août, 16 au 31 janv. et jeudi – **Repas** 31/67 et carte 56 à 72.
* Discrète auberge abritant une salle de restaurant spacieuse et cossue, habillée de
boiseries et de poutres. Cuisine classique actualisée et belle sélection de vins.
Spéc. Effeuillé de foie gras et artichauts aux kumquats. Saint-Jacques au bouillon de céleri
(oct. à fév.). Pigeonneau rôti, jus à l'ail doux et thym vert. **Vins** Pinot blanc, Riesling

Casino des Sommeliers, 4 r. Col. Cazal 🏠 03 87 02 90 41, Fax 03 87 02 90 28, 🌳 – Ⓟ.
⍟   BZ   n
fermé 1er au 15 août, 25 déc. au 1er janv., dim. et lundi – **Repas** 14 ♀.
* Dans une ancienne dépendance des faïenceries, trois intimes petites salles agrémentées
de jolies fresques colorées. Plats de type bistrot. Agréable terrasse.

rte de Bitche *par* ① *: 11 km sur N 62* – ⊠ 57200 Sarreguemines :

Pascal Dimofski, 🏠 03 87 02 38 21, *pascal.dimofski@wanadoo.fr*, Fax 03 87 02 21 36,
🌳, 🌿 – Ⓟ. 🖭 ⍟
fermé 2 au 26 août, 14 fév. au 3 mars, lundi et mardi – **Repas** 20/64, enf. 13 ♀ 🍸.
* À l'orée d'un bois, auberge campagnarde où poutres, cheminée et fauteuils design
en cuir composent un décor original. Cuisine personnalisée et carte des vins bien
balancée.

SARREGUEMINES

Chamborand
(R. Du Marquis de).... **BZ** 2
Chapelle (R. de la) ...... **BZ** 3
Cremer
(R. des Généraux).... **ABZ** 6

Faïenceries (Bd des) .... **BZ** 7
France (R. de) .... **AZ** 8
Gare (Av. de la) .... **BZ** 12
Louvain (Chée de) .... **BYZ** 15
Marché (Pl. du) .... **AZ** 17
Nationale (R.) .... **ABZ** 20
Or (R. de l') .... **AZ** 22

Paix (R. de la) .... **AY** 23
Pasteur (R. L.) .... **BZ** 24
St-Nicolas (R.) .... **AZ** 26
Ste-Croix (R.)............. **BZ** 27
Sibille (Pl. du Gén.). ...... **BZ** 28
Utzschneider (R.) .... **BZ** 30
Verdun (R. de)............ **AZ** 33

Le Guide change, changez de guide tous les ans.

SARRE-UNION 67260 B.-Rhin **315** G3 – 3 356 h alt. 240.

Paris 407 – Strasbourg 83 – Metz 81 – Nancy 84 – St-Avold 37 – Sarreguemines 24.

rte de Strasbourg Sud-Est : 10 km par N 61 – ⊠ 67260 Burbach :

XXX **Windhof,** ℰ 03 88 01 72 35, Fax 03 88 01 72 71, 🏡 – 🄿. 🅶🅱

fermé 2 au 23 août, 3 au 17 janv., dim. soir, mardi soir et lundi – **Repas** 12 (déj.), 16/60 et carte 40 à 64 🏵.

♦ Cette maison située à la campagne abrite deux salles à manger : décoration cossue agrémentée de boiseries, ou cadre plus simple de type brasserie. Une seule carte, classique.

SARS-POTERIES 59216 Nord **302** M6 G. Picardie Flandres Artois – 1 541 h alt. 181.

Voir Musée du Verre★.

🔾 Office de tourisme, 20 rue du Gal de Gaulle ℘ 03 27 59 35 49, Fax 03 27 59 36 23, sars-poteries@wanadoo.fr.

Paris 258 – St-Quentin 77 – Avesnes-sur-Helpe 12 – Charleroi 46 – Lille 107 – Maubeuge 15.

🏠 **Marquais** ⅗ sans rest, ℘ 03 27 61 62 72, hoteldumarquais@aol.com, Fax 03 27 57 47 35, 🦢, 🕭 – **P**. ⅭⒷ
🖙 7 – **11** ch 44/48.
◆ Vieille ferme restaurée où briques peintes et mobilier ancien donnent du cachet aux chambres. Table d'hôte pour le petit-déjeuner, également servi en terrasse aux beaux jours.

XXX **Auberge Fleurie** (Lequy) ⅗ avec ch, ℘ 03 27 61 62 48, fauberge@wanadoo.fr, Fax 03 27 61 56 66, 🦢, 🕭 – 🕾 ❤ 🕭 **P**. ⒶⒺ ⓞ ⒼⒷ
fermé 20 au 30 août, 8 au 25 janv., lundi (sauf hôtel) et dim. soir – **Repas** 23,50/54 et carte 43 à 63 ⅋ – 🖙 8 – **8** ch 60/90 – ½ P 62,50/95.
◆ Les mets classiques concoctés par le chef se savourent ici dans une coquette salle de restaurant campagnarde. Chambres aux tons chatoyants, spacieuses et personnalisées.
Spéc. Sabayon de châtaignes au foie gras chaud (automne). Ragoût de homard à l'estragon. Gibier (oct. à janv.).

SARTÈNE 2A Corse-du-Sud **345** C10 – voir à Corse.

SARZEAU 56370 Morbihan **308** O9 G. Bretagne – 6 143 h alt. 30.

Voir Ruines★ du château de Suscinio SE : 3,5 km – Presqu'île de Rhuys★.

🏌 de Rhuys à St-Gildas-de-Rhuys ℘ 02 97 45 30 09, O par D 780 : 7 km.

🔾 Office de tourisme, rue Gal de Gaulle ℘ 02 97 41 82 37, Fax 02 97 41 74 95, office.de.tourisme.sarzeau@wanadoo.fr.

Paris 478 – Vannes 23 – Nantes 111 – Redon 62.

à St-Colombier Nord-Est : 4 km par D 780 – ⊠ 56370 Sarzeau :

XX **Tournepierre**, ℘ 02 97 26 42 19, Fax 02 97 43 91 70 – ⒶⒺ ⒼⒷ
fermé 3 au 30 nov., dim. soir et mardi midi sauf juil.-août et lundi – **Repas** 17 (déj.), 25/55.
◆ Cette maison bretonne en pierres de taille a emprunté son nom à l'un des échassiers qui peuplent la réserve ornithologique voisine. Décor rustique. Produits de la mer.

à Penvins Sud-Est : 7 km par D 198 – ⊠ 56370 Sarzeau :

🏠 **Mur du Roy** ⅗, ℘ 02 97 67 34 08, contact@lemurduroy.com, Fax 02 97 67 36 23, ≤, 🦢, 🕭 – 🕾 ❤ **P**. ⒶⒺ ⒼⒷ
fermé janv., mardi soir, jeudi midi et merc. d'oct. à avril sauf vacances scolaires – **Repas** 31/60 ⅋ – 🖙 10 – **10** ch 57/76 – ½ P 63,50/73.
◆ Cet hôtel familial de la presqu'île de Rhuys est le point de départ idéal pour une balade sur le sentier côtier. Chambres rénovées, certaines avec vue sur l'océan. Salle à manger colorée, prolongée de deux sobres vérandas ouvrant sur le large. Cuisine iodée.

XX **L'Hortensia**, La Grée Penvins ℘ 02 97 67 42 15, Fax 02 97 67 42 16 – **P**. ⒼⒷ
fermé 14 au 31 mars, 21 nov. au 11 déc., lundi et mardi sauf août – **Repas** 19 (déj.), 27/65.
◆ Bâtisse en pierre proche de la pointe de Penvins. Salles à manger campagnardes égayées de tons bleus et de tissus imprimés d'hortensias. Tables espacées et fleuries.

SASSENAY 71 S.-et-L. **320** J9 – rattaché à Chalon-sur-Saône.

SASSETOT-LE-MAUCONDUIT 76540 S.-Mar. **304** D3 – 957 h alt. 89.

🔾 Syndicat d'initiative, ℘ 02 35 27 07 20, Fax 02 35 27 07 20.

Paris 198 – Le Havre 55 – Bolbec 29 – Fécamp 16 – Rouen 65 – Yvetot 30.

XX **Relais des Dalles** avec ch, près château ℘ 02 35 27 41 83, le-relais-des-dalles@wanadoo.fr, Fax 02 35 27 13 91, 🦢, 🕭 – **P**. ⒶⒺ ⒼⒷ
fermé 30 août au 4 sept.,13 déc. au 8 janv., lundi et mardi sauf juil. et août – **Repas** (dim. prévenir) 19 (déj.), 26/50, enf. 8 ⅋ – 🖙 9 – **4** ch 75/120 – ½ P 72/92.
◆ Accueillante auberge proche du château. Coquet intérieur de style normand : poutres, cheminée, tables espacées et confortables fauteuils. Verdoyante terrasse. Chambres "cosy".

Écrivez-nous...
Vos louanges comme vos critiques seront examinées avec le plus grand soin.
Nous reverrons sur place les informations que vous nous signalez.
Par avance merci !

SAUBUSSE *40180 Landes* 335 *D13 – 742 h alt. 10 – Stat. therm. (début mars-fin nov.).*
   🛈 *Syndicat d'initiative, rue Vieille* ℘ *05 58 57 76 68, Fax 05 58 57 47 15.*
   Paris 736 – Biarritz 50 – Bayonne 43 – Dax 19 – Mont-de-Marsan 72.

※※ **Villa Stings** (Gabarrus), ℘ *05 58 57 70 18, Fax 05 58 57 71 86,* ≼ – ▤. AE GB
❀   *fermé 14 au 21 juin, fév., dim. soir sauf 18 juil. au 12 sept., sam. midi et lundi* – **Repas** 30/70.
   ♦ Grande demeure en pierre du 19ᵉ s. au bord de l'Adour. Élégante salle à manger
   entièrement redécorée (colonnes en marbre, tentures rouge, etc.) et cuisine au goût du
   jour.
   Spéc. Croustillant de pieds de porc et effeuillée de morue (printemps). Ventrêche de thon
   grillée au poivre de Séchuan (été). Steak de mulard poêlé aux épices d'Orient. **Vins** Jurançon, Madiran.

SAUGUES *43170 H.-Loire* 331 *D4 G. Auvergne – 2 013 h alt. 960.*
   🛈 *Office de tourisme, cours Dr Gervais* ℘ *04 71 77 71 38, Fax 04 71 77 71 38,*
   ot.saugues@haut-allier.com.
   Paris 529 – Brioude 51 – Mende 72 – Le Puy-en-Velay 43 – St-Flour 52.

🏠 **Terrasse,** cours Docteur Gervais ℘ *04 71 77 83 10, laterrasse-saugues@wanadoo.fr,*
🔖   *Fax 04 71 77 63 79* – ▤ rest, 📺 ✆ ⇔. AE GB
   fermé déc., janv., dim. soir et lundi hors saison – **Repas** 20/50 ⅀ – ⇌ 7 – **9** ch 55 – ½ P 50.
   ♦ Au centre du village dominé par la tour des Anglais, ancienne maison de notaire tenue
   par la même famille depuis 1795. Fraîches chambres rénovées. Restaurant au cadre rustique agrémenté d'une cheminée et d'une mise en place soignée. Cuisine traditionnelle.

Les pages explicatives de l'introduction
vous aideront à mieux profiter de votre **Guide Michelin.**

SAULCE-SUR-RHÔNE *26270 Drôme* 332 *B5 – 1 613 h alt. 93.*
   Paris 586 – Valence 31 – Crest 24 – Montélimar 19 – Privas 25.

🏠 **Clutier,** 62 av. Provence - Les Reys-de-Saulce ℘ *04 75 63 00 22, clutier@wanadoo.fr,*
   Fax 04 75 63 12 60, 佘 , ⌫ , ⌦ – ▤ 📺 ⇔ 🅿. GB
   fermé 23 déc. au 14 janv., dim. soir de nov. à mars et lundi – **Repas** 12,70 (déj.), 16/37,
   enf. 10 ⅀ – ⇌ 5,80 – **20 ch** 30,50/53,50 – ½ P 44,50.
   ♦ Nostalgique de la N 7 et de la chanson de Charles Trenet ? La route mythique passe
   devant cet hôtel... On préférera en conséquence les chambres donnant sur l'arrière. Les
   couleurs ensoleillées du restaurant évoquent la Méditerranée. Carte traditionnelle.

à Mirmande *Sud-Est : 3 km par D 204 G. Vallée du Rhône – 503 h. alt. 204 –* ✉ *26270 :*
   🛈 *Office de tourisme, place du Champs de Mars* ℘ *04 75 63 10 88, Fax 04 75 63 10 88,*
   office.tourisme.mirmande@caramail.com.

🏠 **Capitelle** ♨, ℘ *04 75 63 02 72, capitelle@wanadoo.fr, Fax 04 75 63 02 50,* ≼, 佘 – 📺
   GB
   mars-nov. et fermé mardi de mars à nov. et merc. midi – **Repas** 28/37 ⅀ – ⇌ 12 – **11 ch**
   79/140 – ½ P 79/125.
   ♦ Cette ancienne magnanerie éclairée de fenêtres à meneaux fut la résidence du cubiste
   André Lhote. Beaux meubles d'antiquaire dans les chambres. La cheminée monumentale
   en pierre est l'âme de la salle à manger voûtée. Terrasse avec vue sur vergers et collines.

SAULCHOY *62870 P.-de-C.* 301 *E5 – 292 h alt. 13.*
   Paris 219 – Calais 90 – Abbeville 35 – Arras 73 – Berck-sur-Mer 23 – Doullens 45 – Hesdin 16.

※ **Val d'Authie,** ℘ *03 21 90 30 20,* 佘 – GB. ⌫
❀   *fermé 6 au 18 sept. et jeudi d'oct. à avril* – **Repas** (dim. prévenir) 14 bc/26 ♨.
   ♦ À la limite du Pas-de-Calais et de la Somme, derrière une façade où grimpe la vigne
   vierge, deux salles au décor campagnard vous convient à un repas orienté "terroir".

SAULGES *53340 Mayenne* 310 *G7 G. Normandie Cotentin – 334 h alt. 97.*
   🛈 *Office de tourisme, place Jacques Favrot* ℘ *02 43 90 49 81, Fax 02 43 90 55 44.*
   Paris 249 – Château-Gontier 37 – La Flèche 48 – Laval 33 – Le Mans 55 – Mayenne 41.

🏰 **Ermitage** ♨, ℘ *02 43 64 66 00, ermitage.saulges@dial.oleane.com, Fax 02 43 64 66 20,*
   佘, ♨, ⌫, ⌦ – 📺 ✆ ⇆ 🅿 – ♨ 15 à 60. AE ⓞ GB
   fermé vacances de Toussaint, fév., dim. soir et lundi du 30 sept. au 15 avril – **Repas** 20/58 ⅀
   – ⇌ 9 – **36 ch** 69/89 – ½ P 63,50/82.
   ♦ Bâtisse ancienne modernisée au milieu d'un jardin fleuri. Préférez les chambres tournées vers la campagne. Côté distractions : parcours aromatique, piscine et fitness. Restaurant sous verrière offrant la vue sur l'église mérovingienne. Cuisine classique.

SAULIEU *21210 Côte-d'Or* **320** *F6 G. Bourgogne – 2 837 h alt. 535.*

Voir *Basilique St-Andoche★ : chapiteaux★★ – Le Taureau★ (sculpture) par Pompon.*

🛈 *Syndicat d'initiative, 24 rue d'Argentine ℰ 03 80 64 00 21, Fax 03 80 64 21 96, saulieu. tourisme@wanadoo.fr.*

Paris 248 ① – Dijon 73 ② – Autun 40 ④ – Avallon 39 ① – Beaune 65 ② – Clamecy 78 ①.

SAULIEU

Argentine (R. d')	3
Bertin (R. J.)	4
Collège (R. du)	6
Courtépée (R.)	7
Foire (R. de la)	8
Fours (R. des)	9
Gambetta (R.)	10
Gare (Av. de la)	12
Gaulle (Pl. Ch.-de)	14
Grillot (R.)	15
Marché (R. du)	17
Parc-des-Sports (R. du)	18
Sallier (R.)	19
Tanneries (R. des)	20
Vauban (R.)	21

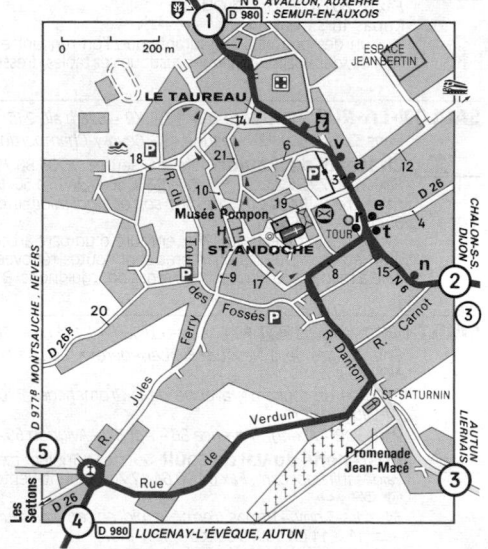

Les localités citées
dans le guide Michelin
sont soulignées
de rouge
sur les **cartes Michelin**
à 1/200 000.

🏨🏨🏨 **Le Relais Bernard Loiseau** ⬩, 2 r. Argentine **(e)** ℰ 03 80 90 53 53, *loiseau@relaischat* ✿✿✿ *eaux.com, Fax 03 80 64 08 92,* ⌨, 🛏, 🏊, ☂ – 🛗, ▤ ch, 🆀 ✆ 丷 🚗 – 🔏 30. 🆎 ⓪ 🅶🅱 🅹🅲🅱

fermé 3 au 25 janv. – **Repas** 92 bc (déj.), 120/172 et carte 118 à 196 ♀ 🕮 – ♀ 28 – **22 ch** 195/330, 7 suites, 3 duplex.

◆ Le luxueux Relais (18ᵉ s.) compose le fer de lance de cette ville-étape qui depuis des siècles fait honneur à l'hospitalité bourguignonne. Élégantes salles ouvertes sur le jardin à l'anglaise et talentueuses recettes rendant hommage au maître de Saulieu.
Spéc. Jambonnettes de grenouilles à la purée d'ail et au jus de persil. Sandre à la peau croustillante et fondue d'échalote, sauce au vin rouge. Blanc de volaille fermière, foie gras poêlé à la purée de pommes de terre truffée. **Vins** Meursault, Blagny.

🏨 **Hostellerie de la Tour d'Auxois,** square Alexandre Dumaine **(r)** ℰ 03 80 64 36 19, *jlpr evost@tourdauxois.com, Fax 03 80 64 93 10,* 🌡, 🏊, ☂ – 🛗 ❄ ▤ 🆀 ✆ 丷 – 🔏 40. 🆎 ⓪ 🅶🅱. ※ rest

Repas 19/42, enf. 9 ♀ – ♀ 13,50 – **29 ch** 75/98, 6 duplex – ½ P 79/88.

◆ Bâtie sur les remparts du 14ᵉ s., belle demeure restaurée dont le jardin paysager (piscine) s'étend jusqu'à la tour d'Auxois. Chambres joliment aménagées. Plaisante salle à manger sous charpente ouvrant sur la verdure et la terrasse ; cuisine du terroir.

🏨 **Poste,** 1 r. Grillot **(t)** ℰ 03 80 64 05 67, *hotelposte@aol.com, Fax 03 80 64 10 82* – ▤ rest, 🆀 ✆ 🅿 – 🔏 30. 🆎 ⓪ 🅶🅱

Repas 18/55 ♀ – ♀ 7,60 – **38 ch** 55/105 – ½ P 60.

◆ Les quatre bâtiments de cet ancien relais de poste sur le "grand chemin" de Paris à Lyon s'ordonnent autour d'une cour carrée. Chambres d'esprit rustique. Salle à manger de style Belle Époque où flotte un discret parfum "vieille France". Carte traditionnelle.

✗✗ **Borne Impériale** avec ch, 16 r. Argentine **(v)** ℰ 03 80 64 19 76, *Fax 03 80 64 30 63,* 🌡, 🍽 – 🅿. 🅶🅱

fermé 5 au 30 janv., mardi soir et merc. sauf juil.-août – **Repas** 21,50/27 – ♀ 7,50 – **7 ch** 32/49.

◆ Dans la rue principale, construction régionale disposant d'une agréable salle, campagnarde et soignée, et d'une sympathique terrasse dominant le jardin. Chambres simples.

✗
⊖
Vieille Auberge avec ch, 15 r. Grillot (n) ℰ 03 80 64 13 74, *Fax 03 80 64 13 74*, 🌤 – **P.**
GB
fermé 4 au 29 janv., 29 juin au 9 juil., mardi soir et merc. sauf 14 juil. au 31 août – **Repas**
12,50/30 ♈ – ⌒ 6 – **5 ch** 33/40 – ½ P 42.
♦ Aux portes du bourg, modeste auberge au fonctionnement familial abritant une salle
fraîche et accueillante. À l'étage, chambres petites, mais nettes et insonorisées.

✗
Auberge du Relais, 8 r. Argentine (a) ℰ 03 80 64 13 16, *taverna.serge@wanadoo.fr,*
Fax 03 80 64 08 33 – ⬜ GB
Repas 18/33, enf. 11.
♦ L'un des premiers restaurants que l'on rencontre quand on vient de la gare. Façade
ravalée, deux salles à manger rustiques et tables dressées avec soin. Cuisine du terroir.

SAULON-LA-RUE 21910 Côte-d'Or **320** K6 – *526 h alt. 215.*
Paris 324 – *Dijon 12* – Beaune 43 – Gevrey-Chambertin 9 – Seurre 30.

🏛 **Château de Saulon,** rte de Seurre ℰ 03 80 79 25 25, *info@chateau-saulon.com,*
Fax 03 80 79 25 26, ⏂, ⚒, ☼, ☎ ⚑ **P** – 🔾 15 à 50. ⬜ ⓪ GB
fermé fév. – **Repas** *(fermé dim. soir et lundi midi)* 20 (déj.), 28/38, enf. 10 ♈ – ⌒ 10 – **30 ch**
65/105 – ½ P 65/81.
♦ Joli petit château du 17e s. entouré d'un parc arboré agrémenté d'une belle piscine et
d'un étang privé. Les chambres sont toutes rénovées. Dans une dépendance, plaisante
salle à manger où l'on sert des repas bourguignons. Boutique de vins ; dégustation.

SAULT 84390 Vaucluse **332** F9 *G. Alpes du Sud* – *1 171 h alt. 765.*
Env. *Gorges de la Nesque★★ : belvédère★★ SO : 11 km par D 942 – Mont Ventoux ❄★★★
NO : 26 km.*
🚩 *Office de tourisme, avenue de la Promenade ℰ 04 90 64 01 21, Fax 04 90 64 15 03,
OT-Sault@axit.fr.*
Paris 718 – Aix-en-Provence 86 – Apt 31 – Avignon 69 – Carpentras 42 – Digne-les-Bains 96.

🏛 **Hostellerie du Val de Sault** ⌁, rte St-Trinit et rte secondaire : 2 km ℰ 04 90 64 01 41,
valdesault@aol.com, Fax 04 90 64 12 74, ≤ mont-Ventoux, 🌤, *Fб,* ☼, ✍, ☆ – ☎ & **P.** ⬜
⓪ GB ᴊᴄʙ
31 mars-3 nov. – **Repas** *(fermé le midi en semaine sauf de juin à août)* 29,50 (déj.), 33/38,50 ♈
– ⌒ 11 – **11 ch** 150, 5 suites – ½ P 120.
♦ Au pays de la lavande, hôtel bénéficiant d'un environnement verdoyant. Les chambres,
avec salon et petite terrasse, ont vue sur le mont Ventoux. Cuisine régionale et menu truffe
servis auprès de la cheminée en hiver ou sous les arbres face à la nature, en été.

SAULX-LES-CHARTREUX 91 Essonne **312** C3 **101** ㊟ – *voir à Paris, Environs (Longjumeau).*

SAULXURES 67420 B.-Rhin **315** G6 – *457 h alt. 535.*
Paris 407 – *Épinal 71* – Strasbourg 67 – Lunéville 65 – Saint-Dié 30.

✗✗ **Belle Vue** avec ch, 36 r. Principale ℰ 03 88 97 60 23, *labellevue@wanadoo.fr,*
Fax 03 88 47 23 71, 🌤, ✍ – 🛗 ☎ ☎ **P** – 🔾 20. ⬜ GB
fermé 17 fév. au 3 mars, 24 juin au 7 juil. et 26 oct. au 10 nov. – **Repas** *(fermé mardi et
merc.)* 18/50 ♈ – ⌒ 10 – **4 ch** 76, 7 studios – ½ P 68/82.
♦ Auberge villageoise du 19e s. tenue par la même famille depuis cinq générations. Jolies
charpentes et tableaux contemporains dans la salle à manger ; chambres de caractère.

SAUMUR ◉ 49400 M.-et-L. **317** I5 *G. Châteaux de la Loire* – *29 857 h alt. 30.*
Voir *Château★★ : musée d'Arts décoratifs★★, musée du Cheval★, tour du Guet ❄★ – Église
N.-D.-de-Nantilly★ : tapisseries★★ – Vieux quartier★ BY – Hôtel de ville★ H ,tapisseries★ de
l'église St-Pierre – Musée de l'école de Cavalerie★ M¹ – Musée des Blindés★★ au Sud.*
🏌 *de Saumur ℰ 02 41 50 87 00, O : 5 km par D 751 et D 161.*
🚩 *Office de tourisme, place de la Bilange ℰ 02 41 40 20 60, Fax 02 41 40 20 69, infos@ot-
saumur.fr.*
Paris 300 ① – *Angers 67 ①* – Le Mans 124 ① – Poitiers 97 ③ – Tours 64 ①.

Plan page ci-contre

🏛 **St-Pierre** ⌁ sans rest, 8 r. Haute-St-Pierre ℰ 02 41 50 33 00, *stpierre@saumur.net,*
Fax 02 41 50 38 68 – 🛗 🞸 ☎ ☎ & ⬜ ⓪ GB ᴊᴄʙ ✍   **BY b**
⌒ 12 – **16 ch** 62/130.
♦ Hôtel construit sur les vestiges de maisons du 17e s. Escalier à vis, poutres massives,
hautes cheminées en pierre, chambres raffinées et très belles salles de bains.

SAUMUR

Anjou (R. d') .... **BZ** 2
Beaurepaire (R.) .... **AY** 3
Bilange (Pl. de la) ..... **BY** 4
Cadets (Ponts des) .. **BX** 5
Dr-Bouchard (R. du) .. **AZ** 6

Dupetit-Thouars (Pl.) ... **BZ** 7
Fardeau (R.) .... **AZ** 9
Gaulle (Av. Général-de) .. **BX**
Leclerc (R. du Mar.) .. **AZ**
Nantilly (R. de) .... **BZ** 10
Orléans (R. d') .... **ABY**
Poitiers (R. de) .... **AZ** 12

Portail-Louis (R. du) ... **BY** 13
République (Pl. de la) .. **BY** 15
Roosevelt (R. Fr.) ..... **BY** 16
St-Jean (R.) .... **BY** 18
St-Pierre (Pl.) .... **BY** 19
Tonnelle (R. de la) .... **BY** 20
Vieux-Pont (R. du) ..... **BY** 22

Anne d'Anjou sans rest, 32 quai Mayaud ℘ 02 41 67 30 30, *anneanjou@saumur.net*, Fax 02 41 67 51 00, ≤ – 🛗 TV 🕻 & 🅿 – 🔏 25. 🖭 ➀ 🖼 🄺   **BY** k
☲ 12 – **45 ch** 76/165.

♦ Bel hôtel particulier du 18ᵉ s. dont les chambres - Empire ou actuelles - sont tournées vers le fleuve ou le château. Petit-déjeuner l'été dans le ravissant cour intérieure.

Loire Hôtel ﴾, r. Vieux Pont ℘ 02 41 67 22 42, *loire-hotel@saumur.net*, Fax 02 41 67 88 80, ≤ – 🛗, 🗏 rest, TV 🕻 & ⇔ – 🔏 40. 🖭 ➀ 🖼 🄺   **BY** g
Repas *(fermé vend. soir et sam. du 15 nov. au 31 mars)* 14/33, enf. 7 ☲ – ☲ 9 – **44 ch** 82/95 – ½ P 57/64.

♦ Bâtiment récent situé sur l'île d'Offard. Chambres entièrement rénovées ; certaines offrent une agréable perspective sur le château et la Loire. Restaurant au nouveau "look", mais dont la vue sur le fleuve et Saumur demeure intemporelle.

Adagio sans rest, 94 av. Gén. de Gaulle ℘ 02 41 67 45 30, *contact@hoteladagio.com*, Fax 02 41 67 74 59 – ※ TV 🕻 & 🅿 – 🔏 20. 🖭 ➀ 🖼 🄺   **BX** t
fermé 23 déc. au 2 janv. – ☲ 9 – **30 ch** 65/98.

♦ L'Adagio de Saumur ? Une renaissance orchestrée avec brio. Tout est flambant neuf : mobilier contemporain, plaisant bar-salon et spacieuses chambres égayées de tons pastel.

🏨 **Kyriad** sans rest, 23 r. Daillé ℘ 02 41 51 05 78, *kyriad.saumur@multi-micro.com*, Fax 02 41 67 82 35 – 🐾 📺 🕭 ⟵, ᴬᴱ ⑩ 🄶🄱 BY d
⌟ 7 – **27 ch** 55/75.
◆ En plein centre-ville, mais plutôt au calme, hôtel cultivant avec bonheur l'accueil familial et souriant. Petites chambres personnalisées avec goût ; literie de qualité.

🏨 **Londres** sans rest, 48 r. Orléans ℘ 02 41 51 23 98, *lelondresaumur@aol.com*, Fax 02 41 51 12 63 – 📺 🕭 🅿. 🄶🄱 ABY x
⌟ 8 – **27 ch** 44/55.
◆ Proche du centre animé, hôtel pratique abritant des chambres accueillantes, sans luxe, mais bien refaites. Salle des petits-déjeuners repeinte dans des coloris pastel.

🏨 **Volney** sans rest, 1 r. Volney ℘ 02 41 51 25 41, *contact@le-volney.com*, Fax 02 41 38 11 04 – 📺 🕭. 🄶🄱 BZ a
fermé 15 déc. au 2 janv. – ⌟ 5,50 – **12 ch** 26,50/52.
◆ Situation centrale, chambres simples mais coquettes, entretien suivi : une bonne petite adresse pour découvrir sans trop bourse délier la "perle de l'Anjou".

🍴🍴🍴 **Les Menestrels**, 11 r. Raspail ℘ 02 41 67 71 10, *menestrel@saumur.net*, Fax 02 41 50 89 64, 🍽 – ᴬᴱ ⑩ 🄶🄱 🄹🄲🄱 BZ u
fermé 19 au 26 déc., lundi midi et dim. – **Repas** 19 (déj.), 29/50 et carte 48 à 64 🍷 ⅋.
◆ Bois et tuffeau décorent deux salles à manger dont une aménagée dans une ancienne chapelle, sans doute du 14ᵉ s. Cuisine au goût du jour ; belle carte des vins.

🍴🍴🍴 **Les Délices du Château**, cour du château ℘ 02 41 67 65 60, *delices.du.chateau@wana doo.fr*, Fax 02 41 67 74 60, ≤, 🍽 – 🅿. ᴬᴱ ⑩ 🄶🄱 BZ f
fermé 15 déc. au 10 janv., dim. soir, mardi soir et lundi du 1ᵉʳ oct. au 15 avril – **Repas** 19 (déj.), 22,80/58 bc et carte 35 à 52, enf. 15,20 🍷 **L'Orangeraie** ℘ 02 41 67 12 88 (début avril-mi oct. et fermé dim. soir et lundi du 15 sept. au 31 mai) **Repas** 19,80, enf. 8 ⅋.
◆ Extérieur discret et intérieur confortable caractérisent ce restaurant aménagé dans une ancienne dépendance et doté d'une belle terrasse face au jardin du château. À L'Orange-raie, salle à manger-véranda, cuisine "bistrotière" et salon de thé.

🍴🍴 **Gambetta**, 12 r. Gambetta ℘ 02 41 67 66 66, Fax 02 41 50 83 23, 🍽 – ᴬᴱ ⑩ 🄶🄱 AY w
fermé nov., 21 fév. au 8 mars, dim. soir sauf juil.-août, sam. midi et lundi – **Repas** 15/46 🍷.
◆ Cette maison de pays sise à proximité de l'École de cavalerie abrite deux petites salles à manger sobres. Terrasse dressée dans la cour intérieure. Cuisine de saison.

🍴🍴 **Pyrène**, 42 r. Mar. Leclerc ℘ 02 41 51 31 45, Fax 02 41 67 26 71 – 🄶🄱 AZ a
fermé 20 au 28 déc., vacances de fév., dim. soir et lundi – **Repas** 15/28 🍷.
◆ À deux pas du centre-ville, ancien café converti en chaleureux restaurant rustique. Exposition de tableaux et de céramiques. Cuisine du pays d'Oc et spécialités catalanes.

🍴 **Auberge St-Pierre**, 6 pl. St-Pierre ℘ 02 41 51 26 25, Fax 02 41 59 89 28, 🍽 – ᴬᴱ 🄶🄱 BY r
fermé dim. soir et lundi d'oct. à mai – **Repas** 14/24 🍷 ⅋.
◆ Salles de style bistrot dans les murs d'une maison de cordelier du 15ᵉ s. Belles tables en bois verni et superbe cheminée. En cuisine, on mijote des recettes traditionnelles.

Z.I. St-Lambert par ① : 3 km – ⌧ 49400 St-Lambert-des-Levées :

🏨 **Parc**, av. Fusillés ℘ 02 41 67 17 18, *hotelduparc@saumur.net*, Fax 02 41 67 18 85 – 📺 🕭 ⅋. 🅿. – ⅍ 30. ᴬᴱ ⑩ 🄶🄱
fermé 24 déc. au 2 janv. – **Repas** (fermé sam., dim. et fériés) (10) - 13,50/20, enf. 7 🍷 – ⌟ 6,50 – **40 ch** 45 – ½ P 42,50/48.
◆ Établissement fonctionnel rénové dans des couleurs assez vives. Les chambres du dernier étage sont agencées en duplex. Lumineux cadre moderne sous charpente apparente, et cuisine traditionnelle à prix attractifs.

à St-Hilaire-St-Florent par av. Foch AXY et D 751 : 3 km – ⌧ 49400 Saumur.

Voir École nationale d'Équitation★.

🏨 **Clos des Bénédictins** ⋙, chemin de l'Alat ℘ 02 41 67 28 48, *contact@clos-des-benedi ctins.fr*, Fax 02 41 67 13 71, ≤ Saumur, 🍽, 🏊, 🌳 – 📺 🕭 ⅋ 🅿. – ⅍ 35. ᴬᴱ 🄶🄱 🄹🄲🄱 🍽 rest
fermé 21 au 30 nov. et 19 au 31 déc. – **Repas** (dîner seul.) 35/75 bc 🍷 ⅋ – ⌟ 10 – **23 ch** 70/140 – ½ P 75/100.
◆ Sur les hauteurs de Saumur, pavillons blancs dans un joli jardin. Les chambres, bien équipées, jouissent d'un calme propice à la détente. Au restaurant, cuisine au goût du jour et beau choix de vins de Loire servis dans une salle à manger qui domine la vallée.

à Chênehutte-les-Tuffeaux *par av. Foch* **AXY** *et D 751 : 8 km – 1 102 h. alt. 29 –* ⊠ *49350 Gennes :*

🛈 *Syndicat d'initiative, place V. Dailland - Cunault* ℘ *02 41 67 92 55, Fax 02 41 67 91 94.*

🏨 **Prieuré** ⑤, ℘ *02 41 67 90 14, prieure@grandesetapes.fr, Fax 02 41 67 92 24,* ≤ la Loire, 🍽, ⤴, ℀, 🛎, – 📺 ✆ 🅿 – 🔬 25. ✵ rest
fermé janv. et fév. – **Repas** 40 bc (déj.), 41/70 – ☲ 21 – **21 ch** 125/295 – ½ P 129/206.
♦ Belle situation dominant la Loire pour ce prieuré des 12ᵉ s. et 16ᵉ s. aux chambres coquettement personnalisées ; elles possèdent une cheminée. Restaurant au cadre bourgeois offrant une vue inoubliable sur la vallée. Légumes, poissons et vins du cru.

Les Résidences du Prieuré, – 📺 🖭 ⓪ ⒼⒷ 🇯🇨🇧
Repas voir *Prieuré* – ☲ 21 – **15 ch** 115/135 – ½ P 125/135.
♦ Chambres avec terrasse et jardinet privé, réparties dans six bungalows disséminés dans un immense parc boisé.

La SAUSSAYE *27370 Eure* 🗺️🅾🅾 *F6 – 1 954 h alt. 137.*
Paris 130 – Rouen 25 – Évreux 40 – Louviers 20 – Pont-Audemer 49.

🏨 **Manoir des Saules** (Monnaie) ⑤, ℘ *02 35 87 25 65, Fax 02 35 87 49 39,* 🍽, 🌿 – ✖✖
❄ 📺 ✆ 🛎 – 🔬 15. 🖭 ⒼⒷ 🇯🇨🇧
fermé 1ᵉʳ au 11 mars, 13 au 23 sept., 15 au 25 nov., dim. soir de sept à Pâques, lundi et mardi – **Repas** (nombre de couverts limité, prévenir) 50/90 et carte 60 à 80, enf. 24 🌿 –
☲ 15 – **10 ch** 135/235.
♦ Colombages et tourelles ornent la façade de ce charmant manoir normand doté d'un jardin. Dans les chambres, beau mobilier de style et décoration originale. Élégantes salles à manger où l'on savoure une cuisine au goût du jour soignée. Riche carte des vins.
Spéc. Poêlée de Saint-Jacques au noilly (oct. à mars). Poulette de Houdan rôtie à la broche. Royale au chocolat.

SAUSSET-LES-PINS *13960 B.-du-R.* 🗺️🅾🅾 *F6 G. Provence – 7 233 h alt. 15.*
🛈 *Office de tourisme, 16 avenue du Port* ℘ *04 42 45 60 65, Fax 04 42 45 60 68, tourisme-slp@ville-sausset-les-pins.fr.*
Paris 768 – Marseille 37 – Aix-en-Provence 41 – Martigues 13 – Salon-de-Provence 48.

🏨 **Paradou-Méditerranée,** *au port* ℘ *04 42 44 76 76, hotel.paradou@wanadoo.fr,*
Fax 04 42 44 78 48, ≤, 🍽, ⤴ – 🏢 📺 ✆ 🛎 🅿 – 🔬 20 à 60. 🖭 ⓪ ⒼⒷ
Repas 23/29 ♀ – **41 ch** ☲ 95/107 – ½ P 67,50.
♦ Emplacement de choix face à la mer pour cet hôtel récent disposant d'un petit espace vert. Chambres équipées de loggias. Salle à manger d'inspiration provençale où l'on sert une cuisine aux saveurs méditerranéennes.

✖✖✖ **Les Girelles,** ℘ *04 42 45 26 16, Fax 04 42 45 49 65,* ≤, 🍽 – 🖥. 🖭 ⓪ ⒼⒷ 🇯🇨🇧
fermé 2 au 24 janv., dim. soir hors saison, lundi midi, mardi midi de juin à août et merc. sauf soir en saison – **Repas** 28/38 et carte 48 à 71, enf. 14 ♀.
♦ À deux pas de la plage, élégant restaurant (meubles de style, fer forgé, tissus provençaux) ouvert sur la terrasse et la "grande bleue". Cuisine actuelle, produits de la mer.

SAUTERNES *33210 Gironde* 🗺️🅾🅾 *I7 G. Aquitaine – 586 h alt. 50.*
🛈 *Office de tourisme, 11 rue Principale* ℘ *05 56 76 69 13, Fax 05 57 31 00 67, sauternes@wanadoo.fr.*
Paris 624 – Bordeaux 49 – Bazas 24 – Langon 11.

🏨 **Relais du Château d'Arche** ⑤ *sans rest, au Nord, rte Bommes : 0,5 km*
℘ *05 56 76 67 67, Fax 05 56 76 69 76,* ≤ vignoble, 🌿 – 📺 ✆ 🅿. ⒼⒷ
☲ 10 – **9 ch** 120/160.
♦ Belle chartreuse du 17ᵉ s. entourée par le domaine viticole du château d'Arche, grand cru de Sauternes. Les chambres, "cosy", profitent du calme et de la vue sur les vignes.

✖✖ **Saprien,** ⊠ *33210* ℘ *05 56 76 60 87, Fax 05 56 76 68 92,* 🍽, 🌿 – 🅿. ⓪ ⒼⒷ
fermé vacances de Noël, de fév., dim. soir, merc. soir, lundi et le soir en hiver sauf vend. et sam. – **Repas** 23/35, enf. 12 ♀.
♦ Maison typique de vigneron au coquet intérieur, avec terrasse donnant sur les vignes. Agréable salon avec cheminée. Bonne sélection de sauternes au verre.

Ecrivez-nous...
Vos louanges comme vos critiques seront examinées avec le plus grand soin.
Nous reverrons sur place les informations que vous nous signalez.
Par avance merci !

SAUVE 30610 Gard 339 I5 – 1 690 h alt. 103.

🛈 Office de tourisme, place René Isouard ℘ 04 66 77 51 51, Fax 04 66 77 05 99, ot-sauve@net-up.com.

Paris 747 – Montpellier 48 – Alès 28 – Nîmes 40 – Le Vigan 38.

XX **Magnanerie** ॐ avec ch, rte Nîmes ℘ 04 66 77 57 44, la.magnanerie@wanadoo.fr,
⬭ Fax 04 66 77 02 31, 😊, ⏚, ⏲ – cuisinette 📺 ⦿ 🅿 ⅋ ⓪ ⌷
fermé nov. – **Repas** (fermé nov., 9 au 16 fév., lundi et mardi d'oct. à mars) 13/32, enf. 10 ⅋ –
⌷ 6 – **9 ch** 51/104, 3 duplex – ½ P 55.
◆ Les vestiges d'un aqueduc agrémentent le jardin de cette ancienne magnanerie. Salle
voûtée, véranda ou terrasse selon la saison ; cuisine traditionnelle. Chambres simples.

SAUVETERRE 30150 Gard 339 N4 – 1 696 h alt. 23.

Paris 669 – Avignon 15 – Alès 77 – Nîmes 49 – Orange 15 – Pont-St-Esprit 36.

🏠 **Château de Varenne** ॐ sans rest, pl Saint-Jean ℘ 04 66 82 59 45, chateaudevarenne
@wanadoo.fr, Fax 04 66 82 84 83, ⏚, ⏲ – 📺 🅿 ⅋ ⌷
fermé 1er janv. au 28 fév. – ⌷ 13 – **13 ch** 124/159.
◆ Un parc à la française accentue le charme de cette élégante demeure du 18e s.
Chambres actuelles (climatisées) ou de style Louis-Philippe.

SAUVETERRE-DE-COMMINGES 31510 H.-Gar. 343 C6 – 720 h alt. 480.

Paris 777 – Bagnères-de-Luchon 36 – Lannemezan 31 – Tarbes 71 – Toulouse 104.

🏠 **Hostellerie des 7 Molles** ॐ, à Gesset, Sud : 3 km par D 9 ℘ 05 61 88 30 87, contact@h
otel7molles.com, Fax 05 61 88 36 42, ≼, 😊, ⏚, ⏲, ✕, ⅋ – 🛗 📺 ⦿ 🅿 ⅋ ⓪ ⌷
fermé 15 fév. au 15 mars, mardi et merc. hors saison – **Repas** (fermé vend. midi d'oct. à
fév., mardi midi, merc. midi de mai à sept. et jeudi midi) 29,50/47 ⅋ – ⌷ 12 – **17 ch** 79/128
– ½ P 102/114.
◆ La campagne commingeoise sert de cadre à cette bâtisse des années 1960 appréciée,
entre autres, pour son joli jardin fleuri. Chambres dotées de meubles de style. Billard. Belle
salle à manger bourgeoise ; faïence du pays sur les tables. Cuisine classique.

SAUVETERRE-DE-GUYENNE 33540 Gironde 335 K6 G. Aquitaine – 1 792 h alt. 91.

🛈 Office de tourisme, 2 rue Saint Romain ℘ 05 56 71 53 45, Fax 05 56 71 59 39.

Paris 607 – Bordeaux 50 – Libourne 31 – Marmande 34 – Ste-Foy-la-Grande 36.

X **Maison Noble**, 23 pl. République ℘ 05 56 71 50 21, Fax 05 56 71 83 20, 😊 – ⅋ ⌷
fermé le soir du dim. au jeudi – **Repas** (12) - 16,50 (déj.), 18/24.
◆ Café-restaurant établi sous les arcades de la place centrale d'une mignonne bastide
fondée en 1281. Intérieur rajeuni, mais plaisant cachet ancien préservé. Cuisine régionale.

SAUVETERRE-DE-ROUERGUE 12800 Aveyron 338 F5 G. Midi-Pyrénées – 832 h alt. 460.

Voir Place centrale★.

🛈 Office de tourisme, place des Arcades ℘ 05 65 72 02 52, Fax 05 65 72 02 85, sauveter
re.office@free.fr.

Paris 652 – Rodez 30 – Albi 52 – Millau 88 – St-Affrique 78 – Villefranche-de-Rouergue 44.

🏠 **Sénéchal** (Truchon) ॐ, ℘ 05 65 71 29 00, le.senechal@wanadoo.fr, Fax 05 65 71 29 09,
❀ 😊, ⏚, ⏲ – 🛗 ▤ 📺 ⦿ ⅋ ⎕ – ⅍ 30. ⅋ ⌷, ✕
fermé début janv. à mi-mars, dim. soir et lundi sauf juil.-août – **Repas** (fermé mardi midi et
jeudi midi de sept. à juin et lundi sauf le soir en juil.-août) (nombre de couverts limité,
prévenir) 25/100 et carte 64 à 94 ⅋ – ⌷ 14 – **8 ch** 100/105, 3 suites – ½ P 105/125.
◆ Au coeur d'une bastide royale du 13e s., charmante auberge parfaitement reconstruite
dans le style du pays. Décor contemporain et, çà et là, quelques meubles anciens. Salle à
manger moderne où vous serez conviés à déguster une cuisine au goût du jour soignée.
Spéc. Foies gras. Viandes et volailles de pays. Desserts aux fruits et aux plantes de saison.
Vins Marcillac, Vins d'Entraygues et du Fel.

SAUVIGNY-LES-BOIS 58160 Nièvre 319 C10 – 1 527 h alt. 210.

Paris 247 – Autun 97 – Decize 26 – Nevers 11.

XX **Moulin de l'Etang**, ℘ 03 86 37 10 17, Fax 03 86 37 12 06, 😊 – 🅿 ⌷
fermé 2 janv. au 2 fév., dim. soir, merc. soir et lundi – **Repas** 16/40 ⅋.
◆ Aux portes du village et près de l'étang, ancienne laiterie abritant une salle à manger
rustique décorée de cuivres rutilants. Cuisine au goût du jour.

SAUX 65 H.-Pyr. 342 L4 – rattaché à Lourdes.

SAUXILLANGES *63490 P.-de-D.* **326** H9 *G. Auvergne* – *1 082 h alt. 460.*

Voir *Pic d'Usson* ✳ ★ *SO : 4 km.*

Paris 455 – Clermont-Ferrand 45 – Ambert 46 – Issoire 14 – Thiers 45 – Vic-le-Comte 20.

XX **Mairie**, pl. St-Martin ✆ 04 73 96 80 32, Fax 04 73 96 89 92 – ▤. **GB**
✿ *fermé 21 juin au 2 juil., 20 sept. au 1er oct., 3 au 14 janv., dim. soir et mardi sauf juil.-août,*
dim. soir et lundi – **Repas** 19/45 ♀.
◆ Face à la mairie, maison de village datant de 1811. Deux salles contemporaines plaisamment rénovées ; celle éclairée par des vitraux est réservée aux banquets. Petit salon.

Le SAUZE *04 Alpes-de-H.-P.* **334** I6 – *rattaché à Barcelonnette.*

SAUZON *56 Morbihan* **308** L10 – *voir à Belle-Ile-en-Mer.*

SAVERNE ◁SNCF▷ *67700 B.-Rhin* **315** I4 *G. Alsace Lorraine* – *11 201 h alt. 200.*

Voir *Château*★ : *façade*★★ – *Maisons anciennes à colombage*★ N.

🛈 *Office de tourisme, 37 Grand' Rue* ✆ *03 88 91 80 47, Fax 03 88 71 02 90, info@ot-*
saverne.fr.

Paris 450 ① – *Strasbourg 39* ③ – *Lunéville 88* ④ – *St-Avold 89* ① – *Sarreguemines 65* ①.

SAVERNE

Bouxwiller (R. de) ...... **B** 2	Églises (R. des) .... **B** 8	Murs (R. des)........ **AB** 16
Clés (R. des)........... **B** 3	Foch (R. Mar.)......... **A** 12	Pères (R. des)........ **B** 17
Côte (R. de la) .... **A** 5	Gare (R. de la) .... **A** 13	Poincaré (R.).......... **A** 20
Dettwiller (R. de) ...... **B** 6	Gaulle	Poste (R. de la) .... **B** 22
	(Pl. Gén.-de-) ...... **B** 14	Tribunal (R. du) .... **B** 24
	Grand' Rue .... **AB**	19-Novembre
	Joffre (R. Mar.)........ **B** 15	(R. du) .... **A** 23

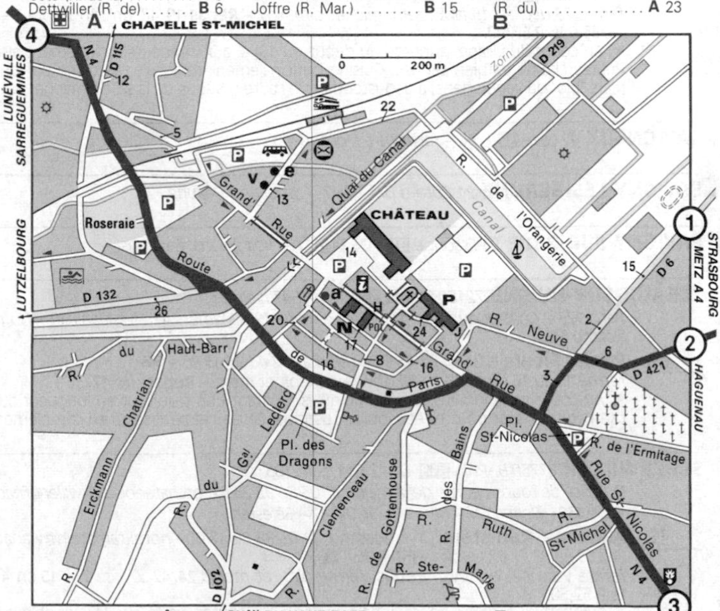

🏨 **Chez Jean**, 3 r. Gare ✆ 03 88 91 10 19, chez.jean@wanadoo.fr, Fax 03 88 91 27 45 – 📶 📺
✆ – 🛗 30. ᴀᴇ ⓘ **GB**. ✜
fermé 20 déc. au 10 janv. – **Winstub s'Rosestiebel :** Repas *(fermé lundi sauf le soir en*
juil.-août et dim. soir) 24/45 ♀ – ⊡ 8,50 – **25 ch** 56,50/78,50 – ½ P 70/73.
◆ Situé en centre-ville, hôtel aménagé avec goût dans un ancien couvent. Touche alsacienne dans les chambres douillettes. Salle à manger habillée de boiseries et cuisine
régionale. Bon choix de plats du terroir à la Winstub s'Rosestiebel.

🏨 **Europe** sans rest, 7 r. Gare — 𝄐 03 88 71 12 07, *info@hotel-europe-fr.com*,
Fax 03 88 71 11 43 – 🛗 📺 ✆ 🕭 ᴀᴇ ⓞ ⴳⴱ   **A e**
fermé 21 déc. au 4 janv. – ⴳ 9 – **28 ch** 57,50/85.
   ♦ À côté de la gare, hôtel proposant des chambres confortables et fonctionnelles, ainsi
qu'un décor inspiré du thème européen. Coquet salon avec boiseries et fresques.

XX **Clos de la Garenne** 🐾 avec ch, par rte de Haut Barr : 1,5 km — 𝄐 03 88 71 20 41,
Fax 03 88 02 08 86, 🏊 – 🛗 📺 ✆ 🅿 – 🕭 20. ᴀᴇ ⴳⴱ
fermé 1ᵉʳ au 7 mars, 15 juil. au 15 août, mardi midi, sam. midi et lundi – **Repas** 14 (déj.),
34/60 ⴳ – ⴳ 8 – **14 ch** 31/84 – ½ P 57,30/72,30.
   ♦ Un joli parc arboré entoure cette maison familiale centenaire. Chaleureuse salle à manger avec cheminée en pierre. Prolongez votre séjour dans l'une des coquettes chambres.

XX **Zum Staeffele**, 1 r. Poincaré — 𝄐 03 88 91 63 94, Fax 03 88 91 63 94 – ▤. ᴀᴇ ⴳⴱ. ⴳ
fermé 8 au 15 avril, 12 au 29 juil., 23 déc. au 5 janv., jeudi midi, dim. soir et merc. – **Repas**
19,50 (déj.), 35/50 ⴳ.   **B a**
   ♦ Face au château des Rohan, maison en pierre datant des 18ᵉ et 19ᵉ s. Chaleureux
restaurant où se mitonne une cuisine au goût du jour qui ne manque pas d'originalité.

par ② : 3 km sur D 421 – ⊠ 67700 Monswiller :
XX **Kasbür**, — 𝄐 03 88 02 14 20, Fax 03 88 02 14 21, 😀, 🌳 – 🅿. ᴀᴇ ⴳⴱ
fermé 1ᵉʳ au 15 août, 15 au 30 janv., dim. soir et lundi – **Repas** (13,70) - 18/52 ⴳ.
   ♦ La fresque ornant la façade de cette maison de famille née en 1932 évoque le fromage
fabriqué par un ancêtre "fromager-paysan" (kasbür). La terrasse donne sur champs et
forêt.

à St-Jean-Saverne Nord : 4 km par D 115 – 598 h. alt. 280 – ⊠ 67700 :
🏠 **Kleiber**, 37 Grand'Rue — 𝄐 03 88 91 11 82, *info@kleiber-fr.com*, Fax 03 88 71 09 64 – 📺
✆ 🚗 🅿 – 🕭 25. ⴳⴱ
fermé 23 déc. au 15 janv., sam. midi et dim. soir – **Repas** 19/48, enf. 10 ⴳ – ⴳ 9 – **16 ch**
44/65 – ½ P 55/80.
   ♦ Au coeur du village, auberge du début du 19ᵉ s. aux intérieurs typiquement alsaciens.
Petites chambres bien tenues. Cuisine principalement régionale, escortée par quelques
plats "bio" ou végétariens, à déguster dans le cadre rustique de la salle à manger.

SAVIGNEUX 42 Loire 327 D6 – *rattaché à Montbrison.*

SAVIGNY-LÈS-BEAUNE 21 Côte-d'Or 320 I7 – *rattaché à Beaune.*

SAVIGNY-SUR-ORGE 91 Essonne 312 D3 101 ㊱ – *voir à Paris, Environs.*

SCEAUX-SUR-HUISNE 72160 Sarthe 310 M6 – 547 h alt. 93.
   Paris 173 – Châteaudun 75 – La Ferté-Bernard 12 – Mamers 41 – Le Mans 35 – Nogent-le-
   Rotrou 34.

XX **Panier Fleuri**, N 23 — 𝄐 02 43 93 40 08, Fax 02 43 93 43 86 – ⴳⴱ
fermé 1ᵉʳ au 16 sept., 10 au 20 janv., mardi soir et merc. – **Repas** (14) - 17/36 ⴳ.
   ♦ Au coeur de la localité, maison du 19ᵉ s. abritant une salle tout en longueur au cadre
campagnard, avec poutres et mobilier rustique. Caveau et petit salon en complément.

SCHERWILLER 67750 B.-Rhin 315 I7 – 2 614 h alt. 185.
   🛈 Office de tourisme, rue de la mairie — 𝄐 03 88 92 25 62, otchatenoischerwiller@fnac.net.
   Paris 439 – Colmar 27 – Barr 21 – St-Dié 42 – Sélestat 5.

🏨 **Auberge Ramstein**, 1 r. Riesling — 𝄐 03 88 82 17 00, *hotel.ramstein@wanadoo.fr*,
Fax 03 88 82 17 02, ≼, ☆ – 📺 🕭 🅿 – 🕭 20. ⴳⴱ
fermé vacances de fév. – **Repas** (fermé dim. et merc.) 24/42 ⴳ – ⴳ 7 – **15 ch** 41/59 –
½ P 52,50.
   ♦ Sympathique demeure régionale ouverte de toutes parts sur le vignoble alsacien.
Chambres spacieuses et bien équipées. Petit-déjeuner servi dans le salon. Bouquets de
fleurs et meubles anciens rehaussent le décor à dominante néo-rustique de la salle à
manger.

SCHIRMECK 67130 B.-Rhin 315 H6 G. Alsace Lorraine – 2 177 h alt. 315.
   Voir Vallée de la Bruche★ N et S.
   🛈 Syndicat d'initiative, 114 Grand'Rue — 𝄐 03 88 47 18 51, Fax 03 88 97 09 59, vallee-de-la-
   bruche@tourisme-alsace.info.
   Paris 412 – Strasbourg 53 – Nancy 101 – St-Dié 41 – Saverne 48 – Sélestat 59.

aux Quelles *Sud-Ouest : 7,5 km par N 420, D 261 et rte forestière – ✉ 67130 Schirmeck :*

Neuhauser ⋟, ✆ 03 88 97 06 81, *hotelneuhauser@wanadoo.fr, Fax 03 88 97 14 29,* <, , , – TV ♿ P – 15. GB
Repas 20/42, enf. 10 ♀ – ☕ 10 – **10 ch** 55/70, 5 chalets – ½ P 60/68.
◆ Grand calme garanti dans cette auberge campagnarde nichée au coeur de la forêt. Chambres douillettes et spacieux chalets. Restaurant ouvert sur la vallée de la Bruche. Plats régionaux et... incontournable eau-de-vie de la distillerie familiale en digestif !

SCHWEIGHOUSE-SUR-MODER *67 B.-Rhin* **315** *K4 – rattaché à Haguenau.*

SEBOURG *59 Nord* **302** *J5 – rattaché à Valenciennes.*

Le SÉCHIER *05 H.-Alpes* **334** *E4 – rattaché à St-Firmin.*

SECLIN *59113 Nord* **302** *G4 G. Picardie Flandres Artois – 12 089 h alt. 30.*
Voir *Cour★ de l'hôpital.*
Syndicat d'initiative, 70 rue Roger Bouvry ✆ 03 20 90 12 12, Fax 03 20 90 12 00, seclin-tourisme@wanadoo.fr.
Paris 212 – Lille 17 – Lens 26 – Tournai 33 – Valenciennes 47.

XX **Auberge du Forgeron** avec ch, 17 r. Roger Bouvry ✆ 03 20 90 09 52, *contact@aubergeduforgeron.com, Fax 03 20 32 70 87* – TV. AE GB
fermé 31 juil. au 24 août, 24 déc. au 3 janv., sam. midi et dim. – **Repas** 23 (déj.), 33/84 ♀ – ☕ 9 – **17 ch** 60/75.
◆ Maison ancienne en briques rouges. Cheminée et rôtissoire créent une chaleureuse atmosphère dans la salle à manger prolongée d'une belle véranda. Chambres personnalisées.

SEDAN *08200 Ardennes* **306** *L4 G. Champagne Ardenne – 20 548 h alt. 154.*
Voir *Château fort★★.*
Office de tourisme, place du Château Fort ✆ 03 24 27 73 73, Fax 03 24 29 03 28, ot.sedan@wanadoo.fr.
Paris 246 ② – Charleville-Mézières 25 ② – Metz 134 ① – Reims 101 ②.

Plan page suivante

Europe, 2 pl. Gare ✆ 03 24 27 18 71, *Fax 03 24 29 32 00* – TV P. GB AZ e
Repas *(fermé 20 déc. au 2 janv.)* 15/22 – ☕ 6,30 – **25 ch** 38/46 – ½ P 38/42.
◆ Établissement ancien, commode pour ceux qui voyagent en train, abritant des chambres pratiques, bien tenues et insonorisées. Tons pastel, meubles de bon goût, plantes vertes, lumières douces : le décor du restaurant possède un sympathique petit côté "rétro".

XXX **Au Bon Vieux Temps,** 1 pl. Halle ✆ 03 24 29 03 70, *Fax 03 24 29 20 27* – . AE GB BYZ r
fermé 23 au 30 août, 26 au 31 déc., 15 fév. au 6 mars – **Repas** 21/46,50 et carte 43 à 60, enf. 8,40 ♀ ***Marmiton*** (1er étage) (déj. seul.) *(fermé dim. et lundi)* **Repas** 11/13,50.
◆ De jolies fresques d'esprit naïf (vues de Sedan et paysages des Ardennes) décorent les murs de cet élégant et confortable restaurant situé à deux pas du château. Carte simple, plats du jour et esprit bistrot au Marmiton, installé à l'étage du Bon Vieux Temps.

à Bazeilles *par ① : 3 km – 1 879 h. alt. 161 – ✉ 08140 :*

Château de Bazeilles ⋟, ✆ 03 24 27 09 68, *contact@chateau-bazeilles.com, Fax 03 24 27 64 20,* , – TV ♿ P – 20. AE GB JCB
L'Orangerie (dîner seul.) **Repas** 23/52, enf. 12 ♀ – ☕ 9 – **20 ch** 73/88 – ½ P 78.
◆ Hôtel aménagé dans les dépendances et la conciergerie d'un château du 17e s., jadis lieu de rencontre de la bourgeoisie sedanaise. Chambres spacieuses et fraîches. Salle à manger de caractère avec pierres apparentes, belle charpente et cheminée à l'Orangerie.

Auberge du Port ⋟, Sud : 1 km par rte Remilly-Aillicourt ✆ 03 24 27 13 89, *auberge-du-port@wanadoo.fr, Fax 03 24 29 35 58,* , – TV P – 25. AE GB JCB. ch
fermé 11 août au 1er sept. et 21 déc. au 6 janv. – **Repas** *(fermé vend., sam. midi et dim. soir de nov. à mars, vend. midi d'avril à oct.)* 15/40 bc, enf. 8 ♀ – ☕ 7 – **20 ch** 47/55 – ½ P 50.
◆ Paisible auberge de campagne nichée au milieu d'un jardin bordé par la Meuse. Chambres bien équipées, égayées de tissus fleuris. La vue sur la verdure et la rivière est un des bonheurs de ce restaurant agencé en partie en véranda et complété d'une terrasse.

SEDAN

Alsace-Lorraine (Pl. d') . **BZ** 2
Armes (Pl. d') . . . . **BY** 3
Bayle (R. de) . . . . **BY** 4
Berchet (R.) . . . . **BY** 5
Blanpain (R.) . . . . **BY** 6
Capucins (Rampe) . . . . . **BY** 7
Carnot (R.) . . . . **BY** 8
Crussy (Pl.) . . . . **BY** 9
Fleuranges (R. de) . . . . . **AY** 10
Francs-Bourgeois (R. des) **BY** 12
Gambetta (R.) . . . . **BY** 13
Goulden (Pl.) . . . . **BY** 14
Halle (Pl. de la) . . . . **BY** 15
Horloge (R. de l') . . . . . . **BY** 17
Jardin (Bd du Gd) . . . . . **BY** 18
La Rochefoucauld (R. de) . . . . **BY** 20
Lattre-de-Tassigny (Bd Mar.-de) . . . . **AZ** 21
Leclerc (Av. du Mar.) . . **BY** 24
Margueritte (Av. du G.) . . . . **ABY** 26
Martyrs-de-la-Résistance (Av. des) . **AY** 27
Mesnil (R. du) . . . . **BY**
Nassau (Pl.) . . . . **BZ** 31
Promenoir-des-Prêtres . **BY** 33
Rivage (R. du) . . . . **BY** 34
Rochette (Bd de la) . . . . **BY** 35
Rovigo (R.) . . . . **BY** 36
Strasbourg (R. de) . . . . . **BZ** 39
Turenne (Pl.) . . . . **BY** 41
Vesseron-Lejay (R.) . . . . **AY** 42
Wuidet-Bizot (R.) . . . . . . **BZ** 44

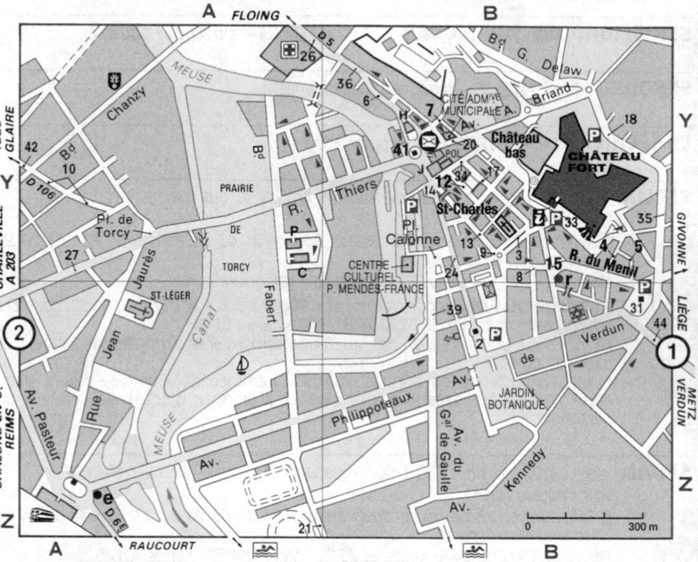

à Frénois *par ② et D 67 : 3,5 km – ✉ 08200 Sedan :*

Campanile, ✆ 03 24 29 45 45, *sedan@campanile.fr, Fax 03 24 27 64 52,* – – ♿ P – 25. AE ⓞ GB
Repas (12,50) - 18,50, enf. 6 – 6,50 – **47 ch** 50.
◆ Non loin de l'autoroute de contournement de Sedan, hôtel de chaîne dont les chambres, standardisées, sont réparties dans deux bâtiments cernés par la verdure. Restaurant Campanile type : cadre néo-rustique et formules buffets ; service en terrasse l'été.

SÉES *61500 Orne* 310 K3 *G. Normandie Cotentin – 4 504 h alt. 186.*
Voir *Cathédrale Notre-Dame★ : choeur et transept★★ – Forêt d'Ecouves★★ SO : 5 km.*
Office de tourisme, place Général-de-Gaulle ✆ 02 33 28 74 79, Fax 02 33 28 18 13, sees.tourisme@wanadoo.fr.
Paris 183 – L'Aigle 42 – Alençon 22 – Argentan 24 – Domfront 66 – Mortagne-au-Perche 33.

à Macé *: 5,5 km par rte d'Argentan, D 303 et D 747 – 476 h. alt. 173 – ✉ 61500 .*
Voir *Château d'O★ NO : 5 km.*

Ile de Sées, ✆ 02 33 27 98 65, *ile-sees@ile-sees.fr, Fax 02 33 28 41 22,* – P – 30. GB.
mars-oct. et fermé dim. soir et lundi – **Repas** 15 (déj.), 22/33, enf. 9 – 7 – **16 ch** 52/61 – ½ P 53.
◆ En pleine campagne normande, ancienne laiterie entourée d'un parc. Agréables chambres rénovées (mobilier lasuré, tons pastel). Stages d'artisanat. Chaleureuse salle à manger rustico-bourgeoise, cuisine traditionnelle et petite boutique de produits du terroir.

SEGOS *32 Gers* 336 A8 – *rattaché à Aire-sur-l'Adour.*

SÉGURET *84 Vaucluse* 332 D8 – *rattaché à Vaison-la-Romaine.*

SEIGNOSSE 40510 Landes **335** C12 – 2 427 h alt. 15.

⤢ de Seignosse 𝒫 05 58 41 68 30, O : 4 km par D 86.

🛈 Office de tourisme, avenue des Lacs 𝒫 05 58 43 32 15, Fax 05 58 43 32 66, office.tou risme@seignosse.com.

Paris 747 – Biarritz 36 – Dax 32 – Mont-de-Marsan 85 – Soustons 11.

Golf Hôtel ⤢, au golf, Ouest : 4 km par D 86 𝒫 05 58 41 68 40, *golfseignosse@wanadoo.fr,* Fax 05 58 41 68 41, ≤, 🛋, ⊒ – 🔄 ♿ 🅿 – ⚛ 30. 🝉 🕦 ⅁🕲
fermé 1ᵉʳ janv. au 1ᵉʳ mars – **Repas** (dîner seul.) 15/35, enf. 10 ⵙ – ⵣ 10,50 – **45 ch** 73,50/136 – ½ P 23.

◆ Dans la pinède, construction en bois coloré, de style Louisiane, associée à un joli parcours de golf. Immense hall sous verrière. Certaines chambres possèdent un balcon. Exotisme contemporain au restaurant ; échappée sur la piscine, les greens et la forêt.

SEILH 31 H.-Gar. **343** G2 – *rattaché à Toulouse.*

SEILHAC 19700 Corrèze **329** L3 – 1 635 h alt. 500.

🛈 Office de tourisme, place de l'Horloge 𝒫 05 55 27 97 62.

Paris 461 – Brive-la-Gaillarde 33 – Aubusson 97 – Limoges 73 – Tulle 15 – Uzerche 16.

Relais des Monédières, rte de Tulle : 1 km 𝒫 05 55 27 04 74, Fax 05 55 27 90 03, 🏤, ✻, ⍟ – ♿ 🛏 🅿. 🝉 ⅁🕲
fermé 15 déc. au 15 janv., 23 au 30 juin et vend. soir, sam. midi et dim. soir hors saison – **Repas** 13/30, enf. 9 ⍧ – ⵣ 6 – **14 ch** 52 – ½ P 42/45.

◆ Les amateurs de pêche s'intéresseront à cette affaire familiale située dans un parc avec plan d'eau, face au massif des Monédières. Modestes chambres, parfois rajeunies. Atmosphère rustique au restaurant. Cuisine traditionnelle à l'accent régional.

SÉLESTAT ⬠ 67600 B.-Rhin **315** I7 *G. Alsace Lorraine* – 17 179 h alt. 170.

Voir *Vieille ville★ : église Ste-Foy★ , église St-Georges★ , Bibliothèque humaniste★* **M**.

Env. *Ebermunster : intérieur★★ de l'église abbatiale★ , 9 km par ①.*

🛈 Office de tourisme, boulevard Leclerc 𝒫 03 88 58 87 20, Fax 03 88 92 88 63, accueil@se lestat-tourisme.com.

Paris 441 ① – Colmar 24 ③ – Gérardmer 65 ③ – St-Dié 44 ④ – Strasbourg 55 ①.

Plan page suivante

Hostellerie de l'Abbaye la Pommeraie, 8 av. Mar. Foch 𝒫 03 88 92 07 84, *pommeraie @relaischateaux.com,* Fax 03 88 92 08 71, 🏤 – 🛗 🗐 📺 ♿ ⊸, 🝉 🕦 ⅁🕲 **BY a**
Prieuré (fermé dim. soir et lundi midi) **Repas** 49bc/88 et carte 70 à 100 ⵙ – **S'Apfelstuebel :** **Repas** 26/49 ⵙ – ⵣ 14,50 – **13 ch** 132/239 – ½ P 112/166.

◆ Dans la vieille ville, noble demeure du 17ᵉ s., jadis dépendance de l'abbaye de Baumgarten. Plaisantes chambres garnies d'un joli mobilier de style. Au Prieuré, cadre élégant et cuisine au goût du jour soignée. Superbes boiseries à la winstub S'Apfelstuebel.
Spéc. Foie gras, tripettes et ris de veau. Langoustines et artichauts poivrade en cappuccino (juin à oct.). Abricots rotis à la lavande, glace à l'huile d'olives (juin-juil.). **Vins** Tokay-Pinot gris, Riesling.

Vaillant, 7 r. Ignace Spiess 𝒫 03 88 92 09 46, *hotel-vaillant@wanadoo.fr,* Fax 03 88 82 95 01 – 🛗, 🗐 rest, 📺 ♿ – ⚛ 45. 🝉 ⅁🕲 🕒🕓. ✻ rest **AZ e**
Repas *(fermé sam. midi et dim. soir)* (12)-15/33, enf. 7,50 ⵙ – ⵣ 8 – **47 ch** 46/66 – ½ P 48/53.

◆ De nombreuses oeuvres d'artistes locaux s'exposent dans cet hôtel moderne bordé d'un parc fleuri, proche du centre-ville. Chambres lumineuses, chacune de style différent. Au restaurant, tables joliment dressées, carte traditionnelle et spécialités régionales.

Jean-Frédéric Edel, 7 r. Serruriers 𝒫 03 88 92 86 55, *jfedel@wanadoo.fr,* Fax 03 88 92 87 26, 🏤 – 🝉 🕲 **BY e**
fermé 25 juil. au 17 août, 9 au 19 janv., dim. soir sauf fériés, mardi soir et merc. – **Repas** 65,50/110 bc et carte 78 à 98.

◆ Tableaux, sculptures modernes, assiettes originales et une cuisine classique revisitée qui ne manque pas de saveur : pas de doute, le maître des lieux a la fibre artistique !
Spéc. Ragoût de cuisses de grenouilles au riesling. Foie de canard poêlé sur choucroute. Vacherin glacé à l'alsacienne. **Vins** Gewürztraminer, Riesling.

Vieille Tour, 8 r. Jauge 𝒫 03 88 92 15 02, Fax 03 88 92 19 42 – ⅁🕲 **BY s**
fermé lundi – **Repas** 10,80 (déj.), 20/43 ⍧.

◆ Jolie maison alsacienne flanquée de cette "vieille tour" qui abrite un escalier desservant l'une des sept salles à manger. Cadre typiquement régional et plats du terroir.

à Rathsamhausen *Est : 5 km par D 21 et D 209* – ✉ 67600 Baldenheim :

Les Prés d'Ondine, rte Baldenheim 𝒫 03 88 58 04 60, *message@presdondine.com,* Fax 03 88 58 04 61, ≤, 🏤 – 🐾 📺 ♿ 🅿 – ⚛ 20. 🝉 🕲. ✻ rest
Repas *(fermé merc. et dim. soir)* (prévenir) 30, enf. 15 ⵙ – ⵣ 10 – **9 ch** 90/100 – ½ P 81/105.

◆ On se sent comme chez soi dans cette plaisante maison forestière du début du 20ᵉ s. : salon feutré, bibliothèque, meubles de famille dans les chambres. Plats régionaux et vue sur l'Ill sont les atouts de l'élégante table d'hôte des Prés d'Ondine.

SÉLESTAT

STRASBOURG A 35 COLMAR
ST-DIÉ-DES-V.
COLMAR, RIBEAUVILLÉ HT-KŒNIGSBOURG

Armes (Pl. d')	**BY** 2	Hôpital (R. de l')	**BZ** 15	Schweisguth (Av.) ... **ABY** 27
Babil (R. du)	**BY** 4	Lattre-de-Tassigny		Serruriers (R. des) ... **BY** 28
Bibliothèque (R. de la)	**BY** 5	(Pl. du Mal-de)	**BY** 17	Strasbourg (Pl. Pte-de) **BY** 30
Charlemagne (Bd)	**BY** 7	Maire-Knol (Allée du)	**BY** 19	Tanneurs (Quai des) .. **BZ** 33
Chevaliers (R. des)	**BYZ** 9	Marché-Vert (Pl. du)	**BY** 20	Victoire (Pl. de la) .... **BZ** 35
Clefs (R. des)	**BYZ** 10	Paix (R. de la)	**AY** 22	Vieux Marché aux Vins **BY** 36
Église (R. de l')	**BY** 12	Prés.-Poincaré (R. du)	**BZ**	4ᵉ-Zouaves (R. du) .... **BZ** 38
Gallieni (R. du Gén.)	**AZ** 14	Sainte-Barbe (R.)	**BZ** 26	17-Novembre (R. du) .. **BZ** 39

à Baldenheim par ①, D 21 et D 209 : 8,5 km – 924 h. alt. 170 – ⊠ 67600 :

🍴🍴 **Couronne**, r. Sélestat ℘ 03 88 85 32 22, Fax 03 88 85 36 27 – 🖭 ⲅⲃ
fermé 20 juil. au 2 août, 4 au 14 janv., dim. soir, jeudi soir et lundi – **Repas** 32/66 et carte 52 à 72 ♀.
◆ Auberge de village se distinguant par son cadre feutré, ses belles boiseries, son accueil prévenant, sa cave fournie et, pour couronner le tout, par sa table soignée.
Spéc. Escalopes de foie d'oie chaud au muscat d'Alsace. Jambonnettes de grenouilles, crêpe aux queues d'écrevisses. Matelote du Ried. **Vins** Riesling, Tokay-Pinot gris.

Le Schnellenbuhl par ②, D 159 et D 424 : 8 km – ⊠ 67600 Sélestat :

🍴 **Auberge de l'Illwald**, ℘ 03 88 85 35 40, contact@leschnellenbuhl.com, Fax 03 88 85 39 18, 🏦 – 🅿. ⲅⲃ
fermé 22 juin au 7 juil., 21 déc. au 6 janv., mardi et merc. – **Repas** 12,50 (déj.)/26,50 ♀.
◆ Une plaisante fresque égaye les murs de cet ancien café situé au bord d'une route de campagne. Tables dressées simplement. Cuisine entre bistrot et terroir.

SELLES-ST-DENIS 41300 L.-et-Ch. 𝟛𝟙𝟠 I7 – 1 193 h alt. 98.
Paris 194 – Bourges 69 – Orléans 71 – Romorantin-Lanthenay 16 – Vierzon 26.

🍴🍴🍴 **Auberge du Cheval Blanc** avec ch, pl. Mail ℘ 02 54 96 36 36, auberge@chevalblanc-s ologne.com, Fax 02 54 96 13 96, 😙 – 📺 📞 🕭 🅿 – 🛗 25. 🖭 ⲅⲃ. ⲙ rest
fermé 16 au 27 août, 21 au 30 déc., 1ᵉʳ au 23 fév., dim. soir de nov. à mars, mardi soir et merc. – **Repas** 22,50/45,50 et carte 40 à 60 ♀ – ⲷ 6,40 – **6 ch** 44,50/69 – ½ P 60/70.
◆ Cette belle façade à colombages veillant sur la place centrale du village capte volontiers le regard. Élégant intérieur rustique et agréable terrasse d'été ; mets classiques.

Donnez-nous votre avis sur les tables que nous recommandons,
sur leurs spécialités et leurs vins de pays.

SÉLONCOURT 25 Doubs **321** L2 – rattaché à Audincourt.

SELONNET 04 Alpes-de-H.-P. **334** F6 – rattaché à Seyne.

SELTZ 67470 B.-Rhin **315** M3 – 2 985 h alt. 115.

🛈 Office de tourisme, 2 avenue Gal Schneider ℰ 03 88 05 59 79, Fax 03 88 05 59 77, otsi@ville-seltz.fr.

Paris 508 – Strasbourg 52 – Haguenau 29 – Karlsruhe 33 – Wissembourg 31.

🏨 **Bois** sans rest, 36 rte, de Hatten ℰ 03 88 05 56 10, hoteldesbois@free.fr, Fax 03 88 05 56 20 – 📺 ✆ ⅙ 🅿. ☷
☐ 9,20 – **15 ch** 36/43.
◆ Construction récente proche d'une base nautique et de la frontière allemande. Chambres actuelles, colorées et bien insonorisées ; quelques-unes accueillent les familles.

SEMBLANÇAY 37360 I.-et-L. **317** M4 – 1 692 h alt. 100.

Paris 248 – Tours 17 – Angers 96 – Blois 77 – Le Mans 70.

❌❌ **Mère Hamard** avec ch, pl. Eglise ℰ 02 47 56 62 04, merehamard@wanadoo.fr, Fax 02 47 56 53 61, 🍽 – ⇔ 📺 ✆ 🅿 – 🔏 15. ☷ ☷
🏚 fermé 1ᵉʳ au 28 fév., mardi midi du 15 juin au 30 sept., dim. soir et lundi – **Repas** (fermé mardi midi en été, dim. soir et lundi) 16/46, enf. 11 ♀ ♨ – ☐ 8,50 – **10 ch** 55/85 – ½ P 60/75.
◆ Maisons régionales séparées par la rue : d'un côté, chambres rajeunies par étapes ; de l'autre, restaurant contemporain dressé avec soin. Cuisine classique et vins de Loire.

Nos guides hôteliers, nos guides touristiques et nos cartes routières sont complémentaires. Utilisez-les ensemble.

SEMÈNE 43 H.-Loire **331** H1 – rattaché à Aurec-sur-Loire.

SEMUR-EN-AUXOIS 21140 Côte-d'Or **320** G5 G. Bourgogne – 4 453 h alt. 286.

Voir Église N.-Dame★ – Pont Joly ≤★.

🏌 du Pré-Lamy à Précy-sous-Thil ℰ 03 80 97 30 50, S : 18 km par D 980.

🛈 Office de tourisme, 2 place Gaveau ℰ 03 80 97 05 96, Fax 03 80 97 08 85, Tourisme.pays. Auxois@wanadoo.fr.

Paris 246 ③ – Dijon 82 ③ – Auxerre 87 ③ – Avallon 42 ③ – Beaune 78 ③ – Montbard 20 ①.

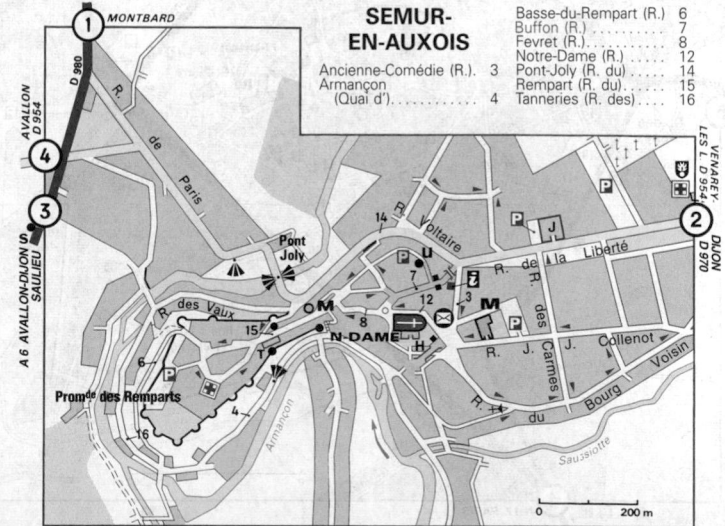

SEMUR-EN-AUXOIS

Ancienne-Comédie (R.) . 3	Basse-du-Rempart (R.) 6
Armançon	Buffon (R.) 7
(Quai d') 4	Fevret (R.) 8
	Notre-Dame (R.) 12
	Pont-Joly (R. du) 14
	Rempart (R. du) 15
	Tanneries (R. des) 16

Hostellerie d'Aussois ⟨S⟩, rte Saulieu (s) ☏ 03 80 97 28 28, *info@hostellerie.fr*, *Fax 03 80 97 34 56*, ⟨⟩, ⟨⟩, 🛋, 🏊 – ▤ rest, 📺 ⟨ 🕭 🅿 – 🔏 25 à 60. 🖭 ⊖🖃
Repas *(fermé 20 janv. au 11 fév. et dim. soir du 14 déc. au 8 fév.)* (12,50) - 14,50/29,50 ⟨⟩ – ⊐ 7,50 – **43 ch** 75/96 – ½ P 57,50/67,70.
♦ Pavillon récent abritant des espaces communs de style contemporain et des chambres fonctionnelles s'ouvrant sur la vieille ville ou la campagne. Salle à manger moderne et colorée offrant le coup d'oeil sur les remparts de la capitale de l'Auxois.

Cymaises ⟨S⟩ sans rest, 7 r. Renaudot (u) ☏ 03 80 97 21 44, *hotel.cymaises@libertysurf.fr*, *Fax 03 80 97 18 23*, 🌳 – 📺 ⟨ 🕭 🅿 ⊖🖃
fermé 4 nov. au 6 déc., 1er fév. au 7 mars et lundi d'oct. à Pâques – ⊐ 6,30 – **18 ch** 48,50/57,50.
♦ Au coeur de la cité médiévale, demeure bourgeoise aux chambres fraîches et bien insonorisées. Petits-déjeuners servis dans la véranda. Le jardin fleuri invite au repos.

au lac de Pont *Est : 3 km par D 103ᴮ* – ⊠ *21140 Semur-en-Auxois :*

Lac ⟨S⟩, ☏ 03 80 97 11 11, *hoteldulacdepont@wanadoo.fr*, Fax 03 80 97 29 25, 🌿, 🌳 – 📺 ⟨ 🅿 🖭 ⊕ ⊖🖃 JCB
fermé 21 au 29 mars, 28 nov. au 5 janv., dim. soir et lundi soir d'oct. à juin – **Repas** *(fermé dim. soir d'oct. à juin, lundi midi et mardi midi)* (12,50) - 14,70/26 ⟨⟩ – ⊐ 7 – **19 ch** 45/70 – ½ P 56.
♦ Grande bâtisse entourée de verdure abritant des chambres rénovées et fonctionnelles ou plus traditionnelles, garnies d'un mobilier de style. Salle à manger campagnarde et, l'été, terrasse ombragée d'une treille.

Une réservation confirmée par écrit ou par fax est toujours plus sûre.

SENLIS

Apport-au-Pain (R.)	**AY** 2	Heaume (R. du)	**AZ** 13	Poterne (R. de la)	**BZ** 29
Boutteville (Cours)	**BY** 5	Leclerc (Av. Gén.)	**BY** 15	Poulaillerie (R. de la)	**AY** 31
Bretonnerie		Montagne St-Aignan		St-Vincent (Rempart)	**BZ** 36
(R. de la)	**AZ** 6	(R. de la)	**AY** 17	St-Yves-à-l'Argent (R.)	**BZ** 38
Clemenceau (Av. G.)	**BY** 7	Montauban (Rempart du)	**AY** 19	Ste-Geneviève (R.)	**BZ** 40
Cordeliers (R. des)	**AZ** 9	Moulin St-Rieul (R. du)	**BY** 21	Treille (R. de la)	**AY** 42
Halle (Pl. de la)	**BY** 12	Odent (R.)	**BY** 24	Vernois (Av. F.)	**AY** 47
		Parvis (Pl. du)	**BY** 26	Vignes (R. des)	**AZ** 49
		Puits Tiphaine (R. du)	**AY** 27	Villevert (R. de)	**BY** 52

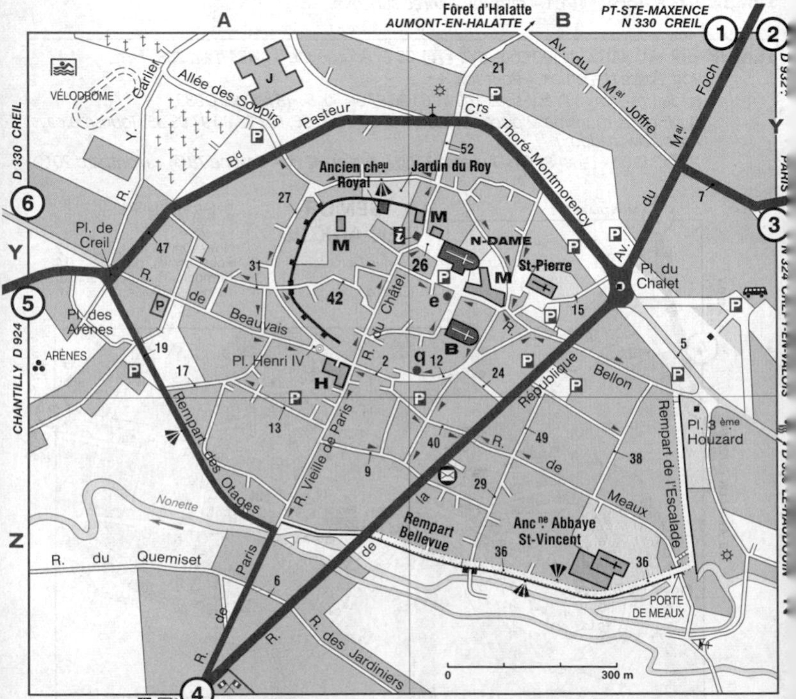

SENLIS ⊗ 60300 Oise 305 G5 G. Île de France – 16 327 h alt. 76.

Voir Cathédrale N.-Dame★★ – Vieilles rues★ ABY – Place du Parvis★ BY – Chapelle royale St-Frambourg★ B – Jardin du Roy ≤★ – Musée d'Art et d'Archéologie★.

Env. Parc Astérix★★ S : 12 km par autoroute A1.

🏌 à Apremont ℰ 03 44 25 61 11, NO : 5 km par N 330 ; 🏌 Dolce Chantilly à Vineuil-St-Firmin ℰ 03 44 58 47 74, par ⑤ : 8 km ; 🏌 Château Raray Paris Golf Club à Raray ℰ 03 44 54 70 61, par ② : 26 km.

🅱 Office de tourisme, place du Parvis Notre-Dame ℰ 03 44 53 06 40, Fax 03 44 53 29 80, off.tourisme-senlis@wanadoo.fr.

Paris 52 ③ – Compiègne 33 ③ – Amiens 102 ③ – Beauvais 56 ⑥ – Meaux 40 ③.

Plan page ci-contre

🏨   **Ibis**, par ③ : 2 km sur N 324 ℰ 03 44 53 70 50, Fax 03 44 53 51 93, 🍴 – 🐾 📺 📞 🕭 🅿 – 🏛 30. 🆎 ⓪ 🅖🅱
Repas (13,50) - 16,50, enf. 6,50 🝙 – 🖵 6 – **92 ch** 49/75.
◆ Hôtel pratique car situé juste à la sortie de l'autoroute. Chambres rénovées dans le bâtiment principal, mais pas à l'annexe. Restaurant à l'allure campagnarde, avec poutres apparentes et cheminée où l'on prépare les grillades.

XXX   **Scaramouche**, 4 pl. Notre-Dame ℰ 03 44 53 01 26, info@le-scaramouche.fr, Fax 03 44 53 46 14, 🍴 – 🗐. 🆎 ⓪ 🅖🅱   BY e
fermé mardi et merc. – **Repas** 26/60 et carte 47 à 79.
◆ Chaleureuse maison à la belle devanture en bois peint. Intérieur feutré agrémenté de tableaux et tapisseries ; jolie terrasse tournée vers la cathédrale Notre-Dame (12ᵉ s.).

XX   **Bourgeois Gentilhomme**, 3 pl. Halle ℰ 03 44 53 13 22, Fax 03 44 53 15 11 – 🆎 ⓪ 🅖🅱
🝆🝇🝈   BY q
fermé 2 au 24 août, sam. midi, dim. soir et lundi – **Repas** 26/69,10, enf. 13 🝙.
◆ Molière a inspiré son nom et sa décoration à ce restaurant sis dans une rue très commerçante de la vieille ville. Salle à manger intime. Sympathique cave voûtée du 12ᵉ s.

Ecrivez-nous...
Vos louanges comme vos critiques seront examinées avec le plus grand soin.
Nous reverrons sur place les informations que vous nous signalez.
Par avance merci !

SENNECÉ-LÈS-MÂCON 71 S.-et-L. 320 J11 – rattaché à Mâcon.

SENNECEY-LÈS-DIJON 21 Côte-d'Or 320 K6 – rattaché à Dijon.

SENONCHES 28250 E.-et-L. 311 C4 – 3 143 h alt. 223.

🅱 Syndicat d'initiative, 34 place des Halles ℰ 02 37 37 80 11.

Paris 115 – Chartres 38 – Dreux 38 – Mortagne-au-Perche 42 – Nogent-le-Rotrou 34.

XX   **Pomme de Pin** avec ch, r. M. Cauty ℰ 02 37 37 76 62, lapommedepin@club-internet.fr, Fax 02 37 37 86 61, 🍴 – 📺 🅿 – 🏛 15. 🅖🅱. 🦴 ch
fermé 2 au 30 janv., mardi midi d'avril à oct., vend. soir d'oct. à avril, dim. soir et lundi – **Repas** (15) - 23/40, enf. 8 🝙 – 🖵 8 – **10 ch** 38/63 – ½ P 54.
◆ Derrière la belle façade à colombages de cet ancien relais de poste, deux agréables salles à manger et un petit salon avec cheminée. Chambres simples au mobilier varié.

XX   **Forêt** avec ch, pl. Champ de Foire ℰ 02 37 37 78 50, Fax 02 37 37 74 98, 🍴 – 📺 📞. 🅖🅱
🦴   fermé fév., dim. soir et lundi midi – **Repas** 11,50/38,20 🝙 – 🖵 5,40 – **13 ch** 39/54 – ½ P 45/90.
◆ Imposante maison à pans de bois proche du champ de foire. Les chambres, meublées en chêne, sont rénovées. Spacieuse salle à manger rustique ; cuisine traditionnelle.

SENONES 88210 Vosges 314 J2 G. Alsace Lorraine – 2 906 h alt. 340.

Env. Route de Senones au col du Donon★ NE : 20 km.

🅱 Office de tourisme, 6 place Clémenceau ℰ 03 29 57 91 03, Fax 03 29 57 83 95, ot.senones@wanadoo.fr.

Paris 392 – Épinal 57 – Strasbourg 80 – Lunéville 50 – St-Dié 23.

XX   **Bon Gîte** avec ch, 3, pl. Vaulerin ℰ 03 29 57 92 46, Fax 03 29 57 93 92 – 📺 📞 🅿. 🆎 🅖🅱
🦐   fermé 12 au 26 juil., 5 au 28 fév. – **Repas** (fermé dim. soir et lundi) 16/30, enf. 7 🝙 – 🖵 6 – **7 ch** 39/50 – ½ P 44/50.
◆ Bâtisse pimpante et fleurie au cœur de l'ancienne capitale de la principauté de Salm. Photographies, bibelots et cheminée-grill animent un décor contemporain. Table régionale.

1579

SENS *89100 Yonne* **319** *C2 G. Bourgogne* – *26 904 h alt. 70.*

Voir *Cathédrale St-Étienne*★ – *Trésor*★★ – *Musée et palais synodal*★ **M¹**.

🏌 *du Senonais à Lixy* ℘ *03 86 66 58 46, par* ⑤ *: 22 km.*

🛈 *Office de tourisme, place Jean Jaurès* ℘ *03 86 65 19 49, Fax 03 86 64 24 18, otsi.sens @wanadoo.fr.*

Paris 116 ⑤ – *Fontainebleau 54* ⑤ – *Auxerre 59* ③ – *Montargis 50* ④ – *Troyes 71* ②.

SENS

Cousin (Square J.)	10	Leclerc (R. du Gén.)	19	
Déportés-et-de-la-		Maupéou (Bd de)	21	
Résistance (R. des)		Moulin (Quai J.)	23	
Alsace-Lorraine (R. d')	2	Foch (Bd Mar.)	12	République
Beaurepaire (R.)	3	Garibaldi (Bd des)	13	(Pl. de la)	27
Chambonas (Cours)	8	Gateau (R. A.)	15	République
Cornet (Av. Lucien)	9	Grande-Rue	16	(R. de la)	28

🏰 **Paris et Poste**, 97 r. République (a) ℘ 03 86 65 17 43, *godard@gatewan.net*, *Fax 03 86 64 48 45*, 🍴 – 📶 ↩ ▤ rest, 📺 🕭 ⇔ 🖭 ⓘ GB JCB
- Sénon *(fermé dim. soir et lundi)* **Repas** (25) - 30/50, enf. 5 ♀ – ⊒ 12 – **26 ch** 65/125, 4 suites – ½ P 67/100.
♦ Hostellerie de tradition à l'ambiance provinciale, dont la plupart des chambres, spacieuses et modernes, s'ouvrent sur un patio. Salle à manger d'esprit bourguignon, véranda et cuisine classique au Sénon.

🏨 **Virginia**, par ② rte de Troyes : 3 km ℘ 03 86 64 66 66, *Fax 03 86 65 75 11*, 🍴 – 📺 🕭 🅿 – 🔼 20 à 50. 🖭 ⓘ GB
Repas *(fermé 24 déc. au 2 janv.)* 15,90/21,40 ♃ – ⊒ 5,30 – **100 ch** 36/43 – ½ P 35,70.
♦ Cet important motel au décor "Louisiane" regroupe dix pavillons de plain-pied, dont huit abritant des chambres "confort" ou "standard". Restauration de type grill, à la mode de l'oncle Sam, pratique pour dépanner.

XXX **Madeleine** (Gauthier), 1 r. Alsace-Lorraine (1ᵉʳ étage) (d) ℘ 03 86 65 09 31,
🏵🏵 *Fax 03 86 95 37 41* – ▤. 🖭 GB
fermé 27 juin au 6 juil., 8 au 24 août, 19 déc. au 4 janv., mardi midi, dim., lundi et fériés. –
Repas *(nombre de couverts limité, prévenir)* 36 (déj.), 45/78 et carte 70 à 87 🕭.
♦ Restaurant cossu aux teintes pastel, apprécié des gourmets qui y dégustent une cuisine évoluant au gré des saisons. Fourneaux et rayonnages d'épicerie décorent le vestibule.
Spéc. Foie gras chaud au cassis et pomme safran. Cabillaud à l'étouffée, beurre demi-sel, cocos de Paimpol (15 juil. au 15 oct.). Mousseline au chocolat guanaja mi-cuit mi-fondant.
Vins Chablis, Irancy.

XXX **Potinière**, 51 r. Cécile de Marsangy par ④ ℘ 03 86 65 31 08, *la.potiniere@abs.m.com*,
Fax 03 86 64 60 19, ≼, 🍴 – 🅿. 🖭 GB JCB
fermé vacances de fév., dim. soir, lundi soir et mardi – **Repas** (en saison, prévenir) 27,50/
65 et carte 51 à 65 ♀.
♦ Ancienne guinguette dont la belle terrasse ombragée au bord de l'Yonne est très prisée des touristes fluviaux (ponton d'accostage). Salle à manger fraîche et lumineuse.

XX **Clos des Jacobins,** 49 Gde rue (t) ℘ 03 86 95 29 70, *lesjacobins@wanadoo.fr,* Fax 03 86 64 22 98 – ▣. ⬛ ⬛

fermé 16 août au 2 sept., 22 déc. au 5 janv., dim. soir, mardi soir et merc. – **Repas** 27/50 ♇.
♦ Confortable salon-bar, salle à manger égayée de murs ensoleillés et garnie de chaises en cuir noir, tables joliment dressées et cuisine classique caractérisent l'adresse.

XX **Auberge de la Vanne,** 176 av. de Senigallia par ③ ℘ 03 86 65 13 63, Fax 03 86 65 90 85, ≼, ⌂ – ℗. ⬛ ⓪ ⬛

fermé 12 au 30 nov., dim. soir, merc. soir et mardi – **Repas** 17/44, enf. 12.
♦ Maison régionale postée entre la nationale et les rives de la Vanne. Salle à manger panoramique. Terrasse sous les saules, au bord de l'eau. Registre culinaire classique.

X **Au Crieur de Vin,** 1 r. Alsace-Lorraine (d) ℘ 03 86 65 92 80, Fax 03 86 95 37 41
fermé 27 juin au 6 juil., 8 au 24 août, 19 déc. au 4 janv., mardi midi, dim., lundi et fériés. –
⬂ Repas 21,50/35, enf. 12 ⌂.
♦ Plaisante atmosphère de bistrot, plats traditionnels et viandes cuites à la broche, crus choisis : "vin sur vin" pour cette sympathique adresse à ne pas crier sur les toits.

à Soucy *par ① : 7 km – 1 339 h. alt. 90 – ⊠ 89100 :*

X **Auberge du Regain** avec ch, ℘ 03 86 66 64 62, Fax 03 86 54 18, ⌂ – ▣ ⬛
fermé 14 juil. au 1er août, 26 déc. au 6 janv., dim. soir et lundi – **Repas** 26,50 ♇ – ⊡ 5 – **6 ch** 25/38 – ½ P 65/78.
♦ Maison de village abritant une salle rustique avec cheminée, vieux cuivres, poutres et tomettes d'origine (1860). Plaisante terrasse. Chambres rajeunies mais sans sanitaire.

à Malay-le-Petit *par ② : 8 km – 334 h. alt. 85 – ⊠ 89100 :*

X **Auberge Rabelais** avec ch, 55 route de Genève ℘ 03 86 88 21 44, Fax 03 86 88 33 79, ⌂ ▣ ℗. ⬛ ⬛
fermé 22 oct. au 4 nov., 13 au 26 fév., merc. soir et jeudi – **Repas** 16/37,50 – ⊡ 6,50 – **6 ch** 30/45 – ½ P 32/39.
♦ En bord de route, derrière une façade mangée par la vigne vierge, restaurant traditionnel au décor "chasse" et sa jolie terrasse ombragée. Chambres plus calmes à l'arrière.

à Rosoy *par ③ : 5,5 km – ⊠ 89100 :*

▥ **Auberge de l'Hélix,** ℘ 03 86 97 92 10, Fax 03 86 97 19 00 – ▣ ⬗ ℗. ⬛
fermé 9 au 23 août, 7 au 14 fév., dim. soir et lundi – **Repas** 15 (déj.), 25/32 ♇ – ⊡ 4,50 –
10 ch 35/50 – ½ P 40.
♦ Cet ancien relais de bateliers est séparé de l'Yonne par la nationale. Presque toutes les chambres sont rénovées et bénéficient d'un double vitrage. Salle à manger campagnarde avec poutres et grande cheminée à manteau de bois sculpté.

à Subligny *par ④ et N 60 : 7 km – 478 h. alt. 150 – ⊠ 89100 :*

X **Haie Fleurie,** La Haie Pèlerine, Sud-Ouest : 2 km ℘ 03 86 88 84 44, Fax 03 86 88 86 67, ⌂ – ⬛
fermé 25 au 31 juil., dim. soir, merc. soir et jeudi – **Repas** 15 (déj.), 24,50/47.
♦ Ancien routier promu auberge, officiant dans la traversée d'un hameau. Petit salon d'accueil ouvrant sur une avenante salle à manger rustique. Terrasse fleurie.

à Villeroy *par ④ et D 81 : 7 km – 254 h. alt. 184 – ⊠ 89100 :*

XXX **Relais de Villeroy** avec ch, ℘ 03 86 88 81 77, *reservation@relais-de-villeroy.com,* Fax 03 86 88 84 04, ⌂, ⌖ – ▣ ⬗ ⬛ ℗ – ⬛ 15. ⬛
fermé 20 déc. au 6 janv. – Repas (fermé 1er au 10 juil., 20 déc. au 6 janv., 15 fév. au 3 mars, merc. midi, lundi et mardi) 28,50/52 et carte 42 à 62, enf. 10 **Bistro Chez Clément** *(fermé 2 au 25 août, dim. soir, merc. soir et jeudi)* Repas 14/25 ♌ – ⊡ 7 – **8 ch** 52/57.
♦ Cette pimpante construction régionale située à l'écart du village abrite une salle à manger cossue, une véranda et des petites chambres confortables. Joli jardin fleuri. Cuisine de bistrot, cadre rustique et ambiance conviviale Chez Clément.

SEPT-SAULX 51400 Marne ▓▓▓ H8 – *510 h alt. 96.*
Paris 167 – *Reims 26* – Châlons-en-Champagne 29 – Épernay 29 – Rethel 51 – Vouziers 58.

▦ **Cheval Blanc** ⌂, ℘ 03 26 03 90 27, *cheval.blanc-sept-saulx@wanadoo.fr,* Fax 03 26 03 97 09, ⌂, ⌖, ⌖ – ▣ ⬗ ℗ – ⬛ 15. ⬛ ⬛
fermé fév., mardi et merc. d'oct. à mars – **Repas** 24 (déj.), 29/86 bc ♇ – ⊡ 9 – **20 ch** 58/132, 4 suites – ½ P 86/120.
♦ Au coeur du prestigieux vignoble champenois, trois bâtiments dont un ancien relais de poste. Les chambres s'ouvrent sur un grand jardin calme longé par une rivière. Restaurant au cadre cossu donnant sur une courette fleurie aménagée en terrasse l'été.

Donnez-nous votre avis sur les tables que nous recommandons,
sur leurs spécialités et leurs vins de pays.

SÉREILHAC 87620 H.-Vienne **325** D6 – 1 595 h alt. 322.

Paris 405 – Limoges 19 – Confolens 50 – Périgueux 77 – St-Yrieix-la-Perche 37.

Relais des Tuileries, aux Betoulles Nord-Est : 2 km sur N 21 ℘ 05 55 39 10 27, relaistuile ries@aol.com, Fax 05 55 36 09 21, 🛲 – **TV P. GB**

fermé 15 au 19 nov., 2 au 31 janv., dim. soir et lundi sauf juil.-août – **Repas** 13/36, enf. 9 ♀ – ☲ 7 – **10 ch** 46/50 – ½ P 44.

◆ Dans un hameau, ancienne tuilerie flanquée de deux pavillons. Toutes les chambres aménagées dans ces derniers sont en rez-de-jardin. Salle à manger rustique agrémentée de poutres apparentes et d'une cheminée. On y propose des menus du terroir.

SEREZIN-DU-RHÔNE 69360 Rhône **327** H6 – 2 388 h alt. 164.

Paris 473 – Lyon 18 – Rive-de-Gier 22 – La Tour-du-Pin 59 – Vienne 16.

Bourbonnaise, ℘ 04 78 02 80 58, labourbonnaise@labourbonnaise.com, Fax 04 78 02 17 39, 🛲 – 🛏 **TV & P. – 🏄** 20 à 35. **AE ① GB**

Repas *(fermé dim. soir et lundi)* 19,50 (déj.), 24,50/56, enf. 13,50 ♀ - **Grill : Repas** 13,50/ 16,50 ₰ – ☲ 7,50 – **39 ch** 56/66.

◆ Adresse pratique pour l'étape. Petites chambres rénovées (sobre mobilier contemporain) côté route, mais plus calmes côté cour. Jardinet-terrasse. Au restaurant, carte classique et cadre bourgeois. Plats du jour et buffets (hors-d'oeuvre et desserts) au Grill.

SÉRIGNAN-DU-COMTAT 84 Vaucluse **332** C8 – rattaché à Orange.

SERMERSHEIM 67230 B.-Rhin **315** J6 – 829 h alt. 160.

Paris 506 – Strasbourg 40 – Lahr/Schwarzwald 41 – Obernai 21 – Sélestat 14.

Au Relais de l'Ill sans rest, r. Rempart ℘ 03 88 74 31 28, relais-de-lill@wanadoo.fr, Fax 03 88 74 17 51 – **TV ℰ P. GB**

fermé 20 déc. au 10 janv. – ☲ 7 – **23 ch** 52/70.

◆ Hôtel familial récent, nullement gêné par les bruits de la voie rapide située à proximité. Les fenêtres des chambres, spacieuses et bien tenues, donnent sur la campagne.

SERRE-CHEVALIER 05240 H.-Alpes **334** H3 G. Alpes du Sud – alt. 2483 – Sports d'hiver : 1 200/ 2 800 m ✆ 9 ℰ 67 ☒.

Voir ☀ ★★.

🖪 Office de tourisme ℘ 04 92 24 98 98, Fax 04 92 24 98 84, contact@ot-serrechevalier.fr.
Paris 678 – Briançon 7 – Gap 95 – Grenoble 110 – Col du Lautaret 21.

à Chantemerle – alt. 1350 – ⊠ 05330 St-Chaffrey.

Voir Col de Granon ☀★★ N : 12 km.

Plein Sud ☒, ℘ 04 92 24 17 01, lynne@hotelpleinsud.com, Fax 04 92 24 10 21, ≼, ☒, 🛲 – **TV ℰ P. AE GB**

fermé 5 au 18 mai et 2 au 30 nov. – **Repas** 22 (déj.)/40 ♀ – **42 ch** ☲ 115/170 – ½ P 90/108.

◆ Dans cet hôtel central, optez pour les chambres côté Sud, plus grandes et dotées de loggias avec vue sur les forêts de mélèzes. Accès Internet et belle piscine couverte. Cuisine au goût du jour et formules buffets dans la salle à manger et carte snack au pub.

Boule de Neige ☒, ℘ 04 92 24 00 16, contact@hotellabouledeneige.com, Fax 04 92 24 00 25, 🛲, 🛲 – **TV. GB ⅍** ch

28 juin-30 août et 19 déc.-26 avril – **Repas** (dîner seul.) 25 – ☲ 8 – **10 ch** 102/122 – ½ P 69/79.

◆ Les chambres de cette maison du 17ᵉ s. joliment rénovée sont sobres et soignées. Un appartement, assez cossu, dominant les pistes, est également à disposition. Avec ses meubles clairs et ses sculptures de terre cuite, la salle à manger voûtée a du cachet.

à Villeneuve-la-Salle – ⊠ 05240 La-Salle-les-Alpes.

Voir Eglise St-Marcellin★ de La-Salle-les-Alpes.

Christiania, ℘ 04 92 24 76 33, le.christiania@wanadoo.fr, Fax 04 92 24 83 82, ≼, 🛲, 🛲 – **TV P. GB. ⅍** rest

19 juin-11 sept. et 13 déc.-13 avril – **Repas** (en hiver dîner seul.) 21/25, enf. 8 – ☲ 8 – **26 ch** 86/98 – ½ P 73/78.

◆ Accueil familial, bar-salon rustique réchauffé par une cheminée et vastes chambres douillettes caractérisent cet hôtel sis au bord de la Guisane. Restaurant au cadre alpin décoré de vieux objets et terrasse dressée dans le jardin longé par l'impétueux torrent.

Bidule, au Bez ℘ 04 92 24 77 80, lauberge.aupetitlard@wanadoo.fr, Fax 04 92 24 85 51, 🛲 – **GB**

fermé 1ᵉʳ au 13 juin et 10 au 28 novembre – **Repas** (prévenir) 14 (déj.), 22/35 ♀.

◆ Dans un hameau perché, deux salles à manger à l'atmosphère très montagnarde, aménagées dans une ancienne bergerie. Spécialités de raclettes et fondues.

au Monêtier-les-Bains – *1 009 h. alt. 1480* – ✉ *05220* :

🏨 **L'Auberge du Choucas** 🦢, 𝒫 04 92 24 42 73, *auberge.du.choucas@wanadoo.fr*, Fax 04 92 24 51 60, 🍽️, 🛏️ – 📺 📞, 🏧
fermé 2 au 28 mai et 31 oct. au 10 déc. – **Repas** *(fermé 19 avril au 29 mai, 17 oct. au 17 déc., le midi du lundi au jeudi sauf de juil. à sept.)* (19) · 29/39, enf. 15 – 🍽️ 15 – **8 ch** 125/145, 4 duplex – ½ P 95/180.
♦ Coquette auberge voisine de l'église du 15ᵉ s. Élégant décor régional dans les espaces communs et sympathiques chambres personnalisées, dont quelques duplex. Jolie salle à manger voûtée, décorée d'une belle collection de cuivres et cuisine au goût du jour.

🏨 **Alliey**, 𝒫 04 92 24 40 02, *hotel@alliey.com*, Fax 04 92 24 40 60, ≤, 🍽️ – 🏧, 🍴 rest
26 juin-4 sept. et 18 déc.-10 avril – **Repas** *(dîner seul.)* 28/36 🍷 – 🍽️ 10 – **22 ch** 76/162, *(½ pens. seul. en hiver)* – ½ P 86/97.
♦ Séparées par un patio, deux maisons de pays restaurées. Chambres douillettes, parfois dotées de balcons ; salle de jeux. Au restaurant, plaisant décor de style "carnotset" (terme issu du patois vaudois), spécialités savoyardes et carte des vins bien composée.

🏨 **Europe et des Bains**, 𝒫 04 92 24 40 03, *hotel-de-leurope@wanadoo.fr*, Fax 04 92 24 52 17, 🍽️ – 📺, ⓞ 🏧
5 juin-25 sept. et 18 déc.-20 avril – **Repas** *(fermé le midi du 18 déc. au 20 avril)* 18/30, enf. 10 🍷 – 🍽️ 10 – **29 ch** 54/73 – ½ P 69.
♦ Tout près de l'église, vénérable hostellerie tenue par la même famille depuis 1850. Chambres simples, au mobilier rustique. Salon aménagé dans une jolie salle voûtée. Côté restaurant, salle à manger de type pension assez colorée et cuisine traditionnelle.

🏨 **Castel Pélerin** 🦢, Le Lauzet, Nord-Ouest : 6 km par rte Lautaret et rte secondaire 𝒫 04 92 24 42 09, *info@castel-pelerin.com*, Fax 04 92 24 40 34, ≤ – 🅿️, 🆎 🏧
1ᵉʳ juil.-31 août et 15 janv.-31 mars – **Repas** *(½ pens. seul.)* – 🍽️ 7 – **6 ch** 65/75 – ½ P 54.
♦ Ceux qui recherchent le calme absolu ont trouvé "l'adresse" et méritent leur bâton de pèlerin : un hameau isolé et des chambres de style montagnard sans TV ! Chaleureuse salle à manger voûtée, installée dans une étable qui serait âgée de plus de 700 ans.

🍴 **Chazal**, Les Guibertes, Sud-Est 2,5 km par rte Briançon 𝒫 04 92 24 45 54, 🍽️ – 🏧
fermé 21 juin au 4 juil., 20 sept. au 15 déc., lundi et mardi – **Repas** *(dîner seul. sauf week-ends)* 22/36.
♦ Au détour d'une ruelle, ancienne bergerie abritant deux petites salles à manger voûtées. Dès l'entrée, la vue sur les fourneaux met en appétit. Cuisine au goût du jour.

SERRIÈRES *07340 Ardèche* 🗺️331 *K2 G. Vallée du Rhône – 1 078 h alt. 140.*

🛈 *Syndicat d'initiative, quai jules roche sud* 𝒫 *04 75 34 06 01, Fax 04 75 34 06 01, serrieres-sur-rhone@fnotsi.net.*
Paris 514 – Annonay 16 – Privas 91 – St-Étienne 55 – Vienne 29.

🍴🍴🍴 **Schaeffer** avec ch, N 86 𝒫 04 75 34 00 07, *mathe@hotel-schaeffer.com*, Fax 04 75 34 08 79, 🍽️ – ▤ 📺 🚗 – 🅰 40. 🏧
fermé vacances de Toussaint, janv., sam.midi, dim. soir et lundi de sept. à juin et mardi en juil.-août – **Repas** 22 (déj.), 33/80 et carte 43 à 63, enf. 13 – 🍽️ 7 – **11 ch** 42/60.
♦ Au bord du Rhône, imposante façade colorée abritant un restaurant cossu aux tons pastel. La fresque de la salle du 1ᵉʳ étage mérite le coup d'œil. Chambres fonctionnelles.

SERRIS *77 S.-et-M.* 🗺️312 *F2 – voir à Paris, Environs (Marne-la-Vallée).*

SERVIERS-ET-LABAUME *30 Gard* 🗺️339 *L4 – rattaché à Uzès.*

SERVON *50170 Manche* 🗺️303 *D8 – 251 h alt. 25.*
Paris 352 – St-Malo 55 – Avranches 15 – Dol-de-Bretagne 30 – St-Lô 72.

🍴🍴 **Auberge du Terroir** 🦢 avec ch, 𝒫 02 33 60 17 92, *aubergeduterroir@wanadoo.fr*, Fax 02 33 60 35 26, 🍽️, 🍴 – 📺 📞 🖕 🅰 🏧, 🍴 rest
fermé 17 nov. au 10 déc., fév., vend. midi d'oct. à juin, sam. midi et merc. – **Repas** 16/50, enf. 11 🍷 – 🍽️ 7,50 – **6 ch** 55/58 – ½ P 55/60.
♦ Dans les murs de l'ancienne école et du presbytère, salle à manger campagnarde agrémentée de jolis cuivres et d'une belle cheminée. Chambres récentes et bien décorées.

Écrivez-nous...
Vos louanges comme vos critiques seront examinées avec le plus grand soin.
Nous reverrons sur place les informations que vous nous signalez.
Par avance merci !

SERVOZ 74310 H.-Savoie 328 N5 *G. Alpes du Nord – 818 h alt. 816.*

🛈 *Office de tourisme, Le Bouchet ✆ 04 50 47 21 68, Fax 04 50 47 27 06, info@servoz.com.*
Paris 598 – Chamonix-Mont-Blanc 14 – Annecy 85 – Bonneville 43 – Megève 22.

🛏 **Gorges de la Diosaz** ॐ, ✆ 04 50 47 20 97, *info@hoteldesgorges.com,*
Fax 04 50 47 21 08, ←, 🍴 – 📺 📞, 🅶🅱, ⚘
fermé 3 au 19 mai, 25 oct. au 12 nov., dim. soir et merc. – **Repas** 23/44, enf. 8,90 ☲ – 立 7 –
7 ch 65 – ½ P 57,50.
  ◆ Chalet fleuri dans un village savoyard typique, renfermant de douillettes chambres
habillées de lambris et un sympathique salon d'esprit rustique. Coquet restaurant : décor
tout bois et vue sur les montagnes. La cuisine, régionale, évolue au gré des saisons.

🛏 **Les Chamois** ॐ sans rest, près église ✆ 04 50 47 20 09, *infos@leschamois.fr,*
Fax 04 50 47 24 87, ←, 🍴 – 📺 🅿, 🅶🅱, ⚘
fermé 24 avril au 15 mai, 9 au 23 oct. et 6 nov. au 18 déc. – 立 7 – **7 ch** 45/70.
  ◆ Loin des grands axes routiers, petit chalet où le client est choyé. Chambres lambrissées
et bien tenues. Confitures maison et jus de fruits frais au petit-déjeuner.

SESSENHEIM 67770 B.-Rhin 315 L4 *G. Alsace Lorraine – 1 783 h alt. 120.*
Paris 497 – Strasbourg 39 – Haguenau 18 – Wissembourg 44.

🍴🍴 **A L'Agneau,** à Dengolsheim, D 468 ✆ 03 88 86 95 55, Fax 03 88 86 04 43, 🍴, 🌲 – 🗐 🅿,
🅶🅱
fermé 1er au 15 fév., lundi et mardi – **Repas** 24 et carte le soir 39 à 57 ☲.
  ◆ Sympathique petite auberge de village abritant une salle à manger aux tons bleus,
fraîche et confortable. Agréable terrasse tournée vers le jardin. Cuisine au goût du jour.

🍴🍴 **Au Boeuf,** 1 r. Église ✆ 03 88 86 97 14, *auberge.boeuf@wanadoo.fr, Fax 03 88 86 04 62,*
🍴 – 🅶🅱
fermé 19 juil. au 5 août, 17 janv. au 4 fév., lundi et mardi – **Repas** 35 (déj.), 38/55 ☲.
  ◆ Maison alsacienne et son petit musée Goethe attenant, où la tradition veut que l'on
serve à toute heure. D'authentiques bancs d'église du 18e s. agrémentent l'une des salles.

SÈTE 34200 Hérault 339 H8 *G. Languedoc Roussillon – 39 542 h alt. 4 – Casino.*

Voir *Mont St-Clair★ : terrasse du presbytère de la chapelle N.-D. de la Salette* ✳★★ **AZ** – *Le
Vieux Port★ – Cimetière marin★.*

🛈 *Office de tourisme, 60 Grand' Rue Mario Roustan ✆ 04 67 74 71 71, Fax 04 67 46 17 54,*
tourisme@ville-sete.fr.
Paris 787 ① *– Montpellier 35* ① *– Béziers 48* ② *– Lodève 63* ①.

Plan page ci-contre

🏨 **Grand Hôtel** sans rest, 17 quai Mar. de Lattre de Tassigny ✆ 04 67 74 71 77, *info@sete-ho
tel.com, Fax 04 67 74 29 27 –* 📶 📺 📞 – 🔬 25. 🆎 ⓪ 🅶🅱   **AY t**
fermé 18 déc. au 2 janv. – 立 8,50 – **43 ch** 95/126.
  ◆ À deux pas de la maison natale de Georges Brassens, élégant hôtel (1882) bordant le
canal. Chambres raffinées. Superbe patio sous verrière. Salle des petits-déjeuners design.

🏨 **Port Marine,** Môle St-Louis ✆ 04 67 74 92 34, *contact@hotel-port-marine.com,*
Fax 04 67 74 92 33, ←– 📶 🗐 📺 📞 & ⇦ 🅿 – 🔬 40. 🆎 ⓪ 🅶🅱   **AZ d**
Repas *(fermé dim. et lundi du 1er oct. au 30 avril)* 14 (déj.), 22/30, enf. 10 – 立 9 – **46 ch**
66/92, 6 suites – ½ P 65/78.
  ◆ Architecture moderne face au môle St-Louis d'où "l'Exodus" prit la mer en 1947. Le
décor des chambres évoque sobrement l'intérieur d'une cabine de bateau. Toit-solarium.
Salle à manger contemporaine où vous dégusterez plats traditionnels et produits de la mer.

🍴🍴 **Rotonde,** 17 quai Mar. de Lattre de Tassigny ✆ 04 67 74 86 14, *ghsetect@sete-hotel.com,*
Fax 04 67 74 86 14 – 🗐, 🆎 ⓪ 🅶🅱   **AY t**
fermé 2 au 15 août, 3 au 16 janv., sam. midi et dim. – **Repas** (19) - 24/30, enf. 12 ☲.
  ◆ Stucs, moulures et haut plafond composent le cadre Belle Époque de ce restaurant qui
fut naguère la salle à manger du Grand Hôtel. Goûteuse cuisine d'inspiration méditerranéenne.

🍴🍴 **Palangrotte,** rampe P. Valéry - quai Marine ✆ 04 67 74 80 35, *kiefferbern@wanadoo.fr,*
Fax 04 67 74 97 20 – 🗐, 🅶🅱   **AZ r**
fermé dim. soir et lundi sauf juil.-août – **Repas** 22/36 ☲.
  ◆ Ce restaurant de la Marine - dont l'enseigne évoque une technique de pêche - propose
ses spécialités de poissons dans une salle à manger aux coloris tendres.

sur la Corniche *Sud du plan par D 2 : 2 km :*

🏨 **Les Tritons** sans rest, bd Joliot-Curie ✆ 04 67 53 03 98, *info@hotellestritons.com,*
Fax 04 67 53 38 31, 🔟 – 📶 📺 📞 🅿, 🆎 ⓪ 🅶🅱 🅹🅲🅱
立 6 – **40 ch** 65/69.
  ◆ Les chambres, fonctionnelles et colorées, viennent d'être rénovées ; climatisation et vue
sur mer en façade, fraîcheur et calme sur l'arrière. Décor marin dans le hall.

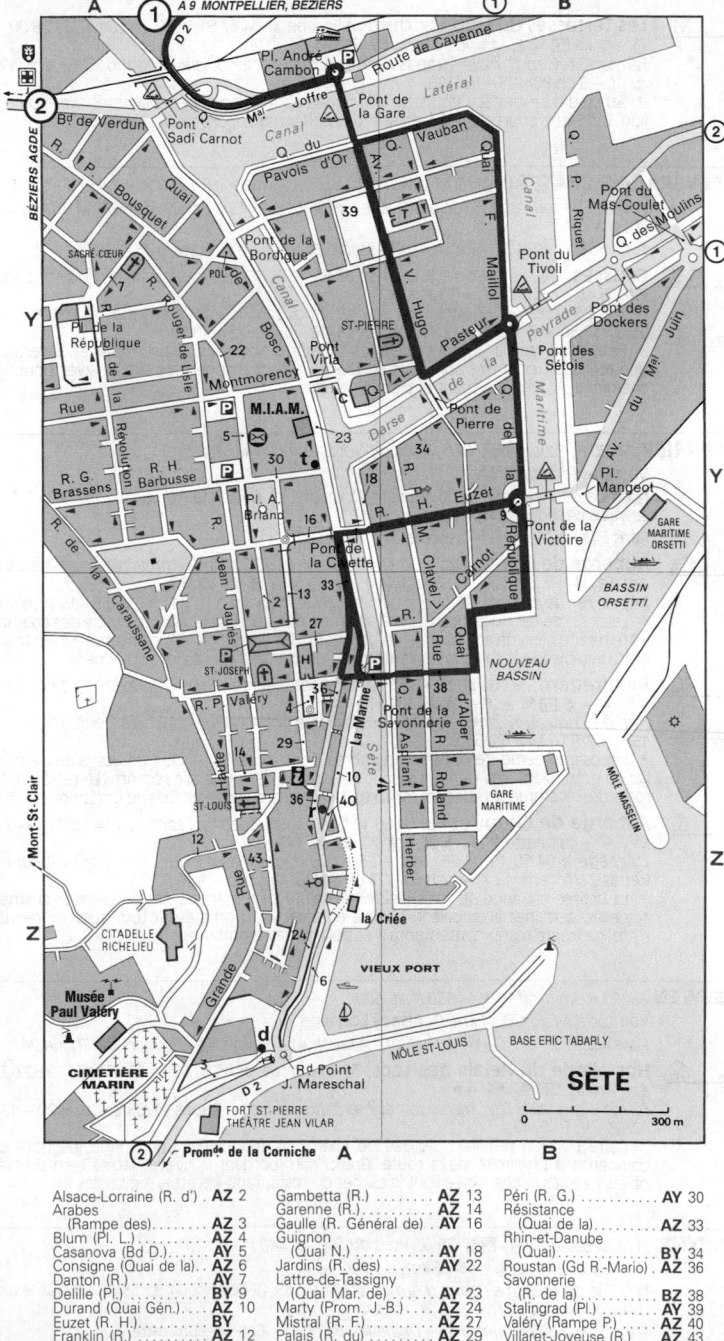

A   ①   ①   B

Route de Cayenne

Pl. André Cambon

Bd de Verdun

Pont Sadi Carnot

Joffre

Pont de la Gare

Pont Latéral

Canal du Q. Vauban

Quai Maillol

Pavois d'Or

Pont du Mas-Coulet

Q. des Moulins

Pont de la Bordigue

Q. P. Riquet

Pont du Tivoli

Pont des Dockers

Pl. de la République

ST-PIERRE

Pont Virla

Montmorency

Pasteur

Pont des Sétois

M.I.A.M.

Pont de Pierre

Av. du Mal Juin

R. G. Brassens

R. H. Barbusse

Pl. A. Briand

Euzet

Pl. Mangeot

GARE MARITIME ORSETTI

Pont de la Victoire

Pont de la Civette

BASSIN ORSETTI

ST-JOSEPH

R. P. Valéry

Pont de la Savonnerie

NOUVEAU BASSIN

Pont d'Alger

ST-LOUIS

La Marine

GARE MARITIME

la Criée

MÔLE MASSELIN

Z

CITADELLE RICHELIEU

VIEUX PORT

Musée Paul Valéry

CIMETIÈRE MARIN

MÔLE ST-LOUIS

BASE ERIC TABARLY

SÈTE

0   300 m

Mont-St-Clair

FORT ST-PIERRE
THÉÂTRE JEAN VILAR

Rd Point J. Mareschal

② Promde de la Corniche   A   B

BÉZIERS AGDE

Alsace-Lorraine (R. d')	**AZ** 2	Gambetta (R.)	**AZ** 13	Péri (R. G.)
Arabes		Garenne (R.)	**AZ** 14	Résistance
(Rampe des)	**AZ** 3	Gaulle (R. Général de)	**AY** 16	(Quai de la)
Blum (Pl. L.)	**AZ** 4	Guignon		Rhin-et-Danube
Casanova (Bd D.)	**AY** 5	(Quai N.)	**AY** 18	(Quai)
Consigne (Quai de la)	**AY** 6	Jardins (R. des)	**AY** 22	Roustan (Gd R.-Mario)
Danton (R.)	**AY** 7	Lattre-de-Tassigny		Savonnerie
Delille (Pl.)	**BY** 9	(Quai Mar. de)	**AY** 23	(R. de la)
Durand (Quai Gén.)	**AZ** 10	Marty (Prom. J.-B.)	**AZ** 24	Stalingrad (Pl.)
Euzet (R. H.)	**BY**	Mistral (R. F.)	**AZ** 27	Valéry (Rampe P.)
Franklin (R.)	**AZ** 12	Palais (R. du)	**AZ** 29	Villaret-Joyeuse (R.)

Péri (R. G.) . . . . **AY** 30
Résistance
(Quai de la) . . . . . . **AZ** 33
Rhin-et-Danube
(Quai) . . . . **BY** 34
Roustan (Gd R.-Mario) **AZ** 36
Savonnerie
(R. de la) . . . . **BZ** 38
Stalingrad (Pl.) . . . . . . **AY** 39
Valéry (Rampe P.) . . . . **AZ** 40
Villaret-Joyeuse (R.) . . **AZ** 43

1585

Les Terrasses du Lido avec ch, rd-pt Europe ✆ 04 67 51 39 60, *Fax 04 67 51 28 90*, ☂, ≋ – |‡| ▤ TV ☏ ♿ ⇌ P – 🏰 25. AE ⓓ GB
fermé 15 fév. au 1er mars – **Repas** *(fermé dim. soir et lundi sauf juil.-août)* 25/52, enf. 12 ♀ – ☕ 10 – **9 ch** 80/125 – ½ P 80.
◆ Au pied du mont St-Clair, cette villa fleurie abrite d'agréables chambres avec vue sur le lido. Les Sétois apprécient la fraîcheur des poissons proposés au restaurant.

SÉVÉRAC-LE-CHÂTEAU *12150 Aveyron* 338 K5 *G. Languedoc Roussillon – 2 458 h alt. 735.*

ℹ *Office de tourisme, 5 rue des Douves ✆ 05 65 47 67 31, Fax 05 65 47 65 94, otsi.severac-@wanadoo.fr.*
Paris 605 – Rodez 51 – Espalion 46 – Florac 74 – Mende 64 – Millau 33.

Causses, 38 av. Aristide Briand ✆ 05 65 70 23 00, *les-causses-aveyron@wanadoo.fr, Fax 05 65 70 23 04*, ☂ – TV P. GB
fermé 28 sept. au 27 oct., dim. soir et lundi sauf juil.-août et fériés – **Repas** *(11,50)* - 15,50/32,50, enf. 6,50 🍷 – ☕ 7 – **18 ch** 28/46 – ½ P 30,50/40,50.
◆ Petit hôtel familial abritant quelques chambres nouvelles, chaleureuses et ouvertes sur une terrasse ; les autres sont plus anciennes. Salle à manger très simple, avec poutres et cheminée. Accueil charmant et plats du terroir.

SÉVRIER *74320 H.-Savoie* 328 J5 *G. Alpes du Nord – 3 421 h alt. 456.*

Voir *Musée de la Cloche*★.
ℹ *Office de tourisme, 2000 route d'Albertville ✆ 04 50 52 40 56, Fax 04 50 52 48 66, sevrier@wanadoo.fr.*
Paris 541 – Annecy 6 – Albertville 41 – Megève 55.

Auberge de Létraz, 921 rte d'Albertville ✆ 04 50 52 40 36, *contact@aubergedeletraz.com, Fax 04 50 52 63 36*, ≤, ☂, ≋, 🌳 – |‡| TV ☏ ♿ P. AE ⓓ GB
Repas *(fermé dim. soir et lundi d'oct. à mai)* 39/75 ♀ – ☕ 17 – **23 ch** 94/158 – ½ P 100/130.
◆ Le jardin de cet hôtel occupe une situation de choix face au lac. La moitié des chambres a été refaite dans un style actuel de bon goût ; les autres restent confortables. Restaurant orné de tableaux et sa terrasse contemplant le miroir d'eau du joyau d'Annecy.

Beauregard, ✆ 04 50 52 40 59, *info@hotel-beauregard.com, Fax 04 50 52 44 71*, ≤, ☂, 🌳 – |‡| TV ☏ ♿ P – 🏰 20 à 70. ⓓ GB
fermé 27 nov. au 17 janv. – **Repas** *(fermé dim. d'oct. à avril)* *(13)* - 17,50/39, enf. 9,50 – ☕ 8 – **45 ch** 57/91 – ½ P 51/66,50.
◆ Imposante demeure dont les chambres, fonctionnelles et bien tenues, s'ouvrent côté lac ou côté route. Les familles seront hébergées dans une aile récente. Le restaurant en rotonde, récemment redécoré, offre un beau regard sur l'eau. Cuisine traditionnelle.

Auberge de Chuguet, ✆ 04 50 19 03 69, *achuguet@aol.com, Fax 04 50 52 49 42*, ≤, ☂, 🌳 – cuisinette TV ☏ ♿ P – 🏰 20. AE ⓓ GB
L'Arpège ✆ 04 50 19 07 35 *(fermé 23 au 29 déc., 1er au 15 janv., dim. soir et lundi midi)* **Repas** 22/41, enf. 13 🍷 – ☕ 8,50 – **23 ch** 51/98, 4 duplex – ½ P 52/75.
◆ La bâtisse est anodine mais l'intérieur, rajeuni, ne manque pas de cachet : chambres actuelles, certaines avec balcon orienté côté lac, et salon d'esprit tout aussi moderne. À L'Arpège, cadre marin contemporain et belle terrasse ombragée de platanes.

SEWEN *68290 H.-Rhin* 315 F10 *– 530 h alt. 500.*

Voir *Lac d'Alfeld*★ *O : 4 km, G. Alsace Lorraine.*
Paris 462 – Épinal 77 – Mulhouse 39 – Altkirch 41 – Belfort 33 – Colmar 66 – Thann 24.

Hostellerie du Relais des Lacs, 30 Grand'rue ✆ 03 89 82 01 42, *Fax 03 89 82 09 29*, 🌳 – ⇌ P. AE ⓓ GB JCB
fermé 6 janv. au 6 fév., mardi soir et merc. hors saison – **Repas** 23/35 ♀ – ☕ 6,20 – **13 ch** 42/53 – ½ P 42/49.
◆ Cette pension familiale dispose de chambres modestes ; une bonne insonorisation compense la proximité de la route. Grand parc bordant la rivière. Tables bien dressées, objets paysans et cheminée font le cachet du restaurant. Recettes régionales.

SEYNE *04140 Alpes-de-H.-P.* 334 G6 *G. Alpes du Sud – 1 440 h alt. 1200.*

Voir *Col du Fanget* ≤★ *SO : 5 km.*
ℹ *Office de tourisme, place d'Armes ✆ 04 92 35 11 00, Fax 04 92 35 28 88, vallee.de.la-.blanche@wanadoo.fr.*
Paris 719 – Barcelonnette 43 – Digne-les-Bains 43 – Gap 54 – Guillestre 71.

à Selonnet *Nord-Ouest : 4 km par D 900 – 404 h. alt. 1060 – Sports d'hiver : 1 500/2 050 m ⚿ 12 ⚡ – ⌧ 04140 Seyne :*

🏠 **Relais de la Forge** ⟲, ℰ 04 92 35 16 98, *lerelais@libertysurf.fr*, *Fax 04 92 35 07 37*,
⟳ 🍴, ⌧ – 📺, 🅰🅴 ⓞ 🇬🇧
fermé 17 nov. au 15 déc., dim. soir et lundi hors vacances scolaires – **Repas** 11,50/27,
enf. 6,50 ⅊ – ⌧ 7 – **14 ch** 35/48 – ½ P 38/42.
◆ Hôtel familial bâti à l'emplacement de l'ancienne forge du village. Chambres simples et sobres ; celles du dernier étage profitent toutefois d'une rénovation. Salle à manger d'inspiration rustique agrémentée d'une cheminée ; carte traditionnelle.

La SEYNE-SUR-MER 83500 Var 𝟯𝟰𝟬 K7 *G. Côte d'Azur* – 60 188 h alt. 3.
Voir ≤★ *de la terrasse du fort Balaguier E : 3 km.*
🛈 *Office de tourisme, Corniche Georges Pompidou - Les Sablettes* ℰ 04 98 00 25 70, Fax 04 98 00 25 71, *info@ot-la-seyne-sur-mer.fr*.
Paris 830 – Toulon 8 – Aix-en-Provence 81 – La Ciotat 32 – Marseille 60.

à Fabrégas *Sud : 4 km par rte de St-Mandrier et rte secondaire –* ⌧ *83500 La Seyne-sur-Mer :*

🍴 **Chez Daniel et Julia "rest. du Rivage"**, ℰ 04 94 94 85 13, *Fax 04 94 87 25 25*, ≤,
⟳ – 🅿, 🅰🅴 🇬🇧
fermé nov., dim. soir et lundi de sept. à juin – **Repas** 38/70.
◆ Pavillon niché au creux d'une adorable crique. Repas servi dans un cadre pittoresque présentant une collection d'outils anciens. Cuisine axée sur les produits de la mer.

aux Sablettes *Sud-Est : 4 km –* ⌧ *83500 La Seyne-sur-Mer :*

🍴🍴 **Fleur de Sel**, Esplanade Henry Boeuf ℰ 04 94 94 92 34, *mic-boussemart@netcourrier.com*, Fax 04 94 94 92 34, ⟳ – 🍽, 🇬🇧
fermé 15 nov. au 1er déc, 15 fév. au 1er mars, dim. soir et lundi – **Repas** 27/57 ⅊.
◆ Restaurant proche de la mer et de la route qui conduit à la presqu'île de St-Mandrier. Cuisine classique servie dans un coquet décor provençal ou sur une petite terrasse.

Les principales voies commerçantes figurent en rouge
dans la liste des rues des plans de villes.

SEYSSEL 74910 H.-Savoie 𝟯𝟮𝟴 I5 *G. Jura* – 1 793 h alt. 252.
Env. *Grand Colombier* ❄★★★ *SO : 22 km.*
🛈 *Office de tourisme, 2 chemin de la Fontaine Maison de pays* ℰ 04 50 59 26 56, Fax 04 50 56 21 94, *otseyssel@wanadoo.fr*.
Paris 517 – Annecy 40 – Aix-les-Bains 32.

dans le Val du Fier *Sud : 3 km par D 991 et D 14 G. Alpes du Nord –* ⌧ *74910 Seyssel :*
Voir *Val du Fier★.*

🍴🍴 **Rôtisserie du Fier** avec ch, ℰ 04 50 59 21 64, *rotdufier@worldonline.fr*,
Fax 04 50 56 20 54, ⟳, 🌳, 🍴 – 🅿, 🇬🇧, 🌺 rest
fermé 9 au 23 sept., vacances de Toussaint, de fév., mardi et merc. – **Repas** (13) - 14/39 ⅊ –
⌧ 7 – **3 ch** 46/50 – ½ P 90/120.
◆ La salle à manger la plus prisée s'ouvre sur la verdure. En été, la terrasse est dressée dans un jardin ombragé bordant la rivière. Plats traditionnels. Chambres confortables.

SÉZANNE 51120 Marne 𝟯𝟬𝟲 E10 *G. Champagne Ardenne* – 5 585 h alt. 137.
🛈 *Office de tourisme, place de la République* ℰ 03 26 80 51 43, Fax 03 26 80 54 13, *tourisme.sezanne@wanadoo.fr*.
Paris 116 – Troyes 62 – Châlons-en-Champagne 59 – Meaux 78 – Melun 89 – Sens 83.

🏨 **de France**, 25 r. L. Jolly ℰ 03 26 42 77 77, Fax 03 26 42 77 84 – 📺 ⟲. 🅰🅴 🇬🇧, 🌺
Repas 13,50/40 ⅊ – ⌧ 7 – **25 ch** 39/59 – ½ P 53.
◆ Proche de l'église St-Denis, établissement où vous choisirez une chambre sur l'arrière, pour plus de calme. Décor de bon ton. Accueillante et confortable salle à manger sobrement rénovée. Plats classiques mis au goût du jour et un menu du terroir.

🏠 **Croix d'Or**, 53 r. Notre-Dame ℰ 03 26 80 61 10, Fax 03 26 80 65 20 – ⟿ 📺 ⟲ 🅿 – 🔬 15.
🅰🅴 ⓞ 🇬🇧
fermé 18 au 25 août, 2 au 8 janv., dim. soir et merc. – **Repas** 15/45, enf. 8,50 ⅊ – ⌧ 6 –
12 ch 45/54 – ½ P 50/60.
◆ Maison de pays à l'atmosphère agréablement provinciale. Les chambres, d'ampleur variée, profitent d'un récent rajeunissement. Plaisante salle des petits-déjeuners. Le décor désuet du restaurant laisse penser que le temps s'y est arrêté. Cuisine traditionnelle.

🏠 **Relais Champenois**, 157 r. Notre-Dame ✆ 03 26 80 58 03, *relaischamp@infonie.fr*, Fax 03 26 81 35 32 – 📶, ▤ rest, 📺 📞 👶 – 🛗 30. 🄰🄴 🇬🇧
fermé 20 déc. au 5 janv. et dim. soir – **Repas** *(16,50)* · 19/42, enf. 8 ♀ – ☷ 8 – **19 ch** 35/63.
♦ Façade champenoise joliment fleurie, abritant des chambres fraîches et bien meublées, plus calmes dans l'annexe. Salles à manger champêtres agrémentées de boiseries et de poutres apparentes. Bon choix de menus traditionnels.

SIERCK-LES-BAINS 57480 Moselle **301** J2 *G. Alsace Lorraine* – 1 872 h alt. 147.
Voir ≼✶ *du château fort.*
🛈 *Office de tourisme, rue du Château* ✆ 03 82 83 74 14, Fax 03 82 83 22 10, *ot.paysdesierck @online.fr.*
Paris 355 – Metz 46 – Luxembourg 40 – Thionville 17 – Trier 52.

à Montenach *Sud-Est : 3,5 km sur D 956 – 410 h. alt. 200 –* ✉ *57480 :*

XX **Auberge de la Klauss**, ✆ 03 82 83 72 38, Fax 03 82 83 73 00, ☕, ☘ – **P.** 🄰🄴 🇬🇧
fermé 24 déc. au 7 janv. et lundi – **Repas** 17/46 ♀.
♦ Canards et cochons sont élevés dans cette ferme fondée en 1869. Côté auberge, plaisant cadre campagnard et produits maison, dont un délicieux foie gras. Vente à emporter.

à Manderen *Est : 7 km par N 153 et D 64 – 383 h. alt. 290 –* ✉ *57480 :*

🏠 **Relais du Château Mensberg** ⚜, ✆ 03 82 83 73 16, *aurelaismensberg@aol.com*, Fax 03 82 83 23 37, ☕, ☘ – 📺 📞 👶 **P.** – 🛗 20. 🄰🄴 🄾 🇬🇧
fermé 1ᵉʳ au 17 janv. – **Repas** *(fermé mardi)* 28/44 ♀ – ☷ 9 – **13 ch** 48/60 – ½ P 55.
♦ Au pied du château fort de Malbrouck, imposante forteresse du 15ᵉ s., cette ancienne ferme vous accueille dans de confortables chambres fraîches. Trois salles à manger rustiques, dont deux en mezzanine. Plats traditionnels.

SIERENTZ 68510 H.-Rhin **815** I11 – 2 442 h alt. 270.
🛈 *Syndicat d'initiative, 9 rue du Général de Gaulle* ✆ 03 89 68 28 58, Fax 03 89 70 73 54, *tourisme@pays-de-sierentz.com.*
Paris 487 – Mulhouse 16 – Altkirch 19 – Basel 18 – Belfort 65 – Colmar 54.

XXX **Auberge St-Laurent** (Arbeit) avec ch, 1 r. Fontaine ✆ 03 89 81 52 81,
❀ Fax 03 89 81 67 08, ☕ – ▤ ch, 📺 📞 **P.** – 🛗 15. 🇬🇧
fermé lundi et mardi – **Repas** *(19)* · 34 (déj.), 39/65 et carte 57 à 75, enf. 18 ♀ – ☷ 13 – **10 ch** 80/110 – ½ P 107/125.
♦ Ancien relais de poste au charme agreste préservé. Harmonie de tons doux, collection de coqs, bibelots et toiles en salle. Fine cuisine classique. Chambres plaisantes.
Spéc. Foie gras de canard et confiture de choucroute. Panaché de poissons comme en matelote en raviole ouverte. Risotto moelleux aux cuisses de grenouilles. **Vins** Gewürztraminer, Riesling.

SIGNY-L'ABBAYE 08460 Ardennes **808** I4 *G. Champagne Ardenne* – 1 340 h alt. 240.
🛈 *Syndicat d'initiative, Cour Rogelet* ✆ 03 24 53 10 10.
Paris 208 – Charleville-Mézières 31 – Hirson 41 – Laon 74 – Rethel 23 – Rocroi 30 – Sedan 52.

XX **Auberge de l'Abbaye** avec ch, 2 pl. A. Briand ✆ 03 24 52 81 27, Fax 03 24 53 71 72, ☕
☜ – 📺 📞 – 🛗 15 à 30. 🇬🇧
fermé 10 janv. au 5 mars – **Repas** *(fermé merc. midi)* *(10)* - 12 (dîner), 13,50/34 ♀ – ☷ 8 – **8 ch** 37/55 – ½ P 34/43.
♦ Relais de poste depuis le 17ᵉ s., cette auberge en pierre est tenue par la même famille depuis 200 ans. Coquettes salles avec cheminées. Petites chambres personnalisées.

SIGNY-LE-PETIT 08380 Ardennes **808** H3 – 1 314 h alt. 238.
🛈 *Syndicat d'initiative, place de la mairie* ✆ 03 24 53 55 44, Fax 03 24 53 51 23, *tourisme @signy-le-petit.com.*
Paris 228 – Charleville-Mézières 37 – Hirson 15 – Chimay 959.

🏠 **Au Lion d'Or**, pl. Église ✆ 03 24 53 51 76, *blandine-bertrand@wanadoo.fr*, Fax 03 24 53 36 96 – 📶 📺 👶 – 🛗 15. 🄰🄴 🇬🇧
fermé 21 au 28 mars, 3 au 15 juil., 17 déc. au 5 janv., dim. sauf le soir d'avril à sept., mardi midi et merc. midi – **Repas** 19/56 bc, enf. 10 ♀ – ☷ 9/105 – ½ P 53/88,50.
♦ Façade du 18ᵉ s. en briques rouges, abritant des chambres bien équipées où l'on se passera de fumer. Salon Louis XIII feutré. À l'instar de la partie hôtelière, le restaurant, cossu, est réservé aux non-fumeurs. Salle voûtée au sous-sol pour les réunions.

Pas de publicité payée dans ce guide.

SILLÉ-LE-GUILLAUME 72140 Sarthe 310 I5 G. Normandie Cotentin – 2 585 h alt. 161.

🛈 Office de tourisme, 13 place du Marché aux Bestiaux 𝄐 02 43 20 10 32, Fax 02 43 20 01 23, tourisme.sille@wanadoo.fr.

Paris 230 – Alençon 39 – Laval 55 – Le Mans 35 – Mayenne 40.

🍴🍴 **Bretagne** avec ch., pl. Croix d'Or 𝄐 02 43 20 10 10, hotelrestaurantlebretagne@wanadoo.fr, Fax 02 43 20 03 96 – 📺 ✆ 🅿. GB

🛏 fermé 26 juil. au 11 août, 24 déc. au 2 janv., sam. midi d'oct. à mars, vend. soir et dim. soir – Repas 15/47, enf. 11 ♀ – ☲ 9 – **15 ch** 36/59 – ½ P 39,50/44,50.

♦ Ancien relais de diligences (1850) situé à l'orée du Parc régional Normandie-Maine. Cuisine traditionnelle servie dans une salle rénovée et feutrée. Chambres bien redécorées.

SILLERY 51 Marne 306 G7 – rattaché à Reims.

SION-SUR-L'OCÉAN 85 Vendée 316 E7 – rattaché à St-Gilles-Croix-de-Vie.

SIORAC-EN-PÉRIGORD 24170 Dordogne 329 G7 G. Périgord Quercy – 893 h alt. 77.

🏌 de Lolivarie 𝄐 05 53 30 22 69, S : 5km par D 51.

🛈 Syndicat d'initiative, Le bourg 𝄐 05 53 31 63 51, Fax 05 53 31 63 51, info@ville-siorac-en-perigord.fr.

Paris 548 – Sarlat-la-Canéda 29 – Bergerac 45 – Brive-la-Gaillarde 73 – Périgueux 60.

🏠 **Relais du Périgord Noir**, 𝄐 05 53 31 60 02, hotel@relais-perigord-noir.fr, Fax 05 53 31 61 05, 🍴, ⌃, ⛳ – 📺. GB

fin avril-début oct. – Repas (dîner seul.) 16/30 ♀ – ☲ 6,50 – **39 ch** 51 – ½ P 50.

♦ Chambres équipées de meubles massifs à l'orée de la Bessède, pays des cèpes et des châtaignes. Un salon est agrémenté d'objets préhistoriques, un autre abrite un billard. Restaurant agrémenté de fresques ; plaisante véranda. À table, canard et noix.

Les prix

Pour toutes précisions sur les prix indiqués dans ce guide,
reportez-vous aux pages explicatives.

SIRAN 34210 Hérault 339 A9 – 568 h alt. 96.

Voir Chapelle de Centeilles★ N : 2 km,G Languedoc Roussillon.

Paris 799 – Carcassonne 36 – Lézignan-Corbières 18 – Narbonne 35 – Perpignan 95.

🏨 **Villa d'Eléis** 🌿, 𝄐 04 68 91 55 98, villadeleis@wanadoo.fr, Fax 04 68 91 48 34, ≼, 🍴, ⛺ – 📺 ♿ 🅿. AE ⓪ GB

fermé 10 janv. au 10 fév., mardi et merc. d'oct. à avril – Repas 27,50/63,50, enf. 12,20 ♀ – ☲ 9,80 – **12 ch** 81/127 – ½ P 67,50/98.

♦ Belle bastide ancienne entourée d'un ravissant jardin, abritant de grandes chambres personnalisées aux teintes ensoleillées. Le restaurant, sobre et élégant, est aménagé sous des voûtes séculaires. Cuisine au goût du jour empreinte de saveurs languedociennes.

SISTERON 04200 Alpes-de-H.-P. 334 D7 G. Alpes du Sud – 6 964 h alt. 490.

Voir Vieux Sisteron★ – Site★★ – Citadelle★ : ≤★ – Cathédrale Notre-Dame-des-Pommiers★.

🛈 Office de tourisme, place de la République 𝄐 04 92 61 12 03, Fax 04 92 61 19 57, office-de-tourisme-Sisteron@wanadoo.fr.

Paris 704 ① – Barcelonnette 100 ① – Digne-les-Bains 40 ② – Gap 52 ①.

Plan page suivante

🏨 **Grand Hôtel du Cours**, pl. de l'Église 𝄐 04 92 61 04 51, hotelducours@wanadoo.fr, Fax 04 92 61 41 73, 🍴 – 🛗, 🍽 rest, 📺 ✆ ⇔. AE ⓪ GB   **Z r**

début mars-début nov. – Repas (fermé mardi sauf juil.-août) (13) - 20/26, enf. 8 ♀ – ☲ 8 – **51 ch** 46/76 – ½ P 50/60.

♦ Hôtel situé dans le centre historique, à deux pas des tours d'enceinte du 14ᵉ s. Les chambres ouvrant sur l'arrière sont plus spacieuses et plus calmes. Agréable salle de restaurant de style provençal, lumineuse véranda et terrasse ombragée côté place.

🍴🍴 **Becs Fins**, 16 r. Saunerie 𝄐 04 92 61 12 04, becsfins@aol.com, Fax 04 92 61 28 33, 🍴 – AE ⓪ GB   **Y a**

fermé 14 au 24 juin, 29 nov. au 13 déc., dim. soir et jeudi soir sauf du 14 juil. au 15 août et lundi – Repas (15) - 21,60/49,50, enf. 11,90 ♀.

♦ Sympathique petit restaurant du centre-ville et sa terrasse ombragée bordant une rue piétonne. Décor actuel refait, ambiance animée et décontractée, et cuisine traditionnelle.

SISTERON

Arène (Av. Paul) .... **YZ** 3
Basse
  des Remparts (R.) ...... **Y** 4
Combes (R. des) .... **Z** 6
Cordeliers (R. des) ...... **Z** 8
Deleuze (R.) .... **YZ** 9
Droite (R.) .... **Y**
Dr-Robert (Pl. du) ...... **Y** 10
Font-Chaude (R.) .... **Z** 12
Gaulle (Pl. Gén. de) .... **Z** 13
Glissoir (R. du) .... **Y** 14
Grande École
  (Pl. de la) .... **Y** 15
Horloge (Pl. de l') ...... **Y** 16
Libération
  (Av. de la) .... **Z** 17
Longue-Andrône (R.) .... **Y** 18
Melchior-Donnet
  (Cours) .... **Y** 20
Mercerie (R.) .... **Y** 22
Moulin (Av. Jean) ...... **Y** 23
Porte-Sauve (R.) .... **Z** 24
Poterie (R.) .... **Y** 25
Provence (R. de) .... **Z** 26
République
  (Pl. de la) .... **Z** 28
Ste-Ursule (R.) .... **Z** 29
Saunerie (R.) .... **Y**
Tivoli (Pl. du) .... **Z** 30
Verdun (Allée de) ...... **Y** 32

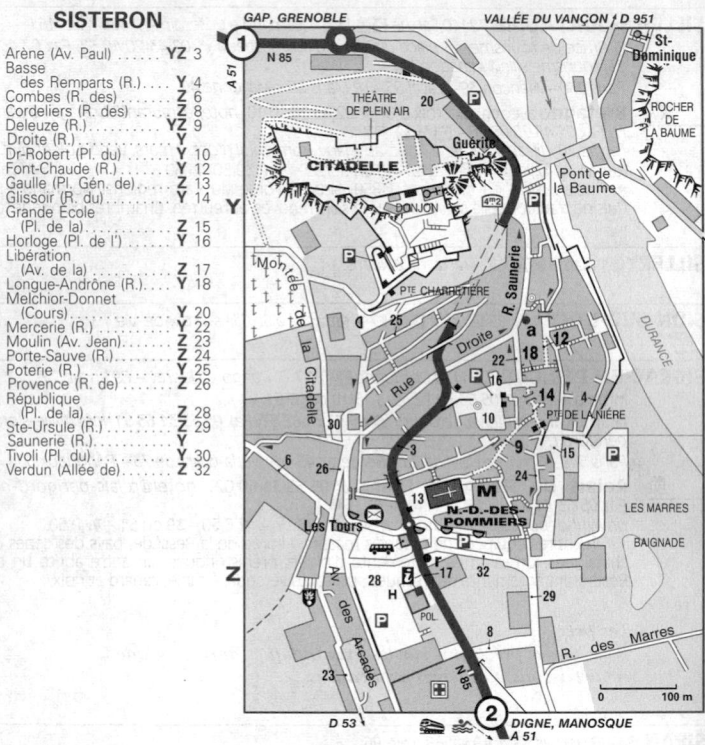

au Nord-Ouest *par* ① *et* N 85 – ✉ *04200 Sisteron :*

🏠 **Les Chênes,** 300 rte de Gap, à 2 km 🖉 04 92 61 13 67, Fax 04 92 61 16 92, 😊, ♨, ☞ – 📺 ✆ 🅿 – 🔏 20. ▦ 🖻
   fermé 22 déc. au 30 janv., sam. du 2 oct. au 13 mars et dim. sauf juil.-août et fériés – **Repas** *(13,50)* - 16,50/30, enf. 10 – ☷ 7 – **23 ch** 45/58 – ½ P 43/48.
   ♦ Adresse pratique pour une étape non loin de la Durance. Les chambres, petites et fonctionnelles, sont insonorisées. Sur l'arrière, piscine et jardin planté de vieux chênes. Recettes traditionnelles à déguster dans un cadre sobre ou sur la terrasse ombragée.

SIX-FOURS-LES-PLAGES 83140 Var 🎴 K7 G. Côte d'Azur – 32 742 h alt. 20.
   Voir *Fort de Six-Fours* ✳★ N : 2 km – *Presqu'île de St-Mandrier*★ : ✳★★ E : 5 km – ✳★★ du cimetière de St Mandrier-sur-Mer E : 4 km.
   Env. *Chapelle N.-D.-du-Mai* ✳★★ S : 6 km.
   🛈 *Office de tourisme, 6 Promenade Charles-de-Gaulle 6* 🖉 04 94 07 02 21, Fax 04 94 25 13 36, contact@six-fours-les-plages.com.
   Paris 830 – *Toulon 12* – *Aix-en-Provence 81* – *La Ciotat 33* – *Marseille 61.*

🏠 **Clos des Pins,** 101 bis r. République 🖉 04 94 25 43 68, closdespins@wanadoo.fr,
📠 Fax 04 94 07 63 07, 😊 – 🛗, ▦ rest, 📺 ✆ & 🅿 ▦ ⓞ 🖻 ❀ rest
   Repas *(fermé sam. et dim. de sept. à juin)* (dîner seul.) (résidents seul.) 15/22, enf. 8 🎐 –
   ☷ 8 – **23 ch** 61/64.
   ♦ Cet hôtel entouré de quelques pins borde une voie fréquentée, mais bénéficie d'une bonne insonorisation. Ses chambres sont avant tout fonctionnelles.

🗙🗙🗙 **Auberge St-Vincent,** carrefour Major F. L. Robinson 🖉 04 94 25 70 50, contact@auberg
e-saint-vincent.com, Fax 04 94 07 43 76, 😊 – ▦ 🅿 ▦ ⓞ 🖻 🄹🄲🄱
   fermé dim. soir et lundi sauf juil.-août – **Repas** 24/47 et carte 43 à 60, enf. 10 ♈.
   ♦ Un petit salon utilisé pour l'apéritif devance la sémillante salle à manger aux couleurs de la Provence. Dans l'assiette, cuisine classique, fruits de mer et poissons.

à la Plage de Bonnegrâce *Nord-Ouest : 3 km par rte de Sanary –* ⊠ *83140 Six-Fours-les-Plages :*

XX **Dauphin,** square Bains, 𝒫 04 94 07 61 58, *contact@restaurant-ledauphin.com,* Fax 04 94 34 80 44, 🏤 – 🗏. 𝔸𝔼 ⓞ 𝔾𝔹
fermé 13 au 18 juin, 11 au 21 oct., 15 au 28 fév., jeudi soir, dim. soir et lundi – **Repas** (12) - 25/48, enf. 12.
* Sur le front de mer, villa convertie en un chaleureux restaurant dont la mezzanine ménage une perspective azuréenne. Cuisine du moment. Formule plus simple au bistrot.

au Brusc *Sud : 4 km –* ⊠ *83140 Six-Fours-les-Plages :*

XX **St-Pierre - Chez Marcel,** 𝒫 04 94 34 02 52, *saintpierrebrusc@aol.com,* Fax 04 94 34 18 01, 🏤 – 🗏. 𝔸𝔼 ⓞ 𝔾𝔹 𝐉𝐂𝐁
fermé janv., 16 au 22 fév., lundi midi en juil.-août, dim. soir et lundi de sept. à juin – **Repas** 18/33,50 ♀.
* Près du port, ancienne maison de pêcheur proposant, dans sa lumineuse salle à manger récemment refaite, un choix de préparations imprégnées de saveurs littorales.

à l'Île des Embiez – ⊠ *83140 Six-Fours-les-Plages :*

🏨 **Hélios** ⤢, 𝒫 04 94 10 66 10, Fax 04 94 34 12 13, ≤, 🏤, 𝓕ⓢ, 🔳 – 🛗 🗏 📺 🅿 – 🔼 15 à 200. 𝔸𝔼 𝔾𝔹
fin mars-fin oct. – **Repas** 23 – 🖵 8 – **61 ch** 112 – ½ P 73.
* Sept minutes de traversée depuis le continent, un vaste complexe bâti face au port de plaisance, des chambres rénovées tournées vers les flots : l'essentiel est dit. Au restaurant, cuisine traditionnelle, grande salle à manger et agréable terrasse panoramique.

Un automobiliste averti utilise le **Guide Michelin** *de l'année.*

SIZUN *29450 Finistère* 𝟑𝟎𝟖 G4 *G. Bretagne – 1 850 h alt. 112.*
Voir *Enclos paroissial★ – Bannières★ dans l'église de Locmélar N : 5 km.*
🇧 *Office de tourisme, 3 rue de l'argoat* 𝒫 02 98 68 88 40, Fax 02 98 68 80 13.
Paris 572 – Brest 37 – Châteaulin 36 – Landerneau 16 – Morlaix 36 – Quimper 59.

🏨 **Voyageurs,** 2 r. Argoat 𝒫 02 98 68 80 35, Fax 02 98 24 11 49 – 📺 ✆ ㄟ. 🅿 – 🔼 40 à 80. 𝔾𝔹. ✵ ch
fermé 25 avril au 3 mai, 11 sept. au 3 oct., dim. soir et sam. d'oct. à juin – **Repas** 12,80/31 ♪ – 🖵 6 – **23 ch** 45 – ½ P 42,50.
* Au centre de Sizun, pimpante façade voisine de l'enclos paroissial. Les meilleures chambres occupent le bâtiment principal ; celles de l'annexe sont plus simples. Menus traditionnels à prix sages servis dans une salle à manger champêtre.

SOCCIA *2A Corse-du-Sud* 𝟑𝟒𝟓 C6 *– voir à Corse.*

SOCHAUX *25600 Doubs* 𝟑𝟐𝟏 L1 *G. Jura – 4 491 h alt. 310.*
Voir *Musée de l'Aventure Peugeot★★ AX.*
Paris 478 – Besançon 77 – Mulhouse 56 – Audincourt 5 – Belfort 18 – Montbéliard 5.

Voir plan de Montbéliard agglomération.

🏨 **Arianis,** 11 av. Gén. Leclerc 𝒫 03 81 32 17 17, *arianis@wanadoo.fr,* Fax 03 81 32 00 90, 🏤 – 🛗, 🗏 rest, 📺 ✆ ㄟ – 🔼 100. 𝔸𝔼 ⓞ 𝔾𝔹 **X u**
Repas *(fermé dim. soir et sam. midi)* 12/30, enf. 7 ♀ - **Brasserie de l'Arianis** *(fermé sam. midi et dim. soir)* **Repas** 12/19, enf. 7 ♪ – 🖵 7 – **65 ch** 68/93 – ½ P 57,50.
* Différents modèles d'automobiles Peugeot sont exposés dans le hall d'accueil de cet hôtel récent. Bons équipements et sobre décor dans les chambres. Au restaurant, menus classiques et cadre moderne. Salle à manger-véranda et carte éclectique à la Brasserie.

XX **Au Fil des Saisons,** à Étupes par ③, r. Libération ⊠ 25460 𝒫 03 81 94 17 12, *aufildessaisons@clubinternet.fr,* Fax 03 81 32 36 04, 🏤 – 𝔸𝔼 𝔾𝔹
fermé 1ᵉʳ au 22 août, 23 déc. au 2 janv., lundi soir, sam. midi, dim. et fériés – **Repas** 21,50/27,50, enf. 12.
* Enseigne-vérité : c'est une cuisine évoluant "au fil des saisons" et un bon choix de poissons qui composent la carte de ce restaurant familial. Salle récemment rajeunie.

SOISSONS ⟨ℙ⟩ *02200 Aisne* 𝟑𝟎𝟔 B6 *G. Picardie Flandres Artois – 29 453 h alt. 47.*
Voir *Anc. Abbaye de St-Jean-des-Vignes★★ – Cathédrale St-Gervais-et-St-Protais★★.*
🇧 *Office de tourisme, 16 place Fernand Marquigny* 𝒫 03 23 53 17 37, Fax 03 23 59 67 72, *officedetourisme@ville-soissons.fr.*
Paris 102 ⑥ – Compiègne 39 ⑦ – Laon 37 ② – Reims 59 ③ – St-Quentin 61 ①.

SOISSONS

Arquebuse (R. de l') .... **BZ** 2
Château-Thierry (Av.) ...... **BZ** 4
Collège (R. du) .... **AY** 5
Commerce (R. du) .... **BY** 6
Compiègne (Av.) .... **AY** 8
Desmoulins (Bd C.) ...... **ABZ** 12
Gambetta (Bd L.) .... **BY** 14
Intendance (R. de l') ...... **BY** 15
Leclerc (Av. Gén.) .... **BZ** 22
Marquigny (Pl. F.) .... **BY** 23
Paix (R. de la) .... **BY** 24
Panleu (R. de) .... **AY** 25
Prés.-Kennedy (Av.) .... **AZ** 26
Quinquet (R.) .... **ABY** 28
Racine (R.) .... **BZ** 29
République (Pl. de la) .... **BZ** 30
St-Antoine (R.) .... **BY** 31
St-Christophe (Pl.) .... **AY** 32
St-Christophe (R.) .... **AY** 33
St-Jean (R.) .... **AZ** 34
St-Martin (R.) .... **BY** 35
St-Quentin (R.) .... **BY** 36
St-Rémy (R.) .... **AY** 37
Strasbourg (Bd de) .... **BY** 38
Villeneuve (R. de) .... **BZ** 39

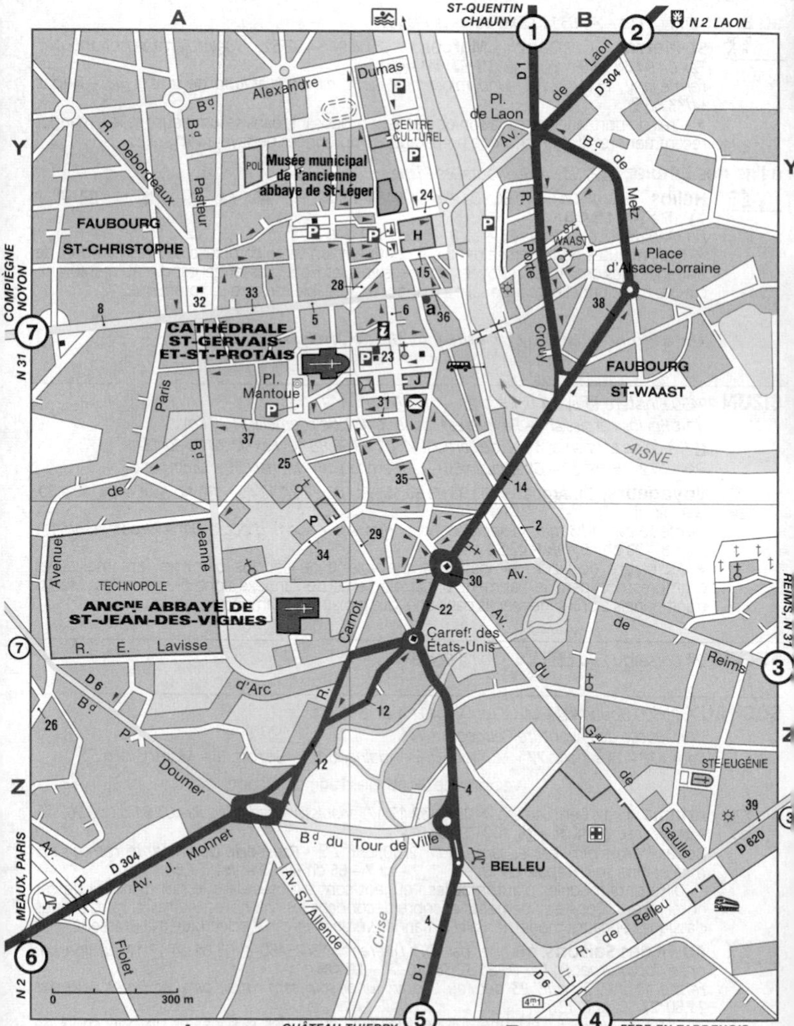

Campanile, rte Paris par ⑥ : *2 km* ✆ 03 23 73 28 28, *Fax 03 23 73 02 34,* – P – 25. AE GB
Repas 12,50/18,50 ♀ – ☕ 6,50 – **48 ch** 57.
◆ Commode pour l'étape, classique hôtel de chaîne dont les chambres, simples et nettes, sont réparties sur deux étages. Le restaurant occupe un bâtiment indépendant de la partie hôtelière. Dans l'assiette, les propositions traditionnelles de l'enseigne.

🏠 **Prime,** rte Paris par ⑥ : *2 km* ℰ 03 23 73 33 04, *Fax 03 23 73 31 89* – 📺 ❦ ⅋ 🅿 – 🔏 25.
⬧ GB
Repas 14/18 ⅃ – ⌑ 7,50 – **40 ch** 54 – ½ P 46,50/52,50.
    ◆ Cette construction récente située aux portes de la ville abrite des chambres petites,
mais fonctionnelles et régulièrement actualisées. Restaurant d'étape proposant des formules buffets dans une sympathique ambiance.

✗ **Chez Raphaël,** 7 r. St Quentin ℰ 03 23 93 51 79, *chez.raphaël@wanadoo.fr,*
Fax 03 23 93 26 50 – GB   BY a
fermé 9 au 23 août, 21 au 27 fév., sam. midi, dim. soir et lundi – **Repas** 18 (déj.), 22/28,
enf. 7,50.
    ◆ Sympathique établissement situé dans une rue commerçante. Salle à manger simple et
chaleureuse, aménagée dans l'esprit bistrot, où l'on propose des petits plats traditionnels.

SOLAIZE *69360 Rhône* 327 I6 – *2 256 h alt. 232.*
        Paris 472 – Lyon 17 – Rive-de-Gier 25 – La Tour-du-Pin 58 – Vienne 17.

🏠 **Soleil et Jardin,** r. République ℰ 04 78 02 44 90, *soleiletjardin@wanadoo.fr,*
Fax 04 78 02 09 26, �ututu – 📵 ✦ 🔟 📺 ❦ ⅋ 🅿 – 🔏 30. 🆎 ⬧ GB JCB. ❀ rest
Repas 23/49 – ⌑ 9 – **22 ch** 90/165.
    ◆ Sur la place du village, coquet hôtel tout neuf, aux chambres spacieuses et ensoleillées ;
trois d'entre elles disposent d'une terrasse. Gaieté et lumière caractérisent la salle à manger
prolongée d'une terrasse fleurie ; carte classique bien composée.

SOLENZARA *2A Corse-du-Sud* 345 F8 – *voir à Corse.*

        *Michelin n'accroche pas de panonceau aux hôtels et restaurants
        qu'il signale.*

SOLÉRIEUX *26130 Drôme* 332 B7 – *211 h alt. 112.*
        Paris 634 – Montélimar 34 – Orange 39 – Valence 79.

🏠 **Ferme St-Michel** ❀, rte La Baume, D 341 ℰ 04 75 98 10 66, *Fax 04 75 98 19 09,* �ututu,
    ⅃, ⅋ – 📺 🅿 – 🔏 20. GB. ❀
Repas *(fermé 20 déc. au 20 janv. et dim. soir)* (dîner seul) 22/32 – ⌑ 7 – **12 ch** 75/90 –
½ P 65.
    ◆ Charmante ferme du 16ᵉ s. restaurée, paressant au milieu d'un paisible parc aux es-
sences méridionales. Pimpantes chambres provençales. Restaurant aménagé dans une
salle voûtée garnie d'un mobilier de style Louis XIII. Spécialités aux truffes. Cour-terrasse.

SOLESMES *72 Sarthe* 310 H7 – *rattaché à Sablé-sur-Sarthe.*

SOLIGNAC *87110 H.-Vienne* 325 E6 – *1 367 h alt. 251.*
        🅱 *Office de tourisme, place Georges Dubreuil* ℰ 05 55 00 42 31, *Fax 05 55 00 56 44,*
        tourisme-solignac@wanadoo.fr.
        Paris 400 – Limoges 10 – Bourganeuf 55 – Nontron 70 – Périgueux 90 – Uzerche 52.

🏠 **St-Éloi** ❀, 66 av. St-Éloi ℰ 05 55 00 44 52, *lesaint.eloi@wanadoo.fr,* *Fax 05 55 00 55 56,*
    �ututu – 📺 ⅋ – 🔏 30. GB
fermé 30 août au 8 sept., 8 au 15 nov., 2 au 20 janv., sam. midi, dim. soir et lundi – **Repas** (13)
– 17/45, enf. 10 ⅃ – ⌑ 8 – **15 ch** 43/59 – ½ P 40,50/49,50.
    ◆ La façade en pierre et colombages dissimule un intérieur de caractère : chambres
actuelles aux tons ensoleillés et salon design. Restaurant aménagé dans une salle du 12ᵉ s. :
cheminée monumentale, vitrail... Pittoresque terrasse. Cuisine traditionnelle.

SOMBERNON *21540 Côte-d'Or* 320 I6 – *778 h alt. 559.*
        🅱 *Syndicat d'initiative, place Bénigne Fournier* ℰ 03 80 33 33 59, *Fax 03 80 33 35 58,*
        si.canton.sombernon@libertysurf.fr.
        Paris 282 – Dijon 30 – Arnay-le-Duc 30 – Beaune 54 – Montbard 53.

🏠 **Sombernon et rest. Spuller,** 42 r. Ferdinand Mercusot ℰ 03 80 33 41 23, *hostellerie.s*
⬧ *ombernon@declic21.com, Fax 03 80 33 36 60* – 📺 ❦ – 🔏 20. GB
fermé 20 au 30 nov., 9 fév. au 8 mars et merc. – **Repas** 12,50/33, enf. 8 ⅃ – ⌑ 6,50 – **14 ch**
38/49 – ½ P 41.
    ◆ Établissement familial disposant de chambres toutes rénovées, dans les tons jaune et
bleu ; certaines ont une jolie vue sur la vallée. Location de vélos. Beau panorama depuis le
restaurant, dont l'enseigne honore la mémoire d'un homme politique du 19ᵉ s.

SOMMIÈRES 30250 Gard **339** J6 – 3 677 h alt. 34.

🛈 Office de tourisme, rue Général Bruyère ℘ 04 66 80 99 30, Fax 04 66 80 06 95, ot.sommieres@wanadoo.fr.
Paris 734 – Montpellier 35 – Nîmes 29.

🏨 **Auberge du Pont Romain,** ℘ 04 66 80 00 58, aubergedupontromain@wanadoo.fr, Fax 04 66 80 31 52, 斎, ♨, ☞ – 🛗 🖻 🖭 ⚫ 🈯
fermé nov. et 15 janv. au 15 mars – **Repas** *(fermé lundi midi)* 31/51,50, enf. 16,50 – ☷ 10,50 – **19 ch** 62,50/95,50 – ½ P 72/87.
◆ Cette belle et imposante demeure en pierre du Gard abritait au 19ᵉ s. une fabrique de draps de laine. Grandes chambres rustico-bourgeoises, plus calmes côté jardin. Salle de restaurant "rustique chic" en harmonie avec la cuisine traditionnelle servie.

🏨 **Relais de l'Estelou** ⬚ sans rest, rte d'Aubais : 200m ℘ 04 66 77 71 08, jmfauche@relai
sdelestelou.com, Fax 04 66 77 00 88, 斎, ♨ – 🖭 ⚫ & 🖻 – 🛗 15. 🈯
fermé du 15 au 30 mars – ☷ 7 – **28 ch** 50/60.
◆ Cet hôtel installé dans l'ancienne gare de Sommières (1870) a du cachet : chambres actuelles de bon goût, jolie véranda pour les petits-déjeuners et jardin-piscine au calme.

SONDERNACH 68380 H.-Rhin **315** G9 – 614 h alt. 540.
Paris 466 – Colmar 27 – Gérardmer 41 – Guebwiller 39 – Thann 42.

✕ **A l'Orée du Bois** ⬚ avec ch, rte du Schnepfenried ℘ 03 89 77 70 21, contact@oredubo
is.com, Fax 03 89 77 77 58, ≤, 斎 – 🖻 🖭 ⚫ 🈯
fermé 21 au 29 juin et 3 janv. au 1ᵉʳ fév. – **Repas** *(fermé merc. midi et mardi)* (9,50) -
11,50/27,80, enf. 6,90 ♀ – ☷ 4 – **7 ch** 42/48 – ½ P 43.
◆ La maison vous offre une chaleureuse hospitalité alsacienne. Plaisante salle à manger rustique (boiseries, poêle en faïence) et cuisine régionale. Chambres façon chalet.

SONNAZ 73 Savoie **333** I4 – rattaché à Chambéry.

SOPHIA-ANTIPOLIS 06 Alpes-Mar. **341** D6 – rattaché à Valbonne.

SORBIERS 42290 Loire **327** F7 – 7 399 h alt. 560.
🛈 Office de tourisme, 2 avenue Charles-de-Gaulle ℘ 04 77 01 11 42, Fax 04 77 53 07 27, contact@mairie-sorbiers.fr.
Paris 513 – St-Étienne 9 – Feurs 49 – Lyon 58 – Montbrison 47 – Vienne 47.

✕ **Valjoly,** rte St-Symphorien, D 3 ℘ 04 77 53 60 35, levaljoly@free.fr, Fax 04 77 53 13 60 – 🖻 🈯
fermé 25 juil. au 24 août, 3 au 10 janv., dim. soir, merc. soir et lundi – **Repas** (12,50) - 15,50 (déj.), 21,50/45 ♀.
◆ Accueil souriant, jolie décoration florale et touches colorées compensent les nuisances de la route et le cadre simple de cette auberge proposant une cuisine traditionnelle.

SORÈDE 66690 Pyr.-Or. **344** I7 – 2 699 h alt. 20.
🛈 Office de tourisme, place de la mairie ℘ 04 68 89 31 17, Fax 04 68 89 31 17, ot.
sorede@wanadoo.fr.
Paris 872 – Perpignan 22 – Amélie-les-Bains-Palalda 31 – Argelès-sur-Mer 9 – Le Boulou 16.

✕ **Salamandre,** 3 rte Laroque ℘ 04 68 89 26 67, Fax 04 68 89 26 67 – 🈯 ⚫ 🈯
fermé 15 nov. au 1ᵉʳ déc., 15 janv. au 15 mars, lundi et mardi sauf le soir en été et dim. soir hors saison – **Repas** (16) - 22/34, enf. 8 ♀.
◆ Dans un village des Albères, deux petites salles au cadre rustique simple ; l'une d'elles s'ouvre sur la cuisine où l'on mitonne des recettes dans l'air du temps.

SORÈZE 81540 Tarn **338** E10 G. Midi-Pyrénées – 2 164 h alt. 272.
🛈 Office de tourisme, ℘ 05 63 74 16 28, Fax 05 63 74 40 39, tourisme@ville-soreze.fr.
Paris 732 – Toulouse 59 – Carcassonne 44 – Castelnaudary 26 – Castres 27 – Gaillac 64.

🏨 **Hostellerie de l'Abbaye-Logis des Pères** ⬚, rue Lacordaire ℘ 05 63 74 44 80, co
ntact@hotelfp.soreze.com, Fax 05 63 74 44 89, 斎, 🏊 – 🛗 ✳ & 🖻 – 🛗 25 à 200. 🈯 ⚫
🈯
Repas *(fermé mardi)* 20/35 ♀ – ☷ 10,50 – **52 ch** 85/135 – ½ P 73/95,50.
◆ Hôtel installé dans une aile de la célèbre abbaye-école des bénédictins (17ᵉ s.) fondée en 754 par Pépin le Bref. Sobres chambres joliment décorées et parc arboré de 6 ha. Belle salle à manger contemporaine occupant l'ancien réfectoire et terrasse ombragée.

Annexe Pavillon des Hôtes 🏨 ⬚ – 🖭
Repas voir **Logis des Pères** – ☷ 10,50 – **18 ch** 51,30 – ½ P 57/62.
◆ Cette annexe se trouve dans une autre partie de l'abbaye. Les chambres, simples et de bon goût, sont réparties autour d'une cour intérieure et les prix restent raisonnables.

SORGES 24420 Dordogne **329** G4 *G. Périgord Quercy – 1 123 h alt. 178.*

🛛 *Office de tourisme, Ecomusée ℰ 05 53 46 71 43, Fax 05 53 46 71 43, si.sorges @wanadoo.fr.*

Paris 463 – Brantôme 24 – Limoges 77 – Nontron 36 – Périgueux 20 – Thiviers 15.

🏠 **Auberge de la Truffe,** sur N 21 ℰ 05 53 05 02 05, *contact@auberge-de-la-truffe.com,* Fax 05 53 05 39 27, 😤, 🏊, 🛥 – 🆗 🦺 🅿 – 🔏 25. 🕮 ⓪ 🕮 🕮
Repas *(fermé dim. soir sauf du 1er avril au 31 oct. et lundi midi sauf fériés)* 16/52, enf. 10 ♈ –
⌖ 8,50 – **25 ch** 43/55,50 – ½ P 51/68.
♦ À proximité de la Maison de la Truffe, accueillante adresse villageoise disposant de chambres assez grandes et bien meublées, parfois en rez-de-jardin. Pimpante salle à manger et cuisine du terroir où "diamant noir " et foie gras tiennent le haut de l'affiche.

SORGUES 84700 Vaucluse **332** C9 – *17 539 h alt. 24.*

Paris 672 – Avignon 12 – Carpentras 20 – Cavaillon 34 – Orange 18.

XX **Patrick Davico,** 12 r. 19-Mars-1962 ⌺ 84700 ℰ 04 90 39 11 02, *contact@restaurantdavi co.com,* Fax 04 90 83 48 42, 😤 – 🕮 ⓪ 🕮
fermé 1er au 23 août, 6 au 13 fév., dim. soir, merc. soir et lundi – **Repas** 23 (déj.), 35/48 ♈.
♦ Près de l'ancienne mairie, belle bâtisse en pierre et sa terrasse sous les pins parasols. Cuisine provençale servie dans un cadre aux tons ocre égayé de tableaux et sculptures.

SOSPEL 06380 Alpes-Mar. **341** F4 *G. Côte d'Azur – 2 885 h alt. 360.*

Voir *Vieux village★ : vieux pont★, vierge immaculée★ dans l'église St-Michel – Fort St-Roch★ S : 1 km par la D 2204.*

🛛 *Office de tourisme, Pont Vieux ℰ 04 93 04 15 80, Fax 04 93 04 19 96.*

Paris 967 – Menton 19 – Nice 41 – Tende 38 – Ventimiglia 28.

🏠 **des Étrangers,** bd Verdun ℰ 04 93 04 00 09, *sospel@sospel.net,* Fax 04 93 04 12 31, 🖪,
🖳 – 🛗 😤 🆗 🦺 👌, 🕮
4 mars-3 nov. – **Repas** *(fermé merc. midi et mardi)* 20,50/48,50, enf. 10 ♈ – ⌖ 6,80 – **30 ch** 65/85 – ½ P 74/80.
♦ Cet hôtel propose des chambres rénovées dans un esprit provençal (fer forgé, murs patinés, tons pastel) ; les autres sont néanmoins repeintes et dotées d'une literie neuve. À table, goûteuse cuisine régionale mitonnée avec les produits du potager et du marché.

SOTTEVILLE-SUR-MER 76740 S.-Mar. **304** E2 – *388 h alt. 60.*

Paris 191 – Dieppe 26 – Fontaine-le-Dun 11 – Rouen 60 – St-Valery-en-Caux 11.

XX **Les Embruns,** ℰ 02 35 97 77 99, Fax 02 35 57 14 27 – 🕮
fermé 27 sept. au 13 oct., 17 janv. au 19 fév., mardi en hiver, dim. soir et lundi – **Repas** 12,50 (déj.), 23/45.
♦ Jolis colombages, cheminée et toiles d'un artiste régional caractérisent la salle à manger, très rustique, de cette auberge de village.

SOUCY 89 Yonne **319** C2 – *rattaché à Sens.*

SOUDAN 79 Deux-Sèvres **322** F6 – *rattaché à St-Maixent-l'École.*

SOUILLAC 46200 Lot **337** E2 *G. Périgord Quercy – 3 671 h alt. 104.*

Voir *Anc. église abbatiale : bas-relief ''Isaïe''★★, revers du portail★ – Musée national de l'Automate et de la Robotique★.*

🏌 *Souillac Country Club à Lachapelle-Auzac ℰ 05 65 27 56 00, N : 8 km par D 15.*

🛛 *Office de tourisme, boulevard Louis-Jean Malvy ℰ 05 65 37 81 56, Fax 05 65 27 11 45, office@tourisme-souillac.com.*

Paris 516 ① – Brive-la-Gaillarde 39 ① – Sarlat-la-Canéda 29 ③ – Cahors 68 ② – Figeac 74 ②.

Plan page suivante

🏠 **Quercy** sans rest, 1 r. Recège ℰ 05 65 37 83 56, *reservation@le-quercy.fr,* Fax 05 65 37 07 22, 🏊, 🛥 – 🕮 🦺 🚗, 🕮 ⓪ 🕮   **Y d**
fermé janv. et fév. – ⌖ 7,50 – **25 ch** 58.
♦ Hôtel confortable et bien tenu, en retrait du centre animé. Les chambres sont, pour la plupart, prolongées d'un balcon tourné vers la terrasse fleurie ou la piscine.

SOUILLAC

Abbaye (Pl. de l') . . . . . . **Z** 2
Barebaste (R.) . . . . **Z** 4
Barnicou (Pl.) . . . . **Z** 5
Bénétou (Rue) . . . . **Y** 7
Betz (Pl. Pierre) . . . . . . **Z**
Bouchier (Pl. J.-B.) . . . . . **Z** 8
Doussot (Pl.) . . . . **Z** 9
Figuier (Pl. du) . . . . . . **Y** 12
Forail-Marsalès
    (Pl. du) . . . . **YZ**
Frégière (R. de la) . . . . . **Z**
Gambetta (Av.) . . . . . . **Y** 14
Gaulle (Av. du
    Gén.-de). . . . . . . **Y** 15
Gourgue (R. de) . . . . . . **Z** 16
Granges (R. des) . . . . . . **Z**
Grozel (R. de) . . . . **Y**
Halle (R. de la) . . . . . . **Y** 17
Juillet (R. de) . . . . **Y**
La Borie (Pl. de) . . . . . . **Y** 20
La Borie (R. de) . . . . . . **Y**
Louqsor (Rue) . . . . **Z** 21
Malvarès (Rue) . . . . . . **Y** 22
Malvy (Bd
    Louis-Jean) . . . . . . **YZ**
Malvy (Av. Martin) . . . . . **Y**
Morlet (R. de) . . . . **Y** 24
Pons (Pl. de l'Abbé) . . . . **Y** 25
Pont (R. du) . . . . **Z** 26
Puits (Pl. du) . . . . **Z** 28
Rajol (R. du) . . . . **Z** 29
Recège (R. de la) . . . . . **Y**
St-Martin (Rue) . . . . . . **Z** 32
Sarlat (Av. de) . . . . . . **Z**
Verlhac (Av. P.) . . . . . . **Y**

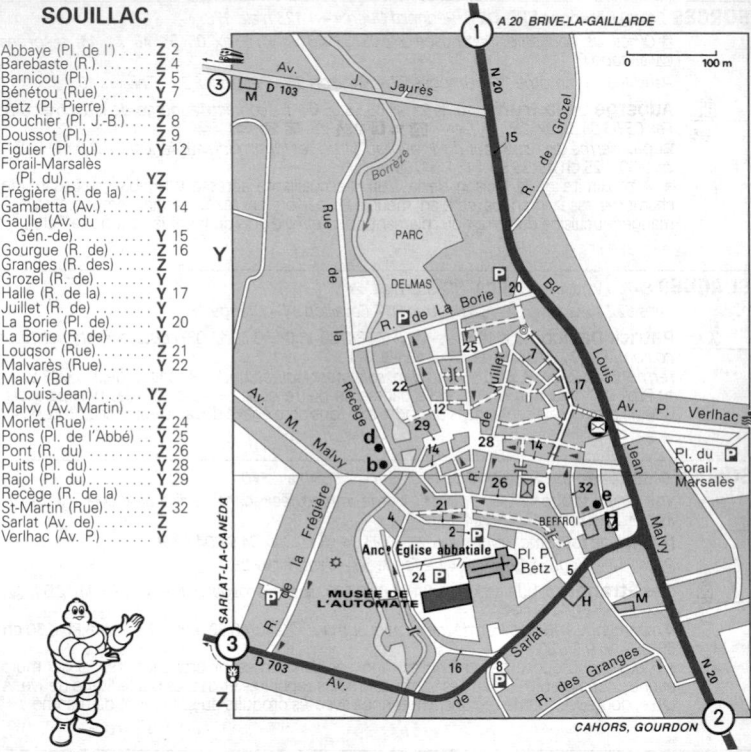

🏠 **Vieille Auberge**, 1 r. Recège ☎ 05 65 32 79 43, *r.veril@la-vieille-auberge.com*, Fax 05 65 32 65 19, 🏖, 🗓 – 🗐 rest, 🔟 📞 🖘 🖭 – 🕍 30. 🝊 ⑩ 🖼 🗷   **Y b**
fermé 8 nov. au 20 déc., dim. soir, lundi et mardi midi de janv. à mars – **Repas** (18) - 25/60, enf. 12 ♀ – 🖙 7,50 – **19 ch** 53/66 – ½ P 69.
◆ Maison située à l'écart des grands axes, près d'une petite rivière. L'annexe dispose d'équipements sportifs et de chambres spacieuses ; celles du 3ᵉ étage sont mansardées. Spécialités périgourdines servies dans une salle à manger rustique mais rajeunie.

🏠 **Granges Vieilles** 🕭, rte Sarlat, par ③ : 1,5 km ☎ 05 65 37 80 92, *contact@lesgrangesvieilles.com*, Fax 05 65 37 08 18, �, 🗓, 🎗 – 🔟 📞 🖭. 🖼, 🛠 ch
15 mars-15 nov. – **Repas** 14/34, enf. 8 ♀ – 🖙 8 – **11 ch** 70/85 – ½ P 64/72.
◆ Demeure bourgeoise des années 1910 dans le calme d'un parc aux portes de cette cité animée du Périgord noir. Chambres spacieuses. Les baies vitrées de la salle à manger s'ouvrent sur la verdure. Cuisine régionale ; grill de piscine en été.

🏠 **Grand Hôtel**, 1 allée Verninac ☎ 05 65 32 78 30, *grandhotel-souillac@wanadoo.fr*, Fax 05 65 32 66 34, 🌭 – 📳, 🗐 rest, 🔟 📞 🖭. 🝊 🖼   **Z e**
1ᵉʳ mars-31 oct. – **Repas** 14/25, enf. 9 ♀ – 🖙 7 – **42 ch** 40/80 – ½ P 48/63.
◆ Le bâtiment principal, centenaire, abrite le restaurant et quelques chambres. Préférez toutefois celles de l'annexe, encore plus ancienne (18ᵉ s.), située à 50 m. Au choix : claire salle à manger, véranda de style Belle Époque ou terrasse avec toit ouvrant.

🏠 **Belle Vue** sans rest, 68 av. J. Jaurès (à la gare) ☎ 05 65 32 78 23, *hotelbellevue.souillac@wanadoo.fr*, Fax 05 65 37 03 89, 🗓, 🖘, 🎗 – 📳 🔟 📞 🖭. 🖼
fermé fév., sam., dim. en mars et du 8 au 31 janv. – 🖙 6 – **25 ch** 35/42.
◆ Grande bâtisse des années 1960 proche de la gare. Chambres simples mais propres. Équipements sportifs côté jardin (piscine, tennis) et petite boutique de produits régionaux.

✕✕ **Redouillé**, 28 av. Toulouse par ② ☎ 05 65 37 87 25, Fax 05 65 37 09 09, 🌭 – 🖼
fermé 1ᵉʳ janv. au 13 fév., dim. soir et lundi – **Repas** 17 (déj.), 22/55, enf. 10 ♀.
◆ Deux salles de restaurant séparées par un salon ; l'une d'elles, très ensoleillée, est aux couleurs de la Provence. Cuisine classique. Accueil aimable.

SOULAC-SUR-MER 33780 Gironde 🔢 E1 *G. Aquitaine – 2 720 h alt. 7 – Casino de la Plage.*

🛈 *Office de tourisme, 68 rue de la plage ℰ 05 56 09 86 61, Fax 05 56 73 63 76, tourismesou lac@wanadoo.fr.*

Paris 515 – Bordeaux 99 – Lesparre-Médoc 31 – Royan 12.

à l'Amélie-sur-Mer *Sud-Ouest : 5 km par D 101ᴱ – ⊠ 33780 Soulac-sur-Mer :*

🏨 **des Pins,** ℰ 05 56 73 27 27, hotel.pin@wanadoo.fr, Fax 05 56 73 60 39, 🌤, 🌿 – ▤ rest, 📺 🅿 – 🔄 15. 🆎 ⓞ ㏇. ⁒ ch

19 mars-7 nov. et fermé sam. midi, dim. et lundi d'oct. à mai – **Repas** *16 (déj.), 22/45 ♀ – ⊏⊐ 8 –* **31 ch** *61/82 – ½ P 56/68.*

♦ À 100 m de la plage - sable fin à perte de vue - et en lisière des pins, bâtiment de la fin du 19ᵉ s. rénové et ses deux annexes. Chambres diversement meublées. Un grand aquarium agrémente le restaurant. Dans l'assiette, poissons et cuisine régionale.

SOULAGES-BONNEVAL 12 Aveyron 🔢 I2 – *rattaché à Laguiole.*

SOULAINES-DHUYS 10200 Aube 🔢 I3 – *267 h alt. 153.*

Paris 228 – Bar-sur-Aube 18 – Chaumont 48 – Troyes 58.

🏠 **Venise Verte,** r. Plessis ℰ 03 25 92 76 10, accueil@logis-venise-verte.com, 😊 Fax 03 25 92 73 97, ⁒ – ⁒, ▤ rest, 📺 📞 🕭 ⇐ 🅿. 🆎 ㏇

fermé 24 au 31 déc. et dim. soir hors saison – **Repas** *14/50, enf. 8,50 ♀ – ⊏⊐ 8 –* **12 ch** *53 – ½ P 57.*

♦ Cet ancien routier est devenu un hôtel accueillant et bien insonorisé. Chambres fraîches et pratiques. Idée de promenade : le village et ses maisons à pans de bois. Lumineuse salle à manger, cour intérieure où l'on dresse le couvert en été, choix traditionnel.

SOUMOULOU 64420 Pyr.-Atl. 🔢 K5 – *1 015 h alt. 296.*

Paris 788 – Pau 22 – Lourdes 24 – Nay 15 – Pontacq 12 – Tarbes 25.

🍴 **Béarn** avec ch, N 117 ℰ 05 59 16 08 08, hotel-dubearn2000@yahoo.fr, Fax 05 59 16 08 01, 😊, ⌇, 🌿 – 📺 ⇐. 🆎 ⓞ ㏇ ㊕

fermé dim. soir et lundi du 15 sept. à Pâques – **Repas** *16,90/25,40 ♀ – ⊏⊐ 6 –* **13 ch** *45/55 – ½ P 55/59.*

♦ Proche d'axes passants, hostellerie de village abritant une grande salle à manger campagnarde, deux salons et des chambres simples, équipées du double vitrage.

La SOURCE 45 Loiret 🔢 I5 – *rattaché à Orléans.*

SOURDEVAL 50150 Manche 🔢 G7 – *3 038 h alt. 217.*

Voir Vallée de la Sée★ O, G. Normandie Cotentin.

🛈 *Office de tourisme, Jardin de l'Europe ℰ 02 33 79 35 61, Fax 02 33 79 35 59, otsourdeval @wanadoo.fr.*

Paris 310 – Avranches 36 – Domfront 30 – Flers 31 – Mayenne 64 – St-Lô 53 – Vire 14.

🏠 **Temps de Vivre,** 12 r. St-Martin ℰ 02 33 59 60 41, le-temps-de-vivre@wanadoo.fr, 😊 Fax 02 33 59 88 34 – 📺 📞 🅿.

fermé vacances de fév. et lundi sauf en août – **Repas** *(8,70) - 10,40/20,50, enf. 6 ♧ – ⊏⊐ 5 –* **10 ch** *29/44 – ½ P 29/33.*

♦ Sur la place du village, à côté du cinéma, façade en granit embellie de jardinières fleuries. Les chambres sont petites, mais récentes et bien tenues. Agreste salle de restaurant invitant à prendre le "temps de vivre" ; cuisine simple à prix sages.

à Brouains *Ouest : 6 km sur D 911 – 213 h. alt. 142 – ⊠ 50150 :*

🍴🍴 **Auberge du Moulin,** ℰ 02 33 59 50 60, du.moulin.auberge@wanadoo.fr, 🍽 Fax 02 33 59 50 60 – 🅿. ㏇. ⁒

fermé 30 juin au 10 juil., 26 déc. au 17 janv., dim. soir, lundi et mardi – **Repas** *12,50/35, enf. 8 ♀.*

♦ Auberge de campagne jouxtant l'écomusée de la vallée de la Brouains, où est évoquée la fabrication du papier et des couverts. Cadre rustique et cuisine traditionnelle.

SOURNIA 66730 Pyr.-Or. 🔢 F6 – *367 h alt. 525.*

Paris 842 – Perpignan 48 – Font-Romeu-Odeillo-Via 74 – Prades 30 – Quillan 46.

🍴 **Auberge de Sournia,** ℰ 04 68 97 72 82 – ㏇

fermé une semaine en sept., 1ᵉʳ au 16 janv. et 13 au 27 fév. – **Repas** *(fermé dim. soir, mardi soir et merc. de sept. à juin et lundi midi en juil.-août) 10 (déj.), 16/31, enf. 7 ♧.*

♦ Dans les murs d'une ancienne étable, salle de restaurant au décor campagnard très affirmé, où se mitonnent des petits plats à l'accent chantant du Sud-Ouest.

SOURZAC 24 Dordogne **329** D5 – *rattaché à Mussidan.*

SOUSCEYRAC 46190 Lot **337** I2 – *988 h alt. 559.*

🛈 *Office de tourisme, place de l'Eglise ℰ 05 65 33 02 20, Fax 05 65 11 61 74, ot–sousc@club-internet.fr.*

Paris 548 – Aurillac 47 – Cahors 96 – Figeac 41 – Mauriac 69 – St-Céré 17.

XX **Au Déjeuner de Sousceyrac** avec ch, ℰ 05 65 33 00 56, lagnes@france-flavours.com, Fax 05 65 33 04 37 – [tv]. **①** GB

fermé vacances de fév., dim. soir et lundi sauf juil.-août – **Repas** 15/40, enf. 10 – 🍴 6,50 – **8 ch** 38,20/46 – ½ P 42,50.

♦ Accueil souriant, plaisant cadre rustique rajeuni et coloré et cuisine du terroir soignée sont les atouts de cette avenante maison sise sur la place du village.

SOUS-LA-TOUR 22 C.-d'Armor **309** F3 – *rattaché à St-Brieuc.*

La SOUTERRAINE 23300 Creuse **325** F3 *G. Berry Limousin* – *5 320 h alt. 390.*

Voir *Église*★.

🛈 *Office de tourisme, place de la Gare ℰ 05 55 63 10 06, Fax 05 55 63 37 27, ot–souterraine@wanadoo.fr.*

Paris 344 – Limoges 58 – Bellac 41 – Châteauroux 79 – Guéret 35.

à l'Est : 7 km par N 145, D 74 et rte secondaire – ✉ 23300 La Souterraine :

🏨 **Château de la Cazine** ৯, ℰ 05 55 89 60 00, chateau-de-la-cazine@wanadoo.fr, Fax 05 55 63 71 85, ≤, 佘, 𝖿𝖺, ⅃, ❀, 鬼 – 🛏 [tv] ℰ & P – 🖎 30. ⌶ GB

fermé fév. – **Repas** 18/45, enf. 7 – 🍴 11 – **22 ch** 70/85 – ½ P 62,50/70.

♦ Chambres fonctionnelles et vaste parc arboré : suivez bien la signalisation pour dénicher ce charmant petit château du 19ᵉ s., promesse d'un séjour au grand calme. Cuisine traditionnelle servie dans trois salles bourgeoises ou en terrasse, face à la nature.

à St-Étienne-de-Fursac *Sud* : 11 km par rte de Fursac (D 1) – *816 h. alt. 322* – ✉ 23290 :

XX **Nougier** avec ch, 2 pl. de l'Eglise ℰ 05 55 63 60 56, Fax 05 55 63 65 47, ⅃, 🛋 – [tv] ℰ P. ⌶ GB

mi-mars-fin nov. et fermé dim. soir hors saison, lundi sauf le soir en juil.-août et mardi midi sauf fériés – **Repas** 17,50/30,50 ℤ – 🍴 7 – **12 ch** 43/63 – ½ P 50/58.

♦ Cette maison de caractère se distingue par sa belle salle à manger campagnarde où l'on propose une cuisine traditionnelle. Chambres rustiques et ravissant jardin fleuri.

SOUVIGNY 03210 Allier **326** G3 *G. Auvergne* – *1 952 h alt. 242.*

Voir *Prieuré St-Pierre*★★ – *Calendrier*★★ *dans l'église-musée St-Marc.*

Paris 301 – Bourbon-l'Archambault 16 – Montluçon 70 – Moulins 13.

XX **Auberge des Tilleuls,** ℰ 04 70 43 60 70, Fax 04 70 44 85 73, 佘 – GB

fermé 27 août au 2 sept., 30 déc. au 6 janv., 12 fév. au 4 mars, mardi soir, dim. soir et lundi – **Repas** 12 (déj.), 16/38 ℤ.

♦ Cette pimpante auberge vous accueille dans deux salles rustiques soignées, dont une agrémentée de colombages en trompe-l'oeil. Étroite terrasse ombragée à l'arrière.

SOUVIGNY-EN-SOLOGNE 41600 L.-et-Ch. **318** J6 – *410 h alt. 210.*

Paris 171 – Orléans 39 – Gien 43 – Lamotte-Beuvron 15 – Montargis 63.

XX **Perdrix Rouge,** 22 r. du Gatinais ℰ 02 54 88 41 05, Fax 02 54 88 05 56, 🛋 – ⌶ GB

fermé 1ᵉʳ au 9 juil., 26 août au 3 sept., 17 fév. au 4 mars, lundi et mardi – **Repas** (dim. et fêtes prévenir) 25/50.

♦ Maison solognote du village cher à Eugène Labiche. Intérieur rustique avec cheminée ; jardin avec jeux d'enfants et boulodrome. Cuisine traditionnelle et gibier en saison.

XX **Auberge de la Grange aux Oies,** 2 r. du Gâtinais ℰ 02 54 88 40 08, Fax 02 54 88 91 06, 佘, 🛋 – P. GB

fermé 10 au 16 juin, 2 au 9 sept., 15 janv. au 5 fév., lundi soir, mardi et merc. – **Repas** 23/43 ℤ.

♦ Jolies maisons à colombages (17ᵉ et 18ᵉ s.). Intérieur solognot typique où se décline le thème de l'oie (bibelots, peintures, etc.), hommage à la foire annuelle de Souvigny.

SOYAUX 16 Charente **324** L6 – *rattaché à Angoulême.*

SOYONS 07 Ardèche **331** L4 – *rattaché à St-Péray.*

STEENVOORDE 59114 Nord **302** D3 – 4 024 h alt. 50.

☐ Syndicat d'initiative, place du Docteur Jean-Marie Ryckewaert ℘ 03 28 42 97 98, Fax 03 28 49 74 84, si-steenvoorde@wanadoo.fr.

Paris 259 – Calais 73 – Lille 45 – Dunkerque 33 – Hazebrouck 12 – St-Omer 28.

Auprès de mon Arbre, 932 rte d'Eecke ℘ 03 28 49 79 49, Fax 03 28 49 72 29, 🏠 , 🍴 – **₽. GB**

fermé 20 déc. au 3 janv. et le soir sauf vend. et sam. – **Repas** 19,50/34, enf. 9,50.

◆ ... je vivais heureux ! Cette ferme rénovée a conservé son chaleureux caractère rustique, avec une cheminée et un poêle Godin dont les convives ne veulent plus s'éloigner.

STELLA-PLAGE 62 P.-de-C. **301** C5 – rattaché au Touquet.

STENAY 55700 Meuse **307** C2 – 2 952 h alt. 182.

☐ Office de tourisme, 5 place Poincaré ℘ 03 29 80 64 22, Fax 03 29 80 62 59, ot-sistenay@wanadoo.fr.

Paris 251 – Carignan 20 – Charleville-Mézières 58 – Longwy 51 – Sedan 34 – Verdun 46.

Commerce, 16 r. A. Briand ℘ 03 29 80 30 62, Fax 03 29 80 61 77 – 📺 📞. 🅰🅔 ⓪ **GB**

fermé 1er au 15/01, vend. soir et sam. midi du 15/09 au 1er mai, lundi midi du 1er mai au 15/09 et dim. soir – **Repas** (13) - 16 bc/33, enf. 8,50 ₤ – ☕ 7 – **17** ch 40/60 – ½ P 46/50.

◆ Proche du musée européen de la Bière, hostellerie fleurie en saison. Chambres bien équipées, parfois vivement colorées. Deux salles à manger de style rustique dont une agrémentée d'une grande cheminée. À table, plats traditionnels et recettes à la bière.

STIRING-WENDEL 57 Moselle **307** M3 – rattaché à Forbach.

STRASBOURG

Ⓟ 67000 B.-Rhin ③①⑤ K5 G. Alsace Lorraine - 264 115 h. - Agglo. 427 245 h - alt. 143.
Paris 491 ① – Basel 141 ③ – Karlsruhe 81 ③ – Stuttgart 148 ③

Carte de voisinage . . . . p. 2
Nomenclature des hôtels et des restaurants . . . . p. 2, 3 et 10 à 16
Plans de Strasbourg
    Agglomération . . . . p. 4 et 5
    Strasbourg Centre . . . . p. 6 et 7
    Agrandissement partie centrale . . . . p. 8 et 9

OFFICES DE TOURISME

17 pl. de la Cathédrale ℰ 03 88 52 28 28, Fax 03 88 52 28 29, info@strasbourg.com
Pl. de la Gare ℰ 03 88 32 51 49
Pont de l'Europe ℰ 03 88 61 39 23

RENSEIGNEMENTS PRATIQUES

TRANSPORTS
Auto-train ℰ 08 36 35 35 35.

AÉROPORT
Strasbourg-Entzheim-International ℰ 03 88 64 67 67 AT

QUELQUES GOLFS
🏌 *de la Wantzenau ℰ 03 88 96 37 73* CR
🏌 *Le Kempferhof ℰ 03 88 98 72 72, S : 15 km par D468*

DÉCOUVRIR

QUARTIER DE LA CATHÉDRALE
Cathédrale Notre-Dame ★★★ *: horloge astronomique*★ ⇐★ *de la flèche - Place de la cathédrale* ★ *: maison Kammerz* ★ KZ *- Musée*★★ *du palais Rohan*★ *- Musée alsacien*★★ KZ M¹ *- Musée de l'Oeuvre Notre-Dame*★★ KZ M⁶ *- Musée historique*★ KZ M⁵

LA PETITE FRANCE
Rue du Bains-aux-Plantes★★ HJZ *- Ponts couverts*★ HZ *- Barrage Vauban*❋★★ HZ *- Mausolée du maréchal de Saxe*★★ *dans l'église St-Thomas* JZ *- Musée d'Art moderne et contemporain*★★ HZ M³ *- Promenades en vedette sur l'Ill*

AUTOUR DES PLACES KLÉBER ET BROGLIE
Place Kléber★*, la plus célèbre place de Strasbourg , bordée au Nord par l'Aubette* JY *- Place Broglie : hôtel de ville*★ KY H

L'EUROPE À STRASBOURG
Palais de l'Europe★ FGU *- Nouveau palais des Droits de l'Homme* GU *- Orangerie*★ FGU

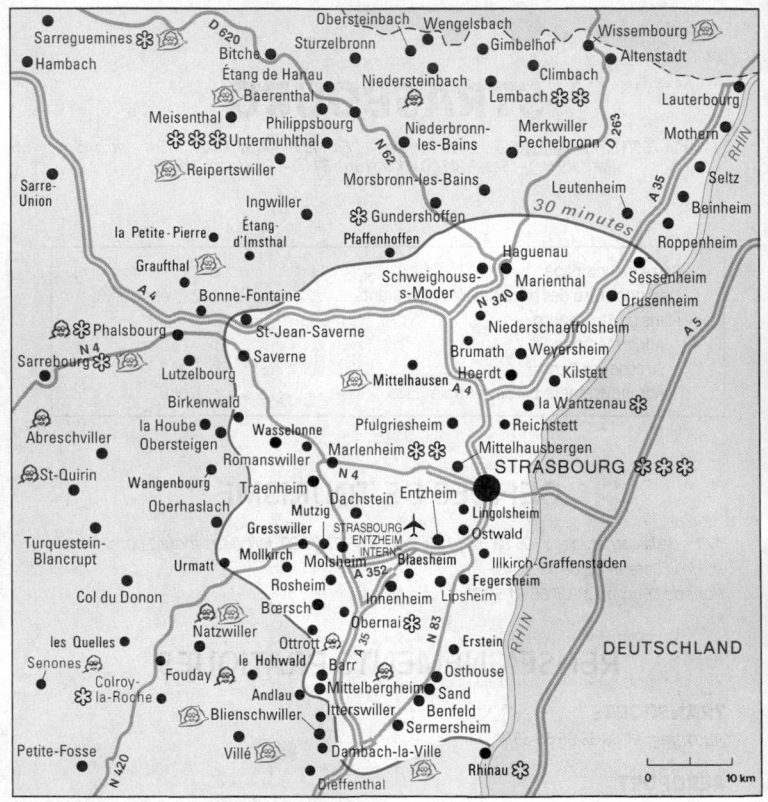

Oberst einbach · Wengelsbach · · Wissembourg
Sarreguemines · · · Sturzelbronn Gimbelhof · · Altenstadt
· Hambach Bitche ·
Étang de Hanau · Niedersteinbach Climbach
· Baerenthal · Lembach · ·
Meisenthal · · · Philippsbourg Niederbronn- Merkwiller Lauterbourg
· Untermuhlthal les-Bains Pechelbronn · Mothern
· Reipertswiller Morsbronn-les-Bains Leutenheim Seltz
Ingwiller Beinheim
Sarre- la Petite-Pierre · · Gundershoffen 30 minutes Roppenheim
Union Étang- · Pfaffenhoffen ·
d'Imsthal Haguenau Sessenheim
Graufthal · Schweighouse- Marienthal · Drusenheim
· Bonne-Fontaine s-Moder
· · Niederschaeffolsheim
Phalsbourg · St-Jean-Saverne Brumath Weyersheim · · la Wantzenau
Sarrebourg · Saverne Hoerdt · Kilstett
· Lutzelbourg · · Mittelhausen
Birkenwald Pfulgriesheim Reichstett
la Hoube Wasselonne · Marlenheim · Mittelhausbergen
· · Obersteigen
Abreschviller · Romanswiller STRASBOURG
· Traenheim · Lingolsheim
· St-Quirin Wangenbourg Dachstein Entzheim Ostwald
· Oberhaslach Mutzig STRASBOURG
ENTZHEIM
Turquestein- · Gresswiller INTERN. Blaesheim Illkirch-Graffenstaden
Blancrupt · Mollkirch Molsheim · Fegersheim
Urmatt Lipsheim
· Rosheim · Innenheim
Col du Donon · Boersch ·
les Quelles Natzwiller Obernai Erstein DEUTSCHLAND
Senones · · Ottrott ·
Colroy- le Hohwald · Osthouse
la-Roche Fouday Barr Sand
· Andlau Mittelbergheim
· Blienschwiller Ittersviller Benfeld
· Sermersheim
Petite-Fosse Villé · Dambach-la-Ville
Dreffenthal Rhinau

0   10 km

Sofitel, pl. St-Pierre-le-Jeune ℘ 03 88 15 49 00, h0568@accor-hotels.com, Fax 03 88 15 49 99, 🍽 – 📶 ⁂ ≣ 📺 ℃ ⇔ – 🛄 100. 🆎 ◑ ☲ ℃ᴮ p. 8 **JY** s
L'Alsace Gourmande ℘03 88 15 49 10 **Repas** 29 ♀ – ⬜ 20 – **155 ch** 195/230.
  ♦ Le premier Sofitel construit en France (1964) est aujourd'hui un établissement au confort moderne intégrant de nombreux services. Hall ouvert sur un patio. Chambres feutrées. La carte de l'Alsace Gourmande propose choucroutes et autres plats régionaux.

Régent Petite France 🐾, 5 r. Moulins ℘ 03 88 76 43 43, rpf@regent-hotels.com, Fax 03 88 76 43 76, ≤, 🍽, 🛄 – 📶 ⁂ ≣ 📺 ℃ ₺ – 🛄 30 à 80. 🆎 ◑ ☲ ℃ᴮ
Repas (fermé dim. d'oct. à avril et lundi de mai à sept.) 32/59 ♀ – ⬜ 18,50 – **64 ch** 223/299, 4 suites, 4 duplex – ½ P 172/278. p. 8 **JZ** f
  ♦ Métal, verre, mobilier Starck et high-tech composent le décor contemporain de cet hôtel aménagé dans les ex-glacières (musée intégré) des bords de l'Ill. Intérieur "tendance" et jolie vue sur la rivière et la vieille ville sont les deux atouts du restaurant.

Hilton, av. Herrenschmidt ℘ 03 88 37 10 10, sales_strasbourg@hilton.com, Fax 03 88 36 83 27, 🍽 – 📶 ⁂ ≣ 📺 ℃ ₺ ⇔ 🅿 – 🛄 25 à 350. 🆎 ◑ ☲
℃ᴮ p. 6 **EU** e
Table du Chef ℘ 03 88 37 41 42 (déj. seul.) (fermé 17 juil. au 22 août, sam. et dim.) **Repas** 38 – *Jardin du Tivoli* ℘ 03 88 35 72 61 **Repas** (25)- 30 ♀ – ⬜ 21 – **243 ch** 210/290, 6 suites.
  ♦ Ce building de verre et d'acier à la silhouette élancée abrite des chambres rénovées et équipées "dernière tendance". Hall avec boutiques, centre multimédia et bars. Cuisine classique et cadre "british" à La Table du Chef. Belle terrasse au Jardin du Tivoli.

Holiday Inn, 20 pl. Bordeaux ℘ 03 88 37 80 00, histrasbourg@alliance-hospitality.com, Fax 03 88 37 07 04, 🛄, 🔲 – 📶 ⁂ ≣ 📺 ℃ ₺ 🅿 – 🛄 300. 🆎 ◑ ☲ ℃ᴮ. ⁂ rest
Repas (fermé sam. midi et dim. midi) 25 ♀ – ⬜ 15 – **171 ch** 195/275. p. 7 **FU** n
  ♦ Proche des instances européennes et du palais des congrès, établissement parfaitement adapté à une clientèle d'affaires et de séminaires. Chambres bien équipées. Cuisine traditionnelle teintée de touches provençales servie dans un décor de style "Louisiane".

Régent Contades sans rest, 8 av. Liberté ☎ 03 88 15 05 05, *rc@regent-hotels.com*, Fax 03 88 15 05 15 – 📱 ⇔ 🔲 📺 📞 🅰🅴 🆖🅱 🅹🅲🅱   p. 9 **LY** f
🛏 16,50 – **47 ch** 165/325.
❖ Hôtel particulier du 19e s. au décor raffiné : splendides boiseries dans le salon et toiles omniprésentes. La salle des petits-déjeuners offre une jolie vue sur l'Ill.

Beaucour sans rest, 5 r. Bouchers ☎ 03 88 76 72 00, *beaucour@hotel-beaucour.com*, Fax 03 88 76 72 60 – 📱 🔲 📺 📞 ♿ – 🔬 25. 🅰🅴 ⓞ 🆖🅱 🅹🅲🅱   p. 9 **KZ** k
🛏 11 – **49 ch** 126/169.
❖ Réunies autour d'un patio fleuri, deux maisons alsaciennes du 18e s. élégamment aménagées. Les chambres mêlent avec goût le rustique et le contemporain.

Maison Rouge sans rest, 4 r. Francs-Bourgeois ☎ 03 88 32 08 60, *info@maison-rouge.c om*, Fax 03 88 22 43 73 – 📱 🔲 📺 📞 ♿ – 🔬 15 à 30. 🅰🅴 ⓞ 🆖🅱   p. 8 **JZ** g
🛏 13 – **142 ch** 122/139.
❖ Derrière une façade de pierres rouges, hôtel à l'ambiance raffinée où chaque chambre est personnalisée et chaque palier possède un salon superbement décoré.

Europe sans rest, 38 r. Fossé des Tanneurs ☎ 03 88 32 17 88, *info@hotel-europe.com*, Fax 03 88 75 65 45 – 📱 ⇔ 🔲 📺 📞 – 🔬 30. 🅰🅴 ⓞ 🆖🅱 🅹🅲🅱   p. 8 **JZ** v
fermé 23 au 29 déc., – 🛏 11 – **60 ch** 69/163.
❖ Maison à colombages abritant des chambres spacieuses, refaites à neuf. La maquette au 1/50e de la cathédrale, exposée dans le hall, est spectaculaire.

Monopole-Métropole sans rest, 16 r. Kuhn ☎ 03 88 14 39 14, *infos@bw-monopole.co m*, Fax 03 88 32 82 55 – 📱 ⇔ 📺 📞 🚗 – 🔬 15. 🅰🅴 ⓞ 🆖🅱 🅹🅲🅱   p. 8 **HY** p
🛏 10 – **90 ch** 79/140.
❖ Proche de la gare, chambres de deux types : traditionnelles au mobilier de style ou contemporaines égayées d'oeuvres d'artistes régionaux. Salons avec "minimusée" alsacien.

Novotel Centre Halles, 4 quai Kléber ☎ 03 88 21 50 50, *h0439@accor-hotels.com*, Fax 03 88 21 50 51 – 📱 ⇔ 🔲 📺 📞 ♿ – 🔬 15 à 80. 🅰🅴 ⓞ 🆖🅱 🅹🅲🅱   p. 8 **JY** k
Repas carte 25 à 35, enf. 8 🍴 – 🛏 12 – **98 ch** 139/149.
❖ Domicilié dans le centre commercial des Halles, hôtel entièrement relooké. Chambres identiques, avant tout pratiques. Décor sur le thème du 7e art. L'original et chaleureux cadre contemporain du restaurant s'écarte des critères "Novotel" habituels.

Mercure Centre sans rest, 25 r. Thomann ☎ 03 90 22 70 70, *h1106@accor-hotels.com*, Fax 03 90 22 70 71 – 📱 ⇔ 🔲 📺 📞 ♿ 🚗. 🅰🅴 ⓞ 🆖🅱 🅹🅲🅱   p. 8 **JY** q
🛏 12,50 – **98 ch** 129/139.
❖ Établissement de chaîne largement rénové, intéressant pour sa situation centrale et la vue panoramique qu'offre la salle des petits-déjeuners au septième étage.

France sans rest, 20 r. Jeu des Enfants ☎ 03 88 32 37 12, *hotel.de.france.sa@wanadoo.fr*, Fax 03 88 22 48 08 – 📱 ⇔ 🔲 📺 🚗 – 🔬 30. 🅰🅴 ⓞ 🆖🅱   p. 8 **JY** v
🛏 13 – **66 ch** 99/123.
❖ L'hôtel constitue une base idéale pour parcourir à pied la superbe cité ancienne. Chambres de bonne ampleur, colorées et bien insonorisées ; certaines ont un balcon.

Grand Hôtel sans rest, 12 pl. Gare ☎ 03 88 52 84 84, *le.grand.hotel.@wanadoo.fr*, Fax 03 88 52 84 00 – 📱 🔲 📞 – 🔬 15. 🅰🅴 ⓞ 🆖🅱 🅹🅲🅱   p. 8 **HY** m
🛏 11 – **83 ch** 63/112.
❖ La situation du Grand Hôtel est commode pour ceux qui voyagent en train. Chambres sobres desservies par un vertigineux ascenseur de verre et d'acier.

Mercure sans rest, 3 r. Maire Kuss ☎ 03 88 32 80 80, *h1813@accor-hotels.com*, Fax 03 88 23 05 39 – 📱 ⇔ 🔲 📺 📞 – 🔬 25. 🅰🅴 ⓞ 🆖🅱 🅹🅲🅱   p. 8 **HY** e
🛏 9,50 – **52 ch** 90/102.
❖ Entre gare et quartier de la Petite France, devanture vitrée abritant des chambres conformes aux standards de la chaîne ; double vitrage efficace.

Mercure Carlton sans rest, 14 pl. Gare ☎ 03 88 15 78 15, *h2149@accor-hotels.com*, Fax 03 88 15 78 16 – 📱 ⇔ 🔲 📺 ♿ – 🔬 30. 🅰🅴 ⓞ 🆖🅱 🅹🅲🅱   p. 8 **HY** a
🛏 12 – **60 ch** 109/129.
❖ Intérieur contemporain derrière une sage façade donnant sur la gare. Une verrière monumentale éclaire hall et salon-bar. Chambres bien agencées. Bar au décor "ethnique".

Gutenberg sans rest, 31 r. Serruriers ☎ 03 88 32 17 15, *hotel.gutemberg@wanadoo.fr*, Fax 03 88 75 76 67 – 📱 🔲 📺. 🆖🅱. ✂   p. 9 **KZ** m
fermé 1er au 9 janv. – 🛏 7,30 – **42 ch** 57/89.
❖ Dans les murs d'une construction datant de 1745, chambres plaisantes et bien équipées, mansardées au dernier étage. Salle des petits-déjeuners sous verrière.

Diana-Dauphine sans rest, 30 r. 1er Armée ☎ 03 88 36 26 61, *hotel.dianadauphine@wan adoo.fr*, Fax 03 88 35 50 07 – 📱 🔲 📺 📞 🆖🅱 🅹🅲🅱   p. 6 **EX** x
fermé 24 déc. au 1er janv. – 🛏 9 – **45 ch** 78/90.
❖ Le tramway passe au pied de l'hôtel et rejoint rapidement la cité ancienne. Chambres au beau mobilier Louis XV et Louis XVI ; salles de bains rénovées.

BISCHEIM

Marais (R. du)	**CS** 121
Périgueux (Av. de)	**BS** 159
Robertsau (R. de la)	**BS** 179
Triage (R. du)	**BS** 219

ECKBOLSHEIM

Gaulle (Av. du Gén.-de)	**BS** 67
Wasselonne (Route de)	**BS** 237

HOENHEIM

Fontaine (R. de la)	**BR** 55
République (R. de la)	**BR** 174

ILLKIRCH-GRAFFENSTADEN

Bürkell (Route)	**BT** 24
Ceinture (R. de la)	**BT** 27
Faisanderie (R. de la)	**BT** 48
Industrie (R. de l')	**BT** 97
Kastler (R. Alfred)	**BT** 99
Lixenbühl (R.)	**BT** 115
Messmer (Av.)	**BT** 138
Neuhof (Route de)	**BT** 144
Strasbourg (Rte de)	**BT** 207
Vignes (R. des)	**BT** 233

LINGOLSHEIM

Eckbolsheim (R. d')	**BS** 44
Ostwald (R. d')	**BT** 152
Prés (R. des)	**BS** 168

OBERHAUSBERGEN

Mittelhausbergen (Rte de)	**BS** 139
Oberhausbergen (Rte de)	**BS** 149

OSTWALD

Foch (R. du Maréchal)	**BT** 50
Gelspolsheim (R. de)	**BT** 73
Leclerc (R. du Gén.)	**BT** 112
Vosges (R. des)	**BT** 232
23-Novembre (R. du)	**BT** 246

SCHILTIGHEIM

Bischwiller (Route de)	**BS** 18
Gaulle (Rte du Gén.-de)	**BS** 70
Hausbergen (Route de)	**BS** 81
Mendès-France (Av. P.)	**BS** 132
Pompiers (R. des)	**BS** 164

STRASBOURG

Atenheim (Route d')	**CT** 8
Austerlitz (Pont d')	**BS** 9
Bauerngrund (R. de)	**CT** 15
Ganzau (R. de la)	**BT** 66
Holtzheim (R. de)	**AS** 88
Ill (R. de l')	**CS** 96
Neuhof (Route de)	**CT** 144
Plaine des Bouchers (R. de la)	**BS** 163
Polygone (Route du)	**BS** 165
Pont (R. du)	**BT** 166
Ribeauvillé (R. de)	**CS** 177
Romains (Route des)	**BS** 180
Schirmeck (Route de)	**BS** 198

WOLFISHEIM

Oberhausbergen (R. d')	**AS** 148
Seigneurs (R. des)	**AS** 204

STRASBOURG AGGLOMÉRATION

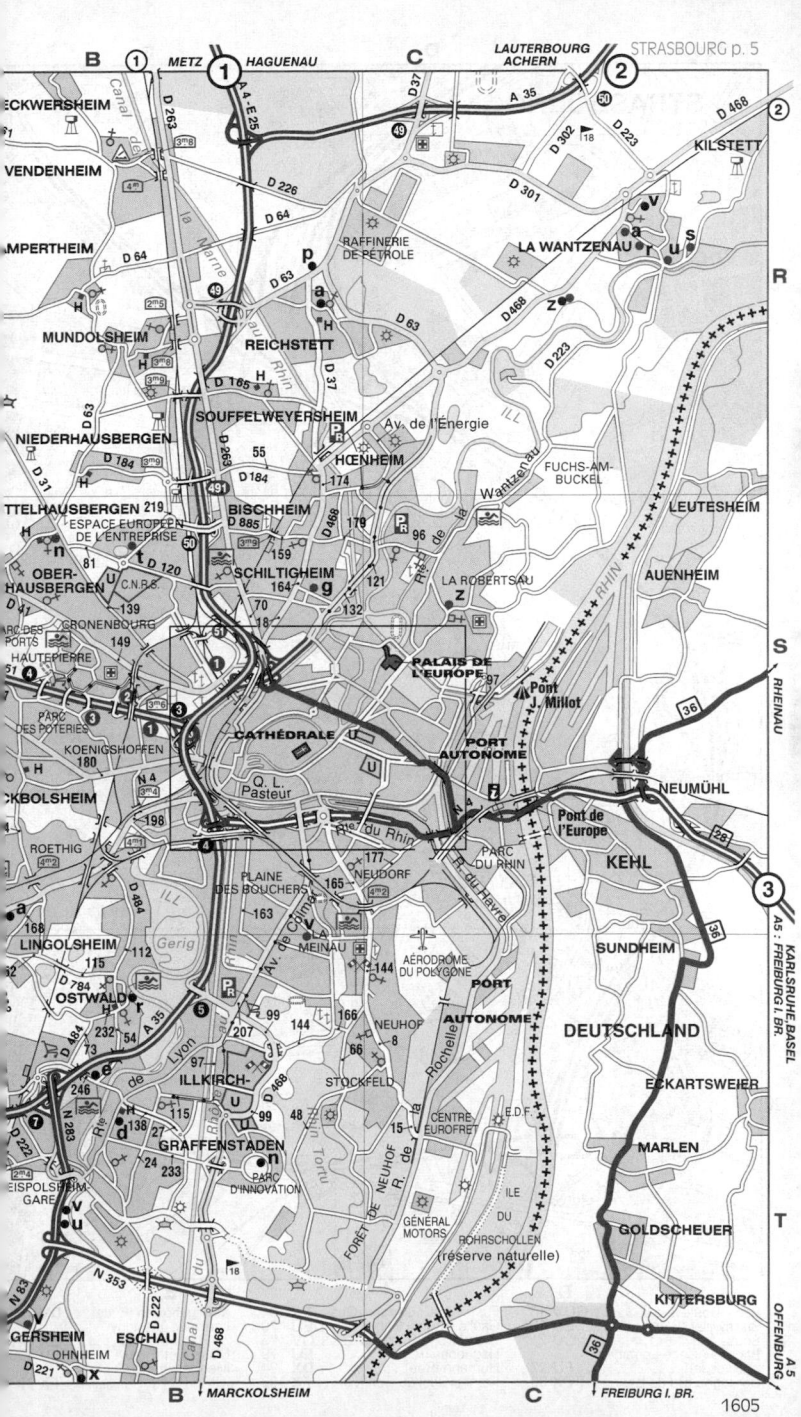

STRASBOURG

Bach (Boulevard J.-S.) . . . **GUV** 13	Fustel-de-Coulanges (Quai). **EX** 64	Kœnigshoffen (R. de) . . . **DV** 105
Bischwiller (R. de) . . . . **EU** 16	Gaulle (Rte du Gén.-de) . . **DEU** 70	Lattre-de-Tassigny
Boussingault (R.) . . . . **GU** 21	Grand-Pont (R. du) . . . . **GV** 75	(Pl. du Mar.-de) . . . . **EX** 110
Brigade Alsace-Lorraine	Haguenau (R. de) . . . . **EU** 79	Massenet (Rue). . . . . . . **FUV** 130
(R. de la) . . . . **FU** 22	Humann (Rue) . . . . **DX** 94	Mendès-France
Dordogne (Bd de la) . . . . . **EX** 39	Kœnig (Quai du Gén.) . . . . . **FX** 103	(Rd-Pt. P.) . . . . **FX** 133

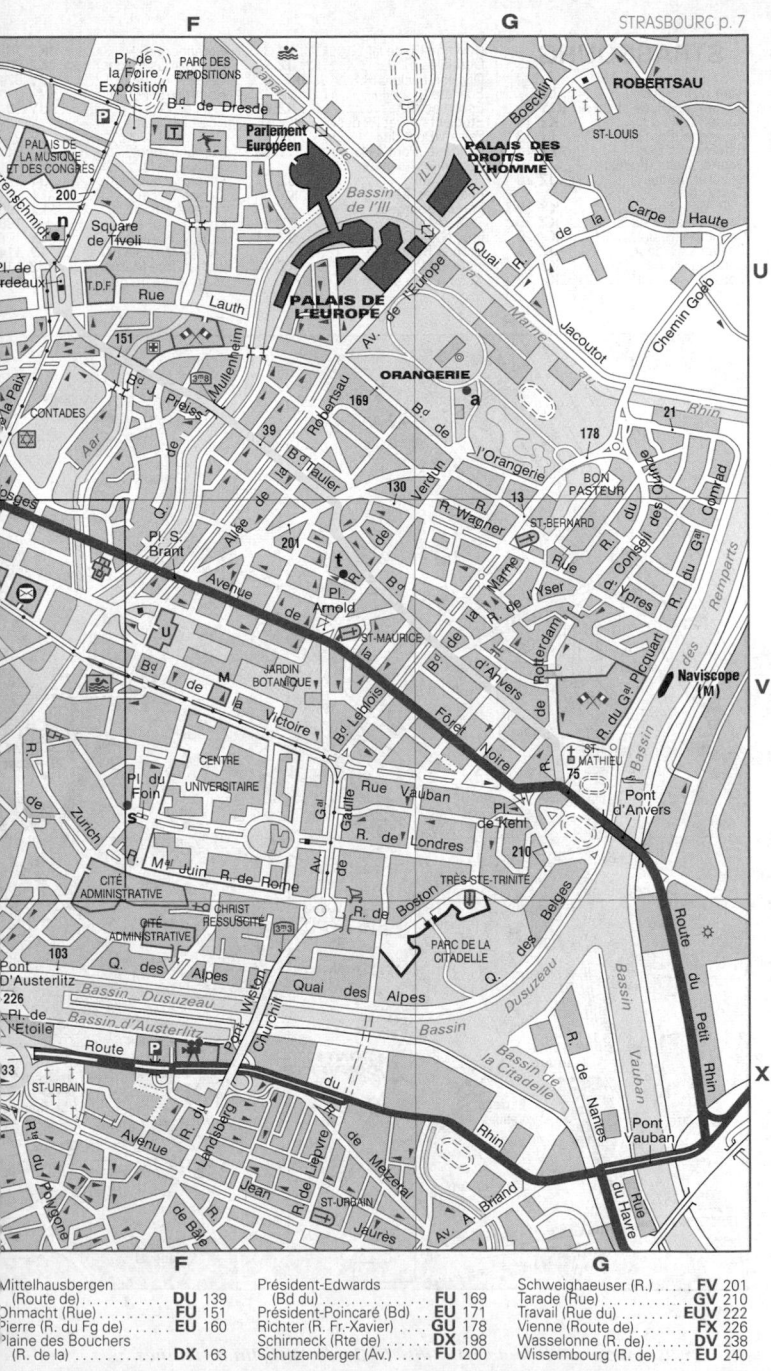

Mittelhausbergen
(Route de) .... **DU** 139
Ohmacht (Rue) .... **FU** 151
Pierre (R. du Fg de) ...... **EU** 160
Plaine des Bouchers
(R. de la) .... **DX** 163

Président-Edwards
(Bd du) .... **FU** 169
Président-Poincaré (Bd) .. **EU** 171
Richter (R. Fr.-Xavier) .... **GU** 178
Schirmeck (Rte de) ...... **DX** 198
Schutzenberger (Av.) .... **FU** 200

Schweighaeuser (R.) ..... **FV** 201
Tarade (Rue) .... **GV** 210
Travail (Rue du) .... **EUV** 222
Vienne (Route de) .... **FX** 226
Wasselonne (R. de) ...... **DV** 238
Wissembourg (R. de) .... **EU** 240

STRASBOURG

Abreuvoir (R. de l') .... **LZ** 3
Arc-en-Ciel (R. de l') ...... **KLY** 7
Austerlitz (R. d') .... **KZ** 10
Auvergne (Pont d') .... **LY** 12
Bateliers (R. des) .... **LZ** 14
Bonnes-Gens (R. des) ..... **JY** 19
Bouclier (R. du) .... **JZ** 20
Castelnau
  (R. Gén.-de) .... **KY** 25
Cathédrale (Pl. de la) ...... **KZ** 26
Chaudron (R. du) .... **KY** 28
Cheveux (R. des) .... **JZ** 29
Corbeau (Pl. du) .... **KZ** 31
Cordiers (R. des) .... **KZ** 32

Courtine (R. de la) .... **LY** 34
Dentelles (R. des) .... **JZ** 36
Division-Leclerc (R.) ...... **JKZ**
Écarlate (R. de l') .... **JZ** 43
Escarpée (R.) .... **JZ** 45
Étudiants (R. et Pl. des) .. **KY** 46
Faisan (Pont du) .... **JZ** 47
Fonderie (Pont de la) ..... **KY** 52
Fossé-des-Tanneurs
  (Rue du) .... **JZ** 57
Fossé-des-Treize (R. du) .. **KY** 58
Francs-Bourgeois
  (R. des) .... **JZ** 60
Frey (Quai Charles) .... **JZ** 63
Grande-Boucherie
  (Pl. de la) .... **KZ** 76
Gdes-Arcades (R. des) .... **JKY**

Gutenberg (R.) .... **JKZ** 78
Hallebardes (R. des) ...... **KZ** 80
Haute-Montée (R.) .... **JY** 82
Homme-de-Fer
  (Pl. de l') .... **JY** 90
Hôpital-Militaire
  (R. de l') .... **LZ** 91
Humann (Rue) .... **HZ** 94
Ill (Quai de l') .... **HZ** 95
Kellermann (Quai) .... **JY** 100
Kléber (Place) .... **JY**
Krutenau (R. de la) .... **LZ** 106
Kuss (Pont) .... **HY** 108
Lamey (R. Auguste) ...... **LY** 109
Lezay-Marnésia (Quai) ... **LY** 114
Luther (Rue Martin) ...... **JZ** 117
Maire Kuss (R. du) .... **HY** 120

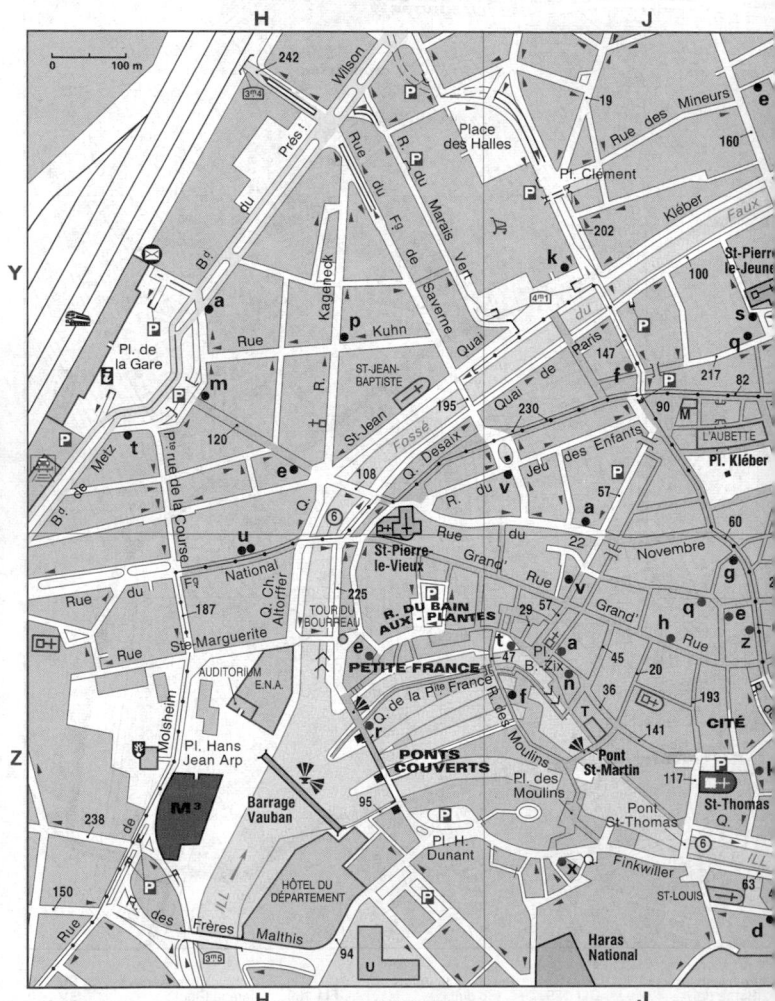

*Un automobiliste averti utilise le **Guide Michelin** de l'année.*

Marché-aux-Cochons-
de-Lait (Pl. du) . . . . **KZ** 124
Marché-aux-Poissons
(Pl. du) . . . . **KZ** 125
Marché-Gayot (Pl. du) . . . **KYZ** 126
Marché-Neuf (Pl. du) . . . . **KYZ** 127
Maroquin (R. du) . . . . **KZ** 129
Mercière (R.) . . . . **KZ** 135
Mésange (R. de la) . . . . . **JKY** 136
Monnaie (R. de la) . . . . . . **JZ** 141
Munch (Rue Ernest) . . . . . **LZ** 142
Noyer (R. du) . . . . **JY** 147
Nuée-Bleue
(R. de la) . . . . **KY**
Obernai (R. d') . . . . **HZ** 150
Outre (R. de l') . . . . **KY** 153
Paix (Av. de la) . . . . **KLY** 154

Parchemin (R. du) . . . . . . **KY** 156
Pierre (R. du Fg-de-) . . . . **JY** 160
Pontonniers (R. des) . . . . **KLY** 167
Récollets (R. des) . . . . . . **LY** 172
St-Etienne (Quai) . . . . **LY** 183
St-Michel (R.) . . . . **HZ** 187
St-Nicolas (Pont) . . . . **KZ** 189
St-Pierre-le-Jeune
(Pl.) . . . . **JKY** 190
Ste-Madeleine
(Pont et R.) . . . . **KLZ** 192
Salzmann (R.) . . . . **JZ** 193
Sanglier (R. du) . . . . **KY** 194
Saverne (Pont de) . . . . . . **HY** 195
Schoelcher (Av. Victor) . . . **LY** 199
Sébastopol (R. de) . . . . . . **JY** 202
Serruriers (R. des) . . . . . **JKZ** 205

Temple-Neuf (Pl. du) . . . . . **KY** 213
Temple-Neuf
(R. du) . . . . **KY** 214
Théâtre (Pont du) . . . . **KY** 216
Thomann (R.) . . . . **JY** 217
Tonneliers (R· des) . . . . . . **KZ** 220
Turckheim (Quai) . . . . **HZ** 225
Vieil-Hôpital
(R.) . . . . **KZ** 228
Vieux-Marché-aux-
Poissons (R. du) . . . . . . **KZ** 229
Vieux-Marché-aux-Vins
(R. et Pl. du) . . . . **JY** 230
Vieux-Seigle (R. du) . . . . . **JZ** 231
Wasselonne (R.) . . . . **HY** 238
Wodli (R. Georges) . . . . . . **HY** 242
22-Novembre (R. du) . . . . **HJY**

Pour visiter une ville ou une région : utilisez les Guides Verts Michelin.

🏨 **Hannong** sans rest, 15 r. 22-Novembre ℘ 03 88 32 16 22, *info@hotel-hannong.com*, Fax 03 88 22 63 87 – 📶 � 📺 ✆ – 🏧 20 à 40. 🅰🎔 ⓞ 🈹 🅹🅲🅱 p. 8 **JY a**
fermé 2 au 11 janv. – 🍽 11,30 – **72 ch** 99/132.
♦ La fresque de l'élégant salon Horn évoque l'histoire de cet hôtel édifié en 1920 sur le site de la faïencerie Hannong (18ᵉ s.). Parquets et tons chaleureux dans les chambres.

🏨 **Dragon** sans rest, 2 r. Écarlate ℘ 03 88 35 79 80, *hotel@dragon.fr*, Fax 03 88 25 78 95 – 📶
✲ 📺 ✆ ⅙ 🅰🎔 ⓞ 🈹 ⚘ p. 8 **JZ d**
🍽 10 – **32 ch** 69/112.
♦ Tournée sur une couette tranquille, demeure du 17ᵉ s. à l'esprit résolument contemporain. Camaïeu de gris et meubles design déclinent ce style dans des chambres nettes.

🏨 **Villa d'Est** sans rest, 12 r. J. Kablé ℘ 03 88 15 06 06, *res.villa@cieldenuit.com*, Fax 03 88 15 06 16, 🛋 – 📶 ✲ 📺 ✆ ⅙ – 🏧 20. 🅰🎔 ⓞ 🈹 🅹🅲🅱 p. 6 **EU n**
🍽 11 – **48 ch** 95/105.
♦ Adresse excentrée permettant un accès facile à l'autoroute. Deux types de chambres : contemporaines et habillées de couleurs vives ou rustiques d'inspiration alsacienne.

🏨 **Cardinal de Rohan** sans rest, 17 r. Maroquin ℘ 03 88 32 85 11, *info@hotel-rohan.com*, Fax 03 88 75 65 37 – 📶 ✲ 📺 ✆ 🅰🎔 ⓞ 🈹 🅹🅲🅱 p. 9 **KZ u**
🍽 10 – **36 ch** 63/122.
♦ En plein secteur touristique, chambres au confort bourgeois, meublées dans le style Louis XV et bénéficiant d'une bonne isolation phonique. Salons cossus.

🏨 **Princes** sans rest, 33 r. Geiler ℘ 03 88 61 55 19, *hoteldesprinces@aol.com*, Fax 03 88 41 10 92 – 📶 📺. 🅰🎔 ⓞ 🈹 p. 7 **FV t**
fermé 1ᵉʳ au 21 août – 🍽 12 – **43 ch** 91,50/114.
♦ Accueillant hôtel dans un quartier résidentiel tranquille. Chambres de bonne ampleur, au mobilier actuel. Salle des petits-déjeuners égayée de fresques bucoliques.

🏨 **Ibis** sans rest, 18 r. Fg National ℘ 03 88 75 10 10, *h0943@accor-hotels.com*, Fax 03 88 75 79 60 – 📶 ✲ 📺 ✆ ⅙ 🅿. 🅰🎔 ⓞ 🈹 p. 8 **HYZ u**
🍽 6 – **98 ch** 65.
♦ Hôtel récent situé à deux pas de la Petite France. Les chambres, actualisées, tirent profit au mieux de l'espace disponible. Nombreuse clientèle d'affaires.

🏨 **Kyriad** sans rest, 2 pl. Gare ℘ 03 88 22 30 30, *hotel-kyriad-gare@wanadoo.fr*, Fax 03 88 32 17 11 – 📶 📺 ✆. 🅰🎔 ⓞ 🈹 🅹🅲🅱 p. 8 **HY t**
🍽 7,50 – **70 ch** 65/74.
♦ Cette imposante façade de grès rose abrite des chambres rafraîchies ; celles donnant sur la cour sont les plus calmes. Petit-déjeuner servi sous forme de buffet.

🏨 **Pax,** 24 r. Fg National ℘ 03 88 32 14 54, *info@paxhotel.com*, Fax 03 88 32 01 16, 🌿 – 📶
✲ 📺 ⅙ ⇔ – 🏧 15 à 60. 🅰🎔 ⓞ 🈹 p. 8 **HYZ u**
fermé 24 déc. au 2 janv. – **Repas** *(fermé dim. de nov. à fév.)* 15/23, enf. 6,50 🍷 – 🍽 7 – **106 ch** 68 – ½ P 54.
♦ L'hôtel borde une rue où ne circule que le tramway strasbourgeois. Les chambres sont sobrement aménagées. Aux beaux jours, les tables du restaurant sont dressées dans le joli patio-terrasse envahi par la vigne vierge. Cuisine régionale.

🏨 **Couvent du Franciscain** sans rest, 18 r. Fg de Pierre ℘ 03 88 32 93 93, *info@hotel-franciscain.com*, Fax 03 88 75 68 46 – 📶 📺 ⅙ 🅿 – 🏧 15. 🅰🎔 🈹 🅹🅲🅱 p. 8 **JY e**
fermé 24 déc. au 9 janv. – 🍽 8 – **43 ch** 62/64.
♦ Niché au fond d'une impasse, deux bâtiments reliés par un hall plaisant. Préférez les chambres logées dans l'aile neuve. Salle des petits-déjeuners aménagée dans un caveau.

🏨 **Aux Trois Roses** sans rest, 7 r. Zürich ℘ 03 88 36 56 95, *info@hotel3roses-strasbourg.com*, Fax 03 88 35 06 14 – 📶 📺 ✆. 🅰🎔 ⓞ 🈹 🅹🅲🅱 ⚘ p. 9 **LZ y**
🍽 6,50 – **32 ch** 47/84.
♦ Couettes moelleuses et meubles en sapin équipent chaleureusement les chambres insonorisées de cet hôtel du début du 20ᵉ s. sis au bord de l'Ill. Sauna.

XXXX **Au Crocodile** (Jung), 10 r. Outre ℘ 03 88 32 13 02, *info@au-crocodile.com*,
❀❀ Fax 03 88 75 72 01 – 🍽. 🅰🎔 ⓞ 🈹 🅹🅲🅱 ⚘ p. 9 **KY x**
fermé 11 juil. au 2 août, 24 déc. au 6 janv., dim. et lundi – **Repas** 54 (déj.), 79/122 et carte 91 à 121 ⌀.
♦ De splendides boiseries, des toiles classiques et le fameux crocodile ramené de la campagne d'Égypte par un capitaine alsacien : le cadre est aussi raffiné que la cuisine !
Spéc. Cuisses de grenouilles et anguille au mille-choux. Foie de canard en croûte de sel, baeckeoffa de légumes truffé. Noisette de faon de biche à l'écorce d'orange (15 oct. au 15 fév.). **Vins** Riesling, Tokay-Pinot gris.

XXXX **Buerehiesel** (Westermann), dans le parc de l'Orangerie ℘ 03 88 45 56 65, *westermann@*
✺✺✺ *buerehiesel.fr, Fax 03 88 61 32 00*, ≤ – ■ Ⓟ. 🄰 ⓞ 🄱🄰   p. 7 **GU a**
fermé 27 juil. au 18 août, 31 déc. au 20 janv., dim. soir et mardi – **Repas** (dîner seul. du lundi
au vend.) 110/140 et carte 115 à 145 🍲.
♦ L'authentique ferme à colombages reconstituée en 1904 et sa verrière moderne
se nichent sous les frondaisons du parc de l'Orangerie. Un paradis de la gastronomie
alsacienne !
Spéc. Foie gras d'oie frais truffé en croûte, gelée aux noix. Schniederspaetle et cuisses de
grenouilles poêlées au cerfeuil. Ris de veau poêlé aux croûtons, oignons glacés et fricassée
de légumes verts. **Vins** Sylvaner, Pinot noir.

XXX **Vieille Enseigne** (Langs), 9 r. Tonneliers ℘ 03 88 32 58 50, *info@la-vieille-enseigne.com,*
✺ *Fax 03 88 75 63 80* – ■. 🄰 ⓞ 🄱🄰 🄲🄰   p. 9 **KZ f**
fermé sam. midi et dim. – **Repas** 32 (déj.), 61/78 et carte 65 à 83 🍲.
♦ Cuisine au goût du jour soignée, riche cave à vins, cadre élégant et feutré caractérisent
ce restaurant aménagé dans les murs d'une belle maison alsacienne du 17ᵉ s.
Spéc. Grosses langoustines sur galette de pommes de terre. Pavé de sandre braisé
au gewürztraminer. Pigeonneau des Vosges à l'huile de pistache. **Vins** Pinot blanc,
Riesling.

XXX **Estaminet Schloegel**, 19 r. Krütenau ℘ 03 88 36 21 98, *Fax 03 88 36 21 98* – ■.
🄱🄰   p. 9 **LZ q**
fermé août, lundi midi, sam. midi et dim. – **Repas** 36/43 et carte 45 à 60 🜟.
♦ À l'écart du centre historique, ex-estaminet joliment coloré, se distinguant par
sa décoration contemporaine de bon goût. Un escalier à vis en bois dessert les deux
salons.

XXX **Maison des Tanneurs dite "Gerwerstub"**, 42 r. Bain aux Plantes ℘ 03 88 32 79 70,
maison.des.tanneurs@wanadoo.fr, Fax 03 88 22 17 26 – 🄰 ⓞ 🄱🄰   p. 8 **JZ t**
fermé 30 déc. au 25 janv., dim. et lundi – **Repas** carte 40 à 66.
♦ Idéalement située au bord de l'Ill, cette typique maison alsacienne de la Petite France est
l'adresse incontournable pour qui veut se régaler d'une choucroute.

XXX **Maison Kammerzell et Hôtel Baumann** avec ch, 16 pl. Cathédrale
℘ 03 88 32 42 14, *info@maison-kammerzell.com, Fax 03 88 23 03 92* – 🅐 ■ 📺 ☎ –
🏦 80 à 100. 🄰 ⓞ 🄱🄰 🄲🄰   p. 9 **KZ e**
hôtel : fermé fév. – **Repas** 29/36 et carte 36 à 60, enf. 9 🜟 – ⊞ 10 – **9 ch** 69/110.
♦ Peintures murales, vitraux, sculptures sur bois et voûtes gothiques donnent à cette
institution strasbourgeoise datant du 16ᵉ s. des allures de musée. Plats alsaciens.

XX **Violon d'Ingres**, 1 r. Chevalier Robert ℘ 03 88 31 39 50, *Fax 03 88 31 46 74*, 🍽 –
🄱🄰   p. 5 **CS z**
fermé 13 au 23 avril, 16 août au 3 sept., sam. midi, dim. soir et lundi – **Repas** 28/60 🜟.
♦ Suivez bien le fléchage pour trouver ce restaurant situé dans le quartier résidentiel de la
Robertsau. La table est appréciée par la clientèle d'affaires. Terrasse ombragée.

XX **Penjab**, 12 r. Tonneliers ℘ 03 88 32 36 37, *lepenjab@wanadoo.fr, Fax 03 88 32 18 55*, 🍽
– ■. 🄱🄰   p. 9 **KZ r**
fermé 24 au 27 déc., lundi midi, jeudi midi et dim. – **Repas** 20,50/45, enf. 9,30 🜟.
♦ Cuisine indienne assortie d'un décor typique, accueillant et confortable : une adresse
pour le moins dépaysante en plein cœur de Strasbourg !

XX **Serge and Co**, 14 r. Pompiers ✉ 67300 Schiltigheim ℘ 03 88 18 96 19, *serge.burckel@w*
anadoo.fr, Fax 03 88 83 41 99 – ■. 🄱🄰   p. 5 **BS g**
fermé 15 au 30 août, sam. midi, dim. et lundi – **Repas** 21,50 (déj.), 42/95 🜟.
♦ "Serge" est revenu au pays après un long périple asiatique et américain. Il propose dans
son plaisant restaurant contemporain une appétissante cuisine au goût du jour.

XX **Julien**, 22 quai Bateliers ℘ 03 88 36 01 54, *restaurant.julien@wanadoo.fr,*
✺ *Fax 03 88 35 40 14* – ■. 🄰 ⓞ 🄱🄰 🄲🄰   p. 9 **KZ x**
fermé 4 au 12 avril, 9 au 30 août, 2 au 10 janv., dim. et lundi – **Repas** 35 (déj.)/78 et carte 59
à 82 🜟.
♦ Belle maison alsacienne du 18ᵉ s. Le cadre (murs laqués et banquettes) s'inspire de celui
des bistrots de la Belle Époque. Répertoire culinaire personnalisé.
Spéc. Escalope de foie gras de canard. Filets de sole rôtis. Moelleux au chocolat guanaja.
Vins Riesling, Pinot auxerrois.

XX **Cruche d'Or** avec ch, 6 r. Tonneliers ℘ 03 88 32 11 23, *Fax 03 88 21 94 78*, 🍽 – 📺 ☎. 🄰
🄱🄰. ✂ ch   p. 9 **KZ v**
fermé 2 au 16 août, 16 fév. au 2 mars et dim. – **Repas** 23/29, enf. 8 🜟 – ⊞ 6,10 – **14 ch**
35/57.
♦ Cette façade colorée sise dans une rue piétonne abrite une salle à manger habillée de
chaleureuses boiseries où l'on sert une cuisine du terroir. Chambres fonctionnelles.

XXX **L'Arsenal**, 11 r. Abreuvoir ℰ 03 88 35 03 69, *baderyvonne@noos.fr*, Fax 03 88 35 03 69 – ▤. ◭ⓔ GB. ⅌ p. 9 **LZ m**
fermé août, sam. sauf le soir d'oct. à déc., dim. et fériés – **Repas** 23,50 (déj.), 27,50/55 ⴱ.
◆ Dans le quartier de la Krutenau, auberge à colombages de la fin du 18ᵉ s. aménagée dans un esprit rustique. Salons pour repas privés à l'étage. Cuisine régionale.

XXX **Pont des Vosges**, 15 quai Koch ℰ 03 88 36 47 75, *pontdesvosges@noos.fr*, Fax 03 88 25 16 85, ⨋ – ◭ⓔ GB p. 9 **LY h**
fermé dim. – **Repas** carte 33 à 52 ⴱ.
◆ Au rez-de-chaussée d'un immeuble ancien, salle à manger de style brasserie dessinant un arc de cercle. Décoration dans le goût "rétro". Quelques spécialités régionales.

XXX **Panier du Marché**, 15 r. Ste-Barbe ℰ 03 88 32 04 07, *panier-du-marche@wanadoo.fr*, Fax 03 88 23 64 52, ⨋ – ▤. GB. ⅌ p. 8 **JZ e**
fermé 1ᵉʳ au 10 mars, 1ᵉʳ au 16 août, sam. et dim. – **Repas** (19,50) · 27 ⴱ.
◆ Retrouvez sur le menu-carte du jour les produits ramenés dans le… panier du marché ! Couleurs vives et mobilier bistrot composent le décor de ce restaurant très prisé.

XXX **L'Alsace à Table**, 8 r. Francs-Bourgeois ℰ 03 88 32 50 62, *info@alsace-a-table.fr*, Fax 03 88 22 44 11 – ▤. ◭ⓔ ⓞ GB ⌸⌷ p. 8 **JZ z**
Repas (21) · 26, enf. 10.
◆ Cette brasserie spécialisée dans les produits de la mer (banc d'huîtres à l'entrée) a conservé son cadre Belle Époque : fresques originales, boiseries blondes et vitraux.

XXX **Festin de Lucullus**, 18 r. Ste-Hélène ℰ 03 88 22 40 78, *lucullus@restaurateurs-cuisinier s-alsace.asso.fr*, Fax 03 88 22 40 78 – GB p. 8 **JZ q**
fermé 9 au 31 août, dim., lundi et fériés – **Repas** 13 (déj.), 26/38 ⴱ.
◆ Dans une rue piétonne proche de la place Kléber, discrète et sympathique adresse où l'on mitonne des petits plats goûteux composés en fonction des arrivages du marché.

XXX **Cambuse**, 1 r. Dentelles ℰ 03 88 22 10 22, Fax 03 88 23 24 99 – GB p. 8 **JZ a**
fermé 25 avril au 10 mai, 1ᵉʳ au 16 août, 23 déc. au 6 janv., dim. et lundi – **Repas** (prévenir) carte 42 à 56 ⴱ.
◆ Toute petite salle entièrement dédiée au monde marin : décor évoquant l'intérieur d'un bateau et carte de produits de la mer mariant saveurs françaises et asiatiques.

XXX **S'Staefele**, 2 pl. St-Thomas ℰ 03 88 32 39 03, Fax 03 88 21 90 80, ⨋ – ◭ⓔ GB p. 8 **JZ k**
fermé 16 au 31 août, 24 déc. au 3 janv., dim. et lundi – **Repas** (19) · 25/33 ⴱ.
◆ Spécialités de viandes servies, selon votre désir, dans une salle à manger rustique, ou, plus simplement, côté bistrot. La terrasse donne sur une jolie placette.

X **Patrie**, 1 r. Balayeurs ℰ 03 88 35 16 92, Fax 03 88 36 81 92 – GB p. 7 **FV s**
fermé 2 au 23 août, dim. et lundi – **Repas** carte 27 à 37 ⴱ.
◆ Bibelots, photos, tableaux, cuisine lusitanienne et de la mer : ce restaurant est entièrement vouée à la "patrie" portugaise. Ambiance animée et accueil chaleureux.

X **L'Écrin des Saveurs**, 5 r. Leiterperger ✉ 67100 ℰ 03 88 39 21 20, Fax 03 88 39 16 05, ⨋ – ▤. GB p. 5 **CTS u**
fermé 22 juil. au 9 août, 23 déc. au 9 janv., lundi soir, sam. midi et dim. – **Repas** (20,60) · 26,70/45.
◆ Le restaurant jouxte le stade de football de La Meinau. Sobre salle à manger, cuisine au goût du jour et accueil tout sourire sont les atouts de cet "écrin des saveurs".

X **Gavroche**, 4 r. Klein ℰ 03 88 36 82 89, *bfuchs002@noos.fr*, Fax 03 88 36 82 89 – ▤. ◭. ⓞ GB p. 9 **KZ g**
fermé 24 juil. au 15 août, 23 déc. au 2 janv., lundi midi, sam. midi et dim. – **Repas** (22) · 28, enf. 10.
◆ Rue piétonne, façade rouge, intérieur jaune, mobilier rustique : le décor est planté ! Dans l'assiette, on apprécie des préparations simples, mais goûteuses et parfumées.

X **Vieille Tour**, 1 r. A. Seyboth ℰ 03 88 32 54 30, *lercher.emmanuel@caramail.com*, Fax 03 88 32 83 48 – GB p. 8 **HZ e**
fermé 15 au 31 juil., 1ᵉʳ au 15 janv., dim., lundi et fériés – **Repas** 20 (déj.)/31.
◆ Cette pimpante, petite salle à manger récemment refaite emprunte les couleurs de la Provence. La cuisine, élaborée selon le marché, est présentée sur ardoise.

X **Côté Lac**, 2 pl. Paris, Espace Européen de l'Entreprise ✉ 67300 Schiltigheim ℰ 03 88 83 82 81, *info@cote-lac.com*, Fax 03 88 83 82 83, ⨋ – ▣. Ⰻ 15 à 60. GB p. 5 **BS t**
fermé sam. midi, lundi soir, dim. et fériés – **Repas** 21 (déj.)/29,50 ⴱ.
◆ Les larges baies vitrées de cette architecture contemporaine s'ouvrent sur un petit lac. Salle à manger moderne et terrasse au bord de l'eau. Cuisine actuelle.

X **L'Amuse Bouche**, 3a r. Turenne ℰ 03 88 35 72 82, *lamuse-bouche@wanadoo.fr*, Fax 03 88 36 75 30 – GB **LY t**
fermé 15 au 31 août, dim. soir, lundi soir et sam. midi – **Repas** (15,50) · 20/39.
◆ Une cuisine au goût du jour bien tournée se donne pour mission "d'amuser votre bouche" dans cette sobre et récente salle de restaurant aux tons bleu et jaune. Accueil avenant.

✂ **A L'Ancienne Douane**, 6 r. Douane ℘ 03 88 15 78 78, *anciennedouane.rv@elior.com*, *Fax 03 88 22 45 64*, ☎ – ΑΕ ⓞ ﭏ ﭏ   p. 9   **KZ**   **s**
Repas *(8,60)* - 11 (déj.)/22 ⅞.
 ♦ Beau décor régional, service en costume traditionnel, terrasse au bord de l'Ill, plats alsaciens : rien d'autre à déclarer dans la plus grande brasserie strasbourgeoise.

✂ **L'Atable 77**, 77 Grand'Rue ℘ 03 88 32 23 37, *Fax 03 88 32 50 24* – ΑΕ ﭏ
fermé dim. et lundi – **Repas** 28 ⅞.
 ♦ Cadre contemporain volontairement dépouillé, jolie mise en place design et appétissante cuisine traditionnelle caractérisent ce nouveau restaurant voisin de la Petite France.

✂ **Brasserie Kirn**, 6/8 r. de l'Outre ℘ 03 88 52 03 03, *Fax 03 88 52 01 00* – ﭏ. ΑΕ ⓞ ﭏ
fermé dim. soir – **Repas** *(14,50)* - 20 (déj.), 28/35, enf. 8,40 ⅞.   P. 9   **KY**   **f**
 ♦ Cette ancienne boucherie abrite une grande salle à manger décorée façon 1900, éclairée par une belle coupole centrale et agrémentée de vitraux d'art. Plats de brasserie.

✂ **Au Rocher du Sapin**, 6 r. Noyer ℘ 03 88 32 39 65, *Fax 03 88 75 60 99*, ☎ – ΑΕ
ⓢ ﭏ   p. 8   **JY**   **f**
fermé dim. – **Repas** 14,50/20,60, enf. 7,40 ⅞.
 ♦ On se bouscule dans cette vénérable brasserie alsacienne située dans le quartier des grands magasins. Tables séparées par des box. Cuisine régionale simple et copieuse.

LES WINSTUBS : *Dégustation de vins et cuisine du pays, ambiance typiquement alsacienne*

✂ **Ami Schutz**, 1 r. Ponts Couverts ℘ 03 88 32 76 98, *info@ami-schutz.com*, *Fax 03 88 32 38 40*, ☎ – ΑΕ ⓞ ﭏ   p. 8   **HZ**   **r**
fermé vacances de Noël – **Repas** *(15,70 bc)* - 36,30 bc/42,50 bc, enf. 12,50.
 ♦ Entre les bras de l'Ill, winstub typique prolongée d'une terrasse ombragée de tilleuls. Ambiance chaleureuse et belles boiseries anciennes font le charme des salles à manger.

✂ **S'Muensterstuewel**, 8 pl. Marché aux Cochons de Lait ℘ 03 88 32 17 63, *munsterstuewel@wanadoo.fr, Fax 03 88 21 96 02*, ☎ – ﭏ. ΑΕ ⓞ ﭏ   p. 9   **KZ**   **y**
fermé 15 août au 6 sept., 6 au 20 fév., dim. et lundi – **Repas** 25 (déj.), 30/45, enf. 10,50.
 ♦ Ancienne boucherie décorée dans le pur style winstub et agrémentée d'un beau mobilier rustique. En été, attablez-vous en terrasse au bord d'une placette très touristique.

✂ **Le Clou**, 3 r. Chaudron ℘ 03 88 32 11 67, *Fax 03 88 75 72 83* – ﭏ. ΑΕ ﭏ   p. 9   **KY**   **n**
fermé merc. midi, dim. et fériés – **Repas** carte 29 à 39 ⅞.
 ♦ Voisinage de la cathédrale, décor traditionnel et ambiance conviviale caractérisent cette winstub courue par les célébrités de passage qui y laissent leur photo.

✂ **Au Pont du Corbeau**, 21 quai St-Nicolas ℘ 03 88 35 60 68, *corbeau@reperes.com, Fax 03 88 25 72 45* – ﭏ. ﭏ   p. 9   **KZ**   **b**
fermé août, vacances de fév., dim. midi et sam. sauf en déc. – **Repas** *(11)* - carte 23 à 32 ⅞.
 ♦ Sur les quais de l'Ill, jouxtant le musée alsacien (art populaire), maison à la décoration originale inspirée du style Renaissance régional. Spécialités du terroir.

✂ **Zum Strissel**, 5 pl. Gde Boucherie ℘ 03 88 32 14 73, *Fax 03 88 32 70 24* – ﭏ. ΑΕ ⓞ
ﭏ   p. 9   **KZ**   **a**
fermé 3 juil. au 2 août, 27 janv. au 7 fév., dim. et lundi – **Repas** 10,30/22, enf. 7,70 ⅞.
 ♦ Authentique winstub tenue par la même famille depuis 1920. Joli cadre rustique (surtout à l'étage) agrémenté de ferronnerie d'art et vitraux présentant l'Alsace viticole.

✂ **S'Burjerstuewel (Chez Yvonne)**, 10 r. Sanglier ℘ 03 88 32 84 15, *info@chez-yvonne.com, Fax 03 88 23 00 18* – ΑΕ ﭏ   p. 9   **KYZ**   **r**
fermé dim. (sauf déc.) et fériés – **Repas** (prévenir) carte 30 à 40 ♨.
 ♦ Le passage de J. Chirac et H. Kohl a placé cette institution strasbourgeoise sous les feux de l'actualité. On y mange au coude à coude. Ambiance plus calme au rez-de-chaussée.

✂ **Ami Fritz**, 8 r. Dentelles ℘ 03 88 32 80 53 – ﭏ. ﭏ   **JZ**   **l**
fermé 14 au 20 juin, 8 au 14 nov., 7 au 27 fév., lundi midi et dim. – **Repas** 14,90/19,80 ⅞.
 ♦ Discrète façade bordant une rue piétonne du pittoresque quartier de la Petite France. La cuisine du cru se déguste sur des nappes à carreaux, dans une ambiance sympathique.

✂ **Fink'Stuebel**, 26 r. Finkwiller ℘ 03 88 25 07 57, *Fax 03 88 36 48 82* – ﭏ   p. 8   **JZ**   **x**
fermé 5 au 20 août, dim. et lundi – **Repas** carte 26 à 41, enf. 5,80 ⅞.
 ♦ Colombages, parquet brut, bois peints, mobilier régional et nappes fleuries : cet endroit a tout de la winstub traditionnelle. Cuisine du pays ; foie gras à l'honneur.

✂ **Au Bon Vivant**, 7 r. Maroquin ℘ 03 88 32 77 81, *Fax 03 88 32 95 12*, ☎ – ΑΕ
ﭏ   p. 9   **KZ**   **t**
fermé 15 au 30 juin, 24 déc. au 15 janv., jeudi soir et vend. – **Repas** 14,90/27 ⅞.
 ♦ L'enseigne et les alléchants fumets provenant de la cuisine ne laissent aucun doute sur les intentions de la maîtresse de maison : on vient ici pour faire bonne chère !

✂ **Hailich Graab ''Au St-Sépulcre''**, 15 r. Orfèvres ℘ 03 88 32 39 97, *Fax 03 88 32 39 97*
– ﭏ. ﭏ   p. 9   **KZ**   **d**
fermé 14 au 31 juil., dim. et lundi – **Repas** carte 17 à 22.
 ♦ Archétype du genre, débit à vins et restaurant respectant fidèlement, dans le décor comme dans l'assiette, la tradition alsacienne. Ambiance conviviale garantie.

Environs

à Reichstett : Nord : 7 km par D 468 et D 37 ou par A 4 et D 63 – 4 882 h. alt. 141 – ⊠ 67116 :

Paris, 2c av. Gén. de Gaulle 📞 03 88 20 00 23, *horest@infonie.fr*, Fax 03 88 20 30 60, 🍃, 🍸, 🚗 – 👴, ■ rest, 📺 🅿. – 🏌 40. 🄺   p. 5 **BR** p
fermé 26 juil. au 15 août et 22 déc. au 3 janv. – **Repas** *(fermé vend. soir, dim. soir et sam.)* 14,50/52 🍽 – 🛏 8,40 – **17 ch** 45/52 – ½ P 45.
  ❖ Sur un axe passant, massive construction abritant des chambres fonctionnelles desservies par un escalier décoré de trophées de chasse. Agréable salle à manger tout en longeur, dotée d'un plafond à caissons. Cuisine régionale ; gibier en saison.

L'Aigle d'Or sans rest, (près église) 📞 03 88 20 07 87, *info@aigledor.com*, Fax 03 88 81 83 75 – 📺 ☎. 🄺 🄺   p. 5 **BR** a
fermé 6 au 22 août et 26 déc. au 2 janv. – 🛏 9 – **17 ch** 52/97.
  ❖ Belle façade blanche à colombages au coeur d'un village pittoresque. Chambres meublées en style rustique ; certaines ont été refaites. Vestibule éclairé par des vitraux.

à La Wantzenau Nord-Est : 12 km par D 468 – 5 462 h. alt. 130 – ⊠ 67610 :

Hôtel Au Moulin 🐾, Sud : 1,5 km par D 468 📞 03 88 59 22 22, *moulin-wantzenau@wanadoo.fr*, Fax 03 88 59 22 00, ≤, 🚗 – 📄 📺 ☎ 🅿. 🄺 🄺   p. 5 **CR** z
fermé 24 déc. au 2 janv. – **Repas** - voir rest. **Au Moulin** ci-après – 🛏 10 – **20 ch** 65/92 – ½ P 68/77.
  ❖ Au bord de l'Ill, ancien moulin où vous goûterez le calme de la campagne environnante. Plaisant salon. Les chambres, aux tons pastel, sont chaleureusement aménagées.

Roseraie, 32 r. Gare 📞 03 88 96 63 44, *hotel.roseraie@evc.net*, Fax 03 88 96 64 95, 🍃 – 📺 🅿. 🄺 🄺 🆬 ch
fermé 19 juil. au 20 août – **Jardin Secret** *(fermé 19 juil. au 20 août, 31 janv. au 8 fév., le midi sauf dim., dim. soir et lundi)* **Repas** *(20)*-28/34 🍽 – 🛏 6,50 – **15 ch** 47,50/55.
  ❖ Affaire familiale composée de deux bâtiments. Les chambres sont fraîches, sobrement meublées et bien insonorisées. Formule buffet au petit-déjeuner. Accueillante salle de restaurant au cadre actuel, dans les tons pastel. Cuisine d'aujourd'hui, selon le marché.

Relais de la Poste (Daull) avec ch, 21 r. Gén. de Gaulle 📞 03 88 59 24 80, *info@relais-poste.com*, Fax 03 88 59 24 89, 🍃 – 📄, ■ rest, 📺 🅿. – 🏌 15. 🄺 🄺 🄺 🆬   p. 5 **CR** a
fermé 19 au 30 juil. et 2 au 22 janv. – **Repas** *(fermé sam. midi, dim. soir et lundi)* 35 (déj.), 42/95 et carte 66 à 91 🍲 – 🛏 11 – **18 ch** 69/122 – ½ P 130.
  ❖ Authentique maison alsacienne au cadre soigné : boiseries, fresques, plafonds à caissons et véranda ouverte sur la verdure. Belle carte des vins. Chambres personnalisées.
Spéc. Foie gras frais à la gelée de muscat. Filet de sandre en paupiette, sauce riesling. Poussin grand'mère. **Vins** Riesling, Pinot noir.

Zimmer, 23 r. Héros 📞 03 88 96 62 08, Fax 03 88 96 37 40, 🍃 – 🄺 🄺 🄺   p. 5 **CR** r
fermé 17 au 30 nov., 23 fév. au 9 mars, dim. soir et lundi sauf fériés – **Repas** *(19,70)* - 26/61 et carte 45 à 64 🍽.
  ❖ Trois petites salles en enfilade, agrémentées de lambris blanc et de poutres colorées, où l'on sert une cuisine d'inspiration régionale concoctée en fonction du marché.

Rest. Au Moulin - Hôtel Au Moulin, Sud : 1,5 km par D 468 📞 03 88 96 20 01, *philippe.clauss@wanadoo.fr*, Fax 03 88 68 07 97, 🍃 – ■ 🅿 🄺 🄺   p. 5 **CR** z
fermé 7 au 28 juil., 27 déc. au 8 janv., 23 au 29 fév., dim. soir et soir fériés – **Repas** *(20)* - 25/60, enf. 14 🍽.
  ❖ Restaurant installé dans les dépendances d'un ancien moulin. Salle à manger alsacienne et agréable terrasse bordant un jardin fleuri et un potager. Préparations classiques.

Les Semailles, 10 r. Petit-Magmod 📞 03 88 96 38 38, *info@semailles.fr*, Fax 03 88 68 09 06, 🍃 – 🄺   p. 5 **CR** s
fermé 11 août au 2 sept., 18 fév. au 5 mars, dim. soir, merc. et jeudi – **Repas** *(20)* - 24 (déj.), 36/42 🍽.
  ❖ Maison du 19e s. abritant plusieurs petites salles dont une récemment refaite et une autre ouverte sur une terrasse ombragée. Cuisine sensible au rythme des saisons.

Pont de l'Ill, 2 r. Gén. Leclerc 📞 03 88 96 29 44, *aupontdelill@evc.net*, Fax 03 88 96 21 18, 🍃 – ■. 🄺   p. 5 **CR** u
fermé août et sam. midi – **Repas** 22/38, enf. 10 🍽.
  ❖ Sobre intérieur de style Art nouveau, terrasse ombragée et carte mariant saveurs de la mer et plats régionaux : cette vaste auberge est prise d'assaut par les Strasbourgeois.

à Illkirch-Graffenstaden par rte de Colmar **BST** : 5 km ou par A 35 (sortie n° 7) – 23 815 h. alt. 140 – ⊠ 67400 :

Holiday Inn Strasbourg sud, au Parc d'Innovation 📞 03 88 40 84 84, *contact@holiday-inn-strasbourg-sud.com*, Fax 03 88 66 22 83, 🍃, 📻, 🍸 – 📄 👴 ■ 📺 ☎ 🛏 🚘 🅿. 🏌 15 à 50. 🄺 🄺 🆬 rest   p. 5 **BT** n
Repas *(fermé sam. midi et dim. midi)* 25, enf. 11 🍽 – 🛏 11 – **68 ch** 99/120.
  ❖ Cet immeuble cubique héberge un hall égayé de peintures contemporaines, des chambres spacieuses et pratiques, ainsi que de bons équipements de remise en forme. Le restaurant, tourné sur la piscine couverte, propose une cuisine au goût du jour.

🏨 **Alsace,** 187 rte Lyon ℰ 03 90 40 35 00, *contact@hotelalsace.com*, Fax 03 90 40 35 01, ✿
– 📶 📺 ⚙ 🅿 – 🔥 30 à 50. ⚎ 🆖   p. 5 **BT** d
Repas *(fermé sam. midi et dim.)* 11/17, enf. 7,60 ♈ – ⊡ 8 – **40 ch** 55/65 – ½ P 43/45.
♦ Hôtel veillant sur la poste. Chambres fonctionnelles, en majorité rajeunies ; insonorisation valable, mais tout de même plus de calme à l'arrière. Quelques fresques régionales
apportent une note de fantaisie à la salle à manger rustique. Carte traditionnelle.

au Sud-Ouest *par A 35 (sortie n° 7), D 484 et D 884 : 10 km –* ⊠ *67540 Ostwald :*

🏨 **Mercure Strasbourg-Sud,** r. 23 Novembre ℰ 03 90 40 51 51, *h0369@accor-hotels.co
m*, Fax 03 90 40 51 59, ✿, ⊿, – 📶 ⚑, ▤ ch, 📺 ⚙ 🅿 – 🔥 30. ⚎ ⓪ 🆖 🕼
✿ rest   p. 5 **BT** e
Repas *(fermé sam. midi et dim. midi)* (18) - 23, enf. 7,50 ♈ – ⊡ 12 – **97 ch** 99/109.
♦ Hôtel des années 1970 bordant l'autoroute, à mi-chemin entre le centre de Strasbourg
et l'aéroport. Les chambres, bien insonorisées, bénéficient d'une rénovation progressive.
La salle à manger est sobrement décorée dans le goût alsacien.

vers ④ *sur N 83 : 11 km –* ⊠ *67400 Illkirch-Graffenstaden :*

🏨 **Novotel Strasbourg-Sud,** Sortie 7, Z. A. de l'Ill ⊠ 67118 Geispolsheim
ℰ 03 88 66 21 56, *h0441@accor-hotels.com*, Fax 03 88 67 21 63, ✿, ⊿, ✿ – ⚑ ▤ 📺 ⚙
⚑ 🅿 – 🔥 70. ⚎ ⓪ 🆖   p. 5 **BT** u
Repas (16) - 20, enf. 8 ♈ – ⊡ 11,60 – **76 ch** 94/99.
♦ À proximité des grandes voies d'accès, classique hôtel de chaîne totalement rénové.
Chambres spacieuses toutes identiques, conformes aux nouvelles normes Novotel. Thé-
matique automobile au bar et cadre contemporain au restaurant.

🏨 **Ibis Strasbourg-Sud,** ℰ 03 88 67 81 67, *h2193@accor-hotels.com*, Fax 03 88 66 95 15,
✿ – ⚑, ▤ ch, 📺 ⚙ 🅿 – 🔥 15 à 30. ⚎ ⓪ 🆖   p. 5 **BT** v
Repas (dîner seul.) (12) - carte environ 22, enf. 6 ♈ – ⊡ 6 – **75 ch** 53.
♦ Nationales et autoroute à proximité : la situation de cette bâtisse récente permet
d'éviter les embouteillages du centre-ville strasbourgeois. Chambres simples. Le restaurant, classique pour la chaîne Ibis, propose formules buffets et grillades.

à Fegersheim *vers* ④ *par A 35 (sortie n° 7), N 283 et N 83 : 14 km – 4 533 h. alt. 145 –* ⊠ *67640 :*

🏨 **Auberge Au Chasseur,** près église d'Ohnheim, Est : 2 km par D 221 ℰ 03 88 64 03 78,
Fax 03 88 64 05 49, ✿, ✿ – ▤ rest, 📺 ⚙ 🅿. ⚎ 🆖   p. 5 **BT** x
fermé août, vend. soir, dim. soir et sam. – **Repas** 11/23 ♈ – ⊡ 6,50 – **24 ch** 45/51 – ½ P 42.
♦ Dans un hameau, accueillante auberge rustique ordonnée autour d'une grande cour
intérieure. Chambres nettes ; quelques-unes sont rénovées. Service aux petits soins et
cuisine traditionnelle d'inspiration alsacienne caractérisent la table.

🍴 **Table Gourmande,** 43 rte Lyon ℰ 03 88 68 53 54, Fax 03 88 64 94 95, ✿ – ▤. ⚎
🆖   p. 5 **BT** y
fermé 10 au 26 juil., 2 au 7 janv., dim. soir et lundi sauf fériés – **Repas** (16) - 21 (déj.), 26/53 ♈.
♦ Grande bâtisse colorée sur une rue passante du bourg. Tissus tendus et murs en
moellons de grès côté décor, plats au goût du jour et suggestions du marché côté cuisine.

🍴 **Auberge du Bruchrhein,** 24 r. Lyon ℰ 03 88 64 17 77, Fax 03 88 64 17 77, ✿ – ▤. ⚎
🆖   p. 4 **AT** x
fermé 16 au 29 août, 23 fév. au 1ᵉʳ mars, dim. soir et lundi – **Repas** (12) - 16,50 (déj.), 22/28,
enf. 6,50 ♈.
♦ Cuisine au goût du jour servie dans un cadre frais très plaisant ou, en été, sur la petite
terrasse à l'arrière, nullement gênée par la proximité du carrefour.

à Lipsheim *vers* ④ *par A 35, N 83 et D 221 – 2 268 h. alt. 146 –* ⊠ *67640 :*

🏨 **Alizés** ✿ sans rest, ℰ 03 88 59 02 00, *hotellesalizes@wanadoo.fr*, Fax 03 88 64 21 61, ⊿
– ⚑ ✿ 📺 ⚙ 🅿 – 🔥 25. ⚎ 🆖 🕼   p. 4 **AT** e
fermé 24 déc. au 1ᵉʳ janv. – ⊡ 10 – **49 ch** 57/76.
♦ Maison régionale aménagée dans un esprit actuel, appréciée pour son environnement
calme et champêtre. Chambres bien équipées. En arrière-plan de la piscine : la forêt.

à Blaesheim *par A 35 (sortie n° 9), N 422 et D 84 : 19 km – 1 369 h. alt. 150 –* ⊠ *67113 :*

🏨 **Au Boeuf,** ℰ 03 88 68 68 99, *hotelrestaurant.auboeuf@wanadoo.fr*, Fax 03 88 68 60 07 –
⚑, ▤ rest, 📺 ⚑ 🅿 – 🔥 80. ⚎ ⓪ 🆖   p. 4 **AT** q
fermé 26 juil. au 14 août et 27 déc. au 12 janv. – **Repas** *(fermé dim. soir, lundi midi et sam.
midi)* 19/43, enf. 8,50 ♈ – ⊡ 9,50 – **22 ch** 56,50/89 – ½ P 55.
♦ Hostellerie villageoise dont les chambres, logées dans une aile moderne, sont grandes,
confortables et bien tenues. Restaurant au charme rustique, orné d'assiettes en faïence et
habillé de boiseries soigneusement astiquées, et salle à manger-véranda.

🍴 **Schadt,** ℰ 03 88 68 86 00, Fax 03 88 68 89 83 – ⚎ ⓪ 🆖   p. 4 **AT** v
fermé dim. soir et jeudi – **Repas** 35/60 ♈.
♦ Ex-boulangerie reconvertie en deux salles à manger, dont une à l'étage décorée avec
humour coquin (curieux, tirez le rideau !). Cuisine alsacienne énoncée sur ardoise.

à Entzheim *par A 35 (sortie n° 8), D 400 et D 392 : 12 km – 1 855 h. alt. 150 – ✉ 67960 :*

Père Benoit, 34 rte Strasbourg ☎ 03 88 68 98 00, *hotel.perebenoit@wanadoo.fr, Fax 03 88 68 64 56,* , , – , rest, . – 30. AE GB. rest
fermé 1er au 22 août et 23 déc. au 4 janv. – **Repas** *(fermé lundi midi, sam. midi et dim.)* 18/24, enf. 6,50 – 6,50 – **60 ch** 48/76. p. 4 **AT h**
◆ Derrière l'aéroport, ferme à colombages du 18e s., délicieusement alsacienne, et sa grande cour fleurie. Intérieur traditionnel, douillet et chaleureux. Salles de restaurant rustiques complétées d'un caveau réservé à la dégustation de tartes flambées.

à Ostwald *par rte Schirmeck D 392 et D 484 : 7 km ou par A35 (sortie n° 7) et D 484 – 10 761 h. alt. 140 – ✉ 67540 :*

Château de l'Ile , 4 quai Heydt ☎ 03 88 66 85 00, *ile@grandesetapes.fr, Fax 03 88 66 85 49,* , , – – 20 à 180. AE GB JCB p. 5 **BT r**
Repas *(fermé sam. midi)* 49/61 – 22 – **58 ch** 170/405, 4 suites – 1/2 P 163/280,50.
◆ Manoir du 19e s. entouré de maisons récentes à colombages dans un parc boisé de 4 ha bordant l'Ill. Chambres soignées, garnies de meubles de style. Salle à manger raffinée, cadre de winstub ou belle terrasse longeant la rivière ; cuisine au goût du jour.

à Lingolsheim *par rte de Schirmeck (D 392) : 5 km – 16 860 h. alt. 140 – ✉ 67380 :*

Kyriad sans rest, 59 r. Mar. Foch ☎ 03 88 76 11 00, *hotelkyriad@evc.net, Fax 03 88 77 39 31* – – 30. AE GB p. 5 **BS a**
7 – **37 ch** 62.
◆ Hôtel récent intégré à un ensemble résidentiel et commercial. Hall décoré sur le thème de l'Égypte ancienne. Chambres rénovées, plus confortables au dernier étage.

à Mittelhausbergen *Nord-Ouest : 5 km par D 31 – 1 680 h. alt. 155 – ✉ 67206 :*

Tilleul avec ch, 5 rte de Strasbourg ☎ 03 88 56 18 31, *autilleul@wanadoo.fr, Fax 03 88 56 07 23* – – 20. AE GB JCB p. 5 **BS v**
Repas *(fermé 15 juil. au 13 août, 5 au 23 fév., mardi et merc.)* 16 (déj.), 23/50, enf. 6 – 12 – **12 ch** 54/69 – 1/2 P 46/58.
◆ Auberge de village créée en 1888 abritant des chambres actuelles, une brasserie et un restaurant rustique où l'on sert de nombreux crus alsaciens et une cuisine régionale.

à Pfulgriesheim *Nord-Ouest : 10 km par D 31 – 1 171 h. alt. 135 – ✉ 67370 :*

Bürestubel, 8 r. Lampertheim ☎ 03 88 20 01 92, *rest.burestubel@wanadoo.fr, Fax 03 88 20 48 97,* – GB p. 4 **AR a**
fermé 15 au 30 août, 22 fév. au 7 mars, dim. et lundi – **Repas** 14/23 .
◆ Jolie ferme à colombages dessinant un U autour d'une cour-terrasse. Selon les salles, décor rustique ou bourgeois avec plafonds polychromes. Spécialités alsaciennes.

STURZELBRONN *57230 Moselle* 307 *Q4 – 189 h alt. 250.*
Paris 449 – Strasbourg 68 – Bitche 13 – Haguenau 39 – Wissembourg 34.

Au Relais des Bois, 13 r. Principale ☎ 03 87 06 20 30, *denis.hoff@wanadoo.fr, Fax 03 87 06 21 22,* , – . GB
fermé 13 au 27 fév., lundi soir, mardi soir et merc. – **Repas** 10,50 (déj.), 15,50/36,50, enf. 8,40 .
◆ Modeste adresse familiale à débusquer au coeur d'un village du Parc naturel régional des Vosges du Nord. Salle à manger au décor rustique et cuisine aux accents du terroir.

SUBLIGNY *89 Yonne* 319 *C2 – rattaché à Sens.*

SUCÉ-SUR-ERDRE *44 Loire-Atl.* 316 *G3 – rattaché à Nantes.*

SUCY-EN-BRIE *94 Val-de-Marne* 312 *E3* 101 ㉘ *– voir à Paris, Environs.*

SULLY-SUR-LOIRE *45600 Loiret* 318 *L5 G. Châteaux de la Loire – 5 907 h alt. 115.*
Voir *Château★ : charpente★★.*
de Sully-sur-Loire ☎ 02 38 36 52 08, par ⑥ : 4 km.
Office de tourisme, place de Gaulle ☎ 02 38 36 23 70, Fax 02 38 36 32 21, ot.sully.sur.loire@wanadoo.fr.
Paris 149 ① – Orléans 51 ① – Bourges 84 ④ – Gien 25 ① – Montargis 40 ① – Vierzon 84 ④.

SULLY-SUR-LOIRE

Abreuvoir (R. de l') 2
Béthune (Av. de) 3
Champ-de-Foire (Bd du) 4
Chemin-de-Fer (Av. du) 5
Grand-Sully (R. du) 6
Jeanne-d'Arc (Bd) 7
Marronniers (R. des) 9
Porte-Berry (R.) 10
Porte-de-Sologne (R.) 12
St-François (R. du Fg) 15
St-Germain (R. du Fg) 16
Venerie (Av. de la) 20

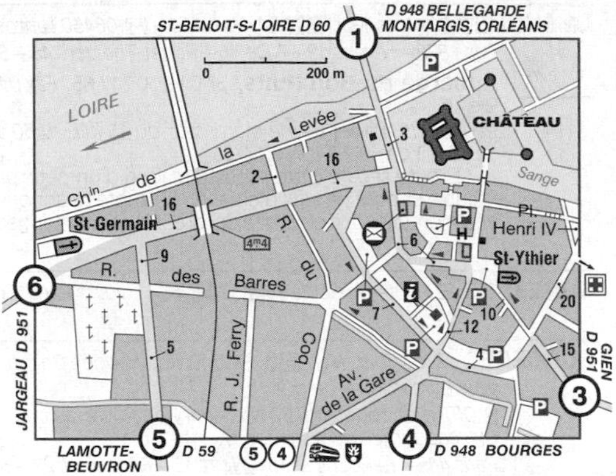

Hostellerie du Château, 4 rte Paris à St-Père-sur-Loire par ① : *1 km* ✆ 02 38 36 24 44, *resasylvie@wanadoo.fr, Fax 02 38 36 62 40* – rest, – 40. AE GB. ch
Repas (22) - 25/42 – 8,50 – **42 ch** 42/62 – ½ P 54.
◆ Construction récente abritant des chambres fonctionnelles aménagées dans l'esprit des hôtels de chaîne ; la moitié a vue sur le château de Sully. Bar-salon actuel. La Loire coule en contrebas de la salle de restaurant ; cadre rajeuni. Table traditionnelle.

Ferme des Châtaigniers, chemin Châtaigniers, Sud-Ouest : 2,5 km par ⑥ *et D 951* ✆ 02 38 36 51 98, *Fax 02 38 36 51 98*, – AE GB
fermé 21 au 28 avril, 18 août au 3 sept., 20 déc. au 5 janv., dim. soir , mardi soir et merc. – **Repas** (nombre de couverts limité, prévenir) (19) - 22 (déj.), 26/45.
◆ À la campagne, fermette convertie en un sympathique restaurant rustique. Repas servis sur la terrasse face au jardin l'été, au coin du feu l'hiver. Cuisine au goût du jour.

aux Bordes *par ①, D 948 et D 961 : 6 km – 1 445 h. alt. 132 – ✉ 45460 :*

Bonne Étoile, D 952 ✆ 02 38 35 52 15, *Fax 02 38 35 52 15* – GB
fermé 23 août au 7 sept., 1er au 7 fév., mardi soir, dim. soir et lundi – **Repas** 14/32, enf. 8,40.
◆ Engageante petite auberge champêtre au bord d'une route passagère. Le décor, rustique et coloré, vient d'être refait. Cuisine traditionnelle.

SUPERDÉVOLUY *05250 H.-Alpes* 334 D4 *G. Alpes du Sud.*

Paris 654 – Gap 36 – Grenoble 92 – La Mure 52.

Les Chardonnelles, ✆ 04 92 58 86 90, *info@hotel-chardonnelles.com, Fax 04 92 58 87 76*, – 30. AE GB
21 juin-9 sept. et 12 déc.-25 avril – **Repas** 16/30 – 8 – **40 ch** 90/94, (½ pens. seul. en hiver) – ½ P 60/64.
◆ Érigé aux portes de la station, ce gros chalet est le point de départ de nombreuses randonnées. Chambres fonctionnelles, avec balcon et vue sur les montagnes. Au restaurant , la cuisine alpine déploie son "écharpe" de tartiflettes, fondues et raclettes.

SUPER-LIORAN *15 Cantal* 330 E4 *G. Auvergne – Sports d'hiver : 1 160/1 850 m 1 22* – ✉ *15300 Laveissière.*

Voir *Plomb du Cantal* ★★ *par téléphérique – Gorges de l'Alagnon★ NE : 4 km puis 30 mn – Col de Cère ★ 0 : 2 km.*

Office de tourisme, ✆ 04 71 49 50 08, Fax 04 71 49 51 01, ot.lelioran@wanadoo.fr.

Paris 533 – Aurillac 39 – Condat 46 – Murat 14 – St-Jacques-des-Blats 8.

Rocher du Cerf et Crystal Chalet , ✆ 04 71 49 50 14, *Fax 04 71 49 54 07* – AE GB
1er juil.-10 sept. et 20 déc.-1er avril – **Repas** 12/17, enf. 6 – 5 – **27 ch** 32/38 – ½ P 46.
◆ Sept petits modules de style chalet, dans lesquels sont logées les meilleures chambres, complètent le bâtiment principal de l'hôtel. Salle à manger dont la vue sur les pistes et l'ambiance conviviale très "montagne" séduit skieurs et randonneurs.

SUPER-SAUZE *04 Alpes-de-H.-P.* 334 I6 – *rattaché à Barcelonnette.*

Le SUQUET *06 Alpes-Mar.* **341** E4 – *alt. 400* – ✉ *06450 Lantosque.*
Paris 878 – Levens 19 – Nice 46 – Puget-Théniers 48 – St-Martin-Vésubie 21.

🏠 **Auberge du Bon Puits,** ℘ 04 93 03 17 65, Fax 04 93 03 10 48, 佘, 趣 – 劇 ⅔ ⊜ 🅃🅅
⇔ 🅿

Pâques-fin nov. et fermé mardi sauf du 15 juil. au 30 août – **Repas** (14) · 19/28, enf. 12 🖢 –
� 13 – **8 ch** 60/63 – ½ P 64/65.

◆ La route sépare cette robuste maison d'un petit parc animalier situé en bordure de la
Vésubie et doté de jeux d'enfants. Chambres insonorisées et rénovées. Poutres et cheminée monumentale en pierre décorent la salle à manger. Cuisine régionale.

SURESNES *92 Hauts-de-Seine* **311** J2 **101** ⑭ – *voir à Paris, Environs.*

SURGÈRES *17700 Char.-Mar.* **324** F3 *G. Poitou Vendée Charentes* – *6 051 h alt. 16.*
Voir *Église Notre-Dame★*.
🛈 *Office de tourisme, 67 rue Audry de Puyravault* ℘ 05 46 07 20 02, Fax 05 46 07 20 30,
otsi.cdc.surgeres@wanadoo.fr.
Paris 442 – La Rochelle 38 – Niort 35 – Rochefort 27 – St-Jean-d'Angély 30 – Saintes 55.

✗ **Vieux Puits,** 6 r. P. Bert (proche Château) ℘ 05 46 07 50 83 – ⊜⊟
⊜ *fermé 20 sept. au 8 oct. et 7 au 17 fév.* – **Repas** 15/32 🖢.
◆ Adresse confidentielle cachée au fond d'une courette pavée, dans une ruelle étroite.
Décor rustique agrémenté d'une cheminée dans la salle du rez-de-chaussée, plus
conviviale.

✗ **Dionysos,** 12 r. J. Ferry ℘ 05 46 43 35 32
fermé vacances de Toussaint, de fév., dim. sauf le soir en saison et lundi – **Repas** menu
unique 16 bc/22,50 bc.
◆ Sympathique petit restaurant voisin des halles. Ambiance conviviale et cuisine du marché proposée sous forme d'un menu unique accordant mets et vins. Vente de produits
locaux.

SURVILLIERS *95470 Val-d'Oise* **305** G6 – *3 654 h alt. 110.*
Paris 37 – Compiègne 48 – Chantilly 14 – Meaux 39 – Pontoise 45 – Senlis 14.

🏨 **Novotel,** sur D 16 par échangeur A1 Survilliers ℘ 01 34 68 69 80, h0459@accor-hotels.co
m, Fax 01 34 68 64 94, 佘, 丞, 氣 – ⅔ ⊜ 🅃🅅 ᕦ 🅿 – 🕹 100. 🆀 ⑩ ⊜ 🅹🅲🅱
Repas carte 24 à 34, enf. 8 🖢 – � 12 – **79 ch** 115.
◆ Non loin du parc Astérix, chambres fonctionnelles et insonorisées, récemment rénovées. Dans le jardin, terrain de volley-ball, jeux d'enfants et boulodrome. La table est
parfaitement en phase avec les préceptes de la chaîne.

au Parc Astérix – ✉ *60128 Plailly :*

🏨 **des Trois Hiboux** ⊗, accès autoroute A 1, sortie Parc Astérix ℘ 03 44 62 68 00, *hotelde*
⊜ *stroishiboux@parcasterix.com, Fax 03 44 62 68 01,* 佘, 氣 – 劇 ᕦ 🅿 – 🕹 45. 🆀 ⊜.
※ rest
21 mars-22 oct. – **Repas** (dîner seul.) 12,50/24,50 – � 12,50 – **96 ch** 139, 4 studios.
◆ Vos rêves seront peut-être bercés par le chant nocturne des hiboux du parc de loisirs (50
ha). Chambres douillettes. Bonne nuit, par Toutatis ! En manque de potion magique ? Les
formules buffets du restaurant vous redonneront quelques forces.

SUZE-LA-ROUSSE *26790 Drôme* **332** C8 *G. Provence* – *1 564 h alt. 92.*
🛈 *Office de tourisme, avenue des Côtes de Rhône* ℘ 04 75 04 81 41, Fax 04 75 04 81 41,
ot.suze-la-rousse@wanadoo.fr.
Paris 641 – Avignon 59 – Bollène 7 – Nyons 28 – Orange 23 – Valence 85.

🏨 **Relais du Château** ⊗, ℘ 04 75 04 87 07, hotel-suze-la-rousse@wanadoo.fr,
Fax 04 75 04 98 26 00, ≤, 佘, 丞, 氣 – 🕹 rest, 🅃🅅 ᕦ 🅿 – 🕹 40.
fermé janv. et fév. (fermé merc.) 22/62 🖢 – � 8 – **34 ch** 60/80 – ½ P 65/70.
◆ Les spacieuses chambres, souvent redécorées, s'ouvrent sur les vignes et le château
féodal, siège de l'Université du Vin. Agréable jardin. Salle de restaurant aux tons ensoleillés,
coiffée d'une charpente apparente. Carte au goût du jour.

✗ **Garlaban,** r. Remparts ℘ 04 75 04 04 74, Fax 04 75 04 01 06, 佘 – ⊜⊟
fermé 12 au 22 avril, vacances de Noël, janv., merc. et jeudi – **Repas** 22/60, enf. 10 🖢.
◆ Accueil sympathique dans ce relais de poste du 19ᵉ s. La salle à manger voûtée, tout de
pierre et bois, sert de cadre à une appétissante cuisine méridionale.

TAILLECOURT *25 Doubs* **321** L2 – *rattaché à Audincourt.*

TAIN-L'HERMITAGE

Batie (Quai de la)...... **C** 3
Defer (Pl. H.) .... **C** 8
Église (Pl. de l') ...... **C** 12
Gaulle
(Q. Gén. de) ...... **C** 14
Grande-Rue .... **B** 16

Jaurès (Av. J.) .... **BC**
Michel (R. F.).......... **C** 21
Peala (R. J.).......... **B** 24
Prés.-Roosevelt (Av.).... **C** 29
Rostaing (Q. A.) .... **C** 30
Seguin (Q. M.) .... **B** 32
Souvenir-Français
(Av. du) .... **C** 33
Taurobole (Pl. du) .... **BC**
8-Mai-1945 (Pl. du) .... **BC** 39

TOURNON-SUR-RHÔNE

Dumaine (R. A.) .... **B** 9
Faure (R. G.) .... **B** 13
Grande-Rue............. **B**
Juventon
(Av. M.) .... **B** 19
Thiers (R.) .... **B** 35

Tain-l'Hermitage 26 Drôme – 5 503 h alt. 124 – ⌧ 26600 .

Voir *Belvédère de Pierre-Aiguille*★ : N : 4 km par D 241.

🚩 *Office de tourisme, 70 avenue Jean Jaurès* ℰ 04 75 08 06 81, Fax 04 75 08 34 59, ot.tainlhermitage@wanadoo.fr.

Paris 545 – Valence 18 – Grenoble 97 – Le Puy-en-Velay 105 – St-Étienne 76 – Vienne 59.

🏨 **Pavillon de l'Ermitage,** 1 av. P. Durand ℰ 04 75 08 65 00, *pavillon.26@wanadoo.fr,* Fax 04 75 08 66 05, 🍽️, 🔺 – 📶 🖴 📺 📞 ⚒ 🅿️ – 🔔 20. 🆎 🆗 🈺   **C** e
Repas *(fermé week-ends du 1er nov. au 15 mars)* 19,50/35 ♀ – 😋 9 – **44 ch** 73/85.
◆ Grosse bâtisse abritant des chambres récemment rénovées ; demandez-en une côté piscine, avec loggia tournée sur le coteau de l'Hermitage et les hauteurs de Tournon. Plats traditionnels servis en terrasse ou en salle... suivant l'humeur du temps !

🏨 **Les 2 Coteaux** sans rest, 18 r. J. Péala ℰ 04 75 08 33 01, Fax 04 75 08 44 20 – 📺 😋. 🈺   **B** a
fermé 7 au 22 fév. et dim. du 9 nov. au 28 fév. – 😋 7,50 – **22 ch** 46/54.
◆ Ce petit hôtel familial bénéficie d'une situation calme face à l'ancien pont enjambant le Rhône. Chambres déjà anciennes, mais bien tenues ; certaines possèdent un balcon.

XXXX **Reynaud** avec ch, 82 av. Prés. Roosevelt, par ② *rte Valence* ✆ 04 75 07 22 10, Fax 04 75 08 03 53, ≤, 佘, ⌛, 屛 — 🛏 ch, 📺 ❄ & 🅿. 🕮 ① 🅶🅱 ⚭ rest
Repas *(fermé 1ᵉʳ au 15 janv., 15 au 30 nov., dim. soir, mardi midi et lundi)* 30/70 et carte 43 à 64 ♀ — ⌛ 10 — **14 ch** 60/75.
 B v

 ◆ Grande villa construite sur la rive gauche du Rhône. Tableaux et sculptures habillent la salle à manger largement ouverte sur le fleuve. Chambres et suites de bon confort.

XX **Rive Gauche** (Reboul), 17 r. J. Péala ✆ 04 75 07 05 90, *rivegauche.tain@wanadoo.fr*, ≤, 佘 — 🅶🅱
✿ Fax 04 75 07 05 90, ≤, 佘 — 🅶🅱
 B v
fermé 15 au 30 juil., 2 au 23 janv., dim. soir, merc. et jeudi — **Repas** 35/80 et carte 60 à 70, enf. 15 ♀ ⚗.

 ◆ Salle de restaurant décorée dans le style "paquebot", avec vue sur le fleuve et sur Tournon. Cuisine au goût du jour ; belle carte de vins des Côtes du Rhône septentrionales.
 Spéc. Escalope de foie gras poêlée, pomme passion. Menu "truffes" (déc. à fév.). Macaron aux pêches blanches de la Drôme (août). **Vins** Crozes-Hermitage, Saint-Joseph.

rte de Romans *par ②* : 4 km – ✉ 26600 Tain-l'Hermitage :

🏠 **L'Abricotine,** ✆ 04 75 07 44 60, Fax 04 75 07 47 97, 屛 — 📺 ❄ 🅿. 🕮 🅶🅱
⚭ **Repas** (dîner seul.) 14/21, enf. 9 ♀ — ⌛ 6,20 — **11 ch** 51,20/63,90 – ½ P 50.

 ◆ Les vergers de la Drôme entourent cette construction contemporaine. Chambres assez spacieuses, parfois dotées d'une terrasse ou d'un balcon. Confortable salon. Deux menus traditionnels sont proposés dans une sobre salle à manger familiale.

Tournon-sur-Rhône ⬗ *07 Ardèche – 9 946 h alt. 125 –* ✉ *07300* .

 Voir *Terrasses⋆ du château* B *– Route panoramique⋆⋆⋆* B.

 🄱 *Office de tourisme, Hôtel de la tourette* ✆ *04 75 08 10 23, Fax 04 75 08 41 28, ot.tournon@wanadoo.fr.*

 Paris 545 – Valence 18 – Grenoble 98 – Le Puy-en-Velay 104 – St-Étienne 77 – Vienne 60.

🏩 **Les Amandiers** sans rest, 13 av. de Nîmes ✆ 04 75 07 24 10, *info@hotel-amandiers.com*, 🏕 Fax 04 75 07 06 30 — 📳 📺 & 🅿 — 🔏 30. 🕮 ① 🅶🅱
 C n
 ⌛ 6,50 — **25 ch** 49/59.

 ◆ Pavillon moderne fréquenté par la clientèle d'affaires en semaine. Chambres fonctionnelles et bien insonorisées (avec grandes salles de bains), plus calmes sur l'arrière.

🏠 **Azalées,** 6 av. Gare ✆ 04 75 08 05 23, *info@hotel-azalees.com*, Fax 04 75 08 18 27, 佘 —
⚭ 🍽 rest, 📺 ❄ & 🅿 — 🔏 25. 🅶🅱
 B s
fermé 23 oct. au 4 nov. et 23 déc. au 5 janv. — **Repas** 15/27, enf. 8 ♀ — ⌛ 6 — **37 ch** 41/52 – ½ P 42.

 ◆ Entre gare et centre-ville, chambres aménagées dans deux bâtiments situés de part et d'autre d'une cour ; choisir les plus récentes. Gratin de ravioles, picodon, senteurs de thym, etc. : la table affiche ouvertement son attachement au terroir. Petite terrasse.

X **Chaudron,** 7 r. St-Antoine ✆ 04 75 08 17 90, Fax 04 75 08 06 61, 佘 – 🅶🅱
 B r
⚗ *fermé 1ᵉʳ au 22 août, 20 déc. au 3 janv., jeudi soir et dim.* – **Repas** 23/32, enf. 10 ♀ ⚗.

 ◆ Boiseries foncées, banquettes en skaï vert et agréable terrasse composent le cadre de ce sympathique bistrot. Goûteuse cuisine du terroir et riche carte de côtes-du-rhône.

Nos guides hôteliers, nos guides touristiques et nos cartes routières sont complémentaires. Utilisez-les ensemble.

TALANT 21 Côte-d'Or 🟥🟥🟥 J5 – *rattaché à Dijon.*

TALLOIRES 74290 H.-Savoie 🟥🟥🟥 K5 *G. Alpes du Nord – 1 448 h alt. 470.*

 Voir *Site⋆⋆ – Site⋆⋆ de l'Ermitage St-Germain⋆* E : 4 km.

 🄱 *Office de tourisme, rue A. Theuriet* ✆ *04 50 60 70 64, Fax 04 50 60 76 59, talloirestourism-@wanadoo.fr.*

 Paris 551 – Annecy 13 – Albertville 34 – Megève 49.

🏰 **Auberge du Père Bise** ⚓, rte du Port ✆ 04 50 60 72 01, *reception@perebise.com*,
✿ Fax 04 50 60 73 05, ≤, 佘, ⚲, 🏊 — 📺 ❄ 🅿 — 🔏 25. 🕮 ① 🅶🅱 🅹🅲🅱
14 fév.-7 nov. et fermé mardi midi et vend. midi — **Repas** 78/160 et carte 100 à 130 — ⌛ 17
— **24 ch** 240/560, 5 suites — ½ P 250/400.

 ◆ Cette belle maison postée sur les rives du lac accueille depuis plus d'un siècle les grands de ce monde. Aménagements luxueux dans les chambres. Cuisine classique servie dans une salle à manger élégamment redécorée ou, en été, une idyllique terrasse.
 Spéc. Gratin de queues d'écrevisses "Marguerite Bise". Tatin de pommes de terre, truffes et foie gras sauce Périgueux. Poulette de Bresse braisée à l'estragon. **Vins** Mondeuse d'Arbin, Roussette de Seyssel.

Cottage �, ℰ 04 50 60 71 10, cottagebise@wanadoo.fr, Fax 04 50 60 77 51, ≤, 🌤, ⌕,
🍃 – 🛎 📺 ☎ 🅿 AE ⑩ GB JCB ✗ rest
29 avril-3 oct. – **Repas** (23) - 33/50 , déj. à la carte en semaine ♀ – ⌑ 15 – **35 ch** 130/220 –
½ P 110/165.
• Face à l'embarcadère, trois maisons des années 1930 de style cottage. Les chambres,
rénovées progressivement et avec goût, sont tournées vers le lac, le jardin ou la montagne.
Carte classique à découvrir dans une salle raffinée ou sur une agréable terrasse.

L'Abbaye ⚮, Chemin des Moines ℰ 04 50 60 77 33, abbaye@abbaye-talloires.com,
Fax 04 50 60 78 81, ≤, 🌤, 🐎, 🍃 – 📺 ☎ 🅿 – 🔏 25. AE ⑩ GB JCB
fermé 16 nov. au 31 janv., lundi et mardi de fév. à avril – **Repas** 45/90, enf. 20 ♀ – ⌑ 16 –
32 ch 270/450 – ½ P 145/375.
• Cézanne séjourna dans cette élégante abbaye bénédictine bâtie au 17e s. sur la rive du
lac d'Annecy. La chambre du Prieur vaut le coup d'oeil. Ravissant jardin arboré. Salle de
restaurant un brin monacale, terrasse ombragée et cuisine au goût du jour.

Les Prés du Lac ⚮ sans rest, ℰ 04 50 60 76 11, les.pres.du.lac@wanadoo.fr,
Fax 04 50 60 73 42, ≤, 🐎, 🍃 – 📺 ☎ 🅿 AE ⑩ GB JCB ✗
9 avril-10 oct. – ⌑ 20 – **16 ch** 183/274.
• Raffinement et caractère (beaux meubles anciens) imprègnent chaque pièce de ces trois
pavillons disséminés dans un jardin qui s'étend jusqu'au lac. Plage privée avec ponton.

Beau Site ⚮, ℰ 04 50 60 71 04, hotelbeausite@free.fr, Fax 04 50 60 79 22, ≤, 🌤, 🐎,
🍃, ✗ – 📺 ☎ 🅿 AE ⑩ GB ✗ rest
14 mai-3 oct. – **Repas** (fermé mardi hors saison) 24 (déj.), 27,50/36, enf. 10,50 ♀ – ⌑ 12 –
27 ch 117/144 – ½ P 89/111.
• Charmante maison de maître (1875) dans un vaste jardin descendant jusqu'au lac. Les
chambres qui possèdent un balcon offrent une jolie perspective sur le château de Duingt.
Cuisine traditionnelle et poissons d'eau douce sont servis face au plan d'eau.

Charpenterie ⚮, ℰ 04 50 60 70 47, lacharpenterie@wanadoo.fr, Fax 04 50 60 79 07,
🌤 – 🛎 📺 AE ⑩ GB
fermé 13 déc. au 3 fév. – **Repas** 23/39, enf. 8 ♀ – ⌑ 11 – **18 ch** 80/94 – ½ P 60/78.
• Construction de type chalet agrémentée de balcons ouvragés. Intérieur chaleureux et
confortable où le bois s'impose partout. Nombreuses chambres avec terrasse. Salle de
restaurant lambrissée et ornée de photos anciennes ; cuisine ancrée dans la tradition.

Villa des Fleurs ⚮ avec ch, route du Port ℰ 04 50 60 71 14, lavilladesfleurs@wanadoo.f
r, Fax 04 50 60 74 06, 🌤, 🍃 – 📺 ☎ 🅿 – 🔏 20. AE ⑩ GB JCB
fermé 1er déc. au 6 fév., dim. soir, mardi midi et lundi – **Repas** (fermé dim. soir, mardi midi
et lundi) 28,50/48, enf. 18 ♀ – ⌑ 12 – **8 ch** 86/120 – ½ P 92.
• Dans le bourg mais entourée de verdure, confortable villa savoyarde où l'on déguste
une cuisine régionale et surtout les poissons du lac d'Annecy. Petites chambres rénovées.

à Angon Sud : 2 km par D 909a – ✉ 74290 Veyrier-du-Lac :

Les Grillons, ℰ 04 50 60 70 31, accueil@hotel-grillons.com, Fax 04 50 60 72 19, 🌤, ⌕,
🍃 – 📺 🅿 GB ✗ rest
1er avril-11 nov. – **Repas** 23/36 ♀ – ⌑ 11 – **30 ch** 90/105 – ½ P 68/75.
• Établissement de style pension abritant des chambres spacieuses et bien tenues ; la
plupart offrent un coup d'oeil sur le lac. La grande piscine est agréable en été. Simplicité est
le terme qui définit le plus justement le cadre et la cuisine du restaurant.

TALMONT-SUR-GIRONDE 17120 Char.-Mar. **324** E6 G. Poitou Vendée Charentes – 83 h alt. 20.
Voir Site★ de l'église Ste-Radegonde★.
Paris 503 – Blaye 72 – La Rochelle 93 – Royan 18 – Saintes 36.

L'Estuaire ⚮ avec ch, au Caillaud, 1 av. Estuaire ℰ 05 46 90 43 85, Fax 05 46 90 43 88, ≤
– 🅿 GB ✗ ch
hôtel : 1er avril-30 sept. et fermé lundi, mardi et merc. – **Repas** (fermé 1er au 15 oct., 15 janv.
au 15 fév., lundi soir, mardi soir hors saison et merc.) 17,50/36,50, enf. 9 – ⌑ 6,20 – **7 ch**
42,50/54,50 – ½ P 43,50.
• Belle situation face à la Gironde pour ce restaurant rustique égayé de tons pastel. Plats
régionaux et produits de la pêche locale. Chambres calmes, spacieuses et bien tenues.

LA TAMARISSIÈRE 34 Hérault **339** F9 – rattaché à Agde.

Dans ce guide

un même symbole, un même mot,
imprimé en **rouge** *ou en* **noir,** *en maigre ou en* **gras,**
n'ont pas tout à fait la même signification.
Lisez attentivement les pages explicatives.

TAMNIÈS *24620 Dordogne* 🔢🔢🔢 *H6 – 317 h alt. 200.*

Paris 522 – Brive-la-Gaillarde 47 – Sarlat-la-Canéda 14 – Périgueux 60.

🏨 **Laborderie** ⬦, ℰ 05 53 29 68 59, *hotel.laborderie@worldonline.fr*, Fax 05 53 29 65 31,
⬦, 🏛, 🏊, 🐾, – ▤ rest, 📺 📞 🅿. 🅶🅱
3 avril-1ᵉʳ nov. et fermé merc. midi sauf juil.-août – **Repas** *18,50/41*, enf. 10 ♀ – ⏛ 7 – **40 ch**
39/76 – ½ P 44/62.
◆ Maison périgourdine, ses trois annexes et son vaste parc tourné vers la vallée, proposant
des chambres paisibles, rustiques ou actuelles. Cuisine régionale soignée servie dans une
salle à manger campagnarde ou en terrasse à la belle saison.

TANCARVILLE *76430 S.-Mar.* 🔢🔢🔢 *C5 G. Normandie Vallée de la Seine – 1 234 h alt. 10.*

Voir ⬦★ sur estuaire.

Accès Péage en 2003 : *auto 2,29, auto et caravane 2,90, camions et autocars 3,51 à 6,10,
gratuit pour motos* ℰ 02 35 39 65 60.

Paris 175 – Le Havre 32 – Caen 86 – Pont-Audemer 24 – Rouen 64.

✗✗✗ **Marine** *avec ch, au pied du pont (D 982)* ℰ 02 35 39 77 15, *la-marine@wanadoo.fr*,
Fax 02 35 38 03 30, ⬦ pont suspendu et la Seine, 🏛, �──── – 📺 🅿, 🏋 20. 🅰🅴 🅶🅱
fermé 24 juil. au 24 août, sam. midi, lundi (sauf hôtel) et dim. soir – **Repas** *32/50 et carte 56
à 76 ♀ –* ⏛ 8,50 – **9 ch** *55/65 –* ½ P 60/65.
◆ Hôtellerie de tradition sur les bords de la Seine, au pied du célèbre pont de Tancarville. La
cuisine, au goût du jour, évolue au gré des arrivages du marché et de la pêche.

TANINGES *74440 H.-Savoie* 🔢🔢🔢 *M4 G. Alpes du Nord – 3 140 h alt. 640.*

🅳 *Office de tourisme, avenue des Thézières* ℰ 04 50 34 25 05, Fax 04 50 34 83 96,
ot@taninges.com.

Paris 570 – Chamonix-Mont-Blanc 51 – Thonon-les-Bains 46 – Annecy 68 – Genève 42.

✗✗ **Crémaillère**, *au lac de Flérier, Sud-Ouest : 1 km* ℰ 04 50 34 21 98, Fax 04 50 34 34 88, 🏛
– 🅿. 🅶🅱
fermé 21 juin au 2 juil., 10 au 31 janv., dim. soir, lundi et merc. sauf juil.-août – **Repas**
(nombre de couverts limité, prévenir) 25/39 ♀.
◆ Belle situation au bord d'un petit lac. Attablez-vous près des baies vitrées ou, en saison,
sur la terrasse panoramique, pour goûter à une cuisine plutôt traditionnelle.

TANTONVILLE *54116 M.-et-M.* 🔢🔢🔢 *H8 – 600 h alt. 300.*

Paris 327 – Nancy 29 – Épinal 48 – Lunéville 35 – Toul 37 – Vittel 44.

✗✗ **Commanderie**, *1 r. Pasteur* ℰ 03 83 52 49 83, Fax 03 83 52 49 83, 🏛 – 🅿. 🅶🅱
fermé 25 août au 14 sept., 5 au 11 janv., dim. soir, lundi et mardi – **Repas** *11 (déj.), 20/42,*
enf. 8,50 ♀.
◆ Cette maison du début du 20ᵉ s., ex-siège social des frères Tourtel, abrite un élégant
restaurant décoré dans le style provençal. Belle terrasse agrémentée d'une fontaine.

TANUS *81190 Tarn* 🔢🔢🔢 *F6 – 436 h alt. 439.*

Voir Viaduc du Viaur★ NE : 7 km,.

🅳 *Syndicat d'initiative* ℰ 05 63 76 36 71, *tourisme.tanus@wanadoo.f r.*

Paris 668 – Rodez 46 – Albi 33 – St-Affrique 62.

🏨 **Voyageurs**, *11 av. Paul Bodin* ℰ 05 63 76 30 06, *ddelpous@club-internet.fr*,
Fax 05 63 76 37 94, �──── – ▤ rest, 📺. 🅶🅱
fermé dim. soir et lundi sauf juil.-août – **Repas** *13,80 bc/37,50*, enf. 7,50 ⬦ – ⏛ 6,50 – **15 ch**
38/47 – ½ P 34,50/38,50.
◆ Près de l'église, hôtel tout simple bordé d'un petit jardin ombragé d'un saule pleureur.
Chambres équipées d'un mobilier campagnard, plus calmes sur l'arrière. Cuisine traditionnelle et courte sélection de vins servis dans une salle à manger assez confortable.

TARARE *69170 Rhône* 🔢🔢🔢 *F4 G. Vallée du Rhône – 10 420 h alt. 383.*

🅳 *Office de tourisme, 6 place de la Madeleine* ℰ 04 74 63 06 65, Fax 04 74 63 52 69,
ot.tarare@wanadoo.fr.

Paris 463 – Lyon 45 – Montbrison 60 – Roanne 40 – Villefranche-sur-Saône 33.

🏨 **Burnichon**, *Est par N 7 : 1,5 km* ℰ 04 74 63 44 01, *hotelburnichon@wanadoo.fr*,
Fax 04 74 05 08 52, 🏛, 🏊, – 📺 🅿. 🏋 40. 🅰🅴 ⓞ 🅶🅱
Repas *(fermé sam. soir et dim.) 13/32*, enf. 8 ♀ – ⏛ 9 – **34 ch** *35/48 –* ½ P 38,50.
◆ Hôtel des années 1980 situé à proximité du parc Thivel. Les chambres, fonctionnelles,
ont conservé leur mobilier d'origine. Piscine (distante de 50 m) entourée de verdure. Salle à
manger rustique, véranda et terrasse d'été ; cuisine traditionnelle simple.

Jean Brouilly, 3 ter r. Paris ℰ 04 74 63 24 56, *restaurant.jean-brouilly@wanadoo.fr,* Fax 04 74 05 05 48, ⚙ – **P.** ΑΕ ⓪ ⒼⒷ
fermé 9 au 31 août, vacances de fév., dim. et lundi – **Repas** 32/65 et carte 44 à 67 � ☙.
♦ Au milieu d'un parc, demeure bourgeoise élégamment décorée (exposition de livres de cuisine et d'oenologie). Cuisine classique soignée et carte des vins étoffée.
Spéc. Suprême de canard aux épices. Tournedos "Milotier". Soufflé léger au chocolat noir et gingembre. **Vins** Saint-Véran, Pouilly Fuissé.

TARASCON 13150 B.-du-R. **ⴣⴣⴢ** C3 G. Provence – 12 668 h alt. 8.

Voir *Château du roi René★★ :* ❄★★ – *Église Ste-Marthe★* – *Musée Charles-Deméry★* (Souleïado) M.

🛈 *Syndicat d'initiative,* 59 rue des Halles ℰ 04 90 91 03 52, Fax 04 90 91 22 96, tourisme@ta rascon.org.

Paris 702 ④ – Avignon 24 ① – Arles 20 ③ – Marseille 102 ③ – Nîmes 27 ④.

TARASCON

Ancien-Collège
  (R. de l') . . . . **Z** 2
Aqueduc (R. de l') . . . **Y** 3
Arc de Boqui (R.) . . . **Y** 4
Berrurier
  (Pl. Colonel) . . . . . . **Z** 5
Blanqui (R.) . . . . **Z** 6
Briand (Crs Aristide) . **Z** 7
Château (R. du) . . . . . **Z** 10
Clerc-de-Molières (R.) **Y** 13
Halles (R. des) . . . . . . **YZ**
Hôpital (R. de l') . . . . **Z** 15
Jean-Jaurès (R.) . . . . . **Y** 17
Jeu-de-Paume
  (R. du) . . . . **YZ** 19
Juifs (R. des) . . . . **Y** 21
Ledru-Rollin (R.) . . . . . **Y** 23
Marché (Pl. du) . . . . . **Y** 25
Millaud (R. Ed.) . . . . . **YZ** 27
Mistral (R. Frédéric) . . **Z** 29
Monge (R.) . . . . **Y**
Moulin (R. J.) . . . . **Z** 31
Pelletan (R. E.) . . . . . . **Z** 32
Proudhon (R.) . . . . . . **Z** 34
Raffin (R.) . . . . **Y** 35
République
  (Av. de la) . . . . **Z** 37
Révolution (R. de la) **YZ** 39
Roi René (Bd du) . . . . **Y** 40
Salaire (R.) . . . . **Z** 41
Salengro (Av. R.) . . . . **Y** 42
Semard (Av. P.) . . . . . **Z** 44
Victor-Hugo (Bd) . . . . **Z**

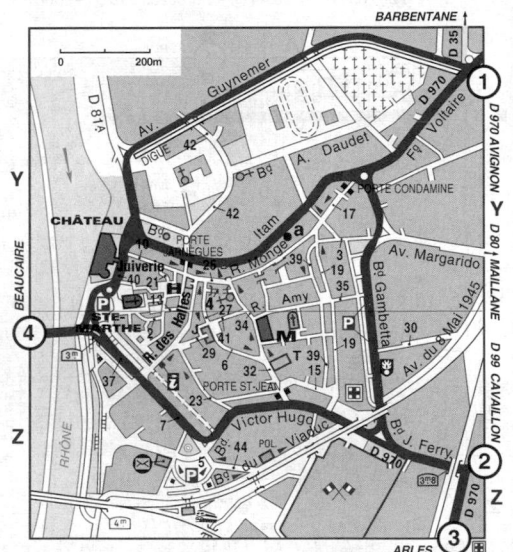

🏠 **Échevins,** 26 bd Itam ℰ 04 90 91 01 70, *echevins@aol.com,* Fax 04 90 43 50 44 – 📳,
▤ rest, 📺 & ⇦, ⒼⒷ. ❊ rest   **Y** a
1ᵉʳ avril-30 oct. – **Mistral** ℰ04 90 91 27 62 *(fermé mi-oct. à Pâques, sam. midi et merc.)*
Repas 15,40/21,70, enf. 12 � – ⯀ 8 – **40 ch** 52/61 – ½ P 52.
♦ Les "Tartarins" en route pour l'Afrique feront étape en cette demeure du 17ᵉ s. à l'ambiance familiale. Bel escalier à rampe forgée et chambres modestes mais bien tenues. Joli restaurant-véranda très coloré et cuisine traditionnelle caressée par le Mistral.

TARASCON-SUR-ARIÈGE 09400 Ariège **ⴣⴢⴣ** H7 G. Midi-Pyrénées – 3 446 h alt. 474.

Voir *Parc pyrénéen de l'art préhistorique★★* O : 3 km – *Grotte de Niaux★★ (dessins préhistoriques)* SO : 4 km – *Grotte de Lombrives★* S : 3 km par N 20.

🛈 *Office de tourisme,* Centre Multimédia ℰ 05 61 05 94 94, Fax 05 61 05 57 79, pays. de.tarascon@wanadoo.fr.

Paris 777 – Ax-les-Thermes 27 – Foix 18 – Lavelanet 30.

🏠 **Confort** sans rest, quai A. Sylvestre ℰ 05 61 05 61 90, Fax 05 61 05 55 99 – 📺 ⇦.
ⒼⒷ
fermé 5 au 20 janv. – ⯀ 7 – **12 ch** 38/52.
♦ Petit hôtel familial au bord de l'Ariège, à proximité du parc pyrénéen de l'Art préhistorique. Chambres simples et propres. Agréable patio pour le petit-déjeuner.

TARASCON-SUR-ARIÈGE

à Ussat *Sud-Est : 2 km – 372 h. alt. 520 –* ⊠ *09400 :*

🏨 **Parc**, ℰ 05 61 02 20 20, *thermes.ussat@wanadoo.fr*, Fax 05 61 02 90 09, ₭₅, ⬛, ⚒, ₤ –
🛗 ⅏ 📺 ℰ ⅋ ₱ – ⚙ 100. ⚫ ⬤ ⅏ rest
7 fév.-31 oct. et 19 déc.-2 janv. – **Repas** 13 – ⊡ 6,30 – **49 ch** 42,20/52,60 – ½ P 38,10.
♦ Hôtel récent s'élevant face à un beau parc boisé. Sobres chambres fonctionnelles. Thermes au 1er étage, piscine couverte et terrasse-solarium sur le toit. Cuisine de type "pension de famille" servie dans une salle à manger au décor actuel.

TARBES 🅿 65000 H.-Pyr. 🄌🄉🄍 M5 *G. Midi-Pyrénées –* 46 275 h Agglo. 109 892 h alt. 320.

🄖 *de Tarbes les Tumulus à Laloubère* ℰ 05 62 45 14 50, par ③ : 2 km ; 🄖 *Hippodrome de La Loubère à Laloubère* ℰ 05 62 45 07 10, par ③ : 3 km.

✈ *de Tarbes-Lourdes-Pyrénées :* ℰ 05 62 32 92 22, par ④ : 9 km.

🚗 ℰ 08 36 35 35 35.

🄓 *Office de tourisme, 3 cours Gambetta* ℰ 05 62 51 30 31, Fax 05 62 44 17 63, *accueil @tarbes.com.*

Paris 831 ① *– Pau 44* ⑤ *– Bordeaux 218* ① *– Lourdes 19* ④ *– Toulouse 158* ②.

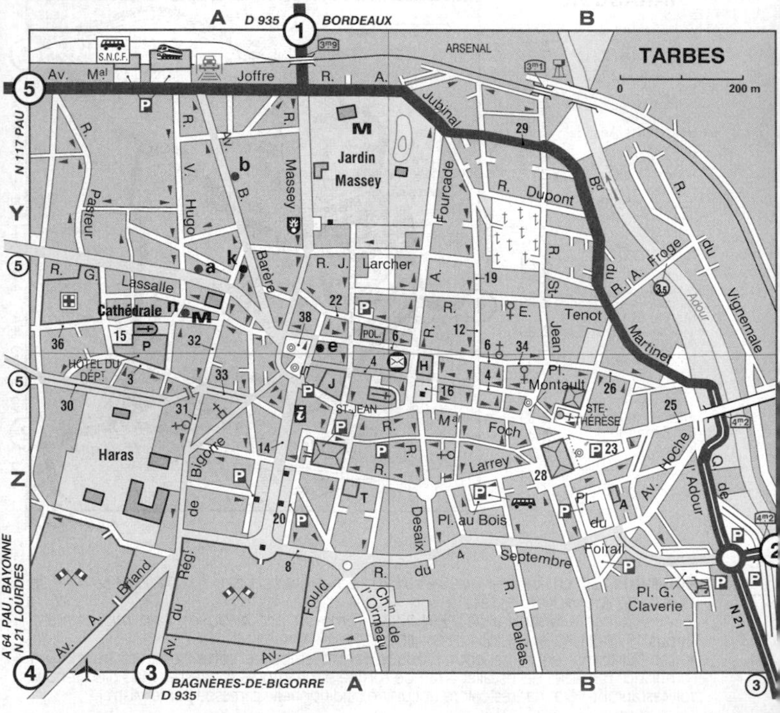

Bigorre (R. de la)	**AZ** 3	Jaurès (Pl. Jean)	**BZ** 16	Parmentier (Pl.)	**BZ** 28
Brauhauban (R.)	**ABZ** 4	Laporte (R. H.)	**BY** 19	Péreire (R.)	**BY** 29
Clemenceau (R. G.)	**ABY** 6	Larcher (R. J.)	**ABY**	Pradeau (Prom. du)	**AZ** 30
Cronstadt (R. de)	**AZ** 8	Leclerc		Pyrénées (R. des)	**AZ** 31
Deville (R.)	**BY** 12	(Allées Gén.)	**AZ** 20	Ramond (R.)	**AYZ** 32
Foch (R. Maréchal)	**ABZ**	Magnoac (R. G.)	**AY** 22	Reffye (Cours)	**AZ** 33
Fourcade (R. A.)	**BY**	Marcadieu (Pl.)	**BZ** 23	St-Frai (R. Marie)	**BYZ** 34
Gambetta (Cours)	**AZ** 14	Marne (Av. de la)	**BZ** 25	Sède (R. de la)	**AY** 36
Gaulle (Pl. Gén. de)	**AY** 15	Michelet (R.)	**BZ** 26	Verdun (Pl. de)	**AYZ** 38

🏨 **Henri IV** sans rest, 7 av. B. Barère ℰ 05 62 34 01 68, *Fax 05 62 93 71 32* – 🛗 📺 ℰ 🚗 ⚫ ⬤ ⅏ — AY **k**
⊡ 8 – **22 ch** 60/70.
♦ Hôtel du 19e s. proche de la maison natale du maréchal Foch, disposant de chambres bien dimensionnées, claires et décorées dans des tons pastel ou dans le style provençal.

🏠 **Foch** sans rest, 18 pl. Verdun 📞 05 62 93 71 58, *Fax 05 62 93 34 59* – 📱 🔲 📺 📞 🅰️
GB   AYZ e
fermé 23 déc. au 1ᵉʳ janv. – 🍽️ 7 – **30 ch** 49/70.
   ◆ Cet établissement bordant une place animée est bien insonorisé. Les chambres des
deux derniers étages, spacieuses et confortables, s'ouvrent sur d'agréables balcons.

🍴🍴🍴 **L'Ambroisie** (Labarrère), 48 r. Abbé Torné 📞 05 62 93 09 34, *Fax 05 62 93 09 24*, 🔲, 🔲 –
ⓔ   ⓔ. 🅰️ ⓞ **GB**. 🎾   AY n
fermé 2 au 10 mai, 29 août au 6 sept., 24 au 29 déc., dim., lundi et fériés – **Repas** 29/52 et
carte environ 66.
   ◆ Une "nourriture divine", à déguster dans un ancien presbytère ! La maison, qui date de
1882, abrite une salle à manger bourgeoise dotée d'un beau plancher en sapin de Barèges.
Spéc. Foie gras de canard mi-cuit au caramel de madiran (1ᵉʳ janv. au 15 sept.). Cabillaud
salé à la maison poêlé huile d'olive, haricots tarbais (fin août à fin oct.). Pigeonneau fermier.
Vins Madiran.

🍴 **Petit Gourmand,** 62 av. B. Barère 📞 05 62 34 26 86, *Fax 05 62 34 26 86*, 🔲 – 🅰️ ⓞ
GB   AY b
fermé 25 août au 7 sept., sam. midi, dim. et lundi – **Repas** 17/25 🍴.
   ◆ Les petits gourmands apprécient cette salle de style brasserie ornée de vieilles affiches
publicitaires, sa cuisine au goût du jour et ses vins du Languedoc-Roussillon.

🍴 **Fil à la Patte,** 30 r. G. Lassalle 📞 05 62 93 39 23, *Fax 05 62 93 39 23* – ⓔ. **GB**   AY a
fermé 8 au 31 août, 11 au 18 janv., sam. midi, dim. et lundi – **Repas** (12) - 15,50/23 🍴.
   ◆ Cuisine du terroir et du marché à savourer dans une ambiance franchement conviviale :
ce petit restaurant aux couleurs ensoleillées a déjà séduit bon nombre d'habitués.

rte de Lourdes par Juillan *par ④ : 4 km sur D 921ᴬ* – ✉ *65290 Juillan* :

🍴🍴🍴 **L'Aragon** avec ch, 2 ter rte de Lourdes 📞 05 62 32 07 07, *hotel-restaurant.aragon@wana*
        doo.fr, Fax 05 62 32 92 50, 🔲 – 📺 📞 🅿️ – 🛗 20. 🅰️ ⓞ **GB** 🇯🇨🇧. 🎾 rest
fermé 2 au 18 août, 20 déc. au 6 janv. et dim. soir – **Repas** 31/54 et carte 49 à 63 🍴 - *Bistrot*
(*fermé dim. soir*) **Repas** (12)-16bc – 🍽️ 7 – **11 ch** 47/60 – ½ P 52.
   ◆ Recettes traditionnelles servies dans une salle à manger avec boiseries et cheminée.
Petites chambres pratiques. Un programme de rénovation de l'établissement est en cours.
Au Bistrot : nouveau décor contemporain, tables simplement dressées et plats régionaux.

rte de Pau *par ⑤ : 6 km* – ✉ *65420 Ibos* :

🍴 **Chaumière du Bois** 🌿, N 117 📞 05 62 90 03 51, *hotel@chaumieredubois.com*,
        Fax 05 62 90 05 33, 🔲, 🏊, 🔲 – 📺 📞 🅿️. 🅰️ ⓞ **GB**
Repas (*fermé 25 avril au 4 mai, 1ᵉʳ au 13 janv., dim. soir et lundi sauf juil.-août*) (13) - 15/25 🍴 –
🍽️ 6 – **22 ch** 55/66 – ½ P 56.
   ◆ Ambiance champêtre dans cet hébergement de type motel coiffé de toits en chaume.
Chambres petites mais fonctionnelles ; toutes (sauf deux) donnent sur l'agréable jardin.
Salle à manger en rotonde sous une haute charpente et terrasse dressée sous les arbres.

TARCENAY *25620 Doubs* 🛑 *G4 – 628 h alt. 513.*
        Paris 419 – Besançon 17 – Dôle 67 – Morteau 53 – Vesoul 73.

🍴 **Baraque des Violons,** sur RD 57 📞 03 81 86 72 56, *Fax 03 81 86 40 54*, 🔲 – 🅿️ –
        🛗 15 à 30. **GB**
fermé du 1ᵉʳ au 15 août, vacances Noël, dim. soir, lundi soir, mardi soir et merc. soir) –
Repas 12,50 bc (déj.), 16/31, enf. 6,50 🍴.
   ◆ Cette ancienne grange héberge un restaurant au caractère familial. Le cadre sagement
rustique et la cuisine traditionnelle sans fioritures sont en parfaite harmonie.

TARDETS-SORHOLUS *64470 Pyr.-Atl.* 🛑 *G6 – 656 h alt. 220.*
        🅱️ *Syndicat d'initiative, place Centrale 📞 05 59 28 51 28, Fax 05 59 28 52 46.*
        Paris 816 – Pau 62 – Mauléon-Licharre 14 – Oloron-Ste-Marie 28 – St-Jean-Pied-de-Port 48.

🍴🍴 **Pont d'Abense** 🌿 avec ch, à Abense-de-Haut 📞 05 59 28 54 60, *uhaltia@wanadoo.fr*,
        Fax 05 59 28 75 91, 🔲 – 🅿️. **GB**. 🎾
fermé 1ᵉʳ au 14 déc., janv., dim. soir, merc. soir et lundi hors saison – **Repas** (nombre de
couverts limité, prévenir) 16/30 🍴 – 🍽️ 7 – **11 ch** 30/53 – ½ P 37/48,50.
   ◆ Agréable maison basque bicentenaire. Cuisine du terroir et ambiance familiale dans le
restaurant au décor soigné. Choisir une chambre rénovée et dotée d'une terrasse.

Dans ce guide
un même symbole, un même mot,
*imprimé en **rouge** ou en **noir**, en maigre ou en **gras**,*
n'ont pas tout à fait la même signification.
Lisez attentivement les pages explicatives.

TARNAC *19170 Corrèze* **329** M1 *G. Berry Limousin – 356 h alt. 700.*

Paris 434 – Limoges 68 – Aubusson 47 – Bourganeuf 44 – Tulle 62 – Ussel 45.

🏠 **Voyageurs** ⌂, ℘ 05 55 95 53 12, *voyageurs-tarnac@voila.fr*, Fax 05 55 95 40 07 –
☎ rest, ⊡ ✆. GB. ⊗ rest
*fermé 21 au 28/06, 18/12 au 10/01, 21/02 au 7/03, lundi (sauf hôtel en juil.-août) et dim.
soir de sept. à juin –* **Repas** 14/26,50, enf. 10 ♀ – � 7 – **15** ch 41/43 – ½ P 47,50.
❖ Au bord du plateau de Millevaches, sympathique hôtel de village hébergeant les voyageurs dans des chambres simples et fraîches. Petit-déjeuner soigné. Si le décor de la salle à
manger joue la sobriété, la cuisine du terroir est quant à elle bien appétissante.

TASSIN-LA-DEMI-LUNE *69 Rhône* **327** H5 – *rattaché à Lyon.*

TAULÉ *29670 Finistère* **308** H3 – *2 781 h alt. 90.*

Paris 544 – Brest 63 – Morlaix 8 – St-Pol-de-Léon 13.

🏠 **Relais des Primeurs,** à la gare, Nord : 1,5 km ℘ 02 98 67 11 03, Fax 02 98 79 02 70 – 🅿.
☎ GB. ⊗ ch
fermé sept., vend. soir et sam. midi sauf juil.-août – **Repas** 13/36 ♀ – ⌂ 6 – **16** ch 27/37 –
½ P 46/48.
❖ Cette bâtisse néo-bretonne abrite des chambres simples, rustico-bourgeoises, desservies par un escalier en marbre. Étonnant hall d'accueil chargé de moulures dorées. Cuisine
traditionnelle servie dans une salle à manger agrémentée d'une cheminée et de poutres.

TAUTAVEL *66720 Pyr.-Or.* **344** H6 *G. Languedoc Roussillon.*

Voir *Centre européen de préhistoire.*

Paris 859 – Perpignan 32 – Carcassonne 96 – Limoux 86 – Narbonne 76 – Quillan 58.

✗ **Petit Gris,** rte d'Estagel ℘ 04 68 29 42 42, *restolepetitgris@aol.com*, Fax 04 68 29 40 49,
≤, ☂ – 🅿. GB
fermé 2 janv. au 4 fév., mardi soir, merc. soir, jeudi soir, dim. soir et lundi d'oct. à mai –
Repas (12) - 20/29, enf. 7 ♣.
❖ À l'écart du village, restaurant tout simple dont les baies offrent de belles échappées sur
les vignes et les Pyrénées. Grillades préparées en salle et spécialités catalanes.

TAVEL *30126 Gard* **339** N4 – *1 529 h alt. 100.*

🄳 *Office de tourisme, ℘ 04 66 50 04 10.*
Paris 673 – Avignon 15 – Alès 68 – Nîmes 41 – Orange 22.

🏠 **Pont du Roy,** Sud-Est : 3 km par D 4 et D 976 ℘ 04 66 50 22 03, *contact@hotelpontduro
y.fr*, Fax 04 66 50 10 14, ☂, ⌂, ⚘ – 🗐 ch, ⊡ ✆ 🅿. GB
2 avril-30 sept. – **Repas** (dîner seul.)(résidents seul.) 22/43, enf. 10 ♀ – ⌂ 7 – **14** ch 69/91 –
½ P 61,50/63,50.
❖ Au coeur du célèbre vignoble, bâtisse de type mas venant de bénéficier d'un sérieux
"lifting". Dans les chambres, tons pastel et mobilier rustique ou provençal. Joli jardin.

TAVERS *45 Loiret* **318** G5 – *rattaché à Beaugency.*

Le TEIL *07400 Ardèche* **331** K6 *G. Vallée du Rhône – 7 999 h alt. 75.*

Voir *Baptistère★ de l'église de Mélas.*

🄳 *Office de tourisme, place Pierre Semard ℘ 04 75 49 10 46, Fax 04 75 49 65 19,
ot.leteil@free.fr.*
Paris 608 – Valence 53 – Aubenas 34 – Montélimar 8 – Privas 33.

✗ **Gafferot,** 2 bd Stalingrad ℘ 04 75 49 49 24 – 🗐. GB
fermé 1er au 28 juil., 24 au 30 déc., 15 au 28 fév., dim. soir, merc. soir et lundi – **Repas**
16,50/34 ♀.
❖ Petite adresse au centre du bourg dominé par les ruines d'un château du 13e s. Coquet
décor "cosy" et cuisine traditionnelle escortée de quelques plats régionaux.

Le TEILLEUL *50640 Manche* **303** G8 – *1 377 h alt. 212.*

Paris 269 – Avranches 46 – Domfront 19 – Fougères 36 – Mayenne 40 – St-Lô 79.

🏠 **Clé des Champs,** Est : 1 km sur N 176 ℘ 02 33 59 42 27, *lacledeschamps50@aol.com*,
Fax 02 33 59 33 71, ⚘ – ⊡ ✆ ⌂ 🅿 – 🔬 20. GB
fermé 15 janv. au 13 fév., dim. soir et lundi du 1er oct. au 1er avril – **Repas** 16/37 ♀ – ⌂ 7 –
16 ch 40/60 – ½ P 53.
❖ Dans un cadre verdoyant et fleuri, grand pavillon à toiture pentue dont la plupart des
chambres ont été rénovées. Sobre décor d'esprit rustique et tenue impeccable. Salle à
manger champêtre réchauffée par une cheminée ; cuisine traditionnelle.

Le TEMPLE-SUR-LOT 47110 L.-et-G. ▣▣▣ F3 – 969 h alt. 43.

🛈 Syndicat d'initiative, place des Templiers ℰ 05 53 40 64 55, Fax 05 53 01 10 98.
Paris 603 – Agen 30 – Nérac 45 – Villeneuve-sur-Lot 16.

🏠 **Les Rives du Plantié** ♨, rte Castelmoron ℰ 05 53 79 86 86, rives-du-plantie@libertysu
rf.fr, Fax 05 53 79 86 85, 佘 , ⊼, ㅿ – 𝗧𝗩 ✆ ㅤ 𝗣 – ♨ 150. ⁂ ⓞ ⒼⒷ. ⁂ rest
fermé vacances de Toussaint et janvier – **Repas** (fermé dim. soir hors saison, sam. midi et
lundi) 26/90, enf. 11 ♀ – ♀ 9 – **10 ch** 69/75 – ½ P 70/73.
♦ À la campagne, sur un ancien domaine de Templiers, ferme du début du 19ᵉ s. entourée
d'un jardin, où vous séjournerez dans des chambres spacieuses. La salle de restaurant,
néo-rustique, occupe les murs des ex-écuries ; l'on y sert une cuisine au goût du jour.

TENCE 43190 H.-Loire ▣▣▣ H3 G. Vallée du Rhône – 2 890 h alt. 840.

🛈 Office de tourisme, place du Chatiague ℰ 04 71 59 81 99, Fax 04 71 65 47 13, ot-
tence@ot-tence.fr.
Paris 564 – Lamastre 38 – Le Puy-en-Velay 46 – St-Étienne 52 – Yssingeaux 19.

🏠 **Hostellerie Placide,** av. Gare (rte d'Annonay) ℰ 04 71 59 82 76, placide@hostellerie-pla
cide.fr, Fax 04 71 65 44 46, 佘 – ✦ 𝗧𝗩 ✆ 𝗣 – ♨ 20. ⒼⒷ. ⁂ rest
fermé 1ᵉʳ janv. au 31 mars, lundi midi et mardi midi en juil.-août, dim. soir, lundi et mardi
hors saison – **Repas** 15 (déj.), 26/58 ♀ – ♀ 10 – **13 ch** 70/100 – ½ P 64/84.
♦ Cette demeure datant de 1902 était autrefois un relais de diligence. Chambres personnalisées et "cosy" (mobilier de style ou actuel, tons chaleureux) et jardin fleuri. Le restaurant, rajeuni, a néanmoins conservé son cachet d'origine ; carte au goût du jour.

Les pages explicatives de l'introduction
*vous aideront à mieux profiter de votre **Guide Michelin**.*

TENDE 06430 Alpes-Mar. ▣▣▣ G3 G. Côte d'Azur – 1 844 h alt. 815.

Voir Site★ - veille ville★ – Fresques★★★ de la chapelle Notre-Dame des fontaines★★ SE :
11 km.
🛤 de Vievola ℰ 04 93 04 88 91, N : 5 km par N 204.
🛈 Office de tourisme, avenue du 16 septembre 47 ℰ 04 93 04 73 71, Fax 04 93 04 35 09,
info@tendemerveilles.com.
Paris 888 – Cuneo 47 – Menton 56 – Nice 78 – Sospel 38.

✕ **Auberge Tendasque,** 65 av. 16-Septembre-1947 ℰ 04 93 04 62 26, Fax 04 93 04 68 34,
佘 – ⒼⒷ
fermé vacances de fév., mardi soir et jeudi soir de juin à oct., – **Repas** 14/21.
♦ Au pied du village médiéval, haute maison au toit de lauzes flanquée d'une tonnelle. La
salle à manger, rustique, possède un joli plafond peint. Terrasse ombragée.

à St-Dalmas-de-Tende Sud : 4 km par N 204 – ✉ 06430 :

🏠 **Prieuré** ♨ (Centre d'Aide par le Travail), r. J. Medecin ℰ 04 93 04 75 70, contact@leprieur
e.org, Fax 04 93 04 71 58, 佘 , 秝 – 𝗧𝗩 𝗣 – ♨ 40. ⁂ ⒼⒷ
fermé mars – **Repas** (fermé dim. soir et lundi de nov. à mars) 16/22 ♀ – ♀ 6 – **24 ch** 54/64 –
½ P 43/57,50.
♦ Le hameau abrite une insolite gare monumentale bâtie sur les ordres de Mussolini.
Ancien prieuré restauré avec goût. Chambres dotées de beaux meubles rustiques. Plats
traditionnels à déguster dans une salle à manger voûtée ou en terrasse, sous la treille.

à la Brigue Sud-Est : 6,5 km par N 204 et D 43 – 595 h. alt. 810 – ✉ 06430 .

Voir Collégiale St-Martin★.
🛈 Syndicat d'initiative, place Saint-Martin ℰ 04 93 04 60 04, Fax 04 93 04 60 04, office.la-
brigue@wanadoo.fr.

🏠 **Mirval** ♨, ℰ 04 93 04 63 71, Fax 04 93 04 79 81, ≤, 秝 – 𝗧𝗩 𝗣. ⒼⒷ
1ᵉʳ avril-2 nov. – **Repas** (fermé vend. midi) 16/22 (dîner) et carte le midi – ♀ 7,50 – **18 ch**
41/59 – ½ P 41/51.
♦ Une rivière poissonneuse coule au pied de cette accueillante auberge de montagne
construite à la fin du 19ᵉ s. Chambres fonctionnelles. Salle à manger contemporaine et
véranda tournées vers les sommets ; cuisine régionale simple.

à Casterino Ouest : 16 km par St-Dalmas-de-Tende et D 91 – ✉ 06430 Tende :

🏡 **Les Mélèzes** ♨, ℰ 04 93 04 95 95, Fax 04 93 04 95 96, ≤ – ⒼⒷ. ⁂ ch
fermé 25 oct. au 27 déc., mardi soir et merc. hors saison – **Repas** 18/35, enf. 7 – ♀ 5,50 –
10 ch 22,50/51 – ½ P 39/45.
♦ Ce chalet bordant une voie sans issue est une excellente base pour randonner dans la
vallée des Merveilles (gravures rupestres). Chambres simples. Le bois est omniprésent dans
la modeste salle à manger rustique où l'on sert des plats du terroir sans fioriture.

TERMES *48310 Lozère* 330 H6 – *202 h alt. 1120.*

Paris 545 – Aurillac 112 – Chaudes-Aigues 19 – Mende 56 – St-Flour 41.

Auberge du Verdy, $\mathscr{C}$ 04 66 31 60 97, Fax 04 66 31 66 13, ☞, ☐ ⦁ ☐, 🅿. GB
15 mars-15 déc. – **Repas** 10/20 ⚲ – ☐ 5 – **10 ch** 35/39 – ½ P 35.
♦ Cette auberge occupe une grosse maison en pierre située au pied du village. Chambres pratiques et sobrement meublées. Restaurant réchauffé en hiver par une cheminée typiquement lozérienne ; viandes grillées "à la pierrade" et spécialités régionales.

TERRASSON-LAVILLEDIEU *24120 Dordogne* 329 I5 *G. Périgord Quercy* – *6 180 h alt. 90.*

Voir *Les jardins de l'imaginaire*★.

🛈 *Office de tourisme, rue Jean Rouby* $\mathscr{C}$ 05 53 50 37 56, Fax 05 53 51 01 22.
Paris 497 – Brive-la-Gaillarde 22 – Lanouaille 44 – Périgueux 53 – Sarlat-la-Canéda 32.

Moulin Rouge, rte Brive sur N 89 : 2 km $\mathscr{C}$ 05 53 50 25 00, lemoulinrouge@wanadoo.fr, Fax 05 53 50 12 20, ☞, ⚊, ▬ ch, ▥ ⦁ & 🅿 – 🕭 30. ᴁ ⦿ GB JCB
Repas *(fermé 20 déc. au 6 janv. et week-ends)* (12) - 14, enf. 7 ♀ – ☐ 7 – **38 ch** 50/52, 3 studios – ½ P 46.
♦ À l'écart de la ville, établissement récent et fonctionnel, de type motel. Les chambres, toutes en rez-de-chaussée, sont pratiques et sobres. Salle à manger fonctionnelle en accord avec une restauration simple à base de grillades.

L'Imaginaire (Samson), pl. Foirail (direction église St-Sour) $\mathscr{C}$ 05 53 51 37 27, Fax 05 53 51 60 37, ☞ – 🅿. ᴁ ⦿ GB
❀
fermé 8 au 12 mars, 15 au 26 nov., 3 au 14 janv., dim. soir et mardi midi de sept. à juin et lundi – **Repas** 19 (déj.)/35 et carte 49 à 72 ♀.
♦ Plaisirs des yeux et du palais rivalisent dans cette belle salle à manger voûtée aménagée dans un hospice du 17ᵉ s. Mise en place élégante et cuisine au goût du jour soignée.
Spéc. Boudins de brochet truffés. Pomme de ris de veau au citron confit. Crème brûlée au miel et noix du Périgord **Vins** Bergerac.

TERTENOZ *74 H.-Savoie* 328 K6 – *rattaché à Faverges.*

TÊTEGHEM *59 Nord* 302 C1 – *rattaché à Dunkerque.*

THANN ❄ *68800 H.-Rhin* 315 G10 *G. Alsace Lorraine* – *8 033 h alt. 343.*

Voir *Collégiale St-Thiébaut*★★ – *Grand Ballon* ☀★★★ *N : 19 km.*

🛈 *Office de tourisme, 7 rue de la 1ère Armée* $\mathscr{C}$ 03 89 37 96 20, Fax 03 89 37 04 58, office-de-tourisme.thann@wanadoo.fr.
Paris 464 – Mulhouse 21 – Belfort 42 – Colmar 44 – Épinal 87 – Guebwiller 22.

Parc ☜, 23 r. Kléber $\mathscr{C}$ 03 89 37 37 47, hduparc@hrnet.fr, Fax 03 89 37 56 23, ☞, ⅃₆, ⚊, ☞ – ▥ ⦁ 🅿 – 🕭 30. GB
Repas *(fermé janv., lundi midi et mardi midi)* (12) - 27/45, enf. 19 ♀ – ☐ 15 – **21 ch** 90/177 – ½ P 84/138.
♦ Belle maison bourgeoise du début du 20ᵉ s. nichée dans un plaisant jardin arboré. Le salon et les chambres sont joliment meublés. Lumineuse salle à manger, paisible terrasse d'été et cuisine au goût du jour.

Moschenross, 42 r. Gén. de Gaulle $\mathscr{C}$ 03 89 37 00 86, info@le-moschenross.com, Fax 03 89 37 52 81, ☞ – ▥ ⦁ & 🅿 – 🕭 20. ᴁ GB
fermé 1ᵉʳ au 20 juil. – **Repas** *(fermé sam. midi et dim. soir sauf été)* (9) - 11 (déj.), 16/46 ♀ – ☐ 6,50 – **23 ch** 31/52 – ½ P 35/43.
♦ Dominé par le fameux vignoble du Rangen, cet hôtel central est entièrement rénové : pimpante façade colorée, chambres actuelles et bonne insonorisation. Spacieuse salle à manger redécorée, claire et agréable, où l'on propose une cuisine traditionnelle.

Aux Sapins, 3 r. Jeanne d'Arc $\mathscr{C}$ 03 89 37 10 96, aux.sapins.hotel@free.fr, Fax 03 89 37 23 83, ☞ – ▥ ⦁ & 🅿 ⦿ GB
fermé 9 au 23 août et 24 déc. au 3 janv. – **Repas** *(fermé sam.)* 16/33, enf. 6,50 ♀ – ☐ 6,50 – **17 ch** 38/49 – ½ P 43.
♦ Quelques sapins dissimulent cet hôtel contemporain légèrement excentré. Chambres personnalisées dans des coloris assez gais. Jolie salle à manger actuelle et coquet bistrot au cadre alsacien ; cuisine traditionnelle.

Kléber, 39 r. Kléber $\mathscr{C}$ 03 89 37 13 66, Fax 03 89 37 39 67, ⅃₆ – ⊱⊰ ▥ & 🅿. GB
fermé 5 au 20 fév. – **Repas** *(fermé sam. et dim.)* 11/25 ♀ – ☐ 8,50 – **26 ch** 28,80/56,50 – ½ P 52.
♦ À proximité de la collégiale St-Thiébaut, deux bâtiments bien équipés, tournés vers une cour intérieure. Préférez les chambres situées à l'arrière, spacieuses et calmes. Petits plats traditionnels à l'accent régional servis dans deux salles dont une rustique.

THANNENKIRCH *68590 H.-Rhin* 315 *H7* G. Alsace Lorraine – *446 h alt. 520.*

Voir *Route*★ *de Schaentzel (D 48¹) N : 3 km.*

Paris 436 – Colmar 25 – St-Dié 40 – Sélestat 17.

🏨 **Auberge La Meunière** ⬩, 30 r. Ste Anne *ℰ 03 89 73 10 47, info@aubergelameuniere. com, Fax 03 89 73 12 31,* ≤, ☆, ₤₅ – 🛗 TV ℰ & ₧ – 🔏 25. 🕮 ⬤⬤

25 mars-22 déc. – **Repas** *(fermé lundi midi et mardi midi)* 17/36 ♀ – ⬡ 7 – **25 ch** 46/78 – ½ P 44/59.

⬩ Cette ravissante auberge abrite des chambres bien tenues ; celles récemment créées sont agréables, souvent dotées d'un balcon et offrent de belles échappées sur la campagne. Chaleureuse salle à manger, terrasse panoramique et cuisine à l'accent régional.

🏨 **Touring-Hôtel,** *ℰ 03 89 73 10 01, touringhotel@free.fr, Fax 03 89 73 11 79,* ≤, ✿ – 🛗 TV ₧ – 🔏 45. ⬤⬤

fermé 3 janv. au 29 mars – **Repas** *(fermé le midi sauf week-ends)* 16/32, enf. 7,50 ♀ – ⬡ 9 – **45 ch** 55/90 – ½ P 53/77.

⬩ Hôtel familial situé à l'écart du village, au pied du massif du Taennchel. Chambres très coquettes, rénovées à l'alsacienne. Buffet campagnard pour le petit-déjeuner. Plats traditionnels et vins régionaux vous attendent dans une accueillante salle à manger.

THARON-PLAGE *44730 Loire-Atl.* 316 *C5.*

Paris 437 – Nantes 57 – Challans 53 – St-Nazaire 24.

✕✕ **Belem,** 56 av. Convention *ℰ 02 40 64 90 06, loirat-thierry@wanadoo.fr, Fax 02 40 39 43 14,* ☆ – ▤. ⬤⬤

fermé 1ᵉʳ janv. au 6 fév., dim. soir et lundi sauf juil.-août – **Repas** *(15)* - 18,50/35, enf. 10 ♀.

⬩ Petite maison au centre d'une station balnéaire de la Côte de Jade. Salle actuelle, égayée de plantes vertes. Le chef propose, entre autres, les légumes du potager familial.

Si le coût de la vie subit des variations importantes,
les prix que nous indiquons peuvent être majorés.
Lors de votre réservation à l'hôtel, faites-vous préciser le prix définitif.

Le THEIL *15 Cantal* 330 *C4 – rattaché à Salers.*

THÈMES *89 Yonne* 319 *C4 – ⊠ 89410 Cézy.*

Paris 143 – Auxerre 35 – La Celle-St-Cyr 5 – Joigny 9 – Montargis 49 – Sens 26.

✕✕ **P'tit Claridge** ⬩ avec ch, *ℰ 03 86 63 10 92, Fax 03 86 63 01 34,* ☆, ✿ – TV ℰ ₧. 🕮 ⬤⬤ ⬩ ch

fermé 10 au 20 mars, 15 au 30 sept., 5 au 15 janv., lundi et merc. sauf hôtel – **Repas** 15/64 bc, enf. 10 ♀ – ⬡ 8 – **7 ch** 48.

⬩ Dans un village isolé, belle maison régionale où grimpe la vigne vierge. La salle à manger, spacieuse et claire, s'ouvre largement sur le jardin fleuri. Plats traditionnels.

THENAY *36800 Indre* 323 *E7 – 827 h alt. 120.*

Paris 299 – Châteauroux 33 – Limoges 104 – Le Blanc 30 – La Châtre 49.

✕ **Auberge de Thenay,** *ℰ 02 54 47 99 00, pascal.orain@freesbee.fr,* ☆ – ⬤⬤

fermé 30 août au 13 sept., 15 au 28 fév., dim. soir et lundi – **Repas** *(nombre de couverts limité, prévenir)* 10,50 bc *(déj.)*, 19/29,50, enf. 7,50 ♀.

⬩ Il règne une ambiance joviale en cette auberge-épicerie. Le menu est composé chaque jour autour d'une viande rôtie à la broche. Beau choix de whiskies et de vins du monde.

THÉOULE-SUR-MER *06590 Alpes-Mar.* 341 *C6* G. Côte d'Azur – *1 296 h.*

Excurs. *Massif de l'Estérel*★★★.

🇧 *Office de tourisme, 1 Corniche d'Or ℰ 04 93 49 28 28, Fax 04 93 49 00 04, ot@theoule-sur-mer.org.*

Paris 895 – Cannes 11 – Draguignan 58 – Nice 42 – St-Raphaël 30.

à Miramar *5 km par N 98 - rte de St-Raphaël* G. Côte d'Azur – *⊠ 06590 Théoule-sur-Mer.*

Voir *Pointe de l'Esquilon* ≤★★ *NE : 1 km puis 15 mn.*

🏨 **Miramar Beach,** *ℰ 04 93 75 05 05, reservation@mbhotel.com, Fax 04 93 75 44 83,* ≤ mer, ₤₅, ⬲, 🔥, ✕ – 🛗 ▤ 🛗 🔏 20 à 40. 🕮 ⬤ ⬤⬤ JCB

L'Étoile des Mers : Repas 35 *(déj.)* 39/79 ♀ – ⬡ 17 – **57 ch** 160/310 – ½ P 151/226.

⬩ Le charme de cet établissement tient à sa superbe situation au creux d'une calanque de roches rouges. Chambres coquettes et spacieuses ; espace de remise en forme. Restaurant panoramique agrémenté d'un pan de mur rappelant la proximité du massif de l'Esterel.

THÉRONDELS *12600 Aveyron* **338** *I1 – 478 h alt. 965.*

Paris 561 – Aurillac 44 – Chaudes-Aigues 48 – Murat 43 – Rodez 88 – St-Flour 49.

🏠 🚗 **Miquel,** ℰ 05 65 66 02 72, *hotel-miquel@wanadoo.fr, Fax 05 65 66 19 84,* 😊, 🗲, 🐾 – 📺 📞 🅿. GB

fermé 15 déc. au 10 fév., dim. soir sauf juil.-août et lundi sauf le midi en juil.-août – **Repas** 9,60 bc/27 ⵛ – ⵗ 7 – **19 ch** 49/52 – ½ P 42/45.

◆ Au centre du village, bâtiment datant du début du 20ᵉ s. et tenu par la même famille depuis trois générations. Les chambres donnent sur le jardin ou sur la rue animée. Salle de restaurant ouverte sur une petite terrasse et cuisine à l'accent aveyronnais.

THÉSÉE *41140 L.-et-Ch.* **318** *E8 G. Châteaux de la Loire – 1 123 h alt. 80.*

🛈 *Office de tourisme, 5 rue Romaine* ℰ 02 54 71 45 45, *Fax 02 54 71 45 45.*

Paris 217 – Tours 53 – Blois 34 – Châteauroux 74 – Montrichard 12 – Vierzon 68.

🏠 **Hostellerie du Moulin de la Renne,** ℰ 02 54 71 41 56, *contact@moulindelarenne.com, Fax 02 54 71 75 09,* 😊, 🐾 – 🅿. GB. ✄

fermé 15 janv. au 15 mars, dim. soir, mardi midi et lundi du 15 sept au 30 avril – **Repas** 15,50/21,50, enf. 8,50 – ⵗ 7,50 – **15 ch** 45/50 – ½ P 38/48.

◆ Ancien moulin transformé en hostellerie familiale, entouré d'un jardin ombragé traversé par la Renne. Petites chambres simples, à la tenue irréprochable. Recettes du terroir servies dans les salles à manger campagnardes ou sur la terrasse d'été.

Une réservation confirmée par écrit ou par fax est toujours plus sûre.

THIERS ◁⚲▷ *63300 P.-de-D.* **326** *I7 G. Auvergne – 13 338 h alt. 420.*

Voir *Site★★ – Le Vieux Thiers★ : Maison du Pirou★ N – Terrasse du Rempart* ❅★ *– Rocher de Borbes* ≼★ *S : 3,5 km par D 102.*

🛈 *Office de tourisme, Maison du Pirou* ℰ 04 73 80 65 65, *Fax 04 73 80 01 32.*

Paris 388 ③ *– Clermont-Ferrand 43* ② *– Lyon 133* ① *– St-Étienne 108* ① *– Vichy 36* ③.

Plan page ci-contre

🏠 🚗 **L'Aigle d'Or,** 8 r. Lyon ℰ 04 73 80 00 50, *Fax 04 73 80 17 00* – 📺 📞. GB   Y **a**

Repas *(fermé dim. soir et lundi midi)* (11) · 11 (déj.), 15/29 ⵛ – ⵗ 6 – **18 ch** 39/50 – ½ P 42.

◆ Cet établissement, fondé en 1836, profite de rénovations réalisées en 2001. Chambres bien insonorisées et confortable salon actuel. Cadre du 19ᵉ s. et meubles rustiques dans la salle de restaurant où l'on sert une cuisine traditionnelle.

à la Monnerie-le-Montel *par* ① *: 6,5 km par N 89 – 2 241 h. alt. 544 –* ✉ *63650 :*

🍴 **Auberge du Piarrou,** ℰ 04 73 80 02 78 – GB

fermé 13 au 21 avril, 3 au 24 août, lundi soir, mardi soir, merc. soir, jeudi soir et dim. – **Repas** 15,80/23,80 ⵛ.

◆ Restaurant familial de bord de route à la façade pimpante. Le vestibule d'entrée dessert un petit salon et une salle à manger campagnarde réchauffée par une cheminée.

rte de Clermont-Ferrand *par* ② *: 5 km sur N 89 –* ✉ *63300 Thiers :*

🏠 **Parc de Geoffroy,** av. Gén. de Gaulle ℰ 04 73 80 87 00, *reservation@parc-de-geoffroy.com, Fax 04 73 80 87 01,* 😊, 🐾 – 🛗 📺 📞 🐾 🅿 – 🔒 15 à 50. 🖭 GB

Repas 16/32 ⵛ – ⵗ 8 – **31 ch** 67/75 – ½ P 52,50/56.

◆ En retrait de la nationale, dans un parc arboré, ancienne demeure de coutelier flanquée d'une annexe moderne abritant les grandes chambres. Deux salles à manger : cheminée dans l'une, fresque dans l'autre, plus cossue. En été, terrasse verdoyante et fleurie.

à Pont-de-Dore *par* ② *: 6 km par N 89 –* ✉ *63920 Peschadoires :*

🏠 🚗 **Eliotel,** rte Maringues ℰ 04 73 80 10 14, *eliotel@wanadoo.fr, Fax 04 73 80 51 02,* 😊, 🐾 – 📺 📞 🅿. GB

fermé 25 déc. au 15 janv. – **Repas** 14,50 bc/45, enf. 7,60 🍸 – ⵗ 6 – **12 ch** 52/70 – ½ P 48/57.

◆ Proche de la gare, établissement commode pour l'étape. Les chambres, sobres et bien pensées, ont toutes été refaites. Petit cybercafé. Le chef, originaire de Bretagne, propose une carte mariant recettes auvergnates et spécialités bretonnes.

🍴🍴 **Ferme des Trois Canards,** Nord-Ouest : 3 km par rte Maringues et rte secondaire ℰ 04 73 51 06 70, *restaurant3canards@wanadoo.fr, Fax 04 73 51 06 71,* 😊 – 🅿. GB

fermé dim. soir, mardi soir et merc. – **Repas** 22/45 ⵛ.

◆ Le cadre champêtre de ce restaurant aménagé dans un ancien corps de ferme vous séduira par son authenticité, affirmée par la présence de poutres et d'une cheminée.

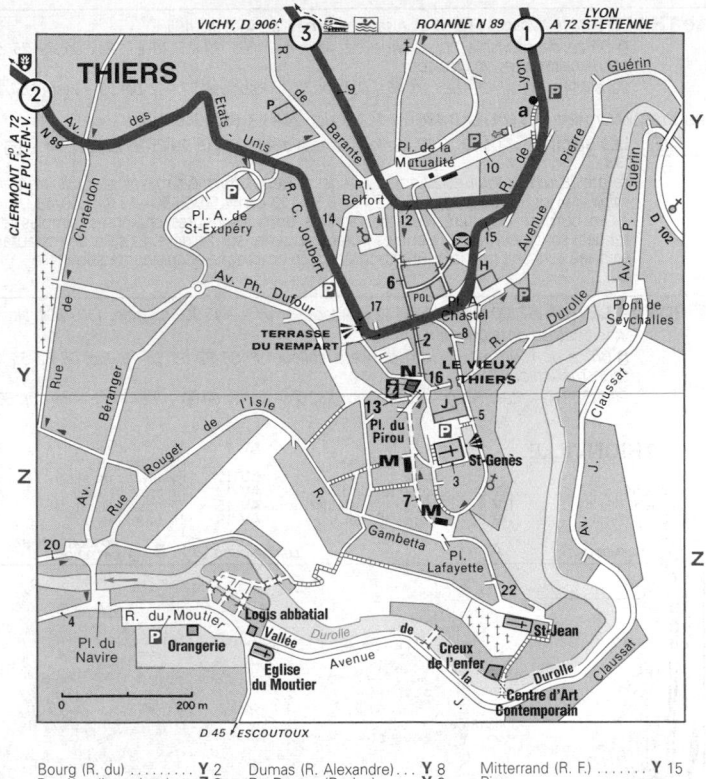

Bourg (R. du) . . . . **Y** 2
Brugière (Imp. Jean) . . . **Z** 3
Clermont (R. de) . . . . . . **Z** 4
Chabot (R. M.) . . . . **Z** 5
Conchette (R.) . . . . **Y** 6
Coutellerie (R. de la) . . **Z** 7
Dumas (R. Alexandre) . . . **Y** 8
Dr. Dumas (R. des) . . . . . **Y** 9
Duchasseint (Pl.) . . . . . . **Y** 10
Grammonts (R. des) . . . . **Y** 12
Grenette (R.) . . . . **Z** 13
Marilhat (R. Prosper) . . . **Y** 14
Mitterrand (R. F.) . . . . . . **Y** 15
Pirou
    (R. du) . . . . **Y** 16
Terrasse (R.) . . . . **Y** 17
Voltaire (Av.) . . . . **Z** 20
4-Septembre (R. du) . . . **Z** 22

*Nos guides hôteliers, nos guides touristiques et nos cartes routières
sont complémentaires. Utilisez-les ensemble.*

THIÉZAC *15800 Cantal* **330** *E4 G. Auvergne – 614 h alt. 805.*

Voir *Pas de Compaing★ NE : 3 km.*

🛈 *Office de tourisme, Le Bourg ℰ 04 71 47 03 50, Fax 04 71 47 03 83, otthiezac@wanadoo.fr.*

Paris 542 – Aurillac 26 – Murat 23 – Vic-sur-Cère 7.

Casteltinet, Grand-rue ℰ 04 71 47 00 60, *faustmacua@aol.com,* Fax 04 71 47 04 08, ≤,
� – 📲 📺 🅿 – 🏛 15. ⅁⅁. ⅋ rest
1er fév.-1er nov. – **Repas** *(fermé dim. soir et lundi)* 12/28 – ⊡ 6,50 – **23 ch** 43/52 – ½ P 42.
♦ Maison récente, joliment inspirée de l'architecture locale, dont les chambres avec loggia
offrent un panorama imprenable sur les monts du Cantal. Sobre salle à manger et terrasse
avec vue ; cuisine traditionnelle conservant de solides assises régionales.

L'Elancèze (annexe Belle Vallée 10 ch), le bourg ℰ 04 71 47 00 22, *info@elanceze.com,*
Fax 04 71 47 02 08 – 📲 📺 📞 🅿 – 🏛 30 à 40. ⅁⅁
fermé 2 nov. au 22 déc. – **Repas** *(10,50)* - 15,50/29 ⅌ – ⊡ 11 – **41 ch** 46/49 – ½ P 40/43.
♦ Maison familiale au cœur d'un bourg auvergnat. Dans le bâtiment principal, chambres
fonctionnelles, parfois dotées d'un balcon ; aménagements plus anciens à l'annexe. Belle
perspective sur les toits du village depuis la salle à manger ; plats du terroir.

Le THILLOT 88160 Vosges **314** I5 *G. Alsace Lorraine* – 3 945 h alt. 495.

🛈 *Office de tourisme, 11 avenue de Verdun 🕿 03 29 25 28 61, Fax 03 29 25 38 39, tourisme@hautes-vosges.com.*

Paris 434 – Épinal 49 – Belfort 46 – Colmar 72 – Mulhouse 57 – St-Dié 59 – Vesoul 64.

au Ménil *Nord-Est : 3,5 km par D 486 – 1 117 h. alt. 524 – ✉ 88160 Le Thillot :*

🏠 **Les Sapins,** 🕿 03 29 25 02 46, *les.sapins@voila.fr, Fax 03 29 25 80 23,* 🏠 , 🚗 – 🆃🆅 🅿. 🖭 **GB**

fermé 28 juin au 9 juil. et 22 nov. au 14 déc. – **Repas** *(fermé dim. soir sauf juil.-août et lundi midi)* 11,50 (déj.), 19,50/39, enf. 9 🍷 – 🖵 6,50 – **23 ch** 41,50/55,50 – ½ P 44,50/46.

♦ En bordure de route, adresse familiale dont les petites chambres, simples et bien tenues, sont peu à peu rajeunies ; préférez celles sur l'arrière. La salle de restaurant est tournée vers une prairie et un étang. Terrasse ombragée et cuisine traditionnelle.

THIONVILLE 🔷 57100 Moselle **307** I2 *G. Alsace Lorraine* – 40 907 h Agglo. 130 480 h alt. 155.

Voir *Château de la Grange★*.

🛈 *Office de tourisme, 16 rue du vieux collège 🕿 03 82 53 33 18, Fax 03 82 53 15 55, tourisme@thionville.net.*

Paris 339 ④ – Metz 30 ④ – Luxembourg 32 ⑦ – Nancy 84 ④ – Trier 77 ③ – Verdun 88 ④.

THIONVILLE

Afrique (Chée d') . . . . **AV** 3	Bel Air (Allée) . . . . **AV** 7	Océanie (Chée d') . . . . **BV** 25
Amérique (Chée d') . . . . **BV** 4	Comte-de-Bertier	Paul-Albert (R.) . . . . **AV** 28
Asie (Chée d') . . . . **AV** 6	(Av.) . . . . **BV** 10	Pyramides (R. des) . . . . **BV** 29
	Europe (Chée d') . . . . **AV** 13	Romains (R. des) . . . . **AX** 31
	Guentrange (Rte de) . . . . . . **AV** 15	Terrasse (Allée de la) . . . . . . **AV** 34
	Longwy (R. de) . . . . **AV** 18	14 Juillet (Av. du) . . . . **AV** 37

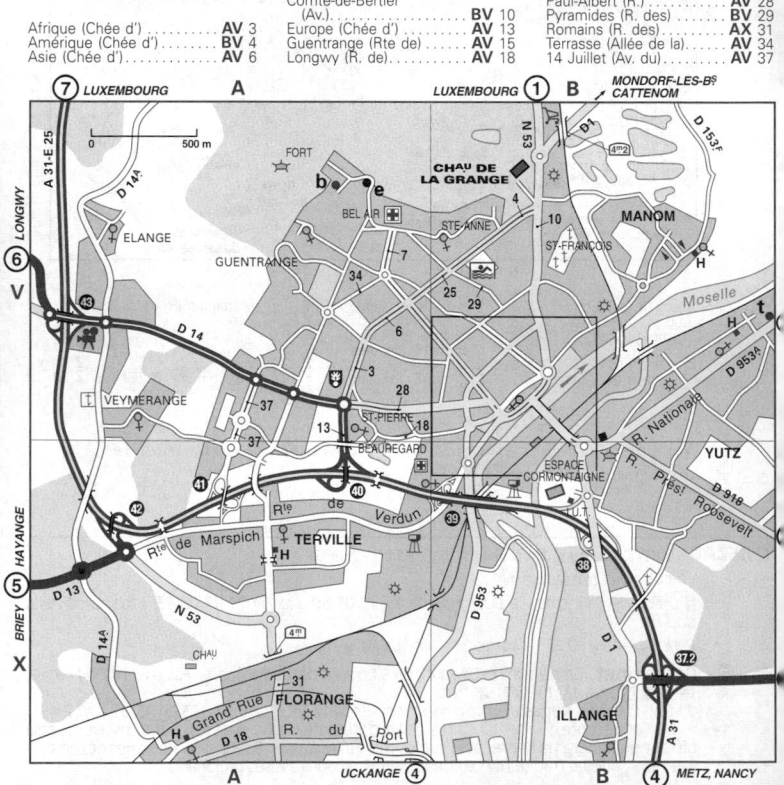

🏠 **Saint-Hubert** sans rest, 2 r. G. Ditsch 🕿 03 82 51 84 22, *contact@hotel-sainthubert.com, Fax 03 82 53 99 61* – 🛗 ✻ 🔟 🆃🆅 📞 ዼ – 🔏 15. 🖭 ⓪ **GB** **JCB** DZ s

🖵 8,50 – **44 ch** 65/76.

♦ Architecture moderne au coeur de la ville. Les chambres situées à l'arrière offrent plus de tranquillité. Vue panoramique depuis la salle des petits-déjeuners.

THIONVILLE

Berthe-au-Grand-Pied
(R.) . . . . **DY** 8

Ditsch (R.G.) . . . . **DZ** 12
Hoche (R. Lazare) . . . . **DY** 16
Luxembourg
  (R. du) . . . . **DY** 19
Marchal (Quai P.) . . . . **DY** 21

Marché (Pl. du) . . . . **DY** 22
Marie-Louise (Pl.) . . . . **CZ** 24
Paris (R. de) . . . . **DZ** 27
République (Pl.) . . . . **CZ** 30
St-Pierre (R. de) . . . . **CZ** 33

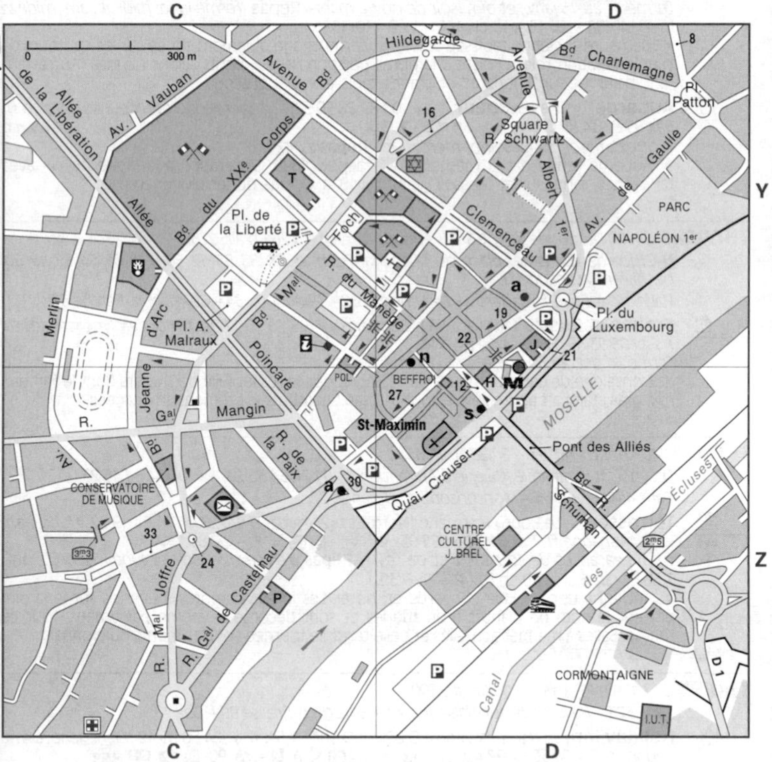

🏨 **Central** sans rest, 1 r. Four Banal ✆ 03 82 53 70 27, Fax 03 82 53 23 34 – 📺 ✆, 🖭 ⓞ ⴳⴱ,
🛇
                                                     DY n
fermé 20 déc. au 3 janv. – 🍽 6 – **26 ch** 47/53.
   ◆ Comme son nom l'indique, cet hôtel est au coeur de la ville, dans une rue piétonne.
Chambres colorées, bien rénovées et insonorisées ; trois sont équipées d'ordinateurs.

🏨 **Parc** sans rest, 10 pl. République ✆ 03 82 82 80 80, *contact@hoteldu-parc.com*,
  Fax 03 82 82 71 82 – 📶 ✳ 📺 ✆ – 🔒 20. ⴳⴱ   **CZ** a
🖼 🍽 7,50 – **41 ch** 55/62.
   ◆ Immeuble du début du 20ᵉ s. face à un petit parc public, en lisière du centre-ville.
Couleurs chaleureuses et sobre mobilier dans des chambres refaites.

XXX **Concorde,** 6 pl. Luxembourg (14ᵉ étage) ✆ 03 82 53 83 18, *hotel.leconcorde@wanadoo.f*
r, Fax 03 82 53 40 41, ✳ Thionville – 📶 – 🔒 15. 🖭 ⴳⴱ   **DY** a
fermé sam. midi, dim. soir et lundi – **Repas** 33/67 et carte 52 à 77, enf. 12 🍷.
   ◆ Superbe panorama sur Thionville et la Moselle depuis ce restaurant installé au sommet
d'une tour haute de 55 m. On y sert une cuisine classique.

à Yutz *par* ③ : *3 km* – *14 687 h. alt. 155* – ⊠ *57970* :

XX **Les Alerions,** 102 r. Nationale ✆ 03 82 56 26 63, Fax 03 82 56 26 65 – 🖭 ⴳⴱ   **BV** t
fermé 26 juil. au 10 août, 16 fév. au 1ᵉʳ mars, dim. soir et lundi sauf fériés – **Repas** (14) -
20/36 bc, enf. 9,50 🍷.
   ◆ L'enseigne évoque les trois alérions (aigles sans bec ni pattes) figurant sur le blason de la
Lorraine. Salle haute sous plafond, avec boiseries. Plats traditionnels.

au Crève-Coeur – ✉ *57100 Thionville :*

L'Horizon ⛰, ☎ 03 82 88 53 65, *hotel@lhorizon.fr, Fax 03 82 34 55 84,* ←, 🏔, 🌳 – 📺 📞 🅿 – 🏋 25. AE ⓓ GB. ✂ rest — AV e
fermé 1er au 15 janv., et dim. soir de nov. à mars – **Repas** *(fermé lundi midi et sam. midi)* 32 (déj.), 40/58 – ☕ 16 – **13 ch** 148 – ½ P 110/138.
◆ Demeure ancienne tapissée de vigne vierge et agréablement située sur les hauteurs de l'agglomération thionvilloise. Chambres personnalisées ; petits salons raffinés. Au restaurant, belle vue sur "l'horizon" et grande tapisserie d'Aubusson.

Auberge Crève-Coeur, ☎ 03 82 88 50 52, *aubergeducrevecoeur@wanadoo.fr, Fax 03 82 34 89 06,* ←, 🏔 – 🅿. AE ⓓ GB — AV b
fermé dim. soir, lundi soir et merc. soir – **Repas** 25/42 🍷.
◆ Auberge tenue par la même famille depuis 1899. Décoration à la gloire du vin avec tapisseries, tonneaux et pressoir géant du 18e s. Cuisine du terroir généreuse.

THIVIERS *24800 Dordogne* 329 G3 *G. Périgord Quercy – 3 261 h alt. 273.*

Office de tourisme, place du Maréchal Foch ☎ *05 53 55 12 50, Fax 05 53 55 12 50, ot.thiviers@wanadoo.fr.*

Paris 449 – Brive-la-Gaillarde 81 – Limoges 62 – Périgueux 34 – St-Yrieix-la-Perche 32.

France et Russie sans rest, 51 r. Gén. Lamy ☎ 05 53 55 17 80, *taylor.carolyn@wanadoo.fr, Fax 05 53 55 01 42,* 🌳 – 📺. GB
fermé 31 oct. au 30 nov. – ☕ 6 – **9 ch** 41/55.
◆ L'enseigne de cette demeure du 18e s. évoque la russophilie de Thiviers dont le fameux foie gras était fort apprécié à la cour du tsar. Chambres sobrement aménagées.

THIZY *69240 Rhône* 327 E3 *– 2 483 h alt. 553.*

Syndicat d'initiative, Galerie d'Animation ☎ *04 74 64 35 23, Fax 04 74 64 35 23.*

Paris 414 – Lyon 65 – Montbrison 74 – Roanne 22.

Terrasse ⛰, Le Bourg Marmand (Nord-Est : 2 km par D 94) ☎ 04 74 64 19 22, *francis-arnette@wanadoo.fr, Fax 04 74 64 25 95,* ←, 🏔 – 🛗 📺 📞 🅿 – 🏋 80. GB
fermé vacances de Toussaint et de fév. – **Repas** *(fermé dim. soir et lundi)* 12,50/60, enf. 7,50 🍷 – ☕ 6,50 – **10** ch 37/43 – ½ P 39.
◆ Ancienne usine textile convertie en hôtel. Les jolies chambres, ouvertes sur le jardin, portent le nom de plantes aromatiques et sont décorées - même parfumées - sur ce thème. Salles à manger actuelles et belle terrasse tournée vers les monts du Lyonnais.

THOIRY *01710 Ain* 328 I3 *– 4 063 h alt. 500.*

Paris 523 – Bellegarde-sur-Valserine 27 – Bourg-en-Bresse 99 – Gex 13.

Holiday Inn, au Nord-Est, angle D 89K et D 984 : 1,5 km ☎ 04 50 99 19 99, *hi.geneve@wanadoo.fr, Fax 04 50 42 27 40,* 🍽 – 🛗 ⇆ ▤ 📺 📞 ♿ 🅿 – 🏋 90. AE ⓓ GB JCB
Repas 19/35 🍷 – ☕ 13,50 – **95 ch** 145/201 – ½ P 115/135.
◆ Jouxtant la frontière Suisse et l'aéroport de Genève, cet hôtel entièrement rénové constitue une étape de choix pour la clientèle d'affaires internationale. Confortable salle à manger en bois clair ; formules rapides le midi et buffets le soir.

Les Cépages (Delesderrier), ☎ 04 50 20 83 85, *Fax 04 50 41 24 58,* 🏔, 🌳 – GB
fermé dim. soir, lundi et mardi – **Repas** 26 (déj.), 46/72 et carte 66 à 98 🍷.
◆ Cuisine classique soignée à déguster dans une salle aux tons ensoleillés ou sur la terrasse surplombant un jardin fleuri. La carte des vins compte de nombreuses appellations.
Spéc. Nage de homard aux arômes d'Asie. Ravioles de foie gras pochées aux cèpes. Pigeonneau fermier laqué au banyuls. **Vins** Vin du Bugey, Roussette de Seyssel.

THOISSEY *01140 Ain* 328 B3 *– 1 358 h alt. 175.*

Office de tourisme, 37 Grande Rue ☎ *04 74 04 90 17, Fax 04 74 04 00 67, tourisme-thoissey@wanadoo.fr.*

Paris 407 – Mâcon 19 – Bourg-en-Bresse 35 – Lyon 55 – Villefranche-sur-Saône 29.

Chapon Fin - Paul Blanc ⛰, ☎ 04 74 04 04 74, *maringue-blanc@chaponfin.com, Fax 04 74 04 94 51,* 🏔, 🌳 – 🛗 📺 🚗 🅿. AE ⓓ GB
fermé 21 nov. au 9 déc., mardi midi et lundi – **Repas** 20 (déj.), 30/80, enf. 15 🍷 – ☕ 10 – **16 ch** 74/120 – ½ P 110.
◆ Cette maison traditionnelle réunit de nombreux atouts. Parmi les principaux : de vastes chambres souvent rénovées et un calme et coquet jardin. Cuisine bressane servie dans la vaste salle à manger ou en terrasse, à l'ombre des platanes. Bon choix de vins.

Une réservation confirmée par écrit ou par fax est toujours plus sûre.

THOLLON-LES-MÉMISES 74500 H.-Savoie **328** N2 G. Alpes du Nord – 593 h alt. 920 – Sports d'hiver : 1 000/2 000 m 🚡 1 🚠 18 🎿.

Voir Pic de Mémise ❄ ★★ 30 mn.

🛈 Office de tourisme, place de la Télécabine 𝒫 04 50 70 90 01, Fax 04 50 70 92 80, ot.thollon@wanadoo.fr.

Paris 588 – Thonon-les-Bains 21 – Annecy 95 – Évian-les-Bains 11.

🏨 **Bellevue**, 𝒫 04 50 70 92 79, hotelbellevuethollon@wanadoo.fr, Fax 04 50 70 97 63, ≤, 🏞, 🔲, 🐾 – 🕽 TV 🗫 🅿. GB
fermé 15 au 30 avril et 16 oct. au 15 déc. – **Repas** (fermé jeudi hors saison) 14/31, enf. 9 🍷 – 🖙 7 – **36 ch** 50/100 – ½ P 61.
♦ Imposant chalet situé sur les hauteurs du "balcon du Léman". Chambres fonctionnelles bien tenues ; certaines sont prévues pour les familles. Sauna et jacuzzi. La terrasse du restaurant savoyard ménage une belle vue sur le village ; cuisine traditionnelle.

Le THOLY 88530 Vosges **314** I4 – 1 556 h alt. 628.

Voir Grande Cascade de Tendon★ NO : 5 km, G. Alsace Lorraine.

🛈 Syndicat d'initiative, 3 rue Charles de Gaulle 𝒫 03 29 61 81 82, Fax 03 29 61 89 83, letholy@free.fr.

Paris 414 – Épinal 30 – Gérardmer 11 – Remiremont 19 – St-Amé 12 – St-Dié 38.

🏨 **Gérard**, 𝒫 03 29 61 81 07, Fax 03 29 61 82 92, ≤, 🔲, 🐾 – 🔲 rest, TV 🚘 – 🕿 15. GB
fermé oct. – **Repas** (fermé dim. soir sauf vacances scolaires) 11,50 (déj.), 13,50/24,50 ⅃ – 🖙 6,10 – **20 ch** 38/49 – ½ P 50.
♦ Cette hôtellerie fondée en 1804 est le point de départ de nombreuses promenades. Les chambres, plus petites au 2ᵉ étage, sont régulièrement rafraîchies. Sauna et jacuzzi. Plaisante salle à manger et sa véranda panoramique ; cuisine classique et du terroir.

🏨 **Grande Cascade,** au Nord-Ouest : 5 km sur D 11 𝒫 03 29 66 66 66, hotel-de-la-grande-cascade@wanadoo.fr, Fax 03 29 66 37 17, ≤, 🏞 – 🕽 cuisinette TV 🗫 ⅃. 🚘 🅿. – 🕿 15 à 50. AE ◑ GB
fermé 4 au 25 déc. – **Repas** 11,50/23, enf. 7,50 🍷 – 🖙 6,90 – **22 ch** 46,50/59, 8 studios – ½ P 41/50.
♦ Les chambres sont petites et modestes dans la ferme d'origine (19ᵉ s.), plus spacieuses et confortables dans l'annexe où, côté cascade de Tendon, elles ont un balcon. Restaurant avec vue sur la chute d'eau, cuisine traditionnelle et gibier en saison.

Nos guides hôteliers, nos guides touristiques et nos cartes routières sont complémentaires. Utilisez-les ensemble.

THONON-LES-BAINS ◁▷ 74200 H.-Savoie **328** L2 G. Alpes du Nord – 28 927 h alt. 431 – Stat. therm. (fin janv.-mi déc.).

Voir Les Belvédères sur le lac Léman★★ ABY – Voûtes★ de l'église St-Hippolyte – Domaine de Ripaille★ N : 2 km.

🏌 Évian Masters Golf Club à Évian-les-Bains 𝒫 04 50 75 46 66, par ① : 8 km.

🛈 Office de tourisme, place du Marché 𝒫 04 50 71 55 55, Fax 04 50 26 68 33, thonon@thononlesbains.com.

Paris 568 ③ – Annecy 75 ③ – Chamonix-Mont-Blanc 99 ③ – Genève 34 ④.

Plan page suivante

🏨 **Arc en Ciel** sans rest, 18 pl. Crête 𝒫 04 50 71 90 63, info@hotel-arenciel.com, Fax 04 50 26 27 47, 🕽, 🔲, 🐾 – 🕽 cuisinette TV 🗫 🚘 🅿. – 🕿 40. AE ◑ GB   BZ   k
fermé 30 avril au 9 mai et du 24 déc. au 3 janv. – 🖙 7 – **35 ch** 62/79, 5 duplex.
♦ Proche du centre-ville, hôtel moderne agrémenté d'un jardin. Chambres spacieuses et bien équipées ; la plupart possèdent un balcon ou une terrasse. Sauna.

🏨 **Savoie et Léman** (École hôtelière), 40 bd carnot 𝒫 04 50 71 13 80, hotel@ecole-hotelier e-thonon.com, Fax 04 50 71 16 14, ≤ – 🕽 TV 🅿. – 🕿 15 à 40. AE ◑ GB   AY   n
fermé vacances scolaires, sam. soir et dim. – **Repas** 14,50/22 – 🖙 6,50 – **33 ch** 40/57 – ½ P 52.
♦ L'hôtel d'application de l'École hôtelière de Thonon (1935) bénéficie d'une belle situation au-dessus du lac Léman. Amples chambres pour la plupart rénovées. Cuisine traditionnelle servie au restaurant ; repas rapides proposés dans l'espace brasserie.

🏨 **Alpazur** sans rest, 8 av. Gén. Leclerc 𝒫 04 50 71 37 25, hotelalpazur.large@wanadoo.fr, Fax 04 50 71 01 24, ≤, 🐾 – 🕽 🎇 TV. AE GB. 🎾   AY   q
13 fév.-31 oct. – 🖙 7 – **25 ch** 44/53.
♦ Aux alentours du port où se côtoient quelques maisonnettes de pêcheurs, petit immeuble des années 1970 sobre et bien entretenu. 14 chambres offrent une jolie vue sur le lac.

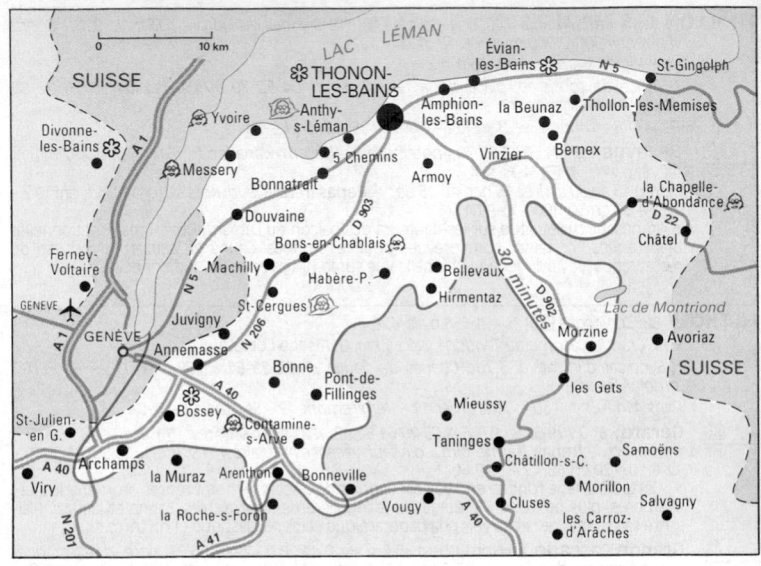

🏨 **A l'Ombre des Marronniers,** 17 pl. Crête ℰ 04 50 71 26 18, *info@hotel-maronniers.c*
om, Fax 04 50 26 27 47, 🍽 – 📺 📞 📱 🅰🅴 ⓞ 🅶🅱 ✵   **BZ t**
hôtel : fermé 30 avril au 3 mai et 24 déc. au 3 janv. – **Repas** *(fermé 29 avril au 6 mai, 15 au
30 nov., 2 au 9 janv., dim. soir et lundi du 30 nov. au 6 mai)* 13/30, enf. 9 ♀ – � 6,50 – **17 ch**
49/60 – ½ P 47/50.
♦ Les chambres du bâtiment principal ont un charme désuet ; celles du petit chalet
savoyard niché dans le jardin fleuri sont lambrissées. Sobre salle à manger-véranda et
terrasse dressée à l'ombre des marronniers ; cuisine régionale.

Annexe Villa des Fleurs 🏨 ॐ sans rest, 4 av. Jardins ℰ 04 50 71 11 38,
Fax 04 50 26 27 47, 🍽 – 📺, 🅰🅴 ⓞ 🅶🅱 ✵   **BZ d**
1er avril-15 nov. – ☐ 6,50 – **11 ch** 50/62.
♦ Discrète villa-annexe agrémentée d'un ravissant jardinet. Chambres spacieuses et
calmes, idéales pour de longs séjours.

🏨 **Côté Sud Léman,** rte Genève par ④ : *3 km* ℰ 04 50 70 36 70, *cotesudleman@voila.fr,*
Fax 04 50 70 31 05, 🍽 – 🔁 📺 ♿ 📱 – 🔏 30. 🅰🅴 ⓞ 🅶🅱
Repas *(fermé 22 déc. au 4 janv.)* (14) -21/33, enf. 9 ♣ – ☐ 8 – **48 ch** 58 – ½ P 51.
♦ Cet immeuble récent voisin d'une zone commerciale constitue une adresse utile en
périphérie de Thonon. Chambres fonctionnelles rénovées. Formules buffets et spécialités
du pays servies dans une salle à manger lumineuse et colorée, agrémentée d'une
cheminée.

XXX **Prieuré** (Plumex), 68 Gde rue ℰ 04 50 71 31 89, Fax 04 50 71 31 09 – 🅰🅴 ⓞ 🅶🅱
ॐ   **AY f**
fermé 15 au 29 mars, 1er au 15 nov., mardi midi, dim. soir et lundi – **Repas** 33 bc (déj.),
37/62 et carte 58 à 72.
♦ Aménagé à l'entrée d'un ancien hôtel particulier, restaurant voûté, habillé de boiseries
et décoré de tableaux contemporains, proposant une cuisine inventive et soignée.
Spéc. Grosses langoustines en croustillant de tartiffle. Omble chevalier du Léman au beurre
demi-sel. Pigeon rôti et pomme-fruit, jus aux graines d'anis. **Vins** Roussette de Seyssel,
Ripaille.

XX **St-Charles,** 69 av. Gén. de Gaulle par ④ ℰ 04 50 83 09 26, Fax 04 50 26 57 64, 🍽 – 📱
🅶🅱
fermé dim. soir et lundi – **Repas** (17) -25/40, enf. 10,70.
♦ Chaleureux tons rouge, jaune et orangé à l'intérieur, belle terrasse surplombant des
jardins : deux espaces agréables où l'on propose une courte carte traditionnelle.

X **Scampi,** 1 av. Léman ℰ 04 50 71 10 04, *Fax 04 50 71 31 09,* ≤, 🍽 – 🅰🅴 ⓞ 🅶🅱
JCB   **BY e**
fermé 15 au 29 mars, 1er au 15 nov. et lundi – **Repas** 18/24, enf. 7 ♀.
♦ Établissement de type brasserie situé face aux jardins de Thonon, avec en toile de fond
le miroir du Léman. Carte ramassée, axée sur les poissons du lac.

Arts (R. des) . . . . **BZ** 3	Moulin
Bordeaux (Pl. Henry) . . . . . . **AY** 4	(Pl. Jean) . . . . **AY** 12
Grande-Rue . . . . **AYZ**	Ratte (Ch⁰ de la) . . . . **BZ** 13
Granges (R. des) . . . . **BY** 5	Trolliettes (Bd des) . . . . **AZ** 15
Léman (Av. du) . . . . **BY** 6	Ursules (R. des) . . . . **BY** 16
Michaud (R.) . . . . **AY** 10	Vallées (Av. des) . . . . **BZ** 18

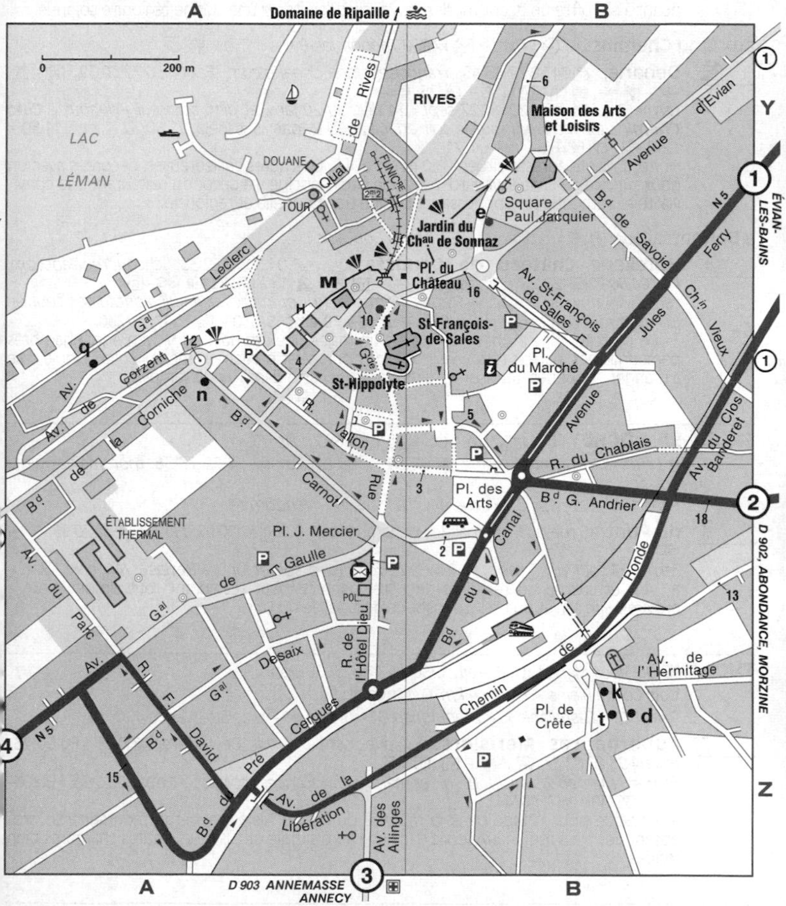

à Armoy *Sud-Est : 7 km par ② et D 26 – 940 h. alt. 620 – ⊠ 74200 :*

🏨
☎ **A l'Écho des Montagnes,** ℰ 04 50 73 94 55, *alechodesmontagnes@yahoo.fr,*
Fax 04 50 70 54 07, ☞ – 📶 📺 ♿ 🅿. ☒

fermé 2 au 6 oct. et 20 déc. au 8 fév. – **Repas** *(fermé dim. soir et lundi)* 15/38 ♀ – ☞ 6 –
47 ch 27/49 – ½ P 43/49.

♦ Cette imposante maison de la fin du 19ᵉ s. profite du calme qui règne dans le hameau et
le jardin. Vastes chambres rustiques ; accueil familial. Chaleureux restaurant lambrissé et
copieuse cuisine régionale utilisant les produits du potager.

à Anthy-sur-Léman *par ④ et D 33 : 6 km – 1 767 h. alt. 400 – ⊠ 74200 Thonon-les-Bains :*

🏠
🏠 **Auberge d'Anthy** ⟋, 2, r des Ecoles ℰ 04 50 70 35 00, *info@auberge-anthy. com,*
Fax 04 50 70 40 90, ☞ – 📶 📺 ☏ ♿ – ♨ 40. ☒ ⓪ ☒ ☒
Repas *(fermé 4 au 20 janv., dim. soir et lundi)* 14,50 (déj.), 23/40, enf. 12,50 ♀ – ☞ 6,50 –
16 ch 61 – ½ P 52,50/55.

♦ Ce bistrot de village, transformé au fil des ans, abrite une charmante auberge familiale.
Chambres rénovées, simples et de bon goût. Copieux petit-déjeuner maison. Deux salles à
manger campagnardes, terrasse dotée d'une fontaine et plats du terroir.

XX **Lemanthy,** rue des Pêcheurs ✆ 04 50 70 61 50, *info@le-lemanthy.fr, Fax 04 50 70 62 50,*
≤, 🌲 – **P.** AE ⑩ ⅊
fermé 4 au 17 janv., lundi sauf juil.-août et dim. soir – **Repas** 21 (déj.), 28,50/48 ⅊.
◆ L'agréable terrasse ombragée, très recherchée l'été, domine le lac. La salle à manger
quant à elle offre un décor moderne. Vous y dégusterez une cuisine régionale soignée.

aux Cinq Chemins *par* ④ *: 7 km* – ⊠ *74200 Thonon-les-Bains :*

🏠 **Denarié,** ✆ 04 50 72 63 45, *francoise@hotel-denarie.com, Fax 04 50 72 30 69,* 🌲, ⌇,
🌿 – ⫲ 🛉, ▤ ch, 🆅 📞 **P.** – 🛦 25. ⅁ℬ
fermé 7 au 21 juin, 20 au 27 sept., 24 déc. au 20 janv. et dim. soir sauf juil.-août – **Cinq
Chemins** *(fermé lundi sauf le soir en juil-août)* **Repas** 16,50 (déj.), 22,50/37 ⅃, enf. 11,50 –
⊡ 8 – **27 ch** 68/82 – ½ P 64/71.
◆ Accueillante adresse située à 50 m de la N 5. Chambres chaleureuses, décorées avec un
goût sûr dans le style savoyard. Agréable jardin-piscine. Le décor du restaurant allie convivialité et authenticité ; appétissante cuisine traditionnelle et régionale.

à Bonnatrait *par* ④ *: 9 km* G. *Alpes* – ⊠ *74140 Douvaine :*

🏠 **Hôtellerie Château de Coudrée** ⌇, ✆ 04 50 72 62 33, *chcoudree@aol.com,*
Fax 04 50 72 57 28, 🌲, ⌇, ☁, ❊, ⚡ – 🆅 **P.** – 🛦 15 à 60. AE ⑩ ⅁ℬ ⌸(*dîner seul en
juil-août sauf dim.)* 37 (déj.), 54/87 ⅊ – ⊡ 18 – **19 ch** 165/330 – ½ P 147,50/230.
◆ Ce château érigé au bord du lac est un majestueux témoin du Moyen Âge. Chambres
personnalisées, parfois rénovées ; celle du donjon est particulièrement insolite. Noble salle
à manger - boiseries, tapisseries, cheminée - et carte dans l'air du temps.

THORÉ-LA-ROCHETTE *41100 L.-et-Ch.* 🔢 *C5* – *883 h alt. 75.*
🅱 *Office de tourisme, mairie* ✆ 02 54 72 80 82, *Fax 02 54 72 73 38, thoremairie@wana
doo.fr.*
Paris 176 – Blois 42 – La Flèche 94 – Le Mans 72 – Vendôme 9.

X **du Pont,** 15 rue du Maréchal de Rochambeau ✆ 02 54 72 80 62, *Fax 02 54 72 70 95,* 🌲 –
⅁ℬ
fermé 23 août au 1ᵉʳ sept., 16 janv. au 9 fév., mardi soir et lundi – **Repas** 16/44, enf. 7 ⅊.
◆ Vins et cuisine du terroir à déguster dans ce petit restaurant tout simple, situé à
proximité de l'arrêt du train touristique de la vallée du Loir.

THORENC *06 Alpes-Mar.* 🔢 *B5* – *alt. 1250* – ⊠ *06750 Andon.*
Voir *Col de Bleine* ≤★★ N : 4 km, G. *Alpes du Sud.*
Paris 832 – Castellane 35 – Draguignan 64 – Grasse 40 – Nice 58 – Vence 41.

X **Auberge Les Merisiers** ⌇ avec ch, 24 av. Belvédère ✆ 04 93 60 00 23,
Fax 04 93 60 02 17, 🌲, 🌿 – 🆅. AE ⅁ℬ
fermé 8 mars au 2 avril, lundi soir et mardi sauf vacances scolaires – **Repas** 23/29 ⅊ – ⊡ 7 –
12 ch 35/40 – ½ P 40/44.
◆ Pratique pour l'étape dans la montée du col de Bleine, auberge montagnarde proposant des plats régionaux servis dans un cadre simple et rustique. Petites chambres bien
tenues.

THORIGNÉ-SUR-DUÉ *72160 Sarthe* 🔢 *M6* – *1 546 h alt. 82.*
🅱 *Syndicat d'initiative* ✆ 02 43 89 05 13.
Paris 178 – Châteaudun 80 – Mamers 44 – Le Mans 30 – Nogent-le-Rotrou 45 – St-Calais 25.

XX **St-Jacques** avec ch, pl. Monument ✆ 02 43 89 95 50, *hotel.st-jacques.thorigne@wanado
o.fr, Fax 02 43 76 58 42,* 🌿 – 🆅 📞 ⅙ **P.** – 🛦 15. AE ⑩ ⅁ℬ ⌸
fermé 28 juin au 12 juil., 22 déc. au 14 janv., dim. soir et lundi – **Repas** (16) - 24/56 ⅊ – ⊡ 10 –
15 ch 55/70 – ½ P 72/82.
◆ Dans un petit village de la campagne mancelle, auberge familiale et son agréable jardin.
Salle à manger confortable et chaleureuse ; chambres pratiques et colorées.

Dans ce guide

un même symbole, un même mot,
imprimé en rouge *ou en* **noir,** *en maigre ou en* **gras,**
n'ont pas tout à fait la même signification.
Lisez attentivement les pages explicatives.

Le THORONET 83 Var **340** M5 – 1 533 h alt. 120 – ⊠ 83340 Le Luc.

Voir Abbaye du Thoronet★★ O : 4,5 km, G. Côte d'Azur.

Paris 831 – Brignoles 24 – Draguignan 21 – St-Raphaël 51 – Toulon 62.

🏨 **Hostellerie de l'Abbaye** ⌂, chemin du Château 𝄞 04 94 73 88 81, hotel-abbaye-thor onet-@wanadoo.fr, Fax 04 94 73 89 24, 🍽 – ▤ ch, 📺 ⚡ & 🅿 – 🏛 25 à 60. 🖭 🖾 fermé 19 déc. au 7 fév. – **Repas** (fermé dim. soir et lundi de déc. à mars) 21/38, enf. 10 – ⊆ 8 – **20 ch** 65/109 – ½ P 60.

◆ Près de la doyenne des abbayes cisterciennes de Provence, construction récente ordon-née autour d'une piscine. Chambres pratiques. Restaurant aux couleurs ensoleillées et terrasse couverte. Carte des vins valorisant les crus locaux.

THOUARCÉ 49380 M.-et-L. **317** G5 – 1 682 h alt. 35.

Env. Château★★ de Brissac-Quincé, NE : 12 km, G. Châteaux de la Loire.

🅱 Syndicat d'initiative, 𝄞 02 41 54 14 36, Fax 02 41 54 09 11, mairie.thouarce@wanadoo.fr.

Paris 318 – Angers 29 – Cholet 43 – Saumur 38.

🍴🍴 **Relais de Bonnezeaux**, rte Angers : 1 km 𝄞 02 41 54 08 33, relais.bonnezeaux@wana doo.fr, Fax 02 41 54 00 63, ≼, 🎋 – ▤ 🅿. 🖭 ◍ 🖾 fermé 1ᵉʳ au 20 janv., mardi soir, dim. soir et lundi – **Repas** (15,50) - 22,50/42, enf. 10 🍷.

◆ Sur la route des Vins, restaurant aménagé dans l'ancienne salle des pas perdus d'une petite gare de campagne. Les tables de la véranda profitent de la vue sur les vignes.

THOUARS 79100 Deux-Sèvres **322** E3 G. Poitou Vendée Charentes – 10 656 h alt. 102.

Voir Façade★★ de l'église St-Médard★ – Site★ – Maisons anciennes★.

🅱 Office de tourisme, 3 bis boulevard Pierre Curie 𝄞 05 49 66 17 65, Fax 05 49 67 87 58, thouarstourisme@wanadoo.fr.

Paris 336 – Angers 71 – Bressuire 31 – Châtellerault 72 – Cholet 56.

🏨 **Hôtellerie St-Jean**, rte Parthenay 𝄞 05 49 96 12 60, hotellerie-st-jean@wanadoo.fr, Fax 05 49 96 34 02, ≼, 🎋, – 📺 ⚡ 🅿. 🖭 🖾 fermé 16 au 31 août, 21 fév. au 6 mars et dim. soir – **Repas** 13,50/38, enf. 8 ⌀ – ⊆ 5 – **18 ch** 36/43 – ½ P 35,50.

◆ Bâtisse des années 1970 offrant une vue sur la vieille ville. Cadre frais et coloré résultant d'une rénovation récente ; préférez les chambres sur l'arrière, plus calmes. Salle à manger à la fois simple et pimpante ; cuisine au goût du jour.

🏨 **Relais** sans rest, Nord : 3 km par rte Saumur 𝄞 05 49 66 29 45, Fax 05 49 66 29 33 – 📺 🅿. 🖾 ⊆ 5 – **15 ch** 33,50/35,50.

◆ Dans la zone industrielle, importante villa aux chambres accueillantes, réparties sur trois niveaux. À l'entresol, agréable véranda où l'on sert les petits-déjeuners.

🍴 **Au Trésor Belge,** pl St-Médard 𝄞 05 49 67 85 74 – ▤. 🖾 fermé 24 au 31 mars, 9 au 16 juin, 3 au 30 nov. et merc. – **Repas** (17,50) - 22,50 (déj.)et carte 27 à 37 🍷.

◆ Cuisine du plat pays, 130 variétés de bières, publicités vantant la "mousse"... Ce chaleu-reux restaurant (entièrement non-fumeurs) est un vrai concentré de Belgique !

THOURON 87140 H.-Vienne **325** E5 – 427 h alt. 374.

Paris 380 – Limoges 28 – Bellac 23 – Guéret 79.

🍴🍴 **Pomme de Pin** ⌂ avec ch, étang de Tricherie, Nord-Est : 2,5 km par D 225 𝄞 05 55 53 43 43, Fax 05 55 53 35 33, 🎋, 🐾 – 📺 ⚡. 🖾 🌐 ch fermé sept., vacances de fév., mardi midi et lundi – **Repas** 24/37, enf. 9 🍷 – ⊆ 7 – **4 ch** 55/65.

◆ Jadis moulin et filature, ces bâtiments nichés dans un jardin avec étangs accueillent un plaisant restaurant rustique (grillades au feu de bois) et des chambres confortables.

THUEYTS 07330 Ardèche **331** H5 G. Vallée du Rhône – 1 004 h alt. 462.

Voir Coulée basaltique★.

🅱 Office de tourisme, place du champs de mars 𝄞 04 75 36 46 79, Fax 04 75 36 46 79, ot.thueyts@free.fr.

Paris 603 – Privas 48 – Le Puy-en-Velay 72.

🏨 **Les Platanes,** 𝄞 04 75 93 78 66, h.r.lesplatanes@wanadoo.fr, Fax 04 75 36 41 67, 🐾 – ⧈ 📺 ⚡ 🅿. 🖾 24 fév.-2 nov. et fermé merc. hors saison – **Repas** 14/35, enf. 8 🍷 – ⊆ 6,20 – **27 ch** 33/43 – ½ P 41/45.

◆ Cette auberge familiale toute simple est située à proximité de la coulée basaltique. Les chambres, refaites, offrent un confort actuel. À table, vous apprécierez la cuisine du terroir servie dans une salle à manger au caractère rustique.

🏨 **Marronniers,** ℰ 04 75 36 40 16, *hotel.les marronniers@club-internet.fr*, Fax 04 75 36 48 02, � , 🛋 – 📺 ✆ 🅿. 🅶🅱. ✖ rest
fermé 20 déc. au 5 mars, dim. soir et lundi – **Repas** 16/32, enf. 9,50 – ☷ 7 – **17 ch** 41/45 – ½ P 45.
  ♦ Depuis 1929, la même famille accueille le voyageur dans cet hôtel traditionnel agrandi d'un bar faisant aussi snack et glacier. Chambres au décor déjà ancien. Le restaurant séduit par sa terrasse ombragée ; intérieur simple en accord avec la cuisine.

THURY-HARCOURT 14220 Calvados 🮱🮱🮱 J6 G. Normandie Cotentin – 1 825 h alt. 45.
  Voir Parc et jardins du château★ – Boucle du Hom★ NO : 3 km.
  🅸 Office de tourisme, 2 place Saint-Sauveur ℰ 02 31 79 70 45, Fax 02 31 79 15 42, otsi.thury@libertysurf.fr.
  Paris 257 – Caen 28 – Condé-sur-Noireau 20 – Falaise 27 – Flers 32 – St-Lô 68 – Vire 41.

XXX **Relais de la Poste** avec ch, rte Caen ℰ 02 31 79 72 12, lerelais@nol.fr, Fax 02 31 39 53 55, � – 📺 🅿. 🄰🄴 🅶🅱
fermé 23 déc. au 30 janv., dim. soir et lundi d'oct. à avril – **Repas** 17 bc (déj.), 27/72 et carte 48 à 65 ♉ ⌖ – ☷ 8 – **12 ch** 53/67 – ½ P 59/66.
  ♦ Ancien relais de poste tapissé de lierre et tourné sur une vaste cour. Élégante salle à manger sous charpente, cuisine traditionnelle et belle carte des vins.

TIERCÉ 49125 M.-et-L. 🮱🮱🮲 G3 – 3 605 h alt. 30.
  🅸 Syndicat d'initiative, ℰ 02 41 31 14 41.
  Paris 278 – Angers 22 – Château-Gontier 34 – La Flèche 34.

XX **Table d'Anjou,** 16 r. Anjou ℰ 02 41 42 14 42, latabledanjou@club-internet.fr, Fax 02 41 42 64 80, � – 🅶🅱
fermé 27 juil. au 11 août, 2 au 19 janv., dim. soir, merc. soir et lundi – **Repas** 13 (déj.), 22/52, enf. 12 ♉.
  ♦ Au centre du village, restaurant flambant neuf composé de deux lumineuses salles au cadre de style rustique et d'une petite terrasse sur l'arrière. Accueil aimable.

Si vous êtes retardé sur la route, dès 18 h,
confirmez votre réservation par téléphone,
c'est plus sûr... et c'est l'usage.

TIFFAUGES 85130 Vendée 🮱🮱🮦 J5 G. Poitou Vendée Charentes – 1 328 h alt. 77.
  Paris 374 – Angers 85 – Nantes 53 – Cholet 20 – Clisson 19 – La Roche-sur-Yon 56.

🏨 **Manoir de la Barbacane** 🕭 sans rest, pl. Église ℰ 02 51 65 75 59, hotelbarbacane@a ol.com, Fax 02 51 65 71 91, 🛋, 🐎 – 📺 🚗. 🅶🅱
☷ 9 – **17 ch** 56/97.
  ♦ Demeure bourgeoise du 19e s. voisine du château de Barbe-Bleue. Intérieur campagnard décoré de bibelots. Plaisant salon-bibliothèque. Préférez les chambres des étages.

TIGNES 73320 Savoie 🮱🮱🮦 O5 G. Alpes du Nord – 2 220 h alt. 2100 – Sports d'hiver : 1 550/3 450 m ⚡ 4 ⚡ 44 ⚡.
  Voir Site★★ – Barrage★★ NE : 5 km – Panorama de la Grande Motte★★ SO.
  🝆 du Lac de Tignes ℰ 04 79 06 37 42, S : 2 km.
  Altiport ℰ 04 79 06 46 06, E : 3 km.
  🅸 Office de tourisme ℰ 04 79 40 04 40, Fax 04 79 40 03 15, information@tignes.net.
  Paris 665 – Albertville 85 – Bourg-St-Maurice 31 – Chambéry 134 – Val-d'Isère 14.

🏨 **Les Suites du Montana** 🕭, Les Almes ℰ 04 79 40 01 44, contact@vmontana.com, Fax 04 79 40 04 03, ≤, 🌡, 🍸, 🗠 – 🛗 📺 ✆ ⚹ 🚗 – 🔏 120. 🄰🄴 🄾 🅶🅱. ✖ rest
18 déc.-17 avril – **Repas** 38 ♉ – ☷ 11 – **10 ch** (½ pens. seul.), 18 duplex – ½ P 227.
  ♦ Un "hameau" de chalets abritant des suites spacieuses et raffinées, décorées selon le thème savoyard, autrichien ou provençal et dotées de balcons plein Sud. On tourne la broche sous les yeux des clients dans la rôtisserie "tout bois" ouverte sur les pistes.

🏨 **Les Campanules** 🕭, ℰ 04 79 06 34 36, campanules@wanadoo.fr, Fax 04 79 06 35 78, ≤, 🌡, 🍸 – 🛗 📺 ✆. 🄰🄴 🅶🅱. ✖ rest
10 juil.-23 août et 1er nov.-8 mai – **Repas** 25/45 – ☷ 15 – **37 ch** 140/230, 7 duplex – ½ P 110/155.
  ♦ Au coeur de la station, joli chalet aux chambres spacieuses et douillettes, en duplex au dernier étage. Fitness panoramique. La fresque qui orne les murs du restaurant évoque le vieux village, englouti après la mise en eau du barrage de Tignes en 1952.

🏨 **Village Montana** ॐ, les Almes ℰ 04 79 40 01 44, *contact@vmontana.com*, Fax 04 79 40 04 03, ≤, ⇔, 🛋, ⛅, ▦ 🔽 ੳ, ⇔ – 🛁 50. 🌆 ⓪ ᴳᴮ. ※ rest
fin juin-début sept. et fin nov.-début mai – La Chaumière 23/30 (fin nov.-début mai)
Repas 23/30 ♀ – ☲ 11 – **78 ch** 163/246, 4 duplex – ½ P 226.
◆ Ces splendides chalets conjuguent tradition, confort actuel et calme dans de spacieuses chambres familiales tournées vers le domaine skiable. Le décor montagnard, la terrasse panoramique et les spécialités régionales : la Chaumière met la Savoie a l'honneur !

🏨 **Paquis** ॐ, Le Rosset ℰ 04 79 06 37 33, *info@hotel-lepaquis.fr*, Fax 04 79 06 36 59, ≤ – 🛗 🔽 – 🛁 20. ᴳᴮ. ※ rest
hôtel : 10 juil.-30 août et 10 nov.-2 mai ; rest. : 30 nov.-20 avril – Repas (dîner seul) 22 ♀ – ☲ 9 – **36 ch** (½ pens. seul.) – ½ P 83/97.
◆ Sur les hauteurs de Tignes, robuste bâtisse des années 1960 proposant des chambres fonctionnelles, avec terrasses côté Sud. Dégustez la traditionnelle cuisine savoyarde dans la salle à manger dotée d'un cadre alpin, puis prenez le digestif au coin du feu.

🏨 **L'Arbina**, ℰ 04 79 06 34 78, *hotelarbine@aol.com*, Fax 04 79 06 32 99, ≤, ⇔, 🛋, 🛋 – 🔽 ᴳᴮ
25 oct.-10 mai – Repas 19/90 ♀ – ☲ 8 – **22 ch** 70/110 – ½ P 75/90.
◆ Cet hôtel familial situé au pied des pistes dispose de chambres décorées dans le style montagnard contemporain. Ses terrasses sont tournées vers le glacier de la Grande Motte.

🏨 **Refuge** sans rest, ℰ 04 79 06 36 64, *info@refuge-tignes.com*, Fax 04 79 06 33 78, ≤ – 🔽. 🌆 ᴳᴮ
1er juil.-9 sept. et 25 oct.-8 mai – **30 ch** ☲ 92/144.
◆ À seulement 50 m des remontées mécaniques, hôtel datant d'une quarantaine d'années, rénové et bien tenu. Terrasse face au lac et au glacier de la Grande Motte.

🏨 **Gentiana** ॐ, ℰ 04 79 06 52 46, *serge.revial@wanadoo.fr*, Fax 04 79 06 35 61, ≤, 🛋, 🔲 – 🛗 🔽 ੳ. ᴳᴮ. ※ rest
1er déc.-2 mai et 1er juil.-25 août – Repas (dîner uniquement) 26/38, enf. 10 ♀ – ☲ 13 – **40 ch** 130/145, (½ pension seul. en hiver) – ½ P 90/105.
◆ Cet hôtel familial situé au pied des pistes, a bénéficié d'une cure de jouvence. Bois et tissus choisis dans les chambres parfois dotées de balcons. Salon-bar "cosy". Cuisine actuelle et plats savoyards servis dans un cadre associant lambris et tons chauds.

au Val Claret *Sud-Ouest : 2 km –* ✉ *73320 Tignes*

🏨 **Ski d'Or** ॐ, ℰ 04 79 06 51 60, *ski.dor@laposte.net*, Fax 04 79 06 45 49, ≤ – 🛗 🔽 – 🛁 15. 🌆 ᴳᴮ
1er déc.-1er mai – Repas (dîner seul) 39 ♀ – ☲ 15 – **22 ch** (½ pens. seul.) – ½ P 160.
◆ Immeuble des années 1960 proche du funiculaire. Les confortables chambres ménagent de belles perspectives sur le domaine skiable cher aux "free riders". Le restaurant permet de déguster un plateau de crustacés avec pour horizon... les montagnes enneigées !

🏨 **Vanoise** ॐ, ℰ 04 79 06 31 90, *infos@hotelvanoise.com*, Fax 04 79 06 37 06, ≤, 🛋 – 🛗 🔽. 🌆 ᴳᴮ. ※ rest
hôtel : 19 juin-5 sept. et 30 oct.-8 mai ; rest. : 30 oct.-8 mai – Repas 10 (déj.), 15/23 ♨ – ☲ 8 – **21 ch** 106 – ½ P 80/89.
◆ À proximité des remontées mécaniques. Les chambres, simples et nettes, sont toutes dotées d'un petit balcon tourné vers les massifs montagneux ou le village. Plantes vertes et plafond lambrissé apportent une touche chaleureuse au décor de la salle à manger.

TIL-CHÂTEL *21120 Côte-d'Or* 320 L4 *G. Bourgogne – 819 h alt. 275.*
Paris 318 – Dijon 27 – Châtillon-sur-Seine 74 – Dole 74 – Gray 43 – Langres 48.

🏨 **Poste**, ℰ 03 80 95 03 53, Fax 03 80 95 19 90 – 🔽 ⇔. ᴳᴮ. ※ ch
fermé 4 au 31 oct., 24 déc. au 5 janv., lundi midi et sam. sauf le soir d'avril à oct. et dim. soir – Repas 12,60/26, enf. 8,80 ♀ – ☲ 5,80 – **9 ch** 46/52 – ½ P 37/42,50.
◆ Au coeur du verdoyant pays des Tilles, maison du 17e s. gouvernée par la même famille depuis quatre générations. Un bel escalier à vis mène aux chambres. Cheminée monumentale, pierres et poutres apparentes : le restaurant offre un cadre résolument rustique.

Le TILLEUL *76 S.-Mar.* 304 B3 *– rattaché à Étretat.*

TILQUES *62 P.-de-C.* 301 G3 *– rattaché à St-Omer.*

TONNEINS *47400 L.-et-G.* 336 D3 *– 9 041 h alt. 26.*
🛋 *de Barthe à Tombeb* ℰ 05 53 88 83 31, *NE : 20 km par D 120.*
🅱 *Office de tourisme, 3 boulevard Charles de Gaulle* ℰ 05 53 79 22 79, Fax 05 53 79 39 94, *office-tourisme-tonneins@wanadoo.fr.*
Paris 683 – Agen 44 – Nérac 38 – Villeneuve-sur-Lot 37.

🏠 **Les Fleurs** sans rest, rte Marmande 🕾 05 53 79 10 47, hoteldesfleurs@wanadoo.fr, Fax 05 53 79 46 37 – 📺 📞 & 🅿 – 🏛 15. 🇬🇧
⬜ 7 – **27 ch** 29/47.
◆ Sur l'axe principal de la ville, établissement abritant des chambres assez petites, mais pratiques, bien aménagées et équipées d'un double vitrage efficace.

TONNERRE 89700 Yonne **319** G4 G. Bourgogne – 5 979 h alt. 156.

Voir Fosse Dionne★ – Intérieur★ de l'ancien hôpital : mise au tombeau★ – Château de Tanlay★★ 9 km par ①.

🏌 à Tanlay 🕾 03 86 75 72 92, par ① : 9 km.

🛈 Office de tourisme, 12 rue François Mitterrand 🕾 03 86 55 14 48, Fax 03 86 54 41 82, ot.tonnerre@wanadoo.fr.

Paris 199 ② – Auxerre 38 ② – Châtillon-sur-Seine 49 ② – Montbard 45 ① – Troyes 60 ①.

TONNERRE

Briand (R. Aristide)	2
Colin (R. Armand)	3
Fontenilles (R. des)	4
Fosse-Dionne (R. de la)	5
Gare (Pl. de la)	6
Garnier (R. Jean)	7
Hôpital (R. de l')	9
Hôtel-de-Ville (R. de l')	10
Marguerite- de-Bourgogne (Pl.)	12
Mitterrand (R. F.)	13
Pompidou (Av. G.)	14
Pont (R. du)	15
République (Pl. de la)	16
Roches (Ch. des)	17
Rougemont (R.)	18
St-Michel (R.)	19
St-Nicolas (R.)	20
St-Pierre (R.)	23
Tanneries (R. des)	25

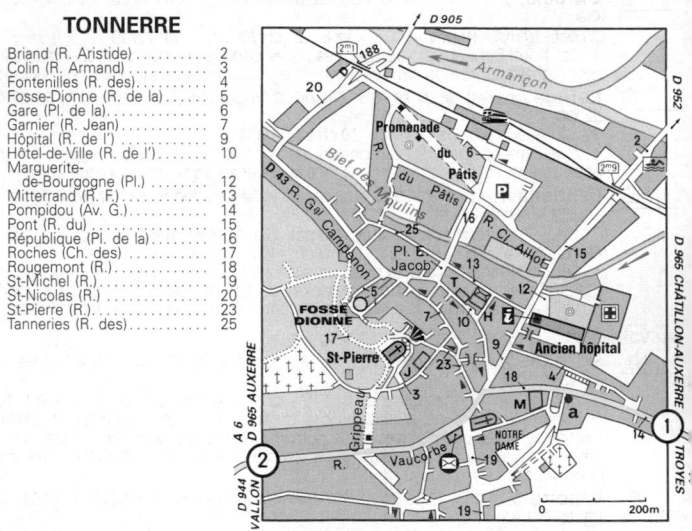

🏠 **Auberge de Bourgogne**, par ① et rte Dijon : 2 km 🕾 03 86 54 41 41, auberge.bourgogne@wanadoo.fr, Fax 03 86 54 48 28, � – 😤, 🍴 rest, 📺 📞 & 🅿 – 🏛 40. 🆎 ⑩ 🇬🇧
fermé 20 déc. au 10 janv. – **Repas** (fermé dim. soir et lundi) (12) - 16/28 ⵏ – ⬜ 7 – **39 ch** 48/54.
◆ Bâtiment moderne voisin des vignobles d'Épineuil. Chambres sobrement fonctionnelles ; celles situées sur l'arrière offrent une jolie vue sur la campagne. Le boeuf bourguignon figure en bonne place sur la carte du restaurant. Salle claire et spacieuse.

✗ **Saint Père**, 2 av. G. Pompidou (a) 🕾 03 86 55 12 84, Fax 03 86 55 12 84, 🌿 – 🇬🇧
⚞ fermé merc. de sept. à mars et dim. soir – **Repas** (10) - 14/40, enf. 8,50 ⵏ.
◆ Une belle collection de moulins à café trône dans la plaisante salle à manger rustique de ce restaurant qui propose une cuisine traditionnelle sous influence régionale.

TORCY 71 S.-et-L. **320** G9 – rattaché au Creusot.

TORNAC 30 Gard **339** I4 – rattaché à Anduze.

TÔTES 76890 S.-Mar. **304** G3 – 1 084 h alt. 150.
Paris 168 – Rouen 37 – Dieppe 34 – Fécamp 60 – Le Havre 80.

✗✗ **Auberge du Cygne**, 5 r. G. de Maupassant 🕾 02 35 32 92 03, Fax 02 35 32 91 35, 🌿 – 🅿. 🇬🇧
fermé 2 janv. au 4 fév. – **Repas** 15 (déj.), 21,50/36.
◆ Ce relais de poste, fondé en 1611, abrite une salle à manger typiquement campagnarde : vieilles poutres préservées, belle cheminée et collection de faïences.

TOUCY 89130 Yonne **319** C5 *G. Bourgogne – 2 602 h alt. 200.*

7 *Office de tourisme, 1 place de la République* ℘ *03 86 44 15 66, Fax 03 86 44 15 66, ot.toucy@wanadoo.fr.*

Paris 157 – Auxerre 24 – Avallon 73 – Clamecy 44 – Joigny 31 – Montargis 72.

✗ **Lion d'Or,** r. L. Cormier ℘ *03 86 44 00 76 –* **GB**
fermé 1ᵉʳ au 20 déc., dim. soir et lundi – **Repas** 18/28.
  ◆ Dans le village natal du lexicographe Pierre Larousse, plaisante salle à manger avec plafond à solives et cheminée, installée dans l'ancienne écurie d'un relais de poste.

TOUËT-SUR-VAR 06710 Alpes-Mar. **341** D4 *G. Alpes du Sud – 445 h alt. 327.*

Env. *Gorges inférieures du Cians*★★ *N : 2 km – Villars-sur-Var : Mise au tombeau*★★ *du retable du maître-autel*★ *– Gorges supérieures du Cians*★★★ *N : 13 km.*

Paris 841 – Nice 55 – Puget-Théniers 11 – St-Étienne-de-Tinée 62 – St-Martin-Vésubie 58.

✗ **Auberge des Chasseurs,** ℘ *04 93 05 71 11, Fax 04 93 05 71 11,* ☆ *–* **AE** **GB**
fermé 15 nov. au 5 déc., le soir du dim. au jeudi sauf juil.-août et mardi – **Repas** 18/25 ♀.
  ◆ Auberge familiale sise dans la vallée du Var. Intérieur chaleureux où crépitent, l'hiver, de belles flambées et jolie terrasse ombragée pour les repas d'été. Plats régionaux.

Si le coût de la vie subit des variations importantes,
les prix que nous indiquons peuvent être majorés.
Lors de votre réservation à l'hôtel, faites-vous préciser le prix définitif.

TOUL **◁P▷** 54200 M.-et-M. **307** G6 *G. Alsace Lorraine – 16 945 h alt. 209.*

Voir *Cathédrale St-Étienne*★★ *et cloître*★ *– Église St-Gengoult : cloître*★★ *– Façade*★ *de l'ancien palais épiscopal* **H** *– Musée municipal*★ *: salle des malades*★ **M.**

[₉] *à Avranville* ℘ *03 83 62 99 52,* ① *: 18 km.*

7 *Office de tourisme, Parvis de la Cathédrale* ℘ *03 83 64 11 69, Fax 03 83 63 24 37, office.tourisme.toul@wanadoo.fr.*

Paris 291 ⑤ *– Nancy 23* ② *– Bar-le-Duc 62* ⑤ *– Metz 75* ① *– St-Dizier 78* ⑤ *– Verdun 80* ①.

Plan page suivante

🏛 **L'Europe** sans rest, 373 av. V. Hugo (près gare) ℘ *03 83 43 00 10, hoteldeleurope.toul@w anadoo.fr, Fax 03 83 63 27 67 –* **TV** ☎ ⟷ **GB**   **AY** **s**
fermé 11 au 17 août et vacances de noël – ☲ 5 *–* **21 ch** 40/50.
  ◆ Adresse commode pour ceux qui voyagent par le train. Le rez-de-chaussée a conservé un petit air "rétro". Chambres progressivement refaites. Tenue sérieuse et accueil familial.

♤ **Villa Lorraine** sans rest, 15 r. Gambetta ℘ *03 83 43 08 95, Fax 03 83 64 63 64 –* **TV** **P.** **GB**   **AZ** **a**
☲ 6,10 *–* **25 ch** 35/48.
  ◆ Petit hôtel familial situé au coeur de la cité fortifiée. Chambres meublées dans le style rustique et bien insonorisées. Salle des petits-déjeuners agréablement aménagée.

✗✗ **Belle Époque,** 351 av. V. Hugo ℘ *03 83 43 23 71 –* ▤ **P.** **GB**   **AY** **s**
fermé 1ᵉʳ au 11 mai, 8 au 23 août, 24 déc. au 5 janv., sam. midi, dim. et lundi – **Repas** 23/31.
  ◆ La Belle Époque se perpétue dans ce petit restaurant au décor "rétro" où trône un vieux zinc. Carte classique assez étoffée, privilégiant les produits de la mer.

à la Z. I. Croix de Metz par ① et rte Villey-St-Étienne : 6 km – ✉ 54200 Toul :

✗✗✗ **Dauphin** (Vohmann), ℘ *03 83 43 13 46, christophe.vohmann@wanadoo.fr, Fax 03 83 43 81 31,* ☆ *, 尋 –* **P.** **GB**
❀ *fermé 27 juil. au 16 août, 15 au 28 fév., dim. soir, merc. soir et lundi –* **Repas** 29/72 et carte 53 à 75 ♀.
  ◆ Maison moderne abritant une salle confortable (boiseries, tableaux, tables espacées). Terrasse ouverte sur un plaisant jardin. Cuisine personnalisée et vins du Toulois.
  Spéc. Foie gras confit au pinot noir des Côtes de Toul. Gnocchi de pomme de terre et crabe. Mrouzia d'agneau. **Vins** Côtes de Toul blanc et rouge.

à Lucey par ⑤ et D 908 : 5 km – 579 h. alt. 260 – ✉ 54200 :

✗✗ **Auberge du Pressoir,** ℘ *03 83 63 81 91, Fax 03 83 63 81 38,* ☆ *, 尋 –* **P.** **GB**
⟷ *fermé 16 août au 4 sept., vacances de Noël, merc. soir, dim. soir, sam. midi et lundi –* **Repas** 12,70/26, enf. 10 ♧.
  ◆ L'ancienne gare du village est devenue salle de restaurant à l'atmosphère campagnarde. Quelques objets paysans décorent les murs. Terrasse bien ensoleillée.

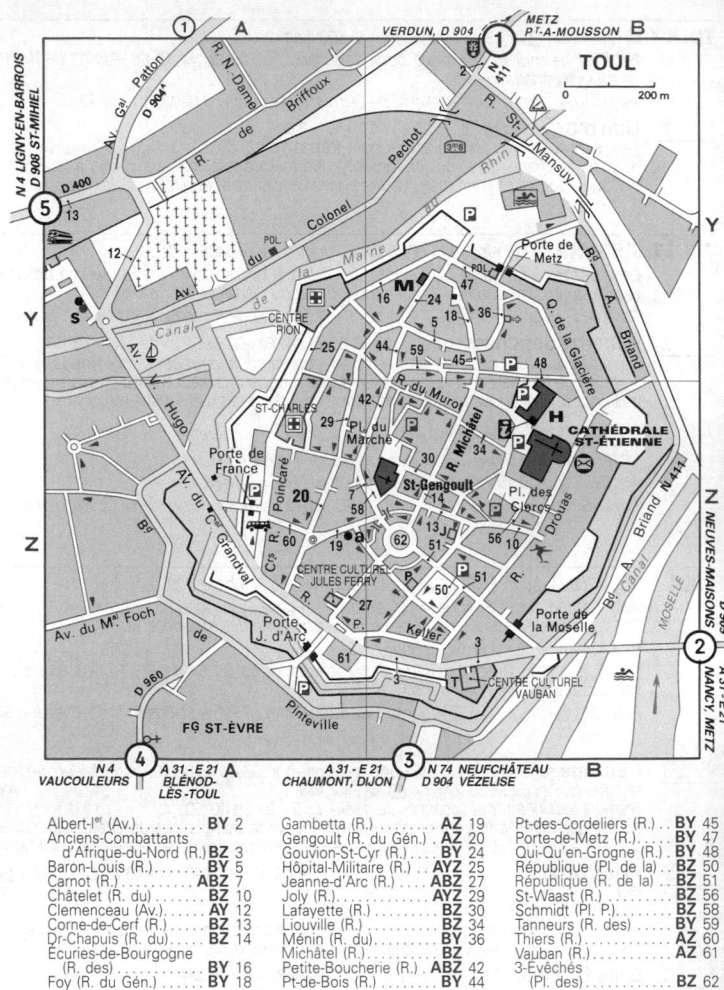

Albert-Ier (Av.) . . . . **BY** 2
Anciens-Combattants
d'Afrique-du-Nord (R.) **BZ** 3
Baron-Louis (R.) . . . . . . **BY** 5
Carnot (R.) . . . . **ABZ** 7
Châtelet (R. du) . . . . . **BZ** 10
Clemenceau (Av.) . . . . . **AY** 12
Corne-de-Cerf (R.) . . . . **BZ** 13
Dr-Chapuis (R. du) . . . . **BZ** 14
Écuries-de-Bourgogne
(R. des) . . . . **BY** 16
Foy (R. du Gén.) . . . . . **BY** 18

Gambetta (R.) . . . . **AZ** 19
Gengoult (R. du Gén.) . **AZ** 20
Gouvion-St-Cyr (R.) . . . . **BY** 24
Hôpital-Militaire (R.) . . **AYZ** 25
Jeanne-d'Arc (R.) . . . . **ABZ** 27
Joly (R.) . . . . **AYZ** 29
Lafayette (R.) . . . . . . **BZ** 30
Liouville (R.) . . . . . . **BZ** 34
Ménin (R. du) . . . . . . **BY** 36
Michâtel (R.) . . . . **BZ**
Petite-Boucherie (R.) . **ABZ** 42
Pt-de-Bois (R.) . . . . . . **BY** 44

Pt-des-Cordeliers (R.) . . **BY** 45
Porte-de-Metz (R.) . . . . . **BY** 47
Qui-Qu'en-Grogne (R.) . **BY** 48
République (Pl. de la) . . **BZ** 50
République (R. de la) . . **BZ** 51
St-Waast (R.) . . . . **BZ** 56
Schmidt (Pl. P.) . . . . . . **BZ** 58
Tanneurs (R. des) . . . . **BY** 59
Thiers (R.) . . . . **AZ** 60
Vauban (R.) . . . . **AZ** 61
3-Évêchés
(Pl. des) . . . . **BZ** 62

*Les principales voies commerçantes figurent en rouge
dans la liste des rues des plans de villes.*

TOULON P 83000 Var **340** K7 *G. Côte d'Azur* – 160 639 h Agglo. 519 640 h alt. 10.

Voir *Rade★★ – Port★ – Vieille ville★ GYZ : Atlantes★ de la mairie d'honneur* **F**, *Musée de la
marine★ – Porte★ de la Corderie.*

Env. *Corniche du Mont Faron ≤★ du téléphérique – Musée-mémorial du Débarquement
en Provence★ et ≤★★★ au Nord.*

de Valgarde à La Garde ℘ 04 94 14 01 05, par ② : 10 km.

de Toulon-Hyères : ℘ 04 94 00 83 83, par ① : 21 km.

℘ 08 36 35 35 35.

pour la Corse : SNCM-CMT (avr.-oct.) 49 av. Infanterie de Marine ℘ 04 94 16 66 66,
Fax 04 94 16 66 68.

B Office de tourisme, place Raimu ℘ 04 94 18 53 00, Fax 04 94 18 53 09, info@toulontou
risme.com.

Paris 835 ④ – Aix-en-Provence 86 ④ – Marseille 66 ④.

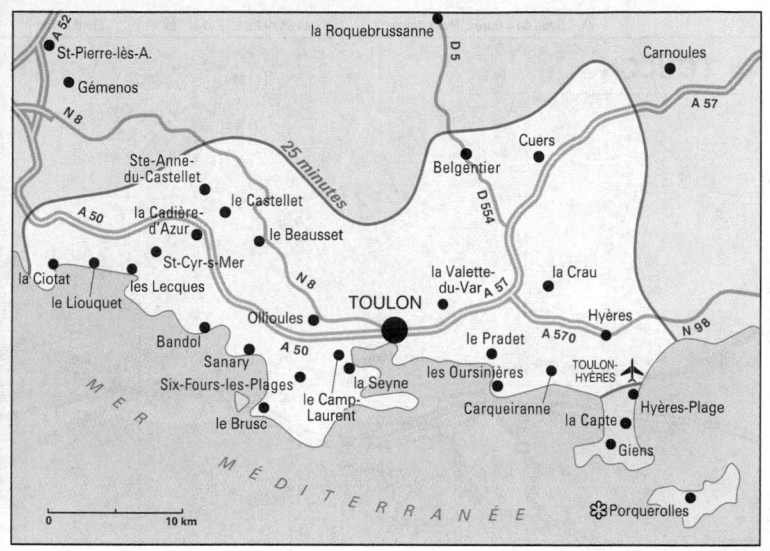

Mercure, pl. Besagne ℰ 04 98 00 81 00, *h2095@accor-hotels.com*, Fax 04 94 41 57 51,
🍴 – 📱 ⇔ 📺 ✆ ♿ ⇔ – 🔥 20 à 80. AE ⓞ GB   GZ   r
Repas *(20,50)* - 21/27 ⅌ **- Table de l'Amiral** *(dîner seul. du 15 juil. au 16 août)* **Repas**
21/27 ⅌, enf.8 – ⇌ 11
125 ch 79/101.
  ◆ Voisin du palais des congrès, un Mercure flambant neuf aux couleurs du Sud. Chambres
dotées d'un joli mobilier contemporain. Verrières et palmiers égayent la salle à manger
spacieuse et aérée ; cuisine traditionnelle soignée.

Grand Hôtel de la Gare sans rest, 14 bd tessé ℰ 04 94 24 10 00, *contact@grandhotelg*
are.com, Fax 04 94 22 34 82 – 📱 ⇔ 📺 ✆ ♿. AE ⓞ GB JCB   FX   a
⇌ 8 – **38 ch** 48/65.
  ◆ Cure de jouvence réussie pour cet hôtel situé face à la gare : décor soigné (bois
dominant) et insonorisation performante dans les chambres dotées de salles de bains
modernes.

Dauphiné sans rest, 10 r. Berthelot ℰ 04 94 92 20 28, *contact@grandhoteldauphine.co*
m, Fax 04 94 62 16 69 – 📱 📺 ✆. AE ⓞ GB   GY   s
⇌ 7,50 – **55 ch** 46/60.
  ◆ Établissement pratique pour partir à la découverte des ruelles enchevêtrées de la vieille
ville. Les chambres, bien tenues, sont avant tout fonctionnelles.

Nouvel Hôtel sans rest, 224 bd Tessé ℰ 04 94 89 04 22, *nouvelhotel83@wanadoo.fr*,
Fax 04 94 92 13 06 – 📱 📺. AE GB JCB   GY   f
⇌ 5,50 – **29 ch** 34,50/66.
  ◆ Sur le boulevard menant à la gare, hôtel abritant des chambres bien insonorisées, simples et nettes ; certaines sont agrémentées de meubles en bois peint. Accueil
aimable.

Chamade, 25 r. Comédie ℰ 04 94 92 28 58, Fax 04 94 92 28 58 – . AE GB   FY   m
fermé 1ᵉʳ août au 2 sept. et dim. – **Repas** *(nombre de couverts limité, prévenir)* 25 *(déj.)*,
28/32 ⅌.
  ◆ Discret restaurant proche de la place d'Armes où la chamade retentit peut-être
fin décembre 1793, lors du siège de Toulon. Petite salle colorée et sage cuisine traditionnelle.

Jardin du Sommelier, 20 allée Amiral Courbe ℰ 04 94 62 03 27, *scalisi@le-jardin-du-so*
mmelier.com, Fax 04 94 09 01 49 – . AE GB   FY   r
fermé sam. midi et dim.
Repas *(24)* - 28/35 ⅌.
  ◆ La Provence de Raimu (né à Toulon) inspire ce restaurant confortable, frais et fleuri.
Cuisine ensoleillée à déguster dans la salle sise à l'étage. Vins choisis.

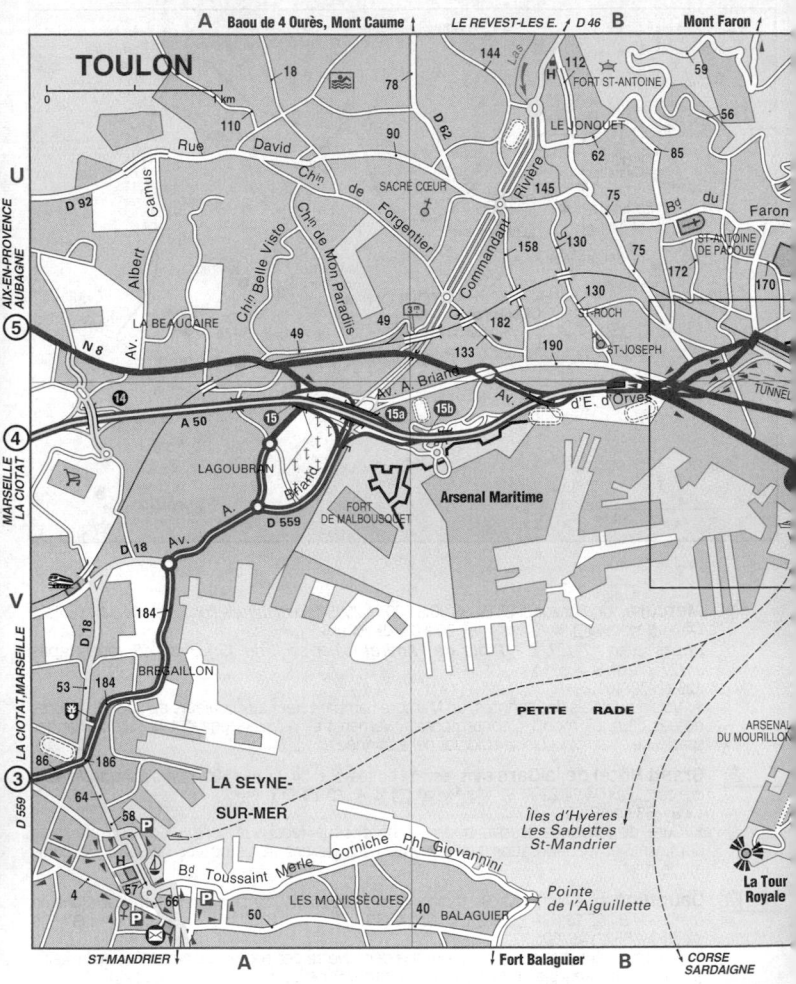

TOULON

Baou de 4 Ourès, Mont Caume ↑   *LE REVEST-LES E.* ↗ *D 46*   Mont Faron ↗

PETITE RADE

Îles d'Hyères ↑
Les Sablettes
St-Mandrier

Pointe
de l'Aiguillette

La Tour
Royale

ARSENAL
DU MOURILLON

LA SEYNE-
SUR-MER

ST-MANDRIER ↓   A   ↓ Fort Balaguier   B   CORSE
SARDAIGNE

✗ **Au Sourd,** 10 r. Molière ℰ 04 94 92 28 52, *Fax 04 94 91 59 92,* 🍽 – 🅰🅴 ⓞ 🅶🅱
🅹🄲🄱
                                                             GY w
fermé dim. et lundi – **Repas** 25.
  ◆ L'établissement fut créé par un artilleur de Napoléon III... revenu sourd de la guerre ! Ce restaurant de la vieille ville est apprécié pour ses spécialités de poissons.

au Mourillon – ✉ *83000 Toulon.*
    Voir *Tour royale* ❊★.

🏨 **Corniche,** 17 littoral F. Mistral ℰ 04 94 41 35 12, *info@cornichehotel.com,*
Fax 04 94 41 24 58, ≤ – 🛗, 🍽 ch, 📺 📞, 🅰🅴 ⓞ 🅶🅱 🅹🄲🄱, ❊   CV a
Repas *(fermé sam. midi et lundi)* 25,90/32,60, enf. 10,50 ♀ – ♀ 10 – **19 ch** 75/115, 4 suites.
  ◆ Bâtiment des années 1960 dominant la baie de Toulon, à deux pas des belles plages du Mourillon. Chambres ouvertes sur la mer ou sur un jardin odorant. Les arbres qui poussent au milieu de la salle à manger font l'originalité du décor. Agréable patio.

✗✗ **Gros Ventre,** 279 littoral F. Mistral ℰ 04 94 42 15 42, *Fax 04 94 31 40 32,* 🍽 – 🅰🅴 ⓞ
🅶🅱   CV e
fermé jeudi midi, mardi, merc. – **Repas** 25/42 ♀.
  ◆ Face au fort St-Louis, au rez-de-chaussée d'un immeuble moderne de la "Corniche varoise". Spécialités de poissons et de boeuf pour régaler gros et petits ventres.

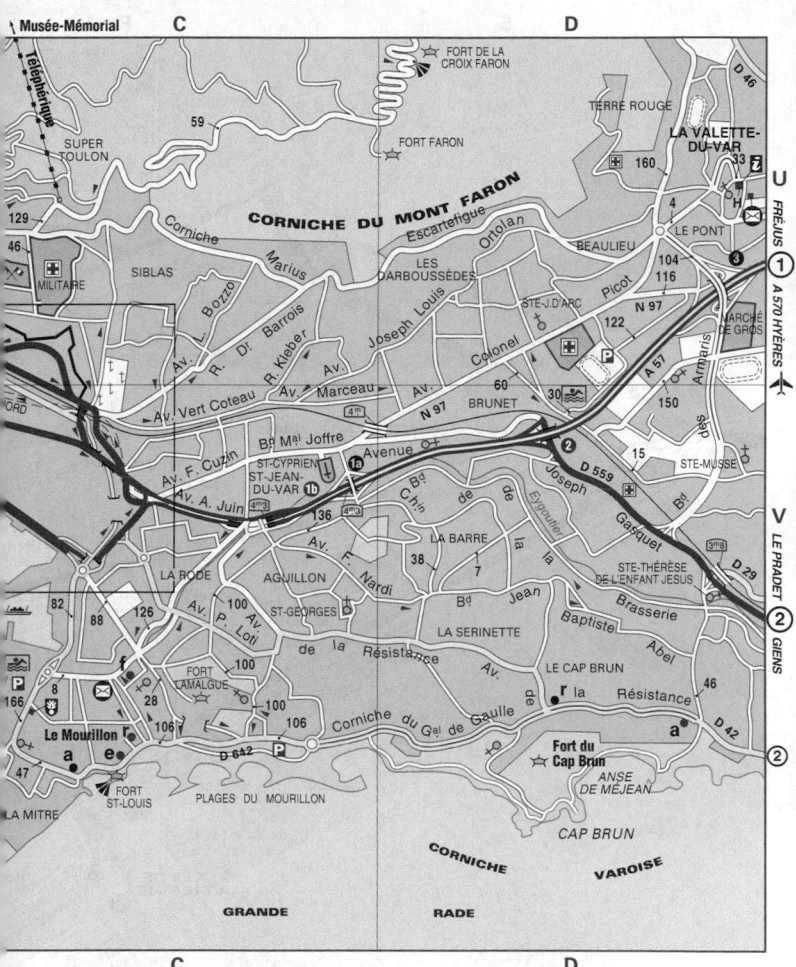

	C			D	

XX **L'Oustaou,** 9 r. Pré des Pêcheurs 04 94 41 64 64, *loustaou@aol.com,*
Fax 04 94 41 64 64 – CV r
fermé 1ᵉʳ au 15 juil., sam. midi et dim. – **Repas** carte 30 à 42 .
♦ Sympathique adresse de type "resto-boutique" où l'on propose les produits de la mer
tout frais pêchés, à déguster dans une salle aux tons provençaux.

X **L'Eau à la Bouche,** 54 r. Muiron 04 94 46 33 09, *Fax 04 94 46 33 09,* – .
 CV f
fermé vacances de Pâques, 1ᵉʳ au 6 juin, vacances de Noël, sam. midi, dim. et lundi – **Repas**
28/40 .
♦ Coquet cadre marin pour ce restaurant situé au coeur du Mourillon. Les suggestions du
jour, présentées sur ardoise, ne manqueront pas de vous mettre l'eau à la bouche.

au Cap Brun – *83100 Toulon :*

XXX **Les Pins Penchés,** 3182 av. de la Résistance 04 94 27 98 98, *infos@restaurant-pins-pe*
nches.com, Fax 04 94 27 98 27, , , – *DV a*
fermé vacances de Toussaint, dim. soir, mardi midi et lundi – **Repas** 43/53.
♦ Superbe situation pour cette villa du 19ᵉ s. dominant la baie. Élégantes salles à manger et
terrasses avec vue sur le parc (arbres classés) et au-delà, sur la Méditerranée.

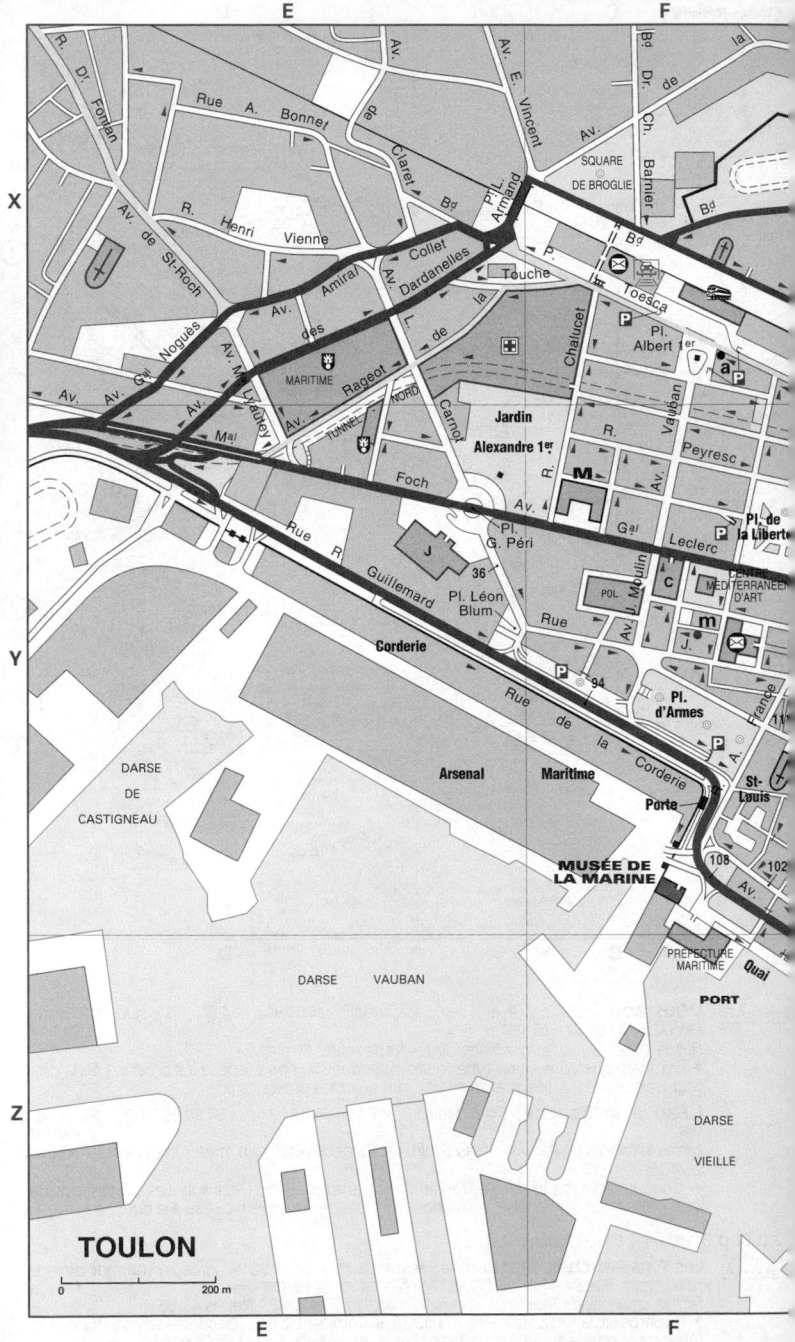

TOULON

0 ———— 200 m

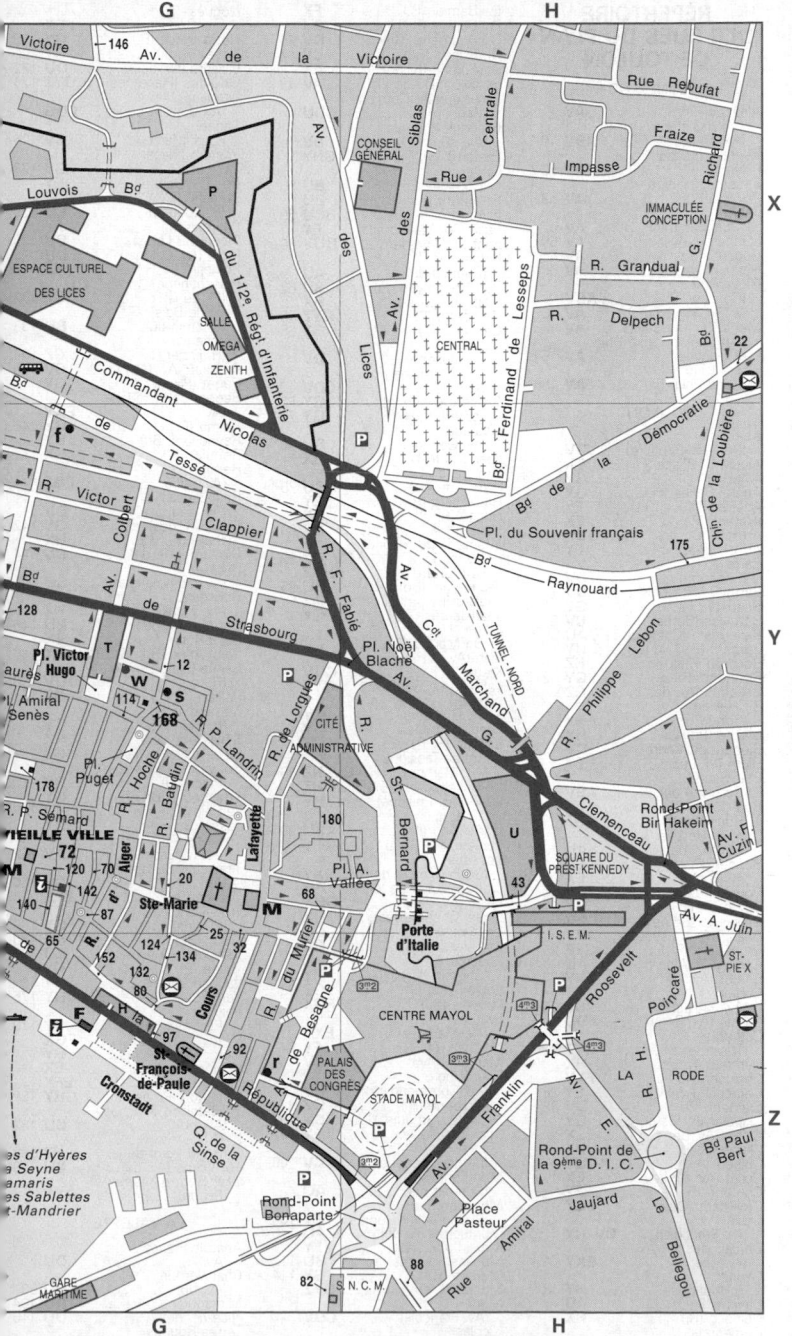

RÉPERTOIRE DES RUES DU PLAN DE TOULON

LA SEYNE-SUR-MER

Alsace (R. d') .... **AV** 4
Corse Résistante
(Av. de la) .... **ABV** 40
Esprit Armando
(Av.) .... **AV** 50
Estienne-d'Orves
(Av. d') .... **AV** 53
Fabre
(Quai Saturnin) .... **AV** 57
Faidherbe (Av.) ...... **AV** 58
Gagarine (Av. Y.) ..... **AV** 64
Garibaldi (Av.) .... **AV** 66
Giovannini
(Corniche Ph.) ...... **ABV**
Juin (Bd Maréchal A.) .. **AV** 86
Merle (Bd Toussaint) ... **AV**
1ʳᵉ Armée Française Rhin
et Danube .... **AV** 184
8 Mai 1945
(Rond Point du) ...... **AV** 186

TOULON

Abel
(Bd Jean-Baptiste) ... **DV**
Albert 1ᵉʳ (Place) ...... **FX**
Alger (R. d') .... **GY**
Amiral Senès (Pl.) ..... **GY**
Anatole-France (R.) .... **FY**
Armand (Pont L.) ...... **EX**
Armaris (Bd des) ...... **DUV**
Armes (Place d') ...... **FY**
Barre
(Chemin de la) ...... **DV**
Barthou (Av. Louis) .... **DV** 7
Baudin (R.) .... **GY**
Bazeilles (Bd de) ...... **CV** 8
Belle Visto (Chemin) ... **AU**
Bernard (R. Saint) ..... **HY**
Bert (Bd Paul) .... **HZ**
Berthelot (R.) .... **GY** 12
Besagne (Av. de) ...... **GZ**
Bir Hakeim
(Rond Point) .... **HY**
Blache (Pl. Noël) ...... **HY**
Blondel (R. André) ..... **DV** 15
Blum (Pl. Léon) .... **EY**
Bois-Sacré
(Corniche du) .... **ABV**
Bonaparte
(Rond-Point) .... **GHZ**
Bonnes Herbes
(Chemin des) .... **AU** 18
Bonnet (R. A.) .... **EX**
Bony (R. A.) .... **EX**
Boucheries (R. des) .... **GY** 20
Bozzo (Av. L.) .... **HX** 22
Brasserie (Bd de la) .... **DV**
Briand (Av. Aristide) ... **ABV**
Brunetière (R. F.) ..... **GYZ** 25
Camus (B. Albert) ..... **AU**
Carnot (Av. L.) .... **EXY**
Cartier
(Av. Jacques) .... **CV** 28
Cassin (Av. René) ..... **DU** 30
Cathédrale
(Traverse) .... **GYZ** 32
Centrale (R.) .... **HX**
Chalucet (R.) .... **FXY**
Churchill (Av. W.) ..... **EY** 36
Clamour (Bd) .... **DV** 38
Clappier (R. Victor) .... **GY**
Claret (Av. de) .... **EX**
Clemenceau (Av. G.) ... **HY**
Colbert (Av.) .... **GY**
Collet (Av. Amiral) ..... **EX**
Corderie (R. de la) ..... **EFY**
Cronstadt (Quai) ...... **FGZ**
Cuzin
(Av. François) .... **CV, HY**
Dardanelles
(Av. des) .... **EXY**
Daudet
(R. Alphonse) .... **HY** 43
David (R.) .... **AU**
Delpech (R.) .... **HX**
Démocratie
(Bd de la) .... **HY**

Dr. Barnier (R.) .... **FX**
Dr. Barrois (R.) .... **CU**
Dr. Bourgarel (Bd) ..... **DV** 46
Dr. Cunéo (Bd) .... **CV** 47
Dr. Fontan (R. du) ..... **EX**
Escaillon (Bd de l') .... **AV** 49
Escartefigue (Corniche
Marius) .... **CDU**
Estienne d'Orves
(Av. d') .... **BV**
Fabié (R. F.) .... **GHY**
Fabre
(Corniche Emile) ..... **BU** 56
Faron (Bd du) .... **BU**
Faron (Route du) ...... **BCU** 59
Foch (Av. Maréchal) ... **EY**
Font Pré (Av. de) ..... **DUV** 60
Forgentier
(Chemin de) .... **AU**
Fort Rouge (Bd du) .... **BU** 62
Fraize (Impasse) ...... **HX**
Gambetta (Pl.) .... **GYZ** 65
Garibaldi (R.) .... **GY** 68
Gasquet
(Av. Joseph) .... **DV**
Gaulle (Corniche du
Gén. de) .... **CDV**
Glacière (R. de la) .... **GY** 70
Globe (Pl. du) .... **GY** 72
Gouraud
(Av. Général) .... **BU** 75
Grandval (R.) .... **HX**
Groignard
(R. Antoine) .... **ABU** 78
Guillemard (R. G.) ..... **EY**
Hoche (R.) .... **GY**
Huile (Pl. à l') .... **GZ** 80
Infanterie de Marine
(Av. de l') ..... **CV, GZ** 82
Italie (Porte d') .... **HYZ**
Jacquemin (Bd) ...... **BU** 85
Jaujard (R. Amiral) .... **HZ**
Jean-Jaurès (R.) ...... **FGY**
Joffre
(Bd Maréchal) ...... **CV**
Juin (Av. A.) ..... **CV, HY**
Kléber (R.) .... **CUV**
Lafayette (Cours) ..... **GYZ**
Lambert
(Pl. Gustave) .... **GY** 87
Landrin (Cours) .... **GY**
Landrin (R.) .... **GY**
Lattre-de-Tassigny
(Av. Mar. de) .... **CV, HZ** 88
Le Bellegou (Av. E.) ... **HZ**
Lebon (R. Philippe) .... **HY**
Le Chatelier
(Av. André) .... **ABU** 90
Leclerc (Av. Gén.) ..... **EFY**
Lesseps
(Bd Ferdinand de) ... **HXY**
Liberté (Place de la) ... **GY**
Lices (Av. des) .... **GHX**
Lices (Chemin des) .... **HX**
Lorgues (R. de) .... **GY**
Loti (Av. Pierre) ...... **CV**
Loubière
(Chemin de la) ...... **HY**
Louis-Blanc (Pl.) ..... **GZ** 92
Louvois (Bd) .... **FGX**
Lyautey
(Av. Maréchal) ..... **EXY**
Magnan (Av. Gén.) .... **FY** 94
Marceau (Av.) .... **CV**
Marchand
(Av. Commandant) .... **HY**
Méridienne (R.) ...... **GZ** 97
Michelet (Bd Jules) .... **CV** 100
Micholet (Av. V.) ..... **FY** 102
Mistral
(Littoral Frédéric) ... **CV** 106
Mon-Paradis
(Chemin de) .... **AU**
Monsenergue
(Pl. Ingénieur-Gén.) .. **FY** 108
Montserrat (R. de) ..... **AU** 110
Moulin (Av. Jean) ..... **FY**
Moulins (Av. des) ..... **BU** 112
Muraire (R.) .... **GY** 114
Murier (R. du) .... **GYZ**
Nardi
(Av. François) ...... **CDV**
Nicolas
(Bd Commandant) ... **FGX**

Noguès
(Av. Gén.) .... **EX**
Notre Dame (R.) ...... **GY** 118
Noyer (R. du) .... **GY** 120
Oliviers (Av. des) ..... **DU** 122
Orfèvres (Place des) ... **GYZ** 124
Ortolan
(Av. Joseph Louis) ... **CDU**
Pagnol
(Quai Marcel) ...... **CV** 126
Pasteur (Place) .... **HZ**
Pastoureau (R. H.) .... **GY** 128
Péri (Pl. Gabriel) ..... **EY**
Perrichi
(R. Edouard) .... **CU** 129
Peyresc (R.) .... **FY**
Picon (Bd Louis) ..... **BU** 130
Picot (Av. Colonel) .... **DU**
Poincaré (R. H.) ...... **HZ**
Poissonnerie
(Pl. de la) .... **GZ** 132
Pont de Bois
(Chemin du) .... **BU** 133
Pressencé
(R. F. de) .... **GZ** 134
Pruneau (Av. Gén.) ... **CV** 136
Puget (Place) .... **GY**
Rageot de la Touche
(Av.) .... **EXY**
Raimu (Pl.) .... **GY** 140
Raynouard (Bd) ...... **HY**
Rebufat (R.) .... **HX**
République
(Av. de la) .... **FGZ**
Résistance
(Av. de la) .... **DV**
Riaux (R. des) .... **GY** 142
Richard (Bd G.) ...... **HX**
Rigoumel (R. de) ..... **BU** 144
Rivière
(Av. Commandant) ... **BU**
Roosevelt
(Av. Franklin) ...... **HZ**
Routes (Av. des) ..... **BU** 145
Saint-Roch (Av.) ..... **EX**
Saint-Anne (Bd) ... **CU, GX** 146
Sainte-Claire-Deville
(R.) .... **DUV** 150
Seillon (R. H.) .... **GZ** 152
Semard
(R. Pierre) .... **GY**
Siblas (Av. des) ...... **HX**
Sinse (Quai de la) .... **GZ**
Souvenir Français
(Place du) .... **HY**
Strasbourg (Bd de) ... **GY**
Temple (Chemin) ..... **BU** 158
Tessé (Bd de) .... **GXY**
Thorez
(Av. Maurice) ...... **AV** 162
Tirailleurs Sénégalais
(Av. des) .... **CV** 166
Toesca (Bd P.) .... **EFX**
Trois-Dauphins
(Pl. des) .... **GY** 168
Trucy (Bd) .... **BU** 170
Valbourdin (Av. de) ... **BU** 172
Vallée (Pl. A.) .... **HY**
Vauban (Av.) .... **FXY**
Vert-Coteau (Av.) .... **HY** 175
Vezzani
(Pl. César) .... **GY** 178
Victoire (Av. de la) ... **FGX**
Victor-Hugo (Pl.) ..... **GY**
Vienne (R. Henri) .... **EX**
Vincent (Av. E.) ..... **EFX**
Visitation (Pl. de la) .. **GHY** 180
1ᵉʳ Bataillon de Choc
(Av. du) .... **BU** 182
9ᵉ D.I.C.
(Rond Point de la) .. **HZ** 188
15ᵉ Corps (Av. du) .... **BU** 190
112ᵉ Régt d'Infanterie
(Bd du) .... **GXY**

LA VALETTE

Anatole-France
(Av.) .... **DU** 4
Char Verdun
(Av.) .... **DU** 33
Mirasouleou (Av.) .... **DU** 104
Nice (R. de) .... **DU** 116
Terres-Rouges
(Chemin des) ...... **DU** 160

1650

à la Valette-du-Var *par* ① *: 7 km – 21 739 h. alt. 64 –* ⊠ *83160 :*

🏢 *Syndicat d'initiative, 72 avenue du Char Verdun* ℘ *04 94 61 46 39, Fax 04 94 61 46 39, lavalette83160@aol.com.*

🏨 **Ibis,** sortie Valgora (sortie n° 5ᵇ) ℘ 04 94 14 14 14, *info@est.ibistoulon.com,*
Fax 04 94 14 10 04, 😎, 🛋 – 📶 ✻ ▤ 📺 ☎ ᵭ 🅿 – 🎿 15 à 50. 🅰🅴 ⓿ 🅶🅱
Repas *(12)* - 15, enf. 6 🍷 – ⊒ 6 – **80 ch** 70, 4 suites.
♦ Au bord de l'autoroute, classique hôtel de chaîne efficacement insonorisé, proposant des chambres de bonne ampleur. Sympathique bar. Salle à manger claire et actuelle, au diapason de la norme Ibis. Service buffet.

au Camp-Laurent *par* ④ *autoroute A50 sortie Ollioules : 7,5 km –* ⊠ *83140 Six-Fours :*

🏨 **Novotel,** ℘ 04 94 63 09 50, *info@novoteltoulon.com, Fax 04 94 63 03 76,* 😎, 🛋, 🚲 –
📶 ✻ ▤ 📺 ☎ ᵭ 🅿 – 🎿 20 à 100. 🅰🅴 ⓿ 🅶🅱
Repas carte 25 à 35, enf. 8 🍷 – ⊒ 12 – **86 ch** 85/100.
♦ Utile pour une halte dans le pays varois, ce Novotel abrite des chambres de taille correcte. Piscine et aire de jeux. Au bord de la piscine l'été, ou dans une salle à manger confortable : prestation culinaire standard, avec menus pour les juniors.

Ecrivez-nous...
Vos louanges comme vos critiques seront examinées avec le plus grand soin.
Nous reverrons sur place les informations que vous nous signalez.
Par avance merci !

TOULOUSE

P *31000 H.-Gar.* **343** *G3 G. Midi-Pyrénées - 390 350 h. - Agglo. 761 090 h - alt. 146.*
Paris 696 ① – Barcelona 321 ⑤ – Bordeaux 245 ① – Lyon 536 ⑤ – Marseille 408 ⑤

Carte de voisinage . . . .   p. 2
Répertoire des rues de Toulouse . . . .   p. 3
Plans de Toulouse
    Agglomération . . . .   p. 4 et 5
    Toulouse Centre . . . .   p. 6 et 7
    Nomenclature des hôtels et des restaurants . . . .   p. 8 à 13

OFFICE DE TOURISME

Donjon du Capitole ✆ 05 61 11 02 22, Fax 05 61 22 03 63 info@ot-toulouse.fr

RENSEIGNEMENTS PRATIQUES

TRANSPORTS
Auto-train ✆ 08 36 35 35 35.

AÉROPORT
Toulouse-Blagnac ✆ 05 61 42 44 00 **AS**

QUELQUES GOLFS
🏌 *de Borde-Haute ✆ 62 18 84 00 par ④ : 15 km*
🏌 *Saint-Gabriel ✆ 05 61 84 16 65 par ③ : 10 km*
🏌 *de Toulouse - La Ramée ✆ 05 61 07 09 09* **AU**
🏌 *de Toulouse ✆ 05 61 73 45 48, S : 9 km par D4*
🏌 *Club Seilh Toulouse ✆ 05 62 13 14 14 par ⑧ : 12 km*
🏌 *de Teoula ✆ 05 61 91 98 80, SO : 20 km par N632*
🏌 *de Palmola ✆ 05 61 84 20 50, NE : 22 km par N88*

1653

DÉCOUVRIR

TOULOUSE ET L'AÉRONAUTIQUE
Usine Clément-Ader à Colomiers dans la banlieue Ouest par ⑦

QUARTIERS DE LA BASILIQUE ST-SERNIN ET DU CAPITOLE
Basilique St-Sernin★★★ - *Musée St-Raymond*★★ - *Église les Jacobins*★★ *(vaisseau de l'église*★★*)* - *Capitole*★ - *Tour d'escalier*★ *de l'hôtel de Bernuy* **EY**

DE LA PLACE DE LA DAURADE À LA CATHÉDRALE
Hôtel d'Assézat et fondation Bemberg★★ **EY** - *Cathédrale St-Étienne*★ - *Musée des Augustins*★★ *(sculptures*★★★*)* **FY**

AUTRES CURIOSITÉS
Muséum d'Histoire naturelle★★ **FZ** - *Musée Paul-Dupuy*★ **FZ** - *Musée Georges-Labit*★ **DV M²**

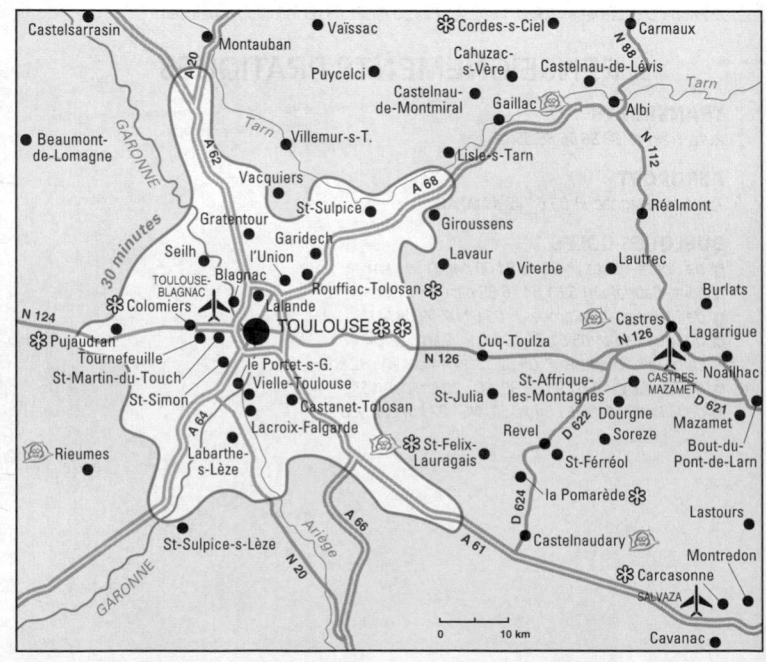

RÉPERTOIRE DES RUES DU PLAN DE TOULOUSE

Agde (Rte d')...... p. 5 **CS**
Albi (Rte d')....... p. 5 **CS**
Alsace-Lorraine (R. d')... p. 7 **EXY**
Arcole (Bd)....... p. 7 **EX**
Arcs St-Cyprien (R. des)...... p. 6 **DV**
Arènes Romaines (Av.)..... p. 4 **AT** 3
Arnaud-Bernard (Pl.) p. 7 **EX**
Arnaud-Bernard (R.) p. 7 **EX** 4
Arts (R. des)...... p. 7 **FY**
Astorg (R. d')..... p. 7 **FY** 5
Aubuisson (R. d')..... p. 7 **FY**
Austerlitz (R. d')... p. 7 **FX**
Barcelone (Allée)... p. 6 **DV**
Baronie (R.)....... p. 7 **EY** 9
Bayard (R. de)..... p. 7 **FX**
Bayonne (Rte de)... p. 4 **AT**
Béarnais (R. du)... p. 6 **DV**
Belfort (R.)....... p. 7 **FX**
Biarritz (Av. de).... p. 4 **AT** 12
Billières (Av. E.).... p. 4 **DV** 13
Blagnac (Rte de)... p. 4 **AST**
Bonnefoy (R. Fg.).. p. 5 **CS** 15
Bonrepos (Bd)..... p. 6 **DV** 16
Bordebasse (R. de) p. 4 **AS**
Born (R. B. de)..... p. 7 **FX**
Boulbonne (R.)..... p. 7 **FY** 18
Bouquières (R.)..... p. 7 **FZ** 19
Bourse (Pl. de la)... p. 7 **EY** 20
Bourse (R. de la)... p. 7 **EY**
Brienne (Allée de).. p. 6 **DV**
Brunaud (Av.)...... p. 5 **CT**
Cantegril (R.)...... p. 7 **FY** 23
Capitole (Pl. du)... p. 7 **EY**
Carmes (Pl. des)... p. 7 **EZ**
Cartailhac (R. E.)... p. 7 **EX** 26
Carnot (Bd L.)..... p. 7 **FY**
Casselardit (Av.de). p. 4 **AT** 28
Castres (Av. de)... p. 5 **CT**
Chaîne (R.de la)... p. 7 **EX** 31
Changes (R. des)... p. 7 **EY**
Château d'Eau (Av. du)..... p. 5 **BT** 32
Chaubet (Av. Jean). p. 5 **CT**
Colombette (R. de la)....... p. 7 **FZ**
Concorde (R. de la). p. 7 **FZ**
Cornebarrieu (Av. de)...... p. 4 **AS** 33
Couteliers (R. des).. p. 7 **EYZ**
Crêtes (Bd des).... p. 5 **CT**
Croix-Baragnon (R.) p. 7 **FY**
Cugnaux (R. de)... p. 6 **DV**
Cujas (R.)......... p. 7 **EY** 36
Dalbade (R. de la).. p. 7 **EZ**
Daurade (Pl. de la). p. 7 **EY**
Daurade (Quai de la) p. 7 **EY** 38
Demoiselles (Allée des)..... p. 7 **DV** 40
Denfert-Rochereau (R.)........... p. 7 **FX**
Déodat-de-Sév. (Bd) p. 5 **BU** 43
Déville (R.)........ p. 7 **EX**
Dr-Baylac (Pl. du).. p. 4 **AT** 47
Duméril (R. A.)..... p. 6 **DV**
Duportal (Bd A.).... p. 6 **DV**
Eisenhower (Av. du Gén.).... p. 4 **AU**
Embouchure (Bd de l') p. 6 **DV**

Espagne (Rte d')... p. 5 **BU**
Espinasse (R.)..... p. 7 **FZ**
Esquirol (Pl.)...... p. 7 **EY** 54
Etats-Unis (Av. des) p. 5 **BS** 55
Europe (Pl. de l')... p. 5 **DV**
Fer-à-Cheval (Pl. du) p. 6 **DV**
Fermat (R.)........ p. 7 **FYZ**
Feuga (Allée P.).... p. 7 **EZ**
Filatiers (R. des).... p. 7 **EYZ**
Fitte (Allée. Ch. de) p. 7 **DV**
Fonderie (R. de la). p. 7 **EZ** 60
Fonvielle (R. M.)... p. 7 **FY**
France (Pl. A.)..... p. 7 **EX**
Frères-Lion (R. des) p. 7 **FY** 62
Frizac (Av.)....... p. 6 **DV**
Fronton (Av. de)... p. 5 **BS**
Gambetta (R.)..... p. 7 **EY**
Gare (Bd de la)... p. 6 **DV**
Garonnette (R. de la)....... p. 7 **EZ**
Gatien-Arnoult (R.) p. 7 **EX**
Gloire (R. de la)... p. 5 **CT**
Gonin (Av.Cl.)..... p. 4 **AS**
Gde-Bretagne (Av. de)....... p. 4 **AT** 67
Grenade (Rte de)... p. 4 **AS**
Grand-Rond....... p. 7 **FY**
Griffoul-Dorval (Bd) p. 6 **DV** 72
Guesde (Allée J.).. p. 7 **FZ**
Hauriou (Av. M.)... p. 7 **EZ**
Henry-de-Gorsse (R.)........... p. 7 **EZ** 76
Jean-Jaurès (Allées) p. 7 **FX**
Jeanne-d'Arc (Pl.).. p. 7 **FX**
Jules-Chalande (R.) p. 7 **EY** 79
Julien (Av. J.)...... p. 5 **BU** 80
La Fayette (R.).... p. 7 **EY**
Lafourcade (Pl. A.) p. 7 **EZ**
Laganne (R.)...... p. 6 **DV**
Lakanal (R.)....... p. 7 **EY**
Langer (Av. M.)... p. 5 **BU** 84
Languedoc (R. du). p. 7 **EYZ**
Lapeyrouse (R.)... p. 7 **FY** 85
Lardenne (Av. de).. p. 4 **AT**
Lascrosses (Bd)... p. 6 **DV**
Lautmann (R.)..... p. 7 **EX**
Leclerc (Bd Mar.).. p. 6 **DV** 87
Lois (R. des)...... p. 7 **EX**
Lombez (Av. de)... p. 4 **AT** 88
Lyon (Av. de)..... p. 6 **DV**
Mage (R.)......... p. 7 **FZ**
Magre (R. Genty).. p. 7 **EY** 91
Malcousinat (R.)... p. 7 **EY** 92
Marchands (R. des) p. 7 **EY** 95
Marquette (Bd de la)...... p. 6 **DV**
Matabiau (Bd)..... p. 6 **DV**
Matabiau (R.)..... p. 6 **DV**
May (R. du)....... p. 7 **EY**
Mercié (R. A.)..... p. 7 **EY** 103
Merly (R.)......... p. 7 **FZ**
Metz (R. de)...... p. 7 **EFY**
Minimes (Av. des).. p. 5 **BS** 104
Minimes (Bd des).. p. 6 **DV**
Mirail (Av. du)..... p. 4 **AU**
Mistral (Allées F.) .. p. 7 **FZ**
Montoulieu (R.).... p. 7 **FZ**
Muret (Av. de)..... p. 6 **DV**
Narbonne (Rte de). p. 5 **BCU**
Nazareth (Grande-Rue)......... p. 7 **EFZ**
Ninau (R.)......... p. 7 **FZ**

Occitane (Pl.)...... p. 7 **FY**
Ozenne (R.)....... p. 7 **FZ**
Pargaminières (R.) . p. 7 **EY**
Paris (Barrière de).. p. 5 **BS** 109
Parlement (Pl. du).. p. 7 **EZ**
Pauilhac (R. C.).... p. 7 **EFX**
Perchepinte (R.)... p. 7 **FZ**
Péri (R. G.)....... p. 7 **FX**
Périgord (R. du).... p. 7 **EX**
Peyras (R.)....... p. 7 **EY** 113
Peyrolières (R.).... p. 7 **EY**
Pharaon (R.)...... p. 7 **EZ**
Pleau (R. de la).... p. 7 **FZ** 114
Poids-de-l'Huile (R.)........... p. 7 **EY** 115
Polinaires (R. des).. p. 7 **EZ** 116
Pomme (R. de la).. p. 7 **EFY** 117
Pompidou (Allée)... p. 6 **DV** 118
Potiers (R. des).... p. 7 **FZ**
Pt-Guilhemèry (R.).. p. 5 **CT** 119
Pujol (Av. C.)..... p. 5 **CT** 121
Ramelet-Moundi (Chin de)...... p. 4 **AU**
Raymond IV (R.)... p. 7 **FX**
Récollets (Bd des) . p. 5 **BU** 123
Rémusat (R. de)... p. 7 **EX**
République (R. de la)....... p. 6 **DV** 124
Revel (Rte de)..... p. 5 **CU** 125
Rieux (Av. J.)..... p. 6 **DV**
Riguepels (R.)..... p. 7 **FY** 127
Riquet (Bd)....... p. 6 **DV**
Romiguières (R.)... p. 7 **EY** 129
Roosevelt (Allées).. p. 7 **FXY** 130
Rouaix (R.)....... p. 7 **EY**
St-Antoine du T. (R.) p. 7 **FY**
St-Bernard (R.).... p. 7 **EX**
St-Etienne (Port)... p. 6 **DV** 133
Saint-Exupéry (Av.). p. 5 **CU**
St-Georges (Pl.)... p. 7 **FY**
St-Jacques (R.).... p. 7 **FZ**
St-Michel (Gde-Rue) p. 6 **DV** 134
St-Pierre (Pl.)..... p. 6 **DV**
St-Rome (R.)...... p. 7 **EY**
St-Sernin (Pl.).... p. 7 **EX**
St-Simon (Rte de).. p. 4 **AU** 136
Ste-Lucie (R.)..... p. 6 **DV**
Ste-Ursule (R.).... p. 7 **EY** 137
Salin (Pl. du)..... p. 7 **EZ**
Sébastopol (R. de) . p. 6 **DV** 139
Ségoffin (Av. V.)... p. 5 **BU** 140
Séjourné (Av. P.)... p. 6 **DV**
Semard (Bd P.).... p. 6 **DV** 142
Serres (Av. H.).... p. 6 **DV**
Seysses (Rte de)... p. 4 **AU**
Strasbourg (Bd de). p. 7 **FX**
Suau (R. J.)...... p. 7 **EY** 146
Suisse (Bd de).... p. 5 **BST**
Taur (R. du)...... p. 7 **EX**
Temponières (R.)... p. 7 **EY** 147
Tolosane (R.)...... p. 7 **FYZ**
Tounis (Quai de)... p. 7 **EZ**
Trentin (Bd S.).... p. 5 **BS** 148
Trinité (R. de la)... p. 7 **EY** 149
URSS (Av. de l').... p. 5 **BU** 154
Vélane (R.)....... p. 7 **FZ** 158
Verdier (Allées F.).. p. 7 **FZ**
Victor-Hugo (Pl.)... p. 7 **FX**
Vagner (Bd Richard) p. 5 **BT** 160
Wilson (Pl. Prés.) .. p. 7 **FY**
3-Journées (R. des) p. 7 **FY** 162
3-Piliers (R. des) ... p. 7 **EX** 164

Ecrivez-nous...
Vos louanges comme vos critiques seront examinées avec le plus grand soin.
Nous reverrons sur place les informations que vous nous signalez.
Par avance merci !

Agde (Rte d') .... **CS**
Albi (Rte d') .... **CS**
Arènes Romaines (Av.) ...... **AT** 3
Bayonne (Rte de) .... **AT**
Biarritz (Av. de) .... **AT** 12
Blagnac (Rte de) .... **AST**
Bonnefoy (R. Fg.) .... **CS** 15
Bordebasse (R. de) .... **AS**
Brunaud (Av.) .... **CT**
Casselardit (Av. de) .... **AT** 28
Castres (Av. de) .... **CT**
Château d'Eau (Av. du) ..... **BT** 32
Chaubet (Av. Jean) .... **CT**
Cornebarrieu (Av. de) ...... **AS** 33
Crêtes (Bd des) .... **CT**
Déodat-de-Sév. (Bd) .... **BU** 43
Dr-Baylac (Pl. du) .... **AT** 47
Eisenhower
  (Av. du Gén.) .... **AU**
Espagne (Rte d') .... **BU**
Etats-Unis (Av. des) .... **BS** 55
Fronton (Av. de) .... **BS**
Gde-Bretagne (Av. de) ...... **AT** 67
Gloire (Av. de la) .... **CT**
Gonin (Av. Cl.) .... **AS**
Grenade (Rte de) .... **AS**
Julien (Av. J.) .... **BU** 80
Langer (Av. M.) .... **BU** 84
Lardenne (Av. de) .... **AT**
Lombez (Av. de) .... **AT** 88
Minimes (Av. des) .... **BS** 104
Mirail (Av. du) .... **AU**
Narbonne (Rte de) .... **BCU**
Paris (Barrière de) .... **BS** 109
Pt-Guilheméry (R.) .... **CT** 119
Pujol (Av. C.) .... **CT** 121
Ramelet-Moundi
  (Chemin de) .... **AU**
Récollets (Bd des) .... **BU** 123
Revel (Rte de) .... **CU** 125
Rieux (Av. J.) .... **CU**
Saint-Exupéry (Av.) .... **CU**
St-Simon (Rte de) .... **AU** 136
Ségoffin (Av. V.) .... **BU** 140
Suisse (Bd de) .... **BST**
Trentin (Bd S.) .... **BS** 148
URSS (Av. de l') .... **BU** 154
Wagner (Bd Richard) .... **BT** 160

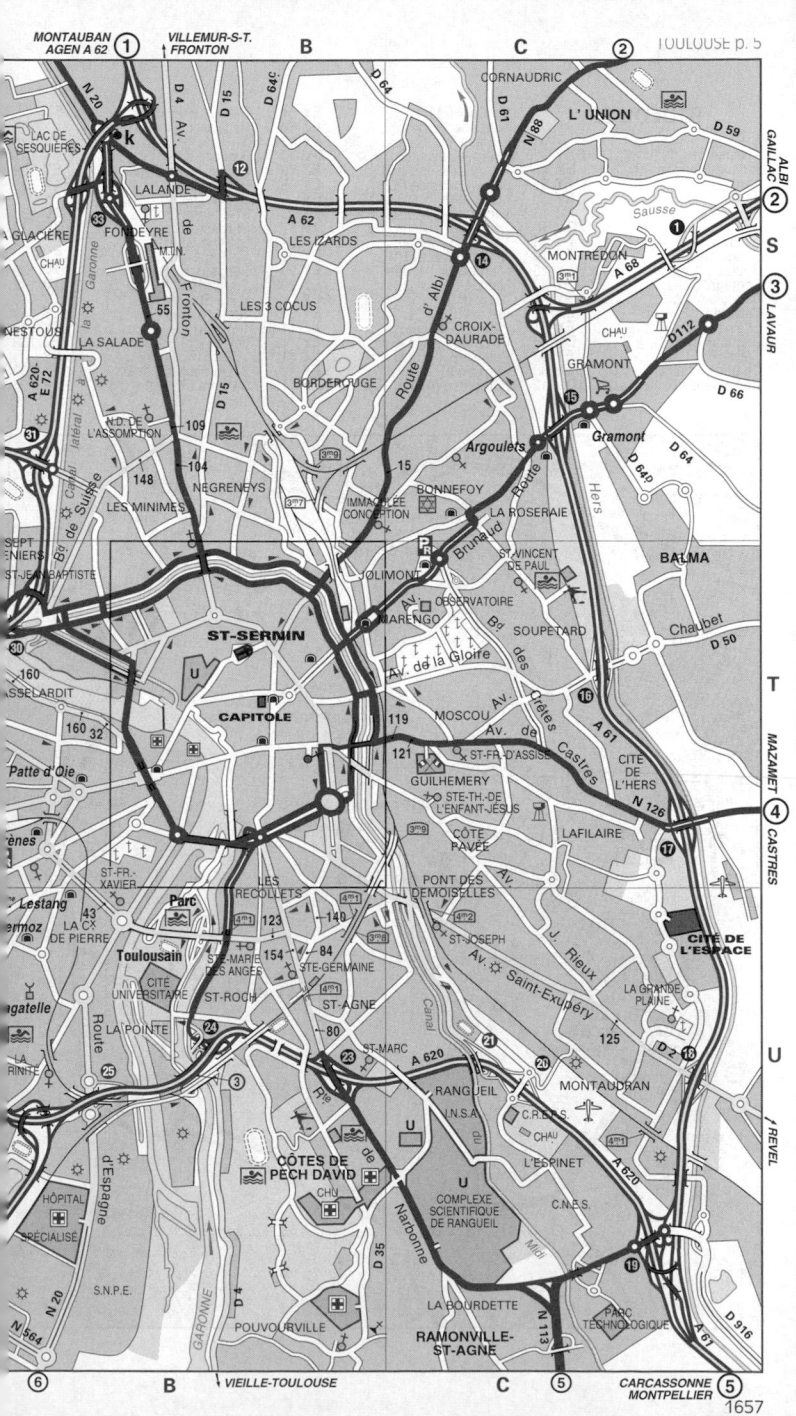

TOULOUSE

Alsace-Lorraine (R. d'). . . .	**EXY**	
Arnaud-Bernard (R.)	**EX** 4	
Astorg (R. d')	**FY** 5	
Baronie (R.)	**EY** 9	
Billières (Av. E.).	**DV** 13	
Bonrepos (Bd)	**DV** 16	
Boulbonne (R.)	**FY** 18	
Bouquières (R.)	**FZ** 19	
Bourse (Pl. de la)	**EY** 20	
Cantegril (R.)	**FY** 23	
Capitole (Pl. du)	**EY**	
Cartailhac (R. E.)	**EX** 26	
Chaîne (R. de la)	**EX** 31	
Cugnaux (R. de)	**DV** 35	
Cujas (R.)	**EY** 36	
Daurade (Quai de la)	**EY** 38	
Demoiselles (Allée des) . . .	**DV** 40	

Esquirol (Pl.).	**EY** 54	
Fonderie (R. de la)	**EZ** 60	
Frères-Lion (R. des)	**FY** 62	
Griffoul-Dorval (Bd)	**DV** 72	
Henry-de-Gorsse (R.)	**EZ** 76	
Jules-Chalande (R.)	**EY** 79	
La Fayette (R.)	**EY**	
Lapeyrouse (R.)	**FY** 85	
Leclerc (Bd Mar.)	**DV** 87	
Magre (R. Genty)	**EY** 91	
Malcousinat (R.)	**EY** 92	
Marchands (R. des)	**EY** 95	
Mercié (R. A.)	**EY** 103	
Metz (R. de).	**EFY**	
Peyras (R.)	**EY** 113	
Pleau (R. de la)	**FZ** 114	
Poids-de-l'Huile (R.)	**EY** 115	
Polinaires (R. des)	**EZ** 116	
Pomme (R. de la)	**EFY** 117	
Pompidou (Allée)	**DV** 118	

Rémusat (R. de)	**EX**	
République		
(R. de la)	**DV** 124	
Riquepels (R.)	**FY** 127	
Romiguières (R.)	**EY** 129	
Roosevelt (Allées)	**FXY** 130	
St-Antoine du T. (R.)	**EY**	
St-Etienne (Port)	**FY** 133	
St-Michel (Gde-Rue)	**DV** 134	
Ste-Ursule (R.).	**EY** 137	
St-Rome (R.)	**EY**	
Sébastopol (R. de)	**DV** 139	
Semard (Bd P.)	**DV** 142	
Suau (R. J.).	**EY** 146	
Temponières (R.).	**EY** 147	
Trinité (R. de la)	**EY** 149	
Vélane (R.)	**FZ** 158	
Wilson (Pl. Prés.)	**FY**	
3-Journées (R. des).	**EY** 162	
3-Piliers (R. des)	**EX** 164	

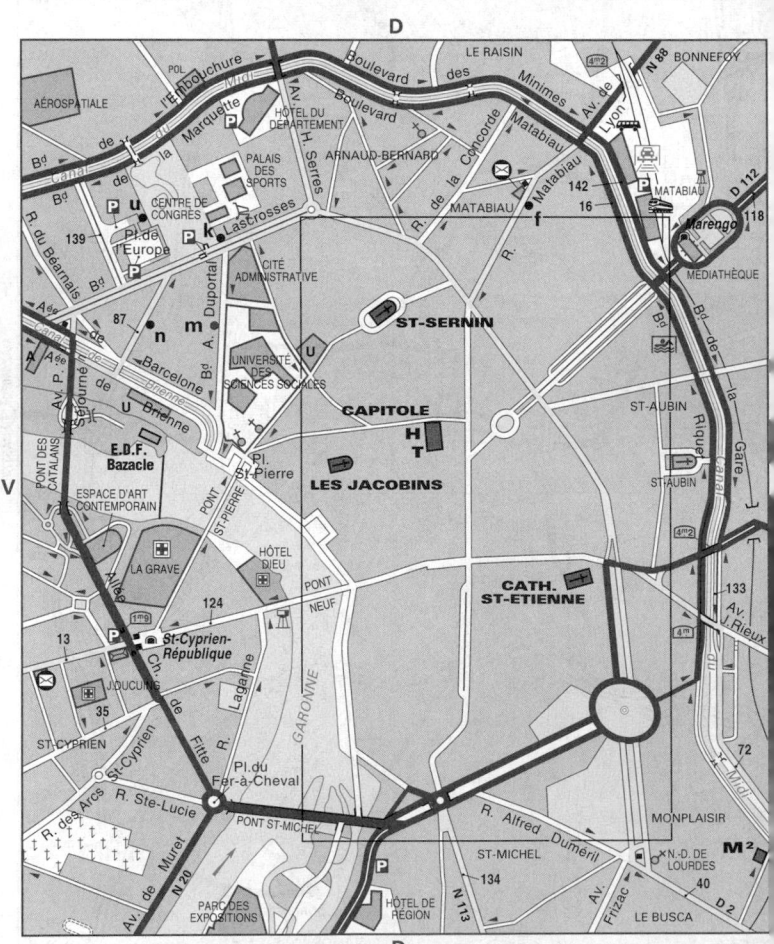

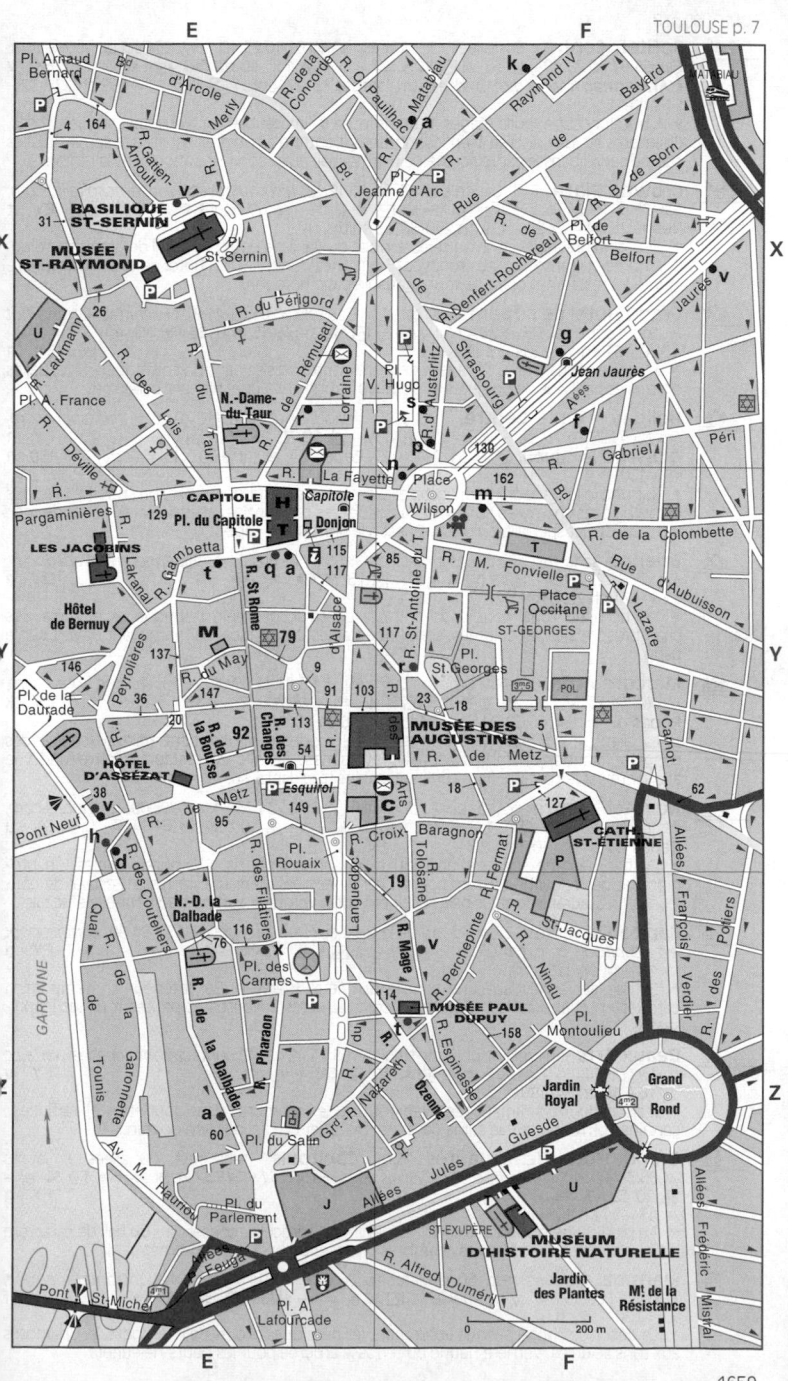

E   F

Pl. Arnaud Bernard
Bd d'Arcole
R. de la Concorde
R. C. Pauilhac
Matabiau
k
Raymond IV
Bayard
MATABIAU

P
4 164
R. Gatien Arnoult
R. Merly
a
de
R. B. de Born

V
Pl. Jeanne d'Arc
Rue

BASILIQUE ST-SERNIN
31
MUSÉE ST-RAYMOND
Pl. St-Sernin
R. de Belfort

P
X
R. Denfert-Rochereau
Belfort
Jaurès **v**

26
R. Lautmann
R. du Périgord
R. de
R. de Remusat
R. de Strasbourg
g
Jean Jaurès

U
R. des Lois
N.-Dame-du-Taur
Pl. V. Hugo
Pl. Austerlitz
f
R. Gabriel
Péri

Pl. A. France
R. Deville
R. du Taur
r
s
p
130

Pargaminières
CAPITOLE
H
Pl. du Capitole
T
Capitole
n
Place Wilson
162
m
R. de la Colombette

LES JACOBINS
129
R. Gambetta
Donjon
115
T

Hôtel de Bernuy
R. Lakanal
t
q **a**
R. St Rome
117
85
R. M. Fonvielle
Rue
d'Aubuisson

146
M
79
R. St-Antoine du T.
117
Place Occitane
ST-GEORGES
Lazare

Pl. de la Daurade
137
R. du May
147
9
91
103
r
Pl. St-Georges
POL

20
R. de la bourse
92
113
54
23
18
MUSÉE DES AUGUSTINS
5

HÔTEL D'ASSÉZAT
38
V
Pl. de Metz
Esquirol
149
C
18
127
62

Pont Neuf
h
d
R. de Metz
95
Arts
Baragnon
CATH. ST-ÉTIENNE

N.-D. la Dalbade
Pl. Rouaix
19
R. Tolosane
R. Fermat
R. St-Jacques

X
116
R. des Filatiers
V
R. Mage
R. Perchepinte
R. Ninau

GARONNE
76
Pl. des Carmes
114
MUSÉE PAUL DUPUY
158
Pl. Montoulieu

t
Quai de Tounis
R. de la Garonnette
Pharaon
R. de la Dalbade
R. du
R. Nazareth
Ozenne
Grand Rond

a
60
Pl. du Salin
Jardin Royal
Z

Av. M. Haumont
Pl. du Parlement
J
Allées
Jules
Guesde
U

Pont St-Michel
Allées Paul Feuga
Pl. Lafourcade
R. Alfred Duméril
ST-EXUPÈRE
MUSÉUM D'HISTOIRE NATURELLE
Jardin des Plantes
M! de la Résistance

0   200 m

E   F

Sofitel Centre, 84 allées J. Jaurès 🔗 05 61 10 23 10, *h1091@accor-hotels.com,* Fax 05 61 10 23 20 – 🛗 ⚅ ☰ 🖵 📞 ⅙ ⊡ 🐾 ➡ – 🏛 150. 🟦 ⓪ 🟦 🟦 ⅍ p. 7 **FX** v
L'Armagnac (fermé dim. midi et sam.) **Repas** *(22)*-27, enf. 11 ♀ – ☲ 20 – **105 ch** 228/325, 14 suites.
◆ L'hôtel occupe huit étages d'un imposant immeuble en verre et briques roses. Chambres au luxe discret, bien insonorisées. Centre d'affaires et bel espace séminaires. La cuisine servie dans le cadre soigné de L'Armagnac puise son inspiration dans la région.

Crowne Plaza, 7 pl. Capitole 🔗 05 61 61 19 19, *hicptoulouse@alliance-hospitality.com,* Fax 05 61 23 79 96, 😤 , 🎇 – 🛗 ⚅ ☰ 🖵 📞 ⅙ ⊡ – 🏛 60. 🟦 ⓪ 🟦 🟦 p. 7 **EY** t
Repas 23/54 – ☲ 22 – **159 ch** 290/305, 3 suites.
◆ Situation prestigieuse sur la célèbre place du Capitole pour cet hôtel de grand standing. Chambres plaisantes, toutes rénovées ; certaines donnent sur l'hôtel de ville. Atmosphère intime au restaurant ouvert sur un agréable patio florentin.

Grand Hôtel de l'Opéra sans rest, 1 pl. Capitole 🔗 05 61 21 82 66, *contact@grand-hot el-opera.com,* Fax 05 61 23 41 04, 🎇 – 🛗 🖵 📞 ⅙ – 🏛 15 à 40. 🟦 ⓪ 🟦 🟦
☲ 20 – **57 ch** 130/259, 3 suites. p. 7 **EY** a
◆ Sérénité et charme se dégagent de cette institution sise dans un couvent du 17ᵉ s. Belles chambres habillées de boiseries et de velours rouge et jaune. Plaisant bar-salon.

Holiday Inn Centre, 13 pl. Wilson 🔗 05 61 10 70 70, *hi@capoul.com,* Fax 05 61 21 96 70, 😤 – 🛗 ⚅ ☰ 🖵 📞 ⅙ – 🏛 50. 🟦 ⓪ 🟦 🟦 p. 7 **FY** n
Brasserie le Capoul 🔗 05 61 21 08 27 **Repas** *(20)*- et carte 30 à 45 ♀ – ☲ 13 – **130 ch** 155/180.
◆ Sur une jolie place animée, hostellerie ancienne se distinguant par son superbe hall sous verrière et ses chambres contemporaines dotées d'originales salles de bains. Fruits de mer, plats du jour et spécialités du Sud-Ouest à la Brasserie le Capoul.

Brienne sans rest, 20 bd Mar. Leclerc 🔗 05 61 23 60 60, *hoteldebrienne@wanadoo.fr,* Fax 05 61 23 18 94 – 🛗 ⚅ 🖵 📞 ⅙ 🄿 – 🏛 25. 🟦 ⓪ 🟦 🟦 p. 6 **DV** n
☲ 9 – **71 ch** 73/85.
◆ Du nom du canal tout proche, cette construction mêle la brique et le verre. Les chambres, refaites et colorées, sont impeccablement tenues. Hall verdoyant ouvert sur le patio.

Mercure Atria, 8 espl. Compans Caffarelli 🔗 05 61 11 09 09, *h1585@accor-hotels.com,* Fax 05 61 23 14 12, 😤 – 🛗 ⚅ ☰ 🖵 📞 ⅙ ➡ – 🏛 200. 🟦 ⓪ 🟦 🟦 p. 6 **DV** k
Repas *(14,50)*- carte 26 à 34 ♀ – ☲ 11,50 – **136 ch** 109/114.
◆ La clientèle d'affaires apprécie cet hôtel moderne directement relié au centre des congrès. Grandes chambres actuelles et calmes. La salle de restaurant offre une vue apaisante sur le parc public, et une autre, plus trépidante, sur les cuisines.

Novotel Centre 🐾, 5 pl. A. Jourdain 🔗 05 61 21 74 74, *h0906@accor-hotels.com,* Fax 05 61 22 81 22, 😤 , 🛌 – 🛗 ⚅ ☰ 🖵 📞 ⅙ ➡ – 🏛 100. 🟦 ⓪ 🟦 🟦 p. 6 **DV** u
Repas carte 23 à 30, enf. 8 ♀ – ☲ 12 – **135 ch** 125.
◆ Ce bâtiment de style régional jouxte un jardin japonais. Chambres amples (un programme de rénovation est en cours) ; certaines possèdent une terrasse. Festival de couleurs au restaurant dont les baies donnent sur la verdure ; cuisine traditionnelle et locale.

Capitouls sans rest, 22 descente de la Halle aux Poissons 🔗 05 34 31 94 80, *contact@hot eldescapitouls.com,* Fax 05 34 31 94 81 – ☰ 🖵 📞 ⅙. 🟦 🟦. ⅍ p. 7 **EY** d
☲ 18 – **14 ch** 135/170.
◆ Bâtisse ancienne dans une venelle du Vieux Toulouse. Bel intérieur contemporain : parquet en chêne teinté, meubles design, tentures soyeuses et petites touches japonisantes.

Beaux Arts sans rest, 1 pl. Pont-Neuf 🔗 05 34 45 42 42, *contact@hoteldesbeauxarts.co m,* Fax 05 34 45 42 43, ⋖ – 🛗 ⚅ 🖵 📞. 🟦 ⓪ 🟦 🟦. ⅍ p. 7 **EY** v
☲ 16 – **19 ch** 84/188.
◆ Maison du 18ᵉ s. aménagée avec goût où les chambres sont douillettes et raffinées ; certaines offrent une vue sur la Garonne. Un reflet de l'art de vivre occitan...

Grand Hôtel Jean Jaurès "Les Capitouls" sans rest, 29 allées J. Jaurès
🔗 05 34 41 31 21, *info@hotel-capitouls.com,* Fax 05 61 63 15 17 – 🛗 ⚅ ☰ 🖵 📞 ⅙ –
🏛 20. 🟦 ⓪ 🟦 🟦 p. 7 **FX** g
☲ 13 – **51 ch** 105/140.
◆ Au pied d'une station de métro. Ancien hôtel particulier conservant un hall de caractère (voûtes en briques roses). Les chambres disposent d'un accès à Internet par la TV.

Mermoz 🐾 sans rest, 50 r. Matabiau 🔗 05 61 63 04 04, *reservation@hotel-mermoz,* Fax 05 61 63 15 64 – 🛗 cuisinette ☰ 🖵 📞 ⅙ ➡ – 🏛 30. 🟦 ⓪ 🟦 🟦 p. 7 **DV** f
☲ 10,20 – **52 ch** 97.
◆ Le décor de l'hôtel évoque sobrement les héroïques pilotes de l'Aéropostale. Chambres aux tons acidulés. Verrière fleurie ou terrasse arborée pour les petits-déjeuners.

🏨 **Mercure Wilson** sans rest, 7 r. Labéda ℰ 05 34 45 40 60, *h1260@accor-hotels.com,*
Fax 05 34 45 40 61 – 🛗 🍽️ 🔇 📺 🔇 🕭 🚗 AE ⓞ GB JCB   p. 7 **FY m**
🛏️ 12 – **91 ch** 123/165, 4 suites.
  ◆ Derrière la façade toulousaine, chambres bien équipées et égayées de teintes ensoleillées. Aux beaux jours, petits-déjeuners servis en terrasse. Garage très pratique.

🏨 **Athénée** sans rest, 13 r. Matabiau ℰ 05 61 63 10 63, *hotel-athenee@wanadoo.fr,*
Fax 05 61 63 87 80 – 🛗 🔇 📺 🔇 🕭 🅿 – 🖄 15 à 25. AE ⓞ GB JCB   p. 7 **FX a**
🛏️ 9 – **35 ch** 104/114.
  ◆ Sobre bâtiment situé à 500 m de la basilique St-Sernin. Chambres rajeunies : couleurs
gaies et mobilier fonctionnel. Pierres et briques habillent les murs du salon.

🏨 **Président** sans rest, 43 r. Raymond IV ℰ 05 61 63 46 46, *contact@hotel-president.com,*
Fax 05 61 62 83 60 – 📺 🔇 🚗 AE ⓞ GB JCB, ℅
fermé 28 déc. au 4 janv. – 🛏️ 7,80 – **31 ch** 55/70.   p. 7 **FX k**
  ◆ Cet hôtel propose des chambres - toutes au rez-de-chaussée et parfois climatisées -
réparties de façon originale autour de patios verdoyants. Décor actuel.

🏨 **Albert 1er** sans rest, 8 r. Rivals ℰ 05 61 21 17 91, *hotel.albert.1er@wanadoo.fr,*
Fax 05 61 21 09 64 – 🛗 🔇 📺 🔇 – 🖄 15. AE ⓞ GB   p. 7 **EX r**
🛏️ 8,50 – **50 ch** 50/86.
  ◆ Adresse très pratique pour sillonner à pied la "ville rose". Préférez les chambres récemment et joliment relookées ; celles sur l'arrière sont plus calmes.

🏨 **Ours Blanc-Wilson** sans rest, 2 r. V. Hugo ℰ 05 61 21 62 40, *wilson@hotel-oursblanc.co
m, Fax 05 61 23 62 34* – 🛗 🔇 📺 🔇. GB   p. 7 **FX p**
🛏️ 7 – **37 ch** 53/75.
  ◆ Hôtel des années 1930 proche des places animées. Un petit ascenseur d'époque dessert
des chambres simples et nettes ; celles du dernier étage offrent une vue sur les toits.

🏨 **Park Hôtel** sans rest, 2 r. Porte Sardane ℰ 05 61 21 25 97, *contact@au-park-hotel.com,*
Fax 05 61 23 96 27, 🛗 – 🛗 📺 🔇. AE ⓞ GB   p. 7 **FX s**
🛏️ 7 – **44 ch** 59/64.
  ◆ Emplacement privilégié proche des lieux les plus en vue, chambres fonctionnelles
majoritairement climatisées, double vitrage efficace, minifitness... Que demander de plus ?

🏨 **Castellane** sans rest, 17 r. Castellane ℰ 05 61 62 18 82, *castellanehotel@wanadoo.fr,*
Fax 05 61 62 58 04 – 🛗 cuisinette 📺 🔇 🕭 🚗 – 🖄 15 à 30. AE ⓞ GB JCB   p. 7 **FX f**
🛏️ 6,50 – **49 ch** 55/68, 4 duplex.
  ◆ Accueil sympathique dans cet hôtel ordonné autour d'un patio. Chambres assez
simples, parfois dotées de terrasses ; d'autres conviennent particulièrement aux familles.

❌❌❌❌ **Toulousy-Les Jardins de l'Opéra,** 1 pl. Capitole ℰ 05 61 23 07 76, *toulousy@wanado
o.fr, Fax 05 61 23 63 00* – 🔳. AE GB   p. 7 **EY q**
❄️ *fermé août, dim. et lundi* – **Repas** 40 (déj.), 66/90 et carte 90 à 115, enf. 15 ♉.
  ◆ Sous une grande verrière, élégantes salles décorées dans le style florentin et séparées
par un bassin dédié à Neptune. La cuisine, inventive, est interprétée avec brio.
  Spéc. Carpaccio de homard et foie gras à l'huile de truffes. Trilogie de bœuf et pomme de
terre. Moelleux au chocolat guanaja et pistache. **Vins** Vin de pays du Comté Tolosan,
Fronton.

❌❌❌ **Michel Sarran,** 21 bd A. Duportal ℰ 05 61 12 32 32, *michelsarran@wanadoo.fr,*
❄️❄️ *Fax 05 61 12 32 33,* 🏝️ – 🔳 🍽️. AE GB   p. 6 **DV m**
fermé 30 juil. au 30 août, 20 au 28 déc., 1er au 4 janv., merc. midi, sam. et dim. – **Repas**
(prévenir) 45 bc/110 bc et carte 70 à 90, enf. 20.
  ◆ Cette charmante demeure bourgeoise du 19e s. invite les gourmets à déguster une
cuisine aux saveurs du Sud dans un décor volontairement épuré.
  Spéc. Soupe tiède de foie gras à l'huître. Loup cuit et cru au chorizo. Allaiton de l'Aveyron à
la tapenade de Lucques. **Vins** Côtes de Marmandais, Fronton.

❌❌❌ **Pastel** (Garrigues), 237 rte St-Simon ⊠ 31100 ℰ 05 62 87 84 30, *lepastel@wanadoo.fr,*
❄️ *Fax 05 61 44 29 22,* 🏝️ 🚗 – 🔳. AE GB. ℅   p. 4 **AU r**
fermé 1er au 17 août, dim. et lundi – **Repas** (prévenir) 38/78 et carte 65 à 85 ♉ 🏝️.
  ◆ Cette belle maison du 19e s. dissimule un plaisant jardin-terrasse. On y propose une
généreuse cuisine personnalisée et une riche carte des vins du Sud de la France.
  Spéc. Saint-Jacques "Jubilatoires" (10 oct. au 10 avril). Carré d'agneau de l'Aveyron aux
pistaches (déc. à sept.). Râble de lièvre en saupiquet (oct. à déc.).

❌❌ **7 Place St-Sernin,** 7 pl. St-Sernin ℰ 05 62 30 05 30, *Fax 05 62 30 04 06* – 🔳. AE GB
fermé sam. midi et dim. – **Repas** *(17 bc)* - 23/60 bc ♉.   p. 7 **EX v**
  ◆ Dans les murs d'une "Toulousaine" typique, restaurant aux flamboyantes couleurs,
élégamment aménagé de toiles contemporaines. Plats au goût du jour.

❌❌ **Brasserie Flo " Les Beaux Arts",** 1 quai Daurade ℰ 05 61 21 12 12,
Fax 05 61 21 14 80, 🏝️ – AE ⓞ GB JCB   p. 7 **EY v**
Repas *(20,90)* - 29,90 bc, enf. 12,50.
  ◆ Cette brasserie des bords de la Garonne, jadis fréquentée par Ingres, Matisse et Bour-
delle, est fort appréciée des Toulousains. Joli décor "rétro". Carte très variée.

XX **Le 19,** 19 descente de la Halle aux Poissons ℘ 05 34 31 94 84, *contact@restaurant*
le 19.com, Fax 05 34 31 94 85 – ΑΕ GB. ✖   p. 7 **EY h**
fermé 6 au 24 août, 25 déc. au 3 janv., sam. midi, lundi midi et dim. – **Repas** *(17 bc)* - 19 bc
(déj.), 29/55 ♀.
  ◆ Chaleureuses salles à manger, dont une sous une croisée d'ogives du 16ᵉ s., cave à vins
ouverte et fumoir adoptent un style contemporain. Saveurs d'ici et d'ailleurs.

XX **Émile,**   13   pl.   St-Georges   ℘ 05 61 21 05 56,   *restaurant-emile@wanadoo.fr,*
Fax 05 61 21 42 26, ✤ – ▤. GB   p. 7 **FY r**
fermé 24 déc. au 6 janv., lundi sauf le soir en été et dim. – **Repas** 18 (déj.), 35/45 ♀ ☙.
  ◆ Cette table créée dans les années 1940 est courue en raison de sa belle carte des vins et
de sa cuisine proposant plats du terroir et poissons. Terrasse prise d'assaut en été.

XX **Brasserie de l'Opéra,** 1 pl. Capitole ℘ 05 61 21 37 03, *Fax 05 62 27 16 49,* ✤ – ▤. ΑΕ
⓪ GB   p. 7 **EY a**
fermé dim. – **Repas** *(14,90)* · carte 25 à 40, enf. 8 ♀.
  ◆ Brasserie chic au cadre 1930 où l'on croise le "tout Toulouse", et des stars qui signent
leur passage d'une photo. Aux beaux jours, la véranda se transforme en terrasse.

X **Cosi Fan Tutte** (Donnay), 8 r. Mage ℘ 05 61 53 07 24, *Fax 05 61 52 27 92* – GB
ⓢ   *fermé 20 au 24 mai, août, 19 déc. au 4 janv., dim. et lundi* – **Repas** (dîner seul.)(nombre de
couverts limité, prévenir) 30/70 et carte 50 à 75 ☙.   p. 7 **FZ v**
  ◆ Délicieuse cuisine du marché préparée à la mode transalpine et nombreux vins italiens
servis dans un bel écrin : tentures rouges, moquette "léopard" et tableaux originaux.
Spéc. Saint-Jacques poêlées, crème de laitue et truffes (15 janv. au 15 avril). Pigeonneau au
vino santo et polenta aux cèpes. Pain perdu à la banane.

X **L'Empereur de Huê,** 17 r. Couteliers ℘ 05 61 53 55 72 – ▤. GB   p. 7 **EZ a**
Repas (Prévenir)(dîner seul.) carte 35 à 52.
  ◆ Si le décor de ce restaurant familial joue la carte de la contemporanéité, la cuisine, quant
à elle, revendique son ancrage dans la tradition vietnamienne.

X **Au Gré du Vin,** 10 r. Pléau ℘ 05 61 25 03 51, *Fax 05 61 25 03 51* – GB. ✖   p. 7 **FZ t**
fermé août, Noël au Jour de l'An, sam., dim. et fériés – **Repas** (prévenir) 16 (déj.), 27/40,
enf. 8 ♀.
  ◆ Restaurant sans chichi situé face au musée Paul Dupuy : cadre rustique, murs en briques
roses, ambiance conviviale, assiette simple et goûteuse, bon choix de vins au verre.

X **Brasserie du Stade,** 114 r. Troènes ✉ 31200 ℘ 05 64 42 24 20, *Fax 05 34 42 24 21* – ▤.
ΑΕ GB   p. 4 **AS x**
fermé du 10 juil. au 16 août, 24 déc. au 3 janv. – **Repas** 28 ♀.
  ◆ Essai transformé pour Michel Sarran, le "coach" de ce restaurant situé dans l'enceinte du
temple du rugby toulousain. Entre photos et trophées, on mange une cuisine soignée.

X **Rôtisserie des Carmes,** 38 r. Polinaires ℘ 05 61 53 34 88, *Fax 05 61 53 34 88* –
GB   p. 7 **EZ x**
fermé 2 au 30 août, 24 déc. au 2 janv., sam. et dim. – **Repas** 20 (déj.)/28 ♣.
  ◆ Voisinage du marché des Carmes oblige, la petite carte et le menu du jour évoluent
selon les arrivages. Le truculent patron officie dans une cuisine offerte à la vue de tous.

à Lalande *Nord : 6 km* – ✉ *31200 :*

🏨 **Hermès** sans rest, 49 av. J. Zay ℘ 05 61 47 60 47, *reception@hotel-hermes.com,*
Fax 05 61 47 56 08 – 🛗 ✤ ▥ 📺 📞 ♦ 🅿 – 🔬 25. ΑΕ ⓪ GB ⛟   p. 5 **BS k**
☷ 5,50 – **68 ch** 49,50/58.
  ◆ Établissement en bordure d'un important noeud routier, à 500 m de la zone de loisirs du
lac de Sesquières. Chambres fonctionnelles et bien insonorisées.

à Gratentour *Nord : 15 km par D 4 et D 14 – 3 035 h. alt. 174* – ✉ *31150 :*

🏠 **Barry** ♠, r. Barry ℘ 05 61 82 22 10, *le-barry@wanadoo.fr,* Fax 05 61 82 22 38, ✤ , ⚊, ☙
– 📺 📞 ♦ 🅿 – 🔬 30. ΑΕ ⓪ GB ⛟. ✖
Repas *(fermé 14 au 23 août, 26 déc. au 2 janv., vend. soir, sam. et dim.)* 14,50 (déj.),
20,70/27,50 ♀ – ☷ 8,50 – **22 ch** 47/60 – ½ P 56,20.
  ◆ À la campagne, ancienne ferme en briques roses flanquée d'une aile neuve abritant de
petites chambres actuelles. Dans le jardin, les chaises longues invitent au farniente. Salle à
manger accueillante et soignée ; répertoire culinaire traditionnel.

à l'Union *Nord-Est : 7 km – 12 141 h. alt. 146* – ✉ *31240 :*

XX **Bonne Auberge,** 2 bis r. Autan Blanc - N 88 ℘ 05 61 09 32 26, *la-bonne-auberge@wana*
doo.fr, Fax 05 61 09 97 53, ✤ – ▤ 🅿. GB
fermé 8 août au 7 sept., dim. soir, mardi soir et lundi – **Repas** 20 (déj.), 26/56 bc ♀.
  ◆ Sur la traversée du village, restaurant aménagé sous les poutres d'une grange entièrement restaurée. Copieuse cuisine traditionnelle à goûter l'hiver au coin du feu.

à Rouffiac-Tolosan *par ② : 12 km – 1 404 h. alt. 210 –* ⊠ *31180 :*

XX **Ô Saveurs** (Biasibetti), 8 pl. Ormeaux (au village) ℘ 05 34 27 10 11, *o.saveurs@free.fr*,
Fax 05 62 79 33 84, 🍽 – 🗐. 🖭 ⓞ ⅁ℬ
fermé 1er au 9 mars, 11 au 31 août, sam. midi, dim. soir et lundi – **Repas** 19 (déj.), 27/38 et
carte 48 à 62 ⅀.
   ◆ Les succulentes saveurs d'une cuisine au goût du jour sont proposées dans cette
charmante maisonnette du pittoresque village. Chaleureuses salles et plaisante terrasse.
Spéc. Millefeuille croustillant de crabe. Filet de rouget poêlé, piquillos farcis de brandade
aux olives. Figues rôties au banyuls, crème d'amande

XX **Clos du Loup** avec ch, N 88 ℘ 05 61 09 28 39, Fax 05 61 35 13 97 – 🗐 rest, 🖭 🅿 – 🔏 20.
⅁ℬ. 🐾 ch
fermé 2 au 31 août – **Repas** *(fermé mardi midi, dim. soir et lundi)* 22/38, enf. 13 ⅀ – 😅 8 –
18 ch 40/50 – ½ P 56.
   ◆ Surtout, pas d'affolement ! Le loup n'est plus… Tons chatoyants et poutres dans la salle à
manger prolongée de deux vérandas climatisées. Chambres rajeunies.

à Castanet-Tolosan *par ⑤ et N 113 : 8 km – 10 250 h. alt. 164 –* ⊠ *31320 :*

X **Table du Marché**, 3 pl. Richard ℘ 05 62 71 24 25, Fax 05 34 66 18 56, 🍽 – ⅁ℬ.
🐾
fermé vacances de Pâques, 31 juil. au 23 août, 19 déc. au 3 janv., dim., lundi et fériés –
Repas (13) - 22/35 ⅀.
   ◆ L'enseigne le proclame, la cuisine est concoctée au gré du marché. Autre atout de ce
petit restaurant familial : les préparations s'effectuent à la vue de tous. Séduisant !

à Vieille-Toulouse *Sud : 9 km par D 4 – 894 h. alt. 269 –* ⊠ *31320 :*

🏠 **Flânerie** 🐾 sans rest, rte Lacroix-Falgarde ℘ 05 61 73 39 12, Fax 05 61 73 18 56, ≼ la
Garonne, 🏖, 🐾 – 🖭 🦮 📺 🅿. 🖭 ⓞ ⅁ℬ
fermé 20 au 31 août, 20 au 31 déc. et 25 janv. au 2 fév. – 😅 9 – **12 ch** 65/120.
   ◆ Le vaste parc bossué de l'hôtel domine la Garonne. Les chambres, diversement meublées, sont un brin désuètes. Salle des petits-déjeuners dotée d'une cheminée.

à Lacroix-Falgarde *Sud : 13 km par D 4 – 1 485 h. alt. 154 –* ⊠ *31120 :*

XX **Bellevue**, 1 av. Pyrénées ℘ 05 61 76 94 97, Fax 05 61 76 94 97, ≼, 🍽 – 🅿. 🖭 ⅁ℬ
fermé 20 oct. au 20 nov., mardi et merc. – **Repas** 19 (déj.), 26/35 ⅀.
   ◆ Cette ancienne guinguette entourée de verdure borde l'Ariège. À la belle saison, la
grande terrasse a beaucoup de succès. Plats traditionnels et spécialités du Sud-Ouest.

à Portet-sur-Garonne *Sud : 10 km par N 20 – 8 733 h. alt. 150 –* ⊠ *31120 :*

🏠 **L'Hotan**, 80 rte d'Espagne (N 20) ℘ 05 62 87 14 14, Fax 05 62 20 02 36, 🍽, 🌿 – 📶 🗐 📺
🦮 🅿 – 🔏 50. 🖭 ⓞ ⅁ℬ
Repas *(fermé sam. et dim.)* 21/32 – 😅 10,50 – **53 ch** 71/81 – ½ P 45.
   ◆ Cet hôtel fonctionnel situé au Sud de Toulouse accueille régulièrement des séminaires.
Minipiscine couverte donnant sur les palmiers du jardin. Salle à manger sous charpente ;
quelques tables sont dressées sur la pelouse. Cuisine traditionnelle.

à St-Simon *Sud-Ouest : 8 km par D 23 –* ⊠ *31100 Toulouse :*

XX **Les Ombrages**, 48bis rte St-Simon ℘ 05 61 07 61 28, *fzago@les-ombrages.fr*,
Fax 05 61 06 42 26 – 🅿. 🖭 ⓞ ⅁ℬ ⅉⅭℬ   p.4 **AU** e
fermé 5 au 20 août, dim. soir et lundi – **Repas** 22 (déj.), 28/40 ⅀.
   ◆ Restaurant familial proche du centre de loisirs de la Ramée et de son golf. Salle à manger
sous charpente, égayée de plantes vertes. Appétissante cuisine classique.

à Tournefeuille *Ouest : 10 km par D 632 AT – 22 758 h. alt. 155 –* ⊠ *31170 :*

XX **L'Art de Vivre**, 279 chemin Ramelet-Moundi ℘ 05 61 07 52 52, *pierre.sepulchre@lartdev*
ivre.fr, Fax 05 61 06 41 94, 🍽 – 🅿. 🖭 ⓞ ⅁ℬ
fermé 24 mars au 6 avril, 9 au 31 août, dim. soir, lundi soir, mardi soir et merc. – **Repas** 21
(déj.), 28,50/46 ⅀.
   ◆ Plaisante adresse située près du golf. Salle colorée, éclairée par de larges baies et
charmante terrasse au milieu d'un jardin bordé d'un ruisseau. Cuisine au goût du jour.

à Purpan *Ouest : 6 km par N 124 –* ⊠ *31300 Toulouse :*

🏠 **Palladia**, 271 av. Grande Bretagne ℘ 05 62 12 01 20, *hotel.palladia@wanadoo.fr*,
Fax 05 62 12 01 21, 🏖 – 📶 🌐 🦮 🅿 – 🔏 280. 🖭 ⓞ ⅁ℬ   p.4 **AT** e
Repas *(fermé dim. et fériés)* 27,50/45, enf. 18,50 ⅀ – 😅 15 – **88 ch** 155/350.
   ◆ Imposant immeuble de verre et d'acier à égale distance de l'aéroport et du centre-ville.
Aménagements particulièrement soignés. Chambres spacieuses et confortables. Salle à
manger moderne et lumineuse ; terrasse d'été dressée à l'ombre des parasols.

Novotel Aéroport, 23 impasse Maubec *05 61 15 00 00, h0445@accor-hotels.com,* Fax 05 61 15 88 44, 斧, ⊿, 承, ✗ – 鼻 ⇥ ☰ ⅏ ᖱ ⏚ **P** – 🅼 100. 🆎 ⓘ 🆖 🆑

Repas *(14)* - carte 25 à 35, enf. 8 ♀ – ⊊ 11 – **123 ch** 107. p. 4 **AT a**

♦ Ce classique hôtel de chaîne abrite des chambres bien insonorisées. Espace vert, jeux pour les enfants et navette gratuite pour l'aéroport. Le restaurant et l'agréable terrasse offrent une vue sur la piscine ; cuisine traditionnelle sans tralala.

à St-Martin-du-Touch *vers ⑦ – ⊠ 31300 Toulouse :*

Airport Hôtel sans rest, 176 rte Bayonne *05 61 49 68 78, airporthotel@wanadoo.fr,* Fax 05 61 49 73 66, ♣ – ⅙ ☰ ⅏ ✆ ⟺ **P** – 🅼 20. 🆎 ⓘ 🆖 p. 4 **AT s**

⊊ 8 – **48 ch** 57/97.

♦ Bâtiment des années 1980 en briques rouges voisin de l'aéroport. Les chambres, simples et bien protégées du bruit, sont rajeunies par étapes.

Cantou, 98 r. Velasquez (D 2^B) *05 61 49 20 21, le.cantou@wanadoo.fr,* Fax 05 61 31 01 17, 斧, 承 – **P.** 🆎 ⓘ 🆖 🆑 p. 4 **AT h**

fermé 14 au 30 août, 19 déc. au 2 janv., sam. et dim. – **Repas** 29/52 ♀ ♨.

♦ Un havre de verdure sépare du monde cette ancienne ferme coquettement aménagée. Terrasse dressée autour d'un joli puits. Remarquable sélection de vins (1 300 références).

à Colomiers *par ⑦ - sortie n° 3 - puis direction Cornebarrieu par D 63 : 10 km – 28 538 h. alt. 182 – ⊠ 31770 :*

L'Amphitryon, chemin de Gramont *05 61 15 55 55, amphitryon@wanadoo.fr,* Fax 05 61 15 42 30, ≼, 斧 – ☰ **P.** 🆎 ⓘ 🆖

Repas *(22)* - 30 (déj.), 45/90 et carte 75 à 105 ♀ ♨.

♦ Ce grand pavillon moderne abrite une chaleureuse salle à manger éclairée par une verrière. La terrasse offre une vue sur la campagne. Belle cuisine inventive.

Spéc. Sardine fraîche taillée au couteau, crème de morue et caviar de hareng. Rôtissot de lotte au lard grillé et piment d'Espelette. Pigeonneau à la truffe noire du Périgord. **Vins** Bergerac, Madiran

à Blagnac *Nord-Ouest : 7 km – 20 586 h. alt. 135 – ⊠ 31700 :*

Sofitel, 2 av. Didier Daurat, dir. aéroport (sortie n° 3) *05 34 56 11 11, h0565@accor-hotel s.com,* Fax 05 61 30 02 43, 斧, ⊿, 承, ✗ – 鼻 ⇥ ☰ ⅏ ✆ **P** – 🅼 90. 🆎 ⓘ 🆖 🆑 p. 4 **AS e**

Caouec : Repas 23/32, enf. 15 ♀ – ⊊ 19 – **100 ch** 205/230.

♦ Établissement relié à l'aéroport par une navette gratuite. Chambres rénovées et cossues à dominante jaune. Piscine et tennis pour se détendre entre deux avions. La table du Caouec propose une cuisine traditionnelle et quelques spécialités du Sud-Ouest.

Holiday Inn Airport, pl. Révolution *05 34 36 00 20, TLSAP@ichotelsgroup.com,* Fax 05 34 36 00 30, 斧, 𝑓6, ⊿ – 鼻 ⇥ ☰ ⅏ ✆ ⏚ **P** – 🅼 15 à 150. 🆎 ⓘ 🆖 🆑 p. 4 **AS h**

Repas *(fermé vend. soir, sam. et dim.)* 20/33, enf. 7 – ⊊ 17 – **150 ch** 195/245.

♦ Des tons à la fois apaisants et chaleureux habillent les chambres garnies d'un mobilier contemporain. Espace séminaire bien aménagé. Une navette relie l'hôtel à l'aéroport. Plaisant restaurant de type brasserie agrémenté de fresques honorant l'olivier.

Grand Noble, 90 av. Cornebarrieu *05 34 60 47 49, contact@le-grand-noble.com,* Fax 05 34 60 47 48, 斧 – ⇥ ☰ ⅏ ✆ ⏚ **P** – 🅼 50. 🆎 ⓘ 🆖 p.4 **AS d**

Repas *(fermé 1er au 22 août, vend. soir et sam.)* 19/45, enf. 10,50 – ⊊ 8,50 – **44 ch** 68/75.

♦ Dans une zone commerciale proche de l'aéroport, établissement abritant des chambres sobres, bien entretenues et équipées du double vitrage. La salle à manger, refaite, conserve cependant un sympathique petit air campagnard ; cuisine traditionnelle.

Cercle d'Oc, 6 pl. M. Dassault *05 62 74 71 71, cercledoc@wanadoo.fr,* Fax 05 62 74 71 72, 斧 – ☰ **P.** 🆎 ⓘ 🆖 p. 4 **AS t**

fermé 1er au 9 mai, 31 juil. au 22 août, 20 déc. au 4 janv., sam. et dim. – **Repas** 30 bc (déj.)/45, enf. 16 ♀.

♦ Cette jolie ferme du 18e s. est un îlot de verdure au coeur d'une zone commerciale. Atmosphère de club anglais au salon et dans l'élégante salle à manger. Agréable terrasse.

Pré Carré, aéroport Toulouse-Blagnac (2e étage) *05 61 16 70 40, Fax 05 61 16 70 50,* ≼ – 🆎 ⓘ 🆖 🆑 ✗ p. 4 **AS n**

fermé 14 juil. au 15 août, dim. soir et sam. – **Repas** 27 bc/46, enf. 15 ♀.

♦ Face aux pistes, plaisant restaurant d'aérogare installé dans l'enceinte d'une brasserie. Décor design à dominante de bois et de tons rouges. Carte traditionnelle.

Bistrot Gourmand, 1 bd Firmin Pons *05 61 71 96 95, bistrot-gourmand@bistrot-go urmand.com, Fax 05 61 15 68 21,* 斧 – 🆎 ⓘ 🆖

fermé 1er au 24 août, 31 déc. au 3 janv., sam. midi, dim. et lundi – **Repas** *(9,20)* - 10,60/28, enf. 8.

♦ Tournées vers le vieux village, deux salles de restaurant agencées sur deux niveaux. Sympathique terrasse à l'étage. Cuisine selon le marché et prix sages.

à Seilh *par ⑧ : 15 km – 2 086 h. alt. 133 – ✉ 31840 :*

Maéva Golf de Seilh ⛺, rte Grenade ✆ 05 62 13 14 15, *toulouse@maeva.fr, Fax 05 61 59 77 97,* ←, 🏠, 🏋, 🏊, 🎾 – 🛗 cuisinette 🚭, ▤ rest, 📺 📞 ♿ 🚗 🅿 – 🎤 180. AE ⓓ GB

Repas *(fermé 14 juil. au 19 août, sam. midi, dim. midi et fériés)* (17) - 22 🍷 – ☕ 11 – **116 ch** 94/99, 56 studios.

◆ Ce vaste complexe hôtelier ouvert sur deux parcours de golf accueille de nombreux séminaires et séjours sportifs. Possibilité de location de studios et d'appartements. Restaurant décoré sur le thème de l'Aéropostale ; cuisine aux accents du Sud-Ouest.

TOUQUES *14 Calvados* 303 M3 – *rattaché à Deauville.*

Le TOUQUET-PARIS-PLAGE *62520 P.-de-C.* 301 C4 *G. Picardie Flandres Artois – 5 299 h alt. 5 – Casino du Palais* **BZ.**

⛳9 *du Touquet ✆ 03 21 06 28 00, S : 2 km.*

ℹ *Office de tourisme, place de l'Hermitage ✆ 03 21 06 72 00, Fax 03 21 06 72 01, contact@letouquet.com.*

Paris 242 ① – Calais 68 ① – Abbeville 58 ① – Arras 99 ① – Boulogne-sur-Mer 30 ①.

Plan page suivante

Westminster, av. Verger ✆ 03 21 05 48 48, *reception@westminster.fr, Fax 03 21 05 45 45,* 🏠, 🏊 – 🛗, ▤ rest, 📺 🅿 – 🎤 25 à 150. AE ⓓ GB BZ a

Pavillon (dîner seul.) *(fermé janv., fév. et mardi sauf 15 juin au 6 sept.)* **Repas** 45/65 🍷 – ***Coffee Shop*** *(fermé merc. sauf 15 juin au 6 sept.)* **Repas** (23bc)- 29, enf. 4 🍼 – ☕ 16 – **115 ch** 82/259.

◆ Séduisant palace des années 1930 en briques roses. Hall (superbe ascenseur), salon et chambres de style Art déco. Terrasse très prisée en été. Cadre "cosy" et cuisine classique revisitée au Pavillon. Décor design et carte simple au Coffee Shop.

Mercure Grand Hôtel ⛺, 4 bd Canche ✆ 03 21 06 88 88, *grandhotelletouquet@club-internet.fr, Fax 03 21 06 87 87,* 🏠, 🏊, 🌳 – 🛗, ▤ rest, 📺 📞 ♿ 🅿 – 🎤 150. AE ⓓ GB. ✗ rest BY s

Les Jardins d'Opale (dîner seul.) **Repas** 27,50 – ***Bistrot* : Repas** (17)- carte environ 35 – ☕ 12 – **129 ch** 130/145, 5 suites – ½ P 99/106,50.

◆ Face à la Canche, établissement de grand standing avec centre de soins marins intégré. Chambres spacieuses dotées de salles de bains en marbre. Décor sobre et élégant et carte classique au restaurant Les Jardins d'Opale. Au Bistrot, l'enseigne dit l'essentiel.

Manoir Hôtel ⛺, au Golf par ② *: 2,5 km* ✆ 03 21 06 28 28, *manoirhotel@opengolfclub.com, Fax 03 21 06 28 29,* 🏠, 🏊, 🌳, 🎾 – 📺 🅿 – 🎤 120. AE ⓓ GB. ✗ rest

Repas 29/34 – **41 ch** ☕ 110/220 – ½ P 99/139.

◆ Beau manoir du début du 20ᵉ s. entouré d'un jardin fleuri, à proximité immédiate de la forêt et du golf. Chambres douillettes. Bar de style anglais. Clientèle de golfeurs. La cuisine est aussi classique que le cadre de la plaisante salle à manger.

Holiday Inn Resort ⛺, av. Mar. Foch ✆ 03 21 06 85 85, *hotel@holidayinnletouquet.com, Fax 03 21 06 85 00,* 🏠, 🏋, 🏊, 🌳, 🎾 – 🛗 🚭, ▤ rest, 📺 📞 ♿ 🅿 – 🎤 80. AE ⓓ GB JCB. ✗ rest BZ n

***Picardy* :** Repas 29, enf. 10 🍼 – ☕ 16 – **56 ch** 177/389, 32 duplex – ½ P 120,50/151,50.

◆ En lisière de forêt, bâtiment récent dont les chambres, fonctionnelles, sont desservies par une lumineuse galerie fleurie. Parquet et plantes vertes apportent une petite touche d'originalité à la belle salle à manger en rotonde. Carte traditionnelle.

Novotel, Front de Mer ✆ 03 21 09 85 30, *H0449-SB@accor-hotels.com, Fax 03 21 09 85 40,* ←, 🏠, 🌀, 🏋, 🏊 – 🛗 🚭 ▤ 📺 ♿ 🚗 🅿 – 🎤 5 à 80. AE ⓓ GB JCB. ✗ rest AZ a

fermé 4 au 15 janv. – **Repas** 28, enf. 13 – ☕ 12 – **146 ch** 126/162, 3 suites – ½ P 94/114.

◆ Ce Novotel bénéficie d'un agréable emplacement au bord de la plage et du voisinage d'un centre de thalassothérapie. Deux tiers des chambres ont été récemment rénovées. Les baies du restaurant s'ouvrent sur le littoral ; carte consacrée aux produits de la mer.

Red Fox sans rest, r. de Metz ✆ 03 21 05 27 58, *reception@hotelredfox.com, Fax 03 21 05 27 56* – 🛗 📺 📞 ♿ 🚗. AE ⓓ GB AY r

☕ 9 – **53 ch** 80/100.

◆ Dans une rue animée, chambres pratiques, de taille variable, mansardées au dernier étage. Salle des petits-déjeuners éclairée par une verrière.

Les Embruns sans rest, 89 r. Paris ✆ 03 21 05 87 61, *nhe@wanadoo.fr, Fax 03 21 05 85 09,* 🌳 – 📺 📞. AE ⓓ GB. ✗ AYZ u

fermé 15 déc. au 15 janv. – ☕ 6 – **19 ch** 44/70.

◆ Près du rivage, avenante façade abritant des chambres en majorité refaites et bien tenues ; celles ouvrant sur l'arrière sont plus calmes. Petit salon-bibliothèque.

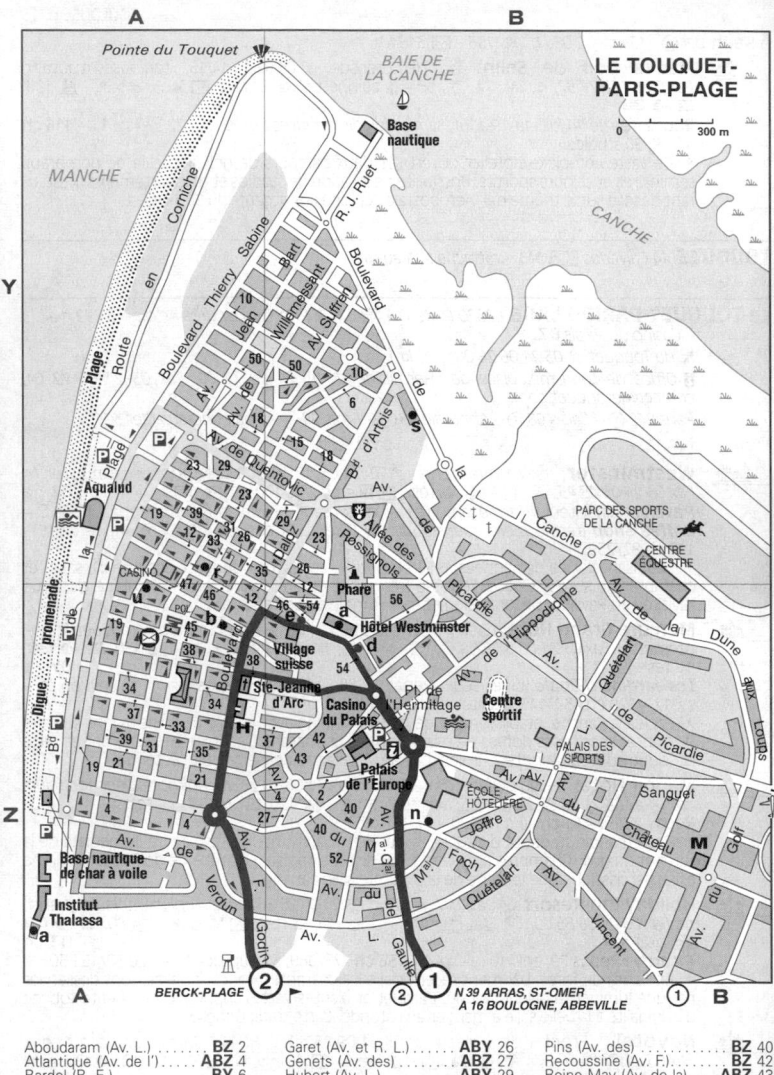

LE TOUQUET-
PARIS-PLAGE

Aboudaram (Av. L.)	**BZ** 2
Atlantique (Av. de l')	**ABZ** 4
Bardol (R. E.)	**BY** 6
Bourdonnais (Av. de la)	**ABY** 10
Bruxelles (R. de)	**AYZ** 12
Calais (R. de)	**BY** 15
Desvres (R. de)	**ABY** 18
Docteur J. Pouget (Bd du)	**AYZ** 19
Dorothée (R.)	**AZ** 21
Duboc (Av. et R. J.)	**ABY** 23
Garet (Av. et R. L.)	**ABY** 26
Genets (Av. des)	**ABZ** 27
Hubert (Av. L.)	**ABY** 29
Londres (R. de)	**AYZ** 31
Metz (R. de)	**AYZ** 33
Monnet (R. J.)	**AZ** 34
Moscou (R. de)	**AYZ** 35
Oyats (Av. et R. des)	**ABZ** 37
Paix (Av. et R. de la)	**ABZ** 38
Paris (R. de)	**AYZ** 39
Pins (Av. des)	**BZ** 40
Recoussine (Av. F.)	**BZ** 42
Reine May (Av. de la)	**ABZ** 43
St-Amand (R.)	**AZ** 45
St-Jean (Av. et R.)	**ABZ** 46
St-Louis (R.)	**AZ** 47
Tourville (Av. de l'Amiral)	**ABY** 50
Troènes (Av. des)	**BZ** 52
Verger (Av. du)	**BZ** 54
Whitley (Av. J.)	**BZ** 56

🏠 **Forêt** sans rest, 73 r. Moscou 📞 03 21 05 09 88, *Fax 03 21 05 59 40* – 📺 📞 GB
🍴
AZ **b**
fermé 15 déc. au 15 janv. – 🍴 6
10 ch 43/49.
♦ Des chambres toutes rénovées, fonctionnelles et insonorisées et une sympathique salle
des petits-déjeuners caractérisent cet hôtel familial, idéalement situé en centre-ville.

XXX **Flavio,** av. Verger ☏ 03 21 05 10 22, *flavio@flavio.fr, Fax 03 21 05 91 55,* – AE GB JCB BZ d
fermé 5 janv. au 10 fév., lundi sauf juil.-août et fériés – **Repas** 28 (déj.), 55/95 et carte 72 à 113 ♀.
◆ Meubles de style, lustres de cristal et beaux objets décoratifs composent le cadre cossu de cette institution touquettoise qui a fêté ses cinquante ans en l'an 2000.

XX **Village Suisse,** 52 av. St-Jean ☏ 03 21 05 69 93, *Fax 03 21 05 66 97,* – . AE GB
fermé 29 nov. au 9 déc., 2 au 21 janv., dim. soir d'oct. à pâques, mardi midi sauf juil. août et lundi – **Repas** 24/48, enf. 10 ♀. BZ e
◆ Le créateur du Village suisse parisien a conçu cet ensemble éclectique intégrant un plaisant restaurant et sa belle terrasse aménagée sur le toit des boutiques d'antiquités.

à Trépied *par ① : 3 km – ✉ 62780 Cucq :*

Relais de l'Espérance sans rest, 561 av. Étaples ☏ 03 21 94 62 99, *Fax 03 21 94 53 10* – TV . GB
fermé 19 déc. au 31 janv. et dim. d'oct. à mars – 7 – **10 ch** 60/80.
◆ Votre espoir d'un bon accueil ne sera pas déçu : non loin de l'aéroport du Touquet, des chambres actuelles et insonorisées vous attendent dans une atmosphère conviviale.

à Stella-Plage *par ② : 7 km – ✉ 62780 Cucq :*

Pelouses, bd E. Labrasse ☏ 03 21 94 60 86, *hotel.des.pelouses@wanadoo.fr, Fax 03 21 94 10 11,* – TV P. AE GB
fermé 15 déc. au 31 janv., dim. soir, mardi midi et lundi d'oct. à avril sauf vacances scolaires – **Repas** 15,50/32,50, enf. 8 ♀ – 6,80 – **27 ch** 60/66 – ½ P 50/53.
◆ Nombreuses rénovations entreprises dans cette construction cubique située à 1800 m de la plage, à l'écart de l'effervescence touristique. Chambres nettes et spacieuses. Le poisson figure en bonne place sur la carte proposée dans la sobre salle à manger.

à Cucq *par ② : 6 km – 4 912 h. alt. 5 – ✉ 62780 :*

Office de tourisme, place Jean Sapin ☏ 03 21 09 04 32, Fax 03 21 84 49 88, stella@aucentre.com.

X **Petite Auberge,** av. Libération ☏ 03 21 94 33 03, *Fax 03 21 94 06 65,* – . GB
fermé lundi sauf juil.-août – **Repas** 14,50/49, enf. 8 ♀.
◆ Petite auberge champêtre à la périphérie du "Jardin de la Manche", la station créée par Alphonse Daloz au 19e s. Intérieur rustique, accueil aimable, plats traditionnels.

Dans ce guide
un même symbole, un même mot,
imprimé en **rouge** *ou en* **noir**, *en maigre ou en* **gras**,
n'ont pas tout à fait la même signification.
Lisez attentivement les pages explicatives.

TOURCOING *59200 Nord* 302 G3 *G. Picardie Flandres Artois – 93 540 h alt. 37.*

des Flandres à Marcq-en-Barœul ☏ 03 20 72 20 74, par N 350 : 9 km.

Office de tourisme, 9 rue de Tournai ☏ 03 20 26 89 03, Fax 03 20 24 79 80, tourcoing-tourisme@wanadoo.fr.

Paris 234 ⑩ – Lille 17 ⑩ – Kortrijk 19 ④ – Gent 61 ② – Oostende 81 ① – Roubaix 5 ⑦.

Accès et sorties : voir plan de Lille.

Novotel, au Nord près échangeur de Neuville-en-Ferrain (sortie 18) ✉ 59535 Neuville-en-Ferrain ☏ 03 20 28 88 00, *H0451@accor-hotels.com, Fax 03 20 28 88 10,* , , – TV P – 200. AE GB plan de Lille **HR** e
Repas *(17,60)* - 21,90/28,50, enf. 8 ♀ – 11 – **108 ch** 87/91 – ½ P 66.
◆ À 300 m de la frontière belge, cet établissement entouré d'arbres fruitiers, propose des chambres fonctionnelles et insonorisées. L'affairement des cuisines est visible depuis la salle à manger, par ailleurs ouverte sur la terrasse et la piscine.

Comfort Hotel Primevere, Parc d'activités de Ravennes-les-Francs ✉ 59910 Bondues ☏ 03 20 36 01 96, *confort-lille-tourcoing@wanadoo.fr, Fax 03 20 24 53 52,* – TV P – 30 à 40. AE GB. plan de Lille **HR** b
fermé dim. soir – **Repas** *(fermé vend. soir, dim. soir et sam.)* carte environ 25, enf. 7,50 – 6,90 – **51 ch** 51 – ½ P 40,25.
◆ Ce classique hôtel de chaîne posté à la sortie Sud-Ouest de Tourcoing, direction Lille, privilégie, notamment dans ses chambres, le côté pratique. Sobre salle à manger et cuisine traditionnelle sans prétention.

TOURCOING

Allende (Bd Salvador) .... **BY** 2
Anges (R. des) .... **BYZ** 3
Austerlitz (R. d') .... **ABZ** 4
Bienfaisance (R. de la) .... **BY** 6
Brun-Pain (R. du) .... **AY**
Buisson (R. Ferdinand) .... **BZ** 7
Chateaubriand (R.) .... **CZ** 8
Cherbourg (Quai de) .... **BZ** 9
Clavell (Place Miss) .... **BY** 10
Cloche (R. de la) .... **BY** 12
Condorcet (R.) .... **BY** 13
Courbet (R. de l'Amiral) .... **BY** 15
Croix-Blanche (R. de la) .... **CX** 16
Croix-Rouge (R. de la) .... **CXY**
Delobel (R.) .... **BY** 18
Doumer (R. Paul) .... **BY** 19
Dron (Av. Gustave) .... **BZ**
Duguay-Trouin (R.) .... **CY** 21
Faidherbe (R.) .... **BZ** 22
Famelart (R.) .... **BZ** 24
Froissart (R. Jean) .... **AY** 25
Gambetta (Bd) .... **BZ** 27
Gand (R. de) .... **BXY**
Grand'Place .... **BY** 28
Hassebroucq (Pl. V.) .... **BY** 30
Hénaux (R. Marcel) .... **BXY** 31
La-Fayette (Av.) .... **BZ** 33
Leclerc (R. du Gén.) .... **BY** 36
Lefrançois (Av. Alfred) .... **CZ** 37
Marne (Av. de la) .... **BZ** 39
Marseille (Quai de) .... **BZ** 40
Menin (R. de) .... **BXY**
Millet (Av. Jean) .... **AY** 42
Moulin-Fagot (R. du) .... **BY** 43
Nationale (R.) .... **ABY**
Péri (R. Gabriel) .... **BY** 45
Petit-Village (R. du) .... **AY** 46
Pompidou (Av. G.) .... **BZ** 48
Pont-de-Neuville (R. du) .... **CX** 49
République (Pl. de la) .... **BY** 51
Résistance (Pl. de la) .... **BY** 52
Ribot (R. Alexandre) .... **BY** 54
Roosevelt (R. F.) .... **BY** 55
Roussel (Pl. Ch.-et-A.) .... **BY** 57
St-Jacques (R.) .... **BY** 58
Sasselange (R. Ed.) .... **BZ** 60
Testelin (R. A.) .... **CX** 61
Thiers (R.) .... **BZ** 63
Tournai (R. de) .... **BY** 64
Turenne (R.) .... **BZ** 66
Ursulines (R. des) .... **BYZ** 68
Victoire (Pl. de la) .... **BZ** 69
Wailly (R. de) .... **BY** 70
Wattine (R. Ch.) .... **BZ** 72

WATTRELOS

Vaneslander (R. M.) .... **CZ** 67

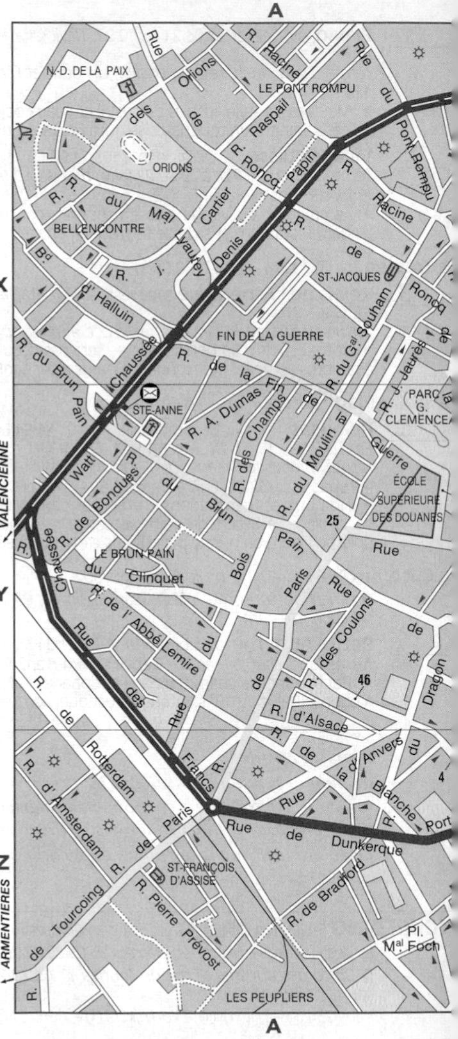

Ibis, r. Carnot ✆ 03 20 24 84 58, *H0642@accor-hotels.com, Fax 03 20 26 29 58* – AE GB **BZ** s

Repas 18, enf. 6 – 6 – **102 ch** 44/55.

◆ Cet immeuble bénéficie d'une situation centrale convenant à ceux qui souhaitent profiter de l'animation urbaine. Préférez les chambres rénovées. La carte du restaurant propose des recettes traditionnelles françaises et quelques plats un peu plus exotiques.

Baratte, 395 r. Clinquet ✆ 03 20 94 45 63, *la.baratte@wanadoo.fr, Fax 03 20 03 41 84,* – AE GB plan de Lille **HR** d

fermé 26 avril au 2 mai, 2 au 29 août, sam. midi, dim. soir et lundi – **Repas** 19/82 bc.

◆ Murs de briques, charpente, cheminées, tableaux colorés : la salle, d'esprit rustique, vient d'être rafraîchie. Les tables proches de la baie vitrée donnent sur le jardin.

Pour les grands voyages d'affaires ou de tourisme,
Guide MICHELIN : EUROPE.

La TOUR D'AIGUES 84240 Vaucluse **332** G11 *G. Provence* – 3 860 h alt. 250.

🛈 *Office de tourisme, Le Château* ☎ 04 90 07 50 29, Fax 04 90 07 35 91.

Paris 752 – Aix-en-Provence 29 – Apt 35 – Avignon 81 – Digne-les-Bains 92.

🏠 **Les Fenouillets,** rte de Pertuis : 1 km ☎ 04 90 07 48 22, *mail@lesfenouillets.com,* Fax 04 90 07 34 26, 🌳, ⅃, 🐾 – 📺 🕭 🅿 🖭 ⅁ⅇ 🄯🄲🄱, 🛠 rest

1ᵉʳ avril-31 oct. – **Repas** *(1ᵉʳ avril-15 oct.)* (dîner seul.) 24/26 ⅄ – 🖵 10 – **16 ch** 58/62 – ½ P 62,50/79.

◆ Cette accueillante maison du pays d'Aigues est entourée par un paisible jardin. Chambres provençales impeccablement tenues. Salle à manger spacieuse et claire ; terrasse ouverte sur la verdure et bercée par le chant des cigales.

✗ **Auberge de la Tour,** r. A. de Tres, ☏ 04 90 07 34 64, Fax 04 90 07 34 64 – ▥. **GB**
fermé vacances de toussaint, de fév. sam.midi, dim. soir et lundi – **Repas** 16 bc/23, enf. 9,50 ✦.
♦ À proximité de l'église du bourg, restaurant tout simple au décor rustique et à l'ambiance décontractée, où se mitonnent des petits plats fleurant bon la Provence.

La TOUR-D'AUVERGNE 63680 P.-de-D. **326** D9 G. Auvergne – 719 h alt. 1000.
🛈 Office de tourisme, rue de la Pavade ☏ 04 73 21 79 78, Fax 04 73 21 79 70, otsa@sancy-artense.com.
Paris 477 – Clermont-Ferrand 58 – La Bourboule 13 – Issoire 60.

Terrasse, ☏ 04 73 21 50 29, Fax 04 73 21 56 60 – ▥ ✦. **GB**
ouvert vacances de printemps, 1er mai-30 sept., vacances de Noël et de fév. – **Repas** 10/22, enf. 7 ✦ – ⊑ 6 – **28 ch** 28/47 – ½ P 38/42.
♦ Au cœur du village, imposante maison du début du 18e s. restaurée. La salle des petits-déjeuners a conservé son cadre d'origine. Le salon TV ressemble à un petit cinéma. Cuisine régionale sans façon à déguster dans une salle de style pension de famille.

TOUR-DE-FAURE 46 Lot **337** G5 – rattaché à St-Cirq-Lapopie.

La TOUR-DE-SALVAGNY 69 Rhône **327** H5 – rattaché à Lyon.

La TOUR-DU-PIN ◁▷ 38110 Isère **333** F4 G. Vallée du Rhône – 6 553 h alt. 350.
🛈 du Château de Faverges à Faverges-de-la-Tour ☏ 04 74 88 89 51, E : 9 km par N 516.
🛈 Office de tourisme, rue de Châbons ☏ 04 74 97 14 87, Fax 04 74 83 34 74, tourisme.la tourdupin@wanadoo.fr.
Paris 516 – Grenoble 67 – Aix-les-Bains 57 – Chambéry 51 – Lyon 55 – Vienne 57.

à St-Didier-de-la-Tour Est : 3 km par N 6 – 1 419 h. alt. 380 – ⊠ 38110 :

✗✗✗ **Lac - Christian Poulet,** bord du lac ☏ 04 74 97 25 53, christian.poulet.@wanadoo.fr, Fax 04 74 97 01 93, ≤, ☞ – ▤ **P. AE ⓪ GB JCB**
fermé 4 au 18 sept., 15 au 30 janv., dim. soir, mardi et merc. – **Repas** (17) - 26 (déj.), 34/64 et carte 50 à 68 ♀ ♣.
♦ À la campagne, pavillon et sa terrasse sous les platanes, paressant au bord d'un lac. Salle à manger-véranda cossue. Cuisine au goût du jour et joli choix de côtes-du-rhône.

à Faverges-de-la-Tour Est : 10 km par N 516 et D 145c – 1 107 h. alt. 394 – ⊠ 38110 :

🏨 **Château de Faverges de la Tour** ❧, ☏ 04 74 97 42 52, faverges@relaischateaux.fr, Fax 04 74 88 86 40, ≤, ☞, ♨, ✗, ♨ – ╬ ▤ ▥ **P** – ♨ 70. **AE ⓪ GB JCB**. ✾ rest
16 mai-16 oct. – **Repas** (fermé mardi midi, merc. midi et lundi) 55/95 ♀ – ⊑ 20 – **37 ch** 170/425 – ½ P 147,50/315.
♦ Dans un parc bucolique à souhait - avec golf privé -, délicieuse demeure patricienne du 19e s. flanquée d'une tour, où chaque chambre est unique. Le restaurant occupe les anciennes caves du château. Terrasse fleurie et ombragée ; cuisine au goût du jour.

TOURNEFEUILLE 31 H.-Gar. **343** G3 – rattaché à Toulouse.

TOURNOISIS 45310 Loiret **318** G3 – 309 h alt. 130.
Paris 129 – Orléans 29 – Châteaudun 25 – Beaugency 34 – Blois 66.

✗ **Relais St-Jacques** avec ch, ☏ 02 38 80 87 03, Fax 02 38 80 81 46 – ▥ **P. GB**
fermé vacances de fév., dim. soir et lundi – **Repas** 15,70/33,30, enf. 8 – ⊑ 5,40 – **5 ch** 33/39,20 – ½ P 41/58,30.
♦ Relais de poste converti en accueillante auberge campagnarde. Plaisant intérieur avec belles poutres en chêne, pierres apparentes et flambées dans l'âtre en hiver.

TOURNON-SUR-RHÔNE 07 Ardèche **331** L3 – rattaché à Tain-Tournon.

TOURNUS 71700 S.-et-L. **320** J10 G. Bourgogne – 6 231 h alt. 193.
Voir Abbaye★★.
🛈 Office de tourisme, place Carnot ☏ 03 85 27 00 20, Fax 03 85 27 00 21, ot.tournus @wanadoo.fr.
Paris 360 ① – Chalon-sur-Saône 28 ① – Bourg-en-Bresse 70 ② – Mâcon 37 ②.

🏨 **Hôtel de Greuze** 🐾 sans rest, 5, pl. de l'Abbaye **(e)** ℰ 03 85 51 77 77, Fax 03 85 51 77 23 – 📳 🛗 📺 ☎ **P** – ᐃ 15. ᴀᴇ ⑩ ɢʙ ᴊᴄʙ
fermé 14 nov. au 7 déc. – 🍽 20 – **21 ch** 130/285.
● Dominée par le clocher de St-Philibert, grande maison bressane rénovée, où chaque chambre adopte un style différent : Louis XVI, Directoire, Empire... Distingué.

🏨 **Rempart**, 2 av. Gambetta **(x)** ℰ 03 85 51 10 56, *lerempart@wanadoo.fr*, Fax 03 85 51 77 22 – 📳 📺 ᐃ &, 🚗 **P** – ᐃ 40. ᴀᴇ ⑩ ɢʙ ᴊᴄʙ
Repas 28/68, enf. 18 ♀ – **Bistrot : Repas** *(14)*-16/24 ♂ – 🍽 10 – **31 ch** 63/125 – ½ P 74/136.
● Bâtisse du 15ᵉ s. bâtie sur l'ancien rempart de la ville. Les vastes chambres bénéficient d'une décoration soignée. La salle à manger est agrémentée des vestiges d'un cloître roman. Cave voûtée ou belle verrière, découverte l'été, au Bistrot.

🏨 **Paix**, 9 r. J. Jaurès **(k)** ℰ 03 85 51 01 85, *info@hotel-de-la-paix.fr*, Fax 03 85 51 02 30, 🌮 – ⇆, 📳 rest, 📺 ☎ &, 🚗 ɢʙ

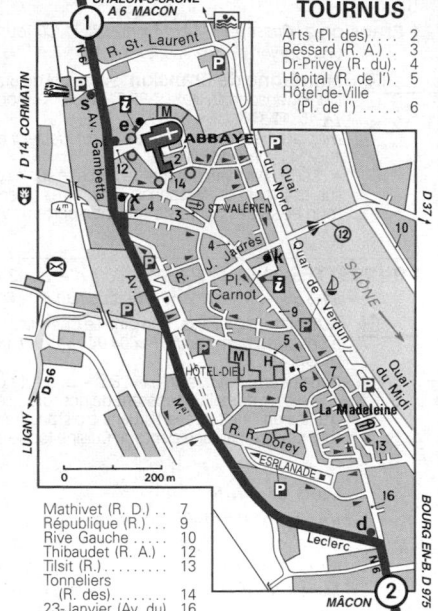

CHALON-S-SAÔNE A 6 MACON

TOURNUS

Arts (Pl. des)	2
Bessard (R. A.)	3
Dr-Privey (R. du)	4
Hôpital (R. de l')	5
Hôtel-de-Ville (Pl. de l')	6
Mathivet (R. D.)	7
République (R.)	9
Rive Gauche	10
Thibaudet (R. A.)	12
Tilsit (R.)	13
Tonneliers (R. des)	14
23-Janvier (Av. du)	16

fermé 26 oct. au 9 nov., 18 janv. au 15 fév., et mardi de sept. à juin – **Repas** 17/37, enf. 9 ♀ – 🍽 8,50 – **24 ch** 47/58 – ½ P 53/58.
● Non loin du musée Greuze, deux maisons distantes d'une centaine de mètres. Les chambres de l'annexe sont plus confortables et calmes. Plats du terroir et fondues ont les honneurs de cette table tournusienne.

🍴🍴🍴 **Rest. Greuze** (Couturier), 1 r. A. Thibaudet **(e)** ℰ 03 85 51 13 52, *greuze@relaischateaux.com*, Fax 03 85 51 75 42 – 📳. ᴀᴇ ⑩ ɢʙ ᴊᴄʙ
fermé 14 nov. au 5 déc. – **Repas** 45/105 et carte 87 à 120.
● Véritable conservatoire de la grande tradition culinaire française : plaisante salle bourguignonne et incontournables spécialités de Jean Ducloux revisitées par un jeune chef.
Spéc. Pâté en croûte "Alexandre Dumaine". Volaille de Bresse. Soufflé au Grand Marnier. **Vins** Mâcon-Villages.

🍴🍴 **Aux Terrasses** (Carrette) avec ch, 18 av. 23-Janvier **(d)** ℰ 03 85 51 01 74, *auxterrasses@wanadoo.fr*, Fax 03 85 51 09 99 – 📳 📺 ☎ 🚗 **P**. ɢʙ
fermé 8 au 14 juin, 16 au 23 nov., 4 janv. au 2 fév., dim. soir (sauf hôtel en juil.-août), mardi midi et lundi – **Repas** 20 (déj.), 25/54 et carte 36 à 54, enf. 10,50 ♀ – 🍽 7,50 – **18 ch** 56/64.
● Étape au charme provincial sur la N 6. Trois salles à manger d'une sobre élégance, où l'on savoure une cuisine traditionnelle complice du terroir. Chambres insonorisées.
Spéc. Pâté chaud de colvert. Sandre bardé au jambon du Morvan. Ris de veau meunière, jus au porto, poêlée de champignons. **Vins** Mâcon-Clessé, Givry.

🍴🍴 **Terminus** avec ch, 21 av. Gambetta **(s)** ℰ 03 85 51 05 54, Fax 03 85 51 79 11, 🌮 – 📳 📺 ☎ **P**. ɢʙ
fermé 22 déc. au 15 janv. et merc. hors saison – **Repas** 19/47 ♀ – 🍽 7,50 – **13 ch** 42/63 – ½ P 60.
● Maison du début du 20ᵉ s. proche de la gare. Un beau limonaire (1890) rythme les repas servis dans une salle à manger au mobilier de style Louis XVI. Chambres insonorisées.

à Lacrost *Est : 2 km par D 37 ou D 975 – 598 h. alt. 170 –* ✉ *71700 :*

🍴 **Petite Auberge**, ℰ 03 85 51 18 59, Fax 03 85 51 18 59 – ɢʙ
fermé 19 juin au 8 juil., 25 déc. au 4 janv., jeudi sauf du 1ᵉʳ nov. au 31 janv., dim. soir et lundi – **Repas** 11,80 (déj.), 16/33,50 ♀.
● Dans une ruelle étroite, auberge à l'ambiance familiale et au décor résolument rustique avec poutres, chaises paillées et sol carrelé. Cuisine traditionnelle.

1671

à Brancion *à l'Ouest par D 14 : 14 km* – ⊠ *71700 Tournus*.

Voir *Donjon du château* ⩽★.

🏨 **Montagne de Brancion** ⤶, au col de Brancion *ℰ 03 85 51 12 40, lamontagnedebran cion@wanadoo.fr, Fax 03 85 51 18 64*, ⩽ monts du Mâconnais, 斧, ⤒, 𝆏 – 🆃🆅 ⬩ 🄿 – 🄰 15. ⓞ 🅖🅱

mi-mars-début nov. – **Repas** *(fermé le midi en semaine)* 45/68, enf. 18 ⵣ – ⴢ 14 – **19 ch** 125/145 – ½ P 136/146.

♦ Cette charmante demeure perchée sur la colline face au vignoble offre une vue agréable sur les monts du Mâconnais. Chambres gaiement décorées. Salle à manger toute entière tournée sur les vignes s'étendant à perte de vue ; cuisine soignée.

TOURRETTES *83440 Var* 🄼🄻🄾 *P4 G. Côte d'Azur* – *2 180 h alt. 350.*

Paris 884 – Castellane 56 – Draguignan 31 – Fréjus 35 – Grasse 26.

🏨 **Auberge des Pins,** Domaine Le Chevalier, Sud : 2 km sur D 19 *ℰ 04 94 76 06 36, auberg e.des.pins@wanadoo.fr, Fax 04 94 76 27 50*, 斧, ⤒, 𝆏, ⵆ – cuisinette, ▤ rest, 🆃🆅 ⚅ 🄿. 🄰🄴 🅖🅱, ⵆ

Repas *(fermé dim. soir)* (19) - 28 ⵣ – ⴢ 9 – **12 ch** 57/90, 4 studios – ½ P 63/76.

♦ Dans un domaine disposant de nombreux équipements de loisirs, chambres actuelles et studios en duplex répartis dans trois pavillons. Le décor de la salle à manger rappelle en tout point le paysage alentour. Cuisine locale et grillades au feu de bois.

Dans ce guide

un même symbole, un même mot,

*imprimé en **rouge** ou en **noir**, en maigre ou en **gras**,*

n'ont pas tout à fait la même signification.

Lisez attentivement les pages explicatives.

TOURRETTES-SUR-LOUP *06140 Alpes-Mar.* 🄼🄻🄱 *D5 G. Côte d'Azur* – *3 870 h alt. 400.*

Voir *Vieux village*★ – ⩽★ *sur le village de la route des Quenières.*

🄱 *Office de tourisme, 5 route de Vence ℰ 04 93 24 18 93, Fax 04 93 59 24 40, ot @tourrettessurloup.com.*

Paris 929 – Nice 29 – Grasse 18 – Vence 6.

🏨 **Résidence des Chevaliers** ⤶ sans rest, rte Caire *ℰ 04 93 59 31 97, Fax 04 93 59 27 97*, ⩽ village et côte, ⤒, 𝆏 – ⵆ⣿ ⣿ 🄿. 🅖🅱. ⵆ

1er avril-1er oct. – ⴢ 12 – **12 ch** 110/180.

♦ Cette bâtisse en pierre joliment fleurie ménage une vue sur le village médiéval et sur la côte. Chambres de style rustique. Petit-déjeuner servi sur une plaisante terrasse.

🍴🍴 **Auberge de Tourrettes** avec ch, 11 rte Grasse *ℰ 04 93 59 30 05, info@aubergedetour rettes.fr, Fax 04 93 59 28 66*, ⩽, 斧, 𝆏 – 🆃🆅 ⚅ 🄿. 🄰🄴 ⓞ 🅖🅱

fermé 10 janv. au 10 fév. – **Repas** *(fermé merc. de juin à sept., mardi et merc. d'oct. à mai)* 29 (déj.), 45/58 ⵣ – **7 ch** ⴢ 112/130 – ½ P 96/105.

♦ Avenante maison dont la belle salle à manger ensoleillée et la terrasse offrent un panorama sur la vallée. Cuisine du marché, jardin d'herbes et belles chambres provençales.

🍴 **Médiéval,** 6 Grande rue *ℰ 04 93 59 31 63* – 🅖🅱

fermé 15 déc. au 15 janv., merc., jeudi et le soir de nov. à mars – **Repas** 18/36 ⵣ.

♦ Restaurant familial situé dans une ruelle du ravissant vieux village investi par artistes et artisans. Longue salle rustique où l'on sert une généreuse cuisine traditionnelle.

TOURS 🄿 *37000 I.-et-L.* 🄼🄻🄸 *N4 G. Châteaux de la Loire* – *132 820 h Agglo. 297 631 h alt. 60.*

Voir *Quartier de la cathédrale*★★ : *cathédrale St-Gatien*★★, *musée des Beaux-Arts*★★ – *la Psalette (cloître St-Gratien)*★, *Place Grégoire-de-Tours*★ – *Vieux Tours*★★★ : *place Plume-reau*★ , *hôtel Gouin*★, *rue Briçonnet*★ – *Quartier de St-Julien*★ : *musée du Compagnon-nage*★★, *Jardin de Beaune-Semblançay*★ BY K – *Musée des Équipages militaires et du Train*★ V M⁵ – *Prieuré de St-Cosme*★ O : 3 km V.

🛇 *de Touraine à Ballan-Miré ℰ 02 47 53 20 28, SO : 10 km par D 751;* 🛇 *d'Ardrée à St-Antoine-du-Rocher ℰ 02 47 56 77 38, N : 12 km par D 2.*

🛫 *de Tours-Val de Loire ℰ 02 47 49 37 00, NE : 7 km U.*

🄱 *Office de tourisme, 78-82 rue Bernard Palissy ℰ 02 47 70 37 37, Fax 02 47 61 14 22, info@ligeris.com.*

Paris 237 ③ – Angers 124 ⑬ – Bordeaux 346 ⑩ – Le Mans 84 ⑭ – Orléans 117 ③.

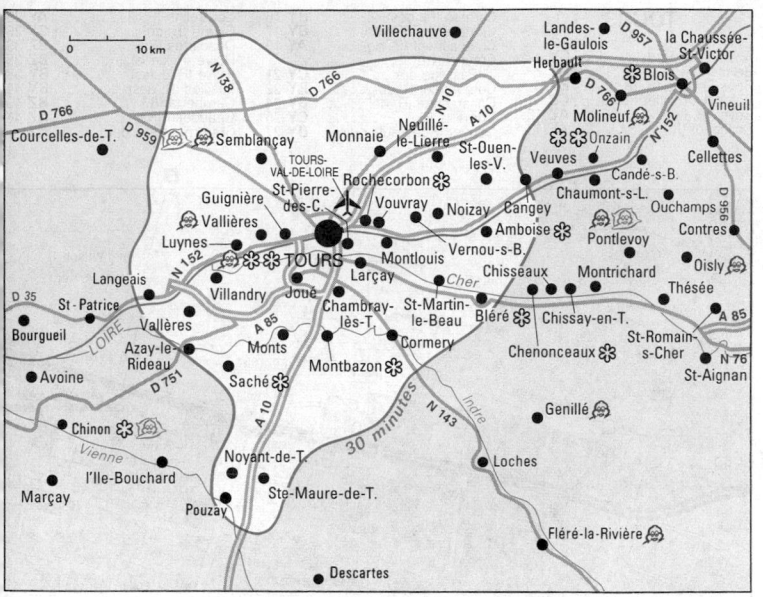

Jean Bardet ⚞, 57 r. Groison, 𝒞 02 47 41 41 11, *sophie@jeanbardet.com*, Fax 02 47 51 68 72, ≼, ⚒, ⚓ – ▤ TV 📞 P – ⚙ 30. AE ① GB JCB   U k
❀❀ fermé dim. soir et lundi de nov. à mars – **Repas** *(fermé dim. soir de nov. à mars, lundi sauf le soir d'avril à oct., sam. midi et mardi midi)* 65/150 et carte 95 à 130 ⚑ ⚘ – ⚏ 20 – **16 ch** 131/251, 5 suites.
♦ Pavillon Napoléon III (jolie véranda d'époque) et son extension récente édifiée dans le style tourangeau au cœur d'un vaste parc fleuri. Belles chambres personnalisées. Élégant restaurant et agréable terrasse. Cuisine inventive ; cave et potager remarquables.
Spéc. Consommé et raviole de crabe vert à l'encre de seiche. Barbu poché dans du lait de coco au combava. Cannelonni au chocolat, petites bananes caramélisées, coulis de cacao et sorbet menthe fraîche. **Vins** Vouvray, Bourgueil.

Univers, 5 bd Heurteloup, 𝒞 02 47 05 37 12, *hotel-univers-sa@wanadoo.fr*, Fax 02 47 61 51 80 – 🛗 ⛌ ▤ TV 📞 & ⚶ – ⚙ 20 à 120. AE ① GB JCB ⚘ rest CZ u
Touraine *(fermé dim. de nov. à mars et le midi du 15 juil. au 16 août)* **Repas** 27/32 & – ⚏ 17 – **77 ch** 185/255, 8 suites.
♦ Fleuron de la grande galerie : les superbes fresques représentent les visiteurs célèbres de l'hôtel depuis 1846. Chambres cossues, suites et appartements luxueux. Cuisine classique servie dans une salle à manger claire et confortable ; bar feutré.

Harmonie sans rest, 13 r. Joliot Curie, 𝒞 02 47 66 01 48, *quality.tours@wanadoo.fr*, Fax 02 47 61 66 38 – 🛗 ⛌ ▤ TV 📞 & ⚶ – ⚙ 15 à 30. AE ① GB   DZ b
fermé 20 déc. au 5 janv. – ⚏ 10 – **51 ch** 90.
♦ Un piano à queue agrémente le hall de cet hôtel récent situé dans une ruelle proche de la gare. Chambres garnies d'un mobilier en merisier ; celles du 4e étage ont un balcon.

Kyriad sans rest, 65 av. Grammont, 𝒞 02 47 64 71 78, *kyriad.tourscentre@wanadoo.fr*, Fax 02 47 05 84 62 – 🛗 TV 📞 & ⚶ – ⚙ 35. AE ① GB JCB   V s
⚏ 7,50 – **50 ch** 64/80.
♦ Chambres rénovées, égayées de couleurs chaleureuses et de meubles modernes. Petit-déjeuner servi dans une salle de style jardin d'hiver, coiffée d'une verrière.

Central Hôtel sans rest, 21 r. Berthelot, 𝒞 02 47 05 46 44, *bestwestern.centralhotel@wanadoo.fr*, Fax 02 47 66 10 26, ⚘ – 🛗 TV P – ⚙ 40. AE ① GB JCB   CY r
fermé 27 déc. au 3 janv. – ⚏ 11 – **38 ch** 73/150.
♦ Hôtel traditionnel idéalement placé au centre des curiosités et musées du vieux Tours. Chambres progressivement rajeunies (à réserver en priorité) et jardin intérieur.

1673

TOURS

Amandiers (R. des)	**CY**	4
Berthelot (R.)	**BCY**	7
Bons Enfants (R. des)	**BY**	8
Bordeaux (R. de)	**CZ**	
Boyer (R. Léon)	**AZ**	10
Briçonnet (R.)	**AY**	13
Carmes (Pl. des)	**BY**	16
Châteauneuf (Pl. de)	**BY**	17
Châteauneuf (R. de)	**AY**	18
Cœur-Navré (Passage du)	**CY**	21
Commerce (R. du)	**BY**	22
Constantine (R. de)	**BY**	24
Corneille (R.)	**CY**	25
Courier (Rue Paul-Louis)	**BY**	27
Courteline (R. G.)	**AY**	28
Cygne (R. du)	**CY**	29
Descartes (R.)	**BZ**	33
Dolve (R. de la)	**BZ**	35
Favre (R. Jules)	**BY**	38
Fusillés (R. des)	**BY**	41
Gambetta (R.)	**BZ**	43
Giraudeau (R.)	**AZ**	46
Grammont (Av. de)	**CZ**	

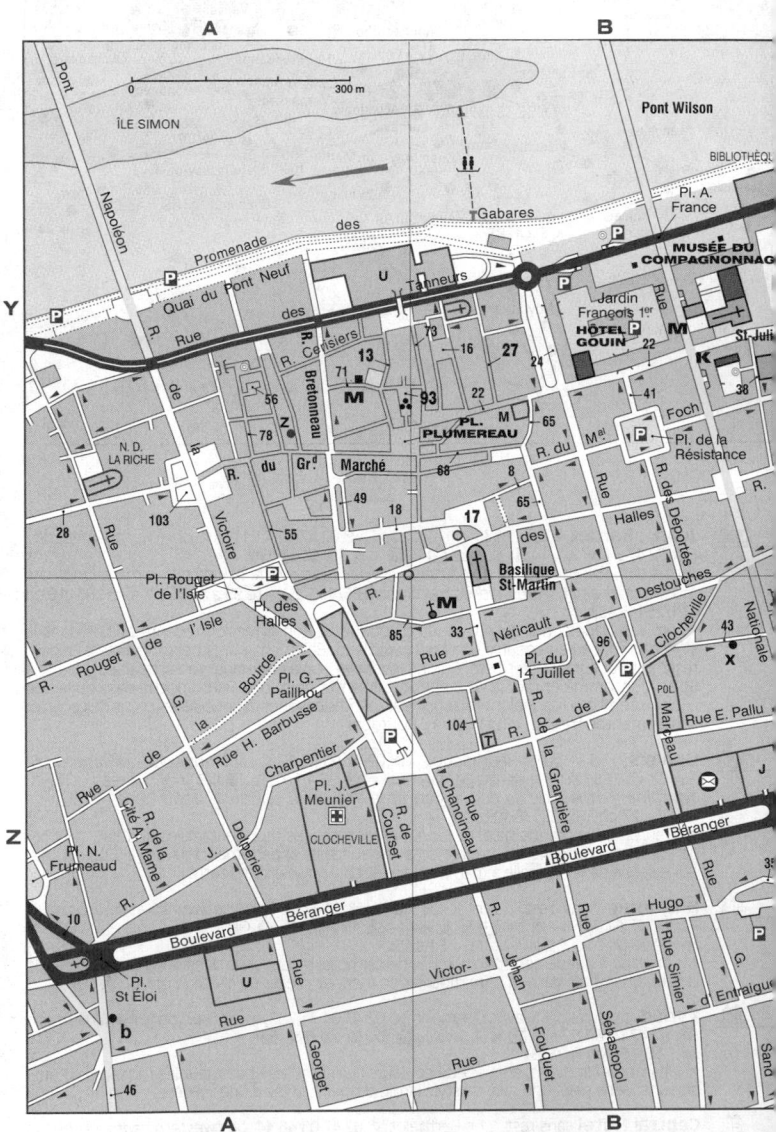

Les prix
Pour toutes précisions sur les prix indiqués dans ce guide,
reportez-vous aux pages explicatives.

Grand-Marché (Pl. du)	**AY** 49
Grand Passage	**CZ** 50
Grégoire-de-Tours (Pl.)	**DY** 52
Grosse-Tour (R. de la)	**AY** 55
Halles (Pl. des)	**AZ**
Halles (R. des)	**BY**
Herbes (Carroi aux)	**AY** 56
Lavoisier (R.)	**CY** 60
Marceau (R.)	**BYZ**

Marceau (R.)	**DY** 61
Merville (R. du Prés.)	**BY** 65
Meusnier (R. Gén.)	**DY** 66
Monnaie (R. de la)	**BY** 68
Mûrier (R. du)	**AY** 71
Nationale (R.)	**BYZ**
Paix (R. de la)	**BY** 73
Petit-Cupidon (R. du)	**DY** 77
Petit-St-Martin (R. du)	**AY** 78

Petites-Boucheries	
(Pl. des)	**DY** 80
Racine (R.)	**DY** 84
Rapin (R.)	**AZ** 85
St-Pierre-le-Puellier (Pl.) .	**ABY** 93
Scellerie (R. de la)	**BCY**
Sully (R. de)	**BZ** 96
Victoire (Pl. de la)	**AY** 103
Vinci (R. Léonard de)	**BZ** 104

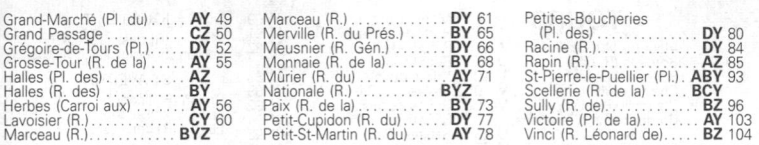

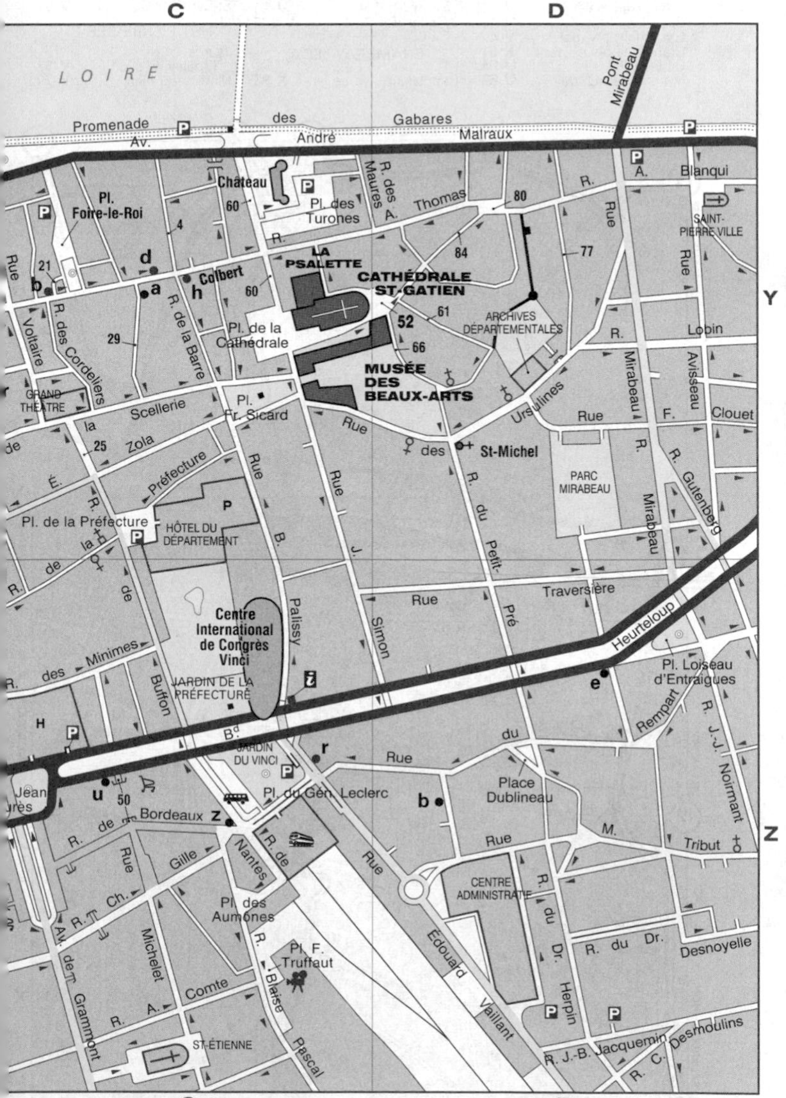

Si le coût de la vie subit des variations importantes,
les prix que nous indiquons peuvent être majorés.
Lors de votre réservation à l'hôtel, faites-vous préciser le prix définitif.

TOURS

Alouette (Av. de l') . . . . . . **X** 2
Bordiers (R. des) . . . . **U** 9
Boyer (R. Léon) . . . . **V** 10
Chevallier (R. A.) . . . . . . **V** 19
Churchill (Bd. W.) . . . . . . **V** 20
Compagnons d'Emmaüs
(Av. des) . . . . **U** 23
Eiffel (Av. Gustave) . . . . **U** 37
Gaulle
(Av. Gén. de) . . . . **V** 44
Giraudeau (R.) . . . . **V** 46
Grammont (Av. de) . . . . **V** 47
Grand-Sud (Av.) . . . . . . **X** 51
Groison (R.) . . . . **U** 54
Marmoutier (Q. de) . . . . **U** 63

Monnet (Bd J.) . . . . **V** 69
Portillon (Q. de) . . . . . . **U** 81
Proud'hon (Av.) . . . . . . **V** 82
République
(Av. de la) . . . . **U X** 87
St-Avertin (Rte de) . . . . **V** 89
St-François (R.) . . . . **V** 92
St-Sauveur (Pont) . . . . . **V** 94
Sanitas (Pont du) . . . . **VX** 95
Tonnelé (Bd) . . . . **V** 97
Tranchée (Av. de la) . . . **U** 98
Vaillant (R. E.) . . . . **V** 99
Wagner (Bd R.) . . . . . . **V** 105

CHAMBRAY-LÈS-T.

République (Av. de la) . . **X** 88

JOUÉ-LÈS-T.

Martyrs (R. des) . . . . . **X** 64
Verdun (R. de) . . . . . . **X** 102

ST-AVERTIN

Brulon (R. Léon) . . . . . . **X** 14
Lac (Av. du) . . . . **X** 58
Larçay (R. de) . . . . **X** 59

ST CYR-SUR-L.

St-Cyr (Q. de) . . . . **V** 91

ST PIERRE-DES-C.

Jaurès
(Boulevard Jean) . . . **V** 57
Moulin (R. Jean) . . . . . **V** 70

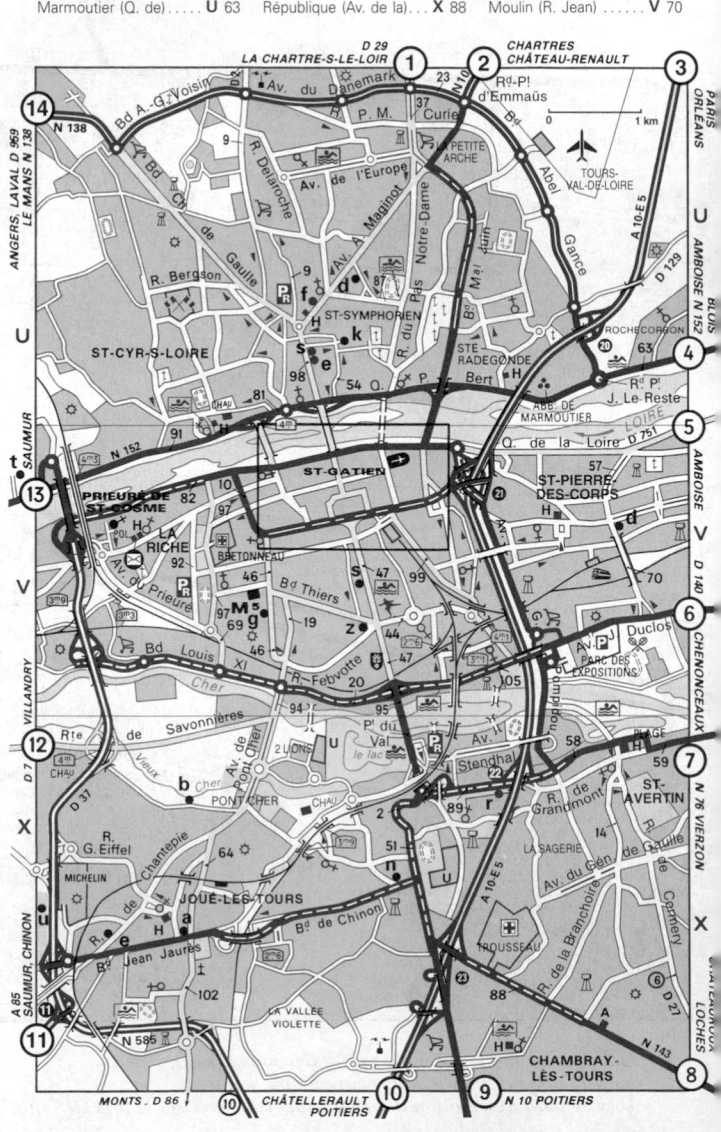

🏨 **Châteaux de la Loire** sans rest, 12 r. Gambetta ℰ 02 47 05 10 05, *hoteldeschateaux.to*
urs@wanadoo.fr, Fax 02 47 20 20 14 – 🛗 📺 📞 👤 🅿️ 🖭 ⑩ 🕮 🄹🄲🄱
BZ x
10 mars-20 nov. – 🍽 6,20 – **30 ch** 38,50/53.
◆ Nuits paisibles dans une rue calme du centre-ville. Certaines chambres profitent d'une
belle rénovation : couleurs provençales et jolies salles de bains. Salon bourgeois.

🏨 **Grand Hôtel** sans rest, 9 pl. Mar. Leclerc ℰ 02 47 05 35 31, *legrandhotel@wanadoo.fr,*
Fax 02 47 64 10 77 – 🛗 🐾 📺 📞 🖭 ⑩ 🕮 🄹🄲🄱
CZ z
fermé 18 déc. au 5 janv. – 🍽 12 – **111 ch** 70/90.
◆ Cette grande construction des années 1920 héberge des chambres d'ampleurs diverses, mais toutes confortables et bien tenues. Quelques vitraux égaient les salles de
bains.

🏨 **Mirabeau** sans rest, 89 bis bd Heurteloup ℰ 02 47 05 24 60, *Fax 02 47 05 31 09* – 🛗 📺
📞 🖭 ⑩ 🕮 🄹🄲🄱
DZ e
fermé 24 déc. au 2 janv. – 🍽 6,50 – **25 ch** 38/50.
◆ Vastes chambres personnalisées (meubles anciens), plaisante salle des petits-déjeuners
"rétro" et agréable jardinet : cet hôtel logé dans une bâtisse centenaire a du cachet.

🏨 **Express By Holiday Inn**, 247 r. Giraudeau ℰ 02 47 77 45 00, *hitoursexpress@alliance-h*
🚗 *ospitality.com, Fax 02 47 77 45 01* – 🛗 🐾 📺 📞 👤 🅿️ – 🛋 20 à 60. 🖭 ⑩ 🕮 🄹🄲🄱
V g
Repas *(fermé 15 juil. au 15 août et week-end en hiver)* (12) - 14 🍽 – **48 ch** 🍽 75 –
½ P 93/103.
◆ Étape pratique pour la clientèle d'affaires : salles de réunions modulables et petites
chambres douillettes pour évacuer le stress de la journée. Buffet de petits-déjeuners. La
simplicité caractérise tant le cadre de la salle à manger que la cuisine proposée.

🏨 **Italia** sans rest, 19 r. De Vildé ℰ 02 47 54 43 01, *Fax 02 47 54 87 43* – 📺 📞 🅿️ 🕮
U d
fermé 3 au 10 janv. – 🍽 7 – **20 ch** 30/45.
◆ Chambres rénovées (jolis tissus, parquet), véranda et jardinet ombragé pour les petits-
déjeuners : cet hôtel sis dans un quartier calme a beaucoup d'atouts. Accueil charmant.

🏨 **Relais St-Éloi**, 8 r. Giraudeau ℰ 02 47 38 18 19, *relais-st-eloi2@wanadoo.fr,*
Fax 02 47 39 05 38 – 🛗 🐾 🍴 rest, 📺 🚗 – 🛋 15 à 30. 🖭 ⑩ 🕮
AZ b
Repas 13 (déj.), 18/29 🍽 – 🍽 8 – **56 ch** 57/65 – ½ P 52,50.
◆ Immeuble récent disposant de petites chambres pratiques ; certaines, avec mezzanine,
conviennent particulièrement aux familles. Décor sans fioriture et entretien suivi. Salle à
manger au cadre actuel ; en cuisine, on interprète un répertoire traditionnel.

🏨 **Cygne** sans rest, 6 r. Cygne ℰ 02 47 66 66 41, *hotelcygne.tours@wanadoo.fr,*
Fax 02 47 66 05 13 – 📺 📞 🚗 🖭 ⑩ 🕮 🄹🄲🄱
CY a
fermé Noël au Jour de l'An – 🍽 7 – **18 ch** 40/65.
◆ L'un des plus vieux hôtels de Tours (18ᵉ s.). Les chambres, refaites, ont conservé leur
cachet ancien. Belle cheminée du 16ᵉ s. dans le salon. Sympathique ambiance familiale.

❌❌❌❌ **Charles Barrier**, 101 av. Tranchée ⊠ 37100 ℰ 02 47 54 20 39, *Fax 02 47 41 80 95*, 🍴 –
🏵 🍽 🅿️ 🖭 ⑩ 🕮 🄹🄲🄱
U e
fermé sam. midi et dim. sauf fêtes – **Repas** 23/75 et carte 63 à 83 🍽.
◆ L'élégante décoration contemporaine, la jolie véranda et le jardinet fleuri ajoutent à
l'atmosphère raffinée de cette belle demeure bourgeoise. Cuisine régionale soignée.
Spéc. Grosses langoustines croquantes aux saveurs d'épices. Pied de cochon farci au ris
d'agneau et aux truffes. Lièvre à la royale (saison). **Vins** Montlouis, Bourgueil.

❌❌❌ **La Roche Le Roy** (Couturier), 55 rte St-Avertin ⊠ 37200 ℰ 02 47 27 22 00, *laroche.leroy*
🏵 *@wanadoo.fr, Fax 02 47 28 08 39*, 🍴 – 🅿️ 🖭 ⑩ 🕮
X r
fermé 1ᵉʳ au 25 août, vacances de fév., dim. et lundi – **Repas** 29 (déj.), 44/63 et carte 51 à
68, enf. 14 🍽.
◆ Cette charmante gentilhommière tourangelle vous invite à goûter, dans une atmosphère intime, des spécialités culinaires renouvelées au fil des saisons. Agréable terrasse.
Spéc. Escalope de foie gras poêlé aux lentilles du Puy. Dos de sandre rôti sur peau, beurre
blanc et pain d'épices. Soufflé à l'orange. **Vins** Vouvray, Chinon.

❌❌ **L'Odéon**, 10 pl. Gén. Leclerc ℰ 02 47 20 12 65, *restaurant.odeon@libertysurf.fr,*
Fax 02 47 20 47 58 – 🍴 🖭 ⑩ 🕮 🄹🄲🄱
CZ r
fermé 2 au 22 août et dim. – **Repas** 19,50/45 🍽.
◆ Sympathique restaurant ouvert en 1893 - situé à proximité de la gare. Plusieurs
fresques aux chatoyantes couleurs égaient la salle à manger de style Art déco.

❌ **Cap Sud**, 88 r. Colbert ℰ 02 47 05 24 81 – 🕮
CY d
🚗 *fermé 1ᵉʳ au 22 sept., 21 déc. au 5 janv., dim et lundi* – **Repas** 18/39 🍽.
◆ Cap au Sud, direction la Provence ! Poutres et murs aux tons vifs, tableaux contemporains : le cadre est aussi ensoleillé que la cuisine. Accueil souriant.

❌ **Petit Patrimoine**, 58 r. Colbert ℰ 02 47 66 05 81 – 🕮
CY b
🚗 *fermé dim midi* – **Repas** (8,50) - 12/26 🍽.
◆ L'enseigne est un clin d'oeil au livre de cuisine rédigé par la grand-mère du maître des
lieux. Vieilles pierres, photos anciennes et plats du terroir font bon ménage.

✗ **Rif,** 12 av. Maginot ⊠ 37100 ℰ 02 47 51 12 44, *Fax 02 47 51 14 50* – 🖳. **GB**　　U　f
fermé 21 juil. au 21 août, dim. et lundi – **Repas** 21,50 bc/25 bc, enf. 7.
   ◆ Cuisine nord-africaine assortie d'un décor typique égayé de nombreux bibelots marocains et de "lampes-poteries" diffusant une agréable lumière. Accueil aimable.

✗ **L'Atelier Gourmand,** 37 r. Étienne Marcel ℰ 02 47 38 59 87, atelier.gourmand@wanad
oo.fr, Fax 02 47 37 66 12, � 🚗 **AE** **GB**　　　　　　　　　　　　　　　　　AY　z
fermé 15 déc. au 5 janv., sam. midi, lundi midi et dim. – **Repas** (8,50) - 17 ♓.
   ◆ Cette maison (15ᵉ s.) du vieux Tours héberge un charmant petit restaurant. Salle à
manger sagement rustique. Plaisante terrasse dressée dans une cour intérieure.

✗ **Charolais (Chez Jean-Michel),** 123 r. Colbert ℰ 02 47 20 80 20, Fax 02 47 66 66 25 –
🖳. **GB**　　　　　　　　　　　　　　　　　　　　　　　　　　　　　　　　CY　h
fermé 30 avril au 9 mai, 1ᵉʳ au 22 août, 24 déc. au 3 janv., sam., dim. et fériés – **Repas** (11) - 14
(déj.), 19,50/26 ♓.
   ◆ Coquet bistrot proposant carte traditionnelle ou menu du marché - à découvrir
sur ardoise - et une intéressante sélection de vins proposés en bouteille, en pot ou au
verre.

✗ **Bistrot de la Tranchée,** 103 av. Tranchée ⊠ 37100 ℰ 02 47 41 09 08,
Fax 02 47 41 80 95 – 🖳. **AE** **①** **GB**　　　　　　　　　　　　　　　　　U　s
fermé 31 juil. au 23 août, dim. et lundi – **Repas** 11,90/28, enf. 7,50 ♓.
   ◆ Belle façade en bois, décor simple et chaleureux, plats traditionnels et suggestions du
jour à l'ardoise : ce sympathique bistrot fait souvent salle comble, notamment à midi.

par ② : 9 km :

🏨 **Mercure,** r. Aviation (Z.I. Milletière) ⊠ 37100 Tours ℰ 02 47 49 55 00, H1572@accor-hotels
.com, Fax 02 47 49 55 25, 🌴, 🏊, – 🛗 📺 ✆ 🕭 🅿 – 🔏 20 à 200. **AE** **①** **GB** **JCB**
Les Vignes : **Repas** (13)-15/43 ♓, enf. 8 – 🍴 10 – **93 ch** 82/99.
   ◆ À proximité de l'accès autoroutier, bâtiment à l'architecture moderne abritant
des chambres spacieuses et fonctionnelles. Décor très sobre mais tenue rigoureuse. Restaurant éclairé par de grandes baies vitrées et cuisine traditionnelle ancrée dans le
terroir.

✗✗ **L'Arche de Meslay,** 14 r. Ailes ⊠ 37210 Parçay-Meslay ℰ 02 47 29 00 07,
Fax 02 47 29 04 04 – 🅿. **AE** **GB**
fermé 1ᵉʳ au 25 août, dim. et lundi sauf fériés – **Repas** 14/38, enf. 10 ♓.
   ◆ Le murmure d'une ravissante fontaine et la majesté d'une colonnade dressée au
centre du restaurant forment un cadre séduisant. Menus régionaux variant au gré des
saisons.

à Rochecorbon par ④ : 6 km – 2 982 h. alt. 58 – ⊠ 37210 :

🏨 **Les Hautes Roches,** 86 quai Loire ℰ 02 47 52 88 88, hautes.roches@wanadoo.fr,
🕃 Fax 02 47 52 81 30, ≤, 🌴, 🏊, 🚗 – 🛗 📺 ✆ 🅿 – 🔏 15. **AE** **①** **GB** **JCB**. 🛠 rest
fermé 19 janv. au 26 mars – **Repas** (fermé dim. soir de nov. à avril, mardi midi, merc. midi et
lundi) 46/65 et carte 56 à 81 ♓ – 🍴 17 – **15 ch** 125/255 – ½ P 137,50/202,50.
   ◆ Cet insolite castel du 18ᵉ s. surplombant la Loire était autrefois un monastère (le bar
actuel occupe l'ancienne cuisine d'été). Belles chambres parfois troglodytiques. Élégante
salle de restaurant et sa délicieuse terrasse panoramique tournée vers le fleuve.
Spéc. Foie gras de canard à la façon d'un nougat. Poissons au beurre blanc nantais. Tarte
fine aux pommes caramélisées. **Vins** Vouvray demi-sec, Chinon

✗✗ **L'Oubliette,** rte Parcey-Meslay ℰ 02 47 52 50 49, 🌴 – 🅿. **GB**
*fermé 25 août au 3 sept., 27 oct. au 3 nov., 23 fév. au 15 mars, dim. soir, lundi et merc. hors
saison* – **Repas** 24/52, enf. 13 ♓.
   ◆ Une jolie cour fleurie précède cette maison de style régional nichée au coeur du village.
Cuisine classique servie dans une pittoresque salle à manger creusée dans la roche.

✗✗ **Lanterne,** 48 quai Loire ℰ 02 47 52 50 02, aubergelalanterne@wanadoo.fr,
Fax 02 47 52 54 46, 🌴 – 🖳 🅿. **AE** **GB** **JCB**. 🛠
fermé 15 au 23 nov., mi-janv. à mi-fév., mardi soir d'oct. à juin, dim. soir et lundi – **Repas** (16)
- 21,40/44,50 ♓.
   ◆ Imposante maison tourangelle adossée à un coteau sur lequel se dressent les vestiges
du château de Corbon. Agréable terrasse fleurie. Cuisine classique.

à St-Pierre-des-Corps Est : 3,5 km - **V** – 15 773 h. alt. 48 – ⊠ 37700 :

🏠 **Skippy Dancotel,** 10 r. J. Moulin ℰ 02 47 44 44 67, Fax 02 47 63 19 47 – 🛗, 🖳 rest, 📺
✆ 🅿 – 🔏 25 à 120. **AE** **GB**　　　　　　　　　　　　　　　　　　　　　　V　o
Repas (fermé dim. soir) 11,50/20 ♟ – 🍴 7,50 – **30 ch** 46/51 – ½ P 38.
   ◆ Proche de la gare TGV, hôtel aux chambres fonctionnelles décorées dans le goût des
années 1980, mais très bien tenues. Vaste salle aménagée pour réceptions et séminaires.
Un petit côté japonisant caractérise le décor du restaurant ; recettes traditionnelles.

à Chambray-lès-Tours *Sud, par rte de Poitiers : 6,5 km -* X *– 10 275 h. alt. 90 –* ⊠ *37170 :*

🏨 **Novotel**, Z.A.C. La Vrillonnerie - N 10, ℰ 02 47 80 18 10, *h0453@accor-hotels.com*, Fax 02 47 80 18 18, 斎, ⏛, – ⊫ ⇔ ▤ ▣ ✆ 🅿 – 🔥 20 à 80. 🆎 ⊚ 🅶🅱 ᴊᴄʙ
Repas carte 25 à 35, enf. 8 ♀ – ⊡ 11 – **127 ch** 82/100.
* Hôtel aux abords verdoyants et aux chambres en majorité rénovées, commode pour une étape aux portes de Tours. Équipements conformes aux normes de la chaîne. De larges baies éclairent le restaurant tourné vers la piscine ; carte type "Novotel".

à Joué-lès-Tours *Sud-Ouest, par rte de Chinon : 5 km – 36 517 h. alt. 65 –* ⊠ *37300 :*

🄱 *Office de tourisme, 39 avenue de la République* ℰ *02 47 80 05 97, Fax 02 47 80 05 97, officetourismejouelestours@wanadoo.fr.*

🏨 **Château de Beaulieu** ♨, 67 r. Beaulieu ℰ 02 47 53 20 26, *chateaudebeaulieu@wanad oo.fr*, Fax 02 47 53 84 20, ≼, 斎, ♣ – ▤ ▣ ✆ 🅿 – 🔥 25 à 80. 🆎 🅶🅱   X b
Repas 27 (déj.), 37/70 – ⊡ 12 – **19 ch** 75/132 – ½ P 85/110.
* Un parc paysager entoure cette gentilhommière du 18ᵉ s. dont la vue s'étend jusqu'à la cité tourangelle. Mobilier de style dans des chambres spacieuses (10 dans un pavillon). Élégante salle à manger bourgeoise, cuisine classique et bon choix de vins.

🏨 **Chéops**, 75 bd J. Jaurès ℰ 02 47 67 72 72, *hotel.cheops@wanadoo.fr*, Fax 02 47 67 85 38
⊗ – ⫯, ▤ rest, ▣ ✆ ⏛ ⇔ 🅿 – 🔥 25. 🆎 ⊚ 🅶🅱   X a
Repas *(fermé vend., sam. et dim. du 8 oct. au 4 avr.)* (dîner seul.) (12) - 15, enf. 6,60 ♀ – ⊡ 6,50 – **58 ch** 60/64 – ½ P 50.
* Au centre de Joué, hôtel récent intégré à un ensemble résidentiel et commercial. Petites chambres très gaies (couleurs vives, fer forgé) et hall-salon décoré à la provençale. Salle à manger agréablement lumineuse et garnie d'un mobilier de type bistrot.

🏨 **Parc** sans rest, 17 bd Chinon ℰ 02 47 25 15 38, *toursparc.hotel@wanadoo.fr*, Fax 02 47 25 11 43 – ⫯ ▣ 🅿 – 🔥 20. 🆎 ⊚ 🅶🅱 ᴊᴄʙ   X n
fermé vacances de fév. et week-ends en hiver – ⊡ 6,50 – **30 ch** 54/62.
* Immeuble des années 1970 dont les chambres, bien tenues et efficacement protégées des bruits de la circulation, profitent parfois d'un cadre rajeuni.

🏨 **Ariane** sans rest, 8 av. Lac par ⑪ ℰ 02 47 67 67 60, *hotel.ariane@wanadoo.fr*, Fax 02 47 67 33 36, ⏛, – ▣ ✆ ⏛ 🅿 – 🔥 25. ⊚ 🅶🅱
fermé 18 déc. au 3 janv. – ⊡ 7,50 – **32 ch** 63/65.
* En lisière de forêt et proches d'un lac, petites chambres fraîches et fonctionnelles, garnies de meubles en rotin. Table bienvenue en été ; aire de jeux pour les enfants.

🏨 **Chantepie** sans rest, r. Chantepie ℰ 02 47 53 06 09, *chantepi@wanadoo.fr*, Fax 02 47 67 89 25 – ▣ ✆ 🅿. ⊚ 🅶🅱   X e
fermé 17 déc. au 3 janv., vend., sam. et dim. de nov. à mars – ⊡ 10 – **28 ch** 48/59.
* Petit immeuble situé dans un quartier pavillonnaire assez calme. Chambres sans fioriture mais bien tenues ; certaines donnent sur un jardinet. Accueil tout sourire.

à La Guignière *par* ⑬, *rte de Langeais : 4 km –* ⊠ *37230 Fondettes :*

🏨 **Manoir** sans rest, N 152 ℰ 02 47 42 04 02, *Fax 02 47 49 79 29*, ≼ – ▣ ✆ ⇔. 🅶🅱   V t
⊡ 4,50 – **16 ch** 32/37.
* Ce pavillon bénéficie de la tranquillité d'un quartier résidentiel. Chambres rajeunies par étapes et bien tenues ; certaines ont une jolie vue sur le fleuve. Accueil familial.

à Vallières *par* ⑬, *rte de Langeais : 8 km –* ⊠ *37230 Fondettes :*

🍴 **Auberge de Porc Vallières**, N 152 ℰ 02 47 42 24 04, *Fax 02 47 49 98 83* – 🅶🅱
⊛ *fermé 11 août au 4 sept., 23 fév. au 8 mars, mardi soir hors saison, dim. soir, lundi soir et merc.* – **Repas** (14) - 16 (déj.)/20, enf. 10 ♀.
* Friture et pied de cochon figurent parmi les spécialités de cette sympathique maison transformée en auberge champêtre sur la levée de la Loire. Décor d'objets chinés.

TOURS-SUR-MARNE 51150 Marne �303 G8 – 1 207 h alt. 79.
Paris 156 – Reims 29 – Châlons-en-Champagne 25 – Épernay 14.

🍴🍴 **Touraine Champenoise** avec ch, r. Magasin ℰ 03 26 58 91 93, *touraine-champenoise @wanadoo.fr*, Fax 03 26 58 95 47, 斎 – ▣ ✆ ⇔. 🆎 🅶🅱
fermé 1ᵉʳ au 15 janv. – **Repas** 19,20/45 ♀ – ⊡ 10 – **8 ch** 49,60/52,60 – ½ P 55,50.
* Au bord du canal, maison de pays tenue par la même famille depuis 1907. Cuisine du terroir servie dans une salle à manger gaiement rustique. Chambres campagnardes simples.

TOURTOUR 83690 Var �340 M4 *G. Côte d'Azur* – 472 h alt. 652.
Voir *Église* ❋★.
🄱 *Office de tourisme, Château Communal* ℰ *04 94 70 59 47, Fax 04 94 70 59 47, tourisme-.tourtour@free.fr.*
Paris 827 – Aups 10 – Draguignan 17 – Salernes 11.

Bastide de Tourtour ⊗, rte de Flayosc *ℰ* 04 98 10 54 20, *bastide@verdon.net*, Fax 04 94 70 54 90, ≤ massif des Maures, 徐, 玉, ※, 旦 – 勇 ‰ ⊡ 占 P – 益 30. 匹 ⓪ ⊞ ЈСВ, ※

Repas *(fermé le midi du lundi au vend. du 1ᵉʳ sept. au 1ᵉʳ juil. sauf fériés)* 24,50/49 ⅀ – ⥥ 23 – **25 ch** 152/241 – ½ P 131/173.

♦ Bastide provençale juchée sur une colline, au milieu des chênes et des pins. Chambres personnalisées, parfois dotées d'une loggia. Belle salle à manger voûtée (réservée aux non-fumeurs) et idyllique terrasse ombragée. Bar-fumoir. Recettes classiques.

Petite Auberge ⊗, rte Flayosc par D 77 : 1,5 km *ℰ* 04 98 10 26 16, *piju2@wanadoo.fr*, Fax 04 98 10 26 50, ≤ massif des Maures, 徐, 玉 – ⊡ P. 匹 ⓪ ⊞ ЈСВ

fermé 15 nov. au 26 déc. – **Repas** *(fermé du lundi au vendredi)* (dîner seul.) 25/54 ⅀ – ⥥ 10 – **8 ch** 87/162, 3 suites – ½ P 75/112.

♦ Construction de type mas entourée d'une luxuriante végétation. Chambres spacieuses ; quatre d'entre elles, récentes et séduisantes, jouxtent la piscine. Élégante salle à manger bourgeoise avec cheminée en pierre et terrasse tournée vers le massif des Maures.

Auberge St-Pierre ⊗, Est : 3 km par D 51 et rte secondaire *ℰ* 04 94 70 57 17, *auberge stpierre@wanadoo.fr*, Fax 04 94 70 59 04, ≤, 徐, 𝕗ₛ, 玉, 🛲, ※ – ⊡ P. – 益 25. ⊞

4 avril-17 oct. – **Repas** *(fermé lundi midi, mardi midi, jeudi midi et merc. sauf fériés)* 23/31 ⅀ – ⥥ 9 – **16 ch** 80/92 – ½ P 67,80/78,10.

♦ Au sein d'un vaste domaine agricole, auberge du 16ᵉ s. aménagée près de l'ancienne bergerie et de la chapelle. Chambres avec loggia face à la nature. Salle à manger d'esprit rustique prolongée d'une belle terrasse ouvrant sur la campagne.

Mas des Collines ⊗, par rte Villecroze (D 51) et rte secondaire : 2,5 km *ℰ* 04 94 70 59 30, *lemasdescollines@wanadoo.fr*, Fax 04 94 70 57 62, ≤ massif des Maures, 徐, 玉, 🛲 – ☰ ⊡ ✆ 占 P. ⊞

Repas *(fermé 3 nov. au 10 avril et midi)* (résidents seul.) 22/25 ⅃ – ⥥ 5 – **7 ch** 85 – ½ P 68.

♦ Nom évocateur pour cet hôtel perdu en pleine nature. Les chambres fonctionnelles et dotées de balcons et la piscine profitent pleinement du splendide panorama.

Les Chênes Verts (Bajade) ⊗ avec ch, rte Villecroze par D 51 : 2 km *ℰ* 04 94 70 55 06, Fax 04 94 70 59 35, 🛲 – ⊡ ✆ P. ⊞

fermé juin, mardi et merc. – **Repas** (nombre de couverts limité, prévenir) 48/140 et carte 71 à 112 – ⥥ 15 – **3 ch** 100/120.

♦ Maison provençale un peu isolée dans un joli cadre forestier. La cuisine régionale, à l'instar du jovial patron, ne manque pas de caractère. Spécialités de truffes.

Spéc. Ecrevisses sautées persillées. Truffes noires du pays en feuilleté. Noisettes d'agneau et beurreck de pois chiches. **Vins** Côtes de Provence.

L'Amandier, pl. Ormeaux *ℰ* 04 94 70 56 64, Fax 04 94 70 54 81, 徐 – ⊞

fermé 15 au 30 nov., 15 au 30 janv., dim. soir hors saison, mardi midi et lundi – **Repas** 37.

♦ Une pittoresque place au cœur d'un charmant village médiéval fleurant bon la Provence : un cadre idéal pour ce restaurant rustique proposant une cuisine au goût du jour.

TOURVILLE-LA-RIVIÈRE 76 📘 G6 – *2 280 h alt. 11.*

Paris 119 – *Rouen 15* – Evreux 40 – Lisieux 89 – Mantes la Jolie 67.

Le Tourville, *ℰ* 02 35 77 58 79, *le.tourville@wanadoo.fr*, Fax 02 35 81 32 66 – 匹 ⊞

fermé août et merc. – **Repas** 39,50/59,50 et carte le soir 44 à 59.

♦ Salle à manger bourgeoise décorée de tableaux de maîtres et véranda tournée vers le jardin servent de cadre à une cuisine au registre très classique.

La TOUSSUIRE 73 *Savoie* 📗 K6 *G. Alpes du Nord* – *alt. 1690* – Sports d'hiver : *1 800/2 400 m* ✆ 19 ⍌ – ⊠ 73300 Fontcouverte-la-Toussuire.

Paris 651 – *Albertville 78* – Chambéry 91 – St-Jean-de-Maurienne 16.

Les Soldanelles, *ℰ* 04 79 56 75 29, *infos@hotelsoldanelles.com*, Fax 04 79 56 71 56, ≤, 𝕗ₛ, 玉, 🛲 – 勇 ⊡ P. ⊞, ※ rest

juil.-août et 15 déc.-25 avril – **Repas** *(15)* - 27/38, enf. 8 – ⥥ 9 – **38 ch** 72/130 – ½ P 69/91.

♦ Sur les hauteurs de la station, hôtel familial abritant des chambres spacieuses et bien agencées ; réserver côté Sud pour la vue et l'ensoleillement. Élégant restaurant panoramique où l'on sert une cuisine traditionnelle aux saveurs marines.

Les Airelles, *ℰ* 04 79 56 75 88, *les.airelles@laposte.fr*, Fax 04 79 83 03 48, ≤, 徐 – 勇 P. ⊞, ※ rest

hôtel : 1ᵉʳ juil.-30 août et 15 déc.-20 avril ; rest. : 15 déc-20 avril – **Repas** 15/25, enf. 8 – ⥥ 6,50 – **31 ch** 50/60 – ½ P 67/73.

♦ Les chambres fraîches et confortables font partie des nombreuses rénovations entreprises dans cette vaste construction montagnarde située au pied des remontées mécaniques. Les baies du restaurant ne vous feront rien manquer du ballet des skieurs !

TOUZAC 46 *Lot* 📙 C5 – *rattaché à Puy-l'Évêque.*

TRACY-SUR-MER 14 Calvados 303 I3 – rattaché à Arromanches-les-Bains.

TRAENHEIM 67310 B.-Rhin 315 I5 – 556 h alt. 200.

Paris 471 – Strasbourg 25 – Haguenau 54 – Molsheim 8 – Saverne 22.

✗   **Zum Loejelgucker,** 17 r. Principale   ✆ 03 88 50 38 19, Fax 03 88 76 02 46, 🌺 – 🇬🇧
⊗⊗   fermé 1ᵉʳ au 12 nov., 15 au 25 fév., lundi soir et mardi – **Repas** 15/34, enf. 6,40 ☖.
  ♦ Ferme alsacienne du 18ᵉ s. dans un village situé au pied des Vosges. Boiseries sombres et fresques habillent la salle à manger. Terrasse dressée dans une cour pavée fleurie.

La TRANCHE-SUR-MER 85360 Vendée 316 H9 G. Poitou Vendée Charentes – 2 510 h alt. 4.

Env. Parc de Californie★ (parc ornithologique) E : 9 km.

🛈 Office de tourisme, place de la Liberté ✆ 02 51 30 33 96, Fax 02 51 27 78 71, ot-latranchesurmer@wanadoo.fr.

Paris 459 – La Rochelle 64 – La Roche-sur-Yon 40 – Les Sables-d'Olonne 39.

🏠   **Les Dunes,** 68 av. M. Samson   ✆ 02 51 30 32 27, info@hotel-les-dunes.com, Fax 02 51 27 78 30, ≼, Ⅰ♨, 🏊 – 📺 🇬🇧, ⚒⚒
  1ᵉʳ avril-27 sept. – **Repas** (11,60) - 16/28,80, enf. 8,45 ☖ – ⌑ 7,70 – **50 ch** 69/91,70 – ½ P 60/71,60.
  ♦ Pension de famille appréciée pour sa situation calme et sa superbe piscine sous verrière tournée vers la mer. Certaines chambres avec balcon profitent de la vue. Sur la carte du restaurant : poissons et fruits de mer, dont les langoustes et homards du vivier.

✗   **Milouin,** av. M. Samson   ✆ 02 51 27 49 49, lemilouin@aol.com, Fax 02 51 27 49 49, 🌺 – 🈁 🇬🇧
  15 mars-15 sept., du jeudi au dim. du 15 sept. au 15 déc. et fermé mardi et merc. du 15 mars au 15 juin – **Repas** 17/33.
  ♦ Salle de restaurant rustique avec poutres apparentes et nappes colorées. Aux beaux jours, service sous une sympathique pergola. Carte classique et poissons.

à la Grière Est : 2 km par D 46 – ✉ 85360 La Tranche-sur-Mer :

🏠   **Les Cols Verts,** 48 r. Verdun ✉ 85360   ✆ 02 51 27 49 30, info@hotelcolsverts.com, Fax 02 51 30 11 42, Ⅰ♨, 🏊 – 🛗 📺 🈁 🇬🇧
  3 avril-29 sept. – **Repas** (fermé mardi midi et merc.midi sauf du 20 juin au 12 sept.) 18/40, enf. 10 ☖ – ⌑ 9 – **34 ch** 69/82 – ½ P 64/70.
  ♦ Sur un axe passant, établissement des années 1970 bien entretenu. Chambres rénovées. Exposition d'oeuvres de peintres locaux dans le salon TV. Au restaurant, cadre simple et cuisine traditionnelle privilégiant les produits de l'océan.

TRAVEXIN 88 Vosges 314 I5 – rattaché à Ventron.

TRÉBEURDEN 22560 C.-d'Armor 309 A2 G. Bretagne – 3 451 h alt. 81.

Voir Le Castel ★ 30 mn – Pointe de Bihit ≼★ SO : 2 km – Pleumeur-Bodou : Radôme et musée des Télécommunications★, Planétarium du Trégor★, NE : 5,5 km.

🛈 Office de tourisme, place de Crec'h Héry ✆ 02 96 23 51 64, Fax 02 96 15 44 87, tourisme.trebeurden@wanadoo.fr.

Paris 525 – St-Brieuc 74 – Lannion 10 – Perros-Guirec 14.

🏰🏰   **Manoir de Lan-Kerellec** ⊗,   ✆ 02 96 15 00 00, lankerellec@relaischateaux.fr,
❀   Fax 02 96 23 66 88, ≼ la côte, ☞ – 📺 ☎ 🅿 – 🚗 25. 🈁 ⓞ 🇬🇧 🇯🇨🇧, ⚒ rest
  mi-mars-mi-nov. – **Repas** (fermé lundi midi, mardi midi et jeudi midi) 42/65 et carte 58 à 92, enf. 17 ☖ – ⌑ 20 – **19 ch** 155/400 – ½ P 150,50/273.
  ♦ Ce noble manoir breton du 19ᵉ s., en tête-à-tête avec les îles, abrite des chambres personnalisées. Voûte en "carène de bateau", maquettes, vue sur la Côte de Granit rose et cuisine de la mer : le restaurant offre un vrai concentré de Bretagne !
  Spéc. Pressé de tête de porc et homard. Filet de turbot doré au beurre demi-sel, bouquets et cocos de Paimpol (août à nov.). Macaronade pistache aux framboises et fraises (mai à nov.).

🏰🏰   **Ti al-Lannec** ⊗,   ✆ 02 96 15 01 01, resa@tiallannec.com, Fax 02 96 23 62 14, ≼ la côte, 🌺, Ⅰ♨, ♨ – 🛗 📺 ☎ 🅿 – 🚗 30. ⓞ 🇬🇧, ⚒ rest
  28 fév.-14 nov. – **Repas** (21) - 34/65 ☖ – ⌑ 14 – **33 ch** 183/253 – ½ P 129/205.
  ♦ "Maison de la lande" juchée sur une colline et dotée d'un parc arboré dégringolant jusqu'à la plage. Chambres soignées. Centre de balnéothérapie. La perspective sur la mer vaut le coup d'oeil et les produits de la pêche valent... votre bon coup de fourchette !

🏠   **Toëno** sans rest, rte Trégastel : 1,5 km   ✆ 02 96 23 68 78, toeno@wanadoo.fr, Fax 02 96 15 42 54, ≼ – 📺 ♿ 🅿 🈁 ⓞ 🇬🇧 🇯🇨🇧
  fermé 5 au 30 janv. – ⌑ 12 – **17 ch** 80/90.
  ♦ Construction récente dont les chambres, lumineuses et fonctionnelles, sont sobrement décorées et équipées de balcons ou terrasses ; certaines ont vue sur la Manche.

TRÉBOUL _29 Finistère_ 308 E6 – _rattaché à Douarnenez._

TREFFENDEL _35380 I.-et-V._ 309 J6 – _768 h alt. 115._

Paris 377 – Rennes 28 – Ploërmel 42 – Redon 52.

XX **Auberge du Presbytère,** ℰ 02 99 61 00 76, Fax 02 99 61 00 48, 숤, 巫 – 🄿. ⒼⒷ
fermé mardi d'oct. à juin, dim. soir et lundi – **Repas** (18) - 24 (déj.), 28/65 ♀.
♦ Non loin de la forêt de Brocéliande, authentique presbytère du 17ᵉ s. et sa jolie cour-terrasse. La cuisine met à l'honneur volaille (élevage familial) et produits du potager.

TREFFORT _38650 Isère_ 333 G8 – _129 h alt. 618._

Paris 598 – Grenoble 36 – Monestier-de-Clermont 9 – La Mure 43.

au bord du lac _Sud : 3 km par D 110ᴱ_ – ⊠ _38650 Treffort :_

🏰 **Château d'Herbelon** 🦢, ℰ 04 76 34 02 03, _chateaudherbelon@wanadoo.fr,_
Fax 04 76 34 05 44, ≤, 숤, 巫 – 🄣🄿. – 🛗 15. ⒼⒷ. ⅍ ch
fermé vacances de Toussaint, 20 déc. au 4 mars, lundi et mardi sauf juil.-août – **Repas**
19/34 – ⊇ 7 – **9 ch** 53/74 – ½ P 57,50/68.
♦ Au bord du lac de Monteynard, demeure du 17ᵉ s. à la façade recouverte de vigne vierge et de rosiers grimpants. Chambres spacieuses. L'hiver, une imposante cheminée réchauffe la salle à manger rustique ; aux beaux jours, on dresse des tables sur la pelouse.

TREFFORT _01370 Ain_ 328 F3 – _1 910 h alt. 280._

Paris 436 – Mâcon 51 – Bourg-en-Bresse 18 – Lons-le-Saunier 57 – Oyonnax 42.

🏠 **L'Embellie,** pl. Marché ℰ 04 74 42 35 05, Fax 04 74 42 35 65, 숤 – 🄣 ℰ 🄿. ⒼⒷ
fermé 29 oct. au 7 nov., vacances de fév., mardi soir et merc. – **Repas** (16) - 19/36 – ⊇ 5 –
8 ch 35/44.
♦ Ancien relais de poste sur la place du village, où vous serez hébergés dans des chambres fonctionnelles et nettes. Accueil aimable : une "embellie" au cours de votre voyage. La Bresse et ses saveurs s'invitent à la table du restaurant. Agréable terrasse.

TRÉGASTEL _22730 C.-d'Armor_ 309 B2 _G. Bretagne_ – _2 234 h alt. 58._

Voir _Rochers★★ – Île Renote★★ NE – Table d'Orientation ≼★_ .

🛏₁₈ _de St-Samson à Pleumeur-Bodou_ ℰ 02 96 23 87 34, _S : 3 km._

🄳 _Office de tourisme, place Ste Anne_ ℰ 02 96 15 38 38, Fax 02 96 23 85 97, _tourisme.tre gastel@free.fr._

Paris 526 – St-Brieuc 75 – Lannion 11 – Perros-Guirec 9 – Trébeurden 11 – Tréguier 26.

🏨 **Park Hotel Bellevue,** 20 r. Calculots ℰ 02 96 23 88 18, _bellevue.tregastel@wanadoo.fr,_
Fax 02 96 23 89 91, 巫 – 🄣 🄿. 🄐 ⒶⒺ ⓞ ⒼⒷ 🄹🄲🄱
hôtel : 1ᵉʳ avril-30 sept. ; rest. : 2 mai-30 sept. – **Repas** 16/45, enf. 9 ♀ – ⊇ 9 – **31 ch** 85/96 –
½ P 68/89.
♦ Demeure des années 1930 nichée dans la quiétude d'un grand jardin fleuri. Certaines des chambres, propres et spacieuses, s'ouvrent sur le fameux chaos de rochers. Plaisante salle à manger où l'on sert les repas sous forme de buffets inspirés par la mer.

🏠 **Beau Séjour,** 5 plage du Coz-Pors ℰ 02 96 23 88 02, _daniellaveant@wanadoo.fr,_
Fax 02 96 23 49 73, ≤, 숤 – 🄣 🄿. ⒶⒺ ⓞ ⒼⒷ 🄹🄲🄱
fermé 30 nov. au 15 déc. et 15 janv. au 15 fév. – **Repas** 10 (déj.), 15/25, enf. 8 ♀ – ⊇ 8 –
16 ch 60/89 – ½ P 58/65.
♦ Situation idéale près du Forum et de la plage, nombreuses chambres avec vue sur mer, copieux buffet pour le petit-déjeuner : un "beau séjour" en perspective ! Restaurant au décor marin et cuisine traditionnelle complètent les prestations de cet hôtel familial.

🏠 **Mer et Plage** sans rest, plage du Coz-Pors ℰ 02 96 15 60 00, Fax 02 96 15 31 11 – ⃞⃘ 🄣
ⒼⒷ
début avril-mi nov. – ⊇ 7 – **14 ch** 45/70.
♦ Cette maison bretonne est située sur la plage, à côté du Forum. Murs clairs et tissus bleutés donnent le ton marin du décor des chambres, fonctionnelles et bien insonorisées.

XX **Auberge Vieille Eglise,** à Trégastel-Bourg, Sud : 2,5 km (rte Lannion) ℰ 02 96 23 88 31,
vieille.eglise@wanadoo.fr, Fax 02 96 15 33 75 – 🄿. ⒼⒷ
fermé 7 au 22 mars – **Repas** (fermé dim. soir et mardi soir sauf juil.-août et lundi) (prévenir)
13 (déj.), 20/30, enf. 10.
♦ Face à la jolie église en granit rose, auberge bretonne abondamment fleurie. Deux salles à manger dont une agrémentée de poutres et pierres apparentes.

Les pages explicatives de l'introduction
vous aideront à mieux profiter de votre **Guide Michelin.**

TRÉGUIER 22220 C.-d'Armor C2 G. Bretagne – 2 679 h alt. 40.

Voir Cathédrale St-Tugdual★★ : cloître★.

🛈 Office de tourisme, 67 rue Ernest Renan ℘ 02 96 92 22 33, Fax 02 96 92 95 11, ot-pays-de-treguier@wanadoo.fr.

Paris 509 – St-Brieuc 61 – Guingamp 28 – Lannion 19 – Paimpol 15.

sur le port :

🏨 **Aigue Marine**, 5 r. M. Berthelot ℘ 02 96 92 97 00, aiguemarine@aiguemarine.fr, Fax 02 96 92 44 48, ≼, 🏤, 🖪, 🖪 – 🖪, ≣ rest, 📺 🌜 🕭 🖭 – 🖧 80. 🖭 🖼
fermé 3 janv. au 21 fév. – **Repas** (fermé sam. midi, dim. soir, lundi et le midi sauf dim. de juin à sept.) 27,50/43, enf. 10 – 🖵 9,50 – **48 ch** 90/121 – ½ P 76.
♦ Établissement moderne où tout est conçu pour la détente. Chambres amples et claires, côté port ou jardin ; certaines disposent d'un balcon, d'autres accueillent les familles. Jolis bouquets de fleurs et plats traditionnels sur les tables du restaurant.

rte de Lannion Sud-Ouest : 2 km par D 786 et rte secondaire – ✉ 22220 Tréguier :

🏨 **Kastell Dinec'h** ⤸, ℘ 02 96 92 49 39, kastell@club-internet.fr, Fax 02 96 92 34 03, ⤴, 🍽 – 🗊 🖭. ⅏ rest
2 avril-7 oct., 28 oct.-27 déc. et fermé mardi soir et merc. – **Repas** (dîner seul.) (résidents seuls) 30/53 ♀ – 🖵 12 – **15 ch** 76/99 – ½ P 84/94.
♦ Le calme de la campagne alentour, le jardin fleuri, les petites chambres coquettes et la décoration soignée font de cette ancienne fermette une étape agréable.

Dans ce guide

un même symbole, un même mot,

*imprimé en **rouge** ou en **noir**, en maigre ou en **gras**,*

n'ont pas tout à fait la même signification.

Lisez attentivement les pages explicatives.

TRÉGUNC 29910 Finistère H7 – 6 354 h alt. 45.

🛈 Office de tourisme, 16 rue de Pont Aven ℘ 02 98 50 22 05, Fax 02 98 97 77 60, ot.tregunc@wanadoo.fr.

Paris 543 – Quimper 29 – Concarneau 7 – Pont-Aven 9 – Quimperlé 27.

🏨 **Auberge Les Grandes Roches** ⤸, Nord-Est : 0,6 km par rte secondaire ℘ 02 98 97 62 97, hrlesgrandesroches@club-internet.fr, Fax 02 98 50 29 19, ⤴, 🐾 – 📺 🌜 🖭. 🖼 ⅏
fermé 24 déc. au 2 fév. – **Repas** (fermé mardi soir et merc.) 21/51 – 🖵 10 – **22 ch** 65/80 – ½ P 70/95.
♦ Ce superbe ensemble de fermes aménagées en hôtel dans un parc où se dressent dolmen et menhir, conserve une séduisante rusticité. Chambres douillettes et de bon goût. Charmant restaurant où pierre et bois rivalisent de chaleur ; cuisine classique "côtière".

TRÉLON 59132 Nord M7 G. Picardie Flandres Artois – 2 828 h alt. 188.

🛈 Office de tourisme, 3 rue Clavon Collignon ℘ 03 27 57 08 18, Fax 03 27 57 06 80, office.tourisme-trelon@wanadoo.fr.

Paris 218 – St-Quentin 68 – Avesnes-sur-Helpe 15 – Charleroi 53 – Lille 115 – Vervins 35.

✕ **Framboisier**, rte Val Joly ℘ 03 27 59 73 34, Fax 03 27 57 07 47, 🏤 – 🖭. 🖼
fermé 16 août au 7 sept., 7 au 22 mars, dim. soir, lundi et soirs fériés – **Repas** (12) - 14 (déj.), 23/31, enf. 10 ♀.
♦ Ancien corps de ferme bordant un axe passant. Accueillante façade, salles à manger intimes, meublées dans le style rustique et cuisine renouvelée au fil des saisons.

TREMBLAY-EN-FRANCE 93 Seine-St-Denis 305 G7 101 ⑱ – voir à Paris, Environs.

Le TREMBLAY-SUR-MAULDRE 78490 Yvelines 311 H3 – 813 h alt. 132.

🏌 du Domaine du Tremblay ℘ 01 34 94 25 70, S : par D 34.

Paris 42 – Houdan 24 – Mantes-la-Jolie 32 – Rambouillet 18 – Versailles 24.

✕✕✕ **Gentilhommière** (Brun), ℘ 01 34 87 80 96, Fax 01 34 87 91 52, 🏤 – 🖭 🖼 🖸
❀ fermé 2 août au 10 sept., 24 janv. au 9 fév., lundi et mardi – **Repas** 62 et carte 56 à 84.
♦ Sur la place de l'église, cette auberge de village vous accueille dans deux salles à manger bourgeoises et une véranda moderne. Cuisine classique.
Spéc. Foie gras de canard au caramel. Rosace de lotte au romarin. Ballotine aux cinq chocolats.

TREMEUR 22250 C.-d'Armor **309** I4 – 627 h alt. 62.

Paris 407 – *Rennes 57* – *St-Malo 56* – *Dinan 26* – *Loudéac 54* – *St-Brieuc 46*.

Les Dineux, voie express N 12, Z.A. Les Dineux ℘ 02 96 84 65 80, *les-dineux.hotel-village @wanadoo.fr,* Fax 02 96 84 76 35, ⊠, ☞ – ▤ rest, ☑ **P** – ⅍ 15. **GB**. ✨
fermé 6 au 25 fév. – **Repas** *(fermé sam. midi, dim. midi de juil. à août, sam. et dim. de sept. à juin)* 15/31 ♀ – ⋤ 10 – **12 ch** 51/70 – ½ P 57.
  ◆ Les chambres de cet établissement de type motel, pour la plupart en duplex, possèdent toutes une petite terrasse avec vue sur la campagne. Lambris, plantes vertes, baies vitrées et charpente participent au cachet du restaurant ; plats traditionnels.

TRÉMOLAT 24510 Dordogne **329** F6 *G. Périgord Quercy* – 571 h alt. 53.

Voir *Belvédère de Racamadou*★★ N : 2 km.

🛈 *Syndicat d'initiative, Ilot Saint-Nicolas* ℘ 05 53 22 89 33, Fax 05 53 22 89 38.

Paris 532 – *Bergerac 34* – *Brive-la-Gaillarde 87* – *Périgueux 46* – *Sarlat-la-Canéda 50*.

Vieux Logis ♨, ℘ 05 53 22 80 06, *vieuxlogis@relaischateaux.com,* Fax 05 53 22 84 89, ⇚, ☞, ⊠, ☞ – ☑ **P** – ⅍ 40. **AE ◑ GB JCB**
Repas 30/89, enf. 15 ♀ – ⋤ 18 – **25 ch** 259 – ½ P 142/227.
  ◆ Ferme du 17ᵉ s. et ses dépendances délicieusement aménagées. Chambres "cosy" et salons douillets. Les superbes jardins et la piscine invitent au farniente. Élégant restaurant installé dans un ancien séchoir à tabac, belle terrasse ombragée et cuisine soignée.

Bistrot d'en Face, ℘ 05 53 22 80 69, Fax 05 53 22 84 89, ☞ – **GB**
Repas 11,90 (déj.), 18,50/25, enf. 7,90 ♀.
  ◆ Au coeur du village où fut tourné le film Le Boucher, vieilles pierres, poutres et goûteuse cuisine du terroir : ce charmant petit bistrot connaît un franc succès. Boutique.

Ecrivez-nous...
Vos louanges comme vos critiques seront examinées avec le plus grand soin.
Nous reverrons sur place les informations que vous nous signalez.
Par avance merci !

TRÉMONT-SUR-SAULX 55 Meuse **307** B6 – *rattaché à Bar-le-Duc*.

TRÉPIED 62 P.-de-C. **301** C5 – *rattaché à Le Touquet-Paris-Plage*.

Le TRÉPORT 76470 S.-Mar. **304** I1 *G. Normandie Vallée de la Seine* – 5 900 h alt. 12 – Casino.

Voir *Calvaire des Terrasses* ⇚★.

🛈 *Office de tourisme, quai Sadi Carnot* ℘ 02 35 86 05 69, Fax 02 35 86 73 96, *officetou rismeletreport@wanadoo.fr.*

Paris 180 – *Abbeville 37* – *Amiens 92* – *Blangy-sur-Bresle 26* – *Dieppe 30* – *Rouen 95*.

Calais sans rest, 1 r. Paris ℘ 02 27 28 09 09, *info@hoteldecalais.com,* Fax 02 27 28 09 00, ⇚ – ☑ ✆ **P**. **GB**. ✨
⋤ 8 – **26 ch** 55/68.
  ◆ Atout majeur de cette bâtisse en briques : la vue panoramique sur le port et le littoral. Chambres rénovées, garnies d'un solide mobilier boisé. Accueil familial.

St-Louis, 43 quai François 1ᵉʳ ℘ 02 35 86 20 70, Fax 02 35 50 67 10 – ▤. **AE ◑ GB JCB**
fermé 15 nov. au 18 déc. – **Repas** 16,50/57 ♀.
  ◆ La grande baie vitrée donnant directement sur les quais dévoile une sympathique salle de restaurant à l'ambiance conviviale et au cadre "brasserie". Cuisine de la mer.

TRESSERVE 73 Savoie **74** 15 – *rattaché à Aix-les-Bains*.

TRETS 13530 B.-du-R. **340** J5 – 9 312 h alt. 241.

🛈 *Office de tourisme, boulevard Etienne Boyer* ℘ 04 42 61 54 90, Fax 04 42 61 54 90, *cult.trets@wanadoo.fr.*

Paris 775 – *Marseille 46* – *Aix-en-Provence 25* – *Toulon 72*.

Clos Gourmand, 13 bd République ℘ 04 42 61 33 72, *leclosgourmand@aol.com,* Fax 04 42 29 24 41, ☞ – ▤. **AE ◑ GB**
fermé merc. soir sauf de juil. au 15 sept., dim. sauf le midi de sept. à juin et lundi – **Repas** 16 (déj.), 25/44 ♀.
  ◆ Cuisine aux accents provençaux servie dans une agréable salle à manger-véranda contemporaine ou sur la terrasse ombragée. La carte des vins privilégie les crus régionaux.

TRÉVOU-TRÉGUIGNEC *22660 C.-d'Armor* 309 *B2 – 1 144 h alt. 56.*

Syndicat d'initiative ✆ 02 96 23 74 05, mairie-trevou@wanadoo.fr.

Paris 524 – St-Brieuc 72 – Guingamp 36 – Lannion 14 – Paimpol 27 – Perros-Guirec 11.

Kerbugalic, ✆ 02 96 23 72 15, *kerbugalic@voila.fr, Fax 02 96 23 74 71,* – P. GB. rest

21 mars-30 sept., 25 oct.-7 nov. et vacances de fév. – **Repas** *(fermé le midi sauf dim., fériés et août)* (prévenir) 23/44, enf. 14 – 8 – **18 ch** 65/81 – ½ P 70/82.

◆ Face à la baie de Trestel, maison bretonne entourée d'un jardin fleuri. Chambres spacieuses et calmes. La Manche s'offre en spectacle à travers les baies de ce restaurant au cadre rustique et dans l'assiette, toute frétillante de poissons et fruits de mer.

TRIEL-SUR-SEINE *78 Yvelines* 311 I2 101 ⑩ – *voir à Paris, Environs.*

TRIGANCE *83840 Var* 340 *N3 – 150 h alt. 800.*

Office de tourisme, RD 955 - Ferme de la Sagne ✆ 04 94 85 68 40, Fax 04 94 85 68 40, contact@ot-trigance.com.

Paris 817 – Castellane 20 – Digne-les-Bains 74 – Draguignan 43 – Grasse 70.

Château de Trigance, accès par voie privée ✆ 04 94 76 91 18, *chateautrigance@wanadoo.fr, Fax 04 94 85 68 99,* vallée et montagne, – P. AE GB JCB

20 mars-31 oct. – **Repas** *(fermé merc. midi hors saison)* 35/70 – 13 – **10 ch** 110/160 – ½ P 103/128.

◆ Perché sur un piton rocheux, hôtel de caractère occupant les murs d'un château fort. Chambres personnalisées, dotées de lits à baldaquin. Restaurant installé dans une ancienne salle d'armes creusée dans la roche. Cadre médiéval, mais cuisine au goût du jour.

Vieil Amandier, ✆ 04 94 76 92 92, *levieilamandier@free.fr, Fax 04 94 85 68 65,* – P. AE GB JCB

30 mars-30 oct. et fermé mardi midi, merc. midi et jeudi midi en juil.-août – **Repas** 24,50/34, enf. 11 – 9 – **12 ch** 55/76 – ½ P 61/69.

◆ Au pied du village, construction récente entourée d'un jardin déjà méditerranéen. Toutes les chambres offrent désormais des aménagements rénovés. Une belle charpente coiffe la salle à manger ; dans l'assiette, cuisine traditionnelle aux accents du Midi.

La TRINITÉ-SUR-MER *56470 Morbihan* 308 *M9 G. Bretagne – 1 530 h alt. 20.*

Voir *Pont de Kerisper* ★.

Office de tourisme, Môle Loïc-Caradec ✆ 02 97 55 72 21, Fax 02 97 55 78 07, tourisme@ot-trinite-sur-mer.fr.

Paris 488 – Vannes 31 – Auray 13 – Carnac 4 – Lorient 52 – Quiberon 23 – Quimperlé 66.

Petit Hôtel des Hortensias, pl. Mairie ✆ 02 97 30 10 30, *leshortensias@aol.com, Fax 02 97 30 14 54,* – GB

fermé 1er déc. au 31 janv. sauf vacances scolaires – ***L'Arrosoir*** ✆ 02 97 30 13 58 *(fermé mi nov. à fin janv. sauf vacances scolaires, lundi midi et vend. midi en saison, lundi et mardi hors saison)* **Repas** carte environ 25, enf. 10 – 10 – **6 ch** 150.

◆ La silhouette scandinave de cette charmante villa (1880) domine le port. Intérieur nautique chic, meubles et bibelots anciens, ambiance "guesthouse"... Une perle rare ! Coquet décor de bistrot marin, belle terrasse panoramique et cuisine océane à L'Arrosoir.

Ostréa, cours des Quais ✆ 02 97 55 73 23, *wsylvie@hotel-ostrea.com, Fax 02 97 55 86 43,* – P. GB

fermé déc. et janv., lundi hors saison et dim. soir – **Repas** (15) - 18/21, enf. 9,50 – 8 – **12 ch** 70/80 – ½ P 80.

◆ Rénovation réussie pour ce petit hôtel situé face au port de plaisance : toutes les chambres, refaites, bien qu'un peu nues, sont accueillantes ; choisir celles côté rade. Le restaurant et la terrasse offrent une belle vue sur les voiliers ; carte très iodée.

L'Azimut (Le Calvez), 1 r. Men-Dû ✆ 02 97 55 71 88, *azimut@charme-gastronomie.com, Fax 02 97 55 80 15,* – GB

fermé mardi soir et merc. sauf vacances scolaires – **Repas** 20 (déj.), 30/50 et carte 36 à 61.

◆ Décor maritime tous azimuts dans la salle à manger, agréable terrasse offrant une échappée sur le port et spécialités de poissons grillés au feu de bois.

Spéc. Homards et langoustes grillés au feu de bois. Rémoulade de Saint-Jacques au gingembre et aux cristallines de pieds de porc (saison). Galette de seigle aux carottes et mangues confites (15 nov. au 15 fév.).

Les Chambres Marines de l'Azimut, 3 r. Men-Dû ✆ 02 97 30 17 00, *azimut@charme-gastronomie.com, Fax 02 97 55 80 15* – GB

voir rest. ***l'Azimut*** ci-dessus – 12 – **6 ch** 70/120.

◆ Ces plaisantes chambres personnalisées portent des noms de phares bretons ; certaines offrent un intérieur dans l'esprit des cabines de bateau. Salles de bains contemporaines.

TRIZAY 17250 Char.-Mar. **324** E4 – *1 122 h alt. 20.*

🛈 *Syndicat d'initiative, 48 avenue de la République* ℰ *05 46 82 34 25, Fax 05 46 82 19 64, trizay.com.si@trizay.com.*

Paris 475 – La Rochelle 52 – Rochefort 13 – Royan 36 – Saintes 27.

au lac du Bois Fleuri *Ouest : 2,5 km par D 238, D 123 et rte secondaire :*

XXX **Les Jardins du Lac** ⤳ avec ch, ℰ *05 46 82 03 56, hotel@jardins-du-lac.com, Fax 05 46 82 03 55,* ≤, ㍱, ㍱, ⅍ – rest, **TV** ℰ **P** – ㊂ 20. ㏂ ⓞ **GB** **JCB**

fermé fév., dim. soir et lundi de nov. à mars – **Repas** *22 bc (déj.), 34/48 et carte 44 à 74* ♈ –
🍴 *12 –* **8 ch** *83,90 – ½ P 97,60.*

◆ Dans un parc au-dessus du lac, deux pavillons récents reliés par une passerelle vitrée enjambant un ruisseau. Vaste salle à manger sous charpente, ouverte sur la nature.

Les TROIS-ÉPIS 68410 H.-Rhin **315** H8 *G. Alsace Lorraine – alt. 658.*

🛈 *Office de tourisme, 2 impasse Poincaré* ℰ *03 89 49 80 56, Fax 03 89 49 80 68.*

Paris 445 – Colmar 11 – Gérardmer 51 – Munster 18 – Orbey 12.

🏠 **Villa Rosa,** ℰ *03 89 49 81 19, ar@villarosa.fr, Fax 03 89 78 90 45,* ≤, ㍱, ㍱ – ⅍. **GB**
⅍ rest

fermé 12 au 28 nov. et 6 janv. au 15 mars – **Repas** *(fermé jeudi soir) (dîner seul.) 28/35* ♈ –
🍴 *10 –* **8 ch** *52/56 – ½ P 52/56.*

◆ Ambiance "guesthouse" dans cette maison 1900 entourée d'un jardin fleuri. Chambres coquettes portant des noms de roses ; séjours à thèmes. Au restaurant (non-fumeurs), le chef concocte des plats régionaux à partir de produits "bio" et de plantes locales.

TRONÇAIS 03 *Allier* **326** D3 – ✉ *03360 St-Bonnet-Tronçais.*

Voir Forêt de Tronçais★★★ *– Étang de St-Bonnet*★ *NO : 4 km – Étang de Saloup*★ *S : 5 km, G. Auvergne.*

Paris 305 – Bourges 75 – Montluçon 42 – Moulins 56 – St-Amand-Montrond 24.

🏨 **Tronçais** ⤳, ℰ *04 70 06 11 95, letroncais@wanadoo.fr, Fax 04 70 06 16 15,* ⅍, ㍱ – **TV**
ℰ **P**. **GB**. ⅍ rest

15 mars-15 nov. et fermé dim. soir, lundi et mardi midi hors saison – **Repas** *20/33, enf. 10* ♈
– 🍴 7,40 – **12 ch** *40/67 – ½ P 49/57.*

◆ Un parc, un étang et la magnifique forêt de Tronçais à proximité : cette demeure aux chambres spacieuses et calmes ne peut que séduire les amoureux de la nature. La cuisine de ce pimpant restaurant épouse le rythme des saisons : gibiers, champignons, etc.

TRONGET 03 *Allier* **326** F4 – *928 h alt. 460 –* ✉ *03240 Le Montet.*

Paris 317 – Bourbon-l'Archambault 24 – Montluçon 53 – Moulins 30.

🏠 **Commerce,** 16 rte. départementale 945 ℰ *04 70 47 12 95, Fax 04 70 47 32 53 –* **TV** ℰ ⅍.
⇔⅍ **P**. ⓞ **GB**. ⅍

Repas *13/30* ♈ *– 🍴 5,50 –* **11 ch** *32/50 – ½ P 37.*

◆ Au coeur du bourg, établissement composé de deux bâtiments. La maison mère abrite le café-restaurant ; les chambres, fonctionnelles et bien tenues, occupent l'annexe récente. Salle à manger de style classico-rustique et répertoire culinaire traditionnel.

TROO 41800 L.-et-Ch. **318** B5 *G. Châteaux de la Loire – 301 h alt. 60.*

Voir La "butte" ⅍★ *– St-Jacques des Guérets : peintures murales*★ *de l'église S : 1 km.*
🛈 *Syndicat d'initiative,* ℰ *02 54 72 51 04, Fax 02 54 72 61 35, mairietroo@wanadoo.fr.*

Paris 204 – Château-du-Loir 35 – Le Mans 63 – Tours 54 – Vendôme 27.

XX **Cheval Blanc** avec ch, r. A.-Arnault ℰ *02 54 72 58 22, Fax 02 54 72 55 44,* ㍱ – **TV** ℰ. **GB**
fermé nov. – **Repas** *(fermé mardi midi, dim. soir et lundi) 22/46* ♈ *– 🍴 6,50 –* **9 ch** *42/46 –*
½ P 52.

◆ Petite auberge sur les bords du Loir, au bas du village "troo"... glodytique. Salles à manger d'esprit campagnard ; cuisine traditionnelle. Chambres un brin mûrissantes.

TROUVILLE-SUR-MER 14360 Calvados **303** M3 *G. Normandie Vallée de la Seine – 5 411 h alt. 2 – Casino* **AY**.

Voir Corniche ≤★.

㍱ *de l'Amirauté à Tourgéville* ℰ *02 31 14 42 00, par ③ et D 278 : 5 km.*
✈ *de Deauville-St-Gatien :* ℰ *02 31 65 65 65, par D 74 : 7 km* **BZ**.
🛈 *Office de tourisme, 32 boulevard Fernand-Moureaux* ℰ *02 31 14 60 70, Fax 02 31 14 60 71, o.t.trouville@wanadoo.fr.*

Paris 201 ③ – Caen 51 ④ – Le Havre 43 ③ – Lisieux 30 ③ – Pont-l'Évêque 13 ③.

TROUVILLE-
SUR-MER

Bains
  (R. des) . . . . **AY** 3
Carnot (R.) . . . . **AY** 5

Chalet-Cordier (R.) . . . . **BY** 6
Chapelle (R. de la) . . . . . . **AY** 7
Foch (Pl. Mar.) . . . . **AY** 9
Gaulle
  (R. Gén.-de) . . . . **BZ** 10
Lattre-de-Tassigny
  (Pl. Mar.-de) . . . . **AY** 12

Maigret (R. A.-de) . . . . **AY** 20
Moureaux (Bd F.) . . . . **BZ**
Moureaux (Pl. F.) . . . . **BZ** 22
Notre-Dame (R.) . . . . **BY** 23
Plage (R. de la) . . . . **AY** 26
Verdun (R. de) . . . . **BY** 29
Victor-Hugo (R.) . . . . **AY** 31

*Nos guides hôteliers, nos guides touristiques et nos cartes routières
sont complémentaires. Utilisez-les ensemble.*

1687

Hostellerie du Vallon ⍩ sans rest, 12 r. Sylvestre Lasserre ☎ 02 31 98 35 00, *hduvallon @wanadoo.fr*, Fax 02 31 98 35 10, ℔, ⬜ – ▯ ⤢ 𝗧𝗩 📞 ♿ 🅿 – 🔥 35. AE ⑩ GB ᴊᴄʙ
BZ v
⬱ 15 – **61 ch** 125/155.
♦ Cette hostellerie de style normand offre un joli panorama sur les hauteurs de la ville. Chambres spacieuses dotées de balcons. Plusieurs salons et une salle de billard.

Mercure, pl. Foch ☎ 02 31 87 38 38, *h1048@accor-hotels.com*, Fax 02 31 87 35 41, 🌤 –
▯ ⤢, ▤ ch, 𝗧𝗩 📞 ♿ – 🔥 25 à 80. AE ⑩ GB
AY k
Repas *(fermé le midi en semaine sauf en saison)* (17) - 22 ♈ – ⬱ 12 – **80 ch** 127.
♦ Face au casino, hôtel entièrement rénové, tourné sur une cour intérieure qui devient terrasse l'été. Couleurs vives et style contemporain caractérisent les chambres. Cuisine traditionnelle et plats régionaux servis dans un décor actuel.

St-James sans rest, 16 r. Plage ☎ 02 31 88 05 23, Fax 02 31 87 98 45 – 𝗧𝗩 GB.
🌤
AY e
fermé janv. – ⬱ 11 – **10 ch** 70/100.
♦ Proche de la plage, petite adresse familiale aux chambres coquettement personnalisées. En hiver, l'atmosphère feutrée du salon invite à s'attarder au coin du feu.

Flaubert sans rest, r. G. Flaubert ☎ 02 31 88 37 23, *hotel@flaubert.fr*, Fax 02 31 88 21 56, ⇐ – ▯ 𝗧𝗩 📞. AE ⑩ GB
AY t
15 mars-15 nov. – ⬱ 8 – **35 ch** 90/115.
♦ Romantisme assuré en choisissant une chambre tournée vers la mer dans cette bâtisse des années 1930 idéalement située au pied des "planches" trouvillaises. Décor "rétro".

Fer à Cheval sans rest, 11 r. V. Hugo ☎ 02 31 98 30 20, *le.fer.a.cheval@wanadoo.fr*, Fax 02 31 98 04 00 – ▯ 𝗧𝗩. GB
AY u
⬱ 7,50 – **32 ch** 72/77.
♦ En plein coeur de la station, deux bâtisses mitoyennes abritent des chambres claires et fonctionnelles. Viennoiseries maison au petit-déjeuner et salon de thé l'après-midi.

Central, 158 bd F.-Moureaux ☎ 02 31 88 80 84, *central-hotel@wanadoo.fr*, Fax 02 31 88 42 22, 🌤 – ▯ 𝗧𝗩 📞. AE GB
AY p
Brasserie ☎ 02 31 88 13 68 **Repas** 17/25,10, enf. 7,80 ♈ – ⬱ 7 – **26 ch** 55/82 – ½ P 53/63.
♦ Sur le port, hôtel hébergeant une réception au 1ᵉʳ étage et, réparties entre deux bâtiments, des chambres plaisantes et bien insonorisées. Brasserie très animée dont le cadre s'inspire des années 1930 et vaste terrasse chauffée en hiver.

Maison Normande sans rest, 4 pl. Mar. de Lattre de Tassigny ☎ 02 31 88 12 25, *halle.ph lippe@wanadoo.fr*, Fax 02 31 88 78 79 – 𝗧𝗩. AE GB
AY h
⬱ 6 – **16 ch** 44/64.
♦ Cette maison à colombages abrite l'un des plus vieux hôtels de la ville. Une étonnante sculpture de casseroles en cuivre égaie le hall d'accueil. Chambres sobrement décorées.

Sablettes sans rest, 15 r. P.-Besson ☎ 02 31 88 10 66, Fax 02 31 88 59 06 – 𝗧𝗩. GB.
AY r
fermé janv. – ⬱ 6 – **18 ch** 42/60.
♦ L'un des atouts de cette petite adresse est sa situation plutôt tranquille dans une rue du centre-ville. Chambres simples, propres et ravivées par des tons clairs.

Régence, 132 bd F. Moureaux ☎ 02 31 88 10 71, Fax 02 31 88 10 71 – AE GB
BY z
fermé 8 au 18 mars, 1ᵉʳ au 27 déc., lundi et jeudi sauf août – **Repas** 25,50/35,50.
♦ Miroirs, belles boiseries peintes du 19ᵉ s. et banquettes confortables composent, avec le port en toile de fond, le cadre de cet élégant restaurant. Produits de la mer.

Petite Auberge, 7 r. Carnot ☎ 02 31 88 11 07, Fax 02 31 88 96 39 – GB
AY f
fermé 17 au 26 juin , mardi et merc. sauf en août – **Repas** (prévenir) 26/44.
♦ Cuivres et assiettes anciennes décorent la salle feutrée de cette auberge située à l'écart de l'effervescence touristique. Cuisine régionale, poissons et fruits de mer.

Doult, 4 r. Bains ☎ 02 31 88 10 27, Fax 02 31 88 33 79 – GB
ABY s
fermé 21 nov. au 16 déc., dim soir, mardi midi d'oct. à mars et lundi – **Repas** 16/36.
♦ Cette salle de restaurant agrandie par des miroirs est aménagée dans une maison du quartier commerçant. On y déguste des spécialités de poissons.

Guinguette, 50 quai F. Moureaux ☎ 02 31 88 42 80, 🌤 – GB
BZ u
fermé merc. et jeudi hors saison – **Repas** 20.
♦ Comptoir en formica, décor des années 1960, nombreuses photos accrochées aux murs et belles collections de casaques de jockeys servent de cadre à une cuisine bistrotière.

Dans ce guide

un même symbole, un même mot,
imprimé en rouge *ou en* noir, *en maigre ou en* **gras**,
n'ont pas tout à fait la même signification.
Lisez attentivement les pages explicatives.

TROYES 🅿 *10000 Aube* **313** E4 *G. Champagne Ardenne – 60 958 h Agglo. 128 945 h alt. 113.*

Voir *Le Vieux Troyes*★★ **BZ** *: Ruelle des Chats*★ *– Cathédrale St-Pierre-et-St-Paul*★★ *– Jubé*★★ *de l'église Ste-Madeleine*★ *– Basilique St-Urbain*★ **BCY B** *– Église St-Pantaléon*★ *– Apothicairerie*★ *de l'Hôtel-Dieu* **CY M**[4] *– Musée d'Art Moderne*★★ **CY M**[3] *– Maison de l'Outil et de la Pensée ouvrière*★★ *dans l'hôtel de Mauroy*★★ **BZ M**[2] *– Musée historique de Troyes et de Champagne*★ *et musée de la Bonneterie dans l'hôtel de Vauluisant*★ **BZ M**[1] *– Musée des Beaux-Arts et d'Archéologie*★ *dans l'abbaye St-Loup.*

18 de la Forêt d'Orient à Rouilly-Sacey ☎ 03 25 43 80 80, par ② : 11 km ; 18 de Troyes à Chaource ☎ 03 25 40 18 76, par ④ et D 444 : 31 km.

Office de tourisme, 16 boulevard Carnot ☎ 03 25 82 62 70, Fax 03 25 73 06 81, contact@ot-troyes.fr.

Paris 170 ⑦ – Dijon 185 ④ – Nancy 186 ④.

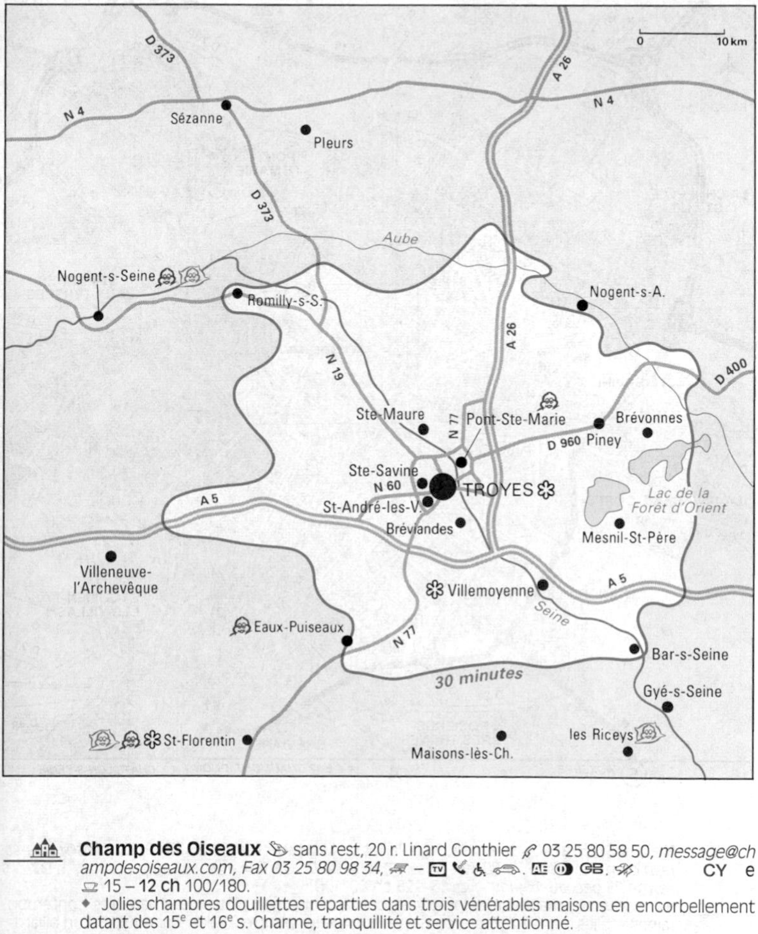

Champ des Oiseaux sans rest, 20 r. Linard Gonthier ☎ 03 25 80 58 50, *message@champdesoiseaux.com, Fax 03 25 80 98 34,* – TV ☎ ♿. AE GB. CY e
15 – **12 ch** 100/180.
◆ Jolies chambres douillettes réparties dans trois vénérables maisons en encorbellement datant des 15e et 16e s. Charme, tranquillité et service attentionné.

Mercure sans rest, 11 r. Bas-Trévois ☎ 03 25 46 28 28, *H3168@accor-hotels.com, Fax 03 25 46 28 27* – TV ☎ ♿ – 15 à 90. AE GB CZ h
11 – **70 ch** 92/108.
◆ Hôtel flambant neuf bâti sur le site d'une usine de bonneterie ; un métier à tisser du 19e s. trône au milieu du hall. Chambres spacieuses et personnalisées.

TROYES

Anatole France (Av.) .... **AX** 2
Brossolette (Av. Pierre). **AX** 6
Buffard (Av. M.) .... **AV** 8
Chanteloup (R. de) ..... **AX** 9
Clemenceau (R. Georges) . **AV** 12

Croix Blanche (R. de la) .... **AX** 13
Croncels
   (R. du Faubourg) ...... **AX** 14
Jean Jaurès (Av.) .... **AV** 18
Lattre de Tassigny
   (Av. du Mar.- de) ...... **AV** 21
Leclerc (Av. Gén.) .... **AV** 22
Marots (R. des) .... **AV** 24

Noës (R. des) .... **AX** 26
Notre Dame des Prés (R.) . **AX** 27
Pasteur (R.) .... **AV** 32
Salengro (Av. Roger) ..... **AV** 36
Salengro (R. Roger) ...... **AV** 37
Schuman (Av. Robert) ..... **AV** 38
Vouldy (Chaussée du) ..... **AX** 42
1er Mai (Av. du) .... **AV** 48

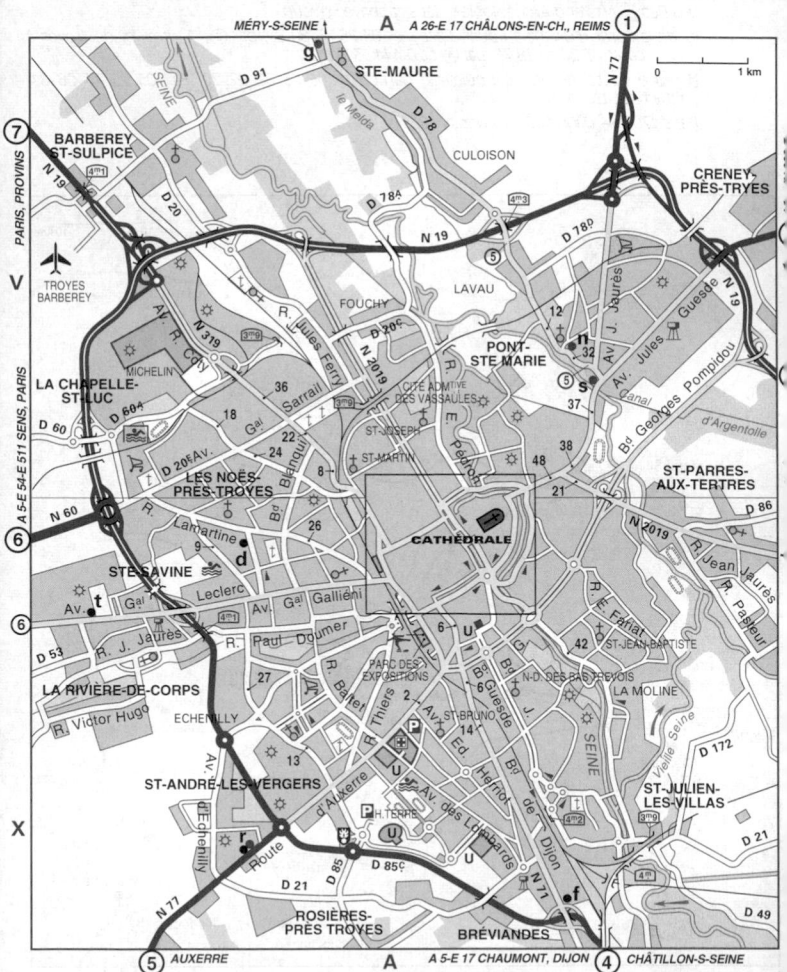

🏨 **Relais St-Jean** ⚜ sans rest, 51 r. Paillot de Montabert ℘ 03 25 73 89 90, *infos@relais-st-jean.com*, Fax 03 25 73 88 60 – 📶 📧 📺 📞 🛗 🅿 🅰🅴 ⓞ 🆖 🆑 **BZ** s
fermé 23 déc. au 1er janv. – ⌂ 13 – **25 ch** 80/120.
   ◆ Charmante maison à colombages bordant une rue piétonne. Chambres contemporaines ; celles du 4e étage ont conservé leurs belles poutres. Salon-bar équipé d'un billard.

🏨 **Poste**, 35 r. É. Zola ℘ 03 25 73 05 05, *reservation@hotel-de-la-poste.com*, Fax 03 25
73 80 76 – 📶 📧 rest, 📺 📞 🛗 ⟷ – 🛗 30. 🅰🅴 ⓞ 🆖 🆑 **BZ** a
voir rest. **Les Gourmets** ci-après – ⌂ 11,50 – **32 ch** 98/120 – ½ P 94,50/99,50.
   ◆ Chambres bien agencées et spacieux appartements au centre de la "capitale" de la
bonneterie. Bar confortable et feutré où l'on organise des soirées musicales.

TROYES

Boucherat (R.) .... **CY** 4
Champeaux (R.) .... **BZ** 12
Charbonnet (R.) .... **BZ** 13
Clemenceau (R. G.) .. **BCY** 15
Comtes de
  Champagne (Q. des). **CY** 16
Dampierre (Quai) ..... **BCY** 17
Delestraint
  (Bd Gén.-Ch.) .... **BZ** 18
Driant (R. Col.) .... **BZ** 20

Girardon (R.) .... **CY** 22
Hennequin (R.) .... **CY** 23
Huez (R. Claude) ...... **BYZ** 27
Israël (Pl. Alexandre) .... **BZ** 28
Jaillant-Deschaînets (R.) .. **BZ** 29
Jaurès (Pl. Jean) .... **BZ** 31
Joffre (Av. Mar.) .... **BZ** 33
Langevin (Pl. du Prof.).... **BZ** 35
Marché aux Noix
  (R. du) .... **BZ** 36
Michelet (R.) .... **CY** 39
Molé (R.) .... **BZ** 44
Monnaie (R. de la) .... **BZ** 45

Paillot de Montabert (R.).... **BZ** 47
Palais-de-Justice (R.) .... **BZ** 48
Préfecture (Pl. de la) .... **CZ** 49
République (R. de la) .... **BZ** 51
St-Pierre (Pl.)............. **CY** 52
St-Rémy (Pl.) .... **BY** 53
Synagogue (R. de la) .... **BZ** 54
Tour-Boileau (R. de la) ...... **BZ** 59
Trinité (R. de la).......... **BZ** 60
Turenne (R. de) .... **BZ** 61
Voltaire (R.) .... **BZ** 64
Zola (R. Émile) .... **BCZ**
1er-R.A.M. (Bd du)......... **BZ** 69

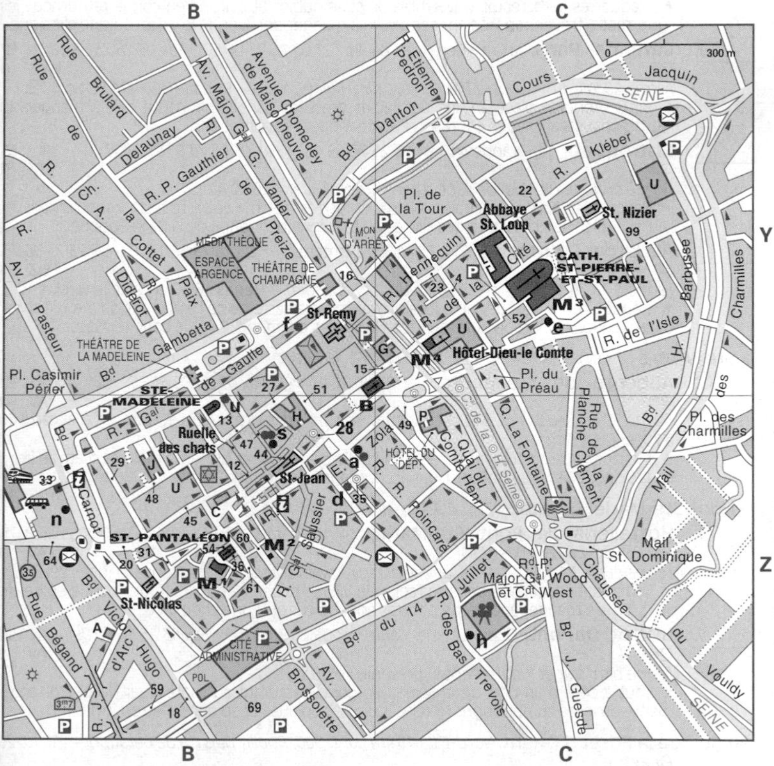

🏤 **Maison de Rhodes** ⚘ sans rest, 18 r. Linard Gonthier ℘ 03 25 43 11 11, *maisonderhod es@wanadoo.fr*, Fax 03 25 43 10 43 – 🍴 📺 📞 🔥 ♿ 🆎 ⓞ ⏚
☐ 15 – **11 ch** 95/160.   CY e
  • Belles demeures du 17e s. nichées dans une ruelle pavée. Poutres, pierres, torchis, tomettes, mobilier de caractère et tissus choisis font le charme de ce délicieux hôtel.

🏤 **Royal Hôtel**, 22 bd Carnot ℘ 03 25 73 19 99, *reservation@royal-hotel-troyes.com*, Fax 03 25 73 47 85 – 🛗, 🍽 rest, 📺 📞 🆎 ⓞ ⏚   BZ n
fermé 19 déc. au 14 janv. – **Repas** (fermé sam. midi, lundi midi et dim.) 21/28 ⵙ – ☐ 9 – **40 ch** 62/95.
  • Cet immeuble, situé sur un boulevard fréquenté, héberge des chambres insonorisées, diversement meublées et bien tenues. Agréable salon-bar feutré et élégante salle à manger de style Louis-Philippe.

✕✕ **Valentino**, 35 rue Paillot de Montabert ℘ 03 25 73 14 14, *levalentino@free.fr*, Fax 03 25 41 36 75, 🌡 – 🆎 ⏚   BZ s
fermé 17 août au 2 sept., 1er au 15 janv., dim. soir, sam. midi et lundi – **Repas** 18 (déj.), 27/44 ⵙ.
  • Restaurant bordant une ruelle piétonne de la vieille ville. Salle à manger agrémentée de toiles contemporaines, véranda et cour-terrasse entourée de maisons à pans de bois.

XX **Bourgogne** (Dubois), 40 r. Gén. de Gaulle ✆ 03 25 73 02 67, *Fax 03 25 73 02 67* – ▤. GB BY f
✿ *fermé 27 juil. au 26 août, dim. sauf le midi du 15 oct. au 20 juin et lundi* – **Repas** 30/35 et carte 39 à 63.
♦ Face aux halles, salle à manger un tantinet bourgeoise réchauffée par une belle cheminée. Bouquets de fleurs sur toutes les tables. Cuisine de grande tradition.
Spéc. Mousseline de brochet aux épinards. Filet de bar au bouzy rouge. Chevreuil Grand Veneur (20 oct. au 20 janv.). **Vins** Rosé des Riceys, Champagne.

XX **Les Gourmets,** 5 r. R. Poincaré ✆ 03 25 73 80 78 – AE ⓓ GB JCB BZ a
fermé dim. midi de mi-juin à mi-sept. et sam. midi – **Repas** 27/35, enf. 8 ♀.
♦ Maquettes de bateaux, ouvertures de style hublot et plafond en coque retournée : les "gourmets" troyens apprécient cette salle à manger qui évoque le large. Cuisine classique.

XX **Café de Paris,** 63 r. Gén. de Gaulle ✆ 03 25 73 08 30, *Fax 03 25 73 58 18* – AE GB BYZ u
fermé 20 juil. au 14 août, 17 au 23 fév., dim. soir et mardi – **Repas** *(19,50)* - 24,50 bc/40 ♀.
♦ Vous prendrez place à l'une des tables dressées dans la pimpante salle à manger du rez-de-chaussée. L'étage est réservé aux banquets et réceptions.

X **Bistroquet,** pl. Langevin ✆ 03 25 73 65 65, *Fax 03 25 73 55 91,* 🏖 – ▤. AE GB BZ d
fermé dim. sauf le midi de sept. à juin – **Repas** *(16,90)* - 26,90, enf. 7 ♀.
♦ Banquettes bordeaux, chaises bistrot et lustres "rétro" : ce vaste restaurant, sis dans les murs d'un ancien cinéma, a des allures de brasserie parisienne de la Belle Époque.

X **Au Jardin Gourmand,** 31 r. Paillot de Montabert ✆ 03 25 73 36 13, *Fax 03 25 73 36 13,* 🏖 – GB BZ s
fermé 5 au 20 sept., 1er au 16 janv., lundi midi et dim. – **Repas** 16,50 et carte le week-end ♀.
♦ L'andouillette, "la" spécialité locale, règne sur la carte de ce restaurant du Vieux Troyes. Cadre rustico-bourgeois agrémenté de boiseries en chêne. Paisible cour-terrasse.

à Ste-Maure *: 7 km par D 78 – 1 211 h. alt. 111 – ✉ 10150 :*

XXX **Auberge de Ste-Maure,** ✆ 03 25 76 90 41, *Fax 03 25 80 01 55,* 🏖 – P. AE GB AV g
fermé 20 déc. au 2 janv., 8 au 27 fév., dim. soir, mardi midi et lundi – **Repas** 26/50 et carte 46 à 70, enf. 14 ♀.
♦ Élégante salle à manger coiffée d'une belle charpente et plaisante terrasse d'été au bord de la Seine. Cuisine au goût du jour accompagnée d'une séduisante carte des vins.

à Pont-Ste-Marie *: 3 km par N 77 – 4 936 h. alt. 110 – ✉ 10150 :*

XX **Hostellerie de Pont Ste-Marie,** 34 r. Pasteur (près église) ✆ 03 25 83 28 61, *Fax 03 25 81 67 85,* 🏖 – GB AV n
fermé 16 au 31 août, 2 au 15 janv., dim. soir, mardi soir et merc. – **Repas** 21 (déj.), 29/61 ♀.
♦ Le restaurant occupe deux maisons de village situées à proximité de la belle église du 16e s. Salle à manger égayée de poutres apparentes et d'une cheminée.

X **Bistrot DuPont,** 5 pl. Ch. de Gaulle ✆ 03 25 80 90 99, *Fax 03 25 80 90 99* – ▤. AE GB AV s
fermé dim. soir et lundi – **Repas** (prévenir) 16/26 ♀.
♦ Tout à côté d'un bras de la Seine, pimpant restaurant au cadre de style bistrot agrémenté de jolies compositions florales. Cuisine copieuse et soignée. Patron jovial.

au golf de la Forêt d'Orient *Nord-Est : 19 km par D 960, Rouilly puis rte de Géraudot – ✉ 10220 Piney :*

Holiday Inn 🐦, ✆ 03 25 43 80 80, *commercial.holi25@holidayinn-troyes.com, Fax 03 25 41 57 58,* ←, 🏖, Fō, ⛱, 🎾 – |‡|, ⇆, ▤ ch, TV ✆ ♿ P – 🏛 15 à 120. AE ⓓ GB
Repas *(fermé 1er janv. au 31 mars, 1er nov. au 31 déc., et le midi)* 24/27 – ☕ 12 – **57 ch** 111/135, 23 suites – P 84.
♦ Au sein du Parc naturel de la forêt d'Orient, belle architecture de bois s'élevant au coeur d'un golf. Chambres spacieuses. Une cheminée réchauffe le salon-bar en hiver. Salle à manger contemporaine et plaisante terrasse tournées vers la piscine et les greens.

à Bréviandes *: 5 km – 1 926 h. alt. 117 – ✉ 10450 :*

Pan de Bois 🐦, ✆ 03 25 75 02 31, *Fax 03 25 49 67 84,* 🏖 – TV ✆ ♿ P – 🏛 40. GB. ⚔ ch AX f
fermé 26 déc. au 2 janv. et dim. d'oct. à mi-mai – ***Grill*** ✆ *03 25 49 22 78 (fermé 2 au 8 août, 20 déc. au 2 janv., lundi midi et dim.)* **Repas** 17, enf. 11 – ☕ 7,50 – **31 ch** 48,50/50 – ½ P 47/57.
♦ L'hôtel occupe une coquette construction à pans de bois. Les chambres, petites et fonctionnelles, bénéficient d'un environnement calme. Restaurant doté d'une jolie charpente et d'une grande cheminée où sont préparées les grillades. Agréable terrasse fleurie.

à St-André-les-Vergers : *5 km – 11 125 h. alt. 112 – ⊠ 10120* :

🛈 *Syndicat d'initiative, 21 avenue Maréchal Leclerc* ✆ *03 25 71 91 11, Fax 03 25 49 67 71, si.saintandrelesvergers@wanadoo.fr.*

🏠 **Les Épingliers** sans rest, 180 rte d'Auxerre ✆ 03 25 75 05 99, *citotel@club-internet.fr,* Fax 03 25 75 32 22 – 🛬 📺 📞 🅿. 🕮 🕮 🄼 AX v
fermé Noël au Jour de l'An – ⛶ 8 – **15 ch** 46/50.
♦ Construction récente de style pavillon. Les chambres, simples et néanmoins coquettes, sont logées en rez-de-chaussée. Pimpante salle des petits-déjeuners.

XX **Gentilhommière**, 180 rte Auxerre ✆ 03 25 49 35 64, *gentilhommiere@wanadoo.fr,* Fax 03 25 75 13 55, 🌤 – 🅿. 🕮 AX r
fermé 14 au 24 août, dim. soir, mardi soir et merc. – **Repas** 18/53.
♦ Cette villa récente héberge un accueillant et confortable restaurant où règne une atmosphère feutrée. Deux petites terrasses prisées en été. Cuisine classique.

à Ste-Savine : *3 km – 10 125 h. alt. 116 – ⊠ 10300* :

🏠 **Chantereigne** sans rest, 128 av. Gén. Leclerc ✆ 03 25 74 89 35, *lc1001@inter-hotel.com,* Fax 03 25 74 47 78 – 🛬 📞. 🕮 🄼 🕮 🄼 AX t
⛶ 7 – **30 ch** 52/58.
♦ Bâtiment en U abritant des chambres orientées sur l'arrière. Intérieur relooké : murs aux tons chauds, sobre mobilier, literie neuve et fraîche salle des petits-déjeuners.

🏠 **Motel Savinien** 🦢, 87 r. Fontaine ✆ 03 25 79 24 90, *motelsavinien@aol.com,*
🐕 Fax 03 25 78 04 61, 🌤, 🛋, 🔲, 🍽 – 📺 📞 🅿. – 🔀 20. 🕮 AX d
Repas *(fermé dim. soir et lundi)* 14/27 ⛶ – ⛶ 7,40 – **60 ch** 42/50,40 – ½ P 46,30.
♦ À l'écart du bruit, grande bâtisse des années 1970 de type motel, bien entretenue. Les chambres, rénovées, privilégient le côté pratique. Murs colorés et rideaux fleuris apportent une note de gaieté à la salle à manger.

Ecrivez-nous...
Vos louanges comme vos critiques seront examinées avec le plus grand soin. Nous reverrons sur place les informations que vous nous signalez.
Par avance merci !

TULLE 🅿 *19000 Corrèze* 🄏🄈🄉 *L4 G. Berry Limousin – 15 553 h alt. 210.*
Voir *Maison de Loyac*★ **Z B** – *Clocher*★ *de la Cathédrale Notre-Dame.*
🛈 *Office de tourisme, 2 place Emile Zola* ✆ *05 55 26 59 61, Fax 05 55 20 72 93, office-de-tourisme-de-tulle@wanadoo.fr.*
Paris 475 ① *– Brive-la-Gaillarde 27* ④ *– Aurillac 83* ③ *– Clermont-Ferrand 141* ②.

Plans page suivante

🏨 **Mercure** sans rest, 16 quai République ✆ 05 55 26 42 00, *h5065@accor-hotels.com,* Fax 05 55 20 31 17 – 🛗 🛬 📺 📞 – 🔀 20 à 60. 🕮 🕮 Z b
⛶ 8,50 – **49 ch** 62/70.
♦ Cet hôtel entièrement refait est doté d'un hall spacieux, d'un bar confortable et de chambres neuves, chaleureuses et insonorisées ; elles sont plus spacieuses côté quai.

🏠 **Gare**, 25 av. W. Churchill ✆ 05 55 20 04 04, *Fax 05 55 20 15 87* – 📺 📞. 🕮 Y k
fermé 1er au 15 sept. – **Repas** *(fermé dim. soir en hiver)* 17/34 ⛶ – ⛶ 6,40 – **12 ch** 47,30/55 – ½ P 50.
♦ Petit hôtel familial situé face à la gare. Les chambres, agencées autour d'un agréable patio, disposent d'aménagements sobres et fonctionnels. La salle à manger est décorée dans le style rustique ; registre culinaire traditionnel.

XXX **Central**, 12 r. Barrière ✆ 05 55 26 24 46, *r-poumier@intenet19.fr, Fax 05 55 26 53 16* – 🍽.
🕮 Z a
fermé 28 juil. au 10 août, dim. soir et sam. – **Repas** 23/47 et carte 43 à 65.
♦ Tableaux, boiseries, cuivres et meubles campagnards composent le décor de ce restaurant abrité derrière une façade à colombages. Accueil charmant, recettes traditionnelles.

XX **Toque Blanche** avec ch, pl. M. Brigouleix ✆ 05 55 26 75 41, *Fax 05 55 20 93 95* – 🍽 rest,
🐕 📞. 🕮 🕮 Z z
fermé 30 juin au 4 juil., 20 janv. au 3 fév., dim. soir et lundi – **Repas** 21/54,50, enf. 10 ⛶ –
⛶ 6 – **8 ch** 40/43 – ½ P 55,50.
♦ Salle à manger rustique chic, avec poutres apparentes, où l'on déguste une cuisine au goût du jour utilisant les produits du terroir. Chambres simples dans le style agreste.

X **Passé Simple**, 6 r. F. Bonnelys ✆ 05 55 26 00 75 – 🕮 🕮 Z n
🐕 *fermé dim. soir et lundi* – **Repas** *(16)* · 24, enf. 8 ⛶.
♦ Ce discret restaurant installé dans une ruelle calme vous convie à savourer une cuisine du marché mitonnée avec soin dans une petite salle à manger au plaisant décor rajeuni.

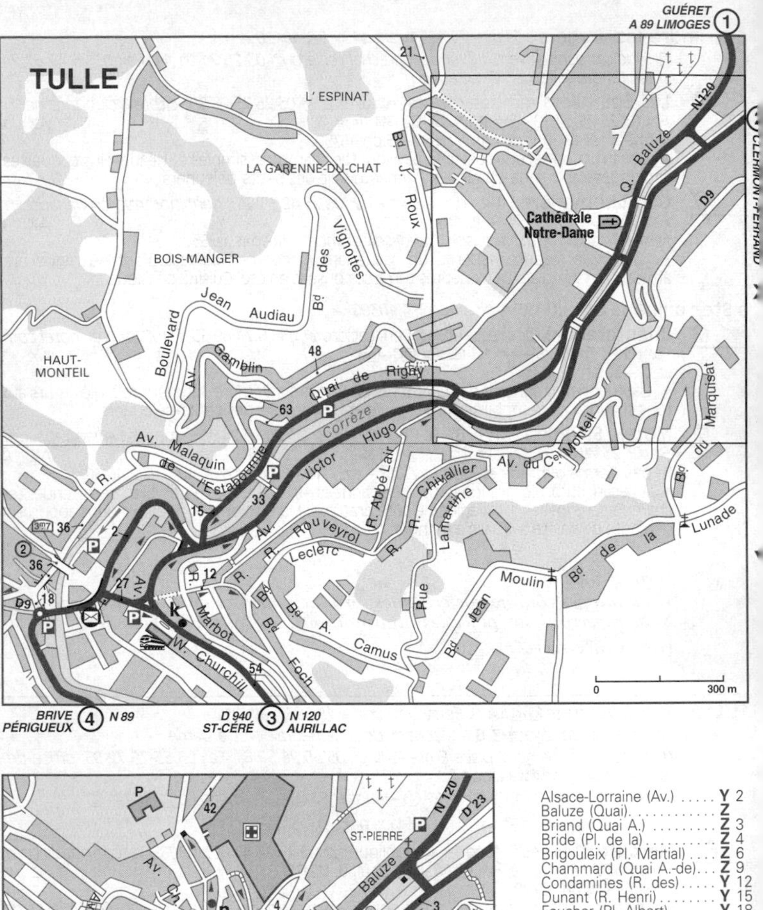

TULLE

X

L'ESPINAT

LA GARENNE-DU-CHAT

BOIS-MANGER

HAUT-
MONTEIL

GUÉRET
A 89 LIMOGES ①

CLERMONT-FERRAND

Cathédrale
Notre-Dame

Corrèze

Y

BRIVE ④ N 89
PÉRIGUEUX

D 940 ③ N 120
ST-CÉRÉ   AURILLAC

0   300 m

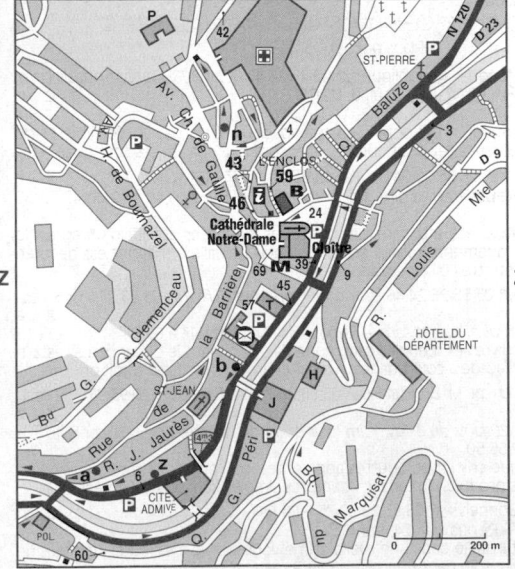

Z

ST-PIERRE

Cathédrale
Notre-Dame

Cloître

HÔTEL DU
DÉPARTEMENT

CITÉ
ADMIVE

0   200 m

Alsace-Lorraine (Av.) . . . . . **Y** 2
Baluze (Quai) . . . . **Z**
Briand (Quai A.) . . . . **Z** 3
Bride (Pl. de la) . . . . **Z** 4
Brigouleix (Pl. Martial) . . **Z** 6
Chammard (Quai A.-de) . . **Z** 9
Condamines (R. des) . . . . **Y** 12
Dunant (R. Henri) . . . . . . **Y** 15
Faucher (Pl. Albert) . . . . . **Y** 18
Faugeras (Bd J.-F.) . . . . . **X** 21
Gambetta (Place) . . . . **Z** 24
Gaulle (Av. Ch.-de) . . . . . **Z**
Jean-Jaurès (R.) . . . . **Z**
Lovy (R. Sergent) . . . . **Y** 27
Mermoz (R.) . . . . **Z** 33
Pauphile (R.) . . . . **Y** 36
Perrier (Quai Edmond) . . **Z** 39
Poincaré (Av.) . . . . **Z** 42
Portes-Chanac (R. des) . . **Z** 43
République (Quai de la) . . **Z** 45
Riche (R.) . . . . **Z** 46
Roche-Bailly (Bd de la) . . **X** 48
Sampeix (R. Lucien) . . . . . **Y** 54
Tavé (Pl. Jean) . . . . **Z** 57
Tour-de-Maisse (R. de la) . **Z** 59
Vialle (R. Anne) . . . . **Z** 60
Victor-Hugo (Av.) . . . . . . **XY**
Vidalie (Av.) . . . . **X** 63
Zola (Pl. Émile) . . . . **Z** 69

TULLINS 38210 Isère **333** F6 – 7 068 h alt. 223.

🏌 de Grenoble Charmeil à St-Quentin-sur-Isère ℘ 04 76 93 67 28, E : 5 km par D 45.
Paris 547 – Grenoble 31 – Bourgoin-Jallieu 47 – St-Marcellin 23 – Voiron 13.

XX **Auberge de Malatras** avec ch, Sud : 2 km sur N 92 ℘ 04 76 07 02 30,
Fax 04 76 07 76 48, 🌲 – **P.** – 🏧 25. **AE GB**
fermé 12 au 27 avril, 10 au 26 oct., dim. soir et lundi – **Repas** 16/65 ♀ – ☑ 7 – **17 ch** 34/50 –
½ P 44/49.
  ♦ L'agréable terrasse face au massif du Vercors constitue l'atout maître de cet ancien relais
de poste. Solives et cheminée agrémentent la salle à manger. Chambres simples.

TUNNEL DU MONT-BLANC 74 H.-Savoie **74** 080 – *voir à Chamonix-Mont-Blanc.*

TUNNEL SOUS LA MANCHE voir à Calais.

La TURBALLE 44420 Loire-Atl. **316** A3 G. Bretagne – 4 042 h alt. 6.

🚉 Office de tourisme, place du Général-de-Gaulle ℘ 02 40 23 39 87, Fax 02 40 23 32 01,
otsi.la.turballe@libertysurf.fr.
Paris 457 – Nantes 84 – La Baule 13 – Guérande 7 – La Roche-Bernard 31 – St-Nazaire 27.

🏠 **Les Chants d'Ailes** sans rest, 11 bd Bellanger ℘ 02 40 23 47 28, Fax 02 40 62 86 43, < –
P. GB
☑ 7 – **19 ch** 55/65.
  ♦ Bordant une longue plage, chambres fonctionnelles, meublées en rotin. Celles situées
en façade bénéficient d'une vue sur l'océan, mais les autres sont plus chaleureuses.

XX **Terminus**, 18 quai St-Paul ℘ 02 40 23 30 29, Fax 02 40 11 84 44 – **GB**
fermé 27 sept. au 7 oct., mardi soir et merc. – **Repas** 16/38, enf. 7 ♀.
  ♦ Choisir une table en véranda d'où l'on peut contempler les bateaux du petit port de
pêche. Sobre décor égayé de nappes colorées. Produits de la mer.

à Pen-Bron, *Sud : 3 km par D 92* – 4 042 h. alt. 6 – ☒ 44420 La Turballe :

🏠 **Pen Bron** 🍴, ℘ 02 28 56 77 99, hotelpenbron@wanadoo.fr, Fax 02 28 56 77 77, <, 🌲,
🏊 – 📱 ⊁ **tv** & 🅿. **GB**
Repas *(fermé janv.)* 27, enf. 12 ♀ – ☑ 10 – **45 ch** 150/180 – ½ P 183/213.
  ♦ Maison bretonne remarquablement située à la pointe d'une presqu'île, face au Croisic.
Aménagements spécialement conçus pour l'accueil des personnes à mobilité réduite.
Cuisine traditionnelle servie dans un agréable restaurant tourné vers les flots.

La TURBIE 06320 Alpes-Mar. **341** F5 – 3 021 h alt. 495.
Paris 943 – Monaco 8 – Menton 13 – Nice 16.

XX **Hostellerie Jérôme** (Cirino) avec ch, 20 r. Comte de Cessole ℘ 04 92 41 51 51, *hostelleri*
❀❀ *e.jerome@wanadoo.fr*, Fax 04 92 41 51 50, <, 🌲 – ▤ ch, **tv** 📞. **GB**
fermé 1ᵉʳ au 19 déc., lundi et mardi sauf juil.-août – **Repas** (dîner seul. en juil.-août) 35 (déj.),
55/95 et carte 75 à 105 ♀ – ☑ 15 – **5 ch** 89/136.
  ♦ Charmante bâtisse du 13ᵉ s. située dans le village du Trophée des Alpes. Pimpant décor à
l'italienne côté salle et délicieuses saveurs de la Méditerranée dans l'assiette.
Spéc. Tarte potagère aux gamberoni à l'huile d'olive. Foie gras de canard rôti aux agrumes
de Menton (hiver). Loup de mer à la compotée de fleurs et feuilles de courgettes. **Vins**
Côtes de Provence, Bellet.

TURCKHEIM 68230 H.-Rhin **315** H8 G. Alsace Lorraine – 3 594 h alt. 225.

🚉 Office de tourisme, Corps de Garde ℘ 03 89 27 38 44, Fax 03 89 80 83 22, ot.turckheim
@wanadoo.fr.
Paris 471 – Colmar 7 – Gérardmer 47 – Munster 14 – St-Dié 51 – le Thillot 66.

🏠 **Les Portes de la Vallée** 🍴, 29 r. Romaine ℘ 03 89 27 95 50, mail@hotelturckheim.co
m, Fax 03 89 27 40 71, 🌲 – 📱 **tv** 📞 🅿. **AE GB**. ⊁ rest
Repas *(fermé dim. soir)* (½ pens. seul.)(résidents seul.) 16 ♀ – ☑ 7 – **14 ch** 54/71 –
½ P 47/53.
  ♦ Dans un quartier calme, deux bâtiments reliés par une treille. Préférez les chambres
aménagées dans l'aile neuve. Plats alsaciens servis dans une salle d'inspiration winstub.

🏠 **Berceau du Vigneron** sans rest, 10 pl. Turenne ℘ 03 89 27 23 55, hotel-berceau-du-vi
🏚 *gneron@wanadoo.fr*, Fax 03 89 30 01 33 – **tv**. **GB**
fermé janv. – ☑ 7,50 – **16 ch** 42/70.
  ♦ Maison à colombages bâtie en partie sur les remparts de la vieille ville. Chambres
fraîches, plus calmes sur l'arrière. L'été, on petit-déjeune dans la cour intérieure.

XX **A l'Homme Sauvage,** 19 Grand'Rue ✆ 03 89 27 56 15, *Fax 03 89 80 82 03,* 🏖 – GB
fermé 25 août au 2 sept., 20 oct. au 4 nov., 6 au 22 fév., jeudi midi de nov. à avril , dim. soir et merc. – **Repas** 16 (déj.), 23/32 ♀.
◆ Cette auberge accueille les amateurs de bonne chère depuis 1609. La cuisine, au goût du jour, est servie dans une jolie salle coiffée de poutres ou, l'été, dans la cour pavée.

X **Auberge du Veilleur,** 12 pl. Turenne ✆ 03 89 27 32 22, *auberge-veilleur@wanadoo.fr, Fax 03 89 27 55 56* – ▤. GB
fermé 23 déc. au 7 janv., 24 au 3 juil., mardi et merc. – **Repas** 19/29 ♀.
◆ Près de la tour du 14e s. qui marque l'entrée de la vieille ville, coquet restaurant de style winstub originalement décoré d'ours en peluche. Menus régionaux.

TURENNE *19500 Corrèze* 329 K5 *G. Périgord Quercy – 742 h alt. 350.*
Voir *Site★ du château et ✵★★ de la tour de César.*
Env. *Collonges-la-Rouge : village★★ E : 10 km.*
ℹ *Syndicat d'initiative ✆ 05 55 85 94 38.*
Paris 496 – Brive-la-Gaillarde 15 – Cahors 91 – Figeac 76.

XX **Maison des Chanoines** 🐌 avec ch, ✆ 05 55 85 93 43, *Fax 05 55 85 93 43,* 🏖 – ▤ rest,. GB. ✂
10 avril-10 oct. – **Repas** *(fermé merc. soir en juin et le midi sauf dim. et fériés)* (nombre de couverts limité, prévenir) 30/36 ♀ – ☕ 8 – **6 ch** 60/85 – 1/2 P 63/73.
◆ Maison du 16e s. dans un pittoresque village. Intérieur de caractère : escalier à vis en pierre, salle voûtée et mobilier rustique. Cuisine mariant tradition et créativité.

TURQUANT *49730 M.-et-L.* 317 J5 – *448 h alt. 68.*
Paris 294 – Angers 76 – Châtellerault 68 – Chinon 21 – Saumur 10 – Tours 58.

🏠 **Demeure de la Vignole,** impasse Marguerite d'Anjou ✆ 02 41 53 67 00, *demeure@demeure-vignole.com, Fax 02 41 53 67 09,* ≤, 🏖, 🌳 – TV ☎ ♿. GB. ✂
avril-déc. – **Repas** *(fermé dim. et lundi)* (dîner seul.) (résidents seul.) 26 – ☕ 8,50 – **8 ch** 72,70/100,70 – 1/2 P 67,60/80,20.
◆ Une ambiance "guesthouse" règne dans cette demeure en tuffeau bâtie à flanc de coteau, proche d'un village troglodytique. Chambres décorées avec goût. Jardin en terrasses.

TURQUESTEIN-BLANCRUPT *57 Moselle* 307 N7 – *rattaché à St-Quirin.*

TY-SANQUER *29 Finistère* 308 G6 – *rattaché à Quimper.*

UCHACQ-ET-PARENTIS *40 Landes* 335 H11 – *rattaché à Mont-de-Marsan.*

UCHAUX *84100 Vaucluse* 332 B8 – *1 465 h alt. 80.*
Paris 645 – Avignon 40 – Montélimar 45 – Nyons 37 – Orange 11.

🏠 **Château de Massillan** 🐌, au Nord : 3 km par D 11 et rte secondaire ✆ 04 90 40 64 51, *chateau-de-massillan@wanadoo.fr, Fax 04 90 40 63 85,* 🏖, 🏊, 🎾, 🌳 – TV ☎ P. GB
Repas (dîner seul.) 45/72 – ☕ 16 – **17 ch** 260/450 – 1/2 P 191/286.
◆ Beau château du 16e s. au coeur d'un magnifique parc entouré de vignes. Séduisante décoration contemporaine associée aux pierres et poutres d'époque. Cuisine inventive servie dans un très joli cadre : meubles design, murs blancs et lustres à pendeloques.

XX **Côté Sud,** rte Orange ✆ 04 90 40 66 08, *Fax 04 90 40 64 77,* 🏖, 🌳 – GB
fermé 18 oct. au 3 nov., 20 déc. au 6 janv., lundi soir et mardi d'oct. à mars et merc. – **Repas** (nombre de couverts limité, prévenir) 23/50 ♀.
◆ Garrigue, colline... La dénomination des menus, tout comme la cuisine, célèbre la Provence. Décor pimpant, dans les murs d'une charmante maison en pierre. Ravissant jardin.

L'UNION *31 H.-Gar.* 343 G3 – *rattaché à Toulouse.*

UNTERMUHLTHAL *57 Moselle* 307 Q5 – *rattaché à Baerenthal.*

Ecrivez-nous...
Vos louanges comme vos critiques seront examinées avec le plus grand soin.
Nous reverrons sur place les informations que vous nous signalez.
Par avance merci !

URÇAY *03360 Allier* 🗺️ *C3 – 298 h alt. 169.*

Paris 297 – La Châtre 55 – Montluçon 34 – Moulins 66 – St-Amand-Montrond 15.

✕ **L'Étoile d'Urçay** avec ch, 42 rte Nationale   ☎ 04 70 06 92 66, Fax 04 70 06 92 77 – 🅿. 🇬🇧, ✍ ch

fermé mardi soir de sept. à juin et merc. – **Repas** 18 (déj.), 21/27, enf. 10 ♀ – ⬭ 5 – **5 ch** 29/34 – ½ P 40.

◆ Dans la traversée du bourg, restaurant proposant une copieuse cuisine traditionnelle et régionale. Une ressource simple et conviviale à proximité de la forêt de Tronçais.

URCUIT *64990 Pyr.-Atl.* 🗺️ *D4 G. Aquitaine – 1 796 h alt. 32.*

Paris 761 – Biarritz 21 – Bayonne 14 – Dax 45 – Orthez 63 – Pau 100.

✕ **Au Goût des Mets**, Nord-Ouest : 4 km sur D 261 ☎ 05 59 42 95 64, 🏠 – 🅿. 🇬🇧

fermé 28 juin au 13 juil., dim. soir hors saison et merc. – **Repas** (déj. seul. en hiver) 12 (déj.)/22, enf. 7,50 ♀.

◆ Au bord de l'Adour, pause authentique dans votre découverte du riche patrimoine archéologique du pays d'Orthe. Salle à manger champêtre et plaisante terrasse.

URDOS *64490 Pyr.-Atl.* 🗺️ *I7 – 108 h alt. 780.*

Env. Col du Somport★★ SE : 14 km, G. Aquitaine.

Paris 850 – Pau 75 – Jaca 38 – Oloron-Ste-Marie 41.

🏠 **Voyageurs-Somport,** ☎ 05 59 34 88 05, *hotel.voyageurs.urdos@wanadoo.fr,*
🇬🇧 *Fax 05 59 34 86 74,* 🏠 – 🛄 50. 🇬🇧

fermé 23 oct. au 1ᵉʳ déc., dim. soir et lundi sauf vacances scolaires – **Repas** 12/27, enf. 8 ♀ – ⬭ 5 – **28 ch** 28/42 – ½ P 32/36.

◆ Ancien relais de diligences sur le chemin de St-Jacques, dans la vallée d'Aspe. Outre un accueil chaleureux, il propose des chambres rustiques. Restaurant au cadre campagnard, tenu par la même famille depuis plusieurs générations. Menus sans prétention.

*Nos guides hôteliers, nos guides touristiques et nos cartes routières
sont complémentaires. Utilisez-les ensemble.*

URIAGE-LES-BAINS *38410 Isère* 🗺️ *H7 G. Alpes du Nord – alt. 414 – Stat. therm. (fin mars-début déc.) – Casino "Palais de la Source".*

Voir Forêt de Prémol★ SE : 5 km par D 111.

🏌️ *Uriage à Vaulnaveys-le-Haut ☎ 04 76 89 03 47, par ③ : 12 km.*

🛈 *Office de tourisme, 5 avenue des Thermes ☎ 04 76 89 10 27, Fax 04 76 89 26 68, info@uriage-les-bains.com.*

Paris 576 – Grenoble 11 – Vizille 11.

🏨 **Grand Hôtel,** ☎ 04 76 89 10 80, *info@grand-hotel-uriage.com,* Fax 04 76 89 04 62, ≼,
✿✿ 🏠, ☕, ♨, – 🛗 📺 📞 🅿 – 🛄 15. 🝙 ⓞ 🇬🇧

fermé 27 déc. au 23 janv. – **Les Terrasses** *(fermé 16 au 30 août, 27 déc. au 23 janv., dim., merc. midi, jeudi midi sauf juil.-août, mardi midi et lundi en juil.-août)* **Repas** 60/105 et carte 110 à 150, enf. 20 – ⬭ 39 ch 88/164, 3 suites.

◆ Naguère fréquentée par Coco Chanel ou Sacha Guitry, cette belle hostellerie Napoléon III reliée au centre thermal, abrite des chambres très élégantes et personnalisées. Restaurant raffiné ou délicieuse terrasse : deux lieux pour une cuisine bien inspirée.

Spéc. Pressé de pigeon au foie gras et artichaut. Saint Jacques grillées aux pointus (nov. à mars). Truite du Vercors, anchois fumés et lait d'amande (15 juin au 15 août). **Vins** Chardonnay du Bugey, Mondeuse.

🏨 **Les Mésanges** ✍, rte St-Martin-d'Uriage et rte Bouloud : 1,5 km ☎ 04 76 89 70 69, *prince@hotel-les-mesanges.com,* Fax 04 76 89 56 97, ≼, 🏠, ☕, 🍃 – 📺 📞 🅿 – 🛄 40. 🝙 🇬🇧 ✍

1ᵉʳ fév.-23 oct. – **Repas** *(fermé dim. soir de fév. à avril, lundi sauf le soir de mai à oct. et mardi)* (15) · 20/48, enf. 9 ♀ – ⬭ 7,50 – **33 ch** 47/64 – P 51/57.

◆ Sur un plateau dominant la vallée et la station, divers bâtiments proposent des chambres pratiques et bien tenues ; certaines possèdent un balcon. En hiver, lumineuse salle à manger et, à la belle saison, charmante terrasse ombragée de platanes.

🏨 **Manoir,** 62 rte Prémol ☎ 04 76 89 10 88, *hotelemanoir@magic.fr,* Fax 04 76 89 20 63, 🏠, ✍ – 📺 📞 🅿. 🇬🇧

Repas *(fermé dim. soir et le midi en semaine du 15 nov. au 1ᵉʳ fév.)* (13 bc) · 19/45 ⅛ – ⬭ 6,50 – **15 ch** 26/57 – ½ P 38/48.

◆ Une façade colorée signale aux passants cette maison 1900 postée à l'entrée de la station. Chambres lumineuses et bien équipées, plus grandes au 1ᵉʳ étage. Salles à manger rustiques ; celle en véranda s'ouvre sur une plaisante terrasse. Plats traditionnels.

URMATT *67280 B.-Rhin* ⑮ H5 – *1 357 h alt. 240.*

Voir *Église★ de Niederhaslach NE : 3 km,* G. Alsace Lorraine.
Paris 487 – Strasbourg 44 – Molsheim 15 – Saverne 37 – Sélestat 49 – Wasselonne 23.

Clos du Hahnenberg, ✆ 03 88 97 41 35, *clos.hahnenberg@wanadoo.fr,*
Fax 03 88 47 36 51, ⬚, ※ – 🏨 📺 📞 🐾 🅿 – 🔒 35. 📧 🅶🅱 ❄
fermé 15 au 30 janv. – Chez Jacques (fermé vend. soir) **Repas** *(10)*-13 (déj.) 19/28, enf. 7,40 🍷
– 🍴 7,60 – **43 ch** 36/59,50 – ½ P 49,50.
♦ Sur la rue principale du village, hôtel accordant un soin particulier à ses chambres, plus
spacieuses, claires et insonorisées dans la partie moderne. Chez Jacques, cadre rustique et
cuisine traditionnelle étoffée de quelques spécialités alsaciennes.

Poste, ✆ 03 88 97 40 55, *hotelrestlaposte@multimania.com, Fax 03 88 47 38 32,* 🍴 –
📺 rest, 📺 🅿 📧 ⓿ 🅶🅱 ❄ ch
fermé 16 au 30 juil., 24 au 31 déc., 22 fév. au 8 mars et lundi – **Repas** 16/46 🍷 – 🍴 6 – **14 ch**
37/52 – ½ P 45/51.
♦ Ambiance familiale garantie dans cette auberge villageoise centenaire située face à la
mairie. Les chambres, confortables, sont bien tenues. Vitraux et boiseries rehaussent le
décor des salles à manger ; cuisine régionale.

URRUGNE *64 Pyr.-Atl.* ⓷⓸⓶ B4 – *rattaché à St-Jean-de-Luz.*

URT *64240 Pyr.-Atl.* ⓷⓸⓶ E4 – *1 702 h alt. 41.*
🅱 *Office de tourisme* ✆ 05 59 56 20 33.
Paris 757 – Biarritz 24 – Bayonne 17 – Cambo-les-Bains 28 – Pau 97 – Peyrehorade 19.

Auberge de la Galupe, au port de l'Adour ✆ 05 59 56 21 84, *galupe@wanadoo.fr,*
Fax 05 59 56 28 66 – 🍴 📧 🅶🅱
*fermé 21/02 au 15/03, lundi midi du 14/07 au 31/08, dim. soir, lundi de sept. à juil. et mardi
midi de sept. à avril* – **Repas** (week-end prévenir) 28/60 et carte 55 à 75.
♦ Poutres massives, dallage ancien et mobilier choisi font l'attrait de cet ancien relais de
mariniers posté sur les rives de l'Adour. Carte régionale axée sur la pêche locale.

Dans ce guide

un même symbole, un même mot,

*imprimé en **rouge** ou en **noir**, en maigre ou en **gras**,*

n'ont pas tout à fait la même signification.

Lisez attentivement les pages explicatives.

USCLADES-ET-RIEUTORD *07510 Ardèche* ⓷⓷⓵ G5 – *102 h alt. 1270.*
Paris 590 – Aubenas 45 – Langogne 41 – Privas 59 – Le Puy-en-Velay 51 – Thueyts 98.

à Rieutord :
Ferme de la Besse, ✆ 04 75 38 80 64, *Fax 04 75 38 80 64* – 🅿
avril-nov. – **Repas** (prévenir) 18/28.
♦ Dans les murs d'une authentique ferme du 15e s. au beau toit de lauzes. Intérieur
rustique superbement préservé, avec pierres, poutres et cheminée. Cuisine du terroir.

USSAC *19 Corrèze* ⓷⓶⓽ K4 – *rattaché à Brive-La-Gaillarde.*

USSAT *09 Ariège* ⓷⓸⓷ H8 – *rattaché à Tarascon-sur-Ariège.*

USSEL ⬠ *19200 Corrèze* ⓷⓶⓽ O2 G. Berry Limousin – *10 753 h alt. 631.*
⛳ à Neuvic ✆ 05 55 95 98 89, S : 14 km; ⛳ du Chammet à Peyrelevade ✆ 05 55 94 77 54,
NO : 42 km.
🅱 *Office de tourisme, place Voltaire* ✆ 05 55 72 11 50, *Fax 05 55 72 54 44, ot-ussel@wana
doo.fr.*
Paris 444 – Aurillac 99 – Clermont-Ferrand 83 – Guéret 101 – Tulle 63.

Grand Hôtel de la Gare, av. P. Sémard ✆ 05 55 72 25 98, *Fax 05 55 96 25 63* – 📺 📞 🅿 –
🔒 20. 🅶🅱
hôtel : fermé 24 déc. au 4 janv. et dim. soir – **Repas** *(fermé 1er au 10 juil., 1er au 13 oct.,
24 déc. au 4 janv., dim. soir et lundi)* 17,50/32 🍷 – 🍴 5 – **16 ch** 44/49.
♦ L'infime trafic ferroviaire ne trouble en rien la tranquillité de l'hôtel. Chambres garnies
de meubles campagnards ; peintures et moquettes neuves pour certaines. L'agréable salle
à manger sert de cadre à une cuisine traditionnelle et quelques plats régionaux.

USSON-EN-FOREZ *42550 Loire* 327 C7 – *1 232 h alt. 925.*

🛈 *Syndicat d'initiative, place de la Vialle* ℰ *04 77 50 66 15, Fax 04 77 50 66 15.*
Paris 472 – St-Étienne 48 – Issoire 86 – Montbrison 41 – Le Puy-en-Velay 52.

Rival avec ch, ℰ *04 77 50 63 65, hotelrival@msn.com, Fax 04 77 50 67 62* – cuisinette 📺. GB
fermé 14 au 25 juin, 12 nov. au 1ᵉʳ déc., dim. soir et lundi sauf juil.-août – **Repas** 11/36,
enf. 8 ♀ – 🍽 5,50 – **12 ch** 39/45 – ½ P 29/38.
◆ Cette simple affaire familiale est située à deux pas de l'écomusée du bourg. Menus
régionaux proposés dans une salle des repas rustique. Chambres majoritairement
rafraîchies.

UTELLE *06450 Alpes-Mar.* 341 E4 G. *Côte d'Azur* – *488 h alt. 800.*

Voir *Retable★ dans l'église St-Véran – Madone d'Utelle ✳★★★ SO : 6 km.*
Paris 883 – Levens 24 – Nice 51 – Puget-Théniers 55 – St-Martin-Vésubie 34.

Bellevue, ℰ *04 93 03 17 19, Fax 04 93 03 19 17,* ≤, �屋, ☂ – 🅿. 🆎 GB. ✼
fermé 6 janv. au 4 fév. et merc. – **Repas** (déj. seul.) 11/28.
◆ Atmosphère paisible dans cette modeste maison familiale du bout du monde. La sobre
salle à manger offre une jolie vue sur les montagnes. Terrasse ombragée.

UZERCHE *19140 Corrèze* 329 K3 G. *Berry Limousin* – *3 062 h alt. 380.*

Voir *Ste-Eulalie ≤★ E : 1 km.*
🛈 *Office de tourisme, place de la Libération* ℰ *05 55 73 15 71, Fax 05 55 73 88 36,*
ot.uzerche@wanadoo.fr.
Paris 444 – Brive-la-Gaillarde 38 – Limoges 57 – Périgueux 106 – Tulle 30.

Teyssier, r. Pont Turgot ℰ *05 55 73 10 05, hotel-teyssier@ifrance.com,*
Fax 05 55 98 43 31, �屋 – 📺 ☎ 🅿. 🆎 ⑩ JCB. ✼ rest
fermé 1ᵉʳ au 10 mars, 30 nov. au 8 déc. et 6 janv. à 3 fév. – **Repas** *(fermé le mardi de*
mi-sept. à mi-juil. et merc.) 18/33, enf. 10 ♀ – 🍽 8 – **14 ch** 47/65 – ½ P 51,50/62.
◆ Auberge du 18ᵉ s. située entre la route et les rives de la Vézère. Préférez les chambres
rénovées ; les autres offrent un cadre mûrissant. Petit-déjeuner copieux. Au restaurant,
atmosphère "vieille France" et généreuse cuisine aux accents régionaux.

Ambroise, av. Ch. de Gaulle ℰ *05 55 73 28 60, Fax 05 55 98 45 73,* �屋, 🐾 – 📺 🚗 🅿.
🛁 15. GB
fermé 3 nov. au 3 déc., dim. soir et lundi hors saison – **Repas** *(fermé dim. soir, mardi midi*
sauf juil.-août et lundi) 13/31 ♀ – 🍽 6,50 – **15 ch** 30/46 – ½ P 33/36.
◆ Hôtel familial face au pont enjambant la Vézère. Chambres simples, toutes orientées
côté rivière. Espace vert au bord de l'eau. Chaleureuse salle à manger rustique et charmante terrasse dressée sur un balcon qui surplombe le jardin.

à St-Ybard *Nord-Ouest : 6 km par D 920 et D 54 – 593 h. alt. 320 –* ⊠ *19140 :*

Auberge St-Roch, ℰ *05 55 73 09 71, Fax 05 55 98 41 63,* �屋 – 🗐. GB
fermé 18 juin au 8 juil., 18 déc. au 18 janv., dim. soir et lundi – **Repas** *(fermé le soir du*
1ᵉʳ nov. au 1ᵉʳ avril sauf sam.) 12/30, enf. 8 ♀.
◆ Au centre du village, auberge campagnarde comprenant aussi un bar à clientèle locale.
Agréable terrasse ombragée avec vue sur l'église. Goûteuses recettes régionales.

UZÈS *30700 Gard* 339 L4 G. *Provence* – *8 007 h alt. 138.*

Voir *Ville ancienne★★ – Duché★ : ✳★★ de la Tour Bermonde – Tour Fenestrelle★★ – Place*
aux Herbes★ – Orgues★ de la Cathédrale St-Théodorit V.
🐴 *d'Uzès* ℰ *04 66 22 40 03, par* ② : *5 km.*
🛈 *Office de tourisme, place Albert 1er* ℰ *04 66 22 68 88, Fax 04 66 22 95 19, otuzes-*
@wanadoo.fr.
Paris 682 ② *– Montpellier 83* ② *– Alès 34* ④ *– Arles 52* ① *– Avignon 38* ② *– Nîmes 25* ②.

Plan page suivante

Mercure, rte de Nîmes par ② : *0,5 km* ℰ *04 66 03 32 22, mercure.relaisuzes@wanadoo.f*
r, Fax 04 66 03 32 10, �屋, ☂, 🐾, ✼ – 🗐 ↔, ▤ rest, 📺 ☎ & 🅿. 🆎 ⑩ GB.
✼ rest
Repas *(fermé de nov. à janv.)* (dîner seul.) (15) · 20, enf. 8 ♀ – 🍽 8,50 – **65 ch** 72/92.
◆ Aux portes du "Premier duché de France", groupe de bâtiments ordonnés autour d'une
piscine et d'une terrasse ombragée. Chambres rénovées, équipées de meubles actuels.
Attablez-vous dans une salle à manger aux couleurs provençales ou sur la jolie terrasse.

Les Fontaines, 6 r. Entre les Tours ℰ *04 66 22 41 20, nival-jimmy@wanadoo.fr,*
Fax 04 66 22 41 11, �屋 – GB   A n
fermé 10 oct. au 24 nov., 20 janv. au 3 fév., lundi et mardi du 30 sept.. au 1ᵉʳ juin – **Repas** 23
(déj.), 29/59.
◆ Salle à manger voûtée et courette où l'on dresse les tables l'été : cette jolie maison du
16ᵉ s. proche de la place aux Herbes sert une cuisine aux accents régionaux.

UZÈS

Alliés (Bd des) .... **A** 2
Boucairie (R.) .... **B** 4
Collège (R. du) .... **B** 6
Dampmartin (Pl.) .... **A** 7
Dr-Blanchard (R.) .... **B** 8
Duché (Pl. du) .... **A** 9
Entre-les-Tours (R.) ..... **A** 10

Évêché (R. de l') .... **B** 12
Foch (Av. Mar.) .... **A** 13
Foussat (R. Paul) ..... **A** 14
Gambetta (Bd) .... **A**
Gide (Bd Ch.) .... **AB**
Gide (Ch. André) ..... **B** 15
Marronniers (Prom. des). **B** 16
Pascal (Av. M.) .... **A** 17
Pelisserie (R.) .... **A** 18
Plan-de-l'Oume (R.) ..... **B** 19

Port-Royal (R.) .... **B** 20
Raffin (R.) .... **B** 21
République (R.) .... **A** 23
St-Etienne (R.) .... **A** 25
St-Théodorit (R.) ..... **B** 27
Uzès (R. J.-d') .... **A** 29
Victor-Hugo
(Boulevard) .... **A** 32
Vincent (Av. Gén.) ..... **A**
4-Septembre (R.) ..... **A** 35

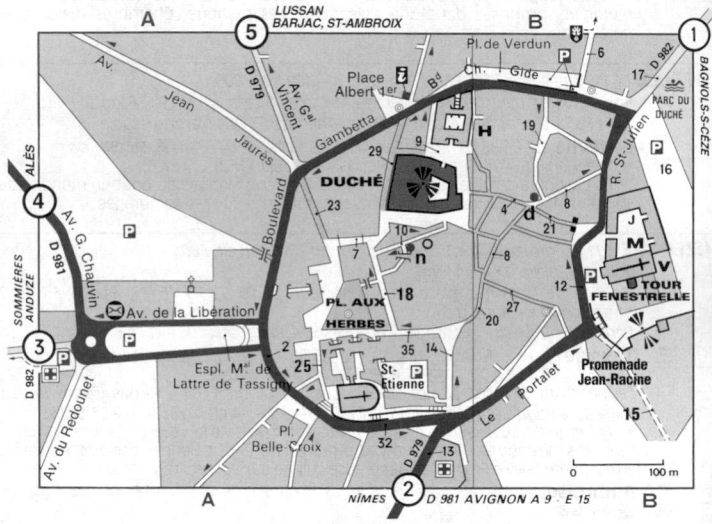

✕ **Les Trois Salons**, 18 r. Dr Blanchard ☎ 04 66 22 57 34, Fax 04 66 22 48 34, ☂ – AE
GB
B d

fermé 10 janv. au 10 fév., lundi et mardi sauf de juin à sept. – **Repas** *(19)* - 39 (dîner) ⌂.
◆ Enseigne-vérité pour cette maison bâtie en 1699 près du Duché : les tables sont installées dans trois jolis salons au décor épuré. Carte moderne mâtinée de saveurs régionales.

à St-Quentin-la-Poterie par ① et D 5 : 5 km – 2 731 h. alt. 113 – ⌂ 30700 :

✕ **Table de l'Horloge** (Peyroche d'Arnaud), pl. Horloge ☎ 04 66 22 07 01, thibaut@table-h.
🕸 orloge.fr, ☂ – GB. ✄
fermé 15 au 30 juin, 19 déc. au 2 janv., dim. soir et le midi sauf dim. – **Repas** (menu unique)
(nombre de couverts limité, prévenir) 45.
◆ Bibelots, vaisselle d'un potier du village, terrasse fleurie et menu unique composé selon
le marché caractérisent cette charmante ex-école réservée aux non-fumeurs.

à Arpaillargues-et-Aureillac par ③ : 4,5 km – 785 h. alt. 107 – ⌂ 30700 :

🏰 **Château d'Arpaillargues** ◈, r. du Château ☎ 04 66 22 14 48, savrychateau30@aol.fr,
Fax 04 66 22 56 10, ☂, ⊿, ✎, ♨ – TV P – 🔏 40. AE ◎ GB
4 avril-7 nov. – **Repas** 26/42 – ⌂ 12 – **29 ch** 130/235 – ½ P 102,50/167,50.
◆ Un joli château du 18ᵉ s. (où vécut la compagne de Franz Liszt) et une ancienne
magnanerie abritent des chambres personnalisées avec vue sur le parc ou le village.
Cuisine au goût du jour, cadre chaleureux et agréable terrasse au restaurant.

à Serviers et Labaume par ④ et D 981 : 6 km – 355 h. alt. 114 – ⌂ 30700 :

✕✕ **L'Olivier**, ☎ 04 66 22 56 01, restaurant@l-olivier.fr, Fax 04 66 22 54 49, ☂ – GB
fermé 8 au 15 nov., janv., fév. et lundi – **Repas** (nombre de couverts limité, prévenir) 22
(déj.), 35/52 ⌂ ⌀.
◆ L'ancien café du village accueille un coquet restaurant : couleurs ensoleillées, élégant
mobilier en fer forgé et patio fleuri. Cuisine au goût du jour soignée et vins locaux.

Si le coût de la vie subit des variations importantes,
les prix que nous indiquons peuvent être majorés.
Lors de votre réservation à l'hôtel, faites-vous préciser le prix définitif.

VAAS 72500 Sarthe **310** K8 G. Châteaux de la Loire – 1 540 h alt. 41.

Paris 237 – Angers 77 – Château-du-Loir 8 – Château-la-Vallière 15 – Le Mans 42.

XX **Vedaquais** avec ch, pl. Liberté ℰ 02 43 46 01 41, Fax 02 43 46 37 60, 🍴 – 📺 📞 ⚫ 🅿 –
🏛 25. ◐ 🇬🇧
fermé vacances de Toussaint, de Noël, de fév., vend. soir, dim. soir et lundi – **Repas** (10) -
13/29 bc, enf. 7,50 ♀ – ⊆ 6 – **12 ch** 43/56 – ½ P 57/63.
   ♦ Reconversion réussie pour l'ancienne mairie-école du village qui abrite désormais des
chambres et un restaurant décorés avec goût, un espace Internet et une boutique.

La VACHETTE 05 H.-Alpes **334** I3 – rattaché à Briançon.

VACQUEYRAS 84190 Vaucluse **332** C9 – 1 061 h alt. 117.

🛈 Syndicat d'initiative, Hôtel de Ville ℰ 04 90 12 39 02, Fax 04 90 65 83 28, tourisme.vac
queyras@wanadoo.fr.
Paris 662 – Avignon 35 – Nyons 34 – Orange 19 – Vaison-la-Romaine 18.

🏠 **Pradet** 🦢 sans rest, ℰ 04 90 65 81 00, Fax 04 90 65 80 27 – 📺 📞 ⚫ 🅿 – 🏛 25 à 50. 🅰🇪
🇬🇧
⊆ 7 – **34 ch** 52/75.
   ♦ À l'entrée du village, cette construction récente héberge des chambres fonctionnelles
et insonorisées. Certaines, au rez-de-chaussée, possèdent une petite terrasse.

à Montmirail Est : 2 km par rte secondaire – ⊠ 84190 :

🏠🏠 **Montmirail** 🦢, ℰ 04 90 65 84 01, hotel-montmirail@wanadoo.fr, Fax 04 90 65 81 50,
🍴, 🏊, 🦟 – 📺 ⚫ 🅿. 🇬🇧
13 mars-15 oct. – **Repas** (fermé jeudi midi et sam. midi) (20) - 30/35 – ⊆ 8,50 – **39 ch** 57/99
– ½ P 75/86.
   ♦ Au pied des célèbres Dentelles de Montmirail, demeure de caractère (19e s.) au milieu
d'un plaisant jardin arboré. Chambres bien tenues. Salle à manger rustique égayée de tissus
provençaux et charmante terrasse dressée sous le feuillage de grands platanes.

VACQUIERS 31340 H.-Gar. **343** G2 – 1 032 h alt. 200.

Paris 658 – Toulouse 31 – Albi 71 – Castres 80 – Montauban 35.

🏠🏠 **Villa les Pins** 🦢, Ouest : 2 km par D 30 ℰ 05 61 84 96 04, Fax 05 61 84 28 54, 🍴, 🏖 –
📺 📞 🅿 – 🏛 60. 🇬🇧
Repas (fermé dim. soir, mardi midi et lundi sauf fériés) 15/30 ⚘ – ⊆ 7 – **15 ch** 50/55 –
½ P 47/49,50.
   ♦ Quiètes nuits dans une villa nichée au coeur d'un parc abritant de confortables
chambres garnies de mobilier de style. Salles à manger bourgeoises et terrasse desservie
par un escalier en pierre, s'étalant face au domaine arboré ; table traditionnelle simple.

VAIGES 53480 Mayenne **310** G6 – 1 071 h alt. 90.

Paris 255 – Château-Gontier 35 – Laval 24 – Le Mans 61 – Mayenne 32.

🏠🏠 **Commerce,** ℰ 02 43 90 50 07, oger-samuel.hotel-du-commerce@wanadoo.fr,
Fax 02 43 90 57 40, 🍴, 🦟 – 🛏, 🍴 rest, 📺 📞 🅿 – 🏛 30. 🇬🇧. 🦟
fermé 26 déc. au 18 janv., dim. soir et vend. soir d'oct. à avril – **Repas** (17) - 19/46, enf. 10 ♀ –
⊆ 9 – **30 ch** 60/90 – ½ P 55/60.
   ♦ Dans un village du bocage mayennais, hostellerie tenue par la même famille depuis 1883
et proposant des chambres pimpantes et bien équipées. Billard, sauna. Salles à manger
rustiques avec belles charpentes massives et cheminées ; véranda façon jardin d'hiver.

VAILLY-SUR-AISNE 02370 Aisne **306** D6 – 2 081 h alt. 47.

🛈 Office de tourisme, 4 place Bouvines ℰ 03 23 74 62 47, Fax 03 23 74 62 47, officetou-
rismevailly@wanadoo.fr.
Paris 119 – Reims 54 – Château-Thierry 57 – Laon 25 – Soissons 18.

XX **Belle Porte** (Centre d'Aide par le Travail), 48 r. fg Sommecourt (Est par D 925)
ℰ 03 23 54 67 45, Fax 03 23 54 67 45, 🍴, 🦟 – 🅿. 🅰🇪 🇬🇧
fermé 20 au 29 déc., 2 au 8 janv., août, vacances de fév., merc. soir, sam. midi, dim. soir et
lundi – **Repas** 16 (déj.), 23/55, enf. 10 ♀.
   ♦ Au milieu d'un jardin fleuri, grande salle de restaurant sous charpente, décorée avec
soin et dotée d'une mezzanine. Cuisine traditionnelle.

VAILLY-SUR-SAULDRE 18260 Cher **323** L2 G. Berry Limousin – 806 h alt. 205.

🛈 Office de tourisme, 6 Grande Rue ℰ 02 48 73 87 57, Fax 02 48 73 88 33, otsi.vaillysur-
sauldre@wanadoo.fr.
Paris 182 – Aubigny-sur-Nère 17 – Bourges 55 – Cosne-sur-Loire 25 – Gien 36 – Sancerre 23.

✗✗ **Lièvre Gourmand** (Page), 🕿 02 48 73 80 23, *contact@lelievregourmand.com*, Fax 02 48 73
✿ 86 13 – 🗏. ⊞
fermé 28 juin au 2 juil., 6 au 10 sept., 3 au 23 janv., dim. soir, lundi et mardi – **Repas** (nombre
de couverts limité, prévenir) 22/60 bc ♀ ⌂.
   ◆ Ces vieilles maisons villageoises abritent une élégante salle à manger rustico-bourgeoise et
un salon "cosy" avec cheminée. Belle cuisine personnalisée ; vins australiens et régionaux.
Spéc. Foie gras chaud et froid. Demi-pigeonneau de Sologne rôti. Soufflé chaud au
chocolat.

VAISON-LA-ROMAINE *84110 Vaucluse* 🔢🔢🔢 *D8 G. Provence – 5 904 h alt. 193.*
   Voir *Les ruines romaines**★★ : théâtre romain★ , musée archéologique Théo-Desplans★ M –
   Haute Ville★ – Chapelle de St-Quenin★, cloître★ B – 🛈 Office de tourisme, place du Chanoine
   Sautel 🕿 04 90 36 02 11, Fax 04 90 28 76 04, ot-vaison@axit.fr.
   Paris 664 ④ *– Avignon 51* ③ *– Carpentras 27* ② *– Montélimar 64* ④ *– Pont-St-Esprit 41* ④.

VAISON-
LA-ROMAINE

Aubanel (Pl.) . . . . **Z** 2
Bon-Ange
 (Chemin du) . . . . **Y** 3
Brusquet
 (Chemin du) . . . . **Y** 4
Burrus (R.) . . . . **Y** 5
Cathédrale
 (Pl. de la) . . . . **Y** 6
Chanoine-Sautel
 (Pl.) . . . . **Y** 7
Coudray (Av.) . . . . **Y** 8
Daudet (Rue A.) . . . . **Y** 9
Église (R. de l') . . . . **Z** 10
Évêché (R. de l') . . . . **Z** 12
Fabre (Cours H.) . . . . **Y** 13
Foch (Quai Maréchal) . . . . **Z** 15
Géoffray (Av. C.) . . . . **Y** 15
Gontard (Quai P.) . . . . **Y** 17
Grande-Rue . . . . **Y** 18
Jaurès (R. Jean) . . . . **Y** 22
Mazen (Av. J.) . . . . **Z** 23
Mistral (R. Frédéric) . . . . **Y** 24
Montée-
 du-Château . . . . **Z** 25
Montfort (Pl.) . . . . **Y** 26
Noël (R. B.) . . . . **Y** 27
Poids (Pl. du) . . . . **Y** 29
République (R.) . . . . **Y** 32
St-Quenin (Av.) . . . . **Y** 33
Sus-Auze (Pl.) . . . . **Y** 34
Taulignan (Crs) . . . . **Y** 35
Victor-Hugo (Av.) . . . . **Y** 36
Vieux-Marché
 (Pl. du) . . . . **Z** 38
11-Novembre
 (Pl. du) . . . . **Y** 40

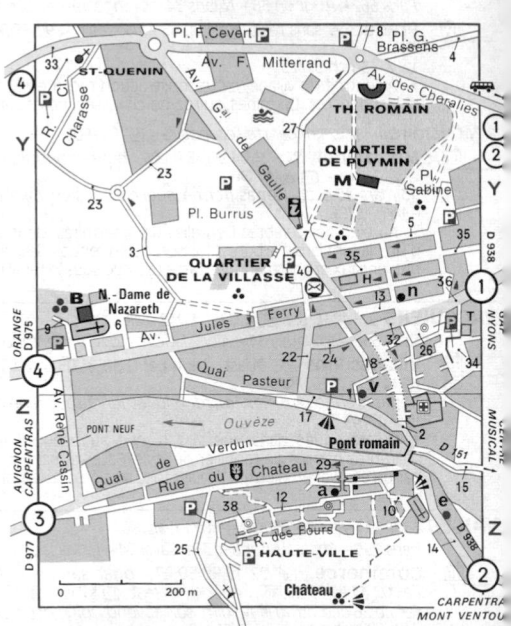

🏨 **Hostellerie le Beffroi** ♨, Haute Ville 🕿 04 90 36 04 71, *lebeffroi@wanadoo.fr*,
   Fax 04 90 36 24 78, ≤, 🍽, ⏛, 🐾 – 📺 🅿. ⅀ ① ⊞ ⒿⒸⒷ, ✀ rest   **Z a**
   fermé fin-janv. à fin-mars et 22 au 26 déc. – **Repas** (*ouvert avril-oct. et fermé le midi en
   semaine et mardi sauf en été*) 26/42, enf. 11 ♀ – ⌂ 10 – **22 ch** 85/130 – 1/2 P 75/95.
   ◆ Au pied du château et dominant la cité, deux demeures des 16ᵉ et 17ᵉ s. au cachet
   préservé. Chambres décorées avec goût. Beau jardin en terrasses. Tables dressées dans une
   salle rustique ou dans la jolie cour. Carte classique, "saladerie" et salon de thé.

🏨 **Burrhus et annexe Les Lis** sans rest, 2 pl. Monfort 🕿 04 90 36 00 11, *info@burrhus.co
   m*, Fax 04 90 36 39 05 – 📺. ⅀ ① ⊞ ⒿⒸⒷ   **Y n**
   fermé 14 déc. au 20 janv. et dim. en janv.-fév. – ⌂ 7 – **40 ch** 40/69.
   ◆ Maison aux tons ocre et son annexe, égayées par des expositions de tableaux et
   sculptures. Six nouvelles chambres "tendance" ; les autres sont contemporaines ou provençales.

✗✗ **Moulin à Huile** (Bardot) avec ch, quai Mar. Foch 🕿 04 90 36 20 67, Fax 04 90 36 20 20, ≤,
✿ 🍽 – 🗏 📺 ⌬. ⅀ ⊞. ✀
   fermé dim. soir et lundi – **Repas** (prévenir) 40 (déj.), 65/80 et carte 70 à 95 – **5 ch** 110/140.   **Z e**
   ◆ Difficile de rester insensible au charme de cet ancien moulin à huile des bords de
   l'Ouvèze. Belle cuisine au goût du jour, jolies terrasses ombragées et chambres douillettes.
   Spéc. Boudin de homard à l'écume de noix de coco (juin à sept.). Saint-Jacques au beurre
   d'orange et ananas (oct. à mai). Millefeuille à la crème vanillée (sauf été). **Vins** Châteauneuf
   du Pape, Gigondas.

XX **Brin d'Olivier** avec ch, 4 r. Ventoux *&* 04 90 28 74 79, Fax 04 90 36 13 36, 🖼 – 🗐 rest,
📺 📞, 🆖   **YZ v**
*fermé 8-18/3, 7-25/6, 28/9-15/10, 1-9/12, 22-29/12, 26/1-3/02, sam. midi, jeudi midi,
mardi soir et merc.* – **Repas** (dîner seul. de juin à sept.) 23/50 ♀ – ♀ 10 – **3 ch** 69/84.
♦ Proche du pont romain, sympathique adresse où vous attendent deux salles à manger
champêtres décorées dans le style provençal. Patio planté d'un bel olivier. Cuisine du pays.

au Crestet *par ②, D 938 et D 76 : 5 km* – *432 h. alt. 310* – ⊠ *84110 :*

🏠 **Mas de Magali** ♨, *&* 04 90 36 39 91, *masmagali@wanadoo.fr*, Fax 04 90 28 73 40,
≤ Mont-Ventoux, 🖼, 🏊, 🌳 – 📺 **P**. 🆖
27 mars-17 oct. – **Repas** *(fermé merc.)* (dîner seul.) (résidents seul.) 25/34 – **10 ch**
(½ pens. seul.) – ½ P 66/75.
♦ Perdue dans la campagne, bâtisse colorée entourée d'un jardin parfumé des fragrances
du Midi. L'intérieur provençal a beaucoup de cachet. Quelques chambres avec terrasse.

à Entrechaux *par ②, D 938 et D 54 : 7 km G. Alpes du Sud* – *869 h. alt. 280* – ⊠ *84340 :*

XX **St-Hubert**, *&* 04 90 46 00 05, Fax 04 90 46 00 06, 🖼, 🌳 – **P**. 🆖
🚗 *fermé 27 sept. au 9 oct., 31 janv. au 12 mars, mardi et merc.* – **Repas** 12,50/44,50, enf. 9 ♀.
♦ Depuis 1929, la même famille accueille le client dans deux petites salles à manger
d'esprit rustique. L'été, repas sous la treille où grimpe une glycine. Gibier en saison.

à Séguret *par ③, D 977 et D 88 : 10 km* – *892 h. alt. 250* – ⊠ *84110 :*

🏠🏠 **Domaine de Cabasse** ♨, rte Sablet *&* 04 90 46 91 12, *info@domaine-de-cabasse.fr*,
Fax 04 90 46 94 01, ≤, 🖼, 🏊, 🌳 – 📺 **P**. 🆖, 🐾 ch
1er avril-14 nov. – **Repas** *(fermé le midi sauf merc., sam., dim. et juil.-15 sept.)* 29 ♀ – ♀ 11 –
13 ch 80/128 – ½ P 95/101.
♦ Au pied des Dentelles de Montmirail, hôtel intégré à un domaine viticole (visite, dégustation). Les chambres, sobres et nettes, bénéficient du silence du vignoble. À midi, petite
carte sans prétention ; le soir, découvrez le menu du jour. Vins de la propriété.

XXX **Table du Comtat** ♨ avec ch, *&* 04 90 46 91 49, *table.comtat@wanadoo.fr*,
Fax 04 90 46 94 27, ≤ plaine et Dentelles de Montmirail, 🖼, 🏊, – 🗐 rest, 📺 **P**. 🆎 ⓪ 🆖
*fermé 2/02 au 8/03, 20/11 au 6/12, mardi soir et dim. soir de 10 à 02, mardi à 03 06 et 09
et merc. sauf 07/08* – **Repas** *(20)* - 30/68 et carte 53 à 72, enf. 15 ♀ – ♀ 13 – **8 ch** 80/110 –
½ P 95/110.
♦ Le superbe panorama sur la plaine et les dentelles de Montmirail est l'atout majeur de
cette maison en pierre située sur les hauteurs du village. Belle terrasse ombragée.

X **Mesclun**, r. Poternes (accès piétonnier) *&* 04 90 46 93 43, *mesclunseguret@aol.com*,
Fax 04 90 46 93 48, 🖼 – 🆎 🆖
fermé janv., dim. soir et lundi – **Repas** 25 (déj.), 30/50, enf. 12 ♀.
♦ Sympathique adresse nichée dans un charmant village bâti à flanc de colline. Petites
salles aux tons jaunes, plaisante terrasse ombragée et appétissante cuisine méridionale.

à Rasteau *par ④, D 975 et D 69 : 9 km* – *674 h. alt. 200* – ⊠ *84110 :*

🏠🏠 **Bellerive** ♨, rte Violès *&* 04 90 46 10 20, *hotel-bellerive@wanadoo.fr*, Fax 04 90
46 14 96, ≤ vignobles et Dentelles de Montmirail, 🖼, 🏊, 🌳 – 📺 📺 **P**. 🆖, 🐾 ch
3 avril au 24 oct. – **Repas** *(fermé lundi midi, mardi midi et vend. midi)* 25/47, enf. 16,50 –
♀ 12,50 – **20 ch** 111/143 – ½ P 103/119.
♦ Grande construction contemporaine cernée par les vignes. Chambres dotées
d'agréables loggias ouvrant sur la vallée de l'Ouvèze. Le cru de Rasteau se déguste avec le
même plaisir dans la salle à manger provençale et sur la terrasse.

à Roaix *par ④ et D 975 : 5 km* – *587 h. alt. 168* – ⊠ *84110 :*

XX **Grand Pré**, rte Vaison-la-Romaine *&* 04 90 46 18 12, *legrandpre@waika9.com*,
Fax 04 90 46 17 84, 🖼 – **P**. 🆎 🆖, 🐾
fermé 3 janv. au 3 fév., dim. soir au jeudi de nov. à fin fév., merc. midi, sam. midi et mardi –
Repas (prévenir) 29 (déj.), 46/80 ♀.
♦ Cuisine gorgée de soleil et belle carte de côtes-du-rhône à découvrir dans l'élégant
intérieur blanc d'une ancienne ferme. Agréable terrasse tournée sur un jardin aromatique.

VAÏSSAC *82800 T.-et-G.* 🗓️🗓️🗓️ *F7* – *599 h alt. 134.*
Paris 620 – *Toulouse 76* – *Albi 60* – *Montauban 23* – *Villefranche-de-Rouergue 66.*

🏠 **Terrassier**, *&* 05 63 30 94 60, *hotel-rest.terrassier@wanadoo.fr*, Fax 05 63 30 87 40, 🖼,
🏊 – 📺 📞 **P**. – 🅿️ 20. 🆎 ⓪ 🆖
fermé 17 au 24 nov., 2 au 19 janv., vend. soir et dim. soir – **Repas** 13 bc (déj.), 20/38,
enf. 10 🍴 – ♀ 7,50 – **12 ch** 38/45 – ½ P 42.
♦ Auberge villageoise pratique pour rayonner dans le Quercy et l'Albigeois. Chambres
simples et bien tenues ; certaines ouvrent sur la campagne. Salle à manger rénovée où l'on
sert une cuisine régionale contactée par la même famille depuis trois générations.

VALADY *12330 Aveyron* **338** *G4 – 1 133 h alt. 350.*
Paris 625 – Rodez 20 – Decazeville 20.

🏠 **Combes** ⌂, ♫ 05 65 72 70 24, *combesvalady@wanadoo.fr*, Fax 05 65 72 68 15, ⌘ – 📺
🚻 **GB**
fermé 23 déc. au 18 janv. – **Repas** *(fermé dim. soir et lundi sauf fériés)* 15/28 ⅜ – ⌴ 8 –
13 ch 43/46 – ½ P 44/45.
♦ Deux maisons face à face au coeur d'un village aveyronnais : d'un côté, le restaurant ; de l'autre, les chambres dont la plupart ouvrent sur un paisible jardin. Salle des repas à l'atmosphère campagnarde ; menus et carte y sont proposés en toute simplicité.

Le VAL-ANDRÉ *22 C.-d'Armor* **309** *G3 – voir à Pléneuf-Val-André.*

VALAURIE *26230 Drôme* **332** *B7 – 508 h alt. 162.*
Paris 622 – Montélimar 21 – Nyons 33 – Pierrelatte 14.

🏨 **Moulin de Valaurie** ⌂, Le Foulon ♫ 04 75 97 21 90, *info@lemoulindevalaurie.com*,
Fax 04 75 98 63 72, ⌘, ⌂, ⌘, ⌘ – 📺 ♥ ⌘ 📞 – ⌘ 20. ⚠ **GB**
fermé 15 au 29 nov. et 23 janv. au 7 fév – **Repas** *(fermé dim. soir et lundi)* 24/30 – ⌴ 10 –
16 ch 125/185.
♦ Un chemin entouré de vignes mène à ce moulin du 19ᵉ s. transformé en hôtel de caractère. Grandes chambres provençales, objets et meubles chinés, beau parc et calme absolu. Élégante salle à manger et terrasse en fer forgé ; cuisine traditionnelle et régionale.

🏠 **Domaine Les Mejeonnes** ⌂, 2 km rte de Montélimar ♫ 04 75 98 60 60, *contact@mej eonnes.com*, Fax 04 75 98 63 44, ⌘, ⌂, ⌘ – 📺 ♥ 📞 – ⌘ 25. ⚠ ⊙ **GB**
Repas *(fermé merc. midi)* 18/35 – ⌴ 8 – **10 ch** 60/85 – ½ P 52.
♦ Sur un coteau, charmante ferme en pierre bordée d'un jardin aux senteurs de lavande et de romarin. Bel intérieur rustique. Petites chambres égayées de tissus provençaux. Au restaurant, décor et recettes possèdent l'accent du pays. Agréable terrasse d'été.

VALBERG *06 Alpes-Mar.* **341** *C3 G. Alpes du Sud – alt. 1669 – Sports d'hiver : 1 430/2 100 m* ⌘ *26*
⌘ – ✉ *06470 Péone.*
Voir Intérieur★ de la chapelle N.-D.-des-Neiges.
🛈 *Office de tourisme, Centre Administratif* ♫ *04 93 23 24 25, Fax 04 93 02 52 27, ot @valberg.com.*
Paris 803 – Barcelonnette 75 – Castellane 67 – Nice 84 – St-Martin-Vésubie 57.

🏨 **Adrech de Lagas,** ♫ 04 93 02 51 64, *adrech-hotel@libertysurf.fr*, Fax 04 93 02 52 33, ≼,
⌘ – ⫸ 📺 ♥ 📞. **GB**. ⌘ rest
1ᵉʳ juil.-20 sept. et 20 déc.-9 avril – **Repas** *(½ pens. seul.)* – ⌴ 12 – **21 ch** 86 – ½ P 76.
♦ L'enseigne de ce chalet récent situé au pied des pistes rappelle l'origine catalane des habitants de la contrée. Chambres exposées plein Sud et dotées de loggias.

🏠 **Chalet Suisse** sans rest, ♫ 04 93 03 62 62, *info@chalet-suisse.com*, Fax 04 93 03 62 64 –
📺 ♥ ⌫. **GB**
1ᵉʳ juin-30 sept. et 1ᵉʳ déc.-31 mars – ⌴ 9 – **23 ch** 90/105.
♦ Maison de montagne d'allure helvétique blottie au coeur de cette station ensoleillée. Chambres rustiques ou actuelles. Détente au sauna ou au hammam.

🏠 **Blanche Neige,** ♫ 04 93 02 50 04, *Fax 04 93 02 61 90,* ⌘ – 📺 ⌫ 📞. ⚠ ⊙ **GB.** ⌘
fermé 15 oct. au 30 nov., lundi soir et mardi – **Repas** *(fermé hors saison)* 24, enf. 11 ⌴ –
⌴ 12 – **17 ch** 73/83 – ½ P 66.
♦ Un décor coquet et chaleureux, à l'image de la maison des sept nains aménagée par Blanche-Neige. Petites chambres douillettes aux meubles peints et jolis tissus fleuris. Au restaurant, skieurs et marcheurs s'attablent au coin du feu pour reprendre des forces.

VALBONNE *06560 Alpes-Mar.* **341** *D6 G. Côte d'Azur – 10 746 h alt. 250.*
🏌 *Victoria Golf Club* ♫ *04 93 12 23 26, S : 4 km.*
🛈 *Office de tourisme, 1 place de l'Hôtel de Ville* ♫ *04 93 12 34 50, Fax 04 93 12 34 57, vsa@alpes-azur.com.*
Paris 907 – Cannes 13 – Antibes 14 – Grasse 11 – Mougins 7 – Nice 32 – Vence 21.

🏨 **Bastide de Valbonne,** 107 rte Cannes ♫ 04 93 12 33 40, *bastide-de-valbonne@wanad oo.fr*, Fax 04 93 12 33 41, ⌘, ⌂, ⌘ – ⬛ ch, 📺 ♥ 📞. ⚠ ⊙ **GB** **JCB**
fermé 5 janv. au 1ᵉʳ fév. – **Repas** *(mars-fin sept.)* carte environ 25 – ⌴ 12 – **29 ch** 110/135.
♦ Demeure récente à la pimpante façade jaune égayée de volets bleu. Les chambres sur l'arrière bénéficient du calme et de la vue sur la piscine. Plaisant cadre provençal.

🏨 **Armoiries** sans rest, pl. Arcades ♫ 04 93 12 90 90, *Fax 04 93 12 90 91* – ⫸ ≡ 📺 ⌫. ⚠ ⊙
GB
⌴ 11 – **16 ch** 95/158.
♦ Cette bâtisse du 17ᵉ s. dotée d'une belle décoration intérieure se trouve dans le secteur piétonnier de ce pittoresque village. Chambres personnalisées et mobilier chiné.

XX **Lou Cigalon** (Parodi), 4 bd Carnot 𝄞 04 93 12 27 07, *Fax 04 93 12 09 96* – 🖿. GB
🕸 **Repas** (nombre de couverts limité, prévenir) 35 (déj.), 45/100 🍴.
◆ Discrète adresse abritant deux coquettes salles à manger avec pierres et poutres apparentes. Savoureuse cuisine du marché gorgée de soleil ; sélection de vins du Sud-Est. **Spéc.** Langoustines en tempura, gelée de crevettes grises. Bar sauvage aux asperges vertes (printemps). Pigeon aux fruits d'été, pastilla de dattes (saison). **Vins** Côtes de Provence.

XX **Auberge Fleurie,** rte Cannes (D 3) : 1,5 km 𝄞 04 93 12 02 80, *Fax 04 93 12 22 27*, 🍽 –
🚗 **P. AE GB**
fermé 6 déc. au 12 janv., lundi et mardi – **Repas** 23/68 ⬧.
◆ Accueillante maison entourée d'un jardin fleuri. Salle à manger d'inspiration provençale et petite terrasse où l'on sert une copieuse cuisine traditionnelle.

au golf d'Opio-Valbonne *Nord-Est : 2 km par rte de Biot (D 4 et D 204)* – ✉ 06650 Opio :

🏰 **Château de la Bégude** 🐾, 𝄞 04 93 12 37 00, *begude@opengolfclub.com*,
Fax 04 93 12 37 13, ≤, 🍽, 🏊, 🐎, 🛉 – 🖿 ch, 📺 **P** – ▲ 15 à 40. **AE GB**
fermé 16 nov. au 19 déc. – **Repas** *(fermé dim. soir du 1er oct. au 31 mars)* (18) - 27/32 ⬧ –
⌂ 14 – **33 ch** 87/146 – ½ P 80,50/110.
◆ Bordée d'un rideau de chênes-lièges, sur l'un des golfs les plus réputés de la région, une charmante bastide du 17e s. accompagnée de sa bergerie. Salles à manger rustiques à l'ambiance "club-house" et agréable terrasse dominant le trou n° 9 du parcours.

rte d'Antibes *au Sud par D 3* – ✉ 06560 Valbonne :

🏨 **Castel Provence** sans rest, à 2,5 km, 30 chemin Pinchinade 𝄞 04 93 12 11 92, *reservati on@hotelcastelprovence.com*, *Fax 04 93 12 90 01*, 🏊, 🐎, 🛉 – 🖿 📺 ✆ **P. AE ① GB**
JCB
⌂ 10 – **36 ch** 100/157.
◆ Cette construction récente de style régional abrite des chambres spacieuses et joliment décorées ; certaines offrent une vue sur la piscine et le jardin.

XXX **Bois Doré**, à 3 km sur D 103 𝄞 04 93 12 26 25, *Fax 04 93 12 28 73*, 🍽, 🎋 – **P. AE GB**
fermé 25 oct. au 10 nov., vacances de fév., dim. soir de nov. à mars et merc. – **Repas** 23/44 et carte 55 à 75 ⬧.
◆ Cette sympathique villa méditerranéenne vous reçoit dans son oasis de verdure. Intérieur soigné aux couleurs de la région et agréable terrasse. Belle cuisine actuelle.

XX **Daniel Desavie**, 1360 rte d'Antibes 𝄞 04 93 12 29 68, 🍽 – **P. AE GB**
fermé 1er au 8 mars, 27 juin au 5 juil., 24 oct. au 15 nov., 6 au 21 fév., dim. et lundi – **Repas** 25 (déj.), 35/60 ⬧.
◆ Recettes au goût du jour valorisant les produits locaux à déguster dans une salle à manger contemporaine ou sous les arcades d'une galerie tournée vers le jardin fleuri.

à Plascassier *Ouest : 3 km rte de Grasse par D 4* – ✉ 06370 Mouans-Sartoux :

🏡 **Relais de Sartoux,** 𝄞 04 93 60 10 57, *relais.sartoux@wanadoo.fr*, *Fax 04 93 60 17 36*,
🍽, 🏊 – 📺 **P. AE GB**
fermé 3 nov. au 12 déc. – **Repas** *(fermé merc.)* 22/28, enf. 13 ⬧ – ⌂ 8 – **12 ch** 59/75 – ½ P 54.
◆ Auberge familiale toute simple, aménagée dans un mas provençal disposant de chambres blanches dont on a conservé le caractère campagnard. L'hiver, une cheminée réchauffe la salle à manger rustique ; l'été, la terrasse côté jardin possède un charme certain.

à Sophia-Antipolis *Sud-Est : 7 km par D 3 et D 103* – ✉ 06560 Valbonne :

🏨 **Sophia Country Club Grand Mercure** 🐾, Les Lucioles 2 - 3550 rte Dolines
𝄞 04 92 96 68 78, *H1279@accor-hotels.com*, *Fax 04 92 96 68 96*, 🍽, 🏋, 🏊, 🐎, 🛉 – 🖼
🚿 🖿 📺 ✆ 🅱 **P** – ▲ 300. **AE ① GB JCB**
Le Club : Repas (19)-29(déj.)/40, enf. 12 ⬧ – ⌂ 16 – **157 ch** 200/300.
◆ Complexe hôtelier doté d'un centre sportif très complet : club de tennis, practice de golf, fitness, piscines. Préférez les nouvelles chambres, spacieuses et soignées. Restaurant-brasserie et terrasse tournée vers la piscine. Cuisine actuelle.

🏨 **Novotel** 🐾, Les Lucioles 1, 290 r. Dostoievski 𝄞 04 92 38 72 38, *h0398@accor-hotels.co m*, *Fax 04 93 95 80 12*, 🍽, 🏊, 🐎, 🛉 – 🖼 🚿 🖿 📺 🅱 **P** – ▲ 100. **AE ① GB**
Repas 22/24, enf. 8 ⬧ – ⌂ 12 – **97 ch** 115/126.
◆ Établissement entouré d'un agréable jardin au cœur de Sophia-Antipolis, où se nichent de quiètes chambres rénovées et bien équipées. Préparations et cuissons sont effectuées devant vous dans la grande salle à manger. Agréable terrasse d'été.

🏨 **Mercure** 🐾, Les Lucioles 2, r. A. Caquot 𝄞 04 92 96 04 04, *h1122@accor-hotels.com*, *Fax 04 92 96 05 05*, 🍽, 🏊, 🐎 – 🖼 🚿 🖿 📺 ✆ 🅱 **P** – ▲ 120. **AE ① GB**
Repas (23) - 28, enf. 9 ⬧ – ⌂ 12 – **104 ch** 108/123.
◆ Construction régionale moderne sur le vaste plateau (2 400 ha) recouvert d'une pinède où s'est ouvert le Parc international d'activités. Chambres fonctionnelles. Côté restaurant : menu du marché à l'accent du pays et rafraîchissantes salades estivales.

Ibis, Les Lucioles 2, r. A. Caquot, *☎ 04 93 65 30 60, h0711@accor-hotels.com,* Fax 04 93 95 83 99, 🍴, 🛋, 🚗 – 📶 🔄 ≡ 📺 ✆ 🕭 P. 🖭 ⓪ ⊖ ᴶᶜᴮ
Repas *(12)* -18, enf. 6 🍷 – ⊊ 6 – **99 ch** 77/87.
♦ Proche d'un aqueduc, bâtiment tout en longueur agrémenté d'un espace vert où se trouve la piscine. Chambres refaites dans le dernier style de la chaîne. Lumineux restaurant et terrasse surplombant jardin et piscine. Buffets de hors-d'oeuvre et de desserts.

VALCABRÈRE *31 H.-Gar.* 343 *B6 – rattaché à St-Bertrand-de-Comminges.*

VALCEBOLLÈRE *66340 Pyr.-Or.* 344 *D8 – 49 h alt. 1470.*

Paris 856 – Bourg-Madame 9 – Font-Romeu-Odeillo-Via 27 – Perpignan 107 – Prades 62.

Auberge Les Ecureuils ॐ, *☎ 04 68 04 52 03, auberge-ecureuils@wanadoo.fr,* Fax 04 68 04 52 34, 🍴, 🎿, 🚗 – 📺 – 🛄 20. ⓪ ⊖
fermé 3 au 20 mai et 12 oct. au 4 déc. – **Repas** 25/45, enf. 12 🍷 – ⊊ 11 – **15 ch** 72/90 – ½ P 65/72.
♦ Ex-bergerie convertie en coquette auberge rustique. Agréables chambres personnalisées. Jardin au bord du torrent. Organisation de randonnées ; skis et raquettes à disposition. Restaurant de caractère, carte classique et plats catalans. Petite crêperie.

VAL CLARET *73 Savoie* 333 *O5 – rattaché à Tignes.*

Si vous êtes retardé sur la route, dès 18 h,
confirmez votre réservation par téléphone,
c'est plus sûr... et c'est l'usage.

VALDAHON *25800 Doubs* 321 *I4 – 4 027 h alt. 645.*

Paris 436 – Besançon 33 – Morteau 33 – Pontarlier 32.

Relais de Franche Comté ॐ, *☎ 03 81 56 23 18,* Fax 03 81 56 44 38, 🍴, 🚗 – 📺 ✆ P̶ – 🛄 30. 🖭 ⓪ ⊖
fermé 27-31 août, 17 déc.-10 janv., 29 avril-2 mai, dim soir de nov. à mars, vend. soir et sam. midi sauf 07/08 – **Repas** 12/44, enf. 6,50 🍷 – ⊊ 6,30 – **20 ch** 38/47,50 – ½ P 48,50.
♦ Dans un cadre assez verdoyant, construction cubique aux intérieurs progressivement rénovés. Chambres actuelles et pratiques. Restaurant au sobre décor des années 1970, fréquenté principalement par la clientèle d'affaires qui apprécie ses menus traditionnels.

à Chevigney-lès-Vercel *Nord-Est : 3 km par D 50 – 109 h. alt. 630 –* ⊠ *25530 :*

Promenade, *☎ 03 81 56 24 76, hotelpromenade@aol.com,* Fax 03 81 56 29 64, 🍴, 🚗 – 📺 P̶ – 🛄 30. ⊖
fermé 20 oct. au 12 nov., dim. soir et lundi sauf juil.-août – **Repas** 9,60/29,40 🍷 – ⊊ 6 – **10 ch** 28/40 – ½ P 30/32.
♦ Située tout près du camp militaire créé en 1907, en lisière de forêt, cette auberge semble figée dans un décor des années 1960. Chambres simples. Repas au choix : café (menu du jour) ou restaurant plus confortable servant une cuisine régionale.

Le VAL-D'AJOL *88340 Vosges* 314 *G5 G. Alsace Lorraine – 4 452 h alt. 380.*

🛈 *Office de tourisme, 17 rue de Plombières ☎ 03 29 30 56 78,* Fax 03 29 30 61 55, *otsi-valdajol@wanadoo.fr.*

Paris 382 – Épinal 41 – Luxeuil-les-Bains 18 – Plombières-les-Bains 10 – Remiremont 16.

Résidence ॐ, 5 r.des Mousses par rte Hamanxard *☎ 03 29 30 68 52, contact@la-residence.com,* Fax 03 29 66 53 00, 🛋, 🗍, 🎾, 🛝 – 📺 P̶ – 🛄 25 à 80. 🖭 ⓪ ⊖
fermé 26 nov. au 26 déc. – **Repas** *(fermé dim. soir et lundi sauf vacances scolaires et fériés du 1ᵉʳ nov. au 30 avril)* 16 (déj.), 21/50, enf. 10 🍷 – ⊊ 8,50 – **50 ch** 38,50/80 – ½ P 55/67,50.
♦ Dans un grand parc enclos, belle maison bourgeoise du milieu du 19ᵉ s. complétée par deux annexes. Chambres actuelles ou garnies de meubles de style. Salle à manger-véranda où l'on propose andouille du Val-d'Ajol, poulet au kirsch et autres plats régionaux.

VALDEBLORE (Commune de) *06420 Alpes-Mar.* 341 *E3 G. Côte d'Azur – 686 h alt. 1050 –*
Sports d'hiver à la Colmiane : 1 400/1 800 m 🚡 7.

🛈 *Office de tourisme, La Roche ☎ 04 93 23 25 90,* Fax 04 93 23 25 91, *otcolmiane@wanadoo.fr.*

Paris 841 – Cannes 89 – Nice 72 – St-Étienne-de-Tinée 46 – St-Martin-Vésubie 11.

à St-Dalmas-Valdeblore – ⊠ 06420 St-Sauveur-de-Tinée.

Voir *Pic de Colmiane* ☀︎**★★** *E 4,5 km accès par télésiège.*

🏠 **Auberge des Murès** ⟩, rte du col St-Martin ⟨ 04 93 23 24 60, *auberge.mures@wanad oo.fr*, Fax 04 93 23 24 67, ≤, ⌂ – 🅿. ⊞
fermé 3 au 25 nov., mardi et merc. – **Repas** 19/25, enf. 12,50 – ⊊ 8 – **7 ch** 47/60 –
½ P 49,50/66,50.
◆ Petite auberge familiale aux allures de chalet offrant une jolie vue sur la montagne depuis les balcons des chambres. On s'y sent un peu comme à la maison. L'hiver, salle à manger avec pierres et poutres apparentes ; l'été, agréable terrasse face aux sommets.

VAL-DE-MERCY 89 Yonne 👪 E5 – *rattaché à Coulanges-la-Vineuse.*

VAL-D'ESQUIÈRES 83 Var 👪 P5 – *rattaché à Ste-Maxime.*

VAL-D'ISÈRE 73150 Savoie 👪 O5 *G. Alpes du Nord* – *1 632 h alt. 1850* – *Sports d'hiver : 1 850/ 2 560 m* ⛷ 6 ⛷ 45 ⛷.
Voir *Rocher de Bellevarde* ☀︎**★★★** *par téléphérique* – *Route de l'Iseran***.
⛳ du Lac de Tignes à Tignes ⟨ 04 79 06 37 42, par ① : 14km.
🛈 *Office de tourisme,* ⟨ 04 79 06 06 60, Fax 04 79 06 04 56, *info@valdisere.com.*
Paris 667 ① – *Albertville* 86 ① – *Chambéry* 135 ①.

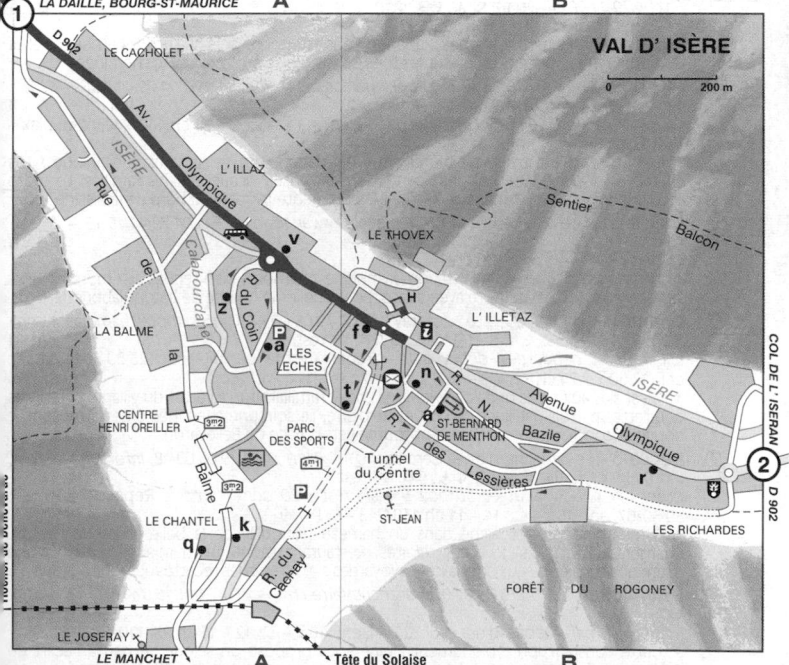

🏨 **Christiania** ⟩, ⟨ 04 79 06 08 25, *welcome@hotel-christiania.com*, Fax 04 79 41 11 10,
≤, ⌂, 𝓕ₐ, 🔲 – ⛯ 🔟 ⟨ & 🅿 – 🔏 50. ⊞ ① ⊞. ⟨   A a
4 déc.-18 avril – **Repas** 28 (déj.)/60 – ⊊ 14 – **69 ch** 454/674 – ½ P 233/373.
◆ Splendide chalet offrant une jolie vue sur les pistes, des chambres luxueusement amé- nagées et un espace de remise en forme complet. Le restaurant est une référence au Val : chaudes boiseries, élégantes tentures, salon cossu et terrasse panoramique.

Blizzard, ℘ 04 79 06 02 07, *information@hotelblizzard.fr*, Fax 04 79 06 04 94, ≤, 斎, ♨,
🔲 – 🛗 ☒ ✆ – 🏊 30. ஊ ◑ B f
16 juil.-31 août et 9 déc.-début mai – **Repas** 32 (déj.)/46, enf. 14 ⵏ – � 11 – **70 ch** 307/660,
4 duplex – 1/2 P 314/744.
* Charpentes, poutres, parquets, boiseries : le bois règne en maître dans cet élégant intérieur. Les ravissantes chambres sont parfois dotées d'une cheminée. Agréable salle bien abritée du "blizzard" pour l'hiver et terrasse dressée côté piscine pour l'été.

Savoyarde, ℘ 04 79 06 01 55, *moris@infonie.fr*, Fax 04 79 41 11 29, ♨ – 🛗 ☒ ℗. ஊ ◑
  A u
5 déc.-3 mai – **Repas** (dîner seul.) 32/59 – ⌡ 14 – **50 ch** (1/2 pens. seul.) – 1/2 P 170/180.
* Chalet aux balcons finement ouvragés au coeur de la station. Un fitness vous attend au retour de "L'Espace Killy" (300 km de pistes). Belle vue sur les pistes depuis cette salle à manger habillée de bois clair sculpté ; cuisine au goût du jour.

Grand Paradis, ℘ 04 79 06 11 73, *grandparadis@wanadoo.fr*, Fax 04 79 41 11 13, ≤, 斎
– 🛗 ☒ ⟵ ℗. ஊ ◑ ⁻⁻⁻ ✀ rest B t
29 nov.-6 mai – **Repas** 20,20 (déj.), 25,60/62 – ⌡ 12,50 – **40 ch** 272/505,50 – 1/2 P 136/253.
* "Grand paradis"... des skieurs, l'hôtel jouxte la spectaculaire Face de Bellevarde (piste olympique). Décor à l'autrichienne dans les chambres du dernier étage. Accueillant restaurant ouvrant ses baies sur les champs de neige et espace brasserie au déjeuner.

Kandahar, ℘ 04 79 06 02 39, *hotel.kandahar@netgdi.com*, Fax 04 79 41 15 54 – 🛗 ☒ ᴪ,
⟵ ℗. A v
28 nov.-5 mai – **Repas** (dîner seul.) 35 – ⌡ 10 – **41 ch** 185/420 – 1/2 P 157/245.
* L'enseigne évoque soit l'Orient, soit une prestigieuse épreuve de ski autrichienne. Les chambres, coquettes et chaleureuses, ont l'âme incontestablement savoyarde. L'Alsace est à l'honneur sur la carte de cette taverne "tout bois".

Les Lauzes sans rest, pl. Eglise ℘ 04 79 06 04 20, *lauzes@club-internet.fr*,
Fax 04 79 41 96 84 – 🛗 ✆ ᴪ. ✀ B a
26 nov.-1ᵉʳ mai – ⌡ 9 – **23 ch** 138/190.
* Des chambres montagnardes plaisantes vous attendent près de l'église baroque ; celles du dernier étage offrent la vue sur les toits du village. Salon "cosy" avec cheminée.

Altitude ⟳, ℘ 04 79 06 12 55, *booking@hotelaltitude.com*, Fax 04 79 41 11 09, ≤, 斎,
♨, 🔲 – 🛗 ☒ ✆ ᴪ ℗ – 🏊 15. ஊ ◑ . ✀ A k
26 juin-29 août et 29 nov.-8 mai – **Repas** 25, enf. 11 ⵏ – ⌡ 8 – **28 ch** 140/240, 12 duplex –
1/2 P 122/146.
* Séjour reposant dans cet hôtel situé au départ des remontées mécaniques. Les chambres disposent de balcons ; certaines, spacieuses, accueillent les familles. Le cadre savoyard du restaurant marie la pierre et le bois. Petite terrasse au bord de la piscine.

Galise sans rest, ℘ 04 79 06 05 04, *lagalise@wanadoo.fr*, Fax 04 79 41 16 16 – ☒ ✆.
  B n
15 déc.-20 avril – ⌡ 11 – **30 ch** 142/148.
* Dans le centre animé de la station olympique, chambres bien tenues aux murs lambrissés et crépis. Espace détente avec billard, pour oublier le "planté de bâton" laborieux.

Chamois d'Or ⟳, Le Joseray ℘ 04 79 06 00 44, *infos@hotelchamoisdor.com*,
Fax 04 79 41 16 58, ≤, 斎 – ☒ ᴪ ℗. ஊ . ✀ rest A q
juil.-août et début déc.-début mai – **Repas** (fermé en juil.-août) 23,50 (déj.)/28,50,
enf. 17,50 ⵏ – **24 ch** ⌡ 198 – 1/2 P 120.
* C'est skis aux pieds que l'on rejoint ce chalet familial situé à l'écart du village. Chambres douillettes parfois habillées de bois et de pierre. Le soir, une cheminée crée l'atmosphère douce et conviviale de ce restaurant tourné vers la Face de Bellevarde.

Becca ⟳, Le Laisinant, rte de l'Iseran par ② : 0,8 km ℘ 04 79 06 09 48, *info@labecca.fr.st*,
Fax 04 79 41 12 03, 斎 – ☒ ✆ ᴪ. . ✀ rest
hôtel : 1ᵉʳ juil.-24 août et 30 nov.-5 mai ; rest. : 20 déc.-1ᵉʳ mai – **Repas** 27,50 (déj.),
39,50/67, enf. 16 ⵏ – ⌡ 14 – **11 ch** 139/218 – 1/2 P 139.
* Sympathique chalet niché dans un hameau tranquille de la belle route de l'Iseran. Chambres "tout bois" joliment refaites. Restaurant montagnard agencé autour d'une cheminée en pierre ; aux spécialités savoyardes s'ajoutent des recettes au goût du jour.

L'Avancher, ℘ 04 79 06 02 00, *lavancher@free.fr*, Fax 04 79 41 16 07, 🔲 – ☒.
  B r
11 déc.-1ᵉʳ mai – **Repas** (dîner seul.) 24/44, enf. 10 ⵏ – ⌡ 12 – **15 ch** 95/120 – 1/2 P 85/99.
* Cette construction typiquement alpine vous propose un séjour un peu à l'écart de l'animation du coeur de la station. La table séduira les amateurs de raclettes et de fondues. Cadre savoyard de bon aloi (parquet et lambris) et ambiance familiale.

Bellier ⟳, ℘ 04 79 06 03 77, *hotelbellier@wanadoo.fr*, Fax 04 79 41 14 11, 斎, 🔲, 🌳 –
☒ ℗. A z
10 déc.-2 mai – **Repas** 23 ⵏ – ⌡ 9,50 – **18 ch** (1/2 pens. seul.) – 1/2 P 120/140.
* Bâtisse des années 1950 proche du centre, mais au calme. Chambres progressivement rénovées (la plupart avec balcon), salon-cheminée, sauna. Sobre salle à manger façon pension. La terrasse, exposée plein Sud, est tournée sur le jardin.

à la Daille *par ① : 2 km –* ⊠ *73150 Val-d'Isère*

 Samovar, 🕭 04 79 06 13 51, *samovar@wanadoo.fr,* Fax 04 79 41 11 08 – 📺 📞. 🆖
10 déc.-21 avril – **Repas** carte environ 28 ⌇ – ⌸ 11,50 – **12 ch** 170/220, 6 duplex.
◆ Ce grand chalet proche du funiculaire ("Funival") montant sur le rocher de Bellevarde propose des chambres spacieuses et douillettes. Pour vous restaurer en toute simplicité, rendez-vous à la brasserie-pizzéria de l'hôtel.

VALENÇAY 36600 Indre ⬛⬛⬛ F4 *G. Châteaux de la Loire – 2 736 h alt. 140.*
Voir *Château★.*
🯄 *Office de tourisme, 2 avenue de la Résistance* 🕭 *02 54 00 04 42, Fax 02 54 00 04 42, ot-valencay@pays-de-valencay.com.*
Paris 233 – Blois 59 – Bourges 73 – Châteauroux 42 – Loches 50 – Vierzon 51.

🏛 **Relais du Moulin,** 94 r. Nationale 🕭 02 54 00 38 00, *relais.du.moulin@wanadoo.fr,* Fax 02 54 00 38 79, 🍽, 🍴, 🟦, 🍹 – 🛄 📺 📞 ᴚ 🅿 – 🔺 20 à 70. 🆎 🆖 🪪. 🍴 rest
*1ᵉʳ avril-3 nov. – **Repas** 21/38,50 – ⌸ 6,60 – **54 ch** 56/60 – ½ P 53,50.*
◆ Récent complexe hôtelier accolé à une ancienne filature datant de "l'époque Talleyrand". Chambres fonctionnelles bien insonorisées. La salle à manger moderne du Relais du Moulin et sa terrasse donnent sur un jardin bordé par le Nahon. Cuisine traditionnelle.

à Veuil *Sud : 6 km par D 15 et rte secondaire – 364 h. alt. 140 –* ⊠ *36600 :*

🍴🍴 **Auberge St-Fiacre,** 🕭 02 54 40 32 78, Fax 02 54 40 35 66, 🍽 – 🆖
*fermé 1ᵉʳ au 14 sept., 6 au 27 janv., dim. soir et lundi sauf fériés – **Repas** 20/34,50 ⌇.*
◆ Dans une charmante bourgade, maison du 17ᵉ s. et sa terrasse sous les marronniers bercées par le murmure d'un ruisseau. Bel intérieur rustique et cuisine au goût du jour.

Les prix

Pour toutes précisions sur les prix indiqués dans ce guide,
reportez-vous aux pages explicatives.

VALENCE 🅿 26000 Drôme ⬛⬛⬛ C4 *G. Vallée du Rhône – 64 260 h Agglo. 117 448 h alt. 126.*
Voir *Maison des Têtes★ CY – Intérieur★ de la cathédrale St-Apollinaire BZ – Champ de Mars* ⊰★ **BZ** *– Sanguines de Hubert Robert★★ au musée des Beaux-Arts BZ.*
Env. *Site★★★ de Cruzol 5 km O.*
🏌 *des Chanalets à Bourg-lès-Valence* 🕭 *04 75 83 16 23, par ① : 6km;* 🏌 *New Golf du Bourget à Montmeyran* 🕭 *04 75 59 48 18, S : 17 km par D 538.*
✈ *de Valence-Chabeuil :* 🕭 *04 75 85 26 26, par ③ : 5 km* **B YZ.**
🯄 *Office de tourisme, Parvis de la Gare* 🕭 *04 75 44 90 40, Fax 04 75 44 90 41, info@tourisme-valence.com.*
Paris 558 ① – Avignon 126 ⑤ – Grenoble 96 ② – St-Étienne 121 ①.

Plans pages suivantes

🏨 **Pic,** 285 av. V. Hugo 🕭 04 75 44 15 32, *pic@relaischateaux.com,* Fax 04 75 40 96 03, 🍽, 🟦,
❀❀ 🍹 – 🍴 🟦 🍴 🍸 🅿 – 🔺 25. 🆎 ⓞ 🆖 🪪
Repas *(fermé 3 au 27 janv., mardi de nov. à mars, dim. soir et lundi)* (dim. prévenir) 50 (déj.), 115/135 et carte 110 à 170 ⌇ 🍷 – ⌸ 30 – **12 ch** 165/280, 3 suites.
◆ N 7, A 7, ligne T.G.V., etc. Tous les chemins mènent à Valence et tombent à... Pic, "auberge" familiale ravissante à l'âme déjà toute provençale. Salles à manger raffinées et charmant jardin-terrasse pour une cuisine délicate aux saveurs méridionales.
Spéc. Ravioles de thon mariné aux épices douces, sorbet roquette (été). Turbot au beurre noisette, truffes, râpée d'asperges, jus au safran (hiver). Strate de filet de boeuf et foie gras, jus à l'Hermitage. **Vins** Saint-Péray, Hermitage.

🏨 **Novotel,** 217 av. Provence 🕭 04 75 82 09 09, *info@novotelvalence.com,* Fax 04 75 43 56 29, 🍽, 🟦, 🍹, 🍴 – 🍸 ☰ 📺 📞 ᴚ 🅿 – 🔺 140. 🆎 ⓞ 🆖 AX a
Repas 22/25, enf. 8 ⌇ – ⌸ 10 – **107 ch** 87/103.
◆ Façade moderne proche de l'autoroute. Chambres standard rénovées. Jardin bordé d'un ruisseau et un parc boisé. Clientèle d'affaires. Salle à manger prolongée d'une véranda et agréable terrasse en teck ; cuisine traditionnelle assortie de plats régionaux.

🏛 **Yan's Hôtel,** rte Montéléger (près centre hospitalier) 🕭 04 75 55 52 52, *info@yanshotel.com,* Fax 04 75 42 27 37, 🍽, 🟦 – 🍸 ᴚ ☰ ch, 📺 🅿 – 🔺 35. 🆎 🆖 AX b
Repas *(fermé 20 déc. au 6 janv., sam. midi et dim. du 15 sept. au 30 mai)* 21/30 ⌇ – ⌸ 10 – **36 ch** 77/98.
◆ Bâtiment des années 1980 jouxtant le centre hospitalier. Du balcon de votre chambre, joli coup d'oeil sur la piscine ou le jardin. En été, vous grignoterez un en-cas sur la petite terrasse. En hiver, repas servis dans la salle à manger bourgeoise.

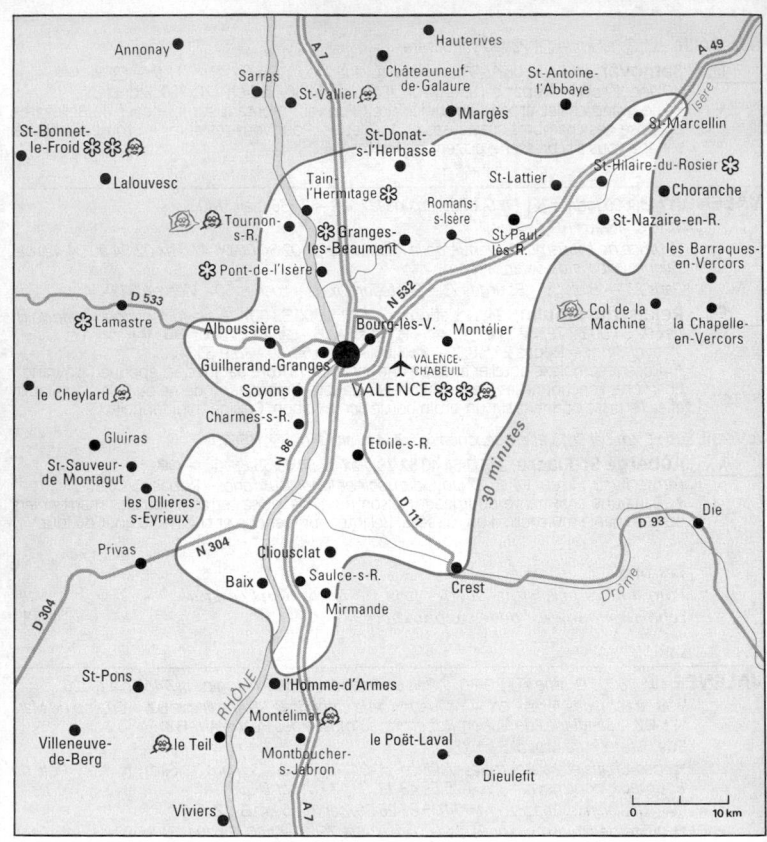

🏨 **France** sans rest, 16 bd Gén. de Gaulle 📞 04 75 43 00 87, *info@hotel-valence.com*, Fax 04 75 55 90 51 – 🛗 ✵ 🔟 📺 📞 🚗 – 🔬 20. AE ⓞ GB   **CZ w**
🍽 8 – **34 ch** 44/62.

♦ Façade ravalée, chambres et salons bien rénovés, insonorisation efficace : cure de jouvence réussie pour cet hôtel idéalement situé pour découvrir la vieille ville à pied.

🏨 **Atrium,** 20 r. J.-L. Barrault 📞 04 75 55 53 62, *info@atrium-hotel.fr*, Fax 04 75 55 53 68, 🍴, *f₆* – 🛗 cuisinette, 🔟 rest, 📺 📞 & 🚗 🖃 – 🔬 20. AE GB JCB   **DY c**
Repas *(fermé 1ᵉʳ au 22 août et dim. soir)* 19 (déj.), 27,50/33,20 ⅞ – 🍽 5,80 – **58 ch** 36/54, 11 duplex.

♦ Les chambres, contemporaines, sont toutes équipées de kitchenettes pensées pour les longs séjours. Aux derniers étages, vue sur le Vercors ou sur l'Ardèche. À table, c'est la Provence qui s'exprime tant dans l'assiette que dans la salle aux couleurs du Sud.

🏨 **Ibis,** 355 av. Provence 📞 04 75 44 42 54, *info@hotel-ibis-valence.com*, Fax 04 75 44 48 80, 🍴, ⤓ – 🛗 ✵ 🔟 ch, 📺 📞 & 🖃 – 🔬 30. AE ⓞ GB   **AX n**
Repas *(13)* · 16, enf. 6 ♀ – 🍽 6 – **97 ch** 58/92.

♦ Halte nocturne aux portes de Valence, dans de petites chambres fonctionnelles, mises aux dernières normes de la chaîne. Les repas sont servis dans une salle à manger de style "jardin d'hiver" ouverte sur la piscine de l'hôtel.

🏨 **Park Hôtel** sans rest, 22 r. J. Bouin 📞 04 75 82 60 50, Fax 04 75 42 43 55 – 📺 📞 🚗 AE ⓞ GB   **BY u**
fermé 19 déc. au 2 janv. – 🍽 6,50 – **20 ch** 48/53.

♦ Bâtisse des années 1960 jouissant d'un environnement tranquille. Les chambres sont en majorité rénovées, lumineuses et fraîchement décorées. Entretien rigoureux.

VALENCE

André (Bd G.) .... **AV** 3
Beaumes (Av. des) .... **AX** 8

Belle-Meunière (R.) .... **AV** 10
Bonnet (R. G.) .... **AV** 13
Châteauvert (R.) .... **AX** 18
Grand-Charran (Av. du) .... **AX** 34
Kennedy (Bd J.-F.) .... **AV** 40

Lattre-de-Tassigny
  (Av. Mar. de) .... **AV** 41
Libération (Av. de la) ..... **AX** 44
Montplaisir (R.) .... **AVX** 52
Roosevelt (Bd Franklin) ... **AX** 67

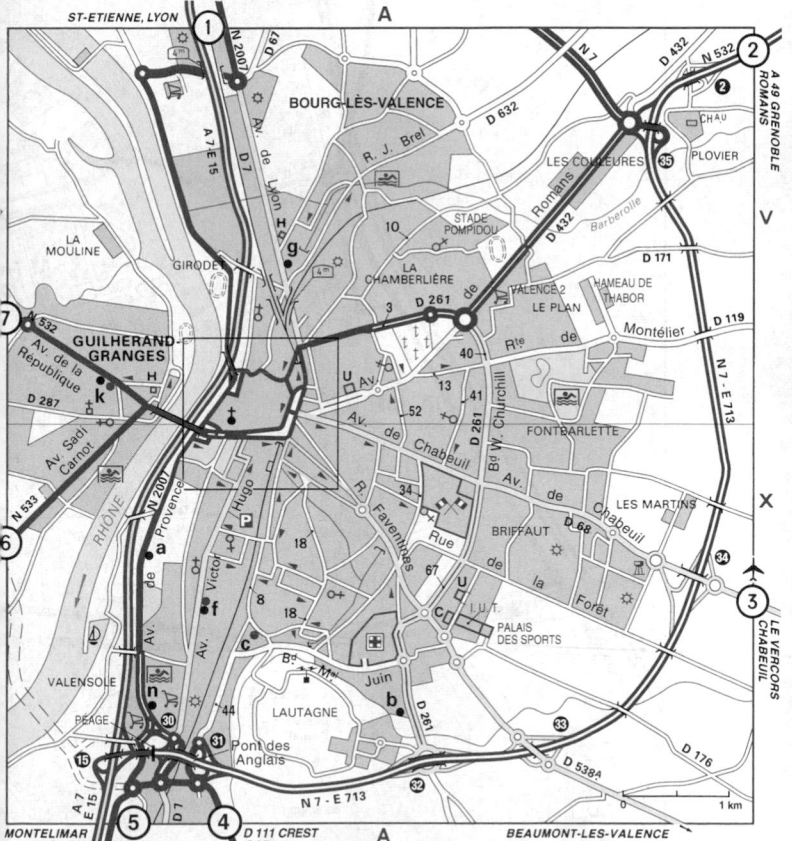

🏠 **St-Jacques** sans rest, 9 fg St-Jacques ℘ 04 75 78 26 16, *hotelstjacques-valence@wanado o.fr*, Fax 04 75 78 47 30 – 📶 📺 ☎ 🅿 ⚠ ⓞ ☖ **DY** f
  ☐ 7 – **29 ch** 40/50.
  • Au seuil du vieux Valence. Les chambres, simples et pratiques, sont progressivement rajeunies. Insonorisation efficace. Accueil prévenant.

XX **L'Épicerie**, 18 pl. St-Jean (ex Belat) ℘ 04 75 42 74 46, *pierre.seve@free.fr*, Fax 04 75 42 10 87, 🌳 – ⚠ ☖ **CY** v
  fermé 1er au 9 mai, 1er au 22 août, 22 déc. au 3 janv., 21 au 28 fév. sam. midi et dim. – **Repas** 22/55 ♈.
  • Pierres et poutres anciennes donnent du caractère à la salle à manger principale de cette maison du 16e s. Seconde salle dans une cave voûtée. Cuisine traditionnelle soignée.

XX **Ciboulette**, 6 r. Commerce ℘ 04 75 55 67 74, *lechef@laciboulette.com*, Fax 04 75 56 72 83, 🌳 – ⚠ ⓞ ☖ **DZ** e
  fermé 4 au 12 août, sam. midi, lundi et mardi
  Repas 30/69 bc ♈ ☕.
  • Décor ensoleillé agrémenté de tableaux, cuisine au goût du jour utilisant les fines herbes, beau chariot de desserts et bon choix de vins au verre : délicate Ciboulette !

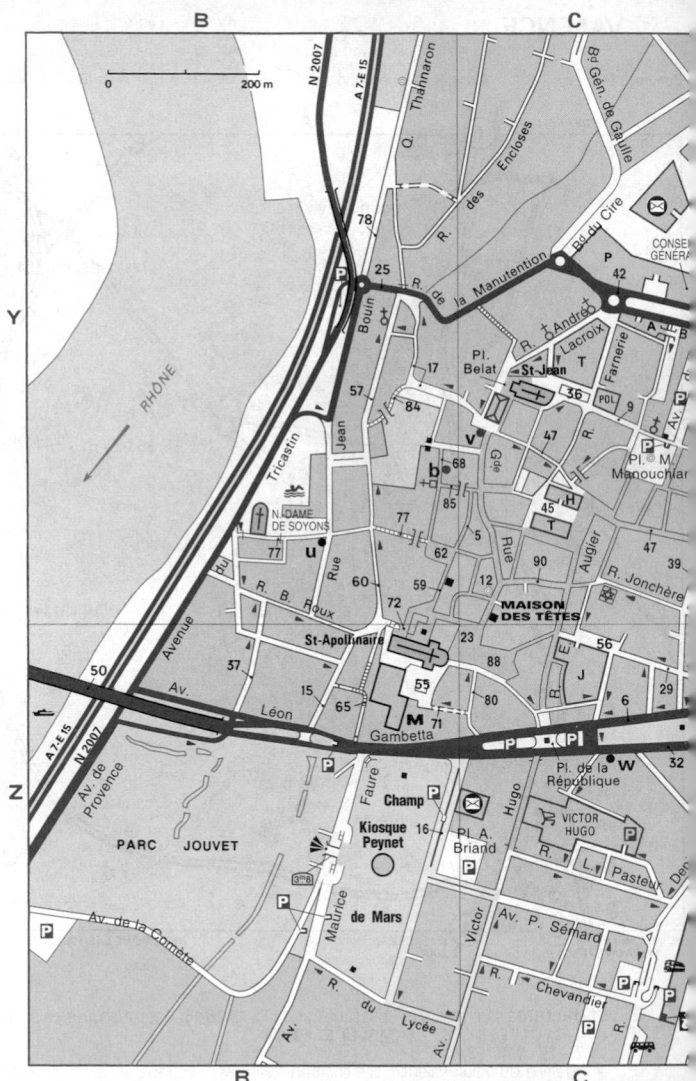

XX **Saint Ruf,** 9 r. Sabaterie ℰ 04 75 43 48 64, Fax 04 75 42 85 71 – AE GB BY b
fermé 24 juil. au 17 août, 1er au 12 janv., dim. sauf le midi d'oct. à mai, sam. midi et lundi –
Repas 25/50, enf. 10 ℤ.
♦ Poutres apparentes, élégante cheminée et mobilier de style Louis XV créent une atmosphère intime dans la coquette salle à manger. Carte au goût du jour.

XX **Petite Auberge,** 1 r. Athènes ℰ 04 75 43 20 30, *la.petite.auberge@wanadoo.fr,*
Fax 04 75 42 67 79 – AE ⓞ GB DY t
fermé 26 juil. au 24 août, merc. soir et dim. sauf fériés
Repas *(15 bc)* - 21/43, enf. 10.
♦ La sobre façade dissimule deux salles de restaurant rustico-bourgeoises ; la plus petite
accueille les repas commandés. Ambiance conviviale et cuisine traditionnelle.

VALENCE

Alsace (Bd d') . . . . **DY**
Arménie (R, d') . . . . **DY** 4
Augier (R. Émile) . . . . **CYZ**
Balais (R. des) . . . . . . **BCY** 5
Bancel (Bd) . . . . **CY** 6
Barrault (R. J.-L.) . . . . . . **DY** 7
Belle-Image (R.) . . . . **CY** 9
Bonaparte
  (R. du Lieutenant) . **BCY** 12
Chambaud (R. Mirabel) . **BZ** 15
Championnet (Pl.) . . . . . **BCZ** 16
Chapeliers (Côte des) . . **BY** 17
Clerc (Bd M.) . . . . **DZ** 22
Clercs (Pl. des) . . . . . . **BCZ** 23
Docteur-Schweitzer
  (R. du) . . . . **BY** 25
Dragonne (Pl. de la) . . . **DY** 26
Dupré de Loire (Av.) . . . **DY** 27
Farre (R. du Gén.) . . . **CDZ** 29
Félix-Faure (Av.) . . . . . . **DZ**
Gaulle (Bd du Gén.) . . . **CZ** 32
Huguenel (Pl. Ch.) . . . . **CY** 36
Jacquet (R. V.) . . . . **BZ** 37
Jeu-de-Paume (R. du) **CYZ** 39
Lecardonnel (Pl. L.) . . . . **CY** 42
Leclerc (Pl. Gén.) . . . . . **DY** 43
Liberté (Pl. de la) . . . . . **CY** 45
Madier-de-
  Montjau (R.) . . . . **CY** 47
Mistral (Pont Frédéric) . **BZ** 50
Montalivet (Pl. de) . . . . **DY** 51
Ormeaux (Pl. des) . . . . **BZ** 55
Palais (Pl. du) . . . . **CZ** 56
Paré (R. Ambroise) . . . . **BY** 57
Pérollerie (R.) . . . . **BY** 59
Petit-Paradis (R.) . . . . . **BY** 60
Pierre (Pl. de la) . . . . . . **BY** 62
Repenties (R. des) . . . . **BZ** 65
République (Pl. de la) . . **CZ**
Sabaterie (R.) . . . . **BY** 68
St-Didier (R.) . . . . **BCZ** 71
St-Estève (Côte) . . . . . . **BY** 72
St-Jacques (Faubourg) . **DY** 75
St-Martin (Côte et R.) . . **BY** 77
St-Nicolas (Q.) . . . . **BY** 78
Saunière (R.) . . . . **CZ** 80
Semard (Av. J.-P.) . . . . . **CZ**
Sylvante (Côte) . . . . . . **BY** 84
Temple (R. du) . . . . . . **BCY** 85
Université (Pl. de l') . . . **CZ** 88
Vernoux (R.) . . . . **CY** 90
Victor-Hugo (Av.) . . . . . **CZ**

✗ **Auberge du Pin,** 285 bis av. V. Hugo ℰ 04 75 44 53 86, *pic@relaischateaux.com*, Fax 04 75 40 96 03, 🐭 – 🖼 🅿 🖭 ⓞ ☞ AX f
Repas 30 ♈.

   ◆ Cette sympathique auberge au cadre provençal très soigné, agrémenté de petites tables en fer forgé et de meubles colorés, est le restaurant "à prix doux" de la maison Pic.

✗ **L'Origan,** 58 av. Beaumes ℰ 04 75 41 60 39, *squashorigan@aol.com*, Fax 04 75 78 30 81, 🐭, 🏊 – 🖭 ☞ AX c
fermé 1er au 25 août, vacances de fév., sam. et dim. sauf juin et juil. – **Repas** 16/34.

   ◆ Trois salles de squash et la piscine pour l'effort. La récompense ? Une cuisine régionale et une agréable terrasse verdoyante au bord d'un petit ruisseau.

à Bourg-lès-Valence – *18 347 h. alt. 142* – ⊠ *26500 :*

▢ **Seyvet,** 24 av. Marc-Urtin ℰ 04 75 43 26 51, *hotel.seyvet@wanadoo.fr,*
Fax 04 75 55 61 49, ⌂ – ⫶, ≡ rest, ⊡ ☎ 🅿 – 🅰 30. 🆚 ⓐ ⓞ 🆖 **AV** g
fermé dim. soir hors saison et sam. midi – **Repas** 16,50/42, enf. 8,50 ♀ – � 5,90 – **34 ch**
36/49 – ½ P 41.
  ◆ Immeuble des années 1970 équipé d'une salle de séminaires pour les séjours "incen-
tive". Chambres fonctionnelles et bien insonorisées. Restaurant au sobre cadre actuel,
aménagé sur deux niveaux, complété d'une petite terrasse d'été. Recettes traditionnelles.

à Pont de l'Isère *par ① : 9 km* – *2 688 h. alt. 120* – ⊠ *26600 :*

▯▯▯ **Michel Chabran,** N 7 ℰ 04 75 84 60 09, *chabran@michelchabran.fr,* Fax 04 75 84 59 65,
✿ ⌂ – ≡ ⊡ ☎ ⌂🅿. 🆚 ⓞ 🆖
fermé dim. soir et merc. d'oct. à mars, merc. midi et jeudi midi de juil. à sept. – **Repas** 32
(déj.), 48/73 et carte 96 à 124 ⅋ ⅋ – ⊑ 16 – **12 ch** 77/120.
  ◆ Derrière la façade en galets du Rhône ? Des chambres confortables, sobrement décorées, orientées sur le jardin ou sur la route. Les "fines gueules" s'attablent dans l'élégant
restaurant pour la cuisine mi-classique, mi-inventive et pour les fameux hermitages.
Spéc. Menu ''autour de la truffe''(déc. à mars). Champignons et ravioles de ris de veau
(août à nov.). Légumes et agneau de la Drôme provençale (avril à juil.). **Vins** Crozes-
Hermitage, Hermitage.

✗✗✗ **Auberge Chalaye,** 17 r. 16-août-1944 ℰ 04 75 84 59 40, Fax 04 75 84 76 36, ⌂ , ⭁ –
🅿. 🆚 🆖
fermé dim. soir, lundi et mardi sauf fériés – **Repas** 26/49 et carte 40 à 57.
  ◆ Discrète auberge nichée derrière un rideau de verdure, au milieu d'un ensemble de
pavillons. Intérieur soigné. Carte traditionnelle assortie de quelques plats nord-américains.

à Guilherand-Granges *(Ardèche)* – *10 707 h. alt. 130* – ⊠ *07500 :*

▢ **Alpes-Cévennes** sans rest, 641 av. République ℰ 04 75 44 61 34, *alpescevennes@aol.co*
m, Fax 04 75 41 12 41 – ⫶ ⊡ ⊠. 🆖 **AV** k
fermé dim. du 15 oct. au 15 mars – ⊑ 4,50 – **26 ch** 33/38.
  ◆ Étape ardéchoise sur la rive droite du Rhône. Les chambres, spacieuses, équipées de
meubles de série, bénéficient d'une bonne literie. Insonorisation efficace

✗✗ **Auberge des Trois Canards,** 565 av. République ℰ 04 75 44 43 24,
🆖 Fax 04 75 41 64 48, ⌂ – 🆚 ⓞ 🆖 **AV** k
fermé dim. soir et lundi – **Repas** 12/46 ♀.
  ◆ Deux salles à manger chaleureuses et une terrasse sous les platanes du jardin. Plats
classiques ou au goût du jour et un menu "canard" ; côtes-du-rhône et vins étrangers.

VALENCE-SUR-BAÏSE *32310 Gers* ▣▣▣ *E6* – *1 151 h alt. 117.*

Voir *Abbaye de Flaran★ NO : 2 km,* **G. Midi-Pyrénées.**

🅱 *Syndicat d'initiative, rue Jules Ferry* ℰ *05 62 28 59 19, si.valencesurbaise@club-inter*
net.fr.

Paris 734 – Agen 50 – Auch 36 – Condom 9.

▢ **Ferme de Flaran,** rte Condom ℰ 05 62 28 58 22, *hotel-flaran@wanadoo.fr,*
Fax 05 62 28 56 89, ⌂ , ⳡ , ⭁ – ⊡ 🅿. 🆖
fermé janv. et 1ᵉʳ au 10 déc. – **Repas** *(fermé dim. soir et lundi sauf du 15 juin au 15 sept.)*
17/32, enf. 8 ♀ – ⊑ 7 – **15 ch** 57,50 – ½ P 50.
  ◆ Ancienne dépendance de l'abbaye cistercienne voisine, cette ferme gasconne conserve
une agréable rusticité. Les chambres, campagnardes, sont plus tranquilles côté piscine.
Authentique salle à manger agreste, terrasse au calme et cuisine à l'accent du Gers.

VALENCIENNES ◈ *59300 Nord* ▣▣▣ *J5* **G. Picardie Flandres Artois** – *41 278 h Agglo. 357 395 h*
alt. 22.

Voir *Musée des Beaux-Arts★ BY M – Bibliothèque des Jésuites★.*

▯₈ *de Mormal à Preux-au-Sart* ℰ *03 27 63 07 00, par ③ : 13 km;* ▯₉ *de Valenciennes à Marly*
ℰ *03 27 46 30 10, E : 1 km.*

🅱 *Office de tourisme, 1 rue Askièvre* ℰ *03 27 46 22 99, Fax 03 27 30 38 35, valenciennes.*
tourisme@wanadoo.fr.

Paris 208 ⑤ – Lille 54 ⑥ – Arras 68 ⑤ – Bruxelles 105 ② – St-Quentin 80 ⑤.

Plans page ci-contre

▯▯▯ **Grand Hôtel,** 8 pl. Gare ℰ 03 27 46 32 01, *grandhotel.val@wanadoo.fr,*
Fax 03 27 29 65 57 – ⫶ ⊡ ☎ – 🅰 15 à 80. 🆚 ⓞ 🆖 ⓙⓒⓑ **AX** d
Repas 20/46,50 ♀ ***Brasserie Hans : Repas** carte 22 à 35 ⅋ – ⊑ 10 – **87 ch** 76/110, 6 suites.
  ◆ Ce bel édifice du début du 20ᵉ s. retrouve peu à peu son cachet d'antan. Nombreux
salons et chambres toujours empreintes d'un certain classicisme. Restaurant traditionnel
avec rôtissoire et flambage en salle. L'esprit alsacien souffle sur la Brasserie Hans.

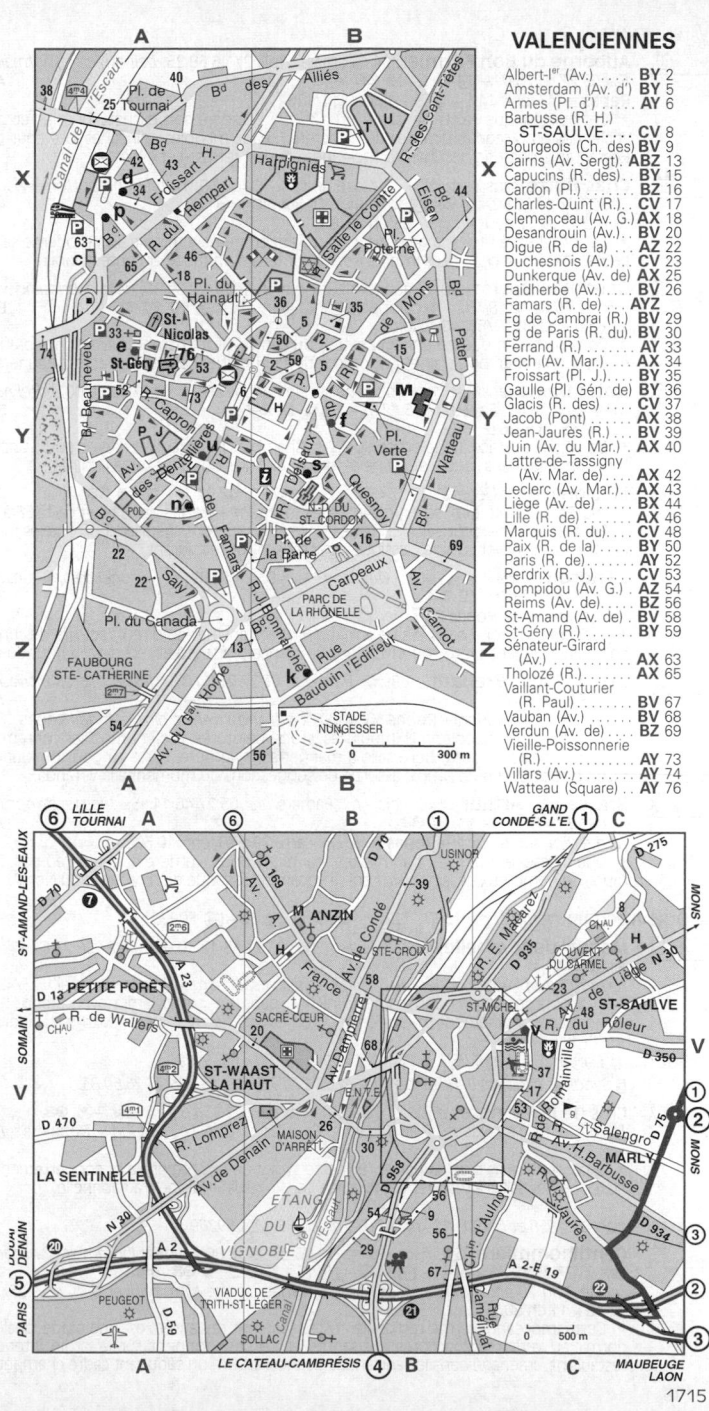

VALENCIENNES

Albert-Iᵉʳ (Av.) ..... **BY** 2
Amsterdam (Av. d') ... **BY** 5
Armes (Pl. d') ..... **AY** 6
Barbusse (R. H.)
  ST-SAULVE .... **CV** 8
Bourgeois (Ch. des) **BV** 9
Cairns (Av. Sergt). **ABZ** 13
Capucins (R. des). **BY** 15
Cardon (Pl.) ..... **BZ** 16
Charles-Quint (R.) . **CV** 17
Clemenceau (Av. G.) **AX** 18
Desandrouin (Av.).. **BV** 20
Digue (R. de la) ... **AZ** 22
Duchesnois (Av.) .. **CV** 23
Dunkerque (Av. de) **AX** 25
Faidherbe (Av.) ... **BV** 26
Famars (R. de) .... **AYZ**
Fg de Cambrai (R.) . **BV** 29
Fg de Paris (R. du). **BV** 30
Ferrand (R.) ..... **AY** 33
Foch (Av. Mar.) .... **AX** 34
Froissart (Pl. J.). **BY** 35
Gaulle (Pl. Gén. de) **BY** 36
Glacis (R. des) .... **CV** 37
Jacob (Pont) ..... **AX** 38
Jean-Jaurès (R.) .. **AX** 39
Juin (Av. du Mar.) . **AX** 40
Lattre-de-Tassigny
  (Av. Mar. de) ... **AX** 42
Leclerc (Av.) .... **AX** 43
Liège (Av. de) ..... **BX** 44
Lille (R. de) ..... **AX** 46
Marquis (R. du)... **CV** 48
Paix (R. de la) .... **BY** 50
Paris (R. de) ..... **AY** 52
Perdrix (R. J.) .... **CV** 53
Pompidou (Av. G.) . **AZ** 54
Reims (Av. de) .... **BZ** 56
St-Amand (Av. de) . **BV** 58
St-Géry (R.) ..... **BY** 59
Sénateur-Girard
  (Av.) ..... **AX** 63
Tholozé (R.)...... **AX** 65
Vaillant-Couturier
  (R. Paul)....... **BV** 67
Vauban (Av.)..... **AX** 68
Verdun (Av. de) .... **BZ** 69
Vieille-Poissonnerie
  (R.)........ **AY** 73
Villars (Av.)....... **AY** 74
Watteau (Square) .. **AY** 76

🏨 Auberge du Bon Fermier, 64 r. Famars 🕿 03 27 46 68 25, *beinethierry@hotmail.com*,
Fax 03 27 33 75 01 – 📺 📞 🗜 🍽 ⓪ GB JCB   AY **n**
Repas 23/47, enf. 14 ♀ – 🖵 9 – **16 ch** 114/126.
◆ Cet authentique relais de poste du 17ᵉ s. a préservé son cachet : briques et pierres
anciennes en façade, chambres de caractère (beaux meubles chinés) et jolie cour pavée.
Restaurant-rôtisserie occupant d'anciennes écuries, terrasse et gibier en saison.

🏨 Chat Botté sans rest, 25 r. Tholozé 🕿 03 27 14 58 59, *hotel.lechatbotte@wanadoo.fr*,
Fax 03 27 14 58 60 – 📶 ⋈ 📺 📞 🗜 ⟲ 🅟, 🖈 ⓪ GB JCB   AX **p**
fermé 1ᵉʳ au 22 août – 🖵 9 – **33 ch** 75/83.
◆ Cet hôtel situé face à la gare vient d'être entièrement remis à neuf : moderne salle des
petits-déjeuners, chambres insonorisées et dotées d'un mobilier contemporain.

🏨 Baudouin sans rest, 90 r. Baudouin l'Édifieur 🕿 03 27 22 80 80, *hotelbaudouin@wanado*
⌂ *o.fr, Fax 03 27 22 80 81* – 📶 cuisinette 📺 📞 🗜 ⟲ 🅟 – 🕍 20. 🖈 GB   BZ **k**
🖵 6,50 – **90 ch** 47/88, 40 studios.
◆ Construction moderne en léger retrait du centre-ville. Chambres avant tout pratiques :
mobilier récent en bois clair et bonne isolation phonique. Buffets de petits-déjeuners.

🏨 Notre Dame sans rest, 1 pl. Abbé Thellier de Poncheville 🕿 03 27 42 30 00, *hotel.notreda*
me@wanadoo.fr, Fax 03 27 45 12 68 – 📺 📞 🖈 GB   BY **s**
🖵 8 – **35 ch** 56/62.
◆ Deux bâtisses face à une église du 15ᵉ s. Chambres bourgeoises dans la partie ancienne,
fonctionnelles dans l'autre et calme assuré pour celles donnant sur le jardinet.

🍴🍴 Musigny, 90 av. Liège 🕿 03 27 41 49 30, *Fax 03 27 47 91 19* – 🖈 ⓪ GB   CV **v**
fermé 3 au 12 janv., dim. soir, lundi et fériés sauf sam. – **Repas** 28/76 bc et carte 53 à 87.
◆ Façade discrète, petit salon d'accueil, salle à manger bourgeoise (confortables fauteuils
de style Louis XVI) et cuisine classique caractérisent ce restaurant.

🍴🍴 L'Endroit, 69 r. du Quesnoy 🕿 03 27 42 99 23, *lionel.coint@wanadoo.fr*,
Fax 03 27 42 99 23 – 🖈 GB   BY **f**
fermé dim. soir – **Repas** 22 ♀.
◆ Un écran TV trône dans la salle à manger et retransmet en direct l'activité des brigades
en cuisine. Élégant cadre contemporain, ambiance branchée et recettes au goût du jour.

🍴🍴 Les Salons Brabant, 68 r. Paris 🕿 03 27 26 04 03, *lessalonsbrabant@aol.com*,
Fax 03 27 26 04 03   AY **e**
fermé dim. soir et lundi – **Repas** 30, enf. 6 ♀ **Véranda** *(fermé dim. et lundi)* **Repas** 16/20 ♀.
◆ Décor de style Napoléon III (moulures, stucs, peintures, etc.) et mobilier contemporain
font l'originalité de cette belle salle à manger sous verrière. Carte au goût du jour. Cadre
façon bistrot et cuisine simple assortie de suggestions du moment à la Véranda.

🍴 Brasserie Arthur, 46 bis r. Famars 🕿 03 27 46 14 15, *jletouze@nordnet.fr*,
Fax 03 27 41 62 96 – 🖈 🖈 GB   AY **u**
fermé dim. soir et lundi – **Repas** *(21,50 bc)* · carte 29 à 38, enf. 10,50 ♀.
◆ Une brasserie "pur jus" : banquettes, hauts plafonds, verrière et cuisine ad hoc. Sur les
murs, de nombreux dessins affirment la vocation artistique de "l'Athènes du Nord".

à Quiévrechain *Nord-Est par N 30 : 12 km – 6 069 h. alt. 32* – ⊠ *59920* :

🍴🍴 Manoir de Tombelle, 135 av. J. Jaurès 🕿 03 27 35 12 30, *Fax 03 27 26 27 61*, 🌳, 🌲 –
🅟 ⓪ GB
fermé 1ᵉʳ au 13 août, 21 déc. au 1ᵉʳ janv. et le soir sauf sam. – **Repas** 18,30 (déj.), 23/45.
◆ Villa bourgeoise des années 1920 nichée dans un grand jardin avec étang. Salles à
manger confortablement meublées et agrémentées de cheminées. Cuisine traditionnelle.

à Sebourg *Est par D 934 et D 250 : 11 km – 1 759 h. alt. 80* – ⊠ *59990* :

🛈 *Syndicat d'initiative, Hôtel de Ville* 🕿 *03 27 26 52 78, Fax 03 27 26 50 83.*

🍴🍴 Clos de la Perrière, 🕿 03 27 26 53 33, *Fax 03 27 26 54 63*, 🌳, 🌲 – 🅟. GB
fermé 16 août au 6 sept., 3 au 11 janv. , soirs fériés, dim. soir et lundi – **Repas** 18,50/38,40,
enf. 7 ♀.
◆ Excentrée, mais bien signalée, fermette typiquement régionale et coquettement fleurie. L'une des salles à manger est tournée vers le jardin. Cuisine traditionnelle.

à Artres *par ④, D 958 et D 400 : 11 km – 1 071 h. alt. 65* – ⊠ *59269* :

🏨 Gentilhommière ⌂, face Église 🕿 03 27 28 18 80, *la.gentilhommiere@wanadoo.fr*,
Fax 03 27 28 18 81, 🌲, 📞 🅟 – 🕍 15 à 200. 🖈 ⓪ GB
fermé 2 au 29 août, dim. soir et fériés – **Repas** *(fermé sam. midi et dim. soir)* 25/36 ♀ –
🖵 10 – **11 ch** 80.
◆ Cette imposante ferme régionale (17ᵉ s.) joliment restaurée, est une étape idéale pour
dormir au vert. Les chambres, plaisantes et calmes, donnent sur le jardin intérieur. Le
restaurant, aménagé dans les anciennes écuries, arbore un séduisant cadre champêtre.

Z. I. de Prouvy-Rouvignies *par ⑤ et N 30 : 5 km –* ⊠ *59300 Valenciennes :*

🏨 **Novotel,** *𝒫* 03 27 21 12 12, *h0456@accor-hotels.com, Fax* 03 27 21 06 02, 🌤 , ⊼ , 🐾 –
⥋ 📺 ☎ & 🄿 – 🕍 25 à 100. 🆎 ① 🆖 🄹🅲🅱
Repas *(14)* - 23, enf. 8 ♀ – 🖭 11 – **80 ch** 96/104.
♦ Au bord de l'autoroute Paris-Bruxelles et à 15 mn du centre, hôtel de chaîne rénové où
prêt de vélos, piscine et jardin sont gage de détente et de loisirs. Pause déjeuner ou étape
repas nocturne sans surprise dans ce restaurant Novotel.

🏨 **Campanile,** *𝒫* 03 27 21 10 12, *valenciennes@campanile.fr, Fax* 03 27 21 08 55 – ⥋ 📺
☎ & 🄿 – 🕍 20. 🆎 ① 🆖
Repas *(12,50)* - 16,50/18 ♀ – 🖭 6,50 – **105 ch** 62/70.
♦ Un ensemble fonctionnel, composé de trois solides bâtiments dont deux abritent des
chambres simples et bien insonorisées. Le spacieux restaurant de l'hôtel Campanile est
divisé en plusieurs salles que prolonge une véranda. Cuisine traditionnelle.

à Raismes *Nord-Ouest : 5 km par D 169 – 13 699 h. alt. 23 –* ⊠ *59590 :*

🍽🍽🍽 **Grignotière,** 6 r. J. Jaurès *𝒫* 03 27 36 91 99, *lagrignotiere@free.fr, Fax* 03 27 36 74 29,
🌤 , 🐾 – 🆎 ① 🆖 🄹🅲🅱
fermé 9 au 23 août, 14 au 21 fév., dim. soir, mardi soir, merc. soir et lundi – **Repas**
31 bc/32,50 et carte 36 à 52.
♦ Cet ancien relais de poste voisin de l'église héberge une salle "cosy" joliment redécorée
et une agréable terrasse-jardin. Cuisine traditionnelle non dépourvue de créativité.

Si vous cherchez un hôtel tranquille,
consultez d'abord les cartes de l'introduction
ou repérez dans le texte les établissements indiqués avec le signe 🦢

VALENTINE *31 H.-Gar.* **343** *C6 – rattaché à St-Gaudens.*

VALESCURE *83 Var* **340** *P5 – rattaché à St-Raphaël.*

La VALETTE-DU-VAR *83 Var* **340** *K7 – rattaché à Toulon.*

VALGORGE *07110 Ardèche* **331** *G6 G. Vallée du Rhône – 450 h alt. 560.*
Paris 614 – Alès 76 – Aubenas 37 – Langogne 46 – Privas 69 – Le Puy-en-Velay 83.

🏨 **Tanargue,** *𝒫* 04 75 88 98 98, *Fax* 04 75 88 96 09, < – 🛗 ⥋ 📺 ⟷ 🄿. 🆖
fermé 25 déc. à mi-mars, dim. soir et lundi d'oct. à fin-déc. sauf Toussaint – **Repas** *(10,50)* -
13,90/26,50, enf. 8 ♀ – 🖭 6,30 – **22 ch** 41,50/54 – ½ P 42,50/49.
♦ Le temps semble s'être arrêté dans cette hostellerie traditionnelle située au pied du
massif du Tanargue. Les chambres, parfois avec balcon, ouvrent sur le parc ou la vallée. Salle
à manger d'inspiration rustique entourée de baies vitrées ; accueil familial.

VALLAURIS *06 Alpes-Mar.* **341** *D6 – rattaché à Golfe-Juan.*

VALLERAUGUE *30570 Gard* **339** *G4 G. Languedoc Roussillon – 1 009 h alt. 346.*
🅱 *Office de tourisme, route de l'Aigoual 𝒫* 04 67 82 25 10, *Fax* 04 67 82 21 16, *office.tou
risme.valleraugue@wanadoo.fr.*
Paris 684 – Mende 100 – Millau 75 – Nîmes 86 – Le Vigan 22.

🏨 **Hostellerie Les Bruyères,** *𝒫* 04 67 82 20 06, *Fax* 04 67 82 20 06, 🌤 , ⊼ – 📺 ⟷. 🆖
1er mai-30 sept. – **Repas** 14/25, enf. 8 ♀ – 🖭 7 – **25 ch** 45/58 – ½ P 45/50.
♦ Ancien relais de poste situé au coeur du pittoresque village cévenol. Une jolie cage
d'escalier dessert des chambres de style campagnard. La salle de restaurant, récemment
rajeunie, se prolonge d'une charmante terrasse d'été surplombant la rivière.

rte du Mont-Aigoual *sur D 986 : 4 km –* ⊠ *30570 :*

🏠 **Auberge Cévenole,** La Pénarié *𝒫* 04 67 82 25 17, *auberge.cevenole@wanadoo.fr,*
Fax 04 67 82 26 26, 🌤 – ⟷ 🄿. 🆖 🌸
fermé 9 au 21 déc., lundi soir et mardi sauf juil.-août – **Repas** 15/25 🍖 – 🖭 7 – **6 ch** 36 –
½ P 41.
♦ L'Hérault musarde au pied de cette sympathique auberge cévenole située sur la route
du mont Aigoual. Chambres rénovées et bien équipées. Coquette salle à manger (poutres,
cheminée, pierres, mobilier ancien et objets agrestes) et terrasse dominant la rivière.

VALLÊRES _37190 I.-et-L._ 317 L5 – _779 h alt. 80._

Paris 265 – Tours 27 – Azay-le-Rideau 7 – Chinon 27 – Langeais 9 – Saumur 49.

※ **Fournil,** pl. Eglise ℘ 02 47 45 43 06, _le.fournil@wanadoo.fr, Fax 02 47 45 97 59,_ 斧 – AE GB

fermé 31 août au 7 sept., 2 au 15 janv., le soir sauf sam. du 1er oct. au 31 mars, dim. soir et merc. – **Repas** 21/35, enf. 9 ♀.

◆ Une belle cheminée en pierre orne la coquette salle à manger rustique de ce plaisant restaurant. Agréable terrasse. Cuisine traditionnelle aux accents tourangeaux.

VALLET _44330 Loire-Atl._ 316 I5 – _6 807 h alt. 54._

🛈 _Office de tourisme, 1 place Charles de Gaulle_ ℘ 02 40 36 35 87, Fax 02 40 36 29 13, _tourisme-vallet@wanadoo.fr._

Paris 375 – Nantes 27 – Ancenis 27 – Cholet 36 – Clisson 10.

🏠 **Don Quichotte,** 35 rte Clisson ℘ 02 40 33 99 67, Fax 02 40 33 99 72, 斧, 🚲 – 📺 & P. AE GB

fermé 26 déc. au 9 janv. – **Repas** _(fermé vend. soir en hiver et dim. soir)_ (14) - 18,50/25 ♀ – ☲ 7 – **12 ch** 48,50/55,50 – ½ P 59,50.

◆ De grandes fresques décorent les murs de cet ancien moulin situé au coeur du vignoble. Chambres actuelles aménagées dans un bâtiment indépendant. Salle de restaurant prolongée d'une véranda où l'on propose des recettes classiques.

VALLIÈRES _37 I.-et-L._ 317 M4 – _rattaché à Tours._

VALLOIRE _73450 Savoie_ 333 L7 _G. Alpes du Nord – 1 243 h alt. 1430 – Sports d'hiver : 1 430/ 2 600 m_ 🎿 2 ⚡31 🎿.

Voir _Col du Télégraphe_ ≤★ _N : 5 km._

Altiport Bonnenuit ℘ 04 79 59 02 00.

🛈 _Office de tourisme,_ ℘ 04 79 59 03 96, Fax 04 79 59 09 66, _info@valloire.net._

Paris 664 – Albertville 91 – Briançon 52 – Chambéry 104 – Lanslebourg-Mont-Cenis 57.

🏠 **Sétaz,** ℘ 04 79 59 01 03, _info@la-setaz.com, Fax 04 79 59 00 63,_ ≤, 斧, 🔟, 🚲 – 📺 P. AE GB

6 juin-18 sept. et 19 déc.-19 avril – **Gastilleur** _(fermé lundi)_ **Repas** (16)- 20/37 – ☲ 8 – **22 ch** 85/90 – ½ P 75/84.

◆ Classique construction alpine dont les chambres, bien équipées et en majorité exposées plein Sud, ont vue sur les hauts sommets. La salle à manger, au décor rustico-bourgeois, est tournée vers le jardin et sa piscine ; carte des vins étoffée.

🏠 **Grand Hôtel de Valloire et du Galibier,** ℘ 04 79 59 00 95, _info@grand-hotel-valloir e.com, Fax 04 79 59 09 41,_ ≤, 斧, 🔟, 🚲 – 🛗 📺 P. – 🏋 40. AE ⓞ GB

23 juin-5 sept. et 18 déc.-9 avril – **L'Escarnavé :** **Repas** 25/63, enf. 9 ♀ – ☲ 12 – **45 ch** 60/73, (½ pension seul. en hiver) – ½ P 76/89.

◆ Face aux pistes, imposant hôtel aux chambres spacieuses peu à peu rénovées ; réservez celles exposées Sud et Est. Belle salle à manger en rotonde agencée autour d'une cheminée en cuivre où l'on allume le "feu de joie" (escarnavé en patois) ; cuisine classique.

🏠 **Christiania,** ℘ 04 79 59 00 57, _info@christiana-hotel.com, Fax 04 79 59 00 06_ – 📺. GB ✕ rest

15 juin-15 sept. et 10 déc.-20 avril – **Repas** 15/29 ♀ – ☲ 8 – **26 ch** 56/60 – ½ P 60/67.

◆ Chalet fleuri situé sur l'avenue où se déroule l'insolite concours de sculptures sur neige. Chambres fraîches et bien tenues. Accueil familial et cadre campagnard dans la salle à manger. Le bar est le rendez-vous des moniteurs de la station.

aux Verneys _Sud : 2 km –_ ✉ _73450 Valloire :_

🏠 **Relais du Galibier,** ℘ 04 79 59 00 45, _info@relais-galibier.com, Fax 04 79 83 31 89,_ ≤, 🚲 – 📺 P. GB

15 juin-10 sept. et 15 déc.-10 avril – **Repas** 16/30, enf. 9 ♀ – ☲ 9 – **26 ch** 46/56 – ½ P 68/72.

◆ Hôtel familial au calme des prés l'été, à 100 m des pistes de ski l'hiver. Chambres ouvrant parfois sur le Grand Galibier. Vaste restaurant rustique où l'on sert une cuisine classique escortée de plats savoyards : tartiflette, fondue et diots au vin blanc.

🏠 **Crêt Rond,** ℘ 04 79 59 01 64, _info.@hotel-cret-rond.com, Fax 04 79 83 33 24_ – 📺 P. GB

25 juin-30 sept. et 20 déc.-15 avril – **Repas** 13/25, enf. 8 – ☲ 7 – **17 ch** 44/56 – ½ P 58.

◆ Établissement situé sur une route bien connue des "géants" du Tour de France, celle du Galibier. Chambres sobres avec balcons côté Sud ou avec vue sur la montagne. Salle à manger rustique à la sympathique ambiance de pension de famille.

VALLON-PONT-D'ARC 07150 Ardèche **331** I7 *G. Vallée du Rhône – 2 027 h alt. 117.*

Voir *Gorges de l'Ardèche*★★★ *au SE – Arche*★★ *de Pont d'Arc SE : 5 km.*

🚺 *Office de tourisme, 1 place de l'ancienne gare ☎ 07 75 88 04 01, Fax 04 75 88 41 09, tourisme.vallon@wanadoo.fr.*

Paris 658 – Alès 47 – Aubenas 32 – Avignon 81 – Carpentras 95 – Montélimar 59.

🏨 **Clos des Bruyères**, rte des Gorges ☎ 04 75 37 18 85, *clos.des.bruyeres@online.fr*, Fax 04 75 37 14 89, 🏤, 🔼, 🌳 – 🍴, 🍽 rest, ₺ **P** – 🛏 20. **GB**. ❄ ch
1ᵉʳ avril-30 sept. – **- Les Saveurs** ☎ 04 75 88 14 84 *(fermé 15 au 30 oct., fév., mardi et merc. hors saison)* **Repas** 19/68,5 – ☑ 6,60 – **32 ch** 53/57 – ½ P 49/52.
◆ Hôtel récent situé à 100 m de l'Ardèche (location de canoës). Les chambres, avec balcon ou en rez-de-jardin, sont spacieuses et simplement décorées. La salle à manger, coiffée d'une charpente apparente, offre un décor marin et une carte de produits de la mer.

VALLORCINE 74660 H.-Savoie **328** O4 *G. Alpes du Nord – 390 h alt. 1260 – Sports d'hiver : 1 260/ 1 400 m ≰2 ₰.*

🚺 *Office de tourisme, Le Betté ☎ 04 50 54 60 71, Fax 04 50 54 61 73, vallorcine@wana doo.fr.*

Paris 628 – Chamonix-Mont-Blanc 19 – Annecy 115 – Thonon-les-Bains 96.

🏠 **L'Ermitage** 🍃, au Buet, Sud-Ouest : 2 km par N 506 et rte secondaire ☎ 04 50 54 60 09, *hotel-ermitage@wanadoo.fr*, Fax 04 50 54 64 38, ≼, 🏤, 🌳 – **P**. **GB**. ❄ rest
fermé 26 avril au 19 mai, 20 sept. au 25 déc. – **Repas** (1/2 pens. seul) – ☑ 10 – **15 ch** 64/68 – ½ P 64/66.
◆ Atmosphère de pension de famille dans ce coquet chalet surplombant le village, à 400 m de la gare. Chambres sobrement et diversement aménagées. Plaisant petit jardin ombragé. Restaurant lambrissé avec vue panoramique sur les sommets alentour ; carte régionale.

Ecrivez-nous...
Vos louanges comme vos critiques seront examinées avec le plus grand soin. Nous reverrons sur place les informations que vous nous signalez.
Par avance merci !

VALLOUX 89 Yonne **319** G6 – *rattaché à Avallon.*

VALMONT 76540 S.-Mar. **304** D3 *G. Normandie Vallée de la Seine – 1 010 h alt. 60.*

Voir *Abbaye*★.

🚺 *Syndicat d'initiative ☎ 02 35 10 08 12, Fax 02 35 10 08 12.*

Paris 193 – Le Havre 48 – Rouen 67 – Bolbec 22 – Dieppe 58 – Fécamp 11 – Yvetot 28.

🍴🍴 **Bec au Cauchois**, Ouest : 1,5 km par rte Fécamp ☎ 02 35 29 77 56, *le-bec-au-cauchois @wanadoo.fr*, Fax 02 35 29 77 52 – **P**. **GB**
fermé 30 août au 3 sept., 20 au 30 déc., mardi soir et merc. sauf juil.-août – **Repas** (12,50) - 19,50/38, enf. 8 ₺.
◆ Le reposant paysage de la campagne normande sert de cadre à cette auberge postée au bord d'un étang. Intérieur rustique rénové dans des tons flamboyants, rouge et jaune.

VALMOREL 73 Savoie **333** L5 *G. Alpes du Nord – alt. 1400 – Sports d'hiver : 1 400/2 400 m ≼2 ≰36 ₰ – ⊠ 73260 Aigueblanche.*

🚺 *Office de tourisme, Maison de Valmorel ☎ 04 79 09 85 55, Fax 04 79 09 85 29, info@val-morel.com.*

Paris 616 – Albertville 36 – Chambéry 85 – Moûtiers 16.

🏨 **Planchamp** 🍃, accès piétonnier ☎ 04 79 09 97 00, *info@hotelplanchamp.com*, Fax 04 79 09 83 93, ≼ – 📺, **AE** ⓪ **GB** **JCB**. ❄
20 déc.-20 avril – **Repas** 20 (déj.)/36 ₺ – ☑ 12 – **37 ch** (½ pens. seul.) – ½ P 103/138.
◆ Cet hôtel que l'on rejoint uniquement à pied convient aux adeptes d'une vraie ambiance montagnarde. Douillettes chambres savoyardes, salon-bar "cosy" au coin du feu. Coquette salle à manger - façon vieux chalet - où l'on propose une cuisine au goût du jour.

VALRAS-PLAGE 34350 Hérault 📖 E9 G. Languedoc Roussillon – 3 625 h alt. 1 – Casino.

🔓 Office de tourisme, place René Cassin ☎ 04 67 32 36 04, Fax 04 67 32 33 41, informa tions@valras-plage.org.

Paris 767 – Montpellier 76 – Agde 25 – Béziers 16.

🏨 **Albizzia** 🏊 sans rest, bd Chemin Creux ☎ 04 67 37 48 48, Fax 04 67 37 58 10, 🗻 – 📺 📞 🄿 🖭 🆔 ⓒⓑ
☞ 6 – **27 ch** 59/70.
◆ À 200 m de la plage, hôtel récent à l'accueil aimable. Chambres fonctionnelles ; celles donnant sur la piscine profitent d'une loggia. Ravissant jardinet méditerranéen.

🏨 **Mira-Mar,** bd Front de Mer ☎ 04 67 32 00 31, Fax 04 67 32 51 21, ≼, 🏕 – 🕴, 🔳 ch, 📺 📞 🕭, 🖭 🆔 ⓒⓑ 🖾 🍴 rest
hôtel : 1ᵉʳ fév.-15 oct. ; rest. : 30 mars-30 sept. et fermé dim. et lundi du 15 sept. au 30 juin –
Repas 19/35, enf. 8,50 🍷 – ☞ 8 – **24 ch** 78/90, 4 suites – 1/2 P 68/74.
◆ Nul doute : la majorité des chambres de cet immeuble "mira el mar" ("regarde la mer" en espagnol). Hébergement clair et net ; quatre spacieux appartements. Bar-glacier. Vaste restaurant actuel et coloré, terrasse face à la "grande bleue" et produits de la mer.

XX **Delphinium,** av. Élysées (face casino) ☎ 04 67 32 73 10, Fax 04 67 32 73 10, 🏕 – 🔳. 🆔 ⓒⓑ
fermé vacances de la Toussaint, 20 janv. au 11 fév., merc. midi, sam. midi et mardi – **Repas** 25/55 🍷 🌿.
◆ Discrète façade voisine du casino. Plaisante salle à manger contemporaine aux larges baies vitrées. Cuisine au goût du jour gorgée de soleil et vins du Languedoc-Roussillon.

XX **Méditerranée** avec ch, 32 r. Ch. Thomas ☎ 04 67 32 38 60, Fax 04 67 32 30 91 – 🔳 rest, 📺. 🖭 🆔 ⓒⓑ 🍴 rest
hôtel : 1ᵉʳ mai-25 sept. ; rest. : fermé 4 au 8 oct., 15 nov. au 2 déc. et 19 janv. au 6 fév. –
Repas (fermé dim. soir hors saison, lundi et mardi) 16 (déj.), 19/42 🍷 – ☞ 7 – **9 ch** 50 – 1/2 P 46.
◆ Petit restaurant familial, à découvrir dans une rue piétonne située tout près de l'embouchure de l'Orb. Cuisine régionale servie dans un cadre rustique. Chambres simples.

VALRÉAS 84600 Vaucluse 📖 C7 G. Provence – 9 425 h alt. 250.

🔓 Office de tourisme, avenue Marechal Leclerc ☎ 04 90 35 04 71, Fax 04 90 35 03 60, info@ot-valreas.info.

Paris 639 – Avignon 67 – Crest 51 – Montélimar 38 – Nyons 14 – Orange 37.

XX **Délice de Provence,** 6 La Placette (centre ville) ☎ 04 90 28 16 91, Fax 04 90 37 42 49 – ⓒⓑ
fermé 28 juin au 14 juil., mardi soir et merc. – **Repas** 15/36.
◆ Cette maison en pierres de taille abrite deux charmantes salles égayées de couleurs provençales et garnies de chaises de style Louis XVI. Appétissante cuisine classique.

VALROS 34290 Hérault 📖 F8 – 1 130 h alt. 60.

Paris 740 – Montpellier 62 – Agde 17 – Béziers 17 – Pézenas 8.

🏠 **Auberge de la Tour,** N 9 ☎ 04 67 98 52 01, Fax 04 67 98 65 31, 🏕, 🗻, 🌳 – 📺 🄿. ⓒⓑ
fermé 15 déc. au 20 janv. – **Repas** (fermé jeudi midi et merc.) 16/38 🍷 – ☞ 6 – **18 ch** 48/55 – 1/2 P 47/50.
◆ Au bord d'une route passante, deux bâtiments séparés par un jardin agrémenté d'une piscine. Les chambres, dotées de balcons ou de terrasses, sont tournées sur la verdure. Atmosphère d'auberge traditionnelle dans la salle à manger et agréable terrasse ombragée.

Dans ce guide
un même symbole, un même mot,
imprimé en **rouge** *ou en* **noir**, *en maigre ou en* **gras**,
n'ont pas tout à fait la même signification.
Lisez attentivement les pages explicatives.

VALS-LES-BAINS *07600 Ardèche* **331** I6 *G. Vallée du Rhône – 3 536 h alt. 210 – Stat. therm. – Casino.*

Office de tourisme, 116 bis rue Jean Jaurès ✆ 07 75 37 49 27, Fax 04 75 94 68 26, tourisme@vals-les-bains.com.

Paris 629 ② – Aubenas 6 ③ – Langogne 58 ③ – Privas 33 ② – Le Puy-en-Velay 87 ③.

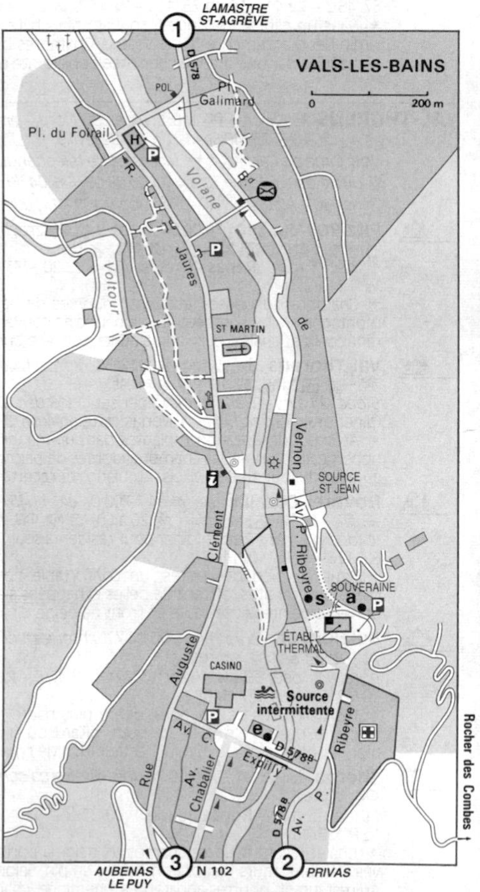

Vivarais, av. C. Expilly (e) ✆ 04 75 94 65 85, *Fax 04 75 37 65 47*, – – AE GB JCB. rest
fermé fév. – **Repas** 30/50 – 12 – **42 ch** 45/72, 5 suites – ½ P 65/90.
◆ La Volane musarde au pied de ce pimpant hôtel du début du 20e s. et de ses terrasses fleuries. Le style "rétro" des chambres ne manque pas de charme. Le restaurant privilégie les recettes du terroir ; la châtaigne, notamment, s'y trouve dans tous ses états.

Grand Hôtel des Bains , (a) ✆ 04 75 37 42 13, *grand.hotel.des.bains@wanadoo.fr, Fax 04 75 37 67 02*, , , – . AE GB. rest
10 avril-31 oct. – **Repas** 23/40 – 9,50 – **65 ch** 73/128 – P 86/110.
◆ Derrière les thermes, bel établissement de 1860 offrant un confort bourgeois et donnant sur un vaste parc ombragé. Chambres de bonne ampleur, plus cossues au dernier étage. Restaurant "rétro" et terrasse d'été ; menus spécialement composés pour les curistes.

Grand Hôtel de Lyon, av. P. Ribeyre (s) ✆ 04 75 37 43 70, *hotel.de.lyon07@wanadoo.fr, Fax 04 75 37 59 11*, – . GB
21 avril-2 oct. – **Repas** *(14)* - 20/38, enf. 8 – 7,50 – **33 ch** 54/80 – P 54/62.
◆ Cet hôtel très central, situé à tout juste 100 m du parc de la source intermittente, rénove peu à peu ses chambres, spacieuses et bien tenues. Piscine découvrable. De grandes baies vitrées éclairent la confortable salle à manger ornée d'une fresque originale.

Dans ce guide
un même symbole, un même mot,
imprimé en ***rouge*** *ou en* ***noir****, en maigre ou en* ***gras****,*
n'ont pas tout à fait la même signification.
Lisez attentivement les pages explicatives.

VAL-SUZON *21121 Côte-d'Or* 320 J5 *G. Bourgogne – 180 h alt. 361.*
Paris 295 – Dijon 19 – Avallon 91 – Châtillon-sur-Seine 67 – Montbard 58 – Saulieu 70.

Host. Val-Suzon et Chalet de la Fontaine aux Geais, N 71 ☎ 03 80 35 60 15, *hostvalsuzon@mageos.com, Fax 03 80 35 61 36*, – TV P – 15. AE GB. rest
fermé 12 nov. au 20 déc., mardi midi, dim. soir et lundi d'oct. à mai – **Repas** 20 (déj.), 37/48 ♀ – 11 – **16 ch** 75/120 – ½ P 97/140.
◆ Dans un cadre bucolique à souhait, trois bâtiments dont un chalet isolé dominent le jardin fleuri agrémenté d'une volière. Chambres bien tenues. Salle de restaurant rustique réchauffée par une grande cheminée et plaisante terrasse ombragée de platanes.

VAL-THORENS *73 Savoie* 333 M6 *G. Alpes du Nord – alt. 2300 – Sports d'hiver : 2 300/3 200 m* 4 25 – ✉ *73440 St-Martin-de-Belleville.*
Voir *Cime de Caron* ★★★ *(accès par le téléphérique de Caron).*
Office de tourisme, ☎ 04 79 00 08 08, Fax 04 79 00 00 04, valtho@valthorens.com.
Paris 640 – Albertville 60 – Chambéry 109 – Moûtiers 36.

Fitz Roy, ☎ 04 79 00 04 78, *contact@fitzroyhotel.com, Fax 04 79 00 06 11*, – , rest, TV . AE GB. rest
1er déc.-5 mai – **Repas** 46 (dîner)/61 – 20 – **33 ch** (½ pens. seul.), 3 suites, 3 duplex – ½ P 210/220.
◆ Chambres luxueuses, souvent pourvues de balcons offrant une vue splendide sur la montagne. Belles flambées au salon, piscine couverte et espace "forme et beauté". Restaurant cossu et chaleureux ; au déjeuner, formule buffet servie sur la terrasse panoramique.

Val Thorens, ☎ 04 79 00 04 33, *contact@levalthorens.com, Fax 04 79 00 09 40*, – TV . AE GB. rest
5 déc.-24 avril – ***Bellevillois*** (dîner seul.) *(18 déc.-24 avril)* **Repas** 23/28, enf. 10 – ***Fondue*** (dîner seul.) *(5 déc.-24 avril)* **Repas** carte environ 20 – 11 – **81 ch** – ½ P 143/149.
◆ Au coeur de la station implantée dans un magnifique site glaciaire, construction récente hébergeant de grandes chambres dotées de balcons. Piano-bar, sauna et solarium. Cuisine au goût du jour au Bellevillois. Ambiance et recettes montagnardes à la Fondue.

Novotel Coralia, ☎ 04 79 00 04 04, *h0457@accor-hotels.com, Fax 04 79 00 05 93*, – TV – 20 à 60. AE GB. rest
1er déc.-1er mai – **Repas** (dîner pour résidents seul.) (17) - 23 (déj.)/27, enf. 12 – 8 – **104 ch** 82/126 – ½ P 140/146.
◆ Situé au pied des pistes, un confortable hôtel dédié aux vacances et au ski. Les chambres, refaites, offrent de belles échappées sur les glaciers. Restaurant agrémenté de boiseries peintes et terrasse en front de neige. Chaleureuse atmosphère au bar.

Bel Horizon, ☎ 04 79 00 04 77, *antoine@belhorizon.com, Fax 04 79 00 06 08*, – TV . GB. rest
hôtel : 1er déc.-30 avril ; rest. : 20 déc.-8 avril – **Repas** (dîner seul.) 30 ♀ – 13 – **31 ch** 187/216 – ½ P 127/146.
◆ Les chambres de cet hôtel de "la plus haute station de ski d'Europe" ont toutes un balcon exposé plein Sud. Solarium, billard ou fitness pour l'après-ski. Spacieuse salle à manger panoramique. À midi, restauration de type snack-pizzéria servie en terrasse.

Sherpa, ☎ 04 79 00 00 70, *info@lesherpa.com, Fax 04 79 00 08 03*, – TV. GB. rest
26 nov.-5 mai – **Repas** 18 (déj.), 30/35 ♀ – 11 – **52 ch** 200/260, 4 suites, 4 duplex – ½ P 125/160.
◆ Chalet récent avec les champs de neige à portée de bâton. Chambres et duplex rénovés : lambris, murs blancs et meubles en pin. Salon-bar au coin du feu et espace Internet. Au restaurant, poutres apparentes, cheminée, chaises savoyardes et carte traditionnelle.

Trois Vallées, Grande Rue ☎ 04 79 00 01 86, *reservation@hotel3vallees.com, Fax 04 79 00 04 08*, – TV . AE GB.
15 nov.-10 mai – **Repas** (dîner seul.) (23) - 22/32 ♀ – 10 – **29 ch** 110/155 – ½ P 105.
◆ Le plus grand domaine skiable des Alpes a prêté son nom à ce bâtiment moderne. Chambres fonctionnelles, dont 7 "familiales". Du salon-bar, joli coup d'oeil sur les cimes. Salle à manger récemment revue dans un esprit montagnard et carte traditionnelle simple.

XXX **L'Oxalys**, ☎ 04 79 00 12 00, *infos@montagnettes.com, Fax 04 79 00 24 39*, – P. GB
début déc.-24 avril – **Repas** (35) - 45/70 et carte 65 à 85 ♀.
◆ Une résidence hôtelière conçue à la façon d'un hameau abrite ce restaurant. Décor contemporain réussi, superbe terrasse face au domaine skiable et belle cuisine inventive.

Si vous cherchez un hôtel tranquille,
consultez d'abord les cartes de l'introduction
ou repérez dans le texte les établissements indiqués avec le signe

Le VALTIN 88230 Vosges 314 K4 – 98 h alt. 751.

Paris 440 – Colmar 46 – Épinal 55 – Guebwiller 55 – St-Dié 27 – Col de la Schlucht 10.

XX **Auberge du Val Joli** ⑤ avec ch., ℰ 03 29 60 91 37, le-val-joli@wanadoo.fr,
@ Fax 03 29 60 81 73, 🏠, 🖾, ✕ – 🖾 ⚓ 🕭 🖪 – 🔏 15. 🖭 🖼
fermé 8-17/03, 15/11-8/12, dim. soir, lundi soir et mardi midi sauf vacances scolaires, lundi
midi sauf fériés – **Repas** 17/50 ⚇ – ⚇ 10 – **7 ch** 70/77, 3 suites – 1/2 P 64/104.
♦ Cette auberge située en pleine nature est parfois bercée par le brâme des cerfs. Salle
rustique et véranda ouverte sur la campagne ; plats régionaux. Chambres rénovées.

VANDOEUVRE-LÈS-NANCY 54 M.-et-M. 307 H7 – rattaché à Nancy.

VANNES 🅿 56000 Morbihan 308 O9 G. Bretagne – 51 759 h Agglo. 118 029 h alt. 20.

Voir Vieille ville★★ **AZ** : Place Henri-IV★ **AZ** 10, Cathédrale St-Pierre★ **B**, Remparts★,
Promenade de la Garenne≤★★ – La Cohue★ (anciennes halles) – Musée archéologique★ –
Aquarium océanographique et tropical★ – Golfe du Morbihan★★ en bateau.
ᵣ₈ à Baden ℰ 02 97 57 18 96, par ④ puis D 101 : 14 km.
🖪 Office de tourisme, 1 rue Thiers ℰ 02 97 47 24 34, Fax 02 97 47 29 49, tourisme@pays-de-
vannes.
Paris 459 ② – Quimper 122 ④ – Rennes 110 ② – St-Brieuc 107 ① – St-Nazaire 86 ③.

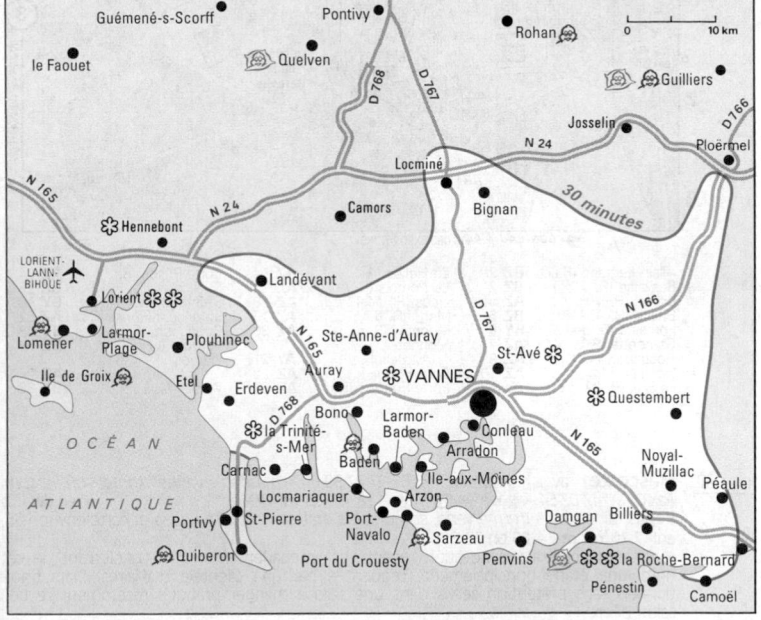

🏨 **Mercure**, Le parc du Golfe, Sud rte Conleau : 2 km ℰ 02 97 40 44 52, H2182-GM@accor-h
otels.com, Fax 02 97 63 03 20, ≤, 🏠 – 🛗 ↯ 🖾 ⚓ 🕭 ⇦ 🖪 – 🔏 60. 🖭 ⑩ 🖼
Dauphin (fermé sam. et dim. sauf le soir d'avril à oct.) **Repas** 23 ⚇, enf. 10 – ⚇ 10 – **77 ch**
93/112.
♦ Près de l'Aquarium, hôtel moderne en arc de cercle. Les chambres, spacieuses et
insonorisées, ont vue sur le golfe du Morbihan. Un programme d'agrandissement est en
cours. Les baies vitrées du restaurant ouvrent sur la terrasse et sur un petit coin de verdure.

🏨 **Villa Kerasy** sans rest, 20 av. Favrel et Lincy ℰ 02 97 68 36 83, info@villakerasy.com,
Fax 02 97 68 36 84, 🖾 – 🖾 ⚓ 🕭 🖪 🖭 🖼, ✕ BY r
fermé 11 nov. au 13 déc. et 9 au 23 janv. – ⚇ 12 – **12 ch** 112/155.
♦ Dépaysement garanti dans cette maison bourgeoise des années 1920 aux chambres
savamment décorées sur le thème des escales de la Compagnie des Indes. Jardin japonais.

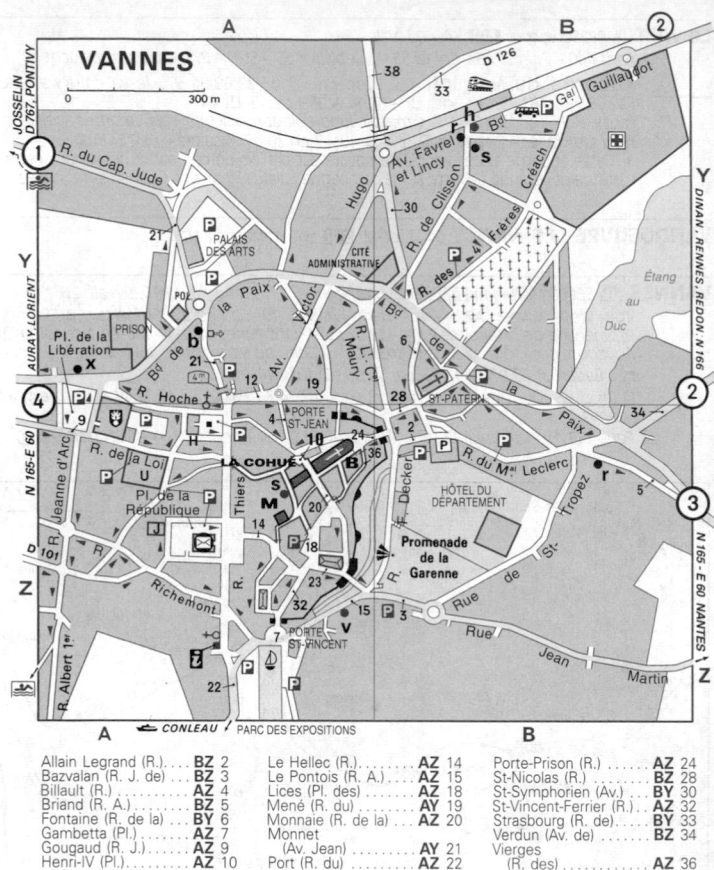

VANNES

0 — 300 m

Allain Legrand (R.)	**BZ** 2	
Bazvalan (R. J. de)	**BZ** 3	
Billault (R.)	**AZ** 4	
Briand (R. A.)	**BZ** 5	
Fontaine (R. de la)	**BY** 6	
Gambetta (Pl.)	**AZ** 7	
Gougaud (R. J.)	**AZ** 9	
Henri-IV (Pl.)	**AZ** 10	
Le Brix (R. J.)	**AY** 12	
Le Hellec (R.)	**AZ** 14	
Le Pontois (R. A.)	**AZ** 15	
Lices (Pl. des)	**AZ** 18	
Mené (R. du)	**AY** 19	
Monnaie (R. de la)	**AZ** 20	
Monnot (Av. Jean)	**AY** 21	
Port (R. du)	**AY** 22	
Porte-Poterne (R.)	**AZ** 23	
Porte-Prison (R.)	**AZ** 24	
St-Nicolas (R.)	**BZ** 28	
St-Symphorien (Av.)	**BY** 30	
St-Vincent-Ferrier (R.)	**AZ** 32	
Strasbourg (R. de)	**BY** 33	
Verdun (Av. de)	**BZ** 34	
Vierges (R. des)	**AZ** 36	
Wilson (Av.)	**ABY** 38	

Mascotte, av. J. Monnet ℰ 02 97 47 59 60, *mascotte-vannes@hotel-sofibra.com, Fax 02 97 47 07 54* – 🛗 ⁕ ≡ 📺 📞 ఈ – 🔲 40. 🖭 ⓞ ☎ **AY b**
Repas (dîner seul.) *(fermé vend. soir d'oct. à mai, sam. et dim.) (12,50)* et carte environ 35, enf. 7,70 ♀ – ⌷ 7 – **65 ch** 78/89.
♦ Situation centrale, rénovation récente et aménagements fonctionnels font de cet hôtel une étape principalement fréquentée par une clientèle d'affaires. Plats traditionnels sans prétention servis dans une salle à manger pratique récemment revue ; salon-billard.

Marébaudière sans rest, 4 r. A. Briand ℰ 02 97 47 34 29, *marebaudiere@wanadoo.fr, Fax 02 97 54 14 11* – 🛗 ⁕ 📺 📞 🅿 🖭 ⓞ ☎ 🖼 **BZ r**
⌷ 8 – **41 ch** 62/97.
♦ À 5 mn à pied des remparts, grande bâtisse régionale coiffée d'ardoises. Deux types de chambres, classiques ou modernes. Salle des petits-déjeuners au sous-sol.

Kyriad Image Ste-Anne, 8 pl. Libération ℰ 02 97 63 27 36, *kyriad.vannes@wanadoo.fr, Fax 02 97 40 97 02* – 🛗 ⁕ ≡ rest, 📺 📞 🅿 🖭 ☎ **AY x**
Repas *(fermé vend. soir, dim. soir et sam. de sept. à Pâques)* 16,50/23,50, enf. 7 ♀ – ⌷ 9 – **33 ch** 60/68 – ½ P 51,30.
♦ Adresse pratique et centrale. Chambres contemporaines de bon confort, pour la plupart climatisées. Bonne insonorisation. Beaux meubles rustiques dans le hall d'accueil. Plaisant décor breton traditionnel dans la salle à manger (vaisselles et cuivres anciens).

🏨 **Ibis**, Z.U.P. de Ménimur par ① : 1,5 km (r. E. Jourdan) ℰ 02 97 63 61 11, H0650@accor-hotels.com, Fax 02 97 63 21 33 – 📱 ⁴⁄₄ 📺 ✆ 🅿 – 🕍 50. 🖭 ⊙ ⊖

Repas 15,30, enf. 6 ⅓ – � 6,50 – **59 ch** 85.
♦ En contrebas de la voie express, mais très bien insonorisé, établissement entièrement rénové. Chambres fonctionnelles et bien tenues ; petit salon-bar actuel. Boiseries et plantes vertes ornent ce restaurant d'Ibis, un peu plus personnalisé qu'à l'accoutumée.

🏨 **Anne de Bretagne** sans rest, 42 r. O. de Clisson ℰ 02 97 54 22 19, jubert.joel@wanadoo.fr, Fax 02 97 42 69 10 – 📺 ✆ ⇔. 🖭 ⊙ ⊖ 🝔 **BY s**
� 5,80 – **20 ch** 44,50/60.
♦ Non loin de la gare, hostellerie familiale dont les petites chambres, bien insonorisées, ont été refaites. Salle des petits-déjeuners décorée sur le thème marin.

XXX **Régis Mahé**, pl. Gare ℰ 02 97 42 61 41, Fax 02 97 54 99 01 – ⊖ **BY h**
❀ fermé 26 juin au 5 juil., 13 au 29 nov., vacances de fév., dim. et lundi – **Repas** 26 (déj.)/48 et carte 53 à 64 ⅋.
♦ Décoration soignée de style médiéval avec vitraux, copies de blasons anciens, murs en tuffeau et cheminée sculptée d'un chevalier en armure. Cuisine personnalisée.
Spéc. Filet de rouget à l'orientale. Tronçon de grosse sole rôtie, crème d'épinards et moules. Tarte au chocolat, glace caramel.

XX **Table des Gourmets**, 6 r. A. Le Pontois ℰ 02 97 47 52 44, Fax 02 97 47 15 87 – ▦. ⊖
fermé 21 juin au 1er juil., 22 nov. au 2 déc., 4 au 14 janv., dim. soir hors saison, sam. midi et lundi – **Repas** (19) - 24/35 ⅋. **AZ v**
♦ Façade contemporaine devant les remparts de la vieille ville. Cuisine au goût du jour enrichie de touches régionales proposée dans un cadre soigné et rajeuni.

X **Roscanvec**, 17 r. Halles ℰ 02 97 47 15 96, roscanvec@wanadoo.fr, Fax 02 97 47 86 39 –
▦. 🖭 ⊙ ⊖ **AZ s**
fermé 22 déc. au 1er janv., dim. soir et lundi d'oct. à juin – **Repas** (nombre de couverts limité, prévenir) 17 (déj.), 23/35.
♦ Maison à colombages d'une pittoresque ruelle piétonne. Quelques tables au rez-de-chaussée offrent le coup d'oeil sur la cuisine. Salle principale à l'étage. Carte inventive.

à St-Avé par ① et D 767, Nord : 6 km (près centre hospitalier spécialisé) – 8 303 h. alt. 50 –
⊠ 56890 :

XXX **Pressoir** (Rambaud), rte de Plescop : 1,5 km (près hôpital) ℰ 02 97 60 87 63, le.pressoir.st-ave@wanadoo.fr, Fax 02 97 44 59 15 – ▦ 🅿. 🖭 ⊙ ⊖
❀ fermé 1er au 16 mars, 28 juin au 6 juil., 27 sept. au 20 oct., dim. soir, lundi et mardi – **Repas** 30 (déj.), 40/80 et carte 53 à 93 ⅋ ⌖.
♦ Cette auberge est appréciée des Vannetais pour sa belle cuisine honorant l'Armor, sa carte des vins étoffée et son décor de caractère (toiles modernes, pressoir).
Spéc. Galette de rougets aux pommes de terre et romarin. Kuing patatez à l'andouille de Guéméné et pied de porc. Petites crêpes à l'écorce d'orange. **Vins** Muscadet sur lie.

à Conleau Sud-Ouest : 4,5 km – ⊠ 56000 Vannes.
Voir Presqu'île de Conleau★ 30 mn.

🏰 **Roof** 🦢, ℰ 02 97 63 47 47, Fax 02 97 63 48 10, ≤, 🍴, 🎾 – 📱 📺 ✆ 🅿 – 🕍 60. 🖭 ⊙ ⊖
🝔
Repas 29/58 - **Café de Conleau** (déj. seul. du 4 nov. à Pâques) **Repas** 22 bc ⅓ – � 11 –
42 ch 85,50/115 – ½ P 79/86.
♦ Cet hôtel jouit d'un emplacement privilégié sur une presqu'île, face à une ravissante anse où mouillent des voiliers. Les chambres, parfois petites, ont souvent une terrasse. Belle vue sur le golfe du Morbihan au restaurant. Esprit bistrot au Café de Conleau.

rte d'Arradon par ④ et D 101 : 5 km – ⊠ 56610 Arradon :

XX **L'Arlequin**, Parc d'activités de Botquelen (3 allée D. Papin) ℰ 02 97 40 41 41, Fax 02 97 40 52 93 – 🅿 🖭 ⊖
fermé 29 août au 12 sept., sam. midi, dim. soir et merc. – **Repas** (14) - 20/36.
♦ Lumière, couleurs et verdure définissent le cadre de cette agréable salle en rotonde ceinte de baies vitrées. Belle charpente apparente et petite mezzanine.

à Arradon par ④, D 101, D 101ᴬ et D 127 : 7 km – 4 719 h. alt. 40 – ⊠ 56610 .
Voir ≤★.
🛈 Syndicat d'initiative, 2 place de l'Église ℰ 02 97 44 77 44, Fax 02 97 44 81 22, mairie.tourisme@arradon.com.

🏨 **Logis de Parc er Gréo** 🦢 sans rest, au Gréo, Ouest : 2 km (dir. le Moustoir)
ℰ 02 97 44 73 03, contact@parcergreo.com, Fax 02 97 44 80 48, 🏊, 🔲, 🎾 – ⁴⁄₄ 📺 ✆ 🕭
🅿. 🖭 ⊖. ⁂
13 mars-14 nov. – � 10 – **15 ch** 94/123.
♦ Maison aux intérieurs très soignés entourée de verdure. De bonnes aquarelles personnalisent les chambres douillettes. Salon joliment meublé et décoré de maquettes de bateaux.

Les Vénètes ⅏, à la pointe : 2 km *ℰ* 02 97 44 85 85, *info@lesvenetes.com*, Fax 02 97 44 78 60, ≤ golfe et les îles – 🖵 ✆ 🕮 ⚙. ⚒
fermé 5 au 16 janv. – **Repas** *(fermé dim. soir et lundi hors saison)* 35/70 ⚑ – ⚌ 10 – **10 ch** 140/180 – ½ P 100/120.
• "Les pieds dans l'eau" : les chambres, rénovées, bénéficient d'une vue exceptionnelle sur le golfe ; celles du 1er étage profitent d'un balcon. Agréable salle à manger au décor marin, superbement située au bord de la "mor bihan" (petite mer en breton).

Stivell, r. Plessis d'Arradon *ℰ* 02 97 44 03 15, *yves.chalet@wanadoo.fr*, Fax 02 97 44 78 90, 🏠 – 🍴 rest, 🖵 ✆ 🅿 – 🔬 25. 🕮 ⓪ 🕮
fermé 12 nov. au 12 déc. – **Repas** *(fermé dim. soir et lundi midi du 15 sept. au 15 avril)* (9,50)
13,50 bc (déj.), 14,50/45, enf. 6,50 ⚑ – ⚌ 6,80 – **25 ch** 67/80 – ½ P 52/56.
• À l'écart du village, construction de style régional où les chambres, fonctionnelles et bien tenues, sont reliées au restaurant par un salon-véranda. Bar à clientèle locale. Salle à manger complétée d'une terrasse d'été bien abritée derrière sa haie de thuyas.

Beau Rivage sans rest, r. Plessis d'Arradon *ℰ* 02 97 44 01 42, *beau.rivage@free.fr*, Fax 02 97 44 87 37 – 🖵 ✆ 🅿 – 🔬 35. ⓪ 🕮. ⚒
⚌ 6,50 – **18 ch** 52/57.
• La majorité des chambres de ce petit hôtel a été refaite ; celles tournées vers le stade municipal jouissent d'une vue verdoyante. Décor sans fioriture.

Médaillon, 10 r. Bouruet Aubertot *ℰ* 02 97 44 77 28, *Fax* 02 97 44 79 08, 🏠 – 🕮 🕮
fermé vacances de Toussaint, dim. soir et merc. sauf juil.-août – **Repas** 13/31, enf. 8,50 ⚑.
• Aux portes du village, ancien bar converti en restaurant. Poutres apparentes dans la salle à manger. Terrasse d'été dans une courette à l'arrière.

Donnez-nous votre avis sur les tables que nous recommandons,
sur leurs spécialités et leurs vins de pays.

VANNES-SUR-COSSON 45510 Loiret 👪👪 K5 – 522 h alt. 125.
Paris 168 – Orléans 34 – Gien 41 – Lamotte-Beuvron 23 – Montargis 63.

Vieux Relais, *ℰ* 02 38 58 04 14 – 🕮
fermé 16 au 31 août, 30 déc. au 17 janv., dim. soir, lundi et mardi – **Repas** 16/31.
• Cette belle maison à colombages du 15e s. a beaucoup de cachet. Authentique cadre rustique, avec poutres massives et cheminées sculptées. Cuisine traditionnelle.

Les VANS 07140 Ardèche 👪👪👪 G7 G. Vallée du Rhône – 2 664 h alt. 170.
🅱 Office de tourisme, place Ollier *ℰ* 07 75 37 24 48, Fax 07 75 37 27 46, *ot@les-vans.com*.
Paris 663 – Alès 44 – Aubenas 37 – Pont-St-Esprit 66 – Privas 68 – Villefort 24.

Carmel ⅏, Montée du Carmel *ℰ* 04 75 94 99 60, *contact@lecarmel.com*, Fax 04 75 94 34 29, 🏠, 🏊, 🌳 – 🖵 ✆ & 🅿 – 🔬 30. 🕮 ⓪ 🕮
1er mars-15 nov. – **Repas** *(fermé 21 déc. au 28 fév.)* 25/35, enf. 10 ⚑ – ⚌ 9 – **26 ch** 66/85 – ½ P 60/77,50.
• Dominant le bourg médiéval, ex-couvent carmélite abritant des chambres rénovées : tissus provençaux, murs ocres, mobilier en fer forgé et salles de bains neuves. Joli jardin. Salle à manger aux couleurs ensoleillées et terrasse ombragée. Plats du marché.

au Sud-Est : 6 km par D 901 – ✉ 07140 Les Vans :

Mas de l'Espaïre ⅏, *ℰ* 04 75 94 95 01, *espaire@wanadoo.fr*, Fax 04 75 37 21 00, 🏠, 🏊, 🌳 – 🖵 ✆ 🅿 – 🔬 20. 🕮
15 mars-15 nov. et fermé dim. et lundi sauf de mai à sept. – **Repas** (dîner seul.) (résidents seul.) – ⚌ 8 – **32 ch** 65/82 – ½ P 64/72.
• À l'orée du bois de Païolive, ex-magnanerie bercée par le chant des grillons. Les murs des vastes chambres laissent apparaître çà et là la pierre d'origine. Lits "king size".

VANVES 92 Hauts-de-Seine 👪👪👪 J3 👪👪👪 ㉕ – voir à Paris, Environs.

VARADES 44370 Loire-Atl. 👪👪👪 J3 – 3 190 h alt. 13.
🅱 Syndicat d'initiative, 182 rue du Maréchal Foch *ℰ* 02 40 83 41 88, *si.varades@wanadoo.fr*.
Paris 333 – Angers 40 – Cholet 42 – Laval 95 – Nantes 54.

Closerie des Roses, La Meilleraie, Sud : 1,5 km par rte Cholet *ℰ* 02 40 98 33 30, Fax 02 40 09 74 23, ≤ la Loire – 🕮 🕮
fermé 27 sept. au 20 oct., 17 janv. au 10 fév., mardi (sauf le midi de sept. à juin) dim. soir et merc. – **Repas** 14 (déj.), 24/48, enf. 11 ⚑.
• La Loire s'étire langoureusement le long de ce hameau de pêcheurs. Ce restaurant accueille les amoureux du fleuve depuis 1938. Joli cadre rajeuni depuis peu.

VARENGEVILLE-SUR-MER 76119 S.-Mar. **304** F2 *G. Normandie Vallée de la Seine* – *1 179 h* *alt. 80.*

Voir *Site★ de l'église* – *Parc des Moustiers★* – *Colombier★ du manoir d'Ango, S : 1 km* – *Ste-Marguerite : arcades★ de l'église O : 4,5 km* – *Phare d'Ailly ≤★ NO : 4 km.*
Paris 199 – Dieppe 10 – Fécamp 57 – Fontaine-le-Dun 18 – Rouen 68.

à Vasterival *Nord-Ouest : 3 km par D 75 et rte secondaire* – ⊠ *76119 Varengeville-sur-Mer :*

🏠 **Terrasse** ॐ, ℰ 02 35 85 12 54, *francois.delafontaine@wanadoo.fr*, Fax 02 35 85 11 70, ≤, ℅ – **P**. **GB**. ℅ rest
15 mars-15 oct. – **Repas** 16/30, enf. 8,50 ⌴ – ⊡ 6,50 – **22 ch** 48/52 – ½ P 45/50.
♦ Au terme d'une route bordée de sapins, belle demeure (1902) entourée d'un grand jardin ombragé. La moitié des chambres jouit de la vue sur la mer. Les baies vitrées de la salle à manger offrent clarté et large perspective sur la Manche.

La VARENNE-ST-HILAIRE 94 Val-de-Marne **312** E3 **101** 28 – *voir à Paris, Environs (St-Maur-des-Fossés).*

VARENNES-SUR-ALLIER 03150 Allier **326** H5 – *4 072 h alt. 245.*

🛈 *Office de tourisme, place de l'Hôtel-de-Ville* ℰ 04 70 47 72 07, Fax 04 70 47 72 01, *ot.varennes@wanadoo.fr.*
Paris 327 – Digoin 59 – Lapalisse 20 – Moulins 31 – St-Pourçain-sur-Sioule 11 – Vichy 26.

à Boucé *Est : 8 km par N 7 et D 23* – *512 h. alt. 310* – ⊠ *03150*

╳ **Auberge de Boucé,** ℰ 04 70 43 70 59, Fax 04 70 43 75 18, 🏠 – **GB**
⊜ *fermé 11 au 31 août, vacances de fév., merc. soir d'oct. à mars, dim. soir, mardi soir et lundi*
– **Repas** 16/30,50 ⌴.
♦ Auberge villageoise animée d'une chaleureuse ambiance campagnarde. Intérieur de style "bistrot" et chaises rappelant les années 1920. Généreuse cuisine du terroir.

VARETZ 19 Corrèze **329** J4 – *rattaché à Brive-la-Gaillarde.*

VARILHES 09120 Ariège **343** H6 – *2 702 h alt. 332.*

🛈 *Office de tourisme, 3 avenue Louis Siret* ℰ 05 61 60 55 54, Fax 05 61 60 55 54, *office-tourisme.varilhes@wanadoo.fr.*
Paris 752 – Toulouse 77 – Castelnaudary 61 – Foix 11.

╳ **Auberge Marinette,** 1 pl. Vieux Pont ℰ 05 61 60 84 84, *aubergemarinette@aol.com*, Fax 05 61 67 29 56, 🏠 – **GB**
fermé mardi soir et merc. – **Repas** (10) - 20/59, enf. 8.
♦ Un vieil escalier en bois conduit à la salle à manger aménagée dans cette maison du 15ᵉ s. Jetez un coup d'œil à la cuisine, les flammes de la rôtissoire lèchent les rôtis.

VARREDDES 77 S.-et-M. **312** G2 – *rattaché à Meaux.*

VARS 05560 H.-Alpes **334** I5 *G. Alpes du Sud* – *637 h alt. 1650.*

🛈 *Office de tourisme, cours Fontanarosa* ℰ 04 92 46 51 31, Fax 04 92 46 56 54, *ot-vars@wanadoo.fr.*
Paris 726 – Briançon 46 – Barcelonnette 41 – Digne-les-Bains 126 – Gap 71.

à Ste-Marie-de-Vars – ⊠ *05560 Vars :*

🏠 **Alpage,** ℰ 04 92 46 50 52, *info@hotel-alpage.com*, Fax 04 92 46 64 23, 🛵 – **TV** **P**. **AE** **GB**. ℅
1ᵉʳ juil.-31 août et 18 déc.-20 avril – **Repas** 16/29, enf. 9,50 ⌴ – ⊡ 7 – **17 ch** 74/99 – ½ P 59/73.
♦ Au centre de Vars, chalet familial agrandi d'une aile récente. Chambres bien tenues, en partie refaites dans le style régional. Billard et fitness. Une ancienne étable voûtée abrite la salle de restaurant proposant une gamme de plats traditionnels.

🏠 **Vallon** ॐ, ℰ 04 92 46 54 72, *info@hotelvallon.com*, Fax 04 92 46 61 62, ≤, 🏠, 🌿 – **TV** **P**. **GB**. ℅ rest
1ᵉʳ juil.-31 août et 19 déc.-26 avril – **Repas** (13) - 17/22,50, enf. 9,30 ⌴ – ⊡ 7 – **34 ch** 49/88 – ½ P 59/65.
♦ Au pied des pistes, grande bâtisse à l'ambiance et au décor montagnards. Rénovation des chambres (toutes ouvertes sur la nature) en cours. Billard et ping-pong. Salle de restaurant de type pension agrémentée de photos représentant des paysages alpins.

🏊 **Vieille Auberge,** 𝒫 04 92 46 53 19, Fax 04 92 46 66 07 – ⏢, 🍽 ch
1er juil.-1er sept. et 20 déc. au 20 avril – **Repas** 18/20 🍴 – ☷ 8 – **20 ch** 44/66 – ½ P 60.
♦ À côté de la poste, sympathique petite affaire familiale dont les chambres, très simples et fort bien entretenues, ont vue sur le village. Coquette salle à manger montagnarde avec voûtes et cheminée. Menu unique ; raclettes et fondues à commander à l'avance.

aux Claux – *Sports d'hiver : 1 650/2 750 m* 🚠 2 💺 56 🎿 – ⌧ 05560 Vars

🏨 **Caribou** 🌲, 𝒫 04 92 46 50 43, hotelcaribou@villagesclubsdusoleil.com, Fax 04 92 46 59 92, ≤, 🏖, ⌧ – 🛗 📺 📞 🅿, ⏢, 🍽 rest
12 juin-31 août et 18 déc.-25 avril – **Repas** 19/32 – ☷ 9 – **37 ch** 118/170 – ½ P 130.
♦ Sur les hauteurs de la station. Les chambres, lambrissées et équipées de salles de bains en teck et laiton, sont agréables. La piscine vaut qu'on s'y attarde. Sauna, jeux. Repas copieux servi dans une plaisante salle à manger tournée vers les pistes.

🏠 **L'Écureuil** sans rest, 𝒫 04 92 46 50 72, hotel.ecureuil@wanadoo.fr, Fax 04 92 46 62 51, ≤ – 📺 📞 🅿, 📶 ⏢
28 juin-8 sept. et 8 déc.-26 avril – ☷ 7 – **21 ch** 91/146.
♦ Chalet de style savoyard à 150 m de la télécabine. Intérieur confortable et chaleureux où le bois s'impose partout. Sympathiques chambres, la plupart avec balcon. Sauna.

🏠 **Les Escondus,** 𝒫 04 92 46 67 00, hotel.les.escondus@wanadoo.fr, Fax 04 92 46 50 47, ≤, 🏖, 🌳, 🍽 – 📺 🅿, 📶 ⏢, 🍽 rest
28 juin-6 sept. et 15 déc.-25 avril – **Repas** 18/22 ♀ – ☷ 7 – **22 ch** 78/107 – ½ P 80/92.
♦ Accès facile aux pistes de ski, chambres simples et pratiques, parfois dotées de balcons, piano-bar et salle de jeux sont les atouts de cette construction locale typique. Salle à manger lambrissée de bois blond et terrasse bien exposée, tournée vers la forêt.

🍴 **Chez Plumot,** 𝒫 04 92 46 52 12, 🏖 – ⏢
1er juil.-1er sept. et 7 déc.-27 avril – **Repas** (dîner seul. en été) 16 (déj.), 33/38 ♀.
♦ Au coeur de la station, façade étroite flanquée de boutiques. Tables installées dans des box au rez-de-chaussée, ou sur la mezzanine. Cuisine traditionnelle.

VASTERIVAL 76 S.-Mar. 𝟑𝟎𝟒 F2 – *rattaché à Varengeville-sur-Mer.*

VATAN 36150 Indre 𝟑𝟐𝟑 G4 *G. Berry Limousin* – 1 972 h alt. 140.
🅱 Office de tourisme, place de la République 𝒫 02 54 49 71 69, Fax 02 54 49 71 69, tourisme@vatan-en-berry.com.
Paris 235 – Blois 78 – Bourges 50 – Châteauroux 31 – Issoudun 21 – Vierzon 28.

🏊 **France,** 16 pl., de la République 𝒫 02 54 49 74 11, Fax 02 54 49 74 11, 🏖, 🌳 – 📺 🚗 🅿, ⏢
fermé 25 août au 1er sept., 24 nov. au 1er déc., 2 au 25 fév., mardi soir et merc. sauf fériés – **Repas** 15,30/30 ♀ – ☷ 6,10 – **12 ch** 25/62,10 – ½ P 27/67.
♦ Sur la place du marché d'un village de la champagne berrichonne, ancien relais de poste dont on choisira plutôt les chambres rénovées. À table : cuisine traditionnelle proposée dans la salle à manger campagnarde ou plats du jour sans prétention servis au bar.

VAUCHOUX 70 H.-Saône 𝟑𝟏𝟒 E7 – *rattaché à Port-sur-Saône.*

VAUCRESSON 92 Hauts-de-Seine 𝟑𝟏𝟏 I2 𝟏𝟎𝟏 ㉓ – *voir à Paris, Environs.*

VAUGINES 84160 Vaucluse 𝟑𝟑𝟐 F11 – 466 h alt. 375.
Paris 736 – Digne-les-Bains 112 – Apt 23 – Cavaillon 36 – Salon-de-Provence 37.

🏠 **Hostellerie du Luberon** 🌲, 𝒫 04 90 77 27 19, hostellerieduluberon@hostellerieduluberon.com, Fax 04 90 77 13 08, ≤, 🏖, 🏊, 🌳 – 🅿, ⏢
10 mars-3 nov. – **Repas** (fermé merc.) (19) - 24/27, enf. 10 ♀ – ☷ 10 – **16 ch** 69/86 – ½ P 62,50.
♦ Face à la plaine de la Durance, hôtel familial offrant des chambres simples, récemment refaites. La piscine est entourée d'un agréable jardin. Salle à manger pimpante et claire prolongée d'une terrasse qui a quasiment les "pieds dans l'eau".

VAULT DE LUGNY 89 Yonne 𝟑𝟏𝟗 G7 – *rattaché à Avallon.*

VAUX-LE-PÉNIL 77 S.-et-M. 𝟑𝟏𝟐 F4 – *rattaché à Melun.*

Une réservation confirmée par écrit ou par fax est toujours plus sûre.

VAUX-SOUS-AUBIGNY *52190 H.-Marne* **313** *L8 – 705 h alt. 275.*

  Paris 304 – Dijon 44 – Gray 43 – Langres 25.

  ✗✗ **Auberge des Trois Provinces,** *𝄞 03 25 88 31 98, Fax 03 25 84 25 61 –* ⌷⌷
  ⚓ *fermé 10 janv. au 6 fév., dim. soir et lundi –* **Repas** *16/25.*
  ◆ Fresques, poutres peintes et beau pavement composent le plaisant décor de ce restaurant familial installé dans une maison ancienne en pierre. Cuisine classique soignée.

  Annexe Hôtel Vauxois *sans rest, 𝄞 03 25 84 36 74 –* 📺 ✆ ὅ
  fermé 10 janv. au 6 fév., soir et lundi – ☑ 6 – **9 ch** 43/49.
  ◆ Les chambres, neuves, fonctionnelles et colorées, sont situées à 50 m de l'Auberge des Trois Provinces où vous viendrez d'ailleurs chercher votre clé.

VEDÈNE *84 Vaucluse* **332** *C10 – rattaché à Avignon.*

VELIZY-VILLACOUBLAY *78 Yvelines* **311** *J3* **101** ㉔ *– voir à Paris, Environs.*

VELLES *36330 Indre* **323** *F6 – 827 h alt. 135.*

  Paris 288 – Bourges 83 – Argenton-sur-Creuse 20 – Châteauroux 17 – La Châtre 35.

  ✗ **L'Orée du Bois,** *𝄞 02 54 36 13 14, Fax 02 54 36 21 11,* ㈜ *–* ⌷⌷
  fermé 25 oct. au 1er nov., 3 au 10 janv., dim. soir et lundi – **Repas** *15,50/21* ♀.
  ◆ Copieuse cuisine traditionnelle, ambiance joviale et service "à la bonne franquette" caractérisent cette auberge de village surtout fréquentée par une clientèle d'habitués.

  Le Guide change, changez de guide tous les ans.

VELLUIRE *85 Vendée* **316** *K9 – rattaché à Fontenay-le-Comte.*

VENAREY-LES-LAUMES *21150 Côte-d'Or* **320** *G4 G. Bourgogne – 3 274 h alt. 235.*

  🄱 *Office de tourisme, place Bingerbrück 𝄞 03 80 96 89 13, Fax 03 80 96 13 22, alesiatourisme@wanadoo.fr.*
  Paris 259 – Dijon 66 – Avallon 54 – Montbard 15 – Saulieu 42 – Semur-en-Auxois 13.

à Alise-Ste-Reine *Est : 2 km – 674 h. alt. 415 –* ✉ *21150 .*

  Voir Mont Auxois★ *:* ☀★ *– Château de Bussy-Rabutin*★.

  ✗✗ **Cheval Blanc,** *rue du Miroir 𝄞 03 80 96 01 55, Fax 03 80 96 01 55 –* 🄿. ⌷⌷
  ⚓ *fermé 2 janv. au 10 fév., lundi et mardi sauf fériés –* **Repas** *16/35* ♀.
  ◆ Près de la mairie, bâtisse régionale égayée de jardinières de fleurs. Salle rustique réchauffée, dès les premiers frimas, par un bon feu de cheminée. Cuisine bourguignonne.

VENASQUE *84210 Vaucluse* **332** *D10 G. Provence – 966 h alt. 310.*

  Voir Baptistère★ *– Gorges*★ *E : 5 km par D 4.*

  🄱 *Office de tourisme, Grand Rue 𝄞 04 90 66 11 66, Fax 04 90 66 11 66, otvenasque@wanadoo.fr.*
  Paris 690 – Avignon 33 – Apt 32 – Carpentras 13 – Cavaillon 30 – Orange 36.

  🏨 **Auberge La Fontaine** ⌂, *𝄞 04 90 66 02 96, fontvenasq@aol.com, Fax 04 90 66 13 14 – cuisinette,* 🖥 📺 ✆. ⌷⌷
  Repas *(dîner seul.) (fermé merc.) 38 -* **Bistro** *(fermé dim. soir et lundi)* **Repas** *18* ♀ *enf 9,5 –* ☑ 10, **5 suites** *125/141.*
  ◆ Face à la fontaine du bourg, maison ancienne à l'ambiance "guesthouse". Les duplex, soigneusement aménagés, donnent sur le patio ou les toits. Restaurant garni de meubles et de bibelots chinés ; dîners-concerts. Petite carte et menu du jour servis au Bistro.

  🏠 **Garrigue** ⌂ *sans rest, 𝄞 04 90 66 03 40, hotel-lagarrigue@club-internet.fr, Fax 04 90 66 61 43,* ⅃, 🐎 *–* ⅛⅛ 🄿. ⌷⌷
  1er avril-15 oct. – ☑ 7 – **14 ch** 44/70.
  ◆ Aux portes d'un village haut perché, ressource familiale modeste aux chambres bien tenues ; certaines sont climatisées. Salle des petits-déjeuners de style rustique.

VENCE *06140 Alpes-Mar.* **341** *D5 G. Côte d'Azur – 16 982 h alt. 325.*

  Voir Chapelle du Rosaire★ *(chapelle Matisse) – Place du Peyra*★ **B 13** *– Stalles*★ *de la cathédrale* **B E** *–* ≼★ *de la terrasse du château N. D. des Fleurs NO : 2,5 km par D 2210.*
  Env. Col de Vence ☀★★ *NO : 10 km par D 2 – St-Jeannet : site*★, ≼★ *8 km par* ③.
  🄱 *Office de tourisme, place du Grand Jardin 𝄞 04 93 58 06 38, Fax 04 93 58 91 81, officedetourisme@ville-vence.fr.*
  Paris 923 ① *– Nice 23* ① *– Antibes 20* ① *– Cannes 30* ① *– Grasse 24* ②.

Alsace-Lorr. (R.) . **B** 3
Évêché (R. de l'). **B** 5
Hôtel-de-Ville (R.) **B** 6
Leclerc (Av. Gal) . **A** 9
Marché (R. du) . . **B** 10
Meyère (Av. Col.) **B** 12
Peyra (Pl. du) . . . **B** 13
Place-Vieille (R. de la) **B** 14
Poilus (Av. des). . **A** 15
Portail-Levis (R. du) **B** 16
Résistance
(Av. de la). . **A, B** 17
Rhin-et-Danube
(Av.). . . . . **A** 18
St-Lambert (R.) . . **B** 19
Tuby (Av.) . . . . **A** 21

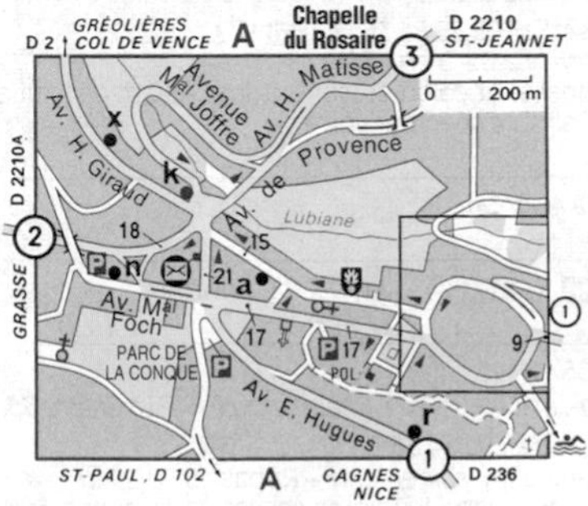

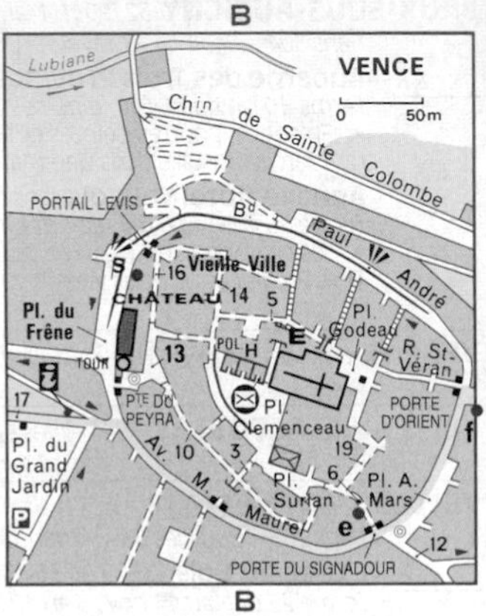

🏨🏨 **Château du Domaine St-Martin** 🌄, rte de Coursegoules par D 2 : 2,5 km ☎ 04 93 58 02 02, *stmartin@relaischateaux.com, Fax 04 93 24 08 91,* ← Vence et littoral, 🌳, 🏊, 🎾, ⛳ – 🛗 ▤ 📺 📞 ♿ 🚗 – 🏢 50. [AE] ⓓ [GB] [JCB]. 🐕
✿
23 fév.-17 oct. – **Repas** *(fermé le midi du lundi au jeudi du 15 juin au 1er sept.)* 43 (déj.), 71/95 et carte 90 à 115 🍷 - ***L'Oliveraie*** (grill) (déj. seul.) *(29 mai-15 sept.)* **Repas** *(35)*-40 – ☕ 32 – **32 ch** 690/830, 6 suites – ½ P 437/507.
◆ Superbe palace provençal bâti dans un parc planté d'oliviers et offrant une vue qui s'étend jusqu'à la mer. Calme, luxe et charme. Salle à manger panoramique et belle carte au goût du jour. Le grill de L'Oliveraie propose une cuisine simple mais goûteuse.
Spéc. Langoustines rôties au lard paysan. Filets de rougets de roche grillés au caramel épicé. Noisette d'agneau en crépinette aux herbes, crème de ciboulette au macis. **Vins** Côtes de Provence, Bandol.

🏨 **Cantemerle** 🌄, 258 chemin Cantemerle par av. Col. Meyère **B** ☎ 04 93 58 08 18, *info@hotelcantemerle.com, Fax 04 93 58 32 89,* 🌳, 🏊, 🏊, 🌲 – ▤ ch, 📺 📞 [P] – 🏢 20. [AE] [GB]
avril-oct. – **Repas** *(fermé mardi midi et lundi sauf juil.-août)* 38 🍷 – ☕ 22 – **9 ch** 190, 19 duplex 215 – ½ P 143/155.
◆ Villa méridionale aménagée autour d'une piscine et d'un jardin ombragé. Intérieur d'inspiration Art déco. Chambres élégantes et spacieuses ; duplex dotés de terrasses. Restaurant sobrement aménagé, niché dans un écrin de verdure ; cuisine traditionnelle.

🏨 **Diana** sans rest, av. Poilus ☎ 04 93 58 28 56, *hotel.diana-vence@worldonline.fr, Fax 04 93 24 64 06* – 🛗 cuisinette 📺 📞 🚗. [AE] ⓓ [GB] A a
fermé nov. – **28 ch** ☕ 100/130.
◆ Tableaux et sculptures s'exposent dans cet hôtel dont les chambres bénéficient d'une rénovation ; celles côté jardin sont plus calmes. Belle véranda pour les petits-déjeuners.

🏨 **Floréal,** 440 av. Rhin et Danube par ② ☎ 04 93 58 64 40, *hotel.floreal@wanadoo.fr, Fax 04 93 58 79 69,* 🌳, 🏊, 🌲 – 🛗 🚭 ▤ 📺 📞 🐕 [P]. [AE] ⓓ [GB]
Repas 18/28, enf. 9 🍷 – ☕ 13 – **44 ch** 68/134 – ½ P 79/96.
◆ Un jardin d'essences méditerranéennes entoure cet établissement situé aux portes de Vence. Les chambres, dotées de balcons, profitent pour la plupart d'une cure de jouvence. Sobre salle à manger et terrasse ouvertes sur la piscine cernée par la végétation.

🏨 **Mas de Vence,** 539 av. E. Hugues ☎ 04 93 58 06 16, *mas@azurline.com, Fax 04 93 24 04 21,* 🌳, 🏊, 🌲 – 🛗 📺 📞 ♿ 🚗 [P] – 🏢 20. [AE] ⓓ [GB] [JCB]. 🐕 rest
Repas *(15,50 bc)* - 29/35 🍷 – ☕ 8 – **41 ch** 75/95 – ½ P 72/76. A r
◆ Cette construction récente aux tons ocre surplombe un axe passant. Chambres bien insonorisées, à la tenue impeccable, souvent avec loggia. Hall sous verrière. Vaste salle à manger et terrasse à arcades bordant la piscine. Plats traditionnels et méditerranéens.

🏨 **Miramar** sans rest, Plateau St-Michel, 167 av. Bougearel par av. Col. Meyère **B** ☎ 04 93 58 01 32, *resa@hotel-miramar-vence.com, Fax 04 93 58 20 22,* ←, 🏊, 🌲 – 📺 📞 [P]. [AE] ⓓ [GB] [JCB]
fermé 17 nov. au 12 déc. – ☕ 13,50 – **18 ch** 88/145.
◆ Cette jolie bâtisse des années 1920 à la façade rose domine baous et vallée. Les chambres, accueillantes et entièrement refaites, portent chacune le nom d'une fleur.

🏠 **Villa Roseraie** sans rest, rte de Courségoules ℘ 04 93 58 02 20, *Fax 04 93 58 99 31*, ⤴,
🐾 – 🆃🆅 🅿️ 🅰🅴 – 🇬🇧   A x
15 fév.-15 nov. – 🖵 13 – **14 ch** 120.
 ♦ Plaisante villa 1900 paressant au milieu d'un jardin conçu comme une oasis. Chambres
petites, mais décorées avec tissus Souleiado, lits ouvragés et fleurs séchées.

🏠 **Parc Hôtel** sans rest, 50 av. Foch ℘ 04 93 58 27 27, *resa@le-parc-hotel.net*,
Fax 04 93 58 59 64 – 🆃🆅 🅿️. 🇬🇧   A n
🖵 7 – **13 ch** 50/65.
 ♦ Demeure du début du 20e s. tournée d'un côté sur une cour bordée de palmiers et de
l'autre, sur l'avenue. Les chambres, sans ampleur, sont toutes rajeunies et très colorées.

XXX **Jacques Maximin**, 689 chemin de la Gaude par ① *et rte Cagnes : 3 km*
✿✿ ℘ 04 93 58 90 75, *info@jacques-maximin.com*, Fax 04 93 58 22 86, 😃, 🐾 – 🖃🅿️. 🅰🅴 🇬🇧
*fermé mi-nov. à mi-déc., le midi en juil.-août sauf dim., lundi et mardi hors saison sauf
fériés* – **Repas** (nombre de couverts limité, prévenir) 40 (déj.), 62/130 et carte 85 à 120.
 ♦ Entourée d'une luxuriante végétation, maison du 19e s. où l'art s'exprime sur les murs
égayés d'oeuvres d'artistes renommés comme dans la cuisine, savoureusement créative.
 Spéc. Filet de loup sauvage rôti à la niçoise. Canard du Lauragais rôti à l'ail doux. Sablé
"biancospino" aux framboises de Vence (mai à nov.). **Vins** Bellet, Vin de Pays des Alpes
Maritimes.

XXX **Auberge Les Templiers**, 39 av. Joffre ℘ 04 93 58 06 05, *lestempliers3@wanadoo.fr*,
Fax 04 93 58 92 68, 😃 – 🅰🅴 ⓞ 🇬🇧 – 🅰 k
fermé lundi sauf soir en saison, mardi midi et merc. midi de juin à sept. – **Repas** 39/59 ⅔.
 ♦ Cette auberge ancienne est devancée par une avenante terrasse ombragée. Cadre
rénové et frais de style provençal. Cuisine au goût du jour dans la note méridionale.

XX **Vieux Couvent**, 37 av. Alphonse Toreille ℘ 04 93 58 78 58, *levieuxcouventvence@free.f
r*, Fax 04 93 58 78 58 – 🇬🇧   B f
fermé 15 janv. au 15 mars, jeudi sauf le soir en saison et merc. – **Repas** (nombre de
couverts limité, prévenir) 26/43 ⅔.
 ♦ Pierres apparentes, piliers et voûtes d'ogives composent le décor de ce restaurant
installé dans la chapelle d'un séminaire daté du 17e s. Plats régionaux.

X **Auberge des Seigneurs** avec ch, pl. Frêne ℘ 04 93 58 04 24, *Fax 04 93 24 08 01* – ⓞ
🇬🇧   B s
15 mars-1er nov. – **Repas** *(fermé mardi midi, merc. midi, jeudi midi et lundi)* 30/42 – 🖵 10 –
6 ch 48/83.
 ♦ François 1er, Renoir, Modigliani, etc. Cette auberge historique sise dans une aile du
château de Villeneuve eut de célèbres convives. Plats provençaux, agneau à la broche.

X **Chez Jordi**, 8 r. Hôtel de Ville ℘ 04 93 58 83 45 – 🅰🅴   B e
fermé 1er juil. au 15 août, 15 déc. au 31 janv., dim. et lundi – **Repas** (nombre de couverts
limité, prévenir) 20/25 ⅔.
 ♦ Sympathique petite adresse dont le décor simple évoque l'Espagne. Cuisine régionale
inspirée par le marché.

VENDÔME ⬢ *41100 L.-et-Ch.* 𝟛𝟙𝟠 D5 *G. Châteaux de la Loire* – *17 707 h alt. 82.*

 Voir *Anc. abbaye de la Trinité★ : église abbatiale★★, musée★ BZ M* – *Château : terrasses
≤★.*

 🇫 *de La Bosse à Oucques* ℘ 02 54 23 02 60, *par ② : 20 km.*

 🗎 *Office de tourisme, 47-49 rue Poterie* ℘ 02 54 77 05 07, *Fax 02 54 73 20 81, Ot-
.Vendome@wanadoo.fr.*

 Paris 169 ① – Blois 34 ③ – Le Mans 78 ⑥ – Orléans 91 ① – Tours 56 ④.

Plan page suivante

🏠 **Capricorne**, 8 bd de Trémault ℘ 02 54 80 27 00, *capricorne41@hotmail.com*,
Fax 02 54 77 30 63, 😃, 🐾 – ✳ 🆃🆅 ☎ ⚕ 🅿️ – 🔟 15. 🅰🅴 ⓞ 🇬🇧 🅹🅲🅱   BX v
fermé 20 déc. au 12 janv. – **Folle Blanche** *(fermé sam. et dim. de nov. à Pâques et sam.
midi de Pâques à oct.)* Repas 18/39,50 enf. 10 – ***Resto 7e Art*** *(fermé sam. et dim. de nov. à
Pâques et sam. midi de Pâques à oct.)* **Repas** 18/40 ⅔, enf. 10 – 🖵 7,50 – **28 ch** 49/56 –
½ P 48/52.
 ♦ La majorité des chambres, peu spacieuses mais bien équipées, ouvrent sur une ravissante cour-jardin. Hébergement plus ancien mais bien tenu dans le bâtiment principal.
Plats traditionnels et décor simple à la Folle Blanche. Formules buffets au Resto 7e Art.

🏠 **Mercator**, rte Blois par ③ *: 2 km* ℘ 02 54 89 08 08, *hotelmercator.vendome@wanadoo.f
r*, Fax 02 54 89 09 17 – 🗏 rest, 🆃🆅 ☎ ⚕ 🅿️ – 🔟 20 à 80. 🇬🇧
Repas *(fermé dim. soir)* (12) - 15/35, enf. 8 ⅔ – 🖵 6,50 – **53 ch** 45/50 – ½ P 40/42.
 ♦ Proche d'un rond-point mais bordé d'espaces verts, hôtel dont le petites chambres
standardisées sont rigoureusement entretenues. Adresse pratique pour l'étape d'affaires.
Au restaurant, cadre un peu "minimaliste" et recettes traditionnelles simples.

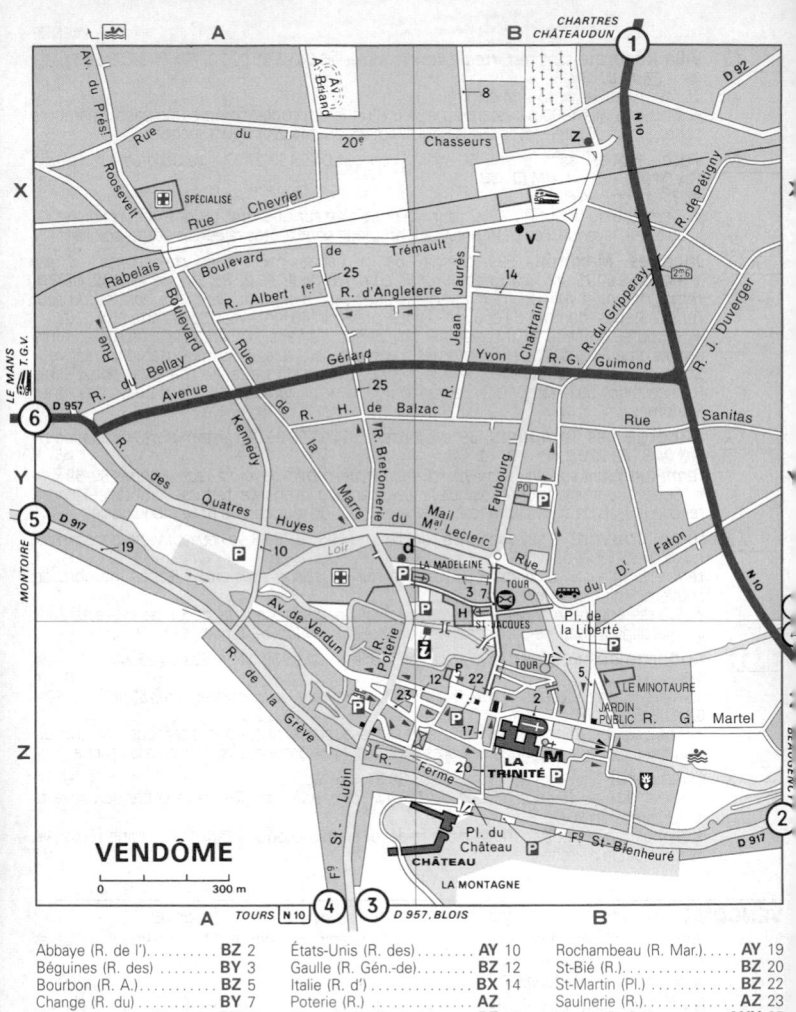

VENDÔME

0   300 m

Abbaye (R. de l').	**BZ** 2	
Béguines (R. des)	**BY** 3	
Bourbon (R. A.).	**BZ** 5	
Change (R. du)	**BY** 7	
Clemenceau (Av. G.)	**BX** 8	
États-Unis (R. des)	**AY** 10	
Gaulle (R. Gén.-de).	**BZ** 12	
Italie (R. d')	**BX** 14	
Poterie (R.)	**AZ**	
République (Pl. de la)	**BZ** 17	
Rochambeau (R. Mar.).	**AY** 19	
St-Bié (R.).	**BZ** 20	
St-Martin (Pl.)	**BZ** 22	
Saulnerie (R.).	**AZ** 23	
Verrier (R. Cdt)	**AXY** 25	

Bel air, par ① et N 10 : 3 km ℘ 02 54 72 20 20, hoteldebelair@wanadoo.fr, Fax 02 54 73 24 41, ㎡ – Ⅳ ℃ ᴇ ₚ – 🅰 15 à 30. ᴀᴇ ᴳᴮ. ℅ rest
fermé 28 fév. au 7 mars, 14 au 21 août, 18 déc. au 3 janv. et sam. – **Repas** (fermé vend. soir, dim. soir et sam.) 12,20/16,80 ♀ – ☲ 5,50 – **31 ch** 32/37,50 – ½ P 35,50.
◆ Petites chambres toutes simples, salle polyvalente pour banquets et séminaires, entretien sans défaut et prix raisonnables : une étape pratique à la périphérie de Vendôme. Points forts du restaurant : le buffet de hors-d'oeuvres et le bon choix de viandes.

Auberge de la Madeleine avec ch, 6 pl. Madeleine ℘ 02 54 77 20 79, Fax 02 54 80 00 02, ㎡ – Ⅳ. ᴳᴮ   **AY** d
fermé 8 au 17 nov. et fév. – **Repas** (fermé merc.) 14/35,30 ♀ – ☲ 6 – **8 ch** 34/46 – ½ P 39/41,50.
◆ Face à une placette-parking, auberge régionale et sa sympathique terrasse au bord du Loir. Plaisante salle à manger aménagée sur deux niveaux. Chambres bien insonorisées.

XX **Paris,** 1 r. Darreau ℘ 02 54 77 02 71, Fax 02 54 73 17 71 – ⚌ ≿   BX z
fermé août, dim. soir et lundi – **Repas** 23 (déj.), 29/35, enf. 8,30 ⅄.
♦ Au rez-de-chaussée d'une maison ligérienne, salle de restaurant sagement campagnarde égayée de tableaux. Ambiance familiale, cuisine traditionnelle.

à St-Ouen *Nord-Est : 4 km par D 92 et rte secondaire* BX – 3 050 h. alt. 81 – ⌧ 41100 :

XX **Vallée,** 34 r. Barré-de-St-Venant ℘ 02 54 77 29 93, Fax 02 54 73 15 51, 佘 – **P.** ⚌ ≿
fermé 8 au 20 mars, 26 juil. au 1ᵉʳ août, 27 sept. au 10 oct., 3 au 9 janv., lundi et mardi sauf fériés – **Repas** 18/32 ⅄.
♦ Accueillante maisonnette à l'abri des regards et du bruit. Couleurs ensoleillées et poutres apparentes dans une coquette salle à manger. Carte traditionnelle et saisonnière.

VENEUX-LES-SABLONS *77 S.-et-M.* 312 F5 – *rattaché à Moret-sur-Loing.*

VENTABREN *13122 B.-du-R.* 340 G4 *G. Provence* – 4 552 h alt. 210.
     Voir ⩽★ *des ruines du Château.*
     🛈 *Office de tourisme, 11 boulevard de Provence* ℘ 04 42 28 76 47, Fax 04 42 28 96 92, *omt@ventabren.fr.*
     Paris 746 – Marseille 33 – Aix-en-Provence 14 – Salon-de-Provence 27.

X **Table de Ventabren,** r. F. Mistral ℘ 04 42 28 79 33, *contact@lemistral.com,* Fax 04 42 28 87 37, ⩽, 佘 – ≿
fermé merc. – **Repas** (saison et week-ends, prévenir) 20 (déj.), 25/30 ⅄.
♦ Au coeur du pittoresque village perché, convivialité assurée dans ces pimpantes salles rustico-provençales. Terrasse dominant la vallée. Menu unique écrit sur ardoise.

VENTRON *88310 Vosges* 314 J5 – 979 h alt. 630 – Sports d'hiver : 850/1 110 m ⛷8 ⛷.
     Env. *Grand Ventron* ⁂★★ *NE : 7 km,* G. Alsace Lorraine.
     🛈 *Office de tourisme, 4 place de la mairie* ℘ 03 29 24 07 02, Fax 03 29 24 23 16, *ot-ventron@wanadoo.fr.*
     Paris 441 – Épinal 56 – Mulhouse 51 – Gérardmer 25 – Remiremont 30 – Thann 31.

à l'Ermitage Frère Joseph *Sud : 5 km par D 43 et D 43E – Sports d'hiver : 850/1 110 m ⛷8 ⛷ –* ⌧ 88310 Ventron :

🏰 **Les Buttes** 念, ℘ 03 29 24 18 09, *info@frerejo.com,* Fax 03 29 24 21 96, ⩽, ▧ – ▯ 📺 ⚄ ⟶ **P.** – 益 40. ⚌ ≿, ⁒ rest
fermé 7 nov. au 18 déc. – **Repas** *(fermé midi sauf dim. et fériés)* (19,50) ·29, enf. 11 ⅄ – �より 12 – **27 ch** 74/173 – ½ P 80/117.
♦ Ce chalet-hôtel a entièrement fait peau neuve : décoration montagnarde chic et Images d'Épinal partout, chambres douillettes (parfois avec jacuzzi), salon très "cosy"... Chaleureux restaurant avec boiseries blondes et tons ensoleillés ; carte traditionnelle.

🏨 **Ermitage Frère Joseph** 念, ℘ 03 29 24 18 29, *info@frerejo.com,* Fax 03 29 24 16 57, ⩽, 佘, ⁒ – ▯ cuisinette 📺 ⚄ **P.** – 益 80. ≿
(fermé dim. au merc. soir du 7 nov. au 16 déc. – **Repas** *(fermé lundi, mardi et merc. du 7 nov. au 16 déc. et le midi pendant les vacances scolaires de Noël et fév.)* 14/22, enf. 11 ⅄ – ⊠ 7 – **14 ch** 59/83, 35 studios – ½ P 61/66.
♦ Sur les hauteurs du village et face aux champs de neige, adresse familiale proposant chambres et studios ; confort simple, mais repos et air purs garantis ! Grande salle de restaurant rustique et self-service s'adressant en priorité aux skieurs pressés.

à Travexin *Ouest : 3 km –* ⌧ 88310 Cornimont :

🏩 **Géhan,** ℘ 03 29 24 10 71, *le.gehan@online.fr,* Fax 03 29 24 10 70, 佘, 🌿 – 📺 ⚄ **P.** ⚌ ① ≿
fermé 19 juil. au 1ᵉʳ août et 1ᵉʳ au 7 nov. – **Repas** *(fermé dim. soir, merc. midi et lundi)* 15 (déj.), 22/35, enf. 9 ⅄ – ⊠ 7 – **11 ch** 43 – ½ P 47/47.
♦ Des tons jaune et bleu égaient les chambres fonctionnelles et bien insonorisées de cette maison ancienne située à un carrefour. Tenue exemplaire et accueil attentionné. Salle à manger lumineuse et rénovée ; menus traditionnels et quelques plats régionaux.

VERBERIE *60410 Oise* 305 H5 – 3 283 h alt. 33.
     Paris 70 – Compiègne 16 – Beauvais 56 – Clermont 31 – Senlis 18 – Villers-Cotterêts 31.

XX **Auberge de Normandie** avec ch, 26 r. Pêcherie ℘ 03 44 40 92 33, *christiane.maletras @wanadoo.fr,* Fax 03 44 40 50 62, 佘 – 📺. ≿
fermé dim. soir et lundi – **Repas** 20/29,50 ⅄ – ⊠ 5,50 – **5 ch** 35/52 – ½ P 38/46.
♦ Auberge de campagne fleurie s'ordonnant autour d'une cour. Intérieur chaleureux avec poutres, boiseries et cheminée. Demandez une table dans la salle côté jardin.

Voir *Ville Haute★ : Cathédrale Notre-Dame★*, **BYZ** *Palais épiscopal★ (Centre mondial de la paix)* **BZ** *– Citadelle souterraine★ : circuit★★* **BZ** *– Les champs de bataille★★★ : Mémorial de Verdun, Fort et Ossuaire de Douaumont, Tranchée des Baïonnettes, le Mort-Homme, la Cote 304.*

🛈 *Office de tourisme, place de la Nation ℘ 03 29 86 14 18, Fax 03 29 84 22 42, info@ver dun-tourisme.com.*

Paris 263 ④ – Metz 78 ③ – Bar-le-Duc 56 ④ – Châlons-en-Champagne 89 ④ – Nancy 95 ③.

VERDUN

Alsace-Lorraine (Av.)	**CZ** 2
Beaurepaire (R.)	**CZ** 3
Belle-Vierge (R. de la)	**BY** 4
Chevert (Pl.)	**CZ** 5
Douaumont (Av. de)	**CY** 6
Foch (Pl. Mar.)	**CY** 7
Fort de Vaux (R. du)	**CZ** 8
Frères-Boulhaut (R. des)	**CY** 9
Lattre-de-Tassigny (Av. Mar. de)	**CY** 10
Mautrоté (R.)	**BY** 13
Mazel (R.)	**CY** 14
Prés.-Poincaré (R.)	**CZ** 17
République (Quai de la)	**CY** 18
Rû (R. de)	**BZ** 19
St-Paul (R.)	**CY** 20
St-Pierre (R.)	**BY** 21
Soupirs (Allée des)	**BY** 24

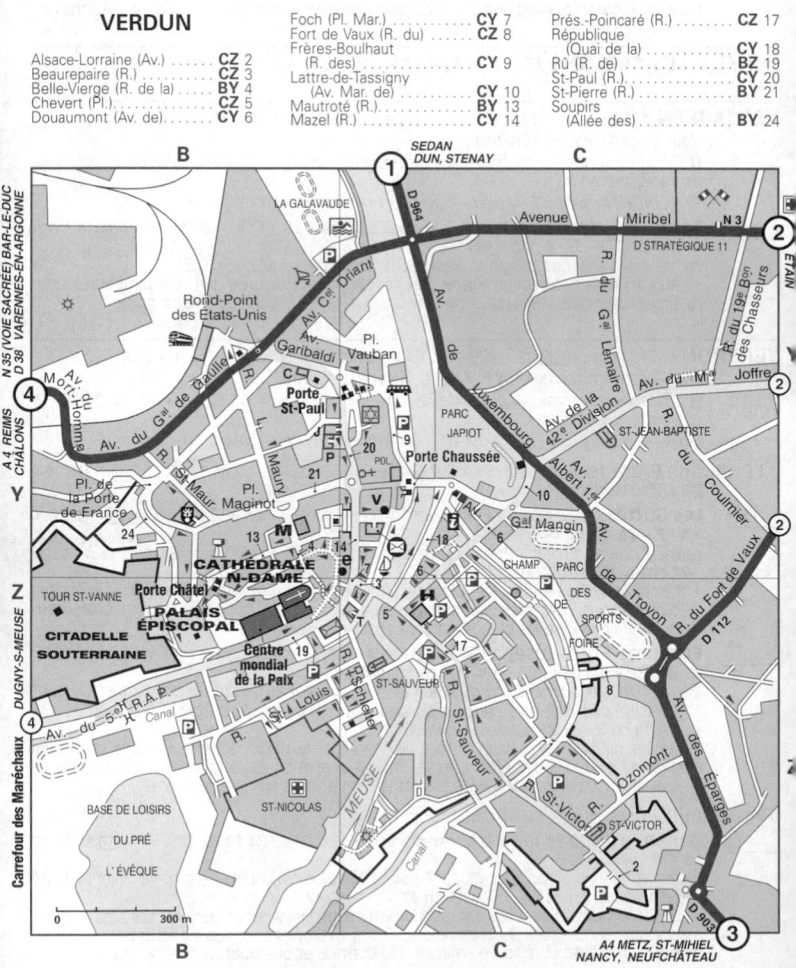

🏠🏠 **Hostellerie du Coq Hardi**, 8 av. Victoire ℘ 03 29 86 36 36, coq.hardi@wanadoo.fr, Fax 03 29 86 09 21 – 🕮 🗙 📺 📞 ⅙ – 🔬 25. ◫ 🞒🞒   **CY** v
Repas *(fermé 20 janv. au 15 fév., dim. soir et vend.)* 37/78, enf. 16,50 ⊗ **- Bistro :** Repas 20/30 bc, enf. 11 ⵙ – ⵧ 13,50 – **29 ch** 63/130, 3 suites – ½ P 100/115.
◆ Emblème oblige, le coq est omniprésent dans cette maison de tradition. Certaines chambres sont dotées de superbes lits à baldaquin. Au restaurant, cadre cossu, cuisine classique et vins sélectionnés avec soin. Repas simple et rapide au Bistro ; terrasse d'été.

🏠 **Prunellia,** 48 av. Metz par ③ ℘ 03 29 83 94 94, *hotres.prunellia@wanadoo.fr,* Fax 03 29 83 94 95, 🍽 – 📺 📞 📠 📶 – 🛎 15 à 25. ᴁ ⓞ ɢʙ
Repas *(fermé le midi sauf dim. et vend.)* 16/28, enf. 10,50 ♀ – ⌧ 8,50 – **40 ch** 43/58 – ½ P 44.
❖ En direction de l'autoroute A 4, cet ancien hôtel de chaîne a conservé son agencement d'origine. Chambres au confort pratique. Restaurant assez spacieux, compartimenté par des claustras. Tables plaisamment dressées, espace buffet et plats traditionnels.

🏚 **Montaulbain** sans rest, 4 r. Vieille-Prison ℘ 03 29 86 00 47, Fax 03 29 84 75 70 – 📺. ɢʙ
⌧ 5,50 – **10 ch** 28/40. BCY e
❖ Dans une ruelle étroite interdite à la circulation, chambres assez petites, mais toutes rénovées et fort bien tenues. Le hall fait office de salle des petits-déjeuners.

aux Monthairons par ④ et D 34 : 13 km – 388 h. alt. 200 – ⊠ 55320 :

🏰 **Hostellerie du Château des Monthairons** ॐ, ℘ 03 29 87 78 55, *chateau-des-mo nthairons@wanadoo.fr, Fax 03 29 87 73 49,* ≤, 🍽, 🐎, 🛥 – 📳 📺 📞 📠 📠 – 🛎 15 à 120. ᴁ ⓞ ɢʙ 🞉 rest
fermé 1ᵉʳ janv. au 10 fév. et dim. – **Repas** *(fermé lundi midi et mardi midi du 1ᵉʳ avril au 15 nov. sauf fériés)* 32/75 ♀ – ⌧ 14 – **14 ch** 80/145, 6 suites – ½ P 80,50/110,50.
❖ Château du 19ᵉ s. et son parc (avec deux chapelles et une héronnière) bordé par la Meuse. Mobilier de style dans les chambres du 1ᵉʳ étage ; les autres sont plus actuelles. Plusieurs salles à manger bourgeoises en enfilade et terrasse face à la nature.

VERDUN-SUR-LE-DOUBS 71350 S.-et-L. 320 K8 *G. Bourgogne* – 1 199 h alt. 180.
🛈 *Office de tourisme, 3 place Charvot ℘ 03 85 91 87 52, office-du-tourisme.ver dun.doubs@wanadoo.fr.*
Paris 332 – Beaune 24 – Chalon-sur-Saône 24 – Dijon 65 – Dole 49 – Lons-le-Saunier 56.

🍴🍴 **Hostellerie Bourguignonne** avec ch, rte Ciel ℘ 03 85 91 51 45, *hostelleriebourguign onne@hotmail.com, Fax 03 85 91 53 81,* 🍽, 🌳 – 🍴 ch, 📺 📞 📠. ᴁ ⓞ ɢʙ
fermé fév., merc. midi et mardi – **Repas** 34/70 ♀ – ⌧ 12 – **9 ch** 85/105 – ½ P 88/103.
❖ Les plats du terroir - dont la fameuse pôchouse, spécialité de la maison - sont servis dans le cadre rustique de cette sympathique hostellerie. Chambres personnalisées.

VERGÈZE 30310 Gard 339 K6 – 3 643 h alt. 30.
🛈 *Office de tourisme, place de la mairie ℘ 04 66 35 45 92, Fax 04 66 35 45 92, otrhony@i-france.com.*
Paris 724 – Montpellier 43 – Nîmes 20.

🏠 **Passiflore** ॐ, ℘ 04 66 35 00 00, Fax 04 66 35 09 21, 🍽 – 📺. ᴁ ɢʙ
Repas *(31 mars-1ᵉʳ nov. et fermé dim. et lundi)* (dîner seul.) 25 ♀ – ⌧ 7 – **11 ch** 51/60 – ½ P 49/57.
❖ Mas du 18ᵉ s. transformé en hôtel abritant de petites chambres simples et bien tenues, tournées sur un jardinet ou sur une jolie cour où l'on dresse la terrasse en été. Coquette salle à manger campagnarde égayée d'un mur de verdure composé de passiflore.

VERGONGHEON 43360 H.-Loire 331 B1 – 1 608 h alt. 440.
Paris 470 – Clermont-Ferrand 60 – Le Puy-en-Velay 72 – St-Flour 51.

🍴 **Petite École,** à Rilhac, Sud-Est : 3 km par D 174 ℘ 04 71 76 00 44, *petite.ecole@wanadoo .fr, Fax 04 71 76 90 94* – 🛎 15. ᴁ ɢʙ
fermé 2 au 13 sept., 23 au 30 déc., dim. soir et lundi – **Repas** *(rest. exclusivement non fumeur)* 14 (déj.), 19/35 ♀.
❖ Portemanteaux, vieux bancs, abécédaires, cartes géographiques et tables de multi-plication : une école (1903) transformée en sympathique restaurant... non-fumeurs bien sûr !

VERNET-LES-BAINS 66820 Pyr.-Or. 344 F7 *G. Languedoc Roussillon* – 1 440 h alt. 650 – Stat. therm. *(mi mars-fin nov.)* – Casino.
Voir *Site*★ – *Abbaye Saint-Martin-du-Canigou 2,5 km S*★★.
🛈 *Office de tourisme, 6 place de l'Ancienne mairie ℘ 04 68 05 55 35, Fax 04 68 05 60 33, tourisme@ot-vernet-les-bains.fr.*
Paris 904 – Perpignan 57 – Mont-Louis 36 – Prades 11.

🏰 **Mas Fleuri** ॐ sans rest, bd Clemenceau ℘ 04 68 05 51 94, *hotel.masfleuri@wanadoo.fr, Fax 04 68 05 50 77,* 🏊, 🛥 – 📺 📠. ᴁ ⓞ ɢʙ. 🞉
20 avril - 1ᵉʳ nov. – ⌧ 13 – **30 ch** 85/115.
❖ Toutes les chambres - la plupart avec balcon - de cette construction régionale des années 1970 donnent sur le parc ombragé. Accueil sympathique. Grande piscine chauffée.

Princess 🐕, r. Lavandières   ℰ 04 68 05 56 22,   *info@hotel.princess.com*, Fax 04 68 05 62 45, ☆ – 🛗, ▤ rest, 🖵 ✆ ⇔ 🅿 – ⚐ 40. ᴁ ⑯. ℅ rest
15 mars-1ᵉʳ déc. – **Repas** 14/30, enf. 9 ⅊ – ⊏ 8 – **40 ch** 43/53 – ½ P 41/45.
  ✦ Au pied du vieux Vernet, immeuble récent où vous séjournerez dans des chambres rustiques dotées de loggias. Patio-terrasse ; vidéo et animation folklorique au sous-sol. Vaste restaurant au cadre fonctionnel, terrasse d'été et plusieurs menus dont un catalan.

VERNEUIL-SUR-AVRE *27130 Eure* ᴈ0ᴈ *F9 G. Normandie Vallée de la Seine – 6 619 h alt. 155.*
Voir *Église de la Madeleine★ – Statues★ de l'église Notre-Dame.*
⛳ *de Center Parcs* ℰ 02 32 60 50 02,.
🛈 *Office de tourisme, 129 place de la Madeleine* ℰ 02 32 32 17 17, Fax 02 32 32 17 17, *otsiverneuilavre@wanadoo.fr.*
Paris 114② – Alençon 77④ – Argentan 77⑤ – Chartres 57③ – Dreux 37② – Évreux 43①.

VERNEUIL-SUR-AVRE

Breteuil (Rte de) 2
Briand (R. A.) 4
Canon (R. du) 5
Casati (Bd) 7
Chasles (Av. A.) 8
Clemenceau (R.) 9
Demolins (Av. E.) 10
Ferté-Vidame
(Rte de la) 12
Lait (R. au) 13
Madeleine
(Pl. de la) 15
Notre-Dame (Pl.) 16
Paul-Doumer (R.) 17
Poissonnerie
(R. de la) 18
Pont-aux-Chèvres
(R. du) 19
Tanneries (R. des) 21
Thiers (R.) 22
Tour-Grise (R. de la) ... 24
Verdun (Pl. de) 25
Victor-Hugo (Av.) 27
Vlaminck (R. M.-de) ... 30

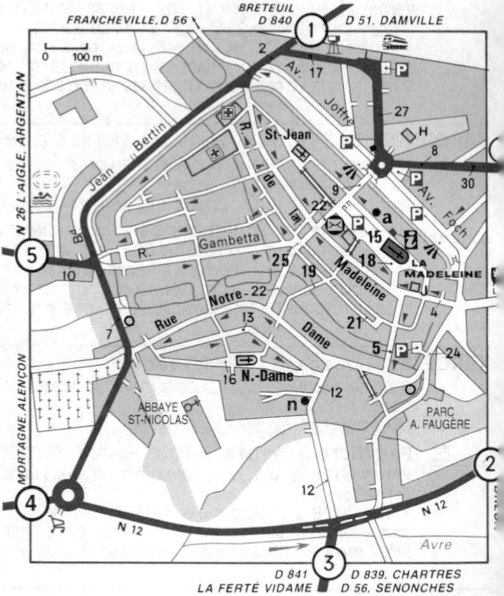

Hostellerie Le Clos, 98 r. Ferté-Vidame **(n)** ℰ 02 32 32 21 81, *hostellerie.leclos@wanado o.fr*, Fax 02 32 32 21 36, ☆, ♨, – ▤ ch, 🖵 ✆ 🅿 – ⚐ 20. ᴁ ⑥ ᴳᴮ ᴶᶜᴮ
fermé 11 déc. au 20 janv., mardi midi et lundi – **Repas** 35/76 ℱ – ⊏ 16,80 – **4 ch** 149/183, 6 suites 205/240 – ½ P 160/177.
  ✦ Parquets cirés et meubles de style créent un cadre d'une grande élégance en ce castel normand bâti en briques rouges et coiffé d'ardoises. Les salles à manger possèdent le raffinement des belles demeures de famille. Charmante terrasse ; bon choix de bordeaux.

Saumon, 89 pl. Madeleine **(a)** ℰ 02 32 32 02 36, *hotel.saumon@wanadoo.fr*, Fax 02 32 37 55 80 – 🖵 ✆ – ⚐ 25. ᴳᴮ
fermé 18 déc. au 9 janv., vacances de fév. et dim. soir du 2 nov. au 31 mars – **Repas** (11) – 14,50/49 ⅊ – ⊏ 7 – **29 ch** 42/60.
  ✦ Ex-relais de poste (18ᵉ s.) tourné sur une cour intérieure. Les chambres du bâtiment principal, plus grandes, sont garnies de meubles anciens. En tartare, fumé, mariné, poêlé, grillé ou en brochette : le restaurant met le saumon à l'honneur !

VERNON *27200 Eure* ᴈ0ᴈ *I7 G. Normandie Vallée de la Seine – 24 056 h alt. 32.*
Voir *Église Notre-Dame★ – Château de Bizy★ 2 km par③ – Giverny★ 3 km.*
🛈 *Office de tourisme, 36 rue Carnot* ℰ 02 32 51 39 60, Fax 02 32 51 86 55, *tourisme.ver-non@wanadoo.fr.*
Paris 77② – Rouen 62③ – Beauvais 66⑤ – Évreux 34③ – Mantes-la-Jolie 25②.

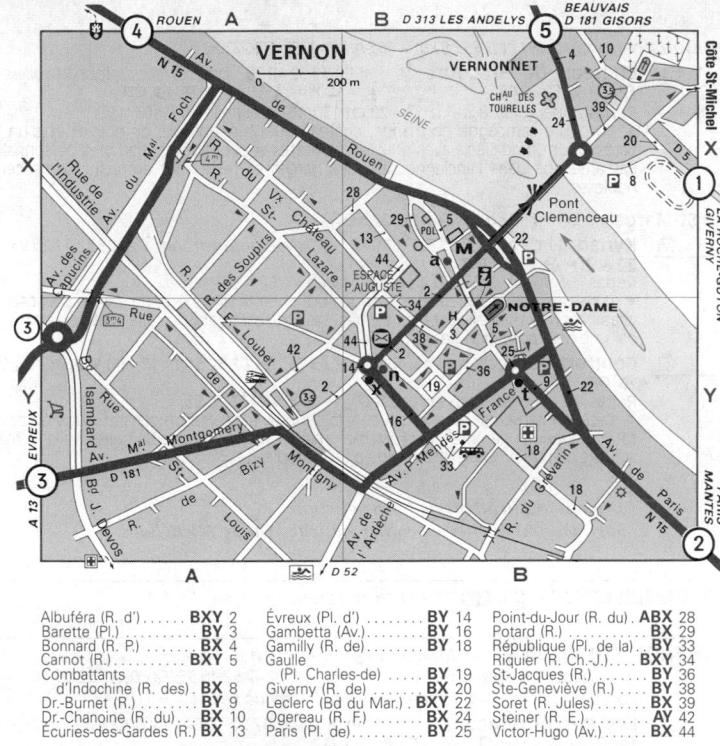

VERNON

Albuféra (R. d')	**BXY** 2	Évreux (Pl. d')	**BY** 14	Point-du-Jour (R. du) . **ABX** 28
Barette (Pl.)	**BY** 3	Gambetta (Av.)	**BY** 16	Potard (R.)	**BX** 29
Bonnard (R. P.)	**BX** 4	Gamilly (R. de)	**BY** 18	République (Pl. de la) . **BY** 33
Carnot (R.)	**BXY** 5	Gaulle		Riquier (R. Ch.-J.) . **BXY** 34
Combattants		(Pl. Charles-de)	**BY** 19	St-Jacques (R.)	**BY** 36
d'Indochine (R. des) . **BX** 8		Giverny (R. de)	**BX** 20	Ste-Geneviève (R.)	**BY** 38
Dr.-Burnet (R.)	**BY** 9	Leclerc (Bd du Mar.) . **BXY** 22	Soret (R. Jules)	**BX** 39
Dr.-Chanoine (R. du) . **BX** 10		Ogereau (R. F.)	**BX** 24	Steiner (R. E.)	**AY** 42
Écuries-des-Gardes (R.) **BX** 13		Paris (Pl. de)	**BY** 25	Victor-Hugo (Av.)	**BX** 44

🏠 **Évreux**, 11 pl. d'Évreux ☎ 02 32 21 16 12, *hotel.evreux@wanadoo.fr, Fax 02 32 21 32 73*, 🍴 – 📺 📞 🅿 🆎 ⓪ 🔘 JCB   BY x
Repas *(fermé dim. sauf fêtes)* 20/26 – ☖ 6 – **12 ch** 38/59 – ½ P 48/52.
♦ Maison à colombages du 17ᵉ s., ancien hôtel particulier du comte d'Évreux et ex-relais de poste. Chambres un brin "vieille France", garnies d'un mobilier rustique. Plaisante salle à manger normande avec poutrage apparent et belle cheminée.

🏠 **Normandy**, 1 av. Mendès-France ☎ 02 32 51 97 97, *Fax 02 32 21 01 66*, 🍴 – 🛗 📺 📞 🚗 – 🔬 30. 🆎 ⓪ 🔘   Y t
Repas *(fermé lundi midi, sam. midi et dim.)* 24/28, enf. 13 ⚱ – ☖ 7 – **47 ch** 62.
♦ Grande bâtisse sur une place animée. Chambres sobrement décorées ; celles donnant sur la cour bénéficient du calme. Piano à queue, chaises de style Empire et nappage coloré égaient la salle à manger.

🍴🍴 **Les Fleurs**, 71 r. Carnot ☎ 02 32 51 16 80, *Fax 02 32 21 30 51* – 🆎 🔘. ✺   BX a
🏮 fermé 4 au 13 mars, 1ᵉʳ au 27 août, dim. soir et lundi – **Repas** (nombre de couverts limité, prévenir) 23/44 ⚱.
♦ Dans une ruelle du centre-ville, vénérable maison dont l'arrière-corps présente de beaux colombages. De nombreux tableaux ornent les murs de la salle principale.

🍴 **Poste**, 26 av. Gambetta ☎ 02 32 51 10 63 – 🆎 🔘   BY n
fermé 1ᵉʳ au 9 mars, 1ᵉʳ au 24 août, mardi soir et merc. – **Repas** 20,50 (déj.), 22/31.
♦ L'enseigne de ce restaurant familial et la fresque qui orne la salle à manger évoquent la "poste aux chevaux" vernonnaise. Cuisine concoctée selon le marché.

🍴 **Bistro**, 73 r. Carnot ☎ 02 32 21 29 19 – 🔘. ✺   BX a
🍲 fermé dim. et lundi – **Repas** 15 bc.
♦ Cet ancien bar a conservé son comptoir aujourd'hui réservé aux clients pressés. Décor de vieilles affiches. Plats traditionnels à découvrir sur l'ardoise du jour.

à Douains *par ③, D 181 et D 75 : 8 km – 465 h. alt. 128 –* ⊠ *27120 :*

🏯 **Château de Brécourt** 🐾, ℘ 02 32 52 40 50, *brecourt@leshotelsparticuliers.com*, Fax 02 32 52 69 65, ≤, 🌧, 🔲, ✎, ♨ – ☎ 🅿 – 🔬 15 à 200. 🖭 ⓿ 🇬🇧
Repas 25 (déj.), 38/58 ♀ – ⌖ 13 – **29 ch** 130/167, 4 suites – ½ P 103/130.
♦ En pleine campagne normande, château du 17ᵉ s. entouré de douves et d'un vaste parc. Décor Grand Siècle avec poutres, tomettes et cheminées. Chambres personnalisées. Bar aménagé dans l'ancienne salle des gardes et restaurant empreint d'une certaine noblesse.

à St-Marcel *par ④ – 4 982 h. alt. 60 –* ⊠ *27950 :*

🏨 **Kyriad,** 11 r. Poste ℘ 02 32 71 10 00, *kyriadvernon@msn.com*, Fax 02 32 21 20 95, 🌧 – 📺 & 🅿 – 🔬 30. 🖭 🇬🇧
Repas (11) – 16/21, enf. 7,50 ♀ – ⌖ 7 – **44 ch** 53/56 – ½ P 45.
♦ Dans une zone résidentielle, loin des bruits de la ville, hôtel de chaîne proposant des chambres fonctionnelles et bien tenues. Salle de restaurant de style contemporain égayée par une belle collection de soupières.

🏨 **Comfort Hôtel,** rte rouen ℘ 02 32 21 55 56, Fax 02 32 51 11 18 – 📺 ✆ & 🅿 – 🔬 25. 🖭 ⓿ 🇬🇧
Repas *(fermé week-ends et fériés)* 17 ♀ – ⌖ 6,50 – **37 ch** 55.
♦ Cette construction récente située à la périphérie de Vernon constitue une étape avant tout pratique. Chambres confortables mais sans fioriture. Lumineuse salle à manger actuelle où l'on propose une cuisine plutôt simple.

Les pages explicatives de l'introduction
vous aideront à mieux profiter de votre **Guide Michelin.**

VERNOUILLET *28 E.-et-L.* **311** *E3 – rattaché à Dreux.*

VERNOU-SUR-BRENNE *37210 I.-et-L.* **317** *O4 – 2 452 h alt. 58.*
🛈 *Syndicat d'initiative, 1 rue Anatole France* ℘ *02 47 52 10 35, Fax 02 47 52 08 44.*
Paris 233 – *Tours* 15 – Amboise 14 – Blois 47 – Vendôme 51.

🏨 **Les Perce-Neige,** 13 rue A.France ℘ 02 47 52 10 04, *brigitte@perceneige.com*, Fax 02 47 52 19 08, 🌧, 🌳 – 📺 🅿. 🖭 🇬🇧
fermé 27 janv. au 6 mars, mardi et merc. – **Repas** 17/45, enf. 10 ♀ – ⌖ 6,50 – **12 ch** 39/49 – ½ P 39/48.
♦ Un grand jardin arboré est l'atout majeur de cette demeure bourgeoise de style Napoléon III appréciée par les clients recherchant calme et verdure. Chambres bien tenues. Confortables salles de restaurant ; cuisine traditionnelle aux accents du terroir.

VERQUIÈRES *13 B.-du-R.* **340** *E2 – rattaché à St-Rémy-de-Provence.*

VERSAILLES *78 Yvelines* **311** *I3* **101** ㉓ *– voir à Paris, Environs.*

VER-SUR-LAUNETTE *60 Oise* **305** *H6 – rattaché à Ermenonville.*

VERTEILLAC *24320 Dordogne* **329** *D3 – 675 h alt. 185.*
🛈 *Syndicat d'initiative, avenue d'Aquitaine* ℘ *05 53 90 37 78, si.verteillac@perigord.tm.fr.*
Paris 492 – Angoulême 46 – Brantôme 31 – Chalais 32 – Périgueux 50 – Ribérac 13.

au Nord-Ouest : *5 km par D 1, D 101, C 201 et rte secondaire –* ⊠ *24320 St-Martial-Viveyrols :*

🏯 **Hostellerie Les Aiguillons** 🐾, ℘ 05 53 91 07 55, *lesaiguillons@aol.com*, Fax 05 53 91 00 43, ≤, 🌧, 🔲, ♨ – 📺 ✆ & 🅿. 🖭 ⓿ 🇬🇧
1ᵉʳ avril-31 oct. et fermé dim. soir hors saison – **Repas** *(dîner seul.)* 27/50 ♀ – ⌖ 8 – **8 ch** 76/106 – ½ P 81/96.
♦ Ceux qui recherchent tranquillité et espace apprécieront cette ferme périgourdine restaurée et son parc perdus au milieu des champs. Chambres pimpantes et spacieuses. Originale salle de restaurant surmontée d'une mezzanine-salon ; menus à tendance régionale.

VERTOU *44 Loire-Atl.* **316** *H4 – rattaché à Nantes.*

VERTUS 51130 Marne **306** G9 *G. Champagne Ardenne* – *2 513 h alt. 85.*
Paris 139 – Reims 48 – Châlons-en-Champagne 30 – Épernay 21 – Montmirail 39.

à Bergères-les-Vertus *Sud : 3,5 km par D 9* – *540 h. alt. 108* – ✉ *51130 Vertus :*

🏨 **Mont-Aimé** ⬙, 4-6 r. Vertus ℰ 03 26 52 21 31, *mont.aime@wanadoo.fr,*
Fax 03 26 52 21 39, 🍽, 🐾 – 📺 📞 – 🏊 20 à 50. 🅰🅴 ⓞ ☒ ☒
fermé une semaine en fév. et dim. soir – **Repas** 20/64 ♀ ⬙ – ☟ 10 – **46 ch** 56,50/95 –
½ P 73.
   ◆ Près du mont Aimé, ex-café de village devenu un confortable hôtel au décor contemporain. Chambres rénovées, souvent de plain-pied avec le jardin. Au restaurant, vous pourrez
tâter de ses plats traditionnels et "taster" sa séduisante carte des vins.

Les VERTUS 76 S.-Mar. **304** G2 – *rattaché à Dieppe.*

VERVINS ⬥ 02140 Aisne **306** F3 *G. Picardie Flandres Artois* – *2 653 h alt. 147.*
   🏌 *du Domaine du Tilleul à Landouzy-la-Ville ℰ 03 23 98 48 00, NE : 12 km par D 963.*
   🖪 *Office de tourisme, place du Général-de-Gaulle ℰ 03 23 98 11 98, Fax 03 23 98 02 47,*
   Office-de-tourisme-de-Vervins-et-du-Vervinois@wanadoo.fr.
   Paris 187 – St-Quentin 52 – Charleville-Mézières 70 – Laon 36 – Reims 89 – Valenciennes 76.

🏨 **Tour du Roy**, 45 r. Gén. Leclerc ℰ 03 23 98 00 11, *latourduroy@wanadoo.fr,*
Fax 03 23 98 00 72, 🍽 – ◻ ch, 📺 ♿ 🅿 🅰🅴 ⓞ ☒ ☒
Repas *(fermé lundi midi, mardi midi et sam. midi)* (18) - 35/65 ♀ – ☟ 13 – **22 ch** 92/229 –
½ P 90/135.
   ◆ Noble manoir au passé prestigieux, cantonné de trois tours dominant la ville. Les
élégantes chambres personnalisées portent des noms évocateurs. "Divins" duplex. Anne de
Bretagne, Henri IV, C. de Gaulle et F. Mitterrand s'attablèrent aussi dans ce restaurant.

VERZY 51380 Marne **306** G8 *G. Champagne Ardenne* – *1 058 h alt. 210.*
   Voir *Faux de Verzy⋆ S : 2 km.*
   🖪 *Syndicat d'initiative, place de l'Hôtel de Ville ℰ 03 26 97 93 65, Fax 03 26 97 95 74,*
   verzytourisme@aol.com.
   Paris 163 – Reims 22 – Châlons-en-Champagne 32 – Épernay 23 – Rethel 52 – Vouziers 56.

🍴 **Au Chant des Galipes**, 2 r. Chanzy ℰ 03 26 97 91 40, *chantdesgalipes@wanadoo.fr,*
Fax 03 26 97 91 44, 🍽 – 🅰🅴 ☒
fermé 16 août au 1ᵉʳ sept., 19 déc. au 16 janv., dim. soir, mardi soir et merc. – **Repas** 13 bc
(déj.), 20,50/41, enf. 8.
   ◆ Au coeur du bourg vigneron et non loin de la forêt de hêtres tortillards, salles à manger
contemporaines et petite cour-terrasse où l'on propose une cuisine au goût du jour.

VESCOUS 06 Alpes-Mar. **341** D4 – *rattaché à Gilette.*

Le VÉSINET 78 Yvelines **311** I2 **101** ⑬ – *voir à Paris, Environs.*

VESOUL 🅿 70000 H.-Saône **314** E7 *G. Jura* – *17 168 h alt. 221.*
   🖪 *Office de tourisme, 6 rue des Bains ℰ 03 84 97 10 85, Fax 03 84 97 10 71, otvesoul@club-*
   internet.fr.
   Paris 360 ① – Besançon 47 ② – Belfort 68 ① – Épinal 91 ① – Langres 76 ① – Vittel 86 ①.

Plan page suivante

🏨 **Lion** sans rest, 4 pl. République **(a)** ℰ 03 84 76 54 44, *hoteldulion@wanadoo.fr,*
Fax 03 84 75 23 31 – 📶 📺 🅿. ☒
fermé 1ᵉʳ au 15 août et 26 déc. au 9 janv. – ☟ 6,50 – **18 ch** 45/47.
   ◆ Chambres au sobre décor actuel près des rues commerçantes de la ville qui prêta son
nom à une chanson de Jacques Brel. L'été, petits-déjeuners en terrasse.

🏨 **Ibis**, les Haberges, rocade ouest ℰ 03 84 76 00 00, Fax 03 84 76 03 04 – 📺 📞 ♿ 🅿 – 🏊 15.
🅰🅴 ⓞ ☒
Repas (dîner seul.) (12) - 20, enf. 6 ♣ – ☟ 6 – **42 ch** 52.
   ◆ Le double vitrage installé dans les chambres de cet hôtel atténue les nuisances sonores
de la rocade toute proche. Hébergement moderne aux dernières normes Ibis. Le restaurant propose une prestation simple destinée à rendre service aux voyageurs de passage.

🍴 **Caveau du Grand Puits**, r. Mailly **(u)** ℰ 03 84 76 66 12, *Fax 03 84 76 66 12,* 🍽 – 🅰🅴 ☒
fermé 15 août au 1ᵉʳ sept., 24 déc. au 3 janv., merc. soir, sam. midi, dim. et fériés – **Repas**
16/33, enf. 7 ♣.
   ◆ Dans une ruelle de la vieille ville, cave voûtée aux murs de pierres, complétée d'une
seconde salle avec mezzanine. Courette intérieure où l'on sert les repas aux beaux jours.

VESOUL

Aigle-Noir (R. de l')......... 2
Alsace-Lorraine (R. d')....... 3
Annonciades (R. des)........ 4
Bains (R. des)............... 6
Banque (R. de la)........... 7
Faure (R. Edgar)........... 10
Fleurier (R. de)............. 12

Gare (R. de la)............. 13
Gaulle (Bd Ch.-de)......... 14
Genoux (R. Georges)....... 15
Gevrey (R.)................ 16
Girardot (R. du Cdt)........ 20
Grand-Puits (Pl. du)........ 21
Grandes-Faulx
    (R. des).............. 22
Ilottes (R. des)............. 23
Kennedy (Bd)............. 24

Leblond (R.)............... 25
Maginot (R. A.)............ 26
Morel (R. Paul)............ 27
Moulin-des-Prés (Pl. du).... 28
République (Pl. de la)....... 29
St-Georges (R.)............ 30
Salengro (R. Roger)........ 31
Tanneurs (R. des).......... 32
Vendémiaire (R.)........... 33
Verlaine (R.).............. 35

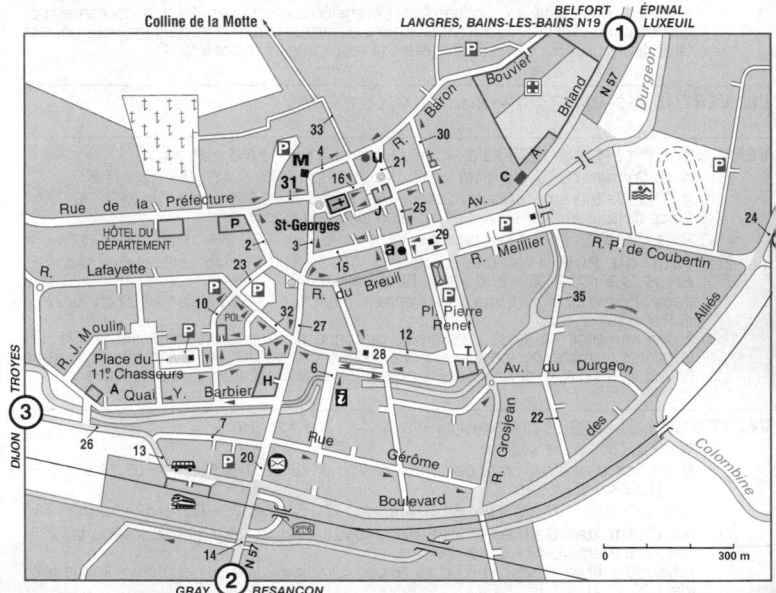

Si le coût de la vie subit des variations importantes,
les prix que nous indiquons peuvent être majorés.
Lors de votre réservation à l'hôtel, faites-vous préciser le prix définitif.

VEUIL *36 Indre* **323** *F4 – rattaché à Valençay.*

VEULES-LES-ROSES *76980 S.-Mar.* **304** *E2 G. Normandie Vallée de la Seine – 676 h alt. 15.*
☐ *Office de tourisme, 12 rue du Marché* ℰ *02 35 97 63 05, Fax 02 35 57 24 51, tou risme@veules-les-roses.fr.*
Paris 188 – Dieppe 27 – Fontaine-le-Dun 8 – Rouen 57 – St-Valery-en-Caux 8.

XXX **Les Galets**, à la plage ℰ 02 35 97 61 33, *plaisance-les-galets@wanadoo.fr,* Fax 02 35 57 06 23 – **AE GB**
fermé 19 nov. au 19 déc., mardi et merc. sauf fériés – **Repas** 31/72 et carte 54 à 75, enf. 15 ♀.

◆ Maison de pays en briques proche d'une plage de galets typique de la Côte d'Albâtre. Confortable salle à manger-véranda, tables joliment dressées et recettes d'aujourd'hui.

Le VEURDRE *03320 Allier* **326** *F2 G. Auvergne – 578 h alt. 190.*
Paris 272 – Bourges 66 – Montluçon 73 – Moulins 36 – Nevers 34 – St-Amand-Montrond 48.

Pont Neuf ⌂, ℰ 04 70 66 40 12, *hotel.le.pontneuf@wanadoo.fr,* Fax 04 70 66 44 15, ♔, **℄**, ☒, ✕, ♨, – ⇌ **TV** ✆ ₺ **P** – ♨ 25. **AE ① GB JCB**
fermé 15 déc. au 15 janv. et dim. soir d'oct. à mars – **Repas** 15/37 ♀ – ⧄ 7 – **46 ch** 64/74 – ½ P 47/68.

◆ Hôtel traditionnel modernisé, apprécié pour ses équipements de loisirs. À l'arrière les chambres bénéficient du silence du parc ; les plus récentes sont dans l'annexe. Restaurant rustique où des suggestions saisonnières étoffent carte et menus traditionnels.

VEUVES 41150 L.-et-Ch. 318 D7 – 216 h alt. 62.

Paris 205 – Tours 38 – Bourges 135 – Orléans 84 – Poitiers 137.

✕ **Auberge de la Croix Blanche,** 2 av. de la Loire ℘ 02 54 70 23 80, *jean.claude.sichi@wanadoo.fr*, Fax 02 54 70 24 38, 🍴, 🌳 – **P.** 🖭 **GB**
fermé vacances de fév., merc. soir d'oct. à Pâques, dim. soir et lundi – **Repas** 18/30, enf. 7,70 ♀.
♦ Auberge fondée en 1888 sur les bords de la Loire. Cuisine au goût du jour proposée dans une salle à manger rustique agrémentée d'un carrelage d'origine. Accueil familial.

VEYNES 05400 H.-Alpes 334 C5 – 3 093 h alt. 827.

🖪 *Office de tourisme, avenue Commandant Dumont ℘ 04 92 57 27 43, Fax 04 92 58 16 18, tourisme.veynois@wanadoo.fr.*

Paris 660 – Aspres-sur-Buëch 9 – Gap 25 – Sisteron 51.

✕✕ **Sérafine,** Les Parois Est : 2 km par rte Gap et D 20 ℘ 04 92 58 06 00, Fax 04 92 58 09 11, 🍴 – 🖭 **① GB**
fermé lundi et mardi – **Repas** (nombre de couverts limité, prévenir) 16 (déj.), 23/29 ◈.
♦ Jolie bâtisse (18ᵉ s.) où l'on reçoit les clients comme à la maison. Menus du marché et plats alsaciens à accompagner d'un vin choisi parmi plus de 200 appellations.

VEYRE-MONTON 63960 P.-de-D. 326 F8 – 3 443 h alt. 450.

Paris 427 – Clermont-Ferrand 17 – Aurillac 143 – Moulins 114 – Le Puy-en-Velay 116.

✕✕ **Les Veillées d'Auvergne,** ℘ 04 73 69 75 33, Fax 04 73 69 75 33, 🍴 – **P.** **GB**
fermé 1ᵉʳ au 30 sept., 2 au 9 janv., dim. soir et lundi – **Repas** 17/33.
♦ Ancien relais de poste abritant une salle à manger habillée de boiseries ; cuisine traditionnelle. Formule plus simple servie à midi dans l'espace bistrot.

VEYRIER-DU-LAC 74 H.-Savoie 328 K5 – *rattaché à Annecy.*

VÉZAC 24 Dordogne 329 I6 – *rattaché à Beynac et Cazenac.*

VÉZAC 15 Cantal 330 D5 – *rattaché à Aurillac.*

VÉZELAY 89450 Yonne 319 F7 G. Bourgogne – 492 h alt. 285 Pèlerinage (22 juillet).

Voir *Basilique Ste-Madeleine★★★ : tympan du portail central★★★, chapiteaux★★★.*

🖪 *Office de tourisme, rue St-Pierre ℘ 03 86 33 23 69, Fax 03 86 33 34 00, vezelay.ot-si@ipoint.fr.*

Paris 221 – Auxerre 52 – Avallon 16 – Château-Chinon 58 – Clamecy 23.

🏠 **Poste et Lion d'Or** sans rest, ℘ 03 86 33 21 23, *lion.dor.vezelay@wanadoo.fr*, Fax 03 86 32 30 92, 🌳 – 🔟 **P.** 🖭 **① GB** **JCB**
1ᵉʳ avril-2 nov. – 🖙 11 – **39 ch** 59,80/79,50.
♦ Cet ex-relais de poste cossu et fleuri boucle le pèlerinage touristique commencé au départ de la promenade des Fossés. Les chambres ouvertes sur la campagne sont très prisées.

🏠 **Pontot** 🌸 sans rest, pl. Pontot ℘ 03 86 33 24 40, Fax 03 86 33 30 05, ≤, 🌳 – **① GB** **JCB**
1ᵉʳ mai-17 oct. – 🖙 12 – **11 ch** 105/160.
♦ Près de la basilique, demeure médiévale fortifiée où l'accueil personnalisé, les chambres de style et le jardin fleuri contribuent à créer une ambiance "guesthouse".

🏠 **Maison des Glycines** sans rest, rue Saint Pierre ℘ 03 86 32 35 30, *relais-des-gourmets@wanadoo.fr*, Fax 03 86 32 35 30 – 🛎 🔟. **GB**
fermé jeudi hors saison – 🖙 6 – **12 ch** 30/74.
♦ Une superbe glycine a pris d'assaut la façade de cette maison du 18ᵉ s. située à deux pas de la basilique. Le salon et les chambres ont le charme des vieilles demeures.

🏠 **Compostelle** sans rest, ℘ 03 86 33 28 63, *le.compostelle@wanadoo.fr*, Fax 03 86 33 34 34, 🌳 – 🔟 ☎. 🖭 **GB** **JCB**
fermé 15 nov. à Noël et 2 janv. au 15 fév. – 🖙 7,20 – **18 ch** 46/56.
♦ Dans la ville basse, maison de pays dont certaines chambres, fonctionnelles, en rez-de-jardin ou avec balcon, donnent sur la vallée. Salle des petits-déjeuners panoramique.

✕✕ **St-Étienne,** 39 r. St-Étienne ℘ 03 86 33 27 34, *lesaintetienne@aol.com*, Fax 03 86 33 34 79 – 🖭 **① GB** **JCB**
fermé mi-janv. à fin fév., merc. et jeudi – **Repas** 34/57, enf. 10 ♀.
♦ Cette bâtisse du 18ᵉ s. borde la rue principale conduisant à la basilique. À l'intérieur : chaleureux décor rustique avec belles poutres apparentes et cuisine classique.

à St-Père *Sud-Est : 3 km par D 957 – 385 h. alt. 148 –* ⊠ *89450 .*

Voir *Église N.-Dame★*.

🏨 **L'Espérance** (Meneau) ⟲, ℘ 03 86 33 39 10, *marc.meneau@wanadoo.fr, Fax 03 86 33*
🏵🏵🏵 *26 15,* ≤, ⌁, 🍴 – ▤ rest, 📺 ℃ 🅿 – 🛗 50. 🖭 ⓪ 🖼 🎴
fermé fin janv. à début mars – **Repas** *(fermé merc. midi et mardi)* (prévenir) 87 bc (déj.),
127/170 et carte 140 à 200 ⊛ – ⊇ 30 – **20 ch** 70/250, 6 suites – ½ P 150/200.
 • Chambres bourgeoises dans la belle maison de maître, modernes et luxueuses au Pré
des Marguerites, rustiques au Moulin : un choix cornélien ! Restaurant sous verrière ouvrant sur un ravissant jardin et talentueuse cuisine mi-classique, mi-créative.
Spéc. Galets de pomme de terre, caviar. Turbot en pâte à sel, beurre de homard. Pigeon et
homard en cocotte aux champignons sautés. **Vins** Bourgogne-Vézelay, Chablis.

🏠 **Renommée** sans rest, ℘ 03 86 33 21 34, *Fax 03 86 33 34 17* – 📺 ₺ 🅿. 🖼. ⚘
 fermé 15 déc. au 1er mars, lundi soir et mardi soir du 15 nov. au 1er mars – ⊇ 8 – **16 ch**
32/54.
 • Au centre du village, hôtel faisant aussi bar-tabac et dépôt de presse. Les chambres ont
bénéficié d'une rénovation réussie ; celles logées à l'annexe sont plus simples.

✕ **L'Entre-Vignes**, ℘ 03 86 33 33 33, *Fax 03 86 33 26 15,* 🍽 – ▤ 🅿. 🖭 ⓪ 🖼
 *fermé 25 janv. au 5 mars, mardi midi de Pâques à fin oct., du mardi au vend. midi en hiver,
dim. soir et lundi* – **Repas** 28/32.
 • Le décor de ce bistrot se veut gai et chaleureux : chaises en rotin, meubles en chêne et
fer forgé. Appétissante carte traditionnelle ; brunch le dimanche midi.

à Fontette *Est : 5 km par D 957 –* ⊠ *89450 Vézelay :*

🏨 **Crispol** ⟲, rte Avallon ℘ 03 86 33 26 25, *crispol@wanadoofr, Fax 03 86 33 33 10,* ≤ colline de Vézelay, 🍽, 🍴 – 📺 ₺ ⛺ 🅿. 🖼
 fermé 10 janv. à fin fév., mardi midi et lundi (sauf hôtel de mai à sept.) – **Repas** 21/48 –
⊇ 10 – **12 ch** 71/115 – ½ P 68.
 • Jolie maison en pierre à l'entrée du village, avec la colline éternelle en toile de fond. Les
chambres, contemporaines, sont décorées d'oeuvres de la patronne-artiste. Lumineuse
salle à manger moderne dont les baies ménagent une belle vue sur la basilique.

🏠 **Les Aquarelles** ⟲, ℘ 03 86 33 34 35, *Fax 03 86 33 29 82,* 🍽 – ℃ ₺ 🅿. 🖼. ⚘
 fermé 12 nov au 5 déc., 26 déc. au 12 mars, lundi et mardi en nov. et déc. – **Repas** (table
d'hôtes) (dîner seul.) *(11,50)* - carte 15 à 25 ⫣ – ⊇ 5 – **10 ch** 46/50 – ½ P 50.
 • Dans un paisible hameau, ancienne ferme où vous serez accueillis comme chez des
amis. Chambres menues, mais fraîches et bien tenues. Table d'hôte où l'on propose
des repas simples, concoctés avec des produits régionaux. Dégustation des vins de la
propriété.

à Pierre-Perthuis *Sud-Est : 6 km par D 957 et D 958 – 104 h. alt. 220 –* ⊠ *89450 :*

🏠 **Les Deux Ponts**, ℘ 03 86 32 31 31, *lesdeuxponts@aol.com, Fax 03 86 32 35 80,* 🍽 – ₺
🅿. 🖼
 fermé 17 fév. au 7 mars – **Repas** *(fermé merc. sauf juil.-août et mardi)* 22/52 ⫣ – ⊇ 6,10 –
8 ch 45/52 – ½ P 50,60.
 • Maison de pays avenante et fleurie au bord d'une route de campagne. Chambres
simples, mais neuves, dotées d'une bonne literie et de salles de bains bien équipées.
Originale salle à manger dont le cadre épuré est égayé d'amusants lustres hollandais en
verre.

VÉZÉNOBRES *30360 Gard* 📖 *J4 G. Languedoc Roussillon – 1 391 h alt. 213.*
 🛈 *Office de tourisme, Grand' Rue* ℘ 04 66 83 62 02, *Fax 04 66 83 62 35, o.t.vezenobre@wa
nadoo.fr.*
 Paris 705 – Alès 13 – Nîmes 35 – Uzès 27.

🏠 **Relais Sarrasin**, N 106 ℘ 04 66 83 55 55, *folzfamilly@le-relais-sarrasin.com,*
 Fax 04 66 83 66 83, ⌁ – 🗄 📺 🅿. 🖭 🖼
 *fermé 1er au 7 oct., 2 au 6 janv., 16 fév. au 11 mars, dim. soir, merc. midi et lundi sauf
juil.-août* – **Repas** 18 (déj.), 30/47, enf. 10 ⫣ – ⊇ 8,50 – **16 ch** 45/62 – ½ P 45.
 • L'ancienne gendarmerie est devenue un hôtel familial, pratique pour l'étape. Chambres
simples et bien tenues. Piscine très appréciée à la belle saison. Salle de restaurant campagnarde, véranda et quiète terrasse ombragée : il n'y a plus qu'à choisir !

VIA *66 Pyr.-Or.* 📖 *D8 – rattaché à Font-Romeu.*

VIADUC DE GARABIT ★★ *15 Cantal* 📖 *H5 G. Auvergne –* ⊠ *15320 Ruynes-en-Margeride.*
 Env. *Maison du paysan★ à Loubaresse S : 7 km – Belvédère de Mallet* ≤★★ *SO : 13 km puis
10 mn.*
 Paris 520 – Aurillac 84 – Mende 74 – Le Puy-en-Velay 90 – St-Flour 14.

🏛 **Beau Site,** N 9 ⌧ 15320 ✆ 04 71 23 41 46, *info@beau-site.fr*, Fax 04 71 23 46 34, ≤ via-
🕭 duc et lac, ⅃, 👪, 💥 – 📺 🐾 **P.** ⒶⒺ 🆇🅱
🏖 *3 avril-3 nov.* – **Repas** *(11)* - 15/39, enf. 8 ♀ – ⌣ 7 – **17 ch** 33/56 – ½ P 52/56.
  ♦ Belle situation pour cet hôtel des années 1950 dont une partie des chambres, fraîches et
nettes, ouvre en grand sur le viaduc construit par G. Eiffel. Vue panoramique sur le célèbre
ouvrage d'art, très joliment illuminé le soir, depuis la salle de restaurant.

🏛 **Garabit Hôtel,** ✆ 04 71 23 42 75, *info@garabit-hotel.com*, Fax 04 71 23 49 60, ≤, 🈺,
🕭 ⅃ – 📺 🐾 **P.** 🆇🅱
  avril-oct. – **Repas** 12,20/31, enf. 7,50 ♀ – ⌣ 6,80 – **45 ch** 31/60 – ½ P 42/49.
  ♦ Au pied du viaduc et au bord du lac de retenue, bâtisse dont les aménagements
intérieurs datent des années 1970. Des promenades en bateau vous seront proposées. Très
jolie perspective depuis la salle à manger prolongée d'une véranda et d'une agréable
terrasse.

VIBRAC *16 Charente* 324 *J6 – rattaché à Jarnac.*

VIC-EN-BIGORRE *65500 H.-Pyr.* 342 *M4 – 4 788 h alt. 216.*
  🛈 *Syndicat d'initiative, 2 rue Jacques Fourcade* ✆ 05 62 31 60 88, Fax 05 62 31 65 17.
  Paris 775 – Pau 47 – Aire sur l'Adour 53 – Auch 62 – Mirande 37 – Tarbes 19.

🏛 **Tivoli,** pl. Gambetta ✆ 05 62 96 70 39, *hotel.tivoli@wanadoo.fr*, Fax 05 62 96 29 74, 🈺 –
🕭 📺 rest, 📺 – 🅰 30. 🆇🅱
  Repas *(fermé lundi midi)* 11/36, enf. 6,90 ♀ – ⌣ 5,50 – **25 ch** 41/46 – ½ P 33,80/36.
  ♦ Étape pratique au pays de l'Adour, cet établissement situé sur la place principale de Vic
abrite des chambres en majorité rénovées, simples et bien tenues. Deux salles à manger :
l'une en véranda (avec gril), l'autre assez sobre. Terrasse dans la cour arborée.

🍴🍴 **Réverbère** 🛏 avec ch, r. Alsace ✆ 05 62 96 78 16, *le.reverbere@wanadoo.fr*,
  Fax 05 62 96 79 85, 🈺 – 📺 rest, 📺. ⒶⒺ 🆇🅱
  fermé 1ᵉʳ au 17 mai et 19 sept. au 3 oct. – **Repas** *(fermé dim. soir, lundi midi et sam.)*
20/30 ♀ – ⌣ 6 – **10 ch** 42/44 – ½ P 39.
  ♦ Gaie et sympathique salle à manger installée en léger retrait de la route : murs ocre,
poutres apparentes, plantes vertes et chaises de bistrot. Cuisine traditionnelle.

VICHY 🔝 *03200 Allier* 326 *H6 G. Auvergne – 26 528 h alt. 340 – Stat. therm. (mi fév.-début déc.)
  – Casinos Le Grand Café* **BZ***, Elysée Palace.*
  Voir *Parc des Sources★ – Les Parcs d'Allier★ – Chalets★ (boulevard des États-Unis)***BYZ** *– Le
  quartier thermal★ – Grand casino-théâtre★.*
  🏌₁₈ *du Sporting Club de Vichy à Bellerive-sur-Allier* ✆ 04 70 32 39 11, A ; 🏌₁₈ *la Forêt de
  Montpensier à Bellerive-sur-Allier* ✆ 04 70 56 58 39, par ⑤ : 8 km.
  🛈 *Office de tourisme, 19 rue du Parc* ✆ 04 70 98 71 94, Fax 04 70 31 06 00, *tourisme@ville-
  vichy.fr.*
  Paris 353 ① – Clermont-Ferrand 55 ③ – Montluçon 99 ⑥ – Moulins 57 ① – Roanne 74 ①.

Plans page suivante

🏨🏨🏨🏨 **Sofitel Les Célestins,** 111 bd États-Unis ✆ 04 70 30 82 00, *H3241@accor-hotels.com*,
  Fax 04 70 30 82 01, 🈺, 👁, Ⅰ₆, ⅃, 🌳 – 📶 ✳ 📺 📺 📞 🐾 ⌫ – 🅰 20 à 100. ⒶⒺ ⓄⒹ 🆇🅱,
  ✸ rest   BY **e**
  fermé 8 au 25 déc. – **- Jardins de l'Empereur Repas** 39/93 ♀, enf. 16 – **Bistrot des
  Célestins** *(fermé dim. soir)* **Repas** 23, enf. 16 ♀ – ⌣ 18 – **125 ch** 220/250, 6 suites –
  P 184,50.
  ♦ Cet hôtel moderne jouxte les fameux chalets qui accueillirent Napoléon III. Chambres
actuelles. Centre de remise en forme et superbe piscine panoramique au 7ᵉ étage. Cuisine
inventive aux Jardins de l'Empereur. Plats du terroir au jour au Bistrot.

🏨🏨🏨 **Aletti Palace Hôtel,** 3 pl. Joseph Aletti ✆ 04 70 30 20 20, *contact@aletti.fr*,
  Fax 04 70 98 13 82, ⅃ – 📶 ✳ 📺 📺 📞 👪 – 🅰 15 à 140. ⒶⒺ ⓄⒹ 🆇🅱 ⒿⒸⒷ   BZ **u**
  La Véranda ✆ 04 70 30 21 21 **Repas** *(16)*-20/45, enf. 9 ♀ – ⌣ 12 – **133 ch** 112/192 –
  P 188/233.
  ♦ Face au Grand Casino, élégant hôtel du début du 20ᵉ s. alliant modernité et charme
d'antan. Mobilier d'inspiration Art déco dans les chambres, plus spacieuses en façade.
Agréable salle à manger agrandie d'une véranda ; carte traditionnelle.

🏨🏨🏨 **Novotel Thermalia,** 1 av. Thermale ✆ 04 70 30 52 52, *h0460@accor-hotels.com*,
  Fax 04 70 31 08 67, 🈺, ⅃, 🌳 – 📶 ✳ 📺 📺 📞 👪 **P.** – 🅰 15 à 100. ⒶⒺ ⓄⒹ 🆇🅱   BY **q**
  fermé 26 janv. au 15 fév. – **Repas** *(16,50)* - 21,60/35, enf. 8,60 – ⌣ 11,30 – **128 ch** 103/113 –
  P 111.
  ♦ Ce Novotel possède un accès direct au Centre Thermal des Dômes. Un hall agréablement rénové dessert de grandes chambres fonctionnelles. Restaurant de style jardin
d'hiver et terrasse d'été. Suggestions du jour, plats du terroir ou formule pour les enfants.

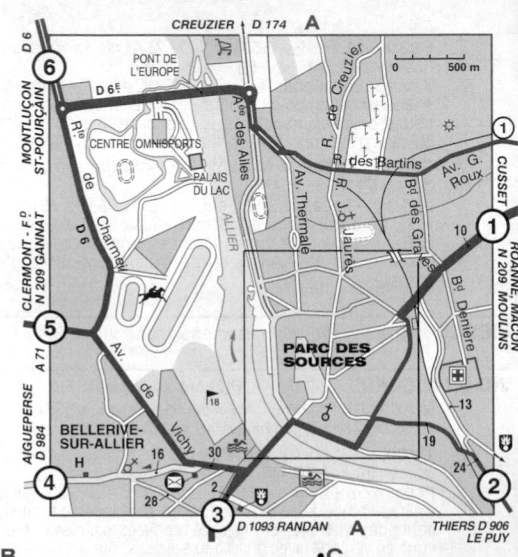

VICHY

Alquié (R.) . . . . . **BY** 15
Belgique (R. de) **BZ** 3
Besse (R.) . . . . . **CZ** 20
Briand (Av. A.) **BZ** 4
Casino (R. du) . . **BZ** 5
Clemenceau
(R. G.) . . . . . . **BZ** 6
Colomb (Av. P.) **BY** 7
Colombier (R. H.) **BZ** 23
Foch (R. Mar.) . **CZ** 8
Glénard (Pl. Frantz) **BY** 9
Gramont
(Av. de) . . . . **ACY** 10
Hôpital (Bd de l') **A** 13
Hôtel-des-
Postes (R.) . . **CY** 14
Lattre-de-T.
(Bd Mar. de) . **BY** 17
Lucas (R.) . . . . . **BY** 18
Lyautey (R. Mar.) **A** 19
Parc (R. du) . . . **BZ** 22
Paris (R. de) . . . **CY**
Poincaré (Av.) . . **A** 24
Porte-Verrier (R. de la) **BZ** 31
Prés.-Eisenhower
(Av. du) . . . . **BY** 25
Prés.-Wilson (R.) **BZ** 26
Tour (R. de la) . **BZ** 32

BELLERIVE - S-A.
Auberger (Av. F.) **A** 2
Jaurès (Av. J.) . . **A** 16
Ramin (R. G.) . . **A** 28
République (Av.) . **A** 30

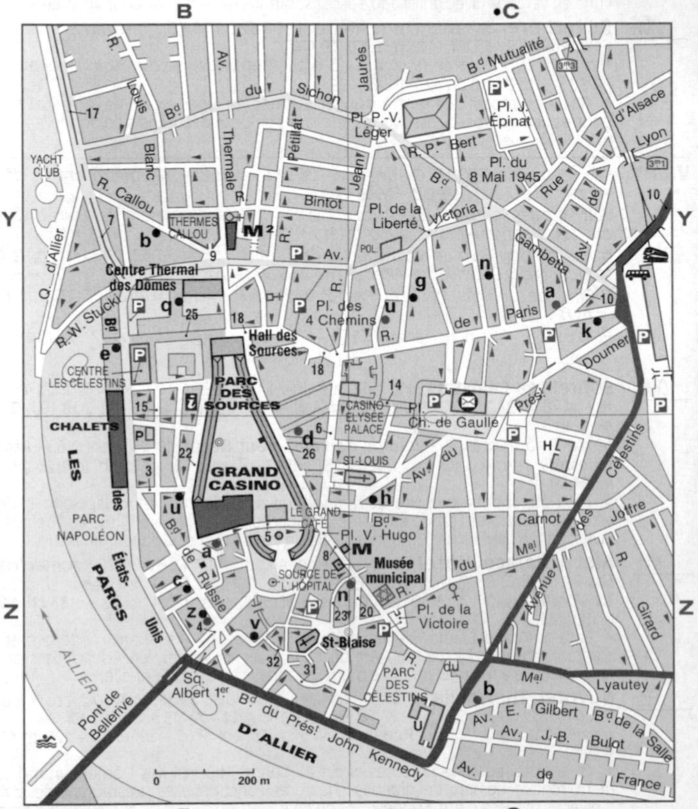

1744

🏨 **Pavillon d'Enghien**, 32 r. Callou ℰ 04 70 98 33 30, *catherine.belabed@wanadoo.fr*, Fax 04 70 31 67 82, 🌿, 🛏 – 🛗 📺 – 🏥 30. 🖭 ⓞ 🌐 **BY b**
fermé 20 déc. au 1ᵉʳ fév. – **Les Jardins d'Enghien** *(fermé vend. soir de nov. à mars, dim. soir et lundi)* **Repas** 12(déj.)17/26 ⌾ – ⌾ 7 – **22 ch** 58/77 – P 58/68.
♦ Cette sympathique adresse familiale dispose de coquettes chambres personnalisées, garnies de meubles de style ou en rotin. Décor actuel, petite terrasse entourée de verdure et cuisine traditionnelle caractérisent le restaurant.

🏨 **Chambord**, 82 r. Paris ℰ 04 70 30 16 30, *le.chambord@wanadoo.fr*, Fax 04 70 31 54 92 –
🛗 🌿, ▤ rest, 📺 ✆ – 🏥 15. 🖭 ⓞ 🌐 🄽 **CY k**
fermé 21 déc. au 21 janv. – **L'Escargot qui Tette** *(fermé dim. soir et lundi)* **Repas** (18)-26/39,5, enf. 9 ⌾ – ⌾ 8 – **26 ch** 35/52 – ½ P 45/50.
♦ Depuis trois générations, la même famille vous accueille dans cet hôtel abritant des chambres pratiques et bien insonorisées. Un amusant escargot qui "tette" une bouteille de vin rouge est devenu l'emblème de ce restaurant au sage décor contemporain.

🏨 **de Grignan**, 7 pl. Sévigné ℰ 04 70 32 08 11, *hoteldegrignan@wanadoo.fr*, Fax 04 70 32 47 07 – 🛗, ▤ rest, 📺 ✆ – 🏥 20 à 35. 🖭 ⓞ 🌐 ⌘ rest **BZ v**
fermé 20 déc. au 6 fév. – **Repas** 15 bc/24, enf. 8 ⌾ – ⌾ 7,10 – **113 ch** 48/70 – P 59/61.
♦ Nom de la place et enseigne éveillent le souvenir de la marquise, célèbre baigneuse. Cet hôtel d'aspect bourgeois aux chambres bien équipées intéressera la clientèle curiste. Salle de restaurant coiffée de petites verrières colorées et carte traditionnelle.

🏨 **Les Nations**, 13 bd Russie ℰ 04 70 98 21 63, *nations.vichy@wanadoo.fr*, Fax 04 70 98 61 13 – 🛗 🌿, ▤ rest, 📺 ✆ – 🏥 15 à 25. 🖭 🌐, ⌘ rest **BZ c**
26 mars-24 oct. – **Repas** (11) - 14,50/24 🍷 – ⌾ 8,50 – **66 ch** 64/74, 5 suites – P 65/70,50.
♦ Situation centrale pour ce bel immeuble 1900 à la façade finement ouvragée. Les chambres fonctionnelles et les salles de bains sortent d'une bénéfique cure de jouvence. La salle à manger arbore un décor chaleureux et actuel : bois, parquet et tons miel.

🏨 **Arverna Hôtel** sans rest, 12 r. Desbrest ℰ 04 70 31 31 19, *arverna-hotel@wanadoo.fr*, Fax 04 70 97 86 43 – 🛗 📺 ✆ – 🏥 25. 🖭 🌐 **CY g**
fermé 15 déc. au 15 janv. – ⌾ 7 – **26 ch** 42/50.
♦ Hôtel central jouissant d'une situation calme. Petites chambres fonctionnelles bien tenues. La salle des petits-déjeuners s'ouvre sur une courette verdoyante.

🏨 **Vichy Tonic** sans rest, 6 av. Prés. Doumer ℰ 04 70 31 45 00, Fax 04 70 97 67 37 – 🛗 📺 ✆
– 🏥 15. 🖭 ⓞ 🌐 **CZ h**
⌾ 6 – **36 ch** 43/50.
♦ Dans le quartier commerçant de la station, hôtel proposant des chambres peu spacieuses, mais pratiques et bien insonorisées. Formule buffet pour le petit-déjeuner.

🏨 **Atlanta** sans rest, 23 r. Pasteur ℰ 04 70 98 42 95, Fax 04 70 98 24 81 – 📺 🚗.
🌐 **CY n**
fermé 13 déc. au 13 janv. – ⌾ 7 – **13 ch** 30/38.
♦ Dans une ruelle proche de la gare. Les chambres, simples et colorées, sont pourvues du double vitrage ; celles donnant sur l'arrière sont les plus calmes. Literie récente.

🏨 **Londres** sans rest, 7 bd Russie ℰ 04 70 98 28 27, *hotel.londres@wanadoo.fr*, Fax 04 70 98 29 37 – ✆. 🌐 **BZ z**
1ᵉʳ mars-30 oct. – ⌾ 5,50 – **20 ch** 20/42.
♦ Hommage à la capitale du Royaume-Uni ou au célèbre journaliste né à Vichy ? Petit immeuble en briques, aux chambres modestes bien tenues. Hall-salon de style anglais.

XX **Jacques Decoret**, 7 av. Gramont ℰ 04 70 97 65 06, *jacques.decoret@wanadoo.fr* – ▤.
🖭 🌐 ⌘ **CY a**
✿ *fermé 12 août au 3 sept., vacances de fév., mardi et merc.* – **Repas** 35/80 et carte 57 à 76 ⌾.
♦ Tons jaunes et bleus et mobilier contemporain personnalisent le plaisant décor de ce restaurant de la "Reine des villes d'eaux". Délicieuse cuisine au goût du jour.
Spéc. Escargots en coque de pain, cresson et ricotte (printemps). Filet poêlé de charolais du Bourbonnais (automne). Le "Vichy-fraise" (été). **Vins** Saint-Pourçain, Côte Roannaise.

XX **Table d'Antoine**, 8 r. Burnol ℰ 04 70 98 99 71, Fax 04 70 98 99 71, 🌿 – ▤.
🌐 **BZ d**
fermé 22 au 27 juin, 25 au 29 oct., 15 au 20 fév., dim. soir et lundi sauf fériés – **Repas** 20 (déj.), 23/43, enf. 11 ⌾.
♦ La salle à manger - style "Baltard" en verre et fonte - sert souvent de cadre à des expositions de peinture. Terrasse installée dans une rue piétonne. Carte au goût du jour.

XX **L'Envolée**, 44 av. E. Gilbert ℰ 04 70 32 85 15, Fax 04 70 32 85 15 – 🌐 **CZ b**
fermé 23 août au 1ᵉʳ sept., vacances de Toussaint, de fév., mardi soir et merc. – **Repas** (13,50) - 17,50/35 ⌾.
♦ Dans une rue tranquille, derrière une discrète façade vitrée, salle à manger colorée, moderne et sobrement décorée où l'on sert une cuisine traditionnelle soignée.

XX **L'Aromate**, 9 r. Besse ℰ 04 70 32 13 22, Fax 04 70 32 13 22 – ⓖⒷ   **CZ** n
fermé 21 juil. au 13 août, 2 au 10 janv., dim. soir, mardi soir et merc. – **Repas** (13) - 18/37,
enf. 9 ♀.
♦ Dans la rue natale d'Albert Londres, salle à manger feutrée haute sous plafond avec
miroirs d'époque Napoléon III et tableaux. Herbes et épices personnalisent la cuisine.

XX **L'Alambic**, 8 r. N. Larbaud ℰ 04 70 59 12 71, Fax 04 70 97 98 88 – ⓖⒷ   **CY** u
fermé 8 août au 1er sept., 16 fév. au 2 mars, dim.soir, lundi et mardi – **Repas** (nombre de
couverts limité, prévenir) 26/44.
♦ Carte traditionnelle, service attentionné et ambiance intime vous attendent dans cette
minuscule adresse proche du quartier commerçant. Décor contemporain.

X **Brasserie du Casino**, 4 r. Casino ℰ 04 70 98 23 06, *bdcvichy@wanadoo.fr*,
Fax 04 70 98 53 17, 🍽 – 🏛 15. ⓖⒷ   **BZ** a
fermé 26 oct. au 25 nov., 22 fév. au 10 mars, mardi et merc. – **Repas** (14,50) - 24 ♀.
♦ L'authentique cadre 1930 de cette brasserie est agrémenté de photos d'artistes lyriques
ayant fait les beaux soirs de l'opéra tout proche. Terrasse-trottoir.

X **L'Hippocampe**, 3 bd Russie ℰ 04 70 97 68 37, Fax 04 70 97 68 37 – ⓞ ⓖⒷ   **BZ** z
fermé 21 mars au 4 avril, 30 août au 12 sept., dim. soir et lundi – **Repas** 19/45 🍴.
♦ Le boulevard est jalonné de somptueuses et excentriques villas. Cadre simple et cuisines
visibles depuis la salle. Les produits de la mer ont l'honneur de la carte.

à Vichy-Rhue *Nord : 5 km par D 174 –* ✉ *03300 Creuzier-le-Vieux :*

X **Fontaine**, 16 r. Fontaine ℰ 04 70 31 37 45, *fontaine-vichy@wanadoo.fr*,
Fax 04 70 31 38 60, 🍽 – 🏛 ⓞ ⓖⒷ
fermé 15 au 30 oct., 17 déc. au 7 janv., mardi soir, lundi soir et merc. – **Repas** 17 (déj.),
29/34 ♀.
♦ Le doux murmure du ruisseau ou le flamboyant crépitement de la cheminée bercera
votre repas. Grillades au feu de bois à savourer dans une atmosphère conviviale.

à Abrest *par ② : 4 km – 2 428 h. alt. 290 –* ✉ *03200 :*

XX **Colombière** avec ch, rte Thiers sur D 906 ℰ 04 70 98 69 15, *lacolombiere@wanadoo.fr*,
Fax 04 70 31 50 89, ≤ vallée de l'Allier, � – 🛏 ☎ **P** – 🏛 20. 🏛 ⓖⒷ
fermé 4 au 18 oct., mi-janv. à mi-fév., dim. soir et lundi – **Repas** 16,50/52 ♀ – 🍽 6,50 – **4 ch**
33,50/48.
♦ À flanc de colline, charmante villa des années 1950 et son colombier. La salle à manger,
assez sobre, profite pleinement du panorama. Jardin ombragé formant des terrasses.

à St-Yorre *par ② : 8 km – 2 840 h. alt. 275 –* ✉ *03270 :*

🏨 **Auberge Bourbonnaise**, 2 av. Vichy ℰ 04 70 59 41 79, *aubergebourbonnaise@wanad*
🍴 *oo.fr*, Fax 04 70 59 24 94, 🍽, 🎠 – 🛏 ☎ & **P** – 🏛 15. ⓖⒷ
fermé 19 fév. au 30 mars, dim. soir et lundi sauf juil.-août – **Repas** (10) - 14,50/35, enf. 7 ♀ –
🍽 7,50 – **11 ch** 48/56, 5 duplex – P 58/62.
♦ Malgré la proximité de la route, les chambres sont tranquilles car bien insonorisées.
L'annexe abrite de spacieux duplex au décor frais et soigné. Salle de restaurant rustique
prolongée d'une véranda ; bon choix de menus traditionnels.

XX **Piquenchagne**, Les Jarraux Sud : 2 km sur rte Thiers ℰ 04 70 59 23 77,
Fax 04 70 59 23 77, 🍽, 🌸 – **P**
fermé le lundi – **Repas** 12 (déj.), 16/29 ♀.
♦ Cette ex-ferme restaurée abrite deux salles à manger sobres et accueillantes ; terrasse
dressée face au jardin. Cuisine traditionnelle actualisée et clin d'oeil au terroir.

VIC-LE-COMTE 63270 P.-de-D. **326** G9 *G. Auvergne* – 4 404 h alt. 472.
Voir *Ste-Chapelle★ – Château de Bosséol★ N : 6,5 km.*
Paris 433 – Clermont-Ferrand 23 – Ambert 56 – Issoire 16 – Thiers 40.

à Longues *Nord-Ouest : 4 km par D 225 –* ✉ *63270 Vic-le-Comte :*

XX **Comté**, ℰ 04 73 39 90 31, Fax 04 73 39 24 58 – **P**. ⓖⒷ
fermé 26 juil. au 2 août, 22 fév. au 1er mars, dim. soir et lundi – **Repas** 18,50/45 ♀.
♦ Près de la route, maison régionale du début du 20e s. aux intérieurs contemporains :
deux salons et une salle à manger ornée de plantes et de tableaux d'artistes locaux.

VICO 2A Corse-du-Sud **345** B7 – *voir à Corse.*

Si vous êtes retardé sur la route, dès 18 h,
confirmez votre réservation par téléphone,
c'est plus sûr... et c'est l'usage.

VIC-SUR-CÈRE 15800 Cantal 330 D5 *G. Auvergne* – 1 890 h alt. 678.

🛈 *Office de tourisme, avenue André Mercier* ℘ 04 71 47 50 68, Fax 04 71 47 58 56, *vic-sur-cere@wanadoo.fr.*

Paris 549 – Aurillac 19 – Murat 29.

🏨 **Family Hôtel**, av. E. Duclaux ℘ 04 71 47 50 49, *francois.courbebaisse@wanadoo.fr,* Fax 04 71 47 51 31, ≤, 🔲, 🐴, 🕱 – 🛗 cuisinette 📺 ఊ 🅿 – 🏊 35. 🖭 ◑ 🆚. 🕱 rest
fermé 1er au 17 déc. – **Repas** 15/29, enf. 9 🍴 – 🖃 7 – **39 ch** 39/75, 16 studios – ½ P 50/56.
♦ Son nom le laisse deviner, ce vaste établissement de type hôtel-club est idéal pour les familles : piscines, tennis, animations diverses, excursions... Chambres standardisées. Salle à manger de style pension avec vue sur la vallée et cuisine traditionnelle.

🏨 **Bel Horizon** ⌂, ℘ 04 71 47 50 06, *bouyssou@wanadoo.fr,* Fax 04 71 49 63 81, ≤, 🏡, 🔲, 🐴 – 🛗 📺 ✆ – 🏊 15 à 30. 🆚
fermé 3 au 20 janv. – **Repas** 14/41, enf. 9,50 🍴 – 🖃 6,10 – **24 ch** 52/54 – ½ P 46/48.
♦ Près de la gare mais au calme, bâtisse traditionnelle dont les chambres sont peu à peu refaites. La jolie vue sur les reliefs du Carladès justifie l'enseigne. Salle à manger au cadre fonctionnel, dont les baies offrent une échappée sur les plateaux alentour.

🏨 **Beauséjour,** ℘ 04 71 47 50 27, *beausejour.hotel@wanadoo.fr,* Fax 04 71 49 60 04, ≤, 🔲, 🖾 – 🛗 📺 🅿 🖭 🆚. 🕱 rest
début mai-fin sept. – **Repas** 13,80/20, enf. 8,80 – 🖃 8,50 – **50 ch** 40/57 – ½ P 44/53.
♦ Ce relais de diligences de 1830 est devenu un hôtel à l'ambiance "pension de famille". De nombreuses chambres bénéficient du silence du parc ; décor un brin désuet. Cuisine d'inspiration régionale servie dans une vaste salle des repas.

au Col de Curebourse *Sud-Est : 6 km par D 54 – alt. 994 –* ✉ *15800 Vic-sur-Cère :*

🏨 **Hostellerie St-Clément** ⌂, ℘ 04 71 47 51 71, *hostelleriesaintclement@wanadoo.fr,* Fax 04 71 49 63 02, ≤ montagne et vallée, 🏡, 🖾 – 📺 ✆ ఊ 🅿 – 🏊 30. 🆚. 🕱
fermé 21 au 26 nov., 10 janv. au 11 fév., 30 août au 3 sept., dim. soir et lundi hors saison, lundi midi en saison – **Repas** 21/56, enf. 9 – 🖃 7,50 – **21 ch** 52/62 – ½ P 52.
♦ Longue façade agrémentée de balcons en bois dominant la vallée, à 1000 m d'altitude. Les chambres, grandes et claires, donnent sur le parc. Au restaurant : sobre décor actuel, vue panoramique sur plateaux et ravins du Carladès, et recettes traditionnelles.

VIDAUBAN 83550 Var 340 N5 – 7 311 h alt. 60.

🛈 *Office de tourisme, 56 avenue du Président Wilson* ℘ 04 94 73 10 28, Fax 04 94 73 07 82, *info@ot-vidauban.com.*

Paris 841 – Fréjus 29 – Cannes 63 – Draguignan 19 – Toulon 61.

🏨 **Fontaine,** rte du Thoronet : 1,5 km ℘ 04 94 99 91 91, *hotel.la.fontaine.vidauban@wanad oo.fr,* Fax 04 94 73 16 49 – ▤ rest, 📺 ✆ ఊ 🅿. ◑ 🆚. 🕱
Repas (dîner seul.) 16,50/26 ⅊ – 🖃 8 – **13 ch** 59/65 – ½ P 59.
♦ Posté à un carrefour, hôtel récent à la façade colorée, disposant de chambres fraîches et sobres, impeccablement tenues. La salle de restaurant et la cuisine, traditionnelle, sont en parfaite harmonie dans le registre de la simplicité.

🍴🍴 **Bastide des Magnans,** rte La Garde-Freinet ℘ 04 94 99 43 91, *bastide-des-magnans@ wanadoo.fr,* Fax 04 94 99 44 35, 🏡 – 🅿. 🖭 ◑ 🆚
fermé 8 au 15 mars, 28 juin au 5 juil., 25 au 31 déc., dim. soir, merc. soir sauf juil.-août et lundi – **Repas** (14,90) - 24,50/45 ⅊.
♦ Dans une ancienne magnanerie, deux jolies salles à manger aux couleurs provençales (dont une avec cheminée d'agrément) et terrasse d'été ombragée de platanes séculaires.

🍴 **Concorde,** pl. G. Clemenceau ℘ 04 94 73 01 19, *alainboeuf@provencariviera.com,* Fax 04 94 73 01 19, 🏡 – 🖭 ◑ 🆚
fermé 25 juin au 4 juil., vacances de fév., mardi soir et merc. – **Repas** 28/55 ⅊.
♦ Sur la place centrale du village, restaurant tout simple proposant des plats traditionnels à base de produits du terroir, accompagnés d'une belle sélection de vins.

VIEILLE-TOULOUSE 31 H.-Gar. 343 G3 – rattaché à Toulouse.

VIEILLEVIE 15120 Cantal 330 C7 – 114 h alt. 220.

Paris 600 – Aurillac 45 – Rodez 50 – Entraygues-sur-Truyère 15 – Figeac 44 – Montsalvy 14.

🏨 **Terrasse,** ℘ 04 71 49 94 00, *hotel-de-la-terrasse@wanadoo.fr,* Fax 04 71 49 92 23, 🏡, 🔲, 🐴, 🕱 – 🅿. ◑ 🆚
4 avril-7 nov. et fermé dim. soir et lundi du 15 sept. au 15 juin – **Repas** 16/32 ⅊ – 🖃 7,50 – **26 ch** 48/50 – ½ P 49,50.
♦ Cet hôtel géré par la même famille depuis 1870 est situé au bord du Lot. Bons équipements de loisirs, chambres d'esprit campagnard et bar à clientèle locale. Une glycine ombrage la terrasse du restaurant, aménagée en surplomb de la piscine ; carte régionale.

Voir *Cathédrale St-Maurice★★ – Temple d'Auguste et de Livie★★* **R** *– Théâtre romain★ – Église★ et cloître★ de St-André-le-Bas – Esplanade du Mont Pipet* ⬃★ *– Anc. église St-Pierre★ – Groupe sculpté★ de l'église de Ste-Colombe* **AY** *– Cité gallo-romaine de St-Romain-en-Gal★★ (musée★, site★).*

🏛 *Office de tourisme, cours Brillier* 𝄞 *04 74 53 80 30, Fax 04 74 53 80 31, contact@vienne-tourisme.fr.*

Paris 486 ① *– Lyon 31* ① *– Grenoble 89* ② *– St-Étienne 49* ① *– Valence 73* ④.

VIENNE

Acqueducs (Chin. des)	**CY**
Allmer (R.)	**BZ** 2
Allobroges (Pl. des)	**AZ**
Asiaticus (Bd)	**AZ**
Beaumur (Montée)	**BCZ**
Boson (R.)	**AZ**
Bourgogne (R. de)	**BY**
Brenier (R. J.)	**BY**
Briand (Pl. A.)	**BY** 3
Brillier (Cours)	**ABZ**
Capucins (Pl. des)	**BCY**
Célestes (R. des)	**CY** 4
Chantelouve (R.)	**BY** 5
Charité (R. de la)	**BCY** 6
Cirque (R. du)	**CY** 7
Clémentine (R.)	**BY** 8
Clercs (R. des)	**BY** 9
Collège (R. du)	**BY** 10
Coupe-Jarret (Montée)	**BZ**
Éperon (R. de l')	**BY** 12
France (Quai Anatole)	**BCY**
Gère (R. de)	**CY**
Jacquier (R. H.)	**BY** 14
Jaurès (Q. Jean)	**AYZ**
Jeu-de-Paume (Pl. du)	**BY** 15
Jouffray (R. C.)	**AZ**
Juiverie (R. de la)	**BZ** 16
Lattre de T. (Pont de)	**ABY**
Laurent (R. Florentin)	**AZ**
Marchande (R.)	**BY**
Miremont (Pl. de)	**BY** 18
Mitterrand (Pl. F.)	**BY** 19
Orfèvres (R. des)	**BY** 20
Pajot (Quai)	**BY** 22
Palais (Pl. du)	**BY** 23
Peyron (R.)	**BZ** 24
Pilori (Pl. du)	**BY** 25
Pipet (R.)	**CY**
Pompidou (Bd Georges)	**AZ**
Ponsard (R.)	**BY** 28
République (Bd et Pl.)	**ABZ** 29
Riondet (Quai)	**AZ**
Rivoire (Pl. A.)	**AZ**
Romanet (R. E.)	**ABZ**
Romestang (Cours)	**BZ**
St-André-le-Haut (R.)	**CY** 34
St-Louis (Pl.)	**BY**
St-Marcel (Montée)	**CYZ**
St-Maurice (Pl.)	**AY**
St-Paul (Pl.)	**BY**
St-Pierre (Pl.)	**AZ**
Schneider (R.)	**CY** 37
Semard (Pl. P.)	**BZ**
Table-Ronde (R. de la)	**BY** 38
Thomas (R. A.)	**CY**
Tupinières (Montée des)	**CZ**
Ursulines (R. des)	**CY** 39
Verdun (Cours de)	**AZ**
Victor-Hugo (R.)	**BCYZ**
11-Novembre (R. du)	**AZ** 43

STE-COLOMBE (RHÔNE)

Briand (R.)	**AY**
Cochard (R.)	**AY**
Égalité (Pl. de l')	**AY**
Garon (R.)	**AY**
Herbouville (Q. d')	**AY**
Joubert (Av.)	**AY**
Nationale (R.)	**AY**
Petits-Jardins (R. des)	**AY**

Pyramide (Henriroux), 14 bd F. Point, cours de Verdun, sud du plan ✆ 04 74 53 01 96, *pyramide.f.point@wanadoo.fr*, Fax 04 74 85 69 73, 🍽, 🌳 – 📱 ❄ 🔲 📺 ♿ ⇔ 🅿 – 🛗 25. 🆎
Ⓓ ⒼⒷ ⒿⒸⒷ

fermé fév. – **Repas** *(fermé dim. sauf fériés et lundi)* 50 bc (déj.), 85/130 et carte 110 à 150 ℤ
– ☲ 19 – **21 ch** 190/230, 4 suites.

♦ Belle maison régionale abritant des chambres très coquettes et un agréable jardin.
Gourmets, songez que du haut de cette Pyramide, le grand Fernand Point vous contemple
de son paradis gastronomique ! La cuisine, inventive, est digne du maître.
Spéc. Le lapin en déclinaison. Grenouilles en tarte aux aromates, jus de poulet à l'ail du
Lauragais. Piano au chocolat, sorbet cacao amer. **Vins** Condrieu, Côte-Rôtie.

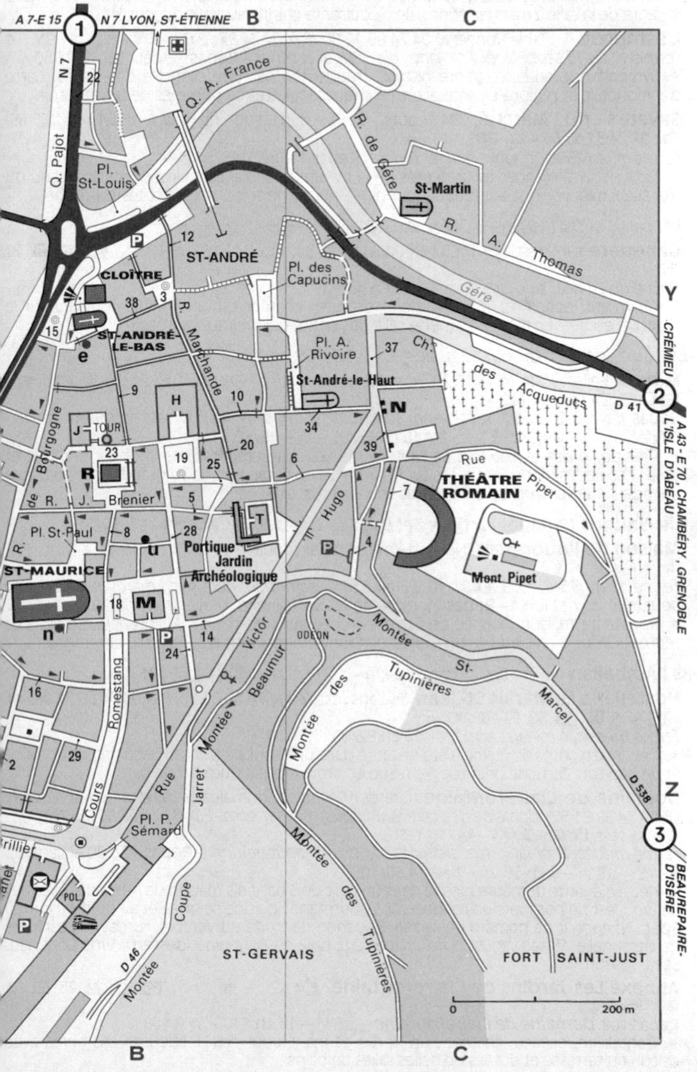

Central sans rest, 7 r. Archevêché *ℰ* 04 74 85 18 38, *hotel-central-vienne@wanadoo.fr*, Fax 04 74 31 96 33 – 🛗 🆃🆅 ⇐, 🅰🅴 ① 🇬🇧 🇯🇨🇧   BY u
fermé 7 au 13 août et 11 déc. au 17 janv. – 🖃 7 – **25 ch** 55/74.
♦ Dans une rue calme. Chambres assez grandes et bien tenues, régulièrement rénovées. Confortable salon et salle des petit-déjeuners au décor évoquant les années 1960.

Bec Fin, 7 pl. St-Maurice *ℰ* 04 74 85 76 72, Fax 04 74 85 15 30, 😤 – 🗐. 🇬🇧   AY r
fermé dim. soir, merc. soir et lundi – **Repas** 18/52 ♈.
♦ Adresse réputée pour sa cuisine traditionnelle et régionale qui, comme le jovial patron, ne manque pas de caractère. Décor sobre ; terrasse installée sur la place en été.

Cloître, 2 r. des Cloîtres *ℰ* 04 74 31 93 57, *le-cloitre@wanadoo.fr*, Fax 04 74 85 03 51, 😤 – 🗐. 🅰🅴 🇬🇧   BY n
fermé dim. et fériés – **Repas** 16,90 (déj.), 22,90/49,90 ♈ 🕭.
♦ Aimable maison au pied de la cathédrale St-Maurice. Vitraux, pierres et poutres forment le cadre de la salle à manger principale. Séduisante cuisine au goût du jour.

L'Estancot, 4 r. Table Ronde *ℰ* 04 74 85 12 09, Fax 04 74 85 12 09 – 🇬🇧   BY e
fermé 1ᵉʳ au 15 sept., Noël à mi-janv., dim., lundi et fériés – **Repas** 12 (déj.), 15,50/21,50 🕭.
♦ Sympathique adresse, genre bistrot, fréquentée par une clientèle d'habitués. Carte traditionnelle et régionale ; spécialités de criques (galettes de pommes de terre) le soir.

Saveurs du Marché, 34 cours de Verdun, sud du plan *ℰ* 04 74 31 65 65, Fax 04 74 31 65 65 – 🗐. 🇬🇧
fermé 1ᵉʳ au 23 août, sam., dim. et fériés – **Repas** 11 (déj.), 15/34 ♈ 🕭.
♦ Petite salle à nuance colorée près de la pyramide de l'ancien cirque romain. Menu du marché à midi ; cuisine au goût du jour plus élaborée le soir. Carte de côtes-du-rhône.

à Estrablin par ② et D 41 : 8 km – 3 214 h. alt. 223 – ✉ 38780 :

Gabetière sans rest, sur D 502 *ℰ* 04 74 58 01 31, Fax 04 74 58 08 98, ⚓, 🏊 – 🆃🆅 🅿. 🅰🅴 🇬🇧
fermé du 26 déc. au 8 janv. – 🖃 8 – **12 ch** 43/63.
♦ Charmant manoir du 16ᵉ s. joliment restauré : chambres-bonbonnières ouvrant sur le parc, bel escalier en pierre, coquette salle des petits-déjeuners et agréable piscine.

à Pont-Évêque par ② : 4 km – 5 067 h. alt. 190 – ✉ 38780 :

Midi, pl. Église *ℰ* 04 74 16 18 20, *home@hoteldumidi.fr*, Fax 04 74 57 24 99, 😤, ⚓, 🛏 – 🆃🆅 🅿. 🅰🅴 ① 🇬🇧, 🕭 rest
Repas (fermé 16 au 23 août, vend. soir hors saison, sam. sauf le soir en saison et dim., 23 déc. au 6 janv.) 16/25 ♈ – 🖃 9 – **18 ch** 53/65 – ½ P 48/50.
♦ Près de l'église et non loin de l'autoroute. Les chambres fraîches (mobilier pratique et tissus ensoleillés) donnent toutes sur le jardin. Salon équipé d'une TV grand écran ; terrasse ouverte sur la verdure. Salle des repas sobre et rustique.

à Reventin-Vaugris (village) par ④, N 7 et D 131 : 9 km – 1 577 h. alt. 230 – ✉ 38121 :

Maison de l'Aubressin, Nord : 1 km par rte secondaire *ℰ* 04 74 58 83 02, ≤ Pilat, 😤, 🍃 – 🅿. 🇬🇧
fermé 12 au 30/4, 13/9 au 01/10, 26 au 31/12, sam. midi hors sais., mardi midi de juin à août, dim. soir et lundi – **Repas** (nombre de couverts limité, prévenir) 41 bc/90 bc, enf. 15.
♦ Ravissante maison tapissée de lierre, perchée sur une colline. À l'intérieur, bibelots et reproductions de tapisseries du musée de Cluny créent une intimité. Terrasse ombragée.

à Chonas l'Amballan au Sud par ④ et N 7 : 9 km – 1 219 h. alt. 250 – ✉ 38121 :

Hostellerie Le Marais St-Jean 🌿 sans rest, *ℰ* 04 74 58 83 28, Fax 04 74 58 81 96, 🍃 – 🆃🆅 📞 🕭 🅿. – 🛗 30. 🅰🅴 ① 🇬🇧 🇯🇨🇧
fermé mi-déc. à mi-janv. – 🖃 11 – **10 ch** 82/90.
♦ Cet ancien corps de ferme a été restauré dans un esprit provençal. Décor intérieur sobre et de bon ton. Terrasse orientée plein Sud et jardin aromatique dans le parc.

Domaine de Clairefontaine (Girardon) avec ch, *domainedeclairefontaine@yahoo.fr* *ℰ* 04 74 58 81 52, *domaine.de.clairefontaine@fornet.com*, Fax 04 74 58 80 93, 😤, ✂, 🏊 – 🗐 rest, 🅿. 🅰🅴 ① 🇬🇧 🇯🇨🇧, 🕭 rest
fermé mi-déc. à mi-janv., mardi sauf le soir en juil.-août et lundi – **Repas** 42/120 et carte 62 à 84 ♈ – 🖃 11 – **9 ch** 38/75 – ½ P 74,50/108.
♦ Cette élégante demeure nichée dans un parc de 3 ha, jadis maison de repos des évêques de Lyon, est de nos jours un rendez-vous gourmand : cuisine soignée et au goût du jour.
Spéc. Nénuphar de homard en salade. Bouchon de truite du Vercors, fumet aux parfums de citronnelle. "Stradivarius" pur Caraïbes aux noix du Dauphiné (dessert). **Vins** Condrieu, Saint-Joseph.

Annexe Les Jardins de Clairefontaine 🏨 🌿, – 🛗, 🗐 ch, 🆃🆅 🕭 – 🛗 25. 🅰🅴 ① 🇬🇧 🇯🇨🇧
Repas voir **Domaine de Clairefontaine** – 🖃 11 – **18 ch** 110 – ½ P 108.
♦ Tranquillité, espace, charme : un tiercé gagnant pour ces délicieuses chambres avec balcon ou terrasse et dotées de belles salles de bains.

à Chasse-sur-Rhône *par ① : 8 km (Échangeur A7 - sortie Chasse-sur-Rhône) – 4 795 h. alt. 180 –* ✉ *38670 :*

Mercure, ✆ 04 72 49 58 68, *h0349@accor-hotels.com, Fax 04 72 49 58 88* – [lift] [no rest] [air cond.] [TV] [phone] [disabled] P – [conference] 20 à 60. AE ⓓ GB

Repas *(fermé sam. midi, dim. midi et les midis fériés)* (16,50) - 19/22,50, enf. 8,50 ♀ – ☕ 12 – **115 ch** 115/125.

◆ Grand bâtiment récent proche de l'autoroute. Les chambres sont décorées sur le thème du jazz, clin d'oeil au célèbre festival de Vienne. Au restaurant, cadre contemporain et cuisine traditionnelle agrémentée de quelques "lyonnaiseries".

VIENNE-EN-VAL *45510 Loiret* 318 *J5 – 1 549 h alt. 112.*

Paris 157 – Orléans 23 – La Ferté-St-Aubin 22 – Montargis 57 – Sully-sur-Loire 20.

Auberge de Vienne, ✆ 02 38 58 85 47, *Fax 02 38 58 63 29* – [air cond.]. GB. [no dogs]

fermé 1er au 15 sept., 16 janv. au 8 fév., dim. soir, lundi et mardi – **Repas** 17,50 (déj.), 25,50/48,50, enf. 12,20.

◆ Maison ancienne d'un village situé aux portes de la Sologne. Plaisante salle à manger rustique cloisonnée de colombages et agrémentée d'une cheminée. Cuisine traditionnelle.

Nos guides hôteliers, nos guides touristiques et nos cartes routières sont complémentaires. Utilisez-les ensemble.

VIERZON

Rue	Carré	N°
Baron (R. Bl.)	A	2
Briand (Pl. Aristide)	B	3
Brunet (R. A.)	B	
Dr-P.-Roux (R. du)	B	6
Foch (Pl. du Mar.)	B	7
Gaucherie (R. de la)	A	8
Gaulle (R. Gén.-de)	A	9
Joffre (R. du Mar.)	B	12
Larchevêque (R. M.)	A	13
Nation (Bd de la)	A	14
Péri (Pl. Gabriel)	A	
Ponts (R. des)	B	
République (Av. de la)	A	16
Roosevelt (R. Th.)	B	18
Voltaire (R.)	B	20
11-Novembre-1918 (R. du)	A	22

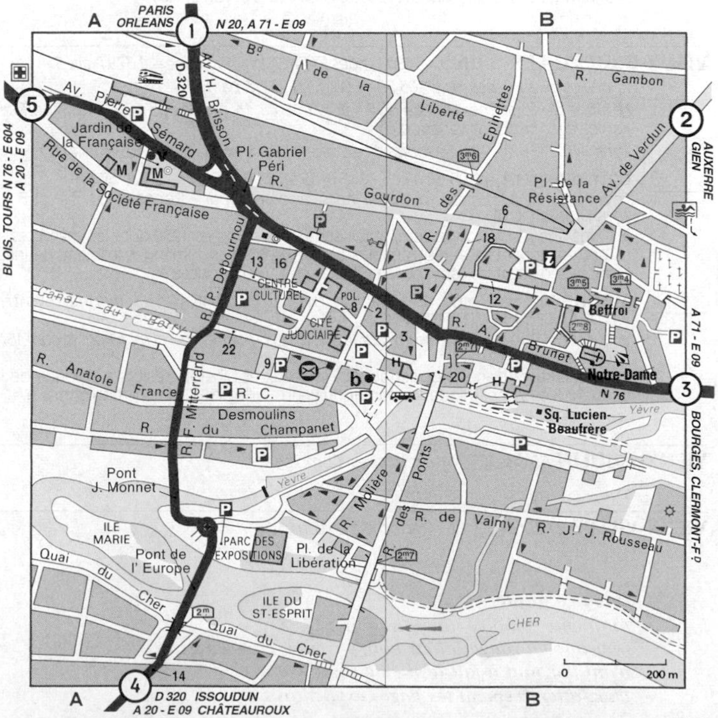

VIERZON ⟨⬢⟩ *18100 Cher* **323** I3 *G. Berry Limousin – 29 719 h alt. 122.*

🛏 *de la Picardière* 🅿 *02 48 75 21 43, par ② : 8 km.*

🅘 *Office de tourisme, 26 place Vaillant Couturier* 🅿 *02 48 53 06 14, Fax 02 48 53 00 79, office-tourisme@ville-vierzon.fr.*

Paris 207 ① – Bourges 39 ③ – Châteauroux 58 ④ – Orléans 84 ① – Tours 120 ⑤.

Plan page précédente

🏨 **Continental**, 104 bis av. Éd. Vaillant par ① : *1,5 km* 🅿 *02 48 75 35 22, robertbc87@wanad oo.fr, Fax 02 48 71 10 39* – 📶 TV 🕿 ⇔ 🅿 – 🛗 30. 🖭 GB
fermé vacances de fév. – **Repas** *(dîner seul.) (résidents seul.) carte environ 23* ♀ – ⌑ 7 – **37 ch** 50/67.
   ♦ "T'as voulu voir Vierzon et on a vu Vierzon..." : une étape "obligée" rendue confortable par cet hôtel aux chambres rafraîchies et bien tenues. Restauration-snack.

🏠 **Arche Hôtel**, Forum République 🅿 *02 48 71 93 10, laurent.brechemier@free.fr, Fax 02 48 71 83 63,* 🏠 – 📶 TV 🕿 ⇔. 🖭 ① GB   A b
fermé dim. sauf du 15 juin au 15 sept. – **Repas** *(fermé dim. soir) (dîner seul.)* 15 ♀ – ⌑ 9 – **40 ch** 41/66 – ½ P 45/50.
   ♦ Cette façade moderne en verre miroite au soleil à deux pas des arches du vieux pont sur l'Yèvre. Les chambres, fonctionnelles et insonorisées, sont d'une tenue méticuleuse. Repas sans prétention, orientés "salades et grillades", servis dans une salle actuelle.

XXX **Maison de Célestin**, 20 av. P. Sémard 🅿 *02 48 83 01 63, lamaisondecelestin@wanadoo.f r, Fax 02 48 71 63 41,* 🏠 – ▤. 🖭 GB   A v
fermé 29 avril au 6 mai, 2 au 24 août, 3 au 18 janv., sam. midi, dim. soir et lundi – **Repas** 22 *(déj.),* 30/60 et carte 43 à 59, enf. 14.
   ♦ Les murs de cette maison de maître du 19ᵉ s. dissimulent un bel intérieur résolument contemporain. Véranda et terrasse s'ouvrent sur un jardin public.

rte de Tours *par ⑤ : 2,5 km –* ✉ *18100 Vierzon :*

X **Champêtre**, 89 rte Tours 🅿 *02 48 75 87 18, Fax 02 48 71 67 04* – 🅿. GB
fermé 26 août au 3 sept., vacances de fév., lundi soir, merc. soir et mardi – **Repas** 17/42 ♀.
   ♦ Modeste maison abritant un bar d'accueil prolongé d'une salle à manger redécorée. Au programme des réjouissances : recettes classiques et régionales.

VIEUX-BOUCAU-LES-BAINS *40480 Landes* **335** C12 *G. Aquitaine – 1 379 h alt. 5.*

🛏 *de Pinsolle à Soustons* 🅿 *05 58 48 03 92, S : 9 km par D 4.*

🅘 *Office de tourisme, Le Mail Nº 11* 🅿 *05 58 48 13 47, Fax 05 58 48 15 37, officedetou risme.vieux-boucau@wanadoo.fr.*

Paris 740 – Biarritz 48 – Bayonne 41 – Castets 28 – Dax 37 – Mont-de-Marsan 90.

🏠 **Côte d'Argent**, 🅿 *05 58 48 13 17, Fax 05 58 48 01 15,* 🏠 – TV 🅿. 🖭 GB
fermé 1ᵉʳ oct. au 15 nov., dim. soir hors saison et lundi – **Repas** 18/31 ♀ – ⌑ 6 – **34 ch** 39/54 – ½ P 53/56.
   ♦ Dans une rue piétonne l'été, établissement des années 1930 dont les chambres, claires et nettes, sont garnies de meubles landais. Les salles à manger joliment fleuries et la terrasse séduisent les estivants en villégiature à Vieux-Boucau.

X **Marinero** avec ch, 15 Grande rue 🅿 *05 58 48 14 15, marinero.vb@free.fr Fax 05 58 48 38 18,* 🏠 – TV. GB
avril-sept. – **Repas** *(fermé lundi sauf le soir en juil.-août et mardi midi hors saison)* 15/26 ♀ – ⌑ 5 – **19 ch** 38/51.
   ♦ Tons bleu et blanc, mobilier acajou, tableaux et bibelots relatifs au monde de la mer donnent à ce sympathique restaurant du centre-ville des allures de bistrot marin.

VIEUX-MOULIN *60 Oise* **305** I4 – *rattaché à Compiègne.*

VIEUX-VILLEZ *27 Eure* **304** H6 – *rattaché à Gaillon.*

Dans ce guide
un même symbole, un même mot,
imprimé en **rouge** *ou en* **noir***, en maigre ou en* **gras***,*
n'ont pas tout à fait la même signification.
Lisez attentivement les pages explicatives.

VIF 38450 Isère **333** H7 – 6 478 h alt. 320.

Paris 581 – Grenoble 19 – Le Bourg-d'Oisans 45 – Villard-de-Lans 48.

Paix, 10 r. Desaix (pl. 30-Otages) ℰ 04 76 72 46 75, *hotel-de-la-paix2@wanadoo.fr,* Fax 04 76 72 74 99, 🎇, 🚗 – 📺 **P.** **GB**
Repas 12,50/21,50, enf. 10 ⅂ – ⴱ 5,80 – **7 ch** 33/48 – ½ P 45.
◆ Halte pratique et accueillante dans un village tranquille. Grandes chambres et jardin agréable avec ses platanes et son bassin. L'hiver, des flambées ombragent la cheminée réchauffent la salle à manger rustique ; l'été, fraîche et calme terrasse ombragée.

Le VIGAN ◁ℙ▷ 30120 Gard **339** G5 *G. Languedoc Roussillon* – 4 429 h alt. 221.

Voir *Musée Cévenol★.*

🖪 *Office de tourisme, place Triaire* ℰ 04 67 81 01 72, Fax 04 67 81 86 79, *ot.le-vigan@wana doo.fr.*

Paris 707 – Montpellier 61 – Alès 66 – Lodève 50 – Mende 108 – Millau 72 – Nîmes 77.

Commerce sans rest, 26 r. Barris ℰ 04 67 81 03 28, Fax 04 67 81 43 20 – **P.** **GB**
fermé vacances de printemps et Toussaint – ⴱ 5 – **15 ch** 16/38.
◆ Hôtel d'une propreté exemplaire. Ses chambres - meublées simplement mais pourvues d'un bénéfique double vitrage - et son jardinet en font une sympathique étape cévenole.

au Rey *Est : 5 km par D 999 –* ✉ *30570 Pont d'Hérault*

Château du Rey 🔉, ℰ 04 67 82 40 06, *abeura@club-internet.fr,* Fax 04 67 82 47 79, 🎇, 🛆, 🐾 – 📺 **P.** **AE** **GB**
fermé janv. et fév. – **Repas** *(fermé dim. soir et lundi sauf juil.-août)* 25/55 ⅂ – ⴱ 8 – **13 ch** 63/97 – ½ P 65/82.
◆ Dans un parc bordant une rivière (parcours de pêche), forteresse médiévale restaurée par Viollet-le-Duc. Chambres personnalisées. L'ancienne bergerie du château, avec sa salle voûtée du 13ᵉ s., a été aménagée en restaurant. Terrasse dressée face à la piscine.

à Pont d'Hérault *Est : 6 km par D 999 –* ✉ *30570 Valleraugue :*

Maurice, ℰ 04 67 82 40 02, *hotelmaurice@aol.com,* Fax 04 67 82 46 12, 🎇, 🛆, 🐾, ✖ – 🔳 rest, 📺 **P.** **GB**
Repas *(fermé dim. soir et lundi)* 35/60 – ⴱ 7,50 – **14 ch** 58/86 – ½ P 58/77.
◆ Maison de pays sur la jolie route champêtre longeant le cours de l'Hérault. Chambres actuelles, gaies et confortables. L'adresse est gérée par la même famille depuis trois générations. Salle à manger rustique et plaisante terrasse surplombant la rivière.

Donnez-nous votre avis sur les tables que nous recommandons,
sur leurs spécialités et leurs vins de pays.

VIGNIEU 38890 Isère **333** F4 – 706 h alt. 269.

Paris 503 – Grenoble 75 – Lyon 57 – Morestel 8 – La Tour-du-Pin 10.

Château de Chapeau Cornu 🔉, ℰ 04 74 27 79 00, *chapeau.cornu@wanadoo.fr,* Fax 04 74 92 49 31, 🎇, 🛆, 🗲 – 📺 ✆ **P** – 🔬 30. **GB**, ✖ ch
fermé 20 déc. au 17 janv. – **Repas** *(fermé dim. soir sauf juil.-août)* 19 bc (déj.), 28/58, enf. 10 ⅂ – ⴱ 12 – **21 ch** 65/130 – ½ P 40/58.
◆ Dans la campagne, petit château du 13ᵉ s. entouré d'un parc de 6 ha. Plaisantes chambres personnalisées, parfois agrémentées de meubles anciens. Les murs du 13ᵉ s. des trois salles de restaurant voûtées servent de cadre à une cuisine traditionnelle.

VIGNOUX-SUR-BARANGEON 18500 Cher **323** J3 – 1 885 h alt. 157.

🖪 *Syndicat d'initiative, 23 rue de la République* ℰ 02 48 51 11 41, Fax 02 48 51 11 46, *ot-villages-foret@wanadoo.fr.*

Paris 215 – Bourges 26 – Cosne-sur-Loire 69 – Gien 70 – Issoudun 37 – Vierzon 9.

Prieuré 🔉 avec ch, rte St-Laurent (D 30) ℰ 02 48 51 58 80, *prieurehotel@wanadoo.fr,* Fax 02 48 51 56 01, 🎇, 🛆, 🐾 – 📺 ✆ **P.** **GB**
fermé mardi et merc. sauf hôtel de juin à sept. – **Repas** 25,50/64 et carte 55 à 77 ⅂ – ⴱ 6,50 – **7 ch** 54/65,50 – ½ P 56,50/61,80.
◆ Dans un prieuré du 19ᵉ s., restaurant au décor sagement contemporain et agréable terrasse au bord de la piscine ; cuisine au goût du jour. Chambres simples.

VILLAGE-NEUF 68 H.-Rhin **315** J11 – *rattaché à St-Louis.*

VILLAINES-LA-JUHEL 53700 Mayenne **310** H4 – *3 179 h alt. 185.*

🛈 *Office de tourisme, boulevard du Général-de-Gaulle* ℰ 02 43 03 78 88, Fax 02 43 03 77 92, tourisme.villaines-la-juhel@wanadoo.fr.

Paris 222 – Alençon 32 – Bagnoles-de-l'Orne 31 – Le Mans 58 – Mayenne 28.

🏠 **Oasis** sans rest, rte Javron : 1 km ℰ 02 43 03 28 67, hoteloasis@hotmail.com, Fax 02 43 03 35 30, 🏊 – 📺 🅿 – 🔬 20. ⬡⬡

⬚ 6,30 – **12 ch** 38,50/63,50.

♦ Vieille ferme dont l'intérieur restauré conserve une agréable rusticité. Poutres et murs en briquettes dans toutes les chambres. Petit parc avec plan d'eau et minigolf.

VILLANDRY 37510 I.-et-L. **317** M4 – *920 h alt. 50.*

Voir *Château*★★ : *jardins*★★★, G. Châteaux de la Loire.

🛈 *Office de tourisme, Le Potager* ℰ 02 47 50 12 66, Fax 02 47 43 59 16, contact@tourisme-en-confluence.com.

Paris 253 – Tours 18 – Azay-le-Rideau 12 – Chinon 32 – Langeais 9 – Saumur 50.

🏠 **Colombien,** 2 r. Mairie ℰ 02 47 50 07 27, Fax 02 47 50 04 69 – 📺. ⬡⬡
fermé 17 au 30 nov., 21 fév. au 7 mars, mardi soir, dim. soir et merc. hors saison – **Repas** 16/33 ⏑ – ⬚ 6 – **10 ch** 30/48 – ½ P 40/49.

♦ L'hôtel est situé près du château et de ses splendides jardins Renaissance. Coquettes chambres empruntant chacune nom et couleur à une fleur différente. Pierres et poutres apparentes décorent le charmant restaurant ; tables joliment dressées.

VILLAR-D'ARÈNE 05480 H.-Alpes **334** G2 – *219 h alt. 1650 – Sports d'hiver : 1 650/2 058 m ⚡6 ⚡.*

Paris 648 – Briançon 36 – Le Bourg-d'Oisans 34 – La Grave 6 – Grenoble 86.

🏠 **Faranchin,** N 91 ℰ 04 76 79 90 01, hotelfaranchin@worldonline.fr, Fax 04 76 79 92 88, ⬱, 🍴 – 🅿, ⴹⴹ ⬡⬡
1er juin-15 oct. et 22 déc.-15 avril – **Repas** *(fermé merc. en sept.-oct.)* (10) - 19/30, enf. 7 ⏑ – ⬚ 7 – **38 ch** 25/56 – ½ P 35,30/49.

♦ Sur la route du col du Lautaret, pension de montagne abritant des chambres correctement équipées ; celles du 3e étage ont un confort plus spartiate. Jolie vue sur la Meije. Grande salle à manger d'esprit rustique, terrasse exposée au Sud et plats régionaux.

VILLARD-DE-LANS 38250 Isère **333** G7 *G. Alpes du Nord* – *3 798 h alt. 1040 – Sports d'hiver 1 160/2 170 m ⚡2 ⚡27 ⚡ – Casino.*

Voir *Gorges de la Bourne*★★★ – *Route de Valchevrière*★ O par D 215c.

🏌18 *de Corrençon-en-Vercors* ℰ 04 76 95 80 42, S : 6 km par D 215.

🛈 *Office de tourisme, 105 chemin de la patinoire* ℰ 04 76 95 10 38, Fax 04 76 95 98 39 info@ot-villard-de-lans.fr.

Paris 584 ① – Grenoble 34 ① – Die 67 ② – Lyon 123 ① – Valence 67 ② – Voiron 44 ①.

VILLARD-DE-LANS

Adret (R. de l')	2
Chabert (Pl. P.)	4
Chapelle-en-Vercors (Av.)	5
Dr-Lefrançois (Av.)	6
Francs-Tireurs (Av. des)	8
Galizon (R. de)	9
Gambetta (R.)	10
Gaulle (Av. Gén. de)	12
Libération (Pl. de la)	13
Lycée Polonais (R. du)	14
Martyrs (Pl. des)	15
Moulin (Av. Jean)	16
Mure-Ravaud (Pl. R.)	17
Pouteil-Noble (R. P.)	19
Prof. Nobecourt (Av.)	20
République (R. de la)	22
Roux-Fouillet (R. A.)	23
Victor-Hugo (R.)	26

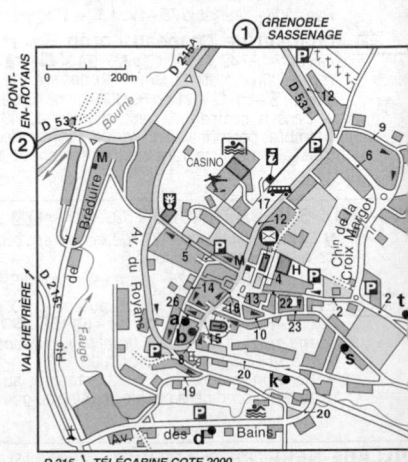

D 215 ↘ TÉLÉCABINE CÔTE 2000

🏨 **Christiania,** av. Prof. Nobecourt **(k)** 🕿 04 76 95 12 51, *info@hotel-le-christina.fr*, Fax 04 76 95 00 75, ≤, 斧, ⌂, 🖻, ☞ – ⇄ 🔟 – 🚵 15. 🖭 ⑩ 🖼. ℅ rest
fermé 20 avril au 20 mai et 26 sept. au 18 déc. – **Tétras** *(fermé midis sauf vacances scolaires, week-ends et fériés)* **Repas** 22,50/46 – ⇆ 10 – **23 ch** 66/156 – ½ P 102/122.
♦ Chalet-hôtel abritant de vastes chambres personnalisées, parfois lambrissées à la mode savoyarde ; presque toutes possèdent un balcon et ont vue sur la montagne. Restaurant décoré de bibelots et trophées de chasse ; cuisine classique et régionale.

🏨 **Pré Fleuri** ⊗, rte Cochettes **(t)** 🕿 04 76 95 10 96, *le.pre.fleuri@wanadoo.fr*, Fax 04 76 95 56 23, ≤, 斧, ☞ – 🔟 🅿. 🖼. ℅ rest
1er juin-1er oct. et 20 déc.-15 avril – **Repas** 21/28, enf. 11 – ⇆ 7 – **20 ch** 54/65 – ½ P 58,50.
♦ Construction des années 1970 perchée sur les hauteurs verdoyantes de la station. Les chambres, avec balcons, sont assez spacieuses, correctement équipées et bien tenues. Salle à manger panoramique au cadre très sobre, mais faisant face aux montagnes.

🏨 **Fleur du Roy** ⊗, 166 r. Prof. Lesne **(s)** 🕿 04 76 95 11 91, *la.fleur-du-roy@planete-verco rs.com*, Fax 04 76 95 56 69, 斧, ☞ – 🔟 ✔. 🖼. ℅ rest
fermé avril et 6 nov. au 18 déc. – **Repas** (dîner seul.) (résidents seul.) 20 🍷 – ⇆ 8 – **11 ch** 58,40 – ½ P 59,40.
♦ Jolie maison tapissée de lierre au coeur d'un ensemble résidentiel. Chambres simples et nettes, et restaurant offrant une vue plaisante sur les sommets. Bibliothèque.

🏨 **Les Bruyères,** 31 r. V. Hugo **(a)** 🕿 04 76 95 11 83, *hotelbruyeres@club-internet.fr*, Fax 04 76 95 58 76, 斧, ☞ 🖭 🖼. ℅ rest
fermé 3 au 19 avril et 15 oct. au 15 déc. – **Repas** *(ouvert uniquement pour les vacances scolaires)* (dîner seul.) (résidents seul.) 15 🍷 – ⇆ 8 – **18 ch** 50/54 – ½ P 48.
♦ Ambiance familiale, petites chambres accueillantes, jardinet fleuri... Ce charmant hôtel a tout pour séduire. Mention spéciale pour l'attention accordée aux enfants.

🏨 **Villa Primerose** sans rest, 147 av., des Bains **(d)** 🕿 04 76 95 13 17, Fax 04 76 95 19 07, ≤, ☞ – 🅿. 🖼
fermé 15 au 30 avril et 1er oct. au 20 déc. – ⇆ 4,50 – **18 ch** 42/47.
♦ Face aux tennis municipaux, maison des années 1930 dont les chambres, simples et nettes, s'ouvrent sur la nature. Sympathique salon-bibliothèque. Cuisine libre-service.

✗ **Les Trente Pas,** 16 r. Francs-Tireurs **(b)** 🕿 04 76 94 06 75, Fax 04 76 95 80 69 – 🖼
fermé 13 au 29 avril, 15 nov. au 9 déc., lundi hors saison et mardi – **Repas** 13 (déj.), 19,50/ 44 🍷.
♦ À quelques pas - une trentaine ? - de l'église du village, petit restaurant proposant une carte traditionnelle. Plafond lambrissé, murs crépis et tableaux décorent la salle.

au Bois-Barbu *Ouest : 3 km par D 215ᴱ* – ✉ 38250 Villard-de-Lans :

✗ **Ferme du Bois Barbu** ⊗ avec ch, **(n)** 🕿 04 76 95 13 09, *fermeboisbarbu@planete-ver cors.com*, Fax 04 76 94 10 65, ≤, 斧, – 🔟 🅿. 🖼. ℅
fermé 13 au 21 avril, 14 au 18 juin et 15 nov. au 10 déc. – **Repas** *(fermé dim. soir et merc.)* (15) 23/46, enf. 9 🍷 – ⇆ 8 – **8 ch** 42/50 – ½ P 48.
♦ Les pistes de ski de fond sont proches de cette maison. Lambris, pierres apparentes, cheminée et mobilier rustique composent le décor du restaurant. Chambres simples.

au Balcon de Villard *rte Côte 2000, Sud-Est : 4 km par D 215 et D 215ᴮ* – ✉ 38250 Villard-de-Lans :

🏨 **Playes** ⊗, 🕿 04 76 95 14 42, *hotel.lesplayes@free.fr*, Fax 04 76 95 58 38, ≤, 斧, ☞, ℅ – 🔟 🅿. 🖼
mai-sept. et déc.-avril – **Repas** *(fermé le midi en hiver)* 19/25 🍷 – ⇆ 8 – **23 ch** 57/63 – ½ P 57.
♦ Face au massif de la Grande Moucherolle, robuste chalet abritant des chambres spacieuses, déjà anciennes mais bien tenues ; quelques-unes ont un balcon. Restaurant et terrasse ménagent une jolie vue sur les sommets ; cuisine traditionnelle à l'accent du pays.

Correncon-en-Vercors *Sud : 6 km par D 215 – 322 h. alt. 1105* – ✉ 38250 :
🖪 Office de tourisme, place du village 🕿 04 76 95 81 75, Fax 04 76 95 84 63, *info@ot-correncon.fr*.

🏨 **du Golf** ⊗, Les Ritons 🕿 04 76 95 84 84, *hotel-du-golf@wanadoo.fr*, Fax 04 76 95 82 85, ≤, 斧, ⌂, ☞ – 🔟 ✔. 🖭 🖼
fermé 1er avril au 8 mai et 15 oct. au 15 déc. – **Repas** *(fermé le midi du lundi au vend.)* 36 🍷 – ⇆ 10 – **8 ch** 96/135, 4 duplex – ½ P 95/100.
♦ Dans un hameau tranquille ceint de forêts, vaste bâtisse proche d'un golf 18 trous. Coquettes chambres montagnardes et colorées ; certaines avec balcon ou mezzanine. Appétissants menus servis dans la salle lambrissée ou sur la charmante terrasse d'été.

Nos guides hôteliers, nos guides touristiques et nos cartes routières sont complémentaires. Utilisez-les ensemble.

VILLARS-LES-DOMBES 01330 Ain 328 D4 *G. Vallée du Rhône – 4 190 h alt. 281.*

Voir *Vierge à l'Enfant★ dans l'église – Parc ornithologique★ S : 1 km.*

☎₁₈ *du Clou ℰ 04 74 98 19 65, S : 3 km par N 83 ; ☎₂₇ du Gouverneur à Monthieux ℰ 04 72 26 40 34, SO : 8 km par D 904 et D 6.*

🖪 *Office de tourisme, 3 place de l'Hôtel de Ville ℰ 04 74 98 06 29, Fax 04 74 98 12 77, ot.villarslesdombes@caramail.com.*

Paris 433 – Lyon 37 – Bourg-en-Bresse 29 – Villefranche-sur-Saône 29.

🏨 **Ribotel,** rte Lyon ℰ 04 74 98 08 03, ribotel@wanadoo.fr, Fax 04 74 98 29 55, � – 🛗 🖵 ⛷
&. 🅿 – 🔬 15 à 60. 🅐🅔 🆎 🃏
Repas *(fermé 21 déc. au 4 janv.)* 17 (déj.), 20/38, enf. 9,50 ⵙ – ⴲ 8,50 – **47 ch** 44/51 – ½ P 48/52.
♦ Cette construction récente offre des chambres actuelles, fraîches et bien tenues : une adresse commode pour une étape aux portes de l'attrayant parc ornithologique. Lumineuses salles à manger en rotonde sous charpente apparente et cuisine traditionnelle.

🍴 **Col Vert,** r. Commerce ℰ 04 74 98 00 33, Fax 04 74 98 12 97 – 🆎
fermé 15 déc. au 19 janv., dim. soir, mardi soir et lundi – **Repas** 18,10/46,50.
♦ Au cœur de la cité fleurie bordant la Chalaronne, sympathique auberge au cadre rustique simple. Spécialités régionales où figure, en période de chasse, le colvert.

à Bouligneux *Nord-Ouest : 4 km par D 2 – 290 h. alt. 282 – ⊠ 01330 :*

🍴🍴🍴 **Auberge des Chasseurs** (Dubreuil), ℰ 04 74 98 10 02, Fax 04 74 98 28 87, � – 🆎
❀ *fermé 1ᵉʳ au 9 sept., 20 déc. au 20 janv., mardi et merc. sauf fériés –* **Repas** 27/51 et carte 48 à 62, enf. 16 ⵙ.
♦ Près de l'église du village, cette maison comblera par son accueil chaleureux les chasseurs... et les autres. Salle à manger campagnarde, cuisine bressane et dombiste.
Spéc. Galette de pommes de terre aux langoustines, sauce aux crustacés (oct. à juin) Fricassée de girolles aux écrevisses (juin à déc.). Canard sauvage aux petits navets. **Vins** Mâcon-Villages, Pétillant du Bugey.

🍴 **Hostellerie des Dombes,** ℰ 04 74 98 08 40, Fax 04 74 98 16 63, � – 🅿. 🆎
fermé jeudi soir hors saison, jeudi midi en saison et merc. – **Repas** 20,50/44 ⵙ.
♦ Au centre du bourg, salle à manger d'esprit champêtre ou agréable terrasse estivale pour déguster une cuisine régionale. Grenouilles et gibier en saison.

Dans ce guide

un même symbole, un même mot,

*imprimé en **rouge** ou en **noir**, en maigre ou en **gras**,*

n'ont pas tout à fait la même signification.

Lisez attentivement les pages explicatives.

VILLARS-SOUS-DAMPJOUX 25190 Doubs 321 K2 – *403 h alt. 362.*

Paris 482 – Besançon 81 – Baume-les-Dames 50 – Montbéliard 24 – Morteau 49.

🍴🍴 **Sur les Rives du Doubs,** à Dampjoux Sud : 1 km ℰ 03 81 96 93 82, Fax 03 81 96 46 61
� – 🅿. 🆎. ⏣
fermé 2 au 31 janv., lundi soir, mardi et merc. – **Repas** 33/38.
♦ Bel emplacement pour cet établissement au nom explicite. La salle à manger refaite lumineuse et fleurie, s'ouvre sur la terrasse et la rivière. Carte traditionnelle.

à Bief *Sud : 3 km – 123 h. alt. 362 – ⊠ 25190 :*

🍴 **Auberge Fleurie,** ℰ 03 81 96 53 01, Fax 03 81 96 55 64, � – 🅿. 🆎
fermé 8 au 15 juin, 18 août au 8 sept., 21 fév. au 3 mars, lundi et mardi – **Repas** (9,50) 18,50/30 ⵙ.
♦ Face à une chapelle et surplombant le Doubs, petite auberge de village où l'on propose une cuisine panachant tradition et terroir dans une jolie salle à manger colorée.

VILLÉ 67220 B.-Rhin 315 H6 *G. Alsace Lorraine – 1 743 h alt. 260.*

🖪 *Office de tourisme, place du Marché ℰ 03 88 57 11 69, Fax 03 88 57 24 87, tourisme@cc canton-de-ville.fr.*

Paris 445 – Strasbourg 56 – Lunéville 82 – St-Dié 48 – Ste-Marie-aux-Mines 27 – Sélestat 26.

🏨 **Bonne Franquette,** 6 pl. Marché ℰ 03 88 57 14 25, bonne-franquette@wanadoo.fr
◭ Fax 03 88 57 08 15 – 🛜 🖵. 🆎
fermé 29 juin au 6 juil., 26 oct. au 10 nov., et 21 fév. au 7 mars – **Repas** *(fermé sam. midi dim. soir et lundi)* 19,50/52 bc, enf. 10 ⵙ – ⴲ 8,50 – **10 ch** 47/52 – ½ P 40/47.
♦ Sur une placette du centre-ville, avenante auberge familiale, abondamment fleurie en saison. Chambres bien rénovées, meublées dans le style rustique. La clientèle locale apprécie ce restaurant pour ses petits plats traditionnels servis à la "bonne franquette".

La VILLE-AUX-CLERCS *41160 L.-et-Ch.* 📖 *D4 – 1 197 h alt. 143.*

🛈 *Syndicat d'initiative* ℰ *02 54 80 62 35, Fax 02 54 80 30 08.*

Paris 159 – Brou 41 – Châteaudun 29 – Le Mans 74 – Orléans 73 – Vendôme 18.

🏛 **Manoir de la Forêt** ⌂, *à Fort-Girard, Est : 1,5 km par rte secondaire* ℰ *02 54 80 62 83, manoirdelaforet@wanadoo.fr, Fax 02 54 80 66 03,* ≼, 🍴, 🌲, – 📺 ⚓ 🅿 – 🔒 *15 à 30.* 🖭 🇬🇧
Repas *(fermé dim. soir et lundi d'oct. à Pâques) 26,50/46,50* 🍷 – 🍽 *9 –* **18 ch** *51/73 –* ½ P 76.

◆ Pavillon de chasse du 19ᵉ s. isolé dans un parc. Les chambres garnies de meubles de style, le restaurant feutré et le salon avec cheminée forment un ensemble cossu. Répertoire culinaire classique servi dans une salle à manger confortable et feutrée.

La VILLE-BLANCHE *22 C.-d'Armor* 📖 *B2 – rattaché à Lannion.*

VILLECHAUVE *41310 L.-et-Ch.* 📖 *C6 – 270 h alt. 120.*

Paris 188 – Tours 37 – Blois 51 – Loches 69 – Le Mans 87 – Vendôme 20.

🍴 **Gastinais**, *sur N 10* ℰ *02 54 80 33 30, restau-gastinais@wanadoo.fr, Fax 02 54 80 33 30,* 🌲 – 🅿. ⓪ 🇬🇧
Repas *(déj. seul.) (dim. et fêtes prévenir) 11/26* 🍷.
◆ Au bord d'une route nationale, en pleine campagne, ancienne ferme transformée en auberge. Salle à manger d'esprit rustique avec poutres et cheminée. Service traiteur.

VILLECOMTAL-SUR-ARROS *32730 Gers* 📖 *D9 – 743 h alt. 177.*

Paris 760 – Pau 70 – Aire-sur-l'Adour 67 – Auch 48 – Tarbes 26.

🍴🍴 **Rive Droite**, ℰ *05 62 64 83 08, rive-droite2@wanadoo.fr, Fax 05 62 64 84 02,* 🍴, 🌲 – 🖭 ⓪ 🇬🇧. 🎾
fermé 25 oct. au 11 nov., lundi, mardi et merc. sauf 14 juil. au 22 août – **Repas** *(22) · 32.*
◆ Cette grande demeure (19ᵉ s.) au bord de la rivière aurait accueilli George Sand. Plats du terroir servis dans un décor bourgeois (hauts plafonds et moulures) ou Napoléon III.

VILLECROZE *83690 Var* 📖 *M4 G. Côte d'Azur – 1 087 h alt. 300.*

Voir *Belvédère*★ : ☀★ *N : 1 km.*

🛈 *Office de tourisme, rue Amboise Croizat* ℰ *04 94 67 50 00, Fax 04 94 67 50 00, ot.villecroze@free.fr.*

Paris 835 – Aups 8 – Brignoles 38 – Draguignan 21.

🍴🍴 **Colombier** *avec ch, rte Draguignan* ℰ *04 94 70 63 23, restau.le.colombier@wanadoo.fr, Fax 04 94 70 63 23,* 🌲 – 📺 🅿. 🇬🇧. 🎾 ch
fermé 20 nov. au 14 déc., dim. soir hors saison et lundi – **Repas** *(18) · 25/48, enf. 12* 🍷 – 🍽 *10 – 5 ch 80/110 –* ½ P 75/90.
◆ À l'entrée de la "ville creusée", cette construction régionale vous reçoit l'hiver dans un plaisant cadre provençal, et l'été sous la véranda. Cuisine traditionnelle.

au Sud-Est *par rte de Draguignan et rte secondaire : 3 km –* ✉ *83690 Salernes :*

🍴 **Au Bien Être** ⌂ *avec ch,* ℰ *04 94 70 67 57, aubienetre@libertysurf.fr, Fax 04 94 70 67 57,* 🍴, 🏊, 🌲 – 📺 ⚓ 🅿. 🎾 rest
fermé vacances de Toussaint , de fév., lundi midi, mardi midi et merc. midi – **Repas** *(23) · 30/38, enf. 10 –* 🍽 *8 –* **8 ch** *58/60 –* ½ P 57/58.
◆ C'est un bien-être campagnard qui vous attend ici : salle à manger donnant de toutes ses baies sur le jardin, terrasse ombragée et plats du terroir.

VILLE D'AVRAY *92 Hauts-de-Seine* 📖 *J3 – voir à Paris, Environs.*

VILLEDIEU-LES-POÊLES *50800 Manche* 📖 *E6 G. Normandie Cotentin – 4 102 h alt. 105.*

Voir *Fonderie de cloches*★.

🛈 *Office de tourisme, place des Costils* ℰ *02 33 61 05 69, Fax 02 33 91 71 79, contact@ot-villedieu.fr.*

Paris 314 – Alençon 122 – Avranches 26 – Caen 82 – Flers 59 – St-Lô 35.

🏛 **Fruitier**, *pl. Costils* ℰ *02 33 90 51 00, hotel.le.fruitier@wanadoo.fr, Fax 02 33 90 51 01 –* |≹|, ▤ rest, 📺 ⚓ & 🚗 – 🔒 *15 à 60.* 🇬🇧
fermé 23 déc. au 13 janv. – **Repas** *(10,90) · 14,50/34, enf. 8,60* 🍷 – 🍽 *6,20 –* **38 ch** *53/70, 10 duplex –* ½ P 47/55,50.
◆ Établissement situé à proximité de la poste et de l'Office de tourisme. Les chambres, fonctionnelles et bien insonorisées, sont régulièrement rafraîchies. Plafond peint et fresques à thème fruitier égaient le restaurant ; cuisine traditionnelle et de la mer.

XXX **Ferme de Malte**, 11 r. Jules Tétrel 🖉 02 33 91 35 91, *Fax 02 33 91 35 90*, 🔄, 🌿 – **P.** GB
fermé 27 sept. au 14 oct., 25 janv. au 17 fév., dim. soir et lundi – **Repas** 16 (déj.), 24/60 et
carte 38 à 58.
* Ancienne ferme de l'ordre de Malte transformée en restaurant. Deux salles à manger :
rustique, avec poutres et bibelots chinés, ou contemporaine, donnant sur le jardin.

XX **Manoir de l'Acherie** 🦢 avec ch, à l'Acherie Est : 3,5 km par N 175 et D 554;(autoroute
A84 sortie 38) 🖉 02 33 51 13 87, *manoir@manoir-acherie.fr*, *Fax 02 33 51 33 69*, 🌿 – TV GB
🚗 ᴀ P. – ᴀ 50. ᴀᴇ GB. ⚡
fermé 1ᵉʳ au 17 nov., 14 fév. au 2 mars, dim. soir du 14 oct. à Pâques et lundi sauf le soir du
11/07 au 31/08 – **Repas** (13) · 15,70/33,80, enf. 8,40 ♀ – ⏖ 6,50 – **15 ch** 36/58 – ½ P 57/65.
* Au coeur du bocage normand, manoir du 17ᵉ s., et petite chapelle groupés autour d'un
jardin fleuri. Plaisant intérieur rustique, plats du terroir et grillades sur la braise.

VILLE-EN-TARDENOIS 51170 Marne ᴈᴏ6 E7 G. Champagne Ardenne – 550 h alt. 161.
Paris 125 – Reims 21 – Châlons-en-Champagne 68 – Château-Thierry 40 – Épernay 25.

XX **Auberge du Postillon**, D 380 🖉 03 26 61 83 67, *auberge-du-postillon@wanadoo.fr*,
Fax 03 26 61 84 64 – GB
fermé 22 déc. au 2 janv., dim. et lundi – **Repas** 16/42, enf. 10 ♀.
* Cuisine traditionnelle servie dans une salle à manger décorée dans des tons ensoleillés.
Les tables placées sous la véranda sont les plus appréciées.

VILLEFORT 48800 Lozère ᴈᴈᴏ L8 G. Languedoc Roussillon – 620 h alt. 600.
🗓 Office de tourisme, rue de l'Eglise 🖉 04 66 46 87 30, Fax 04 66 46 85 33, otsi-ville
fort48@wanadoo.fr.
Paris 616 – Alès 52 – Aubenas 61 – Florac 63 – Mende 58 – Pont-St-Esprit 90.

🏠 **Balme**, Place du Portalet 🖉 04 66 46 80 14, *Fax 04 66 46 85 26*, 🍽 – 🚗, ᴀᴇ ᴏ GB
fermé 11 au 15 oct., 15 nov. au 15 fév., dim. soir et lundi hors saison – **Repas** 21/34, enf. 8 ♀
– ⏖ 7 – **16 ch** 46/53 – ½ P 45/56.
* Au centre d'un paisible bourg comptant parmi les portes d'entrée du Parc national des
Cévennes, maison régionale ancienne aux chambres de tailles et de confort très divers.
Cuisine aux accents cévenols, assortie de créations personnelles.

🏞 **Lac**, au bord du lac, Nord par D 906 🖉 04 66 46 81 20, *Fax 04 66 46 90 95*, ≤, 🍽 – **P.** GB
ᴦᴮ 8 mars-15 nov. et fermé merc. – **Repas** 14,50/22,60 – ⏖ 7 – **10 ch** 44/58 – ½ P 45/55.
* Pension familiale au confort modeste, intéressante pour sa situation au bord du lac de
Villefort retenu par un barrage. Au restaurant, simplicité du cadre et cuisine traditionnelle
font bon ménage. Jolie vue sur le plan d'eau depuis la salle et la terrasse.

VILLEFRANCHE-D'ALLIER 03430 Allier ᴈᴈ6 E4 G. Auvergne – 1 306 h alt. 270.
Paris 337 – Bourbon-l'Archambault 32 – Montluçon 25 – Montmarault 13 – Moulins 53.

🏠 **Relais Bourbonnais**, 1 r. Gare 🖉 04 70 07 40 01, *Fax 04 70 07 48 36*, 🍽, 🔄, 🌿 – TV P.
GB
fermé 1ᵉʳ au 15 oct., 15 déc. au 30 janv., dim. soir, lundi midi et vend. d'oct. à mai – **Repas**
21/45 ♀ – ⏖ 7 – **14 ch** 38/55 – ½ P 53/57.
* Pimpante auberge au cadre contemporain face à une petite gare de campagne quasi-
désaffectée. Chambres fonctionnelles égayées de tissus colorés. Agréable jardin fleuri. Salle
à manger moderne où l'on propose des plats traditionnels et un menu du terroir.

VILLEFRANCHE-DE-CONFLENT 66500 Pyr.-Or. ᴈ44 F7 G. Languedoc Roussillon – 225 h
alt. 435.
Voir Ville forte★ – Fort Liberia : ≤★★.
🗓 Office de tourisme, place de l'Eglise 🖉 04 68 96 22 96, Fax 04 68 96 07 24, otsi-
villefranchedeconflent@voila.fr.
Paris 898 – Perpignan 51 – Mont-Louis 31 – Olette 11 – Prades 6 – Vernet-les-Bains 6.

XXX **Auberge Saint-Paul**, 7 pl. Église 🖉 04 68 96 30 95, *auberge-st-paul@wanadoo.fr*,
Fax 04 68 05 60 30, 🍽 – ᴀᴇ ᴏ GB
fermé 16 au 20 juin, 24 nov. au 2 déc., 5 au 28 janv., mardi d'oct. à Pâques, dim. soir et lundi
– **Repas** 27/80 et carte 45 à 80 ♀ ⚡.
* Cette chapelle du 13ᵉ s. abrite aujourd'hui un restaurant rustique soigné. Terrasse
ombragée. Cuisine au goût du jour ; bon choix de vins de Bourgogne et du Roussillon.

Si le coût de la vie subit des variations importantes,
les prix que nous indiquons peuvent être majorés.
Lors de votre réservation à l'hôtel, faites-vous préciser le prix définitif.

VILLEFRANCHE-DE-ROUERGUE ⟨P⟩ 12200 Aveyron **338** E4 *G. Midi-Pyrénées* – *11 919 h*
alt. 230.

Voir *La Bastide*★ : *place Notre-Dame*★, *église Notre-Dame*★ – *Ancienne chartreuse St-Sauveur*★ *par* ③.

🛈 *Office de tourisme, Promenade du Guiraudet 🖉 05 65 45 13 18, Fax 05 65 45 55 58,*
infos@villefranche.com.

Paris 614 ① – *Rodez 60* ① – *Albi 68* ③ – *Cahors 61* ④ – *Montauban 80* ④.

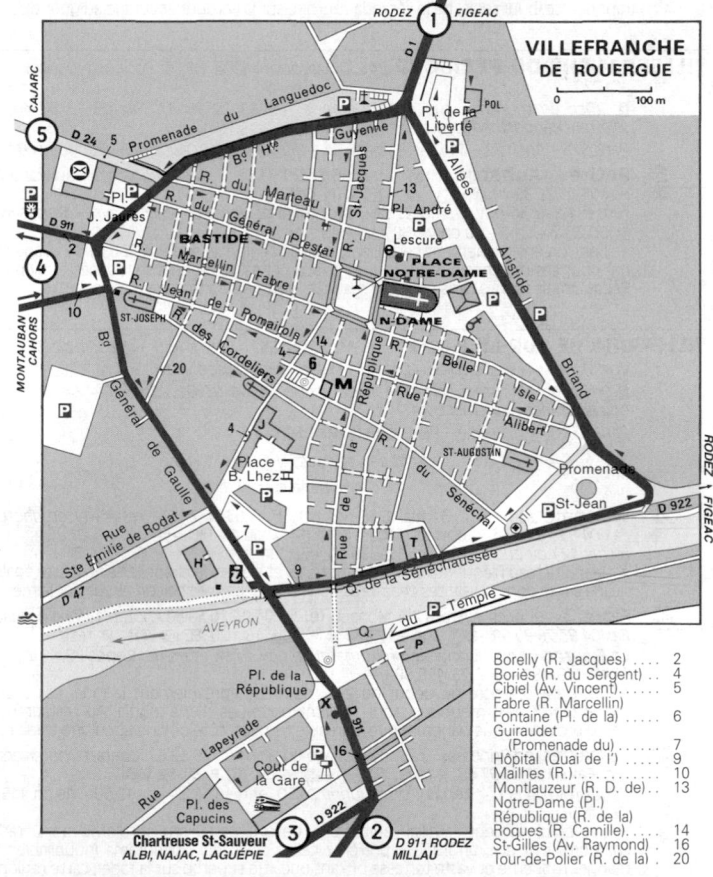

Borelly (R. Jacques)	2
Boriès (R. du Sergent) . .	4
Cibiel (Av. Vincent)	5
Fabre (R. Marcellin)	
Fontaine (Pl. de la)	6
Guiraudet	
(Promenade du)	7
Hôpital (Quai de l')	9
Mailhes (R.)	10
Montlauzeur (R. D. de) . .	13
Notre-Dame (Pl.)	
République (R. de la)	
Roques (R. Camille)	14
St-Gilles (Av. Raymond) .	16
Tour-de-Polier (R. de la) .	20

Francotel sans rest, Centre Comm. Hyper U *par* ① *et D1ᴱ* : *1 km* 🖉 05 65 81 17 22,
Fax 05 65 45 56 09, 🏊 – ♿, 🗏 ch, 📺 ✆ 🅿 – 🕍 80. 🆎 ⓞ 🇬🇧
☐ 7 – **28 ch** 43/49, 16 duplex.
♦ Près d'un centre commercial excentré, cet hôtel fonctionnel est apprécié des familles
car il propose de nombreux duplex. Pour la détente, piscine et sauna.

XX **L'Épicurien,** 8 bis av. R. Saint-Gilles (x) 🖉 05 65 45 01 12, Fax 05 65 45 01 12, 🌳 – 🇬🇧
fermé 15 nov. au 1ᵉʳ déc., lundi et mardi hors saison – **Repas** 12,50 bc (déj.), 20,50/32,80,
enf. 7,60 ⚱.
♦ La bâtisse daterait du 18ᵉ s. Salle coiffée de belles poutres d'époque et terrasse panoramique, très agréable le soir. Courte carte privilégiant poissons et plats du terroir.

X **Assiette Gourmande,** pl. A. Lescure (e) 🖉 05 65 45 25 95, 🌳 – ⓞ 🇬🇧
*fermé vacances de Printemps, Toussaint, 30 août au 5 sept., mardi soir et merc. soir hors
saison et dim.* – **Repas** 14/30, enf. 8,50 ⚱.
♦ Emplacement privilégié au cœur de la vieille ville pour cette salle à manger tout en
profondeur, installée dans une maison datant du 13ᵉ s. Cheminée pour les grillades.

au Farrou *par* ① : *4 km –* ⊠ *12200 Villefranche-de-Rouergue :*

🏨 **Relais de Farrou,** ℘ 05 65 45 18 11, *le.relais.de.farrou@wanadoo.fr,* *Fax 05 65 45 32 59,* 🍴, 🎣, 🏊, 🌳, 🏓 – ⚡ – 🛏 📺 ⚓ 🐴 📱 – 🅿 – 🚗 25. GB
fermé 24 oct. au 3 nov., 19 au 29 déc.et 7 au 23 fév. – **Repas** *(fermé sam. midi, dim. soir et lundi hors saison)* (15) - 20,50/39, enf. 13 ♀ – 🖵 8 – **26 ch** 46/79 – ½ P 57/68.
   ♦ Relais de poste de 1792 plaisamment modernisé et très bien équipé. La plupart des chambres, spacieuses et confortables, donnent sur le jardin bordant une rivière. Restaurant rustico-bourgeois, belle véranda tournée sur la verdure et cuisine au goût du jour.

VILLEFRANCHE-DU-PÉRIGORD 24550 Dordogne 329 H8 G. Périgord Quercy – 803 h alt. 220.

🟦 *Office de tourisme, rue Notre-Dame* ℘ *05 53 29 98 37, Fax 05 53 30 40 12, ot. villefranchepgd@perigord.tm.fr.*

Paris 575 – Agen 77 – Sarlat-la-Canéda 41 – Bergerac 68 – Cahors 41 – Périgueux 87.

🏠 **Petite Auberge** 🐾, ℘ 05 53 29 91 01, *jacqueline.ghaira@wanadoo.fr,* *Fax 05 53 28 88 10,* 🍴, 🏊, 🌳 – 📺 ⚓ 📱. GB
fermé 17 au 30 nov., 16 au 29 fév., sam. midi et dim soir d'oct. à avril – **Repas** 12 *(déj.),* 14,50/30 ♀ – 🖵 7 – **10 ch** 46/58 – ½ P 45.
   ♦ Dans un environnement verdoyant, maison régionale située à 500 m du village renommé pour ses marchés aux châtaignes et aux cèpes. Chambres spacieuses et bien tenues. Repas simples servis dans une salle rustique, sous la véranda ou en terrasse.

VILLEFRANCHE-SUR-MER 06230 Alpes-Mar. 341 E5 G. Côte d'Azur – 6 833 h alt. 30.

Voir *Rade*★★ – *Vieille ville*★ – *Chapelle St-Pierre*★ – *Musée Volti*★.

🟦 *Office de tourisme, Jardin François Binon* ℘ *04 93 01 73 68, Fax 04 93 76 63 65, ot@villefranche-sur-mer.com.*

Paris 932 ⑤ *– Nice 5* ③ *– Beaulieu-sur-Mer 3* ③.

Accès et sorties : Voir plan de Nice.

Plan page ci-contre

🏨 **Welcome** sans rest, 3 quai Courbet (n) ℘ 04 93 76 27 62, *resa@welcomehotel.com,* *Fax 04 93 76 27 66,* ⇐ port et plage – 🛗 📺 ⚓ 🎗 AE ⓪ GB JCB
fermé 12 nov. au 22 déc. – 🖵 12 – **36 ch** 159/184.
   ♦ Jean Cocteau fréquenta ce charmant hôtel et décora la chapelle Saint-Pierre également située sur le port. Plaisantes chambres personnalisées avec balcon et vue sur la mer.

🏨 **Flore,** av. Princesse Grace de Monaco (e) ℘ 04 93 76 30 30, *hotel-la-flore@wanadoo.fr,* *Fax 04 93 76 99 99,* ⇐, 🏊 – 🛗 🛏 📺 ⚓ 🎗 📱 – 🚗 15 à 20. AE ⓪ GB, 🎗 rest
Le Fleuron *(fermé 6 janv. au 5 fév., mardi de nov. à fév. et merc.)* **Repas** 28/46 ♀ – 🖵 10 – **31 ch** 119/189 – ½ P 76/128,50.
   ♦ Cette bâtisse ocre du début du 20ᵉ s. domine agréablement la rade. Les chambres, coquettes et bien meublées, sont souvent pourvues d'une loggia. Au restaurant, beau décor provençal, vue panoramique, agréable terrasse côté piscine et cuisine traditionnelle.

🏨 **Versailles,** bd Princesse Grace de Monaco (k) ℘ 04 93 76 52 52, *contact@hotelversailles.com,* Fax 04 93 01 97 48, ⇐ rade, 🍴, 🏊 – 🛗, 🗐 ch, 📺 📱 AE ⓪ GB
début fév.-fin oct. – **Repas** *(fermé lundi)* 30,50, enf. 16,50 ♀ – 🖵 12,50 – **46 ch** 115/200 – ½ P 105.
   ♦ Cet établissement familial jouit d'une belle situation en surplomb de la rade. Les chambres ont été rafraîchies ; préférez celles côté mer : panorama inoubliable ! Salle à manger moderne et vaste terrasse offrant une vue superbe sur la rade ; carte régionale.

🍴🍴 **L'Oursin Bleu,** 11 quai Courbet (b) ℘ 04 93 01 90 12, *oursinbleu@club-internet.fr,* Fax 04 93 01 80 45, ⇐, 🍴 – 🗐. AE GB
fermé 15 janv. au 15 fév., et mardi – **Repas** 32.
   ♦ Accueillant décor marin sur l'un des quais du charmant port de pêche. Un aquarium égaie la salle à manger où les nombreux habitués apprécient la cuisine au goût du jour.

🍴🍴 **Mère Germaine,** quai Courbet (a) ℘ 04 93 01 71 39, *restaurant@meregermaine.com,* Fax 04 93 01 96 44, ⇐, 🍴 – 🗐 AE GB
fermé 15 nov. au 24 déc. – **Repas** 37 ♀.
   ♦ Bel emplacement sur le port de pêche pour ce restaurant de poissons et fruits de mer. Salles rustiques et terrasse face aux bateaux. Navette pour plaisanciers en escale.

🍴🍴 **Fille du Pêcheur,** 13 quai Courbet (r) ℘ 04 93 01 90 09, *contact@lafilledupecheur.com,* Fax 04 93 01 90 29, ⇐, 🍴 – 🗐. AE GB
fermé janv., le midi en juil.-août et merc. en hiver – **Repas** 23 *(déj.)*/27 ♀.
   ♦ Boiseries couleur acajou et plaisant décor contemporain de style marin agrémentent l'intérieur de ce restaurant du port. Le "père" rapporte sa pêche quotidienne.

VILLEFRANCHE-SUR-MER

Cauvin (Av. V.) 2
Corderie (Quai de la) 3
Corne-d'Or (Bd de la) 5
Courbet (Quai Amiral) 6
Église (R. de l') 7
Foch (Av. du Maréchal) 8
Gallieni (Av. Général) 9
Gaulle (Av. Général-de) 10
Grande-Bretagne (Av. de) 12
Joffre (Av. du Maréchal) 14
Leclerc (Av. Général) 15
Marinières
    (Promenade des) 16
May (R. de) 18
Obscure (R.) 19
Paix (Pl. de la) 20
Poilu (R. du) 22
Pollonais (Pl. A.) 24
Ponchardier (Quai Amiral) 25
Poullan (Pl. F.) 26
Sadi-Carnot (Av.) 28
Settimelli-Lazare (Bd) 30
Soleil d'Or (Av. du) 31
Verdun (Av. de) 32
Victoire (R. de la) 34
Wilson (Pl.) 35

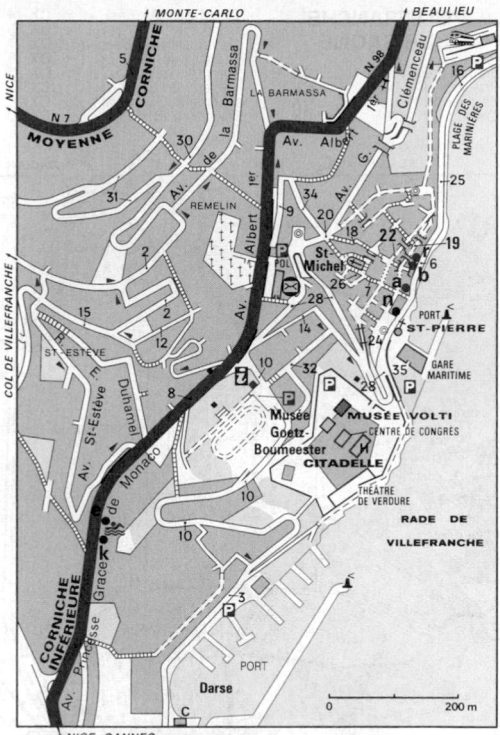

Michelin n'accroche pas de panonceau aux hôtels et restaurants qu'il signale.

VILLEFRANCHE-SUR-SAÔNE ⊗ 69400 Rhône 327 H4 *G. Vallée du Rhône* – 30 647 h alt. 190.

🏌 du Beaujolais à Lucenay ℰ 04 74 67 00 44, par ④ : 8 km.

🛈 Office de tourisme, 96 rue de la sous-préfecture ℰ 04 74 07 27 40, Fax 04 74 07 27 47, ot.villefranche-beaujolais@wanadoo.fr.

Paris 432 ⑦ – Lyon 33 ⑤ – Bourg-en-Bresse 54 ③ – Mâcon 47 ⑤ – Roanne 73 ⑥.

Plans pages suivantes

🏨 **Plaisance**, 96 av. Libération ℰ 04 74 65 33 52, *hotel.plaisance@wanadoo.fr*, Fax 04 74 62 02 89 – 📱 ⚿ 📺 🍴 🚗 🅿 – 🔬 40. 🆀 ⓪ 🆖 🅹🅲🅱   **AZ n**
fermé 24 déc. au 1er janv. – **Fontaine Bleue** *(fermé sam. midi et dim.)* **Repas** (20) - 24/37 ⅄ – ☑ 9 – **68 ch** 75/90.

♦ Immeuble des années 1970 situé au coeur de la capitale du Beaujolais. Les chambres, bien aménagées, se modernisent peu à peu. Grande salle des petits-déjeuners. Restaurant agrémenté de fresques murales où l'on propose une cuisine traditionnelle.

🏨 **Newport**, av. de l'Europe Z.I. Nord-Est ℰ 04 74 68 75 59, Fax 04 74 09 08 89, 🍴 – ⚿ 🍽 📺 ⬤ 🅿 – 🔬 60. 🆀 🆖   **DX v**
Repas *(fermé sam. midi, dim. et fériés)* 14/31, enf. 9 ⅄ – ☑ 7 – **48 ch** 53/72 – ½ P 49.

♦ Ce gros pavillon proche d'axes passants et jouxtant le parc des expositions, dispose d'une insonorisation efficace. Chambres modernes aux tons chauds dans l'annexe récente. Restaurant décoré de vieilles plaques émaillées ; plats traditionnels et vins du cru.

🏨 **Ibis**, échangeur A 6 (péage Villefranche) ℰ 04 74 68 22 23, *h0646@accor-hotels.com*, Fax 04 74 60 41 67, 🍴, ﹏, 📱 – ⚿ 🍽 📺 ⓦ 🅿 – 🔬 15 à 40. 🆀 ⓪ 🆖 🅹🅲🅱   **DX f**
Repas *(12)* - 15, enf. 6 ⅄ – ☑ 6 – **116 ch** 58/66.

♦ Construction cubique convenant à une clientèle d'affaires en quête d'équipements simples et pratiques non loin de l'autoroute. Salon vitré donnant sur la piscine. La salle des repas et la carte sont conformes aux normes de la chaîne.

VILLEFRANCHE-SUR-SAÔNE

Barbusse (Bd Henri) ...... **CX** 2
Beaujolais (Av. du) .... **CX** 3
Berthier (R. Pierre) ...... **DX** 7
Chabert (Ch. du) .... **CX** 12

Charmilles (Av. des) ...... **CX** 14
Condorcet (R.) .... **DX** 15
Desmoulins (R. Camille) .. **DX** 17
Écossais (R. de l') .... **DX** 18
Joux (Av. de) .... **DX** 25
Leclerc (Bd du Gén.) ..... **CX** 27
Libération (Av. de la) .... **CX** 28
Maladière (R. de la) ...... **CX** 30

Nizerand (R. du) .... **CX** 35
Paradis (R. du) .... **CX** 37
Pasquier (Bd Pierre) ..... **DX** 39
Plage (Av. de la) .... **DX** 40
St-Roch (Montée) .... **CX** 43
Salengro (Bd Roger) ...... **CX** 46
Savoye (R. C.) .... **DX** 48
Tarare (R. de) .... **CX** 54

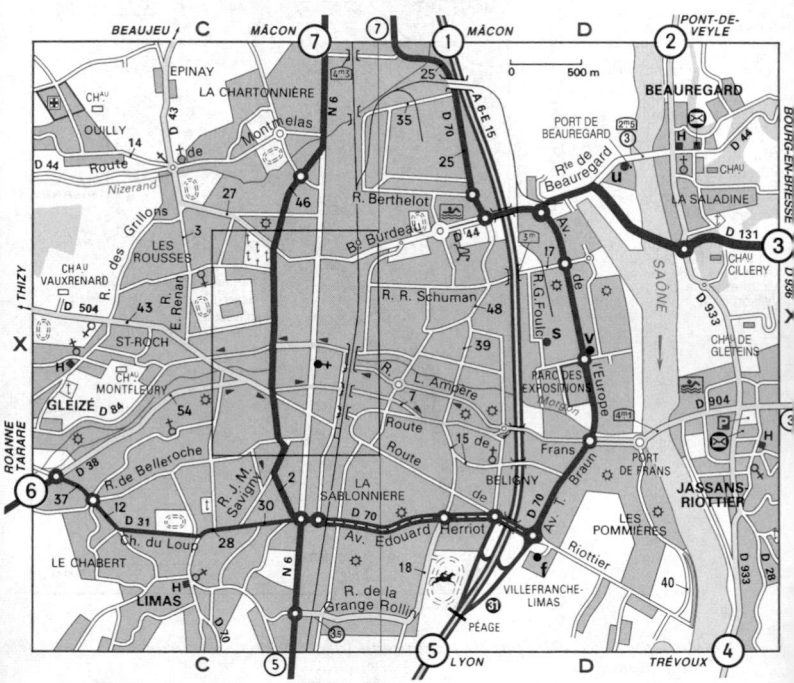

XXX **Ferme du Poulet** 🐓 avec ch, 180 r. Mangin, Z.I. Nord-Est ℰ 04 74 62 19 07, *la.ferme.d
u.poulet@wanadoo.fr*, Fax 04 74 09 01 89, ☆ – 🛗 TV 📞 P. – 🖎 45. GB   DX s
fermé 3 au 24 août, 23 au 31 déc., dim. *soir et lundi* – **Repas** 33/58 *et carte* 45 à 58 ♀ –
☰ 11 – **10 ch** 65/80.
♦ Entourée d'une enceinte, solide ferme du 17ᵉ s. joliment restaurée, où se marient le
rustique et le contemporain : restaurant sous charpente, chambres modernes.

XXX **Faisan Doré,** pont de Beauregard, Nord-Est : 2,5 km ℰ 04 74 65 01 66, *info@faisan-dore
.com*, Fax 04 74 09 00 81, ☆ – P. AE ① GB   DX u
fermé mardi soir du 1ᵉʳ oct. au 31 mars, dim. *soir et lundi soir* – **Repas** 28/59 *et carte*
41 à 70.
♦ Un piano et une vitrine à la gloire de la basse-cour personnalisent l'entrée de
cette auberge au confort bourgeois. Agréable terrasse ombragée sur les berges de la
Saône.

X **Juliénas,** 236 r. Anse ℰ 04 74 09 16 55 – ☰. GB. ⅍   BZ v
fermé 31 juil. au 24 août, sam. *midi et* dim. – **Repas** 15 (déj.), 19/35 ♀.
♦ Les produits du terroir, copieusement servis, et les vins de pays sont à l'honneur dans ce
petit restaurant sympathique à allure de bistrot. Tables simplement dressées.

Dans ce guide
un même symbole, un même mot,
imprimé en rouge *ou en* noir, *en* maigre *ou en* **gras**,
n'ont pas tout à fait la même signification.
Lisez attentivement les pages explicatives.

Carnot (Pl.)	**BZ** 9	République (R. de la)	**AZ** 41
Faucon (R. du)	**BY** 19	Salengro (Bd Roger)	**AY** 46
Fayettes (R. des)	**BZ** 20	Savigny (R. J. M.)	**AZ** 47
Grange-Blazet (R.)	**BZ** 23	Sous-Préfecture (Pl.)	**AZ** 49
Belleville (R. de)	**BY** 5	Marais (Pl. des)	**BZ** 32	Sous-Préfecture (R.)	**AZ** 50
		Nationale (R.)	**BYZ**	Stalingrad (R. de)	**BZ** 52

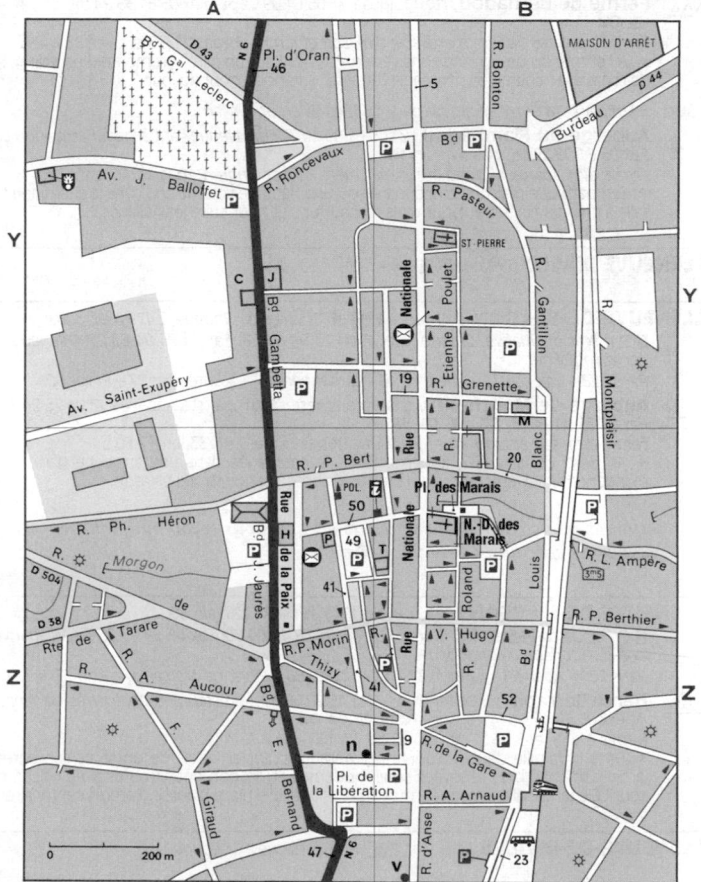

Une réservation confirmée par écrit ou par fax est toujours plus sûre.

VILLEMAGNE-L'ARGENTIÈRE *34 Hérault* **339** *D7 – rattaché à Bédarieux.*

VILLEMOYENNE *10260 Aube* **313** *F4 – 523 h alt. 130.*

Paris 184 – Troyes 21 – Bar-sur-Aube 46 – Châtillon-sur-Seine 51.

XX **Parentèle** (Caironi), 32 r. Marcellin Lévêque ℰ 03 25 43 68 68, Fax 03 25 43 68 69, 龠 – 圖
P. AE GB

fermé 24 juil. au 11 août, 2 au 6 janv., vacances de fév., dim. soir, lundi et mardi – **Repas**
23/63 et carte 50 à 70 ☼ ⌘.

♦ Cette "maison de famille" restaurée fait honneur à la parentèle : jolie salle à manger,
jardin-terrasse, cuisine classique soignée et passion du vin (conseils et belle carte).
Spéc. Ris de veau, tomate fraîche et petits oignons (début avril-mi-sept.). Langoustines
"couleur Sud" (juin à sept.). Pigeonneau en crapaudine (oct. à mars). **Vins** Rosé des Riceys,
Champagne.

VILLEMUR-SUR-TARN 31340 H.-Gar. 343 H1 G. Midi-Pyrénées – 4 929 h alt. 108.

🛈 Office de tourisme, 1 rue de la République 𝄇 05 34 27 20 60, Fax 05 34 27 20 61, office.tourisme.villemur@wanadoo.fr.

Paris 646 – Toulouse 39 – Albi 63 – Castres 73 – Montauban 24.

XXX **Ferme de Bernadou**, rte Toulouse 𝄇 05 61 09 02 38, Fax 05 61 35 94 87, 🍽, 🏠 – **P**. ⓪ ᏀᏴ

fermé vacances de fév., mardi soir, dim. soir et lundi – **Repas** 21/36 et carte 33 à 43 ♀.

◆ À l'entrée du bourg, ancienne ferme s'ouvrant sur un parc agrémenté d'un étang. Salle de repas avec cheminée ; agréable terrasse. Cuisine au goût du jour.

au Sud : 5 km par D 14 et rte secondaire – ✉ 31340 Villemur sur Tarn :

X **Auberge du Flambadou**, 𝄇 05 61 09 40 72, bienvenue@aubergeduflambadou.com, Fax 05 61 09 29 66, 🍽, 🌳 – **P**. ᏀᏴ

fermé dim. soir du 15 sept. au 1er mai, merc. soir et lundi – **Repas** 18/40, enf. 8 ♀.

◆ Sympathique maison campagnarde où une flambée vous attend dans la cheminée de la salle à manger rustique : pour vous réchauffer... et pour cuire les grillades !

VILLENEUVE D'ASCQ 59 Nord 302 G4 – rattaché à Lille.

VILLENEUVE-DE-BERG 07170 Ardèche 331 J6 G. Vallée du Rhône – 2 429 h alt. 320.

🛈 Syndicat d'initiative, Grande Rue 𝄇 04 75 94 89 28, Fax 04 75 94 89 28, villeneuve-de-berg@fnotsi.net.

Paris 628 – Valence 73 – Aubenas 16 – Largentière 27 – Montélimar 27 – Privas 30.

X **Auberge de Montfleury**, à la gare, Ouest : 4 km par rte Aubenas 𝄇 04 75 94 74 13, Fax 04 75 94 74 13, 🍽 – **P**. ᎭᎬ ⓪ ᏀᏴ

fermé dim. soir et lundi sauf juil.-août – **Repas** 12 (déj.), 17/33, enf. 7,50 ♀.

◆ Au bord de la N 102, auberge familiale aménagée dans une ancienne gare. Salle à manger refaite. L'été, repas sur la terrasse abritée par de larges parasols.

Donnez-nous votre avis sur les tables que nous recommandons, sur leurs spécialités et leurs vins de pays.

VILLENEUVE-DE-MARSAN 40190 Landes 335 J11 – 2 112 h alt. 80.

🛈 Office de tourisme, 181 Grand' Rue 𝄇 05 58 45 80 90, Fax 05 58 45 88 38, villeneuve.office-du-Tourisme@wanadoo.fr.

Paris 701 – Auch 88 – Langon 81 – Marmande 86 – Mont-de-Marsan 17 – Pau 73.

🏨 **Hervé Garrapit**, pl. Boiterie 𝄇 05 58 45 20 08, hotelrestauranthervegarrapit@wanadoo.fr, Fax 05 58 45 34 14, 🝔, 🌳 – 📞 **P**. ᎭᎬ ⓪ ᏀᏴ

Repas 31/58, enf. 15 ♀ – ⊑ 15 – **8 ch** 77/168 – ½ P 88/134.

◆ Dans la famille depuis plusieurs générations, ancien relais de poste et son agréable jardin. Les chambres rénovées sont modernes et de bon goût (toutes avec balcon côté cour). Élégante salle à manger tournée vers une jolie place plantée d'arbres centenaires.

VILLENEUVE-DE-RIVIÈRE 31 H.-Gar. 343 B6 – rattaché à St-Gaudens.

VILLENEUVE-D'OLMES 09 Ariège 343 I7 – rattaché à Lavelanet.

VILLENEUVE-LA-GARENNE 92 Hauts-de-Seine 311 J2 101 ⑮ – voir à Paris, Environs.

VILLENEUVE-L'ARCHEVEQUE 89190 Yonne 319 E2 G. Bourgogne – 1 203 h alt. 111.

🛈 Syndicat d'initiative, 38 rue de la République 𝄇 03 86 86 74 58, Fax 03 86 86 76 88, s-i-v-v@wanadoo.fr.

Paris 135 – Troyes 44 – Auxerre 58 – Sens 24.

XX **Auberge des Vieux Moulins Banaux** 🦢 avec ch, Sud : 1 km sur D 84 𝄇 03 86 86 72 55, contact@bourgognehotels.fr, Fax 03 86 86 78 94, 🍽 – **P**. ᏀᏴ

fermé 2 janv. au 5 fév. – **Repas** (fermé lundi midi) (15,30) - 23/26 ♀ – ⊑ 7,30 – **15 ch** 39/48 – ½ P 48/53.

◆ Moulin du 17e s. dans un parc traversé par la Varme (pisciculture). Machinerie préservée, poutres et pierres font le charme du restaurant. Chambres simples mais coquettes.

VILLENEUVE-LA-SALLE 05 H.-Alpes 334 H3 – rattaché à Serre-Chevalier.

VILLENEUVE-LE-COMTE 77174 S.-et-M. **312** F3 – 1 683 h alt. 126.

Paris 40 – Lagny-sur-Marne 13 – Meaux 19 – Melun 38.

XXX **Bonne Marmite**, 15 r. Gén. de Gaulle 🍴 01 60 43 00 10, *labonnemarmite@wanadoo.fr,*
Fax 01 60 43 11 01, 🌳 – **P**. **AE** **①** **GB**
fermé 15 août au 3 sept., 15 fév. au 2 mars, dim. soir, lundi et mardi sauf fériés – **Repas**
28/59 et carte 50 à 67, enf. 16.
 ◆ Dans une belle maison briarde, trois salles à manger bourgeoises décorées avec soin ; la
plus grande ouvre sur une plaisante terrasse ombragée d'une treille.

VILLENEUVE-LE-ROI 94 Val-de-Marne **312** D3 **101** ㉘ – *voir à Paris, Environs.*

VILLENEUVE-LÈS-AVIGNON 30400 Gard **339** N5 *G. Provence* – 11 791 h alt. 23.

Voir *Fort et Abbaye St-André★ : ≤★★* **AV** – *Tour Philippe-le-Bel ≤★★* **AV** – *Vierge★★ au
musée municipal Pierre de Luxembourg★* **AV** M – *Chartreuse du Val-de-Bénédiction★* **AV**.
🏢 *Office de tourisme, place Charles David 🍴 04 90 25 61 33, Fax 04 90 25 91 55, ville
neuve.lez.avignon.tourisme@wanadoo.fr.*

Paris 678 ② – Avignon 8 ⑤ – Nîmes 46 ⑥ – Orange 28 ⑦ – Pont-St-Esprit 42 ⑥.

Plan : voir à Avignon.

🏯 **Prieuré** ♨, 7 pl. Chapitre 🍴 04 90 15 90 15, *leprieure@relaischateaux.fr,*
✿ Fax 04 90 25 45 39, 🌳, 🏊, 🎾, 🐾 – 📶 ▤ **TV** 📞 **P** – 🔬 30. **AE** **①** **GB** **JCB**. ✂ rest **AV** t
19 mars-31 oct. – **Repas** *(fermé mardi et merc. sauf en juil.-août)* 36 (déj.), 60/88 et carte 80
à 102, enf. 20 ♀ – 🖃 16 – **26 ch** 98/220, 11 suites.
 ◆ Dans la quiétude d'un splendide parc, ancien prieuré et ses dépendances enlacés de
rosiers, abritant des chambres personnalisées. Poutres, vieilles pierres, tomettes et cheminée font le cachet, un brin monacal, du restaurant ; plaisante terrasse ombragée.
Spéc. Méli-mélo de légumes au jus de rôti. Carré d'agneau "allaiton de l'Aveyron" en croûte
de livèche. Déclinaison de chocolat doux et amer en chaud-froid. **Vins** Côtes du Rhône
Villages blanc, Côtes du Rhône rouge.

🏨 **Magnaneraie** ♨, 37 r. Camp de Bataille 🍴 04 90 25 11 11, *magnaneraie.hotel@najeti.co
m, Fax 04 90 25 46 37,* 🌳, 🏊, 🎾, 🐾 – 🔬 40. **AE** **①** **GB** **JCB** **AV** b
fermé 4 janv. au 3 fév., dim. soir et lundi de nov. à fin mars et sam. midi – **Repas** 33/73 ♀ –
🖃 16 – **32 ch** 118/210 – ½ P 110/160.
 ◆ Élégante demeure du 15ᵉ s. nichée dans un jardin aux multiples essences. Les chambres
sont garnies de meubles anciens. Agréable salle à manger avec fresques et colonnes et
délicieuse terrasse en lisière de verdure ; cuisine au goût du jour.

🏩 **L'Atelier** sans rest, 5 r. Foire 🍴 04 90 25 01 84, *hotel.latelier@libertysurf.fr,*
Fax 04 90 25 80 06, 🌳 – **TV** 🚗. **AE** **GB** **JCB** **AV** e
fermé 3 nov. au 17 déc. – 🖃 8 – **23 ch** 70/90.
 ◆ Meubles anciens, objets chinés, peintures et sculptures, patio ombragé, terrasse panoramique : cette maison du 16ᵉ s., à l'âme un peu bohème, est pétrie de charme.

XX **Aubertin**, 1 r. de l'Hôpital 🍴 04 90 25 94 84, Fax 04 90 25 83 07, 🌳 – ▤. **AE** **①** **GB**
JCB **AV** n
fermé 14 au 31 août, dim. et lundi hors saison – **Repas** 35/49 ♀.
 ◆ Précédé d'une terrasse dressée sous les arcades, petit restaurant dont on remarque
la devanture moderne. Décor contemporain et tables bien dressées. Cuisine au goût
du jour.

X **St-André**, 4 bis Montée du Fort 🍴 04 90 25 63 23, *restaurantstandre@free.fr,*
Fax 04 90 25 63 23 – ▤. **AE** **①** **GB** **JCB** **AV** u
fermé 1ᵉʳ au 15 juin, 2 au 17 janv., mardi midi et lundi – **Repas** 17 (déj.)/23 ♀.
 ◆ Dans une jolie ruelle pentue menant au fort St-André, façade ancienne où grimpe la
vigne vierge. Intérieur provençal et tableaux d'artistes locaux. Cuisine traditionnelle.

VILLENEUVE-LOUBET 06270 Alpes-Mar. **341** D6 *G. Côte d'Azur* – 12 935 h alt. 10.

Voir *Musée de l'Art culinaire★* **AX** M².
🏢 *Office de tourisme, 16 avenue de la Mer 🍴 04 92 02 66 16, Fax 04 92 02 66 19,
info@ot-villeneuveloubet.org.*

Paris 915 ⑤ – Nice 15 ③ – Antibes 12 ④ – Cannes 22 ⑤ – Grasse 24 ⑥.

Voir plan de Cagnes-sur-Mer-Villeneuve-Loubet.

🏨 **Hamotel** ♨ sans rest, Hameau du Soleil, rte La Colle-sur-Loup 🍴 04 93 20 86 60, *hamote
l@wanadoo.fr, Fax 04 93 73 33 94,* 🏊 – 📶 **TV** 🚗 **P**. **AE** **①** **GB**
🖃 8 – **30 ch** 80/98.
 ◆ Cette villa récente bénéficie du calme d'un quartier résidentiel proche de la vieille ville.
Chambres fonctionnelles avec balcon ; certaines ont été rafraîchies.

✗ **Vieille Auberge,** au village, 13 r. Mesures ℰ 04 93 73 90 92, *Fax 04 93 73 90 92,* ☆ –
GB   **AX** u
fermé 25 oct. au 18 nov., 22 fév. au 11 mars, dim. soir, sam. midi, merc. hors saison et le
midi en juil.-août – **Repas** (nombre de couverts limité, prévenir) 30/55, enf. 11 ♈.
♦ Dans le village natal du célèbre cuisinier Auguste Escoffier, auberge rustique avec
poutres, cheminées et exposition de tableaux. On y déguste des plats inspirés du terroir.

à Villeneuve-Loubet-Plage :

▦▦ **Galoubet** ⏳ sans rest, 174 av. Castel ℰ 04 92 13 59 00, *hotel.galoubet@wanadoo.fr,*
Fax 04 92 13 59 29, ⏳, ⛫, ☆ – ▤ ▥ ☎ **P** ▦ GB, ⛟   **AY** s
fermé 3 oct. au 9 déc. – ⏛ 8 – **22 ch** 65/74.
♦ Pas d'inquiétude : le son du galoubet (instrument à vent méridional) ne viendra pas
troubler vos nuits, passées dans des chambres actuelles et meublées en rotin.

VILLENEUVE-SUR-LOT ◉ 47300 L.-et-G. ⬛⬛⬛ G3 *G. Aquitaine* – 22 782 h alt. 51.
⛳ de Castelnaud à Castelnaud-de-Gratecambe ℰ 05 53 01 60 19, par ① : 12 km.
⛿ Office de tourisme, 47 rue de Paris ℰ 05 53 36 17 30, Fax 05 53 49 42 98, *tourisme.ville-*
neuve-sur-lot@wanadoo.fr.
Paris 622 ① – Agen 29 ⑤ – Bergerac 60 ① – Bordeaux 146 ⑥ – Cahors 70 ③.

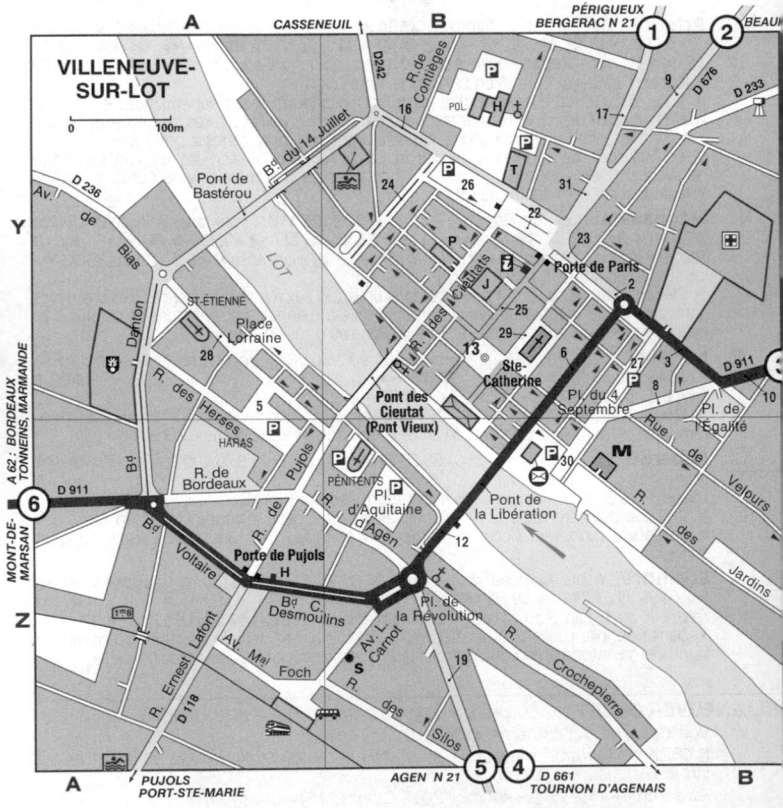

Bernard-Palissy (Bd)	**BY** 2	Jeanne-de-France (Av.)	**BZ** 12	Paris (R. de)	**BY** 25
Darfeuille (R.)	**BY** 3	La Fayette (Pl.)	**BY** 13	République (Bd de la)	**BY** 26
Droits-de-l'Homme		Lamartine (Allée)	**BY** 16	St-Cyr-Cocquard (Bd)	**BY** 27
(Pl. des)	**AYZ** 5	Lattre-de-T. (Av. Mar.-de)	**BY** 17	St-Etienne (R.)	**AY** 28
Fraternité (R. de la)	**BY** 6	Leclerc (Av. Gén.)	**BZ** 19	Ste-Catherine (R.)	**BY** 29
Gambetta (Av.)	**BY** 8	Leygues (Bd G.)	**BY** 22	Valmy	
Gaulle (Av. Gén.-de)	**BY** 9	Libération (Pl. de la)	**BY** 23	(Allées de)	**BZ** 30
Goudounèche (Av. A.)	**BY** 10	Marine (Bd de la)	**BY** 24	Victor-Hugo (Cours)	**BY** 33

🏨 **Résidence** sans rest, 17 av. L. Carnot ✆ 05 53 40 17 03, *hotel.laresidence@wanadoo.fr,*
Fax 05 53 01 57 34 – 📺 ✆ 🚗. 🆖 **BZ s**
fermé 18 déc. au 3 janv. – ☐ 5 – **18 ch** 25/53.

♦ Aux portes de la bastide médiévale, hôtel à l'atmosphère conviviale offrant un hébergement simple. Préférer les chambres de l'aile arrière, plus spacieuses et calmes.

🏨 **Campanile,** rte Agen par ⑤ : *3 km* ✆ 05 53 40 27 47, *villeneuve.pujols@campanile.fr,*
Fax 05 53 40 27 50, 🌿 – ❄, ▤ rest, 📺 ✆ 🅿. 🛡 25. 🆎 ⑩ 🆖
Repas *(12,50)* - 16,50/18,50, enf. 6 ♀ – ☐ 6,50 – **47 ch** 51.

♦ Construction moderne de type motel bordant un carrefour. Chambres fonctionnelles,
accueil aimable : une étape pratique dans la découverte du bas Quercy. Le restaurant,
néo-rustique, propose une cuisine traditionnelle et des formules buffets.

à Pujols *Sud-Ouest : 4 km par D 118 – 3 546 h. alt. 180 –* ⊠ *47300 .*

Voir ≤★.

🇮 *Syndicat d'initiative, Bureau Municipal du Tourisme* ✆ 05 53 36 78 69, *Fax 05 53 36 78 70,*
mairie-de-pujols@wanadoo.fr.

🏨 **Chênes** 🛏 sans rest, ✆ 05 53 49 04 55, *hotel.des.chenes@wanadoo.fr,*
Fax 05 53 49 22 74, ≤, 🏊 – 📺 ✆ 🅿. 🆎 🆖
fermé 23 déc. au 2 janv. et dim. soir de nov. à mars – ☐ 8,50 – **21 ch** 68,50/78.

♦ Face au village perché de Pujols, construction récente inspirée de l'architecture régionale. Chambres bien tenues, spacieuses et fraîches.

🍴🍴🍴 **Toque Blanche** (Lebrun), ✆ 05 53 49 00 30, *latoque.blanche@wanadoo.fr,*
❀ *Fax 05 53 70 49 79,* ≤, 🌿 – ▤ 🅿. 🆎 ⑩ 🆖
fermé 21 juin au 5 juil., 22 nov. au 1ᵉʳ déc., 24 janv. au 1ᵉʳ fév., dim. soir, mardi midi et lundi –
Repas 25/78 et carte 62 à 88, enf. 14.

♦ Pavillon à flanc de coteau, tourné vers le bourg. Service à midi dans une véranda-jardin
d'hiver panoramique, le soir dans une élégante salle à manger. Cuisine de tradition.
Spéc. Oeufs pochés périgourdine et escalopine de foie de canard. Brandade de cèpes,
morue rôtie aux herbes et croûte de chorizo. Filet de boeuf poêlé, sauce bordelaise aux
cèpes. **Vins** Buzet, Côtes de Duras.

🍴🍴 **Auberge Lou Calel,** Le Bourg ✆ 05 53 70 46 14, *Fax 05 53 70 46 14,* ≤ Villeneuve, 🌿 –
🆖
🚗 *fermé 6 au 28 oct., 5 au 20 janv., mardi soir hors saison, sam. midi en juil.-août, jeudi midi et*
merc. – **Repas** 15 (déj.), 21/35, enf. 11 ♀.

♦ Cette auberge située dans le village même vous accueille dans deux salles rustiques ou
sur sa terrasse surplombant la vallée du Lot. Cuisine aux accents du terroir.

VILLENEUVE-SUR-TARN *81 Tarn* 🲂🲂🲂 *G7 – alt. 272 –* ⊠ *81250 Alban.*
Paris 714 – Albi 33 – Castres 67 – Lacaune 44 – Rodez 64 – St-Affrique 50.

🏨 **Hostellerie des Lauriers,** ✆ 05 63 55 84 23, *pascal.sudre@worldonline.fr,*
🚗 *Fax 05 63 55 89 20,* 🌿, 🏊, 🦆 – 📺 ✆ 🅿. 🆖. 🧹 ch
mi mars-fin oct. et fermé dim. soir et lundi en mars, avril, sept. et oct. – **Repas** 14/40,
enf. 10 ♀ – ☐ 7 – **9 ch** 40/50 – ½ P 47/50.

♦ Maison en pierres du pays dans un parc au bord du Tarn, idéale pour des vacances
"vertes" : chambres pratiques, piscine couverte, jacuzzi et randonnées organisées. Sobre
salle à manger prolongée par une terrasse ; cuisine traditionnelle et recettes régionales.

VILLENEUVE-SUR-YONNE *89500 Yonne* 🲂🲂🲂 *C3 G. Bourgogne – 5 404 h alt. 74.*

Voir *Porte de Joigny★.*

🇮 *Office de tourisme, quai Roland-Bonnion* ✆ 03 86 87 12 52, *Fax 03 86 87 12 01,*
mairie.villeneuve-sur-yonne@wanadoo.fr.

Paris 132 – Auxerre 46 – Joigny 19 – Montargis 45 – Nemours 59 – Sens 14 – Troyes 77.

🍴🍴 **Lucarne aux Chouettes** 🛏 avec ch, quai Bretoche ✆ 03 86 87 18 26, *lesliecaron-aub*
erge@wanadoo.fr, Fax 03 86 87 22 63, ≤, 🌿 – 📺. 🆖
fermé dim. soir et lundi sauf juil.-août et lundi midi en juil.-août – **Repas** 19 (déj.)/36,
enf. 10 ♀ – ☐ 10 – **4 ch** 90/160.

♦ Sur les quais de l'Yonne, îlot de quatre maisons du 17ᵉ s., jadis réserves à grains,
aménagées avec élégance. Superbe salle à manger sous charpente. Chambres coquettes.

Dans ce guide

un même symbole, un même mot,

*imprimé en **rouge** ou en noir, en maigre ou en **gras**,*

n'ont pas tout à fait la même signification.

Lisez attentivement les pages explicatives.

VILLENY *41220 L.-et-Ch.* 318 *H6 – 334 h alt. 132.*

Paris 162 – Orléans 37 – Blois 38 – Romorantin-Lanthenay 32.

🏦 **Les Chênes Rouges** ॐ, Sud-Ouest : 2,5 km par D 113 et D 18 ℘ 02 54 98 23 94, *chenes rouges@wanadoo.fr, Fax 02 54 98 23 99,* 🌫, ⎓, 🏊 – 📺 ✆ �& 🅿 AE GB
fermé 1er janv. au 31 mars, dim. et lundi de sept. à mai – **Repas** (dîner seul.) 28/59 – ⊊ 12 –
10 ch 100/125 – 1/2 P 100/120.
♦ Quittez les sentiers battus et dénichez l'authentique : cette demeure solognote isolée dans les bois, au bord d'un étang (pêche), offre un cadre rustique. Poutres et cheminée agrémentent la salle à manger ; cuisine régionale et gibier en saison.

VILLEPARISIS *77 S.-et-M.* 312 *E2* 101 ⑲ – *voir à Paris, Environs.*

VILLERAY *61 Orne* 310 *N4 – rattaché à Nogent-le-Rotrou.*

VILLEREST *42 Loire* 327 *D4 – rattaché à Roanne.*

VILLEROUGE-TERMENES *11 Aude* 344 *G4 – 158 h alt. 320.*

Paris 826 – Perpignan 60 – Carcassonne 50 – Narbonne 43.

✗ **Médiéval,** Le Château ℘ 04 68 70 06 06, *societe.camelina@wanadoo.fr,* Fax 04 68 70 00 10 – GB
fermé d'oct. à mars sauf week-ends, janv., dim. soir et lundi – **Repas** 30/45, enf. 15.
♦ Oyez braves gens, venez festoyer en ce château médiéval ! Service en tenue d'époque, recettes d'antan, rôtis cuits à la broche et tables en bois dressées comme autrefois.

VILLEROY *89 Yonne* 319 *C2 – rattaché à Sens.*

VILLERS-BOCAGE *14310 Calvados* 303 *I5 G. Normandie Cotentin – 2 904 h alt. 140.*

🚹 *Office de tourisme, place Gal de Gaulle* ℘ 02 31 77 16 14, Fax 02 31 77 65 46, *otpl. @tiscali.fr.*

Paris 262 – Caen 30 – Argentan 83 – Avranches 77 – Bayeux 26 – Flers 44 – St-Lô 47 – Vire 35.

✗✗✗ **Trois Rois** avec ch, 2 pl. Jeanne d'Arc ℘ 02 31 77 00 32, *Fax 02 31 77 93 25,* 🌫 – 📺 🅿 AE
GB
🐾 *fermé 21 au 28 juin, janv., dim. soir, mardi midi et lundi* – **Repas** 20/50 et carte 37 à 60 –
⊊ 8,50 – **11 ch** 34,50/61 – 1/2 P 58.
♦ Sur une vaste place, grosse bâtisse en pierres de taille bordée d'un jardin et d'un potager. Salle à manger spacieuse, élégante et bien agencée. Spécialités de tripes.

VILLERS-COTTERÊTS *02600 Aisne* 306 *A7 G. Picardie Flandres Artois – 9 839 h alt. 126.*

Voir *Château de François 1er : grand escalier*★.

Env. *Forêt de Retz*★.

🚹 *Office de tourisme, 8 place Aristide Briand* ℘ 03 23 96 55 10, Fax 03 23 96 49 13, *ot.villerscotterets@wanadoo.fr.*

Paris 81 – Compiègne 32 – Laon 61 – Meaux 41 – Senlis 41 – Soissons 23.

🏦 **Régent** sans rest, 26 r. Gén. Mangin ℘ 03 23 96 01 46, *info@hotel-leregent.com,* Fax 03 23 96 37 57 – 📺 🅿 AE ① GB JCB
fermé dim. soir de nov. à mars sauf fériés – ⊊ 8 – **25 ch** 40/72.
♦ Relais de poste du 18e s. ordonné autour d'une cour pavée où trône un bel abreuvoir. Chambres au charme d'antan, peu à peu rajeunies, plus vastes en façade.

✗ **L'Orthographe,** 63 r. Gén. Leclerc ℘ 03 23 96 30 84, *Fax 03 23 96 82 71* – 🅿 AE ① GB
JCB
fermé dim. soir et lundi – **Repas** 12 (déj.)/20 bc.
♦ Frais restaurant tout en longueur, dont les murs sont décorés d'anciennes photos de classe justifiant l'enseigne. Menus composés en fonction du marché.

*Les principales voies commerçantes figurent en **rouge**
dans la liste des rues des plans de villes.*

VILLERSEXEL 70110 H.-Saône **314** G7 G. Jura – 1 444 h alt. 287.

🛈 Office de tourisme, 33 rue des Cités ℰ 03 84 20 59 59, Fax 03 84 20 59 59, tourisme. villersexel@wanadoo.fr.

Paris 386 – Besançon 59 – Belfort 41 – Lure 18 – Montbéliard 34 – Vesoul 27.

Terrasse, rte Lure ℰ 03 84 20 52 11, Fax 03 84 20 56 90, 🏠, ⇘ – 📺 ℰ 🅿. 🇬🇧
fermé 8 déc. au 2 janv, vend. soir et dim. soir hors saison – **Repas** 11,50 (déj.), 13,90/28, enf. 8,50 – 🍽 5,80 – **13** ch 34/50 – ½ P 38/43.

◆ Les pêcheurs apprécieront cette auberge longée par une rivière poissonneuse. Chambres rénovées, donnant parfois sur le jardin. Salle des repas néo-rustique, terrasse ombragée bordant la départementale et cuisine traditionnelle sans prétention.

VILLERS-LE-LAC 25130 Doubs **321** K4 G. Jura – 4 196 h alt. 730.

Voir Saut du Doubs★★★ NE : 5 km – Lac de Chaillexon★ NE : 2 km – Musée de la montre★.

🛈 Office de tourisme, rue Bercot ℰ 03 81 68 00 98, Fax 03 81 68 00 98, otsi.25130@free.fr.

Paris 471 – Besançon 68 – Basel 116 – La Chaux-de-Fonds 18 – Morteau 7 – Pontarlier 38.

France (Droz), 8 pl. Cupillard ℰ 03 81 68 00 06, info@hotel-restaurant-lefrance.com, Fax 03 81 68 09 22 – 📺 – 🔊 30. 🆎 ⓞ 🇬🇧 🇯🇨🇧
fermé 8 au 19 nov. et 3 janv. au 4 fév. – **Repas** (fermé dim. soir d'oct. à avril, mardi midi et lundi) 19 (déj.), 25/75 et carte 48 à 87 � – 🍽 9 – **12** ch 65/100 – ½ P 70/110.

◆ Tradition d'accueil maintenue dans cet établissement où depuis 1900, quatre générations de la même famille se sont succédé ! Belle salle à manger aux boiseries de sapin ; collection d'ustensiles de cuisine. Plats créatifs et vins d'Arbois.
Spéc. Menu "Morilles". Foie chaud de canard caramélisé. Nougat glacé en cage au miel de sapin. **Vins** Arbois Savagnin, Arbois Poulsard.

VILLERS-SUR-MER 14640 Calvados **303** L4 – 2 318 h alt. 10.

🛈 Office de tourisme, place Jean Mermoz ℰ 02 31 87 01 18, Fax 02 31 87 46 20, villers14.tourisme@wanadoo.fr.

Paris 208 – Caen 35 – Le Havre 52 – Deauville 8 – Lisieux 31 – Pont-l'Évêque 21.

Mermoz, pl. J. Mermoz ℰ 02 31 87 01 68, Fax 02 31 87 07 13, < – 🇬🇧
fermé 20 déc. au 18 janv. mardi hors saison et hors vacances scolaires – **Repas** 14,50/55, enf. 7,70 �.

◆ Fruits de mer et poissons jouent les premiers rôles sur la carte de ce restaurant posté sur le front de mer. Cadre actuel d'esprit brasserie et jolie vue sur la Manche.

VILLERVILLE 14 Calvados **303** M3 – rattaché à Honfleur.

VILLEURBANNE 69 Rhône **327** I5 – rattaché à Lyon.

VILLIÉ-MORGON 69910 Rhône **327** H3 – 1 614 h alt. 262.

Voir La Terrasse ❄★★ près du col du Fût d'Avenas NO : 7 km, G Vallée du Rhône.

Paris 410 – Mâcon 23 – Lyon 54 – Villefranche-sur-Saône 22.

Villon, ℰ 04 74 69 16 16, hotel_restaurant.le_villon@libertysurf.fr, Fax 04 74 69 16 81, 🏠, 🏊, ⇘, ❌ – 📺 ℰ 🅿 – 🔊 60. 🇬🇧
fermé 22 déc. au 10 janv., dim soir et lundi du 15 oct. au 15 avril – **Repas** 19/42 � – 🍽 8 – **45** ch 48/65 – ½ P 70.

◆ Dominant le village, bâtisse dont les chambres (cinq avec terrasse), simples et pratiques, offrent une vue étendue sur le vignoble de Morgon. Salle à manger au décor néo-rustique, tournée vers les collines plantées de vignes et cuisine traditionnelle.

à Morgon Sud : 2 km par D 68 – ✉ 69910 :

Morgon, ℰ 04 74 69 16 03, Fax 04 74 69 12 77, 🏠 – 🇬🇧
fermé 15 déc. au 1er fév., soirs fériés, mardi soir du 1er fév. au 1er avril, dim. soir et merc. – **Repas** 13,50/33 ☑.

◆ Sobre cadre rustique (flambées dans la cheminée en hiver), agréable terrasse, accueil aimable et cuisine du terroir soignée : pas mal d'atouts pour cette auberge villageoise.

VILLIERS-LE-MAHIEU 78770 Yvelines **311** G2 – 615 h alt. 127.

Paris 53 – Dreux 37 – Évreux 63 – Mantes-la-Jolie 18 – Rambouillet 33 – Versailles 36.

Château de Villiers le Mahieu ⮳ sans rest, ℰ 01 34 87 44 25, accueil@chateauvillier s.com, Fax 01 34 87 44 40, 🏊, ❌, 🅿 – 📺 & 🅿 – 🔊 25 à 100. 🆎 ⓞ 🇬🇧 🇯🇨🇧
fermé 24 déc. au 1er janv. – 🍽 15 – **80** ch 149.

◆ Ce château fort du 13e s. fut aussi la résidence de Bernard Buffet. Vaste parc et chambres très agréables ; celles logées dans une aile récente optent pour le style colonial.

VILLIERS-ST-BENOIT _89130 Yonne_ **319** _C5 – 429 h alt. 170._
  Paris 152 – Auxerre 33 – Avallon 82 – Cosne-sur-Loire 59 – Montargis 51.

  ☒ **Relais St-Benoit** avec ch, _℘ 03 86 45 73 42, micheline.roche@wanadoo.fr,_
  Fax 03 86 45 77 90, 🏤 – 📺 📞 ⬜
  fermé 23 déc. au 3 janv., 3 au 11 fév., dim. soir, mardi midi et lundi – **Repas** 17,50/35, enf. 9 –
  ⬜ 7,50 – **6 ch** 40/58,50.
  ◆ Cette auberge champêtre entièrement rénovée a néanmoins conservé ses cuivres, ses
  assiettes et ses pichets anciens pour décorer la salle à manger. Carte traditionnelle.

VIMOUTIERS _61120 Orne_ **310** _K1 G. Normandie Vallée de la Seine – 4 418 h alt. 95._
  🛈 _Office de tourisme, 10 avenue du Gal de Gaulle ℘ 02 33 39 30 29, Fax 02 33 67 66 11,
  ot.vimoutiers@wanadoo.fr._
  Paris 185 – Caen 60 – Alençon 66 – Argentan 31 – Falaise 36 – Lisieux 29.

  🏠 **Escale du Vitou** ⬙, rte Argentan : 2 km par D 916 _℘ 02 33 39 12 04, hotelvitou@aol.co
  🖘 m, Fax 02 33 36 13 34,_ 🏤, 🍽, ⬛ – 📺 📞
  Repas (fermé janv., mardi midi, dim. soir et lundi) 11,50/28 ⬜ – ⬜ 5 – **17 ch** 29/41 – ½ P 34.
  ◆ Dans l'environnement calme et verdoyant d'un centre de loisirs agrémenté d'un plan
  d'eau, hôtel composé de deux bâtiments de style normand. Chambres simples. Salle à
  manger champêtre face au parc de 26 ha, au coeur du pays du cidre et du camembert.

VINAY _51 Marne_ **306** _F8 – rattaché à Épernay._

VINCELOTTES _89 Yonne_ **319** _E5 – rattaché à Auxerre._

VINCENNES _94 Val-de-Marne_ **312** _D2_ **101** ⑰ _– voir à Paris, Environs._

VINCEY _88 Vosges_ **314** _F2 – rattaché à Charmes._

VINEUIL _41 L.-et-Ch._ **318** _F6 – rattaché à Blois._

VINEZAC _07 Ardèche_ **331** _H6 – rattaché à Aubenas._

VINON-SUR-VERDON _83560 Var_ **340** _J3 – 2 992 h alt. 280._
  🛈 _Office de tourisme, rue Saint André ℘ 04 92 78 84 45, Fax 04 92 78 83 74, officedutou
  risme83@wanadoo.fr._
  Paris 775 – Aix-en-Provence 47 – Brignoles 52 – Digne-les-Bains 70 – Manosque 16.

  ☒☒ **Relais des Gorges** avec ch, 6 av. République _℘ 04 92 78 80 24, bertet.relais@wanadoo.f
  r, Fax 04 92 78 96 47,_ 🏤 – 📺 📞 ⒶⒺ ⓞ ⬜
  fermé 19 au 27 déc., dim. soir, vend. soir, sam. midi d'oct. à fin mars – **Repas** 18/70, enf. 10
  ⬜ – ⬜ 6,50 – **9 ch** 37/54 – ½ P 33/40,50.
  ◆ Au centre du village, cette auberge vous prépare une appétissante cuisine traditionnelle.
  Étape roborative en aval des grandioses gorges du Verdon.

VINZIER _74500 H.-Savoie_ **328** _M2 – 659 h alt. 920._
  Paris 580 – Thonon-les-Bains 14 – Abondance 16 – Genève 47 – Montreux 45.

  ☒ **Relais de Savoie "Pré aux Merles",** _℘ 04 50 73 61 05,_ 🏤, 🌳 – 📺 ⬜
  11 avril-12 sept., 17 oct.-28 nov. et fermé dim. soir et lundi – **Repas** (déj. seul. hors saison)
  17,50 (déj.), 22/32.
  ◆ "Faute de grives, on mange des merles" : cette goûteuse cuisine du terroir servie dans
  un cadre montagnard et une ambiance conviviale, fait mentir le dicton fataliste.

VIOLÈS _84150 Vaucluse_ **332** _C9 – 1 536 h alt. 94._
  Paris 659 – Avignon 34 – Carpentras 21 – Nyons 33 – Orange 14 – Vaison-la-Romaine 17.

  ☒☒ **Mas de Bouvau** avec ch, rte Cairanne : 2 km _℘ 04 90 70 94 08, Fax 04 90 70 95 99,_ 🏤 –
  📺 📞 ⬜ ⬙ ch
  fermé 20 au 30 déc., 2 au 31 janv., le soir de nov. à fév., dim. soir et lundi – **Repas** 25/38 –
  ⬜ 8 – **6 ch** 58/65 – ½ P 60/65.
  ◆ Isolé dans les vignes, un authentique mas à l'hospitalité chaleureuse. Vous goûterez une
  cuisine traditionnelle dans des salles à manger au cadre sagement provençal.

VIRE 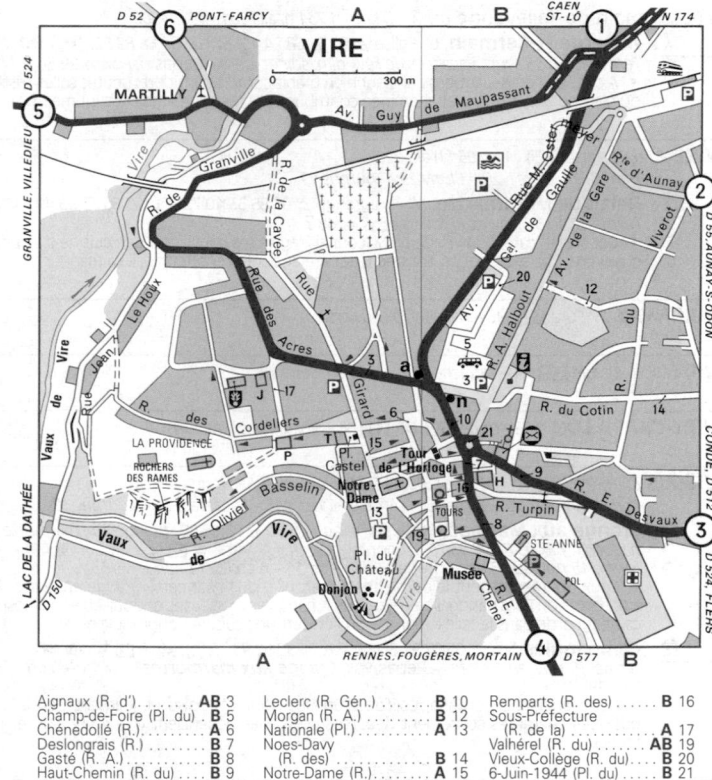 14500 Calvados 303 G6 *G. Normandie Cotentin* – 12 815 h alt. 275.

🏌 de Vire la Dathée à St-Manvieu-Bocage ✆ 02 31 67 71 01, SE : 8 km par D 150.

🛈 Office de tourisme, square de la Résistance ✆ 02 31 66 28 50, Fax 02 31 66 28 55,
office.tourisme.vire@wanadoo.fr.

Paris 296 ③ – Caen 64 ① – Flers 31 ③ – Laval 103 ④ – Rennes 135 ④ – St-Lô 39 ①.

Aignaux (R. d')........ **AB** 3	Leclerc (R. Gén.)...... **B** 10	Remparts (R. des)...... **B** 16
Champ-de-Foire (Pl. du) . **B** 5	Morgan (R. A.)........ **B** 12	Sous-Préfecture
Chénedollé (R.)........ **A** 6	Nationale (Pl.)........ **A** 13	(R. de la)........... **A** 17
Deslongrais (R.)....... **B** 7	Noes-Davy	Valhérel (R. du)....... **AB** 19
Gasté (R. A.).......... **B** 8	(R. des)........... **B** 14	Vieux-Collège (R. du).... **B** 20
Haut-Chemin (R. du)... **B** 9	Notre-Dame (R.)........ **A** 15	6-Juin-1944 (Pl. du)..... **B** 21

🏨 **France,** 4 r. Aignaux ✆ 02 31 68 00 35, *Fax 02 31 68 22 65* – 📶 📺 📞 🚗. AE ⓪
GB
A a

fermé 21 déc. au 15 janv. – **Repas** 13/39 ⌀ – ⌸ 6,50 – **20 ch** 31/58 – ½ P 42.

◆ Aux portes du vieux Vire, immeuble en pierre des années 1950 dont les chambres sont personnalisées par de beaux habillages de tissus. Restaurant disposant d'élégantes salles à manger ; sur la carte, l'andouille joue les vedettes.

🏨 **St-Pierre** sans rest, 20 r. Gén. Leclerc ✆ 02 31 68 05 82, *Fax 02 31 68 22 65* – 📶 📺 📞 –
🔬 50. AE ⓪ GB
B n

fermé 21 déc. au 2 janv. – ⌸ 6,50 – **29 ch** 33/52.

◆ Dans une rue animée du centre-ville, chambres menues, mais décorées avec goût et bien insonorisées. Copieux petit-déjeuner servi sous forme de buffet.

à Bény-Bocage par ①, D 577 et D 56 : 13 km – 938 h. alt. 180 – ⊠ 14350 :

XX **Castel Normand** avec ch, ✆ 02 31 68 76 03, *castel-normand@wanadoo.fr*, *Fax 02 31 68 63 58,* 🌳, 🚗 – 📺 📞. GB

fermé 18 au 31 août, dim. soir, mardi midi et lundi – **Repas** *(14,50)* - 31/49 ⌀ – ⌸ 7 – **7 ch** 41/49.

◆ Au cœur du village, grande maison de granit tapissée de vigne vierge et son jardin fleuri. Deux élégantes salles de restaurant et quelques chambres bien tenues pour l'étape.

rte de Flers *par ③ : 2,5 km sur D 524 –* ✉ *14500 Vire :*

XXX **Manoir de la Pommeraie,** ☎ 02 31 68 07 71, Fax 02 31 67 54 21, ♨, ♨ – **P**. 🅰🅴 ⓞ
GB
fermé 19 juil. au 11 août, dim. soir et lundi – **Repas** 21/46 et carte 42 à 62.
♦ Loin des bruits de la ville, petit manoir du 18ᵉ s. dont les deux salles à manger ouvrent sur un agréable parc aux arbres centenaires. Répertoire classique.

à St-Germain-de-Tallevende *par ④ : 5 km – 1 731 h. alt. 201 –* ✉ *14500 :*

X **Auberge St-Germain,** pl. Église ☎ 02 31 68 24 13, Fax 02 31 68 89 57, ♨ – GB
🍴 *fermé 1ᵉʳ au 15 sept., vacances de fév., dim. soir et lundi* – **Repas** (12) - 14,50/29,50 ♈.
♦ À côté de l'église, auberge ancienne en granit comprenant deux petites salles rustiques où plafond bas, poutres et cheminée contribuent à créer une ambiance intime.

VIRÉ *71260 S.-et-L.* **320** *J11 – 954 h alt. 225.*
Paris 378 – Mâcon 20 – Cluny 23 – Tournus 19.

XX **Relais de Montmartre,** pl. A. Lagrange ☎ 03 85 33 10 72, Fax 03 85 33 98 49 – GB
fermé 12 au 30 janv. et lundi – **Repas** 16/48 ♈.
♦ Cet ancien café d'un village du Mâconnais régale ses convives d'une cuisine d'inspiration régionale. Chaises drapées, tons écru et ocre égaient la coquette salle à manger.

VIRONVAY *27 Eure* **304** *H6 – rattaché à Louviers.*

VIRY *74 H.-Savoie* **328** *J4 – rattaché à St-Julien-en-Genevois.*

VIRY-CHATILLON *91 Essonne* **312** *D3* **101** *㊱ – voir à Paris, Environs.*

VISCOS *65 H.-Pyr.* **342** *L7 – 41 h alt. 800 –* ✉ *65120 Luz-St-Sauveur.*
Paris 880 – Pau 75 – Tarbes 50 – Argelès-Gazost 17 – Cauterets 23 – Lourdes 30.

🏠 **Grange aux Marmottes** ♨, au village ☎ 05 62 92 88 88, grange.aux.marmottes@wa
nadoo.fr, Fax 05 62 92 93 75, ≤ montagnes, ♨, ♨, ♨ – 📺 ♨ – ♨ 20. ⓞ GB
fermé 15 nov. au 15 déc. – **Repas** 19/38 – ♨ 11 – **6 ch** 60/72 – ½ P 56/63.
♦ Ceux qui recherchent le calme absolu seront séduits par cette grange en pierre située aux portes du Parc national des Pyrénées. Chambres spacieuses et douillettes. Atmosphère campagnarde dans la salle à manger où l'on sert une cuisine honorant la région.

🏠 **Campanules** ♨, ☎ 05 62 92 88 88, Fax 05 62 92 93 75, ♨, ♨ – 📺 ♨, ⓞ GB
fermé 15 nov. au 15 déc. – **Repas** voir *Grange aux marmottes* – ♨ 11 – **8 ch** 45/50 –
½ P 49/52.
♦ Cette ancienne bergerie, coiffée d'un beau toit d'ardoise et joliment fleurie, abrite quelques chambres sobrement décorées ; certaines bénéficient d'une vue sur les montagnes.

VITERBE *81220 Tarn* **338** *D8 – 254 h alt. 141.*
Paris 693 – Toulouse 55 – Albi 62 – Castelnaudary 52 – Castres 31 – Montauban 69.

XX **Les Marronniers,** ☎ 05 63 70 64 96, Fax 05 63 70 60 96, ♨, ♨ – 📺 **P**. 🅰🅴 ⓞ GB
fermé 25 oct.au 16 nov., dim. soir du 15 nov. au 28 fév., mardi soir et merc. – **Repas** 11 (déj.),
18/38, enf. 7,50.
♦ Une collection de tableaux, d'esprit naïf ou moderne, orne les murs de la salle à manger. Salon (apéritif) contemporain et jolie prairie sur l'arrière. Cuisine traditionnelle.

VITRAC *24200 Dordogne* **329** *I7 – 767 h alt. 150.*
Voir *Château de Montfort★ NE : 2 km – Cingle de Montfort★ NE : 3,5 km,* G. Périgord Quercy.
🏌 *du Domaine de Rochebois à Sarlat-la-Canéda* ☎ 05 53 31 52 52, SE : 2 km.
Paris 541 – Brive-la-Gaillarde 64 – Sarlat-la-Canéda 8 – Cahors 54 – Périgueux 85.

🏰 **Domaine de Rochebois** ♨, Est : 2 km par D 703 ☎ 05 53 31 52 52, info@rochebois.co
m, Fax 05 53 29 36 88, ≤, ♨, ♨, ♨, ♨ – 📺 📺 ♨ ♨ **P** – ♨ 30 à 60. 🅰🅴 ⓞ GB, ♨ rest
30 avril-fin oct. et fermé mardi – **Repas** (dîner seul.) 55/100 – ♨ 18 – **36 ch** 250/450,
4 duplex – ½ P 145/285.
♦ Le parc et son golf, le jardin en terrasses et sa piscine, la décoration élégante et soignée font de cette demeure du 19ᵉ s. un petit paradis au cœur du Périgord Noir. Cuisine au goût du jour servie dans une salle à manger cossue ou sur l'agréable terrasse.

🏨 **Plaisance,** ☏ 05 53 31 39 39, *plaisance@wanadoo.fr*, Fax 05 53 31 39 38, 🌿, 🛋, 🏖, ⚒
– 🛗, 🍴 rest, 📺 ♿ 🅿 – 🔔 15. 🅰🅴 ⓞ ☒
14 fév.-12 nov. – **Repas** *(fermé dim. soir et vend. d'oct. à avril et sam. midi de mai à sept.)* 15
(déj.), 22/40, enf. 8,50 – ⏁ 7,50 – **42 ch** 45/70 – ½ P 53/57.
◆ Maison régionale construite en 1808 à flanc de rocher, abritant des chambres bien
tenues. De l'autre côté de la route, jardin bordant la Dordogne. Salle à manger aménagée
avec goût et terrasse dressée à l'ombre des tilleuls ; cuisine régionale.

❌❌ **Treille** avec ch, ☏ 05 53 28 33 19, *la.treille@perigord.com*, Fax 05 53 30 38 54, 🌿 – 📺. 🅰🅴
ⓞ ☒
fermé 11 nov. au 31 mars, dim. soir et lundi – **Repas** 17/54, enf. 10,50 – ⏁ 7,10 – **8 ch**
45/58 – ½ P 50.
◆ Dans la même famille depuis le 19e s., cette maison où grimpe la vigne vierge abrite une
sobre salle à manger-véranda. Terrasse ombragée d'une treille. Cuisine périgourdine.

VITRAC 15220 Cantal 🗺🗺🗺 B6 – *277 h alt. 490.*
Paris 561 – *Aurillac 26 – Figeac 44 – Rodez 77.*

🏨 **Auberge de la Tomette** 🌿, ☏ 04 71 64 70 94, *latomette@wanadoo.fr*,
Fax 04 71 64 77 11, 🌿, 🏋, 🛋, 🏖 ♿ 🅿 – 🔔 15. 🅰🅴 ☒
1er avril-15 nov. – **Repas** *(fermé mardi midi)* 24/36, enf. 9 ⏁ – ⏁ 9 – **9 ch** 71/75, 6 duplex –
½ P 69.
◆ Chambres calmes et bien tenues, agréable jardin fleuri, piscine découvrable, espace
relaxation (sauna, hammam), etc. : cette auberge ne manque pas d'atouts. Salle de restaurant avec boiseries, tomettes et quelques meubles anciens ; terrasse sous une pergola.

VITRÉ 35500 I.-et-V. 🗺🗺🗺 O6 *G. Bretagne* – *15 313 h alt. 106.*

Voir *Château*★★ : *tour de Montalifant* ≤★, *tryptique*★ – *La Ville*★ : *rue Baudrairie*★★ **A** 5,
remparts★, *eglise Notre-Dame*★ **B** – *Tertres noirs* ≤★★ *par* ④ – *Jardin du parc*★ *par* ③ –
≤★★ *des D178* **B** *et D857* **A** – *Champeaux : place*★, *stalles*★ *et vitraux*★ *de l'église 9 km par*
④.

🏌 *des Rochers Sévigné* ☏ 02 99 96 52 52, *par* ② : 6 km.

🛈 *Office de tourisme, place Général-de-Gaulle* ☏ 02 99 75 04 46, Fax 62 99 74 02 01,
info@ot-vitre.fr.

Paris 310 ① – *Châteaubriant 52* ③ – *Fougères 30* ⑤ – *Laval 38* ① – *Rennes 38* ④.

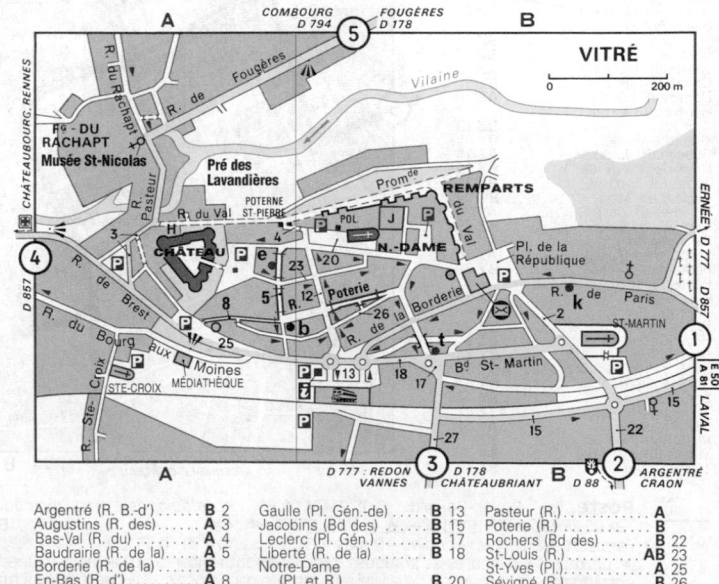

Argentré (R. B.-d')		**B** 2
Augustins (R. des)		**A** 3
Bas-Val (R. du)		**A** 4
Baudrairie (R. de la)		**A** 5
Borderie (R. de la)		**B**
En-Bas (R. d')		**A** 8
Garengeot (R.)		**B** 12
Gaulle (Pl. Gén.-de)		**B** 13
Jacobins (Bd des)		**B** 15
Leclerc (Pl. Gén.)		**B** 17
Liberté (R. de la)		**B** 18
Notre-Dame		
(Pl. et R.)		**B** 20
Paris (R. de)		**B**
Pasteur (R.)		**A**
Poterie (R.)		**B**
Rochers (Bd des)		**B** 22
St-Louis (R.)		**AB** 23
St-Yves (Pl.)		**A** 25
Sévigné (R.)		**B** 26
70e-R.I. (R. du)		**B** 27

⌂ **Minotel** sans rest, 47 r. Poterie ℘ 02 99 75 11 11, *Fax 02 99 75 81 26* – 📺 📞 ᴁ
ᴳᴮ　　　　　　　　　　　　　　　　　　　　　　　　　　　　　　　　　　　　AB　b

⌂ 6 – **17 ch** 35/52.

♦ Idéalement située en plein quartier historique, bâtisse ancienne rénovée disposant de chambres pratiques et bien tenues. Hall-salon décoré sur le thème du golf.

XX **Pichet,** 17 bd Laval par ① ℘ 02 99 75 24 09, *le.pichet@laposte.net, Fax 02 99 75 81 50,*
🌳, 🍴 – ᴁ ᴳᴮ
fermé 1ᵉʳ au 22 août, merc. soir, jeudi soir et dim. – **Repas** (nombre de couverts limité, prévenir) 15,50/31 ♀.

♦ Demeure d'allure régionale entourée d'un joli jardin arboré où l'on dresse la terrasse à la belle saison (barbecue). Lumineuse et confortable salle à manger-véranda.

XX **Taverne de l'Écu,** 12 r. Beaudrairie ℘ 02 99 75 11 09, *Fax 02 99 75 82 97,* 🌳 – ᴁ ᴳᴮ
ᴶᴄᴮ　　　　　　　　　　　　　　　　　　　　　　　　　　　　　　　　　　　A　e
fermé 24 au 31 août, vacances de Toussaint, de fév., mardi soir en juil-août, dim. soir de sept. à juin et merc. – **Repas** 16 (déj.), 21/42, enf. 9,60 ♀.

♦ Chaleureux intérieur rustique et cuisine mariant saveurs provençales et bretonnes dans une maison du 16ᵉ s. classée monument historique. Deux belles cheminées d'époque.

XX **Le Potager,** 5 pl. Gén. Leclerc ℘ 02 99 74 68 88, *Fax 02 99 75 38 13* – ᴳᴮ　　　B　t
ᴳᴮ　*fermé sam. midi, dim. soir et lundi* – **Repas** 14,80/29,80 ♀.

♦ Deux salles de restaurant campagnardes, dont une de style régional. Tables assez serrées. Cuisine traditionnelle soignée, composée selon le marché. Accueil aimable.

XX **Petit Pressoir,** 20 r. Paris ℘ 02 99 74 79 79, *lepetitpressoir@wanadoo.fr,*
ᴳᴮ　*Fax 02 99 74 07 00* – ᴳᴮ　　　　　　　　　　　　　　　　　　　　　　　B　k
fermé 1ᵉʳ au 24 août, dim. soir et lundi – **Repas** 15/42 ♀.

♦ Dans une vieille maison du centre-ville, salle actuelle égayée d'affiches présentant les différents crus de Loire. Les menus sont proposés avec un vin accordé au plat.

VITRY-LE-FRANÇOIS 👁 51300 Marne **306** J10 G. Champagne Ardenne – 16 737 h alt. 105.
🛈 Office de tourisme, place Giraud ℘ 03 26 74 45 30, Fax 03 26 74 84 74, office-de-tourisme.vitry-le-françois@wanadoo.fr
Paris 181 ⑤ – Bar-le-Duc 55 ② – Châlons-en-Champagne 33 ① – Verdun 96 ②.

VITRY-LE-FRANÇOIS

Armes (Pl. d') .... **ABY**
Arquebuse (R. de l') .... **BZ** 2
Beaux-Anges
　(R. des) .... **BZ** 4
Bourgeois (Fg. Léon) .... **BZ** 7
Briand (R. Aristide) .... **AZ**
Chêne-Vert (R. du) .... **BY** 9
Dominé (Bd du Col.) .... **AZ** 10
Domyné-de-Verzet
　(R.) .... **BZ** 13
Gde-Rue-de-Vaux .... **BY**
Guesde (R. Jules) .... **AZ** 14
Hôtel-de-Ville (R. de l') .... **BZ** 19
Joffre (Pl. Mar.) .... **BZ** 21
Leclerc (Pl. Mar.) .... **BY** 23
Minimes (R. des) .... **AY** 24
Moll (Av. du Col.) .... **AZ** 25
Paris (Av. de) .... **AY** 26
Petit-Denier (R. du) .... **AY** 28
Petite-Rue-de-Vaux .... **BY** 29
Petite-Sainte
　(R. de la) .... **BZ** 30
Pont (R. du) .... **AY**
République (Av. de la) .... **BZ** 33
Royer-Collard (Pl.) .... **BZ** 34
St-Éloi (Rue) .... **BY** 35
St-Michel (Rue) .... **ABY** 36
Ste-Memje (R.) .... **BY** 37
Sœurs (R. des) .... **AY** 40
Tanneurs (R. des) .... **AYZ** 42
Tour (R. de la) .... **AY** 44
Vieux-Port (Rue du) .... **BZ** 46
Vitry-le-Brûlé (Fg de) .... **BY** 47
106ᵉ-R.-I. (Av. du) .... **BZ** 49

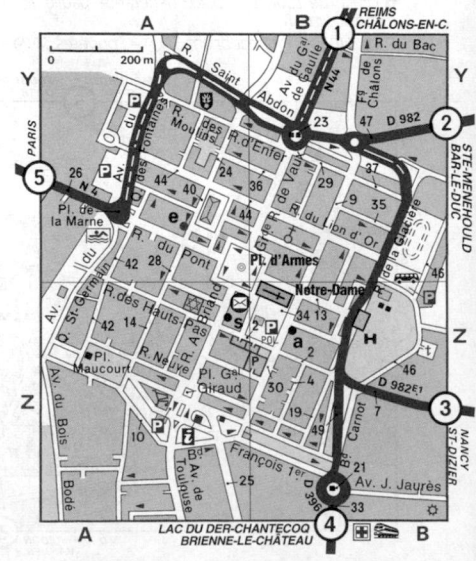

⌂⌂ **Poste,** pl. Royer-Collard ℘ 03 26 74 02 65, *hoteldelaposte.vitry@wanadoo.fr,*
Fax 03 26 74 54 71 – 📶 📺 📞 – 🏛 15 à 60. ᴁ ⓪ ᴳᴮ ᴶᴄᴮ　　　　　　　　　　BZ　a
fermé 21 déc. au 4 janv. et dim. – **Repas** 25/70 ♀ – ⌂ 10 – **29 ch** 53/81.

♦ Chambres lumineuses et pratiques, régulièrement rénovées, idéalement situées pour entreprendre la découverte de la ville reconstruite par François 1ᵉʳ. Élégante salle à manger néoclassique où l'on propose une cuisine au goût du jour.

Cloche, 34 r. A. Briand ℰ 03 26 74 03 84, Fax 03 26 74 15 52, ☆ – ✕ 🖬 📞 ☎ – 🖴 10 à 20. AE ⓘ GB JCB

AZ s

fermé 20 déc. au 2 janv.,dim. soir d'oct. à mai et sam. midi – **Repas** 21/45, enf. 11 ⵢ -*Vieux Briscard (fermé sam. et dim.)* **Repas** (10)-20/30 ⵢ ⅃ – ⵣ 9 – **22 ch** 50/75.

◆ Hôtel du centre-ville abritant quelques chambres rénovées, assez joliment colorées, et d'autres plus sobres mais tout aussi bien tenues. Plaisant restaurant où l'on sert de goûteuses spécialités maison. L'ancien bar abrite le Vieux Briscard ; carte brasserie.

Gourmet des Halles, 11 r. Soeurs ℰ 03 26 74 48 88, Fax 03 26 72 54 28, ☆ – ▤. GB

AY e

fermé mardi soir – **Repas** 10,30/13,30, enf. 6 ⵢ.

◆ Halte sympathique à deux pas des halles. Une jolie fresque murale égaye l'une des trois salles. En été, vous pourrez prendre votre repas sur la "terrasse-trottoir".

VITTEAUX 21350 Côte-d'Or ₃₂₀ H5 G. Bourgogne – 1 114 h alt. 320.

🅱 Office de tourisme, rue Hubert Languet ℰ 03 80 33 90 14, Fax 03 80 33 90 14, ot.vitteaux-@laposte.net.

Paris 259 – Dijon 47 – Auxerre 100 – Avallon 55 – Beaune 64 – Montbard 34 – Saulieu 34.

Vieille Auberge, 19 rue de Verdun ℰ 03 80 49 60 88, Fax 03 80 49 68 14, ☆ – AE GB

fermé 22 au 28 mai, 22 au 28 juin, 16 au 29 nov., dim. soir sauf juil.-août, mardi soir, merc. soir et lundi – **Repas** (9,50) -12,60/30, enf. 7,50 ⵢ.

◆ Auberge de village comprenant deux salles auxquelles on accède par un bar à l'ambiance campagnarde. Sympathique petite terrasse aménagée sur le pignon.

*Un automobiliste averti utilise le **Guide Michelin** de l'année.*

VITTEL 88800 Vosges ₃₁₄ D3 G. Alsace Lorraine – 6 117 h alt. 347 – Stat. therm. (mi fév.-fin déc.) – Casino **AY**.

Voir *Parc★*.

🇫🇷 de Vittel ℰ 03 29 08 59 40, **BY**.

🅱 Office de tourisme, 136 avenue Bouloumié ℰ 03 29 08 08 88, Fax 03 29 08 37 99, vittel.tourisme@wanadoo.fr.

Paris 342 ② – Épinal 43 ① – Belfort 129 ① – Chaumont 84 ② – Langres 80 ② – Nancy 85 ①.

VITTEL

Belgique (Av. de) . . **AZ** 2
Bouloumié (Av. A.) . **AY** 3
Dames (R. des). . . . **BZ** 5
Div.-Leclerc (R.). . . . **BZ** 7
Flers (Av. R.-de) . . . **BZ** 8
Garnier (Av.). . . . . . **BY** 9
Gaulle (Pl. Général-de) . . **BZ** 10
Gérémoy (Allée de) . . . . . . **AY** 12
Jeanne-d'Arc (R.) . . **BZ** 13
Joffre (R. Mar.) . . . . **BZ** 15
Marne (Pl. de la). . . **AZ** 17
Paris (R. de). . . . . . **BZ** 18
St-Nicolas (R.) . . . . **BY** 19
Sœur-Catherine (R.) **BZ** 20
Soulier (R. M.) . . . **BYZ** 22
Tilleuls (Av. des) . . . **AY** 24
Verdun (R. de) . . . . . **BZ** 26

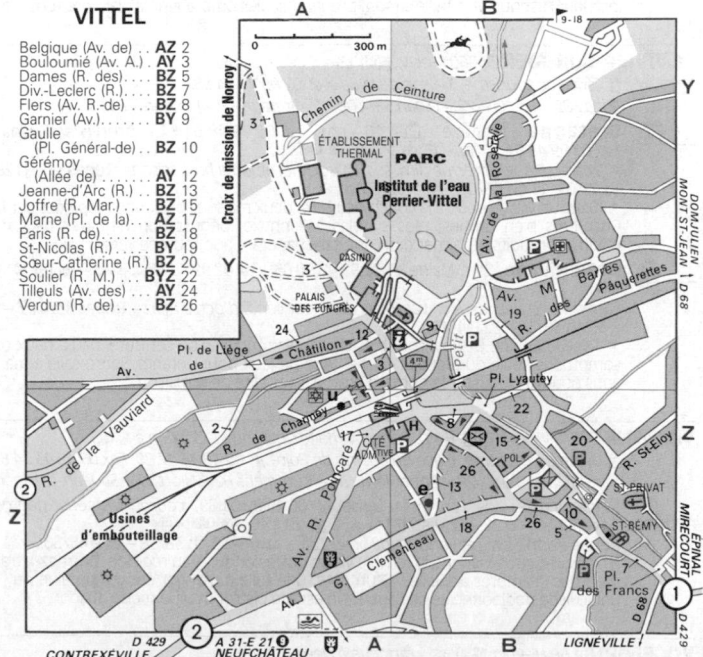

1775

🏨 **Angleterre**, r. Charmey ☎ 03 29 08 08 42, *philippe.Giorgi@wanadoo.fr,*
Fax 03 29 08 07 48, *Lₐ*, 🔲, 🌭 – ▐ ☺ 📺 📞 **P** – 🏊 70. 🆎 ⓪ 🇬🇧 ❎ ⚡ rest **AZ u**
fermé 20 déc. au 10 janv. et week-ends de janv. – **Repas** 15/30 ♀ – **55 ch** � 63/109 –
½ P 58,50/105,50.
♦ Entre gare et thermes, grand hôtel du début du 20ᵉ s. entouré d'un jardin arboré.
Chambres spacieuses et confortables. Forfaits remise en forme. La salle à manger, relookée, a conservé son joli parquet à chevrons ; cuisine régionale simple.

🍴 **Rétro**, 158 r. Jeanne d'Arc ☎ 03 29 08 05 28, Fax 03 29 08 05 28 – 🆎 🇬🇧 **BZ e**
fermé 21 juin au 2 juil., 23 déc. au 17 janv., dim. soir, sam. midi et lundi – **Repas** 11 (déj.),
14,50/30, enf. 8,20 ☕.
♦ Installé dans une ancienne station-service, sobre salle à manger rustique dotée d'une
cheminée centrale. Copieuse cuisine traditionnelle et grillades au feu de bois.

à l'Ouest *par r. de la Vauviard* **AZ** *: 3 km* – ✉ *88800 Vittel :*

🏨 **L'Orée du Bois** 🦌, ☎ 03 29 08 88 88, *info@loreeduboisvittel.fr,* Fax 03 29 08 01 61, 🌭,
⊘, *Lₐ*, 🔲, 🌭, 🍴 – ▐ 📺 📞 & **P** – 🏊 50. 🆎 ⓪ 🇬🇧 ❎ ⚡ ch
Repas *(fermé dim. soir du 1ᵉʳ nov. au 15 fév.)* 11,50/32, enf. 8,10 ♀ – � 7,50 – **39 ch** 54/72 –
½ P 50/59.
♦ Face au golf et à l'hippodrome, établissement moderne disposant d'équipements sportifs et de loisirs complets. Chambres régulièrement rajeunies ; bonne insonorisation. Salle à
manger moderne, terrasse face au jardin et cuisine traditionnelle sans prétention.

VIVÈS *66 Pyr.-Or.* **344** H7 – *rattaché au Boulou.*

VIVIERS *07220 Ardèche* **331** K7 – *3 413 h alt. 65.*
🛈 *Office de tourisme, 5 place Riquet* ☎ *04 75 52 77 00, Fax 04 75 52 81 63, ot.vivier
s.ardeche@free.fr.*
Paris 618 – *Valence 63* – *Lyon 163* – *Marseille 167* – *Montpellier 158.*

🍴 **Relais du Vivarais**, 31 route nationale 86 , Quartier les Jautelles ☎ 04 75 52 60 41,
Fax 04 75 49 84 72, 🌭 – **P**. 🇬🇧
fermé 3 au 31 mars, et 21 déc. au 3 janv. – **Repas** 18/35, enf. 12.
♦ Un accueil charmant vous est réservé dans ce restaurant familial de la ville basse.
Intérieur rustique. À la belle saison, tilleuls et saules ombragent la plaisante terrasse.

Le VIVIER-SUR-MER *35960 I.-et-V.* **309** L3 – *1 009 h alt. 6.*
🛈 *Office de tourisme, Maison de la Baie* ☎ *02 99 48 84 38.*
Paris 385 – *St-Malo 22* – *Dinan 36* – *Dol-de-Bretagne 8* – *Fougères 61.*

🏨 **Bretagne** (annexe 🏠 10 ch), ☎ 02 99 48 91 74, *bretvivier@wanadoo.fr,*
Fax 02 99 48 81 10, *Lₐ* – 📺 📞 **P**. 🆎 ⓪ 🇬🇧
1ᵉʳ mars-15 nov. et fermé dim. soir, mardi midi et lundi hors saison – **Repas** 19 (déj.) 28/39 ♀ –
� 7,50 – **17 ch** 43/53 – ½ P 52/55.
♦ Dans un village voué à la conchyliculture, deux maisons bretonnes séparées par la route.
Chambres bien tenues, plus simples à l'annexe. Dégustation d'huîtres de Cancale et
d'autres produits de la mer dans une salle panoramique tournée vers la baie.

🏠 **Beau Rivage**, 21 r. Mairie ☎ 02 99 48 90 65, Fax 02 99 48 85 40, 🌭 – ▐ 📺 📞 & **P**. 🆎
🇬🇧
fermé 12 nov. au 15 déc., vacances de fév. et vend. d'oct. à mars – **Repas** 13/41 ♀ – � 6,50
– **30 ch** 48/51 – ½ P 46/50.
♦ Réservez l'une des confortables chambres rénovées de cet hôtel bâti à deux pas de la
somptueuse baie du Mont-St-Michel. Aire de jeux pour enfants. Sobre salle à manger où
vous pourrez déguster le homard breton, spécialité de la maison.

VIVONNE *86370 Vienne* **322** H6 *G. Poitou Vendée Charentes* – *3 028 h alt. 103.*
🛈 *Office de tourisme, place du champ de Foire* ☎ *05 49 43 47 88, Fax 05 49 43 34 87.*
Paris 354 – *Poitiers 20* – *Angoulême 94* – *Confolens 62* – *Niort 67* – *St-Jean-d'Angély 90.*

🏠 **St-Georges**, Gde rue (près église) ☎ 05 49 89 01 89, *courrier@hotel-st-georges.com,*
Fax 05 49 89 00 22 – ▤ rest, 📺 📞 & – 🏊 20 à 40. ⓪ 🇬🇧 ❎
Repas *(fermé janv. et vend. midi)* 11,50/22 ♀ – � 7 – **32 ch** 38/58 – ½ P 45/50.
♦ Ravaillac eut à Vivonne la terrible vision qui le conduisit au régicide. Dormez-y tranquilles
dans des chambres actuelles. D'un côté, une salle à manger contemporaine où l'on sert
une cuisine traditionnelle, de l'autre, un espace bistrot pour le menu du jour.

VOGELGRUN *68 H.-Rhin* **315** J8 – *rattaché à Neuf-Brisach.*

VOIRON 38500 Isère **333** G5 *G. Alpes du Nord* – 19 794 h alt. 290.

Voir *Caves de la Chartreuse*★ – *Massif de la Chartreuse*★★.

🚩 *Office de tourisme, 58 cours Becquart Castelbon ℰ 04 76 05 00 38, Fax 04 76 65 63 21.*

Paris 546 ① – Grenoble 29 ④ – Chambéry 43 ② – Lyon 85 ① – Valence 89 ④.

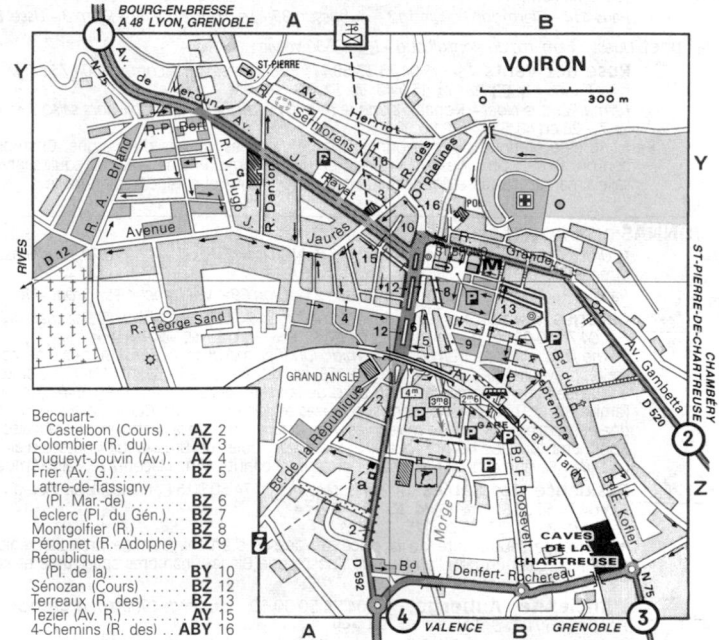

Becquart-
   Castelbon (Cours) . . . **AZ** 2
Colombier (R. du) . . . . **AY** 3
Dugueyt-Jouvin (Av.) . . . **AZ** 4
Frier (Av. G.) . . . . **BZ** 5
Lattre-de-Tassigny
   (Pl. Mar.-de) . . . . . . **BZ** 6
Leclerc (Pl. du Gén.) . . . **BZ** 7
Montgolfier (R.) . . . . . . **BZ** 8
Péronnet (R. Adolphe) . . **BZ** 9
République
   (Pl. de la) . . . . **BY** 10
Sénozan (Cours) . . . . . . **BZ** 12
Terreaux (R. des) . . . . . **BZ** 13
Tezier (Av. R.) . . . . **AY** 15
4-Chemins (R. des) . . **ABY** 16

🏨 **Kyriad,** 72 cours Becquart Castelbon ℰ 04 76 65 90 00, *hotel.kyriad.voiron@wanadoo.fr,*
Fax 04 76 65 71 22 – 🛗 ✖, ▤ rest, 📺 ✆ ら – 🚗 50. ◪ �ⓞ ◼ ᴊᴄʙ   **AZ   a**
Repas *(14,50)* - 17,50/27,50, enf. 8,50 ♀ – ⊐ 8,60 – **55 ch** 70/75 – ½ P 47,20.
   ◆ Face au parc de l'hôtel de ville, construction moderne offrant de petites chambres
fonctionnelles, dont treize nouvelles situées au dernier étage. Au restaurant, décor de
taverne alsacienne et carte de brasserie : choucroutes et fruits de mer.

🏠 **Chaumière** ⌂, r. Chaumière (par bd République - **AZ** -dir. Criel) ℰ 04 76 05 16 24,
Fax 04 76 05 13 27, 🍴 – 📺 ✆ 🅿. – 🚗 20. ◪ ◼. ✖
fermé 1ᵉʳ au 15 août, 24 déc. au 4 janv., sam.et dim. sauf juil.-août – **Repas** *(fermé sam. et
dim.)* 15/30, enf. 10,50 ♟ – ⊐ 6 – **19 ch** 30,50/51,50 – ½ P 35,80/44.
   ◆ Discrète maison située dans un quartier résidentiel relativement calme. Chambres
anciennes mais bien tenues. Petits efforts de décoration ; sympathique accueil familial.
Restaurant meublé dans le style bistrot, terrasse ombragée et cuisine bien tournée.

✖✖ **Serratrice,** 3 av. Frères Tardy ℰ 04 76 05 29 88, Fax 04 76 05 45 62 – ▤. ◪ ◼   **BZ   e**
fermé 15 au 30 août et dim. – **Repas** 24 bc (déj.), 27/36 ♀.
   ◆ Même au pied du massif de la Chartreuse, on ne se refuse pas les plaisirs de l'océan :
produits de la mer servis dans un décor de style marin.

✖ **Eden,** par ② : 1 km sur D 520 ℰ 04 76 05 17 40, Fax 04 76 05 70 32, ≤, 🍴 – 🅿. ◪ ⓞ ◼
fermé 30 août au 12 sept., dim. soir, lundi et merc. – **Repas** 17 (déj.), 21/49 ♀.
   ◆ L'atout de cet "éden" est sa position dominante offrant depuis la terrasse estivale une
belle vue sur les contreforts du Vercors. Plats traditionnels et poissons.

VOISINS-LE-BRETONNEUX 78 Yvelines **311** I3 **101** ㉒ – voir à Paris, Environs (St-Quentin-en-Yvelines).

VOLNAY 21 Côte-d'Or **320** I7 – rattaché à Beaune.

VOLVIC 63530 P.-de-D. **326** F7 G. Auvergne – 4 202 h alt. 510.

Voir Maison de la Pierre : coulée de lave★ – Musée municipal Marcel-Sahut : dessins de Daumier★, collection de demi-noix de coco★ – Ruines du château de Tournoël★ : ☀★ du donjon N : 1,5 km.

🖪 Office de tourisme, place de l'Eglise ℘ 04 73 33 58 73, Fax 04 73 33 82 35, ot@volvic-tourisme.com.

Paris 414 – Clermont-Ferrand 12 – Aubusson 85 – Le Mont-Dore 49 – Riom 8 – Ussel 86.

à Luzet Ouest : 4 km, rte de Pontgibaud – ✉ 63530 Volvic :

🏠 **Rose des Vents** ☜, ℘ 04 73 33 50 77, info@hotel-volvic.com, Fax 04 73 33 57 11, ≼, ㈜, ⌂, 🖛 – ⒃ 🔟 🅿 – 🛦 15 à 40. ㏈ ⓪ ㏈ 🕴 rest

fermé Pâques-Noël – **Repas** (fermé le midi en semaine et dim. soir hors saison) 16/40 ♀ – ⌸ 7 – **26 ch** 48/55 – ½ P 50.

♦ Adresse pratique pour rayonner dans le Parc des Volcans d'Auvergne. Chambres au confort actuel ; certaines ont vue sur le Puy de Dôme. Piscine avec toit coulissant. Sobre salle à manger, terrasse donnant sur le jardin de l'hôtel et cuisine traditionnelle.

VONNAS 01540 Ain **328** C3 G. Bourgogne – 2 422 h alt. 200.

🖪 Office de tourisme, rue du Moulin ℘ 04 74 50 04 47, Fax 04 74 50 20 78, otvonnas@club-internet.fr.

Paris 409 – Mâcon 21 – Bourg-en-Bresse 23 – Lyon 69 – Villefranche-sur-Saône 41.

🏨 **Georges Blanc** ☜, place du marché ℘ 04 74 50 90 90, blanc@relaischateaux.com,
✿✿✿ Fax 04 74 50 08 80, ⌂, 🖛, ✗ – ⒃ 🔟 🅿 – 🛦 80. ㏈ ⓪ ㏈ 🕴

fermé janv. – **Repas** (fermé merc. midi, lundi et mardi sauf fériés) (nombre de couverts limité, prévenir) 98/220 et carte 110 à 155, enf. 26 ♨ – ⌸ 23 – **35 ch** 150/400, 3 suites.

♦ Nichée dans un jardin fleuri au bord de la Veyle, belle demeure régionale tenue par la famille Blanc. Les chambres sont spacieuses et personnalisées. Cuisine bressane transcendée et superbe cave : cette maison est l'un des fleurons de la gastronomie française.

Spéc. Embrouillade de grenouilles aux épices. Poulet de Bresse aux gousses d'ail, sauce foie gras. Savarin chocolat à l'orange et cédrats confits. **Vins** Mâcon-Azé, Saint-Amour.

🏨 **Résidence des Saules** ☜ sans rest, ℘ 04 74 50 90 51, blanc@relaischateaux.com, Fax 04 74 50 08 80 – ⒃ 🔟 📞, ㏈ ⓪ ㏈ 🕴

fermé janv. – ⌸ 23 – **6 ch** 115, 4 suites.

♦ Située de l'autre côté de la place, au-dessus d'un magasin de produits régionaux-souvenirs, c'est un peu l'annexe de l'hostellerie Blanc. Chambres spacieuses et confortables.

🍴 **L'Ancienne Auberge,** ℘ 04 74 50 90 50, auberge1900@georgesblanc.com, Fax 04 74 50 08 80, ㈜ – ㏈ ⓪ ㏈ 🕴

fermé janv. – **Repas** 17 (déj.), 19/40, enf. 11 ♀.

♦ Dans une ancienne fabrique de limonade, décor de bistrot "rétro" idéalisé recréant le cadre de l'auberge ouverte par la famille Blanc à la fin du 19ᵉ s. Cuisine bressane.

VOUGEOT 21640 Côte-d'Or **320** J6 G. Bourgogne – 187 h alt. 239.

Voir Château du Clos de Vougeot★ O.

Paris 325 – Dijon 17 – Beaune 27.

🏠 **Clos de la Vouge**, 1 r. Moulin ℘ 03 80 62 89 65, closdelavouge@wanadoo.fr, Fax 03 80 62 83 14, ⌂, 🖛 – 📞 🅿, ㏈

Repas (fermé lundi et mardi de nov. à fév.) 20, enf. 10 ♀ – ⌸ 8 – **11 ch** 80/120 – ½ P 105/160.

♦ Cette bâtisse régionale récemment restaurée est située à proximité du célébrissime château du Clos de Vougeot. Chambres amples, confortables et insonorisées.

à Gilly-lès-Cîteaux Est : 2 km par D 251 – 567 h. alt. 227 – ✉ 21640 :

🏨 **Château de Gilly** ☜, ℘ 03 80 62 89 98, gilly@grandesetapes.fr, Fax 03 80 62 82 34, ㈜, ⌂, 🖛, ✗ – ⒃ 🔟 📞 ⓰ 🅿 – 🛦 100. ㏈ ⓪ ㏈ 🕴

Clos Prieur (dîner seul. sauf week-ends) **Repas** 39/75 ♀ – **Côté Terroirs** (déj. seul.) (fermé dim.) **Repas** 16/19 – ⌸ 22 – **39 ch** 135/290, 9 suites – ½ P 145,50/191,50.

♦ Calme et raffinement caractérisent cet ancien palais abbatial cistercien abritant de spacieuses chambres personnalisées. Agréables jardins à la française. Le clos Prieur occupe un superbe cellier voûté d'ogives du 14ᵉ s. Formule bistrot au Côté Terroirs.

à Flagey-Échezeaux Sud-Est : 3 km par N 71 et D 109 – 494 h. alt. 227 – ✉ 21640 :

🍴 **Losset Robert,** ℘ 03 80 62 88 10, Fax 03 80 62 46 08 – ㏈

fermé 1ᵉʳ au 14 août, 2 au 20 janv., dim. soir et merc. – **Repas** 22,50 (déj.), 32/73.

♦ Au centre d'un village viticole, restaurant au cadre campagnard et nouvelle salle à manger où l'on sert une appétissante cuisine traditionnelle.

VOUGY 74 H.-Savoie **328** L4 – rattaché à Bonneville.

VOUILLÉ *86190 Vienne* **322** *G5 – 2 774 h alt. 118.*

Paris 345 – Poitiers 18 – Châtellerault 46 – Parthenay 34 – Saumur 89 – Thouars 55.

XX **Cheval Blanc** avec ch, 3 r. Barre *℘ 05 49 51 81 46, lechevalblanc.clovis@wanadoo.fr,*
Fax 05 49 51 96 31, 斎 – 博 団 ✆ ら 尾 – 益 15 à 50. 歴 ⊞
Repas 13 (déj.), 16/45, enf. 8 ⅃ – ⊂ 5,50 – **14 ch** 29,50/52 – ½ P 42,50.
♦ Au cœur du bourg, salles à manger contemporaines (l'une d'elles est agrémentée d'une belle cheminée) dont les baies vitrées s'ouvrent sur un cours d'eau. Chambres pratiques.

Annexe Clovis 斎, – 団 ✆ ら 尾 – 益 30. 歴 ⊞
voir rest. *Cheval Blanc* – ⊂ 5,50 – **30 ch** 42,50/52.
♦ À 100 m de la maison-mère, construction récente abritant des chambres fonctionnelles et bien insonorisées. Buffet des petits-déjeuners dressé dans une salle colorée.

VOULAINES-LES-TEMPLIERS *21290 Côte-d'Or* **320** *I3 – 386 h alt. 265.*

Paris 262 – Châtillon-sur-Seine 19 – Chaumont 53 – Dijon 76.

🏕 **Forestière** 🦢 sans rest, Le Fourneau *℘ 03 80 81 80 65, hotel@laforestiere.com,*
Fax 03 80 81 87 74, – 尾. ⊞
fermé fév., dim. soir et lundi – ⊂ 6 – **10 ch** 41,50/48.
♦ La haute cheminée rappelle que cette propriété était autrefois un site d'extraction du minerai de fer. Le calme de la forêt alentour invite à la détente. Chambres simples.

VOUTENAY-SUR-CURE *89270 Yonne* **319** *F6 – 189 h alt. 130.*

Paris 206 – Auxerre 37 – Avallon 15 – Vézelay 15.

XX **Auberge Le Voutenay** avec ch, *℘ 03 86 33 51 92, auberge.voutenay@wanadoo.fr,*
Fax 03 86 33 51 91, 趣 – ✆ 尾. 歴 ⊞. ✼
fermé 23 au 29 juin, 17 au 23 nov., 1ᵉʳ au 25 janv., dim. soir sauf juil.-août, lundi et mardi –
Repas (nombre de couverts limité, prévenir) 22/55, enf. 12 ♀ 瑟 – ⊂ 7 – **8 ch** 45/70 –
½ P 48.
♦ Au bord de la N 6, demeure du 18ᵉ s. tournée vers son agréable parc arboré. Salle à manger rustico-bourgeoise dotée d'une belle cheminée en bois sculpté. Chambres "rétro".

Michelin n'accroche pas de panonceau aux hôtels et restaurants qu'il signale.

VOUVANT *85120 Vendée* **316** *L8 G. Poitou Vendée Charentes – 867 h alt. 70.*

Voir *Église★ – Château : tour Mélusine★ (*✳✶*).*

🚹 *Office de tourisme, 31 rue du Duc d'Aquitaine ℘ 02 51 00 86 80, Fax 02 51 87 47 92.*
Paris 418 – Bressuire 44 – Fontenay-le-Comte 15 – Parthenay 47 – La Roche-sur-Yon 61.

XX **Auberge de Maître Pannetier** avec ch, *℘ 02 51 00 80 12, maitrepannetier@aol.com,*
Fax 02 51 89 89 37, 斎 – 団. ⊞
fermé 15 nov. au 1ᵉʳ déc., 15 fév. au 7 mars, dim. soir et lundi sauf juil.-août – **Repas**
18/58 bc, enf. 9,50 ♀ – ⊂ 6,50 – **7 ch** 39/49 – ½ P 53.
♦ Cette auberge fondée au 18ᵉ s. est devancée par une terrasse d'été. Salle à manger rustique complétée par deux caves voûtées, dédiées aux repas privés. Chambres douillettes.

VOUVRAY *37210 I.-et-L.* **317** *N4 G. Châteaux de la Loire – 3 046 h alt. 55.*

🚹 *Office de tourisme, ℘ 02 47 52 68 73, Fax 02 47 52 67 76, commune.vouvray@wana doo.fr.*
Paris 240 – Tours 10 – Amboise 18 – Blois 51 – Château-Renault 25.

XX **Grand Vatel**, 8 av. Brûlé *℘ 02 47 52 70 32, Fax 02 47 52 74 52,* 斎 – 尾. 歴 ⊞
fermé 9 au 18 janv., dim. soir et lundi – **Repas** 18/46 ♀ 瑟.
♦ Cette maison tourangelle en pierre abrite deux salles à manger dont une décorée dans le style des années 1920. Cuisine classique et vouvray à l'honneur sur la carte des vins.

VOVES *28150 E.-et-L.* **311** *F6 – 2 928 h alt. 146.*

Paris 99 – Ablis 36 – Bonneval 23 – Chartres 25 – Châteaudun 38 – Étampes 51 – Orléans 61.

🏠 **Quai Fleuri** 🦢, 15 r. Texier Gallas *℘ 02 37 99 15 15, quaifleuri@wanadoo.fr,*
Fax 02 37 99 11 20, 斎, 趣 – 団 ✆ 尾 – 益 40. 歴 ⓪ ⊞ 亅亡亘
fermé 20 déc. au 11 janv., vend. soir de nov. à avril, dim. soir et soirs fériés – **Repas** 13/42,
enf. 8,50 ♀ – ⊂ 8,50 – **15 ch** 48/79 – ½ P 46/57.
♦ Le bâtiment principal, flanqué d'un moulin reconstitué, abrite quelques petites chambres personnalisées. Celles logées dans l'annexe sont de plain-pied avec le parc. Deux salles à manger : l'une rustique et l'autre plus sobre, prolongée d'une terrasse.

VRON *80120 Somme* **301** *D6 – 721 h alt. 15.*

Paris 211 – Calais 89 – Abbeville 27 – Amiens 76 – Berck-sur-Mer 17 – Hesdin 24.

L'Hostellerie du Clos du Moulin ⌂, ℘ 03 22 29 60 60, *restaurantleclosdumoulin@w anadoo.fr*, Fax 03 22 29 60 61, ⚐ – 🔟 ⚃ P, AE ⓪ GB
fermé 3 au 25 janv., dim. soir et lundi – **Repas** 29/80 ⅞ – ⌧ 15 – **15 ch** 105/140 – ½ P 100/200.
◆ Les ex-écuries de ce domaine ceint d'un joli jardin abritent des chambres personnalisées et "cosy" (décor à l'ancienne, confort moderne) ; certaines disposent d'un coin salon. Les salles à manger aménagées dans des étables du 16ᵉ s. ont beaucoup de caractère.

WAHLBACH *68 H.-Rhin* **315** *I11 – rattaché à Altkirch.*

WANGENBOURG *67710 B.-Rhin* **315** *H5 G. Alsace Lorraine – alt. 452.*

Voir *Région de Dabo-Wangenbourg*★★.

Paris 469 – Strasbourg 41 – Molsheim 30 – Sarrebourg 36 – Saverne 19 – Sélestat 65.

Parc ⌂, 39 r. Gén. de Gaulle ℘ 03 88 87 31 72, *parchotel@wanadoo.fr*, Fax 03 88 87 38 00, ≤, 🌣, ⬜, ⚒, ⚐ – 🛗 cuisinette 🔟 P – ⚃ 60. AE GB JCB. ⚒
22 mars-3 nov. – **Repas** (15) · 18/29, enf. 10 ⅞ – ⌧ 9 – **31 ch** 69/82 – ½ P 55/73,50.
◆ Hôtel traditionnel tenu par la même famille depuis 1848, niché dans un parc ombragé avec circuit botanique et jeux pour les enfants. Chambres spacieuses. Salle à manger classique avec cheminée et confortable salon habillé de jolies boiseries. Grillades en été.

La WANTZENAU *67 B.-Rhin* **315** *K5 – rattaché à Strasbourg.*

WASSELONNE *67310 B.-Rhin* **315** *I5 G. Alsace Lorraine – 5 542 h alt. 220.*

🛈 *Syndicat d'initiative, place du Général Leclerc ℘ 03 88 59 12 00, Fax 03 88 04 23 57, wasselonne.tourisme@wanadoo.fr.*

Paris 464 – Strasbourg 27 – Haguenau 42 – Molsheim 15 – Saverne 15 – Sélestat 51.

Hostellerie de l'Étoile, pl. Gén. Leclerc ℘ 03 88 87 03 02, *Fax 03 88 87 16 06*, 🌣 – ≡ rest, 🔟 ⚃ P – ⚃ 150. GB
fermé 24 au 27 déc. – **Repas** (fermé dim. soir) 10/26 ⅞ – ⌧ 8 – **33 ch** 40/47 – ½ P 37/41.
◆ La partie hôtel est nouvellement construite. Les chambres, assez spacieuses, donnent sur une calme cour intérieure. Salle à manger alsacienne dont l'habillage de lambris créé une atmosphère rustique ; les plats régionaux ont l'honneur de la carte.

Au Saumon avec ch, r. Gén. de Gaulle ℘ 03 88 87 01 83, *annethierry@wanadoo.fr*, Fax 03 88 87 46 69, 🌣 – 🔟 AE ⓪ GB
fermé 28 juin au 12 juil., 30 déc. au 11 janv., dim. soir, mardi soir et merc. – **Repas** 16/38, enf. 9 ⅞ – ⌧ 5,50 – **6 ch** 32/40 – ½ P 45.
◆ Fresques et boiseries ornent les murs de la salle de restaurant complétée d'une lumineuse véranda. Chambres un peu exiguës, mais bien équipées.

à Romanswiller *Ouest : 3,5 km par D 224 – 1 194 h. alt. 220 – ⊠ 67310 :*

Aux Douceurs Marines, 2 rte Wangenbourg ℘ 03 88 87 13 97, *Fax 03 88 04 27 87*, 🌣 – P, AE GB
fermé 1ᵉʳ au 15 juil., vacances de Toussaint, de fév., lundi soir, mardi soir, jeudi soir et merc. – **Repas** 10/40 bc, enf. 7 ⅞.
◆ Un joli camaïeu de bleu décore la salle à manger de cette demeure ancienne, située au bord de la route, mais profitant du calme de la campagne. Poisson à l'honneur.

WATTIGNIES *59 Nord* **302** *G4 – rattaché à Lille.*

WENGELSBACH *67 B.-Rhin* **315** *K2 – rattaché à Niedersteinbach.*

WESTHALTEN *68250 H.-Rhin* **315** *H9 G. Alsace Lorraine – 816 h alt. 240.*

Paris 480 – Colmar 22 – Guebwiller 11 – Mulhouse 28 – Thann 27.

Auberge du Cheval Blanc (Koehler) ⌂ avec ch, 20 r. de Rouffach ℘ 03 89 47 01 16, *chevalblanc.west@wanadoo.fr*, Fax 03 89 47 64 40, 🌣 – 🛗 ≡ 🔟 ⚃ P – ⚃ 30. GB
fermé 28 juin au 9 juil., 7 fév. au 4 mars, mardi midi, dim. soir et lundi – **Repas** 37/90 et carte 50 à 85, enf. 14 ⅞ – ⌧ 11 – **12 ch** 69/90.
◆ Élégante maison alsacienne aux aménagements cossus, tenue par la même famille de vignerons depuis 1785. Cuisine classique et belle sélection de vins dont ceux de la propriété.
Spéc. Dégustation des trois foies gras. Suprême de sandre rôti sur peau. Pigeon du Duwehof. **Vins** Riesling, Tokay-Pinot gris.

WETTOLSHEIM 68 H.-Rhin **315** H8 – rattaché à Colmar.

WEYERSHEIM 67720 B.-Rhin **315** K4 – 2 993 h alt. 140.

Paris 486 – Strasbourg 21 – Haguenau 18 – Saverne 49 – Wissembourg 50.

※ **Auberge du Pont de la Zorn**, 2 r. République   ✆ 03 88 51 36 87, Fax 03 88 51 36 87, 龠, 쁆 – **P.** GB. ※

fermé 10 au 30 sept., 15 au 28 fév., sam. midi, merc. et jeudi – **Repas** 10,70 (déj.)/32 (déj) et carte le soir ♀.

♦ Reproductions de dessins signés Hansi, poteries de Soufflenheim et grès au sel de Betschdorf : un concentré d'Alsace ! Bucolique terrasse au bord de la Zorn. Tartes flambées.

WIMEREUX 62930 P.-de-C. **301** C3 G. Picardie Flandres Artois – 7 493 h alt. 7.

🛈 Office de tourisme, quai Alfred Giard ✆ 03 21 83 27 17, Fax 03 21 32 76 91, tou risme@ville-wimereux.fr.

Paris 269 – Calais 33 – Arras 125 – Boulogne-sur-Mer 7 – Marquise 13.

🏠 **Centre**, 78 r. Carnot ✆ 03 21 32 41 08, hotel.du.centre@wanadoo.fr, Fax 03 21 33 82 48, 쁆 – 🗏 rest, 🖵 ✆ **P.** 厔 GB

fermé 20 déc. au 23 janv. – **Repas** (fermé lundi) (16) - 19/30 ♀ – 🖵 7 – **25 ch** 50/80.

♦ Bâtisse ancienne située dans la rue principale d'une station balnéaire de la Côte d'Opale. Les chambres sont rénovées par étapes, parfois dotées d'une mezzanine. Le restaurant affiche un sympathique "look" bistrot ; plats traditionnels et produits de la mer.

※※※ **Liégeoise et Atlantic Hôtel** avec ch, digue de mer (1ᵉʳ étage) ✆ 03 21 32 41 01, Alain. delpierre@wanadoo.fr, Fax 03 21 87 46 17, ≤ la mer – 🛊 🖵 ✆ **P.** – 🔬 50. 厔 ⓞ GB 🖵🖾

fermé fév. – **Repas** (fermé dim. soir et lundi midi) 31/61 et carte 50 à 70 ♀ – 🖵 10 – **18 ch** 70/117 – ½ P 74/118.

♦ Bien situé sur la digue-promenade, face à la Manche. Belle salle à manger panoramique, joliment meublée dans le style Louis XVI. Chambres neuves, à choisir côté mer.

※※ **Epicure**, 1 r. Gare ✆ 03 21 83 21 83, Fax 03 21 33 53 20 – GB

fermé vacances de Noël, merc. soir et dim. – **Repas** (nombre de couverts limité, prévenir) 22/34 ♀.

♦ En centre-ville, derrière une façade discrète, toute petite salle à manger au cadre intime et feutré. Attrayante cuisine au goût du jour, axée sur les produits de la mer.

à Wimille Est : 2km par D433 – 4 721 h. alt. 28.

※※ **La Brocante**, 2 r. Ledinghen ✆ 03 21 83 19 31, Fax 03 21 87 29 71 – 厔 ⓞ GB

Repas (fermé dim. soir et lundi) 33,50/45 ♀.

♦ Cette vieille maison en pierre abrite trois petites salles rustiques très coquettes dont une agrémentée d'une cheminée. Cuisine classique et ambiance conviviale.

WIMILLE 62 P.-de-C. **301** C3 – rattaché à Wimereux.

WINKEL 68480 H.-Rhin **315** H12 – 334 h alt. 575.

Paris 466 – Mulhouse 42 – Altkirch 23 – Basel 35 – Belfort 50 – Colmar 92 – Montbéliard 46.

※※ **Au Cerf** avec ch, 76 r. Principale ✆ 03 89 40 85 05, g.koller@tiscali.fr, Fax 03 89 08 11 10 – 🖵 – 🔬 10 à 40. ⓞ GB

fermé 13 au 19 oct. et 9 au 28 fév. – **Repas** (fermé jeudi et lundi) 23/48 ♀ – 🖵 6,50 – **6 ch** 45/52 – ½ P 50.

♦ Accueillante auberge à la façade rouge située à deux pas de la source de l'Ill. Confortables salles à manger dont une aménagée en winstub. Chambres au cadre actuel.

WISEMBACH 88520 Vosges **314** K3 – 428 h alt. 500.

Paris 413 – Colmar 54 – Épinal 69 – St-Dié 16 – Ste-Marie-aux-Mines 11 – Sélestat 34.

※※ **Blanc Ru** avec ch, 19 rue du 8 mai 45 ✆ 03 29 51 78 51, Fax 03 29 51 70 67, 龠 – 🖵 ✆ **P.** ⓞ GB

fermé 21 sept. au 6 oct., 2 fév. au 2 mars, mardi soir (sauf juil.-août), dim.soir et lundi – **Repas** (14) - 20/37, enf. 11,50 ♀ – 🖵 7 – **7 ch** 46/57 – ½ P 46/54.

♦ Séparée de la route par un jardinet-terrasse, cette maison traditionnelle soigne le cadre rustique de ses salles à manger ; spécialités de grenouilles. Chambres nettes.

Ecrivez-nous...

Vos louanges comme vos critiques seront examinées avec le plus grand soin.
Nous reverrons sur place les informations que vous nous signalez.
Par avance merci !

WISSEMBOURG 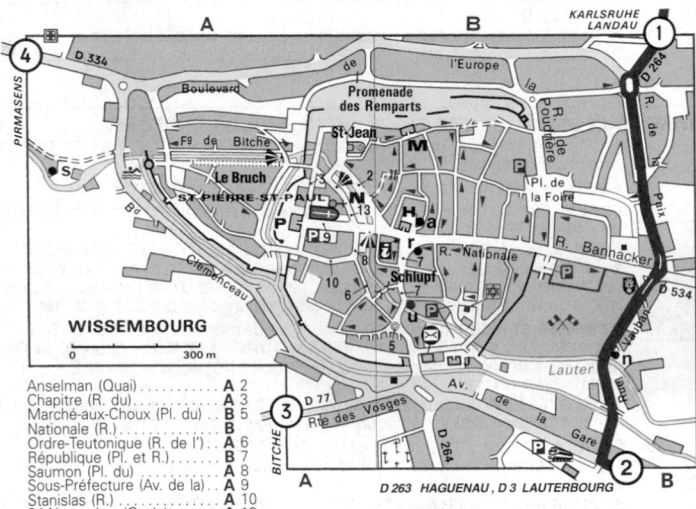 67160 B.-Rhin 315 L2 *G. Alsace Lorraine* – 8 170 h alt. 157.

Voir *Vieille ville*★ : *église St-Pierre et St-Paul*★.

Env. *Village*★★ *d'Hunspach 11 km par* ②.

🅱 *Office de tourisme, 9 place de la République* ℰ 03 88 94 10 11, Fax 03 88 94 18 82, *tourisme.wissembourg@wanadoo.fr.*

Paris 512 ③ – Strasbourg 67 ② – Haguenau 33 ② – Karlsruhe 42 ② – Sarreguemines 80 ③.

Anselman (Quai) . . . . **A** 2
Chapitre (R. du) . . . . **A** 3
Marché-aux-Choux (Pl. du) . . **A** 5
Nationale (R.) . . . . **B**
Ordre-Teutonique (R. de l') . . **A** 6
République (Pl. et R.) . . . . **B** 7
Saumon (Pl. du) . . . . **A** 8
Sous-Préfecture (Av. de la) . . **A** 9
Stanislas (R.) . . . . **A** 10
24-Novembre (Q. du) . . . . **A** 13

🏨🏨
📷
Moulin de la Walk ⑤, 2 r. Walk ℰ 03 88 94 06 44, *info@moulin-walk.com,*
Fax 03 88 54 38 03, ☜, ☞ – 🔟 ✆ 🔥 🅿 – 🔏 20. 🆎 ⏃ ❄ ch   **A** s
fermé 2 au 23 janv. – **Repas** *(fermé 17 juin au 5 juil., vend. midi, dim. soir et lundi)* 30/38,
enf. 10 ♀ – 🔲 6,50 – **25** ch 55/60 – ½ P 58.
   ♦ Au bord d'une rivière, trois bâtiments greffés sur les vestiges d'un ancien moulin dont la
roue tourne encore. Chambres bien rénovées, plus grandes dans l'annexe. Au restaurant,
plaisant cadre fleuri et jolie terrasse d'été compensent la proximité des tables.

🏨
Couronne, 12 pl. République ℰ 03 88 94 14 00, *info@couronne-wissembourg.com,*
Fax 03 88 94 14 27 – ▤ rest, 🔟 – 🔏 20 à 40. 🆎 ⏃ ❄ ch   **B** r
fermé 1ᵉʳ au 15 juil., lundi soir et mardi – **Repas** *(7)* - 19/42, enf. 6 ♀ – 🔲 7 – **10** ch 52/56 –
½ P 41/45.
   ♦ Au cœur de la vieille cité alsacienne, belle bâtisse du 18ᵉ s. abritant des chambres
neuves, colorées et bien équipées. La salle de restaurant, genre winstub, réutilise les
boiseries de l'ancien café. Viandes, plats du terroir et "flams".

🏨
Alsace sans rest, 16 r. Vauban ℰ 03 88 94 98 43, *hotel.d.alsace@wanadoo.fr,*
Fax 03 88 94 19 60 – 🔟 ✆ 🔥 🅿. ⏃   **B** n
fermé 17 au 23 janv. – 🔲 8 – **41** ch 40,40/45,20.
   ♦ À l'écart du circuit touristique, hôtel simple aux chambres petites, mais modernes et
fonctionnelles, mansardées au dernier étage. Claire salle des petits-déjeuners.

🍴🍴
Hostellerie du Cygne avec ch, 3 r. Sel ℰ 03 88 94 00 16, *hostellerie-cygne@wanadoo.f
r, Fax 03 88 54 38 28*, ☜ – ▤ rest, 🔟 ✆. ⏃ ❄ ch   **B** a
fermé 30 juin au 15 juil., 8 au 22 nov. et 23 fév. au 8 mars – **Repas** *(fermé merc., jeudi midi
et dim. soir)* 25/55, enf. 12,50 ♀ – 🔲 7 – **16** ch 46/70 – ½ P 49/65.
   ♦ Deux maisons contiguës, l'une datant de la fin du 14ᵉ s., l'autre déjà auberge en
1535. Salle à manger agrémentée d'un beau plafond en marqueterie. Chambres pour
l'étape.

🍴🍴
L'Ange, 2 r. République ℰ 03 88 94 12 11, *info@restaurant-ange.com, Fax 03 88 94 12 11,*
☜ – ⏃   **B** u
fermé 15 août au 2 sept., 6 au 23 fév., mardi et merc. – **Repas** 27,50/55, enf. 10 ♀.
   ♦ On accède à cet ancien relais de poste par une petite cour-terrasse dallée, très agréable
en été. Deux salles en enfilade dont une plus rustique. Cuisine au goût du jour.

à Altenstadt *par ② : 2 km – ✉ 67160 Wissembourg :*

XX **Rôtisserie Belle Vue,** ✆ 03 88 94 02 30, *Fax 03 88 54 80 14,* – P. GB
fermé 9 au 31 août, 23 fév. au 9 mars, dim. soir, lundi et mardi – **Repas** 24/48 ♀.
◆ Postée à un carrefour, grande maison familiale aux salles à manger bourgeoises offrant une jolie vue sur le jardin. Cuisine traditionnelle et plats du jour servis au bar.

WOINCOURT *80520 Somme* 301 C7 – *1 531 h alt. 95.*
Paris 175 – Abbeville 25 – Amiens 80 – Blangy-sur-Bresle 22 – Le Tréport 13.

X **Gare aux Gourmets,** ✆ 03 22 30 92 42, *gare-auxgourmets@club-internet.fr, Fax 03 22 30 41 20,* – GB
fermé août – **Repas** 15/36, enf. 11 ♀.
◆ À quelques encablures de la Manche, face à la gare (désaffectée) du village, cette sympathique auberge rustique propose ses plats traditionnels dans une ambiance familiale.

YDES *15210 Cantal* 330 C2 – *1 931 h alt. 400.*
Paris 482 – Aurillac 74 – Clermont-Ferrand 90 – Mauriac 23 – Le Mont Dore 55 – Ussel 71.

Château de Trancis, rte Saignes ✆ 04 71 40 60 40, *trancis@wanadoo.fr, Fax 04 71 40 62 13,* – P – 20. AE GB JCB.
fermé janv. – **Repas** *(fermé mardi)* (dîner seul. sauf dim.) 23/33 ♀ – 11 – **8 ch** 125 – ½ P 99.
◆ Ce petit château de style néogothique (19e s.) abrite des chambres-bonbonnières, un bar-bibliothèque et de plaisants salons. Beau parc ouvert sur la campagne. Plaisantes salles à manger : belles boiseries ou élégant cadre bourgeois. Cuisine du marché.

YERVILLE *76760 S.-Mar.* 304 F4 – *2 170 h alt. 156.*
Paris 164 – Rouen 33 – Dieppe 44 – Fécamp 48 – Le Havre 69.

XX **Voyageurs,** ✆ 02 35 96 82 55, *juvoyageurs@tiscali.fr, Fax 02 35 96 16 86,* – P. AE GB
fermé dim. soir et lundi sauf fériés – **Repas** 17,50/45.
◆ En plein centre, maison à colombages au cadre intérieur rustique, précédée d'une petite terrasse où l'on sert apéritifs et cafés. Menus selon le marché.

YFFINIAC *22 C.-d'Armor* 309 F4 – *rattaché à St-Brieuc.*

YSSINGEAUX *43200 H.-Loire* 331 G3 *G. Vallée du Rhône* – *6 492 h alt. 829.*
Office de tourisme, 24 place Carnot ✆ 04 71 59 10 76, Fax 04 71 56 03 12, info@ville-yssingeaux.fr.
Paris 565 – Ambert 73 – Privas 98 – Le Puy-en-Velay 27 – St-Étienne 52 – Valence 93.

XX **Bourbon** avec ch, 5 pl. Victoire ✆ 04 71 59 06 54, *le.bourbon.hotel@wanadoo.fr, Fax 04 71 59 00 70* – – 20. AE GB
fermé 24 juin au 5 juil., 4 au 16 nov., janv., vend. soir de sept. à juin, mardi midi en 07/08, dim. soir et lundi – **Repas** 19/43 – 9 – **11 ch** 58/70 – ½ P 52,50/58.
◆ Salle de restaurant à la fois originale et plaisante avec ses couleurs vives et ses nombreux tableaux. La cuisine, soignée, se fait l'ambassadrice du Velay. Chambres modernes.

YUTZ *57 Moselle* 307 I2 – *rattaché à Thionville.*

YVETOT *76190 S.-Mar.* 304 E4 *G. Normandie Vallée de la Seine* – *10 770 h alt. 147.*
Voir *Verrières*★★ *de l'église St-Pierre* **E.**
Office de tourisme, 8 place Maréchal Joffre ✆ 02 35 95 08 40, Fax 02 35 95 08 40, Tourisme-yvetot@wanadoo.fr.
Paris 171 – Le Havre 58 – Rouen 36 – Dieppe 57 – Fécamp 35 – Lisieux 85.

Havre, 2, r Guy de Maupassant ✆ 02 35 95 16 77, *Fax 02 35 95 21 18* – . AE GB
Closerie : ✆ 02 35 95 65 65 *(fermé déc. et dim. sauf. fêtes)* **Repas** (18)/23 – 9 – **28** ch 30/58 – ½ P 66/72,50.
◆ Face à la poste, construction d'allure passe-partout aux chambres sans ampleur, mais confortables et personnalisées. Les collectionneurs de moulins à café apprécieront les pièces exposées dans la salle à manger où l'on sert une cuisine traditionnelle.

XX **du Roy,** 52 av. G. Clemenceau, rte Rouen (RN 15) ✆ 02 35 95 08 13, *Fax 02 35 95 00 25* – P. AE GB
fermé dim. soir, mardi soir et merc. – **Repas** 16,80 (déj.), 19,50/40,50, enf. 9,20 ♀.
◆ Dans la ville dont le "roy" fut célébré par le chansonnier Béranger, petite pause dans ce restaurant au cadre rustique dont une des salles est habillée de colombages.

au Sud-Ouest : 4 km par D 5 – ⊠ 76190 Yvetot :

Ӿ **Auberge du Val au Cesne** avec ch, rte Duclair ℰ 02 35 56 63 06, valaucesne@hotmail.
com, Fax 02 35 56 92 78, ㅠ, ㅠ – 🆅 🆅 🅿. 🆎 🆖🅱
fermé 23 août au 7 sept., 10 janv. au 1ᵉʳ fév., lundi et mardi – **Repas** 25/45 bc, enf. 13 ♀ –
☑ 8 – **5 ch** 76 – ½ P 71.
◆ Cette charmante ferme à colombages (17ᵉ s.) isolée dans la campagne héberge une
séduisante salle à manger rustique : bibelots, poutres et belle cheminée. Chambres "cosy".

à Motteville Est : 9 km par N 29 et D 20 – 730 h. alt. 160 – ⊠ 76970 :

ӾӾ **Auberge du Bois St-Jacques**, à la Gare ℰ 02 35 96 83 11, Fax 02 35 96 23 18 – 🅿. 🆎
🆖🅱
fermé août, 28 fév. au 6 mars, dim. soir, lundi soir et mardi – **Repas** 16,50/39 ♀.
◆ L'ancien buffet de la gare vous accueille dans deux salles dont une agrémentée de
poutres apparentes et rénovée dans des tons chaleureux.

Ecrivez-nous...
Vos louanges comme vos critiques seront examinées avec le plus grand soin.
Nous reverrons sur place les informations que vous nous signalez.
Par avance merci !

YVOIRE 74140 H.-Savoie **328** K2 G. Alpes du Nord – 639 h alt. 380.
Voir *Village médiéval*★★ *: jardin des Cinq Sens*★.
🅱 *Office de tourisme, place de la mairie* ℰ 04 50 72 80 21, Fax 04 50 72 84 21, info@ot-
yvoire.fr.
Paris 563 – Thonon-les-Bains 16 – Annecy 71 – Bonneville 41 – Genève 26.

🏨 **Pré de la Cure**, ℰ 04 50 72 83 58, lepredelacure@wanadoo.fr, Fax 04 50 72 91 15, ≼,
🗑 ㅠ, 🅻, ㅠ – 🛗 🆅 ㅠ ◁⇒ 🅿. 🆎 🆖🅱
4 mars-14 nov. – **Repas** 19/43, enf. 10 ♀ – ☑ 9 – **25 ch** 63/70 – ½ P 66.
◆ À l'entrée du pittoresque village médiéval, hôtel récent où l'on vous réserve un accueil
attentionné. Grandes chambres fonctionnelles ; huit ont vue sur le lac. Cuisine régionale
soignée servie dans une salle-véranda ou en terrasse face à Yvoire et au Léman.

🏨 **Vieux Logis**, ℰ 04 50 72 80 24, contact@levieuxlogis.com, Fax 04 50 72 90 76, ㅠ – 🆅
🆅 🅿. 🆎 ⓞ 🆖🅱
1ᵉʳ mars-30 nov. – **Repas** (fermé dim. soir et lundi) (18) - 23/42 ♀ – ☑ 7,50 – **11 ch** 60/70.
◆ Ce logis de caractère construit au 14ᵉ s. est aménagé au sein même du rempart. Les
chambres possèdent un balcon ou une terrasse au 1ᵉʳ étage. Au restaurant, pierres apparentes, voûtes d'ogives, terrasse ombragée, cuisine traditionnelle et poissons d'ici.

ӾӾ **Vieille Porte**, ℰ 04 50 72 80 14, Fax 04 50 72 92 04, ㅠ, ㅠ – 🆖🅱
7 fév.-12 déc. et fermé lundi sauf juil.-août – **Repas** 21/32, enf. 9,80 ♀.
◆ Maison du 14ᵉ s. appartenant à la même famille depuis... 1587 ! Bel intérieur avec terre
cuite, poutres et pierres. Terrasse à l'ombre des remparts, face aux flots.

ӾӾ **Port** avec ch, ℰ 04 50 72 80 17, hotelduport.yvoire@wanadoo.fr, Fax 04 50 72 90 71,
≼ lac, ㅠ – 🛗, 🗑 ch, 🆅 ㅠ. 🆎 🆖🅱. ❀ ch
10 mars-20 oct. et fermé merc. hors saison – **Repas** 29/45 ♀ – ☑ 10 – **7 ch** 120/190.
◆ Terrasse au bord du lac et plaisante façade fleurie pour cette maison idéalement située
sur le port de plaisance. Spécialités de poissons. Belles chambres de style lacustre.

ӾӾ **Les Flots Bleus** (chambres prévues) 04 50 72 80 08 ℰ 04 50 72 80 08, contact@flotsbleu
s-yvoire.com, Fax 04 50 72 84 28, ≼ Lac, ㅠ – 🆎 🆖🅱
15 avril-31 oct. – **Repas** 20/65, enf. 10 ♀.
◆ Atout indéniable de ce restaurant : sa vaste terrasse ombragée d'une treille, dressée au
ras de l'eau, face au port de plaisance et au lac. Plats traditionnels et régionaux.

YVOY-LE-MARRON 41600 L.-et-Ch. **318** I6 – 538 h alt. 129.
🅱 *Syndicat d'initiative* ℰ 02 54 88 07 14, Fax 02 54 88 07 14.
*Paris 163 – Orléans 35 – Blois 45 – La Ferté-St-Aubin 13 – Lamotte-Beuvron 15 –
Romorantin-Lanthenay 34.*

🏨 **Auberge du Cheval Blanc**, 1 pl. Cheval Blanc ℰ 02 54 94 00 00, auberge.cheval.blanc
@wanadoo.fr, Fax 02 54 94 00 01, ㅠ – 🆅 🆅 �. 🆎 🆖🅱
fermé 15 au 31 mars, 1ᵉʳ au 8 août, 1ᵉʳ au 9 janv., merc. midi et mardi – **Repas** 18 (déj.),
25/34, enf. 10 – ☑ 10 – **15 ch** 75/85 – ½ P 67,50/72,50.
◆ Cette avenante bâtisse solognote joliment restaurée propose des chambres neuves,
chaleureuses et raffinées (tons ocre, rouge et jaune). Colombages et tomettes judicieusement préservés font le cachet de la salle à manger.

YZEURES-SUR-CREUSE *37290 I.-et-L.* **317** O8 – *1 476 h alt. 74.*

Paris 318 – Poitiers 65 – Châteauroux 72 – Châtellerault 28 – Tours 85.

 Promenade, *℘* 02 47 91 49 00, *Fax 02 47 94 46 12* – **ⅠⅤ** ✔. **GB**

fermé 15 janv. au 15 fév., lundi et mardi – **Repas** 21/40, enf. 9 ♀ – ⌷ 9,50 – **15 ch** 45/52 – ½ P 45.

♦ Ancien relais de poste datant de 1780, voisin de l'église du village et proposant des chambres au décor soigné. Poutres, pierres apparentes et imposante cheminée participent au cachet rustique du restaurant ; cuisine traditionnelle.

ZELLENBERG *68 H.-Rhin* **315** H7 – *rattaché à Riquewihr.*

ZICAVO *2A Corse-du-Sud* **345** D8 – *voir à Corse.*

ZONZA *2A Corse-du-Sud* **345** E9 – *voir à Corse.*

ZOUFFTGEN *57330 Moselle* **307** H2 – *608 h alt. 250.*

Paris 341 – Luxembourg 20 – Metz 48 – Thionville 18.

XX **Lorraine,** *℘* 03 82 83 40 46, *christine.keff@wanadoo.fr, Fax 03 82 83 48 26*, 佘, 燕 – **P**. **GB**

fermé vacances de Noël, lundi et mardi – **Repas** 21/62 ♀.

♦ Façade lorraine rénovée, à 3 km de la frontière luxembourgeoise. Deux salles au choix : contemporaine soignée ou campagnarde. Terrasse pour l'été. Cuisine au goût du jour.

Dans ce guide
un même symbole, un même mot,
*imprimé en **rouge** ou en **noir**, en maigre ou en **gras**,*
n'ont pas tout à fait la même signification.
Lisez attentivement les pages explicatives.

PRINCIPAUTÉ d'ANDORRE

343 H9 G. Midi-Pyrénées - 62 400 h. - alt. 1029

🛈 r. Dr-Vilanova, Andorre-la-Vieille ℘ (00-376) 82 02 14, Fax (00-376) 82 58 23, sindicatdiniciativa@andorra.ad

RENSEIGNEMENTS PRATIQUES

La Principauté d'Andorre, d'une superficie de 464 km², est située au coeur des Pyrénées, entre la France et l'Espagne. Depuis 1993, la Principauté est un État souverain membre de l'O.N.U.

Pour se rendre en Andorre, les citoyens de l'Union Européenne ont besoin d'un passeport ou d'une carte d'identité en cours de validité.

Accès depuis la France : RN 22 passant par le Pas de la Casa.

Liaison par autocars : depuis l'aéroport de Toulouse-Blagnac par la Cie Novatel, renseignements (00-376) 803 789.

Depuis les gares SNCF de l'Hospitalet et Latour-de-Carol par la Cie Hispano-Andorranne, renseignements (00-376) 821 372

ANDORRA-LA-VELLA Capitale de la Principauté ⬛343⬛ H9 – *alt. 1029.*

Voir *Vallée du Valira d'Orient*★ *NE* – *Vallée du Valira del Nord*★ *N.*

🛈 *Office de Tourisme, r. du Dr.-Vilanova* 𝄆 *(00-376)82 02 14, Fax (00-376) 82 58 23, sindicatdiniciativa@andorra.ad.*

Paris 861 ① – *Carcassonne 165* ① – *Foix 102* ① – *Perpignan 170* ①.

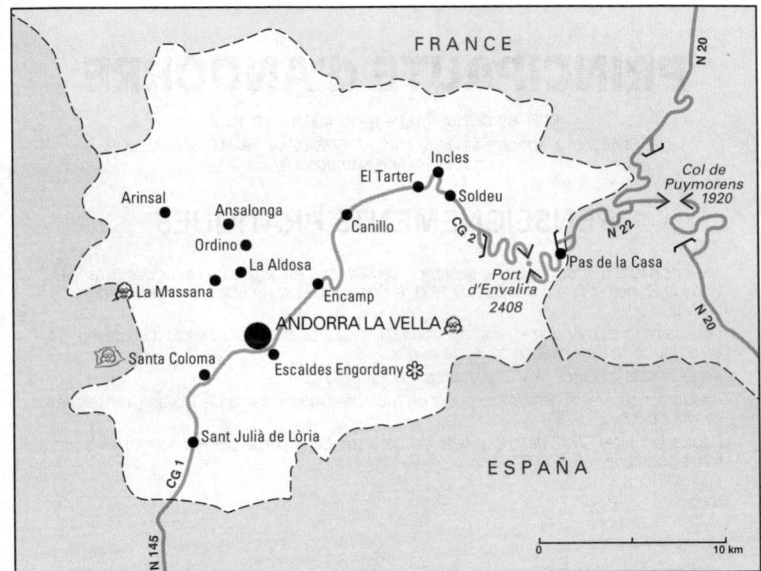

🏨 **Crowne Plaza Andorra,** r. Prat de la Creu 88 𝄆 (00-376) 87 44 44, *crowneplaza@andorra.ad,* Fax (00-376) 87 44 45, 🛁, 🔲 – 🛗 🗐 📺 & 🚗 – 🔏 25 à 700. 𝔸𝔼 ⓞ ⓖ🅱. ℅ rest
B b
Repas carte 26,50 à 40,30 – ☑ 12,60 – **133 suites** 161/201,50.
◆ Établissement récent où toutes les chambres sont des suites "dernier cri" ; celles pour les enfants sont décorées sur le thème Disney. Tons jaune, marbre et profusion de miroirs composent le lumineux cadre du restaurant. Cuisine internationale à la cafeteria.

🏨 **Plaza,** r. Maria Pla 19 𝄆 (00-376) 87 94 44, *hotel.plaza@andorra.ad,* Fax (00-376) 82 17 21, 🛁 – 🛗 🗐 📺 & 🚗 – 🔏 25 à 300. 𝔸𝔼 ⓞ ⓖ🅱. ℅ rest
C a
La Cúpula : **Repas** carte 31 à 42 – ☑ 12,60 – **92 ch** 150,80/188,50, 8 suites.
◆ Deux ascenseurs panoramiques desservent les six étages de ce luxueux hôtel agencé autour d'un patio verdoyant. Superbes chambres avec vue sur les sommets andorrans. Cadre contemporain soigné et cuisine du monde dans la salle à manger de la Cúpula.

🏨 **Andorra Park Hôtel** ⬙, r. les Canals 24 𝄆 (00-376) 87 77 77, *recepciopark@andornet.ad,* Fax (00-376) 82 09 83, ≤, 🌭, 🔲, 🌳, ℀ – 🛗 📺 📱 – 🔏 25 à 80. ⓖ🅱. ℅ ch
B d
Repas carte environ 56 – **38 ch** ☑ 362.
◆ De jolis jardins entourent cette typique construction de montagne élégamment décorée. Chambres confortables, certaines avec terrasse. Piscine creusée dans le roc. Salle à manger tout en longueur dont les baies vitrées s'ouvrent sur la verdure. Carte régionale.

🏨 **Mercure,** r. de la Roda 𝄆 (00-376) 87 36 02, *mercureandorra@riberpuig.ad,* Fax (00-376) 87 36 52, 🛁, 🔲 – 🛗 ℀ 🗐 📺 & 🚗 📱 – 🔏 25 à 175. 𝔸𝔼 ⓖ🅱 ⒿⒸⒷ. ℅ rest
C f
Repas (buffet seul.) 22 – ☑ 11 – **164 ch** 121/172, 9 suites.
◆ Les skieurs apprécient cet hôtel central qui, en hiver, offre des forfaits de ski gratuits à ses demi-pensionnaires. Chambres réactualisées. Repas essentiellement à base de buffets et service conforme à ce que l'on peut attendre d'un restaurant Mercure.

🏨 **Cèntric H.,** av. Meritxell 87-89 𝄆 (00-376) 87 75 00, *husacentric@andornet.ad,* Fax (00-376) 87 75 01 – 🛗 🗐 & 🚗 – 🔏 25 à 200. 𝔸𝔼 ⓖ🅱. ℅ ch
C h
Repas 19,50 – **74 ch** ☑ 114/168, 6 suites.
◆ L'imposante façade moderne de cet hôtel situé en pleine zone commerçante se voit de loin. Chambres spacieuses et claires, parfois avec terrasse. La salle à manger, très lumineuse et garnie de meubles contemporains, ménage une vue panoramique sur la ville.

President, av. Santa Coloma 44 ℰ (00-376) 82 29 22, *janhotels@andornet.ad*, Fax (00-376) 86 14 14, ≤, ᵇ₆, 🛏 – 📶 📺 🚗 – ⚿ 25 à 110. 🆖   **A m**
Repas 16 – **109 ch** ⊏⊐ 99/130.
♦ Ce vaste complexe hôtelier a subi un "lifting" total : chambres redécorées dans des tons actuels, belle piscine intérieure... et nouvelle discothèque. La salle de restaurant panoramique, au modernisme épuré, offre une superbe vue sur les montagnes andorranes.

Flora sans rest, antic carrer Major 25 ℰ (00-376) 82 15 08, *flora@andornet.ad*, Fax (00-376) 86 20 85, 🛏, ⁒ – 📶 📺 🚗 ⓞ 🆖   **A p**
45 ch ⊏⊐ 60/93.
♦ Immeuble d'allure passe-partout situé tout près de la Maison des Vallées. Beau mobilier castillan dans les chambres. Jolie vue sur les montagnes depuis la piscine.

Novotel Andorra, r. Prat de la Creu ℰ (00-376) 87 36 03, *novotelandorra@riberpuig.ad*, Fax (00-376) 87 36 53, ᵇ₆, 🛏 – 📶 ⁒ 📠 📺 ⅙ 🚗 📦 – ⚿ 25 à 40. 🆎 🆖 🆓
⁒ rest   **C k**
Repas (buffet seul.) 22 – ⊏⊐ 11 – **97 ch** 112/160, 5 suites.
♦ Au centre de la petite métropole du négoce, Novotel classique disposant de chambres actuelles, pratiques et de bon confort. Salle de restaurant spacieuse et aérée. À table, formules buffets et spécialités de viandes grillées sur la braise.

Arthotel, r. Prat de la Creu 15-25 ℰ (00-376)76 03 03, *arthotel@andorra.ad*, Fax (00-376) 76 03 04, ⌖, ᵇ₆ – 📶 📠 📺 ⅙ 🚗 – ⚿ 25 à 265. 🆎 🆖. ⁒ rest
Repas 22,50 – **127 ch** ⊏⊐ 168,50/210.
♦ Grand bâtiment moderne inauguré en 2002. Chambres confortables, amples et parfaitement équipées ; certaines bénéficient de baignoires à remous. Le restaurant occupe le 5e étage de l'hôtel ; belle vue panoramique. Formule plus simple au rez-de-chaussée.

Xalet Sasplugas ⌂, r. la Creu Grossa 15 ℰ (00-376) 82 03 11, *hotelsasplugas@andorra.ad*, Fax (00-376) 82 86 98, ≤, ⌖ – 📶 📺 🚗. 🆖. ⁒ rest   **C q**
Repas 21 - **Metropol** *(fermé 1ᵉʳ au 15 juil., lundi midi et dim.)* **Repas** carte 31 à 36 – **26 ch** ⊏⊐ 50/70.
♦ Emplacement privilégié sur les hauteurs, loin de l'effervescence du centre-ville. Chambres personnalisées, appréciables pour leur calme. Décor contemporain, tables impeccablement dressées et cuisine empruntant aux cinq continents caractérisent le Metropol.

Pyrénées, av. Princep Benlloch 20 ℰ (00-376) 87 98 79, *info@hotelpyrenees.com*, Fax (00-376) 82 02 65, 🛏, ⁒ – 📶, 📠 rest, 📺 🚗. 🆖. ⁒ rest   **B s**
Repas 17 – **74 ch** ⊏⊐ 43/68.
♦ Point de départ idéal pour découvrir la vieille ville à pied. Chambres fonctionnelles ; certaines donnent sur un patio. Espace-loisirs dans un bâtiment indépendant. Vaste salle de restaurant simplement décorée de tableaux représentant des sommets andorrans.

Cérvol, av. Santa Coloma 46 ℰ (00-376) 80 31 11, *hc@hotelcervol.com*, Fax (00-376) 80 31 22, ᵇ₆ – 📶, 📠 rest, 📺 ⅙ 🚗. ⓞ 🆖. ⁒ rest   **A u**
Repas 16 – **99 ch** ⊏⊐ 67/94.
♦ Cette hostellerie ancienne a subi une réfection totale : hall gaiement relooké, création de chambres équipées de douches hydromassantes et nouveau fitness. Au choix, formules buffets à l'étage ou cuisine pyrénéenne à la cafeteria donnant sur la rue.

Font del Marge, Baixada del Moli 49 ℰ (00-376) 82 34 43, *font-del-marge@andorra.ad*, Fax (00-376) 82 31 82, ≤ – 📶, 📠 rest, 📺 ⅙ 🚗. 🆖. ⁒ rest   **A t**
fermé nov. – **Repas** 12 – ⊏⊐ 6 – **42 ch** 56/77 – ½ P 30.
♦ Il règne une ambiance familiale dans cet hôtel bordant une calme rue pentue. La plupart des chambres ont vue sur la montagne. Les carnivores trouveront leur bonheur à la rôtisserie ; les autres préféreront le restaurant de fruits de mer (salle-jardin d'hiver).

De l'Isard, av. Meritxell 36 ℰ (00-376) 87 68 00, *hotelisard@andorra.ad*, Fax (00-376) 86 66 95 – 📶, 📠 rest, 📺 🚗. 🆖. ⁒   **B v**
Repas 14,90 – **61 ch** ⊏⊐ 75,20/102,40.
♦ Derrière la typique façade de pays, intérieur totalement rénové, décor plutôt design et chambres bien équipées donnant sur la vallée. Cadre actuel et éclairage bien étudié caractérisent la salle à manger où l'on sert plats du marché et spécialités catalanes.

Cassany sans rest, av. Meritxell 28 ℰ (00-376) 82 06 36, *info@hotelcassany.ad*, Fax (00-376) 86 36 09 – 📶 📺. 🆖   **B x**
⊏⊐ 8 – **53 ch** 66/101.
♦ Au cœur de la cité commerçante et de ses boutiques détaxées, hôtel disposant de chambres au confort moderne ; certaines d'entre elles sont parquetées.

Florida sans rest, r. Llacuna 15 ℰ (00-376) 82 19 25, *hotelflorida@andorra.ad*, Fax (00-376) 86 19 25, ᵇ₆ – 📶 📺. 🆎 ⓞ 🆖   **B y**
48 ch ⊏⊐ 54/77.
♦ Dans une rue calme du centre-ville, cette façade où grimpe la vigne vierge abrite des petites chambres simples. Buffet pour le petit-déjeuner. Salle de jeux.

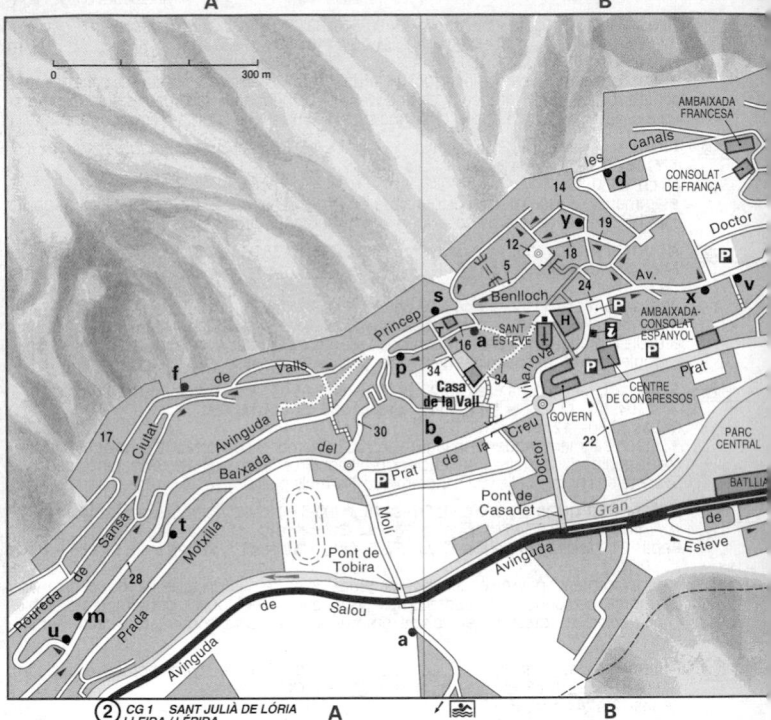

② CG 1   SANT JULIÀ DE LÓRIA   **A**
LLEIDA / LÉRIDA

XX **Borda Estevet**, rte de La Comella 2 ℘ (00-376) 86 40 26, *bordaestevet@andorra.ad,*
Fax (00-376) 86 40 26 – 🔲 🅿. 🆎 ⅏. ⅏.   **A   a**
Repas carte environ 28.
◆ Dans les beaux murs de pierre d'une ancienne grange, plusieurs salles à manger au
décor rustique, avec mobilier andorran et cheminée. Cuisine de montagne et catalane.

XX **Can Benet**, antic carrer Major 9 ℘ (00-376) 82 89 22, *mbenet@andorra.ad,* Fax (00-
376) 82 89 22 – 🔲. ⅏. ⅏.   **B   a**
fermé 1er au 15 juil. et lundi – **Repas** carte environ 30,50.
◆ Au rez-de-chaussée, un bar garni de quelques tables où règne une ambiance familiale. À
l'étage, la salle à manger au décor typiquement catalan. Cuisine internationale.

X **Taberna Angel Belmonte**, r. Ciutat de Consuegra 3 ℘ (00-376) 82 24 60, *Fax (00-
376) 82 35 15* – 🔲. 🆎 ⅏ ⅏.   **C   b**
Repas carte 35 à 40,50.
◆ Un lieu agréable que ce restaurant aux airs de taverne. Beau décor où domine le bois et
mise en place impeccable. À la carte, produits du terroir, poissons et fruits de mer.

X **Can Manel**, r. Mestre Xavier Plana 6 ℘ (00-376) 82 23 97, *canmanel@andorra.ad, Fax (00-
⅏ 376) 82 45 91* – 🔲 🅿. 🆎 ⅏ ⅏ ⅏.   **A   f**
fermé 1er au 15 juil. et merc. – **Repas** carte environ 27.
◆ Cette adresse simple et charmante, meublée dans le style du pays, vous convie à goûter
sa savoureuse cuisine du terroir. Préférez les tables avec vue sur les fourneaux.

ANSALONGA – voir Ordino.

ARINSAL 343 G9 – alt. 1145 – Sports d'hiver : 1 550/2 560 m ⅏ 2 ⅏ 28.
Andorra-la-Vella 9.

🏨 **Xalet Verdù**, ℘ (00-376) 73 71 40, *xaletverdu@andornet.ad, Fax (00-376) 73 71 41,* ⅏
⅏ ⅏ 🔲 📺 ⅏ ⅏ 🅿. ⅏. ⅏ rest
fermé mai et nov. – **Repas** (dîner seul.) 15 – **52 ch** ⅏ 76/96.
◆ Grand bâtiment récent de conception régionale, apprécié des skieurs car non loin de la
nouvelle télécabine. Nombreuses chambres avec perspective sur les sommets. Cuisine
internationale et petite sélection de vins pour se requinquer entre deux descentes.

Baixada del Molí (Carrer) . . . **A**
Bonaventura Armengol
   (Carrer) . . . . **C** 2
Bonaventura Riberaygua
   (Carrer) . . . . **C**
Canals (Carrer les) . . . . **BC**
Ciutat de Valls (Carrer) . . . . . **A**
Consell d'Europa
   (Avinguda del) . . . . **C**
Creu Grossa (Carrer de la) . . **C** 4
Doctor Mitjavila (Avinguda) . . **C**
Doctor Molines (Carrer) . . . **BC**
Doctor Néqui (Carrer) . . . . . . **B** 5
Doctor Vilanova (Carrer) . . . . **B**
Escaler (Plaça) . . . . **C**
Esteve Dolça Pujal (Carrer) **BC**
Fener (Carrer El) . . . . **C**
Fiter i Rossell (Carrer) . . . . . **C** 10
Guillemó (Plaça) . . . . **B** 12
Joan Maragall (Carrer) . . . . . **C**
Llacuna (Carrer de la) . . . . . . **B** 14
Major (Antic carrer) . . . . **B** 16
Maria Pla (Carrer) . . . . **C**
Meritxell (Avinguda) . . . . **C**
Mestre Xavier Plana
   (Carrer) . . . . **A** 17
Mossèn Cinto Verdaguer
   (Carrer) . . . . **B** 18
Mossèn Tremosa (Carrer) . . . **B** 19
Obac (Carretera de l') . . . . . . **C**
Pere d'Urg (Carrer) . . . . **C**
Pompeu Fabra (Carrer) . . . . . **C** 20
Prada Casadet (Carrer) . . . . . **B** 22
Prada Motxilla (Carrer) . . . . . **A**
Prat de la Creu (Carrer) . . . **BC**
Prat de la Creu (Pont) . . . . . . **C**
Príncep Benlloch
   (Avinguda de) . . . . **AB**
Rebés (Plaça) . . . . **B** 24
Roda (Carrer de la) . . . . **C** 26
Rotonda (Pont de la) . . . . **C**
Roureda de Sansa (Carrer) . . **A**
Salou (Avinguda) . . . . **A**
Sant Andreu (Carrer) . . . . **C**
Santa Coloma (Avinguda de) **A** 28
Sardana (Carrer de la) . . . . . . **C**
Tarragona (Avinguda de) . . . **BC**
Tobira (Carrer de) . . . . **A** 30
Unió (Carrer de la) . . . . **C**
Vall (Carrer de la) . . . . **B** 34

C

CANILLO 343 H9 – alt. 1531.

Voir *Crucifixion★ dans l'église de Sant Joan de Caselles NE : 1 km.*

Andorra-la-Vella 12.

Ski Plaza, carretera General ℰ (00-376) 73 94 44, *skiplaza@hotels.andorra.com*, Fax (00-376) 73 94 45, 🏰 – 🛗, 🍴 rest, 📺 ⅙ 🌐. 🅰🅴 ① 🇬🇧. 🦋 rest
Repas 15,30 – 🖙 13,30 – **115 ch** 177,10.
♦ À 1600 m d'altitude, établissement particulièrement bien équipé. Chambres de style montagnard et de grand confort, parfois avec jacuzzi ; certaines sont réservées aux enfants. Pour les repas, restaurant gastronomique ou brasserie incluant un espace Internet.

Roc del Castell sans rest, rte General ℰ (00-376) 85 18 25, *Fax (00-376) 85 17 07* – 🛗 📺.
① 🇬🇧 🇯🇨🇧. 🦋
🖙 6,50 – **44 ch** 57,50/71,30.
♦ En bordure de route, belle façade en pierre abritant des chambres confortables et bien insonorisées. Décor épuré dans le salon et la salle des petits-déjeuners.

ENCAMP 343 H9 – alt. 1313.

Voir *Les Bons : site★ N : 1 km.*

Andorra-la-Vella 7.

Coray, Caballers 38 ℰ (00-376) 83 15 13, *Fax (00-376) 83 18 06*, ⩽, 🌲 – 🛗, 🍴 rest, 📺 🇬🇧. 🦋
fermé nov. – **Repas** (menu seul.) 10 – **85 ch** 🖙 45/60.
♦ Belle situation pour cette hostellerie dont les fenêtres s'ouvrent sur des champs de tabac. Chambres d'ampleur satisfaisante, avec balcon. Salons de jeux et TV. Restaurant de grande capacité où, de la cuisine au service, tout se fait en famille ! Menu unique.

Univers, r. René Baulard 13   *(00-376) 83 10 05*, *hotelunivers@andorra.ad*, *Fax (00-376) 83 19 70* – |₤| 🖵 🅿. 🕮. ⚒
fermé nov. – **Repas** 10 – ⌑ 5,50 – **31 ch** 32,50/57 – ½ P 25,50.
◆ Sur les berges du Valira d'Orient et tout près du futuriste hôtel de ville, sympathique établissement aux chambres de bon confort. Côté décoration, la petite salle à manger ne paye pas de mine mais vous y dégusterez une cuisine traditionnelle bien mitonnée.

El Cresper, r. Pas de la Casa 4   *(00-376) 83 36 36* – 🕮. ⚒
fermé 1er au 15 juil., 1er au 15 nov., dim. soir et lundi – **Repas** carte 30 à 40.
◆ Accueil charmant, tables dressées avec soin, petits plats inspirés par le marché et prix tout doux font le succès de ce minuscule restaurant familial.

ESCALDES-ENGORDANY 343 H9 – *alt. 1105.*

🅱 *Office de Tourisme, pl. dels Co-Princeps,*   *(00-376) 82 09 63, Fax (00-376) 82 66 97. Andorra-la-Vella 2.*

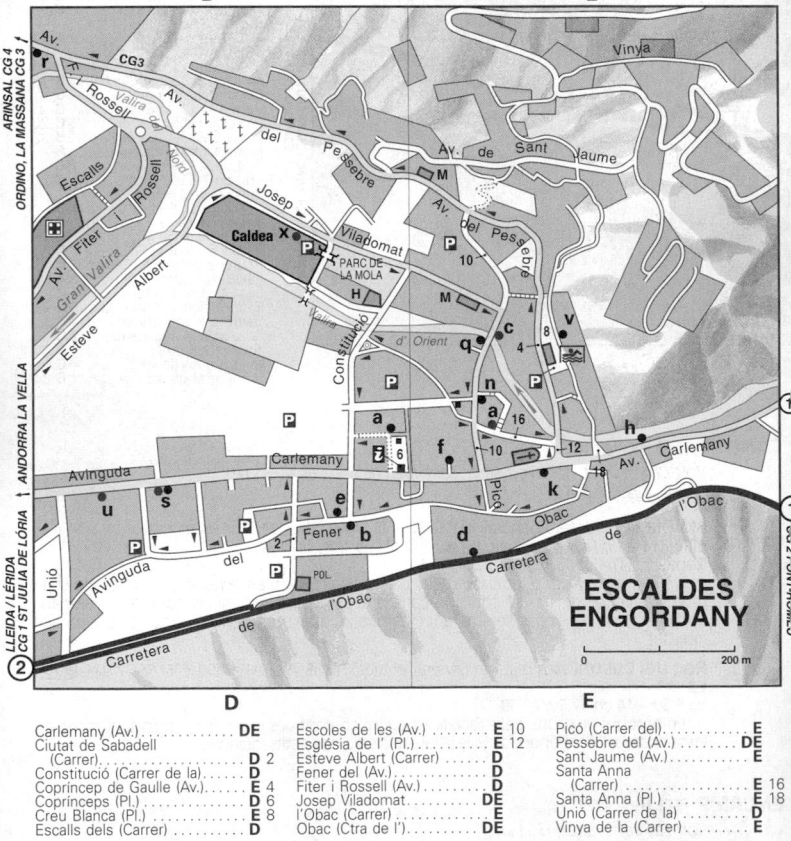

ESCALDES ENGORDANY

Carlemany (Av.)	**DE**	Escoles de les (Av.)	**E** 10	Picó (Carrer del)	**E**
Ciutat de Sabadell		Església de l' (Pl.)	**E** 12	Pessebre del (Av.)	**DE**
(Carrer)	**D** 2	Esteve Albert (Carrer)	**D**	Sant Jaume (Av.)	**E**
Constitució (Carrer de la)	**D**	Fener del (Av.)	**D**	Santa Anna	
Coprincep de Gaulle (Av.)	**E** 4	Fiter i Rossell (Av.)	**D**	(Carrer)	**E** 16
Coprínceps (Pl.)	**D** 6	Josep Viladomat	**DE**	Santa Anna (Pl.)	**E** 18
Creu Blanca (Pl.)	**E** 8	l'Obac (Carrer)	**E**	Unió (Carrer de la)	**D**
Escalls dels (Carrer)	**D**	Obac (Ctra de l')	**DE**	Vinya de la (Carrer)	**E**

Roc de Caldes 🐾, rte d'Engolasters   *(00-376) 86 27 67*, *rocdecaldes@andorra.ad*, *Fax (00-376) 86 33 25*, ≤, 🖾 – |₤|, ▥ rest, 🖵 ⟺ 🅿 – 🔏 25 à 150. 🅰🅴 🕮. ⚒ rest
Repas 15 – **45 ch** ⌑ 148/175.
◆ À flanc de montagne, luxueux hôtel dont l'architecture contemporaine se fond dans le paysage naturel. Les chambres, décorées avec goût, jouissent d'une superbe vue. Cadre élégant, beau panorama et cuisine internationale au restaurant.

Roc Blanc, pl. dels Co-Princeps 5 ℘ (00-376) 87 14 00, *hotelrocblanc@gruprocblanc.co m,* Fax (00-376) 87 14 44, 16, ⬛ – ⓘ, ▤ rest, 📺 ⇔ – ⛡ 25 à 600. ☒ ⓞ ☒. ✻ rest
                                                               D a
El Pí: Repas carte 30 à 38 – *L'Entrecôte* brasserie : Repas carte 22 à 37 – **180 ch** ⌐ 175,80/270,40.
  ♦ En centre-ville, mais protégé de la rumeur urbaine, complexe moderne apprécié pour ses prestations nombreuses. Élégante décoration intérieure. Splendide hall avec cascade. Accueillante salle rustique au restaurant El Pi. Cuisine internationale à l'Entrecône.

Carlemany, av. Carlemany 4 ℘ (00-376) 87 00 50, *carlemany@hotelcarlemany.ad,* Fax (00-376) 87 00 90, 16 – ⓘ ▤ 📺 📞 ⅙ – ⛡ 25 à 30. ☒ ☒. ✻   **E h**
fermé mi. – Repas carte 32 à 43 – **33 ch** ⌐ 145/181.
  ♦ Cet hôtel est directement relié aux thermes. Ses chambres, claires et de grand confort, ont des salles de bains alimentées en eau thermale ; certaines sont en duplex. Cuisine diététique et du marché, servie dans un restaurant joliment aménagé.

Delfos, av. del Fener 17 ℘ (00-376) 87 70 00, *hotel.delfos@andorra.ad,* Fax (00-376) 86 16 42 – ⓘ ▤ 📺 – ⛡ 25 à 250. ⓞ ☒ ☒. ✻   **D b**
Repas 20,10 – **180 ch** ⌐ 86,70/120.
  ♦ Située en plein coeur commerçant, imposante bâtisse en pierre peu à peu rénovée. Chambres très confortables et bien équipées. Grands salons et salle TV avec écran géant. Vaste salle de restaurant ponctuée de larges colonnes et piano-bar pour l'après-dîner.

Prisma, av. del Fener 14 ℘ (00-376) 86 79 29, *prisma@ahotels.com,* Fax (00-376) 86 79 30 – ⓘ, ▤ rest, 📺 ⅙ ⇔. ⓞ ☒ ☒. ✻   **D e**
Repas (déj. seul.) 9 – **55 ch** ⌐ 101/150.
  ♦ Non loin du centre "thermoludique" de Caldea, immeuble de verre et d'acier possédant des chambres de type suite, dotées d'un équipement très complet. Côté table, la cuisine et le décor célèbrent l'Italie : une adresse pour le moins dépaysante en pays catalan !

Casa Canut, av. Carlemany 107 ℘ (00-376) 73 99 00, *hotelcanut@andorra.ad,* Fax (00-376) 82 19 37 – ⓘ ▤ 📺 ⇔. ☒ ☒ ☒. ✻   **D s**
voir rest. *Casa Canut* – ⌐ 9 – **33 ch** 170/200.
  ♦ La façade ne paye pas de mine mais sitôt franchi le seuil vous serez séduit par le raffinement de cet hôtel. Chambres de différents niveaux de confort, équipées "dernier cri".

Panorama, rte de l'Obac ℘ (00-376) 87 34 00, *hotelpanorama@gruprocblanc.com,* Fax (00-376) 87 34 44, ≼ vallée et montagnes, 16, ⬛ – ⓘ, ▤ rest, 📺 ⇔ – ⛡ 25 à 300. ☒ ☒. ✻ rest   **E d**
Repas 18,40 – **177 ch** ⌐ 85/130.
  ♦ Comme son nom l'indique, cet établissement de standing offre un superbe panorama depuis les chambres, spacieuses et sobres. Au dernier étage de l'hôtel, restaurant en rotonde avec vue imprenable sur la ville, les montagnes et la vallée. Cuisine internationale.

Eureka, av. Carlemany 36 ℘ (00-376) 86 66 00, *hoteleureka@andorra.ad,* Fax (00-376) 86 68 00 – ⓘ ▤ 📺. ⓞ ☒. ✻ rest   **E f**
Repas 15,80 – **75 ch** ⌐ 50,40/81,90.
  ♦ Conception résolument moderne pour ce confortable hôtel au cadre élégant et soigné situé au coeur de la station thermale. Agréable salle à manger - jolies peintures sur céramique, colonnes habillées de miroirs, mobilier en bois blond - et cuisine du marché.

Valira, av. Carlemany 37 ℘ (00-376) 82 05 65, *hotelvalira@andorra.ad,* Fax (00-376) 86 67 80 – ⓘ 📺 🄿. ☒. ✻   **E k**
Repas 15 – ⌐ 8,30 – **55 ch** 71,80/93,50.
  ♦ Intérieurs rénovés, chambres accueillantes, eau thermale dans toutes les salles de bains, salon avec cheminée et billard caractérisent cette belle construction des années. Coquet restaurant orné d'azulejos et de bouquets de fleurs séchées placés dans des niches.

Metropolis sans rest, cafeteria, av. de les Escoles 25 ℘ (00-376) 80 83 63, *info@hotel-me tropolis.com,* Fax (00-376) 86 37 10 – ⓘ 📺 ⇔. ⓞ ☒. ✻   **E q**
68 ch ⌐ 114/130.
  ♦ Cet établissement à la décoration sobre et très "classe" jouit d'une situation privilégiée à mi-chemin de Caldea et des boutiques à détaxe. Chambres fonctionnelles.

Cosmos, av. de les Escoles 10 ℘ (00-376) 87 07 50, *cosmos@hotelcosmos.ad,* Fax (00-376) 86 30 15 – ⓘ, ▤ rest, 📺 ⇔. ☒. ✻   **E n**
voir rest. *Il Dolce Basilico* ci-après – **75 ch** ⌐ 65/92, 76 suites.
  ♦ Sympathique adresse où vous aurez le choix entre une chambre standard au décor actuel et un grand appartement (de 2 à 8 personnes).

Eurotel, av. Fiter i Rosell 51 ☎ (00-376) 86 30 31, *hoteles-silken@eurotel.ad, Fax (00-376) 86 30 24* – 📶 🆃🆅 ⬅️, ⒶⒺ ⒼⒷ, ✗   **D   r**
Repas (dîner seul.) 15 – **70 ch** ⮞ 70/100.
❖ Adresse prisée des familles, sur la route menant aux stations de Pal et Ordino-Arcalis. Chambres avant tout pratiques ; certaines sont rénovées. Salle à manger au décor sans artifice, tables dressées simplement et cuisine appartenant au registre international.

Ibis, av. Miquel Mateu 25, Nord-Est : 1 km ☎ (00-376)87 23 00, *ibisandorra@riberpuig.com, Fax (00-376)87 23 50*, 🔲 – 🔾 🆇 🆃🆅 ⬅️, – 🔏 25 à 80, ⒶⒺ ⓿ ⒼⒷ, ✗ rest
Repas (dîner seul., buffet seul.) 20 – **166 ch** ⮞ 87/124.
❖ Cette architecture contemporaine abrite des chambres conformes aux normes de la chaîne ; certaines, plus grandes, permettent l'accueil des familles. Piscine panoramique. Grande luminosité et jolie vue depuis le restaurant situé au 7ᵉ étage ; formules buffets.

Espel, pl. Creu Blanca 1 ☎ (00-376) 82 08 55, *Fax (00-376) 82 80 56* – 📶 🆃🆅 ⬅️, ⒼⒷ, ✗   **E   v**
fermé mai – **Repas** (menu seul.) 13 – **102 ch** ⮞ 41/58.
❖ L'eau thermale puisée dans les lacs souterrains d'Andorre alimente les salles de bains de cet établissement peu à peu rénové. Sympathique ambiance de quartier. Restauration simple pour échapper, le temps d'un repas, à l'effervescence de l'avenue "Carlemany".

San Marco, av. Carlemany 115-5ᵉ étage (C.C. Júlia) ☎ (00-376) 86 09 99, *sari@andorra.ad, Fax (00-376) 80 41 75*, ✗ – ⒶⒺ ⒼⒷ, ✗   **D   u**
fermé dim. soir – **Repas** carte 34 à 44.
❖ Au dernier étage du centre Julia, salle à manger panoramique accessible par un ascenseur-bulle. Cadre très soigné et jolie vue sur la ville et les montagnes.

Aquarius, Parc de La Mola 10 (Caldea) ☎ (00-376) 80 09 80, *Fax (00-376) 82 92 22* – 🔳 ⬅️, ⓿ ⒼⒷ, ✗   **D   x**
fermé 15 au 31 mai et 1 semaine en nov. – **Repas** 48 et carte 43 à 57.
❖ Dans les murs du centre aquatique thermal, très agréable restaurant panoramique au décor moderne, avec vue exceptionnelle sur les bains. Plats diététiques sur commande.
Spéc. Salade de Saint-Jacques aux lamelles d'orange. Turbot poché au vin de noix. Poire au jus de framboises, moelleux au chocolat, glace au riz au lait

Casa Canut - Hôtel Casa Canut, av. Carlemany 107 ☎ (00-376) 73 99 00, *hotelcanut@andorra.ad, Fax (00-376) 82 19 37* – 🔳 ⬅️, ⒶⒺ ⒼⒷ 🅹🅲🅱, ✗   **D   x**
Repas carte 33 à 47.
❖ Au centre de la localité, restaurant agréablement décoré où toutes les tables ont vue sur les fourneaux. Dans l'assiette, produits du marché, poissons et fruits de mer.

Il Dolce Basilico - Hôtel Cosmos, Santa Anna ☎ (00-376) 87 07 55, *fandb@hotelcosmos. ad, Fax (00-376) 86 30 15* – 🔳 ⬅️, ⒼⒷ, ✗   **E   a**
fermé 15 jours en juin, 15 jours en oct. et lundi – **Repas** carte 26 à 35.
❖ Bois blond, sol en marbre, colonnes d'acier, tables en verre et éclairage étudié : ce restaurant central a opté pour un décor résolument moderne. Cuisine italienne.

Gufo, av. de les Escoles 16 ☎ (00-376) 82 07 13, *Fax (00-376) 82 73 53* – ⒼⒷ, ✗   **E   c**
Repas carte environ 30.
❖ Restaurant très chaleureux dont le nom italien signifie hibou. La carte propose bien sûr de nombreuses spécialités de la Botte ainsi que quelques plats catalans.

INCLES – *voir Soldeu.*

La MASSANA 🄷🄸🄹 H9 – *alt. 1241.*

🄱 *Office de Tourisme, av. Sant Antoni,* ☎ *(00-376) 83 56 93, Fax (00-376) 83 86 93. Andorra-la-Vella 4.*

Xalet Ritz ✗, rte de Sispony, Sud : 1,8 km ☎ (00-376) 83 78 77, *xaletritz@andornet.ad, Fax (00-376) 83 77 20*, ✓, 🛁 – 📶 🆃🆅 ⬅️, Ⓟ ⒶⒺ ⓿ ⒼⒷ, ✗
Repas 19 – **47 ch** ⮞ 95,50/135.
❖ Superbe emplacement au coeur de la vallée d'Anyos pour cette luxueuse construction de pays. Belle décoration tant dans les chambres qu'aux salons. Le cadre du restaurant témoigne d'un grand souci d'élégance et de confort. Cuisine du terroir et internationale.

Rutllan, av. del Ravell ☎ (00-376) 83 50 00, *reserves@hotelrutllan.com, Fax (00-376) 83 51 80*, ✓, 🛁, 🌳 – 📶 🆃🆅 ♿ ⬅️, ⒶⒺ ⒼⒷ, ✗ rest
Repas 24 – ⮞ 8 – **96 ch** 66/96.
❖ En bordure de route, grand chalet où le bois s'impose partout. Deux ascenseurs modernes mènent aux chambres confortables, toutes avec balcon fleuri. Murs blancs, lambris blond, cuivres et vases peints composent le décor du restaurant ; cuisine régionale.

Suite Hôtel ✗, rte de Sispony, Sud : 1,7 km ☎ (00-376) 73 73 00, *suite.hotel@andorra.ad, Fax (00-376) 73 73 01* – 📶 🆃🆅 ♿ ⬅️, Ⓟ ⒶⒺ ⓿ ⒼⒷ, ✗
Repas 21 – **36 ch** ⮞ 128/160.
❖ Au coeur de cet agréable lieu de villégiature, bel édifice de montagne où toutes les chambres sont des suites aménagées avec goût. Il règne une atmosphère apaisante et intime dans la salle à manger aux tons chauds, éclairée par de belles fenêtres en ogive.

🏠 **Marco Polo,** av. de Sant Antoni 36 *ℰ* (00-376) 83 63 63, *hmp@hotelmarcopolo.com,* Fax (00-376) 83 65 00 – 📶 📺 🅿. 🔟 GB. ⋘ rest
fermé 3 au 20 mai et 2 au 19 nov. – **Repas** (dîner seul. en hiver, buffet seul.) 16 – **119 ch** ⊇ 53/74.
* Proche des stations de ski, hôtel refait et doté d'un mobilier original, en osier dans les chambres, asiatique dans les suites et en bois sculpté dans le salon. Cuisine internationale, uniquement servie sous forme de buffet, dans une salle sobrement aménagée.

XXX **El Rusc,** rte d'Arinsal : 1,5 km *ℰ* (00-376) 83 82 00, *info@elrusc.com,* Fax (00-376) 83 51 80 – 🖿 🅿. 🅰🅴 🔟 GB. ⋘
fermé dim. soir et lundi – **Repas** carte 35 à 45.
* En pleine nature, deux accueillantes salles rustiques dans un élégant décor de pierre et de bois. La carte propose plats de saison et spécialités basques. Cave fournie.

XX **La Borda de l'Avi,** rte d'Arinsal : 0,7 km *ℰ* (00-376) 83 51 54, *husaand@myp.ad,* Fax (00-376) 83 53 90 – 🅿. 🅰🅴 🔟 GB. ⋘
Repas carte 28 à 42.
* Ancienne ferme comprenant trois coquettes salles à manger régionales dont une dotée d'une grande cheminée centrale où sont préparées les viandes ; cuisine de montagne.

X **Borda Raubert,** rte d'Arinsal : 2 km *ℰ* (00-376) 83 54 20, *calserni@yahoo.es,* Fax (00-376) 86 61 65 – 🅿. GB. ⋘
🍴 fermé 10 juin au 10 juil., dim. soir, lundi soir et mardi – **Repas** carte environ 24.
* Le temple de la cuisine andorrane, dans une maison typique du pays (borda en catalan) dont l'authentique décor rustique mérite le coup d'oeil. Incontournable !

à La Aldosa Nord-Est : 2,7 km :

🏠 **Del Bisset** ⋙, rte de la Creu Blanca *ℰ* (00-376) 83 75 55, *hoteldelbisset@andorra.ad,* 🖘 Fax (00-376) 83 79 89, ≼ – 📶 📺 👌 🖘 🅿. GB. ⋘ rest
Repas (menu seul.) 12 – **35 ch** ⊇ 43/60.
* Ce grand bâtiment en pierre offre un joli panorama sur la vallée de la Massana. Chambres claires et fonctionnelles, parfois avec balcon. Salon avec cheminée et billard. Au restaurant, cadre simple, en blanc et rose, et vue verdoyante depuis les baies vitrées.

ORDINO ᴈ4ᴈ H9 – alt. 1304 – Sports d'hiver : 1940/2 600 m ⋠ 13.
Andorra la Vella 7.

🏠🏠 **Coma** ⋙, *ℰ* (00-376) 73 61 00, *hotelcoma@hotelcoma.com,* Fax (00-376) 73 61 01, ≼, 🍴, 🏊, ⋙ – 📶, 🖿 rest, 📺 🖘 🅿. GB.
fermé nov. – **Repas** 17 – **48 ch** ⊇ 90/120 – ½ P 34.
* Depuis 1932, la même famille accueille le voyageur dans cet hôtel bien équipé. Mobilier design et baignoire hydromassante dans des chambres disposant souvent d'une terrasse. Le restaurant, véritable gloire locale, propose une goûteuse cuisine andorrane.

à Ansalonga

🏠 **Sant Miquel,** rte del Serrat, Nord-Ouest : 1,8 km *ℰ* (00-376) 74 90 00, *hotel@santmiquel.* 🖘 com, Fax (00-376) 85 05 71, ≼ – 📶 📺 🅿. GB. ⋘ rest
Repas 9,50 – **20 ch** ⊇ 42/61.
* Petit établissement abritant des chambres actuelles, meublées en pin et dotées d'un balcon avec vue sur la rivière et les pittoresques maisons villageoises. Un accueil aimable et une saine cuisine familiale vous attendent dans une lumineuse salle à manger.

par rte de Canillo Ouest : 2,3 km

🏠🏠 **Babot** ⋙, *ℰ* (00-376) 83 50 01, *hotelbabot@andorra.ad,* Fax (00-376) 83 55 48, ≼ vallée 🖘 et montagnes, 🏊, ⋙ – 📶 📺 🅿. GB. ⋘ rest
fermé 3 nov. au 3 déc. – **Repas** 12 – **55 ch** ⊇ 70/100.
* Cet hôtel d'altitude, bâti à flanc de montagne et ceint d'un immense parc, jouit d'une splendide vue sur la vallée et les sommets. Chambres fraîches et confortables. Les larges fenêtres qui entourent la salle de restaurant laissent voir un superbe panorama.

PAS-DE-LA-CASA ᴈ4ᴈ I9 – alt. 2085 – Sports d'hiver : 2050/2600 m ⋠ 30 ⋤ 1.
Andorra-la-Vella 29.

🏠🏠 **Reial Pirineus,** de la Solana 62 *ℰ* (00-376) 85 58 55, *reialpirineus@ahotels.com,* Fax (00-376) 85 58 45 – 📶 📺 👌 🖘. GB. ⋘
déc.-mai – **Repas** (dîner seul.) (résidents seul.) 12 – **39 ch** ⊇ 184.
* Cet immeuble récent, bâti à flanc de montagne, se trouve en haut du Pas de la Case et donc tout près des champs de neige. Ses chambres affichent un décor "zen".

rte de Soldeu Sud-Est : 10 km :

🏠🏠🏠 **Grau Roig** ⋙, r. Grau Roig *ℰ* (00-376) 75 55 56, *hotelgrauroig@andorra.ad,* Fax (00-376) 75 55 57, ≼, 🍴, – 📶 📺 👌 🅿. GB. ⋘ rest
déc-avril et 18 juin-16 sept. – **Repas** 30 – **44 ch** ⊇ 195/280.
* Avec le cirque de Pessons en toile de fond, typique construction montagnarde rénovée, idéale pour se ressourcer. Coquettes chambres bien équipées. Plafond à caissons, boiseries, pierres, objets régionaux anciens : le décor du restaurant est du plus bel effet.

SANTA-COLOMA 343 G10 – alt. 970.

Andorra-la-Vella 3.

Cerqueda ॐ, r. Mossen Lluis Pujol ℰ (00-376) 72 22 35, Fax (00-376) 72 29 09, ⌁, ☞ – ♿ 📺 🅿 ⓞ ⊜. ℅ rest

fermé 7 janv. au 7 fév. – **Repas** 14,50 – 😐 4 – **65 ch** 35,50/59,10.

◆ Le cadre verdoyant de cette hostellerie familiale convient à ceux qui appréhendent l'agitation de la petite capitale du négoce. Quelques chambres avec vue sur la vallée. L'accueil aimable, le calme et le panorama font oublier la modestie de la salle à manger.

Don Pernil, av. d'Enclar 94 ℰ (00-376) 72 52 55, Fax (00-376) 72 26 24, 😊 – ▤ 🅿. ⊜.

fermé 7 au 31 janv. – **Repas** carte 21 à 24.

◆ Cuisine traditionnelle avec spécialités de viandes grillées sur la braise servie, selon la saison, dans deux salles au décor campagnard ou sur la terrasse.

Parador, av. d'Enclar 100 ℰ (00-376) 72 28 04, *restaurantparador@andorra.ad*, Fax (00-376) 72 28 04 – ▤ 🅿. ⊜ ⌸⌸. ℅

fermé 1er au 30 juil. et lundi – **Repas** carte 20 à 26.

◆ Outre les viandes grillées au feu de bois, ce restaurant propose des petits plats andorrans qui s'adressent à tous les budgets. Excellent accueil.

SANT-JULIA-DE-LORIA 343 G10 – alt. 909.

🎫 av. Francesc Cairat ℰ (00-376) 84 13 52, Fax (00-376) 84 46 78.

Andorra-la-Vella 7.

Imperial sans rest, av. Rocafort 27 ℰ (00-376) 84 34 78, *imperial@andornet.ad*, Fax (00-376) 84 34 79 – ♿ ▤ 📺 🅿. ⊜

45 ch 😐 67/95.

◆ Sur la rive gauche du Gran Valira, édifice moderne aux intérieurs très apprêtés. Chambres accueillantes dont une avec douche hydromassante. Accueil aimable.

Pol sans rest, r. Verge de Canolich 52 ℰ (00-376) 84 11 22, *hotelpolandorra@andorra.ad*, Fax (00-376) 84 18 52 – ♿ 📺 🅿. ⊜. ℅

80 ch 😐 67/70.

◆ Sur l'avenue principale, grand bâtiment aux chambres confortables et bien équipées. Le salon invite à s'installer près de la cheminée en pierre.

au Sud-Est : 7 km :

Coma Bella ॐ, forêt de la Rabassa, alt. 1 300 ℰ (00-376) 84 12 20, *comabella@myp.ad*, Fax (00-376) 84 14 60, ≤, 🌡, ⌁ – ♿ 📺 🅿. ⊜. ℅ rest

fermé 2 au 18 nov. – **Repas** 10,50 – **30 ch** 😐 49/80.

◆ Belle situation dans la forêt de la Rabassa pour cet hôtel progressivement rénové, étape idéale pour le repos. Le restaurant offre une jolie vue sur les cimes de la principauté. Salle à manger au décor épuré, mise en place simple et cuisine familiale.

SOLDEU 343 H9 – alt. 1826 – Sports d'hiver : 1700/2560 m. ⛷26 ⛷2.

Env. Port d'Envalira ✳★★ SE : 7,5 km.

Andorra-la-Vella 19.

Piolets, rte General ℰ (00-376) 87 17 87, *piolets@ahotels.ad*, Fax (00-376) 87 17 88, 🌡, 🌡 – ♿ 📺 🕿 ⟺ – 🔏 25 à 80. ⊜. ℅

Repas 15 – **118 ch** 😐 114/176,40.

◆ Les sportifs apprécient cet établissement moderne situé au pied des pistes de ski. Chambres spacieuses, élégamment aménagées. À l'heure des repas, vous aurez le choix entre une cuisine italienne et, pour les plus pressés, une formule buffet.

Xalet Montana, rte General ℰ (00-376) 85 10 18, *hotelnaudi@andornet.ad*, Fax (00-376) 85 20 22, ≤, 🌡, 🌡 – ♿ 📺 🕿 ⟺ – 🔏. ⊜. ℅ ch

déc-avril – **Repas** (résidents seul.) 18 – **40 ch** 😐 96/128.

◆ Hôtel récent à la décoration soignée où toutes les chambres profitent de la vue sur les champs de neige. Plaisant cadre nordique au salon. Agréable espace de détente.

à Incles Ouest : 1,8 km :

Parador Canaro, ℰ (00-376) 75 11 50, *hotelparadorcanaro@andorra.ad*, Fax (00-376) 85 17 20, ≤, 🕿 – 📺 ⟺ 🅿. ⊜. ℅

fermé 10 mai au 4 juil. – **Repas** 14,50 – **18 ch** 😐 39/70.

◆ Maison de montagne typique, entourée de prés servant de terrain de camping l'été et de pistes de ski l'hiver. Grandes chambres au mobilier standard. Avenant restaurant rustique (poutres massives, piliers de pierre et mobilier en bois), bar et terrasse d'été.

à El Tarter *Ouest : 3 km :*

Nordic, 𝒫 (00-376) 73 95 00, *hotelnordic@gruponordic.ad*, Fax (00-376) 73 95 01, ≼, ⌗, ⛄, ▨ – ▮, ▤ rest, 📺 ☎ ⅙ ⇔ 🅿 – ≜ 25 à 65. 🆖. ✲
Repas (dîner seul., buffet seul.) 20 – **120 ch** �☞ 138/184.
❖ Ce grand hôtel flambant neuf est doté d'un vaste hall agrémenté d'une collection de motos anciennes. Chambres soigneusement aménagées ; terrasses privées. Les repas, sans prétention, sont servis sous forme de buffets.

Del Tarter, 𝒫 (00-376) 80 20 80, *heltarter@andornet.ad*, Fax (00-376) 80 20 81, ≼ – ▮ 📺 ⇔ 🅿. 🆖. ✲
fermé 15 oct. au 4 déc. – **Repas** 12 – **37 ch** ⊃ 93/124.
❖ Au pied du village, cette grande bâtisse en pierre égayée de balcons fleuris vous invite à séjourner dans ses chambres rénovées. Bel intérieur où domine le bois. Sauna. Côté table : accueil prévenant, salle lambrissée et cuisine marquée de saveurs françaises.

Llop Gris ⌧, 𝒫 (00-376) 75 15 15, *info@hotelllopgris.com*, Fax (00-376) 85 12 29, ≼, ▨ – ▮ 📺 ⇔ – ≜ 30 à 80. 🆖. ✲ rest
fermé 30 mai au 15 juin et 15 oct. au 15 nov. – **Repas** 28 – ⊃ 8 – **68 ch** 118/148.
❖ Établissement apprécié pour ses nombreuses activités sportives et de détente. Le domaine skiable est à deux "plantés de bâtons". Salle des repas dressée avec soin, où l'on choisira les tables ayant vue sur les fourneaux derrière lesquels s'affaire la brigade.

Del Clos, 𝒫 (00-376) 85 15 00, *hoteldelclos@grupnordic.ad*, Fax (00-376) 85 15 54, ≼ – ▮ 📺 ⇔. 🆖. ✲
Repas (dîner seul.) (buffet en hiver) 18 – **54 ch** ⊃ 96/128.
❖ Cette belle demeure andorrane érigée face aux sommets possède sa propre source. Chambres spacieuses, meublées dans le style régional ; certaines ont un balcon. Pierres nues, poutres claires et bois blond sculpté donnent un petit air montagnard au restaurant.

EL TARTER – *voir Soldeu.*

PRINCIPAUTÉ de MONACO

341 F5 **115** ㉗ ㉘ *G. Côte d'Azur - 29 972 h. - alt. 65*

OFFICE DE TOURISME

2 bd des Moulins, Monte-Carlo ℰ (00-377) 92 16 61 16, Fax (00-377) 92 16 60 00 dtc@ monaco-tourisme.com

RENSEIGNEMENTS PRATIQUES

État souverain, enclavé dans le département français des Alpes-Maritimes et bordant la Méditerranée. Il s'étend sur 1,5 km² et comprend : le Rocher de Monaco (la vieille ville) et Monte-Carlo (la ville neuve) réunis par la Condamine (le port), Fontvieille à l'Ouest (l'industrie) et le Larvotto à l'Est (la plage). Depuis 1993 la Principauté est membre de l'O.N.U.

Depuis l'héliport de Monaco-Fontvieille, liaisons quotidiennes avec l'aéroport de Nice-Côte d'Azur. Renseignements : Héli Air Monaco ℰ (00-377) 92 05 00 50

GOLF

🏌 *Monte Carlo ℰ (00377) 93 41 09 11, par ④ : 11 km*

Principauté de MONACO.

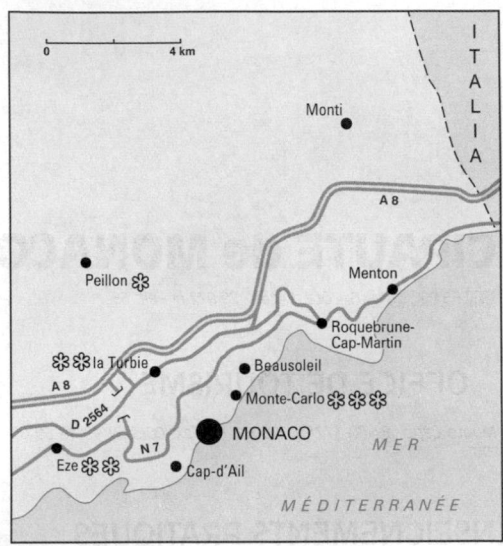

MONACO Capitale de la Principauté – ⊠ 98000 .

Voir *Jardin exotique*★★ **CZ** : ≤★ – *Grotte de l'Observatoire*★ **CZ D** – *Jardins St-Martin*★ **DZ** – *Ensemble de primitifs niçois*★★ *dans la cathédrale* **DZ** – *Christ gisant*★ *dans la chapelle de la Miséricorde* **D B** – *Place du Palais*★ **CZ** – *Palais du Prince*★ : *musée napoléonien et des Archives du palais*★ **CZ** – *Musées : océanographique*★★ **DZ** *(aquarium*★★, ≤★★ *de la terrasse), d'anthropologie préhistorique*★ **CZ M³**, – *Collection des voitures anciennes*★ **CZ M¹**.

Circuit automobile urbain-A.C.M. 23 bd Albert-1ᵉʳ.

Paris 949 ⑤ – Menton 11 ② – Nice 23 ③ – San Remo 41 ①.

XXX **Rascasse-Café Grand Prix,** 1 quai Antoine 1ᵉʳ ℰ (00-377) 93 25 56 90, *cafe_grand_prix @monaco377.com, Fax (00-377) 97 70 33 83*, ≤ – 🍽. 🆎 ⓪ 🆇. ✹   **DZ g**
fermé 2 fév. au 3 mars, sam. midi et dim. – **Repas** 35 (déj.) et carte 36 à 58 ♉.
♦ Le restaurant est situé dans le mythique virage du "circuit" de formule 1. Aménagée au 1ᵉʳ étage, la salle à manger contemporaine offre une plaisante vue sur le port.

XX **Castelroc,** pl. Palais ℰ (00-377) 93 30 36 68, *castelroc@monaco.377.com, Fax (00-377) 93 30 59 88*, ≤ – 🍽. 🆎 ⓪ 🆇 🆕   **CZ p**
fermé 18 déc. au 25 janv., le soir du 24 sept. au 28 mai, dim. soir, lundi soir et sam. – **Repas** 20 (déj.)/42, enf. 12 ♉.
♦ Double attrait d'une lumineuse salle à manger aux murs ornés de fresques et d'une élégante véranda d'où vous pourrez observer à loisir le Palais. Cuisine régionale.

à Fontvieille :

🏨 **Columbus Hôtel,** 23 av. Papalins ℰ (00-377) 92 05 90 00, *info@columbushotels.com, Fax (00-377) 92 05 91 67*, ≤, �, 🍸 – 🛗 ✦ 🍽 📺 ℂ 🚗 – 🔏 25 à 80. 🆎 ⓪ 🆇 🆕   **AV s**
Repas 20 (déj.)/30 ♉ – ⊂ 25 – **153 ch** 290/330, 28 suites.
♦ Côté parc paysager ou côté port, hôtel aux chambres contemporaines mariant mobilier aux lignes épurées et couleurs plaisantes ; la plupart ont un balcon. Bel amphithéâtre. Restaurant moderne dans le style des brasseries italiennes ; agréable terrasse.

XX **Amici Miei,** 16 quai J.-C. Rey ℰ (00-377) 92 05 92 14, *amici-miei@monte-carlo.mc, Fax (00-377) 92 05 31 74*, ≤, � – 🍽. 🆎 🆇 🆕   **AV t**
Repas 28 (déj.), 30/52.
♦ Les amateurs de cuisine italienne trouveront leur bonheur dans ce restaurant décoré de tableaux naïfs. En été, préférez la terrasse dominant le port de Fontvieille.

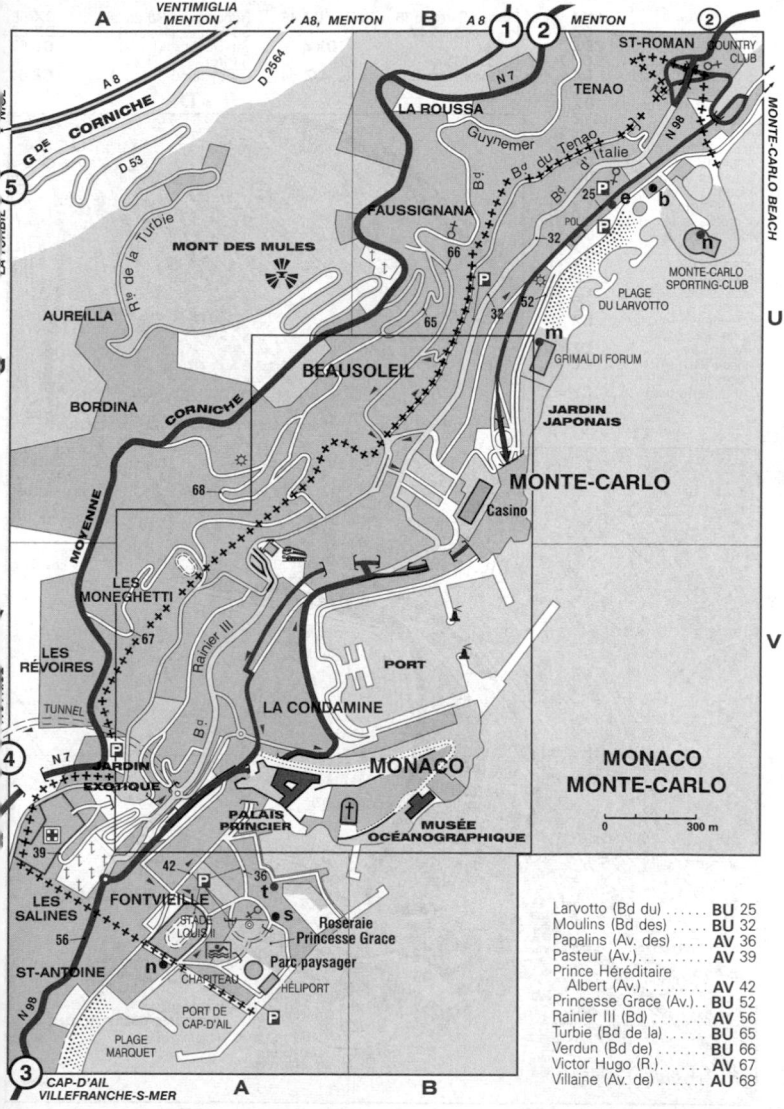

Larvotto (Bd du)	**BU**	25
Moulins (Bd des)	**BU**	32
Papalins (Av. des)	**AV**	36
Pasteur (Av.)	**AV**	39
Prince Héréditaire		
Albert (Av.)	**AV**	42
Princesse Grace (Av.)	**BU**	52
Rainier III (Bd)	**AV**	56
Turbie (Bd de la)	**BU**	65
Verdun (Bd de)	**BU**	66
Victor Hugo (R.)	**AV**	67
Villaine (Av. de)	**AU**	68

MONTE-CARLO Centre mondain de la Principauté – *Casinos :* Grand Casino **DY**, *Monte-Carlo Sporting Club* **BU**, *Sun Casino* **DX**.

Voir *Terrasse*★★ *du Grand casino* **DXY** – *Musée de poupées et automates*★ **DX M⁵** – *Jardin japonais*★ **U**.

✈ ℰ *(00-377) 93 41 09 11 par* ④ : 11 km.

🛈 *Office de Tourisme 2 bd des Moulins* ℰ *(00-377) 92 16 61 16, Fax (00-377) 92 16 60 00, dtc@monaco-congres.com.*

Paris 947 ⑤ *– Monaco 2* ② *– Menton 9* ② *– Nice 20* ③ *– San Remo 40* ①.

Albert-Ier (Bd) .... **CYZ**
Armes (Pl. d') .... **CZ** 2
Basse (R.) .... **CDZ** 3
Castro (R. Col.-de) .... **CZ** 7
Comte-Félix-Gastaldi (R.) **DZ** 10
Crovetto-Frères (Av.) ... **CZ** 12
Gaulle (Av. du Gén.-de) . **DX** 14
Grimaldi (R.) .... **CYZ**
Kennedy (Av. J.-F.) ..... **DY** 23
Larvotto (Bd du) .... **DX** 25
Leclerc (Bd du Gén.) .... **DX** 26
Libération (Pl. de la) ... **DX** 27
Madone (Av. de la) .... **DX** 28
Major (Rampe) .... **CZ** 29
Monte-Carlo (Av. de) ... **DY** 30
Moulins (Bd des) .... **DX** 32
Notari (R. L.) .... **CYZ** 33
Ostende (Av. d') .... **DY** 34
Palais (Pl. du) .... **CZ** 35
Papalins (Av. des) ...... **CZ** 36
Pêcheurs (Ch. des) .... **CZ** 40
Porte-Neuve (Av. de la) . **DZ** 41
Prince-Héréditaire-
Albert (Av.) .... **CZ** 42
Prince-Pierre (Av.) ..... **CZ** 44
Princesse-
Antoinette (Av.) ...... **CY** 46
Pcesse-Caroline (R.) .... **CZ** 48
Pcesse-Charlotte
(Bd) .... **DXY**
Pcesse-Marie-
de-Lorraine (R.) .... **DZ** 54
République (Bd de la) ..... **DX** 58
Spélugues (Av. des) ...... **DX** 62
Ste-Dévote (Pl.) .... **CY** 63
Suffren-
Reymond (R.) .... **CZ** 64

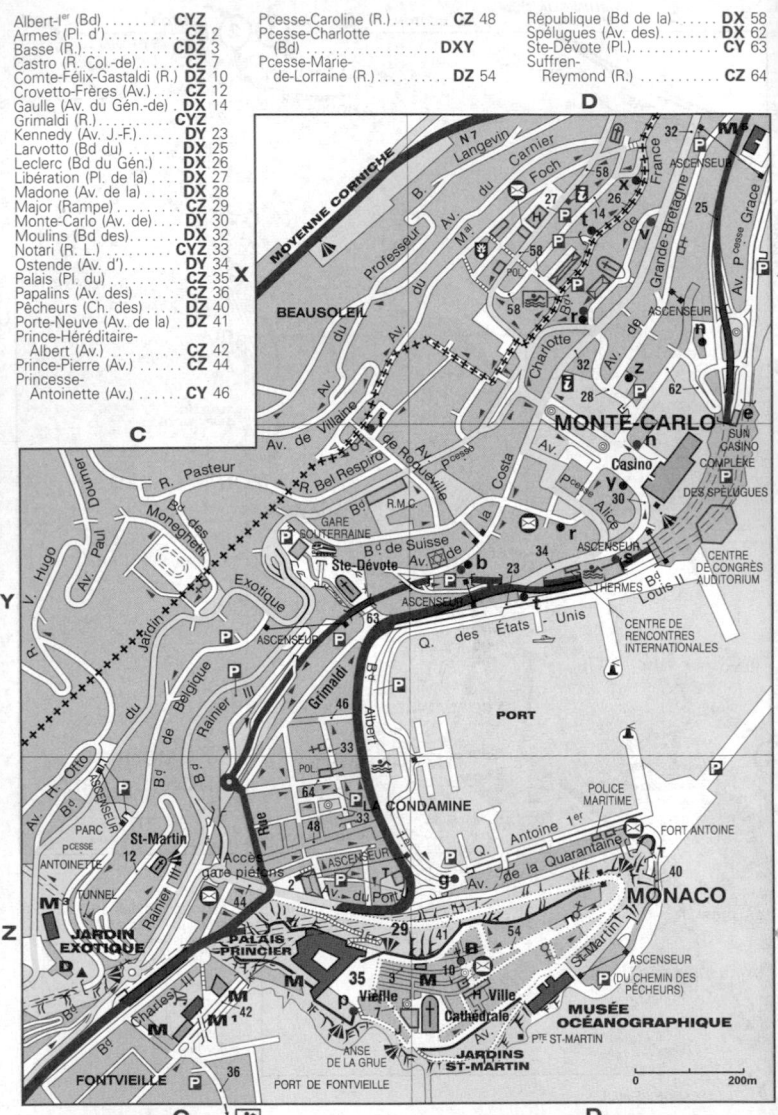

Paris, pl. Casino ℘ (00-377) 92 16 30 00, hp@sbm.mc, Fax (00-377) 92 16 38 50, ≤, 佘, ℗, **DY** y
⒗, ⊠ – ᠑ 🆃🆅 📞 ⏤ – 🅰 70. 🆀🅴 ① ⑬ 🅹🅲🅱. ✦ rest
voir rest. **Le Louis XV** et **Grill** ci-après - **Salle Empire** ℘(00-377) 92 16 29 52 (diner seul.)
(ouvert juil.-août) Repas carte 95 à 145 – **Côté Jardin** ℘(00-377) 92 16 68 44 (déj. seul.)
Repas 50 – ⊡ 35 – **145 ch** 590/1150, 45 suites.
 ◆ Situation idyllique, aménagements somptueux, riche passé et clients célèbres :
entrez dans la légende du plus prestigieux des palaces monégasques, inauguré en 1864.
Côté Jardin, terrasse avec vue sur le Rocher. Majestueuse Salle Empire (ors, stucs et
cristal).

Hermitage, square Beaumarchais ℰ (00-377) 92 16 40 00, hh@sbm.mc, Fax (00-377) 92 16 38 52, ≤, 🅿, ℱ₆, 🔲 – 🛗 🗐 📺 📞 🚗 – 🏨 80. 🅰🅴 ⓞ 🅶🅱 🅹🅲🅱, ⁣%⁣ rest   DY r

fermé 29 déc. au 2 janv. – voir rest. **Vistamar** ci-après **Limùn Bar :** Repas (29bc)-et carte 45 à 60 – ☑ 32 – **213 ch** 750/900, 18 suites.

♦ Fresques et loggias à l'italienne agrémentent la splendide façade tournée vers le port. Coupole de fonte et de verre signée Eiffel ; chambres luxueuses. Décor raffiné sur le thème du citron et plats régionaux au Limùn bar qui fait aussi office de salon de thé.

Métropole (réouverture prévue en mai après travaux), 4 av. Madone ℰ (00-377) 93 15 15 15, metropole@metropole.mc, Fax (00-377) 93 25 24 44, 🍴, 🔼, 🌿 – 🛗 🗐 📺 📞 & 🚗 – 🏨 60. 🅰🅴 ⓞ 🅶🅱 🅹🅲🅱   DX z
Repas 50 à 75 – ☑ 35 – **130 ch** 750, 15 suites.

♦ Construit en 1886 puis entièrement repensé à la fin du 20ᵉ s., ce palace s'est offert durant l'hiver une belle cure de jouvence : soyez les premiers à en profiter !

Méridien Beach Plaza, 22 av. Princesse Grace, à la plage du Larvotto ℰ (00-377) 93 30 98 80, resa@lemeridien-montecarlo.com, Fax (00-377) 93 50 23 14, ≤, 🍴, ℱ₆, 🔼, 🔲, 🐾 – 🛗 🗐✸, 🗐 ch 📺 📞 & 🚗 – 🏨 20 à 300. 🅰🅴 ⓞ 🅶🅱 🅹🅲🅱, ⁣%⁣ ch
Repas 32/42 – ☑ 31 – **338 ch** 380, 8 suites.   BU b

♦ La façade côté avenue ne laisse pas deviner le bel ensemble balnéaire qui se déploie côté mer. Chambres actuelles, décorées avec goût. Luxueux centre de conférences. Restauration proposée sous forme de buffets ; recettes inspirées par la Méditerranée.

Port Palace, 7 av. J. F. Kennedy ℰ (00-377) 97 97 90 00, ep@portpalace.com, Fax (00-377) 97 97 90 01, ≤ Port et Rocher, ℱ₆ – 🛗 ✸ 🗐 📺 📞 🚗. 🅰🅴 ⓞ 🅶🅱 🅹🅲🅱, ⁣%⁣   DY t

Grand Large : Repas (37)-80 – ☑ 29 – **41 ch** 700/900, 9 suites.

♦ Dernier né des palaces monégasques, cette architecture contemporaine située sur le port abrite des chambres superbement équipées et tournées vers le Rocher. Restaurant panoramique aménagé au dernier étage de l'hôtel. Décor moderne et cuisine classique.

Monte-Carlo Grand Hôtel, 12 av. Spélugues ℰ (00-377) 93 50 65 00, reservation@montecarlograndhotel.com, Fax (00-377) 93 30 01 57, ≤, 🍴, ℱ₆, 🔼 – 🛗 🗐 📺 📞 & 🚗 – 🏨 1 500. 🅰🅴 ⓞ 🅶🅱 🅹🅲🅱, ⁣%⁣ rest   DX e
L'Argentin (dîner seul.) Repas carte 65 à 85 – **Pistou** (15 mars-1ᵉʳ déc. et fermé mardi soir du 23 sept. au 1ᵉʳ déc.) Repas carte 40 à 70 – ☑ 30 – **599 ch** 310/485, 20 suites.

♦ Vaste complexe hôtelier bâti sur pilotis. Casino, cabaret, boutiques, centre de conférences : c'est Las Vegas en Principauté ! Chambres au décor méditerranéen. Cadre sud-américain à L'Argentin. Au Pistou, plats franco-italiens et terrasse panoramique côté mer.

Balmoral, 12 av. Costa ℰ (00-377) 93 50 62 37, resa@hotel-balmoral.mc, Fax (00-377) 93 15 08 69, ≤ – 🛗 🗐 ch 📺 📞 – 🏨 20. 🅰🅴 ⓞ 🅶🅱 🅹🅲🅱, ⁣%⁣   DY b
Repas (fermé nov., dim. soir et lundi) (résidents seul.) 25 – ☑ 15 – **58 ch** 200/220, 7 suites.
♦ Cet hôtel, tenu par la même famille depuis 1896, abrite un salon meublé en style Empire et des chambres traditionnelles pour moitié tournées vers le port.

Alexandra sans rest, 35 bd Princesse Charlotte ℰ (00-377) 93 50 63 13, hotelalexandra@imcn.net, Fax (00-377) 92 16 06 48 – 🛗 🗐 📺. 🅰🅴 ⓞ 🅶🅱 🅹🅲🅱, ⁣%⁣   DX r
☑ 13 – **56 ch** 120/150.

♦ La façade richement ouvragée témoigne du goût ostentatoire de la Belle Époque. Petit-déjeuner servi uniquement dans les chambres, dont le décor est aimablement désuet.

Le Louis XV - Alain Ducasse - Hôtel de Paris, pl. Casino ℰ (00-377) 92 16 29 76, lelouisxv@alain-ducasse.com, Fax (00-377) 92 16 69 21, 🍴 – 🛗 🗐 🗐 🅿. 🅰🅴 ⓞ 🅶🅱 🅹🅲🅱, ⁣%⁣   DY y
fermé 1ᵉʳ au 10 mars, 30 nov. au 29 déc. et 8 au 23 fév. – Repas (fermé le midi du 1ᵉʳ mars au 15 mai sauf sam. et dim., merc. sauf le soir du 23 juin au 25 août et mardi) 90 bc (déj.), 150/180 et carte 150 à 230 ⊕.

♦ Saveurs méditerranéennes sublimées, somptueux décor classique, terrasse ouverte sur le casino et cave exceptionnelle : au Louis XV, les cinq sens sont à la fête !
Spéc. Légumes des jardins de Provence à la truffe noire écrasée. Poitrine de pigeonneau, foie gras de canard sur la braise, polenta et jus aux abats (15 oct. au 15 mars). Le "Louis XV" au croustillant de pralin. **Vins** Côtes de Provence blanc, Bellet rouge.

Grill de l'Hôtel de Paris, pl. Casino ℰ (00-377) 92 16 29 66, hp@sbm.mc, Fax (00-377) 92 16 38 40, ≤ la Principauté, 🍴 – 🛗 🗐 🗐 🅿. 🅰🅴 ⓞ 🅶🅱 🅹🅲🅱, ⁣%⁣   DY y
fermé 14 au 22 janv. et le midi du 7 juil. au 28 août – Repas carte 110 à 150 ♀.
♦ Au 8ᵉ étage de l'hôtel, sur fond de "grande bleue", vous serez aux premières loges pour assister au spectacle de la Principauté. Toit ouvrant sur le ciel azuréen.
Spéc. Langoustines royales rôties, orge perlé et velours de potiron rouge. Carré d'agneau en croûte de pain d'épices. Poussin de nid rôti au thym frais. **Vins** Côtes de Provence.

XXXX **Vistamar** - Hôtel Hermitage, pl. Beaumarchais ℰ (00-377) 92 16 27 72, *hh@sbm.mc,*
€3 *Fax (00-377) 92 16 38 43,* ≤ port et Principauté, 🏤 – ≡ ⌂🐟. 🖭 ⓞ 🖭 🖵🖭 DY r
fermé 29 déc. au 2 janv. – **Repas** 59 et carte 94 à 137.
♦ Vue époustouflante sur le large depuis la superbe terrasse panoramique et la salle à
manger bordée de baies vitrées, pêche miraculeuse dans l'assiette : un hymne à la mer !
Spéc. Salade de homard. Loup grillé à la braise de feu de bois. Daurade en croûte de sel.
Vins Bellet, Côtes de Provence.

XXXX **Bar et Boeuf,** av. Princesse Grace, au Sporting-Monte-Carlo ℰ (00-377) 92 16 60 60, *b.b*
€3 *@sbm.mc, Fax (00-377) 92 16 60 61,* ≤, 🏤 – ≡ ⌂🐟 ❷. 🖭 ⓞ 🖭 🖵🖭 BU n
14 mai-18 sept. et fermé lundi du 14 mai au 21 juin et du 30 août au 18 sept. – **Repas** (dîner
seul.) carte 75 à 100 🗒.
♦ Décor design signé Philippe Starck, carte déclinant le bar et le boeuf et vins provenant
du monde entier : le lieu, bien connu des noctambules, l'est aussi des fins gourmets.
Spéc. ''Tomate et tomates'', sorbet tomate et bloody Mary. Coeur de filet de bar à la
plancha, condiment goûteux à la sicilienne. Cheesecake, compotée de fruits rouges, sorbet
fromage blanc. **Vins** Palette, Côtes de Provence.

XXX **Saint Benoit,** 10 ter av. Costa ℰ (00-377) 93 25 02 34, *lesaintbenoit@montecarlo.mc,*
Fax (00-377) 93 30 52 64, ≤ le port et le Rocher, 🏤 – ≡. 🖭 ⓞ 🖭 🖵🖭 DY b
fermé 20 déc. au 4 janv., dim. soir de nov. à mars et lundi – **Repas** 28/38 et carte 42 à 80 🛱.
♦ Trouver ce restaurant n'est pas aisé, mais la vue panoramique que l'on découvre de la
terrasse récompensera votre peine. Spacieuse salle à manger moderne.

XXX **L'Hirondelle,** 2 av. Monte-Carlo (aux Thermes Marins) ℰ (00-377) 92 16 49 30, *Fax (00-*
377) 92 16 49 02, ≤ le port et le Rocher, 🏤 – ≡. 🖭 ⓞ 🖭 🖵🖭. 🛇 DY s
fermé 13 au 20 déc. – **Repas** (déj. seul.) 48 et carte 60 à 80 🛱.
♦ Intégrées aux prestigieux Thermes Marins, cette lumineuse salle à manger et sa terrasse
jouissent d'une vue sur le port et le Rocher. Cuisine diététique et classique.

XX **Café de Paris,** pl. Casino ℰ (00-377) 92 16 25 54, *cp@sbm.mc, Fax (00-377) 92 16 38 58,*
🏤 – ≡. 🖭 ⓞ 🖭 🖵🖭. 🛇 DY n
Repas carte 47 à 90 🛱.
♦ En 1897, Édouard Michelin y fit une entrée remarquée... au volant de sa voiture ! Décor
d'une brasserie de la Belle Époque. Terrasse très prisée en saison.

XX **Zébra Square,** 10 av. Princesse Grace (Grimaldi Forum : 2e étage, par ascenseur) ℰ (00-
377) 99 99 25 50, *Fax (00-377) 99 99 25 60,* ≤, 🏤 – ≡. 🖭 ⓞ 🖭 🖵🖭 BU m
Repas carte 50 à 66 🛱.
♦ Même décor design zébré, même ambiance "branchée", même cuisine au goût du jour
que le grand frère parisien, et un petit "plus" : la belle terrasse avec vue sur la mer.

XX **Maison du Caviar,** 1 av. St-Charles ℰ (00-377) 93 30 80 06, *Fax (00-377) 93 30 23 90,* 🏤
– 🖭 🖭 DX r
fermé août, sam. midi et dim. – **Repas** 23 (déj.), 28/43 🛱.
♦ Prisé des Monégasques, ce restaurant familial propose depuis 1954 une cuisine traditionnelle dans un décor mariant ferronneries, casiers à bouteilles et meubles rustiques.

XX **Chez Gianni,** 39 av. Princesse Grace ℰ (00-377) 93 30 46 33, *Fax (00-377) 93 30 54 86,* 🏤
– ≡. 🖭 ⓞ 🖭 BU e
fermé sam. midi et dim. midi – **Repas** 48/60.
♦ Ce petit restaurant donne un avant-goût de l'Italie toute proche : inspiration transalpine
tant dans le décor que dans la cuisine. Ambiance conviviale en soirée.

X **Loga,** 25 bd des Moulins ℰ (00-377) 93 30 87 72, *Fax (00-377) 93 25 06 41,* 🏤 – ≡. 🖭 ⓞ
🖭 DX v
fermé 7 au 22 août et dim. – **Repas** 37/39 (dîner) 🛱.
♦ Plaisant restaurant au cadre contemporain situé sur le boulevard le plus commerçant de
Monte-Carlo. Cuisine régionale à déguster sur de petites tables.

X **Polpetta,** 2 r. Paradis ℰ (00-377) 93 50 67 84, *Fax (00-377) 93 50 67 84* – ≡. 🖭 🖭
fermé 5 au 25 juin, 1er au 15 nov., sam. midi et mardi – **Repas** 23. CY f
♦ Trois cadres différents dans ce petit restaurant italien : la véranda côté rue ; la salle à
manger rustique ; et pour finir, un espace plus intime et cossu à l'arrière.

Assistance automobile des principales marques :

Cette nouvelle édition propose une liste des principales marques automobiles qui ont un Service d'Assistance avec un numéro de téléphone «vert» gratuit et accessible 24 h/24.

Helpline for main brands of car :

Included in this edition is a list of the main car dealers who have a "green" emergency helpline, free of charge and available 24 hours.

Servizio d'Assistenza delle principali marche automobilistiche:

Questa nuova edizione propone una lista delle principali marche automobilistiche che offrono un Servizio d'Assistenza con numero verde gratuito ed accessibile 24 h su 24.

Servicetelefonnummern der wichtigsten Automarken:

Diese Auflage bietet Ihnen eine Liste der wichtigsten Automarken und deren Servicetelefonnummern die täglich 24 Stunden kostenlos zu erreichen sind.

Servicio de Asistencia de las principales marcas de automóviles :

En esta nueva edición incluimos una lista de las principales marcas de automóviles que disponen de Servicio de Asistencia con teléfono de llamada gratuita y atención permanente.

CONSTRUCTEURS FRANÇAIS :

CITROËN
62, bd Victor Hugo, 92200 NEUILLY
Numéro Vert 0800 05 24 24

PEUGEOT Automobiles
siège et services commerciaux : 75 av. Gde-Armée, 75116 PARIS
Numéro Vert 0800 44 24 24

RENAULT
13, quai Alphonse le Gallo, 92100 BOULOGNE-BILLANCOURT
Numéro Vert 0800 05 15 15

IMPORTATEURS :

BMW
3 av. Ampère, Montigny-le-Bretonneux, 78886 ST-QUENTIN-EN-YVELINES CEDEX
– **Numéro Vert 0800 00 16 24**

DAEWOO
33 av du Bois de la Pie, ZAC Paris-Nord II, BP 50069, 95947 ROISSY CDG CEDEX
– **Numéro Vert (véhicules avant 02.2000) 0800 25 21 34**
– **Numéro Vert (véhicules après 02.2000) 0810 32 39 66**

DAIHATSU
1 av. du Fief, ZA Les Béthunes, BP 479, 95005 CERGY-PONTOISE CEDEX
– **Numéro Vert 01 40 25 51 26**

DAIMLER - CHRYSLER (Jeep - Chrysler) SMART
Parc de Roquencourt, BP 100, 78153 LE CHESNAY CEDEX
– **MERCEDES : Numéro Vert 00 800 1 777 77 77**
– **CHRYSLER : Numéro Vert 0800 77 49 72**
– **SMART : Numéro Vert 0810 02 80 28**

FERRARI - MASERATI
Etablissement Charles Pozzi, 109 rue Aristide Briand, 92300 LEVALLOIS-PERRET
– **Numéro Vert 0810 80 80 82**

FIAT AUTO France (Alfa Roméo, Lancia)
6, rue Nicolas Copernic, 78190 TRAPPES
– **ALFA ROMEO : Numéro Vert 0800 61 62 63**
– **FIAT : Numéro Vert 0800 34 35 36**
– **LANCIA : Numéro Vert 0800 54 55 56**

FORD France
Siège Social, 344 av. Napoléon Bonaparte, BP 307, 92506 RUEIL MALMAISON CEDEX
– **Numéro Vert 0800 00 50 05**

GENERAL MOTORS France - OPEL France (Chevrolet, Buick, Cadillac)
19 av. du Marais, Angle quai de Bezons, BP 84, 95100 ARGENTEUIL
– **OPEL, BUICK, CADILLAC, CHEVROLET : Numéro Vert 0800 04 04 58**

HONDA
Parc des Activités de Pariest
Allée du 1er Mai, BP 46, CROISSY-BEAUBOURG, 77312 MARNE-LA-VALLEE CEDEX 2
– **Numéro Vert 01 41 85 84 70**

HYUNDAI
1 av. du Fief, ZA Les Bethunes, BP 479, 95005 CERGY-PONTOISE CEDEX
– **Numéro Vert 01 41 85 86 87**

ISUZU
6 rue des Marguerites, 92737 NANTERRE CEDEX
– **Numéro Vert 01 40 25 57 36**

JAGUAR
231 rue du 1er Mai, BP 309, 92003 NANTERRE CEDEX
– **Numéro Vert 01 40 25 58 00**

LADA France
10 bd des Martyrs-de-Chateaubriand, BP 140, 95103 ARGENTEUIL CEDEX
– **Numéro Vert 0800 50 25 15**

LAND-ROVER
Rue Ambroise-Croizat, BP 71, 95101 ARGENTEUIL CEDEX
– **Numéro Vert 01 49 93 72 72**

MAZDA
ZI Moimont 2, 95670 MARLY-LA-VILLE
– **Numéro Vert 01 40 25 51 19**

MITSUBISHI
Mitsubishi Motor sales Europe BV, 15 rue Cortambert, 75116 PARIS
– **Numéro Vert 01 41 85 84 23**

NISSAN
Siège Social, 13 av. d'Alembert, Parc de Pissaloup, BP 123, 78194 TRAPPES CEDEX
– **Numéro Vert 0800 81 58 15**

PORSCHE
122 av. du Général Leclerc, 92514 BOULOGNE-BILLANCOURT CEDEX
– **Numéro Vert 0810 22 92 29**

ROLLS-ROYCE-BENTLEY
Etablissement Jacques Savoye, 237 bd Pereire, 75017 PARIS
– **Numéro Vert 01 40 25 58 80**

SAAB
Siège Social, 12 rue des Peupliers, BP 701, 92007 NANTERRE CEDEX
– **Numéro Vert 0800 06 95 11**

SUBARU
41 rue des Peupliers, 92752 NANTERRE CEDEX
– **Numéro Vert 01 40 25 57 55**

TOYOTA-LEXUS
20 bd de la République, 92423 VAUCRESSON CEDEX
– **Numéro Vert 0800 80 89 35**

VOLKSWAGEN-AUDI-SKODA-SEAT
Siège Social et Administratif, 11 av. de Boursonne, BP 62, 02601 VILLERS COTTERETS CEDEX
– **Numéro Vert 0800 00 24 24**

VOLVO
55 av. des Champs Pierreux, 92757 NANTERRE CEDEX
– **Numéro Vert 0800 40 09 60**

Distances

Quelques précisions

Au texte de chaque localité vous trouverez la distance des villes environnantes et celle de Paris.

Les distances sont comptées à partir du centre-ville et par la route la plus pratique, c'est-à-dire celle qui offre les meilleures conditions de roulage, mais qui n'est pas nécessairement la plus courte.

Pour avoir un itinéraire plus détaillé, consultez le minitel :
3615 MICHELIN ou www.ViaMichelin.com

Distances

Commentary

The text on each town includes its distance from its immediate neighbours and from Paris.

Distances are calculated from centres and along the best roads from a motoring point of view – not necessarily the shortest.

For more detailed route planning, consult Minitel :
3615 MICHELIN or www.ViaMichelin.com

Distanze

Qualche chiarimento

Nel testo di ciascuna località troverete la distanza dalle città viciniori e da Parigi.

Le distanze sono calcolate a partire dal centro delle città e seguendo la strada più pratica, ossia quella che offre le migliori condizioni di viaggio ma che non è necessariamente la più breve.

Per un itinerario più dettagliato, consultate il minitel:
3615 MICHELIN o www.ViaMichelin.com

Entfernungen

Einige Erklärungen

In jedem Ortstext finden Sie Entfernungen zu größeren Städten in der Umgebung und nach Paris.

Die Entfernungen gelten ab Stadtmitte unter Berücksichtigung der günstigsten (nicht immer kürzesten) Strecke.

Für Ihre präzise Reiseroute, benutzen Sie Minitel:
3615 MICHELIN oder www.ViaMichelin.com

Distancias

Algunas precisiones

En el texto de cada localidad encontrará la distancia de las ciudades más cercanas y la de París.

Los kilómetros están calculados a partir del centro de la ciudad por la carretera más cómoda, es decir la que ofrece mejores condiciones de circulación, pero que no es necesariamente la más corta.

Si desea un itinerario más detallado, consulte el minitel :
3615 MICHELIN o www.ViaMichelin.com

Distances entre principales villes
Distances between major towns
Distanze tra le principali città
Entfernungen zwischen den größeren Städten
Distancias entre las ciudades principales

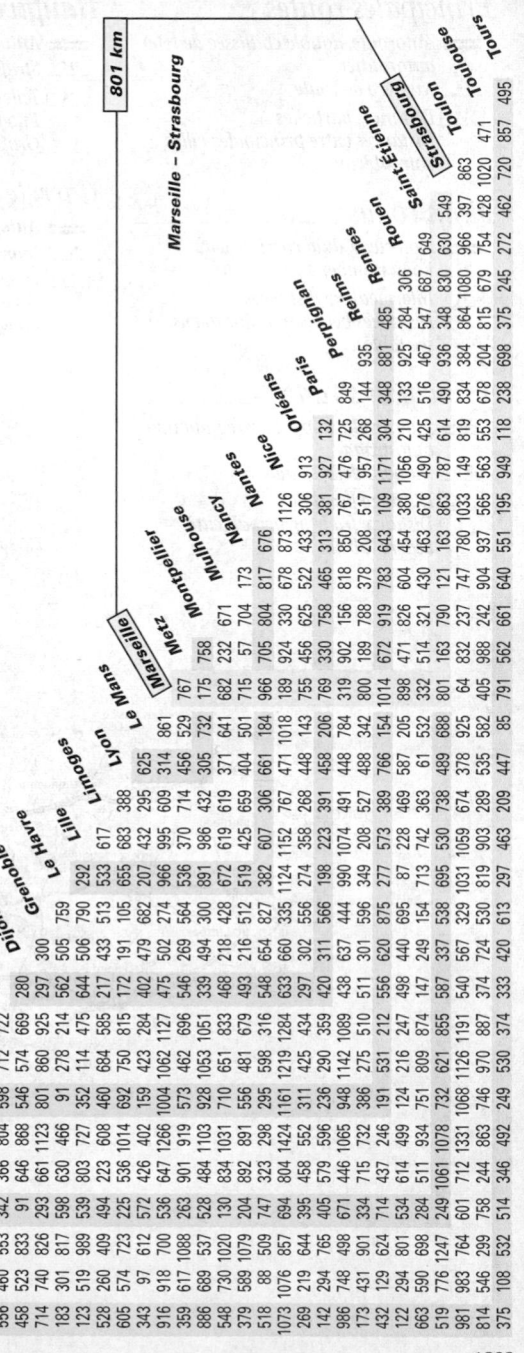

1809

Principales routes

- ▬▬ *Autoroute, double chaussée de type autoroutier*
- **N 4** *Numéro de route*
- 14 *Distances partielles*
  Distances entre principales villes, voir tableau

Main roads

- ▬▬ *Motorway, dual carriageway*
- **N 4** *Road number*
- 14 *Intermediary distances*
  Distances between major towns, see table

Principali strade

- ▬▬ *Autostrada, doppia carregiata tipo autostrada*
- **N 4** *Numero della strada*
- 14 *Distanze parziali*
  Distanze fra le principali città, vedere tabella

Hauptverkehrsstrassen

- ▬▬ *Autobahn, Schnellstraße*
- **N 4** *Straßennummer*
- 14 *Teilentfernungen*
  Entfernungen zwischen Großstädten, siehe Tabelle

Carreteras principales

- ▬▬ *Autopista, autovía*
- **N 4** *Número de la carretera*
- 14 *Distancias parciales*
  Distancias entre las ciudades principales, ver cuadro

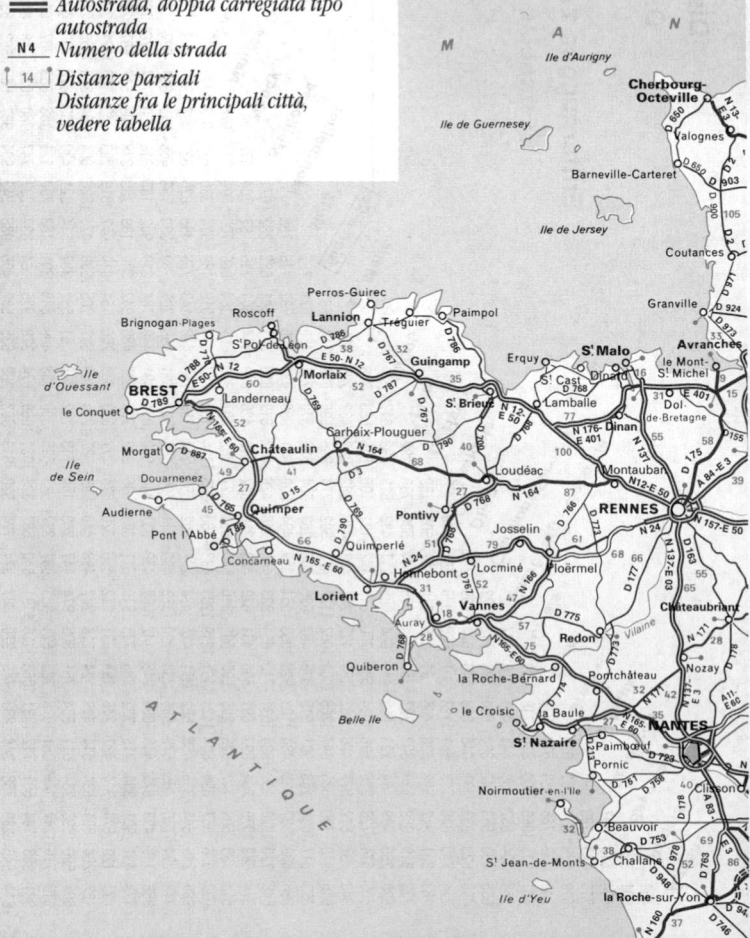

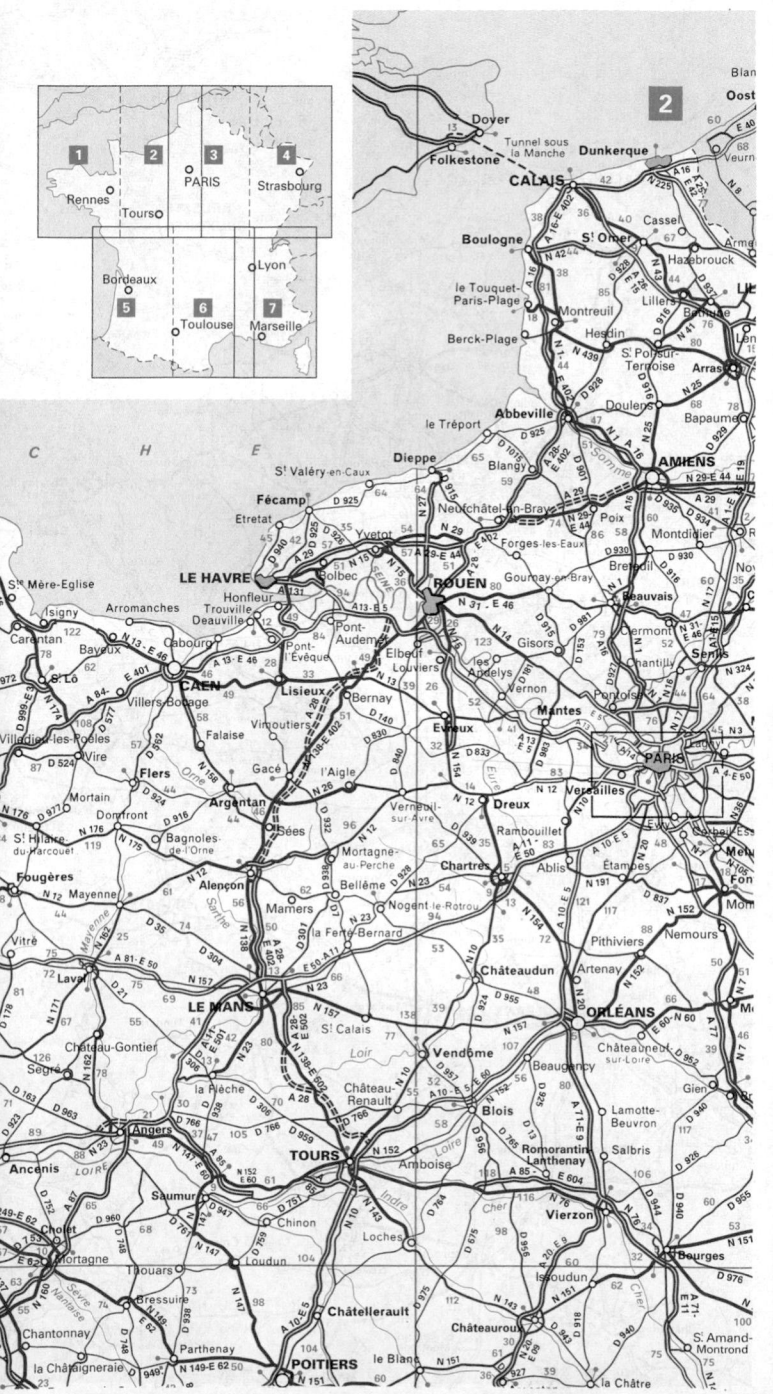

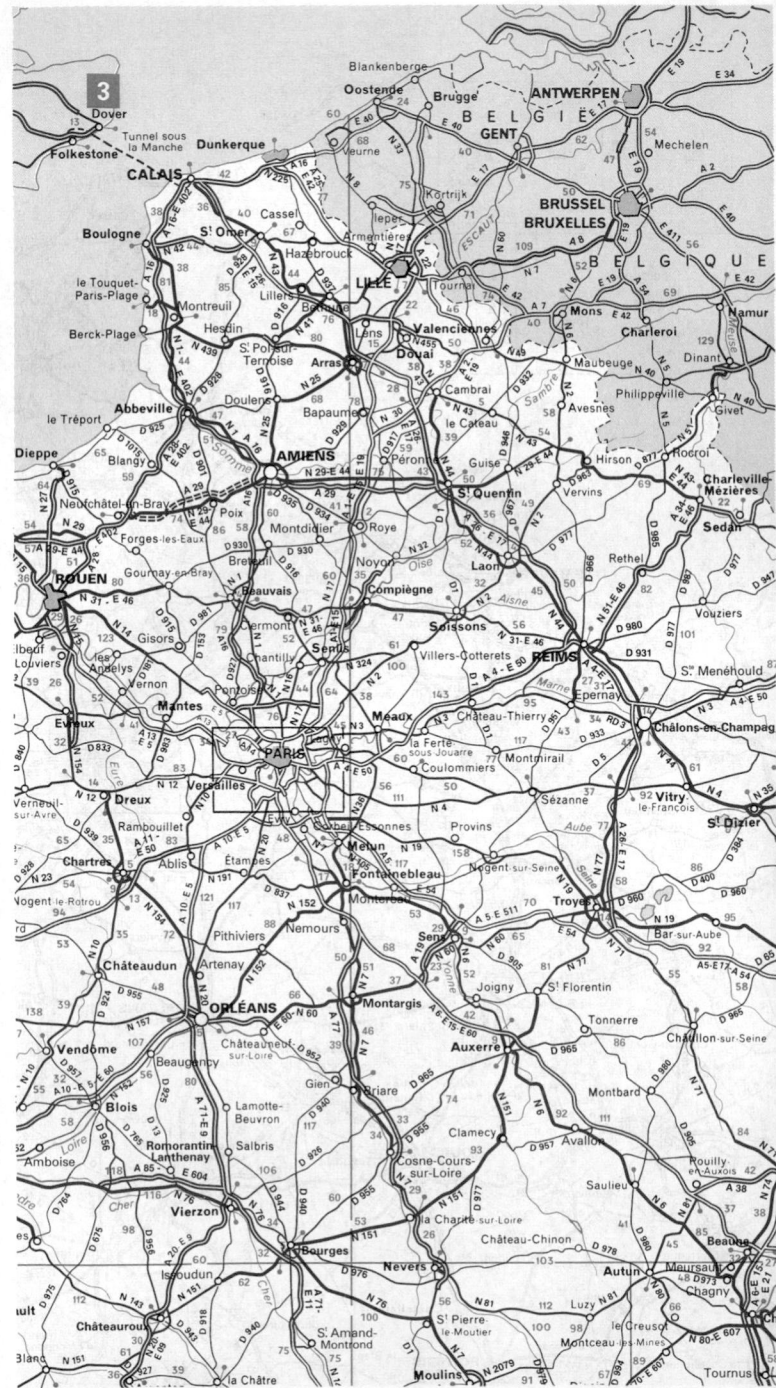

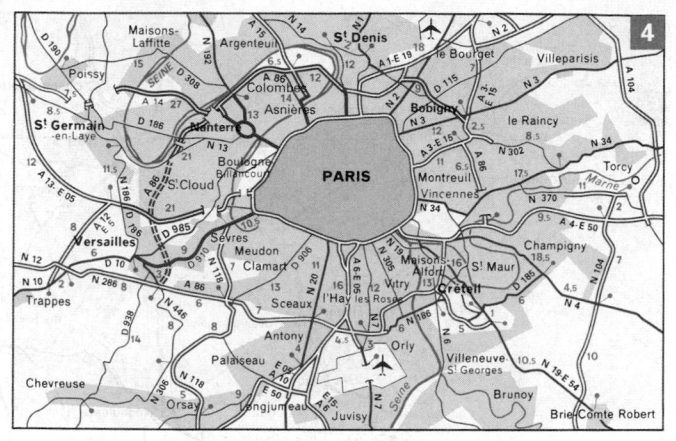

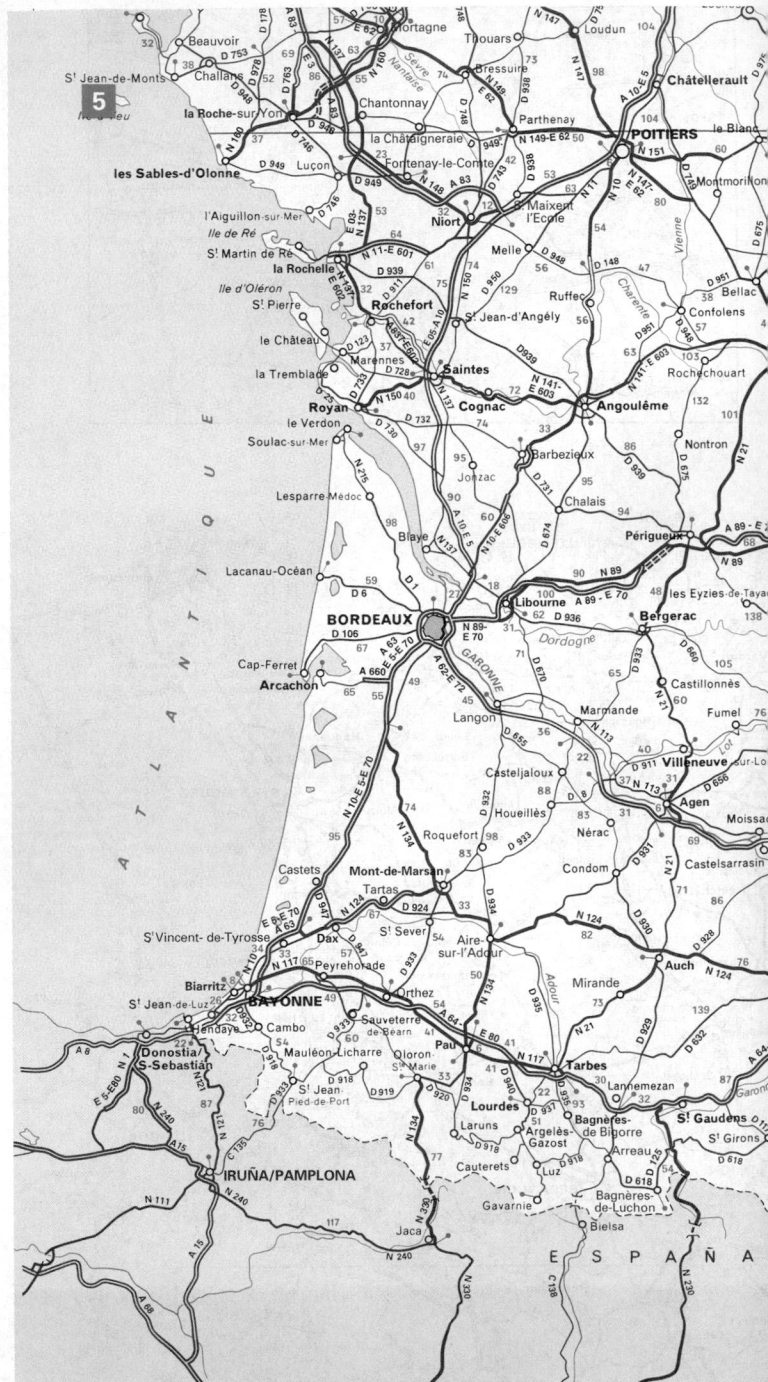